D1718622

Prütting/Helms · **FamFG**

FamFG

Gesetz über das Verfahren in Familiensachen und in den Angelegenheiten der freiwilligen Gerichtsbarkeit mit Gesetz über Gerichtskosten in Familiensachen

Kommentar

herausgegeben von

Prof. Dr. Hanns Prütting
Professor der Universität zu Köln,
Direktor des Instituts für Verfahrensrecht

Prof. Dr. Tobias Helms
Professor der Universität Marburg

bearbeitet von

RiLG Dr. Dr. Andrik Abramenko, Frankfurt a.M.
VRiOLG Dr. Wera Ahn-Roth, Köln
RiOLG Dr. Regina Bömelburg, Köln
RiKG Christian Feskorn, Berlin
Notar Dr. Oliver Fröhler, Titisee-Neustadt,
Lehrbeauftragter (Notarakademie Stuttgart)
Prof. Dr. Tobias Fröschle, Siegen
Prof. Dr. Wolfgang Hau, Passau
RiAG Norbert Heiter, Stuttgart
Prof. Dr. Tobias Helms, Marburg
VRiOLG Wilhelm Heinz Jennissen, Köln
Oberamtsrat Dipl.-Rpfl. Werner Klüsener, Berlin
Notar Thomas Krause, Staßfurt
RA und Notar Eike Maass, Frankfurt a.M.
RiAG Ralph Neumann, Brühl
Prof. Dr. Hanns Prütting, Köln
Prof. Dr. Andreas Roth, Mainz
DirAG Eberhard Stößer, Leonberg
RiOLG Andreas Wagner, Düsseldorf

2009

ovs
Verlag
Dr. Otto Schmidt
Köln

Zitierempfehlung:
Prütting/Helms/*Bearbeiter*, FamFG, § ... Rz. ...

Bibliografische Information
der Deutschen Nationalbibliothek

Die Deutsche Nationalbibliothek verzeichnet diese Publikation in der Deutschen Nationalbibliografie; detaillierte bibliografische Daten sind im Internet über http://dnb.d-nb.de abrufbar.

Verlag Dr. Otto Schmidt KG
Gustav-Heinemann-Ufer 58, 50968 Köln
Tel. 02 21/9 37 38-01, Fax 02 21/9 37 38-943
info@otto-schmidt.de
www.otto-schmidt.de

ISBN 978-3-504-47949-7

Das verwendete Papier ist aus chlorfrei gebleichten Rohstoffen hergestellt, holz- und säurefrei, alterungsbeständig und umweltfreundlich.

Einbandgestaltung: Jan P. Lichtenford, Mettmann
Textvorformatierung: A. Quednau, Haan
Satz, Druck und Verarbeitung: Bercker, Kevelaer
Printed in Germany

Vorwort

Am 1.9.2009 treten das Gesetz über das Verfahren in Familiensachen und in Angelegenheiten der freiwilligen Gerichtsbarkeit (FamFG) sowie das Gesetz über Gerichtskosten in Familiensachen (FamGKG) in Kraft. Damit werden erstmals in der deutschen Rechtsgeschichte das familiengerichtliche Verfahren und das Recht der freiwilligen Gerichtsbarkeit, die bisher unübersichtlich auf verschiedene Verfahrensordnungen (ZPO, FGG, HausrVO etc.) verteilt und nur bruchstückhaft geregelt waren, einheitlich und umfassend in einem Gesetz zusammengefasst. Doch beschränkt sich das neue Recht nicht auf eine Konsolidierung und Systematisierung der bisherigen Regeln, sondern geht mit weitreichenden inhaltlichen Reformen einher, welche die Rechtsanwendungspraxis nachhaltig verändern werden.

In dieser Umbruchsituation erscheint es gerechtfertigt, eine umfassende und vertiefte Neukommentierung in Angriff zu nehmen. Dabei geht es nicht um eine bloße Handreichung, die die neuen Strukturen und Zusammenhänge aufzeigt und die Veränderungen gegenüber dem bisherigen Recht darstellt, auch wenn dieses Anliegen zunächst den Ausgangspunkt jeder im vorliegenden Werk enthaltenen Einzelkommentierung darstellt. Vielmehr besteht darüber hinaus der Anspruch, die bisherige Rechtsprechung und Literatur zu verarbeiten, auf ihre Gültigkeit vor dem Hintergrund der in Kraft getretenen Reformen zu überprüfen und eine in sich geschlossene Gesamtkommentierung von FamFG und FamGKG vorzulegen, die Anwälten, Notaren, Richtern, Rechtspflegern, Jugendämtern und Betreuern eine zuverlässige und umfassende Orientierung für ihre tägliche Arbeit bietet. Dabei haben wir uns den berühmten ZPO-Kommentar von Zöller zum Vorbild genommen und wollen den ehrgeizigen Versuch unternehmen, ihm auf Dauer ein gleichwertiges Werk zum gesamten FamFG zur Seite zu stellen.

Das FamFG wird bis zum Zeitpunkt seines Inkrafttretens bereits durch acht weitere Gesetze geändert (vgl. Einl. Rz. 45), namentlich durch das Gesetz zur Strukturreform des Versorgungsausgleichs, das Gesetz zur Modernisierung von Verfahren im anwaltlichen und notariellen Berufsrecht (sog. FamFG-Reparaturgesetz), das Gesetz zur Änderung des Zugewinnausgleichs- und Vormundschaftsrechts und das Dritte Gesetz zur Änderung des Betreuungsrechts. Daneben erfolgen Änderungen durch das Bilanzrechtsmodernisierungsgesetz, das Gesetz zur Neuregelung der Rechtsverhältnisse bei Schuldverschreibungen aus Gesamtemissionen pp., das Gesetz zur Umsetzung der Beteiligungsrichtlinie und das Gesetz zur Reform der Sachaufklärung in der Zwangsvollstreckung (mWv. 1.1.2013). Diese Änderungen konnten durchgehend berücksichtigt werden. Marginale Klarstellungen und Korrekturen, die zwar nicht das FamFG direkt betreffen, aber doch indirekt Auswirkungen auf die kommentierten Materien besitzen, brachten nach Fertigstellung des Manuskripts auch noch Art. 5 bis 8 des Gesetzes über die Internetversteigerung in der Zwangsvollstreckung: Bei der Neufassung der § 23a Abs. 1 GVG, §§ 13, 15 Satz 2 RPflG, § 31 AVAG, § 44 Abs. 2 IntFamRVG handelt es sich im Wesentlichen um Folgeänderungen, die die nötigen Konsequenzen aus der durch das FamFG geänderten Verfahrensstruktur ziehen, in der Sache aber gegenüber dem bisherigen Rechtszustand keine Veränderung bringen.

Da sich der Kommentar in erster Linie an die juristische Praxis wendet, haben Herausgeber und Verlag gleichermaßen anerkannte Hochschullehrer und erfahrene Praktiker – Richter, Notare und Ministerialbeamte – als Autoren gewonnen. Ihnen allen möchten wir unseren besonderen Dank dafür aussprechen, dass sie es aufgrund ihrer Begeisterung für das Projekt und ihrer disziplinierten Arbeit geschafft haben, in der knapp bemessenen Zeit von nur einem Jahr eine umfassende Kommentierung mit hohem wissenschaftlichen Niveau zu erstellen. Ebenfalls herzlich bedanken möchten wir uns für die engagierte und äußerst sachkundige Unterstützung seitens des Verlags, namentlich durch Herrn Peter Marqua und Frau Simone Forner, ohne deren tatkräftige Hilfe die pünktliche Erstellung des Werkes in der nun vorliegenden Form nicht möglich gewesen wäre.

Bei einer so umfangreichen Neukommentierung können einzelne Lücken, Unebenheiten oder Unklarheiten nie ganz ausgeschlossen werden. Auf Hinweise, Kritik und Vorschläge aus der Leserschaft sind wir zur Verbesserung des Werks über die erste Auflage hinaus daher angewiesen. Am Buchende finden Sie dafür entsprechende Hinweiskarten.

Köln und Marburg, im Juli 2009

Hanns Prütting
Tobias Helms

Bearbeiterverzeichnis

Dr. Dr. Andrik Abramenko Richter am Landgericht, Frankfurt a.M.	§§ 32–34, 36, 38–48, 58–75
Dr. Wera Ahn-Roth Vorsitzende Richterin am Oberlandesgericht, Köln	§§ 15–25
Dr. Regina Bömelburg Richterin am Oberlandesgericht, Köln	§§ 231–260
Christian Feskorn Richter am Kammergericht, Berlin	§§ 80–85, 117
Dr. Oliver Fröhler Notar, Titisee-Neustadt	§§ 342–373
Prof. Dr. Tobias Fröschle Universität Siegen	§§ 271–311
Prof. Dr. Wolfgang Hau Universität Passau	§§ 97–110, Anh. zu § 245
Norbert Heiter Richter am Amtsgericht, Stuttgart	§§ 261–270
Prof. Dr. Tobias Helms Universität Marburg	§§ 111–116, 118–150
Wilhelm Heinz Jennissen Vorsitzender Richter am Oberlandesgericht, Köln	§§ 10–14, 415–432
Dipl.-Rpfl. Werner Klüsener Oberamtsrat im BMJ, Berlin	FamGKG
Thomas Krause Notar, Staßfurt	§§ 186–199
Eike Maass Rechtsanwalt und Notar, Frankfurt a.M.	§§ 374–414, 433–484
Ralph Neumann Richter am Amtsgericht, Brühl	§§ 200–216a
Prof. Dr. Hanns Prütting Universität Köln	Einleitung, §§ 1–9, 26–31, 37, 485–491; Art. 111, 112 FGG-RG
Prof. Dr. Andreas Roth Universität Mainz	§§ 312–341
Eberhard Stößer Direktor des Amtsgerichts, Leonberg	§§ 35, 49–57, 76–79, 86–96a, 151–185
Andreas Wagner Richter am Oberlandesgericht, Düsseldorf	§§ 217–230

Inhaltsübersicht

Gesetz über das Verfahren in Familiensachen und in den Angelegenheiten der freiwilligen Gerichtsbarkeit

Gesetz über Gerichtskosten in Familiensachen

Abkürzungsverzeichnis

AdÜbAG	Gesetz zur Ausführung des Haager Adoptionsübereinkommens (Adoptionsübereinkommens-Ausführungsgesetz)
AdVermiG	Gesetz über die Vermittlung der Annahme als Kind und über das Verbot der Vermittlung von Ersatzmüttern (Adoptionsvermittlungsgesetz)
AdWirkG	Gesetz über Wirkungen der Annahme als Kind nach ausländischem Recht (Adoptionswirkungsgesetz)
AG	Amtsgericht; auch: Aktiengesellschaft
AGGVG	(Landes-)Gesetz zur Ausführung des Gerichtsverfassungsgesetzes und von Verfahrensgesetzen des Bundes
AGS	Anwaltsgebühren-Spezial (Zeitschrift für das gesamte Gebührenrecht und Anwaltsmanagement)
AktG	Aktiengesetz
AktO	Aktenordnung
AltZertG	Gesetz über die Zertifizierung von Altersvorsorge- und Basisrentenverträgen (Altersvorsorgeverträge-Zertifizierungsgesetz)
AnwBl.	Anwaltsblatt (Zeitschrift)
AO	Abgabenordnung
ArbGG	Arbeitsgerichtsgesetz
AsylVfG	Asylverfahrensgesetz
AuAS	Schnelldienst Ausländer- und Asylrecht (Zeitschrift)
AufenthG	Gesetz über den Aufenthalt, die Erwerbstätigkeit und die Integration von Ausländern im Bundesgebiet (Aufenthaltsgesetz)
AUG	Gesetz zur Geltendmachung von Unterhaltsansprüchen im Verkehr mit ausländischen Staaten (Auslandsunterhaltsgesetz)
AVAG	Gesetz zur Ausführung zwischenstaatlicher Verträge und zur Durchführung von Verordnungen und Abkommen der Europäischen Gemeinschaft auf dem Gebiet der Anerkennung und Vollstreckung in Zivil- und Handelssachen (Anerkennungs- und Vollstreckungsausführungsgesetz)
BadRPrax	Badische Rechtspraxis (Zeitschrift)
BaföG	Bundesgesetz über individuelle Förderung der Ausbildung (Bundesausbildungsförderungsgesetz)
BAG	Bundesarbeitsgericht
BarwertVO	Barwert-Verordnung (aufgehoben durch Art. 23 VAStrRefG v. 3.4.2009, BGBl. I, S. 700)
BauGB	Baugesetzbuch
BauR	Zeitschrift für das gesamte öffentliche und zivile Baurecht
BayObLG	Bayerisches Oberstes Landesgericht
BayObLGReport	Schnelldienst zur Rechtsprechung des Bayerischen Obersten Landesgerichts
BayObLGZ	Entscheidungen des Bayerischen Obersten Landesgerichts in Zivilsachen
BayVBl	Bayerische Verwaltungsblätter
BB	BetriebsBerater – Zeitschrift für Recht, Steuern und Wirtschaft
BDG	Bundesdisziplinargesetz

BDSG	Bundesdatenschutzgesetz
BeamtVG	Gesetz über die Versorgung der Beamten und Richter des Bundes (Beamtenversorgungsgesetz)
BeckRS	Beck Rechtsprechung (online-Rechtsprechungsdatenbank)
BetrAVG	Gesetz zur Verbesserung der betrieblichen Altersversorgung (Betriebsrentengesetz)
BeurkG	Beurkundungsgesetz
BFH	Bundesfinanzhof
BGB	Bürgerliches Gesetzbuch
BGBl.	Bundesgesetzblatt
BGH	Bundesgerichtshof
BGHReport	Schnelldienst zur Rechtsprechung des Bundesgerichtshofs (2001–2009)
BGHZ	Entscheidungen des Bundesgerichtshofs in Zivilsachen (Band, Seite)
BinSchG	Gesetz betreffend die privatrechtlichen Verhältnisse der Binnenschifffahrt (Binnenschifffahrtsgesetz)
BKAG	Gesetz über das Bundeskriminalamt und die Zusammenarbeit des Bundes und der Länder in kriminalpolizeilichen Angelegenheiten (Bundeskriminalamtgesetz)
BKGG	Bundeskindergeldgesetz
BNotO	Bundesnotarordnung
BPolG	Gesetz über die Bundespolizei (Bundespolizeigesetz)
BRAO	Bundesrechtsanwaltsordnung
BR-Drucks.	Bundesrats-Drucksache
BRKG	Bundesreisekostengesetz
Brüssel IIa-VO	Verordnung (EG) Nr. 2201/2003 des Rates v. 27.11.2003 über die Zuständigkeit und die Anerkennung und Vollstreckung von Entscheidungen in Ehesachen und in Verfahren betreffend die elterliche Verantwortung und zur Aufhebung der Verordnung (EG) Nr. 1347/2000, s. Anh. 2 zu § 97
Brüssel I-VO	VO Nr. 44/2001 v. 22.12.2000 über die gerichtliche Zuständigkeit und die Anerkennung und Vollstreckung von Entscheidungen in Zivil- und Handelssachen
BSG	Bundessozialgericht
BtÄndG	Betreuungsrechtsänderungsgesetz
BtBG	Gesetz über die Wahrnehmung behördlicher Aufgaben bei der Betreuung Volljähriger (Betreuungsbehördengesetz)
BT-Drucks.	Bundestags-Drucksache
BtG	Gesetz zur Reform des Rechts der Vormundschaft und Pflegschaft für Volljährige (Betreuungsgesetz)
BtMan	Betreuungsmanagement (Zeitschrift)
BtPrax	Betreuungsrechtliche Praxis (Zeitschrift)
BVerfG	Bundesverfassungsgericht
BVerfGE	Entscheidungen des Bundesverfassungsgerichts (Band, Seite)
BVerfGG	Gesetz über das Bundesverfassungsgericht (Bundesverfassungsgerichtsgesetz)
BVerwG	Bundesverwaltungsgericht
BWahlG	Bundeswahlgesetz
BWNotZ	Zeitschrift für das Notariat in Baden-Württemberg

CR	Computer und Recht (Zeitschrift)
Das Standesamt	Zeitschrift für Standesamtswesen, Familienrecht, Staatsangehörigkeitsrecht, Personenstandsrecht, internationales Privatrecht des In- und Auslands
DAVorm	Der Amtsvormund (Zeitschrift)
DB	Der Betrieb – Wochenschrift für Betriebswirtschaft, Steuerrecht, Wirtschaftsrecht und Arbeitsrecht
DDR-RAG	Rechtsanwendungsgesetz der DDR
Der Konzern	Zeitschrift für Gesellschaftsrecht, Steuerrecht, Bilanzrecht und Rechnungslegung der verbundenen Unternehmen
DEuFamR	Deutsches und Europäisches Familienrecht (Zeitschrift)
DFGT	Deutscher Familiengerichtstag
DNotI-Report	Informationsdienst des Deutschen Notarinstituts (Zeitschrift)
DNotZ	Deutsche Notar-Zeitschrift
DONot	Dienstordnung für Notarinnen und Notare
DÖV	Die Öffentliche Verwaltung (Zeitschrift)
DRiG	Deutsches Richtergesetz
DRiZ	Deutsche Richterzeitung
DSG	Datenschutzgesetz
eA	einstweilige Anordnung
EG	EG-Vertrag (in Zusammenhang mit der Bezeichnung „Art.")
EGBGB	Einführungsgesetz zum Bürgerlichen Gesetzbuch
EGGmbHG	Einführungsgesetz zum GmbH-Gesetz
EGGVG	Einführungsgesetz zum Gerichtsverfassungsgesetz
EGInsO	Einführungsgesetz zur Insolvenzordnung
EGMR	s. EuGMR
EG-PKHVV	EG-Prozesskostenhilfevordruckverordnung v. 21.12.2004
EGStGB	Einführungsgesetz zum Strafgesetzbuch
EGZPO	Einführungsgesetz zur Zivilprozessordnung
EheG	Ehegesetz
EheRG	Gesetz zur Reform des Ehe- und Familienrechts
EHG	Gesetz über das elektronische Handelsregister und Genossenschaftsregister sowie Unternehmensregister
EMRK	Europäische Menschenrechtskonvention
ErbbauRG	Erbbaurechtsgesetz
EStG	Einkommensteuergesetz
ESÜ	s. SorgeRÜ
EuBVO	VO Nr. 1206/2001 v. 28.5.2001 über die Zusammenarbeit zwischen den Gerichten der Mitgliedstaaten auf dem Gebiet der Beweisaufnahme in Zivil- oder Handelssachen
EuEheVO	s. Brüssel IIa-VO
EuGH	Gerichtshof der Europäischen Gemeinschaften (Europäischer Gerichtshof)
EuGMR (EGMR)	Europäischer Gerichtshof für Menschenrechte
EuGRZ	Europäische Grundrechte-Zeitschrift
EuGVO/EuGVVO	s. Brüssel I-VO
EuGVÜ	Brüsseler Übereinkommen v. 27.9.1968 über die gerichtliche Zuständigkeit und die Vollstreckung gerichtlicher Entscheidungen in Zivil- und Handelssachen (konsolidierte Fassung in ABl. EG 1998 Nr. C 27/1)

EuGVVO	s. Brüssel I-VO
EuInsVO	Verordnung (EG) Nr. 1346/2000 des Rates v. 29.5.2000 über Insolvenzverfahren
EuLF	The European Legal Forum (Zeitschrift)
EuMahnVO	VO Nr. 1896/2006 v. 12.12.2006 zur Einführung eines Europäischen Mahnverfahrens
EuUntVO	VO Nr. 4/2009 v. 18.12.2008 über die Zuständigkeit, das anzuwendende Recht, die Anerkennung und Vollstreckung von Entscheidungen und die Zusammenarbeit in Unterhaltssachen, s. Anh. 6 zu 97
EuVTVO	VO Nr. 805/2004 v. 21.4.2004 zur Einführung eines europäischen Vollstreckungstitels für unbestrittene Forderungen
EuZustVO	VO Nr. 1348/2000 v. 29.5.2000 über die Zustellung gerichtlicher und außergerichtlicher Schriftstücke in Zivil- oder Handelssachen in den Mitgliedstaaten
EuZVO (2007)	VO Nr. 1393/2007 v. 13.11.2007 über die Zustellung gerichtlicher und außergerichtlicher Schriftstücke in Zivil- oder Handelssachen in den Mitgliedstaaten und zur Aufhebung der VO Nr. 1348/2000
eVF	elektronische Vorab-Fassung (Vorfassung zur endgültigen, lektorierten Druckfassung)
EzFamR aktuell	Sofortinformation zur Entscheidungssammlung zum Familienrecht (Zeitschrift)
FA	Fachanwalt Arbeitsrecht (Zeitschrift)
FamFG	Gesetz über das Verfahren in Familiensachen und in den Angelegenheiten der freiwilligen Gerichtsbarkeit
FamG	Familiengericht
FamGKG	Gesetz über Gerichtskosten in Familiensachen
FamLeistG	Gesetz zur Förderung von Familien und haushaltsnahen Dienstleistungen (Familienleistungsgesetz)
FamRÄndG	Gesetz zur Vereinheitlichung und Änderung familienrechtlicher Vorschriften (Familienrechtsänderungsgesetz)
FamRB	Der Familienrechts-Berater (Zeitschrift)
FamRBint	Der Familienrechts-Berater international (Beilage zum FamRB)
FamRZ	Zeitschrift für das gesamte Familienrecht
FEVG	Gesetz über das gerichtliche Verfahren bei Freiheitsentziehungen
FF	Forum Familienrecht (Zeitschrift)
fG	freiwillige Gerichtsbarkeit
FGG	Gesetz über die Angelegenheiten der freiwilligen Gerichtsbarkeit, aufgehoben durch Art. 112 G. v. 17.12.2008 (BGBl I, S. 2586)
FGG-RG	Gesetz zur Reform des Verfahrens in Familiensachen und in den Angelegenheiten der freiwilligen Gerichtsbarkeit (FGG-Reformgesetz)
FGO	Finanzgerichtsordnung
FGPrax	Praxis der Freiwilligen Gerichtsbarkeit (Zeitschrift)
FlurbG	Flurbereinigungsgesetz
FormVAnpG	Gesetz zur Anpassung der Formvorschriften des Privatrechts und anderer Vorschriften an den modernen Rechtsgeschäftsverkehr (Formvorschriftenanpassungsgesetz)

FPR	Familie, Partnerschaft, Recht (Zeitschrift)
FrhEntzG	s. FEVG
FuR	Familie und Recht (Zeitschrift)
GBMaßnG	Gesetz über Maßnahmen auf dem Gebiet des Grundstückswesens
GBO	Grundbuchordnung
GemS	Gemeinsamer Senat der obersten Gerichtshöfe des Bundes
GenG	Gesetz betreffend die Erwerbs- und Wirtschaftsgenossenschaften (Genossenschaftsgesetz)
GenRegV	Genossenschaftsregisterverordnung
GerNeuOG	(Landes-)Gerichtsneuordnungsgesetz
GewSchG	Gesetz zum zivilrechtlichen Schutz vor Gewalttaten und Nachstellungen (Gewaltschutzgesetz)
GG	Grundgesetz für die Bundesrepublik Deutschland
GmbH	Gesellschaft mit beschränkter Haftung
GmbHG	Gesetz betreffend die Gesellschaften mit beschränkter Haftung (GmbH-Gesetz)
GmbHR	GmbH-Rundschau (Zeitschrift)
GmS	s. GemS
GOrgG	(Landes-)Gerichtsorganisationsgesetz
GRV	Gesetzliche Rentenversicherung
GS/GrS	Großer Senat
GVG	Gerichtsverfassungsgesetz
GVGA	Geschäftsanweisung für Gerichtsvollzieher
HAdoptÜ	Haager Übereinkommen v. 29.5.1953 über den Schutz von Kindern und die Zusammenarbeit auf dem Gebiet der internationalen Adoption (Haager Adoptionsübereinkommen)
HAÜ	s. HAdoptÜ
HausratsVO	s. HausrVO
HausrVO	Verordnung über die Behandlung der Ehewohnung und des Hausrats, aufgehoben durch Art. 2 G. v. 6.7.2009, BGBl. I, S. 1696
HBÜ	Haager Übereinkommen v. 18.3.1970 über die Beweisaufnahme im Ausland in Zivil- oder Handelssachen
HErwSÜ	Haager Übereinkommen v. 13.1.2000 über den internationalen Schutz von Erwachsenen, s. Anh. 7 § zu 97
HErwSÜAG	Ausführungsgesetz zum Erwachsenenschutz-Übereinkommen, s. Anh. 7 § zu 97
HGB	Handelsgesetzbuch
HKEntfÜ	Haager Übereinkommen v. 25.10.1980 über die zivilrechtlichen Aspekte internationaler Kindesentführung, s. Anh. 5 zu § 97
HKiEntÜ	s. HKEntfÜ
HöfeO	Höfeordnung
HRR	Höchstrichterliche Rechtsprechung im Strafrecht (Zeitschrift)
HRV	Handelsregisterverordnung
HUntP 2007	Haager Protokoll über das auf Unterhaltsverpflichtungen anzuwendende Recht v. 23.11.2007
HUntVÜ 1958	Haager Übereinkommen v. 15.4.1958 über die Anerkennung und Vollstreckung von Entscheidungen auf dem Gebiet der Unterhaltspflicht gegenüber Kindern

HUntVÜ 1973 — Haager Übereinkommen v. 2.10.1973 über die Anerkennung und Vollstreckung von Unterhaltsentscheidungen, s. Anh. zu § 245 Rz. 125
HUntVÜ 2007 — Haager Unterhaltsvollstreckungsübereinkommen 2007 v. 23.11. 2007
HVormÜ — Haager Abkommen v. 12.6.1902 zur Regelung der Vormundschaft über Minderjährige
HZPÜ — Haager Übereinkommen v. 1.3.1954 über den Zivilprozess
HZÜ — Haager Übereinkommen v. 15.11.1965 über die Zustellung gerichtlicher und außergerichtlicher Schriftstücke im Ausland in Zivil- oder Handelssachen

IfSG — Gesetz zur Verhütung und Bekämpfung von Infektionskrankheiten beim Menschen (Infektionsschutzgesetz)
InfAuslR — Informationsbrief Ausländerrecht (Zeitschrift)
InsO — Insolvenzordnung
IntFamRVG — Gesetz zur Aus- und Durchführung bestimmter Rechtsinstrumente auf dem Gebiet des internationalen Familienrechts (Internationales Familienrechts-Verfahrensgesetz), s. Anh. 1 zu § 97
IPRax — Praxis des Internationalen Privat- und Verfahrensrechts (Zeitschrift)
IPRspr. — Die deutsche Rechtsprechung auf dem Gebiete des Internationalen Privatrechts (Rechtsprechungssammlung seit 1926)

Jamt — Das Jugendamt – Zeitschrift für Jugendhilfe und Familienrecht
JBeitrO — Justizbeitreibungsordnung
JFG — Jahrbuch für Entscheidungen in Angelegenheiten der freiwilligen Gerichtsbarkeit und des Grundbuchrechts
JGG — Jugendgerichtsgesetz
JKomG — Gesetz über die Verwendung elektronischer Kommunikationsformen in der Justiz (Justizkommunikationsgesetz)
JR — Juristische Rundschau (Zeitschrift)
JuMoG — Gesetz zur Modernisierung der Justiz (Justizmodernisierungsgesetz)
JurBüro — Juristisches Büro (Zeitschrift)
JurPC — Internet-Zeitschrift für Rechtsinformatik und Informationsrecht
Justiz — Die Justiz – Amtsblatt des Justizministeriums Baden-Württemberg
JVEG — Gesetz über die Vergütung von Sachverständigen, Dolmetscherinnen, Dolmetschern, Übersetzerinnen und Übersetzern sowie die Entschädigung von ehrenamtlichen Richterinnen, ehrenamtlichen Richtern, Zeuginnen, Zeugen und Dritten (Justizvergütungs- und Entschädigungsgesetz)
JW — Juristische Wochenschrift
JZ — JuristenZeitung

KastrG — Gesetz über die freiwillige Kastration und andere Behandlungsmethoden (Kastrationsgesetz)
KErzG — Gesetz über die religiöse Kindererziehung (Kindererziehungsgesetz)

KG	Kammergericht; auch: Kommanditgesellschaft
KGaA	Kommanditgesellschaft auf Aktien
KGReport	Schnelldienst zur Rechtsprechung des Kammergerichts
KindPrax	Zeitschrift für die praktische Anwendung und Umsetzung des Kindschaftsrechts
KindRG	Gesetz zur Reform des Kindschaftsrechts (Kindschaftsrechtsreformgesetz)
KindUFV	Kindesunterhalt-Formularverordnung
KindUG	Gesetz zur Vereinheitlichung des Unterhaltsrechts minderjähriger Kinder (Kindesunterhaltsgesetz)
KindUVV	Verordnung zur Einführung von Vordrucken für das vereinfachte Verfahren über den Unterhalt minderjähriger Kinder
KJHG	Kinder- und Jugendhilfegesetz, jetzt SGB VIII
KonsularG	Konsulargesetz
KostO	Gesetz über die Kosten in Angelegenheiten der freiwilligen Gerichtsbarkeit (Kostenordnung)
KostRspr	Kostenrechtsprechung, Nachschlagewerk wichtiger Kostenentscheidungen
KostVfg	Kostenverfügung (Verwaltungsvorschrift des Bundesministeriums der Justiz, BAnz Nr. 166 v. 3.9.2004, S. 19765)
KSÜ	Haager Übereinkommen v. 19.10.1996 über die Zuständigkeit, das anzuwendende Recht, die Anerkennung, Vollstreckung und Zusammenarbeit auf dem Gebiet der elterlichen Verantwortung und der Maßnahmen zum Schutz von Kindern (Haager Kindesschutzübereinkommen), s. Anh. 4 zu § 97
KSVG	Künstlersozialversicherungsgesetz
KWG	Gesetz über das Kreditwesen (Kreditwesengesetz)
LAG	Gesetz über den Lastenausgleich (Lastenausgleichsgesetz)
LBG	Gesetz über die Landbeschaffung für Aufgaben der Verteidigung
LFGG	Landesgesetz über die Freiwillige Gerichtsbarkeit (Baden-Württemberg)
LG	Landgericht
LPartG	Gesetz über die Eingetragene Lebenspartnerschaft (Lebenspartnerschaftsgesetz)
LSG	Landessozialgericht
LuftfzRG	Luftfahrzeugregistergesetz
LugÜ	Luganer Europäisches Übereinkommen v. 16.9.1988 über die gerichtliche Zuständigkeit und die Vollstreckung gerichtlicher Entscheidungen in Zivil- und Handelssachen
LugÜ II	Luganer Übereinkommen über die gerichtliche Zuständigkeit und die Anerkennung und Vollstreckung von Entscheidungen in Zivil- und Handelssachen v. 30.10.2007
LwVG	Gesetz über das gerichtliche Verfahren in Landwirtschaftssachen (Landwirtschaftsverfahrensgesetz)
MDK	Medizinischer Dienst der Krankenversicherung
MDR	Monatsschrift für deutsches Recht (Zeitschrift)
Mediations-RL	Richtlinie 2008/52/EG v. 21.5.2008 über bestimmte Aspekte der Mediation in Zivil- und Handelssachen
MeldeG (mit Zusatz)	Meldegesetz (des Landes ...)

MitbestG	Gesetz über die Mitbestimmung der Arbeitnehmer (Mitbestimmungsgesetz)
MittBayNot	Mitteilungen des Bayerischen Notarvereins, der Notarkasse und der Landesnotarkammer Bayern
MittRhNotK	Mitteilungen der Rheinischen Notarkammer
MiZi	Anordnung über die Mitteilungen in Zivilsachen
MMR	Multimedia und Recht (Zeitschrift)
MoMiG	Gesetz zur Modernisierung des GmbH-Rechts und zur Bekämpfung von Missbräuchen
MSA	Haager Übereinkommen v. 5.10.1961 über die Zuständigkeit der Behörden und das anzuwendende Recht auf dem Gebiet des Schutzes von Minderjährigen (Haager Minderjährigenschutzabkommen), s. Anh. 3 zu § 97
NamÄndG	Gesetz über die Änderung von Familiennamen und Vornamen (Namensänderungsgesetz)
NEhelG	Gesetz über die rechtliche Stellung der nichtehelichen Kinder (Nichtehelichengesetz)
NJ	Neue Justiz (Zeitschrift)
NJOZ	Neue Juristische Online-Zeitschrift
NJW	Neue Juristische Wochenschrift
NJWE-FER	NJW-Entscheidungsdienst Familien- und Erbrecht
NJW-RR	NJW-Rechtsprechungs-Report Zivilrecht
NordÖR	Zeitschrift für öffentliches Recht in Norddeutschland
NotBZ	Zeitschrift für die notarielle Beratungs- und Beurkundungspraxis
NStZ	Neue Zeitschrift für Strafrecht
NVwZ	Neue Zeitschrift für Verwaltungsrecht
NVwZ-RR	NVwZ-Rechtsprechungs-Report Verwaltungsrecht
NZA	Neue Zeitschrift für Arbeitsrecht
NZA-RR	NZA-Rechtsprechungs-Report Arbeitsrecht
NZG	Neue Zeitschrift für Gesellschaftsrecht
NZI	Neue Zeitschrift für Insolvenz und Sanierung
NZM	Neue Zeitschrift für Miet- und Wohnungsrecht
OBG	Gesetz über Aufbau und Befugnisse der Ordnungsbehörden (Ordnungsbehördengesetz)
OHG	Offene Handelsgesellschaft
OK GBO	online-Kommentar Grundbuchordnung
OLGR	Rechtsprechung der Oberlandesgerichte auf dem Gebiet des Zivilrechts, Band 1–46, erschienen 1900–1928 (zitiert nach Band, Seite)
OLGReport	Schnelldienst zur Rechtsprechung der Oberlandesgerichte (1991–2009)
OLGZ	Entscheidungen der Oberlandesgerichte in Zivilsachen 1965–1994 (zitiert nach Jahrgang, Seite)
OrtsgerichtsG	(Landes-)Ortsgerichtsgesetz
OVG	Oberverwaltungsgericht
PartGG	Gesetz über Partnerschaftsgesellschaften Angehöriger Freier Berufe (Partnerschaftsgesellschaftsgesetz)
PKH	Prozesskostenhilfe

PKH-RL	Richtlinie 2003/8/EG v. 27.1.2003 zur Verbesserung des Zugangs zum Recht bei Streitsachen mit grenzüberschreitendem Bezug durch Festlegung gemeinsamer Mindestvorschriften für die Prozesskostenhilfe in derartigen Streitsachen (Prozesskostenhilfe-Richtlinie)
PolG	Polizeigesetz
PRV	Partnerschaftsregisterverordnung
PStG	Personenstandsgesetz
PStRG	Gesetz zur Reform des Personenstandsrechts
PStV	Verordnung zur Ausführung des Personenstandsgesetzes (Personenstandsverordnung)
PsychKG	Landesgesetze für psychisch kranke Personen
PublG	Gesetz über die Rechnungslegung von bestimmten Unternehmen und Konzernen
RabelsZ	Rabels Zeitschrift für ausländisches und internationales Privatrecht
RBerNG	Gesetz zur Neuregelung des Rechtsberatungsrechts
RDG	Rechtsdienstleistungsgesetz
RDGEG	Einführungsgesetz zum Rechtsdienstleistungsgesetz
RdL	Recht der Landwirtschaft (Zeitschrift)
RefE	Referentenentwurf
RegE	Regierungsentwurf
RelKErzG	s. KErzG
RG	Reichsgericht
RGRK	Das Bürgerliche Gesetzbuch mit besonderer Berücksichtigung der Rechtsprechung des Reichsgerichts und des Bundesgerichtshofes, Kommentar, herausgegeben von Mitgliedern des Bundesgerichtshofes
RGZ	Entscheidungen des Reichsgerichts in Zivilsachen
RJA	Reichsjustizamt, Entscheidungen in Angelegenheiten der freiwilligen Gerichtsbarkeit und des Grundbuchrechts
RNotZ	Rheinische Notar-Zeitschrift
RpflBl	Rechtspflegerblatt (Zeitschrift)
Rpfleger	Der Rechtspfleger (Zeitschrift)
RPflG	Rechtspflegergesetz
RPflStud	Rechtspfleger-Studienhefte (Zeitschrift)
RVG	Gesetz über die Vergütung der Rechtsanwältinnen und Rechtsanwälte (Rechtsanwaltsvergütungsgesetz)
SachenRBerG	Gesetz zur Sachenrechtsbereinigung im Beitrittsgebiet
SCE-AusführungsG	Gesetz zur Ausführung der Verordnung (EG) Nr. 1435/2003 des Rates vom 22. Juli 2003 über das Statut der Europäischen Genossenschaft
ScheckG	Scheckgesetz
SchiffsRegO	Schiffsregisterordnung
SchlHA	Schleswig-Holsteinische Anzeigen (Justizministerialblatt des Landes Schleswig-Holstein)
SchRegO	s. SchiffsRegO
SchRG	Gesetz über Rechte an eingetragenen Schiffen und Schiffsbauwerken

SchVG	Gesetz über schuldverschreibungen aus Anleihen (Schuldverschreibungsgesetz)
SE-AusführungsG	Gesetz zur Ausführung der Verordnung (EG) Nr. 2157/2001 des Rates vom 8. Oktober 2001 über das Statut der Europäischen Gesellschaft
SeuffA	Seufferts Archiv für die Entscheidungen der obersten Gerichte in den deutschen Staaten
SGB I–XII	Sozialgesetzbuch Erstes bis Zwölftes Buch
SGG	Sozialgerichtsgesetz
SigG	Gesetz über Rahmenbedingungen für elektronische Signaturen (Signaturgesetz)
SorgeRÜ	Luxemburger Europäisches Übereinkommen v. 25.5.1980 über die Anerkennung und Vollstreckung von Entscheidungen über das Sorgerecht für Kinder und die Wiederherstellung des Sorgeverhältnisses
SorgeRÜbkAG	Gesetz zur Ausführung des Haager Übereinkommens vom 25.10.1980 über die zivilrechtlichen Aspekte internationaler Kindesentführung und des Europäischen Übereinkommens vom 20.5.1980 über die Anerkennung und Vollstreckung von Entscheidungen über das Sorgerecht für Kinder und die Wiederherstellung des Sorgeverhältnisses (Sorgerechtsübereinkommens-Ausführungsgesetz v. 5.4.1990
SpruchG	Gesetz über das gesellschaftsrechtliche Spruchverfahren
StAG	Staatsangehörigkeitsgesetz
StAngRegG	Gesetz zur Regelung von Fragen der Staatsangehörigkeit
StAZ	s. Das Standesamt
StGB	Strafgesetzbuch
StPO	Strafprozessordnung
StVollzG	Strafvollzugsgesetz
StVZO	Straßenverkehrs-Zulassungs-Ordnung
TSG	Gesetz über die Änderung der Vornamen und die Feststellung der Geschlechtszugehörigkeit in besonderen Fällen (Transsexuellengesetz)
UhAnerkÜbk Haag	Haager Übereinkommen über die Anerkennung und Vollstreckung von Entscheidungen auf dem Gebiet der Unterhaltspflicht gegenüber Kindern v. 15.4.1958
UhEntschÜbk Haag	Haager Übereinkommen über die Anerkennung und Vollstreckung von Unterhaltsentscheidungen v. 2.10.1973
UhVorschG	Gesetz zur Sicherung des Unterhalts von Kindern alleinstehender Mütter und Väter durch Unterhaltsvorschüsse oder -ausfallleistungen (Unterhaltsvorschussgesetz)
UmwG	Umwandlungsgesetz
UnterbrG	Gesetz über die Unterbringung psychisch Kranker und deren Betreuung
UNUntÜ	UN-Übereinkommen v. 20.6.1956 über die Geltendmachung von Unterhaltsansprüchen im Ausland (Anh. zu § 245, Rz. 166)
UVG	s. UhVorschG
VA	Versorgungsausgleich
VAG	Versicherungsaufsichtsgesetz

VAHRG	Gesetz zur Regelung von Härten im Versorgungsausgleich, aufgehoben durch Art. 23 VAStrRefG v. 3.4.2009, BGBl. I, S. 700
VAStrRefG	Gesetz zur Strukturreform des Versorgungsausgleichs
VAÜG	Versorgungsausgleichs-Überleitungsgesetz, aufgehoben durch Art. 23 VAStrRefG v. 3.4.2009, BGBl. I, S. 700
VBVG	Gesetz über die Vergütung von Vormündern und Betreuern (Vormünder- und Betreuervergütungsgesetz)
VerfO EuGH	Verfahrensordnung des Gerichtshofs der Europäischen Gemeinschaften
VersAusglG	Gesetz über den Versorgungsausgleich (Versorgungsausgleichsgesetz)
VersAusglGMaßnG	Gesetz über weitere Maßnahmen auf dem Gebiet des Versorgungsausgleichs
VerschG	Verschollenheitsgesetz
VersR	Zeitschrift für Versicherungsrecht, Haftungs- und Schadensrecht
VG	Verwaltungsgericht
VGH	Verwaltungsgerichtshof
VKH	Verfahrenskostenhilfe
VRV	Vereinsregisterverordnung
VV-RVG	Vergütungsverzeichnis zum Rechtsanwaltsvergütungsgesetz
VwGO	Verwaltungsgerichtsordnung
VwVfG	Verwaltungsverfahrensgesetz
WarnR	Die Rechtsprechung des Reichsgerichts (Jahr und Nummer der Entscheidung)
WE	Wohnungseigentum – Zeitschrift für Wohnungseigentums- und Mietrecht
WEG	Gesetz über das Wohnungseigentum und das Dauerwohnrecht (Wohnungseigentumsgesetz)
WG	Wechselgesetz
WÜD	Wiener UN-Übereinkommen v. 18.4.1961 über diplomatische Beziehungen
WÜK	Wiener UN-Übereinkommen v. 24.4.1963 über konsularische Beziehungen
WuM	Wohnungswirtschaft und Mietrecht (Zeitschrift)
ZAR	Zeitschrift für Ausländerrecht und Ausländerpolitik
ZBfJR	Zentralblatt für Jugendrecht (Zeitschrift)
ZBlFG	Centralblatt für freiwillige Gerichtsbarkeit und Notariat sowie Zwangsversteigerung (Zeitschrift)
Zerb	Zeitschrift für die Steuer- und Erbrechtspraxis
ZEV	Zeitschrift für Erbrecht und Vermögensnachfolge
ZFdG	Gesetz über das Zollkriminalamt und die Zollfahndungsämter (Zollfahndungsdienstgesetz)
ZFE	Zeitschrift für Familien- und Erbrecht
ZfIR	Zeitschrift für Immobilienrecht
ZKJ	Zeitschrift für Kindschaftsrecht und Jugendhilfe
ZMR	Zeitschrift für Miet- und Raumrecht
ZPO	Zivilprozessordnung
ZRHO	Rechtshilfeordnung für Zivilsachen

ZRP Zeitschrift für Rechtspolitik
ZustErgG Gesetz zur Ergänzung von Zuständigkeiten auf den Gebieten des Bürgerlichen Rechts, des Handelsrechts und des Strafrechts
ZustRG Gesetz zur Reform des Verfahrens bei Zustellungen im gerichtlichen Verfahren (Zustellungsreformgesetz)
ZVG Gesetz über die Zwangsversteigerung und die Zwangsverwaltung
ZZP Zeitschrift für Zivilprozess

Literaturverzeichnis

I. Kommentare

Arnold/Meyer-Stolte/Herrmann, Rechtspflegergesetz, 6. Aufl. 2002
Assenmacher/Mathias, Kostenordnung, 16. Aufl. 2008

Bamberger/Roth, Kommentar zum Bürgerlichen Gesetzbuch, 3 Bände, 2. Aufl. 2008
Bassenge/Herbst/Roth, Gesetz über die freiwillige Gerichtsbarkeit – Rechtspflegergesetz, 11. Aufl. 2007
Baumbach/Hopt, Handelsgesetzbuch, 33. Aufl. 2007
Baumbach/Hueck, GmbH-Gesetz, 18. Aufl. 2006
Baumbach/Lauterbach/Albers/Hartmann, Zivilprozessordnung, 2 Bände, 67. Aufl. 2009 (zitiert: Baumbach/*Hartmann*)
Baumeister/Fehmel/Griesche, Familiengerichtsbarkeit, Kommentar zu den materiellrechtlichen und verfahrensrechtlichen Vorschriften, 1992 (zitiert: FamGB/*Bearbeiter*)
Bäumel/Bienwald/Häuermann, Familienrechtsreformkommentar – FamRefK, 1998
Bienwald/Sonnenfeld/Hoffmann, Betreuungsrecht, 4. Aufl. 2005
Brehm, Freiwillige Gerichtsbarkeit, 3. Aufl. 2002
Bruns/Kemper, Lebenspartnerschaftsrecht, 2. Aufl. 2005
Bumiller/Winkler, Freiwillige Gerichtsbarkeit, 8. Aufl. 2006

Damrau/Zimmermann, Betreuungsrecht, Kommentar zum materiellen und formellen Recht, 3. Aufl. 2001
Dauner-Lieb/Heidel/Ring, AnwaltsKommentar BGB, 5 Bände, 2005 (zitiert: AnwK/*Bearbeiter*)
Dodegge/Roth, Systematischer Praxiskommentar Betreuungsrecht, 2. Aufl. 2005

Erman, Bürgerliches Gesetzbuch, 12. Aufl. 2008
Eylmann, Bundesnotarordnung, Beurkundungsgesetz, 2. Aufl. 2004

Fröschle, Praxiskommentar Betreuungs- und Unterbringungsverfahren, 2007

Germelmann/Matthes/Prütting/Müller-Glöge, Arbeitsgerichtsgesetz, 6. Aufl. 2008
Gerold/Schmidt, Rechtsanwaltsvergütungsgesetz, 18. Aufl. 2008

Hartmann, Kostengesetze, 39. Aufl. 2009
Hüffer, Aktiengesetz, 8. Aufl. 2008
Huhn/v. Schuckmann, Beurkundungsgesetz und Dienstordnung für Notare, 4. Aufl. 2004

Jansen/v. Schuckmann/Sonnenfeld, Gesetz über die Angelegenheiten der freiwilligen Gerichtsbarkeit, 3 Bände, 3. Aufl. 2006
Jauernig, Bürgerliches Gesetzbuch, 13. Aufl. 2009
Jurgeleit, Betreuungsrecht, Handkommentar, 2005
Jürgens, Betreuungsrecht, 3. Aufl. 2005

Keidel/Kuntze/Winkler, Freiwillige Gerichtsbarkeit, 15. Aufl. 2003, Nachtrag 2005 (zitiert: Keidel/*Bearbeiter*)
Kissel/Mayer, Gerichtsverfassungsgesetz, 5. Aufl. 2008
Korintenberg/Lappe/Bengel/Reimann, Kostenordnung, 17. Aufl. 2008
Kropholler, Europäisches Zivilprozessrecht, EuGVO, LuganÜ und EU-Vollstreckungstitel, 8. Aufl. 2005

Marschner/Volckart, Freiheitsentziehung und Unterbringung – Materielles Recht und Verfahrensrecht, 4. Aufl. 2001
Meyer, Gerichtskostengesetz, 10. Aufl. 2008
Meysen, Das Familienverfahrensrecht – FamFG, 2008
Münchener Kommentar zum Aktiengesetz, 9 Bände, 3. Aufl. 2008 (zitiert: MüKo.AktG/*Bearbeiter*)
Münchener Kommentar zum Bürgerlichen Gesetzbuch, 11 Bände, 5. Aufl. 2000 ff. (zitiert: MüKo.BGB/*Bearbeiter*)
Münchener Kommentar zur Insolvenzordnung, 3 Bände, 2. Aufl. 2007/2008 (zitiert: MüKo.InsO/*Bearbeiter*)
Münchener Kommentar zur ZPO, 3 Bände 3. Aufl. 2007 (zitiert: MüKo.ZPO/*Bearbeiter*)
Musielak, Zivilprozessordnung mit Gerichtsverfassungsgesetz, 6. Aufl. 2008

Palandt, Bürgerliches Gesetzbuch, 68. Aufl. 2009
Prütting/Wegen/Weinreich, Bürgerliches Gesetzbuch, 4. Aufl. 2009 (zitiert: PWW/*Bearbeiter*)

Rauscher, Europäisches Zivilprozessrecht, 2 Bände, 2. Aufl. 2006
Rohs/Wedewer/Rohs, Kostenordnung, Loseblatt, Stand 2008
Rolland, FamR, Kommentar, 3. Aufl. 1995
Rowedder/Schmidt-Leithoff, GmbHG, 4. Aufl. 2002

Saenger, Zivilprozessordnung – Handkommentar, 2. Aufl. 2007 (zitiert: Hk-ZPO/*Bearbeiter*)
Schneider/Herget, Streitwertkommentar, 12. Aufl. 2007
Schwab/Weth, Arbeitsgerichtsgesetz 2. Aufl. 2008
Soergel/Siebert, Kommentar zum Bürgerlichen Gesetzbuch, 13. Aufl. 1999 ff.
Staudinger, 4. Buch Familienrecht, Neubearbeitung 2004–2007
Stein/Jonas, Zivilprozessordnung, Kommentar, 10 Bände, 22. Aufl. 2002 ff.

Thomas/Putzo, Zivilprozessordnung, 29. Aufl. 2008

Weinreich/Klein, Fachanwaltskommentar Familienrecht, 3. Aufl. 2008
Wieczorek/Schütze, Zivilprozeßordnung und Nebengesetze, 3. Aufl. 1994 ff.
Winkler, Beurkundungsgesetz, 16. Aufl. 2008

Zimmermann, Zivilprozessordnung mit GVG und Nebengesetzen, 8. Aufl. 2007
Zöller, Zivilprozessordnung, 27. Aufl. 2009

II. Handbücher, Lehrbücher, Monographien, Festschriften und sonstige Hilfsmittel

Aichhorn, Das Recht der Lebenspartnerschaft, 2003

Baldus/Gustavus, Handels- und Registerrecht, 4. Aufl. 2001
v. Bar/Mankowski, Internationales Privatrecht,. Band 1, 2. Aufl. 2003, Band 2 1991
Baumgärtel/Laumen/Prütting, Handbuch der Beweislast – Beweislastpraxis im Privatrecht, 9 Bände, 3. Aufl. 2008 ff. (zitiert: Baumgärtel/*Bearbeiter*)
Baur/Grunsky, Zivilprozessrecht, 13. Aufl. 2008
Baur/Wolf, Grundbegriffe des Rechts der Freiwilligen Gerichtsbarkeit, 3. Aufl. 2002
Becker/Junggeburth, Das neue Unterhaltsrecht: Rangfolge, Mindestunterhalt und Anpassung bestehender Unterhaltsregelungen, 2008

Bergerfurth/Rogner, Der Ehescheidungsprozess und die anderen Eheverfahren, 15. Aufl. 2006
Bergschneider, Verträge in Familiensachen, 3. Aufl. 2006
Bienwald, Verfahrenpflegschaftsrecht, 2002
Borth, Unterhaltsrechtsänderungsgesetz, 2007
Borth, Versorgungsausgleich in anwaltlicher und familiengerichtlicher Praxis, 4. Aufl. 2008
Brambring/Jerschke, Beck'sches Notarhandbuch, 5. Aufl. 2009
Brudermüller/Schürmann, Tabellen zum Familienrecht, 29. Aufl. 2008
Büte, Das Umgangsrecht bei Kindern geschiedener und getrennt lebender Eltern, 2. Aufl. 2005
Büte, Zugewinnausgleich bei Ehescheidungen, 3. Aufl. 2006

Dose, Einstweiliger Rechtsschutz in Familiensachen, 2. Aufl. 2005
Duderstadt, Die nichteheliche Lebensgemeinschaft, 2. Aufl. 2004
Duderstadt, Erwachsenenunterhalt, 3. Aufl. 2007
Duderstadt, Zugewinnausgleich, 2. Aufl. 2002

Eckebrecht/Große-Boymann/Gutjahr/Schael/v. Swieykowski-Trzaska, Verfahrenshandbuch Familiensachen, 2. Aufl. 2009
Ehinger/Griesche/Rasch, Handbuch Unterhaltsrecht, 5. Aufl. 2008
Ehring, Die Abänderbarkeit der Sorgerechtsentscheidung und die Wünsche des Kindes, 1996
Eichele/Hirtz/Oberheim, Handbuch Berufung im Zivilprozess, 2. Aufl. 2008
v. Eicken/Hellstab/Lappe/Madert/Mathias, Die Kostenfestsetzung, 19. Aufl. 2005
Eschenbruch/Klinkhammer, Unterhaltsrecht, 5. Aufl. 2008

Finke/Ebert, Familienrecht in der anwaltlichen Praxis, 6. Aufl. 2008
Firsching/Dodegge, Familienrecht. 2. Band: Vormundschafts- und Betreuungsrecht sowie andere Gebiete der freiwilligen Gerichtsbarkeit, 6. Aufl. 1999
Firsching/Graba, Familienrecht, 1. Halbband: Familiensachen, 6. Aufl. 1998
Firsching/Graf, Nachlassrecht, 9. Aufl. 2008
Fölsch, Das neue FamFG in Familiensachen, 2009
Friederici/Kemper, Kommentierte Synopse, FamFG, FGG, ZPO, 2009
Frieser, Fachanwaltskommentar Erbrecht, 2. Aufl. 2008

Garbe/Oelkers, Praxishandbuch Familiensachen, Loseblatt, 114. Lieferung 2009
Garbe/Ullrich, Prozesse in Familiensachen, 2007
Geimer, Internationales Zivilprozessrecht, 5. Aufl. 2005
Geimer/Schütze, Europäisches Zivilverfahrensrecht, 2. Aufl. 2004
Geimer/Schütze, Internationaler Rechtsverkehr, 30. Aufl. 2004
Gerhardt/v. Heintschel-Heinegg/Klein, Handbuch des Fachanwalts Familienrecht: FA-FamR, 6. Aufl. 2008 (zitiert: FA-FamR/*Bearbieter*)
Gernhuber/Coester-Waltjen, Familienrecht, 5. Aufl. 2006
Gießler/Soyka, Vorläufiger Rechtsschutz in Ehe-, Familien- und Kindschaftssachen, 4. Aufl. 2005
Glockner/Voucko-Glockner, Versorgungsausgleich in der Praxis, 2. Aufl. 2000
Goebel, Zivilprozessrecht, 2. Aufl. 2006
Göppinger/Börger, Vereinbarung anlässlich der Ehescheidung, 8. Aufl. 2005
Göppinger/Wax, Unterhaltsrecht, 9. Aufl. 2008
Graba, Die Abänderung von Unterhaltstiteln, 3. Aufl. 2004
Graf, Erb- und Nachlasssachen, 2008

Groll, Praxis-Handbuch Erbrechtsberatung, 2. Aufl. 2005
Groß, Anwaltsgebühren in Ehe- und Familiensachen, 2. Aufl. 2007
Grün, Vaterschaftsfeststellung und -anfechtung, 2003
Grunsky, Zivilprozessrecht, 13. Aufl. 2008
Grziwotz, Trennung und Scheidung, 7. Aufl. 2008
Gustavus, Handelsregisteranmeldungen, 7. Aufl. 2009

Hamm, Strategien im Unterhaltsrecht, 2008
Hausmann/Hohloch, Das Recht der nichtehelichen Lebensgemeinschaft, 2. Aufl. 2004
Hauß, Versorgungsausgleich und Verfahren in der anwaltlichen Praxis, 2004
Haußleiter/Schulz, Vermögensauseinandersetzung bei Trennung und Scheidung, 4. Aufl. 2004
Heiß/Born, Unterhaltsrecht, Loseblatt, 35. Aufl. 2009
Helbich, Freiwillige Gerichtsbarkeit, 4. Aufl. 1990
Hoppenz, Der reformierte Unterhalt, 2008
Hoppenz, Familiensachen, 8. Aufl. 2005
Hüßtege, Internationales Privatrecht, 4. Aufl. 2005

Jans/Happe, Gesetz zur Neuregelung der elterlichen Sorge, 1980
Jansen/Rüting/Schimke, Anwalt des Kindes, Eine Positionsbestimmung der Verfahrenspflege nach § 50 FGG, 2005
Jauernig, Zivilprozessrecht, 29. Aufl. 2007
Jayme/Hausmann, Internationales Privat- und Verfahrensrecht, 14. Aufl. 2008
Jessnitzer/Ulrich, Der gerichtliche Sachverständige, 12. Aufl. 2006
Johannsen/Henrich, Eherecht, 4. Aufl. 2003
Jungbauer, Gebührenoptimierung in Familiensachen, 2005
Jürgens/Kröger/Marschner/Winterstein, Betreuungsrecht kompakt, 6. Aufl. 2007 (zitiert: Jürgens/*Bearbeiter*)

Kalthoener/Büttner/Niepmann, Die Rechtsprechung zur Höhe des Unterhalts, 10. Aufl. 2008
Kalthoener/Büttner/Wrobel-Sachs, Prozesskostenhilfe und Beratungshilfe, 4. Aufl. 2005
Kemper, Das neue Unterhaltsrecht 2008, 2008
Kemper, FamFG – FGG – ZPO, Kommentierte Synopse 2009
Kersten/Bühling, Formularbuch und Praxis der Freiwilligen Gerichtsbarkeit, 22. Aufl. 2008
Kierig/Kretz, Formularbuch Betreuungsrecht, 2. Aufl. 2004
Klein, Das neue Unterhaltsrecht 2008, 2008
Kleveman, Anwalts-Handbuch Einstweiliger Rechtsschutz, 2008
Knittel, Beurkundung im Kindschaftsrecht, 6. Aufl. 2005
Knöringer, Freiwillige Gerichtsbarkeit, 4. Aufl. 2005
Koechel, Sorgerechtsverfahren, 1995
Kogel, Strategien beim Zugewinnausgleich, 2. Aufl. 2007
Kollhosser, Zur Stellung und zum Begriff der Verfahrensbeteiligten im Erkenntnisverfahren der freiwilligen Gerichtsbarkeit 1970
Krafka/Willer, Registerrecht, 7. Aufl. 2007
Kroiß/Seiler, Das neue FamFG, Erläuterungen – Muster – Arbeitshilfen, 2009
Künzl/Koller, Prozesskostenhilfe, 2. Aufl. 2003

Langenfeld, Handbuch der Eheverträge und Scheidungsvereinbarungen, 5. Aufl. 2005
Lappe, Kosten in Familiensachen, 5. Aufl. 1994
Limmer/Hertel/Frenz/Mayer, Würzburger Notarhandbuch, 2005

Linke, Internationales Zivilprozessrecht, 4. Aufl. 2006
Lipp/Schumann/Veit, Reform des familiengerichtlichen Verfahrens, 1. Familienrechtliches Forum Göttingen, Göttingen 2009
Locher/Mes, Beck'sche Prozessformularbuch, 10. Aufl. 2006
Lüderitz/Dethloff, Familienrecht, 28. Aufl. 2007
Lüke, Zivilprozessrecht: Erkenntnisverfahren, Zwangsvollstreckung, 9. Aufl. 2006
Luthin, Gemeinsames Sorgerecht nach der Scheidung, 1987
Luthin, Handbuch des Unterhaltsrechts, 11. Aufl. 2008

Madert/Müller-Rabe, Kostenhandbuch Familiensachen, 2001
Meier, Handbuch Betreuungsrecht, 2001
Melchior, Internet-Kommentar zur Abschiebungshaft, www.abschiebungshaft.de
Menne/Grundmann, Das neue Unterhaltsrecht: Einführung – Gesetzgebungsverfahren – Materialien, 2008
Meyer-Stolte/Bobenhausen, Familienrecht, 4. Aufl. 2000
Möhring/Beisswingert/Klingelhöffer, Vermögensverwaltung in Vormundschaft und Nachlasssachen, 7. Aufl. 1992
Müller/Renner, Betreuungsrecht und Vorsorgeverfügungen in der Praxis, 2. Aufl. 2007
Müller/Sieghörtner/Emmerling de Oliveira, Adoptionsrecht in der Praxis, 2007
Münchener Anwaltshandbuch Erbrecht, 2. Aufl. 2007
Münchener Anwaltshandbuch Familienrecht, 2. Aufl. 2008
Münchener Prozessformularbuch, Band 3: Familienrecht, 2. Aufl. 2003
Münchener Prozessformularbuch, Band 4: Erbrecht, 2004
Muscheler, Das Recht der Eingetragenen Lebenspartnerschaft, 2. Aufl. 2004
Müther, Das Handelsregister in der Praxis, 2. Aufl. 2007

Nagel/Gottwald, Internationales Zivilprozessrecht, 6. Aufl. 2007

Oelkers, Sorge- und Umgangsrecht, 2. Aufl. 2004
Otto/Klüsener/Killmann, Die FGG-Reform – Das neue Kostenrecht, 2008

Pantle/Kreissl, Die Praxis des Zivilprozesses, 4. Aufl. 2007
Pardey, Betreuungs- und Unterbringungsrecht, 3. Aufl. 2005
Pauling, Rechtsmittel in Familiensachen, 2002
Peschel-Gutzeit, Unterhaltsrecht aktuell, 2008
Probst, Betreuungs- und Unterbringungsverfahren, 2005

Rahm/Künkel, Handbuch des Familiengerichtsverfahrens (Loseblatt) Stand 2008
Rauscher, Familienrecht, 2. Aufl. 2008
Rolland, Familienrecht, 2. Aufl., Stand Mai 1996
Rosenberg/Schwab/Gottwald, Zivilprozessrecht, 16. Aufl. 2004

Salgo/Zens/Bauer, Verfahrenspflegschaft für Kinder und Jugendliche, 2. Aufl. 2005
Sarres, Das Mandat in Familiensachen 1998
Schack, Internationales Zivilverfahrensrecht, 4. Aufl. 2006
Schellhammer, Die Arbeitsmethoden des Zivilgerichts, 16. Aufl. 2009
Schellhammer, Erbrecht nach Anspruchsgrundlagen, 2. Aufl. 2006
Schellhammer, Familienrecht nach Anspruchsgrundlagen, 4. Aufl. 2006
Schellhammer, Zivilprozess, 12. Aufl. 2007
Schilken, Zivilprozessrecht, 5. Aufl. 2006
Schlosser, EU-Zivilprozessrecht, 3. Aufl. 2009
Schmidt, Handbuch der freiwilligen Gerichtsbarkeit, 2. Aufl. 1996
Schneider, Die Klage im Zivilprozess, 3. Aufl. 2007

Schneider/Thiel, Zivilprozessuales Beweisrecht, 2008
Scholz/Stein, Praxishandbuch Familienrecht, Loseblatt 2009
Schöppe-Fredenburg/Schwolow, Formularsammlung Familienrecht, 2007
Schoreit/Groß, Beratungshilfe/Prozesskostenhilfe, 9. Aufl. 2007
Schröder, Bewertung im Zugewinnausgleich, 2007
Schulte-Bunert, Das neue FamFG, 2009
Schuschke/Walker, Vollstreckung und einstweiliger Rechtschutz, 4. Aufl. 2008
Schwab, Die eingetragene Lebenspartnerschaft, 2002
Schwab, Familienrecht, 16. Aufl. 2008
Schwab, Handbuch des Scheidungsrechts, 5. Aufl. 2004
Schweitzer, Die Vollstreckung von Umgangsregelungen, 2007
Soyka, Die Abänderungsklage im Unterhaltsrecht, 2. Aufl. 2005
Soyka, Die Berechnung des Ehegattenunterhalts, 2. Aufl. 2003
Soyka, Die Berechnung des Volljährigenunterhalts, 3. Aufl. 2004
Steiner/Theede, Zivilprozess, 8. Aufl. 2006
Stöber, Vereinsrecht, 8. Aufl. 2000
Strohal/Viefhues, Das neue Unterhaltsrecht, 2008

Tempel/Seyderhelm, Materielles Recht im Zivilprozess, 4. Aufl. 2005

Viefhues/Mleczko, Das neue Unterhaltsrecht, 2. Aufl. 2008
Vorwerk, Das Prozessformularbuch, 8. Aufl. 2005

Waldner, Der Anspruch auf rechtliches Gehör, 2. Aufl. 2000
Walter, Der Prozess in Familiensachen, 2. Aufl. 1985
Wellenhofer-Klein, Die eingetragene Lebensgemeinschaft, 2003
Wendl/Staudigl, Das Unterhaltsrecht in der familienrichterlichen Praxis, 7. Aufl. 2008
Wever, Vermögensauseinandersetzungen der Ehegatten außerhalb des Güterrechts, 4. Aufl. 2006
Wick, Der Versorgungsausgleich, 2. Aufl. 2007
Wittich, Die Gütergemeinschaft, 2000
Wuppermann, Adoption – Ein Handbuch für die Praxis, 2006
Wurm/Wagner/Zartmann, Das Rechtsformularbuch, 15. Aufl. 2006

Zimmermann, Betreuungsrecht von A–Z, 3. Aufl. 2007
Zimmermann, Das neue FamFG, 2009
Zimmermann, Erbschein und Erbscheinsverfahren, 2. Aufl. 2008
Zimmermann, Prozesskostenhilfe – insbesondere in Familiensachen, 3. Aufl. 2007
Zuck, Die Anhörungsrüge im Zivilprozess, 2008

Einleitung

I. Geschichtliche Entwicklung

1. Einführung

Die Rechtsentwicklung der sog. freiwilligen Gerichtsbarkeit ist bis heute durch große Unsicherheiten geprägt. Es gibt weder eine umfassende historische noch eine wissenschaftlich abschließende Behandlung dieses Bereichs. Auch der Name „freiwillige Gerichtsbarkeit", eine wörtliche Übersetzung aus dem Lateinischen „jurisdictio voluntaria", bei unseren österreichischen Nachbarn als „Außerstreitverfahren" bekannt, hilft für die Einordnung des Rechtsgebiets nicht weiter. Bis zum Jahre 1900 waren die Entstehung und die historische Entwicklung auf deutschem Boden durch Landesrecht geprägt. Zu erwähnen sind die preußische AGO von 1793, die einen Abschnitt über „Verfahren bei den Handlungen der freiwilligen Gerichtsbarkeit" enthielt, ferner im 19. Jh. eigene Regelungen in Baden, Hessen und Sachsen. 1

2. Das FGG von 1898

2 Mit der Reichsgründung von 1870/71 entstand im neuen deutschen Zentralstaat ein dringendes Bedürfnis nach Rechtserneuerung und Rechtseinheit. Die Reichsjustizgesetze von 1877 und das am 1.1.1900 in Kraft getretene BGB sind dafür herausragende Beispiele. Gerade die umfassende Kodifizierung des Bürgerlichen Rechts erforderte aber neben dem streitigen Zivilverfahren der ZPO auch neue Verfahrensregeln für die klassischen Bereiche der nichtstreitigen Zivilgerichtsbarkeit (Vormundschaft, Nachlass, Register, Urkundsangelegenheiten). So entstanden trotz gravierender Bedenken wegen einer möglicherweise fehlenden Reichszuständigkeit Teilentwürfe zu einem FGG (1881, 1888). Erst eine 1890 berufene Kommission hielt eine reichseinheitliche Regelung insoweit für berechtigt, als dies zur verfahrensmäßigen Durchführung des BGB (und des HGB) erforderlich schien. Das daraufhin am 20.5.1898 erlassene FGG (RGBl S. 369, 771) stellt also schon nach dem Willen des Gesetzgebers keine in sich geschlossene und vollständige Kodifikation dar, sondern eine durchaus unvollkommene Rahmenregelung. Gem. Art. 1 Abs. 1 EGBGB wurde das FGG ganz bewusst zusammen mit dem BGB und weiteren Gesetzen zum 1.1.1900 in Kraft gesetzt.[1]

3 Konsequenz dieser historischen Entwicklung war es gewesen, dass der Allgemeine Teil des FGG mit 34 Paragraphen viele Verfahrensregelungen offen ließ und insbesondere Verfahrensgrundrechte nur sehr unvollkommen erfasste.[2]

3. Die Rechtsentwicklung im 20. Jahrhundert

4 Seit Inkrafttreten im Jahre 1900 erfuhr das FGG mehr als 90 Änderungen.[3] Namentlich zu nennen sind insbesondere folgende:

- das Gleichberechtigungsgesetz v. 18.6.1957,[4]
- das Familienrechtsänderungsgesetz v. 11.8.1961,[5]
- das Gesetz über die rechtliche Stellung der nichtehelichen Kinder v. 19.8.1969,[6]
- das Betreuungsgesetz v. 16.12.1990,[7]
- das Kindschaftrechtsreformgesetz v. 16.12.1997,[8]
- das Gewaltschutzgesetz v. 11.12.2001.[9]

5 Daneben wurden weitere, das FGG ergänzende Gesetze erlassen oder geändert:

- das Adoptionsgesetz v. 2.7.1976[10]
- das Partnerschaftsgesellschaftsgesetz v. 25.7.1994,[11]
- das Gesetz über die eingetragene Lebenspartnerschaft v. 16.2.2001,[12]

---

1 Vgl. die umfassenden Darstellungen bei *Bärmann*, Freiwillige Gerichtsbarkeit, S. 5 ff.; Keidel/*Winkler*, Einleitung Rz. 1; *Jacoby*, FamRZ 2007, 1703.
2 *Bork*, ZZP 117 (2004), 399 (402).
3 Vgl. im Einzelnen: Keidel/*Schmidt*, FGG, § 1 Rz. 52–114.
4 BGBl. I, S. 609.
5 BGBl. I, S. 1221.
6 BGBl. I, S. 1243.
7 BGBl. I, S. 2002.
8 BGBl. I, S. 2942.
9 BGBl. I, S. 3513.
10 BGBl. I, S. 1749.
11 BGBl. I, S. 1744.
12 BGBl. I, S. 266.

– das Gesetz zur Überarbeitung des Lebenspartnerschaftsrechts v. 15.12.2004,[1]
– das Zweite Gesetz zur Änderung des Betreuungsrechts v. 21.4.2005.[2]

Insgesamt hat der Gesetzgeber in den vergangenen 100 Jahren dem Bereich der freiwilligen Gerichtsbarkeit so oft neue und unterschiedliche Verfahrensregeln zugewiesen, dass es Stimmen gab, die hier von einem „gesetzgeberischen Experimentierfeld" sprachen (so etwa *Habscheid*). 6

Angesichts der gesetzlichen Defizite war das Bestreben nach einer umfassenden gesetzgeberischen Reform des FGG im Allgemeinen und des Familienverfahrensrechts im Besonderen von Anfang an sehr hoch. Bereits in ihrem Bericht aus dem Jahr 1961, dem sog. Weißbuch, äußerte die Kommission zur Vorbereitung einer Reform der Zivilgerichtsbarkeit das Bedürfnis für eine Reform der freiwilligen Gerichtsbarkeit und gab hierfür eine Reihe von Empfehlungen.[3] Die im Jahre 1964 gegründete Kommission für das Recht der freiwilligen Gerichtsbarkeit legte 1977 auf dieser Grundlage den Gesetzentwurf einer Verfahrensordnung für die freiwillige Gerichtsbarkeit (FrGO) vor.[4] Allerdings wurde kein förmliches Gesetzgebungsverfahren initiiert. Aus dem Entwurf gingen aber die mit dem Betreuungsgesetz, welches zum 1.1.1992 in Kraft trat, in das FGG inkorporierten Vorschriften der §§ 65 ff. FGG hervor.[5] 7

Das Familienverfahrensrecht war seit 1877 als 6. Buch der ZPO geregelt. Es wurde bislang durch das zum 1.7.1977 in Kraft getretene „Erste Gesetz zur Reform des Ehe- und Familienrechts" v. 14.6.1976 wesentlich geprägt. Insbesondere wurde erstmals ein Familiengericht mit umfassender Zuständigkeit über die Scheidung und die Scheidungsfolgesachen konstituiert.[6] 8

Seitdem ist mehr als ein Vierteljahrhundert vergangen, in dem das gerichtliche Verfahren in Familiensachen durch ein unübersichtliches Nebeneinander verschiedener Verfahrensordnungen gekennzeichnet war. Die einschlägigen Regelungen fanden sich in der ZPO, im FGG, im BGB, in der Hausratsverordnung und in verschiedenen weiteren Gesetzen. 9

4. Die Entstehung des FamFG

Den ersten wesentlichen Impuls zur Reform des Familienverfahrensrechts und der freiwilligen Gerichtsbarkeit markierte der Gesetzentwurf der bereits 1964 gegründeten Kommission zum Recht der freiwilligen Gerichtsbarkeit aus dem Jahre 1977.[7] Dieser mündete jedoch nicht in ein förmliches Gesetzgebungsverfahren, vielmehr lag das Vorhaben (bis auf die im Rahmen der Verabschiedung des Betreuungsgesetzes in das FGG eingefügten Vorschriften der §§ 65 ff. FGG im Jahre 1992) seitdem brach, wie *Kollhosser* schon 1980 befürchtet hatte.[8] Die immer wieder deutlich gewordene Ein- 10

1 BGBl. I, S. 3396.
2 BGBl. I, S. 1073.
3 Vgl. BT-Drucks. 16/6308, S. 162.
4 Bundesministerium der Justiz (Hrsg.), Bericht der Kommission für das Recht der freiwilligen Gerichtsbarkeit, Köln 1977.
5 Gesetz zur Reform des Rechts der Vormundschaft und Pflegschaft für Volljährige (Betreuungsgesetz – BtG) v. 12.9.1990 (BGBl. I, S. 2002).
6 1. EheRG, BGBl. I, S. 1421.
7 Bundesministerium der Justiz (Hrsg.), Bericht der Kommission für das Recht der freiwilligen Gerichtsbarkeit, Köln 1977.
8 *Kollhosser*, ZZP 93, 311.

schätzung mangelnder Dringlichkeit einer Reform manifestierte sich in der Verabschiedung des Gesetzes zur Neuregelung des Rechts der elterlichen Sorge v. 18.7.1979 (BGBl. I, S. 1061) ohne die Berücksichtigung des Familienverfahrensrechts und des Rechts der freiwilligen Gerichtsbarkeit.[1]

11 Erneut kam das Vorhaben im Rahmen des 63. Deutschen Juristentages im Jahre 2000 auf die Reformagenda, bei dem die damalige Bundesjustizministerin *Däubler-Gmelin* darauf hinwies, dass eine umfassende Justizreform nicht zuletzt auch die Verfahrensordnung der freiwilligen Gerichtsbarkeit eingehend in den Blick nehmen müsse. Allerdings sei zunächst eine umfassende Analyse und Prüfung durch Wissenschaft und Praxis erforderlich, bevor ein Referentenentwurf erarbeitet werden könne. Daran schloss sich eine Anhörung der Landesjustizverwaltungen durch das Bundesjustizministerium an, die eine Vielzahl von Vorschlägen hervorbrachte. Im Frühjahr 2002 griff das Bundesjustizministerium die Reformansätze auf und unterbreitete Vorschläge auf der Basis eines zuvor erstellten Problemkatalogs.[2] Auf dieser Grundlage wurden zwei Expertengruppen eingesetzt, die Einzelheiten zu einer Reform erörtern und diskutieren sollten.[3] Der Problemkatalog wurde vor allem durch die jeweiligen Stellungnahmen des Deutschen Anwaltvereins,[4] der Bundesrechtsanwaltskammer[5] sowie des Bundes Deutscher Rechtspfleger[6] aus der Sicht der Praxis kommentiert und begleitet. Zudem wurde im Juni 2002 noch ein Workshop „Grundzüge eines neuen FGG und privatrechtliche Streitverfahren" ins Leben gerufen, wodurch sich insgesamt drei Workshops ausführlich mit der intendierten Gesetzesreform auseinander setzten. Mit Abschluss der Arbeit der Expertengruppen und der Workshops kündigte Bundesjustizministerin Zypries am 17.9.2003 auf dem 15. Deutschen Familiengerichtstag die Reform des Familienverfahrensrechts und des Rechts der freiwilligen Gerichtsbarkeit an.[7] Der „Referentenentwurf eines Gesetzes über das Verfahren in Familiensachen und in den Angelegenheiten der freiwilligen Gerichtsbarkeit (FamFG)" v. 6.6.2005 löste dieses Novellierungsversprechen schließlich ein.[8] Das Reformvorhaben wurde auch nach dem vorzeitigen Ende der Legislaturperiode 2005 weiterverfolgt. Der Entwurf beinhaltete indessen zunächst noch nicht die Regelungen über die Nachlass- und Teilungssachen, die erst in die zweite, komplettierte und überarbeitete Fassung v. 14.2.2006 ergänzend eingefügt wurden. Am 15.2.2006 wurde der ergänzte Referentenentwurf vom Bundesjustizministerium vorgelegt. Im weiteren Verlauf des Gesetzgebungsverfahrens beschloss die Bundesregierung am 10.5.2007 den Regierungsentwurf eines FGG-RG, welches das familiengerichtliche Verfahren und das Recht der freiwilligen Gerichtsbarkeit erstmalig einheitlich und umfassend in einem Gesetz regeln sollte. Demgegenüber brachte der Bundesrat in seiner Stellungnahme vom 6.7.2007 zahlreiche Änderungsvorschläge an.[9] Ua. äußerte er Zweifel daran, ob dem Bund für die vorgesehene Aufgabenzuweisung an Betreuungsbehörden und Jugendämter nach Inkrafttreten der Föderalismusreform überhaupt die Gesetzgebungskompetenz zuste-

1 Vgl. zum Folgenden die ausführlichen Darstellungen bei Jansen/*v. Schuckmann*, FGG, Einl. Rz. 58 ff.; *Kroiß/Seiler*, Das neue FamFG, S. 19 ff.
2 Vgl. *von Schuckmann*, RpflStud 2002, 169.
3 *Meyer-Seitz/Kröger/Heiter*, FamRZ 2005, 1430 (1431); Jansen/*v. Schuckmann*, FGG, Einl. Rz. 61.
4 Vgl. FuR 2003, 354–357.
5 Abrufbar im Internet unter http://www.brak.de/seite/pdf/famrecht-stellungn2.12.pdf.
6 RpflBl 2002, 25.
7 *Kroiß/Seiler*, Das neue FamFG, S. 19.
8 *Meyer-Seitz/Kröger/Heiter*, FamRZ 2005, 1430 (1431); *Kroiß/Seiler*, Das neue FamFG, S. 19.
9 BR-Drucks. 309/07.

he. Zusätzlich gab er zu bedenken, ob im Regierungsentwurf die finanziellen Konsequenzen auf die Länderhaushalte mangels dezidierter Berechnungsgrundlage prognostizierbar seien. Er verlangte eine Modifizierung der Ausgestaltung der großen Familiengerichte und der Verfahrensabläufe.

Die Bundesregierung teilte die Bedenken des Bundesrates ganz überwiegend nicht, insbesondere nicht hinsichtlich der Vereinbarkeit der Regelung von Mitwirkungspflichten der Jugendämter und Betreuungsbehörden im gerichtlichen Verfahren im Hinblick auf Art. 84 Abs. 1 Satz 7 GG. 12

Am 11.10.2007 fand die erste Lesung statt,[1] am 27.6.2008 folgten im Rahmen der 173. Sitzung des Bundestages die zweite und die dritte Lesung und die Verabschiedung des Gesetzes auf der Grundlage der Empfehlungen des Rechtsausschusses.[2] 13

Der Bundesrat stimmte dem Gesetz seiner 847. Sitzung am 19.9.2008 zu.[3] 14

5. Das Inkrafttreten

Das FamFG ist am 17.12.2008 im Bundesgesetzblatt (BGBl. I, S. 2586) verkündet worden und am 1.9.2009 in Kraft getreten. 15

II. Das FamFG im Rechtsschutzsystem

1. Das System umfassenden Rechtsschutzes

Die Rechtsordnung der Bundesrepublik Deutschland zeichnet sich durch ein System umfassenden Rechtsschutzes aus. Auf der Grundlage des Rechtsstaatsprinzips besteht die Pflicht des Staates zu einer generellen Justizgewährung.[4] Dem einzelnen Bürger wird von der Verfassung also ein qualifizierter Rechtsschutz garantiert, der durch eine unabhängige richterliche Gewalt wahrgenommen wird. Dieser Rechtsschutz ist nicht nur auf die Durchsetzung subjektiver Recht beschränkt, sondern er dient auch der Verwirklichung des objektiven Rechts. Soweit Rechtsverletzungen durch die öffentliche Gewalt geltend gemacht werden, besteht eine Rechtsschutzgarantie gem. Art. 19 Abs. 4 GG. Auch für privatrechtliche Streitigkeiten ist ein umfassender Rechtsschutz anerkannt, der sich aus dem Rechtsstaatsprinzip ableitet.[5] Diese Garantie des Art. 19 Abs. 4 GG in Verbindung mit dem Rechtsstaatsprinzip gibt dem Betroffenen einen Anspruch auf Zugang zu einem staatlichen Gericht.[6] 16

2. Die freiwillige Gerichtsbarkeit als echte Gerichtsbarkeit

Soweit das familienrechtliche Verfahren und die freiwillige Gerichtsbarkeit echte Gerichtsbarkeit im verfassungsrechtlichen Sinn darstellen, haben sie an der verfassungsrechtlichen Rechtsschutzgarantie teil. Dabei ergibt sich allerdings das Problem, dass 17

1 FGG-Reformgesetz, BT-Drucks. 16/6308.
2 *Kroiß/Seiler*, Das neue FamFG, S. 19 f.
3 BR-Drucks. 617/08.
4 BVerfG v. 11.6.1980 – 1 PBrU 1/79, ZIP 1980, 1137 = NJW 1981, 32, BVerfGE 54, 277, 291; *Dörr*, Der europäisierte Rechtsschutzauftrag deutscher Gerichte, 2003, S. 20 ff., 34 ff.
5 *Dütz*, Rechtsstaatlicher Gerichtsschutz im Privatrecht, S. 112; *Schwab/Gottwald*, Verfassung und Zivilprozess, 1984, S. 32.
6 BVerfG v. 22.6.1960 – 2 BvR 37/60, VerwRspr 13, 140, BVerfGE 11, 232 (233); BVerfG v. 11.10.1978 – 2 BvR 1055/76, NJW 1979, 154, BVerfGE 49, 329 (340).

bis heute nicht abschließend geklärt ist, was unter den verfassungsrechtlichen Begriff der Rechtsprechung iS von Art. 92 GG fällt. Weithin wird angenommen, die Zuweisung zur rechtsprechenden Gewalt und damit die Rechtsschutzgarantie seien von einem materiellen Rechtsprechungsbegriff geprägt. Dabei werden allerdings zunehmend die entscheidenden Merkmale der Rechtsprechung in einem funktional-organisatorischen Sinn umschrieben. Rechtsprechung ist danach die verbindliche Rechtskontrolle unter höchstmöglicher Richtigkeitsgarantie im Interesse der Effektivität des Rechts.[1] Darunter fällt insbesondere der Bereich der Streitentscheidung. Es ist aber heute anerkannt, dass Rechtsprechung über diesen Bereich hinausgehen kann. Dies betrifft insbesondere die freiwillige Gerichtsbarkeit, die vielfach durch eine sog. gerichtliche Regelungstätigkeit geprägt ist. Dazu gehören vor allem die klassischen Fürsorgeverfahren der freiwilligen Gerichtsbarkeit. Für diese Verfahren war früher umstritten, ob sie dem Bereich der Rechtsprechungstätigkeit unterfallen sollen. Aus heutiger Sicht wird man dies bejahen müssen.[2]

18 Die Diskussion um die Einordnung der freiwilligen Gerichtsbarkeit als Rechtsprechung ist in der Praxis nur für den Gesetzgeber von Bedeutung. Dieser könnte Verfahren der Rechtsprechung entziehen, die er als reine Verwaltungstätigkeit ansieht. Insoweit ist die Diskussion freilich theoretischer Natur. Der Gesetzgeber hat gerade durch das FamFG zu erkennen gegeben, dass er alle von ihm geregelten Bereiche der freiwilligen Gerichtsbarkeit ausschließlich den Gerichten der ordentlichen Gerichtsbarkeit zuweisen will (vgl. § 2 EGGVG; §§ 12, 13 GVG). Damit nehmen alle geregelten Bereiche der freiwilligen Gerichtsbarkeit an der verfassungsrechtlich garantierten Rechtsschutzgarantie teil.

3. Rechtsweg

19 Gem. Art. 95 GG hat das Grundgesetz den Zugang zu Gericht in Deutschland auf fünf verschiedene Rechtswege (= Zweige des Gerichtsbarkeit) aufgeteilt. Dabei handelt es sich um den Rechtsweg zu den ordentlichen Gerichten, den Verwaltungs-, Finanz-, Sozial- und den Arbeitsgerichten. Die verschiedenen Fachgerichte stehen selbständig und gleichwertig nebeneinander.

20 Durch die Neuregelung in § 2 EGGVG, §§ 12, 13 GVG hat der Gesetzgeber nunmehr deutlich gemacht, dass der gesamte Bereich der Familiensachen und der freiwilligen Gerichtsbarkeit Teil des ordentlichen Rechtsweges ist. Damit ist die freiwillige Gerichtsbarkeit jedenfalls kein eigener Zweig der Gerichtsbarkeit, sondern nur eine Frage der funktionellen Zuständigkeit (zu den Einzelheiten s. § 2 Rz. 15). Zur Streitentscheidung sowie zur Regelung dieser Verfahren sind also die ordentlichen Gerichte ausschließlich berufen (Amtsgericht, Landgericht, Oberlandesgericht, BGH). Innerhalb der ordentlichen Gerichtsbarkeit unterscheidet der Gesetzgeber drei verschiedene Abteilungen, nämlich die streitige Zivilgerichtsbarkeit, die freiwillige Gerichtsbarkeit sowie die Strafgerichtsbarkeit. Das für den gesamten Bereich der ordentlichen Gerichtsbarkeit geltende GVG ist ausdrücklich auch auf die freiwillige Gerichtsbarkeit anzuwenden (§ 2 EGGVG; §§ 12, 13 GVG). Soweit Regelungen in Frage stehen, die zwischen den verschiedenen Zweigen der Gerichtsbarkeit von Bedeutung sind (vgl. §§ 17 ff. GVG), bedarf es deshalb konsequenterweise zu ihrer Heranziehung im Ver-

---

1 Vgl. *Schilken*, Gerichtsverfassungsrecht, Rz. 52.

2 So insbesondere *Brehm*, Freiwillige Gerichtsbarkeit, 3. Aufl., § 2 III 1; abweichend zuletzt insbesondere *Habscheid*, Freiwillige Gerichtsbarkeit, 7. Aufl., § 4 IV 2.

hältnis von streitiger Zivilgerichtsbarkeit und freiwilliger Gerichtsbarkeit einer ausdrücklichen Analogie. Die Neuregelung von § 17a Abs. 6 GVG ist daher konsequent.

III. Die Struktur des FamFG

1. Aufbau und Inhalt

a) Aufbau des FamFG

Die Ausgestaltung des Familienverfahrensrechts und der freiwilligen Gerichtsbarkeit war seit jeher sehr zersplittert und intransparent in diversen Einzelgesetzen geregelt. Die wesentlichen Vorschriften fanden sich in der ZPO, im FGG und in der HausrVO. Die umfangreichen Querverweisungen in § 621a ZPO, § 64 FGG sind zwar im Laufe der Zeit in der Verfahrenspraxis in rechtssicherer Art und Weise handhabbar geworden, jedoch war die entstandene Unübersichtlichkeit auf Grund der verstreuten Regelungen, Verweisungen und der wenig modernen Rechtsterminologie nicht sonderlich anwendungsfreundlich.[1] 21

Diesen vor allem strukturellen Defiziten will die Reform durch das FamFG bewusst entgegentreten; die Ziele kommen schon im Aufbau und Inhalt des neuen Gesetzes besonders deutlich zum Ausdruck. Der vorangestellte Allgemeine Teil ist deutlich erweitert und vertieft. Er gilt mit Ausnahme der Familienstreitsachen (§§ 112, 113) für sämtliche Bücher des Gesetzes. Der Gesetzgeber beabsichtigte mithin primär, die lückenhafte Rechtsmaterie zu einer umfassenden und geschlossenen systematischen Kodifikation zusammenzuführen, die dem Primat der Rechtssicherheit und der anwendungsfreundlichen Handhabbarkeit bei moderner Rechtssprache genügt.[2] Folglich werden im FamFG nicht nur die Regelungsgehalte des Familienverfahrensrechts, sondern auch diejenigen der freiwilligen Gerichtsbarkeit nahezu abschließend abgedeckt. Dies bedingt die ausschließliche Erfassung der bislang verstreuten, das FGG ergänzenden Verfahrensordnungen (zB das Aufgebotsverfahren in der ZPO, das Hausrats- und Ehewohnungsverfahren in der HausrVO) und sonstiger der Rechtsmaterie zuzuordnenden Normbereiche (zB das Erbscheinsverfahren im BGB, die Freiheitsentziehung im FEVG) im FamFG. Daraus folgt, dass die in das neue FamFG inkorporierten Regelungsmaterien, wie das sechste und neunte Buch der ZPO, das FGG und die HausratsVO obsolet sind und daher außer Kraft gesetzt wurden.[3] Allerdings hat auch das neue FamFG nicht alle Bereiche der freiwilligen Gerichtsbarkeit erfassen können. So bleibt insbesondere das Grundbuchrecht ausgeschlossen und ist weiterhin in der GBO geregelt. Ähnliches gilt für das Verfahren in Landwirtschaftssachen (LwVG), das PStG sowie die gesellschaftsrechtlichen Auskunftsklagen nach HGB und AktG. 22

b) Inhalt des FamFG

Das FamFG besteht aus neun Büchern mit folgendem Inhalt: 23

aa) Erstes Buch: Allgemeiner Teil (§§ 1 bis 110)

Im Allgemeinen Teil sind die grundsätzlich[4] für alle weiteren Bücher geltenden Vorschriften „vor die Klammer" gezogen und bringen die Gesetzesintention in Form der 24

1 *Jacoby*, FamRZ 2007, 1703, 1704.
2 *Kemper*, FamFG, FGG, ZPO – Kommentierte Synopse, S. 10; *Borth*, FamRZ 2007, 1925 (1926).
3 *Büte*, FuR 2008, 537; *Kemper*, FamFG, FGG, ZPO – Kommentierte Synopse, S. 10.
4 Ausgenommen sind die Familienstreitsachen iSd. § 112 FamFG (§ 113 FamFG).

Vereinheitlichung des Verfahrens in Familiensachen und Angelegenheiten der freiwilligen Gerichtsbarkeit am deutlichsten zum Ausdruck. Mit 110 Paragraphen ist im ersten Buch des FamFG eine erheblich höhere Regelungsdichte als im bisherigen Recht zu verzeichnen.

bb) Zweites Buch: Familiensachen (§§ 111 bis 270)

25 Dieses Buch beinhaltet sämtliche die Familiensachen betreffenden Regelungen, wie insbesondere das Ehe- und Scheidungsrecht, die Unterhalts-, Adoptions-, Lebenspartnerschafts-, Gewaltschutz- und Vormundschafts- sowie die Pflegschaftssachen der Minderjährigen. Es ersetzt also vor allem das 6. Buch der ZPO.

cc) Drittes Buch: Betreuungs- und Unterbringungssachen (§§ 271 bis 341)

26 Die Betreuungs- und Unterbringungssachen, die bislang im FGG zusammen mit den Familiensachen (§§ 35 bis 70 FGG) geregelt waren, sind im dritten Buch des FamFG niedergelegt.

dd) Viertes Buch: Nachlass- und Teilungssachen (§§ 342 bis 373)

27 Die bis zur Neukodifikation des FamFG in den Vorschriften der §§ 72 bis 99 FGG zu findenden Nachlass- und Teilungssachen sind nunmehr im vierten Buch des FamFG enthalten.

ee) Fünftes Buch: Registersachen und unternehmensrechtliche Verfahren (§§ 374 bis 409)

28 Das fünfte Buch hat die Registersachen und die unternehmensrechtlichen Verfahren zum Gegenstand und substituiert die §§ 125–162 FGG.

ff) Sechstes Buch: Sonstige Verfahren der fG (§§ 410 bis 414)

29 In diesem Buch werden weitere Angelegenheiten der freiwilligen Gerichtsbarkeit behandelt, so die Abgabe bestimmter eidesstattlicher Versicherungen, Regelungen zur Stellung von Sachverständigen, die Bestellung eines Verwahrers und der Pfandverkauf.

gg) Siebtes Buch: Freiheitsentziehungssachen (§§ 415 bis 432)

30 Die bisher in einem eigenständigen Gesetz enthaltenen Regelungen der Freiheitsentziehungssachen sind nunmehr in die Normen der §§ 415 bis 432 integriert worden.

hh) Achtes Buch: Aufgebotssachen (§§ 433 bis 484)

31 Die bislang systemwidrig in der ZPO zu findenden Vorschriften über das Aufgebotsverfahren sind in die §§ 433 bis 484 überführt worden. Sie ersetzen also das 9. Buch der ZPO.

ii) Neuntes Buch: Schlussvorschriften (§§ 485 bis 491)

32 Abschließend sind Übergangs- und Schlussvorschriften geregelt. Diese werden durch die Art. 111, 112 des FGG-Reformgesetzes ergänzt.

c) Wichtige inhaltliche Änderungen

Indessen sind nicht nur die Zusammenfassung und Vereinheitlichung, sondern auch grundlegende und inhaltliche Änderungen gegenüber dem alten Rechtszustand durch die Schwerpunkte der Reform des FamFG zu verzeichnen.[1] 33

Zentrales Element ist die Konstituierung des sog. **großen Familiengerichts**, welches unter Einbeziehung der bislang den Zivilgerichten und den Vormundschaftsgerichten zugewiesenen Verfahren – zB Gesamtschuldnerausgleich gem. § 426 BGB, Adoptions- und Betreuungssachen – für sämtliche familienrechtlichen Streitigkeiten sachlich zuständig ist. 34

Ähnlich den durch gesetzliche Geschäftsverteilung bei den Amtsgerichten eingesetzten Familiengerichten wird es nunmehr gem. § 23c GVG auch **Betreuungsgerichte** geben. 35

Ein weiterer, wesentlicher Punkt ist die **Beschleunigung von Umgangs- und Sorgeverfahren** durch die Einführung einer kurzen, obligatorischen Monatsfrist zur Anberaumung und Durchführung eines ersten Termins, damit längere Unterbrechungen des Umgangs mit einem Elternteil weitestgehend ausgeschlossen werden. Zudem dient dieser erste Termin nach der Intention des Gesetzgebers der Förderung einer gütlichen Einigung mit den Eltern über das Sorge- und Umgangsrecht nach dem Vorbild des sog. Cochemer Modells. Ferner werden die Anforderungen zur Bestellung eines Verfahrenspflegers, der nunmehr als **Verfahrensbeistand** bezeichnet wird, präzisiert. Hinzu tritt die Einführung des **Umgangspflegers** zur Erleichterung der Durchführung des Umgangs in Konfliktfällen. Beachtung verdient auch die Umstellung des Abstammungsverfahrens auf die Regeln des FGG-Verfahrens. 36

Hervorzuheben sind ferner ist noch die Erweiterung der **Auskunftspflichten** der Beteiligten und die Statuierung gerichtlicher Auskunftsbefugnisse gegenüber Behörden und Versorgungsträgern in Unterhalts- und Versorgungsausgleichssachen mit dem Ziel der Straffung des gerichtlichen Verfahrens. 37

Eine prozessual wesentliche Änderung liegt darin, dass sämtliche Entscheidungen nicht mehr durch Urteil, sondern nunmehr ausschließlich durch **Beschluss** ergehen (§ 38). Insbesondere gilt dies für den Scheidungsausspruch (§ 116) und den Verbund (§ 142), ebenso für Unterhaltsentscheidungen. 38

Damit einhergehend wurde das **Rechtsmittelsystem** in Familiensachen und in Angelegenheiten der freiwilligen Gerichtsbarkeit grundlegend neu gestaltet und vereinheitlicht. Beschlüsse sind nun mit der Beschwerde (§§ 58 ff.) an Stelle der sonst gegen Urteile statthaften Berufung und der Rechtsbeschwerde (§§ 70 ff.), welche in den Grundsätzen §§ 574 ff. ZPO entspricht und die Funktion der bisherigen Revision in Familiensachen nach der ZPO erfüllt, anzugreifen. Die Einlegungsfrist für Beschwerde und Rechtsbeschwerde beträgt einen Monat (§ 63 bzw. § 71 Abs. 1). Beide Rechtsmittel sollen jeweils begründet werden, wobei die Beschwerde beim iudex a quo einzulegen ist. Für die zulassungsabhängige Rechtsbeschwerde ist ausschließlich der BGH zuständig. Besonders hervorzuheben ist, dass § 62 als einfachgesetzliche Konkretisierung des Art. 19 Abs. 4 GG die Beschwerde gegen erledigte Entscheidungen ausdrücklich zulässt.[2] 39

Schließlich ist die Einfügung einer Legaldefinition des **Beteiligtenbegriffs**, der bisher durch die Rechtsprechung bestimmt und konkretisiert wurde, in § 7 besonders bemer- 40

---

1 BT-Drucks. 16/6308, S. 2; *Kroiß/Seiler*, Das neue FamFG, S. 22.

2 Grundlegend BVerfG v. 5.12.2001 – 2 BvR 527/99, 2 BvR 1337/00, 2 BvR 1777/00, BVerfGE 104, 220 (232); BVerfG v. 10.5.1998 – 2 BvR 978/97, BVerfG, NJW 1998, 2432 (2432 f.).

kenswert. Hierdurch sind ein Zuwachs an Rechtssicherheit und eine Erleichterung der Rechtsanwendung zu erhoffen. Der Beteiligtenbegriff wird zur Grundlage vieler weiterer Normen des FamFG, wie etwa zu Unterrichtungen (§ 7 Abs. 4), zur Akteneinsicht (§ 13), zu Anhörungsrechten, zur Bekanntgabe von Dokumenten (§ 15) und Entscheidungen und zur Befugnis, Rechtsmittel einzulegen. Daraus resultiert ein Systemwechsel gegenüber dem FGG, in dem von der Beschwerdebefugnis auf die Beteiligtenfähigkeit geschlossen wurde, wohingegen nunmehr der Beteiligtenbegriff selbst gesetzlicher Anknüpfungspunkt für Verfahrensrechte wird.[1]

2. Geltungsbereich

41 Das FGG-RG als ein Artikelgesetz (mit insgesamt 112 Artikeln!) beinhaltet in Art. 1 das Gesetz über das Verfahren in Familiensachen und in den Angelegenheiten der freiwilligen Gerichtsbarkeit (FamFG). Dieses enthält eine vollständige Neukodifikation des Familienverfahrensrechts und des Rechts der freiwilligen Gerichtsbarkeit. Es regelt die bislang in verstreuten Einzelgesetzen – FGG, ZPO, HausrVO und weiteren Gesetzen – verorteten Vorschriften sowie die in der höchstrichterlichen Rechtsprechung entwickelten Grundsätze in einem einheitlichen Gesetz im Wesentlichen abschließend.[2] Das FamFG erfasst damit nicht nur (nahezu) sämtliche Regelungsgehalte des Familienverfahrensrechts, sondern auch diejenigen der freiwilligen Gerichtsbarkeit nahezu umfassend.[3] Hierfür enthält § 23a GVG einen abschließenden Katalog der erfassten Materien.

42 Als Bundesgesetz gilt das FamFG in allen Bundesländern einheitlich. Soweit Landesrecht im FGG-RG vorbehalten ist, bleibt es in Kraft (vgl. Art. 1 Abs. 2 EGBGB iVm. §§ 485, 486, 487, 488 FamFG).

43 Intertemporal bleiben Reichs- und Bundesgesetze aus dem Bereich der freiwilligen Gerichtsbarkeit (zB die GBO und das PStG) bestehen, soweit sich nicht aus dem FGG-RG etwas anderes ergibt (vgl. Art. 50 EGBGB iVm. § 485 FamFG).

44 Das FamFG ist am 1.9.2009 in Kraft getreten. Es erfasst nur diejenigen Verfahren, die ab diesem Tag eingeleitet worden sind. Auf andere Verfahren, die bis zum Inkrafttreten des Gesetzes bereits eingeleitet worden waren oder deren Einleitung bis zum Inkrafttreten des Gesetzes beantragt worden war, sind weiterhin die früheren Regeln anwendbar (Art. 111 FGG-RG).

45 Vor seinem Inkrafttreten ist das FamFG bereits mehrfach geändert worden:

- durch Art. 7 des Gesetzes zur Umsetzung der Beteiligungsrichtlinie vom 12.3.2009 (BGBl. I, S. 470),
- durch Art. 2 des Gesetzes zur Strukturreform des Versorgungsausgleichs (VAStrRG) vom 3.4.2009 (BGBl. I, S. 700),
- durch Art. 14 des Gesetzes zur Modernisierung des Bilanzrechts vom 25.5.2009 (BGBl. I, S. 1102),
- durch Art. 3 des Gesetzes zur Änderung des Zugewinnausgleichs- und Vormundschaftsrechts vom 6.7.2009 (BGBl. I, S. 1696),
- durch Art. 4 des Gesetzes zur Reform der Sachaufklärung in der Zwangsvollstreckung vom 29.7.2009 (BGBl. I, S. 2259), allerdings erst mWv. 1.1.2013,

1 *Kemper*, FamFG, FGG, ZPO – Kommentierte Synopse, S. 11.
2 BT-Drucks. 16/6308, S. 1; *Borth*, FamRZ 2007, 1925, (1926).
3 *Jacoby*, FamRZ 2007, 1703 (1704).

- durch Art. 8 des Gesetzes zur Modernisierung von Verfahren im anwaltlichen und materiellen Berufsrecht, zur Errichtung einer Schlichtungsstelle der Rechtsanwaltschaft sowie zur Änderung sonstiger Vorschriften vom 30.7.2009 (BGBl. I, S. 2449),
- durch Art. 2 des Dritten Gesetzes zur Änderung des Betreuungsrechts vom 29.7.2009 (BGBl. I, S. 2286),
- durch Art. 2 des Gesetzes zur Neuregelung der Rechtsverhältnisse bei Schuldverschreibungen aus Gesamtemissionen und zur verbesserten Durchsetzbarkeit von Ansprüchen von Anlegern aus Falschberatung vom 31.7.2009 (BGBl. I, S. 2512).

3. Vergleich zur ZPO

Da das FGG von 1898 nur ein lückenhaftes Rahmengesetz gewesen war, enthielt es in 46
verschiedenen Bereichen teilweise sehr undifferenzierte Verweisungen auf die ZPO und dazu eine Vielzahl unsystematischer Sonderregelungen. Gerade im Verhältnis von ZPO und freiwilliger Gerichtsbarkeit war es daher ein Anliegen des Gesetzgebers gewesen, ein eigenständiges, modernes Verfahrensgesetz zu schaffen. Eine wichtige Folge dessen ist es, dass das neue FamFG in seinem Regelungsgehalt deutlich vollständiger ist und damit auf eine größere Anzahl von Verweisungen verzichten kann. Andererseits sind manche Formulierungen stärker dem geltenden Verfahrensrecht angeglichen. Darüber hinaus ist trotz der Bemühungen des Gesetzgebers die Zahl der Verweisungen noch immer sehr hoch. Im Einzelnen sind **Verweisungen auf die ZPO** für die Ausschließung und Ablehnung von Gerichtspersonen in § 6 enthalten, für die Verfahrensfähigkeit in § 9 Abs. 5, für die Beiordnung eines Anwalts in § 10 Abs. 4, für die Vollmacht in § 11, für die Akteneinsicht in § 13 Abs. 5, für die Aktenführung in § 14, für die Zustellung in § 15 Abs. 2, für Fristen in § 16 Abs. 2, für die Aussetzung des Verfahrens in § 21 Abs. 1, für das Zeugnisverweigerungsrecht in § 29 Abs. 2, für die förmliche Beweisaufnahme in § 30 Abs. 1, für Terminsfragen in § 32, für das Zwangsmittel der Haft in § 35 Abs. 3, für die Herausgabevollstreckung in § 35 Abs. 4, für den Vergleich in § 36 Abs. 3 und vieles mehr. An vielen Stellen (§§ 6 Abs. 2, 7 Abs. 5, 21 Abs. 2, 33 Abs. 3, 35 Abs. 5, 42 Abs. 3) ist auf das zivilprozessuale Recht der sofortigen Beschwerde verwiesen. Unabhängig davon hat der Gesetzgeber im neuen FamFG das Rechtsmittel der sofortigen Beschwerde noch einmal eigenständig geregelt (§§ 58 ff.). Auch die Rechtsbeschwerde ist nach modernem Vorbild in den §§ 70 ff. eigenständig geregelt. Ähnliches gilt für die neue Verfahrenskostenhilfe (§§ 76 ff.), die an die Stelle der zivilprozessualen Prozesskostenhilfe getreten ist.

Unabhängig von diesen eigenständigen Regelungen und Anpassungen an modernes 47
Verfahrensrecht gibt es eine größere Anzahl von auffallenden **Divergenzen zwischen FamFG und ZPO**. So ist die einstweilige Anordnung im FamFG ein selbständiges, vom Hauptsacheverfahren unabhängiges Verfahren. Auch die Abschaffung von Urteilen und die generelle Einführung von Entscheidungen durch Beschluss im FamFG weicht deutlich von der ZPO ab. Daran knüpfen sich erhebliche Unterschiede im Bereich der Rechtsmittel an. Im Gegensatz zur ZPO ist es möglich, auch gegen bereits erledigte Entscheidungen ein Rechtsmittel in Form der Beschwerde oder der Rechtsbeschwerde einzulegen. Ebenfalls im Gegensatz zur ZPO sieht § 39 eine Pflicht zur Rechtsbehelfsbelehrung vor. Geblieben sind Unterschiede in den Verfahrensmaximen von ZPO und FamFG. So ist insbesondere das streitige Verfahren nach der ZPO weiterhin vom Beibringungsgrundsatz geprägt ist, während das Verfahren der freiwilligen Gerichtsbarkeit dem Amtsermittlungsgrundsatz unterliegt. Klare Unterschiede gibt es auch beim Grundsatz der Mündlichkeit (vgl. §§ 32 ff.). Der Anwaltszwang ist innerhalb des FamFG deutlich ausgeweitet worden.

IV. Verfahrensgrundlagen

1. Der Begriff der freiwilligen Gerichtsbarkeit

48 Das FGG enthielt keine Legaldefinition des Begriffs der „freiwilligen Gerichtsbarkeit". Auf Grund der Tatsache, dass das FGG für zahlreiche Amtsverfahren anwendbar war, konnte indessen von Freiwilligkeit keine Rede sein.[1]

49 Die Bezeichnung ist auf das römische Recht zurückzuführen, das zwischen der „iurisdictio contentiosa" einerseits und der „iurisdictio voluntaria" andererseits und damit zwischen streitiger und freiwilliger Gerichtsbarkeit unterschied.[2]

50 Es ist anerkannt, dass sich aus diesen Begrifflichkeiten noch keine befriedigende Bestimmung entnehmen ließ, was materiell Gegenstand des Verfahrens der freiwilligen Gerichtsbarkeit ist. Auch die zahlreichen wissenschaftlichen Versuche, das Wesen der freiwilligen Gerichtsbarkeit umfassend zu bestimmen[3] und damit zugleich eine Abgrenzung zur streitigen Gerichtsbarkeit zu erzielen, waren nicht erfolgreich. Anknüpfungspunkte der hierzu vertretenen Theorien waren dabei entweder der Verfahrensgegenstand, die Mittel oder der Zweck des Verfahrens der freiwilligen Gerichtsbarkeit.[4]

51 Die insofern am ehesten überzeugende Theorie, welche das Wesen der freiwilligen Gerichtsbarkeit darin erachtet, der Gestaltung konkreter Privatrechtsverhältnisse durch Schaffung von Rechten und durch Mitwirkung zu ihrer Begründung, Änderung oder Aufhebung zu dienen, während die Aufgabe der streitigen Gerichtsbarkeit in der Aufrechterhaltung und Bewährung der Rechtsordnung durch Schutz gegen Störung und Gefährdung gesehen wird,[5] vermag angesichts der Bedeutung der echten Streitverfahren, die in der Vergangenheit ständig zugenommen hat, nicht zu überzeugen, da sie lediglich den klassischen Bereich der freiwilligen Gerichtsbarkeit erfasst, nicht aber die große Zahl zivilrechtlicher und auch öffentlich-rechtlicher Streitsachen.[6]

52 Was Angelegenheit der freiwilligen Gerichtsbarkeit ist, lässt sich im Ergebnis in materieller Hinsicht nicht umfassend klären. Es entscheidet vielmehr die **formale gesetzliche Zuordnung**: Angelegenheiten der freiwilligen Gerichtsbarkeit sind diejenigen der ordentlichen Gerichtsbarkeit (unter Ausschluss der Strafrechtspflege und im Gegensatz zur Justizverwaltung und zur Verwaltungsgerichtsbarkeit), bei denen zur Erreichung eines rechtlichen Erfolgs ein staatliches Rechtspflegeorgan mitzuwirken hat und die nicht nach den Vorschriften der Prozessgesetze zu den Angelegenheiten der streitigen Gerichtsbarkeit gehören (Ausschlussprinzip).[7] Man vergleiche etwa § 13 Abs. 1 HausrVO, § 621a ZPO (beide außer Kraft getreten) und §§ 132 Abs. 2, 176 Abs. 2 BGB.[8] Mit anderen Worten: Eine Angelegenheit der freiwilligen Gerichtsbarkeit liegt dann vor, wenn das Gesetz sie als solche bezeichnet, ihre Erledigung einem Organ der

1 So bereits Jansen/*v. Schuckmann*, Einl. Rz. 2.
2 Keidel/*Schmidt*, § 1 Rz. 1.
3 Vgl. die umfangreiche Zusammenstellung bei *Bärmann*, Freiwillige Gerichtsbarkeit 1968, § 5 I; Jansen/*v. Schuckmann*, § 1 Rz. 4 mwN.
4 Vgl. Jansen/*v. Schuckmann*, FGG, § 1 Rz. 4.
5 *Aron*, ZZP 27, 310 (310 ff.); *Bornhak*, ZZP 48, 38.
6 So bereits Keidel/*Schmidt*, § 1 Rz. 2 f., der angesichts der Vielgestaltigkeit der FGG-Sachen nicht auf den materiellen Sinn der Angelegenheit abstellt, sondern es genügen lässt festzulegen, was freiwillige Gerichtsbarkeit im formellen Sinn ist.
7 *Bärmann*, Freiwillige Gerichtsbarkeit 1968, § 5 II; Jansen/*v. Schuckmann*, FGG, § 1 Rz. 6 mwN.
8 *Bassenge*/Roth, § 1 Rz. 1; Keidel/*Schmidt*, § 1 Rz. 3 f.

freiwilligen Gerichtsbarkeit oder einem Amtsgericht außerhalb eines Zivilprozesses zugewiesen ist und für deren verfahrensmäßige Behandlung bis 31.8.2009 das FGG bzw. seit 1.9.2009 das FamFG für anwendbar erklärt wird oder bei der der Sachzusammenhang auf eine Angelegenheit der freiwilligen Gerichtsbarkeit hinweist.[1] Diese formale Zuordnung wird nun durch den Gesetzgeber in § 23a Abs. 2 GVG unterstrichen.

2. Die Beteiligten

§ 7 enthält erstmals eine **Legaldefinition** des Beteiligtenbegriffs. Dies stellt ein Kernstück der Reform dar. Der gesetzlich geregelte Beteiligtenbegriff trägt dazu bei, der freiwilligen Gerichtsbarkeit eine moderne und klar strukturierte Verfahrensgrundlage als Anknüpfungspunkt für weitere Prozessrechte zu geben, wie zB zu Unterrichtungen (§ 7 Abs. 4), zur Akteneinsicht (§ 13), zu Anhörungsrechten, der Bekanntgabe von Dokumenten (§ 15) und Entscheidungen und der Befugnis, Rechtsmittel einzulegen.[2] Nach früherem Recht wurde der Begriff des Beteiligten zwar unterschiedlich verwendet und in Bezug genommen (zB in §§ 6 Abs. 1, 13, 13a Abs. 1, 15 Abs. 2, 41, 53b Abs. 2, 86 Abs. 1, 150, 153 Abs. 1, 155 Abs. 3 FGG), es fehlte bislang aber an einer gesetzlichen Bestimmung, wer im Verfahren der freiwilligen Gerichtsbarkeit zu beteiligen ist.[3] 53

Angesichts der Vielgestaltigkeit der Verfahren der freiwilligen Gerichtsbarkeit und der Unterschiedlichkeit der in diesen Verfahren auftretenden Personen sowie der durch sie verfolgten Zwecke gestaltete und gestaltet sich die Schaffung einer umfassenden Begrifflichkeit als äußerst schwierig. In der Vergangenheit wurde zur Lösung des Problems überwiegend zwischen formell und materiell Beteiligten differenziert. Materiell Beteiligter war danach, wessen Rechte und Pflichten durch das Verfahren und durch die darin zu erwartende oder getroffene Entscheidung unmittelbar betroffen sein konnten.[4] Hingegen war formell am Verfahren beteiligt, wer zur Wahrnehmung nicht notwendig eigener Interessen auf Antrag am Verfahren teilnahm oder zu diesem als Folge der amtswegigen Ermittlungen des Gerichts (§ 12 FGG) hinzugezogen wurde.[5] Diese zwar in der Praxis handhabbare Lösung erwies sich aber im Hinblick auf das verfassungsrechtlich gewährte Recht auf rechtliches Gehör nach Art. 103 Abs. 1 GG als unbefriedigend und konnte zudem auch nicht alle denkbaren Fallgestaltungen erfassen.[6] 54

Nach der Legaldefinition des § 7 sind nunmehr Beteiligte: in Antragsverfahren der Antragsteller (Abs. 1), der sog. Muss-Beteiligte, der dem materiell Beteiligten nach der bisherigen Terminologie entspricht (Abs. 2) und der sog. Kann-Beteiligte bzw. Optionsbeteiligte, der auf einen entsprechenden Antrag hin am Verfahren beteiligt werden kann (Abs. 3). 55

1 *Bassenge*/Roth, § 1 Rz. 1; Keidel/*Schmidt*, § 1 Rz. 3; Jansen/*v. Schuckmann*, FGG, § 1 Rz. 6 mwN.
2 *Kemper*, FamFG, FGG, ZPO – Kommentierte Synopse, S. 11.
3 BT-Drucks. 16/6308, S. 177; *Brehm*, FPR 2006, 402.
4 Keidel/*Zimmermann*, § 6 Rz. 6 mwN.
5 Keidel/*Zimmermann*, § 6 Rz. 18.
6 Vgl. *Kollhosser*, Zur Stellung und zum Begriff der Verfahrensbeteiligten im Erkenntnisverfahren der freiwilligen Gerichtsbarkeit, 1970, S. 360 ff., 378 ff., 398 ff.; BT-Drucks. 16/6308, S. 177 f.

3. Verfahrensgrundsätze

a) Begriff

56 Der Begriff des Verfahrensgrundsatzes bezeichnet im weiteren Sinne[1] alle diejenigen Rechtssätze, die den äußeren Ablauf eines gerichtlichen Verfahrens und das Verhalten von Gericht und Parteien bestimmen.[2] Hierzu zählen auch die Einwirkungen des Verfassungsrechts auf das Verfahren.

b) Amtsermittlungsgrundsatz

57 Zentraler Verfahrensgrundsatz des früheren FGG (§ 12) und weiterhin des neuen FamFG (§ 26) ist der Amtsermittlungs- bzw. Untersuchungsgrundsatz. Dieser hat zum Inhalt, dass das Gericht unabhängig von dem (tatsächlichen) Vorbringen der Beteiligten und der Stellung von Beweisanträgen der Beteiligten den entscheidungserheblichen Tatsachengehalt des Rechtsstreits selbst zu ermitteln und in das Verfahren einzuführen sowie die erforderlichen Beweise zu erheben hat.[3] Der Amtsermittlungsgrundsatz beansprucht in allen Verfahren mit Ausnahme der Familienstreitverfahren Geltung und umfasst gem. § 28 Abs. 1 Satz 1 die Aufklärungspflicht iSd. § 139 Abs. 1 ZPO, auch wenn die Aufklärungspflicht vor allem die mündliche Verhandlung in zivilrechtlichen Streitverfahren betrifft, die es im Verfahren der freiwilligen Gerichtsbarkeit nicht notwendig gibt.[4]

58 Die Vorschrift des § 32, nach der das Gericht die Sache mit den Beteiligten in einem Termin erörtern kann, führt keinen Mündlichkeitsgrundsatz in das FamFG-Verfahren ein.[5] Insofern ist nach den Vorschriften des Allgemeinen Teils ein Versäumnisverfahren auch im Bereich der Antragsverfahren wegen der Geltung des Amtsermittlungsgrundsatzes nicht statthaft.[6] Gegenteiliges gilt jedoch im Rahmen der Sonderregelungen in Buch 2 des FamFG (§§ 111 bis 270), die die Familiensachen betreffen.[7]

59 Wurde das Freibeweisverfahren bislang zwar im Rahmen der Verfahren der freiwilligen Gerichtsbarkeit in der Praxis anerkannt und durchgeführt, so wird es in §§ 29, 30 erstmalig ausdrücklich gesetzlich geregelt. Gem. § 30 liegt es im Ermessen des Gerichts, ob es die Beweisaufnahme nach den Vorschriften der ZPO vornimmt oder ob es sich des Freibeweises bedient.

c) Dispositionsmaxime und Offizialprinzip

60 Die Dispositionsmaxime, wonach es den Beteiligten des Rechtsstreits obliegt, ob und mit welchem Streitgegenstand sie ein Verfahren durch Klage oder einstweilige Anordnung einleiten und durchführen sowie erledigen, gilt wegen des Amtsermittlungsgrundsatzes im Verfahren nach Maßgabe des FamFG grundsätzlich – Ausnahmen sind die sog. Familienstreitverfahren – nicht.[8] Insoweit können also Verfahren von Amts wegen

1 Zum engen bzw. weiten Begriffsverständnis vgl. Zöller/*Greger*, vor § 128 Rz. 2; Stein/Jonas/*Leipold*, vor § 128 Rz. 3 f.; MüKo.ZPO/*Rauscher*, Einl. Rz. 271.
2 Zöller/*Greger*, vor § 128 Rz. 2 ff.; MüKo.ZPO/*Rauscher*, Einl. Rz. 271; MüKo.ZPO/*Musielak*, Einl. Rz. 26.
3 *Bassenge/Roth*, Einl. Rz. 53; *Bumiller*/Winkler, § 12 Rz. 41 ff.
4 Vgl. nur *Brehm*, FPR 2006, 401 (404).
5 BT-Drucks. 16/6308, S. 191.
6 *Kahl*, FGPrax 2004, 160, (165).
7 BT-Drucks. 16/6308, S. 191.
8 *Bumiller*/Winkler, § 12 Rz. 41 ff.; *Bassenge/Roth*, Einl. Rz. 52, 53.

eingeleitet werden (Offizialprinzip). Die Dispositionsmaxime gilt aber in den Rechtsmittelinstanzen bezüglich der Einlegung und Rücknahme des Rechtsmittels sowie in sämtlichen Antragsverfahren. Ein Antrag enthebt die Parteien jedoch nicht der Verpflichtung, durch Tatsachenvorbringen an der gerichtlich verwertbaren Entscheidungsgrundlage im Hinblick auf den streitentscheidenden Sachverhalt mitzuwirken.[1]

d) Aufklärungspflicht des Gerichts

§ 28 begründet in Abs. 1 die Pflicht des Gerichts, auf die Beteiligten einzuwirken, sich rechtzeitig über alle erheblichen Tatsachen zu erklären und ungenügende tatsächliche Angaben zu ergänzen. Dies stellt eine besondere Ausprägung der Pflicht zur Amtsermittlung dar.[2] Sie bezieht sich auf alle entscheidungserheblichen tatsächlichen Umstände und besteht sowohl bei gänzlich fehlendem als auch bei unvollständigem oder widersprüchlichem Vortrag zu entscheidungserheblichen Aspekten. § 28 Abs. 2 bestimmt eine spezielle Pflicht in Antragsverfahren, auf die Beteiligten einzuwirken, die ebenfalls aus dem Amtsermittlungsgrundsatz des § 26 folgt und als nunmehr gesetzlich verankerter Verfahrensgrundsatz dem Interesse an Verfahrenstransparenz und -beschleunigung dient.[3] 61

e) Konzentrationsgrundsatz

Anders als im Zivilprozess, bei dem der Konzentrations- oder Beschleunigungsgrundsatz überwiegend als eigene Prozessmaxime anerkannt wird,[4] finden sich im FamFG nur vereinzelte Normen, die zu einer Präklusion führen. Zu nennen ist hier insbesondere § 115 für verspätet vorgebrachte Angriffs- und Verteidigungsmittel im Rahmen von Familiensachen. Insofern kann nicht von einem das Verfahren grundsätzlich bestimmenden Grundsatz gesprochen werden, zumal der Allgemeine Teil hierzu keinerlei Regelungen enthält. Im Rahmen von Antragsverfahren sollte es lediglich ein Interesse des Antragstellers darstellen, durch Beibringung der erforderlichen Unterlagen eine zügige Verfahrenserledigung herbeizuführen oder zumindest dazu beizutragen. 62

f) Grundsatz der Öffentlichkeit

Nach § 170 GVG in der Fassung vor Inkrafttreten des FGG-RG[5] war die Öffentlichkeit in Familiensachen kraft Gesetzes ausgeschlossen. Die im Rahmen der Reform erfolgte Änderung des § 170 GVG knüpft an die frühere Rechtslage an und konstituiert in Abs. 1 Satz 1 den Grundsatz der Nichtöffentlichkeit für Verhandlungen, Erörterungen und Anhörungen in Familiensachen sowie in Angelegenheiten der freiwilligen Gerichtsbarkeit. Nunmehr kann das Gericht gem. § 170 Abs. 1 Satz 2 GVG die Öffentlichkeit in den vorgenannten Verfahren zulassen, soweit dies nicht dem Willen eines Beteiligten widerspricht. Diese Regelung, die einerseits dem insoweit vorrangigen Schutz der Privatsphäre der Verfahrensbeteiligten[6] und der verfassungsrechtlich gebotenen Öffentlichkeit als Ausdruck des Rechtsstaatsprinzips[7] andererseits dient, trägt 63

1 *Kahl*, FGPrax 2004, 160 (165).
2 Vgl. zur Hinwirkungspflicht bereits Keidel/*Schmidt*, § 12 Rz. 57.
3 BT-Drucks. 16/6308, S. 187.
4 Vgl. die Nachweise bei Zöller/*Greger*, vor § 128 Rz. 13; MüKo.ZPO/*Musielak*, Einl. Rz. 52 in Fn. 94.
5 FGG-RG BGBl. I, S. 2696.
6 Vgl. hierzu: Baumbach/*Albers*, Rz. 1 zu § 170 GVG.
7 Vgl. BVerfG v. 24.1.2001 – 1 BvR 2623/95, 1 BvR 622/99, BVerfGE 103, 44 (63).

dabei dem europarechtlichen Erfordernis des Art. 6 Abs. 1 EMRK Rechnung, wonach der Grundsatz der Öffentlichkeit in Streitigkeiten mit Bezug auf zivilrechtliche Ansprüche besteht, jedoch gem. Art. 6 Abs. 1 Satz 2 EMRK in Angelegenheiten der freiwilligen Gerichtsbarkeit oder wenn die Interessen von Jugendlichen oder der Schutz des Privatlebens der Beteiligten dies verlangen, durchbrochen werden kann.[1]

g) Rechtsfolgen einer Verletzung von Verfahrensgrundsätzen

64 Die Verletzung eines verfassungsrechtlich garantierten Verfahrensgrundsatzes (s. Rz. 65 ff.) führt stets zur Anfechtbarkeit der gerichtlichen Entscheidung und begründet bei Vorliegen der Sachentscheidungsvoraussetzungen (Art. 93 Abs. 1 Nr. 4a GG, §§ 90 ff. BVerfGG) eine Verfassungsbeschwerde. Im Übrigen führt ein Verstoß gegen Verfahrensgrundsätze lediglich zur Rechtswidrigkeit, aber nicht zwingend zur Anfechtbarkeit und nicht zur Nichtigkeit des Richterspruchs.[2] Eine unter Verletzung von Verfahrensvorschriften zu Stande gekommene gerichtliche Entscheidung kann wegen Verstoßes gegen formelles Recht mit der Rechtsbeschwerde gem. §§ 70 ff. angegriffen werden. Der Gedanke des Verzichts auf Verfahrensrügen, wie ihn § 295 ZPO für das streitige Verfahren kennt, setzt die Geltung der Dispositionsmaxime voraus und kann daher nur in reinen Antragsverfahren in Betracht gezogen werden. Eine Heilung von Verstößen durch ordnungsgemäße Nachholung kommt (insbes. bei Art. 103 Abs. 1 GG) in Betracht.[3] Zur örtlichen Zuständigkeit vgl. § 2 Abs. 3.

4. Einwirkungen des Verfassungsrechts

a) Anspruch auf rechtliches Gehör

65 Art. 103 Abs. 1 GG garantiert als Prozessgrundrecht[4] jedermann vor Gericht Anspruch auf rechtliches Gehör und ist dabei auf Grund seiner Eigenschaft als verfahrensrechtliches Grundprinzip für ein rechtsstaatliches Verfahren im Sinne des Grundgesetzes schlechthin konstitutiv.[5] Art. 103 Abs. 1 GG ist auch im Verfahren der freiwilligen Gerichtsbarkeit zu beachten.[6] Die Norm beinhaltet Informationspflichten des Gerichts (Recht auf Orientierung), damit korrelierende Äußerungsbefugnisse der Beteiligten (Recht auf Äußerung) und die Verpflichtung des Gerichts, diese angemessen bei seiner Entscheidungsfindung zu berücksichtigen (Pflicht zur Berücksichtigung). Das BVerfG verwendet hierfür die Formel, das Vorbringen der Beteiligten sei zur Kenntnis zu nehmen und in Erwägung zu ziehen.[7] Wegen des im Familienverfahren und in Angelegenheiten der freiwilligen Gerichtsbarkeit einschlägigen Amtsermittlungsgrundsatzes sind die Beteiligten bei Ermittlung von Tatsachen durch Mitteilung entsprechend in Kenntnis zu setzen und anzuhören.[8]

---

1 BT-Drucks. 16/6308, S. 320; Keidel/*Kahl*, Rz. 7a vor den §§ 8 bis 18.

2 *Musielak*, Einl. Rz. 53 mwN.

3 BVerfG v. 26.11.2008 – 1 BvR 670/08, NJW 2009, 1584.

4 BVerfG v. 25.10.2002 – 1 BvR 2116/01, NJW 2003, 1655; vgl. auch BVerfG v. 5.5.2004 – 2 BvR 1012/02, NJW 2004, 2443.

5 BVerfG v. 30.4.2003 – 1 PBvU 1/02, NJW 2003, 1924 (1926).

6 BVerfG v. 20.10.2008 – 1 BvR 291/06, NJW 2009, 138; BVerfG v. 11.5.1965 – 2 BvR 747/64 = NJW 1965, 1267, BVerfGE 19, 49 (51).

7 Umfassend dazu *Waldner*, Der Anspruch auf rechtliches Gehör, S. 13 ff., 24 ff., 66 ff.

8 BVerfG v. 29.5.1991 – 1 BvR 1383/90, BVerfGE 84, 188 (190); BVerfG v. 19.10.1993 – 1 BvR 567/89, 1 BvR 1044/89, NJW 1994, 1210.

b) Anspruch auf faires Verfahren

Rechtsdogmatisch und sinnlogisch mit dem Anspruch auf rechtliches Gehör verbunden ist derjenige auf ein faires Verfahren, der sich aus Art. 2 Abs. 1 iVm. Art. 20 Abs. 3 GG ableitet. Dieser Grundsatz garantiert als allgemeines Prozessgrundrecht die widerspruchsfreie Verfahrensleitung durch den Richter sowie dessen Rücksichtnahme gegenüber den Verfahrensbeteiligten in ihrer konkreten Situation. Ferner gewährleistet es, dass der Richter nicht aus eigenen oder ihm zurechenbaren Versäumnissen bzw. Fehlern Verfahrensnachteile für die am Verfahren Beteiligten ableiten darf.[1] Im Lichte des Art. 6 Abs. 1 EMRK ist das gerichtliche Verfahren in angemessener Zeit durchzuführen und abzuschließen. Das Gericht trifft dabei die Verpflichtung, auf eine zügige Verfahrenserledigung hinzuwirken.[2] 66

c) Willkürverbot

Das verfassungsrechtlich verbriefte Willkürverbot aus Art. 3 Abs. 1 iVm. Art. 20 Abs. 3 GG wird durch eine gerichtliche Entscheidung tangiert, wenn sie unter keinem denkbaren Gesichtspunkt vertretbar erscheint und daher offenkundig auf sachfremden Erwägungen beruht.[3] Dies ist insbesondere dann der Fall, wenn eine sich aufdrängende einschlägige Norm nicht berücksichtigt oder in krasser Weise fehlgedeutet wird. 67

d) Rechtsschutzgarantie

Art. 19 Abs. 4 GG gewährt den ungehinderten Zugang zu den vom Staat installierten Gerichten und damit umfassenden effektiven Rechtsschutz.[4] Die Rechtsschutzgarantie umfasst dabei neben dem ersten Zugang zu einem Gericht auch das Durchlaufen aller jeweils vom Gesetzgeber vorgesehenen Instanzen.[5] Als einfachgesetzliche Konkretisierung findet sich in § 62 das Novum der Beschwerdemöglichkeit gegen bereits erledigte Entscheidungen. 68

5. Streitschlichtung

Ein Anliegen des neuen Gesetzes, das mit allgemeinen Tendenzen im Verfahrensrecht übereinstimmt, ist die Stärkung der konfliktvermeidenden und konfliktlösenden Elemente innerhalb und außerhalb des Verfahrens. So sind die Regelungen über den Vergleich in § 36 zusammengefasst und ausgebaut. Im Bereich des Scheidungsfolgenrechts wird ausdrücklich durch Mediation und sonstige außergerichtliche Streitbeilegung auf eine Förderung des Schlichtungsgedankens gedrängt. Schließlich wird wie schon im früheren Recht (§§ 52, 52a FGG) gem. § 156 auch im Kindschaftsrecht ganz besonders auf einvernehmliche Lösungen hingewirkt. 69

1 BVerfG v. 14.4.1987 – 1 BvR 162/84, BVerfGE 75, 183; BVerfG v. 25.6.2003 – 1 BvR 861/03, FamRZ 2003, 1447.
2 BVerfG v. 20.7.2000 – 1 BvR 352/00, NJW 2001, 214; BVerfG v. 6.12.2004 – 1 BvR 1977/04, NJW 2005, 739.
3 BVerfG v. 26.4.2004 – 1 BvR 1819/00, NJW 2004, 2584 (2584 f.); BVerfG v. 18.3.2005 – 1 BvR 113/01, NJW 2005, 2138 (2139).
4 BVerfG v. 8.10.1991 – 1 BvR 1324/90, BVerfGE 84, 366 (370).
5 BVerfG v. 29.10.1975 – 2 BvR 630/73, BVerfGE 40, 272 (274 f.); BVerfG v. 16.12.1975 – 2 BvR 854/75, BVerfGE 41, 23 (26).

V. Internationales Verfahrensrecht der freiwilligen Gerichtsbarkeit

70 Bei grenzüberschreitenden Sachverhalten ist die Frage des anwendbaren materiellen Rechts (internationales Privatrecht oder materielles Kollisionsrecht iSv. Art. 3–47 EGBGB) von der Frage zu trennen, nach welchem Recht das angerufene Gericht sein Verfahren bestimmt (internationales Verfahrensrecht). Das internationale Verfahrensrecht wird beherrscht vom Grundsatz der lex fori, also von dem Gedanken, dass inländische Gerichte auch bei Verfahren mit Auslandsberührung immer ihr heimisches Prozessrecht anwenden. Dieser Grundsatz wird auch heute von der herrschenden Meinung anerkannt.[1] Allerdings erfährt er in der Praxis zahlreiche Durchbrechungen und wird zunehmend in Zweifel gezogen.[2] Die Praxis hält vor allem aus Gründen der Zweckmäßigkeit am lex fori-Prinzip fest.

71 Dieser Grundsatz gilt auch im Verfahren der internationalen freiwilligen Gerichtsbarkeit. Er betrifft insbesondere Fragen der Grenzen der deutschen Gerichtsbarkeit, der internationalen Zuständigkeit, der Rechtsstellung des Ausländers vor einem deutschen Gericht, des Rechtsverkehrs mit dem Ausland (Zustellungen, Ersuchen um Beweisaufnahme) sowie der Anerkennung und Vollstreckung ausländischer Entscheidungen. Es ist erfreulich, dass der Gesetzgeber dem Verfahren mit Auslandsbezug in den §§ 97–110 erhebliche Aufmerksamkeit gewidmet hat.[3]

72 Das FamFG hat die internationale Zuständigkeit in den §§ 98 ff. neu geregelt, die Anerkennung und Vollstreckbarkeit in den §§ 107 ff. Für alle übrigen Fragen gelten die allgemeinen Regeln. Damit sind für die Grenzen der deutschen Gerichtsbarkeit die §§ 18–20 GVG sowie die einschlägigen völkerrechtlichen Vereinbarungen (Wiener Übereinkommen) heranzuziehen, für alle weiteren Fragen gelten die Regelungen des FamFG, soweit nicht Vorschriften in völkerrechtlichen Vereinbarungen oder europäische Rechtsakte anzuwenden sind (vgl. § 97 Abs. 1). Aus völkerrechtlicher Sicht ist hier insbesondere das Haager Übereinkommen v. 1.3.1954 über den Zivilprozess zu nennen, das auch Fragen von Rechtshilfeersuchen regelt. Für Zustellungen ist das Haager Übereinkommen über die Zustellung gerichtlicher Schriftstücke im Ausland in Zivil- und Handelssachen v. 15.11.1965 zu beachten. Im Bereich von Beweisaufnahmen ist das Haager Übereinkommen über die Beweisaufnahme im Ausland in Zivil- und Handelssachen v. 18.3.1970 einschlägig.

73 Innerhalb der Europäischen Union verdrängen die einschlägigen Verordnungen das nationale Recht. Zu nennen sind die EuGVVO (Brüssel I-VO) v. 22.12.2000 über die gerichtliche Zuständigkeit und Anerkennung und Vollstreckung von Entscheidungen in Zivil- und Handelssachen; die EuEheVO (= Brüssel IIa-VO) v. 27.11.2003 über die Zuständigkeit und die Anerkennung und Vollstreckung von Entscheidungen in Ehesachen und in Verfahren betreffend die elterliche Verantwortung; die EuZVO v. 29.5.2000 über die Zustellung gerichtlicher und außergerichtlicher Schriftstücke in Zivil- oder Handelssachen in den Mitgliedsstaaten; die EuBVO v. 28.5.2001 über die Zusammenarbeit zwischen den Gerichten der Mitgliedsstaaten auf dem Gebiet der Beweisaufnahme in Zivil- oder Handelssachen; die EuVTVO v. 21.4.2004 über einen europäischen Vollstreckungstitel für unbestrittene Forderungen. Zu den Einzelheiten s.u. § 97 Rz. 17 ff.

---

1 *Geimer*, Rz. 319.
2 Vgl. statt aller *Jaeckel*, Die Reichweite der lex fori im internationalen Zivilprozessrecht, 1995.
3 *Hau*, FamRZ 2009, 821.

Buch 1
Allgemeiner Teil

Abschnitt 1
Allgemeine Vorschriften

§ 1
Anwendungsbereich

Dieses Gesetz gilt für das Verfahren in Familiensachen sowie in den Angelegenheiten der freiwilligen Gerichtsbarkeit, soweit sie durch Bundesgesetz den Gerichten zugewiesen sind.

A. Normzweck und Systematik

I. Einführung und Normzweck

1 Die Vorschrift stellt eine typische Einleitungsnorm für ein allgemeines Verfahrensgesetz dar. Sie enthält keinen nennenswerten Regelungsumfang. Sie ersetzt § 1 FGG. Nach ihrem Normzweck regelt die Vorschrift den Anwendungsbereich des Gesetzes. Sie setzt dabei die in § 2 EGGVG sowie in §§ 12, 13 GVG nunmehr ausdrücklich vorgesehene Geltung des GVG für den Bereich der freiwilligen Gerichtsbarkeit voraus und verweist somit praktisch vor allem auf § 23a GVG. Diese Norm enthält eine abschließende Zuweisung der Gebiete der Familiensachen und des Bereichs der freiwilligen Gerichtsbarkeit, die dem neuen FamFG unterfallen sollen.

II. Systematik

2 Die Norm steht am Beginn des ersten Buches des FamFG, das einen Allgemeinen Teil enthält. Damit knüpft die Gesetzessystematik an alle klassischen Kodifikationen an, bei denen in einem Allgemeinen Teil die generellen Regeln vor die Klammer gezogen werden. Zugleich steht die Vorschrift am Beginn des ersten Abschnitts dieses Allgemeinen Teils und enthält damit innerhalb des ersten Buches nochmals Vorschriften

allgemeiner Art. Die Norm (und mit ihr die §§ 1 bis 22a) ist also in doppelter Weise vor die Klammer gezogen.

B. Begriff und Wesen der freiwilligen Gerichtsbarkeit

I. Der Begriff

3 Weder früher das FGG noch heute das FamFG enthalten eine Legaldefinition des Begriffs der freiwilligen Gerichtsbarkeit. Auch die Versuche in Wissenschaft und Praxis, den Begriff der freiwilligen Gerichtsbarkeit abschließend zu erfassen, sind bisher nicht erfolgreich gewesen (s. Einleitung Rz. 48 ff.). Anerkannt ist insbesondere, dass der Begriff der Freiwilligkeit kein geeignetes Merkmal für die Bestimmung des Wesens der freiwilligen Gerichtsbarkeit ist. Auch eine Abgrenzung nach Verfahrensgegenstand und Verfahrensziel führt nicht zu einer klaren Abgrenzung von streitigem Zivilprozess und Verfahren der freiwilligen Gerichtsbarkeit. Schließlich reicht der Gedanke der Rechtsfürsorge nicht aus, um den Bereich der freiwilligen Gerichtsbarkeit abschließend zu beschreiben. Vielmehr hat die gesetzgeberische Entscheidung der vergangenen 130 Jahre, dem Bereich der freiwilligen Gerichtsbarkeit Sonderverfahren unterschiedlicher Art zuzuweisen, dazu geführt, dass die Erscheinungsformen von freiwilliger Gerichtsbarkeit außerordentlich mannigfaltig und unterschiedlich geworden sind. So besteht heute Einigkeit darüber, dass nur eine formelle Abgrenzung in dem Sinne in Betracht kommt, dass Teil der freiwilligen Gerichtsbarkeit dasjenige Verfahren ist, welches der Gesetzgeber diesem Bereich zuweist. Anerkannt ist allerdings, dass der Bereich der freiwilligen Gerichtsbarkeit weiter reicht, als dies früher die Verfahren nach dem FGG und heute die Verfahren nach dem FamFG abdecken können. Vielmehr kann man der freiwilligen Gerichtsbarkeit auch alle diejenigen Verfahren zuweisen, die der Klärung von Rechtsfragen im Zivilrecht dienen, ohne dass sie verfahrensmäßig ein Teil der streitigen Zivilgerichtsbarkeit wären. Beispiele hierfür sind das Grundbuchverfahren, das Verfahren in Landwirtschaftssachen, das Schiffsregisterverfahren, das Verfahren in Beurkundungsfragen sowie die Verfahrensregeln der Notare.

II. Zuweisung

4 Der Gesetzgeber hat daher im FamFG vernünftigerweise den Versuch gemacht, den Bereich der freiwilligen Gerichtsbarkeit, soweit er dem FamFG unterfällt, durch eine abschließende gesetzliche Zuweisung zu regeln. Dazu hat das FamFG in seinen Büchern 2 bis 8 einzelne Bereiche ausdrücklich erfasst. Diese Bereiche entsprechen der gesetzlichen Aufzählung in § 23a Abs. 1 Nr. 1 sowie Abs. 2 Nr. 1 bis 7 GVG. Interessanterweise hat der Gesetzgeber in § 23a Abs. 2 GVG darüber hinaus aber auch die Grundbuchsachen, das Verfahren in Landwirtschaftssachen, die Schiffsregistersachen sowie sonstige Angelegenheiten der freiwilligen Gerichtsbarkeit aufgezählt. Diese normative Aufzählung bestätigt die hier vorgenommene negative Abgrenzung der freiwilligen Gerichtsbarkeit. Danach sind Angelegenheiten der freiwilligen Gerichtsbarkeit alle diejenigen Verfahren, die den ordentlichen Gerichten zugewiesen sind, ohne zu den zivilrechtlichen Streitverfahren iSd. §§ 23, 71 GVG zu gehören.

C. Verhältnis der freiwilligen Gerichtsbarkeit zur streitigen Zivilgerichtsbarkeit

Die inhaltliche Abgrenzung von freiwilliger Gerichtsbarkeit und streitiger Zivilgerichtsbarkeit erfolgt nach dem Prinzip der formellen Zuweisung durch den Gesetzgeber (s. Rz. 3, 4). Allerdings sind beide Bereiche in ihrer verfahrensmäßigen Abwicklung den ordentlichen Gerichten (Amtsgericht, Landgericht, Oberlandesgericht, Bundesgerichtshof) zugewiesen. Für beide Bereiche gilt das GVG (vgl. § 2 EGGVG; §§ 12, 13 GVG). Daraus lässt sich entnehmen, dass beide Bereiche zu einem einheitlichen Zweig der Gerichtsbarkeit, nämlich zur ordentlichen Gerichtsbarkeit gehören. Das Verhältnis von streitiger Zivilgerichtsbarkeit zu freiwilliger Gerichtsbarkeit ist also keine Frage des Rechtsweges. 5

Teilweise wird davon gesprochen, bei den verschiedenen Bereichen der ordentlichen Gerichtsbarkeit (streitige Zivilgerichtsbarkeit, freiwillige Gerichtsbarkeit, Strafgerichtsbarkeit) handele es sich um „Unterzweige" der ordentlichen Gerichtsbarkeit.[1] Da es im Hinblick auf das Verhältnis von streitiger und freiwilliger Zivilgerichtsbarkeit keine eigenständigen Regelungen der Abgrenzung, der Verweisung und der Bindungswirkung gibt, hilft für die Entscheidung praktischer Fragen die Terminologie des Unterzweiges nicht weiter. Es ist daher hilfreich, dass der Gesetzgeber innerhalb der ordentlichen Gerichtsbarkeit deutlich gemacht hat, dass die Regelung des § 17a GVG für dieses Verhältnis analog heranzuziehen ist (vgl. § 17a Abs. 6 GVG). Daraus ergibt sich zugleich im Umkehrschluss, dass dogmatisch das Verhältnis dem einer funktionellen Zuständigkeit entspricht (vgl. dazu § 2 Rz. 15). Die weitere Aufteilung der Funktionen des Amtsgerichts als Familiengericht oder als Betreuungsgericht sind danach gesetzliche Regelungen der Geschäftsverteilung. 6

D. Anwendungsbereich

Nach Gesetzesüberschrift und Wortlaut regelt § 1 den Anwendungsbereich des FamFG in der bereits beschriebenen formellen Weise, wonach das Gesetz für alle diejenigen Verfahren gilt, die durch Bundesgesetz den ordentlichen Gerichten zugewiesen sind. Im Einzelnen werden die Familiensachen in § 23a Abs. 1 Nr. 1 GVG iVm. § 111 FamFG (der seinerseits durch die §§ 121, 151, 169, 186, 200, 210, 217, 231, 261, 266, 269 näher bestimmt wird) konkretisiert. Die Angelegenheiten der freiwilligen Gerichtsbarkeit werden in § 23a Abs. 1 Nr. 2 iVm. § 23a Abs. 2 GVG im Einzelnen konkretisiert. 7

Die Anwendbarkeit des FamFG hängt im Hinblick auf die Angelegenheiten der freiwilligen Gerichtsbarkeit davon ab, dass eine entsprechende Übertragung an die Gerichte kraft Bundesrecht erfolgt ist. Diese Voraussetzung ist auch dann als erfüllt anzusehen, wenn eine Angelegenheit zwar durch Bundesrecht den Gerichten übertragen wird, auf Grund landesgesetzlichen Vorbehalts jedoch eine Behörde für zuständig erklärt ist.[2] Dieser Grundsatz wird etwa in § 312 Nr. 3 bestätigt, wenn dort eine freiheitsentziehende Unterbringung nach den Landesgesetzen ausdrücklich der freiwilligen Gerichtsbarkeit zugewiesen wird. 8

---

1 *Rosenberg/Schwab*, Zivilprozessrecht, 14. Aufl. § 9 II 3; *Schilken*, Gerichtsverfassungsrecht, 3. Aufl. 2003 Rz. 405; wiederum abweichend nunmehr *Rosenberg/Schwab/Gottwald*, 16. Aufl. 2004 § 9 II 3, der die ordentliche Gerichtsbarkeit in drei Zweige gliedert.

2 *Bumiller*/Winkler, § 1 FGG Rz. 1.

9 Über die enumerativ aufgezählten einzelnen Bereiche der freiwilligen Gerichtsbarkeit hinaus sieht § 23a Abs. 2 Nr. 11 GVG vor, dass auch sonstige Angelegenheiten der freiwilligen Gerichtsbarkeit hierher gehören, soweit sie durch Bundesgesetz den Gerichten zugewiesen sind. Damit stellt sich die Frage, welche Bereiche der Gesetzgeber durch die Nr. 11 ansprechen wollte. Zu denken ist hier an Aufgaben, die den Amtsgerichten außerhalb des streitigen Zivilprozessrechts zugewiesen sind. So ist etwa die einstweilige Bestellung von Vorstandsmitgliedern und Abwicklern für Vereine und Stiftungen in dringenden Fällen dem Amtsgericht zugewiesen (§§ 29, 48, 86, 88 BGB). Auch für die Bewilligung der öffentlichen Bekanntmachung bei der Kraftloserklärung einer Vollmacht nach § 176 Abs. 2 BGB und bei der Bewilligung der öffentlichen Zustellung einer Willenserklärung bei Unbekanntheit der Person oder des Aufenthalts des Empfängers gem. § 132 Abs. 2 BGB ist das Amtsgericht berufen. Durch Sondergesetze sind den Amtsgerichten Verfahren nach der GBO, dem LwVG, dem BeurkG und der BNotO zugewiesen.

10 Über den gesetzlich angeordneten Bereich hinaus ist eine Erweiterung der zum Verfahren der freiwilligen Gerichtsbarkeit gehörenden Angelegenheiten weder durch Einwilligung eines Beteiligten noch kraft Vereinbarung der Beteiligten möglich.[1]

E. Freiwillige Gerichtsbarkeit und Schiedsgerichtsbarkeit

11 Keine Regelung enthält das Gesetz darüber, ob im Anwendungsbereich des FamFG eine Vereinbarung möglich ist, einzelne Verfahren einem privaten Schiedsgericht zuzuweisen. Eine solche Schiedsklausel war früher im Bereich der freiwilligen Gerichtsbarkeit für unzulässig angesehen worden.[2] Heute ist weithin anerkannt, dass eine Schiedsklausel auch in der freiwilligen Gerichtsbarkeit insoweit zulässig sein muss, als es sich um privatrechtliche Angelegenheiten handelt, in denen die Beteiligten über den Gegenstand der Verhandlung verfügen können.[3] Insbesondere *Habscheid* hat überzeugend dargelegt, dass einer zulässigen Schiedsabrede nicht entgegensteht, dass die funktionelle Zuständigkeit der ordentlichen Gerichte in Angelegenheiten der freiwilligen Gerichtsbarkeit eine ausschließliche Zuständigkeit darstellt.[4]

§ 2
Örtliche Zuständigkeit

(1) Unter mehreren örtlich zuständigen Gerichten ist das Gericht zuständig, das zuerst mit der Angelegenheit befasst ist.

(2) Die örtliche Zuständigkeit eines Gerichts bleibt bei Veränderung der sie begründenden Umstände erhalten.

(3) Gerichtliche Handlungen sind nicht deswegen unwirksam, weil sie von einem örtlich unzuständigen Gericht vorgenommen worden sind.

1 Jansen/*v. Schuckmann*, § 1 FGG Rz. 125.
2 RG v. 23.6.1931 – VII 237/30, RGZ 133, 128 (132).
3 BGH v. 17.6.1952 – V BLw 5/52, BGHZ 6, 248 (253).
4 *Habscheid*, ZZP 66, 188; *Habscheid*, RdL 1972, 225.

A. Normzweck, Systematik und Entstehung der Norm

I. Systematische Stellung

1 Entgegen der amtlichen Überschrift regelt § 2 nicht die örtliche Zuständigkeit selbst, sondern Einzelfragen der Abwicklung von Zuständigkeitsproblemen durch das Gericht (zu den Einzelheiten s. Rz. 2). Es handelt sich insoweit um eine wenig glückliche konzeptionelle Regelung des Gesetzgebers, die insbesondere durch die §§ 3, 4 und 5 ergänzt wird. Über diese Detailregelungen hinaus muss man die Systematik des Gesetzes kennen, um zu wissen, dass die jeweilige Regelung der örtlichen Zuständigkeit nahezu immer am Beginn eines neuen Buches oder Abschnitts lokalisiert ist (im Einzelnen s. Rz. 11). Ein zentraler Aspekt der örtlichen Zuständigkeit ist nach neuem Recht der gewöhnliche Aufenthalt. Zu diesem s. Rz. 12 und § 122 Rz. 2 ff.

II. Wortlaut der Regelung und normatives Umfeld

2 Die amtliche Überschrift „Örtliche Zuständigkeit" täuscht darüber hinweg, dass es in § 2 keine inhaltliche Regelung der örtlichen Zuständigkeit gibt. Geregelt werden vielmehr die Vorgriffszuständigkeit bei mehreren örtlichen zuständigen Gerichten in Abs. 1, die Frage der perpetuatio fori bei Veränderungen der die Zuständigkeit begründeten Umstände in Abs. 2 sowie die Frage der Wirksamkeit von gerichtlichen Handlungen durch das örtlich unzuständige Gericht in Abs. 3. In Ehesachen (§§ 111 Nr. 1, 121) sowie in Familienstreitsachen (§ 112) gilt allerdings nicht § 2, sondern es gelten die Regelungen der ZPO unmittelbar (§ 113 Abs. 1). Ergänzt werden die verschiedenen Regelungsbereiche des § 2 durch § 17a Abs. 6 GVG sowie durch die §§ 3, 4 und 5 über die Fragen der Verweisung, der Abgabe und der gerichtlichen Bestimmung der Zuständigkeit.

III. Entstehung und Ausgestaltung der Norm

3 Die Vorgriffszuständigkeit in Abs. 1 war bisher in § 4 FGG geregelt. Eine allgemeine Regelung der perpetuatio fori, wie sie sich nunmehr in Abs. 2 findet, gab es im FGG nicht. Die Regelung der Wirksamkeit gerichtlicher Handlungen durch das örtliche unzuständige Gericht iSv. Abs. 3 war bisher in § 7 FGG geregelt.

4 Das FamFG sagt nichts über die sachliche Zuständigkeit aus. Insoweit gelten künftig die Regelungen des GVG, wobei allerdings eine Verweisungsnorm fehlt, wie sie § 1 ZPO enthält.

B. Grundfragen der Zulässigkeit

5 Die Anrufung bzw. das Handeln eines jeweils **zuständigen** Gerichts ist eine klassische Sachentscheidungsvoraussetzung. Auch in der freiwilligen Gerichtsbarkeit gilt der Grundsatz, dass das Gericht die Zulässigkeit stets vor der Begründetheit einer Entscheidung zu prüfen hat. Im Rahmen der Zulässigkeitsmerkmale von Sachentscheidungen sind zu trennen die das Gericht betreffenden Voraussetzungen (Rechtsweg und Zuständigkeit), die die Beteiligten betreffenden Voraussetzungen (Beteiligtenfähigkeit, Verfahrensfähigkeit, Verfahrensführungsbefugnis bzw. Verfahrensstandschaft) sowie die den Streitgegenstand betreffenden Voraussetzungen (keine anderweitige Anhängigkeit, keine entgegenstehende Rechtskraft, Rechtsschutzbedürfnis). Im Bereich der das Gericht betreffenden Zulässigkeitsmerkmale ist der Rechtsweg abzutrennen von der örtlichen, sachlichen, funktionellen und internationalen Zuständigkeit. Hinzu kommt die rein interne Geschäftsverteilung, die sich nach § 21e GVG richtet und die nicht Teil der Zulässigkeitsprüfung ist.

C. Rechtsweg

6 Vor einer Sachentscheidung muss das handelnde oder angerufene Gericht zunächst prüfen, ob der Rechtsweg zu den ordentlichen Gerichten gegeben ist. Hierfür muss es sich gem. § 13 GVG um eine Zivilrechtsstreitigkeit, und zwar eine Familiensache oder eine Angelegenheit der freiwilligen Gerichtsbarkeit handeln. Abzugrenzen davon sind also zunächst der Bereich der Zuständigkeit für öffentlich-rechtliche Streitigkeiten (Verwaltungsgerichte, Sozialgerichte, Finanzgerichte) sowie die Arbeitsgerichtsbarkeit. Hat ein Gericht den Rechtsweg zu den ordentlichen Gerichten bejaht, so sind gem. § 12 GVG die Amtsgerichte, Landgerichte, Oberlandesgerichte und der Bundesgerichtshof zuständig. Jedes Gericht muss eine Entscheidung über die Zulässigkeit des Rechtswegs von Amts wegen treffen und im Falle der Unzulässigkeit des Rechtswegs eine Verweisung nach § 17a Abs. 2 GVG veranlassen.

D. Sachliche Zuständigkeit

I. Wesen

7 Die sachliche Zuständigkeit regelt, vor welchem Gericht ein Verfahren in erster Instanz durchzuführen ist. In Zivil- und Familiensachen sowie in den Angelegenheiten der freiwilligen Gerichtsbarkeit entscheidet die sachliche Zuständigkeit also darüber, ob erstinstanzlich das Amtsgericht oder das Landgericht berufen ist.

II. Regelung

Die Regelung hierzu findet sich im GVG, ohne dass das FamFG ausdrücklich darauf verweisen würde (vgl. demgegenüber § 1 ZPO). Im Einzelnen regelt § 23a GVG, dass in allen Familiensachen und in den meisten Angelegenheiten der freiwilligen Gerichtsbarkeit die Amtsgerichte zuständig sind. Die §§ 23b, 23c, 23d sind nur Ergänzungen der gesetzlich geregelten Geschäftsverteilung. Allerdings sind nicht alle Angelegenheiten der freiwilligen Gerichtsbarkeit sachlich dem Amtsgericht zugewiesen. Nach § 71 Abs. 2 Nr. 4 GVG ist für bestimmte handelsrechtliche und gesellschaftsrechtliche Zuständigkeiten wie bisher das Landgericht sachlich zuständig. 8

III. Vereinbarung

Eine Vereinbarung der sachlichen Zuständigkeit würde die Dispositionsbefugnis der Beteiligten über den Verfahrensgegenstand voraussetzen. Das ist in Verfahren nach dem Offizialprinzip auszuschließen. Auch bei Antragsverfahren ist bisher die Möglichkeit einer Vereinbarung der Zuständigkeit allgemein abgelehnt worden. Man war der Auffassung, dass die §§ 38 bis 40 ZPO keine (auch keine analoge) Anwendung finden können.[1] Für die Fortgeltung dieses Grundsatzes spricht, dass der Gesetzgeber des FamFG weder eine eigenständige Regelung in das neue Gesetz gebracht noch die Voraussetzungen für eine analoge Anwendung der §§ 38 bis 40 ZPO geschaffen hat. Die bisher in § 164 FGG vorgesehene Ausnahme betraf nur die örtliche Zuständigkeit (vgl. nunmehr § 411 Abs. 2 Satz 2 FamFG). 9

E. Örtliche Zuständigkeit

I. Wesen

Die örtliche Zuständigkeit entscheidet darüber, welches von mehreren gleichartigen Gerichten unterschiedlicher Gerichtsbezirke tätig zu werden hat. Diese rein örtliche Verteilung der Gerichtstätigkeit auf die verschiedenen Gerichtsbezirke ist im Allgemeinen Teil des FamFG nicht geregelt (s. Rz. 2). 10

II. Regelung

Entgegen der amtlichen Überschrift in § 2 enthält das erste Buch des FamFG keine inhaltliche Regelung und Ausgestaltung der örtlichen Zuständigkeit. Vielmehr finden sich die einzelnen örtlichen Zuständigkeiten bei den jeweiligen besonderen Verfahrensregelungen. Im Einzelnen vgl. § 122 (Ehesachen), § 152 (Kindschaftssachen), § 170 (Abstammungssachen), § 187 (Adoptionssachen), § 201 (Ehewohnungs- und Haushaltssachen), § 211 (Gewaltschutzsachen), § 218 (Versorgungsausgleich), § 232 (Unterhaltssachen), § 262 (Güterrechtssachen), § 267 (sonstige Familiensachen), § 272 (Betreuungssachen), § 313 (Unterbringungssachen), §§ 343, 344 (Nachlass- und Teilungssachen), § 377 (Registersachen), § 411 (weitere Angelegenheiten), § 416 (Freiheitsentziehung), §§ 442 Abs. 2, 446 Abs. 2, 447 Abs. 2, 452 Abs. 2, 454 Abs. 2, 465 Abs. 2, 466 (Aufgebotssachen). 11

1 Jansen/*Müther*, vor § 3 Rz. 31.

III. Der gewöhnliche Aufenthalt

12 Als wichtigstes Merkmal im Rahmen der örtlichen Zuständigkeit hat der Gesetzgeber im FamFG auf den gewöhnlichen Aufenthalt abgestellt. Dieses Merkmal ist in den §§ 122, 152 Abs. 2, 154, 170, 187, 201 Nr. 3 und 4, 211 Nr. 3, 218 Nr. 2 bis 4, 232 Abs. 1 Nr. 2, 262 Abs. 2, 267 Abs. 2, 272 Abs. 1 Nr. 2, 313 Abs. 1 Nr. 2, 377 Abs. 3 und 416 genannt. Für die Zuständigkeit des Vollstreckungsgerichts knüpft § 88 Abs. 1 ebenfalls an den gewöhnlichen Aufenthalt an, ferner für die internationale Zuständigkeit die §§ 98 bis 104 sowie Art. 5 Nr. 2 EuGVVO, Art. 3 Abs. 1, 8 Abs. 1 Brüssel IIa-VO, Art. 1 MSA. In allen diesen Fällen kann grundsätzlich von demselben Begriffsverständnis ausgegangen werden. Ermittelt werden muss jeweils der Schwerpunkt der Bindungen einer Person, also ihr Daseinsmittelpunkt. Dazu wird eine physische Präsenz vorausgesetzt, meist ein überwiegender Aufenthalt etwa im Sinne der normalen Wohnung und insbesondere der normalen Schlafstelle. Bei starkem Ortswechsel wird man nach dem Schwerpunkt der Lebensführung fragen müssen. In zeitlicher Hinsicht muss ein Aufenthalt von gewisser Dauer gegeben sein. Meist werden etwa sechs Monate verlangt. Auch ein soziales Element ist bei der erforderlichen Gesamtschau zu berücksichtigen (im Einzelnen s. § 122 Rz. 2 ff.).

IV. Vereinbarung und Entscheidung

13 Die örtliche Zuständigkeit ist in den meisten Fällen eine ausschließliche. Dies bedeutet, dass eine Vereinbarung der Zuständigkeit nicht in Betracht kommt. Eine ausdrückliche Abweichung sieht das Gesetz in § 411 Abs. 2 vor.

14 Die Fragen einer Entscheidung zwischen mehreren örtlich zuständigen Gerichten regelt § 2 Abs. 1 (s. Rz. 18 ff.). Die Frage der nachträglichen Veränderung der die örtliche Zuständigkeit begründenden Umstände ist in § 2 Abs. 2 geregelt (s. Rz. 29). Die Fragen der Wirksamkeit von gerichtlichen Handlungen eines örtlich unzuständigen Gerichts sind in § 2 Abs. 3 geregelt (s. Rz. 33 ff.). Soweit das angerufene Gericht örtlich oder sachlich unzuständig ist, ist eine Verweisung ausdrücklich in § 3 vorgesehen. Schließlich kann gem. § 4 eine Abgabe erfolgen. Die gerichtliche Bestimmung der Zuständigkeit ist in § 5 vorgesehen.

F. Funktionelle Zuständigkeit

15 Die funktionelle Zuständigkeit wird im Gesetz nicht ausdrücklich erwähnt. Sie betrifft die Verteilung verschiedenartiger Rechtspflegefunktionen in derselben Sache auf verschiedene Organe desselben Gerichts (Richter, Rechtspfleger, Urkundsbeamter der Geschäftsstelle) oder verschiedener Gerichte (insbesondere Instanzenzug). Zur funktionellen Zuständigkeit gehört auch, ob das jeweilige Gericht als Prozess-, Vollstreckungs-, Familien-, Insolvenz-, Arrest-, Mahn-, Aufgebots- oder Rechtshilfegericht tätig wird. Die Trennung der Funktionen der Amtsgerichte innerhalb der ordentlichen Gerichtsbarkeit als streitiges Zivilgericht, als Familiengericht, als Gericht der freiwilligen Gerichtsbarkeit oder als Strafgericht ist danach ebenfalls eine Frage der funktionellen Zuständigkeit. Die funktionelle Zuständigkeit ist immer eine ausschließliche.

G. Internationale Zuständigkeit

16 Die internationale Zuständigkeit ist die wohl bedeutsamste Frage aus dem Bereich des internationalen Verfahrensrechts. Bei grenzüberschreitenden Sachverhalten ist zunächst grundsätzlich die Frage, nach welchem Recht das angerufene Gericht sein Verfahren bestimmt, die zentrale Frage des internationalen Verfahrensrechts. Das internationale Verfahrensrecht wird vom Grundsatz der lex fori beherrscht (im Einzelnen s. Einleitung Rz. 70 ff.). Die internationale Zuständigkeit deutscher Gerichte betrifft damit insbesondere die Frage, ob in einer Angelegenheit mit Auslandsbezug ein deutsches Gericht tätig werden darf. Diese Frage ist von Amts wegen in jeder Lage des Verfahrens zu prüfen. Der Gesetzgeber des FamFG hat die internationale Zuständigkeit in den §§ 98 ff. näher geregelt. Darüber hinaus wird die internationale Zuständigkeit insbesondere auch durch europäische Verordnungen genauer bestimmt (im Einzelnen s. vor § 98 Rz. 1).

H. Geschäftsverteilung

17 Strikt abzutrennen von den Fragen der Zuständigkeit des angerufenen Gerichts ist die Frage der personellen und sachlichen Geschäftsverteilung. Dabei handelt es sich um eine gerichtsinterne Aufgabe des jeweiligen Präsidiums gem. § 21e GVG. Das Präsidium erstellt einen Geschäftsverteilungsplan. Es besetzt die Spruchkörper personell und regelt die Vertretung der Richter. Ferner weist es alle dem Gericht obliegenden Aufgaben den einzelnen Spruchkörpern zu. Soweit eine Geschäftsverteilung im Einzelfall gesetzlich geregelt ist, hat diese gegenüber den vom Präsidium aufgestellten Geschäftsverteilungsplänen absoluten Vorrang und muss beachtet werden (im Einzelnen vgl. §§ 23b bis 23d GVG). Der jeweilige Geschäftsverteilungsplan wird für die Dauer eines Jahres im Voraus beschlossen (§ 21e Abs. 1 Satz 2 GVG). Soweit Meinungsverschiedenheiten oder Zweifel unter den verschiedenen Spruchkörpern eines Gerichts über die Zuordnung der Rechtssache bestehen, müssen diese durch das Präsidium des Gerichts, dem die jeweiligen Spruchkörper angehören, entschieden werden. Eine Anwendung von § 5 FamFG kommt nicht in Betracht. Zulässig erscheint dagegen eine formlose Abgabe zwischen einzelnen Spruchkörpern analog § 4, falls die Abgabe dem bestehenden Geschäftsverteilungsplan entspricht. Eine Abgabe gegen dessen Regelung ist unzulässig.[1]

J. Vorgriffszuständigkeit (Absatz 1)

I. Tatbestandsvoraussetzungen

18 § 2 Abs. 1 regelt in weitgehender Übereinstimmung mit § 4 FGG aF die Vorgriffszuständigkeit des Amtsgerichts. Der Sache nach wird damit eine Regelung getroffen, die in der streitigen Zivilgerichtsbarkeit durch die Rechtshängigkeit gem. § 261 Abs. 3 Nr. 1 ZPO erreicht wird. Im Einzelnen müssen folgende Voraussetzungen gegeben sein:

1 Vgl. BGH v. 16.10.2008 – IX ZR 183/06, MDR 2009, 404.

1. Mehrere örtlich zuständige Gerichte

19 Erste Voraussetzung für die Anwendbarkeit von Abs. 1 ist eine Mehrfachzuständigkeit für denselben Verfahrensgegenstand (s. Rz. 24). Es müssen also mindestens zwei an sich örtlich zuständige Gerichte vorhanden sein. Nicht anwendbar ist Abs. 1 dagegen, wenn ein von den Beteiligten angerufenes Gericht unzuständig ist oder wenn ein Gericht seine örtliche Zuständigkeit irrtümlich annimmt.

2. Befasstsein

20 Während § 4 FGG bisher darauf abstellte, dass unter mehreren zuständigen Gerichten eines zuerst in der Sache tätig geworden sei, formuliert das FamFG nunmehr, dass ein Gericht mit der Angelegenheit befasst sein müsse.

21 Befasst ist das örtlich zuständige Gericht in Amtsverfahren, sobald es von Tatsachen amtlich Kenntnis erhält, die Anlass zum Einschreiten geben, in Antragsverfahren mit dem Eingang des Antrags.[1]

22 Das Befasstsein mit einer Angelegenheit ist aber nur dann maßgebend, wenn die für die Zuständigkeit entscheidenden Umstände bei diesem Gericht in diesem Zeitpunkt vorliegen.

3. Zuerst befasstes Gericht

23 Das iSd. § 2 Abs. 1 zuerst mit der Angelegenheit befasste Gericht ist jenes, das die in Rz. 20–22 genannten Voraussetzungen erfüllt, und zwar zeitlich als Erstes von mindestens zwei in der Angelegenheit befassten Gerichten.

4. Angelegenheit

24 Die Zuständigkeit gem. Abs. 1 wird nur für dieselbe Angelegenheit begründet, in der eine Befassung erfolgt ist, nicht aber für davon verschiedene Angelegenheiten, selbst wenn zwischen ihnen ein Zusammenhang bestehen sollte.[2]

25 Die in Bezug genommene Angelegenheit muss eine solche sein, die Gegenstand eines einheitlichen und selbständigen Verfahrens sein kann. An dieser Voraussetzung fehlt es für die einzelnen gerichtlichen Verrichtungen innerhalb einer Vormundschaft, Pflegschaft oder Betreuung, weil deren Führung als Ganzes eine Angelegenheit ist.[3]

26 Einheitlich ist auch das Verfahren auf Anordnung einer Unterbringung und auf Fortdauer der Unterbringung.[4] Gleiches gilt zB für die Nachlasssachen in Gestalt der Führung der Nachlasspflegschaft, der Nachlassverwaltung oder der Vermittlung der Erbauseinandersetzung einschließlich der in ihrem Rahmen anfallenden Geschäfte.[5]

1 BT-Drucks. 16/6308, S. 175; Jansen/*Müller-Lukoschek*, § 43 FGG Rz. 34; *Bumiller*/Winkler, § 43 FGG Rz. 7.
2 *Bassenge*/Roth, § 4 FGG Rz. 13.
3 Vgl. Jansen/*Müther*, § 4 FGG Rz. 6.
4 Vgl. Jansen/*Müther*, § 4 FGG Rz. 6.
5 Vgl. Jansen/*Müther*, § 4 FGG Rz. 6.

II. Rechtsfolge

Ist ein zuständiges Gericht zuerst mit der Angelegenheit befasst, so schließt es damit für diese Angelegenheit die Zuständigkeit aller anderen nach der örtlichen Zuständigkeit in Betracht kommenden Gerichte aus. Deren Zuständigkeit erlischt, wobei sie ihre Tätigkeit einzustellen und aus Zweckmäßigkeitsgesichtspunkten heraus die bei ihnen erwachsenen Vorgänge an das zuerst befasste Gericht abzugeben haben.[1] Die Ausschlusswirkung bezieht sich jedoch nur auf die in § 2 statuierte örtliche Zuständigkeit. Die von einem nach § 2 Abs. 1 unzuständigen Gericht vorgenommenen Handlungen bleiben gleichwohl wirksam, wie § 2 Abs. 3 ausdrücklich anordnet (s. Rz. 33 ff.). 27

Wie schon nach § 4 FGG lässt sich auch aus § 2 Abs. 1 FamFG entnehmen, dass in dem Zeitpunkt, in dem ein zuständiges Gericht mit einer Angelegenheit der freiwilligen Gerichtsbarkeit befasst ist, von bestehender **Anhängigkeit** der Sache gesprochen werden kann. Diese Anhängigkeit hat wie die Rechtshängigkeit im Zivilprozess die Wirkung, dass jeder gerichtlichen Tätigkeit eines anderen Gerichts die Befassung mit demselben Verfahrensgegenstand nun entgegensteht. Dies ist von Amts wegen zu beachten. Es folgt aus dem allgemeinen Grundsatz, dass nicht mehrere Gerichte mit derselben noch nicht erledigten Angelegenheit nebeneinander befasst werden sollen.[2] 28

K. Perpetuatio fori (Absatz 2)

§ 2 Abs. 2 trifft erstmals eine gesetzliche Regelung zum Grundsatz der perpetuatio fori. Danach wird bestimmt, dass es auf die örtliche Zuständigkeit keinen Einfluss hat, wenn sich die sie begründenden Umstände ändern. Dieser Grundsatz ist bereits vor Erlass des § 2 Abs. 2 allgemein anerkannt gewesen, wurde vom Gesetzgeber nunmehr aber zu Recht ausdrücklich in das Gesetz aufgenommen. 29

Im Einzelnen bedeutet dies, dass die Änderung des gewöhnlichen Aufenthalts nach Antragstellung oder Befassung durch das Gericht ohne Bedeutung ist, ebenso eine Veränderung des Fürsorgebedürfnisses (dann aber § 4), der gemeinsamen Wohnung, des Sitzes, des Wohnsitzes, der Niederlassung, des Bedürfnisses für andere Maßnahmen (aber § 4) und ein Wechsel des Orts der belegenen Sache. 30

Der Grundsatz der perpetuatio fori gilt auch für die internationale und die sachliche Zuständigkeit. Letzteres dürfte in der freiwilligen Gerichtsbarkeit aber ohne Relevanz sein. Für den Rechtsweg enthält § 17 Abs. 1 GVG eine ähnliche Regelung. Der Grundsatz ist auch im Fall einer ausschließlichen Zuständigkeit anwendbar, nicht dagegen im Bereich der Geschäftsverteilung (§ 21e Abs. 4 GVG). 31

Der Gedanke der perpetuatio fori ist heute auch anerkannt, wenn durch den Gesetzgeber oder die Rechtsprechung eine Änderung der Zuständigkeit ausgelöst wird. Dagegen gilt der Grundsatz nicht im Falle ursprünglicher Unzuständigkeit. 32

---

1 Vgl. Jansen/*Müther*, § 4 FGG Rz. 8.
2 Jansen/*v. König*, § 31 Rz. 14 mwN.

L. Wirksamkeit von Gerichtshandlungen (Absatz 3)

I. Allgemeines

33 § 2 Abs. 3 entspricht inhaltlich im Hinblick auf die fehlende örtliche Zuständigkeit der bisherigen Vorschrift des § 7 FGG.[1] Durch diese Regelung soll den Unzulänglichkeiten vorgebeugt werden, die anderenfalls durch eine Unwirksamkeit gerichtlicher Handlungen entstehen würden.

34 Der Vorschrift kommt im Wesentlichen klarstellende Funktion zu, da die in § 2 Abs. 3 getroffene Folgerung schon allgemeinen verfahrensrechtlichen Grundsätzen folgt. E contrario kann der Regelung nicht entnommen werden, dass andere als in § 2 Abs. 3 genannte Mängel die Unwirksamkeit der gerichtlichen Handlung bedingen würden; dies ist vielmehr in jedem Einzelfall zu prüfen.[2] § 2 Abs. 3 stellt insoweit allein fest, dass gerichtliche Handlungen eines örtlich unzuständigen Gerichts aus diesem Grunde nicht unwirksam sind. Ein Ausschluss etwaiger anderer Unwirksamkeitsgründe folgt durch diese Anordnung nicht.

II. Voraussetzungen

1. Gerichtliche Handlung

35 Die Anwendbarkeit der Vorschrift ist beschränkt auf gerichtliche Handlungen. Darunter ist jede Amtshandlung zu verstehen, durch welche das Gericht tätig wird, mithin sind sowohl verfahrensrechtliche Prozesshandlungen als auch Handlungen tatsächlicher Art erfasst.[3] Es bedarf einer positiven Tätigkeit des Gerichts.

36 Abzugrenzen ist die positive Tätigkeit von einem rein passiven Verhalten des Gerichts, wie dieses insbesondere im Falle des Empfangs von Mitteilungen und Erklärungen feststellbar ist.[4] Sofern in diesem Fall ein Richter von der Ausübung seines Amtes ausgeschlossen oder abgelehnt ist, hat dies auf die Erklärung keinen Einfluss, weil sie gegenüber dem Gericht als Behörde, nicht gegenüber dem Richter vorzunehmen ist.

37 Dagegen wird die Wirksamkeit einer Erklärung, die gegenüber einem örtlich unzuständigen Gericht vorgenommen wird, unterschiedlich beurteilt: Einigkeit besteht darüber, dass eine Erklärung unwirksam ist, wenn das örtlich unzuständige Gericht die Entgegennahme ablehnt oder die Erklärung sofort zurückgibt.[5] Nach überwiegender Ansicht ist die Wirksamkeit hingegen dann anzunehmen, wenn das Gericht seine Unzuständigkeit erkennt, aber untätig bleibt.[6] Als wirksam wird die Erklärung auch dann angesehen, wenn das unzuständige Gericht sie an das zuständige weitergibt, und zwar schon mit der Einreichung bei dem unzuständigen Gericht.[7]

---

1 BT-Drucks. 16/6308, S. 175.
2 Vgl. Jansen/*Müther*, § 7 FGG Rz. 1.
3 Jansen/*Müther*, § 7 FGG Rz. 4.
4 Vgl. Keidel/*Zimmermann*, § 7 FGG Rz. 3.
5 Jansen/*Müther*, § 7 FGG Rz. 7; Keidel/*Zimmermann*, § 7 FGG Rz. 4; *Bumiller*/Winkler, § 7 FGG Rz. 3.
6 Keidel/*Zimmermann*, § 7 FGG Rz. 5 mwN; differenzierend Jansen/*Müther*, § 7 FGG Rz. 7; aA *Bumilller*/Winkler, § 7 FGG Rz. 3.
7 BGH v. 17.9.1998 – V ZB 14/98, FGPrax 1998, 220; Keidel/*Zimmermann*, § 7 FGG Rz. 6.

2. Örtlich unzuständiges Gericht

§ 2 Abs. 3 bezieht sich unmittelbar nur auf ein örtlich unzuständiges Gericht. Bezüglich der inhaltsgleichen Vorschrift des früheren § 7 FGG war jedoch allgemein anerkannt, dass die Wirksamkeitserstreckung auch auf die übrigen Arten der einzelnen Zuständigkeitsfragen auf Grund einer entsprechenden Anwendbarkeit des § 7 FGG zu erfolgen hatte.[1] Nach der Gesetzesbegründung zu § 2 Abs. 3 ist demgemäß auch für diese Vorschrift davon auszugehen, dass § 2 Abs. 3 ebenfalls für die übrigen Zuständigkeiten entsprechende Anwendung findet, wollte der Gesetzgeber mit § 2 Abs. 3 doch einen Gleichlauf zu der Regelung des § 7 FGG schaffen.[2] 38

§ 2 Abs. 3 ist danach entsprechend anwendbar, wenn die internationale Zuständigkeit des Gerichts gefehlt hat. Gleiches gilt auch bei fehlender sachlicher Zuständigkeit. Darüber hinaus ist § 2 Abs. 3 auch bei fehlender funktioneller Zuständigkeit entsprechend anzuwenden. 39

III. Bedeutung der Norm

Die von einem unzuständigen Gericht vorgenommenen Handlungen sind zunächst wirksam, ohne jedoch einen Anspruch auf Anerkennung für alle Zukunft innezuhaben.[3] 40

Das zuständige Gericht hat idR von Amts wegen tätig zu werden, weshalb die Unzuständigkeit des handelnden Gerichts nicht auf Dauer bestehen bleiben muss, sondern sehr wohl der Fall denkbar ist, dass sich neue Umstände ergeben, die die örtliche Zuständigkeit eines bisher unzuständigen Gerichts zu begründen vermögen. 41

Die den gerichtlichen Handlungen verliehene Wirksamkeit hindert nicht daran, eine Anfechtung durch Beschwerde gem. § 58 Abs. 1, Abs. 2 vorzunehmen. Denn die Entscheidung, die von einem unzuständigen Gericht erlassen wird, stellt eine Gesetzesverletzung dar. Zu beachten ist allerdings, dass gerade im Falle einer örtlichen Unzuständigkeit in erster Instanz eine Beschwerde darauf nicht gestützt werden kann (§ 65 Abs. 4). Rechtsfolge der erfolgreichen Anfechtung ist die Aufhebung der Entscheidung, selbst wenn diese sachlich zutreffend gewesen sein sollte.[4] 42

IV. Unwirksamkeit gerichtlicher Handlungen

Eine gerichtliche Handlung ist unwirksam, wenn es an jeder gesetzlichen Grundlage fehlt, eine der Rechtsordnung unbekannte Rechtsfolge ausgesprochen wird oder eine Entscheidung ohne eine vom Gesetz ausdrücklich als notwendig bezeichnete Einwilligung ergeht.[5] 43

Darüber hinaus liegt eine Unwirksamkeit auch dann vor, wenn die gerichtliche Handlung keinerlei Rechtswirkungen erzeugt.[6] 44

1 *Bumiller*/Winkler, § 7 Rz. 5–7; Jansen/*Müther*, § 7 FGG Rz. 19–21; Keidel/*Zimmermann*, § 7 FGG Rz. 26–27; *Bassenge*/Roth, § 7 FGG Rz. 3.
2 BT-Drucks. 16/6308, S. 175.
3 Keidel/*Zimmermann*, § 7 FGG Rz. 34.
4 Keidel/*Zimmermann*, § 7 Rz. 36; *Keidel*, Rpfleger 1958, 314.
5 Vgl. *Bumiller*/Winkler, § 7 FGG Rz. 17.
6 *Bassenge*/Roth, § 7 FGG Rz. 6.

45 Auch eine richterliche Entscheidung trotz Fehlens einer Rechtsmitteleinlegung sowie einer Entscheidung nach Rücknahme der Beschwerde können die Unwirksamkeit implizieren.[1]

46 Gleiches gilt für das Fehlen einer ordnungsgemäßen Unterschrift im schriftlichen Verfahren und ebenso bei der Überschreitung der funktionellen Zuständigkeit des Urkundsbeamten der Geschäftsstelle.[2]

§ 3
Verweisung bei Unzuständigkeit

(1) Ist das angerufene Gericht örtlich oder sachlich unzuständig, hat es sich, sofern das zuständige Gericht bestimmt werden kann, durch Beschluss für unzuständig zu erklären und die Sache an das zuständige Gericht zu verweisen. Vor der Verweisung sind die Beteiligten anzuhören.

(2) Sind mehrere Gerichte zuständig, ist die Sache an das vom Antragsteller gewählte Gericht zu verweisen. Unterbleibt die Wahl oder ist das Verfahren von Amts wegen eingeleitet worden, ist die Sache an das vom angerufenen Gericht bestimmte Gericht zu verweisen.

(3) Der Beschluss ist nicht anfechtbar. Er ist für das als zuständig bezeichnete Gericht bindend.

(4) Die im Verfahren vor dem angerufenen Gericht entstehenden Kosten werden als Teil der Kosten behandelt, die bei dem im Beschluss bezeichneten Gericht anfallen.

A. Normzweck

1 Die Norm dient ebenso wie der vergleichbare § 281 ZPO der Zeit- und Kostenersparnis und damit der Effizienz und Prozesswirtschaftlichkeit des Verfahrens. Letztlich soll § 3 vermeiden, dass nutzlose Zuständigkeitsverfahren und Entscheidungen über die

1 *Bumiller*/Winkler, § 7 FGG Rz. 17.
2 *Bumiller*/Winkler, § 7 FGG Rz. 17 mwN.

Unzulässigkeit eines Verfahrens durchgeführt werden. Schließlich soll mit der Vorschrift eine Harmonisierung der Prozessordnungen erreicht werden.[1]

B. Entstehung und Inhalt der Norm

Das frühere FGG kannte eine Norm mit vergleichbarem Inhalt nicht. Deshalb wurde allgemein angenommen, dass auch ohne eine besondere gesetzliche Regelung die Abgabe eines Verfahrens wegen der Unzuständigkeit des Gerichts von Amts wegen möglich sei.[2] Der Gesetzgeber hat mit der Norm also eine echte Lücke im Allgemeinen Verfahrensrecht der freiwilligen Gerichtsbarkeit geschlossen. Die Parallelen in Wortlaut und Inhalt zu § 17a GVG sowie zu § 281 ZPO sind deutlich. Auch die § 48 Abs. 1 ArbGG, 83 Satz 1 VwGO sowie 70 Satz 1 FGO enthalten der Sache nach vergleichbare Regelungen. 2

Im Einzelnen entspricht Abs. 1 Satz 1 den §§ 281 Abs. 1 Satz 1 ZPO, 17a Abs. 2 Satz 1 GVG. Abs. 2 Satz 1 entspricht den §§ 281 Abs. 2 Satz 1 ZPO, 17a Abs. 2 Satz 2 GVG. Schließlich ist Abs. 3 wörtlich aus § 281 Abs. 2 Satz 2 und 4 ZPO übernommen. Abs. 4 entspricht der Norm des § 281 Abs. 3 Satz 1 ZPO. 3

C. Anwendungsbereich

I. Allgemeines

§ 3 regelt die Voraussetzungen für eine Verweisung an andere inländische Gerichte der ordentlichen Gerichtsbarkeit. An ein ausländisches Gericht oder ein Gericht eines anderen Gerichtszweiges kann nach § 3 nicht verwiesen werden.[3] Auch eine Verweisung an den EuGH ist nicht möglich.[4] 4

Die Norm gilt für alle Verfahren der freiwilligen Gerichtsbarkeit, die im Rahmen des FamFG geregelt sind. Keine Anwendung findet sie in Ehe- und Familienstreitsachen (vgl. § 113 Abs. 1; III, ferner Rz. 10). In diesem Bereich gilt § 281 ZPO. Eine Sonderregelung der Verweisung bei Kindschaftssachen enthält § 154. 5

Soweit das FamFG in einzelnen Fällen eine Abgabe vorsieht, hat der Gesetzgeber für das Verfahren jeweils ausdrücklich auf § 281 Abs. 2 und Abs. 3 Satz 1 ZPO Bezug genommen. Dies ist in den §§ 123, 153, 202, 233 und 263 normiert. 6

Eine Verweisung nach § 3 erfordert, dass ein anderes Gericht zuständig ist. Nicht von der Norm erfasst ist daher die bloße Abgabe einer Angelegenheit zwischen verschiedenen Spruchkörpern desselben Gerichts oder zwischen dem Stammgericht und seiner auswärtigen Zweigstelle. Freilich wird man auf eine solche Abgabe innerhalb desselben Gerichts den Grundgedanken, wie er im § 3 enthalten ist, anwenden können. 7

1 Vgl. BT-Drucks. 16/6308, S. 175.
2 *Keidel/Sternal*, § 5 FGG Rz. 16; *Bumiller*/Winkler, Vor § 3 Rz. 5.
3 OLG Köln v. 16.3.1988 – 24 U 182/87, NJW 1988, 2182; Zöller/*Greger*, § 281 Rz. 5; MüKo.ZPO/*Prütting*, § 281 Rz. 5.
4 *Schumann*, ZZP 76, 93.

II. Andere Gerichtszweige

8 § 3 bezieht sich nur auf Verweisungen im Rahmen der örtlichen und der sachlichen Unzuständigkeit. Soweit eine Rechtswegunzuständigkeit vorliegt (s. § 2 Rz. 6), ist § 17a GVG unmittelbar heranzuziehen.

9 Keine Frage des Rechtswegs stellt es dar, wenn streitig ist, ob eine Angelegenheit innerhalb der ordentlichen Gerichtsbarkeit den streitigen Zivilgerichten oder den Gerichten der freiwilligen Gerichtsbarkeit zu übertragen ist. Für diese Frage der funktionellen Zuständigkeit enthielt das Gesetz früher keine Regelung. Nunmehr ist in diesen Fällen § 17a Abs. 6 GVG zu beachten. Danach gelten die Regeln der Rechtswegverweisung analog, wenn es sich um das Verhältnis von streitiger Zivilgerichtsbarkeit, Familiengerichtsbarkeit oder Angelegenheiten der freiwilligen Gerichtsbarkeit handelt.

III. Ehe- und Familienstreitsachen

10 Gem. § 113 Abs. 1 ist die Norm in Ehe- und Familienstreitsachen nicht anzuwenden. Dies bedeutet, dass in diesen Verfahren unmittelbar auf § 281 ZPO zurückzugreifen ist. Wird also in einer Ehesache das örtlich oder sachlich unzuständige Gericht angerufen, so erfolgt eine Verweisung nach § 281 ZPO. Wird dagegen innerhalb desselben Gerichts die Ehesache dem nichtzuständigen Spruchkörper überwiesen, so ist dies weder ein Fall von § 281 ZPO noch von § 3 FamFG. Hier kommen die Regeln der gerichtsinternen Aufgabenzuweisung nach der Geschäftsverteilung zum Tragen. Damit erfolgt die Überleitung einer Sache innerhalb desselben Gerichts durch formlose und nichtbindende Abgabe (s. § 2 Rz. 17). Diese ist nicht selbständig anfechtbar.

D. Voraussetzungen

I. Angerufenes Gericht

11 Zunächst muss die Sache bei dem angerufenen Gericht bereits anhängig sein.[1] Soweit eine Bekanntgabe des Antrags nach § 15 oder eine formlose Mitteilung eines Dokuments erforderlich ist, setzt die Verweisung die Durchführung dieser Bekanntgabe voraus. Vorher kommt lediglich eine Abgabe der Sache in Betracht, die ohne Prüfung der Zuständigkeit formlos und ohne Bindung des aufnehmenden Gerichts erfolgt. Ebenso muss die Anhängigkeit der Sache noch bestehen. Wird diese also durch eine übereinstimmende Erledigterklärung beendet, kommt eine Verweisung nach § 3 ebenfalls nicht mehr in Betracht.[2] Ist in einem früheren Verfahren in derselben Angelegenheit eine Sache wegen örtlicher Unzuständigkeit rechtskräftig abgewiesen worden, so steht eine solche Entscheidung der Verweisung in einem späteren Verfahren und der Bindungswirkung dieser Verweisung nicht entgegen.[3]

12 Wie sich früher aus § 4 FGG ergab und heute in § 2 Abs. 1 FamFG geregelt ist, wird durch die Vorgriffszuständigkeit bei mehreren an sich örtlich zuständigen Gerichten

---

1 BGH v. 2.12.1982 – I AZR 586/82, MDR 1983, 466; Zöller/*Greger*, § 281 Rz. 7 (Rechtshängigkeit erforderlich, da sonst keine Bindungswirkung entstehe); MüKo.ZPO/*Prütting* § 281 Rz. 24.

2 Musielak/*Foerste*, § 281 Rz. 5.

3 BGH v. 13.11.1996 – XII ARZ 17/96, NJW 1997, 869; MüKo.ZPO/*Prütting* § 281 Rz. 25.

eine Situation geschaffen, in der dieselbe Angelegenheit nur bei einem Gericht behandelt werden kann. Es gelten also auch im Rahmen der freiwilligen Gerichtsbarkeit die allgemeinen Regeln über die Rechtshängigkeit der ZPO, auch wenn wegen des Fehlens einer vergleichbaren Norm zu § 261 Abs. 1 ZPO im technischen Sinn von Rechtshängigkeit wohl nicht gesprochen werden kann. Richtiger dürfte es sein, in allen Fällen, in denen das angerufene Gericht mit der Sache iSv. § 2 Abs. 1 befasst ist, von Anhängigkeit zu sprechen.

II. Unzuständigkeit

Das angerufene Gericht muss nach der eindeutigen Formulierung der Norm sachlich oder örtlich unzuständig sein. Der Mangel der funktionellen Zuständigkeit oder der internationalen Zuständigkeit begründet keinen Fall von § 3. Eine Verweisung einer Sache über die Grenze hinweg ist generell nicht möglich. Zur Verweisung innerhalb der funktionellen Zuständigkeit s. § 17a Abs. 6 GVG. 13

III. Veranlassung

Im Gegensatz zu § 281 ZPO setzt die Norm keinen Antrag voraus. Eine Verweisung kommt also sowohl auf Anregung eines Beteiligten als auch von Amts wegen in Betracht. Daher ist die Verweisung auch ohne oder gegen den Willen der Beteiligten möglich. Die rügelose Einlassung eines Beteiligten oder der Verzicht auf die Rüge ist ohne Bedeutung. 14

E. Verfahren und Entscheidung

I. Bestimmung des zuständigen Gerichts

Liegen die Voraussetzungen für eine Verweisung im Sinne der Norm vor, so muss das zunächst mit der Sache befasste Gericht das nach seiner Auffassung zuständige Gericht bestimmen. Kann eine solche Bestimmung nicht erfolgen, so ist nach § 5 zu verfahren. Das angerufene Gericht hat das zuständige Gericht nach pflichtgemäßem Ermessen zu ermitteln. In diesem Zusammenhang muss das angerufene Gericht sowohl die örtliche als auch die sachliche Zuständigkeit prüfen und feststellen. Nicht zulässig wäre es, wenn das verweisende Gericht isoliert nur die örtliche oder die sachliche Zuständigkeit prüft und entscheidet. Das wird im streitigen Zivilverfahren nach § 281 ZPO im Hinblick auf den dort zwingend erforderlichen Antrag des Klägers abweichend beurteilt.[1] 15

Das angerufene Gericht hat das zuständige Gericht in seinem Verweisungsbeschluss genau zu bezeichnen. Ein Verweisungsbeschluss, in dem das zuständige Gericht nicht bestimmt ist oder die Wahl den Parteien oder einem später zu bestimmenden Gericht überlassen bleibt, wäre unwirksam.[2] Innerhalb des Gerichts, an das verwiesen wird, ist eine Bezeichnung der zuständigen Kammer oder Abteilung nicht zulässig und nicht bindend.[3] Ein Antrag eines Beteiligten ist nicht erforderlich. Ein dennoch gestellter 16

1 Zöller/*Greger*, § 281 Rz. 13; MüKo.ZPO/*Prütting*, § 281 Rz. 34.
2 OLG Celle v. 6.11.1952 – 4 W 346/52, MDR 1953, 111.
3 BGH v. 7.10.1987 – IVb ARZ 34/87, FamRZ 1988, 155.

Antrag wäre als Anregung iSv. § 24 aufzufassen. Im Rahmen einer solchen Anregung müsste der Beteiligte nicht das nach seiner Meinung zuständige Gericht bezeichnen.

II. Zuständigkeit mehrerer Gerichte

17 Sind mehrere Gerichte zuständig, so erfolgt die Verweisung gem. Abs. 2 an das vom Antragsteller gewählte Gericht. Ein solcher Fall ist wohl nur im Rahmen der örtlichen Zuständigkeit denkbar. Das Wahlrecht ist iSv. § 35 ZPO als freie Wahl des Antragstellers ohne Bindung an prozessökonomische Erwägungen zu verstehen. Erforderlichenfalls muss der Antragsteller vom Gericht auf sein Wahlrecht hingewiesen werden (vgl. § 28 Abs. 1 und 2). Soweit mehrere Gerichte örtlich zuständig sind und der Antragsteller die ihm durch Abs. 2 Satz 1 zugewiesene Wahlmöglichkeit nicht wahrnimmt, wird die Sache an das vom angerufenen Gericht bestimmte Gericht verwiesen. Gleiches gilt in den Fällen, in denen das Verfahren von Amts wegen eingeleitet worden ist.

III. Erstinstanzliches Verfahren

18 Die Regelung des § 3 bezieht sich nur auf das erstinstanzliche Verfahren. Hat in einem solchen Verfahren das angerufene Gericht seine eigene Unzuständigkeit festgestellt, so muss es zunächst die Beteiligten anhören (Abs. 1 Satz 2). Sodann erlässt das angerufene Gericht einen Beschluss, in dem es sich für unzuständig erklärt und die Verweisung an das von ihm bestimmte zuständige Gericht ausspricht. Der Beschluss bedarf einer Begründung, die erkennen lässt, welche rechtlichen Erwägungen das angerufene Gericht seiner Entscheidung zugrunde gelegt hat. Der Beschluss enthält keine Kostenentscheidung (vgl. Abs. 4). Im Übrigen gelten die allgemeinen Regeln des § 38. Einer Rechtsmittelbelehrung gem. § 39 bedarf es nicht, da der Beschluss nicht anfechtbar ist (vgl. Abs. 3). Der Beschluss muss den Beteiligten bekannt gegeben werden (§§ 40 Abs. 1, 41).

IV. Höhere Instanz

19 § 3 bezieht sich ausschließlich auf die örtliche und sachliche Zuständigkeit. Er ist daher in der Rechtsmittelinstanz nicht anwendbar. Darüber hinaus gilt es zu beachten, dass in der Beschwerdeinstanz eine Rüge der örtlichen oder sachlichen Zuständigkeit nicht mehr in Betracht kommt (§ 65 Abs. 4). Die höhere Instanz kann also auch durch Endentscheidung den Beschluss der Vorinstanz nicht mit der Begründung aufheben, es sei die sachliche oder örtliche Zuständigkeit unrichtig beurteilt gewesen.

V. Unanfechtbarkeit

20 Nach der ausdrücklichen gesetzlichen Anordnung ist der Verweisungsbeschluss isoliert unanfechtbar (Abs. 3 Satz 1). Auch wenn der Antrag oder die Anregung eines Beteiligten auf Verweisung durch Beschluss nach § 3 vom Gericht zurückgewiesen wird, ist dagegen ein Rechtsmittel nicht gegeben.[1] Nach allgemeinen Regeln können Fragen der Zulässigkeit einer Entscheidung aber zusammen mit der Endentscheidung im Rahmen einer zulässigen Beschwerde angegriffen werden. Dies gilt freilich gerade

1 Zöller/*Greger*, § 281 Rz. 14; MüKo.ZPO/*Prütting*, § 281 Rz. 42.

nicht für die Fragen der Zuständigkeit des ersten Rechtszuges (§ 65 Abs. 4). Im Ergebnis kann also ein Streit über die örtliche oder sachliche Zuständigkeit in der höheren Instanz weder isoliert noch im Rahmen einer Beschwerde gegen die Endentscheidung in Betracht kommen. Zur Frage von denkbaren Ausnahmen s. Rz. 22 f.

F. Rechtsfolgen

I. Anhängigkeit

Durch den Beschluss nach § 3 Abs. 1 wird die Anhängigkeit der Angelegenheit beim zunächst angerufenen Gericht beendet. Mit dem Eingang der Akten beim für zuständig erklärten Gericht ist die Angelegenheit bei diesem Gericht anhängig. Das weitere Verfahren vor dem neuen Gericht bildet mit dem vorausgegangenen Verfahren einen einheitlichen Rechtszug. Alle richterlichen Akte des zunächst angerufenen Gerichts bleiben wirksam. Frühere Prozesshandlungen, Anträge und Erklärungen der Beteiligten wirken fort. Evtl. Wirkungen einer Anhängigkeit treten bereits mit der Erhebung des Antrags vor dem unzuständigen Gericht ein. 21

II. Anfechtungsmöglichkeit

Wie bereits im Rahmen des Verfahrens dargestellt, ist der Verweisungsbeschluss unanfechtbar (Abs. 3 Satz 1; s. Rz. 20). Daran würde auch eine fehlerhafte Rechtsmittelzulassung nichts ändern. Die Unanfechtbarkeit ist selbst dann zu bejahen, wenn im Hinblick auf einen möglichen Restitutions- oder Nichtigkeitsgrund eine Wiederaufnahme des Verfahrens gem. § 48 Abs. 2 FamFG iVm. §§ 568 ff. ZPO in Betracht käme. 22

Allerdings hat die herrschende Meinung im Zivilprozess früher angenommen, dass eine Ausnahme von der Unanfechtbarkeit dann zu bejahen ist, wenn eine willkürliche Verweisung vorliegt.[1] Eine solche außerordentliche Beschwerde kann freilich seit der Plenarentscheidung des BVerfG aus dem Jahre 2003 nicht mehr bejaht werden.[2] Im Falle einer Verletzung des Anspruchs auf rechtliches Gehör im Rahmen des Verfahrens nach § 3 ist das Abhilfeverfahren nach § 44 eröffnet. In anderen Fällen willkürlicher Verweisung ist nach dem Sinn und Zweck des Gesetzes darauf abzustellen, dass nach dem erkennbaren Willen des Gesetzgebers (vgl. § 65 Abs. 4) alle erstinstanzlichen Gerichte gleichwertig sind. Ein Streit über die örtliche oder sachliche Zuständigkeit soll also in höherer Instanz generell ausgeschlossen sein. 23

III. Bindung

Gem. Abs. 3 Satz 2 ist der Verweisungsbeschluss für das in ihm als zuständig bezeichnete Gericht bindend. Ausgeschlossen ist es also, dass das Gericht, an das die Verweisung erfolgt ist, die Sache an das ursprüngliche Gericht zurückverweist. Ebenfalls ausgeschlossen ist eine Weiterverweisung an ein drittes Gericht. 24

Allerdings wird im streitigen Zivilverfahren eine Weiterverweisung dann für möglich gehalten, wenn der Umfang des bindenden Verweisungsbeschlusses allein auf die örtliche oder auf die sachliche Zuständigkeit beschränkt war. Kommt also der ein- 25

1 Im Einzelnen vgl. dazu Zöller/*Greger*, § 281 Rz. 17; MüKo.ZPO/*Prütting*, § 281 Rz. 41.
2 BVerfG v. 30.4.2003 – 1 PBvU 1/02, BVerfGE 107, 395 = NJW 2003, 1924.

schränkende Wille des verweisenden Gerichts klar zum Ausdruck, so soll insoweit keine Bindung bestehen.[1] Der Anwendung dieser Grundsätze im FamFG steht allerdings entgegen, dass § 3 anders als § 281 ZPO keinen Antrag voraussetzt und insoweit das zunächst angerufene Gericht von Amts wegen gezwungen ist, seine örtliche und sachliche Zuständigkeit zu prüfen. Ein isolierter Verweisungsbeschluss nur im Hinblick auf die örtliche oder auf die sachliche Zuständigkeit kommt daher im Rahmen der freiwilligen Gerichtsbarkeit nicht in Betracht. Es ist also im Rahmen des § 3 eine Weiterverweisung in keinem Falle zu bejahen.

26 Die Bindungswirkung des Abs. 3 Satz 2 ist auch dann zu bejahen, wenn der **Verweisungsbeschluss fehlerhaft** war.[2] Von diesem Grundsatz werden im Bereich des Zivilprozesses nach höchst umstrittener Auffassung Ausnahmen zugelassen, wenn der Verweisungsbeschluss willkürlich oder schlechterdings nicht als im Rahmen des § 281 ZPO ergangen angesehen werden kann. Dann soll eine Rückverweisung oder eine Weiterverweisung entgegen Abs. 3 möglich sein. Hierzu sollen insbesondere diejenigen Fälle zählen, in denen jede gesetzliche Grundlage fehlt[3] oder der Anspruch auf Gewährung rechtlichen Gehörs verletzt wurde.[4]

27 Mit der herrschenden Meinung ist in solchen Fällen eines willkürlichen Verweisungsbeschlusses auch heute noch eine Bindung zu verneinen. Problematisch ist allerdings die Abgrenzung der Fälle im Einzelnen, die als objektiv willkürlich anzusehen sind. Ein entscheidendes Kriterium dürfte es sein, wenn die allgemeine Systematik des Verfahrensrechts eine Verweisung der vorgenommenen Art nicht vorsieht, wenn der Akteninhalt des verweisenden Gerichts ausdrücklich Hinweise auf die Zuständigkeit des verweisenden Gerichts ergibt oder wenn das verweisende Gericht selbst zu erkennen gegeben hat, dass es seine Zuständigkeit möglicherweise für gegeben hält.[5] Demgegenüber wird man von einer Bindung ausgehen müssen, wenn die Verweisung sich im Ergebnis als vertretbar darstellt, auch wenn das verweisende Gericht von einer einhelligen oder herrschenden Meinung abweicht.[6]

28 Kommt es trotz der vom Gesetz angeordneten Bindungswirkung zu einer gesetzwidrigen Rück- oder Weiterverweisung, so kann diese ebenfalls eine erneute Bindungswirkung auslösen. In einem solchen Fall ist § 5 heranzuziehen. Eine mehrfache Hin- und Herverweisung ist ausgeschlossen.

IV. Kosten

29 Nach der ausdrücklichen Anweisung in Abs. 4 werden die im Verfahren vor dem zunächst angerufenen Gericht entstandenen Kosten als Teil der Kosten behandelt, die bei dem im Beschluss bezeichneten Gericht anfallen. Der Verweisungsbeschluss enthält also in keinem Falle eine Kostenentscheidung. Vielmehr trifft das Gericht, an das verwiesen wurde, die Kostenentscheidung einschließlich der durch die Anrufung des ersten Gerichts entstandenen Mehrkosten, soweit solche in Betracht kommen sollten.

---

1 Zöller/*Greger*, § 281 Rz. 19; MüKo.ZPO/*Prütting*, § 281 Rz. 45.
2 BGH v. 8.4.1992 – XII ARZ 8/92, NJW-RR 1992, 902; BGH v. 22.6.1993 – X ARZ 340/93, NJW 1993, 2810; BGH v. 13.11.1996 – IV ZR 62/96, FamRZ 1997, 173.
3 *Fischer*, NJW 1993, 2419; *Deubner*, JuS 1999, 270.
4 Baumbach/*Hartmann*, § 281 Rz. 41.
5 Vgl. *Tombrink*, NJW 2003, 2364 (2366).
6 Zum Ganzen vgl. Zöller/*Greger*, § 281 Rz. 14, 16 (Bindungswirkung selbst bei Rechtsirrtümern und Verfahrensfehlern); MüKo.ZPO/*Prütting*, § 281 Rz. 55 ff.

§4
Abgabe an ein anderes Gericht

Das Gericht kann die Sache aus wichtigem Grund an ein anderes Gericht abgeben, wenn sich dieses zur Übernahme der Sache bereit erklärt hat. Vor der Abgabe sollen die Beteiligten angehört werden.

A. Normzweck

Die Norm steht in engem Zusammenhang mit § 3. Sie regelt die nichtbindende Abgabe einer Sache an ein anderes Gericht trotz an sich bestehender Zuständigkeit des abgebenden Gerichts. Im Gegensatz dazu enthält § 3 eine bindende Verweisung der Sache an ein anderes Gericht wegen Unzuständigkeit des zunächst angerufenen Gerichts. Ähnlich wie § 3 dient auch § 4 der Effizienz des Verfahrens. Durch die Norm soll die formlose Abgabe vereinfacht werden. Darüber hinaus dient die Norm auch der Rechtsklarheit, weil sie die Fragen der Abgabe nunmehr im Allgemeinen Teil regelt und damit die Spezialregelung des bisherigen § 46 FGG ablöst. Schließlich dient die Norm einer sachnahen Behandlung. 1

B. Entstehung und Inhalt der Norm

§ 4 knüpft inhaltlich an den bisherigen § 46 Abs. 1 FGG an. Satz 1 entspricht im Wesentlichen dem Wortlaut des § 46 Abs. 1 Satz 1 FFG aF. Satz 2 ist in dieses Gesetz als Neuregelung eingefügt worden, um dem Gesetzeszweck – der Schaffung einer transparenten einheitlichen Verfahrensordnung – Rechnung zu tragen. Inhaltlich lehnt sich die Vorschrift an den durch das Zweite Gesetz zur Änderung des Betreuungsrechts v. 21. April 2005[1] neu gefassten § 65a Abs. 2 FGG aF an. 2

Im Kern sieht die Vorschrift vor, dass in allen Verfahren der freiwilligen Gerichtsbarkeit eine formlose Abgabe ermöglicht wird, wenn beide Gerichte sich über die Abgabe verständigen. Im Vordergrund der Norm stehen damit der personale Bezug des jeweiligen Verfahrens und die Fragen der Zweckmäßigkeit. Mit der Sachbehandlung soll 3

1 BGBl. I, S. 1073.

möglichst ein Gericht betraut werden, das zu den betroffenen Personen eine möglichst große Sach- und Ortsnähe aufweist.

4 Normen über eine formlose und nicht bindende Abgabe durch ein an sich zuständiges Gericht an ein anderes Gericht finden sich in anderen Verfahrensordnungen nicht. Vielmehr ist es aus der Sicht zwingender Verfahrensregeln und einer fest gefügten Zuständigkeitsordnung, wie sie das Gebot des gesetzlichen Richters in Art. 101 Abs. 1 Satz 2 GG vorsieht, systemfremd, eine formlose Abgabe von einem zuständigen Gericht an ein anderes vorzusehen. Insofern repräsentiert § 4 eine echte Besonderheit der freiwilligen Gerichtsbarkeit.

C. Anwendungsbereich

I. Freiwillige Gerichtsbarkeit

5 Die Norm bezieht sich auf alle Verfahren der freiwilligen Gerichtsbarkeit. Sie ist also nicht mehr (wie früher § 46 FGG) einem Spezialbereich vorbehalten. Die Norm wird in Betreuungssachen von § 273 ergänzt, der den wichtigen Grund in § 4 für das Betreuungsrecht konkretisiert. In Unterbringungssachen ist als ergänzende Norm § 314 zu beachten, der ohne ausdrückliche Verweisung auf § 4 ebenfalls den wichtigen Grund konkretisiert. § 314 ist zwar abweichend von § 273 wie eine lex specialis formuliert, es gelten aber die allgemeinen Regeln der Abgabe auch dort.

6 Eine Abgabe kommt nur an ein anderes Gericht der freiwilligen Gerichtsbarkeit in Betracht. § 4 ist nicht anwendbar, wenn die Sache an einen anderen Rechtsweg oder eine andere funktionelle Zuständigkeit übermittelt werden soll. Ebenso wenig kann nach § 4 die Sache an ein ausländisches Gericht abgegeben werden.

7 In jedem Falle setzt die Norm voraus, dass sowohl das abgebende als auch das annehmende Gericht zuständig sind.

II. Ehe- und Familienstreitsachen

8 Gem. § 113 Abs. 1 ist die Norm in Ehe- und Familienstreitsachen nicht anzuwenden. Dies bedeutet nach allgemeinen Regeln, dass dort eine parallele Norm der ZPO eingreifen müsste. Eine Parallelnorm in der ZPO zu § 4 FamFG existiert allerdings nicht. Daraus ist zu schließen, dass in Ehe- und Familienstreitverfahren eine formlose Abgabe ausgeschlossen ist.

III. Abgabe an das Gericht der Ehesache

9 Neben § 4 regelt das Gesetz im zweiten Buch eine andere Form der Abgabe. Es geht dort darum, dass im Einzelfall eine Ehesache rechtshängig ist und eine andere Ehesache oder eine Folgesache bei einem anderen Gericht anhängig gemacht wird. In einem solchen Falle wird der Zusammenhang von Ehesache und Folgesachen im Verbund (vgl. § 137) durch Abgabe an das Gericht der Ehesache hergestellt. Im Einzelnen betrifft dies die §§ 123, 153, 202, 233, 263, 268. Die jeweilige Abgabe erfolgt von Amts wegen. Im Übrigen ist aber in allen Fällen kraft ausdrücklicher Anweisung § 281 Abs. 2 und Abs. 3 Satz 1 ZPO anwendbar. Dies zeigt, dass die Abgabe an das Gericht der Ehesache in deutlicher Abgrenzung zu § 4 ein förmliches Abgabeverfahren darstellt.

D. Voraussetzungen

I. Anhängigkeit

Die Sache muss bei einem Gericht der freiwilligen Gerichtsbarkeit schon und noch anhängig sein. Dabei ist Anhängigkeit in dem Sinne zu verstehen, wie § 2 Abs. 1 die Befassung eines Gerichts mit einer Angelegenheit anspricht. Anhängigkeit besteht also in Antragsverfahren mit dem Eingang des Antrags, in Amtsverfahren mit dem Zeitpunkt, in dem das zuständige Gericht von Tatsachen amtlich Kenntnis erhält, die Anlass zum Einschreiten geben (vgl. § 2 Rz. 20 ff.; § 2 Rz. 27). Im Bereich der Betreuungs- und Unterbringungssachen muss allerdings ein Betreuer oder Verfahrenspfleger vor der Abgabe noch nicht bestellt sein. Insgesamt erfordert die Anhängigkeit noch keinerlei konkretes gerichtliches Handeln, wie sich aus der Veränderung des Gesetzeswortlauts von § 4 FGG zu § 2 Abs. 1 FamFG ergibt. 10

II. Zuständige Gerichte

Sowohl das abgebende als auch das aufnehmende Gericht müssen für die Angelegenheit nach allgemeinen Regeln zuständig sein, mindestens müssen sie aber ihre Zuständigkeit für gegeben halten.[1] Sofern sich das abgebende Gericht für unzuständig hält, ist nach § 3 zu verfahren. Hält sich das die Angelegenheit aufnehmende Gericht für unzuständig, so muss es seine Übernahmebereitschaft verweigern. 11

III. Vorliegen eines wichtigen Grundes

Ein wichtiger Grund ist im Allgemeinen dann gegeben, wenn durch die Abgabe ein Zustand geschaffen wird, der eine leichtere und zweckmäßigere Führung des Verfahrens im Sinne des maßgeblich betroffenen Beteiligten ermöglicht,[2] wobei der betroffene Beteiligte nach Maßgabe des § 7 zu ermitteln ist, dazu § 7 Rz. 20, 22, 39. 12

Hauptsächlich ist neben einer ordnungsgemäßen Bearbeitung der Angelegenheit durch die Gerichte das Wohl des Betroffenen zu berücksichtigen. Das Interesse des Betroffenen daran, dass ein ortsnahes Gericht die Sache führt, geht den Interessen des um Übernahme ersuchten Gerichts, keine Aufgaben übernehmen zu müssen, die das abgebende Gericht mit weniger Arbeitsaufwand hätte erledigen können, vor.[3] 13

Entscheidender Zeitpunkt zur Beurteilung des wichtigen Grundes ist die Abgabe, nicht die künftige Entwicklung.[4] 14

Im Bereich der Betreuungssachen kommt insbesondere der dauerhafte Aufenthaltswechsel des Mündels und des Betreuers oder der Eltern als wichtiger Grund im Sinne dieser Vorschrift in Betracht.[5] In Unterbringungssachen ist der Ort des Aufenthalts entscheidend (vgl. § 314). 15

---

1 *Bumiller*/Winkler, § 46 FGG Rz. 3.
2 Vgl. Jansen/*Müller-Lukoschek*, § 46 FGG Rz. 6; *Bumiller*/Winkler, § 46 FGG Rz. 4; *Bassenge*/Roth, § 46 FGG Rz. 3.
3 OLG Köln v. 14.3.2001 – 16 Wx 45/01, FamRZ 2001, 1543.
4 *Bassenge*/Roth, § 46 FGG Rz. 3; Jansen/*Müller-Lukoschek*, § 46 FGG Rz. 7.
5 BT-Drucks. 16/6308, S. 176. Die Begr. spricht zwar von „Vormundschaftssachen", jedoch dürfte das ein redaktionelles Versehen sein, da das Gesetz keine „Vormundschaftssachen" mehr kennt (s. auch § 14 RpflG idF des Art. 23 FGG-RG).

16 In Adoptionssachen kann ein wichtiger Grund darin liegen, dass der Annehmende und das Kind ihren Wohnsitz in den Bezirk eines anderen Gerichts verlegt haben.[1] Trotz eines erfolgten Ortswechsels des betroffenen Kindes kann aber aus Gründen des Kindeswohls ein wichtiger Grund zu verneinen sein, wenn die Endentscheidung unmittelbar bevorsteht und der zuständige Richter des abgebenden Gerichts eine besondere Sachkunde in dem Verfahren erlangt hat.[2]

17 § 273 regelt für Betreuungssachen ausdrücklich, dass ein wichtiger Grund regelmäßig dann vorliegt, wenn sich der gewöhnliche Aufenthalt des Betroffenen geändert hat und die Aufgaben des Betreuers im Wesentlichen am neuen Aufenthaltsort des Betroffenen zu erfüllen sind.

IV. Abgabebereitschaft

18 Die Abgabe ist durch das Wort „kann" in Satz 1 nicht in das freie Ermessen des zuerst angerufenen Gerichts gestellt. Vielmehr darf das Gericht, sofern ein wichtiger Grund vorliegt und die übrigen Voraussetzungen erfüllt sind, die Abgabe nicht nach seinem Ermessen ablehnen.[3]

19 Dem angerufenen Gericht steht insoweit lediglich ein Beurteilungsspielraum zu, welcher jedoch dann auf Null reduziert ist, wenn überwiegende sachliche Gründe für eine Abgabe sprechen. Im Ergebnis bedeutet „kann" in § 4 also, das Gericht „hat die Rechtsmacht".

V. Übernahmebereitschaft des anderen Gerichts

20 Das übernehmende Gericht muss zur Übernahme der Sache bereit sein. Die Bereitwilligkeit hängt jedoch nicht von seinem Belieben, sondern von seiner nach pflichtgemäßem Ermessen über das Vorhandensein eines wichtigen Grundes gebildeten Anschauung ab.[4]

21 Die Abgabegründe müssen von dem abgebenden Gericht, das auch den Sachverhalt vollständig aufzuklären hat, klargestellt werden.[5] Von diesem Grundsatz kann dann abgewichen werden, wenn die noch ausstehende Tätigkeit von dem Übernahmegericht wesentlich leichter verrichtet werden kann, als von dem Abgabegericht, insbesondere dann, wenn es für die zu verrichtende Tätigkeit auf die Nähe zum Gericht ankommt.[6]

22 Die Erklärung der Übernahmebereitschaft ist Voraussetzung der Abgabe. Sie ist formlos möglich[7] und bis zum Vollzug der Abgabe widerruflich.[8]

---

1 BT-Drucks. 16/6308, S. 176; Keidel/*Engelhardt*, § 46 FGG Rz. 7.
2 OLG Brandenburg v. 30.8.1999 – 9 Wx 19/99, FGPrax 2000, 18 = FamRZ 2000, 1295.
3 Jansen/*Müller-Lukoschek*, § 46 FGG Rz. 20.
4 Jansen/*Müller-Lukoschek*, § 46 FGG Rz. 14.
5 Jansen/*Müller-Lukoschek*, § 46 FGG Rz. 14.
6 Jansen/*Müller-Lukoschek*, § 46 FGG Rz. 15.
7 *Bumiller*/Winkler, § 46 FGG Rz. 6.
8 Keidel/*Engelhardt*, § 46 FGG Rz. 16.

E. Verfahren und Entscheidung

I. Grundsatz

Liegen die Voraussetzungen für eine Abgabe vor, darf sie vollzogen werden. Die Abgabe vollzieht sich dabei durch die Abgabeverfügung des abgebenden Gerichts und die Übernahmeerklärung des übernehmenden Gerichts, die keiner Form bedürfen und einseitige Verfügungen darstellen. Die beiderseitigen Erklärungen der beteiligten Gerichte, die auch stillschweigend erfolgen können, dokumentieren den eingetretenen Übergang der Zuständigkeit.[1] 23

II. Anhörung

Satz 2 bestimmt, dass die Beteiligten vor der Abgabe angehört werden sollen, eine Zustimmung ist hingegen ungeachtet des konkreten Verfahrens nicht erforderlich. Das ursprünglich im FGG noch geregelte Widerspruchsrecht des Betroffenen und des eventuell bereits bestellten Betreuers in Betreuungssachen wurde bereits mit dem 2. BtÄndG abgeschafft, da der Gesetzgeber davon ausging, dass den Interessen des Betroffenen durch seine Anhörung hinreichend Genüge getan sei und im Falle des Vorliegens eines wichtigen Grundes keine weiteren Hürden mehr aufgebaut werden sollten.[2] 24

Von diesen Erwägungen hat sich der Gesetzgeber auch bei Erlass der Vorschrift des § 4 Satz 2 leiten lassen, indem die Regelung sich an den früheren § 65a Abs. 2 FGG idF des Zweites Gesetzes zur Änderung des Betreuungsrechts v. 21.4.2005 (BGBl. I, S. 1073) anlehnt und als Soll-Vorschrift eine Anhörung in besonders eiligen Fällen oder in solchen, in denen sie nur durch eine Verfahrensverzögerung möglich ist, entbehrlich machen soll.[3] Diese Regelung ist dem Willen des Gesetzgebers geschuldet, das Verfahren möglichst wenig förmlich auszugestalten.[4] 25

Sofern eine Anhörung jedoch möglich ist, hat sie durch das abgebende Gericht zu erfolgen. Eine besondere Form der Anhörung ist dabei nicht vorgesehen. 26

Zu beachten ist, dass das Anhörungsrecht auf alle im Verfahren Beteiligten zu erstrecken ist, weshalb neben dem Betroffenen insbesondere auch dem Betreuer Gelegenheit zur Äußerung zu gewähren ist, ob ein wichtiger Grund iSd. Satzes 1 tatsächlich vorliegt. 27

III. Abgabe durch den Rechtspfleger

Soweit Angelegenheiten der freiwilligen Gerichtsbarkeit dem Rechtspfleger übertragen sind, kann dieser auch die Abgabe nach § 4 vornehmen (§§ 3, 4 Abs. 1 RPflG). Eine Vorlage an den Richter ist nicht erforderlich.[5] 28

1 Jansen/*Müller-Lukoschek*, § 46 FGG Rz. 24.
2 BT-Drucks. 15/2494, S. 40.
3 BT-Drucks. 16/6308, S. 176.
4 BT-Drucks. 16/6308, S. 176.
5 Keidel/*Engelhardt*, § 46 FGG Rz. 26.

IV. Entscheidung

29 Eine Entscheidung über die Abgabe erfolgt als einseitiger Akt durch das abgebende Gericht. Trotz der Übernahmebereitschaft eines anderen Gerichts handelt es sich nicht um eine Vereinbarung. Die Abgabe erfolgt durch eine formlose Verfügung. Diese Verfügung kann auch stillschweigend abgegeben werden.[1] Möglich ist ein Widerruf der Abgabe solange, bis die Abgabe durch ihren Vollzug abgeschlossen ist. Mit dem endgültigen Vollzug der Abgabe ist diese nicht mehr abänderbar. Das aufnehmende Gericht kann an dem Ablauf der Vollziehung der Abgabe nichts verändern. Es könnte allenfalls ein völlig neues Verfahren nach § 4 auf Rückübernahme der Sache einleiten.

V. Anfechtung

30 Für eine Abgabe nach § 4 ist die Zustimmung eines oder aller Beteiligten in keinem Falle erforderlich. Die Möglichkeit der Beteiligten beschränkt sich auf die Anhörung nach Satz 2. Ist danach ein Beteiligter mit der Abgabe nicht einverstanden, kann er eine Überprüfung der Abgabeentscheidung im Beschwerdeweg anstreben.[2] Insoweit ist die Abgabeentscheidung als eine Entscheidung iSv. § 58 Abs. 1 anzusehen. Der Beschwerdeführer muss darlegen, dass er durch die Abgabe in seinen Rechten beeinträchtigt ist (§ 59 Abs. 1). Eine Beschwerde gegen die Annahmeverfügung des übernehmenden Gerichts ist nicht zulässig.[3] Die Beschwerdemöglichkeit ist im Falle des § 4 nicht durch § 65 Abs. 4 ausgeschlossen.

F. Rechtsfolge

31 Mit der erfolgten Abgabe ist der Übergang sämtlicher die Angelegenheit betreffenden Geschäfte und Handlungen auf das übernehmende Gericht bewirkt. Beim übernehmenden Gericht ist die Sache nunmehr anhängig. Mit dem Zeitpunkt der Übernahme gehen alle gesetzlichen Befugnisse und Obliegenheiten auf das übernehmende Gericht über. Die Abgabe kann vom abgebenden Gericht ab diesem Zeitpunkt nicht mehr widerrufen werden. Ein Widerruf der Übernahmebereitschaft durch das aufnehmende Gericht ist gleichfalls ab diesem Zeitpunkt ausgeschlossen (s. Rz. 22).

32 Durch die Abgabe tritt keinerlei Bindungswirkung iSv. § 281 Abs. 2 Satz 4 ZPO ein. Das aufnehmende Gericht ist vielmehr frei zu entscheiden, ob es selbst ein eigenständiges Abgabeverfahren nach § 4 (an ein drittes Gericht) einleitet.

§ 5
Gerichtliche Bestimmung der Zuständigkeit

(1) Das zuständige Gericht wird durch das nächsthöhere gemeinsame Gericht bestimmt:

1. wenn das an sich zuständige Gericht in einem einzelnen Fall an der Ausübung der Gerichtsbarkeit rechtlich oder tatsächlich verhindert ist;

1 OLG Hamm v. 10.11.1966 – 15 Sbd 25/26, Rpfleger 1967, 147.
2 BT-Drucks 16/6308, S. 176.
3 Andere Ansicht früher die hM zu § 46 FGG, vgl. Keidel/*Engelhardt*, § 46 Rz. 42.

2. wenn es mit Rücksicht auf die Grenzen verschiedener Gerichtsbezirke oder aus sonstigen tatsächlichen Gründen ungewiss ist, welches Gericht für das Verfahren zuständig ist;

3. wenn verschiedene Gerichte sich rechtskräftig für zuständig erklärt haben;

4. wenn verschiedene Gerichte, von denen eines für das Verfahren zuständig ist, sich rechtskräftig für unzuständig erklärt haben;

5. wenn eine Abgabe aus wichtigem Grund (§ 4) erfolgen soll, die Gerichte sich jedoch nicht einigen können.

(2) Ist das nächsthöhere gemeinsame Gericht der Bundesgerichtshof, wird das zuständige Gericht durch das Oberlandesgericht bestimmt, zu dessen Bezirk das zuerst mit der Sache befasste Gericht gehört.

(3) Der Beschluss, der das zuständige Gericht bestimmt, ist nicht anfechtbar.

A. Normzweck

§ 5 regelt im systematischen Zusammenhang mit den §§ 2 ff. die Bestimmung der Zuständigkeit. Die Norm stellt damit eine Ergänzung des speziellen Zuständigkeitssystems der freiwilligen Gerichtsbarkeit dar, wie es in den einzelnen Verfahrensarten geregelt ist (vgl. die Übersicht § 2 Rz. 5 ff.). Bestehen im Einzelfall Schwierigkeiten der in Abs. 1 genannten Art, die Zuständigkeit für den konkreten Fall festzulegen, so soll das Bestimmungsverfahren letztlich der Verfahrenseffizienz und damit der Prozessökonomie dienen. Durch das Bestimmungsverfahren wird zugleich der gesetzliche Richter gem. Art. 101 Abs. 1 Satz 2 GG konkretisiert. 1

B. Entstehung und Inhalt der Norm

Die Norm ist eine Fortentwicklung des bisherigen § 5 FGG. In ihrer sprachlichen Ausgestaltung ist sie sehr deutlich an § 36 ZPO angepasst worden. Die früheren Sonderregeln für Vormundschafts- und Pflegschaftssachen alter Terminologie in § 46 Abs. 2 FGG sind in die Norm integriert worden. 2

3 Im Einzelnen sieht Abs. 1 in fünf verschiedenen Fällen die Möglichkeit einer Zuständigkeitsbestimmung durch das nächsthöhere gemeinsame Gericht vor. Nr. 1 entspricht dem bisherigen § 5 Abs. 1 Satz 2 FGG und ist wortlautidentisch mit § 36 Abs. 1 Nr. 1 ZPO. Die Nr. 2 bis 4 ersetzen und konkretisieren die bisherige Regelung in § 5 Abs. 1 Satz 1 FGG. Die Formulierungen entsprechen im Wesentlichen § 36 Abs. 1 Nr. 2, Nr. 5 und Nr. 6 ZPO. Eine Sondernorm der freiwilligen Gerichtsbarkeit stellt die neue Nr. 5 dar, die inhaltlich aus dem bisherigen § 46 Abs. 2 FGG entnommen ist. Die Abs. 2 und 3 waren schon bisher in § 5 FGG im Grundsatz enthalten.

C. Anwendungsbereich

I. Allgemeines

4 Die Bestimmung der Zuständigkeit ist auf alle Angelegenheiten der freiwilligen Gerichtsbarkeit dieses Gesetzes anzuwenden. Darüber hinaus gilt § 5 auch bei Konflikten im Rahmen der GBO (§§ 1 Abs. 2, 4 Abs. 2 Satz 2, 5 Abs. 1 Satz 2 GBO) und in anderen, nicht im FamFG geregelten Bereichen der freiwilligen Gerichtsbarkeit (vgl. etwa § 9 LwVG).

5 § 5 erfasst (im Gegensatz zum engen Wortlaut des früheren § 5 FGG) die sachliche und die örtliche, nicht aber die funktionelle Zuständigkeit (arg. § 17a Abs. 6 GVG) und ebenso nicht die internationale Zuständigkeit, für die eine Bestimmung durch nationale Gerichte nicht möglich ist. Die Norm erfasst auch nicht Rechtswegfragen (insoweit gilt § 17a GVG).

6 Im Rahmen der Zuständigkeitsregeln gem. den §§ 2 bis 5 dieses Gesetzes sind die Vorgriffszuständigkeit nach § 2 Abs. 1, die Verweisung nach § 3 sowie die Abgabe nach § 4 vorrangig zu prüfen und anzuwenden. Erst wenn sich im Rahmen der §§ 2 bis 4 dieses Gesetzes nicht aufklärbare Schwierigkeiten bei der Zuständigkeitsbestimmung oder Kompetenzkonflikte auftun, greift § 5 ein.

II. Ehe- und Familienstreitverfahren

7 In den Ehe- und Familienstreitverfahren ist die Anwendung von § 5 gem. § 113 Abs. 1 ausdrücklich ausgeschlossen. Insoweit gelten unmittelbar die Normen der ZPO, also die §§ 36, 37 ZPO. Im Hinblick auf die sprachliche und inhaltliche Angleichung von § 5 FamFG und §§ 36, 37 ZPO fällt dies heute wohl nur noch sehr selten ins Gewicht.

III. Verhältnis zu GVG und ZPO

8 § 5 regelt nicht die Fragen der Rechtswegzuständigkeit. Insoweit gilt ausschließlich § 17a GVG.

9 Eine abschließende Regelung für Streitfragen im Rahmen der funktionellen Zuständigkeit enthält § 17a Abs. 6 GVG. Auch insofern ist § 17a GVG analog heranzuziehen. Im Bereich der Ehe- und Familienstreitverfahren sind die §§ 36, 37 ZPO unmittelbar anwendbar. Darüber hinaus bedarf es heute keiner analogen Heranziehung der Normen der ZPO mehr. Die sehr stark lückenhafte Regelung des bisherigen § 5 FGG ist insoweit durch gesetzgeberische Ergänzungen und eine Anpassung an die Normen der ZPO deutlich verbessert worden.

D. Voraussetzungen

I. Verhinderung des Gerichts (Abs. 1 Nr. 1)

Abs. 1 Nr. 1 entspricht dem bisherigen § 5 Abs. 1 Satz 2 FGG und ebenso dem § 36 Abs. 1 Nr. 1 ZPO. Voraussetzung der Anwendbarkeit dieser Bestimmung ist, dass das an sich zuständige Gericht an der Ausübung der Gerichtsbarkeit rechtlich oder tatsächlich verhindert ist. 10

Die Zuständigkeit des Gerichts muss zunächst nach allgemeinen Vorschriften festgestellt sein. Dass daneben womöglich auch ein anderes Gericht zuständig ist, ist unschädlich. Sodann muss das Gericht an der Ausübung der Gerichtsbarkeit und damit des Richteramtes tatsächlich oder rechtlich verhindert sein. Vorausgesetzt wird die Verhinderung des Gerichts, nicht nur die eines einzelnen Richters. Die Verhinderung muss sich dabei auf einen einzelnen Fall beziehen. 11

Eine rechtliche Verhinderung liegt insbesondere dann vor, wenn Richter kraft Gesetzes von der Ausübung des Richteramtes ausgeschlossen sind oder sich der Ausübung wegen Befangenheit enthalten oder mit Erfolg wegen Befangenheit abgelehnt worden sind (§ 6 Abs. 1 FamFG iVm. §§ 41 bis 49 ZPO, dazu § 6 Rz. 6, 19). 12

Eine tatsächliche Verhinderung ist dann anzunehmen, wenn die Amtsausübung aus tatsächlichen Gründen unmöglich ist, zB wegen Erkrankung, Tod oder Stillstand der Rechtspflege (§ 245 ZPO).[1] Die Verhinderung des gesamten Gerichts liegt vor, wenn beim Amtsgericht alle Richter und ihre Vertreter das Amt nicht ausüben können oder wenn bei Kollegialgerichten auch unter Beiziehung von Vertretern kein ordnungsmäßig besetzter Spruchkörper mehr vorliegt. Außer Betracht bleibt die Bestellung völlig neuer Vertreter (§ 70 GVG). 13

Das zuständige Gericht wird durch das im Instanzenzug dem verhinderten Gericht vorgeordnete Gericht bestimmt, dazu Rz. 34. 14

II. Ungewissheit des Gerichtsbezirks (Abs. 1 Nr. 2)

Abs. 1 Nr. 2, 1. Alt. (die § 36 Abs. 1 Nr. 2 ZPO entspricht) findet Anwendung, wenn die örtliche Grenze verschiedener Gerichtsbezirke ungewiss ist oder wenn Zweifel darüber bestehen, in welchem Gerichtsbezirk die für das Verfahren maßgebliche Örtlichkeit liegt.[2] Als Beispiele für eine ungewisse örtliche Zuständigkeit sind zu nennen: Der maßgebliche Wohnsitz einer Person ist zweifelhaft, weil durch das von ihr bewohnte Haus die Grenze zweier Gerichtsbezirke verläuft. Der Sterbeort eines wohnsitzlosen Erblassers ist nicht mehr zu ermitteln. Zu einem nicht mehr feststellbaren Zeitpunkt ist in einem fahrenden Zug ein Findelkind gefunden worden.[3] 15

Das Bestimmungsverfahren findet nach dieser Vorschrift auch dann Anwendung, wenn es aus sonstigen tatsächlichen Gründen ungewiss ist, welches Gericht für das Verfahren zuständig ist, Abs. 1 Nr. 2, 2. Alt. (die in § 36 ZPO keine Entsprechung 16

1 Jansen/*Müther*, § 5 FGG Rz. 17; *Bumiller*/Winkler, § 5 FGG Rz. 5; MüKo.ZPO/*Patzina*, § 36 ZPO Rz. 19.

2 Zöller/*Vollkommer*, § 36 Rz. 13; MüKo.ZPO/*Patzina*, § 36 ZPO Rz. 21; Musielak/*Heinrich*, § 36 ZPO Rz. 15.

3 Keidel/*Sternal*, § 5 FGG Rz. 28.

findet). Mit dieser Regelung, die sich durchaus mit der 1. Alt. überschneiden kann, wird ein Auffangtatbestand für die Fälle geschaffen, in denen die für die Bestimmung des zuständigen Gerichts maßgebenden tatsächlichen Umstände nicht aufklärbar sind. Rechtliche Zweifel reichen dafür nicht aus.

17 Die Zuständigkeitsbestimmung erfolgt durch das nächsthöhere Gericht, dazu Rz. 34.

III. Positiver Kompetenzkonflikt (Abs. 1 Nr. 3)

18 Abs. 1 Nr. 3 normiert einen im bisherigen Recht nach § 5 FGG behandelten Anwendungsfall in Gestalt des positiven Kompetenzkonfliktes.[1] Die Norm ist wortgleich mit § 36 Abs. 1 Nr. 5 ZPO. Das Bestimmungsverfahren nach dieser Vorschrift setzt voraus, dass zwei oder mehrere Gerichte mit derselben Sache befasst worden sind und dass jedes der Gerichte die Zuständigkeit für sich in Anspruch nimmt, ohne den Vorzug des anderen Gerichts anzuerkennen, so dass eine Abgabe des Verfahrens an das zuständige Gericht unterbleibt.[2]

19 Der um die Zuständigkeit geführte Streit muss sich dabei um eine bereits anhängige, nicht erst künftig möglicherweise entstehende Angelegenheit und damit auf dieselbe Sache iSd. § 2 beziehen, vgl. dazu § 2 Rz. 24 ff. Der Antrag auf Bewilligung von Verfahrenskostenhilfe begründet bereits die Anhängigkeit eines Verfahrens.[3]

20 Sind Beteiligte untereinander im Streit darüber, welches Gericht örtlich zuständig ist, so ist für ein Verfahren nach § 5 zunächst kein Raum. Sofern das Gericht nicht die Ansicht eines Beteiligten betreffend die örtliche Zuständigkeit teilt, sind allein die Möglichkeiten der §§ 2 ff. in Betracht zu ziehen. Nur wenn verschiedene Gerichte angerufen worden sind und sich diese zueinander im Hinblick auf die Zuständigkeitsfrage in Widerspruch gesetzt haben, kann das nächsthöhere gemeinsame Gericht angerufen werden.[4]

21 Kein Anwendungsfall der Nr. 3 liegt vor, wenn ein Gericht seine ursprüngliche Eingangszuständigkeit nicht in Zweifel gezogen hat, sondern sich allein auf Grund nachträglich veränderter Umstände für unzuständig hält.

22 Zur Bestimmung des zuständigen Gerichts durch das nächsthöhere gemeinsame Gericht s. Rz. 34.

IV. Negativer Kompetenzkonflikt (Abs. 1 Nr. 4)

23 Genauso wie Nr. 3 normiert auch Abs. 1 Nr. 4 einen bisher nach § 5 FGG behandelten Anwendungsfall, hier in Form des negativen Kompetenzkonfliktes.[5] Die Norm ist wortgleich mit § 36 Abs. 1 Nr. 6 ZPO. Ein negativer Kompetenzkonflikt liegt dann vor, wenn zwei oder mehrere Gerichte, von denen mindestens eines zuständig ist, mit derselben Angelegenheit befasst sind, wobei alle beteiligten Gerichte sich für unzu-

1 Dazu Keidel/*Sternal*, § 5 FGG Rz. 22; Jansen/*Müther*, § 5 FGG Rz. 9; *Bumiller*/Winkler, § 5 FGG Rz. 3.
2 Statt aller Keidel/*Sternal*, § 5 FGG Rz. 22 mwN.
3 Jansen/*Müther*, § 5 FGG Rz. 10.
4 Keidel/*Sternal*, § 5 FGG Rz. 26.
5 Dazu Jansen/*Müther*, § 5 FGG Rz. 9; Keidel/*Sternal*, § 5 FGG Rz. 23; *Bumiller*/Winkler, § 5 FGG Rz. 4.

ständig erklären bzw. jedes das andere für zuständig halten muss.[1] Es müssen bewusst sich gegenseitig ausschließende, verbindliche Stellungnahmen vorliegen. Die Äußerung rechtlicher Zweifel an dem Vorliegen der eigenen Zuständigkeit reicht ebenso wenig wie die Annahme zweier streitender Gerichte, dass ein drittes zuständig sei.[2]

Zur Zuständigkeitsbestimmung durch das nächsthöhere gemeinsame Gericht s. Rz. 34. 24

V. Streit über Abgabe (Abs. 1 Nr. 5)

Abs. 1 Nr. 5 betrifft schließlich den Fall, dass eine gerichtliche Bestimmung der Zuständigkeit deshalb vonnöten ist, weil eine Abgabe aus wichtigem Grund iSd. § 4 erfolgen soll, die mit der Angelegenheit befassten Gerichte sich darüber jedoch nicht einigen können. 25

Nr. 5 kommt nur dann zur Anwendung, wenn ein Gericht zunächst seine Zuständigkeit bejaht hat, die Angelegenheit aber wegen Vorliegens eines wichtigen Grundes iSd. § 4 abgeben möchte, dazu § 4 Rz. 11 ff. 26

Über die Abgabe oder die Übernahme des Verfahrens durch eines der beteiligten Gerichte muss weiterhin Uneinigkeit zwischen den mit der Angelegenheit befassten Gerichten herrschen. 27

Nr. 5 ist folglich dann einschlägig, wenn die Gerichte in entgegengesetztem Sinne dahin Stellung genommen haben, dass das eine die Sache abgeben, das andere sie aber nicht übernehmen will oder umgekehrt. Dem steht es gleich, wenn eines der Gerichte bereits im Beschwerdeweg zur Abgabe oder zur Übernahme der Sache angehalten worden ist.[3] 28

Das für die Bestimmung der Zuständigkeit zuständige nächsthöhere gemeinsame Gericht wird idR auf Anrufung eines der beteiligten Gerichte tätig. Dabei hat das abgebende Gericht den Sachverhalt so vollständig zu ermitteln, dass das zur Entscheidung berufene Gericht abschließend beurteilen kann, ob ein wichtiger Grund zur Abgabe iSd. § 4 überhaupt vorliegt.[4] 29

Die Anrufung durch einen Beteiligten ist nicht ausgeschlossen, sofern die sachlichen Voraussetzungen dafür vorliegen, nämlich die Bereitschaft des einen Gerichts zur Abgabe oder Übernahme sowie die Weigerung des anderen zu entsprechendem Handeln.[5] Es wäre ein unnötiger Formalismus, würde man den Beteiligten andernfalls auf den Beschwerdeweg verweisen. 30

Das nächsthöhere gemeinsame Gericht kann auch von Amts wegen tätig wegen, zB wenn es irrig zur Entscheidung einer Zuständigkeit angerufen worden ist.[6] 31

Die Entscheidung des zur Bestimmung der Zuständigkeit berufenen Gerichts wird mit der Bekanntgabe an das Gericht, das übernehmen soll, wirksam. 32

---

1 Statt aller Keidel/*Sternal*, § 5 FGG Rz. 23.
2 Keidel/*Sternal*, § 5 FGG Rz. 23.
3 Jansen/*Müller-Lukoschek*, § 46 FGG Rz. 39.
4 *Bumiller*/Winkler, § 46 FGG Rz. 8 mwN.
5 Jansen/*Müller-Lukoschek*, § 46 FGG Rz. 43; vgl. auch *Bassenge*/Roth, § 46 FGG Rz. 9.
6 Jansen/*Müller-Lukoschek*, § 46 FGG Rz. 43.

E. Verfahren und Entscheidung

I. Einleitung des Bestimmungsverfahrens

33 Soweit das mit der Sache befasste Gericht die notwendigen tatsächlichen Umstände, die für die Zuständigkeit von Bedeutung sind, ermittelt hat, und soweit einer der fünf Fälle des Abs. 1 festgestellt worden ist, kann ein Verfahren zur gerichtlichen Bestimmung der Zuständigkeit in dreifacher Weise eingeleitet werden. Zunächst ist es möglich und nahe liegend, dass das mit der Sache befasste Gericht die zuständige nächsthöhere Instanz dadurch anruft, dass es unter Vorlage der Akten eine gerichtliche Bestimmung erbittet. Auch soweit nur einzelne Richter an der Ausübung der Gerichtsbarkeit rechtlich oder tatsächlich verhindert sind, handelt es sich jeweils um eine Vorlage des verhinderten Gerichts. Denn der einzelne vorlegende Richter muss deutlich machen, dass nicht nur er, sondern alle Richter verhindert sind, die (etwa im Wege der Stellvertretung) zur Behandlung der Sache berufen wären. Neben dem mit der Sache befassten Gericht kann aber auch jeder Beteiligte einen Antrag auf gerichtliche Bestimmung der Zuständigkeit stellen. Er muss allerdings ein rechtliches Interesse an der Zuständigkeitsbestimmung geltend machen.[1] Schließlich kann auch das zur Entscheidung berufene Gericht von Amts wegen eine Zuständigkeitsbestimmung ins Auge fassen, soweit dieses Gericht von dem Vorliegen einer der Fälle des Abs. 1 Kenntnis erlangt.

II. Zuständigkeit des bestimmenden Gerichts

34 Das nach § 5 Abs. 1 für die gerichtliche Bestimmung zuständige nächsthöhere gemeinsame Gericht ist grundsätzlich das gemeinsame Rechtsmittelgericht der beiden streitenden Ausgangsgerichte oder des einzelnen betroffenen Gerichts. Streiten also Amtsgerichte, so ist das zuständige Landgericht des Gerichtsbezirks zuständig, streiten ein Amtsgericht mit einem Landgericht, so ist das zuständige Oberlandesgericht berufen. Zu beachten ist dabei, dass es sich immer um Gerichte desselben Bezirks handeln muss. Liegen also mehrere streitende Gerichte in verschiedenen OLG-Bezirken oder Bundesländern, so ist grundsätzlich (Ausnahmen s. Rz. 35) immer der BGH das nächsthöhere gemeinsame Gericht. In diesem Fall bestimmt allerdings Abs. 2, dass an Stelle des BGH immer das OLG entscheidet, zu dessen Bezirk das zuerst mit der Sache befasste Gericht gehört. Die Zuständigkeitsbestimmung wird also in aller Regel bei einem OLG liegen. Der BGH, der früher sowohl nach § 36 ZPO wie nach § 5 FGG in aller Regel zur Zuständigkeitsbestimmung berufen war, wird dadurch durchgreifend entlastet.

35 In Bayern ist für den Bereich aller drei Oberlandesgerichte (Bamberg, München, Nürnberg) das OLG München zuständig.[2] In Rheinland-Pfalz, wo die Oberlandesgerichte Zweibrücken und Koblenz bestehen, ist die Zuständigkeit des OLG Zweibrücken durch § 3 des Gesetzes v. 15.6.1949 begründet worden.[3]

36 Eine Möglichkeit wie in § 36 Abs. 3 ZPO, dass der BGH im Falle einer Divergenz durch Vorlage mit der Sache befasst wird, gibt es im FamFG nicht. Da auch eine

1 BayObLG v. 22.4.1998 – 3 Z AR 25/98, FGPrax 1998, 145.
2 Vgl. § 199 Abs. 2 Satz 2 aF; *Bumiller*/Winkler, § 5 FGG Rz. 6; Jansen/*Müther*, § 5 FGG Rz. 12.
3 Gesetz vom 15.6.1949 (GVBl. I 225); *Bumiller*/Winkler, § 5 FGG Rz. 6; Jansen/*Müther*, § 5 FGG Rz. 12.

Anfechtung ausgeschlossen ist (vgl. Abs. 3), wird also nach § 5 der BGH in keinem Falle zur Entscheidung herangezogen.

III. Entscheidung

Die Norm sagt nichts über die Entscheidung bei der Zuständigkeitsbestimmung im Einzelnen aus. Man wird aber den Grundgedanken von § 37 Abs. 1 ZPO heranziehen können, wonach das zur Entscheidung berufene Gericht durch Beschluss die Bestimmung der Zuständigkeit vornimmt. Dieser Beschluss enthält keine Kostenentscheidung. Tenoriert wird lediglich: „Als zuständiges Gericht in der Rechtssache X wird das Gericht Y bestimmt." Soweit das zur Entscheidung berufene Gericht die Voraussetzungen einer Bestimmung der Zuständigkeit für nicht gegeben hält, wird es tenorieren: „Die Bestimmung des zuständigen Gerichts wird abgelehnt." 37

F. Rechtsfolgen

I. Anhängigkeit

Während der Zeit, in der das Verfahren zur Bestimmung der gerichtlichen Zuständigkeit läuft, bleibt die Rechtssache bei dem zunächst befassten Gericht anhängig. Mit dem Erlass der Entscheidung über die gerichtliche Bestimmung und der Bekanntgabe dieser Entscheidung (§ 15) an das als zuständig bestimmte Gericht wird die Rechtssache bei diesem Gericht anhängig. Das Ausgangsgericht muss sodann die Akten an dieses Gericht abgeben. 38

II. Bindung

Durch eine gerichtliche Bestimmung nach § 5 ist die Zuständigkeit der beteiligten Gerichte bindend festgelegt. Diese Bindungswirkung wirkt nicht nur für das zunächst befasste Gericht und das später als zuständig bestimmte Gericht, sondern für alle Gerichte in dieser Rechtssache.[1] Diese Bindungswirkung wird noch dadurch verstärkt, dass es für die Beteiligten keine Möglichkeit zur Anfechtung des Beschlusses gibt (vgl. Abs. 3 sowie Rz. 40). Dagegen entsteht keine Bindungswirkung, wenn das angerufene Gericht eine Zuständigkeitsbestimmung ablehnt. 39

III. Anfechtung

Wie im früheren Recht gem. § 5 Abs. 2 FGG und in der ZPO gem. § 37 Abs. 2 ist auch nach § 5 Abs. 3 FamFG der Beschluss, der das zuständige Gericht bestimmt, von keiner Seite anfechtbar. Trotz des gegenüber dem früheren § 5 Abs. 2 FGG geänderten Wortlauts wird man auch im Falle der Ablehnung einer Gerichtsstandsbestimmung eine Rechtsmittelmöglichkeit verneinen müssen. Dies ergibt sich aus einer teleologischen Auslegung sowie aus dem Hinweis in den Gesetzesmaterialien, dass Abs. 3 inhaltlich mit § 5 Abs. 2 FGG übereinstimmt.[2] Nach früherem Recht war der Aus- 40

1 BayObLG v. 16.6.1955 (1. ZS) – Allg. Reg. 18/1955, BayObLGZ 1955, 132.
2 BT-Drucks. 16/6308, S. 176.

schluss von Rechtsmitteln allgemein anerkannt.[1] Insgesamt dient die Unanfechtbarkeit einer Gerichtsstandsbestimmung dem sich insbesondere aus § 65 Abs. 4 ergebenden Zweck, dass in einer höheren Instanz soweit wie möglich jeglicher Streit über Fragen der Zuständigkeit vermieden wird. Zulässig ist aber die Abänderung der Entscheidung durch das bestimmende Gericht, sei es von Amts wegen oder auf Gegenvorstellung.[2]

§ 6
Ausschließung und Ablehnung der Gerichtspersonen

(1) Für die Ausschließung und Ablehnung der Gerichtspersonen gelten die §§ 41 bis 49 der Zivilprozessordnung entsprechend. Ausgeschlossen ist auch, wer bei einem vorausgegangenen Verwaltungsverfahren mitgewirkt hat.

(2) Der Beschluss, durch den das Ablehnungsgesuch für unbegründet erklärt wird, ist mit der sofortigen Beschwerde in entsprechender Anwendung der §§ 567 bis 572 der Zivilprozessordnung anfechtbar.

A. Normzweck

1 Die gesetzliche Regelung ist die Basis für die Unparteilichkeit des Richters und aller anderen Justizpersonen. Unparteilichkeit der Rechtspflege ist aber zwingende Voraussetzung für ein faires Verfahren und gehört insofern auch zwingend zum Erscheinungsbild des gesetzlichen Richters.[3] Eine funktionsfähige Rechtspflege ist ohne die Person eines neutralen, unparteiischen und unvoreingenommenen Dritten nicht möglich. Es ist daher auch kein Zufall, dass die Regeln über Ausschließung und Ableh-

1 Keidel/*Sternal*, § 5 Rz. 58; Jansen/*Müther*, § 5 Rz. 31.
2 Jansen/*Müther*, § 5 Rz. 31.
3 BVerfG v. 8.6.1993 – 1 BvR 878/90, NJW 1993, 2229, BVerfGE 89, 28; BVerfG v. 26.1.1971 – 2 BvR 443/69, NJW 1971, 1029, BVerfGE 30, 149; BVerfG v. 8.2.1967 – 2 BvR 235/64, NJW 1967, 1123, BVerfGE 21, 139.

nung von Gerichtspersonen heute in allen Verfahrensordnungen nahezu einheitlich gelten.

B. Entstehung und Inhalt der Norm

Der frühere § 6 FGG enthielt in vergleichbarer Weise eine Regelung über die Ausschließung des Richters. Die Richterablehnung war nicht geregelt, wurde aber in der Praxis analog zu § 42 ZPO anerkannt.[1] Der neue Text des § 6 FamFG war bereits im RefE enthalten und dient vor allem der Harmonisierung der Verfahrensordnungen. Durch die Verweisung auf die ZPO soll ein Gleichlauf zu den übrigen Verfahrensordnungen hergestellt werden (vgl. etwa § 54 VwGO, § 51 FGO, § 49 ArbGG). Erstmals vorgesehen ist in Abs. 2 der Norm die sofortige Beschwerde. Auch insoweit war freilich schon früher eine Analogie zu § 46 Abs. 2 ZPO anerkannt.[2] 2

Die Norm ist nach ihrem Inhalt im Gegensatz zum früheren § 6 FGG ohne eine eigenständige Regelung. Sie verweist für Ausschließung und Ablehnung vollständig auf die ZPO und nimmt damit eine gewisse Gegenposition zur Grundtendenz des neuen FamFG ein. An sich war es die Absicht des Gesetzgebers, ein vollständiges und eigenständiges Verfahrensgesetz für die freiwillige Gerichtsbarkeit zu schaffen, das auch eigenständig lesbar und anwendbar ist. Angesichts der inhaltlichen Übereinstimmung der geregelten Problematik in allen Verfahrensgesetzen erscheint im vorliegenden Fall allerdings die Technik der Verweisung auf die ZPO sehr gut vertretbar. 3

C. Systematik und Anwendungsbereich

Die Norm steht im 1. Abschnitt des 1. Buches des FamFG und ist damit grundsätzlich auf alle im FamFG geregelten Verfahren der freiwilligen Gerichtsbarkeit anwendbar. Vergleichbar zum Aufbau der ZPO ist die Norm inhaltlich an die Zuständigkeitsvorschriften angefügt und folgt damit auch im Gesetzesaufbau dem System der §§ 41 ff. ZPO. 4

Gem. § 113 Abs. 1 ist die Norm in Ehe- und Familienstreitsachen nicht anzuwenden. Vielmehr gelten für diese Verfahren die Regeln der ZPO unmittelbar. Da allerdings § 6 ohne eigenständige inhaltliche Regelung vollständig auf die ZPO verweist, ist dies für den vorliegenden Bereich ohne Bedeutung. 5

D. Ausschluss einer Gerichtsperson

I. Persönlicher Anwendungsbereich

Die Ausschlussgründe finden nach der Neufassung auf alle Gerichtspersonen Anwendung. Dies sind durch den Verweis auf § 41 ZPO zunächst der Richter und über die Einbeziehung des § 49 ZPO auch der Urkundsbeamte der Geschäftstelle. Durch die Verwendung des Begriffs „Gerichtspersonen", der auch in anderen Verfahrensordnungen (zB § 49 ArbGG) zu finden ist, wollte der Gesetzgeber zudem den ehrenamtlichen 6

1 BGH v. 31.10.1966 – AnwZ (B) 3/66, BGHZ 46, 195.
2 OLG Koblenz v. 22.5.1985 – 4 W 276/85, Rpfleger 1985, 368.

Richter in den persönlichen Anwendungsbereich der Vorschrift einschließen.[1] Dadurch wurden bisherige Sondernormen (bspw. § 11 LwVG) überflüssig. Weiterhin findet die Vorschrift über § 10 RPflG auch auf Rechtspfleger Anwendung. Für den Gerichtsvollzieher gilt die spezielle Norm des § 155 GVG. Er kann also nicht abgelehnt werden.[2] Für Sachverständige gilt § 406 ZPO (vgl. § 30 Abs. 1 FamFG), für Dolmetscher findet sich in § 191 GVG eine Regelung.

7 Vom persönlichen Anwendungsbereich ist nur die natürliche Person selbst und nicht etwa das Gericht als solches erfasst.[3]

II. Ausschlussgründe

8 Die Ausschlussgründe für die Gerichtspersonen in Abs. 1 Satz 1 sind durch den Verweis auf die §§ 41 bis 49 ZPO identisch mit den in § 41 Nr. 1 bis 6 ZPO für das streitige Zivilverfahren vorgesehenen Gründen.

9 Zunächst darf die Gerichtsperson nicht in **eigener Sache** tätig werden (§ 41 Nr. 1 ZPO). Dies ist sowohl dann der Fall, wenn die Person in der Sache selbst Partei iwS ist, als auch dann, wenn sie zu einer Partei im Verhältnis eines Mitberechtigten, Mitverpflichteten oder Regresspflichtigen steht.[4]

10 Dasselbe gilt für Verfahren, in denen der **Ehegatte** (§ 41 Nr. 2 ZPO) oder der **Lebenspartner** (§ 41 Nr. 2a ZPO) der Gerichtsperson beteiligt ist, selbst wenn die Ehe oder die Lebenspartnerschaft nicht mehr besteht. Hierbei ist die Beteiligung des Ehegatten bzw. des Lebenspartners im gleichen Sinne wie die der Gerichtsperson bei § 41 Nr. 1 ZPO zu verstehen.[5]

11 Ebenso ist die Gerichtsperson gem. § 41 Nr. 3 ZPO von einem Verfahren ausgeschlossen, an dem ein **Verwandter** oder ein Verschwägerter in gleichem Maße wie bei § 41 Nr. 1–2a ZPO beteiligt ist. Erfasst werden alle Verwandten in gerader Linie und in der Seitenlinie bis zum dritten Grad, sowie alle Verschwägerten in gerader Linie sowie in der Seitenlinie bis zum zweiten Grad. Die Verwandtschaft ist nach den Vorschriften des BGB (§§ 1598 f., 1592 Nr. 2–3, 1754 ff. BGB) zu bestimmen.

12 Weiterhin ist die entsprechende Gerichtsperson von solchen Verfahren ausgeschlossen, in denen sie **Prozessbevollmächtigter**, Beistand oder gesetzlicher Vertreter einer Partei ist oder war (§ 41 Nr. 4 ZPO). Gleiches gilt nach § 41 Nr. 5 ZPO für Verfahren, in denen die Gerichtsperson als **Zeuge** oder **Sachverständiger** gehört wurde.

13 Als letzten Ausschlussgrund nennt § 41 Nr. 6 ZPO die **Mitwirkung** an der angefochtenen Entscheidung. Hierfür erforderlich ist, dass die Person beim Erlass (nicht der Verkündung) eines mit ordentlichen Rechtsmitteln angefochtenen Urteils mitgewirkt hat.[6]

14 Durch Abs. 1 Satz 2 wird auch diejenige Gerichtsperson vom Verfahren ausgeschlossen, die bei einem vorausgegangen Verwaltungsverfahren mitgewirkt hat. Diese Normierung entspricht einem von der Rechtsprechung anerkannten Grundsatz, der in

1 BT-Drucks. 16/6308, S. 176.
2 BVerfG v. 7.12.2004 – 1 BvR 2526/04, NJW-RR 2005, 365; BGH v. 24.9.2004 – IXa ZB 10/04, NJW-RR 2005, 149.
3 Zöller/*Vollkommer*, § 41 ZPO Rz. 3.
4 Zöller/*Vollkommer*, § 41 ZPO Rz. 6.
5 Zöller/*Vollkommer*, § 41 ZPO Rz. 8.
6 Zöller/*Vollkommer*, § 41 ZPO Rz. 13.

Hinblick auf den Grundsatz der Gewaltenteilung und den Grundsatz des sachlich unabhängigen Richters (Art. 97 Abs. 2 GG) entwickelt wurde.[1]

III. Rechtsfolgen des Ausschlusses

Ist der Richter oder eine andere Gerichtsperson qua Gesetz ausgeschlossen, darf er sein Amt in diesem Verfahren nicht ausüben. Er muss sich vom Verfahren fern halten. Ein Antrag der Parteien ist dafür nicht erforderlich. 15

Handlungen der ausgeschlossenen Gerichtsperson sind nicht nichtig. Dieser Grundsatz war früher in § 7 FGG ausdrücklich normiert. Eine entsprechend explizite Formulierung ist in den §§ 41–49 ZPO nicht zu finden, jedoch gilt dieser Grundsatz nach allgemeiner Ansicht generell.[2] Bemerkenswert ist, dass die Geltung dieses Grundsatzes in der ZPO stets mit Hinweis auf die Regelung des FGG und einem daraus resultierenden Erst-Recht-Schluss begründet wurde. Allerdings lässt sich aus dem Willen des Gesetzgebers, der das Ausschluss- und Ablehnungsverfahren für Gerichtspersonen im FamFG mit dem der ZPO gleichstellen wollte,[3] schließen, dass er auch diesen Aspekt übernehmen wollte. Zudem setzen die Regelungen der §§ 547 Nr. 2, 579 Abs. 1 Nr. 2, 576 Abs. 3 ZPO, nach denen eine Entscheidung, an der ein ausgeschlossener Richter mitgewirkt hat, anfechtbar ist, voraus, dass Amtshandlungen des ausgeschlossenen Richters auch ohne die Bezugnahme auf den – außer Kraft getretenen – § 7 FGG nicht per se nichtig sind. 16

Gegen Entscheidungen, an denen ein ausgeschlossener Richter mitgewirkt hat, ist die Revision (bzw. Rechtsbeschwerde) stets zulässig.[4] 17

Prozesshandlungen der Partei vor dem ausgeschlossenen Richter sind wirksam.[5] 18

E. Ablehnung einer Gerichtsperson

I. Persönlicher Anwendungsbereich

Der persönliche Anwendungsbereich der Ablehnung von Gerichtspersonen ist weitgehend identisch mit dem Anwendungsbereich beim Ausschluss von Gerichtspersonen (s. Rz. 6). Allein bei der Person des Gerichtsvollziehers gibt es gem. § 155 GVG keine Ablehnung durch Parteien oder Beteiligte. 19

II. Ablehnungsgründe

Die Ablehnungsgründe dieser Vorschrift finden sich durch den Verweis der Vorschrift in der Regelung des § 42 ZPO wieder. Demnach kann ein Richter (ebenso alle anderen Gerichtspersonen) sowohl dann abgelehnt werden, wenn er kraft Gesetz von der Ausübung seines Amtes ausgeschlossen ist, als auch wegen der Besorgnis der Befangenheit. 20

---

1 BayObLG v. 8.5.1985 – BReg 3 Z 37/85, NJW 1986, 1622.
2 Zöller/*Vollkommer*, § 41 ZPO Rz. 16.
3 BT-Drucks. 16/6308, S. 176.
4 BGH v. 15.5.2007 – X ZR 20/05, BGHZ 172, 250 = NJW 2007, 2702.
5 Zöller/*Vollkommer*, § 41 ZPO Rz. 17.

1. Ablehnung wegen gesetzlichen Ausschlusses

21 Die erste Alternative ist in der Konstellation bedeutsam, in der die betreffende Gerichtsperson eigentlich schon nach § 41 ZPO von der Ausübung ihres Amtes ausgeschlossen wäre (Rz. 8 ff.), sich dennoch nicht vom Verfahren fern hält. In diesem Fall erhalten die Parteien ein Ablehnungsrecht.

2. Ablehnung wegen Besorgnis der Befangenheit

22 Wann eine Ablehnung wegen Besorgnis der Befangenheit stattfindet, ist in § 42 Abs. 2 ZPO legal definiert. Demnach muss ein Grund vorliegen, der geeignet ist, Misstrauen gegen die Unparteilichkeit eines Richters zu rechtfertigen. Auch dies gilt entsprechend für die übrigen Gerichtspersonen.

23 Um dieses Misstrauen gegen eine unparteiliche Amtsausübung zu rechtfertigen, bedarf es ausschließlich objektiver Gründe, die vom Standpunkt des Ablehnenden aus bei vernünftiger Betrachtung die Befürchtung wecken können, die Gerichtsperson stehe der Person oder der Sache nicht unvoreingenommen und somit unparteilich gegenüber. Rein subjektive, unvernünftige Vorstellungen des Ablehnenden genügen nicht.[1] Ob die Gerichtsperson tatsächlich befangen ist, ist hingegen unerheblich.[2]

3. Fallgruppen

24 Im Rahmen des § 42 ZPO hat sich zur Besorgnis der Befangenheit eine Reihe von Fallgruppen entwickelt. Die wichtigsten Fälle sind:[3]

25 Zunächst sind die **mittelbare Beteiligung** der Gerichtsperson am Rechtsstreit und ein eigenes Interesse am Prozessausgang als Gründe für die Besorgnis der Befangenheit zu nennen. Eine mittelbare Beteiligung lässt sich insbesondere bei der Zugehörigkeit (als einfaches Mitglied) zu einer als Prozesspartei auftretenden juristischen Person bejahen.[4]

26 Ebenso können **nahe persönliche oder geschäftliche Kontakte** zu einer Partei Misstrauen gegen die Unparteilichkeit der Gerichtsperson begründen. Hier ist an ein Verlöbnis oder eine nichteheliche Lebensgemeinschaft, eine enge Freundschaft oder Feindschaft mit der Partei oder die Ehe mit einem Vertretungsorgan oder einer Führungskraft der Partei zu denken.[5] Bei einem reinen Kollegialverhältnis (zB gemeinsame Zugehörigkeit zum gleichen größeren Gericht[6]) müssen hingegen weitere enge private oder berufliche Beziehungen zwischen den Gerichtspersonen hinzukommen, um eine Befangenheit zu begründen.[7]

27 Vergleichbare **Näheverhältnisse** zum Prozessvertreter der Partei, wie beispielsweise eine nahe Verwandt- oder Schwägerschaft,[8] sind gleichfalls geeignet, die Besorgnis der Befangenheit zu wecken.

---

1 BGH v. 14.3.2003 – IXa ZB 27/03, NJW-RR 2003, 1220 (1221) = MDR 2003, 892; BayObLG v. 3.7.1986 – BReg 3 Z 26/86, BayOLGZ 1986, 249 (252) mwN.
2 BVerfG v. 18.6.2003 – 2 BvR 383/03, BVerfGE 108, 126; BGH v. 2.10.2003 – V ZB 22/03, BGHZ 156, 270 = NJW 2004, 164.
3 Eine detaillierte Übersicht findet sich bei Zöller/*Vollkommer*, § 42 ZPO Rz. 11.
4 BGH v. 24.1.1991 – IX ZR 250/89, BGHZ 113, 277 = NJW 91, 985.
5 Zöller/*Vollkommer*, § 42 ZPO Rz. 12.
6 BGH v. 4.7.1957 – IV ARZ 5/57, ZZP 71, 447 = NJW 1957, 1400.
7 BVerfG v. 29.6.2004 – 1 BvR 336/04, NJW 2004, 3550.
8 KG v. 11.6.1999 – 28 W 3063/99, NJW-RR 2000, 1164 = MDR 1999, 1018.

Weiterhin begründet die **Interessenwahrnehmung** für eine Partei (über das Maß des § 41 Nr. 4 ZPO hinaus) das Misstrauen in die Unparteilichkeit der Gerichtsperson. Darunter fällt insbesondere die Erteilung von Rat außerhalb des Verfahrens.[1] 28

Verschiedene Fälle der **sachlichen Vorbefassung** können ebenfalls die Besorgnis der Befangenheit der Gerichtsperson begründen. Zu denken ist hier an eine prozessrechtlich typische Vorbefassung (zB Mitwirkung beim Verfahrenskostenhilfeverfahren),[2] durch prozessrechtlich atypische Vorbefassung (zB Versetzung des Richters nach Befassung in die Rechtsmittelinstanz),[3] durch Mitwirkung im Vorprozess und im Wiederaufnahmeverfahren[4] oder uU durch Mitwirkung in mehreren gleichzeitig anhängigen Verfahren der Partei.[5] 29

Als letzte und umfangreichste Fallgruppe in diesem Kontext sind die **Verstöße gegen die gebotene Objektivität**, Neutralität und Distanz der Gerichtspersonen, insbesondere des Richters zu nennen. Insbesondere Verstöße gegen das grundgesetzlich verankerte Gleichbehandlungsgebot (Art. 3 Abs. 1 GG) und Fälle, die auf unsachliches, voreingenommenes oder willkürliches Handeln des Richters hinweisen, sind in dieser Kategorie zu nennen. Hierzu gehören bspw. einseitige Protokollierung,[6] unsachliche Äußerungen in der mündlichen Verhandlung,[7] kränkende oder beleidigende Wortwahl,[8] aggressive Verhandlungsführung,[9] Aussetzung des Verfahrens wegen Verdachts auf eine Straftat nach § 149 ZPO und Zuleitung der Akten an die Staatsanwaltschaft ohne hinreichende Prüfung der Verdachtsmomente,[10] die Behinderung des Ablehnenden in der Ausübung seiner Parteirechte[11] oder die Zeugenvernehmung ohne die gebotene Zuziehung eines Dolmetschers[12] ebenso wie eine unsachgemäße Verfahrensleitung, grobe Verfahrensverstöße (zB Verletzung des Anspruchs auf rechtliches Gehör) oder uU Untätigkeit.[13] Auch eine Beeinträchtigung des richterlichen Vertrauensverhältnisses (bspw. durch Ermittlungen auf eigene Faust[14]) sind dieser Kategorie zuzuordnen. 30

4. Abgrenzungen

Diese Einzelfälle müssen jedoch von einer Reihe erlaubter Tätigkeiten (auch hier: insbesondere des Richters) abgegrenzt werden. Insbesondere spielen hier die richterliche Aufklärungspflicht und die materiellen Prozessleitung durch das Gericht eine Rolle. Demnach bilden weder Anregungen, Hinweise, Ratschläge oder Belehrungen an einen Beteiligten[15] noch eine vorläufige Meinungsäußerung, durch die sich der Richter jedoch noch nicht eindeutig festlegt,[16] einen Ablehnungsgrund, soweit darin nicht ein 31

1 BayObLG v. 7.11.1996 – 2 Z BR 94/96, WuM 1997, 69.
2 OLG Hamm v. 7.1.1976 – 1 W 94/75, MDR 1976, 760 = NJW 1976, 1459.
3 Zöller/*Vollkommer*, § 42 ZPO Rz. 17.
4 OLG Zweibrücken v. 10.1.1973 – 3 W 143/72, OLGZ 1974, 291.
5 OLG Frankfurt v. 18.8.1992 – 11 W 72/92, OLGReport 1993, 14.
6 OLG Köln v. 22.6.1998 – 14 WF 69/98, NJW-RR 1999, 288.
7 BGH v. 5.5.1976 – 3 StR 47/76 (S), NJW 1976, 1462.
8 OLG Hamburg v. 23.3.1992 – 7 W 10/92, NJW 1992, 2036.
9 OLG Brandenburg v. 15.9.1999 – 1 W 14/99, MDR 2000, 47.
10 OLG Frankfurt v. 28.7.1986 – 22 W 23/86, MDR 1986, 943 = NJW-RR 1986, 1319.
11 OLG Köln v. 16.10.1970 – 3 W 46/70, OLGZ 1971, 376.
12 OLG Celle v. 15.11.2001 – 9 W 178/01, OLGReport 2002, 35.
13 Ausführlich: Zöller/*Vollkommer*, § 42 ZPO Rz. 25.
14 OLG Düsseldorf v. 10.7.1956 – 12 W 15/56, MDR 1956, 557.
15 OLG Düsseldorf v. 3.3.1993 – 11 W 15/93, NJW 1993, 2542.
16 BayObLG v. 18.11.1999 – 2 Z BR 160/99, NJW-RR 2000, 748 = Rpfleger 2000, 151

Verstoß gegen § 139 ZPO oder § 28 FamFG zu sehen ist. Ein Verstoß gegen diese Normen berechtigt zur Ablehnung.

32 Ebenfalls sind Ausführungen über Rechtsauffassungen des Richters zulässig, die im Rahmen seiner richterlichen Entscheidungstätigkeit erfolgen, selbst wenn sie für einen Beteiligten ungünstig sind. Allerdings darf der Richter mit rechtlichen Hinweisen nicht eine Partei unzulässig unterstützen. Unzulässig wäre zB ein Hinweis auf die Einrede der Verjährung.

33 Ebenso wenig liegt im gesellschaftlichen Standort des Richters (sog. „Sozialbefangenheit") ein Ablehnungsgrund.[1] Auch eine politische oder gewerkschaftliche Betätigung des Richters stellt keinen Befangenheitsgrund dar, sofern gewisse Grenzen nicht überschritten werden.[2]

34 Gibt der Richter durch wissenschaftliche Betätigung eine Rechtsauffassung öffentlich kund, so bspw. durch Veröffentlichungen von Aufsätzen, Kommentierungen oder als Sachverständiger bei einem Gesetzesentwurf, kann dies ebenfalls keine Besorgnis der Befangenheit begründen.[3]

35 Schließlich stellt auch die fehlende Dienstfähigkeit (zB Übermüdung, Ablenkung durch Aktenstudium) nach allgemeiner Meinung keinen Ablehnungsgrund dar.[4] Allerdings kann diese uU eine Besetzungsrüge begründen.[5]

5. Geltendmachung

36 Die Ablehnung einer Gerichtsperson muss sich stets gegen eine (oder mehrere) natürliche Personen richten. Die Ablehnung eines Spruchkörpers oder eines Gerichts oder aller deutschen Gerichte ist unzulässig.

37 Die Geltendmachung des Ablehnungsgesuchs richtet sich nach § 44 ZPO. Demnach kann das Gesuch bei dem Gericht, dem der Richter angehört, mündlich oder schriftlich vor der Geschäftsstelle zu Protokoll angebracht werden (§ 44 Abs. 1 ZPO). Die Individualisierung des Ablehnungsgrundes muss sogleich erfolgen.[6]

38 Der Antragsteller muss den Ablehnungsgrund glaubhaft machen (vgl. § 31), wobei eine Versicherung an Eides statt ausgeschlossen ist. Jedoch kann auf das Zeugnis des abgelehnten Richters Bezug genommen werden (§ 44 Abs. 2 ZPO).

39 Die Partei verliert ihr Ablehnungsrecht jedoch in dem Moment, in dem sie sich bei dem von ihr abzulehnenden Richter in eine Verhandlung einlässt oder bei ihm Anträge stellt (§ 43 ZPO). Für den Fall, dass eine Partei diesen Richter selbst zu diesem Zeitpunkt noch ablehnen will, hat sie glaubhaft zu machen, dass der Ablehnungsgrund erst später, also nach der Einlassung oder der Antragsstellung entstanden ist, oder dass sie erst später von ihn Kenntnis erlangt hat (§ 44 Abs. 4 ZPO).

40 In jedem Fall hat der abgelehnte Richter sich über den Ablehnungsgrund dienstlich zu äußern (§ 44 Abs. 3 ZPO).

---

1 OLG Frankfurt v. 1.10.1997 – 14 U 151/97, NJW-RR 1998, 1764.
2 Ausführlich: Zöller/*Vollkommer*, § 42 ZPO Rz. 31.
3 BGH v. 14.5.2002 – XI ZR 388/01, NJW 2002, 2396.
4 Zöller/*Vollkommer*, § 42 ZPO Rz. 34 mwN.
5 BVerwG v. 13.6.2001 – 5 B 105/00, NJW 2001, 2898.
6 BVerwG v. 7.8.1997 – 11 B 18/97, NJW 1997, 3327.

Über das Ablehnungsgesuch entscheidet nach §45 Abs. 1 ZPO das Gericht, dem der Abgelehnte angehört, ohne dessen Mitwirkung. Wird ein Amtsrichter abgelehnt, so entscheidet ein anderer Richter des Amtsgerichts über das Gesuch, es sei denn, der Abgelehnte hält das Ablehnungsgesuch selbst für begründet (§45 Abs. 2 ZPO). Für den Fall, dass das zur Entscheidung berufene Gericht durch den Ausschluss des abgelehnten Mitglieds beschlussunfähig werden sollte, hat gem. §45 Abs. 3 ZPO das im Rechtszug zunächst höhere Gericht zu entscheiden. 41

Die Entscheidung ergeht gem. §46 Abs. 1 ZPO als Beschluss. 42

Durch den Verweis auf die ZPO findet auch die sog. Selbstablehnung eines Richters (entsprechend aller anderen Gerichtspersonen) nach §48 ZPO Anwendung. Dabei handelt es sich nicht um ein eigenes Ablehnungsrecht,[1] sondern vielmehr um eine Pflicht zur Anzeige (dh. Mitteilung von Tatsachen), wenn der Richter einen Ablehnungsgrund (Rz. 22 ff.) als gegeben ansieht.[2] Für die Entscheidung über diese Anzeige ist nach §48 ZPO ebenfalls das Gericht, dem Abgelehnte angehört, zuständig. 43

III. Rechtsfolgen der Ablehnung

Sofern das zuständige Gericht das Ablehnungsgesuch für begründet erklärt hat, sind die Rechtsfolgen der Ablehnung mit denen eines Ausschlusses (Rz. 15 ff.) nahezu identisch.[3] Dies ergibt sich auch aus den §§ 547 Nr. 3, 579 Nr. 3 ZPO, die den erfolgreich abgelehnten Richter dem ausgeschlossenen gleichsetzen. 44

Gem. §47 Abs. 1 ZPO trifft einen abgelehnten Richter bis zur Erledigung des Ablehnungsgesuchs eine grundsätzliche Wartepflicht. Ihm ist nur erlaubt, solche Handlungen vorzunehmen, die keinen Aufschub gestatten. Diese sind nur dann unaufschiebbar, wenn sie einer Partei wesentliche Nachteile ersparen oder wenn bei Unterlassung Gefahr im Verzug droht.[4] 45

Unter „Erledigung" ist die endgültige Behandlung des Ablehnungsgesuchs zu verstehen. Sie tritt erst dann ein, wenn rechtskräftig über das Gesuch entschieden wurde.[5] 46

Nach §47 Abs. 2 ZPO kann eine mündliche Verhandlung, während der ein Richter abgelehnt wird, unter seiner Mitwirkung fortgesetzt werden. Sollte das Ablehnungsgesuch für begründet erklärt werden, so müssen alle Teile der Verhandlung, die nach der Anbringung des Ablehnungsgesuchs stattgefunden haben, wiederholt werden. 47

Umstritten ist die Frage, wie Verfahrenshandlungen des erfolgreich abgelehnten Richters vor Anbringung des Ablehnungsantrags zu behandeln sind. Einer neueren Auffassung nach stellen diese Handlungen einen Verfahrensfehler dar, der zwar nach §43 ZPO heilbar sei, jedoch seien die Handlungen im Grundsatz fehlerhaft und somit zu wiederholen.[6] Dies gebiete das aus dem GG (Art. 20 Abs. 3, 101 Abs. 1 Satz 2) und der EMRK (Art. 6) abgeleitete Grundrecht der Parteien auf einen unparteiischen Richter, da dieses Recht schon durch das tatsächliche Vorliegen eines Ablehnungsgrundes ver- 48

1 Zöller/*Vollkommer*, §48 ZPO Rz. 1 mwN.
2 Zöller/*Vollkommer*, §48 ZPO Rz. 2.
3 Zöller/*Vollkommer*, §42 ZPO Rz. 7.
4 OLG Celle v. 17.8.1988 – 4 W 119/88, NJW-RR 1989, 569.
5 BayObLG v. 21.1.1988 – BReg 3 Z 193/87, MDR 1988, 500; OLG Köln v. 29.1.1999 – 8 W 1/99, NJW-RR 2000, 591.
6 Zöller/*Vollkommer*, §41 ZPO Rz. 16 aE.

letzt werde.[1] Dem ist mit der ganz h.M.[2] nicht zu folgen. Dies ergibt sich aus dem Wortlaut des § 47 Abs. 2 Satz 2 ZPO, der ausdrücklich nur den Verhandlungsteil wiederholen lässt, der nach Anbringung des Ablehnungsgesuchs liegt. Demnach sind Verfahrenshandlungen eines später abgelehnten Richters nicht schon per se fehlerhaft, sondern erst, wenn der Richter seine Wartepflicht missachtet.

F. Rechtsmittel

I. Allgemeines

49 Für den Fall, dass das Ablehnungsgesuch für unbegründet erklärt wird, bietet Abs. 2 die Möglichkeit der sofortigen Beschwerde nach den Regelungen der §§ 567–572 ZPO. Der ausdrückliche Verweis ist an dieser Stelle eigentlich überflüssig und rein deklatorischer Natur, sieht doch § 46 Abs. 2 ZPO, auf den bereits durch Abs. 1 verwiesen wurde, eben genau die sofortige Beschwerde als Rechtsmittel vor.

II. Statthaftigkeit

50 Die sofortige Beschwerde ist nur statthaft gegen eine Entscheidung, die das Ablehnungsgesuch als unbegründet zurückweist. Die Gesetzesfassung sieht eine sofortige Beschwerde wegen eines als unzulässig zurückgewiesenen Gesuchs nicht ausdrücklich vor. Jedoch war sowohl im Rahmen des früheren § 6 FGG[3] anerkannt und ist es auch heute noch im Rahmen des § 46 Abs. 2 ZPO, dass eine Zurückweisung wegen Unzulässigkeit des Gesuchs ebenfalls mit der sofortigen Beschwerde angreifbar ist.[4] Diese Auffassung wird man auch für das FamFG aufrechterhalten müssen.

51 Gegen ein begründetes Ablehnungsgesuch ist die Beschwerde nicht statthaft.

III. Rechtsschutzbedürfnis

52 Am Rechtschutzbedürfnis für die sofortige Beschwerde mangelt es, soweit das Rechtsschutzinteresse für das Ablehnungsgesuch oder den Ablehnungsgrund nachträglich wegfällt, etwa durch endgültiges Ausscheiden des abgelehnten Richters ohne Mitwirkung an der Entscheidung.[5]

IV. Beschwerdeberechtigung

53 Beschwerdeberechtigt ist unter Bezugnahme auf § 46 Abs. 2 ZPO sowohl der Antragsteller als auch der Gegner, da er nicht auf ein neues Ablehnungsgesuch zu verweisen ist.[6]

---

1 Zöller/*Vollkommer*, vor § 41 ZPO Rz. 2.
2 BGH v. 30.11.2006 – III ZR 93/06, NJW-RR 2007, 775 = MDR 2007, 599 mwN.
3 Keidel/*Zimmermann*, § 6 FGG Rz. 68; OLG Koblenz v. 22.5.1985 – 4 W 276/85, MDR 1985, 850 = Rpfleger 1985, 368.
4 Zöller/*Vollkommer*, § 46 ZPO Rz. 14; KG v. 4.8.1992 – 11 W 4231/92, MDR 1992, 997.
5 BGH v. 13.1.2003 – XI ZR 357/01, WM 2003, 848.
6 Zöller/*Vollkommer*, § 46 ZPO Rz. 15.

V. Form und Frist

Nach § 569 Abs. 1 Satz1 ZPO ist die sofortige Beschwerde beim Ausgangs- oder Beschwerdegericht binnen einer Notfrist von zwei Wochen einzulegen. 54

Die Beschwerde wird durch Einreichung einer Beschwerdeschrift gem. § 569 Abs. 2 ZPO eingelegt. Allerdings kommt auch eine Erklärung der Beschwerde zu Protokoll der Geschäftsstelle in Betracht, wenn der Rechtsstreit im ersten Rechtszug nicht als Anwaltsprozess zu führen ist (§ 569 Abs. 3 Nr. 1 ZPO). 55

VI. Neue Ablehnungsgründe

Gegenstand der Beschwerde sind nur die im Ablehnungsgesuch vorgetragenen Ablehnungsgründe. Neue Ablehnungsgründe können nicht geltend gemacht werden.[1] 56

§7
Beteiligte

(1) In Antragsverfahren ist der Antragssteller Beteiligter.

(2) Als Beteiligte sind hinzuzuziehen:

1. diejenigen, deren Recht durch das Verfahren unmittelbar betroffen wird,

2. diejenigen, die auf Grund dieses oder eines anderen Gesetzes von Amts wegen oder auf Antrag zu beteiligen sind.

(3) Das Gericht kann von Amts wegen oder auf Antrag weitere Personen als Beteiligte hinzuziehen, soweit dies in diesem oder einem anderen Gesetz vorgesehen ist.

(4) Diejenigen, die auf ihren Antrag als Beteiligte zu dem Verfahren hinzuzuziehen sind oder hinzugezogen werden können, sind von der Einleitung des Verfahrens zu benachrichtigen, soweit sie dem Gericht bekannt sind. Sie sind über ihr Antragsrecht zu belehren.

(5) Das Gericht entscheidet durch Beschluss, wenn es einem Antrag auf Hinzuziehung gemäß Absatz 2 oder Absatz 3 nicht entspricht. Der Beschluss ist mit der sofortigen Beschwerde in entsprechender Anwendung der §§ 567 bis 572 der Zivilprozessordnung anfechtbar.

(6) Wer anzuhören ist oder eine Auskunft zu erteilen hat, ohne dass die Voraussetzungen des Absatzes 2 oder Absatzes 3 vorliegen, wird dadurch nicht Beteiligter.

Literatur: *Gramlich*, Der Begriff des Beteiligten in § 6 FGG, 1. Aufl. 1968; *Hormuth*, Beschwerdeberechtigung und materielle Beteiligung im FG-Verfahren, 1. Aufl. 1976; *Keidel*, Der Grundsatz des rechtlichen Gehörs im Verfahren der freiwilligen Gerichtsbarkeit, 1. Aufl. 1965; *Kollhosser*, Zur Problematik eines „Allgemeinen Teils" in einer Verfahrensordnung für die Freiwillige Gerichtsbarkeit, ZZP 93 (1980), 265; *Kollhosser*, Zur Stellung und zum Begriff der Verfahrensbeteiligten im Erkenntnisverfahren der freiwilligen Gerichtsbarkeit, 1. Aufl. 1970; *Liermann*, Die Beteiligten im Verfahren der freiwilligen Gerichtsbarkeit, in FS für Gottfried Baumgärtel, 1990, S. 325; *Müller*, Verfahrensbeteiligte in der freiwilligen Gerichtsbarkeit, NJW 1954, 868; *Platschner*, Der Begriff des Beteiligten in der freiwilligen Gerichtsbarkeit und seine Bedeutung, 1. Aufl. 1956.

1 BayObLG v. 26.8.1985 – BReg 3 Z 25/85, BReg 3 Z 39/85, BReg 3 Z 40/85, BayObLGZ 1985, 307.

A. Einführung

I. Bedeutung der Norm

1 Die Definition der Beteiligten ist eine der von Grund auf neuen Regelungen des FamFG. Sie stellt einen Reformschwerpunkt[1] und zugleich einen in der Literatur stark diskutierten Streitpunkt dar.[2] Bisher war der Begriff der Beteiligten im FGG nicht geregelt, lediglich einige Vorschriften nahmen auf ihn Bezug (zB §§ 6 Abs. 1, 13, 13a Abs. 1, 15 Abs. 2, 41, 53b Abs. 2, 86 Abs. 1, 150, 153 Abs. 1, 155 Abs. 3 FGG).

2 Die Beteiligten sind die Subjekte des Verfahrens. Im Unterschied zu den nur zur Sachaufklärung herangezogenen Personen (Abs. 6, Rz. 70) stehen den Beteiligten typische Verfahrensrechte zu (zB Akteneinsicht gem. § 13, Stellungnahme zum Ergebnis der förmlichen Beweisaufnahme gem. § 30 Abs. 4). Ebenso trifft sie eine Reihe von Pflichten, wie bspw. gewisse Mitwirkungspflichten (§ 27) oder die Pflicht, vor Gericht zu erscheinen (§ 33 ff.). Mit einer möglichst präzisen Bestimmung des Beteiligtenbegriffs soll letztlich auch eine bessere Sachverhaltsaufklärung und eine optimale Durchsetzung des Grundrechts auf Gewährung rechtlichen Gehörs erreicht werden.

3 Im Einzelnen spricht das FamFG an sehr vielen Stellen von Beteiligten und weist ihnen Rechte und Pflichten zu. Hinzuweisen ist auf die §§ 3, 4 (Anhörung der Beteiligten vor Verweisung und Abgabe), § 9 Abs. 4 (Zurechnung des Verschuldens eines

1 BT-Drucks. 16/6308, S. 177.
2 Vgl. nur *Maass*, ZNotP 2006, 282 (284); *Brehm*, FPR 2006, 401 (403); *Jacoby*, FamRZ 2007, 1703 (1704); *Borth*, FamRZ 2007, 1925 (1927); *Kemper*, FamRB 2008, 345 (347).

Beteiligten), § 10 Abs. 1 (Verfahrensbetrieb durch die Beteiligten), § 10 Abs. 2 (Vertretung der Beteiligten durch Anwälte), § 12 (Beistand des Beteiligten), § 13 (Akteneinsicht), § 14 Abs. 2 (Übermittlung der Anträge), § 15 (Bekanntgabe von Dokumenten), § 22 (Antragsrücknahme), § 23 (Angabe der Beteiligten im Antrag), § 25 (Anträge), § 27 (Mitwirkungspflichten), § 28 (Erklärungen), § 30 Abs. 4 (Förmliche Beweisaufnahme), § 32 (Erörterung der Sache), §§ 33 ff. (Persönliches Erscheinen vor Gericht), § 36 (Vergleich), § 37 (Äußerungsrechte), § 38 Abs. 2 (Bezeichnung der Beteiligten im Beschluss), §§ 40, 41 (Bekanntgabe des Beschlusses), § 44 (Rügerecht der Beteiligten), § 49 Abs. 2 (Einstweilige Anordnung gegen Beteiligte), § 52 Abs. 1 (Einleitung des Hauptsacheverfahrens), § 63 Abs. 3 (Beschwerdefrist), § 67 Abs. 3 (Verzicht auf Beschwerde), § 74a Abs. 2 (Zurückweisung der Rechtsbeschwerde), § 81 (Verfahrenskosten), § 83 (Kosten beim Vergleich), § 84 (Rechtsmittelkosten).

Neben diesen vielfältigen Bezugnahmen des Allgemeinen Teils auf den Beteiligtenbegriff gibt es die im Rahmen des Anwendungsbereichs noch näher darzulegenden Sonderregeln zum konkreten Kreis der Beteiligten (s.u. Rz. 16), die eine Konkretisierung des Beteiligtenbegriffs enthalten. 4

II. Normzweck

Das Wesen des Verfahrensrechts ist mit der Feststellung, Bestimmung und Durchsetzung materiellrechtlicher Positionen eng verknüpft. Daher ist im materiellen Recht die Rechtssubjektivität („Rechtsfähigkeit") ebenso von absolut grundlegender Bedeutung wie im Verfahrensrecht die Partei- und Beteiligtenfähigkeit. Auf der Basis eines abschließend geklärten Begriffs des Beteiligten kann innerhalb einer Verfahrensordnung Rechtssicherheit geschaffen werden. Darüber hinaus bewirken die Festlegung des Beteiligtenbegriffs und das Institut der Beteiligtenfähigkeit auch eine gewisse Entlastungsfunktion. Soweit einem Prozesssubjekt die Beteiligtenfähigkeit fehlt, bedarf es keiner Sachprüfung (Beteiligtenfähigkeit als Sachurteilsvoraussetzung), und es kann von diesem Subjekt keine wirksame Prozesshandlung vorgenommen werden (Beteiligtenfähigkeit als Prozesshandlungsvoraussetzung). 5

Diese Überlegungen zeigen bereits, dass der erstmalige Versuch des Gesetzgebers, einen eigenständigen und von anderen Verfahrensordnungen losgelösten Definitionsversuch des Beteiligtenbegriffs zu unternehmen, die vermutlich wichtigste Neuerung des gesamten FamFG darstellt. Wie die Entstehungsgeschichte (s. Rz. 7 ff.) zeigt, gab es lange Zeit Bestrebungen, den Begriff der Beteiligten im Verfahren der freiwilligen Gerichtsbarkeit stärker zu formalisieren und ihn so im Ansatz dem Parteibegriff der ZPO anzunähern, um damit auch rechtsstaatlichen Erfordernissen stärker gerecht zu werden.[1] Allerdings sind diese Versuche der Vergangenheit, den Beteiligtenbegriff stärker zu formalisieren, nach 1977 weitgehend zum Erliegen gekommen. Der durch das FamFG geschaffene § 7 knüpft also an langjährige Bemühungen an (s. Rz. 7 ff.). 6

III. Entstehung der Norm

Die Problematik des Beteiligtenbegriffs in der freiwilligen Gerichtsbarkeit wurde schon seit langem diskutiert. Da dieser Begriff bislang nicht gesetzlich festgeschrieben war, hatten sich unterschiedliche Ansichten in Literatur und Rechtsprechung entwi- 7

1 *Liermann* in FS für Baumgärtel, S. 325.

ckelt. Die bislang vorherrschende Meinung nahm eine Differenzierung zwischen formell und materiell Beteiligten vor. Demnach war materiell beteiligt, wer durch das Verfahren oder die daraus resultierende Entscheidung in seinen Rechten und Pflichten verletzt sein konnte. Als formell Beteiligter wurde derjenige bezeichnet, der zur Wahrnehmung nicht notwendig eigener Interessen auf Antrag am Verfahren teilnahm oder auf Grund der Amtsermittlungen des Gerichts hinzugezogen wurde.[1]

8 Als Gegenmodell wurde in der Literatur eine Unterscheidung zwischen Haupt- und Nebenbeteiligten vorgeschlagen,[2] die sich jedoch in der Praxis nicht durchsetzen konnte.

9 Die im Jahre 1964 eingesetzte Kommission für das Recht der freiwilligen Gerichtsbarkeit einschließlich des Beurkundungsrechts hatte sich ebenfalls mit der Problematik des Beteiligtenbegriffs beschäftigt und schlug in ihrem im Dezember 1977 veröffentlichten Abschlussbericht eine Differenzierung in Verfahrensbeteiligte kraft Gesetzes und kraft Hinzuziehung vor.[3]

10 Allen vertretenen Standpunkten war gemein, dass Anknüpfungspunkt zur Bestimmung der Beteiligten der Grad der Betroffenheit durch die im Verfahren zu treffende Sachentscheidung war.

11 Die vom Gesetzgeber nun konzipierte Form, die die Beteiligten in drei Gruppen unterteilt (Antragssteller, Muss-Beteiligte und Kann-Beteiligte, s. Rz. 17 ff.), knüpft in ihrem Ursprung schon an die Ausarbeitungen der oben genannten Kommission an. Der aktuelle Wortlaut der Norm ist auf den RefE des BMJ von Juni 2005 zurückzuführen und wurde seitdem kaum mehr verändert.

IV. Systematik

1. Grundfragen

12 Zu trennen sind im Rahmen der Verfahrensbeteiligung in den §§ 7–9 ebenso wie in der ZPO vier unterschiedliche Fragen:

- Wer ist im konkreten Verfahren gem. § 7 Beteiligter (= Parteistellung)?
- Ist ein Beteiligter beteiligtenfähig gem. § 8 (= Parteifähigkeit)?
- Ist dieser Beteiligte auch gem. § 9 verfahrensfähig (= Prozessfähigkeit)?
- Ist der Beteiligte verfahrensführungsbefugt (= Prozessführungsbefugnis, Prozessstandschaft)?

2. Standort der Norm

13 § 7 regelt nur die 1. Frage nach der Beteiligtenstellung im konkreten Verfahren. Die Vorschrift hat also im Bereich der ZPO, in der der formelle Parteibegriff gilt, keine Entsprechung. Sie ist aber als Teil der §§ 7–9, vergleichbar dem Aufbau der ZPO, inhaltlich an die Regelung über die Ausschließung und Ablehnung von Gerichtspersonen angefügt und folgt damit dem Gesetzesaufbau der ZPO mit der Reihenfolge „Zuständigkeit – Ausschließung und Ablehnung von Gerichtspersonen – Parteifragen".

1 Keidel/*Zimmermann*, § 6 FGG Rz. 18 mwN.
2 *Kollhosser*, Zur Stellung der Verfahrensbeteiligten, S. 378.
3 Bericht der Kommission für das Recht der freiwilligen Gerichtsbarkeit einschließlich des Beurkundungsrechts, S. 25.

B. Anwendungsbereich

14 Die Norm steht im ersten Abschnitt des ersten Buches des FamFG und ist damit grundsätzlich auf alle im FamFG geregelten Verfahren der freiwilligen Gerichtsbarkeit anwendbar.

15 Gem. § 113 Abs. 1 ist die Norm in Ehe- und Familienstreitsachen nicht anzuwenden. Vielmehr gelten für diese Verfahren die Regeln der ZPO unmittelbar. Das bedeutet im Einzelnen, dass in diesem Bereich die §§ 50 ff. ZPO direkt heranzuziehen sind. Zu beachten ist dabei allerdings § 113 Abs. 5 FamFG, wonach auch in den Ehesachen und den Familienstreitsachen die Parteien stets als Beteiligte zu bezeichnen sind.

16 Über die allgemeine Regelung in § 7 hinaus enthält das FamFG in einer größeren Zahl von Einzelfällen Sonderregeln zum konkreten Kreis der Beteiligten. Zu beachten sind im Einzelnen § 172 (Abstammungssachen), § 188 (Adoptionssachen), § 204 (Wohnungszuweisung), § 212 (Gewaltschutzsachen), § 219 (Versorgungsausgleich), § 274 (Betreuungssachen), § 315 (Unterbringungssachen), § 345 (Nachlass- und Teilungssachen), § 412 (weitere Angelegenheiten) sowie § 418 (Freiheitsentziehung).

C. Die Arten der Beteiligten

17 Die Norm regelt in den ersten drei Absätzen drei verschiedene Formen der Beteiligung. Zunächst ist gem. Abs. 1 der Antragsteller in Antragsverfahren stets Beteiligter. Dies entspricht dem formellen Beteiligtenbegriff. Weiterhin ist als sog. Muss-Beteiligter gem. Abs. 2 derjenige zum Verfahren hinzuzuziehen, der in seinem Recht unmittelbar betroffen ist (materieller Beteiligtenbegriff) oder der nach diesem Gesetz oder einem anderen Gesetz ausdrücklich zu beteiligen ist. Schließlich gibt es gem. Abs. 3 eine dritte Kategorie von Beteiligten, die sog. Kann-Beteiligten. Hier kann das Gericht nach seinem Ermessen weitere Personen als Beteiligte zum Verfahren hinzuziehen, soweit eine solche Hinzuziehung gesetzlich vorgesehen ist. Eine darüber hinausgehende Beteiligung ist nicht zulässig.

18 Diese Konzeption des § 7, drei Arten von Beteiligten zu unterscheiden, trägt der bereits angedeuteten Überlegung (s. Rz. 7 ff.) Rechnung, dass es auf Grund der Vielzahl der möglichen Verfahren sinnvoll ist, die Beteiligten nach dem Grad ihrer Betroffenheit zu unterscheiden. Insgesamt ist mit diesem Beteiligtenbegriff eine Kombination von formellem und materiellem Beteiligtenbegriff vorgenommen.

19 Außerhalb des Bereichs der freiwilligen Gerichtsbarkeit kennt das deutsche Verfahrensrecht Beteiligte insbesondere im arbeitsgerichtlichen Beschlussverfahren (§§ 80 ff. ArbGG). Dort wird allerdings nur eine Zweiteilung zwischen Antragsteller (§ 81 Abs. 1 ArbGG) sowie den sonstigen Beteiligten (§ 83 Abs. 3 ArbGG) vorgenommen. Dabei ist freilich zu berücksichtigen, dass das arbeitsgerichtliche Beschlussverfahren strikt der Dispositionsmaxime unterliegt und keine Verfahrenseröffnung von Amts wegen kennt. Die Definition der Beteiligten in § 63 VwGO will demgegenüber nur über die echten Parteien (Kläger und Beklagten) hinaus die Beigeladenen gem. § 65 VwGO und den Vertreter des öffentlichen Interesses miteinbeziehen.

D. Antragssteller als Beteiligter (Absatz 1)

20 Die in Abs. 1 formulierte Beteiligung des Antragsstellers ist eine Beteiligung kraft Gesetzes.[1] Sie knüpft an die für Antragsverfahren notwendige verfahrenseinleitende Erklärung an. Deren Mindestinhalt ist in § 23 geregelt.

21 Ausgehend davon, dass der Antragssteller im Regelfall durch die ergehende Entscheidung materiell in seinen Rechten betroffen sein wird, ist seine Beteiligung am Verfahren zwingend erforderlich. Sollte dies ausnahmsweise nicht der Fall sein, muss dennoch über seinen Antrag entschieden werden. Somit wird er zumindest diesbezüglich von der Entscheidung betroffen. Seine Beteiligung ist in jedem Fall folgerichtig.[2] Im Normalfall handelt es sich also bei Abs. 1 um einen formell und materiell Beteiligten.

E. Die „Muss"-Beteiligten (Absatz 2)

I. Allgemeines

22 Weitaus umstrittener[3] ist die Regelung des Abs. 2. Sie regelt die erste Gruppe der Beteiligten kraft Hinzuziehung. Sie umfasst sowohl all diejenigen, die durch die Entscheidung des Gerichts unmittelbar in ihren subjektiven Rechten betroffen sein können (Nr. 1), als auch diejenigen, die auf Grund einer anderen Norm dieses oder eines anderen Gesetzes hinzuzuziehen sind (Nr. 2). Durch die gerichtliche Hinzuziehung handelt es sich im Ergebnis ebenfalls um formell und materiell Beteiligte. Dem Gericht steht in allen Fällen des Abs. 2 kein Ermessensspielraum zu.[4]

II. Persönlicher Anwendungsbereich

23 Vom Anwendungsbereich dieser Vorschrift sind zwei mögliche Beteiligtengruppen ausgeschlossen. Dies sind zum einen die gesetzlichen Erben und Testamentserben im Erbscheinsverfahren. Trotz ihrer unzweifelhaft vorliegenden unmittelbaren Rechtsbetroffenheit bestimmt § 345 Abs. 1 als lex specialis, dass sie nur auf Antrag hinzuzuziehen sind. Unterlassen sie einen entsprechenden Antrag, können sie allerdings dennoch als „Kann-Beteiligte" nach Abs. 3 von Amts wegen hinzugezogen werden (Rz. 39). Weiterhin ist die Beteiligtenstellung der Behörden (Jugendamt, Betreuungsbehörde) abschließend in den Büchern 2 bis 8 geregelt,[5] so dass diese nicht schon von Amts wegen zum Verfahren hinzuzuziehen sind. Ihnen soll die Wahl gelassen werden, ob sie nur im Rahmen der Anhörung (Abs. 6) oder aber als Beteiligte aktiv am Verfahren teilnehmen wollen.[6]

1 BT-Drucks. 16/6308, S. 178.
2 BT-Drucks. 16/6308, S. 178.
3 Vgl. *Brehm*, FPR 2006, 401 (403); *Jacoby*, FamRZ 2007, 1703 (1704); *Borth*, FamRZ 2007, 1925 (1927).
4 BT-Drucks. 16/6308, S. 179.
5 BT-Drucks. 16/6308, S. 179.
6 BT-Drucks. 16/6308, S. 179.

III. Sachlicher Anwendungsbereich

1. Unmittelbare Rechtsbetroffenheit (Abs. 2 Nr. 1)

Erforderlich für eine Beteiligung ist, dass ein eigenes Recht eines Einzelnen durch den Gegenstand des Verfahrens betroffen ist. Diese Betroffenheit muss unmittelbar vorliegen. Darunter ist eine Auswirkung auf subjektive Rechte des Einzelnen, also auf eigene materielle, nach öffentlichem oder privatem Recht geschützte Positionen zu verstehen. Dies entspricht einer Abgrenzung, die der BGH zum Beteiligtenbegriff im Versorgungsausgleich nach dem früheren § 53b Abs. 2 Satz 1 FGG entwickelt hatte.[1] 24

Wirkt sich das Verfahren hingegen lediglich auf ideelle, soziale oder wirtschaftliche Interessen eines Einzelnen aus, ist eine Beteiligung nicht erforderlich. Zudem sind mittelbare Auswirkungen oder eine „präjudizielle" Wirkung auf ähnliche, gleich gelagerte Fälle nicht ausreichend.[2] 25

Die Formulierung des Abs. 2 Nr. 1 wurde in der Literatur stark kritisiert. Es lasse sich regelmäßig erst am Ende des Verfahrens feststellen, ob ein Recht eines Einzelnen tatsächlich betroffen sei. Verfahrensrecht müsse jedoch ergebnisoffen formuliert sein. Ein Richter, der die Beteiligten nach dem Wortlaut des Abs. 2 Nr. 1 bestimme, nehme das Ergebnis des Verfahrens vorweg, was ein unbefangener Richter niemals machen dürfe.[3] 26

Dem tritt die Gesetzesbegründung jedoch deutlich entgegen: Trotz des Wortlauts bedarf es keiner Prognose, ob es tatsächlich durch das Verfahren zu einer Rechtsbeeinträchtigung kommen wird. Es genügt vielmehr, wenn das Verfahren darauf gerichtet ist, das entsprechende Recht des Einzelnen zu beeinträchtigen.[4] 27

Diese Art der Beteiligung auf Grund einer möglichen Rechtsverletzung entspricht der bisherigen Terminologie der materiell Beteiligten.[5] 28

2. Anordnung durch ein anderes Gesetz (Abs. 2 Nr. 2)

Abs. 2 Nr. 2 verweist auf Tatbestände anderer Vorschriften dieses oder eines anderen Gesetzes, nach denen einen Hinzuziehung entweder von Amts wegen oder auf Antrag des zu Beteiligenden zu erfolgen hat. In den Büchern 2 bis 8 des FamFG finden sich vielfältig Normen, nach denen eine Hinzuziehung von Amts oder eines Antrags wegen zu erfolgen hat. Diese sind allerdings nicht abschließend, sie werden von den Generalklauseln des Abs. 1 und Abs. 2 Nr. 1 flankiert.[6] 29

Soweit die betreffende Vorschrift eine Hinzuziehung nach Abs. 2 Nr. 2 nach sich zieht, liegt auf jeden Fall eine unmittelbare Rechtsbetroffenheit der in Rede stehenden Person vor. Die einzelnen, zum Antrag nach Abs. 2 Nr. 2 berechtigenden Vorschriften stellen leges speciales zur Generalklausel des Abs. 2 Nr. 1 dar und indizieren somit eine unmittelbare Rechtsbetroffenheit.[7] 30

Im Einzelnen ist bei den unter Abs. 2 Nr. 2 fallenden Vorschriften zu unterscheiden zwischen den Normen, die eine zwangsweise Hinzuziehung von Amts wegen vorse- 31

1 BGH v. 18.1.1989 – IVb ZB 208/87, FamRZ 1989, 369.
2 BT-Drucks. 16/6308, S. 178.
3 *Brehm*, FPR 2006, 401 (403).
4 BT-Drucks. 16/6308, S. 178.
5 *Jacoby*, FamRZ 2007, 1703 (1704).
6 BT-Drucks. 16/6308, S. 179.
7 BT-Drucks. 16/6308, S. 179.

hen, und denen, nach denen das Gericht erst auf Antrag zur Hinzuziehung gezwungen ist.

a) Hinzuziehung von Amts wegen (Abs. 2 Nr. 2, 1. Alt.)

32 Diese Vorschriften sind so formuliert, dass eine Hinzuziehung zwingend erforderlich ist.

33 Als Beispiele für solche Vorschriften, die eine zwingende Hinzuziehung kraft Amtes vorsehen, sind § 315 Abs. 1 Nr. 1 für den Unterzubringenden im Unterbringungsverfahren, § 345 Abs. 3 Satz 1 für den Testamentvollstrecker im Verfahren zur Erteilung eines Testamentsvollstreckerzeugnisses oder § 172 für Vater und Mutter bei Abstammungssachen zu nennen.

b) Zwingende Hinzuziehung auf Antrag (Abs. 2 Nr. 2, 2. Alt.)

34 Auch diese Vorschriften indizieren eine Rechtsbetroffenheit der erfassten Personengruppen, sind allerdings als Antragsrechte formuliert.

35 Denn nach der Konzeption des Gesetzgebers kann von den betroffenen Personengruppen erwartet werden, dass sie, nachdem sie von der Einleitung des Verfahrens benachrichtigt worden sind (vgl. Abs. 4), ihren Anspruch auf Verfahrensbeteiligung kundtun.[1]

36 Als mögliche Gesetze, die entsprechende Antragsrechte vorsehen, kommen sowohl das FamFG selbst als auch solche Gesetze in Frage, die das Verfahren der freiwilligen Gerichtsbarkeit für anwendbar erklären, wie zB die GBO in § 92 GBO.[2]

37 Die Behörden bilden den wichtigsten Fall einer Hinzuziehung wegen eines Antrags. Machen sie von ihrem oben dargestellten Wahlrecht (Rz. 23) Gebrauch, so zB die in Betreuungssachen zuständige Behörde nach § 274 Abs. 3, sind sie als Beteiligte am Verfahren hinzuzuziehen.

38 Allerdings ergibt sich aus dem Wortlaut und der Anordnung von Generalklausel (Abs. 2 Nr. 1) und spezialgesetzlichen Tatbeständen, die eine Antragsberechtigung nach Abs. 2 Nr. 2, 2. Alt. nach sich ziehen, nicht direkt der vom Gesetzgeber gewollte Vorrang der speziellen Tatbestände, nach denen ein Antrag in diesen Fällen für eine Beteiligung erforderlich ist.[3] Deutlich wird dies am Beispiel des Erbprätendenten. Dieser, der zweifellos im Rahmen eines Erbscheinsverfahrens in seinen Rechten betroffen ist, wird nicht automatisch nach Abs. 2 Nr. 1 beteiligt, sondern der Richter wird erst durch seinen Antrag nach § 345 Abs. 1 zur Hinzuziehung als Beteiligter verpflichtet.[4]

F. Die „Kann"-Beteiligten (Absatz 3)

I. Grundlagen

39 Abs. 3 regelt die Beteiligung derer, die nicht zwangsweise am Verfahren beteiligt werden müssen. Folgerichtig handelt es sich um eine auch vom Gesetzgeber so formulierte Optionsbeteiligung.[5]

1 BT-Drucks. 16/6308, S. 179.
2 BT-Drucks. 16/6308, S. 179.
3 Kritisch zu Recht *Jacoby*, FamRZ 2007, 1703 (1705).
4 BT-Drucks. 16/6308, S. 178.
5 BT-Drucks. 16/6308, S. 179.

Allerdings liegt die Option entgegen dem insoweit widersprüchlichen Wortlaut der Norm nicht ausschließlich beim Gericht. Denn die Vorschrift umfasst nicht nur diejenigen, die das Gericht nach eigenem Ermessen aus verfahrensökonomischen Gesichtspunkten als Beteiligte zum Verfahren hinzuziehen kann, und jene, die auf Grund eines Antragsrechts hinzugezogen werden können (insofern hat tatsächlich das Gericht die „Option"). Vielmehr gehören zu der Gruppe der „Kann-Beteiligten" auch diejenigen, die auf ihren Antrag hin vom Gericht als Beteiligte hinzugezogen werden müssen. Für diesen Personenkreis liegt die Option, ob sie am Verfahren beteiligt werden wollen, bei den Antragsberechtigten selbst. Das Gericht hat nach einem erfolgten Antrag keinen Ermessensspielraum (s. auch Rz. 22).[1] 40

Die Vorschrift regelt die zweite Gruppe der Beteiligten kraft Hinzuziehung. Die Optionsbeteiligten werden im Gegensatz zu den „Muss-Beteiligten" durch keine Generalklausel definiert. Vielmehr sind die verschiedenen Tatbestände, nach denen jemand als „Kann-Beteiligter" hinzugezogen werden kann, in den Büchern 2 bis 8 dieses Gesetzes oder in anderen Gesetzen abschließend geregelt.[2] 41

II. Erfasste Personengruppen

1. Beteiligung von Amts wegen (Abs. 3, 1. Alt.)

a) Antragsberechtigte nach Abs. 2 Nr. 2

Von Amts wegen kann das Gericht zum einen solche Personen am Verfahren beteiligen, denen ursprünglich ein Antragsrecht auf Beteiligung iSd. Abs. 2 Nr. 2 zustand, von dem sie aber nicht Gebrauch gemacht haben. 42

Maßgeblich für die Hinzuziehung sind verfahrensökonomische Gesichtspunkte. Eine Hinzuziehung muss nicht zwangsläufig sinnvoll sein. Es besteht häufig lediglich die Möglichkeit, nicht jedoch die Gewissheit einer für den Hinzuzuziehenden nachteiligen Entscheidung.[3] Demnach hat das Gericht nach pflichtgemäßem Ermessen zu entscheiden, ob es eine Beteiligung für sinnvoll erachtet.[4] 43

b) Sonstige Antragsberechtigte

Das FamFG sieht in seinen Büchern 2 bis 8 zudem eine Reihe von Personengruppen vor, die, ohne nach Abs. 2 Nr. 2 antragsberechtigt zu sein, vom Gericht von Amts wegen als Beteiligte hinzugezogen werden können. Dies umfasst Personen, die lediglich ein ideelles oder soziales Interesse am Ausgang des Verfahrens haben und deshalb nicht der Gruppe der „Muss-Beteiligten" angehören.[5] 44

Als Beispiele dieser Fallgruppe sind etwa die näheren Angehörigen im Betreuungs- und im Unterbringungsverfahren zu nennen (§ 274 Abs. 4 Nr. 1, § 315 Abs. 4 Nr. 1). 45

Insoweit es um die Wahrnehmung solch ideeller oder sozialer Interessen geht, ist die Aufzählung der Tatbestände, die eine Beteiligung ermöglichen, in den Büchern 2 bis 8 dieses Gesetzes abschließend.[6] 46

1 BT-Drucks. 16/6308, S. 179.
2 BT-Drucks. 16/6308, S. 179.
3 *Kollhosser*, ZZP 93 (1980), 265 (284).
4 BT-Drucks. 16/6308, S. 179.
5 BT-Drucks. 16/6308, S. 179.
6 BT-Drucks. 16/6308, S. 179.

47 Da die nach diesen Vorschriften hinzuzuziehenden Personen durch das Verfahren nicht in ihren Rechten betroffen werden, hat das Gericht zu prüfen, ob eine Beteiligung im wohlverstandenen Interesse der vom Verfahren betroffenen Beteiligten ist. Dabei ist auch zu berücksichtigen, inwieweit der Hinzuzuziehende nicht beteiligt werden will. In diesem Fall muss er zunächst gehört werden. Falls er seine ablehnende Haltung gut begründet darlegen kann, ist seine Hinzuziehung zu unterlassen. Ausnahmen von diesem Grundsatz können allerdings gemacht werden, wenn schwerwiegende Gründe eine Hinzuziehung dennoch für notwenig erscheinen lassen.[1]

2. Beteiligung wegen eines Antrags (Abs. 3, 2. Alt.)

48 Die zweite Gruppe der Optionsbeteiligten sind diejenigen, die auf Grund ihres eigenen Antrags am Verfahren beteiligt werden können.

a) Beteiligung zwingend (Option beim Antragssteller)

49 Die systematisch schwer zur Gruppe der Optionsbeteiligten passende Personengruppe erfasst all jene, denen ein Antragsrecht auf Beteiligung iSd. Abs. 2 Nr. 2 zusteht und bei denen es noch offen ist, ob sie davon Gebrauch machen.

50 Im Sinne der Systematik hätte der Wortlaut der beiden Alternativen des Abs. 3 umgestellt werden müssen (besser: „Das Gericht kann auf Antrag oder von Amts wegen weitere Personen [...]"). Denn zunächst liegt die Option, ob die nach Abs. 2 Nr. 2 Antragsberechtigten am Verfahren beteiligt werden wollen, bei ihnen selbst. Erst im Falle eines Verzichts der Antragsberechtigten kann das Gericht sie gem. Abs. 3, 1. Alt. dennoch hinzuziehen (vgl. Rz. 29 ff.).

51 In den Fällen, in denen der Hinzuzuziehende von seinem Antragsrecht Gebrauch macht, steht dem Gericht kein Ermessen zu, es muss den Antragenden am Verfahren beteiligen. Da der Antragende als Berechtigter nach Abs. 2 Nr. 2 regelmäßig in seinen eigenen Rechten unmittelbar betroffen ist (vgl. Rz. 30), wird es immer sachgerecht sein, ihn am Verfahren teilhaben zu lassen, wenn er sein Interesse daran zum Ausdruck bringt. Das Gericht muss also lediglich prüfen, ob er zur betreffenden Gruppe der Optionsbeteiligten zählt.[2] Im Einzelnen gehören hierher gemäß § 345 Abs. 1 Satz 2 die Erben und die sonstigen dort genannten Personen im Bereich der Nachlasssachen.

52 Abschließend ist zu betonen, dass sich das originäre Recht auf Stellung eines Antrags auf Hinzuziehung bei dieser Personengruppe nicht aus Abs. 3, sondern aus Abs. 2 Nr. 2 ergibt. Aus der in dieser Hinsicht widersprüchlichen Gesetzesbegründung ergibt sich, dass der Gesetzgeber diese Personengruppe nur insoweit in Abs. 3 miteinbezogen haben wollte, als es sich bei ihnen – wie dargestellt – auch um Optionsbeteiligte handelt.[3]

b) Beteiligung nach Ermessen (Option beim Gericht)

53 Aus Abs. 5 Satz 1 ergibt sich, dass demjenigen, der nur ein ideelles oder soziales Interesse am Verfahren hat (Rz. 44), auch ein Antragsrecht zusteht.

54 Im Gegensatz zu den Antragsberechtigten nach Abs. 2 Nr. 2 hat der Antragende in diesem Fall aber keinen Anspruch auf positive Bescheidung seines Antrags. Vielmehr

1 BT-Drucks. 16/6308, S. 179.
2 BT-Drucks. 16/6308, S. 179.
3 BT-Drucks. 16/6308, S. 179.

hat das Gericht auch hier – wie bei einer Hinzuziehung einer zu diesem Kreis gehörenden Person von Amts wegen – zu prüfen, ob eine Beteiligung sachgerecht und verfahrensfördernd ist.[1]

G. Die Mitteilungspflicht des Gerichts (Absatz 4)

I. Grundsatz

Gem. Abs. 4 Satz 1 hat das Gericht allen Personen, denen ein Antragsrecht nach Abs. 2 oder Abs. 3 zusteht, die Eröffnung des Verfahrens mitzuteilen. Sie sind nach Satz 2 von ihrem **Antragsrecht** in Kenntnis zu setzen. 55

Die Vorschrift dient der Gewährung rechtlichen Gehörs für diejenigen, die nicht zwangsweise als Beteiligte zum Verfahren hinzugezogen werden. Denjenigen, denen ein Antragsrecht nach Abs. 2 zusteht (Rz. 29 ff., 34 ff.), soll die Möglichkeit gegeben werden, selbst zu entscheiden, ob sie am Verfahren als Beteiligte teilnehmen wollen. Den weiteren Antragsberechtigten, denen nur aus sozialem oder ideellen Interesse ein Antragsrecht zusteht (Rz. 44), soll ihre Möglichkeit, einen Antrag auf Hinzuziehung zu stellen, bekannt gemacht werden.[2] 56

Im RegE dieses Gesetzes war zunächst nur eine Pflicht zur Benachrichtigung der Antragsberechtigten nach Abs. 3 vorgesehen. Diese wurde letztlich nach weitreichender Kritik aus der Literatur und den Sachverständigengutachten auch auf die Antragsberechtigten nach Abs. 2 Nr. 2 ausgedehnt. 57

II. Ausgenommene Personen

Die Benachrichtigungspflicht erstreckt sich nur auf die dem Gericht bekannten Personen. Das Gericht ist demnach nicht verpflichtet, Namen und Anschriften ihm unbekannter Rechtsinhaber herauszufinden.[3] Auch für den Fall, dass eine Person unter der im Antrag angegebenen Adresse nicht erreichbar ist, trifft das Gericht keine weitere Ermittlungspflicht.[4] 58

Allerdings kann das Gericht zur Ermittlung jener Personen den Antragssteller zu Hilfe ziehen und ihn mit der Ermittlung der Adresse beauftragen. Dies ist von seiner Mitwirkungspflicht als Beteiligter gedeckt.[5] 59

Durch diese Regelung soll verhindert werden, dass die bereits relativ umfassend ausgestaltete Benachrichtigungspflicht des Gerichts noch zusätzlich durch lange Ermittlungen zu einer übermäßigen Belastung des Gerichts und zu einer unnötigen Verzögerung des Verfahrens führt. 60

In der Literatur wurde kritisiert, Abs. 4 Satz 2 sei überflüssig.[6] In der Tat erscheint es fraglich, ob eine explizite Formulierung des Grundsatzes, dass Unmögliches nicht 61

1 BT-Drucks. 16/6308, S. 179.
2 BT-Drucks. 16/6308, S. 179.
3 BT-Drucks. 16/6308, S. 179.
4 BT-Drucks. 16/6308, S. 179.
5 BT-Drucks. 16/6308, S. 179.
6 *Jacoby*, FamRZ 2007, 1703 (1706).

Gegenstand einer Pflicht sein kann, vonnöten ist. Jedoch ist eine Klarstellung in Hinblick auf die ohnehin weit gefasste Benachrichtigungspflicht begrüßenswert.

H. Entscheidung des Gerichts (Absatz 5)

I. Entscheidung durch Beschluss (Satz 1)

62 Wenn das Gericht einem Antrag auf Hinzuziehung nicht entspricht, entscheidet es gem. Abs. 5 durch Beschluss. Dagegen ist eine positive Hinzuziehungsentscheidung nicht zwingend durch förmlichen Beschluss zu treffen. Es kommt insoweit auch eine Ladung zum Termin oder eine Übermittlung von Schriftstücken als konkludente Entscheidung über die Hinzuziehung in Betracht.

63 Von dieser Regelung sind sowohl die nach Abs. 3 als auch die nach Abs. 2 Nr. 2 Antragsberechtigten erfasst. Dies war im RegE zunächst noch anders vorgesehen, der diese Regelung als einen zweiten Satz des Abs. 3 ausgestaltet hatte.

64 Dies erscheint zunächst auch logisch, da von der Konzeption des Abs. 2 Nr. 2 her das Gericht gar nicht negativ über einen Antrag eines nach dieser Vorschrift Berechtigten beschließen dürfte. Jedoch ist zu bedenken, dass zunächst geprüft werden muss, ob der Antragsteller wirklich die Voraussetzungen der Vorschrift erfüllt, die eine Antragsberechtigung nach Abs. 2 Nr. 2 vorsieht. Fällt diese Prüfung negativ aus, entscheidet das Gericht auch hier durch Beschluss.

65 Aus der Begründung zu der noch im RegE vorgesehenen Fassung lässt sich entnehmen, dass das Gericht im Falle eines positiven Bescheids nicht zwingend durch Beschluss entscheidet. Hier bedarf es keines formellen Hinzuziehungsaktes, es genügt eine konkludente Hinzuziehung (s. Rz. 62).

II. Rechtsmittel (Satz 2)

66 Für den Fall einer negativen, durch Beschluss verkündeten Entscheidung auf den Antrag auf Hinzuziehung hat der Antragsteller die Möglichkeit der sofortigen Beschwerde nach den §§ 567 bis 572 ZPO.

67 Durch diese Vorschrift soll zum einen demjenigen ein Beschwerderecht eingeräumt werden, der trotz eines Antrags nach Abs. 2 Nr. 2 nicht hinzugezogen wurde.[1]

68 Zudem soll sie optimalen Rechtsschutz für diejenigen bieten, die sich aus sozialen, familiären und ideellen Gründen an einem Betreuungs- oder Unterbringungsverfahren oder als Pflegeeltern an einem Kindschaftsverfahren beteiligen möchten, und denen demnach nur ein Antragsrecht nach Abs. 3 zusteht.[2]

69 Nach § 569 Abs. 1 Satz 1 ZPO ist die sofortige Beschwerde beim Ausgangs- oder Beschwerdegericht binnen einer Notfrist von zwei Wochen einzulegen.

1 BT-Drucks. 16/9733, S. 352.
2 BT-Drucks. 16/6308, S. 179.

J. Anhörung ohne Beteiligung (Absatz 6)

I. Allgemeines

Abs. 6 bestimmt, dass diejenigen Personen, die im Verfahren lediglich anzuhören sind oder eine Auskunft zu erteilen haben, nicht automatisch Beteiligte werden. Die Vorschrift dient der reinen Klarstellung. Beteiligter kann nur der sein, der die Voraussetzungen der Abs. 1 bis 3 erfüllt.[1] 70

II. Betroffener Personenkreis

Wer zu diesen Personen gehören kann, ist abschließend in den Büchern 2 bis 8 dieses Gesetzes geregelt.[2] Dort sehen einzelne Vorschriften explizit eine Anhörungs- oder Auskunftserteilungspflicht, insbesondere für die – nur auf Antrag zu beteiligenden (vgl. Rz. 37) – Behörden vor. 71

Als Beispiele mögen die Mitwirkungspflicht des Jugendamts in Verfahren in Kindschaftssachen nach § 160 Abs. 1 oder in Adoptionsverfahren nach § 194 Abs. 1, ferner die zwingende Anhörung der bisherigen Kinder eines Adoptivelternteils bei einem Verfahren auf Annahme als Kind nach § 193 dienen. 72

§ 8
Beteiligtenfähigkeit

Beteiligtenfähig sind

1. natürliche und juristische Personen,

2. Vereinigungen, Personengruppen und Einrichtungen, soweit ihnen ein Recht zustehen kann,

3. Behörden.

1 BT-Drucks. 16/6308, S. 180.
2 BT-Drucks. 16/6308, S. 180.

A. Grundlagen

I. Bedeutung der Norm

1 Die Norm knüpft unmittelbar an § 7 an und ist in dessen Kontext zu verstehen. Anhand der systematischen Überlegungen (s. § 7 Rz. 12) gewinnt die Norm ihre Bedeutung, wenn eine Beteiligung iSv. § 7 vorliegt und nunmehr zu prüfen ist, ob die Person, Vereinigung, Gruppe oder Einrichtung beteiligtenfähig ist.

II. Systematik

2 Die Beteiligtenfähigkeit ist parallel zur Parteifähigkeit der ZPO (vgl. § 50 ZPO) und zur Partei- und Beteiligtenfähigkeit der VwGO (vgl. § 61 VwGO) zu sehen. Beteiligtenfähig ist, wer als Subjekt in einem Verfahren der freiwilligen Gerichtsbarkeit auftreten kann. Es handelt sich also um eine Prozesshandlungs- und Sachentscheidungsvoraussetzung.

III. Normzweck

3 Wie in § 7 bereits dargelegt (s. § 7 Rz. 5), schafft die Norm Rechtssicherheit und dient der Verfahrensökonomie. Subjekte, die als Beteiligte auftreten, aber nicht beteiligtenfähig sind, können und dürfen das Gericht nicht zu einer Sachentscheidung veranlassen. Der Gesetzgeber hat in der freiwilligen Gerichtsbarkeit insofern also eine Regelungslücke geschlossen.

IV. Entstehung der Norm

4 Im früheren Recht war nicht nur der Beteiligtenbegriff, sondern auch die Beteiligtenfähigkeit nicht geregelt. Dennoch war es allgemein anerkannt, dass die Beteiligtenfähigkeit eine von Amts wegen zu prüfende Verfahrensvoraussetzung (Sachentscheidungsvoraussetzung) darstellte.[1] Insofern hat der Gesetzgeber mit § 8 die schon bisher bestehende Rechtslage gesetzlich festgeschrieben. Im Ausgangspunkt richtet sich die Beteiligtenfähigkeit im Wesentlichen nach der Rechtsfähigkeit im bürgerlichen Recht.[2] Von Aufbau und Gliederung ist § 8 stark dem fast exakt gleich gestalteten § 61 VwGO nachempfunden, den der Gesetzgeber sich ausdrücklich als Modell ausgesucht hat.[3]

B. Anwendungsbereich

5 Die Norm steht im ersten Abschnitt des ersten Buches des FamFG und ist damit grundsätzlich auf alle im FamFG geregelten Verfahren der freiwilligen Gerichtsbarkeit anwendbar.

6 Gem. § 113 Abs. 1 ist die Norm in Ehe- und Familienstreitsachen nicht anzuwenden. Vielmehr gelten für diese Verfahren die Regeln der ZPO unmittelbar. Das bedeutet im

1 Keidel/*Schmidt*, § 12 FGG Rz. 43.
2 Keidel/*Zimmermann*, § 13 FGG Rz. 51.
3 BT-Drucks. 16/6308, S. 180.

konkreten Fall, dass in diesen Verfahren § 50 ZPO direkt heranzuziehen ist. Zu beachten ist dabei allerdings § 113 Abs. 5 Nr. 5 FamFG, wonach auch in den Ehesachen und den Familienstreitsachen die Parteien stets als Beteiligte zu bezeichnen sind.

C. Voraussetzungen

I. Generelle Erwägungen

Die Voraussetzungen der Beteiligtenfähigkeit sind alternativ in den Nr. 1 bis 3 des § 8 aufgezählt. Kommt es zum Streit um die Beteiligungsfähigkeit, ist der Betroffene bis zur Klärung wie ein Beteiligter zu behandeln.[1] Nur dadurch kann ihm ein effektiver Rechtsschutz gewährt werden. 7

II. Beteiligtenfähigkeit nach Nr. 1

Gem. Nr. 1 sind alle natürlichen und juristischen Personen sowohl des privaten als auch des öffentlichen Rechts beteiligtenfähig. 8

1. Natürliche Personen

Natürliche Person ist der Mensch iSv. § 1 BGB. Er ist dies von der Vollendung der Geburt bis zum Tod (Gehirntod). Zu den natürlichen Personen zählt auch der **Nasciturus** (also ein bereits gezeugtes, aber noch nicht geborenes Kind), allerdings nur in dem Rahmen, in dem er nach Anwendung der Grundsätze des bürgerlichen Rechts als rechtsfähig behandelt werden kann oder ihm nach öffentlichem Recht Rechte zustehen können.[2] Als Beispiel ist die Erbfähigkeit des Ungeborenen, aber bereits Gezeugten nach § 1923 Abs. 2 BGB zu nennen. 9

2. Juristische Personen

Juristische Personen iSv. Nr. 1 sind alle juristischen Personen des privaten und des öffentlichen Rechts. Im Privatrecht sind dies der eingetragene Verein (§§ 21, 55 BGB), der Wirtschaftsverein mit der Verleihung der Rechtsfähigkeit (§ 22 BGB), die selbständige Stiftung (§ 80 BGB), die Aktiengesellschaft, die KGaA, die GmbH, die Unternehmergesellschaft, die eingetragene Genossenschaft und der Versicherungsverein auf Gegenseitigkeit. Im öffentlichen Recht sind juristische Personen die Gebietskörperschaften, die sonstigen Körperschaften, die Anstalten und die rechtsfähigen Sondervermögen des öffentlichen Rechts sowie Stiftungen. 10

Juristische Personen in Gründung (Vorgesellschaft, Vorverein) wird man je nach dogmatischer Auffassung entweder den juristischen Personen gleichstellen können oder nach § 8 Nr. 2 als eine Vereinigung ansehen können, der bereits Rechte zustehen können. Juristische Personen in Liquidation behalten ihre Rechts- und Beteiligtenfähigkeit. Erst die Löschung einer Gesellschaft im jeweiligen Register führt zum Verlust der Rechts- und Beteiligtenfähigkeit. 11

1 BGH v. 13.7.1993 – III ZB 17/93, NJW 1993, 2943 (2944) mwN.
2 BVerwG v. 5.2.1992 – 7 B 13/92, NJW 1992, 1524.

3. Weitere rechtsfähige Beteiligte

12 Vom Gesetzgeber offen gelassen wurde die Frage, ob die nach allgemeiner Ansicht in § 61 VwGO den juristischen Personen gleichgestellten und heute als rechtsfähig anerkannten Vereinigungen – zB die Personenhandelsgesellschaften, die politischen Parteien oder die Börse[1] – nach § 8 Nr. 1 oder Nr. 2 dieses Gesetzes beteiligtenfähig sind. Es besteht kein Zweifel daran, dass diese Vereinigungen beteiligtenfähig sind. Es ergibt sich lediglich aus der Gesetzesbegründung keine eindeutige Zuordnung. Zwar verweist der Gesetzgeber ausdrücklich auf den Bezug zu § 61 VwGO,[2] was für eine Beteiligtenfähigkeit nach Nr. 1 sprechen würde, jedoch werden die Gewerkschaften, die nach der ZPO und der VwGO den juristischen Personen gleichgestellt waren,[3] ausdrücklich als alternativ neben den juristischen Personen beteiligtenfähige Vereinigungen genannt.[4] Dies lässt eher darauf schließen, dass der Gesetzgeber diese Vereinigungen als beteiligtenfähig nach Nr. 2 (Rz. 13 ff.) einordnen wollte.

III. Beteiligtenfähigkeit nach Nr. 2

13 Gem. Nr. 2 sind Vereinigungen, Personengruppen und Einrichtungen beteiligtenfähig, soweit ihnen ein Recht zustehen kann. In Vergleich zur Modellvorschrift § 61 Nr. 2 VwGO ist § 8 Nr. 2 weiter gefasst. Die Erweiterung der Norm um die Personengruppen und Einrichtungen ist ein Indiz dafür, dass der Gesetzgeber Nr. 2 als Auffangvorschrift für alle jene rechts- oder teilrechtsfähigen Subjekte des Rechtsverkehrs vorgesehen hat, die nicht explizit natürliche oder juristische Personen sind.

1. Vereinigungen

14 Als Vereinigungen beteiligtenfähig sind zunächst alle diejenigen Gruppierungen, denen nach materiellem Recht vom Gesetz oder von der Rechtsprechung Rechtsfähigkeit zuerkannt wird, ohne dass sie zu den juristischen Personen gehören würden. Im Einzelnen sind dies die Gesellschaft bürgerlichen Rechts (§ 705 BGB),[5] die Personenhandelsgesellschaften (OHG und KG) gem. §§ 124, 161 Abs. 2 HGB, ferner die Reederei (§ 493 Abs. 3 HGB) und die Partnerschaftsgesellschaft (§ 7 Abs. 2 PartGG). Rechtsfähig ist auch die Wohnungseigentümergemeinschaft (§ 10 Abs. 6 WEG).

15 Problematisch war früher die Einordnung des **nichtrechtsfähigen Vereins**, der bisher im Hinblick auf § 50 Abs. 2 ZPO allenfalls als passiv beteiligtenfähig bezeichnet wurde. Diese Einordnung ist überholt. Der BGH hat im Hinblick auf seine Rechtsprechung zur Gesellschaft bürgerlichen Rechts und wegen der gesetzlichen Verweisung des § 54 BGB auch den nichtrechtsfähigen Verein für rechts- und parteifähig erklärt.[6] Das muss nunmehr auch für die Beteiligtenfähigkeit gem. § 8 FamFG gelten. Mit der generellen Beteiligtenfähigkeit des nichtrechtsfähigen Vereins ist auch abschließend geklärt, dass alle Gewerkschaften beteiligtenfähig sind.

16 **Politische Parteien** sind wegen § 3 PartG ebenfalls beteiligtenfähig.

1 Kopp/*Schenke*, § 61 VwGO Rz. 6 mwN.
2 BT-Drucks. 16/6308, S. 180.
3 Kopp/*Schenke*, § 61 VwGO Rz. 6.
4 BT-Drucks. 16/6308, S. 180.
5 BGH v. 29.1.2001 – II ZR 331/00, NJW 2001, 1056 = BGHZ 146, 341.
6 BGH v. 2.7.2007 – II ZR 111/05, NZG 2007, 826 = NZM 2007, 887.

2. Personengruppen und Einrichtungen

17 Soweit Personengruppen und Einrichtungen nicht unter die bisherige Aufzählung der Beteiligtenfähigkeit fallen, weil sie etwa als nichtrechtsfähige Unterorganisation ausgestaltet sind, können sie im Rahmen der freiwilligen Gerichtsbarkeit dennoch beteiligtenfähig sein, soweit ihnen ein Recht zustehen kann. Hierher gehören nichtrechtsfähige Orts- oder Kreisverbände als Unterorganisationen politischer Parteien, nichtsrechtsfähige Unterorganisationen von Gewerkschaften, Organe von Hochschulen oder Erbengemeinschaften.

18 **Nicht beteiligtenfähig** ist eine Gesellschaft bürgerlichen Rechts, die lediglich als Innengesellschaft im Rechtsverkehr nicht auftritt. Ebenfalls nicht beteiligtenfähig ist die Firma eines Kaufmanns, die lediglich als Bezeichnung an die Stelle der natürlichen Person treten kann (§ 17 Abs. 2 HGB). Nicht beteiligtenfähig ist schließlich die unselbständige Zweigniederlassung einer rechtsfähigen Person.

IV. Behörden (Nr. 3)

19 Nach bisherigem Recht konnten Behörden nur dann am Verfahren teilnehmen, wenn ihnen diese Fähigkeit explizit zugesprochen wurde.[1] Diesem logischen Rückschluss folgt auch die neue Konzeption: Da den Behörden vielfach ein Antragsrecht auf Beteiligung nach § 7 Abs. 2 Nr. 2 zusteht, müssen sie auch beteiligtenfähig sein. Diese Fähigkeit zur Beteiligung hängt nun jedoch nicht mehr vom Bestehen eines Antragsrechts ab, sondern besteht generell.[2]

20 Als Behörde iSv. Nr. 3 gelten alle Verwaltungsstellen, die durch organisationsrechtliche Rechtssätze gebildet, vom Wechsel der Amtsinhaber unabhängig und nach der einschlägigen Zuständigkeitsregelung dazu berufen sind, für den Staat oder einen sonstigen Verwaltungsträger hoheitlich in Form von Verwaltungsakten zu entscheiden.[3]

21 Sie handeln in Verfahrensstandschaft für die Körperschaft, der sie angehören; ihre Rechtshandlungen wirken für und gegen den Rechtsträger, für den sie am Prozess beteiligt sind.[4]

D. Rechtsfolgen

22 Folge der Beteiligtenfähigkeit ist, dass die betroffenen Vereinigungen, Personengruppen oder Einrichtungen unter ihrem Namen im Verfahren auftreten und ihre Mitglieder – da nicht Beteiligte – als Zeugen auftreten können.[5]

23 Die Beteiligtenfähigkeit ist eine **Sachentscheidungsvoraussetzung**. Sie ist in jeder Verfahrenslage von Amts wegen zu prüfen. Ihr Mangel führt im Amtsverfahren zur Einstellung des Verfahrens, im Antragsverfahren zur Zurückweisung des Antrags als unzulässig. Im Streit um die Beteiligtenfähigkeit gilt jeder Beteiligte als beteiligtenfähig. Daher wäre das Rechtsmittel eines nicht Beteiligtenfähigen nicht etwa als unzulässig

1 Keidel/*Zimmermann*, § 13 FGG Rz. 51.
2 BT-Drucks. 16/6308, S. 180.
3 Kopp/*Schenke*, § 61 VwGO Rz. 13.
4 Kopp/*Schenke*, § 61 VwGO Rz. 13 mwN.
5 Kopp/*Schenke*, § 61 VwGO Rz. 8.

zu verwerfen, sondern als zulässig zu behandeln und die Vorentscheidung als unzulässig aufzuheben.

24 Die Beteiligtenfähigkeit ist ferner eine **Prozesshandlungsvoraussetzung**. Die einzelne Prozesshandlung eines Nichtbeteiligtenfähigen ist also unzulässig.

25 Vom Mangel der Beteiligtenfähigkeit zu unterscheiden ist die **Nichtexistenz** eines Beteiligten. Würde sie im Verfahren übersehen, wäre eine dennoch ergehende Sachentscheidung wirkungslos.[1]

§ 9
Verfahrensfähigkeit

(1) Verfahrensfähig sind

1. die nach bürgerlichem Recht Geschäftsfähigen,

2. die nach bürgerlichem Recht beschränkt Geschäftsfähigen, soweit sie für den Gegenstand des Verfahrens nach bürgerlichem Recht als geschäftsfähig anerkannt sind,

3. die nach bürgerlichem Recht beschränkt Geschäftsfähigen, soweit sie das 14. Lebensjahr vollendet haben und sie in einem Verfahren, das ihre Person betrifft, ein ihnen nach bürgerlichem Recht zustehendes Recht geltend machen,

4. diejenigen, die auf Grund dieses oder eines anderen Gesetzes dazu bestimmt werden.

(2) Soweit ein Geschäftsunfähiger oder in der Geschäftsfähigkeit Beschränkter nicht verfahrensfähig ist, handeln für ihn die nach bürgerlichem Recht dazu befugten Personen.

(3) Für Vereinigungen sowie für Behörden handeln ihre gesetzlichen Vertreter und Vorstände.

(4) Das Verschulden eines gesetzlichen Vertreters steht dem Verschulden eines Beteiligten gleich.

(5) Die §§ 53 bis 58 der Zivilprozessordnung gelten entsprechend.

1 Jansen/*v. König*, § 13 FGG Rz. 12.

A. Grundlagen

I. Bedeutung der Norm

Die Norm baut auf § 8 auf. Sie muss im Kontext der §§ 7, 8 verstanden werden. 1
Entsprechend den in § 7 genannten Überlegungen (s. § 7 Rz. 12) stellt sich nunmehr die Frage, ob ein am konkreten Verfahren tatsächlich Beteiligter, der auch beteiligtenfähig ist, selbst wirksam Prozesshandlungen im Verfahren vornehmen kann.

II. Systematik

Die Prüfung der Verfahrensfähigkeit setzt zwingend die vorherige Prüfung der §§ 7, 8 2
FamFG voraus. Verfahrensfähig kann nur sein, wer auch beteiligtenfähig ist.[1] Die Verfahrensfähigkeit ist parallel zur Prozessfähigkeit der ZPO (vgl. §§ 51, 52 ZPO) und zur Prozessfähigkeit der VwGO (vgl. § 62 VwGO) zu sehen. Verfahrensfähig ist, wer in einem Verfahren selbständig Prozesshandlungen vornehmen kann. Es handelt sich also wie bei der Beteiligtenfähigkeit auch hier um eine Prozesshandlungs- und Sachentscheidungsvoraussetzung.

III. Normzweck

Auch § 9 dient der Rechtssicherheit und der Verfahrensökonomie (s. dazu bereits § 7 3
Rz. 5). Die Norm grenzt darüber hinaus den Bereich ab, in dem ein Beteiligter in eigener Person die Fähigkeit hat, seinen Prozess zu führen. Anderenfalls muss das Verfahren von einem gesetzlichen Vertreter geführt werden. Dies zeigt, dass die Verfahrensfähigkeit als Voraussetzung zunächst dem Schutz des jeweils Beteiligten selbst dient. Darüber hinaus sollen auch ein eventuell vorhandener Verfahrensgegner und das geordnete Verfahren selbst geschützt werden.

IV. Entstehung der Norm

Auch die Verfahrensfähigkeit war bisher im FGG nicht geregelt und ist neu in das 4
FamFG aufgenommen. Wie bei der Beteiligtenfähigkeit waren allerdings die inhaltlichen Grundsätze in Rechtssprechung und Literatur seit langem anerkannt. Die umfangreiche Norm wurde im Gesetzgebungsverfahren mehrfach umgestaltet, erhielt

1 BT-Drucks. 16/6308, S. 180.

ihre Grundkonzeption aber schon im RefE. Für wesentliche Teile der Norm war § 62 VwGO das Vorbild.

B. Anwendungsbereich

5 Die Norm steht im ersten Abschnitt des ersten Buches des FamFG und ist damit grundsätzlich auf alle im FamFG geregelten Verfahren der freiwilligen Gerichtsbarkeit anwendbar. Sie ist abschließend und regelt alle Fälle der Verfahrensfähigkeit.

6 Gem. § 113 Abs. 1 ist die Norm in Ehe- und Familienstreitsachen nicht anzuwenden. Vielmehr gelten für diese Verfahren die Regeln der ZPO unmittelbar. Das bedeutet im konkreten Fall, dass in diesen Verfahren die §§ 51, 52 ZPO direkt heranzuziehen sind. Zu beachten ist dabei allerdings § 113 Abs. 5 Nr. 1 FamFG, wonach auch in den Ehesachen und den Familienstreitsachen der Begriff des Prozesses stets durch den Begriff des Verfahrens ersetzt wird.

7 Wie sich aus Abs. 5 ergibt, sind in Fragen der konkreten Abwicklung und des Verhaltens bei Verfahrensunfähigkeit die §§ 53 bis 58 ZPO entsprechend heranzuziehen. Diese Verweisung ist allerdings in Ehe- und Familienstreitsachen ohne Bedeutung, da dort die §§ 53 bis 58 unmittelbar gelten.

C. Voraussetzungen

I. Verfahrensfähige Personen (Absatz 1)

1. Geschäftsfähige Personen (Abs. 1 Nr. 1)

8 Nach Abs. 1 Nr. 1 sind diejenigen Personen verfahrensfähig, die nach bürgerlichem Recht voll (= unbeschränkt) geschäftsfähig sind. Die Geschäftsfähigkeit bestimmt sich nach den §§ 2 und 104 ff. BGB. Entscheidend sind also die Vollendung des 18. Lebensjahres und das Nichtvorliegen einer dauerhaften Störung der Geistestätigkeit, die die freie Willensbildung ausschließt. Für die betroffene Person darf kein Pfleger nach §§ 1911, 1913 BGB und auch kein Prozesspfleger nach § 57 ZPO bestellt sein (für diesen Fall gilt § 53 ZPO, dazu Rz. 37). Die Vorschrift entspricht § 62 Abs. 1 Nr. 1 VwGO.

2. Beschränkt Geschäftsfähige

a) Verfahrensfähigkeit nach Abs. 1 Nr. 2

9 Die nach bürgerlichem Recht beschränkt Geschäftsfähigen sind gem. Nr. 2 insoweit verfahrensfähig, als sie nach bürgerlichem Recht geschäftsfähig sind. Beschränkt geschäftsfähig ist nach § 106 BGB ein Minderjähriger, der das 7. Lebensjahr vollendet hat.

10 Insbesondere relevant ist diese Vorschrift für die Fälle, in denen ein Minderjähriger gem. § 112 BGB zum selbständigen Betrieb eines Erwerbsgeschäft oder gem. § 113 BGB zur Dienst- oder Arbeitsübernahme ermächtigt ist. Betrifft der Verfahrensgegenstand Geschäfte, zu denen der Minderjährige nach diesen Vorschriften ermächtigt ist, so ist er insoweit auch verfahrensfähig. Auch die ZPO erkennt insoweit eine partielle Prozessfähigkeit an.

Die Vorschrift ist § 62 Abs. 1 Nr. 2 VwGO nachgebildet. Der dort vorgesehene Hinweis auf eine Prozessfähigkeit qua öffentlichen Rechts entfällt hier, da er durch die Blankettvorschrift des Abs. 1 Nr. 4 aufgefangen wird (Rz. 16 f.).[1] 11

b) Verfahrensfähigkeit nach Abs. 1 Nr. 3

Nach Nr. 3 sind Minderjährige, die das 14. Lebensjahr vollendet haben, verfahrensfähig, sofern sie ein Recht geltend machen, das ihnen nach bürgerlichem Recht zusteht. Hier ist also das Bestehen der Verfahrensfähigkeit von einer Entscheidung des Minderjährigen abhängig. 12

Diese Vorschrift ist gänzlich neu und dient laut Gesetzesbegründung der Harmonisierung von materiellem Recht und Verfahrensrecht.[2] Dies erscheint zweifelhaft, weil im Normalfall die Verfahrensfähigkeit mit der unbeschränkten Geschäftsfähigkeit korreliert (vgl. §§ 51, 52 ZPO). Im Rahmen von Kindschaftssachen werden dem Minderjährigen, soweit er das 14. Lebensjahr vollendet hat, eine Reihe von Widerspruchs- und Mitwirkungsrechten im BGB eingeräumt. Diese muss er logischerweise auch selbst geltend machen können. Diesem Umstand trägt die Regelung des Nr. 3 Rechnung. Sie erlaubt eine eigenständige Geltendmachung ohne Mitwirkung der gesetzlichen Vertreter.[3] Das Kind kann im Laufe des Verfahrens seine Verfahrensfähigkeit wiederum aufheben. Auch die Beiordnung eines Verfahrensbeistands (vgl. §§ 158, 174, 191) setzt die Verfahrensfähigkeit voraus. 13

Im Einzelnen muss das Verfahren die Person des Minderjährigen als solchen betreffen. Es geht also wohl ausschließlich um Kindschaftssachen (§ 151 FamFG). Auszuscheiden haben Verfahren, die überwiegend das Vermögen des Minderjährigen betreffen. Dabei muss der Minderjährige ein ihm nach bürgerlichem Recht zustehendes Recht geltend machen. Beispiele sind das Widerspruchsrecht des Kindes bei alleiniger Übertragung der elterlichen Sorge nach § 1671 Abs. 2 Nr. 1 BGB oder die Einwilligung des Kindes zur Annahme als Kind nach § 1746 Abs. 1 BGB. Auch das Umgangsrecht des Kindes mit den Eltern nach § 1684 Abs. 1 BGB kommt in Betracht. Dagegen haben auszuscheiden die Regeln über Einschränkung oder Ausschluss des Umgangsrechts nach § 1684 Abs. 4 BGB sowie das Umgangsrecht nach § 1685 BGB. Ebenfalls kein dem Minderjährigen zustehendes Recht geben §§ 1631 Abs. 2, 1666 BGB. 14

Weiterhin muss das geltend gemachte Recht dem Minderjährigen tatsächlich zustehen. Die reine Rechtsbehauptung genügt also nicht. Der Minderjährige muss dieses ihm zustehende Recht auch geltend machen. Er muss es also positiv für sich in Anspruch nehmen. Hier wird man ein eigenes positives Handeln des Minderjährigen verlangen müssen, ein Handeln durch den gesetzlichen Vertreter oder ein Unterlassen reicht nicht aus. Schließlich gilt es zu beachten, dass die Verfahrensfähigkeit des Minderjährigen nur soweit besteht, wie die Voraussetzungen im Einzelnen gegeben sind. Es kann also innerhalb eines Verfahrens eine abgestufte Verfahrensfähigkeit geben.[4] 15

1 BT-Drucks. 16/9733, S. 353.
2 BT-Drucks. 16/9733, S. 352.
3 BT-Drucks. 16/9733, S. 352.
4 Zum Ganzen vgl. *Heiter*, FamRZ 2009, 85 (87).

3. Durch Gesetz bestimmte Verfahrensfähigkeit (Abs. 1 Nr. 4)

16 Die Vorschrift der Nr. 4 erklärt all jene für verfahrensfähig, die auf Grund einer Norm des FamFG oder eines anderen Gesetzes dazu bestimmt werden. Diese „Blankettvorschrift"[1] soll den Besonderheiten des betreuungs- und unterbringungsrechtlichen Verfahrens Rechnung tragen,[2] bei dem der Betroffene gem. §§ 275, 316 immer verfahrensfähig ist. Eine eigenständige Regelung der Verfahrensfähigkeit Minderjähriger enthält in Ehesachen § 125, da § 9 in Ehesachen nicht gilt (vgl. § 113 Abs. 1).

17 Ebenso soll auf andere Vorschriften außerhalb des FamFG Bezug genommen werden, die Handlungsfähigkeit in bestimmten Sachen vorsehen, wie beispielsweise § 36 Abs. 1 Satz 1 SGB I.[3] Durch diesen Bezug konnte der Gesetzgeber bei Nr. 2 einen Verweis auf eine eventuell bestehende Handlungsfähigkeit nach öffentlichem Recht beiseite lassen (Rz. 11).

II. Vertretung nicht verfahrensfähiger Personen (Absatz 2)

18 Für diejenigen Personen, die nicht nach Abs. 1 Nr. 1 bis 4 verfahrensfähig sind, verweist Abs. 2 bezüglich deren Vertretung auf das BGB. Diejenigen, die den nicht Verfahrensfähigen nach dem bürgerlichen Recht vertreten, sollen diese Funktion auch im Verfahren der freiwilligen Gerichtsbarkeit übernehmen.

19 Erfasst davon sind in allererster Linie die Eltern, die ihr Kind nach § 1629 BGB vertreten. Ebenso gilt die Regelung für den Ergänzungspfleger nach § 1909 BGB.

20 Dieser Regelung diente § 58 Abs. 2 FGO als Vorbild.[4]

III. Verfahrensfähigkeit von Vereinigungen und Behörden (Absatz 3)

1. Allgemeines

21 Exakt wie im verwaltungsgerichtlichen Verfahren (§ 62 Abs. 3 VwGO) bestimmt Abs. 3, dass für Vereinigungen und Behörden ihre gesetzlichen Vertreter und Vorstände im Verfahren handeln. Die in der ursprünglichen Fassung des Gesetzes noch vorgesehene Möglichkeit des Handelns durch „besonders Beauftragte" wurde auf Vorschlag des Rechtsausschusses des Bundestags durch Art. 8 Nr. 1 lit. a1) des sog. FGG-RG-Reparaturgesetzes[5] gestrichen. Die Rechtsfigur des „besonders Beauftragten" ist infolge des Gesetzes zur Neuregelung des Rechtsberatungsrechts v. 12.12.2007[6] mit Wirkung zum 1.7.2008 weggefallen.

22 Da die Vorschrift bewusst und gewollt dem § 62 Abs. 3 VwGO nachgebildet wurde,[7] sind auch dessen Maßstäbe anzusetzen.

1 BT-Drucks. 16/9733, S. 353.
2 BT-Drucks. 16/6308, S. 180.
3 BT-Drucks. 16/9733, S. 353.
4 BT-Drucks. 16/6308, S. 180.
5 BT-Drucks. 16/12717 (eVF); verkündet in BGBl. I 2009, S. 2449.
6 BGBl. I, S. 2840.
7 BT-Drucks. 16/6308, S. 180.

2. Erfasste Gruppen

Demnach ist der Begriff der Vereinigung weit zu verstehen – weiter als der des § 8 Nr. 2. Er umfasst juristische Personen des privaten und öffentlichen Rechts, sonstige rechtsfähige Vereinigungen und ebenso nicht rechtsfähige, aber beteiligtenfähige Vereine.[1] 23

Vom Begriff der Behörden sind alle Stellen erfasst, die nach § 8 als Behörde beteiligtenfähig sind (§ 8 Rz. 19 ff.). 24

3. Handlungsbefugte

Juristische Personen handeln durch ihre Organe. Wer dies ist, ergibt sich aus dem jeweiligen Gesetz. Für die AG ist dies der Vorstand (§ 78 Abs. 1 AktG), für die GmbH ist es der Geschäftsführer (§ 35 Abs. 1 GmbHG). 25

Behörden werden in aller Regel durch den Behördenvorstand vertreten.[2] 26

Zusätzlich erfasst sind auch besonders Beauftragte, die idR speziell und ausschließlich für einen einzelnen Rechtsstreit beauftragt sind. Insbesondere kommen diese bei Behörden vor. Die Beauftragung bedarf analog § 67 Abs. 3 Satz 1 VwGO der Schriftform.[3] 27

4. Sonstiges

Von Abs. 3 erfasst sind auch vertretungsbefugte Personen kraft Amtes, etwa der Verwalter einer Wohnungseigentümergesellschaft gem. § 27 WEG.[4] 28

D. Rechtsfolgen

I. Bedeutung der Verfahrensfähigkeit

Verfahrensfähigkeit ist die Fähigkeit des Beteiligten, selbst oder durch einen selbst gewählten Vertreter selbständig und wirksam Prozesshandlungen vornehmen zu können. Die Verfahrensfähigkeit ist daher während des gesamten Rechtsstreits und in jeder Verfahrenslage von Amts wegen zu prüfen (§ 56 Abs. 1 ZPO). Dies gilt auch für die Rechtsmittelinstanz. Die Verfahrensfähigkeit ist eine Prozesshandlungs- und Sachentscheidungsvoraussetzung. Die einzelne Handlung eines nicht Verfahrensfähigen ist deshalb unwirksam. Darüber hinaus ist im Falle eines Antrags dieser als unzulässig abzuweisen, im Falle eines Verfahrens von Amts wegen ist das Verfahren einzustellen. 29

Im Zulassungsstreit über das Vorliegen der Verfahrensfähigkeit ist allerdings auch ein verfahrensunfähiger Beteiligter zunächst als verfahrensfähig zu behandeln, jedoch nur so weit, wie der Streit um die Verfahrensfähigkeit reicht. Insbesondere kann ein verfahrensunfähiger Beteiligter mit dem Ziel, als verfahrensfähig behandelt zu werden, auch ein Rechtsmittel einlegen. Umgekehrt ist aber auch die Einlegung eines Rechts- 30

1 Kopp/*Schenke*, § 62 VwGO Rz. 14 mwN; ebenso der Gesetzgeber für das FamFG: BT-Drucks. 16/6308, S. 180.
2 Kopp/*Schenke*, § 62 VwGO Rz. 15.
3 Hess. VGH v. 21.12.1984 – 11 TH 2870/84, NVwZ 1986, 310.
4 Kopp/*Schenke*, § 62 VwGO Rz. 14a; ebenso der Gesetzgeber für das FamFG: BT-Drucks. 16/6308, S. 180.

mittels möglich und zulässig, um die eigene Verfahrensunfähigkeit geltend zu machen. In diesem Fall ist das Rechtsmittel nicht deshalb unzulässig, weil die vom Gericht als verfahrensfähig behandelte Partei eine andere Sachentscheidung oder eine Entscheidung über die Zulässigkeit anstrebt.

31 Bei Streit über die Verfahrensfähigkeit muss Beweis von Amts wegen erhoben werden. Im Zweifel ist bei Volljährigkeit die Verfahrensfähigkeit zu bejahen (gesetzlicher Normalfall). Für Minderjährige gilt umgekehrt, dass im Zweifel die Verfahrensfähigkeit zu verneinen ist. Der Erwerb der Verfahrensfähigkeit während eines Verfahrens erlaubt die Fortführung durch diesen Beteiligten ohne den bisherigen gesetzlichen Vertreter. Der Verlust der Verfahrensfähigkeit im Laufe eines Verfahrens kann zur Aussetzung des Verfahrens führen (§ 21).

II. Verschulden des gesetzlichen Vertreters (Absatz 4)

1. Allgemeines

32 Abs. 4 regelt die Wirkung des Verschuldens eines gesetzlichen Vertreters. Es steht dem Verschulden des Beteiligten gleich. Es handelt sich folglich um eine zwingende Zurechnung fremden Verschuldens. Der Grundsatz der Zurechnung soll insbesondere die Gegenseite eines gesetzlich vertretenen Beteiligten schützen, damit nicht zu dessen Lasten das Verfahrensrisiko verschoben wird.

33 Die Vorschrift löst § 22 Abs. 2 Satz 2 FGG ab, jedoch sind von der neuen Regelung nicht – wie bisher – ausschließlich ein verschuldetes Fristversäumnis bei der Einlegung einer sofortigen Beschwerde, sondern alle Handlungen des gesetzlichen Vertreters erfasst.[1] Als Vorbild für die Norm stand § 51 Abs. 2 ZPO Modell.[2] Für die Zurechnung des Verschuldens des gewillkürten Vertreters vgl. § 11 Rz. 35.

2. Begriff des Verschuldens

34 Der Begriff des Verschuldens ist im Verfahrensrecht nicht deckungsgleich mit dem des § 276 BGB, vielmehr liegt Verschulden erst dann vor, wenn die übliche, dem einzelnen zumutbare Prozesssorgfalt außer Acht gelassen wurde.[3] Dabei sind an einen Prozessunerfahrenen nicht allzu hohe Anforderungen zu stellen.[4] Das Verschulden kann sich auf die gesamte Verfahrensführung beziehen. Es betrifft alle Prozesshandlungen und alle Unterlassungen.

35 Allerdings ist im Rahmen der Frage der Verschuldensfähigkeit diese an den §§ 276 Abs. 1 Satz 2, 827, 828 BGB zu prüfen. Geschäftsunfähigkeit schließt regelmäßig die Verschuldensfähigkeit (und natürlich auch die Verfahrensfähigkeit, s. oben, Rz. 8) aus.[5]

1 BT-Drucks. 16/6308, S. 180.
2 BT-Drucks. 16/6308, S. 180.
3 BGH v. 18.10.1984 – III ZB 13/84, VersR 1985, 139; Keidel/*Sternal*, § 22 FGG Rz. 54; Zöller/*Vollkommer*, § 51 ZPO Rz. 20 mwN.
4 BGH v. 14.5.1981 – VI ZB 39/80, VersR 1981, 834.
5 BGH v. 22.10.1986 – VIII ZB 40/86, MDR 1987, 315.

E. Prozessuale Besonderheiten (Absatz 5)

Für gewisse prozessuale Besonderheiten erklärt Abs. 5 die §§ 53–58 ZPO für entsprechend anwendbar. Die Regelung ist § 62 Abs. 4 VwGO nachempfunden. Die innerhalb der §§ 53 bis 58 ZPO aufgehobene Norm des § 53a ZPO findet sich sachlich in §§ 173, 234 FamFG wieder. 36

I. Prozessunfähigkeit bei Betreuung oder Pflegschaft (§ 53 ZPO)

Wird eine an sich verfahrensfähige Person im Prozess durch einen Pfleger oder einen Betreuer vertreten, so steht sie gem. § 53 ZPO für diesen Rechtsstreit einer nicht verfahrensfähigen Person gleich. Dies ist selbst dann der Fall, wenn der Pfleger die Prozessführung ablehnt.[1] Der Vertretene bleibt an sich verfahrensfähig, aber für das betreffende Verfahren liegt die Verfahrensführung allein in den Händen des Betreuers oder Pflegers. Dies gilt nicht, wenn ein Verfahrensbeistand (§ 158) bestellt ist. Dessen Bestellung schränkt eine bestehende Verfahrensfähigkeit nicht ein. 37

II. Bestellung eines Prozesspflegers (§§ 57 f. ZPO)

Der Vorsitzende des Gerichts hat unter gewissen Voraussetzungen einen Prozesspfleger (Verfahrenspfleger) gem. §§ 57 f. ZPO zu bestellen. 38

Dies ist insbesondere dann der Fall, wenn ein Verfahrensunfähiger als Antragsgegner ohne gesetzlichen Vertreter ist (§ 57 Abs. 1 ZPO). Soweit nicht spezielle Vorschriften über den Verfahrensbeistand oder den Verfahrenspfleger eingreifen, soll diese Möglichkeit dem Betroffenen Gewähr auf hinreichend rechtliches Gehör verschaffen.[2] 39

Hierbei ist fest zu halten, dass die Regelung des § 57 ZPO auch nach dem bisherigen Recht im Verfahren der freiwilligen Gerichtsbarkeit angewendet wurde.[3] 40

Weiterhin hat der Richter einen Prozesspfleger zu bestellen, soweit ein herrenloses Grundstück oder ein herrenloses Schiff betroffen sind (§ 58 ZPO). 41

III. Sonstige Regelungen

Gem. § 54 ZPO bedarf es für einzelne Prozesshandlungen des gesetzlichen Vertreters des Beteiligten, welche nach bürgerlichem Recht eine besondere Ermächtigung erfordern, keine gesonderte Ermächtigung, soweit die Ermächtigung zur Verfahrensführung im Allgemeinen erteilt ist oder diese im Allgemeinen statthaft ist. 42

Ein Ausländer, der nach dem Recht seines Landes verfahrensunfähig wäre, gilt nach § 55 ZPO dennoch als verfahrensfähig, soweit ihm nach dem Recht des Gerichts die Verfahrensfähigkeit zusteht. 43

Durch den Verweis auf § 56 Abs. 1 ZPO stellt Abs. 5 nochmals ausdrücklich klar, dass die Verfahrensfähigkeit von Amts wegen zu prüfen und Mängel derselben von Amts wegen zu berücksichtigen sind. 44

1 Bayer. VGH v. 13.9.1988 – 4 CE 88.1743, BayVBl 1989, 52.
2 BT-Drucks. 16/6308, S. 180.
3 BGH v. 30.11.1988 – IVa ZB 26/88, NJW 1989, 985 = MDR 1989, 433.

45 § 56 Abs. 2 ZPO eröffnet dem Gericht nun auch für das Familienverfahren und das Verfahren der freiwilligen Gerichtsbarkeit die Möglichkeit, einen Beteiligten, dem es an Verfahrensfähigkeit mangelt, zur Verfahrensführung unter Vorbehalt zuzulassen, soweit der Mangel (in angemessener Zeit) behebbar ist und eine Nichtzulassung für den Beteiligten Gefahr im Verzug darstellen würde.

F. Verfahrensführungsbefugnis

46 Die Verfahrensführungsbefugnis (Verfahrensstandschaft) ist das Recht, ein Verfahren als Beteiligter im eigenen Namen zu führen, obgleich ein fremdes Recht geltend gemacht wird. Sie ist weder im FamFG noch in der ZPO oder der VwGO ausdrücklich geregelt. Allerdings gibt es Fälle, in denen im Einzelfall eine Verfahrensführungsbefugnis gesetzlich angeordnet ist. Ein typischer Fall in der ZPO ist die Veräußerung der streitbefangenen Sache gem. § 265 Abs. 2 ZPO. Trotz fehlender Regelung ist darüber hinaus neben der gesetzlichen Prozessstandschaft auch eine gewillkürte Prozessstandschaft durch die Rechtsprechung anerkannt, soweit eine Zustimmung des Rechtsinhabers und ein eigenes rechtliches Interesse gegeben sind. Es steht nichts entgegen, eine solche gesetzliche und gewillkürte Verfahrensstandschaft im Grundsatz auch im Bereich der freiwilligen Gerichtsbarkeit anzuerkennen.

47 Soweit eine Frage der Verfahrensführungsbefugnis auftritt, handelt es sich ausschließlich um eine Sachentscheidungsvoraussetzung, nicht um eine Prozesshandlungsvoraussetzung. Auch das Vorliegen der Verfahrensführungsbefugnis ist von Amts wegen zu prüfen.

§ 10
Bevollmächtigte

(1) Soweit eine Vertretung durch Rechtsanwälte nicht geboten ist, können die Beteiligten das Verfahren selbst betreiben.

(2) Die Beteiligten können sich durch einen Rechtsanwalt als Bevollmächtigten vertreten lassen. Darüber hinaus sind als Bevollmächtigte, soweit eine Vertretung durch Rechtsanwälte nicht geboten ist, vertretungsbefugt nur

1. Beschäftigte des Beteiligten oder eines mit ihm verbundenen Unternehmens (§ 15 des Aktiengesetzes); Behörden und juristische Personen des öffentlichen Rechts einschließlich der von ihnen zur Erfüllung ihrer öffentlichen Aufgaben gebildeten Zusammenschlüsse können sich auch durch Beschäftigte anderer Behörden oder juristischer Personen des öffentlichen Rechts einschließlich der von ihnen zur Erfüllung ihrer öffentlichen Aufgaben gebildeten Zusammenschlüsse vertreten lassen;

2. volljährige Familienangehörige (§ 15 der Abgabenordnung, § 11 des Lebenspartnerschaftsgesetzes), Personen mit Befähigung zum Richteramt und die Beteiligten, wenn die Vertretung nicht im Zusammenhang mit einer entgeltlichen Tätigkeit steht;

3. Notare.

(3) Das Gericht weist Bevollmächtigte, die nicht nach Maßgabe des Absatzes 2 vertretungsbefugt sind, durch unanfechtbaren Beschluss zurück. Verfahrenshandlungen, die

ein nicht vertretungsbefugter Bevollmächtigter bis zu seiner Zurückweisung vorgenommen hat, und Zustellungen oder Mitteilungen an diesen Bevollmächtigten sind wirksam. Das Gericht kann den in Absatz 2 Satz 2 Nr. 1 und 2 bezeichneten Bevollmächtigten durch unanfechtbaren Beschluss die weitere Vertretung untersagen, wenn sie nicht in der Lage sind, das Sach- und Streitverhältnis sachgerecht darzustellen.

(4) Vor dem Bundesgerichtshof müssen sich die Beteiligten, außer im Verfahren über die Ausschließung und Ablehnung von Gerichtspersonen und im Verfahren über die Verfahrenskostenhilfe, durch einen beim Bundesgerichtshof zugelassenen Rechtsanwalt vertreten lassen. Behörden und juristische Personen des öffentlichen Rechts einschließlich der von ihnen zur Erfüllung ihrer öffentlichen Aufgaben gebildeten Zusammenschlüsse können sich durch eigene Beschäftigte mit Befähigung zum Richteramt oder durch Beschäftigte mit Befähigung zum Richteramt anderer Behörden oder juristischer Personen des öffentlichen Rechts einschließlich der von ihnen zur Erfüllung ihrer öffentlichen Aufgaben gebildeten Zusammenschlüsse vertreten lassen. Für die Beiordnung eines Notanwaltes gelten die §§ 78b und 78c der Zivilprozessordnung entsprechend.

(5) Richter dürfen nicht als Bevollmächtigte vor dem Gericht auftreten, dem sie angehören.

Literatur: *Düwell*, Neuregelung der Vertretung vor den Gerichten für Arbeitssachen, jurisPR-ArbR 25/2008 Anm. 6; *Düwell*, Die Neuregelung der Prozessvertretung FA 2008, 200; *Hauck*, Änderungen des SGG im Jahre 2008: Das Gesetz zur Neuregelung des Rechtsberatungsrechts (RBerNG) – Teil II, jurisPR-SozR 18/2008 Anm. 4; *Kleine/Cosack*, Öffnung des Rechtsberatungsmarkts – Rechtsdienstleistungsgesetz verabschiedet, BB 2007, 2637; *Klawikowski*, Vertretung von Beteiligten und Bietern im Zwangsversteigerungsverfahren, Rpfleger 2008, 404; *Sabel*, Die Vertretung im Zivilprozess, AnwBl 2008, 390.

A. Entstehungsgeschichte/Anwendungsbereich

1 Die Vorschrift regelt, in welchem Umfang ein Beteiligter sich durch einen Bevollmächtigten vertreten lassen kann, vor welchen Gerichten eine Vertretung durch einen Bevollmächtigten erforderlich ist und wer als Bevollmächtigter handeln kann.

2 Eine Vertretungspflicht für Beteiligte war im früheren FGG ursprünglich nur in § 29 Abs. 1 für den Fall geregelt, dass die weitere Beschwerde an das hierfür zuständige OLG nicht zu Protokoll des Rechtspflegers eines der im Instanzenzug beteiligten Gerichte, sondern schriftlich eingelegt wurde. Für diesen Fall war das Rechtsmittel nur wirksam, wenn die Beschwerdeschrift von einem Rechtsanwalt unterzeichnet war. Von diesem Formerfordernis, das darauf beruhte, dass die weitere Beschwerde gem. § 27 Abs. 1 FGG als Rechtsbeschwerde ausgestaltet war, waren Behörden und Notare, die erstinstanzlich für den Beschwerdeführer einen Antrag gestellt hatten, befreit. Das weitere Verfahren vor dem OLG und nach einer Vorlage gem. § 28 Abs. 2 FGG ggf. vor dem BGH unterlag keinem Anwaltszwang.

3 Aufgrund des Gesetzes zur Neuregelung des Rechtsberatungsrechts v. 12.12.2007[1] erfolgte mit Wirkung ab dem 1.7.2008 durch eine Neufassung des § 13 FGG eine Neuregelung des Vertretungsrechts, die weitgehend dem ebenfalls neu gefassten § 79 ZPO entsprach und mit der das Ziel verfolgt wurde, auch für das FGG-Verfahren Begrenzungen in der Verfahrensvertretung, die vorher durch das Rechtsberatungsgesetz erfolgt waren, beizubehalten. Die Sonderregelung über die Einlegung der weiteren Beschwerde in § 29 Abs. 1 FGG war wegen der bevorstehenden Reform des FGG-Verfahrens zunächst beibehalten worden.[2] Die jetzigen Regelungen in § 10 Abs. 1 über die grundsätzliche Befugnis eines Beteiligten, sich selbst zu vertreten, in Abs. 2 über Personen, die vertretungsbefugt sein können, in Abs. 3 über die Zurückweisung von Bevollmächtigten und in Abs. 5 über das Vertretungsverbot von Richtern an ihrem Gericht entsprechen den Abs. 1, 2, 3 und 4 des § 13 FGG in der ab dem 1.7.2008 geltenden Fassung, allerdings ursprünglich mit einem handwerklichem Fehler des Gesetzgebers bei der Fassung der Vertretungsbefugnis von Behörden, der inzwischen behoben ist (s. Rz. 11 f.). Neu hinzugekommen ist Abs. 4. Die hierin enthaltene Pflicht für Beteiligte, sich vor dem BGH durch einen dort zugelassenen Rechtsanwalt vertreten zu lassen – mit einer Ausnahme für Behörden und juristische Personen des öffentlichen Rechts – ist aus Gründen der Rechtsvereinheitlichung abgestimmt mit den Vertretungsvorschriften des § 11 Abs. 4 ArbGG, § 73 Abs. 4 SGG, § 67 Abs. 4 VwGO, § 62 Abs. 4 FGO.[3]

4 Die Vorschrift findet **keine Anwendung in Ehesachen und Familienstreitsachen** (§ 113 Abs. 1). An ihre Stelle treten die §§ 78 bis 79 ZPO. In Ehesachen und Folgesachen gelten zudem die Sonderregelungen des § 114 Abs. 1 bis 4, wonach die Beteiligten – mit Ausnahme von Behörden – sich grundsätzlich durch einen Rechtsanwalt vertreten lassen müssen. Für bestimmte in Abs. 4 aufgelistete Verfahren gilt der Vertretungszwang allerdings nicht (s. näher § 114 Rz. 29–36).

1 BGBl. I, S. 2840.
2 BT-Drucks. 16/3655, S. 92.
3 BT-Drucks. 16/6308, S. 181.

B. Inhalt der Vorschrift

I. Verfahrensführung durch die Beteiligten, Absatz 1

Inhaltlich in Übereinstimmung mit § 79 Abs. 1 Satz 1 ZPO ist in Abs. 1 als Grundsatz bestimmt, dass die Beteiligten Verfahren ohne Anwaltszwang selbst betreiben können. Voraussetzung hierfür ist nur, dass der jeweilige Beteiligte verfahrensfähig ist oder für ihn eine hierzu nach bürgerlichem Recht befugte Person auftritt, also im Regelfall sein gesetzlicher Vertreter (§ 9 Abs. 1, 2, s. dort Rz. 8–20). Zu beachten ist, dass nach § 9 Abs. 1 Nr. 4 iVm. §§ 275, 316 in Betreuungs- oder Unterbringungssachen der Betroffene auch dann verfahrensfähig ist, wenn er nicht geschäftsfähig ist. 5

II. Vertretung der Beteiligten durch Bevollmächtigte, Absatz 2

Abs. 2 enthält für die Vertretung von Beteiligten in Verfahren ohne Anwaltszwang eine abschließende Regelung. Ob ein Vertreter unter die im Einzelnen aufgeführten Personengruppen fällt, ist von ihm darzulegen und vom Gericht von Amts wegen gem. § 26 festzustellen.[1] Ggf. hat eine Zurückweisung des Bevollmächtigten nach Abs. 3 Satz 1 zu erfolgen. 6

1. Grundsatz der Vertretung durch einen Rechtsanwalt, Abs. 2 Satz 1

Die Vorschrift entspricht § 79 Abs. 2 Satz 1 ZPO. Mit ihr soll zum Ausdruck gebracht werden, dass auch im Verfahren nach dem FamFG Rechtsanwälte regelmäßig die berufenen Vertreter der Beteiligten sind.[2] 7

2. Sonstige Bevollmächtigte bei fehlendem Anwaltszwang, Abs. 2 Satz 2

Neben den **Rechtsanwälten** können auch die in Abs. 2 Satz 2 Nr. 1 bis 3 aufgeführten Personen als Bevollmächtigte tätig werden.[3] Dies betrifft auch die Erstbeschwerden, für die nunmehr gem. § 119 Abs. 1 Nr. 1 GVG die Oberlandesgerichte zuständig sind. Die Vorschrift schreibt insoweit die bisherige Rechtslage für die Erstbeschwerde fort, bei der ebenfalls keine anwaltliche Vertretung erforderlich war.[4] Die in § 79 Abs. 2 Nr. 3, 4 ZPO vorgesehene Vertretungsbefugnis für Verbraucherverbände und Inkassodienstleister bei der Einziehung von Forderungen ist im Verfahren nach dem FamFG überflüssig und fehlt deshalb. Dafür können **Notare** gem. Nr. 3 nunmehr in allen Verfahren auftreten, sofern sie dies berufsrechtlich für zulässig halten. 8

a) Mitarbeiter von Beteiligten

Zur Verfahrensvertretung sind nach Nr. 1 Personen befugt, die bei dem Beteiligten beschäftigt sind. Dieser Personenkreis ist weit zu fassen und umfasst alle privaten und öffentlich-rechtlichen Beschäftigungsverhältnisse, gleichgültig ob es sich bei dem Be- 9

---

1 Thomas/Putzo/*Hüßtege*, § 79 ZPO Rz. 10.

2 BT-Drucks. 16/3655, S. 92.

3 Kritisch Heinemann, DNotZ 2009, 6 (8), der in der Begrenzung auf bestimmte Personen vor allem für das erstinstanzliche Verfahren eine unnötige Einengung des Kreises der möglichen Bevollmächtigten sieht, und Baumbach/*Hartmann*, § 79 ZPO Rz. 11 ff., der erhebliche praktische Probleme bei der Feststellbarkeit der Vertretungsbefugnis befürchtet.

4 BT-Drucks. 16/6308, S. 181.

teiligten um eine natürliche oder eine juristische Person handelt. Die Vertretungsbefugnis erstreckt sich ausschließlich auf die Vertretung des Dienstherrn oder Arbeitgebers selbst und nicht etwa auf die Vertretung seiner Kunden oder die Mitglieder einer Vereinigung.[1]

b) Verbundene Unternehmen

10 Auch die Verfahrensvertretung eines Beschäftigten für ein verbundenes Unternehmen wird vom Gesetzgeber nicht als Besorgung fremder Rechtsangelegenheiten behandelt mit der Folge, dass er für das andere Unternehmen als Bevollmächtigter auftreten kann. Ob ein solcher Fall vorliegt, ergibt sich aus der Legaldefinition des § 15 AktG. Für einen entsprechenden Nachweis reicht es aus, wenn sich aus der nach § 11 Satz 1 vorzulegenden Verfahrensvollmacht ergibt, dass der Bevollmächtigte für ein verbundenes Unternehmen auftritt.[2] Ist dies nicht oder nicht nachvollziehbar der Fall, bedarf es weiterer Ermittlungen.

c) Vertretung von Behörden und juristischen Personen des öffentlichen Rechts durch andere Behörden

11 Behörden und juristische Personen des öffentlichen Rechts konnten sich nach § 13 Abs. 2 FGG in der ab dem 1.8.2008 geltenden Fassung „auch durch Beschäftigte anderer Behörden oder juristischer Personen des öffentlichen Rechts einschließlich der von ihnen zur Erfüllung ihrer öffentlichen Aufgaben gebildeten Zusammenschlüsse vertreten lassen". Hintergrund war die vernünftige Erwägung des Rechtsausschusses des Bundestags, dass für die „öffentliche Hand" ein Gleichklang mit verbundenen Unternehmen hergestellt werden sollte, bei denen ebenfalls Beschäftigte für einen anderen Rechtsträger mit der Verfahrensvertretung betraut werden dürfen.[3] Entsprechende Regelungen gibt es in allen anderen Verfahrensordnungen (§ 79 Abs. 2 ZPO, § 11 Abs. 2 Nr. 1. ArbGG, § 73 Abs. 2 Nr. 1 SGG, § 67 Abs. 2 Nr. 1 VwGO, § 62 Abs. 2 Nr. 1 FGO).

12 Demgegenüber sah § 10 Abs. 2 Nr. 1 in der ursprünglich im BGBl. I 2008, S. 2586 verkündeten Fassung entsprechend dem so nicht Gesetz gewordenen Regierungsentwurf zur Neufassung des § 13 Abs. 2 FGG lediglich die Möglichkeit zur Vertretung durch „Beschäftigte der zuständigen Aufsichtsbehörde" oder kommunaler Spitzenverbände vor. Diese versehentliche Abweichung ist durch Art. 8 des Gesetzes zur Modernisierung von Verfahren im anwaltlichen und notariellen Berufsrecht pp. (sog. FGG-RG-Reparaturgesetz v. 30.7.2009) korrigiert worden.[4]

d) Familienangehörige

13 Der Personenkreis der volljährigen Familienangehörigen, die als Bevollmächtigte auftreten können, ist infolge der Bezugnahme auf § 15 AO und § 11 LPartG weit gefasst: Vertretungsbefugt sind hiernach

- Verlobte,
- Ehegatten und Lebenspartner,
- Verwandte und Verschwägerte gerader Linie,

1 BT-Drucks. 16/3655, S. 87; Thomas/Putzo/*Hüßtege*, § 79 ZPO Rz. 12.
2 BT-Drucks. 16/3655, S. 87.
3 BT-Drucks. 16/6634, S. 55, 57.
4 BGBl. I 2009, S. 2449.

- Geschwister und deren Kinder,
- Ehegatten der Geschwister und Geschwister der Ehegatten,
- Geschwister der Eltern,
- Pflegeeltern und Pflegekinder, auch wenn die häusliche Gemeinschaft nicht mehr besteht, sofern die Personen weiterhin wie Eltern und Kind miteinander verbunden sind.

Dies gilt auch dann, wenn die Ehe oder die Lebenspartnerschaft, welche die Beziehung begründet, nicht mehr besteht oder eine Verwandtschaft bzw. Schwägerschaft durch eine Adoption erloschen ist.

Zulässig ist die Vertretung nur dann, wenn sie **unentgeltlich** erfolgt. Wie bei § 6 RDG 14
ist dies eine Tätigkeit, die nicht im Zusammenhang mit einer entgeltlichen Rechtsdienstleistung steht. Der Begriff der Unentgeltlichkeit ist eng und autonom auszulegen. Keine Unentgeltlichkeit liegt zunächst vor, wenn die Verfahrensvertretung von einer Gegenleistung des Beteiligten abhängig sein soll. Als Gegenleistung kommt dabei nicht nur eine Geldzahlung, sondern jeder andere Vermögensvorteil in Betracht, den der Bevollmächtigte für seine Leistung erhalten soll. Entgeltlich erfolgt eine Vertretung darüber hinaus aber auch dann, wenn eine Vergütung nicht explizit im Hinblick auf die Verfahrensvertretung, sondern im Zusammenhang mit anderen beruflichen Tätigkeiten des Bevollmächtigten anfällt oder auch nur anfallen kann. Letztlich sind damit nur **uneigennützige Verfahrensvertretungen** erlaubt.[1]

e) Personen mit Befähigung zum Richteramt

Jeder **Volljurist** einschließlich der ihnen in § 5 RDGEG gleichgestellten Diplomjuris- 15
ten aus dem Beitrittsgebiet kann ebenfalls als Bevollmächtigter auftreten. Voraussetzung ist auch hier, dass er **unentgeltlich** tätig wird. In Betracht kommt daher im Wesentlichen die Übernahme von Verfahrensvertretung durch Volljuristen, die ehrenamtlich tätig sind, etwa für soziale oder kirchliche Einrichtungen in Betreuungs- oder Unterbringungssachen oder für Flüchtlingsinitiativen in Freiheitsentziehungssachen (s. dazu § 419 Rz. 7 f.). Gerade die **Stärkung des Ehrenamtes** ist mit der Einräumung einer Vertretungsbefugnis für unentgeltlich tätige Volljuristen in § 10 Abs. 2 Satz 2 Nr. 2 und den entsprechenden Regelungen in den übrigen Verfahrensordnungen gewollt.[2]

f) Andere Beteiligte

Wie bei der für Streitgenossen geltenden Regelung des § 79 Abs. 2 Nr. 2 ZPO kann aus 16
Gründen der Verfahrensökonomie jeder Beteiligte von einem anderen vertreten werden, aber ebenfalls nur dann, wenn dies ohne Entgelt geschieht.

g) Notare

Ein Notar tritt traditionell insbesondere in Erbschafts-, Register- und Grundbuchsa- 17
chen als Bevollmächtigter auf. Insofern galten und gelten teilweise weiter gesetzliche Vermutungen für eine Verfahrensvollmacht im Falle einer von ihm beurkundeten oder beglaubigten Erklärung (s. § 11 Rz. 4). Anders als in anderen Verfahrensordnungen war

1 BT-Drucks. 16/3655, S. 57, 87.
2 BT-Drucks. 16/3655, S. 88.

die Vertretungsbefugnis daher im Verfahren nach dem FamFG zu normieren. Dies ist in Abs. 2 Satz 2 Nr. 3. geschehen, der dem früheren § 13 Abs. 2 Nr. 3 FGG entspricht. Die Verfahrensvertretung ist nicht auf solche Verfahren beschränkt, in denen keine Konflikte mit seinen Berufspflichten, insbesondere der Neutralitätspflicht des Notars aus § 14 BNotO, auftreten können. Die Übernahme einer Vertretung hat der Notar daher eigenverantwortlich mit dem Risiko eines Einschreitens der Notarkammer oder der Justizverwaltung in Grenzbereichen selbst zu prüfen.

III. Zurückweisung von Bevollmächtigten, Absatz 3

1. Verfahren der Zurückweisung

18 Abs. 3 entspricht inhaltlich § 79 Abs. 3 ZPO. Das Gericht hat von Amts wegen zu prüfen, ob ein Bevollmächtigter zu einer der Personengruppen gehört, die nach Abs. 2 vertretungsbefugt sind.[1] Ist dies nicht der Fall, hat es den Bevollmächtigten nach Satz 1 durch Beschluss zurückzuweisen. Der **Beschluss ist nicht anfechtbar**; indes ist im Rahmen einer Beschwerde gegen eine Endentscheidung ggf. dessen Rechtmäßigkeit gem. § 58 Abs. 2 inzidenter mit zu überprüfen. Damit die Entscheidung auch für das Rechtsmittelgericht nachvollziehbar ist, sollte der Beschluss, der wegen der fehlenden Anfechtbarkeit nicht zwingend zu begründen ist, eine kurze **Begründung** enthalten, soweit sich die tragenden Erwägungen nicht ohnehin bereits aus dem sonstigen Akteninhalt ergeben. Eine jederzeitige **Abänderbarkeit** des Beschlusses, etwa auf eine Gegenvorstellung hin, ist möglich.[2]

19 Wirksam wird der Zurückweisungsbeschluss nach Maßgabe des § 40 Abs. 1. Er ist daher sowohl dem betroffenen Beteiligten als auch dem Bevollmächtigten mitzuteilen.

2. Rechtsfolge der Zurückweisung

20 Verfahrenshandlungen des nicht vertretungsberechtigten Bevollmächtigten, die dieser bis zu seiner Zurückweisung vorgenommen hat, sowie Zustellungen und sonstige Mitteilungen an ihn bleiben nach Satz 2 wirksam.

3. Untersagung weiterer Vertretung

21 Nach Satz 3 kann ein Bevollmächtigter, der zur sachgerechten Verfahrensführung nicht in der Lage ist, zurückgewiesen werden. Es handelt sich um eine **Ermessensentscheidung**, von der nur Bevollmächtigte betroffen sind, die an sich nach Abs. 2 Satz 2 Nr. 1 und 2 vertretungsbefugt sind. Rechtsanwälte und Notare sind als Organe der Rechtspflege vom Anwendungsbereich des Satzes 3 ausgenommen.[3] Voraussetzung für eine Zurückweisung ist es, dass der Bevollmächtigte – aus welchen Gründen auch immer – auf nicht absehbare Zeit die Rechte des von ihm vertretenen Beteiligten nicht wahrnehmen kann. Eine fehlende Beherrschung der deutschen Sprache reicht bei einem Terminsvertreter nicht aus, weil Sprachproblemen durch die Hinzuziehung eines Dolmetschers begegnet werden kann.[4] Dieser müsste auch dann hinzugezogen wer-

1 Zöller/*Vollkommer*, § 79 ZPO Rz. 11.
2 Baumbach/*Hartmann*, § 79 ZPO Rz. 25.
3 BT-Drucks. 16/3655, S. 92.
4 Baumbach/*Hartmann*, § 79 ZPO Rz. 28.

den, wenn ein ausländischer und der deutschen Sprache nicht mächtiger Beteiligter von seinem Selbstvertretungsrecht aus Abs. 1 Gebrauch macht. Wegen der Anfechtbarkeit und einer etwaigen Abänderbarkeit gilt das zu Rz. 18 Ausgeführte entsprechend.

IV. Vertretung vor dem BGH

1. Grundsatz der Vertretung durch beim BGH zugelassene Rechtsanwälte, Abs. 4 Satz 1

Nach Abs. 4 Satz 1 müssen sich Beteiligte im Rechtsbeschwerdeverfahren vor dem BGH durch einen dort zugelassenen Rechtsanwalt vertreten lassen. Von dem Anwaltszwang ausgenommen sind allerdings das Richterablehnungsverfahren und das **Verfahren über die Verfahrenskostenhilfe**. Gerade letzterem kann erhebliche Bedeutung zukommen, weil in den Verfahren, in denen eine Rechtsbeschwerde gem. § 70 Abs. 3 auch ohne Zulassung statthaft ist, nämlich bei der Bestellung eines Betreuers, der Aufhebung einer Betreuung, der Anordnung oder Aufhebung eines Einwilligungsvorbehalts, in Unterbringungssachen sowie in Freiheitsentziehungssachen häufig die wirtschaftlichen Voraussetzungen für die Gewährung von Verfahrenskostenhilfe erfüllt sind. Damit besteht die Möglichkeit, dass ein Beteiligter auch ohne Beauftragung eines beim BGH zugelassenen Anwalts durch einen Antrag auf Gewährung von Verfahrenskostenhilfe die Erfolgsaussicht einer noch einzulegenden Rechtsbeschwerde prüfen lässt. Dieser Antrag kann von ihm selbst oder von einem nach Abs. 2 zugelassenen Vertreter, etwa einem bereits in den Vorinstanzen tätig gewesenen Rechtsanwalt, gestellt werden. 22

2. Vertretung von Behörden und juristischen Personen des öffentlichen Rechts, Abs. 4 Satz 2

Behörden und juristische Personen des öffentlichen Rechts unterliegen nicht dem Anwaltszwang und können sich auch vor dem BGH durch eigene Beschäftigte vertreten lassen, die allerdings die Befähigung zum Richteramt haben müssen (zum Personenkreis s. Rz. 15). Wegen der Vertretung durch Beschäftigte anderer Behörden hatte der Gesetzgeber ursprünglich auch hier übersehen, dass die Änderungen im Vertretungsrecht infolge des Gesetzes zur Neuregelung des Rechtsberatungsrechts in der schließlich Gesetz gewordenen Fassung vom RegE abweichen (s. Rz. 11 f.). Alle anderen Verfahrensordnungen erlauben ebenfalls generell die Vertretung von Behörden und juristischen Personen des öffentlichen Rechts durch Beschäftigte anderer Behörden (§ 78 Abs. 4 ZPO. § 11 Abs. 4 ArbGG, § 73 Abs. 4 SGG, § 67 Abs. 4 VwGO, § 62 Abs. 4 FGO). 23

3. Beiordnung eines Notanwalts

Findet der Beteiligte für eine Rechtsbeschwerde keinen beim BGH zugelassenen Anwalt, kann ihm entsprechend §§ 78b, 78c ZPO durch den Vorsitzenden des zuständigen Senats ein Notanwalt beigeordnet werden. Voraussetzung hiefür ist zunächst, dass der Beteiligte zumutbare Anstrengungen für eine anwaltliche Vertretung unternommen hat. Dafür muss er sich im Rechtsbeschwerdeverfahren ohne Erfolg zumindest an mehr als vier beim BGH zugelassene Rechtsanwälte gewandt haben und seine diesbe- 24 züglichen Bemühungen dem Gericht substantiiert darlegen und ggf. nachweisen.[1] Gründe, die in der Person des Beteiligten liegen, etwa eine fehlende Bereitschaft zur Zahlung eines Vorschusses oder das Verlangen nach einer den Vorstellungen des Beteiligten entsprechenden Rechtsmittelbegründung, reichen nicht.[2]

V. Vertretungsverbot für Richter am eigenen Gericht

25 Wegen des Vertretungsverbots für Richter gibt es, anders als nach § 79 Abs. 5 ZPO, keine Differenzierung zwischen Berufsrichtern und ehrenamtlichen Richtern. Dies beruht darauf, dass es im Verfahren nach dem FamFG außer in Landwirtschaftssachen keine ehrenamtliche Richter gibt und § 13 Abs. 2 LwVG ein gesondertes Vertretungsverbot ehrenamtlicher Richter für den Spruchkörper enthält, dem sie angehören.[3]

§ 11
Verfahrensvollmacht

Die Vollmacht ist schriftlich zu den Gerichtsakten einzureichen. Sie kann nachgereicht werden; hierfür kann das Gericht eine Frist bestimmen. Der Mangel der Vollmacht kann in jeder Lage des Verfahrens geltend gemacht werden. Das Gericht hat den Mangel der Vollmacht von Amts wegen zu berücksichtigen, wenn nicht als Bevollmächtigter ein Rechtsanwalt oder Notar auftritt. Im Übrigen gelten die §§ 81 bis 87 und 89 der Zivilprozessordnung entsprechend.

1 BGH v. 25.1.2007 – IX ZB 186/06, FamRZ 2007, 635.
2 Thomas/Putzo/*Hüßtege*, § 78b ZPO Rz. 2.
3 BT-Drucks. 16/6634, S. 57.

Literatur: *Grziwotz*, Bankvollmacht zur Zwangsvollstreckungsunterwerfung in der Grundschuld? ZfIR 2008, 821; *Karst*, Zum Nachweis der Prozessvollmacht gem. § 80 I ZPO durch Telefax, NJW 1995, 3278; *Robrecht*, Rechtsanwalt als Prozessbevollmächtigter und zugleich gesetzlicher Vertreter einer verstorbenen Partei, MDR 2004, 979; *Sabel*, Das Gesetz zur Neuregelung des Rechtsberatungsrechts, AnwBl. 2007, 816.

A. Entstehungsgeschichte/Anwendungsbereich

Die Vorschrift regelt den Nachweis der Verfahrensvollmacht und das Verfahren bei Vollmachtsmängeln. In § 13 Satz 2 FGG in der bis zum 30.6.2008 geltenden Fassung war der Nachweis der Vollmacht nur kursorisch dahingehend geregelt, dass Bevollmächtigte auf Anordnung des Gerichts oder auf Verlangen eines Beteiligten die Bevollmächtigung durch eine öffentlich beglaubigte Vollmacht nachzuweisen hatten. Daneben hatten sich in der Rspr. weitere Grundsätze entwickelt, nämlich dass zwar das Vorliegen einer Vollmacht von Amts wegen zu prüfen ist, dass aber ein Nachweis einer erteilten oder noch bestehenden Vollmacht nur nach pflichtgemäßem Ermessen zu verlangen ist und dass bei einem Rechtsanwalt oder Notar regelmäßig von einem Nachweis abgesehen werden kann. Auch konnte ein Antrag oder Rechtsmittel mangels Vollmachtsnachweises nicht ohne weiteres, sondern nur nach einer Fristsetzung zurückgewiesen werden.[1] 1

Aufgrund des Gesetzes zur Neuregelung des Rechtsberatungsrechts v. 12.12.2007[2] 2
erfolgte mit Wirkung ab dem 1.7.2008 in § 13 Abs. 5 FGG eine Neuregelung, mit der das Gesetzgeber das Ziel verfolgte, zusammen mit den unveränderten §§ 88 und 172 Abs. 1 Satz 1 ZPO sowie den neuen Vorschriften des § 73 Abs. 6 SGG, des § 67 Abs. 6 VwGO und des § 62 Abs. 6 FGO in allen zivil- und öffentlich-rechtlichen Verfahrensordnungen eine übereinstimmende Vorschrift zum Nachweis der Bevollmächtigung und zum Verfahren bei Vollmachtsmängeln zu schaffen, um zu Gunsten der Rechtsanwender eine einheitliche Rechtsanwendung zu gewährleisten.[3] Dem wird nunmehr dadurch Rechnung getragen, dass die Regelungen des aufgehobenen § 13 Abs. 5 FGG im Wesentlichen in § 11 übernommen wurden.

Die Vorschrift findet **keine Anwendung in Ehesachen und Familienstreitsachen** (§ 113 3
Abs. 1). An ihre Stelle treten die im Wesentlichen inhaltsgleichen §§ 80–88 ZPO. In Ehesachen gilt zudem § 114 Abs. 5, wonach es einer besonderen auf das Verfahren

1 Vgl. zum Ganzen, *Bumiller*/Winkler, § 13 FGG Rz. 13.
2 BGBl. I, S. 2840.
3 BT-Drucks. 16/3655, S. 90.

gerichteten Vollmacht bedarf, die sich kraft Gesetzes auch auf die Folgesachen erstreckt (s. § 114 Rz. 41).

4 In **Registersachen** gilt die (widerlegliche) Vermutung des § 378, dass der Notar, der eine für eine Eintragung erforderliche Erklärung beurkundet oder beglaubigt hat, bevollmächtigt ist, auch den Eintragungsantrag zu stellen. Zur Begründung der aus dem Notaramt, also aus öffentlichem Recht, hergeleiteten und nicht auf einem Rechtsgeschäft beruhenden Vertretungsmacht genügt die Vorlage der von dem Notar beurkundeten oder beglaubigten Erklärung. Da die Bevollmächtigung keine rechtsgeschäftliche ist, ist das Registergericht nicht berechtigt, einen Vollmachtsnachweis zu verlangen (s. § 378 Rz. 8). Entsprechende Vermutungsregeln gibt es in § 15 GBO und § 25 SchiffsRegO. § 11, der die rechtsgeschäftliche Vollmacht betrifft, gilt in all diesen Fällen nicht.

B. Inhalt der Vorschrift

I. Vollmachtserteilung

5 Für die Erteilung der Verfahrensvollmacht selbst, bei der es sich nach hM um eine Prozesshandlung handelt, ist gesetzlich keine bestimmte Form vorgesehen. Sie kann daher auch konkludent gegenüber dem Bevollmächtigten, dem Gericht oder dem Verfahrensgegner erklärt werden und wird entsprechend § 130 BGB mit Zugang wirksam. **Voraussetzung ist, dass sowohl Vollmachtgeber wie Bevollmächtigter verfahrensfähig sind.**[1] Auch der nach § 275 verfahrensfähige Betroffene im Betreuungsverfahren kann wirksam eine Vollmacht erteilen und widerrufen.[2] Sie kann sich isoliert auf ein bestimmtes Verfahren beziehen, aber auch Teil einer umfassenden Vollmacht sein, die sich auf Rechtsgeschäfte erstreckt.[3] Verstöße eines bevollmächtigten Berufsträgers gegen ein Tätigkeitsverbot, etwa eines Rechtsanwalts gegen § 45 BRAO oder eines Notars gegen § 14 BNotO, berühren die Wirksamkeit der Vollmacht und der von ihm vorgenommener Verfahrenshandlungen nicht.[4]

6 Problematisch kann die Bestimmung des Bevollmächtigten bei der Beauftragung einer **Sozietät von Rechtsanwälten** (§ 59a BRAO) sein. Maßgeblich ist insofern die Verkehrsanschauung. Hiernach sind bei einer örtlichen Sozietät im Zweifel alle Mitglieder bevollmächtigt, bei einer überörtlichen Verbindung dagegen nicht. Bei der Beauftragung einer Rechtsanwalts-GmbH oder -AG bzw. einer Partnerschaftsgesellschaft ist die Gesellschaft selbst Bevollmächtigte.[5] Ähnliche Grundsätze dürften bei der **Beauftragung von Notaren** gelten. In Ländern oder Landesteilen mit einem Nur-Notariat bezieht sich der Vertretungsauftrag im Zweifel auf die jeweilige Sozietät, bei der es sich nach der vom BGH gebilligten Zulassungspraxis der Landesjustizverwaltungen ohnehin im Regelfall nur um eine Zwei-Personen-Verbindung handeln wird.[6] Das Gleiche gilt für eine örtliche Sozietät von Anwaltsnotaren. Bei einer überörtlichen Sozietät sind wegen der Zuweisung eines bestimmten Orts, Stadtteils oder Amtsgerichtsbezirks als Amtssitz eines Notars gem. § 10 Abs. 1 BNotO im Zweifel ebenfalls

1 Stein/Jonas/*Bork*, § 80 ZPO Rz. 6 f.
2 Jansen/*v. König*, § 13 FGG Rz. 44.
3 Vgl. zum Ganzen Zöller/*Vollkommer*, § 80 ZPO Rz. 3–5.
4 BGH v. 19.3.1993 – V ZR 36/92, NJW 1993, 1926 zu § 45 BRAO; BGH v. 29.9.1970 – IV ZB 10/70, NJW 1971, 42 zu § 14 BNotO.
5 Näher mN Zöller/*Vollkommer*, § 80 ZPO Rz. 6.
6 S. dazu BGH v. 11.7.2005 – NotZ 5/05, NJW-RR 2005, 1722.

nur die vor Ort tätigen Notare bevollmächtigt. Die gesetzliche Vollmachtsvermutung in Register- und Grundbuchsachen des § 378 und des § 15 GBO gilt allerdings nur für den beurkundenden Notar (s. § 378 Rz. 7).[1]

II. Vorlage der Vollmacht

1. Form des Vollmachtsnachweises

a) Schriftform, Satz 1

Trotz der Formfreiheit der Vollmachtserteilung ist für das Verfahren nach Satz 1 ein Nachweis durch Vorlage einer schriftlichen Vollmachtsurkunde zu führen. Der Nachweis kann auch in einem Termin zur Niederschrift des hierüber nach § 28 Abs. 4 anzufertigenden Vermerks erfolgen, weil die Bevollmächtigung auch in einem solchen Fall urkundlich nachgewiesen ist.[2] 7

Telefax und Fotokopien werden von der hM unter Bezugnahme auf Entscheidungen des BGH und des BFH als nicht ausreichend angesehen.[3] Dem ist indes für die Einreichung per Telefax nicht zu folgen. Nachdem es inzwischen anerkannt ist, dass für einen bestimmenden Schriftsatz, etwa eine Rechtsmittelschrift, die Einreichung per Telefax ausreicht, dürfte die ältere Rspr., auf die sich die h. M. stützt, überholt sein. Es ist widersprüchlich, bei einem bestimmenden Schriftsatz eine von der Verfahrensordnung geforderte Schriftform mit der Übermittlung per Telefax als gewahrt anzusehen, bei einer diesem beigefügten Vollmacht aber nicht.[4] Ebenso dürfte die Schriftform dann gewahrt sein, wenn ein **Ausdruck einer PDF-Datei** vorliegt, die als Anhang zu einer E-Mail an das Gericht übermittelt und durch Einscannen von dem schriftlichen Original hergestellt worden ist (s. auch § 14 Rz. 12).[5] Die Einreichung der **Vollmacht als elektronisches Dokument** reicht aus und ist schriftformersetzend, wenn hierfür die Voraussetzungen des § 14 Abs. 2 FamFG iVm. § 130a ZPO vorliegen, also das Dokument zur Bearbeitung durch das Gericht geeignet und – wie bei einem bestimmenden Schriftsatz – mit einer qualifizierten elektronischen Signatur versehen ist (dazu näher § 14 Rz. 13–16). 8

b) Öffentliche Beglaubigung der Vollmacht nach Spezialnormen

Für die gegenüber dem Nachlassgericht zu erklärende **Ausschlagung einer Erbschaft** durch einen Bevollmächtigten ist gem. § 1945 Abs. 3 Satz 1 BGB eine öffentliche Beglaubigung der Vollmacht notwendig. Auch kann diese nicht nach § 11 Satz 2 irgendwann im Verlaufe des Verfahrens nach einer richterlichen Fristsetzung nachgereicht werden. Vielmehr ist nach § 1945 Abs. 3 Satz 2 BGB eine Nachreichung nur innerhalb der Ausschlagungsfrist möglich. Entsprechendes gilt gem. § 1955 Satz 2 für die **Anfechtung der Annahme oder der Ausschlagung einer Erbschaft**. 9

Auch für die (elektronische) **Anmeldung zum Handelsregister** ist nach § 12 Abs. 1 Satz 1, 2 HGB ein Vollmachtsnachweis in öffentlich beglaubigter Form durch ein von 10

1 *Reetz* in BeckOK GBO § 15 Rz. 11.
2 BT-Drucks. 16/3655, S. 90 zu § 80 ZPO.
3 BGH v. 23.6.1994 – I ZR 106/92, NJW 1994, 2298; BFH v. 22.2.1996 – III R 97/95, NJW 1996, 3366; Zöller/*Vollkommer*, § 80 ZPO Rz. 7 mwN.
4 Im Ergebnis ebenso Baumbach/*Hartmann*, § 80 ZPO Rz. 11; kritisch zur Rspr. des BGH schon *Karst*, NJW 1995, 3278.
5 BGH v. 15.7.2008 – X ZB 8/08, NJW 2008, 2649 für einen bestimmenden Schriftsatz im Zivilprozess.

dem Notar mit einer qualifizierten elektronischen Signatur versehenes einfaches elektronisches Zeugnis nach § 39a BeurkG beizubringen.

2. Entbehrlichkeit eines Vollmachtsnachweises

11 § 11 gilt nur für eine rechtsgeschäftliche Bevollmächtigung. Deshalb brauchen **gesetzliche Vertreter** juristischer oder natürlicher Personen den Nachweis nach Satz 1 nicht zu führen. Dies schließt indes nicht aus, dass das Gericht in Fällen, in denen die Vertretungsmacht zweifelhaft sein kann, im Rahmen seiner Aufklärungspflicht die Beibringung entsprechender Nachweise verlangt, etwa durch Einreichung eines Registerauszugs für den Vertreter einer juristischen Person oder durch Vorlage der Bestellungsurkunde nach § 290 für einen Betreuer.[1]

3. Inhalt der Vollmachtsurkunde

12 Aus der Urkunde muss sich – ggf. in Verbindung mit der Verkehrsanschauung (s. Rz. 6) – ergeben, wer Bevollmächtigter sein soll. Ferner muss feststellbar sein, dass sie sich gerade auf das Verfahren bezieht, in dem von ihr Gebrauch gemacht werden soll. Eine entsprechende Feststellung ist notfalls im Wege der **Auslegung** unter Berücksichtigung ihres Zwecks, der Umstände ihrer Erteilung und der Lage des Falles festzustellen.[2] Schlagwortartige Umschreibungen reichen aus. So wird etwa eine von einem Ausländer einem Rechtsanwalt „wg. Aufenthaltserlaubnis" erteilte Vollmacht alle mit dem noch nicht rechtlich gesicherten Aufenthalt im Zusammenhang stehenden Verfahren erfassen, also zB auch ein mit einem Abschiebungshaftantrag der Ausländerbehörde eingeleitetes Freiheitsentziehungsverfahren gem. § 415 ff.

13 Tritt ein **Unterbevollmächtigter** auf, so ist ebenfalls anhand der Vollmachtsurkunde festzustellen, ob der Hauptbevollmächtigte zu dessen Bestellung berechtigt war. Im Zweifel besteht wegen § 664 Abs. 1 Satz 1 BGB eine entsprechende Befugnis nicht. Auch erlischt eine Untervollmacht im Zweifel mit dem Erlöschen der Hauptvollmacht.[3]

4. Vollmachtsketten

14 Bei Haupt- und Untervollmachten oder sonstigen „Ketten" abgeleiteter Vollmachten sind alle Urkunden vorzulegen. Es hat ein lückenloser Nachweis bis zu dem Beteiligten selbst zu erfolgen.[4]

III. Verfahren bei fehlender Vorlage der Vollmachtsurkunde

1. Vertretung eines Beteiligten durch einen Rechtsanwalt oder Notar

15 Gem. § 11 Satz 4, 2. Halbs. hat das Gericht einen etwaigen Mangel der Vollmacht nicht von Amts wegen zu prüfen, wenn ein Rechtsanwalt oder Notar als Bevollmäch-

1 Weitergehend MüKo.ZPO/*v. Mettenheim*, § 80 ZPO Rz. 10 und Stein/Jonas/*Bork*, § 80 Rz. 23: grds. entsprechend § 80 ZPO Vorlage eines urkundlichen Nachweises über die Vertretungsmacht.
2 Jansen/*v. König*, § 13 FGG Rz. 44.
3 Jansen/*v. König*, § 13 FGG Rz. 44.
4 BGH v. 27.3.2002 – III ZB 43/00, NJW-RR 2002, 933; Zöller/*Vollkommer*, § 80 ZPO Rz. 7.

tigter auftritt. Dies schließt allerdings nicht aus, dass bei begründeten Zweifeln an der behaupteten Vollmacht das Gericht zu einer entsprechenden Prüfung berechtigt ist.[1] Ansonsten wird das Gericht erst auf eine Rüge des angeblich Vertretenen oder eines anderen Beteiligten nach Satz 2 verfahren und eine Frist zur Vorlage der Vollmachtsurkunde bestimmen.

2. Vertretung eines Beteiligten durch sonstige Bevollmächtigte

16 Bei sonstigen Bevollmächtigten hat das Gericht nach Satz 4 auch ohne Rüge eines Beteiligten das Bestehen einer Vollmacht nachzuprüfen. Befindet sich noch kein entsprechender Nachweis bei den Akten, hat es drei Möglichkeiten.[2] Es kann

- dem Vertreter eine Frist zur Beibringung eines Vollmachtsnachweises nach Satz 2 setzen, oder
- den Vertreter nach Satz 5 iVm. § 89 ZPO einstweilen zur Verfahrensführung zulassen, ggf. ebenfalls verbunden mit einer Fristsetzung zur Beibringung eines Vollmachtsnachweises, oder
- für den Fall, dass ein nicht behebbarer Mangel der Vollmacht oder einer sonstigen Zulässigkeitsvoraussetzung des Verfahrens bzw. eines Rechtsmittels vorliegt, die nach der Verfahrenssituation gebotene Endentscheidung treffen.

17 Die Amtspflicht des Gerichts, einer wirksamen Bevollmächtigung von Amts wegen nachzugehen, gilt in jeder Lage des Verfahrens und in allen Instanzen, und zwar in der Rechtsmittelinstanz auch für eine vorherige Instanz.[3] Wenn zB ein Beteiligter zwar im Rechtsbeschwerdeverfahren vor dem BGH durch einen dort zugelassenen Rechtsanwalt vertreten ist, in den Vorinstanzen indes für ihn ein nicht anwaltlicher Bevollmächtigter aufgetreten war, hat der BGH dessen Vollmacht von Amts wegen zu prüfen.

IV. Entsprechende Anwendung von Vorschriften der ZPO, Satz 5

1. Umfang der Verfahrensvollmacht, § 81 ZPO

18 Wegen der entsprechenden Anwendung des § 81 ZPO ist der Umfang einer Verfahrensvollmacht der gleiche wie im Zivilprozess. Sie erstreckt sich daher auf das gesamte Verfahren einschließlich der Zwangsvollstreckung nach §§ 86 ff. und des Kostenfestsetzungsverfahrens nach § 85 FamFG iVm. §§ 103–107 ZPO sowie auf ein Wiederaufnahmeverfahren nach § 48 Abs. 2 FamFG iVm. §§ 578–591 ZPO.[4] Auch sind Verfahren über die **Abänderung oder Aufhebung von Beschlüssen** von Amts wegen oder auf Antrag von einer im Ursprungsverfahren erteilten Vollmacht erfasst, also Abänderungen nach § 48 bei Entscheidungen mit Dauerwirkung, nach § 54 bei einstweiligen Anordnungen, nach den §§ 166, 230 bei Vergleichen, Vereinbarungen oder Entscheidungen in Sorgerechtssachen, nach den §§ 294, 230 in Betreuungs- und Unterhaltssachen sowie nach § 426 in Freiheitsentziehungssachen. Wegen des insoweit bestehenden rechtlichen Zusammenhangs mit dem Ausgangsverfahren ist die Situation

1 BGH v. 5.4.2001 – IX ZR 309/00, NJW 2001, 2095 zu § 88 Abs. 2 ZPO; BFH v. 20.2.2001 – III R 35/00, NJW 2001, 2912 zu § 68 Abs. 6 FGO.
2 S. für die entsprechende Verfahrensweise im Zivilprozess Zöller/*Vollkommer*, § 80 ZPO Rz. 11.
3 MüKo.ZPO/*v. Mettenheim*, § 88 ZPO Rz. 6; Stein/Jonas/*Bork*, § 88 ZPO Rz. 8a.
4 Vgl. Zöller/*Vollkommer*, § 81 Rz. 4, 8.

eine andere als im Zivilprozess, in dem es sich bei einer Abänderungsklage nach § 323 ZPO um ein formell neues Verfahren handelt, so dass sich eine für den Ursprungsprozess erteilte Vollmacht hierauf nicht erstreckt.[1]

19 Im Einzelnen ermächtigt die Verfahrensvollmacht[2]

- zu allen **Verfahrenshandlungen**, insbesondere zur Änderung oder Rücknahme von Anträgen, zur Einlegung und Rücknahme von Rechtsmitteln, zur Erhebung einer Anhörungsrüge nach § 44, zu einem Geständnis, zum Abschluss eines Vergleichs, zu einem Anerkenntnis oder Verzicht sowie zur Entgegennahme von Zustellungen,
- zu **Rechtsgeschäften oder geschäftsähnlichen Handlungen**, soweit sie dazu dienen, dem von dem Vollmachtgeber im anhängigen Verfahren verfolgten Ziel zum Erfolg zu verhelfen, wie einer Aufrechnung, einer Kündigung und deren Entgegennahme, einer Anfechtung, einem Rücktritt oder einem außergerichtlichen Vergleich,
- zur Erteilung einer **Untervollmacht** und zur Beauftragung eines **Vertreters für eine höhere Instanz**, etwa eines beim BGH zugelassenen Rechtsanwalts für ein Rechtsbeschwerdeverfahren,
- zur **Empfangnahme der Kosten**, die von einem anderen Beteiligten oder aus der Staatskasse zu erstatten sind.

20 Erweiterungen oder Beschränkungen des gesetzlichen Umfangs der Verfahrensvollmacht sind zulässig.[3] Bei Beschränkungen ist allerdings für das Außenverhältnis § 83 ZPO zu beachten (Rz. 23 ff.).

2. Geltung für Nebenverfahren, § 82 ZPO

21 Entsprechend § 82 ZPO gilt eine in der Hauptsache erteilte Vollmacht auch für Nebenverfahren, also auch für einstweilige Anordnungen gem. §§ 49 ff. Die Vorschrift bezieht sich zwar nur auf das Außenverhältnis. Mangels anderweitiger Vereinbarung ist sie jedoch auch für das Innenverhältnis zwischen Vertreter und Vertretenem maßgeblich.[4] Eine nur auf das Anordnungsverfahren beschränkte Vollmacht ist allerdings ebenfalls möglich und zulässig.[5]

22 Die Erstreckung der Vollmacht auch auf das Nebenverfahren ändert nichts daran, dass es als solches selbständig ist. Zustellungen gem. § 15 Abs. 2 iVm. den Zustellvorschriften der ZPO können, brauchen aber nicht an den Bevollmächtigten des Hauptverfahrens zu erfolgen. § 172 ZPO gilt wegen der Selbständigkeit der Verfahren nicht.[6] In beiden Fällen kann auch an die Partei selbst zugestellt werden. § 82 ZPO gibt also das Recht, Zustellungen auch an den Prozessbevollmächtigten des Hauptprozesses zu bewirken; aus ihm folgt aber keine entsprechende Pflicht.

1 Zu § 323 ZPO zB MüKo.ZPO/*v. Mettenheim*, § 81 Rz. 4.
2 S. dazu für den Zivilprozess Thomas/Putzo/*Hüßtege*, § 81 ZPO Rz. 4–8.
3 Zöller/*Vollkommer*, § 83 ZPO Rz. 12.
4 MüKo.ZPO/*v. Mettenheim*, § 82 ZPO Rz. 1.
5 Thomas/Putzo/*Hüßtege*, § 82 Rz. 1.
6 OLG Oldenburg v. 25.10.2001 – 1 U 102/01, MDR 2002, 290; Musielak/*Weth*, § 82 ZPO Rz. 3.

3. Beschränkung der Vollmacht, § 83 ZPO

a) Verfahren mit Anwaltszwang

Soweit für das Verfahren Anwaltszwang besteht, also im Rechtsbeschwerdeverfahren vor dem BGH sowie in Folgesachen einer Ehesachen hat eine – im Innenverhältnis jederzeit mögliche – Beschränkung der Verfahrensvollmacht dem Gericht und den anderen Beteiligten gegenüber nur die eingeschränkten Wirkungen des § 83 Abs. 1 ZPO. Diese betreffen die Beendigung eines Verfahrens durch **Vergleich**, **Verzicht** auf den Verfahrensgegenstand und ein **Anerkenntnis**, die auch im Verfahren nach dem FamFG möglich sind, soweit die Beteiligten über den Verfahrensgegenstand verfügen können (s. § 36 Abs. 1 Satz 1, § 38 Abs. 4 Nr. 1). Diese Ausnahmen von der ansonsten fehlenden rechtlichen Wirkung einer Vollmachtsbeschränkung dienen dem Schutz des vertretenen Beteiligten.[1] 23

Voraussetzung für eine im Außenverhältnis wirksame Beschränkung auf die drei genannten Verfahrenshandlungen ist eine unzweideutige schriftliche oder mündliche Mitteilung gegenüber dem Gericht. Sonstige Beschränkungen der Vollmacht, zB nur für eine Instanz, nur für einzelnen Anträge oder in Abweichung von § 82 ZPO nur für das Hauptverfahren haben im Anwaltsprozess selbst dann keine Wirkung, wenn sie in der dem Gericht vorgelegten Vollmachtsurkunde enthalten sind.[2] 24

b) Verfahren ohne Anwaltszwang

In Verfahren ohne Anwaltszwang gelten entsprechend § 83 Abs. 2 ZPO die Grenzen für die Beschränkung einer Vollmacht nicht. Die Verfahrensvollmacht kann daher beliebig beschränkt werden. Dies gilt auch dann, wenn es sich um ein nicht dem Anwaltszwang unterliegendes **Nebenverfahren** zu einem Hauptverfahren mit anwaltlicher Vertretungspflicht handelt,[3] zB für ein Verfahren auf Gewährung von Verfahrenskostenhilfe für eine Rechtsbeschwerde beim BGH (s. § 10 Abs. 4) oder für ein Verfahren auf Erlass einer einstweiligen Anordnung in einer Folgesache zu einer Ehesache (s. § 114 Abs. 4 Nr. 1). Die Beschränkung kann in jeder Lage des Verfahrens erfolgen, also auch noch im Verfahren über den Kostenansatz oder im Kostenfestsetzungsverfahren.[4] Voraussetzung ist allerdings auch hier die unmissverständliche Anzeige gegenüber dem Gericht. 25

c) Interessenkonflikt und Rechtsmissbrauch

Im Zivilprozess ist es anerkannt, dass in Fällen eines Interessenkonflikts oder eines Rechtsmissbrauchs Treu und Glauben zu einer Einschränkung einer Vollmacht auch im Außenverhältnis führen können.[5] Die entsprechenden Grundsätze wurden auch im FGG-Verfahren nach §§ 43 ff. WEG in der bis zum 30.6.2007 geltenden Fassung wegen der gesetzlichen Zustellvollmacht oder einer rechtsgeschäftlichen Verfahrensvollmacht eines Verwalters angewandt, wenn die konkrete Gefahr eines Interessenkonflikts bestand.[6] Auch für sonstige Verfahren kann eine Vollmachtsbeschränkung in Betracht kommen. 26

1 BGH v. 19.7.1984 – X ZB 20/83, BGHZ 92, 137 (143).
2 Zöller/*Vollkommer*, § 83 ZPO Rz. 1.
3 Zöller/*Vollkommer*, § 83 ZPO Rz. 5.
4 OLG Brandenburg v. 7.9.2006 – 6 W 244/05, NJW 2007, 1470.
5 S. zB Baumbach/*Hartmann*, § 83 ZPO Rz. 2.
6 Näher Bärmann/Pick/*Merle*, WEG, 9. Aufl. § 27 Rz. 129–132.

27 Interessenkonflikte sind in der Praxis nicht selten, wenn eine Person eine umfassende **Vorsorgevollmacht** in Form einer Generalvollmacht erteilt hat, anschließend in einem Betreuungsverfahren der Vollmachtgeber eindeutig und unmissverständlich die Bestellung eines Betreuers oder eines Kontrollbetreuers nach § 1896 Abs. 3 BGB wünscht und das Betreuungsgericht dem entspricht.[1] In solchen Fällen könnte zwar die Generalvollmacht wegen eines möglichen Interessenkonflikts nicht zur Einlegung einer Beschwerde im Namen des Betreuten ermächtigen. Indes steht dem Vorsorgebevollmächtigten unabhängig von seiner vertraglichen Befugnis in Betreuungs- und Unterbringungssachen gem. den §§ 303 Abs. 4, 335 Abs. 3 bei Entscheidungen, die seinen Aufgabenbereich betreffen, ein Recht zur Einlegung der Beschwerde im Namen des Betroffenen zu. Mit diesem auf Vorschlag des Bundesrates normierten **Beschwerderecht des Vorsorgebevollmächtigten** wurde zwar primär das Ziel verfolgt, die autonome Entscheidung zur Vorsorgevollmacht zu stärken.[2] Gleichwohl lassen sich die Grundsätze zu einer Beschränkung einer rechtsgeschäftlichen Vollmacht nach Treu und Glauben auf das gesetzliche Recht zur Einlegung eines Rechtsmittels in fremden Namen nicht heranziehen.

d) Wirkung einer Vollmachtsbeschränkung

28 Ist die Vollmacht wirksam beschränkt, fehlt es an einer Verfahrenshandlungsvoraussetzung mit der zwangsläufigen Folge der Unwirksamkeit der Verfahrenshandlung, die der Vertreter gleichwohl vorgenommen hat. Allerdings ist eine Genehmigung möglich. Diese hat aber aus Gründern der Rechtssicherheit nicht nur für einzelne Verfahrenshandlungen, sondern für die gesamte bisherige Verfahrensführung des Vertreters zu erfolgen.[3]

4. Mehrere Bevollmächtigte, § 84 ZPO

29 Entsprechend § 84 ZPO hat bei **mehreren Bevollmächtigten** jeder für sich allein und umfassend Verfahrensvollmacht. Hierbei ist es gleichgültig, ob die Vollmachtserteilung mehreren gleichzeitig oder nebeneinander und nacheinander erteilt worden ist. Deshalb führt die Bestellung eines weiteren Bevollmächtigten nicht ohne weiteres zum Widerruf einer früheren Vollmacht.[4] Bei **Anwaltssozietäten** beurteilt sich die Frage, ob alle Mitglieder mandatiert sind, nach der Verkehrsanschauung (s. näher Rz. 6, auch zur Beauftragung einer Rechtsanwaltsgesellschaft und zu Notarsozietäten).

30 Bei **widerstreitenden Verfahrenshandlungen**, gilt, wenn diese nicht frei widerruflich sind, wie ein Geständnis oder ein Anerkenntnis, die frühere, bei wideruflichen die spätere. Bei gleichzeitiger Abgabe widersprechender Erklärungen sind alle wirkungslos.[5] Legen mehrere Bevollmächtigte ein Rechtsmittel ein, ist dies ein einheitliches mit der Folge, dass die Rücknahme durch einen der Bevollmächtigten ohne weitere Beschränkung zum Verlust des Rechtsmittels insgesamt führt.[6]

---

1 S. zu einer entsprechenden Konstellation OLG München v. 27.10.2006 – 33 Wx 159/06, FamRZ 2007, 582.
2 S. dazu BT-Drucks. 16/6308, S. 387.
3 BGH v. 19.7.1984 – X ZB 20/83, BGHZ 92, 137 (142); Thomas/Putzo/*Hüßtege*, § 82 Rz. 1.
4 BGH v. 30.5.2007 – XII ZB 82/06, NJW 2007, 3640 (3642).
5 Thomas/Putzo/*Hüßtege*, § 82 Rz. 3.
6 BGH v. 30.5.2007 – XII ZB 82/06, NJW 2007, 3640 (3642) für die Berufung im Zivilprozess.

Für die Bekanntgabe nach § 15 oder die Übermittlung von sonstigen Schriftstücken genügt die Zustellung bzw. die formlose Übermittlung an einen Bevollmächtigten. Für den Lauf einer Frist ist die **zeitlich erste Zustellung** maßgeblich.[1] 31

5. Wirkung der Verfahrensvollmacht, § 85 ZPO

a) Bindung des Beteiligten an Verfahrenshandlungen seines Bevollmächtigten

Entsprechend § 85 Abs. 1 Satz 1 ZPO muss sich ein Beteiligter Verfahrenshandlungen seines Bevollmächtigten wie eigene zurechnen lassen, wenn sie von der Vollmacht im **Außenverhältnis** gedeckt sind, und zwar grundsätzlich auch dann, wenn der Vertreter gegen Weisungen des Beteiligten verstößt.[2] Soweit die Verfahrenshandlung nicht frei widerruflich ist, ist demzufolge der Beteiligte hieran gebunden. Erfolgen dagegen gleichzeitig widersprechende Handlungen, ist im Verfahren ohne zwingende anwaltliche Vertretung diejenige des Beteiligten selbst maßgeblich.[3] 32

Eine Ausnahme von der Bindungswirkung gilt gem. § 85 Abs. 1 Satz 2 ZPO für Geständnisse und sonstige tatsächliche Erklärungen. Diese kann ein in einem Erörterungstermin nach § 32 erschienener Beteiligter wegen seiner idR besseren Kenntnis von Geschehensabläufen sofort widerrufen oder berichtigen. 33

b) Zurechnung der Kenntnis von Tatsachen

Soweit es in Bezug auf das Verfahren auf die Kenntnis von Tatsachen ankommt, gilt § 166 BGB entsprechend. Der Beteiligte muss sich daher eine Kenntnis seines Bevollmächtigten als Wissensvertreter, etwa zu dem Zeitpunkt einer für den Lauf von Fristen maßgeblichen Zustellung oder eines Grundes für die Ablehnung eines Richters, zurechnen lassen.[4] Handelt der Bevollmächtigte dagegen auf Weisung des von ihm vertretenen Beteiligten, ist umgekehrt entsprechend § 166 Abs. 2 BGB die Kenntnis des Beteiligten selbst maßgeblich.[5] 34

c) Zurechnung des Verschuldens des Bevollmächtigten

Die Zurechnung von Vertreterverschulden erfolgte bisher in § 22 Abs. 2 Satz 2 FGG nur für den Fall eines Wiedereinsetzungsantrags gegen die Versäumung der Beschwerdefrist. Infolge der Verweisung auf § 85 Abs. 2 ZPO ist nunmehr für das gesamte Verfahren das Vertreterverschulden dem des Beteiligten selbst gleichgestellt. Dieses erfasst nach zutreffender Auffassung alle Verschuldensformen des § 276 BGB, also Vorsatz und Fahrlässigkeit.[6] Abzustellen ist dabei nicht auf die höchstmögliche, sondern auf die übliche Sorgfalt. Hierzu hat sich vornehmlich wegen eines Anwaltsverschuldens und zur Abgrenzung gegenüber dem Verschulden von unselbständigen 35

---

1 BGH v. 10.4.2003 – VII ZR 383/02, NJW 2003, 2100.

2 S. näher Musielak/*Weth*, § 85 ZPO Rz. 4 auch zu Ausnahmen (kollusives Zusammenwirken des Bevollmächtigten mit dem Gegner; offensichtliche Erkennbarkeit des Widerspruchs für das Gericht und andere Beteiligte).

3 Zöller/*Vollkommer*, § 85 ZPO Rz. 5.

4 BGH v. 26.10.2006 – IX ZR 147/04, BGHZ 169, 308; Zöller/*Vollkommer*, § 85 ZPO Rz. 4.

5 Thomas/Putzo/*Hüßtege*, § 85 Rz. 2.

6 Baumbach/*Hartmann*, § 85 ZPO Rz. 9; HK-ZPO/*Kayser* § 85 Rz. 20; MüKo.ZPO/*v. Mettenheim*, § 85 ZPO Rz. 25; Musielak/*Weth*, § 85 ZPO Rz. 17; Thomas/Putzo/*Hüßtege*, § 85 Rz. 8; aA VG Stade v. 8.12.1982 – 5 A 464/82, NJW 1983, 1509 und Zöller/*Vollkommer*, § 85 ZPO Rz. 13: keine Zurechnung einer vorsätzlichen sittenwidrigen Schädigung oder einer dem gleichkommenden Außerachtlassung anwaltlicher Berufspflichten

Hilfspersonen des mandatierten Anwalts, das einem Beteiligten nicht zuzurechnen ist, zu Wiedereinsetzungsgesuchen im Zivilprozess eine umfangreiche Rechtsprechung des BGH entwickelt.[1] Ergänzend wird auf § 17 Rz. 23 f. verwiesen.

36 Die Zurechnung eines Vertreterverschuldens gem. § 85 Abs. 2 ZPO wird für Verfahren über die Gewährung von Prozesskostenhilfe teilweise mit der Begründung verneint, dass es sich nicht um ein kontradiktorisches Verfahren handele. Der BGH hat jedoch eine Zurechnung auch in einem solchen Verfahren mit Recht bejaht.[2] Da nach den §§ 76 ff. **Verfahrenskostenhilfe** für alle in Betracht kommenden Verfahren gewährt werden kann, also auch für die nicht streitigen, greifen die von der Gegenmeinung herangezogenen Gründe im Verfahren nach dem FamFG nicht, mit der Folge, dass § 85 Abs. 2 ZPO Anwendung findet.

37 **In zeitlicher Hinsicht** ist für die Zurechnung von Vertreterverschulden unabhängig von etwaigen Fortwirkungen der Vollmacht entsprechend § 87 ZPO (s. dazu Rz. 42 ff.) allein das **Innenverhältnis** maßgeblich. Es beginnt erst mit der Annahme des Mandats, und zwar auch dann, wenn zuvor eine Beiordnung im Rahmen einer Bewilligung von Verfahrenskostenhilfe erfolgt war, und endet mit dessen Niederlegung oder Kündigung durch den Mandanten; denn die Verschuldenszurechnung beruht auf dem Gedanken, dass die Partei für ihren Bevollmächtigten als Person ihres Vertrauens einzustehen hat.[3] Deshalb scheidet eine Zurechnung auch dann aus, wenn ein Mandat aus berufsrechtlichen Gründen beendet wird.[4]

6. Fortbestand der Vollmacht, § 86 ZPO

a) Regelungsgehalt/Anwendungsbereich

38 Eine wirksam erteilte Verfahrensvollmacht wird entsprechend § 86 ZPO im Außenverhältnis durch den **Verlust der Verfahrensfähigkeit des Vollmachtgebers**, sei es durch Tod, Eintritt der Geschäftsunfähigkeit oder Verlust einer gesetzlichen Vertretung, nicht berührt. Eine Unterbrechung des Verfahrens tritt daher nicht ein, sondern wird von dem Bevollmächtigten fortgeführt. Damit soll im Interesse der Rechtssicherheit und der Verfahrensökonomie verhindert werden, dass nicht offen zutage liegende Ereignisse in der Sphäre eines Beteiligten den übrigen Beteiligten und dem Gericht die Fortführung und Abwicklung des Verfahrens erschweren.[5] Die Vorschrift bezieht sich allerdings nur auf das Außenverhältnis und **nur auf eine rechtsgeschäftlich erteilte Vollmacht, nicht aber auf die gesetzliche Vertretungsmacht** etwa eines Betreuers aus § 1902 BGB.[6] Dessen Vertretungsmacht endet mit dem Tod des Betreuten, und der Betreuer ist daher nicht mehr befugt, nunmehr – für die Erben des Betreuten – ein Verfahren fortzuführen.[7] Anders ist es dagegen, wenn der Betreuer seinerseits aufgrund

1 S. die stichwortartige Darstellung bei Baumbach/*Hartmann*, § 85 ZPO Rz. 13–40 und Zöller/*Vollkommer*, § 233 ZPO Rz. 23 Einzelfälle: „Ausgangskontrolle", „Büropersonal", „Fristenbehandlung".

2 BGH v. 12.6.2001 – XI ZR 161/01, NJW 2001, 2720 (2721) mit Darstellung des Meinungsstandes.

3 Musielak/*Weth*, § 85 ZPO Rz. 16; Zöller/*Vollkommer*, § 85 ZPO Rz. 22–25 (mit verschiedenen Fallkonstellationen).

4 BGH v. 26.1.2006 – III ZB 63/05, NJW 2006, 2260 (2261) und BGH v. 22.4.2008 – X ZB 18/07, MDR 2008, 873 (874).

5 MüKo.ZPO/*v. Mettenheim*, § 86 ZPO Rz. 1.

6 OLG Köln v. 6.3.2003 – 2 U 135/02, OLGReport 2003, 173; Zöller/*Vollkommer*, § 83 ZPO Rz. 8.

7 *Robrecht*, MDR 2004, 979.

seiner gesetzlichen Vertretungsmacht einem Rechtsanwalt eine Verfahrensvollmacht erteilt hat. In diesem Fall besteht die – rechtsgeschäftliche – Vollmacht des Anwalts auch nach dem Tod des Betreuten entsprechend § 86 ZPO fort.

Der Fortbestand der Vollmacht gilt unabhängig davon, ob der Verlust der Verfahrensfähigkeit des Vollmachtgebers **vor oder nach dem Eintritt der Rechtshängigkeit** stattfand. Dies führt dazu, dass im Antragsverfahren der Tod des Antragstellers vor Einreichung des Antrags, aber nach Vollmachtserteilung der Antragstellung nicht entgegensteht. Dessen Verfahrenshandlungen gelten dann als für oder gegen die Erben erfolgt; diese sind nunmehr Beteiligte des Verfahrens. Anerkannt ist weiterhin, dass die Partei, die im Laufe eines Verfahrens verfahrensunfähig geworden ist, in dem Verfahren auch danach nach Vorschrift der Gesetze vertreten ist, wenn für sie ein Bevollmächtigter auftritt, dem sie wirksam Verfahrensvollmacht erteilt hat. Entsprechendes gilt, wenn eine juristische Person vor oder nach Einleitung eines Verfahrens im Handelsregister gelöscht wird und ihr bisheriger gesetzlicher Vertreter aus diesem Grund seine Vertretungsbefugnis verliert.[1] Darüber hinaus findet sie entsprechende Anwendung auf die Beendigung einer Parteistellung kraft Amtes, etwa im Falle einer Beendigung eines Insolvenzverfahrens. In diesen Fällen bleibt die von der früheren Partei kraft Amtes erteilte Verfahrensvollmacht bestehen.[2] 39

Streitig ist, ob die Vollmacht auch dann fortbesteht, wenn über das Vermögen des Vollmachtgebers das **Insolvenzverfahren** eröffnet wird oder – etwa im Fall der Vollbeendigung einer juristischen Person – ein Verlust der Beteiligtenfähigkeit eintritt. Dies ist mit der überwiegenden Meinung zu verneinen.[3] 40

b) Auftreten für den Rechtsnachfolger

Tritt der Bevollmächtigte nach Aussetzung des Verfahrens für den Rechtsnachfolger des ursprünglichen Vollmachtgebers auf, hat er entsprechend § 86, 2. Halbs. ZPO dessen Vollmacht nachzuweisen. Gem. § 11 Satz 3, 4 hat das Gericht den Vollmachtsnachweis allerdings nur dann von Amts wegen einzufordern, wenn nicht als Bevollmächtigter ein Rechtsanwalt auftritt. Bei anwaltlicher Vertretung ist der Nachweis daher nur auf Rüge des angeblich Vertretenen oder eines sonstigen Beteiligten zu verlangen.[4] 41

7. Erlöschen der Vollmacht, § 87 ZPO

a) Regelungsgehalt

Mit der entsprechenden Anwendung des § 87 ZPO soll ebenfalls verhindert werden, dass nicht offen zutage liegende Ereignisse in der Sphäre eines Beteiligten den übrigen Beteiligten und dem Gericht die Fortführung und Abwicklung des Verfahrens erschweren (s. Rz. 38). § 87 Abs. 1 betrifft die Frage, unter welchen Voraussetzungen ein Erlöschen der Vollmacht im Außenverhältnis Wirksamkeit erlangt. Hierbei ist die 42

1 Vgl. zum Ganzen BGH v. 8.2.1993 – II ZR 62/92, NJW 1993, 1654.
2 Musielak/*Weth*, § 86 ZPO Rz. 9.
3 ZB BGH v. 11.10.1988 – X ZB 16/88, NJW-RR 1989, 183; OLG Köln v. 15.11.2002 – 2 U 79/02, NJW-RR 2003, 264; OLG Karlsruhe v. 30.9.2004 – 19 U 2/04, NZI 2005, 39; LAG Köln v. 27.1.2006 – 4 Ta 854/05, NZA-RR 2006, 601; Musielak/*Weth*, § 86 ZPO Rz. 8; Zöller/*Vollkommer*, § 83 ZPO Rz. 6; aA Baumbach/*Hartmann*, § 86 Rz. 9, 11.
4 MüKo.ZPO/*v. Mettenheim*, § 86 ZPO Rz. 10; Musielak/*Weth*, § 86 ZPO Rz. 13; Zöller/*Vollkommer*, § 86 ZPO Rz. 13; aA Baumbach/*Hartmann*, § 86 Rz. 13: Nachweis immer notwendig

sprachliche Fassung des Gesetzes missglückt, da es einen „Vollmachtsvertrag" so nicht gibt, sondern nur das der Vollmachtserteilung zugrunde liegende Mandatsverhältnis (Auftrag, Geschäftsbesorgung) gekündigt werden kann.[1] Auch betrifft ein Erlöschen nicht nur das Verhältnis zum „Gegner", also im Verfahren nach dem FamFG das Verhältnis zu anderen Beteiligten, sondern auch dasjenige zum Gericht.[2] § 87 Abs. 2 ZPO regelt die Voraussetzungen, unter denen der Bevollmächtigte nach einer Mandatsniederlegung noch Verfahrenshandlungen vornehmen kann.

b) Erlöschensgründe

43 Folgende Erlöschensgründe kommen in Betracht:

- **Beendigung des der Vollmachtserteilung zugrunde liegenden Rechtsverhältnisses** durch Kündigung oder Widerruf, die im Normalfall eines Auftrags, Geschäftsbesorgungs- oder Dienstvertrages gem. § 671 oder § 627 BGB jederzeit möglich sind, oder auf sonstige Weise (etwa durch Zeitablauf), die entsprechend § 168 Satz 1 BGB auch zum Erlöschen der Verfahrensvollmacht führt,[3]
- **isolierter Widerruf der Verfahrensvollmacht** entsprechend § 168 Satz 2 BGB bei fortbestehendem Kausalverhältnis,[4]
- durch **Zweckerreichung** bei einer entsprechend § 83 Abs. 2 ZPO auf einzelne Verfahrenshandlungen, zB zur Terminsvertretung, beschränkten Vollmacht in Fällen nicht notwendiger anwaltlicher Vertretung,[5]
- **Insolvenz des Vollmachtgebers** wegen §§ 115–117 InsO und Verlust seiner Parteifähigkeit (strittig, s. Rz. 39),
- entsprechend § 673 BGB durch **Tod des Bevollmächtigten**, außer bei Rechtsanwälten, bei denen der Abwickler gem. § 55 Abs. 3 Satz 4 BRAO weiter als bevollmächtigt gilt oder bei Notaren, bei denen ein Notariatsverwalter gem. § 58 Abs. 2 Satz 1 BNotO die Amtsgeschäfte fortführt.[6]

c) Wirkung des Erlöschens

44 Eine Verfahrensvollmacht gilt entsprechend § 87 Abs. 1, 1. Halbs. ZPO bis zur Anzeige ihres Erlöschens als fortbestehend. Bis dahin bestehen im Außenverhältnis sowohl die passive als auch die aktive Vertretungsmacht des bisherigen Bevollmächtigten fort. Zustellungen müssen daher weiter ihm gegenüber erfolgen, und von ihm vorgenommene Verfahrenshandlungen sind wirksam.[7]

45 Die **Erlöschensanzeige** kann formlos und damit auch stillschweigend erfolgen. Sie muss aber eindeutig zu erkennen geben, dass das Mandat gekündigt oder die Vollmacht widerrufen worden ist. Erfolgen kann die Anzeige durch den bisherigen oder den neuen Bevollmächtigten wie auch durch den vertretenen Beteiligten, und zwar

1 Musielak/*Weth*, § 87 ZPO Rz. 2.
2 Zöller/*Vollkommer*, § 87 ZPO Rz. 3.
3 Heute ganz hM, etwa Stein/Jonas/*Bork*, § 87 ZPO Rz. 1; Thomas/Putzo/*Hüßtege*, § 87 Rz. 2; Zöller/*Vollkommer*, § 87 ZPO Rz. 1.
4 MüKo.ZPO/*v. Mettenheim*, § 87 ZPO Rz. 3.
5 Musielak/*Weth*, § 86 ZPO Rz. 3.
6 Strittig ist, ob auch der Verlust der Postulationsfähigkeit eines Anwalts zu einem Erlöschen der Verfahrensvollmacht führt; s. dazu näher mit Darstellung des Meinungsstandes BGH v. 26.1.2006 – III ZB 63/05, NJW 2006, 2260 (2261) und BGH v. 22.4.2008 – X ZB 18/07, MDR 2008, 873 (874) (jeweils offen gelassen).
7 Näher Zöller/*Vollkommer*, § 87 ZPO Rz. 4 f.

gegenüber dem Gericht und – entweder unmittelbar oder über das Gericht – gegenüber den übrigen Beteiligten.[1]

In **Verfahren mit notwendiger anwaltlicher Vertretung** erlangt entsprechend § 87 Abs. 1, 2. Halbs. ZPO das Erlöschen einer Vollmacht erst dann rechtliche Wirksamkeit, wenn die Bestellung eines neuen Verfahrensbevollmächtigten angezeigt wird. Dies setzt allerdings voraus, dass der neue Rechtsanwalt auch in der Lage ist, den Beteiligten rechtswirksam zu vertreten. Der neu bestellte Verfahrensbevollmächtigte muss mithin für das betreffende Verfahren postulationsfähig, also etwa im Verfahren der Rechtsbeschwerde beim BGH zugelassen sein.[2] Es handelt sich hierbei um eine weitere Voraussetzung neben der Erlöschensanzeige. Die bloße Bestellung eines neuen Bevollmächtigten ohne Hinweis auf eine Mandatsbeendigung des früheren ersetzt die Anzeige nicht, weil ein Beteiligter entsprechend § 84 ZPO mehrere Bevollmächtigte haben kann.[3] 46

d) Rechte und Pflichten des Bevollmächtigten nach Mandatskündigung

Die Regelung des entsprechend anwendbaren § 87 Abs. 2 ZPO betrifft nur die Fälle einer Mandatsniederlegung durch den Bevollmächtigten selbst. Er ist hiernach berechtigt, so lange für seinen früheren Mandanten zu handeln, bis dieser für die Wahrnehmung seiner Rechte in anderer Weise gesorgt hat. Die Regelung hat eine **doppelte Schutzrichtung**: Durch die Einräumung von Handlungsbefugnissen bezweckt sie zum einen den Schutz des Beteiligten vor einer Situation, in der er ohne Vertreter ist. Sie dient darüber hinaus aber auch dem Schutz des Bevollmächtigten, der nach einer Mandatsniederlegung möglicherweise einem Schadensersatzanspruch aus § 671 Abs. 2 Satz 2 BGB ausgesetzt ist und die Möglichkeit haben soll, den Eintritt eines Schadens durch geeignete Maßnahmen abzuwenden.[4] Zustellungen müssen nach einer Anzeige zwar nicht mehr gem. § 15 Abs. 2 FamFG iVm. § 172 ZPO ihm gegenüber bewirkt werden. Er ist aber im Rahmen des § 87 Abs. 2 ZPO weiterhin berechtigt, Zustellungen für den Beteiligten entgegenzunehmen. Macht er hiervon Gebrauch, ist die an ihn erfolgte Zustellung wirksam und er seinerseits verpflichtet, seinen früheren Mandanten zu unterrichten. Unterlässt er dies, gereicht dies dem Beteiligten nicht gem. § 85 Abs. 2 ZPO zum Verschulden und ihm ist ggf. Wiedereinsetzung in den vorigen Stand nach § 17 Abs. 1 zu gewähren.[5] 47

8. Handeln eines vollmachtlosen Vertreters, § 89 ZPO

Zeigt sich im Verlauf eines Verfahrens ein Vollmachtsmangel, hat das Gericht entsprechend § 89 Abs. 1 Satz 1 ZPO die Möglichkeit, den Bevollmächtigten einstweilen gegen oder ohne Sicherheitsleitung für Verfahrenskosten und etwaige sonstige Schäden zur Verfahrensführung zuzulassen (zu weiteren Möglichkeiten s. Rz. 16). Für diese im freien Ermessen des Gerichts stehende Entscheidung ist es unerheblich, worin der Mangel begründet ist. Auch die bewusst vollmachtlose Vertretung ist von der Norm erfasst.[6] Die Zulassung kann für den Fall eines Einverständnisses aller Beteiligten 48

1 Musielak/*Weth*, § 86 ZPO Rz. 4.
2 BGH v. 25.4.2007 – XII ZR 58/06, MDR 2007, 1033.
3 BGH v. 30.5.2007 – XII ZB 82/06, NJW 2007, 3640 (3643).
4 Musielak/*Weth*, § 87 ZPO Rz. 1.
5 BGH v. 19.9.2007 – VIII ZB 44/07, NJW 2008, 234; Thomas/Putzo/*Hüßtege*, § 87 Rz. 8.
6 Thomas/Putzo/*Hüßtege*, § 89 Rz. 1 f.; offen gelassen BAG v. 4.2.2003 – 2 AZB 62/02, NZA 2003, 628.

stillschweigend erfolgen, ansonsten hat ein Beschluss zu ergehen, der als bloße **Zwischenentscheidung** nicht mit der Beschwerde nach § 58 anfechtbar ist.[1] Angezeigt ist sie aber nur dann, wenn abzusehen ist, dass der Mangel behebbar ist. Ist dies nicht der Fall, hat eine der jeweiligen Verfahrenslage entsprechende Endentscheidung zu ergehen (s. dazu Rz. 51)

49 Der einstweilen zugelassene Bevollmächtigte ist sowohl vom Gericht als auch von den übrigen Beteiligten als Verfahrensbevollmächtigter zu behandeln. Eine Endentscheidung darf nach § 89 Abs. 1 Satz 2 ZPO aber erst ergehen, nachdem eine für die Beibringung der Genehmigung zur bisherigen Verfahrensführung oder einer Vollmacht zu setzende Frist abgelaufen ist. Eine Genehmigung vorher vollmachtlosen Handelns ist nach Abs. 2 auch stillschweigend und rückwirkend möglich. Diese hat aber wie im Falle der Überschreitung von Vollmachtsbeschränkungen (Rz. 28) aus Gründen der Rechtssicherheit nicht nur für einzelne Verfahrenshandlungen, sondern für die gesamte bisherige Verfahrensführung des Vertreters zu erfolgen.[2]

50 Ist die Vollmacht weder innerhalb der gesetzten Frist noch später bis zur Entscheidungsreife der Sache beigebracht, ergeht neben der nach der Verfahrenslage zu treffenden Entscheidung in der Hauptsache gem. § 89 Abs. 1 Satz 3 ZPO eine **Kostenentscheidung** mit einer Verpflichtung des vollmachtlosen Vertreters zur Zahlung der durch die einstweilige Zulassung den übrigen Beteiligten entstandenen Kosten. Diese sind nicht zwingend mit den Kosten des Verfahrens identisch, können dies aber sein (dazu und zur Anfechtung der Kostenentscheidung auch Rz. 53). Ein etwaiger daneben bestehender **Schadensersatzanspruch** der übrigen Beteiligten gegen den vollmachtlosen Vertreter ist als materiellrechtlicher Anspruch in einem gesonderten Zivilprozess geltend zu machen.[3]

C. Entscheidung bei nicht mehr behebbarem Vollmachtsmangel

I. Entscheidung in der Hauptsache

51 In **Amtsverfahren** hat ein nicht behebbarer Vollmachtsmangel für die Entscheidung in der Hauptsache letztlich keine Auswirkungen. So hat etwa in Betreuungssachen die nach der Sach- und Rechtslage zu treffende Entscheidung auch dann zu ergehen, wenn für den Betroffenen oder einen sonstigen Beteiligten ein vollmachtloser Vertreter aufgetreten ist und dessen Verfahrensführung auch nicht genehmigt worden war. Allerdings ist zu beachten, dass die nicht ordnungsgemäße Vertretung eines Beteiligten gem. § 72 Abs. 3 FamFG iVm. § 547 Nr. 4 ZPO eine Rechtsverletzung darstellt, die einer Rechtsbeschwerde zum Erfolg verhelfen kann. Auch kann hierauf ein Wiederaufnahmeverfahren gestützt werden (§ 48 Abs. 2 FamFG iVm. § 579 Abs. 1 Nr. 4 ZPO). Wird der Mangel erkannt, sollten daher alle für eine Endentscheidung notwendigen Verfahrenshandlungen ohne Beteiligung des vollmachtlos Handelnden nachgeholt werden.

52 Anders ist es dagegen **in Antragsverfahren oder bei Rechtsmitteln**. Ist in diesen Fällen der Antragsteller oder Rechtsmittelführer wegen eines Vollmachtsmangels unheilbar nicht wirksam vertreten, ist der Antrag oder das Rechtsmittel als unzulässig zu ver-

1 S. für den Zivilprozess – ebenso – Zöller/*Vollkommer*, § 89 ZPO Rz. 3.
2 BGH v. 19.7.1984 – X ZB 20/83, BGHZ 92, 137 (142); Thomas/Putzo/*Hüßtege*, § 87 Rz. 15.
3 Musielak/*Weth*, § 89 ZPO Rz. 11.

werfen.[1] Im Falle einer vollmachtlosen Vertretung sonstiger Beteiligten gilt das zu Rz. 50 Ausgeführte entsprechend.

II. Kostenentscheidung

Eine Kostenlast des vollmachtlosen Vertreters kann nicht nur wegen der Kosten anderer Beteiligten im Falle einer einstweiligen Zulassung nach § 89 Abs. 1 Satz 3 ZPO in Betracht kommen, sondern bei einer Zurückweisung bzw. Verwerfung eines Antrags oder Rechtsmittels auch wegen der **Kosten der Hauptsache**. Diese sind nach dem Verursachungsprinzip demjenigen aufzuerlegen, der das vollmachtlose Handeln veranlasst hat. Dies ist entweder der Beteiligte selbst oder der vollmachtlos Handelnde, falls er den Mangel der Vollmacht kannte. Die entsprechenden Grundsätze gelten nicht nur im Zivilprozess,[2] sondern waren auch im FGG-Verfahren anerkannt.[3] Nunmehr lässt sich eine Kostenentscheidung zu Lasten des angeblichen Vertreters aus § 81 Abs. 4 herleiten, wonach einem Dritten Kosten des Verfahrens auferlegt werden können, soweit die Tätigkeit des Gerichts durch ihn veranlasst worden ist und ihn ein grobes Verschulden trifft, was im Falle einer Kenntnis vom Vollmachtsmangel oder bei grob fahrlässiger Unkenntnis hiervon regelmäßig anzunehmen ist. 53

Eine Kostenentscheidung zu Lasten des Bevollmächtigten ist von diesem auch ohne Beschwer in der Hauptsache mit der **Beschwerde** anfechtbar, wenn der Beschwerdewert von mehr als 600 Euro erreicht ist. Bei der vom Beschwerdewert abhängigen Beschwerde in vermögensrechtlichen Angelegenheiten nach § 61 Abs. 1 macht es nämlich keinen Unterschied, ob sich der Beschwerdeführer gegen eine Kosten- oder Auslagenentscheidung oder aber gegen eine ihn wirtschaftlich belastende Entscheidung in der Hauptsache wendet.[4] 54

§ 12
Beistand

Im Termin können die Beteiligten mit Beiständen erscheinen. Beistand kann sein, wer in Verfahren, in denen die Beteiligten das Verfahren selbst betreiben können, als Bevollmächtigter zur Vertretung befugt ist. Das Gericht kann andere Personen als Beistand zulassen, wenn dies sachdienlich ist und hierfür nach den Umständen des Einzelfalls ein Bedürfnis besteht. § 10 Abs. 3 Satz 1 und 3 und Abs. 5 gilt entsprechend. Das von dem Beistand Vorgetragene gilt als von dem Beteiligten vorgebracht, soweit es nicht von diesem sofort widerrufen oder berichtigt wird.

A. Überblick/Anwendungsbereich

Die Vorschrift entspricht inhaltlich dem früheren, ab dem 1.7.2008 geltenden § 13 Abs. 6 FGG in der Fassung des Gesetzes zur Neuregelung des Rechtsberatungsrechts 1

1 Jansen/*v. König*, § 13 FGG Rz. 48.
2 Stein/Jonas/*Bork*, § 88 Rz. 14 mwN.
3 BayObLG v.12.6.1986 – BReg. 3Z 29/86, NJW 1987, 136; Jansen/*v. König*, § 13 FGG Rz. 48.
4 BT-Drucks. 16/6308, S. 204.

v. 12.12.2007.[1] Sie betrifft nur die Begleitung der Beteiligten und die Ausführung ihrer Parteirechte in der Gerichtsverhandlung und setzt voraus, dass die Beteiligten selbst ebenfalls erschienen sind. Die praktische Bedeutung der Vorschrift ist wegen der aus § 10 Abs. 2 folgenden Möglichkeit von Beteiligten, sich durch nicht anwaltliche Bevollmächtigte vertreten zu lassen, sowie wegen ihrer Befugnis aus § 11 Satz 5 FamFG iVm. § 83 Abs. 2 ZPO, auch für einzelne Verfahrenshandlungen, zB eine Terminsvertretung, eine Vollmacht zu erteilen, gering.

2 Die Norm gilt nicht in Ehesachen und Familienstreitsachen (§ 113 Abs. 1). An Ihre Stelle tritt der im Wesentlichen inhaltsgleiche § 90 ZPO.

B. Inhalt der Vorschrift

3 Die Möglichkeit eines Beteiligten, sich eines Beistands zu bedienen, gilt unabhängig davon, ob es sich um ein Verfahren mit Anwaltszwang handelt oder nicht. Beistand ist dabei jemand, der die Rechte des Beteiligten, die er selbst ausüben kann bzw. die in Verfahren mit notwendiger anwaltlicher Vertretung bei ihm verblieben sind, wahrnimmt. Personen, die kraft ihrer Fachkunde von einem Beteiligten unterstützend im Termin hinzugezogen werden, zB Privatgutachter, gehören hierzu nicht.[2] Die Wirkung der Handlungen des Beistands ergibt sich aus Satz 5. Anträge, die der Beistand formuliert, sind hiernach rechtlich solche des Beteiligten.[3]

4 Nach Satz 2 kann grundsätzlich nur eine Person als Beistand auftreten, die in Verfahren ohne Anwaltszwang gem. § 10 als Bevollmächtigter vertretungsbefugt ist. Ausnahmen hiervon können nach Satz 3 vom Gericht zugelassen werden. Mögliche Konstellationen für die **Zulassung nicht vertretungsbefugter Personen** sieht der Gesetzgeber insbesondere in Betreuungs- und Unterbringungssachen.[4] Allerdings ist ggf. auch zu klären, wie genau die Stellung der Begleitperson ist und ob wirklich die Zulassung als Beistand gewollt ist; denn in Unterbringungs- und Freiheitsentziehungssachen kann der Betroffene eine **Vertrauensperson** benennen und diese kann gem. §§ 315 Abs. 4 Nr. 2, § 418 Abs. 3 Nr. 2 kraft einer ebenfalls in das Ermessen des Gerichts gestellten Hinzuziehung die verfahrensmäßig weiter gehende Stellung eines Beteiligten erlangen (s. dazu § 315 Rz. 6 f., § 418 Rz. 7–9).

5 Die **Zurückweisung von Beiständen** ist nach Satz 4 unter den gleichen Voraussetzungen wie bei einem Bevollmächtigten nach § 10 Abs. 3 Satz 1, 2 möglich. Auch gilt das Auftretungsverbot des § 10 Abs. 5 für Richter an ihrem Gericht.

1 BGBl. I, S. 2840.
2 BT-Drucks. 16/3655, S. 90.
3 BT-Drucks. 16/3655, S. 92.
4 BT-Drucks. 16/3655, S. 92.

§ 13
Akteneinsicht

(1) Die Beteiligten können die Gerichtsakten auf der Geschäftsstelle einsehen, soweit nicht schwerwiegende Interessen eines Beteiligten oder eines Dritten entgegenstehen.

(2) Personen, die an dem Verfahren nicht beteiligt sind, kann Einsicht nur gestattet werden, soweit sie ein berechtigtes Interesse glaubhaft machen und schutzwürdige Interessen eines Beteiligten oder eines Dritten nicht entgegenstehen. Die Einsicht ist zu versagen, wenn ein Fall des § 1758 des Bürgerlichen Gesetzbuchs vorliegt.

(3) Soweit Akteneinsicht gewährt wird, können die Berechtigten sich auf ihre Kosten durch die Geschäftsstelle Ausfertigungen, Auszüge und Abschriften erteilen lassen. Die Abschrift ist auf Verlangen zu beglaubigen.

(4) Einem Rechtsanwalt, einem Notar oder einer beteiligten Behörde kann das Gericht die Akten in die Amts- oder Geschäftsräume überlassen. Ein Recht auf Überlassung von Beweisstücken in die Amts- oder Geschäftsräume besteht nicht. Die Entscheidung nach Satz 1 ist nicht anfechtbar.

(5) Werden die Gerichtsakten elektronisch geführt, gilt § 299 Abs. 3 der Zivilprozessordnung entsprechend. Der elektronische Zugriff nach § 299 Abs. 3 Satz 2 und 3 der Zivilprozessordnung kann auch dem Notar oder der beteiligten Behörde gestattet werden.

(6) Die Entwürfe zu Beschlüssen und Verfügungen, die zu ihrer Vorbereitung gelieferten Arbeiten sowie die Dokumente, die Abstimmungen betreffen, werden weder vorgelegt noch abschriftlich mitgeteilt.

(7) Über die Akteneinsicht entscheidet das Gericht, bei Kollegialgerichten der Vorsitzende.

Literatur: *Bartsch*, Das Recht auf Einsicht in die Nachlassakte, ZErb 2004, 80; *Bartsch*, Einsicht in Personenstandsregister, NJW-Spezial 2009, 199; *Braun*, Zum Anspruch auf Erteilung einer Abschrift des Erbscheins, Rpfleger 2006, 410; *Habscheid*, Verfahren vor dem Rechtspfleger – Rechtliches Gehör oder faires Verfahren, Rpfleger 2001, 209; *Haertlein*, Die Erteilung von Abschriften gerichtlicher Entscheidungen an wissenschaftlich Interessierte und die Erhebung von Kosten, ZZP 114 (2001), 411; *Holch*, Zur Einsicht in Gerichtsakten durch Behörden und Gerichte, ZZP 87 (1974), 14; *Keim*, Anspruch des Rechtsnachfolgers eines Vertragsteils auf Erteilung einer Abschrift des Erbvertrages auch gegen den Widerspruch des anderen Vertragsteils, ZEV 2007, 591; *Keller*, Die Akteneinsicht Dritter zu Forschungszwecken, NJW 2004, 413; *Müller*, Das Recht auf Einsicht in Nachlassakten und die Bedeutung des Erbes für die Unterhaltsberechnung, DAVorm 1998, 875; *Pardey*, Informationelles Selbstbestimmungsrecht und Akteneinsicht, NJW 1989, 1647; *Prütting*, Datenschutz und Zivilverfahrensrecht in Deutschland, ZZP 106 (1993), 427; *Schimke*, Datenschutz und Betreuungsrecht, BtPrax 1993, 74; *Wagner*, Datenschutz im Zivilprozess, ZZP 108 (1995), 193.

A. Überblick

1 Im bisherigen § 34 FGG war die Akteneinsicht ohne Differenzierung zwischen Beteiligten und Dritten geregelt. Die Gewährung stand im Ermessen des Gerichts und war nach dem Gesetzeswortlaut immer von der Glaubhaftmachung eines **berechtigten Interesses** abhängig. In der Rspr. war indes erkannt worden, dass schon wegen des Anspruchs aus Art. 103 Abs. 1 GG auf Gewährung rechtlichen Gehörs Verfahrensbeteiligten ein Recht auf Akteneinsicht idR nicht abgesprochen und nur in besonders gelagerten Fällen verweigert oder auf bestimmte Teile der Akten beschränkt werden kann. Dem trägt § 13 Rechnung, indem nach Abs. 1 Beteiligte grundsätzlich ein Einsichtsrecht haben, es sei denn, dass „**schwerwiegende Interessen**" eines anderen Beteiligten oder eines Dritten entgegenstehen. Bei der Akteneinsicht Dritter verbleibt es dagegen gem. Abs. 2 bei einer Ermessensentscheidung, bei der für die Gewährung weiterhin die Glaubhaftmachung eines berechtigten Interesses erforderlich ist. Weitere Voraussetzung ist es zudem, dass „**schutzwürdige Interessen**" eines Beteiligten oder eines Dritten nicht entgegenstehen.

2 In den Abs. 3 bis 5 ist die Art und Weise der Gewährung von Akteneinsicht für die Beteiligten sowie für Rechtsanwälte, Notare und am Verfahren beteiligte Behörden auch für den Fall der elektronischen Aktenführung geregelt.

3 Das nach früherem Recht gem. § 78 FGG bestehende Recht auf Einsicht in Nachlassakten für jedermann im Falle der Feststellung nach § 1964 BGB, dass ein anderer Erbe als der Fiskus nicht vorhanden sei, ist entfallen. Die dort geregelten Fälle sind von dem allgemeinen Akteneinsichtsrecht erfasst.[1]

1 BT-Drucks. 16/6308, S. 282.

B. Anwendungsbereich

I. Ehesachen und Familienstreitsachen

Die Vorschrift gilt nicht in Ehesachen und Familienstreitsachen (§ 113 Abs. 1). Für sie findet § 299 ZPO Anwendung. 4

II. Weitere Sonderregelungen

1. Nachlasssachen

Gem. **§ 357** Abs. 1, der die mit dem FGG-Reformgesetz aufgehobene bisherige Regelung des § 2264 BGB ersetzt, ist das Einsichtsrecht in eine eröffnete Verfügung von Todes wegen vom Vorliegen eines **rechtlichen Interesses** abhängig; ein berechtigtes Interesse reicht also nicht. Darüber hinaus wurde in § 357 Abs. 1 das Einsichtsrecht auf alle Arten von Verfügungen von Todes wegen ausgedehnt. Ferner wird in § 357 Abs. 2 der Anspruch auf Erteilung einer Ausfertigung des Erbscheins oder anderer Zeugnisse von der Glaubhaftmachung eines rechtlichen Interesses abhängig gemacht, und zwar als lex specialis gegenüber § 13 Abs. 3.[1] 5

Ebenfalls von der Glaubhaftmachung eines rechtlichen Interesses abhängig sind die Einsichtsrechte nach §§ 1953 Abs. 3 Satz 2, 1957 Abs. 2 Satz 2 BGB (Ausschlagungserklärung und deren Anfechtung), § 2010 BGB (Inventar), § 2081 Abs. 2 Satz 2 BGB (Anfechtungserklärung einer letztwilligen Verfügung) und § 2384 Abs. 2 BGB (Anzeige des Erbschaftskaufs). 6

2. Registersachen

Durch **§ 385** wird klargestellt, dass für die Einsicht in die nach § 374 beim Amtsgericht geführten Register sowie in die zu den Registern eingereichten Schriftstücke § 13 nicht anwendbar ist, sondern die besonderen registerrechtlichen Vorschriften in § 9 Abs. 1 HGB, § 156 Abs. 1 GenG, § 5 Abs. 2 PartGG, § 79 Abs. 1, § 1563 BGB sowie ergänzend hierzu die aufgrund von § 387 erlassenen Rechtsverordnungen maßgeblich sind. 7

3. Grundbuchsachen

In Grundbuchsachen wird § 13 ersetzt durch die §§ 12 bis 12b GBO, nach denen bereits die **Darlegung eines berechtigten Interesses** ausreicht, also eine Glaubhaftmachung nicht erforderlich ist. Ferner enthalten die §§ 132, 133 GBO für das elektronisch geführte Grundbuch die Voraussetzungen für das elektronische Abrufverfahren durch Notare oder andere Anwender mit einem berechtigten Interesse. 8

4. Personenstandssachen

Für die Einsichtnahme in Personenstandsregister und Sammelakten und das Recht auf Erteilung von Personenstandsurkunden sind die §§ 61 bis 66 PStG in der seit dem 1.1.2009 geltenden Fassung maßgeblich. Hiernach bestehen Einsichtsrechte für Perso- 9

1 BT-Drucks. 16/6308, S. 282.

nen, auf die sich der Registereintrag bezieht, sowie deren Ehegatten bzw. Lebenspartner. Andere Personen haben ein **rechtliches Interesse** glaubhaft zu machen (§ 62 PStG). Einschränkungen bestehen nach Adoptionen sowie nach Vornamensänderungen aufgrund des Transsexuellengesetzes (§ 63 PStG). Es können unter bestimmten Voraussetzungen Sperrvermerke angebracht werden (§ 64 PStG). Sonderregelungen gibt es für Behörden und für die Einsichtnahme für wissenschaftliche Zwecke (§§ 65, 66 PStG).

5. Notariatsakten

10 Das Recht auf Einsicht in Notariatsakten und notarielle Urkunden sowie auf Erteilung von Ausfertigungen und beglaubigte Abschriften richtet sich nach § 51 BeurkG. § 13 gilt nicht, auch nicht subsidiär.[1]

C. Normzweck und verfassungsrechtliche Grundlagen

I. Grundlagen

11 Das Recht auf Akteneinsicht durch die am Verfahren Beteiligten hat – wie in Rz. 1 bereits ausgeführt – seine verfassungsrechtliche Grundlage in dem Anspruch auf rechtliches Gehör aus Art. 103 Abs. 1 GG, das auch das **Recht auf Information** umfasst.[2] Art. 103 Abs. 1 GG bezieht sich allerdings nach der Rspr. des BVerfG nur auf das Verfahren vor dem Richter, während im Verfahren vor dem Rechtspfleger der aus Art. 2 GG in Verbindung mit dem Rechtsstaatsprinzip (Art. 20 GG) folgende Grundsatz der Gewährleistung eines fairen Verfahrens gilt.[3] Ein faires Verfahren setzt aber ebenfalls voraus, dass die Beteiligten die hierfür notwendigen Informationen erhalten.[4]

12 Ein beliebiger Zugriff auf personenbezogene Daten ist indes verfassungsrechtlich nicht zulässig; denn das Informationsrecht eines Beteiligten kann mit dem aus Art. 2 Abs. 1, Art. 1 Abs. 1 GG folgenden Grundrecht eines anderen Beteiligten auf **informelle Selbstbestimmung als Teilbereich des allgemeinen Persönlichkeitsrechts** konkurrieren. Einschränkungen dieses Grundrechts sind nach dem Volkszählungsurteil des BVerfG „nur im überwiegenden Allgemeininteresse zulässig. Sie bedürfen einer verfassungsgemäßen gesetzlichen Grundlage, die dem rechtsstaatlichen Gebot der Normenklarheit entsprechen muss. Bei seinen Regelungen hat der Gesetzgeber ferner den Grundsatz der Verhältnismäßigkeit zu beachten. Auch hat er organisatorische und verfahrensrechtliche Vorkehrungen zu treffen, welche der Gefahr einer Verletzung des Persönlichkeitsrechts entgegenwirken".[5] Dem wird durch die abgestuften Voraussetzungen bzw. Grenzen für Einsichtsrechte in § 13 Abs. 1 und 2 Rechnung getragen. Zusätzlich hat jeweils im Einzelfall eine Abwägung zu erfolgen, ob ggf. das informelle Selbstbestimmungsrecht von Beteiligten der Gewährung von Akteneinsicht an einen Dritten entgegensteht. Die Entscheidung steht auch nach Glaubhaftmachung eines berechtigten Interesses durch den Dritten im pflichtgemäßen **Ermessen** des Gerichts. Dabei ist zudem dem Umstand Rechnung zu tragen, dass das Verfahren nach dem

1 Keidel/*Kahl*, § 34 FGG Rz. 9 zum bisherigen Recht.
2 *Radtke* in BeckOK, GG Art. 103 Rz. 10.
3 BVerfG v. 18.1.2000 – 1 BvR 321/96, NJW 2000, 1709.
4 Jansen/*v. König*, § 34 FGG Rz. 2.
5 BVerfG v. 15.12.1983 – 1 BvR 209/83, NJW 1984, 419 (422) und LS 2.

FamFG grundsätzlich nicht öffentlich ist.[1] Hieraus können sich weitere Einschränkungen für Einsichtsmöglichkeiten ergeben. Dies gilt auch dann, wenn die Akteneinsicht wissenschaftlichen Zwecken dienen soll.[2]

II. Verhältnis zu den Datenschutzgesetzen

13 Im Verhältnis zu den Datenschutzgesetzen des Bundes und der Länder greift das datenschutzrechtliche **Subsidiaritätsprinzip** des § 1 Abs. 3 BDSG und der entsprechenden Vorschriften der Länder ein, etwa § 2 Abs. 3 DSG NRW, wonach sonstige Vorschriften, die auf personenbezogene Daten anzuwenden sind, Vorrang haben. Bei den Regelungen über die Gewährung von Akteneinsicht in gerichtlichen Verfahren, also auch bei § 13, handelt es sich um derartige Vorschriften mit der Folge, dass die **Datenschutzgesetze keine Anwendung** finden.[3]

III. Übermittlung von Akten und Daten an andere Behörden und Gerichte

1. Personenbezogene Daten

14 Infolge der Vorgaben des BVerfG im Volkszählungsurteil zur Notwendigkeit gesetzlicher Grundlagen für eine Beschränkung des informellen Selbstbestimmungsrechts erfolgte durch das Justizmitteilungsgesetz v. 18.6.1997[4] in den §§ 12 bis 22 EGGVG eine Regelung für die Übermittlung personenbezogener Daten durch die Gerichte der ordentlichen Gerichtsbarkeit und die Staatsanwaltschaften. Hierzu hatte es vorher nur Verwaltungsanweisungen gegeben, so für die Ziviljustiz die bundeseinheitliche **Anordnung über Mitteilungen in Zivilsachen (MiZi)**. Diese wurde sodann den neuen gesetzlichen Grundlagen in den §§ 12 bis 22 EGGVG angepasst.

15 Auch das FamFG enthält für bestimmte Verfahren Regelungen über Mitteilungen an andere öffentliche Stellen, so in **§ 216a** in Gewaltschutzsachen gegenüber der Polizei, in den **§§ 308 bis § 311, 338 und § 431** für verschiedene Konstellationen in Betreuungs-, Unterbringungs- und Freiheitsentziehungssachen, in den **§§ 347, 356** für das Nachlassgericht sowie in **§ 400** für das Registergericht. Ferner ist in **§ 379** eine Mitteilungspflicht anderer öffentlicher Stellen gegenüber dem Registergericht für den Fall einer amtlich erlangten Kenntnis von unzureichenden Eintragungen angeordnet. Auf die Einzelkommentierungen zu den jeweiligen Vorschriften wird verwiesen.

2. Überlassung von Akten

16 Von der Übermittlung personenbezogener Daten zu unterscheiden sind die Überlassung von Akten oder die Übermittlung von Abschriften an Behörden oder andere Gerichte. Diese sind von den §§ 12 ff. GVG nicht erfasst.[5] Soweit die **Behörde selbst Beteiligte** eines Verfahrens ist, besteht für sie das uneingeschränkte Akteneinsichts-

1 Jansen/*v. König*, § 34 FGG Rz. 2; Keidel/*Kahl*, § 34 FGG Rz. 1b u. 15d; MüKo.ZPO/*Prütting*, § 299 ZPO Rz. 32 für die gleich gelagerte Problematik im Zivilprozess.
2 BVerwG v. 9.10.1985 – 7 B 188/85, NJW 1986, 1277 (1278).
3 Jansen/*v. König*, § 34 FGG Rz. 2; Keidel/*Kahl*, § 34 FGG Rz. 1a; *Prütting*, ZZP 106 (1993), 427 (456).
4 BGBl. I, S. 1430.
5 Stein/Jonas/*Leipold*, § 299 ZPO Rz. 64.

recht des § 13 Abs. 1. Ist die Behörde nicht am Verfahren beteiligt, ist Abs. 2 nicht einschlägig; denn die Norm lässt andere gesetzliche Vorschriften, nach denen am Verfahren nicht beteiligte Behörden Akteneinsicht verlangen können, unberührt.

17 **Andere Gerichte** können wegen der Einbeziehung des Verfahrens nach dem FamFG in das GVG auch Akteneinsicht im Wege der Rechtshilfe verlangen. In diesen Fällen obliegt es den die Akteneinsicht vornehmenden Gerichten, die Wahrung der datenschutzrechtlichen Bestimmungen sicherzustellen.[1]

18 Für **andere Behörden** stellt sich die Überlassung nicht als Rechtshilfe iSd. § 156 ff. GVG dar, sondern als **Amtshilfe** gem. Art. 35 GG.[2] Zuständig für die Gewährung ist der Vorstand des Gerichts, also die Justizverwaltung, von der jedoch häufig die Entscheidung über entsprechende Gesuche an den mit der Sache befassten Richter bzw. den Vorsitzenden des Spruchkörpers delegiert wird. Bei der Entscheidung über das Gesuch handelt es sich daher um einem **Justizverwaltungsakt** nach den §§ 23 ff. EGGVG.[3] Die Überlassung ist nur zulässig, wenn – wie bei der Übersendung an sonstige Dritte nach § 13 Abs. 2 – schützenswerte Interessen der Beteiligten oder Dritter nicht verletzt werden oder wenn diese einverstanden sind.[4] Insbesondere der Inhalt von Ehescheidungs- oder Sorgerechtsakten unterliegt auch gegenüber Behörden grundsätzlich der Geheimhaltung. Ohne Einverständnis der Beteiligten kommt eine Preisgabe daher nur für Zwecke in Betracht, die in einem unmittelbaren sachlichen Zusammenhang mit dem ursprünglichen Verfahrenszweck stehen oder wenn dies unter Anlegung eines strengen Maßstabs unabweisbar notwendig ist, um hochrangige Rechtsgüter zu schützen.[5]

D. Inhalt der Vorschrift

I. Akteneinsicht durch Beteiligte, Absatz 1

19 Beteiligte haben nach Abs. 1, mit dem ihr Anspruch auf rechtliches Gehör (Rz. 1) konkretisiert wird, ein Recht auf Akteneinsicht. Dieses Recht erstreckt sich auf die gesamten dem Gericht im Zusammenhang mit dem Rechtsstreit vorgelegten oder vom Gericht selbst geführten Akten einschließlich aller beigezogenen Unterlagen, sofern diese Akten zur Grundlage der Entscheidung gemacht werden sollen oder gemacht worden sind.[6] Erfasst hiervon sind grundsätzlich auch **Beiakten**, die das Gericht im Rahmen seiner Amtsaufklärungspflicht beigezogen hat. Über einen Vorbehalt der übersendenden Behörde, die Akten den Beteiligten bzw. bestimmten Beteiligten nicht zugänglich zu machen, darf sich das Gericht zwar nicht hinwegsetzen. Indes sind die Akten dann idR zurückzusenden und dürfen nicht verwertet werden.[7] **Von der Einsicht ausgenommen** sind nur die in Abs. 6 genannten Schriftstücke, also Entwürfe zu Beschlüssen und Verfügungen sowie für die Beratung und Abstimmung angefertigte Dokumente wie Voten und Vermerke über das Beratungsergebnis. Diese sollten zweckmäßigerweise in einem gesonderten Votenheft geführt werden.

---

1 BT-Drucks. 16/6308, S. 181.
2 BayObLG v. 13.3.1997 – 1 Z BR 257/96, FamRZ 1998, 33 mwN.
3 Keidel/*Kahl*, § 34 FGG Rz. 27.
4 Jansen/*v. König*, § 34 FGG Rz. 19.
5 OLG Hamm v. 7.10.2008 – 15 VA 7-9/08, OLGReport 2009, 82 (84).
6 BT-Drucks. 16/6308 S. 182.
7 Jansen/*v. König*, § 34 FGG Rz. 9; MüKo.ZPO/*Prütting*, § 299 ZPO Rz. 6.

Das Recht der Beteiligten auf Akteneinsicht ist besteht allerdings nicht völlig uneingeschränkt. Das Gericht kann einem Beteiligten die Einsicht im Einzelfall versagen, wenn dies aufgrund **schwerwiegender Interessen eines anderen Beteiligten oder eines Dritten** erforderlich ist. Hierbei genügt aber noch nicht jedes Interesse aus der Privatsphäre oder aus dem Vermögensbereich eines Beteiligten. Vielmehr muss das entgegenstehende Interesse so schwerwiegend sein, dass das Recht auf Akteneinsicht im Einzelfall ganz oder teilweise zurückzustehen hat. Dies kann etwa **psychiatrische Gutachten** betreffen, wenn mit der Akteneinsicht Gefahren für den betroffenen Beteiligten verbunden sind. Auch in Fällen **häuslicher Gewalt** kann – zB zur Geheimhaltung des aktuellen Aufenthaltsorts der Gewaltbetroffenen – eine Akteneinsicht nicht oder nur eingeschränkt zu gewähren sein.[1] Versagungen oder Einschränkungen der Einsichtsmöglichkeiten können ferner in Betracht kommen, wenn eine erhebliche **Gefährdung des Kindeswohls** zu besorgen ist, zB im Falle einer Bekanntgabe des Namens und der Anschrift von Pflegeltern gegenüber den am Verfahren beteiligten Eltern eines Kindes.[2] UU kann auch das **öffentliche Interesse einer Behörde**, Informationsquellen nicht offen legen zu müssen, die – teilweise – Versagung von Akteneinsicht eines anderen Beteiligten rechtfertigen. Dies kann etwa der Fall sein, wenn nach dem Abschluss einer – im Verfahren nach dem FamFG – vom Landgericht angeordneten präventiven Telekommunikationsüberwachung durch das Zollkriminalamt der Betroffene unterrichtet wird und im Rahmen eines Fortsetzungsfeststellungsantrags nach § 23c Abs. 7 ZFdG Akteneinsicht begehrt. Für die Versagung reicht eine bloße formelle Klassifikation von Dokumenten, etwa als „geheim" nicht aus. Vielmehr bedarf es für jedes einzelne Schriftstück einer umfassenden Abwägung zwischen dem Recht auf Information des Betroffenen einerseits und dem staatlichen Geheimhaltungsinteresse andererseits.[3] Auch wegen der Angaben zu den persönlichen und wirtschaftlichen Verhältnisse, die ein Beteiligter im Rahmen eines Gesuchs um Gewährung von **Verfahrenskostenhilfe** eingereicht hat, ist anderen Beteiligten regelmäßig eine Einsichtnahme zu verweigern.[4] 20

Wenn hiernach im Einzelfall Akteneinsicht ganz oder teilweise ausgeschlossen ist, haben die Beteiligten zur Wahrung des rechtlichen Gehörs Anspruch auf **Bekanntgabe des wesentlichen Inhalts** in geeigneter Form, soweit dies mit dem Zweck der Versagung vereinbar ist, etwa durch Auszüge oder eine schriftliche oder mündliche Zusammenfassung. Kann auf diese Weise das rechtliche Gehör nicht hinreichend gewährt werden, dürfen die Erkenntnisse aus den betroffenen Unterlagen grundsätzlich nicht zur Grundlage der Entscheidung gemacht werden.[5] 21

II. Akteneinsicht durch Dritte

Dritte haben anders als Beteiligte **kein Recht auf Akteneinsicht**; sie „kann" ihnen aber gewährt werden. Die Entscheidung steht hiernach im pflichtgemäßen Ermessen des Gerichts. **Die Ermessensausübung hat aufgrund einer Abwägung zu erfolgen**, der eine mehrstufige Prüfung vorauszugehen hat. Zunächst ist festzustellen, ob der Dritte ein 22

1 BT-Drucks. 16/6308, S. 182.
2 OLG Stuttgart v. 13.2.1985 – 8 W 35/85, FamRZ 1985, 525; OLG Köln v. 17.7.1997 – 16 Wx 127/97, FamRZ 1998, 307.
3 OLG Köln v. 21.9.1998 – 16 Wx 132/98, n.v.
4 BVerfG v. 14.1.1991 – 1 BvR 41/88, NJW 1991, 2078.
5 BT-Drucks. 16/6308, S. 182.

berechtigtes Interesse dargelegt hat. Danach stellt sich die Frage, ob er es auch glaubhaft gemacht hat. Wenn dies der Fall ist, ist weiter zu prüfen, ob nicht entgegenstehende schutzwürdige Interessen eines Beteiligten oder eines Dritten bestehen. Sodann sind ggf. die unterschiedlichen Interessen abzuwägen (s. auch Rz. 12).

1. Bestehen eines berechtigten Interesses

23 Der aus dem früheren § 34 Abs. 1 Satz 1 FGG übernommene Begriff des berechtigten Interesses ist im Gesetz nicht definiert. Er ist umfassender als derjenige des rechtlichen Interesses, von dem nach § 299 Abs. 2 ZPO im Zivilprozess die Akteneinsicht durch Dritte abhängig ist.[1] Ein rechtliches Interesse setzt ein bereits bestehendes Rechtsverhältnis voraus und besteht regelmäßig erst dann, wenn die erstrebte Kenntnis vom Inhalt der Akten zur Verfolgung von Rechten oder zur Abwehr von Ansprüchen erforderlich ist.[2] Ein berechtigtes Interesse kann – vorbehaltlich der Berücksichtigung eines im Einzelfall erkennbaren besonderen Interesses an einer Geheimhaltung – dagegen schon dann gegeben sein, **wenn der Antragsteller ein verständiges, durch die Sachlage gerechtfertigtes Interesse verfolgt, das auch tatsächlicher Art sein kann** und im Allgemeinen dann vorliegen wird, wenn sein künftiges Verhalten durch die Kenntnis vom Akteninhalt beeinflusst werden kann. Ferner ist es nicht stets erforderlich, dass das Interesse nicht auf andere Weise befriedigt werden kann und deshalb die Einsichtnahme in die Akten notwendig sein müsste; die Möglichkeit anderweitiger Informationserlangung kann lediglich auf der folgenden Stufe bei der Interessenabwägung mit etwaigen entgegenstehenden Interessen von Beteiligten oder Dritten zu berücksichtigen sein.[3]

24 Hat der Antragsteller allerdings bereits die erbetenen Informationen und ist nichts dafür erkennbar, dass die Akteneinsicht zu weiter gehenden Erkenntnissen führen wird, ist ein berechtigtes Interesse zu verneinen. Besteht das Informationsinteresse nur an einzelnen in den Akten erörterten Angelegenheiten, kann er Einsicht oder Abschriften nur in dem entsprechenden Umfang verlangen.[4] Das Gericht kann Einsicht dann verwehren, wenn greifbare Anhaltspunkte dafür bestehen, dass der Antragsteller nur aus Schikane handelt oder mit den gewonnenen Informationen auch unlautere Zwecke verfolgt.[5] In derartigen Fällen ist das mit der Einsicht verfolgte Interesse letztlich kein berechtigtes iSd. Abs. 2.

2. Glaubhaftmachung eines berechtigten Interesses

25 Anders als bei § 12 Abs. 1 GBO, wo die Darlegung eines berechtigten Interesses für eine Einsicht in das Grundbuch ausreicht, ist dieses nach § 13 Abs. 2 glaubhaft zu

---

1 Zur Diskrepanz zwischen § 299 Abs. 2 ZPO und § 34 FGG *Prütting*, ZZP 106 (1993), 427 (457) und *Pardey*, NJW 1989, 1647 (1751), letzterer mit der vom Gesetzgeber nicht übernommenen Forderung, auch im FGG-Verfahren die Akteneinsicht durch Dritte von einem rechtlichen Interesse abhängig zu machen.

2 BayObLG v. 12.5.1998 – 1 Z BR 5-98, NJW-RR 1999, 661 (662).

3 BGH v. 21.9.1993 – X ZB 31/92, NJW-RR 1994, 381 (382); Keidel/*Kahl*, § 34 Rz. 13.

4 BayObLG v. 30.10.1997 – 1 Z BR 166-97, NJW-RR 1998, 294, 295; Jansen/*v. König*, § 34 FGG Rz. 5; aA mit Verneinung eines Einsichtsrechts für den Fall des Interesses nur an einzelnen Aktenbestandteilen Keidel/*Kahl*, § 34 FGG Rz. 13 unter Bezugnahme auf die eine Akteneinsicht nach § 299 Abs. 2 ZPO betreffende Entscheidung OLG Hamm v. 28.8.1996 – 15 VA 5/96, NJW-RR 1997, 1489.

5 Jansen/*v. König*, § 34 FGG Rz. 7.

machen. Bei der Glaubhaftmachung handelt es sich um eine Beweisführung, bei der an die Stelle des Vollbeweises eine Wahrscheinlichkeitsfeststellung tritt. Dabei kann der am Verfahren nicht beteiligte Dritte sich nach § 31 aller präsenten Beweismittel bedienen. Er hat diese jedoch selbst beizubringen; der Amtsermittlungsgrundsatz gilt für den hier vorliegenden Fall des Begehrens einer am Verfahren nicht beteiligten Person nicht.[1] Für die Beweisführung reicht es aus, wenn eine **„überwiegende Wahrscheinlichkeit"**[2] für das Bestehen eines berechtigten Interesses spricht.

3. Berücksichtigung entgegenstehender schutzwürdiger Interessen von Beteiligten oder Dritten

Wenn der Dritte ein berechtigtes Interesse nicht nur dargelegt, sondern auch glaubhaft gemacht ist, bedarf es auf der nächsten Stufe einer Prüfung, ob schutzwürdige Interessen eines Beteiligten oder eines anderen Dritten der Gewährung von Akteneinsicht entgegenstehen. Diese Prüfung ist entbehrlich, wenn die betroffene Person sich mit der Akteneinsicht durch den Dritten einverstanden erklärt. In allen Fällen, in denen Anhaltspunkte für divergierende Interessenlagen bestehen, sollte das Gericht daher vor der Entscheidung über das Akteneinsichtsgesuch den möglicherweise betroffenen Personen Gelegenheit zur Äußerung geben. 26

Schutzwürdige Interessen von Beteiligten oder Dritten können sich aus **Persönlichkeitsrechten** der Beteiligten, insbesondere aus ihrem Recht auf informelle Selbstbestimmung (s. dazu näher Rz. 12), aber auch aus ihrer **Vermögenssphäre** ergeben.[3] Zu berücksichtigen ist dabei, dass das Verfahren grundsätzlich nicht öffentlich ist und dass häufig höchstpersönliche Daten, etwa aus dem Eltern-Kind-Verhältnis oder zu psychischen Erkrankungen, aber auch Verzeichnisse über die Einkommens- und Vermögensverhältnisse einer Person offen zu legen sind. Im Zweifel ist daher dem Geheimhaltungsinteresse betroffener Personen durch Versagung oder Einschränkung von Akteneinsichtsmöglichkeiten Rechnung zu tragen. 27

4. Sonderfall der Wahrung des Adoptionsgeheimnisses, Abs. 2 Satz 2

In Adoptionssachen gilt das Adoptionsgeheimnis. Dem trägt das **Offenbarungs- und Ausforschungsverbot des § 1758 Abs. 1 BGB** Rechnung. Hiernach dürfen Tatsachen, die geeignet sind, die Annahme als Kind und ihre Umstände zu enthüllen, nicht ohne Zustimmung des Annahmenden und des Kindes offenbart und ausgeforscht werden, es sei denn, dass besondere Gründe des öffentlichen Interesses dies erfordern. Das Verbot richtet sich an jeden, der amtlich oder privat Kenntnis von Tatsachen hat, deren Mitteilung zur Aufdeckung einer Adoption beitragen kann, und zwar auch an die leiblichen Eltern, zB im Falle einer offenen oder halb offenen Adoption.[4] Es wird verfahrensmäßig ergänzt durch § 63 Abs. 1 PStG (in der seit dem 1.1.2009 geltenden Fassung) sowie durch § 13 Abs. 2 Satz 2, der dem früheren § 34 Abs. 2 FGG entspricht. 28

In Adoptionssachen ist hiernach Dritten auch bei der Glaubhaftmachung eines berechtigten Interesses **grundsätzlich Akteneinsicht zu versagen**. Ausnahmen sind nur möglich, wenn **besondere Umstände des öffentlichen Interesses** eine Aufdeckung erforder- 29

1 Jansen/*v. König*, § 34 FGG Rz. 6.
2 So die Formel des BGH v. 11.9.2003 – IX ZB 37/03, NJW 2003, 3558.
3 Keidel/*Kahl*, § 34 FGG Rz. 15c.
4 Staudinger/*Frank*, § 1758 BGB Rz. 6 mit Beschreibung der in Betracht kommenden Personenkreise

lich machen. Dies kann etwa der Fall sein bei Fortwirkungen der natürlichen Verwandtschaft im Verfahrensrecht (Mitwirkungsverbote für Richter, Notare und Beamte), im Strafrecht oder wegen des Eheverbots des § 1307 BGB.[1] Auch das allgemeine öffentliche Interesse an der Aufklärung und Verfolgung von Straftaten kann ein Einsichtsrecht rechtfertigen.[2] Allerdings wird bei Vergehen mit erkennbar nur geringer Schuld des (möglichen) Täters das Aufklärungsinteresse der Strafverfolgungsbehörden kein „besonderes" iSd. § 1758 Abs. 1 BGB sein. Dies folgt schon daraus, dass das Strafprozessrecht in derartigen Fällen in § 153 StPO ein Absehen von einer Strafverfolgung erlaubt. Auch die Wahrung von Verfahrensgarantien für Beteiligte aus Art. 103 Abs. 1 GG bzw. dem aus Art. 2 Abs. 1, 20 Abs. 3 GG folgenden Grundsatz eines fairen Verfahrens liegt im öffentlichen Interesse. Den rechtlich geschützten Interessen des Kindes und des Annehmenden muss in einem solchen Fall durch Geheimhaltung aller Umstände Rechnung getragen werden, die eine Aufdeckung ihrer Identität ermöglichen würden, etwa indem Akteneinsicht durch Erteilung von Abschriften gewährt wird, in denen Namen und Anschrift der Adoptiveltern unkenntlich gemacht sind.[3]

30 Das Offenbarungs- und Aufklärungsverbot entfällt auch dann, **wenn der Annehmende und das Kind einverstanden sind**. Streitig ist es, von welchem Alter an das Kind sein Einverständnis selbst erteilen kann, ob es entsprechend § 63 Abs. 1 PStG (früher § 61 Abs. 2 PStG) auf die Vollendung des 16. Lebensjahres ankommt,[4] ob entsprechend § 1746 Abs. 1 BGB ein 14 Jahre altes Kind selbst entscheidet, aber zusätzlich der Zustimmung seiner gesetzlichen Vertreter bedarf,[5] oder ob in einer Kombination beider Modelle ab dem 14. Lebensjahr neben der Entscheidung des Kindes noch die Zustimmung der Eltern erforderlich ist und das 16 Jahre alte Kind allein entscheidet.[6] Zutreffend dürfte eine entsprechende Anwendung des § 1746 BGB sein, da dies in Übereinstimmungen mit zahlreichen anderen Bestimmungen steht, die einem Kind mit diesem Alter ein erhöhtes Maß an Selbstbestimmung einräumen.[7] Falls auf Seiten der gesetzlichen Vertreter des Kindes eine Interessenkollision besteht, ist entsprechend §§ 158, 191 ein Verfahrensbeistand zu bestellen.

III. Einzelfälle zur Akteneinsicht

31 Nachstehend eine Übersicht, insbesondere zu Entscheidungen, die unter der Geltung des § 34 FGG ergangen sind. Diese können im Wesentlichen auch auf das geltende Recht übertragen werden, weil die Differenzierung zwischen Einsichtsrechten von Beteiligten und Dritten in den Abs. 1 und 2 schon seinerzeit in der Rechtsprechung entwickelt worden war (s. Rz. 1). Der Schwerpunkt der Entscheidungen liegt in Betreuungssachen, was sicherlich kein Zufall ist; denn in derartigen Verfahren enthalten die Akten idR hochsensible Daten. Auch prallen nicht selten unterschiedliche Interessen beteiligter Personen oder nicht beteiligter Dritter, insbesondere Angehöriger des Betreuten aufeinander.

1 Staudinger/*Frank*, § 1758 BGB Rz. 13 f. mit weiteren Beispielen.
2 Jansen/*v. König*, § 34 FGG Rz. 8; Keidel/*Kahl*, § 34 Rz. 30.
3 BayObLG v. 7.9.1990 – BReg. 1a Z 5/90, FamRZ 1991, 224; Keidel/*Kahl*, § 34 FGG Rz. 30.
4 Erman/*Saar*, § 1758 BGB Rz. 4.
5 Keidel/*Kahl*, § 34 FGG Rz. 30; Soergel/*Liermann*, § 1758 BGB Rz. 6a.
6 MüKo.BGB/*Maurer*, § 1758 BGB Rz. 3.
7 Staudinger/*Frank*, § 1758 BGB Rz. 11.

1. Allgemein

Einsichtsrecht 32

- zur Vorbereitung von **Amtshaftungsansprüchen**, aber nur dann, wenn der Antragsteller zu dem Kreis der durch die Amtspflicht geschützten Dritten gehört,[1]
- zur Vorbereitung eines **strafrechtlichen Wiederaufnahmeverfahrens**, wenn nach dem Inhalt des Strafurteils ein Bezug zu Vorgängen besteht, die auch Gegenstand der Akten sind, auf die sich das Gesuch bezieht,[2]
- für **wissenschaftliche Zwecke**, etwa für soziologische Studien oder zur Ermittlung der Rechtsprechung zu einem bestimmten Problemkreis nach einer entsprechenden Abwägung[3] unter Berücksichtigung des Umstandes, dass sich aus dem Grundrecht auf Wissenschaftsfreiheit (Art. 5 Abs. 3 GG) ein Anspruch auf Akteneinsicht für derartige Zwecke nicht herleiten lässt.[4]

Kein Einsichtsrecht

- des Angehörigen eines Beteiligten zur Vorbereitung einer Beschwerde **bei fehlender Beschwerdebefugnis**.[5]

2. Betreuungssachen

Einsichtsrecht 33

- des **Betroffenen in ein eingeholtes ärztliches Gutachten**, es sei denn, dass nach Einschätzung des Arztes erhebliche Nachteile für die Gesundheit des Betroffenen zu besorgen sind,[6]
- eines am Verfahren beteiligten **Ehegatten**, auch wenn er mit den ebenfalls am Verfahren beteiligten Kindern der betreuten Person verfeindet ist.[7]
- eines nicht am Verfahren beteiligten **Ehegatten** bei betreuungsgerichtlicher Genehmigung des von einem Betreuer für den verfahrensunfähigen Ehegatten gestellten **Scheidungsantrags**,[8]
- eines **Miterben des Betreuten** in die den Nachlass betreffenden Angaben in den Abrechnungen des Betreuers,[9]
- eines am Verfahren beteiligten und beschwerdeberechtigten **Kindes**, wenn kein besonderes Geheimhaltungsinteresses des Betroffenen erkennbar ist, jedoch der Betreuer wegen in den Akten enthaltener Informationen über seine persönlichen und finanziellen Verhältnisse widerspricht,[10]
- eines entlassenen **Betreuers**, aber nur nach konkreter Darlegung eines noch bestehenden Informationsinteresses,[11]

---

1 KG v. 24.1.2006 – 1 W 133/05, KGReport 2006, 550.
2 BayObLG v. 30.10.1997 – 1 Z BR 166/97, FamRZ 1998, 638 für das Gesuch eines wegen Mordes an dem Erblasser Verurteilten für Akten des Nachlassverfahrens.
3 Jansen/*v. König*, § 34 FGG Rz. 3.
4 BVerwG v. 9.10.1985 – 7 B 188/85, NJW 1986, 1277 (1278).
5 BayObLG v. 28.10.1999 – 3Z BR 319/99, juris.
6 KG v. 28.3.2006 – 1 W 71/06, KGReport 2006, 664.
7 OLG Köln v. 22.4.2008 – 16 Wx 73/08, FGPrax 2008, 155.
8 KG v. 4.10.2005 – 1 W 162/05, FamRZ 2006, 433.
9 OLG Köln v. 12.3.1997 – 16 Wx 68/97, OLGReport 1997, 175.
10 OLG München v. 20.7.2005 – 33 Wx 75/05, OLGReport 2006, 63; LG Nürnberg-Fürth v. 10.8.2007 – 13 T 5907/07, FamRZ 2008, 90.
11 KG v. 14.3.2006 – 1 W 445/04, KGReport 2006, 576.

- eines am Verfahren beteiligten **Vorsorgebevollmächtigten**, es sei denn, dass die Unwirksamkeit der Vollmacht offenkundig ist,[1]
- der gesetzlichen **Erben des Betroffenen** nach dessen Tod, wenn die Akteneinsicht zur sachgerechten Wahrnehmung ihrer Interessen im Nachlassverfahren begehrt wird.[2]

Kein Einsichtsrecht

- der am Verfahren beteiligten **Eltern**, wenn der Betreute widerspricht, weil er keinen Kontakt zu seinen Eltern haben will,[3] wobei es allerdings auf die Umstände des Einzelfalles ankommen wird,
- eines am Verfahren beteiligten und beschwerdeberechtigten **Kindes**, wenn das Amtsgericht eine Betreuung abgelehnt hatte und die Betroffene widerspricht,[4]
- eines nicht mehr am Verfahren beteiligten **Kindes** zur Überwachung einer ordnungsgemäßen Vermögensverwaltung durch den Betreuer,[5]
- eines Kindes des Betreuten in die Abrechnungen und Vermögensaufstellungen des Betreuers in den Betreuungsakten als **potentieller Erbe**,[6] auch dann nicht, wenn sich die Erbenstellung aus einem Erbvertrag ergibt, jedoch die Einsichtnahme dem ausdrücklichen natürlichen, wenn auch nicht mehr rechtsgeschäftlich relevanten Willen des Betreuten widerspricht,[7]
- eines **potentiellen Erben** des Betreuten bei ohne konkrete Anhaltspunkte geäußerten **Verdächtigungen**, dass der Betreuer seine Stellung zur Verschiebung von Vermögenswerten des Betreuten in sein eigenes Vermögen missbrauche,[8]
- eines nicht beteiligten **Angehörigen** eines Betreuten vor der **Genehmigung eines Grundstücksverkaufs**,[9]
- eines **Schuldners** des Betreuten bei der **Genehmigung der Abtretung** einer Forderung.[10]

3. Familiensachen

34 Einsichtsrecht

- der **leiblichen Eltern** nach Entziehung der elterlichen Sorge in die Akten des Vormundschaftsgerichts, ggf. nach Schwärzung von Aktenteilen, etwa Namen und Anschrift von Pflegeeltern,[11]
- von **Pflegeeltern** eines minderjährigen Kindes in einem Verfahren auf Entlassung des Vormunds des Kindes.[12]

---

1 KG v. 14.11.2006 – 1 W 343/06, FamRZ 2007, 1041.
2 OLG Stuttgart v. 6.9.1993 – 8 W 346/92, BWNotZ 1993, 173.
3 OLG Frankfurt v. 14.6.1999, 20 W 209/99, OLGReport 1999, 258 (LS).
4 OLG Frankfurt, v. 7.3.2005, 20 W 538/04, OLGReport 2005, 618.
5 OLG München v. 27.7.2007 – 33 Wx 34/07, FGPrax 2007, 227 (228).
6 BayObLG v. 19.1.2005 – 3Z BR 220/04, BayObLGReport 2005, 424 (LS); Keidel/*Kahl*, § 34 Rz. 17a.
7 OLG Köln v. 21.7.2003 – 16 Wx 147/03, FamRZ 2004, 1124; OLG München v. 27.7.2007 – 33 Wx 34/07, FGPrax 2007, 227 (228).
8 OLG München v. 4.8.2005 – 33 Wx 81/05, OLGReport 2006, 62.
9 OLG München v. 28.7.2005 – 33 Wx 108/05, OLGReport 2006, 20.
10 BayObLG v. 11.10.2000 – 3Z BR 265/00, BayObLGReport 2001, 21 (LS).
11 OLG Stuttgart v. 13.2.1985 – 8 W 35/85, FamRZ 1985, 525: OLG Köln v. 17.7.1997 – 16 Wx 127/97, FamRZ 1998, 307.
12 OLG Hamm v. 13.12.2001 – 4 WF 238/01, FamRZ 2001, 1126.

Kein Einsichtsrecht

- **Dritter in Ehescheidungs- und Sorgerechtsakten**, es sei denn, dass das Begehren in einem unmittelbaren sachlichen Zusammenhang mit dem ursprünglichen Verfahrenszweck steht oder dass die Einsicht unter Anlegung eines strengen Maßstabs unabweisbar notwendig ist, um hochrangige Rechtsgüter zu schützen (s. auch Rz. 18),[1]
- eines nicht beteiligten **Dritten**, gegen den in einem **Verfahren nach § 1666 BGB** Vorwürfe erhoben werden, bei entgegenstehenden Interessen anderer Beteiligter, insbesondere des Kindes an der Vertraulichkeit seiner Angaben im Verfahren.[2]

4. Nachlassakten

Einsichtsrecht 35

- einer Person, die glaubhaft macht, dass sie als gesetzlicher oder testamentarischer **Erbe** in Betracht kommt,[3]
- eines **Pflichtteilsberechtigten**, insbesondere auf Überlassung des Nachlassverzeichnisses,[4]
- eines **Vermächtnisnehmers**,[5]
- eines **Gläubigers**, bei Glaubhaftmachung einer Forderung gegen den Nachlass.[6]

Kein Einsichtsrecht

- eines **gewerblichen Erbenermittlers** wegen seines Interesses an der Erlangung von Daten aus den Nachlassakten, um diese ggf. bei Abschluss einer Vergütungsvereinbarung weiterzugeben,[7]
- wenn der Antragsteller lediglich pauschal ein Interesse an der **Aufklärung erbrechtlicher Hintergründe** geltend macht,[8]
- bei der bloßen Darlegung einer **Verwandtschaft** mit dem Erblasser.[9]

IV. Art und Weise der Akteneinsicht

Besteht ein Akteneinsichtsrecht nach § 13 Abs. 1 oder 2, kann der Berechtigte dieses entweder selbst ausüben oder durch einen **Bevollmächtigten** ausüben lassen.[10] Als Bevollmächtigte können dabei nur die in § 10 genannten Personen auftreten, und zwar auch dann, wenn der Bevollmächtigte keinen Beteiligten, sondern einen Dritten vertritt. Allerdings wird der Bevollmächtigte eines Dritten für den Fall, dass sich die Akten beim BGH befinden, nicht die besondere Qualifikation des § 10 Abs. 4 haben 36

1 OLG Hamm v. 7.10.2008 – 15 VA 7-9/08, OLGReport 2009, 82 (84).
2 OLG Köln v. 22.2.2000 – 14 WF 20/00, FamRZ 2001, 27.
3 BayObLG v. 22.3.1984 – 1 Z 88/83, Rpfleger 1984, 238.
4 LG Erfurt v. 26.9.1996 – 7 T 126/96, Rpfleger 1997, 115.
5 BayObLG v. 4.1.1995 – 1 Z BR 167/94, FGPrax 1995, 72.
6 BayObLG v. 28.5.1990 – BReg 1a Z 54/89, Rpfleger 1990, 421 und BayObLG v. 28.10.1996 – 1 Z BR 214/96, Rpfleger 1997, 162.
7 OLG Schleswig v. 14.1.1999 – 3 W 65/98, OLGReport 1999, 109; LG Berlin v. 14.5.2004 – 87 T 105/04, Rpfleger 2004, 630.
8 BayObLG v. 10.7.2000 – 1 Z BR 79/00, BayObLGReport 2001, 10.
9 BayObLG v. 25.5.1982 – 1 Z 22/82, MDR 1982, 857.
10 Jansen/*v. König*, § 34 Rz. 11

müssen. Die ratio legis der Norm, dass ein Beteiligter sich im Rechtsbeschwerdeverfahren nur durch einen Vertreter mit einer besonderen Qualifikation vertreten lassen kann und muss, greift für einen Dritten, der keinen Einfluss auf das Verfahren nehmen kann und will, nicht ein. Ferner ist ein schriftlicher Nachweis der Vollmacht beizubringen; bei einem Rechtsanwalt oder Notar entsprechend § 11 allerdings nur auf eine Rüge eines Beteiligten (s. dazu näher § 11 Rz. 6 f., 11–15).

1. Erteilung von Auszügen durch die Geschäftsstelle, Absatz 3

37 Nach Abs. 3 Satz 1 erstreckt sich das Akteneinsichtsrecht auch auf die Erteilung von Ausfertigungen, Auszügen und Abschriften. Diese Vorschrift entspricht inhaltlich dem bisherigen § 34 Abs. 1 Satz 2, 1. Halbs. FGG und ist lediglich redaktionell überarbeitet worden. Nach Satz 2 können die Berechtigten auf ihre Kosten eine Beglaubigung der Abschrift verlangen. Die Bestimmung fasst die bisherigen § 34 Abs. 1 Satz 2, 2. Halbs. und § 78 Abs. 2, 2. Halbs. FGG zusammen und macht eine besondere Vorschrift für die Beglaubigung von Abschriften bei der Einsicht in Nachlassakten entbehrlich.[1]

38 Für die Erteilung von Ausfertigungen pp. kann ein Vorschuss nach § 8 KostO verlangt werden, da es sich nicht um ein von Amts wegen vorzunehmendes Geschäft handelt. Anders ist es nur dann, wenn es sich um ein Gesuch eines Beteiligten handelt, dem Verfahrenskostenhilfe gewährt worden ist.[2]

2. Überlassung der Akten an Rechtsanwälte, Notare und beteiligte Behörden, Absatz 4

39 Schon unter der Geltung des § 34 FGG wurde einem Rechtsanwalt oder Notar von den Gerichten die Möglichkeit eröffnet, ihm die Akten in seine Amts- oder Geschäftsräume zu überlassen, und zwar, ohne dass ihm hierauf ein Anspruch zugebilligt wurde.[3] In Abs. 4 wird diese Rspr. kodifiziert. Bei Rechtsanwälten, Notaren und beteiligten Behörden geht der Gesetzgeber von einer besonderen Zuverlässigkeit aus. Bestehen hiergegen im Einzelfall keine Bedenken und können die Akten unschwer kurzfristig entbehrt werden, werden die Voraussetzungen für die Überlassung der Akten regelmäßig gegeben sein.[4] Neben diesen beiden Komponenten können aber auch noch andere für die **nach pflichtgemäßen Ermessen** zu treffende Entscheidung maßgeblich sein, etwa der Schutz wichtiger Urkunden vor einem Verlust oder die Notwendigkeit ständiger Verfügbarkeit der Akten, etwa bei Registerakten. Wird eine Überlassung abgelehnt, kann einem auswärtigen Antragsteller bei größerer Entfernung die Möglichkeit eröffnet werden, auf der Geschäftsstelle des für seinen Amts- bzw. Geschäftssitz zuständigen Amtsgerichts die Akten einzusehen.[5] Ein Anspruch auf eine entsprechende Versendung der Akten besteht allerdings nicht.[6]

40 Zur Vermeidung von Zwischenstreitigkeiten ist die **Anfechtung** der gerichtlichen Entscheidung über die Aktenüberlassung gem. Satz 2 **ausgeschlossen**.

1 BT-Drucks. 16/6308, S. 182.
2 MüKo.ZPO/*Prütting*, § 299 ZPO Rz. 14 für die gleich gelagerte Situation im Zivilprozess.
3 Vgl. zB OLG Düsseldorf v. 1.8.2008 – I-3 Wx 118/08, OLGReport 2008, 799; OLG Köln v. 20.7.2007 – 2 Wx 34/07, FGPrax 2008, 71.
4 BT-Drucks. 16/6308, S. 182.
5 OLG Dresden v. 13.8.1996 – 15 W 797/96, NJW 1997, 667.
6 Jansen/*v. König*, § 13 FGG Rz. 13 mwN.

3. Einsicht in elektronisch geführte Akten, Absatz 5

Abs. 5 Satz 1 regelt die Akteneinsicht bei elektronischer Aktenführung, die nach § 14 Abs. 1 Satz 1 auch im Verfahren nach dem FamFG möglich ist. Nicht erfasst von der Norm ist die Einsicht in ursprünglich in Papierform geführten Akten, die nach Abschluss des Verfahrens zum Zwecke der Archivierung auf einen Datenträger übertragen worden sind. Bei diesen richten sich Einsichtnahme und die Erteilung von Abschriften pp. nach § 14 Abs. 5. Infolge der Verweisung auf § 299 Abs. 3 ZPO ist für die Einsichtnahme in elektronisch geführte Akten ähnlich wie bei Akten in Papierform zu differenzieren zwischen Gesuchen von Rechtsanwälten pp. und solchen von sonstigen Berechtigten. 41

a) Jeder Berechtigte

Jeder zur Einsichtnahme Berechtigte hat die Einsichtmöglichkeiten des § 299 Abs. 3 Satz 1 ZPO, nämlich auf Erteilung eines Aktenausdrucks, Wiedergabe auf einem Bildschirm oder Übermittlung von elektronischen Dokumenten. Ihm steht ein Wahlrecht zu, von welcher der Möglichkeiten er Gebrauch machen will. Übt er dieses auch nach Rückfrage nicht aus, entscheidet die Geschäftsstelle nach pflichtgemäßem Ermessen.[1] Die durch § 299 Abs. 3 Satz 1 ZPO begründete Zuständigkeit der Geschäftsstelle betrifft nur die Art und Weise der Einsichtnahme. Sie setzt voraus, dass zuvor eine dem Richter oder Rechtspfleger nach § 13 Abs. 7 vorbehaltene Entscheidung ergangen ist, ob und ggf. in welchem Umfang Einsicht gewährt werden kann. 42

Neben der **Erteilung eines Aktenausdrucks**, für den keine besondere Form vorgesehen ist, und der Einsichtnahme durch **Wiedergabe auf einem Bildschirm**, sei es auf der für die Aktenführung zuständigen Geschäftsstelle, sei es an einem zentralen Terminal (s. auch § 14 Rz. 33), kommt auch eine **Übermittlung elektronischer Dokumente** in Betracht. Dies wird im Regelfall per E-Mail geschehen.[2] Voraussetzung für diese Form ist aber nach § 299 Abs. 3 Satz 4 ZPO, der sich auf alle Formen der Einsichtnahme und nicht nur auf die Online-Einsicht durch Rechtsanwälte nach Satz 2 bezieht, dass ein Schutz gegen unbefugte Kenntnisnahme erfolgt und die „Gesamtheit der Dokumente" mit einer qualifizierten elektronischen Signatur versehen ist. Letzteres ist dahin zu verstehen, dass bei der Übermittlung von Teilen der Akten nur diese Teile zu signieren sind.[3] 43

b) Rechtsanwälte, Notare und beteiligte Behörden

Nach § 299 Abs. 3 Satz 2, 3 ZPO kann Bevollmächtigten, die Mitglieder einer Rechtsanwaltskammer sind (dazu § 209 BRAO), der unmittelbare elektronische Zugriff auf die Akten gestattet werden (**Online-Einsicht**). § 13 Abs. 5 Satz 2 erstreckt die Zugriffsmöglichkeit auch auf Notare und beteiligte Behörden. Bei Rechtsanwälten oder Notaren ist es für die Gestattung einer Online-Einsicht unerheblich, ob sie als Bevollmächtigte eines Beteiligten nach § 13 Abs. 1 oder als Vertreter eines Dritten nach § 13 Abs. 2 Einsicht begehren. 44

---

1 Enger Baumbach/*Hartmann*, § 299 ZPO Rz. 32 und Stein/Jonas/*Leipold*, § 299 Rz. 32, welche die Entscheidung generell dem pflichtgemäßen Ermessen der Geschäftsstelle überlassen wollen, allerdings unter „Berücksichtigung" der „Wünsche" des Antragstellers, was aber nicht einsehbar ist, da im Normalfall die Übermittlung von Dokumenten auf elektronischem Wege per E-Mail für alle Beteiligten die rationellere ist und ein Antragsteller, der eine andere Form wünscht, idR auch Gründe dafür haben wird.

2 BT-Drucks. 15/4067, S. 33.

3 Vgl. zum Ganzen Stein/Jonas/*Leipold*, § 299 ZPO Rz. 35.

45 Anders als bei der Einsichtnahme gem. § 299 Abs. 3 Satz 1 ZPO entscheidet nach Satz 2 nicht die Geschäftsstelle, sondern der Vorsitzende nach seinem pflichtgemäßen Ermessen über Gesuche um Online-Einsicht. Eine Gestattung setzt voraus, dass nach § 299 Abs. 3 Satz 3 und 4 ZPO durch technisch-organisatorische Maßnahmen sichergestellt ist, dass die Berechtigung des Abfragenden zweifelsfrei feststeht (**Authentisierung und Autorisierung**); ebenso muss der Schutz vor einer unbefugten Einsichtnahme durch Dritte während der Übertragung gewährleistet sein (**Verschlüsselung**).[1] Es liegt allerdings allein in der nicht sanktionsbewehrten Verantwortung des Berechtigten, dass die Daten, die sicherstellen sollen, dass ein Zugriff „nur" durch ihn erfolgt, etwa Benutzerkennung und Passwort, nicht Dritten überlassen werden.[2] Zurückhaltung bei der Gestattung ist daher vor allem bei Akten mit sensiblem Inhalt angezeigt.

V. Zuständigkeit für die Gewährung von Akteneinsicht, Absatz 7

46 Abs. 7 stellt klar, dass die Entscheidung über die Akteneinsicht **durch das verfahrensführende Gericht** erfolgt. Welcher Entscheidungsträger funktionell zuständig ist, richtet sich nach den für die jeweilige Angelegenheit geltenden Vorschriften, beispielsweise nach § 3 RPflG. Zur Beschleunigung und Straffung des Verfahrens entscheidet über Gesuche auf Akteneinsicht **bei Kollegialgerichten der Vorsitzende** allein.[3]

47 Die Entscheidung über Anträge auf Akteneinsicht ist **kein Akt der Justizverwaltung**, sondern eine solche, die im Rahmen der richterlichen Unabhängigkeit von dem jeweils funktionell zuständigen Entscheidungsträger getroffen wird. Dies gilt auch dann, wenn Anträge Dritter gem. Abs. 2 beschieden werden. Die Rechtslage ist insofern anders als bei § 299 Abs. 2 ZPO, wonach der „Vorstand" des Gerichts, also ein Justizverwaltungsorgan, über Anträge Dritter entscheidet.[4] Um einen Justizverwaltungsakt handelt es sich im Verfahren nach dem FamFG nur dann, wenn Akten im Wege der Amtshilfe einer nicht am Verfahren beteiligten Behörde überlassen werden (vgl. Rz. 18).

E. Rechtsmittel

48 Eine Entscheidung über ein **Akteneinsichtsgesuch eines Beteiligten** ist als bloße **Zwischenentscheidung** nicht selbständig mit der Beschwerde anfechtbar. Der von ihr Betroffene kann deshalb eine Verletzung seiner Rechte, etwa seines Grundrechts auf rechtliches Gehör aus Art. 103 Abs. 1 GG, nur mit einer Beschwerde bzw. Rechtsbeschwerde gegen die Endentscheidung in der Sache geltend machen.

49 Anders ist es dagegen bei Anträgen auf **Akteneinsicht Dritter**. In derartigen Fällen ist der Antragsteller nur wegen des Einsichtsbegehrens am Verfahren beteiligt. Entsprechendes gilt für sonstige Dritte, deren Interessen bei der Entscheidung nach § 13 Abs. 2 ebenfalls zu berücksichtigen sind. Mit der Entscheidung über das Gesuch wird

---

1 BT-Drucks. 16/6308, S. 182.

2 Stein/Jonas/*Leipold*, § 299 ZPO Rz. 40.

3 BT-Drucks. 16/6308, S. 182; so schon zu § 34 FGG die ganz überwiegende Meinung, zB OLG Köln v. 2.11.1999 – 2 Wx 43/99, FGPrax 2000, 46; *Bumiller*/Winkler, § 34 FGG Rz. 16 mwN zum Meinungsstand.

4 OLG Brandenburg v. 12.4.2007 – 11 VA 1/07, FamRZ 2007, 1575; OLG Hamm v. 19.1.2004 – 15 VA 4/03, OLGReport 2004, 196; Keidel/*Kahl*, § 34 FGG Rz. 16, 21a, 27.

das Begehren des Antragstellers abschließend beschieden. In diesem Verhältnis handelt es sich daher um eine **Endentscheidung** iSd. § 58 Abs. 1 mit der Folge, dass eine erstinstanzlich ergangene Entscheidung von demjenigen, zu dessen Nachteil sie ergangen ist, also bei einer (teilweisen) Ablehnung von dem Antragsteller bzw. bei einer (teilweisen) Stattgabe durch in ihren Interessen betroffene Beteiligte oder dritte Personen, mit der Beschwerde angefochten werden kann. Deutlich wird dies auch dadurch, dass das Gesetz in Fällen, in denen Entscheidungen gegenüber Personen getroffen werden, die nicht Beteiligte iSd. § 7 sind, ausdrücklich eine Anfechtbarkeit ausschließt, so nach §§ 10 Abs. 3, 12 bei der Zurückweisung von Bevollmächtigten und Beiständen bzw. der Untersagung ihrer weiteren Vertretung oder in § 13 Abs. 4 Satz 3 bei der Ablehnung eines Begehrens eines Rechtsanwalts oder Notars auf Überlassung der Akten in die Amts- oder Geschäftsräume.

Soweit in der Gesetzesbegründung ausgeführt wird, dass die Beschwerde nach § 23 50
EGGVG gegeben sei, „soweit" es sich bei der Entscheidung über ein Akteneinsichtsgesuch um einen **Justizverwaltungsakt** handelt,[1] ist dies zwar nicht falsch, aber missverständlich; denn es handelt sich – anders als bei § 299 Abs. 2 ZPO – wegen der Zuständigkeit des mit der Sache befassten Richters oder Rechtspflegers um „gerichtliche Entscheidungen" und nicht um solche der Justizverwaltung. Ein Justizverwaltungsakt ergeht nur dann, wenn ein Amtshilfeersuchen einer am Verfahren nicht beteiligten Behörde beschieden wird (vgl. Rz. 18, 47).

§ 14
Elektronische Akte; elektronisches Dokument

(1) Die Gerichtsakten können elektronisch geführt werden. § 298a Abs. 2 und 3 der Zivilprozessordnung gilt entsprechend.

(2) Die Beteiligten können Anträge und Erklärungen als elektronisches Dokument übermitteln. Für das elektronische Dokument gelten § 130a Abs. 1 und 3 sowie § 298 der Zivilprozessordnung entsprechend.

(3) Für das gerichtliche elektronische Dokument gelten die §§ 130b und 298 der Zivilprozessordnung entsprechend.

(4) Die Bundesregierung und die Landesregierungen bestimmen für ihren Bereich durch Rechtsverordnung den Zeitpunkt, von dem an elektronische Akten geführt und elektronische Dokumente bei Gericht eingereicht werden können. Die Bundesregierung und die Landesregierungen bestimmen für ihren Bereich durch Rechtsverordnung die geltenden organisatorisch-technischen Rahmenbedingungen für die Bildung, Führung und Aufbewahrung der elektronischen Akten und die für die Bearbeitung der Dokumente geeignete Form. Die Landesregierungen können die Ermächtigung durch Rechtsverordnung auf die jeweils zuständige oberste Landesbehörde übertragen. Die Zulassung der elektronischen Akte und der elektronischen Form kann auf einzelne Gerichte oder Verfahren beschränkt werden.

(5) Sind die Gerichtsakten nach ordnungsgemäßen Grundsätzen zur Ersetzung der Urschrift auf einen Bild- oder anderen Datenträger übertragen worden und liegt der

1 BT-Drucks. 16/6308, S. 182; ähnlich *Zimmermann*, Das neue FamFG, S. 19.

schriftliche Nachweis darüber vor, dass die Wiedergabe mit der Urschrift übereinstimmt, so können Ausfertigungen, Auszüge und Abschriften von dem Bild- oder dem Datenträger erteilt werden. Auf der Urschrift anzubringende Vermerke werden in diesem Fall bei dem Nachweis angebracht.

Literatur: *Berger*, Beweisführung mit elektronischen Dokumenten, NJW 2005, 1016; *Berlit*, Das Elektronische Gerichts- und Verwaltungspostfach bei Bundesfinanzhof und Bundesverwaltungsgericht, JurPC, Web-Dok. 13/2006, Abs. 1–54; *Blechinger*, Moderne Justiz – Elektronischer Rechtsverkehr, ZRP 2006, 56; *Dästner*, Neue Formvorschriften im Prozessrecht, NJW 2001, 3469; *Degen*, Mahnen und Klagen per E-Mail – Rechtlicher Rahmen und digitale Kluft bei Justiz und Anwaltschaft? NJW 2008, 1473; *Degen*, Zukunftsvision wird Realität: Elektronische Klage statt Gang zum Nachtbriefkasten – Verschlüsselung durch Signaturkarte, NJW 2009, 199; *Fischer*, Justiz-Kommunikation – „Reform der Form"?, DRiZ 2005, 90; *Fischer-Dieskau/Hornung*, Erste höchstrichterliche Entscheidung zur elektronischen Signatur, NJW 2007, 2897; *Gilles*, Zivilgerichtsverfahren, Teletechnik und „E-Prozessrecht", ZZP 118 (2005), 399; *Hähnchen*, Elektronische Akten bei Gericht – Chancen und Hindernisse, NJW 2005, 2257; *Heuer*, Beweiswert von Mikrokopien bei vernichteten Originalunterlagen, NJW 1982, 1505; *Köbler*, Schriftsatz per E-Mail, MDR 2009, 357; *Krüger/Bütter*, Justitia goes online – Elektronischer Rechtsverkehr im Zivilprozess, MDR 2003, 181; *Redeker*, Elektronische Kommunikation mit der Justiz – eine Herausforderung für die Anwaltschaft, AnwBl 2005, 348; *Roßnagel*, Das neue Recht elektronischer Signaturen, NJW 2001, 1817; *Roßnagel*, Rechtliche Unterschiede von Signaturverfahren, MMR 2002, 215; *Roßnagel*, Die fortgeschrittene elektronische Signatur, MMR 2003, 164; *Roßnagel*, Elektronischer Signaturen mit der Bankkarte? – Das Erste Gesetz zur Änderung des Signaturgesetzes, NJW 2005, 385; *Scherf/Schmieszek/Viefhues*, Elektronischer Rechtsverkehr, 2006; *Schoenfeld*, Klageeinreichung in elektronischer Form, DB 2002, 1629; *Splittgerber*, Die elektronische Form von bestimmenden Schriftsätzen, CR 2003, 23; *Suermann*, Schöne (?) neue Welt: Die elektronische Akte, DRiZ 2005, 291; *Viefhues*, Das Gesetz über die Verwendung elektronischer Kommunikationsformen in der Justiz, NJW 2005, 1009; *Viefhues/Scherf*, Elektronischer Rechtsverkehr – eine Herausforderung für Justiz und Anwaltschaft, MMR 2001, 596.

A. Überblick/Anwendungsbereich

Durch das SigG,[1] das FormVAnpG,[2] das ZustRG[3] und schließlich das JKomG[4] wurden für die ZPO und weitere Verfahrensordnungen die Grundlagen für einen elektronischen Rechtsverkehr geschaffen.[5] Hiervon blieb das FGG-Verfahren weitgehend ausgespart. Durch die in § 16 Abs. 2 Satz 1 FGG aF angeordnete entsprechende Geltung der Zustellvorschriften der ZPO für die Bekanntgabe von Entscheidungen, mit denen der Lauf einer Frist in Gang gesetzt wurde, war allerdings die Zustellung an Rechtsanwälte, Notare ua. im Wege eines elektronischen Dokuments gem. § 174 Abs. 3, 4 ZPO in der ab dem 1.8.2001 geltenden Fassung möglich. Ferner enthielt – ebenfalls mit Wirkung ab dem 1.8.2001 – der bisherige § 21 Abs. 2 Satz 2, Abs. 3 FGG die gesetzliche Grundlage dafür, dass nach Schaffung der entsprechenden Voraussetzungen durch die Landesjustizverwaltungen Beschwerden als elektronisches Dokument eingereicht werden konnten. 1

§ 14 schafft nunmehr in Anpassung an die in den anderen Verfahrensordnungen bereits aufgrund des Justizkommunikationsgesetzes geltenden Normen die gesetzlichen Voraussetzungen für die Einreichung elektronischer Schriftsätze und für die elektronische Aktenbearbeitung. Hierbei ist das gerichtliche elektronische Dokument als Äquivalent zur Papierform in die Verfahrensordnung eingeführt und im Hinblick auf Signaturerfordernis und Beweiskraft wie in den anderen Verfahrensordnungen ausgestaltet.[6] 2

Die Vorschrift gilt nicht in Ehesachen und Familienstreitsachen (§ 113 Abs. 1). Für sie finden die in den Abs. 1 bis 4 in Bezug genommenen Vorschriften der ZPO unmittelbar Anwendung. An die Stelle von Abs. 5 tritt § 299a ZPO; inhaltliche Änderungen sind damit nicht verbunden. 3

B. Inhalt der Vorschrift

I. Führung der Gerichtsakten, Absatz 1

Abs. 1 Satz 1 ermöglicht die Führung einer elektronischen Gerichtsakte. Die Vorschrift entspricht § 298a Abs. 1 Satz 1 ZPO. Für die weiteren Regelungen zur elektronischen Akte wird auf § 298a Abs. 2 und 3 ZPO verwiesen. Die Details für den Zeitpunkt ihrer Einführung und die organisatorisch-technischen Rahmenbedingungen für die Bildung, Führung und Aufbewahrung der elektronischen Akten sowie für die Bearbeitung der Dokumente sind gem. Abs. 4 Rechtsverordnungen des Bundes und der Länder vorbehalten (s. Rz. 26). 4

1. Transfer von Schriftstücken, § 298a Abs. 2 ZPO

Auch nach der Umstellung auf elektronische Aktenführung ist noch auf Jahre mit Eingängen in Papierform zu rechnen.[7] Dem trägt der entsprechend anwendbare § 298a 5

1 V. 16.5.2001, BGBl I, S. 876.
2 V. 13.7.2001, BGBl. I, S. 1542.
3 V. 25.6.2001, BGBl I, S. 1206.
4 V. 22.3.2005, BGBl I, S. 837.
5 Zu Einzelheiten und weiteren gesetzlichen Regelungen s. *Viefhues*, NJW 2005, 1009; *Degen*, NJW 2008, 1473.
6 BT-Drucks. 16/6308, S. 182.
7 *Viefhues*, NJW 2005, 1009 (1013).

Abs. 2 ZPO Rechnung. Hiernach sollen Dokumente in Papierform durch Einscannen in ein elektronisches Dokument übertragen werden. Dieser **Medientransfer** bezieht sich auf alle Eingänge in Papierform, also auch auf Pläne und Zeichnungen, nicht aber auf die Akten der Vorinstanz.[1] Zweckmäßigerweise geschieht das Einscannen in einer zentralen Posteingangsstelle, von wo aus eine elektronische Weiterleitung an die einzelnen Serviceeinheiten erfolgt.[2]

6 Das Einscannen ist zwar als Sollvorschrift ausgestaltet. Zur Vermeidung doppelter Aktenführung, die den mit der elektronischen Akte angestrebten Rationalisierungseffekt wieder in Frage stellen würde, wird aber regelmäßig ein Medientransfer zu erfolgen haben. Nur bei besonders umfangreichen Schriftstücken oder Unterlagen kann hiervon abgesehen werden.[3]

7 Trotz des Transfers in ein elektronisches Dokument sind Schriftstücke in Papierform nach § 298a Abs. 2 Satz 2 ZPO mindestens bis zum rechtskräftigen Abschluss des Verfahrens aufzubewahren, „sofern sie in Papierform weiter benötigt werden". Wann ein solcher Fall vorliegt, wird im Gesetz nicht näher umschrieben. Die Gesetzesbegründung nennt als Beispiel den Fall, dass die Bilddatei nicht den gleichen **Beweiswert** hat wie die Papierurkunde. *Viefhues* führt zu diesem Beispielsfall an sich zutreffend aus, dass in der gerichtlichen Praxis etwa der Inhalt von Urkunden idR bereits nach Vorlage von Kopien unstreitig gestellt wird und es daher auf den Beweiswert einer Originalurkunde nur in dem seltenen Fall des Streits über deren Echtheit ankommt.[4] Damit sind die denkbaren Fälle, in denen es auf die Beweiseignung der Originalurkunde ankommen kann, aber nicht erfasst. So kann der Fall auftreten, dass es für die Sachentscheidung erheblich ist, ob eine **Originalvollmacht** vorgelegt worden ist, etwa im Falle eines in einem Schriftsatz enthaltenen einseitigen Rechtsgeschäfts gem. § 174 BGB, bei dem evtl. die Einreichung zu den Gerichtsakten ausreicht.[5] Auch für die nach § 11 Satz 1 schriftlich einzureichende Verfahrensvollmacht reicht nach hM die Vorlage einer Kopie nicht aus (s. § 11 Rz. 8). In derartigen Fällen lässt sich später nur noch anhand des Schriftstücks selbst feststellen, ob als Vorlage für das eingescannte elektronische Dokument das Original oder nur eine Kopie gedient hat. Ferner ist es im Rahmen eines Verfahrens auf Anerkennung oder Vollstreckbarerklärung einer ausländischen Entscheidung aufgrund der einschlägigen EU-Normen oder zwischenstaatlicher Verträge und Übereinkommen idR notwendig, dass bestimmte formelle Voraussetzungen erfüllt sind. So ist sowohl nach Art. 53 Abs. 1 EuGVVO – Brüssel I-VO – wie auch nach Art. 37 Abs. 1a EuEheVO – Brüssel IIa – VO – eine „Ausfertigung" der anzuerkennenden Entscheidung vorzulegen, „die die für ihre Beweiskraft erforderlichen Voraussetzungen erfüllt". Auch hier reicht die bloße Vorlage einer Kopie oder Abschrift nicht.[6] Diese **Originalurkunden** werden im Vollstreckbarkeitserklärungsverfahren zudem zumindest bis zum Abschluss des Verfahrens erster Instanz benötigt, weil im Falle einer antragsgemäßen Entscheidung bei einer zivilprozessualen Vollstreckbarkeitserklärung gem. § 9 Abs. 3 Satz 2 AVAG bzw. bei einer familiengerichtlichen Entscheidung gem. § 23 Abs. 3 Satz 2 IntFamRVG die Vollstreckungsklausel entweder auf die vorgelegte Ausfertigung oder ein damit zu verbindendes Blatt zu setzen ist.

1 BT-Drucks. 15/4067, S. 33.
2 BT-Drucks. 15/4067, S. 29 mit anschaulichem Schaubild; zu den mit dem Einscannen und der Zuordnung verbundenen praktischen Problemen *Viefhues*, NJW 2005, 1009 (1013).
3 BT-Drucks. 15/4067, S. 33; MüKo.ZPO/*Prütting*, § 298a ZPO Rz. 5.
4 *Viefhues*, NJW 2005, 1009 (1013).
5 Palandt/*Heinrichs*, § 174 BGB Rz. 2.
6 Thomas/Putzo/*Hüßtege*, Art. 53 EuGVVO Rz. 2, Art. 37 EuEheVO Rz. 2.

All dies schließt es aus, dass – wie von *Viefhues* vorgeschlagen – alle eingereichten Schriftstücke lediglich vollautomatisch eingescannt und sofort an den Absender zurückgegeben werden. Letzteres ist ohnehin nicht mit der gesetzlichen Regelung in Einklang zu bringen. **Vielmehr ist in den Fällen, in denen eine Urkunde nicht in Kopie, sondern im Original eingereicht wird, das Gericht im Zweifel zur Aufbewahrung verpflichtet.**[1] Das Gesetz regelt zudem nicht, wer die Entscheidung über die Aufbewahrung für den Medientransfer zu treffen hat. Eine Justizverwaltung, die von der elektronischen Akte Gebrauch machen will, ist daher gefordert, für die Scanstellen qualifizierte Bedienstete einzusetzen und diesen klare Vorgaben zu machen. 8

2. Übertragungsvermerk, § 298a Abs. 3 ZPO

Jedes eingescannte elektronische Dokument muss einen **Transfervermerk** enthalten, aus dem hervorgeht, wann und durch wen eine Übertragung erfolgt ist. An dieser Vorschrift wird in der Literatur Kritik geübt, weil sie automatisierte Abläufe beim Einscannen der Dokumente erschwere.[2] 9

II. Übermittlung von Anträgen und Erklärungen der Beteiligten, Absatz 2

§ 14 Abs. 2 erweitert – vorbehaltlich der nach Abs. 4 zu erlassenden Verordnung – die nach § 21 Abs. 2 Satz 2 FGG bisher im FGG-Verfahren nur für Beschwerden geltende Möglichkeit der Einreichung durch ein elektronisches Dokument nunmehr auf alle Anträge und Erklärungen der Beteiligten. Wegen der Form wird auf die §§ 130a Abs. 1, 3 und 298 ZPO verwiesen. 10

1. Wahrung der Schriftform durch ein elektronisches Dokument, § 130a Abs. 1 ZPO

a) Einreichung des Dokuments

Nach § 130a Abs. 1 Satz 1 ZPO reicht es für die Wahrung von Schriftform aus, wenn ein elektronische Dokument eingereicht wird und dieses für die Bearbeitung durch das Gericht geeignet ist. Dies gilt für alle sonst schriftlich zu den Akten eingereichen Dokumente, also für vorbereitende Schriftsätze nebst Anlagen, sonstige Erklärungen und Anträge der Beteiligten, amtliche Auskünfte, schriftliche Aussagen von Zeugen und Beteiligten, Gutachten von Sachverständigen. 11

Die Einreichung eines elektronischen Dokuments wird normalerweise über ein auf der Internetseite der Gerichte angegebenes **elektronischen Gerichtspostfach** erfolgen, und zwar nach den derzeitigen Pilotprojekten entweder per E-Mail oder mit spezieller Software über Webseiten bzw. OSCII-Server.[3] Möglich ist aber auch die Einreichung mit einem Datenträger, etwa CD-Rom oder USB-Stick. Telekopien (Telefax und Computerfax) gehören hierzu nicht,[4] ebenso wenig eine als Anhang zu einer E-Mail übermittelte PDF-Datei. Ist diese Bilddatei indes durch Einscannen eines von einem Rechtsanwalt unterschriebenen Schriftsatzes hergestellt worden, so werden mit dem Ausdruck dieser Datei durch die Geschäftsstelle des Gerichts die Schriftform und das 12

---

1 So zutreffend MüKo.ZPO/*Prütting*, § 298a ZPO Rz. 7; Baumbach/*Hartmann*, § 298a ZPO Rz. 6.
2 *Degen*, NJW 2008, 1473 (1475); *Viefhues*, NJW 2005, 1009 (1013).
3 S. näher *Degen*, NJW 2008, 1473 (1477).
4 MüKo.ZPO/*Wagner*, § 130a ZPO Rz. 2.

Unterschriftserfordernis für bestimmende Schriftsätze, etwa für eine Rechtsmittelschrift, gewahrt.[1]

b) Eignung des elektronischen Dokuments zur Bearbeitung

13 Voraussetzung für die Ersetzung der Schriftform durch ein elektronischen Dokuments ist es, dass dieses für die Bearbeitung durch das Gericht geeignet ist. Welche Formen hiernach erlaubt sind und welcher Übermittlungsweg zu wählen ist, ergibt sich aus der jeweiligen nach § 14 Abs. 4 erlassenen Verordnung und wird auf den Internetseiten der Gerichte bekannt gegeben.[2] Die Eignung zur Bearbeitung kann sich allerdings nur auf die Schriftsätze oder sonstigen Erklärungen eines Beteiligten beziehen, nicht aber auf etwaige beigefügte Beweismittel in anderen Dateiformaten wie Fotos, Videos usw.[3]

14 Die fehlende Eignung zur Bearbeitung ist nach § 130a Abs. 1 Satz 3 ZPO dem Absender unverzüglich mitzuteilen. Damit soll ihm die Möglichkeit gegeben werden, bei noch laufender Frist das Dokument nochmals unter Beachtung der technischen Rahmenbedingungen zu übermitteln oder auf die fehlgeschlagene Übermittlung einen **Wiedereinsetzungsantrag** zu stützen.[4] Ein solcher wird aber nur selten Erfolg haben, da der Absender bzw. sein Bevollmächtigter das Risiko der Übermittlung trägt und er schwerlich ohne Verschulden handelt, wenn er sich nicht zuvor darüber informiert, welche Dokumentformate bei dem Empfängergericht bearbeitet werden können.[5] Denkbar ist auch der Fall, dass die übermittelte Datei von der Empfangseinrichtung des Gerichts überhaupt nicht gelesen und der Absender nicht identifiziert werden kann oder dass die Datei sogar, weil sie virenbehaftet war, vom gerichtlichen Firewall sofort vernichtet worden ist.[6] Dies kann ein Absender ebenfalls feststellen, weil bei einem identifizierten Eingang bei Gericht eine **automatische Eingangsbestätigung** gesendet wird. Der Absender hat daher zu kontrollieren, ob eine solche Bestätigung eingeht oder nicht. Unterlässt er dies oder sorgt er nicht für eine sichere büromäßige Organisation einer derartigen Kontrolle, scheidet eine Wiedereinsetzung aus.[7]

c) Qualifizierte elektronische Signatur

15 Eine qualifizierte elektronische Signatur (s. Rz. 16) ist nach § 130a Abs. 1 Satz 2 ZPO nicht zwingend erforderlich. Vielmehr „soll" ein Dokument lediglich signiert werden, wofür auch eine einfache Signatur, etwa durch ein bloßes Einscannen der Unterschrift oder das Eingeben des Namens des Verfassers ausreicht.[8] Es handelt sich also um eine Ordnungsvorschrift, um den Dateien insbesondere im Hinblick auf die sonst spurenlos mögliche Manipulierbarkeit eine dem Papierdokument vergleichbare dauerhafte Fassung zu verleihen (**Perpetuierungsfunktion**).[9] Gleichwohl wird eine qualifizierte elek-

1 BGH v. 15.7.2008 – X ZB 8/08, NJW 2008, 2649; *Köbler*, MDR 2009, 357.
2 So sind zB nach § 2 Abs. 4 der Verordnung über den elektronischen Rechtsverkehr beim BGH und BPatG v. 24.8.2007 – BGBl. I, S. 2130 – idF des Art. 30 des FGG-Reformgesetzes folgende Dateiformate erlaubt: ASCII, Adobe PDF, Microsoft RTF, XML, TIFF sowie Microsoft Word und ODT ohne Verwendung von aktiven Komponenten (zB Makros bei Word).
3 Dazu näher *Viefhues*, NJW 2005, 1009 (1011).
4 BT-Drucks. 15/4067, S. 31.
5 *Degen*, NJW 2008, 1473 (1474); *Viefhues*, NJW 2005, 1009 (1011); Zöller/*Greger*, § 233 ZPO Rz. 23 Stichwort „Elektronischer Rechtsverkehr".
6 *Viefhues*, NJW 2005, 1009 (1011).
7 OVG Koblenz v. 27.8.2007 – 2 A 10492/07, NJW 2007, 3224.
8 S. *Degen*, NJW 2009, 199.
9 BT-Drucks. 14/4987, S. 24.

tronische Signatur in allen Fällen erforderlich sein, in denen gesetzlich die Unterzeichnung eines Schriftstücks notwendig ist, also bei der Einlegung einer Beschwerde (§ 64 Abs. 2 Satz 3) oder der Rechtsbeschwerde (§ 71 Abs. 1 Satz 3).[1] Das Unterschriftserfordernis bei prozessualen Erklärungen dient dazu, den Aussteller unzweifelhaft zu identifizieren und zudem sicherzustellen, dass es sich bei dem Schriftstück nicht nur um einen Entwurf handelt, sondern dem Gericht eine verbindliche Prozesserklärung zugeleitet wird. Nur ein entsprechend signiertes Dokument, das die zurzeit höchste Sicherheitsstufe für elektronische Erklärungen erreicht, ist hinreichend sicher, um eine gesetzlich vorgesehene Unterzeichnung zu ersetzen.[2]

Die Voraussetzungen für eine qualifizierte elektronischen Signatur ergeben sich aus 16
§ 2 Nr. 2 und 3 SigG. Hiernach muss sie

- ausschließlich dem Signaturschlüssel-Inhaber zugeordnet sein,
- die Identifizierung des Signaturschlüssel-Inhabers ermöglichen,
- mit Mitteln erzeugt werden, die der Signaturschlüssel-Inhaber unter seiner alleinigen Kontrolle halten kann,
- mit den Daten, auf die sie sich beziehen, so verknüpft sein, dass eine nachträgliche Veränderung der Daten erkannt werden kann,
- auf einem zum Zeitpunkt ihrer Erzeugung gültigen qualifizierten Zertifikat nach § 7 SigG beruhen,
- mit einer sicheren Signaturerstellungseinheit nach §§ 17, 23 SigG erzeugt worden sein.

2. Zeitpunkt des Eingangs, § 130a Abs. 3 ZPO

Die Vorschrift regelt für ein elektronisches Dokument, dass die an die Einreichung 17
geknüpften Rechtsfolgen (zB Fristwahrung, Rückwirkung der Verjährungsunterbrechung auf den Eingang) in dem Moment eintreten, in dem die für den Empfang bestimmte Einrichtung des Gerichts es aufgezeichnet hat. Maßgebend ist danach der Zeitpunkt, in dem diese Einrichtung den Schriftsatz gespeichert hat, und nicht derjenige der Übermittlung an die jeweils zuständige Geschäftsstelle oder gar erst des Ausdrucks.[3]

3. Ausdruck eines elektronischen Dokuments, § 298 ZPO

a) Aktenausdruck

Die entsprechend geltende Vorschrift des § 298 ZPO ermöglicht den **Medientransfer** 18
eines bei Gericht eingegangen elektronischen Dokuments in die Papierform. Sie betrifft entgegen dem zu eng gefassten Wortlaut des § 298 Abs. 1 ZPO nicht nur einen Ausdruck „für die Akten", falls diese noch nicht elektronisch geführt werden, sondern auch einen solchen für eine Zustellung oder sonstige Übermittlung in Papierform an

1 BGH v. 4.12.2008 – IX ZB 41/08, MDR 2009, 401 für eine Berufungsbegründung; *Dästner*, NJW 2001, 3469 (3470) und Stein/Jonas/*Leipold*, § 130a ZPO Rz. 10 jeweils mit Einzelheiten zum Gesetzgebungsverfahren; ebenso *Köbler*, MDR 2009, 357; MüKo.ZPO/*Wagner*, § 130a ZPO Rz. 4; Musielak/*Stadler*, § 130a ZPO Rz. 3; Thomas/Putzo/*Reichold*, § 130a ZPO Rz. 2; aA Zöller/*Greger* § 130a ZPO Rz. 4.

2 S. zu Einzelheiten *Degen*, NJW 2009, 199.

3 BT-Drucks. 14/4987, S. 24.

Prozessbeteiligte, die nicht über einen elektronischen Zugang verfügen.[1] Der umgekehrte Fall, dass die Gerichtsakten bereits elektronisch geführt werden, aber noch Dokumente in Papierform eingereicht werden, ist von § 14 Abs. 1 FamFG iVm. § 298a ZPO erfasst (s. Rz. 4–9).

b) Transfervermerk

19 Nach § 298 Abs. 2 ZPO ist zwingend ein sog. Transfervermerk auf dem Aktenauszug anzubringen, der nach der Gesetzesbegründung automatisch zu erstellen ist[2] und drei Bestandteile zu enthalten hat. Es ist dies nach Nr. 1 zunächst das auf Vorschlag des Bundesrats in das Gesetz eingefügte **Ergebnis der Integrationsprüfung**. Dabei werden zur Beurteilung der Integrität, der Authentizität und der Gültigkeit einer Signatur in einem automatisierten Verfahren Werte zum Zeitpunkt des Signierens und zum Zeitpunkt des Ausdrucks für die Akten abgeglichen. Dieser Abgleich setzt voraus, dass das ausgedruckte Dokument mit einer qualifizierten elektronischen Signatur versehen ist.[3] Entsprechendes gilt für die Nr. 2 und 3, nämlich die Feststellung des **Inhabers des Signaturschlüssels** und des **Zeitpunkts der Verbindung** von Signatur und elektronischem Dokument, die ebenfalls eine qualifizierte elektronische Signatur erfordern.

20 Wie unter Rz. 15 ausgeführt, bedarf es einer qualifizierten elektronischen Signatur allerdings nur bei Schriftsätzen, die zwingend zu unterzeichnen sind, was im Verfahren nach dem FamFG lediglich bei Rechtsmittelschriften der Fall ist. Da aber ein Transfervermerk eine derartige Signatur voraussetzt, ist bei nicht signierten Dokumenten oder solchen, die nicht den hohen Anforderungen des § 2 Abs. 3 SigG an eine qualifiziere Signatur entsprechen, kein gesonderter Vermerk erforderlich, dessen automatisierte Erstellung ohnehin kaum möglich sein dürfte.

c) Mindestspeicherdauer

21 Entsprechend § 298 Abs. 3 ZPO sind elektronische Dokumente mindestens bis zum rechtskräftigen Abschluss des Verfahrens zu speichern. Diese **Speicherungspflicht** bezieht sich ausschließlich auf originäre elektronische Dokumente gem. § 298 Abs. 1 ZPO, während eingescannte Papierdokumente davon nicht erfasst werden. Der Zweck der Vorschrift besteht darin, justizielle Verfahrensabläufe zu vereinfachen. Sie ermöglicht es nämlich, dass bei etwaigen Identitätszweifeln zwischen elektronischem Original und Papierausdruck im Laufe des Verfahrens immer auf das Original zurückgegriffen werden kann. Dadurch konnte auf eine – uU aufwändige – ausdrückliche Feststellung der Identität zwischen elektronischem Original und Papierausdruck verzichtet werden.[4]

III. Gerichtliche elektronische Dokumente, Absatz 3

22 Entsprechend der in § 14 Abs. 2 für elektronische Dokumente der Beteiligten getroffenen Regelung wird auch für gerichtliche elektronische Dokumente auf die einschlägigen Regelungen der ZPO, nämlich die §§ 130b und 298 verwiesen.

1 *Viefhues*, NJW 2005, 1009 (1012); MüKo.ZPO/*Prütting*, § 298 ZPO Rz. 5; Zöller/*Greger*, § 298 ZPO Rz. 1.
2 BT-Drucks. 15/4067, S. 32.
3 BT-Drucks. 15/4952, S. 48.
4 BT-Drucks. 15/4067, S. 32.

1. Namensangabe und Signatur, § 130b ZPO

Gerichtliche Schriftstücke, die zu unterschreiben sind, also gem. § 38 Abs. 3 Satz 2 alle Beschlüsse, können entsprechend § 130b ZPO als elektronisches Dokument aufgezeichnet werden. Dabei ist am Ende des Dokuments der Name der Person bzw. der Personen, von dem es stammt, anzugeben. Ferner hat eine qualifizierte elektronische Signatur zu erfolgen (s. dazu Rz. 14 f.), durch welche die Unterschrift ersetzt wird. Bei Kollegialorganen, also bei den Beschwerdegerichten und beim BGH, haben alle beteiligten Richter das Dokument zu signieren. Das kann zu Problemen führen, wenn in Folge von Nachberatungen oder eines zwischenzeitlich eingegangenen Schriftsatzes Veränderungen an dem bereits von ihm signierten Entscheidungsentwurf des Berichterstatters erfolgen müssen oder Rechtschreibfehler korrigiert werden; denn durch jede nachträgliche Veränderung wird eine vorherige Signatur zerstört.[1] Es empfiehlt sich daher, dass die an der Entscheidung beteiligten Richter das Dokument erst dann signieren, wenn sie es zuvor gelesen sowie gebilligt haben und mit Eingängen nicht mehr zu rechnen ist. 23

Stimmen Namensangabe und Signaturinhaber nicht überein oder ist das elektronische Dokument nicht mit einer qualifizierten oder nicht mit einer signaturgesetzkonformen Signatur versehen, ist es mit einem Formmangel behaftet. In einem solchen Fall gelten die für Mängel einer Unterschrift auf einer schriftlichen Entscheidung von der Rspr. entwickelten Grundsätze entsprechend.[2] 24

2. Ausdruck eines elektronischen Dokuments, § 298 ZPO

Das unter Rz. 17 bis 20 Ausgeführte gilt entsprechend für gerichtliche elektronische Dokumente, allerdings mit der Maßgabe, dass wegen der nach § 130b ZPO zwingend erforderlichen qualifizierten elektronischen Signatur ein Transfervermerk nach § 298 Abs. 2 ZPO immer erforderlich ist. 25

IV. Ermächtigung für die Justizverwaltungen, Absatz 4

Entsprechend den in § 298a Abs. 1 Satz 2 bis 4 und § 130a Abs. 2 ZPO getroffenen Regelungen werden die Bundesregierung und die Landesregierungen ermächtigt, den Zeitpunkt und die organisatorisch-technischen Rahmenbedingungen der Einführung der elektronischen Akte und des elektronischen Dokuments durch Rechtsverordnung zu regeln. Vergleichbare Regelungen finden sich in § 55b Abs. 1 VwGO, § 65b SGG, § 52b FGO und § 46d ArbGG. Eine Auflistung über die im Bund und verschiedenen Bundesländern inzwischen ergangenen Verordnungen über den elektronischen Rechtsverkehr findet sich auf der Internetseite des EDV-Gerichtstages. Diese Auflistung ermöglicht zudem durch eine Verlinkung einen unmittelbaren Zugriff auf die einzelnen Verordnungen.[3] Für den Bereich des Bundes wurde durch Art. 30 FGG-Reformgesetz die Verordnung über den elektronischen Rechtsverkehr beim BGH und BPatG v. 24.8.2007 (s. Rz. 13 Fußnote 4) dahingehend neu gefasst, dass sie nunmehr auch für das Verfahren nach dem FamFG gilt. 26

1 S. dazu *Viefhues*, NJW 2005, 1009 (1012).
2 BT-Drucks. 15/4067, S. 32; zu Unterschriftsmängeln s. Zöller/*Vollkommer*, § 315 ZPO Rz. 2 f.
3 www.edvgt.de/pages/gemeinsame-kommission-elektronischer-rechtsverkehr/materialien.php.

V. Ausfertigung und Abschriften aus mikroverfilmten oder elektronisch archivierten Gerichtsakten, Absatz 5

27 Die Vorschrift entspricht § 299a ZPO. Sie ermöglicht eine Mikroverfilmung oder eine elektronische Speicherung der Akten, und zwar erst nach Beendigung eines Verfahrens.[1] Die Mikroverfilmung oder der elektronische Datenträger treten an die Stelle der Originalakten, die zur Begrenzung der Kosten für Archivraum vernichtet werden können. Voraussetzung hierfür ist zum einen, dass die Übertragung nach „ordnungsgemäßen Grundsätzen" erfolgt ist, dh. nach den einschlägigen Richtlinien der jeweiligen Landesjustizverwaltung.[2] Zum anderen ist ein schriftlicher Nachweis erforderlich, dass die Wiedergabe mit dem Original übereinstimmt. Ist ein solcher **Identitätsnachweis** vorhanden, können Ausfertigungen und Abschriften von dem Mikrofilm oder dem Datenträger erteilt werden. Dies geschieht bei mikroverfilmten Akten durch eine Rückvergrößerung der entsprechenden Aktenteile und bei elektronisch gespeicherten durch einen Ausdruck der Datei.

1. Erfasste Akten

28 Die Vorschrift erlaubt **nur die Übertragung der Gerichtsakten** selbst. Hiervon nicht erfasst sind von den Parteien vorgelegte bzw. vom Gericht beigezogene Beweisurkunden oder Augenscheinsobjekte (zB Fotos). Diese sind keine dauernden Aktenbestandteile und sind zurückzugeben, sofern sie nicht entsprechend § 443 ZPO an andere Behörden, etwa bei verdächtigen Urkunden an die Staatsanwaltschaft, weiterzuleiten sind. Auch können durch richterliche Anordnung im Einzelfall Akten unbeschadet ihrer Mikroverfilmung oder Übertragung auf Datenträger von der Vernichtung ausgeschlossen werden, um sie etwa einem Staatsarchiv zuzuleiten.[3]

29 Bei **elektronisch geführten Akten** dient die Speicherung nicht der Ersetzung der Urschrift. Vielmehr sind sie selbst die Originalakten. Sie sind daher vom Anwendungsbereich des § 14 Abs. 5 nicht erfasst.

2. Arten der Übertragung

a) Bildträger

30 Bei der Übertragung auf Bildträger handelt es sich um die **Mikroverfilmung**, die bei verschiedenen Gerichten für Akten eines Zivilverfahrens seit Jahren praktiziert wird. Diese Art der Aufbewahrung der Akten kann in den Fällen, in denen sie später als Beiakten in anderen Verfahren benötigt werden, zu Handhabungsproblemen führen, weil uU die Lesbarkeit der Rückvergrößerungen im Verhältnis zum Original beeinträchtigt sein kann. Dies ist etwa der Fall, wenn die Ursprungsakten größere Pläne enthielten und diese bei der Mikroverfilmung mit einer auf das DIN A 4 Format eingestellten Kamera in diverse Ausschnitte „zerstückelt" wurden.

b) Datenträger

31 Unter den Begriff der Datenträger fallen alle elektronischen Speichermedien, die eine dauerhafte Festlegung des Inhalts der Datei entsprechend der papiergebundenen

1 MüKo.ZPO/*Prütting*, § 299a ZPO Rz. 2.

2 S. für den Bereich des Bundes die „Richtlinie für die Mikroverfilmung von Schriftgut in der Rechtspflege und Justizverwaltung" v. 10.3.1976, Justiz 1976, 231.

3 Musielak/*Huber*, § 299a ZPO Rz. 1.

Schriftform ermöglichen (**Perpetuierungsfunktion**).[1] Die Regelung ist daher offen für neue Medien, die an die Stelle der bisher gebräuchlichen Speicherungsformen eingescannter Schriftstücke treten.

3. Schriftlicher Nachweis

Zwingende Voraussetzung für eine Mikroverfilmung der Akten oder deren Einscannen in ein elektronisches Medium ist es, dass ein schriftlicher Nachweis über die Übereinstimmung der Speicherung mit der Urschrift angefertigt und als Original in Schriftform aufbewahrt wird. Eine Aufbewahrung dieses Nachweises als Mikrofilm oder als elektronische Datei reicht nicht. Es muss zudem eine Zuordnung des Identitätsnachweises zu dem Mikrofilm bzw. der elektronischen Datei geben. Darin, in welcher Weise dies sichergestellt wird, ist die Justizverwaltung frei.[2] Falls **Ausfertigungen** erteilt werden, sind Vermerke, die an sich auf einer Urschrift anzubringen sind, etwa über die Erteilung einer Vollstreckungsklausel, auf dem Nachweis anzubringen. Auch deshalb muss er als Original in Schriftform zur Verfügung stehen. 32

4. Akteneinsicht und Erteilung von Ausfertigungen

Akteneinsicht kann bei mikroverfilmten Akten dadurch gewährt werden, dass auf der Geschäftsstelle oder einer zentralen Stelle des Gerichts ein **Lesegerät** vorgehalten wird.[3] Entsprechendes gilt für elektronisch archivierte Akten, die auf einem **Bildschirm** wiedergegeben und gelesen werden können. Abschriften oder Ausfertigungen werden durch Rückvergrößerungen von den Mikrofilmen in Papierform bzw. durch Dateiausdrucke hergestellt. Diesen Schriftstücken kommt im Hinblick darauf, dass ein Nachweis über die Übereinstimmung mit der Urschrift Voraussetzung für deren Erstellung ist, Urkundsqualität zu,[4] und es gelten die allgemeinen Regeln über den Beweis durch Vorlage einer Abschrift einer öffentlichen Urkunde. § 416a ZPO, der nur dem beglaubigten oder mit einem Vermerk nach § 298a ZPO versehenen Ausdruck eines öffentlichen elektronischen Dokuments den gleichen Beweiswert verleiht, gilt lediglich für primäre elektronische Dokumente, nicht aber für solche, die ursprünglich in Papierform vorgelegen haben und für die weitere Bearbeitung eingescannt worden sind.[5] 33

Der Kreis derjenigen Personen, denen Ausfertigungen, Auszüge und Abschriften von dem Bild- oder dem Datenträger erteilt werden können, ist in § 14 Abs. 5 nicht geregelt. Hierfür gilt die allgemeine Vorschrift des § 13 Abs. 3. Falls die Aufbewahrung der Akte in einer elektronischen Datei erfolgt, dürfte einem Rechtsanwalt, einem Notar oder einer am Verfahren beteiligten Behörde entsprechend § 13 Abs. 5 FamFG iVm. § 299 Abs. 3 Satz 2 und 3 ZPO auch der elektronische Zugriff ermöglicht werden können. 34

---

1 BT-Drucks. 14/4987, S. 25.
2 MüKo.ZPO/*Prütting*, § 299a ZPO Rz. 6.
3 Zöller/*Greger*, § 299a ZPO Rz. 2.
4 *Heuer*, NJW 1982, 1505; Baumbach/*Hartmann*, § 299a Rz. 3; Musielak/*Huber*, § 299a ZPO Rz. 2.
5 BT-Drucks. 15/4067, S. 35; *Viefhues*, NJW 2005, 1009 (1014).

§ 15
Bekanntgabe; formlose Mitteilung

(1) Dokumente, deren Inhalt eine Termins- oder Fristbestimmung enthält oder den Lauf einer Frist auslöst, sind den Beteiligten bekannt zu geben.

(2) Die Bekanntgabe kann durch Zustellung nach den §§ 166 bis 195 der Zivilprozessordnung oder dadurch bewirkt werden, dass das Schriftstück unter der Anschrift des Adressaten zur Post gegeben wird. Soll die Bekanntgabe im Inland bewirkt werden, gilt das Schriftstück drei Tage nach Aufgabe zur Post als bekannt gegeben, wenn nicht der Beteiligte glaubhaft macht, dass ihm das Schriftstück nicht oder erst zu einem späteren Zeitpunkt zugegangen ist.

(3) Ist eine Bekanntgabe nicht geboten, können Dokumente den Beteiligten formlos mitgeteilt werden.

A. Allgemeines

I. Entstehung

Die Vorschrift stellt gegenüber dem FGG eine Neuregelung dar. Die bisher geltenden Regelungen zur Bekanntmachung gerichtlicher Verfügungen fanden sich in § 16 Abs. 2 FGG bzw. über § 621 Abs. 1 ZPO in den Vorschriften der §§ 166 ff. ZPO. Mit § 15 ist eine allgemeine Vorschrift für die Bekanntgabe als förmliche Mitteilung und für die formlose Mitteilung von Schriftstücken eingeführt worden. Die Formulierung lehnt sich in Teilen an § 41 Abs. 1 und Abs. 2 VwVfG sowie § 8 Abs. 1 InsO an.[1] Der Rechtsausschuss brachte allein aus sprachlichen Gründen eine klarstellende Textänderung ein.[2] 1

II. Ziele des Gesetzgebers

Eines der Ziele des Reformgesetzes, die **Koordinierung mit anderen Verfahrensordnungen,**[3] steht im Vordergrund. Dies ist hier mit Blick auf das VwVfG und die InsO umgesetzt (vgl. Rz. 1). Daneben besteht auch eine Übereinstimmung mit § 166 Abs. 1 ZPO; dort werden ebenso die Begriffe **Bekanntgabe** und **Dokument** verwendet. 2

Inhaltliches Ziel der Neufassung ist in erster Linie eine flexible Handhabung der Bekanntgabe, um effiziente, aber auch kostengünstige Übermittlungsformen zu ermöglichen.[4] Diesem Ziel, so weit wie möglich eine förmliche Zustellung zu vermeiden, dient die nunmehr vorgesehene **Aufgabe zur Post** als die einfachere Form der Bekanntgabe, § 15 Abs. 2. Darüber hinaus sieht Abs. 3 eine **formlose Mitteilung** vor, wenn keine Bekanntgabe erforderlich ist (dazu Rz. 63). 3

III. Anwendungsbereich

§ 15 regelt allgemein, in welcher Form Dokumente den Verfahrensbeteiligten mitzuteilen sind.[5] Die Vorschrift findet **keine Anwendung in Ehesachen und Familienstreitsachen,** § 113 Abs. 1. Für diese gelten die Zustellungsvorschriften der ZPO, damit §§ 166 ff. ZPO. Auf alle übrigen Verfahren der freiwilligen Gerichtsbarkeit und Familiensachen, die nicht unter § 112 fallen, ist § 15 anzuwenden. Als speziellere Vorschrift, die § 15 vorgeht, ist **§ 41 Abs. 1** zu beachten, worin die **Bekanntgabe eines Beschlusses**, die nach § 38 alleinige Form für alle Endentscheidungen,[6] zwingend vorgesehen ist. Dem Gericht steht in diesem Fall kein Ermessen zu, welche Form der Mitteilung – ob Bekanntgabe oder formlose Mitteilung – es wählt.[7] Auch unanfechtbare Beschlüsse müssen wegen des eindeutigen Wortlauts in § 41 Abs. 1 Satz 1 bekannt gegeben werden. 4

Als weitere Spezialvorschrift sieht **§ 33 Abs. 2 Satz 2** in besonderen Fällen eine **Ladung** durch förmliche Zustellung vor (vgl. auch Rz. 23).

1 So auch Jansen/*v. König* § 16 FGG Rz. 73.
2 Begr. RegE, BT-Drucks. 16/9733, S. 28 f.
3 Begr. RegE, BT-Drucks. 16/6308, S. 164.
4 Begr. RegE, BT-Drucks. 16/6308, S. 166.
5 Begr. RegE, BT-Drucks. 16/6308, S. 182.
6 Begr. RegE, BT-Drucks. 16/6308, S. 195.
7 Begr. RegE, BT-Drucks. 16/6308, S. 182.

5 Abweichend von § 16 Abs. 1 FGG ist nun die **Wirksamkeit** einer Entscheidung nicht mehr zusammen mit der Bekanntgabe in derselben Vorschrift geregelt. Vielmehr wird diese eigenständig in § 40 normiert, wobei sich in den besonderen Verfahrensvorschriften weitere Regelungen zum Wirksamwerden einer Entscheidung finden (vgl. § 40 Rz. 2).

IV. Änderungen gegenüber § 16 Abs. 2 FGG

6 Der Begriff **Bekanntgabe** ist nicht völlig inhaltsgleich mit der **Bekanntmachung** in § 16 Abs. 1 und Abs. 2 FGG. Die Bekanntgabe, die nur die schriftliche Mitteilung umfasst, kann nach § 15 eine förmliche Zustellung (§§ 166 ff. ZPO) oder die Aufgabe zur Post sein. Daneben steht als eigenständige Form die **formlose Mitteilung**. Hingegen hat § 16 FGG unter Bekanntmachung auch die formlose Bekanntmachung verstanden, § 16 Abs. 2 Satz 2 FGG. Die Neuregelung ist inhaltlich weiter gefasst als § 16 FGG, weil sämtliche **Dokumente** betroffen sind, während bisher nur gerichtliche Verfügungen erfasst waren. Der Begriff „Dokument" wird aus dem Zivilverfahrensrecht (vgl. §§ 137 Abs. 3, 166 ZPO) und der früheren Fassung des § 8 Abs. 1 InsO v. 22.3.2005 (BGBl. I, S. 837) entnommen.[1]

B. Inhalt der Vorschrift

I. Bekanntgabe von Dokumenten

1. Dokument

7 Dieser für die Verfahren der Familiensachen und der freiwilligen Gerichtsbarkeit neue Begriff wird im FamFG nicht definiert. Die Gesetzesmaterialien setzen den Begriff voraus.[2] Dokument wird in **§ 166 Abs. 1 und Abs. 2 ZPO** in einem vergleichbaren Kontext verwendet. Nach dortiger Definition sind Dokumente sämtliche schriftlich abgefassten Texte, gleichgültig ob mechanisch oder elektronisch und unabhängig davon, ob es sich um eine Urkunde handelt; auch spielt die Form – ob Urschrift, Ausfertigung oder Abschrift – keine Rolle.[3]

7a In der Gesetzesbegründung wird daneben der Begriff „Schriftstück" unterschiedslos zu „Dokument" verwendet, was zeigt, dass Schriftstück und Dokument als inhaltsgleich angesehen werden.[4]

8 **Dokument** ist hiernach ein Schriftstück, das entweder vom Gericht erstellt worden ist, und zwar unabhängig von der gewählten Form eines Beschlusses, einer Verfügung oder Anordnung,[5] oder das von einem Beteiligten als Schriftstück in das Verfahren eingebracht wird.[6] Ein Dokument verlangt keine bestimmte äußere Form (vgl. Rz. 7). Darunter fallen sämtliche **gerichtlichen Verfügungen**, die schon mit § 16 Abs. 1 FGG

---

1 Inzwischen ist er durch „Schriftstück" mit dem am 13.4.2007 beschlossenen Gesetz zur Vereinfachung des Insolvenzverfahrens (BGBl. I, 509) ersetzt worden.

2 Begr. RegE, BT-Drucks. 16/6308, S. 182.

3 Thomas/Putzo/*Hüßtege*, § 166 ZPO Rz. 5; Zöller/*Stöber*, vor § 166 ZPO Rz. 1.

4 Begr. RegE, BT-Drucks. 16/6308, S. 166 und S. 182 f.; dafür spricht auch der Ersatz des Begriffs „Dokument" durch „Schriftstück" in § 8 Abs. 1 InsO; ebenso *Zimmermann*, Das neue FamFG, Rz. 56.

5 Jansen/*v. König*, § 16 FGG Rz. 3.

6 So zu § 8 InsO: vgl. MüKo.InsO/*Ganter*, § 8 InsO Rz. 6.

gemeint waren, dh. Zwischenentscheidungen und Endentscheidungen – jetzt immer Beschlüsse.[1] Ferner werden von der Neufassung – anders als § 16 FGG – auch verfahrensleitende Anordnungen wie Terminsverfügungen, Ladungen von Beteiligten und Zeugen,[2] Auflagen und Hinweise einschließlich Aufforderungen zur Stellungnahmen erfasst. Sämtliche **Schriftsätze** der Beteiligten und **schriftliche Stellungnahmen** von Sachverständigen, Behörden oder sonstige Dritten, die um Auskunft ersucht werden, sind ebenfalls Dokumente. Auf Grund dieser weiten Begriffsfassung ist kaum noch ein verfahrensmäßiges Schriftstück denkbar, das nicht unter den Dokumentenbegriff fällt.

2. Bekannt zu gebende Dokumente (Absatz 1)

Abs. 1 sieht vor, welche Dokumente bekannt zu geben sind. Das sind Schriftstücke, 9 deren Inhalt eine Termins- oder Fristbestimmung enthält oder den Lauf einer Frist auslöst. Damit beschränkt sich die Anwendung dieser Vorschrift überwiegend auf **gerichtliche** Dokumente, da unter die beiden ersten Alternativen (Termins- und Fristbestimmung) nur gerichtliche Schriftstücke fallen können. Hingegen können gesetzliche Fristen in Einzelfällen auch durch Schriftstücke der Beteiligten ausgelöst werden, wie beispielsweise im Fall der Anschlussrechtsbeschwerde, § 73.

a) Terminsbestimmung

Betroffen sind sämtliche gerichtlichen Terminsanberaumungen, abgesehen von sol- 10 chen in Ehesachen und Familienstreitsachen, vgl. Rz. 4. Die Anordnung eines Termins ist ausdrücklich in **§ 32** geregelt, für das Beschwerdeverfahren in § 68 Abs. 3 – dort als im Ermessen des Gerichts stehende Möglichkeit. In den einzelnen Verfahrensarten sind vielfach – zT als freigestellte Alternative – Terminsbestimmungen vorgesehen, so zB in §§ 155 Abs. 2, 157 Abs. 1, 159 Abs. 1, 160 Abs. 1, 165 Abs. 2, 175, 192, 193, 207, 221, 278, 319, 348 Abs. 2, 365 Abs. 1, 405, 420.

b) Fristbestimmung

Fristbestimmungen finden sich in gerichtlichen Dokumenten, in denen das Gericht 11 Fristen bspw. zur Stellungnahme, Begründung eines Rechtsmittels, Rechtsbehelfs oder zur Erfüllung von Auflagen setzt. Von Bedeutung ist hier insbesondere die Fristsetzung zur Beschwerdebegründung, § 65 Abs. 2. Weitere Möglichkeiten zur Fristsetzung geben §§ 52 Abs. 1 Satz 2, 163 Abs. 1, 181 Satz 2, 355 Abs. 1, 366 Abs. 3, 382 Abs. 4, 388 Abs. 1, 393 Abs. 1, 394 Abs. 2, 395 Abs. 2, 399 Abs. 1, 425 Abs. 1, 434 Abs. 2 Nr. 2, 458, 465 Abs. 5.

Adressat der Fristsetzung können Beteiligte gem. § 7 Abs. 1 bis Abs. 3, aber auch Dritte wie Personen nach § 7 Abs. 6 sein; auf letztere findet § 15 keine Anwendung, da ausdrücklich nur die Mitteilung an Beteiligte geregelt wird.

c) Auslösen eines Fristablaufs

Diese Alternative betrifft sämtliche Fälle, in denen mit dem Inhalt des Dokuments ein 12 Fristablauf ausgelöst wird. Sofern es sich um **Beschlüsse** handelt, sind diese schon wegen § 41 Abs. 1 ausnahmslos bekannt zu geben, so dass es auf die Voraussetzungen des § 15 Abs. 1 nicht mehr ankommt.

1 Jansen/*v. König*, § 16 FGG Rz. 2 und 73 f.; *Bassenge*/Roth, § 16 FGG Rz. 1. Keidel/*Schmidt*, § 16 FGG Rz. 1.
2 Ausdrücklich die Gesetzesbegr. in BT-Drucks. 16/6308, S. 182.

13 Auch **Zwischenentscheidungen** können, soweit sie anfechtbar sind, eine Frist auslösen und sind dann bekannt zu geben. Hierzu kommt es darauf an, ob gegen die Zwischenentscheidung abweichend von § 58 Abs. 1, dem Regelfall, ein Rechtsmittel zugelassen ist (vgl. dazu § 58 Rz. 17).[1] Eine Anfechtbarkeit besteht zB bei der Beteiligung Dritter am Verfahren, vgl. §§ 7 Abs. 5 Satz 2, bei wesentlichen, eingreifenden Zwischenentscheidungen wie § 6 Abs. 2, § 19 Abs. 3, § 76 Abs. 2 und im Übrigen bei § 21 Abs. 2, § 33 Abs. 3 Satz 5, § 35 Abs. 5, § 42 Abs. 3 Satz 2, § 87 Abs. 4, § 355 Abs. 1, § 382 Abs. 4. Ferner sind Verfahrensanordnungen oder Zwischenbeschlüsse, die unmittelbar in Grundrechte Beteiligter eingreifen, beschwerdefähig, vgl. § 178 Abs. 2 (Untersuchung), §§ 284 Abs. 3, 322 (zwangsweise Unterbringung). Ob die nach bisheriger Rechtsprechung bei Vorliegen einer krassen Rechtswidrigkeit ausnahmsweise vorgesehene Anfechtbarkeit einer Zwischenentscheidung, wie zB im Fall der Anordnung einer psychiatrischen Untersuchung zur Prüfung der Betreuungsnotwendigkeit ohne vorangegangene Ermittlungen,[2] weiterhin bejaht werden kann, ist mit Blick auf § 58 Abs. 2 fraglich. In dieser Norm kommt der Wille des Gesetzgebers zum Ausdruck, die Zulässigkeit einer Beschwerde gegen Entscheidungen, die nicht Hauptsacheentscheidungen sind, auf die gesetzlich geregelten Fälle zu beschränken und eine Überprüfung der Zwischenentscheidung im Beschwerderechtszug zu ermöglichen[3] (vgl. § 58 Rz. 16).

14 Die sonstigen **Rechtsbehelfe** des FamFG[4] sind weitgehend fristgebunden, weshalb die betreffenden Verfügungen oder Entscheidungen bekannt zu geben sind. Darunter fallen die Erinnerung gegen Entscheidungen des Rechtspflegers, § 11 Abs. 2 RPflG, der Einspruch im Zwangsgeldverfahren, für dessen Erhebung mit der gerichtlichen Verfügung eine Frist gesetzt wird, §§ 388 bis 390, der Widerspruch im Löschungsverfahren, §§ 393, 394. Fristauslösend ist auch die Bekanntgabe der **Rechtsbeschwerdebegründung**, § 73. Hier sieht bereits das Gesetz die Bekanntgabe vor, § 71 Abs. 4.

d) Adressatenkreis

aa) Beteiligter

15 Mit der Neufassung wird der Kreis der Personen, denen die Dokumente bekannt gegeben werden müssen, gesetzlich festgelegt. **Notwendige Adressaten** sind sämtliche Beteiligte des Verfahrens. Wer als obligatorischer Beteiligter **(Muss-Beteiligter)** darunter fällt, entscheidet sich nach § 7 Abs. 1 und Abs. 2. Daneben kann das Gericht weitere Personen, Behörden oder Vereinigungen iSd. § 8 Nr. 2 als Beteiligte hinzuziehen, § 7 Abs. 3 (**Kann-Beteiligte**) (dazu § 7 Rz. 39 ff.).

bb) Sonderregelungen

16 Das Gesetz enthält darüber hinaus für die einzelnen Verfahrensarten spezielle Regelungen, wer **Verfahrensbeteiligter** ist oder werden kann. So in den nichtstreitigen Familiensachen insbesondere in §§ 161 Abs. 1, 162 Abs. 2, 172, 188, 204, 205, 212, 219; in den anderen Verfahrensarten in §§ 274, 315, 345, 380, 412, 418, 443, 448, 455, 467 (zT über die Stellung als Antragsteller, vgl. § 7 Abs. 1).

17 Bei der Bekanntgabe hat das Gericht diejenigen Beteiligten zu berücksichtigen, für die § 7 Abs. 1 und Abs. 2 oder spezialgesetzliche Regelungen eine Beteiligung zwingend

1 Begr. RegE, BT-Drucks. 16/6308, S. 203.
2 BGH v. 14.3.2007 – XII ZB 201/06, NJW 2007, 3575.
3 Begr. RegE, BT-Drucks. 16/6308, S. 203.
4 Begr. RegE, BT-Drucks. 16/6308, S. 203.

vorsehen, die sog. Muss-Beteiligten.[1] Ferner ist die Entscheidung an die Beteiligten nach § 7 Abs. 3, die sog. Kann-Beteiligten[2] bekannt zu geben, sofern diese beteiligt worden sind (vgl. dazu § 7 Rz. 42 ff.).

e) Entbehrlichkeit der Bekanntgabe der Gründe

Von der Bekanntgabe der Gründe – **nicht** der **Beschlussformel** – kann in einzelnen Verfahren (Kindschaftssachen, Betreuung, Unterbringung, Freiheitsentziehung) abgesehen werden. Die insoweit gleich lautenden Vorschriften (§§ 288 Abs. 1, 325 Abs. 1, 423) setzen voraus, dass ein Absehen von der Mitteilung der **Gründe** erforderlich ist, um **erhebliche Nachteile** für die Gesundheit des Betreuten zu vermeiden; bei § 164 Satz 2 (Kindschaftssachen) müssen lediglich „Nachteile" zu erwarten sein. Voraussetzung ist ein entsprechendes ärztliches Gutachten (vgl. § 288 Rz. 7 ff., § 325 Rz. 4 ff.). Da dann oftmals zur Wahrung der Rechte des Betroffenen die Bestellung eines Verfahrensbeistandes oder -pflegers geboten ist (vgl. §§ 158, 276, 317, 419), ist diesem die Entscheidung in vollständiger Form bekannt zu machen. Die Bekanntgabe ohne Gründe soll der Ausnahmefall bleiben.[3] Die unvollständige Bekanntgabe – zum grundsätzlichen Begründungszwang des Beschlusses vgl. § 38 Abs. 3 – hindert nicht den Lauf der Rechtsmittelfrist. 18

Die bisherige Rechtsprechung zur Bekanntgabe eines Beschlusses ohne Gründe, die einen eigenen Beschluss, der dies anordnete und der isoliert anfechtbar war, verlangte,[4] wird durch die Neuregelung in Frage gestellt. Eine gesetzlich vorgesehene Ausnahme zu § 58 Abs. 1, der grundsätzlich die Anfechtbarkeit von Zwischenentscheidungen nicht zulässt, ist nicht gegeben. Dem Ziel der Vorschrift, die Anfechtbarkeit einer Zwischenentscheidung mit der Hauptentscheidung zu verbinden,[5] widerspricht diese Rechtsprechung. Weil bei dieser Fallkonstellation die bisher geforderte Zwischenentscheidung mit der Hauptsacheentscheidung zeitlich zusammenfällt, ist schon deshalb eine isolierte Anfechtbarkeit dieser Zwischenentscheidung abzulehnen (s. auch § 288 Rz. 12). 19

f) Bekanntgabe an Minderjährige

In vielen Fällen sind Entscheidungen den Minderjährigen selbst, obwohl diese nur beschränkt geschäftsfähig und damit zunächst als nicht verfahrensfähig gelten (vgl. § 9 Abs. 1 Nr. 1), bekannt zu geben. Für Verfahren in **Kindschaftssachen** ist in **§ 164 Satz 1** ausdrücklich vorgesehen, dass die das Kind betreffenden Entscheidungen dem Kind bekannt zu machen sind, sofern dieses das 14. Lebensjahr vollendet hat und Beschwerde einlegen kann. Die Vorschrift ist in Zusammenhang mit § 60 sehen, der das Beschwerderecht des Minderjährigen ab 14 Jahren regelt (vgl. § 60 Rz. 2 ff.). Danach hat der Minderjährige ein eigenes Beschwerderecht in „seine Person betreffenden Angelegenheiten", was bisher in § 59 Abs. 1 FGG aF festgelegt war. Gemeint sind damit alle Angelegenheiten, die unmittelbar oder mittelbar die Person – und nicht bloß die Sorge für die Person – betreffen, mithin sämtliche Angelegenheiten der Lebensführung und Lebensstellung, wie Unterhalt, Vermögensangelegenheiten, Vor- 20

1 Begr. RegE, BT-Drucks. 16/6308, S. 178; *Kemper*, FamRB 2008, 345 (347).
2 Begr. RegE, BT-Drucks. 16/6308, S. 179.
3 Zu § 16 FGG Keidel/*Schmidt*, § 16 FGG Rz. 22.
4 Vgl. BayObLG v. 8.7.1999 – 3 Z BR 186/99, FGPrax 1999, 181; Keidel/*Kayser*, § 69a FGG Rz. 4; *Bassenge*/Roth, § 69a FGG Rz. 2.
5 Vgl. Begr. RegE, BT-Drucks. 16/6308, S. 203.

mundschaft[1] (vgl. § 60 Rz. 6, 7). Wegen des weiten Begriffs der Angelegenheiten bedeutet dies, dass in Kindschaftssachen die Entscheidungen regelmäßig dem Minderjährigen über 14 Jahre bekannt zu geben sind (vgl. § 60 Rz. 4). In besonderen Fällen kommt eine Bekanntgabe ohne Gründe in Betracht, § 164 Satz 2 (vgl. Rz. 18 und § 164 Rz. 6).

21 Darüber hinaus sind auch in anderen Verfahren Entscheidungen an den **Minderjährigen** selbst bekannt zu geben. Dazu ist Voraussetzung, dass der Minderjährige verfahrensfähig nach § 9 Abs. 1 Nr. 2 oder Nr. 3 ist. § 9 Abs. 1 Nr. 2 betrifft Einzelfälle des materiellen Rechts, in denen beschränkt Geschäftsfähige für gewisse Geschäfte als verfahrensfähig anerkannt sind. Darunter fallen ua. Sachverhalte nach §§ 112, 113 BGB[2] (vgl. § 9 Rz. 10), so dass Bekanntgaben unter diesen Voraussetzungen an den Minderjährigen zu adressieren sind. Unter die Alternative des § 9 Abs. 1 Nr. 3 fallen Minderjährige, die das 14. Lebensjahr vollendet haben und ein ihnen nach **bürgerlichem Recht zustehendes Recht** geltend machen, was vor allem in Familiensachen der Fall sein kann (vgl. dazu § 9 Rz. 14, 15). In diesen Fällen, wie zB bei Entscheidungen zu Fragen der elterlichen Sorge bei Getrenntleben (§§ 1671 Abs. 2 Nr. 1 BGB),[3] ist der Minderjährige ebenfalls stets Adressat der Entscheidung.

g) Bekanntgabe an Betroffene in besonderen Verfahren

22 Betroffene in **Betreuungs- und Unterbringungssachen** sind ohne Rücksicht auf ihre sonstige Geschäfts(un-)fähigkeit für das Verfahren stets **verfahrensfähig** gem. § 9 Abs. 1 Nr. 4 iVm. §§ 275, 316. Sämtliche Bekanntgaben sind an sie persönlich zu richten. Die Rechtsmittelfrist beginnt erst mit Zustellung an den Betroffenen zu laufen.[4] Allerdings richtet sich die Wirksamkeit wesentlicher Beschlüsse in Betreuungssachen nach § 287 (Bekanntgabe an Betreuer), in Unterbringungssachen nach § 324 (Rechtskraft).

§ 41 Abs. 3 sieht für die Bekanntgabe der **Genehmigung eines Rechtsgeschäfts** vor, dass die Entscheidung auch demjenigen, für den das Geschäft genehmigt wird, persönlich und nicht nur dessen gesetzlichem Vertreter bekannt gegeben wird.[5]

II. Form der Bekanntgabe (Absatz 2)

1. Entscheidung über die Form der Bekanntgabe

23 Welche Form der Bekanntgabe gewählt wird, ob förmliche Zustellung oder Aufgabe zur Post, liegt im pflichtgemäßen **Ermessen** des Gerichts (vgl. dazu Rz. 59 f.), wenn nicht das Gesetz eine bestimmte Form vorschreibt. Dies ist in **§ 41 Abs. 1 Satz 2**, in **§ 33 Abs. 2 Satz 2** und in **§ 365 Abs. 1 Satz 2** der Fall.[6] Für Entscheidungen in streitigen Fällen ergibt sich somit keine Änderung zum bisherigen Recht, anders in unproblematischen und unstreitigen Fällen, in denen eine Aufgabe zur Post genügt. Die Sollvor-

1 Vgl. zum alten Recht Keidel/*Engelhardt*, § 59 FGG Rz. 13; *Bassenge*/Roth, § 59 FGG Rz. 1, zum neuen Recht eher einschränkend: *Heiter*, FamRZ 2009, 85 (87). Dies dürfte den Intentionen des Gesetzgebers widersprechen.
2 Begr. RegE, BT-Drucks. 16/6308, S. 180.
3 *Heiter*, FamRZ 2009, 85 (87).
4 OLG München v. 16.5.2007 – 33 Wx 25 und 26/07, BtPrax 2007, 180; OLG Köln v. 21.10.2008 – 16 Wx 136/08 nv.
5 Dazu die Begr. RegE, BT-Drucks. 16/6308, S. 197.
6 Begr. RegE, BT-Drucks. 16/6308, S. 182 und S. 191.

schrift des § 33 Abs. 2 sieht im Fall der **Ladung** eines Beteiligten, dessen Erscheinen ungewiss ist, eine förmliche Zustellung vor (vgl. iE § 33 Rz. 21).

Innerhalb des Gerichts hat der **Urkundsbeamte** der Geschäftsstelle über die **Form** der Bekanntmachung gem. § 168 Abs. 1 ZPO zu entscheiden; § 168 Abs. 1 ZPO gilt in entsprechender Anwendung nicht nur für die förmliche Zustellung, sondern auch für die Bekanntgabe nach dem FamFG.[1] Allerdings wird in Zweifelsfällen der Richter oder Rechtspfleger eine Anordnung treffen, die für den Urkundsbeamten bindend ist.[2] 24

2. Zustellung nach §§ 166 ff. ZPO

a) Umfang der Verweisung

Für die förmliche Zustellung verweist § 15 Abs. 1 auf §§ 166 bis 195 ZPO. Diese Verweisung auf die ZPO-Vorschriften unterscheidet sich von der bisherigen Regelung (§ 16 Abs. 2 Satz 1 FGG) dahin, dass nunmehr auch die Zustellung im Parteibetrieb (§§ 191 bis 195 ZPO) einbezogen wird, während bisher nur auf die Amtszustellung Bezug genommen wurde. Die Zustellung im Parteibetrieb kann vor allem im Vollstreckungsverfahren (vgl. §§ 86 ff.) von Bedeutung sein.[3] 25

b) Definition und Voraussetzungen

Nach der gesetzlichen Definition in § 166 Abs. 1 ZPO ist Zustellung eine in gesetzlicher Form zu bewirkende Bekanntgabe eines Schriftstücks an den Adressaten. Maßgeblich ist die **formgerechte Bekanntgabe des Dokuments**, nicht deren Beurkundung, die lediglich dem Nachweis dient und nicht notwendiger Bestandteil der Zustellung ist.[4] Die Beurkundung erfolgt durch die **Zustellungsurkunde** (§ 182 ZPO) als öffentliche Urkunde – auch wenn sie von einem Mitarbeiter eines von der Post beliehenen Unternehmens errichtet wurde[5] – und hat die Wirkung des § 418 ZPO, erbringt mithin den Nachweis, dass die Förmlichkeiten der Zustellung gewahrt sind. 26

Zu den Voraussetzungen der Zustellung gehören (1) die Anordnung oder der Auftrag des Zustellungsveranlassers, die Zustellung eines bestimmten Schriftstücks auszuführen; (2) die Ausführung in einer der gesetzlichen Formen; (3) die Ausführung gerade gegenüber dem Zustellungsempfänger sowie (4) die besonderen Voraussetzungen der jeweiligen Zustellungsform.[6] 27

3. Zustellung von Amts wegen

a) Regelfall

Regelmäßig ist eine im Erkenntnisverfahren erforderliche Zustellung als Zustellung von Amts wegen zu bewirken. Die Durchführung obliegt nach § 168 Abs. 1 ZPO der Geschäftsstelle. Als Normalfall geht das Gesetz von der Ausführung der Zustellung durch Aushändigung, also durch **persönliche Übergabe** an den Adressaten mit gewoll- 28

---

1 Für § 16 Abs. 2 FGG wurde das bejaht, vgl. Keidel/*Schmidt*, § 16 FGG Rz. 40; Jansen/*v. König*, § 16 FGG Rz. 32.
2 Zöller/*Greger*/*Stöber*, § 168 ZPO Rz. 1.
3 Vgl. § 95 Abs. 1, der für die Vollstreckung auf die Vorschriften der ZPO verweist.
4 Jansen/*v. König*, § 16 FGG Rz. 31; Thomas/Putzo/*Hüßtege*, § 166 ZPO Rz. 1.
5 Zöller/*Stöber*, § 182 ZPO Rz. 14.
6 Thomas/Putzo/*Hüßtege*, § 166 ZPO Rz. 2.

ter Empfangnahme aus, §§ 173, 177 ZPO.[1] Amtsstelle iSd. § 173 ZPO ist jeder Ort, an dem gerichtliche Tätigkeit ausgeübt wird, § 219 Abs. 1 ZPO, also nicht nur die Räume der Geschäftsstelle.[2]

b) Zustellung an den gesetzlichen Vertreter

29 Bei nicht verfahrensfähigen Beteiligten ist nach **§ 170 Abs. 1 Satz 1 ZPO** zwingend an den gesetzlichen Vertreter zuzustellen. Eine Zustellung an den nicht verfahrensfähigen Betroffenen ist unwirksam, § 170 Abs. 1 Satz 2 ZPO. Die Frage der **Verfahrensfähigkeit** und damit die Entscheidung über den Zustellungsadressaten beurteilt sich nach § 9 (s. § 9 Rz. 8 ff.). Im Regelfall liegt Verfahrensfähigkeit bei den nach bürgerlichem Recht Geschäftsfähigen vor (§ 9 Abs. 1 Nr. 1).

30 Die Zustellung an den Vertreter ist keine Ersatzzustellung iSd. § 178 Abs. 1 Nr. 1 ZPO.[3] Im Übrigen kann der Vertretene Adressat einer Ersatzzustellung an seinen abwesenden Vertreter nach § 178 Abs. 1 ZPO sein, wenn er unter den Personenkreis dieser Vorschrift fällt.[4] Zustellungen an **juristische Personen** oder **Behörden**, die am Verfahren zu beteiligen sind, können durch Zustellung an den Leiter der Behörde erfolgen, § 170 Abs. 2 ZPO. Diese ersetzt auch die Zustellung an den gesetzlichen Vertreter einer juristischen Person.[5]

c) Ausnahmen

31 § 9 Abs. 1 Nr. 2 bis 4 sieht Ausnahmen von der Gleichsetzung der Geschäftsfähigkeit mit der Verfahrensfähigkeit vor, die dazu führen, dass in Einzelfällen an nicht geschäftsfähige Personen persönlich zuzustellen ist. Voraussetzung ist, dass diese Beteiligten für das betreffende Verfahren als verfahrensfähig gelten, § 170 Abs. 1 Satz 1 ZPO. Das sind folgende Personengruppen:

- **Beschränkt Geschäftsfähige**, die unter nach § 9 Abs. 1 Nr. 2 fallen (vgl. dazu Rz. 21);
- **Minderjährige** im Fall des § 164 und im Übrigen, soweit sie unter § 9 Abs. 1 Nr. 3 fallen, dh. soweit sie über 14 Jahre alt sind und ein ihnen zustehendes Recht geltend machen können (vgl. dazu Rz. 20, 21 und § 9 Rz. 12 ff.);
- Beteiligte in besonderen Verfahren, die die Voraussetzungen des § 9 Abs. 1 Nr. 4 erfüllen (dazu Rz. 22).

d) Zustellung an Bevollmächtigten

32 Die wirksame Zustellung an einen gewillkürten Vertreter nach **§ 171 ZPO** setzt voraus, dass dem Zustellungsorgan die Zustellungsvollmacht bekannt ist. Eine Zustellungsvollmacht kann jedem, der nach § 10 Abs. 1 und 2 als Bevollmächtigter in Betracht kommt, erteilt werden (vgl. § 10 Rz. 8 ff.). Sie ist schriftlich zu erteilen und bedarf im Übrigen keiner weiteren Form (§ 11 Rz. 5). Sie muss im Zeitpunkt der Zustellung vorliegen, so dass der Zusteller sie überprüfen kann. Die Zustellung kann, muss aber nicht an den Bevollmächtigten erfolgen, wenn eine Vollmacht vorgelegt wird.[6]

1 Thomas/Putzo/*Hüßtege*, § 173 ZPO Rz. 1.
2 *Bumiller/Winkler*, § 16 FGG Rz. 16.
3 Keidel/*Schmidt*, § 16 FGG Rz. 34.
4 Zöller/*Stöber*, § 170 ZPO Rz. 2; Keidel/*Schmidt*, § 16 FGG Rz. 34.
5 Zöller/*Stöber*, § 170 ZPO Rz. 4; *Jansen/v. König*, § 16 FGG Rz. 33.
6 Zöller/*Stöber*, § 171 ZPO Rz. 4.

e) Zustellung an Verfahrensbevollmächtigten

§ 172 ZPO gilt wie bisher jedenfalls dann uneingeschränkt, wenn der Beteiligte zum Ausdruck gebracht hat, dass die Zustellung an den Verfahrensbevollmächtigten erfolgen soll.[1] Die Neuregelung, die auf die Neufassung des früheren **§ 13 Abs. 5 FGG** mit Gesetz v. 12.12.2007 (BGBl. I, S. 2840) zurückgreift, entschärft die Streitfragen zu §§ 13, 16 Abs. 2 FGG.[2] 33

Die Neuregelung sieht mit § 11 Satz 3 insofern eine Vereinfachung vor, als künftig beim Auftreten eines Rechtsanwalts die Vollmacht oder Vollmachtsmängel nicht mehr von Amts wegen zu überprüfen sind. Dasselbe gilt für das Auftreten eines Notars als Verfahrensbevollmächtigten.[3] Es reicht also aus, dass sich ein Rechtsanwalt unter Hinweis auf eine umfassende Verfahrensvollmacht bestellt (vgl. auch § 11 Rz. 15). 34

Gleichwohl ist das Gericht auch nach der Neufassung nicht völlig der Prüfungspflicht enthoben, da Verfahrensvoraussetzungen von Amts wegen zu prüfen sind. Die gerichtliche Kontrollpflicht beschränkt sich auf diejenigen Fälle, in denen sich konkrete Anhaltspunkte für Vollmachtsmängel ergeben, zB auf Grund gerichtlicher Kenntnisse aus Vorverfahren oder wegen Widersprüchen im Vorbringen zwischen dem Verfahrensbevollmächtigten und dem Beteiligten. Mit Blick auf § 11 wird das Gericht nun regelmäßig – ähnlich wie im Zivilprozess – an denjenigen Rechtsanwalt, der sich als Verfahrensbevollmächtigter bestellt hat, zustellen müssen. Ein Verstoß dagegen – durch Zustellung nur an den Beteiligten – hat die Unwirksamkeit der Zustellung zur Folge.[4] Bei mehreren Verfahrensbevollmächtigten genügt die Zustellung an einen von ihnen. Zeitlich entscheidend ist die erste Zustellung.[5] 35

f) Ersatzzustellung in der Wohnung oder in Geschäftsräumen

Wenn der Zusteller den Adressaten nicht antrifft, ist die Zulässigkeit einer Ersatzzustellung von Bedeutung, um Verzögerungen zu vermeiden. Eine Ersatzzustellung nach **§ 178 Abs. 1 ZPO** ist sowohl für Zustellungen in Privatwohnungen (Nr. 1) als auch in Geschäftsräumen (Nr. 2) oder Einrichtungen möglich (Nr. 3). Bevor weitere Zustellungsarten wirksam durchgeführt werden können, muss zunächst eine Zustellung nach § 178 Abs. 1 ZPO versucht werden. 36

Eine wirksame Ersatzzustellung in der **Wohnung** durch Übergabe an einen Familienangehörigen oder Mitbewohner setzt voraus, dass der Zustellungsempfänger in der 37

---

1 BGH v. 25.6.1975 – IV ZB 35/74, NJW 1975, 1518.

2 Nach der früheren Rechtslage war streitig, welche Anforderungen an den Nachweis einer **Verfahrensvollmacht** zu stellen waren. So wurde regelmäßig zwischen streitigem und nichtstreitigem Verfahren unterschieden. Lediglich in ersteren sollte § 172 ZPO unproblematisch Anwendung finden, während in den nichtstreitigen Verfahren fraglich war, ob sich bereits aus den Gesamtumständen eine umfassende Bevollmächtigung ohne **Vollmachtsvorlage** ergeben kann, zB KG v. 17.7.1992 – 1 W 6555/90, NJW-RR 1993, 187, oder ob eine Vorlage der Vollmacht erfolgen muss. Entscheidend waren die konkreten Umstände des Einzelfalles. Bei Zweifeln an einer umfassenden Vollmacht erfolgte die Zustellung auch an den Beteiligten; zum Meinungsstand zu § 16 FGG: Jansen/*v. König*, § 16 FGG Rz. 35 ff.; *Bumiller*/Winkler, § 16 FGG Rz. 20.

3 Vgl. Begr. des RegE zur Neuregelung des Rechtsberatungsrechts, BT-Drucks. 16/3655, S. 92; zugleich sollte mit der Neufassung des § 13 Abs. 5 FGG bzw. § 11 eine Anpassung an die übrigen Verfahrensordnungen erfolgen.

4 Zöller/*Stöber*, § 172 ZPO, Rz. 23 mwN; Thomas/Putzo/*Hüßtege*, § 172 ZPO Rz. 13.

5 BGH v. 8.3.2004 – II ZB 21/03, BGHReport 2004, 903; BGH v. 10.4.2003 – VII ZR 383/02, NJW 2003, 2100.

Wohnung, in der der Zustellungsversuch unternommen wird, tatsächlich wohnt, also dort seinen **Lebensmittelpunkt** hat.[1] Dies ist der Fall, wenn der Adressat in der Wohnung lebt und insbesondere dort schläft. Dazu ist auf die konkreten Umstände abzustellen.[2] Unschädlich ist eine vorübergehende Abwesenheit, jedoch darf die Wohnung nicht aufgegeben sein. Für eine Wohnungsaufgabe müssen Aufgabewille und Aufgabeakt für einen mit den Verhältnissen vertrauten Beobachter erkennbar sein.[3]

38 Auch der erwachsene ständige **Mitbewohner**, an den nach § 178 Abs. 1 Nr. 1 ersatzweise zugestellt werden soll, muss in der Wohnung seinen Lebensmittelpunkt haben.[4]

39 Für die Ersatzzustellung an Beschäftigte in **Geschäftsräumen** ist erforderlich, dass die Person zum Zeitpunkt der Zustellung in diesen Geschäftsräumen angetroffen wird.[5]

40 Die Alternative des § 178 Abs. 1 Nr. 3 ZPO (**Gemeinschaftseinrichtung**) ist für Zustellungen bei Untergebrachten oder Inhaftierten von Bedeutung, da an den Leiter der Einrichtung zugestellt werden darf, wenn der Betroffene nicht angetroffen wird. Unter die Gemeinschaftseinrichtungen fallen Altenheime, Lehrlings- und Arbeiterwohnheime, Krankenhäuser, Kasernen, Justizvollzugsanstalten, Asylbewerberheime.[6] Mit der Entgegennahme von Postsendungen kann der Anstaltsleiter einen Vertreter betrauen.

g) Ersatzzustellung durch Einlegen in den Briefkasten

41 Die Ersatzzustellung gem. **§ 180 ZPO** hat in der praktischen Bedeutung die Ersatzzustellung nach § 178 ZPO abgelöst. Sie darf erst durchgeführt werden, wenn eine Zustellung nach § 178 Abs. 1 Nr. 1 oder Nr. 2 ZPO vergeblich versucht wurde. Bei erfolglosem Versuch nach § 178 Abs. 1 Nr. 3 ZPO ist das Einlegen in den Briefkasten nicht möglich, vielmehr muss dann als Ersatz niedergelegt werden (§ 181 ZPO). Auch diese Form der Ersatzzustellung verlangt – wie § 178 ZPO –, dass der Adressat tatsächlich unter der Anschrift wohnt, also dort seinen **Lebensmittelpunkt** hat[7] (zu den Voraussetzungen iE Rz. 37) oder regelmäßig seine Geschäfte dort betreibt. Bei unberechtigtem Verweigern der Annahme (§ 179 ZPO) kann die Zustellung nicht wirksam durch ein Einlegen in den Briefkasten erfolgen, vielmehr ist nach § 179 ZPO vorzugehen.[8]

42 Die Zustellung gilt als erfolgt, wenn das Schriftstück eingelegt ist und die Voraussetzungen des § 180 ZPO vorliegen.[9]

43 Bei Zweifeln über die **Wirksamkeit** der Zustellung hat das Gericht von Amts wegen zu prüfen, ob die Voraussetzungen einer Ersatzzustellung gegeben sind.[10] Die **Zustellungsurkunde (§ 182 ZPO)** belegt die Beachtung der Förmlichkeiten, erbringt im Zwei-

1 BGH v. 14.9.2004 – XI ZR 248/03, NJW-RR 2005, 415; BGH v. 27.10.1987 – VI ZR 268/86, NJW 1988, 713.
2 Vgl. eingehend BGH v. 27.10.1987 – VI ZR 268/86, NJW 1988, 713 = MDR 1988, 218 mwN.
3 BGH v. 27.10.1987 – VI ZR 268/86, NJW 1988, 713 = MDR 1988, 218 mwN.
4 Zöller/*Stöber*, § 178 ZPO Rz. 12.
5 Zöller/*Stöber*, § 178 ZPO Rz. 19.
6 Zöller/*Stöber*, § 178 ZPO Rz. 20 mwN; Keidel/*Schmidt*, § 16 FGG Rz. 48.
7 BGH v. 11.10.2007 – VII ZB 31/07, WuM 2007, 712.
8 Thomas/Putzo/*Hüßtege*, § 180 ZPO Rz. 3.
9 Thomas/Putzo/*Hüßtege*, § 180 ZPO Rz. 5.
10 BGH v. 11.10.2007 – VII ZB 31/07, WuM 2007, 712; Thomas/Putzo/*Hüßtege*, § 178 ZPO Rz. 21.

felsfall aber keinen Beweis für darüber hinaus gehende Tatsachen, insbesondere nicht dazu, dass der Adressat in der Wohnung tatsächlich lebt. Allerdings kann die Urkunde wesentliches **Beweisanzeichen** für entsprechende Umstände sein, wie zB dass die Person, an die übergeben wurde, Bedienstete des Adressaten ist, oder dass sich dort die Wohnung des Empfängers befindet.[1] Derjenige, der sich auf eine fehlerhafte Ersatzzustellung zB wegen fehlender Wohnung unter der Zustellungsanschrift beruft, hat klare und vollständige Angaben zu seinen Wohnverhältnissen zu machen, andernfalls bleibt sein Einwand unbeachtlich.[2]

h) Zustellung gegen Empfangsbekenntnis

Die vereinfachte Form der Zustellung gegen Empfangsbekenntnis (EB) nach § 174 Abs. 1 ZPO ist zulässig gegenüber Personen, bei denen auf Grund ihres Berufs von einer **erhöhten Zuverlässigkeit** ausgegangen werden kann, namentlich bei Rechtsanwälten, Notaren, Steuerberatern und Gerichtsvollziehern. Sie ist ferner anwendbar gegenüber Behörden, Anstalten und juristischen Personen öffentlichen Rechts. Hat sich für einen Beteiligten ein Verfahrensbevollmächtigter bestellt (dazu Rz. 33), so kommt diese vereinfachte Zustellungsart zum Tragen. Gegenüber diesem Empfängerkreis kann auch durch **Telekopie** (§ 130 Nr. 6 ZPO) zugestellt werden, § 174 Abs. 2 ZPO. Die zusätzlichen Anforderungen hierfür ergeben sich aus § 174 Abs. 2 ZPO. § 174 Abs. 3 ZPO eröffnet die weitere Möglichkeit der Zustellung durch **elektronisches Dokument**, dessen grundsätzliche Zulässigkeit in § 130a ZPO geregelt ist. 44

Bei der vereinfachten Zustellung muss das EB schriftlich in der Form des § 174 Abs. 4 ZPO erteilt und mit der Unterschrift des Adressaten oder seines Vertreters, nicht des Büropersonals zurückgesandt werden.[3] 45

i) Auslandszustellung

Zustellungen im Ausland – unabhängig, ob an dort wohnende Deutsche oder an Ausländer – richten sich nach §§ 183, 184 ZPO. Sie erfolgen durch **Einschreiben mit Rückschein** (§§ 183 Abs. 1 Satz 2, 175 ZPO), durch die Behörde des fremden Staates (§ 183 Abs. 1 Satz 2, 2. Alt., und Abs. 2 ZPO) oder bei Immunität durch das Auswärtige Amt (§ 183 Abs. 3 ZPO). Wirksam vollzogen ist die Zustellung entweder mit Aushändigung des Einschreibebriefs an den Adressaten,[4] der Rückschein erbringt den Nachweis der Zustellung (Abs. 4). In den anderen Alternativen wird die Zustellung durch das Zeugnis der ersuchten Behörde nachgewiesen.[5] 46

Vorrangig sind **internationale Abkommen** zu beachten: Die **EuZustVO** des Rates v. 13.11.2007 Nr. 1393/2007 (ABl. EU 2007 Nr. L 324 S. 79) geht für Zustellungen innerhalb der EU – außer Dänemark – vor. Voraussetzung ist, dass es sich um eine Zivil- oder Handelssache handelt, Art. 1 Abs. 1 EuZustVO. In welchem Umfang dies bei den Verfahren der freiwilligen Gerichtsbarkeit und den Familiensachen – außer den Ehesachen und Familienstreitsachen – der Fall ist, ist durch autonome, in allen Mitgliedstaaten einheitliche Auslegung in Übereinstimmung mit der Rechtsprechung des EuGH zu ermitteln.[6] Danach gilt die EuZustVO für alle Zivil- und Handelssachen, die 47

1 BGH v. 6.5.2004 – IX ZB 43/03, NJW 2004, 2386; Thomas/Putzo/*Hüßtege*, § 178 ZPO Rz. 21.
2 BGH v. 4.10.1989 – IVb ZB 47/89, FamRZ 1990, 143.
3 Thomas/Putzo/*Hüßtege*, § 174 ZPO Rz. 14.
4 Zöller/*Stöber*, § 175 ZPO Rz. 3.
5 BGH v. 13.11.2001 – VI ZB 9/01, NJW 2002, 521.
6 Zöller/*Geimer*, Art. 1 EG-VO Zustellung Anh. II Rz. 1.

Art. 1 EuGVVO erfasst, und zwar auch für die in Art. 1 Abs. 2 EuGVVO ausgeklammerten Rechtsgebiete (Ehesachen und Kindschaftssachen, Personenstandssachen, eheliche Güterstände, Erbrecht einschließlich des Testamentsrechts). Diese mit Art. 1 Abs. 2 EuGVVO erfassten Sachverhalte sind keine Ausnahmen bei der Anwendung der EuZustVO.[1] Ausgenommen vom Geltungsbereich der EuZustVO sind lediglich öffentlich-rechtliche Streitigkeiten. Für das FamFG kommt demnach die EuZustVO im gesamten Bereich zur Anwendung, soweit nicht einzelne Verfahren den öffentlich-rechtlichen Streitigkeiten zuzuordnen sind.[2] Über Art. 14 EuZustVO iVm. §§ 183 Abs. 1, Abs. 4, 1068 Abs. 1 ZPO ist eine Auslandszustellung durch Einschreiben mit Rückschein im europäischen Raum zulässig.[3]

48 Im Verhältnis zu anderen, nicht der EU angehörigen Staaten sind, soweit vorhanden, spezielle völkerrechtliche Vereinbarungen als vorrangige Regelungen zu beachten. So gilt das Haager Übereinkommen v. 15.11.1965 über die Zustellung gerichtlicher und außergerichtlicher Schriftstücke im Ausland in Zivil- und Handelssachen (HZÜ) im Verhältnis zu einigen europäischen (wie der Schweiz und dem EU-Staat Dänemark) und etlichen außereuropäischen Staaten, ferner sind bestehende bilaterale Rechtshilfeverträge vorrangig.

j) Öffentliche Zustellung

49 Für die öffentliche Zustellung nach **§ 185 ZPO** gelten im FamFG keine Besonderheiten. Die Voraussetzungen ergeben sich aus § 185 Nr. 1 bis 3 ZPO. Zu Nr. 1 ist zu beachten, dass der **Aufenthalt allgemein**, nicht nur für den Zustellungsveranlasser **unbekannt** sein muss. Die Ermittlungen hierzu hat das Gericht durchzuführen. Ob allein eine negative Auskunft des zuletzt zuständigen Einwohnermeldeamts ausreicht, hängt von den Umständen des Falles ab, dürfte als einzige Aufenthaltsermittlung jedenfalls im Erkenntnisverfahren regelmäßig nicht ausreichen.[4] Die öffentliche Zustellung muss von dem Gericht, bei dem das Verfahren anhängig ist, bewilligt werden, § 186 Abs. 1 ZPO. Ist die Bewilligung wegen Fehlens der Voraussetzungen erkennbar unzulässig, so ist die öffentliche Zustellung unwirksam.[5]

k) Heilung einer fehlerhaften Zustellung

50 Die Verletzung der zwingenden Formvorschriften der §§ 166 bis 190 ZPO hat die **Unwirksamkeit** der Zustellung zur Folge.[6] Da § 15 Abs. 2 Satz 1 auch auf § 189 ZPO verweist, ist im Verfahren des FamFG eine Heilung von Zustellungsmängeln nach § 189 ZPO möglich. Danach wird die Zustellung in den Fällen fingiert, in denen ein Nachweis formgerechter Zustellung nicht möglich oder das Dokument unter Verlet-

1 Zöller/*Geimer*, Art. 1 EG-VO Zustellung Anh. II Rz. 1.

2 Keidel/Kuntze/Winkler/*Schmidt*, § 16 FFG Rz. 54; *Bumiller*/Winkler, § 16 FGG Rz. 23; als öffentlich-rechtliche Streitigkeit ist das Verfahren nach § 107 – Anerkennung ausländischer Entscheidungen in Ehesachen – anzusehen.

3 Eingehend Zöller/*Geimer*, § 183 ZPO Rz. 5 ff. und zu Zustellungen in nicht EU-Staaten: Rz. 93 ff.

4 Vgl. zB BGH v. 19.12.2001 – VIII ZR 282/00, NJW 2002, 827; Thomas/Putzo/*Hüßtege*, § 185 ZPO Rz. 7; Zöller/*Stöber*, § 185 ZPO Rz. 2 mwN.

5 BGH v. 19.12.2001 – VIII ZR 282/00, NJW 2002, 827; vgl. OLG Köln v. 26.5.2008 – 16 Wx 305/07, MDR 2008, 1061; BGH v. 20.1.2009 – VIII ZB 47/08, FamRZ 2009, 684, zu den Voraussetzungen des § 185 Nr. 2 ZPO („keinen Erfolg verspricht"), wenn ein Wohnsitz im Ausland bekannt ist.

6 *Bumiller*/Winkler, § 16 FGG Rz. 22.

zung zwingender Zustellungsvorschriften zugestellt worden, es dem Adressaten aber dennoch tatsächlich zugegangen ist. Die Voraussetzungen des § 189 ZPO sind von Amts wegen zu prüfen, wenn es auf die Wirksamkeit der betreffenden Zustellung ankommt.[1]

Die Wirkung des § 189 ZPO tritt nur ein, wenn das Dokument mit **Zustellungswillen** 51
zur Kenntnis des Adressaten gelangt ist, wobei der Zugang nicht unbedingt in demselben Verfahren erfolgen muss. Zustellungswille bedeutet, dass die Zustellung vom Veranlasser beabsichtigt, mindestens angeordnet und in die Wege geleitet sein muss; eine formlose Mitteilung oder eine Zustellung im Parteibetrieb reicht nicht aus.[2]

4. Zustellung im Parteibetrieb

§ 15 Abs. 2 Satz 1 verweist wegen der Bekanntgabe – anders als § 16 Abs. 2 Satz 1 FGG 52
– auch auf die Vorschriften der Zustellung auf Betreiben der Partei, §§ 191 bis 195 ZPO. Diese Form der Zustellung, die ausdrücklich zugelassen sein muss, hat ihre Bedeutung im Wesentlichen im Vollstreckungsrecht. Da das FamFG für die **Vollstreckung** vermögensrechtlicher Titel sowie solcher zur Vornahme von Handlungen und zur Abgabe von Willenserklärungen in § 95 Abs. 1 die Vorschriften der ZPO für entsprechend anwendbar erklärt und diese wiederum die Zustellung im Parteibetrieb vorsehen (zB §§ 699 Abs. 4, 829 Abs. 2, 835 Abs. 3, 845 ZPO), ist damit auch im Anwendungsbereich des FamFG eine Zustellung auf Betreiben der Parteien möglich.

5. Aufgabe zur Post

Die Möglichkeit der Bekanntgabe eines Dokuments einschließlich eines Beschlusses 53
(§ 41 Abs. 1) durch Aufgabe zur Post stellt eine wesentliche Neuerung dar (s. Rz. 3). Damit soll eine zuverlässige, aber auch flexible sowie **effiziente und kostengünstige Übermittlung** ermöglicht werden.[3] In den Verfahren der InsO hat sich diese Form der Bekanntgabe als die mit Abstand praktisch bedeutsamste Möglichkeit der Mitteilung entwickelt.[4]

a) Ausführung

Eine Sendung ist zur Post aufgegeben, sobald der Urkundsbeamte der Geschäftsstelle 54
das Schriftstück **an die Post übergeben** hat. Für den Empfänger muss aus der Sendung ersichtlich sein, dass es sich um eine vom Gericht veranlasste Bekanntgabe eines Dokuments in dem fraglichen Verfahren handelt.[5] Der Urkundsbeamte hat in den **Akten zu vermerken**, zu welcher Zeit und unter welcher Adresse die Aufgabe zur Post geschehen ist (§ 184 Abs. 2 Satz 4 ZPO).[6]

b) Bekanntgabefiktion

Nach § 15 Abs. 2 Satz 2 tritt bei Inlandszustellungen **am dritten Tag** nach der Aufgabe 55
zur Post eine **Zugangsfiktion** ein. Damit wird eine Angleichung an die Regelungen des

---

1 Thomas/Putzo/*Hüßtege*, § 189 ZPO Rz. 5.
2 Zöller/*Stöber*, § 189 ZPO Rz. 2 mwN.
3 Begr. RegE, BT-Drucks. 16/6308, S. 166.
4 MüKo.InsO/*Ganter*, § 8 InsO Rz. 15.
5 BGH v. 20.3.2003 – IX ZB 140/02, NZI 2004, 341 zu § 8 InsO.
6 MüKo.InsO/*Ganter*, § 8 InsO Rz. 20.

§ 8 Abs. 1 Satz 3 InsO und des § 41 Abs. 2 Satz 2 VwVfG erreicht. Die Übernahme der Drei-Tages-Frist erfolgte in Hinblick auf die üblichen Postlaufzeiten.[1] Die Zwei-Wochen-Frist des § 184 Abs. 2 Satz 1 ZPO betrifft hingegen die Zustellung im Ausland.

c) Widerlegbarkeit

56 Die Fiktion des 15 Abs. 2 Satz 2 ist widerlegbar, was die gesetzliche Fassung ausdrücklich vorsieht. Insofern weicht der Wortlaut teilweise von den Fassungen der anderen Verfahrensordnungen ab (§§ 8 Abs. 1 Satz 3 InsO; 184 Abs. 2 Satz 1 ZPO). Vergleichbar ist hingegen die Fassung des **§ 41 Abs. 2 Satz 3 VwVfG**, die im Fall der Widerlegbarkeit der Fiktion der Behörde die Beweislast für den Zugang und dessen Zeitpunkt auferlegt.[2]

57 Der Beteiligte kann die Bekanntgabefiktion widerlegen, indem er **glaubhaft macht**, dass er das Schriftstück nicht zu dem fiktiven Datum, sondern später oder gar nicht erhalten hat.[3] Soweit die Regelung § 41 Abs. 2 VwVfG nachgebildet ist, kann die verwaltungsgerichtliche Rechtsprechung zur entsprechenden Anwendung herangezogen werden.[4] Die Fiktion des Zugangs, die nach drei Tagen – unabhängig von Samstagen, Sonn- und Feiertagen –[5] eintritt, kann durch substantiierten Vortrag des Adressaten erschüttert werden. Dazu reichen nicht einfache Behauptungen. Der Beteiligte muss vielmehr mit **konkretem Vorbringen** plausibel darlegen, dass ihm das Dokument nicht oder zu einem späteren Zeitpunkt zugegangen ist, damit ein Zweifelsfall angenommen werden kann. Er hat darüber hinaus sein Vorbringen glaubhaft zu machen. Dazu kann er sich aller Beweismittel einschließlich einer – eigenen – Versicherung an Eides statt bedienen, § 31.

58 Gelingt dies, so liegt die Beweislast für den Zugang und dessen Datum beim Gericht.[6] Die Rechtsprechung der Verwaltungsgerichte stellt an die **Substantiierung** keine hohen Anforderungen, weil es sich für den Beteiligten um negative Tatsachen handelt, die schwer nachweisbar sind.[7]

d) Kriterien zur Form der Bekanntgabe

59 Besondere Voraussetzungen für eine Bekanntgabe durch Aufgabe zur Post als Alternative zur förmlichen Zustellung sieht das Gesetz nicht vor. Die Entscheidung über die Form der Bekanntgabe liegt im pflichtgemäßen Ermessen des Gerichts (vgl. Rz. 23).[8] Soweit **§ 8 Abs. 1 Satz 2 InsO** die Aufgabe zur Post vorsieht, versteht der BGH mit Blick auf den Willen des Gesetzgebers dies als **Regelfall** der Bekanntgabe im Insolvenzverfahren.[9] Diese Beurteilung lässt sich wegen des unterschiedlichen Gesetzeswort-

1 Begr. RegE, BT-Drucks. 16/6308, S. 182.
2 Entsprechende Regelung ebenfalls in § 270 Satz 2 letzter Halbs. ZPO (bei Mitteilung von Schriftsätzen).
3 Begr. RegE, BT-Drucks. 16/6308, S. 183.
4 So zu Recht zum Reformvorhaben Jansen/*v. König*, § 16 FGG Rz. 73.
5 Vgl. die verwaltungsrechtliche Rspr. beispielsweise bei *Kopp/Ramsauer*, VwGO, § 41 VwVfG Rz. 44 mwN.
6 So im Ansatz die Begr. des RegE, BT-Drucks. 16/6308, S. 182 f. unter Hinweis auf § 270 Satz 2 ZPO; Jansen/*v. König*, § 16 FGG Rz. 73; *Brehm*, FPR 2006, 401 (404).
7 Vgl. zB *Kopp/Ramsauer*, § 41 VwVfG, Rz. 45 mwN.
8 BGH v. 7.2.2008 – IX ZB 47/05, ZInsO 2008, 320; BGH v. 13.2.2003 – IX ZB 368/02, NZI 2003, 341 zu § 8 InsO.
9 BGH v. 20.3.2003 – IX ZB 140/02, NZI 2004, 341; BGH v. 13.2.2003 – IX ZB 368/02, NZI 2003, 341.

lauts nicht ohne weiteres auf § 15 Abs. 2 Satz 1 übertragen. § 8 Abs. 1 Satz 2 InsO erwähnt als Zustellungsform ausdrücklich nur die Aufgabe zur Post und lässt daneben Raum für andere Formen.[1] § 15 Abs. 2 Satz 1 sieht hingegen sowohl die förmliche Zustellung nach §§ 160 ff. ZPO als auch die Aufgabe zur Post als **gleichwertige Bekanntgabeformen** vor. Damit werden beide Formen nebeneinander gestellt. Einen Schluss auf einen Regelfall lassen weder die sprachliche Fassung noch die Motive zu.[2] Auswirkungen auf die Wirksamkeit eines Beschlusses hat die – uU unzweckmäßige – Wahl der Form der Bekanntgabe nicht (s. auch § 41 Rz. 14).

Abgesehen von den Spezialregelungen der **§ 41 Abs. 1 Satz 2** und **§ 33 Abs. 2 Satz 2,** die 60
eine förmliche Zustellung vorsehen, und **§ 365 Abs. 1 Satz 2**, der eine öffentliche Zustellung ausschließt, hat das Gericht unter Berücksichtigung der konkreten Umstände zu prüfen, ob die Bekanntgabe durch die Aufgabe zur Post hinreichend zuverlässig bewirkt werden kann oder ob es einer förmlichen Zustellung bedarf.[3]

Folgende Gesichtspunkte können für die Entscheidung zur Bekanntgabe herangezogen 61
werden:

- **Art des Dokuments** und zu erwartendes **Rechtsmittels**. Beschlüsse werden – abgesehen von § 41 Abs. 1 Satz 2 – auch in anderen Fällen zur sicheren Feststellung der Rechtsmittelfristen zuzustellen sein, wenn nach dem Verfahrensablauf ein Rechtsmittel nicht fern liegt, auch ohne dass ein Beteiligter ausdrücklich seinen entgegen gesetzten Willen gezeigt hat.
- **Schriftsätze** und verfahrensleitende Verfügungen des Gerichts, die Fristen zur Stellungnahme enthalten, eignen sich für eine Aufgabe zur Post.
- Bei Vertretung durch einen **Rechtsanwalt** ist eine Zustellung gegen Empfangsbekenntnis (vgl. Rz. 44) eine einfache und zuverlässigere Form der Bekanntgabe als die Aufgabe zur Post.
- **Terminsbestimmung**. Um die Durchführung eines Termins zu sichern und Verhinderungen rechtzeitig zu erfahren, stellt die Sollvorschrift des § 33 Abs. 2 Satz 2 auf einen wesentlichen Gesichtspunkt ab („ungewisses Erscheinen"), der auch sonst bei zweifelhafter Mitwirkungsbereitschaft zu förmlicher Zustellung veranlassen kann.
- **Genehmigungen**. Um alsbald Rechtssicherheit über die Wirksamkeit des zu genehmigenden Geschäfts zu erreichen,[4] sollten die Entscheidungen zur Genehmigung zugestellt werden.
- In **Betreuungs-, Unterbringungs- oder Freiheitsentziehungssachen** wird oftmals eine förmliche Zustellung angebracht sein, um den Zugang der Entscheidung zuverlässig feststellen zu können und auch um dem häufig nicht geschäftsgewandten Beteiligten nicht mit Darlegungen zu einem verzögerten Postlauf zu belasten.[5] Zu den Anforderungen an die Darlegung vgl. Rz. 56, 57.

1 MüKo.InsO/*Ganter*, § 8 InsO Rz. 15.

2 Vgl. Begr. RegE, BT-Drucks. 16/6308, S. 182; Begr. RegE, BT-Drucks. 309/07, S. 361; anders: *Grotkoop*, Sachverständigenstellungnahme im Rechtsausschuss des BT v. 6.2.2008, S. 7.

3 Begr. RegE, BT-Drucks. 16/6308, S. 182.

4 Diesem Bedürfnis entspricht der Gesetzgeber mit einer verkürzten Rechtsmittelfrist, § 63 Abs. 2 Nr. 2.

5 So auch *Grotkopp*, Sachverständigenstellungnahme im Rechtsausschuss des BT v. 6.2.2008, S. 7.

6. Bekanntgabe zu Protokoll

62 Diese Form der Bekanntgabe ist in § 15 nicht erwähnt, während § 16 Abs. 3 FGG die Möglichkeit für Anwesende ausdrücklich vorgesehen hatte. Das FamFG kennt die Bekanntgabe zu Protokoll, wie §§ 38 Abs. 4 Nr. 3, 41 Abs. 2 zeigen (vgl. § 41 Rz. 15 ff.). Diese Bekanntgabemöglichkeit hat für § 15 keine Relevanz, da die Vorschrift nur die Bekanntgabe auf schriftlichem Wege – Zustellung und Aufgabe zur Post – erfasst. Die in Abs. 3 normierte formlose Mitteilung ist keine Bekanntgabe im Sinne dieser Vorschrift.

III. Formlose Mitteilung (Absatz 3)

1. Neuerung

63 § 15 Abs. 3 führt mit der Regelung einer formlosen Mitteilung eine Erweiterung des bisher geltenden § 16 Abs. 2 Satz 2 FGG ein. Die Vorschrift des FGG sah die formlose Mitteilung nur für gerichtliche Verfügungen vor, während nach § 15 Abs. 3 diese Möglichkeit auf alle Dokumente unter der Voraussetzung, dass eine Bekanntgabe nicht geboten ist, ausgedehnt wird.[1] Der Wortlaut entspricht weitgehend § 329 Abs. 2 ZPO, der die formlose Mitteilung von Beschlüssen und Verfügungen vorsieht.[2]

2. Regelungsgegenstand

a) Grundsatz

64 Wenngleich nach dem Wortlauf der Vorschrift alle Dokumente formlos mitgeteilt werden dürfen, wird die Regelung durch § 41 Abs. 1 wesentlich eingeschränkt. Sämtliche Beschlüsse sind ohne Ausnahme – auch bei Unanfechtbarkeit – bekannt zu geben. § 15 Abs. 3 findet damit **keine Anwendung** auf **Beschlüsse**. Ferner ist für sämtliche Dokumente, die unter § 15 Abs. 1 fallen (s. Rz. 9 ff.), Abs. 3 nicht anwendbar.

65 Andere Dokumente, die weder Termins- noch Fristbestimmungen enthalten oder Fristen auslösen, dürfen formlos mitgeteilt werden, sofern nicht aus anderen Gründen eine Bekanntgabe geboten ist. Für eine formlose Mitteilung sind vor allem **Schriftsätze** der Beteiligten, **Stellungnahmen** von Behörden, **Auskünfte**, **Gutachten**, aber auch Hinweise des Gerichts, die keine Fristsetzung enthalten, geeignet.

b) Einzelfälle

66 Eine formlose Mitteilung ist zB zulässig bei folgenden gerichtlichen Verfügungen: Anordnungen zur **Beteiligung Dritter** am Verfahren bspw. bei Kindschaftsverfahren und bei Adoptionssachen (Beteiligung des Jugendamtes, einer Pflegeperson, §§ 161, 162, 188 Abs. 2), zur Bestellung eines **Verfahrenspflegers** in Betreuungs-, Unterbringungs- und Freiheitsentziehungssachen (§§ 276, 317, 419) bzw. eines **Verfahrensbeistandes** für Minderjährige (§§ 158, 174, 191), **Anordnungen** zur **Anhörung** des Jugendamtes (wie §§ 176, 194) und zur Einholung eines ärztlichen **Gutachtens** oder **Zeugnisses** in Unterbringungssachen (§§ 321 Abs. 2, 331 Abs. 1 Nr. 2). Ferner kommen

1 Begr. RegE, BT-Drucks. 16/6308, S. 183.
2 Vgl. zur formlosen Mitteilung nach § 329 Abs. 2 ZPO Zöller/*Vollkommer*, § 329 ZPO Rz. 15.

Anfragen oder **Aufforderungen** an Beteiligte in Frage, die nicht mit einer Fristsetzung verbunden sind, sowie Mitteilungen von Zwischenentscheidungen oder Hinweise auf vorläufige rechtliche Beurteilung. Auch Mitteilungen an die **Staatskasse** bzw. den Bezirksrevisor oder an eine andere Behörde können formlos erfolgen, s. zB § 304 Abs. 2.

c) Durchführung der formlosen Mitteilung

In welcher Weise die formlose Mitteilung erfolgt, kann das Gericht nach freiem Ermessen entscheiden. Erforderlich ist ein Zugang, eine Aushändigung oder ein Einwurf in den Briefkasten des Adressaten oder eine (fern-)mündliche Mitteilung. Dementsprechend kann die formlose Mitteilung durch einfachen Brief, durch Fax oder e-mail, telefonische Unterrichtung, Mitteilung zu Protokoll sowie durch mündliche oder schriftliche Unterrichtung auch durch eine andere Abteilung des Gerichts erfolgen.[1] Wie schon bisher für § 16 Abs. 2 Satz 2 FGG gefordert, sollen Art und Weise sowie Ort und Zeit der Mitteilung zum Nachweis in den Akten vermerkt werden, ohne dass dieser Vermerk Wirksamkeitsvoraussetzung ist.[2] 67

Wirksamkeit tritt erst ein, wenn der Inhalt des Dokuments dem Adressaten zugegangen ist. Schlägt die Mitteilung fehl, so ist die Verfügung zwar existent, aber nicht wirksam geworden. Die Bekanntgabe kann dann nachgeholt werden.[3] 68

d) Ausnahmsweise Bekanntgabe

Auch wenn kein Fall des § 15 Abs. 1 vorliegt, kann eine – förmliche – Bekanntgabe geboten sein. In Einzelfällen ist dies angebracht, wenn es sich um eine Mitteilung von besonderer Tragweite handelt oder wenn es um sensible Daten für den Beteiligten geht.[4] Die förmliche Mitteilung dient in diesen Fällen dem Schutz des Beteiligten, den diese Mitteilung betrifft, denn bei der Bekanntgabe ist eine Vertraulichkeit persönlicher Daten oder des Inhalts einer bedeutsamen Entscheidung eher gewährleistet als bei der formlosen Mitteilung. 69

§ 16
Fristen

(1) Der Lauf einer Frist beginnt, soweit nichts anderes bestimmt ist, mit der Bekanntgabe.

(2) Für die Fristen gelten die §§ 222 und 224 Abs. 2 und 3 sowie § 225 der Zivilprozessordnung entsprechend.

1 ZB fernmündliche Bekanntgabe: BGH v. 27.10.1999 – XII ZB 18/99, NJW-RR 2000, 877; vgl. auch Begr. RegE, BT-Drucks. 16/6308, S. 183; Keidel/*Schmidt*, § 16 FGG Rz. 69.
2 Keidel/*Schmidt*, § 16 FGG Rz. 69.
3 So zur bisherigen Rechtslage, die auch für die formlose Mitteilung nach neuem Recht Geltung haben dürfte: Keidel/*Schmidt*, § 16 FGG Rz. 69.
4 Ausdrücklich Begr. RegE, BT-Drucks. 16/6308, S. 183.

A. Allgemeines

I. Änderungen gegenüber § 17 FGG

1 Die Regelung in § 16 ist umfassender als § 17 FGG und geht über dessen Inhalt hinaus, der die allgemeine Regelung lediglich zur Fristberechnung enthielt. Mit § 16 hat der Gesetzgeber soweit wie möglich einen Gleichlauf mit den Vorschriften **anderer Verfahrensordnungen** hergestellt.[1]

2 § 16 Abs. 1 ist inhaltlich weitgehend § 221 ZPO und § 57 Abs. 1 VwGO nachgebildet und regelt ausdrücklich, wann der **Lauf einer Frist beginnt**. Bisher fanden sich dazu Regelungen in § 16 Abs. 2 Satz 1, Abs. 3 FGG, wonach für den Fristablauf der Zeitpunkt der schriftlichen Bekanntmachung entscheidend war. Die neue Fassung sieht vor, dass der Fristbeginn nun auch durch eine richterliche Verfügung ausgelöst werden kann.[2]

3 § 16 Abs. 2 enthält die eigentliche Vorschrift zur **Fristberechnung** und knüpft an § 17 FGG an. Der Wortlauf entspricht im Wesentlichen § 57 Abs. 2 VwGO. Mit der Verweisung auf die §§ 222 Abs. 3, 224 Abs. 2 und Abs. 3 und 225 ZPO sind Regelungslücken zum bisherigen Recht geschlossen worden, indem auch Fristberechnungen nach **Stunden** sowie Zulässigkeit und Verfahren zu **Friständerungen** durch das Gericht einbezogen werden.[3] Letztlich maßgeblich für die Bestimmung einer Frist sind über § 222 Abs. 1 ZPO die Vorschriften der §§ 187 bis 193 BGB.

4 § 16 findet **keine Anwendung** in den **Ehe- und Familienstreitsachen**, § 113 Abs. 1. Für diese Verfahren gelten die Fristenregelungen der §§ 221 bis 226 ZPO unmittelbar.

II. Frist

1. Bedeutung

5 Frist im eigentlichen Sinne ist der Zeitraum, innerhalb dessen ein Verfahrensbeteiligter eine Handlung von rechtlicher Bedeutung vorzunehmen hat (**Handlungsfrist**, zB

1 Begr. RegE, BT-Drucks. 16/6308, S. 163 f.
2 Begr. RegE, BT-Drucks. 16/6308, S. 183.
3 Begr. RegE, BT-Drucks. 16/6308, S. 183.

Rechtsmittelfrist) oder der der Vorbereitung auf einen Termin dient (**Überlegungsfrist**).[1] Zu unterscheiden sind gesetzliche und gerichtlich bestimmte Fristen.

Daneben gibt es noch die sog. uneigentlichen Fristen, die nicht Gegenstand der Regelung des § 16 sind. Das sind Zeiträume, in denen eine richterliche Handlung erfolgen muss, oder nach deren Ablauf das Gesetz Rechtsfolgen vorsieht, ohne dass die Möglichkeit einer Wiedereinsetzung besteht[2] (vgl. zB §§ 18 Abs. 4, 63 Abs. 3 Satz 2). 6

2. Gesetzliche Fristen

Das sind Fristen, deren Dauer **durch das Gesetz** bestimmt wird. Dazu finden sich im FamFG – ohne die Ehe- und Familienstreitsachen – Rechtsmittel- und Rechtsmittelbegründungsfristen (§§ 63 Abs. 1 und Abs. 2, 71 Abs. 1; § 71 Abs. 2), Aufgebotsfristen (§§ 437, 458 Abs. 2, 476) und Ladungsfristen (zB § 405 Abs. 4). Das FamFG nimmt in Zusammenhang mit der Anfechtung von Zwischenentscheidungen mehrfach Bezug auf die sofortige Beschwerde nach §§ 567 ff. ZPO und damit auf die dortigen Fristen, so in §§ 6 Abs. 2, 7 Abs. 5, 21 Abs. 2, 35 Abs. 5, 42 Abs. 3. Einen Verweis auf § 224 Abs. 1 ZPO sieht § 16 Abs. 2 nicht vor, so dass die Einteilung der gesetzlichen Fristen durch § 224 Abs. 1 ZPO in Notfristen und gewöhnliche Fristen für das FamFG keine unmittelbare Bedeutung hat, wenngleich die Rechtsmittelfristen des FamFG inhaltlich Notfristen sind.[3] Soweit innerhalb gesetzlicher Fristen Handlungen vorgenommen werden müssen, deren Vornahme nach Fristablauf präkludiert ist, besteht die Möglichkeit der **Wiedereinsetzung** in den vorigen Stand nach § 17. 7

3. Gerichtlich bestimmte Fristen

Gerichtlich bestimmte Fristen sind solche, deren Dauer **durch das Gericht** festgelegt wird.[4] Es kann sich dabei um Fristen handeln, die vom Gericht aus freiem Ermessen gesetzt werden, sowie um solche, die gesetzlich vorgesehen sind, aber ohne Vorgaben zu ihrer Dauer (wie bspw. § 65 Abs. 2 zur Beschwerdebegründung, § 163 Abs. 1 zur Fristsetzung gegenüber einem Sachverständigen, § 206 Abs. 1 in Haushaltssachen, § 381 Satz 2 zur Klageerhebung in Registersachen, § 388 zur Androhung eines Zwangsgeldes, § 393 Abs. 1 Ankündigung der Firmenlöschung). Gegen die Versäumung einer vom **Gericht gesetzten Frist** findet **keine Wiedereinsetzung** statt, § 17 Abs. 1. 8

4. Fristwahrung

Die Beteiligten dürfen gesetzliche und gerichtliche Fristen in vollem Umfang ausschöpfen.[5] Zur Fristwahrung müssen die fristgebundenen Prozesshandlungen spätestens am letzten Tag der Frist bis Mitternacht (24 Uhr) erfolgen. Bis zu diesem Zeitpunkt müssen Schriftsätze in die Verfügungsgewalt des Gerichts gelangen. Dies erfolgt regelmäßig durch Einwurf in den (Nacht-)Briefkasten des Gerichts;[6] der Eingangsstempel erbringt gem. § 418 Abs. 1 ZPO den vollen Beweis des fristgerechten Eingangs. 9

1 Keidel/*Schmidt*, § 17 FGG Rz. 1; *Bumiller*/Winkler, § 17 FGG Rz. 1.
2 Keidel/*Schmidt*, § 17 FGG Rz. 4.
3 *Maurer*, FamRZ 2009, 465 (473).
4 Keidel/*Schmidt*, § 17 FGG Rz. 3.
5 HM; zB BGH v. 1.12.1994 – IX ZR 131/94, NJW 1995, 521 mwN; BGH v. 18.5.1995 – VII ZR 191/94, NJW 1995, 2230.
6 Zöller/*Stöber*, § 222 ZPO Rz. 8.

Gegenbeweis ist möglich, § 418 Abs. 2 ZPO.[1] In Zweifelsfällen ist der fristgerechte Eingang im Wege des Freibeweises zu klären.

B. Inhalt der Vorschrift

I. Beginn des Fristlaufs (Absatz 1)

10 § 16 Abs. 1 sieht vor, dass der Fristlauf mit der Bekanntgabe der Entscheidung oder des Dokuments beginnt, soweit nichts anderes bestimmt ist. Gemeint ist, wie sich den Gesetzesmaterialien entnehmen lässt, die **schriftliche Bekanntgabe**, obgleich der Gesetzestext dies nicht ausdrücklich fordert.[2] § 41 Abs. 2 Satz 1 sieht für den Beschluss auch eine mündliche Bekanntgabe gegenüber Anwesenden vor – „durch Verlesen der Beschlussformel bekannt gegeben" –, allerdings mit der Verpflichtung der späteren schriftlichen Bekanntgabe, § 41 Abs. 2 Satz 3. Da die Gesetzesbegründung auf die schriftliche Bekanntgabe abstellt und dies im Übrigen in Einklang steht mit den Regelungen in § 221 ZPO und in § 57 Abs. 1 VwGO, ist auch für § 16 Abs. 1 die schriftliche Bekanntgabe (vgl. dazu iE § 15 Rz. 7 ff.) maßgeblich. Für den Beginn der Beschwerdefrist des § 63 Abs. 1 ist ausdrücklich klargestellt, dass diese Frist mit der schriftlichen Bekanntgabe des Beschlusses an die Beteiligten beginnt, § 63 Abs. 3 (vgl. § 63 Rz. 5).

11 Abs. 1 ermöglicht mit der Formulierung „soweit nichts anderes bestimmt ist" abweichend vom Tag der Bekanntgabe des Dokuments einen **Fristbeginn** durch eine **richterliche Bestimmung**. Die Regelung wurde in Anlehnung an §§ 221 ZPO und 57 Abs. 1 VwGO geschaffen (vgl. Rz. 2). Durch eine Verfügung des Richters oder Rechtspflegers kann nun gleichzeitig mit dem Dokument eine eigenständige Fristsetzung mit einem von der Bekanntgabe unabhängigem Fristbeginn angeordnet werden.[3] Diese Möglichkeit besteht nicht für gesetzliche Fristen, bei denen mit der Dauer zugleich der Beginn gesetzlich vorgegeben wird,[4] wie zB in §§ 63 Abs. 3, 71 Abs. 1.

12 Gesetzliche Fristen und Fristen des Gerichts können für **verschiedene Beteiligte unterschiedlich** laufen, was vor allem für Rechtsmittelfristen von Bedeutung ist. Entscheidend für die Berechnung ist jeweils der Tag der Bekanntgabe an den betreffenden Beteiligten.[5]

II. Berechnung der Fristen (Absatz 2)

1. Verweisung auf die Vorschriften der ZPO

13 Es werden alle denkbaren Fälle der Fristberechnung erfasst. Die grundsätzliche Weiterverweisung zu den Fristbestimmungen des BGB in § 222 Abs. 1 ZPO entspricht dem bisherigen § 17 Abs. 1 FGG. Weitergehend als bisher werden nun auch nach **Stunden** berechnete Fristen berücksichtigt, § 222 Abs. 3 ZPO, ferner die Möglichkeiten der **Verkürzung** und **Verlängerung** richterlicher Fristen durch eine weitere richterliche

1 Vgl. Thomas/Putzo/*Hüßtege*, vor § 214 ZPO Rz. 10 mwN.
2 Begr. RegE, BT-Drucks. 16/6308, S. 183.
3 Zöller/*Stöber*, § 221 ZPO Rz. 1: Fall der richterlichen Anordnung des Zeitpunkts des Fristbeginns ist selten.
4 Vgl. zu § 221 ZPO, der vom Wortlaut her nur die richterlichen Fristen meint: Zöller/*Stöber*, § 221 ZPO Rz. 1.
5 Thomas/Putzo/*Hüßtege*, § 221 ZPO Rz. 3.

Verfügung bzw. eine solche durch den Rechtspfleger, § 224 Abs. 2 und 3 ZPO. Damit ist klargestellt, dass das Gericht über die Abkürzung oder Verlängerung einer Frist entscheiden kann, § 225 ZPO.

2. Berechnung im Einzelnen

a) Fristbeginn

Ist für den **Fristbeginn** ein Ereignis oder ein in den Lauf eines Tages fallender Zeitpunkt maßgebend, so gilt über § 222 Abs. 1 ZPO § 187 Abs. 1 BGB. Danach wird der Tag nicht mitgerechnet, auf welchen das Ereignis oder der Zeitpunkt fällt, wie zB die Bekanntgabe einer Entscheidung. 14

Wenn der Beginn eines Tages (zB „ab dem 10. Januar") für den Anfang der Frist maßgebend ist, so zählt dieser Tag bei der Berechnung mit, § 187 Abs. 2 Satz 1 BGB. Ausdrücklich regelt das Gesetz dies für den Tag der Geburt, der bei der Berechnung des Lebensalters mitgezählt wird, § 187 Abs. 2 Satz 2 BGB. 15

b) Dauer

Für Monats- oder Jahresfristen ist die **konkrete Dauer** maßgebend.[1] Wie im Einzelnen die Dauer bei denjenigen Fristen zu berechnen ist, die nicht nach Daten, sondern sprachlich offen („halbes Jahr") umschrieben sind, regelt § 189 Abs. 1 und Abs. 2 BGB. 16

c) Fristende

Für **Stundenfristen**, die neu für Verfahren der freiwilligen Gerichtsbarkeit aufgenommen worden sind, gilt § 188 BGB entsprechend. Stundenfristen werden vor allem für richterliche Fristsetzungen in Eilsachen, wie zB bei einstweiligen Anordnungen, in Unterbringungs- oder Freiheitsentziehungssachen von Bedeutung sein. Stundenfristen enden mit Ablauf der bestimmten Stundenzahl. Es werden nur volle Stunden gezählt.[2] 17

Tagesfristen enden mit dem Ablauf (= 24 Uhr) des letzten Tages der Frist (§ 188 Abs. 1). 18

Bei **Wochenfristen** unterscheidet das Gesetz in § 188 Abs. 2 BGB zwischen den Fristen, die unter § 187 Abs. 1 BGB fallen, und denjenigen, die zum Anwendungsbereich des § 187 Abs. 2 BGB gehören. Im ersten Fall endet die Frist mit dem Ablauf des Tages der letzten Woche, welcher durch seine Benennung dem Tag entspricht, in den das Ereignis oder Zeitpunkt fällt (zB Zustellung am Montag, Fristablauf am Montag, 24 Uhr). Bei der zweiten Gruppe endet die Frist mit demjenigen Tag der letzten Woche, welcher dem Tag vorhergeht, der durch seine Benennung dem Anfangstag der Frist entspricht (zB Fristbeginn am Dienstag, den 10. Februar, Ablauf am Montag, 16. Februar, 24 Uhr). 19

Das Ende bei **Monats-, Jahres- und Jahresbruchteilsfristen** richtet sich ebenfalls nach § 188 Abs. 2 BGB. Im Falle des § 187 Abs. 1 BGB endet die Frist also mit Ablauf des Tages des letzten Monats, der durch seine Benennung oder seine Zahl dem Tag entspricht, in den das Ereignis oder der Zeitpunkt fällt (zB Bekanntgabe am 5. Juli, Ablauf am 5. August, 24 Uhr). Bei Fehlen des maßgeblichen Tages im letzten Monat endet die Frist am letzten Tag dieses Monats, § 188 Abs. 3 BGB. Ist die Frist **ab einem Tag** 20

1 Jansen/*Briesemeister*, § 17 FGG Rz. 17.
2 Zöller/*Stöber*, § 222 ZPO Rz. 2.

bestimmt (§ 187 Abs. 2 BGB), so endet der Fristablauf mit dem Tag, der der Benennung des vorhergehenden Tages entspricht (zB Beginn der Frist am 10. Februar, Ablauf am 9. März, 24 Uhr; bei Jahresfrist am 9. Februar des nächsten Jahres, 24 Uhr).

d) Einfluss von Samstagen, Sonn- und Feiertagen

21 Feiertage sind nur **gesetzliche** Feiertage (§ 193 BGB), nicht dagegen Tage, an denen Behörden üblicherweise nicht arbeiten, wie am 24.12.[1] oder am Rosenmontag im Rheinland. Für die gesetzlichen Feiertage sind die Verhältnisse am Sitz des Gerichts entscheidend.[2]

22 Bei Fristende an einem Sonntag, gesetzlichen Feiertag oder Samstag verlängert sich die Frist bis zum Ablauf des nächsten Werktages, § 222 Abs. 2 ZPO. § 222 Abs. 2 ZPO findet darüber hinaus auch Anwendung auf den Ablauf einer verlängerten Frist.[3] Bei Stundenfristen ist über § 222 Abs. 3 ZPO die Besonderheit zu beachten, dass diese bei Sonntagen, Feiertagen und Samstagen um volle 24, 48 oder 72 Stunden gehemmt werden. Fällt der Beginn auf einen Samstag, so läuft die Stundenfrist erst ab Montag, 0 Uhr.[4]

III. Friständerung durch das Gericht

1. Voraussetzungen

23 Durch den Bezug auf § 224 Abs. 2 ZPO wird die gerichtliche Befugnis zur Friständerung auch für das Verfahren der freiwilligen Gerichtsbarkeit gesetzlich normiert. Diese Befugnis besteht für **gerichtliche Fristen** unbeschränkt, für **gesetzliche Fristen** nur, soweit dies ausdrücklich zugelassen ist (zB in §§ 71 Abs. 2 Satz 3, 302, 333, 425 Abs. 2). In den übrigen Fällen, zB bei Rechtsmittelfristen, ist eine Änderung nicht möglich.

24 Eine Änderung kann nur auf **Antrag** eines Beteiligten erfolgen, auch zu Gunsten eines anderen Beteiligten. Der Antrag unterliegt regelmäßig keiner Form, mit Ausnahme im Rechtsbeschwerdeverfahren, in dem der Antrag auf Verlängerung der Rechtsmittelbegründungsfrist schriftlich durch einen Rechtsanwalt gestellt werden muss, §§ 70, 71 Abs. 2 Satz 3 iVm. § 10 Abs. 4. Ferner muss der Antrag vor Fristablauf bei Gericht eingehen. Die Entscheidung zur Fristverlängerung muss nicht notwendig vor dem Fristablauf getroffen werden.[5]

25 Schließlich müssen **erhebliche Gründe** für die Friständerung vorliegen und glaubhaft gemacht werden (§ 31). Eine schlichte Vereinbarung der Beteiligten reicht nach hM nicht aus.[6]

26 Die **Berechnung** der **neuen Frist** nach § 224 Abs. 3 ZPO erfolgt in der Weise, dass diese erst ab dem vollständigen Ablauf der alten Frist gerechnet wird. Endet zB die alte Frist an einem Sonntag, so läuft sie wegen § 222 Abs. 2 ZPO am Montag, 24 Uhr ab; die Verlängerung läuft dann ab Dienstag, 0 Uhr.[7]

1 OVG Hamburg v. 9.2.1993 – Bs VI 4/93, NJW 1993, 1941.
2 OVG Frankfurt/Oder v. 30.6.2004 – 2 A 247/04.AZ, NJW 2004, 3795.
3 Jansen/*Briesemeister*, § 17 FGG Rz. 21.
4 Thomas/Putzo/*Hüßtege*, § 222 ZPO Rz. 10.
5 Thomas/Putzo/*Hüßtege*, § 224 ZPO Rz. 6 mwN.
6 Zöller/*Stöber*, § 224 ZPO Rz. 6 mwN und Kritik an hM.
7 Zöller/*Stöber*, § 224 ZPO Rz. 9; st. Rspr., vgl. BGH v. 10.3.2009 – VII ZB 87/08, MDR 2009, 644.

2. Verfahren

Durch die Verweisung auf § 225 ZPO richtet sich das Verfahren zur Friständerung nach der ZPO. Die Entscheidung erfolgt in einem **schriftlichen Verfahren**, § 225 Abs. 1 ZPO. Zuständig ist das Gericht, bei dem die Frist zu wahren ist. Ob bei einem Kollegialgericht das Kollegium oder der Vorsitzende durch Verfügung zu entscheiden haben, hängt von der Art der Frist ab. Im Zweifel hat das Gericht die Entscheidungsbefugnis. Nur wenn dem Vorsitzenden ausdrücklich die Zuständigkeit für die Fristsetzung eingeräumt wird, ist er auch befugt, über eine Fristabkürzung oder -verlängerung zu entscheiden.[1] 27

Den übrigen Beteiligten ist **rechtliches Gehör** durch die Möglichkeit einer schriftlichen Stellungnahme einzuräumen, wenn eine Frist abgekürzt oder wiederholt verlängert werden soll, § 225 Abs. 2 ZPO. Eine Zustimmung ist nicht erforderlich. 28

Die Entscheidung über die Friständerung erfolgt grundsätzlich durch **Beschluss**, § 225 Abs. 3 ZPO. Anders nur, wenn der Vorsitzende allein entscheiden durfte (vgl. Rz. 27). Die Entscheidung muss nicht begründet werden, wenn sie antragsgemäß ergeht. Eine Ablehnung allein aus dem Grund, dass andere Beteiligte nicht zugestimmt haben, ist nicht zulässig.[2] 29

3. Anfechtbarkeit

§ 225 Abs. 3 ZPO sieht eine Anfechtbarkeit lediglich bei **Ablehnung eines Abkürzungsantrags** vor, hingegen **kein Rechtsmittel** bei Ablehnung eines **Verlängerungsantrags** oder bei **Gewährung** von **Verlängerung** oder **Abkürzung**.[3] Für das Verfahren nach dem FamFG ist diese Anfechtungsmöglichkeit in dem Umfang, wie sie in § 225 Abs. 3 ZPO vorgesehen ist, zu übernehmen. Dies folgt aus der Verweisung des § 16 Abs. 2 auf § 225 Abs. 3 ZPO. § 58 Abs. 1 steht nicht entgegen. Zwar sieht diese Vorschrift grundsätzlich ein Rechtsmittel nur gegen Endentscheidungen vor, lässt aber mit Abs. 1 letzter Halbs. Ausnahmen zu, und zwar „sofern durch Gesetz nichts anderes bestimmt ist" (vgl. dazu § 58 Rz. 17 ff.). In den Motiven wird diese Ausnahme auf die Fälle bezogen, in denen durch Gesetz „abweichend davon die selbständige Anfechtbarkeit von Zwischen- und Nebenentscheidungen" zugelassen ist. Die Anfechtbarkeit von nichtinstanzbeendenden Beschlüssen soll sich an den Verhältnissen im Zivilprozess orientieren.[4] Damit wird gewährleistet, dass bei der Statthaftigkeit eines Rechtsmittels gegen Neben- und Zwischenentscheidungen, die im FamFG in entsprechender Anwendung der Vorschriften der ZPO getroffenen werden, ein Gleichlauf mit den Rechtsmitteln der ZPO gegeben ist.[5] 30

1 Zöller/*Stöber*, § 225 ZPO Rz. 3.
2 BVerfG v. 9.12.1999 – 1 BvR 1287/99, NJW 2000, 944.
3 HM, vgl. zB Zöller/*Stöber*, § 225 ZPO Rz. 8; Thomas/Putzo/*Hüßtege*, § 225 ZPO Rz. 4.
4 Begr. RegE, BT-Drucks. 16/6308, S. 203.
5 Begr. RegE, BT-Drucks. 16/6308, S. 203.

§ 17
Wiedereinsetzung in den vorigen Stand

(1) War jemand ohne sein Verschulden verhindert, eine gesetzliche Frist einzuhalten, ist ihm auf Antrag Wiedereinsetzung in den vorigen Stand zu gewähren.

(2) Ein Fehlen des Verschuldens wird vermutet, wenn eine Rechtsbehelfsbelehrung unterblieben oder fehlerhaft ist.

Literatur: *Born*, Die Rechtsprechung des BGH zur Wiedereinsetzung in den vorigen Stand, NJW 2007, 2088; *Born*, Die Rechtsprechung des BGH zur Wiedereinsetzung in den vorigen Stand, NJW 2005, 2042; *Roth*, Wiedereinsetzung nach Fristversäumnis wegen Belegung des Telefaxempfangsgeräts des Gerichts, NJW 2008, 785.

A. Allgemeines

I. Entstehung

1 Mit den Vorschriften der §§ 17 bis 19 wird die Wiedereinsetzung in allgemeiner Form für das Verfahren der freiwilligen Gerichtsbarkeit – mit Ausnahme der Ehesachen und Familienstreitsachen – geregelt. Im bisherigen Recht waren die Regelungen verstreut, und zwar für die Versäumung der Rechtsmittelfristen in § 22 Abs. 2 FGG und § 29 Abs. 4 FGG (sofortige Beschwerde bzw. sofortige weitere Beschwerde), sowie in §§ 92, 93 Abs. 2, 137, 140, 159 FGG für weitere Fälle. Darüber hinaus wurde § 22 Abs. 2 FGG auf gesetzlich nicht geregelte Sachverhalte entsprechend angewandt.[1] Mit der allgemeinen Fassung des § 17 ist der Anwendungsbereich der Wiedereinsetzung erweitert worden. Die vorhandenen Gesetzeslücken werden geschlossen. Die Neufassung entspricht den Regelungen **anderer Verfahrensordnungen** (§ 233 ZPO, § 60 VwGO, § 56 FGO).[2]

1 Dazu Keidel/*Sternal*, § 22 FGG Rz. 35; Jansen/*Briesemeister*, § 22 FGG Rz. 44.
2 Begr. RegE, BT-Drucks. 16/6308, S. 183.

Während des Gesetzgebungsverfahrens fand die jetzige Fassung Eingang in das Gesetz, das die Wiedereinsetzung gegen die Versäumung sämtlicher **gesetzlicher** Fristen regelt. Die im ursprünglichen Entwurf vorgesehene Beschränkung auf „gesetzliche Fristen für die Einlegung eines Rechtsbehelfs“[1] wurde auf Grund der Stellungnahme des Bundesrates abgeändert, mit der auf die gesetzliche Frist zur Rechtsbeschwerdebegründung als Zulässigkeitsvoraussetzung (§§ 71 Abs. 2, 74) hingewiesen und deren Aufnahme in die Fristen des § 17 angeregt wurde.[2] Da eine Regelung zur Wiedereinsetzung auch für weitere Fälle, wie zB die Frist des § 18 Abs. 1, sachgerecht erschien, ist die Neuregelung auf sämtliche gesetzliche Fristen ausgedehnt worden.[3] 2

Offen geblieben ist das Problem der Wiedereinsetzung bei der **Begründungsfrist der Rechtsbeschwerde**. § 71 Abs. 2 sieht dafür eine Monatsfrist vor, während § 18 Abs. 1 und Abs. 3 Satz 2 lediglich die Zweiwochenfrist zur Nachholung der versäumten Handlung einräumt. Im Gesetzgebungsverfahren ist auf diese – unbefriedigende – Regelung hingewiesen worden.[4] Der Gesetzgeber hat darauf aber nicht mehr reagiert.[5] Das Versäumnis des Gesetzgebers ist durch eine verfassungskonforme Auslegung zu korrigieren; dazu im Einzelnen § 18 Rz. 21 ff. 3

II. Systematik

Die §§ 17 bis 19 finden gem. § 113 Abs. 1 **keine Anwendung in Ehesachen** und **Familienstreitsachen**. Für diese geht **§ 117 Abs. 5** als Spezialregelung vor, der für die Begründung der Beschwerde und Rechtsbeschwerde auf §§ 233 und 234 Abs. 1 Satz 2 ZPO verweist. Im Übrigen gelten die Vorschriften der ZPO für die Ehe- und Familienstreitsachen über § 113 Abs. 1 Satz 2. Weitere Spezialregelungen zur Wiedereinsetzung finden sich in § 367 für Terminsversäumnisse in Nachlasssachen sowie in § 439 Abs. 4 für Aufgebotsverfahren. 4

Die Wiedereinsetzung ist **ausgeschlossen**, wenn mit dem Beschluss eine **Genehmigung** für ein Rechtsgeschäft erteilt oder verweigert wird und diese Genehmigung oder Verweigerung einem Dritten gegenüber wirksam geworden ist, **§ 48 Abs. 3** (vgl. § 48 Rz. 26). 5

III. Verfassungsrechtliche Vorgaben

Die Entscheidung über die Zulässigkeit einer Wiedereinsetzung ist an den verfassungsrechtlichen Vorgaben zu messen. Das BVerfG verlangt in ständiger Rechtsprechung, dass der **Zugang zum Gericht** und zu den in den Verfahrensordnungen eingeräumten **Instanzen** nicht in unzumutbarer, aus Sachgründen nicht zu rechtfertigender Weise erschwert wird. Deshalb muss in Fristfragen für den Bürger klar erkennbar sein, was er zu tun hat, um einen Rechtsverlust zu vermeiden. Vorschriften über die Be- 6

1 Vgl. RegE , BT-Drucks. 16/6308, S. 19.

2 BR-Drucks. 309/07, S. 11.

3 Gegenäußerung der BReg. zum Vorschlag des BR, BT-Drucks. 16/6308, S. 405.

4 Von *Vorwerk*, der in der Sachverständigenanhörung im Rechtsausschuss am 11.2.2008 dazu Bedenken geäußert hat, vgl. gutachtl. Stellungnahme, S. 8.

5 Für das Zivilprozessverfahren wurde – mit Blick auf die Rspr. des BGH, der § 234 Abs. 1 ZPO aF iVm. § 236 Abs. 2 ZPO erweiternd verfassungskonform ausgelegt hatte (zB BGH v. 25.9.2003 – III ZB 84/02, NJW 2003, 3782) – die entsprechende Vorschrift des § 234 Abs. 1 ZPO durch das 1. JuMoG von 2004 (BGBl. I, S. 2198) um Satz 2 (Begründungsfrist ein Monat) ergänzt.

rechnung der Fristen sind in einer für den Rechtsuchenden eindeutigen und vorhersehbaren Weise auszulegen und anzuwenden.[1] Etwaige Fristversäumungen, die auf Verzögerungen bei der Entgegennahme der Sendungen durch die Gerichte beruhen, dürfen nicht dem Bürger angelastet werden.[2] Diese Anforderungen gelten in verstärktem Maße im Verfahren der freiwilligen Gerichtsbarkeit, da die Beteiligten (zB als Minderjährige, Betreute oder Untergebrachte) oftmals besonders schutzwürdig sind.

IV. Definition

7 Wiedereinsetzung ist eine gerichtliche Entscheidung, durch die eine versäumte und nachgeholte Prozesshandlung als **rechtzeitig fingiert** wird. Dadurch wird weder die versäumte Frist verlängert noch wieder eröffnet.[3] Die für die Praxis sehr bedeutsame und häufig auftretende Problematik hat zu einer Vielzahl höchstrichterlicher Entscheidungen, vor allem zu §§ 233 ff. ZPO, geführt.[4]

8 Davon zu unterscheiden ist der Fall der **nicht wirksam gewordenen Bekanntgabe** bzw. der nicht wirksamen Zustellung. Bei dieser Fallgestaltung, die vor allem bei einer öffentlichen Zustellung nicht selten ist, beginnt kein Fristlauf, so dass keine Fristversäumung eintreten kann und eine Wiedereinsetzung nicht erforderlich ist.

B. Anwendungsbereich

9 Wiedereinsetzung kann bei Versäumung sämtlicher **gesetzlichen Fristen** gewährt werden. Das sind insbesondere die Rechtsmittelfristen der §§ 63, 71 Abs. 1, die Rechtsbeschwerdebegründungsfrist des § 71 Abs. 2, die Wiedereinsetzungsfrist des § 18 und weitere gesetzliche Fristen wie §§ 42 Abs. 3 Satz 2, 43 Abs. 2, 44 Abs. 2, 73 Satz 1, 76 Abs. 2, 87 Abs. 4, 304 Abs. 2, 372 Abs. 1. Wiedereinsetzung ist auch zulässig gegen die Fristversäumung bei der befristeten Erinnerung nach § 11 Abs. 2 RPflG.[5] Dagegen gibt es **keine Wiedereinsetzung** gegen die Versäumung **richterlicher Fristen** oder gegen **Widerrufsfristen** in gerichtlichen Vergleichen.

10 **Antragsbefugt** ist jeder, der eine gesetzliche Frist versäumt hat. Die gesetzliche Fassung („jemand") sowie die Begründung des RegE lassen keine Einschränkung des Personenkreises erkennen.[6] Erfasst werden – entsprechend § 233 ZPO – Fristversäumnisse der Beteiligten selbst, ihrer gesetzlichen Vertreter, ihrer Bevollmächtigten sowie ihrer Verfahrensbevollmächtigten, aber auch Dritter, die nicht Beteiligte sind.[7]

11 Das **Verfahren**, in dem über die Wiedereinsetzung entschieden wird, ist in § 18 festgelegt (vgl. § 18 Rz. 4 ff.). Bisher fanden sich die Regelungen dazu in § 22 Abs. 2 FGG.

---

1 So grundlegend BVerfG v. 27.3.2001 – 2 BvR 2211/97, NJW 2001, 1563; v. 7.5.1991 – 2 BvR 215/90, NJW 1991, 2076; v. 11.2.1976 – 2 BvR 652/75, BVerfGE 41, 323 mwN.

2 BVerfG v. 14.5.1985 – 1 BvR 370/84, BVerfGE 69, 381 mwN; auch BVerfG v. 11.2.1976 – 2 BvR 849/75, BVerfGE 41, 332.

3 Thomas/Putzo/*Hüßtege*, § 233 ZPO Rz. 1.

4 Eine Übersicht findet sich zB bei *Born*, NJW 2007, 2088 und *Born*, NJW 2005, 2042.

5 Nach § 11 Abs. 2 Satz 4 RPflG finden die Vorschriften der Beschwerde entsprechende Anwendung, allerdings mit der Frist der sofortigen Beschwerde.

6 Begr. RegE, BT-Drucks. 16/6308, S. 183 – ohne eine Einschränkung.

7 Der Personenkreis geht über den des § 233 ZPO hinaus, vgl. dort Thomas/Putzo/*Hüßtege*, § 233 ZPO Rz. 4; wie hier *Zimmermann*, Das neue FamFG, Rz. 62.

I. Schuldlose Fristversäumung (Absatz 1)

1. Verhinderung

12 „Verhindert sein" ist in gleicher Weise wie in § 22 Abs. 2 FGG und § 233 ZPO zu verstehen. Darunter fallen **Umstände jeder Art**, etwa unabwendbare Ereignisse wie Naturereignisse oder andere äußere unbeeinflussbare Ereignisse (wie zB verspätete Postzustellung) ebenso wie in der Sphäre des Antragstellers liegende Beeinträchtigungen (Krankheit oder Unfall). Ausreichend ist eine mittelbare Beeinträchtigung, etwa bei Krankheit naher Verwandter. Auch Rechtsunkenntnis oder Rechtsirrtum können einen Wiedereinsetzungsgrund bilden, vorbehaltlich der Verschuldensprüfung.[1] Finanzielle Bedürftigkeit iSd. § 76 Abs. 1 iVm. § 114 ZPO ist ebenfalls ein Verhinderungsgrund, wenn die Verfahrenshandlung dem Anwaltzwang unterliegt (Rechtsbeschwerde, § 71).

2. Ohne Verschulden

13 Ob die Fristversäumung ohne Verschulden des Beteiligten oder des sonstigen Antragstellers erfolgt ist, beurteilt sich nach dem Maßstab des **§ 276 BGB**, dh. die Verhinderung muss ohne Vorsatz oder Fahrlässigkeit eingetreten sein.[2] Allerdings ist auf diejenige Sorgfalt abzustellen, die unter Berücksichtigung der **konkreten Lage** erforderlich und vernünftigerweise zumutbar ist, um das der Fristwahrung entgegenstehende Hindernis abzuwenden.[3] Der Maßstab ist kein objektiver, sondern geprägt durch die **tatsächlichen Verhältnisse** und die **zumutbaren Anforderungen** an die konkrete Person, wobei auch deren Wissensstand bedeutsam ist.[4]

a) Antragsteller

14 Maßgebend sind die konkreten Verhältnisse des Antragstellers sowie dessen Möglichkeiten. An einen rechtlich unerfahrenen Beteiligten sind geringere Anforderungen zu stellen als an einen Rechtskundigen oder an eine geschäftsgewandte Person. Allerdings entlastet die Berufung auf allgemeine Nachlässigkeit in eigenen Angelegenheiten nicht. Es ist vielmehr auf das Maß der Sorgfalt abzustellen, das ein **gewissenhafter Beteiligter/Antragsteller** nach seinen konkreten persönlichen Verhältnissen zumutbarerweise in einem Verfahren aufwenden würde.[5]

b) Vertreter

15 Wie im bisherigen Recht (vgl. § 22 Abs. 2 Satz 2 FGG) wird dem Beteiligten/Antragsteller ein Verschulden seines Vertreters zugerechnet. Dies folgt für den **gesetzlichen Vertreter** aus § 9 Abs. 4 und für den **Verfahrensbevollmächtigten** (Rechtsanwalt) aus § 11 Satz 5 iVm. § 85 Abs. 2 ZPO.

16 Für ein Verschulden eines Rechtsanwalts muss auf die für eine Prozess- oder Verfahrensführung erforderliche, **übliche Sorgfalt eines Rechtsanwalts** abgestellt werden. Es

1 Jansen/*Briesemeister*, § 22 FGG Rz. 28; *Bumiller*/Winkler, § 22 FGG Rz. 16.
2 St. Rspr., zB BVerfG v. 6.11.2003 – 2 BvR 1568/02, NJW 2004, 502; BayObLG v. 30.11.2000 – 2 Z BR 81/00, ZMR 2001, 292 mwN; Thomas/Putzo/*Hüßtege*, § 233 ZPO Rz. 12.
3 Keidel/*Sternal*, § 22 FGG Rz. 54; *Bumiller*/Winkler, § 22 FGG Rz. 17; *Bassenge/Roth*, § 22 FGG Rz. 11.
4 Keidel/*Sternal*, § 22 FGG Rz. 54; *Bassenge*/Roth, § 22 FGG Rz. 11.
5 Vgl. Jansen/*Briesemeiser*, § 22 FGG Rz. 32 mwN.

gelten die gleichen Grundsätze wie im Zivilprozess (vgl. Rz. 23). Der Notar ist nicht Vertreter des Beteiligten, so dass sein Versehen nicht dem Beteiligten angelastet werden kann.[1] Fehlerhaftes Verhalten des **Büropersonals** des Rechtsanwalts kann entlasten, da die Angestellten nicht Vertreter des Beteiligten sind. Allerdings hat der Rechtsanwalt für eine ordnungsgemäße Büroorganisation zu sorgen, so dass Fehler des Personals, die auf mangelhafter Organisation beruhen, ihm zuzurechnen sind (dazu Rz. 23).

3. Ursächlichkeit

17 Die Fristversäumung muss ihre Ursache in unverschuldeten Umständen haben. Wiedereinsetzung kann nicht gewährt werden, wenn bei verschiedenen Ursachen auch das Verschulden des Verfahrensbevollmächtigten neben anderen von ihm nicht verschuldeten Umständen mitgewirkt hat (**Mitursächlichkeit**).[2] Dass eine fehlende Rechtsbehelfsbelehrung ein unverschuldetes Hindernis für eine rechtzeitige Rechtsmitteleinlegung sein kann, ist mit Abs. 2 nunmehr gesetzlich geregelt. Die Ursächlichkeit wird regelmäßig vermutet, ist aber widerlegbar (iE Rz. 27 ff.).

4. Einzelfälle

a) Postverkehr

18 Der Beteiligte kann auf einen **normalen Gang** des Postverkehrs vertrauen, wenn die Postsendung ordnungsgemäß adressiert und frankiert ist.[3] Mit einer Verzögerung muss nicht ohne weiteres, sondern nur bei Vorliegen besonderer Umstände, und nicht bis zum vierten Tag nach der Aufgabe zur Post gerechnet werden.[4] Das Fehlen eines **Nachtbriefkastens** für die Zeit nach Dienstschluss stellt ein unverschuldetes Hindernis dar. Da die volle Frist ausgenutzt werden kann, muss ein Einwurf bei Gericht bis 24.00 Uhr ermöglicht werden.[5]

b) Unzuständiges Gericht

19 Die Einreichung des Rechtsmittels bei einem unzuständigen Gericht mit der Folge der Fristversäumung beinhaltet regelmäßig ein schuldhaftes Verhalten. Eine Fürsorgepflicht des Gerichts zu einem Hinweis auf die **Unzuständigkeit** besteht in diesen Fällen nicht.[6] Allerdings ist der Antragsteller entschuldigt und Wiedereinsetzung zu gewähren, wenn ausreichend Zeit dafür verbleibt, dass das angegangene – unzuständige – Gericht das Schriftstück im **ordentlichen Geschäftsgang** innerhalb der Frist an das zuständige Gericht **weiterleiten** kann.[7]

1 Keidel/*Sternal*, § 22 FGG Rz. 73.
2 BGH v. 21.3.2006 – VI ZB 25/05, VersR 2006, 991.
3 BVerfG v. 22.9.2000 – 1 BvR 1059/00, NJW 2001, 744; BVerfG v. 11.11.1999 – 1 BvR 762/99, NJW-RR 2000, 726.
4 BVerfG v. 15.5.1995 – 1 BvR 2440/94, NJW 1995, 2546.
5 Vgl. *Bumiller*/Winkler, § 22 FGG Rz. 19 mwN.
6 BGH v. 15.6.2004 – VI ZB 75/03, NJW-RR 2004, 1655.
7 BVerfG v. 17.3.2005 – 1 BvR 950/04, NJW 2005, 2137; BGH v. 15.6.2004 – VI ZB 75/03, NJW-RR 2004, 1655; ähnlich bei fehlender Unterschrift BGH v. 14.10.2008 – VI ZB 37/08, FamRZ 2009, 321.

c) Persönliche Verhinderung

Eigene **Krankheit** bzw. **Krankenhausaufenthalt**, **Unglücksfälle**, auch bei nahen Familienangehörigen, stellen unverschuldete Hinderungsgründe dar.[1] Die Krankheit muss so schwer sein, dass sie in verfahrensrelevanter Form Einfluss auf die Entschluss-, Urteils- und Handlungsfähigkeit nimmt. Bescheinigte Arbeitsunfähigkeit reicht regelmäßig nicht.[2] Keine ausreichende Entschuldigung ist dauernde Arbeitsüberlastung.[3] 20

d) Unkenntnis

Unkenntnis oder verspätete Kenntnis vom **Inhalt der Entscheidung** ist unverschuldet, wenn der Rechtsmittelführer nach einer **Ersatzzustellung** von dem Schriftstück nicht oder erst verspätet Kenntnis erhält und mit einer Zustellung nicht gerechnet werden musste.[4] So entschuldigen Verzögerungen bei der Weiterleitung innerhalb eines Klinikbetriebes die verspätete Rechtsmitteleinlegung eines Untergebrachten, wenn im Wege der Ersatzzustellung nach § 178 Abs. 1 Nr. 3 ZPO zugestellt wurde und der Beteiligte dadurch verspätet Kenntnis erlangt hat.[5] Hingegen ist die Nichtabholung eines nach § 181 ZPO ordnungsgemäß mit Benachrichtigung niedergelegten Schriftstücks unentschuldigt, wenn die Benachrichtigung weggeworfen wurde.[6] 21

e) Mittellosigkeit

Bei wirtschaftlichem Unvermögen ist die Wiedereinsetzung gerechtfertigt, wenn der Beteiligte innerhalb des Laufs der **Rechtsbehelfsfrist Verfahrenskostenhilfe** nach §§ 76 ff. beantragt und innerhalb der **Zweiwochenfrist** des § 18 Abs. 1, die mit Bekanntgabe des Beschlusses über die Bewilligung der Verfahrenkostenhilfe zu laufen beginnt[7] (s. auch § 18 Rz. 4), Wiedereinsetzung beantragt und zugleich das Rechtsmittel einlegt. Der Beteiligte gilt solange als schuldlos an der Rechtsmitteleinlegung gehindert, wie er nach den gegebenen Umständen vernünftigerweise nicht mit der Ablehnung seines Antrags wegen fehlender Bedürftigkeit rechnen muss. Um auf die Bewilligung von Verfahrenskostenhilfe vertrauen zu können, muss der Beteiligte vor Ablauf der Rechtsmittelfrist einen Vordruck für die Erklärung über die persönlichen und wirtschaftlichen Verhältnisse ordnungsgemäß ausgefüllt zu den Akten gereicht haben.[8] Das Verfahrenskostenhilfegesuch für ein Rechtsmittel muss in diesem Verfahrensstadium hinsichtlich der Erfolgsaussichten nicht sachlich begründet werden.[9] Dies gilt insbesondere dann, wenn die Rechtsmitteleinlegung zwingend die Beiordnung eines Rechtsanwalts verlangt (§§ 71, 10 Abs. 4).[10] Bei Ablehnung der Verfahrens- 22

1 BGH v. 24.3.1994 – X ZB 24/93, NJW-RR 1994, 957; BGH v. 21.11.1974 – III ZB 8/74, NJW 1975, 593; Thomas/Putzo/*Hüßtege*, § 233 ZPO Rz. 40; Zöller/*Greger*, § 233 ZPO Rz. 23 „Krankheit".
2 BVerfG v. 17.7.2007 – 2 BvR 1164/07, NJW-RR 2007, 1717.
3 BGH v. 23.11.1995 – V ZB 20/95, NJW 1996, 997.
4 BGH v. 7.5.1986 – VIII ZB 16/86, NJW 1986, 2958.
5 OLG Köln v. 7.11.2007 – 16 Wx 237/07, OLGReport 2008, 145.
6 OLG München v. 29.4.1993 – 25 W 1365/93, NJW-RR 1994, 702; zur Unkenntnis wegen Urlaubsabwesenheit: BGH v. 18.2.2009 – IV ZR 193/07, MDR 2009, 644.
7 St. Rspr. des BGH zu § 234 Abs. 1 ZPO, so zB BGH v. 19.6.2007 – XI ZB 40/06, NJW 2007, 3354 mit Darstellung seiner bisherigen Rspr.
8 St. Rspr., BGH v. 13.2.2008 – XII ZB 151/07, NJW-RR 2008, 942; BGH v. 19.5.2004 – XII ZA 11/03, FamRZ 2004, 1548.
9 St. Rspr. zu § 233 ZPO: BGH v. 26.5.2008 – II ZB 19/07, NJW-RR 2008, 1306; BGH v. 31.1.2007 – XII ZB 207/06, NJW-RR 2007, 793; BGH v. 18.10.2000 – IV ZB 9/00, NJW-RR 2001, 570.
10 Keidel/*Sternal*, § 22 FGG Rz. 62.

kostenhilfe beginnt die Zweiwochenfrist erst nach Ablauf einer kurzen Überlegungsfrist von drei bis vier Tagen.[1]

f) Verschulden des bevollmächtigten Rechtsanwalts

23 Ein schuldhaftes Verhalten des Rechtsanwalts bei der Fristversäumung ist dem Beteiligten über § 11 Satz 5 FamFG, § 85 Abs. 2 ZPO wie im Zivilprozess zuzurechnen. Als Vertreter des Beteiligten gelten der Verfahrensbevollmächtigte und seine Sozien, der Verkehrsanwalt, der Unterbevollmächtigte des Rechtsanwalts, der zur selbständigen Bearbeitung von Sachen angestellte Rechtsanwalt und der Urlaubsvertreter.[2] Zum **Verschulden des Rechtsanwalts** im Rahmen des § 233 ZPO findet sich umfangreiche Rechtsprechung des BGH, die zwischen dem **eigenen Verschulden** des Rechtsanwalts und dem des **Büropersonals** unterscheidet.[3] Schuldhafte Versäumnisse des Personals fallen nur dann dem Rechtsanwalt und damit dem Beteiligten zur Last, wenn sie auf einem Organisationsmangel bei Arbeitsabläufen, inbesondere bei der Fristenkontrolle oder der Ausgangskontrolle beruhen.[4] Grundsätzlich gilt, dass der Rechtsanwalt erfahrenen und zuverlässigen Büroangestellten die Eintragung von Fristen überlassen darf, jedoch im Rahmen der allgemeinen Überwachungspflicht bei Vorlage der Sache in eigener Verantwortung die Richtigkeit der Eintragungen zu überprüfen hat.[5] Bei Nutzung eines **Fax-Geräts** muss der Rechtsanwalt anhand des Ausdrucks oder des Sendeprotokolls die ordnungsgemäße Übermittlung kontrollieren lassen.[6] Fehler bei der Übermittlung eines **elektronischen Dokuments** entschuldigen den Rechtsanwalt in der Regel nicht, da er auch hier das Risiko der richtigen Übermittlung trägt und er verpflichtet ist, den Eingang des Dokuments zu kontrollieren (iE § 14 Rz. 14).

g) Rechtsirrtum

24 Rechtsirrtum oder Unkenntnis des Gesetzes können nur dann einen Wiedereinsetzungsgrund darstellen, wenn sie unverschuldet sind. Das ist der Fall bei einem unvermeidbaren Rechtsirrtum.[7] Bei einem **Rechtsunkundigen** ist dies insbesondere zu bejahen, wenn ihm keine Rechtsmittelbelehrung erteilt wurde, die jetzt mit § 39 zwingend vorgeschrieben ist (s. § 39 Rz. 2 ff.). Unkenntnis oder Unverständnis trotz Rechtsmittelbelehrung kann bei Minderjährigen, Betreuten, Untergebrachten oder auf Grund Abschiebungshaft inhaftierten Ausländern entschuldbar sein, wenn die Belehrung für diese – uU auch nur teilweise – unverständlich ist. Allerdings wird in diesen Fällen

---

1 Zu § 233 ZPO: BGH v. 20.1.2009 – VIII ZA 21/08, FamRZ 2009, 685 – ohne Gründe; BGH v. 8.11.1989 – IVb ZB 110/89, NJW-RR 1990, 451; BGH v. 9.1.1985 – IVb ZB 142/84, VersR 1985, 271; BGH v. 7.2.1977 – VII ZB 22/76, VersR 1977, 432.

2 Jansen/*Briesemeister*, § 22 FGG Rz. 33 mwN; *Bassenge*/Roth, § 22 FGG Rz. 11; Keidel/*Sternal*, § 22 FGG Rz. 73.

3 Dazu eingehend: Zöller/*Vollkommer*, § 233 ZPO Rz. 23 Einzelfälle: ua. „Büropersonal", „Rechtsanwalt", „Fristenbehandlung".

4 Zu den Anforderungen s. die umfangreiche Rspr. des BGH, zB BGH v. 8.3.2004 – II ZB 21/03, FamRZ 2004, 865; BGH v. 30.10.2001 – VI ZB 43/01, NJW 2002, 443; BGH v. 5.10.1999 – VI ZB 22/99, NJW 2000, 365; eingehend: Zöller/*Vollkommer*, § 233 ZPO Rz. 23 Einzelfälle: „Ausgangskontrolle", „Büropersonal", „Fristenbehandlung".

5 St. Rspr., zuletzt zB BGH v. 16.10.2008 – III ZB 31/08, NJW 2008, 3706; BGH v. 14.6.2006 – IV ZB 18/05, NJW 2006, 2778; BGH v. 13.4.2005 – VIII ZB 77/04, NJW-RR 2005, 1085.

6 BGH v. 14.5.2008 – XII ZB 34/07, NJW 2008, 2508; eingehend: Zöller/*Vollkommer*, § 233 ZPO Rz. 23 Einzelfälle: „Telefax"; zur Problematik der Belegung des Telefaxempfangsgeräts: *Roth*, NJW 2008, 785.

7 Vgl. BGH v. 29.3.1993 – NotZ 14/92, BGHReport BNotO § 111 Abs. 4 Satz 2 Wiedereinsetzung 2; BayObLG v. 25.7.1995 – 2 Z BR 47/95, BayObLGReport 1996, 16.

das Gericht auf Grund seiner Fürsorgepflicht oftmals einen Verfahrensbeistand nach § 158 bzw. einen Verfahrenspfleger nach §§ 276, 317, 419 zu bestellen haben, der für den Betroffenen Rechtsmittel einlegen kann, so dass eine Rechtsunkenntnis des Betroffenen nicht ursächlich werden kann. Ein entschuldbarer Rechtsirrtum ist auch dann anzunehmen, wenn dem nicht anwaltlich beratenen Beteiligten eine falsche oder unvollständige Belehrung durch eine Stelle gegeben wird, deren Auskunft er für maßgeblich halten durfte.[1]

Der Rechtsirrtum bei einem – bevollmächtigten – **Rechtsanwalt** ist im Regelfall **verschuldet** und verhindert eine Wiedereinsetzung. Das gilt zB bei Übersehen des Anwaltszwangs, Einlegung bei unzuständigem Gericht, irrtümlicher Rücknahme des Rechtsmittels, Einlegung eines gesetzlich nicht vorgesehenen Rechtsmittels.[2] Ausnahmsweise kann ein Rechtsirrtum auch bei einem Rechtsanwalt wegen einer **unklaren Rechtslage,** insbesondere bei uneinheitlicher und unübersichtlicher Rechtsprechung, oder **unvollständiger Darstellung** in den **gängigen Kommentaren** unverschuldet sein und die Wiedereinsetzung zulassen.[3] Falls im Betreuungsverfahren ein Volljurist als **Betreuer** bestellt ist, kann dessen Versäumnis, sich rechtzeitig über Form und Frist des beabsichtigten Rechtsmittels zu informieren, nicht entschuldigt werden.[4] Ob dieser Maßstab auch für einen Berufsbetreuer gilt, der nicht Jurist ist, erscheint fraglich.[5] 25

h) Wiedereinsetzung für eine Behörde

Auch einer Behörde als Beteiligten kann Wiedereinsetzung unter den gesetzlichen Voraussetzungen gewährt werden. Soweit sie vor Rechtsmitteleinlegung Auskünfte der vorgesetzten Dienststelle oder einer anderen Behörde einholt, geht eine dadurch bedingte Verzögerung zu ihren Lasten.[6] 26

II. Fehlende/fehlerhafte Rechtsmittelbelehrung (Absatz 2)

1. Bedeutung

Mit Abs. 2 ist eine gesetzliche Regelung zur Wiedereinsetzung für den Fall des Fehlens einer Rechtsbehelfsbelehrung, die durch § 39 für jeden Beschluss, der eine Endentscheidung beinhaltet (§ 38), zwingend vorgeschrieben wird, geschaffen worden. Bisher war, auch nach der Rechtsprechung des BGH zum Verfahren in Wohnungseigentumssachen,[7] unklar, in welchen Verfahren und in welchem Umfang dieses Erfordernis für die freiwillige Gerichtsbarkeit Geltung hatte.[8] Über die Folgen bei Fehlen einer 27

1 BayObLG v. 25.7.1995 – 2 Z BR 47/95, BayObLGReport 1996, 16.
2 Vgl. dazu Thomas/Putzo/*Hüßtege*, § 233 ZPO Rz. 31 mit weiteren Beispielen und Nachweisen; zum – nicht entschuldbaren – Rechtsirrtum bei einem **Notar**: BGH v. 24.7.2006 – NotZ 20/06, JurBüro 2006, 669.
3 So BGH v. 1.2.1995 – VIII ZB 53/94, NJW 1995, 1095 aE; OLG Köln v. 10.4.2007 – 2 Wx 17/07, OLGReport 2008, 27; ähnlich gelagert BayObLG v. 22.10.2003 – 3 Z BR 197/03, FGPrax 2004, 43.
4 OLG Zweibrücken v. 25.3.2003 – 3 W 33/03, FGPrax 2003, 170.
5 So jedoch OLG Zweibrücken v. 14.1.2004 – 3 W 266/03, FGPrax 2004, 74, allerdings mit wenig überzeugender Begründung.
6 Keidel/*Sternal*, § 22 FGG Rz. 76 mwN.
7 BGH v. 2.5.2002 – V ZB 36/01, NJW 2002, 2171 zu fehlender Rechtsmittelbelehrung im WEG-Verfahren.
8 Daneben gab und gibt es gesetzlich geregelte Fällen zur Rechtsmittelbelehrung, wie §§ 69 Abs. 1 Nr. 6, 70f Abs. 1 Nr. 4 FGG; § 25 iVm. § 21 Abs. 2 LwVG; § 2 Abs. 1 Satz 2, Abs. 2 Satz 2 GBMaßnG.

Rechtsmittelbelehrung bestand ebenfalls Uneinigkeit.[1] Durch die neue Gesetzesfassung wird die bisherige Praxis in Betreuungs-, Unterbringungs- und Freiheitsentziehungsverfahren, regelmäßig Rechtsbehelfsbelehrungen zu erteilen, bestätigt.

2. Regelungszweck

28 Mit der Neuregelung werden die Folgen einer **unterbliebenen oder fehlerhaften Rechtsmittelbelehrung** festgelegt. Eine unterbliebene oder unrichtige Belehrung hindert den Eintritt der Rechtskraft nicht; die Rechtsmittelfristen laufen unabhängig davon, ob eine Belehrung erteilt wurde oder nicht. Nunmehr wird zu Gunsten desjenigen Beteiligten, der keine oder eine unrichtige Belehrung erhalten hat, vermutet, dass er ohne Verschulden verhindert war, die Frist zur Einlegung des Rechtsmittels oder Rechtsbehelfs einzuhalten. Damit wird einerseits dem Interesse der Beteiligten an einem möglichst raschen, rechtskräftigen Abschluss des Verfahrens entgegengekommen, andererseits wird dem nicht ordnungsgemäß belehrten Beteiligten die Einlegung eines Rechtsbehelfs nicht unzumutbar erschwert.[2]

3. Vermutung des fehlenden Verschuldens

29 Der Wortlaut des Abs. 2 lässt zwar offen, ob die Vermutung des fehlenden Verschuldens widerlegbar ist. Mit der ausdrücklichen Bezugnahme auf die Entscheidung des BGH v. 2.5.2002[3] wird aber durch die Begründung des RegE deutlich, dass der Gesetzgeber von einer **unwiderlegbaren Vermutung** ausgeht, da die Entscheidung diesen Gedanken deutlich zum Ausdruck bringt.[4] Kann der Antragsteller schlüssig darlegen, ihm sei keine Rechtsmittelbelehrung erteilt worden, so reicht dies für die Feststellung der unverschuldeten Säumnis aus. Eine weitere Prüfung zum Verschulden ist nicht mehr geboten. Die unwiderlegbare Vermutung des fehlenden Verschuldens erfährt allerdings bei nicht schutzwürdigen Beteiligten eine Korrektur durch die Kausalitätsprüfung (Rz. 31).

30 Für den Einwand der fehlenden Rechtsmittelbelehrung reicht es zunächst aus, wenn sich der Beteiligte darauf beruft. Der Nachweis, dass entgegen diesem Vortrag eine Rechtsbehelfsbelehrung erfolgt ist, obliegt dem Gericht. Die Erteilung einer Rechtsmittelbelehrung ist aktenkundig zu machen. Fehlt ein entsprechender Vermerk in den Akten bzw. lässt die Entscheidung nicht erkennen, dass eine Rechtsmittelbelehrung beigefügt war, so kann nicht von einer erteilten Rechtsmittelbelehrung ausgegangen werden. Verbleibende Zweifel auf Grund der Aktenlage gehen nicht zu Lasten des Antragstellers.

4. Kausalität

31 Wird eine unverschuldete Fristversäumung festgestellt, so ist im nächsten Schritt die Ursächlichkeit zwischen der fehlenden Rechtsmittelbelehrung und der verspäteten Rechtsmitteleinlegung zu prüfen. Nach der Begründung des RegE soll eine Wiederein-

1 Vgl. zur alten Rechtslage Keidel/*Sternal*, § 25 FGG Rz. 35 f., § 22 FGG Rz. 68 ff.

2 So BT-Drucks. 16/6308, S. 183 unter Verweis auf BGH v. 2.5.2002 – V ZB 36/01, NJW 2002, 2171.

3 BGH v. 2.5.2002 – V ZB 36/01, NJW 2002, 2171.

4 Der 5. Zivilsenat des BGH hat dies in der Entscheidung v. 2.5.2002 – V ZB 36/01, NJW 2002, 2171, klargemacht, indem die unwiderlegbare Vermutung in den LS 4 aufgenommen wurde.

setzung in denjenigen Fällen ausgeschlossen sein, in denen der Beteiligte wegen Kenntnis über seine Rechtsmittel keiner Belehrung mehr bedarf. Damit will der Gesetzgeber „der geringeren Schutzbedürftigkeit anwaltlich vertretener Beteiligter" Rechnung tragen.[1]

Die Kausalität ist zu verneinen, wenn es sich um einen **rechtskundigen Beteiligten** handelt, wie zB einen Rechtsanwalt oder Notar, der die ihm zur Verfügung stehenden Rechtsbehelfe kennen muss.[2] Dasselbe gilt für Beteiligte, die durch einen **Rechtsanwalt vertreten** werden. Der bevollmächtigte Rechtsanwalt kann hinreichend über mögliche Rechtsmittel aufklären. Ein Fehlen der vorgeschriebenen Rechtsmittelbelehrung wirkt sich nicht mehr aus.[3]

§ 18
Antrag auf Wiedereinsetzung

(1) Der Antrag auf Wiedereinsetzung ist binnen zwei Wochen nach Wegfall des Hindernisses zu stellen.

(2) Die Form des Antrags auf Wiedereinsetzung richtet sich nach den Vorschriften, die für die versäumte Verfahrenshandlung gelten.

(3) Die Tatsachen zur Begründung des Antrags sind bei der Antragstellung oder im Verfahren über den Antrag glaubhaft zu machen. Innerhalb der Antragsfrist ist die versäumte Rechtshandlung nachzuholen. Ist dies geschehen, kann die Wiedereinsetzung auch ohne Antrag gewährt werden.

(4) Nach Ablauf eines Jahres, von dem Ende der versäumten Frist an gerechnet, kann Wiedereinsetzung nicht mehr beantragt oder ohne Antrag bewilligt werden.

1 Begr. RegE, BT-Drucks. 16/6308, S. 183.

2 So zur alten Rechtslage zB OLG Zweibrücken v. 25.3.2003 – 3 W 33/03, FGPrax 2003, 170 für einen Betreuer, der Volljurist ist.

3 In diesem Sinne die Begr. RegE, BT-Drucks. 16/6308, S. 183; ebenso *Maurer*, FamRZ 2009, 465 (473), allerdings bezogen auf die Verschuldensprüfung.

A. Allgemeines

I. Entstehung

1 Die Vorschrift regelt das **Verfahren** zur Wiedereinsetzung, und zwar in redaktioneller Anlehnung an § 60 Abs. 2 und Abs. 3 VwGO und inhaltlich im Wesentlichen entsprechend § 22 Abs. 2 FGG. Gegenüber § 22 Abs. 2 Satz 1 FGG enthält § 18 Neuerungen, die die bisherige ungeschriebene Rechtspraxis festschreiben. So sieht die Neufassung vor, dass innerhalb der Antragsfrist auch die versäumte Prozesshandlung nachzuholen ist (Abs. 3 Satz 2), was schon bisher von der hM verlangt wurde.[1] Abs. 3 Satz 3 lässt die Wiedereinsetzung von Amts wegen bei Vorliegen sämtlicher Voraussetzungen zu. Auch diese Verfahrensweise entspricht dem bisherigen Vorgehen der Rechtsprechung zu § 22 Abs. 2 FGG.[2] Beide Erweiterungen gegenüber der Fassung des FGG sind zugleich mit Blick auf eine Angleichung an die verwaltungsgerichtliche Verfahrensordnung in § 60 Abs. 2 Satz 3 und 4 VwGO geschaffen worden.[3] Im Gesetzgebungsverfahren ist auf Anregung des Bundesrates Abs. 2 in jetziger Form eingefügt worden, um eine wortgleiche Formulierung mit § 236 Abs. 1 ZPO zu erreichen.[4] Danach unterliegt der Wiedereinsetzungsantrag denselben Formerfordernissen wie die versäumte Rechtshandlung.

II. Bedeutung

2 In § 18 werden die **verfahrensmäßigen Anforderungen** an eine Wiedereinsetzung festgelegt. Die Regelung verlangt nach Wegfall des Hindernisses (1) eine alsbaldige (= innerhalb von zwei Wochen) Antragstellung, die (2) bestimmten Formerfordernissen genügen muss. Zugleich ist (3) die versäumte Handlung nachzuholen, für die regelmäßig auch eine Frist zu beachten ist. Ferner müssen (4) die Angaben zur Entschuldigung der verspäteten Rechtshandlung glaubhaft gemacht werden. Alternativ ist eine Wiedereinsetzung von Amts wegen möglich. Abs. 4 sieht wie schon § 22 Abs. 2 Satz 4 FGG eine Ausschlussfrist von einem Jahr vor.

3 In **Ehesachen und Familienstreitsachen** findet § 18 **keine Anwendung**, § 113 Abs. 1. Für diese sieht § 117 Abs. 5 als Spezialregelung bei Versäumung der Begründungsfrist für Beschwerde und Rechtsbeschwerde die Verweisung auf §§ 233 und 234 Abs. 1 Satz 2 ZPO vor. Im Übrigen gelten die §§ 233 ff. ZPO über § 113 Abs. 1 Satz 2.

B. Inhalt der Vorschrift

I. Antrag

1. Fristen (Absätze 1 und 4)

a) Wiedereinsetzungsfrist

4 Die Frist für den Antrag auf Wiedereinsetzung beträgt **zwei Wochen** nach Wegfall des Hindernisses; innerhalb dieses Zeitraums muss der Antrag bei dem nach § 19 Abs. 1

1 Begr. RegE, BT-Drucks. 16/6308, S. 183 mit Hinweis auf die hM zu § 22 Abs. 2 FGG.
2 Dazu mwN Keidel/*Sternal*, § 22 FGG Rz. 41.
3 Begr. RegE, BT-Drucks. 16/6308, S. 183.
4 S. Stellungnahme des BR zum RegE, BT-Drucks. 16/6308, S. 361 unter 4.; s. auch Begr. zur Beschlussempfehlung des Rechtsausschusses, BT-Drucks. 16/9733, S. 288.

zuständigen Gericht eingehen. Die Zweiwochenfrist ist unabhängig von der versäumten Frist, auch wenn diese wie bei der Beschwerdefrist des § 63 Abs. 1 einen Monat beträgt und regelmäßig länger als die Antragsfrist ist.[1] Der Fristlauf beginnt mit dem Tag, an dem das **Hindernis weggefallen** ist. Entscheidend ist der Zeitpunkt, an welchem das der Fristwahrung entgegenstehende Hindernis tatsächlich zu bestehen aufgehört hat oder sein Weiterbestehen nicht mehr als unverschuldet angesehen werden kann.[2] Sobald der Beteiligte oder sein Verfahrensbevollmächtigter erkannt haben (positive Kenntnis) oder bei Anwendung der gebotenen Sorgfalt hätten erkennen können und müssen (fahrlässiges Nicht-Erkennen), dass die einzuhaltende (Rechtsmittel-)Frist versäumt ist, beginnt die Antragsfrist.[3] Bei einem **Verfahrenskostenhilfegesuch** nach §§ 76 ff. beginnt der Fristlauf bei positiver Entscheidung mit der Bekanntgabe an den Beteiligten, nicht an den Verfahrenskostenhilfeanwalt. Wird die Verfahrenskostenhilfe nicht genehmigt, so bleibt dem Beteiligten noch eine kurze Überlegungsfrist von drei bis vier Tagen, bevor die Antragsfrist beginnt[4] (vgl. auch § 17 Rz. 22). Gegen die Versäumung der Antragsfrist ist wiederum Wiedereinsetzung möglich,[5] und zwar auch im Falle der Fristversäumnis nach Bekanntmachung der Verfahrenskostenbewilligung.[6]

Die Fristberechnung richtet sich nach § 16 Abs. 2 iVm. § 222 ZPO, § 187 Abs. 1 BGB. 5

b) Ausschlussfrist

Die in Abs. 4 bestimmte Ausschlussfrist (Jahresfrist) ab dem Ende der versäumten 6
Frist entspricht der früheren Regelung in § 22 Abs. 2 Satz 4 FGG mit der inhaltlichen Ergänzung, dass auch die Wiedereinsetzung von Amts wegen ausgeschlossen ist. Die Frist läuft unabhängig von der Antragsfrist des Abs. 1. Ob das Hindernis, das einer Fristeinhaltung entgegenstehen kann, noch besteht, spielt für diese Frist keine Rolle. Die Frist des Abs. 4 kann nicht verlängert werden. Gegen ihre Versäumung gibt es keine Wiedereinsetzung. Der Ausschluss betrifft nur die **Antragstellung, nicht eine Entscheidung** nach Antragstellung, die außerhalb der Frist getroffen werden kann.[7] Dagegen ist eine Wiedereinsetzung von Amts wegen nach Fristablauf nicht mehr zulässig. Ein Antrag nach Ablauf der Jahresfrist ist auch dann unzulässig, wenn die zweiwöchige Frist zur Antragseinreichung (§ 18 Abs. 1) noch läuft und nicht innerhalb des Jahres ablaufen wird, so dass durch die Ausschlussfrist die Antragsfrist verkürzt werden kann.[8]

Die Ausschlussfrist wird nach § 16 Abs. 2 iVm. § 222 Abs. 1 ZPO, §§ 187 Abs. 1, 188 7
Abs. 2 BGB berechnet.

---

1 Zur alten Regelung: Jansen/*Briesemeister*, § 22 FGG Rz. 39.

2 Jansen/*Briesemeister*, § 22 FGG Rz. 39; Keidel/*Sternal*, § 22 FGG Rz. 46.

3 St. Rspr. des BGH, zB BGH v. 12.11.1997 – XII ZB 66/97, NJW-RR 1998, 1218; BGH v. 13.5.1992 – VIII ZB 3/92, NJW 1992, 2098, Verfassungsbeschwerde blieb erfolglos: BVerfG v. 23.7.1992 – 1 BvR 972/92 n.v.

4 Jansen/*Briesemeister*, § 22 FGG Rz. 39; BGH v. 20.1.2009 – VIII ZA 21/08, FamRZ 2009, 685 (ohne Gründe); BGH v. 8.11.1989 – IVb ZB 110/89, NJW-RR 1990, 451; v. 7.2.1977 – VII ZB 22/76, VersR 1977, 432.

5 Vgl. Stellungnahme der BReg. zu den Änderungsvorschlägen, BT-Drucks. 16/6308, S. 405.

6 Keidel/*Sternal*, § 22 FGG Rz. 82.

7 Jansen/*Briesemeister*, § 22 FGG Rz. 39.

8 Keidel/*Sternal*, § 22 FGG Rz. 47.

2. Form (Absatz 2)

8 Das Erfordernis zur Einhaltung der Form der versäumten Rechtshandlung, das während des Gesetzgebungsverfahrens mit einem gesonderten Absatz eingefügt wurde, stellt eine Angleichung an § 236 Abs. 1 ZPO dar (Rz. 1).

9 Bei welchem **Gericht** der Wiedereinsetzungsantrag anzubringen ist, bestimmt sich nach der versäumten Frist. Handelt es sich um eine Frist in einem laufenden Verfahren, die nicht mit einer Rechtsmitteleinlegung verbunden ist, wie bei §§ 43 Abs. 2, 44 Abs. 2, 73, so ist der Antrag bei demselben Gericht einzureichen. Bei Versäumung von Rechtsmittelfristen ist der Antrag bei demjenigen Gericht zu stellen, bei dem das Rechtsmittel eingelegt werden muss. Bei Wiedereinsetzungsanträgen wegen versäumter Rechtsmittelfristen bspw. gegen Entscheidungen nach §§ 6 Abs. 2, 7 Abs. 5 Satz 2, 21 Abs. 2, 33 Abs. 3, 35 Abs. 5, 42 Abs. 3, 76 Abs. 2, 87 Abs. 4 kann der Antrag wegen der Verweisung auf die §§ 567 bis 572 ZPO sowohl beim Ausgangsgericht wie beim Beschwerdegericht gestellt werden, § 569 Abs. 1 Satz 1 ZPO.[1] Etwas anderes gilt bei Versäumung der **Beschwerdefrist nach §§ 58 ff.** In diesen Fällen kann der Wiedereinsetzungsantrag nur bei dem **Ausgangsgericht** angebracht werden, was sich aus § 64 Abs. 1 ergibt. Hingegen ist der Antrag bei Fristversäumung in der Rechtsbeschwerde an das Rechtsbeschwerdegericht zu richten, § 71 Abs. 1.

10 Der Antrag, der regelmäßig **keine besondere Form** verlangt – bis auf das Rechtsbeschwerdeverfahren, dazu Rz. 12 –, ist in allen Fällen entweder **schriftlich** bei Gericht einzureichen oder, soweit kein Anwaltszwang besteht, **zur Niederschrift der Geschäftsstelle** nach § 25 Abs. 1 zu erklären. Die Erleichterung des § 25 Abs. 2 (Niederschrift bei jedem Amtsgericht) gilt nicht bei Wiedereinsetzung wegen Versäumung der Beschwerdefrist des § 63 Abs. 1 oder Abs. 2; bei deren Verfristung kann eine Wiedereinsetzung fristwahrend nur durch eine Erklärung zur Niederschrift der Geschäftsstelle des Gerichts beantragt werden, dessen Entscheidung angefochten wird, § 64 Abs. 1.

11 Bei versäumter **Beschwerdefrist** sind die Anforderungen des **§ 64 Abs. 2 Satz 2** zu beachten, der an die Beschwerdeeinlegung formale Mindestanforderungen stellt (vgl. § 64 Rz. 10 ff.). Danach ist – entsprechend den Anforderungen an die Beschwerdeeinlegung – der Antrag zu unterschreiben,[2] § 64 Abs. 2 Satz 3. Ferner muss der Antrag erkennen lassen, welche Frist versäumt wurde und welche beabsichtigte Rechtshandlung als rechtzeitig angesehen werden soll. Auch dies entspricht den inhaltlichen Anforderungen an die Beschwerdeeinlegung, bei der der angefochtene Beschluss und die Erklärung, dass Beschwerde dagegen eingelegt wird, genannt werden müssen, § 64 Abs. 2 Satz 2.

12 Bei Versäumung der **Rechtsbeschwerdefrist** muss der Wiedereinsetzungsantrag den strengen Formvorschriften des § 71 Abs. 1 genügen (vgl. dazu § 71 Rz. 7 ff.) und durch einen Rechtsanwalt gestellt werden (dazu Rz. 14). Für sonstige versäumte Anträge (zB §§ 18 Abs. 1, 43 Abs. 2 und 44 Abs. 2) sind ebenfalls die jeweiligen speziellen Anforderungen an die Form zu beachten, die sich aus den Normen ergeben; so zB bei der Anhörungsrüge die inhaltlichen Anforderungen nach § 44 Abs. 2 Satz 4 (vgl. dazu § 44 Rz. 9 ff.).

---

1 Anders wohl *Schürmann*, FamRB 2009, 24(30), wonach die sofortige Beschwerde nach §§ 567 ff. ZPO trotz des Wortlauts des § 569 Abs. 1 Satz 1 ZPO nur beim Ausgangsgericht eingelegt werden kann, was dann ebenso für den Wiedereinsetzungsantrag gelten müsste.

2 Begr. RegE, BT-Drucks. 16/6308, S. 206.

Eine Vertretung durch Rechtsanwälte ist nicht erforderlich, soweit Fristen für die Beschwerde oder sonstige Anträge erster oder zweiter Instanz versäumt wurden. In denjenigen Verfahren, die nicht unter §§ 112, 113 Abs. 1 fallen, besteht für Verfahrenshandlungen in diesem Umfang **keine Anwaltspflicht**. Das gilt auch, soweit das Oberlandesgericht Beschwerdegericht ist, § 10 Abs. 1 und Abs. 2 (vgl. § 10 Rz. 2).[1] Damit unterliegen Wiedereinsetzungsanträge für versäumte Rechtshandlungen, die beim Oberlandesgericht angebracht werden müssen, keinem Anwaltszwang. Sie können von den Beteiligten selbst schriftlich eingereicht oder in der Form des § 25 abgegeben werden, allerdings unter Beachtung des § 64 Abs. 1. 13

Für verfristete Rechtshandlungen im Verfahren der **Rechtsbeschwerde** vor dem BGH besteht Anwaltszwang nach §§ 71 Abs. 1, 10 Abs. 4. Für den Antrag auf Wiedereinsetzung sind die Anforderungen des § 71 Abs. 1 maßgeblich. Er muss also durch einen beim BGH zugelassenen Rechtsanwalt mit dem nach § 71 Abs. 1 Satz 2 erforderlichen Inhalt gestellt werden (vgl. dazu § 71 Rz. 7 ff.). 14

3. Inhalt und Glaubhaftmachung (Absatz 3)

a) Inhalt

Abs. 3 entspricht inhaltlich **§ 236 Abs. 2 ZPO**. Zur Wiedereinsetzung bedarf es keines ausdrücklichen Antrags, wie durch die Neufassung mit Abs. 3 Satz 3 klargestellt wird. Es reicht ein Vorbringen, dem ein **konkludenter Wiedereinsetzungsantrag** zu entnehmen ist, ebenso ein Hilfsantrag.[2] Erforderlich ist, dass der Wille, die betreffende Prozesshandlung solle als rechtzeitig angesehen werden, erkennbar ist. Dafür spricht, wenn eine Partei sich wegen der Verspätung entschuldigt.[3] Bei Versäumung der Beschwerdefrist sind zusätzlich die Mindestanforderungen der §§ 64 Abs. 2, 18 Abs. 2 in entsprechender Form zu beachten (vgl. Rz. 10 ff.). 15

Inhaltlich sind Tatsachen darzulegen, die für die Fristversäumung der betreffenden Person und den Fristlauf von Bedeutung sein können. Aus dieser Darlegung muss sich ergeben, dass der Beteiligte ohne Verschulden an der Fristeinhaltung gehindert war und nach Wegfall des Hindernisses innerhalb der zweiwöchigen Frist den Wiedereinsetzungsantrag gestellt hat. Hierzu sind vollständige und ausdrückliche Tatsachenangaben erforderlich. Es ist Sache des Beteiligten, den Sachverhalt aufzuklären; insoweit gilt der **Beibringungsgrundsatz**.[4] Erforderlichenfalls hat das Gericht durch Nachfrage auf Ergänzungen hinzuwirken. Aktenkundige oder offenkundige Tatsachen muss das Gericht von sich aus verwerten. Oftmals wird dann schon von Amts wegen Wiedereinsetzung zu gewähren sein.[5] 16

Die Tatsachen zur Entschuldigung müssen – anders als bei § 236 Abs. 2 ZPO – nicht innerhalb der Zweiwochenfrist, sondern können noch während des Wiedereinsetzungsverfahrens vorgebracht werden.[6] 17

1 Vgl. auch Begr. RegE zu § 10, BT-Drucks. 16/6308, S. 181; *Kemper*, FamRB 2008, 347.
2 Vgl. BGH v. 17.1.2006 – XI ZB 4/05, NJW 2006, 1518 zu § 233 ZPO.
3 BGH v. 16.3.2000 – VII ZB 36/99, NJW 2000, 2280; BGH v. 27.11.1996 – XII ZB 177/96, NJW 1997, 1312.
4 ZB BayObLG v. 8.9.2000 – 3 Z BR 284/00 in juris; Jansen/*Briesemeister*, § 22 FGG Rz. 41; Keidel/*Sternal*, § 22 FGG Rz. 50.
5 So BayObLG v. 23.10.2002 – 3 Z BR 186/02, NJW-RR 2003, 211 mwN.
6 OLG Hamm v. 22.6.1998 – 15 W 156/98, FGPrax 1998, 215 mwN zur früheren Rechtslage, die fortgelten dürfte.

b) Glaubhaftmachung

18 Die die Wiedereinsetzung begründenden Tatsachen sind glaubhaft zu machen. Die Glaubhaftmachung ist in **§ 31** geregelt. Danach sind alle Beweismittel zulässig, darüber hinaus **eidesstattliche Versicherungen**, und zwar auch eigene des Antragstellers.[1] Die Tatsachen müssen nach einer Gesamtbewertung überwiegend wahrscheinlich sein.[2] Die Mittel zur Glaubhaftmachung können noch **im Verfahren** über die Wiedereinsetzung **beigebracht** werden.

II. Nachholung der versäumten Rechtshandlung

1. Regelfall der versäumten Antragstellung oder Rechtsmitteleinlegung

19 Abs. 3 Satz 2 stellt klar, dass innerhalb der Zweiwochenfrist die **versäumte Rechtshandlung** nachzuholen ist, was schon bisher der hM entsprach.[3] Inhaltlich ist damit ein Gleichlauf mit § 236 Abs. 2 Satz 2 ZPO und § 60 Abs. 2 Satz 3 VwGO erreicht.[4] Die nachzuholende Rechtshandlung – zB die versäumte Rechtsmitteleinlegung – unterliegt der für sie **vorgeschriebenen Form**, was bedeutsam ist für die Mindestanforderungen zur Beschwerdeeinlegung gem. § 64 Abs. 2 Satz 2 und 3 sowie die gesteigerten Anforderungen an die Rechtsbeschwerde gem. § 71 Abs. 1 Satz 2 (§ 71 Rz. 7 ff.). Diese Formerfordernisse müssen mit der nachgeholten Rechtsmitteleinlegung erfüllt werden.

20 Die Vornahme der Rechtshandlung muss nicht gleichzeitig mit dem Antrag erfolgen, ist allerdings innerhalb der Zweiwochenfrist unerlässlich. Sie kann sich konkludent schon aus dem Antrag auf Wiedereinsetzung ergeben, was durch Auslegung zu ermitteln ist.[5]

2. Versäumte Rechtsbeschwerdebegründung

a) Problem der Zweiwochenfrist

21 Bei Versäumung der **Rechtsbeschwerdebegründungsfrist (§ 71 Abs. 2)** sieht § 18 im Fall einer Wiedereinsetzung für das Verfahren der freiwilligen Gerichtsbarkeit keine Sonderregelungen in Form einer Verlängerung der Antragsfrist des Abs. 3 Satz 2 vor. Anders ist es hingegen in den Verfahren in **Ehesachen und Familienstreitsachen,** auf die § 18 keine Anwendung findet, und in denen für die Wiedereinsetzung mit § 117 Abs. 5 auf **§ 234 Abs. 1 Satz 2 ZPO** und damit auf die Monatsfrist verwiesen wird (vgl. dazu § 117 Rz. 76). Der Fristdauer zur Begründung der Rechtsbeschwerde kommt eine besondere Bedeutung zu, da die form- und fristgerechte Begründung Zulässigkeitsvoraussetzung des Rechtsmittels ist.

22 Bei wortgetreuem Verständnis des § 18 Abs. 1 iVm. Abs. 3 Satz 2 beträgt die Frist zur Begründung der Rechtsbeschwerde zwei Wochen, wenn diese versäumt worden ist und Wiedereinsetzung beantragt wird. Denn es handelt sich bei der Begründung um

1 Keidel/*Sternal*, § 22 FGG Rz. 50 mwN; s. § 31 Rz. 8 ff.
2 Vgl. zur ZPO Thomas/Putzo/*Hüßtege*, § 236 ZPO Rz. 7; vgl. § 31 Rz. 12, 13.
3 Keidel/*Sternal*, § 22 FGG Rz. 49 mit Verweis auf die entsprechende Rspr.; *Bumiller*/Winkler, § 22 FGG Rz. 32.
4 Begr. RegE, BT-Drucks. 16/6308, S. 183.
5 Vgl. zu § 236 ZPO: Thomas/Putzo/*Hüßtege*, § 236 ZPO Rz. 8 mwN.

die innerhalb der Zweiwochenfrist des Abs. 1 „nachzuholende Rechtshandlung" des Abs. 3 Satz 2. § 71 Abs. 2 sieht demgegenüber – für den Fall der rechtzeitigen Einlegung – eine Monatsfrist ab Bekanntgabe vor. Diese mit der Wiedereinsetzung verbundene Verkürzung der Begründungsfrist ist für den unbemittelten Beteiligten, der Verfahrenskostenhilfe beantragt, problematisch. Regelmäßig kann dieser erst nach einer Entscheidung über seinen Verfahrenskostenhilfeantrag erfolgreich Wiedereinsetzung beantragen. Bis dahin ist oft bereits die mit Bekanntgabe der Entscheidung beginnende Rechtsmittelbegründungsfrist von einem Monat abgelaufen, was zur Folge hat, dass der Beteiligte innerhalb der zweiwöchigen Antragsfrist des § 18 Abs. 3 Satz 2 die Wiedereinsetzung gegen die Versäumung der Begründungspflicht beantragen und zugleich das Rechtsmittel begründen müsste.[1] Für unbemittelte Beteiligte bedeutet dies im Regelfall eine Verkürzung der Begründungsfrist auf zwei Wochen, die ihnen nach Gewährung der Verfahrenskostenhilfe verbleiben, während der nicht bedürftige Beteiligte die gesetzliche Monatsfrist des § 71 Abs. 2 ausschöpfen kann. Darüber hinaus besteht für diesen noch die Möglichkeit der Fristverlängerung nach § 71 Abs. 2 Satz 3 FamFG iVm. § 551 Abs. 2 Satz 5 und 6 ZPO. Der unbemittelte Beteiligte hat hingegen keine Möglichkeit, Fristverlängerung während der Zweiwochenfrist des § 18 Abs. 1 zu beantragen, da die gesetzliche Frist nicht verlängert werden kann.[2] Trotz eines Hinweises im Gesetzgebungsverfahren[3] hat der Gesetzgeber des FamFG diese Frage nicht aufgegriffen, sondern es bei der vorgeschlagenen jetzigen Regelung belassen.

b) Korrigierende Auslegung

Um dieses Ergebnis, das einen unbemittelten Beteiligten gegenüber einem vermögenden Beteiligten grundlos benachteiligt und ihm den Zugang zur nächsten Instanz erschwert, zu vermeiden, ist zu Gunsten des bedürftigen Beteiligten der Fristlauf des § 18 Abs. 1 korrigierend auszulegen.[4] In Anlehnung an die Rechtsprechung des BGH zu § 234 Abs. 1 ZPO aF[5] ist im Fall der Wiedereinsetzung gegen die **Versäumung der Begründungsfrist** in entsprechender Anwendung des **§ 234 Abs. 1 Satz 2 ZPO** die dort normierte **einmonatige Begründungsfrist** maßgebend und nicht die Zweiwochenfrist des § 18 Abs. 1. Der BGH hatte eine vergleichbare Lösung zur früheren Fassung des § 234 Abs. 1 ZPO entwickelt, der ebenfalls eine zweiwöchige Frist vorsah, um mit Blick auf die unbemittelte Partei eine verfassungskonforme Auslegung der §§ 234 Abs. 1 aF, 236 Abs. 2 ZPO zu gewährleisten.[6] Eine entsprechende Anwendung der Frist 23

1 So grundlegend BGH v. 9.7.2003 – 12 ZB 147/02, NJW 2003, 3275 zu § 234 Abs. 1 ZPO aF, § 236 Abs. 2 Satz 2 ZPO.

2 Anders ausdrücklich als Sonderfall: BGH v. 5.7.2007 – V ZB 48/06, MDR 2007, 1332, wonach ausnahmsweise eine Verlängerung der Frist des § 234 Abs. 1 Satz 2 ZPO zulässig sein soll, wenn dem Beschwerdeführer die Gerichtsakten nicht zur Verfügung stehen.

3 *Vorwerk*, Sachverständigenstellungnahme im Rechtsausschuss des BT v. 6.2.2008, S. 8 (vgl. § 17 Fußn. 6).

4 Ablehnend gegenüber einer korrigierenden, verfassungskonformen Auslegung: *Fölsch*, Das neue FamFG in Familiensachen, § 2 Rz. 50, der § 18 Abs. 1 deshalb für verfassungswidrig hält.

5 BGH v. 9.7.2003 – XII ZB 147/02, NJW 2003, 3275; BGH v. 25.9.2003 – III ZB 84/02, NJW 2003, 3782; BGH v. 17.6.2004 – IX ZB 208/03, NJW 2004, 2902.

6 Der BGH hat die frühere Rechtslage für das ZPO-Verfahren wegen der verschiedenen Begründungsfristen für die bedürftige und für die bemittelte Partei als verfassungsrechtlich bedenklich angesehen, wobei die einzelnen Senate das Ergebnis teilweise unterschiedlich begründet haben, vgl. dazu BGH v. 9.7.2003 – XII ZB 147/02, NJW 2003, 3275; BGH v. 25.9.2003 – III ZB 84/02, NJW 2003, 3782; BGH v. 17.6.2004 – IX ZB 208/03, NJW 2004, 2902. Mit der Ergänzung des § 234 Abs. 1 ZPO um Satz 2, der nun eine Begründungsfrist von einem Monat vorsieht,

des § 234 Abs. 1 Satz 2 ZPO auf §§ 18 Abs. 1, 71 Abs. 2 wird auch gestützt durch die gesetzlichen Regelungen bei vergleichbaren Sachverhalten, und zwar die ausdrücklich vorgesehene Anwendbarkeit des § 234 Abs. 1 Satz 2 ZPO in Ehesachen und Familienstreitsachen des FamFG (vgl. § 117 Abs. 5) sowie im zivilprozessualen Rechtsbeschwerdeverfahren nach § 575 ZPO iVm. § 234 Abs. 1 Satz 2 ZPO.

24 Die bei Wiedereinsetzung in entsprechender Anwendung des § 234 Abs. 1 Satz 2 ZPO maßgebliche Monatsfrist zur Rechtsbeschwerdebegründung läuft für unbemittelte Beteiligte ab **Bekanntgabe** der **Entscheidung zur Verfahrenskostenhilfe**.[1] Für die Festlegung auf diesen Zeitpunkt und **nicht** auf den der **Wiedereinsetzungsentscheidung** – die Frage des Fristbeginns bei § 234 Abs. 2 ZPO wird von den Zivilsenaten des BGH je nach Rechtsmittel unterschiedlich beantwortet[2] – spricht, dass die Fristen der zivilprozessualen Rechtsbeschwerde, zu der die Entscheidung des IX. Zivilsenats v. 29.5.2008[3] ergangen ist, identisch sind mit denjenigen des § 71 Abs. 1 und Abs. 2. Bei diesen Rechtsmitteln wird im Unterschied zur Berufung nicht zwischen Einlegungs- und Begründungsfrist differenziert. Beide beginnen zum gleichen Zeitpunkt. Mit der Entscheidung zur Prozesskosten- oder Verfahrenskostenhilfe entfällt das Hindernis für beide Fristen, so dass ab diesem Zeitpunkt der unbemittelte Beteiligte einem bemittelten Beteiligten gleichgestellt wird.[4] Ab Bekanntgabe der Verfahrenskostenhilfeentscheidung laufen somit für den unbemittelten Beteiligten sowohl die zweiwöchige Antragsfrist des § 18 Abs. 1, innerhalb derer auch das Rechtsmittel eingelegt werden muss, als auch die Monatsfrist zur Rechtsbeschwerdebegründung entsprechend § 234 Abs. 1 Satz 2 ZPO, während für den vermögenden Beteiligten die Fristen des § 71 Abs. 1 und Abs. 2 ab Bekanntgabe der Entscheidung, also auch parallel, laufen.

25 Der gegen diese zur Rechtsbeschwerde nach § 575 ZPO entwickelte Lösung erhobene Einwand, der unbemittelte Beteiligte werde benachteiligt, da ihm die Möglichkeit der Verlängerung der Begründungsfrist, die als gesetzliche Frist nicht verlängerungsfähig sei, verwehrt werde, die leistungsfähige Partei nutze dagegen idR die Verlängerungsmöglichkeit voll aus,[5] berücksichtigt nicht hinreichend, dass eine vollständige Gleichstellung zwischen unbemittelter und vermögender Partei/Beteiligten nicht erforderlich ist, vielmehr eine Schlechterstellung vermieden werden muss.[6] Diesem Gedanken

---

durch das 1. JuMoG v. 24.8.2004 (BGBl. I, 2198) hat der Gesetzgeber für die ZPO das Problem entschärft. Ähnlich wie der BGH auch Entscheidungen anderer Obergerichte für die entsprechenden Wiedereinsetzungsvorschriften: zB BAG v. 19.9.1983 – 5 AZN 446/83, BAGE 43, 297 zu § 72a Abs. 3 ArbGG; BSG v. 20.10.1977 – 1 BA 55/77, MDR 1978, 171; BVerwG v. 30.11.1970 – GrSEn 1.69, BVerwGE 36, 340 zu § 60 Abs. 2 VwGO aF.

1 So jetzt BGH v. 29.5.2008 – IX 197/07, NJW 2008, 3501 zu § 575 ZPO.

2 BGH v. 19.6.2007 – XI ZB 40/06, NJW 2007, 3354: ab Wiedereinsetzungsentscheidung; aA BGH v. 11.6.2008 – XII ZB 184/05, NJW-RR 2008, 1313; BGH v. 29.5.2008 – IX ZB 197/07, NJW 2008, 3500: ab PKH- Entscheidung. Die Meinungen in der Literatur sind ebenfalls uneinheitlich: vgl. zB Thomas/Putzo/*Hüßtege*, § 234 ZPO Rz. 3b; Zöller/*Greger*, § 234 ZPO Rz. 8; *Wassermann*, jurisPR-BGHZivilR 16/2008 Anm. 6; *Dziesiaty*, jurisPR-InsR 19/2008 Anm. 1.

3 BGH v. 29.5.2008 – IX 197/07, NJW 2008, 3500 (3501).

4 Überzeugend BGH v. 29.5.2008 – IX 197/07, NJW 2008, 3501, worin zu Recht darauf hingewiesen wird, dass ein Fristbeginn mit Wiedereinsetzung eine unbemittelte Partei erheblich günstiger stellen würde als eine bemittelte Partei.

5 So *Wassermann*, jurisPR-BGHZivilR 16/2008, Anm. 6, der deshalb einen Fristbeginn erst mit Zustellung der Wiedereinsetzungsentscheidung befürwortet, um der nicht vermögenden Partei jedenfalls noch eine gewisse Fristverlängerung zuzugestehen.

6 ZB BVerfG v. 26.6.2003 – 1 BvR 1152/02, NJW 2003, 3190; BGH v. 19.6.2007 – XI ZB 40/06, NJW 2007, 3354.

trägt die Entscheidung des IX. Zivilsenats v. 29.5.2008[1] ausreichend Rechnung, da in den Gründen darauf hingewiesen wird, dass bei einer Rechtsbeschwerde für eine vermögende Partei ebenso wie für eine unbemittelte Partei bereits während der gesamten Dauer der Einlegungsfrist Anlass zur Fertigung der Beschwerdebegründung bestehe. Diese Argumentation ist ohne Einschränkung auf die Rechtsbeschwerde des FamFG zu übertragen, da der Fristenlauf in § 71 Abs. 1 und Abs. 2 mit dem der Rechtsbeschwerde des § 575 ZPO identisch ist.

Zur Vermeidung unbilliger Ergebnisse im Einzelfall, zB wenn für den Verfahrensbevollmächtigten die Gerichtsakten nicht innerhalb des Fristablaufs zur Verfügung stehen, kann auf die Lösung des BGH zur ausnahmsweisen Verlängerung einer gesetzlichen Frist zurückgegriffen werden.[2] 26

Eine **Verlängerung der Antragsfrist** des § 18 Abs. 3 Satz 2 zur Rechtsmittelbegründung in den übrigen Fällen der Fristversäumung, in denen keine Verfahrenskostenhilfe im Raum steht, kommt **nicht in Betracht**. Denn den sonstigen Fristversäumnissen liegt stets ein Verhalten oder ein Sachverhalt zugrunde, der aus der Einflusssphäre des Antragstellers herrührt. Auch ist die Frage des Verschuldens vor der Entscheidung über die Wiedereinsetzung noch ungeklärt. Anders als bei einem unbemittelten Beteiligten, dessen wirtschaftliche Situation sich stets als unverschuldetes Hindernis darstellt, besteht bei einem vermögenden Beteiligten, der unverschuldet eine Frist versäumt, kein aus Art. 3 Abs. 1 GG folgendes verfassungsrechtliches Gebot auf Verwirklichung des Rechtsschutzes wie für den unbemittelten Beteiligten.[3] 27

III. Wiedereinsetzung von Amts wegen

Die jetzt gesetzlich festgeschriebene Wiedereinsetzung von Amts wegen hat ihre Parallele in § 236 Abs. 2 Satz 2 ZPO. Sie wurde in der Rechtsprechung zur freiwilligen Gerichtsbarkeit schon bisher – auch ohne ausdrückliche Grundlage – anerkannt.[4] 28

Voraussetzung ist, dass die sie rechtfertigenden Tatsachen akten- oder offenkundig sind und die nachzuholende Rechtshandlung vor oder innerhalb der Frist des § 18 Abs. 1 bzw. der gesonderten Begründungsfrist (vgl. Rz. 23) vorgenommen wird.[5] Das Gericht hat ggf. nachzufragen oder auf sachgerechte Antragstellung bzw. Erklärungen hinzuwirken, um das Begehren der Beteiligten abzuklären, so dass es anschließend auch ohne ausdrücklichen Antrag zur Wiedereinsetzung entscheiden kann. 29

1 BGH v. 29.5.2008 – IX 197/07, NJW 2008, 3500.
2 BGH v. 5.7.2007 – V ZB 48/06, MDR 2007, 1332.
3 So zur Berufungsbegründungsfrist BGH v. 19.6.2007 – XI ZB 40/06, NJW 2007, 3354; zustimmend im Übrigen zur Entscheidung des BGH v. 29.5.2008 – IX 197/07, NJW 2008, 3501: *Undritz/Loszynski*, EWiR 2008, 541.
4 So zB BayObLG v. 23.10.2002 – 3 Z BR 186/02, NJW-RR 2003, 211 mwN.
5 BGH v. 24.5.2000 – III ZB 8/00, NJW-RR 2000, 1590; BGH v. 5.5.1993 – XII ZR 124/92, NJW-RR 1993, 1091; BGH v. 5.2.1975 – IV ZB 52/74, NJW 1975, 928; Keidel/*Sternal*, § 22 FGG Rz. 41.

§ 19
Entscheidung über die Wiedereinsetzung

(1) Über die Wiedereinsetzung entscheidet das Gericht, das über die versäumte Rechtshandlung zu befinden hat.

(2) Die Wiedereinsetzung ist nicht anfechtbar.

(3) Die Versagung der Wiedereinsetzung ist nach den Vorschriften anfechtbar, die für die versäumte Rechtshandlung gelten.

A. Allgemeines

1 Mit der Norm werden in neuer Form Zuständigkeit und Anfechtbarkeit im Wiedereinsetzungsverfahren für die freiwillige Gerichtsbarkeit geregelt. Die Vorschrift findet wegen §§ 113 Abs. 1 Satz 1, 117 Abs. 5 **keine Anwendung** auf die **Ehesachen** und **Familienstreitsachen**. Dort gelten über § 113 Abs. 1 Satz 2 und § 117 Abs. 5 die Regelungen der ZPO (§§ 233 ff.) unmittelbar.

Abs. 1 bestimmt, welches Gericht über die Wiedereinsetzung zu entscheiden hat. Eine vergleichbare Vorschrift kannte das FGG nicht. Die Abs. 2 und 3 legen die (Nicht-)Zulassung von Rechtsmitteln fest. Abweichend von der Vorschrift des § 22 Abs. 2 Satz 3 FGG wird die **Nichtanfechtbarkeit** einer **positiven Entscheidung** normiert. Mit dieser Regelung sollen Zwischenstreitigkeiten im Verfahren vermieden und die **Harmonisierung** mit den Wiedereinsetzungsvorschriften anderer Prozessordnungen (§ 238 Abs. 3 ZPO; § 60 Abs. 5 VwGO) fortgeschrieben werden.[1] In Abs. 3 wird wie in der früheren Fassung des § 22 Abs. 2 Satz 3 FGG die grundsätzliche Möglichkeit der **Anfechtbarkeit** einer **Ablehnung** der Wiedereinsetzung eröffnet, allerdings mit der Beschränkung der Rechtsmittelmöglichkeiten auf den Rechtsmittelzug in der Hauptsache,[2] was der bisherigen Handhabung ohne ausdrückliche gesetzliche Regelung entspricht.[3]

B. Inhalt der Vorschrift

I. Formelle Anforderungen

1. Zuständigkeit (Absatz 1)

2 Zuständig für die Entscheidung über die Wiedereinsetzung ist – wie schon bisher[4] – das **Gericht**, das über die **versäumte Handlung hätte entscheiden müssen**, bei Rechtsmitteln somit das Beschwerde- bzw. Rechtsbeschwerdegericht. Bei anderen Anträgen – zB nach § 43 oder § 44 – ist es das Gericht, dessen Entscheidung ergänzt bzw. dessen Verfahren fortgeführt werden soll.

3 Bei **Rechtsmittelfristversäumung** ist zu unterscheiden: Bei der **Beschwerdefrist nach §§ 58, 63** sind Wiedereinsetzungsantrag sowie die Beschwerde selbst beim Ausgangsgericht einzulegen, § 64 Abs. 1 (dazu § 18 Rz. 9). Dieses hat vor Vorlage des Wiederein-

1 So die Begr. RegE, BT-Drucks. 16/6308, S. 184.
2 Begr. RegE, BT-Drucks. 16/6308, S. 184.
3 Keidel/*Sternal*, § 22 FGG Rz. 83.
4 Keidel/*Sternal*, § 22 FGG Rz. 43; Begr. RegE, BT-Drucks. 16/6308, S. 184.

setzungsantrags und des Rechtsmittels zum Beschwerdegericht zunächst das Abhilfeverfahren nach § 68 Abs. 1 Satz 1 durchzuführen. Da die verfristete Beschwerde unzulässig ist, ist hier die höchst umstrittene Frage, ob das Ausgangsgericht einer unzulässigen, aber begründeten Beschwerde abhelfen darf, von entscheidender Bedeutung. Der Gesetzgeber des FamFG hat darauf keine Antwort gegeben. Zur Darstellung des Problems wird auf § 68 Rz. 6 verwiesen. Folgt man der vorzugswürdigen Lösung, dass aus Gründen der Rechtsklarheit und Rechtssicherheit auf eine unzulässige Beschwerde die angegriffene Entscheidung nicht abgeändert werden darf (dazu eingehende Begründung bei § 68 Rz. 6), so hat das Ausgangsgericht das Wiedereinsetzungsgesuch sowie die verfristete Beschwerde nach § 68 Abs. 1 Satz 1 2. Halbs. unverzüglich dem zuständigen Beschwerdegericht vorzulegen. Bei Versäumung der **Rechtsbeschwerdefrist** sind der Wiedereinsetzungsantrag wie auch das Rechtsmittel bei dem Rechtsmittelgericht, dem Rechtsbeschwerdegericht anzubringen, § 71 Abs. 1.

Der **Antrag** kann schriftlich unter Beachtung der Formvorschriften des § 18 Abs. 2 eingereicht oder alternativ zur Niederschrift der Geschäftsstelle erklärt werden (dazu § 18 Rz. 10 ff.); für die Rechtsbeschwerde sind die besondere Formvorschriften des § 71 zu beachten; dazu § 18 Rz. 12, 14 und § 71 Rz. 7 ff. 4

2. Verfahren

Die Neufassung hat hierzu keine Änderungen gebracht. Dem Gegner ist rechtliches Gehör zu gewähren.[1] Die Entscheidung ergeht durch **Beschluss**. Dieser kann als gesonderte Entscheidung oder in Verbindung mit der Entscheidung über die versäumte Rechtshandlung gefasst werden, wobei es ausreicht, die Entscheidung der Wiedereinsetzung in den Gründen abzuhandeln.[2] Mit der Gewährung der Wiedereinsetzung wird eine bereits getroffene Entscheidung, mit der das Rechtsmittel wegen Verfristung als unzulässig verworfen wurde, gegenstandslos, ohne dass es einer förmlichen Aufhebung bedarf.[3] Die Ablehnung des Wiedereinsetzungsantrags hat die Verwerfung des Rechtsmittels als unzulässig zur Folge. 5

II. Rechtsmittel gegen die Entscheidung

1. Unanfechtbarkeit der Wiedereinsetzung (Absatz 2)

Das FamFG sieht in § 18 Abs. 2 die Unanfechtbarkeit der **Bewilligung** der Wiedereinsetzung vor. Wegen der dahinter stehenden Ziele dieser Vorschrift, die sich inhaltlich von der früheren Regelung in § 22 Abs. 2 Satz 3 FGG unterscheidet, wird auf Rz. 1 verwiesen. 6

Die – positive – Wiedereinsetzungsentscheidung ist damit **bindend**. Auch bei einer rechtsirrigen Zulassung der Beschwerde durch das entscheidende Gericht bleibt die Wiedereinsetzung unanfechtbar. Denn eine nach dem Gesetz unanfechtbare Entscheidung kann nicht durch den Ausspruch eines Gerichts der Anfechtung unterworfen werden.[4] Die Entscheidung ist auch grundsätzlich nicht abänderbar, allenfalls durch eine Anhörungsrüge nach § 44. 7

---

1 Jansen/*Briesemeister*, § 22 FGG Rz. 42.
2 Jansen/*Briesemeister*, § 22 FGG Rz. 42.
3 Keidel/*Sternal*, § 22 FGG Rz. 80.
4 BGH v. 8.10.2002 – VI ZB 27/02, NJW 2003, 211.

2. Rechtsmittel gegen Versagung der Wiedereinsetzung (Absatz 3)

a) Regelfall

8 Die Versagung der Wiedereinsetzung ist für den Antragsteller als Beschwerdeberechtigten nach § 59 Abs. 1 **anfechtbar**, und zwar nach den Vorschriften, die für die **versäumte Rechtshandlung** maßgebend sind. Damit werden die Rechtsmittelmöglichkeiten auf den **Rechtsmittelzug in der Hauptsache** beschränkt.

9 Für die wichtigsten und häufigsten Fälle der Wiedereinsetzung, nämlich der Versäumung der Rechtsmittelfristen, hat diese Regelung eine nur eingeschränkte Anfechtbarkeit zur Folge: Entscheidet das (Erst-)Beschwerdegericht über ein Wiedereinsetzungsgesuch wegen Versäumung der Beschwerdefrist und gleichzeitig über die – verspätete – Beschwerde (§§ 63, 64, 69), so ist gegen die Verwerfung des Rechtsmittels als verspätet die Rechtsbeschwerde statthaft, die in Verfahren, die nicht Betreuungssachen sind oder keine Unterbringung oder freiheitsentziehende Maßnahme zum Gegenstand haben, vom Beschwerdegericht zugelassen werden muss, § 70 Abs. 1 und Abs. 2. Eine Nichtzulassungsbeschwerde ist gesetzlich nicht vorgesehen. Eine Anfechtung der ablehnenden Wiedereinsetzungsentscheidung ist demzufolge nur zulässig, wenn in der Hauptsache die Rechtsbeschwerde zugelassen wird. Das wird, vor allem bei Verwerfungsentscheidungen, die Ausnahme bleiben.

10 Allein die Rechtsbeschwerde gegen einen das Rechtsmittel als verspätet verwerfenden Beschluss führt nicht zur Prüfung der Frage einer zulässigen Wiedereinsetzung, wenn nicht parallel gegen die die Wiedereinsetzung ablehnende Entscheidung ebenfalls ein Rechtsmittel eingelegt wird. Denn das Rechtsbeschwerdegericht ist ohne ausdrückliche Anfechtung der Wiedereinsetzungsentscheidung an diese gebunden.[1]

b) Spezialregelung des § 70 Abs. 3

11 In **Betreuungs-, Unterbringungs- und Freiheitsentziehungssachen**, sofern diese eine Unterbringung oder eine freiheitsentziehende Maßnahme betreffen, sowie in Verfahren nach § 151 Nr. 6 und 7[2] bedarf die Rechtsbeschwerde – anders als im Regelfall des § 70 Abs. 1 – keiner Zulassung, § 70 Abs. 3. In diesen Verfahren ist eine Anfechtung der Ablehnung des Wiedereinsetzungsantrags durch das Erstbeschwerdegericht **immer statthaft**. Sie muss, wie es § 18 Abs. 2 vorsieht, die Anforderungen des § 71 Abs. 1 erfüllen, dh. die Anfechtung der Ablehnung kann nur durch einen beim BGH zugelassenen Rechtsanwalt (§ 10 Abs. 4) innerhalb der Rechtsbeschwerdefrist des § 71 Abs. 1 durchgeführt und muss unter den Voraussetzungen des § 71 Abs. 2 und 3 begründet werden.

12 Über einen Wiedereinsetzungsantrag bei Versäumung der **Rechtsbeschwerdefrist** entscheidet gem. § 19 Abs. 1 ohnehin der BGH, so dass von vornherein eine Anfechtbarkeit entfällt.

13 Soweit die Wiedereinsetzungsentscheidung unanfechtbar ist, bleibt dem Antragsteller noch die Möglichkeit, eine **Anhörungsrüge** nach § 44 anzubringen. Zu deren Voraussetzungen vgl. § 44 Rz. 3 ff.

---

1 Vgl. zur gleichlautenden Regelung des § 238 Abs. 2, Abs. 3 ZPO: Zöller/*Greger*, § 238 ZPO Rz. 10.

2 Fassung durch Art. 8 Nr. 1 lit. f Gesetz zur Modernisierung von Verfahren im anwaltlichen und notariellen Berufsrecht, vom 30.7.2009, BGBl. I, S. 2449.

c) Anfechtbare Zwischenentscheidungen

Soweit eine Wiedereinsetzung gegen die Versäumung einer Rechtsmittelfrist bei Anfechtung einer anfechtbaren Zwischenentscheidung (dazu § 58 Rz. 17 und § 38 Rz. 37) in Betracht kommt, richten sich der Instanzenzug und damit über § 19 Abs. 3 auch die Rechtsmittel für die – sofortige – Beschwerde nach den **§§ 567 bis 572 ZPO**, soweit diese für die Anfechtung der Zwischenentscheidungen maßgeblich sind. Dies ist der Fall bei den meisten Zwischenentscheidungen, so bei §§ 6 Abs. 2, 7 Abs. 5 Satz 2, 21 Abs. 2, 33 Abs. 3, 35 Abs. 5, 42 Abs. 3, 76 Abs. 2, 87 Abs. 4. Wird durch das nach § 19 Abs. 1 angerufene zuständige Beschwerdegericht die Wiedereinsetzung abgelehnt, so ist diese Entscheidung nur mit der **Rechtsbeschwerde** angreifbar. Deren Voraussetzungen ergeben sich allerdings aus **§§ 70 ff.** und nicht aus §§ 574 ff. ZPO, auch wenn für das Rechtsmittel der sofortigen Beschwerde §§ 567 bis 572 ZPO anzuwenden sind (s. § 76 Rz. 15; § 87 Rz. 15). Denn der Verweis auf die ZPO-Vorschriften bezieht sich jeweils ausdrücklich auf die (Erst-)Beschwerde nach §§ 567 bis 572 ZPO und nicht auf die folgenden Vorschriften der §§ 574 ff. ZPO zur Rechtsbeschwerde. Dem entspricht, dass § 70 nicht zwischen End- und Zwischenentscheidungen unterscheidet. Eine Ablehnung der Wiedereinsetzung durch das Beschwerdegericht ist demnach nur dann anfechtbar, wenn dieses Gericht zugleich die **Rechtsbeschwerde zugelassen** hat, § 70 Abs. 1. Der Fall des § 70 Abs. 3, wonach eine Zulassung nicht erforderlich ist, wird bei den Zwischenentscheidungen kaum gegeben sein. Bei dieser Fallkonstellation wird demnach eine Anfechtung der Wiedereinsetzungsablehnung – ebenso wie im Regelfall (s. Rz. 8 bis 10) – selten in Betracht kommen. 14

§ 20
Verfahrensverbindung und -trennung

Das Gericht kann Verfahren verbinden oder trennen, soweit es dies für sachdienlich hält.

A. Allgemeines

I. Neufassung

Mit dieser Vorschrift werden für die freiwillige Gerichtsbarkeit Verfahrensverbindung und Verfahrenstrennung erstmalig ausdrücklich gesetzlich geregelt. Schon bisher wurden auch in der freiwilligen Gerichtsbarkeit Verfahrensverbindung und -trennung als 1 zulässig angesehen.[1] Der Gesetzgeber hat mit der Schaffung des § 20 die Grundsätze der früheren Rechtslage übernommen, die nun ausdrücklich normiert sind.[2] Ergänzend wird in der Gesetzesbegründung auf eine entsprechende Anwendung des § 147 ZPO verwiesen. Diese Vorschrift wurde von der Rechtsprechung schon bisher herangezogen.[3]

II. Normzweck

2 Die **Verbindung** ermöglicht es, Verfahren, an denen dieselben Personen beteiligt sind, oder die auf demselben Sachverhalt beruhen, zur gemeinsamen **Verhandlung und Entscheidung** zusammenzufassen. Damit sollen Doppelarbeit und uU sich widersprechende Entscheidungen vermieden werden.[4]

3 Durch eine **Verfahrenstrennung** sollen umfangreiche Verfahren übersichtlicher gestaltet werden. Eine Trennung ermöglicht es, abgrenzbare Teile des Verfahrens, die überschaubar und nicht zu umfangreich sind, rasch zu einer Entscheidung zu führen, ohne dass es auf die Entscheidungsreife weiterer komplexer Verfahrensteile ankommt. Auf diese Weise kann auch einer eventuellen Verfahrensverschleppung durch Beteiligte begegnet werden.[5] Die damit eröffnete Möglichkeit widersprechender Entscheidungen steht einer Trennung nicht entgegen.[6]

III. Anwendungsbereich

4 § 20 findet **keine Anwendung** in den **Ehesachen** und **Familienstreitsachen**; § 113 Abs. 1 verweist für diese Verfahren auf die Regelungen der ZPO und damit auf §§ 145, 147 ZPO.

B. Inhalt der Vorschrift

I. Verfahrensverbindung

1. Voraussetzungen

5 Zu unterscheiden ist die Verbindung zur gemeinsamen Verhandlung und Entscheidung von einer Verbindung zur **gemeinsamen Verhandlung und/oder Beweisaufnahme**, die nur tatsächliche Auswirkungen hat, jedoch nicht die Rechtsfolgen einer Verbindung auslöst. Sie dient lediglich der tatsächlichen Vereinfachung. Eine solche vorübergehende Verbindung ist jederzeit möglich und lässt die Verfahren als selbständige bestehen.[7] Was gewollt ist, ist ggf. durch Auslegung zu ermitteln.[8] § 20 regelt nur die **echte Verfahrensverbindung**.

1 Vgl. Keidel/*Sternal*, Rz. 14 vor §§ 3 ff. FFG; *Bassenge*/Roth, Einleitung FGG Rz. 28.
2 Begr. RegE, BT-Drucks. 16/6308, S. 184.
3 Keidel/*Sternal*, Rz. 14 vor §§ 3 ff. FFG.
4 So zu § 147 ZPO: MüKo.ZPO/*Wagner*, § 147 ZPO Rz. 1.
5 Vgl. zu § 145 ZPO: MüKo.ZPO/*Wagner*, § 145 ZPO Rz. 1; Thomas/Putzo/*Reichold*, § 145 Rz. 1.
6 BGH v. 3.4.2003 – IX ZR 113/02, NJW 2003, 2386 mwN.
7 OLG München v. 28.11.1989 – 11 W 2823/89, MDR 1990, 345; Zöller/*Greger*, § 147 ZPO Rz. 5 mwN.
8 BGH v. 30.10.1956 – I ZR 82/55, NJW 1957, 183; OLG München v. 28.11.1989 – 11 W 2823/89, MDR 1990, 345.

Die Voraussetzungen des § 20 entsprechen denjenigen, die bisher durch Rechtsprechung und Schrifttum festgelegt worden sind.[1] Eine Verbindung gleichartiger Verfahren ist bei gegebener örtlicher und sachlicher Zuständigkeit zulässig, wenn die **Verfahrensbeteiligten dieselben** sind.[2] Ferner kommt eine Verbindung bei gleichen oder auch verschiedenen Beteiligten in Betracht, wenn die Gegenstände der Verfahren in einem Zusammenhang stehen oder in einem Verfahren hätten geltend gemacht werden können („**rechtlicher Zusammenhang**", § 147 ZPO entsprechend).[3] Damit ist ein prozessualer Zusammenhang gemeint, der gegeben ist, wenn die verschiedenen Anträge oder Verfahrensgegenstände demselben Rechtsverhältnis oder Tatsachenkomplex entnommen werden.[4] 6

Die Verbindung muss **sachdienlich** sein. Das bedeutet, sie muss – so die Gesetzesbegründung – der Eigenart der Verfahren entsprechen[5] und darüber hinaus, ohne dass der Gesetzgeber dies ausdrücklich fordert, verfahrensförderlich sein. Eine Verbindung ist nicht von den Anträgen der Beteiligten oder deren Zustimmung abhängig, anders nur bei damit verbundenem Richterwechsel.[6] Die Entscheidung über die Verbindung steht grundsätzlich im **Ermessen** des Gerichts und hat sich am Zweck der Vorschrift zu orientieren,[7] wenn nicht die Verbindung gesetzlich ver- oder geboten ist. 7

2. Unzulässige Verfahrensverbindungen

Eine Verfahrensverbindung ist nicht zulässig, wenn es sich um Verfahren verschiedener Verfahrensarten handelt, so eine Verbindung von Prozess- und FamFG-Verfahren[8] oder von Eilverfahren mit dem Hauptsacheverfahren.[9] Das gilt auch im Verhältnis der Verfahren der freiwilligen Gerichtsbarkeit zu den Ehesachen und Familienstreitsachen, allerdings mit Ausnahme der Verbundregelung in § 137 Abs. 1. 8

3. Gesetzliche Sonderregelungen

Für die Verbindung von **Ehesachen** und **Familienstreitsachen** mit sonstigen Familiensachen trifft **§ 137** eine Sonderregelung. Gibt es neben dem Scheidungsverfahren (vgl. § 121 Nr. 1) noch weitere Familienverfahren, die nicht unter § 112 und § 121 und deshalb in den Geltungsbereich des FamFG fallen, so können diese Verfahren Folgesachen sein und zum **Verbund** nach § 137 Abs. 1 und Abs. 2 gehören. Damit sind sie mit dem Scheidungsverfahren zu verbinden. Die Vorschrift des § 137 Abs. 1 betrifft vor allem Versorgungsausgleichs-, Ehewohnungs- und Haushaltssachen sowie Kindschaftssachen, soweit diese unter § 137 Abs. 3 fallen, damit Fragen der elterlichen Sorge betreffen und ein Ehegatte die Einbeziehung in den Verbund beantragt, § 137 Abs. 2, Abs. 3 9

1 Begr. RegE, BT-Drucks. 16/6308, S. 184; *Kemper*, FamFG – FGG – ZPO, Kommentierte Synopse, zu § 20.
2 Keidel/*Sternal*, vor §§ 3 ff. FGG Rz. 14.
3 Begr. RegE, BT-Drucks. 16/6308, S. 184.
4 Vgl. zur Regelung der §§ 147, 33 ZPO: Zöller/*Greger*, § 147 ZPO Rz. 3; Zöller/*Vollkommer*, § 33 ZPO Rz. 15.
5 Begr. RegE, BT-Drucks. 16/6308, S. 184.
6 Musielak/*Stadler*, § 147 ZPO Rz. 2 und 3.
7 Entsprechend § 147 ZPO; dazu Zöller/*Greger*, § 147 ZPO Rz. 4.
8 So zum FGG: Keidel/*Sternal*, vor §§ 3–5 FFG Rz. 14.
9 MüKo.ZPO/*Wagner*, § 147 ZPO, Rz. 4.

(vgl. eingehend § 137 Rz. 6 ff.).[1] Dem entsprechen in den speziellen Verfahrensarten die Normen zur Abgabe des Verbundverfahrens an das Gericht der Ehesache in §§ 153, 202 bzw. die Zuständigkeitsregelung in § 218 Nr. 1, die auf das Gericht der Ehesache verweist.

10 Spezielle Gebote und Verbote zur Verbindung finden sich in weiteren Vorschriften: In **Ehesachen** ist eine Verbindung mit anderen Verfahren abgesehen von § 137 verboten, § 126 Abs. 2. Für **Abstammungsverfahren** lässt § 179 Abs. 1 eine Verbindung zu, wenn das weitere Verfahren dasselbe Kind betrifft. Eine weitere Verbindungsmöglichkeit eröffnet § 179 Abs. 1 Satz 2 zwischen einem Abstammungsverfahren und einer Unterhaltssache. Übrigen ist eine Verbindung unzulässig, § 179 Abs. 2. Für **Adoptionssachen** sieht § 196 ein Verbindungsverbot vor.

4. Rechtsfolgen und Anfechtbarkeit

11 Die ursprünglich getrennten Verfahren, die durch einen gerichtlichen Beschluss verbunden werden, bilden damit ein **einheitliches Verfahren**. Bereits erfolgte **Verfahrenshandlungen** gelten fort und müssen grundsätzlich nicht wiederholt werden. Jedoch muss eine Beweisaufnahme wiederholt werden, wenn für einen der Beteiligten keine Möglichkeit der Teilnahme bestand oder keine Gelegenheit zum rechtlichen Gehör gegeben wurde,[2] weshalb bei dieser Konstellation der Normzweck der vereinfachten Verfahrenserledigung kaum zu erreichen ist.

12 Die verfahrensleitende Anordnung, die in der Form des Beschlusses ergeht, ist **nicht anfechtbar**. Die Gesetzesbegründung erwähnt dies ausdrücklich[3] und entspricht damit der früheren Rechtslage.[4] Im Rahmen der Beschwerde gegen die Endentscheidung ist allerdings eine inzidente Überprüfung der Verfahrensverbindung zulässig. Diese ist auf die Prüfung einer ermessensfehlerfreien Zwischenentscheidung, insbesondere den Ausschluss einer Willkürentscheidung beschränkt.[5] Wegen der Möglichkeit der Inzidentüberprüfung empfiehlt es sich, den Verbindungsbeschluss mit einer – kurzen – Begründung zu versehen.

II. Verfahrenstrennung

1. Voraussetzungen

13 Eine Verfahrenstrennung setzt voraus, dass das Verfahren entweder mehrere Beteiligte oder mehrere Verfahrensgegenstände betrifft. Die Trennung muss **sachdienlich** sein. Dies ist der Fall, wenn ein Teil oder Teile des Verfahrensstoffes besser gesondert behandelt und entschieden werden.[6] Die Trennung dient der Übersichtlichkeit des Verfahrensstoffes und der Vermeidung der Prozessverschleppung.[7] Das Gericht entscheidet darüber nach pflichtgemäßem Ermessen in der Form eines Beschlusses.

---

1 Diese Regelung entspricht den früheren §§ 623, 621 ZPO. Der Gesetzgeber hat bewusst die bisherige Regelung weitgehend übernommen, vgl. Begr. RegE, BT-Drucks. 16/6308, S. 230.
2 Musielak/*Stadler*, 147 ZPO Rz. 4.
3 Begr. RegE, BT-Drucks. 16/6308, S. 184; iÜ folgt dieses Ergebnis auch § 58 Abs. 1.
4 *Bassenge*/Roth, Einleitung FGG Rz. 70; so auch die Rspr., vgl. zB OLG Frankfurt v. 18.7.1991 – 20 W 204/90, NJW-RR 1992, 32 zur Ablehnung der Trennung verbundener Verfahren.
5 So ausdrücklich die Gesetzesbegründung: BT-Drucks. 16/6308, S. 184.
6 Jansen/*v. König*/*v. Schuckmann*, vor §§ 8–18 FGG Rz. 88.
7 So zu § 145 ZPO: Musielak/*Stadler*, § 145 ZPO Rz. 1.

2. Gesetzliche Sonderregelungen

Im Zusammenhang mit dem **Verbund von Scheidungs- und Folgesachen** finden sich in **§ 140** Regelungen zur Trennung. § 140 Abs. 1 sieht zwingend eine Abtrennung einer Folgesache vor, wenn neben den Ehegatten eine weitere Person Beteiligte des Verfahrens wird. § 140 Abs. 2 gibt für verschiedene Fallkonstellationen die Möglichkeit der Abtrennung. Hierzu wird auf die Kommentierung dieser Vorschrift verwiesen. Eine weitere Vorschrift zur Verfahrenstrennung in Zusammenhang mit Folgesachen findet sich in § 140 Abs. 3. Näheres dazu bei § 140 Rz. 16, 17. 14

3. Anfechtbarkeit

Die Anordnung der Verfahrenstrennung ist – wie die Verbindung – **nicht anfechtbar**. 15
Als verfahrensleitender Beschluss ist sie nicht beschwerdefähig, was die Gesetzesbegründung ausdrücklich klarstellt.[1] Für die Entscheidung zur Abtrennung einer Folgesache sieht das Gesetz die Nichtanfechtbarkeit ausdrücklich vor, § 140 Abs. 6.[2] Zur Überprüfung in Zusammenhang mit der Beschwerde gegen die Endentscheidung gilt das Entsprechende wie bei der Verbindung, vgl. dazu Rz. 12.

§ 21
Aussetzung des Verfahrens

(1) Das Gericht kann das Verfahren aus wichtigem Grund aussetzen, insbesondere wenn die Entscheidung ganz oder zum Teil von dem Bestehen oder Nichtbestehen eines Rechtsverhältnisses abhängt, das den Gegenstand eines anderen anhängigen Verfahrens bildet oder von einer Verwaltungsbehörde festzustellen ist. § 249 der Zivilprozessordnung ist entsprechend anzuwenden.

(2) Der Beschluss ist mit der sofortigen Beschwerde in entsprechender Anwendung der §§ 567 bis 572 der Zivilprozessordnung anfechtbar.

1 Begr. RegE, BT-Drucks. 16/6308, S. 184.
2 Anders BGH v. 1.10.2008 – XII ZB 90/08, NJW 2009, 76 zur bisherigen Rechtslage.

A. Allgemeines

I. Frühere Rechtslage und Neufassung

1 Die Verfahrensaussetzung, die einen Stillstand des Verfahrens kraft gerichtlicher Anordnung bedeutet, war für das Verfahren der freiwilligen Gerichtsbarkeit nicht im FGG geregelt, wurde jedoch grundsätzlich im Falle der Vorgreiflichkeit eines anderen Rechtsverhältnisses als zulässig angesehen, wenn nicht Besonderheiten des Verfahrens (wie Eilbedürftigkeit) dagegen sprachen.[1] Zu einzelnen Verfahren fanden sich im früheren FGG Regelungen, die eine Aussetzung erlaubten, so in § 95 FGG für das Nachlassgericht, in §§ 127, 147, 159, 161 FGG für das Registergericht, in §§ 52 Abs. 2, 53c Abs. 2, 56c Abs. 2 FGG für Vormundschafts- und Familiensachen; in § 640f ZPO aF für Kindschaftssachen. Voraussetzung war stets, dass eine Entscheidung in einem weiteren Verfahren vorgreiflich war.

2 Mit § 21 werden die **Statthaftigkeit** einer Verfahrensaussetzung klargestellt und deren Voraussetzungen festgelegt.[2] Als Regelbeispiel eines wichtigen Grundes wird unter Anlehnung an andere Verfahrensordnungen (§ 148 ZPO, § 94 VwGO, § 74 FGO, § 114 SGG) die **Vorgreiflichkeit** eines anderen Verfahrens genannt. Für das Verfahren und die Rechtsfolgen der Aussetzung sieht das Gesetz die entsprechende Anwendung des **§ 249 ZPO** vor. Abs. 2 legt die **Anfechtbarkeit** der Anordnung oder Ablehnung der Aussetzung fest. Damit wird die bisherige Rechtsprechung normiert, die die Beschwerde gegen die Aussetzungsentscheidung zugelassen hat.[3] Das Rechtsmittel als sofortige Beschwerde gegen eine Zwischenentscheidung richtet sich nach den Vorschriften der §§ 567 bis 572 ZPO.

II. Normzweck

3 Die Aussetzung als verfahrensleitende Anordnung soll Mühen und Kosten einer wiederholten Prüfung derselben Tatsachen- und/oder Rechtslage verhindern und dient der Entscheidungsharmonie. Die damit verbundene Verzögerung nimmt der Gesetzgeber in Kauf.[4]

III. Anwendungsbereich

4 § 21 ist **nicht anzuwenden** auf Ehesachen und Familienstreitsachen, vgl. § 113 Abs. 1, für die die Vorschriften der ZPO, hier insbesondere § 148 ZPO, entsprechende Geltung finden. Die Aussetzung in Scheidungssachen regelt § 136.

IV. Verfahrensstillstand aus anderen Gründen

1. Unterbrechung

5 Regeln zur Unterbrechung eines Verfahrens sieht der Allgemeine Teil des FamFG nicht vor. Es ist deshalb davon auszugehen, dass die von der Rechtsprechung geschaf-

1 *Bassenge*/Roth, § 12 FGG Rz. 20, 21; MüKo.ZPO/*Wagner*, § 148 ZPO Rz. 21 f.
2 Begr. RegE, BT-Drucks. 16/6308, S. 184.
3 Vgl. Keidel/*Kahl*, § 19 FGG Rz. 13 mwN; zB OLG Köln v. 18.2.2002 – 14 WF 17/02, FamRZ 2002, 1124.
4 Zöller/*Greger*, § 148 ZPO Rz. 1; MüKo.ZPO/*Wagner*, § 148 ZPO Rz. 1.

fene Rechtslage weiterhin Gültigkeit hat. Danach findet eine Unterbrechung des Verfahrens entsprechend **§§ 239, 240 ZPO** in Verfahren der freiwilligen Gerichtsbarkeit grundsätzlich nicht statt.[1] Das Gericht hat das Verfahren beschleunigt und konzentriert zu führen, so dass ein Verfahrensstillstand möglichst zu vermeiden ist.[2] Beim **Tod eines Beteiligten** sind die rechtlichen Auswirkungen von Amts wegen festzustellen. Wenn durch den Tod des Beteiligten das Verfahren nicht bereits beendet oder die Hauptsache erledigt ist, ist ein etwaiger Rechtsnachfolger vom Gericht zu ermitteln und am Verfahren zu beteiligen.[3] Eine Spezialregelung enthält **§ 181**, wonach der Tod eines Beteiligten in einem Abstammungsverfahren zur Unterbrechung führt. Auch die Eröffnung eines **Insolvenzverfahrens** über das Vermögen eines Beteiligten führt nicht zu einer Unterbrechung gem. § 240 ZPO, dessen unmittelbare oder mittelbare Anwendung von der Rechtsprechung abgelehnt wird.[4] Ausnahmen vom Verbot einer Unterbrechung sind in Einzelfällen über eine entsprechende Anwendung der §§ 239, 240 ZPO für echte Streitverfahren der freiwilligen Gerichtsbarkeit denkbar, wenn der Verfahrensgegenstand ein subjektives Recht des Antragstellers betritt, das allein dessen Verfügungsmacht unterliegt und deshalb die Ausgangssituation einem Zivilverfahren vergleichbar ist.[5]

2. Ruhen

Auch die Möglichkeit, ein Verfahren durch Anträge der Beteiligten zum Ruhen zu 6
bringen, ist für die freiwillige Gerichtsbarkeit auf Ausnahmefälle beschränkt. Das FamFG trifft keine Regelung und belässt es bei der sich bisher auf Grund der Rechtsprechung herausgebildeten Rechtslage. Danach ist ein Ruhen des Verfahrens entsprechend **§ 251 ZPO** nur in echten Streitfällen auf Grund übereinstimmender Anträge der Beteiligten, so insbesondere in den früher dem FGG zugeordneten Wohnungseigentumsverfahren, zulässig, wenn wegen Schwebens von Vergleichsverhandlungen oder aus sonstigen Gründen die Anordnung zweckmäßig erscheint.[6]

B. Inhalt der Vorschrift

I. Aussetzungsvoraussetzungen (Absatz 1)

1. Wichtiger Grund

Das Gesetz sieht in Abs. 1 einen „wichtigen Grund" als Aussetzungsvoraussetzung 7
vor. Als Regelfall nennt die Vorschrift die Vorgreiflichkeit eines anderen Verfahrens (dazu Rz. 6). Daneben sind weitere wichtige Gründe denkbar. Die Gesetzesbegrün-

---

1 OLG Köln v. 22.7.2002 – 2 Wx 16/02, OLGReport 2002, 430; BayObLG v. 20.9.2000 – 1 Z BR 86/99, FamRZ 2001, 317; KG v. 10.11.1987 – 1 W 2414/87, MDR 1988, 329; *Bumiller*/Winkler, § 12 FGG Rz. 40 mwN.

2 *Bassenge*/Roth, Einleitung FGG Rz. 68.

3 KG v. 16.3.2004 – 1 W 458/01, FamRZ 2004, 1903; BayObLG v. 20.9.2000 – 1 Z BR 86/99, FamRZ 2001, 317 mwN; *Bumiller*/Winkler, § 12 FGG Rz. 40.

4 Dazu eingehend OLG Köln v. 22.7.2002 – 2 Wx 16/02, OLGReport 2002, 430; ebenso OLG Naumburg v. 9.12.2003 – 8 UF 156/03, FamRZ 2004,1800.

5 Grundlegend KG v. 10.11.1987 – 1 W 2414/87, MDR 1988, 329, insbes. für Wohnungseigentumsverfahren; OLG Karlsruhe v. 25.11.2003 – 2 UF 179/01, FamRZ 2004, 1039.

6 BayObLG v. 27.8.1987 – BReg 2 Z 56/87, NJW-RR 1988, 16; zustimmend *Bassenge*/Roth, Einleitung FGG Rz. 68.

dung verweist auf die Möglichkeit einer laufenden **Mediation**, deren Ergebnis vor der Verfahrensfortsetzung abgewartet werden sollte.[1] In Familiensachen, insbesondere Sorgerechtsverfahren, kann es ausnahmsweise zulässig sein, das Verfahren auszusetzen, wenn die Familienverhältnisse **noch in der Entwicklung** begriffen und nicht zu überblicken sind (zB wenn Wohn- und Arbeitsverhältnisse der Eltern noch ungeklärt sind).[2] Grundsätzlich kann die Entscheidung allerdings nicht von der künftigen Entwicklung abhängig gemacht werden, da das Gericht nach dem aktuellen Sachstand entscheiden muss.[3] In Abstammungssachen kann eine Aussetzung unter entsprechender Anwendung des bisherigen § 640f ZPO geboten sein, wenn der Einholung eines Gutachtens ein vorübergehendes Hindernis entgegensteht.[4] Das Verfahren ist zwingend auszusetzen, wenn das BVerfG eine gesetzliche Bestimmung als mit dem GG nicht vereinbar erklärt und der Gesetzgeber zu einer Neuregelung verpflichtet ist. Die Fachgerichte sind dann verpflichtet, die Verfahren bis zum Inkrafttreten des neuen Gesetzes auszusetzen.[5] In Versorgungsausgleichssachen kann eine Aussetzung zwingend geboten sein, solange wegen der Unwirksamkeit von Übergangsregeln die für die Berechnung von Anwartschaften erforderliche rechtliche Grundlage fehlt.[6]

2. Vorgreiflichkeit

8 Ein anderes Verfahren ist vorgreiflich, wenn die Entscheidung in dem Verfahren, das ausgesetzt werden soll, von der Entscheidung in dem anderen Verfahren, das bereits anhängig ist, abhängt. Dieses Verfahren kann zivilrechtlicher, aber auch öffentlicherrechtlicher Natur sein. Vorgreiflich kann auch eine öffentlich-rechtliche Frage sein, die in einem Verwaltungsverfahren von einer Behörde zu entscheiden ist. Dies wird in Abs. 1 Satz 1 ausdrücklich klarstellt. **Nicht ausreichend** ist es, wenn die Entscheidung in dem anderen Verfahren lediglich **Einfluss** auf das auszusetzende Verfahren haben kann.[7]

9 Das Verfahren, dessen Gegenstand die vorgreifliche Frage ist, muss bereits anhängig sein. Eine Aussetzung kann nicht mit der Aufforderung an die Beteiligten verbunden werden, diese müssten das präjudizielle Rechtsverhältnis zunächst vor dem anderen Fachgericht klären lassen, dh. dort ein Verfahren herbeiführen, bevor das (Haupt-)Verfahren weitergeführt wird. Vielmehr darf das Gericht die ihm obliegende Entscheidung über eine Vorfrage, solange diese nicht an einem anderen Gericht anhängig ist, nicht ablehnen.[8]

3. Zumutbarkeit; Eilverfahren

10 Die Aussetzung muss für die Beteiligten **zumutbar** sein.[9] Daran fehlt es insbesondere, wenn der Verfahrensgegenstand eine **schnelle Entscheidung** verlangt. Das ist in **Unter-**

1 Begr. RegE, BT-Drucks. 16/6308, S. 184.
2 OLG Frankfurt v. 27.5.1986 – 3 WF 45/86, FamRZ 1986, 1140; OLG Bremen v. 19.10.1978 – WF 134/78c, FamRZ 1979, 856.
3 Keidel/*Schmidt*, § 12 FFG Rz. 99.
4 Begr. RegE, BT-Drucks. 16/6308, S. 184.
5 BVerfG v. 30.5.1990 – 1 BvL 2/83, NJW 1990, 2246.
6 BGH v. 5.11.2008 – XII ZB 181/05, MDR 2009, 331; s. auch Rz. 11.
7 Zöller/*Greger*, § 148 ZPO Rz. 5.
8 Jansen/*v. König/v. Schuckmann*, vor §§ 8 ff. FGG Rz. 41 mwN.
9 Keidel/*Schmidt*, § 12 FFG Rz. 98.

bringungs- und Freiheitsentziehungsverfahren, bei **einstweiligen Anordnungen** und uU bei Maßnahmen nach **§ 1666 BGB** der Fall.[1]

4. Gesetzlich geregelte Fälle

In einigen Verfahrensarten sieht das Gesetz **Spezialregelungen** für die Aussetzung vor, 11
so dass das richterliche Ermessen dementsprechend eingeschränkt ist. Für das **Versorgungsausgleichsverfahren** bestimmt **§ 221 Abs. 2 und 3**, wann das Gericht aussetzen kann oder muss, wenn Streit über ein in den Versorgungsausgleich einzubeziehendes Anrecht besteht. Ist in diesem Fall noch keine Klage wegen des streitigen Anrechts erhoben, so besteht für das Gericht ein Ermessensspielraum bei der Aussetzungsentscheidung (vgl. § 221 Rz. 10). Ist bereits ein Rechtsstreit anhängig, dann muss das Gericht aussetzen, § 221 Abs. 2 Satz 1. Ergeben sich in **Nachlasssachen** bei der Auseinandersetzung des Nachlasses bei den Verhandlungen Streitpunkte zwischen den Beteiligten, so ist das Verfahren nach **§ 370** (entsprechend dem bisherigen § 95 FGG) zwingend auszusetzen, da das Nachlassgericht auf eine gütliche Ausgleichung der verschiedenen Interessen hinwirken soll. Für das **Registerverfahren** findet sich eine spezielle Vorschrift zur Aussetzung in **§ 381**. Das Registergericht kann ausnahmsweise schon aussetzen, wenn zu einer vorgreiflichen Frage noch kein Verfahren anhängig ist. Das Gericht hat einem der Beteiligten eine Frist zur Erhebung der Klage in einem neuen Verfahren setzen. Die Vorschrift entspricht dem früheren § 127 FGG. Eine Sondervorschrift zum Verfahrensstillstand ist **§ 181,** der vorsieht, dass ein **Abstammungsverfahren** durch den Tod eines Beteiligten **unterbrochen** und nur auf Antrag eines Beteiligten nach Fristsetzung fortgesetzt wird. Andernfalls ist nach § 181 Satz 2 das Verfahren wegen Erledigung der Hauptsache beendet.

II. Verfahren und Folgen der Aussetzung

1. Verfahren

Die Entscheidung über die Aussetzung liegt grundsätzlich im Ermessen des Gerichts 12
(vgl. zu den Sonderfällen Rz. 11). Die Beteiligten sind vor der Entscheidung zu hören.[2] Eine Zustimmung – auch die des Antragstellers – ist nicht erforderlich.[3] Die Entscheidung erfolgt durch Beschluss. Dieser bedarf schon deshalb nach allgemeinen Grundsätzen der Begründung, weil er anfechtbar ist.[4] Ob § 38 Abs. 3 zumindest entsprechend auf anfechtbare Zwischenentscheidungen Anwendung findet, kann hier offen bleiben (vgl. dazu auch § 38 Rz. 33).

2. Rechtsfolgen

Die Wirkungen der Aussetzung richten sich nach § 249 ZPO, wie Abs. 1 Satz 2 vorsieht. Die Aussetzung beendet den **Lauf jeder Frist**. Gemeint sind nur die echten Fristen, nicht die uneigentlichen Fristen (dazu § 16 Rz. 5).[5] Das Ende der Aussetzung 13

1 Begr. RegE, BT-Drucks. 16/6308, S. 184.
2 Keidel/*Schmidt*, § 12 FFG Rz. 101.
3 Jansen/*v. König/v. Schuckmann*, vor §§ 8 ff. FGG Rz. 41 mit Darstellung des kontroversen Diskussionsstandes zum FGG.
4 Vgl. dazu Grundsätze der ZPO: Thomas/Putzo/*Reichold*, § 329 ZPO Rz. 10.
5 Zu § 249 Abs. 1 ZPO vgl. Thomas/Putzo/*Hüßtege*, § 249 ZPO Rz. 2.

hat zur Folge, dass der volle Fristlauf neu beginnt, aber ohne Rückwirkung, und nur, wenn die Frist nicht schon abgelaufen war.[1] **Verfahrenshandlungen der Beteiligten** während der Aussetzung sind **ohne Wirkung. Handlungen des Gerichts** mit Außenwirkung, wie Ladungen, Zustellungen, sind **unzulässig** und bleiben gegenüber den Beteiligten wirkungslos. Während der Aussetzung ergehende Entscheidungen sind wirksam, aber anfechtbar. Eine Entscheidung, die während des Verfahrensstillstands ergeht, ist allein deshalb fehlerhaft.[2] § 249 Abs. 3 ZPO findet keine Anwendung auf eine Verfahrensaussetzung.

III. Rechtsmittel (Absatz 2)

1. Zivilprozessuale Beschwerde

14 Die Aussetzung als Zwischenentscheidung ist als gesetzliche Ausnahme von § 58 Abs. 1, 1. Halbs. **anfechtbar**. Das statthafte Rechtsmittel ist die sofortige Beschwerde nach den Vorschriften der **§§ 567 bis 572 ZPO**. Die Verweisung ist allerdings mit der Einschränkung anzuwenden, dass sie als nur als partielle Anwendbarerklärung angesehen werden kann und **nicht** den **zivilprozessualen Instanzenzug** des § 72 Abs. 1 Satz 1 GVG einbezieht. Denn dies hätte eine nicht sachgerechte Aufspaltung der Rechtsmittelzuständigkeit zur Folge (dazu iE § 58 Rz. 18). Dh. das zuständige **Beschwerdegericht** wird durch § 119 Abs. 1 Nr. 1a, b GVG bestimmt, ist somit wie für die Beschwerde in der Hauptsache das **OLG**, wenn nicht ein Fall des § 72 Abs. 1 Satz 2 GVG vorliegt – Zuständigkeit des LG als Beschwerdegericht in Freiheitsentziehungs- und Betreuungssachen.

15 Die Entscheidung wird, wenn sie nicht angegriffen wird, rechtskräftig und kann nicht mehr im Rechtsmittelverfahren der Hauptsacheentscheidung überprüft werden. Vgl. allgemein zur Möglichkeit der inzidenten Überprüfung einer Zwischenentscheidung § 58 Rz. 19.

2. Formale Anforderungen

16 Diese ergeben sich aus § 569 ZPO. Danach ist die sofortige Beschwerde (1) **binnen zwei Wochen** (anders als die Beschwerde nach § 63 Abs. 1: ein Monat) einzulegen. Nach dem Wortlaut des § 569 Abs. 1 Satz 1 ZPO kann dies bei dem **Ausgangsgericht** oder dem **Beschwerdegericht** geschehen. Dagegen spricht zwar die Systematik des Beschwerderechts des FamFG mit der Regelung des § 64 Abs. 1, wonach die Beschwerde nur bei dem Ausgangsgericht eingelegt werden kann.[3] Bevor nicht der Gesetzgeber hier korrigierend eingreift, muss **zu Gunsten des Rechtssuchenden** sowohl die Einlegung beim Ausgangsgericht wie beim Beschwerdegericht als **fristwahrend** angesehen werden.

17 Das Rechtsmittel muss (2) durch **Einreichung einer Beschwerdeschrift** erhoben werden. (3) An diese werden mit § 569 Abs. 2 ZPO formale Mindestanforderungen gestellt. Die Rechtsmittelschrift muss die Bezeichnung der angefochtenen Entscheidung sowie die Erklärung, dass Beschwerde eingelegt wird, enthalten. § 569 Abs. 3 ZPO sieht die

1 Thomas/Putzo/*Hüßtege*, § 249 ZPO Rz. 4.
2 Thomas/Putzo/*Hüßtege*, § 249 ZPO Rz. 8 und 9.
3 *Schürmann*, FamRB 2009, 24 (30).

alternative Einlegung zu Protokoll der Geschäftsstelle vor, wenn in dem Verfahren kein Anwaltszwang besteht. Dies ist in allen Verfahren des FamFG der Fall mit Ausnahme der Ehe- und Familienstreitsachen, für die wegen § 113 Abs. 1 die Vorschrift des § 21 ohnehin nicht zur Anwendung kommt. (4) Die Beschwerde soll begründet werden, wozu eine Frist gesetzt werden kann, § 571 Abs. 1, Abs. 3 ZPO.

3. Beschwerdeverfahren

Der Gang des Beschwerdeverfahrens ist in § 572 ZPO normiert. Nach erfolgloser Durchführung des Abhilfeverfahrens, wozu auf die Anmerkungen zu dem gleich lautenden § 68 Abs. 1 verwiesen werden kann (§ 68 Rz. 9–14), hat das Beschwerdegericht durch den **originären Einzelrichter** zu entscheiden, wenn die Erstentscheidung – so der Regelfall – durch den Einzelrichter erlassen wurde, § 568 ZPO. Hier liegt ein wesentlicher Unterschied zu der Beschwerde nach §§ 58 ff. FamFG, über die im Regelfall das Kollegium entscheidet, § 68 Abs. 4. Der Einzelrichter kann unter den Voraussetzungen des § 568 Satz 2 Nr. 1 oder Nr. 2 ZPO das Verfahren auf das Kollegium übertragen. Bei Meinungsverschiedenheiten über die Zuständigkeit innerhalb des Spruchkörpers entscheidet das Kollegium verbindlich.[1] 18

Das Verfahren ist ein schriftliches. Das Beschwerdegericht hat zunächst von Amts wegen die Zulässigkeit des Rechtsmittels zu prüfen, § 572 Abs. 2 ZPO und ggf. die Beschwerde als unzulässig zu verwerfen. Die Sachentscheidung ist in § 572 Abs. 3 ZPO nur unvollständig geregelt. Eine zulässige, aber unbegründete Beschwerde wird zurückgewiesen. Ist das Rechtsmittel begründet, kann das Beschwerdegericht selbst in der Sache entscheiden oder zurückverweisen, was in seinem Ermessen steht. Nach Möglichkeit soll das Beschwerdegericht bei Entscheidungsreife in der Sache selbst eine Entscheidung treffen.[2] Eine Zurückverweisung kommt in Betracht, wenn das Erstverfahren an schweren Verfahrensfehlern leidet und noch keine Entscheidungsreife vorliegt.[3] 19

4. Rechtsbeschwerde

Die Entscheidung des Beschwerdegerichts ist unter engen Voraussetzungen anfechtbar. Durch die Verweisung ausschließlich auf §§ 567 bis 572 ZPO ist die Rechtsbeschwerde nach 574 ff. ZPO ausgeschlossen. Hingegen findet § 70 Anwendung, der keine Unterscheidung zwischen End- und Zwischenentscheidung trifft. Voraussetzung der Statthaftigkeit ist indes die Zulassung des Rechtsmittels, § 70 Abs. 1 (vgl. § 19 Rz. 14).[4] 20

1 Zöller/*Heßler*, § 568 ZPO Rz. 5a.
2 Thomas/Putzo/*Reichold*, § 572 ZPO Rz. 19.
3 Thomas/Putzo/*Reichold*, § 572 ZPO Rz. 20.
4 Ebenso *Schürmann*,FamRB 2009, 60 zu § 76 Abs. 2 (Verfahrenskostenhilfe); aA *Fölsch*, Das neue FamFG in Familiensachen, Rz. 106, der die Rechtsbeschwerde über §§ 574–577 ZPO zulassen will. Im Ergebnis muss nach beiden Lösungsvorschlägen das Beschwerdegericht die Rechtsbeschwerde zulassen (entweder § 70 Abs. 1 FamFG oder § 574 Abs. 1 Nr. 2 ZPO).

§ 22
Antragsrücknahme; Beendigungserklärung

(1) Ein Antrag kann bis zur Rechtskraft der Endentscheidung zurückgenommen werden. Die Rücknahme bedarf nach Erlass der Endentscheidung der Zustimmung der übrigen Beteiligten.

(2) Eine bereits ergangene, noch nicht rechtskräftige Endentscheidung wird durch die Antragsrücknahme wirkungslos, ohne dass es einer ausdrücklichen Aufhebung bedarf. Das Gericht stellt auf Antrag die nach Satz 1 eintretende Wirkung durch Beschluss fest. Der Beschluss ist nicht anfechtbar.

(3) Eine Entscheidung über einen Antrag ergeht nicht, soweit sämtliche Beteiligte erklären, dass sie das Verfahren beenden wollen.

(4) Die Absätze 2 und 3 gelten nicht in Verfahren, die von Amts wegen eingeleitet werden können.

A. Allgemeines

I. Entstehung

1 Die Vorschrift regelt erstmals für die freiwillige Gerichtsbarkeit, ob und auf welche Weise ein Verfahren auf Initiative eines oder aller Beteiligten ohne gerichtliche Endentscheidung beendet werden kann. Schon bisher haben Rechtsprechung und Schrifttum trotz Fehlens einer Norm jedenfalls bei Antragsverfahren die **Antragsrücknahme** als zulässig angesehen, da der Antragsteller insoweit im Rahmen seiner Dispositionsbefugnis handeln dürfe.[1] Offen blieb die Frage, bis wann eine Rücknahme zulässig und mit welchen Folgen sie verbunden war.[2] Ebenfalls ungeklärt war bei Antragsverfahren die Möglichkeit einer Verfahrensbeendigung allein durch Erklärungen sämtlicher Beteiligter (**Beendigungserklärungen**).[3] Durch die Neufassung hat der Gesetzgeber diese Fragen eindeutig gelöst. Er hat sich für eine weite Lösung zu Gunsten der Beteiligten, vor allem der Antragsteller, entschieden mit dem Ziel, der Dispositionsbefugnis der Beteiligten

1 Keidel/*Schmidt*, § 12 FGG Rz. 39, 41; *Bassenge*/Roth, FGG Einleitung, Rz. 112–114 jeweils mwN.
2 Vgl. dazu Keidel/*Schmidt*, § 12 FGG Rz. 41 mwN.
3 Beispw. *Bassenge*/Roth, Einl. FGG Rz. 123 ff.: Erledigung ist unabhängig von den Erklärungen der Beteiligten von Amts wegen zu prüfen.

möglichst weitgehend Raum zu lassen. Dies wird insbesondere durch die im Gesetzesverfahren erfolgte Änderung des Abs. 3 deutlich. Auf Empfehlung des Rechtsausschusses ist für Antragsverfahren die Verfahrensbeendigung nach übereinstimmender Erklärungen sämtlicher Beteiligter zwingend vorgesehen, während in der ursprünglichen Fassung noch eine abschließende Überprüfung durch das Gericht normiert war.[1] Damit soll eine Angleichung der Verfahrensbeendigung für sämtliche Verfahren, die nicht von Amts wegen zu betreiben sind, geschaffen werden. Entscheidend kommt es auf die Erledigungserklärung aller Beteiligten an. Ein sachlicher Grund für eine Unterscheidung zwischen der Beendigung nach Antragsrücknahme einerseits und einer Beendigung nach übereinstimmender Erledigung andererseits besteht aus Sicht des Gesetzgebers nicht.[2] Als weiterer Gesichtspunkt wird die Entlastung der Gerichte erwähnt, die mit der zwingenden Bindung an die übereinstimmenden Erledigungserklärungen verbunden sei.[3] Davon nicht berührt sind die von Amts wegen zu betreibende Verfahren, die der Gesetzgeber mit Abs. 4 ausdrücklich von diesen Regelungen ausgeschlossen hat.

II. Anwendungsbereich

Auf **Ehe- und Familienstreitsachen** findet die Vorschrift **keine Anwendung**, § 113 Abs. 1. Für diese gelten die Regelungen der ZPO zum Verfahren vor den Landgerichten entsprechend, insbes. § 91a ZPO. 2

III. Regelungsinhalt

1. Bedeutung der verschiedenen Verfahrensarten

Die Möglichkeiten der Verfahrensbeendigung durch Antragsrücknahme oder übereinstimmende Erklärung der Beteiligten hängen von der Art des Verfahrens ab: 3

In **Amtsverfahren** stellen Verfahrensanträge nur Anregungen dar. Amtsverfahren sind dadurch gekennzeichnet, dass sie von Gesetzes wegen einzuleiten sind, sobald das Gericht irgendeine Tatsache erfährt, die eine nicht auf Antrag zu treffende Entscheidung rechtfertigen könnte.[4] In der Regel ergibt sich diese Verpflichtung aus dem **Schweigen des Gesetzes**, wenn dem Gericht eine Aufgabe zugewiesen ist, ohne dass die Verfahrenseinleitung von einem Antrag abhängig gemacht wird.[5] In diesen Verfahren fehlt den Beteiligten die Dispositionsbefugnis über den Verfahrensgegenstand. Amtsverfahren finden sich vor allem in den Familiensachen, die nicht Familienstreitsachen sind (beispielsweise in Kindschaftssachen nach §§ 1666, 1666a, 1680 Abs. 2, 1684 Abs. 3, Abs. 4, 1687 Abs. 2, 1696, 1774, 1886 BGB), in Betreuungssachen (§§ 1896 Abs. 1 – dazu auch Rz. 6 –, 1908b BGB), in Nachlasssachen (zB §§ 1960, 2361 BGB). Auch Verfahren auf Erteilung familien- oder betreuungsgerichtlicher Genehmigung sind Amtsverfahren (wie §§ 1587o Abs. 2, 1821, 1822, 1904, 1905, 1906 BGB).[6] 4

1 BT-Drucks. 16/6308, § 22 Abs. 3: „Entscheidung soll nicht ergehen, soweit ...“; BR-Drucks. 309/07, S. 11:; Beschlussempfehlung Rechtsausschuss, BR-Drucks. 16/9733, S. 288 unter Bezug auf die Stellungnahme des Bundesrats.

2 BR-Drucks. 309/07, Nr. 12, S. 12.

3 So ausdrücklich in BR-Drucks. 309/07, Nr. 12, S. 12: die Stellungnahme wurde unverändert übernommen, BT-Drucks. 16/6308, zu Nr. 12, S. 405.

4 *Bassenge*/Roth, Einleitung FGG, Rz. 1.

5 Jansen/*v. König*/*v. Schuckmann*, vor §§ 8–18 FGG Rz. 4.

6 Keidel/*Schmidt*, § 12 FGG Rz. 7.

5 Auf Amtsverfahren ist nur Abs. 1 anwendbar. Die Rücknahme eines „Antrags", der materiell nur eine Anregung bedeutet (vgl. § 24 Rz. 3), ist zulässig, löst aber keine unmittelbaren Rechtsfolgen aus. Die Abs. 2 und 3 sind nicht anwendbar, vgl. Abs. 4. Insofern bedeutet die gesetzliche Fassung keine Veränderung der bisherigen Rechtslage.[1]

6 Eine verfahrensrechtliche Sonderstellung nehmen diejenigen **Amtsverfahren** ein, die nicht nur von Amts wegen, sondern **auch auf Antrag** eingeleitet werden können. Es handelt sich dabei gleichwohl um Amtsverfahren, die auch als **unechte Antragsverfahren** bezeichnet werden können.[2] Das sind insbesondere Verfahren nach §§ 1632 Abs. 4, 1682 Satz 1, 1887 Abs. 2, 1896 Abs. 1 BGB. Die Dispositionsbefugnis der Antragsteller ist in diesen Verfahren eingeschränkt, da das Gericht im rechtsfürsorgerischen Bereich der freiwilligen Gerichtsbarkeit tätig wird. Eine Antragsrücknahme hatte demnach im bisherigen Recht keine Beendigung des – von Amts wegen weiter zu betreibenden – Verfahrens zur Folge.[3] Im Rahmen des § 22 Abs. 1 bis 3 fallen die unechten Antragsverfahren deshalb unter die Amtsverfahren mit der Folge, dass die **Abs. 2 und 3** auf sie **keine Anwendung finden**, somit eine Antragsrücknahme oder übereinstimmende Beendigungserklärungen nicht automatisch zur Beendigung des Verfahrens führen.

7 Für – echte – **Antragsverfahren** wird durch die Neufassung eine Verfahrensbeendigung ohne gerichtliche Entscheidung erleichtert. Antragsverfahren sind alle Verfahren einschließlich der echten Streitsachen, für deren Einleitung das **Gesetz** ausdrücklich einen **Antrag** vorsieht.[4] Der Antrag ist zwingende Voraussetzung der Entscheidung. Abgesehen von den Ehe- und Familienstreitsachen finden sich gesetzliche Antragserfordernisse bspw. in folgenden Vorschriften des FamFG: §§ 171, 203, 363, 373, 403, 405, 417, 434; im BGB für wichtige Fallkonstellationen in Familiensachen in §§ 1357 Abs. 2, 1365 Abs. 2, 1369 Abs. 2, 1382, 1383, 1426, 1430, 1452, in Nachlasssachen in §§ 1961, 1981, 1994, 2227, 2353, 2368; in weiteren Gesetzen in §§ 45, 47 Abs. 2 PStG, für unternehmensrechtliche Verfahren in §§ 146 Abs. 2, 147, 161 Abs. 2 iVm. §§ 146 Abs. 2, 147, 166 Abs. 3, 233 Abs. 3, 318 Abs. 3 HGB; §§ 85 Abs. 1, 98 Abs. 1, 104 Abs. 1, 122 Abs. 3, 132 Abs. 2, 147 Abs. 2, 265 Abs. 3 AktG.[5]

8 Zu den Antragsverfahren gehören die sog. **echten Streitverfahren** der freiwilligen Gerichtsbarkeit. Bei den privatrechtlichen Streitverfahren stehen sich Verfahrensbeteiligte, die regelmäßig über den Verfahrensgegenstand verfügen können, mit unterschiedlichen Interessen gegenüber. Die Beteiligten streiten über subjektive private Rechte, über die das Gericht mit materieller Rechtskraft entscheidet.[6] Darunter fallen zB Verfahren zur Ersetzung der Zustimmung des einen Ehegatten zum Geschäft des anderen Ehegatten nach §§ 1365 Abs. 2 bzw. 1369 Abs. 2 BGB, zum Versorgungsausgleich nach §§ 1587 ff. BGB, zur Stundung des Pflichtteilsanspruchs nach § 2331a Abs. 2 BGB, Wohnungs- und Haushaltsteilungsverfahren nach §§ 1568a f. BGB, Verfahren nach §§ 147 und 166 Abs. 3 HGB.[7]

1 Dazu *Bassenge/Roth*, Einleitung FGG Rz. 4.
2 Keidel/*Schmidt*, § 12 FGG Rz. 7; Jansen/*v. König/v. Schuckmann*, vor §§ 8–18 FGG Rz. 4; *Jürgens/Kröger/Marschner/Winterstein*, Betreuungsrecht kompakt, Rz. 338.
3 Keidel/*Schmidt*, § 12 FGG Rz. 7; Jansen/*v. König/v. Schuckmann*, vor §§ 8–18 FGG Rz. 4; für das Betreuungsrecht: *Jurgeleit*, Betreuungsrecht, § 1896 BGB Rz. 10.
4 Keidel/*Schmidt*, § 12 FGG Rz. 7, 9, 10.
5 Weitere Vorschriften zu Antragserfordernissen finden sich bei Keidel/*Schmidt*, § 12 FGG Rz. 10.
6 *Bassenge*/Roth, Einleitung FGG Rz. 17 f.
7 S. auch Beispiele bei Keidel/*Schmidt*, § 12 FGG Rz. 227 und 229 f.: In diesen Verfahren fanden bisher verstärkt neben den Vorschriften des FGG die Regeln des Zivilprozesses Anwendung.

2. Erleichterte Verfahrensbeendigung

9 Die **Antragsrücknahme**, die nun **bis zur Rechtskraft** der Endentscheidung erklärt werden kann, hat in Antragsverfahren nicht nur die Verfahrensbeendigung zur Folge, sondern bewirkt darüber hinaus, dass eine bereits existente **Endentscheidung** ohne weiteren gerichtlichen Ausspruch automatisch **unwirksam** wird. Auf Antrag kann das Gericht diese Wirkung durch Beschluss feststellen, dem aber nur deklaratorische Bedeutung beikommt. Die Regelung ist an § 269 Abs. 3 Satz 1 ZPO angelehnt. Durch **übereinstimmende Beendigungserklärungen** sämtlicher Beteiligten wird ein Antragsverfahren automatisch ohne Zutun des Gerichts **beendet**; eine gerichtliche Überprüfung auf Erledigung ist auch für Antragsverfahren, die nicht echte Streitverfahren sind, nicht mehr vorgesehen.

B. Inhalt der Vorschrift

I. Zurücknahme des Antrags (Absatz 1)

1. Zulässigkeit

10 Abs. 1 Satz 1 sieht vor, dass die **Rücknahme** eines Antrags **grundsätzlich zulässig** ist. Dies entspricht der bisher herrschenden Meinung und folgt aus der Dispositionsbefugnis des Antragstellers.[1] „Antrag" ist allein der verfahrenseinleitende Antrag in einem echten Antragsverfahren (vgl. Vorbem. §§ 23, 24 Rz. 4 und § 23 Rz. 2 f.). Ein echtes Antragsverfahren liegt vor, wenn der Verfahrensgegenstand in der Dispositionsbefugnis des Antragstellers steht. Nicht unter diese Antragsverfahren fallen Verfahren, die sowohl von Amts wegen als auch auf Antrag eingeleitet werden können, in jedem Fall jedoch von Amts wegen zu betreiben sind (dazu Rz. 6). Kein Antrag ist die Verfahrensanregung nach § 24 (vgl. § 24 Rz. 3 f.).

11 Das Verhältnis zwischen Antragsrücknahme und Erledigung der Hauptsache ist in der freiwilligen Gerichtsbarkeit nicht systematisch geklärt. Die Praxis sieht vielfach die Rücknahme des Verfahrensantrags – jedenfalls im Antragsverfahren – als Erledigung der Hauptsache an.[2] Umgekehrt wird die Erklärung, der Gegenstand des Verfahrens habe sich erledigt, allgemein als Antragsrücknahme gesehen.[3] Der Gesetzgeber hat diese Frage nicht ausdrücklich angesprochen, unterscheidet aber, soweit ersichtlich, zwischen Antragsrücknahme und Beendigungserklärung (= Erledigungserklärung?).[4]

2. Verfahrenshandlung

12 Die Antragsrücknahme als Verfahrenshandlung ist gegenüber dem Gericht zu erklären, bei dem das Verfahren anhängig ist, im Rechtsmittelverfahren gegenüber dem Beschwerde- oder Rechtsbeschwerdegericht. Die Zurücknahme unterliegt **keinen Formerfordernissen**.[5] Im Verfahren der **Rechtsbeschwerde** nach §§ 70 ff. ist die Antragsrücknahme allerdings wegen § 10 Abs. 4 durch einen beim BGH zugelassenen Rechts-

1 Keidel/*Schmidt*, § 12 FGG Rz. 39; ebenso die Begr. RegE, BT-Drucks. 16/6308, S. 184.
2 So *Bumiller/Winkler*, § 12 Rz. 33; aA Keidel/*Schmidt*, § 12 FGG Rz. 42 mwN.
3 OLG München v. 14.9.1999 – 26 UF 1414/99, OLGReport 2000, 86; Keidel/*Schmidt*, § 12 FGG Rz. 42; ebenso die Begr. RegE, BT-Drucks. 16/6308, S. 185.
4 Auch die Stellungnahme im Gesetzgebungsverfahren behält diese Differenzierung bei, BR-Drucks. 309/07, S. 12.
5 Begr. RegE, BT-Drucks. 16/6308, S. 185.

anwalt zu erklären. Die Rücknahme als Verfahrensantrag ist bedingungsfeindlich und unanfechtbar.[1] Eine erneute Antragstellung nach Rücknahme ist nicht ausgeschlossen und bleibt ohne Beschränkung zulässig, solange das Antragsrecht nicht durch Zeitablauf erloschen oder ein wirksamer Antragsverzicht erklärt worden ist.[2]

3. Zeitpunkt und erforderliche Zustimmung

13 Der Antrag kann in jeder Lage des Verfahrens und **bis zur Rechtskraft** der Endentscheidung **zurückgenommen** werden. Eine bereits erlassene, aber noch nicht rechtskräftige Entscheidung steht mithin der Antragsrücknahme nicht entgegen.

14 Die übrigen Beteiligten müssen einer Antragsrücknahme nur dann zustimmen, wenn diese nach Erlass der Endentscheidung erfolgt. Eine Entscheidung wird **erlassen**, wenn sie der Geschäftsstelle übergeben oder wenn die Beschlussformel durch Verlesen bekannt gegeben wird, § 38 Abs. 3 Satz 3. Die Erklärung der Zustimmung durch die übrigen Beteiligten kann formlos, uU auch konkludent erfolgen. Schweigen auf die Antragsrücknahme reicht regelmäßig nicht, wenn nicht bei Bekanntgabe der Rücknahme unter Fristsetzung auf diese Wirkung – entsprechend § 269 Abs. 2 Satz 4 ZPO – hingewiesen worden ist.[3]

15 Die Regelung gilt auch für **echte Streitverfahren** der freiwilligen Gerichtsbarkeit (vgl. dazu Rz. 8). Bisher war bei dieser Fallkonstellation überwiegend gefordert worden, dass der Antragsgegner unabhängig vom Zeitpunkt in entsprechender Anwendung des § 269 Abs. 1 ZPO immer zustimmen müsse.[4] Dem hat sich der Gesetzgeber nicht angeschlossen. Weder aus der Gesetzesfassung noch aus den Materialien sind für echte Streitverfahren strengere Anforderungen erkennbar. Vielmehr hebt die Begründung ausdrücklich hervor, dass für eine wirksame Zurücknahme vor Erlass der Endentscheidung die Zustimmung des Gegners nicht erforderlich ist und mit der Regelung die Dispositionsbefugnis der Beteiligten gestärkt werden soll.[5]

4. Rechtsfolgen (Absatz 2)

16 Eine Antragsrücknahme nach Erlass der Endentscheidung hat zur Folge, dass der erlassene Beschluss **ohne weiteres wirkungslos** wird. Eine Aufhebung der Entscheidung ist nicht mehr erforderlich. Damit hat sich der Gesetzgeber in dieser bisher umstrittenen Frage[6] für eine klare Lösung entschieden, die zudem den weiteren Vorteil des Gleichlaufs mit § 269 Abs. 3 Satz 1, letzter Halbs. ZPO bietet.[7] Auf Antrag eines Beteiligten hat das Gericht aus Gründen der Rechtssicherheit die Aufhebung festzustellen. Dieser Beschluss hat nur **deklaratorische Wirkung**. Er ist nicht anfechtbar.[8]

17 Zur Kostenentscheidung vgl. §§ 83 Abs. 2, 81 (§ 83 Rz. 5).

---

1 *Bumiller*/Winkler, § 12 Rz. 17.
2 Begr. RegE, BT-Drucks. 16/6308, S. 185.
3 Vgl. zu § 269 ZPO: Zöller/*Greger*, § 269 ZPO Rz. 15 zur konkludenten Zustimmung und zum Schweigen auf entsprechenden Hinweis.
4 Keidel/*Schmidt*, § 12 FGG Rz. 40; *Bassenge*/Roth, Einleitung FGG Rz. 113.
5 Begr. RegE, BT-Drucks. 16/6308, S. 185; BR-Drucks. 309/07, S. 12.
6 Zum früheren Streitstand: *Bassenge*/Roth, Einleitung FGG Rz. 114 mwN.
7 Hierauf wird auch in der Begr. RegE hingewiesen, BT-Drucks. 16/6308, S. 185.
8 RegE, BT-Drucks. 16/6308, S. 185.

II. Beendigung durch übereinstimmende Erklärungen (Absatz 3)

1. Geltung für Antragsverfahren

Die Regelung zur Verfahrensbeendigung bei übereinstimmenden Erklärungen stellt einen Unterfall der **Erledigung der Hauptsache** dar. Zur Erledigung der Hauptsache im Übrigen wird auf § 83 Rz. 8–14 verwiesen. Abs. 3 erfasst nur Antragsverfahren einschließlich der echten Streitverfahren, in denen die Beteiligten die Dispositionsbefugnis über den Verfahrensgegenstand haben. Für die echten Streitverfahren war es schon bisher allgemein anerkannt, dass übereinstimmende Erklärungen aller Beteiligter zur Erledigung der Sache führen und das Gericht nicht mehr in der Sache ermitteln darf.[1] Für sonstige Antragsverfahren war die Beurteilung übereinstimmender Beendigungserklärungen uneinheitlich. Überwiegend wurden allein diese Erklärungen noch nicht als ausreichend für eine Verfahrensbeendigung ohne gerichtliche Überprüfung einer tatsächlichen Erledigung angesehen. Nun hat der Gesetzgeber mit Abs. 3 eine Klarstellung in der Weise geschaffen, dass bei **sämtlichen Antragsverfahren** die übereinstimmenden Erklärungen aller Beteiligter **zwingend** zur **Beendigung des Verfahrens** führen. Zur Begründung wird auf die vergleichbare Interessenlage bei Streitverfahren und Antragsverfahren sowie das gesetzgeberische Ziel einer einheitlichen Regelung für diese Verfahren verwiesen.[2] Liegen die Erklärungen sämtlicher Beteiligter vor, so ist nicht mehr zu prüfen, ob die Hauptsache tatsächlich erledigt ist. Die Amtsermittlungspflicht des Gerichts endet hier. 18

2. Übereinstimmende Erklärungen

Die Erklärung zur Verfahrensbeendigung ist als Verfahrenshandlung eine Erklärung an das erkennende Gericht, in der zum Ausdruck gebracht wird, dass das Verfahren ohne Entscheidung beendet werden soll. Einer Begründung bedarf sie nicht. Die Erklärung muss nicht ausdrücklich das Verlangen nach Verfahrensbeendigung enthalten; es reicht aus, wenn dieses Begehren konkludent zum Ausdruck gebracht wird. Dies kann auch durch Unterlassen eines Widerspruchs oder Nichtantragstellung auf eine Beendigungserklärung eines anderen Beteiligten geschehen.[3] Von Seiten des Antragstellers muss die Erklärung nicht so weit gehen wie eine Antragsrücknahme. Denn liegt diese bereits vor, ist das Verfahren schon nach Abs. 1 beendet, und es bedarf keiner Beendigungserklärungen mehr. 19

3. Rechtsfolge

Gesetzliche Folge der übereinstimmenden Beendigungserklärungen ist eine Verfahrensbeendigung **ohne gerichtliche Entscheidung**. Ein die Erledigung feststellender Beschluss ist gesetzlich nicht vorgesehen und nicht erforderlich. Das Gericht kann das Verfahren liegen lassen und nach Ablauf von sechs Monaten (vgl. bspw. § 7 Nr. 3 AktO NRW) weglegen. Ist – wegen zeitlicher Überschneidung der Erklärungen und der Entscheidung – bereits ein Beschluss ergangen, so ist dieser in entsprechender Anwen- 20

1 ZB *Bassenge*/Roth, Einleitung FGG Rz. 127; Keidel/*Kahl*, § 19 FGG Rz. 91.

2 Vgl. hierzu die ausführliche und deutliche Begr. der BR-Stellungnahme, BR-Drucks. 309/07, S. 12, die ohne Einschränkung ins weitere Gesetzesverfahren übernommen worden ist, BT-Drucks. 16/9733, S. 288.

3 Thomas/Putzo/*Hüßtege*, § 91a ZPO Rz. 6, 10 entsprechend zum Zivilverfahren; vgl. Rz. 14 zur Zustimmungserklärung betreffend Antragsrücknahme.

dung des Abs. 2 Satz 1, der auch auf übereinstimmende Beendigungserklärungen Anwendung finden muss, wirkungslos.[1] Dies ist ggf. auf Antrag festzustellen.

21 Ungeklärt ist, ob der Antragsteller das Verfahren gegen den Widerspruch der anderen Beteiligten **wieder aufnehmen** kann, da grundsätzlich eine erneute Antragstellung möglich ist (vgl. Rz. 12).[2] Bei Vorliegen übereinstimmender Beendigungserklärungen ist dies mit Blick auf den Gesetzeszweck, der eine erleichterte Verfahrenserledigung bei Übereinstimmung aller Beteiligter erreichen will, abzulehnen. Der Antragsteller bleibt nicht rechtlos, er kann durch erneute Antragstellung ein neues Verfahren einleiten.

22 Die Kostenentscheidung richtet sich nach §§ 83 Abs. 2, 81 (vgl. § 83 Rz. 11–13).

III. Amtsverfahren (Absatz 4)

23 In Amtsverfahren (vgl. Rz. 4) kommt lediglich Abs. 1 zur Anwendung. Die dort gestellten Anträge sind keine echten Anträge, sondern als Anregungen nach § 24 Abs. 1 anzusehen. Die Rücknahme einer Anregung im Amtsverfahren ist jederzeit und bis zur Rechtskraft einer Endentscheidung möglich. Wegen fehlender Dispositionsbefugnis hat die Zurücknahme des Antrags keine unmittelbaren Rechtswirkungen. Das Verfahren wird damit nicht beendet. Je nach Art des Verfahrens, insbesondere bei den auch auf Antrag einzuleitenden Amtsverfahren (Rz. 6) wird die Rücknahme des Antrags Anlass zur Prüfung sein, ob nicht tatsächlich eine Erledigung der Hauptsache vorliegt (dazu § 83 Rz. 10 ff.). Diese ist durch das Gericht mit Beschluss festzustellen.

§ 22a
Mitteilungen an die Familien- und Betreuungsgerichte

(1) Wird infolge eines gerichtlichen Verfahrens eine Tätigkeit des Familien- oder Betreuungsgerichts erforderlich, hat das Gericht dem Familien- oder Betreuungsgericht Mitteilung zu machen.

(2) Im Übrigen dürfen Gerichte und Behörden dem Familien- oder Betreuungsgericht personenbezogene Daten übermitteln, wenn deren Kenntnis aus ihrer Sicht für familien- oder betreuungsgerichtliche Maßnahmen erforderlich ist, soweit nicht für die übermittelnde Stelle erkennbar ist, dass schutzwürdige Interessen des Betroffenen an dem Ausschluss der Übermittlung das Schutzbedürfnis eines Minderjährigen oder Betreuten oder das öffentliche Interesse an der Übermittlung überwiegen. Die Übermittlung unterbleibt, wenn ihr eine besondere bundes- oder entsprechende landesgesetzliche Verwendungsregelung entgegensteht.

1 So auch *Kemper*, FamRB 2008, 345 (349).
2 *Zimmermann*, Das neue FamFG, Rz. 67.

A. Allgemeines

Die Vorschrift ist nachträglich während des Gesetzgebungsverfahrens in den Gesetzesentwurf eingebracht worden.[1] Sie entspricht inhaltlich dem bisherigen **§ 35a FGG**. Die Fortschreibung der gerichtlichen Mitteilungspflichten in Abs. 1 dient insbesondere dem **Kinderschutz** und dem **Schutz Betreuter** oder **Betreuungsbedürftiger**. Abs. 1 sieht diese **Mitteilungspflicht** für alle Gerichte gegenüber den Familien-/Betreuungsgerichten vor. In Abs. 2 wird die **Mitteilungsbefugnis** für Gerichte und Behörden geregelt, die sich fast wortgleich in § 35a Sätze 2 bis 4 FGG fand. Durch das Justizmitteilungsgesetz v. 18.6.1997 (BGBl. I 1430) war diese Regelung in das FGG eingefügt worden, um eine Rechtsgrundlage zur Übermittlung personenbezogener Daten zu schaffen.[2] 1

B. Mitteilungspflicht (Absatz 1)

I. Voraussetzungen

Die Benachrichtigungspflicht nach Abs. 1 gilt für alle Gerichte einschließlich der Instanzgerichte.[3] Sie besteht, wenn infolge eines anderen Verfahrens eine Tätigkeit des Familien- oder Betreuungsgerichts erforderlich wird, oder wenn das Tätigwerden zur ordnungsgemäßen Durchführung eines Verfahrens notwendig ist.[4] Die erforderliche Tätigkeit des Familien- oder Betreuungsgerichts können die Einleitung oder Aufhebung eines Verfahrens (bspw. **Anordnung einer Vormundschaft, Pflegschaft oder Betreuung**) sowie Maßnahmen innerhalb eines anhängigen Verfahrens sein.[5] Werden hingegen anlässlich eines gerichtlichen Verfahrens Umstände bekannt, die ein Einschreiten des Familien- oder Betreuungsgerichts zwar geboten, aber nicht zwingend erforderlich erscheinen lassen, begründet dies noch keine Mitteilungspflicht,[6] kann aber für eine Mitteilungsbefugnis nach Abs. 2 ausreichend sein (vgl. Rz. 6). 2

Das angegangene Familien- oder Betreuungsgericht hat im Interesse der betreffenden Personen die erforderlichen Maßnahmen zu treffen. Wenn es keine Anordnungen für erforderlich hält und nicht tätig wird, steht dem anzeigenden Gericht dagegen kein Beschwerderecht zu.[7] 3

II. Einzelfälle

Mitteilungspflichten entstehen zB in folgenden Fällen: 4

(1) **Todeserklärung eines Elternteils**, der (auch) die elterliche Sorge innehatte, §§ 1677, 1681 Abs. 2, 1773 BGB;

(2) rechtskräftige Entscheidungen in **Abstammungssachen**, wenn nach dem Inhalt die Anordnung oder Aufhebung einer Vormundschaft notwendig wird, §§ 169 ff.;

1 Beschlussempfehlung und Bericht des Rechtsausschusses, BT-Drucks. 16/9733, 288.
2 Keidel/*Engelhardt*, § 35a FGG Rz. 8.
3 *Bassenge*/Roth, § 35a FGG Rz. 1.
4 BGH v. 27.2.1992 – III ZR 199/89, NJW 1992, 1884 (1886).
5 Keidel/*Engelhardt*, § 35a FGG Rz. 2; *Bassenge*/Roth, § 35a FGG Rz. 1.
6 BGH v. 27.2.1992 – III ZR 199/89, NJW 1992, 1884 (1886).
7 So zur bisherigen Rechtslage: Keidel/*Engelhardt*, § 35a FGG Rz. 3. Durch das FamFG ändert sich diese Rechtslage nicht, da weder § 58 noch spezielle Vorschriften ein Beschwerderecht geben.

(3) **Todeserklärung, Geschäftsunfähigkeit, Insolvenzverfahren** in Bezug auf einen **Vormund, Gegenvormund, Pfleger oder Beistand**, §§ 1780, 1781, 1792 Abs. 4, 1886, 1915 BGB.[1]

III. Gesetzliche Sonderfälle

5 Das Gesetz enthält daneben Sonderregeln zu Mitteilungspflichten in den einzelnen Verfahrensarten. **Mitteilungspflichten** sind vorgesehen für das **Standesamt** in Kindschaftsverfahren, § 168a, für das **Familiengericht** an Ordnungsbehörden in Gewaltschutzsachen, § 216a, für das **Betreuungsgericht** an andere Gerichte oder Behörden §§ 308 bis 311, § 338, für das **Nachlassgericht** über Verwahrungen an das Standesamt, § 347, sowie über Erbfälle von Kindern an das Familiengericht, § 356 Abs. 1, für Gerichte und Behörden an das Registergericht, §§ 379, 400, sowie in **Freiheitsentziehungssachen** für das Gericht an andere Behörden, § 431. Im Einzelnen wird auf die Kommentierungen zu diesen Vorschriften verwiesen.

C. Mitteilungsbefugnis (Absatz 2)

I. Datenübermittlung nach Interessenabwägung

6 Mit Abs. 2 ist eine Befugnis geschaffen, damit **Gerichte und Behörden** dem **Familien-/Betreuungsgericht** personenbezogene Daten, die dem Datenschutz unterliegen, übermitteln dürfen. Damit sind die Fälle gemeint, in denen ein Gericht oder eine Behörde (zB Staatsanwaltschaft, Gemeinde) gelegentlich eines Verfahrens von Umständen erfährt, die ein Tätigwerden der Familien-/Betreuungsgerichte geboten erscheinen lassen (wie zB wegen Kindesmisshandlung den Entzug elterlicher Sorge; Unzuverlässigkeit eines Betreuers wegen eines Strafverfahrens mit dem Vorwurf eines Vermögensdelikts).[2]

7 Die Mitteilung geschützter Daten aus diesen Verfahren an die Gerichte der freiwilligen Gerichtsbarkeit ist nur gerechtfertigt, wenn dies für familien- oder betreuungsrechtliche Maßnahmen zu Gunsten Minderjähriger, Betreuter oder Betreuungsbedürftiger erforderlich ist. Die anzeigende Stelle hat ein **Ermessen**, ob und in welchem Umfang sie einschlägige Daten weitergibt. Dazu ist eine **Abwägung** zwischen den schutzwürdigen Interessen der Betroffenen des Ausgangsverfahrens an einem Ausschluss der Übermittlung einerseits und dem Schutzbedürfnis der Minderjährigen oder Betreuungsbedürftigen sowie dem öffentlichen Interesse hieran andererseits auf der Grundlage des Kenntnisstandes der übermittelnden Stelle vorzunehmen. Überwiegt das schutzwürdige Interesse der Beteiligten des Erstverfahrens an einem Ausschluss der Übermittlung, so hat die Mitteilung zu unterbleiben.[3] Ebenso dürfen die Daten nicht weitergegeben werden, wenn eine bundes- oder landesgesetzliche Verwendungsregelung dem entgegensteht. Diese geht dann vor.

---

1 Keidel/*Engelhardt*, § 35a FGG Rz. 4 ff.; *Bumiller*/Winkler, § 35a FGG Rz. 3 ff. je mit weiteren Beispielen.

2 BGH v. 27.2.1992 – III ZR 199/89, NJW 1992, 1884 (1886).

3 *Bumiller*/Winkler, § 35a FGG Rz. 2.

II. Rechtsschutz

Die Entscheidung der übermittelnden Stelle ist für das empfangende Gericht nicht angreifbar.[1] Der Rechtsschutz des von der Übermittlung seiner personenbezogenen Daten Betroffenen richtet sich nach dem **jeweiligen Verfahrensrecht** der übermittelnden Stellen. Maßgeblich sind die bereichsspezifischen Vorschriften.[2] Wenn solche Regelungen fehlen, greift **§ 22 EGGVG** mit der Einschränkung des § 22 Abs. 1 Satz 2 EGGVG ein.[3] 8

Abschnitt 2
Verfahren im ersten Rechtszug

Vorbemerkungen zu §§ 23, 24

I. Entstehung und Überblick

Mit §§ 23 und 24 finden sich für die Verfahrenseinleitung erster Instanz erstmals gesetzliche Regelungen. Das FGG kannte keine vergleichbaren Vorschriften. 1

In der freiwilligen Gerichtsbarkeit kann ein Verfahren auf zwei Wegen eingeleitet werden, und zwar von Amts wegen oder auf Grund eines Antrags. Mit den §§ 23 und 24 werden diese Verfahrensweisen – teilweise – gesetzlich normiert. § 23 sieht Regelungen für das Antragsverfahren vor. § 24 bestimmt, welche Bedeutung ein Antrag im Amtsverfahren hat. Nicht ausdrücklich geregelt ist die eigentliche Verfahrenseinleitung von Amts wegen, die dem Gesetzgeber offensichtlich als so selbstverständlich für die freiwillige Gerichtsbarkeit erschien, dass er auf eine gesetzliche Regelung verzichtet hat.[4] Welche der beiden Alternativen der Verfahrenseinleitung in Betracht kommt, entscheidet sich nach der Art des Verfahrens. Die Bestimmungen hierzu finden sich überwiegend im materiellen Recht, das damit über die Frage des Ob und Wie der Verfahrenseinleitung entscheidet.[5]

II. Anwendungsbereich

Die Vorschriften der **§§ 23, 24** finden **keine Anwendung** in **Ehe- und Familienstreitsachen**, § 113 Abs. 1. Für diese gelten die Regelungen der ZPO zum Verfahren vor den Landgerichten entsprechend, § 113 Abs. 2. 2

---

1 *Bassenge*/Roth, § 35a FGG Rz. 2.
2 Zöller/*Lückemann*, vor §§ 12 ff. EGGVG Rz. 3, § 22 EGGVG Rz. 2.
3 *Bassenge*/Roth, § 35a FGG Rz. 2.
4 *Kemper*, FamFG, FGG, ZPO Kommentierte Synopse, S. 48.
5 Begr. RegE, BT-Drucks. 16/6308, S. 185.

III. Verfahrenseinleitung in Abhängigkeit von der Verfahrensart

1. Gesetzesbegründung

3 In der Gesetzesbegründung werden folgende verschiedenen Verfahrensarten dargestellt, allerdings ohne einen direkten Bezug zu §§ 23, 24 herzustellen:[1]

(1) Verfahrenseinleitung von Amts wegen, Verfahrensbegründung durch Amtsermittlung (zB Amtslöschung im Register),

(2) Verfahrenseinleitung auf Antrag, Verfahrensbegründung durch Amtsermittlung (zB Erbscheinsverfahren, Registereintragung),

(3) Verfahrenseinleitung alternativ von Amts wegen oder auf Antrag, Verfahrensbegründung durch Amtsermittlung (zB § 1896 Abs. 1 BGB, Betreuung),

(4) Verfahrenseinleitung auf Antrag und Verfahrensbegründung durch Erklärung der Beteiligten (zB §§ 13, 19 GBO).

4 Für die Zuordnung zu §§ 23, 24 erscheint folgende – davon abweichende – Einteilung der Verfahrensarten sachgerecht (vgl. dazu auch § 22 Rz. 4–8):

- **(echte) Antragsverfahren**, in denen das Verfahren **von Amts wegen** betrieben wird, (2) der Gesetzesbegründung;
  diese fallen unter **§ 23**;
- **(echte) Antragsverfahren**, in denen der **Antragsteller** die erforderlichen Tatsachen **vortragen muss** (zB Eintragungsverfahren nach §§ 13, 19, 22 GBO), (4) der Gesetzesbegründung;
  diese fallen unter **§ 23**;
- sog. **echte Streitverfahren** privatrechtlicher Natur;[2]
  diese fallen unter **§ 23**;
- **Amtsverfahren**, (1) der Gesetzesbegründung;
  diese fallen unter **§ 24**;
- **(unechte) Antragsverfahren**, (3) der Gesetzesbegründung.
  Diese Verfahren nehmen eine Sonderstellung ein, weil sie – auch – durch Antrag eingeleitet werden können, die Beteiligten jedoch keine Dispositionsbefugnis über den Verfahrensgegenstand haben und das Verfahren von Amts wegen geführt werden muss. Die Antragsrücknahme hat nicht die Beendigung des Verfahrens nach § 22 Abs. 2 zur Folge (vgl. § 22 Rz. 6). Allerdings bedeutet die im materiellen Recht (§§ 1632 Abs. 4, 1682 Satz 1, 1887 Abs. 2, 1896 Abs. 1 BGB) ausdrücklich vorgesehene Verfahrenseinleitung durch Antragstellung, dass damit ein verfahrenseinleitender Antrag iSd. § 23 und nicht nur eine Anregung gemeint ist. Der antragstellende Beteiligte wird damit Antragsteller im Rechtssinne. Dies bedeutet für den Antragsteller, dass ihm im Verfahren sämtliche entsprechenden Rechte zustehen, so die Beteiligtenstellung nach § 7 Abs. 1; die Beschwerdebefugnis nach § 59 Abs. 1,[3] das Recht auf Beschlussergänzung nach § 43 (das ohnehin weit auszulegen ist, vgl. § 43 Rz. 2).
  Liegt der Verfahrenseinleitung ein Antrag auf Grund materiellrechtlicher Vorschriften zugrunde, fallen die Verfahren demnach unter **§ 23**.

---

1 Vgl. BT-Drucks. 16/6308, S. 185.

2 Für öffentlich-rechtliche Streitsachen kommt idR eine entsprechende Anwendung der VwGO in Betracht, dazu eingehend Keidel/*Schmidt*, § 12 FGG Rz. 232 ff.

3 So auch nach bisheriger Rechtslage: BayObLG v. 20.3.1998 – 4 Z BR 16/98, FamRZ 1998, 1057; OLG Hamm v. 7.6.2001 – 15 W 52/01, BtPrax 2001, 213 jeweils zur Beschwerdebefugnis bei Betreuerbestellung auf Antrag des Betroffenen.

§ 23
Verfahrenseinleitender Antrag

(1) Ein verfahrenseinleitender Antrag soll begründet werden. In dem Antrag sollen die zur Begründung dienenden Tatsachen und Beweismittel angegeben sowie die Personen benannt werden, die als Beteiligte in Betracht kommen. Urkunden, auf die Bezug genommen wird, sollen in Urschrift oder Abschrift beigefügt werden. Der Antrag soll von dem Antragsteller oder seinem Bevollmächtigten unterschrieben werden.

(2) Das Gericht soll den Antrag an die übrigen Beteiligten übermitteln.

A. Inhalt und Gesetzeszweck

§ 23 Abs. 1 als **Sollvorschrift** stellt nur Mindestanforderungen auf, die an einen verfah- 1
renseinleitenden Antrag zu stellen sind.[1] Die in Abs. 1 vorgesehenen formellen Anforderungen sind nicht zu vergleichen mit den Erfordernissen an eine Klageschrift nach § 253 ZPO. Weiter gehende Anforderungen an den Antragsinhalt können sich indes aus Spezialvorschriften zur Antragstellung in den jeweiligen Verfahren ergeben (so zB § 2354 BGB, § 8 GmbHG). Die Vorschrift konkretisiert mit der Forderung an eine Begründung des Antrags sowie der Nennung möglicher Beteiligter die Mitwirkungspflicht des Antragstellers. Zugleich soll damit dem Gericht eine möglichst frühzeitige Prüfung des Antrags ermöglicht und eine Verfahrensbeschleunigung erreicht werden.[2]

B. Inhalt der Vorschrift

I. Verfahrenseinleitender Antrag (Absatz 1)

1. Verfahrensantrag/Sachantrag

Ob zur Einleitung eines Antragsverfahrens ein einfacher Verfahrensantrag genügt oder 2
ob ein Sachantrag zu stellen ist, entscheidet sich nach den Regelungen des materiellen

1 Begr. RegE, BT-Drucks. 16/6308, S. 185.
2 Begr. RegE, BT-Drucks. 16/6308, S. 185.

Rechts. § 23 trifft dazu keine Aussage. Mit einem **Verfahrensantrag** (wie zB in § 203 Abs. 1) wird ein bestimmtes Rechtsschutzziel deutlich gemacht und der Verfahrensgegenstand bestimmt. Der Antrag ist einer Auslegung, Ergänzung oder Abänderung durch das Gericht zugänglich.[1] In echten Streitverfahren, in denen es um Vermögensinteressen der Beteiligten geht, ist vielfach ein **Sachantrag** erforderlich.[2] Das gilt zB für den Erbscheinsantrag nach §§ 2353, 2354 BGB. In diesen Fällen ist das Gericht an den Sachantrag gebunden und kann diesem nur (teilweise) stattgeben oder ihn zurückweisen.[3]

2. Verfahrensvoraussetzungen

a) Antrag

3 Bei einem echten Antragsverfahren ist der Verfahrensantrag Verfahrensvoraussetzung. Das Vorliegen eines wirksamen Antrags muss in jeder Lage des Verfahrens **von Amts wegen geprüft** werden. Die Antragstellung kann noch im Rechtsbeschwerdeverfahren nachgeholt werden.[4] Anders allerdings im Freiheitsentziehungsverfahren, in dem eine nachträgliche Antragstellung eine bereits angeordnete Haft nicht nachträglich rechtfertigen kann (vgl. dazu § 417 Rz. 9). Fehlt ein wirksam gestellter Antrag, ist dieser zurückzuweisen. So kann die beantragte Anordnung der Abschiebungshaft daran scheitern, dass eine nicht zuständige Behörde den Haftantrag gestellt hat und damit kein ordnungsgemäßer Antrag vorliegt.[5] Wenn das Gericht von Amts wegen auf Grund weiterer Hinweise tätig werden muss, wie in Betreuungsverfahren, die auf Antrag und von Amts wegen eingeleitet werden können, § 1896 Abs. 1 Satz 1 BGB (s. Vorbem. zu §§ 23, 24 Rz. 4), ist die Rechtslage anders. Fehlt in diesen Verfahren ein ordnungsgemäßer Antrag, so hat das Gericht von Amts wegen eine Verfahrenseinleitung zu prüfen, wenn Hinweise für eine Betreuungsbedürftigkeit vorliegen.

b) Antragsberechtigung

4 Die Antragsberechtigung ergibt sich regelmäßig aus den **gesetzlichen Vorschriften**, in denen die Einleitung eines Verfahrens von der Stellung eines Antrags abhängig gemacht wird. Die dort genannten Personen sind formell zur Antragstellung berechtigt.[6] Vorschriften zur Antragsberechtigung finden sich ua. in §§ 171 Abs. 1, 203 Abs. 1, 223, 363 Abs. 2, 404 Abs. 1. Im **BGB** wird beispielsweise in folgenden Vorschriften der **Antragsteller** ausdrücklich **bezeichnet**: §§ 1365 Abs. 2, 1369 Abs. 2, 1631 Abs. 3, 1672 Abs. 1, 1712 f., 1748 f., 1752, 1757 Abs. 4, 1760 Abs. 1, 1765 Abs. 3, 1768 Abs. 1, 1771, 1889, 1908d Abs. 2, 1961, 1981. Erfolgt die Antragstellung in diesen Fällen nicht durch die im Gesetz bezeichnete Person, so ist der Antrag wegen Fehlens einer Verfahrensvoraussetzung unzulässig.[7] Eine Sachentscheidung ergeht nicht.

5 Wird im Gesetz der Antragsberechtigte nicht ausdrücklich benannt oder nur als **Beteiligter** umschrieben, so ist die materielle Rechtslage entscheidend. Danach ist jeder antragsberechtigt, dessen Rechte durch die Entscheidung unmittelbar berührt werden

1 Jansen/*v. König/v. Schuckmann*, vor §§ 8–18 FGG Rz. 11.
2 *Bumiller*/Winkler, § 12 FGG Rz. 11; Jansen/*v. König/v. Schuckmann*, vor §§ 8–18 FGG Rz. 13.
3 Jansen/*v. König/v. Schuckmann*, vor §§ 8–18 FGG Rz. 13.
4 Jansen/*v. König/v. Schuckmann*, vor §§ 8–18 FGG Rz. 8 mwN.
5 OLG Köln v. 8.5.2007 – 16 Wx 107/07, OLGReport 2007, 796; s. auch § 416 Rz. 7.
6 Jansen/*v. König/v. Schuckmann*, vor §§ 8–18 FGG Rz. 14.
7 BGH v. 15.12.1988 – V ZB 9/88, NJW 1989, 1091 (1092); Keidel/*Schmidt*, § 12 FGG Rz. 28.

könnten.[1] Entsprechende Vorschriften, überwiegend mit Hinweis auf **Beteiligte** (oder jeden **Erben**) finden sich zB in §§ 403 Abs. 1, 443, 448, 455, 467 FamFG; §§ 29, 2198 Abs. 2, 2202 Abs. 3, 2216 Abs. 2, 2227, 2353 (Erbschein) BGB, § 85 Abs. 1 Satz 1 AktG. Fehlt es an dieser materiellrechtlich zu beurteilenden Berechtigung, so ist der Antrag unzulässig.

c) Mehrheit von Antragstellern

Bei einer Mehrheit von Antragstellern kann grundsätzlich **jeder einzelne** sein Antragsrecht selbständig ausüben.[2] So kann bei mehreren Miterben jeder Miterbe in zulässiger Weise einen Antrag nach § 2357 Abs. 1 BGB auf Erteilung eines gemeinsamen Erbscheins stellen. Stellen mehrere Berechtigte einen Antrag auf Verfahrenseinleitung gemeinsam, werden damit mehrere Verfahren eingeleitet, die vom Gericht regelmäßig – uU stillschweigend – zu einem Verfahren nach § 20 verbunden werden. 6

d) Rechtschutzbedürfnis

Zu den Voraussetzungen für die Zulässigkeit eines Antrags gehört auch ein **gerechtfertigtes Interesse an der beantragten Entscheidung**. Dieses ist in jedem Verfahrensstadium zu prüfen. Allerdings sind die Anforderungen in der freiwilligen Gerichtsbarkeit nicht zu hoch anzusetzen. Eine Verweigerung des Rechtsschutzes kommt nur in Betracht, wenn das Betreiben des Verfahrens zweckwidrig und missbräuchlich ist. Das wird nur in krassen Fällen festzustellen sein. Mutwilligkeit oder prozessfremde Zwecke allein reichen nicht aus.[3] So hat das Gericht bspw. in Erbscheinsverfahren nicht nachzuprüfen, ob der Antragsteller darauf angewiesen ist, sich mit einem Erbschein auszuweisen.[4] 7

3. Rechtliche Bedeutung der Antragstellung für das Verfahren

Durch die Antragstellung wird die verfahrensmäßige Stellung des Antragstellers gestärkt. Der Antragsteller ist Muss-Beteiligter nach § 7 Abs. 1. Das Gesetz räumt allein dem Antragsteller ein Beschwerderecht ein, falls sein Antrag zurückgewiesen wird, § 59 Abs. 2. Ferner steht dem Antragsteller ein Recht auf Ergänzung des Beschlusses im Fall des § 43 Abs. 1 zu. 8

4. Formelle Anforderungen an den Antrag

a) Keine besonderen Formvorschriften

Schon nach der früheren Rechtslage bedurfte ein Verfahrensantrag keiner besonderen Form.[5] Dem ist der Gesetzgeber mit der Fassung des § 23 Abs. 1 gefolgt. Die Anträge können in der nach § 25 Abs. 1 vorgesehenen Form abgegeben werden. Eine Vertretung durch einen Rechtsanwalt ist bei Anträgen in erster Instanz in Verfahren, die nicht 9

1 BGH v. 15.12.1988 – V ZB 9/88, NJW 1989, 1091 (1092); *Bumiller*/Winkler, § 12 FGG Rz. 15; Keidel/*Schmidt*, § 12 FGG Rz. 29.

2 Jansen/*v. König/v. Schuckmann*, vor §§ 8–18 FGG Rz. 14.

3 OLG Naumburg v. 9.4.2002 – 10 Wx 30/01, StAZ 2003, 80; KG v. 17.6.1999 – 1 W 6809/98, NJWE-FER 2000, 15; Jansen/*v. König/v. Schuckmann*, vor §§ 8–18 FGG Rz. 16.

4 BayObLG v. 26.7.1990 – BReg. 1a Z 24/90, RPfleger 1990, 512: Rechtsschutzbedürfnis für die Erteilung eines Erbscheins nur in Ausnahmefällen zu verneinen.

5 Keidel/*Schmidt*, § 12 FGG Rz. 12.

unter §§ 111, 112 fallen (Ehe- und Familienstreitsachen), nicht erforderlich. Der Antrag kann entweder von dem Beteiligten durch einen eigenen Schriftsatz gestellt werden, oder er wird durch Erklärung zur Niederschrift der Geschäftsstelle eingereicht, § 25 Abs. 1 (vgl. § 25 Rz. 6 ff.).

10 Ob wie im früheren Recht eine **mündliche oder telefonische Antragstellung** ausreicht,[1] ist durch §§ 23, 25 Abs. 1 nicht abschließend entschieden. Der Wortlaut und die in § 23 Abs. 1, insbes. in Satz 4, festgelegten Anforderungen sowie die in § 23 Abs. 2 vorgesehene Übermittlung sprechen gegen eine mündliche Antragstellung. Andererseits ist die Form des § 25 Abs. 1 nicht zwingend, da nach dem Gesetzeswortlaut die Beteiligten Anträge in der dort bestimmten Weise abgeben „können". Eine zwingende schriftliche Antragstellung würde die Verfahrensrechte der nach § 9 Abs. 1 Nr. 2 bis 4 verfahrensfähigen Beteiligten, die uU nur beschränkt oder nicht geschäftsfähig sind, erheblich beeinträchtigen. So ist eine mündliche Antragstellung für Minderjährige nach § 9 Abs. 1 Nr. 3 in Kindschaftssachen oder für potentiell zu Betreuende, die nach § 275 verfahrensfähig sind, wesentlich einfacher als die Abfassung eines schriftlichen Antrags. Da dem Problem auch nicht durch die Bestellung eines Verfahrensbeistands (§ 158) oder Verfahrenspflegers (§ 276) begegnet werden kann, denn diese erfolgt erst **nach** Einleitung des Verfahrens, ist zum Schutz dieses Personenkreises und in Einklang mit den Vorschriften der §§ 9 Abs. 1, 275, 316 von der **Wirksamkeit eines mündlichen oder fernmündlichen Antrags** auszugehen.

b) Wesentliche Angaben

11 Abgesehen von der gesetzlich vorgesehenen Antragsbegründung (dazu Rz. 12) waren schon bisher als notwendiger Inhalt eines Antrags die Angabe des Namens und der Anschrift des Antragstellers erforderlich, um diese Person identifizieren zu können. Ferner muss das Begehren des Antragstellers deutlich werden.[2] In Zweifelsfällen besteht allerdings die Pflicht des Gerichts, auf Klarstellung hinzuwirken. Diese Verpflichtung folgt aus entsprechender Anwendung des § 139 ZPO iVm. mit dem Untersuchungsgrundsatz in der freiwilligen Gerichtsbarkeit. Bei einem mündlichen Antrag (s. Rz. 10) hat das Gericht auf Vervollständigung hinzuwirken.

c) Begründung

12 Bisher ist eine Antragsbegründung nicht erforderlich gewesen.[3] Die Neufassung sieht nun in Abs. 1 Satz 1 vor, dass der Antrag **begründet werden soll**. Das Gericht soll damit in die Lage versetzt werden, das Verfahren frühzeitig zu strukturieren und gezielte Nachprüfungen durchzuführen, was im Ergebnis zu einer Verfahrensbeschleunigung führen soll. Als ausreichend sieht es die Gesetzesbegründung an, wenn der Antragsteller sein Rechtsschutzziel in wenigen Sätzen darlegt. Reicht grundsätzlich ein Verfahrensantrag aus, wird kein bestimmter Sachantrag verlangt.[4]

13 Weiter gehend sind die Anforderungen bei **echten Streitsachen** (vgl. § 22 Rz. 8), in denen ein Sachantrag in Form eines bezifferten oder eines anderen konkreten Antrags formuliert werden muss. Dies folgt – unabhängig von § 23 – bereits aus der Art des Verfahrens und der damit zusammenhängenden Verfahrenseinleitung (Vorbem. §§ 23,

1 Zu deren bisheriger Zulässigkeit: Keidel/*Schmidt*, § 12 FGG Rz. 14.
2 Keidel/*Schmidt*, § 12 FGG Rz. 21.
3 Jansen/*v. König/v. Schuckmann*, vor §§ 8–18 FGG Rz. 11.
4 Begr. RegE, BT-Drucks. 16/6308, S. 185.

24 Rz. 4). Auch hier hat das Gericht, falls erforderlich, durch Auslegung und ggf. Nachfrage auf einen sachgerechten Antrag hinzuwirken; es ist nicht an den Wortlaut des Antrags gebunden, sondern muss den wirklichen Willen erforschen.[1]

d) Benennung von Beweismitteln und möglichen Beteiligten (Abs. 1 Satz 2)

Abs. 1 Satz 2 erweitert die Mitwirkungspflicht des Antragstellers, indem dieser **Tatsachen zur Begründung** seines Antrags und **Beweismittel** angeben soll. Dadurch wird es dem Gericht ermöglicht, eine erforderliche Beweisaufnahme vorzubereiten. Ferner sollen im Antrag mögliche **weitere Beteiligte** benannt werden. In Familien-, Betreuungs- und Nachlasssachen ist dies dem Antragsteller sicher zuzumuten, so insbesondere weitere Angehörige anzugeben, die uU an dem Verfahren zu beteiligen sind. In anderen Verfahren dürfte es dem Antragsteller schwer fallen, sachdienliche Angaben zu weiteren Beteiligten iSd. § 7 zu machen. 14

e) Vorlage von Urkunden

Diese Verpflichtung entspricht § 131 ZPO. Soweit nur Teile der Urkunde von Interesse sind, nimmt die Begründung auf § 131 Abs. 2 ZPO Bezug, wonach die Vorlage eines Auszugs der Urkunde mit weiteren Details, insbesondere der Unterschrift, als ausreichend angesehen wird.[2] Abschriften der Urkunden sind vom Antragsteller nicht vorzulegen, da die benötigte Anzahl bei Antragseingang noch nicht bekannt ist.[3] Die Nichtbeachtung der nicht erzwingbaren Vorlagepflicht wird zunächst nur eine Vorlageanordnung des Gerichts zur Folge haben. Verfahrensrechtliche Nachteile dürften dem Antragsteller allenfalls in den echten Streitverfahren und in Antragsverfahren, in denen er die Tatsachen beibringen muss (vgl. Vorbem. zu §§ 23, 24 Rz. 4 dort 2. und 3. Spiegelstrich), entstehen. 15

Mit den Regelungen in Abs. 1, Satz 1 bis 3 werden dem Antragsteller etliche Verpflichtungen auferlegt, mit denen er als Laie selten rechnen wird. Die Folge wird sein, dass Nachfragen des Gerichts erfolgen müssen. In diesen Fällen kommt es im Vergleich zur früheren Rechtslage nicht zu einer spürbaren Verfahrensvereinfachung und Arbeitsersparnis für das Gericht. 16

f) Erfordernis der Unterschrift

Satz 4 verlangt die Unterschrift des Antragstellers oder seines Bevollmächtigten. Das ist aus Gründen der **Rechtsklarheit** geboten. Denn nur auf diesem Weg lässt sich das Dokument zweifelsfrei einem bestimmten Antragsteller zuordnen. Die Materialien weisen zu Recht darauf hin, dass die Forderung nach Unterschrift dem allgemeinen Standard für verfahrenseinleitende Schriftsätze entspricht,[4] vgl. §§ 253 Abs. 4, 130 Nr. 6 ZPO; §§ 81, 82 VwGO. Bei Vertretung durch einen Rechtsanwalt reicht dessen Unterschrift aus; diese muss – umgekehrt – nicht vorliegen, wenn der Antragsteller selbst unterschrieben hat. Zugunsten Minderjähriger, Betreuungsbedürftiger und psychisch Kranker, die gleichwohl als verfahrensfähig angesehen werden, sind hierzu Ausnahmen zuzulassen (vgl. Rz. 10). 17

---

1 *Bumiller*/Winkler, § 12 FGG Rz. 11.
2 Begr. RegE, BT-Drucks. 16/6308, S. 186.
3 Begr. RegE, BT-Drucks. 16/6308, S. 186.
4 Begr. RegE, BT-Drucks. 16/6308, S. 186.

5. Nichterfüllung der formellen Anforderungen

18 Durch die Ausgestaltung als **Sollvorschrift** hat der Gesetzgeber deutlich gemacht und dies in der Begründung unterstrichen, dass allein die Nichterfüllung der Begründungspflicht **nicht** zur **Zurückweisung** des Antrages als unzulässig führen kann.[1] Für die weiteren Anforderungen an die Antragsschrift (Benennung der Beteiligten, Vorlage von Urkunden, Unterschrift) gilt dies entsprechend. Bei unvollständigen Angaben hat das Gericht im Rahmen der Verfahrensleitung nach § 28 Abs. 1 Auflagen zur Ergänzung des Vorbringens zu machen. Für Antragsverfahren ist diese spezielle Hinwirkungspflicht des Gerichts als Verfahrensgrundsatz in § 28 Abs. 2 ausgestaltet (s. § 28 Rz. 10 ff.).[2]

19 Falls sich nach gerichtlichen Auflagen und weiteren Ermittlungen die **Verfahrensvoraussetzungen** des Antrags **nicht feststellen** lassen – zB das Antragsziel im Dunkeln bleibt oder die materielle Antragsberechtigung nicht geklärt werden kann –, so kommt nach allgemeinen Verfahrensgrundsätzen eine **Zurückweisung des Antrags** wegen Unzulässigkeit in Betracht. Je stärker das Verfahren dem echten Streitverfahren angenähert ist, desto strenger sind die Anforderungen an die Mitwirkungspflicht des Antragstellers.

6. Spezialgesetzliche Regelungen

20 Das FamFG sieht in Sondervorschriften über § 23 hinausgehende Anforderungen an einen Verfahrensantrag vor, die als leges speciales vorgehen. So finden sich – abgesehen von unter § 113 Abs. 1 fallenden Verfahren – zusätzliche formale Erfordernisse in §§ 171 Abs. 2 (**Abstammungsverfahren**), 203 Abs. 2 und Abs. 3 (**Ehewohnungs- und Haushaltssachen**), 363 Abs. 3 (**Teilungssachen**), § 417 Abs. 2 (**Freiheitsentziehungssachen**; hier ist eine **Begründung zwingend** vorgesehen) sowie für **Aufgebotsverfahren** mit verschiedenen Zielrichtungen in 449 ff., 456, 468 (spezielle Erfordernisse wie Glaubhaftmachung, Hinterlegungsangebot ua.).

II. Antragsmitteilung (Absatz 2)

1. Normzweck

21 Das Gesetz sieht ausdrücklich vor, dass der Antrag den übrigen Beteiligten zur Kenntnis gebracht wird. Damit soll die Gewährung **rechtlichen Gehörs** gesichert werden.[3] Schon bisher war diese Verfahrensweise durch die Verfahrensgrundsätze der freiwilligen Gerichtsbarkeit geboten.[4] Es handelt sich um eine **Sollvorschrift**, die, wie die Begründung erkennen lässt, Abweichungen zulässt. Ist der Antrag unzulässig oder offensichtlich unbegründet, so kann eine Übermittlung an die weiteren Beteiligten unterbleiben, da deren Stellungnahme für die Entscheidung nicht mehr relevant wird.[5]

1 BT-Drucks. 16/6308, S. 186.
2 Begr. RegE, BT-Drucks. 16/6308, S. 187.
3 Begr. RegE, BT-Drucks. 16/6308, S. 186.
4 Vgl. bspw. Keidel/*Schmidt*, § 12 FGG Rz. 148 ff.
5 BT-Drucks. 16/6308, S. 186.

2. Ausführung der Übermittlung

Der Antrag soll den übrigen Beteiligten (dazu § 7 Rz. 17 ff.), soweit diese schon feststehen, übermittelt werden. Dies hat nach § 15 zu überfolgen. Meist wird eine formlose Mitteilung nach § 15 Abs. 3 ausreichen, da der Antrag nicht unter § 15 Abs. 1 fällt, wenn nicht mit der Übermittlung eine gerichtlich bestimmte Frist verbunden ist (vgl. dazu § 15 Rz. 63 ff. und Rz. 11). 22

§ 24
Anregung des Verfahrens

(1) Soweit Verfahren von Amts wegen eingeleitet werden können, kann die Einleitung eines Verfahrens angeregt werden.

(2) Folgt das Gericht der Anregung nach Absatz 1 nicht, hat es denjenigen, der die Einleitung angeregt hat, darüber zu unterrichten, soweit ein berechtigtes Interesse an der Unterrichtung ersichtlich ist.

Vgl. auch Vorbem. zu §§ 23, 24.

A. Allgemeines/Entstehung

Die Vorschrift betrifft die (echten) **Amtsverfahren** (vgl. dazu Vorbem. zu §§ 23, 24 Rz. 4). Der Gesetzgeber geht von diesen Verfahren aus, ohne weitere Regelungen zu deren Einleitung und Durchführung zu treffen. Für diese Verfahren der freiwilligen Gerichtsbarkeit wurde kein weiterer Regelungsbedarf gesehen, vgl. dazu Vorbem. zu §§ 23, 24 Rz. 1. Die Norm bestimmt, welche Auswirkungen ein „Antrag" in Amtsverfahren hat und wann die Person, die eine Verfahrensanregung gegeben hat, zu unterrichten ist. Mit Abs. 1, der die Anregung zu einem Verfahren regelt, bringt die Norm keine Neuerung zur bisherigen Rechtslage, wonach eine „Antragstellung" im Amtsverfahren schon immer nur als Anregung gesehen wurde mit der Folge, dass dem Beteiligten, der das Verfahren angeregt hat, keine Beschwerdebefugnis zustand.[1] Dies wurde bisher aus § 20 Abs. 2 FGG hergeleitet. 1

Neu ist die Bestimmung in **Abs. 2**, wonach derjenige, der die Einleitung eines Verfahrens angeregt hat, im Fall des Absehens von einer Verfahrenseinleitung zu informieren ist, soweit ein berechtigtes Interesse besteht. Eine solche **Informationspflicht** kannte das FGG nicht. Nach hM wurden Personen, die Verfahrensanregungen gegeben hatten, aber sonst nicht am Verfahren beteiligt waren und nicht im Interesse des Betroffenen auftraten, nicht über die Folgen ihrer Anregung informiert. Der Gesetzgeber hat diese Rechtslage als unbefriedigend angesehen, weil sie der praktischen Bedeutung dieser Anregungen nicht gerecht wird. In einer Vielzahl von Verfahren geben Hinweise unbeteiligter Dritter Anlass zur Verfahrenseinleitung von Amts wegen. Das hat den Gesetzgeber veranlasst, offensichtlich zur Stärkung der Kooperationsbereitschaft der Bürger gegenüber dem Gericht die Bestimmung zur Unterrichtungspflicht im Negativfall 2

1 St. Rspr., vgl. nur OLG Köln v. 23.8.2006 – 16 Wx 69/06, OLGReport 2007, 113 zum Betreuungsverfahren; Keidel/*Schmidt*, § 20 FGG Rz. 48; *Bassenge*/Roth, § 20 FGG Rz. 13.

einzuführen.[1] Im Gesetzgebungsverfahren bot die Ausgestaltung dieser Verpflichtung Diskussionsstoff. Der Bundesrat hat – im Ergebnis ohne Erfolg – eine Ergänzung zu **Abs. 2** angeregt, mit der das **informationelle Selbstbestimmungsrecht des Betroffenen** in Zusammenhang mit der Unterrichtung bekräftigt und ein inhaltlicher Gleichlauf mit § 13 Abs. 1 (Einschränkung des Akteneinsichtsrechts) erreicht werden sollten.[2] Die Bundesregierung hat dies mit Hinweis darauf abgelehnt, dass die geplante Verfahrensweise (Mitteilung nur der Tatsache der Nichteinleitung) den Betroffenen kaum belaste und im Übrigen die Mitteilung ohne Begründung erfolgen könne.[3]

B. Inhalt der Vorschrift

I. Verfahrenseinleitung durch Anregung (Absatz 1)

1. „Antragstellung"

3 Um die Einleitung eines Amtsverfahrens (dazu § 22 Rz. 4) zu veranlassen, kann **jedermann** einen „Antrag" stellen. Auch wenn dieses Begehren ausdrücklich als „Antrag" formuliert wird, bleibt es im Amtsverfahren lediglich eine Anregung zur Durchführung eines Verfahrens. Derjenige, der die Anregung gibt, wird damit nicht zum „Antragsteller" im Rechtssinne und erlangt nicht die Verfahrensstellung eines Antragstellers, insbesondere keine Beschwerdeberechtigung nach § 59 Abs. 2.[4]

2. Anregung

4 Personen, die mit einer Anregung ein Verfahren in Gang setzen wollen, müssen nicht mögliche Beteiligte nach § 7 sein oder sonst zu dem Betroffenen in einer Beziehung stehen. Behandelnde Ärzte, Nachbarn, Bekannte oder Dritte, die zufällig Informationen erhalten haben, können Anregungen bspw. zu Betreuungs- und Unterbringungsverfahren oder in Kindschaftssachen geben, damit das Gericht tätig wird. Diese Mitteilungen und Informationen können **in jeder Form** erfolgen,[5] häufig werden sie mündlich gegeben. Erfolgen sie formlos bzw. mündlich, empfiehlt es sich, diese Information sowie die mitteilende Person in einem **Aktenvermerk** fest zu halten. Das ist schon wegen der Unterrichtungspflicht nach Abs. 2 erforderlich, dient aber vor allem dem **Anspruch** des Betroffenen und der Beteiligten auf **Kenntnis des Verfahrensstoffes**, der Teil des Grundsatzes des rechtlichen Gehörs ist.

II. Pflicht zur Unterrichtung bei Absehen von einer Verfahrenseinleitung (Absatz 2)

1. Voraussetzungen

5 Diese Neuerung verlangt die **Unterrichtung** derjenigen Person, die eine Anregung zur Verfahrenseinleitung gegeben hat, wenn

(1) ein Verfahren nicht eingeleitet wird und

(2) diese Person ein berechtigtes Interesse an der Unterrichtung hat.

1 Begr. RegE, BT-Drucks. 16/6308, S. 186.
2 BR-Drucks. 309/07, S. 13.
3 Gegenäußerung der BReg., BT-Drucks. 16/6308, S. 405.
4 *Zimmermann*, Das neue FamFG, Rz. 73.
5 *Kemper*, FamRB 2008, 345 (348).

Die Gesetzesfassung ist als **zwingende Verpflichtung** formuliert; dem Gericht ist, wenn die Voraussetzungen vorliegen, kein Ermessen eingeräumt. Der **Regelfall** ist deshalb die Unterrichtung desjenigen, der das Verfahren angeregt hat.

2. Berechtigtes Interesse

Die Entscheidung, ob jemand ein berechtigtes Informationsinteresse hat, hängt entscheidend von den **Umständen des Einzelfalles** ab. Folgende Faktoren sind auf Seiten dieser Person von Bedeutung: die mögliche Stellung im Verfahren, die Art des Verfahrens, das Gewicht der mit der Anregung gegebenen Informationen. Dem steht das Recht des Betroffenen auf Schutz seiner persönlichen Daten und der persönlichen Umstände gegenüber, das **Recht auf informationelle Selbstbestimmung** (dazu Rz. 8). So wird ein **berechtigtes Interesse** regelmäßig **anzunehmen** sein, wenn der zu unterrichtende Dritte an einem späteren Verfahren nach § 7 zu beteiligen wäre, zB als Verwandter in Verfahren nach §§ 271 ff., 312 ff. (s. auch Rz. 12), oder wenn die Verfahrensanregung durch Vorfälle veranlasst wurde, die mit Gefahren auch für Dritte verbunden waren (zB bei Unterbringungsverfahren), so dass die informierende Person als Nachbar oder Arbeitskollege zum eigenen Schutz am Fortgang des Verfahrens interessiert ist. 6

Hingegen kann das berechtigte Interesse bei **weniger gewichtigen Umständen** zur Verfahrenseinleitung oder nur entfernter Beziehung zu dem Betroffenen fehlen. Dies ist häufig der Fall bei Personen, die in Zusammenhang mit ihrer beruflichen Tätigkeit (im medizinischen oder sozialen Bereich) Hinweise zur Verfahrenseinleitung geben, ohne zu dem Betroffenen besonderen Kontakt zu haben. Bei Anregungen, die erkennbar aus Streitigkeiten zwischen Nachbarn, (ehemaligen) Kollegen oder sonstigen Bekanntschaften resultieren, wird kaum ein berechtigtes Interesse an einer Unterrichtung nach Abs. 2 bestehen. 7

3. Recht auf informationelle Selbstbestimmung

Das berechtigte Interesse des zu Unterrichtenden ist mit Blick auf das informationelle Selbstbestimmungsrecht des Betroffenen[1] zu bewerten. Die Ablehnung der vorgeschlagenen Ergänzung der Vorschrift (entgegenstehende schwerwiegende Interessen des Betroffenen, vgl. Rz. 2) im Gesetzgebungsverfahren bedeutet nicht, dass deshalb die **Rechte des Betroffenen** nicht oder in geringerem Umfang zu beachten sind. Inhaltlich hat sich dadurch nichts geändert. Denn die Vorschrift ist **verfassungskonform** unter Berücksichtigung des Rechts auf informationelle Selbstbestimmung auszulegen. Dieses Recht wird allerdings, worauf im Gesetzgebungsverfahren schon zu Recht hingewiesen wurde, bei einer Mitteilung nicht tiefergehend berührt, da nur die **Nichteinleitung** des Verfahrens mitgeteilt wird und diese Mitteilung **keine Gründe** enthalten muss.[2] Diese für Außenstehende bestimmte Information ist normalerweise weit weniger aussagekräftig als die in den Akten enthaltenen Informationen. Der Sachverhalt ist deshalb nicht mit dem, der der Frage der Akteneinsicht nach § 13 Abs. 1 zugrunde liegt, vergleichbar. Im Fall der Mitteilung nach Abs. 2 ist dem zu Unterrichtenden die eigentlich belastende Tatsache, dass eine Verfahrenseinleitung geprüft wurde, ohnehin bekannt. 8

---

1 St. Rspr. des BVerfG, zB BVerfG v. 15.12.1983 – 1 BvR 209/83, BVerfGE 65, 1; BVerfG v. 9.3.1988 – 1 BvL 49/86, NJW 1988, 2031; BVerfG v. 4.4.2006 – 1 BvR 518/02, NJW 2006, 1939; zuletzt v. 11.3.2008 – 1 BvR 2074/05, NJW 2008, 1505.

2 Gegenäußerung der BReg., BT-Drucks. 16/6308, S. 405.

9 Das dem Betroffenen zustehende informationelle Selbstbestimmungsrecht ist bei der Prüfung des berechtigten Interesses gleichwohl immer im Blick zu halten. **Einschränkungen des informationellen Selbstbestimmungsrechts** sind verfassungsrechtlich zulässig, wenn – bei Vorliegen einer gesetzlichen Grundlage – nach einer **Gesamtabwägung** zwischen der Schwere des Eingriffs und dem Gewicht der rechtfertigenden Gründe die **Grenze des Zumutbaren** gewahrt bleibt.[1] Diese Zumutbarkeitsgrenze wird bei der Unterrichtung über eine Nichteinleitung des Verfahrens im Regelfall aus den erwähnten Gründen nicht überschritten. In Einzelfällen kann das allgemeine Persönlichkeitsrecht des Betroffenen dem berechtigten Interesse an einer Unterrichtung vorgehen, wenn wegen besonderer Schutzwürdigkeit des Betroffenen (wie Jugend, hohes Alter, besondere schwierige persönliche Situation) allein die Tatsache der vorgesehenen Information den Betroffenen erheblich belastet.

4. Form und Inhalt der Unterrichtung

10 Das Gesetz macht keine Vorgaben, in welcher Weise derjenige, der die Verfahrensanregung gegeben hat, zu unterrichten ist. Demnach kann sie **formlos** erfolgen, dh. mündlich, fernmündlich oder per E-Mail. Offen ist ferner, ob nur die Nichteinleitung oder auch deren **Gründe** mitgeteilt werden müssen. Die Materialien sind nicht eindeutig, da einmal in der Begründung von einer Mitteilung der „Gründe für die Entscheidung" „in gebotener Kürze" die Rede ist.[2] Zum anderen heißt es in der Gegenäußerung der Bundesregierung, dass die Gründe für die Tatsache der Nichteinleitung nicht mitgeteilt werden.[3] Die letztere Ansicht ist maßgeblich, da sie den Willen des Gesetzgebers **nach** der Diskussion über das Recht auf informationelle Selbstbestimmung wiedergibt. Im Übrigen lässt sich auch nur eine auf das Notwendigste beschränkte Unterrichtung Dritter mit dem **Persönlichkeitsrecht** der Betroffenen in Einklang bringen.

5. Anfechtbarkeit

11 Die Mitteilung ist **nicht anfechtbar**. Die Unterrichtung über die Nichteinleitung des Verfahrens ist keine Endentscheidung und auch keine Zwischenentscheidung, sondern eine gerichtliche Verfügung ohne Regelungscharakter (vgl. zu den Entscheidungen, die der Beschwerde unterliegen, § 58 Rz. 5 ff.). Sie hat lediglich Mitteilungscharakter und dient der Information eines am Verfahren – noch – nicht beteiligten Dritten.

6. Materiell Beteiligte

12 Diese Verfahrensweise greift auch in dem Fall, dass der „Anregende" als materiell Beteiligter im Sinne des **§ 7 Abs. 2** in dem angestrebten Verfahren in Betracht kommt (zu den Voraussetzungen: § 7 Rz. 24–38). Auch wenn eine Person aus diesem Kreis die Verfahrenseinleitung anregt und das Gericht dem nicht folgt, bleibt es bei der Mitteilung nach § 24 Abs. 2. Eine Verpflichtung des Gerichts, hierüber durch anfechtbaren **Beschluss nach § 38 zu entscheiden**, sieht das Gesetz **nicht** vor.[4] Auch eine Entschei-

1 BVerfG v. 9.3.1988 – 1 BvL 49/86, NJW 1988, 2031.

2 Begr. RegE, BT-Drucks. 16/6308, S. 186.

3 BT-Drucks. 16/6308, S. 406.

4 AA *Brehm*, FPR 2006, 401 (404) mit allerdings missverständlicher Formulierung, wonach der materiell Beteiligte in diesen Fällen „um Rechtsschutz" nachsuche, was bei den Verfahren der freiwilligen Gerichtsbarkeit so häufig nicht der Fall ist; zustimmend zu *Brehm: Fölsch*, § 2 Rz. 62.

dung nach § 7 Abs. 5 ist nicht geboten, da diese den anderen Fall betrifft, dass jemand bei einem bereits eingeleiteten Verfahren nicht als Beteiligter hinzugezogen wird. Die Überlegungen in der Gesetzesbegründung sprechen im Übrigen gegen eine Entscheidung in Beschlussform: So ist unter den Beispielsfällen für eine Unterrichtung nach § 24 auch der Fall erwähnt, dass jemand, der „an einem späteren Verfahren als Beteiligter hinzuzuziehen gewesen wäre", die Anregung gegeben hat.[1] Gleichwohl hat der Gesetzgeber keinen Anlass gesehen, in diesem Fall eine Verfahrensentscheidung durch Beschluss vorzuschreiben. Die Lösung entspricht der Systematik des FamFG-Verfahrens, wonach die Beteiligung der in § 7 erwähnten Personen erst mit der Einleitung eines Verfahrens, die im Falle des § 24 Abs. 2 gerade abgelehnt wird, erforderlich wird.

§ 25
Anträge und Erklärungen zur Niederschrift der Geschäftsstelle

(1) Die Beteiligten können Anträge und Erklärungen gegenüber dem zuständigen Gericht schriftlich oder zur Niederschrift der Geschäftsstelle abgeben, soweit eine Vertretung durch einen Rechtsanwalt nicht notwendig ist.

(2) Anträge und Erklärungen, deren Abgabe vor dem Urkundsbeamten der Geschäftsstelle zulässig ist, können vor der Geschäftsstelle eines jeden Amtsgerichts zur Niederschrift abgegeben werden.

(3) Die Geschäftsstelle hat die Niederschrift unverzüglich an das Gericht zu übermitteln, an das der Antrag oder die Erklärung gerichtet ist. Die Wirkung einer Verfahrenshandlung tritt nicht ein, bevor die Niederschrift dort eingeht.

1 Begr.RegE, BT-Drucks. 16/6308, S. 186.

A. Allgemeines

I. Neufassung

1 Die Vorschrift knüpft an den bisherigen § 11 FGG an, enthält indes einige Änderungen. Die Formulierung ist zum Teil wortgleich mit § 129a ZPO. Abs. 1 regelt die zulässigen Möglichkeiten zur Abgabe von Erklärungen und Anträgen, während Abs. 2 bestimmt, welche Gerichte zur Empfangnahme dieser Erklärungen zuständig sind.

Die in § 25 vorgesehenen Formen zur Antragstellung und Abgabe von Erklärungen kommen **nicht zur Anwendung**, wenn eine **Vertretung durch Rechtsanwälte** geboten ist, Abs. 1. Damit entfällt ersatzlos die bisher zulässige Möglichkeit der Einlegung der Rechtsbeschwerde zu Protokoll des Gerichts als Alternative zur Einlegung durch eine von einem Rechtsanwalt unterzeichnete Beschwerdeschrift nach § 29 Abs. 1 Satz 1 FGG. Frühere Einzelregelungen (§§ 21 Abs. 2 Satz 1 und 29 FGG) werden damit entbehrlich.[1] Abs. 2 stellt nun klar, dass Anträge und Erklärungen vor der **Geschäftsstelle jedes Amtsgerichts** abgegeben werden können. Das entspricht der bisherigen hM auf der Grundlage des alten § 11 FGG.[2] Die in Abs. 3 statuierte Verpflichtung der Geschäftsstelle, die Niederschrift unverzüglich an das zuständige Gericht weiterzuleiten, bestand bereits auf Grund der früheren Rechtslage, ohne dass dies gesetzlich normiert gewesen wäre.[3] Allerdings werden eventuelle Fristen erst mit Eingang bei dem zuständigen Gericht gewahrt, was jetzt gesetzlich festgelegt ist, Abs. 3 Satz 2.

2 Unberührt bleibt daneben die Möglichkeit, Anträge und Erklärungen als **elektronisches Dokument** nach § 14 Abs. 2 zu übermitteln, sofern die Gerichtsakten bereits elektronisch geführt werden, was bisher die Ausnahme ist (vgl. § 14 Rz. 26 ff.). Wegen weiterer Einzelheiten wird auf die Anmerkungen zu § 14 (dort insbesondere Rz. 10 ff.) verwiesen.

II. Normzweck

3 Durch die Befugnis, Anträge und Erklärungen zur Niederschrift der Geschäftsstelle abzugeben, wird für nicht anwaltlich vertretene Beteiligte der **Umgang mit dem Gericht erleichtert**. Zugleich soll die Unterstützung durch eine Amtsperson dafür sorgen, dass die Erklärungen oder Anträge in sachgemäßer Form angebracht werden.[4]

III. Anwendungsbereich

4 § 25 findet **keine Anwendung** in den **Ehesachen** und **Familienstreitsachen**; § 113 Abs. 1 verweist für diese Verfahren auf die Vorschriften der ZPO, hier insbesondere §§ 129a, 496 ZPO.

1 Begr. RegE, BT-Drucks. 16/6308, S. 186.
2 Keidel/*Zimmermann*, § 11 FGG Rz. 7; *Bassenge*/Roth, § 11 FGG Rz. 6.
3 Keidel/*Zimmermann*, § 11 FGG Rz. 12.
4 Jansen/*v. König*, § 11 FGG Rz. 1.

B. Inhalt der Vorschrift

I. Abgabe von Erklärungen und Anträgen (Absatz 1)

1. Kein Anwaltsverfahren

Die erleichterten Möglichkeiten zur Abgabe von Erklärungen und Anträgen gelten nur für Verfahren, in denen kein Anwaltszwang besteht. Das sind die **Verfahren der freiwillige Gerichtsbarkeit** und die **übrigen Familienverfahren**, die nicht Ehesachen oder Familienstreitsachen sind (§§ 112, 113). In diesen Verfahren können die Beteiligten selbst sämtliche Verfahrenshandlungen wirksam durchführen mit **Ausnahme der Rechtsbeschwerde** nach §§ 70 ff.; diese kann nur wirksam durch einen beim BGH zugelassenen Rechtsanwalt eingelegt und durchgeführt werden (§§ 71, 10 Abs. 4; vgl. § 71 Rz. 8). 5

2. Anträge und Erklärungen in Schriftform oder zu Niederschrift der Geschäftsstelle

a) Abgabe von Erklärungen und Anträgen

Anträge sind verfahrenseinleitende Anträge nach § 23 und sonstige Anträge wie auf Verfahrenskostenhilfe, Ablehnungsanträge, Beweisanträge, Kostenanträge, aber auch Anregungen auf Einleitung eines Verfahrens nach § 24. **Erklärungen** sind alle für das Gericht bestimmten Äußerungen tatsächlicher Art (zB Tatsachenvortrag), Erklärungen verfahrensrechtlicher (zB Antragsrücknahme, Beendigungserklärung nach § 22 Abs. 3) sowie rechtsgeschäftlicher Art (zB §§ 1945 Abs. 1, 2081, 2202 Abs. 2 BGB).[1] 6

b) Schriftform

Die Anträge und Erklärungen können als Schriftsätze der Beteiligten eingereicht werden („schriftlich"). Es ist **keine besondere Form** erforderlich, soweit nicht spezielle Formvorschriften eingreifen (wie zB für die Erbausschlagung § 1945 BGB, Anfechtung §§ 1955, 1945 BGB; Anmeldungen zum Handelsregister nach §§ 106 ff. HGB, 7 ff. GmbHG; für die Beschwerdeeinlegung nach §§ 58, 64 FamFG). Eine Unterschrift ist nicht zwingend vorgeschrieben, wenn das Schriftstück nur den Aussteller erkennen lässt. Im Übrigen muss der Inhalt des Antrags oder der Erklärung erkennbar sein. Es muss ferner deutlich werden, dass der Verfasser einen Antrag bzw. eine Erklärung dieses Inhalts gegenüber dem Gericht abgeben will.[2] Eine **telegraphische Erklärung** sowie eine Erklärung per **Telefax** reichen zur Wahrung der Schriftform aus. Auch diese müssen nicht unterschrieben sein, jedoch den Erklärenden erkennen lassen.[3] 7

Etwas anderes gilt für den Schriftsatz, mit dem eine **Beschwerde** eingelegt werden soll, denn für die Einlegung dieses Rechtsmittels sieht das Gesetz nunmehr zwingend die **Unterschrift** des Rechtsmittelführers oder seines Bevollmächtigten vor, § 64 Abs. 2 Satz 3. Das gilt auch für ein Faxschreiben, mit dem die Beschwerde eingelegt wird. Zu den Einzelheiten wird auf § 64 Rz. 11 ff. verwiesen. 8

---

1 *Bassenge*/Roth, § 11 FGG Rz. 1; Keidel/*Zimmermann*, § 11 FGG Rz. 13.
2 OLG Frankfurt v. 27.9.2002 – 1 WF 157/02, FamRZ 2003, 321.
3 Keidel/*Zimmermann*, § 11 FGG Rz. 29, 30 mwN; *Bassenge*/Roth, § 11 FGG Rz. 7.

c) Anträge und Erklärungen zur Niederschrift der Geschäftsstelle

aa) Zuständige Geschäftsstelle

9 Die Antragstellung oder die Abgabe der Erklärung erfolgen durch die Fertigung der **Niederschrift**, nicht schon durch die mündliche Erklärung. Die Niederschrift ist in jedem Fall bei der Geschäftsstelle des zuständigen Gerichts zulässig. **Zuständiges Gericht** ist dasjenige, bei dem das Verfahren, auf das sich die Erklärung bezieht, anhängig ist. Ist noch kein Verfahren anhängig, dann ist das Gericht zuständig, bei dem die Sache nach den gesetzlichen Vorschriften anhängig gemacht werden könnte.[1] Soweit an dem Gericht eine Rechtsantragsstelle existiert, tritt diese an die Stelle der zuständigen Geschäftsstelle.[2] Die Geschäftsstelle bzw. die Rechtsantragsstelle ist verpflichtet, den Antrag oder die Erklärung zur Niederschrift aufzunehmen. Abs. 2 sieht die weitere Zuständigkeit eines jeden Amtsgerichts in der Bundesrepublik vor (s. Rz. 14).

bb) Urkundsbeamter

10 Innerhalb der Geschäftsstelle hat der Urkundsbeamte die Erklärungen oder Anträge zur Niederschrift aufzunehmen. Urkundsbeamte sind die **Beamten des mittleren Dienstes** bzw. die entsprechenden Angestellten nach § 153 Abs. 3 GVG. Diese sind befugt, aber auch verpflichtet, Erklärungen und Anträge von Verfahrensbeteiligten zu protokollieren. Eine ausschließliche Zuständigkeit des **Rechtspflegers** zur Aufnahme von Erklärungen nach § 24 Abs. 1 RPflG ist wegen des Anwaltszwangs bei Rechtsbeschwerden hinfällig geworden. Bei der Aufnahme sonstiger Rechtsbehelfe ist die in § 24 Abs. 2 vorgesehene Zuständigkeit nicht zwingend, sondern nur fakultativ und setzt auch voraus, dass mit dem Rechtsbehelf gleichzeitig die Begründung erklärt wird, § 24 Abs. 2 Nr. 1 RPflG. Wird ein Antrag oder eine Erklärung durch den Rechtspfleger an Stelle des Urkundsbeamten protokolliert, so ist diese Niederschrift immer wirksam.[3] Im Übrigen ist auch die Antragstellung/Erklärungsabgabe oder Einlegung einer Beschwerde zu Protokoll des **Richters** nach richtiger Ansicht immer zulässig, weil dieser an Stelle des Urkundsbeamten tätig werden kann, aber nicht muss.[4]

cc) Form und Inhalt der Niederschrift

11 Hierzu bestehen wie schon unter der Geltung des FGG **keine Vorschriften**. Ausreichend ist, dass es sich erkennbar um eine Niederschrift einer in amtlicher Eigenschaft aufgenommenen Erklärung handelt. Der Erklärende muss persönlich erschienen sein; eine telefonische Erklärung genügt nicht der Form zur Niederschrift der Geschäftsstelle.[5] Das Protokoll soll zumindest folgende Angaben enthalten: Bezeichnung des aufnehmenden Gerichts, Name und Amtsbezeichnung des Urkundsbeamten, Ort und Datum der Niederschrift, Bezeichnung der Sache, möglichst mit Aktenzeichen, Personalien der persönlich erschienenen Person, Inhalt des Antrags oder der Erklärung.[6]

12 Die inhaltlichen Erklärungen müssen **von dem Urkundsbeamten formuliert** sein. Nicht ausreichend und damit keine ordnungsgemäße Niederschrift liegt vor, wenn der

1 Keidel/*Zimmermann*, § 11 FGG Rz. 6.
2 Keidel/*Sternal*, § 21 FGG Rz. 12.
3 Keidel/*Zimmermann*, § 11 FGG Rz. 25.
4 BayObLG v. 24.5.1989 – BReg. 3 Z 45/89, NJW-RR 1989, 1241; OLG Frankfurt v. 4.12.2000 – 20 W 509/2000, RPfleger 2001, 178.
5 Jansen/*v. König*, § 11 Rz. 16; OLG Köln v. 14.5.2001 – 16 Wx 55/01, OLGReport 2001, 341.
6 Keidel/*Zimmermann*, § 11 FGG Rz. 19.

Urkundsbeamte nur auf ein vom Erklärenden beigebrachtes und der Niederschrift angefügtes Schriftstück Bezug nimmt. Ebenso wenig wirksam ist eine Niederschrift, die auf Diktat erfolgt oder lediglich eine Abschrift eines Schreibens des Antragstellers beinhaltet.[1] Die Niederschrift ist – mit dem Text abschließend – **vom Urkundsbeamten** zu **unterschreiben**. Die Unterschrift des Erklärenden ist zur Wirksamkeit nicht erforderlich,[2] empfiehlt sich aber dennoch, um späteren Streitigkeiten über den Inhalt der Erklärung vorzubeugen und eventuellen, noch nicht absehbaren Formerfordernissen zu genügen (vgl. Rz. 15 zur Beschwerdeeinlegung).

d) Mündliche Anträge/Erklärungen

Hierzu findet sich in § 25 keine Regelung. Nach bisheriger Rechtslage konnten Anträge und Erklärungen, **soweit keine besonderen Formvorschriften** bestanden, auch (fern)mündlich gegenüber dem Richter oder Rechtspfleger abgegeben werden.[3] Der Wortlaut des § 25 Abs. 1 lässt andere Formen der Antragstellung bzw. der Erklärung zu, da die Beteiligten ihre Anträge/Erklärungen in der dort vorgesehenen Form abgeben „können", nicht müssen. Da weder das Gesetz noch die Materialien sich zu Erklärungen in mündlicher Form äußern, diese Form aber auch nicht negativ erwähnt und damit ausgeschlossen wird, sind keine Gründe ersichtlich, weshalb nicht weiterhin **mündliche Anträge oder Erklärungen**, soweit **keine Formerfordernisse** bestehen, **zulässig** sind (s. auch § 23 Rz. 10 zur Zulässigkeit mündlicher verfahrenseinleitender Anträge). Bei mündlichen Erklärungen ist es ebenfalls erforderlich, dass die Identität des Erklärenden feststeht. Für den Richter oder Rechtspfleger empfiehlt es sich, einen Vermerk über die mündliche Erklärung zu fertigen, der zu den Akten genommen werden kann. Die **Beschwerde** nach § 58 kann nicht durch eine mündliche Erklärung eingelegt werden, weil für sie die Formerfordernisse des § 64 gelten, dh. entweder Einlegung durch einen Beschwerdeschriftsatz oder durch Erklärung zur Niederschrift der Geschäftsstelle (s. dazu § 64 Rz. 6). Durch eine telefonische Erklärung gegenüber dem Urkundsbeamten der Geschäftsstelle mit dem Ziel der Beschwerdeeinlegung wird das Rechtsmittel nicht wirksam eingelegt.[4] 13

3. Abgabe des Antrags/der Erklärung gegenüber der Geschäftsstelle jedes Amtsgerichts (Absatz 2)

a) Abgabe der Erklärung bei einem unzuständigen Gericht und Fristwahrung

Durch die Neufassung ist nunmehr gesetzlich festgeschrieben, dass Anträge und Erklärungen nicht nur bei dem zuständigen Amtsgericht, sondern vor **jedem Amtsgericht** abgegeben werden können. Ob mit der ansonsten wirksamen Abgabe einer fristgebundenen Erklärung vor einem anderen als dem örtlich zuständigen Gericht bereits die Frist gewahrt wurde oder ob die Erklärung noch innerhalb der Frist bei dem zuständigen Gericht eingehen musste, wurde zu § 11 FGG aF unterschiedlich gesehen.[5] Der Gesetzgeber hat die Frage jetzt in dem Sinne entschieden, dass die Anträge/Erklä- 14

1 OLG Köln v. 9.12.2003 – 16 Wx 232/03, OLGReport 2004, 125; OLG Köln v. 8.6.1994 – 2 Wx 5/94, OLGReport 1995, 27.

2 BayObLG v. 3.11.2004 – 3 Z BR 190/04 und 3Z BR 194/04, FamRZ 2005, 834.

3 *Bassenge*/Roth, § 11 FGG Rz. 8 mwN; *Bumiller*/Winkler, § 11 FGG Rz. 6.

4 OLG Köln v. 14.5.2001 – 16 Wx 55/01, OLGReport 2001, 341.

5 *Bassenge*/Roth, Einl. FGG Rz. 13: Antragstellung vor örtlich unzuständigem Gericht wahrt die Frist; anders Keidel/*Zimmermann*, § 11 FGG Rz. 12.

rungen **innerhalb der Frist** bei dem örtlich **zuständigen Gericht** eingehen müssen, um wirksam zu werden. Das folgt unmittelbar aus dem Wortlaut des Abs. 3. In der Begründung des RegE wird dies nochmals bestätigt.[1] Die Vorschrift hat deshalb mit Abs. 3 Satz 1 eine Verpflichtung der Geschäftsstelle des Empfangsgerichts zur unverzüglichen Weiterleitung an das zuständige Gericht vorgesehen (Rz. 17).

b) Ausnahmen von Absatz 2

aa) Beschwerde

15 Die Beschwerdeeinlegung kann abweichend von § 25 Abs. 2 nur **bei dem Ausgangsgericht** erfolgen, § 64 Abs. 1. Deshalb muss nach §§ 64 Abs. 1, Abs. 2 die Rechtsmitteleinlegung zur Niederschrift der **Geschäftsstelle des Ausgangsgerichts** erfolgen (vgl. auch § 64 Rz. 6). Eine Erklärung der Beschwerdeeinlegung zur Niederschrift der Geschäftsstelle eines nicht zuständigen Gerichts ist formunwirksam und deshalb nicht fristwahrend.[2] Wird die Niederschrift des unzuständigen Gerichts dem zuständigen Gericht innerhalb der Beschwerdefrist zugeleitet (vgl. Abs. 3), so ist das Rechtsmittel nur dann rechtzeitig und damit wirksam eingelegt, wenn die Niederschrift die **Unterschrift** des Beschwerdeführers trägt. Denn die unwirksame Niederschrift kann zwar in eine Beschwerdeschrift nach § 64 Abs. 2 Satz 1, 1. Alt. umgedeutet werden. Die **Umdeutung** ist indes nur rechtswirksam, wenn die Beschwerdeschrift die nach § 64 Abs. 2 Satz 3 zwingend vorgeschriebene Unterschrift des Beschwerdeführers oder Bevollmächtigten trägt.[3] Dies wird nicht regelmäßig der Fall sein, da die Niederschrift zur Geschäftsstelle nur vom Urkundsbeamten unterschrieben sein muss (vgl. Rz. 11). Ist die Rechtsmitteleinlegung deshalb verspätet, so kommt eine Wiedereinsetzung nach §§ 17 ff. in Betracht, wenn das protokollierende Gericht es unterlassen hat, den rechtzeitig erschienenen, nicht rechtskundigen Rechtsmittelführer auf Bedenken gegen seine Zuständigkeit hinzuweisen.[4]

bb) Sondervorschriften

16 Für die **Beschwerdeeinlegung** sind in Spezialverfahren zusätzlich zu der Zuständigkeit des Ausgangsgerichts nach § 64 Abs. 1 weitere Amtsgerichte **örtlich zuständig**: In Verfahren, in denen der Betroffene untergebracht oder inhaftiert ist, ist auch das **Amtsgericht am Ort der Unterbringung** für die Beschwerdeeinlegung zuständig, und zwar in Betreuungssachen nach **§ 305**, in Unterbringungssachen nach **§ 336** und in Freiheitsentziehungssachen nach **§ 429 Abs. 4**.

II. Verpflichtung zur Weiterleitung durch das unzuständige Gericht (Absatz 3)

1. Normierung der bisherigen Rechtsprechung

17 Mit Abs. 3 wird das unzuständige Gericht **verpflichtet**, Niederschriften jeder Art **unverzüglich** weiterzuleiten. Damit hat der Gesetzgeber eine anerkannte Rechtspre-

1 BT-Drucks. 16/6308, S. 186.
2 BayObLG v. 20.2.1992 – BReg. 2 Z 158/91, RPfleger 1992, 286.
3 So zB *Bassenge*/Roth, § 11 FGG Rz. 6 zur alten Rechtslage bei § 29 Abs. 1 FGG.
4 So BayObLG v. 20.2.1992 – BReg. 2 Z 158/91, RPfleger 1992, 286; ähnlich OLG Köln v. 3.1.2000 – 2 W 214/99, ZIP 2000, 280.

chung zur Rechtsmitteleinlegung bei dem unzuständigen Gericht aufgegriffen und für sämtliche fristgebundenen Erklärungen gesetzlich fixiert.[1] Nach dieser vor allem vom BVerfG begründeten Rechtsprechung kann ein Rechtsmittelführer, der sein Rechtsmittel deutlich vor Fristablauf aus Unkenntnis bei einem unzuständigen Gericht einreicht, erwarten, dass sein Schriftsatz im ordnungsgemäßen Geschäftsgang ohne schuldhaftes Zögern an das zuständige Gericht/die zuständige Behörde übersandt wird.[2] Das BVerfG hat bspw. eine Weiterleitung, die innerhalb einer Frist von neun Tagen nicht durchgeführt wurde, als nicht mehr dem ordentlichen Geschäftsgang entsprechend angesehen.[3] Andererseits besteht für das zunächst angegangene Gericht keine „vorbeugende Fürsorgepflicht", erkennbare Irrläufer außerhalb des normalen Ablaufs beschleunigt weiterzuleiten.[4] „**Unverzüglich**" bedeutet demnach eine Weitergabe **ohne schuldhaftes Zögern** im **ordnungsgemäßen Geschäftsgang**.

2. Möglichkeit der Wiedereinsetzung

Wird auf Grund nicht unverzüglicher Weiterleitung durch die Geschäftsstelle eine Frist versäumt, obwohl der Antrag oder die Erklärung zeitig vor Ablauf der Frist eingereicht worden war, so kommt wegen eines möglichen Verschuldens des Gerichts eine **Wiedereinsetzung nach §§ 17 ff.** in Betracht,[5] wenn deren sonstige Voraussetzungen vorliegen. Zu den Voraussetzungen s. § 17 Rz. 12 ff. Bei der Beschwerdeeinlegung ist die zusätzliche Besonderheit zu beachten, dass die Form des § 64 Abs. 2 für das Rechtsmittel und den Wiedereinsetzungsantrag erfüllt sein muss, dazu Rz. 15. 18

3. Wirksamkeit einer Verfahrenshandlung

Abs. 3 bestimmt in Satz 2 ausdrücklich, dass eine Verfahrenshandlung erst mit Eingang bei dem zuständigen Gericht wirksam wird. Dies ist vor allem für fristgebundene Verfahrenserklärungen bedeutungsvoll. Hierzu wird auf Rz. 14 verwiesen. Inwieweit diese Regelung auch auf fristgebundene Erklärungen nach materiellem Recht anzuwenden ist, wie zB auf die Ausschlagung einer Erbschaft nach §§ 1944, 1945 BGB, beurteilt sich nach deren Regelungsgehalt und auch der Frage einer entsprechenden Anwendbarkeit des § 2 Abs. 3, falls das unzuständige Gericht schon tätig geworden ist.[6] 19

1 BT-Drucks. 16/6308, S. 186.

2 ZB BVerfG v. 17.3.2005 – 1 BvR 950/04, NJW 2005, 2137; BVerfG v. 2.9.2002 – 1 BvR 476/01, NJW 2002, 3692; BVerfG v. 3.1.2001 – 1 BvR 2147/00, NJW 2001, 1343; ebenso BGH v. 15.6.2004 – VI ZB 75/03, NJW-RR 2004, 1655.

3 BVerfG v. 17.3.2005 – 1 BvR 950/04, NJW 2005, 2137.

4 BGH v. 15.6.2004 – VI ZB 75/03, NJW-RR 2004, 1655.

5 So ausdrücklich die Begr. des RegE, BT-Drucks. 16/6308, S. 186.

6 So zB wenn das unzuständige Gericht bereits als Nachlassgericht tätig geworden ist; zur bisherigen Rechtslage BGH v. 6.7.1977 – IV ZB 63/75, RPfleger 1977, 406; Palandt/*Edenhofer*, § 1945 BGB Rz. 8; Keidel/*Zimmermann*, § 11 FGG Rz. 12.

§ 26
Ermittlung von Amts wegen

Das Gericht hat von Amts wegen die zur Feststellung der entscheidungserheblichen Tatsachen erforderlichen Ermittlungen durchzuführen.

A. Entstehung und Inhalt der Norm

1 Die Norm ist nahezu wortgleich mit dem früheren § 12 FGG. Sie regelt wie die Vorgängernorm den Grundsatz der Amtsermittlung (Untersuchungsgrundsatz, Inquisitionsmaxime). Die Norm hat daher grundlegende Bedeutung sowohl für die Einordnung des FamFG in die einzelnen Verfahrensmaximen (s. Einleitung Rz. 56 ff. und § 26 Rz. 4) wie auch als Ausgangspunkt für das gesamte Beweisrecht der freiwilligen Gerichtsbarkeit (vgl. dazu § 26 Rz. 2). Wie bisher § 12 FGG, so gibt auch der neue § 26 dem gesamten Verfahren der freiwilligen Gerichtsbarkeit in besonderer Weise das Gepräge und stellt zugleich einen zentralen Unterschied zum Zivilprozess dar. Die Norm war und ist in ihrer grundsätzlichen Beibehaltung des Grundsatzes der Amtsermittlung unumstritten. Daher stellt auch die Gesetzesbegründung sehr lapidar fest, dass dem Gericht die Feststellung der entscheidungserheblichen Tatsachen von Amts wegen obliegt.[1]

1 Begr. RegE, BT-Drucks. 16/6308, S. 186.

B. Systematik des Gesetzes

Die Norm ist im Zusammenhang der §§ 26–31 sowie 37 zu lesen. Zunächst stellt § 26 den Grundsatz der Amtsermittlung wie bisher auf. Damit in unmittelbarem Zusammenhang regelt § 27 die Mitwirkungspflicht der Beteiligten, die das frühere FGG nach dem Normtext nicht kannte. Nach den Regeln der Verfahrensleitung und damit insbesondere des gerichtlichen Hinwirkens auf ausreichenden Sachvortrag (§ 28) wird die Beweiserhebung sodann im Einzelnen in die Möglichkeiten des Freibeweises (§ 29) und des Strengbeweises (§ 30) unterteilt. Ergänzt werden diese allgemeinen Festlegungen zur Sachverhaltsermittlung durch eine spezielle Regelung über die Glaubhaftmachung (§ 31) und den Grundsatz der freien Beweiswürdigung (§ 37). Das FGG kannte diese Regelungen zur Sachverhaltsermittlung und zum Beweis weithin nicht. Dennoch wurde die Rechtslage unter Heranziehung von § 12 FGG im Wesentlichen gleichartig eingeschätzt. 2

C. Normzweck

§ 26 enthält die grundlegende Weichenstellung zur Sachverhaltsermittlung. Eine Ermittlung des Sachverhalts von Amts wegen ist für den gesamten Bereich der Familiensachen und der freiwilligen Gerichtsbarkeit sachgerecht. Die oftmals weiten Spielräume, die sich für richterliche Entscheidungen hier bieten, verlangen nach weiten und flexiblen Möglichkeiten auch im Bereich des Vorbringens und der Beweisführung. Die strikte Verhandlungsmaxime (Beibringungsgrundsatz) der ZPO setzt voraus, dass es sich beim Streit der Parteien weithin um dispositives Recht handelt, wodurch ein eindeutiges Interesse am konkreten Ausgang des Verfahrens zu Lasten der Gegenpartei erzeugt wird. Diese Situation der ZPO ist daher zwingend von einer kontradiktorischen Parteistellung der Streitparteien flankiert. 3

Die Norm ist abzutrennen von der Frage der Herrschaft über den Verfahrensgegenstand und insbesondere die Kompetenz zur Einleitung des Verfahrens (Dispositionsmaxime contra Offizialmaxime, s. Einleitung Rz. 60). Diese Fragen werden in den §§ 23, 24, 25 geregelt. Ferner ist die Norm abzugrenzen von den Fragen der formalen Verfahrensgestaltung (Amtsbetrieb contra Parteibetrieb). Diese Fragen werden in den §§ 7 Abs. 4, 15, 23 Abs. 1, 28 Abs. 4, 32, 41 geregelt. Vielmehr geht es in § 26 (sowie in § 27) allein um den Umfang der Sachverhaltsermittlungen. Die Norm regelt also allein das Verhältnis des Verhandlungs- oder Beibringungsgrundsatzes, wie er in der ZPO und im arbeitsgerichtlichen Urteilsverfahren gilt, zum Untersuchungsgrundsatz (= Amtsermittlungsgrundsatz oder Inquisitionsmaxime), wie er neben dem FamFG auch im Verwaltungsprozess, Steuerprozess, Sozialgerichtsprozess, Strafprozess und im arbeitsgerichtlichen Beschlussverfahren gilt. 4

Erst recht nicht steht § 26 in Verbindung zu den Verfahrensgrundsätzen des rechtlichen Gehörs, der Mündlichkeit oder Schriftlichkeit des Verfahrens, der Unmittelbarkeit, der Öffentlichkeit und zu anderen Verfahrensgrundsätzen (s. Einleitung Rz. 56 ff.). 5

Wenn die Kommentierungen zum früheren § 12 FGG in breiter Form nahezu sämtliche Verfahrensmaximen ins Auge gefasst hatten, so ist das nur unter dem Aspekt zu verstehen, dass es die §§ 27, 28, 29, 30, 37 FamFG und viele weitere Normen bisher als gesetzliche Formulierungen nicht gab. In der Vergangenheit wurde deshalb § 12 FGG teilweise wie eine Generalklausel zu den Verfahrensmaximen und zum Beweisrecht behandelt. 6

D. Anwendungsbereich

7 § 26 gilt in allen Verfahren der freiwilligen Gerichtsbarkeit, die im Rahmen des FamFG geregelt sind. Die Amtsermittlung gilt also für Amtsverfahren ebenso wie für Antragsverfahren.

8 § 26 gilt für das erstinstanzliche Verfahren ebenso wie für die Beschwerdeinstanz (vgl. § 68 Abs. 3) und für das Verfahren der Rechtsbeschwerde (vgl. § 74 Abs. 4), soweit dort überhaupt noch Tatsachenfeststellungen in Betracht kommen. Die Norm gilt auch im Verfahren der einstweiligen Anordnung (vgl. § 51 Abs. 2).

9 Keine Anwendung findet die Norm in Ehe- und Familienstreitsachen (vgl. § 113 Abs. 1). Allerdings geht die Verweisung in § 113 Abs. 1 Satz 2 auf die ZPO insoweit ins Leere, als die beiden ersten Bücher der ZPO keine ausdrückliche Regelung der Sachverhaltsermittlung enthalten. Vielmehr wurde bisher der nunmehr aufgehobene § 616 ZPO herangezogen. Nach neuem Recht gilt in diesem Bereich für Ehesachen die eingeschränkte Amtsermittlung des § 127. § 127 Abs. 1 stimmt wörtlich mit § 26 überein, § 127 Abs. 2 und 3 entsprechen dem bisherigen § 616 Abs. 2 und 3 ZPO. Für Familienstreitsachen gilt weder § 26 noch § 127. Diese unterliegen also nicht der Amtsermittlungspflicht, was zu unangenehmen Verfahrensproblemen führen kann. Der Gesetzgeber hat deshalb in den §§ 235, 236 Auskunftspflichten der Beteiligten und Dritter festgelegt.

10 Außerhalb des FamFG gilt der Grundsatz der Amtsermittlung nicht. Das betrifft insbesondere das Grundbuchantragsverfahren.[1]

E. Der Amtsermittlungsgrundsatz

I. Allgemeine Grundlagen

11 Die grundsätzliche Bedeutung des Amtsermittlungsgrundsatzes besteht darin, dass das Gericht ohne jegliche Bindung an Behauptungen und Beweisanträge der Beteiligten die entscheidungserheblichen Tatsachen ermitteln und in das Verfahren einführen kann. In Übereinstimmung damit formuliert etwa § 86 Abs. 1 VwGO ausdrücklich, dass das Gericht an das Vorbringen und an die Beweisanträge der Beteiligten nicht gebunden ist. **Begrenzungen** kann diese allgemeine Verpflichtung des Gerichts zur Sachverhaltsermittlung zunächst durch die Mitwirkung der Beteiligten gem. § 27 erfahren. Auch soweit das Gesetz im Einzelnen den Beteiligten die Beibringung gewisser Unterlagen auferlegt (zB im Erbscheinsverfahren nach den §§ 2354 bis 2356 BGB) oder dem Antragsteller auferlegt, bestimmte Tatsachen glaubhaft zu machen, ist eine Einschränkung der Amtsermittlungspflicht gegeben. **Keine Einschränkung der Pflicht** des Gerichts **zur Amtsermittlung** stellt es nach richtiger Auffassung hingegen dar, wenn dem Gericht nach § 28 gewisse Hinweispflichten und Pflichten zur Verfahrensleitung auferlegt sind.

12 Die Pflicht des Gerichts zur Amtsermittlung wird in ihrem Umfang und Inhalt durch die Anträge der Beteiligten (im Falle eines Antragsverfahrens) und den Verfahrensgegenstand begrenzt. Außerhalb des jeweiligen Verfahrensgegenstandes endet grundsätzlich die Entscheidungsmöglichkeit des Gerichts und damit zugleich seine Pflicht zur Amtsermittlung.

1 KG v. 6.5.1968 – 1 W 807/68, OLGZ 1968, 337 = RPfleger 1968, 224.

Für die Beteiligten ergibt sich aus der Amtsermittlungspflicht des Gerichts, dass es keine Behauptungslast und keine subjektive Beweislast gibt, wie sie der Zivilprozess kennt (s. dazu Rz. 50). Darüber hinaus darf das Gericht den Beteiligten nicht aufgeben, bestimmte entscheidungserhebliche Tatsachen in eigener Initiative durch das Prozessgericht klären zu lassen.[1] Wegen des Amtsermittlungsgrundsatzes kann es im Bereich der freiwilligen Gerichtsbarkeit auch keine Präklusion verspäteten Vorbringens geben.[2] Weiterhin gibt es aus diesem Grund in der freiwilligen Gerichtsbarkeit keine Anerkenntnis-, Verzichts- und Versäumnisentscheidungen. Ebenfalls ausgeschlossen ist es für die Beteiligten, durch Beweisverträge den Raum für Ermittlungen des Gerichts einzuschränken. 13

II. Gegenstand der Amtsermittlung

Nach allgemeinen Regeln können in jedem Verfahren Gegenstand des Vorbringens sowie des Beweises drei verschiedene Aspekte sein: entscheidungserhebliche Tatsachen, relevante Rechtssätze sowie Erfahrungssätze. 14

1. Tatsachen

Dabei erfassen die **entscheidungserheblichen Tatsachen** eines Verfahrens sowohl alle realen Ereignisse der Außenwelt (sog. **äußere Tatsachen**) als auch alle Vorgänge des menschlichen Gefühls- und Seelenlebens (sog. **innere Tatsachen**). Auch künftige Ereignisse (**Prognosen**), hypothetische Schlussfolgerungen über die Vergangenheit (**hypothetische Tatsachen**), ferner die Zusammenfassung von Einzeltatsachen zu Geschehenskomplexen (**Gesamttatsachen**) und schließlich sogar Tatsachenurteile darüber, dass etwas nicht vorliegt (sog. **negative Tatsachen**) oder dass etwas unmöglich ist (**unmögliche Tatsachen**) gehören zum Gegenstand der Amtsermittlung. Es ist heute allgemein anerkannt, dass in allen genannten Bereichen eine Sachverhaltsermittlung sowie ein Beweis möglich sind. Dies gilt insbesondere auch für den Fall des Beweises negativer Tatsachen. 15

Einen Sonderfall stellen die sog. **juristischen Tatsachen** dar. Hierbei handelt es sich um juristische Urteile, die bereits durch eine Subsumtion konkreter Tatsachen unter bestimmte Rechtssätze gewonnen wurden und die nur in einer teilweise unjuristischen Weise ausgedrückt werden. In diesen Fällen muss im Rahmen des Beweisrechts zwischen den einzelnen Tatsachenbehauptungen und den rechtlichen Schlussfolgerungen getrennt werden. 16

Zu den Tatsachen, die Gegenstand eines Beweises und damit der Amtsermittlung sein können, gehören auch die **Hilfstatsachen** des Beweises. Ferner gehören hierher die Tatsachen, die sich auf Verfahrensvoraussetzungen oder andere Zulässigkeitsvoraussetzungen eines Antrags und eines Rechtsmittels beziehen. 17

2. Rechtssätze

Neben den entscheidungserheblichen Tatsachen sind Gegenstand der Amtsermittlung durch das Gericht auch gewisse Rechtssätze. Nicht erforderlich ist eine Amtsermittlung freilich für das geltende deutsche Recht. Hier gilt in allen Verfahrensordnungen 18

1 OLG Zweibrücken v. 26.6.1972 – 3 W – 55/72, DNotZ 1973, 112.
2 BVerfG v. 14.4.1988 – 1 BvR 544/86, NJW 1988, 1963.

der Satz „iura novit curia". Vom Gericht wird also erwartet, dass es das anwendbare deutsche Recht kennt oder sich Kenntnis verschafft. Darüber hinaus muss sich die Kenntnis bzw. die Pflicht zur Ermittlung aber auch auf den in § 293 ZPO genannten Bereich des ausländischen Rechts, des Gewohnheitsrechts sowie des statuarischen Rechts beziehen. Für die Art der Ermittlungen insbesondere des ausländischen Rechts und für das Verfahren gelten die allgemeinen Grundsätze, wie sie zu § 293 ZPO entwickelt wurden. Im Einzelnen bedeutet dies, dass das Gericht alle internen Möglichkeiten der Ermittlung des ausländischen Rechts (Literaturstudium, Auskünfte) anwenden kann. Auch eine Mitwirkung der Beteiligten gem. § 27 kommt hierbei in Betracht. Darüber hinaus ist eine beweismäßige Ermittlung ausländischen Rechts im Rahmen des Freibeweises oder des Strengbeweises (§§ 29, 30) in Betracht zu ziehen. In erster Linie kommt die Einholung eines Sachverständigengutachtens bei rechtswissenschaftlichen Universitätsinstituten oder Max-Planck-Instituten in Betracht. § 293 Satz 2 ZPO gilt also auch im FamFG.[1]

19 Das ermittelte ausländische Recht darf der deutsche Richter allerdings nicht nach dem reinen Gesetzeswortlaut oder ausschließlich nach eigenem Verständnis anwenden. Er muss die Rechtsanwendung vielmehr unter voller Berücksichtigung von Lehre und Rechtsprechung des fremden Staates durchführen.[2] Dies entspricht dem Gebot, dass auch der deutsche Richter soweit wie möglich die **ausländische Rechtswirklichkeit** seiner Entscheidung zugrundelegen muss.

20 Die wohl schwierigste Frage im Bereich der Ermittlung ausländischen Rechts stellt es dar, wenn trotz aller Bemühungen des Gerichts im Einzelfall **das zur Entscheidung berufene ausländische Recht nicht zu ermitteln ist**. Da es im Bereich der Rechtsfrage eine Beweislastentscheidung nicht geben kann, muss der Richter eine inhaltliche Entscheidung treffen. Nach Auffassung der Rechtsprechung ist in solchen Fällen auf die lex fori zurückzugreifen und somit deutsches Recht anzuwenden.[3] Demgegenüber wird in der Literatur teilweise die Auffassung vertreten, ein Ergebnis sei unter Heranziehung verwandter Rechtsordnungen zu ermitteln.[4] Weiterhin wird empfohlen, in solchen Fällen allgemeine Rechtsgrundsätze heranzuziehen.[5] Eine in jedem Fall befriedigende Lösung wird es für das dargestellte Problem nicht geben. Bedenkt man, dass alle im Falle der Nichtermittelbarkeit des ausländischen Rechts vorgeschlagenen Lösungen nur Notlösungen darstellen können, so liegt es nahe, je nach dem Einzelfall die offen gebliebene Rechtsfrage nach Art einer bestehenden Gesetzeslücke durch rechtsfortbildende Überlegungen zu schließen. Gibt es für eine solche Lückenfüllung keine ausreichenden Hinweise, so bleiben nur die geschilderten Ersatzlösungen. Dabei sollte allerdings der Rückgriff auf das deutsche Recht an letzter Stelle stehen.

3. Erfahrungssätze, Verkehrssitten, Handelsbräuche

21 Soweit im Einzelfall Erfahrungssätze, Verkehrssitten, Handelsbräuche oÄ von Bedeutung sind, können und müssen diese ebenfalls vom Gericht ermittelt und in das Verfahren eingebracht werden.

1 AA Jansen/*Briesemeister*, § 12 Rz. 36.
2 BGH v. 23.4.2002 – XI ZR 136/01, NJW-RR 2002, 1359 (1360); BGH v. 23.6.2008 – II ZR 305/01, MDR 2003, 1128.
3 BGH v. 26.10.1977 – IV ZB 7/77, BGHZ 69, 387 = NJW 1978, 496; BGH v. 23.12.1981 – IVb ZR 643/80, NJW 1982, 1215.
4 Stein/Jonas/*Leipold*, § 293 Rz. 63.
5 Vgl. *Broggini*, AcP 155 (1956), 483; *Kötz*, RabelsZ 34 (1970), 671.

III. Umfang der Ermittlungen

1. Ermittlung des Sachverhalts

Der Amtsermittlungsgrundsatz wird dadurch geprägt, dass das Gericht die Verantwortung dafür trägt, dass die gesamten Entscheidungsgrundlagen erfasst werden. Diese Tätigkeit des Gerichts reicht vom Sammeln des Prozessstoffs über das prozessordnungsgemäße Einbringen des Sachverhalts in das Verfahren bis hin zur Vornahme aller Maßnahmen, die der Beweiserhebung dienen und die letztlich das Gericht befähigen, eine Wahrheitsüberzeugung zu gewinnen. Der Amtsermittlung ist bis zur Grenze der Erheblichkeit eine Beschränkung des zu ermittelnden Tatsachenstoffs, aus dem im Rahmen der Sammlung des Prozessstoffs geschöpft wird, und ebenso eine gegenständliche Beschränkung des Sammelns des Prozessstoffs nicht immanent. 22

Zu unterscheiden ist die Sachverhaltsermittlung durch das Gericht von der richterlichen Feststellung, dass vorhandene Tatsachenbehauptungen oder sonstige Informationen wahr oder unwahr sind. Dieser Schritt der inneren Überzeugungsbildung gehört nicht zur Amtsermittlung iSv. § 26, sondern ist der richterlichen Überzeugungsbildung und damit der freien Beweiswürdigung iSv. § 37 Abs. 1 zuzuweisen. 23

Bei dem Sachverhalt, der iSv. § 26 zu ermitteln ist, handelt es sich um die Gesamtheit aller Tatsachen, die das Gericht als gegeben zugrunde legen muss, um seine Entscheidung über den Verfahrensgegenstand zu treffen. Der Umfang dieser Tatsachen wird also ganz wesentlich vom Verfahrensgegenstand bestimmt. 24

2. Ermittlung von Amts wegen und Beweisanträge der beteiligten Parteien

Die zwingende Formulierung einer erforderlichen **Ermittlung von Amts wegen** weist nach dem Gesetzeswortlaut dem Gericht die alleinige und abschließende Verpflichtung zur Amtsermittlung zu. Diese gesetzliche Zuweisung entspricht nahe liegenderweise nicht den tatsächlichen Gegebenheiten des Gerichtsalltags. Vielmehr werden die Beteiligten auf Grund ihrer besonderen Kenntnisse und ihrer speziellen Interessen in vielfältiger Weise zur Sachverhaltsermittlung beitragen wollen und können. So wird es regelmäßig vorkommen, dass Beteiligte ihre eigenen Kenntnisse, Beobachtungen und Mutmaßungen über die tatsächlichen Gegebenheiten dem Gericht mitteilen. Für das Gericht besteht insoweit allerdings keinerlei Bindung an das Vorbringen der Beteiligten. Dieses Vorbringen ist vielmehr nur ein Anhaltspunkt und eine Anregung für das Gericht, seine Ermittlungen durchzuführen und auszudehnen. Es ist aus dieser Sicht also konsequent, dass der Amtsermittlungsgrundsatz des § 26 durch eine Pflicht der Beteiligten zur Mitwirkung gem. § 27 ergänzt wird. 25

Da dem Gericht aber vom Gesetz die Kompetenz und die Verpflichtung zur umfassenden Ermittlung von Amts wegen zugewiesen sind, wäre es fehlerhaft, wenn das Gericht relevanten Anregungen der Beteiligten keine Aufmerksamkeit schenken würde. Dabei kann das Gericht seine Ermittlungen auf **erhebliche Tatsachen** beschränken. Die Ermittlung von darüber hinausgehenden Tatsachen wäre prozessual unzweckmäßig. Dem Gericht ist allerdings die Ermittlung einer rechtlich nicht erheblichen oder nicht beweisbedürftigen Tatsache im Rechtssinne nicht verboten. Eine solche Aufklärung wäre also prozessual nicht unzulässig. Eine daraufhin ergehende Entscheidung könnte nicht wegen einer rechtlich nicht gebotenen Aufklärungsmaßnahme angegriffen werden. 26

Die Verpflichtung des Gerichts zu einer erschöpfenden Aufklärung des Sachverhalts 27
bestimmt zugleich den Umfang, die Intensität und die Reichweite der einzelnen da-

durch geforderten gerichtlichen Bemühungen. Diese einzelnen gerichtlichen Schritte lassen sich nicht genau konkretisieren. Das Gericht muss aber allen bei einer verständigen Würdigung ernsthaften oder diskutablen Möglichkeiten des Geschehens einschließlich jeder ernstlichen Möglichkeit einer Abweichung vom normal zu erwartenden Geschehensablauf nachgehen.[1] Eine Grenze des Gerichts, eine erschöpfende Aufklärung vorzunehmen, ist aber dort erreicht, wo eine ins Auge gefasste Aufklärungsmaßnahme oder ein Beweismittel absolut ungeeignet oder unerreichbar sind. In diesem Zusammenhang sind insbesondere auch Beweisverwertungsverbote zu beachten (s. Rz. 45).

28 Soweit die Beteiligten **Beweisanträge** stellen, ist zunächst zu beachten, dass es in jedem Verfahren ein verfassungsrechtlich garantiertes Recht auf den Beweis gibt. Dieses Recht kann sich auf den Justizgewährungsanspruch und damit letztlich auf das Rechtsstaatsprinzip sowie auf Art. 6 Abs. 1 EMRK stützen.[2] Daraus lässt sich zunächst entnehmen, dass Beweisanträge der Beteiligten grundsätzlich möglich und zulässig sind. Im Rahmen einer Amtsermittlung dienen solche Anträge dem Gericht zunächst als Anregung zur Überprüfung, Ausdehnung und Erweiterung eigener Ermittlungen. Problematisch ist hierbei die Frage, ob das Gericht einen **Beweisantrag ablehnen** kann. Dazu enthält das FamFG keine Regelung. Aus § 86 Abs. 2 VwGO kann man entnehmen, dass die Ablehnung eines Beweisantrags durch das Gericht möglich ist, allerdings nur unter engen Voraussetzungen. Jedenfalls besteht eine Pflicht des Gerichts zur Beweiserhebung nicht, wenn der Antrag des Beteiligten vollkommen unsubstantiiert ist oder wenn er sich in seiner völlig unbestimmten Art als ein Versuch darstellt, vollkommen unbekannte Tatsachen erst zu ermitteln oder eine andere Person auszuforschen. Ein weiterer Grund zur Ablehnung einer Beweiserhebung durch das Gericht ist es, wenn der Beweiserhebung ein Beweisverbot entgegensteht (dazu Rz. 45). Weiterhin kann das Gericht einen Beweisantrag ablehnen, wenn die unter Beweis gestellte Tatsache völlig unerheblich ist. Schließlich kommt als Ablehnungsgrund auch die vollkommene Untauglichkeit oder Unerreichbarkeit des Beweismittels in Betracht.

29 Weiterhin kommt die Ablehnung einer Beweiserhebung durch das Gericht in Betracht, wenn die geltend gemachte Tatsache nicht oder nicht mehr beweisbedürftig ist. Eine **Beweisbedürftigkeit** scheidet insbesondere dann aus, wenn die Tatsache offenkundig ist (vgl. § 291 ZPO), wenn die Tatsache vom Gericht bereits als erwiesen angesehen wird oder wenn die behauptete Tatsache als wahr unterstellt werden kann (Beweisantizipation). Es ist anerkannt, dass eine Wahrunterstellung durch das Gericht auch im Falle der Amtsermittlung nicht ausgeschlossen ist. In der Praxis wird sich die Wahrunterstellung allerdings nicht selten mit der Unerheblichkeit einer Behauptung überschneiden. Nicht zulässig ist es demgegenüber, die Vernehmung eines Zeugen mit der Begründung abzulehnen, durch einen solchen Zeugen könne die Beweistatsache nicht zur Überzeugung des Gerichts festgestellt werden. Dies wäre eine unzulässige Vorwegnahme des Beweisergebnisses. Ebenfalls unzulässig wäre es, eine Beweisaufnahme abzulehnen, weil das Gegenteil einer behaupteten Tatsache bereits erwiesen sei. Denn nach allgemeinen Regeln muss der Gegenbeweis eines Beteiligten immer offen stehen.

1 Vgl. dazu Schoch/Schmidt-Aßmann/Pietzner/*Dawin*, VwGO, § 86 Rz. 61.
2 *Habscheid*, ZZP 96, 306; *Kofmel*, Das Recht auf Beweis im Zivilverfahren, 1992.

3. Mitwirkung der Beteiligten

Die generelle Verpflichtung des Gerichts zur Amtsermittlung hat zwangsläufig zur Konsequenz, dass das Gericht im Einzelfall den Umfang seiner Ermittlungen nach pflichtgemäßem Ermessen bestimmen muss. Dabei besteht allerdings gem. § 27 Abs. 1 eine Mitwirkungspflicht der Beteiligten. Darüber hinaus sieht § 27 Abs. 2 vor, dass im Rahmen dieser Mitwirkungspflichten eine Pflicht zur Vollständigkeit und zur Wahrheit besteht. Allerdings gibt es bei Verletzung dieser Pflichten der Beteiligten nur in sehr beschränktem Umfange Sanktionsmöglichkeiten (im Einzelnen s. § 27). 30

4. Richterliche Hinweispflichten und Verfahrensleitung

Das neue Recht ergänzt die Amtsermittlung des § 26 und die Mitwirkung der Beteiligten iSv. § 27 durch die Verpflichtung des Gerichts, darauf hinzuwirken, dass die Beteiligten sich rechtzeitig und vollständig über erhebliche Tatsachen erklären (§ 28). Diese dem Grundsatz des § 139 ZPO nachgebildete Norm stellt allerdings keine Einschränkung der Amtsermittlungspflicht dar. Vielmehr ist die Verfahrensleitung in § 28 nur ein flankierendes Hilfsmittel des Gerichts, um seine eigene Amtsermittlungspflicht vollständig zu erfüllen. Dies bedeutet im Ergebnis vor allem, dass das Gericht nicht etwa von seiner eigenen Verpflichtung frei wird, wenn die Beteiligten sich nicht rechtzeitig und vollständig erklären.[1] 31

5. Begrenzung durch Anträge und den Entscheidungsgegenstand

Die richterliche Amtsermittlungspflicht besteht grundsätzlich nur im Rahmen richterlicher Zuständigkeit. Dies bedeutet im Einzelnen bei Antragsverfahren, dass die richterlichen Pflichten von dem jeweiligen Antrag bestimmt und begrenzt werden. In allen übrigen Verfahren muss sich die Amtsermittlung auf Bereiche beziehen, die zur sachlichen Zuständigkeit des Gerichts gehören und die im Rahmen des laufenden Verfahrens relevant sein können. Bei Amtsverfahren wird also durch den nach materiellem Recht zu bestimmenden Verfahrensgegenstand eine Begrenzung der Amtsermittlungstätigkeit vorgenommen. 32

6. Beweisbedürftigkeit und Offenkundigkeit

Soweit der Amtsermittlungsgrundsatz Beweiserhebungen veranlasst, sind diese nach allgemeinen Regeln dadurch zu begrenzen, dass eine **Beweisbedürftigkeit** vorliegen muss. Anders als im Zivilprozess scheidet aber die Beweisbedürftigkeit nicht bereits deshalb aus, weil eine Behauptung nicht bestritten (vgl. § 138 Abs. 3 ZPO) oder weil die behauptete Tatsache zugestanden ist (§ 288 ZPO). Vielmehr kann ein Geständnis sowohl in ausdrücklicher Form (§ 288 ZPO) als auch in einer fingierten Form (§§ 138 Abs. 3, 331 Abs. 1 ZPO) in der freiwilligen Gerichtsbarkeit nicht die Beweisbedürftigkeit einer Tatsache beseitigen. In Betracht kommt beim Vorliegen eines Geständnisses allenfalls eine freie Würdigung iSv. § 37 Abs. 1. Dagegen ist auch in der freiwilligen Gerichtsbarkeit die **Offenkundigkeit** einer Tatsache (§ 291 ZPO) zu beachten. Als offenkundig sind solche Tatsachen anzusehen, die man zu den **allgemeinkundigen Tatsachen** oder zu den sog. **gerichtskundigen Tatsachen** rechnen kann. Allgemeinkundig ist eine Tatsache, wenn sie generell oder in einem bestimmten Bereich einer beliebig großen Zahl von Personen bekannt ist oder zumindest wahrnehmbar ist. Da- 33

1 So bereits zum früheren Recht Keidel/*Schmidt*, § 12 Rz. 120.

bei genügt es, dass man sich aus einer allgemein zugänglichen und zuverlässigen Quelle ohne besondere Fachkenntnis über die Tatsache sicher unterrichten kann. Typische Informationsquellen für allgemeinkundige Tatsachen sind jedermann zugängliche wissenschaftliche Nachschlagewerke, Zeitungen, Zeitschriften, Hörfunk, Fernsehen, Fahrpläne, Kalender u.ä. Demgegenüber wird eine Tatsache als gerichtskundig angesehen, wenn das erkennende Gericht sie in seiner amtlichen Eigenschaft selbst wahrgenommen hat oder wahrnehmen kann. Von besonderer Bedeutung ist hierbei die richterliche Kenntnis aus früherer amtlicher Tätigkeit, aus früheren dienstlichen Mitteilungen Dritter, aus früheren Prozessen oder aus der Kenntnis öffentlicher Register. Es genügt, wenn die Tatsache durch eine Nachprüfung in den Gerichtsakten verifiziert werden kann.

34 Von der amtlichen Kenntnis des Gerichts ist **das private Wissen des Richters** abzugrenzen, das die Beweisbedürftigkeit nicht berührt. Ein solches privates Wissen kann der Richter allerdings von Amts wegen in das Verfahren einführen und zum Gegenstand der Erörterung machen. Wird das vom Richter in das Verfahren eingeführte private Wissen von den Beteiligten bestritten, so ist eine Beweiserhebung erforderlich.

IV. Art der Ermittlungen

35 Soweit das Gericht im Rahmen seiner Amtsermittlung relevante Tatsachenbehauptungen gesammelt und in das Verfahren eingeführt hat, stellt sich die Frage, wie im Einzelnen die Ermittlungen und damit die Beweisführung durchzuführen sind, so dass die Möglichkeit einer richterlichen Überzeugungsbildung iSv. § 37 Abs. 1 besteht. Hier stehen dem Gericht zwei Wege zur Verfügung: Es kann in einem an keine Form gebundenen Verfahren eine Beweiserhebung nach § 29 durchführen, was nach bisherigem Verständnis dem sog. Freibeweis entspricht. Das Gericht kann aber auch eine förmliche Beweisaufnahme iSv. § 30 anordnen. In diesem Falle ist die Beweisaufnahme entsprechend der ZPO und unter Beschränkung auf die dort genannten Beweismittel durchzuführen. Diese Beweisaufnahme entspricht dem Gedanken des sog. Strengbeweises; zu den Einzelheiten vgl. §§ 29, 30.

F. Beweisrecht der freiwilligen Gerichtsbarkeit

I. Wesen, Ziel und Arten des Beweises

36 Ausgangspunkt jedes Beweises ist die Anwendung des geltenden Rechts auf das relevante tatsächliche Geschehen. Das Gericht muss den ermittelten Sachverhalt unter die jeweiligen Rechtsnormen subsumieren. Dies ist allerdings nur möglich, wenn die Tatsachen zur Überzeugung des Gerichts feststehen. Das Verfahren, durch das der Richter die Überzeugung von der Wahrheit (oder Unwahrheit) konkreter Tatsachenbehauptungen gewinnt, nennt man Beweis oder Beweisführung. Ziel des Beweises ist die Überzeugung des Richters vom behaupteten Geschehensablauf. Auf die Überzeugung dritter Personen oder einer vernünftigen Durchschnittsperson kommt es ebenso wenig an wie auf die objektive Wahrheit schlechthin.

37 Im Rahmen einer solchen Beweisführung kann der Richter nach dem **Ziel des Beweises** die volle Überzeugung von der Wahrheit erlangen (Vollbeweis); teilweise genügt aber auch eine Glaubhaftmachung, bei der der Richter die behauptete Tatsache nur für überwiegend wahrscheinlich hält (dazu § 31).

Nach der **Art der Beweisführung** kann man den unmittelbaren Beweis, also den Nachweis tatsächlicher Behauptungen, die sich unmittelbar auf ein Tatbestandsmerkmal der fraglichen Norm beziehen, vom mittelbaren Beweis abtrennen, bei dem eine tatbestandsfremde tatsächliche Behauptung bewiesen wird, die ihrerseits einen Schluss auf ein unmittelbares Tatbestandsmerkmal zulässt (**Indizienbeweis**). 38

Nach dem **Zweck der Beweisführung** kann man Hauptbeweis, Gegenbeweis und Beweis des Gegenteils trennen. 39

Schließlich lassen sich nach dem **Beweisverfahren** der Freibeweis vom Strengbeweis trennen (§§ 29, 30). 40

II. Gesetzliche Grundlagen

Das Beweisverfahren hat im Allgemeinen Teil des FamFG erstmals eine Regelung gewisser Grundfragen erhalten. Das frühere FGG hatte über die §§ 12, 15 hinaus keinerlei beweisrechtliche Regelungen beinhaltet. Als normative Grundlagen sind heute insbesondere die §§ 23, 26, 27, 29, 30, 31, 37 zu nennen. Darüber hinaus ist im Falle des Strengbeweises über die Verweisung in § 30 Abs. 1 das gesamte Beweisrecht der ZPO heranzuziehen. Ähnliches gilt eingeschränkt im Falle von § 29 Abs. 2. 41

Trotz dieser deutlichen Verstärkung der gesetzlichen Grundlagen im neuen FamFG ist die Regelung des Beweisrechts weder systematisch noch inhaltlich überzeugend gelungen. Auch künftig wird hier auf allgemeine Rechtsgrundlagen und auf einzelne Regelungen der ZPO zurückzugreifen sein. 42

III. Beweismittel

Die Frage der zur Beweisführung heranzuziehenden Beweismittel ist abhängig von der gesetzlichen Grundentscheidung und Einteilung in den Freibeweis (§ 29) und den Strengbeweis (§ 30). Im Falle des Strengbeweises wird auf die ZPO und damit auf die dort geregelten klassischen fünf Beweismittel verwiesen: Zeuge, Sachverständiger, Urkunde, Augenschein und Parteivernehmung. Demgegenüber ist das Gericht im Rahmen des Freibeweises nicht auf einen strikten Kanon von Beweismitteln festgelegt. Im Einzelnen kommen deshalb über die genannten fünf Beweismittel der ZPO hinaus in Betracht: amtliche Auskünfte von Behörden; formlose mündliche oder schriftliche Anhörungen von Beteiligten oder Zeugen; Akten von Gerichten oder Behörden; eidesstattliche Versicherungen. Eine abschließende Aufzählung der im Rahmen des Freibeweises zulässigen Beweismittel enthält das Gesetz nicht. Der Gesetzgeber wollte dem Gericht bewusst eine flexible Auswahl von Erkenntnismöglichkeiten bewahren. 43

Nach § 23 Abs. 1 sind die Beteiligten im Rahmen von Antragsverfahren aufgerufen, ihren Antrag nicht nur zu begründen, sondern auch die dazu erforderlichen Beweismittel zu benennen. Das Gericht hat sodann diese benannten Beweismittel als Anregungen nach seinem pflichtgemäßen Ermessen zu beurteilen. Hat ein Beteiligter in seinem Vorbringen auf eine Urkunde Bezug genommen, so soll er diese in Urschrift oder Abschrift seinen Ausführungen beifügen (§ 23 Abs. 1 Satz 3). 44

IV. Beweisverbote

45 Nicht jede Beweisführung, die tatsächlich möglich ist, ist auch rechtlich zulässig. Vielmehr gibt es nach unterschiedlicher Terminologie Fälle, in denen ein Beweishindernis oder ein sog. Beweisverbot besteht. Dabei lässt sich zwischen einem Beweiserhebungsverbot und einem Beweisbewertungsverbot trennen.[1] Während Beweiserhebungsverbote in der freiwilligen Gerichtsbarkeit sehr selten sein werden, spielt die Frage des Beweisverwertungsverbots zunehmend eine Rolle. Mit guten Gründen haben Rechtsprechung und herrschende Meinung sich auf den Standpunkt gestellt, dass hier eine gewisse mittlere Position vertreten werden muss. Nicht akzeptiert werden kann die Auffassung, die rechtswidrige Erlangung eines Beweismittels sei im Verfahren ohne Einfluss, ein solches Beweismittel sei daher in vollem Umfang verwertbar. Abzulehnen ist aber auch die Gegenauffassung, wonach jedes materiell widerrechtlich erlangte Beweismittel auch prozessual unzulässig sei und damit eine Verwertung generell ausgeschlossen sei. Richtig dürfte es sein, den Ansatzpunkt für die Lösung dieses Problems darin zu sehen, ob der Schutzzweck der verletzten Norm die prozessuale Sanktion eines Verwertungsverbots gebietet oder nicht.[2] Ein Verwertungsverbot wird man vor allem dort annehmen müssen, wo ein rechtswidriger Eingriff in verfassungsrechtlich geschützte Grundpositionen des Einzelnen vorliegt. Ähnliches gilt wohl in weitgehender Überschneidung mit verfassungsrechtlich geschützten Positionen für einen Verstoß gegen die §§ 201 bis 203 StGB (Vertraulichkeit des Wortes, Briefgeheimnis, Privatgeheimnis). Soweit Beweismittel auf Grund eines Verstoßes gegen andere Normen rechtswidrig erlangt worden sind, kann der Schutzzweckgedanke bei Urkunden und Augenscheinsobjekten durch eine analoge Heranziehung der §§ 422, 423 ZPO ergänzt und verdeutlicht werden.[3]

V. Beweiserhebung

46 Soweit in Verfahren relevante Tatsachenbehauptungen streitig bleiben, beginnt eine Beweiserhebung grundsätzlich mit der Antretung des Beweises. Die insoweit in der ZPO vorgesehenen formellen Regeln der Beweisantretung durch Parteien gelten in der freiwilligen Gerichtsbarkeit nicht. Allerdings ist hier für die Beweisantretung § 23 Abs. 1 zu beachten. Eine auf der subjektiven Beweislast aufbauende Beweisführung von Parteien kann es im Rahmen der freiwilligen Gerichtsbarkeit ebenfalls nicht geben. Dagegen kommt im Bereich des Strengbeweises durch das Gericht eine Anordnung der Beweisaufnahme durch formellen Beweisbeschluss in Betracht (§§ 358, 358a, 359 ZPO). Möglich ist aber auch beim Strengbeweis und erst recht beim Freibeweis eine formlose Anordnung der Beweisaufnahme durch das Gericht. Die sodann durchgeführte Beweisaufnahme vor dem erkennenden Gericht muss nach allgemeinen Regeln die Unmittelbarkeit wahren (vgl. § 355 Abs. 1 Satz 1 ZPO). Zu weiteren Einzelheiten vgl. die §§ 29, 30.

1 Vgl. MüKo.ZPO/*Prütting*, § 284 Rz. 62 ff.
2 MüKo.ZPO/*Prütting*, § 284 Rz. 66 f.
3 Zu den einzelnen Fallgruppen im Zivilprozess vgl. insbesondere MüKo.ZPO/*Prütting*, § 284 Rz. 68 ff.

VI. Freie Beweiswürdigung

Hat ein Gericht über erhebliche Tatsachenbehauptungen Beweis erhoben, so muss es das Ergebnis dieser Beweisaufnahme ebenso wie den gesamten Inhalt des Verfahrens frei würdigen. Dieser Grundsatz der freien Beweiswürdigung ist nunmehr in § 37 Abs. 1 niedergelegt, und er ist von prägender Bedeutung für das gesamte Beweisrecht. Er gilt im Bereich des Freibeweises ebenso wie im Bereich des Strengbeweises, in Antragsverfahren ebenso wie in Amtsverfahren. Der Grundsatz der freien Beweiswürdigung gilt in allen Verfahrensordnungen des deutschen Rechts (vgl. insbesondere § 286 ZPO, § 261 StPO). Zu Einzelheiten s. § 37. 47

VII. Beweismaß

Von der Beweiswürdigung zu trennen ist die Frage, **wann** der Richter von einer Tatsachenbehauptung überzeugt sein darf. Diese Frage nach dem Maßstab richterlicher Überzeugung wird heute regelmäßig unter dem Begriff des Beweismaßes näher behandelt. Es handelt sich dabei um eine Frage abstrakt-genereller Bewertung, ab welchem Punkt ein Richter überzeugt sein darf. Daher muss das jeweils geltende Beweismaß rechtssatzmäßig festgelegt sein. Der Wortlaut von § 37 Abs. 1 stimmt nicht vollständig mit § 286 Abs. 1 ZPO überein. Dennoch ist in Übereinstimmung mit der Gesetzesbegründung[1] davon auszugehen, dass inhaltlich Gleiches gemeint ist. Danach ist das entscheidende Kriterium für das Regelbeweismaß die Überzeugung von der Wahrheit. Der Richter darf sich also nicht mit einer gewissen Plausibilität oder einer überwiegenden Wahrscheinlichkeit begnügen. Er muss vielmehr auf Grund eines sehr hohen Grades von Wahrscheinlichkeit zu einer persönlichen Überzeugung gelangen. Dabei wird vom Richter nicht verlangt, dass er die absolute (objektive) Wahrheit erkennt oder zu einem unbezweifelbaren Ergebnis erlangt. Vielmehr muss der Richter die relevanten Tatsachenbehauptungen für wahr „erachten", wie dies § 286 Abs. 1 Satz 1 ZPO formuliert. Es dürfen also ganz entfernt liegende Zweifel bestehen bleiben. Dies wird häufig durch die Formel verdeutlicht, der Richter dürfe sich mit einem für das praktische Leben brauchbaren Grad der Beweisstärke begnügen. 48

Im Gegensatz zum Regelbeweismaß der vollen Überzeugung des Richters stehen Abstufungen. Ein geringeres Beweismaß wird vom Richter insbesondere dann verlangt, wenn eine Tatsachenbehauptung nur glaubhaft zu machen ist (§ 31). Ähnliches gilt, wenn im Gesetz formuliert wird, dass etwas mit Wahrscheinlichkeit erwartet werden kann oder dass ein bestimmter Vorgang anzunehmen oder mit ihm zu rechnen sei, ferner wenn ein bestimmter Zustand zu besorgen sei (vgl. §§ 33 Abs. 1, 34 Abs. 2, 76 Abs. 1 FamFG mit § 118 Abs. 2 ZPO, § 119 Abs. 2 FamFG mit § 917 Abs. 1 ZPO, § 214 Abs. 1, 278 Abs. 3 und 4). 49

VIII. Behauptungslast und Beweislast

Der Begriff der (subjektiven) Behauptungslast regelt die Frage, was ein Beteiligter durch eigenes Tätigwerden an Tatsachenbehauptungen gegenüber dem Gericht vorbringen muss, um eine Niederlage im Verfahren zu vermeiden.[2] Damit in unmittel- 50

1 Begr. RegE, BT-Drucks. 16/6308, S. 194.
2 Baumgärtel/Laumen/*Prütting*, Grundlagen, 2009, § 3 Rz. 56 ff.

barem Zusammenhang steht die sog. subjektive Beweislast (auch Beweisführungslast oder formelle Beweislast genannt).[1] Dies ist die Belastung eines Beteiligten, durch eigenes Tätigwerden den Beweis der streitigen Tatsachen zu führen, um den Verfahrensverlust zu vermeiden. Sowohl bei der Behauptungslast wie bei der subjektiven Beweislast ist also die Verpflichtung der Beteiligten zur Darlegung und zur Beweisführung entscheidend. Eine solche Verpflichtung kann es aber nur in einem Verfahren mit Verhandlungsmaxime (Beibringungsgrundsatz) geben. Daher sind nach anerkannter Auffassung eine Behauptungslast sowie eine subjektive Beweislast (über einzelne Anforderungen des Gesetzes an die Beteiligten hinaus) in der freiwilligen Gerichtsbarkeit nicht anzunehmen.

51 Dagegen muss es auch in jedem Verfahren mit Amtsermittlung die sog. **objektive Beweislast** geben. Die objektive Beweislast (auch Festellungslast oder materielle Beweislast genannt) gibt nämlich dem Gericht Antwort auf die Frage, zu wessen Nachteil eine Entscheidung zu fällen ist, wenn über eine relevante Tatsachenbehauptung eine endgültige Unklarheit (non liquet) besteht.[2] Die objektive Beweislast ist also keine Last im technischen Sinn. Vielmehr ist sie völlig unabhängig von jeglichem Handeln der Beteiligten eine Norm, die dem Richter bei endgültiger Unklarheit die Subsumtion und damit die richterliche Entscheidung ermöglicht. Die objektive Beweislast ist also in Wahrheit eine Form gesetzlicher Risikoverteilung. Sie muss in abstrakt-genereller Form, also rechtssatzmäßig festgelegt sein.

IX. Vermutungen

52 Auch im Bereich der freiwilligen Gerichtsbarkeit und vor allem im familiengerichtlichen Verfahren können Vermutungen eine Rolle spielen. Dabei sind allerdings die verschiedenen Arten der Vermutungen im Einzelnen zu trennen: nach ihrer Verankerung sind die im Gesetz vorhandenen sog. **gesetzlichen Vermutungen** von den **vertraglich vereinbarten Vermutungen** und von denjenigen Vermutungen abzugrenzen, die weder gesetzlich noch vertraglich niedergelegt sind und die deshalb in der Praxis gerne als tatsächliche Vermutungen bezeichnet werden. Die **tatsächlichen Vermutungen** fallen unstreitig nicht unter den Vermutungsbegriff des § 292 ZPO. Sie werden von der Rechtsprechung gerne behauptet und herangezogen im Rahmen verschiedener Beweiserleichterungen und bringen regelmäßig eine gewisse praktische Lebenserfahrung ins Spiel. Daher haben sie weit gehende Ähnlichkeit mit dem Anscheinsbeweis (vgl. Rz. 55 f.).

53 Soweit Vermutungen vertraglich vereinbart wurden, sind ihre Zulässigkeit und ihre Wirkung analog den vertraglichen Beweislastvereinbarungen zu beurteilen.[3]

54 Die im Gesetz geregelten sog. gesetzlichen Vermutungen sind ihrerseits noch einmal in die unwiderlegbaren gesetzlichen Vermutungen und die widerlegbaren gesetzlichen Vermutungen einzuteilen. **Unwiderlegbare Vermutungen** haben nach anerkannter Auffassung keine Beweis- oder Beweislastwirkung, sondern sie sind Normen mit einer rein materiellen Rechtsfolge. Ein wichtiges Beispiel im Zivilrecht ist insofern § 1566 Abs. 1 und Abs. 2 BGB. Diesen Sonderfällen stehen die sog. **widerlegbaren gesetzlichen Vermutungen** gegenüber, die in § 292 ZPO allein angesprochen sind. Ihr besonderes

1 Baumgärtel/Laumen/*Prütting*, Grundlagen, 2009, § 3 Rz. 32 ff.
2 Baumgärtel/Laumen/*Prütting*, Grundlagen, 2009, § 3 Rz. 10 ff.
3 Baumgärtel/Laumen/*Prütting*, Grundlagen, 2009, § 20 Rz. 4 ff.

Kennzeichen besteht darin, dass die vermutete Tatsache selbst keines Beweises bedarf, sondern allein die Vermutungsbasis. Die Tatsache, dass diese Vermutungen widerlegbar sind, führt aber letztlich dazu, dass es sich bei den gesetzlichen Vermutungen um Regelungen der objektiven Beweislast handelt.

X. Anscheinsbeweis

Eine Sonderform der Beweiswürdigung stellt der Anscheinsbeweis dar. Bei diesem handelt es sich um die Berücksichtigung der allgemeinen Lebenserfahrung durch den Richter im Rahmen der freien Beweiswürdigung auf das konkrete Geschehen. Die Voraussetzung des Anscheinsbeweises ist ein sog. typischer Geschehensablauf, also ein sich aus der Lebenserfahrung bestätigender gleichförmiger Vorgang, durch dessen Typizität es sich erübrigt, die tatsächlichen Einzelumstände eines bestimmten historischen Geschehens nachzuweisen. Dabei muss der Richter im Rahmen der Anwendung des Anscheinsbeweises zur vollen Überzeugung der festgestellten Tatsachen gelangen. Der Anscheinsbeweis verändert nicht die Beweislast, und er verändert auch nicht das Beweismaß. Da der Anscheinsbeweis den Richter zu einer (vorläufigen) Überzeugung vom Geschehen bringen kann, kann er durch einen bloßen Gegenbeweis erschüttert werden. Ein vollständiger Beweis des Gegenteils ist nicht erforderlich. 55

Der Anscheinsbeweis als Teil der freien Beweiswürdigung ist auch in der freiwilligen Gerichtsbarkeit zulässig und anzuwenden. Die Pflicht zur Amtsermittlung enthebt das Gericht nicht der weiteren Verpflichtung, das Erfahrungswissen der Zeit und insbesondere die Erkenntnisse über typische Geschehensabläufe im Rahmen der Beweiswürdigung zu verwenden. Im Unterschied zum Zivilprozess muss allerdings das Gericht neben der Führung des Anscheinsbeweises von Amts wegen auch die Frage eines Gegenbeweises und damit der Erschütterung des typischen Geschehensablaufs selbständig prüfen. 56

G. Anhörungsfragen

Abzutrennen vom Beweisrecht im engeren Sinne ist es, wenn das Gesetz vorschreibt, dass vor der richterlichen Entscheidung eine bestimmte Person oder Stelle anzuhören ist. Solche Vorschriften beschränken weder den allgemeinen Amtsermittlungsgrundsatz noch das beweisrechtliche Verfahren. Sie beschränken lediglich das Ermessen des Gerichts im Rahmen der Sachaufklärung insoweit, als dem Gericht die Wahrnehmung eines bestimmten Aufklärungsmittels verbindend übertragen wird. Das neue Recht hat im Rahmen des persönlichen Erscheinens der Beteiligten insbesondere Anhörungsregelungen in den §§ 33, 34 getroffen. Darüber hinaus enthält § 37 Abs. 2 den Hinweis, dass eine gerichtliche Entscheidung, die die Rechte eines Beteiligten beeinträchtigt, nur auf Tatsachen und Beweisergebnisse gestützt werden darf, zu denen dieser Beteiligte sich äußern konnte und damit angehört worden ist. Im Rahmen solcher Regelungen ist neben dem Gesichtspunkt der Amtsermittlung auch der verfassungsrechtliche Auftrag des rechtlichen Gehörs gem. Art. 103 Abs. 1 GG verwirklicht. 57

§ 27
Mitwirkung der Beteiligten

(1) Die Beteiligten sollen bei der Ermittlung des Sachverhalts mitwirken.

(2) Die Beteiligten haben ihre Erklärungen über tatsächliche Umstände vollständig und der Wahrheit gemäß abzugeben.

A. Entstehung und Inhalt der Norm

1 Die Mitwirkung der Beteiligten steht in einem sehr engen Kontext zum Amtsermittlungsgrundsatz des § 26. Eine Norm mit diesem Inhalt kannte das bisherige Recht nicht. Dennoch war schon vor 2009 allgemein anerkannt, dass das Gericht die Beteiligten zur Ermittlung des Sachverhalts heranziehen konnte.[1] Andere Verfahren mit Untersuchungsmaxime kennen vergleichbare Regelungen (§ 86 Abs. 1 Satz 1, 2. Halbs. VwGO, § 83 Abs. 1 Satz 2 ArbGG).

B. Normzweck

2 Mit der Festschreibung einer Mitwirkungspflicht der Beteiligten wird ein Grundanliegen des Verfahrensrechts verwirklicht, alle möglichen und zulässigen Aufklärungsmittel und Aufklärungsbeiträge dem Gericht zur Verfügung zu stellen. Denn gerade in der Mitwirkung der Beteiligten liegt nicht selten der Schlüssel zu einer raschen und umfassenden Sachverhaltsaufklärung.

C. Anwendungsbereich

3 Wie § 26 gilt auch § 27 in allen Verfahren der freiwilligen Gerichtsbarkeit, die im Rahmen des FamFG geregelt sind. Die Mitwirkung der Beteiligten kommt also sowohl in Amtsverfahren wie in Antragsverfahren in Betracht.

4 Keine Anwendung findet die Norm in Ehe- und Familienstreitsachen (vgl. § 113 Abs. 1). Soweit dort nicht einige besondere Normen zu Auskunftspflichten der Beteiligten und Dritter vorgesehen sind (vgl. §§ 235, 236), gilt insoweit die allgemeine Verweisung des § 113 Abs. 1 Satz 2 auf die ZPO und damit auf die vielfältigen Mög-

1 BayObLG v. 7.9.1992 – 1 Z BR 15/92, FamRZ 1993, 366 (367); Keidel/*Schmidt*, § 12 Rz. 121; *Meyer-Seitz/Frantzioch/Ziegler*, Die FGG-Reform: das neue Verfahrensrecht, 2009, S. 79.

lichkeiten und Pflichten der Parteien zur Führung und zur Beteiligung am Prozess (vgl. §§ 130, 131, 134 ZPO; §§ 138, 141, 142, 143, 144 ZPO; §§ 253, 273 Abs. 2, 277 ZPO).

D. Mitwirkung an der Sachverhaltsermittlung (Absatz 1)

I. Inhalt

Soweit die Beteiligten das Gericht bei der Aufklärung des Sachverhalts durch die Angabe von Tatsachen, den Hinweis auf vermutete Zusammenhänge und durch die Nennung von Beweismitteln freiwillig unterstützen, ist dies selbstverständlich zulässig und erwünscht. Allerdings geht § 27 Abs. 1 darüber deutlich hinaus, als er eine **Mitwirkungspflicht der Beteiligten** für **zwingend** erklärt. Die im Gesetz vorgenommene Wortwahl „sollen" muss als zwingende Regelung ohne Sanktionsmöglichkeiten verstanden werden. Im Einzelnen kann das Gericht die Beteiligten auffordern, Tatsachenangaben zu machen und Beweismittel zu benennen. Damit in engem Zusammenhang steht die Regelung des § 27 Abs. 2, wonach den Beteiligten eine Wahrheitspflicht und eine Vollständigkeitspflicht obliegt. Diese Regelung stimmt mit § 138 Abs. 1 ZPO überein. Gemeint ist damit, dass jeder Beteiligte Behauptungen und Erklärungen aufstellen kann bzw. nach gerichtlicher Aufforderung abgeben muss, die er als wahr ansieht oder deren Ungewissheit ihn dazu drängt, die Wahrheit durch eine Beweisaufnahme bestätigen zu lassen. Verboten ist also durch die Wahrheitspflicht des § 27 Abs. 2 nur eine bewusste Lüge. Demgegenüber regelt die Vollständigkeitspflicht ebenso wie in § 138 ZPO nur eine wenig bedeutende Ergänzung zur Wahrheitspflicht. Gemeint ist hier nur, dass der Beteiligte durch lückenhaftes Vorbringen von Behauptungen nicht den Sachverhalt bewusst und absichtlich verfälschen darf. Das Gesetz verlangt allerdings nicht, dass ein Beteiligter für ihn selbst ungünstige Tatsachen selbst vorträgt.[1] Darüber hinausgehende Pflichten der Beteiligten zur Mitwirkung an der Sachverhaltsermittlung gibt es nicht. Insbesondere gilt in der freiwilligen Gerichtsbarkeit nicht die Erklärungspflicht zu Behauptungen des Gegners, wie sie § 138 Abs. 2, 3, 4 ZPO vorsieht. 5

II. Sanktionen

Eine schwierige Frage und zugleich eine Kernfrage der Mitwirkung der Beteiligten ist die Problematik der **Durchsetzung von Mitwirkungspflichten** und der möglichen Sanktionen. Im Hinblick auf die Amtsermittlung ist es jedenfalls nicht möglich, durch Einführung der subjektiven Beweislast oder einer Geständnisfiktion ein besonderes Interesse der Beteiligten daran zu fördern, das Verfahren zu unterstützen. Darüber hinaus hat der Gesetzgeber in § 27 kein besonderes Zwangsmittel zur Erreichung der vorgesehenen Verpflichtung eingeführt. Ein solcher Zwang zur Mitwirkung der Beteiligten wäre wohl auch mit der verfassungsrechtlich geschützten Willensfreiheit der Beteiligten nicht vereinbar. Dennoch ist anerkannt, dass es sich bei der Mitwirkung der Beteiligten gem. § 27 um eine echte Pflicht und nicht nur um eine Last handelt. 6

Ein gegenteiliges Verhalten wird vom Gesetz missbilligt, weil es mit dem Ziel des Verfahrens nicht vereinbar ist. Darüber hinaus wird in der Gesetzesbegründung die Auffassung vertreten, dass die **Verweigerung einer zumutbaren Mitwirkungshandlung** 7

1 Vgl. Jansen/*Briesemeister*, § 12 Rz. 7.

durch einen Beteiligten den Umfang der gerichtlichen Ermittlungen beeinflussen kann, wobei die Zumutbarkeit proportional zur Angewiesenheit des Gerichts auf die Mitwirkung wachsen soll.[1] Darüber hinaus können gem. § 33 Abs. 3 gegen einen unentschuldigt ausbleibenden Beteiligten, dessen persönliches Erscheinen angeordnet war, Ordnungs- und Zwangsmittel verhängt werden. Außerdem können Mitwirkungshandlungen nach § 35 erzwungen werden.

8 Diese Hinweise der Gesetzesbegründung täuschen allerdings darüber hinweg, dass im Kern die **Mitwirkungspflicht** der Beteiligten **bei Verweigerung sanktionslos bleibt**, es sei denn, man erlaubt dem Gericht ein deutliches Abgehen von seiner Amtsermittlungspflicht bei Verweigerung der Mitwirkung. Die Gesetzesbegründung beruft sich in diesem Zusammenhang auf ein Urteil des OLG Köln.[2] Allerdings erscheint diese Auffassung nicht unproblematisch. Natürlich wäre es höchst praktikabel, wenn das Gericht im Falle verweigerter Mitwirkung seinerseits vorhandene Aufklärungsmöglichkeiten nicht ergreifen müsste, weil sie etwa aufwendiger oder schwieriger zu nutzen sind als die Auskunft eines Beteiligten. Dem steht freilich entgegen, dass die grundsätzliche Amtsermittlungspflicht des § 26 nicht unter eine solche Einschränkung gestellt ist. Insbesondere dort, wo bei dem offen gebliebenen Punkt öffentliche Interessen berührt sind oder eine Fürsorgepflicht des Gerichts für einen Verfahrensbeteiligten in Betracht kommt, wird man eine solche Sanktion des Gerichts nicht für zulässig halten können.

9 Im Ergebnis ist daher festzustellen, dass eine Verletzung von Mitwirkungspflichten durch die Beteiligten im Einzelfall zur Verkürzung der richterlichen Amtsermittlung führen kann, aber nicht dazu führen muss. Vor einer Verkürzung richterlicher Tätigkeit sind vielmehr vom Gericht die entscheidenden Umstände wie der Grad der Pflichtverletzung, die Verhältnismäßigkeit der Mitwirkung durch den Beteiligten bzw. durch das Gericht und die Zumutbarkeit einer Mitwirkungshandlung abzuwägen.

10 Zu erwägen wäre andererseits, ob als Sanktion für eine verweigerte Mitwirkungspflicht eine (negative) Berücksichtigung im Rahmen der Beweiswürdigung in Betracht kommt. Dies erscheint mit der Amtsermittlungspflicht vereinbar.[3] Als Voraussetzung für eine solche Beweiswürdigung wird man es aber ansehen müssen, dass der untätige Beteiligte über die möglichen Konsequenzen seiner Weigerung belehrt wird und sie sodann weiterhin aufrechterhält.

E. Wahrheits- und Vollständigkeitspflicht (Absatz 2)

I. Inhalt

11 § 27 Abs. 2 normiert eine Wahrheits- und Vollständigkeitspflicht, wie sie in der ZPO in gleicher Weise § 138 Abs. 1 vorsieht. Diese Pflicht greift sowohl bei freiwilligen Sachverhaltsschilderungen der Beteiligten wie bei nach Abs. 1 gerichtlich angeordneten Mitwirkungshandlungen der Beteiligten ein.

12 Im Einzelnen beinhaltet die **Wahrheitspflicht** für die Beteiligten eine Verpflichtung zur subjektiven Wahrheit. Es geht weder um die objektive Wahrheit noch um das Verbot von Behauptungen, die nur vermutet werden. Vielmehr soll allein die bewusste

1 Begr. RegE, BT-Drucks. 16/6308, S. 186.
2 OLG Köln v. 22.5.1991 – 2 UF 105/91, NJW-RR 1991, 1285 (1286).
3 So etwa für den Verwaltungsprozess BVerfG v. 11.6.1958 – 1 BvL 149/52 = NJW 1958, 1227, BVerfGE 8, 29.

prozessuale Lüge ausgeschlossen sein.[1] Im Einzelnen darf ein Beteiligter also vortragen, er halte gewisse Ereignisse für wahrscheinlich oder er vermute einen gewissen Zusammenhang. Auch die nicht näher begründete Behauptung eines ganz bestimmten künftigen Verlaufs oder einer hypothetischen Entwicklung kann ein Beteiligter vor Gericht geltend machen, ohne gegen die Wahrheitspflicht zu verstoßen. Ebenso ist ein hilfsweises Vorbringen zulässig, selbst wenn dies dem zunächst geltend gemachten Sachverhalt widersprechen würde.

Im Allgemeinen wird es als eine Begrenzung der Wahrheitspflicht angesehen, wenn ein Beteiligter sich zu einem Sachverhalt äußern müsste, der ihn selbst im Hinblick auf eine Strafbarkeit belasten oder der ihm zur Unehre gereichen würde.[2] 13

In Ergänzung zur Wahrheitspflicht sieht Abs. 2 auch eine Pflicht zum vollständigen Vortrag vor. Allgemein wird diese **Vollständigkeitspflicht** aber wie in § 138 ZPO als eine nur wenig bedeutsame Ergänzung zur Wahrheitspflicht angesehen. Zum Ausdruck soll dadurch insbesondere kommen, dass ein Beteiligter durch ein bewusst und gezielt lückenhaftes Vorbringen von Behauptungen nicht den Sachverhalt absichtlich verfälschen darf. Auch hier gilt allerdings eine Begrenzung insoweit, dass kein Beteiligter einen für ihn selbst ungünstigen Sachverhaltskomplex vortragen muss.[3] 14

II. Sanktionen

Wie in § 138 ZPO und ebenso in § 27 Abs. 1 sind auch im Rahmen der Wahrheits- und Vollständigkeitspflicht der Beteiligten Sanktionen oder andere prozessuale Folgen bei Verstößen nicht ausdrücklich im Gesetz vorgesehen. Dennoch wird allgemein die Wahrheits- und Vollständigkeitspflicht als eine echte Pflicht der Beteiligten (ähnlich der Mitwirkungspflicht des Abs. 1) angesehen. Auch hier gilt freilich die Feststellung, dass im Hinblick auf die Amtsermittlung der Weg über eine Auswirkung auf die subjektive Beweislast auszuscheiden hat. Soweit das Gericht die Unwahrheit einer Behauptung erkennt, wird es diese Behauptung nicht beachten und seiner Entscheidung nicht zugrundelegen. Unabhängig davon kann bei bewusst unwahrer oder verfälschender Behauptung eines Beteiligten ein Prozessbetrug vorliegen. Dieser würde dann über § 823 Abs. 2 BGB iVm. § 263 StGB zu einem Schadensersatz führen können. 15

§ 28
Verfahrensleitung

(1) Das Gericht hat darauf hinzuwirken, dass die Beteiligten sich rechtzeitig über alle erheblichen Tatsachen erklären und ungenügende tatsächliche Angaben ergänzen. Es hat die Beteiligten auf einen rechtlichen Gesichtspunkt hinzuweisen, wenn es ihn anders beurteilt als die Beteiligten und seine Entscheidung darauf stützen will.

(2) In Antragsverfahren hat das Gericht auch darauf hinzuwirken, dass Formfehler beseitigt und sachdienliche Anträge gestellt werden.

1 BGH v. 19.9.1985 – IX ZR 138/94, NJW 1986, 246; BGH v. 13.2.1985 – IVa ZR 119/83, WM 1985, 736.

2 Stein/Jonas/*Leipold*, § 138 ZPO Rz. 13.

3 Jansen/*Briesemeister*, § 12 Rz. 7.

(3) Hinweise nach dieser Vorschrift hat das Gericht so früh wie möglich zu erteilen und aktenkundig zu machen.

(4) Über Termine und persönliche Anhörungen hat das Gericht einen Vermerk zu fertigen; für die Niederschrift des Vermerks kann ein Urkundsbeamter der Geschäftsstelle hinzugezogen werden, wenn dies auf Grund des zu erwartenden Umfangs des Vermerks, in Anbetracht der Schwierigkeit der Sache oder aus einem sonstigen wichtigen Grund erforderlich ist. In den Vermerk sind die wesentlichen Vorgänge des Termins und der persönlichen Anhörung aufzunehmen. Die Herstellung durch Aufzeichnung auf Datenträger in der Form des § 14 Abs. 3 ist möglich.

A. Entstehung und Inhalt der Norm

1 Die Norm ist in ihren wesentlichen Grundgedanken dem § 139 ZPO nachgebildet. Die richterliche Hinweispflicht und die weiteren Verpflichtungen der Norm stehen in einem gewissen Gegensatz zu der Mitwirkungspflicht der Beteiligten nach § 27. Anders als in den §§ 26, 27 geht es bei der Verfahrensleitung allerdings nicht um Fragen, die mit der Amtsermittlung zusammenhängen.[1] Das Gericht ist durch § 28 also weder berechtigt noch verpflichtet, selbst tatsächliche oder rechtliche Gesichtspunkte zu erforschen oder in den Prozess einzubringen. Es muss vielmehr mit seinen Versuchen, auf die Beteiligten einzuwirken und ihnen Hinweise zu geben, ein sinnvolles prozessuales Verhalten aller Verfahrensbeteiligten unterstützen.

2 Eine Norm mit diesem Inhalt kannte das bisherige Recht nicht. Dennoch war allgemein anerkannt, dass das Gericht eine solche Berechtigung und Pflicht zur Verfahrensleitung hat. Soweit bisher die richterliche Verfahrensleitung auf den Grundgedanken der Amtsermittlung und damit auf § 12 FGG gestützt wurde, war dies allerdings weniger überzeugend. Zwischen dem Amtsermittlungsgrundsatz und der richterlichen Verfahrensleitung bestehen keine unmittelbaren Verbindungslinien. Das zeigt sich bereits daran, dass die richterliche Verfahrensleitung in der ZPO wie im FamFG vollkommen unabhängig von Verhandlungsmaxime und Untersuchungsgrundsatz gleichermaßen festgeschrieben ist.

1 AA Begr. RegE, BT-Drucks. 16/6308, S. 187; Keidel/*Winkler*, § 12 Rz. 120.

B. Normzweck

Die richterliche Leitung des Verfahrens ist ein Ausdruck der starken Richtermacht des deutschen Verfahrensrechts. Die Norm zeigt, dass der Gesetzgeber dem Gericht eine Fürsorgepflicht und Mitverantwortung für ein faires, willkürfreies und möglichst auf die Wahrheitsermittlung ausgerichtetes Verfahren zuweist.[1] Dabei besteht die richterliche Verpflichtung unabhängig von Verhandlungsmaxime und Untersuchungsgrundsatz. Sie muss als ein Gebot richterlicher Hilfestellung angesehen werden.[2] Letztlich steht es den Beteiligten frei, ob sie einem richterlichen Hinweis folgen oder nicht. 3

C. Anwendungsbereich

Die Norm gilt genau wie die §§ 26, 27 in allen Verfahren der freiwilligen Gerichtsbarkeit, die im Rahmen des FamFG geregelt sind. Die richterliche Verfahrensleitung ist also unabhängig von der Frage, ob ein Amtsverfahren oder ein Antragsverfahren vorliegt. Lediglich für den besonderen Fall des Abs. 2 ist ausdrücklich vorgesehen, dass diese richterliche Hinweispflicht nur im Antragsverfahren gilt. 4

Die Norm gilt im erstinstanzlichen Verfahren ebenso wie in der Beschwerdeinstanz und im Verfahren der Rechtsbeschwerde sowie im Verfahren der einstweiligen Anordnung. 5

Keine Anwendung findet die Norm in Ehe- und Familienstreitsachen (vgl. § 113 Abs. 1). In diesem Bereich gilt gem. der allgemeinen Verweisung des § 113 Abs. 1 Satz 2 auf die ZPO die Norm des § 139 ZPO. Das macht allerdings in der Sache keinen relevanten Unterschied. 6

D. Grundsatz der Verfahrensleitung (Absätze 1 und 2)

I. Zulässige tatsächliche Hinweise

Aus § 28 Abs. 1 iVm. § 27 Abs. 1 folgt, dass das Gericht die Befugnis sowie die Pflicht hat, die Beteiligten generell oder in Einzelbereichen zum Sachvortrag aufzufordern. Das Gericht kann seine Aufforderung mit einer **Fristsetzung** verbinden. 7

Im Einzelnen umfasst die richterliche Hinweispflicht alle erheblichen Tatsachen. Es ist also auf Lücken im Sachvortrag hinzuweisen und eine Ergänzung anzuregen. Ein unschlüssiger Sachvortrag von Beteiligten ist zu beanstanden. Auf widersprüchliches Vorbringen im Sachverhalt muss das Gericht hinweisen. Die Bezeichnung aller erheblichen Beweismittel und Beweisanträge sowie Beweisanregungen müssen vom Gericht gefordert werden. Das Gericht muss darauf bestehen, dass mehrdeutige Äußerungen durch Präzisierung und im Rahmen von Nachfragen klarer gefasst werden. Soweit Beteiligte unsubstantiiert vortragen, muss das Gericht eine weiter gehende Substantiierung verlangen. Soweit offensichtlich Falsches vorgetragen wird, muss das Gericht dies beanstanden. 8

1 Zöller/*Greger*, § 139 Rz. 1; Musielak/*Stadler*, ZPO, § 139 Rz. 1.
2 *Rosenberg/Schwab/Gottwald*, § 77 Rz. 5, 16.

II. Rechtliche Gesichtspunkte und Verbot einer Überraschungsentscheidung

9 Die Beteiligten haben **keine Verpflichtung** zum Vortrag rechtlicher Aspekte, zu rechtlicher Bewertung des Sachverhalts oder zur Diskussion verschiedener Rechtsmeinungen. Soweit die Beteiligten allerdings freiwillig rechtliche Gesichtspunkte vortragen, muss das Gericht evtl. Widersprüche, mehrdeutige Äußerungen oder gar offenkundig falsche Hinweise in gleicher Weise beanstanden wie im tatsächlichen Bereich. Darüber hinaus verlangt Abs. 1 Satz 2 in gleicher Weise wie § 139 Abs. 2 ZPO, dass das Gericht **Überraschungsentscheidungen** vermeidet. Ein nach Abs. 1 Satz 2 erforderlicher Hinweis auf rechtliche Gesichtspunkte setzt voraus, dass die Beteiligten überhaupt rechtliche Äußerungen getan haben. Ferner setzt ein solcher Hinweis voraus, dass das Gericht von einer rechtlichen Auffassung ausgeht, die von keiner der beiden Parteien in diesem Zusammenhang vertreten worden ist. Darüber hinaus muss es sich um eine entscheidungserhebliche Rechtsfrage handeln, auf die das Gericht letztlich seine Entscheidung stützen will. Ein Hinweis nach Abs. 1 Satz 2 ist nicht nur dann erforderlich, wenn die Beteiligten übereinstimmend oder im Einzelnen eine vom Gericht abweichende Rechtsauffassung vertreten, sondern auch dann, wenn die Beteiligten der Auffassung sind, bestimmte Rechtsbereiche seien erkennbar unerheblich, während das Gericht die jeweilige Frage für erheblich hält.

III. Anträge und Formfehler

10 Nach Abs. 2 muss das Gericht im Antragsverfahren auch auf Formfehler hinweisen und die Stellung sachdienlicher Anträge verlangen. Diese Pflicht des Gerichts ist im zivilprozessualen Verfahren selbstverständlich, im Bereich der freiwilligen Gerichtsbarkeit muss sie aber ebenfalls für alle Antragsverfahren gelten, da die richterlichen Hinweispflichten nicht von dem Unterschied zwischen Verhandlungsmaxime und Untersuchungsgrundsatz abhängen. Im Einzelnen bedarf es eines Hinweises, wenn eine bestimmte Formvorschrift nicht eingehalten ist, wenn die Unterschrift unter einem bestimmenden Schriftsatz fehlt oder unleserlich ist, wenn notwendige Elemente eines Schriftsatzes fehlen (Antragsschrift ohne Antrag) oder wenn andere formale Mängel zu beanstanden sind.

IV. Unzulässige Hinweise

11 Ähnlich wie im Zivilprozess gibt es aber auch in den **Antragsverfahren** der freiwilligen Gerichtsbarkeit für die richterliche Verfahrensleitung Grenzen, die sich aus den vorliegenden Anträgen der Beteiligten und dem Verfahrensgegenstand ergeben. So darf das Gericht nicht darauf hinweisen, dass ein völlig neuer Sachverhaltskomplex, der außerhalb des bisherigen Verfahrensgegenstandes liegt, in das Verfahren eingebracht werden könne. Das Gericht darf nicht auf denkbare völlig neue Einwendungen oder Einreden hinweisen. Das Gericht darf nicht die Beteiligten anregen, durch eine Veränderung der materiellen Rechtslage dem Verfahren eine neue Richtung zu geben. Insbesondere darf das Gericht auch im Bereich der freiwilligen Gerichtsbarkeit die Parteien nicht darauf hinweisen, dass die Einrede der Verjährung erhoben werden könne.[1]

---

1 Aus dem Zivilprozess vgl. hierzu Zöller/*Greger*, § 139 Rz. 17; Musielak/*Stadler*, § 139 Rz. 9; Stein/Jonas/*Leipold*, § 139 Rz. 53; *Prütting*, NJW 1980, 361 (364).

Alle diese Hinweise und Anregungen an die Beteiligten sind aber nur insoweit unzulässig, als sie zu einem völlig neuen Vorbringen führen würden. Soweit die Beteiligten in ihrer laienhaften Weise einen bestimmten Sachvortrag, eine Einwendung oder Einrede oder Ähnliches bereits **angedeutet** haben, darf und muss das Gericht wie bei jedem anderen lückenhaften Vorbringen auf Erläuterung und evtl. Konkretisierung der Hinweise der Beteiligten dringen. Nur wenn jegliche Andeutung zu einem bestimmten Bereich fehlt, hat auch das Gericht keinen Anlass, im Antragsverfahren theoretisch mögliche andere Sachverhaltsgestaltungen oder denkbare Einwendungen oder Einreden auf das Geratewohl zu prüfen. 12

Insoweit ergibt sich in **Amtsverfahren** eine von § 28 Abs. 1 und Abs. 2 abweichende Rechtslage. Hier trägt das Gericht die Gesamtverantwortung nicht nur für die Tatsachenermittlung, sondern auch für die zutreffende Herausarbeitung des Verfahrensgegenstandes. Auf Grund des Fehlens eines Antrags der Beteiligten kann sich also die richterliche Verpflichtung nicht im Rahmen von Anträgen begrenzen lassen. Vielmehr muss das Gericht alle zu seiner Zuständigkeit gehörenden und relevanten Aspekte des Verfahrens selbst ins Auge fassen. Eine Mitwirkungspflicht der Beteiligten wird es hier nicht über § 28 einfordern, sondern allenfalls in Einzelfällen nach § 27 Abs. 1 verlangen. 13

V. Rechtliche Rahmenbedingungen der Verfahrensleitung

Die Verfahrensleitung durch das Gericht ist unabhängig vom **Verschulden** der Beteiligten. Das Gericht kann sich also nicht in seiner verfahrensleitenden Tätigkeit zurückziehen, wenn die Beteiligten vorwerfbare Fehler begangen haben. Ebenso wenig kommt aus allgemeinen Erwägungen eine Präklusion verspäteten Vortrags der Beteiligten im Verfahren der freiwilligen Gerichtsbarkeit in Betracht. Weiterhin werden Hinweise des Gerichts nicht dadurch obsolet, dass die Beteiligten bestimmten ihnen auferlegten Mitwirkungspflichten des § 27 nicht nachgekommen sind. Zur zeitlichen Ausgestaltung gerichtlicher Hinweise s. Rz. 16. 14

VI. Verfahrensleitung und richterliche Befangenheit

Soweit das Gericht im Rahmen der Verfahrensleitung des § 28 tatsächliche oder rechtliche Hinweise gibt, kann dies nicht zu einer richterlichen Befangenheit iSv. § 6 iVm. § 42 ZPO führen. Ein Ablehnungsgesuch gegen einen Richter kann also in keinem Fall darauf gestützt werden, dass der Richter Aktivitäten in den Grenzen des § 28 entfaltet habe.[1] Andererseits darf das Gericht durch seine aktive Mitwirkung am Verfahren nicht seine Pflicht zur Unabhängigkeit und Neutralität verletzen. Alle richterlichen Hinweise, die über den zulässigen Bereich des § 28 hinausgehen und damit den Beteiligten den Eindruck vermitteln könnten, das Gericht würde einseitig die tatsächliche und rechtliche Lage eines Beteiligten fördern und unterstützen, stellen einen Ablehnungsgrund wegen Besorgnis der Befangenheit dar. 15

1 BVerfG v. 24.3.1976 – 2 BvR 804/75, BVerfGE 42, 64, 78 = NJW 1976, 1391; BGH v. 12.11.1997 – IV ZR 214/96, NJW 1998, 612.

E. Zeitpunkt und Form der Verfahrensleitung (Absätze 3 und 4)

I. Zeitpunkt von Hinweisen

16 Bereits Abs. 1 verlangt ein Hinwirken des Gerichts darauf, dass die Beteiligten sich „rechtzeitig" erklären. Dies wird in Abs. 3 dadurch konkretisiert, dass gerichtliche Hinweise „so früh wie möglich" zu erteilen sind.

17 Im Einzelnen bedeutet dies, dass unabhängig von der Verfahrenssituation und Mündlichkeit oder Schriftlichkeit des konkreten Verfahrensabschnitts das Gericht immer sofort dann Hinweise an die Beteiligten erteilen muss, wenn sich ein konkreter Anlass dazu zeigt. Enthält also eine Antragsschrift Lücken, unsubstantiierte Behauptungen, fehlerhafte Anträge oder eine widersprüchliche Darstellung, so hat das Gericht dies sogleich zu beanstanden. Es darf nicht erst auf einen evtl. gegnerischen oder weiteren Schriftsatz warten. Richterliche Hinweise sind also idR unmittelbar mit der Antrageinreichung termins- oder verfahrensvorbereitend zu erteilen.

II. Form und Aktenkundigkeit

18 § 28 lässt richterliche Hinweise in jeglicher Form zu (mündlich, schriftlich, telefonisch, durch Fax oder E-Mail). Daher sind alle Hinweise in Übereinstimmung mit § 139 Abs. 4 ZPO aktenkundig zu machen. Dies kann in Form eines Hinweisbeschlusses geschehen, der zu den Akten genommen wird. Ein Hinweis innerhalb der mündlichen Verhandlung muss in das Verhandlungsprotokoll (Vermerk) aufgenommen werden. Andere Hinweise außerhalb der mündlichen Verhandlung müssen durch einen Aktenvermerk dokumentiert werden. Das gilt in besonderer Weise für telefonische Hinweise, für die zunächst jede Papierform fehlt.

19 Soweit das Gericht einen Hinweis erteilt hat, die Dokumentation in den Akten aber unterlassen worden ist, kann die Aktenkundigkeit des Hinweises letztlich auch noch in der richterlichen Entscheidung dokumentiert werden.[1] Anders als § 139 Abs. 4 ZPO enthält § 28 keine Regelung, die den Inhalt der Akten bezüglich eines Hinweises zum alleinigen Beweismittel erklärt. Daraus muss rückgeschlossen werden, dass § 139 Abs. 4 Satz 2 und Satz 3 ZPO im Bereich der freiwilligen Gerichtsbarkeit nicht gelten. Es kämen also für die Frage eines gegebenen Hinweises auch andere Beweismittel in Betracht.

III. Vermerke über Termine und persönliche Anhörungen

20 Nach § 28 Abs. 4 muss das Gericht über Termine und persönliche Anhörungen einen Vermerk fertigen. Eine ähnliche Verpflichtung ergibt sich nach § 29 Abs. 3 im Falle einer Beweiserhebung im Rahmen des Freibeweises. Diese Dokumentationspflichten ersetzen die Führung eines Protokolls nach den § 159 ff. ZPO. Ausweislich der Materialien hat der Gesetzgeber bewusst davon abgesehen, die Vorschriften über das richterliche Protokoll (§§ 159 ff. ZPO) in diesem Zusammenhang zu übernehmen. Damit sollen sowohl die Form wie der Inhalt der richterlichen Dokumentationspflichten bewusst flexibel gehalten werden. Da sich aus dem Gesetz keine weiteren Einzelheiten zur richterlichen Dokumentationspflicht ergeben, lässt sich jedenfalls so viel sagen,

1 OLG Hamm v. 8.6.2005 – 11 UF 6/05, NJW-RR 2006, 941.

dass die Führung eines Protokolls iSd. ZPO in jedem Falle ausreichend sein muss. Nach Sinn und Zweck des Gesetzes muss es freilich auch ausreichen, wenn eine Dokumentation in schriftlicher Form ohne die einzelnen Voraussetzungen der zivilprozessualen Protokollführung gegeben ist. So wird man insbesondere die technischen Einzelheiten des § 160 ZPO im Rahmen der freiwilligen Gerichtsbarkeit nicht verlangen können. Immerhin muss der erforderliche Vermerk so aussagekräftig sein, dass das Beschwerdegericht ihn zur Grundlage der Überprüfung der erstinstanzlichen Entscheidung heranziehen und notfalls gem. § 68 Abs. 3 Satz 2 von der Durchführung eines weiteren Termins, einer mündlichen Verhandlung oder einer einzelnen Verfahrenshandlung absehen kann. Letztlich liegt die konkrete Ausgestaltung des Vermerks im Ermessen des Gerichts.

Ein Vermerk kann sowohl vom Richter, vom Rechtspfleger als auch vom Urkundsbeamten der Geschäftsstelle aufgenommen werden. Die genaue Regelung des Abs. 4 Satz 1 über die Zuziehung eines Urkundsbeamten entspricht der zivilprozessualen Protokollaufnahme iSv. § 159 Abs. 1 Satz 2 ZPO. 21

Im Ergebnis wird man für alle Vermerke der freiwilligen Gerichtsbarkeit fordern müssen, dass sie im Wesentlichen den Anforderungen des § 160 Abs. 1 bis Abs. 3 ZPO entsprechen. 22

IV. Elektronische Form

§ 28 Abs. 4 Satz 3 sieht ausdrücklich die Möglichkeit vor, dass Aufzeichnungen auf Datenträgern in elektronischer Form durchgeführt werden. Hierzu verweist die Norm auf § 14 Abs. 3. Unabhängig davon können gem. § 14 Abs. 1 alle Gerichtsakten elektronisch geführt werden. Der Hinweis auf § 14 Abs. 3 gibt zusätzlich eine spezielle Verweisung auf §§ 130b, 298 ZPO. Danach kann eine nach allgemeinen Regeln vorgeschriebene handschriftliche Unterzeichnung durch Richter, Rechtspfleger oder Urkundsbeamten im Rahmen eines elektronischen Dokuments durch Hinzufügung des Namens und qualifizierte elektronische Signatur ersetzt werden. Ferner ist es zulässig, aus dem jeweiligen elektronischen Dokument einen Ausdruck für die Akten zu fertigen. 23

F. Grenzen der Verfahrensleitung

§ 28 verlangt in allen seinen Handlungsvarianten, dass das Gericht auf die Beteiligten einwirkt und ihnen Hinweise gibt. Daraus folgt im Umkehrschluss, dass das Gericht sein eigenes Handeln nicht an die Stelle der Beteiligten setzen darf. Das Gericht darf nach § 28 also nicht einen Sachverhalt selbst in den Prozess einführen (dies ist nur im Rahmen von § 26 und in dessen Grenzen zulässig). Das Gericht darf nicht Anträge der Beteiligten selbst formulieren. Das Gericht darf nach § 28 keinen Zwang oder Druck auf die Beteiligten ausüben, dass diese den Anregungen oder Hinweisen Folge leisten müssten. Vielmehr sind die Beteiligten frei, ob sie den Anregungen, Hinweisen und Hinwirkungen des Gerichts folgen wollen. Schließlich darf das Gericht keinerlei Handlungen vornehmen, die bei den Beteiligten die berechtigte Sorge einer Befangenheit auslösen könnten. Bei aller Verfahrensleitung muss das Gericht also seine Neutralität und Unabhängigkeit strikt wahren. 24

§ 29
Beweiserhebung

(1) Das Gericht erhebt die erforderlichen Beweise in geeigneter Form. Es ist hierbei an das Vorbringen der Beteiligten nicht gebunden.

(2) Die Vorschriften der Zivilprozessordnung über die Vernehmung bei Amtsverschwiegenheit und das Recht zur Zeugnisverweigerung gelten für die Befragung von Auskunftspersonen entsprechend.

(3) Das Gericht hat die Ergebnisse der Beweiserhebung aktenkundig zu machen.

A. Entstehung und Inhalt der Norm

1 Die verschiedenen Arten des Beweises lassen sich nach unterschiedlichen Gesichtspunkten trennen. So kann man nach dem **Ziel des Beweises** den Vollbeweis von der Glaubhaftmachung trennen (s. dazu § 26 Rz. 37 und Rz. 49 sowie § 31), nach der **Art der Beweisführung** ist der unmittelbare Beweis vom mittelbaren oder Indizienbeweis zu unterscheiden (s. dazu § 26 Rz. 38), nach dem **Zweck der Beweisführung** trennt man Hauptbeweis, Gegenbeweis und Beweis des Gegenteils (s. dazu § 26 Rz. 39). Im Rahmen der §§ 29, 30 geht es um die Trennung im **Beweisverfahren**. Von jeher hat man hier den Strengbeweis vom Freibeweis unterschieden. Nunmehr hat der Gesetzgeber erstmals in abstrakter Form diese Unterscheidung in das Gesetz aufgenommen, ohne die gebräuchlichen Bezeichnungen im Gesetzeswortlaut zu verwenden. § 29 (Freibeweis) und § 30 (Strengbeweis) gehören eng zusammen. Sie hatten im bisherigen FGG kein normatives Vorbild, der Inhalt ihrer Regelung war aber schon bisher allgemein anerkannt.

2 Im Kern geht es um die Frage, ob der Richter das Beweisverfahren nach den strikten Regeln der ZPO gestaltet und sich dabei auch auf die im Gesetz genannten fünf Beweismittel beschränkt (Strengbeweis) oder ob er von den strikten Regeln des Beweisverfahrens und dem numerus clausus der Beweismittel freigestellt ist, so dass er zB auch telefonische Fragen oder amtliche Auskünfte von Behörden nutzen kann (Freibeweis).

3 Trotz kritischer Stellungnahmen aus der Wissenschaft zum Freibeweis[1] hat der Gesetzgeber in der ZPO den Freibeweis durch die neueren Reformgesetze verdeutlicht und verstärkt (vgl. §§ 273 Abs. 2, 284 Satz 2 bis 4 ZPO; vgl. auch §§ 55 Abs. 4 Nr. 3, 56 Abs. 1 Nr. 2 ArbGG).

1 Vgl. *Rosenberg/Schwab/Gottwald*, § 109 II, III; *Koch/Steinmetz*, MDR 1980, 901.

B. Normzweck

4 Die Regelung der §§ 29, 30 bringt zunächst in formaler Hinsicht eine gewisse Rechtsklarheit. Darüber hinaus macht der Gesetzgeber den Versuch, den Anwendungsbereich von Freibeweis und Strengbeweis ein wenig konkreter gegeneinander abzugrenzen. Letztlich verbleibt es aber bei der Wahlfreiheit des Richters zwischen beiden Arten des Beweisverfahrens. Das kann insbesondere dem § 30 Abs. 1 eindeutig entnommen werden. Im Ergebnis wird beiden Normen wohl nur eine sehr begrenzte Bedeutung zukommen. Es geht im Kern um die normative Bestätigung einer anerkannten Rechtslage, die die Flexibilität des Beweisverfahrens als obersten Verfahrenszweck zugrunde legt.

C. Anwendungsbereich

5 § 29 gilt in allen Verfahren der freiwilligen Gerichtsbarkeit, die im Rahmen des FamFG geregelt sind. Die gerichtliche Beweiserhebung kann also unabhängig davon gem. § 29 stattfinden, ob ein Amtsverfahren oder ein Antragsverfahren vorliegt. Die Beweiserhebung nach § 29 oder § 30 gilt auch in allen Instanzen und Verfahrensarten, soweit nicht ausnahmsweise spezielle Normen eingreifen.

6 Keine Anwendung findet die Norm in Ehe- und Familienstreitsachen (vgl. § 113 Abs. 1). In diesem Bereich gilt gem. der allgemeinen Verweisung des § 113 Abs. 1 Satz 2 auf die ZPO das gesamte Beweisrecht der ZPO direkt. Soweit der Richter der freiwilligen Gerichtsbarkeit nach § 30 verfährt, macht dies also in der Sache keinen Unterschied. Dagegen kommt eine Anwendung von § 29 Abs. 1 insoweit generell nicht in Betracht.

D. Freibeweis und Strengbeweis

7 Das Verhältnis von Freibeweis und Strengbeweis sowie die damit zusammenhängende Entscheidung, ob ein Freibeweis grundsätzlich zugelassen sein soll, stellt **eines der zentralen Probleme des Rechts der freiwilligen Gerichtsbarkeit** dar. Schon vor über 100 Jahren wurde der Sache nach ein solches Beweisverfahren befürwortet.[1] Seither wurde der Freibeweis (gestützt auf § 12 FGG) in der Praxis weithin verwendet. Allerdings gab es in der Vergangenheit auch immer wieder Stimmen, die die Existenz eines Freibeweisverfahrens grundsätzlich bezweifelt haben.[2] Angesichts der gesetzgeberischen Entwicklungen in § 284 ZPO und § 29 FamFG lässt sich heute die Existenz des Freibeweises nicht mehr leugnen. Die entscheidende Frage muss daher heute lauten, wann und in welchem Umfang der Freibeweis heranzuziehen ist. Nach Erlass des FGG war man ursprünglich der Auffassung gewesen, dass der Freibeweis in der Praxis die Regel sein soll, der Strengbeweis die Ausnahme. Nach 1949 hat sich unter dem Einfluss des Grundgesetzes ein gewisser Meinungswandel ergeben. In jüngerer Zeit haben die Ansichten zugenommen, dass der Strengbeweis das Regelverfahren sei. Heute hat sich theoretisch und praktisch der Strengbeweis als Regelfall eindeutig durchgesetzt. Für die Anwendung des Freibeweises wird meist die Erreichung des

---

1 Vgl. *Rausnitz*, FGG, 1900, § 12 Rz. 14; geprägt hat den Begriff *Ditzen*, Dreierlei Beweis im Strafverfahren, Leipzig 1926, S. 41 ff.

2 Vgl. *Brehm*, Freiwillige Gerichtsbarkeit, Rz. 332 ff.; ferner Stein/Jonas/*Berger*, vor § 355 Rz. 24.

jeweiligen Verfahrenszweckes verlangt. So ist vertreten worden, dass der Freibeweis nur für Tatsachenbehauptungen in Betracht komme, die nicht entscheidungserheblich seien.[1] Zum Teil wurde auch gesagt, der Freibeweis sei (ähnlich wie in der ZPO) nur für die Zulässigkeitsfragen heranzuziehen.[2] Nunmehr bilden die §§ 29, 30 eine eindeutige Grundlage dafür, dass in der freiwilligen Gerichtsbarkeit neben dem Strengbeweis auch der Freibeweis anzuwenden ist. Andererseits zeigen die Regelungen in § 30, dass der Gesetzgeber entsprechend der bereits vorhandenen Praxis das Schwergewicht der Beweisaufnahme im Rahmen des Strengbeweises sieht. Den Grundsatz bildet zwar weiterhin das ausdrücklich gewährte richterliche Ermessen und damit eine gewisse Wahlfreiheit, wie sie sich aus § 30 Abs. 1 ergibt. Im Einzelnen zeigen aber die zwingenden Vorschriften des § 30 Abs. 2 und 3, dass sich praktisch das Schwergewicht verschoben hat.

E. Anwendungsbereich des Freibeweises und seine Vorteile

8 Basis für die Anwendung des Freibeweises ist der Zweck der Norm. Dieser wird im Gesetzentwurf so umschrieben, dass der Freibeweis ein flexibles Erkenntnisinstrument sei, das ein zügiges, effizientes und ergebnisorientiertes Arbeiten ermögliche.[3] Im Einzelnen ist anzuerkennen, dass der Freibeweis im Rahmen der Ermittlung aller **Verfahrensvoraussetzungen** und aller weiteren **Verfahrensfragen** in Betracht kommt. Er kann vom Gericht auch bei **Zustimmung aller Beteiligten** herangezogen werden (Argument aus § 284 Satz 2 ZPO). Weiterhin ist ein Freibeweis zulässig, wenn ein **Eingriff in Schutzbereiche** des Verfahrensrechts und der Beteiligten sowie in öffentliche Interessen **nicht zu befürchten** ist. Darüber hinaus ist der Freibeweis heranzuziehen, wenn er **allein für eine besondere Sachverhaltsermittlung geeignet** ist. Dies könnte zB bei der Anhörung eines ausländischen Zeugen der Fall sein, der einer Zeugenladung nicht Folge leistet und auch nicht zu schriftlichen Aussagen bereit ist. In diesem Falle könnte eine telefonische Aussage der einzige Weg zur Sachverhaltsermittlung sein. In jedem Falle wird man den Freibeweis heranziehen können, wenn es um die **Anhörung einer Amtsperson** geht. Schließlich ist der Freibeweis das geeignete Verfahren, wenn es darum geht, besondere Rechtsgüter zu schützen, die im Rahmen eines normalen Strengbeweisverfahrens gefährdet wären. Dies dürfte insbesondere für verfassungsrechtlich gesicherte **Geheimhaltungsinteressen** gelten.

9 Basis für die jeweilige Wahl des Freibeweises sind in allen Fällen die von ihm ausgehenden Vorteile für das Gericht. Dabei liegt der entscheidende Vorteil des Freibeweises in seiner Flexibilität. Die einzelnen Beweismittel sind nicht vorgeschrieben und können formlos angeordnet und herangezogen werden. Darüber hinaus wird ein wichtiger Vorteil auch gegenüber den Gefahren des Strengbeweises gesehen, soweit dort von einem vom Gericht formulierten Beweisbeschluss eine bestimmte Suggestivwirkung ausgeht. Auch darf nicht verkannt werden, dass eine förmliche Beweisaufnahme insbesondere bei Wiederholung von Ladungen und ähnlichem zeitintensiv sein kann. Schließlich bietet der Freibeweis vielfältige Möglichkeiten, um den Schutz menschlicher oder sozialer Beziehungen sowie anerkennenswerte Geheimhaltungsinteressen zu wahren.

1 *Pohlmann*, ZZP 106 (1993), 181 (210).
2 Vgl. *Wütz*, Der Freibeweis in der freiwilligen Gerichtsbarkeit, S. 123.
3 Begr. RegE, BT-Drucks. 16/6308, S. 180.

F. Anwendung der ZPO (Absatz 2)

10 Der Grundgedanke des Freibeweises ist es, dass die **Regeln der ZPO** über eine förmliche Beweisaufnahme **nicht gelten**. Daher bedarf es einer speziellen Norm, soweit ZPO-Regeln ausnahmsweise doch zu beachten sind. Dies gilt gem. Abs. 2 einmal für den Bereich der Amtsverschwiegenheit, also für § 376 ZPO, soweit ein Richter, ein Beamter oder eine andere Person des öffentlichen Dienstes, ferner das Mitglied eines Parlaments oder einer Regierung sowie der Bundespräsident als Auskunftsperson über Umstände befragt werden, auf die sich ihre Pflicht zur Amtsverschwiegenheit bezieht. Soweit von einer solchen Person eine dienstliche Auskunft eingeholt wird, setzt dies auch im Rahmen des Freibeweises also eine bestehende Aussagegenehmigung gem. § 376 Abs. 1 ZPO voraus. Diese Rechtslage wäre selbst dann anzunehmen, wenn es Abs. 2 nicht gäbe. Denn es besteht kein Unterschied, ob eine der Amtsverschwiegenheit unterliegende Tatsache durch eine Person im Freibeweis als Auskunftsperson oder im Strengbeweis als Zeuge preisgegeben wird.

11 Für einen Rechtsanwalt gilt § 376 ZPO nicht (vgl. statt dessen § 383 Abs. 1 Nr. 6 ZPO). Für Notare als Auskunftspersonen ist § 18 BNotO zu beachten.

12 Anzuwenden ist gem. Abs. 2 auch im Freibeweis weiterhin das Recht zur Zeugnisverweigerung nach den §§ 383, 384 ZPO. In diesem Fall gelten auch die Verfahrensregeln der §§ 385 bis 390 ZPO entsprechend. Im Einzelnen haben ein Zeugnisverweigerungsrecht danach Auskunftspersonen, die iSd. § 383 Abs. 1 Nr. 1 bis 3 ZPO ein besonderes persönliches Näheverhältnis zum Beteiligten haben. Ferner haben ein Zeugnisverweigerungsrecht diejenigen Personen, die nach § 383 Abs. 1 Nr. 4 bis 6 ZPO zu einer dort bezeichneten Berufsgruppe gehören, soweit sie nicht im Einzelnen von der Schweigepflicht entbunden sind (vgl. § 385 Abs. 2 ZPO). Schließlich ist auch das Zeugnisverweigerungsrecht aus sachlichen Gründen gem. § 384 ZPO entsprechend anzuwenden. Dabei muss allerdings die jeweilige Auskunftsperson mögliche Gründe für eine Auskunftsverweigerung selbst darlegen und glaubhaft machen. Die insoweit bestehende Mitwirkungspflicht wird nicht von der Amtsermittlungspflicht des Gerichtes verdrängt (vgl. § 386 ZPO). Im Falle eines möglichen Aussageverweigerungsrechts aus persönlichen Gründen gem. § 383 Abs. 1 Nr. 1 bis 3 ZPO muss jedoch das Gericht die Aussageperson vorher über ihr Recht zur Verweigerung der Aussage belehren. Wird eine solche Belehrung unterlassen, wäre die gegebene Auskunft im weiteren Verfahren nicht verwertbar, falls sich die Auskunftsperson später auf ihr Aussageverweigerungsrecht beruft.

G. Aktenkundigkeit (Absatz 3)

13 In Übereinstimmung mit der generellen Regelung des § 28 Abs. 4 muss das Gericht über alle persönlichen Anhörungen der Beteiligten ebenso wie über die Befragung von Auskunftspersonen und das Ergebnis dieser Befragung in geeigneter Form eine Aktenkundigkeit herbeiführen. Dies wird in aller Regel in der Form eines Vermerks geschehen, wie er in § 28 Abs. 4 geregelt ist. Entsprechend den dort gegebenen Hinweisen ersetzt eine solche Dokumentation durch einen Vermerk die Regeln über die Protokollführung nach den §§ 159 ff. ZPO, die im Rahmen der freiwilligen Gerichtsbarkeit nicht anwendbar sind (im Einzelnen s. § 28 Rz. 20).

§ 30
Förmliche Beweisaufnahme

(1) Das Gericht entscheidet nach pflichtgemäßem Ermessen, ob es die entscheidungserheblichen Tatsachen durch eine förmliche Beweisaufnahme entsprechend der Zivilprozessordnung feststellt.

(2) Eine förmliche Beweisaufnahme hat stattzufinden, wenn es in diesem Gesetz vorgesehen ist.

(3) Eine förmliche Beweisaufnahme über die Richtigkeit einer Tatsachenbehauptung soll stattfinden, wenn das Gericht seine Entscheidung maßgeblich auf die Feststellung dieser Tatsache stützen will und die Richtigkeit von einem Beteiligten ausdrücklich bestritten wird.

(4) Den Beteiligten ist Gelegenheit zu geben, zum Ergebnis einer förmlichen Beweisaufnahme Stellung zu nehmen, soweit dies zur Aufklärung des Sachverhalts oder zur Gewährung rechtlichen Gehörs erforderlich ist.

A. Entstehung und Inhalt der Norm

1 Der in § 30 geregelte Strengbeweis ist eng mit dem verfahrensmäßigen Gegensatz in § 29 (Freibeweis) verbunden. Der Gesetzgeber hat ganz bewusst die beiden möglichen Formen eines Beweisverfahrens in abstrakter Form in den §§ 29 und 30 erstmalig ausdrücklich geregelt. Im Rahmen der förmlichen Beweisaufnahme geht es im Kern darum, dass der Richter sein Beweisverfahren nach den strikten Regeln der ZPO gestaltet und dabei insbesondere auf die im Gesetz genannten fünf Beweismittel beschränkt ist. Zu den Einzelheiten vgl. § 29 Rz. 1, 2, 7.

B. Normzweck und Anwendungsbereich

2 Zum gemeinsamen Normzweck der §§ 29, 30 s. § 29 Rz. 4. Auch bezüglich des Anwendungsbereichs von § 30 gilt das oben für § 29 Gesagte in gleicher Weise (s. § 29 Rz. 5). Im Ergebnis ist daher über § 30 in der freiwilligen Gerichtsbarkeit das gesamte Beweisrecht der ZPO anwendbar (zu den Einzelheiten s. Rz. 17). Im Bereich der Ehe- und Familienstreitsachen ist ohne jeden Unterschied in der Sache das Beweisrecht der ZPO unmittelbar heranzuziehen.

C. Der Strengbeweis in der freiwilligen Gerichtsbarkeit

3 Der Begriff des Strengbeweises ist im Gesetz nicht enthalten. Der Gesetzgeber spricht vielmehr von einer förmlichen Beweisaufnahme und meint damit entsprechend der Regelung in Abs. 1 diejenige Beweisaufnahme, bei der alle Normen des zivilprozessualen Beweisrechts beachtet und eingehalten werden. Im Rahmen aller streitigen Verfahren nach der ZPO und ebenso im Rahmen der Ehe- und Familienstreitsachen ist die Einhaltung des Strengbeweises eine Selbstverständlichkeit. Wenn also das Gesetz in § 284 Satz 2 ZPO mit dem Einverständnis der Parteien oder in § 29 nach dem Ermessen des Gerichts eine Abweichung vom Strengbeweis vorsieht, so ist dies aus der Sicht des effektiven Rechtsschutzes und damit des verfassungsrechtlich garantierten Rechts auf den Beweis (s. Rz. 5 und § 26 Rz. 28) die begründungsbedürftige Ausnahme. Mit der Wahrung des Strengbeweises sollen vor allem Rechtssicherheit und Rechtsklarheit beim Beweisverfahren und bei der Erzielung des Beweisergebnisses erreicht werden. Dass dies zugleich eine Einschränkung der Flexibilität des Freibeweises darstellt, wurde bereits verdeutlicht (vgl. § 29 Rz. 7).

4 Die zentrale Frage des Strengbeweises in der freiwilligen Gerichtsbarkeit ist der vom Gesetz gemachte Versuch, die beiden Beweisverfahren mit möglichst großer Eindeutigkeit und Rechtsklarheit voneinander abzugrenzen. Dem dienen neben dem Grundsatz in Abs. 1 insbesondere die Abs. 2 und 3.

D. Kriterien für die Wahl des jeweiligen Beweisverfahrens

I. Grundsatz (Absatz 1)

5 Gem. der allgemeinen Grundregel des Abs. 1 steht es im pflichtgemäßen Ermessen des Gerichts, ob eine förmliche Beweisaufnahme durchgeführt wird oder ob ein Freibeweis in Betracht kommt. Soweit allerdings dem Gesetz keine ermessensleitenden Erwägungen zu entnehmen sind, steht dem Gericht im Einzelfall eine gewisse Freiheit der Wahl des Beweisverfahrens nach dem jeweiligen Normzweck zu. Das Gesetz hat im Hinblick auf die Flexibilität des einzelnen Verfahrens in Abs. 1 bewusst auf alle konkreten ermessensleitenden Kriterien verzichtet. In Übereinstimmung mit der Gesetzesbegründung ist auch künftig die in der Rechtsprechung benutzte Formel heranzuziehen, wonach der Strengbeweis dann erforderlich ist, wenn dies zur ausreichenden Sachaufklärung oder wegen der Bedeutung der Angelegenheit notwendig erscheint.[1] Das Gesetz hat den Beteiligten kein förmliches Antragsrecht auf Durchführung eines Strengbeweises zugebilligt. Nach allgemeinen Regeln kann es den Beteiligten freilich nicht verwehrt werden, eine förmliche Beweisaufnahme anzuregen. Eine Bindung des Gerichts entsteht dadurch nicht.

II. Besondere Regelung im Gesetz (Absatz 2)

6 Nach Abs. 2 ist eine förmliche Beweisaufnahme zwingend, wenn sie in diesem Gesetz vorgesehen ist. Der Gesetzgeber hat also die Möglichkeit, wegen der Schwere des einzelnen Gesetzeseingriffs oder im Hinblick auf einen Eingriff in Grundrechte der Beteiligten oder weil in anderer Weise eine besondere Richtigkeitsgewähr erforderlich er-

1 OLG Zweibrücken v. 27.10.1987 – 3 W 81/87, NJW-RR 1988, 1211.

scheint, eine förmliche Beweisaufnahme anzuordnen. Abs. 2 ist rein deklaratorisch. Entscheidend sind die besonderen gesetzlichen Regelungen. In Abstammungssachen ist hier auf § 177 Abs. 2 hinzuweisen; beim Verfahren in Betreuungssachen ist § 280 Abs. 1 zu beachten; für den speziellen Fall der Sterilisation ist auf § 297 Abs. 6 hinzuweisen; schließlich ist im Verfahren in Unterbringungssachen § 321 Abs. 1 zu berücksichtigen. Auch außerhalb des FamFG gibt es Normen, die ein förmliches Beweisverfahren verlangen, so zB § 29 GBO.

III. Strengbeweis nach Absatz 3

1. Allgemeines

7 In Abs. 3 ist eine zwingende Anordnung in Form einer Soll-Vorschrift enthalten, wonach das Gericht den Strengbeweis wählt, wenn es seine Entscheidung maßgeblich auf die Feststellung einer Tatsache stützen will und die Richtigkeit dieser Tatsache von einem Beteiligten ausdrücklich bestritten wird. Damit ist Abs. 3 ebenso wie Abs. 2 ein ausdrücklicher Pflichtfall für den Strengbeweis, der den Grundsatz der richterlichen Ermessensentscheidung nach Abs. 1 obsolet macht. Nur wenn weder Abs. 2 noch Abs. 3 eingreifen, muss der Richter nach der allgemeinen Grundregel des Abs. 1 vorgehen, wonach der Beweis nach pflichtgemäßem Ermessen, also in der am besten geeigneten Form zu erheben ist.

2. Normzweck

8 Abs. 3 setzt voraus, dass bereits eine gewisse richterliche Überzeugungsbildung auf der Basis eines Freibeweises gegeben ist, die zu dem Ergebnis führt, dass eine bestimmte Tatsache gegeben ist, auf die das Gericht seine Entscheidung maßgeblich stützen will und deren Richtigkeit andererseits von einem Beteiligten ausdrücklich bestritten wird. In diesem Falle liegt es nahe, dass der Gesetzgeber die Anwendung des Strengbeweises anordnet, weil dadurch wohl ein stärker gesichertes Verfahrensergebnis mit einem höheren Beweiswert zu erzielen ist und zugleich die Beteiligungsrechte der Beteiligten besser geschützt sind.

3. Tatbestandsmerkmale

9 Die Anordnung des Strengbeweises nach Abs. 3 setzt das Vorliegen dreier Tatbestandsmerkmale voraus: Zunächst muss eine entscheidungserhebliche Tatsache gegeben sein (s. Rz. 10), weiterhin muss diese Tatsache vom Gericht vorläufig für wahr gehalten werden (s. Rz. 11) und schließlich muss die Tatsache von einem Beteiligten ausdrücklich bestritten werden (s. Rz. 14).

4. Entscheidungserhebliche Tatsache

10 Zunächst muss eine **Tatsache** angesprochen sein (zum Tatsachenbegriff s. § 26 Rz. 15). Nicht hierher gehört also der Streit über die Rechtslage. Auch ein Streit über ausländisches Recht, über statuarisches Recht oder über Erfahrungssätze fällt nicht unter Abs. 3. Nach dem Normzweck ist also der Begriff der Tatsache hier im technischen Sinne zu verstehen. Diese Tatsache muss entscheidungserheblich sein. Es muss also ihre Berücksichtigung oder Nicht-Berücksichtigung geeignet sein, eine andere rechtliche Bewertung des Sachverhalts zu bewirken. Die Entscheidung des Richters muss

daher je nach Berücksichtigung oder Nicht-Berücksichtigung der Tatsache anders ausfallen. Im Einzelnen wird dabei vorausgesetzt, dass es sich bei der Tatsache entweder um eine Haupttatsache handelt, die den Tatbestand einer entscheidungsrelevanten Norm unmittelbar ausfüllt, oder dass die streitige Tatsache jedenfalls eine von mehreren Anknüpfungstatsachen darstellt, durch die ein umfassender oder ein unbestimmter Rechtsbegriff ausgefüllt werden soll, soweit diese Tatsache im Ergebnis eine ausschlaggebende Bedeutung bei der richterlichen Gesamtabwägung hat. Handelt es sich bei der streitigen Tatsache nur um eine vorgreifliche Indiztatsache für das Vorliegen einer Haupttatsache, so muss in jedem Falle die Haupttatsache für die Entscheidung relevant sein, und die Hilfstatsache muss einen sicheren Rückschluss auf die Haupttatsache ermöglichen.[1]

5. Für wahr gehaltene Tatsache

Abs. 3 geht davon aus, dass das Gericht die jeweils entscheidungserhebliche Tatsache seiner Entscheidung auch wirklich zugrunde legen will. Dies ist nur möglich, wenn das Gericht sich bereits im Wege des Freibeweises oder einer sonstigen Würdigung eine vorläufige richterliche Überzeugung vom Vorliegen der Tatsache geschaffen hat. Dem Strengbeweis muss also bereits ein Freibeweisverfahren oder eine sonstige Würdigung (zumindest inzident) vorausgegangen sein, wie auch die Begründung zum Gesetzentwurf anerkennt.[2] 11

Auf Grund der bisherigen gerichtlichen Erkenntnisse muss das Gericht die entscheidungserhebliche Tatsache vorläufig für wahr halten. Dies ist nicht dadurch möglich, dass die Tatsache offenkundig ist. Denn im Falle der Offenkundigkeit wäre gem. § 291 ZPO eine weitere Beweisführung ausgeschlossen. Ebenso wenig ist dies dadurch möglich, dass bereits das Verfahren eines Strengbeweises durchgeführt worden ist. Denn Abs. 3 regelt erkennbar nicht den Fall einer Wiederholung des Strengbeweises. In Betracht kommt neben der richterlichen Überzeugungsbildung durch vorherigen Freibeweis aber auch eine vorläufige Beweiswürdigung iSv. § 37 auf Grund des bisherigen Verfahrensstoffes ohne jede Beweisaufnahme. Denn § 37 Abs. 1 lässt es zu, dass das Gericht seine Überzeugung aus dem gesamten Inhalt des Verfahrens gewinnt und damit eine Überzeugungsbildung auch ohne ein Freibeweisverfahren ermöglicht. 12

Im **Ergebnis** regelt Abs. 3 also **zwei verschiedene Fälle**: Möglich ist erstens eine gerichtliche Überzeugungsbildung auf Grund des vorliegenden Verfahrensstoffes ohne jede Beweisaufnahme und ein nunmehr gem. Abs. 3 erstmals angeordnetes Strengbeweisverfahren zur Ermittlung des Hauptbeweises. Möglich sind aber auch eine vorläufige Überzeugungsbildung des Gerichts auf Grund eines Freibeweises und eine nunmehr nach Abs. 3 angeordnete Wiederholung des Hauptbeweises im Strengbeweisverfahren. 13

6. Bestreiten der Richtigkeit

Schließlich setzt Abs. 3 voraus, dass die vom Gericht vorläufig für wahr gehaltene Tatsache von einem Beteiligten ausdrücklich bestritten wird. Abs. 3 soll also insbesondere auch die Verfahrensrechte eines die Tatsachen bestreitenden Beteiligten schützen. Deshalb wird man verlangen müssen, dass dieser Beteiligte die entschei- 14

1 Vgl. dazu die Begr. RegE, BT-Drucks. 16/6308, S. 190.
2 Vgl. dazu die Begr. RegE, BT-Drucks. 16/6308, S. 190.

dungserhebliche Tatsache ganz konkret benennt und bestreitet und nicht nur ein pauschales allgemeines Bestreiten des gesamten Vorbringens geltend macht. Soweit ein Beteiligter eine bestimmte entscheidungserhebliche Tatsache bestreitet, wird er dies regelmäßig auch substantiiert tun müssen. Für den Fall, dass ihm eine Substantiierung seines Vortrags aber nicht möglich ist, wird man ihm auch ein einfaches Bestreiten zubilligen müssen.

7. Der Beteiligte

15 Abs. 3 geht davon aus, dass das Bestreiten einer erheblichen Tatsache von irgendeinem der Beteiligten des Verfahrens erfolgt. Eine weitere Eingrenzung lässt sich dem Normwortlaut nicht entnehmen. Da es sich allerdings bei Abs. 3 um eine Schutznorm handelt, wird man nach den Grundsätzen der objektiven Beweislast verlangen müssen, dass das Bestreiten von demjenigen Beteiligten ausgeht, zu dessen Lasten die bestrittene Tatsache sich auswirken würde. Sollte ausnahmsweise ein Beteiligter eine Tatsache bestreiten, die sich zu seinen Gunsten auswirken würde, wäre nicht Abs. 3 heranzuziehen. Vielmehr müsste in diesem Falle das Gericht gem. Abs. 1 nach seinem pflichtgemäßen Ermessen entscheiden, ob es aus allgemeinen Erwägungen eine förmliche Beweisaufnahme anordnet.

E. Gelegenheit zur Stellungnahme (Absatz 4)

16 Die Regelung des Abs. 4 bringt in Übereinstimmung mit dem Grundsatz des § 37 Abs. 2 zum Ausdruck, dass es schon im Hinblick auf die Gewährung rechtlichen Gehörs (Art. 103 Abs. 1 GG), aber auch im Hinblick auf die Wahrung der Rechte der Beteiligten im Beweisverfahren grundsätzlich erforderlich ist, den Beteiligten die Möglichkeit einzuräumen, sich zum Ergebnis einer förmlichen Beweisaufnahme zu äußern. Im Kern stimmt diese Regelung mit den §§ 279 Abs. 3, 285 Abs. 1 ZPO überein. Sie ist insoweit offener, als das Recht der Beteiligten, zum Beweisergebnis Stellung zu nehmen, nicht zwingend im Rahmen einer mündlichen Verhandlung erfolgen muss. Die Regelung ist also flexibler.

F. Anwendung der ZPO-Regeln

17 Der Strengbeweis iSd. § 30 ist dadurch geprägt, dass das Gericht seine förmliche Beweisaufnahme vollkommen entsprechend den Regeln der ZPO durchführt. Im Einzelnen bedeutet dies, dass die fünf verschiedenen Bereiche des Beweisrechts in der ZPO auf ihre Anwendbarkeit zu prüfen sind. Anwendbar sind in jedem Falle die allgemeinen Vorschriften über die Beweisaufnahme (§§ 355 bis 370 ZPO). Ebenfalls unzweifelhaft anwendbar sind die in der ZPO geregelten Beweismittel (§§ 371 bis 455 ZPO). Anwendbar ist weiterhin der Abschnitt über den Eid (§§ 478 bis 484 ZPO). Das hatte der frühere § 15 FGG ausdrücklich vorgesehen. Daran hat sich in der Sache nichts geändert. Schließlich ist auch der Abschnitt über das selbständige Beweisverfahren in der freiwilligen Gerichtsbarkeit anwendbar (§§ 485 bis 494a ZPO). Dies war auch bereits nach früherem Recht anerkannt.[1] Die spezielle Norm des § 410 Nr. 2 ist nicht abschließend gemeint und steht der Anwendung der §§ 485 ff. ZPO nicht entgegen.

1 Keidel/*Schmidt*, § 15 Rz. 67; aA *Lamberti*, Das Beweisverfahren der freiwilligen Gerichtsbarkeit, Diss. jur. Köln 2009, S. 224.

Neben den genannten vier Bereichen des zivilprozessualen Beweisrechts findet sich im erstinstanzlichen Verfahren der ZPO auch ein grundlegender Abschnitt über Grundfragen der Beweisaufnahme (§§ 284 bis 294 ZPO). Die Anwendbarkeit dieses Abschnitts ist zweifelhaft, weil einige der dort genannten Normen im FamFG eine eigene Regelung erhalten haben (vgl. §§ 31, 37 FamFG). Darüber hinaus scheidet die Anwendbarkeit der Normen über das gerichtliche Geständnis (§§ 288 bis 290 ZPO) wegen des Amtsermittlungsgrundsatzes aus. Man wird im Ergebnis also differenzieren müssen. Anwendbar sind die §§ 284, 285 Abs. 2, 286 Abs. 2, 287, 291, 292, 293 ZPO. 18

Soweit die ZPO außerhalb des Beweisrechts Normen enthält, die der Stoffsammlung dienen (vgl. etwa §§ 141 bis 144 ZPO), sind diese von § 30 Abs. 1 nicht in Bezug genommen. 19

§ 31
Glaubhaftmachung

(1) Wer eine tatsächliche Behauptung glaubhaft zu machen hat, kann sich aller Beweismittel bedienen, auch zur Versicherung an Eides statt zugelassen werden.

(2) Eine Beweisaufnahme, die nicht sofort erfolgen kann, ist unstatthaft.

A. Entstehung und Inhalt der Norm

Die Norm ist in ihren beiden Absätzen wortgleich mit § 294 ZPO. Die Regelung galt der Sache nach auch schon im früheren Recht, ohne dass das FGG eine umfassende Regelung enthalten hätte. Lediglich die Möglichkeit der Versicherung an Eides statt war schon bisher normiert (vgl. § 15 Abs. 2 FGG). 1

Die Glaubhaftmachung ist nach ihrem Ziel vom Vollbeweis zu unterscheiden. Soweit im gerichtlichen Verfahren ein voller Beweis verlangt wird (vgl. § 37 Abs. 1), muss das Gericht sich die volle Überzeugung vom Vorliegen oder vom Nichtvorliegen von Tatsachenbehauptungen verschaffen. Demgegenüber ist die Glaubhaftmachung eine Abstufung, die gerade nicht die volle Überzeugung des Gerichts verlangt. Das Ergebnis einer Glaubhaftmachung ist also ein vermindertes Beweismaß gegenüber der vollen richterlichen Überzeugung (vgl. Rz. 12). 2

B. Normzweck

3 Die in allen Verfahrensgesetzen bekannte Glaubhaftmachung ist im Kern eine Erleichterung der Beweisführung und damit der Erzielung des Beweisergebnisses. Der Gesetzgeber schafft sich damit die Möglichkeit, in bestimmten Verfahrensbereichen wie etwa dem Bereich des vorläufigen Rechtsschutzes, den Eilverfahren und den Zwischenverfahren eine schwierige, komplizierte und langwierige Sachverhaltsermittlung zunächst zu vermeiden und das Beweisverfahren zugleich auf präsente Beweismittel zu beschränken. Die Glaubhaftmachung hat also erkennbar einen gewissen vorläufigen Charakter. Im Einzelnen enthält die Norm bestimmte Anordnungen, wie eine solche einfachere Art der Beweisführung zu erfolgen hat. Insbesondere ergibt sich aus der Norm, dass an die Glaubhaftmachung deutlich geringere Anforderungen bezüglich der gerichtlichen Überzeugung zu stellen sind als an den normalen Beweis iSd. § 37 Abs. 1. Zugleich verdeutlicht die Gegenüberstellung von § 31 und § 37 Abs. 1, dass es im deutschen Verfahrensrecht ein absolut einheitliches und gleich bleibendes Beweismaß nicht gibt.[1]

C. Anwendungsbereich

4 Die Glaubhaftmachung nach § 31 ist nur in denjenigen Fällen zulässig, in denen das Gesetz dies ausdrücklich vorsieht (abschließende Regelung). Eine exakte Herausarbeitung besonderer Prinzipien oder Gruppenbildung ist dabei schwer möglich. Insbesondere verwendet der Gesetzgeber die Glaubhaftmachung im Rahmen des einstweiligen Rechtsschutzes sowie bei Zwischenverfahren und Eilverfahren. Im Einzelnen ist eine Glaubhaftmachung vorgesehen bei der Richterablehnung (§ 6 Abs. 1 iVm. § 44 Abs. 2 ZPO), bei der Akteneinsicht (§ 13 Abs. 2), beim Antrag auf Wiedereinsetzung (§ 18 Abs. 3), bei einer Terminsänderung (§ 32 Abs. 1 iVm. § 227 Abs. 2 ZPO), beim persönlichen Erscheinen eines Beteiligten (§ 33 Abs. 3), bei der Gehörsrüge (§ 44 Abs. 2), bei der Wiederaufnahme des Verfahrens (§ 48 Abs. 2 iVm. § 589 Abs. 2 ZPO), bei der Bewilligung von Verfahrenskostenhilfe (§ 76 Abs. 1 iVm. § 118 Abs. 2 ZPO), bei der Kostenfestsetzung (§ 85 iVm. § 104 Abs. 2 ZPO), bei der Vollstreckung aus einem Titel wegen einer Geldforderung (§ 95 Abs. 3), bei der Anerkennung ausländischer Entscheidungen (§ 107 Abs. 4), bei der Wiederaufnahme des Verfahrens in Ehesachen (§ 118 iVm. § 589 Abs. 2 ZPO), beim Arrest in Familienstreitsachen (§ 119 Abs. 2 iVm. § 920 Abs. 2 ZPO), bei der Vollstreckung in Ehesachen (§ 120 Abs. 2), bei der Terminsverlegung in Kindschaftssachen (§ 155 Abs. 2), beim Beschluss über Zahlungen des Mündels (§ 168 Abs. 2 iVm. § 118 Abs. 2 ZPO), bei der Einsicht in eröffnete Verfügungen von Todes wegen (§ 357 Abs. 1 und Abs. 2), schließlich mehrfach im Aufgebotsverfahren (§§ 444, 449, 450, 468).

5 Das Verfahren der Glaubhaftmachung ist unabhängig von Amtsverfahren und Antragsverfahren, von Strengbeweis und Freibeweis überall dort heranzuziehen, wo es nach dem Gesetz ausdrücklich zugelassen ist.

6 Soweit im Einzelfall eine Glaubhaftmachung gesetzlich vorgesehen ist, gilt § 31 in allen Verfahren der freiwilligen Gerichtsbarkeit, die im Rahmen des FamFG geregelt sind. Keine Anwendung findet die Norm in Ehe- und Familienstreitsachen (vgl. § 113 Abs. 1). In diesem Bereich gilt gem. der allgemeinen Verweisung des § 113 Abs. 1 Satz 2 auf die ZPO die Norm des § 294 ZPO direkt. Wegen der Wortgleichheit macht dies keinerlei Unterschied in der Sache.

1 Zu Einzelheiten vgl. *Prütting*, Gegenwartsprobleme der Beweislast, 1983, S. 87 ff.

D. Verfahren der Glaubhaftmachung

I. Tatsachenbehauptung

Es können nur tatsächliche Behauptungen glaubhaft gemacht werden. Zum Begriff der Tatsache s. § 26 Rz. 15. Die in Betracht kommende Tatsache muss nach allgemeinen Regeln beweisbedürftig sein. Eine Glaubhaftmachung scheidet also aus, wenn die Tatsache offenkundig ist (§ 291 ZPO) oder wenn für die Tatsache eine gesetzliche Vermutung besteht (§ 292 ZPO). 7

II. Beweismittel

Zur Glaubhaftmachung sind grundsätzlich alle Beweismittel zugelassen. Soweit also eine Glaubhaftmachung im Rahmen des Strengbeweises durchzuführen ist, kommt der Beweis durch Augenschein, durch Zeugen, durch Sachverständige, durch Urkunden sowie durch Beteiligtenvernehmung in Betracht. Darüber hinaus gestattet Abs. 1 auch die Versicherung an Eides statt in allen Beweisverfahren (vgl. dazu Rz. 9). Allerdings kann die Glaubhaftmachung nur durch präsente Beweismittel erfolgen (Abs. 2; s. Rz. 10). Soweit die Glaubhaftmachung im Rahmen des Freibeweises erfolgt, gibt es keinerlei Beweismittelbeschränkungen. Allerdings gilt auch hier die Beschränkung auf präsente Beweismittel. 8

III. Eidesstattliche Versicherung

Sowohl im Rahmen des Strengbeweises wie des Freibeweises ist für die Glaubhaftmachung nach Abs. 2 auch die eidesstattliche Versicherung als ausreichend anzuerkennen. Unter einer eidesstattlichen Versicherung ist eine mündliche oder schriftliche Erklärung zu verstehen, die sich sowohl auf eigene Handlungen und Wahrnehmungen als auch auf andere Tatsachen beziehen kann. Im Wortlaut der Erklärung muss eine solche Versicherung aber präzise und deutlich erkennbar sein. Nicht ausreichend ist es, wenn ein Beteiligter auf anwaltliche Schriftsätze Bezug nimmt und deren Richtigkeit bestätigt. Entspricht die Versicherung an Eides statt nicht der Wahrheit, so ist bei vorsätzlichem Handeln der Straftatbestand der falschen eidesstattlichen Versicherung (§ 156 StGB) erfüllt, im Falle von Fahrlässigkeit ist der Straftatbestand des § 163 Abs. 1 StGB heranzuziehen. In Einzelfällen schließt das Gesetz die eidesstattliche Versicherung aus (vgl. etwa § 6 iVm. § 44 Abs. 2 ZPO). 9

IV. Präsente Beweismittel

Nach Abs. 2 kommt eine Beweisaufnahme im Rahmen der Glaubhaftmachung nur dann in Betracht, wenn sie sofort erfolgen kann. Es können also nur präsente Beweismittel Berücksichtigung finden. Im Rahmen einer mündlichen Verhandlung ist also eine Vertagung durch das Gericht nicht zulässig, ebenso wenig eine Zeugenvernehmung durch einen ersuchten Richter. Die Beteiligten können auf die Einhaltung dieser Vorschrift nicht verzichten. 10

V. Beweisgegner

11 Soweit das Gesetz im Einzelfall eine Glaubhaftmachung vorsieht, kann neben dem vom Gesetz in Bezug genommenen Beteiligten auch jeder andere Beteiligte sich auf diese Art der Beweisführung beschränken. Daher kann jeder Beteiligte, der den Inhalt der Glaubhaftmachung bestreiten will, in gleicher Weise abweichende Tatsachenbehauptungen glaubhaft zu machen versuchen. Auch er unterliegt aber gem. Abs. 2 dem Erfordernis, dass nur präsente Beweismittel Berücksichtigung finden.

E. Rechtsfolgen

I. Beweismaß

12 Nach allgemeinen Regeln verlangt der Beweis einer Tatsachenbehauptung die volle richterliche Überzeugung (vgl. § 37 Abs. 1). Dagegen entspricht es dem Wesen der Glaubhaftmachung, dass sie nur die Begründung eines geringeren Grades von Wahrscheinlichkeit beim Richter erstrebt und verlangt. Sie stellt also gegenüber dem Regelbeweismaß eine Abstufung dar. Das Vorliegen einer Tatsache ist bei der Glaubhaftmachung bereits dann bewiesen, wenn ihr Vorliegen **überwiegend wahrscheinlich** ist. In der Praxis bedeutet die Formel von der überwiegenden Wahrscheinlichkeit, dass etwas mehr für das Vorliegen der Tatsache spricht als gegen sie.[1]

II. Beweiswürdigung

13 Der Richter wird durch die Glaubhaftmachung in seiner freien Beweiswürdigung nicht eingeschränkt. Ebenso wie im Rahmen des Vollbeweises (§ 37 Abs. 1) hat er anhand der ihm vorliegenden Glaubhaftmachungsmittel seine Überzeugung frei zu ergründen und festzustellen. Das Gericht darf also auch frei über die Wahrheit und den Beweiswert von eidesstattlichen Versicherungen und anderen schriftlichen Aussagen entscheiden.

III. Begründungspflicht

14 Soweit die richterliche Entscheidung, der eine Glaubhaftmachung zugrunde liegt, den Verfahrensgegenstand ganz oder teilweise erledigt (Endentscheidung), ergeht diese durch Beschluss (§ 38 Abs. 1), der gem. § 38 Abs. 3 zu begründen ist. In diesem Fall muss das Gericht im Beschluss auch die Gründe anführen, aus denen es die erfolgreiche Glaubhaftmachung ableitet. Soweit die Glaubhaftmachung dagegen nur eine Zwischenentscheidung zur Konsequenz hat, hängt die Frage einer Begründungspflicht von der jeweiligen gesetzlichen Regelung im Einzelfall ab.

---

1 Im Einzelnen vgl. MüKo.ZPO/*Prütting*, § 294 Rz. 24.

§ 32
Termin

(1) Das Gericht kann die Sache mit den Beteiligten in einem Termin erörtern. Die §§ 219, 227 Abs. 1, 2 und 4 der Zivilprozessordnung gelten entsprechend.

(2) Zwischen der Ladung und dem Termin soll eine angemessene Frist liegen.

(3) In geeigneten Fällen soll das Gericht die Sache mit den Beteiligten im Wege der Bild- und Tonübertragung in entsprechender Anwendung des § 128a der Zivilprozessordnung erörtern.

A. Entstehungsgeschichte und Normzweck

1 § 32 schließt eine empfindliche **Lücke des bisherigen Rechts**, da das FGG keine ausdrücklichen Regelungen darüber enthielt, wie das Gericht bis zur Entscheidung mit den Beteiligten in Kontakt zu treten hatte.[1] § 32 regelt in Abs. 1 Satz 1, wann ein Termin zur mündlichen Erörterung durchgeführt wird. Auch das neue Recht begnügt sich insoweit mit der Vorgabe eines sehr weiten Rahmens. Es schreibt, anders als die ZPO, **kein bestimmtes Verfahren**, etwa in Form einer verbindlichen mündlichen Verhandlung, vor, sondern lässt dem Gericht einen sehr weiten **Ermessensspielraum**. Dies dient freilich nicht der Bequemlichkeit des Gerichts, sondern der optimalen Verfahrensgestaltung. Anders als regelmäßig im Zivilprozess sind die Verfahrensbeteiligten in Verfahren nach dem FamFG oftmals nicht in der Lage, ihr Begehren engagiert und zielgerichtet in einer mündlichen Verhandlung zu vertreten. Es versteht sich von selbst, dass etwa die förmliche mündliche Verhandlung mit Antragstellung in Unter-

1 BT-Drucks. 16/6308, S. 191; Keidel/*Meyer-Holz*, Vorb. §§ 8–18 FGG Rz. 8.

bringungssachen oder gar bei einem Koma-Patienten wenig sinnvoll ist und dass die Anhörung im gewöhnlichen sozialen Umfeld bei Kindern oder geistig Behinderten weit bessere Ergebnisse verspricht als die möglicherweise einschüchternde Atmosphäre eines Gerichtssaals, in dem das Gericht schon räumlich über den Parteien thront. Nur dieser Besonderheiten wegen ist dem Gericht in § 32 eine große Freiheit bei der Verfahrensgestaltung eröffnet, mit der es verantwortungsvoll umzugehen hat. Die Ausfüllung dieses Spielraums ist daher insbesondere an § 26 zu messen, also daran, ob das Gericht die sich zur Ermittlung des Sachverhalts bietenden Ansätze ausgeschöpft hat und ob von einer mündlichen Erörterung der Sache mit den Beteiligten eine weitere Aufklärung zu erwarten gewesen wäre. § 32 Abs. 1 Satz 2, Abs. 2, 3 trifft nähere Regelungen dazu, wie ein Termin zur mündlichen Erörterung durchzuführen ist.

B. Inhalt der Vorschrift

I. Bedeutung des Termins

1. Abgrenzung von der persönlichen Anhörung

2 Mit § 32 Abs. 1 Satz 1 hat die bislang aus § 12 FGG abgeleitete Möglichkeit, eine mündliche Verhandlung durchzuführen, eine gesetzliche Regelung gefunden. Die Vorschrift betrifft **nur die Erörterung der Sache mit den Beteiligten**, nicht die Anhörung Dritter oder etwaiger Auskunftspersonen. An eine Beweisaufnahme soll sich aber eine Erörterung anschließen.[1]

3 Mit der **persönlichen Anhörung** nach § 34 wird sich der Termin zur Erörterung nach § 32 oftmals überschneiden. Beide Termine können sich aber insbesondere darin unterscheiden, dass die Erörterung nach § 32, anders als die Anhörung nach § 34, nicht mit den Beteiligten persönlich erfolgen muss, sondern mit ihren Verfahrensbevollmächtigten durchgeführt werden kann. Dies genügt, wenn keine persönliche Anhörung vorgeschrieben ist. Umgekehrt sind die Anforderungen der Erörterung nach § 32 höher, was den **Kreis der Beteiligten** betrifft. Während die persönliche Anhörung nicht die Anwesenheit anderer oder gar aller Beteiligten erfordert,[2] ist dies dem Wortlaut des § 32 Abs. 1 Satz 1 nach bei der Erörterung der Fall. Denn danach hat das Gericht „die Sache mit *den* Beteiligten in *einem* Termin zu erörtern". Erforderlich ist demnach die Ladung der (also aller) Beteiligten zur **gleichzeitigen Anwesenheit in ein und demselben Termin**.

4 Auch inhaltlich bestehen zwischen Erörterung und Anhörung Unterschiede. Während das „Anhören" auf einen eher passiven Akt des Gerichts hindeutet, indem es die Standpunkte der Beteiligten zur Kenntnis nimmt, verlangt das „Erörtern" ein **aktives Tun**. Das Gericht hat hier selbst seine Sicht der Sach- und Rechtslage darzulegen. Dies betrifft insbesondere die Aufklärung des Sachverhalts, vor allem die Beseitigung von Unklarheiten in tatsächlicher Hinsicht, etwa durch Nachfragen, und das Hinwirken auf vollständigen Vortrag und rechtlich korrekte Anträge bzw. Verfahrenshandlungen, etwa durch Erteilen von Hinweisen (vgl. § 28 Abs. 2).[3]

---

1 BT-Drucks. 16/6308, S. 191; vgl. BayObLG v. 20.6.1990 – BReg 1a Z 19/89, NJW-RR 1990, 1420 (1421) = BayObLGZ 1990, 177 (180).

2 Zur Durchführung der Anhörung außerhalb der Erörterung nach § 32 s. BT-Drucks. 16/6308, S. 191.

3 OLG Braunschweig v. 19.2.1980 – 2 UF 24/80, FamRZ 1980, 568 (569); BayObLG v. 20.6.1990 – BReg 1a Z 19/89, NJW-RR 1990, 1420 (1421) = BayObLGZ 1990, 177 (180); OLG Frankfurt v. 11.3.1988 – 1 UF 280/87, NJW-RR 1989, 5 (6); *Bumiller*/Winkler, § 12 FGG Rz. 63.

Allerdings muss das Gericht, sofern dies nicht zur Sachaufklärung erforderlich ist, seine rechtliche Beurteilung des Falles nicht vorab – und schon gar nicht in allen Einzelheiten – kundtun. Bei hinreichend aufgeklärtem Sachverhalt ohne weitere Ermittlungsansätze bedarf es keines **Rechtsgesprächs**, in dem das Gericht seine Rechtsauffassung vorab offen legt und mit den Beteiligten diskutiert.[1] Das geht bereits daraus hervor, dass schon die Erörterung als solche im pflichtgemäßen Ermessen des Gerichts steht. Erst recht kann es sich dann in Einzelaspekten einer vorläufigen Stellungnahme zur Rechtslage enthalten. 5

Diese Grundsätze gelten auch in den **Rechtsmittelinstanzen**.[2] Die Rechtsmittelgerichte haben den Beteiligten insbesondere Gelegenheit zur Stellungnahme zu geben, wenn sie eine Entscheidung mit einer völlig anderen, den Beteiligten nicht (etwa durch eine vorinstanzliche Hilfserwägung) bekannten Begründung bestätigen wollen.[3] 6

2. Kein Mündlichkeitsprinzip

In der Sache ist der Termin nach § 32 der **mündlichen Verhandlung im Zivilprozess** vergleichbar, hat allerdings nicht vollständig dieselbe Bedeutung.[4] Im Zivilprozess verhandeln die Parteien in den selbst gewählten Grenzen über den von ihnen bestimmten Tatsachenstoff, im Verfahren nach dem FamFG verhandelt das Gericht mit den Beteiligten.[5] Nach ausdrücklichem Bekunden des Gesetzgebers soll mit der Kodifizierung der Möglichkeit zur mündlichen Erörterung der Sache nicht das Mündlichkeitsprinzip in Verfahren nach dem FamFG eingeführt werden.[6] Damit ist der Termin zur mündlichen Erörterung anders als (zumindest theoretisch) die mündliche Verhandlung im Zivilprozess nach wie vor **nicht die alleinige Grundlage der Entscheidung**. Das Gericht hat seiner Entscheidung vielmehr den **gesamten Akteninhalt** zugrunde zu legen.[7] Der Gegenstand des Verfahrens und der Entscheidung wird nicht ausschließlich durch die mündlich gestellten Anträge bestimmt.[8] 7

Dem Termin nach § 32 kommt also **keine Präklusionswirkung** zu; auch danach eingereichte Schriftsätze sind bis zur Herausgabe der Entscheidung zur Poststelle zu beachten.[9] Es bedarf allerdings auch nach erheblichem neuen Vortrag oder sonstigen Erweiterungen der Tatsachengrundlage vor einer Entscheidung keiner erneuten mündlichen Verhandlung. Ebenso wenig gilt hinsichtlich des Spruchkörpers, der die Entscheidung 8

1 BVerfG v. 5.11.1986 – 1 BvR 706/85, BVerfGE 74, 1 (6); BVerfG v. 15.8.1996 – 2 BvR 2600/95, NJW 1996, 3202; BayObLG v. 20.6.1990 – BReg 1a Z 19/89, BayObLGZ 1990, 177 (179); *Bumiller*/Winkler, § 12 FGG Rz. 66.

2 BVerfG v. 15.8.1996 – 2 BvR 2600/95, NJW 1996, 3202; *Bumiller*/Winkler, § 12 FGG Rz. 68.

3 BVerfG v. 25.10.2001 – 1 BvR 1079/96, NJW 2002, 1334 (1335); OLG Köln v. 1.3.1984 – 16 Wx 6/84, OLGZ 1984, 296 (297 f.).

4 BGH v. 27.10.1999 – XII ZB 18/99, NJW-RR 2000, 877 (888); BayObLG v. 20.6.1990 – BReg 1a Z 19/89, BayObLGZ 1990, 177 (179).

5 So plastisch BayObLG v. 6.10.1975 – BReg 2 Z 59/75, BayObLGZ 1975, 365 (367).

6 BT-Drucks. 16/6308, S. 191.

7 BT-Drucks. 16/6308, S. 191; BayObLG v. 20.6.1990 – BReg 1a Z 19/89, BayObLGZ 1990, 177 (179 f.); Keidel/*Meyer-Holz*, Vorb. §§ 8–18 FGG Rz. 10.

8 *Bassenge*/Roth, Einl. Rz. 72.

9 BayObLG v. 11.12.1980 – 3 Z 86/80, Rpfleger 1981, 144 (145); OLG Celle v. 3.9.1991 – 4 W 230/91, OLGZ 1992, 127 (128); OLG Zweibrücken v. 7.3.2002 – 3 W 14/02, FGPrax 2002, 116; OLG Köln v. 8.1.2001 – 16 Wx 179/00, ZMR 2001, 571 f.; Keidel/*Meyer-Holz*, Vorb. §§ 8–18 FGG Rz. 10; *Bumiller*/Winkler, § 12 FGG Rz. 64.

trifft, die Einschränkung des § 309 ZPO. Daher können idR Richter an der Entscheidung mitwirken, die an der mündlichen Verhandlung nicht teilgenommen haben,[1] sofern es nicht entscheidend auf einen persönlichen Eindruck etwa zur Glaubwürdigkeit eines Zeugen ankommt.[2] Auch eine lange Dauer zwischen mündlicher Verhandlung und Entscheidung stellt für sich noch keinen Mangel dar, der zur Aufhebung führt.[3]

3. Dreifacher Zweck der mündlichen Erörterung

9 Positiv umschrieben dient ein Termin zur Erörterung nach § 32 vorrangig der **Aufklärung des Sachverhalts,**[4] weshalb das Erfordernis seiner Durchführung früher überwiegend aus § 12 FGG abgeleitet wurde. Daneben soll er die **Gewährung rechtlichen Gehörs** sicherstellen,[5] da jeder, auch der in der Abfassung von Schriftsätzen weniger gewandte Beteiligte, sich so in weniger förmlicher Weise dem Gericht gegenüber erklären kann. Schließlich dient der Termin nach § 32 dann, wenn der Verfahrensgegenstand zur Disposition der Beteiligten steht, also insbesondere in Streitverfahren, der Herbeiführung einer **gütlichen Einigung.**[6] Denn in direktem Kontakt mit den Beteiligten kann das Gericht die Möglichkeiten hierzu besser ausloten und auf jene einwirken. Eine Ausnahme hiervon sieht § 36 Abs. 1 Satz 2 in Gewaltschutzsachen vor.

II. Erforderlichkeit eines Termins

1. Ermessen des Gerichts

10 Nach § 32 Abs. 1 Satz 1 „kann" das Gericht die Sache mit den Beteiligten in einem Termin erörtern. Dies ist nach ausdrücklichem Bekunden der Materialien wörtlich zu nehmen. Dem Gericht steht insoweit ein Ermessen zu.[7] Anders als im Zivilprozess gilt in Verfahren nach dem FamFG also kein Mündlichkeitsgrundsatz. **Abweichende Spezialvorschriften**, nach denen eine mündliche Verhandlung zwingend vorgeschrieben

---

1 KG v. 5.5.1993 – 24 W 3913/92, NJW-RR 1994, 278 (278 f.); BayObLG v. 23.1.2001 – 2 Z BR 116/00, ZMR 2001, 472 (473); BayObLG v. 4.12.2002 – 2 Z BR 120/02, ZMR 2003, 369 (370); BayObLG v. 5.5.2004 – 2 Z BR 269/03, ZMR 2004, 763 (764); OLG Zweibrücken v. 7.3.2002 – 3 W 184/01, ZMR 2002, 786; Keidel/*Meyer-Holz*, Vorb. §§ 8–18 FGG Rz. 9; *Bassenge*/Roth, Einl. FGG, Rz. 72.

2 BVerfG v. 22.11.2004 – 1 BvR 1935/03, NJW 2005, 1487; Keidel/*Schmidt*, § 12 FGG Rz. 190.

3 KG v. 5.5.1993 – 24 W 3913/92, NJW-RR 1994, 278 (279); BayObLG v. 23.1.2001 – 2 Z BR 116/00, ZMR 2001, 472 (473); BayObLG v. 5.5.2004 – 2 Z BR 269/03, ZMR 2004, 764 (765).

4 BGH v. 10.9.1998 – V ZB 11/98, ZMR 1999, 41 (42); BayObLG v. 20.6.1990 – BReg 1a Z 19/89, BayObLGZ 1990, 177 (179); BayObLG v. 11.2.1999 – 2 Z BR 171/98, ZMR 1999, 349 (350); BayObLG v. 5.5.2004 – 2 Z BR 269/03, ZMR 2004, 763 (764); OLG Düsseldorf v. 2.2.1998 – 3 Wx 345/97, ZMR 1998, 449; OLG Karlsruhe v. 12.11.2001 – 14 Wx 37/01, ZMR 2003, 374 (375); Keidel/*Meyer-Holz*, Vorb. §§ 8–18 FGG Rz. 9; *Bumiller*/Winkler, § 12 FGG Rz. 55; *Bassenge*/Roth, Einl. FGG, Rz. 72.

5 BGH v. 10.9.1998 – V ZB 11/98, ZMR 1999, 41 (42); OLG Düsseldorf v. 2.2.1998 – 3 Wx 345/97, ZMR 1998, 449; OLG Karlsruhe v. 12.11.2001 – 14 Wx 37/01, ZMR 2003, 374 (375); BayObLG v. 5.5.2004 – 2 Z BR 269/03, ZMR 2004, 763 (764); Keidel/*Meyer-Holz*, Vorb. §§ 8–18 FGG Rz. 9; *Bumiller*/Winkler, § 12 FGG Rz. 55; *Bassenge*/Roth, Einl. FGG, Rz. 72.

6 BGH v. 10.9.1998 – V ZB 11/98, ZMR 1999, 41 (42); OLG Düsseldorf v. 2.2.1998 – 3 Wx 345/97, ZMR 1998, 449; OLG Karlsruhe v. 12.11.2001 – 14 Wx 37/01, ZMR 2003, 374 (375); BayObLG v. 5.5.2004 – 2 Z BR 269/03, ZMR 2004, 763 (764); Keidel/*Schmidt*, § 12 FGG Rz. 190; *Bassenge*/Roth, Einl. FGG, Rz. 72.

7 BT-Drucks. 16/6308, S. 191; *Bumiller*/Winkler, § 12 FGG Rz. 55.

ist, werden von § 32 Abs. 1 Satz 1 nicht berührt.[1] Abgesehen von diesen Fällen ist das Unterlassen einer mündlichen Verhandlung auch zukünftig nicht per se ein **Verfahrensfehler**. Dies ist nur der Fall, wenn das Gericht sein **Ermessen**, ob eine mündliche Verhandlung durchzuführen ist, **fehlerhaft ausgeübt** hat und dadurch gegen den Grundsatz der **Amtsermittlung** verstößt oder nicht **hinreichend rechtliches Gehör** gewährt.[2]

In der Regel ist allen Beteiligten die Möglichkeit zu geben, an der mündlichen Erörterung **teilzunehmen**.[3] Den Beteiligten sind der Termin und der Gegenstand der Anhörung **rechtzeitig bekannt zu machen**.[4] Geschäftsunfähige oder beschränkt Geschäftsfähige üben ihre Rechte durch ihre gesetzlichen Vertreter aus, so dass es verfahrensfehlerhaft ist, nur sie selbst zu beteiligen.[5] Ggf. ist ihnen ein **Verfahrenspfleger** zu bestellen.[6] Etwas anderes gilt nur in den Fällen, in denen sie als verfahrensfähig anzusehen sind.[7] Für die **Beschwerdeinstanz** gelten grundsätzlich dieselben Regeln;[8] allerdings kann die zweite Tatsacheninstanz nach § 68 Abs. 3 Satz 2 von der Durchführung eines Termins oder einzelner Verfahrenshandlungen absehen (s. § 68 Rz. 26 ff.). 11

2. Gewährung rechtlichen Gehörs

Die Durchführung der mündlichen Verhandlung hat stets zumindest den Vorteil, dass die Gewährung rechtlichen Gehörs offenkundig ist.[9] Ein Verzicht auf eine mündliche Erörterung mit allen Beteiligten setzt in jedem Fall voraus, dass denjenigen, die nicht mündlich angehört werden, **rechtliches Gehör auf sonstige Weise gewährt** wird.[10] Sofern die Gewährung rechtlichen Gehörs spezialgesetzlich nur als Möglichkeit nach Ermessen des Gerichts (Kann-Vorschrift) vorgesehen ist, wird dieses nach Art. 103 Abs. 1 GG regelmäßig auf Null reduziert sein,[11] sofern keine zwingenden Gesichtspunkte hiergegen sprechen. Dies kann bei Eilbedürftigkeit insbesondere im **einstweiligen Rechtsschutz** der Fall sein.[12] Auch in diesen Fällen ist rechtliches Gehör zumin- 12

1 BT-Drucks. 16/6308, S. 191; vgl. schon zum alten Recht Keidel/*Meyer-Holz*, Vorb. §§ 8–18 FGG Rz. 9.

2 BGH v. 15.12.1982 – IVb ZB 544/80, NJW 1983, 824 (825) sogar für die Fälle, in denen eine mündliche Verhandlung stattfinden „soll".

3 BayObLG v. 10.4.1996 – 2 Z BR 32/96, WuM 1996, 503; *Bumiller*/Winkler, § 12 FGG Rz. 60; *Bassenge*/Roth, Einl. Rz. 72.

4 OLG Frankfurt v. 5.7.1984 – 20 W 169/84, NJW 1985, 1294.

5 BayVerfGH v. 2.8.1974 – Vf. 51-VI-73, Rpfleger 1976, 350; *Bumiller*/Winkler, § 12 FGG Rz. 56.

6 BVerfG v. 29.10.1998 – 2 BvR 1206/98, NJW 1999, 631 (632 f.); *Bumiller*/Winkler, § 12 FGG Rz. 57.

7 BayObLG v. 18.9.1968 – BReg 1a Z 44, 45/68, BayObLGZ 1968, 243 (246); BayObLG v. 11.9.1981 – BReg 3 Z 65/81, BayObLGZ 1981, 306 (307); OLG Zweibrücken v. 11.1.1990 – 3 W 170/89, FamRZ 1990, 544; OLG Frankfurt v. 16.1.1981 – 20 W 810/80, OLGZ 1981, 135 (136); *Bumiller*/Winkler, § 12 FGG Rz. 56.

8 BGH v. 10.9.1998 – V ZB 11/98, ZMR 1999, 41 (42); OLG Düsseldorf v. 2.2.1998 – 3 Wx 345/97, ZMR 1998, 449; BayObLG v. 11.2.1999 – 2 Z BR 171/98, ZMR 1999, 349 (350); OLG Karlsruhe v. 12.11.2001 – 14 Wx 37/01, ZMR 2003, 374 (375); Keidel/*Schmidt*, § 12 FGG Rz. 186.

9 BVerfG v. 10.2.1995 – 2 BvR 893/93, NJW 1995, 2095.

10 BGH v. 10.9.1998 – V ZB 11/98, ZMR 1999, 41 (42); BayObLG v. 29.9.1999 – XII ZB 21/97, NJW-RR 2000, 289 (290); OLG Köln v. 1.3.1982 – 16 Wx 9/82, FamRZ 1982, 642 (643); Keidel/*Schmidt*, § 12 FGG Rz. 185.

11 BT-Drucks. 16/6308, S. 192; weiter gehend, von einer Unbeachtlichkeit derartiger Vorschriften ausgehend *Bumiller*/Winkler, § 12 FGG Rz. 55.

12 BayObLG v. 28.6.1971 – BReg 2 Z 79/71, BayObLGZ 1971, 217 (220); BayObLG v. 21.7.1980 – BReg 1 Z 56/80, BayObLGZ 1980, 215 (217); OLG Frankfurt v. 23.1.2003 – 20 W 479/02, FGPrax 2003, 81; *Bumiller*/Winkler, § 12 FGG Rz. 70.

dest **nachträglich** zu gewähren.[1] Eine nachträgliche Anhörung bzw. Gewährung rechtlichen Gehörs etwa in der Beschwerdeinstanz kann auch ansonsten zur **Heilung** des Verfahrensfehlers führen,[2] allerdings nicht, wenn die maßgeblichen Tatsachen erst in der Entscheidung mitgeteilt werden, da der Beteiligte sich in den Tatsacheninstanzen dann nicht mehr hierzu äußern kann.[3]

13 Auf eine Erörterung kann in aller Regel nicht verzichtet werden, sofern das Gericht zur Ermittlung des entscheidungserheblichen Sachverhalts auf die Mitwirkung der Beteiligten angewiesen ist.[4] Diese müssen **Gelegenheit einer Stellungnahme** zu den Anträgen und zum Vorbringen der anderen Beteiligten erhalten.[5] Dies betrifft auch Rechtsausführungen.[6] Die hierfür gesetzten **Fristen** müssen ausreichend bemessen sein[7] und auch vom Gericht selbst eingehalten werden.[8] Sie müssen aber nicht so großzügig bemessen sein, dass ein Beteiligter Zeit hat, neue entscheidungserhebliche Tatsachen zu schaffen.[9] Ferner sind den Beteiligten, wie nunmehr § 37 Abs. 2 ausdrücklich bestimmt, **alle tatsächlichen Umstände bekannt zu geben**, auf die das Gericht seine Entscheidung stützt,[10] insbesondere Schriftsätze der anderen Beteiligten,[11] das Ergebnis von Anhörungen und Beweisaufnahmen,[12] Stellungnahmen von Behörden[13] oder Betreuern,[14] Gutachten[15] und sonstige Ermittlungsergebnisse des Gerichts.[16] Die bloße Möglichkeit der **Einsichtnahme in die Verfahrensakten** genügt nicht,[17] ist

1 OLG Köln v. 16.10.1964 – 1 Wx 125/64, OLGZ 1965, 134 (135); BayObLG v. 28.6.1971 – BReg 2 Z 79/71, BayObLGZ 1971, 217 (220 f.); BayObLG v. 21.7.1980 – BReg 1 Z 56/80, BayObLGZ 1980, 215 (217); OLG Naumburg v. 31.7.2001 – 8 WF 162/01, FamRZ 2002, 615; OLG Frankfurt v. 23.1.2003 – 20 W 479/02, FGPrax 2003, 81; *Bumiller*/Winkler, § 12 FGG Rz. 70.

2 BayObLG v. 4.6.1998 – 2 Z BR 19/98, ZMR 1998, 790 (791); BayObLG v. 4.11.1999 – 2 Z BR 140/99, ZMR 2000, 188 (189); OLG Frankfurt v. 23.1.2003 – 20 W 479/02, FGPrax 2003, 81 (82).

3 BayObLG v. 28.6.1973 – BReg 3 Z 154/72, BayObLGZ 1973, 162 (167); ähnlich OLG Hamburg v. 6.8.2003 – 2 Wx 131/01, ZMR 2003, 868 (869).

4 Keidel/*Schmidt*, § 12 FGG Rz. 185.

5 BVerfG v. 9.10.1973 – 2 BvR 482/72, NJW 1974, 133 (auch dazu, dass sich das Gericht vom Zugang von Schriftsätzen etc. zu überzeugen hat; ähnlich hierzu BVerfG v. 10.2.1995 – 2 BvR 893/93, NJW 1995, 2095); v. 10.10.1973 – 2 BvR 574/71, NJW 1974, 133; BVerfG v. 2.5.1995 – 1 BvR 2174/94, NJW 1995, 2095 (2096); BayObLG v. 24.11.1981 – 1 Z 54/81, Rpfleger 1982, 69 (70).

6 BVerfG v. 15.8.1996 – 2 BvR 2600/95, NJW 1996, 3202; BVerfG v. 25.10.2001 – 1 BvR 1079/96, NJW 2002, 1334.

7 BayObLG v. 18.12.1986 – 3 Z 156/86, FamRZ 1987, 412 (413); BayObLG v. 14.12.1989 – BReg 3 Z 163/89, FamRZ 1990, 542 (543); OLG Zweibrücken v. 11.1.1990 – 3 W 170/89, FamRZ 1990, 544; *Bumiller*/Winkler, § 12 FGG Rz. 62.

8 BayObLG v. 8.8.2000 – 1 Z BR 109/00, NJWE-FER 2000, 319.

9 BVerfG v. 30.9.2001, 1564 – 2 BvR 1338/01, NJW 2002, 1564; *Bumiller*/Winkler, § 12 FGG Rz. 64.

10 BVerfG v. 17.5.1983 – 2 BvR 731/80, NJW 1983, 2762 (2763); BVerfG v. 25.10.2001 – 1 BvR 1079/96, NJW 2002, 1334 (1034 f.); OLG Frankfurt v. 16.1.1981 – 20 W 810/80, OLGZ 1981, 135 (137); *Bumiller*/Winkler, § 12 FGG Rz. 59.

11 OLG Saarbrücken v. 17.5.1985 – 5 W 60/85, OLGZ 1985, 388 (389); OLG München v. 8.11.2004 – 29 W 2601/04, NJW 2005, 1130 f.

12 BayObLG v. 28.6.1973 – BReg 3 Z 154/72, BayObLGZ 1973, 162 f.

13 OLG Schleswig v. 22.4.2004 – 2 W 81/04, FamRZ 2005, 64.

14 BayObLG v. 13.11.1996 – 3 Z BR 278/96, FamRZ 1997, 901 (902).

15 BayObLG v. 28.6.1973 – BReg 3 Z 154/72, BayObLGZ 1973, 162 (164); BayObLG v. 18.12.1986 – 3 Z 156/86, FamRZ 1987, 412 (413); v. 14.12.1989 – BReg 3 Z 163/89, FamRZ 1990, 542 (543); OLG Zweibrücken v. 11.1.1990 – 3 W 170/89, FamRZ 1990, 544; BayObLG v. 30.7.1996 – 3 Z BR 149/96, NJW-RR 1997, 69 (70).

16 BayObLG v. 28.6.1971 – BReg 2 Z 79/71, BayObLGZ 1971, 217 (220 f.).

17 OLG München v. 8.11.2004 – 29 W 2601/04, NJW 2005, 1130 f.

aber in jedem Falle zu gewähren.[1] Sofern hierdurch die Gefahr einer psychischen oder gesundheitlichen Beeinträchtigung droht, muss wenigstens der wesentliche Inhalt und das Ergebnis der Ermittlungen mitgeteilt[2] oder ein **Verfahrenspfleger** bestellt werden.[3] Dass das Gericht bestimmte Tatsachen als gerichtsbekannt ansieht, muss, wenn ihre allgemeine Bekanntheit nicht unzweifelhaft feststeht, den Beteiligten ebenfalls mitgeteilt werden.[4] Für fremdsprachige Verfahrensbeteiligte ist in der mündlichen Verhandlung ein **Dolmetscher** hinzuziehen.[5] Die Entscheidung muss ihnen aber nicht in ihre Sprache übersetzt werden.[6]

Im Rahmen seiner Amtsermittlung hat das Gericht durch **Hinweise** (möglichst früh- 14
zeitig) auf vollständiges Vorbringen der entscheidungserheblichen Tatsachen[7] und auf die Stellung sachdienlicher Anträge hinzuwirken.[8] Dies gilt insbesondere dann, wenn die Beteiligten einen entscheidenden Gesichtspunkt übersehen haben[9] oder das Gericht von einer gängigen Rechtsauffassung[10] bzw. von einer zuvor geäußerten Auffassung abweichen will.[11] Hinweise müssen gem. § 28 Abs. 3 auch in Verfahren nach dem FamFG in der **Form des § 139 Abs. 4 ZPO** erfolgen, da beide Vorschriften fast wortgleich sind. Eine nachträgliche dienstliche Erklärung genügt im Gegensatz zum früheren Recht[12] nicht.

Natürlich gehört zur korrekten Gewährung rechtlichen Gehörs auch, dass das Gericht 15
den erheblichen Vortrag der Beteiligten **zur Kenntnis nimmt und in Erwägung zieht.**[13] Dies ist nicht der Fall, wenn schon die Zeit zwischen dem Eingang eines Schriftsatzes und der Entscheidung nicht zu dessen Lektüre genügt.[14] Der Anspruch auf Gewährung rechtlichen Gehörs erfordert es, Zeugen und Beteiligte, deren **Glaubwürdigkeit** das Beschwerdegericht abweichend von der ersten Instanz beurteilen will, nochmals zu vernehmen.[15] Das Beschwerdegericht hat den Beteiligten das **Aktenzeichen** des Rechtsmittelverfahrens bekannt zu geben, damit der rechtzeitige Eingang ihrer Schriftsätze gewährleistet ist.[16]

---

1 BayObLG v. 28.6.1973 – BReg 3 Z 154/72, BayObLGZ 1973, 162 (165).
2 BayObLG v. 18.9.1968 – BReg 1a Z 44, 45/68, BayObLGZ 1968, 243 (250 f.); OLG Frankfurt v. 16.1.1981 – 20 W 810/80, OLGZ 1981, 135 (137).
3 BayObLG v. 14.12.1989 – BReg 3 Z 163/89, FamRZ 1990, 542 (543).
4 BSG v. 16.11.1972 – 11 RA 42/72, NJW 1973, 392.
5 BVerfG v. 17.5.1983 – 2 BvR 731/80, NJW 1983, 2762 (2763 f.); OLG Frankfurt v. 5.7.1984 – 20 W 169/84, NJW 1985, 1294.
6 BVerfG v. 17.5.1983 – 2 BvR 731/80, NJW 1983, 2762 (2763 f.).
7 BayObLG v. 20.6.1990 – BReg 1a Z 19/89, BayObLGZ 1990, 177 (180); OLG Frankfurt v. 11.3.1988 – 1 UF 280/87, NJW-RR 1989, 5 (6); Keidel/*Schmidt*, § 12 FGG Rz. 185.
8 OLG Braunschweig v. 19.2.1980 – 2 UF 24/80, FamRZ 1980, 568 (569).
9 OLG Köln v. 24.3.1992 – 2 Wx 6/92, OLGZ 1992, 395 (396); OLG Köln v. 1.3.1984 – 16 Wx 6/84, OLGZ 1984, 296 (297 f.).
10 BVerfG v. 25.10.2001 – 1 BvR 1079/96, NJW 2002, 1334 (1335).
11 BVerfG v. 15.8.1996 – 2 BvR 2600/95, NJW 1996, 3202.
12 Hierzu s. Keidel/*Schmidt*, § 12 FGG Rz. 185.
13 BVerfG v. 10.10.1973 – 2 BvR 574/71, NJW 1974, 133; BVerfG v. 16.3.1982 – 1 BvR 1336/81, NJW 1982, 1453; BVerfG v. 9.2.1982 – 1 BvR 1379/80, NJW 1982, 1453; BVerfG v. 2.5.1995 – 1 BvR 2174/94, NJW 1995, 2095 (2096); KG v. 10.10.1986 – 1 W 5106/86, Rpfleger 1987, 211 (212); *Bumiller*/Winkler, § 12 FGG Rz. 64.
14 BVerfG v. 2.5.1995 – 1 BvR 2174/94, NJW 1995, 2095 (2096); vgl. BVerfG 21.6.2002 – 1 BvR 605/02, FamRZ 2002, 1021 (1023).
15 BVerfG v. 22.11.2004 – 1 BvR 1935/03, NJW 2005, 1487.
16 OLG Celle v. 3.9.1991 – 4 W 230/91, OLGZ 1992, 127 (127 f.); *Bumiller*/Winkler, § 12 FGG Rz. 64.

16 Die Verletzung rechtlichen Gehörs ist ein Verfahrensfehler, der zur Aufhebung und Zurückverweisung nach § 69 Abs. 1 Satz 3 führen kann, wenn dies beantragt ist und eine umfangreiche oder aufwändige Beweiserhebung notwendig wäre. Dies setzt allerdings voraus, dass die Entscheidung zumindest auf dem Fehler beruhen kann, da die Verletzung rechtlichen Gehörs **kein absoluter Beschwerdegrund** ist.[1] Die Beteiligten müssen also darlegen, was sie bei Gewährung rechtlichen Gehörs vorgetragen hätten.[2] Dann aber genügt die bloße Möglichkeit, dass das Gericht bei Gewährung rechtlichen Gehörs anders entschieden hätte.[3] Allerdings müssen die Verfahrensbeteiligten von sich aus alle verfahrensrechtlichen Mittel und Möglichkeiten nutzen, sich rechtliches Gehör zu verschaffen. Tun sie das nicht, kann von einer Verletzung rechtlichen Gehörs keine Rede sein.[4]

3. Ermessenskontrolle

17 Das Ermessen des Gerichts ist in den Fällen reduziert, in denen der Zweck einer mündlichen Erörterung – also insbesondere Sachverhaltsaufklärung und Gewährung rechtlichen Gehörs – durch eine Anhörung auf sonstigem Wege nicht oder nur wesentlich schlechter erreicht werden kann. Dies ist insbesondere bei **weniger schriftgewandten Personen** der Fall, die sich mündlich besser verständlich machen können.[5] Auch in Streitverfahren wird eine mündliche Verhandlung häufig angebracht sein, da sich die Beteiligten in einem ähnlichen **Interessengegensatz befinden wie im Zivilprozess** und dort eine mündliche Verhandlung grundsätzlich ebenfalls erforderlich ist.[6] Sind allerdings **weitere Erkenntnisse nicht zu erwarten** und ist das rechtliche Gehör auf andere Weise sichergestellt, so kann die mündliche Verhandlung entbehrlich sein.[7] Bei der Annahme, dass der **Sachverhalt hinreichend geklärt** und eine **gütliche Einigung** nicht zu erwarten ist, ist allerdings Vorsicht angebracht.[8]

18 Hingegen wird die mündliche Erörterung in einem Termin in stark formalisierten Verfahren wie **Registersachen**, in denen die Beteiligten zudem ohnehin sachkundig vertreten sind, wie bisher regelmäßig nicht erforderlich sein, da dies dort weder zur

1 BayObLG v. 24.11.1981 – 1 Z 54/81, Rpfleger 1982, 69 (70); BayObLG v. 20.6.1990 – BReg 1a Z 19/89, BayObLGZ 1990, 177 (180); *Bumiller*/Winkler, § 12 FGG Rz. 73.

2 BayObLG v. 20.6.1990 – BReg 1a Z 19/89, BayObLGZ 1990, 177 (180).

3 BVerfG v. 9.10.1973 – 2 BvR 482/72, NJW 1974, 133; BVerfG v. 16.3.1982 – 1 BvR 1336/81, NJW 1982, 1453; BGH v. 18.6.1986 – IVb ZB 105/84, NJW 1987, 1024 (1026); BVerfG v. 2.5.1995 – 1 BvR 2174/94, NJW 1995, 2095 (2096); v. 25.10.2001 – 1 BvR 1079/96, NJW 2002, 1334 (1335); BVerfG v. 22.11.2004 – 1 BvR 1935/03, NJW 2005, 1487.

4 BayObLG v. 20.6.1990 – BReg 1a Z 19/89, BayObLGZ 1990, 177 (179).

5 BGH v. 24.2.1982 – IVb ZB 730/81, FamRZ 1983, 691; BayObLG v. 17.4.1978 – 3 Z 22/78, Rpfleger 1978, 252 (253); BayObLG v. 8.5.1980 – BReg 3 Z 37/80, BayObLGZ 1980, 138 (140); BayObLG v. 30.7.1996 – 3 Z BR 149/96, NJW-RR 1997, 69 (70); BayObLG v. 11.6.1997 – 1 Z BR 74/97, NJW-RR 1997, 1437; OLG Karlsruhe v. 27.12.1995 – 2 UF 317/95, NJW-RR 1996, 771; OLG Frankfurt v. 30.1.1998 – 2 W 281/97, NJW-RR 1998, 937 (938); OLG Köln v. 27.10.2004 – 2 Wx 29/04, NJW-RR 2005, 94, 95; *Bumiller*/Winkler, § 12 FGG Rz. 62.

6 OLG Köln v. 27.10.2004 – 2 Wx 29/04, NJW-RR 2005, 94 (95).

7 BVerfG v. 29.11.1983 – 2 BvR 704/83, FamRZ 1984, 139 (140 f.); BGH v. 24.2.1982 – IVb ZB 730/81, FamRZ 1983, 691; BayObLG v. 28.6.1971 – BReg 2 Z 79/71, BayObLGZ 1971, 217 (222); BGH v. 10.9.1998 – V ZB 11/98, NJW 1998, 3713, 3714; Keidel/*Schmidt*, § 12 FGG Rz. 190.

8 Zu diesen kumulativ erforderlichen Voraussetzungen s. BGH v. 15.12.1982 – IVb ZB 544/80, NJW 1983, 824 (825); dazu, dass jedenfalls eine gütliche Einigung nur selten ausgeschlossen werden kann OLG Braunschweig v. 19.2.1980 – 2 UF 24/80, FamRZ 1980, 568 (569); BayObLG v. 7.12.1987 – BReg 2 Z 35/87, NJW-RR 1988, 1151 (1152); BayObLG v. 5.5.2004 – 2 Z BR 269/03, ZMR 2004, 764 (765); OLG Hamm v. 30.3.1998 – 15 W 611/97, ZMR 1998, 591 (592).

Sachverhaltsaufklärung noch zur Gewährung rechtlichen Gehörs erforderlich ist. In jedem Fall kann von einer mündlichen Verhandlung abgesehen werden, wenn sie selbst nach den strengeren Maßstäben der Vorschriften entbehrlich ist, die sie als Regelfall vorsehen.[1] So kann auf eine mündliche Erörterung verzichtet werden, wenn sie bereits aus Rechtsgründen ohne Einfluss auf das Ergebnis der Entscheidung bleiben muss, also etwa bei **unzulässigen Anträgen und Beschwerden**.[2] Auch die Klärung von **Rechtsfragen** kann bei vollständig aufgeklärtem Sachverhalt ohne mündliche Verhandlung erfolgen.[3] Gleiches gilt, wenn es nur noch um die **Kosten** des Verfahrens[4] oder **Nebenentscheidungen** geht.[5]

Die Ausübung des Ermessens, das zum Verzicht auf eine mündliche Verhandlung geführt hat, ist dabei noch **durch das Rechtsbeschwerdegericht überprüfbar**.[6] Deshalb bedarf es in den Fällen, in denen ein Termin nach § 32 grundsätzlich in Betracht kommt, einer **Begründung**, weshalb sie entbehrlich war.[7] Eine fehlerhafte oder gänzlich unterbliebene Ermessensausübung rechtfertigt die Aufhebung und Zurückverweisung, da das Rechtsbeschwerdegericht insbesondere die Sachverhaltsaufklärung als Ziel der mündlichen Verhandlung nicht nachholen kann.[8] Die fehlende Durchführung einer mündlichen Verhandlung in der ersten Instanz kann aber durch das Beschwerdegericht geheilt werden (vgl. Rz. 12). Die Durchführung eines Termins nach § 32 wird nie zur Fehlerhaftigkeit der Entscheidung führen, da er deren Grundlage nicht negativ beeinflussen kann. Daher kann die persönliche Anhörung auch gegen den Willen eines Verfahrensbevollmächtigten erfolgen.[9] 19

III. Durchführung der mündlichen Verhandlung

1. Ort der mündlichen Erörterung

a) Die „Gerichtsstelle"

Zur Durchführung der Erörterung verweist § 32 Abs. 1 Satz 2 zunächst auf § 219 ZPO. Danach finden Termine grundsätzlich „an der Gerichtsstelle" statt. Das ist das **Gerichtsgebäude**, in dem der zuständige Spruchkörper seinen Sitz hat (bzw. bei einer Mehrheit von Gebäuden eines davon). Sofern das Gericht über Zweigstellen verfügt, ist diejenige Terminsort, in der sich der Spruchkörper befindet.[10] Den konkreten Sit- 20

1 Vgl. BGH v. 15.12.1982 – IVb ZB 544/80, NJW 1983, 824 f.

2 BGH v. 31.5.1965-AnwZ (B) 7/65, BGHZ 44, 25 (26 f.); OLG Hamm v. 30.3.1998 – 15 W 611/97, ZMR 1998, 591 (592); *Bassenge*/Roth, Einl. Rz. 72.

3 BGH v. 10.9.1998 – V ZB 11/98, ZMR 1999, 41 (42); BGH v. 29.9.1999 – XII ZB 21/97, NJW-RR 2000, 289 (290); OLG Karlsruhe v. 12.11.2001 – 14 Wx 37/01, ZMR 2003, 374 (375).

4 OLG Hamm v. 30.3.1998 – 15 W 611/97, ZMR 1998, 591 (592).

5 OLG Hamm v. 30.3.1998 – 15 W 611/97, ZMR 1998, 591 (592); *Bassenge*/Roth, Einl. FGG, Rz. 72.

6 KG v. 4.11.1969 – 1 W 2265/69, OLGZ 1970, 198 (200); BayObLG v. 11.2.1999 – 2 Z BR 171/98, ZMR 1999, 349 (350); vgl. zur Ermessenskontrolle allgemein u. § 72 Rz. 17.

7 OLG Düsseldorf v. 2.2.1998 – 3 Wx 345/97, ZMR 1998, 449; BayObLG v. 11.2.1999 – 2 Z BR 171/98, ZMR 1999, 349 (350); Keidel/*Schmidt*, § 12 FGG Rz. 190.

8 BayObLGZ v. 8.6.1973 – BReg 2 Z 19/73, 1973, 145 (148); BayObLG v. 28.6.1973 – BReg 3 Z 154/72, BayObLGZ 1973, 162 (167).

9 BayObLG v. 6.10.1975 – BReg 2 Z 59/75, BayObLGZ 1975, 365 (367 f.); *Bumiller*/Winkler, § 12 FGG Rz. 55.

10 Baumbach/*Hartmann*, § 219 ZPO Rz. 4; Zöller/*Stöber*, § 219 ZPO Rz. 1; Musielak/*Stadler*, § 219 ZPO Rz. 2.

zungssaal bestimmt der Vorsitzende, wobei er besondere Umstände wie etwa ein ungewöhnliches Zuschauerinteresse zu berücksichtigen hat.[1] Es steht ihm dabei frei, einen Termin auch in seinem Dienstzimmer durchzuführen. Allerdings muss bei Sachen, die öffentlich verhandelt werden, auch dann der **Zugang des Publikums** gewährleistet sein. Der Terminsort – auch der von der Gerichtsstelle abweichende – wird durch Verfügung des Vorsitzenden bestimmt, die uU zur Nachvollziehbarkeit kurz zu begründen ist.[2] Es handelt sich hierbei um eine isoliert nicht anfechtbare verfahrensleitende Maßnahme, die aber etwa bei unzumutbarer Lokalität oder kurzfristiger, nicht mehr mitgeteilter Verlegung nach § 58 Abs. 2 zur Anfechtbarkeit der Hauptsacheentscheidung führen kann.

b) Möglichkeiten abweichender Verfahrensgestaltung

21 Nimmt man die Bezugnahme auf § 219 Abs. 1 ZPO wörtlich, geht damit eine **Einschränkung der bisherigen Möglichkeiten** zur Verfahrensgestaltung einher. Denn nach § 219 Abs. 1 ZPO werden Termine grundsätzlich im Gericht abgehalten. Nach § 219 Abs. 1 ZPO setzt eine Verhandlung an einem anderen Ort voraus, dass sie „an der Gerichtsstelle nicht vorgenommen werden kann". Dies schließt nicht nur die Verlegung der Anhörung aus Kostengründen,[3] sondern auch aus sachlichen Gründen aus, wenn dies im Interesse der Rechtsfindung liegt.[4] Damit wäre etwa die Anhörung eines Minderjährigen in seiner häuslichen Umgebung ausgeschlossen, obwohl sie in der vertrauten Atmosphäre oftmals weit sachdienlicher sein kann als eine Befragung in einem bestenfalls nüchternen Gerichtssaal.

22 Ob eine solche Einschränkung wirklich gewollt ist, erscheint zweifelhaft. Hiergegen sprechen nicht zuletzt **verfassungsrechtliche Erwägungen**. Denn die Anhörung dient auch der Gewährung rechtlichen Gehörs. Ist dieser Zweck aber gefährdet, weil ein Beteiligter zwar vor Gericht erscheinen, aber sich bei weitem nicht so sachdienlich äußern kann wie in einer anderen Umgebung, wäre eine strikte Übertragung in das Verfahren nach dem FamFG vor dem Hintergrund von Art. 103 Abs. 1 GG verfassungsrechtlich bedenklich. Man wird im Wege der **„entsprechenden" Anwendung** nach § 32 Abs. 1 Satz 2 daher wohl weniger strenge Maßstäbe anlegen müssen. Dies umso mehr, als der Gesetzgeber nicht erkennen lässt, dass er die bisherige Praxis ändern will. Vielmehr wird die **Vernehmung des Betroffenen in seiner üblichen Umgebung** von den Gesetzesmaterialien gerade als typischer Anlass für ein Abweichen von § 219 ZPO genannt.[5] Demnach ist davon auszugehen, dass eine Anhörung nach § 32 schon dann nicht „an der Gerichtsstelle" vorgenommen werden kann, wenn ihr Zweck dort nicht vollständig erreicht werden kann oder dies zumindest zu befürchten steht. Eine solche Handhabung ermöglicht dem Gericht in Verfahren nach dem FamFG die Orientierung an der maximalen Sachaufklärung und die Einbeziehung der Beteiligten am Verfahren.

23 In jedem Fall ist die Wahl eines anderen Ortes der Anhörung dann geboten, wenn sie schon nach zivilprozessualen Grundsätzen zulässig wäre. Dies ist immer dann der Fall, wenn es auf die **Augenscheinseinnahme** einer bestimmten Örtlichkeit außerhalb

1 Baumbach/*Hartmann*, § 219 ZPO Rz. 2; Musielak/*Stadler*, § 219 ZPO Rz. 4.
2 BAG v. 4.2.1993 – 4 AZR 541/92, NJW 1993, 1029; Baumbach/*Hartmann*, § 219 ZPO Rz. 10; Musielak/*Stadler*, § 219 ZPO Rz. 4.
3 Baumbach/*Hartmann*, § 219 ZPO Rz. 8; Zöller/*Stöber*, § 219 ZPO Rz. 2.
4 Zöller/Stöber, § 219 ZPO Rz. 1; Musielak/*Stadler*, § 219 ZPO Rz. 2; wohl auch Baumbach/*Hartmann*, § 219 ZPO Rz. 8.
5 BT-Drucks. 16/6308, S. 191.

des Gerichtsgebäudes ankommt.[1] Die Wahl eines anderen Ortes zur Durchführung der Anhörung kann aber auch dann geboten sein, wenn ein Beteiligter etwa **aus gesundheitlichen Gründen** auf längere Zeit nicht im Gerichtsgebäude erscheinen, sich aber sehr wohl in anderen Räumlichkeiten äußern kann.[2] Ausnahmsweise kann eine Verlegung auch aus Gründen geboten scheinen, die in der Sphäre des Gerichts zu suchen sind, etwa wegen **Umbauarbeiten.**[3] Auch wenn eine Durchführung der Anhörung an einem anderen Ort zulässig ist, sind die Beteiligten oder gar Dritte schon wegen Art. 13 GG nicht verpflichtet, ihre Räumlichkeiten zur Verfügung zu stellen.[4] Bei Beteiligten kann dies aber – insbesondere bei kurzfristiger Weigerung – als Verstoß gegen ihre Mitwirkungspflichten nach § 27 anzusehen sein, so dass weitere Termine entbehrlich werden können. Die Durchführung der Anhörung an einem anderen Ort als der Gerichtsstelle ist nur solange zulässig, wie sie sachlich geboten ist. So kann etwa im Krankenhaus nur der dort befindliche Beteiligte, nicht aber auch weitere Beteiligte vernommen werden.[5]

c) Anhörung des Bundespräsidenten

Von geringerer praktischer Bedeutung für die alltägliche Arbeit der Gerichte ist der 24
Verweis auf § 219 Abs. 2. Danach muss der Bundespräsident nicht im Gericht erscheinen. Tut er dies auf entsprechende Ladung gleichwohl, ist das Ergebnis der Anhörung aber nicht fehlerhaft gewonnen. Das Privileg ist eine auf den Bundespräsidenten beschränkte und daher nicht analogiefähige Ausnahmeregelung; andere Politiker einschließlich seines Vertreters müssen vor Gericht erscheinen.[6]

2. Terminierung

a) Ladungsfrist

§ 32 Abs. 2 sieht, anders als § 217 ZPO, **keine feste Mindestfrist** zur Ladung der Betei- 25
ligten vor. Dies liegt darin begründet, dass die dortige Mindestfrist von drei Tagen in Verfahren nach dem FamFG oftmals dem Verfahrenszweck widersprechen würde. So bestünde etwa in Unterbringungssachen die Gefahr, dass der mit der Unterbringung bezweckte Schutz von Betroffenem und Dritten dann gar nicht mehr gewährleistet werden kann. In Verfahren geringerer Eilbedürftigkeit, insbesondere in echten Streitverfahren, hat sich das Gericht aber an den Fristen des § 217 ZPO zu orientieren. Denn diese Mindestfristen sind auch in Verfahren nach dem FamFG zur Vorbereitung und somit zur Gewährung rechtlichen Gehörs erforderlich. Der Verzicht der Beteiligten auf eine angemessene Ladungsfrist oder ihre rügelose Einlassung zur Hauptsache legitimiert ein entsprechendes Vorgehen des Gerichts in Verfahren nach dem FamFG nur dann, wenn die von Amts wegen durchzuführende Ermittlung der entscheidungserheblichen Tatsachen hierunter nicht leidet. Zu laden ist der Beteiligte; wenn er sich

---

1 Baumbach/*Hartmann*, § 219 ZPO Rz. 5; Zöller/*Stöber*, § 219 ZPO Rz. 1; Musielak/*Stadler*, § 219 ZPO Rz. 2.

2 Weiter gehend BAG v. 4.2.1993 – 4 AZR 541/92, NJW 1993, 1029, wonach es genügen soll, dass für die Mehrheit der Beteiligten ein anderer Ort als die Gerichtsstelle „günstiger liegt" (zweifelhaft).

3 Zöller/*Stöber*, § 219 ZPO Rz. 1; ähnlich Baumbach/*Hartmann*, § 219 ZPO Rz. 6; Musielak/*Stadler*, § 219 ZPO Rz. 2.

4 Baumbach/*Hartmann*, § 219 ZPO Rz. 7; Zöller/*Stöber*, § 219 ZPO Rz. 4; Musielak/*Stadler*, § 219 ZPO Rz. 3.

5 Vgl. Baumbach/*Hartmann*, § 219 ZPO Rz. 2.

6 Baumbach/*Hartmann*, § 219 ZPO Rz. 12; Zöller/*Stöber*, § 219 ZPO Rz. 5.

durch einen Bevollmächtigten vertreten lässt, dieser.[1] Zum **persönlichen Erscheinen** ist ein Beteiligter nur unter den Voraussetzungen des § 33 verpflichtet.

26 Dem Wortlaut nach kann § 32 Abs. 2 auch als Begrenzung der **Maximaldauer** zur Bestimmung eines Termins verstanden werden. Hier ist das Ermessen des Gerichts aber wohl noch weiter gefasst als bei der Mindestfrist. Es kann die Sachen je nach Eilbedürftigkeit mit unterschiedlichen Fristen terminieren. Feste Grenzen lassen sich kaum ziehen, zumal die Verlängerung der Verfahren durch die Einsparung von Personal, insbesondere Richtern, oftmals unausweichlich ist. Nur in Einzelfällen, bei unbegründet zögerlicher Behandlung, wird ein Verstoß gegen § 32 Abs. 2 vorliegen, der aber allenfalls im Wege der Dienstaufsichtsbeschwerde gerügt werden kann.

b) Terminsverlegung

27 Für die Verlegung eines Termins verweist § 32 Abs. 1 Satz 2 auf § 227 Abs. 1, 2 und 4 ZPO. Die vereinfachte Möglichkeit der Verlegung nach § 227 Abs. 3 ZPO im Zeitraum vom **1. Juli bis zum 31. August** soll in Verfahren nach dem FamFG keine Anwendung finden.[2] Ein Termin kann somit nur aus erheblichen Gründen verlegt werden, die auf Verlangen des Vorsitzenden **glaubhaft zu machen** sind. Zur Frage, welche **Gründe** als erheblich anzusehen sind, kann auf die Kasuistik zu § 227 ZPO Bezug genommen werden, da § 32 Abs. 1 Satz 2 insoweit ohne Einschränkung auf diese Vorschrift verweist und im Verfahren nach dem FamFG keine Besonderheiten bestehen. Die Entscheidung über die Terminsverlegung erfolgt gem. § 32 Abs. 1 Satz 2 FamFG iVm. § 227 Abs. 4 Satz 1, 1. Halbs. ZPO durch **Verfügung des Vorsitzenden** ohne mündliche Verhandlung. Sofern erst nach Beginn eines Termins über dessen Beendigung und die Anberaumung eines neuen (**Vertagung**) befunden wird, trifft gem. § 32 Abs. 1 Satz 2 FamFG iVm. § 227 Abs. 4 Satz 1, 2. Halbs. ZPO der gesamte Spruchkörper die Entscheidung hierüber. Sie ist nach § 32 Abs. 1 Satz 2 FamFG iVm. § 227 Abs. 4 Satz 2 ZPO kurz zu begründen, was eine kurze Darlegung erfordert, weswegen bestimmte Gründe für erheblich oder nicht erheblich befunden wurden. Sowohl die Entscheidung des Vorsitzenden als auch diejenige des gesamten Spruchkörpers stellen, wie § 32 Abs. 1 Satz 2 FamFG iVm. § 227 Abs. 4 Satz 3 ZPO klarstellt, isoliert nicht anfechtbare verfahrensleitende Maßnahmen dar. Allerdings folgt aus § 58 Abs. 2, dass eine falsche Entscheidung, etwa die Verweigerung einer Terminsverlegung trotz erheblicher Gründe, zur Anfechtbarkeit der Hauptsacheentscheidung führen kann, wenn hierdurch zB der Anspruch auf rechtliches Gehör beeinträchtigt wurde.

3. Verhandlung im Wege der Bild- und Tonübertragung

a) Bedeutung

28 Der Verweis auf § 128a ZPO in § 32 Abs. 3 lässt viele Fragen offen. Zunächst stellt § 128a Abs. 1 ZPO eine Lockerung des Mündlichkeitsgrundsatzes dar, der in Verfahren nach dem FamFG ohnehin nicht gilt. Wenn das Gericht aber schon nicht zur Durchführung einer mündlichen Verhandlung verpflichtet ist, kann es eine Anhörung nach pflichtgemäßem Ermessen abweichend von § 128 ZPO gestalten. Des Weiteren war das Gericht in Verfahren der freiwilligen Gerichtsbarkeit schon bislang weit weniger strikt an bestimmte Regeln der Beweiserhebung gebunden als im Zivilprozess, was § 30 Abs. 1 fortschreibt. Im Übrigen erfolgt der Verweis auf § 128a Abs. 2 ZPO an

1 BT-Drucks. 16/6308, S. 191.
2 BT-Drucks. 16/6308, S. 191.

dieser Stelle **systemwidrig**, da § 32 nur die Erörterung mit den Beteiligten, nicht aber die Beweisaufnahme regelt. Darüber hinaus ist die Verhandlung als Videokonferenz dem Gericht nunmehr anempfohlen, da es auf diesem Wege verhandeln „soll", was keine Parallele im Zivilprozess findet. Dies wird wiederum eingeschränkt durch die Eingrenzung auf „geeignete Fälle", was ebenfalls keine Entsprechung im Zivilprozess findet. Schließlich stellt sich die auch ansonsten auftretende Frage, wie die Zustimmung der „Parteien" aus dem zivilprozessualen Zusammenhang auf das Verfahren nach dem FamFG zu übertragen ist.

b) Übereinstimmender Antrag der Beteiligten

Unabdingbare Voraussetzung sowohl der Anhörung der Beteiligten als auch der Vernehmung von Zeugen im Wege der Videokonferenz ist nach § 32 Abs. 3 FamFG iVm. § 128a Abs. 1 Satz 1, Abs. 2 Satz 1 ZPO das **Einverständnis** der „Parteien". Wie an anderer Stelle (vgl. etwa § 68 Rz. 41) ist die Übertragung dieses Begriffs auf Verfahren nach dem FamFG auch hier nicht selbstverständlich, da eine der **Partei** vergleichbare Stellung allenfalls den Beteiligten in echten Streitverfahren zukommt. Größere Schwierigkeiten bestehen schon in solchen Verfahren, in denen eine Mehrzahl in gleicher Weise Beteiligter ihr Recht verfolgt, etwa in Erbscheinsverfahren, ganz abgesehen von solchen Verfahren, in denen mehrere Beteiligte in ganz ungleicher Weise am Ausgang des Verfahrens interessiert sind. Allerdings wird das Erfordernis der **Zustimmung schon im Zivilprozess ausdehnend gehandhabt**. Es umfasst auch Streithelfer.[1] Bisweilen wird selbst für den Zivilprozess vom „Einverständnis aller Beteiligten" geredet.[2] Dies ist auf Verfahren nach dem FamFG zu übertragen. Denn die auf die Bildschirmübertragung beschränkte Wahrnehmung stellt für alle Beteiligten eine begrenzte Erkenntnisquelle dar, die ihre Einschätzung der Sachlage erschweren kann. Deswegen bedarf es der **Zustimmung aller Beteiligten**, nicht aber eventueller Zeugen oder gar Zuschauer.[3] Das Einverständnis ist eine **Verfahrenshandlung**. Sie kann somit nach allgemeinen Grundsätzen nicht angefochten oder widerrufen werden. 29

c) Antrag

Die mündliche Verhandlung kann nach § 128a Abs. 1 Satz 1 ZPO nur auf Antrag im Wege der Videokonferenz erfolgen. Das Prozessgericht kann also **nicht von Amts wegen** eine Anhörung im Wege der Videokonferenz anordnen, etwa weil es einem Beteiligten eine weite Anreise ersparen will.[4] Dies ist auf Verfahren nach dem FamFG zu übertragen. Denn der fürsorglichen Anordnung einer Anhörung auf Distanz, die die Wahrnehmungsmöglichkeiten bei allen technischen Möglichkeiten eben doch verringert, bedarf es nicht, wenn der betroffene Beteiligte dies gar nicht wünscht. Hingegen ist ein Antrag für die Vernehmung von **Zeugen** auch im Zivilprozess nicht erforderlich. Hier kann das Gericht also von Amts wegen eine Vernehmung im Wege der Videokonferenz anordnen. Es hat dabei die Interessen der Zeugen, etwa eine weite Anreise oder gar die emotionale Belastung durch eine Konfrontation im Gerichtssaal zu berücksichtigen. Ist der Anzuhörende bzw. zu Vernehmende mit dem Vorgehen 30

1 Zöller/*Greger*, § 128a ZPO Rz. 2.
2 Baumbach/*Hartmann*, § 128a ZPO Rz. 4.
3 *Schultzky*, NJW 2003, 313 (315); aA Baumbach/*Hartmann*, § 128a ZPO Rz. 4; offen gelassen von Musielak/*Stadler*, § 128a ZPO Rz. 2a.
4 *Schultzky*, NJW 2003, 313 (315); Baumbach/*Hartmann*, § 128a ZPO Rz. 5; Musielak/*Stadler*, § 128a ZPO Rz. 2.

nach § 128a ZPO nicht einverstanden, kann er zum Termin anreisen. IdR ist die Erstattung seiner Kosten dann aber mangels Notwendigkeit ausgeschlossen.[1]

d) Ermessensreduzierung bei Vorliegen der Voraussetzungen des § 128a ZPO in geeigneten Fällen

31 Nach § 32 Abs. 3 „soll" das Gericht die Sache „in geeigneten Fällen" nach § 128a ZPO im Wege der Bild- und Tonübertragung erörtern. Dies ist nicht ohne weiteres verständlich, da es ja zumindest des Einverständnisses aller Beteiligten und in Fällen des § 128a Abs. 1 ZPO überdies eines Antrags bedarf. Eine einseitige Anordnung kommt somit nicht in Betracht. Vor diesem Hintergrund kann die Anordnung in § 32 Abs. 3, wonach das Gericht nach § 128a ZPO vorgehen „soll", wohl nur dahin gehend verstanden werden, dass das **Ermessen** bei Vorliegen der Voraussetzungen des § 128a ZPO anders als im Zivilprozess[2] **eingeschränkt** ist. Dann muss es bei erklärtem Einverständnis der Beteiligten darlegen, wieso es gleichwohl von einem Vorgehen nach § 32 Abs. 3 FamFG iVm. § 128a ZPO abgesehen hat. Zudem kann es gehalten sein, bei Vorliegen der Voraussetzungen **auf ein entsprechendes Vorgehen hinzuwirken**, also das Einverständnis der Beteiligten anzuregen. Dies soll allerdings nur „in geeigneten Fällen" geschehen. § 32 Abs. 3 dient also nicht in der Weise der Arbeitserleichterung für Gericht, Verfahrensbevollmächtigte und Beteiligte, dass stets vom Arbeitstisch aus verhandelt werden kann.[3] Dies ist nur bei Vorliegen eines sachlichen Grundes zulässig, etwa dann, wenn ein Beteiligter eine weite Anreise auf sich nehmen müsste. Erst recht gilt dies dann, wenn die Vernehmung Dritter mit erheblichen Belastungen verbunden wäre. Auch in diesen Fällen ist aber von einem Vorgehen nach § 32 Abs. 3 FamFG iVm. § 128a ZPO abzusehen, wenn hiermit **Defizite in der Sachaufklärung** verbunden wären. Dies ist insbesondere dann anzunehmen, wenn es auf den persönlichen Eindruck von einem Beteiligten oder einem Zeugen ankommt.[4]

e) Durchführung

32 Für die Durchführung der Verhandlung im Wege der Bild- und Tonübertragung gelten die zum Zivilprozess entwickelten Grundsätze.[5] Die Durchführung der Anhörung bzw. der Beweisaufnahme im Wege der Bild- und Tonübertragung ist den Beteiligten auch nach erteiltem Einverständnis **vorab bekannt zu geben**, damit sie sich hierauf einstellen können. Derjenige, der außerhalb der Gerichtsstelle angehört bzw. vernommen wird, ist **dorthin zu laden**.[6] Sein Ausbleiben zieht dieselben Folgen nach sich wie bei einer Ladung in die Gerichtsstelle.[7] Die Bild- und Tonübertragung muss **wechselseitig** sein, da nur so Reaktionen der jeweils anderen Seite wie in einer Anhörung bzw. Vernehmung im Gerichtssaal möglich sind.[8] Der Ort, an dem sich der Zugeschaltete befindet, steht dem Gerichtssaal gleich,[9] weshalb er nicht im Ausland liegen darf, da

1 *Schultzky*, NJW 2003, 313 (316); Zöller/*Greger*, § 128a Rz. 3; Musielak/*Stadler*, § 128a ZPO Rz. 9.
2 Hierzu *Schultzky*, NJW 2003, 313 (315); Baumbach/*Hartmann*, § 128a ZPO Rz. 9.
3 So schon für den Zivilprozess Baumbach/*Hartmann*, § 128a ZPO Rz. 6; Zöller/*Greger*, § 128a Rz. 2; ähnlich *Schultzky*, NJW 2003, 313 (316).
4 *Schultzky*, NJW 2003, 313 (316).
5 Vgl. *Schultzky*, NJW 2003, 313 (316 f.); Zöller/*Greger*, § 128a Rz. 4.
6 BGH v. 30.3.2004 – VI ZB 81/03, NJW 2004, 2311 (2312); *Schultzky*, NJW 2003, 313 (316).
7 Zöller/*Greger*, § 128a Rz. 2.
8 *Schultzky*, NJW 2003, 313 (315); Baumbach/*Hartmann*, § 128a ZPO Rz. 8; Zöller/*Greger*, § 128a ZPO Rz. 5; Musielak/*Stadler*, § 128a ZPO Rz. 2.
9 BGH v. 30.3.2004 – VI ZB 81/03, NJW 2004, 2311 (2312); *Schultzky*, NJW 2003, 313 (316).

dies in die Souveränitätsrechte eines anderen Staates eingriffe.[1] Er untersteht der **Sitzungspolizei** des Vorsitzenden.[2] Unbefugte oder sich ungebührlich verhaltende Personen können von ihm also des Ortes verwiesen werden. Schon aus diesem Grunde, aber auch zur Vermeidung von Manipulationen, muss auch an diesem Ort Gerichtspersonal vorhanden sein. Eine Ausnahme kann allenfalls dann gelten, wenn die Anhörung oder Vernehmung an einem Ort vorgenommen wird, an dem von Berufs oder Amts wegen zuverlässige Personen (Rechtsanwälte, Schiedsmänner, Ortsgerichtsschöffen) das Hausrecht ausüben. Auch hinsichtlich der Möglichkeiten, die dem Zugeschalteten zukommen, gilt der Ort, an dem er sich befindet, als Gerichtssaal. Er kann somit als Zeuge belehrt und vereidigt werden, als Beteiligter oder Bevollmächtigter sein Fragerecht ausüben, sämtliche Verfahrenshandlungen vornehmen und Erklärungen abgeben wie im Gerichtssaal.[3] Der Öffentlichkeit der mündlichen Verhandlung wird allerdings dadurch Genüge getan, dass der Zugang zu den Räumlichkeiten gewährleistet ist, in denen sich das Gericht befindet.[4]

f) Protokoll und Aufzeichnung

Die Dokumentation der Anhörung bzw. Vernehmung erfolgt wie bei einer Sitzung im Gerichtssaal (vgl. Rz. 39). Die Aufzeichnung zwecks späterer nochmaliger Auswertung ist entgegen anderer Auffassung[5] auch bei Einverständnis des Zeugen nicht möglich.[6] Dies folgt nicht nur aus dem eindeutigen Wortlaut des § 128a Abs. 3 Satz 1 ZPO, der eine Aufzeichnung ausschließt, sondern auch aus dem Zweck der Norm. Das Verbot der Aufzeichnung soll nämlich einerseits Persönlichkeitsrecht und datenschutzrechtliche Belange nicht nur der angehörten bzw. vernommenen Personen, sondern auch der (weiteren) Beteiligten wahren.[7] Darüber hinaus soll das Gericht auch **keine weitere Erkenntnisquelle** in Form der Aufzeichnungen heranziehen können, die den Beteiligten nicht ohne weiteres zur Verfügung steht. Dies wäre mit den Grundsätzen rechtlichen Gehörs nicht vereinbar (vgl. Rz. 13). 33

g) Unanfechtbarkeit der Entscheidungen nach § 32 Abs. 3 FamFG iVm. § 128a Abs. 1, 2 ZPO

Die Anordnung der Anhörung bzw. Vernehmung im Wege der Bild- und Tonübertragung stellt eine **verfahrensleitende Maßnahme** dar. Diese ist, wie § 32 Abs. 3 FamFG iVm. § 128a Abs. 3 Satz 2 ZPO klarstellt, **isoliert nicht anfechtbar**. Dies gilt schon im Zivilprozess trotz § 567 Abs. 1 Nr. 2 ZPO auch für auch die Zurückweisung eines diesbezüglichen Antrags und somit über § 32 Abs. 3 auch für Verfahren nach dem FamFG. Allerdings folgt aus § 58 Abs. 2, dass eine falsche Entscheidung, etwa die Anordnung in ungeeigneten Fällen oder gar gegen den ausdrücklichen Willen eines Beteiligten, jedenfalls dann zur **Anfechtbarkeit der Hauptsacheentscheidung** führen kann, wenn der Sachverhalt hierdurch nicht hinreichend aufgeklärt wurde. Dies gilt 34

1 *Schultzky*, NJW 2003, 313 (314); Musielak/*Stadler*, § 128a ZPO Rz. 8.
2 *Schultzky*, NJW 2003, 313 (316 f.).
3 Baumbach/*Hartmann*, § 128a ZPO Rz. 7; Zöller/*Greger*, § 128a ZPO Rz. 2; Musielak/*Stadler*, § 128a ZPO Rz. 4.
4 *Schultzky*, NJW 2003, 313 (317); Zöller/*Greger*, § 128a Rz. 4; Musielak/*Stadler*, § 128a ZPO Rz. 2.
5 Zöller/*Greger*, § 128a Rz. 5; zu recht enger Baumbach/*Hartmann*, § 128a ZPO Rz. 10, der die Zustimmung aller Beteiligten fordert.
6 So richtig *Schultzky*, NJW 2003, 313 (317); Musielak/*Stadler*, § 128a ZPO Rz. 10.
7 Vgl. *Schultzky*, NJW 2003, 313 (317); Baumbach/*Hartmann*, § 128a ZPO Rz. 1.

erst recht bei Fehlern in der Durchführung der Anhörung bzw. Vernehmung, wenn diese etwa trotz erheblicher technischer Mängel in der Übertragung nicht abgebrochen und wiederholt wurde[1] oder der persönliche Eindruck entscheidend ist.[2]

C. Weiteres Verfahren

I. Unvollständigkeit der Regelungen in § 32

35 Die Vorschriften zur Durchführung des Termins in § 32 sind unvollständig. Zur Vervollständigung kann auf die frühere Rechtsprechung zurückgegriffen werden. Denn auch diese konnte in vielfacher Hinsicht nicht auf positive Regelungen zurückgreifen und entwickelte die Grundsätze zur Verfahrensdurchführung oftmals aus allgemeinen Rechtsgedanken. An dieser Ausgangslage hat sich durch § 32 wenig geändert. Insbesondere ist nicht erkennbar, dass der Gesetzgeber die bewährten Verfahrensgrundsätze, die in der Judikatur entwickelt wurden, durch die Kodifikation des FamFG aufgeben wollte.

II. Öffentlichkeit

36 Verfahren nach dem FamFG sind, anders als Zivilsachen, grundsätzlich nicht öffentlich zu verhandeln. In einigen Verfahren, die dem Schutz des Betroffenen dienen, etwa in **Betreuungs- und Unterbringungssachen**, ist der Ausschluss der Öffentlichkeit schon aus Gründen des Persönlichkeitsschutzes geboten.[3] Dies kann aber auch in anderen Verfahren nach dem FamFG gelten, auch wenn sich die Interessen der Beteiligten dort ähnlich wie im Zivilprozess gegenüberstehen können, etwa in **Nachlasssachen**[4] oder nach § 170 GVG in Familiensachen. Gleiches gilt für die traditionellen Bereiche der freiwilligen Gerichtsbarkeit wie **Vormundschafts-, Grundbuch- sowie Registersachen**.[5] Die Zulassung der Öffentlichkeit ist zwar **kein absoluter Verfahrensmangel**, kann aber gleichwohl die Aufhebung etwa mangels hinreichender Sachaufklärung rechtfertigen, wenn sich ein Beteiligter etwa vor Zuschauern weniger offen äußert.[6] Nach früherer hM waren **echte Streitsachen** als bürgerliche Rechtsstreitigkeiten idR nach Art. 6 EMRK zu behandeln.[7] Nichtöffentlichkeit war dann ein absoluter Verfahrensmangel entsprechend § 547 Nr. 5 ZPO.[8] Hieran dürfte nach dem neuen Wortlaut von § 170 GVG nicht mehr festzuhalten sein.

---

1 *Schultzky*, NJW 2003, 313 (318); Musielak/*Stadler*, § 128a ZPO Rz. 4; vgl. auch die plastischen Beispiele bei Baumbach/*Hartmann*, § 128a ZPO Rz. 2, wonach die „Abschwörgeste" infolge zu geringen Bildausschnitts nicht aufgezeichnet oder das Erröten des Zeugen bei Schwarz-Weiß-Aufnahme unsichtbar bleibt; noch weiter gehend Rz. 8.

2 *Schultzky*, NJW 2003, 313 (316); Musielak/*Stadler*, § 128a ZPO Rz. 7.

3 OLG Frankfurt v. 30.1.1998 – 2 W 281/97, NJW-RR 1998, 937 (939).

4 OLG Hamm v. 26.2.1996 – 15 W 122/95, FGPrax 1996, 142 (143).

5 OLG Hamm v. 26.2.1996 – 15 W 122/95, FGPrax 1996, 142 (143); OLG Frankfurt v. 30.1.1998 – 2 W 281/97, NJW-RR 1998, 937 (939).

6 OLG München v. 10.10.2005 – 31 Wx 68/05, NJW-RR 2006, 80 (81 f.); *Bassenge*/Roth, Einl. FGG, Rz. 74.

7 BayObLG v. 7.12.1987 – BReg 2 Z 35/87, NJW-RR 1988, 1151 (1152); OLG Hamm v. 26.2.1996 – 15 W 122/95, FGPrax 1996, 142 (143).

8 *Bassenge*/Roth, Einl. FGG, Rz. 74.

III. Erörterung vor dem gesamten Spruchkörper

Die Erörterung findet grundsätzlich vor dem gesamten Spruchkörper, bei Kollegialgerichten also vor der voll besetzten Kammer bzw. dem Senat statt,[1] was allerdings nicht ausschließt, dass bei der Entscheidungsfindung andere Richter mitwirken (s Rz. 8). Die Beweisaufnahme kann allerdings, da § 30 Abs. 1 auf die ZPO verweist, unter den Voraussetzungen §§ 372 Abs. 2, 375, 402, 451, 479 ZPO vom beauftragten Richter durchgeführt werden. Eine Übertragung der gesamten Sache auf den **Einzelrichter** ist im **Beschwerdeverfahren** nach § 68 Abs. 4 wie schon nach früherem Recht (§ 30 Abs. 1 Satz 3 FGG aF iVm. § 526 ZPO) möglich, wenn die in der Vorinstanz vom Einzelrichter entschiedene Sache weder besondere Schwierigkeiten tatsächlicher oder rechtlicher Art aufweist noch grundsätzliche Bedeutung hat (vgl. § 68 Rz. 31 ff.). Für die **erste Instanz** fehlt eine entsprechende Regelung. Bei erstinstanzlicher Entscheidung des LG oder ausnahmsweise des OLG ist der Einzelrichter mangels entsprechender Grundlage nie der gesetzliche Richter. Eine **Aufhebung und Zurückverweisung** wegen dieses Fehlers kommt gleichwohl nach § 69 Abs. 1 Satz 3 nur dann in Betracht, wenn eine aufwändige Beweiserhebung erforderlich ist und ein Beteiligter die Zurückverweisung beantragt (vgl. § 69 Rz. 10 ff.). 37

Grundsätzlich können sich die Beteiligten in der mündlichen Verhandlung durch **Verfahrensbevollmächtigte** nach § 10 vertreten lassen. Sie haben aber einen Anspruch auf Teilnahme, so dass ein Termin auf entschuldigtes Ausbleiben zu vertragen ist.[2] Die **Anordnung des persönlichen Erscheinens** und ihre zwangsweise Durchsetzung sind in § 33 geregelt. In der Sitzung ist der Vorsitzende nach § 176 GVG für die **Aufrechterhaltung der Ordnung** zuständig. Gegen nicht an der Verhandlung beteiligte Personen kann er bei ungebührlichem Verhalten allein ein Ordnungsgeld verhängen, gegen Verfahrensbeteiligte nur das Gericht insgesamt (§ 178 Abs. 2 GVG). 38

IV. Protokoll

Bei der Protokollierung der mündlichen Verhandlung war das Gericht der freiwilligen Gerichtsbarkeit seit jeher wesentlich freier als im Zivilprozess. Hieran hat § 28 Abs. 4 nichts geändert. Der ausdrückliche Verweis auf §§ 159 ff. ZPO in § 36 Abs. 2 Satz 2 und auf § 164 ZPO bei der Protokollierung von Vergleichen in § 36 Abs. 4 zeigt, dass die Vorschriften der ZPO im Übrigen keine analoge Anwendung finden.[3] Die Gestaltung der Niederschrift liegt daher im freien Ermessen des Gerichts. Das Gericht kann sich mit einem Vermerk begnügen.[4] Nicht mehr ausreichend ist allerdings die nach früher hM zulässige Praxis, das Ergebnis der Anhörung in der Entscheidung mitzuteilen.[5] Denn § 28 Abs. 4 Satz 1 fordert nunmehr ausdrücklich zumindest einen Vermerk. Ihm müssen nach § 28 Abs. 4 Satz 2 der wesentliche Inhalt der Erörterung zu entnehmen sein.[6] Dies bedeutet bei der persönlichen Anhörung, 39

1 *Bassenge*/Roth, Einl. FGG, Rz. 72.
2 BayObLG v. 10.4.1996 – 2 Z BR 32/96, WuM 1996, 503.
3 Vgl. BayObLG v. 7.12.1993 – 1 Z BR 99/93 u. 114/93, NJW-RR 1994, 1225 (1226).
4 BayObLG v. 23.9.1988 – 2 Z 95/87, WE 1989, 148; Keidel/*Meyer-Holz*, Vorb. §§ 8–18 FGG Rz. 11; *Bassenge*/Roth, Einl. FGG, Rz. 73.
5 BayObLG v. 7.12.1993 – 1 Z BR 99/93 u. 114/93, NJW-RR 1994, 1225 (1226); Keidel/*Meyer-Holz*, Vorb. §§ 8–18 FGG Rz. 11.
6 Vgl. schon zur früheren Praxis *Bassenge*/Roth, Einl. FGG, Rz. 73.

dass jedenfalls in groben Zügen erkennbar sein muss, was der Beteiligte geäußert hat.[1] Es genügt nicht, wenn das Ergebnis der Anhörung, Schlussfolgerungen des Gerichts und rechtliche Würdigung untrennbar miteinander vermengt sind. Ein beauftragter Richter musste schon nach früherem Recht stets ein Protokoll aufnehmen.[2] Keine Fortgeltung dürfte auch der Auffassung zukommen, wonach die Verlesung und Genehmigung von Anträgen und Erklärungen der Beteiligten iS der §§ 160 Abs. 3 Nr. 1, 3, 162 Abs. 1 ZPO entbehrlich sind.[3] Denn diese gehören zum wesentlichen Inhalt der mündlichen Verhandlung. Entsprechendes gilt auch für Anhörungen. Die Genehmigung nach Diktat oder nochmaligem Verlesen dürfte im Gegensatz zum früheren Recht[4] als wesentlicher Vorgang des Termins in die Niederschrift aufzunehmen sein.

§ 33
Persönliches Erscheinen der Beteiligten

(1) Das Gericht kann das persönliche Erscheinen eines Beteiligten zu einem Termin anordnen und ihn anhören, wenn dies zur Aufklärung des Sachverhalts sachdienlich erscheint. Sind in einem Verfahren mehrere Beteiligte persönlich anzuhören, hat die Anhörung eines Beteiligten in Abwesenheit der anderen Beteiligten stattzufinden, falls dies zum Schutz des anzuhörenden Beteiligten oder aus anderen Gründen erforderlich ist.

(2) Der verfahrensfähige Beteiligte ist selbst zu laden, auch wenn er einen Bevollmächtigten hat; dieser ist von der Ladung zu benachrichtigen. Das Gericht soll die Zustellung der Ladung anordnen, wenn das Erscheinen eines Beteiligten ungewiss ist.

(3) Bleibt der ordnungsgemäß geladene Beteiligte unentschuldigt im Termin aus, kann gegen ihn durch Beschluss ein Ordnungsgeld verhängt werden. Die Festsetzung des Ordnungsgeldes kann wiederholt werden. Im Fall des wiederholten, unentschuldigten Ausbleibens kann die Vorführung des Beteiligten angeordnet werden. Erfolgt eine genügende Entschuldigung nachträglich und macht der Beteiligte glaubhaft, dass ihn an der Verspätung der Entschuldigung kein Verschulden trifft, werden die nach den Sätzen 1 bis 3 getroffenen Anordnungen aufgehoben. Der Beschluss, durch den ein Ordnungsmittel verhängt wird, ist mit der sofortigen Beschwerde in entsprechender Anwendung der §§ 567 bis 572 der Zivilprozessordnung anfechtbar.

(4) Der Beteiligte ist auf die Folgen seines Ausbleibens in der Ladung hinzuweisen.

1 BayObLG v. 7.12.1993 – 1 Z BR 99/93 u. 114/93, NJW-RR 1994, 1225 (1227).
2 Keidel/*Meyer-Holz*, Vorb. §§ 8–18 FGG Rz. 12.
3 Vgl. hierzu BayObLG v. 18.4.1996 – 2 Z BR 126/95, WuM 1996, 500 (501); *Bumiller*/Winkler, § 12 FGG Rz. 60; *Bassenge*/Roth, Einl. FGG, Rz. 73.
4 KG v. 20.3.1989 – 24 W 4238/88, NJW-RR 1989, 842.

A. Entstehungsgeschichte und Normzweck

Unter der Geltung des früheren Rechts bestand Uneinigkeit darüber, ob und auf welcher Grundlage das persönliche Erscheinen der Beteiligten angeordnet und zwangsweise durchgesetzt werden kann. Eine **ausdrückliche Grundlage für alle Verfahren der freiwilligen Gerichtsbarkeit fehlte**;[1] § 13 Satz 2 FGG aF setzte die Anordnung des persönlichen Erscheinens nur voraus.[2] Während einige Stimmen schon in § 12 FGG aF eine hinreichende Grundlage zur Anordnung des persönlichen Erscheinens sahen,[3] befürworteten andere den Rückgriff auf § 13 Satz 2 FGG aF.[4] Ebenso umstritten war 1

1 BT-Drucks. 16/6308, S. 191.

2 BT-Drucks. 16/6308, S. 191.

3 OLG Stuttgart v. 27.12.1985 – 18 WF 482/85, FamRZ 1986, 705 (706); OLG Karlsruhe v. 19.7.2004 – 16 WF 72/04, FamRZ 2005, 1576; Keidel/*Schmidt*, § 12 FGG Rz. 191 u. Keidel/*Zimmermann*, § 13 Rz. 7; so auch BT-Drucks. 16/6308, S. 191.

4 OLG Karlsruhe v. 30.8.1978 – 5 WF 69/78, NJW 1978, 2247; *Bassenge*/Roth, § 12 FGG Rz. 26.

die Frage, ob und auf welcher Grundlage die Anordnung des persönlichen Erscheinens zwangsweise durchgesetzt werden konnte. Hier sah die hM in § 33 FGG aF eine hinreichende Grundlage,[1] während andere eine spezialgesetzliche Rechtsgrundlage forderten und die zwangsweise Durchsetzung anderenfalls als unzulässig ansahen.[2]

2 Mit § 33 will der Gesetzgeber die frühere Unklarheit darüber bereinigen. Demnach stellt **§ 33 Abs. 1 die allgemeine Grundlage für die Anordnung des persönlichen Erscheinens** dar, sofern eine spezialgesetzliche Ermächtigung fehlt. § 33 Abs. 2 betrifft Einzelheiten der **Ladung bei Bestellung eines Verfahrensbevollmächtigten** und für den Fall der Ungewissheit darüber, ob derjenige, dessen persönliches Erscheinen angeordnet wird, der Ladung folgen wird. Die **zwangsweise Durchsetzung** des persönlichen Erscheinens regelt nunmehr § 33 Abs. 3. Demnach kann zunächst, auch wiederholt, ein Ordnungsgeld festgesetzt werden (§ 33 Abs. 3 Satz 1, 2), bei wiederholtem unentschuldigtem Ausbleiben auch die zwangsweise **Vorführung** (§ 33 Abs. 3 Satz 3). § 33 Abs. 3 Satz 4 ordnet an, dass die Zwangsmaßnahmen zwingend – ohne Ermessenspielraum – wieder aufzuheben sind, wenn der Beteiligte sein Ausbleiben hinreichend entschuldigt. § 33 Abs. 3 Satz 5 bestimmt, dass auch die Entscheidung über die Vorführung nach § 33 Abs. 3 Satz 1 bis 3 als Beschluss ergeht und nach den Vorschriften der Zivilprozessordnung (§§ 567 ff. ZPO) anfechtbar ist.

B. Inhalt der Vorschrift

I. Anordnung des persönlichen Erscheinens

1. Voraussetzungen

a) Fehlen einer Spezialvorschrift

3 § 33 ist nach ausdrücklichem Bekunden des Gesetzgebers eine **Auffangvorschrift**.[3] Die Anordnung des persönlichen Erscheinens zwecks Anhörung nach § 33 Abs. 1 setzt demnach voraus, dass **keine spezialgesetzliche Regelung** vorliegt. Dies soll nach den Gesetzesmaterialien auch dann der Fall sein, wenn das Gesetz vorschreibt, dass sich das Gericht einen unmittelbaren Eindruck im Wege der **persönlichen Anhörung** zu verschaffen hat.[4] Genannt werden in diesem Zusammenhang Unterbringungs- oder Betreuungssachen (§§ 278 Abs. 1, 319 Ab. 1) sowie Angelegenheiten der Personensorge (§§ 159 Abs. 1, 160). Dies kann aber nach Sinn und Wortlaut von § 33 Abs. 1 Satz 1 nur gelten, wenn die Anhörung nach der Spezialvorschrift zumindest auch die Aufklärung des Sachverhalts bezweckt (vgl. Rz. 6). Ist eine persönliche Anhörung nach dem Sinn der Vorschrift **allein zur Gewährung rechtlichen Gehörs** vorgesehen, ist § 33 daher

1 KG v. 21.11.1983 – 24 W 4953/83, OLGZ 1984, 62 (64); BayObLG v. 14.6.1988 – 1 W 2613/88, OLGZ 1988, 418 (421 ff.); BayObLG v. 3.9.1986 – BReg 3 Z 129/86, FamRZ 1986, 1236; OLG Stuttgart v. 27.12.1985 – 18 WF 482/85, FamRZ 1986, 705 (706); OLG Bremen v. 7.12.1988 – 4 WF 121/88 (a), FamRZ 1989, 306; OLG Karlsruhe v. 19.7.2004 – 16 WF 72/04, FamRZ 2005, 1576; ähnlich OLG Frankfurt v. 16.1.1981 – 20 W 810/80, OLGZ 1981, 135 (136); BayObLG v. 11.3.1988 – 1 UF 280/87, NJW-RR 1989, 5 (6); Keidel/*Schmidt*, § 12 FGG Rz. 191; *Bassenge*/Roth, § 12 FGG Rz. 26.

2 BayObLG v. 13.10.1978 – BReg 1 Z 111/78, BayObLGZ 1978, 319 (321); BayObLG v. 14.6.1995 – 3 Z BR 51/95, BayObLGZ 1995, 222 (224); OLG Hamburg v. 20.1.1983 – 15 UFH 1/83, FamRZ 1983, 409 (410).

3 BT-Drucks. 16/6308, S. 191.

4 BT-Drucks. 16/6308, S. 191.

nicht anwendbar. Insbesondere können persönliches Erscheinen und Anhörung nach § 34 nicht nach den Vorschriften des § 33 angeordnet und zwangsweise durchgesetzt werden. Denn die Folgen des Nichterscheinens im Anhörungstermin sind in § 34 Abs. 3 abschließend geregelt.

b) Beteiligte

4 Die Anordnung des persönlichen Erscheinens zur Anhörung eines Beteiligten und deren zwangsweise Durchsetzung nach § 33 kommen nach dem klaren Wortlaut der Vorschrift nur gegenüber Beteiligten in Betracht. Auf **Zeugen, Sachverständige oder Dritte** ist § 33 nicht anwendbar. Hier **verweist § 30 Abs. 1 auf die Vorschriften der ZPO**, insoweit also §§ 373 ff. ZPO. Umgekehrt kann das Gericht bei Beteiligten nicht auf § 141 ZPO zurückgreifen, da ein solcher Verweis in § 33 fehlt und diese Vorschrift zudem eine abschließende Regelung enthält. Ebenso wenig können sich die Beteiligten auf ihnen günstigere Bestimmungen, etwa die Entsendung eines Vertreters nach § 141 Abs. 3 Satz 2 ZPO berufen, da § 33 auch insoweit abschließend ist.

c) Zulässiger Zweck

aa) Abgrenzung von der Beweiserhebung

5 Die Anhörung der persönlich erschienenen Beteiligten dient zwar wie die Beweisaufnahme der Aufklärung des Sachverhalts. Wie im Zivilprozess kommt der Anhörung aber nicht dieselbe Funktion zu. Die Anhörung ist **keine Beweisaufnahme**, auch keine der Parteivernehmung entsprechende Beteiligtenvernehmung.[1] Der gravierende Unterschied ergibt sich schon aus den verschiedenen Formen, in denen die Ergebnisse von Beweisaufnahme und Anhörung dokumentiert werden. Während § 30 Abs. 1 für die Beweisaufnahme die Anwendung der ZPO und somit die Protokollierung nach § 160 Abs. 3 Nr. 4 ZPO vorschreibt, kann es im Falle der Anhörung bei einem Vermerk nach § 28 Abs. 4 Satz 1 verbleiben. Die Anhörung dient daher nicht dem Nachweis der Richtigkeit bestimmter Tatsachen, sondern vorrangig dem **besseren Verständnis des Vorbringens** und der Gewinnung eines **persönlichen Eindrucks** von einem Beteiligten. Sie ist also insbesondere dann angebracht, wenn der Vortrag eines Beteiligten missverständlich ist oder im Widerspruch zu früheren Äußerungen bzw. zu Schriftsätzen seines Bevollmächtigten steht oder dann, wenn es auf einen persönlichen Eindruck von einem oder mehreren Beteiligten ankommt.

bb) Aufklärung des Sachverhalts

6 Die **mündliche Verhandlung** dient nach altem und neuem Recht nicht nur der Sachaufklärung, sondern auch der Gewährung **rechtlichen Gehörs** (oben § 32 Rz. 9)[2] und der Herbeiführung einer **gütlichen Einigung**. Deshalb stellte sich in der Praxis die Frage, ob jede dieser gesetzlichen Zielsetzungen die Anordnung des persönlichen Erscheinens rechtfertigt. Bereits zum früheren Recht wurde dies verneint. Es herrschte die Auffassung vor, dass jedenfalls die Herbeiführung einer gütlichen Einigung nicht die Anordnung des persönlichen Erscheinens rechtfertigt.[3] Diese Zurückhaltung kodifizierte der Gesetzgeber. Da nach der Wertung des § 34 Abs. 3 auch die Sicherstellung

1 OLG Köln v. 16.10.1964 – 1 Wx 125/64, OLGZ 1965, 134 (135); vgl. BayObLG v. 7.1.1991 – BReg 1a Z 68/89, BayObLGZ 1991, 10 (14).

2 Hierzu BT-Drucks. 16/6308, S. 191.

3 KG v. 21.11.1983 – 24 W 4953/83, OLGZ 1984, 62 (64 f.); Keidel/*Schmidt*, § 12 FGG Rz. 191; *Bassenge*/Roth, § 12 FGG Rz. 26.

rechtlichen Gehörs nicht zwangsweise gegen den Willen des Beteiligten durchgesetzt werden kann, ordnet 33 Abs. 1 Satz 1 darüber hinaus an, dass **nur die Aufklärung des Sachverhalts** die Anordnung des persönlichen Erscheinens rechtfertigt, nicht aber die **Gewährung rechtlichen Gehörs** oder der Versuch, eine **gütliche Einigung** herbeizuführen. Ob diese Voraussetzung vorliegt, ist nicht nach uU formelhaften Wendungen in der Terminsbestimmung zu beurteilen. Maßgeblich ist vielmehr, ob das Gericht nach der Sachlage zurzeit der Anordnung davon ausgehen kann, dass ein persönliches Erscheinen überhaupt zur Sachaufklärung beitragen kann. Dies ist etwa dann anzunehmen, wenn die schriftlichen Stellungnahmen der Beteiligten keine genügende Sachaufklärung ermöglicht haben.[1] Geht es den Beteiligten etwa bei unstreitigem Sachverhalt nur um die Beurteilung der Rechtslage, kann ein persönliches Erscheinen nicht mehr zur Aufklärung des Sachverhalts beitragen. Eine gleichwohl ergehende Anordnung des persönlichen Erscheinens wäre nach § 33 Abs. 1 Satz 1 nicht berechtigt.

d) Sachdienlichkeit

7 Die Anordnung muss darüber hinaus sachdienlich sein. Diese Voraussetzung ist zusätzlich zur Frage zu prüfen, ob das persönliche Erscheinen überhaupt der Sachaufklärung dient. Daran kann es fehlen, wenn das persönliche Erscheinen zwar grundsätzlich zur Sachaufklärung geeignet wäre, aber aus besonderen Gründen im konkreten Fall voraussichtlich nichts oder weniger als sonstige Erkenntnisquellen zur Sachaufklärung beitragen wird. Dies ist etwa dann der Fall, wenn ein Beteiligter es von vorneherein ernsthaft und endgültig, etwa unter Berufung auf ein ihm zustehendes **Aussageverweigerungsrecht**, abgelehnt hat, sich zu äußern.[2] Ähnliches gilt dann, wenn die persönliche Anhörung zwar durchführbar wäre, aber von vorneherein abzusehen ist, dass **andere Beweismittel** wie Urkunden oder die sachverständige Begutachtung weitergehend zur Sachaufklärung beitragen würden. Dies gilt erst recht in stark formalisierten Verfahren wie Registersachen, in denen die Aufklärung des Sachverhalts ohne weiteres auch schriftsätzlich erfolgen kann. Auch dann würde es an der Sachdienlichkeit des persönlichen Erscheinens fehlen.

2. Ermessensausübung

a) Aspekte der Ermessensausübung

8 Nach dem eindeutigen Wortlaut des Gesetzes ist das Gericht bei Vorliegen der Voraussetzungen nicht verpflichtet, das persönliche Erscheinen eines oder mehrerer Beteiligten anzuordnen. Es kann so verfahren, muss es aber nicht. Demnach steht dem Gericht auch bei Vorliegen der Voraussetzungen des § 33 Abs. 1 ein Ermessen zu.[3] Die **Voraussetzungen des § 33 Abs. 1 sind notwendige Vorbedingung der Ermessensausübung**, nicht deren Kriterien. Auch dann, wenn sie erfüllt sind, hat das Gericht abzuwägen, ob Aufwand und Nutzen des persönlichen Erscheinens dessen Anordnung rechtfertigen. Dabei ist insbesondere zu berücksichtigen, ob das persönliche Erscheinen im Hinblick auf **Kosten und Mühe der Beteiligten** geboten ist, gerade wenn sie älter, krank oder behindert sind. Die Anordnung des persönlichen Erscheinens steht unter dem Gebot der **Verhältnismäßigkeit**.[4] Die voraussehbare Möglichkeit, die tat-

1 BT-Drucks. 16/6308, S. 191; vgl. KG v. 21.11.1983 – 24 W 4953/83, OLGZ 1984, 62 (65 f.).
2 OLG Hamburg v. 15.1.1997 – 12 WF 6/97, MDR 1997, 596; *Bassenge*/Roth, § 12 FGG Rz. 26.
3 BT-Drucks. 16/6308, S. 191.
4 Keidel/*Schmidt*, § 12 FGG Rz. 191.

sächlichen Verhältnisse auch ohne das persönliche Erscheinen aufzuklären, kann gegen dieses Vorgehen sprechen. Die Bitte eines Beteiligten, aus nachvollziehbaren Gründen von der Anordnung seines persönlichen Erscheinens abzusehen, ist dabei in die Abwägung einzubeziehen. Gleiches kann, wie schon die Wertung des § 33 Abs. 1 Satz 2 zeigt, bei starken **persönlichen Spannungen** zwischen den Beteiligten der Fall sein, die eine Sachaufklärung in ihrer Gegenwart eher behindert als fördert.

b) Ermessenskontrolle

Das Ermessen des Gerichts ist in den Fällen reduziert, in denen die Sachverhaltsaufklärung ohne das persönliche Erscheinen nicht oder nur wesentlich schlechter erreicht werden kann. Die Voraussetzungen hierfür überschneiden sich oftmals mit denjenigen für die mündliche Erörterung nach § 32. Allerdings lässt das Kriterium der Sachdienlichkeit schon die Voraussetzungen des persönlichen Erscheinens entfallen. Sind weitere Erkenntnisse nicht zu erwarten, so kann das persönliche Erscheinen also schon mangels Sachdienlichkeit nicht angeordnet werden. Die Ermessenausübung setzt das Vorliegen dieser Voraussetzungen voraus. Das persönliche Erscheinen ist demnach insbesondere bei **nicht schriftgewandten Personen** anzuordnen, die sich trotz ehrlichen Bemühens im Wege schriftlicher Stellungnahme nur unzulänglich verständlich machen können.[1] Gleiches gilt naturgemäß bei Beteiligten, die **kein Interesse an einer Sachverhaltsaufklärung** zeigen.[2] Unabdingbar ist die Anordnung des persönlichen Erscheinens, wenn es auf einen **persönlichen Eindruck** hinsichtlich bestimmter Beteiligter ankommt.[3] 9

Die Ausübung des Ermessens, auf Grund dessen die Tatsacheninstanz von der Anordnung des persönlichen Erscheinens abgesehen hat, ist **durch das Rechtsbeschwerdegericht überprüfbar**. Deshalb bedarf es in den Fällen, in denen Anhörung und persönliches Erscheinen in Betracht kommen, einer **Begründung**, weshalb sie entbehrlich waren.[4] Eine fehlerhafte oder gänzlich unterbliebene Ermessensausübung rechtfertigt aber idR nicht die **Aufhebung und Zurückverweisung**, da dies nach § 69 Abs. 1 Satz 3 nur dann in Betracht kommt, wenn eine umfangreiche oder aufwändige Beweiserhebung notwendig wäre. Die fehlende Durchführung einer mündlichen Verhandlung in der ersten Instanz kann zudem durch das Beschwerdegericht **geheilt** werden (s. § 32 Rz. 12). Die **Durchführung einer Anhörung** nach Anordnung des persönlichen Erscheinens wird kaum jemals zur Fehlerhaftigkeit der Entscheidung führen, da sie deren Grundlage nicht negativ beeinflussen kann. Das Gericht hat allenfalls eine nicht vergrößerte Erkenntnisgrundlage, niemals aber eine geringere. 10

1 BGH v. 24.2.1982 – IVb ZB 730/81, FamRZ 1983, 691; BayObLG v. 17.4.1978 – 3 Z 22/78, Rpfleger 1978, 252 (253); BayObLG v. 8.5.1980 – BReg 3 Z 37/80, BayObLGZ 1980, 138 (140); BayObLG v. 30.7.1996 – 3 Z BR 149/96, NJW-RR 1997, 69 (70); BayObLG v. 11.6.1997 – 1 Z BR 74/97, NJW-RR 1997, 1437; OLG Karlsruhe v. 27.12.1995 – 2 UF 317/95, NJW-RR 1996, 771; OLG Frankfurt v. 30.1.1998 – 2 W 281/97, NJW-RR 1998, 937 (938); OLG Köln v. 27.10.2004 – 2 Wx 29/04, NJW-RR 2005, 94, 95; *Bumiller*/Winkler, § 12 FGG Rz. 62.

2 Vgl. BT-Drucks. 16/6308, S. 191.

3 BT-Drucks. 16/6308, S. 191; vgl. BayObLG v. 18.12.1986 – 3 Z 156/86, FamRZ 1987, 412 (413); BayObLG v. 30.7.1996 – 3 Z BR 149/96, NJW-RR 1997, 69 (70); OLG Köln v. 27.10.2004 – 2 Wx 29/04, NJW-RR 2005, 94, 95; Keidel/*Schmidt*, § 12 FGG Rz. 187.

4 Keidel/*Schmidt*, § 12 FGG Rz. 190.

3. Getrennte Anhörung mehrerer Beteiligter und Hinzuziehung weiterer Personen

a) Voraussetzungen der getrennten Anhörung

aa) Erforderlichkeit zum Schutz eines Beteiligten

11 Die Anhörung eines Beteiligten hat grundsätzlich in Anwesenheit der anderen Beteiligten stattzufinden, da das Verfahren nach dem FamFG der Beteiligtenöffentlichkeit unterliegt. Eine Modifikation des Verfahrens sieht § 33 Abs. 1 Satz 2 bei der persönlichen Anhörung mehrerer Beteiligter vor. Demnach ist ein Beteiligter in Abwesenheit eines anderen anzuhören, wenn dies zum Schutz des ersteren erforderlich ist. Dies wird idR in **Sachen nach dem GewSchG** der Fall sein, wenn ein Beteiligter etwa den Anzuhörenden bedroht hat. § 33 Abs. 1 Satz 2 setzt aber kein Verschulden des Beteiligten voraus, der nicht bei der Anhörung zugegen sein soll. Die getrennte Anhörung kann auch aus **sonstigen Gründen** zum Schutze des Anzuhörenden in Betracht kommen, auch wenn den anderen Beteiligten kein Verschulden trifft. Dies kann sogar aus allein in der Person des Anzuhörenden liegenden Ursachen der Fall sein, wenn die persönliche Anhörung etwa auf Grund **krankhafter Erregungszustände** für ihn ein gesundheitliches Risiko wäre. Auch bloße **Sachdienlichkeit** zur erleichterten Wahrheitsfindung dürfte wie nach altem Recht genügen.[1] In jedem Fall muss aber der von der Anhörung ausgeschlossene Beteiligte dann nach § 37 Abs. 2 die **Möglichkeit erhalten, zum Ergebnis der Anhörung Stellung zu nehmen**.[2] IdR kann dies durch Übersendung des Vermerks oder Protokolls geschehen, in dem die Anhörung dokumentiert ist (vgl. § 28 Abs. 4).

bb) Sonstige Gründe

12 § 33 Abs. 1 Satz 2 eröffnet in seiner zweiten Alternative die Möglichkeit einer getrennten Anhörung auch aus „anderen Gründen" als dem Schutz des anzuhörenden Beteiligten. Dies kann namentlich **in stark emotionalisierten Verfahren** der Fall sein, in denen eine geordnete Durchführung der Anhörung bei Anwesenheit aller Beteiligten nicht mehr gewährleistet ist, die Anhörung aller Beteiligten gleichwohl geboten ist (vgl. Rz. 6 f.).[3] Steht in diesen Fällen etwa zu erwarten, dass ohnehin mindestens ein Beteiligter wegen ungebührlichen Verhaltens aus dem Saal entfernt werden muss, kann das Gericht von vorneherein die getrennte Anhörung verfügen. Dies muss allerdings erforderlich sein. Kann die Ruhe voraussichtlich schon durch sitzungspolizeiliche Maßnahmen gewährleistet werden, bedarf es der getrennten Anhörung nicht. Die getrennte Anhörung eines Beteiligten kann uU auch aus anderen Gründen in Betracht kommen, etwa krankheitsbedingt. Ist ein Beteiligter etwa **psychisch so gehemmt**, dass er sich in Gegenwart anderer Personen als des Gerichts gar nicht äußern kann, bedarf es seiner getrennten Anhörung nicht zu seinem Schutz, sondern zur Sachaufklärung. Diese ist aber auch in diesen Fällen nur dann geboten, wenn sie erforderlich ist. Kann der psychischen Blockade durch therapeutische Maßnahmen abgeholfen werden, sind diese vorrangig.[4] Auf jeden Fall muss den von der Anhörung ausgeschlossenen Beteiligten auch hier nach § 37 Abs. 2 die Möglichkeit gegeben werden, zum Ergebnis der Anhörung Stellung zu nehmen.

---

1 BGH v. 18.6.1986 – IVb ZB 105/84, NJW 1987, 1024 (1026).

2 BGH v. 18.6.1986 – IVb ZB 105/84, NJW 1987, 1024 (1026).

3 Kann auf die persönliche Anhörung eines der Streithähne verzichtet werden, wird es von vorneherein nicht sachdienlich sein, jedenfalls aber im Ermessen des Gerichts liegen, von der Anordnung seines persönlichen Erscheinens abzusehen.

4 Vgl. KG v. 14.6.1988 – 1 W 2613/88, OLGZ 1988, 418 (423).

b) Die Entscheidung des Gerichts und ihre Überprüfbarkeit

aa) Beurteilungsspielraum

Dem Gericht kommt bei der Frage, ob die Voraussetzungen einer getrennten Anhörung in Abwesenheit eines oder mehrerer anderer Beteiligter vorliegen, ein Beurteilungsspielraum zu. Denn es bedarf in jedem Falle der **Prognose**, ob eine solche Vorgehensweise tatsächlich zum Schutze eines Beteiligten oder aus anderen Gründen erforderlich ist. Hingegen kommt dem Gericht, wenn es die Voraussetzungen des § 33 Abs. 1 Satz 2 letzter Halbs. bejaht, **kein Ermessensspielraum** zu. Dann „hat" die Anhörung eines Beteiligten in Abwesenheit der anderen Beteiligten stattzufinden. § 33 Abs. 1 Satz 2 regelt nur den Fall, dass die Anhörung in Abwesenheit „der anderen Beteiligten", also aller anderen Beteiligten erfolgt. Keine ausdrückliche Anordnung trifft § 33 Abs. 1 Satz 2, wenn die Voraussetzungen dieser Vorschrift nur für einen oder einige, aber **nicht für alle weiteren Beteiligten** vorliegen. Dies wird in der Praxis sehr häufig der Fall sein, wenn etwa nur ein Beteiligter den Anzuhörenden bedroht. Wenn das Gericht alle anderen Beteiligten von der Anhörung ausschließen kann, wird ihm diese Möglichkeit a maiore ad minus auch nur einem oder einigen Beteiligten gegenüber zukommen. In diesem Fall scheint ein Ausschluss der anderen Beteiligten von der Anhörung nicht gerechtfertigt. Denn weder haben sie zur Notwendigkeit einer getrennten Anhörung beigetragen noch brächte eine entsprechende Vorgehensweise irgendeinen Vorteil. Ihre Abwesenheit ist ja nicht nach § 33 Abs. 1 Satz 2 erforderlich. 13

bb) Form und Begründung

Die Entscheidung, das persönliche Erscheinen eines Beteiligten anzuordnen, kann durch Beschluss erfolgen, muss es aber nicht. Denn es handelt sich um eine verfahrensleitende Maßnahme, die **nicht in Form eines Beschlusses ergehen muss**. Dies folgt im Umkehrschluss auch aus § 33 Abs. 3 Satz 1, 5, wonach die Verhängung eines Ordnungsgeldes durch Beschluss erfolgen muss. Das Gericht hat, da das Gesetz insoweit keine Vorgaben macht, sein Vorgehen entweder vorab in der Zwischenentscheidung oder in der Entscheidung zur Hauptsache **zu begründen**. Denn seine Vorgehensweise unterliegt der Kontrolle durch das Gericht der nächsten Instanz. Da es sich bei der Frage, ob eine getrennte Anhörung „zum Schutz des anzuhörenden Beteiligten oder aus anderen Gründen erforderlich" ist, um eine Rechtsfrage handelt, ist diese Entscheidung noch **vom Rechtsbeschwerdegericht überprüfbar**. An verfahrensfrei festgestellte Tatsachen, etwa die Bedrohung des Anzuhörenden durch einen anderen Beteiligten, ist es aber gebunden. 14

cc) Fehler und ihre Folgen

Anders als bisweilen zu § 141 ZPO vertreten,[1] bleiben Fehler in der Anordnung des persönlichen Erscheinens nicht folgenlos. Dies folgt schon daraus, dass die Aufklärung der entscheidungserheblichen Tatsachen nicht vorrangig in der Hand der Beteiligten, sondern des Gerichts liegt. Nutzt es ein Mittel zur Aufklärung nicht, obwohl die Voraussetzungen des § 33 Abs. 1 vorliegen, kann dies nicht anders behandelt werden als ein sonstiger **Verstoß gegen die Amtsermittlungspflicht**. Dass dem persönlichen Erscheinen im Verfahren nach dem FamFG insoweit höhere Bedeutung zukommt als im Zivilprozess, folgt im Übrigen auch aus **weiteren Abweichungen zwischen den Verfah-** 15

1 Zöller/*Greger*, § 141 ZPO Rz. 3; wie hier auch zum Zivilprozess Baumbach/*Hartmann*, § 141 ZPO Rz. 56.

rensordnungen. So kann der Beteiligte die Verhängung eines Ordnungsgeldes im Gegensatz zu § 141 Abs. 3 Satz 2 ZPO nicht durch **Entsendung eines Vertreters** abwenden, der zur Aufklärung des Sachverhalts und zur Abgabe der gebotenen Erklärungen ermächtigt ist. Insbesondere kann aber nach § 33 Abs. 3 Satz 3 bei wiederholtem Ausbleiben sogar die **Vorführung** angeordnet werden, was in der ZPO keine Parallele hat.

16 Ein Fehler kann zunächst darin liegen, dass die Anhörung **trotz Vorliegens der Voraussetzungen nach § 33 Abs. 1 Satz 2 nicht in Abwesenheit der anderen Beteiligten** durchgeführt wird. Hingegen ist es zulässig, dass der andere Beteiligte in Anwesenheit des schutzbedürftigen angehört wird. Erfolgt die Vernehmung etwa des gewalttätigen Beteiligten in Gegenwart seines früheren Opfers, ist dies nicht zu beanstanden. Fehlerhaft ist umgekehrt die **Vernehmung in Abwesenheit eines anderen Beteiligten, wenn die Voraussetzungen des § 33 Abs. 1 Satz 2 nicht vorliegen**. Die Verkennung von § 33 Abs. 1 Satz 2 führt wie jeder Verfahrensfehler dann zur Angreifbarkeit der Hauptsacheentscheidung, **wenn sie darauf beruht**. Dies ist bei Beteiligtenöffentlichkeit trotz Vorliegens der Voraussetzungen von § 33 Abs. 1 Satz 2 schon dann zu bejahen, wenn nicht auszuschließen ist, dass die korrekte getrennte Anhörung zu anderen Ergebnissen geführt hätte. Die Beschwerde muss also darlegen, dass sich der Anzuhörende bei persönlicher Anhörung in Abwesenheit der anderen Beteiligten anders oder umfassender geäußert hätte. Wurde ein Beteiligter zu Unrecht von der Anhörung ausgeschlossen, muss er darlegen, dass die spätere Übersendung des Vermerks oder Protokolls über die Anhörung zur Wahrnehmung seiner Rechte nicht genügte. Dies kann etwa dann der Fall sein, wenn sich der Anzuhörende in persönlicher Konfrontation mit dem zu Unrecht ausgeschlossenen Beteiligten anders geäußert hätte oder Zweifel an seinen Angaben sichtbar geworden wären.

17 Fehler in der Vorgehensweise nach § 33 Abs. 1 Satz 2 führen in der **Beschwerdeinstanz** nur ausnahmsweise zur Aufhebung und Zurückverweisung, nämlich nur dann, wenn sich auf Grund des Fehlers zusätzlich die Notwendigkeit einer umfangreichen oder aufwändigen Beweiserhebung ergibt (§ 69 Abs. 1 Satz 3). Anderenfalls hat das Beschwerdegericht die Anhörung in der gebotenen Weise zu wiederholen. Damit wird der erstinstanzliche Mangel zugleich geheilt. Hingegen darf das **Rechtsbeschwerdegericht** tatsächliche Grundlagen der Entscheidung nicht ermitteln und somit auch die Anhörung nicht selbst vornehmen. Es muss daher auf einen entsprechenden Fehler nach § 74 Abs. 6 Satz 2 aufheben und zurückverweisen.

c) Anwesenheit weiterer Personen

18 In § 33 nicht ausdrücklich geregelt ist die Frage, ob das Gericht auch die Anwesenheit weiterer Personen anordnen darf. Soweit dies nicht spezialgesetzlich geregelt ist (s. zB § 283 Abs. 1), wird man insoweit auf die frühere Rechtsprechung zurückgreifen dürfen. Danach ist die Anordnung des persönlichen Erscheinens **zur Begutachtung etwa der Verfahrensfähigkeit durch einen Sachverständigen** zulässig.[1] Dadurch wird der Beteiligte nicht zum bloßen Objekt; das Gericht ermittelt nur unter Hinzuziehung sachverständiger Hilfe etwa eine Verfahrensvoraussetzung. Umgekehrt darf der Beteiligte, dessen persönliches Erscheinen angeordnet ist, mit einem **Beistand** erscheinen.[2] So-

1 OLG Frankfurt v. 16.1.1981 – 20 W 810/80, OLGZ 1981, 135 (136); BayObLG v. 3.9.1986 – BReg 3 Z 129/86, FamRZ 1986, 1236; KG v. 14.6.1988 – 1 W 2613/88, OLGZ 1988, 418 (420); Keidel/*Schmidt*, § 12 FGG Rz. 191.

2 OLG Köln v. 16.10.1964 – 1 Wx 125/64, OLGZ 1965, 134 (135); BayObLG v. 18.1.1980 – BReg 3 Z 3/80, BayObLGZ 1980, 15 (18 f.) = Rpfleger 1980, 148; Keidel/*Zimmermann*, § 13 Rz. 7.

fern er einen **Verfahrensbevollmächtigten** hat, kommt diesem während der Anhörung ebenfalls nur die Rolle eines Beistands zu.[1]

4. Ladung des Anzuhörenden (Absatz 2)

a) Ladung des Anzuhörenden und seines Bevollmächtigten

19 § 33 Abs. 2 Satz 1 ordnet ausdrücklich an, dass der Anzuhörende auch dann zu laden ist, wenn er einen Verfahrensbevollmächtigten bestellt hat. Dies entspricht § 141 Abs. 2 Satz 1 ZPO.[2] Damit sollen Versehen des Bevollmächtigten ausgeschlossen und dem Beteiligten die Notwendigkeit seines Erscheinens durch persönliche Ladung vor Augen geführt werden. Die Beschränkung des Wortlauts auf den **verfahrensfähigen Beteiligten** versteht sich von selbst, da andernfalls der gesetzliche Vertreter zu laden ist. Unglücklich formuliert ist der zweite Halbsatz von § 33 Abs. 2 Satz 1. Der Verfahrensbevollmächtigte ist nicht nur von der Ladung des Beteiligten, also darüber zu benachrichtigen, dass der Beteiligte geladen ist. Ihm ist vielmehr die Verfügung bzw. der Beschluss, der das persönliche Erscheinen und seinen Zweck anordnet, im Wortlaut bekannt zu geben. Denn nur dann ist eine hinreichende Möglichkeit zur Vorbereitung auf diesen Termin gewährleistet.

b) Form der Ladung

aa) Formlose Ladung

20 Die Ladung des Beteiligten **bedarf keiner Form**, insbesondere nicht der Zustellung. Dies geht im Umkehrschluss aus § 33 Abs. 2 Satz 2 hervor, wonach bei Ungewissheit des Erscheinens die Zustellung erfolgen soll. Demnach kann die Ladung uU, etwa in Fällen der Eilbedürftigkeit, auch fernmündlich erfolgen. Der Beteiligte soll aber zur Möglichkeit einer hinreichenden Vorbereitung auch in diesem Fall über den Zweck seines persönlichen Erscheinens unterrichtet werden. IdR wird aber eine schriftliche Ladung unter Bekanntgabe der Verfügung, die ihr zugrunde liegt, geboten sein. Der **Zweck der Anhörung** und des persönlichen Erscheinens soll zumindest in knapper Form angegeben sein. Dabei wird wie im Zivilprozess die Angabe „zur Aufklärung des Sachverhalts" genügen. Soll der Beteiligte freilich seine Erinnerung auffrischen oder spezielle Kenntnisse in das Verfahren einbringen, bedarf dies **genauerer Angaben** in der Ladung.

bb) Fälle ungewissen Erscheinens

21 Nach § 33 Abs. 2 Satz 2 soll das Gericht die förmliche Zustellung der Ladung anordnen, „wenn das Erscheinen eines Beteiligten ungewiss ist". Dies erfordert ähnlich wie § 38 Abs. 4 Nr. 2 (vgl. § 38 Rz. 28 f.) oder § 41 Abs. 1 Satz 2 (vgl. § 41 Rz. 9) eine **Prognoseentscheidung**, die allerdings einfacher ausfällt als dort. Ohne Kenntnis von den Beteiligten wird das Gericht grundsätzlich keine Gewissheit über den Willen eines Beteiligten haben, persönlich vor Gericht zu erscheinen. Es besteht somit hierüber Ungewissheit gem. § 33 Abs. 2 Satz 2, weshalb die förmliche Zustellung geboten ist. Nur dann, wenn **positive Anhaltspunkte** für eine Bereitschaft zum persönlichen Erscheinen bestehen, kann das Gericht von einer förmlichen Zustellung absehen. Dies wird etwa dann der Fall sein, wenn das Gericht bereits vorliegenden Schriftstücken entnehmen

---

1 OLG Köln v. 16.10.1964 – 1 Wx 125/64, OLGZ 1965, 134 (135); Keidel/*Zimmermann*, § 13 Rz. 7.
2 BT-Drucks. 16/6308, S. 191.

kann, dass ein Beteiligter zur Mitwirkung bereit ist und von dem Termin etwa über seinen Verfahrensbevollmächtigten Kenntnis hat. IdR wird dies in Antragsverfahren auch beim Antragsteller anzunehmen sein, der eine bestimmte Entscheidung wünscht.

c) Hinweis auf die Folgen des Ausbleibens

22 Bereits die Ladung muss einen Hinweis auf die Folgen des Ausbleibens enthalten.[1] Dies betrifft sowohl die **Verhängung eines Ordnungsgeldes** als auch die **Möglichkeit der Vorführung** bei wiederholtem unentschuldigten Ausbleiben. Fehlt der Hinweis oder ist er mangelhaft, berührt dies die Wirksamkeit der Ladung nicht. Es scheidet lediglich die Verhängung eines Ordnungsgeldes bzw. die Anordnung der Vorführung aus. Zur Vermeidung von Fehlerquellen empfiehlt sich bei der Formulierung des Hinweises eine enge Anlehnung an den Gesetzestext.

d) Fehler und ihre Folgen

23 Lädt das Gericht einen Beteiligten mit förmlicher Zustellung, obwohl dessen Erscheinen nicht ungewiss war, hat dies keine Folgen für das Verfahren. In Betracht kommt allenfalls eine Nichterhebung der Kosten wegen **unrichtiger Sachbehandlung nach § 16 KostO**. Wird ein Beteiligter formlos geladen, lässt sich der Zugang idR nicht feststellen, so dass verfahrensrechtliche Nachteile ebenso wie Sanktionen etwa durch Verhängung eines Ordnungsgeldes nicht in Betracht kommen. Lässt sich der Zugang mit der Belehrung nach § 33 Abs. 4 indessen zB durch Geständnis nachweisen, bleibt der **Verstoß gegen § 33 Abs. 2 Satz 2 ohne Folgen**. Denn die förmliche Zustellung ist keine Voraussetzung für die Wirksamkeit der Anordnung des persönlichen Erscheinens und auch nicht für die Rechtsfolgen des § 33 Abs. 3. Es handelt sich bei § 33 Abs. 2 Satz 2 um eine **reine Sollvorschrift**, der zudem nur Ordnungscharakter zukommt. Fehlt der Hinweis auf die Folgen des Ausbleibens nach § 33 Abs. 4, können Ordnungsgeld und Vorführung nicht angeordnet werden (vgl. Rz. 25).

II. Sanktionen des Ausbleibens

1. Ordnungsgeld

a) Voraussetzungen

aa) Ordnungsgemäße Ladung

24 Das Ausbleiben trotz Anordnung des persönlichen Erscheinens kann nach § 33 Abs. 3 Satz 1 nur dann mit einem Ordnungsgeld sanktioniert werden, wenn der Beteiligte ordnungsgemäß geladen wurde. Dies setzt zunächst voraus, dass ihm überhaupt eine Ladung zuging. Dieser **Nachweis** ist regelmäßig nur durch eine Postzustellungsurkunde zu führen. Die förmliche Zustellung ist aber keine Voraussetzung der ordnungsgemäßen Ladung. Der Nachweis kann auch auf anderem Wege geführt werden, etwa dadurch, dass der Beteiligte die **Ladung mit seiner Weigerung, zu erscheinen**, zurücksendet. In diesem Falle ist die Verhängung eines Ordnungsgeldes möglich. Die Ordnungsmäßigkeit der Ladung setzt zunächst voraus, dass dem Beteiligten **Ort und Datum samt Uhrzeit** des Termins, zu dem er erscheinen soll, richtig mitgeteilt werden. Sind diese Angaben unrichtig, kann ihm auch dann kein Ordnungsgeld auferlegt werden, wenn er **auf anderem Wege, etwa durch einen anderen Beteiligten, Kenntnis**

1 BT-Drucks. 16/6308, S. 192.

von den richtigen Daten erhält. Denn er muss sich auf eine gerichtliche Ladung verlassen können. Allerdings kann das Gericht eine **falsche Angabe korrigieren**. Dies erfordert nicht die Wiederholung der gesamten Ladung, soweit die sonstigen Angaben richtig waren. Die Ladung muss ferner so frühzeitig eingehen, dass sich der Beteiligte hierauf einstellen kann. § 33 Abs. 3 sieht hier zwar ähnlich wie § 141 ZPO keine Ladungsfrist vor. In nicht besonders eiligen Fällen, insbesondere in echten Streitverfahren, wird man aber die Frist des § 217 ZPO als absolutes Minimum ansehen müssen. Hier ist im Zweifel kein zu kleinlicher Maßstab anzulegen.

Zu einer ordnungsgemäßen Ladung gehört ferner nach § 33 Abs. 4 der **Hinweis auf die Folgen des Ausbleibens**. Diese muss dem Wortlaut des § 33 Abs. 4 zufolge in jeder Ladung enthalten sein. Ob dem Beteiligten die Möglichkeit der Verhängung eines Ordnungsgeldes bzw. der Vorführung **aus anderen Quellen**, etwa einem früheren Verfahren, bekannt war, ist unerheblich. Die Ladung kann aber bei einer Umladung insoweit auf eine frühere Ladung Bezug nehmen. Denn diese liegt dem Beteiligten vor. Zudem kann sich der Beteiligte **nicht auf beliebige Fehler berufen**, wenn er auf die konkret anzuordnende Maßnahme korrekt hingewiesen wurde. Hat die Geschäftsstelle etwa nur den Hinweis auf die Möglichkeit der Vorführung vergessen, ist der Beteiligte über die Möglichkeit des Ordnungsgeldes korrekt informiert. Dieses kann daher angeordnet werden, nicht aber die Vorführung. Der Hinweis nach § 33 Abs. 4 ersetzt die nach früherem Recht (§ 33 Abs. 3 Satz 1 FGG aF) erforderliche **Androhung**. Insoweit ist die frühere Judikatur[1] nicht mehr heranzuziehen. 25

bb) Ausbleiben

Der Beteiligte muss ferner im Termin ausgeblieben sein. Dies setzt voraus, dass er überhaupt nicht erschienen ist. Ist er bei Aufruf der Sache zugegen, aber **nicht zu einer Äußerung bereit**, liegt kein Ausbleiben vor. Das Gericht kann daher uU seine Weigerung, sich zu äußern, bei der Tatsachenfeststellung würdigen, aber kein Ordnungsgeld verhängen. Dies gilt erst recht nicht, wenn der Beteiligte nicht zu einer Einlassung verpflichtet ist. Aus der Möglichkeit der Anordnung des persönlichen Erscheinens allein folgt keine Verpflichtung des Beteiligten zur Aussage.[2] Auch das **vorzeitige Entfernen** unter Berufung auf die zulässige Weigerung, sich zu äußern, ist kein Ausbleiben gem. § 33 Abs. 3 Satz 1.[3] Umgekehrt scheidet die Verhängung eines Ordnungsgeldes, anders als im Zivilprozess (§ 141 Abs. 3 Satz 2 ZPO), nicht deswegen aus, weil der Beteiligte einen zur Aufklärung des Sachverhalts und zur Abgabe der gebotenen Erklärungen **ermächtigten Vertreter** entsendet. Denn § 33 Abs. 3 enthält keine § 141 Abs. 3 Satz 2 ZPO vergleichbare Regelung. 26

cc) Entschuldigung

Das Ausbleiben muss ferner gem. § 33 Abs. 3 Satz 1 **unentschuldigt** sein. Hier wird man sich an der Kasuistik zu § 227 Abs. 1 Satz 2 Nr. 1, 2 ZPO bzw. § 337 Satz 1 ZPO orientieren können. Demnach gehen zunächst **Unzulänglichkeiten in der Gerichtsorganisation** nicht zu Lasten des Beteiligten. Erhält er etwa wesentliche Unterlagen 27

1 S. etwa OLG Stuttgart v. 27.12.1985 – 18 WF 482/85, FamRZ 1986, 705 (706); OLG Bremen v. 7.12.1988 – 4 WF 121/88 (a), FamRZ 1989, 306 (307).

2 BayObLG v. 13.10.1978 – BReg 1 Z 111/78, BayObLGZ 1978, 319 (323 f.); OLG Hamburg v. 15.1.1997 – 12 WF 6/97, MDR 1997, 596; OLG Karlsruhe v. 30.8.1978 – 5 WF 69/78, NJW 1978, 2247; ähnlich OLG Stuttgart v. 16.1.1978 – 16 WF 208/77 U, NJW 1978, 547 (548); Keidel/*Schmidt*, § 12 FGG Rz. 191.

3 OLG Hamburg v. 15.1.1997 – 12 WF 6/97, MDR 1997, 596.

nicht oder zu kurzfristig, um sich auf den Termin vorzubereiten, ist sein Ausbleiben entschuldigt. Gleiches gilt für **objektive Verhinderungsgründe**, auf die der Beteiligte keinen Einfluss hat, etwa der Wegfall von Verkehrsverbindungen. Auch **Verhinderungsgründe aus der Sphäre des Beteiligten** sind beachtlich. Das setzt voraus, dass sie noch vor der Anberaumung des persönlichen Erscheinens feststanden und nicht oder nur mit unzumutbarem Aufwand auszuräumen sind. Hierzu gehören etwa eine bereits gebuchte Urlaubsreise oder wichtige berufliche Ereignisse (Prüfungen, Bewerbungsgespräche). Nach Zugang der Ladung eingetretene Hindernisse sind eine zu berücksichtigende Entschuldigung, wenn sie die Wahrnehmung des Termins unzumutbar machen. Dazu gehört zB die schwere Erkrankung oder der Tod von Familienangehörigen. Auch eigene gesundheitliche Beeinträchtigungen können das Ausbleiben entschuldigen. Wie im Falle der Entschuldigung nach § 227 Abs. 1 Satz 2 Nr. 1, 2 ZPO genügt die in ärztlichen Bescheinigungen stereotyp attestierte Arbeitsunfähigkeit nicht zur Entschuldigung gem. § 33 Abs. 3 Satz 1. Selbst die Amputation einer Hand mag der Fortführung einer Bürotätigkeit entgegenstehen, aber nicht dem persönlichen Erscheinen nach § 33 Abs. 1. Erkrankungen etc. vermögen also nur zu entschuldigen, wenn sie das persönliche Erscheinen zumindest deutlich erschweren.

dd) Rechtzeitiges Vorbringen gegenüber dem Gericht

28 An einer Entschuldigung fehlt es nicht nur dann, wenn ein Grund für das Ausbleiben objektiv nicht vorliegt. Eine genügende Entschuldigung ist auch dann zu verneinen, wenn der Beteiligte hinreichende Gründe für sein Ausbleiben vorbringen könnte, dies aber nicht **rechtzeitig** tut.[1] Der Beteiligte muss demnach **nicht unverzüglich** tätig werden. Ist der Hinderungsgrund frühzeitig bekannt, erfordert dies nur eine so zeitige Mitteilung an das Gericht, dass der Termin noch abgesetzt werden kann. Kann sich der Beteiligte etwa krankheitsbedingt gar nicht entschuldigen oder tritt der Hinderungsgrund erst kurz vor dem Termin ein, kann er diese Gründe gem. § 33 Abs. 3 Satz 4 noch nachträglich geltend machen.

b) Verhängung des Ordnungsgeldes

aa) Ermessen

29 Die Verhängung eines Ordnungsgeldes steht auch bei Vorliegen der Voraussetzungen hierfür im Ermessen des Gerichts.[2] Bei seiner Ausübung ist zu berücksichtigen, dass das Ordnungsgeld nicht in erster Linie eine Strafe für unbotmäßiges Verhalten als eine **Maßnahme der Verfahrensleitung** darstellt. Daher wird zu berücksichtigen sein, wenn die Beteiligten in einem Antragsverfahren das Verfahren vor der Entscheidung über das Ordnungsgeld durch Vergleich beendet haben oder der Antrag zurückgenommen wird. Gleiches gilt, wenn der ausgebliebene Beteiligte eine nach dem Termin ergangene Entscheidung gegen sich gelten lässt. Denn in diesen Fällen hätte auch sein persönliches Erscheinen offenkundig **keinen Erkenntnisgewinn** bewirkt, der zu einer anderen Entscheidung in der Sache geführt hätte. Allerdings dient das Ordnungsgeld anders als das Zwangsgeld nach § 33 Abs. 3 FGG aF nicht nur der Beugung eines entgegenstehenden Willens,[3] sondern ist **auch Sanktion** des Ausbleibens.[4] Dies ist bei der Bemessung der Höhe gleichfalls zu berücksichtigen.

1 BT-Drucks. 16/6308, S. 191.
2 BT-Drucks. 16/6308, S. 191.
3 S. etwa OLG Köln v. 30.4.2001 – 25 WF 20/01, FamRZ 2002, 111.
4 Vgl. BayObLG v. 9.3.1995 – 2 Z BR 10/95, BayObLGZ 1995, 114 (116).

bb) Höhe

30 Die Höhe des Ordnungsgeldes richtet sich wie bei der zivilprozessualen Parallelnorm (§ 141 ZPO) nach Art. 6 EStGB,[1] bewegt sich also in einem Rahmen **zwischen 5 und 1000 Euro**. Bei seiner Festsetzung sind zunächst die bekannten **Vermögensverhältnisse** des nicht erschienenen Beteiligten zu berücksichtigen. Ferner sind die **näheren Umstände des Ausbleibens** abzuwägen. Auch wenn das Ordnungsgeld dem Grunde nach berechtigt ist, können zB **falsche Ratschläge Dritter** für eine geringe Höhe sprechen. Wird ein Beteiligter etwa von seinem rechtskundigen Verfahrensbevollmächtigten dahingehend beraten, dass er die Anordnung des persönlichen Erscheinens missachten darf, kann ihn das zwar nicht entschuldigen, bei der Festsetzung einer bestimmten Höhe des Ordnungsgeldes sind derartige Umstände aber zu berücksichtigen. Gleiches gilt für sonstige Umstände, die zwar nicht zur Entschuldigung des Beteiligten führen, aber gleichwohl von einem billig und gerecht Denkenden **nicht als Missachtung des Gerichts zu werten** sind, sondern auf fehlerhafter Laienwürdigung beruhen. Dies kann etwa dann der Fall sein, wenn der Beteiligte einen Vertreter schickt, der im Zivilprozess gem. § 141 Abs. 3 Satz 2 ZPO durchaus ausreichend wäre. Gleiches gilt dann, wenn der Beteiligte zutreffend davon ausgeht, dass er sich nicht äußern muss und daraus zu weit gehend auch ein Recht zum Nichterscheinen ableitet. Denn der Erkenntnisverlust des Gerichts ist in diesem Falle gleich null.

cc) Form der Entscheidung

31 Die Verhängung eines Ordnungsgeldes kann, wie aus § 33 Abs. 3 Satz 1, 5 hervorgeht, nur durch **Beschluss** erfolgen. Eine bloße Verfügung oÄ ist nicht die gesetzlich bestimmte Entscheidungsform. Ergeht die Verhängung von Ordnungsgeld gleichwohl nicht in dieser Form, wäre gegen die Versäumung der Anfechtungsfrist des § 33 Abs. 3 Satz 5 FamFG iVm. § 569 Abs. 1 Satz 1 ZPO in jedem Falle Wiedereinsetzung nach §§ 233 ff. ZPO zu gewähren. Denn die in der Form einer Zwischenentscheidung ergehende Verhängung des Ordnungsgeldes erweckt den Anschein, nicht anfechtbar zu sein. Der Beteiligte wird auch nicht durch Rechtsmittelbelehrung über die Anfechtungsfrist des § 33 Abs. 3 Satz 5 FamFG iVm. § 569 Abs. 1 Satz 1 ZPO unterrichtet. Seine Fristversäumung wäre mithin unverschuldet.

dd) Wiederholte Verhängung

32 § 33 Abs. 3 Satz 2 regelt den Fall, dass der Beteiligte wiederholt ausbleibt. Sämtliche Voraussetzungen des § 33 Abs. 3 Satz 1 müssen also ein weiteres Mal vorliegen. Dann kann die Festlegung des Ordnungsgeldes „wiederholt werden".[2] Diese Formulierung ist gegenüber § 380 Abs. 2 ZPO präziser, wo davon die Rede ist, dass „das Ordnungsmittel noch einmal festgesetzt" wird. Damit schließt § 33 Abs. 3 Satz 2 von vorneherein das Missverständnis aus, das Ordnungsgeld könne insgesamt nur zweimal verhängt werden.[3]

1 BT-Drucks. 16/6308, S. 191.
2 Vgl. BT-Drucks. 16/6308, S. 191.
3 Vgl. Baumbach/*Hartmann*, § 380 ZPO Rz. 16; Zöller/*Greger*, § 380 ZPO Rz. 8.

2. Vorführung

a) Voraussetzungen

33 Für die Vorführung müssen nach § 33 Abs. 3 Satz 3 die **Voraussetzungen der Verhängung eines Ordnungsgeldes sämtlich bereits zum wiederholten Male** gegeben sein. Der ordnungsgemäß geladene Beteiligte muss also mindestens zum zweiten Male unentschuldigt ausgeblieben sein. Das Gericht hat aber auch hier ein **Ermessen**. Es kann also berücksichtigen, ob sich das Ausbleiben uU beidesmalig am unteren Rand der Verhängung eines Ordnungsgeldes bewegte. Insbesondere kann ins Gewicht fallen, dass das erstmalige Ausbleiben überhaupt nicht sanktioniert wurde. Denn dann war der Beteiligte möglicherweise nicht vorgewarnt. Umgekehrt ist aber auch die wiederholte Blockierung des Verfahrens zu berücksichtigen.

b) Form

34 Die Anordnung der Vorführung ergeht ebenfalls durch **Beschluss** des Gerichts, nicht durch Verfügung des Vorsitzenden. Dies geht zwar nicht aus § 33 Abs. 3 Satz 3, wohl aber aus § 33 Abs. 3 Satz 5 hervor, wonach der „Beschluss, durch den ein Ordnungsmittel verhängt wird", unter den dort genannten Voraussetzungen aufzuheben ist. Daraus geht hervor, dass nicht nur das Ordnungsgeld, sondern alle in § 33 Abs. 3 geregelten Ordnungsmittel, mithin auch die Vorführung, durch Beschluss angeordnet werden. Der Beschluss wird aber zweckmäßigerweise erst bei seiner Ausführung zugestellt, da seine Ausführung ansonsten gefährdet wird.[1]

3. Aufhebung von Ordnungsmitteln

a) Voraussetzungen

aa) Genügende Entschuldigung des Ausbleibens

35 § 33 Abs. 3 Satz 4 ermöglicht dem mit einem Ordnungsmittel belegten Beteiligten auch die nachträgliche Entschuldigung. Dies setzt zunächst voraus, dass „eine genügende Entschuldigung nachträglich" erfolgt. Hier gelten dieselben Anforderungen wie nach § 33 Abs. 3 Satz 1. Der einzige Unterschied besteht darin, dass die Entschuldigung eben nachträglich erfolgt.

bb) Kein Verschulden an der Verspätung der Entschuldigung

36 Darüber hinaus muss der nicht erschienene Beteiligte die Verspätung der Entschuldigung ihrerseits entschuldigen. Die grundlose Verspätung eines an sich genügenden Entschuldigungsgrundes rechtfertigt also die Aufhebung des Ordnungsmittels nicht. Der Beteiligte muss vielmehr neben der Entschuldigung für das Ausbleiben im Termin glaubhaft machen, dass ihn **am verspäteten Vorbringen der Entschuldigung kein Verschulden** trifft.[2] Hierfür sind alle Möglichkeiten der Glaubhaftmachung nach § 31 zulässig. Entschuldigungsgrund und Glaubhaftmachung des fehlenden Verschuldens für sein nachträgliches Vorbringen können dabei zusammenfallen, wenn sich der Beteiligte etwa mit einer Krankheit entschuldigt, die bis zum Terminstag oder darüber hinaus angedauert hat. Beide Gründe können aber auch auseinander fallen, etwa dann, wenn der Beteiligte den Grund seines Ausbleibens vorab mitteilen und um Verlegung bitten wollte, der Brief aber nicht das Gericht erreichte.

1 Vgl. zur Vorführung von Zeugen im Zivilprozess Baumbach/*Hartmann*, § 380 ZPO Rz. 14.
2 BT-Drucks. 16/6308, S. 191.

Aus der Systematik des § 33 Abs. 3 Satz 4 ergibt sich, dass eine Entschuldigung immer dann **verspätet ist, wenn sie „nachträglich" erfolgt**. Nicht jede Verzögerung ist also schädlich. Wurde der Termin sehr frühzeitig angesetzt und lässt sich der Beteiligte Wochen Zeit mit seiner Entschuldigung, ist sie gleichwohl jedenfalls dann nicht verspätet, wenn sie noch vor dem Termin eingeht und dieser vom Gericht abgesetzt werden kann. Denn dann erfolgt die Entschuldigung nicht nachträglich. Umgekehrt hat der Gesetzgeber **für die Glaubhaftmachung fehlenden Verschuldens an der Verspätung keine Frist** gesetzt. Der Beteiligte muss nur glaubhaft machen, dass ihn kein Verschulden daran trifft, die Entschuldigung nicht bis zum Termin vorgebracht zu haben. Danach erfolgt sie in jedem Falle „nachträglich". Auch wenn die Entschuldigung lange nach dem Termin bei Gericht eingeht, führt diese Verzögerung, selbst wenn sie schuldhaft ist, nicht dazu, dass von der Aufhebung des Ordnungsmittels abgesehen werden kann. Die **Rechtskraft eines Beschlusses über die Verhängung von Ordnungsgeld** steht dem nicht entgegen. Denn die Aufhebung des Ordnungsgeldbeschlusses nach § 33 Abs. 3 Satz 4 steht neben der Möglichkeit eines Rechtsmittels nach § 33 Abs. 3 Satz 5. Der Wortlaut des Gesetzes ordnet ohne Einschränkung an, dass die „nach den Sätzen 1 bis 3 getroffenen Anordnungen aufgehoben" werden, sobald die in § 33 Abs. 3 Satz 4 bezeichneten Voraussetzungen vorliegen. Eine andere Handhabung ist im Übrigen auch schon deswegen ausgeschlossen, weil der Beteiligte wegen der Anfechtungsfrist nach § 33 Abs. 3 Satz 5 FamFG iVm. § 569 Abs. 1 Satz 1 ZPO unverschuldet gehindert sein kann, die Entschuldigung seines Ausbleibens in einer sofortigen Beschwerde vorzubringen. 37

b) Rechtsfolge

aa) Erfasste Anordnungen

Die Möglichkeit der Aufhebung betrifft vorrangig die **Verhängung eines Ordnungsgeldes**, da der Betroffene hiervon zwangsläufig erfährt. Für den Beteiligten, der von der zwischenzeitlich verfügten Anordnung der **Vorführung** nichts erfährt, kann aber nichts anderes gelten. Der Wortlaut des § 33 Abs. 3 Satz 4 erfasst alle „nach den Sätzen 1 bis 3 getroffenen Anordnungen". Bringt er ohne Kenntnis der gegen ihn verfügten Vorführung taugliche Entschuldigungsgründe vor, ist dies vom Gericht nicht anders zu behandeln als das Vorgehen des Beteiligten gegen ein Ordnungsgeld. Auch die Anordnung der Vorführung ist daher aufzuheben. 38

bb) Kein Ermessen

Die Aufhebung der nach den Sätzen 1 bis 3 getroffenen Anordnungen unterliegt nicht dem Ermessen des Gerichts. Liegen die Voraussetzungen des § 33 Abs. 3 Satz 4 vor, so „werden die nach den Sätzen 1 bis 3 getroffenen Anordnungen aufgehoben". 39

C. Rechtsmittel

I. Rechtsmittel gegen die Anordnung des persönlichen Erscheinens

Die Anordnung des persönlichen Erscheinens wurde nach früherem Recht für unanfechtbar gehalten, da sie selbst noch nicht in die Rechte des Beteiligten eingriff.[1] Dies 40

1 KG v. 14.6.1988 – 1 W 2613/88, OLGZ 1988, 418 (420); BayObLG v. 3.9.1986 – BReg 3 Z 129/86, FamRZ 1986, 1236; BayObLG v. 14.6.1995 – 3 Z BR 51/95, BayObLGZ 1995, 222 (223).

gilt auch dann, wenn der Beteiligte zum Zwecke der Begutachtung seines Geisteszustandes in **Gegenwart eines Sachverständigen** angehört werden soll.[1] Ein relevanter Eingriff wurde erst bejaht, sobald Maßnahmen der zwangsweisen Durchsetzung des persönlichen Erscheinens angeordnet wurden. Diese Judikatur hat der Gesetzgeber kodifiziert. Denn Rechtsmittel sieht § 33 Abs. 3 Satz 5 erst im Zusammenhang mit der Verhängung von Ordnungsmitteln vor. Die **Anordnung des persönlichen Erscheinens selbst ist somit unanfechtbar.**

II. Rechtsmittel gegen die Verhängung von Ordnungsmitteln

1. Ordnungsgeld

41 Wie nach früherem Recht ist der Beschluss, der ein Ordnungsgeld verhängt oder die Vorführung anordnet, anfechtbar (§ 33 Abs. 3 Satz 5).[2] Zwar wird letzterer zweckmäßigerweise erst bei seiner Ausführung zugestellt. Der Beteiligte kann sich aber schon **vorbeugend auch gegen einen bereits erlassenen, aber noch nicht zugestellten Beschluss** wehren.[3] Die Anfechtung richtet sich nach den Regeln der sofortigen Beschwerde (§§ 567 ff. ZPO). Eines **Mindestbeschwerdewerts** bedarf es wie nach früherem Recht[4] nicht, da § 567 Abs. 2 ZPO einen solchen nur für Entscheidungen über Kosten vorsieht. Da § 33 Abs. 3 Satz 5 nur auf §§ 567 bis 572 ZPO verweist, ist gegen die Entscheidung des Beschwerdegerichts die **Rechtsbeschwerde nicht eröffnet**. Dies stimmt damit überein, dass auch die Materialien nur von der sofortigen Beschwerde sprechen.[5] Die Zulassung der Rechtsbeschwerde durch das Beschwerdegericht ist nach allgemeinen Grundsätzen wirkungslos (vgl. § 70 Rz. 15).

2. Vorführung

42 Die Vorführung wird sich häufig auf Grund ihrer Durchführung bereits **erledigt** haben, bevor der Beteiligte gegen den Beschluss, der sie anordnet, sofortige Beschwerde einlegen kann.[6] Gleichwohl handelt es sich bei der zwangsweisen Verbringung in das Gericht um eine Einschränkung elementarer Freiheitsgrundrechte, also um einen der schwerwiegenden Grundrechtseingriffe, in denen nach verfassungsgerichtlicher Rechtsprechung auch **nach Erledigung eine gerichtliche Kontrolle möglich** sein muss (s. § 62 Rz. 1). Daher wird man hier trotz Fehlens einer entsprechenden Regelung aus dem Rechtsgedanken des § 62 eine Beschwerdemöglichkeit zulassen müssen. Es ist dann die **Feststellung zu beantragen bzw. auszusprechen, dass die Anordnung der Vorführung den Beschwerdeführer in seinen Rechten verletzt hat**. Allerdings wird man diese Beschwerde den Regeln der §§ 567 ff. ZPO unterwerfen müssen, da auch das Rechtsmittel vor der Erledigung als sofortige Beschwerde ausgestaltet ist.

---

1 OLG Frankfurt v. 16.1.1981 – 20 W 810/80, OLGZ 1981, 135 (136); BayObLG v. 3.9.1986 – BReg 3 Z 129/86, FamRZ 1986, 1236; KG v. 14.6.1988 – 1 W 2613/88, OLGZ 1988, 418 (420).

2 KG v. 14.6.1988 – 1 W 2613/88, OLGZ 1988, 418 (421); BayObLG v. 3.9.1986 – BReg 3 Z 129/86, FamRZ 1986, 1236; BayObLG v. 14.6.1995 – 3 Z BR 51/95, BayObLGZ 1995, 222 (223).

3 Zöller/*Heßler*, § 567 ZPO Rz. 14; weiter gehend Baumbach/*Hartmann*, § 567 ZPO Rz. 12.

4 KG v. 21.11.1983 – 24 W 4953/83, OLGZ 1984, 62 (63).

5 BT-Drucks. 16/6308, S. 192.

6 Vgl. zu dieser Problematik nach altem Recht KG v. 14.6.1988 – 1 W 2613/88, OLGZ 1988, 418 (421).

III. Rechtsmittel gegen die Nichtaufhebung von Ordnungsmitteln

§ 33 Abs. 3 enthält keine Regelung zur Anfechtung eines Beschlusses, der die Aufhebung von Ordnungsmitteln nach § 33 Abs. 3 Satz 4 ablehnt. Dies ist um so erstaunlicher, als dem Gericht in diesen Fällen, anders als bei Verhängung und Höhe des Ordnungsgeldes, ausdrücklich kein Ermessen zustehen soll. Auch von der Intensität des Eingriffs besteht kein Unterschied. Es ist schwerlich davon auszugehen, dass der unfallbedingt bis zum Terminstag Verhinderte schlechter gestellt werden soll als derjenige, der seine Entschuldigung trotz dilatorischer Behandlung gerade noch rechtzeitig vorgebracht hat. Hier darf man wohl von einem Versehen, mithin von einer unbewussten Regelungslücke des Gesetzgebers ausgehen. Die Entscheidung, ein Ordnungsgeld nicht nach § 33 Abs. 3 Satz 4 aufzuheben, dürfte somit in analoger Anwendung des § 33 Abs. 3 Satz 5 anfechtbar sein. 43

§ 34
Persönliche Anhörung

(1) Das Gericht hat einen Beteiligten persönlich anzuhören,

1. wenn dies zur Gewährleistung des rechtlichen Gehörs des Beteiligten erforderlich ist oder

2. wenn dies in diesem oder in einem anderen Gesetz vorgeschrieben ist.

(2) Die persönliche Anhörung eines Beteiligten kann unterbleiben, wenn hiervon erhebliche Nachteile für seine Gesundheit zu besorgen sind oder der Beteiligte offensichtlich nicht in der Lage ist, seinen Willen kundzutun.

(3) Bleibt der Beteiligte im anberaumten Anhörungstermin unentschuldigt aus, kann das Verfahren ohne seine persönliche Anhörung beendet werden. Der Beteiligte ist auf die Folgen seines Ausbleibens hinzuweisen.

A. Entstehungsgeschichte und Normzweck

1 Auch § 34 behebt eine Lücke des bisherigen Rechts, da die Anhörung der Beteiligten bislang nur im Zusammenhang mit besonderen Verfahren ausdrücklich geregelt war, etwa in § 68 Abs. 1 oder § 69d Abs. 1 FGG aF. Im Übrigen wurden die diesbezüglichen Pflichten des Gerichts aus den allgemeinen Vorschriften, insbesondere, was die Ermittlung des Sachverhalts betraf, aus § 12 FGG und im Hinblick auf die Gewährung rechtlichen Gehörs aus Art. 103 Abs. 1 GG abgeleitet. § 34 stellt im Wesentlichen eine **Kodifikation der diesbezüglichen Rechtsprechung** dar. Weitergehende Pflichten des Gerichts können sich allerdings aus Spezialvorschriften ergeben (etwa § 278 Abs. 1). Auch § 34 Abs. 2 trifft erstmals eine allgemeine Regelung, wann das Gericht von der persönlichen Anhörung eines Beteiligten absehen darf. Dabei übernahm der Gesetzgeber die bisher auf bestimmte Verfahren beschränkte Vorschrift des § 69d Abs. 1 Satz 3 FGG als allgemeine Regel für alle Verfahren nach dem FamFG. § 34 Abs. 3 betrifft den ebenfalls bislang nicht ausdrücklich geregelten Fall, dass der Anzuhörende im Anhörungstermin unentschuldigt ausbleibt.

B. Inhalt der Vorschrift

I. Persönliche Anhörung eines Beteiligten (Absatz 1)

1. Bedeutung

a) Abgrenzung von der mündlichen Erörterung

2 Die persönliche Anhörung nach § 34 wird sich zwar häufig mit der Erörterung nach § 32 überschneiden, ist aber nicht mit ihr identisch. Die Anhörung unterscheidet sich von der Erörterung nach Verfahren und Zweck erheblich. So muss die Anhörung nach § 34, anders als die Erörterung nach § 32, stets **„persönlich"** erfolgen. Es genügt also nicht die Stellungnahme des Verfahrensbevollmächtigten, das Gericht muss sich vielmehr einen Eindruck von dem Beteiligten selbst verschaffen. Dies gilt auch und gerade bei Verfahrensunfähigen, etwa in Betreuungs- oder Unterbringungssachen. Andererseits müssen bei der Anhörung nach § 34 im Gegensatz zur Erörterung nach § 32 **andere oder gar alle Beteiligten nicht zugegen** sein. Dies kann dem Zweck der Anhörung sogar widersprechen, wenn der Betroffene von der Präsenz weiterer Beteiligter bzw. ihrer Verfahrensbevollmächtigten eingeschüchtert wird.

b) Zweck der persönlichen Anhörung

3 Die Anhörung unterscheidet sich aber auch ihrem Inhalt und Zweck nach deutlich von der Erörterung. Das Gericht hat weniger seine Sicht der Sach- und Rechtslage darzulegen, um auf sachdienlichen Vortrag, zweckmäßige Anträge oÄ hinzuwirken. Häufig würde eine solche Handhabung den Beteiligten sogar krass überfordern. Vielmehr verlangt die Anhörung, wie schon aus dem Wortsinn hervorgeht, eine eher **passive Verfahrensgestaltung** durch das Gericht, indem es den Standpunkt des Beteiligten zu möglichen gerichtlichen Maßnahmen zur Kenntnis zu nehmen hat.[1] Hierbei kann es selbstverständlich ebenfalls lenkend, etwa durch Fragen oder Hinweise auf bestimmte tatsächliche oder rechtliche Gegebenheiten, eingreifen und die Anhörung in gewisser Weise steuern. Im Vordergrund steht aber, anders als bei der Erörterung, nicht der Dialog zwischen Gericht und Beteiligtem, sondern die Kenntnisnahme dessen, was der Beteiligte zu dem Verfahren zu äußern hat, und die Gewinnung eines **persönlichen Eindrucks**.[2] Auch der **Wille des Betroffenen** ist unabhängig von seiner Geschäftsfähigkeit bei der Entscheidung etwa über die Wahl eines Betreuers zu berücksichtigen, sofern er nicht seinem Wohl zuwiderläuft oder auf den Einfluss Dritter zurückgeht.[3] Anders als die Erörterung der Sache nach § 32 hat also die persönliche Anhörung nach § 34 **keine Entsprechung im Zivilprozess**. Im Ergebnis dient sie **vorrangig der Gewährung rechtlichen Gehörs**,[4] erst zweitrangig der Sachaufklärung. Das Gericht erster Instanz hat den Beteiligten, wenn die Voraussetzungen des § 34 Abs. 1 vorliegen, also auch dann persönlich anzuhören, wenn hiervon mit Sicherheit keine weitere tatsächliche Aufklärung des Sachverhalts zu erwarten ist.[5] Diese Grundsätze gelten auch im **zweiten Rechtszug**. Das Beschwerdegericht kann allerdings unter den Voraussetzungen des § 68 Abs. 3 Satz 2 von einer erneuten persönlichen Anhörung absehen. Voraussetzung ist allerdings, dass keine neuen „Erkenntnisse" zu erwarten sind. Das betrifft nicht nur die objektive Lage der Sachaufklärung, sondern auch die subjektive Seite der Anhörung, also insbesondere den persönlichen Eindruck vom Betroffenen und die Kenntnisnahme dessen, wie er die gerichtliche Entscheidung aufnimmt. § 34 – vor allem die Möglichkeit, sich nach § 34 Abs. 3 der Anhörung zu entziehen – betrifft nur Fälle, in denen die persönliche Anhörung ausschließlich dem Anzuhörenden selbst zugute kommen, insbesondere sein rechtliches Gehör sicherstellen soll.[6] Sind weitere Beteiligte betroffen und kann

---

1 BayObLG v. 18.12.1986 – 3 Z 156/86, FamRZ 1987, 412 (413); BayObLG v. 22.12.1981 – BReg 1 Z 120/81, FamRZ 1982, 644 (646); OLG Zweibrücken v. 11.1.1990 – 3 W 170/89, FamRZ 1990, 544.

2 BayObLG v. 21.7.1980 – BReg 1 Z 56/80, BayObLGZ 1980, 215 (218 f.); BayObLG v. 11.9.1981 – BReg 3 Z 65/81, BayObLGZ 1981, 306 (310); BayObLG v. 22.12.1981 – BReg 1 Z 120/81, FamRZ 1982, 644 (646); BayObLG v. 18.12.1986 – 3 Z 156/86, FamRZ 1987, 412 (413); BayObLG v. 11.1.1990 – 3 W 170/89, FamRZ 1990, 544; OLG Frankfurt v. 5.7.1984 – 20 W 169/84, NJW 1985, 1294.

3 BayObLG v. 30.7.1996 – 3 Z BR 149/96, NJW-RR 1997, 69 (70); OLG Frankfurt v. 30.1.1998 – 2 W 281/97, NJW-RR 1998, 937 (938); BayObLG v. 23.1.2003 – 20 W 479/02, FGPrax 2003, 81; strenger noch BayObLG v. 19.3.1975 – BReg 1 Z 114/74, FamRZ 1976, 38 (41), wo eine so weit fortgeschrittene geistige und sittliche Entwicklung verlangt wird, dass das Kind zu einer vernünftigen eigenen Beurteilung und Entscheidung fähig ist.

4 S. schon zum alten Recht BayObLG v. 11.6.1997 – 1 Z BR 74/97, NJW-RR 1997, 1437 (1438).

5 Vgl. schon zum alten Recht OLG Frankfurt v. 30.1.1998 – 2 W 281/97, NJW-RR 1998, 937 (938), wonach erst dann von einer Anhörung abgesehen werden konnte, wenn es nicht mehr entscheidend auf den persönlichen Eindruck ankommt; aA BayObLG v. 18.1.1980 – BReg 3 Z 3/80, BayObLGZ 1980, 15 (18); ähnlich zu § 69d FGG *Bassenge*/Roth, § 69d FGG Rz. 3.

6 BT-Drucks. 16/6308, S. 192.

ein Beteiligter zur Aufklärung des Sachverhalts beitragen, so kann sein Erscheinen nach § 33 erzwungen werden.

2. Erforderlichkeit einer Anhörung

a) Ermessen des Gerichts in den nicht von § 34 erfassten Fällen

aa) Ausübung des Ermessens

4 Liegt keine ausdrückliche Regelung (wie etwa § 34) vor, kommt dem Gericht ein Ermessen zu, ob es einen Beteiligten persönlich anhört.[1] Es hat anhand der bereits ermittelten Umstände abzuwägen, ob die Gewährung rechtlichen Gehörs auf sonstigem Wege genügt.[2] Diese **Gewährung rechtlichen Gehörs auf sonstigem Wege**, etwa im schriftlichen Verfahren oder durch Erörterung mit seinem Verfahrensbevollmächtigten, ist freilich unverzichtbar. Wenn auf Grund konkreter Umstände eine persönliche Anhörung **weiter gehende Sachaufklärung** verspricht, ist das Gericht zu ihrer Durchführung verpflichtet.[3] Gleiches gilt, wenn nur auf diesem Wege die Gewährung rechtlichen Gehörs möglich erscheint, weil der Beteiligte etwa in Gegenwart anderer Beteiligter zu eingeschüchtert erscheint.

bb) Ermessenskontrolle

5 Führt das erstinstanzliche Gericht trotz Vorliegens der Voraussetzungen gleichwohl keine persönliche Anhörung durch, ist dies verfahrensfehlerhaft. Dieser Fehler führt aber nach § 69 Abs. 1 Satz 3 nur dann zur **Aufhebung und Zurückverweisung**, soweit „zur Entscheidung eine umfangreiche oder aufwändige Beweiserhebung notwendig wäre und ein Beteiligter die Zurückverweisung beantragt". Wenn allein die Anhörung in zweiter Instanz nachgeholt, aber keine Beweiserhebung durchgeführt werden muss, ist die Zurückverweisung also nach dem klaren Wortlaut des Gesetzes nicht gerechtfertigt (vgl. § 69 Rz. 11). Die Ausübung des Ermessens, das zum Verzicht auf eine mündliche Verhandlung geführt hat, ist noch durch das **Rechtsbeschwerdegericht** überprüfbar. Deshalb bedarf es in den Fällen, in denen eine persönliche Anhörung grundsätzlich in Betracht kommt, einer **Begründung**, weshalb sie gleichwohl entbehrlich war.[4] Hat die erste Instanz eine persönlichen Anhörung zu Unrecht unterlassen, kann dieser Fehler allerdings durch das Beschwerdegericht geheilt werden (vgl. § 32 Rz. 12).

6 Die **Durchführung einer persönlichen Anhörung** ohne Vorliegen der Voraussetzungen nach § 34 Abs. 1 wird regelmäßig nicht zur Fehlerhaftigkeit der Entscheidung führen, da sie deren Grundlage nicht negativ beeinflussen kann. Etwas anderes wird dann gelten müssen, wenn ein **Widerspruch des Beteiligten** gegen eine persönliche Anhö-

1 OLG Köln v. 1.3.1982 – 16 Wx 9/82, FamRZ 1982, 642 (643); *Bumiller*/Winkler, § 12 FGG Rz. 55; Keidel/*Schmidt*, § 12 FGG Rz. 185 u. 197.

2 OLG Karlsruhe v. 27.12.1995 – 2 UF 317/95, NJW-RR 1996, 771; OLG Frankfurt v. 30.1.1998 – 2 W 281/97, NJW-RR 1998, 937 (938); *Bassenge*/Roth, § 12 FGG Rz. 24.

3 BVerfG v. 21.6.2002 – 1 BvR 605/02, FamRZ 2002, 1021 (1023); BayObLG v. 21.7.1980 – BReg 1 Z 56/80, BayObLGZ 1980, 215 (221); OLG Zweibrücken v. 11.1.1990 – 3 W 170/89, FamRZ 1990, 544; BayObLG v. 30.7.1996 – 3 Z BR 149/96, NJW-RR 1997, 69 (70); OLG Schleswig v. 22.4.2004 – 2 W 81/04, FamRZ 2005, 64; Keidel/*Kayser*, § 69d FGG Rz. 2.

4 BayObLG v. 18.12.1986 – 3 Z 156/86, FamRZ 1987, 412 (413); OLG Karlsruhe v. 27.12.1995 – 2 UF 317/95, NJW-RR 1996, 771; OLG Hamm v. 29.1.1997 – 10 UF 448/96, FamRZ 1997, 1550; OLG Frankfurt v. 30.1.1998 – 2 W 281/97, NJW-RR 1998, 937 (938); Keidel/*Schmidt*, § 12 FGG Rz. 190.

rung vorliegt. Führt das Gericht sie gleichwohl durch und zieht es hieraus dem Beteiligten ungünstige Schlüsse, ist dies verfahrensfehlerhaft. Denn die Folgen einer Weigerung, an einer persönlichen Anhörung teilzunehmen, sind in § 34 Abs. 3 abschließend geregelt. Setzt sich das Gericht über den Willen des Beteiligten hinweg, indem es ihn gleichwohl persönlich anhört, dürfen die Rechtsfolgen dieser ungewollten Anhörung nicht über die **gesetzlich angeordnete Folge des § 34 Abs. 3** hinausgehen. Denn dann wäre derjenige, der sich etwa auf Grund einer Unterbringung nicht durch Ausbleiben am Ort der persönlichen Anhörung entziehen kann, gleichheitswidrig benachteiligt. Höherrangiges Recht, etwa die **Unverletzlichkeit der Wohnung** nach Art. 13 GG, hat das Gericht ohnehin zu beachten. Unter Verstoß hiergegen gewonnene Erkenntnisse dürfen in keinem Fall verwertet werden.

b) Kein Ermessen des Gerichts in den Fällen des Absatzes 1

aa) Vorliegen spezialgesetzlicher Vorschriften über eine Anhörung (Abs. 1 Nr. 2)

Kein Ermessen des Gerichts besteht hingegen in den Fällen, die von § 34 Abs. 1 erfasst sind. Hier muss das Gericht eine persönliche Anhörung durchführen. Das versteht sich dann von selbst, wenn der Tatbestand des § 34 Abs. 1 Nr. 2 erfüllt, die persönliche Anhörung also **spezialgesetzlich vorgeschrieben** ist. Dies ist etwa vor der Bestellung eines Betreuers bzw. der Anordnung eines Einwilligungsvorbehaltes nach § 278 Abs. 1 oder einer Unterbringung nach § 319 Abs. 1 der Fall. 7

bb) Erforderlichkeit zur Gewährleistung rechtlichen Gehörs (Abs. 1 Nr. 1)

Größere Schwierigkeiten bietet die Handhabung von § 34 Abs. 1 Nr. 1, wonach eine persönliche Anhörung auch dann durchgeführt werden muss, „wenn dies zur Gewährleistung des rechtlichen Gehörs des Beteiligten erforderlich ist". Denn hierbei handelt es sich um eine **Generalklausel**, die der Ausfüllung durch die Rechtsprechung bedarf.[1] Da der Gesetzgeber die bisher in der Rechtsprechung entwickelten Standards für die Gewährung rechtlichen Gehörs nicht absenken wollte, können diese weiterhin herangezogen werden, sofern sie nicht, wie für Betreuungs- und Unterbringungsverfahren, ohnehin kodifiziert wurden (vgl. §§ 278, 319) und nunmehr § 34 Abs. 1 Nr. 2 unterfallen. 8

Demnach ist eine persönliche Anhörung insbesondere bei **weniger schriftgewandten Personen** geboten, die sich mündlich besser verständlich machen können.[2] Das ist bei **Minderjährigen**[3] oder **betreuungsbedürftigen Personen**[4] stets der Fall. Im **Adoptionsverfahren** sind Kinder eines Annehmenden stets persönlich anzuhören.[5] Auch der Umstand, dass ein nicht anwaltlich vertretener Beteiligter erkennbar rechtlich falsch be- 9

1 Vgl. BT-Drucks. 16/6308, S. 192.

2 BT-Drucks. 16/6308, S. 192; *Bumiller*/Winkler, § 12 FGG Rz. 62.

3 BayObLG v. 11.6.1997 – 1 Z BR 74/97, NJW-RR 1997, 1437; OLG Karlsruhe v. 27.12.1995 – 2 UF 317/95, NJW-RR 1996, 771; OLG Schleswig v. 22.4.2004 – 2 W 81/04, FamRZ 2005, 64 OLG Frankfurt v. 30.1.1998 – 2 W 281/97, NJW-RR 1998, 937 (938); OLG Köln v. 12.1.2001 – 25 UF 82/00, FamRZ 2002, 111; Keidel/*Schmidt*, § 12 FGG Rz. 187.

4 BGH v. 24.2.1982 – IVb ZB 730/81, FamRZ 1983, 691; BayObLG v. 17.4.1978 – 3 Z 22/78, Rpfleger 1978, 252 (253); BayObLG v. 8.5.1980 – BReg 3 Z 37/80, BayObLGZ 1980, 138 (140); OLG Zweibrücken v. 11.1.1990 – 3 W 170/89, FamRZ 1990, 544; BayObLG v. 30.7.1996 – 3 Z BR 149/96, NJW-RR 1997, 69 (70); Keidel/*Schmidt*, § 12 FGG Rz. 187.

5 BVerfG v. 23.3.1994 – 2 BvR 397/93, NJW 1995, 316 (317); BayObLG v. 22.12.1981 – BReg 1 Z 120/81, FamRZ 1982, 644 (646) auch für die Erwachsenenadoption; restriktiver OLG Köln v. 1.3.1982 – 16 Wx 9/82, FamRZ 1982, 642 (643).

raten wurde, kann dazu führen, dass das Gericht nicht ohne weiteres sinnvolle schriftliche Ausführungen erwarten darf, sondern ihn persönlich anzuhören hat.[1] Sollen **Maßnahmen nach § 1666 BGB** ergriffen werden, müssen Eltern und Kind persönlich angehört werden.[2] Das Kind ist auch im **Sorgerechtsverfahren** persönlich anzuhören.[3] Einer mündlichen Anhörung bedarf es ferner dann, wenn das Gericht über Maßnahmen zu befinden hat, die zu einem erheblichen **Eingriff in Persönlichkeitsrechte** führen.[4] Hier ist auch bei **Verfahrensunfähigen** eine persönliche Anhörung erforderlich.[5] Gleiches gilt, wenn es auf einen **persönlichen Eindruck** hinsichtlich bestimmter Beteiligter ankommt.[6] In diesem Fall muss die Entscheidung regelmäßig durch alle an der Entscheidung mitwirkenden Richter erfolgen.[7]

10 Für die Beschwerdeinstanz gelten grundsätzlich dieselben Regeln;[8] allerdings kann die **zweite Tatsacheninstanz** nach § 68 Abs. 3 Satz 2 von der Durchführung eines Termins oder einzelner Verfahrenshandlungen absehen (s. § 68 Rz. 26 ff.). Das setzt freilich voraus, dass die Anhörung auch im Hinblick auf den persönlichen Eindruck vom Betroffenen und auf seine subjektive Sicht des Verfahrens keine weiteren Erkenntnisse erwarten lässt (vgl. Rz. 3). Die Auffassung, dass in bestimmten **Sachen mit besonderer Eingriffsintensität** stets erneut anzuhören ist,[9] dürfte vom Wortlaut des § 68 Abs. 3 Satz 2 überholt sein. Das Beschwerdegericht hat aber stets eine persönliche Anhörung durchzuführen, wenn sie in der ersten Instanz unberechtigterweise nicht oder nicht ordnungsgemäß durchgeführt wurde.[10] Auch ist nach einer **Änderung entscheidungserheblicher Umstände** die Wiederholung der Anhörung regelmäßig geboten.[11] Gleiches gilt, wenn seit der erstinstanzlichen Anhörung **längere Zeit verstrichen** ist.[12]

1 BayObLG v. 24.11.1981 – 1 Z 54/81, Rpfleger 1982, 69.
2 BVerfG v. 1.6.2002 – 1 BvR 605/02, FamRZ 2002, 1021 (1023); BayObLG v. 7.12.1993 – 1 Z BR 99/93 u. 114/93, NJW-RR 1994, 1225 (1226 f.).
3 OLG Hamm v. 29.1.1997 – 10 UF 448/96, FamRZ 1997, 1550.
4 BT-Drucks. 16/6308, S. 192; vgl. OLG Frankfurt v. 5.7.1984 – 20 W 169/84, NJW 1985, 1294; BayObLG v. 18.1.1980 – BReg 3 Z 3/80, BayObLGZ 1980, 15 (18); Keidel/*Schmidt*, § 12 FGG Rz. 187.
5 BayObLG v. 17.4.1978 – 3 Z 22/78, Rpfleger 1978, 252 (253); BayObLG v. 8.5.1980 – BReg 3 Z 37/80, BayObLGZ 1980, 138 (140); OLG Zweibrücken v. 11.1.1990 – 3 W 170/89, FamRZ 1990, 544; BayObLG v. 11.6.1997 – 1 Z BR 74/97, NJW-RR 1997, 1437; OLG Karlsruhe v. 27.12.1995 – 2 UF 317/95, NJW-RR 1996, 771; *Bumiller*/Winkler, § 12 FGG Rz. 56.
6 OLG Köln v. 27.10.2004 – 2 Wx 29/04, NJW-RR 2005, 94 (95); Keidel/*Schmidt*, § 12 FGG Rz. 187 u. 192.
7 BayObLG v. 30.7.1996 – 3 Z BR 149/96, NJW-RR 1997, 69 (70); OLG Karlsruhe v. 27.12.1995 – 2 UF 317/95, NJW-RR 1996, 771;Keidel/*Schmidt*, § 12 FGG Rz. 188.
8 BayObLG v. 11.6.1997 – 1 Z BR 74/97, NJW-RR 1997, 1437; OLG Karlsruhe v. 27.12.1995 – 2 UF 317/95, NJW-RR 1996, 771; Keidel/*Schmidt*, § 12 FGG Rz. 186.
9 So BayObLG v. 29.1.1980 – BReg 3 Z 6/80, BayObLGZ 1980, 20 (21 f.); anders schon zum alten Recht BGH v. 24.2.1982 – IVb ZB 730/81, FamRZ 1983, 691, wonach auch in Unterbringungssachen die erneute Anhörung durch die zweite Instanz entbehrlich ist, „wenn hiervon zusätzliche Erkenntnisse nicht zu erwarten sind"; ähnlich BVerfG v. 29.11.1983 – 2 BvR 704/83, FamRZ 1984, 139 (140 f.).
10 BayObLG v. 18.1.1980 – BReg 3 Z 3/80, BayObLGZ 1980, 15 (18 f.).
11 BGH v. 18.6.1986 – IVb ZB 105/84, NJW 1987, 1024 (1025); BayObLG v. 21.7.1980 – BReg 1 Z 56/80, BayObLGZ 1980, 215 (220); BayObLG v. 13.5.1987 – BReg 1 Z 57/86, FamRZ 1987, 1080 (1081); OLG Zweibrücken v. 11.1.1990 – 3 W 170/89, FamRZ 1990, 544; *Bumiller*/Winkler, § 12 FGG, Rz. 52.
12 OLG Frankfurt v. 16.1.1981 – 20 W 810/80, OLGZ 1981, 135 (136); BayObLG v. 11.6.1997 – 1 Z BR 74/97, NJW-RR 1997, 1437 (1437 f.); e contrario auch OLG Zweibrücken v. 11.1.1990 – 3 W 170/89, FamRZ 1990, 544; BayObLG v. 27.1.1993 – 1 Z BR 92/92, BayObLGZ 1993, 21 (27).

Die Frage, ob es einer persönlichen Anhörung bedurfte, kann noch vom **Rechtsbeschwerdegericht** in vollem Umfang nachgeprüft werden. Denn bei der Frage, ob diese nach § 34 Abs. 1 Nr. 1 erforderlich war, handelt es sich um einen unbestimmten Rechtsbegriff, dessen richtige Handhabung noch in der Rechtsbeschwerdeinstanz überprüft werden kann (s. § 72 Rz. 16). Dabei ist das Rechtsbeschwerdegericht allerdings an verfahrensfehlerfrei festgestellte Tatsachen gebunden. 11

3. Die Durchführung der persönlichen Anhörung

a) Ort der persönlichen Anhörung

aa) Gerichtsstelle und sonstige Örtlichkeiten

Vorgaben zum Ort der persönlichen Anhörung macht das Gesetz nur, wenn sie im Rahmen der Erörterung nach § 32 erfolgt. Dann ist die Anhörung nach § 32 Abs. 1 Satz 2 FamFG iVm. § 219 ZPO in der Gerichtsstelle, nur bei Vorliegen besonderer Umstände an einem anderen Ort durchzuführen. Die persönliche Anhörung muss aber nicht im Rahmen einer Erörterung nach § 32 vorgenommen werden, häufig liefe dies ihrem Zweck sogar zuwider, da der Anzuhörende in der Atmosphäre eines Gerichtssaales deutlich gehemmter wäre als in seiner gewohnten Umgebung. Wird die persönliche Anhörung nicht im Rahmen der Erörterung nach § 32 durchgeführt, lässt das Gesetz den Ort der persönlichen Anhörung nach ausdrücklichem Bekunden der Materialien offen.[1] Das Gericht kann hier also **ohne die Schranken des § 219 ZPO allein nach Grundsätzen der Sachdienlichkeit entscheiden.** Es kann den Ort wählen, der den Zweck der persönlichen Anhörung, die Gewährung rechtlichen Gehörs, am besten erfüllt. Häufig wird dies der **übliche Aufenthaltsort** des Beteiligten sein,[2] etwa seine Wohnung oder sein Apartment in einem Pflegeheim. Sofern er vorübergehend anderenorts untergebracht ist, etwa in einem psychiatrischen Krankenhaus, kann das Gericht die Anhörung auch dort durchführen. Dass sich das Gericht in die übliche Umgebung des Anzuhörenden begibt, lassen die Gesetzesmaterialien ausdrücklich zu.[3] Ein **Widerspruch des Anzuhörenden gegen eine Anhörung in seiner Wohnung** ist aber schon im Hinblick auf Art. 13 GG nach wie vor zu beachten.[4] Allerdings hat er dann die Mühe auf sich zu nehmen, zum Gericht oder an einen anderen geeigneten Ort zu kommen. Auch die Möglichkeit, **weitere Erkenntnisse durch Anhörung an einem bestimmten Ort** zu gewinnen, ist zu berücksichtigen.[5] Der Ort der Anhörung wird sich häufig von selbst erklären. Bei ungewöhnlichen Orten bedarf es uU in der Entscheidung einer kurzen Begründung, damit das Rechtsmittelgericht die ordnungsgemäße Durchführung der persönlichen Anhörung nachvollziehen kann. Die persönliche Anhörung an einem **ungeeigneten Ort**, wozu auch der übliche Sitzungssaal gehören kann, ist aus den dargelegten Gründen verfahrensfehlerhaft, wenn sich der Beteiligte dort nicht so frei äußern würde wie an einem anderen Ort. Denn hierdurch wird das rechtliche Gehör nicht in dem gebotenen Maße gewährt. 12

1 BT-Drucks. 16/6308, S. 192.
2 BT-Drucks. 16/6308, S. 192; BayObLG v. 7.12.1993 – 1 Z BR 99/93 u. 114/93, NJW-RR 1994, 1225 (1227); *Bassenge*/Roth, § 68 FGG Rz. 5; *Bumiller*/Winkler, § 68 FGG Rz. 2.
3 BT-Drucks. 16/6308, S. 192.
4 Keidel/*Kayser*, § 68 FGG Rz. 7; *Bumiller*/Winkler, § 68 FGG Rz. 2.
5 BT-Drucks. 16/6308, S. 192.

bb) Anhörung im Wege der Bild- und Tonübertragung

13 Wenn selbst für die insoweit strikteren Regelungen unterfallende Erörterung nach § 32 die Bild- und Tonübertragung zulässig ist, kann für die Anhörung nach § 34 nichts anderes gelten. Denn der Gesetzgeber unterließ bewusst jegliche Vorgaben dazu, wie die persönliche Anhörung durchzuführen ist.[1] Im Übrigen ergibt sich die Zulässigkeit der persönlichen Anhörung im Wege der Bild- und Tonübertragung auch daraus, dass selbst die persönliche Anhörung durch den **ersuchten Richter** zulässig ist (s. Rz. 16). Denn eine Anhörung durch das Gericht, das die Entscheidung treffen wird, gewährleistet die Unmittelbarkeit der Wahrnehmung allemal stärker als die Lektüre des von einem Dritten verfassten Protokolls.[2] Des **Einverständnisses der anderen Beteiligten** bedarf es im Gegensatz zur mündlichen Erörterung nicht, ebenso wenig eines **Antrags** des Anzuhörenden. Das Gericht hat von sich aus die sachdienlichste Möglichkeit der persönlichen Anhörung auszuwählen und dabei auch eventuelle Übertragungsverluste bei einer Anhörung durch den ersuchten Richter bzw. gar ernsthafte gesundheitliche Gefahren des Anzuhörenden bei seiner Verbringung in die Gerichtsstelle abzuwägen. Kommt es auf einen unmittelbaren Eindruck vom Beteiligten an, wird sich das Gericht auch der Mühe einer längeren Reise zum Aufenthaltsort des Anzuhörenden unterziehen müssen. Die Durchführung der Anhörung bzw. der Beweisaufnahme im Wege der Bild- und Tonübertragung ist den Beteiligten vorab bekannt zu geben, damit sie sich hierauf einstellen können. Derjenige, der außerhalb der Gerichtsstelle angehört bzw. vernommen wird, ist dorthin zu laden. Auf die Folgen eines **Ausbleibens am Ort der Anhörung im Wege der Bild- und Tonübertragung** ist der Anzuhörende nach § 34 Abs. 3 Satz 2 hinzuweisen. Die Anforderungen an die Bild- und Tonübertragung entsprechen derjenigen nach § 32 Abs. 3, insbesondere muss die **Wechselseitigkeit** gewährleistet sein (vgl. § 32 Rz. 32). Die **Dokumentation** der Anhörung bzw. Vernehmung erfolgt wie bei einer Sitzung im Gerichtssaal oder an einem anderen Ort (vgl. Rz. 20). Die **Aufzeichnung** zwecks späterer nochmaliger Auswertung dürfte auch hier jedenfalls aus persönlichkeitsrechtlichen und datenschutzrechtlichen Belangen unzulässig sein. Darüber hinaus darf sich das Gericht auch keine weiteren Erkenntnisquellen in Form von Aufzeichnungen erschließen, die den Beteiligten nicht ohne weiteres zur Verfügung stehen (vgl. § 32 Rz. 13 und 33).

b) Terminsbestimmung

14 Das Gericht hat einen geeigneten Termin für die persönliche Anhörung zu bestimmen. IdR wird dieser in die übliche Arbeitszeit fallen und schon deshalb dem Anzuhörenden zumutbar sein. Eine **Vorankündigung** ist jedenfalls in den Fällen geboten, in denen keine besondere Eilbedürftigkeit gegeben ist. Dies ergibt sich auch aus § 34 Abs. 3 Satz 2, da der Anzuhörende auf die Folgen seines Ausbleibens hingewiesen werden soll. Dies wird regelmäßig bereits in der Terminsbestimmung erfolgen (vgl. Rz. 32). Zudem muss der Beteiligte den **Gegenstand der Anhörung** kennen, um sich hierauf vorbereiten und wirksam rechtliches Gehör verschaffen zu können.[3] Der Termin muss aber **nicht förmlich oder gar durch Beschluss festgesetzt** werden. Dies würde dem Zweck der persönlichen Anhörung uU sogar zuwiderlaufen, wenn der Anzuhörende etwa unter Krankheitsschüben leidet und bei kurzfristiger Terminierung eine bessere Ansprechbarkeit gewährleistet ist. Die persönliche

1 BT-Drucks. 16/6308, S. 192.
2 *Schultzky*, NJW 2003, 313 (316); Musielak/*Stadler*, § 128a ZPO Rz. 8.
3 OLG Frankfurt v. 5.7.1984 – 20 W 169/84, NJW 1985, 1294; *Bumiller*/Winkler, § 68 FGG Rz. 5.

Anhörung hat grundsätzlich **vor der Entscheidung** stattzufinden.[1] Eine **Nachholung** dürfte jetzt aber die verfahrensfehlerhafte Unterlassung heilen,[2] da das erstinstanzliche Gericht seine Entscheidung im Nichtabhilfeverfahren nochmals zu überprüfen hat und hierbei die Erkenntnisse einer nachgeholten Anhörung berücksichtigen kann.

c) Anwesenheit von Anzuhörendem, Gericht, anderen Beteiligten und Dritten

aa) Anzuhörender

Aus dem Wortlaut des § 34, namentlich dem Begriff der „persönlichen" Anhörung 15
geht nur hervor, dass der **Anzuhörende selbst zugegen** sein muss. Die Anhörung seines Verfahrensbevollmächtigten, seines gesetzlichen Vertreters, Betreuers oder Verfahrenspflegers wäre deshalb nicht ausreichend. Auch eine telefonische oder gar schriftliche Möglichkeit zur Stellungnahme ist keine persönliche Anhörung.[3]

bb) Gericht

Hingegen folgt aus dem Begriff der persönlichen Anhörung nicht zwingend, dass auch 16
die Gerichtspersonen, die die Entscheidung treffen, persönlich zugegen sein müssen. Der Begriff der persönlichen Anhörung betrifft nur die Person des Anzuhörenden. Dies zeigen die Vorschriften, die die Übertragung der persönlichen Anhörung auf den **ersuchten Richter** ausdrücklich regeln bzw. ausschließen, wie etwa §§ 68 Abs. 1 Satz 4 und 69d Abs. 3 Satz 2 FGG aF oder nunmehr §§ 278 Abs. 3, 319 Abs. 4. Demnach setzte die persönliche Anhörung nicht voraus, dass auch die Gerichtspersonen persönlich anwesend sind, die später die Entscheidung unterzeichnen. Außerhalb spezieller Regelungen wie §§ 278 Abs. 1 und 3, 319 Abs. 1 und 4, wonach sich das Gericht einen persönlichen Eindruck verschaffen muss, kann die Anhörung daher grundsätzlich auch durch den ersuchten Richter vorgenommen werden.[4] Dass der Gesetzgeber hieran etwas ändern wollte, ist nicht ersichtlich. Allerdings kann die Anhörung durch den ersuchten Richter gleichwohl verfahrensfehlerhaft sein, wenn es etwa auf einen persönlichen Eindruck der Gerichtsperson für die Entscheidung ankommt. Die Anhörung kann aber keinem Richter einer Zweigstelle des Gerichtes überlassen werden, da diese nichts anderes als ein unselbständiger Teil des Hauptgerichts ist und somit nicht der ersuchte, sondern ein unzuständiger Richter tätig würde.[5] Hingegen führt ein **Dezernatswechsel** nicht dazu, dass die Anhörung wiederholt werden müsste.[6]

Für die Durchführung der Anhörung durch den **beauftragten Richter** fehlt zwar eine 17
Vorschrift wie § 30 Abs. 1 zur Beweisaufnahme, die auf die ZPO und somit auf §§ 372 Abs. 2, 375, 402, 451, 479 ZPO verweist. Wenn die Anhörung aber sogar von einem nicht dem Spruchkörper angehörenden Richter durchgeführt werden kann, wäre es

1 *Bassenge*/Roth, § 12 FGG Rz. 25.
2 Vgl. schon zum früheren Recht BayObLG v. 18.1.1980 – BReg 3 Z 3/80, BayObLGZ 1980, 15 (18 f.); anders *Bassenge*/Roth, § 12 FGG Rz. 25.
3 *Bassenge*/Roth, § 12 FGG Rz. 25.
4 BayObLG v. 13.5.1993 – 3 Z BR 156/92, BayObLGZ 1993, 226 (228); OLG Schleswig v. 22.3.1995 – 2 W 14/95, FGPrax 1995, 114 (auch zu den Grenzen dieser Möglichkeit); Keidel/*Schmidt*, § 12 FGG Rz. 188; *Bassenge*/Roth, § 12 FGG Rz. 25 u. § 69d FGG Rz. 3.
5 BayObLG v. 18.1.1980 – BReg 3 Z 3/80, BayObLGZ 1980, 15 (19).
6 *Bassenge*/Roth, § 12 FGG Rz. 25.

kaum zu begründen, ihre Durchführung durch den beauftragten Richter auszuschließen. Dies gilt um so mehr, als auch ein Richterwechsel nicht unbedingt eine erneute Anhörung erfordert. In der bisherigen obergerichtlichen Rechtsprechung wurde die Vornahme einzelner Verfahrenshandlungen durch den beauftragten Richter daher auch ohne ausdrückliche gesetzliche Grundlage als zulässig angesehen.[1] Dass der Gesetzgeber hieran etwas ändern wollte, ist nicht ersichtlich. Allerdings kann die Besonderheit der Sache die Anhörung durch alle Mitglieder des Kollegiums erfordern. Stützt das Gericht seine Entscheidung zu Gunsten eines Beteiligten auf den persönlichen Eindruck, den es aus der Anhörung durch den gesamten Spruchkörper gewonnen hat, muss es auch den oder die anderen Beteiligten in voller Besetzung anhören.[2] Gleiches gilt, wenn es aus anderen Gründen auf den persönlichen Eindruck vom Anzuhörenden ankommt. Diesen kann der beauftragte Richter nicht vermitteln.[3] Denkbar ist in der Beschwerdeinstanz ferner die Übertragung der Sache insgesamt auf den **Einzelrichter** nach § 68 Abs. 4 FamFG iVm. § 526 ZPO.

cc) Andere Beteiligte

18 Dazu, ob die weiteren Beteiligten an der persönlichen Anhörung teilnehmen können oder müssen, äußert sich § 34 nicht. Daraus folgt, dass **weder ihre Teilnahme noch ihr Ausschluss von der Anhörung per se als Verfahrensfehler anzusehen** ist.[4] Hier gelten dieselben Grundsätze wie für die Wahl des Ortes zur Durchführung der persönlichen Anhörung: Würde sich der Anzuhörende in Gegenwart weiterer Beteiligter nicht so frei äußern wie in ihrer Abwesenheit, so kann deren Teilnahme fehlerhaft sein. In **Gewaltschutzsachen** ist die getrennte Anhörung der Beteiligten regelmäßig geboten, wenn davon auszugehen ist, dass die Anwesenheit des gewalttätigen Familienangehörigen einschüchternde Wirkung ausübt.[5] Jedenfalls werden in diesem Falle Schutzmaßnahmen zu Gunsten desjenigen anzuordnen sein, der Repressalien eines anderen zu befürchten hat.[6] Auch ansonsten ist bei der Zulassung weiterer Beteiligter zur persönlichen Anhörung Zurückhaltung angezeigt, insbesondere bei **Minderjährigen**.[7] Die Anhörung in ihrer Abwesenheit ist jedenfalls dann geboten, wenn sie ausschließlich dazu dient, das rechtliche Gehör des Anzuhörenden zu gewährleisten.[8] Allerdings sind die anderen Beteiligten nach § 37 Abs. 2 über das Ergebnis der Anhörung zu unterrichten, wenn das Gericht seine Entscheidung hierauf stützen will.[9] Der Anzuhörende kann die Anwesenheit der anderen Beteiligten dann nicht verhindern, wenn seine Anhörung nicht nur der Wahrung eigener Belange, sondern **der**

1 BayObLG v. 21.7.1980 – BReg 1 Z 56/80, BayObLGZ 1980, 215 (221); BayObLG v. 11.9.1981 – BReg 3 Z 65/81, BayObLGZ 1981, 306 (311); BayObLG v. 13.5.1993 – 3 Z BR 156/92, BayObLGZ 1993, 226 (228); ähnlich OLG Köln v. 25.10.1976 – 16 Wx 113/76, NJW 1977, 202; OLG Frankfurt v. 30.1.1998 – 2 W 281/97, NJW-RR 1998, 937 (938).

2 OLG Köln v. 25.10.1976 – 16 Wx 113/76, NJW 1977, 202; BayObLG v. 13.5.1987 – BReg 1 Z 57/86, FamRZ 1987, 1080 (1081).

3 BayObLG v. 18.12.1986 – 3 Z 156/86, FamRZ 1987, 412 (413); BayObLG v. 30.7.1996 – 3 Z BR 149/96, NJW-RR 1997, 69 (70); ähnlich OLG Frankfurt v. 30.1.1998 – 2 W 281/97, NJW-RR 1998, 937 (938).

4 Restriktiver BT-Drucks. 16/6308, S. 192, wonach lediglich die Anwesenheit des anzuhörenden Beteiligten geboten sein soll, wenn ausschließlich sein Anspruch auf rechtliches Gehör betroffen ist.

5 BT-Drucks. 16/6308, S. 192.

6 BT-Drucks. 16/6308, S. 192.

7 OLG Köln v. 16.10.1964 – 1 Wx 125/64, OLGZ 1965, 134 (135).

8 BT-Drucks. 16/6308, S. 192.

9 BT-Drucks. 16/6308, S. 192.

Sachaufklärung dient. Dies gilt insbesondere dann, wenn auch die rechtlichen Interessen der anderen Beteiligten betroffen sind, vor allem in echten Streitverfahren. Das Gericht sollte die persönliche Anhörung in diesen Fällen mit einem Termin nach § 32 verbinden und ggf. das persönliche Erscheinen des Anzuhörenden nach § 33 anordnen.

dd) Dritte

Anders als frühere Spezialregelungen zur Durchführung der persönlichen Anhörung 19
(etwa § 68 Abs. 4 Satz 2, 3 FGG aF) trifft § 34 keine Regelung zur **Anwesenheit Dritter**. Wie die Anwesenheit weiterer Beteiligter ist die Hinzuziehung Dritter oder die Unterlassung einer solchen für sich genommen nicht fehlerhaft. Die Hinzuziehung kann sogar geboten sein, um den Zweck der persönlichen Anhörung überhaupt erst zu erreichen, wenn der Anzuhörende etwa des psychischen Beistands eines **Familienangehörigen** bedarf, um sich zu äußern. Auch wenn § 34 keinen allgemeinen Anspruch auf Hinzuziehung einer **Vertrauensperson** normiert (wie früher etwa § 68 Abs. 4 Satz 2 FGG aF), wird das Übergehen eines entsprechenden Wunsches jedenfalls dann als Verfahrensfehler anzusehen sein, wenn diese den Gang der Anhörung nicht gestört hätte und der Anzuhörende in Abwesenheit der Vertrauensperson seine Position weniger gut darlegen konnte. Bei **Minderjährigen** wird die Hinzuziehung des gesetzlichen Vertreters regelmäßig von Amts wegen zu prüfen sein. Auf der Hinzuziehung seines **Verfahrensbevollmächtigten** kann der Anzuhörende in aller Regel bestehen.[1] Umgekehrt kann auch aus Sicht des Gerichts die Hinzuziehung Dritter wünschenswert sein. Dies gilt insbesondere für **medizinisches Personal**, dessen Anwesenheit sinnvoll sein kann, auch wenn es nicht förmlich zum Sachverständigen bestellt ist.[2] Oftmals kann erst der behandelnde Arzt der insoweit unkundigen Gerichtsperson bestimmte Verhaltensweisen eines kranken Beteiligten erklären. Umgekehrt kann die Hinzuziehung eines Dritten aus denselben Gründen, die für weitere Beteiligte gelten, fehlerhaft sein, wenn sie die Bereitschaft des Beteiligten herabsetzt, sich zu äußern. Dass in der nicht öffentlichen Anhörung **Außenstehende** – etwa medizinisches Hilfspersonal oder Reinigungspersonal – vor deren Beginn des Saales zu verweisen sind, versteht sich von selbst. Soll die persönliche Anhörung nur das rechtliche Gehör des Anzuhörenden gewährleisten, sind aus § 34 Abs. 3 weitere Einschränkungen herzuleiten. Kann der Betroffene sogar die Anhörung insgesamt verweigern, so kann er erst recht die Anhörung unter bestimmten, ihm missfallenden Umständen, etwa in **Gegenwart einer ihm nicht zusagenden Person ablehnen**. Allerdings kann das nach § 34 Abs. 3 Satz 1 die Entscheidung ohne vorherige Anhörung zur Folge haben, wenn die Ablehnung, bestimmte Personen zuzulassen, den Erkenntniswert der Anhörung in Frage stellt. Dies kann etwa dann der Fall sein, wenn es medizinischen Sachverstands bedarf, um die Äußerungen des Beteiligten richtig einzuordnen. Das Gericht kann aber, wenn die Ablehnung der Anwesenheit bestimmter Dritter nach den Maßstäben des § 6 nachvollziehbar erscheint, gehalten sein, eine andere Person hinzuzuziehen, deren Gegenwart der Beteiligte akzeptiert.

---

1 OLG Köln v. 16.10.1964 – 1 Wx 125/64, OLGZ 1965, 134 (135) auch zu Ausnahmen von diesem Grundsatz; BayObLG v. 18.1.1980 – BReg 3 Z 3/80, BayObLGZ 1980, 15 (18 f.) = Rpfleger 1980, 148.

2 Vgl. OLG Frankfurt v. 16.1.1981 – 20 W 810/80, OLGZ 1981, 135 (136).

d) Dokumentation des Anhörungsergebnisses

20 Ähnlich wie die Ergebnisse der Erörterung müssen auch diejenigen der persönlichen Anhörung nicht in einer förmlichen Niederschrift festgehalten werden.[1] Das Gericht kann sich nach § 28 Abs. 4 mit einem **Vermerk** begnügen. Eine Mitteilung zum Gang der Anhörung nur in den **Entscheidungsgründen** genügt allerdings im Gegensatz zum früheren Recht[2] nach § 28 Abs. 4 nicht mehr.[3] Das Rechtsmittelgericht muss aus dem Vermerk erkennen können, dass eine persönliche Anhörung stattfand[4] und was der Anzuhörende dabei geäußert hat. Dem Vermerk müssen der Verlauf und der **wesentliche Inhalt der Anhörung** zu entnehmen sein.[5] Dies bedeutet bei der persönlichen Anhörung, dass jedenfalls in groben Zügen erkennbar sein muss, was der Beteiligte geäußert hat.[6] Darüber hinaus müssen weitere für die Entscheidung bedeutsame Umstände festgehalten sein, etwa Feststellungen zum Pflegezustand von Kindern, wenn Maßnahmen nach § 1666 BGB zur Diskussion stehen.[7] Es genügt nicht, wenn das Ergebnis der Anhörung, Schlussfolgerungen des Gerichtes und rechtliche Würdigung untrennbar miteinander vermengt sind. Die Ergebnisse der Anhörung durch einen **beauftragten oder ersuchten Richter** konnten schon nach früherem Recht nicht erst in der Entscheidung mitgeteilt werden; dieser hat stets ein Protokoll aufzunehmen.[8]

II. Absehen von einer persönlichen Anhörung (Absatz 2)

1. Erhebliche Nachteile für die Gesundheit des Betroffenen

a) Sinn der Regelung

21 Da die persönliche Anhörung nach § 34 dem Anzuhörenden zugute kommen soll, dessen rechtliches Gehör hierdurch gewahrt werden soll, darf sie dann nicht durchgeführt werden, wenn sie **höherrangige Rechte des Beteiligten**, namentlich seine Gesundheit gefährdet. Diese Selbstverständlichkeit kodifiziert § 34 Abs. 2, 1. Alt., wobei die Voraussetzungen dieser Vorschrift nicht nur inhaltlich an § 69d Abs. 1 Satz 3 FGG aF angelehnt sind,[9] sondern wörtlich mit ihr übereinstimmen. Dies ist insoweit von Bedeutung, als sich § 69d Abs. 1 Satz 3 FGG aF seinerseits an § 68 Abs. 2 Nr. 1 FGG aF anlehnte, aber erhebliche **Erleichterungen bei der Feststellung der Gesundheitsgefährdung** vorsah. Sofern **Spezialregelungen** wie §§ 278 Abs. 4, 319 Abs. 3 strengere Voraussetzungen für das Absehen von einer persönlichen Anhörung vorsehen, sind diese vorrangig.[10] Liegen die Voraussetzungen des § 34 Abs. 2 vor, ist dem Betroffenen ein **Verfahrenspfleger** zu bestellen, der seine Rechte wahrnimmt.[11]

---

1 OLG Hamm v. 3.4.1968 – 15 W 69/68, OLGZ 1968, 349; Keidel/*Meyer-Holz*, Vorb. §§ 8–18 FGG Rz. 11 u. Keidel/*Schmidt*, § 12 FGG Rz. 189.
2 S. hierzu OLG Hamm v. 3.4.1968 – 15 W 69/68, OLGZ 1968, 349 (350).
3 So schon zum alten Recht OLG Karlsruhe v. 27.12.1995 – 2 UF 317/95, NJW-RR 1996, 771.
4 OLG Stuttgart v. 28.5.1975 – 8 W 123, 152/75, FamRZ 1976, 34 (35).
5 Vgl. schon zur früheren Praxis OLG Hamm v. 3.4.1968 – 15 W 69/68, OLGZ 1968, 349 (350); OLG Karlsruhe v. 27.12.1995 – 2 UF 317/95, NJW-RR 1996, 771; *Bassenge*/Roth, Einl. FGG, Rz. 73.
6 BayObLG v. 7.12.1993 – 1 Z BR 99/93 u. 114/93, NJW-RR 1994, 1225 (1227).
7 BayObLG v. 7.12.1993 – 1 Z BR 99/93 u. 114/93, NJW-RR 1994, 1225 (1227).
8 Keidel/*Meyer-Holz*, Vorb. §§ 8–18 FGG Rz. 12.
9 Hierzu BT-Drucks. 16/6308, S. 192.
10 BT-Drucks. 16/6308, S. 192.
11 BayObLG v. 14.12.1990 – BReg 3 Z 163/89, FamRZ 1990, 542 (543); *Bumiller*/Winkler, § 12 FGG Rz. 56 u. § 68 FGG Rz. 7.

b) Voraussetzungen

Das Absehen von einer persönlichen Anhörung des Beteiligten setzt voraus, dass „erhebliche Nachteile für seine Gesundheit zu besorgen sind". Bloß **vorübergehende Beeinträchtigungen** wie Erregungszustände genügen also nicht.[1] Erhebliche Nachteile liegen auch dann nicht vor, wenn man einer Gesundheitsgefährdung durch medikamentöse oder sonstige ärztliche Behandlung mit hinreichender Sicherheit vorbeugen kann.[2] Eine beachtliche Gefährdung ist immer dann anzunehmen, wenn **irreversible oder gar lebensbedrohliche Schädigungen** zu befürchten sind.[3] Diese Schwelle ist also recht hoch angesetzt, was nicht ohne Auswirkungen auf die Darlegung ihrer Merkmale durch das Gericht bleiben kann. Will es unter Berufung auf § 34 Abs. 2 1. Alt. von einer persönlichen Anhörung absehen, muss es die Gefahr einer solchen irreversiblen oder gar lebensbedrohlichen Schädigung durch die persönliche Anhörung nachvollziehbar darlegen. 22

c) „Besorgnis" der Gesundheitsgefährdung

Die Annahme des Eintritts der erheblichen Gesundheitsgefährdung erfordert eine Prognose. Die Anforderungen hieran hat der Gesetzgeber in Anlehnung an § 69d Abs. 1 Satz 3 FGG aF deutlich weniger streng ausgestaltet als in deren Vorbildnorm (§ 68 Abs. 2 Nr. 1 FGG aF). So bedarf es **keines ärztlichen Gutachtens**, da dies nach § 34 Abs. 2, anders als früher in § 68 Abs. 2 Nr. 1 FGG aF, nicht gefordert wird. **Spezialgesetzliche Vorschriften** wie etwa § 278 Abs. 4 können allerdings strengere Anforderungen vorsehen. Da das Gericht aber naturgemäß mangels Sachkunde selbst nicht in der Lage ist, die gesundheitlichen Folgen einer persönlichen Anhörung abzuschätzen, muss es gleichwohl fachkundigen Rat einholen. Es genügt insoweit die **Auskunft des behandelnden Arztes** der medizinischen Einrichtung, in der der Beteiligte untergebracht ist, anderenfalls auch des Hausarztes, sofern keine greifbaren Anhaltspunkte gegen diese Einschätzung sprechen. Auf deren medizinische Einschätzung darf sich das Gericht verlassen, ohne ein medizinisches Gutachten einzuholen. Allerdings darf es sich ähnlich wie bei der Beurteilung der Verhandlungsfähigkeit nicht mit pauschalen Attesten begnügen. Sind diese nicht hinreichend aussagekräftig, hat es bei ihren Erstellern weitere Erkundigungen anzustellen. Der ärztlichen Stellungnahme muss zu entnehmen sein, dass bei einer persönlichen Anhörung nicht nur vorübergehende Beeinträchtigungen drohen, sondern irreversible oder gar lebensbedrohende Schäden, denen durch medikamentöse oder sonstige Behandlung nicht sicher vorzubeugen ist. 23

2. Offensichtliche Unfähigkeit, den eigenen Willen kundzutun

a) Unfähigkeit der Willenskundgabe

Die persönliche Anhörung kann des Weiteren nach § 34 Abs. 2, 2. Alt. dann unterbleiben, wenn der Anzuhörende nicht in der Lage ist, seinen Willen kundzutun. Diese Voraussetzung ist nicht schon dann erfüllt, wenn der Anzuhörende etwa krankheitsbedingt voraussichtlich nichts Erhebliches kundtun wird. Das Gericht hat sich nach dem Willen des Gesetzgebers auch dann der Mühe einer persönlichen Anhörung zu unterziehen, wenn der Anzuhörende – aus welchen Gründen auch immer – intellek- 24

1 Keidel/*Kayser*, § 68 FGG Rz. 13.
2 Keidel/*Kayser*, § 68 FGG Rz. 13.
3 Keidel/*Kayser*, § 68 FGG Rz. 13.

tuell wenig adäquat auf das Verfahren zu reagieren vermag. Selbst dann sind bei der gebotenen Einfühlung noch Willenskundgebungen zu bestimmten Maßnahmen verständlich. In keinem Falle berechtigt daher die Geschäfts- bzw. Verfahrensunfähigkeit zum Verzicht auf die persönliche Anhörung. Insoweit kommt es nur darauf an, ob der Anzuhörende einen **natürlichen Willen** bilden und kundtun kann. Eine Unfähigkeit hierzu wird nur in den Fällen zu bejahen sein, in denen der Anzuhörende **keinerlei Willensäußerung** mehr von sich geben kann, was etwa bei Koma-Patienten oder sonstigen schwer hirngeschädigten Patienten angenommen werden kann.

b) Offensichtlichkeit

25 Die Offensichtlichkeit der Unfähigkeit, einen Willen zu äußern, muss **nicht durch eine zu diesem Zweck durchgeführte medizinische Begutachtung** feststehen. Im Gegensatz zu § 68 Abs. 2 Nr. 2 FGG aF verlangte § 69d Abs. 1 Satz 3 FGG aF und dem folgend § 34 Abs. 2, 2. Alt. auch nicht die **Offensichtlichkeit** auf Grund unmittelbaren Eindrucks des Gerichtes. Dieses darf sich vielmehr insoweit auf die Diagnose der behandelnden Ärzte verlassen. Allerdings darf das Gericht sich ähnlich wie bei der Besorgnis erheblicher gesundheitlicher Nachteile nicht mit pauschalen Angaben begnügen. Sind diese nicht hinreichend aussagekräftig, hat es weitere Erkundigungen anzustellen. Der ärztlichen Stellungnahme muss zu entnehmen sein, dass der Anzuhörende etwa auf Grund seines komatösen Zustandes, auf Grund einer Hirnschädigung oÄ keine Willensäußerung mehr von sich geben kann. Auf eine solche Stellungnahme darf sich das Gericht dann aber verlassen, sofern keine entgegenstehenden Anhaltspunkte vorliegen. Die Unfähigkeit zur Willenskundgabe kann auch auf Grund **früherer Anhörungsversuche, Gutachten** oÄ gegeben sein, soweit keine Änderung in den tatsächlichen Verhältnissen eingetreten ist.[1] Für Betreuungs- und Unterbringungssachen gelten weiter gehende Anforderungen (§§ 278 Abs. 4, 319 Abs. 3).[2]

c) Sonstige Gründe

26 Weitere Gründe für ein Absehen von der persönlichen Anhörung erkennt § 34 Abs. 2 im Gegensatz zum früheren Recht (vgl. etwa § 50b Abs. 3 Satz 1 FGG aF)[3] nicht an, obwohl sie ohne weiteres in Betracht kommen, wie insbesondere ein unbekannter Aufenthalt des Anzuhörenden.[4] Es bleibt abzuwarten, ob die Gerichte einen faktischen Stillstand des Verfahrens durch eine analoge Anwendung von § 34 Abs. 2, 2. Alt. vermeiden. Dies wäre nahe liegend, da der Anzuhörende in diesen Fällen ähnlich wie ein aus gesundheitlichen Gründen nicht anzusprechender Beteiligter nicht in der Lage ist, seinen Willen kundzutun.

III. Ausbleiben des Beteiligten (Absatz 3)

1. Bedeutung der Regelung

27 Die Vorschrift regelt Voraussetzungen und Folgen des Ausbleibens in der persönlichen Anhörung. Sie konkretisiert das Gebot der Mitwirkung bei der Sachaufklärung in § 27

1 *Bassenge*/Roth, § 69d FGG Rz. 4; *Bumiller*/Winkler, § 68 FGG Rz. 2.
2 BT-Drucks. 16/6308, S. 192.
3 Vgl. hierzu etwa BayObLG v. 8.5.1980 – BReg 3 Z 37/80, BayObLGZ 1980, 138 (140).
4 BayObLG v. 13.5.1987 – BReg 1 Z 57/86, FamRZ 1987, 1080 (1081).

für den speziellen Fall der Anhörung nach § 34. Danach kann die persönliche Anhörung nicht erzwungen, der Abschluss des Verfahrens durch die fehlende Mitwirkung aber auch nicht dauerhaft verhindert werden. § 34 Abs. 3 regelt nur die Konstellation, in der die persönliche Anhörung **ausschließlich dazu dient, das rechtliche Gehör des Anzuhörenden sicherzustellen.** Dient das persönliche Erscheinen auch der Sachverhaltsaufklärung, kann das Erscheinen eines Beteiligten nach § 33 erzwungen werden.[1] § 34 Abs. 3 ist darüber hinaus nicht anwendbar, wenn **Spezialvorschriften** an das Ausbleiben des Anzuhörenden andere Rechtsfolgen knüpfen, wenn er etwa vorgeführt werden kann (vgl. § 278 Abs. 5).

2. Unentschuldigtes Ausbleiben

a) Ausbleiben

aa) Körperliche Abwesenheit

Ausdrücklich gesetzlich geregelt ist nur der Fall, dass der Anzuhörende im anberaumten Anhörungstermin ausbleibt. Dies ist ein rein tatsächlicher Vorgang, der die **physische Abwesenheit** des Anzuhörenden erfordert. Allein das **„Nichtverhandeln"**, also das Erscheinen ohne Abgabe einer Stellungnahme, genügt, anders als im Zivilprozess (§ 333 ZPO), nicht. In diesem Fall liegt kein unentschuldigtes Ausbleiben iSd. § 34 Abs. 3 Satz 1 vor. Das Gericht kann aber seinen persönlichen Eindruck bei der Entscheidungsfindung berücksichtigen,[2] also etwa Umstände, die darauf hindeuten, dass der Beteiligte an ihn gerichtete Fragen verstanden hat. Der Beteiligte seinerseits kann sich dann nicht darauf berufen, dass die Voraussetzungen des § 34 Abs. 3 Satz 1 nicht vorgelegen hätten, und die Durchführung einer Anhörung verlangen. Andererseits darf etwa dem untergebrachten oder kranken Beteiligten die Möglichkeit des Nichterscheinens nicht genommen werden, indem man ihn in einem Zimmer aufsucht, in das er sich zurückgezogen hat. Ist das Gericht zugegen, der Beteiligte aber nicht zum Erscheinen in dem vorgesehenen Ort der Anhörung bereit, liegt ein Ausbleiben gem. § 34 Abs. 3 Satz 1 vor. 28

bb) Fehlende Entschuldigung

Das Ausbleiben muss ferner gem. § 34 Abs. 3 Satz 1 unentschuldigt sein, damit die Rechtsfolge der Verfahrensfortsetzung ohne Anhörung eintreten kann. Hier wird man sich an der **Kasuistik zu § 227 Abs. 1 Satz 2 Nr. 1, 2 ZPO** orientieren können. Der Anzuhörende hat sich also in gewissem Umfang auf die bevorstehende persönliche Anhörung, die das Gericht in seinem Interesse vornimmt, einzustellen. Er darf somit den Grund seines Ausbleibens nicht nach Erhalt der Terminsbestimmung selbst herbeiführen, indem er etwa eine Urlaubsreise bucht. Umgekehrt dürfen Unzulänglichkeiten in der Gerichtsorganisation nicht zu seinen Lasten gehen. Erhält er etwa die Terminsbestimmung zu kurzfristig, um zuvor noch Rechtsrat einzuholen, darf er ausbleiben, da die rechtliche Beratung auch dem Anzuhörenden zusteht. Entsprechendes gilt für die verspätete Übermittlung uU entscheidungsrelevanter Umstände. Verhinderungsgründe aus der Sphäre des Beteiligten sind beachtlich, wenn sie vor der Terminsbestimmung feststanden und nicht oder nur mit unzumutbarem Aufwand auszuräumen sind. Typisches Beispiel sind die **bereits gebuchte Urlaubsreise** oder **wichti-** 29

1 BT-Drucks. 16/6308, S. 192; vgl. zum alten Recht *Bassenge*/Roth, § 12 FGG Rz. 26.

2 Vgl. etwa BayObLG v. 28.6.1971 – BReg 2 Z 79/71, BayObLGZ 1971, 217 (220); BayObLG v. 13.10.1978 – BReg 1 Z 111/78, BayObLGZ 1978, 319 (324).

ge berufliche Vorgänge (Prüfungen, Bewerbungsgespräche). Entsprechend sind unvorhersehbare Umstände zu beurteilen, die, wie etwa die schwere Erkrankung oder der Tod von Familienangehörigen, die Teilnahme an der Anhörung verhindern. Unentschuldigt sind stets **von Dritten oder durch höhere Gewalt herbeigeführte Verhinderungsgründe**, auf die der Beteiligte keinen Einfluss hat, etwa ein Streik oder sonstige Umstände, die zum Ausfall öffentlicher Verkehrsmittel führen, oder Wettergeschehen, die Straßen unpassierbar machen.

30 Besondere Bedeutung wird häufig **gesundheitlichen Beeinträchtigungen** zukommen, da die Anzuhörenden etwa in Betreuungs- oder Unterbringungsverfahren regelmäßig gesundheitlich vorgeschädigt sind. Es genügt auch hier, ähnlich wie nach § 227 Abs. 1 Nr. 1, 2 ZPO, nicht jede Unpässlichkeit, insbesondere nicht die in ärztlichen Attesten stereotyp erscheinende **Arbeitsunfähigkeit**. Der Bruch des Unterarms verhindert weder die Teilnahme an einer mündlichen Verhandlung im Zivilprozess noch die Anwesenheit in einer persönlichen Anhörung nach § 34. Gesundheitliche Beeinträchtigungen genügen nur, wenn sie eine ordnungsgemäße Durchführung der persönlichen Anhörung zumindest deutlich erschweren. Dabei sind der Sinn und Zweck der Anhörung zu berücksichtigen. In vielen Fällen wird der Anzuhörende ohnehin gesundheitlich angeschlagen oder gar nach zivilprozessualen Maßstäben verfahrensunfähig sein. Dies allein hindert die Durchführung der Anhörung nicht, da dort gerade auch Behinderte oder intellektuell Minderbegabte zu Wort kommen sollen. Maßgeblich ist vielmehr, ob der Anzuhörende auf Grund einer vorübergehenden gesundheitlichen Beeinträchtigung voraussichtlich deutlich schlechter als im Normalzustand in der Lage sein wird, sich zu äußern.

b) Rechtsfolgen

aa) Entscheidung ohne persönliche Anhörung

31 Die Rechtsfolgen des unentschuldigten Ausbleibens im Termin zu einer persönlichen Anhörung, die ausschließlich dem rechtlichen Gehör des nicht erschienenen Beteiligten dient, sind nunmehr positiv geregelt. Nach § 34 Abs. 3 Satz 1 kann die Entscheidung dann auch ohne seine persönliche Anhörung beendet werden. Mit der Formulierung, dass das Verfahren ohne seine persönliche Anhörung beendet werden „kann", stellt die Vorschrift diese Rechtsfolge in das **Ermessen des Gerichts**. Es ist also nicht gezwungen, von einer Anhörung abzusehen. Vielmehr hat es die für und gegen einen erneuten Versuch sprechenden Umstände gegeneinander abzuwägen. Gegen ein Absehen von der Anhörung kann sprechen, dass das Nichterscheinen erkennbar nur auf einer momentanen Stimmungslage oder einfacher Nachlässigkeit beruht,[1] ebenso ein voraussichtlich erheblicher Erkenntnisgewinn auf Grund der Anhörung. Auch der Umstand, dass sich der Beteiligte bislang noch überhaupt nicht zu den beabsichtigten Maßnahmen äußern konnte, wird zu berücksichtigen sein. Umgekehrt ist in die Abwägung einzubeziehen, wenn bereits beim ersten Anhörungsversuch absehbar ist, dass der Beteiligte auch im zweiten Termin ausbleiben wird. Gleiches gilt, wenn er sich bereits schriftlich geäußert hat oder eine Anhörung aus sonstigen Gründen voraussichtlich wenig Erkenntnisgewinn bringen wird. Das Gericht muss erkennen lassen, dass es diesen Ermessensspielraum bei seiner Entscheidung, von einem weiteren Anhörungsversuch abzusehen, erkannt hat. Denn die Ermessensentscheidung kann noch

1 Vgl. OLG Frankfurt v. 5.7.1984 – 20 W 169/84, NJW 1985, 1294 (eine grundsätzliche Verpflichtung zu weiteren Ermittlungen, weshalb der Anzuhörende an der mündlichen Anhörung nicht teilnehmen bzw. sich dort nicht äußern wollte, dürfte aber zu weit gehen).

vom Rechtsbeschwerdegericht nachgeprüft werden. Dies kann noch durch eine kurze **Begründung** in der Endentscheidung geschehen.

bb) Hinweis auf die Rechtsfolgen

Das Gericht muss den Anzuhörenden gem. § 34 Abs. 3 Satz 2 auf diese Folge seines Ausbleibens hinweisen. Die Vorschrift macht aber **keine Vorgaben, in welcher Form** dieser Hinweis zu erteilen ist. Er kann bereits vorab in der Terminsbestimmung erfolgen. Dies dürfte auch regelmäßig der sicherste Weg sein, da die Erteilung des Hinweises dann aktenkundig ist. Es empfiehlt sich eine deutliche Hervorhebung, damit im Nachhinein kein Zweifel darüber aufkommen kann, ob der Hinweis auch verständlich und für den Anzuhörenden ohne weiteres wahrnehmbar war. Da § 34 Abs. 3 Satz 2 aber keine bestimmte Form vorschreibt, kann der Anzuhörende auch **noch im Termin** auf die Folgen seiner Weigerung, an der persönlichen Anhörung teilzunehmen, hingewiesen werden. Dies ist insbesondere dann von praktischer Bedeutung, wenn die Anhörung etwa infolge besonderer Eilbedürftigkeit nicht schriftlich angekündigt wurde und mit einem ablehnenden Verhalten nicht gerechnet werden konnte. In diesem Fall sollte über die Erteilung des Hinweises aber ein **Vermerk** aufgenommen werden, damit die Einhaltung des Verfahrens nach § 34 Abs. 3 Satz 2 aktenkundig ist. 32

§ 34 Abs. 3 Satz 2 lässt nicht erkennen, welche Folgen die Unterlassung des Hinweises haben soll. Wenn aber selbst die Nichtgewährung rechtlichen Gehörs **kein absoluter Verfahrensfehler** ist, kann für das Unterbleiben eines Hinweises nach § 34 Abs. 3 Satz 2 nichts anderes gelten. Die Nichterteilung des Hinweises nach § 34 Abs. 3 Satz 2 kann also nur dann zur Fehlerhaftigkeit der ohne Anhörung ergehenden Entscheidung führen, wenn diese **auf dem Verfahrensfehler beruht**. Das setzt zum einen voraus, dass der Beteiligte, dessen rechtliches Gehör durch die persönliche Anhörung gewährleistet werden soll, bei ordnungsgemäßer Belehrung über die Folgen seines Ausbleibens erschienen wäre. Zum anderen müsste davon auszugehen sein, dass seine Anhörung dem Gericht wesentliche Erkenntnisse vermittelt hätte, auf Grund derer eine andere Entscheidung zumindest möglich erscheint. Sind hierauf deutende Umstände nicht ersichtlich, kann ein Rechtsmittel, das sich auf diesen Verfahrensfehler stützt, keinen Erfolg haben. 33

3. Sonstige Weigerung, an der Anhörung teilzunehmen

§ 34 Abs. 3 Satz 1 regelt nur den Fall, dass der Anzuhörende in der bereits anberaumten Anhörung nicht erscheint, sei es auf Grund bewusster Ablehnung oder auf Grund schlichter Nachlässigkeit, wenn der Anzuhörende den Termin etwa vergisst. § 34 Abs. 3 regelt aber nicht den Fall, dass **von vorneherein feststeht, dass der Beteiligte die Teilnahme an einer persönlichen Anhörung verweigern wird**, etwa auf Grund entsprechender ernstlicher und endgültiger Ankündigung. In diesen Fällen wird § 34 Abs. 3 entsprechend anzuwenden sein. Denn es wäre ein unnötiger, zudem staatliche Ressourcen verschwendender Formalismus, wollte man verlangen, dass der Richter oder gar der ganze Spruchkörper womöglich eine längere Anreise zu einer persönlichen Anhörung auf sich nimmt, wenn von vorneherein feststeht, dass der Anzuhörende nicht zugegen sein wird. Die Weigerung des Anzuhörenden muss allerdings ernsthaft und endgültig sein. Bloße Unmutsäußerungen oÄ genügen nicht, wenn hieraus nicht mit Sicherheit hervorgeht, dass der Beteiligte nicht im Termin zur persönlichen Anhörung erscheinen wird. Die Weigerung setzt allerdings keine Verfahrensfähigkeit voraus; es genügt die Fähigkeit zur Bildung eines **natürlichen, dauerhaften Willens**. 34

Denn auch die Anhörung selbst setzt keine Verfahrensfähigkeit voraus. Steht aber auf Grund der endgültigen Willensbildung des Anzuhörenden fest, dass er zu einem Termin nicht erscheinen wird, so wäre dessen Durchführung sinnlos.

§ 35
Zwangsmittel

(1) Ist auf Grund einer gerichtlichen Anordnung die Verpflichtung zur Vornahme oder Unterlassung einer Handlung durchzusetzen, kann das Gericht, sofern ein Gesetz nicht etwas anderes bestimmt, gegen den Verpflichteten durch Beschluss Zwangsgeld festsetzen. Das Gericht kann für den Fall, dass dieses nicht beigetrieben werden kann, Zwangshaft anordnen. Verspricht die Anordnung eines Zwangsgeldes keinen Erfolg, soll das Gericht Zwangshaft anordnen.

(2) Die gerichtliche Entscheidung, die die Verpflichtung zur Vornahme oder Unterlassung einer Handlung anordnet, hat auf die Folgen einer Zuwiderhandlung gegen die Entscheidung hinzuweisen.

(3) Das einzelne Zwangsgeld darf den Betrag von 25 000 Euro nicht übersteigen. Mit der Festsetzung des Zwangsmittels sind dem Verpflichteten zugleich die Kosten dieses Verfahrens aufzuerlegen. Für den Vollzug der Haft gelten die § 901 Satz 2, die §§ 904 bis 906, 909, 910 und 913* der Zivilprozessordnung entsprechend.

(4) Ist die Verpflichtung zur Herausgabe oder Vorlage einer Sache oder zur Vornahme einer vertretbaren Handlung zu vollstrecken, so kann das Gericht, soweit ein Gesetz nicht etwas anderes bestimmt, durch Beschluss neben oder anstelle einer Maßnahme nach den Absätzen 1, 2 die in §§ 883, 886, 887 der Zivilprozessordnung vorgesehenen Maßnahmen anordnen. Die §§ 891 und 892 gelten entsprechend.

(5) Der Beschluss, durch den Zwangsmaßnahmen angeordnet werden, ist mit der sofortigen Beschwerde in entsprechender Anwendung der §§ 567 bis 572 der Zivilprozessordnung anfechtbar.

* mWv. 1.1.2013: § 802g Abs. 1 Satz 2 und Abs. 2, die §§ 802h und 802j Abs. 1 (Art. 4 Abs. 8 Nr. 1 des Gesetzes zur Reform der Sachaufklärung in der Zwangsvollstreckung vom 29.7.2009, BGBl. I, S. 2259).

Literatur: *Schulte-Bunert*, Die Vollstreckung von verfahrensleitenden gerichtlichen Anordnungen nach § 35 FamFG, FuR 2009, 125.

A. Überblick

1 § 35 regelt nach der amtlichen Begründung[1] nur die **Durchsetzung von** gerichtlichen Anordnungen mit vollstreckbarem Inhalt, die verfahrensleitenden Charakter haben (**Zwischenentscheidungen**), im Unterschied zu §§ 86 bis 96a, die die Vollstreckung verfahrensabschließender Entscheidungen eingehend und differenzierend regeln (vgl. § 86 Rz. 5). Verfahrensleitende Anordnungen (Zwischenentscheidungen) wurden bisher (wie Endentscheidungen auch) nach § 33 FGG aF vollstreckt. Abs. 3 Satz 1 entspricht § 33 Abs. 3 Satz 2 FGG aF. Abs. 3 Satz 2 entspricht § 33 Abs. 1 Satz 3 FGG aF. Abs. 3 Satz 3 entspricht § 33 Abs. 3 Satz 5 FGG aF.

1 RegE BT-Drucks. 16/6308, S. 192 und S. 216 f.

Die §§ 388 bis 392 bleiben als Spezialbestimmungen durch § 35 unberührt.[1] Speziellere Regelungen zur Durchsetzung gerichtlicher verfahrensleitender Anordnungen enthalten auch die §§ 1788, 1837 Abs. 3 BGB. Die Verhängung ersatzweiser oder originärer Zwangshaft findet in diesen Verfahren nicht statt.[2] 2

B. Inhalt der Vorschrift

I. Absatz 1

Abs. 1 regelt die Durchsetzung einer gerichtlichen Anordnung mit verfahrensleitendem Charakter zur **Vornahme oder Unterlassung einer Handlung**, gleichgültig, ob dies eine vertretbare oder unvertretbare Handlung betrifft (einschließlich der Herausgabe oder Vorlage einer Sache nach Abs. 4). Unerheblich ist auch, in welcher Form die verfahrensleitende Verfügung ergangen ist. § 35 ist auch dann anwendbar, wenn eine verfahrensleitende Verfügung in Form eines Beschlusses ergeht.[3] Dagegen reicht eine sich allein aus dem Gesetz ergebende Regelung nicht für die Festsetzung von Zwangsmitteln aus. 3

Die gerichtliche Anordnung muss einen **vollstreckbaren Inhalt** haben. Voraussetzung für die Durchsetzung ist, dass dem Verpflichteten in der gerichtlichen Anordnung ein bestimmtes, ohne weiteres verständliches Verhalten aufgegeben wurde (vgl. dazu § 86 Rz. 7). Fehlt es an der Bestimmtheit, ist die gerichtliche Anordnung vor der Durchsetzung zu präzisieren. 4

Verfahrensleitende gerichtliche Anordnungen mit vollstreckbarem Inhalt sind zB in §§ 220, 358, 404, 405 Abs. 2 vorgesehen. Sie haben verfahrensleitenden Charakter mit dem Ziel der Sachaufklärung (Abgabe verfahrenserheblicher Erklärungen durch die Beteiligten). 5

Unerheblich ist, ob das betreffende Verfahren auf Antrag oder von Amts wegen eingeleitet wurde. Die Anwendung der Zwangsmittel des § 35 findet nach **pflichtgemäßem Ermessen** des Gerichts statt, ein Vollstreckungsantrag eines Beteiligten ist nicht erforderlich. Ist die weitere Durchführung des Verfahrens von der Erfüllung der gerichtlichen Anordnung abhängig, ist deren Durchsetzung regelmäßig von Amts wegen geboten.[4] 6

Die Durchsetzung der Vornahme oder Unterlassung der Handlung erfolgt nach Satz 1 **regelmäßig** durch Festsetzung eines **Zwangsgeldes**. Neben der Festsetzung von Zwangsgeld ist gem. Satz 2 auch die Anordnung von ersatzweiser Zwangshaft zulässig. Verspricht die Anordnung eines Zwangsgeldes keinen Erfolg (wenn der Verpflichtete zB gerichtsbekannt einkommens- und vermögenslos ist), soll das Gericht nach Satz 3 sogleich originär Zwangshaft anordnen. Diese ist aus Gründen der Verhältnismäßigkeit sonst grundsätzlich nachrangig. 7

Die Zwangsmittel des § 35 sind (anders als die Ordnungsmittel nach § 89, vgl. dazu § 89 Rz. 4) Beugemittel, durch die die künftige Befolgung der Handlung oder Unterlassung erzwungen wird. Sie dienen der Einwirkung auf den Willen der pflichtigen 8

1 RegE BT-Drucks. 16/6308, S. 192.
2 MüKo.BGB/*Wagenitz*, § 1788 BGB Rz. 8 und § 1837 BGB Rz. 23.
3 RegE BT-Drucks. 16/6308, S. 216 f.
4 Ermessensreduzierung, *Bassenge*/Roth, § 33 FGG Rz. 7.

Person, um ein bestimmtes Verhalten in der Zukunft zu erreichen (**kein Sanktionscharakter**). Die Festsetzung eines Zwangsgeldes hat daher zu unterbleiben, wenn der gerichtlichen Anordnung während des Festsetzungsverfahrens entsprochen wird[1] oder wenn ihr Zweck nicht mehr erreicht werden kann (zB wegen Erledigung der Hauptsache). Ein bereits festgesetztes Zwangsgeld kann dann auch nicht mehr beigetrieben werden.

9 Die Festsetzung eines Zwangsmittels setzt ein **schuldhaftes Verhalten** des Verpflichteten voraus.[2] Daran kann es im Einzelfall fehlen, wenn der gerichtlichen Anordnung im Einzelfall unüberwindliche Hindernisse oder ein unvermeidbarer Rechtsirrtum entgegenstehen.[3]

10 Das Zwangsgeld kann **auch wiederholt** festgesetzt werden, aber erst dann, wenn zuvor durch Vollstreckung des bereits festgesetzten Zwangsgeldes versucht wurde, die Befolgung der gerichtlichen Anordnung durchzusetzen.[4]

11 Zuständig für die Durchsetzung nach § 35 ist das jeweils mit der Sache befasste Gericht. Für die Festsetzung des Zwangsgeldes ist auch der Rechtspfleger zuständig, soweit ihm das betreffende Verfahren übertragen ist. Die ersatzweise oder originäre Anordnung von Zwangshaft ist dagegen dem Richter vorbehalten (arg. § 4 Abs. 2 Nr. 2 RPflG).

12 Eine vorherige Androhung der Zwangsmittel ist nicht erforderlich (vgl. aber den erforderlichen Hinweis nach Abs. 2). Auch einer Vollstreckungsklausel bedarf es nicht. Voraussetzung ist lediglich, dass die gerichtliche Anordnung **wirksam** geworden ist (durch Bekanntgabe oder formlose Mitteilung nach § 15).

II. Absatz 2

13 Nach Abs. 2 hat die gerichtliche Zwischenentscheidung, die die Verpflichtung zur Vornahme oder Unterlassung einer Handlung anordnet, auf die Folgen einer Zuwiderhandlung **hinzuweisen**. Es dürfte ein Hinweis auf die Höchstsumme des Zwangsgeldes (bis zu ... Euro) und der Höchstdauer der Zwangshaft genügen. Ferner muss auf die möglichen Maßnahmen nach §§ 883, 886, 887 ZPO hingewiesen werden. Dieser Hinweis ersetzt die früher erforderliche Androhung nach § 33 Abs. 3 Satz 1 FGG aF. Ist dieser Hinweis auf die möglichen Zwangsmittel unterblieben, muss er vor der Vollstreckung der Anordnung nachgeholt werden.

III. Absatz 3

14 Satz 1 regelt die **Höhe des Zwangsgeldes** (höchstens 25 000 Euro, mindestens 5 Euro nach Art. 6 Abs. 1 EGStGB). Die Bemessung im Einzelfall orientiert sich ua. an der Bedeutung der Angelegenheit, dem Grad des Verschuldens und an den wirtschaftlichen Verhältnissen des Verpflichteten. Nach Satz 2 sind dem Verpflichteten zugleich

1 *Bassenge*/Roth, § 33 FGG Rz. 17; *Schulte-Bunert*, FuR 2009, 125.
2 *Bassenge*/Roth, § 33 FGG Rz. 16 und 19; *Schulte-Bunert*, FuR 2009, 125.
3 *Bassenge*/Roth, § 33 FGG Rz. 19.
4 *Bassenge*/Roth, § 33 FGG Rz. 24; *Schulte-Bunert*, FuR 2009, 125; OLG Celle v. 25.2.2005 – 10 WF 58/05, FamRZ 2005, 1575 zu § 33 FGG aF.

die Kosten dieses Zwischenverfahrens (Gerichtskosten und gerichtliche Auslagen) aufzuerlegen.

Das Zwangsgeld wird von Amts wegen nach §§ 1 Abs. 1 Nr. 3, Abs. 2 JBeitrO durch den Rechtspfleger vollstreckt. Auch die Vollstreckung der Zwangshaft geschieht von Amts wegen durch das Gericht (durch den Rechtspfleger, vgl. §§ 31 Abs. 3, 4 Abs. 2 Nr. 2a RPflG). 15

Nach Satz 3 gelten für den **Vollzug der Haft** die §§ 901 Satz 2, 904 bis 906, 909, 910 und 913 ZPO entsprechend (Inhalt des Haftbefehls § 901 Satz 2 ZPO, Verhaftung durch den Gerichtsvollzieher nach § 909 Abs. 1 ZPO, höchstens sechs Monate Haft nach § 913 ZPO). Für den Erlass eines Haftbefehls ist nur der Richter zuständig (§ 4 Abs. 2 Nr. 2 RPflG). 16

IV. Absatz 4

Nach Abs. 4 kann das Gericht zur Vollstreckung einer verfahrensleitenden Anordnung auf Herausgabe oder Vorlage einer Sache sowie einer vertretbaren Handlung – vorbehaltlich einer anderen gesetzlichen Regelung – neben oder an Stelle der Zwangsmittel nach Abs. 1 auch die in den §§ 883, 886, 887 ZPO vorgesehenen Maßnahmen anordnen (also die **Anordnung der Wegnahme** einer herauszugebenden beweglichen Sache oder die **Ersatzvornahme** bei einer vertretbaren Handlung, zB nach §§ 1640 Abs. 3, 1802 Abs. 3 BGB). 17

Die Anordnung der Ersatzvornahme von vertretbaren Handlungen oder der Wegnahme beweglicher Sachen erfolgt durch Beschluss (entsprechend § 891 Satz 1 ZPO), vor dessen Erlass der Verpflichtete zu hören ist (entsprechend § 891 Satz 2 ZPO). Leistet der Verpflichtete Widerstand, gilt § 892 ZPO entsprechend (Möglichkeit der Zuziehung eines Gerichtsvollziehers). 17a

Das Gericht entscheidet nach pflichtgemäßem Ermessen, ob es neben den in Abs. 1 genannten Zwangsmitteln auch (oder nur) die Maßnahmen nach den §§ 883, 886, 887 ZPO anordnet. § 887 Abs. 2 ZPO ist im Rahmen des § 35 nicht anzuwenden. 18

V. Absatz 5

Entscheidungen nach § 35 Abs. 1 und Abs. 4 ergehen durch **Beschluss** (mit Kostenausspruch nach Abs. 3 Satz 2). 19

Nach Abs. 5 ist gegen Beschlüsse, durch die Zwangsmaßnahmen angeordnet werden, die **sofortige Beschwerde** nach der ZPO statthaft. Diese ist entsprechend § 569 Abs. 1 Satz 1 ZPO innerhalb von **zwei Wochen** bei dem vollstreckenden Gericht oder bei dem Beschwerdegericht einzulegen (zur Form vgl. § 569 Abs. 2 und Abs. 3 ZPO). Aus der entsprechenden Anwendung der Beschwerdevorschriften (§ 570 Abs. 1 ZPO) ergibt sich, dass sie hinsichtlich der Festsetzung von Zwangsmitteln **aufschiebende Wirkung** hat (vgl. § 24 Abs. 1 FGG aF). Zur sachlichen Zuständigkeit im Beschwerdeverfahren vgl. § 87 Rz. 14. 20

§ 36
Vergleich

(1) Die Beteiligten können einen Vergleich schließen, soweit sie über den Gegenstand des Verfahrens verfügen können. Das Gericht soll außer in Gewaltschutzsachen auf eine gütliche Einigung der Beteiligten hinwirken.

(2) Kommt eine Einigung im Termin zu Stande, ist hierüber eine Niederschrift anzufertigen. Die Vorschriften der Zivilprozessordnung über die Niederschrift des Vergleichs sind entsprechend anzuwenden.

(3) Ein nach Absatz 1 Satz 1 zulässiger Vergleich kann auch schriftlich entsprechend § 278 Abs. 6 der Zivilprozessordnung geschlossen werden.

(4) Unrichtigkeiten in der Niederschrift oder in dem Beschluss über den Vergleich können entsprechend § 164 der Zivilprozessordnung berichtigt werden.

A. Entstehungsgeschichte

1 Die Möglichkeit des Vergleichs wurde schon bislang jedenfalls dann, wenn die Beteiligten über den Verfahrensgegenstand verfügen können, allgemein bejaht, allerdings nur in Spezialvorschriften wie §§ 53a Abs. 1 Satz 1, 53b Abs. 4 FGG aF ausdrücklich geregelt oder immerhin angesprochen. Mit § 36 hat der Gesetzgeber erstmals eine **allgemeine Regelung** nicht nur, wie die amtliche Überschrift glauben machen will, für den Vergleich, sondern für das **Hinwirken auf eine gütliche Einigung** überhaupt geschaffen. Danach soll das Gericht, außer in Gewaltschutzsachen, gem. § 36 Abs. 1 Satz 2 stets auf eine gütliche Einigung hinwirken. Einen Vergleich können die Beteiligten dagegen

gem. § 36 Abs. 1 Satz 1 nur schließen, soweit sie über den Gegenstand des Verfahrens verfügen können. Die schon nach bisherigem Recht als erforderlich angesehene Protokollierung des Vergleichs nach § 160 Abs. 3 Nr. 1 ZPO kodifiziert § 36 Abs. 2. Daneben erkennt § 36 Abs. 3 die Möglichkeit eines Vergleichsschlusses nach § 278 Abs. 6 ZPO an. Die Korrektur eines fehlerhaften Vergleichs ist in § 36 Abs. 4 nur insoweit angesprochen, als es um seine unrichtige Protokollierung geht. Für sonstige Fehler, insbesondere die Fortsetzung des Verfahrens bei materiellrechtlich unwirksamen Vergleichen ist weiterhin auf die frühere Praxis zurückzugreifen. Die wohl gravierendste Neuerung ergibt sich aus dem etwas versteckten Hinweis im letzten Satz der Materialien zu § 36.[1] Danach geht der Gesetzgeber nunmehr im Gegensatz zum früheren Recht von der Vollstreckbarkeit eines nach § 36 Abs. 2, 3 geschlossenen Vergleichs aus.

B. Normzweck – Hinwirken auf eine gütliche Einigung

I. Bedeutung

1. Systematische Einordnung

2 Nach § 36 Abs. 1 Satz 2 hat das Gericht – außer in Gewaltschutzsachen (hierzu gleich Rz. 5 f.) – auf eine gütliche Einigung der Parteien hinzuwirken. Diese Norm ist erkennbar systematisch falsch in § 36 Abs. 1 eingefügt. Dies ist schon daraus zu ersehen, dass sie anders als ihr zivilprozessuales Vorbild (§ 278 Abs. 1) erst nach der Regelung zum Vergleich eingefügt ist. Das Hinwirken muss aber zwangsläufig vor einem Vergleich erfolgen, mit dem das Verfahren beendet wird.

2. Umfassendere Möglichkeiten

3 Zum anderen ist § 36 Abs. 1 Satz 2 in zweifacher Hinsicht umfassender. Zum einen ist die „gütliche Einigung" nicht mit einem Vergleich identisch. Wie schon zu § 278 Abs. 1 ZPO anerkannt, kann das Gericht auf **jede Möglichkeit einer Beendigung des Verfahrens** ohne gerichtliche Entscheidung hinwirken. Denkbar sind etwa die Rücknahme eines Antrags oder Rechtsmittels, die Erledigungserklärung oder, wo in Verfahren nach dem FamFG zugelassen, das Anerkenntnis.[2] Zudem bleibt das Hinwirken auf eine gütliche Einigung, wie schon der Wortlaut von § 36 Abs. 1 Satz 2 zeigt, **nicht auf Verfahren beschränkt, in denen die Beteiligten über den Verfahrensgegenstand verfügen können.** Auch in Erbscheinsverfahren kann ein Antrag zurückgenommen werden, ebenso in jeglichen Verfahren ein Rechtsmittel. Sofern dem Rechtsfrieden dienlich, hat das Gericht auch hierauf hinzuwirken.

3. Pflichten des Gerichts

4 § 36 Abs. 1 Satz 2 entspricht, abgesehen von der Ausnahme der Gewaltschutzsachen, § 278 Abs. 1 ZPO. Die Rolle des Gerichts bei der gütlichen Einigung ist eher noch betont, da „hinwirken" mehr ist als bloßes „bedacht sein".[3] Daher ist davon auszugehen, dass den Richter mindestens dieselben Pflichten treffen wie im Zivilprozess nach § 278 Abs. 1 ZPO. Das Hinwirken auf eine gütliche Beilegung des Rechtsstreits

1 BT-Drucks. 16/6308, S. 194.
2 Vgl. zur Parallelnorm (§ 278 Abs. 1 ZPO) MüKo.ZPO/*Prütting*, § 278 Rz. 3; Zöller/*Greger*, § 278 ZPO Rz. 3.
3 Baumbach/*Hartmann*, § 278 ZPO Rz. 10.

hat, auch ohne ausdrückliche Übernahme dieser fünf Worte, auch in Verfahren nach dem FamFG „in jeder Lage des Verfahrens" zu geschehen.[1] Die schon für den Zivilprozess fragwürdige **Güteverhandlung**[2] hat der Gesetzgeber nicht auf Verfahren nach dem FamFG übertragen. Das Hinwirken auf eine gütliche Einigung ist wie im Zivilprozess[3] als **echte Rechtspflicht** zu verstehen, auch wenn sie nicht mit Sanktionen bewehrt ist. Dies gilt wie im Zivilprozess auch bei der Verhandlung vor dem **beauftragten oder ersuchten Richter**.[4] Das Gericht kann gerade in echten Streitverfahren auf Risiken und Kosten einer streitigen Entscheidung hinweisen.[5] Es hat sich hierbei aber selbstverständlich an der geltenden Rechtslage zu orientieren.[6] Auf jeden Fall hat es sich unzulässigen Drucks zu enthalten.[7] Die Beendigung des Verfahrens durch gütliche Einigung dient vorrangig dem Rechtsfrieden, nicht der Arbeitsentlastung des Gerichts.

II. Ausnahme in Gewaltschutzssachen

1. „Sinn" der Regelung

5 In Gewaltschutzsachen soll dem Gericht das Hinwirken auf eine gütliche Einigung grundsätzlich verwehrt sein. Diese wohl ideologisch motivierte Vorgabe des Gesetzgebers, die nur mit den gerade modernen insbesondere familienpolitischen Vorstellungen zu erklären sein dürfte, ist wenig verständlich. Selbst im **Strafprozess** ist der Täter-Opfer-Ausgleich nach § 46a StGB erklärtes Ziel des Verfahrens. Wieso dies in sog. Gewaltschutzssachen von vorneherein nicht zulässig sein soll, leuchtet nicht ein. Der lapidare Hinweis darauf, dass ein Vergleich nicht nach § 4 Satz 1 GewSchG strafbewehrt sei,[8] überzeugt in keiner Weise, hätte es der Gesetzgeber doch in der Hand gehabt, im Zuge der Reform auch diese Vorschrift zu ändern.

2. Fehlerfolgen

6 In Gesetz und Materialien werden auch die Folgen eines Verstoßes gegen das Verbot eines Hinwirkens auf eine gütliche Einigung nicht näher bestimmt. Dass der Richter im Zivilprozess nach § 278 Abs. 1 ZPO auf eine gütliche Beilegung des Rechtsstreits hinwirken „soll", wird als echte Rechtsverpflichtung verstanden, allerdings eine nicht mit Sanktionen bewehrte (vgl. Rz. 4). Da das Absehen von einem Hinwirken auf eine gütliche Einigung auf derselben Stufe steht, liegt eine ähnliche Behandlung nahe. Allerdings erlangt der Antragsteller auf Grund des gerichtlichen Hinwirkens auf eine gütliche Einigung nicht den ihm vom Gesetzgeber zugedachten **Titel nach §§ 4 Satz 1, 1 Abs. 1 Satz 1 oder 3, Abs. 2 Satz 1 GewSchG**. Man wird also die Möglichkeit eines neuen Antrags bejahen müssen. Als Erleichterung für dieses zweite Verfahren kann sich dann der bereits geschlossene Vergleich erweisen, da der Antragsteller auf der Grundlage der dortigen **materiellrechtlichen Vereinbarungen** jedenfalls die Titulierung

1 Vgl. BGH v. 5.10.1954 – V BLw 25/54, BGHZ 14, 381 (387); Keidel/*Meyer-Holz*, Vor §§ 8–18 FGG Rz. 23; Zöller/*Greger*, § 278 ZPO Rz. 5.
2 MüKo.ZPO/*Prütting*, § 278 Rz. 29 ff.; vgl. auch Zöller/*Greger*, § 278 ZPO Rz. 32.
3 MüKo.ZPO/*Prütting*, § 278 Rz. 7.
4 BGH v. 5.10.1954 – V BLw 25/54, BGHZ 14, 381 (387); MüKo.ZPO/*Prütting*, § 278 Rz. 14; Baumbach/*Hartmann*, § 278 ZPO Rz. 10: Zöller/*Greger*, § 278 ZPO Rz. 5.
5 Baumbach/*Hartmann*, § 278 ZPO Rz. 8 u. 10; Zöller/*Greger*, § 278 ZPO Rz. 1.
6 MüKo.ZPO/*Prütting*, § 278 Rz. 10.
7 MüKo.ZPO/*Prütting*, § 278 Rz. 5 f.; Baumbach/*Hartmann*, § 278 ZPO Rz. 7 u. 10; Zöller/*Greger*, § 278 ZPO Rz. 5.
8 BT-Drucks. 16/6308, S. 193.

der vom Antragsgegner übernommenen Verpflichtungen unschwer durchsetzen kann. Nichts anderes kann aber gelten, wenn der Antragsteller seinerseits in dem Vergleich ebenfalls auf die vollständige Durchsetzung seiner Rechte verzichtet hat. Da dies zumindest auch auf einem Verstoß des Gerichts gegen ein gesetzliches Verbot beruht, dürfen dem Antragsteller aus dem Vergleich keine verfahrensrechtlichen Nachteile erwachsen. Man wird ihm daher die Möglichkeit belassen müssen, auch seinen ursprünglichen Antrag in einem **neuen Verfahren** zu stellen.

C. Inhalt der Vorschrift

I. Vergleich (Abs. 1 Satz 1)

1. Rechtsnatur

Wie im Zivilprozess[1] kommt dem Vergleich auch in Verfahren nach dem FamFG eine **Doppelnatur** zu.[2] Er ist einerseits **Verfahrenshandlung**, die zur (teilweisen) Beendigung des Verfahrens führt. Andererseits ist er ein **materiellrechtliches Rechtsgeschäft** zur Regelung der Rechtsbeziehungen zwischen den Beteiligten.[3] Anders als nach § 779 BGB soll ein gegenseitiges **Nachgeben** in Verfahren der freiwilligen Gerichtsbarkeit allerdings nicht erforderlich sein.[4] Es genügen daher in jedem Falle Stundungsregelungen. Die **Auslegung** des Vergleichs obliegt hinsichtlich seines materiellrechtlichen Inhalts wie die Auslegung von Rechtsgeschäften (vgl. § 72 Rz. 2) den Tatsacheninstanzen und kann vom Rechtsbeschwerdegericht nur eingeschränkt überprüft werden.[5] Lediglich Vereinbarungen auf verfahrensrechtlichem Gebiet kann das Beschwerdegericht ohne Bindung an die Erwägungen der Tatsacheninstanzen selbst auslegen.[6] 7

2. Voraussetzungen

a) Verfügungsbefugnis über den Verfahrensgegenstand

Nach § 36 Abs. 1 Satz 1 setzt der Abschluss eines Vergleichs voraus, dass die Beteiligten „über den Gegenstand des Verfahrens verfügen können". Damit kodifiziert das Gesetz die schon bislang hM, dass ein Vergleich nur über Gegenstände geschlossen werden kann, die zur Disposition der Beteiligten stehen.[7] Das Gesetz knüpft dabei bewusst nicht an bestimmte Verfahren, sondern an den jeweils betroffenen **Verfahrensgegenstand** an. Demnach können die Beteiligten **nicht nur echte Streitverfahren** vergleichsweise beenden, auch wenn hier der Anwendungsschwerpunkt der Regelung liegen 8

1 Hierzu s. etwa BGH v. 15.4.1964 – Ib ZR 201/62, BGHZ 41, 310 (311); BGH v. 22.12.1982 – V ZR 89/80, BGHZ 86, 184 (186); v. 18.1.1984 – IVb ZB 53/83, NJW 1984, 1465 (1466); BGH v. 18.9.1996 – VIII ZB 28/96, NJW 1996, 3345 (3346); Musielak/*Foerste*, § 278 ZPO Rz. 16.

2 BayObLG v. 29.1.1990 – Breg 1b Z 4/89, NJW-RR 1990, 594 (596); BayObLG v. 27.4.2000 – 2 Z BR 187/99, ZMR 2000, 624 (626); Keidel/*Meyer-Holz*, Vor §§ 8–18 FGG Rz. 23.

3 BayObLG v. 29.1.1990 – Breg 1b Z 4/89, NJW-RR 1990, 594 (596); BayObLG v. 27.4.2000 – 2 Z BR 187/99, ZMR 2000, 624 (626).

4 *Bassenge*/Roth, Einl. FGG Rz. 133; Staudinger/*Wenzel*, § 44 WEG Rz. 17.

5 BayObLG v. 29.1.1990 – BReg 1b Z 4/89, NJW-RR 1990, 594 (596); KG v. 16.9.2003 – 1 W 48/02, Rpfleger 2004, 101 (102).

6 KG v. 16.9.2003 – 1 W 48/02, Rpfleger 2004, 101 (102).

7 BGH v. 5.10.1954 – V BLw 25/54, BGHZ 14, 381 (387); BGH v. 23.9.1987 – IVb ZB 59/86, NJW-RR 1989, 195 (196); OLG Stuttgart v. 22.11.1983 – 8 W 328/83, OLGZ 1984, 131 (132); BayObLG v. 14.7.1997 – 1 Z BR 39/97, FGPrax 1997, 229 (229 f.); Keidel/*Meyer-Holz*, Vor §§ 8–18 FGG Rz. 24; *Bumiller*/Winkler, § 12 FGG Rz. 20.

dürfte. Die Einigung kann sich sowohl auf den Streit insgesamt als auch (beim **Teilvergleich**) nur auf einzelne Teile erstrecken. Einigen sich die Beteiligten nur über die Hauptsache, so haben sie die **Gerichtskosten** gem. § 83 Abs. 1 zu gleichen Teilen zu tragen; eine Erstattung **außergerichtlicher Kosten** findet nicht statt. Die früher gebotene Entscheidung nach Billigkeit (§ 13a Abs. 1 FGG aF), die das Gericht nach pflichtgemäßem Ermessen zu treffen hatte,[1] scheidet wegen des klaren Wortlautes von § 83 Abs. 1 aus. Die Beteiligten können sich auch über **weitere, im Verfahren (noch) nicht anhängige Gegenstände** vergleichen, sofern sie hierüber verfügen können.[2] Dies gilt auch für Gegenstände, die nicht im Verfahren nach dem FamFG geltend zu machen wären.[3] Vergleiche kommen auch in **Amtsverfahren** in Betracht, sofern der konkrete Verfahrensgegenstand zur Disposition der Beteiligten steht. So können sich die Beteiligten zwar in Betreuungssachen wegen der Hauptsache nicht vergleichen, wohl aber in Fragen der Betreuervergütung, da dieses Verfahren nur Vermögensinteressen betrifft, die zur Disposition der Beteiligten stehen (vgl. § 65 Rz. 15 und 18). Aus diesem Grunde können sich die Beteiligten auch über **Kostenfragen** (an Stelle einer Entscheidung nach §§ 80 ff.) immer vergleichen.[4] Weitergehende Voraussetzungen, etwa die Billigung der Vereinbarung durch das Gericht nach § 156 Abs. 2, bleiben von § 36 unberührt.

b) Vergleichsweise Einigung über Verfahrenshandlungen

9 Dem Wortlaut nach knüpft § 36 Abs. 1 Satz 1 nur beim **materiellrechtlichen Gegenstand** des Verfahrens an. Dies dürfte zu kurz gegriffen sein. Für das bisherige Recht war allgemein anerkannt, dass den Beteiligten die Möglichkeit des Vergleichs über Verfahrenshandlungen selbst dann offen steht, wenn der Verfahrensgegenstand nicht zu ihrer Disposition steht.[5] So konnten sich die Beteiligten in einem **Erbscheinsverfahren** zwar nicht auf einen bestimmten Erbschein vergleichen, da dieser ihrer Disposition entzogen war.[6] Ein Erbprätendent konnte sich aber sehr wohl gegen Zuwendung bestimmter Gegenstände aus dem Nachlass dazu verpflichten, das Rechtsmittel gegen einen Vorbescheid zurückzunehmen[7] oder hierauf zu verzichten.[8] Dass der Gesetzgeber diese Möglichkeit abschaffen wollte, ist nicht ersichtlich. Man wird sie daher weiterhin zulassen müssen, entweder unter erweiternder Auslegung des Begriffs „Gegenstand des Verfahrens" oder in entsprechender Anwendung von § 36 Abs. 1 Satz 1.

3. Beteiligung Dritter

10 Auch im Hinblick auf die Parteien des Vergleichs dürfte der Gesetzeswortlaut zu eng ausgefallen sein. § 36 Abs. 1 Satz 1 spricht nur davon, dass „die Beteiligten" einen

1 BayObLG v. 25.3.1975 – 3 Z 33/75, Rpfleger 1975, 241.
2 BGH v. 5.10.1954 – V BLw 25/54, BGHZ 14, 381 (393); BGH v. 18.6.1999 – V ZR 40/98, NJW 1999, 2806 (2807); BayObLG v. 14.7.1997 – 1 Z BR 39/97, FGPrax 1997, 229 (230); Keidel/*Meyer-Holz*, Vor §§ 8–18 FGG Rz. 24; *Bassenge*/Roth, Einl. FGG Rz. 133.
3 BGH v. 5.10.1954 – V BLw 25/54, BGHZ 14, 381 (393); *Bumiller*/Winkler, § 12 FGG Rz. 24.
4 Keidel/*Meyer-Holz*, Vor §§ 8–18 FGG Rz. 23; *Bassenge*/Roth, Einl. FGG Rz. 137.
5 KG v. 16.9.2003 – 1 W 48/02, FGPrax 2004, 31; Keidel/*Meyer-Holz*, Vor §§ 8–18 FGG Rz. 24; *Bumiller*/Winkler, § 12 FGG Rz. 21; *Bassenge*/Roth, Einl. FGG Rz. 135.
6 OLG Stuttgart v. 22.11.1983 – 8 W 328/83, OLGZ 1984, 131 (133); BayObLG v. 14.7.1997 – 1 Z BR 39/97, FGPrax 1997, 229; KG v. 16.9.2003 – 1 W 48/02, FGPrax 2004, 31.
7 BGH v. 23.9.1987 – IVb ZB 59/86, NJW-RR 1989, 195 (196); OLG Stuttgart v. 22.11.1983 – 8 W 328/83, OLGZ 1984, 131 (133); BayObLG v. 14.7.1997 – 1 Z BR 39/97, FGPrax 1997, 229; KG v. 16.9.2003 – 1 W 48/02, FGPrax 2004, 31; *Bumiller*/Winkler, § 12 FGG Rz. 22.
8 BGH v. 23.9.1987 – IVb ZB 59/86, NJW-RR 1989, 195 (196); KG v. 16.9.2003 – 1 W 48/02, FGPrax 2004, 31; *Bumiller*/Winkler, § 12 FGG Rz. 22.

Vergleich schließen können. Nach altem Recht bestand aber Einigkeit darüber, dass ebenso wie im Zivilprozess Dritte in den Vergleich einbezogen werden können, wenn sie ihm beitreten.[1] Dass diese Möglichkeit nunmehr entfallen soll, ist nicht anzunehmen. Dies um so weniger, als auch § 278 ZPO, an den sich § 36 anlehnt, die Möglichkeit der Einbeziehung Dritter nicht ausdrücklich erwähnt. Es ist also davon auszugehen, dass Dritte nach wie vor durch ihren Beitritt in den Vergleich einbezogen werden können. Auch in diesem Fall werden sie aber **nicht zu Beteiligten**; das Gericht ist für sie nur Beurkundungsstelle.[2]

II. Form des Vergleichs (Absätze 2, 3)

1. Vergleichsschluss im Termin

Der Vergleich kann, wie stets, zunächst im Termin geschlossen werden, auch vor 11
dem **beauftragten Richter**.[3] Der Handhabung nach früherem Recht[4] entsprechend verlangt § 36 Abs. 2 für gerichtliche Vergleiche die **Protokollierung** nach §§ 159 ff. ZPO. Nach § 36 Abs. 2 Satz 1 ist über eine im Termin zu Stande gekommene Einigung eine Niederschrift anzufertigen. Wegen ihres Inhalts im Einzelnen verweist § 36 Abs. 2 Satz 2 auf „die Vorschriften der Zivilprozessordnung über die Niederschrift des Vergleichs". Dies stellt zunächst klar, dass im Falle des Vergleichs die Anfertigung des ansonsten ausreichenden Vermerks (§ 28 Abs. 4) nicht genügt. Das Gericht hat ein **vollständiges Protokoll** anzufertigen, das sämtliche Angaben eines Rubrums gem. § 160 Abs. 1 ZPO einschließlich der Angabe enthalten muss, ob nicht öffentlich verhandelt oder die Öffentlichkeit zugelassen wurde. Sodann ist nach § 160 Abs. 3 Nr. 1 ZPO der **volle Wortlaut** des Vergleichs zu protokollieren. Dieser muss schließlich den Beteiligten nach § 162 Abs. 1 ZPO **vorgelesen oder zur Durchsicht vorgelegt** bzw. bei vorläufiger Aufzeichnung auf Tonträger **vorgespielt** werden. Dies ist nach § 162 Abs. 1 Satz 3 ZPO wiederum im Protokoll zu **vermerken**. Wird das Vorlesen bzw. Vorspielen unterlassen, ist der Vergleich prozessual unwirksam.[5] Hingegen ist das Fehlen des Vermerks hierüber ohne Einfluss auf die Wirksamkeit des Vergleichs.[6] Sofern die Protokollierung des Vergleichs den sonstigen Anforderungen der §§ 159 ff. ZPO nicht genügt, kommt die Vollstreckung hieraus nicht in Betracht. Der Vergleich kann aber noch **als materiellrechtliches Rechtsgeschäft wirksam** sein.[7] Natürlich kann die Berufung auf die Formunwirksamkeit unter besonderen Umständen – etwa nach Entgegennahme der aus dem Vergleich geschuldeten Leistung und längerem Zuwarten – rechtsmissbräuchlich sein.[8] Der Vergleich kann auch auf **Widerruf** geschlossen wer-

1 BGH v. 16.12.1982 – VII ZR 55/82, BGHZ 86, 160 (164 f.); BGH v. 18.6.1999 – V ZR 40/98, NJW 1999, 2806 (2807 f.); Keidel/*Meyer-Holz*, Vor §§ 8–18 FGG Rz. 23; *Bumiller*/Winkler, § 12 FGG Rz. 23; *Bassenge*/Roth, Einl. FGG Rz. 133.

2 BGH v. 16.12.1982 – VII ZR 55/82, BGHZ 86, 160 (165).

3 BGH v. 5.10.1954 – V BLw 25/54, BGHZ 14, 381 (387).

4 Hierzu etwa BGH v. 5.10.1954 – V BLw 25/54, BGHZ 14, 381 (395); Keidel/*Meyer-Holz*, Vor §§ 8–18 FGG Rz. 25.

5 BGH v. 18.1.1984 – IVb ZB 53/83, NJW 1984, 1465 (1466); BGH v. 18.6.1999 – V ZR 40/98, NJW 1999, 2806 (2807); KG v. 24.11.1983 – 22 U 6199/82, FamRZ 1984, 284 (285); OLG Koblenz v. 12.12.1983 – 13 UF 795/83, FamRZ 1984, 270.

6 BGH v. 18.6.1999 – V ZR 40/98, NJW 1999, 2806 (2807).

7 Anders für den Fall, dass die ordnungsgemäße Protokollierung nach dem Willen der Beteiligten auch Wirksamkeitsvoraussetzung sein sollte KG v. 24.11.1983 – 22 U 6199/82, FamRZ 1984, 284 (285).

8 OLG Koblenz v. 12.12.1983 – 13 UF 795/83, FamRZ 1984, 270 (271).

den.[1] Hierbei handelt es sich um eine aufschiebende Bedingung.[2] Erst nach ihrem Eintritt wird der Vergleich wirksam;[3] eine Wiedereinsetzung bei ungenutztem Ablauf der Widerrufsfrist ist ausgeschlossen.[4]

2. Vergleichsschluss nach § 278 Abs. 6 ZPO

12 Mit § 36 Abs. 3 hat der Gesetzgeber die früher umstrittene Frage entschieden, ob ein Vergleich auch in Verfahren der freiwilligen Gerichtsbarkeit nach § 278 Abs. 6 ZPO **im schriftlichen Verfahren** geschlossen werden kann.[5] Der Vergleich kann nunmehr auch dadurch geschlossen werden, dass die Beteiligten einen schriftlichen Vergleichsvorschlag unterbreiten oder einen Vergleichsvorschlag des Gerichts schriftsätzlich annehmen. Die Beteiligten müssen also nicht allein zum Zweck des Vergleichsschlusses vor Gericht erscheinen. Das Zustandekommen des Vergleichs ist nach § 278 Abs. 6 Satz 2 ZPO durch Beschluss festzustellen.

III. Folgen des Vergleichs

1. Beendigung des Verfahrens hinsichtlich der vom Vergleich betroffenen Gegenstände

13 Bestehen keine zusätzlichen Wirksamkeitserfordernisse wie etwa die gerichtliche Billigung nach § 156 Abs. 2,[6] so beendet der Vergleich das Verfahren unmittelbar, soweit die Vereinbarung reicht.[7] Soweit der Vergleich auf Widerruf geschlossen wurde, tritt diese Folge mit der aufschiebenden Bedingung ein, dass der Vergleich bis zum Ablauf der Frist nicht widerrufen wird.

2. Vollstreckungstitel

14 Nach früherem Recht wurde auch der gerichtliche Vergleich nicht als ein Vollstreckungstitel angesehen, sofern nicht **Spezialvorschriften** wie § 45 Abs. 3 WEG aF ausdrücklich etwas anderes vorsahen.[8] § 36 nimmt zur Frage der Vollstreckung aus gerichtlichen Vergleichen nach neuem Recht nicht ausdrücklich Stellung. An etwas versteckter Stelle, im Zusammenhang mit der Berichtigung von Unrichtigkeiten, äußert sich der Gesetzgeber allerdings auch zu deren Vollstreckbarkeit: „Zum anderen bedarf es eines Instruments zur Korrektur von Vergleichen, um im Einzelfall ihre Vollstreckungsfähigkeit herzustellen."[9] Demnach sollen ordnungsgemäß protokollierte Vergleiche nunmehr Vollstreckungstitel sein. Dies folgt letztlich auch aus § 86 Abs. 1 Nr. 3, dessen etwas pauschal geratene Bezugnahme auf § 794 ZPO jedenfalls

1 BGH v. 15.11.1973 – VII ZR 56/73, NJW 1974, 107; Keidel/*Meyer-Holz*, Vor §§ 8–18 FGG Rz. 26; *Bumiller*/Winkler, § 12 FGG Rz. 25.
2 BGH v. 27.10.1983 – IX ZR 68/83, BGHZ 88, 364 (367).
3 BGH v. 27.10.1983 – IX ZR 68/83, BGHZ 88, 364 (368); Keidel/*Meyer-Holz*, Vor §§ 8–18 FGG Rz. 26.
4 BGH v. 15.11.1973 – VII ZR 56/73, NJW 1974, 107 (107 f.); *Bumiller*/Winkler, § 12 FGG Rz. 25.
5 Bejahend etwa *Ungewitter*, NZM 2004, 87 ff.; *Niedenführ/Schulze*, § 44 WEG Rz. 18 a, verneinend etwa *Bassenge*/Roth, Einl. FGG, Rz. 133; KK/*Abramenko*, § 44 WEG Rz. 8.
6 Hierzu vgl. BGH v. 23.9.1987 – IVb ZB 59/86, NJW-RR 1989, 195 (196).
7 BGH v. 22.12.1982 – V ZR 89/80, BGHZ 86, 184 (186 f.); BGH v. 18.9.1996 – VIII ZB 28/96, NJW 1996, 3345 (3346); *Bassenge*/Roth, Einl. FGG Rz. 133; Zöller/*Greger*, § 278 ZPO Rz. 2.
8 OLG Zweibrücken v. 28.12.1981 – 2 WF 74/81, FamRZ 1982, 530; BayObLG v. 14.7.1997 – 1 Z BR 39/97, FGPrax 1997, 229 (230); Keidel/*Meyer-Holz*, Vor §§ 8–18 FGG Rz. 27; *Bumiller*/Winkler, § 12 FGG Rz. 22; *Bassenge*/Roth, Einl. FGG Rz. 136.
9 BT-Drucks. 16/6308, S. 194.

auch die Einbeziehung von Vergleichen in den Kreis der „weiteren Vollstreckungstitel" gem. § 794 Abs. 1 Nr. 1 ZPO erfasst. Dies bestätigen die Materialien zu § 86, wonach „die Vollstreckung auch aus weiteren Titeln im Sinne des § 794 ZPO erfolgen" kann.[1] Dies umfasst nach ausdrücklichem Bekunden auch Titel, die „auf Vereinbarungen zwischen den Beteiligten fußen, wie etwa § 794 Abs. 1 Nr. 1 (...) ZPO".[2] Ordnungsgemäß protokollierte Vergleiche über Gegenstände, über die die Beteiligten verfügen können, stellen nunmehr also Vollstreckungstitel dar.

IV. Fehler des Vergleichs

1. Fehler der Protokollierung

a) Unrichtige Protokollierung des Inhalts

aa) Berichtigung nach § 164 ZPO

Wie jedes gerichtliche Handeln kann auch die Protokollierung des Vergleichs fehlerhaft sein. Dies betrifft zunächst den Fall, dass das Protokoll bzw. der Beschluss nach § 278 Abs. 6 Satz 2 ZPO den geschlossenen Vergleich nicht richtig wiedergibt. Beides kann nach § 36 Abs. 4 durch Berichtigung nach § 164 ZPO behoben werden. Sofern das Gericht einen entsprechenden Antrag ablehnt, ist diese Entscheidung nach überwiegender Auffassung jedenfalls dann gem. § 567 Abs. 1 Nr. 2 ZPO mit der **sofortigen Beschwerde** angreifbar, wenn nicht Vorgänge betroffen sind, die der persönlichen Wahrnehmung des Protokollierenden bedürfen.[3] Dies ist beim Vergleichsschluss der Fall, da die protokollierten Erklärungen der Beteiligten bzw. nach § 278 Abs. 6 ZPO ihre diesbezüglichen Schriftsätze bzw. der gerichtliche Vergleichsvorschlag sowie der Beschluss nach § 278 Abs. 6 Satz 2 ZPO schriftlich vorliegen, so dass eine Kontrolle unschwer möglich ist. 15

bb) Keine Berichtigung nach § 42

Hingegen scheidet die **Berichtigung von Vergleichen nach § 42** aus (vgl. § 42 Rz. 11). Denn es handelt sich hierbei nicht um einen Beschluss nach § 38. Dies gilt auch für die Feststellung nach § 36 Abs. 3 FamFG iVm. § 278 Abs. 6 Satz 2 ZPO, dass ein Vergleich zu Stande gekommen ist.[4] Auch dieser beruht nicht auf der Rechtserkenntnis des angerufenen Gerichts, das vielmehr, wie bei der Protokollierung des Vergleichs in der mündlichen Verhandlung, nur als beurkundende Stelle tätig wird. 16

cc) Inhaltliche Fehlerhaftigkeit der korrekt protokollierten Erklärungen

Nicht nach § 36 Abs. 4 FamFG iVm. 164 ZPO können Erklärungen korrigiert werden, die zwar korrekt protokolliert wurden, aber ihrerseits Unrichtigkeiten beinhalten (zB die unrichtige Bezeichnung eines Grundstücks).[5] Denn hierbei handelt es sich nicht um „Unrichtigkeiten in der Niederschrift" gem. § 36 Abs. 4. Vielmehr haben die Beteiligten etwas anderes erklärt als sie eigentlich wollten. Bei einseitigen Irrtümern 17

1 BT-Drucks. 16/6308, S. 217.
2 BT-Drucks. 16/6308, S. 217.
3 OLG Koblenz v. 26.2.1986 – 8 W 121/86, MDR 1986, 593; LAG Hamm v. 24.9.1987 – 8 TaBV 69/87, MDR 1988, 172; OLG Frankfurt v. 30.4.2007 – 15 W 38/07, NJW-RR 2007, 1142 (1143); Baumbach/*Hartmann*, § 164 ZPO Rz. 15.
4 Vgl. BGH v. 14.7.2004 – XII ZB 268/03, NJW-RR 2005, 214.
5 OLG Hamm v. 12.11.1982 – 26 W 19/82, OLGZ 1983, 89, 91 f.; Zöller/*Stöber*, § 164 ZPO Rz. 3.

kommen aber die **Anfechtung** des materiellrechtlichen Rechtsgeschäfts und in der Folge die Nichtigkeit des Vergleichs in Betracht (vgl. Rz. 19). Ist der Irrtum **beidseitig**, dürfte jedenfalls ein Antrag auf **Feststellung des eigentlich Gewollten** zulässig sein, zumindest in einem neuen Verfahren. Denn der Fall einer falsa demonstratio kann nicht schlechter behandelt werden als der mangels Bestimmtheit nicht vollstreckbare Titel (vgl. § 38 Rz. 14 f.).

b) Irrtum über die Annahme eines Vergleichsschlusses

18 Weiter kann sich das Gericht auch darüber irren, ob die Voraussetzungen eines Vergleichs überhaupt vorliegen, weil es entweder die Voraussetzungen (etwa die Schriftform der Vergleichsvorschläge nach § 278 Abs. 6 Satz 1 ZPO) oder den Inhalt der Schriftsätze verkennt. In der zivilprozessualen Literatur war streitig, wie diese Fälle zu behandeln sind. Während eine Auffassung dafür plädierte, die Unrichtigkeit des Beschlusses nach § 278 Abs. 6 Satz 2 ZPO durch **Fortsetzung des Verfahrens** geltend zu machen,[1] hielt die Gegenposition den Antrag auf **Berichtigung und bei ablehnender Entscheidung die sofortige Beschwerde** hiergegen für den richtigen Weg.[2] Jedenfalls für Verfahren nach dem FamFG scheint sich der Gesetzgeber entschieden zu haben, letztgenannte Möglichkeit zu eröffnen. Denn nach § 36 Abs. 4 können jegliche „Unrichtigkeiten in der Niederschrift oder in dem Beschluss über den Vergleich" ohne jede Einschränkung im Wege der Berichtigung nach § 164 ZPO behoben werden. Dies umfasst zwangsläufig auch die unrichtige Feststellung über das Zustandekommen eines Vergleichs, da darin ohne Zweifel eine Unrichtigkeit in der Niederschrift bzw. in dem Beschluss nach § 278 Abs. 6 Satz 2 ZPO liegt.

2. Inhaltliche Fehler

a) Materiellrechtliche Unwirksamkeit

aa) Gegenstände des bisherigen Verfahrens

19 Der Vergleich kann bei richtiger Protokollierung der abgegebenen Erklärungen auch daran kranken, dass mindestens eine davon materiellrechtlich unwirksam ist. Dies kann etwa auf **fehlende Geschäftsfähigkeit** bei Abschluss des Vergleichs[3] oder auf eine wirksame Anfechtung wegen **Willensmängeln**[4] zurückgehen, nicht aber auf einseitigen „Rücktritt",[5] ebenso wenig durch eine einvernehmliche Aufhebung des Vergleichs.[6] In diesem Falle ist auch der Vergleich unwirksam. In der Folge müssen, da die **verfahrensbeendigende Wirkung des Vergleichs entfällt**, die zuvor gestellten Anträge von dem Gericht beschieden werden, bei dem das Verfahren zuletzt anhängig war.[7] Verfolgt der

---

1 Zöller/*Greger*, § 278 ZPO Rz. 31.

2 Musielak/*Foerste*, § 278 ZPO Rz. 18; für eine Wahlmöglichkeit der Partei *Abramenko*, NJW 2003, 1356 (1357 f.).

3 BGH v. 22.12.1982 – V ZR 89/80, BGHZ 86, 184 (187).

4 Hierzu BGH v. 15.4.1964 – Ib ZR 201/62, BGHZ 41, 310 (311).

5 Hierzu s. BayObLG v. 4.3.1999 – 2 Z BR 16/99, FGPrax 1999, 99; anderes galt natürlich bei materiellrechtlich begründetem Rücktritt nach § 326 Abs. 1 Satz 2 BGB aF, s. BGH v. 15.4.1964 – Ib ZR 201/62, BGHZ 41, 310 (311).

6 BGH v. 15.4.1964 – Ib ZR 201/62, BGHZ 41, 310 (311).

7 BGH v. 15.4.1964 – Ib ZR 201/62, BGHZ 41, 310 (311); BGH v. 22.12.1982 – V ZR 89/80, BGHZ 86, 184 (187); BGH v. 16.12.1982 – VII ZR 55/82, BGHZ 86, 160 (164); BGH v. 4.5.1983 – VIII ZR 94/82, BGHZ 87, 227 (230); BGH v. 18.9.1996 – VIII ZB 28/96, NJW 1996, 3345 (3346); BGH v. 29.7.1999 – III ZR 272/98, NJW 1999, 2903; OLG Stuttgart v. 22.11.1983 – 8 W 328/83, OLGZ 1984, 131 (133); *Bassenge*/Roth, Einl. FGG Rz. 139.

Antragsteller sein Begehren zu Unrecht weiter, ist sein Antrag abzuweisen.[1] Gleiches gilt, wenn die Wirksamkeit des Vergleichs etwa nach einer Anfechtung gem. §§ 119, 123 BGB im Streit steht. Auch diese Frage muss durch **Fortsetzung des Verfahrens** geklärt werden.[2] Das Gericht stellt dann entweder mit Beschluss gem. §§ 38 ff., der mit den allgemeinen Rechtsmitteln (§§ 58 ff.) anfechtbar ist, die Wirksamkeit des Vergleichs unter Zurückweisung weiter gehender Anträge fest[3] oder entscheidet bei unwirksamen Vergleich über die ursprünglichen Anträge.

bb) Weitere, miterledigte Gegenstände

Die Fortsetzung des bisherigen Verfahrens ist allerdings nur möglich, wenn der Vergleich zumindest auch die dort anhängigen Verfahrensgegenstände betraf. Bezieht er weitere, noch nicht rechtshängige Ansprüche mit ein, so ist zu unterscheiden: Ist neben einem weiteren Gegenstand **auch derjenige des Verfahrens** betroffen, so ist das ursprüngliche Verfahren fortzusetzen.[4] Allerdings ist zu prüfen, ob wegen der weiteren Gegenstände der Amtsermittlungsgrundsatz gilt.[5] Betrifft die behauptete Unwirksamkeit des Vergleichs dagegen **ausschließlich verfahrensfremde Gegenstände**, so kann sie nicht im ursprünglichen Verfahren geltend gemacht werden. Hierfür bedarf es eines neuen Verfahrens. Je nach Verfahrensart ist dann im Zivilprozess auf Feststellung zu klagen bzw. im Verfahren nach dem FamFG die Feststellung zu beantragen, dass der Vergleich hinsichtlich dieser Gegenstände unwirksam ist.[6] War über die mitverglichenen Gegenstände bereits ein **anderer Rechtsstreit anhängig**, so ist die Frage nach der Wirksamkeit des Vergleichs durch Fortsetzung dieses Verfahrens zu klären.[7] 20

b) Mangelnde Bestimmtheit

Eines weiteren Verfahrens bedarf es dann, wenn dem Vergleich die Vollstreckbarkeit etwa mangels vollstreckbaren Inhalts oder korrekter Protokollierung abgeht. Dann kann er immer noch **materiellrechtliche Wirkung** entfalten. In diesem Fall ist er in einem neuen Verfahren als Anspruchsgrundlage heranzuziehen.[8] 21

c) Abänderung nach § 48 Abs. 1

Vergleiche können schließlich auch durch nachträgliche Veränderungen der materiellen Rechtslage widersprechen. Für gerichtliche Entscheidungen sieht § 48 Abs. 1 in vergleichbaren Fällen die Möglichkeit der Abänderung vor. Vergleiche hingegen unter- 22

1 BGH v. 5.10.1954 – V BLw 25/54, BGHZ 14, 381 (385); BGH v. 18.9.1996 – VIII ZB 28/96, NJW 1996, 3345 (3346).

2 BGH v. 22.12.1982 – V ZR 89/80, BGHZ 86, 184 (186 f.); BGH v. 29.7.1999 – III ZR 272/98, NJW 1999, 2903 (2903 f.); BayObLG v. 22.2.1990 – 2 Z 11/90, WE 1991, 199; BayObLG v. 4.3.1999 – 2 Z BR 16/99, FGPrax 1999, 99; Keidel/*Meyer-Holz*, Vor §§ 8–18 FGG Rz. 28; *Bumiller*/Winkler, § 12 FGG Rz. 26.

3 BayObLG v. 22.2.1990 – 2 Z 11/90, WE 1991, 199; Keidel/*Meyer-Holz*, Vor §§ 8–18 FGG Rz. 28; *Bassenge*/Roth, Einl. FGG Rz. 139.

4 OLG Stuttgart v. 22.11.1983 – 8 W 328/83, OLGZ 1984, 131 (133 f.).

5 OLG Stuttgart v. 22.11.1983 – 8 W 328/83, OLGZ 1984, 131 (134).

6 OLG Frankfurt v. 13.7.1983 – 3 WF 284/82, FamRZ 1984, 407 (408); Keidel/*Meyer-Holz*, Vor §§ 8–18 FGG Rz. 28; *Bumiller*/Winkler, § 12 FGG Rz. 26.

7 BGH v. 4.5.1983 – VIII ZR 94/82, BGHZ 87, 227 (231); Keidel/*Meyer-Holz*, Vor §§ 8–18 FGG Rz. 28.

8 BayObLG v. 27.4.2000 – 2 Z BR 187/99, ZMR 2000, 624 (626).

fallen § 48 Abs. 1 nach dem ausdrücklichen Wortlaut der Vorschrift nicht.[1] Hierin ist auch **keine unbewusste Regelungslücke** zu sehen. Denn in anderem Zusammenhang etwa in Art. 50 Nr. 30 (zu § 1696 BGB) berücksichtigt das FGG-RG die Änderung derartiger Titel wie Vergleiche durchaus. Da Vergleiche auf der privatautonomen Entscheidung der Beteiligten beruhen, scheidet eine Abänderung durch Richterspruch grundsätzlich aus. Es bleibt allenfalls der Rückgriff auf die allgemeinen Institute wie den **Wegfall der Geschäftsgrundlage.**[2] Eine günstigere Ausgangsbasis können sich die Beteiligten zudem dadurch verschaffen, dass sie sich die Abänderung unter bestimmten, bereits im Vergleich definierten Bedingungen vorbehalten.

§ 37
Grundlagen der Entscheidung

(1) Das Gericht entscheidet nach seiner freien, aus dem gesamten Inhalt des Verfahrens gewonnenen Überzeugung.

(2) Das Gericht darf eine Entscheidung, die die Rechte eines Beteiligten beeinträchtigt, nur auf Tatsachen und Beweisergebnisse stützen, zu denen dieser Beteiligte sich äußern konnte.

1 Vgl. schon zum alten Recht gegen eine Anwendbarkeit von § 18 FGG *Bassenge*/Roth, Einl. FGG Rz. 138; aA *Bumiller*/Winkler, § 18 FGG Rz. 2.

2 BayObLG v. 15.2.1966 – 1a Z 58/65, BayObLGZ 1966, 67 (72); *Bassenge*/Roth, Einl. FGG Rz. 138.

A. Entstehung und Inhalt der Norm

Abs. 1 beinhaltet den Grundsatz der freien richterlichen Beweiswürdigung. Die Regelung war im FGG nicht ausdrücklich enthalten. Der Sache nach galt dieser Grundsatz unstreitig aber auch im früheren Recht. Die Neuregelung stimmt nicht wörtlich, aber sachlich mit § 286 Abs. 1 ZPO, § 261 StPO und § 108 Abs. 1 VwGO überein. 1

Ebenfalls neu ist Abs. 2, der den Grundsatz des rechtlichen Gehörs (Art. 103 Abs. 1 GG) zum Ausdruck bringen soll. Diese Neuregelung ist dem § 108 Abs. 2 VwGO nachgebildet. 2

B. Systematische Stellung

§ 37 steht am Ende des 2. Abschnitts des Allgemeinen Teils über das Verfahren im ersten Rechtszug. Entgegen Standort und neutraler Überschrift regelt die Norm mit dem Grundsatz der freien Beweiswürdigung eine spezifisch beweisrechtliche Problematik und stellt damit zugleich den zentralen Dreh- und Angelpunkt des gesamten Beweisrechts dar. Insofern besteht ein unmittelbarer systematischer Zusammenhang mit den §§ 26 bis 31. Auch inhaltlich überrascht die Formulierung in Abs. 1, die im Gegensatz zu § 286 Abs. 1 ZPO den Bezugspunkt der Überzeugung (das Für-Wahr-Erachten) nicht im Normtext erwähnt hat. Die Gesetzesbegründung erwähnt ausdrücklich das Wahrheitskriterium als Bezugspunkt der Überzeugung,[1] verkennt dabei aber, dass die Formulierung des § 37 Abs. 1 bei einer Heranziehung von § 287 Abs. 1 ZPO auch so verstanden werden könnte, dass im Rahmen der freiwilligen Gerichtsbarkeit gerade keine volle Wahrheitsüberzeugung erforderlich sei. Dass dies freilich nicht gewollt war, zeigen die im Gesetz enthaltenen verschiedenartigen Abstufungen des Beweismaßes (vgl. Rz. 16 f.). Schließlich lässt sich gegen den neuen Normtext einwenden, dass die beiden Absätze sehr unterschiedliche Fragen ansprechen und im Grunde nicht in eine gemeinsame Norm passen. 3

C. Normzweck

In der Erkenntnis, dass die Jahrhunderte alte Bindung des Richters an Beweisregeln und die gesamte legale Beweistheorie des kanonischen und des gemeinen Prozesses gescheitert sind und scheitern mussten, regelt Abs. 1 die freie richterliche Beweiswürdigung, die seit dem 19. Jahrhundert einen allgemeinen Grundsatz des gesamten Prozessrechts darstellt. Sie gilt in allen Verfahrensordnungen unabhängig von den jeweils geltenden Verfahrensgrundsätzen. Mit dem subjektiven Maßstab der freien richterlichen Beweiswürdigung wird zugleich anerkannt, dass es im Prozess die Ermittlung der objektiven Wahrheit nicht gibt. Die subjektive Überzeugung des neutralen und unabhängigen Richters von der Wahrheit ist das beste Kriterium, was einer richterlichen Entscheidung zugrundegelegt werden kann. 4

Demgegenüber verfolgt Abs. 2 den Normzweck, den seit 1949 im gesamten deutschen Recht geltenden Grundsatz des rechtlichen Gehörs gem. Art. 103 Abs. 1 GG für das konkrete Verfahren noch einmal zu verdeutlichen und fruchtbar zu machen. Es geht in Abs. 2 ganz bewusst nicht darum, die einzelnen Wege zu beschreiben, auf denen 5

1 Begr. RegE, BT-Drucks. 16/6308, S. 194.

den betroffenen Beteiligten rechtliches Gehör zu gewähren ist. Vielmehr geht es um die Betonung des Grundsatzes, dass in irgendeiner Form das Äußerungsrecht der Beteiligten gewahrt werden muss.

D. Anwendungsbereich

6 § 37 Abs. 1 gilt in allen Verfahren der freiwilligen Gerichtsbarkeit, die im Rahmen des FamFG und außerhalb des FamFG geregelt sind. Die freie richterliche Beweiswürdigung gilt also für Amtsverfahren ebenso wie für Antragsverfahren, sie gilt für den Strengbeweis ebenso wie für den Freibeweis. Die Norm gilt für das erstinstanzliche Verfahren ebenso wie für die Beschwerdeinstanz und das Verfahren der Rechtsbeschwerde.

7 Formal findet die Norm keine Anwendung in Ehe- und Familienstreitsachen (vgl. § 113 Abs. 1). Insoweit gilt über die Verweisung des § 113 Abs. 1 Satz 2 die Norm des § 286 ZPO unmittelbar. Das macht freilich in der Sache keinen Unterschied.

8 Der Grundgedanke des rechtlichen Gehörs, wie er in Abs. 2 geregelt ist, findet dagegen nach seinem Wortlaut in der ZPO keine Entsprechung. Da es sich bei Abs. 2 aber nur um eine Wiederholung und Bekräftigung des allgemeinen verfassungsrechtlichen Grundsatzes des Art. 103 Abs. 1 GG handelt, gilt die Norm kraft höherrangigen Rechts in allen Verfahrensbereichen unmittelbar.

E. Freie Beweiswürdigung (Absatz 1)

I. Begriff und Umfang

9 Die Beweiswürdigung ist das Verfahren zur richterlichen Prüfung, ob ein Beweis gelungen ist. Kern dieses Grundsatzes ist also ein innerer Vorgang mit dem Ziel, dass der Richter sich eine **Überzeugung** vom tatsächlichen Geschehen verschafft. Grundlage dieser Würdigung ist der gesamte Inhalt des Verfahrens, also alle schriftlichen und mündlichen Vorgänge sowie alle Beweisführungen. Grundlage richterlicher Entscheidung sind also sämtliche Informationen, von denen das Gericht prozessordnungsgemäß Kenntnis erlangt hat. Ausgeschlossen bleibt das private Wissen des Richters. Ausgeschlossen bleiben ferner Erkenntnisse, die einem Beweisverwertungsverbot unterliegen. Dagegen unterliegt der freien Beweiswürdigung das gesamte Vorbringen der Beteiligten, alle Handlungen und Unterlassungen, der persönliche Eindruck der Beteiligten und ihrer Vertreter, auch das Schweigen auf Fragen und die Verweigerung bestimmter Antworten sowie verweigerte Mitwirkungspflichten oder die Vorenthaltung von Beweismitteln. Auch eine Abänderung des Vorbringens der Beteiligten im Laufe des Verfahrens kann das Gericht würdigend bewerten. In gleicher Weise kann und muss das Gericht sämtliche prozessordnungsgemäß gewonnenen Beweismittel würdigen, insbesondere auch das Verhalten von Auskunftspersonen und Zeugen.

10 Die Würdigung betrifft den **gesamten Inhalt** des Verfahrens, also den gesamten Inhalt der Akten, alle schriftlichen Gutachten, Vermerke, den gesamten Vortrag der Beteiligten sowie alle Ergebnisse der Beweisaufnahme. Die Würdigung bezieht sich insbesondere auf die Aufklärung möglicher Widersprüche, auf die Glaubwürdigkeit von Auskunftspersonen und Zeugen, sowie auf alle verweigerten oder unterlassenen Mitwirkungspflichten der Beteiligten.

Die Beweiswürdigung erstreckt sich auf alle **Tatsachen**, ebenso auf alle relevanten **Erfahrungssätze**. Abs. 1 bezieht sich nicht auf das anzuwendende Recht, auch nicht auf die in § 293 ZPO geregelten besonderen Bereiche (ausländisches Recht, statuarisches Recht, Gewohnheitsrecht). 11

II. Würdigung durch den Richter

Ganz bewusst überträgt Abs. 1 die Beweiswürdigung dem Gericht, also der Person des Einzelrichters oder dem Kollegium. Es kommt also allein auf die subjektive Einschätzung der zur Entscheidung berufenen Richter an. Diese müssen von den Tatsachenbehauptungen überzeugt sein. Ohne jede Bedeutung ist die Überzeugung dritter Personen oder einer vernünftigen Durchschnittsperson. Ebenso unvereinbar ist es mit dem Grundsatz der freien richterlichen Beweiswürdigung, eine objektive Erkenntnis zu verlangen. 12

Allerdings bedeutet die subjektive Würdigung durch den Richter nicht, dass es sich um ein rein subjektives Meinen oder Glauben des Richter handelt. Bei seiner eigenen Wahrnehmung (durch Augenschein oder Urkunden) und bei der Übernahme fremder Wahrnehmungen (durch Auskunftspersonen, Zeugen und Beteiligtenanhörung), schließlich bei der Übernahme fremder Fachkunde (durch Sachverständige) ist der Richter insoweit an **objektive Vorgaben** gebunden, als er die Denkgesetze, die zwingenden Erfahrungsgesetze sowie die Naturgesetze beachten muss. § 37 Abs. 1 verlangt also eine **vernünftige, sachgemäße und prozessordnungsgemäße Beweiswürdigung**. 13

III. Freiheit der Würdigung

Mit dem Grundsatz der Freiheit der Beweiswürdigung wird zum Ausdruck gebracht, dass der Richter nicht an gesetzliche Beweisregeln gebunden ist. Eine (seltene) Ausnahme gibt es nur dort, wo entsprechend der Regelung des § 286 Abs. 2 ZPO noch heute im Gesetz echte bindende Beweisregeln vorhanden sind (s. Rz. 18 f.). Der Richter unterliegt also keinem Zwang, welche Beweismittel er im Rahmen seiner Amtsermittlung und seiner freien Beweiswürdigung heranzieht. Er ist frei, die verschiedenen Beweismittel gegeneinander abzuwägen. Er ist im konkreten Fall nicht an einen bestimmten Beweiswert gebunden. Insbesondere ist er in der Beurteilung von Indizien frei.[1] So darf der Richter im Falle eines Vier-Augen-Gesprächs einem Beteiligten mehr Glauben schenken als einer Auskunftsperson oder einem Zeugen.[2] 14

Einen Verstoß gegen die Freiheit der richterlichen Beweiswürdigung würde es daher darstellen, wenn der Richter den Beweiswert eines bestimmten Beweismittels grundsätzlich geringer bewertete als andere Beweismittel oder umgekehrt in einer bestimmten Konstellation eine Bindung an ein bestimmtes Beweismittel annähme. 15

IV. Ziel der Würdigung

Nach dem Wortlaut der Norm ist Ziel der Würdigung zunächst die Überzeugung des Gerichts. Welchen Inhalt die Überzeugung im Einzelnen haben muss, bringt die Norm nicht zum Ausdruck. Hier ist § 286 Abs. 1 ZPO deutlicher, wenn er als Inhalt der 16

1 BGH v. 22.1.1991 – VI ZR 97/90, NJW 1991, 1894.
2 Vgl. dazu die Entscheidung des EGMR v. 27.10.1993 – 37/1992/382/460, NJW 1995, 1413.

Überzeugung verlangt, dass eine tatsächliche Behauptung „für wahr oder für nicht wahr zu erachten sei". Diese Anforderung an die richterliche Überzeugung, also das sog. **Beweismaß**, ist vom Vorgang der richterlichen Würdigung als solcher zu trennen. Das Beweismaß muss abstrakt-generell und damit rechtssatzmäßig geregelt sein. Im Einzelnen verlangt die richterliche Überzeugung nicht eine absolute persönliche Gewissheit. Der Begriff der Gewissheit stellt zu hohe Anforderungen an eine Person. Er lässt für geringste Zweifel keinen Raum. Dies verlangt das Gesetz nicht, wenn es im Rahmen von § 286 Abs. 1 ZPO davon spricht, dass etwas für wahr **zu erachten** ist. So ist im Rahmen von Kollegialentscheidungen völlig unstreitig, dass an die Stelle absoluter Gewissheit eine Mehrheitsentscheidung des Kollegiums tritt. Andererseits stellt richterliche Überzeugung durchaus hohe Anforderungen. Mit einer nur überwiegenden Wahrscheinlichkeit darf sich der Richter nicht begnügen. Er muss vielmehr im Rahmen des **Wahrheitskriteriums** die **volle Überzeugung** erlangen, dass die streitige Tatsachenbehauptung für wahr zu erachten ist. Nach der berühmten Formel des BGH in seiner Anastasia-Entscheidung[1] setzt die Überzeugung von der Wahrheit eine von allen Zweifeln freie Überzeugung des Gerichts nicht voraus. „Der Richter darf und muss sich in tatsächlich zweifelhaften Fällen mit einem für das praktische Leben brauchbaren Grad von Gewissheit begnügen, der den Zweifeln Schweigen gebietet, ohne sie völlig auszuschließen". Auch wenn das Wort des BGH vom Grad der Gewissheit unglücklich ist – Gewissheit ist ein absoluter Begriff, gemeint ist ein brauchbarer Grad der Beweisstärke – so drückt dieser viel zitierte Satz doch sehr schön aus, was vom Richter verlangt wird.

17 Eine absolute Sicherheit wird vom Richter nur dort erwartet, wo das Gesetz ausnahmsweise verlangt, dass etwas „offensichtlich" sei (vgl. §§ 34 Abs. 2, 276 Abs. 2). Einer solchen **Erhöhung des Beweismaßes** stehen Einzelfälle im Gesetz gegenüber, in denen das **Beweismaß vermindert** ist. Dies gilt insbesondere dort, wo eine Tatsachenbehauptung nur glaubhaft zu machen ist (vgl. § 31 und die dort genannten Fälle) oder wo ein bestimmter Vorgang nur anzunehmen oder zu besorgen ist oder in einer bestimmten Weise nur erscheint (vgl. §§ 33 Abs. 1, 34 Abs. 2, 76 Abs. 1 mit 118 Abs. 2 ZPO, 119 Abs. 2 mit 917 Abs. 1 ZPO, 214 Abs. 1, 278 Abs. 3 und Abs. 4, 308 Abs. 3, 319 Abs. 3).

V. Gesetzliche Beweisregeln

18 In Abweichung vom Grundsatz der freien Beweiswürdigung lässt § 286 Abs. 2 ZPO ausnahmsweise bindende Beweisregeln zu, sofern solche im Einzelnen ausdrücklich vorgesehen sind. § 286 Abs. 2 ZPO gilt im Falle des Strengbeweises gem. § 30 Abs. 1 auch für alle Verfahren der freiwilligen Gerichtsbarkeit. Die Norm gilt in Ehe- und Familienstreitsachen gem. § 113 Abs. 1 Satz 2 unmittelbar. Selbst darüber hinaus dürfte § 286 Abs. 2 ZPO einen allgemeinen Rechtsgrundsatz enthalten, der sogar im Rahmen des Freibeweises zu beachten ist.

19 Bindende gesetzliche Beweisregeln sind heute sehr selten. Bedeutsam sind noch immer die Beweisregeln im Rahmen des Urkundenbeweises (§§ 415 bis 418, 435, 438 Abs. 2 ZPO), im Rahmen des Grundbuchrechts ist auf die §§ 32 bis 35 GBO hinzuweisen.

---

1 BGH v. 17.2.1970 – III ZR 139/67, BGHZ 53, 245 = NJW 1970, 946.

VI. Anscheinsbeweis

Der Anscheinsbeweis (prima-facie-Beweis) ist in der gerichtlichen Praxis von großer Bedeutung. Er stellt eine Sonderform der Beweiswürdigung dar. Beim Anscheinsbeweis handelt es sich nicht um ein besonderes Beweismittel, sondern es geht um die Berücksichtigung der allgemeinen Lebenserfahrung durch den Richter im Rahmen der freien Beweiswürdigung (zu den Einzelheiten s. § 26 Rz. 55). Der Anscheinsbeweis ist auch in der freiwilligen Gerichtsbarkeit anzuwenden. Die Pflicht zur Amtsermittlung gem. § 26 enthebt das Gericht nicht der weiteren Verpflichtung, das Erfahrungswissen der Zeit sowie die Erkenntnisse über typische Geschehensabläufe im Rahmen der Beweiswürdigung zu verwenden. 20

F. Beweislast

I. Überblick

Im Zivilprozess und in jedem anderen Verfahren unter der Geltung der Verhandlungsmaxime (Beibringungsgrundsatz) ist zwischen subjektiver und objektiver Beweislast zu trennen. Die subjektive Beweislast (Beweisführungslast, formelle Beweislast) ist die den Beteiligten obliegende echte Last, durch eigenes Tätigwerden den Beweis streitiger Tatsachenbehauptungen zu führen, um einen Prozessverlust zu vermeiden. Die Beteiligten kommen einer solchen Last dadurch nach, dass sie Beweisanträge stellen und konkrete Beweismittel für ihre Behauptungen benennen. Eine solche subjektive Beweislast kann es nur in einem Verfahren mit Verhandlungsmaxime geben. Im Rahmen der freiwilligen Gerichtsbarkeit gilt aber der Amtsermittlungsgrundsatz gem. § 26. Dieser schließt das Bestehen einer subjektiven Beweislast ebenso wie einer Behauptungslast aus. Davon strikt abzutrennen sind die in jedem Verfahren relevanten Fragen der objektiven Beweislast. 21

II. Objektive Beweislast

Die objektive Beweislast (Feststellungslast, materielle Beweislast) gibt dem Richter Antwort auf die Frage, zu wessen Nachteil im Falle einer endgültigen Unklarheit (non liquet) die Entscheidung zu fällen ist. Die objektive Beweislast ist also keine Last im technischen Sinn. Denn der Begriff der Last setzt immer ein Handeln der Parteien voraus. Eine Regelung der objektiven Beweislast muss es zwingend in jedem Verfahren geben, da es niemals auszuschließen ist, dass trotz aller Bemühungen von Gericht und Beteiligten letztlich über eine entscheidungserhebliche Tatsachenbehauptung eine endgültige Unklarheit verbleibt. Die dann erforderliche Entscheidung nach den Regeln der objektiven Beweislast ist somit eine besondere Form gesetzlicher Risikoverteilung. Deshalb muss die objektive Beweislast in abstrakt-genereller Form und normativ festgelegt sein. 22

Auch wenn die objektive Beweislast keine Pflichten für die Beteiligten schafft, so wirkt sie doch auf das gesamte Verfahren ein. Im Rahmen der gem. § 27 möglichen Mitwirkungspflichten der Beteiligten und auch darüber hinaus hat die objektive Beweislast faktische Auswirkungen. Auch unter der Geltung des Amtsermittlungsgrundsatzes wird sich ein Beteiligter um die Aufklärung tatsächlicher Unklarheiten bemühen, wenn im Falle eines endgültigen non liquet die Entscheidung auf Grund der objektiven Beweislast zu seinen Lasten ausfällt. 23

III. Rechtsanwendung bei Beweislosigkeit

24 Auch in einem Verfahren mit Amtsermittlung kann es nicht ausgeschlossen werden, dass ein Sachverhalt nicht zu ermitteln ist und endgültig unklar bleibt. Auch in diesem Fall hat aber nach heute allgemein anerkannter Auffassung der Richter eine Pflicht zur Entscheidung. Da in diesem Falle der Richter nicht unter einen feststehenden Sachverhalt subsumieren kann, muss die Beweislast für ihn in Form einer Operationsregel eine methodische Anweisung zu einer Fiktion enthalten. Der Richter darf und muss den unklar gebliebenen Sachverhalt so behandeln, als wäre er geklärt worden.[1] Den Inhalt dieser Fiktion, also die Frage, ob der Richter den unklar gebliebenen Sachverhalt fiktiv als bewiesen oder als widerlegt ansehen soll, entscheiden die Beweislastnormen.

IV. Verteilung der Beweislast

25 Es ist heute anerkannt, dass die Verteilung der Beweislast abstrakt-generell zu erfolgen hat und auf einer normativen Entscheidung beruht. Die Beweislastverteilung ist also ein Akt gesetzgeberischer Entscheidung und nicht eine beliebig veränderbare richterliche Entscheidung des Einzelfalles. In manchen Fällen enthält das Gesetz ausdrückliche Beweislastnormen. Darüber hinaus ist heute allgemein anerkannt, dass auch die gesetzlichen Vermutungen iSv. § 292 ZPO Beweislastregeln darstellen. Soweit solche konkreten normativen Regelungen nicht vorhanden sind, gilt die allgemein anerkannte **Grundregel**, wonach derjenige die Beweislast für rechtsbegründende Tatbestandsmerkmale trägt, der eine bestimmte Rechtsfolge begehrt, während der Anspruchsgegner für die rechtshindernden, rechtsvernichtenden und rechtshemmenden Merkmale die Beweislast trägt.[2] Dabei ergibt sich die Einordnung der materiell-rechtlichen Tatbestandsmerkmale als rechtsbegründend, rechtsvernichtend oder rechtshemmend aus der jeweiligen Qualifizierung des materiellen Rechts. Dagegen bilden die rechtshindernden Merkmale keine eigene materiell-rechtliche Kategorie, sondern nur eine aus Zweckmäßigkeitsgründen vorgenommene Zusammenfassung all derjenigen Sondernormen der Beweislastverteilung, bei denen rechtsbegründenden Tatbestandsmerkmale abweichend von der Grundregel der Beweislastverteilung dem Anspruchsgegner beweislastmäßig zugewiesen sind. Die praktisch wichtigste Hilfe bei der Ermittlung dieser Beweislastverteilung durch den Gesetzgeber bildet die sprachliche und satzbaumäßige Formulierung der Normen. Im Verhältnis von rechtsbegründende und rechtshindernden Tatbestandsmerkmalen verwendet der Gesetzgeber ein sprachlich bedingtes Regel-Ausnahme-Schema.[3] Angesichts der grundsätzlich normativ festgelegten Beweislastverteilung muss der vielfach verwendete Begriff der **Beweislastumkehr** in der Weise verstanden werden, dass die Umkehr der objektiven Beweislast eine abstrakte Abweichung des Richters von gesetzlichen Vorgaben der Beweislastverteilung darstellt. Eine solche Abweichung ist nur auf Grund einer **Rechtsfortbildung** möglich. Eine solche Abweichung des Richters von der gesetzlichen Ausgangslage darf also nicht im Einzelfall geschehen, sondern sie muss ihrerseits auf einer abstrakt-generellen Regelbildung beruhen und von den Voraussetzungen methodisch korrekter Rechtsfortbildung getragen sein.[4]

---

1 Zu den Einzelheiten vergl. *Prütting*, Gegenwartsprobleme der Beweislast, 1983, S. 167 ff.

2 Zu den Einzelheiten dieser grundsätzlichen Beweislastverteilung vgl. Baumgärtel/Laumen/*Prütting*, Handbuch der Beweislast, Grundlagen, 2009, § 5 V.

3 Vgl. zu den Einzelheiten MüKo.ZPO/*Prütting*, § 286 Rz. 114 ff.

4 Vgl. zu den Einzelheiten *Baumgärtel/Laumen/Prütting*, Handbuch der Beweislast, Grundlagen, 2009, § 19.

G. Rechtliches Gehör und Äußerungsrecht (Absatz 2)

I. Grundlagen

Der Gesetzgeber hat in § 37 Abs. 2 und darüber hinaus im Einzelnen in den §§ 33, 34 Anhörungsrechte der Parteien und Anhörungspflichten des Gerichts niedergelegt. Ausweislich der Gesetzesmaterialien wollte der Gesetzgeber insbesondere durch § 37 Abs. 2 die Gewährleistung des rechtlichen Gehörs gem. Art. 103 Abs. 1 GG für die Beteiligten garantieren.[1] Dabei bleibt allerdings unberücksichtigt, dass das in Abs. 2 genannte Äußerungsrecht nur einen Teil des rechtlichen Gehörs ausmacht. Nach der berühmten Formel des BVerfG zum rechtlichen Gehör garantiert dieses über das Äußerungsrecht der Beteiligten hinaus die Verpflichtung des Gerichts, die jeweiligen Äußerungen „zur Kenntnis zu nehmen und in Erwägung zu ziehen".[2] Damit ist Abs. 2 ebenso wie § 108 Abs. 2 VwGO nur im Ansatz mit der Gewährung rechtlichen Gehörs verknüpft. Dies ist deshalb wenig problematisch, weil Art. 103 Abs. 1 GG unstreitig im gesamten Verfahren der freiwilligen Gerichtsbarkeit unmittelbar gilt. Er bedarf an sich keiner Umsetzung in einfaches Gesetzesrecht. Andererseits ist zu bedenken, dass das FGG ursprünglich aus dem Jahre 1898 herrührte und damals unstreitig erhebliche Lücken und Mängel gerade auch in Gehörsfragen aufwies. Die heutige Gesetzeslage im FamFG hat zweifellos auch den Zweck, den an sich selbstverständlichen Grundsatz der Gewährung rechtlichen Gehörs in Abgrenzung zum früheren FGG im heutigen Recht ganz besonders zu betonen. 26

II. Geltungsumfang

Art. 103 Abs. 1 GG gilt unmittelbar in allen Bereichen des Verfahrens der freiwilligen Gerichtsbarkeit. Er gilt ebenfalls unmittelbar in Ehe- und Familienstreitverfahren. Soweit § 37 Abs. 2 ebenso wie die §§ 33, 34 in den Ehe- und Familienstreitverfahren gem. § 113 Abs. 1 nicht anzuwenden sind, muss dies der Richter im Rahmen der mündlichen Verhandlung durch die §§ 128 ff., 272 ff. ZPO ausgleichen (vgl. insbesondere §§ 136 Abs. 3 und 4, 139, 141 Abs. 1, 273 Abs. 2 und 4, 278 Abs. 2 Satz 3 und Abs. 3, 279 Abs. 3 ZPO). 27

III. Gehörsrüge

Soweit einem Beteiligten nicht ausreichend rechtliches Gehör gewährt wird, besteht nach § 44 und nahezu wortgleich nach § 321a ZPO die Möglichkeit, Abhilfe durch Fortführung des Verfahrens im Wege der Gehörsrüge zu verlangen. Zu den Einzelheiten vgl. § 44. 28

Die Gehörsrüge des § 44 setzt voraus, dass ein Rechtsmittel oder ein Rechtsbehelf gegen die angegriffene Entscheidung nicht mehr möglich ist. Wird also der Anspruch eines Beteiligten auf rechtliches Gehör verletzt, so stellt dies grundsätzlich einen Verfahrensfehler dar, der nach allgemeinen gesetzlichen Vorschriften mit einem statthaften Rechtsmittel oder Rechtsbehelf zunächst gerügt werden kann. 29

1 Begr. RegE, BT-Drucks. 16/6308, S. 194.
2 BVerfG v. 14.6.1960 – 2 BvR 86/60, BVerfGE 11, 218 (220); BVerfG v. 14.7.1998 – 1 BvR 1640/97, BVerfGE 98, 218 (263); BVerfG v. 10.1.2000 – 1 BvR 1398/99, BVerfG NJW 2000, 1480 (1483).

IV. Träger des Anspruchs

30 Träger des Anspruchs auf rechtliches Gehör sind zunächst die Beteiligten. Dabei ist der Begriff der Beteiligten iSv. § 7 Abs. 1 bis Abs. 3 heranzuziehen. Wie allerdings § 7 Abs. 6 zeigt, können gesetzliche Anhörungsrechte und -pflichten sowie Auskunftsrechte und -pflichten über den Bereich der Beteiligten hinausgehen. Solche Personen werden durch eine Anhörung nicht zu Beteiligten.

31 Die Beteiligtenfähigkeit gem. § 8 lässt erkennen, dass neben natürlichen und juristischen Personen auch sonstige Vereinigungen, Personengruppen und Einrichtungen beteiligtenfähig sein können, darüber hinaus auch Behörden. Daher steht auch diesen Gruppierungen und den Behörden rechtliches Gehör zu, soweit sie im konkreten Fall Beteiligte sind.

32 Soweit Art. 103 Abs. 1 GG das rechtliche Gehör „jedermann" gewährt, bedeutet dies nach früherem wie nach heutigem Recht nicht, dass dadurch der Kreis der Beteiligten erweitert würde.[1]

33 Die konkrete Ausübung des Rechts auf Gehör im Einzelnen durch einen Beteiligten hängt davon ab, ob er auch verfahrensfähig ist (§ 9). Ein Nicht-Verfahrensfähiger übt das Recht auf rechtliches Gehör durch seinen gesetzlichen Vertreter aus.

V. Umfang des rechtlichen Gehörs

1. Grundsatz

34 Es ist heute anerkannt, dass die Gewährung rechtlichen Gehörs in vier Schritten zu erfolgen hat.[2] Im Einzelnen gewährt das rechtliche Gehör den Beteiligten ein Recht auf Orientierung und weiterhin ein Recht auf Äußerung, ferner die Pflicht des Gerichts zur Kenntnisnahme und schließlich die Pflicht des Gerichts, die Äußerungen der Beteiligten in Erwägung zu ziehen.

2. Recht auf Orientierung

35 Das Recht der Beteiligten auf Orientierung bedeutet im Einzelnen, dass sie zunächst vom Verfahren zu benachrichtigen sind (vgl. insbesondere § 7 Abs. 4). Darüber hinaus sind die Äußerungen anderer Verfahrensbeteiligter mitzuteilen (vgl. §§ 15, 23 Abs. 2). Schließlich ist auch das Recht auf Akteneinsicht (§ 13) ein Teil des Rechts auf Orientierung für die Beteiligten.

3. Recht auf Äußerung

36 Das ebenfalls aus dem rechtlichen Gehör erwachsende Recht auf Äußerung beinhaltet zunächst die Möglichkeiten, Anträge zu stellen und Ausführungen zu machen (vgl. insbesondere §§ 23, 24, 25). Dies ist die aktive Seite des Rechts auf Äußerung. Damit in unmittelbarem Zusammenhang steht aber auch eine passive oder negative Komponente dieses Rechts auf Äußerung. Denn das Gericht darf seiner Entscheidung nur

1 Vgl. *Bettermann*, JZ 1962, 675.

2 Zum Folgenden im Einzelnen *Waldner*, Der Anspruch auf rechtliches Gehör, 2. Aufl. 2000, S. 13 ff.

solche Tatsachen und Beweisergebnisse zugrunde legen, zu denen sich die Beteiligten äußern konnten (§ 37 Abs. 2). Dabei hat das Gericht zur Wahrung rechtlichen Gehörs die Pflicht zur persönlichen Anhörung der Beteiligten (§ 34 Abs. 1). Ferner ist es als Teil des Rechts auf Äußerung anzusehen, dass die Beteiligten Tatsachenbehauptungen aufstellen und dafür Beweise anbieten. Dabei sind Gegenstände des Äußerungsrechts nicht nur Tatsachenbehauptungen aller Art, sondern auch Beweismittel und Beweisergebnisse sowie Rechtsausführungen. Umgekehrt ist es Teil dieses verfassungsrechtlichen Anspruchs, dass die Beteiligten nicht durch rechtliche Auffassungen des Gerichts überrascht werden. Eine **Überraschungsentscheidung** des Gerichts wäre also zugleich ein Verstoß gegen den Grundsatz des rechtlichen Gehörs (vgl. § 28 Abs. 1 Satz 2).

4. Pflicht zur Kenntnisnahme

Weit über die Pflichten der §§ 34 Abs. 1, 37 Abs. 2 zu den Äußerungsrechten der Beteiligten hinaus hat das Gericht die Verpflichtung, alle tatsächlichen und rechtlichen Äußerungen der Beteiligten zur Kenntnis zu nehmen. Kenntnisnahme ist dabei zunächst ein innerer Vorgang, wonach das Gericht das Vorbringen der Beteiligten anhört und den Beteiligten dabei seine volle und ungeteilte Aufmerksamkeit zuwendet. Kenntnisnahme kann ebenso wie Äußerung in mündlicher, schriftlicher und jeder sonstigen Form vorgenommen werden. 37

5. Pflicht zur Erwägung

Nach der berühmten Formel des BVerfG muss das Gericht die Äußerungen der Beteiligten „zur Kenntnis nehmen und in Erwägung ziehen".[1] Das Verlangen, dass das Gericht ein bestimmtes Vorbringen in Erwägung ziehen muss, beinhaltet also mehr als eine Kenntnisnahme, vielmehr eine Berücksichtigungspflicht von Äußerungen der Beteiligten. Dabei kann die Pflicht zur Berücksichtigung allerdings nur in einem formalen Sinn verstanden werden, dass das Gericht auf zulässiges Vorbringen eine gewisse Reaktion zeigen muss. Rechtliches Gehör kann dagegen kein Recht zur erfolgreichen Berücksichtigung bedeuten. So muss das Gericht zwar zu erkennen geben, dass es die zur Kenntnis genommen Äußerungen auch tatsächlich in seine Erwägungen mit einbezogen hat. Insofern enthält das rechtliche Gehör zugleich eine gewisse Mindestpflicht des Gerichts zur Begründung seiner Entscheidung (vgl. § 38 Abs. 3). Dies bedeutet freilich nicht, dass das Gericht nicht im Einzelfall Tatsachenvortrag und ebenso Rechtausführungen der Beteiligten übergehen darf, soweit es sie nicht für erheblich hält. 38

6. Einwirkungen der Amtsermittlung

Für den Anspruch auf rechtliches Gehör ist es ohne Bedeutung, in welcher Weise erhebliches Vorbringen in das Verfahren eingeführt worden ist. Auch Tatsachen, die das Gericht selbst auf Grund des Amtsermittlungsgrundsatzes in das Verfahren eingeführt hat (§ 26), muss es zum Gegenstand der Erörterung mit den Beteiligten machen. **Beschränkungen des rechtlichen Gehörs** kommen nur in engen Grenzen in Betracht. Dies gilt einmal für den Bereich einstweiliger Anordnungen (vgl. etwa § 301 Abs. 1). Es 39

1 BVerfG v. 14.6.1960 – 2 BvR 96/60, BVerfGE 11, 218 (220); BVerfG v. 14.7.1998 – 1 BvR 1640/97, BVerfGE 98, 218 (263); BVerfG v. 10.1.2000 – 1 BvR 1398/99, BVerfG NJW 2000, 1480 (1483).

gilt darüber hinaus vor allem in Fällen, in denen die Einschränkung durch den Schutz eines Beteiligten geboten ist (§§ 157 Abs. 2 Satz 2, 159 Abs. 3). Schließlich kann im Einzelfall eine Einschränkung des rechtlichen Gehörs im Interesse der Wahrheitsfindung geboten sein (vgl. §§ 157 Abs. 2 Satz 2, 159 Abs. 3, 160 Abs. 2 Satz 2 und Abs. 3).

Abschnitt 3
Beschluss

§ 38
Entscheidung durch Beschluss

(1) Das Gericht entscheidet durch Beschluss, soweit durch die Entscheidung der Verfahrensgegenstand ganz oder teilweise erledigt wird (Endentscheidung). Für Registersachen kann durch Gesetz Abweichendes bestimmt werden.

(2) Der Beschluss enthält

1. die Bezeichnung der Beteiligten, ihrer gesetzlichen Vertreter und der Bevollmächtigten;

2. die Bezeichnung des Gerichts und die Namen der Gerichtspersonen, die bei der Entscheidung mitgewirkt haben;

3. die Beschlussformel.

(3) Der Beschluss ist zu begründen. Er ist zu unterschreiben. Das Datum der Übergabe des Beschlusses an die Geschäftsstelle oder der Bekanntgabe durch Verlesen der Beschlussformel (Erlass) ist auf dem Beschluss zu vermerken.

(4) Einer Begründung bedarf es nicht, soweit

1. die Entscheidung auf Grund eines Anerkenntnisses oder Verzichts oder als Versäumnisentscheidung ergeht und entsprechend bezeichnet ist,

2. gleichgerichteten Anträgen der Beteiligten stattgegeben wird oder der Beschluss nicht dem erklärten Willen eines Beteiligten widerspricht oder

3. der Beschluss in Gegenwart aller Beteiligten mündlich bekannt gegeben wurde und alle Beteiligten auf Rechtsmittel verzichtet haben.

(5) Absatz 4 ist nicht anzuwenden:

1. in Ehesachen, mit Ausnahme der eine Scheidung aussprechenden Entscheidung;

2. in Abstammungssachen;

3. in Betreuungssachen;

4. wenn zu erwarten ist, dass der Beschluss im Ausland geltend gemacht werden wird.

(6) Soll ein ohne Begründung hergestellter Beschluss im Ausland geltend gemacht werden, gelten die Vorschriften über die Vervollständigung von Versäumnis- und Anerkenntnisentscheidungen entsprechend.

A. Entstehungsgeschichte und Normzweck

§ 38 gehört zu den Neuerungen des FamFG, die an Stelle der lückenhaften und verstreuten Regelungen des FGG eine systematisch befriedigende Kodifikation setzen wollen. Dies erschien hinsichtlich der Entscheidung des Gerichts besonders dringlich. Eine einheitliche Regelung der Entscheidungsform fehlte im FGG.[1] Es enthielt lediglich über das Gesetz verteilt Bestimmungen zu einzelnen Aspekten der Entscheidung. Zudem war die Terminologie hierzu uneinheitlich – das FGG sprach ohne klare begriffliche Differenzierung ua. von Verfügungen, Anordnungen und Beschlüssen[2] –, und es wurde nicht zwischen verfahrensleitenden Verfügungen, sonstigen Zwischenentscheidungen und der Entscheidung, die die Instanz abschloss, unterschieden. § 38 Abs. 1 bestimmt für letztere nun als einheitliche Entscheidungsform den **Beschluss**,[3] wobei Abs. 1 Satz 2 für Registersachen Abweichungen zulässt. Zudem wird unter- 1

1 So zutreffend BT-Drucks. 16/6308, S. 195.
2 Hierzu BT-Drucks. 16/6308, S. 195.
3 BT-Drucks. 16/6308, S. 195.

schieden zwischen Entscheidungen, die die Instanz beenden, und Zwischenentscheidungen, die nicht der Vorschrift unterfallen.[1]

2 Die Regelungen zum **Inhalt der Entscheidungen** im Einzelnen (§ 38 Abs. 2 bis 6) lehnen sich eng an die Vorschriften der ZPO zum erstinstanzlichen Urteil an. So übernimmt § 38 Abs. 2 die Vorschriften zum Rubrum des Urteils erster Instanz (§ 313 Abs. 1 Nr. 1, 2 und 4 ZPO) ohne inhaltliche Modifikation. Für den **Aufbau der Entscheidung** weicht § 38 Abs. 3 von der Gliederung in Tatbestand und Entscheidungsgründe (§ 313 Abs. 1 Nr. 5, 6 ZPO) ab. Stattdessen sieht § 38 Abs. 3 Satz 1 eine Begründungspflicht ohne nähere Vorgaben vor. Das Erfordernis der Unterschrift unter dem Beschluss in § 38 Abs. 3 Satz 2 entspricht inhaltlich § 315 Abs. 1 Satz 1 ZPO. Die Regelungen dazu, dass die Übergabe des Beschlusses an die Geschäftsstelle bzw. sein Verlesen zu protokollieren sind (§ 38 Abs. 3 Satz 3), entsprechen mit den gebotenen Modifikationen für das Verfahren nach dem FamFG § 315 Abs. 3 Satz 1 ZPO. § 38 Abs. 4 sieht **Ausnahmen von der Begründungspflicht** vor. Nur § 38 Abs. 4 Nr. 2 stellt eine spezifische Regelung für Verfahren nach dem FamFG vor. Hingegen greifen § 38 Abs. 4 Nr. 1 und 3 auf die Vorbilder der §§ 313a Abs. 2, 313b Abs. 1 ZPO zurück. Die Rückausnahmen vom Wegfall der Begründungspflicht in § 38 Abs. 5 Nr. 1, 2 und 4 entsprechen zivilprozessualen Vorbildern in § 313a Abs. 4 Nr. 1, 3 und 5 ZPO. Hinzugefügt wurde eine entsprechende Regelung für Betreuungssachen (§ 38 Abs. 5 Nr. 3). § 38 Abs. 6 entspricht § 313a Abs. 5 ZPO.

B. Inhalt der Vorschrift

I. Entscheidung „durch Beschluss“

1. Bezeichnung

a) Neue Terminologie

3 Nach § 38 Abs. 1 Satz 1 hat das Gericht Entscheidungen, die die Instanz beenden „durch Beschluss“ zu treffen. Dies gibt zunächst die richtige Bezeichnung der Entscheidung wieder. Die früher zulässigerweise verwendete abweichende Terminologie, also die Bezeichnung etwa als „Verfügung“, „Anordnung“ oÄ ist nach neuem Recht nicht mehr gesetzeskonform. Dies gilt auch in Verfahren des **einstweiligen Rechtsschutzes**, auch wenn das Gesetz die dort zu treffenden Entscheidungen als „einstweilige Anordnungen“ zusammenfasst. Denn es handelt sich im Gegensatz zum früheren Recht um eigenständige Verfahren, die sich gem. § 51 Abs. 2 Satz 1 „nach den Vorschriften, die für eine entsprechende Hauptsache gelten“, also auch nach § 38 Abs. 1 richten. Zudem macht der Gesetzgeber – wenn auch an etwas versteckter Stelle – selbst klar, das die Entscheidung in Verfahren nach §§ 49 ff. durch Beschluss erfolgt. Denn § 53 Abs. 1 spricht davon, dass die einstweilige Anordnung nur dann der Vollstreckungsklausel bedarf, „wenn die Vollstreckung für oder gegen einen anderen als den in dem *Beschluss* bezeichneten Beteiligten erfolgen soll“. Daraus geht hervor, dass auch einstweilige Anordnungen in der Form eines Beschlusses zu erlassen sind.

1 BT-Drucks. 16/6308, S. 195.

b) Überschrift der Entscheidung

4 Diese Art der Entscheidung durch Beschluss ist wie beim Urteil im Kopf der Entscheidung anzugeben. Im Gegensatz zu jenem ergeht dieser aber in Ermangelung einer § 311 Abs. 1 ZPO entsprechenden Regelung nicht „im Namen des Volkes". Üblicherweise folgt dann eine **Eingangsformel**, die die Art des Streits bezeichnet, also etwa „In der Familiensache", „In der Betreuungssache", „In der Nachlasssache" oÄ.

c) Sonderformen der Entscheidung

5 Wie im Zivilprozess kommen auch im Verfahren nach dem FamFG eine Vielzahl von Sonderformen der Entscheidung in Betracht, die auch in deren Bezeichnung ihren Niederschlag finden müssen. Entscheidet das Gericht etwa nur einen abtrennbaren Teil oder nur über den Grund der Sache, muss dies durch Teilbeschluss bzw. Grundbeschluss geschehen. Die abschließende Entscheidung des Verfahrens ist dann folgerichtig als **Schlussbeschluss** zu bezeichnen. Soweit nunmehr auch in Verfahren nach dem FamFG eine Entscheidung auf Grund Anerkenntnisses, Verzichts oder Säumnis möglich ist (s. §§ 38 Abs. 4 Nr. 1, 113 Abs. 1),[1] sind diese Entscheidungen nunmehr folgerichtig als **Anerkenntnis-, Verzicht- oder Versäumnisbeschluss** zu kennzeichnen.[2] Zwingend dürfte diese Bezeichnung aber wie im Zivilprozess nur dann sein, wenn es sich um abgekürzte Entscheidungen nach § 38 Abs. 4 Nr. 1 handelt.[3]

2. Fehler in der Bezeichnung

6 Die fehlerhafte Bezeichnung ändert am Wesen der Entscheidung nichts. Selbst im formstrengeren Zivilprozess gehört die Bezeichnung als „Urteil" nicht zu den formalen Voraussetzungen der Entscheidung.[4] Auch ein falsch bezeichneter Beschluss behält die Rechtsnatur einer Endentscheidung in der Hauptsache. Sofern die gewählte Bezeichnung aber einer anderen Entscheidungsform entspricht, dürfen den Beteiligten hieraus keine Nachteile erwachsen. Insoweit gilt der Grundsatz der **Meistbegünstigung.**[5] Entscheidet das erstinstanzliche Gericht etwa durch Urteil in einer Sache, für die die kürzeren Rechtsmittelfristen des § 63 Abs. 2 gelten, so kann diese Entscheidung auch nach deren Ablauf noch mit der Berufung angegriffen werden. Bei fehlerhafter Bezeichnung einer besonderen Beschlussart gilt hinsichtlich der Rechtsmittel der Meistbegünstigungsgrundsatz.[6] Ein etwa fehlerhaft als Beschluss bezeichneter Versäumnisbeschluss nach § 142 Abs. 1 Satz 2 kann daher sowohl mit dem Einspruch nach § 143 als auch mit der Beschwerde angegriffen werden.[7] Dies gilt allerdings nicht, wenn die Bezeichnung nicht (wie im Fall des § 38 Abs. 4 Nr. 1) zwingend vorgesehen

1 S. BT-Drucks. 16/6308, S. 195.
2 Vgl. *Kemper*, FamRB 2008, 345 (350).
3 Vgl. BGH v. 3.2.1988 – IVb ZB 4/88, FamRZ 1988, 945.
4 OLG Oldenburg v. 27.9.1990 – 4 U 69/90, MDR 1991, 159 (160); Zöller/*Vollkommer*, § 313 ZPO Rz. 3; anders OLG Hamm v. 18.1.1994 – 19 U 142/93, NJW-RR 1995, 186 (187) bei der Bezeichnung als „Urteil" statt als „Versäumnisurteil".
5 BGH v. 3.11.1998 – VI ZB 29/98, VersR 1999, 638 (639); OLG Hamm v. 18.1.1994 – 19 U 142/93, NJW-RR 1995, 186; Zöller/*Vollkommer*, § 313 ZPO Rz. 1.
6 Vgl. BGH v. 13.12.2001 – IX ZR 306/00, NJW 2002, 1500 (1501); Zöller/*Vollkommer*, § 313 ZPO Rz. 1.
7 Vgl. BGH v. 3.11.1998 – VI ZB 29/98, VersR 1999, 638 (639); OLG Hamm v. 18.1.1994 – 19 U 142/93, NJW-RR 1995, 186.

ist (vgl. Rz. 5) und aus der Begründung klar hervorgeht, dass auf Grund der Säumnis entschieden wurde.[1]

3. Ausnahmen in Registersachen

7 Von dem in § 38 Abs. 1 Satz 2 vorgesehenen Vorbehalt einer abweichenden Entscheidungsmöglichkeit in Registersachen hat der Gesetzgeber in § 382 Abs. 1 Gebrauch gemacht.[2] Danach erfolgt die stattgebende Entscheidung durch Eintragung in das Register. Einer Begründung bedarf dies nicht. Lediglich die ablehnende Entscheidung ergeht nach § 382 Abs. 3 in Form eines Beschlusses, der den allgemeinen Regeln auch hinsichtlich der Begründung folgt.

II. Rubrum des Beschlusses

1. Angabe der Beteiligten, ihrer gesetzlichen Vertreter und Bevollmächtigten (Abs. 2 Nr. 1)

a) Beteiligte

8 Den formellen Mindestinhalt des Beschlusses bestimmt § 38 Abs. 2.[3] Der erstinstanzliche Beschluss hat nach § 38 Abs. 2 Nr. 1 zunächst die Beteiligten anzugeben. Anders als im Zivilprozess sind also nicht nur diejenigen, die **unmittelbar gegeneinander gerichtete Anträge** stellen, aufzuführen, sondern etwa im Verfahren um den Versorgungsausgleich auch der Träger der Versorgungslast. Denn der Begriff der Beteiligten korrespondiert mit der Definition in § 7. Sofern der Streit nur zwischen einigen Beteiligten ausgefochten wird und die anderen nur zur Gewährung rechtlichen Gehörs am Verfahren beteiligt sind, empfiehlt sich die früher in Wohnungseigentumssachen geübte Praxis, wonach erstere als Antragsteller und Antragsgegner, die übrigen als **„weitere Beteiligte"** im Rubrum aufzuführen sind. Dies gilt auch für Dritte, die etwa bewusst ohne Vollmacht für einen Beteiligten auftreten.[4] Im Übrigen übernimmt die Regelung wörtlich § 313 Abs. 1 Nr. 1 ZPO mit Ausnahme der zivilprozessualen Terminologie „Parteien", die der Verfahrensordnung entsprechend durch den Begriff der „Beteiligten" ersetzt wurde. Folglich kann auch die zivilprozessuale Rechtsprechung insoweit übernommen werden. Die Angabe der Beteiligten erfordert demgemäß deren Bezeichnung, die ihre **Individualisierung** zweifelsfrei ermöglicht.[5] Ist eine Firma beteiligt, bedarf es der Angabe des Inhabers.[6] Denn nicht diese ist Beteiligte; der Kaufmann handelt vielmehr unter seiner Firma. Maßgeblich ist der Firmeninhaber zurzeit der Zustellung des Antrags. Die fehlerhafte Bezeichnung eines Beteiligten ist jedenfalls so lange unschädlich, wie der tatsächlich gemeinte im Wege der **Auslegung** ermittelt werden kann.[7] Ein derartiger Fehler kann im Wege der Beschlussberichtigung nach § 42 korrigiert werden.[8]

1 BGH v. 3.2.1988 – IVb ZB 4/88, FamRZ 1988, 945; ähnlich BGH v. 3.11.1998 – VI ZB 29/98, VersR 1999, 638 (639).
2 BT-Drucks. 16/6308, S. 195.
3 BT-Drucks. 16/6308, S. 195.
4 OLG Karlsruhe v. 1.2.1996 – 2 WF 155, 158/95, FamRZ 1996, 1335 f.
5 BayObLG v. 26.7.2001 – 2 Z BR 73/01, FGPrax 2001, 189.
6 Zöller/*Vollkommer*, § 313 ZPO Rz. 4.
7 BGH v. 27.2.2004 – IXa ZB 162/03, Rpfleger 2004, 362 f.; BGH v. 18.11.2004 – III ZR 97/03, MDR 2005, 530; Zöller/*Vollkommer*, § 313 ZPO Rz. 4.
8 Vgl. zur Berichtigung nach § 319 ZPO BGH v. 18.11.2004 – III ZR 97/03, MDR 2005, 530 f. (sehr weit gehend); Zöller/*Vollkommer*, § 313 ZPO Rz. 4.

Liegt nicht nur eine unzutreffende Bezeichnung, sondern die fehlerhafte Einbeziehung eines nicht zu Beteiligenden vor, ist die Entscheidung insoweit falsch. Dies ist unschädlich, sofern die Beteiligung nur der Gewährung rechtlichen Gehörs zur Wahrung seiner rechtlichen Belange diente. Wurde aber der Falsche zu einer Leistung verpflichtet oder umgekehrt diese einem nicht Berechtigten zugesprochen, ist die Entscheidung wie im Zivilprozess unrichtig. Eine bloße **Berichtigung** nach § 42 kommt dann nicht in Betracht. Sie ist auf eine Beschwerde hin abzuändern, wobei allenfalls eine subjektive Antragsänderung in Betracht kommt.[1]

b) Gesetzliche Vertreter

9 Die Bezeichnung der gesetzlichen Vertreter ist zunächst bei Minderjährigen erforderlich. Gleiches gilt für juristische Personen und Personengesellschaften, ebenso für Gesellschaften bürgerlichen Rechts. Grundsätzlich sind alle gesetzlichen Vertreter bzw. geschäftsführenden Gesellschafter zu nennen. Dies kann bei größeren Gesellschaften bürgerlichen Rechts, aber schon bei Versicherungsgesellschaften in erhebliche Schreibarbeit ausarten. Jedenfalls bei Gesamtvertretungsberechtigung (vgl. § 170 Abs. 3 ZPO) dürfte die Nennung des Vorstandsvorsitzenden bzw. eines **Gesamtvertretungsberechtigten** unschädlich sein. Bei öffentlich-rechtlichen Körperschaften ist die Vertretungsbehörde zu nennen (vgl. § 9 Abs. 3; 10 Abs. 2 Satz 2 Nr. 1),[2] in Verfahren gegen eine Wohnungseigentümergemeinschaft (also den teilrechtsfähigen Verband) deren Vertreter gem. § 27 Abs. 3 Satz 1 Nr. 1 WEG. Die (unrichtige) Bezeichnung ist auch für die Kostenfestsetzung und Zwangsvollstreckung maßgeblich, sofern sie nicht berichtigt wird.

c) Verfahrensbevollmächtigte

10 Zu nennen sind ferner die Bevollmächtigten der Beteiligten. Soweit sie ausweislich der vorgelegten Vollmacht durch **mehrere Mitglieder einer Sozietät** vertreten sind, soll die Nennung eines von ihnen, etwa des Unterzeichners der Antragsschrift oder des Terminsvertreters, nicht genügen.[3] Allerdings müssen nicht alle Rechtsanwälte größerer Sozietäten aufgeführt werden; jedenfalls die **Kurzbezeichnung**, unter der die Sozietät selbst auftritt, reicht stets aus. Im Übrigen wird hier regelmäßig zumindest im Wege der Auslegung feststehen, wer Verfahrensbevollmächtigter ist. Eine unrichtige Angabe in der Entscheidung ist zwar nach § 42 zu berichtigen, steht aber einer wirksamen Zustellung bzw. schriftlichen Bekanntgabe nach § 15 Abs. 2 FamFG iVm. § 172 ZPO nicht entgegen, wenn diese an den Bevollmächtigten erfolgt.[4] Sofern ein Empfangsbekenntnis zurückgesandt wird, sind Fehler in jedem Falle geheilt.[5]

1 Vgl. BGH v. 14.7.1994 – IX ZR 193/93, MDR 1994, 1142; BGH v. 12.12.2006 – I ZB 83/06, ZMR 2007, 286 (287); OLG Frankfurt v. 26.6.1990 – 11 U 72/89, NJW-RR 1990, 1471; OLG Zweibrücken v. 11.12.1997 – 3 W 199/97, FGPrax 1998, 46; Zöller/*Vollkommer*, Vor § 50 ZPO Rz. 9.

2 Vgl. BGH v. 18.11.2004 – II ZR 97/03, MDR 2005, 530 f. (wo die Auslegung allerdings sehr weit getrieben wird); Zöller/*Vollkommer*, § 313 ZPO Rz. 4.

3 Zöller/*Vollkommer*, § 313 ZPO Rz. 4; weniger streng wohl Baumbach/*Hartmann*, § 313 ZPO Rz. 6.

4 Zöller/*Vollkommer*, § 313 ZPO Rz. 4.

5 BGH v. 30.9.1980 – V ZB 8/80, VersR 1981, 57; OLG Frankfurt v. 7.1.2000 – 20 W 591/99, NJW 2000, 1653 (1654).

2. Bezeichnung des Gerichts und der mitwirkenden Gerichtspersonen (Abs. 2 Nr. 2)

11 Wie im Zivilprozess ist im Rubrum ferner das Gericht zu nennen, das die Entscheidung trifft (§ 38 Abs. 2 Nr. 2). Das erfordert, sofern das LG zuständig ist, auch die Nennung des Spruchkörpers (also 1. ZK, KfH).[1] Eine spezielle Funktionszuweisung in der gerichtsinternen Geschäftsverteilung muss nicht angegeben werden, auch nicht in zweiter Instanz („Beschwerdekammer" oÄ). Erforderlich ist ferner die Angabe der Gerichtspersonen, also des Rechtspflegers oder der mitwirkenden Richter.[2] Sofern diese im **Kopf des Beschlusses** fehlen, ist dies zwar fehlerhaft, aber unschädlich, wenn kein Zweifel besteht, dass es sich bei den unterzeichnenden um die mitwirkenden Gerichtspersonen handelt.[3]

3. Beschlussformel (Abs. 2 Nr. 3)

a) Keine Entscheidung „auf Grund der mündlichen Verhandlung"

12 Schließlich hat der Beschluss die Beschlussformel zu enthalten. Diese korrespondiert mit der „Urteilsformel", also dem Tenor. Anders als im Zivilprozess beschließt das Gericht in Verfahren nach dem FamFG nicht „auf Grund der mündlichen Verhandlung", da diese nach § 32 Abs. 1 Satz 1 nicht obligatorisch ist und vor allem nicht die (theoretisch) einzige Grundlage der Entscheidung darstellt (vgl. § 32 Rz. 7 f.). § 313 Abs. 1 Nr. 3 ZPO wurde daher nicht in § 38 Abs. 2 übernommen, weshalb eine entsprechende Angabe vor der Beschlussformel falsch ist.

b) Inhalt der Beschlussformel

aa) Verpflichtung in der Hauptsache und Kostentragung

13 Das Gericht entscheidet in der Hauptsache und über die Kostentragung. Während es über letztere stets von Amts wegen zu befinden hat (§§ 81 ff.), ist dies beim Hauptausspruch nur in Amtsverfahren der Fall. In Antragsverfahren begrenzt der **Antrag** die mögliche Verpflichtung durch das Gericht. Nach dem Rechtsgedanken des § 308 Abs. 1 ZPO darf das Gericht hierüber nicht hinausgehen. Unzulässige oder unbegründete Anträge werden zurückgewiesen, wobei für erstere der Zusatz „als unzulässig" unschädlich, aber nicht erforderlich ist.[4] Gleichgültig, ob das Gericht einem Antrag bzw. – in Amtsverfahren – einer **Anregung** stattgibt oder die begehrten Maßnahmen nicht erlässt, sind Begründungselemente etwa zur Grundlage eines Anspruchs im Tenor überflüssig.[5] Über die Kosten entscheidet das Gericht auch ohne Antrag nach den Vorgaben der §§ 80 ff. **von Amts wegen**. Über die **vorläufige Vollstreckbarkeit** hat das Gericht nicht zu befinden, da diese kraft Gesetzes eintritt (§ 86 Abs. 2). Einer Entscheidung über die Zulassung von Rechtsmitteln bedarf es nur in vermögensrechtlichen Angelegenheiten bei Nichterreichen des Mindestbeschwerdewertes (§ 61 Abs. 3; vgl. § 61 Rz. 8 ff.). Ansonsten hat das erstinstanzliche Gericht auch im Falle der zulassungsbedürftigen Sprungrechtsbeschwerde hierüber nicht zu befinden; ein gleichwohl ergehender Ausspruch ist wirkungslos (vgl. § 75 Rz. 10).

---

1 Die Übertragung auf den Einzelrichter sieht das FamFG in der ersten Instanz nicht vor (s. § 61 Rz. 19), so dass die im Zivilprozess erforderliche Angabe des Richters „als Einzelrichter" hier keine praktische Rolle spielt.

2 BGH v. 22.12.1976 – IV ZR 11/76, FamRZ 1977, 124.

3 BGH v. 22.12.1976 – IV ZR 11/76, FamRZ 1977, 124.

4 Baumbach/*Hartmann*, § 313 ZPO Rz. 12; strenger für den Zivilprozess Zöller/*Vollkommer*, § 313 ZPO Rz. 9.

5 Vgl. Zöller/*Vollkommer*, § 313 ZPO Rz. 8; ähnlich Baumbach/*Hartmann*, § 313 ZPO Rz. 12.

bb) Bestimmtheit der Beschlussformel

14 Der Tenor enthält den kraft staatlicher Autorität vollstreckbaren, gestaltenden oder feststellenden Ausspruch des Gerichts. Im Falle der Verpflichtung zu einer bestimmten Leistung muss diese genau bezeichnet sein. Ein Tenor, der dahin geht, dass einem Antrag stattgegeben wird, ist ein grober Fehler. Der Leistungsbefehl muss ausdrücklich ausgesprochen werden, wobei sich die Formel, dass ein Beteiligter „verurteilt" wird, mangels Entscheidung in Urteilsform nicht empfiehlt. Üblich war in Verfahren nach dem FGG die Formulierung, dass ein Beteiligter zu einer bestimmten Leistung **„verpflichtet"** wird, woran auch nach neuem Recht festgehalten werden kann. Die Verpflichtung muss hinreichend bestimmt sein.[1] Dies bedeutet, dass das Vollstreckungsorgan ohne Lektüre der Begründung oder sonstiger Aktenbestandteile wissen muss, welche Leistung beim verpflichteten Beteiligten zu vollstrecken ist.[2] Allerdings kann der Tenor insbesondere bei Umständen, die mit Worten kaum zu beschreiben sind (etwa die Zuweisung bestimmter Räumlichkeiten innerhalb eines Hauses im Verfahren nach § 200),[3] auf Pläne oÄ **Bezug nehmen**.[4] Diese sind dann Bestandteil des Tenors, ohne dass es der körperlichen Verbindung der Urschrift mit der Anlage zwingend bedarf.[5] Entsprechendes wie für die Verpflichtung zu bestimmten Leistungen gilt für **Unterlassungen**. Der Antragsgegner muss aus dem Tenor klar erkennen können, welche Handlungen er zu unterlassen hat.[6] Die bloße Wiedergabe des Textes einer Verbotsnorm genügt daher nicht.[7] Nach diesen Maßstäben ist bei einer **Zinsverpflichtung** ein variabler Zinssatz nicht hinreichend bestimmt, sofern es sich nicht um die gesetzlichen Verzugszinsen nach § 288 BGB handelt.[8] Es soll bei Verzugszinsen ferner die Angabe „Prozent*punkte* über dem Basiszinssatz" erforderlich sein.[9] Aber hier ist die „richtige" Lesart dem Tenor so selbstverständlich im Wege der Auslegung zu entnehmen, dass die Praxis darauf keine Silbe verschwendet.[10]

15 Erfüllt der Beschlusstenor diese Anforderungen nicht, so ist zunächst zu prüfen, ob ihm eine vollstreckbare Anordnung zumindest im Wege der **Auslegung** zu entnehmen ist.[11] Ist dies nicht der Fall, so fehlt ihm die Vollstreckbarkeit.[12] Der Beschluss ist daher auf Beschwerde hin abzuändern. Ohne Rechtsmittel erwächst er nicht in materielle Rechtskraft. Dem Gläubiger bleibt dann nur ein **Antrag auf Feststellung der nicht hinreichend bestimmten Verpflichtung in einem weiteren Verfahren**.[13] Selbstverständlich muss die Beschlussformel den gesamten Verfahrensstoff abdecken. Dies

---

1 BGH v. 14.10.1999 – I ZR 117/97, BGHZ 142, 388, 391; Zöller/*Vollkommer*, § 313 ZPO Rz. 8.
2 Zöller/*Vollkommer*, § 313 ZPO Rz. 8; *Musielak*, § 313 ZPO Rz. 6; ähnlich Baumbach/*Hartmann*, § 313 ZPO Rz. 11.
3 Zur Möglichkeit einer Teilung der Ehewohnung vgl. Soergel/*Lange*, § 1361b BGB Rz. 4.
4 BGH v. 9.5.1985 – I ZR 52/83, BGHZ 94, 276 (291); BGH v. 14.10.1999 – I ZR 117/97, BGHZ 142, 388 (391).
5 BGH v. 9.5.1985 – I ZR 52/83, BGHZ 94, 276 (291 f.); BGH v. 14.10.1999 – I ZR 117/97, BGHZ 142, 388 (392 f.).
6 BGH v. 2.4.1992 – I ZR 131/90, NJW 1992, 1691 (1692); OLG Köln v. 10.1.2003 – 16 Wx 221/02, ZMR 2003, 706 f.; Zöller/*Vollkommer*, § 313 ZPO Rz. 8.
7 BGH v. 2.4.1992 – I ZR 131/90, NJW 1992, 1691 (1692).
8 OLG Frankfurt v. 12.11.1991 – 5 U 207/90, NJW-RR 1992, 684 (685); Zöller/*Vollkommer*, § 313 ZPO Rz. 8.
9 *Hartmann*, NJW 2004, 1358 (1358 f.); Zöller/*Vollkommer*, § 313 ZPO Rz. 10.
10 So richtig OLG Hamm v. 5.4.2005 – 21 U 149/04, NJW 2005, 2238 (2239).
11 So der Sache nach schon RG v. 28.6.1884 – Rep. I. 109/84, RGZ 15, 422 f.; BGH v. 14.10.1999 – I ZR 117/97, BGHZ 142, 388 (391); Zöller/*Vollkommer*, § 313 ZPO Rz. 8.
12 Zöller/*Vollkommer*, § 313 ZPO Rz. 8.
13 BGH v. 14.10.1999 – I ZR 117/97, BGHZ 142, 388 (393); Zöller/*Vollkommer*, § 313 ZPO Rz. 8.

erfordert bei nur teilweiser Stattgabe im Antragsverfahren eine Zurückweisung „im Übrigen". Anderenfalls ist der Tenor unvollständig und muss nach § 43 ergänzt werden.[1]

III. Begründung der Entscheidung

1. Sachverhalt

a) Unstreitiger Sachverhalt

16 Der Gesetzgeber hat in Fortführung des früheren Rechts bewusst davon abgesehen, den Aufbau einer Entscheidung in Verfahren nach dem FamFG näher zu regeln.[2] Deswegen enthält § 38 keine Regelung, die § 313 Abs. 1 Nr. 5, 6, Abs. 2, 3 ZPO entspricht. Die Entscheidung nach § 38 muss demnach **nicht** formal in **Tatbestand und Entscheidungsgründe unterteilt** werden. Die gerichtliche Darstellung des Sach- und Streitstandes liefert somit auch keinen Beweis gem. § 314 ZPO für das Vorbringen der Beteiligten. Gleichwohl sind an eine Entscheidung im Verfahren nach dem FamFG inhaltlich eher noch höhere Anforderungen zu stellen als an ein Zivilurteil. Denn im Gegensatz zu diesem muss sie nicht nur den Beteiligten[3] und dem Rechtsmittelgericht,[4] sondern noch weiteren Beteiligten und häufig – etwa in Fragen des familienrechtlichen Status oder in Betreuungssachen – Dritten wie Behörden Aufschluss darüber geben, wie das Gericht zu seiner Entscheidung kam. Gerade angesichts der Möglichkeit einer Abänderung nach § 48 Abs. 1 muss dies uU noch nach Jahren nachvollziehbar sein. Allerdings sind insbesondere weitschweifige Darstellungen der Beteiligten nicht zur Gänze wiederzugeben.[5] Das Gericht muss zunächst den **unstreitigen Sachverhalt** darlegen. Dieser kann sich aus dem Vorbringen der Beteiligten ergeben, aber insbesondere in nichtkontradiktorischen Verfahren wie Betreuungs- und Unterbringungssachen auch aus Ermittlungen des Gerichts, gegen deren Ergebnis sich der Betroffene nicht wendet. Da selbst im Zivilurteil das Fehlen tatsächlicher Ausführungen im Tatbestand durch entsprechende **Angaben in den Entscheidungsgründen** überwunden wird,[6] spielt ihre Einordnung im Beschluss gem. § 38 erst recht keine Rolle. Tatsachendarstellungen innerhalb der rechtlichen Begründung sind ausreichend.

b) Bestrittener Sachverhalt

17 Des Weiteren muss die Entscheidung erkennen lassen, wenn der vom Gericht letztlich der Entscheidung zugrunde gelegte Sachverhalt von einem Beteiligten bestritten wurde. Dies kommt sowohl in Antrags- als auch **Amtsverfahren** – selbst ohne Gegner – in Betracht. So hält sich derjenige, für den eine Betreuung angeordnet wird, oftmals in keiner Weise für außer Stande, seine Angelegenheiten zu regeln. Auch hier muss

---

1 Zöller/*Vollkommer*, § 313 ZPO Rz. 8.

2 BT-Drucks. 16/6308, S. 195; vgl. zum alten Recht OLG Köln v. 10.1.2000 – 16 Wx 193/99, NJW-RR 2000, 969 f.

3 OLG Saarbrücken v. 25.2.1993 – 6 UF 2/93 VA, FamRZ 1993, 1098 (1099); OLG Köln v. 1.2.2005 – 4 UF 138/04, FamRZ 2005, 1921; OLG Brandenburg v. 8.2.2005 – 9 UF 240/04, FamRZ 2006, 129 (130).

4 BVerwG v. 10.12.1976 – VI C 12/76, MDR 1977, 604; OLG Köln v. 1.2.2005 – 4 UF 138/04, FamRZ 2005, 1921.

5 OLG Hamm v. 8.11.1993 – 8 U 37/93, NJW-RR 1995, 510.

6 BGH v. 25.4.1991 – I ZR 232/89, MDR 1992, 188; BGH v. 9.3.2005 – VIII ZR 381/03, NJW-RR 2005, 962 (963); Zöller/*Vollkommer*, § 313 ZPO Rz. 11.

insbesondere für die Beschwerdeinstanz nachvollziehbar sein, warum das erstinstanzliche Gericht bestimmte Tatsachen für beweisbedürftig hielt, wofür das Vorbringen des Betroffenen von erheblicher Bedeutung sein kann. In **echten Streitsachen** besteht inhaltlich kein Unterschied zu den Anforderungen an ein Zivilurteil. Hier kann die dortige Gliederung (in der Reihenfolge unstreitiges Vorbringen, Antragstellervorbringen, Anträge, Antragsgegnervorbringen) meist unverändert übernommen werden. Wie im Zivilprozess kommt es für die Frage, ob bestimmte Tatsachen unstreitig sind, nicht auf die Stichhaltigkeit des Vorbringens oder darauf an, ob ein Beteiligter seiner Mitwirkungspflicht genügte. Dies sind Umstände, die der Überzeugungsbildung des Gerichts angehören und deshalb in der Begründung gewürdigt werden müssen.[1]

c) Anträge und Verfahrensgeschichte

Jedenfalls im Antragsverfahren sind die **zuletzt gestellten Anträge** wie im Zivilprozess wiederzugeben.[2] Frühere Anträge sind nur dann in der Prozessgeschichte mitzuteilen, wenn sie für die Entscheidung, etwa über die Kosten, noch von Bedeutung sind. Anträge zu den Kosten oder zur Vollstreckbarkeit müssen nicht wiedergegeben werden, da sie entweder von Amts wegen oder gar nicht beschieden werden müssen (vgl. auch Rz. 13).[3] Die Verfahrensgeschichte ist nur insoweit darzustellen, als sie für die Entscheidung noch relevant ist.[4] Dies betrifft insbesondere das Ergebnis einer Beweisaufnahme und versehentlich entgegen § 28 Abs. 3 nicht aktenkundig gemachte Hinweise. 18

d) Bezugnahmen

Bezugnahmen etwa auf das tatsächliche und rechtliche Vorbringen der Beteiligten,[5] 19
frühere Entscheidungen[6] oder auf relevante Entscheidungen anderer Gerichte oder Behörden, etwa zu Vorfragen der Beschwerdeentscheidung, sind grundsätzlich zulässig. Praktisch nicht zu vermeiden ist die Bezugnahme auf das Ergebnis einer **Beweisaufnahme**, da die Wiedergabe von Zeugenaussagen oder sachverständigen Stellungnahmen eine überflüssige Schreibarbeit darstellen und das schnelle Verständnis der Entscheidung sogar beeinträchtigen würde. Das Gericht darf aber seine eigene Entscheidung nicht in Form einer Bezugnahme treffen; etwa eine bloße Verweisung auf die Stellungnahme einer Behörde, zB des Jugendamts, genügt zur Begründung des Beschlusses nicht.[7] Zudem müssen Bezugnahmen ihrem Umfang nach klar gekennzeichnet sein.[8] **Pauschale Bezugnahmen** genügen nicht.[9] Insbesondere der summarische Verweis auf sämtliche Schriftsätze der Beteiligten ist wie im Zivilprozess bedeutungslos.[10] Als Vorbild kann insoweit § 313 Abs. 2 Satz 2 ZPO dienen, wonach „wegen der Einzelheiten des Sach- und Streitstandes" auf Schriftsätze, Protokolle und andere Dokumente ver-

1 Vgl. Zöller/*Vollkommer*, § 313 ZPO Rz. 13; weniger streng Baumbach/*Hartmann*, § 313 ZPO Rz. 22.
2 BGH v. 25.4.1991 – I ZR 232/89, MDR 1992, 188.
3 Vgl. Zöller/*Vollkommer*, § 313 ZPO Rz. 15.
4 Zöller/*Vollkommer*, § 313 ZPO Rz. 17; Baumbach/*Hartmann*, § 313 ZPO Rz. 23.
5 Vgl. BGH v. 7.12.1995 – III ZR 141/93, NJW-RR 1996, 379.
6 BGH v. 16.12.1987 – IVb ZB 124/87, NJW-RR 1988, 836 (837).
7 OLG Köln v. 20.2.2001 – 25 UF 180/00, FamRZ 2002, 337; *Bumiller*/Winkler, § 25 FGG Rz. 13; ebenso für den Zivilprozess Zöller/*Vollkommer*, § 313 ZPO Rz. 19.
8 BayObLG v. 5.12.1996 – 2 Z BR 61/96, NJW-RR 1997, 396 (397).
9 BayObLG v. 5.2.1998 – 3 Z BR 486/97, NJW-RR 1998, 1014 f.
10 Zöller/*Vollkommer*, § 313 ZPO Rz. 11 u. 18; *Musielak*, § 313 ZPO Rz. 8; weniger streng Baumbach/*Hartmann*, § 313 ZPO Rz. 16; vgl. zum FGG OLG Köln v. 10.1.2000 – 16 Wx 193/99, NJW-RR 2000, 969 (970), wonach nur „eine ergänzende konkrete Bezugnahme zulässig ist".

wiesen werden kann. Es empfiehlt sich daher eine kurze Inhaltsangabe des Schriftstücks und eine Bezugnahme nur auf die Einzelheiten. Ein in Bezug genommenes Dokument muss den Beteiligten aber wegen § 37 Abs. 2 jedenfalls dann aus Gründen des rechtlichen Gehörs bekannt sein, wenn das Gericht seine Entscheidung hierauf stützt. Den Rechtsmittelinstanzen wird größere Freiheit bei der Bezugnahme auf die Vorentscheidung eingeräumt.[1] Allerdings ist bei dieser Praxis darauf zu achten, dass es nicht zu Widersprüchen mit eigenen Tatsachenfeststellungen kommt, da dann die Entscheidungsgrundlage für das Rechtsbeschwerdegericht nicht mehr erkennbar ist.[2]

2. Begründung der getroffenen Entscheidung (Abs. 3 Satz 1)

a) Anforderungen an die Begründung

20 Schließlich bedarf die Entscheidung nach § 38 Abs. 3 Satz 1 der Begründung im engeren Sinne, also der Darlegung, warum das Gericht bestimmte Tatsachen für erwiesen hält und wie es diese rechtlich würdigt. Ist der Sachverhalt streitig, bedarf dies einer Würdigung der vorgetragenen Tatsachen[3] und in der Regel, sofern das Vorbringen eines Beteiligten nicht mangels Mitwirkung bei der Ermittlung des Sachverhalts (§ 27) ungenügend bleibt, der Würdigung der erhobenen Beweise. Selbstverständlich hat das Gericht den festgestellten Sachverhalt rechtlich zu würdigen. Dies erfordert die Angabe der vom Gericht **für einschlägig befundenen Normen**[4] und die **Subsumtion** des festgestellten Sachverhalts. Die rechtliche Würdigung muss zumindest so ausführlich sein, dass die Beteiligten die tragenden Erwägungen des Gerichts nachvollziehen können.[5] Dies gilt auch für Berechnungen, etwa im Rahmen des Versorgungsausgleichs.[6] Die bloße Rekonstruierbarkeit genügt nicht.[7] Auch der Computerausdruck etwa eines Programms zur Berechnung von Kosten oder Forderungshöhe genügt nicht.[8] Bei **Auslandsberührung** muss erkennbar sein, welches Recht das Gericht angewendet hat.[9] Allerdings muss sich das Gericht nicht in wissenschaftlicher Tiefe mit jeder Position zu einer Rechtsfrage beschäftigen oder gar erkennbar fehlerhafte Rechtsansichten eines Beteiligten bescheiden.[10] Geht es allerdings nicht auf einen aktuellen, höchstrichterlich noch nicht entschiedenen Streit ein, dessen Bedeutung für die Entscheidung von einem Beteiligten ausdrücklich hervorgehoben wurde, so übergeht es den **wesentlichen Kern des Vorbringens** und verletzt den Anspruch auf rechtliches Gehör.[11] Die

1 OLG Köln v. 2.10.1992 – 2 Wx 33/92, NJW 1993, 1018; OLG Köln v. 10.1.2000 – 16 Wx 193/99, NJW-RR 2000, 969 (970).

2 Vgl. BGH v. 9.3.2005 – VIII ZR 381/03, NJW-RR 2005, 962, 963.

3 Zöller/*Vollkommer*, § 313 ZPO Rz. 22.

4 MüKo.ZPO/*Musielak*, § 313 ZPO Rz. 19; weniger streng Zöller/*Vollkommer*, § 313 ZPO Rz. 19.

5 OLG Saarbrücken v. 25.2.1993 – 6 UF 2/93 VA, FamRZ 1993, 1098, 1099; OLG Köln v. 1.2.2005 – 4 UF 138/04, FamRZ 2005, 1921.

6 OLG Saarbrücken v. 25.2.1993 – 6 UF 2/93 VA, FamRZ 1993, 1098 (1099).

7 OLG Saarbrücken v. 25.2.1993 – 6 UF 2/93 VA, FamRZ 1993, 1098 (1099).

8 OLG Zweibrücken v. 12.6.2003 – 6 WF 91/03, FamRZ 2004, 1735.

9 BGH v. 21.12.1962 – I ZB 27/62, BGHZ 39, 333 (339); BGH v. 3.5.1988 – X ZR 99/86, NJW 1988, 3097.

10 BVerfG v. 25.2.1994 – 2 BvR 50, 122/93, NJW 1994, 2279; BVerfG v. 16.6.1995 – 2 BvR 382/95, NJW-RR 1995, 1033 (1034).

11 BVerfG v. 25.2.1994 – 2 BvR 50, 122/93, NJW 1994, 2279; BVerfG v. 16.6.1995 – 2 BvR 382/95, NJW-RR 1995, 1033 (1034); BGH v. 6.12.2006 – XII ZB 99/06, FamRZ 2007, 275 (276 f.); OLG Schleswig v. 15.7.1999 – 13 UF 4/99, NJWE-FER 2000, 240; OLG Köln v. 1.2.2005 – 4 UF 138/04, FamRZ 2005, 1921 (1922).

Drei-Wochen-Frist des § 315 Abs. 2 Satz 1 ZPO für die Absetzung der Entscheidung gilt im Verfahren nach dem FamFG nicht. Auch eine lange Zeitspanne zwischen Termin und Absetzung der Entscheidung rechtfertigt allein die Aufhebung einer Entscheidung nach § 38 nicht.[1]

b) Fehler der Begründung

Das gänzliche Fehlen einer Begründung ist ein schwerwiegender Mangel. Er rechtfertigt nach dem Rechtsgedanken von § 547 Nr. 6 ZPO, einer auch im Verfahren nach dem FamFG zu beachtenden Vorschrift (vgl. § 72 Abs. 3), die Aufhebung der angegriffenen Entscheidung und die **Zurückverweisung** der Sache,[2] soweit die weiteren Voraussetzungen des § 69 Abs. 1 Satz 2 und 3 vorliegen. Entscheidungsgründe fehlen nicht nur dann, wenn die Entscheidung insgesamt nicht begründet ist. Es genügt, wenn Teile der Entscheidung nicht begründet wurden.[3] Gleiches gilt beim völligen **Fehlen der Beweiswürdigung**.[4] Im Zivilprozess wird ferner ein Fehlen der Entscheidungsgründe angenommen, wenn diese auf das Vorbringen der Parteien erkennbar nicht eingehen oder unverständlich, widersprüchlich oder verworren bzw. grob unvollständig sind.[5] Von einem Fehlen der Gründe soll auch auszugehen sein, wenn bei einem Fall mit Auslandsberührung nicht erkennbar ist, ob deutsches oder ausländisches Recht angewendet wurde.[6] 21

Wird die Beschlussformel von der Begründung nicht getragen, weil sie etwa unzureichend oder unrichtig ist, so ist die Entscheidung nur fehlerhaft und kann durch **Rechtsmittel** korrigiert werden.[7] Bei Widersprüchen zwischen Begründung und Tenor ist grundsätzlich letzterer maßgebend.[8] Denn er enthält den für die Vollstreckungsorgane maßgeblichen Auftrag. Sinngemäß gilt das Gesagte auch bei rechtsgestaltenden oder feststellenden Beschlüssen, die keinen vollstreckungsfähigen Inhalt haben. 22

3. Unterschriften der mitwirkenden Gerichtspersonen (Abs. 3 Satz 2)

Die Urschrift des Beschluss ist von allen Gerichtspersonen, also von den Richtern, die hieran mitgewirkt haben, oder von dem Rechtspfleger zu unterschreiben.[9] Die Unterschrift des Vorsitzenden genügt nicht. Die Unterschriften dokumentieren die Überein- 23

1 BayObLG v. 5.5.2004 – 2 Z BR 269/03, ZMR 2004, 764 f. (wo ein Zeitraum von 22 Monaten verstrichen war), vgl. § 32 Rz. 8.

2 Vgl. noch zum alten Recht BayObLG v. 5.5.2004 – 2 Z BR 269/03, ZMR 2004, 765; zum Zivilprozess BGH v. 21.12.1962 – I ZB 27/62, BGHZ 39, 333 (337); BGH v. 25.4.1991 – I ZR 232/89, MDR 1992, 188; OLG Schleswig v. 15.7.1999 – 13 UF 4/99, NJWE-FER 2000, 240; OLG Brandenburg v. 23.4.2003 – 10 WF 100/02, FamRZ 2004, 651; OLG Köln v. 1.2.2005 – 4 UF 138/04, FamRZ 2005, 1921 (1922).

3 BGH v. 21.12.1962 – I ZB 27/62, BGHZ 39, 333 (337); OLG Brandenburg v. 8.2.2005 – 9 UF 240/04, FamRZ 2006, 129 f.

4 BGH v. 21.12.1962 – I ZB 27/62, BGHZ 39, 333 (338).

5 BGH v. 21.12.1962 – I ZB 27/62, BGHZ 39, 333 (337); BayVerfGH v. 22.7.2005 – Vf. 72-VI-04 NJW 2005, 3771 (3772); BVerwG v. 10.12.1976 – VI C 12/76, MDR 1977, 604; OLG Frankfurt v. 31.11.1983 – 17 U 89/83, MDR 1984, 322 f.; Zöller/*Vollkommer*, § 313 ZPO Rz. 19.

6 BGH v. 3.5.1988 – X ZR 99/86, NJW 1988, 3097.

7 BGH v. 21.12.1962 – I ZB 27/62, BGHZ 39, 333 (338).

8 BGH v. 15.6.1982 – VI ZR 179/80, NJW 1982, 2257; BGH v. 13.5.1997 – VI ZR 181/96, NJW 1997, 3447 (3448); BGH v. 11.7.2001 – XII ZR 270/99, FamRZ 2002, 1706 (1707); BGH v. 12.9.2002 – IX ZR 66/01, NJW 2003, 140 (141); Zöller/*Vollkommer*, § 313 ZPO Rz. 8.

9 BT-Drucks. 16/6308, S. 195; vgl. zum Zivilurteil BGH v. 23.10.1997 – IX ZR 249/96, NJW 1998, 609; Zöller/*Vollkommer*, § 313 ZPO Rz. 25.

stimmung des schriftlich Niedergelegten mit dem Willen des Spruchkörpers und die Urheberschaft der Unterzeichner. Soweit die Materialien als Funktion der Unterschrift ferner die Abgrenzung der Entscheidung vom Entwurf nennen,[1] ist dies unzutreffend. Auch eine unterschriebene Fassung ist noch Entwurf und kann bis zum Erlass von dem Spruchkörper abgeändert werden[2] (vgl. Rz. 24). Wie die Unabänderbarkeit und somit das Verlassen des Entwurfsstadiums im Zivilprozess erst mit der Verkündung eintritt,[3] geschieht dies im Verfahren nach dem FamFG durch den Erlass der Entscheidung. Die **unterzeichnenden Gerichtspersonen** müssen mit den **im Rubrum genannten** übereinstimmen. Anderenfalls darf keine Ausfertigung erteilt werden. Geschieht dies gleichwohl, ist deren Zustellung ungültig.[4] Erforderlich ist die **volle, eigenhändige Unterschrift**. Eine Paraphe oder gar ein Stempelabdruck genügen nicht. Die Unterschrift muss allerdings nicht für jedermann lesbar sein. Etwas anderes gilt freilich dann, wenn die mitwirkenden Gerichtspersonen im Rubrum nicht genannt sind.[5] Eine **vergessene Unterschrift** kann nachgeholt werden.[6] Ebenso kann die mangels Mitwirkung an der Entscheidung zu Unrecht geleistete Unterschrift eines Richters durch die des richtigen Kollegen ersetzt werden.[7]

4. Verkündungsvermerk (Abs. 3 Satz 3)

a) Bedeutung

24 § 38 Abs. 3 Satz 3 sieht vor, dass das Datum der Übergabe des Beschlusses an die Geschäftsstelle bzw. seiner Bekanntgabe durch Verlesen auf dem Beschluss zu vermerken sind. Dies entspricht dem Vermerk über die **Verkündung** eines Zivilurteils in § 315 Abs. 3 Satz 1 ZPO. Allerdings hat der Vermerk nach § 38 Abs. 3 Satz 3 größere Bedeutung. Fehlt der Vermerk über Verkündung oder Zustellung auf einem Zivilurteil, hat dies keine Folgen, da es dort auf die Verkündung ankommt, die durch das Verkündungsprotokoll nachgewiesen wird.[8] Daher hat selbst das Fehlen des Verkündungsvermerks keine Folgen.[9] Hingegen ist die Verkündung der Entscheidung nach § 38 weder erforderlich noch sind an sie vergleichbare Anforderungen geknüpft wie im Zivilprozess. Vielmehr wird ein Entwurf im Verfahren nach dem FamFG erst dann zum Beschluss nach § 38, wenn er der Geschäftsstelle übergeben oder durch Verlesen des Tenors bekannt gegeben wird. Erst dann ist er **nach der Legaldefinition des § 38 Abs. 3 Satz 3 erlassen** und somit existent.[10] Der Vermerk nach § 38 Abs. 3 Satz 3 ist somit gewissermaßen die Geburtsurkunde des Beschlusses, so wie das Verkündungsprotokoll für das Zivilurteil. Allerdings sieht das FamFG ebenso wie früher das FGG nur in besonderen Fällen wie dem Abschluss eines Vergleichs (s. § 36 Abs. 2 Satz 2) die An-

---

1 BT-Drucks. 16/6308, S. 195.

2 Keidel/*Schmidt*, § 18 Rz. 3. Umgekehrt ist die Aussage natürlich richtig: Eine nicht unterzeichnete „Entscheidung" ist zwingend noch Entwurf, s. BGH v. 23.10.1997 – IX ZR 249/96, NJW 1998, 609.

3 BGH v. 23.10.1997 – IX ZR 249/96, NJW 1998, 609; Zöller/*Vollkommer*, § 310 ZPO Rz. 1.

4 RG v. 24.4.1917 – Rep. III 10/17, RGZ 90, 173 (174 f.); Zöller/*Vollkommer*, § 313 ZPO Rz. 5; ähnlich Keidel/*Schmidt*, § 16 FGG Rz. 4.

5 Vgl. BGH v. 22.12.1976 – IV ZR 11/76, FamRZ 1977, 124; Zöller/*Vollkommer*, § 313 ZPO Rz. 5.

6 BGH v. 23.10.1997 – IX ZR 249/96, NJW 1998, 609 (610); Keidel/*Schmidt*, § 16 FGG Rz. 4; Zöller/*Vollkommer*, § 315 ZPO Rz. 2.

7 BGH v. 24.6.2003 – VI ZR 309/02, NJW 2003, 3057; Zöller/*Vollkommer*, § 315 ZPO Rz. 2.

8 OLG Frankfurt v. 7.12.1994 – 17 U 288/93, NJW-RR 1995, 511.

9 Zöller/*Vollkommer*, § 315 ZPO Rz. 7.

10 Vgl. hierzu BT-Drucks. 16/6308, 195.

fertigung einer Niederschrift nach den Regeln der ZPO vor. Selbst für Termine und Anhörungen genügt ein Vermerk (§ 28 Abs. 4 Satz 1). Daher wird man dem Vermerk nach § 38 Abs. 3 Satz 3 nicht die Beweiswirkung des § 165 ZPO zuerkennen können. Er ist wohl nur als **Beweiserleichterung** dafür anzusehen, dass die Übergabe des Beschlusses an die Geschäftsstelle bzw. seine Bekanntgabe durch Verlesen stattgefunden haben.[1] Denn hierdurch wird die Fünf-Monats-Frist des § 63 Abs. 3 Satz 2 in Gang gesetzt.[2]

b) Urkundsperson und erforderliche Form

Die Vorschrift gibt nicht an, wer diesen Vermerk anzufertigen hat. Auch dessen Form im Einzelnen, insbesondere die Frage, ob und von wem er zu unterschreiben ist, wird in § 38 Abs. 3 Satz 3 anders als in § 315 Abs. 3 Satz 1 ZPO nicht geregelt. Die Materialien geben hierüber ebenfalls keinen Aufschluss.[3] Die sonstige Parallelität zu § 315 Abs. 3 Satz 1 ZPO lässt jedoch darauf schließen, dass sich der Gesetzgeber für § 38 Abs. 3 Satz 3 Ähnliches vorstellte und an eine Anfertigung und Unterzeichnung durch den Urkundsbeamten der Geschäftsstelle dachte. Hierfür spricht auch, dass die Übergabe des Beschlusses an die Geschäftsstelle naturgemäß nur durch den dort zuständigen Beamten dokumentiert werden kann. 25

5. Ausnahmen von der Begründungspflicht

a) Anerkenntnis-, Verzichts- und Versäumnisentscheidungen (Abs. 4 Nr. 1)

Entgegen § 38 Abs. 3 Satz 1 muss die Entscheidung nach § 38 Abs. 4 Nr. 1 nicht begründet werden, wenn sie auf Grund des Anerkenntnisses, des Verzichts oder der Säumnis eines Beteiligten ergeht. Damit wird nicht die allgemeine Möglichkeit von Anerkenntnis-, Verzichts- oder Versäumnisbeschlüssen in das Verfahren nach dem FamFG eingeführt. Derartige Entscheidungen sind, wie die Materialien klarstellen,[4] nach wie vor grundsätzlich nicht möglich und können nur auf Grund ausdrücklicher gesetzlicher Zulassung ergehen, etwa in Ehe- und Familienstreitsachen (vgl. § 113 Abs. 1). Insoweit übernimmt § 38 Abs. 4 Nr. 1 die entsprechende Regelung in § 313b Abs. 1 ZPO. Dies gilt auch hinsichtlich der Notwendigkeit, die Entscheidung als Anerkenntnis-, Verzichts- oder Versäumnisbeschluss zu bezeichnen. Wie im Zivilprozess ist ein Verzicht auf die Begründung auch für **abtrennbare Teile des Streitstoffes** möglich, wenn insoweit anerkannt, verzichtet oder von der Stellung von Anträgen abgesehen wird. Es ergeht dann ein Teil-Anerkenntnis-, Verzichts- oder Versäumnisbeschluss. Seiner Rechtsnatur entsprechend gilt § 38 Abs. 4 Nr. 1 nicht für **unechte Versäumnisbeschlüsse**, da diese nicht auf der Säumnis beruhen, sondern echte, mit der Beschwerde angreifbare Endentscheidungen darstellen.[5] Das Gericht muss von der Möglichkeit des § 38 Abs. 4 Nr. 1 keinen Gebrauch machen.[6] Erst recht kann es trotz der Möglichkeit des Absehens von einer Begründung die Entscheidung knapp begrün- 26

1 Ebenso zum Vermerk über die Art und Weise, Ort und Tag der Bekanntmachung nach altem Recht *Bumiller*/Winkler, § 16 FGG Rz. 12; ähnlich Keidel/*Schmidt*, § 16 FGG Rz. 4 u. 69. BT-Drucks. 16/6308, S. 197.
2 BT-Drucks. 16/6308, S. 195.
3 BT-Drucks. 16/6308, S. 195.
4 BT-Drucks. 16/6308, S. 195.
5 Vgl. OLG Frankfurt v. 31.11.1983 – 17 U 89/83, MDR 1984, 322 f.
6 Zöller/*Vollkommer*, § 313b ZPO Rz. 2; Baumbach/*Hartmann*, § 313 b ZPO Rz. 3; *Musielak*, § 313b ZPO Rz. 3.

den. Wie im Zivilprozess kann eine Begründung sogar zwingend erforderlich sein, wenn etwa im Falle eines sofortigen Anerkenntnisses um die Kosten gestritten wird.[1]

b) Entscheidungen ohne Interessengegensätze (Abs. 4 Nr. 2)

27 Spezifisch auf Verfahren nach dem FamFG zugeschnitten und daher ohne Vorbild in der ZPO ist die Möglichkeit, nach § 38 Abs. 4 Nr. 2 von einer Begründung der Entscheidung abzusehen. Dies ist bei **gleichgerichteten Anträgen** der Fall bzw. dann, wenn der Beschluss nicht dem erklärten Willen eines Beteiligten widerspricht. Hierdurch soll nach den Gesetzesmaterialien eine rasche Entscheidung in den Fällen ermöglicht werden, in denen in der Sache kein Streit besteht[2] und – so wird man ergänzend fordern müssen – **keine Möglichkeit eines Anerkenntnisses** besteht. Denn dann besteht bereits die Möglichkeit, nach § 38 Abs. 4 Nr. 1 von einer Begründung abzusehen. Gleichgerichtete Anträge kommen auch in Verfahren in Betracht, in denen ähnliche Interessenlagen bestehen wie im Zivilprozess, etwa in Erbscheinsverfahren, das diesem, wie schon die Möglichkeiten der Feststellung des Erbrechts oder die Klage auf Herausgabe des Erbscheins (§ 1362 BGB) vor dem Prozessgericht zeigen, nahe steht. Da aber keine Möglichkeit der privatautonomen Regelung über die Erteilung des Erbscheins besteht, bedarf es auch hier einer Gerichtsentscheidung. Diese kann nach § 38 Abs. 4 Nr. 2 ohne Begründung ergehen, wenn nur ein Miterbe den Erbschein beantragt und die Miterben dem zustimmen.

28 Hingegen dürfte das **bloße Schweigen** entgegen dem insoweit missverständlichen Wortlaut der Vorschrift nicht genügen. Denn dies liefe in der Sache auf eine nach wie vor nur in speziell geregelten Fällen zulässige Versäumnisentscheidung hinaus, da allein das Schweigen zu einer Entscheidung zu Gunsten des Antragstellers führen würde. Das Gericht hat aber nach wie vor Ermittlungen darüber anzustellen, ob die Sachlage den Erlass der beantragten Entscheidung gestattet. Erst wenn diese Ermittlungen den Antrag gerechtfertigt erscheinen lassen, kann gem. § 38 Abs. 4 Nr. 2 auf Schweigen der anderen Beteiligten eine Entscheidung ohne Begründung ergehen. Entsprechendes gilt auch in nicht kontradiktorischen **Amtsverfahren**. Erweist sich die Anregung zur Ergreifung von Maßnahmen zum Schutz des Kindes nach § 1666 BGB nach den Ermittlungen des Gerichts als begründet und stimmen die mit der Erziehung überforderten Eltern ebenso wie das Kind selbst oder der für dieses Verfahren bestellte Verfahrenspfleger dem zu (vgl. § 157), so bedarf auch dieser Beschluss keiner Begründung.

29 § 38 Abs. 4 Nr. 2 enthält keine Regelung für den Fall, dass der Beschluss wider Erwarten **doch angefochten** wird. Gerade angesichts der Bedeutung, die dem Schweigen nach § 38 Abs. 4 Nr. 2 zukommen kann, wird es in der Praxis bald zu dieser Konstellation kommen. Hier besteht aber die Möglichkeit, im Wege der **Abhilfeentscheidung** nach § 68 Abs. 1 Satz 1 nachträglich eine hinreichende Begründung vorzunehmen. Angefochten ist dann der Beschluss in der Form, die er durch die Abhilfeentscheidung gefunden hat, also mit Begründung.[3]

---

1 OLG Brandenburg v. 23.4.2003 – 10 WF 100/02, FamRZ 2004, 651. Dies dürfte jedenfalls im Rahmen der Entscheidung nach § 81 Abs. 2 Nr. 1 Berücksichtigung finden.

2 BT-Drucks. 16/6308, S. 195.

3 Auf die im Zivilprozessrecht geführte Diskussion, auf welchem Weg eine Vervollständigung erfolgen kann (vgl. Zöller/*Vollkommer*, § 313a ZPO Rz. 15), kommt es daher im vorliegenden Zusammenhang nicht an.

c) Entscheidungen nach Rechtsmittelverzicht (Abs. 4 Nr. 3)

aa) Gegenwart und Rechtsmittelverzicht „aller" Beteiligten

Der Begründung bedarf es nach § 38 Abs. 4 Nr. 3 schließlich auch dann nicht, wenn der Beschluss in Gegenwart aller Beteiligten mündlich bekannt gegeben wurde und alle Beteiligten auf Rechtsmittel verzichtet haben. Diese Regelung ist § 313a Abs. 2 ZPO nachgebildet. Sie setzt zunächst voraus, dass „alle" Beteiligten bei der Bekanntgabe des Beschlusses zugegen waren und auf das Rechtsmittel verzichtet haben. Die Zustimmung von Antragsteller und Antragsgegner genügt also nicht, wenn weitere Beteiligte von der Entscheidung betroffen sind. Die Regelung ist aber teleologisch dahin gehend zu reduzieren, dass es nicht der Gegenwart und des Rechtsmittelverzichtes *aller* Beteiligten, sondern nur derjenigen bedarf, die **beschwerdeberechtigt** sind. Denn es kann auch im Rahmen der Entlastung der Gerichte nicht darauf ankommen, dass ein nur aus Gründen der Erkenntnisgewinnung oder zur Gewährung rechtlichen Gehörs Beteiligter auf Rechtsmittel verzichtet, die einzulegen er ohnehin nicht berechtigt ist. 30

bb) Mündliche Bekanntgabe des Beschlusses

Des Weiteren verlangt § 38 Abs. 4 Nr. 3, dass der Beschluss in Gegenwart der Beteiligten mündlich bekannt gegeben wurde. Eine schriftliche Bekanntgabe und der spätere Rechtsmittelverzicht der Beschwerdeberechtigten genügen demnach nicht. Allerdings macht die Vorschrift auch keine weiteren formalen Vorgaben zur mündlichen Bekanntgabe. Die in § 313a Abs. 2 Satz 1 ZPO enthaltenen Beschränkungen auf den „Termin, in dem die mündliche Verhandlung geschlossen worden ist", wurde in § 38 Abs. 4 Nr. 3 gerade nicht übernommen. Es kommt also nicht darauf an, ob sie im Rahmen eines Termins nach § 32, nach einer Beweisaufnahme oder auf Grund eines nicht durch Ladung des Gerichts zu Stande gekommenen Zusammentreffens der beschwerdeberechtigten Beteiligten vor dem Gericht erfolgt.[1] Erforderlich ist allein die mündliche Bekanntgabe in ihrer gleichzeitigen Gegenwart. Die Bekanntgabe ist in § 41 Abs. 2 Satz 1 gesetzlich definiert. Danach muss nur die Beschlussformel in Gegenwart der Beteiligten verlesen werden, nicht auch die Begründung. 31

cc) Rechtsmittelverzicht

Schließlich bedarf es noch des Rechtsmittelverzichts der beschwerdeberechtigten Beteiligten. Dessen Anforderungen richten sich nach **§ 67 Abs. 1 bis 3**. Er muss also eindeutig, wenn auch nicht unbedingt wörtlich erklärt werden; die bloße Ankündigung, keine Beschwerde einlegen zu wollen, genügt demnach nicht (s. § 67 Rz. 5). Keine näheren Vorgaben macht § 38 Abs. 4 Nr. 3 zu den Modalitäten des Verzichts. Es genügt, dass „alle Beteiligten auf Rechtsmittel verzichtet haben". Der Verzicht muss demnach nicht anlässlich der Bekanntgabe der Entscheidung erklärt worden sein. Es genügt ein vorab oder nachträglich erklärter Verzicht.[2] Die zeitlichen Beschränkungen des § 313a Abs. 3 ZPO wurden dabei nicht in § 38 Abs. 4 Nr. 3 übernommen. Dem Wortlaut nach ist auch ein nur **gegenüber einem anderen Beteiligten erklärter Ver-** 32

1 Die Materialien (BT-Drucks. 16/6308, S. 195) bezeichnen dies folgerichtig auch nur als Beispiel („wenn der Beschluss den Beteiligten *etwa* unmittelbar an die Erörterung im Termin bekannt gegeben wird").

2 Zum Vorabverzicht vgl. auch Zöller/*Vollkommer*, § 313a ZPO Rz. 6, allerdings mit den hinsichtlich der Bedeutung der mündlichen Verhandlung im Zivilprozess insoweit gebotenen Beschränkungen.

zicht nach § 67 Abs. 3 ausreichend. Er muss freilich wirksam sein. So genügt ein vor Bekanntgabe des Beschlusses gegenüber dem Gericht erklärter Verzicht nicht, da er nicht wirksam ist (vgl. § 67 Rz. 2). Aus denselben Gründen muss sich der andere Beteiligte auf einen nach § 67 Abs. 3 erklärten Verzicht berufen, da nur dann gegenüber dem Gericht die gewünschte Rechtsfolge eintritt (s. § 67 Rz. 20).

d) Keine Ausnahme von der Begründungspflicht bei nicht rechtsmittelfähigen Beschlüssen

33 Nicht in das FamFG übernommen wurde die Möglichkeit des § 313a Abs. 1 ZPO, auf eine Begründung zu verzichten, wenn ein Rechtsmittel unzweifelhaft nicht zulässig ist. Dies mag damit zusammenhängen, dass das Vorliegen der Voraussetzungen hierfür ungleich schwerer abzuschätzen ist als in Zivilsachen. Denn anders als im Zivilprozess kommt es in Verfahren nach dem FamFG für die Zulässigkeit eines Rechtsmittels nach § 61 Abs. 1 nicht nur auf den Beschwerdewert, sondern auch darauf an, ob eine vermögensrechtliche Angelegenheit vorliegt (vgl. § 61 Rz. 2). In der Konsequenz muss eine Entscheidung auch dann begründet werden, wenn sie als vermögensrechtliche Angelegenheit einen Beschwerdewert von 600 Euro unterschreitet, aber auch dann, wenn aus sonstigen Gründen ein Rechtsmittel unzweifelhaft nicht möglich ist. So müssen, wenn keiner der Tatbestände des § 38 Abs. 4 erfüllt ist, nach §§ 51 Abs. 2 Satz 1, 38 Abs. 3 Satz 1 auch Entscheidungen in **Verfahren des einstweiligen Rechtsschutzes** in Familiensachen stets begründet werden, auch wenn ein Rechtsmittel kraft Gesetzes (§ 57 Satz 1) unstatthaft ist.

6. Rückausnahmen vom Wegfall der Begründungspflicht (Absatz 5)

a) Generelle Ausnahme in bestimmten Verfahren (Abs. 5 Nr. 1 bis 3)

34 Der Gesetzgeber nimmt bestimmte Verfahren, nämlich Ehesachen mit Ausnahme von Scheidungsbeschlüssen, Abstammungssachen und Betreuungssachen, generell vom Wegfall der Begründungspflicht aus. Dies erfolgt nach den Gesetzesmaterialien aus denselben Gründen wie in § 313a Abs. 4 Nr. 1 und 3 ZPO.[1] Maßgeblich ist also die Erwägung, dass diese Entscheidungen in einem **Folgeverfahren** von Bedeutung sein können bzw. nach den Regeln des internationalen Verfahrensrechts einer Begründung bedürfen, um im Ausland anerkannt zu werden.[2] Sofern in Scheidungssachen abweichend von der Grundregel von § 38 Abs. 5 Nr. 1 doch von der Begründung abgesehen werden kann, ist zu berücksichtigen, dass es bei Auslandsberührung nach § 38 Abs. 5 Nr. 4 wieder der Begründung bedarf.[3] Eine weitere generelle Ausnahme vom Wegfall der Begründungsfrist führt der Gesetzgeber aus „Gründen der Rechtsfürsorglichkeit" in Betreuungssachen ein.[4] Dem Betroffenen sollen die Gründe für Anordnung oder Ablehnung einer Betreuung auch nachträglich zur Verfügung stehen.[5]

b) Voraussichtliche Geltendmachung der Entscheidung im Ausland (Abs. 5 Nr. 4)

35 Ferner kann nach § 38 Abs. 5 Nr. 4 auch dann nicht von einer Begründung der Entscheidung abgesehen werden, „wenn zu erwarten ist, dass der Beschluss im Ausland

1 BT-Drucks. 16/6308, S. 195.
2 Zöller/*Vollkommer*, § 313a ZPO Rz. 8; Baumbach/*Hartmann*, § 313 ZPO Rz. 18 f. u. 22.
3 Zöller/*Vollkommer*, § 313a ZPO Rz. 9.
4 BT-Drucks. 16/6308, S. 195.
5 BT-Drucks. 16/6308, S. 195.

geltend gemacht werden wird". Dies entspricht § 313a Abs. 4 Nr. 5 ZPO,[1] der mit Ausnahme der Form der Entscheidung durch Urteil mit § 38 Abs. 5 Nr. 4 wörtlich übereinstimmt. Der Tatbestand erfordert eine **Prognose** über die zukünftige Geltendmachung der Entscheidung im Ausland. Der Wortlaut („wenn zu erwarten ist") verlangt eine überwiegende Wahrscheinlichkeit für eine solche Auslandsberührung. Die bloße Möglichkeit genügt nicht. Das Gericht hat bei Vorliegen von Anhaltspunkten im Rahmen seiner Amtsermittlungspflicht zu prüfen, ob eine Geltendmachung im Ausland zu erwarten steht. Hierbei ist es auf die Mitwirkung der Beteiligten angewiesen. Nach allgemeinen Grundsätzen muss es nicht „ins Blaue hinein" ermitteln. Besteht auf Grund dieser Ermittlungen eine gewisse Wahrscheinlichkeit für eine Geltendmachung im Ausland, hat sich das Gericht hiermit auseinander zu setzen, wenn es gleichwohl auf eine Begründung seiner Entscheidung verzichtet. § 38 Abs. 5 Nr. 4 soll in Scheidungsverfahren immer einschlägig sein, wenn mindestens ein Ehepartner Ausländer ist, selbst wenn er auch die deutsche Staatsangehörigkeit besitzt.[2] Wenn das Gericht mangels Auslandsberührung auf die Begründung der Entscheidung selbst verzichtet, muss auch die Prognoseentscheidung nicht begründet werden. Kommt es dazu, dass etwa ein zuvor nach § 38 Abs. 4 Nr. 2 schweigender Beteiligter den Beschluss wider Erwarten im Ausland geltend machen muss, ist er ohnehin gemäß § 38 Abs. 6 zu **vervollständigen**.

7. Vervollständigung eines Beschlusses ohne Begründung

Wie bei jeder Prognose kann die Entscheidung nach § 38 Abs. 5 Nr. 4 unzutreffend 36
sein. Ebenso kann die Geltendmachung der Entscheidung objektiv nicht voraussehbar gewesen sein. Dies soll nicht zu Lasten des Beteiligten gehen, der den Beschluss im Ausland geltend machen muss. Deshalb bestimmt § 38 Abs. 6 in wörtlicher Anlehnung an § 313a Abs. 5 ZPO,[3] dass Entscheidungen ohne Begründung nach den „Vorschriften über die Vervollständigung von Versäumnis- und Anerkenntnisentscheidungen" um eine Begründung zu ergänzen sind. Dabei handelt es sich um die in den Ausführungsgesetzen zu internationalen Verträgen enthaltenen Vorschriften, zB § 30 AVAG.[4]

C. Zwischenentscheidungen

Die Form, in der Zwischenentscheidungen zu treffen sind, wird durch § 38 nicht 37
geregelt. Dies schließt allerdings nicht aus, dass auch sie in der Form eines **Beschlusses** ergehen. Mangels Anwendbarkeit von § 38 bedarf es hierfür allerdings einer speziellen Regelung.[5] Beispiele hierfür sind etwa Entscheidungen, die ein Ablehnungsgesuch für unbegründet erklären (§ 6 Abs. 2), die Ablehnung der Hinzuziehung als Beteiligter (§ 7 Abs. 5 Satz 2), die Aussetzung des Verfahrens (§ 21 Abs. 2 Satz 2), die Verhängung von Ordnungsmitteln wegen Nichterscheinens (§ 33 Abs. 3 Satz 5), die Anordnung von Zwangsmitteln (§ 35 Abs. 5), die Berichtigung eines Beschlusses (§ 42 Abs. 3), die Entscheidung über einen Antrag auf Verfahrenskostenhilfe (§ 76 Abs. 2), ferner Entscheidungen im Vollstreckungsverfahren (§ 87 Abs. 4) oder die Verhängung

1 BT-Drucks. 16/6308, S. 195.
2 Zöller/*Vollkommer*, § 313a ZPO Rz. 13; *Musielak*, § 313a ZPO Rz. 7.
3 BT-Drucks. 16/6308, S. 195 f.
4 BT-Drucks. 16/6308, S. 195 f.
5 BT-Drucks. 16/6308, S. 195.

eines Ordnungsgeldes (§ 89 Abs. 1 Satz 3). Hier bestimmt das Gesetz ausdrücklich, dass durch Beschluss zu entscheiden ist. Dabei handelt es sich aber durchweg um Beschlüsse, die sich nicht nach § 38 ff., sondern **nach den Regeln der ZPO** richten. Dies geht daraus hervor, dass das Gesetz für ihre Anfechtbarkeit die Anwendbarkeit der §§ 567 ff. ZPO anordnet. Bisweilen findet sich sogar nur dieser Verweis, so dass sich die Form der Entscheidung durch Beschluss nach den Regeln der ZPO lediglich indirekt ergibt. Dies ist etwa bei der Festsetzung von Festsetzung von Kosten (§ 85) der Fall.[1] Diese Form der Zwischenentscheidung ist aber nicht zwingend. So ordnet etwa § 56 Abs. 3 Satz 2 an, dass gegen die Entscheidung über das Außerkrafttreten einer einstweiligen Anordnung „die Beschwerde" stattfindet. Dies kann mangels des ansonsten üblichen Verweises auf die §§ 567 ff. ZPO nur als Beschwerde nach §§ 58 ff. verstanden werden. In der Konsequenz sind für die erstinstanzliche Entscheidung §§ 38 ff. anzuwenden. Ohne eine solche ausdrückliche Spezialregelung ist die Entscheidung durch Beschluss nicht zwingend vorgeschrieben.[2]

§ 39
Rechtsbehelfsbelehrung

Jeder Beschluss hat eine Belehrung über das statthafte Rechtsmittel, den Einspruch, den Widerspruch oder die Erinnerung sowie das Gericht, bei dem diese Rechtsbehelfe einzulegen sind, dessen Sitz und die einzuhaltende Form und Frist zu enthalten.

1 Der Verweis auf §§ 103 bis 107 ZPO umfasst gem. § 104 Abs. 3 Satz 1 ZPO auch die Anwendbarkeit der §§ 567 ff. ZPO.
2 BT-Drucks. 16/6308, S. 195.

A. Entstehungsgeschichte und Normzweck

§ 39 zieht die Konsequenzen aus dem Streit darüber, ob es ohne ausdrückliche Anordnung einer Rechtsbehelfsbelehrung bedarf.[1] Die Vorschrift erklärt die bislang nur in Spezialregelungen wie §§ 69 Abs. 1 Nr. 6, 70f Abs. 1 Nr. 4 FGG aF[2] vorgesehene Rechtsbehelfsbelehrung nunmehr für alle Entscheidungen für erforderlich, die die Instanz eines Verfahrens nach dem FamFG abschließen.[3] Zugleich bestimmt sie, welche Angaben erforderlich sind. Ohne ausdrückliche Regelung bleibt die Frage, wie sich Fehler in der Rechtsbehelfsbelehrung auswirken. 1

B. Erforderlichkeit einer Rechtsbehelfsbelehrung

I. Beschlüsse in der Hauptsache

Wie die systematische Einordnung von § 39 in den Regelungen zur Entscheidung in der Hauptsache zeigt, bedürfen vorrangig Beschlüsse nach § 38 einer Rechtsbehelfsbelehrung. Sofern Zwischenentscheidungen nach den Regeln der ZPO anfechtbar sind, ergibt sich schon aus den §§ 567 ff. ZPO, dass eine Rechtsbehelfsbelehrung nicht erforderlich ist. Nur bei Zwischenentscheidungen, die ausnahmsweise nach den §§ 58 ff. anzufechten sind, ist eine Rechtsbehelfsbelehrung geboten. 2

II. Statthaftigkeit des Rechtsmittels

Dem Wortlaut des § 39 zufolge ist über das „statthafte Rechtsmittel" zu belehren. Danach kommt es auf Zulässigkeitshindernisse, etwa die Nichterreichung des Mindestbeschwerdewerts nach § 61 Abs. 1 in vermögensrechtlichen Angelegenheiten oder das Vorliegen eines Rechtsmittelverzichtes nach § 67 Abs. 3 nicht an. Dieser Wortlaut findet Bestätigung in den Gesetzesmaterialien, wonach eine Rechtsbehelfsbelehrung nur dann entbehrlich ist, „wenn gegen die Entscheidung nur noch außerordentliche Rechtsbehelfe *statthaft* sind".[4] In der Konsequenz hat das erstinstanzliche Gericht seiner Entscheidung auch dann eine Rechtsbehelfsbelehrung anzufügen, wenn der **Mindestbeschwerdewert** in einer vermögensrechtlichen Angelegenheit eindeutig nicht erreicht wird. Der unterlegene Beteiligte ist also vom erstinstanzlichen Gericht sehenden Auges auf ein unzulässiges Rechtsmittel hinzuweisen. Dies zeigt deutlich, dass die in jüngerer Zeit, auch in den Gesetzesmaterialien,[5] so betonte Fürsorge des Staates für den Rechtssuchenden auch in das Gegenteil des Gewünschten umschlagen kann. Gleichwohl sollte das erstinstanzliche Gericht von weiteren Hinweisen zur Unzulässigkeit der Rechtsmittel, über die es belehrt, absehen, da schon der Widerspruch zwischen gesetzlich geforderter Rechtsbehelfsbelehrung und der in Wirklichkeit gegebenen Aussichtslosigkeit des Rechtsmittels einen – notfalls verfassungsrechtlich zu begründenden – Hebel zur Aufhebung einer korrekten erstinstanzlichen Entscheidung liefern kann. 3

1 Vgl. hierzu den Überblick in BGH v. 2.5.2002 – V ZB 36/01, ZMR 2002, 679 (679 f.).
2 BT-Drucks. 16/6308, S. 196.
3 BT-Drucks. 16/6308, S. 196.
4 BT-Drucks. 16/6308, S. 196.
5 BT-Drucks. 16/6308, S. 196.

III. Keine Rechtsbehelfsbelehrung bei unstatthaften Rechtsmitteln

4 Der Gesetzgeber hat in § 39, anders als etwa in § 9 Abs. 5 Satz 2 ArbGG, **keine Belehrung darüber vorgesehen, dass ein Rechtsmittel nicht statthaft ist.**[1] Das erstinstanzliche Gericht muss in diesen Fällen auch nicht auf außerordentliche Rechtsbehelfe wie die Anhörungsrüge nach § 44 oder die Wiedereinsetzung nach § 17, ebenso wenig auf die Möglichkeit der **Berichtigung** oder der **Ergänzung** des erstinstanzlichen Beschlusses hinweisen.[2] Nach dem Willen des Gesetzgebers ist noch nicht einmal ein Hinweis auf die Unanfechtbarkeit der Entscheidung geboten, obwohl dieser sicherlich sinnvoller wäre als die Belehrung über ein im Ergebnis unzulässiges Rechtsmittel.

C. Anforderungen an die Rechtsbehelfsbelehrung

I. Form der Rechtsbehelfsbelehrung

5 Nach § 39 hat der Beschluss selbst die Rechtsbehelfsbelehrung zu enthalten. Nimmt man dies wörtlich, so darf er nicht als Formblatt angehängt sein, sondern muss von den Unterschriften nach § 38 Abs. 3 Satz 2 gedeckt sein. Dies stimmt damit überein, dass die Rechtsbehelfsbelehrung individuell auf die Entscheidung zugeschnitten sein muss (vgl. Rz. 6 u. 10), also eine Subsumtion erforderlich macht. Allerdings wird man bei fehlender oder ungenügender Rechtsbehelfsbelehrung wie bei jedem anderen Bestandteil der Entscheidung eine Berichtigung nach § 42 zulassen müssen.[3] Wird eine Frist aber erst aus dieser Berichtigung ersichtlich, so beginnt ihr Lauf nach allgemeinen Grundsätzen erst mit der schriftlichen Bekanntgabe der Berichtigung.

II. Inhalt der Rechtsbehelfsbelehrung

1. Konkret statthaftes, ordentliches Rechtsmittel

6 Von der Belehrungspflicht sind nach den Materialien „alle Rechtsmittel sowie die in den FamFG-Verfahren vorgesehenen ordentlichen Rechtsbehelfe gegen Entscheidungen, Einspruch, Widerspruch und Erinnerung" umfasst.[4] Dies lässt offen, ob das Gericht erster Instanz seiner Entscheidung eine spezielle, auf die konkrete Entscheidung zugeschnittene Rechtsbehelfsbelehrung anfügen muss oder ob eine allgemeine, gewissermaßen **formularmäßige Belehrung** ausreicht, die alle denkbaren Fälle abdeckt. Der Wortlaut des Gesetzes, wonach das Gericht „über das statthafte Rechtsmittel, den Einspruch, den Widerspruch oder die Erinnerung" zu belehren hat, spricht für die **individuelle Lösung**. Demnach hat das Gericht also bei normaler Entscheidung über die Möglichkeit der Beschwerde, bei Versäumnisbeschluss über die Möglichkeit des Einspruchs, bei Rechtspflegerentscheidungen uU über die Möglichkeit der Erinnerung etc. zu belehren. Die Rechtsbehelfsbelehrung muss die Beteiligten ohne weiteres in die Lage versetzen, die für die Wahrung bzw. Weiterverfolgung ihrer Rechte erforderlichen Schritte zu unternehmen.[5] Ergeht die Entscheidung teilweise nach beiderseiti-

1 So auch BGH v. 2.5.2002 – V ZB 36/01, ZMR 2002, 679 (681).
2 BT-Drucks. 16/6308, S. 196; vgl. BAG v. 29.8.2001 – 5 AZB 32/00, NJW 2002, 1142.
3 BAG v. 13.4.2005 – 5 AZB 76/04, NJW 2005, 2251 (2252).
4 BT-Drucks. 16/6308, S. 196.
5 BAG v. 13.4.2005 – 5 AZB 76/04, NJW 2005, 2251 (2252).

gem Verhandeln, teilweise auf Grund der Säumnis einer Seite, hat das erstinstanzliche Gericht folglich über beide Möglichkeiten, und zwar bezogen auf den jeweiligen Entscheidungsbestandteil, zu belehren. Sofern sich die Hauptsache zurzeit der Rechtsbehelfsbelehrung bereits erledigt hat, aber eine Beschwerde nach § 62 statthaft wäre, hat das Gericht erster Instanz auf diese Möglichkeit hinzuweisen (zu diesem Fall s. § 62 Rz. 2 ff.). Auf die Möglichkeit der **Sprungrechtsbeschwerde** muss nicht hingewiesen werden, da es sich nicht um eine echte Alternative zur Beschwerde, sondern um ein an strenge Voraussetzungen geknüpftes alternatives Rechtsmittel handelt. Zudem ist es bei Erlass der erstinstanzlichen Entscheidung mangels Zulassung noch gar nicht statthaft, so dass die Voraussetzungen von § 39 insoweit nicht erfüllt sind. Ähnliches gilt für die **Anschlussbeschwerde**.

2. Möglichkeiten der Einlegung

Die Rechtsbehelfsbelehrung hat des Weiteren darüber zu informieren, wo der Beschwerdeberechtigte den Rechtsbehelf einzulegen hat. Dies erfordert zunächst die Angabe des Gerichts, bei dem der Rechtsbehelf eingelegt werden kann. Da die Beschwerde gegen einen erstinstanzlichen Beschluss gem. § 64 Abs. 1 nur noch beim Ausgangsgericht eingelegt werden kann, genügt der Hinweis auf dessen **Empfangszuständigkeit**. Nach § 39 ist ferner dessen „Sitz" anzugeben. Hierfür dürfte die **postalische Adresse** genügen. Ein Hinweis auf **Fax**-Anschlüsse oder die Möglichkeit der Einreichung elektronischer Dokumente ginge über die Angabe des „Sitzes" hinaus und wäre zudem, da das Gericht dem Anfechtenden bereits durch die angegriffene Entscheidung bekannt ist, auch kaum geboten. Wird dennoch auf diese Möglichkeit hingewiesen, muss sie zutreffend sein. 7

3. Form und Frist

a) Form

Die Rechtsbehelfsbelehrung muss ferner über Form und Frist eines Rechtsmittels belehren. Jeder Beteiligte muss also in den Stand gesetzt werden, allein anhand der Rechtsbehelfsbelehrung ohne Mandatierung eines Rechtsanwalts[1] eine formrichtige Beschwerde einzulegen. Demnach ist darauf hinzuweisen, dass die Beschwerde nach § 64 Abs. 2 Satz 1 durch Einreichung einer **Beschwerdeschrift** oder zur **Niederschrift der Geschäftsstelle** eingelegt werden kann. Ferner ist auf das Erfordernis der **Unterschrift** nach § 64 Abs. 2 Satz 4 hinzuweisen. Sinnvoll ist der Hinweis auf die Möglichkeit der Einlegung als elektronisches Dokument (§ 64 Rz. 7), sofern dies möglich ist. Da es sich aber nur um eine weitere Möglichkeit, nicht um ein Formerfordernis handelt, ist das Fehlen eines entsprechenden Hinweises unschädlich. Auch ist darüber zu belehren, dass der **Beschwerdeführer erkennbar** und der **angefochtene Beschluss bezeichnet** sein müssen.[2] Dabei wird sich zur Vermeidung von Wiedereinsetzungsgründen der Hinweis darauf empfehlen, dass dies durch Nennung des erstinstanzlichen Gerichts und des Aktenzeichens erfolgen kann. Zwingender Inhalt einer korrekten Rechtsbehelfsbelehrung ist dies allerdings nicht. Schließlich muss der Beschwerdeberechtigte darüber unterrichtet werden, dass die Beschwerde gem. § 64 Abs. 2 Satz 1 die **Erklärung enthalten muss, es werde gegen den erstinstanzlichen Beschluss** 8

1 BT-Drucks. 16/6308, S. 196.
2 Dazu, dass über die Angaben gem. § 64 Abs. 2 Satz 3 zu belehren ist, s. auch die diesbezüglichen Bekundungen der Gesetzesmaterialien (BT-Drucks. 16/6308, S. 206).

Beschwerde eingelegt.[1] Diese Belehrungen zum Inhalt der Beschwerde sind ausreichend, da ihre Einhaltung eine formgerechte und insoweit nicht an Zulässigkeitserfordernissen scheiternde Beschwerde ermöglicht. Weitere Hinweise zu ihrem Inhalt, etwa zu **Anträgen** oder der Möglichkeit der **Teilanfechtung**, sind nicht erforderlich.

9 Keiner Belehrung bedarf es darüber, dass kein **Rechtsanwaltszwang** herrscht. Dies kann zwar für den Beschwerdeberechtigten von Interesse sein, geht aber über die ohnehin schon strengen Anforderungen des § 39 hinaus. Das erstinstanzliche Gericht hat nur über positiv bestehende, nicht aber auch noch über möglicherweise erwartete, aber gesetzlich nicht geforderte weitere Formerfordernisse zu belehren. Ein Hinweis darauf, dass die Beschwerde auch ohne Anwalt eingelegt werden kann, ist aber unschädlich. Anders liegt es selbstverständlich bei der Rechtsbehelfsbelehrung durch das Beschwerdegericht (s. Rz. 15).

b) Fristen

10 Die Rechtsbehelfsbelehrung muss über die Frist zur Einlegung des Rechtsmittels informieren. Das Gericht erster Instanz muss also insbesondere zwischen den Fristen des § 63 Abs. 1 und des § 63 Abs. 2 differenzieren. Damit der Beteiligte den Fristlauf berechnen kann, bedarf es ferner der Angabe, **wann die Frist zu laufen beginnt** (§ 63 Abs. 3 Satz 1). Über den Beginn der Frist nach § 63 Abs. 3 Satz 2 muss naturgemäß nicht belehrt werden, da dies bei Unmöglichkeit der schriftlichen Bekanntgabe ausgeschlossen ist und der Fristbeginn kraft Gesetzes eintritt.

4. Keine Belehrung über die Begründung des Rechtsmittels

11 Über die ohnehin nicht zwingend vorgesehene Begründung und die Vorgaben des § 65 hierzu muss das Gericht erster Instanz nicht belehren. Denn dies geht über § 39 hinaus, wonach nur „das statthafte Rechtsmittel (...) sowie das Gericht, bei dem diese Rechtsbehelfe einzulegen sind, dessen Sitz und die einzuhaltende Form und Frist" Gegenstand der Rechtsbehelfsbelehrung sind. Dies bezieht sich sämtlich nur auf die Einlegung, nicht aber auf den weiteren Gang des Beschwerdeverfahrens einschließlich der Begründung der Beschwerde.

III. Besonderheiten der Rechtsbehelfsbelehrung durch das Beschwerdegericht

1. Grundsatz

12 An die Rechtsbehelfsbelehrung des Beschwerdegerichts sind grundsätzlich dieselben Anforderungen zu stellen wie an diejenige des Gerichts erster Instanz. Dies gilt mangels einschränkender Vorgaben im Gesetz in vollem Umfang, obwohl die **Rechtsbeschwerde** nach § 10 Abs. 4 nur durch einen beim BGH zugelassenen Rechtsanwalt erfolgen darf, der die Voraussetzungen etwa von Form und Frist der Rechtsbeschwerde kennt. Allerdings sind die Anforderungen an Form und Frist der Rechtsbeschwerde nicht vollständig mit derjenigen der Beschwerde identisch, so dass es insoweit teilweise erheblicher Modifikationen bedarf.

1 BT-Drucks. 17/6308, S. 206 (zu § 64 Abs. 2 Satz 3).

2. Statthaftigkeit der Rechtsbeschwerde

Bei zulassungsbedürftigen Rechtsbeschwerden bedarf es folglich nur dann der Rechtsbehelfsbelehrung, wenn eine **Zulassung** durch das Beschwerdegericht erfolgte. Anderenfalls ist kein Rechtsmittel statthaft, so dass keine Belehrung erforderlich ist (vgl. Rz. 4). Dem Wortlaut des § 39 zufolge ist nur über das „statthafte Rechtsmittel" zu belehren. Ist die Rechtsbeschwerde gem. § 70 Abs. 3 stets **kraft Gesetzes statthaft**, muss auch immer hierüber belehrt werden. 13

3. Weiterer Inhalt der Rechtsbehelfsbelehrung

a) Rechtsmittel und Gericht seiner Einlegung

Gegen Entscheidungen des Beschwerdegerichts ist, wenn man vom Einspruch bei Versäumnisbeschlüssen absieht, nur die Rechtsbeschwerde gegeben, so dass die Rechtsbehelfsbelehrung insoweit einfacher ausfällt als in erster Instanz. Hinsichtlich der Einlegung ist der Beschwerdeberechtigte darüber zu informieren, dass die Rechtsbeschwerde nur beim BGH eingelegt werden kann. Für die Angabe seines Sitzes, seiner Fax-Anschlüsse und für die Möglichkeit der Einreichung elektronischer Dokumente gilt das oben Gesagte. 14

b) Frist und Form der Einlegung

Die Rechtsbehelfsbelehrung des Beschwerdegerichts muss ebenso wie diejenige des Gerichts erster Instanz über die Frist zur Einlegung des Rechtsmittels informieren. Hier gilt aber anders als nach § 63 die **einheitliche Monatsfrist des § 71 Abs. 1 Satz 1** ab der schriftlichen Bekanntgabe der erstinstanzlichen Entscheidung. Im Gegensatz zur Beschwerde kann die Rechtsbeschwerde nach § 71 Abs. 1 Satz 1 nur durch Einreichung einer **Beschwerdeschrift**, nicht aber zur Niederschrift der Geschäftsstelle eingelegt werden (vgl. § 71 Rz. 3), so dass die Rechtsbehelfsbelehrung gegenüber derjenigen der ersten Instanz insoweit zu modifizieren ist. Hinsichtlich der Bezeichnung des Rechtsmittelführers, des angefochtenen Beschlusses und der Erklärung, es werde gegen den erstinstanzlichen Beschluss Rechtsbeschwerde eingelegt, ergeben sich keine inhaltlichen Änderungen gegenüber der ersten Instanz. Ein Hinweis auf die von § 71 Abs. 1 Satz 4 geforderte Vorlage einer **Ausfertigung** oder einer **beglaubigten Abschrift** der angegriffenen Entscheidung ist sinnvoll, ihr Fehlen aber unschädlich, da die unterlassene Beifügung ohne Folgen für den Rechtsbeschwerdeführer bleibt. Anders als das Gericht erster Instanz hat das Beschwerdegericht in jedem Fall darüber zu belehren, dass für die Einlegung der Rechtsbeschwerde **Rechtsanwaltszwang** herrscht. Denn ihre Einlegung durch einen nach § 10 Abs. 4 beim BGH zugelassenen Rechtsanwalt ist ein Zulässigkeitserfordernis. Obwohl vor diesem Hintergrund überflüssig, bedarf es noch des Hinweises auf die Notwendigkeit der **Unterschrift** nach § 71 Abs. 1 Satz 3. Über die **Begründung** des Rechtsmittels muss das Beschwerdegericht ebenso wenig wie das Gericht erster Instanz belehren. 15

D. Folgen einer fehlerhaften Rechtsbehelfsbelehrung

I. Gesetzlich geforderter Inhalt der Rechtsbehelfsbelehrung

Weder der Gesetzestext noch die Materialien nehmen Stellung zur Frage, welche Folgen das Fehlen oder sonstige Fehler der Rechtsbehelfsbelehrung nach sich ziehen. 16

Dies eröffnet die Möglichkeit zur Entwicklung flexibler Lösungen, die die Vorzüge der bisher in Rechtsprechung und Schrifttum erarbeiteten Ansätze vereinen. Zur Diskussion standen früher zwei Vorschläge. Der erste ging davon aus, dass jedenfalls dann, wenn eine Rechtsmittelbelehrung gesetzlich vorgesehen ist, ihre korrekte Vornahme **Voraussetzung für den Beginn der Rechtsmittelfrist** ist.[1] Fehlt die Rechtsmittelbelehrung oder ist sie unrichtig, läuft also keine Frist für die Einlegung des Rechtsmittels. Der andere Vorschlag bezog sich auf die Fälle, in denen das Gesetz eine Rechtsmittelbelehrung nicht (ausdrücklich) vorsah. Danach standen Fehler in der Rechtsmittelbelehrung zwar einem Beginn des Fristlaufs nicht entgegen, begründeten jedoch, wenn die Frist infolge der Fehler nicht eingehalten wurde, bei fehlendem Verschulden die **Wiedereinsetzung.**[2] Dabei sollte eine Vermutung dafür sprechen, dass die Fristversäumung bei Fehlen der Rechtsmittelbelehrung unverschuldet ist.[3] Für Verfahren nach dem FamFG wird man beide Ansätze für unterschiedliche Fälle nutzbar machen können. Dafür, dass die Frist gar nicht zu laufen beginnt, sprechen insbesondere die **Parallelregelungen** etwa in § 58 Abs. 1 VwGO; § 9 Abs. 5 Satz 3 ArbGG, § 55 Abs. 1 FGO und § 66 Abs. 1 SGG.[4] Darauf deutet vor diesem Hintergrund auch das Bekunden des Gesetzgebers, er wolle die „bisher nur in einzelnen Bereichen der FG-Verfahren vorgesehen(e)" Rechtsbehelfsbelehrung ausdehnen und führe deshalb „in FamFG-Verfahren allgemein die Notwendigkeit einer Rechtsbehelfsbelehrung ein".[5] Dem ist nicht zu entnehmen, dass er von den anderweitig gesetzlich geregelten Folgen beim Fehlen einer Rechtsbehelfsbelehrung grundsätzlich abweichen will. Demnach führen das völlige Fehlen der Rechtsbehelfsbelehrung ebenso wie Fehler im gesetzlich vorgegebenen Mindestinhalt dazu, dass die Rechtsmittelfrist nicht zu laufen beginnt. Das ist erst dann der Fall, wenn der Beschwerdeberechtigte in gesetzlich vorgesehener Weise über das statthafte Rechtsmittel belehrt wird. Anders als in § 58 Abs. 2 VwGO sieht § 39 auch keine kraft Gesetzes laufende **Höchstfrist** für die Einlegung von Rechtsmitteln vor. Der Fristlauf kann somit nur durch eine **nachträgliche Rechtsbehelfsbelehrung** im Wege der Berichtigung nach § 42 in Gang gesetzt werden.

II. Zusätzlicher Inhalt der Rechtsbehelfsbelehrung

17 Anders ist der Fall zu beurteilen, in dem die Entscheidung eine Rechtsbehelfsbelehrung enthält, deren gesetzlich geforderter Inhalt fehlerfrei ist, aber zusätzliche Hinweise gegeben werden, die fehlerhaft sind. Denkbar ist etwa, dass die Rechtsbehelfsbelehrung die Fax-Nr. des Gerichts unzutreffend angibt. Hier hat der Beschwerdeberechtigte alle Informationen, die ihm nach dem Gesetz zukommen müssen. Daher recht-

1 BayObLG v. 7.10.1993 – 3 Z BR 184/93, FamRZ 1994, 323; *Bumiller*/Winkler, § 22 Rz. 9; ebenso, allerdings auf der Grundlage des § 9 Abs. 5 Satz 3 ArbGG BAG v. 13.4.2005 – 5 AZB 76/04, NJW 2005, 2251 (2252).

2 BGH v. 2.5.2002 – V ZB 36/01, ZMR 2002, 679 (681); OLG Naumburg v. 24.11.2000 – 8 WF 205/00, Rpfleger 2001, 171.

3 BGH v. 2.5.2002 – V ZB 36/01, ZMR 2002, 679 (681 f.); *Bumiller*/Winkler, § 22 FGG Rz. 9; kritisch Keidel/*Sternal*, § 22 FGG Rz. 68.

4 Allerdings wies schon der BGH in seiner Entscheidung zur Rechtsbehelfsbelehrung in Wohnungseigentumssachen darauf hin, dass die Unterlassung trotz gesetzlicher Anordnung vereinzelt – etwa nach § 89 Abs. 2 GBO – als unschädlich angesehen wird und den Lauf der Rechtsmittelfrist unberührt lässt (BGH v. 2.5.2002 – V ZB 36/01, ZMR 2002, 679 [681]).

5 BT-Drucks. 16/6308, S. 196.

fertigt ein **Fehler in überobligatorischen Angaben** nicht, von einer Rechtsmittelfrist praktisch abzusehen. Gleichwohl liegt ein Fehler des Gerichts vor, dessen Folgen nicht dem Rechtsuchenden anzulasten sind. Vertraut der Beschwerdeberechtigte auf unrichtige Angaben in der Rechtsbehelfsbelehrung und versäumt er deshalb die Rechtsmittelfrist, so ist ihm deswegen auf Antrag innerhalb der Frist des § 18 Abs. 1 **Wiedereinsetzung** zu gewähren. Anders als bei Fehlern im gesetzlich vorgesehenen Inhalt der Rechtsbehelfsbelehrung stellt die **Jahresfrist des § 18 Abs. 4** hier allerdings eine absolute Obergrenze dar.[1] Dies ermöglicht angemessene Lösungen. Derjenige, der sein Rechtsmittel ohnehin per Post einreicht, kann sich in obigem Fall dann nicht darauf berufen, die Frist sei noch gar nicht in Gang gesetzt worden, wenn er die Beschwerdeschrift zu spät abgesendet hat. Der Fehler des Gerichts wurde auch weder kausal für die Fristversäumung noch beruht diese auf fehlendem Verschulden, so dass auch eine Wiedereinsetzung ausscheidet. Beruht die Versäumung der Rechtsmittelfrist aber auf dem Versuch, die Beschwerdeschrift an die angebliche Fax-Nr. des Gerichts zu senden, ist dem Beschwerdeführer regelmäßig Wiedereinsetzung zu gewähren. Versäumt allerdings ein Rechtsanwalt die Beschwerdefrist, kann jedenfalls bei offenkundigen Fehlern eine strengere Beurteilung geboten sein als bei einem nicht anwaltlich vertretenen Beteiligten.[2] Die **Ursächlichkeit des Fehlers** für die Fristversäumung kann auch zu verneinen sein, wenn ein Beteiligter aus anderer Quelle, etwa durch Hinweis der Geschäftsstelle, über die Voraussetzungen einer effizienten Rechtsverfolgung informiert war.[3]

§ 40
Wirksamwerden

(1) Der Beschluss wird wirksam mit Bekanntgabe an den Beteiligten, für den er seinem wesentlichen Inhalt nach bestimmt ist.

(2) Ein Beschluss, der die Genehmigung eines Rechtsgeschäfts zum Gegenstand hat, wird erst mit Rechtskraft wirksam. Dies ist mit der Entscheidung auszusprechen.

(3) Ein Beschluss, durch den auf Antrag die Ermächtigung oder die Zustimmung eines anderen zu einem Rechtsgeschäft ersetzt oder die Beschränkung oder Ausschließung der Berechtigung des Ehegatten oder Lebenspartners, Geschäfte mit Wirkung für den anderen Ehegatten oder Lebenspartner zu besorgen (§ 1357 Abs. 2 Satz 1 des Bürgerlichen Gesetzbuchs, auch in Verbindung mit § 8 Abs. 2 des Lebenspartnerschaftsgesetzes), aufgehoben wird, wird erst mit Rechtskraft wirksam. Bei Gefahr im Verzug kann das Gericht die sofortige Wirksamkeit des Beschlusses anordnen. Der Beschluss wird mit Bekanntgabe an den Antragsteller wirksam.

1 Vgl. BGH v. 2.5.2002 – V ZB 36/01, ZMR 2002, 679 (682).
2 Vgl. BayObLG v. 14.11.2002 – 2 Z BR 113/02, ZMR 2003, 278 (279) und schon BGH v. 2.5.2002 – V ZB 36/01, ZMR 2002, 679 (682).
3 KG v. 15.7.2002 – 24 W 54/02, ZMR 2002, 969 (970).

A. Entstehungsgeschichte und Normzweck

1 § 40 bestimmt, wann die Wirksamkeit von Beschlüssen eintritt. Insoweit übernimmt die Vorschrift die diesbezüglichen Regelungen in §§ 16 Abs. 1, 53 Abs. 1 und 2 FGG aF.[1] Hingegen sind die Bestimmungen zur Form der Bekanntmachungen in den §§ 15 und 41 geregelt, anders als nach früherem Recht also von der Frage, wann der Beschluss wirksam wird, abgekoppelt. § 40 Abs. 1 enthält den Grundsatz, dass Beschlüsse nicht erst mit Eintritt der formellen Rechtskraft, sondern schon mit der Bekanntgabe an den Beteiligten wirksam werden, für den sie ihrem wesentlichen Inhalt nach bestimmt sind. Dies trägt dem Umstand Rechnung, dass insbesondere Entscheidungen im Bereich der Rechtsfürsorge, etwa die Bestellung eines Pflegers oder eines Betreuers, rascher Wirksamkeit bedürfen.[2] Demgegenüber schiebt § 40 Abs. 2 und 3 den Zeitpunkt, zu dem die gerichtliche Genehmigung von Rechtsgeschäften wirksam wird, in Übereinstimmung mit § 53 FGG aF auf den Eintritt der Rechtskraft hinaus.[3] Die Möglichkeit einer abweichenden Gestaltung, also der Anordnung der sofortigen Wirksamkeit, enthält § 40 Abs. 3 Satz 2 und 3, was mit § 53 Abs. 2 FGG aF inhaltlich übereinstimmt.

B. Inhalt der Vorschrift

I. Grundsatz: Wirksamwerden mit Bekanntgabe

1. Beschlüsse

2 Wie die Vorschriften zur Bekanntgabe regelt § 40, anders als § 16 FGG aF,[4] nur das Wirksamwerden von **Beschlüssen nach § 38 ff.** Dies folgt schon aus der systematischen

1 BT-Drucks. 16/6308, S. 196.
2 BT-Drucks. 16/6308, S. 196.
3 Zum verfassungsrechtlichen Hintergrund dieser Regelung eingehend BT-Drucks. 16/6308, S. 196.
4 Hierzu etwa BGH v. 27.10.1999 – XII ZB 18/99, NJW-RR 2000, 877 (888); Keidel/*Schmidt*, § 16 FGG Rz. 1; *Bumiller*/Winkler, § 16 FGG Rz. 1; *Bassenge*/Roth, § 16 FGG Rz. 1.

Einordnung der Vorschrift in den 3. Abschnitt von Buch 1. Für verfahrensleitende Entscheidungen – etwa Terminsladungen oder Beweisbeschlüsse – wäre das Wirksamwerden mit Zustellung an *einen* Beteiligten auch nicht sinnvoll. Für Beschlüsse, die sich nach den Regelungen der ZPO richten, gelten ohnehin die dortigen Regelungen. Spezialgesetzlich können **Ausnahmen** von den Regelungen zur Wirksamkeit in § 40 vorgesehen sein. So bestimmt § 382 Abs. 1 Satz 2, dass die stattgebende Entscheidung durch Eintragung in das Register wirksam wird. Die mögliche Mitteilung dieser Entscheidung ist insoweit wie nach früherem Recht[1] für das Wirksamwerden unmaßgeblich.

2. Bekanntgabe

Die Wirksamkeit setzt die Bekanntgabe des Beschlusses an den Beteiligten voraus, für 3
den er seinem wesentlichen Inhalt nach bestimmt ist. Hierbei kommt es weder auf die Anforderungen für den Beginn der Rechtsmittelfrist noch auf die Ermessensbeschränkung des Gerichts durch § 41 Abs. 1 Satz 2 (hierzu s. § 41 Rz. 11 ff.) an. § 40 Abs. 1 verlangt im Gegensatz zu § 63 Abs. 3 Satz 1 weder die „schriftliche Bekanntgabe" (hierzu s. § 41 Rz. 23 ff.) noch die förmliche Zustellung, sondern nur die Bekanntgabe. Diese ist in § 15 Abs. 2 definiert. Der Beschluss wird somit auch durch Aufgabe zur Post wirksam, da dies eine der beiden Formen der Bekanntgabe nach § 15 Abs. 2 ist. Die obligatorische Zustellung nach § 41 Abs. 1 Satz 2 dient allein dem Nachweis des Zugangs, der bei einer Aufgabe zur Post schwer zu führen ist (vgl. § 15 Rz. 56).

Weder der Gesetzeswortlaut noch die Materialien äußern sich ausdrücklich dazu, 4
welche Folgen es für die Wirksamkeit eines Beschlusses hat, wenn seine Bekanntmachung **nicht den Anforderungen des § 15 Abs. 2 genügt**, wenn er also nur telefonisch, per Fax oder per E-Mail mitgeteilt wird. Dies ergibt sich aber daraus, dass der Beschluss nur mit seiner Bekanntgabe wirksam werden soll. Hält die Bekanntmachung die Mindestanforderungen des § 15 Abs. 2 in Form der Übermittlung eines Schriftstücks durch die Post nicht ein, wird der Beschluss folglich nicht wirksam. Keine Rolle dürfte allerdings die Beauftragung eines bestimmten **Postunternehmens** spielen. Die Norm dient insbesondere nicht der Beschäftigungssicherung bei der Deutschen Post AG. Selbst Zustellungen werden heute zu einem Gutteil von Privatunternehmen durchgeführt. Maßgeblich ist die Übermittlung des an den Beteiligten adressierten Schriftstücks durch einen zuverlässigen Überbringer, also die Übermittlung mit Bekanntgabewillen. Auf die **Richtigkeit der Adresse** kommt es dabei nicht an, sofern das Schriftstück nur an den Beteiligten gerichtet und an ihn gelangt ist.

3. Beteiligter, für den der Beschluss bestimmt ist

a) Grundsatz

Das Wirksamwerden des Beschlusses setzt **nicht seine Bekanntgabe an alle Beteiligten** 5
voraus.[2] Spezialgesetzlich kann aber die Wirksamkeit gegenüber Dritten abweichend geregelt sein.[3] § 40 Abs. 1 fordert nur die Bekanntgabe an den Beteiligten, für den der

1 S. Keidel/*Schmidt*, § 16 FGG Rz. 16; *Bumiller*/Winkler, § 16 FGG Rz. 8.

2 Vgl. BayObLG v. 25.2.1966 – BReg. 1a Z 8/66, BayObLGZ 1966, 82 (83); BayObLG v. 28.6.1976 – BReg. 1 Z 27/76, BayObLGZ 1976, 167 (172); OLG Hamm v. 16.4.2002 – 15 W 38/02, NJW 2002, 2477 (2478); *Bumiller*/Winkler, § 16 FGG Rz. 3; *Bassenge*/Roth, § 16 FGG Rz. 19; zur Abgrenzung von der Rechtskraft vgl. auch OLG Schleswig v. 21.6.1978 – 10 WF 51/78, FamRZ 1978, 610 (611); BayObLG v. 13.7.1989 – BReg. 3 Z 35/89, BayObLGZ 1989, 292 (295).

3 S. BT-Drucks. 16/6308, S. 199 etwa zu § 1829 Abs. 1 BGB.

Beschluss seinen wesentlichen Inhalt nach bestimmt ist. Die Handhabung dieser fast unverändert aus § 16 Abs. 1 FGG aF übernommenen Bestimmung bereitete schon unter der Geltung des früheren Rechts erhebliche Schwierigkeiten. IdR behalf man sich mit einer Formel, dass damit die Bekanntgabe an denjenigen gemeint ist, dessen Rechtsstellung durch die erlassene Entscheidung nach deren Inhalt und Zweck **unmittelbar betroffen** wird[1] bzw. dem sie bekannt werden muss, um ihren Zweck zu erfüllen.[2] Trotz ihrer Ähnlichkeit ist diese Definition aber nicht mit derjenigen der Beschwerdeberechtigung identisch. Es wird mit dieser Formel eine Begrenzung des Adressatenkreises bezweckt, durch die der Eintritt der Wirksamkeit vereinfacht und beschleunigt werden soll.[3] So ist bei Entziehung einer Rechtsposition stets der bisherige Rechtsinhaber iSd. § 40 Abs. 1 betroffen (s. Rz. 6) und folglich wird durch Bekanntgabe an ihn der Beschluss wirksam, auch wenn weitere – wie bei der Betreuung etwa der Betreute – beschwerdeberechtigt sein können (vgl. § 59 Rz. 26).[4] Ähnlich wird etwa die Pflegschaft schon mit ihrer Anordnung und der Ernennung des Pflegers wirksam (s. Rz. 6), auch wenn weitere Personen beschwerdeberechtigt sind (vgl. § 59 Rz. 34). Handelt es sich nicht nur um einen, sondern um **mehrere Beteiligte**, für die der Beschluss seinem wesentlichen Inhalt bestimmt ist, so ist zu differenzieren. Hat der Beschluss einen trennbaren Inhalt, so genügt die Bekanntgabe des jew. Teils an den Beteiligten, der hiervon betroffen ist.[5] Bei untrennbarem Inhalt bedarf es der Bekanntgabe an jeden Beteiligten. Die Wirksamkeit tritt dann folglich erst mit der zeitlich letzten Bekanntgabe ein.[6]

b) Anerkannte Einzelfälle der Bekanntgabe an den Betroffenen

6 Vor dem Hintergrund dieser schwer zu handhabenden Begriffsbestimmung geht das Schrifttum zu Recht davon aus, dass es eine Frage des Einzelfalls ist, wer derjenige ist, für den der Beschluss seinem wesentlichen Inhalt nach bestimmt ist. Anerkannt ist, dass im Antragsverfahren bei **Zurückweisung des Antrags** stets der Antragsteller der Adressat der Bekanntgabe ist, die zur Wirksamkeit des Beschlusses führt.[7] Ähnliches gilt für die **Entziehung einer Rechtsstellung**. Hier tritt die Wirksamkeit stets mit der Bekanntgabe an denjenigen an, dem durch die Entscheidung eine Rechtsstellung entzogen wird.[8] Im Übrigen ist nur auf die Kasuistik zu verweisen. So soll die Bestellung eines Notvorstandes ebenso wie diejenige eines (Nachtrags)liquidators mit der Zustellung des Beschlusses an den Bestellten wirksam werden.[9] Gleiches gilt für den Pfleger[10] und den Nachlasspfleger.[11] Die Anordnung der Nachlassverwaltung wird mit

1 BGH v. 16.6.1952 – IV ZR 131/51, BGHZ 6, 232 (235); OLG Hamm v. 16.4.2002 – 15 W 38/02, NJW 2002, 2477 (2478); Keidel/*Schmidt*, § 16 FGG Rz. 16; *Bumiller*/Winkler, § 16 FGG Rz. 72.
2 OLG Hamm v. 16.4.2002 – 15 W 38/02, NJW 2002, 2477 (2478).
3 Keidel/*Schmidt*, § 16 FGG Rz. 10.
4 Ähnlich OLG Hamm v. 16.4.2002 – 15 W 38/02, NJW 2002, 2477 (2478).
5 BayObLG v. 29.1.1991 – BReg. 3 Z 137/90, BayObLGZ 1991, 52 (57).
6 KG v. 10.2.1984 – 1 W 5121/81, OLGZ 1984, 152 (155); BayObLG, v. 29.1.1991 – BReg. 3 Z 137/90, BayObLGZ 1991, 52 (57); *Bumiller*/Winkler, § 16 FGG Rz. 6, *Bassenge*/Roth, § 16 FGG Rz. 5.
7 Keidel/*Schmidt*, § 16 FGG Rz. 11.
8 KG v. 11.9.1970 – 1 W 11262/70, OLGZ 1971, 196 (197); KG v. 22.9.1970 – 1 W 3096/69, OLGZ 1971, 201 (202); Keidel/*Schmidt*, § 16 FGG Rz. 12; *Bassenge*/Roth, § 16 FGG Rz. 18.
9 OLG Hamm v. 16.4.2002 – 15 W 38/02, NJW 2002, 2477 (2478); BayObLG v. 13.7.1989 – BReg. 3 Z 35/89, BayObLGZ 1989, 292 (295); KG v. 4.10.1965 – 1 WKf 1247/65, OLGZ 1965, 332 (334); Keidel/*Schmidt*, § 16 FGG Rz. 12; *Bassenge*/Roth, § 16 FGG Rz. 17.
10 BayObLG v. 25.2.1966 – BReg. 1a Z 8/66, BayObLGZ 1966, 82 (83); OLG Hamm v. 16.4.2002 – 15 W 38/02, NJW 2002, 2477 (2478); *Bumiller*/Winkler, § 16 FGG Rz. 5.
11 BayObLG v. 28.6.1976 – BReg. 1 Z 27/76, BayObLGZ 1976, 167 (171).

Bekanntgabe an den oder die Erben wirksam.[1] Teilweise ist diese Frage auch in **Spezialvorschriften** geregelt. So wird die Bestellung des Betreuers nach § 287 Abs. 1 schon mit der Bekanntgabe an den Betreuer wirksam.

4. Wirksamwerden

a) Abgrenzung von Erlass und Beginn der Rechtsmittelfrist

Das **Wirksamwerden** eines Beschlusses ist einerseits von seinem **Erlass**, andererseits 7
vom **Beginn der Rechtsmittelfrist** zu unterscheiden, auch wenn die drei Ereignisse zusammenfallen können. Die Wirksamkeit setzt nach § 38 Abs. 3 Satz 3 den Erlass des Beschlusses durch mündliche Bekanntgabe oder Übergabe an die Geschäftsstelle voraus. Erst durch den Erlass verlässt ein vom Spruchkörper vorbereitetes und unterzeichnetes Schriftstück das Stadium des Entwurfs und wird rechtlich zum Beschluss.[2] Erst ab diesem Zeitpunkt kann er vom Gericht nicht mehr geändert und von den Beteiligten mit Rechtsmitteln angefochten werden. Wirksam wird der Beschluss aber erst dann, wenn er bekannt gegeben wird. Dies ist gleichzeitig mit dem Erlass nur dann möglich, wenn die Beschlussformel nach § 41 Abs. 2 in Anwesenheit dessen, für den der Beschluss seinem wesentlichen Inhalt nach bestimmt ist, verlesen wird. Anderenfalls muss er nach den Regeln der §§ 15, 41 schriftlich bekannt gegeben werden. Mit der Bekanntgabe an diesen Beteiligten beginnt für ihn auch die Beschwerdefrist zu laufen.[3] Für die anderen Beteiligten ist insoweit allein der Zeitpunkt maßgeblich, zu dem ihnen der Beschluss bekannt gegeben wird. Auch für diese Beteiligten ist der Beschluss aber bereits mit der Bekanntgabe an den Beteiligten wirksam, für den er seinem wesentlichen Inhalt nach bestimmt ist.

b) Folgen des Wirksamwerdens

Mit dem Wirksamwerden wird ein Beschluss nach § 86 Abs. 2 **vollstreckbar**. Die Ein- 8
legung von Rechtsmitteln hat keinen Suspensiveffekt.[4] Das Rechtsmittelgericht kann jedoch die Vollziehung der Entscheidung nach § 64 Abs. 3 suspendieren (s. § 64 Rz. 20 ff.). Die Wirksamkeit betrifft ihren gesamten Inhalt und alle Beteiligten, unabhängig davon, ob sie ihnen bereits bekannt gegeben ist, ebenso **Dritte**, soweit die Entscheidung gegenüber jedermann wirkt.[5] Soweit der Beschluss jedenfalls in der Hauptsache keinen vollstreckbaren, sondern feststellenden oder gestaltenden Inhalt hat, tritt die Feststellungs- bzw. Gestaltungswirkung zu diesem Zeitpunkt ein,[6] sofern Sonderregelungen nichts anderes vorsehen. Der Testamentsvollstrecker bzw. der Betreuer können somit ab diesem Zeitpunkt für die Erben bzw. den Betreuten tätig sein. Eine Aufhebung in der Rechtsmittelinstanz beseitigt diese Wirkungen nach § 47 nur ex nunc.

1 BayObLG v. 28.6.1976 – BReg. 1 Z 27/76, BayObLGZ 1976, 167 (171).
2 Keidel/*Schmidt*, § 16 FGG Rz. 16; *Bumiller*/Winkler, § 16 FGG Rz. 6.
3 BayObLG v. 28.6.1976 – BReg. 1 Z 27/76, BayObLGZ 1976, 167 (172).
4 *Bumiller*/Winkler, § 16 FGG Rz. 4.
5 KG v. 4.10.1965 – 1 WKf 1247/65, OLGZ 1965, 332 (334); Keidel/*Schmidt*, § 16 FGG Rz. 17.
6 OLG Schleswig v. 21.6.1978 – 10 WF 51/78, FamRZ 1978, 610 (611); KG v. 4.10.1965 – 1 WKf 1247/65, OLGZ 1965, 332 (334); Keidel/*Schmidt*, § 16 FGG Rz. 16; *Bumiller*/Winkler, § 16 FGG Rz. 7.

c) Aufschieben der Wirksamkeit bis zur Rechtskraft

9 Zum inhaltlich ähnlichen § 16 Abs. 1 FGG aF wurde die Auffassung vertreten, das Ausgangsgericht selbst könne den Eintritt der Wirksamkeit seines Beschlusses bis zum Eintritt der formellen Rechtskraft aufschieben. Dies wurde mit einer Analogie zu § 570 Abs. 2 ZPO begründet.[1] Diese Praxis dürfte nicht mehr fortzuführen sein, da es schon an einer **unbewussten Regelungslücke** fehlt. Der Gesetzgeber hat die Regelungen zur Wirksamkeit gegenüber dem früheren Recht deutlich umgestaltet, aber die Möglichkeit, die Wirkung eines Beschlusses zu suspendieren, der Rechtsmittelinstanz vorbehalten. Angesichts der diesbezüglichen Diskussion in Rechtsprechung und Literatur, mit der sich der Gesetzgeber ausweislich der Materialien gerade zu § 40 auch beschäftigt hat,[2] kann man schwerlich von einer unbewussten Regelungslücke ausgehen. Die Aussetzung der Wirksamkeit wird sich auch kaum je durch eine einstweilige Anordnung nach § 49 ff. herbeiführen lassen. Denn dies setzt voraus, dass eine einstweilige Anordnung der Einschätzung des Ausgangsgerichts zufolge „nach den für das Rechtsverhältnis maßgebenden Vorschriften gerechtfertigt ist" (§ 49 Abs. 1), also ein Anordnungsanspruch vorliegt. Da das Ausgangsgericht aber regelmäßig davon ausgehen wird, dass seine Maßnahme mit den Vorschriften des materiellen Rechts in Übereinstimmung steht, wird es hieran fehlen.

10 Letztlich ist der Bedarf für eine solche Aussetzung bis zum Eintritt der Rechtskraft auch deutlich geringer als in anderen Rechtsgebieten, etwa der Zwangsvollstreckung. Denn dort droht bereits mit der Entscheidung des Ausgangsgerichts, das etwa einen Pfändungs- und Überweisungsbeschluss aufhebt, ein endgültiger Rechtsverlust, der ohne eine solche Suspendierung bis zur Rechtskraft durch die nächste Instanz nicht mehr rückgängig gemacht werden kann. Derartige Rangverluste sind in Verfahren nach dem FamFG regelmäßig nicht zu befürchten. Derjenige, der mit einem Beschluss nicht einverstanden ist, muss „lediglich" bei Vorliegen der Voraussetzungen von § 47 mit Maßnahmen rechnen, die unabänderlich wirksam sind. Dem lässt sich indessen regelmäßig mit einer **einstweiligen Anordnung nach § 64 Abs. 3** begegnen.

II. Genehmigung von Rechtsgeschäften

1. Gegenstand der Neuregelung

11 § 40 Abs. 2 regelt die Fälle, in denen die Genehmigung eines Rechtsgeschäfts **originäre Aufgabe des Gerichtes** ist. Dies betrifft etwa die Genehmigungen von Rechtsgeschäften nach §§ 1821f BGB durch das Familiengericht. Entsprechendes gilt etwa für die Zustimmung zur Verfügung über das gesamte Vermögen nach § 1365 Abs. 2 BGB und die Ersetzung von Entscheidungen bei der Verwaltung des ehelichen Gesamtguts (§§ 1426, 1430 BGB). Hier vollzieht der Gesetzgeber auf Grund der verfassungsgerichtlichen Rechtsprechung eine Abkehr von §§ 55, 62 FGG aF,[3] die eine volle Überprüfung der Genehmigung des Rechtsgeschäfts durch den Rechtspfleger nur dann zuließen, wenn die Genehmigung dem Dritten gegenüber noch nicht wirksam geworden war. Dies würde die Genehmigung im Ergebnis der gerichtlichen Kontrolle entziehen. Gleichzeitig verwarf der Gesetzgeber die mangels entsprechender gesetzlicher Rege-

1 Vgl. *Bassenge*/Roth, § 16 FGG Rz. 4.
2 BT-Drucks. 16/6308, S. 196 etwa zu der Frage des Vorbescheids.
3 Vgl. BT-Drucks. 16/6308, S. 196 u. S. 198 f.

lung problematische Praxis, vor der endgültigen Entscheidung einen anfechtbaren **Vorbescheid** zu erlassen.[1] Stattdessen schiebt § 40 Abs. 2 Satz 1 den Eintritt der Wirksamkeit der Entscheidung auf den Zeitpunkt des Eintritts der formellen Rechtskraft hinaus. Dies eröffnet den Beteiligten die Möglichkeit, den endgültigen Bescheid im Rechtsmittelzug überprüfen zu lassen, der die Genehmigung erteilt. Im Gegenzug soll die nach § 63 Abs. 2 **verkürzte Beschwerdefrist** von zwei Wochen „dem regelmäßigen Interesse der Beteiligten an einer zügigen Abwicklung der entsprechenden Rechtsgeschäfte" Rechnung tragen,[2] was wohl illusorisch bleiben dürfte, da nicht die Dauer der Rechtsmittelfrist, sondern diejenige der Verfahren vor den personell zunehmend ausgedünnten Gerichten einer raschen Schaffung von Rechtsklarheit entgegensteht. Ist kein Rechtsmittel gegeben oder wird die Einlegung eines Rechtsmittels versäumt, so wird der Beschluss mit Eintritt der formellen Rechtskraft endgültig unangreifbar (vgl. § 45 Rz. 2).[3] Denn § 48 Abs. 3 bestimmt, dass gegen Beschlüsse über die Genehmigung eines Rechtsgeschäfts weder die Wiederaufnahme oder die Wiedereinsetzung noch die Abänderung nach § 48 Abs. 1 oder die Anhörungsrüge nach § 44 gegeben sind.

2. Aufschub der Wirksamkeit in der Beschlussformel

a) Ausspruch „mit der Entscheidung"

§ 40 Abs. 2 Satz 2 ordnet an, ausdrücklich „mit der Entscheidung" auszusprechen, 12
dass die Wirksamkeit erst mit der formellen Rechtskraft des Beschlusses eintritt. Diese Anordnung ist sowohl hinsichtlich der genauen **Art und Weise dieses Ausspruchs** wie auch hinsichtlich der **Fehlerfolgen** unklar. Das Gesetz lässt zum einen nicht klar erkennen, wo der Ausspruch zu erfolgen hat. Die Formulierung „mit der Entscheidung" ist wohl dahingehend zu verstehen, dass dies nicht in einem separaten Beschluss neben der Entscheidung geschehen soll. Der Ausspruch über die Wirksamkeit hat wohl ähnlich wie bei der Entscheidung über die Zulassung der Rechtsmittelbeschwerde „in dem Beschluss" zu erfolgen (vgl. § 70 Abs. 1). Damit bleibt immer noch offen, wo dieser Ausspruch seinen Platz hat, im **Tenor** oder in der **Begründung**. Angesichts des Umstandes, dass selbst die Entscheidung über die Zulassung der Rechtsbeschwerde noch in den Gründen vorgenommen werden kann, dürfte auch für den Ausspruch über die Wirksamkeit des Beschlusses nach § 40 Abs. 2 Satz 2 nichts anderes gelten.[4] Denn zum einen äußert sich das Gesetz insoweit nicht deutlicher als bei der Zulassung. Zum anderen handelt es sich um einen Ausspruch, der dem Gericht, anders als bei der Zulassung, keinerlei Entscheidungsspielraum lässt. Er ist also nur deklaratorischer Natur, so dass eine Aufnahme in die Beschlussformel entbehrlich erscheint.

b) Der unterlassene Ausspruch

Aus diesen Vorgaben dürften auch die **Folgen einer Unterlassung** dieses Ausspruchs 13
resultieren. Dass die Genehmigung eines Rechtsgeschäfts erst mit der Rechtskraft des Beschlusses eintritt, ergibt sich schon aus § 40 Abs. 2 Satz 1. Ein entsprechender Ausspruch hat angesichts dieser kraft Gesetzes eintretenden Rechtsfolge nur **deklaratori-**

1 BT-Drucks. 16/6308, S. 196.
2 BT-Drucks. 16/6308, S. 196.
3 Dies meinen wohl auch die Materialien (BT-Drucks. 16/6308, S. 196) mit dem nicht passenden Begriff der materiellen Rechtskraft.
4 Vgl. BGH v. 8.3.1956 – III ZR 265/54, BGHZ 20, 188 (189).

schen Charakter. Er soll den Beteiligten nur Klarheit über die gesetzlichen Folgen vermitteln, wie auch die Materialien ausführen.[1] Unterbleibt der Ausspruch versehentlich, bleibt dies ohne Folgen auf die gesetzliche Anordnung des § 40 Abs. 2 Satz 1. Dies zeigt auch die Regelung des § 40 Abs. 3. Obwohl sie eine genau parallele Konstellation zum Gegenstand hat, die Ersetzung der Ermächtigung oder Zustimmung zu Rechtsgeschäften, die gleichfalls erst mit Eintritt der formellen Rechtskraft wirksam werden, fehlt hier eine Bestimmung, wonach das Gericht dies ausdrücklich auszusprechen hat. Wenn dieser Aufschub der Wirkung bei § 40 Abs. 3 ohne ausdrücklichen Ausspruch des Gerichtes kraft Gesetzes eintritt, kann für § 40 Abs. 2 schwerlich etwas anderes gelten.

3. Sofortige Wirksamkeit des Beschlusses auf ausdrückliche Anordnung?

14 Anders als in § 40 Abs. 3 ist in Abs. 2 nicht ausdrücklich vorgesehen, dass das Gericht bei Gefahr in Verzug die sofortige Wirksamkeit des Beschlusses anordnen kann. Angesichts des Umstandes, dass der Gesetzgeber umgekehrt bei § 40 Abs. 3 offenbar auch eine § 40 Abs. 2 Satz 2 entsprechende Anordnung zum Ausspruch über die Wirksamkeit vergessen hat, dürfte hier eine **analoge Anwendung von § 40 Abs. 3 Satz 2** geboten sein. Denn es ist kein Grund erkennbar, wieso bei Gefahr in Verzug nur die Ersetzung einer Zustimmung zu einem Rechtsgeschäft sofort wirksam werden sollte, nicht aber auch die originäre Zustimmung des Gerichts nach § 40 Abs. 2. Daher wird § 40 Abs. 3, Satz 2 und 3 bei Vorliegen der dort aufgeführten Voraussetzungen (s. insoweit Rz. 18) auf Beschlüsse nach § 40 Abs. 2 analog anzuwenden sein.

4. Die verweigerte Genehmigung

15 § 40 Abs. 2 Satz 1 gilt nur für die **Erteilung** der Genehmigung. Ihre Versagung wird nach den allgemeinen Regeln, also mit Bekanntgabe des Beschlusses, wirksam. Allerdings bleibt dies ohne praktische Folgen, da diese Entscheidung im Rechtsmittelverfahren abgeändert werden kann. Wird die Genehmigung dort unter Abänderung der erstinstanzlichen Entscheidung erteilt, gilt insoweit über § 69 Abs. 3 wiederum § 40 Abs. 2 Satz 1.

III. Ersetzung der Ermächtigung oder Zustimmung zu Rechtsgeschäften

1. Gegenstand der Neuregelung

a) Ersetzung nicht erteilter Zustimmungen

16 § 40 Abs. 3 hat die Konstellation zum Gegenstand, in der die Ermächtigung oder Zustimmung zu einem Rechtsgeschäft **originär von einem Dritten zu erteilen** ist, aber nicht erteilt wird, so dass sie bei Vorliegen der Voraussetzungen vom Gericht zu ersetzen ist. Dies umfasst etwa die Zustimmung zum Eingehen eines Dienst- oder Arbeitsverhältnisses nach § 113 BGB, zur Eingehung der Ehe nach § 1303 Abs. 2 BGB oder deren Bestätigung nach § 1315 Abs. 1 Satz 3 BGB, die Zustimmung zur Verfügung über das gesamte Vermögen nach § 1365 Abs. 2 BGB oder einzelne Haushaltsgegenstände nach § 1369 Abs. 2 BGB und die Ersetzung von Entscheidungen bei der Verwal-

1 BT-Drucks. 16/6308, S. 196: „Die Regelung dient der Rechtsklarheit gegenüber Dritten beim Abschluss eines Rechtsgeschäfts."

tung des ehelichen Gesamtguts (§§ 1426, 1430 BGB) und zur Einbenennung nach § 1618 Satz 4 BGB.[1] Die in § 40 Abs. 3 Satz 1 ausdrücklich genannte Aufhebung von Beschränkungen nach § 1357 Abs. 2 Satz 1 BGB, § 8 Abs. 2 LPartG betrifft den ähnlichen Fall, in dem die kraft Gesetzes bestehende, aber durch einseitige Erklärung ausgeschlossene oder beschränkte Möglichkeit zum Abschluss von Rechtsgeschäften nach § 1357 Abs. 1 BGB durch das Gericht wiederhergestellt wird.

b) Entscheidung des Gerichts

Wie in Fällen des § 40 Abs. 2 wird die Wirksamkeit der gerichtlichen Genehmigung auf den Zeitpunkt des Eintritts der formellen Rechtskraft hinausgeschoben, was den Beteiligten die Möglichkeit geben soll, den Beschluss im Rechtsmittelzug überprüfen zu lassen. Für den Beschluss, der die Ersetzung der Ermächtigung oder Zustimmung versagt, bedarf es wie bei § 40 Abs. 2 einer entsprechenden Regelung nicht (vgl. Rz. 15).[2] Erstaunlicherweise ordnet der Gesetzgeber in § 40 Abs. 3 – anders als bei § 40 Abs. 2 – keinen entsprechenden **Ausspruch über den Eintritt der Wirksamkeit** erst mit der formellen Rechtskraft des Beschlusses an. Ein solcher Ausspruch dürfte freilich unschädlich sein. 17

2. Anordnung der sofortigen Wirksamkeit

a) Voraussetzungen

Nach § 40 Abs. 3 Satz 2 kann die sofortige Wirksamkeit der Entscheidung „bei **Gefahr im Verzug**" angeordnet werden. Damit übernimmt die Vorschrift eine in § 53 Abs. 2 FGG aF enthaltene Regelung gleichen Inhalts. Näherer Aufschluss darüber, wann der unbestimmte Rechtsbegriff der Gefahr im Verzug vorliegt, ist weder dem Gesetzeswortlaut noch den Materialien zu entnehmen. Nach dem Sinn und Zweck der Regelung wird man dies dann annehmen müssen, wenn ohne eine solche vorgezogene Wirksamkeit das Geschäft oder ein wirtschaftlich vergleichbares entweder nicht mehr durchführbar oder für denjenigen, der die Ersetzung beantragt hat, nicht mehr sinnvoll wäre.[3] Dies dürfte etwa dann der Fall sein, wenn der Verkauf eines Grundstücks, das § 1365 Abs. 1 BGB unterfällt, zur Abwendung einer Zwangsversteigerung erforderlich und auch zu vertretbaren Bedingungen möglich ist, der (Noch-)Ehepartner seine Zustimmung aber aus Schädigungsabsicht verweigert. Entsprechendes dürfte bei der Zustimmung zur Eingehung der Ehe gelten, wenn die Eheschließung aus objektiver Sicht zu genehmigen ist, da bereits der Aufschub etwa für Kinder, die in der Zwischenzeit geboren werden, nachteilig sein kann. Hingegen dürfte die Anordnung der sofortigen Wirksamkeit bei einfachen Veräußerungen – etwa nach § 1369 Abs. 2 BGB – nicht erforderlich sein, wenn keine besondere Dringlichkeit vorliegt und nur das konkret beabsichtigte Rechtsgeschäft gefährdet ist, der Abschluss zu vergleichbaren Bedingungen aber auch später möglich erscheint. 18

b) Verfahren und Wirksamkeit der Anordnung sofortiger Wirksamkeit

§ 40 Abs. 3 trifft nur wenige Regelungen zum Verfahren, in dem die Anordnung sofortiger Wirksamkeit getroffen wird. Diese Anordnung ist im Gegensatz zum früheren 19

1 S. zu § 53 FGG Keidel/*Engelhardt*, § 53 FGG Rz. 6; *Bumiller*/Winkler, § 53 FGG Rz. 2; *Bassenge*/Roth, § 53 FGG Rz. 1.
2 *Bumiller*/Winkler, § 53 FGG Rz. 1.
3 Allgemeiner Keidel/*Engelhardt*, § 53 FGG Rz. 12.

Recht[1] vom **Antrag** eines Beteiligten abhängig. Dies folgt aus § 40 Abs. 3 Satz 3, wonach die Anordnung der sofortigen Wirksamkeit mit Bekanntgabe an den *Antragsteller* wirksam ist. Die Anordnung muss, anders als etwa die Zulassung der Rechtsbeschwerde nach § 70 Abs. 1 (vgl. § 70 Rz. 8), nicht „in dem Beschluss" vorgenommen werden. Demnach kann sie auch **nachträglich** auf Antrag eines Beteiligten erfolgen.[2] Dann hat sie, wie § 40 Abs. 3 Satz 3 zu entnehmen ist, gleichfalls **durch Beschluss** zu ergehen. Einer mündlichen Verhandlung hierüber bedarf es nicht. Den anderen Beteiligten ist aber zumindest nachträglich **rechtliches Gehör** zu gewähren. Die Befugnis des Ausgangsgerichts zur Anordnung der sofortigen Wirksamkeit erlischt mit **Anfall der Sache beim Beschwerdegericht**. Denn dann hat dieses über die gesamte Sache zu befinden. Wenn die Befugnis, die sofortige Wirksamkeit der Entscheidung anzuordnen, dem Gericht erster Instanz zukommt, besteht diese Möglichkeit auch für das Beschwerdegericht, uU ausnahmsweise auch im Rahmen einer einstweiligen Anordnung nach § 64 Abs. 3.[3] Die Anordnung der sofortigen Wirksamkeit wird gemäß § 40 Abs. 3 Satz 3 der Grundregel des § 40 Abs. 1 folgend bereits **mit der Bekanntgabe an den Antragsteller wirksam**. Dies ist folgerichtig, da sie ihren Zweck ansonsten nicht erfüllen könnte. Mit der formellen Rechtskraft der Entscheidung tritt sie außer Kraft, ohne dass es einer besonderen Entscheidung hierüber bedürfte.[4] Der Beschluss wird aber selbst dann nicht mit Rückwirkung unwirksam, wenn die Entscheidung in der Hauptsache von der vorläufig für wirksam erklärten abweicht.[5]

c) Anfechtbarkeit

20 Wie nach früherem Recht[6] ist die Anordnung der sofortigen Wirksamkeit, unabhängig davon, ob sie zusammen mit der Entscheidung in der Hauptsache oder getrennt von ihr ergeht, **nicht separat anfechtbar**. Denn es handelt sich nicht um einen Beschluss nach §§ 38 ff., und die separate Anfechtbarkeit ist im Gesetz nicht vorgesehen.[7] Zudem hat eine Anordnung ja gerade den Zweck, für die Dauer des Verfahrens bis zu seinem Abschluss einen geordneten Zustand zu schaffen, was durch eine Anfechtbarkeit konterkariert würde, da dann ein Nebenkriegsschauplatz eröffnet würde (vgl. § 64 Rz. 37).[8] Für die Möglichkeit einer Anfechtung besteht auch kein Bedarf. Denn die Beteiligten, die sich gegen die Entscheidung in der Hauptsache richten, können eine **einstweilige Anordnung nach § 64 Abs. 3** anregen.[9] Auf diesem Wege kann das Beschwerdegericht die sofortige Wirkung nach § 40 Abs. 3 Satz 2 wieder aussetzen. Allerdings beseitigt dies nicht die Wirkung von Rechtsgeschäften, die auf dieser Grundlage bereits getätigt wurden. Diese bleiben nach § 47 wirksam.

1 BayObLG v. 26.5.1987 – BReg. 1 Z 24/87, NJW-RR 1987, 1226 (1227); Keidel/*Engelhardt*, § 53 FGG Rz. 12.
2 Vgl. schon zu § 53 FGG BayObLG v. 26.5.1987 – BReg. 1 Z 24/87, NJW-RR 1987, 1226 (1227).
3 So zum alten Recht auch Keidel/*Engelhardt*, § 53 FGG Rz. 12; *Bumiller*/Winkler, § 53 FGG Rz. 8.
4 BayObLG v. 26.5.1987 – BReg. 1 Z 24/87, NJW-RR 1987, 1226 (1227).
5 Vgl. OLG Hamm v. 16.4.2002 – 15 W 38/02, NJW 2002, 2477 (2478 f.).
6 BayObLG v. 26.5.1987 – BReg. 1 Z 24/87, NJW-RR 1987, 1226 (1227).
7 Vgl. zu § 53 FGG Keidel/*Engelhardt*, § 53 FGG Rz. 12.
8 BayObLG v. 26.5.1987 – BReg. 1 Z 24/87, NJW-RR 1987, 1226 (1227).
9 BayObLG v. 26.5.1987 – BReg. 1 Z 24/87, NJW-RR 1987, 1226 (1227).

§ 41
Bekanntgabe des Beschlusses

(1) Der Beschluss ist den Beteiligten bekannt zu geben. Ein anfechtbarer Beschluss ist demjenigen zuzustellen, dessen erklärtem Willen er nicht entspricht.

(2) Anwesenden kann der Beschluss auch durch Verlesen der Beschlussformel bekannt gegeben werden. Dies ist in den Akten zu vermerken. In diesem Fall ist die Begründung des Beschlusses unverzüglich nachzuholen. Der Beschluss ist im Fall des Satzes 1 auch schriftlich bekannt zu geben.

(3) Ein Beschluss, der die Genehmigung eines Rechtsgeschäfts zum Gegenstand hat, ist auch demjenigen, für den das Rechtsgeschäft genehmigt wird, bekannt zu geben.

A. Entstehungsgeschichte und Normzweck

§ 41 Abs. 1 Satz 1 formuliert die bislang in § 16 Abs. 1 FGG enthaltene Verpflichtung des Gerichts, einen Beschluss nach §§ 38 ff. den Beteiligten bekannt zu geben. Die Form dieses nun „Bekanntgabe" genannten und nicht völlig mit der Bekanntmachung identischen Akts ist in § 15 geregelt (zu den Abweichungen vgl. § 15 Rz. 6).[1] Für die Bekanntgabe anfechtbarer Beschlüsse enthält § 41 Abs. 1 Satz 2 eine Sonderregelung, die im Wesentlichen § 16 Abs. 2 Satz 1 FGG aF entspricht. Für die Bekanntgabe unter Anwesenden enthält § 41 Abs. 2 eine Sonderregelung, die an § 16 Abs. 3 FGG aF angelehnt ist.[2] Eine gänzlich neue, aus verfassungsrechtlichen Gründen aufgenommene Bestimmung zur Bekanntgabe von Beschlüssen, die die Genehmigung von Rechtsgeschäften zum Gegenstand haben, enthält § 41 Abs. 3.[3] 1

1 BT-Drucks. 16/6308, S. 196.
2 BT-Drucks. 16/6308, S. 197.
3 Hierzu eingehend BT-Drucks. 16/6308, S. 197.

B. Inhalt der Vorschrift

I. Bekanntgabe des Beschlusses

1. Anwendungsbereich

2 § 41 regelt, anders als früher § 16 FGG,[1] nur die Bekanntgabe von Beschlüssen nach § 38 ff. Dies ergibt sich zum einen aus der systematischen Einordnung der Vorschrift in den 3. Abschnitt von Buch 1, zum anderen aus dem Inhalt der Norm. Denn sonstige Verfügungen können auch formlos nach § 15 Abs. 3 mitgeteilt werden. Für Beschlüsse, die sich nach den Regelungen der ZPO richten, gelten ohnehin die §§ 166 ff. ZPO. Spezialgesetzlich können allerdings auch bei Entscheidungen in der Hauptsache **Ausnahmen** von der Pflicht zur Bekanntgabe der Entscheidung vorgesehen sein. So bestimmt § 382 Abs. 1 Satz 1, dass die stattgebende Entscheidung durch die Eintragung in das Register erfolgt. Eine Bekanntgabe dieser Entscheidung ist wie nach früherem Recht[2] möglich, aber nicht zwingend und hat auch nicht die Wirkung des § 40 Abs. 1, wie § 382 Abs. 1 Satz 2 zeigt.[3] Die Vorschriften zur Bekanntgabe können spezialgesetzlich auch nur partiell anders geregelt werden. So ermöglicht § 288 Abs. 1 in Betreuungssachen ein Absehen von der Bekanntgabe der Begründung, wenn dies nach ärztlichem Zeugnis zur Vermeidung von Gesundheitsnachteilen des Betroffenen erforderlich ist.[4]

2. Form des bekannt zu gebenden Schriftstücks

3 Die Form, in der die Entscheidungen den Beteiligten bekannt zu geben sind, ist auch im neuen Recht nicht ausdrücklich geregelt. Nach früherem Recht wurde die Frage, in welcher Form eine Entscheidung bekannt zu machen war, sehr großzügig gehandhabt. Hier bestand vorbehaltlich spezialgesetzlicher Regelungen überhaupt kein Zwang zur Einhaltung einer bestimmten Form.[5] Eine Entscheidung sollte selbst dann bekannt gemacht sein, wenn ihr Inhalt in einer anderen Entscheidung mitgeteilt wurde, der ihre Aufhebung ablehnte.[6] Dies wird jedenfalls für Beteiligte nicht in das neue Recht zu übertragen sein. Dass sie in Form eines **Schriftstücks** übermittelt werden muss, ergibt sich schon aus der Form der Bekanntgabe nach § 15. Diese Vorschrift spricht aber nur allgemein von „Dokumenten", was sämtliche schriftlich abgefassten Texte umfasst und keine Aussage darüber erlaubt, ob es sich um Urschrift, Ausfertigung oder Abschrift handeln muss (vgl. § 15 Rz. 7 f.). Nur indirekt, etwa aus § 42 Abs. 2 Satz 1, ergibt sich die Vorstellung des Gesetzgebers, dass den Beteiligten grundsätzlich eine **Ausfertigung** zuzustellen bzw. auf dem Postweg zu übermitteln ist.[7] Selbstverständlich darf die Ausfertigung nicht in wesentlichen Teilen unleserlich sein[8] oder in wesentlichen Punkten von der Urschrift abweichen.[9]

---

1 Vgl. Keidel/*Schmidt*, § 16 FGG Rz. 1; *Bumiller*/Winkler, § 16 FGG Rz. 1.
2 S. Keidel/*Schmidt*, § 16 FGG Rz. 16; *Bumiller*/Winkler, § 16 FGG Rz. 8.
3 Vgl. zum früheren Recht OLG Stuttgart v. 15.10.1973 – 8 W 205/73, OLGZ 1974, 113 (114); *Bumiller*/Winkler, § 16 FGG Rz. 8.
4 Vgl. insoweit Keidel/*Schmidt*, § 16 FGG Rz. 22.
5 Keidel/*Schmidt*, § 16 FGG Rz. 4.
6 BayObLG v. 11.12.1986 – BReg. 3 Z 113/86, NJW-RR 1997, 459; BayObLG v. 12.6.1996 – 3 Z BR 90/96, FGPrax 1996, 194 (195); *Bumiller*/Winkler, § 16 FGG Rz. 12; *Bassenge*/Roth, § 16 FGG Rz. 5.
7 Vgl. BayObLG v. 11.2.1982 – BReg. 2 Z 44/81, BayObLGZ 1982, 90 (92).
8 BayObLG v. 11.2.1982 – BReg. 2 Z 44/81, BayObLGZ 1982, 90 (91); *Bumiller*/Winkler, § 16 FGG Rz. 16.
9 BayObLG v. 11.2.1982 – BReg. 2 Z 44/81, BayObLGZ 1982, 90 (92); OLG Hamm v. 18.1.1994 – 19 U 142/93, NJW-RR 1995, 186 (187); *Bumiller*/Winkler, § 16 FGG Rz. 16; zur Unschädlichkeit kleinerer Abweichungen s. BGH v. 5.5.1993 – XII ZR 44/92, NJW-RR 1993, 1213 (1214).

3. Bekanntgabe durch Aufgabe zur Post als Mindesterfordernis

§ 41 Abs. 1 Satz 1 regelt die Mindestanforderungen, die dem Gericht bei der Bekanntgabe eines Beschlusses iSd. §§ 38 ff. an die Beteiligten obliegen: Der Beschluss ist den Beteiligten nach § 15 Abs. 2 bekannt zu geben. Die Bekanntgabe verlangt zumindest die **Aufgabe des Beschlusses zur Post**. Eine formlose Bekanntmachung, etwa mündlich oder telefonisch, genügt den Beteiligten gegenüber nach neuem Recht nicht mehr.[1] Sie sollen vielmehr über ein Schriftstück verfügen, das sie in Ruhe prüfen und auch nach geraumer Zeit noch zur Information über die Entscheidung und ihre Gründe heranziehen können. Das Gericht hat aber sehr wohl die Möglichkeit, den Beteiligten die Entscheidung nach §§ 166 ff. ZPO zustellen zulassen, was sich insbesondere bei Zweifeln darüber empfiehlt, ob der Beschluss anfechtbar ist und daher § 41 Abs. 1 Satz 2 unterfällt. Die Pflicht zur Bekanntgabe nach § 15 Abs. 2 besteht nur Beteiligten iSv. § 7 gegenüber. **Sonstigen zum Verfahren hinzugezogenen Personen** oder **Behörden** steht keine Bekanntgabe zu. Sie müssen sich mit einer anderen Form der Information, etwa durch telefonische Mitteilung oder durch Übermittlung per E-Mail, begnügen. Dies wird auch terminologisch dadurch deutlich, dass der Gesetzgeber ihre Information etwa als „Bekanntmachen" (§ 162 Abs. 3 Satz 1) oder „Mitteilung" (§§ 176 Abs. 2 Satz 1; 194 Abs. 2 Satz 1; 205 Abs. 2 Satz 1) bezeichnet. 4

4. Adressaten der Bekanntgabe

a) Die Beteiligten

§ 41 regelt die Pflicht zur Bekanntgabe des Beschlusses an Beteiligte (Abs. 1 Satz 1). Dieser Personenkreis ist in § 7 legaldefiniert. Sofern ein **Verfahrensunfähiger** beteiligt ist, muss die Entscheidung seinem gesetzlichen Vertreter bekannt gegeben werden.[2] Für Zustellungen folgt dies direkt aus § 15 Abs. 2 Satz 1 iVm. § 170 Abs. 1 Satz 1, für die Bekanntgabe durch Aufgabe zur Post aus § 9 Abs. 2. Anderes gilt nur in den Fällen, in denen der Betreffende etwa nach §§ 60, 167 Abs. 3, 275 als verfahrensfähig gilt. Dann ist ihm selbst der Beschluss bekannt zu geben.[3] Sind **Minderjährige** beteiligt, genügt nach § 170 Abs. 3 ZPO die Zustellung an einen Elternteil. 5

b) Bevollmächtigte

Nach altem Recht war streitig, inwieweit die Entscheidung einem Bevollmächtigten bekannt zu geben ist.[4] Allgemein anerkannt war nur, dass die §§ 166 ff. ZPO, insbesondere § 172 in echten Streitverfahren Anwendung finden.[5] Diese Diskussion ist mit § 15 Abs. 2 Satz 1 obsolet geworden. **Zustellungen** müssen nunmehr stets nach §§ 171, 172 Abs. 1 Satz 1 an den rechtsgeschäftlichen Vertreter bzw. den Verfahrensbevollmächtigten gerichtet werden. Die Unterscheidung zwischen Amts- und Streitverfahren hat im neuen Recht keine Grundlage mehr. Für die **Bekanntgabe durch Aufgabe** 6

1 Zum alten Recht vgl. BGH v. 27.10.1999 – XII ZB 18/99, NJW-RR 2000, 877 (878); Keidel/*Schmidt*, § 16 FGG Rz. 4; *Bumiller*/Winkler, § 16 FGG Rz. 12; *Bassenge*/Roth, § 16 FGG Rz. 15.
2 BayObLG v. 29.7.1966 – BReg. 1a Z 41/66, BayObLGZ 1966, 261 (262); *Bumiller*/Winkler, § 16 FGG Rz. 19.
3 BayObLG v. 29.7.1966 – BReg. 1a Z 41/66, BayObLGZ 1966, 261 (263); Keidel/*Schmidt*, § 16 FGG Rz. 34; *Bumiller*/Winkler, § 16 FGG Rz. 19.
4 Vgl. OLG Schleswig v. 16.1.1996 – 2 W 9/96, SchlHA 1996, 224; Keidel/*Schmidt*, § 16 FGG Rz. 36; *Bumiller*/Winkler, § 16 FGG Rz. 20; *Bassenge*/Roth, § 16 FGG Rz. 13.
5 Keidel/*Schmidt*, § 16 FGG Rz. 36 f.; *Bumiller*/Winkler, § 16 FGG Rz. 20; *Bassenge*/Roth, § 16 FGG Rz. 13.

zur Post sind diese Vorschriften zumindest entsprechend anzuwenden. Bei anwaltlichen Bevollmächtigten ist die Zustellung stets nachgewiesen, wenn ein **Empfangsbekenntnis** zu den Akten gereicht wird.[1]

c) Dritte

7 Nur ausnahmsweise ist der Beschluss auf Grund spezialgesetzlicher Regelung auch **Dritten bekannt zu geben**. Dies sieht etwa § 41 Abs. 3 für den Geschäftspartner vor, für den das Rechtsgeschäft genehmigt wird.[2] In diesen Fällen ist der Dritte dem Beteiligten hinsichtlich der Bekanntgabe gleichgestellt. Es gelten somit dieselben Anforderungen wie für Beteiligte an das zu übermittelnde Schriftstück und die Art der Bekanntgabe. In aller Regel wird bei Versagung einer Genehmigung die Zustellung geboten sein, da diese dem erklärten Willen des Beteiligten widersprechen wird (vgl. Rz. 9). Ansonsten haben am Verfahren **nicht Beteiligte** keinen Anspruch auf Bekanntgabe einer Entscheidung. Eine Pflicht, die Entscheidung Dritten **mitzuteilen**, kann aber spezialgesetzlich vorgesehen sein. Solche Mitteilungen über eine Entscheidung sehen etwa §§ 162 Abs. 3, 176 Abs. 2 Satz 1, 194 Abs. 2 Satz 1, 205 Abs. 2 Satz 1 gegenüber dem Jugendamt vor, wobei aber nicht die Form der Bekanntgabe gem. § 15 Abs. 2 einzuhalten ist (vgl. Rz. 4).

5. Zustellung von Beschlüssen

a) Voraussetzungen

aa) Anfechtbarkeit

8 In Verschärfung der Erfordernisse an die Bekanntgabe des Beschlusses bedarf es nunmehr der Zustellung, wenn der Beschluss anfechtbar ist und dem erklärten Willen eines Betroffenen widerspricht (Abs. 1 Satz 2). Der Begriff der Anfechtbarkeit bzw. der Nichtanfechtbarkeit stellt im Sprachgebrauch des FamFG (s. etwa §§ 10 Abs. 3 Satz 3, 42 Abs. 3, 44 Abs. 4 Satz 3, 57 Satz 1) durchweg auf die **Statthaftigkeit** des Rechtsmittels ab. Der Beschluss ist also selbst dann förmlich zuzustellen, wenn eine Beschwerde unzulässig wäre. Dies entspricht auch der gesetzlichen Systematik. Ist ein Rechtsmittel unstatthaft, erwächst der Beschluss mit seinem Erlass in formelle Rechtskraft, ist es nur unzulässig, dagegen erst mit Ablauf der Rechtsmittelfrist (s. § 45 Rz. 4 f.). Genau über den Beginn ihres Laufs soll die Zustellungsurkunde gerade informieren. Außerordentliche Rechtsbehelfe wie Anhörungsrüge oder Wiedereinsetzung bleiben außer Betracht (vgl. § 45 Rz. 2).

bb) Widerspruch zum erklärten Willen eines Beteiligten

9 Neben der theoretischen Möglichkeit der Anfechtbarkeit setzt das Erfordernis der Zustellung voraus, dass hierfür auch eine gewisse Wahrscheinlichkeit besteht. Der Gesetzgeber stellt dabei darauf ab, dass der Beschluss dem erklärten Willen eines Beteiligten widerspricht. Dies stimmt inhaltlich mit § 38 Abs. 4 Nr. 2 überein. Wie dort ist die Hürde zu niedrig: Gibt ein Beteiligter seine Auffassung nicht kund, kann der Beschluss auch nicht seinem erklärten Willen widersprechen. In der Folge könnte auf eine Zustellung verzichtet werden. Da **Schweigen** aber vielerlei Ursachen haben kann,

1 BGH v. 30.9.1980 – V ZB 8/80, VersR 1981, 57; OLG Frankfurt v. 7.1.2000 – 20 W 591/99, NJW 2000, 1653 (1654).
2 Zum verfassungsrechtlichen Hintergrund der Vorschrift ausführlich BT-Drucks. 16/6308, S. 197.

bleibt die Möglichkeit einer unentdeckten Kollision mit den Interessen des Beteiligten. In diesem Fall könnte die Bekanntgabe der Entscheidung durch Aufgabe zur Post ungleich schlechter nachgewiesen werden als durch eine Zustellung, was der Rechtssicherheit nicht zuträglich ist. Das Gericht sollte also, da ihm bei der Art der Bekanntgabe ein Ermessensspielraum zukommt, schon bei einem **denkbaren Widerspruch** zu den Interessen eines Beteiligten die Zustellung des Beschlusses wählen. Ein Absehen erscheint erst in den Fällen ausdrücklich erklärter Übereinstimmung mit dem Willen des Betroffenen sinnvoll.

Nach dem klaren Wortlaut des Gesetzes kommt es für die Frage der Bekanntgabeform 10 nur auf den Widerspruch zum erklärten Willen eines Beteiligten an. Nicht maßgeblich ist danach, ob der Beteiligte überhaupt zulässigerweise Beschwerde einlegen kann. Das Gericht hat also in diesem Zusammenhang nicht zu prüfen, ob er hinreichend gem. § 61 Abs. 1 beschwert und beschwerdeberechtigt ist und ob die sonstigen **Zulässigkeitskriterien** erfüllt sind. Dies erscheint auch konsequent. Denn bei fristgerechtem Rechtsmittel hat das Gericht der nächsten Instanz auch über die sonstigen Zulässigkeitsvoraussetzungen zu entscheiden. Genau die Einhaltung der Rechtsmittelfrist soll aber anhand der Zustellungsurkunde überprüfbar sein.

b) Die Bedeutung der obligatorischen Zustellung

aa) Kein Wirksamkeitserfordernis

Nach altem Recht ging die hM, wenn auch meist ohne nähere Begründung, davon aus, 11 dass nicht nur der Lauf der Rechtsmittelfrist, sondern auch die Wirksamkeit der Entscheidung von einer erfolgreichen Zustellung bzw. Bekanntmachung abhängt.[1] Diese Auffassung konnte sich auf den Wortlaut von § 16 Abs. 1, Abs. 2 Satz 1 FGG aF stützen. Denn nach § 16 Abs. 1 FGG erforderte die Wirksamkeit des Beschlusses dessen Bekanntmachung, und diese war für anfechtbare Beschlüssen in § 16 Abs. 2 Satz 1 FGG legaldefiniert: „Die Bekanntmachung erfolgt, wenn mit ihr der Lauf einer Frist beginnt, durch Zustellung nach den für die Zustellung von Amts wegen geltenden Vorschriften der Zivilprozessordnung."

Diese Systematik hat das neue Recht nicht übernommen. Die Form der Bekanntgabe 12 hat in § 15 Abs. 2 eine allgemeine Legaldefinition gefunden. Danach kann die Bekanntgabe „durch Zustellung nach den §§ 166 bis 195 der Zivilprozessordnung *oder* dadurch bewirkt werden, dass das Schriftstück unter der Anschrift des Adressaten zur Post gegeben wird". Die **Bekanntgabe** ist somit der **Oberbegriff**, der sowohl die Zustellung als auch die Aufgabe zur Post umfasst. Wenn also § 40 Abs. 1 die **Wirksamkeit** eines Beschlusses an seine Bekanntgabe knüpft, genügen hierfür **beide Formen der Bekanntgabe**, sowohl die förmliche Zustellung als auch die Aufgabe zur Post.

bb) Keine Voraussetzung für den Lauf der Beschwerdefrist

Die förmliche Zustellung nach §§ 166 ff. ZPO ist im Gegensatz zum früheren Recht[2] 13 auch keine Voraussetzung für den Lauf der Rechtsmittelfrist. Denn § 63 Abs. 3 Satz 1 knüpft den Beginn des Fristlaufs ausdrücklich nur an eine **schriftliche Bekanntgabe**. Zwar ist dieser im Gesetz nur im Zusammenhang mit der Ingangsetzung der Rechtsmittelfrist (etwa in §§ 43 Abs. 2; 63 Abs. 3 Satz 1, 71 Abs. 1 Satz 1) verwendete Begriff im Einzelnen etwas kryptisch und wird in den Materialien auch nur schemenhaft

1 BayObLG v. 18.3.1999 – 2 Z BR 6/99, FGPrax 1999, 99 (100); *Bassenge*/Roth, § 16 FGG Rz. 12.
2 Hierzu *Bumiller*/Winkler, § 16 FGG Rz. 16.

erläutert (vgl. hierzu Rz. 23 ff. und § 63 Rz. 6). Zweifelsfrei geht aus dieser Terminologie aber hervor, dass der Gesetzgeber den Beginn der Rechtsmittelfrist nicht von einer förmlichen Zustellung abhängig macht. Dies folgt im Übrigen auch aus der **Systematik** des Gesetzes. Denn für Beteiligte, deren Willen der Beschluss nicht erkennbar widerspricht, genügt nach §§ 41 Abs. 1 Satz 1, 15 Abs. 2 in jedem Fall die Bekanntgabe durch Aufgabe zur Post. Folglich kann § 63 Abs. 3 Satz 1 die Wirksamkeit der Bekanntgabe nicht auf einmal von höheren Anforderungen abhängig machen, wenn sie doch Beschwerde gegen den Beschluss einlegen (vgl. zu Rechtsmitteln trotz Schweigens eines Beteiligten § 38 Rz. 27 f.).

cc) Folgen für die Praxis

14 Im Ergebnis bleibt in diesem Zusammenhang fest zu halten, dass der für anfechtbare Beschlüsse obligatorischen förmlichen Zustellung an denjenigen, dessen Willen die Entscheidung widerspricht, nur die Funktion einer **Ermessensbeschränkung** zukommt. Sie gibt dem Gericht klare Vorgaben, wann es zwischen den beiden Möglichkeiten der Bekanntgabe nach § 15 Abs. 2 keine Wahl hat. Darüber hinausgehende Sanktionen eines Verstoßes gegen diese Regelung sind weder dem Gesetzeswortlaut noch den Materialien zu entnehmen. Auch diese beschränken sich auf Ausführungen zur Ermessensbeschränkung durch § 41 Abs. 1 Satz 2.[1] Dies erscheint auch folgerichtig. Denn die Entscheidung über die Form der Bekanntgabe ist an eine uU schwierige Prognose über die Akzeptanz der Entscheidung geknüpft (vgl. Rz. 9). Die nach Auffassung des Beschwerdegerichts uU unzutreffende Prognose darf nicht dazu führen, dass der Beschluss entgegen § 40 Abs. 1 keine Wirksamkeit entfaltet. Dies wäre mit der Fürsorgepflicht des Staates gerade in Amtsverfahren nicht zu vereinbaren.

II. Mündliche Bekanntmachung (Absatz 2)

1. Voraussetzungen

a) Anwesenheit von Beteiligten

15 Aus dem früheren Recht übernimmt § 41 Abs. 2 die Möglichkeit einer mündlichen Bekanntmachung von Beschlüssen. Dabei kommt es nicht darauf an, ob der Beschluss anfechtbar ist und im Widerspruch zum erklärten Willen eines Beteiligten steht.[2] Nach § 41 Abs. 2 können somit, wie nach früherem Recht, **sämtliche Beschlüsse** in der Hauptsache verkündet werden. Anders als im Termin zur Verkündung einer Entscheidung im Zivilprozess ist die mündliche Bekanntgabe nach § 41 Abs. 2 Satz 1 nur **Anwesenden** gegenüber gestattet. Eine telefonische Bekanntgabe scheidet daher wie schon nach § 16 Abs. 3 FGG aF aus.[3] Der Wortlaut der Vorschrift verlangt allerdings nicht, dass alle Beteiligten anwesend sind. Dies war schon nach altem Recht anerkannt, wobei die frühere Praxis aber davon ausging, dass derjenige anwesend sein muss, für den die Entscheidung ihrem Inhalt nach bestimmt war. Dies ergab sich aus dem Begriff der Bekanntmachung nach § 16 Abs. 1 FGG aF, der mit dem Wirksamwerden des Beschlusses verknüpft war (vgl. Rz. 11). Diese Verknüpfung ist nunmehr weggefallen. Die Bekanntgabe erfolgt nach § 15 Abs. 1 allen Beteiligten gegenüber und ist

1 Wörtlich heißt es dort: „Dieses Ermessen schränkt Satz 2 wiederum ein." (BT-Drucks. 16/6308, S. 197).
2 Vgl. Keidel/*Schmidt*, § 16 FGG Rz. 23 u, 30; *Bumiller*/Winkler, § 16 FGG Rz. 24.
3 Keidel/*Schmidt*, § 16 FGG Rz. 30.

vom Wirksamwerden eines Beschlusses zu trennen. Wirksam wird der Beschluss gem. § 40 Abs. 1 nach wie vor erst mit der Bekanntgabe an denjenigen Beteiligten, für den er seinem wesentlichen Inhalt nach bestimmt ist. Die Entscheidung kann demnach auch dann nur den Anwesenden bekannt gegeben werden, wenn der Beteiligte, für den sie ihrem wesentlichen Inhalt nach bestimmt ist, nicht anwesend ist. **Abwesenden** ist die Entscheidung nach den Regeln der §§ 15 Abs. 2, 41 Abs. 1 zuzustellen oder postalisch zu übermitteln.[1] Sofern ein Beteiligter vertreten ist, genügt seine persönliche Anwesenheit nicht.[2] Die Bekanntgabe muss dann wegen § 172 Abs. 1 ZPO nach den dargelegten Grundsätzen seinem **Bevollmächtigten** gegenüber erfolgen. Umgekehrt ist die Abwesenheit eines vertretenen Beteiligten demnach unschädlich, wenn sein Bevollmächtigter zugegen ist.[3]

b) Verlesen der Beschlussformel

Im Gegensatz zum früheren Recht bedarf es nach § 41 Abs. 2 Satz 1 nicht mehr der 16
Verkündung und Protokollierung der Gründe.[4] Nach § 41 Abs. 2 Satz 1 genügt zur Bekanntgabe das „Verlesen der Beschlussformel". Nach altem Recht wurde bei der Beteiligung **sprachunkundiger Ausländer** teilweise die Hinzuziehung eines Dolmetschers verlangt, da bereits die für sie unverständliche Verlesung der Entscheidung die Rechtsmittelfrist in Gang setze und sie somit einem der deutschen Sprache mächtigen Beteiligten gegenüber benachteiligt seien.[5] Dies dürfte nunmehr nicht mehr gelten, da die Frist zur Einlegung der Beschwerde erst mit der schriftlichen Bekanntgabe zu laufen beginnt (s. Rz. 18; vgl. § 32 Rz. 13).

2. Folgen der mündlichen Bekanntgabe

a) Erlass und Wirksamkeit des Beschlusses

Die mündliche Bekanntgabe hat zumindest die rechtliche Folge, dass der Beschluss 17
nach § 38 Abs. 3 Satz 3 erlassen wird. Im Umfang des zu verlesenden Tenors verändert er somit seine Rechtsnatur und wird vom Entwurf zum Beschluss.[6] Ferner kann er ab diesem Zeitpunkt angefochten werden. Ob er zugleich wirksam wird, hängt davon ab, wer bei der Bekanntgabe zugegen war. Ist dies der Beteiligte, für den er seinem wesentlichen Inhalt nach bestimmt ist, wird er nach § 40 Abs. 1 mit der mündlichen Bekanntgabe wirksam, ansonsten nicht. Wenn der Beschluss seinem wesentlichen Inhalt nach für eine Mehrheit von Beteiligten bestimmt ist, wird er nur wirksam, wenn alle bei der Verlesung der Beschlussformel zugegen sind. Ansonsten wird er nach den allgemeinen Regeln erst mit der Bekanntgabe an den Beteiligten wirksam, an den sie zuletzt erfolgt (vgl. § 40 Rz. 5).[7]

1 Keidel/*Schmidt*, § 16 FGG Rz. 24.
2 *Bassenge*/Roth, § 16 FGG Rz. 14; die aA zum alten Recht (s. Keidel/*Schmidt*, § 16 FGG Rz. 24 mwN) dürfte überholt sein.
3 BayObLG v. 10.8.2001 – 2 Z BR 121/01, NZM 2001, 993; *Bassenge*/Roth, § 16 FGG Rz. 14; Keidel/*Schmidt*, § 16 FGG Rz. 24.
4 BT-Drucks. 16/6308, S. 197; vgl. zum alten Recht BayObLG v. 18.3.1999 – 2 Z BR 6/99, FGPrax 1999, 99 (100); *Bumiller*/Winkler, § 16 FGG Rz. 25; *Bassenge*/Roth, § 16 FGG Rz. 14; Keidel/*Schmidt*, § 16 FGG Rz. 25.
5 Keidel/*Schmidt*, § 16 FGG Rz. 26.
6 Vgl. BGH v. 23.10.1997 – IX ZR 249/96, NJW 1998, 609 (610).
7 *Bumiller*/Winkler, § 16 FGG Rz. 6, *Bassenge*/Roth, § 16 FGG Rz. 5.

b) Lauf der Rechtsmittelfrist?

18 Nach altem Recht begann die Frist zur Anfechtung eines mündlich verkündeten Beschlusses nicht erst mit Erteilung einer Abschrift des Protokolls, sondern bereits mit dessen Verlesung.[1] Hinsichtlich der Protokollierung ließ die Rechtsprechung die Aufzeichnung mittels Tonträger oder Kurzschrift genügen.[2] Diese Praxis entsprach § 22 Abs. 1 Satz 2 FGG aF, wonach die Rechtsmittelfrist mit der Bekanntmachung der Entscheidung zu laufen begann. Das neue Recht stellt insoweit gem. § 63 Abs. 3 Satz 1 allein auf die **„schriftliche Bekanntgabe"** des Beschlusses ab und gestattet für die nach § 41 Abs. 2 bekannt gegebenen Entscheidungen keine Ausnahme. Auch wenn der Begriff der schriftlichen Bekanntgabe in Gesetz und Materialien nicht definiert ist, lässt er jedenfalls erkennen, dass die rein mündliche Bekanntmachung der Entscheidung nicht hierunter fällt. Vielmehr findet er seine Entsprechung darin, dass der Beschluss nach § 41 Abs. 2 Satz 4 „auch schriftlich bekannt zu geben" ist (vgl. hierzu u. Rz. 23 ff.). Die Rechtsmittelfrist beginnt somit erst ab diesem Zeitpunkt zu laufen.

3. Weiteres Verfahren

a) Aktenvermerk

aa) Inhalt

19 § 41 Abs. 2 Satz 2 verlangt unter Bezugnahme auf die Verkündung gem. § 41 Abs. 2 Satz 1, dass „dies (...) in den Akten zu vermerken (ist)". Mit dieser etwas undeutlichen Anordnung dürfte der Gesetzgeber nicht nur die Protokollierung der Beschlussformel verlangen. Da die **Anwesenheit** mindestens eines Beteiligten Voraussetzung einer Verkündung nach § 41 Abs. 2 ist, muss man die Bestimmung, dass „*dies* (...) in den Akten zu vermerken" ist auch auf die Anwesenheit der Beteiligten beziehen.[3]

bb) Form

20 Wie § 38 Abs. 3 Satz 3 erklärt sich auch § 41 Abs. 2 Satz 2 nicht ausdrücklich dazu, wer den Vermerk anzufertigen hat. Wie dort bleibt dessen Form im Einzelnen, insbesondere die Frage, ob und von wem er zu unterschreiben ist, auch in § 41 Abs. 2 Satz 2 offen. Die Materialien geben hierüber ebenfalls keinen Aufschluss.[4] Die Beweisfunktion legt aber nahe, dass der Vermerk unterschrieben werden muss, da nur so erkennbar ist, wer die Gewähr für seine Richtigkeit übernehmen will. Da die ordnungsgemäße Bekanntgabe naturgemäß nur vom Gericht selbst festgestellt und urkundlich bescheinigt werden kann, wird er **vom zuständigen Richter selbst zu unterzeichnen** sein.

cc) Wirkung

21 Wie insoweit auch zu § 38 Abs. 3 Satz 3 machen Gesetz und Materialien keine ausdrücklichen Angaben dazu, welche Wirkung dem Vermerk nach § 41 Abs. 2 Satz 2 zukommen soll. Da sich das Gesetz, ähnlich wie beim Erlass (s. § 38 Abs. 3 Satz 3) mit

---

1 BayObLG v. 10.8.2001 – 2 Z BR 121/01, NZM 2001, 993; Keidel/*Schmidt*, § 16 FGG Rz. 28; *Bumiller*/Winkler, § 16 FGG Rz. 25; *Bassenge*/Roth, § 16 FGG Rz. 14.

2 BayObLG v. 10.8.2001 – 2 Z BR 121/01, NZM 2001, 993; Keidel/*Schmidt*, § 16 FGG Rz. 28; *Bumiller*/Winkler, § 16 FGG Rz. 25.

3 Vgl. Keidel/*Schmidt*, § 16 FGG Rz. 25; wohl großzügiger für das frühere Recht BGH v. 27.10.1999 – XII ZB 18/99, NJW-RR 2000, 887 (888).

4 BT-Drucks. 16/6308, S. 197.

einem bloßen Vermerk begnügt, kommt diesem wiederum **nicht die Beweiswirkung des § 165 ZPO** zu. Auch er ist nur als Beweiserleichterung dafür anzusehen, dass der Beschluss in Anwesenheit bestimmter Beteiligter verkündet wurde. Umgekehrt stehen seine Unvollständigkeit oder sein völliges Fehlen der Wirkung einer mündlichen Bekanntgabe nach § 41 Abs. 2 nicht entgegen.[1]

b) Unverzügliche Nachholung der Begründung

22 Nach früherem Recht bedurfte die mündliche Bekanntmachung der Entscheidung gem. § 16 Abs. 3 FGG stets auch ihrer Begründung (vgl. Rz. 16). Da dies nicht in das neue Recht übernommen wurde, war eine Regelung zur nachträglichen Begründung der Entscheidung erforderlich. Diese wurde in § 41 Abs. 2 Satz 3 getroffen. Danach „ist die Begründung des Beschlusses unverzüglich nachzuholen". Dies setzt dem Gericht einen ausgesprochen knappen Zeitrahmen. Eine unverzügliche Nachholung der Begründung muss nach der Legaldefinition des § 121 Abs. 1 Satz 1 BGB „ohne schuldhaftes Zögern" erfolgen. Hier hält die ganz hM einen Zeitraum von **allenfalls wenigen Tagen** für angemessen. Dies wurde auch in neueren Kodifikationen ähnlich streng gesehen, wie die Diskussion um § 24 Abs. 7 Satz 7 WEG zeigt.[2] Die Materialien lassen nicht erkennen, dass die unverzügliche Begründung der Entscheidung hier länger dauern dürfte als nach der üblichen Definition von „unverzüglich". Allerdings sind damit im Ergebnis keine höheren Anforderungen an das Gericht gestellt als nach früherem Recht, da die Mitteilung der Gründe früher sogar noch bei der Verkündung erfolgen musste. Im Ergebnis empfiehlt sich die mündliche Bekanntgabe für das Gericht also allenfalls dann, wenn es die Begründung ohnehin schon weitgehend vorbereitet hat. Das Gesetz gibt aber keinen Anhaltspunkt dafür, dass eine **Verletzung der Pflicht zur unverzüglichen Nachholung der Begründung** verfahrensrechtliche Folgen haben soll. Hier dürfte also Ähnliches gelten wie bei Verstößen gegen die Pflicht zur unverzüglichen Vorlage einer angegriffenen Entscheidung nach der Nichtabhilfe (vgl. § 68 Rz. 14): Der Verfahrensfehler kann nur mit der Dienstaufsichtsbeschwerde gerügt werden, hat aber keine unmittelbaren Folgen für das Verfahren.

c) Schriftliche Bekanntgabe

23 § 41 Abs. 2 Satz 4 verlangt vom Gericht im Falle der Bekanntgabe durch Verlesung der Beschlussformel über die Nachholung der Begründung hinaus, die Entscheidung „schriftlich bekannt zu geben". Eine entsprechende Formulierung verwendet das Gesetz nur im Zusammenhang mit der Frist für die Anfechtung eines Beschlusses, etwa in §§ 43 Abs. 2, 63 Abs. 3 Satz 1, 71 Abs. 1 Satz 1. Was unter einer „schriftlichen Bekanntgabe" zu verstehen ist, erläutert der Gesetzgeber weder im Gesetz selbst noch in den Materialien, obwohl der Begriff nicht ohne weiteres verständlich ist. Offenkundig nicht gemeint ist damit die gewöhnliche Übermittlung einer Ausfertigung durch Zustellung oder Aufgabe zur Post, da dies selbstverständlich, weil schon von der „einfachen" Bekanntgabe nach § 15 Abs. 2 umfasst ist. So wird der Begriff ja auch durchweg verwendet, etwa in §§ 16 Abs. 1, 40 Abs. 1 und Abs. 3 Satz 3, 41

---

1 So zum Vermerk über die Art und Weise, Ort und Tag der Bekanntmachung nach altem Recht *Bumiller*/Winkler, § 16 FGG Rz. 12; ähnlich Keidel/*Schmidt*, § 16 FGG Rz. 4 u. 69.

2 BT-Drucks. 16/887, S. 34; *Bärmann/Merle*, § 24 WEG Rz. 143 (jeweils dafür, dass eine Eintragung mehrere Tage nach der Versammlung nicht mehr „unverzüglich" ist); etwas großzügiger *Hügel/Elzer*, Das neueWEG-Recht, 2007, § 8 Rz. 35 und *Abramenko*, Das neue WEG, 2007, § 2 Rz. 48 (jeweils für eine Frist von mehreren Tagen); am großzügigsten *Riecke/Schmid*, § 24 WEG Rz. 121 (1 bis 5 Tage).

Abs. 1 Satz 1 und Abs. 3, 44 Abs. 2 Satz 2, 67 Abs. 1, 73 Abs. 1 Satz 1. Auf den ersten Blick könnte man deshalb vermuten, die „schriftliche Bekanntgabe" sei als Qualifikation der Bekanntgabe nach § 15 zu verstehen, etwa als Erfordernis der Schriftform nach § 126 BGB. Dies erscheint jedoch bei näherer Betrachtung kaum denkbar, da es der Schriftform des § 126 BGB, also eigenhändig durch den Spruchkörper unterschriebener Entscheidungen für die Parteien bzw. Beteiligten, nach keiner Verfahrensordnung bedarf und der Gesetzgeber für die Verfahren nach dem FamFG erkennbar keine abweichenden Anforderungen normieren wollte. Zudem genügt die „einfache" Bekanntgabe nach § 15 Abs. 2, sei es durch Zustellung oder durch Aufgabe zur Post, in jedem Fall, so dass § 41 Abs. 2 Satz 4 insoweit keine Verschärfung der Anforderungen bezwecken kann.

24 Will man die in Gesetz und Materialien nicht näher erläuterte Spezifikation der Bekanntgabe als „schriftlich" nicht als zufälligen und unbeachtlichen Zusatz ansehen, wogegen bereits die stets im Zusammenhang mit der Beschlussanfechtung erfolgende Verwendung spricht, wird man den Gehalt des Begriffes aus **Sinn und Zweck seiner Verwendung** erschließen müssen. Diese lassen sich in § 41 Abs. 2 Satz 4 besonders gut ersehen. Denn hier erfolgte bereits eine Bekanntgabe des Beschlusses, die sogar in den Akten dokumentiert ist. Der Beteiligte hat nunmehr nur noch ein Interesse, die Begründung der Entscheidung in Ruhe nachlesen zu können. Er benötigt somit den Beschluss in **Textform**. Danach ist die schriftliche Bekanntgabe nichts anderes als die Übermittlung des Beschlusses in Textform nach § 126b BGB, im Gegensatz zur mündlichen Bekanntmachung nach § 41 Abs. 2 Satz 1. Genau in diesem Sinne verwenden auch die Materialien den Begriff, wenn sie ausführen, dass „die Entscheidung auch bei mündlicher Bekanntgabe gem. Satz 1 den Beteiligten künftig stets schriftlich bekannt zu geben" ist.[1] Dies entspricht im Übrigen auch dem bei § 41 Abs. 2 praktizierten Anschluss an das alte Recht. Denn nach § 16 Abs. 3 Satz 2 FGG war dem Beteiligten nach der mündlichen Bekanntmachung des Beschlusses auf Verlangen „eine *Abschrift* der Verfügung zu erteilen". Auch nach altem Recht erhielt er also ebenfalls nur die Begründung des Beschlusses in Textform. Im Ergebnis gibt der Begriff der „schriftlichen Bekanntgabe" näheren Aufschluss darüber, in welcher Form die Entscheidung selbst nach einer mündlichen Bekanntmachung zu übermitteln ist. § 41 Abs. 2 Satz 4 stellt klar, dass eine Bekanntgabe der Entscheidung in Textform genügt, wobei nicht nur die nachgeholte Begründung, sondern eine **komplette Entscheidung** zu übermitteln ist.[2] Die bloße Kenntnisnahme der Entscheidung anlässlich einer Akteneinsicht oÄ genügt nach wie vor nicht, da dann der **Bekanntgabewillen** des Gerichtes fehlt.[3]

25 Diese Auslegung ist auch im Zusammenhang mit der **Rechtsmittelfrist**, in dem der Begriff der „schriftlichen Bekanntgabe" ansonsten verwendet wird, ohne weiteres sinnvoll. Denn das FamFG geht hinsichtlich der Heilung von Zustellungsmängeln nicht über § 189 ZPO, auf den § 15 Abs. 2 Satz 1 Bezug nimmt, hinaus. Hinsichtlich der Bekanntgabe durch Aufgabe zur Post enthält das FamFG überhaupt keine eigenen Vorschriften zur Heilung fehlerhafter Zustellungen. Dabei sind schon die zivilprozessualen Vorschriften unzulänglich. Bereits im Zivilprozess vertrat der BGH wiederholt[4]

1 BT-Drucks. 16/6308, S. 197.
2 BT-Drucks. 16/6308, S. 197.
3 BayObLG v. 16.6.2004 – 2 Z BR 253/03, BayObLGZ 2004, 151 (153); *Bumiller*/Winkler, § 16 FGG Rz. 22.
4 BGH v. 8.10.1964 – II ZR 152/63, MDR 1965, 117 (118); BGH v. 25.1.1980 – V ZR 161/76, Rpfleger 1980, 183.

entgegen der hM[1] die Auffassung, dass demjenigen gegenüber, der eine **Ablichtung** des Schriftstücks in Händen hält, eine Heilung von Zustellungsmängeln eingetreten ist.[2] Dies leuchtet auch ohne weiteres ein, da ein zuvor aufgetretener Mangel die Rechtsverteidigung dann in keiner Weise mehr beeinträchtigt und die Annahme einer unwirksamen Zustellung unter diesen Umständen kaum mehr geboten erscheint. Eine solche Handhabung entspricht auch dem Anliegen des Gesetzgebers, „eine Überfrachtung mit formalen Anforderungen" abzubauen, wie es auch im weit gehenden Verzicht auf die förmliche Zustellung zum Ausdruck kam.[3] Genau diesen Schritt vollziehen §§ 43 Abs. 2, 63 Abs. 3 Satz 1, 71 Abs. 1 Satz 1 nach, wenn sie die Übermittlung des Beschlusses in Textform für die Ingangsetzung der Rechtsmittelfristen genügen lassen. Zudem wird klar, weshalb der Gesetzgeber in anderen Zusammenhängen von einer näheren Modifikation der Bekanntgabe als „schriftliche Bekanntgabe" verzichtet hat: Dort ist sie nicht erforderlich, da der Begriff der Bekanntgabe allein neutral ist. Er umfasst sowohl die Übermittlung der Urschrift als auch einer Ausfertigung oder einer Abschrift.

§ 42
Berichtigung des Beschlusses

(1) Schreibfehler, Rechenfehler und ähnliche offenbare Unrichtigkeiten im Beschluss sind jederzeit vom Gericht auch von Amts wegen zu berichtigen.

(2) Der Beschluss, der die Berichtigung ausspricht, wird auf dem berichtigten Beschluss und auf den Ausfertigungen vermerkt. Erfolgt der Berichtigungsbeschluss in der Form des § 14 Abs. 3, ist er in einem gesonderten elektronischen Dokument fest zu halten. Das Dokument ist mit dem Beschluss untrennbar zu verbinden.

(3) Der Beschluss, durch den der Antrag auf Berichtigung zurückgewiesen wird, ist nicht anfechtbar. Der Beschluss, der eine Berichtigung ausspricht, ist mit der sofortigen Beschwerde in entsprechender Anwendung der §§ 567 bis 572 der Zivilprozessordnung anfechtbar.

1 S. OLG Hamm v. 18.1.1994 – 19 U 142/93, NJW-RR 1995, 186 (187); BayObLG v. 16.6.2004 – 2 Z BR 253/03, BayObLGZ 2004, 151 (153); Keidel/*Schmidt*, § 16 FGG Rz. 63; Zöller/*Stöber*, § 189 ZPO Rz. 8 ff., jeweils mwN.

2 Dazu, dass bei Zustellungsabsicht und Empfangsbereitschaft die Übermittlung per Fax genügen kann, s. auch OLG Frankfurt v. 7.1.2000 – 20 W 591/99, NJW 2000, 1653 (1654).

3 BT-Drucks. 16/6308, S. 197.

A. Entstehungsgeschichte und Normzweck

1 Die Berichtigung von Beschlüssen war im FGG nicht geregelt. Dennoch herrschte kein Streit darüber, dass sie analog § 319 ZPO auch nach Eintritt der formellen Rechtskraft möglich war.[1] Diese Praxis übernimmt § 42 unter enger Anlehnung an den Wortlaut des § 319 ZPO in das FamFG.[2] Dies gilt auch für die Regelung der Berichtigung von Entscheidungen in Form eines elektronischen Dokuments und für die Anfechtbarkeit der Vornahme bzw. Ablehnung von Berichtigungen.

B. Inhalt der Vorschrift

I. Anwendbarkeit

1. Beschlüsse nach §§ 38 ff.

2 Vom Wortlaut erfasst sind sämtliche Beschlüsse nach §§ 38 ff., die die Instanz beenden. Nach § 42 ist dabei wie im Falle des Urteils nach § 319 ZPO jeder Bestandteil der Entscheidung berichtigungsfähig.

a) Überschrift der Entscheidung und Entscheidungseingang

3 Die Berichtigung nach § 42 kann bereits die Überschrift erfassen, wenn diese etwa Urteil statt Beschluss oder Teilbeschluss statt Beschluss lautet. Relevanter dürften die Fälle sein, in denen die nähere Spezifikation des Beschlusses etwa als Versäumnis- oder Teilbeschluss fehlt.[3] Voraussetzung ist aber, wie bei jedem anderen Fehler, dass es sich um eine „offenbare" Unrichtigkeit handelt, die etwa aus den Eingangssatz („hat ... *beschlossen*") oder aus den Gründen, etwa zur Kostenentscheidung im Schlussbeschluss, ersichtlich ist. Dann kann die Überschrift nach § 42 berichtigt werden. Entsprechendes gilt, wenn der Eingangssatz fehlerhaft ist, also etwa versehentlich die Streitigkeit falsch bezeichnet (zB „In der Familiensache" statt „In der Nachlasssache" geschrieben wurde) oder am Ende des Eingangssatzes die Formel „hat ... für Recht erkannt" statt „hat ... beschlossen" gewählt wurde.

1 BT-Drucks. 16/6308, S. 197; BGH v. 9.2.1989 – V ZB 25/88, NJW 1989, 1281; BayObLG v. 26.5.1992 – BReg. 1 Z 71/91, FamRZ 1992, 1326 (1327); OLG Zweibrücken v. 11.12.1997 – 3 W 199/97, FGPrax 1998, 46; OLG Brandenburg v. 17.5.1999 – 9 Wx 9/99, FGPrax 2000, 45; vgl. Zöller/*Vollkommer*, § 319 ZPO Rz. 3.

2 BT-Drucks. 16/6308, S. 197.

3 BGH v. 2.12.2003 – VI ZR 349/02, NJW 2004, 949; vgl. Zöller/*Vollkommer*, § 319 ZPO Rz. 13.

b) Rubrum

aa) Die Bezeichnung der Beteiligten

In der Praxis bedeutsamer sind Fehler des Rubrums, insbesondere der Bezeichnung der Beteiligten. Diese sind nach § 42 zu berichtigen, unabhängig davon, ob sie durch ein Versehen des Gerichts oder der Beteiligten in die Entscheidung gelangt sind.[1] So hat das Gericht die Bezeichnung der Beteiligten auch dann, wenn ein Beteiligter schon in der Antragsschrift den Antragsgegner oder einen anderen Beteiligten falsch bezeichnet hat, nach § 42 zu korrigieren. Das setzt wiederum nur voraus, dass es sich um eine „offenbare" Unrichtigkeit handelt. Die Bezeichnung kann also insbesondere dann nicht nach § 42 berichtigt werden, wenn der Antragsteller den Antragsgegner nicht nur falsch bezeichnet, sondern einen anderen, **nicht Passivlegitimierten** in Anspruch genommen hat. Über § 42 können auch „Fehler" berichtigt werden, die sich durch Veränderungen im Laufe des Verfahrens ergaben. So kann bei Firmenänderung durch identitätswahrenden **Rechtsformwechsel** die alte durch die neue Bezeichnung eines Beteiligten ersetzt werden.[2] Ähnliches gilt, wenn die Firma des Einzelkaufmanns während des Verfahrens gelöscht wird.[3] Jede Berichtigung nach § 42 setzt aber voraus, dass zumindest erkennbar ist, wer als Beteiligter gemeint ist. Die Auswechslung eines Beteiligten ist nach § 42 nicht möglich.[4] 4

Besondere Probleme ergeben sich, wenn durch **Wechsel der Rechtsprechung** ein neuer Rechtsinhaber an die Stelle des ursprünglichen tritt, wie etwa die Gesellschaft bürgerlichen Rechts an die Stelle der Gesellschafter oder der teilrechtsfähige Verband[5] an die Stelle der Wohnungseigentümer. Entgegen zu großzügigen Vorstellungen im Schrifttum und teilweise auch in der Rechtsprechung[6] ist die Berichtigung hier nicht stets, insbesondere nicht nach Eintritt der Rechtskraft möglich.[7] Denn der Falschbezeichnung liegt gerade kein offenkundiges Versehen, sondern ein Rechtsirrtum zugrunde: Es wurde entgegen späterer Erkenntnis der Rechtsprechung schlicht der Falsche in Anspruch genommen, was zumindest der „Berichtigung" rechtskräftiger Titel entgegensteht. Ansonsten würde ein zu keiner Zeit am Verfahren Beteiligter auf einmal Schuldner einer titulierten Verpflichtung. Berichtigungen sind aber wie immer bei bloßer Gedankenlosigkeit oder Falschbezeichnung möglich. 5

bb) Bezeichnung des Gerichts

Auch Fehler in der Bezeichnung des Gerichts können nach § 42 berichtigt werden. Diese können insbesondere darin bestehen, dass die mitwirkenden Gerichtspersonen nicht im Rubrum genannt sind.[8] 6

1 KG v. 10.3.1936 – 16 U 5758/33, JW 1936, 1479 (1480).
2 BGH v. 19.2.2002 – VI ZR 394/00, NJW 2002, 1430 (1431); BGH v. 27.2.2004 – IXa ZB 162/03, Rpfleger 2004, 362; Zöller/*Vollkommer*, § 319 ZPO Rz. 14.
3 Zöller/*Vollkommer*, § 319 ZPO Rz. 14; *Musielak*, § 319 ZPO Rz. 6.
4 BGH v. 14.7.1994 – IX ZR 193/93, MDR 1994, 1142; BGH v. 12.12.2006 – I ZB 83/06, ZMR 2007, 286 (287); OLG Frankfurt v. 26.6.1990 – 11 U 72/89, NJW-RR 1990, 1471; OLG Zweibrücken v. 11.12.1997 – 3 W 199/97, FGPrax 1998, 46; Zöller/*Vollkommer*, § 319 ZPO Rz. 14.
5 Hierzu BGH v. 15.1.2003 – XII ZR 300/99, NJW 2003, 1043.
6 OLG München v. 13.7.2005 – 34 Wx 061/05, ZMR 2005, 729, 730; OLG Düsseldorf v. 29.11.2005 – 23 U 211/04, NZM 2006, 182; Zöller/*Vollkommer*, § 319 ZPO Rz. 14.
7 BGH v. 12.12.2006 – I ZB 83/06, ZMR 2007, 286 (287); OLG Celle v. 5.4.2006 – 3 U 265/05, ZMR 2006, 540 (541); *Demharter*, ZWE 2005, 360 und NZM 2006, 82 f.; *Elzer*, ZMR 2005, 730 f.; *Abramenko*, ZMR 2005, 750 (751 f.).
8 BGH v. 27.10.1955 – II ZR 310/53, BGHZ 18, 350 (354); BayObLG v. 20.10.1986 – RReg. 2 Z 102/86, BayObLGZ 1986, 398 (399).

cc) Beschlussformel

7 Auch die Beschlussformel kann nach § 42 berichtigt werden, sofern sie offenbar unrichtig ist, also etwa der Begründung widerspricht.[1] Dies kann zunächst die **Entscheidung in der Hauptsache** betreffen; diese kann im Wege der Berichtigung sogar in ihr Gegenteil verkehrt werden. Berichtigt werden können nach der ausdrücklichen Anordnung von § 42 Abs. 1 auch **Rechenfehler**, etwa die unrichtige Addition mehrerer Positionen. In Betracht kommt auch die Berichtigung des **Kostenausspruchs**, wenn etwa versehentlich derjenige Beteiligte mit den Kosten belastet wurde, der sie nach der Begründung der Ermessensentscheidung nach § 81 Abs. 1 gerade nicht tragen sollte. Selbstverständlich kann auch eine Kostenentscheidung wegen eines Rechenfehlers berichtigt werden, wenn sie nicht 100 % oder mehr als 100 % der Kosten auf die Beteiligten verteilt. Die **Zulassung von Rechtsmitteln**, hier also der Beschwerde nach § 61 Abs. 3 oder der Rechtsbeschwerde nach § 70 Abs. 1 und 2, kann im Wege der Berichtigung nachgeholt werden, wenn schon bei Erlass der Entscheidung ein diesbezüglicher Wille hervorgetreten ist, der Ausspruch aber versehentlich unterlassen wurde (s. § 70 Rz. 13).[2]

dd) Entscheidungsgründe

8 Am häufigsten dürften sich Berichtigungen nach § 42 auf die Entscheidungsgründe beziehen, da diese bei Weitem den umfangreichsten Bestandteil der Entscheidung darstellen; dementsprechend finden sich hier auch die meisten Schreib- und Rechenfehler. Auch eine unrichtige oder fehlende **Rechtsmittelbelehrung** kann im Wege der Berichtigung korrigiert oder nachgeholt werden (vgl. § 39 Rz. 5).[3]

ee) Unterschriften

9 Auch die Unterschriften der Gerichtspersonen können nach § 42 berichtigt werden, wenn etwa an Stelle des zur Mitwirkung berufenen Richters ein anderer unterzeichnet hat. Dies erfordert die Streichung der falschen Unterschrift und die Unterschriftsleistung durch das richtige Mitglied des Spruchkörpers.[4] Auch ein fehlender Verhinderungsvermerk kann nachgeholt werden.[5]

2. Sonstige Entscheidungen

10 Im Zivilprozess ist seit langem anerkannt, dass nicht nur Entscheidungen in der Hauptsache nach § 319 ZPO berichtigt werden können, sondern auch Beschlüsse.[6] Diese Praxis wurde schon nach altem Recht auf Verfahren der freiwilligen Gerichtsbarkeit übertragen. Obwohl § 42 systematisch in die Vorschriften zur Entscheidung nach §§ 38 ff. eingeordnet wurde, ist nicht zu erkennen, dass der Gesetzgeber an dieser

1 OLG Stuttgart v. 13.1.1984 – 15 UF 251/83 u. 15 UF 531/83, FamRZ 1984, 402 (403 f.); Zöller/*Vollkommer*, § 319 ZPO Rz. 15.

2 BGH v. 8.7.1980 – VI ZR 176/78, BGHZ 78, 22; BGH v. 25.2.2000 – V ZR 206/99, NJW-RR 2001, 61; BGH v. 17.12.2003 – II ZB 35/03, FamRZ 2004, 530; BGH v. 11.5.2004 – VI ZB 19/04, NJW 2004, 2389.

3 BAG v. 13.4.2005 – 5 AZB 76/04, NJW 2005, 2251 (2252).

4 BGH v. 27.10.1955 – II ZR 310/53, BGHZ 18, 350 (354); BGH v. 24.6.2003 – VI ZR 309/02, MDR 2003, 1310; Zöller/*Vollkommer*, § 319 ZPO Rz. 13a.

5 Zöller/*Vollkommer*, § 319 ZPO Rz. 13a; allgemein ebenso Baumbach/*Hartmann*, § 319 ZPO Rz. 20.

6 Zöller/*Vollkommer*, § 319 ZPO Rz. 3; Baumbach/*Hartmann*, § 319 ZPO Rz. 3; *Musielak*, § 319 ZPO Rz. 2.

Praxis etwas ändern wollte. Es wäre ein sinnwidriges Ergebnis, wollte man der ausdrücklichen Regelung der Berichtigung von Entscheidungen in der Hauptsache entnehmen, dass sonstige Entscheidungen, insbesondere Zwischenentscheidungen, nunmehr nicht mehr berichtigt werden können. Vielmehr wollte der Gesetzgeber die bisherige Praxis durch Übernahme einer § 319 ZPO entsprechenden Regelung auf eine gesetzliche Grundlage stellen.[1] Man wird also insoweit auf die frühere Praxis zurückgreifen können, wonach auch diese Entscheidungen bei Schreib- und Rechenfehlern oder sonstigen offenbaren Unrichtigkeiten berichtigt werden können, wobei dies nunmehr in entsprechender Anwendung von § 42 erfolgt. Demnach können neben der abschließenden Entscheidung in der Hauptsache auch **isolierte Kostenentscheidungen** nach beidseitiger Erledigungserklärung oder nach einem Vergleich gem. § 83 bei offenbaren Unrichtigkeiten berichtigt werden, ebenso **Zwischenentscheidungen**, unabhängig davon, ob sie anfechtbar sind oder nicht. Auch **Berichtigungen** selbst können ihrerseits wieder nach § 42 berichtigt werden.[2] Eine geringfügige Abweichung ergibt sich nur bei solchen Entscheidungen, die im Verfahren nach der ZPO ergehen. Hier richtet sich die Möglichkeit der Berichtigung nach § 319 ZPO, was aber angesichts der identischen Regelungen im Ergebnis keinen Unterschied ausmacht.

3. Vergleiche

Auf Vergleiche ist § 42 grundsätzlich nicht anwendbar,[3] wobei im Einzelnen zu differenzieren ist: Wird der Vergleich schriftlich nach § 36 Abs. 3 FamFG iVm. § 278 Abs. 6 ZPO geschlossen, so unterliegt ein Fehler des Gerichts bei Abfassung des Beschlusses, der ihn feststellt, der Sonderregelung des § 278 Abs. 6 Satz 3 ZPO. Wird er aber im Termin protokolliert und von den Beteiligten nach erneutem Vorlesen genehmigt, so liegt keine gerichtliche Entscheidung vor, die nach § 319 ZPO berichtigt werden könnte. Auch eine Protokollberichtigung nach § 36 Abs. 4 FamFG iVm. § 164 ZPO kommt nicht in Betracht, wenn die protokollierten Erklärungen den abgegebenen entsprechen.[4] 11

II. Voraussetzungen einer Berichtigung nach § 42

1. Unrichtigkeit

Voraussetzung der Berichtigung nach § 42 ist das Vorliegen eines Schreib- oder Rechenfehlers bzw. einer ähnlichen offenbaren Unrichtigkeit. Schreib- und Rechenfehler spielen in Rechtsprechung und Schrifttum praktisch keine Rolle, weil ihr Vorliegen idR unzweifelhaft festzustellen ist. Zu Schreibfehlern gehört etwa die Nennung der falschen **Grundbuchnummer** eines Grundstücks[5] oder ein **Zahlendreher**[6] sowie fehlerhafte Eingaben in ein **Computerprogramm**.[7] Größere Probleme bereitet die Handha- 12

1 BT-Drucks. 16/6308, S. 197.
2 OLG Koblenz v. 23.9.1996 – 5 W 429/96, NJW-RR 1997, 1352; Zöller/*Vollkommer*, § 319 ZPO Rz. 14.
3 BGH v. 14.7.2004 – XII ZB 268/03, NJW-RR 2005, 214; Zöller/*Vollkommer*, § 319 ZPO Rz. 3.
4 OLG Hamm v. 12.11.1982 – 26 W 19/82, OLGZ 1983, 89 (91 f.); Zöller/*Stöber*, § 164 ZPO Rz. 3.
5 KG v. 10.3.1936 – 16 U 5758/33, JW 1936, 1479, 1480; Zöller/*Vollkommer*, § 319 ZPO Rz. 8.
6 OLG Bremen v. 23.8.2005 – 2 W 57/05, OLGReport 2005, 661; Zöller/*Vollkommer*, § 319 ZPO Rz. 8.
7 OLG Bamberg v. 15.10.1997 – 2 WF 115/97, FamRZ 1998, 764; OLG Düsseldorf v. 23.6.1997 – 2 UF 203/93, FamRZ 1997, 1407 (1408); OLG Karlsruhe v. 25.10.2002 – 2 UF 98/02, MDR 2003, 523.

bung der offenbaren Unrichtigkeit.[1] Sie liegt – abstrakt definiert – immer dann vor, wenn das vom Gericht **Erklärte vom Gewollten abweicht**,[2] was zudem offenkundig sein muss. Dies ist etwa dann der Fall, wenn ein Anspruch in den Gründen behandelt, in der Beschlussformel aber vergessen wird.[3] Alle **anderen Mängel** der Entscheidung, insbesondere die fehlerhafte, tatsächliche[4] oder rechtliche Beurteilung des Falles,[5] berechtigen nicht zur Berichtigung, selbst wenn sie offenkundig sind. Für Verfahrensmängel, etwa die Nichtberücksichtigung erheblichen Vortrags, gilt nichts anderes.[6] Derartige Fehler in einer Entscheidung nach §§ 38 ff. können aber in der ersten Instanz, sieht man von Familiensachen ab, im Wege der Abhilfe nach § 68 Abs. 1 Satz 1 beseitigt werden. Gleiches gilt für **Zwischenentscheidungen**, die nach den §§ 567 ff. ZPO anfechtbar sind, gem. § 572 Abs. 1 ZPO. Bei Unanfechtbarkeit kommt eine Abhilfe auf **Anhörungsrüge** in Betracht, wenn die Voraussetzungen des § 44 vorliegen. Die Abgrenzung der in diesem Sinne ungewollten Mängel von einer bewussten, wenn auch fehlerhaften Entscheidung ist oftmals nicht einfach und nicht selten auch umstritten. So ist die auf einer falschen Festsetzung der Gegenstandswerte für einzelne Ansprüche beruhende Kostenverteilung eigentlich kein Fall der Berichtigung nach § 319 ZPO (und somit auch nicht nach § 42), da das Gericht dann genau das erklärt, was es will, nur auf unzutreffender Grundlage.[7] Gleichwohl wird auch in diesen Fällen die Möglichkeit einer Berichtigung wegen offenbarer Unrichtigkeit teilweise bejaht.[8] Ähnliches gilt bei sonstigen Fällen offensichtlich falscher Willensbildung, etwa der versehentlichen Zuerkennung nicht beantragter Mehrwertsteuer.[9] Im Ergebnis tendierte die Praxis der Gerichte im Sinne der materiellen Gerechtigkeit zu einer großzügigen Anwendung von § 319 ZPO,[10] was man nach Schaffung der Spezialregelung des § 42 für Verfahren nach dem FamFG auch auf diese übertragen kann. Unerheblich ist, wer den Fehler verursacht hat; er kann also auch auf ein Versehen – etwa auf eine falsa demonstratio – des Antragstellers oder eines sonstigen Beteiligten zurückgehen.[11] Kein berichtigungsfähiger Fehler liegt aber dann vor, wenn sich der Beteiligte etwa über den Passivlegitimierten oder den Gegenstand seines Anspruchs getäuscht hat; dann ist der Antrag schlicht unbegründet.[12]

1 Zum Fehlen scharfer Grenzen zwischen Versehen nach § 319 Abs. 1 ZPO und sonstigen Irrtümern s. schon BGH v. 12.1.1984 – III ZR 95/82, NJW 1985, 742 (743).
2 BGH v. 12.1.1984 – III ZR 95/82, NJW 1985, 742; BGH v. 9.2.1989 – V ZB 25/88, NJW 1989, 1281; BayObLG v. 30.3.1951 – UmstBeschwReg. 47/50, BayObLGZ 1948–1951, 342 (344); OLG Bamberg v. 15.10.1997 – 2 WF 115/97, FamRZ 1998, 764; Zöller/*Vollkommer*, § 319 ZPO Rz. 4.
3 OLG Stuttgart v. 13.1.1984 – 15 UF 251/83 u. 15 UF 531/83, FamRZ 1984, 402 (403); BayObLG v. 11.9.2001 – 3 Z BR 101/99, FGPrax 2001, 253 (254).
4 BGH v. 9.12.1987 – IVa ZR 155/86, NJW-RR 1988, 407 (408); OLG Köln v. 16.4.1996 – 4 UF 40/96, FamRZ 1997, 569 (570); Zöller/*Vollkommer*, § 319 ZPO Rz. 19.
5 OLG Düsseldorf v. 10.6.1992 – 9 W 52/92; NJW-RR 1992, 1532; OLG Zweibrücken v. 23.4.1999 – 2 UF 191/98, NJW-RR 1999, 1666; OLG Brandenburg v. 17.5.1999 – 9 Wx 9/99, FGPrax 2000, 45; OLG München v. 16.6.2003 – 7 W 1516/03, NJW-RR 2003, 1440; Zöller/*Vollkommer*, § 319 ZPO Rz. 4.
6 Zöller/*Vollkommer*, § 319 ZPO Rz. 19a.
7 OLG Düsseldorf v. 10.6.1992 – 9 W 52/92; NJW-RR 1992, 1532; OLG Köln v. 18.3.1993 – 7 W 1/93, OLGZ 1993, 446 (447 f.).
8 Zöller/*Vollkommer*, § 319 ZPO Rz. 9; zur aA s. vorige Fn.
9 OLG Braunschweig v. 17.6.1993 – 2 U 36/93, NJW-RR 1994, 34 (35); Zöller/*Vollkommer*, § 319 ZPO Rz. 4.
10 BGH v. 12.1.1984 – III ZR 95/82, NJW 1985, 742 f.; Zöller/*Vollkommer*, § 319 ZPO Rz. 1.
11 KG v. 10.3.1936 – 16 U 5758/33, JW 1936, 1479 (1480); Zöller/*Vollkommer*, § 319 ZPO Rz. 5; Baumbach/*Hartmann*, § 319 ZPO Rz. 16.
12 BGH v. 12.12.2006 – I ZB 83/06, ZMR 2007, 286 (287); Zöller/*Vollkommer*, § 319 ZPO Rz. 8.

2. Offenkundigkeit

Die Abweichung des Gewollten vom Erklärten muss ferner „offenbar" sein. Dies erfordert, dass sie für einen objektiven Dritten **aus der Entscheidung und den Umständen bei ihrer Verkündung ersichtlich** wird.[1] Herangezogen werden können somit neben der Entscheidung selbst etwa das Sitzungsprotokoll,[2] gleichzeitig verkündete Entscheidungen in Parallelsachen[3] oder für jedermann offenliegende Umstände[4] und Informationsquellen wie etwa in der Fachliteratur publizierte Unterhaltstabellen.[5] Nicht ausreichend sind unprotokolliert gebliebene Vorgänge in der mündlichen Verhandlung oder Entscheidungsentwürfe, da sie einem Dritten nicht bekannt bzw. zugänglich sind.[6] Erst recht kann eine Berichtigung gem. § 42 nicht auf **nachträgliches Vorbringen** gestützt werden, da hier schon die Möglichkeit der Kenntnis und damit erst recht die Offenkundigkeit fehlt.[7] Offenbar bedeutet nicht, dass der Fehler auf Anhieb oder gar für jeden Laien ersichtlich ist.[8] Es genügt, dass ihn das Gericht korrigiert hätte, wenn es ihn rechtzeitig entdeckt hätte.[9] Das Vergessen eines Anspruchs ist nur nach § 42 zu korrigieren, wenn sich aus der Entscheidung oder sonstigen berücksichtigungsfähigen Umständen ergibt, dass das Gericht darüber befinden wollte.[10] Findet der Sachverhalt überhaupt keinen Niederschlag in der Entscheidung, ist der Fehler nicht offenkundig. Hier liegt der Anwendungsbereich von § 43.[11] Auch im Zusammenhang mit der Offenkundigkeit ist die abstrakte Definition freilich einfacher als die Handhabung in der Praxis. So ist etwa bei der Verlesung nur der Beschlussformel nach § 38 Abs. 3 Satz 3 keine Offenkundigkeit möglich, wenn sie lediglich der später abgesetzten Begründung widerspricht.[12] 13

III. Verfahren

1. Tätigkeit von Amts wegen

Die Berichtigung wegen offenbarer Unrichtigkeiten hat von Amts wegen zu erfolgen. 14
Das Gericht hat tätig zu werden, sobald ihm der Fehler bekannt wird.[13] Eines Antrags

1 BGH v. 8.3.1956 – III ZR 265/54, BGHZ 20, 188 (192); BGH v. 8.7.1980 – VI ZR 176/78, BGHZ 78, 22 f.; BGH v. 9.2.1989 – V ZB 25/88, BGHZ 106, 370 (373); BAG v. 29.8.2001 – 5 AZB 32/00, NJW 2002, 1142; OLG Brandenburg v. 17.5.1999 – 9 Wx 9/99, FGPrax 2000, 45; OLG Bamberg v. 15.10.1997 – 2 WF 115/97, FamRZ 1998, 764; Zöller/*Vollkommer*, § 319 ZPO Rz. 5.

2 BGH v. 25.2.2000 – V ZR 206/99, NJW-RR 2001, 61; Zöller/*Vollkommer*, § 319 ZPO Rz. 15.

3 BGH v. 8.7.1980 – VI ZR 176/78, BGHZ 78, 22 (23).

4 BGH v. 9.2.1989 – V ZB 25/88, NJW 1989, 1281; BGH v. 25.2.2000 – V ZR 206/99, NJW-RR 2001, 61; BGH v. 11.5.2004 – VI ZB 19/04, NJW 2004, 2389.

5 OLG Düsseldorf v. 23.6.1997 – 2 UF 203/93, FamRZ 1997, 1407 (1408); OLG Bamberg v. 15.10.1997 – 2 WF 115/97, FamRZ 1998, 764; OLG Karlsruhe v. 25.10.2002 – 2 UF 98/02, MDR 2003, 523; Zöller/*Vollkommer*, § 319 ZPO Rz. 5.

6 BAG v. 29.8.2001 – 5 AZB 32/00, NJW 2002, 1142; BGH v. 25.2.2000 – V ZR 206/99, NJW-RR 2001, 61; Zöller/*Vollkommer*, § 319 ZPO Rz. 15.

7 Zöller/*Vollkommer*, § 319 ZPO Rz. 19; vgl. OLG Köln v. 1.7.1991 – 13 U 50/91, NJW-RR 1991, 1536.

8 BGH v. 14.7.1994 – IX ZR 193/93, BGHZ 127, 74, 81; Zöller/*Vollkommer*, § 319 ZPO Rz. 5.

9 BGH v. 9.11.1994 – XII ZR 184/93, NJW 1995, 1033; OLG Karlsruhe v. 25.10.2002 – 2 UF 98/02, MDR 2003, 523; Zöller/*Vollkommer*, § 319 ZPO Rz. 5.

10 BGH v. 10.7.1991 – IV ZR 155/90, NJW-RR 1991, 1278; OLG München v. 16.6.2003 – 7 W 1516/03, NJW-RR 2003, 1440.

11 BGH v. 10.1.2002 – III ZR 62/01, NJW 2002, 1115 (1116); OLG München v. 16.6.2003 – 7 W 1516/03, NJW-RR 2003, 1440.

12 BAG v. 29.8.2001 – 5 AZB 32/00, NJW 2002, 1142.

13 OLG Hamm v. 3.9.1986 – 4 WF 457/85, NJW-RR 1987, 187 (188); Zöller/*Vollkommer*, § 319 ZPO Rz. 21.

der Beteiligten bedarf es nicht, ein solcher ist als Anregung zu verstehen. Deswegen hat auch das **Rechtsbeschwerdegericht** Eingaben der Beteiligten nachzugehen, die nicht von einem gem. § 10 Abs. 4 postulationsfähigen Anwalt eingereicht werden. Denn hiermit erlangt es Kenntnis des Fehlers, den es von Amts wegen zu berichtigen hat.

2. Zeitliche Grenzen

15 Die Berichtigung kann nach § 42 Abs. 1 „jederzeit" erfolgen, dh. auch schon **vor Zustellung** der Entscheidung.[1] Nach Zustellung bestehen **keine Ausschlussfristen**. Das Gericht kann seine Entscheidung auch nach Einlegung von Rechtsmitteln,[2] ja noch nach Eintritt der Rechtskraft berichtigen.[3] Es gelten nur die allgemeinen Schranken der Verwirkung und des Verstoßes gegen Treu und Glauben.[4] Das bloße Absehen von Rechtsmitteln genügt hierfür allerdings nicht.[5]

3. Zuständigkeit

16 Nach oben Gesagtem zu korrigierende Fehler sind gem. § 42 Abs. 1 „vom Gericht" zu berichtigen. Damit ist das Gericht gemeint, das die fehlerhafte Entscheidung erlassen hat. Es hat derselbe Spruchkörper tätig zu werden. Dabei muss keine Personenidentität bestehen.[6] Auch der **Dezernatsnachfolger** kann offenkundige Unrichtigkeiten nach § 42 berichtigen.[7] Nach Einlegung eines Rechtsmittels ist die Sache auch insoweit **dem Beschwerdegericht zugefallen**, so dass dieses eine Berichtigung vornehmen kann.[8] Dies ist allerdings nur dann der Fall, wenn der fehlerhafte Beschluss Gegenstand des Rechtsmittelverfahrens und dadurch in der höheren Instanz angefallen ist.[9] Entscheidungen des Rechtsmittelgerichts kann die Vorinstanz nicht berichtigen.[10] Da es sich nur um die Herstellung der eigentlich bereits von der ersten Instanz gewollten Entscheidung handelt, die nicht mit einer inhaltlichen Neubeurteilung einhergeht, gilt das Verbot der reformatio in peius nicht.[11]

---

1 OLG München v. 16.6.2003 – 7 W 1516/03, NJW-RR 2003, 1440.
2 BGH v. 27.10.1955 – II ZR 310/53, BGHZ 18, 350 (356 f.); BayObLG v. 20.10.1986 – RReg. 2 Z 102/86, BayObLGZ 1986, 398 (399).
3 BT-Drucks. 16/6308, S. 197; vgl. OLG Hamm v. 3.9.1986 – 4 WF 457/85, NJW-RR 1987, 187 (188); OLG Brandenburg v. 2.12.1999 – 9 WF 234/99, NJW-RR 2000, 1522; Zöller/*Vollkommer*, § 319 ZPO Rz. 21.
4 OLG Brandenburg v. 2.12.1999 – 9 WF 234/99, NJW-RR 2000, 1522 f.; Zöller/*Vollkommer*, § 319 ZPO Rz. 21.
5 OLG Brandenburg v. 2.12.1999 – 9 WF 234/99, NJW-RR 2000, 1522 (1523).
6 BGH v. 8.3.1956 – III ZR 265/54, BGHZ 20, 188 (192); BGH v. 9.12.1987 – IVa ZR 155/86, NJW-RR 1988, 407 (408); BGH v. 9.2.1989 – V ZB 25/88, NJW 1989, 1281; BGH v. 11.5.2004 – VI ZB 19/04, NJW 2004, 2389; Zöller/*Vollkommer*, § 319 ZPO Rz. 22.
7 BGH v. 28.7.2005 – III ZR 443/04, NJW-RR 2006, 63 (64).
8 BGH v. 9.2.1989 – V ZB 25/88, NJW 1989, 1281; OLG Hamm v. 3.9.1986 – 4 WF 457/85, NJW-RR 1987, 187 (188); OLG Düsseldorf v. 6.6.1991 – 10 W 57/91, NJW-RR 1991, 1471; OLG Braunschweig v. 17.6.1993 – 2 U 36/93, NJW-RR 1994, 34 (35); Zöller/*Vollkommer*, § 319 ZPO Rz. 22.
9 BayObLG v. 26.5.1992 – BReg. 1 Z 71/91, FamRZ 1992, 1326 (1328).
10 OLG Düsseldorf v. 6.6.1991 – 10 W 57/91, NJW-RR 1991, 1471.
11 BGH v. 9.12.1987 – IVa ZR 155/86, NJW-RR 1988, 407 (408 f.); Zöller/*Vollkommer*, § 319 ZPO Rz. 22.

4. Rechtliches Gehör

Vor der Berichtigung hat das Gericht den anderen Beteiligten in aller Regel rechtliches Gehör zu gewähren. Etwas anderes kann allenfalls dann gelten, wenn deren Interessen in keiner Weise berührt sind. Eine Anhörung ist dagegen unbedingt erforderlich, wenn die Entscheidung zum Nachteil eines anderen Beteiligten berichtigt werden soll. Einer **mündlichen Verhandlung** bedarf es allerdings nicht.[1] Die Anhörung kann auch schriftlich erfolgen. 17

5. Durchführung

a) Herkömmliche Aktenführung

Die Berichtigung wird nach § 42 Abs. 2 Satz 1 durch Beschluss ausgesprochen. Dieser ist jedenfalls nach dem Rechtsgedanken von § 38 Abs. 3 Satz 1 (kurz) zu begründen, da es sich um eine Modifikation der Entscheidung handelt. Er wird nach § 42 Abs. 2 Satz 1 „auf dem berichtigten Beschluss und auf den Ausfertigungen vermerkt". Unzulässig ist also die stillschweigende Berichtigung der Urschrift eines bereits erlassenen Beschlusses, selbst wenn noch keine Ausfertigungen erstellt und an die Beteiligten übermittelt wurden. Erforderlich ist die Verbindung des Berichtigungsbeschlusses mit der Urschrift in der Akte. Ferner sind die **Ausfertigungen** zwecks entsprechenden Vorgehens **zurückzufordern**. Dies kann aber nicht erzwungen werden und ist auch kein Wirksamkeitserfordernis der Berichtigung. Es genügt die schriftliche Bekanntgabe des Berichtigungsbeschlusses an die Beteiligten. 18

b) Elektronisches Dokument

Sofern die Gerichtsakte als elektronisches Dokument nach § 14 Abs. 3 FamFG iVm. § 130b ZPO geführt wird, ist der Berichtigungsbeschluss in einem gesonderten Dokument zu speichern. Eine einfache Veränderung des Dokuments, auf dem der ursprüngliche Beschluss abgespeichert wurde, ist unzulässig. Das Dokument mit dem Berichtigungsbeschluss muss nach § 14 Abs. 3 FamFG iVm. § 130b ZPO mit einer **qualifizierten elektronischen Signatur** der Gerichtspersonen versehen werden, die den Beschluss erlassen haben. Ferner ist das Dokument, das den Berichtigungsbeschluss enthält, **untrennbar mit demjenigen des berichtigten Beschlusses zu verbinden**. Dies muss eine unbemerkte Abtrennung unmöglich machen.[2] 19

IV. Wirkung

1. Maßgeblichkeit der Berichtigung für die Entscheidung

Die Berichtigung verändert die ursprüngliche Entscheidung mit Rückwirkung.[3] Im Rechtsmittelverfahren ist damit der Beschluss in der berichtigten Fassung maßgeblich. Dies führt dazu, dass ordentliche Rechtsmittel im Hinblick auf den berichtigten Bestandteil der Entscheidung als ursprünglich unbegründet anzusehen sind (vgl. Rz. 23, 20

1 Zöller/*Vollkommer*, § 319 ZPO Rz. 23; Baumbach/*Hartmann*, § 319 ZPO Rz. 28; *Musielak*, § 319 ZPO Rz. 15.
2 BT-Drucks. 16/6308, S. 197.
3 BGH v. 9.12.1983 – V ZR 21/83, MDR 1984, 387 (388); 12.1.1984 – III ZR 95/82, NJW 1985, 742; BayObLG v. 20.10.1986 – RReg. 2 Z 102/86, BayObLGZ 1986, 398 (399); Zöller/*Vollkommer*, § 319 ZPO Rz. 25.

auch zur Kostentragung). Wurde bereits aus dem unberichtigten Beschluss vollstreckt, ist der dem Vollstreckungsschuldner hieraus entstandene Schaden nach § 95 Abs. 1 FamFG iVm. § 717 Abs. 2 Satz 1 ZPO zu ersetzen,[1] da der Beschluss insoweit nach § 95 Abs. 2 dem Urteil gleichsteht. Da die Korrektur des fehlerhaften Beschlusses sowohl mit der Berichtigung als auch mit einem Rechtsmittel erreicht werden kann, ist auch im Hinblick auf die Folgen des § 717 Abs. 2 Satz 1 ZPO zumindest eine entsprechende Anwendung dieser Vorschrift geboten.[2] Sofern die Berichtigung nicht angegriffen wird oder die sofortige Beschwerde erfolglos bleibt, wird sie formell und materiell rechtskräftig.[3]

2. Ausschluss der Bindungswirkung

21 Ausnahmsweise sollen Berichtigungen aber wirkungslos sein. Dies wurde schon früher angenommen, wenn eine Berichtigung **keinerlei gesetzliche Grundlage** hatte.[4] Das mag im Hinblick auf die nachträgliche Begründung der Schuldnerstellung einer nicht am Verfahren beteiligten Person noch begründbar sein.[5] Der Wegfall der Bindungswirkung soll aber schon dann eintreten, wenn eine **offenbare Unrichtigkeit nicht aus dem Urteil oder den Umständen bei seiner Verkündung erkennbar** ist.[6] Eine solche nachträgliche Überprüfung von Subsumtionsfehlern des Berichtigungsbeschlusses erscheint im Hinblick auf seine materielle Rechtskraft nicht unbedenklich. Auch eine Berichtigung, die eine versehentlich unterlassene **Zulassung von Rechtsmitteln** im Wege der Berichtigung nachholt, wird für unwirksam gehalten (vgl. § 70 Rz. 13).[7]

3. Einfluss auf Rechtsmittel gegen den (unberichtigten) Beschluss

a) Rechtsmittelfristen

22 Die Berichtigung einer Entscheidung bleibt grundsätzlich ohne Einfluss auf den Lauf von Rechtsmittelfristen.[8] Auch wenn Urschrift und Ausfertigung durch den Beschluss ergänzt werden, läuft jedenfalls für den unveränderten Teil grundsätzlich keine neue Rechtsmittelfrist.[9] Insoweit kommt es auf die Zustellung des ursprünglichen Be-

1 Baumbach/*Hartmann*, § 319 ZPO Rz. 33; Zöller/*Herget*, § 717 ZPO Rz. 4.

2 AA Zöller/*Vollkommer*, § 319 ZPO Rz. 25a, der im Zivilprozess eine neue Klage für erforderlich hält.

3 BGH v. 14.7.1994 – IX ZR 193/93, MDR 1994, 1142 (1143); BGH v. 12.1.1984 – III ZR 95/82, NJW 1985, 742 (743); Zöller/*Vollkommer*, § 319 ZPO Rz. 29.

4 BGH v. 8.3.1956 – III ZR 265/54, BGHZ 20, 188 (191); BGH v. 12.1.1984 – III ZR 95/82, NJW 1985, 742; Zöller/*Vollkommer*, § 319 ZPO Rz. 29; etwas anders BGH v. 14.7.1994 – IX ZR 193/93, MDR 1994, 1142 (1143), wo „ein besonders schwerer Mangel, der zudem aus Gründen der Rechtsklarheit regelmäßig offenkundig sein muss", gefordert wird.

5 S. OLG Frankfurt v. 26.6.1990 – 11 U 72/89, NJW-RR 1990, 1471; OLG Koblenz v. 10.6.1998 – 1 U 429/97, OLGReport 1998, 452; Zöller/*Vollkommer*, § 319 ZPO Rz. 29.

6 BGH v. 8.3.1956 – III ZR 265/54, BGHZ 20, 188 (192 f.); Zöller/*Vollkommer*, § 319 ZPO Rz. 29.

7 BGH v. 8.3.1956 – III ZR 265/54, BGHZ 20, 188 (190 f.); BGH v. 25.2.2000 – V ZR 206/99, NJW-RR 2001, 61; BGH v. 11.5.2004 – VI ZB 19/04, NJW 2004, 2389.

8 BGH v. 9.12.1983 – V ZR 21/83, MDR 1984, 387 (388); BGH v. 17.1.1991 – VII ZB 13/90, BGHZ 113, 228 (230).

9 BGH v. 5.5.1993 – XII ZR 44/92, NJW-RR 1993, 1213 (1214); BGH v. 12.2.2004 – V ZR 125/03, NJW-RR 2004, 712 (713); OLG Stuttgart v. 13.1.1984 – 15 UF 251/83 und 15 UF 531/83, FamRZ 1984, 402 (403); BayObLG v. 11.9.2001 – 3 Z BR 101/99, FGPrax 2001, 253 (254); Zöller/*Vollkommer*, § 319 ZPO Rz. 25.

schlusses an.[1] Etwas anderes kann nur gelten, wenn die **Beschwer eines Beteiligten erst durch die Berichtigung sichtbar** wird.[2] Dreht diese etwa die Beschlussformel um, läuft die Rechtsmittelfrist für den hierdurch in seinen Rechten Beeinträchtigten ab schriftlicher Bekanntgabe der Berichtigung. Entsprechendes gilt, wenn bei der Verwechslung von Beteiligten erst durch die Berichtigung der richtige Beschwerdegegner genannt[3] oder das Rechtsmittel zugelassen wird.[4] Ebenso ist der Fall zu handhaben, in dem eine vom erstinstanzlichen Gericht vorgenommene Berichtigung auf sofortige Beschwerde hin kassiert wird. Zumindest dann, wenn die Berichtigung eine zusätzliche Beschwer mit sich bringt, kann diese nicht anders behandelt werden. Auch hinsichtlich der Verschlechterung, die ein Beteiligter gerade durch die Berichtigung erleidet, kann die Rechtsmittelfrist erst ab schriftlicher Bekanntgabe des Berichtigungsbeschlusses laufen.[5]

b) Zulässigkeit von Rechtsmitteln

Die bloße Möglichkeit der Durchführung eines Berichtigungsverfahrens nach § 42 bleibt ohne Einfluss auf die Zulässigkeit ordentlicher Rechtsmittel. Nach richtiger, allerdings nicht einheitlich gehandhabter Rechtsprechung fehlt dem Rechtsmittel nicht schon deswegen das **Rechtsschutzbedürfnis**, weil der Rechtsmittelführer mit der Berichtigung einen einfacheren Weg zur Durchsetzung seiner Rechte hat (vgl. § 68 Rz. 18).[6] Dies ist schon im Hinblick darauf, dass die Fragen, ob eine vom Gewollten abweichende Erklärung vorliegt und ob diese offenkundig ist, keineswegs immer einheitlich beantwortet wird.[7] Zudem ist auch die fehlerhafte Zurückweisung eines Berichtigungsantrags nach § 42 Abs. 3 Satz 1 nicht anfechtbar. Allerdings läuft der Rechtsmittelführer bei Fehlern, die auch nach § 42 berichtigt werden können, Gefahr, dass sich sein **Rechtsmittel erledigt**. Da der Berichtigung Rückwirkung zukommt (s. Rz. 20), war sein Rechtsmittel dann im Umfang der Berichtigung von Anfang an unbegründet, so dass ihm eine (teilweise) Auferlegung der Rechtsmittelkosten nach § 84 droht.[8] Zudem kann es die Mindestbeschwer des § 61 unterschreiten und unzulässig werden. 23

1 BGH v. 9.12.1983 – V ZR 21/83, MDR 1984, 387 (388); BGH v. 5.5.1993 – XII ZR 44/92, NJW-RR 1993, 1213 (1214); Zöller/*Vollkommer*, § 319 ZPO Rz. 25.

2 BGH v. 5.5.1993 – XII ZR 44/92, NJW-RR 1993, 1213 (1214); BGH v. 9.11.1994 – XII ZR 184/93, MDR 1995, 196 (197); BGH v. 12.2.2004 – V ZR 125/03, NJW-RR 2004, 712 (713); BayObLG v. 11.9.2001 – 3 Z BR 101/99, FGPrax 2001, 253 (254); Zöller/*Vollkommer*, § 319 ZPO Rz. 25.

3 BGH v. 17.1.1991 – VII ZB 13/90, BGHZ 113, 228 (231); BGH v. 12.2.2004 – V ZR 125/03, NJW-RR 2004, 712 (713).

4 BGH v. 5.5.1993 – XII ZR 44/92, NJW-RR 1993, 1213 (1214); BGH v. 12.2.2004 – V ZR 125/03, NJW-RR 2004, 712 (713); BGH v. 11.5.2004 – VI ZB 19/04, NJW 2004, 2389; Zöller/*Vollkommer*, § 319 ZPO Rz. 25.

5 Zöller/*Vollkommer*, § 319 ZPO Rz. 26; ähnlich BGH v. 17.1.1991 – VII ZB 13/90, BGHZ 113, 228 (230 f.).

6 BGH v. 9.11.1977 – VIII ZB 34/77, MDR 1978, 307 f.; OLG Karlsruhe v. 25.10.2002 – 2 UF 98/02, MDR 2003, 523; Zöller/*Vollkommer*, § 319 ZPO Rz. 21; aA BayObLG v. 18.7.1968 – BReg. 2 Z 35/68, BayObLGZ 1968, 190 (194 f.); OLG Zweibrücken v. 11.10.1984 – 6 UF 34/84, FamRZ 1985, 614.

7 BGH v. 12.1.1984 – III ZR 95/82, NJW 1985, 742 (743); Zöller/*Vollkommer*, § 319 ZPO Rz. 21.

8 BGH v. 14.7.1994 – IX ZR 193/93, MDR 1994, 1142 (1143); Zöller/*Vollkommer*, § 319 ZPO Rz. 21.

V. Anfechtbarkeit

1. Zurückweisung eines Berichtigungsersuchens

24 Die Zurückweisung eines Antrags auf Berichtigung ist nach § 42 Abs. 3 Satz 1 unanfechtbar. Denn dann, wenn das Gericht seine Entscheidung auch nach entsprechender Rüge für richtig hält, ist die Unrichtigkeit zumindest nicht offenbar.[1] Dies soll allerdings nur bei einer **Entscheidung in der Sache** gelten; wird der Antrag fehlerhaft als unzulässig zurückgewiesen, soll im Zivilprozess die Beschwerde nach §§ 567 ff. ZPO zulässig sein.[2] Dies dürfte nicht auf Verfahren nach dem FamFG übertragbar sein, da die Anfechtbarkeit von Zwischenentscheidungen hier stets ausdrücklich angeordnet ist (vgl. § 58 Rz. 17), was in § 42 gerade nicht der Fall ist.[3] Die früher im Zivilprozess für statthaft befundene **außerordentliche Beschwerde** bei grob verfahrensfehlerhaftem Vorgehen des Gerichts[4] wurde mit der Neuordnung des Verfahrens in Angelegenheiten der freiwilligen Gerichtsbarkeit in Kenntnis der Diskussion nicht eingeführt und muss daher wie bei der Reform des Zivilprozessrechtes als abgeschafft angesehen werden.[5] Da der Gesetzgeber die derzeitige Rechtslage in das Verfahren nach dem FamFG übernehmen wollte, ist davon auszugehen, dass eine Beschwerde wegen greifbarer Gesetzwidrigkeit auch dort unstatthaft ist. Es bleibt allenfalls die Anhörungsrüge nach § 44. Anderes gilt, wenn in Wirklichkeit eine Ergänzung beantragt wurde (vgl. § 43 Rz. 16).[6]

2. Vornahme der Berichtigung

25 Die Vornahme der Berichtigung ist gem. § 42 Abs. 3 Satz 2 mit der sofortigen Beschwerde nach §§ 567 ff. ZPO anfechtbar.[7] Gegen den Beschluss des Beschwerdegerichts ist die Rechtsbeschwerde nicht statthaft, da § 42 Abs. 3 Satz 2 nur auf §§ 567 bis 572 ZPO verweist.

§ 43
Ergänzung des Beschlusses

(1) Wenn ein Antrag, der nach den Verfahrensakten von einem Beteiligten gestellt wurde, ganz oder teilweise übergangen oder die Kostenentscheidung unterblieben ist, ist auf Antrag der Beschluss nachträglich zu ergänzen.

(2) Die nachträgliche Entscheidung muss binnen einer zweiwöchigen Frist, die mit der schriftlichen Bekanntgabe des Beschlusses beginnt, beantragt werden.

---

1 BGH v. 9.2.1989 – V ZB 25/88, NJW 1989, 1281.

2 OLG Hamm v. 3.9.1986 – 4 WF 457/85, NJW-RR 1987, 187 f.; OLG Frankfurt v. 17.8.1989 – 22 W 42/89, OLGZ 1990, 75 (76); BayObLG v. 11.9.2001 – 3 Z BR 101/99, FGPrax 2001, 253 (254).

3 So wohl schon für den Zivilprozess BGH v. 20.4.2004 – X ZB 39/03, NJW-RR 2004, 1654 (1655).

4 OLG Frankfurt v. 17.8.1989 – 22 W 42/89, OLGZ 1990, 75 (76).

5 BGH v. 20.4.2004 – X ZB 39/03, NJW-RR 2004, 1654 (1655); BGH v. 14.7.2004 – XII ZB 268/03, NJW-RR 2005, 214; Zöller/*Vollkommer*, § 319 ZPO Rz. 27; vgl. BT-Drucks. 16/6308, S. 197.

6 OLG Frankfurt v. 17.8.1989 – 22 W 42/89, OLGZ 1990, 75 (76), wo allerdings für den Zivilprozess die Beschwerde nach §§ 567 ff. für statthaft gehalten wurde. Richtig dürfte das Hauptsacherechtsmittel, also die Berufung bzw. im Verfahren nach dem FamFG die Beschwerde nach §§ 58 ff. sein.

7 Vgl. BT-Drucks. 16/6308, S. 197; s. zum Zivilprozess OLG München v. 16.6.2003 – 7 W 1516/03, NJW-RR 2003, 1440.

A. Entstehungsgeschichte und Normzweck

1 Wie die Berichtigung von Entscheidungen war auch ihre Ergänzung im FGG nicht geregelt.[1] Auch hier behalf man sich mit einer analogen Anwendung der diesbezüglichen Vorschrift des Zivilprozessrechts, § 321 ZPO.[2] § 43 will diese Praxis im Wesentlichen übernehmen.[3] Eine Ausnahme gilt nur hinsichtlich der Anforderung des § 321 Abs. 1 ZPO, wonach der übergangene Antrag „nach dem ursprünglich festgestellten oder nachträglich berichtigten Tatbestand" gestellt worden sein muss. Da ein Tatbestand in Beschlüssen nach §§ 38 ff. nicht zwingend vorgeschrieben ist und den Tatsachenfeststellungen in der Entscheidung auch keine Beweiswirkung nach § 314 ZPO zukommt, stellt § 43 insoweit auf die Verfahrensakten ab.[4] § 43 ist gem. § 69 Abs. 3 auch auf die Beschwerdeentscheidung und gem. § 74 Abs. 4 auch auf Entscheidungen des Rechtsbeschwerdegerichts anwendbar. Im Gegensatz zur Berichtigung geht die Ergänzung ordentlichen Rechtsmitteln vor,[5] da sie nicht die Unrichtigkeit der Entscheidung korrigieren, sondern eine noch gar nicht getroffene Entscheidung herbeiführen will.

B. Inhalt der Vorschrift

I. Anwendbarkeit

1. Antrags- und Amtsverfahren

2 Die Terminologie des § 43, der nur von einem „Antrag", nicht aber von Anregungen oÄ spricht, und die ausdrückliche Anknüpfung an § 321 ZPO legen auf den ersten Blick nahe, dass die Möglichkeit der Ergänzung nach § 43 nur in Antragsverfahren Anwendung findet. Eine solche Sichtweise dürfte aber schon deswegen zu eng sein,

1 BT-Drucks. 16/6308, S. 197.
2 BT-Drucks. 16/6308, S. 197; OLG Zweibrücken v. 9.7.1999 – 3 W 129/99, ZMR 1999, 663.
3 BT-Drucks. 16/6308, S. 197.
4 BT-Drucks. 16/6308, S. 197.
5 OLG Zweibrücken v. 9.7.1999 – 3 W 129/99, ZMR 1999, 663; Zöller/*Vollkommer*, § 321 ZPO Rz. 2; Baumbach/*Hartmann*, § 321 ZPO Rz. 1; *Musielak*, § 321 Rz. 10.

weil auch in **Amtsverfahren** Anträge gestellt werden können, die denjenigen in Streitverfahren gleichstehen. So wurden etwa die Beschwerde des Betreuers oder des Verfahrenspflegers wegen teilweise zurückgewiesener **Vergütungsanträge** aus diesem Grunde auch dem Verbot der reformatio in peius unterworfen (vgl. § 65 Rz. 18).[1] Entsprechendes muss auch in vorliegendem Zusammenhang gelten. Setzt das Amtsgericht die Vergütung des Betreuers oder des Verfahrenspflegers von Amts wegen fest, ohne auf die gestellten Anträge einzugehen, ist dies inhaltlich nichts anderes als das Übergehen eines Antrags in einem echten Streitverfahren. Man wird wohl noch darüber hinausgehen müssen und auch andere „Anträge" in Amtsverfahren, die nur **Anregungen** darstellen, der Ergänzung nach § 43 unterwerfen. Regen etwa die Eltern im Verfahren nach § 1666 BGB ergänzende Hilfsmaßnahmen an, so hat sich das Gericht mit diesem Vorbringen ohnehin zu befassen. Übergeht es diese Anregungen, liegt darin in jedem Fall ein Verstoß gegen den Anspruch auf rechtliches Gehör. Es wäre nicht einsichtig, wieso dieser Verstoß gegen Verfahrensgrundrechte nur durch Rechtsmittel und nicht schon in derselben Instanz dadurch behoben werden sollte, dass sich das Gericht im Wege der Ergänzung seines Beschlusses nach § 43 mit der Anregung befasst.

2. Beschlüsse nach §§ 38 ff. und andere Entscheidungen

3 Nach Wortlaut und Systematik erfasst § 43 sämtliche Beschlüsse nach §§ 38 ff., die die Instanz beenden. Im Zivilprozess und dem folgend auch im Verfahren der freiwilligen Gerichtsbarkeit ist aber seit langem anerkannt, dass nicht nur **Entscheidungen in der Hauptsache** nach § 321 ZPO ergänzt werden können, sondern auch Beschlüsse.[2] Wie im Falle der Berichtigung nach § 42 ist trotz der systematischen Einordnung der Ergänzung in die Vorschriften zur Entscheidung nach §§ 38 ff. nicht zu erkennen, dass der Gesetzgeber von dieser Praxis abgehen wollte. Es wäre auch sinnwidrig, wollte man der ausdrücklichen Regelung zur Ergänzung von Entscheidungen in der Hauptsache entnehmen, dass dies bei sonstigen Entscheidungen, insbesondere bei Zwischenentscheidungen, nunmehr nicht mehr möglich sein soll. Vielmehr sollte die bisherige Praxis durch Übernahme einer § 321 ZPO entsprechenden Regelung auf eine gesetzliche Grundlage gestellt werden.[3] Sofern sich andere Entscheidungen als diejenigen nach §§ 38 ff. nicht ohnehin schon nach den Regeln der ZPO richten und dann nach § 321 ZPO ergänzt werden können, ist dies nunmehr nach § 43 möglich.

3. Abgrenzung zu § 319 ZPO und Rechtsmitteln

4 § 43 ist unanwendbar, wenn eine Berichtigung nach § 42 möglich ist. Denn beide Normen haben zumindest theoretisch **einander ausschließende Voraussetzungen**. Ist erkennbar, dass das Gericht einen Antrag bescheiden wollte, und hat es dies lediglich in der Beschlussformel vergessen, so wurde der Antrag nicht iSd. § 43 übergangen. Es kommt dann nur eine Berichtigung nach § 42 in Betracht. Umgekehrt setzt das Übergehen voraus, dass sich das Gericht unbewusst gerade nicht mit einem Antrag beschäftigt hat, so dass nur eine Ergänzung nach § 43, keine Berichtigung nach § 42 möglich ist.[4] Dies soll auch für Teile eines einheitlichen Anspruchs gel-

1 KG v. 13.6.1986 – 1 W 5768/84, OLGZ 1986, 282 (284 f.).
2 Zöller/*Vollkommer*, § 321 ZPO Rz. 1; Baumbach/*Hartmann*, § 329 ZPO Rz. 20; *Musielak*, § 321 Rz. 2.
3 BT-Drucks. 16/6308, S. 197.
4 OLG Stuttgart v. 13.1.1984 – 15 UF 251/83 u. 15 UF 531/83, FamRZ 1984, 402 (403); OLG München v. 16.6.2003 – 7 W 1516/03, NJW-RR 2003, 1440.

ten.[1] Ebenso wenig überschneidet sich § 43 mit den **Rechtsmitteln** der Beschwerde und der Rechtsbeschwerde. Wird ein Antrag übergangen, so trifft das Gericht hierüber keine Entscheidung. Ein Rechtsmittel nach §§ 58 ff. wäre somit **mangels Beschwer unzulässig.**[2] Sofern unklar ist, ob dies auf einem Versehen des Gerichts oder einer falschen Rechtsanwendung beruht (vgl. Rz. 8), sollten allerdings sowohl die Ergänzung beantragt als auch Rechtsmittel eingelegt werden, da ansonsten bei einem Misserfolg eines Rechtsbehelfs die Fristen für die jeweils andere Möglichkeit abgelaufen sind.[3] Selbstverständlich können die Abänderung im Rechtsmittelverfahren und die Ergänzung aber nebeneinander verfolgt werden, wenn sowohl inhaltliche Fehler als auch das Übergehen eines Antrags gerügt werden.[4] In diesem Fall kann der übergangene Antrag auch durch **Antragserweiterung** oder **Anschlussbeschwerde** wieder in den Prozess eingeführt werden.[5] Hingegen geht die Ergänzung nach § 43 der **Anhörungsrüge** vor, da erstere eine „andere Abänderungsmöglichkeit" nach § 44 Abs. 1 Satz 1 Nr. 1 darstellt.

II. Voraussetzungen einer Ergänzung nach § 43

1. Entscheidungslücke

a) Übergehen eines Antrags

aa) Vorliegen eines Antrags

§ 43 Abs. 1 setzt voraus, dass „ein Antrag, der nach den Verfahrensakten von einem Beteiligten gestellt wurde, ganz oder teilweise übergangen (wurde)". Diese Modifikation gegenüber § 321 ZPO, der auf den Tatbestand abstellt, wurde notwendig, da der Tatbestand im Verfahren nach dem FamFG weder obligatorisch ist noch eine § 314 ZPO vergleichbare Beweiswirkung entfaltet.[6] Ein **im mündlichen Termin nach § 32 gestellter Antrag** muss somit protokolliert werden, um nach § 43 relevant zu sein. Im Übrigen genügt **jeder schriftlich zu den Akten gereichte Antrag**. Nach allgemeinen Grundsätzen muss er in den Tatsacheninstanzen nicht ausformuliert sein. Bis in den Beschwerderechtszug bedarf es ja keiner Anträge. Es genügt demnach, dass dem schriftsätzlichen Vorbringen eines Beteiligten ein Rechtsschutzziel zu entnehmen war, mit dem sich das Gericht nicht befasst hat. Im Rechtsbeschwerdeverfahren muss der Antrag allerdings von einem gem. § 10 Abs. 4 beim BGH zugelassenen Anwalt gestellt worden sein. Diese Grundsätze sollen bei versehentlicher Unterlassung einer Entscheidung über die Rechtsbeschwerde nicht gelten (vgl. § 70 Rz. 14).[7] 5

bb) Keine Bescheidung in Beschlussformel und Gründen

Die Ergänzung nach § 43 setzt voraus, dass der Antrag weder im Tenor noch in den Gründen behandelt wurde. Ist nur letzteres der Fall, fehlt es an einer Begründung der 6

---

1 OLG Düsseldorf v. 23.6.1997 – 2 UF 203/93, FamRZ 1997, 1407 (1408).
2 RG v. 9.2.1911 – VI 680/09, RGZ 75, 286 (293); BGH v. 16.2.2005 – VIII ZR 133/04, FamRZ 2005, 881; OLG Zweibrücken v. 17.1.1994 – 5 UF 157/93, FamRZ 1994, 972 (973); großzügiger OLG Schleswig v. 22.9.2004 – 9 U 79/03, MDR 2005, 350.
3 BGH v. 27.11.1979 – VI ZR 40/78, NJW 1980, 840 (841).
4 BGH v. 25.6.1996 – VI ZR 300/95, MDR 1996, 1061 f.; BGH v. 16.12.2005 – V ZR 230/04, NJW 2006, 1351 (1352); weitergehend, diese Möglichkeit auch bei Identität von Fehler und Übergehen bejahend OLG Schleswig v. 22.9.2004 – 9 U 79/03, MDR 2005, 350.
5 Vgl. BGH v. 16.2.2005 – VIII ZR 133/04, FamRZ 2005, 881.
6 BT-Drucks. 16/6308, S. 197.
7 BGH v. 17.12.2003 – II ZB 35/03, FamRZ 2004, 530.

Entscheidung nach § 38 Abs. 3 Satz 1, so dass die Entscheidung fehlerhaft, aber nicht unvollständig ist. Beschäftigt sich das Gericht nur in den Gründen mit dem Antrag, so stellt der fehlende Ausspruch in der Beschlussformel eine offenbare Unrichtigkeit dar, die nach § 42 zu berichtigen ist.[1] Daraus geht hervor, dass vorrangig **positive Entscheidungen** iSd. § 43 lückenhaft sein können. Werden die Anträge des Antragstellers (und sei es auch nur „im Übrigen") zurückgewiesen, so liegt eine Entscheidung auch über solche Anträge vor, die in den Gründen nicht beschieden wurden.[2] Anderes gilt nur, wenn das Gericht nur „den Antrag" zurückweist, obwohl mehrere Anträge gestellt wurden. Denn dann ist die Lücke aus Tenor und den in der Begründung wiedergegebenen Anträgen ersichtlich.[3]

cc) Vollständiges und teilweises Übergehen

7 Ein Antrag wird gem. § 43 übergangen, wenn er insgesamt nicht beschieden wurde. Unerheblich ist es, ob es sich um einen Haupt- oder Hilfsantrag handelt, sofern die innerprozessuale Bedingung für letzteren eingetreten ist. Auch die Übergehung von Nebenansprüchen wie Zinsen genügt.[4] Wie dargelegt (Rz. 2), kommt eine Anwendung von § 43 auch in Amtsverfahren, uU sogar bei „Anträgen" in Betracht, die rechtlich nur Anregungen darstellen. Darüber hinaus kann ein Übergehen iSd. § 43 auch dann vorliegen, wenn Anträge übergangen werden, mit denen der **Anspruch nur modifiziert werden sollte**, etwa unter Geltendmachung einer beschränkten Haftung.[5] Dabei spielt es keine Rolle, ob die Einschränkung schon vom Antragsteller oder erst vom Antragsgegner beantragt wurde. Ein Antrag wurde in beiden Fällen übergangen. Zweifelhaft ist die Rechtsprechung, wonach der versehentlich unterlassene Ausspruch der **Zulassung von Rechtsmitteln** kein nach § 319 ZPO und somit auch nach § 43 beachtliches Übergehen sein soll (s. § 70 Rz. 14). Nicht im Sinne dieser Vorschrift übergangen werden Anträge, wenn das Gericht eine hierfür rechtlich erhebliche Begründung oder einzelne Angriffs- oder Verteidigungsmittel übersieht.[6] Dies stellt lediglich einen Subsumtionsfehler dar, ändert aber nichts daran, dass über den Antrag befunden wurde.[7]

dd) Versehentliche Nichtbescheidung

8 Ein Übergehen gem. § 43 kann nur dann vorliegen, wenn es auf einem **Versehen** beruht. Übergeht das Gericht einen Antrag **bewusst**, weil es etwa unzutreffend von einer Antragsrücknahme ausgeht, liegt kein Übergehen iSd. § 43 vor.[8] Gleiches gilt, wenn es die Kostenentscheidung zu Unrecht einer späteren Schlussentscheidung vorbehält, obwohl sie einem ausgeschiedenen Beteiligten gegenüber schon ergehen

1 BayObLG v. 11.9.2001 – 3 Z BR 101/99, FGPrax 2001, 253 (254).
2 Vgl. BGH v. 27.11.1979 – VI ZR 40/78, NJW 1980, 840 (841).
3 Vgl. hierzu BGH v. 27.11.1979 – VI ZR 40/78, NJW 1980, 840 (841).
4 Vgl. Zöller/*Vollkommer*, § 321 ZPO Rz. 2; *Musielak*, § 321 Rz. 3.
5 Vgl. BGH v. 25.6.1996 – VI ZR 300/95, MDR 1996, 1061; OLG Schleswig v. 22.9.2004 – 9 U 79/03, MDR 2005, 350; Zöller/*Vollkommer*, § 321 ZPO Rz. 3; anders aber beim Übergehen der Zug-um-Zug-Einschränkung BGH v. 5.2.2003 – IV ZR 149/02, BGHZ 154, 1 (3 f.); hiergegen zu Recht Baumbach/*Hartmann*, § 321 ZPO Rz. 16.
6 BGH v. 27.11.1979 – VI ZR 40/78, NJW 1980, 840 f.; BGH v. 5.2.2003 – IV ZR 149/02, BGHZ 154, 1, 2.
7 BGH v. 7.12.1995 – III ZR 141/93, NJW-RR 1996, 379 f.; BGH v. 13.12.2001 – IX ZR 306/00, NJW 2002, 1500 (1501); Zöller/*Vollkommer*, § 321 ZPO Rz. 4.
8 BGH v. 16.12.2005 – V ZR 230/04, NJW 2006, 1351 (1352); Zöller/*Vollkommer*, § 321 ZPO Rz. 2.

könnte. § 43 dient nur der Korrektur eines versehentlichen Übergehens von Anträgen, nicht der Richtigstellung falscher Rechtsanwendung.[1]

b) Unterbleiben der Kostenentscheidung

Die oben ausgeführten Grundsätze gelten auch für den zweiten Fall von § 43 Abs. 1, das Unterbleiben der Kostenentscheidung. Ein Antrag muss hier allerdings nicht gestellt werden, da die Kostenentscheidung von Amts wegen zu treffen ist. Die Kostenentscheidung muss in Tenor und Gründen unerwähnt bleiben. Es muss aber auch in diesem Zusammenhang die Entscheidung **versehentlich unterblieben** sein (s. Rz. 8). 9

2. Antrag

a) Keine Ergänzung von Amts wegen

Im Gegensatz zur Berichtigung wird die Ergänzung nach § 43 nicht von Amts wegen vorgenommen.[2] Dies geschieht nach § 43 Abs. 1 nur auf Antrag. Dieser ist bei dem Gericht zu stellen, das die lückenhafte Entscheidung erlassen hat.[3] Für die Einreichung bei einem **unzuständigen Gericht** gilt das zur Beschwerde Ausgeführte (§ 64 Rz. 3) entsprechend. Wird die Ergänzung einer Entscheidung des BGH begehrt, muss dies nach § 10 Abs. 4 von einem dort zugelassenen Rechtsanwalt beantragt werden. Der Kostenfestsetzungsantrag kann nicht in einen Ergänzungsantrag umgedeutet werden, da er schon vom Rechtsschutzziel etwas anderes begehrt, nämlich nicht die Kostengrundentscheidung, sondern die hierauf fußende Festsetzung der berücksichtigungsfähigen Kosten.[4] 10

b) Frist

aa) Gesetzliche Frist von zwei Wochen

Der Antrag auf Ergänzung der Entscheidung ist binnen einer Frist von zwei Wochen zu stellen (Abs. 2). Die Frist beginnt mit **schriftlicher Bekanntgabe der lückenhaften Entscheidung**. Der Antrag kann aber bereits zuvor gestellt werden, wenn der Ergänzungsantrag die lückenhafte Entscheidung hinreichend genau bezeichnet.[5] Für die **Fristberechnung** gelten über die Verweisungen des § 16 Abs. 2 FamFG iVm. § 222 Abs. 1 ZPO die Vorschriften des BGB, also §§ 186 ff. BGB. Die Frist wird bei der Ergänzung nach § 321 ZPO nicht als Notfrist angesehen, so dass eine **Verkürzung** nach § 224 ZPO möglich ist, nicht aber eine Verlängerung.[6] Es handelt sich aber um eine gesetzliche Frist. Dies ist für § 43 zu übernehmen, da § 43 „die Antragsfrist entsprechend der Regelung des § 321 Abs. 2 (regelt)".[7] Da § 17 Abs. 1 im Gegensatz zu § 233 ZPO die Wiedereinsetzung wegen der Versäumung jeglicher gesetzlicher Fristen gestattet, kommt es auf 11

1 BGH v. 27.11.1979 – VI ZR 40/78, NJW 1980, 840 f.; BGH v. 25.6.1996 – VI ZR 300/95, MDR 1996, 1061.
2 OLG Hamm v. 26.6.2000 – 22 W 30/00, NJW-RR 2000, 1524; Zöller/*Vollkommer*, § 321 ZPO Rz. 1.
3 Zöller/*Vollkommer*, § 321 ZPO Rz. 9 Baumbach/*Hartmann*, § 321 ZPO Rz. 9; *Musielak*, § 321 Rz. 8.
4 OLG Stuttgart v. 8.6.1998 – 20 W 4/98, MDR 1999, 116 (117); OLG München v. 16.6.2003 – 7 W 1516/03, NJW-RR 2003, 1440.
5 OLG Stuttgart v. 8.6.1998 – 20 W 4/98, MDR 1999, 116 (117).
6 Zöller/*Vollkommer*, § 321 ZPO Rz. 6; Baumbach/*Hartmann*, § 321 ZPO Rz. 8.
7 BT Drucks. 16/6308, S. 197.

die diesbezügliche Diskussion zu § 321 Abs. 2 ZPO[1] nicht an. Bei Versäumung kann auf jeden Fall Wiedereinsetzung gewährt werden. Erfolgt die Antragstellung rechtzeitig, steht die zwischenzeitlich eingetretene Rechtskraft der Ergänzung nicht entgegen.[2]

bb) Folgen der Fristversäumung

12 In der zivilprozessualen Rechtsprechung und Literatur herrscht Einigkeit darüber, dass die **Rechtshängigkeit eines übergangenen Anspruchs erlischt**, wenn nicht fristgerecht eine Ergänzung beantragt wird.[3] Der Antragsteller kann folglich ein **neues Verfahren** anstrengen.[4] Fällt das Verfahren beim Rechtsmittelgericht an, kann er den übergangenen Anspruch, sofern die Voraussetzungen einer Antragsänderung vorliegen, auch mit der **Beschwerde** geltend machen (vgl. Rz. 4).[5] Das ist allerdings nur möglich, wenn der übergangene Anspruch allein beschwerdefähig ist, ansonsten nur im Wege des **Anschlussrechtsmittels**. Bei übergangenen Kostenentscheidungen kann die Fristversäumung also zum endgültigen Rechtsverlust führen.[6] Diese Praxis wird, da sich § 43 ausdrücklich an § 321 ZPO anlehnt, auf das Verfahren nach dem FamFG zu übertragen sein.

c) Beschwer

13 Nach allgemeinen Grundsätzen kann die Berichtigung nicht von jedem Beteiligten verlangt werden. Hierzu ist nur derjenige befugt, dessen Antrag nicht beschieden wurde. Sein Verfahrensgegner wird durch diesen Fehler nicht beeinträchtigt. Einer Mindestbeschwer wie im Falle der Einlegung einer Beschwerde (§ 61 Abs. 1) bedarf es aber nicht.

III. Entscheidung über den Antrag auf Ergänzung

1. Verfahren

14 Das Gericht hat zunächst zu prüfen, ob das Ergänzungsbegehren zulässig ist. Dies setzt neben der Einhaltung der Zwei-Wochen-Frist voraus, dass der Antragsteller überhaupt die Schließung einer vermeintlichen Lücke in der Entscheidung begehrt.[7] Ob eine solche Lücke tatsächlich vorliegt, ist keine Frage der Zulässigkeit, sondern der Begründetheit des Antrags.[8]

14a **Zuständig** für die Entscheidung über den Antrag ist das Gericht, dessen Entscheidung ergänzt werden soll. Identität der Gerichtspersonen ist nicht erforderlich; bei **Dezernatswechsel** kann also der Nachfolger (mit)entscheiden.[9]

1 BGH v. 26.3.1980 – IVb ZR 579/80, FamRZ 1980, 669 (670); Zöller/*Vollkommer*, § 321 ZPO Rz. 6.
2 OLG Köln v. 12.7.1991 – 11 U 334/88, MDR 1992, 301.
3 BGH v. 10.1.2002 – III ZR 62/01, NJW 2002, 1115 (1116); BGH v. 16.2.2005 – VIII ZR 133/04, FamRZ 2005, 881; OLG Düsseldorf v. 23.6.1997 – 2 UF 203/93, FamRZ 1997, 1407 (1408); KG v. 15.1.1980 – 1 W 3765/79, Rpfleger 1980, 158 (159).
4 KG v. 15.1.1980 – 1 W 3765/79, Rpfleger 1980, 158 (159); OLG Düsseldorf v. 23.6.1997 – 2 UF 203/93, FamRZ 1997, 1407 (1408); Zöller/*Vollkommer*, § 321 ZPO Rz. 8.
5 BGH v. 16.2.2005 – VIII ZR 133/04, FamRZ 2005, 881.
6 OLG Stuttgart v. 8.6.1998 – 20 W 4/98, MDR 1999, 116 (117).
7 BGH v. 16.12.2005 – V ZR 230/04, NJW 2006, 1351 (1352).
8 BGH v. 16.12.2005 – V ZR 230/04, NJW 2006, 1351 (1352).
9 RG v. 7.11.1892 – Beschw.Rep. VI 125/92, RGZ 30, 342 (345); BGH v. 28.7.2005 – III ZR 443/04, NJW-RR 2006, 63 (64).

2. Entscheidung

So wie die Entscheidung über die Ergänzung im Zivilprozess als eigenständiges Urteil erfolgen muss,[1] ist sie im Verfahren nach dem FamFG ein **Beschluss nach §§ 38 ff.** Das Gericht hat also nach denselben Grundsätzen vorzugehen wie im sonstigen erstinstanzlichen Verfahren. Ob es eines Termins zur **mündlichen Verhandlung** bedarf, richtet sich nach § 32, wobei dies regelmäßig zu verneinen sein wird, wenn die Sache bereits erörtert und der betroffene Anspruch nur bei der Abfassung der Entscheidung übersehen wurde. Soweit ein **Versäumnisbeschluss** zugelassen ist, kann er auch im Verfahren nach § 43 ergehen. IdR muss die Entscheidung auch einen Ausspruch über die Kosten wegen des übergangenen Anspruchs enthalten. Selbst im Zivilprozess können etwa nach einem Dezernatswechsel Richter mitwirken, die an der früheren Entscheidung noch nicht mitgewirkt haben,[2] so dass dies erst recht für das Verfahren nach dem FamFG gilt, in dem § 309 ZPO keine Anwendung findet. 15

IV. Anfechtung der Ergänzung

Wie im Zivilprozess ist auch die Ergänzung nach § 43 als selbständige Entscheidung anzusehen, da sie über einen bislang nicht beschiedenen Gegenstand befindet.[3] Sie kann daher selbständig angefochten werden.[4] Insoweit läuft auch eine neue Frist.[5] Allerdings muss die **Mindestbeschwerdesumme** nach § 61 Abs. 1 für die isolierte Anfechtung der Ergänzung erreicht sein.[6] Auch die **Zulassung der Rechtsbeschwerde** muss für die Ergänzung gesondert erfolgen,[7] sofern sie nicht nach § 70 Abs. 3 kraft Gesetzes statthaft ist. 16

§ 44
Abhilfe bei Verletzung des Anspruchs auf rechtliches Gehör

(1) Auf die Rüge eines durch eine Entscheidung beschwerten Beteiligten ist das Verfahren fortzuführen, wenn

1. ein Rechtsmittel oder ein Rechtsbehelf gegen die Entscheidung oder eine andere Abänderungsmöglichkeit nicht gegeben ist und

2. das Gericht den Anspruch dieses Beteiligten auf rechtliches Gehör in entscheidungserheblicher Weise verletzt hat.

---

1 RG v. 7.11.1892 – Beschw.Rep. VI 125/92, RGZ 30, 342 (343 f.); BGH v. 28.7.2005 – III ZR 443/04, NJW-RR 2006, 63 (64); Zöller/*Vollkommer*, § 321 ZPO Rz. 10.

2 RG v. 7.11.1892 – Beschw.Rep. VI 125/92, RGZ 30, 342 (344 f.); Zöller/*Vollkommer*, § 321 ZPO Rz. 10.

3 RG v. 7.11.1892 – Beschw.Rep. VI 125/92, RGZ 30, 342 (343 f.); BGH v. 27.11.1979 – VI ZR 40/78, NJW 1980, 840 f.; BGH v. 20.6.2000 – VI ZR 2/00, NJW 2000, 3008; Zöller/*Vollkommer*, § 321 ZPO Rz. 11.

4 BGH v. 27.11.1979 – VI ZR 40/78, NJW 1980, 840; BGH v. 20.6.2000 – VI ZR 2/00, NJW 2000, 3008.

5 RG v. 9.2.1911 – Rep. VI 680/09, RGZ 75, 288 (293); BGH v. 30.9.1980 – V ZB 8/80, VersR 1981, 57; Zöller/*Vollkommer*, § 321 ZPO Rz. 11.

6 Vgl. BGH v. 20.6.2000 – VI ZR 2/00, NJW 2000, 3008; Zöller/*Vollkommer*, § 321 ZPO Rz. 11.

7 BGH v. 27.11.1979 – VI ZR 40/78, NJW 1980, 840.

Gegen eine der Endentscheidung vorausgehende Entscheidung findet die Rüge nicht statt.

(2) Die Rüge ist innerhalb von zwei Wochen nach Kenntnis von der Verletzung des rechtlichen Gehörs zu erheben; der Zeitpunkt der Kenntniserlangung ist glaubhaft zu machen. Nach Ablauf eines Jahres seit der Bekanntgabe der angegriffenen Entscheidung an diesen Beteiligten kann die Rüge nicht mehr erhoben werden. Die Rüge ist schriftlich oder zur Niederschrift bei dem Gericht zu erheben, dessen Entscheidung angegriffen wird. Die Rüge muss die angegriffene Entscheidung bezeichnen und das Vorliegen der in Absatz 1 Satz 1 Nr. 2 genannten Voraussetzungen darlegen.

(3) Den übrigen Beteiligten ist, soweit erforderlich, Gelegenheit zur Stellungnahme zu geben.

(4) Ist die Rüge nicht in der gesetzlichen Form oder Frist erhoben, ist sie als unzulässig zu verwerfen. Ist die Rüge unbegründet, weist das Gericht sie zurück. Die Entscheidung ergeht durch nicht anfechtbaren Beschluss. Der Beschluss soll kurz begründet werden.

(5) Ist die Rüge begründet, hilft ihr das Gericht ab, indem es das Verfahren fortführt, soweit dies auf Grund der Rüge geboten ist.

A. Entstehungsgeschichte und Normzweck

1 § 44 übernimmt weitgehend unverändert den Text der Vorgängernorm, § 29a FGG, und soll ihr auch inhaltlich voll entsprechen.[1] Mit der Vorgängervorschrift kam der

1 S. die bemerkenswert knappen Ausführungen in BT-Drucks. 16/6308, S. 197.

Gesetzgeber dem Auftrag des BVerfG nach, einen förmlichen Rechtsbehelf für die Fälle zur Verfügung zu stellen, in denen das rechtliche Gehör nicht gewährt wurde.[1] Er sollte eine fachgerichtliche Abhilfe ermöglichen. Daher ist die erfolglose Durchführung des Verfahrens nach § 44 **Zulassungsvoraussetzung für die Erhebung der Verfassungsbeschwerde.**[2] Dies gilt auch dann, wenn neben der Gehörsverletzung noch die Verletzung weiterer Verfahrensgrundrechte gerügt werden soll.[3] Der Gesetzgeber beschränkte die Rügemöglichkeiten aber ausdrücklich auf die Verletzung des Anspruchs auf rechtliches Gehör, woran sich ausweislich des Gesetzeswortlauts nichts geändert hat.[4] Dies wirft wie zum alten Recht die Frage auf, welcher Rechtsbehelf gegen unanfechtbare Entscheidungen gegeben ist, die **andere Verfahrensgrundrechte** verletzen. Entgegen einer Mindermeinung[5] ist auch hier wohl nicht die außerordentliche Beschwerde zum Gericht der nächsten Instanz statthaft, da der Gesetzgeber diese gerade abschaffen wollte (vgl. § 42 Rz. 24).[6] Man wird in diesen Fällen davon ausgehen müssen, dass in Ermangelung einer § 44 entsprechenden Norm nach wie vor eine **Gegenvorstellung** beim Ausgangsgericht[7] und anschließend die Verfassungsbeschwerde unmittelbar zulässig ist.

B. Inhalt der Vorschrift

I. Anwendungsbereich

Anders als die Regelungen etwa zu Berichtigung und Ergänzung eines Beschlusses 2
macht § 44 schon im Wortlaut deutlich, dass diese Rechtsschutzmöglichkeit nicht nur Entscheidungen nach §§ 38 ff. erfasst. § 44 Abs. 1 spricht nämlich ausdrücklich allgemeiner von einer „Entscheidung", was auch Nebenentscheidungen etwa im Vollstreckungsverfahren, isolierte Kostenentscheidungen, einstweilige Anordnungen[8] ua. umfasst. Zwischenentscheidungen sind schon deswegen nicht mit der Anhörungsrüge nach § 44 angreifbar, da sie entweder selbständig oder inzident gem. § 58 Abs. 2 zusammen mit der Hauptsacheentscheidung überprüft werden können. Sie sind deshalb nicht mit der Anhörungsrüge angreifbar, wie § 44 Abs. 1 Satz 2 nochmals feststellt. Allerdings könnte der Wortlaut von § 44 Abs. 1 Satz 2 in den Fällen zu weit geraten sein, in denen Dritte von einer Zwischenentscheidung betroffen sind, die diese weder

---

1 BVerfG v. 30.4.2003 – PBvU 1/02, NJW 2003, 1924 ff.

2 BVerfG v. 25.4.2005 – 1 BvR 644/05, NJW 2005, 3059; Keidel/*Meyer-Holz*, § 29a FGG Rz. 29.

3 BVerfG v. 25.4.2005 – 1 BvR 644/05, NJW 2005, 3059 f.

4 *Bumiller*/Winkler, § 29a FGG Rz. 1.

5 *Bumiller*/Winkler, § 29a FGG Rz. 2.

6 BGH v. 20.4.2004 – X ZB 39/03, NJW-RR 2004, 1654 (1655); BGH v. 14.7.2004 – XII ZB 268/03, NJW-RR 2005, 214; BayObLG v. 30.9.2004 – 3 Z BRH 2/04, FamRZ 2005, 917; OLG Zweibrücken v. 31.5.2005 – 3 W 52/05, FamRZ 2006, 555; Keidel/*Meyer-Holz*, § 29a FGG Rz. 27; *Bassenge*/Roth, § 29a FGG Rz. 1; vgl. BAG v. 8.8.2005 – 5 AZB 31/05, NJW 2005, 3231 (3232).

7 Keidel/*Meyer-Holz*, § 29a FGG Rz. 28; offen gelassen von OLG Zweibrücken v. 31.5.2005 – 3 W 52/05, FamRZ 2006, 555. Hingegen wird die Möglichkeit, sofort Verfassungsbeschwerde einzulegen, von *Bassenge*/Roth, § 29a FGG Rz. 1 bejaht. Im Hinblick darauf, dass nach der verfassungsgerichtlichen Rspr. auch nicht allgemein anerkannte außerordentliche Rechtsbehelfe ausgeschöpft werden müssen (vgl. BVerfG v. 25.4.2005 – 1 BvR 644/05, NJW 2005, 3059; anders allerdings noch BVerfG v. 30.4.2003 – PBvU 1/02, NJW 2003, 1924 (1928)) und die Gegenvorstellung in diesen Fällen von namhaften Stimmen für statthaft angesehen wird, erscheint dies für die Praxis bedenklich.

8 *Bumiller*/Winkler, § 29a FGG Rz. 4; anders wohl *Bassenge*/Roth, § 29a FGG Rz. 2.

separat noch inzident mit der Hauptsacheentscheidung anfechten können.[1] Für die Entscheidungen, die im ZPO-Verfahren zu entscheiden sind, gelten nach § 321a ZPO dieselben Grundsätze.

II. Voraussetzungen

1. Verletzung des Anspruchs auf rechtliches Gehör

3 Die Anhörungsrüge nach § 44 setzt zunächst die Verletzung des Anspruchs auf rechtliches Gehör voraus. Dies bedeutet, dass das Gericht bei seiner Entscheidung nach § 44 Abs. 1 Satz 1 Nr. 2 erheblichen Vortrag eines Beteiligten nicht zur Kenntnis genommen hat. Dies kann zum einen dadurch geschehen sein, dass korrekt in den Machtbereich des Gerichts gelangte Eingaben nicht mehr zur Kenntnis des Spruchkörpers gelangt sind. Diese sind bis zum Erlass der Entscheidung zu berücksichtigen, wobei das Gericht organisatorische Vorkehrungen für eine zeitnahe Weiterleitung zu treffen hat (vgl. § 69 Rz. 2 und § 32 Rz. 8). Die Verletzung des Anspruchs auf rechtliches Gehör kann aber auch durch Fehler des Gerichts verursacht werden, indem es Vortrag eines Beteiligten überliest oder sich hiermit nicht in der gebotenen Weise beschäftigt (hierzu vgl. § 38 Rz. 20 f.). Eine Gehörsverletzung liegt auch dann vor, wenn das Gericht einem Beteiligten die von ihm ermittelten Tatsachen nicht zur Kenntnis gibt, wie § 37 Abs. 2 nunmehr ausdrücklich klarstellt.[2] Hierbei sind an die Auswertung des Vorbringens **höhere Anforderungen zu stellen als im Zivilprozess**, da das Gericht nach § 26 den erheblichen Sachverhalt von Amts wegen zu ermitteln hat. Ist das Vorbringen eines Beteiligten zwar nach zivilprozessualen Maßstäben zu pauschal, besteht im Verfahren nach dem FamFG doch Anlass dazu, möglichen Ermittlungsansätzen nachzugehen oder zumindest im Wege eines Hinweises zur erforderlichen Konkretisierung aufzufordern. Erst recht verletzt das Übergehen von Beweisangeboten den Anspruch auf rechtliches Gehör.

4 Das übergangene Vorbringen muss **entscheidungserheblich** sein. Ebenso wenig wie der Zivilrichter muss sich der Spruchkörper im Verfahren nach dem FamFG mit Vortrag auseinander setzen, der selbst im Falle seiner Richtigkeit keinen Einfluss auf die Entscheidung hat.[3] Hierbei kommt es auf die **rechtliche Beurteilung des Gerichts** an. Ist der Vortrag nach seiner rechtlichen Würdigung für die Entscheidung irrelevant, so verletzt es den Anspruch auf Gewährung rechtlichen Gehörs auch dann nicht, wenn diese Beurteilung materiellrechtlich nicht zutrifft. In rechtlicher Hinsicht muss die Entscheidungserheblichkeit feststehen; das Gericht hat also die behaupteten Tatsachen unter die in Betracht kommenden Vorschriften zu subsumieren. Hingegen darf es in tatsächlicher Hinsicht die Beweiswürdigung nicht vorwegnehmen. Insoweit genügt es, dass das Übergehen des Vortrags möglicherweise entscheidungserheblich ist.[4]

1 In diesen Fällen für die Möglichkeit der Verfassungsbeschwerde Keidel/*Meyer-Holz*, § 29a FGG Rz. 8.
2 Keidel/*Meyer-Holz*, § 29a FGG Rz. 15.
3 BVerfG v. 25.2.1994 – 2 BvR 50, 122/93, NJW 1994, 2279; BVerfG v. 16.6.1995 – 2 BvR 382/95, NJW-RR 1995, 1033 (1034).
4 Keidel/*Meyer-Holz*, § 29a FGG Rz. 16; *Bumiller*/Winkler, § 29a FGG Rz. 7.

2. Kein anderweitiger Rechtsbehelf

a) Beschwerde und Rechtsbeschwerde

5 Die Gehörsrüge ist nur statthaft, wenn andere Rechtsmittel oder Rechtsbehelfe gegen die Entscheidung nicht gegeben sind (§ 44 Abs. 1 Satz 1 Nr. 1).[1] Die Anhörungsrüge nach § 44 kommt also nur bei letztinstanzlichen Entscheidungen in Betracht. In **erster Instanz** ist das der Fall, wenn die Entscheidung bereits kraft Gesetzes **unanfechtbar** ist wie etwa einstweilige Anordnungen nach § 57 Satz 1, oder wenn der Mindestbeschwerdewert nach § 61 Abs. 1 nicht erreicht ist. § 44 ist über § 68 Abs. 3 Satz 1 auch auf Entscheidungen des **Beschwerdegerichts** anwendbar. Hier ist die Anhörungsrüge nach § 44 nur bei Entscheidungen statthaft, gegen die die Rechtsbeschwerde nach § 70 Abs. 1 nicht zugelassen wurde. Ansonsten ist entweder auf Grund der Zulassung oder kraft Gesetzes (§ 70 Abs. 3) die Rechtsbeschwerde, mithin ein anderer Rechtsbehelf statthaft. Die Erfolglosigkeit dieses Rechtsmittels eröffnet nicht die Anhörungsrüge in der Vorinstanz;[2] dann besteht allenfalls die Möglichkeit der Anhörungsrüge gegen die letztinstanzliche Entscheidung. Über § 74 Abs. 4 ist die Anhörungsrüge auch gegen die Entscheidung des BGH über eine **Rechtsbeschwerde** möglich.[3] Ein anderes ordentliches Rechtsmittel ist dann naturgemäß nicht mehr vorgreiflich.

b) Sonstige Rechtsbehelfe

6 Nach § 44 Abs. 1 Satz 1 Nr. 1 darf auch keine „andere Abänderungsmöglichkeit" gegen eine mit der Beschwerde oder der Rechtsbeschwerde nicht mehr angreifbare Entscheidung bestehen. Dies betrifft insbesondere die Möglichkeit der **Ergänzung nach § 43**. Liegen deren Voraussetzungen vor, wurde also ein Antrag versehentlich übergangen, stellt dies stets eine Verletzung des Anspruchs auf rechtliches Gehör dar. Die Anhörungsrüge ist dann wegen § 44 Abs. 1 Satz 1 Nr. 1 nicht statthaft; der Betroffene kann nur die Ergänzung verlangen. Die Anhörungsrüge ist also nur in den Fällen gegeben, in denen nicht der gesamte Antrag, sondern nur einzelne Bestandteile seiner Begründung, etwa eine durchgreifende Anspruchsgrundlage oder ein erheblicher Beweisantritt, übergangen wurden, da dieser Fehler nicht mit der Ergänzung nach § 43 behoben werden kann (vgl. § 43 Rz. 7). Keine andere Abänderungsmöglichkeit gem. § 44 Abs. 1 Satz 1 Nr. 1 ist die **Abänderung nach § 48 Abs. 1**.[4] Denn zum einen setzt dieses eine Änderung der Sach- oder Rechtslage voraus. Zum anderen wird damit nicht der Mangel des vorliegenden Verfahrens bereinigt, was § 44 leisten soll, sondern nur ein neues ermöglicht.

3. Beschwer

7 Die Anhörungsrüge steht nach allgemeinen Grundsätzen nur demjenigen zu, der durch die Verletzung des Anspruchs auf rechtliches Gehör in seinen Rechten verletzt ist.[5] Auch § 44 eröffnet keinen Popularrechtsbehelf. Zum Vorliegen der Rechtsbeeinträchtigung gilt das zur Beschwerdeberechtigung Gesagte (§ 59 Rz. 2 ff.). Eines **Mindestbeschwerdewerts** bedarf es allerdings nicht.

---

1 OLG Frankfurt v. 29.7.2005 – 9 U 43/04, NJW-RR 2005, 1591; OLG Celle v. 2.1.2003 – 9 U 139/02, MDR 2003, 593; Keidel/*Meyer-Holz*, § 29a FGG Rz. 5.

2 OLG Frankfurt v. 29.7.2005 – 9 U 43/04, NJW-RR 2005, 1591.

3 So richtig schon zum alten Recht *Bumiller*/Winkler, § 29a FGG Rz. 6.

4 So schon zu § 18 FGG Keidel/*Meyer-Holz*, § 29a FGG Rz. 6; *Bassenge*/Roth, § 29a FGG Rz. 4; wohl auch *Bumiller*/Winkler, § 29a FGG Rz. 5.

5 Keidel/*Meyer-Holz*, § 29a FGG Rz. 9; *Bumiller*/Winkler, § 29a FGG Rz. 9; *Bassenge*/Roth, § 29a FGG Rz. 12.

4. Rüge

8 Die Abhilfe nach § 44 erfolgt **nicht von Amts wegen**. Sie setzt, wie § 44 Abs. 1 Satz 1 klarstellt („auf die Rüge"), einen Antrag des Beteiligten voraus. Dieser muss allerdings nicht als Anhörungsrüge bezeichnet werden. Insbesondere kann ein **unzulässiges Rechtsmittel** in eine Anhörungsrüge nach § 44 umgedeutet werden.[1] Die Anforderungen an diese Rüge sind in § 44 Abs. 2 geregelt.

a) Form

aa) Rügeschrift oder Erklärung zu Protokoll der Geschäftsstelle

9 Die Anhörungsrüge muss nach § 44 Abs. 2 Satz 3 schriftlich oder zur Niederschrift der Geschäftsstelle eingelegt werden. Trotz der geringfügig von § 64 Abs. 2 Satz 1 abweichenden Formulierung, wo von einer „Beschwerdeschrift" die Rede ist, gilt also ähnliches wie für die Beschwerde. Der Beteiligte muss eine **„Rügeschrift"** vorlegen. Allerdings fordert § 44 Abs. 2 Satz 3 im Gegensatz zu § 64 Abs. 2 Satz 4 nicht die **Unterschrift** des Rügenden. Dies lässt sich auch dem Tatbestandsmerkmal „schriftlich" nicht entnehmen, da dies nicht Schriftform gem. § 126 BGB, sondern nur **Textform** gem. § 126b BGB meint, wie nicht zuletzt der Vergleich etwa mit der „schriftlichen Bekanntgabe" gem. § 63 Abs. 3 Satz 1 zeigt (s. § 41 Rz. 23 ff. und § 63 Rz. 6). Es genügt also ein Schriftstück, das den Rügeführer zweifelsfrei erkennen lässt. Die Vertretung durch einen **Rechtsanwalt** ist nur in Verfahren vor dem BGH erforderlich, wo sich die Beteiligten stets nach § 10 Abs. 4 durch einen dort postulationsfähigen Anwalt vertreten lassen müssen. Dies gilt auch für die Anhörungsrüge.[2]

bb) Rüge in elektronischer Form

10 Nach § 14 Abs. 2 können die Beteiligten ihre „Anträge und Erklärungen" auch als elektronisches Dokument an das Gericht übermitteln, wofür §§ 130a Abs. 1 und 3, 298 ZPO entsprechend gelten.[3] Dies gilt auch für die Anhörungsrüge. Allerdings muss diese Möglichkeit jedenfalls in erweiterter Anwendung von § 7 nicht, wie der Wortlaut von § 14 Abs. 2 bestimmt, nur den Beteiligten, sondern auch demjenigen offen stehen, der unter Verletzung seines Anspruchs auf rechtliches Gehör noch nicht beteiligt war, da § 44 dem gerade abhelfen will. Voraussetzung ist naturgemäß, dass das Beschwerdegericht zu denjenigen Gerichten gehört, für die die elektronische Einreichung von Dokumenten nach § 14 Abs. 4 Satz 4 zugelassen ist. Im Übrigen können die Grundsätze der Einreichung durch Schriftsatz oder Telefax entsprechend herangezogen werden. Nach § 68 Abs. 3 Satz 1 und § 74 Abs. 4 existiert diese Möglichkeit auch in den Rechtsmittelinstanzen.

cc) Adressat

11 Die Rüge ist nach § 44 Abs. 2 Satz 3 „bei dem Gericht zu erheben, dessen Entscheidung angegriffen wird". Die Einlegung bei einem **anderen Gericht** wahrt die Frist nicht.[4] Dieses ist aber gem. § 25 Abs. 3 zur Weiterleitung verpflichtet. Insoweit kann

1 Vgl. BayObLG v. 30.9.2004 – 3 Z BRH 2/04, FamRZ 2005, 917.

2 Vgl. BGH v. 18.5.2005 – VIII ZB 3/05, NJW 2005, 2017; speziell zu den außerordentlichen Rechtsmitteln BVerfG v. 30.4.2003 – PBvU 1/02, NJW 2003, 1924.

3 Keidel/*Meyer-Holz*, § 29a FGG Rz. 13; *Bassenge*/Roth, § 29a FGG Rz. 8; zu § 14 im Einzelnen, insbesondere zur qualifizierten elektronischen Signatur und dem Format des Dokuments s. die Kommentierung dort.

4 Keidel/*Meyer-Holz*, § 29a FGG Rz. 13.

auf die Ausführungen zur Einlegung der Beschwerde verwiesen werden (§ 64 Rz. 3). Dies gilt auch für die verschiedenen Möglichkeiten, die Rügeschrift auf anderem Wege als mittels Schriftsatz (also per **Fax, Fernschreiber** etc.) bei dem zuständigen Gericht anzubringen (§ 64 Rz. 4 f.).

b) Frist

aa) Zwei-Wochen-Frist ab Kenntnis der Gehörsverletzung

Als Frist für die Erhebung der Anhörungsrüge sieht § 44 Abs. 2 Satz 1 einen Zeitraum von zwei Wochen nach Kenntnis der Gehörsverletzung vor. Hierbei handelt es sich um eine **Notfrist**, die nicht verlängert werden kann.[1] Ihr Lauf wird idR mit der **schriftlichen Bekanntgabe** der Entscheidung, möglicherweise aber auch **später** beginnen, wenn ein Beteiligter etwa erst nach Akteneinsicht Kenntnis von der Gehörsverletzung erhält.[2] Nach dieser Vorschrift kommt es nur auf die **positive Kenntnis** dieses Umstands an. Auch die grob fahrlässige Unkenntnis der Gehörsverletzung schadet demnach nicht,[3] wohl aber die bewusste Vereitelung der Kenntnisnahme.[4] Allerdings hat der Rügeführer den Zeitpunkt seiner Kenntnis nach § 44 Abs. 2 Satz 1 glaubhaft zu machen. Allzu abenteuerliche Darstellungen über die Kenntnisnahme etwa der im angegriffenen Beschluss enthaltenen Gehörsverletzung unterliegen also der Würdigung durch das Gericht. Nach dem Zusammenhang des § 44 Abs. 2 Satz 1 ist auch der Zeitpunkt der Kenntniserlangung binnen zwei Wochen glaubhaft zu machen.[5] 12

bb) Ausschlussfrist

§ 44 Abs. 2 Satz 2 setzt der Anhörungsrüge eine **absolute zeitliche Grenze**. Demnach kann auch eine Gehörsverletzung „nach Ablauf eines Jahres seit der Bekanntgabe der angegriffenen Entscheidung" nicht mehr mit der Anhörungsrüge angegriffen werden. Dies gilt zunächst für die erfolgte schriftliche Bekanntgabe der Entscheidung nach § 63 Abs. 3 Satz 1. Ist die schriftliche Bekanntgabe nicht möglich, so kann der Rügeführer bei der Anhörungsrüge nach § 44 nicht besser behandelt werden als bei der Beschwerde. Daher ist für diesen Fall die **Fünf-Monats-Frist des § 63 Abs. 3 Satz 2** auch auf den Beginn der Rügefrist nach § 44 Abs. 2 Satz 2 entsprechend anzuwenden. Nach Ablauf der an die Fünf-Monats-Frist des § 63 Abs. 3 Satz 2 anschließenden Jahresfrist des § 44 Abs. 2 Satz 2 kann somit die Anhörungsrüge auch dann nicht mehr erhoben werden, wenn eine schriftliche Bekanntgabe nicht möglich ist. 13

cc) Wiedereinsetzung bei Nichteinhaltung der Frist

Versäumt der Rügeführer die Frist zur Einlegung, kann ihm **Wiedereinsetzung** gewährt werden. Die früher hierüber geführte Diskussion, ob auch wegen anderer als der in § 233 ZPO genannten Fristen Wiedereinsetzung gewährt werden kann,[6] ist nach der neuen Gesetzeslage erledigt. Denn § 17 Abs. 1 stellt ausdrücklich auf **„gesetzliche Fristen"** ab. Hierzu gehört § 44 Abs. 2 Satz 1 unzweifelhaft. 14

---

1 Keidel/*Meyer-Holz*, § 29a FGG Rz. 10; *Bumiller*/Winkler, § 29a FGG Rz. 8.
2 Keidel/*Meyer-Holz*, § 29a FGG Rz. 11; *Bumiller*/Winkler, § 29a FGG Rz. 8.
3 So auch *Bassenge*/Roth, § 29a FGG Rz. 7.
4 So wohl auch Keidel/*Meyer-Holz*, § 29a FGG Rz. 11, wonach der positiven Kenntnis „das verschuldete Unterlassen der Kenntniserlangung gleichzustellen" ist; strenger nach dem alten Recht *Bumiller*/Winkler, § 29a FGG Rz. 8, wonach entgegen dem Wortlaut auch das Kennenmüssen genügt.
5 Anders ohne Begr. Keidel/*Meyer-Holz*, § 29a FGG Rz. 12.
6 Vgl. noch *Bassenge*/Roth, § 29a FGG Rz. 7.

c) Inhalt

aa) Höhere Anforderungen als bei der Beschwerde

15 Die inhaltlichen Anforderungen an eine Rüge sind nicht gering. Sie sind sogar höher als bei der Beschwerde, da die Rüge nach § 44 Abs. 2 Satz 4 das Vorliegen der Voraussetzungen nach § 44 Abs. 1 Satz 1 Nr. 2 darlegen muss. Es bedarf also einer **Begründung**, die gewisse Mindestanforderungen erfüllen muss. Dies erscheint verfassungsrechtlich nicht unbedenklich, da hierdurch die Hürden für den Zugang zu einem verfassungsgemäß durchgeführten Verfahren hoch angesetzt werden. Immerhin will die Anhörungsrüge ja gerade die bereits erfolgte Gehörsverletzung beseitigen. Sofern die (geringeren) Anforderungen an die Beschwerde gerade damit gerechtfertigt werden, dass der Beschwerdeberechtigte hierauf in der **Rechtsbehelfsbelehrung** hingewiesen wird,[1] gilt hier das Gegenteil. Der Rechtsuchende, der nach dem Willen des Gesetzgebers auch vor dem OLG noch nicht einmal anwaltlich vertreten sein muss, wird über die Anforderungen an eine Anhörungsrüge gerade nicht belehrt. Vor diesem Hintergrund dürfen die Anforderungen an die Zulässigkeit der Rüge jedenfalls nicht streng gehandhabt werden.

bb) Bezeichnung der angegriffenen Entscheidung

16 Nach § 44 Abs. 2 Satz 4 muss ferner die angefochtene Entscheidung bezeichnet sein. Dies wird idR durch Angabe von **Gericht, Datum und Aktenzeichen** oder durch Beifügung einer **Ablichtung** erfolgen. Angesichts der oben (Rz. 15) dargelegten Problematik wird man hier allerdings noch großzügiger sein müssen als bei der Beschwerde und jegliche Angaben genügen lassen, die die angefochte Entscheidung erkennbar machen.[2]

cc) Bezeichnung des Rügeführers und ausdrückliche Rüge der Gehörsverletzung

17 Auch wenn dies nicht ausdrücklich in § 44 verlangt wird, muss, wie bei der Beschwerde, erkennbar sein, wer die Anhörungsrüge einlegt. Wie dort ist aber der Wortlaut der Rügeschrift nicht allein maßgeblich. Insoweit gelten dieselben Grundsätze wie bei der Beschwerde (vgl. § 64 Rz. 17). Lässt sich der **Rügeführer** auch im Wege der Auslegung nicht ermitteln, ist das Rechtsmittel unzulässig, Wiederum im Gegensatz zu § 64 Abs. 2 Satz 3 verlangt § 44 Abs. 2 auch nicht ausdrücklich die Erklärung, dass Anhörungsrüge gegen den Beschluss eingelegt wird. Es genügt somit, wenn irgendwie das **Rechtsschutzziel** klar wird, dass der Rügeführer eine Abänderung der Entscheidung begehrt. Daher sind auch unzulässige Beschwerden etc. daraufhin zu prüfen, ob sie als Anhörungsrüge auszulegen sein können.

dd) Darlegung der Gehörsverletzung in entscheidungserheblicher Weise

18 Nach § 44 Abs. 2 Satz 4 muss der Rügeführer das Vorliegen der Voraussetzungen von § 44 Abs. 1 Satz 1 Nr. 2 darlegen, also begründen, weshalb seiner Meinung nach eine entscheidungserhebliche Verletzung des Anspruchs auf rechtliches Gehör vorliegt.[3] Dies kann auch konkludent erfolgen, indem der Rügeführer etwa beanstandet, dass das Gericht bei der Entscheidung seinen Vortrag nicht zur Kenntnis genommen, sich hiermit nicht in der gebotenen Weise beschäftigt oder einen gebotenen Hinweis nicht erteilt hat. An diese Darlegungen können nicht dieselben strengen Maßstäbe angelegt

1 BT-Drucks. 16/6308, S. 206.
2 Ähnlich schon zum alten Recht *Bassenge*/Roth, § 29a FGG Rz. 10.
3 Vgl. BayObLG v. 30.9.2004 – 3 Z BRH 2/04, FamRZ 2005, 917.

werden wie bei der Begründung der Rechtsbeschwerde nach § 71 Abs. 3 Nr. 2b. Denn die Rügeführer erhalten anders als bei ordentlichen Rechtsmitteln keinerlei Hilfe in Form einer Rechtsbehelfsbelehrung und müssen in den Tatsacheninstanzen auch nicht von Rechtsanwälten vertreten werden. Keinesfalls erfordert daher die Rüge, erhebliches Vorbringen sei übergangen worden, die Angabe des Schriftsatzes und der Fundstelle, sondern nur die des **übergangenen Vortrags**. Dem Gericht, das den Vortrag beim ersten Durchgang bereits übergangen hat, ist eine genauere Prüfung auf diese Rüge hin zumutbar. Allerdings hat auch der Rügeführer den Verfahrensmangel selbst dann, wenn es sich um einen absoluten Rechtsbeschwerdegrund handelt, der Sache nach darzulegen, um eine Nachprüfung zu ermöglichen. Das Gericht hat nicht von Amts wegen nach möglichen Verfahrensfehlern zu suchen, die den Anspruch auf rechtliches Gehör verletzen (s. Rz. 24). Der Vortrag, das Gericht habe sich mit bestimmtem Vortrag nicht beschäftigt, dürfte für die Zulässigkeit der Rüge stets ausreichen, auch wenn dieser Vortrag für unerheblich gehalten wurde.[1] Dies kann in der gebotenen Kürze auch bei der Zurückweisung als unbegründet dargelegt werden.

19 Noch geringer sind die Anforderungen an die Darlegung, dass das übergangene Vorbringen **entscheidungserheblich** ist. Lediglich dann, wenn der Rügeführer die Unterlassung eines Hinweises oder eigener Ermittlungen des Gerichts beanstandet, hat er darzutun, was er bei korrektem Verhalten des Gerichts vorgetragen bzw. was dieses seiner Auffassung zufolge ermittelt hätte.[2] Hingegen ist er beim Übergehen erheblicher Tatsachen zu rechtlichem Vortrag nicht verpflichtet, da das Gericht die Subsumtion selbst zu leisten hat. Keinesfalls darf die Anhörungsrüge daher als unzulässig behandelt werden, weil die Entscheidungserheblichkeit des übergangenen Tatsachenvortrags nicht dargetan wurde. Ob dieser erheblich ist, muss im Rahmen der Begründetheit geprüft werden. Hierbei muss das Gericht allerdings seine bereits dargetane rechtliche Beurteilung nicht wiederholen, insoweit reicht eine Bezugnahme. In tatsächlicher Hinsicht bedarf es überhaupt keiner Darlegungen des Rügeführers zum vermuteten Ausgang der **Beweiserhebung**. Ist das Beweisangebot nicht bereits aus Rechtsgründen unerheblich, so genügt die bloße Möglichkeit, dass die Beweiserhebung zu Gunsten des Rügeführers ausgeht. Denn bei tatsächlichen Fragen genügt es, dass das übergangene Vorbringen möglicherweise entscheidungserheblich ist.[3]

20 Dem Wortlaut von § 44 Abs. 2 Satz 4 nach muss **schon die Rügeschrift die Darlegungen zur entscheidungserheblichen Verletzung** des Anspruchs auf rechtliches Gehör enthalten. Es genügt also dem Wortlaut nach nicht, wenn der entsprechende Vortrag noch innerhalb der Frist von zwei Wochen nach § 44 Abs. 2 Satz 1 erfolgt. Die diesbezügliche Begründung muss vielmehr schon in der Rügeschrift vorgebracht werden. Diese strikte Regelung erscheint gerade vor dem Hintergrund, dass der Rügeführer uU nicht nur in seinem Anspruch auf rechtliches Gehör verletzt ist, sondern noch nicht einmal über die Möglichkeit und Erfordernisse einer Anhörungsrüge belehrt wird, mehr als bedenklich (vgl. Rz. 15). Man sollte in einer separaten Begründung gem. § 44 Abs. 2 Satz 4 daher zumindest eine **erneute Rügeschrift** unter Bezugnahme auf das frühere Vorbringen sehen und den Rechtsbehelf aus diesem Grund stets als zulässig ansehen.

1 Strenger *Bassenge*/Roth, § 29a FGG Rz. 11.
2 Vgl. Keidel/*Meyer-Holz*, § 29a FGG Rz. 14; *Bassenge*/Roth, § 29a FGG Rz. 11.
3 Keidel/*Meyer-Holz*, § 29a FGG Rz. 16; *Bumiller*/Winkler, § 29a FGG Rz. 7.

III. Verfahren und Entscheidung

1. Zuständigkeit

21 Über eine Anhörungsrüge hat ähnlich wie bei der Urteilsberichtigung nach § 319 ZPO (vgl. § 42 Rz. 16) oder der Urteilsergänzung nach § 321 ZPO (vgl. § 43 Rz. 14) das **Gericht in seiner Besetzung zurzeit der Einlegung**, nicht der angegriffenen Entscheidung zu befinden.[1] § 320 Abs. 4 ZPO findet keine (entsprechende) Anwendung. Nach **Dezernatswechsel** ist also der neue Sachbearbeiter bzw. der Spruchkörper in seiner neuen Zusammensetzung zur Entscheidung berufen.

2. Anhörung der anderen Beteiligten

22 § 44 Abs. 3 bestimmt, dass den übrigen Beteiligten, „soweit erforderlich, Gelegenheit zur Stellungnahme zu geben" ist. Die Bekanntgabe der Rügeschrift und die Anhörung sind demnach, anders als etwa bei der Rechtsbeschwerde nach § 71 Abs. 4, **nicht obligatorisch**. Das Gericht kann dann, wenn die Interessen der übrigen Beteiligten erkennbar nicht betroffen sind, über die Anhörungsrüge entscheiden, ohne Gelegenheit zur Stellungnahme zu geben. Das wird namentlich dann geboten sein, wenn die Rüge **unzulässig** oder **schon nach dem Rügevorbringen unbegründet** ist.[2] Ansonsten erfolgt die Gewährung rechtlichen Gehörs durch schriftliche Bekanntgabe der Rügeschrift. Einer **mündlichen Verhandlung** allein über die Anhörungsrüge bedarf es nicht. Hat diese Erfolg, kann sie aber zur adäquaten Behandlung des übergangenen Vorbringens erforderlich sein.

3. Einstweilige Anordnungen

23 Obwohl das Problem bereits im Zusammenhang mit § 29a FGG aF bekannt war, hat der Gesetzgeber auch im neuen Recht keine Regelung darüber getroffen, wie die unter Gehörsverletzung getroffene Entscheidung bis zur neuerlichen Entscheidung zu behandeln ist. Hierfür besteht aber in der Praxis ein erhebliches Bedürfnis, da der Anhörungsrüge **kein Suspensiveffekt** zukommt (vgl. § 45 Rz. 2), der in der angegriffenen Entscheidung obsiegende Beteiligte also nach wie vor hieraus vollstrecken könnte, obwohl sie sich auf Grund der Anhörungsrüge als zweifelhaft erweist. Der Vorschlag, die Vorschriften zum Beschwerderecht (jetzt also § 64 Abs. 3) analog anzuwenden,[3] dürfte nach Erlass des FamFG jedenfalls für die erste Instanz überholt sein. Denn der Gesetzgeber hätte dieses bekannte Problem nunmehr ausdrücklich unter Verweis auf § 64 Abs. 3 regeln können, was er aber nicht getan hat. Offenbar hielt er die vorhandenen Instrumente, insbesondere den Verweis in § 95 Abs. 1 und 3, der auch die einstweilige Einstellung der Zwangsvollstreckung im Verfahren nach § 321a ZPO nach § 707 Abs. 1 Satz 1 ZPO erfasst, und die Möglichkeit einer **einstweiligen Anordnung nach §§ 49 ff.**, jedenfalls im ersten Rechtszug für ausreichend. Der Rügeführer wird sich also der Mühe unterziehen müssen, bei drohender Vollstreckung aus nicht beschwerdefähigen Entscheidungen erster Instanz zusätzlich einen Antrag nach § 707 Abs. 1 Satz 1 ZPO zu stellen bzw. in den von § 95 Abs. 1 und 3 nicht erfassten Fällen eine einstweilige Anordnung nach §§ 49 ff. zu beantragen. Hingegen dürfte die **Befug-**

1 BGH v. 28.7.2005 – III ZR 443/04, NJW-RR 2006, 63 (64).

2 Ähnlich Keidel/*Meyer-Holz*, § 29a FGG Rz. 20; strenger, nur für den Fall der Unzulässigkeit *Bumiller*/Winkler, § 29a FGG Rz. 10.

3 Vgl. Keidel/*Meyer-Holz*, § 29a FGG Rz. 23; *Bumiller*/Winkler, § 29a FGG Rz. 13; *Bassenge*/Roth, § 29a FGG Rz. 14.

nis des Beschwerdegerichts aus § 64 Abs. 3 auch die Möglichkeit umfassen, von Amts wegen und erst recht auf Antrag die Vollziehung der eigenen Entscheidung auszusetzen. Denn auch dies erfolgt noch „vor der Entscheidung", da die bereits getroffene bei begründeter Rüge ja noch nicht endgültig ist.

4. Prüfungsumfang

Wie bei der Rechtsbeschwerde sind auch im Verfahren der Anhörungsrüge nur solche Verfahrensfehler zu prüfen, die der Rügeführer beanstandet hat. Der Normzweck des § 44 schließt es aus, dass das Gericht von sich aus **weitere Verfahrensfehler** berücksichtigt oder gar eine neue materiellrechtliche Prüfung vornimmt. Denn die bereits eingetretene Rechtskraft soll nur insoweit durchbrochen werden, als der Anspruch auf rechtliches Gehör verletzt und dies auch gerügt wurde. 24

5. Entscheidung

a) Verwerfung bei Nichteinhaltung von Form oder Frist

Ist die Anhörungsrüge unstatthaft oder erfüllt sie die Anforderungen an Form oder Frist nach § 44 Abs. 2 und die anderen Zulässigkeitsvoraussetzungen nicht, so ist sie nach § 44 Abs. 4 Satz 1 als unzulässig zu verwerfen. Zur Einhaltung der Form gehört auch, dass in irgendeiner Weise zu den Voraussetzungen des § 44 Abs. 1 Satz 1 Nr. 2 vorgetragen wird. Liegt nach dem Rügevorbringen lediglich keine Gehörsverletzung vor, so ist die Anhörungsrüge zwar zulässig, aber unbegründet. Zu beachten ist freilich, dass die Formerfordernisse großzügig zu handhaben sind. Die Entscheidung ergeht nach § 44 Abs. 4 Satz 3 durch Beschluss. Dieser **soll** nach § 44 Abs. 4 Satz 4 **„kurz begründet werden"**. Daraus geht hervor, dass eine Begründung nicht zwingend erforderlich ist. Eine Verwerfung der Anhörungsrüge ohne Begründung ist also nicht unwirksam. In jedem Fall soll die Begründung nach ausdrücklichem Bekunden des Gesetzgebers kurz sein. Sie muss also nicht den zu § 38 Abs. 3 Satz 1 bzw. § 69 Abs. 2 geltenden Grundsätzen genügen, aber doch auf die Anhörungsrüge eingehen, da auf dieser Grundlage uU über eine Verfassungsbeschwerde zu entscheiden ist. Ein kurzer Hinweis zu dem zentralen Vorbringen der Anhörungsrüge ist aber ausreichend. Die Entscheidung ist nach § 44 Abs. 4 Satz 3 **nicht anfechtbar**. Dies ist weit zu verstehen. Im Interesse des Rechtsfriedens und der Schonung staatlicher Ressourcen, die eine unendliche Fortsetzung des Verfahrens ausschließen, muss daher auch eine erneute Anhörungsrüge des Rügeführers gegen die Entscheidung über die erste Rüge nicht mehr beschieden werden.[1] 25

b) Zurückweisung mangels Gehörsverletzung

Wenn die Anhörungsrüge zwar form- und fristgerecht eingelegt und begründet wurde, aber in der Sache unbegründet ist, hat sie das Gericht nach § 44 Abs. 4 Satz 2 zurückzuweisen. Auch dies geschieht durch Beschluss. Zu seiner Begründung und Unanfechtbarkeit kann auf die Ausführungen zur Verwerfung (Rz. 25) verwiesen werden. Hingegen darf das Gericht die Anhörungsrüge nicht mit der Begründung zurückweisen, es hätte **auch bei korrektem Vorgehen nicht anders entschieden**.[2] Denn diese 26

---

1 Zur Unanfechtbarkeit im Zivilprozess s. VGH Koblenz v. 19.12.2006 – VGH B 7/06, MDR 2007, 544.

2 Keidel/*Meyer-Holz*, § 29a FGG Rz. 19.

Frage betrifft die Hauptsache und ist dort nach erneuter Sachprüfung zu entscheiden. Auch diese Entscheidung ist nach § 44 Abs. 4 Satz 3 nicht anfechtbar.

c) Begründete Anhörungsrügen

aa) Entscheidung über die Anhörungsrüge

27 Ist die Anhörungsrüge begründet, so **führt das Gericht das Verfahren fort**. Dies kann auch **teilweise**, nur hinsichtlich eines oder einiger von mehreren gerügten Verletzungen des Anspruchs auf rechtliches Gehör erfolgen. Hinsichtlich der Anhörungsrüge selbst bedarf es nach § 44 Abs. 5 gar **keiner förmlichen Entscheidung**.[1] Es genügt nach dem Wortlaut der Norm, dass das Gericht das Verfahren fortführt, soweit dies auf Grund der Rüge geboten ist. In der Praxis bedeutet dies aber ein Abrücken von einer bereits erlassenen Entscheidung. Hier ist eine **Erläuterung** den Beteiligten gegenüber mehr als nur ein nobile officium, vielmehr – ähnlich wie ein Hinweis – zwingendes Gebot eines fairen Verfahrens. Der Beteiligte, der das Verfahren in seinem Sinne abgeschlossen glaubt, muss wissen, weswegen es auf einmal weitergeführt wird. Das Unterlassen einer solchen Aufklärung dürfte ein Verfahrensfehler sein, da die anderen Beteiligten im Unklaren darüber wären, weswegen und in welchem Umfang genau das Verfahren fortgeführt wird. Insoweit steht dann ihnen die Anhörungsrüge zu.[2] § 44 Abs. 4 Satz 3 steht dem nicht entgegen, da sich die dort geregelte Unanfechtbarkeit nur auf die Verwerfung bzw. Zurückweisung der Anhörungsrüge bezieht. Allerdings wird die nachträgliche Gewährung rechtlichen Gehörs diesen Mangel heilen, zumal der erste Verstoß nur durch Fortführung des Verfahrens behoben werden kann.[3]

bb) Die Fortführung des ursprünglichen Verfahrens

28 Im Übrigen findet (nur) hinsichtlich des von der Anhörungsrüge zu Recht beanstandeten Verfahrensmangels ein gewöhnliches Verfahren statt, wie es bei Berücksichtigung des übergangenen Vortrags ohnehin hätte durchgeführt werden müssen. Insoweit trifft das Gericht auch eine **neue Entscheidung**, uU nach neuerlicher Sachaufklärung.[4] Da sie auf dem Vorbringen der Beteiligten in dieser Instanz beruht und bei korrektem Vorgehen ohnehin so hätte getroffen werden müssen, gilt auch das Verbot der **reformatio in peius** nicht.[5] Weicht die neue Entscheidung in der Sache von dem früheren Ergebnis ab, ist auch die Kostenentscheidung in diesem Umfang zu ändern.

§ 45
Formelle Rechtskraft

Die Rechtskraft eines Beschlusses tritt nicht ein, bevor die Frist für die Einlegung des zulässigen Rechtsmittels oder des zulässigen Einspruchs, des Widerspruchs oder der Erinnerung abgelaufen ist. Der Eintritt der Rechtskraft wird dadurch gehemmt, dass das Rechtsmittel, der Einspruch, der Widerspruch oder die Erinnerung rechtzeitig eingelegt wird.

1 Keidel/*Meyer-Holz*, § 29a FGG Rz. 21; *Bassenge*/Roth, § 29a FGG Rz. 18.
2 Vgl. Keidel/*Meyer-Holz*, § 29a FGG Rz. 20.
3 Im Ergebnis ebenso VGH Koblenz v. 19.12.2006 – VGH B 7/06, MDR 2007, 544.
4 *Bumiller*/Winkler, § 29a FGG Rz. 12.
5 *Bumiller*/Winkler, § 29a FGG Rz. 12.

A. Entstehungsgeschichte und Normzweck

§ 45 enthält erstmals eine Bestimmung zum Eintritt der formellen Rechtskraft in 1
Angelegenheiten der freiwilligen Gerichtsbarkeit. Die **formelle Rechtskraft** wurde von § 31 FGG aF nur vorausgesetzt, aber nicht näher geregelt. Wohl deswegen lehnt sich § 45 an die zivilprozessuale Vorschrift des § 705 ZPO an.[1] Die negative Fassung, die sich nur dazu äußert, wann formelle Rechtskraft noch nicht eintritt, überlässt aber weiterhin weite Bereiche dieser Problematik der Klärung durch Rechtsprechung und Schrifttum. Überhaupt keine Regelung findet sich im FamFG zur **materiellen Rechtskraft**, obwohl hier auch in Zukunft erhebliche Abweichungen vom Zivilprozess unausweichlich sein werden.

B. Inhalt der Vorschrift

I. Reichweite

1. Formelle Rechtskraft

§ 45 spricht ohne Einschränkung nur von der Rechtskraft. Gemeint ist aber nur die 2
formelle Rechtskraft, wie sich aus der amtlichen Bezeichnung der Vorschrift und aus den näheren Erläuterungen in den Gesetzesmaterialien ergibt.[2] Im Unterschied zur materiellen Rechtskraft beschränkt sich die Wirkung der formellen darauf, dass eine Entscheidung **von keinem Beteiligten mehr durch Rechtsmittel angegriffen werden kann.**[3] Neben den in Verfahren nach dem FamFG nur eingeschränkt anwendbaren Einsprüchen gegen Versäumnisentscheidungen, dem nur in Spezialverfahren (§§ 406 ff.) relevanten Widerspruch und der Erinnerung gegen Rechtspflegerentscheidungen sind dies die Beschwerde und die Rechtsbeschwerde. **Außerordentliche Rechtsbehelfe** wie der Antrag auf Wiedereinsetzung oder die Anhörungsrüge hemmen die Rechtskraft

1 BT-Drucks. 16/6308, S. 198.
2 BT-Drucks. 16/6308, S. 198.
3 OLG Hamm v. 26.5.1970 – 15 W 26/70, OLGZ 1971, 84; BayObLG v. 28.6.1976 – BReg. 1 Z 27/76, BayObLGZ 1976, 167 (173); BayObLG v. 3.6.1993 – 2 Z BR 48/93, WuM 1993, 492, 493; BayObLG v. 22.8.1997 – 3 Z BR 211, 212/97, NJWE-FER 1998, 66; Keidel/*Zimmermann*, § 31 FGG Rz. 1; *Bumiller*/Winkler, § 31 FGG Rz. 1; *Bassenge*/Roth, § 31 FGG Rz. 1; Musielak/*Lackmann*, § 705 ZPO Rz. 6; Zöller/*Stöber*, § 705 ZPO Rz. 1; dazu, dass die Berichtigung nicht zu den „zulässigen Rechtsmitteln" gehört, vgl. auch BAG v. 29.8.2001 – 5 AZB 32/00, NJW 2002, 1142.

ebenso wenig wie im Zivilprozess.[1] Haben sie Erfolg, fällt die Rechtskraft aber mit Rückwirkung fort.[2]

2. Beschlüsse nach §§ 38 ff.

3 Die Regelung zur formellen Rechtskraft in § 45 bezieht sich nur auf **Beschlüsse in der Hauptsache** nach §§ 38 ff. Dies ergibt sich zum einen aus der systematischen Stellung der Vorschrift in den §§ 38 ff., zum anderen daraus, dass in § 45 Satz 1 anders etwa in § 44 Abs. 1 Satz 1 (vgl. hierzu § 44 Rz. 2) nur von der „Rechtskraft eines *Beschlusses*" ohne Verweis auf §§ 567 ff. ZPO die Rede ist. Im Gegensatz zu §§ 42 f. bedarf es hier auch keiner Ausdehnung auf sonstige Entscheidungen, da hierfür kein praktischer Bedarf besteht. Soweit Zwischenentscheidungen selbständig sind, richten sie sich in aller Regel nach den §§ 567 ff. ZPO, so dass die zivilprozessualen Vorschriften, insbesondere § 705 ZPO, unmittelbar Anwendung finden.[3] Soweit sie nicht isoliert anfechtbar sind, können sie nach § 58 Abs. 2 noch vom Beschwerdegericht überprüft werden und erwachsen somit gerade nicht unabhängig von der Einscheidung nach §§ 38 ff. in Rechtskraft.

II. Eintritt der formellen Rechtskraft

1. Unstatthaftigkeit von Rechtsmitteln

4 § 45 Satz 1 beschränkt die Hemmung der Rechtskraft auf den Fall der „Einlegung des zulässigen Rechtsmittels". Damit lehnt sich der Gesetzgeber ausdrücklich an die Formulierung von § 705 ZPO an.[4] Daraus geht hervor, dass die Einlegung eines unstatthaften Rechtsmittels keinen Einfluss auf den Eintritt der Rechtskraft hat.[5] Damit kodifiziert die Vorschrift die schon bislang ganz hM. Ist also kraft Gesetzes kein Rechtsmittel gegeben, etwa gegen Entscheidungen des Beschwerdegerichts, gegen die die Rechtsbeschwerde nach § 70 Abs. 1 nicht zugelassen wird, oder gegen Entscheidungen des Rechtsbeschwerdegerichts, tritt die **Rechtskraft mit Erlass der Entscheidung** ein.[6]

2. Unzulässigkeit von Rechtsmitteln

5 Anderes als für die Unstatthaftigkeit gilt dann, wenn ein Rechtsmittel nur **unzulässig** ist, etwa wegen Nichterreichens des **Mindestbeschwerdewertes** nach § 61 Abs. 1[7] oder mangels **hinreichender Begründung** nach § 71 Abs. 3 Nr. 2 (vgl. § 71 Rz. 22 f.).[8] In diesen Fällen tritt Rechtskraft nach den allgemeinen Regeln ein, also nicht vor Ablauf

---

1 S. etwa BGH v. 20.2.1951 – V BLw 71/49, BGHZ 1 200 (202 f.); BGH v. 18.3.1987 – IVb ZR 44/86, BGHZ 100, 203 (205); Baumbach/*Hartmann*, § 705 ZPO Rz. 3; Musielak/*Lackmann*, § 705 ZPO Rz. 2; Zöller/*Stöber*, § 705 ZPO Rz. 1; ähnlich für Verfahren der freiwilligen Gerichtsbarkeit Keidel/*Zimmermann*, § 31 FGG Rz. 9, der aber einen entsprechenden Vermerk auf dem Rechtskraftzeugnis befürwortet, was wohl nicht mehr mit § 46 vereinbar ist.

2 BGH v. 20.2.1951 – V BLw 71/49, BGHZ 1 200 (203); BGH v. 18.3.1987 – IVb ZR 44/86, BGHZ 100, 203 (205); Musielak/*Lackmann*, § 705 ZPO Rz. 2; Zöller/*Stöber*, § 705 ZPO Rz. 1.

3 Zur Anwendung von § 705 ZPO auf Beschl. s. etwa Musielak/*Lackmann*, § 705 ZPO Rz. 2; Baumbach/*Hartmann*, § 705 ZPO Rz. 3; Zöller/*Stöber*, § 705 ZPO Rz. 1.

4 BT-Drucks. 16/6308, S. 198.

5 BT-Drucks. 16/6308, S. 198.

6 BT-Drucks. 16/6308, S. 198; Keidel/*Zimmermann*, § 31 FGG Rz. 1; *Bumiller*/Winkler, § 31 FGG Rz. 6; *Bassenge*/Roth, § 31 FGG Rz. 2; Musielak/*Lackmann*, § 705 ZPO Rz. 4.

7 GS v. 24.10.1983 – GmS - OGB 1/83, NJW 1984, 1027 (1028); *Bassenge*/Roth, § 31 FGG Rz. 3.

8 Baumbach/*Hartmann*, § 705 ZPO Rz. 9.

der Rechtsmittelfrist. Dies liegt daran, dass das Rechtsmittelgericht über die Zulässigkeit selbst zu befinden hat und etwa den Wert der Beschwer höher bewerten könnte als die erste Instanz.[1] Entsprechendes gilt auch für die anderen Zulässigkeitsvoraussetzungen, etwa die Einhaltung von **Form und Frist** des Rechtsmittels. Allerdings werden von diesen Grundsätzen Ausnahmen zugelassen. So soll der allseitige **Rechtsmittelverzicht** unmittelbar zum Eintritt der Rechtskraft führen,[2] obwohl auch dieser nur zur Unzulässigkeit des Rechtsmittels führt (s. § 67 Rz. 9 und 20) und seine Wirksamkeit durchaus streitig sein, also ebenfalls die Nachprüfung durch das Beschwerdegericht erfordern kann. Man wird diese Ausnahme aber aus Gründen des fehlenden Interesses an einem Herausschieben der Rechtskraft im Normalfall anerkennen können. Anderes gilt freilich, wenn die Wirksamkeit des Verzichts trotz Streits der Beteiligten hierüber vom Ausgangsgericht angenommen wird. In diesen Fällen darf keine Rechtskraft angenommen werden; die Erteilung des Rechtskraftzeugnisses durch den Urkundsbeamten der Geschäftsstelle wäre dann nicht zulässig.[3]

3. Zulässigkeit von Rechtsmitteln

a) Rechtskraft bei unterlassener Einlegung von Rechtsmitteln

Der einzige ausdrücklich in § 45 geregelte Fall betrifft die (Nicht)einlegung von Rechtsmitteln. Sofern kein Verzicht vorliegt, tritt Rechtskraft nach § 45 Satz 1 erst ein, wenn die Frist zur Einlegung von Rechtsmitteln abgelaufen ist. Diese beginnt nach § 63 Abs. 3 Satz 1 regelmäßig mit der schriftlichen Bekanntgabe des Beschlusses, kann also für die einzelnen Beteiligten zu unterschiedlichen Zeitpunkten beginnen und ablaufen. In diesem Fall ist der Beschluss für denjenigen, der infolge Fristablaufs kein Rechtsmittel mehr einlegen kann, zwar nicht mehr selbständig anfechtbar. Formelle Rechtskraft tritt aber schon im Hinblick auf die Möglichkeit der Anschlussbeschwerde gem. § 67 erst ein, wenn die **Rechtsmittelfrist für alle Beteiligten abgelaufen** ist.[4] 6

b) Rechtskraft nach Einlegung von Rechtsmitteln

Werden Rechtsmittel eingelegt, so tritt Rechtskraft nicht schon mit Erlass der Entscheidung in der Rechtsmittelinstanz ein. Nach dem in § 45 Satz 1 bestimmten Grundsatz ist das erst dann der Fall, wenn die **Frist zur Einlegung eines Rechtsmittels** gegen diese Entscheidung abgelaufen ist. Ist **kein Rechtsmittel mehr statthaft**, wird die letztinstanzliche Entscheidung mit ihrem Erlass rechtskräftig.[5] Wird das Rechtsmittel **zurückgenommen**, tritt dann noch keine Rechtskraft ein, wenn die Rechtsmittelfrist noch nicht abgelaufen ist.[6] Denn dann könnte nochmals ein Rechtsmittel eingelegt werden. Ist die Rechtsmittelfrist bereits abgelaufen, tritt die Rechtskraft mit der Rück- 7

1 Vgl. GmS v. 24.10.1983 – GmS - OGB 1/83, BGHZ 88, 353 (357 ff.); Baumbach/*Hartmann*, § 705 ZPO Rz. 3; Musielak/*Lackmann*, § 705 ZPO Rz. 3; Zöller/*Stöber*, § 705 ZPO Rz. 5; vgl. BGH v. 4.7.1988 – II ZR 334/87, NJW 1989, 170 zum materiell-rechtlichen Rechtstmittelverzicht.

2 BGH v. 8.5.1985 – IVb ZB 56/84, FamRZ 1985, 801; BGH v. 8.12.1993 – XII ZR 133/92, NJW-RR 1994, 386; Baumbach/*Hartmann*, § 705 ZPO Rz. 8; Musielak/*Lackmann*, § 705 ZPO Rz. 5; Zöller/*Stöber*, § 705 ZPO Rz. 9.

3 Ähnlich für den Zivilprozess Zöller/*Stöber*, § 705 ZPO Rz. 9; Baumbach/*Hartmann*, § 705 ZPO Rz. 8.

4 OLG München v. 14.7.1979 – 26 UF 553/79, FamRZ 1979, 942; Keidel/*Zimmermann*, § 31 FGG Rz. 1; *Bumiller*/Winkler, § 31 FGG Rz. 8.

5 Vgl. BGH v. 8.1.1952 – IV ZB 97/51, BGHZ 4, 294 (295).

6 *Bassenge*/Roth, § 31 FGG Rz. 3; vgl. Baumbach/*Hartmann*, § 705 ZPO Rz. 9; Musielak/*Lackmann*, § 705 ZPO Rz. 9; Zöller/*Stöber*, § 705 ZPO Rz. 10.

nahme ein. Allerdings geschieht dies, anders als bei erfolgreicher Anhörungsrüge oder Wiedereinsetzung, nicht mit Rückwirkung, da erst mit der Rücknahme der Suspensiveffekt wegfällt.

c) Teilrechtskraft

8 Grundsätzlich kann eine Entscheidung auch nur teilweise in Rechtskraft erwachsen.[1] Dies ist aber auf wenige Fälle beschränkt, in denen etwa ein Beteiligter auf Anschlussrechtsmittel[2] und der andere auf ein über den angegriffenen Teil hinausgehendes Rechtsmittel wirksam **verzichtet** hat,[3] ferner bei einer **Mehrheit nicht notwendiger Streitgenossen** nach Abschluss des Verfahrens für einzelne von ihnen.[4] Die Beschränkung des Rechtsmittels genügt entgegen anderen Vorschlägen[5] auch nach neuem Recht nicht, da das Rechtsmittel **erweitert** bzw. eine **Anschluss(rechts)beschwerde** nach § 66 bzw. § 73 eingelegt werden kann.[6] Dass diese Möglichkeiten teilweise befristet sind (s. § 73 Satz 1) ändert hieran nichts. Denn die Einhaltung dieser Fristen ist keine Frage der Statthaftigkeit, sondern der Zulässigkeit eines Rechtsmittels. Deren Nichtvorliegen ist aber nach allgemeinen Grundsätzen für den Eintritt der Rechtskraft unerheblich (vgl. Rz. 5).

III. Materielle Rechtskraft

1. Bedeutung der materiellen Rechtskraft

a) Voraussetzungen

9 Zur materiellen Rechtskraft in Verfahren nach dem FamFG ist im Gesetz nichts ausdrücklich bestimmt. Der Gesetzgeber hat aber auch in keiner Weise erkennen lassen, dass er insoweit mit Erlass des FamFG Änderungen beabsichtigt. Daher kann auf die zum früheren Recht entwickelten Grundsätze zurückgegriffen werden. Nach allgemeinen Grundsätzen bestimmt die materielle Rechtskraft, wie weit eine formell rechtskräftige Entscheidung auch für künftige Streitigkeiten maßgeblich ist.[7] Voraussetzung

1 *Bumiller*/Winkler, § 31 FGG Rz. 1.

2 OLG Karlsruhe v. 11.8.1978 – 5 UF 66/78, NJW 1979, 1211; OLG München v. 7.8.1984 – 2 WF 1106/84, FamRZ 1985, 502.

3 Vgl. BGH v. 4.7.1988 – II ZR 334/87, NJW 1989, 170; BGH v. 12.5.1992 – VI ZR 118/91, MDR 1992, 1083; OLG München v. 1.3.1979 – 4 UF 280/78, FamRZ 1979, 444 (445); OLG München v. 14.7.1979 – 26 UF 553/79, FamRZ 1979, 942 (943); BayObLG v. 30.10.1990 – BReg. 2 Z 122/90, NJW-RR 1991, 402 (403); OLG Zweibrücken v. 16.12.2002 – 3 W 202/02, ZMR 2004, 63 (64 f.); Zöller/*Stöber*, § 705 ZPO Rz. 11.

4 Vgl. OLG Karlsruhe v. 21.4.1988 – 14 U 318/87, OLGZ 1989, 77.

5 OLG Oldenburg v. 22.6.2004 – 1 U 3/04, NJW-RR 2005, 368 zum Zivilprozess. Die Berufung auf die Frist des § 524 Abs. 2 Satz 2 ZPO ist auf Verfahren nach dem FamFG ohnehin nicht zu übertragen, da sie nicht in § 66 übernommen wurde.

6 Vgl. BGH v. 4.7.1988 – II ZR 334/87, NJW 1989, 170; BGH v. 12.5.1992 – VI ZR 118/91, MDR 1992, 1083; BGH v. 1.12.1993 – VIII ZR 41/93; NJW 1994, 657 (659); OLG Düsseldorf v. 24.7.1978 – 3 WF 261/78, FamRZ 1978, 715; OLG Bremen v. 12.10.1978 – UF 107/87b), FamRZ 1979, 444; OLG Karlsruhe v. 21.4.1988 – 14 U 318/87, OLGZ 1989, 77; Baumbach/*Hartmann*, § 705 ZPO Rz. 9; Musielak/*Lackmann*, § 705 ZPO Rz. 5, zur Erweiterung Rz. 8; im Ergebnis ebenso *Bassenge*/Roth, § 31 FGG Rz. 4 f.; vgl. zum alten Recht BayObLG v. 30.10.1990 – BReg. 2 Z 122/90, NJW-RR 1991, 402 (403); OLG Zweibrücken v. 16.12.2002 – 3 W 202/02, ZMR 2004, 63 (64 f.).

7 BGH v. 23.1.1979 – VI ZR 199/77, NJW 1979, 1046 f.; BayObLG v. 28.8.1996 – 3 Z BR 75/96, NJW 1996, 3217 (3218).

der materiellen Rechtskraft ist somit zum einen die **formelle Rechtskraft** und zum anderen die **Identität der Beteiligten.**[1] Dass sie sich zuvor aktiv am Verfahren beteiligten, ist nicht erforderlich. Es genügt, wenn die maßgeblichen Schriftsätze und die Entscheidung zugestellt wurden, und der Adressat somit die Möglichkeit zur Stellungnahme und zur Anfechtung der Entscheidung hatte.[2] Für **Dritte**, die am früheren Verfahren nicht beteiligt waren, kann eine Entscheidung niemals Rechtskraft entfalten.[3] Die formelle Rechtskraft, also die Unangreifbarkeit einer Entscheidung, hat nicht zwingend ihre materielle Rechtskraft zur Folge. Ist der Beschlusstenor etwa **nicht hinreichend bestimmt**, so fehlt ihm die Vollstreckbarkeit und er erwächst nicht in materielle Rechtskraft.[4] Dem Gläubiger bleibt dann nur ein Antrag auf Feststellung der nicht hinreichend bestimmten Verpflichtung in einem weiteren Verfahren.[5]

b) Umfang

Die materielle Rechtskraft bestimmt den Umfang der Bindungswirkung, also **wieweit und für wen die Entscheidung bindend** ist. Insoweit gilt der zweigliedrige Streitgegenstandsbegriff des Zivilprozesses.[6] Sachlich umfasst die materielle Rechtskraft wie im Zivilprozess grundsätzlich nur den **Tenor**, nicht die **Entscheidungsgründe**.[7] Diese können aber zur Auslegung, ob derselbe Streitgegenstand vorliegt, herangezogen werden.[8] Lediglich im Falle der **Antragsabweisung** erfasst die Rechtskraft wie im Zivilprozess nicht nur den Tenor, da die Urteilsformel allein zur Bestimmung des Streitgegenstandes nicht ausreicht, sondern auch die tragenden Gründe. Die materielle Rechtskraft schließt nicht nur die Abänderung der Entscheidung im Instanzenzug aus, sondern auch ein neues Verfahren über die in der Beschlussformel entschiedene Frage.[9] Ein diesbezüglich erneuter Antrag muss somit ohne Sachprüfung als unzulässig verworfen werden.[10] Sofern die Vorentscheidung einen Antrag nur **als unzulässig zurückwies**, erwächst diese Entscheidung auch nur insoweit in Rechtskraft;[11] nach Beseitigung des Verfahrenshindernisses kann also ein neues Verfahren durchgeführt werden. Selbst 10

1 BayObLG v. 28.8.1996 – 3 Z BR 75/96, NJW 1996, 3217 (3218); BayObLG v. 22.8.1997 – 3 Z BR 211, 212/97, NJWE-FER 1998, 66.

2 BGH v. 25.9.1980 – VII ZR 276/79, NJW 1981, 282; BayObLG v. 4.4.1989 – BReg. 1b Z 22/88, WuM 1989, 350.

3 BayObLG v. 30.10.2003 – 2 Z BR 121/02, ZMR 2003, 515 (516); Keidel/*Zimmermann*, § 31 FGG Rz. 1.

4 BGH v. 25.9.1972 – VIII ZR 81/71, NJW 1972, 2268; Zöller/*Vollkommer*, § 313 ZPO Rz. 8; ähnlich Baumbach/*Hartmann*, § 705 ZPO Rz. 11 f.

5 BGH v. 25.9.1972 – VIII ZR 81/71, NJW 1972, 2268; BGH v. 14.10.1999 – I ZR 117/97, BGHZ 142, 388 (393); Zöller/*Vollkommer*, § 313 ZPO Rz. 8.

6 OLG Köln v. 22.12.1997 – 16 Wx 279/97, ZMR 1998, 374 f.; BayObLG v. 20.6.2001 – 2 Z BR 12/01, ZMR 2001, 989 (990); BayObLG v. 26.5.2004 – 2 Z BR 056/04, ZMR 2005, 213 f.; ähnlich schon BayObLG v. 29.1.1998 – 2 Z BR 53/97, ZMR 1998, 356 (359).

7 BGH v. 17.2.1983 – III ZR 174/81, NJW 1983, 2032; BayObLG v. 15.6.1989 – 2 Z 50/89, ZMR 1989, 386 (387); OLG Düsseldorf v. 23.1.1998 – 3 Wx 526/97, FGPrax 1998, 107.

8 BGH v. 27.2.1961 – III ZR 16/60, BGHZ 34, 337 (339); BGH v. 17.2.1983 – III ZR 174/81, NJW 1983, 2032; BayObLG v. 22.4.1994 – 2 Z BR 19/94, NJW-RR 1994, 1036 (1037) (unter II 2d); BayObLG v. 26.5.2004 – 2 Z BR 056/04, ZMR 2005, 213 f.

9 BGH v. 27.2.1961 – III ZR 16/60, BGHZ 34, 337 (339); BayObLG v. 22.8.1997 – 3Z BR 211, 212/97, NJWE-FER 1998, 66; Keidel/*Zimmermann*, § 31 FGG Rz. 18 u. 22; *Bassenge*/Roth, § 31 FGG Rz. 6.

10 BGH v.8.5.1980 – III ZR 27/77, NJW 1980, 2814 (2815); BGH v. 17.2.1983 – III ZR 174/81, NJW 1983, 2032; Keidel/*Zimmermann*, § 31 FGG Rz. 22 b.

11 Keidel/*Zimmermann*, § 31 FGG Rz. 22b; Zöller/*Vollkommer*, § 322 ZPO Rz. 1a.

dann, wenn der in der Beschlussformel entschiedene Gegenstand nur **Vorfrage** in einem neuen Gerichtsverfahren ist, ist das nunmehr angerufene Gericht an die Vorentscheidung gebunden.[1] Ob die rechtskräftige Entscheidung verfahrensfehlerfrei zu Stande gekommen und materiellrechtlich richtig ist, spielt keine Rolle.[2] Überwunden wird die materielle Rechtskraft allenfalls vom Einwand der Titelerschleichung oder des Rechtsmissbrauchs.[3] Die Rechtskraft erfasst analog § 322 Abs. 2 ZPO auch die Entscheidung, dass die Gegenforderung bis zur Höhe des Betrages, für den eine **Aufrechnung** geltend gemacht wurde, nicht besteht.[4] Ferner wird das Nichtbestehen eines Rechtsverhältnisses festgestellt, wenn ein **positiver Feststellungsantrag** abgewiesen wird,[5] umgekehrt das Bestehen des Rechtsverhältnisses bei Abweisung des **negativen Feststellungantrags.**[6] Die rechtskräftige Abweisung eines Antrags auf **Unterlassung** beinhaltet die positive Feststellung der Zulässigkeit des beanstandeten Verhaltens.[7] **Bloße Vorfragen**, die zur Entscheidung in der Beschlussformel führten, erwachsen allerdings ebenso wenig in materielle Rechtskraft wie im Zivilprozess.[8] Die Beteiligten können insoweit jedoch wie im Zivilprozess definitive Rechtsklarheit durch einen Zwischenfeststellungsantrag analog § 256 Abs. 2 ZPO erreichen.

2. Materielle Rechtskraft in Verfahren nach dem FamFG

11 In Abweichung vom Zivilprozess führen formell rechtskräftige Entscheidungen nicht immer auch zur materiellen Rechtskraft.[9] Anders als im Zivilprozess geht es hier häufig nicht nur um Bestehen oder Nichtbestehen eines Anspruchs zwischen zwei Parteien. Deshalb werden Entscheidungen in Verfahren, die der **Fürsorge** für Beteiligte und Dritte dienen,[10] etwa **Betreuungs-, Unterbringungs- oder Freiheitsentziehungssachen,**[11] grundsätzlich nicht materiell rechtskräftig. In diesen Angelegenheiten muss eine Möglichkeit zur Abänderung einer Entscheidung zumindest bei nachträglicher Änderung der Sachlage bestehen. Es kann naturgemäß nicht angehen, einen gesundeten Beteiligten weiterhin unter Berufung auf die Rechtskraft der ursprünglichen Entscheidung unter Betreuung zu belassen oder gar die Aufhebung der Unterbringung zu versagen. Gleiches gilt für Verfahren über die **elterliche Sorge** etwa bei Besserung der zu Maßnahmen nach § 1666 BGB führenden Umstände, für **Personenstandssachen**[12]

---

1 BGH v. 8.5.1980 – III ZR 27/77, NJW 1980, 2814 (2815); Keidel/*Zimmermann*, § 31 FGG Rz. 22b; *Bassenge*/Roth, § 31 FGG Rz. 6.

2 BGH v. 27.2.1961 – III ZR 16/60, BGHZ 34, 337 (339); BGH v. 23.1.1979 – VI ZR 199/77, NJW 1979, 1046 f.; Keidel/*Zimmermann*, § 31 FGG Rz. 22b; *Bassenge*/Roth, § 31 FGG Rz. 6.

3 BGH v. 27.6.1968 – II ZR 29/67, DB 1968, 1576 f.; Keidel/*Zimmermann*, § 31 FGG Rz. 24; Hierzu *Bassenge*/Roth, § 31 FGG Rz. 6.

4 BayObLG v. 29.1.1998 – 2 Z BR 53/97, ZMR 1998, 356 (359).

5 BayObLG v. 20.6.2001 – 2 Z BR 12/01, ZMR 2001, 989 (990).

6 BGH v. 17.2.1983 – III ZR 174/81, NJW 1983, 2032 f.

7 BayObLG v. 11.4.2001 – 2 Z BR 121/00, ZMR 2001, 824 (825).

8 OLG Düsseldorf v. 23.1.1998 – 3 Wx 526/97, FGPrax 1998, 107; OLG Düsseldorf v. 2.4.2001 – 3 Wx 332/00, ZMR 2001, 837 f.; *Bumiller*/Winkler, § 31 FGG Rz. 1.

9 Keidel/*Zimmermann*, § 31 FGG Rz. 19; *Bumiller*/Winkler, § 31 FGG Rz. 13.

10 OLG Hamm v. 26.5.1970 – 15 W 26/70, OLGZ 1971, 84 (85); BayObLG v. 28.8.1996 – 3 Z BR 75/96, NJW 1996, 3217 (3218); Keidel/*Zimmermann*, § 31 FGG Rz. 19; *Bumiller*/Winkler, § 31 FGG Rz. 15.

11 BayObLG v. 5.5.1988 – BReg. 3 Z 14/88, BayObLGZ 1988, 137 (138 f.); Keidel/*Zimmermann*, § 31 FGG Rz. 22; *Bumiller*/Winkler, § 31 FGG Rz. 15; *Bassenge*/Roth, § 31 FGG Rz. 9.

12 Vgl. OLG Stuttgart v. 6.7.1965 – 8 W 307/63, OLGZ 1966, 194 (195); BayObLG v. 17.11.1977 – BReg. 1 Z 59/77, BayObLGZ 1977, 274 (277); Keidel/*Zimmermann*, § 31 FGG Rz. 21; *Bassenge*/Roth, § 31 FGG Rz. 9.

oder, wie sich schon aus § 2361 BGB ergibt, für **Erbscheinsverfahren**,[1] wenn etwa ein neues Testament aufgefunden wird. Auch in **Registerverfahren** gibt es keine materielle Rechtskraft.[2] Die formelle Rechtskraft steht einem neuen Verfahrens ohne Änderung der Rechts- oder Sachlage zwar nicht entgegen, für seine Durchführung wird dann aber regelmäßig das Rechtsschutzbedürfnis nicht bestehen.[3]

Ob in anderen Verfahren materielle Rechtskraft eintreten kann, ist mangels diesbe- 12
züglicher Regelungen im Gesetz weiterhin eine Frage des Einzelfalls. Maßgeblich ist, ob das Bedürfnis der Beteiligten nach einer endgültigen Regelung das öffentliche Interesse an einer Abänderbarkeit überwiegt.[4] Dies wird in **echten Streitverfahren** bejaht, in denen ähnlich wie im Zivilprozess nur die Interessen der Beteiligten gegeneinander stehen.[5] Hier kann eine Entscheidung auch materiell rechtskräftig werden. Beispiele hierfür sind etwa die Entscheidungen im **Versorgungsausgleich**,[6] über die **Genehmigung von Rechtsgeschäften**,[7] die Feststellung der **Vaterschaft**,[8] über die **Annahme als Kind** oder deren Aufhebung,[9] über die **Vergütung des Betreuers**[10] und über die **Entlassung des Testamentsvollstreckers**.[11]

§ 46
Rechtskraftzeugnis

Das Zeugnis über die Rechtskraft eines Beschlusses ist auf Grund der Verfahrensakten von der Geschäftsstelle des Gerichts des ersten Rechtszugs zu erteilen. Solange das Verfahren in einem höheren Rechtszug anhängig ist, erteilt die Geschäftsstelle des Gerichts dieses Rechtszugs das Zeugnis. In Ehe- und Abstammungssachen wird den Beteiligten von Amts wegen ein Rechtskraftzeugnis auf einer Ausfertigung ohne Begründung erteilt. Die Entscheidung der Geschäftsstelle ist mit der Erinnerung in entsprechender Anwendung des § 573 der Zivilprozessordnung anfechtbar.

---

1 BGH v. 3.2.1967 – III ZB 15/66, BGHZ 47, 58 (62 ff.); KG v. 1.7.1999 – 1 W 6784/97, FGPrax 1999, 227 (228); Keidel/*Zimmermann*, § 31 FGG Rz. 1; *Bumiller*/Winkler, § 31 FGG Rz. 15; *Bassenge*/Roth, § 31 FGG Rz. 9.

2 BayObLG v. 28.8.1996 – 3 Z BR 75/96, NJW 1996, 3217, 3218 (für das Handelsregister); Keidel/*Zimmermann*, § 31 FGG Rz. 21; *Bassenge*/Roth, § 31 FGG Rz. 9.

3 KG v. 1.7.1999 – 1 W 6784/97, FGPrax 1999, 227 (229) (auch zu einem Ausnahmefall); *Bumiller*/Winkler, § 31 FGG Rz. 15; *Bassenge*/Roth, § 31 FGG Rz. 1.

4 *Bassenge*/Roth, § 31 FGG Rz. 7.

5 OLG Hamm v. 26.5.1970 – 15 W 26/70, OLGZ 1971, 84 (85); BayObLG v. 28.8.1996 – 3 Z BR 75/96, NJW 1996, 3217 (3218); BayObLG v. 20.6.2001 – 2 Z BR 12/01, ZMR 2001, 989 (990); BayObLG v. 26.5.2004 – 2 Z BR 056/04, ZMR 2005, 213 f.; OLG Düsseldorf v. 23.1.1998 – 3 Wx 526/97, FGPrax 1998, 107; Keidel/*Zimmermann*, § 31 FGG Rz. 18; *Bumiller*/Winkler, § 31 FGG Rz. 14.

6 BGH v. 28.3.1984 – IVb ZB 774/81, NJW 1984, 2364 (2365); Keidel/*Zimmermann*, § 31 FGG Rz. 22a; *Bassenge*/Roth, § 31 FGG Rz. 8.

7 *Bassenge*/Roth, § 31 FGG Rz. 8; einschränkend OLG Hamm v. 26.5.1970 – 15 W 26/70, OLGZ 1971, 84 (85).

8 BGH v. 30.10.2002 – XII ZR 345/00, NJW 2003, 585 (586); OLG Düsseldorf v. 22.8.1979 – 3 W 202/79, NJW 1980, 349; *Bassenge*/Roth, § 31 FGG Rz. 8.

9 *Bassenge*/Roth, § 31 FGG Rz. 8.

10 BayObLG v. 22.8.1997 – 3 Z BR 211, 212/97, NJWE-FER 1998, 66; OLG Jena v. 3.5.2001 – 6 W 127/01, FamRZ 2001, 1243; *Bumiller*/Winkler, § 31 FGG Rz. 14.

11 OLG Düsseldorf v. 23.1.1998 – 3 Wx 526/97, FGPrax 1998, 107.

A. Entstehungsgeschichte und Normzweck

1 § 46 regelt die Erteilung des Rechtskraftzeugnisses. Die Norm übernimmt inhaltlich ohne Einschränkungen § 706 Abs. 1 ZPO.[1] Die Vorschrift zur Erteilung eines **Notfristzeugnisses** (§ 706 Abs. 2 ZPO) wurde dagegen nicht in das FamFG übernommen.

B. Inhalt der Vorschrift

I. Voraussetzungen

1. Vorliegen einer Entscheidung nach § 38 ff.

2 Bescheinigt werden kann nach § 46 nur die Rechtskraft von Entscheidungen, die die Instanz beenden. Das ergibt sich schon aus der systematischen Einordnung der Norm in den §§ 38 ff. Die Rechtskraft einer Zwischenentscheidung kann somit nicht nach § 46 bescheinigt werden. Dasselbe gilt für Vergleiche.[2]

2. Antrag

a) Keine Erteilung von Amts wegen

3 Obwohl der Wortlaut von § 46 Satz 1 dies ebenso wenig fordert wie derjenige von § 706 Abs. 1 Satz 1 ZPO, ist das Rechtskraftzeugnis nur auf **Antrag** zu erteilen.[3] Das ergibt sich letztlich im Umkehrschluss aus § 706 Abs. 1 Satz 2 ZPO bzw. § 46 Satz 3 FamFG, einer Spezialregelung für das Rechtskraftzeugnis in Ehe- und Abstammungssachen. Lediglich dort ist es in Übereinstimmung mit dem früheren Recht auf einer **Ausfertigung ohne Begründung** von Amts wegen zu erteilen. Begründet wird dies – ähnlich wie beim Begründungszwang nach § 38 Abs. 5 Nr. 1 und 3 – mit der Rechtsfürsorge für die Beteiligten, die die Feststellung der Rechtskraft von Amts wegen gebiete (vgl. § 38 Rz. 34).[4] Die Ersparnis von Arbeit für die Geschäftsstelle, die keine gesonderten Anträge der Beteiligten bearbeiten muss, kann schwerlich als Begründung von § 46 Satz 3 herangezogen werden,[5] zumal Anträge mehrerer Beteiligter in jedem Verfahren auf Grund Teilobsiegens möglich sind.

1 BT-Drucks. 16/6308, S. 198.
2 Zum Zivilprozess vgl. Zöller/*Stöber*, § 706 ZPO Rz. 1; Baumbach/*Hartmann*, § 706 ZPO Rz. 1; Musielak/*Lackmann*, § 706 ZPO Rz. 1.
3 BGH v. 21.12.1959 – III ZR 138/58, BGHZ 31, 388 (390); Zöller/*Stöber*, § 706 ZPO Rz. 3.
4 Zöller/*Stöber*, § 706 ZPO Rz. 6a; Musielak/*Lackmann*, § 706 ZPO Rz. 2.
5 So aber Zöller/*Stöber*, § 706 ZPO Rz. 6a.

b) Antragsberechtigung

4 Antragsberechtigt ist zumindest **jeder Beteiligte**, der den Beschluss vorlegt.[1] Gerade in Verfahren nach dem FamFG kann auch der Beteiligte, der keinen Antrag gestellt hat, ein schutzwürdiges Interesse am Nachweis der Rechtskraft haben, etwa der Miterbe, der zwar selbst nicht den Antrag auf Erteilung des Erbscheins gestellt hat, ihn aber inhaltlich billigt. Es wäre auch ein kaum zu überwindender Wertungswiderspruch, könnte dieser Beteiligte zwar Beschwerde einlegen (vgl. § 59 Rz. 20) oder durch seine Zustimmung das Absehen von einer Begründung der Entscheidung nach § 38 Abs. 4 Nr. 2 ermöglichen (vgl. § 38 Rz. 27), aber nicht die Erteilung eines Rechtskraftzeugnisses beantragen.

5 Darüber hinaus können im Verfahren nach dem FamFG auch **Dritte** antragsberechtigt sein.[2] Wenn Dritte selbst im Zivilprozess nach § 792 ZPO die Erteilung eines Erbscheins zum Zwecke der Zwangsvollstreckung beantragen können, müssen sie erst recht im Verfahren nach dem FamFG die Erteilung eines Zeugnisses über dessen Rechtskraft verlangen können. Da das Vorliegen eines berechtigten Interesses im Verfahren nach § 706 Abs. 1 ZPO und dem folgend in § 46 nicht geprüft wird, können sie die Entscheidung selbst vorlegen.

3. Eintritt der Rechtskraft nach Prüfung anhand der Verfahrensakten

6 Die Bescheinigung der Rechtskraft setzt selbstverständlich voraus, dass diese eingetreten ist. Dies kann auch **teilweise**, etwa nach teilweisem Rechtsmittelverzicht (vgl. § 45 Rz. 8), der Fall sein.[3] Auf einen Antrag hin hat das Gericht nur anhand der Verfahrensakten gem. § 46 Satz 1 zu prüfen, ob formelle Rechtskraft eingetreten ist.[4] Dies **beschränkt die Amtsermittlung** nach § 26. Über den Wortlaut hinaus wird aber beim inhaltsgleichen § 706 Abs. 1 Satz 1 ZPO eine **Anfrage beim Gericht des nächsten Rechtszugs** für zulässig gehalten.[5] Keine Erkundigungspflicht besteht hinsichtlich einer **Sprungrechtsbeschwerde**. Hier sieht aber § 75 Abs. 2 FamFG iVm. § 566 Abs. 3 Satz 3 ZPO vor, dass die Geschäftsstelle des Rechtsbeschwerdegerichts unverzüglich nach Eingang der Antragsschrift die Prozessakten beim Gericht erster Instanz anfordert, damit dieses im Hinblick auf das Rechtskraftzeugnis Kenntnis von dem Antrag erhält.[6] Es ist nur zu prüfen, ob ein **statthaftes Rechtsmittel** eingelegt ist. Ein unstatthaftes hat auf den Eintritt der Rechtskraft keine Auswirkung. Zudem beschränkt § 46 Satz 1 den Inhalt der Prüfung. Das Gericht hat nicht zu kontrollieren, ob ein **Rechtsschutzbedürfnis** für die Erteilung des Rechtskraftzeugnisses besteht,[7] oder gar, zu wel-

---

1 Vgl. BGH v. 21.12.1959 – III ZR 138/58, BGHZ 31, 388 (391); Keidel/*Zimmermann*, § 31 FGG Rz. 11; *Bumiller*/Winkler, § 31 FGG Rz. 11.

2 Keidel/*Zimmermann*, § 31 FGG Rz. 12; s. für den Zivilprozess Baumbach/*Hartmann*, § 706 ZPO Rz. 7; Zöller/*Stöber*, § 706 ZPO Rz. 3; offen gelassen von BGH v. 21.12.1959 – III ZR 138/58, BGHZ 31, 388 (391).

3 BGH v. 4.7.1988 – II ZR 334/87, NJW 1989, 170; OLG Oldenburg v. 22.6.2004 – 1 U 3/04, NJW-RR 2005, 368; OLG München v. 7.8.1984 – 2 WF 1106/84, FamRZ 1985, 502; Keidel/*Zimmermann*, § 31 FGG Rz. 13; Zöller/*Stöber*, § 706 ZPO Rz. 7.

4 Zöller/*Stöber*, § 706 ZPO Rz. 5; weiter gehend Baumbach/*Hartmann*, § 706 ZPO Rz. 8, wonach der Urkundsbeamte „die erforderlichjen Nachweise an(fordert)"; ähnlich Musielak/*Lackmann*, § 706 ZPO Rz. 3.

5 Keidel/*Zimmermann*, § 31 FGG Rz. 10, wo aber zugleich darauf hingewiesen wird, dass die Verweigerung der Auskunft nur mit der Dienstaufsichtsbeschwerde angegangen werden kann.

6 Baumbach/*Hartmann*, § 566 ZPO Rz. 8; MüKo.ZPO/*Wenzel*, § 566 ZPO Rz. 15.

7 OLG München v. 7.8.1984 – 2 WF 1106/84, FamRZ 1985, 502; Zöller/*Stöber*, § 706 ZPO Rz. 5.

chem Zweck es eingeholt wird.[1] Umgekehrt hat das Gericht, wenn ein statthaftes Rechtsmittel eingelegt wird, nicht zu prüfen, ob es zulässig ist.[2] Ein Rechtskraftzeugnis kann dann nicht erteilt werden.

II. Zuständigkeit

1. Instanzielle Zuständigkeit

7 Die instanzielle Zuständigkeit bemisst sich danach, **wo das Verfahren anhängig ist**. Sofern kein Rechtsmittel eingelegt wurde, ist das Rechtskraftzeugnis vom Gericht der ersten Instanz zu erteilen. Bei Anhängigkeit in einem höheren Rechtszug ist das Rechtsmittelgericht zuständig.[3] Dies ist auch dann der Fall, wenn die Entscheidung teilweise in Rechtskraft erwachsen und dort nur noch wegen der **anderen Verfahrensgegenstände** anhängig ist.[4] Die Anhängigkeit beginnt erst mit der **Einlegung** eines Rechtsmittels, nicht schon mit Einreichung eines Antrags auf **Verfahrenskostenhilfe**.[5] Auch die Beiziehung der Akten nur zur Einsichtnahme oder zu Beweiszwecken begründet noch nicht die Zuständigkeit des Rechtsmittelgerichts für die Erteilung des Rechtskraftzeugnisses.[6] Die kurzfristige Rücksendung der Akten an die Vorinstanz, etwa zur Entscheidung über eine Berichtigung, ändert an seiner Zuständigkeit nichts.[7] Das Rechtsmittelgericht soll auch nach Rücknahme, Erledigungserklärung oder Rücknahme des Rechtsmittels bis zur Rücksendung der Akten zuständig bleiben.[8] Dies mag einem praktischen Bedürfnis entsprechen, ist aber nicht recht mit dem Begriff der Anhängigkeit zu vereinbaren. Jedenfalls nach endgültiger Rückkehr der Akten zum erstinstanzlichen Gericht ist dieses wieder zuständig.[9]

2. Funktionelle Zuständigkeit

8 Nach § 46 Satz 1 erteilt die Geschäftsstelle das Rechtskraftzeugnis. Zuständig hierfür ist der Urkundsbeamte der Geschäftsstelle.[10]

---

1 BGH v. 21.12.1959 – III ZR 138/58, BGHZ 31, 388 (391); OLG München v. 7.8.1984 – 2 WF 1106/84, FamRZ 1985, 502; Zöller/*Stöber*, § 706 ZPO Rz. 5.

2 Zöller/*Stöber*, § 706 ZPO Rz. 5; Baumbach/*Hartmann*, § 706 ZPO Rz. 9; Musielak/*Lackmann*, § 706 ZPO Rz. 3.

3 OLG München v. 1.3.1979 – 4 UF 280/78, FamRZ 1979, 444 (445); OLG München v. 14.7.1979 – 26 UF 553/79, FamRZ 1979, 942 (943).

4 OLG München v. 1.3.1979 – 4 UF 280/78, FamRZ 1979, 444 (445); OLG München v. 14.7.1979 – 26 UF 553/79, FamRZ 1979, 942 (943).

5 BGH v. 26.1.1956 – VI ZA 106/55, Rpfleger 1956, 97 (98); Zöller/*Stöber*, § 706 ZPO Rz. 4.

6 BGH v. 26.1.1956 – VI ZA 106/55, Rpfleger 1956, 97 (98).

7 KG v. 7.4.1989 – 18 UF 6795/88, FamRZ 1989, 1206.

8 BGH v. 26.1.1956 – VI ZA 106/55, Rpfleger 1956, 97 (98); KG v. 7.4.1989 – 18 UF 6795/88, FamRZ 1989, 1206; Keidel/*Zimmermann*, § 31 FGG Rz. 10; Zöller/*Stöber*, § 706 ZPO Rz. 4.

9 OLG Schleswig v. 21.6.1978 – 10 WF 51/78, FamRZ 1978, 610 (611).

10 BGH v. 22.2.1989 – IVb ZB 121/88, FamRZ 1989, 729 (730); OLG München v. 1.3.1979 – 4 UF 280/78, FamRZ 1979, 444 (445); OLG München v. 14.7.1979 – 26 UF 553/79, FamRZ 1979, 942 (943); *Bumiller*/Winkler, § 31 FGG Rz. 10; *Bassenge*/Roth, § 31 FGG Rz. 13; vgl. Zöller/*Stöber*, § 706 ZPO Rz. 4.

III. Inhalt und Wirkung

Das Rechtskraftzeugnis soll den Eintritt der formellen Rechtskraft nachweisen.[1] Dies geschieht idR durch einen **Vermerk auf der Ausfertigung**. Eine **selbständige Bescheinigung** ist aber zulässig. Der Vermerk hat etwa den Inhalt: „Vorstehender Beschluss ist rechtkräftig. ..., den ... (Urkundsbeamter der Geschäftsstelle)". Bei Änderungen des Personenstands bedarf es darüber hinaus der **Angabe des Datums**, wann Rechtskraft eingetreten ist.[2] Die Erteilung des Rechtskraftzeugnisses ist in den Akten zu vermerken.[3] 9

Im Zivilprozess hat das Rechtskraftzeugnis nur die **Beweiskraft des § 418 ZPO**,[4] führt also den vollen Nachweis für die darin bezeugten Tatsachen, ohne den Gegenbeweis auszuschließen. Dagegen kommt ihm zwischen den Parteien keine Bindung im Sinne einer Feststellung zu.[5] Für das Verfahren nach dem FamFG ist seine Bedeutung noch geringer. Zwar ist das Rechtskraftzeugnis eine öffentliche Urkunde, so dass ihm im Zivilprozess wiederum die Wirkung des § 418 ZPO zukäme. Im Verfahren nach dem FamFG überwinden die zivilprozessualen Beweisregeln die **Amtsermittlungspflicht** des Gerichts nicht. Es könnte also nicht ohne weiteres vom Nachweis der Rechtskraft nach § 418 ZPO ausgehen, wenn dem widersprechende Anzeichen vorlägen.[6] 10

C. Rechtsmittel

Die ursprüngliche Fassung von § 46 selbst sah kein Rechtsmittel gegen die Entscheidung über die Erteilung des Rechtskraftzeugnisses vor. Damit war zweifelhaft, ob Rechtsmittel gegen die Entscheidung der Geschäftsstelle gegeben waren. Der Verweis in § 87 Abs. 4 auf die Rechtsmittel der ZPO hätte hier nicht weitergeholfen, da er nur auf §§ 567 bis 572 ZPO und nicht auf die Erinnerung nach § 573 Abs. 1 ZPO Bezug nimmt. Diesem Mangel half der Gesetzgeber selbst ab, indem er nachträglich[7] § 46 um einen Satz 4 ergänzte, wonach gegen die Entscheidung der Geschäftsstelle die **Erinnerung in entsprechender Anwendung von § 573 ZPO** statthaft ist.[8] Gegen diese Entscheidung ist dann in entsprechender Anwendung von § 573 Abs. 2 ZPO die **sofortige Beschwerde** nach den §§ 567 ff. ZPO gegeben.[9] Dabei liegt eine beschwerdefähige Entscheidung nicht nur dann vor, wenn der Urkundsbeamte die Erteilung des Rechtskraftzeugnisses ausdrücklich verweigert, sondern auch dann, wenn er mitteilt, sie verzögere sich etwa infolge eines Rechtsmittels. Denn auch hierin liegt die Weigerung seiner sofortigen Erteilung.[10] 11

1 Zöller/*Stöber*, § 706 ZPO Rz. 2; Baumbach/*Hartmann*, § 706 ZPO Rz. 2; Musielak/*Lackmann*, § 706 ZPO Rz. 5.
2 KG v. 5.2.1993 – 18 WF 7385/92, FamRZ 1993, 1221.
3 Zöller/*Stöber*, § 706 ZPO Rz. 6b; Baumbach/*Hartmann*, § 706 ZPO Rz. 7; Musielak/*Lackmann*, § 706 ZPO Rz. 3.
4 Zöller/*Stöber*, § 706 ZPO Rz. 2; Baumbach/*Hartmann*, § 706 ZPO Rz. 1; Musielak/*Lackmann*, § 706 ZPO Rz. 5.
5 BGH v. 21.12.1959 – III ZR 138/58, BGHZ 31, 388 (391); Zöller/*Stöber*, § 706 ZPO Rz. 2.
6 Vgl. den Sachverhalt in BGH v. 21.12.1959 – III ZR 138/58, BGHZ 31, 388 ff.
7 Durch das sog. FGG-RG-Reparaturgesetz v. 30.7.2009, BGBl. I, S. 2449.
8 S. dazu BT-Drucks. 16/12717 (eVF), S. 69.
9 Vgl. KG v. 5.2.1993 – 18 WF 7385, FamRZ 1993, 1221.
10 OLG Düsseldorf v. 24.7.1978 – 3 WF 261/78, FamRZ 1978, 715.

§ 47
Wirksam bleibende Rechtsgeschäfte

Ist ein Beschluss ungerechtfertigt, durch den jemand die Fähigkeit oder die Befugnis erlangt, ein Rechtsgeschäft vorzunehmen oder eine Willenserklärung entgegenzunehmen, hat die Aufhebung des Beschlusses auf die Wirksamkeit der inzwischen von ihm oder ihm gegenüber vorgenommenen Rechtsgeschäfte keinen Einfluss, soweit der Beschluss nicht von Anfang an unwirksam ist.

A. Entstehungsgeschichte und Normzweck

1 § 47 regelt die Auswirkungen der Abänderung eines Beschlusses, mit dem das Gericht die Fähigkeit oder die Befugnis verliehen hat, Rechtsgeschäfte vorzunehmen oder Willenserklärungen entgegenzunehmen. Aus dem Wegfall dieser gerichtlichen Entscheidung würde nach bürgerlichem Recht eigentlich rückwirkend die Unfähigkeit zur Vornahme des Rechtsgeschäfts oder der Entgegennahme der Willenserklärung bzw. die fehlende Vollmacht hierzu resultieren. Diese Folge erschien schon dem Gesetzgeber des FGG im Hinblick auf das schutzwürdige **Vertrauen des Rechtsverkehrs in gerichtliche Verfügungen** mit Außenwirkung inakzeptabel. Deshalb ordnete er in § 32 FGG aF die fortdauernde Wirksamkeit der Vornahme von Rechtsgeschäften bzw. der Entgegennahme von Willenserklärungen an, wenn sie kraft gerichtlicher Ermächtigung erfolgten. Ausgenommen blieben nur vergleichsweise leicht erkennbare Fehler dieser Ermächtigung auf Grund sachlicher Unzuständigkeit der handelnden Gerichtsperson. Diese Regelung übernimmt § 47, abgesehen von sprachlichen Änderungen, in das FamFG.[1] Die einzige inhaltliche Änderung besteht darin, dass nicht nur die Unwirksamkeit der gerichtlichen Ermächtigung auf Grund fehlender sachlicher Zuständigkeit, sondern jede anfängliche Unwirksamkeit auf die Ermächtigung durchschlägt.[2] Allerdings dürfte die Vorschrift gegenüber § 32 FGG aF durch die Regelungen in § 40 Abs. 2 und 3 und in § 48 Abs. 3 an Bedeutung verloren haben (vgl. Rz. 3).

1 BT-Drucks. 16/6308, S. 198.
2 BT-Drucks. 16/6308, S. 198.

B. Inhalt der Vorschrift

I. Voraussetzung der Fortwirkung von Rechtsgeschäften

1. Gerichtliche Ermächtigung

a) Wirksamkeit der gerichtlichen Ermächtigung bei Vornahme der Rechtshandlung

§ 47 setzt zunächst voraus, dass die Person, deren rechtsgeschäftliches Handeln wirksam bleiben soll, kraft gerichtlicher Anordnung die Fähigkeit bzw. Befugnis erlangt hat, Rechtsgeschäfte vorzunehmen oder Willenserklärungen entgegenzunehmen. Auf die Ermächtigung durch andere Personen oder Institutionen, auch durch sonstige staatliche Stellen, findet § 47 **keine (analoge) Anwendung**.[1] Es handelt sich um eine Ausnahmevorschrift, die nur das Vertrauen des Rechtsverkehrs in gerichtliche Beschlüsse nach §§ 38 ff. schützt. Das Vertrauen auf die Genehmigung von Rechtsgeschäften ist also schon deshalb nicht durch § 47 geschützt, da diese gem. § 40 Abs. 2 Satz 1 erst mit Rechtskraft wirksam wird.[2] Die gerichtliche Entscheidung muss ferner zur Zeit der Rechtshandlung *wirksam* sein. Dies ist nicht der Fall, wenn etwa das Beschwerdegericht ihre Wirksamkeit nach § 64 Abs. 3 ausgesetzt hat (vgl. § 64 Rz. 28). Der **gute Glaube** in das Fortbestehen einer außer Wirksamkeit gesetzten oder endgültig durch Entscheidung des Rechtsmittelgerichts aufgehobenen Ermächtigung wird durch § 47 nicht geschützt.[3] Es kommt auf ihr objektives Vorliegen an. Umgekehrt ist es deshalb für den Geschäftspartner unschädlich, wenn er Mängel der gerichtlichen Ermächtigung zur Vornahme von Rechtsgeschäften bzw. zur Entgegennahme von Willenerklärungen kennt.[4] Auf seinen guten Glauben kommt es nicht an. Gleichgültig ist, welche Instanz die Entscheidung getroffen hat. Wird die erst im Beschwerdeverfahren verliehene Ermächtigung in der Rechtsbeschwerdeinstanz wieder aufgehoben, findet § 47 ebenso Anwendung wie für erstinstanzliche Entscheidungen. 2

b) Fähigkeit zur Vornahme von Rechtsgeschäften und Entgegennahme von Willenserklärungen

Das Gesetz unterscheidet zwischen der Fähigkeit und der Befugnis, Rechtsgeschäfte vorzunehmen und Willenserklärungen entgegenzunehmen. Ersteres bezeichnet die auf gerichtlicher Verleihung beruhende Möglichkeit, **selbst rechtsgeschäftlich zu handeln**. Dies umfasst etwa die Ermächtigung zum selbständigen Betrieb eines Erwerbsgeschäfts nach § 112 BGB oder zum Eingehen eines Dienst- oder Arbeitsverhältnisses nach § 113 BGB.[5] Nicht mehr von § 47 erfasst ist, anders als zu § 32 FGG aF angenommen,[6] die Aufhebung von Beschränkungen nach § 1357 Abs. 2 BGB. Dieser Tatbestand ist nunmehr **in § 40 Abs. 3 ausdrücklich geregelt**, wonach eine entsprechende Entscheidung erst mit Eintritt der formellen Rechtskraft wirksam wird. Damit kann es nicht mehr dazu kommen, dass der Rechtsverkehr auf eine später im Rechtsmittelverfahren aufgehobene Entscheidung vertraut. Auch eine Aufhebung im Wege der 3

1 Vgl. BGH v. 29.1.1963 – VI ZR 119/62, BGHZ 39, 45 (48).
2 Vgl. Keidel/*Zimmermann*, § 32 FGG Rz. 2; *Bumiller*/Winkler, § 32 FGG Rz. 5.
3 Keidel/*Zimmermann*, § 32 FGG Rz. 11.
4 Keidel/*Zimmermann*, § 32 FGG Rz. 11; *Bassenge*/Roth, § 32 FGG Rz. 3.
5 Zum Anwendungsbereich nach dem früheren Recht, das der geltenden Rechtslage entspricht vgl. Keidel/*Zimmermann*, § 32 FGG Rz. 4; *Bumiller*/Winkler, § 32 FGG Rz. 2; *Bassenge*/Roth, § 32 FGG Rz. 1.
6 Keidel/*Zimmermann*, § 32 FGG Rz. 4; *Bumiller*/Winkler, § 32 FGG Rz. 2; *Bassenge*/Roth, § 32 FGG Rz. 1.

Anhörungsrüge oder nach Wiedereinsetzung oder Wiederaufnahme des Verfahrens scheidet in diesen Fällen gem. § 48 Abs. 3 aus. Ähnliches gilt für alle weiteren früher unter § 32 FGG fallenden Tatbestände,[1] die die **Genehmigung eines einzelnen Rechtsgeschäfts** nach § 40 Abs. 2 oder die Ersetzung der verweigerten Genehmigung nach § 40 Abs. 3 betreffen, etwa die Zustimmung zur Verfügung über das gesamte Vermögen nach § 1365 Abs. 2 BGB oder über einzelne Haushaltsgegenstände nach § 1369 Abs. 2 BGB sowie die Ersetzung von Entscheidungen bei der Verwaltung des ehelichen Gesamtguts (§§ 1426, 1430 BGB). Anderes gilt nur, wenn nach § 40 Abs. 3 Satz 2 die **sofortige Wirksamkeit des Beschlusses** angeordnet wurde.

c) Befugnis zur Vornahme von Rechtsgeschäften und Entgegennahme von Willenserklärungen

4 In der Praxis weit relevanter ist die Befugnis, Rechtsgeschäfte vorzunehmen und Willenserklärungen entgegenzunehmen. Dies bezeichnet die Ermächtigung, kraft gerichtlicher Anordnung **für Dritte tätig zu werden**. Hiervon erfasst ist insbesondere die Bestellung zum **Vormund** (§§ 1789 ff. BGB), **Betreuer** (§§ 1896, 1902 BGB), **Pfleger** (§§ 1915, 1789 BGB), **Nachlasspfleger** (§§ 1960 f. BGB), **Nachlassverwalter** (§§ 1981, 1984 BGB) und **Testamentsvollstrecker** (§ 2200 BGB).[2]

2. Aufhebung des Beschlusses über die Ermächtigung

a) Konstitutive Kassation

aa) „Ungerechtfertigte" Ermächtigung

5 § 47 setzt ferner voraus, dass die gerichtliche Ermächtigung „ungerechtfertigt" ist und dass dies zur „Aufhebung des Beschlusses" führt. Dabei ist das Tatbestandsmerkmal, dass der Beschluss „ungerechtfertigt" sein muss, **ohne eigenständige Bedeutung**. Bei der Frage, ob ein Rechtsgeschäft wirksam bleibt, ist also nicht zusätzlich zur Aufhebung des Beschlusses zu prüfen, ob dieser ungerechtfertigt war. Maßgeblich ist die Aufhebung durch das Rechtsmittelgericht bzw. im Wege der Anhörungsrüge oder des Wiedereinsetzungsverfahrens. Ob das aufhebende Gericht in der Sache zutreffend von einer Unrichtigkeit des Beschlusses ausging, ist unerheblich. Ansonsten käme es zu dem paradoxen Ergebnis, dass ausgerechnet bei einer fehlerhaften Aufhebung die Fähigkeit bzw. Befugnis zur Vornahme der Rechtshandlung nicht mehr fortbesteht.

bb) Die Aufhebung des Beschlusses

6 Wie es zur Aufhebung des Beschlusses kommt, ist im Gesetz nicht näher bestimmt. Sie umfasst zunächst die **vollständige Aufhebung** der erstinstanzlichen Entscheidung durch das Rechtsmittelgericht. Nach Sinn und Zweck muss aber auch die weniger weit gehende **teilweise Abänderung** der vorinstanzlichen Entscheidung denselben Schutz durch § 47 genießen. Wird etwa in der Beschwerdeinstanz der Umfang der Vertretungsmacht eines Betreuers geändert, bleiben die bis dahin von ihm getroffenen Maßnahmen wirksam, auch wenn sie darüber hinausgingen. § 47 erfasst aber auch die Abänderung der Entscheidung im Wege der **Anhörungsrüge**. Es kann keinen Unter-

1 S. Keidel/*Zimmermann*, § 32 FGG Rz. 4; *Bumiller*/Winkler, § 32 FGG Rz. 2; *Bassenge*/Roth, § 32 FGG Rz. 1.

2 Vgl. BayObLG v. 25.2.1966 – BReg. 1a Z 8/66, BayObLGZ 1966, 82 (84); BayObLG v. 13.7.1989 – BReg. 3 Z 35/89, BayObLGZ 1989, 292 (295); Keidel/*Zimmermann*, § 32 FGG Rz. 4; *Bumiller*/Winkler, § 32 FGG Rz. 2.

schied ausmachen, ob eine fehlerhafte Entscheidung durch das Rechtsmittelgericht oder mangels Statthaftigkeit eines Rechtsmittels durch das Ausgangsgericht selbst korrigiert wird. Letztlich wird auch eine Abänderung der Entscheidung nach § 48 Abs. 3 auf Grund einer **Wiedereinsetzung** oder im **Wiederaufnahmeverfahren** nach § 48 Abs. 2 genügen,[1] da auch hierdurch eine wirksame Entscheidung mit Rückwirkung (vgl. § 45 Rz. 2) beseitigt wird. Nicht der Aufhebung nach § 47 zuzurechnen ist allerdings die **Abänderung der Entscheidung nach § 48 Abs. 1**. Die Abänderung war schon nach altem Recht nur dann als eine § 32 FGG aF unterfallende Aufhebung angesehen worden, wenn sie nicht auf Grund einer nachträglichen Änderung der Sach- oder Rechtslage vorgenommen wurde.[2] Da ein diesbezüglicher Änderungswille des Gesetzgebers nicht erkennbar ist, scheiden Änderungen nach § 48 Abs. 1 insgesamt aus dem Anwendungsbereich von § 47 aus, da sie nunmehr immer eine wesentliche Änderung der Sach- oder Rechtslage voraussetzen.

b) Zur Unwirksamkeit führende Fehler

aa) Beschlüsse der nicht hierzu befugten Gerichtsperson

Schon mit dem Begriff der Aufhebung stellt der Gesetzgeber klar, dass er durch § 47 nur das Vertrauen in solche gerichtlichen Entscheidungen schützen will, denen erst ein **konstitutiver Akt** die Wirksamkeit nimmt. Schon nach altem Recht waren solche Verfügungen von der Wirkung des § 32 FGG aF ausgenommen, die „wegen Mangels der sachlichen Zuständigkeit des Gerichts" unwirksam waren. Das erfasste die Fälle, in denen die falsche Gerichtsperson handelte, der die **Kompetenz fehlte**, die Befähigung bzw. Ermächtigung zur Vornahme von Rechtsgeschäften und zur Entgegennahme von Willenerklärungen zu verleihen. Dies war etwa dann der Fall, wenn der Rechtspfleger für den Richter handelte.[3] Ein solcher zur Unwirksamkeit führender Fehler wurde auch angenommen, wenn der Einzelrichter für den gesamten Spruchkörper handelte.[4] Unschädlich ist es dagegen, wenn der gesamte Spruchkörper für den Einzelrichter handelt. Denn der gesamte Spruchkörper ist ein Mehr gegenüber dem Einzelrichter und kann nach § 68 Abs. 4 FamFG iVm. 526 Abs. 2 Satz 2 ZPO die Sache auf Vorlage des Einzelrichters wieder übernehmen. Dass die unrichtige Annahme der instanziellen Zuständigkeit durch das AG oder das LG nicht zur Nichtigkeit führt,[5] ergibt sich bereits aus der Unerheblichkeit dieses Fehlers nach § 65 Abs. 4. 7

bb) Sonstige zur Unwirksamkeit führende Fehler

Schon nach bisherigem Recht wurde angenommen, dass nicht nur die in § 32 FGG aF genannte Unzuständigkeit den Schutz des § 32 FGG aF ausschließt, sondern **jeder zur Nichtigkeit führende Grund**.[6] Denn dann ist die Entscheidung über die Unwirksamkeit dieser Verfügung keine konstitutive Aufhebung, sondern eine deklaratorische Feststellung. Dies hat der Gesetzgeber in § 47 kodifiziert,[7] indem er von der Unerheblichkeit des Fehlers eine Ausnahme macht, soweit der Beschluss „von Anfang an 8

1 So auch Keidel/*Zimmermann*, § 32 FGG Rz. 9.
2 Keidel/*Zimmermann*, § 32 FGG Rz. 10; ähnlich *Bumiller*/Winkler, § 32 FGG Rz. 1.
3 OLG Schleswig v. 23.12.1999 – 2 W 136/99, FGPrax 2000, 73 (74); Keidel/*Zimmermann*, § 32 FGG Rz. 8.
4 Keidel/*Zimmermann*, § 32 FGG Rz. 8.
5 Hierzu Keidel/*Zimmermann*, § 32 FGG Rz. 8 m. Fn. 10; *Bumiller*/Winkler, § 32 FGG Rz. 4.
6 Keidel/*Zimmermann*, § 32 FGG Rz. 8; *Bassenge*/Roth, § 32 FGG Rz. 6; vgl. BT-Drucks. 16/6308, S. 198.
7 BT-Drucks. 16/6308, S. 198.

unwirksam ist". Hierzu zählen etwa die Fälle, in denen eine Ermächtigung zur Vornahme von Rechtsgeschäften oder zur Entgegennahme von Willenserklärungen **materiellrechtlich nicht vorgesehen** ist, das Gericht also ohne die hierfür erforderliche Kompetenz handelt. Auch das **Fehlen der Unterschrift unter der Urschrift der Entscheidung** soll zur Unwirksamkeit der Entscheidung führen.[1]

II. Wirkung

1. Aufhebung ex nunc

9 § 47 ordnet an, dass die Aufhebung der gerichtlich verliehenen Fähigkeit bzw. Befugnis, Rechtsgeschäfte vorzunehmen und Willenserklärungen entgegenzunehmen, anders als dies bei der Aufhebung gerichtlicher Entscheidungen ansonsten der Fall ist, **keine Rückwirkung** hat. Wird die Bestellung zum Vormund, Betreuer, Pfleger, Nachlasspfleger, Nachlassverwalter oder Testamentsvollstrecker aufgehoben, so wird der Bestellte also nicht zum Vertreter ohne Vertretungsmacht. Die von ihm vorgenommenen Rechtsgeschäfte bzw. die von ihm entgegengenommenen Willenserklärungen wirken weiterhin für und gegen den „Vertretenen".[2] **Sonstige Fehler**, etwa die Nichteinhaltung der Form oder die Anfechtbarkeit eines Rechtsgeschäfts werden von § 47 nicht überwunden.[3] Entsprechendes gilt für die kraft gerichtlicher Anordnung verliehene Fähigkeit, in eigenem Namen Rechtsgeschäfte vorzunehmen und Willenserklärungen entgegenzunehmen. Die Aufhebung der Ermächtigung wirkt somit nur ex nunc. Ab diesem Zeitpunkt vorgenommene Rechtsgeschäfte bleiben unwirksam, die Entgegennahme von Willenserklärungen wirkt nicht gegen den Vertretenen bzw. den nicht mehr hierzu Befähigten. Auf die **Kenntnis des Geschäftspartners** von der Aufhebung der gerichtlichen Entscheidung kommt es nicht an. Maßgeblich ist allein der Zeitpunkt ihrer Aufhebung.

2. Entsprechende Anwendung auf die Aufhebung der Aufhebung

10 Entsprechende Probleme wie bei der Aufhebung der Ermächtigung ergeben sich dann, wenn diese selbst auf Rechtsmittel oder Anhörungsrüge hin wieder aufgehoben wird. Dann würde durch die Beseitigung der Entscheidung, die die Ermächtigung aufhebt, diese wieder wirksam. Nimmt man hier **Rückwirkung** an, so würden die vom Vertreter vorgenommenen Rechtsgeschäfte und der Zugang von Willenserklärungen wirksam, die entsprechenden Geschäfte des Vertretenen unwirksam. Diese missliche Konsequenz hat die ganz hM in der entsprechenden Konstellation der Ungültigerklärung einer Abberufung des Wohnungseigentumsverwalters unter ausdrücklichen Hinweis auf den Rechtsgedanken des § 32 FGG aF abgelehnt. Die von einem neuen Verwalter vorgenommenen Rechtsgeschäfte bleiben demnach trotz Aufhebung der Abberufung und damit des Wegfalls der Verwalterstellung beim zwischenzeitlich berufenen Amtsinhaber ebenso wirksam wie die Entgegennahme von Willenserklärungen; der abberufene Verwalter erlangt seine Stellung nur ex nunc wieder.[4] Hingegen schlug die hM dem auf dem Gebiet des § 32 FGG aF unter Berufung auf eine alte Entscheidung des

1 BGH v. 23.10.1997 – IX ZR 249/96, NJW 1998, 609 (611).
2 BayObLG v. 5.3.1992 – BReg. 2Z 165/91, NJW-RR 1992, 787 (788); Keidel/*Zimmermann*, § 32 FGG Rz. 11.
3 Keidel/*Zimmermann*, § 32 FGG Rz. 11; *Bumiller*/Winkler, § 32 FGG Rz. 5.
4 KG v. 20.3.1989 – 24 W 5478/86, NJW-RR 1989, 839 f.; OLG Celle v. 27.9.2006 – 15 W 98/06, ZMR 2007, 133 (134); *Riecke/Schmid*, Fachanwaltskommentar WEG, § 26 WEG Rz. 32; ähnlich *Bärmann/Merle*, § 26 WEG Rz. 245.

BayObLG[1] einen anderen Weg ein. Danach sollen Geschäfte, die der Vertreter nach Aufhebung der Ermächtigung getroffen hat, gewissermaßen rückwirkend mit der Aufhebung dieser Entscheidung Wirksamkeit erlangen.[2] Es soll sogar zu einer **Konkurrenz** zwischen der Vornahme von Rechtsgeschäften durch den Vertretenen und seinem Vertreter kommen. Dann soll es darauf ankommen, wer die betroffene Rechtshandlung zuerst vorgenommen hat.[3] Dies ist weder dogmatisch konsequent noch seinen Folgen nach notwendig. Sofern man § 32 FGG aF bzw. nunmehr § 47 nicht anwenden will und die letztinstanzliche Entscheidung über die Aufhebung der Ermächtigung als vorrangig ansieht, müsste man folgerichtig die Rechtshandlungen des Vertretenen als unwirksam ansehen. Im Übrigen besteht auch kein schützenswertes Interesse des Rechtsverkehrs, weiterhin über den Vertreter, dessen Vertretungsmacht aufgehoben wurde, mit dem Vertretenen rechtsgeschäftlich zu verkehren. Richtig ist es, auch der Aufhebung der Aufhebung nur Wirksamkeit ex nunc zuzuerkennen.

§ 48
Abänderung und Wiederaufnahme

(1) Das Gericht des ersten Rechtszugs kann eine rechtskräftige Endentscheidung mit Dauerwirkung aufheben oder ändern, wenn sich die zugrunde liegende Sach- oder Rechtslage nachträglich wesentlich geändert hat. In Verfahren, die nur auf Antrag eingeleitet werden, erfolgt die Aufhebung oder Abänderung nur auf Antrag.

(2) Ein rechtskräftig beendetes Verfahren kann in entsprechender Anwendung der Vorschriften des Buches 4 der Zivilprozessordnung wieder aufgenommen werden.

(3) Gegen einen Beschluss, durch den die Genehmigung für ein Rechtsgeschäft erteilt oder verweigert wird, findet eine Wiedereinsetzung in den vorigen Stand, eine Rüge nach § 44, eine Abänderung oder eine Wiederaufnahme nicht statt, wenn die Genehmigung oder deren Verweigerung einem Dritten gegenüber wirksam geworden ist.

1 BayObLG v. 10.4.1959 – BReg. 1 Z 178/58, BayObLGZ 1959, 128 ff.

2 KG v. 11.9.1970 – 1 W 11262/70, OLGZ 1971, 196 (197); OLG Köln v. 9.1.1995 – 16 Wx 4/95, FamRZ 1995, 1086; Keidel/*Zimmermann*, § 32 FGG Rz. 12; widersprüchlich KG v. 22.9.1970 – 1 W 3096/69, OLGZ 1971, 201 (202).

3 Keidel/*Zimmermann*, § 32 FGG Rz. 13 f.; *Bassenge*/Roth, § 32 FGG Rz. 4.

A. Entstehungsgeschichte und Normzweck

1 Mit § 48 Abs. 1 übernimmt der Gesetzgeber die von § 18 FGG aF eröffnete Möglichkeit der Abänderung bereits ergangener Entscheidungen in das neue Recht. Allerdings bedurfte es mit der Umstellung auf fristgebundene Rechtsmittel schon deswegen deutlicher Änderungen, weil früher eine **Abänderung** von Entscheidungen, die der sofortigen Beschwerde unterlagen, nach § 18 Abs. 2 FGG aF ausgeschlossen war.[1] Im Zuge dieser Umstellung wurde die Möglichkeit der Abänderung nach § 48 Abs. 1 auf Entscheidungen mit Dauerwirkung begrenzt, die in Abkehr vom früheren Recht zudem rechtskräftig sein müssen.[2] Ferner wird in Abweichung vom früheren Recht stets die Zuständigkeit des erstinstanzlichen Gerichts begründet, auch für Abänderungen, die Entscheidungen der höheren Instanzen betreffen (vgl. Rz. 16). In § 48 Abs. 2 kodifiziert der Gesetzgeber die schon bislang auch in Verfahren der freiwilligen Gerichtsbarkeit anerkannte Anwendung der zivilprozessualen Vorschriften zur **Wiederaufnahme**.[3] Mit § 48 Abs. 3 wird das Vertrauen des Rechtsverkehrs in die gerichtliche Genehmigung von Rechtsgeschäften deutlich über das in § 32 FGG aF vorgesehene Maß ausgedehnt. Danach sollen viele früher unter § 32 FGG aF fallende Tatbestände, die die Genehmigung eines einzelnen Rechtsgeschäfts nach § 40 Abs. 2 oder die Ersetzung der verweigerten Genehmigung nach § 40 Abs. 3 betreffen, **nach Eintritt der formellen Rechtskraft unangreifbar** werden. Denn die Aufhebung im Wege der Anhörungsrüge, der Wiedereinsetzung oder der Wiederaufnahme des Verfahrens scheidet danach ebenso aus wie die Abänderung nach § 48 Abs. 1.[4]

B. Inhalt der Vorschrift

I. Abänderung von Entscheidungen (Absatz 1)

1. Voraussetzungen der Abänderung

a) Endentscheidungen

2 Nach ausdrücklicher Anordnung in § 48 Abs. 1 Satz 1 können nunmehr von vorneherein nur noch Endentscheidungen abgeändert werden. Damit erübrigt sich die Diskussion, ob etwa **verfahrensleitende Anordnungen** oder **einstweilige Anordnungen** nach § 64 Abs. 3 der Abänderungsbefugnis des erstinstanzlichen Gerichtes unterfallen.[5] Nach § 48 Abs. 1 Satz 1 ist dies definitiv nicht mehr der Fall. **Andere vollstreck-**

1 Vgl. BT-Drucks. 16/6308, S. 198; BGH v. 23.9.1987 – IVb 107/85, NJW-RR 1988, 71 (72).
2 BT-Drucks. 16/6308, S. 198.
3 BT-Drucks. 16/6308, S. 198.
4 BT-Drucks. 16/6308, S. 198.
5 S. Keidel/*Schmidt*, § 18 FGG Rz. 18.

bare Titel wie **Vergleiche** unterfallen § 48 Abs. 1 nach seinem ausdrücklichen Wortlaut nicht. Hierin ist auch keine unbewusste Regelungslücke zu sehen, da das FGG-RG etwa in Art. 50 Nr. 30 (zu § 1696 BGB) die Abänderung derartiger Titel wie Vergleiche ausdrücklich berücksichtigt.

b) Eintritt der formellen Rechtskraft

Im Gegensatz zur früheren Diskussion über die Abänderbarkeit nach § 18 Abs. 1 FGG aF ist der Eintritt der formellen Rechtskraft nunmehr kein Hindernis der Abänderung mehr,[1] sondern umgekehrt eine **Voraussetzung** hierfür. Bestehen also andere Möglichkeiten der Korrektur einer Entscheidung durch ordentliche Rechtsmittel wie Beschwerde und Rechtsbeschwerde, ist § 48 Abs. 1 von vorneherein nicht anwendbar. Hingegen besteht in zeitlicher Hinsicht **keine feste Grenze, ab der eine Abänderung nicht mehr zulässig ist**. Hier gelten ohne spezialgesetzliche Regelung[2] die allgemeinen Schranken der Verwirkung und des Rechtsmissbrauchs.[3] 3

c) Wesentliche Änderung der Sach- oder Rechtslage

aa) Keine Richtigkeitskontrolle

Mit dem Erfordernis der Änderung der zugrunde liegenden Sach- oder Rechtslage vollzieht der Gesetzgeber eine Abkehr von der bisherigen Diskussion über die Möglichkeit der Abänderung. Bislang war umstritten, ob nach einer solchen Änderung der Sach- oder Rechtslage nach Erlass der Entscheidung eine Abänderung der Entscheidung überhaupt in Betracht kam. Ein Teil von Schrifttum und Rechtsprechung hielt § 18 Abs. 1 FGG aF in diesen Fällen für unanwendbar und verwies den Betroffenen auf die **Möglichkeit eines Zweitverfahrens**.[4] Dies fand im Gesetzeswortlaut auch insoweit eine Stütze, als § 18 Abs. 1 FGG aF eine „ungerechtfertigte" Verfügung verlangte.[5] Diese Unklarheiten hat § 48 Abs. 1 Satz 1 nunmehr beseitigt, indem die Vorschrift keine **„ungerechtfertigte" Entscheidung** mehr verlangt[6] und ausdrücklich allein auf eine Änderung der Sach- oder Rechtslage abstellt. Die Abänderung ist somit nach neuem Recht jedenfalls nicht mehr vorrangig ein Rechtsbehelf zur Korrektur anfänglich unrichtiger Entscheidungen, sondern dient ihrer **Anpassung an nachträgliche Änderungen**.[7] 4

bb) Änderung der Sachlage

Eine Abänderung wegen veränderter Sachlage ist stets möglich, wenn **nach Erlass der Entscheidung neue Tatsachen** eintreten,[8] die eine abweichende Beurteilung rechtferti- 5

1 So aber zum alten Recht etwa BayObLG v. 10.6.1955 – BReg. 2 Z 44/55, BayObLGZ 1955, 124 (130); KG v. 1.7.1999 – 1 W 6784/97, FGPrax 1999, 227 (228); Keidel/*Schmidt*, § 18 FGG Rz. 13; *Bumiller*/Winkler, § 18 FGG Rz. 9; vgl. BT-Drucks. 16/6308, S. 198.

2 Hierzu *Bumiller*/Winkler, § 18 FGG Rz. 10.

3 OLG Frankfurt v. 16.6.1967 – 6 W 91/67, OLGZ 1967, 352 (353 f.); KG v. 30.6.1970 – 1 W 5601/70, OLGZ 1971, 89 (90 f.); Keidel/*Schmidt*, § 18 FGG Rz. 20; *Bassenge*/Roth, § 18 FGG Rz. 6.

4 S. *Bassenge*/Roth, § 18 FGG Rz. 7; *Bumiller*/Winkler, § 18 FGG Rz. 2; aA Keidel/*Schmidt*, § 18 FGG Rz. 2; vgl. zu dieser Diskussion und ihren Einfluss auf die Fassung von § 48 Abs. 1 BT-Drucks. 16/6308, S. 198.

5 Vgl. hierzu Keidel/*Schmidt*, § 18 FGG Rz. 1.

6 Hierzu BayObLG v. 10.6.1955 – BReg. 2 Z 44/55, BayObLGZ 1955, 124 (129 f.).

7 So schon nach früherem Recht bei Entscheidungen, die der sofortigen Beschwerde unterlagen BGH v. 23.9.1987 – IVb 107/85, NJW-RR 1988, 71 (72).

8 Zur Beschränkung der Abänderung nach § 48 Abs. 1 auf nachträgliche Änderungen der Sach- oder Rechtslage s. schon BT-Drucks. 16/6308, S. 198.

gen.[1] Denn dies stellt eine objektive Änderung der Sachlage dar. Dem entspricht es, dass die Materialien die Voraussetzungen einer Abänderung „immer dann" bejahen, „wenn sich die der Entscheidung zugrunde liegenden Tatsachen ändern".

6 Weniger klar erscheint, ob § 48 Abs. 1 Satz 1 auch auf solche Konstellationen Anwendung finden kann, in denen die maßgeblichen Tatsachen **schon bei Bekanntgabe des Beschlusses vorlagen**, dem Gericht aber nicht bekannt waren und deswegen neu sind. Diese Frage stellt sich insbesondere dann, wenn sie bereits vor Erlass der Entscheidung hätten vorgetragen werden können, aber nicht vorgetragen wurden.[2] Gegen die Berücksichtigung solcher Tatsachen spricht, dass sich § 48 Abs. 1 Satz 1 auf den Begriff der **Rechtskraft** bezieht, der gerade die Rechtssicherheit über das unendliche Streiten um eine materiell richtige Entscheidung stellt. Dies gilt insbesondere in Antragsverfahren, in denen ähnliche Verfahrensgrundsätze gelten wie im Zivilprozess. Hierauf deutet auch, dass § 48 Abs. 1 Satz 1 ausdrücklich eine **„nachträgliche" Änderung** der Sachlage verlangt. Noch weiter gehen die Materialien, die eine „Änderung der Verhältnisse" voraussetzen.[3] Dies lässt sich nur dahingehend verstehen, dass sich die Umstände selbst geändert haben müssen. Unterlässt ein Beteiligter in einem Antragsverfahren erheblichen Vortrag, der schon vor Erlass der Entscheidung möglich gewesen wäre, kommt eine Änderung daher wohl nicht mehr in Betracht. Eine falsche Tatsachengrundlage lässt sich daher nur noch mit der Beschwerde korrigieren. Dies erscheint auch sachgerecht, da ähnliche Beschränkungen wie nach §§ 529 ff. ZPO im Verfahren nach dem FamFG nicht existieren und jeder Beteiligte nach Lektüre der erstinstanzlichen Entscheidung erkennen kann, ob aus seiner Sicht **ergänzendes Vorbringen** weiterer, bislang nicht berücksichtigter Tatsachen geboten erscheint. Entsprechendes muss aber auch für Amtsverfahren gelten. Kommt das Gericht seiner Amtsermittlung nicht im gebotenen Maße nach oder unterlassen die Beteiligten gar die ihnen nach § 27 obliegende Mitwirkung, so mag die Entscheidung insoweit unrichtig sein. Die vom Gesetzgeber ua. mit der Einführung der befristeten Beschwerde bezweckte Schaffung schneller Rechtssicherheit würde aber unterlaufen, wollte man den weiten Kreis der Entscheidungen mit Dauerwirkung unbeschränkt der erneuten tatsächlichen Überprüfung im Wege der Abänderung unterwerfen.

7 Umgekehrt verzichtet § 48 Abs. 1 Satz 1 aber auf ausdrückliche **Beschränkungen neuen Vorbringens**, wie sie sich etwa in §§ 529 ff., 767 ZPO finden. Insbesondere lässt sich § 48 Abs. 1 Satz 1 nicht entnehmen, dass **bereits vorhandene, aber den Beteiligten nicht bekannte Tatsachen** im Abänderungsverfahren unberücksichtigt bleiben müssen. Man wird daher auch die erst nach Erlass der Entscheidung entstehende Möglichkeit, bestimmte Tatsachen vorzutragen, als Änderung der zugrunde liegenden Sachlage verstehen müssen. Für eine solche Handhabung spricht auch die **Parallele bei der Änderung der Rechtslage**, da die Materialien in diesem Zusammenhang nicht nur die Gesetzesänderung, sondern auch die Änderung der höchstrichterlichen Rechtsprechung als erheblich ansehen.[4] Auch in diesem Fall liegt in der abzuändernden Entscheidung nur ein Rechtsanwendungsfehler vor, hier eben nicht in der tatsächlichen, sondern in der rechtlichen Beurteilung (vgl. Rz. 8). Auch dieser Fehler wäre mit Eintritt der Rechtskraft nach zivilprozessualen Grundsätzen nicht mehr behebbar. § 48

1 Dazu, dass der Eintritt neuer, entscheidungserheblicher Tatsachen stets erheblich ist, s. BT-Drucks. 16/6308, S. 198; vgl. zum alten Recht *Bumiller*/Winkler, § 18 FGG Rz. 1; aA *Bassenge*/Roth, § 18 FGG Rz. 7.
2 Hierfür nach altem Recht *Bumiller*/Winkler, § 18 FGG Rz. 1.
3 BT-Drucks. 16/6308, S. 198.
4 BT-Drucks. 16/6308, S. 198.

Abs. 1 Satz 1 stellt also bei der Frage, ob eine relevante Änderung der Sach- oder Rechtslage vorliegt, ersichtlich auf die Möglichkeiten der Beteiligten ab, die eine höchstrichterliche Rechtsprechung regelmäßig akzeptieren müssen. Wenn Änderungen hierin nach § 48 Abs. 1 Satz 1 zu berücksichtigen sind, kann für Tatsachen, die die Beteiligten erst nachträglich vorzubringen im Stande sind, nichts anderes gelten. Der Beteiligte, der eine Abänderung nach § 48 Abs. 1 begehrt, wird daher mit neuem Vortrag gehört, den er weder im Verfahren erster Instanz noch mit der Beschwerde vortragen konnte.

cc) Änderung der Rechtslage

Klarer ist der Begriff der Änderung der Rechtslage in den Materialien definiert. Hierunter soll nicht nur die **Änderung des materiellen Rechts durch den Gesetzgeber** fallen.[1] Nach ausdrücklichem Bekunden kann auch die **Änderung der höchstrichterlichen Rechtsprechung** im Wege der Abänderung nach § 48 Abs. 1 Satz 1 Berücksichtigung finden,[2] obwohl sich hierdurch nach traditionellem Verständnis die Rechtslage nicht ändert, sondern nur die richtige, aber eigentlich schon von Anfang an geltende Rechtsanwendung gefunden wird. 8

dd) Wesentlichkeit der Änderung

Nicht auf Anhieb verständlich ist das Erfordernis der „Wesentlichkeit" einer Änderung der Sach- oder Rechtslage. Dies ließe sich auf den ersten Blick dahin gehend verstehen, dass die Änderung der Sach- oder Rechtslage gewisse **Mindestauswirkungen** haben muss, was wie bei Rechtsmitteln auf eine Mindestbeschwer hinausliefe. Dies ist aber wohl nicht gemeint. Nach den Materialien „muss eine wesentliche, also bedeutsame, bei der Entscheidungsfindung maßgebliche Änderung der Verhältnisse vorliegen".[3] „Wesentlich" ist also nur eine **entscheidungserhebliche Änderung** der tatsächlichen Lage. Daraus geht auch hervor, dass bei Änderungen der Rechtslage die Wesentlichkeit keiner Prüfung mehr bedarf. Ist auf Grund einer Änderung des Rechts oder der höchstrichterlichen Rechtsprechung anders als bei Erlass des früheren Beschlusses zu entscheiden, liegt stets eine wesentliche Veränderung vor. Konsequenterweise sind die Ausführungen der Materialien auch auf die „Änderung der Verhältnisse", also der tatsächlichen Umstände, beschränkt. 9

d) Entscheidungen mit Dauerwirkung

Schon nach früherem Recht konzentrierte sich die Diskussion über die Möglichkeit der Abänderung nach § 18 Abs. 1 FGG aF auf Entscheidungen mit Dauerwirkung.[4] Diese Einschränkung hat der Gesetzgeber nunmehr in § 48 Abs. 1 kodifiziert.[5] Wie die Dauerwirkung im Einzelnen beschaffen sein muss, ist dem Wortlaut von § 48 Abs. 1 Satz 1 und den Materialien nicht zu entnehmen. Auf Anhieb ersichtlich ist nur, dass Entscheidungen, deren Vollzug sich etwa in einer **einmaligen Leistung** (zB einer Vergütung) erschöpft, nicht nach § 48 Abs. 1 abänderbar sind. Hingegen dürften jegliche 10

1 BT-Drucks. 16/6308, S. 198.
2 BT-Drucks. 16/6308, S. 198; so schon zum früheren Recht Keidel/*Schmidt*, § 18 FGG Rz. 31; *Bumiller*/Winkler, § 18 FGG Rz. 1.
3 BT-Drucks. 16/6308, S. 198.
4 Vgl. OLG Jena v. 3.5.2001 – 6 W 127/01, FamRZ 2001, 1243; Keidel/*Schmidt*, § 18 FGG Rz. 28; *Bumiller*/Winkler, § 18 FGG Rz. 2.
5 BT-Drucks. 16/6308, S. 198.

unmittelbar aus der Beschlussformel resultierenden, nicht punktuell begrenzten **Folgewirkungen** für eine Abänderbarkeit nach § 48 Abs. 1 genügen. Demnach sind selbstverständlich Verpflichtungen zu **wiederkehrenden Leistungen** von § 48 Abs. 1 erfasst. Gleiches gilt für **Duldungs- oder Unterlassungsverpflichtungen**. Schließlich haben auch **Feststellungs- und Gestaltungsbeschlüsse** Dauerwirkung, da sie Rechtsverhältnisse für die Zukunft regeln. Unklar ist, ob auch Leistungen oder Unterlassungen, die auf einen **bestimmten Zeitraum** beschränkt sind, von § 48 Abs. 1 umfasst sein sollen. Man wird hier danach abgrenzen müssen, ob sie zurzeit des Abänderungsverfahrens noch Wirkungen für die Zukunft entfalten. Ist dies nicht der Fall, unterscheiden sie sich nicht mehr von Verpflichtungen zu einmaligen Leistungen, die bereits erbracht wurden. Dann besteht im Ergebnis kein Unterschied zu einer bereits erbrachten Zahlung in Raten. Bestehen aber noch Rechtswirkungen für die Zukunft, können sie noch abgeändert werden, auch wenn ein Endpunkt des geschuldeten Leistens oder Unterlassens ohnehin absehbar ist.

e) Antrag in Antragsverfahren

11 In Antragsverfahren erfolgt die Abänderung nach § 48 Abs. 1 Satz 2 nur auf Antrag, was selbstverständlich erscheint.[1] Wird schon das ursprüngliche Verfahren nur auf Antrag eingeleitet, kann auch die Abänderung nicht von Amts wegen vorgenommen werden. Weniger einsichtig sind dagegen die Ausführungen der Gesetzesmaterialien, wonach „eine Abänderung in Antragsverfahren nur auf **Antrag des ursprünglichen Antragstellers** erfolgen kann."[2] Diese Einschränkung ist dem Gesetzeswortlaut nicht zu entnehmen. Denn dann könnte eine neue Sach- oder Rechtslage etwa bei der Verpflichtung zu wiederkehrenden Leistungen nur bei einer Veränderung zu Gunsten des Antragstellers, nicht aber des Antragsgegners berücksichtigt werden. Für eine solche Ungleichbehandlung ist keine Rechtfertigung ersichtlich. Sie wäre auch schwerlich mit Art. 3 GG vereinbar. Daher muss mit dem Wortlaut des Gesetzes zwar ein Antrag auf Abänderung der ursprünglichen Entscheidung nach § 48 Abs. 1 gestellt werden, es bleibt aber gleichgültig, von welcher Seite. Ausgeschlossen sind nach allgemeinen Grundsätzen allenfalls Beteiligte, deren rechtliche Interessen durch eine Abänderung in keiner Weise berührt wären. Aus der Regelung für Antragsverfahren geht im Umkehrschluss hervor, dass das erstinstanzliche Gericht in **Amtsverfahren** von Amts wegen tätig werden muss; ein „Antrag" ist insoweit nur Anregung.[3]

f) Konkurrenzen

aa) Unechte Konkurrenzen

12 Die Abänderung nach § 48 Abs. 1 ist zunächst abzugrenzen von ähnlichen Rechtsschutzmöglichkeiten, deren **Voraussetzungen aber im Detail von ihr abweichen** und daher nicht wirklich im Konkurrenzverhältnis mit ihr stehen. So geht bei offenbaren Unrichtigkeiten die **Berichtigung** nach § 42 der Abänderung nach § 48 Abs. 1 vor, auch wenn der Beschluss bereits rechtskräftig ist.[4] Hierbei handelt es sich aber im Gegen-

1 Vgl. schon zum alten Recht Keidel/*Schmidt*, § 18 FGG Rz. 10.
2 BT-Drucks. 16/6308, S. 198; kritisch zu dieser Handhabung nach altem Recht schon Keidel/*Schmidt*, § 18 FGG Rz. 12; von vorneherein beschränkt auf die Zurückweisung eines Antrags *Bumiller*/Winkler, § 18 FGG Rz. 12.
3 BayObLG v. 21.10.1993 – 3 Z BR 171/93, FamRZ 1994, 317 f.; Keidel/*Schmidt*, § 18 FGG Rz. 4.
4 Keidel/*Schmidt*, § 18 FGG Rz. 60 ff.; *Bumiller*/Winkler, § 18 FGG Rz. 2; *Bassenge*/Roth, § 18 FGG Rz. 20.

satz zur Abänderung nach § 48 Abs. 1 um einen ursprünglichen Fehler des Beschlusses, der nach § 42 zu korrigieren ist. Ähnliches gilt für die **Ergänzung** nach § 43, die gleichfalls einen Mangel bereits bei Erlass der Entscheidung voraussetzt, nämlich das Übergehen eines Antrags oder der Kostenentscheidung. Nach oben (Rz. 4) Gesagtem können auch sonstige anfängliche Mängel der Entscheidung nur mit **ordentlichen Rechtsmitteln**, nicht aber mit der Abänderung nach § 48 Abs. 1 angegriffen werden.

bb) Außerordentliche Rechtsbehelfe

Nicht recht geklärt wird durch den Gesetzeswortlaut und die Materialien das Verhältnis von § 48 Abs. 1 zu außerordentlichen Rechtsbehelfen wie Anhörungsrüge, Wiedereinsetzung und Wiederaufnahme des Verfahrens. Der ausdrücklichen Anordnung in **§ 48 Abs. 3** zufolge, die sie für die Genehmigung von Rechtsgeschäften ausschließt, ist im Umkehrschluss zu entnehmen, dass diese Möglichkeiten grundsätzlich neben der Abänderung nach § 48 Abs. 1 existieren. Allerdings wird sich der **Anwendungsbereich** der Abänderung kaum jemals mit demjenigen der außerordentlichen Rechtsbehelfe überschneiden. Denn letztere bezwecken die Korrektur der anfänglichen Unrichtigkeit einer Entscheidung, während die Abänderung die Berücksichtigung nachträglich eingetretener Umstände ermöglichen will. 13

cc) Spezialvorschriften

§ 48 Abs. 1 ist als allgemeine Norm nicht anwendbar, wenn Spezialgesetze eine **Änderung der Sach- oder Rechtslage ebenfalls regeln**, sei es positiv oder negativ.[1] So bedarf es keiner Abänderung des ursprünglichen Beschlusses nach § 48 Abs. 1, wenn das Gesetz ausdrücklich oder stillschweigend **davon ausgeht, dass dieser gegenstandslos wird**. Dies ist etwa bei der Vormundschaft mit Erreichen der Volljährigkeit der Fall. Hier bedarf es nicht der Änderung nach § 48 Abs. 1, da die Vormundschaft kraft Gesetzes (§ 1882 BGB) wegfällt.[2] Einem gleichwohl gestellten Antrag auf Aufhebung nach § 48 Abs. 1 würde das Rechtsschutzbedürfnis fehlen. 14

§ 48 Abs. 1 ist auch dann nicht anzuwenden, wenn die Veränderung der Sach- oder Rechtslage **anderweitig bereits geregelt** ist. Dies gilt zum einen bei positiven Regelungen, die in diesem Falle eine abweichende Entscheidung unter Abänderung der früheren gestatten, etwa §§ 1631b Satz 3 BGB bei einer Unterbringung des Kindes, § 1696 Abs. 2 BGB bei Entscheidungen zur Abwendung einer Gefährdung des Kindeswohls oder §§ 1919, 1921 BGB bei Wegfall der Voraussetzungen für eine Pflegschaft.[3] Diese Sondervorschriften können sogar über § 48 Abs. 1 hinausgehen, indem sie über Beschlüsse nach §§ 38 ff. hinaus **andere Entscheidungen** in die Möglichkeit der Abänderung einbeziehen, wie dies § 166 Abs. 1 FamFG iVm. § 1696 Abs. 2 BGB für Vergleiche oder § 230 Abs. 1 für Vereinbarungen über den Versorgungsausgleich vorsehen.[4] Umgekehrt ist eine Abänderung nach § 48 Abs. 1 ausgeschlossen, wenn eine Abänderung ausdrücklich nicht stattfinden soll. Dies ist etwa bei Registereintragungen der Fall, die 15

---

1 BT-Drucks. 16/6308, S. 198 unter Verweis auf §§ 166, 230, 294, 330.

2 KG v. 11.9.1970 – 1 W 11262/70, OLGZ 1971, 196 (197); Keidel/*Schmidt*, § 18 FGG Rz. 25; *Bumiller*/Winkler, § 18 FGG Rz. 2; *Bassenge*/Roth, § 18 FGG Rz. 17; unklar KG v. 22.9.1970 – 1 W 3096/69, OLGZ 1971, 201 (203).

3 Vgl. zum alten Recht BayObLG v. 25.2.1966 – BReg. 1a Z 8/66, BayObLGZ 1966, 82 (83); OLG Frankfurt v. 16.6.1967 – 6 W 91/67, OLGZ 1967, 352 (353); Keidel/*Schmidt*, § 18 FGG Rz. 26; *Bumiller*/Winkler, § 18 FGG Rz. 2; *Bassenge*/Roth, § 18 FGG Rz. 18.

4 Vgl. BT-Drucks. 16/6308, S. 198.

nach § 383 Abs. 3 unanfechtbar sind und daher auch nicht im Wege der Abänderung nach § 48 Abs. 1 verändert werden dürfen.[1] Auch die Abänderung eines Erbscheins scheidet nach § 2361 BGB aus; er muss eingezogen und durch einen neuen ersetzt werden.[2]

2. Verfahren

a) Zuständigkeit

16 Nach ausdrücklicher Anordnung des § 48 Abs. 1 Satz 1 ist wie bisher das **Gericht des ersten Rechtszugs** für die Veränderung zuständig. Mit der neuen Fassung des Gesetzes geht allerdings eine **Erweiterung seiner Kompetenzen** einher. Während das erstinstanzliche Gericht nach § 18 Abs. 1 FGG aF nur „eine von ihm erlassene Verfügung" abändern konnte, spricht § 48 Abs. 1 Satz 1 allgemein davon, dass es „eine rechtskräftige Endentscheidung" aufheben oder abändern kann. Damit wird zum einen klargestellt, dass es etwa im Falle einer **Abgabe nach § 4** auch die Entscheidung des zuvor zuständigen Gerichts nach § 48 Abs. 1 abändern kann.[3] Zum anderen geht aus dieser Formulierung aber auch hervor, dass das Gericht des ersten Rechtszugs auch **Entscheidungen der höheren Instanzen** abändern kann.[4] Damit ist die unglückliche Situation behoben, dass Entscheidungen der Rechtsmittelgerichte auch bei Vorliegen der Voraussetzungen praktisch nicht abgeändert werden konnten. Dazu war das Gericht erster Instanz früher nicht befugt, da es sich nicht um „eine von ihm erlassene Verfügung" gem. § 18 Abs. 1 FGG aF handelte.[5] Das Beschwerdegericht konnte sie aber nicht abändern, da es nicht mehr mit der Sache befasst und die Abänderungsbefugnis auf das Gericht erster Instanz beschränkt war.[6] Mit der Erweiterung der Befugnisse des Gerichts erster Instanz wird auch nicht der Instanzenzug in Frage gestellt, da es nur bei Vorliegen der Voraussetzungen des § 48 Abs. 1 Entscheidungen der nächsten Instanz abändern und hierin wiederum von den Rechtsmittelgerichten korrigiert werden kann. Zudem wurde die Möglichkeit der Abänderung durch das Gericht der ersten Instanz bei der nunmehr tatbestandlich zwingend erforderlichen Änderung der Sachlage schon früher bejaht.[7] Umgekehrt wird aus § 48 Abs. 1 Satz 1 auch ersichtlich, dass das Beschwerde- und Rechtsbeschwerdegericht auch dann nicht für eine Abänderung zuständig ist, wenn die betroffene Entscheidung von ihm stammt. Die höheren Instanzen werden in diesen Angelegenheiten erst auf ein Rechtsmittel tätig.

---

1 Vgl. Keidel/*Schmidt*, § 18 FGG Rz. 41; *Bumiller*/Winkler, § 18 FGG Rz. 16; *Bassenge*/Roth, § 18 FGG Rz. 3.

2 Keidel/*Schmidt*, § 18 FGG Rz. 45; *Bumiller*/Winkler, § 18 FGG Rz. 16; *Bassenge*/Roth, § 18 FGG Rz. 3.

3 So schon zum alten Recht Keidel/*Schmidt*, § 18 FGG Rz. 6.

4 So schon zum alten Recht (zweifelhaft) Keidel/*Schmidt*, § 18 FGG Rz. 32.

5 KG v. 22.9.1966 – 1 W 1721/66, OLGZ 1966, 608 (609); OLG Hamm v. 26.5.1970 – 15 W 26/70, OLGZ 1971, 84 (85); Keidel/*Schmidt*, § 18 FGG Rz. 7; *Bumiller*/Winkler, § 30 FGG Rz. 17; aA *Bassenge*/Roth, § 18 RGG Rz. 12.

6 KG v. 22.9.1966 – 1 W 1721, OLGZ 1966, 608 f.; KG v. 1.7.1999 – 1 W 6784/97, FGPrax 1999, 227 (228); OLG Hamm v. 26.5.1970 – 15 W 26/70, OLGZ 1971, 84 (85 f.); OLG Zweibrücken v. 17.12.2002 – 5 UF 112/00, FamRZ 2003, 961; Keidel/*Schmidt*, § 18 FGG Rz. 8 und für das Gericht der weiteren Beschwerde Rz. 9; *Bumiller*/Winkler, § 18 FGG Rz. 18; *Bassenge*/Roth, § 18 FGG Rz. 13.

7 KG v. 1.7.1999 – 1 W 6784/97, FGPrax 1999, 227 (228).

b) Mündliches Verfahren und rechtliches Gehör

Für die Erforderlichkeit einer mündlichen Verhandlung gelten im Verfahren nach § 48 Abs. 1 Satz 1 gegenüber anderen Entscheidungen in der Hauptsache **keine Erleichterungen**. Denn das Gericht erster Instanz hat eine neue Entscheidung zu treffen. Die Ermittlungen zur früheren, nunmehr uU abzuändernden Entscheidung genügen in aller Regel nicht mehr, da sich die Sachlage ja verändert hat. Lediglich zu unveränderten Tatsachen muss keine neue Anhörung, Beweisaufnahme etc. vorgenommen werden.[1] Daher muss die Erkenntnisquelle der **mündlichen Verhandlung** regelmäßig ausgeschöpft werden. Anderes kann für die **Veränderung der Rechtslage** gelten. Stehen nur Rechtsfragen zur Diskussion, so kann eine mündliche Verhandlung zur Aufklärung des Sachverhalts entbehrlich sein. Auch dann hat das erstinstanzliche Gericht aber den Betroffenen **rechtliches Gehör** zu gewähren. 17

c) Ermessen

Wenig gelungen erscheint die Formulierung in § 48 Abs. 1 Satz 1, wonach das Gericht des ersten Rechtszugs eine Entscheidung abändern „kann". Damit ist ihm kein Ermessen bei der Frage der Abänderung eingeräumt. Liegen die Voraussetzungen des § 48 Abs. 1 Satz 1 vor, so *muss* es die Entscheidung abändern, ähnlich wie es bei Vorliegen anderer Tatsachen von Anfang an eine abweichende Entscheidung hätte treffen müssen.[2] Die Formulierung in § 48 Abs. 1 Satz 1 soll lediglich klarstellen, dass nur das Gericht des ersten Rechtszugs und kein anderes Gericht (etwa das Beschwerdegericht) eine derartige Abänderung vornehmen kann. 18

3. Abänderung

a) Art der Änderung

Bei der Abänderung handelt es sich um eine **neue Entscheidung in der Hauptsache**. Sie hat daher als eigene Entscheidung nach §§ 38 ff. zu ergehen, nicht nur als Berichtigung oÄ. Allerdings ist in der Beschlussformel klarzustellen, dass die frühere Entscheidung abgeändert wird. Anderenfalls bestünden zB bei einer Ermäßigung periodisch anfallender Zahlungen zwei Vollstreckungstitel, aus denen der Gläubiger vorgehen könnte. In der Sache kann das Gericht die ursprüngliche Entscheidung „aufheben oder ändern". Dies umfasst jede Form der Korrektur. Neben der ersatzlosen Kassation ist auch eine partielle Veränderung möglich, etwa in der Höhe des monatlich zu zahlenden Betrags.[3] Der positiven Entscheidung im Abänderungsverfahren kommt **keine Rückwirkung** zu; sie wirkt nur ex nunc.[4] Für eine abweichende Anordnung durch das Gericht fehlt auch nach neuem Recht eine rechtliche Grundlage.[5] Bei mehrfachem Vorliegen der Voraussetzungen ist auch eine wiederholte Abänderung möglich.[6] Eine **reformatio in peius** entgegen dem Antrag auf Abänderung dürfte nunmehr in Antragsverfahren ausschei- 19

---

1 *Bassenge*/Roth, § 18 FGG Rz. 14.
2 Vgl. zum früheren Recht Keidel/*Schmidt*, § 18 FGG Rz. 4; *Bumiller*/Winkler, § 18 FGG Rz. 1; *Bassenge*/Roth, § 18 FGG Rz. 9.
3 Keidel/*Schmidt*, § 18 FGG Rz. 1; *Bassenge*/Roth, § 18 FGG Rz. 1.
4 OLG Jena v. 3.5.2001 – 6 W 127/01, FamRZ 2001, 1243; Keidel/*Schmidt*, § 18 FGG Rz. 30 u. 33; *Bumiller*/Winkler, § 18 FGG Rz. 19; *Bassenge*/Roth, § 18 FGG Rz. 16.
5 OLG Jena v. 3.5.2001 – 6 W 127/01, FamRZ 2001, 1243; Keidel/*Schmidt*, § 18 FGG Rz. 38; *Bumiller*/Winkler, § 18 FGG Rz. 19; aA BayObLG v. 21.10.1993 – 3 Z BR 171/93, FamRZ 1994, 317 f.
6 Keidel/*Schmidt*, § 18 FGG Rz. 5; *Bassenge*/Roth, § 18 FGG Rz. 14.

den.[1] Wenn schon bei der Rüge ursprünglicher Fehler im Rechtsmittelverfahren keine Verschlechterung zu Lasten des Antragstellers eintreten darf, kann für die Geltendmachung nachträglicher Unrichtigkeit nichts anderes gelten. Hingegen ist das Gericht in Amtsverfahren insoweit nicht gebunden, da der „Antrag" auf Abänderung hier nur eine Anregung darstellt (s. Rz. 11).

b) Korrektur ursprünglicher Fehler der früheren Entscheidung

20 Nach diesen Grundsätzen könnte fraglich sein, wie frühere Fehler der Entscheidung zu behandeln sind. Keinem Zweifel dürfte es unterliegen, dass fehlerhafte Entscheidungen bei einer Änderung der Sach- oder Rechtslage grundsätzlich ebenfalls nach § 48 Abs. 1 Satz 1 abgeändert werden können. Auch wenn die Möglichkeit der Abänderung jetzt nicht mehr vorrangig der Korrektur ursprünglich fehlerhafter Entscheidungen dient, kann solchen aber keine höhere Rechtsbeständigkeit zukommen als den bei ihrem Erlass richtigen Beschlüssen, die nach einer Änderung der Sach- oder Rechtslage abzuändern sind. Weniger klar erscheint, ob im Abänderungsverfahren auch solche Fehler behoben werden können, die nicht auf der Änderung der Sach- oder Rechtslage beruhen.[2] Dies dürfte aber nicht nur deswegen zu bejahen sein, da es dem Gericht kaum zuzumuten ist, eine als unrichtig erkannte Entscheidung sehenden Auges aufrechtzuerhalten. Vielmehr folgt dies aus dem Wortlaut des § 48 Abs. 1 Satz 1. Denn die Änderung darf nicht nur erfolgen, „soweit" sich die Sach- oder Rechtslage geändert hat, sondern „wenn" sie sich geändert hat. Das Gericht erster Instanz kann also bei Vorliegen dieser Voraussetzungen die **gesamte Entscheidung überprüfen** und auch frühere Fehler korrigieren, die nicht auf der Änderung der Sach- oder Rechtslage beruhen.

c) Anfechtbarkeit

21 Als eigenständige Entscheidung ist die Abänderung nach § 48 Abs. 1 nach den **allgemeinen Regeln** mit der Beschwerde und der Rechtsbeschwerde anfechtbar. Es müssen daher die für Rechtsmittel erforderlichen Voraussetzungen wie Mindestbeschwerdewert, Rechtsschutzbedürfnis etc. gegeben sein. Auch fehlerhafte Abänderungen können in Rechtskraft erwachsen und sind nicht unwirksam.[3]

II. Wiederaufnahme des Verfahrens (Absatz 2)

1. Bedeutung

22 Die Wiederaufnahme des Verfahrens stellt eine Möglichkeit dar, nach Eintritt der Rechtskraft bereits bei Erlass der Entscheidung vorliegende Mängel zu rügen. Dies setzt freilich voraus, dass es sich um besonders gravierende Fehler handelt. § 48 Abs. 2 kodifiziert insoweit die schon bislang gängige Praxis, die in der Regelung der §§ 578 ff. ZPO einen allgemeinen, auch auf Verfahren der freiwilligen Gerichtsbarkeit übertragbaren Rechtsgedanken erblickte.[4] Problematisch ist allerdings die pauschale Verweisung auf diese Vorschriften.

1 Anders zum alten Recht Keidel/*Schmidt*, § 18 FGG Rz. 23.
2 Zu den Abgrenzungsschwierigkeiten vgl. Keidel/*Schmidt*, § 18 FGG Rz. 2.
3 Anders zum früheren Recht Keidel/*Schmidt*, § 18 FGG Rz. 39; *Bassenge*/Roth, § 18 FGG Rz. 15.
4 BT-Drucks. 16/6308, S. 198; vgl. Keidel/*Schmidt*, § 18 FGG Rz. 69; *Bassenge*/Roth, § 18 FGG Rz. 26.

2. „Entsprechende" Anwendung der §§ 578 ff. ZPO

a) Problem

Über den Verweis in § 48 Abs. 2 sollen die §§ 578 ff. ZPO „entsprechende Anwendung" finden. Dies wirft im Verfahren nach dem FamFG insoweit Probleme auf, als in den §§ 578 ff. ZPO naturgemäß von den **„Parteien"** die Rede ist, was nicht ohne weiteres durch „Beteiligte" ersetzt werden kann. Wenn § 579 Abs. 1 Nr. 4 ZPO etwa die nicht den Vorschriften der ZPO entsprechende Vertretung der „Parteien" als Wiederaufnahmegrund normiert, wird man schwerlich wegen eines derartigen Fehlers bei einem beliebigen Beteiligten ebenfalls die Rechtskraft einer Entscheidung nach §§ 38 ff. zur Disposition stellen können. Denn oftmals werden am Verfahren Personen oder Behörden nur zur Wahrung rechtlichen Gehörs beteiligt. Etwa im Streit um den Versorgungsausgleich wird man es den Eheleuten kaum zumuten können, wegen eines Fehlers in der Vertretung der nach § 219 beteiligten Träger von Pensions- und Rentenkassen etc. die rechtskräftige Entscheidung erneut – uU mit erheblichem finanziellen Aufwand – in einem neuen Verfahren überprüfen zu lassen. Die **Zwei-Parteien-Systematik** kommt selbst in echten Streitverfahren an ihre Grenzen, wenn ein solcher nur aus Gründen rechtlichen Gehörs Beteiligter die Wiederaufnahme erzwingen wollte. Dann müsste er sich gegen die ursprünglichen Verfahrensgegner – etwa die Eheleute – richten, was mit einer Verschiebung der ursprünglichen „Parteirollen" einherginge: Im Beispielsfall würden die Eheleute zu „Beklagten" und der Träger der Pensions- und Rentenkasse zum „Kläger", ein erkennbar sinnwidriges Ergebnis. Dies wird noch deutlicher, wenn man berücksichtigt, dass in den zivilprozessualen Vorschriften, etwa in § 580 Nr. 1 ZPO, bisweilen vom „Gegner" die Rede ist. Es bedarf also eines entsprechenden **Gegensatzes zwischen den Beteiligten**. Auf der anderen Seite wird man das Wiederaufnahmeverfahren nicht nur in solchen Fällen zulassen können, in denen sich die Beteiligten wie im Zivilprozess gegenüberstehen. Denn der Gesetzgeber wollte eine solche Beschränkung nicht; vielmehr ordnete er die entsprechende Anwendung der §§ 578 ff. ZPO für alle Verfahren nach dem FamFG an, nicht nur für echte Streitverfahren oder gar nur einen Teil von ihnen. 23

b) Lösung

Man wird dieses Problem dadurch in den Griff bekommen, dass man sich an dem eingangs dargelegten Regelungszweck orientiert. Denn § 48 Abs. 2 FamFG iVm. §§ 578 ff. ZPO soll den Beteiligten letztlich nur eine Möglichkeit zur Korrektur anfänglicher Fehler einer Entscheidung eröffnen, die sie mit ordentlichen Rechtsmitteln nicht geltend machen konnten (§ 48 Abs. 2 iVm. §§ 579 Abs. 2, 582 ZPO). Die Möglichkeit der Überprüfung mit Rechtsmitteln setzt aber die Beschwerdeberechtigung eines Beteiligten voraus. Von dieser Voraussetzung wird man im Wiederaufnahmeverfahren nicht absehen können, nur weil er den Mangel nicht rechtzeitig geltend machen konnte. Man wird daher bei entsprechender Anwendung der §§ 578 ff. ZPO im Hinblick auf den Begriff der „Partei" bzw. des „Gegners" darauf abstellen müssen, ob der Beteiligte, der deren Rechte im Verfahren nach dem FamFG geltend machen will, **iSd. § 59 beschwert** ist. Denn nur dann besteht ein ähnlicher Interessengegensatz zwischen ihm und den übrigen Beteiligten, der die „entsprechende" Anwendung der §§ 578 ff. ZPO rechtfertigt. Nach diesen Grundsätzen sind die §§ 578 ff. ZPO in Verfahren nach dem FamFG ohne Einschränkungen anwendbar, wenn es sich um **echte Streitverfahren** handelt, in denen sich nur zwei Beteiligte wie Parteien im Zivilprozess gegenüberstehen.[1] Darüber hinaus kommt eine Wiederaufnahme in den Verfahren in Betracht, in denen sich nicht 24

---

1 Vgl. zur Problematik auch *Jacoby*, FamRZ 2007, 1703 (1704).

nur zwei Beteiligte wie im Zivilprozess gegenüberstehen, sondern eine **größere Anzahl in gleicher Weise Beteiligter** ihr Recht verfolgt. Hier wird man jedem Beteiligten, der beschwerdeberechtigt wäre, auch die in §§ 578 ff. ZPO normierten Rechte einer „Partei" zubilligen können. Eine solche entsprechende Anwendung der §§ 578 ff. ZPO ist auch in Verfahren möglich, in denen zwar mehrere Beteiligte existieren, aber **in ganz ungleicher Weise am Ausgang des Verfahrens interessiert** sind. Hätte ein Beteiligter die Möglichkeit gehabt, gegen die erstinstanzliche Entscheidung Rechtsmittel einzulegen, dann ist ihm damit eine Verfahrensposition eingeräumt, die auch die Geltendmachung ursprünglicher Fehler der Entscheidung im Wiederaufnahmeverfahren gestattet. Schließlich kann diese Handhabung auch auf **Amtsverfahren** übertragen werden.

3. Wiederaufnahmegründe und weiteres Verfahren

25 Hinsichtlich der **Voraussetzungen** eines Nichtigkeits- bzw. Restitutionsantrags weicht das Verfahren nach dem FamFG nicht von den §§ 579 ff. ZPO ab. Insoweit kann daher auf die Kommentierung der zivilprozessualen Vorschriften verwiesen werden.[1] Im Hinblick auf die **Zuständigkeit** ist der ausschließliche Gerichtsstand nach § 584 ZPO zu beachten, wonach auch das Beschwerde- oder Revisionsgericht für das Wiederaufnahmeverfahren zuständig sein kann. Bei entsprechender Anwendung ist der Verweis auf die allgemeinen Vorschriften in § 585 ZPO auf die Vorschriften des FamFG zu beziehen. Aus § 48 Abs. 2 FamFG iVm. § 586 ZPO folgt, dass die Wiederaufnahme auch in Verfahren nach dem FamFG nur auf **Antrag** erfolgt, was auch in Amtsverfahren gilt.[2] Das Gericht des ersten Rechtszugs muss also in keinem Fall von Amts wegen tätig werden. Der Antrag muss nach § 48 Abs. 2 FamFG iVm. § 586 Abs. 1 und 2 ZPO binnen einer **Notfrist von einem Monat** nach Erlangung der Kenntnis von dem Wiederaufnahmegrund zugestellt werden, wobei dem Antragsteller insoweit die Fiktion des § 167 ZPO zugute kommt. Die inhaltlichen Anforderungen an die Antragsschrift ergeben sich aus § 48 Abs. 2 FamFG iVm. §§ 587, 588 ZPO. Für das weitere Verfahren wird häufig eine erneute **mündliche Verhandlung** erforderlich sein, unabhängig davon, ob im früheren Verfahren bereits ein Termin nach § 32 durchgeführt wurde. Deren Notwendigkeit ist neu vor dem Hintergrund der Tatsachen zu beurteilen, die im Zusammenhang mit den Wiederaufnahmegründen vorgebracht werden. Insoweit ist die mündliche Verhandlung wiederum zur Gewinnung von Erkenntnissen und der Gewährung rechtlichen Gehörs erforderlich. Sie kann demnach nur in Ausnahmefällen entbehrlich sein, etwa bei Nichteinhaltung der Frist des § 586 ZPO oder dann, wenn selbst nach dem eigenen Vorbringen des Antragstellers kein Wiederaufnahmegrund vorliegt. Über die Zulässigkeit kann nach § 48 Abs. 2 FamFG iVm. § 590 Abs. 2 Satz 1 ZPO vorab verhandelt werden. Für die Anfechtbarkeit gelten in entsprechender Anwendung von § 591 ZPO die allgemeinen Regeln.

III. Keine außerordentlichen Rechtsmittel gegen die Genehmigung von Rechtsgeschäften (Absatz 3)

26 Eine entscheidende Änderung gegenüber dem früheren Recht enthält § 48 Abs. 3. Danach kann ein Beschluss, der die Genehmigung eines Rechtsgeschäftes erteilt oder

1 Zum ausdrücklichen Verzicht auf eine eigenständige Regelung im FamFG s. BT-Drucks. 16/6308, S. 198.

2 Vgl. hierzu die ausdrückliche Stellungnahme des Gesetzgebers in BT-Drucks. 16/6308, S. 198; zum alten Recht s. Keidel/*Schmidt*, § 18 FGG Rz. 70.

verweigert, nicht mehr mit den außerordentlichen Rechtsmitteln der Wiedereinsetzung, der Anhörungsrüge, der Abänderung nach § 48 Abs. 1 und der Wiederaufnahme angegriffen werden. Voraussetzung ist allein, dass er bereits wirksam geworden ist, was regelmäßig mit seiner formellen Rechtskraft der Fall ist (§ 40 Abs. 2). Mit ihrem Eintritt werden diese Beschlüsse somit endgültig unanfechtbar. Dem Wortlaut der Norm zufolge gilt dies nur für die **Genehmigung eines einzelnen Rechtsgeschäftes**, etwa für die Zustimmung zur Verfügung über das gesamte Vermögen nach § 1365 Abs. 2 BGB oder über einzelne Haushaltsgegenstände nach § 1369 Abs. 2 BGB, nicht aber für die Verleihung der **Fähigkeit oder der Befugnis, Rechtsgeschäfte vorzunehmen und Willenserklärungen entgegenzunehmen**. Denn § 48 Abs. 3 spricht ausdrücklich von der „Genehmigung für *ein* Rechtsgeschäft". Dies dürfte auch dem Willen des Gesetzgebers entsprechen. Durch § 48 Abs. 3 sollte ja die Position der Geschäftspartner verbessert werden, die auf die Wirksamkeit der gerichtlichen Entscheidung vertrauen,[1] nicht aber die Stellung derjenigen, die die Willenserklärung abgeben. Es besteht kein Anlass, etwa die Bestellung zum Betreuer der Anfechtung mit außerordentlichen Rechtsbehelfen zu entziehen. Schutzbedürftig ist nicht der Betreuer im Hinblick auf erst künftig vorzunehmende Geschäfte, sondern nur der Geschäftspartner im Hinblick auf bereits getätigte. Dessen Vertrauen auf gerichtliche Entscheidungen wird aber im Fall der Fähigkeit oder Befugnis zur Abgabe von Rechtsgeschäften durch § 47 hinreichend geschützt.[2] Etwa die Ermächtigung zum selbständigen Betrieb eines Erwerbsgeschäftes nach § 112 BGB oder zum Eingehen eines Dienst- oder Arbeitsverhältnisses nach § 113 BGB werden also von § 48 Abs. 3 ebenso wenig erfasst wie die Bestellung zum Vormund (§§ 1789 ff. BGB), Pfleger (§§ 1915, 1789 BGB), Nachlasspfleger (§§ 1960 f. BGB), Nachlassverwalter (§§ 1981, 1984 BGB) oder Testamentsvollstrecker (§ 2200 BGB). Die damit verliehene Fähigkeit oder Befugnis, Rechtsgeschäfte vorzunehmen und Willenserklärungen entgegenzunehmen, kann also auch auf außerordentliche Rechtsmittel wie Wiedereinsetzung, Anhörungsrüge, Antrag auf Abänderung nach § 48 Abs. 1 oder Wiederaufnahme aufgehoben oder beschränkt werden.

Abschnitt 4
Einstweilige Anordnung

Literatur: *van Els*, Verhältnis von Hauptverfahren zum Eilverfahren, FPR 2008, 406; *Gießler*, Das einstweilige Anordnungsverfahren, FPR 2006, 421; *Schürmann*, Die einstweilige Anordnung nach dem FamFG, FamRB 2008, 375.

§ 49
Einstweilige Anordnung

(1) Das Gericht kann durch einstweilige Anordnung eine vorläufige Maßnahme treffen, soweit dies nach den für das Rechtsverhältnis maßgebenden Vorschriften gerechtfertigt ist und ein dringendes Bedürfnis für ein sofortiges Tätigwerden besteht.

1 BT-Drucks. 16/6308, S. 199.
2 Vgl. BT-Drucks. 16/6308, S. 198 f.; zum alten Recht Keidel/*Schmidt*, § 18 FGG Rz. 36.

(2) Die Maßnahme kann einen bestehenden Zustand sichern oder vorläufig regeln. Einem Beteiligten kann eine Handlung geboten oder verboten, insbesondere die Verfügung über einen Gegenstand untersagt werden. Das Gericht kann mit der einstweiligen Anordnung auch die zu ihrer Durchführung erforderlichen Anordnungen treffen.

A. Allgemeines

I. Entstehung

1 §§ 49 ff. enthalten die **allgemeinen Vorschriften** über einstweilige Anordnungen. Sie ersetzen die Vorschriften, die bisher in §§ 127a, 620 ff., 621g, 644 ZPO aF und in §§ 24 Abs. 3, 64b Abs. 3 FGG aF enthalten waren und regeln diese neu.

II. Systematik

2 §§ 49 ff. gelten für einstweilige Anordnungen aller Art, soweit das FamFG keine Sonderregelungen enthält. **Besondere Vorschriften** über einstweilige Anordnungen finden sich in § 119 (Familienstreitsachen), § 214 (Gewaltschutzsachen), §§ 246 ff. (Unterhaltssachen, Verfahrenskostenvorschuss), §§ 300 ff. (vorläufiger Betreuer, vorläufiger Einwilligungsvorbehalt), §§ 331 ff. (vorläufige Unterbringungsmaßnahme) und in § 427 (vorläufige Freiheitsentziehung). Nach § 119 Abs. 1 Satz 1 sind die Vorschriften über die einstweilige Anordnung auch in Familienstreitsachen anzuwenden. Einstweilige Verfügungen in Unterhaltssachen sind damit ausnahmslos ausgeschlossen.[1] Dagegen bleibt der persönliche oder der dingliche Arrest in Familienstreitsachen neben der einstweiligen Anordnung möglich (§ 119 Abs. 2). Bestehen keine Sondervorschriften, sind für einstweilige Anordnungen nur §§ 49 ff. anzuwenden.

3 Im Unterschied zum früheren Recht ist die Anhängigkeit einer gleichartigen Hauptsache bzw. der Eingang eines diesbezüglichen Gesuchs auf Bewilligung von Prozesskostenhilfe nicht mehr Voraussetzung für eine einstweilige Anordnung. Diese ist **von einer Hauptsache unabhängig**, sie ist nicht mehr auf eine vorläufige Regelung in einem anhängigen Verfahren gerichtet. Sie hat den Charakter eines **vereinfachten, beschleunigten Verfahrens**. Dies entspricht der Rechtslage bei Arrest und einstweiliger Verfügung. In Antragsverfahren steht deshalb den Beteiligten die Einleitung eines zusätzlichen Hauptsacheverfahrens frei. In Amtsverfahren hat das Gericht die Pflicht

1 RegE BT-Drucks. 16/6308, S. 226.

zu überprüfen, ob die Einleitung eines Hauptsacheverfahrens von Amts wegen erforderlich ist. § 52 Abs. 1 regelt darüber hinaus, dass in Amtsverfahren auf Antrag eines von einer einstweiligen Anordnung Betroffenen das Gericht das Hauptsacheverfahren einzuleiten hat. In Antragsverfahren kann der Betroffene nach § 52 Abs. 2 beantragen, dass dem Antragsteller unter Fristsetzung aufgegeben wird, Antrag auf Einleitung des Hauptsacheverfahrens zu stellen. Wenn es nicht beantragt wird und wenn in Amtsverfahren das Gericht ein weiter gehendes Tätigwerden auch nicht für erforderlich hält, kommt es nicht mehr zu einem gleichartigen Hauptsacheverfahren über den Verfahrensgegenstand.

III. Normzweck

4 Durch einstweilige Anordnungen sollen die rechtlichen Beziehungen der Beteiligten vorläufig geregelt und geschlichtet und aktuelle Bedürfnisse in einem **summarischen, beschleunigten Verfahren** befriedigt werden. Für eine einstweilige Anordnung kommen im Grundsatz nur vorläufige Maßnahmen in Betracht. Diese sollen die Hauptsache nicht vorwegnehmen (Grundsatz des Verbots der Vorwegnahme der Hauptsache). Davon machen aber Gesetz und Rechtsprechung Ausnahmen, weil bei strikter Beachtung dieses Grundsatzes eine vorläufige Regelung gar nicht ergehen könnte, obwohl ein dringendes Regelungsbedürfnis nicht verneint werden kann. Einstweilige Anordnungen sollten möglichst nicht dazu führen, dass sich ein bestimmter Zustand verfestigt. Es bleibt aber vielfach nur eine Abwägung der Folgen, die eintreten können, wenn eine einstweilige Anordnung ergeht oder wenn sie abgelehnt wird.[1]

B. Inhalt der Vorschrift

I. Absatz 1

5 § 49 enthält den **Grundtatbestand der einstweiligen Anordnung**. Nach Abs. 1 kann das Gericht durch einstweilige Anordnung eine vorläufige Maßnahme treffen, soweit dies nach den für das Rechtsverhältnis maßgebenden Vorschriften gerechtfertigt ist. Diese Voraussetzung entspricht dem Erfordernis eines Verfügungsanspruchs (Anspruchsgrundlage). Die Bestimmungen über den Erlass einer einstweiligen Anordnung sind verfahrensrechtlicher Natur. Sie enthalten **keine materiell-rechtliche Anspruchsgrundlage** für das geforderte Begehren. Diese ergibt sich aus dem anwendbaren sachlichen, ggf. auch ausländischen Recht. Ohne eine dahingehende Anspruchsgrundlage kann eine vorläufige Maßnahme nicht getroffen werden.

6 Weiterhin ist nach § 49 Abs. 1 – von besonderen Vorschriften abgesehen – für den Erlass einer einstweiligen Anordnung ein dringendes Bedürfnis für ein sofortiges Tätigwerden erforderlich. Der Erlass einer einstweiligen Anordnung setzt ein **Regelungsbedürfnis** voraus, also ein dringendes Bedürfnis für ein alsbaldiges Einschreiten, das ein Abwarten bis zur endgültigen Entscheidung nicht gestattet.[2] Ist ein solches Regelungsbedürfnis gegeben, hat das Gericht kein freies Handlungsermessen. Vielmehr hat es

1 Anschaulich zu dieser Folgenabwägung die st. Rspr. des BVerfG zu § 32 BVerfGG, zB BVerfG v. 21.5.2008 – 1 BvR 1192/08, FamRZ 2008, 1507; OLG Brandenburg v. 4.11.2008 – 10 WF 225/08, FamRZ 2009, 445.

2 BayObLG v. 3.11.1998 – 1 Z BR 106/98, FamRZ 1999,1457; OLG Stuttgart v. 14.9.1999 – 15 WF 347/99, FamRZ 2000, 965.

bei Vorliegen des Regelungsbedürfnisses eine einstweilige Anordnung zu erlassen. Das Wort „kann" bezeichnet nur die Anordnungskompetenz, ermöglicht dem Gericht bei Vorliegen des Regelungsbedürfnisses aber keine Ermessensentscheidung.[1]

II. Absatz 2

7 Abs. 2 enthält eine nähere Bezeichnung der für eine einstweilige Anordnung **in Betracht kommenden Maßnahmen.**

8 **1.** Satz 1 nennt als Beispiel die **Sicherungsanordnung** und die **Regelungsanordnung** (vgl. §§ 935 und 940 ZPO), wobei mit dieser Formulierung keine Begrenzung bei der Auswahl der in Betracht kommenden Maßnahmen verbunden ist.

9 **2.** Satz 2 nennt in Anlehnung an § 938 Abs. 2 ZPO einige praktisch bedeutsame Fälle vorläufiger Maßnahmen, wie etwa **Gebote** oder **Verbote** und hierbei insbesondere das **Verfügungsverbot**. Diese Aufzählung ist nur beispielhaft und nicht abschließend. Es kommen auch Regelungen in Betracht, die einer Hauptsacheentscheidung entsprechen (zB zum Unterhalt oder über den Aufenthalt eines Kindes).

10 **3.** Satz 3 stellt klar, dass von der Anordnungskompetenz des Gerichts auch flankierende Maßnahmen umfasst sind, die für die praktische Durchführung und Vollstreckung der Entscheidung erforderlich sind. Ein diesbezüglicher Antrag ist nicht erforderlich, und zwar auch dann nicht, wenn das Gericht im einstweiligen Anordnungsverfahren dem Grunde nach einer Bindung an die gestellten Anträge unterliegt. Zu solchen **Durchführungsanordnungen** zählen zB Räumungsfristen bei der Wohnungszuweisung oder Ge- und Verbote im Zusammenhang mit Umgangsregelungen.[2]

C. Beispiele für einstweilige Anordnungen

11 Als Regelungsgegenstände für einstweilige Anordnungen kommen in Familiensachen und in Angelegenheiten der freiwilligen Gerichtsbarkeit insbesondere folgende Sachverhalte in Betracht:

1. Elterliche Sorge

12 Können sich Eltern nicht über den Aufenthalt eines Kindes einigen, kann das Aufenthaltsbestimmungsrecht vorläufig einem Elternteil übertragen werden (§ 1671 Abs. 2 Nr. 2 BGB). Hat ein Elternteil eigenmächtig mit einem gemeinsamen Kind die gemeinsame Wohnung verlassen, kann die Herausgabe des Kindes an den anderen Elternteil angeordnet werden. Steht ein eigenmächtiger Auszug bevor, kann angeordnet werden, dass der betreffende Elternteil den gewöhnlichen Aufenthalt eines gemeinsamen Kindes gegen den Willen des anderen Elternteils nicht ohne familiengerichtliche Entscheidung verlegen kann. Durch einstweilige Anordnung kann auch einem Elternteil die Befugnis übertragen werden, eine Angelegenheit, deren Regelung für das Kind von erheblicher Bedeutung ist (Schulwechsel, Umzug, Ausschlagung einer überschuldeten Erbschaft[3]), allein zu entscheiden (§ 1628 BGB). Weigert sich ein Elternteil, bei der

1 Zöller/*Philippi*, § 620 ZPO Rz. 4; OLG Stuttgart v. 14.9.1999 – 15 WF 347/99, FamRZ 2000, 965.
2 *Schürmann*, FamRB 2008, 375 (378).
3 Vgl. den Fall OLG Hamm v. 16.4.2002 – 15 W 38/02, NJW 2002, 2477.

Ausstellung eines Kinderausweises mitzuwirken, kann dem anderen Elternteil das entsprechende Recht zur alleinigen Ausübung übertragen (§ 1628 BGB) und durch einstweilige Anordnung eine Eilentscheidung getroffen werden.[1] Durch einstweilige Anordnung kann die Herausgabe eines Kindes angeordnet werden, wenn die Voraussetzungen des § 1632 Abs. 1 BGB vorliegen, etwa wenn ein Kind den Eltern oder einem Elternteil von einem Dritten widerrechtlich vorenthalten wird oder wenn es dem personenberechtigten Elternteil vom nur umgangsberechtigten Elternteil nicht mehr zurückgegeben wird.

Einstweilige Anordnungen im Bereich der elterlichen Sorge (Schutzmaßnahmen zugunsten eines Kindes nach §§ 1666, 1666a BGB) ergehen häufig auch auf Grund einer Mitteilung des Jugendamts nach § 8 a Abs. 3 SGB VIII. Die verfassungsrechtliche Dimension von Art. 6 GG beeinflusst dabei auch das Prozessrecht, auch und gerade in kindschaftsrechtlichen Eilverfahren.[2] Dies gilt vor allem deshalb, weil Eilmaßnahmen die Gefahr einer Verfestigung des vorläufig geschaffenen Zustandes in sich bergen, die später nicht oder nur schwer rückgängig zu machen ist. Eine Eilmaßnahme nach §§ 1666, 1666a BGB muss daher auf einer möglichst zuverlässigen Entscheidungsgrundlage beruhen.[3] Durch einstweilige Anordnung kann auch einem Elternteil (oder den Eltern) verboten werden, ein Kind ins Ausland zu verbringen, wenn die Voraussetzungen des § 1666 BGB vorliegen.[4] Bestehen dringende Gründe dafür, dass ein Minderjähriger geschlossen untergebracht werden muss (§ 1631b BGB), kann durch einstweilige Anordnung eine vorläufige Unterbringung genehmigt werden (§ 331 f.). 12a

2. Persönlicher Umgang

Streiten Eltern über den persönlichen Umgang mit einem gemeinsamen Kind, kann der persönliche Umgang durch einstweilige Anordnung geregelt (§ 1684 Abs. 3 BGB) oder vorläufig ausgeschlossen werden (§ 1684 Abs. 4 BGB). Eine einstweilige Anordnung kann auch dann ergehen, wenn der Streit um den persönlichen Umgang sich nur auf einzelne Tage (zB hohe Feiertage), auf ein bestimmtes Wochenende oder nur auf einen Ferienumgang bezieht. Zur Verhinderung einer Kindesentführung ins Ausland kann auch die Hinterlegung eines Reisepasses (des Kindes oder des Umgangsberechtigten) angeordnet werden.[5] 13

3. Unterhalt

In Unterhaltssachen besteht häufig das Bedürfnis, den Unterhalt eines Kindes (§§ 1601 ff. BGB), den Ehegattentrennungsunterhalt (§ 1361 BGB), den nachehelichen Unterhalt (§§ 1570 ff. BGB) oder den Betreuungsunterhalt nach § 1615l BGB vorläufig zu regeln (§§ 246 ff.). In Unterhaltssachen ist dabei ein dringendes Bedürfnis für ein sofortiges Tätigwerden nicht erforderlich. Abweichend von § 49 kann insbesondere auch eine Zahlung angeordnet werden (keine Begrenzung auf vorläufige Maßnahmen). In Unterhaltssachen setzt der Erlass einer einstweiligen Anordnung damit wie bisher keine Notsituation voraus. Der Gläubiger muss lediglich seinen Unterhaltsanspruch 14

1 OLG Karlsruhe v. 20.9.2004 – 16 WF 124/04, FamRZ 2005, 1187.
2 BVerfG v. 21.6.2002 – 1 BvR 605/02, FamRZ 2002, 1021; vgl. dazu auch EuGHMR v. 8.4.2004 – Beschwerde Nr. 11057/02, FamRZ 2005, 585, 588: Eilmaßnahmen nur dann, wenn eine unmittelbare Gefährdung eines Kindes tatsächlich festgestellt worden ist.
3 BVerfG v.19.12.2007 – 1 BvR 2681/07, FamRZ 2008, 492.
4 OLG Karlsruhe v. 15.6.2001 – 16 UF 30/01, FamRZ 2002, 1273.
5 OLG Frankfurt v. 4.6.1996 – 20 W 170/96, FamRZ 1997, 571.

schlüssig darlegen und glaubhaft machen.[1] Unterhalt kann im Wege der einstweiligen Anordnung in vollem Umfang ohne zeitliche Begrenzung zuerkannt werden, soweit die Voraussetzungen hierfür glaubhaft gemacht werden.[2] Er ist nicht auf einen Notbedarf beschränkt. Rückständiger Unterhalt kann allerdings nicht im Wege der einstweiligen Anordnung geltend gemacht werden, sondern nur Unterhalt ab Antragstellung.[3]

14a Für die Einleitung eines Verfahrens auf Kindesunterhalt zwischen miteinander verheirateten Eltern ist § 1629 Abs. 3 Satz 1 BGB zu beachten: Das Verfahren der einstweiligen Anordnung muss bei Getrenntleben oder Anhängigkeit einer Ehesache von dem Elternteil, der den Kindesunterhalt geltend machen will, im eigenen Namen beantragt werden. Nach rechtskräftiger Scheidung muss dagegen das eheliche Kind, vertreten durch den Elternteil, den Unterhalt als Partei geltend machen. Letzteres (Führung des Verfahrens im eigenen Namen des Kindes) gilt auch, wenn die Eltern nicht miteinander verheiratet waren.

14b Eine einstweilige Anordnung auf Zahlung eines Verfahrenskostenvorschusses ermöglicht § 246 Abs. 1, wenn nach materiellem Recht die Voraussetzungen der §§ 1361 Abs. 4 Satz 4, 1360a Abs. 4 BGB vorliegen. Ein Anspruch auf Prozesskostenvorschuss besteht dem Grunde nach auch beim Kindesunterhalt, und zwar auch von volljährigen Kindern gegenüber ihren Eltern für die Kosten eines Rechtsstreits in persönlichen Angelegenheiten.[4] Dagegen besteht kein Anspruch auf Prozesskostenvorschuss mehr zwischen geschiedenen Ehegatten.[5] Durch die Möglichkeit, in Unterhaltssachen eine einstweilige Anordnung zu erwirken, ist die früher anerkannte einstweilige Verfügung auf Notunterhalt (§§ 935 ff. ZPO) dagegen überflüssig geworden und nach dem FamFG ausnahmslos ausgeschlossen.[6] § 119 Abs. 1 sieht dies jetzt ausdrücklich vor. In Familienstreitsachen (§ 112) lässt § 119 Abs. 2 aber weiterhin die Anordnung eines persönlichen oder dinglichen Arrestes zu.

14c Ein Arrest kommt in Betracht, um künftige Unterhaltsansprüche zu sichern (oder Unterhaltsrückstände, wenn noch kein Titel vorhanden ist), wenn Vermögensverschiebungen zu besorgen sind oder wenn sich der Unterhaltsschuldner in das Ausland absetzen will (§§ 917 f. ZPO). Ein Arrestgrund liegt zB dann vor, wenn Vermögen (zB eine Abfindung für die Auflösung eines Arbeitsverhältnisses) bewusst beiseite geschafft wird.[7]

4. Güterrecht

15 Zum Schutz vor illoyalen Vermögensminderungen kann nach § 1385 BGB vorzeitiger Ausgleich des Zugewinns im Wege der Leistungsklage verlangt werden. Dieser künftige Zugewinnausgleichsanspruch kann durch Arrest nach § 916 ZPO gesichert werden, was vor der Verabschiedung des neuen Güterrechts sehr streitig war.[8]

---

1 OLG Naumburg v. 4.2.2003 – 8 WF 248/02, FamRZ 2004, 478.
2 *Borth*, FamRZ 2007, 1925 (1929); AG Recklinghausen v. 19.11.2002 – 47 F 183/02, FamRZ 2003, 1103.
3 *Schürmann*, FamRB 2008, 375 (377).
4 BGH v. 23.3.2005 – XII ZB 13/05, NJW 2005, 1722.
5 BGH v. 15.11.1989 – IVb ZR 95/88, FamRZ 1990, 280.
6 RegE BT-Drucks. 16/6308, S. 226; Thomas/Putzo/*Hüßtege*, § 644 ZPO Rz. 1; OLG Nürnberg v. 28.7.1998 – 10 WF 2399/98, FamRZ 1999, 30.
7 Einzelheiten zum Arrest zur Sicherung von Unterhalt FA-FamR/*v. Heintschel-Heinegg*, 1. Kap. Rz. 254 ff.
8 Nachweise bei Palandt/*Brudermüller*, § 1378 BGB Rz. 19 und eingehend FA-FamR/*v. Heintschel-Heinegg*, 1. Kap. Rz. 240 ff.

5. Ehewohnung und Hausrat, Gewaltschutz

Begehrt ein Ehegatte die Zuweisung der Ehewohnung (§ 1361b BGB, § 2 GewSchG), kann dies auch durch einstweilige Anordnung ausgesprochen werden. Auch ein Streit über Haushaltsgegenstände kann durch einstweilige Anordnung geregelt werden (§ 1361a BGB). Durch einstweilige Anordnung kann auch der Schutz vor Nachstellungen geregelt werden (Betretungs-, Näherungs- und Kontaktverbot nach § 1 GewSchG, vgl. § 214). 16

6. Betreuungs- und Unterbringungssachen

Durch einstweilige Anordnung kann bei Eilbedürftigkeit auf Grund des § 1896 Abs. 1 BGB ein vorläufiger Betreuer bestellt oder nach § 1903 Abs. 1 BGB ein vorläufiger Einwilligungsvorbehalt angeordnet werden (§ 300). Dringend erforderliche ärztliche Behandlungen können nach §§ 1908i Abs. 1 Satz 1, 1846 BGB durch einstweilige Anordnung genehmigt werden, wenn der Betroffene nicht einwilligungsfähig ist und ein Betreuer wegen Eilbedürftigkeit nicht mehr bestellt werden kann. Durch einstweilige Anordnung können auf Grund des § 1906 Abs. 4 BGB freiheitsbeschränkende Maßnahmen (Fixierung) angeordnet oder genehmigt werden, wenn mit dem Aufschub der Maßnahme eine Gefahr für den Betroffenen verbunden wäre. Durch einstweilige Anordnung kann auch eine schützende vorläufige geschlossene Unterbringung eines Betreuten angeordnet oder genehmigt werden, wenn dringende Gründe für die Annahme gegeben sind, dass eine endgültige Unterbringungsmaßnahme (nach § 1906 Abs. 1 BGB oder nach den Landesgesetzen über die Unterbringung psychisch Kranker) notwendig wird (§ 331). 17

D. Verhältnis zur Hauptsache

Das Bestehen einer einstweiligen Anordnung hindert es nicht, denselben Gegenstand auch in einem Hauptsacheverfahren endgültig zu klären.[1] Das **Rechtsschutzbedürfnis** hierfür **entfällt nicht**. Das Verfahren der einstweiligen Anordnung ist ein summarisches Verfahren, die Entscheidungen sind grundsätzlich unanfechtbar (§ 57 Satz 1), über den Anspruch wird in der einstweiligen Anordnung nicht mit materieller Rechtskraft entschieden. Eine einstweilige Anordnung schafft in Unterhaltsverfahren nur eine einstweilige Vollstreckungsmöglichkeit wegen eines vorläufig als bestehend angenommenen Anspruchs.[2] Sie stellt keinen Rechtsgrund zum Behaltendürfen dar.[3] 18

E. Ansprüche bei falscher einstweiliger Anordnung

Stellt sich heraus, dass eine einstweilige Anordnung sachlich nicht gerechtfertigt war, sind **Ersatzansprüche** gegen den Antragsteller **ausgeschlossen**. § 945 ZPO gilt nicht für einstweilige Anordnungen.[4] Dabei bleibt es auch nach dem FamFG, insbesondere für einstweilige Anordnungen auf Unterhalt.[5] Eine Ausnahme enthält § 248 Abs. 5 Satz 2 19

1 BGH v. 9.2.1983 – IVb ZR 343/81 FamRZ 1983, 355.
2 BGH v. 29.5.1991 – XII ZR 157/90, FamRZ 1991, 1175.
3 BGH v. 29.5.1991 – XII ZR 157/90, FamRZ 1991, 1175.
4 BGH v. 9.5.1984 – IVb ZR 7/83, FamRZ 1984, 767; BGH v. 27.10.1999 – XII ZR 239/97, NJW 2000, 740; Zöller/*Vollkommer*, § 945 ZPO Rz. 5; Thomas/Putzo/*Reichold*, § 945 ZPO Rz. 6.
5 RegE BT-Drucks. 16/6308, S. 226.

bei der einstweiligen Anordnung auf Unterhalt im Vaterschaftsfeststellungsverfahren (vgl. § 641g ZPO aF).

19a Unberührt bleiben Ansprüche aus § 823 Abs. 2 BGB iVm. § 263 StGB, wenn eine einstweilige Anordnung durch eine unerlaubte Handlung erwirkt oder in sittenwidriger Weise von ihr Gebrauch gemacht wurde (§ 826 BGB).[1]

20 In Familienstreitsachen mit Ausnahme der Unterhaltssachen und der (Unterhalts-)Lebenspartnerschaftssachen nach § 269 Abs. 1 Nr. 7 und 8 gilt jedoch § 945 ZPO entsprechend (§ 119 Abs. 1 Satz 2). In Familienstreitsachen bleibt nach § 119 Abs. 2 S. 1 der persönliche oder der dingliche Arrest möglich. Erweist sich ein solcher als ungerechtfertigt, gilt § 945 ZPO (§ 119 Abs. 2 Satz 2).

§ 50
Zuständigkeit

(1) Zuständig ist das Gericht, das für die Hauptsache im ersten Rechtszug zuständig wäre. Ist eine Hauptsache anhängig, ist das Gericht des ersten Rechtszugs, während der Anhängigkeit beim Beschwerdegericht das Beschwerdegericht zuständig.

(2) In besonders dringenden Fällen kann auch das Amtsgericht entscheiden, in dessen Bezirk das Bedürfnis für ein gerichtliches Tätigwerden bekannt wird oder sich die Person oder die Sache befindet, auf die sich die einstweilige Anordnung bezieht. Es hat das Verfahren unverzüglich von Amts wegen an das nach Absatz 1 zuständige Gericht abzugeben.

A. Allgemeines

1 Die Vorschrift regelt die örtliche und sachliche **Zuständigkeit** für einstweilige Anordnungen.

B. Inhalt der Vorschrift

I. Absatz 1

2 **1.** Nach Satz 1 ist, wenn eine **Hauptsache nicht anhängig** ist, für das einstweilige Anordnungsverfahren das Gericht zuständig, das für eine (fiktive) Hauptsache in erster Instanz zuständig wäre. Die Zuständigkeit ist nach den **allgemeinen Vorschriften** zu prüfen. Sofern für die Hauptsache in erster Instanz das Landgericht oder ein höheres Gericht sachlich zuständig wäre, gilt dies auch für die einstweilige Anordnung.

3 **2.** Satz 2 regelt die Zuständigkeit, wenn eine Hauptsache bereits anhängig ist. Dann ist für eine einstweilige Anordnung das Gericht zuständig, bei dem die **Hauptsache** im ersten Rechtszug **anhängig ist**. Für die Zuständigkeit nach Satz 2 ist erforderlich, dass der Gegenstand des Hauptsacheverfahrens dem der einstweiligen Anordnung entspricht. Während der Anhängigkeit der Hauptsache beim Beschwerdegericht (ab Ein-

1 Vgl. BGH v. 9.5.1984 – IVb ZR 7/83, FamRZ 1984, 767.

gang der Beschwerdeschrift) ist das Beschwerdegericht zuständig. Während der Anhängigkeit der Hauptsache beim Rechtsbeschwerdegericht ist wiederum das Gericht erster Instanz für das einstweilige Anordnungsverfahren zuständig (Abs. 1 Satz 2, 1. Halbs.[1]).

Anhängig ist eine Hauptsache ab Eingang der Antrags- oder Klageschrift bei Gericht, nicht erst ab Zustellung. Die Zuständigkeit nach Satz 2 endet mit dem Abschluss des entsprechenden Hauptsacheverfahrens. Dann ist für das einstweilige Anordnungsverfahren wieder nach Abs. 1 Satz 1 das (ggf. auch andere) Gericht zuständig, das für eine (fiktive) Hauptsache in erster Instanz zuständig wäre.[2] 4

Durch die verfahrensrechtliche Selbständigkeit einer einstweiligen Anordnung kann sich (durch Umzug) ein **Auseinanderfallen der Zuständigkeit** für Hauptsache und einstweiliger Anordnung ergeben,[3] weil trotz Anhängigkeit einer einstweiligen Anordnung die Zuständigkeit für die Hauptsache gesondert zu prüfen ist. Dem kann nur durch Abgabe aus wichtigem Grund (§ 4) Rechnung getragen werden. Kommt eine Abgabe nicht in Betracht (zB in Unterhaltssachen), kann eine doppelte Befassung der Gerichte mit demselben Gegenstand dadurch vermieden werden, dass das Verfahren der einstweiligen Anordnung im Hinblick auf die Hauptsache für erledigt erklärt wird. Im Übrigen gelten für das Verhältnis zwischen einstweiliger Anordnung und Hauptsache § 56 Abs. 1 und Abs. 2. 5

Wird bei Anhängigkeit eines Verfahrens der einstweiligen Anordnung bei einem anderen Familiengericht eine Ehesache rechtshängig, muss das Verfahren der einstweiligen Anordnung an das Gericht der Ehesache abgegeben werden (entsprechend §§ 153, 202, 233, 263, 268[4]). 6

II. Absatz 2

1. Satz 1 begründet eine zusätzlich gegebene **Eilzuständigkeit** des Amtsgerichts für besonders dringende Fälle. Da einstweilige Anordnungen grundsätzlich nur ergehen können, wenn ein dringendes Bedürfnis für ein sofortiges Tätigwerden besteht, sind für die Eilzuständigkeit erhöhte Voraussetzungen (nur in ganz besonders dringenden Fällen) zu stellen. Da die Gerichte grundsätzlich einen Bereitschaftsdienst eingerichtet haben, ist in Zeiten moderner Kommunikationsmittel (Einreichung von Schriftsätzen per Telefax) ein Fall der Eilzuständigkeit kaum denkbar. Der Antragsteller muss glaubhaft machen, warum er durch die Anrufung des nach Abs. 1 zuständigen Gerichts einen Nachteil erleiden würde (praktisch: dass und warum dieses Gericht derzeit nicht erreichbar ist). 7

Maßgeblich für die zusätzlich gegebene Eilzuständigkeit ist der Ort, an dem das Bedürfnis für ein gerichtliches Tätigwerden hervortritt. Im Übrigen wird für die Eilzuständigkeit entsprechend § 942 Abs. 1 ZPO (Amtsgericht der belegenen Sache) darauf abgestellt, wo sich die Person oder die Sache, auf die sich die einstweilige Anordnung bezieht, befindet. 8

2. Nach Satz 2 hat das in einem besonders dringenden Fall angerufene Amtsgericht für den Fall der Wahrnehmung der Eilzuständigkeit das einstweilige Anordnungsverfahren unverzüglich an das nach Abs. 1 zuständige Gericht (das nach Abs. 1 Satz 1 zuständig 9

1 *Gießler*, FPR 2006, 421.
2 *Gießler*, FPR 2006, 421; aA möglicherweise die Begr. RegE BT-Drucks. 16/6308, S. 200.
3 *Gießler*, FPR 2006, 421.
4 *Gießler*, FPR 2006, 421; *Schürmann*, FamRB 2008, 375.

wäre oder bei dem bereits ein Hauptsacheverfahren nach Abs. 1 Satz 2 anhängig ist) **abzugeben**. Die Eilzuständigkeit besteht also nicht auf Dauer. Die Abgabe des Verfahrens ist auch im Hinblick auf eine auf Antrag oder von Amts wegen erfolgende Abänderung der im einstweiligen Anordnungsverfahren zunächst ergangenen Entscheidung (nach § 54) von Bedeutung.

§ 51
Verfahren

(1) Die einstweilige Anordnung wird nur auf Antrag erlassen, wenn ein entsprechendes Hauptsacheverfahren nur auf Antrag eingeleitet werden kann. Der Antragsteller hat den Antrag zu begründen und die Voraussetzungen für die Anordnung glaubhaft zu machen.

(2) Das Verfahren richtet sich nach den Vorschriften, die für eine entsprechende Hauptsache gelten, soweit sich nicht aus den Besonderheiten des einstweiligen Rechtsschutzes etwas anderes ergibt. Das Gericht kann ohne mündliche Verhandlung entscheiden. Eine Versäumnisentscheidung ist ausgeschlossen.

(3) Das Verfahren der einstweiligen Anordnung ist ein selbständiges Verfahren, auch wenn eine Hauptsache anhängig ist. Das Gericht kann von einzelnen Verfahrenshandlungen im Hauptsacheverfahren absehen, wenn diese bereits im Verfahren der einstweiligen Anordnung vorgenommen wurden und von einer erneuten Vornahme keine zusätzlichen Erkenntnisse zu erwarten sind.

(4) Für die Kosten des Verfahrens der einstweiligen Anordnung gelten die allgemeinen Vorschriften.

A. Allgemeines

1 Die Vorschrift enthält die wesentlichen **Verfahrensvorschriften** für einstweiligen Anordnungssachen.

B. Inhalt der Vorschrift

I. Absatz 1

2 **1.** Satz 1 stellt klar, dass in **Antragsverfahren** (zB Unterhalt oder Prozesskostenvorschuss, Wohnungszuweisungs- und Hausratssachen, Gewaltschutzsachen, einstweilige Sorgerechtsregelung nach § 1671 Abs. 1, Abs. 2 Nr. 2 BGB) eine einstweilige Anordnung nur auf Antrag ergehen kann. Dies bedeutet zugleich, dass für Verfahren, die **von Amts wegen** eingeleitet werden können (zB Maßnahmen zur Abwendung einer Gefährdung des Kindswohls nach §§ 1666, 1666a BGB oder Umgangsverfahren nach § 1684 Abs. 3 und Abs. 4 BGB – im Bereich der Umgangsregelung hat der Antrag eines Beteiligten lediglich die Funktion einer Anregung[1] –, ferner Betreuung, Unterbringung,

1 Vgl. OLG Zweibrücken v. 13.10.1992 – 5 UF 237/91, FamRZ 1993, 728; OLG Jena v. 3.3.1994 – 7 UF 76/93, FamRZ 1996, 359.

Freiheitsentziehung), ein Antragserfordernis auch für eine einstweilige Anordnung nicht besteht. Es bedarf dann nur einer **Anregung** nach § 24 Abs. 1 für den Erlass einer einstweiligen Anordnung. Dadurch ist die von der Rechtsprechung entwickelte frühere sog. vorläufige Anordnung endgültig erledigt.[1] In Amtsverfahren hat das Gericht aber auch von sich aus zu prüfen, ob eine einstweilige Anordnung wegen eines dringenden Regelungsbedürfnisses ergehen muss.

Anwaltszwang besteht im Verfahren der einstweiligen Anordnung generell nicht (§ 114 Abs. 4 Nr. 1), auch nicht in Unterhaltssachen, in einer mündlichen Verhandlung und auch nicht vor dem Beschwerdegericht. Ein Antrag auf Erlass einer einstweiligen Anordnung kann daher auch nach § 25 Abs. 1 zur Niederschrift der Geschäftsstelle erklärt werden. 3

2. Satz 2 sieht weiter vor, dass der Antrag zu **begründen** ist und die Voraussetzungen für die Anordnung **glaubhaft** zu machen sind, soweit Tatsachen beweisbedürftig sind (also nicht unstreitige Tatsachen). Glaubhaft zu machen ist insbesondere das dringende Regelungsbedürfnis iSd. § 49 Abs. 1. Es wird in Gewaltschutzsachen in den Fällen des § 214 Abs. 1 S. 2 (begangene oder drohende Tat nach § 1 GewSchG) vermutet und ist in Unterhaltssachen und bei einem Verfahrenskostenvorschuss nach § 246 Abs. 1 nicht erforderlich. In Unterhaltssachen setzt der Erlass einer einstweiligen Anordnung damit wie bisher keine Notsituation voraus. Der Gläubiger muss lediglich seinen Unterhaltsanspruch schlüssig darlegen und glaubhaft machen.[2] Unterhalt kann im Wege der einstweiligen Anordnung in vollem Umfang ohne zeitliche Begrenzung zuerkannt werden, soweit die Voraussetzungen hierfür glaubhaft gemacht werden.[3] Er ist nicht auf einen Notbedarf beschränkt (vgl. § 49 Rz. 14). 4

Welche **Beweismittel für die Glaubhaftmachung** zugelassen sind, bestimmt sich nach § 31, in Familienstreitsachen nach § 113 Abs. 1 FamFG iVm. § 294 ZPO (jeweils alle präsenten Beweismittel und die eidesstattliche Versicherung der eigenen Partei und Dritter). Welche Anforderungen an die Begründung eines Antrags genau zu stellen sind, kann nur im Einzelfall bestimmt werden. Hierbei ist zu berücksichtigen, dass es sich um ein summarisches Eilverfahren handelt. Für Anregungen in Amtsverfahren, auch wenn sie als Anträge bezeichnet sind, ist Satz 2 (insbesondere Glaubhaftmachung) nicht anzuwenden. 5

II. Absatz 2

1. Satz 1 verweist für das einstweilige Anordnungsverfahren auf die Verfahrensvorschriften, die für eine entsprechende Hauptsache anwendbar sind. Gilt für die Hauptsache die Amtsermittlung, gilt diese auch im Verfahren der einstweiligen Anordnung: Das Gericht ist dann verpflichtet, den Sachverhalt von Amts wegen aufzuklären. In Familienstreitsachen gilt dagegen der Beibringungsgrundsatz. 6

Die Verweisung auf die entsprechenden **Hauptsachevorschriften** bedeutet auch, dass grundsätzlich die Anhörungen durchzuführen sind, die für das jeweilige Verfahren 7

1 *Gießler*, FPR 2006, 421; anders zB noch früher OLG Hamm v. 4.11.2003 – 2 WF 371/03, FamRZ 2004, 1046 für eine vorläufige Entziehung der elterlichen Sorge nach § 1666 BGB.
2 OLG Naumburg v. 4.2.2003 – 8 WF 248/02, FamRZ 2004, 478.
3 *Borth*, FamRZ 2007, 1925, 1929; AG Recklinghausen v. 19.11.2002 – 47 F 183/02, FamRZ 2003, 1103.

vorgeschrieben sind (zB Kind, Eltern, Pflegeperson, Jugendamt, Betroffener, Verfahrenspfleger). Gleiches gilt für die erforderliche Hinzuziehung von weiteren Beteiligten. In Ehewohnungssachen ist eine Beteiligung des Vermieters nicht erforderlich, wenn es sich nur um eine vorläufige Regelung für die Dauer des Getrenntlebens handelt (§ 204 Abs. 1). Unterbleiben Anhörungen wegen Eilbedürftigkeit, müssen sie ggf. nach den für die entsprechende Hauptsache geltenden Vorschriften nachgeholt werden (vgl. zB §§ 159 Abs. 3 Satz 2, 160 Abs. 4, 162 Abs. 1 Satz 2, 213 Abs. 1 Satz 2, 301 Abs. 1 Satz 2, 332 Satz 2, 427 Abs. 2).

8 Die Verweisung auf die für eine entsprechende Hauptsache anwendbaren Vorschriften reicht aber ausdrücklich nur so weit, wie nicht die Besonderheiten des einstweiligen Rechtschutzes (Eilbedürftigkeit des Verfahrens und dessen summarischer Zuschnitt) entgegenstehen. Aus diesem Grund kann es geboten sein, von der Einholung eines erforderlichen Sachverständigengutachtens abzusehen, es sei denn, die Schwere des Eingriffs in Rechte der Beteiligten erfordert dies auch für eine einstweilige Anordnung (zB für Entzug des Sorgerechts im Eilverfahren[1]).

9 **2.** Satz 2 stellt klar, dass das Gericht auch **ohne mündliche Verhandlung** entscheiden kann, auch in Familienstreitverfahren. Die Entscheidung hierüber steht, vorbehaltlich besonderer Vorschriften wie etwa § 246 Abs. 2 (einstweilige Anordnungen Unterhalt oder Verfahrenskostenvorschuss), in seinem Ermessen. Die Vorschrift ist auch auf die Termine nach § 155 Abs. 2 und § 207 (Erörterungstermin in Kindschafts-, Ehewohnungs- und Haushaltssachen) anwendbar. Auch diese Erörterungstermine können daher in Eilfällen entfallen.

10 Regelmäßig ist dem Antragsgegner vor Erlass auf Grund einer mündlichen Verhandlung **rechtliches Gehör** zu gewähren (Art. 103 Abs. 1 GG). Dies geschieht durch Bekanntgabe der Antragsschrift oder des vom Urkundsbeamten aufgenommenen Protokolls. Dem Gegner ist eine Frist zur Stellungnahme zu gewähren, vor deren Ablauf nicht entschieden werden darf. Die Gewährung rechtlichen Gehörs ist nicht erforderlich, wenn der Antrag auf Erlass der einstweiligen Anordnung abweisungsreif ist und deshalb sofort abgewiesen wird. Die Anhörung eines Gegners muss auch dann unterbleiben, wenn ausnahmsweise wegen Eilbedürftigkeit sofort eine Regelung getroffen werden muss. Dann ist dem Gegner nach der Anhörung rechtliches Gehör zu gewähren durch Übersendung der Antragsschrift mit der Entscheidung und durch Nachholung vorgeschriebener persönlicher Anhörungen (vgl. zB § 160 Abs. 4).

11 Beabsichtigt das Gericht, über einen Antrag auf Erlass einer einstweiligen Anordnung auf Grund mündlicher Verhandlung zu entscheiden, sind zumindest in den Fällen, in denen Vorschriften der ZPO anzuwenden sind (vgl. § 113 Abs. 1 Satz 2 für die Familienstreitsachen), die Ladungsvorschriften der ZPO entsprechend anzuwenden.[2] Nach § 217 ZPO beträgt die Frist, die zwischen der Zustellung der Ladung und dem Termin liegen soll, mindestens drei Tage, wenn es sich – wie bei der einstweiligen Anordnung – nicht um einen Anwaltsprozess handelt. Die Einlassungsfrist des § 274 Abs. 3 ZPO gilt dagegen nicht.[3] Auch nach den allgemeinen Vorschriften (§ 32 Abs. 2) soll zwischen der Ladung und dem Termin eine angemessene Frist liegen.

1 Vgl. dazu BVerfG v. 21.6.2002 – 1 BvR 605/02, FamRZ 2002, 1021: Eilentscheidungen nur auf der Grundlage eines ermittelten Sachverhalts.
2 OLG Dresden v. 21.2.2002 – 22 WF 88/02, FamRZ 2002, 1498.
3 Zöller/*Philippi*, § 620a ZPO Rz. 24.

Wird die Ladungsfrist oder die angemessene Frist des § 32 Abs. 2 nicht eingehalten oder wird sonst nicht prozessordnungsgemäß verhandelt, ist gleichwohl iSd. § 57 Satz 2 auf Grund mündlicher Erörterung entschieden.[1]

In Verfahren der einstweiligen Anordnung sind im Termin **Vergleiche** zulässig, sofern die Beteiligten über den Verfahrensgegenstand verfügen können (zB in Unterhaltssachen). In Kindschaftssachen kann nach Maßgabe des § 156 Abs. 2 auch im Verfahren der einstweiligen Anordnung ein gerichtlich gebilligter Vergleich zu Stande kommen. Bei Abschluss eines Vergleichs sollte (im Hinblick auf Rechtsbehelfe und Abänderungsmöglichkeiten) immer klargestellt werden, ob es sich um eine nur vorläufige oder aber um eine endgültige Regelung handelt. 12

Die Endentscheidung in Verfahren der einstweiligen Anordnung ergeht durch **Beschluss** (§ 38 Abs. 1). Ob das Gericht dabei an Anträge der Beteiligten gebunden ist, richtet sich nach dem Gegenstand des Anordnungsverfahrens. In Unterhaltssachen ist das Gericht an die Anträge gebunden, bei der Regelung des persönlichen Umgangs und der elterlichen Sorge dagegen nicht. Die Entscheidung muss nach den für das Rechtsverhältnis maßgebenden Vorschriften gerechtfertigt sein (§ 49 Abs. 1). Ihr muss nach materiellem Recht ein Anspruch zugrunde liegen. 13

Der Beschluss ist nach § 38 Abs. 3 Satz 1 zu **begründen** und hat eine Rechtsbehelfsbelehrung zu enthalten (§ 39). Diese muss sich auch auf den Antrag nach § 52 auf Einleitung des Hauptsacheverfahrens beziehen.[2] 14

In besonders dringenden Fällen kann von einer Begründung nach Abs. 2 Satz 1, 2. Halbs. abgesehen werden.[3] Das Gericht kann in besonders dringenden Fällen einem Antrag auf Erlass einer einstweiligen Anordnung stattgeben und sich der Antragsbegründung ausdrücklich anschließen.[4] Eine Partei, deren Antrag abgelehnt wird, hat dagegen Anspruch auf eine Begründung.[5] Nach § 49 Abs. 2 Satz 3 kann das Gericht mit der einstweiligen Anordnung auch die zu ihrer Durchführung erforderlichen Anordnungen treffen. 15

Der Beschluss ist nach den für die Hauptsache geltenden Vorschriften bekannt zu geben (nach § 41; in Familienstreitsachen wegen § 113 Abs. 1 Satz 1 FamFG nach § 329 ZPO). 16

3. Satz 3 schließt eine Versäumnisentscheidung in jedem Fall aus, also auch dann, wenn die für eine entsprechende Hauptsache geltenden Verfahrensvorschriften eine solche grundsätzlich vorsehen. 17

III. Absatz 3

1. Durch Satz 1 wird ausdrücklich klargestellt, dass das Verfahren der einstweiligen Anordnung im Unterschied zum bisherigen Recht auch bei Anhängigkeit einer Hauptsache ein **selbständiges Verfahren** ist (vgl. § 49 Rz. 3). 18

2. Nach Satz 2 müssen einzelne Verfahrenshandlungen (zB Anhörungen) im Hauptsacheverfahren nicht wiederholt werden, wenn von deren erneuter Vornahme keine 19

1 OLG Dresden v. 21.2.2002 – 22 WF 88/02, FamRZ 2002, 1498; Zöller/*Philippi*, § 620c ZPO Rz. 8.
2 RegE BT-Drucks. 16/6308, S. 201.
3 *Gießler*, FPR 2006, 421.
4 Zöller/*Philippi*, § 620d ZPO Rz. 4.
5 Zöller/*Philippi*, § 620d ZPO Rz. 4.

zusätzlichen Erkenntnisse zu erwarten sind. Auf Termine und mündliche Verhandlungen kann jedoch, sofern sie gesetzlich vorgeschrieben sind, in einem erstinstanzlichen Hauptsacheverfahren nicht verzichtet werden. Dies gilt insbesondere für den Erörterungstermin in Kindschaftssachen nach § 155 Abs. 2.

IV. Absatz 4

20 Abs. 4 ordnet als Folge der Selbständigkeit des einstweiligen Anordnungsverfahrens für die Kosten des Verfahrens der einstweiligen Anordnung im Unterschied zum bisherigen Recht (§ 620g ZPO aF) die Geltung der allgemeinen Vorschriften an. In einstweiligen Anordnungssachen ist somit nach Maßgabe der einschlägigen Vorschriften (§ 81; in Familienstreitsachen wegen § 113 Abs. 1 Satz 1 FamFG nach §§ 91 ff. ZPO; in Unterhaltssachen nach § 243 FamFG) eine **Kostenentscheidung** geboten; soweit allerdings in einer entsprechenden Hauptsache von einer Kostenentscheidung abgesehen werden kann, gilt dies auch im einstweiligen Anordnungsverfahren.

§ 52
Einleitung des Hauptsacheverfahrens

(1) Ist eine einstweilige Anordnung erlassen, hat das Gericht auf Antrag eines Beteiligten das Hauptsacheverfahren einzuleiten. Das Gericht kann mit Erlass der einstweiligen Anordnung eine Frist bestimmen, vor deren Ablauf der Antrag unzulässig ist. Die Frist darf drei Monate nicht überschreiten.

(2) In Verfahren, die nur auf Antrag eingeleitet werden, hat das Gericht auf Antrag anzuordnen, dass der Beteiligte, der die einstweilige Anordnung erwirkt hat, binnen einer zu bestimmenden Frist Antrag auf Einleitung des Hauptsacheverfahrens oder Antrag auf Bewilligung von Verfahrenskostenhilfe für das Hauptsacheverfahren stellt. Die Frist darf drei Monate nicht überschreiten. Wird dieser Anordnung nicht Folge geleistet, ist die einstweilige Anordnung aufzuheben.

A. Allgemeines

1 § 52 regelt das **Verhältnis** der einstweiligen Anordnung **zum Hauptsacheverfahren** neu. Ein Hauptsacheverfahren ist im Unterschied zum bisherigen Recht nicht mehr zwingend erforderlich. Es wird nur dann durchgeführt, wenn dies beantragt wird, etwa um ein Verfahren mit besseren Erkenntnismöglichkeiten zur Verfügung zu haben. Unberührt bleibt die Verpflichtung des Gerichts, in Amtsverfahren zu überprüfen, ob die Einleitung eines Hauptsacheverfahrens von Amts wegen erforderlich ist. Erforderlich ist ein Hauptsacheverfahren auch dann, wenn eine einstweilige Anordnung zum Schutz eines Betroffenen nur für einen begrenzten Zeitraum ergehen kann (§§ 333, 427) oder nach einer bestimmten Frist außer Kraft tritt (§ 302) und zu diesem Zeitpunkt das Ziel des Verfahrens noch nicht erreicht ist.

B. Inhalt der Vorschrift

I. Absatz 1

Abs. 1 regelt die Einleitung eines Hauptsacheverfahrens in Verfahren, die **von Amts wegen** eingeleitet werden (zB Verfahren wegen Gefährdung des Kindeswohls oder zur Regelung des persönlichen Umgangs). Auf Antrag eines Beteiligten im einstweiligen Anordnungsverfahren hat das Gericht in solchen Verfahren gem. Satz 1 das Hauptsacheverfahren von Amts wegen einzuleiten. Über dieses Antragsrecht ist gem. § 39 zu belehren.[1] 2

Gem. Satz 2 kann das Gericht in der einstweiligen Anordnung allerdings eine **Wartefrist** für den Einleitungsantrag bestimmen, um ein vorschnelles Hauptsacheverfahren zu vermeiden. Von dieser Wartefrist sollte nur zurückhaltend Gebrauch gemacht werden, weil die Gefahr besteht, eine inhaltlich nicht gerechtfertigte einstweilige Anordnung zu zementieren, zumal einstweilige Anordnungen regelmäßig nicht anfechtbar sind (§ 57 Satz 1). Ist das Gericht bei Erlass der einstweiligen Anordnung bereits zur Einleitung des Hauptsacheverfahrens entschlossen, unterbleibt die Fristsetzung. Die Wartefrist beträgt gem. Satz 3 **höchstens drei Monate**, kann aber kürzer bemessen werden, insbesondere wenn die einstweilige Anordnung schwerwiegend in die Rechte eines Beteiligten eingreift. Ein verfrühter Antrag dürfte das Gericht verpflichten, nach Ablauf der angeordneten Wartefrist das Hauptsacheverfahren einzuleiten. 3

II. Absatz 2

Abs. 2 regelt die Einleitung eines Hauptsacheverfahrens in Verfahren, die nur **auf Antrag** eingeleitet werden (zB Unterhalt, Verfahrenskostenvorschuss, Ehewohnungs- und Haushaltssachen, Gewaltschutzsachen). Auf Antrag eines Beteiligten, der durch die einstweilige Anordnung in seinen Rechten beeinträchtigt ist, hat das Gericht in solchen Verfahren gem. Satz 1 gegenüber demjenigen, der die einstweilige Anordnung erwirkt hat, anzuordnen, dass er die Einleitung des Hauptsacheverfahrens oder die Gewährung von Verfahrenskostenhilfe hierfür beantragt (vgl. § 926 ZPO). Das Gericht hat hierzu eine Frist zu bestimmen, die sich an den Umständen des Einzelfalls zu orientieren hat, die aber **höchstens drei Monate** beträgt (Satz 2). Der fruchtlose Ablauf der Frist hat gem. Satz 3 zwingend die Aufhebung der einstweiligen Anordnung zur Folge. 4

Das **Aufhebungsverfahren** richtet sich analog § 926 Abs. 2 ZPO. Die Aufhebung muss vom Gegner beantragt werden. Sie erfolgt rückwirkend.[2] Dies hat das Gericht durch Beschluss auszusprechen. Dieser Beschluss ist gem. § 57 Satz 1 unanfechtbar. 5

Eine Regelung zur Kostentragung bei Aufhebung sieht § 52 Abs. 2 nicht vor. In dem Aufhebungsbeschluss dürften die Kosten analog § 926 ZPO dem Beteiligten aufzuerlegen sein, der die einstweilige Anordnung erwirkt hat. Der Aufhebungsbeschluss hat zur Folge, dass die Grundlage für beigetriebene Zahlungen rückwirkend entfällt.[3] 6

§ 52 setzt voraus, dass das Gericht eine einstweilige Anordnung erlassen hat. Ist der Erlass einer einstweiligen Anordnung abgelehnt worden, kommen Anträge auf Einleitung eines Hauptsacheverfahrens nach § 52 Abs. 1 oder Abs. 2 nicht in Betracht. 7

1 RegE BT-Drucks. 16/6308, S. 201.
2 Thomas/Putzo/*Reichold*, § 926 ZPO Rz. 16.
3 *Schürmann*, FamRB 2008, 375 (380).

§ 53
Vollstreckung

(1) Eine einstweilige Anordnung bedarf der Vollstreckungsklausel nur, wenn die Vollstreckung für oder gegen einen anderen als den in dem Beschluss bezeichneten Beteiligten erfolgen soll.

(2) Das Gericht kann in Gewaltschutzsachen sowie in sonstigen Fällen, in denen hierfür ein besonderes Bedürfnis besteht, anordnen, dass die Vollstreckung der einstweiligen Anordnung vor Zustellung an den Verpflichteten zulässig ist. In diesem Fall wird die einstweilige Anordnung mit Erlass wirksam.

A. Allgemeines

1 § 53 regelt die Voraussetzungen für die **Vollstreckung** einer einstweiligen Anordnung. Die Vollstreckung erfolgt nach den Vorschriften, die für eine entsprechende Hauptsache gelten.[1] Die Vollstreckung in Familienstreitsachen erfolgt nach § 120 Abs. 1 entsprechend §§ 704 bis 915h ZPO, in Angelegenheiten der freiwilligen Gerichtsbarkeit nach §§ 88 ff. Es sind grundsätzlich die allgemeinen Voraussetzungen der Vollstreckung (insbes. Titel, Vollstreckungsklausel, Zustellung) zu beachten.

B. Inhalt der Vorschrift

I. Absatz 1

2 Nach Abs. 1 bedarf eine einstweilige Anordnung in Anlehnung an § 929 Abs. 1 ZPO im Interesse einer Verfahrensbeschleunigung einer **Vollstreckungsklausel** nur für den Fall, dass die Vollstreckung für oder gegen eine nicht in dem Beschluss bezeichnete Person erfolgen soll (Fälle des § 727 ZPO). Die Vorschrift führt zu einem Wegfall der Klauselpflicht bei der Vollstreckung, sofern gegen denjenigen vollstreckt wird, der in dem Beschluss bezeichnet wird. Dies gilt auch bei einer einstweiligen Anordnung nach dem GewSchG.[2]

3 Allerdings bedarf es nach § 86 Abs. 3 ohnehin keiner Vollstreckungsklausel, wenn die Vollstreckung durch das Gericht erfolgt, das den Titel erlassen hat. Dabei verbleibt es auch für den Fall der Vollstreckung einer einstweiligen Anordnung gegen eine im Beschluss nicht bezeichnete Person.[3] Abs. 1 bezweckt eine **Einschränkung der Klauselpflicht** und nicht deren Erweiterung. Erforderlich ist die Klausel daher insbesondere dann, wenn der Gerichtsvollzieher aus einer einstweiligen Anordnung für oder gegen eine nicht im Beschluss bezeichnete Person vollstreckt.

4 Für die Vollstreckung aus einer einstweiligen Anordnung ist die Vollziehungsfrist des § 929 Abs. 2 ZPO von einem Monat nicht entsprechend anzuwenden.[4]

---

1 *Gießler*, FPR 2006, 421; *van Els*, FPR 2008, 406.
2 Anders noch zum früheren Recht OLG Karlsruhe v. 19.9.2007 – 20 WF 104/07, NJW 2008, 450.
3 RegE BT-Drucks. 16/6308, S. 201.
4 Zöller/*Philippi*, § 620a ZPO Rz. 33.

II. Absatz 2

1. Satz 1 ermöglicht es dem Gericht anzuordnen, dass die Vollstreckung einer einstweiligen Anordnung (abweichend von § 87 Abs. 2) bereits **vor deren Zustellung** an den Verpflichteten möglich ist, insbesondere für einstweilige Anordnungen in Gewaltschutzsachen (vgl. § 64b Abs. 3 Satz 3 FGG aF). Damit sollen für den Antragsteller belastende Situationen, die durch die Bekanntmachung einer gerichtlichen Entscheidung an den Verpflichteten entstehen können, vermieden werden. Der Anwendungsbereich ist nicht auf Gewaltschutzsachen beschränkt, sondern auf weitere Fälle erweitert, in denen hierfür ein besonderes Bedürfnis besteht, etwa bei einer einstweiligen Anordnung auf Herausgabe eines Kindes. Ein besonderes Bedürfnis für eine Vollstreckung vor Zustellung kann auch in Fällen der Anordnung einer vorläufigen Unterbringungsmaßnahme oder vorläufigen Freiheitsentziehung (§§ 331, 427) gegeben sein. 5

2. Ordnet das Gericht an, dass die Vollstreckung der einstweiligen Anordnung vor der Zustellung an den Verpflichteten zulässig ist, wird die einstweilige Anordnung nach Satz 2 **mit** ihrem **Erlass** (dh. mit Übergabe an die Geschäftsstelle) **wirksam.** 6

§ 54
Aufhebung oder Änderung der Entscheidung

(1) Das Gericht kann die Entscheidung in der einstweiligen Anordnungssache aufheben oder ändern. Die Aufhebung oder Änderung erfolgt nur auf Antrag, wenn ein entsprechendes Hauptsacheverfahren nur auf Antrag eingeleitet werden kann. Dies gilt nicht, wenn die Entscheidung ohne vorherige Durchführung einer nach dem Gesetz notwendigen Anhörung erlassen wurde.

(2) Ist die Entscheidung in einer Familiensache ohne mündliche Verhandlung ergangen, ist auf Antrag auf Grund mündlicher Verhandlung erneut zu entscheiden.

(3) Zuständig ist das Gericht, das die einstweilige Anordnung erlassen hat. Hat es die Sache an ein anderes Gericht abgegeben oder verwiesen, ist dieses zuständig.

(4) Während eine einstweilige Anordnungssache beim Beschwerdegericht anhängig ist, ist die Aufhebung oder Änderung der angefochtenen Entscheidung durch das erstinstanzliche Gericht unzulässig.

A. Allgemeines

§ 54 regelt die Überprüfung sowie **Aufhebung und Abänderung** von Entscheidungen im einstweiligen Anordnungsverfahren. Die Vorschrift entspricht inhaltlich weitgehend § 620b ZPO aF. Die weit gehende Abänderungsmöglichkeit ist in Familiensachen der Ersatz für die regelmäßig nicht gegebene Anfechtbarkeit (§ 57 Satz 1). 1

B. Inhalt der Vorschrift

I. Absatz 1

2 **1.** Satz 1 enthält die Befugnis des Gerichts, die Entscheidung im einstweiligen Anordnungsverfahren aufzuheben oder zu ändern, und zwar grundsätzlich **auch von Amts wegen** (zB in Sorgerechts- und Umgangsverfahren). Dies gilt nicht nur für Entscheidungen, die eine einstweilige Anordnung enthalten, sondern auch für solche, die den Erlass einer solchen ablehnen. Die Aufhebung oder Abänderung setzt keine Veränderung der Sach- oder Rechtslage voraus. Es genügt, dass das Gericht die tatsächlichen oder rechtlichen Verhältnisse anders würdigt.[1]

3 Das Verfahren der Abänderung nach § 54 kann wiederholt werden. Es wird nicht dadurch ausgeschlossen, dass gegen die Entscheidung nach § 57 Satz 2 Beschwerde möglich wäre.[2]

4 **2.** Kann eine entsprechende Hauptsache nur auf Antrag eingeleitet werden, kann die Entscheidung in der einstweiligen Anordnungssache dagegen nach Satz 2 **nur auf Antrag** aufgehoben oder abgeändert werden.

5 **3.** Dieses Antragserfordernis besteht gem. Satz 3 nicht, wenn die Entscheidung, deren Aufhebung oder Änderung in Frage steht, ohne vorherige Durchführung einer notwendigen Anhörung (zB eines Elternteils oder eines anderen anzuhörenden Beteiligten) ergangen ist; in diesem Fall kann das Gericht die Entscheidung ebenfalls von Amts wegen aufheben oder ändern.

6 Nach § 54 können auch im Anordnungsverfahren abgeschlossene vorläufige Vergleiche abgeändert werden. Der Abänderung nach § 54 unterliegt zB auch eine **Vereinbarung** der Parteien über Unterhalt, die sie (ausdrücklich nur) zur Erledigung eines Verfahrens auf Erlass einer einstweiligen Anordnung getroffen haben, die also keine endgültige Regelung enthält. Eine solche Einigung über vorläufige Unterhaltszahlungen steht einer einstweiligen Anordnung gleich.[3] Haben die Parteien sich dagegen endgültig über den Unterhalt geeinigt, geht die Wirkung des Vergleichs somit über das Verfahren der einstweiligen Anordnung hinaus, muss Abänderungsklage erhoben werden,[4] die eine wesentliche Veränderung der für die Unterhaltsbemessung maßgebenden Verhältnisse erfordert.

II. Absatz 2

7 Abs. 2 entspricht inhaltlich § 620b Abs. 2 ZPO aF. Durch einen **Antrag auf mündliche Verhandlung** kann eine erneute Entscheidung auf Grund mündlicher Verhandlung erzwungen werden, und zwar unabhängig davon, ob zuvor eine einstweilige Anordnung ergangen ist oder ein dahingehender Antrag zurückgewiesen wurde. Der Antrag auf mündliche Verhandlung ist nicht an eine Frist gebunden. Er steht jeder Partei zu, die durch die vorangegangene Entscheidung beschwert ist.

8 Anträge auf Abänderung oder Aufhebung nach Abs. 1 und auf erneute Entscheidung auf Grund mündlicher Verhandlung nach Abs. 2 sind nach dem Wortlaut des Gesetzes

---

1 Thomas/Putzo/*Hüßtege*, § 620b ZPO Rz. 3; FA-FamR/*v. Heintschel-Heinegg*, 1. Kap. Rz. 312.
2 Thomas/Putzo/*Hüßtege*, § 620b ZPO Rz. 1.
3 Thomas/Putzo/*Hüßtege*, § 620b ZPO Rz. 1; OLG Hamm v. 13.12.1990 – 2 WF 497/90, FamRZ 1991, 582.
4 OLG Brandenburg v. 2.11.1999 – 9 WF 225/99, FamRZ 2000, 1377.

nicht mehr (wie noch nach § 620d Satz 1 ZPO aF) **zu begründen**, so dass vom Gericht eine Begründung auch nicht verlangt werden kann. Ohne Begründung gestellte Änderungsanträge versprechen aber wenig Aussicht auf Erfolg, so dass sich eine Begründung gleichwohl empfiehlt.

Unklar ist das Verhältnis von Abs. 1 (Aufhebung oder Änderung) zu Abs. 2 (Antrag auf mündliche Verhandlung). Ist ohne mündliche Verhandlung entschieden worden, kann wohl nur der Antrag nach Abs. 2 gestellt werden. Ein Antrag nach Abs. 1 dürfte andererseits nur zulässig sein, wenn bereits mündlich verhandelt wurde, auch dann, wenn ein Änderungsgrund geltend gemacht wird.[1] 9

III. Absatz 3

Abs. 3 regelt die örtliche und sachliche **Zuständigkeit** für Maßnahmen nach § 54 (Aufhebung oder Änderung). 10

1. Satz 1 enthält den Grundsatz, dass für die Abänderung das Gericht zuständig ist, das die abzuändernde Entscheidung erlassen oder den Antrag auf Erlass der einstweiligen Anordnung abgelehnt hat.[2] Das gilt grundsätzlich auch dann, wenn sich seither die zuständigkeitsbegründenden Umstände geändert haben. 11

2. Satz 2 macht hiervon eine Ausnahme für den Fall, dass das einstweilige Anordnungsverfahren nach Erlass der Entscheidung, deren Abänderung beantragt ist oder in Betracht kommt, an ein anderes Gericht abgegeben oder verwiesen wurde. Dann hat sich die bisherige Zuständigkeit erledigt. Ist die einstweilige Anordnung erst im zweiten Rechtszug ergangen, ist nach dem klaren Gesetzeswortlaut für die Aufhebung oder Änderung das Beschwerdegericht zuständig. Unzweckmäßig ist dies nicht, so dass zu einer abweichenden Auslegung[3] kein Anlass besteht. 12

Über den Antrag auf Aufhebung oder Änderung der Entscheidung in der einstweiligen Anordnungssache ist erneut durch einen zu begründenden Beschluss zu entscheiden (vgl. § 38 FamFG und § 620d ZPO aF). 13

IV. Absatz 4

Abs. 4 regelt das **Verhältnis** der Abänderung nach § 54 **zu einem Rechtsmittelverfahren** nach § 57. Ist gegen eine Entscheidung im Verfahren der einstweiligen Anordnung Beschwerde eingelegt, ist die Aufhebung oder Änderung der angefochtenen Entscheidung durch das erstinstanzliche Gericht unzulässig. Die Möglichkeit eines Abänderungsantrags beseitigt im Übrigen das Rechtsschutzbedürfnis für eine Hauptsacheklage nicht. 14

§ 54 enthält **keine zeitliche Grenze** für die Aufhebung oder Änderung einer einstweiligen Anordnung. Einstweilige Anordnungen sind aber nicht dafür geschaffen, zeitlich unbegrenzte Änderungsverfahren nach sich zu ziehen.[4] Ist ein entsprechendes Hauptsacheverfahren anhängig, ist die Aufhebung oder Abänderung einer einstweiligen An- 15

1 Zöller/*Philippi*, § 620b ZPO Rz. 2a; *Schürmann*, FamRB 2008, 375.
2 *Gießler*, FPR 2006, 421.
3 Entgegen *Gießler*, FPR 2006, 421.
4 Zöller/*Philippi*, § 620b ZPO Rz. 6.

ordnung nur bis zum Wirksamwerden einer anderweitigen Regelung nach § 56 zulässig. Ist kein Hauptsacheverfahren eingeleitet, kann im Grundsatz zeitlich unbefristet die Aufhebung oder Abänderung einer Entscheidung im Verfahren der einstweiligen Anordnung beantragt werden. Dies kann im Einzelfall unbillig sein, wenn sich ein Beteiligter auf die vorläufig getroffene Regelung eingerichtet hat und einrichten durfte. Das Recht, ohne Änderung der Verhältnisse Aufhebung oder Änderung der Entscheidung zu beantragen, unterliegt daher ggf. der Verwirkung nach § 242 BGB.

16 Eine **rückwirkende Abänderung** einer einstweiligen Anordnung kommt jedenfalls dann in Betracht, wenn sie noch nicht vollzogen ist (zB noch nicht vollzogene Wohnungszuweisung, noch nicht bezahlter Unterhalt[1]). Sonst kann eine Abänderung nur für die Zukunft erfolgen.[2]

§ 55
Aussetzung der Vollstreckung

(1) In den Fällen des § 54 kann das Gericht, im Fall des § 57 das Rechtsmittelgericht, die Vollstreckung einer einstweiligen Anordnung aussetzen oder beschränken. Der Beschluss ist nicht anfechtbar.

(2) Wenn ein hierauf gerichteter Antrag gestellt wird, ist über diesen vorab zu entscheiden.

A. Allgemeines

1 § 55 regelt die Fälle, in denen die Vollstreckung einer einstweiligen Anordnung ausgesetzt oder inhaltlich beschränkt werden kann. Die Vorschrift entspricht § 620e ZPO aF.

B. Inhalt der Vorschrift

I. Absatz 1

2 **1.** Nach Satz 1 kann die Vollstreckung einer einstweiligen Anordnung **ausgesetzt** oder (beim Unterhalt zB auf einen Teilbetrag) **beschränkt** werden, wenn die Aufhebung oder Abänderung einer Entscheidung über eine einstweilige Anordnung nach § 54 beantragt ist, wenn eine Abänderung nach § 54 Abs. 1 von Amts wegen in Betracht kommt oder wenn Rechtsmittel (Beschwerde) eingelegt ist (§ 57). Da ein besonderer Antrag nicht erforderlich ist, kann die Aussetzung oder Beschränkung der Vollstreckung wie bisher **auch von Amts wegen** nach dem Ermessen des Gerichts erfolgen.

3 **Zuständig** für die Aussetzung der Vollstreckung ist im Fall des § 57 nur das Rechtsmittelgericht. Die Aussetzung oder Beschränkung der Vollstreckung kann von Bedingungen oder Auflagen abhängig gemacht werden, insbesondere auch von einer Sicherheitsleistung.

1 Vgl. Thomas/Putzo/*Hüßtege*, § 620b ZPO Rz. 9.
2 OLG Köln v. 13.3.2004 – 14 WF 5/03, FamRZ 2004, 39.

2. Satz 2 legt die **Unanfechtbarkeit** einer nach Satz 1 ergangenen Entscheidung im Gesetz ausdrücklich fest. Dies entspricht der bisherigen Rechtslage.[1] 4

II. Absatz 2

Abs. 2 stellt klar, dass über einen Antrag auf Aussetzung der Vollstreckung vorab entschieden werden muss. Dieses Gebot gilt unabhängig davon, dass schon das Verfahren der einstweiligen Anordnung selbst regelmäßig beschleunigt zu betreiben ist. 5

§56
Außerkrafttreten

(1) Die einstweilige Anordnung tritt, sofern nicht das Gericht einen früheren Zeitpunkt bestimmt hat, bei Wirksamwerden einer anderweitigen Regelung außer Kraft. Ist dies eine Endentscheidung in einer Familienstreitsache, ist deren Rechtskraft maßgebend, soweit nicht die Wirksamkeit zu einem späteren Zeitpunkt eintritt.

(2) Die einstweilige Anordnung tritt in Verfahren, die nur auf Antrag eingeleitet werden, auch dann außer Kraft, wenn

1. der Antrag in der Hauptsache zurückgenommen wird,

2. der Antrag in der Hauptsache rechtskräftig abgewiesen ist,

3. die Hauptsache übereinstimmend für erledigt erklärt wird oder

4. die Erledigung der Hauptsache anderweitig eingetreten ist.

(3) Auf Antrag hat das Gericht, das in der einstweiligen Anordnungssache im ersten Rechtszug zuletzt entschieden hat, die in den Absätzen 1 und 2 genannte Wirkung durch Beschluss auszusprechen. Gegen den Beschluss findet die Beschwerde statt.

A. Allgemeines

§56 regelt das **Außerkrafttreten** einer einstweiligen Anordnung neu, unter Berücksichtigung der Unabhängigkeit des einstweiligen Anordnungsverfahrens von einer Ehesache oder Hauptsache. So tritt die einstweilige Anordnung nicht mehr bei Rücknahme, Abweisung oder Erledigung einer zwischen den Beteiligten geführten Ehesache außer Kraft. Aus demselben Grund bleibt es auch dabei, dass, vorbehaltlich einer anders lautenden Bestimmung durch das Gericht, die Rechtskraft der Ehescheidung nicht zu einem Außerkrafttreten der einstweiligen Anordnung (zB über den Ehegattenunterhalt) führt (vgl. unten Rz. 5). 1

1 OLG Hamburg v. 21.11.1989 – 2 WF 151/89, FamRZ 1990, 423.

B. Inhalt der Vorschrift

I. Absatz 1

2 **1.** Satz 1 stellt für das Außerkrafttreten auf das **Wirksamwerden** einer anderweitigen Regelung ab (entsprechend § 620f Abs. 1 Satz 1 ZPO aF). Wirksam wird eine andere Regelung insbesondere mit Erlass einer anderen Entscheidung im inhaltsgleichen Hauptsacheverfahren oder mit Abschluss einer Parteivereinbarung über denselben Verfahrensgegenstand. Hat das Gericht allerdings einen früheren Zeitpunkt festgesetzt, ist dieser für das Außerkrafttreten maßgeblich. Das Gericht kann daher von vorneherein eine einstweilige Anordnung (zB zur Regelung des persönlichen Umgangs oder zum Gewaltschutz, vgl. § 1 Abs. 1 Satz 2 GewSchG) nur für einen bestimmten Zeitraum treffen.

3 **2.** Satz 2 enthält eine Konkretisierung für den Fall, dass es sich bei der anderweitigen Regelung um die Endentscheidung in einer **Familienstreitsache** (§ 112) handelt. In diesem Fall tritt die einstweilige Anordnung erst mit Eintritt der Rechtskraft der Endentscheidung außer Kraft. Die Anordnung der sofortigen Wirksamkeit genügt hierfür nicht.[1] Diese Klarstellung gilt für alle Familienstreitsachen.

4 Diese Regelung bewirkt allerdings, dass ein Unterhaltsschuldner aus einer einstweiligen Anordnung weiter in Anspruch genommen werden kann, obwohl dem Gläubiger nach einem noch nicht rechtskräftigen Urteil in der Hauptsache kein oder nur ein geringerer Unterhalt zusteht. Dem kann durch einen Abänderungsantrag nach § 54 begegnet werden.[2]

5 Wegen der Regelung des § 56 Abs. 1 Satz 1 bleibt es auch dabei, dass eine im Scheidungsverfahren ergangene einstweilige Anordnung über den **Ehegattenunterhalt** über den Zeitpunkt der Rechtskraft der Scheidung hinaus fortwirkt, wenn keine anderweitige Regelung wirksam wird. Eine einstweilige Anordnung gilt also ggf. als Regelung des nachehelichen Unterhalts weiter, obwohl sie zunächst den Ehegattenunterhalt während der Trennungszeit betraf.[3]

6 Eine Einschränkung besteht nach § 56 Abs. 1 Satz 2, 2. Halbs. in Fällen, in denen die Wirksamkeit der Endentscheidung in einer Familienstreitsache erst zu einem späteren Zeitpunkt eintritt, wie dies in § 148 für **Folgesachen** vorgesehen ist. Dann tritt die einstweilige Anordnung erst mit dem späteren Zeitpunkt des Wirksamwerdens der Endentscheidung außer Kraft. Eine einstweilige Anordnung in Betreuungssachen tritt nach § 302 nach sechs Monaten außer Kraft.

II. Absatz 2

7 Abs. 2 regelt für **Antragsverfahren** das Außerkrafttreten der einstweiligen Anordnung infolge einer Beendigung eines zugleich eingeleiteten inhaltsgleichen Hauptsacheverfahrens. Wenn der Antrag in der Hauptsache zurückgenommen (Nr. 1) oder rechtskräftig abgewiesen wurde (Nr. 2), tritt auch eine einstweilige Anordnung kraft Gesetzes

1 So schon zum früheren Recht BGH v. 27.10.1999 – XII ZR 239/97, FamRZ 2000, 751 und OLG Köln v. 7.5.2002 – 4 UF 76/02, FamRZ 2003, 320 für Unterhaltsurteile.
2 Für eine Vollstreckungsabwehrklage OLG Köln v. 7.5.2002 – 4 UF 76/02, FamRZ 2003, 320.
3 BGH v. 9.2.1983 – IVb ZR 343/81, FamRZ 1983, 355; BGH v. 7.11.1990 – XII ZR 129/89, FamRZ 1991, 180.

außer Kraft. Dasselbe gilt, wenn die Hauptsache übereinstimmend für erledigt erklärt wird (Nr. 3) oder sich die Hauptsache tatsächlich erledigt hat (Nr. 4).

Die einstweilige Anordnung tritt in Verfahren, die nur auf Antrag eingeleitet werden, 8
im Übrigen wegen der Verfügungsbefugnis der Beteiligten über den Verfahrensgegenstand auch dann außer Kraft, wenn nur der Antrag auf Erlass einer einstweiligen Anordnung zurückgenommen wird (§ 22 Abs. 2 Satz 1). Gleichzustellen ist der Fall, dass das Verfahren auf Erlass einer einstweiligen Anordnung übereinstimmend für erledigt erklärt wird.[1]

Zusätzliche Fälle des Außerkrafttretens einer einstweiligen Anordnung enthält § 248 9
Abs. 5. Wegen ihrer Koppelung an das Abstammungsverfahren treten einstweilige Anordnungen auf Unterhalt für ein Kind oder dessen Mutter nach § 248 Abs. 1 trotz ihrer verfahrensrechtlichen Selbständigkeit auch dann außer Kraft, wenn der Antrag auf Feststellung der Vaterschaft zurückgenommen oder rechtskräftig (nicht schon mit dem Ergehen des Beschlusses[2]) zurückgewiesen worden ist (vgl. § 641f ZPO aF).

III. Absatz 3

Abs. 3 entspricht § 620f Abs. 1 Satz 2, 3 und Abs. 2 ZPO aF. Das Gericht hat danach auf 10
Antrag durch **Beschluss** auszusprechen, ob und ggf. ab welchem Zeitpunkt (nur für die Zukunft[3]) die einstweilige Anordnung außer Kraft tritt. Zuständig ist das Gericht, das in der einstweiligen Anordnungssache im ersten Rechtszug zuletzt entschieden hat.

Gegen den Beschluss findet die **Beschwerde** (§ 58) statt, auch dann, wenn die einst- 11
weilige Anordnung selbst unanfechtbar war. Es dürfte die allgemeine Beschwerdefrist des § 63 Abs. 1 von einem Monat maßgebend sein (keine Beschwerde gegen eine einstweilige Anordnung nach § 63 Abs. 2 Nr. 1[4]). Eine Rechtsbeschwerde findet entsprechend § 70 Abs. 3 nicht statt.

Eine Regelung zur **Kostentragung** bei Außerkrafttreten enthält Abs. 3 nicht. Es ver- 12
bleibt damit grundsätzlich bei der Kostenregelung in der einstweiligen Anordnung. Dies kann allerdings in den Fällen des Abs. 2 Nr. 1 und Nr. 2 zu unbilligen Ergebnissen führen. Dem könnte dadurch begegnet werden, dass im Hauptsacheverfahren neben der Kostenregelung im Hauptsacheverfahren auch ein Antrag auf Abänderung der Kostenentscheidung in der einstweiligen Anordnung zugelassen wird.

§ 57
Rechtsmittel

Entscheidungen im Verfahren der einstweiligen Anordnung in Familiensachen sind nicht anfechtbar. Dies gilt nicht, wenn das Gericht des ersten Rechtszugs auf Grund mündlicher Erörterung

1 Vgl. dazu OLG Hamm v. 12.2.2003 – 10 WF 20/03, FamRZ 2003, 1307.
2 Vgl. RegE BT-Drucks. 16/6308, S. 260.
3 Vgl. Thomas/Putzo/*Hüßtege*, § 620f ZPO Rz. 2.
4 *Schürmann*, FamRB 2008, 375 (382).

1. über die elterliche Sorge für ein Kind,
2. über die Herausgabe des Kindes an den anderen Elternteil,
3. über einen Antrag auf Verbleiben eines Kindes bei einer Pflege- oder Bezugsperson,
4. über einen Antrag nach den §§ 1 und 2 des Gewaltschutzgesetzes oder
5. in einer Ehewohnungssache über einen Antrag auf Zuweisung der Wohnung

entschieden hat.

A. Allgemeines

1 § 57 regelt in Anlehnung an § 620c S. 1 ZPO aF die **begrenzte Anfechtbarkeit** von Entscheidungen im Verfahren der einstweiligen Anordnung in Familiensachen (obwohl der frühere Grundgedanke für die grundsätzliche Unanfechtbarkeit[1] mit der Ausgestaltung der einstweiligen Anordnung als selbständiges Verfahren weitgehend entfallen ist). Als Ersatz für die regelmäßige Unanfechtbarkeit einer Entscheidung nach § 57 Satz 1 steht es den Beteiligten offen, unmittelbar oder über § 52 ein Hauptsacheverfahren einzuleiten und auf diese Weise die getroffene Entscheidung durch das Gericht und notfalls auch durch das Rechtsmittelgericht überprüfen zu lassen. Alternativ kann auf eine Abänderung nach § 54 hingewirkt werden, die in weit gehendem Umfang möglich ist. Wenn kein anderer Rechtsbehelf mehr gegeben ist, können schließlich etwaige Verletzungen des Grundrechts auf rechtliches Gehör mit der Anhörungsrüge (§ 44) geltend gemacht werden.

2 Im Hinblick auf diese Rechtsbehelfe besteht[2] kein Bedürfnis, zusätzlich zu den in Satz 2 genannten Fällen ein Rechtsmittel ausnahmsweise wegen „greifbarer Gesetzwidrigkeit" der einstweiligen Anordnung zuzulassen, zumal Begriffe wie „greifbar gesetzwidrig" oder „grob fehlerhaft" keine klare Abgrenzung der Anfechtbarkeit ermöglichen.

B. Inhalt der Vorschrift

3 **I.** Nach Satz 1 sind Entscheidungen im Verfahren der einstweiligen Anordnung in Familiensachen (§ 111) **nicht anfechtbar**.

4 In Ausnahme davon nennt Satz 2 die Fälle, in denen die Entscheidung anfechtbar ist.

5 Anfechtbar sind die Entscheidungen, die das Gericht auf Grund mündlicher Erörterung über die **elterliche Sorge** für ein Kind (Nr. 1) und über die **Herausgabe des Kindes** an den anderen Elternteil (Nr. 2) getroffen hat. Klargestellt ist durch einen von § 620c Satz 1 ZPO aF abweichenden Wortlaut, dass in den Fällen der Nr. 1 und 2 auch Entscheidungen in Verfahren über die elterliche Sorge oder über die Herausgabe eines Kindes, die einen entsprechenden Antrag ablehnen, einer Anfechtung zugänglich sind.[3] Anfechtbar ist daher auch die (nach mündlicher Erörterung erfolgte) Abweisung eines Antrags des Jugendamts, den Eltern das Aufenthaltsbestimmungsrecht für ein Kind nach § 1666 BGB im Wege der einstweiligen Anordnung zu entziehen.[4] Anfecht-

1 Dazu Zöller/*Philipp*, § 620c ZPO Rz. 1; Thomas/Putzo/*Hüßtege*, § 620c ZPO Rz. 8.
2 Entgegen zB OLG Stuttgart v. 14.9.1999 – 15 WF 347/99, FamRZ 2000, 965.
3 RegE BT-Drucks. 16/6308, S. 202 f.; *Gießler*, FPR 2006, 421; *van Els*, FamRZ 2008, 2045.
4 Überholt OLG Zweibrücken v. 25.1.2006 – 5 WF 2/06, FamRZ 2006, 872.

bar nach Nr. 1 sind auch Entscheidungen, in denen nur über einen Teilbereich der elterlichen Sorge entschieden wurde.[1]

Nach Nr. 3 anfechtbar sind Entscheidungen über eine **Verbleibensanordnung** nach §§ 1632 Abs. 4, 1682 BGB (Verbleibensanordnung oder deren Ablehnung[2]). 6

Die Nr. 4 und 5 entsprechen § 620c Satz 1 aF ZPO. Anfechtbar sind danach Entscheidungen über einen Antrag nach den §§ 1 und 2 des **Gewaltschutzgesetzes** (Schutzanordnungen, Wohnungszuweisungen) und über einen Antrag auf **Zuweisung einer Wohnung** nach § 1361b BGB. Es kommt auch in den Fällen der Nr. 4 und 5 nicht darauf an, ob dem Antrag stattgegeben oder ob er zurückgewiesen wurde.[3] Keine Zuweisung der Ehewohnung liegt vor bei einer einstweiligen Anordnung, mit der verfügt wird, dass ein Ehegatte dem anderen wieder Mitbesitz an der Ehewohnung einzuräumen hat.[4] 7

Im Übrigen sind Entscheidungen im Verfahren der einstweiligen Anordnung in Familiensachen nicht anfechtbar. Nicht anfechtbar sind insbesondere alle Entscheidungen (auch über die in § 57 Satz 2 angeführten Verfahrensgegenstände), die **ohne mündliche Erörterung** ergangen sind. Als Ersatz dient insbesondere der Antrag nach § 54 Abs. 2. 8

Auf Grund mündlicher Erörterung ergangen ist eine einstweilige Anordnung nur dann, wenn die mündliche Erörterung in zeitlicher Nähe zu dem Beschluss stattgefunden hat und in ihr gerade die Voraussetzungen für den Erlass der einstweiligen Anordnung erörtert wurden.[5] Hat das Erstgericht im Verfahren der einstweiligen Anordnung nach einer mündlichen Erörterung weitere Ermittlungen veranlasst, so ist die danach im schriftlichen Verfahren erlassene Entscheidung (sog. **gemischt mündlich-schriftliches Verfahren**) nicht mehr auf Grund mündlicher Erörterung ergangen.[6] In einem solchen Fall ist erneut Antrag auf mündliche Verhandlung nach § 54 Abs. 2 zu stellen. Hat eine mündliche Erörterung stattgefunden, kommt es für die Frage der Anfechtbarkeit dagegen nicht darauf an, ob die Erörterung prozessordnungsgemäß durchgeführt wurde und alle Beteiligten hierzu rechtzeitig geladen wurden. Eine verfahrensfehlerhafte Erörterung genügt für die Anfechtungsmöglichkeit.[7] 9

Unanfechtbar sind auch alle Verfahren zum **persönlichen Umgang**,[8] auch eine Entscheidung, die den Ausschluss des Umgangsrechts nach § 1684 Abs. 4 BGB gegenüber einem Elternteil anordnet.[9] 10

Die Unanfechtbarkeit einer Entscheidung nach § 57 S. 1 erfasst **auch Nebenentscheidungen**, zB über die Prozesskostenhilfe[10] und die Kostenentscheidung.[11] 11

---

1 KG v. 2.5.1995 – 19 WF 2596/95, NJW-RR 1996, 455, zB Übertragung des Aufenthaltsbestimmungsrechts auf einen Elternteil; OLG Köln v. 19.2.2001 – 25 UF 213/00, FamRZ 2002, 404: Übertragung der Befugnis zur Beantragung eines Reisepasses.

2 Überholt OLG Hamm v. 23.7.2004 – 11 WF 183/04, 183/04, FamRZ 2005, 814: kein Rechtsmittel, wenn ein Kind vorläufig bei Pflegeeltern bleiben soll.

3 Zöller/*Philippi*, § 620c ZPO Rz. 6a.

4 Nicht anfechtbar, vgl. OLG Bamberg v. 21.2.2005 – 2 WF 22/05, FamRZ 2006, 873.

5 KG v. 23.10.2007 – 16 WF 234/07, FamRZ 2008, 1265.

6 OLG Zweibrücken v. 22.1.2008 – 5 WF 2/08, FamRZ 2008, 1265 m. Anm. *van Els*, S. 2045.

7 OLG Dresden v. 21.2.2002 – 22 WF 88/02, FamRZ 2002, 1498; Zöller/*Philippi*, § 620c ZPO Rz. 8.

8 KG v. 18.4.2007 – 18 WF 46/07, FamRZ 2007,1259, auch keine sog. außerordentliche Beschwerde wegen greifbarer Gesetzwidrigkeit.

9 Vgl. Beschlussempfehlung und Bericht Rechtsausschuss BT-Drucks. 16/9733, S. 289.

10 BGH v. 23.2.2005 – XII ZB 1/03, NJW 2005, 1659; OLG Stuttgart v. 3.7.2008 – 16 WF 150/08 und 16 WF 151/08, FamRZ 2009, 531.

11 OLG Naumburg v. 21.9.2006 – 3 WF 141/06, FamRZ 2007, 1035.

II. Beschwerde als zulässiges Rechtsmittel

12 Das zulässige Rechtsmittel ist die **Beschwerde** (§ 58). Die Beschwerdefrist beträgt nach § 63 Abs. 2 Nr. 1 wegen des Charakters des einstweiligen Anordnungsverfahrens als Eilverfahren **zwei Wochen**. Dies gilt unabhängig davon, welcher Art die angefochtene Entscheidung ist,[1] also auch für Entscheidungen über die in § 57 Satz 2 angeführten Verfahrensgegenstände, durch die ein Antrag auf Erlass einer einstweiligen Anordnung zurückgewiesen wurde. Eine Abhilfebefugnis besteht nicht (§ 68 Abs. 1 Satz 2[2]).

13 Sachlich zuständig für die Verhandlung und Entscheidung über die Beschwerde ist in den von den Familiengerichten entschiedenen Sachen das Oberlandesgericht (§ 119 Abs. 1 Nr. 1a GVG). Im Beschwerdeverfahren besteht kein Anwaltszwang (§ 114 Abs. 4 Nr. 1). Eine Rechtsbeschwerde findet in Verfahren einer einstweiligen Anordnung nach § 70 Abs. 4 nicht statt. Dies gilt auch für die Familienstreitsachen (§ 119 Abs. 1).

III. Anfechtbarkeit von einstweiligen Anordnungen in Angelegenheiten der freiwilligen Gerichtsbarkeit

14 § 57 regelt nur die begrenzte Anfechtbarkeit von Entscheidungen im Verfahren der einstweiligen Anordnung in Familiensachen nach § 111. Einstweilige Anordnungen in **Betreuungs- und Unterbringungssachen** und in **Freiheitsentziehungssachen** (§§ 300 ff., §§ 331 ff., § 427) unterliegen dieser Einschränkung nicht. Sie sind nach § 63 Abs. 2 Nr. 1 innerhalb von zwei Wochen mit der Beschwerde anfechtbar.[3] Beschwerdegericht in Freiheitsentziehungssachen und in den von den Betreuungsgerichten entschiedenen Sachen ist das Landgericht (§§ 72 Abs. 1 Satz 2, 119 Abs. 1 Nr. 1b GVG).

IV. Rechtsbehelfe gegen einstweilige Anordnung auf Unterhalt

15 In **Unterhaltsverfahren** kann vom **Unterhaltsverpflichteten** gegen eine einstweilige Anordnung im ordentlichen Verfahren mit der negativen Feststellungsklage nach § 256 Abs. 1 ZPO vorgegangen werden und nicht mit der Abänderungsklage, weil die Abänderung einstweiliger Anordnungen nur im summarischen Verfahren stattfindet.[4] Die negative Feststellungsklage ist auf die Feststellung gerichtet, dass der Verpflichtete keinen Unterhalt oder jedenfalls nicht in der in der einstweiligen Anordnung zugesprochenen Höhe schuldet. Das Feststellungsinteresse besteht, weil der Unterhaltsberechtigte eine einstweilige Anordnung erwirkt hat und sich damit eines Anspruchs berühmt. Es entfällt nicht deshalb, weil nach § 54 Aufhebung oder Änderung der einstweiligen Anordnung beantragt werden kann.[5] Die negative Feststellungsklage unterliegt nach materiellem Recht keiner Einschränkung dahin, dass die Feststellung erst ab Rechtshängigkeit der Klage oder ab Verzug des Gläubigers mit einem Verzicht

1 RegE BT-Drucks. 16/6308, S. 203.
2 *Schürmann*, FamRB 2008, 375 (381).
3 Vgl. früher zur Anfechtbarkeit vorläufiger Unterbringungsmaßnahmen § 70m Abs. 2 FGG aF und zur Anfechtbarkeit einstweiliger Anordnungen in Betreuungssachen Bassenge/Roth, § 69 f. FGG Rz. 16 ff.
4 BGH v. 9.2.1983 – IVb ZR 343/81, FamRZ 1983, 355.
5 Zöller/*Philippi*, § 620 ZPO Rz. 13.

auf seine Rechte aus der einstweiligen Anordnung begehrt werden könnte.[1] Die Klage kann mit dem Antrag verbunden werden, die Zwangsvollstreckung aus der einstweiligen Anordnung analog § 769 ZPO einstweilen einzustellen.[2] Es kann auch ohne Rücksicht auf die vorherige Aufhebung der einstweiligen Anordnung aus ungerechtfertigter Bereicherung auf Rückzahlung geleisteten Unterhalts geklagt werden.[3]

Der **Unterhaltsberechtigte** kann die Abänderung einer einstweiligen Anordnung im Hauptsacheverfahren dadurch erreichen, dass er bei einer Erstfestsetzung im Wege der allgemeinen Leistungsklage auf höheren Unterhalt klagt. Eine einstweilige Anordnung beseitigt das Rechtsschutzbedürfnis nicht. Diese ist nicht der materiellen Rechtskraft fähig und entfaltet keine Bindungswirkung iSv. § 238. Dem Berechtigten kann es daher nicht verwehrt werden, sich einen endgültigen Titel über den Unterhalt zu verschaffen.[4] 16

Abschnitt 5
Rechtsmittel

Unterabschnitt 1
Beschwerde

§ 58
Statthaftigkeit der Beschwerde

(1) Die Beschwerde findet gegen die im ersten Rechtszug ergangenen Endentscheidungen der Amtsgerichte und Landgerichte in Angelegenheiten nach diesem Gesetz statt, sofern durch Gesetz nichts anderes bestimmt ist.

(2) Der Beurteilung des Beschwerdegerichts unterliegen auch die nicht selbständig anfechtbaren Entscheidungen, die der Endentscheidung vorausgegangen sind.

1 BGH v. 22.3.1989 – IVb ZA 2/89, FamRZ 1989, 850.

2 BGH v. 9.2.1983 – IVb ZR 343/81, FamRZ 1983, 355; BGH v. 27.10.1999 – XII ZR 239/97, NJW 2000, 740.

3 BGH v. 9.5.1984 – IVb ZR 7/83, FamRZ 1984, 767; BGH v. 27.10.1999 – XII ZR 239/97, NJW 2000, 740.

4 BGH v. 7.12.1988 – IVb ZR 49/88, FamRZ 1989, 267.

A. Entstehungsgeschichte und Normzweck

1 Die Vorschrift entspricht in ihrem Regelungszweck § 19 FGG aF, allerdings auf die Frage beschränkt, wogegen sich das Rechtsmittel richten kann. Die ursprünglich in § 19 Abs. 2 FGG bestimmte **sachliche Zuständigkeit** ist nunmehr in § 72 Abs. 1 Satz 2 GVG und 119 Abs. 1 Nr. 1 a, b GVG geregelt, wobei die Zuständigkeit des Landgerichts nur noch für einen kleinen Teil der Beschwerden (in Freiheitsentziehungs- und Betreuungssachen) besteht. Den Zielsetzungen des neuen Rechts entsprechend ist auch der Inhalt der Norm, soweit sie mit § 19 FGG aF korrespondiert, erheblich verändert. Dies betrifft zum einen den **Gegenstand der Beschwerde**. Dass nunmehr im Grundsatz nur noch die Instanz abschließende Entscheidungen mit der sofortigen Beschwerde angreifbar sein sollen, ergibt sich aus § 58 Abs. 1, wo von **„Endentscheidungen"** die Rede ist, nicht, wie vormals in § 19 FGG, von „Verfügungen". Zum anderen hat die Beschränkung der selbständigen Beschwerde auf Endentscheidungen in § 58 Abs. 2 ihren Niederschlag in einer speziellen Regelung zur Angreifbarkeit von Zwischenentscheidungen gefunden, die das alte Recht nicht kannte. Sie ist an § 512 ZPO angelehnt.

B. Inhalt der Vorschrift

I. Beschwerde als Hauptsacherechtsmittel

1. Neue Differenzierung der Rechtsmittel

a) Hauptsacherechtsmittel

2 Die Umgestaltung des Rechtsmittelrechts in Verfahren der freiwilligen Gerichtsbarkeit führt zu einer stärkeren Differenzierung der Rechtsmittel. §§ 58 ff. betreffen anders als §§ 19 ff. FGG aF vorbehaltlich einer abweichenden Spezialregelung[1] nur Rechtsmittel gegen die **Entscheidung in der Hauptsache**. Der früher hierunter gezählte **Vorbescheid** im Erbscheinsverfahren[2] hat in § 352 eine Spezialregelung hinsichtlich der Wirksamkeit erfahren und ist nunmehr ein gewöhnlicher Beschluss in der Haupt-

1 Vgl. hierzu BT-Drucks. 16/6308, S. 203.
2 OLG Hamm v. 8.6.1999 – 15 W 105/99, FamRZ 2000, 487 f.

sache, der nach §§ 58 ff. angreifbar ist.[1] Auf **Zwischenentscheidungen**, die früher unter bestimmten Voraussetzungen gleichermaßen mit der Beschwerde nach §§ 19 ff. FGG anfechtbar waren,[2] sind §§ 58 ff. grundsätzlich nicht anwendbar, sondern idR §§ 567 ff. ZPO. So kann etwa die Aussetzung des Verfahrens nach § 21 Abs. 1 nicht mehr mit demselben Rechtsmittel wie die Hauptsacheentscheidung,[3] sondern nach § 21 Abs. 2 nur mit der sofortigen Beschwerde nach §§ 567 ff. ZPO angegriffen werden. Insoweit haben die neuen Regelungen der §§ 58 ff. gegenüber den §§ 19 ff. FGG einen Teil ihres früheren Anwendungsbereichs eingebüßt. Nach §§ 58 ff. anfechtbar sind auch Entscheidungen, die einen Aspekt oder einen Teil der Hauptsache etwa als **Teil- oder Grundbeschluss** entscheiden.[4] Dies gilt auch für eigenständige Entscheidungen über Vorfragen, etwa die „Anfechtung der Erbschaftsannahme".[5] Anfechtbar ist eine Entscheidung **ab ihrem Erlass**, selbst wenn sie dem Anfechtenden nicht bekannt gegeben wird.[6] Auch unzulässige Entscheidungen erster Instanz sind mit der Beschwerde anfechtbar.[7] Entsprechendes gilt für **nichtige Entscheidungen**, da sie den Rechtsschein einer gerichtlichen Regelung erwecken.[8] Die bloße **Untätigkeit** ist allerdings gerade keine Entscheidung und kann daher nicht mit der Beschwerde angegriffen werden.[9] Hier bleiben nur dienstaufsichtsrechtliche Mittel.[10]

Die Beschwerde hat aber nicht nur gegenüber dem früheren Recht einen Teil ihres Anwendungsbereichs eingebüßt. Umgekehrt übernehmen die §§ 58 ff. **weitere Aufgaben** als ihre Vorgängervorschriften, namentlich die Funktion der Berufung in den früher durch Urteil zu entscheidenden **Familiensachen**. Diese sind im Rahmen des Großen Familiengerichts nunmehr ebenfalls durch Beschluss zu entscheiden und folglich mit der Beschwerde anzufechten.[11] 3

1 Zum Vorbescheid v. *Jacoby*, FamRZ 2007, 1703 (1706 f.).

2 Vgl. OLG Bremen v. 7.11.1972 – 1 W 73/72(c), Rpfleger 1973, 58; OLG Düsseldorf v. 11.1.1993 – 19 W 2/92, NJW-RR 1993, 1256; OLG Zweibrücken v. 6.12.1982 – 3 W 217/82, OLGZ 1983, 163 f.; OLG Zweibrücken v. 2.3.2000 – 3 W 35/00, FGPrax 2000, 109; BayObLG v. 21.10.1968 – BReg 1b Z 25/68, BayObLGZ 1968, 257 (258); BayObLG v. 6.3.1987 – BReg 1 Z 11/87, NJW-RR 1987, 1202; BayObLG v. 16.7.1997 – 3 Z BR 272/97, NJW-RR 1998, 437 (438); BayObLG v. 31.1.2001 – 3 Z BR 20/01, FGPrax 2001, 78; OLG Frankfurt v. 11.11.1992 – 20 W 430/92, FamRZ 1993, 442.

3 So aber das alte Recht, s. BayObLG v. 18.1.1967 – BReg 1a Z 62/66, BayObLGZ 1967, 19 (20 f.); Keidel/Kuntze/*Kahl* § 19 FGG Rz. 13.

4 OLG Düsseldorf v. 11.1.1993 – 19 W 2/92, NJW-RR 1993, 1256; BayObLG v. 9.1.1962 – BReg 1 Z 243/1961, BayObLGZ 1962, 11 (13); BayObLG v. 27.9.1993 – 1 Z BR 95/93, NJW-RR 1994, 1162 zu einzelnen Abschnitten eines Verfahrens; vgl. zur Vorabentscheidung über die Zuständigkeit OLG Bremen v. 10.5.1979 – 5 UF 41/79a, FamRZ 1979, 861 (hierzu jetzt § 65 Abs. 4).

5 BayObLG v. 27.6.1996 – 1 Z BR 148/95, NJW-RR 1997, 72 (73).

6 BayObLG v. 23.7.1986 – BReg 3 Z 62/86, BayObLGZ 1986, 289 (290).

7 BayObLG v. 22.6.1982 – BReg 1 Z 52/82, FamRZ 1983, 92 (93); OLG Zweibrücken v. 3.11.2003 – 3 W 198/03, FGPrax 2004, 48.

8 BVerfG v. 17.1.1985 – 2 BvR 498/84, NJW 1985, 788; BayObLG v. 26.6.1986 – BReg. 3 Z 86/85, BayObLGZ 1986, 229 (233); BayObLG v. 21.7.1988 – BReg 3 Z 59/88, BayObLGZ 1988, 259 (260).

9 BayObLG v. 8.10.1997 – 3 Z BR 116/97, Rpfleger 1998, 67 = NJW-RR 1999, 292 (293); zur Ausnahme, wenn die Untätigkeit einer negativen Entscheidung gleichkommt, s. OLG Celle v. 17.3.1975 – 7 W 22/75, NJW 1975, 1230 f.; OLG Köln v. 23.6.1981 – 4 WF 93/81, NJW 1981, 2263 f.; OLG Schleswig v. 26.6.1981 – 1 W 94/81, NJW 1982, 246.

10 OLG Stuttgart v. 20.1.1998 – 8 W 4 u. 5/98, FamRZ 1998, 1128 (1129).

11 S. BT-Drucks. 16/6308, S. 203.

b) Keine „Erstbeschwerde" gegen Entscheidungen der Landgerichte

4 Mit der neuen Regelung entfällt auch die „Erstbeschwerde" gegen Entscheidungen der LG. Die frühere Praxis der Obergerichte differenzierte zwischen (sofortigen) weiteren Beschwerden und **„Erstbeschwerden"** gegen Entscheidungen der LG, je nachdem, ob diese in ihrer Tätigkeit als Rechtsmittelgericht oder wie ein erstinstanzliches Gericht entschieden hatten.[1] Diese feinsinnige, wohl nur nach langer obergerichtlicher Spruchpraxis wirklich sicher zu beherrschende Differenzierung[2] ist mit § 58 Abs. 1 jedenfalls für Beschwerdeentscheidungen der LG hinfällig. Denn in § 58 Abs. 1 ist nicht mehr kryptisch von „Verfügungen des Gerichts erster Instanz", sondern von den „im ersten Rechtszug ergangenen Entscheidungen der Amtsgerichte und Landgerichte" die Rede. Damit ist die „Erstbeschwerde" gegen die weiterhin den LG zugewiesenen Beschwerden in Freiheitsentziehungs- und Betreuungssachen fortgefallen, da Voraussetzung einer statthaften Beschwerde eine Entscheidung *im ersten Rechtszug* ist. Eine solche liegt aber nicht vor, wenn das Gericht im zweiten Rechtszug tätig wird. Dies entspricht auch dem Willen des Gesetzgebers, da sich die Beschwerde nach §§ 58 ff. bewusst an die ZPO-Beschwerde anlehnt.[3]

2. Gegenstand der Beschwerde

a) Entscheidungen in der Hauptsache

aa) Richtig bezeichnete Entscheidungen

5 Das neue Recht beschränkt die Möglichkeit der Beschwerde ausdrücklich auf „Endentscheidungen". Zwischenentscheidungen sind nur noch bei ausdrücklicher Bestimmung im Gesetz separat anfechtbar, dann aber überwiegend nach den Regelungen der ZPO (§§ 567 ff. ZPO; hierzu im Einzelnen Rz. 11 u. 17). Eine Endentscheidung ist nach der **Legaldefinition in § 38 Abs. 1 Satz 1** eine solche, durch die der Verfahrensgegenstand ganz oder teilweise erledigt wird. Die Frage, ob eine Endentscheidung vorliegt, ist nach neuem Recht erheblich vereinfacht, da § 38 Abs. 1 insoweit **klare, auch terminologische Vorgaben** macht. Denn das Gericht hat eine solche Form der Entscheidung nach § 38 Abs. 1 Satz 1 durch **Beschluss** zu treffen. Eine Endentscheidung kann bei korrekter Anwendung der gesetzlichen Terminologie zukünftig also grundsätzlich nur noch bei Erlass eines Beschlusses vorliegen.

bb) Unrichtig bezeichnete Entscheidungen

6 Die unrichtige Bezeichnung einer Endentscheidung führt nicht zum Verlust des Rechtsmittels, auch wenn gegen die gewählte Form der Entscheidung kein Rechtsmittel gegeben ist. Gegen eine solche Endentscheidung ist in jedem Fall die Beschwerde nach §§ 58 ff. eröffnet. Ist auch gegen die zu Unrecht gewählte Entscheidungsform ein Rechtsmittel möglich, hat der Rechtsmittelführer nach dem Grundsatz der **Meistbegünstigung** die Wahl: Er kann sowohl das Rechtsmittel einlegen, das gegen die gewählte Entscheidungsart zulässig ist (also etwa gegen ein Urteil die Berufung), als auch die Beschwerde nach §§ 58 ff. (vgl. zu den Zulässigkeitsvoraussetzungen § 68 Rz. 18).[4]

1 S. etwa BayObLG v. 19.12.2001 – 3 Z BR 280/01, NJW-RR 2002, 679.
2 Instruktiv BayObLG v. 27.11.1975 – BReg 1 Z 59/75, BayObLGZ 1975, 421 (424 f.).
3 BT-Drucks. 16/6308, S. 203.
4 BGH v. 5.12.1990 – XII ZB 121/90, FamRZ 1991, 549; BGH v. 2.11.1994 – XII ZB 121/94, NJW-RR 1995, 379 f., auch zur Abgrenzung von der reinen Berichtigung nach § 319 ZPO (bzw. § 42); ähnlich BGH v. 16.10.2002 – VIII 27/02, MDR 2003, 285 f.

Ist die Frist zur Einlegung der Beschwerde nach § 63 Abs. 2 abgelaufen, nicht aber diejenige für die Berufung, kann letztere also immer noch eingelegt werden.[1] Bei der Auswahl auch **Kostenaspekte** zu berücksichtigen, ist legitim bzw. geboten. So ist zu berücksichtigen, dass sich die Gerichtskosten für ZPO-Beschwerden nach Nr. 1810 ff. VV-GKG regelmäßig auf eine Festgebühr beschränken und dass auch für den Rechtsanwalt nur eine halbe Verfahrensgebühr nach Nr. 3500 VV-RVG anfällt. Gegenüber einer Berufung wird die Beschwerde nach §§ 58 ff. angesichts der niedrigeren Sätze der KostO üblicherweise das geringere Kostenrisiko darstellen.

b) Die Rechtslage unmittelbar beeinflussende Entscheidungen

Besondere Probleme stellen sich, wenn die Entscheidung mit ihrem Erlass bereits Folgen zeitigt oder bereits vollzogen ist. Dies ist etwa bei **Genehmigungen** der Fall, deren Folgen selbst im Falle ihrer Rechtswidrigkeit nicht mehr beseitigt werden können (§ 47). Eine gleichwohl aufrechterhaltene Beschwerde ist unzulässig.[2] Eine Anfechtung derartiger Entscheidungen kommt nur in den Ausnahmefällen in Betracht, in denen das Gericht seine Entscheidung (unzulässigerweise) bekannt gibt, aber noch nicht mit Außenwirkung vollzieht, etwa durch Mitteilung der Anordnung über die Eintragung in ein Register.[3] Ansonsten kann die Beschwerde aber **auf ein anderes Ziel als auf die Abänderung des Beschlusses gerichtet** sein, dessen Rechtswirkungen ohnehin nicht mehr zu beseitigen sind. So kann die Eintragung in das Handelsregister mit dem Ziel angegriffen werden, das AG zur Einleitung eines **Amtslöschungsverfahrens** anzuweisen.[4] Nach Erteilung eines Erbscheins kann mit der Beschwerde dessen **Einziehung** verfolgt werden.[5] Gleiches gilt für die Erteilung eines Testamentsvollstreckerzeugnisses.[6] Die Aufhebung einer Pflegschaft kann mit dem Ziel der **Neuanordnung** angegriffen werden.[7] 7

c) Abgrenzung von sonstigen gerichtlichen Verfügungen

aa) Abgrenzung von verfahrensleitenden Verfügungen ohne Regelungscharakter

Erging die Entscheidung in Form eines Beschlusses, so ist die Frage, ob eine Endentscheidung vorliegt, **nach dessen Regelungsgehalt zu beurteilen**. Eine Entscheidung in der Hauptsache liegt nur dann vor, wenn das Gericht diese mit **Außenwirkung** bescheiden, also die Rechtslage feststellen oder ändern wollte.[8] Damit sind **verfahrensleitende Verfügungen** wie die Terminierung zur mündlichen Verhandlung,[9] Beweisbeschlüsse[10] 8

1 Zur Notwendigkeit, die für das gewählte Rechtsmittel geltende Frist einzuhalten, s. BGH v. 2.11.1994 – XII ZB 121/94, NJW-RR 1995, 379 (380).

2 BayObLG v. 29.3.1996 – 3 Z BR 82/96, FamRZ 1997, 218 (219); KG v. 29.8.2000 – 1 W 1675/00, FGPrax 2000, 250.

3 OLG Stuttgart v. 19.5.1970 – 8 W 343/68, OLGZ 1970, 419 (420).

4 OLG Hamm v. 31.7.1967 – 15 W 282/67, OLGZ 1967, 471 (472).

5 BayObLG v. 7.8.1973 – BReg 1 Z 36/73, BayObLGZ 1973, 224 (226); v. 5.2.1992 – BReg 1 Z 28/91, FamRZ 1992, 1206; KG v. 29.11.1994 – 1 W 2837/94, FGPrax 1995, 120.

6 OLG Hamm v. 8.6.1999 – 15 W 105/99, FamRZ 2000, 487.

7 BayObLG v. 30.9.1965 – BReg 1b Z 69/65, BayObLGZ 1965, 348 (349).

8 BayObLG v. 22.6.1982 – BReg 1 Z 52/82, FamRZ 1983, 92 (93); BayObLG v. 6.3.1987 – BReg 1 Z 11/87, NJW-RR 1987, 1202; BayObLG v. 20.12.1990 – 3 Z 140/90, Rpfleger 1991, 156; BayObLG v. 8.10.1997 – 3 Z BR 116/97, Rpfleger 1998, 67 = NJW-RR 1999, 292 (293).

9 OLG Celle v. 17.3.1975 – 7 W 22/75, NJW 1975, 1230 f.; OLG Köln v. 23.6.1981 – 4 WF 93/81, NJW 1981, 2263; einschränkend OLG Schleswig v. 26.6.1981 – 1 W 94/81, NJW 1982, 246.

10 BayObLG v. 6.3.1987 – BReg 1 Z 11/87, NJW-RR 1987, 1202; OLG Düsseldorf v. 11.1.1993 – 19 W 2/92, NJW-RR 1993, 1256.

oder die Bestellung eines Verfahrenspflegers bzw. deren Ablehnung[1] von vorneherein nicht mit der Beschwerde nach §§ 58 ff. angreifbar, da sie die Entscheidung in der Hauptsache erst vorbereiten. Nicht beschwerdefähig sind ferner (**Hinweis)beschlüsse**,[2] in denen das Gericht seine Einschätzung der Rechts- und Sachlage kundtut. Erst recht keine Entscheidung nach § 38 Abs. 1 Satz 1 sind bloße Einschätzungen der Rechtslage,[3] oder **Ankündigungen** bestimmter Entscheidungen. Etwas anders kommt allerdings in Betracht, wenn sich das Gericht in einer Entscheidung mit den behandelten Fragen hätte befassen müssen; dann liegt in unverbindlichen Erörterungen ein Fehler der Endentscheidung.[4]

9 Unanfechtbar sind auch gerichtliche **Tätigkeiten ohne Entscheidungscharakter** wie die Testamentseröffnung[5] oder innerdienstliche Vorgänge[6] wie die Einleitung eines Amtsverfahrens[7] oder die Einholung eines Gutachtens,[8] selbst wenn sie in die Form eines Beschlusses gekleidet werden. Fraglich kann allenfalls sein, ob sie gleichwohl der Beschwerde nach §§ 58 ff. zugänglich sind, wenn sie zu Unrecht in die Form eines Beschlusses nach §§ 38 ff. gekleidet wurden, ohne dass sie etwa durch Bezeichnungen wie „Hinweisbeschluss" oÄ als rein verfahrensleitende Verfügung kenntlich gemacht wurde. Hier ist wohl wieder der **Meistbegünstigungsgrundsatz** zugunsten des Rechtsmittelführers anzuwenden: Erweckt die verfahrensleitende Verfügung etwa auf Grund ungenügender Bezeichnung und missverständlichen Inhalts den Eindruck, es werde eine Endentscheidung getroffen, so muss sie schon deswegen mit der Beschwerde nach §§ 58 ff. angreifbar sein, um den falschen Eindruck einer Hauptsacheentscheidung zu vermeiden.[9] IdR werden diese Fälle auch ohne Einschaltung der nächsten Instanz im Wege der **Abhilfe nach § 68 Abs. 1 Satz 1** zu bereinigen sein.

10 Keine bloße Einschätzung der Rechtslage liegt vor, wenn ein Beschluss etwa über die Entziehung eines Erbscheins bereits die **konkrete Ankündigung enthält, wie ein bereits gestellter neuer Antrag beschieden wird.**[10] Wird umgekehrt eine **Entscheidung über einen Teil der Hauptsache** nicht als solche, sondern als Zwischenentscheidung bezeichnet, kann der hiervon Beschwerte sie nach dem Grundsatz der Meistbegünstigung noch inzident nach § 58 Abs. 2 mit der Hauptsacheentscheidung überprüfen lassen.

bb) Abgrenzung von verfahrensleitenden Entscheidungen mit Regelungscharakter oder sonstigen Zwischenentscheidungen

11 Abzugrenzen ist die beschwerdefähige Endentscheidung ferner von **Aufforderungen zu einem bestimmten prozessualen Verhalten** (etwa der Vorlage von Unterlagen) etc.

1 OLG Düsseldorf v. 20.4.1999 – 7 WF 47/99, FamRZ 2000, 249.
2 OLG Hamm v. 17.5.1990 – 15 W 206/90, Rpfleger 1990, 426; BayObLG v. 8.10.1997 – 3 Z BR 116/97, Rpfleger 1998, 67 = NJW-RR 1999, 292 (293).
3 OLG Köln v. 16.3.1988 – 2 Wx 14/88, NJW 1989, 173 (174); BayObLG v. 17.12.1987 – BReg 3 Z 127/87, NJW-RR 1988, 869; BayObLG v. 20.12.1990 – 3 Z 140/90, Rpfleger 1991, 156; BayObLG v. 27.9.1993 – 1 Z BR 95/93, NJW-RR 1994, 1162; BayObLG v. 4.6.1997 – 3 Z BR 42/97, Rpfleger 1997, 476 f.
4 KG v. 10.1.1989 – 1 W 3253/88, OLGZ 1989, 129 (130).
5 BayObLG v. 27.9.1993 – 1 Z BR 95/93, NJW-RR 1994, 1162.
6 BGH v. 29.1.1955 – IV ZB 1/55, BGHZ 16, 177 (178); OLG Stuttgart v. 19.5.1970 – 8 W 343/68, OLGZ 1970, 419 (420).
7 BayObLG v. 31.1.2001 – 3 Z BR 20/01, FGPrax 2001, 78.
8 BayObLG v. 6.3.1987 – BReg 1 Z 11/87, NJW-RR 1987, 1202 f.; BayObLG v. 1.7.1999 – 3 Z BR 182/99, FamRZ 2000, 249 f.; BayObLG v. 31.1.2001 – 3 Z BR 20/01, FGPrax 2001, 78.
9 Vgl. BGH v. 16.10.2002 – VIII 27/02, MDR 2003, 285 f.
10 BayObLG v. 13.2.1975 – BReg 1 Z 82/74, BayObLGZ 1975, 62 (64) = FamRZ 1976, 104 (106).

Diese Entscheidungen ergehen zwar regelmäßig in der Form eines Beschlusses und bezwecken auch eine Regelung mit Außenwirkung. Sie wollen aber die Hauptsache nicht erledigen, sondern nur ihren Fortgang fördern. Deshalb fehlt auch diesen verfahrensleitenden Verfügungen die Qualität einer Entscheidung nach § 38 Abs. 1 Satz 1. Sie sind allenfalls mit der **sofortigen Beschwerde** nach §§ 567 ff. ZPO angreifbar, soweit dies durch eine Spezialregelung angeordnet ist (hierzu im Einzelnen Rz. 17). Im Gegensatz zur früheren Rechtslage[1] gilt dies auch dann, wenn die Entscheidung in **Rechte Dritter** eingreift. IdR wird hier aber die Statthaftigkeit der sofortigen Beschwerde nach §§ 567 ff. ZPO angeordnet sein, wie etwa die Ablehnung der Hinzuziehung als Beteiligter (§ 7 Abs. 5 Satz 2) oder die Anordnung von Zwangsmitteln (§ 35 Abs. 5).

Ähnliches gilt für sonstige Entscheidungen im Laufe des Hauptsacheverfahrens über bestimmte Vorfragen. Zwar bezwecken auch sie eine Regelung im Außenverhältnis, aber keine Erledigung der Hauptsache, weshalb sie nicht mit der Beschwerde nach §§ 58 ff. anfechtbar sind. Ausdrücklich geregelt ist dies (überflüssigerweise) etwa für **Abgabebeschlüsse** in § 3 Abs. 3 Satz 1, für die **Bestimmung des zuständigen Gerichts** nach § 5 Abs. 3, für die **Zurückweisung von Bevollmächtigten und Beiständen** nach §§ 10 Abs. 3 Satz 3, 12 Satz 4, ferner für **einstweilige Anordnungen** in §§ 49 ff. Sie können regelmäßig nur in den Fällen der § 57 Satz 2 Nr. 1 bis 5 angefochten, ansonsten allenfalls auf Anhörungsrüge durch das Ausgangsgericht selbst überprüft werden. 12

cc) Abgrenzung von Justizverwaltungsakten

Nicht zu den nach §§ 58 ff. beschwerdefähigen Entscheidungen gehören ferner Justizverwaltungsakte, insbesondere über die Akteneinsicht Beteiligter und wohl auch Dritter.[2] Die Entscheidung über entsprechende Gesuche ist ein Verwaltungsakt, dessen Kontrolle wegen der größeren Sachnähe gem. §§ 23 ff. EGGVG innerhalb der ordentlichen Gerichtsbarkeit erfolgt. Eine Beschwerde nach §§ 58 ff. findet demgemäß nicht statt. 13

d) Weitere Zulässigkeitsvoraussetzungen

§ 58 Abs. 1 regelt nur die Statthaftigkeit der Beschwerde gegen erstinstanzliche Entscheidungen in der Hauptsache. Insbesondere § 61 stellt weitere Anforderungen an die Zulässigkeit einer Beschwerde auf, namentlich eine **Mindestbeschwer** oder die **Zulassung** der Beschwerde durch das Gericht des ersten Rechtszugs (§ 61 Rz. 2 ff. u. 8 ff.). Ferner gelten die allgemeinen Zulässigkeitsvoraussetzungen, also das Erfordernis der Verfahrensfähigkeit, die Notwendigkeit eines Rechtsschutzbedürfnisses etc. (hierzu im Einzelnen § 68 Rz. 18). Ist eine Beschwerde danach nicht zulässig, verbleibt den Beteiligten nur die Anhörungsrüge nach § 44 und anschließend uU die Verfassungsbeschwerde. 14

---

1 Vgl. Rz. 2 mit OLG Bremen v. 7.11.1972 – 1 W 73/72(c), Rpfleger 1973, 58; OLG Düsseldorf v. 11.1.1993 – 19 W 2/92, NJW-RR 1993, 1256; OLG Zweibrücken v. v. 6.12.1982 – 3 W 217/82, OLGZ 1983, 163 f.; v. 2.3.2000 – 3 W 35/00, FGPrax 2000, 109; BayObLG v. 21.10.1968 – BReg 1b Z 25/68, BayObLGZ 1968, 257 (258); v. 6.3.1987 – BReg 1 Z 11/87, NJW-RR 1987, 1202; v. 16.7.1997 – 3 Z BR 272/97, NJW-RR 1998, 437 (438); v. 31.1.2001 – 3 Z BR 20/01, FGPrax 2001, 78; OLG Frankfurt v. 11.11.1992 – 20 W 430/92, FamRZ 1993, 442.

2 So wohl auch BT-Drucks. 16/6308, S. 181 f.; aA für Dritte § 13 Rz. 49, wo in der Entscheidung über das Akteneinsichtsgesuch eine beschwerdefähige Endentscheidung gesehen wird.

3. Ausnahmen

15 Die an sich klare Systematik der Unterscheidung von Rechtsmitteln in der Hauptsache, sofortiger Beschwerde gegen Zwischenentscheidungen bei ausdrücklicher Anordnung und Anfechtbarkeit nur im Rahmen des Rechtsmittels in der Hauptsache nach § 58 Abs. 2 wird durch eine Vielzahl von **Sondervorschriften** durchlöchert. So eröffnet etwa § 56 Abs. 3 Satz 2 gegen die Entscheidung über das Außerkrafttreten einer einstweiligen Anordnung die Beschwerde nach §§ 58 ff. Nach § 382 Abs. 4 bleibt die Beschwerde gegen Zwischenverfügungen möglich.[1] Bisweilen eröffnet dieselbe Vorschrift sogar **unterschiedliche Rechtsmittel**. So ist die Versagung der Wiedereinsetzung gem. § 19 Abs. 3 „nach den Vorschriften anfechtbar, die für die versäumte Rechtshandlung gelten". Hat der Beteiligte also die Beschwerdefrist versäumt, muss die Versagung der Wiedereinsetzung durch das Beschwerdegericht mit der Rechtsbeschwerde nach §§ 70 ff. bekämpft werden, sofern zugelassen. Wird dagegen im Rahmen der Richterablehnung die Frist zur Anfechtung der Zurückweisung versäumt, ist hiergegen gem. § 6 Abs. 2 die Rechtsbeschwerde nach §§ 574 ff. ZPO gegeben.

II. Anfechtbarkeit von Zwischenentscheidungen

1. Nicht selbständig anfechtbare Zwischenentscheidungen

16 Das Fehlen der selbständigen Anfechtbarkeit stellt die Beteiligten nicht rechtlos. Wie § 58 Abs. 2 nunmehr in Anlehnung an § 512 ZPO[2] ausdrücklich bestimmt, sind die nicht selbständig anfechtbaren Zwischenentscheidungen vom Beschwerdegericht nach §§ 58 ff. **inzident im Rahmen des Hauptsacherechtsmittels** zu überprüfen. Wenn bereits die Entscheidung selbst überprüfbar ist, gilt dies erst recht für ihre Begründung und die hieraus gezogenen Folgerungen, ebenso für Vorfragen, die das Beschwerdegericht anders beantwortet als die erste Instanz. Eine **Ausnahme** gilt nur dann, wenn die Zwischenentscheidung nach ausdrücklicher Anordnung des Gesetzes überhaupt nicht, auch nicht inzident, bei der Entscheidung über die Beschwerde gegen die Hauptsacheentscheidung überprüft werden soll.[3] Auch bei erfolgreichen **Ablehnungsgesuchen** kommt eine inzidente Überprüfung im Rahmen der Hauptsache nicht in Betracht, da nach § 6 Abs. 1 die Regelungen der §§ 41 bis 49 ZPO entsprechend gelten und nach § 46 Abs. 2 ZPO gegen ein erfolgreiches Ablehnungsgesuch kein Rechtsmittel gegeben ist. Gleiches ist nach § 68 Abs. 4 FamFG iVm. § 526 Abs. 3 ZPO für eine **Übertragung auf den Einzelrichter** oder die Rückübertragung auf den gesamten Spruchkörper trotz Nichtvorliegens der Voraussetzungen hierfür bestimmt.[4] Entsprechendes gilt nach § 65 Abs. 4 für die **unrichtige Annahme der Zuständigkeit** durch das erstinstanzliche Gericht.

2. Selbständig anfechtbare Zwischenentscheidungen

a) Anfechtbarkeit

aa) Anfechtbarkeit nur bei ausdrücklicher Regelung

17 Zwischenentscheidungen sind nunmehr nur noch dann anfechtbar, wenn dies ausdrücklich bestimmt ist. Hierbei wurde die frühere Praxis aber durchweg kodifiziert.

1 Vgl. BT-Drucks. 16/6308, S. 204.
2 BT-Drucks. 16/6308, S. 203 f.
3 BT-Drucks. 16/6308, S. 204.
4 BT-Drucks. 16/6308, S. 204.

Anfechtbar sind etwa Beschlüsse, die ein **Ablehnungsgesuch** für unbegründet erklären (§ 6 Abs. 2), die Ablehnung der **Hinzuziehung als Beteiligter** (§ 7 Abs. 5 Satz 2), die Versagung der **Wiedereinsetzung** (§ 19 Abs. 3), die **Aussetzung** des Verfahrens (§ 21 Abs. 2), die Verhängung von **Ordnungsmitteln** wegen Nichterscheinens (§ 33 Abs. 3 Satz 5), die Anordnung von **Zwangsmitteln** (§ 35 Abs. 5), die **Berichtigung** eines Beschlusses (§ 42 Abs. 3 Satz 2), die Entscheidung über einen Antrag auf **Verfahrenskostenhilfe** (§ 76 Abs. 2), die **Festsetzung von Kosten** (§ 85)[1] oder Entscheidungen im **Vollstreckungsverfahren** (§ 87 Abs. 4). IdR wird hierbei auf die Vorschriften der §§ 567 ff. ZPO verwiesen. Das ist aber nicht zwingend. So findet etwa gegen die Entscheidung über das Außerkrafttreten einer einstweiligen Anordnung nach § 56 Abs. 3 Satz 2 „die Beschwerde" statt. Dies kann mangels des ansonsten üblichen Verweises auf die §§ 567 ff. ZPO (vgl. § 6 Abs. 2, § 7 Abs. 5 Satz 2, § 21 Abs. 2, § 42 Abs. 3 Satz 2, § 85 iVm. § 104 Abs. 3 Satz 1 ZPO) nur als Beschwerde nach §§ 58 ff. verstanden werden. In einigen Fällen, etwa der Beschwerde gegen die Versagung der Wiedereinsetzung, kommen je nach Verfahren, in denen die Frist versäumt wurde, sogar beide Beschwerden, die nach §§ 58 ff. FamFG und nach §§ 567 ff. ZPO, in Betracht (vgl. Rz. 15).

bb) Instanzenzug

Sofern für die Anfechtung von Nebenentscheidungen auf die §§ 58 ff. verwiesen wird, 18 ergeben sich bei der Bestimmung der Beschwerdegerichte keine Besonderheiten, da der allgemeine Rechtsmittelzug gilt (s. Rz. 20 f.). Zu Unklarheiten führt aber bei Zwischenentscheidungen die **pauschale Verweisung auf die Vorschriften zur zivilprozessualen Beschwerde**. Demnach wären nämlich nach § 72 Abs. 1 Satz 1 GVG die LG für die erstinstanzlichen Zwischenentscheidungen der AG zuständig, die OLG dagegen nur in den (seltenen) Fällen, in denen der erste Rechtszug vor dem LG durchzuführen ist. Dies würde zu einer unglücklichen Aufspaltung der Rechtsmittelzuständigkeit führen. Zudem müsste die mit Beschwerden nach §§ 567 ff. ZPO befasste Beschwerdekammer am LG über spezifische Fragen des Verfahrens nach dem FamFG entscheiden, etwa über die Richtigkeit eines Beschlusses nach § 7 Abs. 5 Satz 1, den Antragsteller nicht als Beteiligten hinzuzuziehen. Hierbei besteht zudem die Gefahr einander widersprechender Entscheidungen zur Beschwerde in der Hauptsache, für die ja nun überwiegend das OLG zuständig ist (s. Rz. 20). Vor diesem Hintergrund sind die Verweisungen in das zivilprozessuale Beschwerdeverfahren wohl wie nach früherem Recht (etwa nach § 13a Abs. 3 FGG aF für das Kostenfestsetzungsverfahren) nur als **partielle Anwendbarerklärung** anzusehen.[2] Sie betrifft nur die Statthaftigkeit der sofortigen Beschwerde und der Rechtsbeschwerde, nicht aber auch die Zuständigkeit der für die Entscheidung über zivilprozessuale Beschwerden berufenen Gerichte. Allerdings bedarf diese Differenzierung einer gewissen Sorgfalt bei der Fallbearbeitung.[3] Im Ergebnis sind also auch sofortige Beschwerden, auf die auf Grund Spezialregelung die §§ 567 ff. ZPO anzuwenden sind, stets nach § 119 Abs. 1 Nr. 1a, b GVG vom OLG zu entschei-

1 Der Verweis auf §§ 103 bis 107 ZPO umfasst auch die Anwendbarkeit der §§ 567 ff. ZPO gem. § 104 Abs. 3 Satz 1 ZPO.

2 BGH v. 30.9.2004 – V ZB 16/04, ZMR 2005, 58 f.; BGH v. 28.9.2006 – V ZB 105/06, WuM 2006, 706 f. Dies gilt um so mehr, als § 85 wieder eine § 13a Abs. 3 FGG entsprechende Regelung enthält.

3 Vgl. die innerhalb von nur zwei Jahren dreifach (ohne jedes Problembewusstsein) geänderte Rspr. des V. Zivilsenats, BGH v. 24.7.2003 – V ZB 12/03, ZMR 2003, 756 (für seine Zuständigkeit); anders BGH, v. 30.9.2004 – V ZB 16/04, ZMR 2005, 58 f. (für Zuständigkeit der OLG); anders BGH v. 9.3.2006 – V ZB 164/05, NZM 2006, 660 f. (für seine Zuständigkeit), anders BGH v. 28.9.2006 – V ZB 105/06, WuM 2006, 706 f. (für Zuständigkeit der OLG).

den, soweit nicht nach § 72 Abs. 1 Satz 2 GVG ausnahmsweise die Zuständigkeit des LG begründet ist (hierzu Rz. 21). Die kritisch beurteilte originäre Zuständigkeit des Einzelrichters nach § 568 Satz 1 ZPO besteht allerdings auch hier selbst für die Prüfung nach § 114 ZPO, was Familiensachen einschließt.[1]

b) Keine inzidente Überprüfung nach Absatz 2

19 Für selbständig anfechtbare Zwischenentscheidungen gilt die Möglichkeit einer inzidenten Überprüfung im Rahmen der Beschwerde gegen die Hauptsacheentscheidung nach dem ausdrücklichen Wortlaut der Norm nicht. Sie erwachsen in **Rechtskraft**, wenn sie nicht angefochten werden oder das Rechtsmittel erfolglos bleibt. In der Folge können diese Entscheidungen, selbst wenn das Beschwerdegericht sie für unrichtig hält, im Rahmen der Beschwerde gegen die Hauptsache nicht mehr überprüft werden.[2] Der Entscheidung hierüber muss die rechtskräftige Zwischenentscheidung zugrunde gelegt werden. Dies umfasst allerdings wie bei der Rechtskraft nur die **Entscheidungsformel**, nicht auch einzelne Begründungselemente. Wird eine Zwischenentscheidung etwa deswegen zulasten des Beschwerdeführers getroffen, weil eine Vorfrage seiner Auffassung nach nicht mehr aufklärbar ist, so ist das Beschwerdegericht an die Beurteilung der Vorfrage für die Hauptsacheentscheidung nicht gebunden, wenn es selbst noch weitere Aufklärungsmöglichkeiten sieht.

III. Beschwerdegericht

1. Regelfall: OLG als Beschwerdegericht

20 Mit Art. 22 FGG-RG ist dem Gesetzgeber das gelungen, was im Rahmen der ZPO-Reform und der WEG-Novelle am Widerstand der Länder scheiterte: Obwohl die Länder auch im Rahmen der Beratungen zum FamFG mit den schon von den früheren Reformvorhaben bekannten Argumenten, insbesondere im Hinblick auf die Kosten, opponierten,[3] bestimmt § 119 Abs. 1 Nr. 1a, b GVG nunmehr die Zuständigkeit der Oberlandesgerichte nicht nur für die „von den Familiengerichten entschiedenen Sachen", sondern auch „in den Angelegenheiten der freiwilligen Gerichtsbarkeit". Während ersteres weitgehend dem bisherigen Rechtszustand entspricht, stellt die Zuständigkeit für die meisten anderen Beschwerdesachen der freiwilligen Gerichtsbarkeit eine Neuerung dar. Im Ergebnis wird die Belastung der OG nunmehr zunehmen, da sie nicht nur die gegenüber den früheren weiteren Beschwerden höhere Zahl der Beschwerden nach neuem Recht zu verkraften, sondern auch die früher den Landgerichten zukommende **Tatsachenermittlung** zu übernehmen haben.[4] Berücksichtigt man zudem den niedrigeren Pensenschlüssel am OLG und die höhere Besoldung der dortigen Richter, ist fraglich, ob sich die Erwartung des Bundestages bewahrheiten wird, es werde „zu keinen Mehrbelastungen für die Haushalte kommen" kommen. Gleichwohl ist die Zuweisung der Beschwerden an das OLG im Gegensatz zur Regelung in Wohnungseigentumssachen (§ 72 Abs. 2 Satz 1 GVG) nachdrücklich zu begrüßen. Wie die dortige Praxis zeigt, hat die Zuständigkeit der LG in einer erfahrungsgemäß innerhalb der Richterschaft nicht sonderlich beliebten Spezialmaterie nicht nur fehlende Kontinuität zur Folge, da diese Dezernate häufig wechseln und regelmäßig neuen

1 *Schürmann*, FamRB 2009, 24 (27).
2 Vgl. zum Zivilprozess BGH v. 6.11.1958 – III ZR 147/57, BGHZ 28, 302 (305 f.).
3 BT-Drucks. 16/6308, S. 360 f.
4 *Schürmann*, FamRB 2009, 24 (27).

Richtern (auf Probe) zugewiesen werden. Berücksichtigt man die erheblich höheren Zuweisungsschlüssel am LG, ist kaum zu vermeiden, dass die Spezialmaterie in zweiter Instanz (und damit praktisch letztinstanzlich) weit weniger gründlich behandelt wird als am OLG. Diese Problematik wird durch die Zuständigkeit der Oberlandesgerichte vermieden, da die Spezialsenate üblicherweise einem geringeren personellen Wechsel unterworfen sind und auf Grund der geringeren Belastung eine tiefere Durchdringung der Materie gewährleisten.

2. Ausnahme: LG als Beschwerdegericht

Eine Ausnahme vom üblichen Instanzenzug sieht § 72 Abs. 1 Satz 2 GVG vor. Danach 21
bleibt das LG für Beschwerden nur in **Freiheitsentziehungs- und Betreuungssachen** zuständig. In den Gesetzesmaterialien wird dies mit der „regelmäßig geringere(n) räumliche(n) Entfernung der Landgerichte vom gewöhnlichen Aufenthalt des Betreuten und Untergebrachten" begründet.[1] Sicherlich waren auch Kostenerwägungen hier nicht unerheblich. Denn die weit geringeren Pensenschlüssel der OLG hätten in diesen „Massenverfahren" zu einem erheblichen Personalmehrbedarf geführt. Da diese Verfahren zudem idR infolge geringer Gegenstandswerte und der Vermögenslage der Betroffenen allenfalls einen Teil der Kosten einbringen, wäre der übliche Instanzenzug schlicht zu teuer geworden.

§ 59
Beschwerdeberechtigte

(1) Die Beschwerde steht demjenigen zu, der durch den Beschluss in seinen Rechten beeinträchtigt ist.

(2) Wenn ein Beschluss nur auf Antrag erlassen werden kann und der Antrag zurückgewiesen worden ist, steht die Beschwerde nur dem Antragsteller zu.

(3) Die Beschwerdeberechtigung von Behörden bestimmt sich nach den besonderen Vorschriften dieses oder eines anderen Gesetzes.

1 BT-Drucks. 16/6308, S. 319; *Schürmann*, FamRB 2009, 24 (27).

A. Entstehungsgeschichte und Normzweck

1 Die ersten beiden Absätze des § 59 entsprechen fast wörtlich § 20 FGG aF. Auch inhaltlich bezwecken sie keine wesentliche Änderung gegenüber dem alten Recht,[1] sieht man davon ab, dass die Beschwerde nach §§ 58 ff. nunmehr nur noch gegen Entscheidungen in der Hauptsache gerichtet sein kann. Die Vorschrift regelt die Befugnis, gegen eine solche Entscheidung Rechtsmittel einzulegen. Diese Befugnis ist **Zulässigkeitsvoraussetzung**. Sie muss bei einer Mehrzahl von Beschwerden für jede einzelne vorliegen. Fehlt es hieran, ist die Beschwerde als unzulässig zu verwerfen. Jeder Beschwerdeberechtigte kann, sofern kein Fall der gemeinschaftlichen Beschwerdeberechtigung vorliegt (s. Rz. 23), sein Recht allein ausüben.[2] Die Beschwerdeberechtigung ist nicht identisch mit der **Beteiligung** am erstinstanzlichen Verfahren.[3] Ein (fehlerhaft) nicht am erstinstanzlichen Verfahren Beteiligter kann beschwerdeberechtigt sein, wie umgekehrt einem Beteiligten mangels Beschwer die Befugnis hierzu fehlen kann.[4] Abs. 2 enthält eine **Sonderregelung für Antragsverfahren**. Der neu eingefügte Abs. 3 berücksichtigt die uU von Abs. 1 und 2 abweichende Befugnis von **Behörden**, Beschwerde einzulegen.

B. Inhalt der Vorschrift

I. Beeinträchtigung in eigenen Rechten

1. Rechte

a) Subjektive Rechte

aa) Materielles Recht

2 § 59 Abs. 1 setzt – wie schon § 20 Abs. 1 FGG aF – voraus, dass der angefochtene Beschluss ein Recht des Beschwerdeführers beeinträchtigt. Dieser Begriff war nach

1 BT-Drucks. 16/6308, S. 204; *Schürmann*, FamRB 2009, 24 (25).
2 BayObLG v. 23.7.1985 – BReg 1 Z 39/85, FamRZ 1985, 1179 (1180).
3 BT-Drucks. 16/6308, S. 204; BGH v. 12.11.1980 – IVb ZB 712/80, FamRZ 1981, 132 (133).
4 BT-Drucks. 16/6308, S. 204; *Schürmann*, FamRB 2009, 24 (25).

früherem Recht weit zu verstehen, woran die Neufassung in § 59 Abs. 1 nichts geändert hat. Hierunter fällt jedes materielle Recht, das dem Beschwerdeführer zugeordnet ist. Gleichgültig ist, ob es dem **bürgerlichen oder dem öffentlichen Recht** angehört.[1] Bei Auslandsberührung ist insoweit das deutsche Recht maßgeblich.[2] Der Eingriff in **Vermögensrechte** ist ebenso ausreichend wie der Eingriff in **immaterielle Rechte**. Zu den geschützten immateriellen Rechten gehören die Möglichkeit der Berufsausübung,[3] das Firmenrecht[4] und dasjenige auf informationelle Selbstbestimmung.[5] Hingegen ist die Vollmacht, deren Ausübung durch eine gerichtliche Entscheidung erschwert oder verhindert wird, kein subjektives Recht.[6] Auch auf die über die normierte Einsicht hinausgehende Herausgabe von Akten besteht kein subjektives Recht.[7] Von den subjektiven Rechten abzugrenzen sind lediglich **wirtschaftliche**,[8] **ideelle**,[9] **moralische**[10] **oder sonstige Interessen**[11] bzw. bloße **Reflexwirkungen** einer Entscheidung.[12] So gewährt die Aussicht, Erbe zu werden, kein Beschwerderecht gegen Entscheidungen, die den Nachlass betreffen.[13] Auch das Interesse einer Behörde an einer Klärung der Rechtslage stellt kein subjektives Recht dar, aus dem sich eine Beschwerdeberechtigung ergäbe (s. Rz. 24 f.).[14] Der Wert der Beeinträchtigung muss nach § 61 in vermögensrechtlichen Angelegenheiten wie im Zivilprozess mindestens 600 Euro betragen. Die **Kostenbelastung** im Verfahren ist kein Eingriff in subjektive Rechte und daher auch nach ersatzlosem Wegfall von § 20a FGG nicht isoliert angreifbar; insoweit ist nunmehr der Rechtsgedanke des § 99 Abs. 1 ZPO heranzuziehen. Nach allgemeinen Grundsätzen ist die Belastung mit Verfahrenskosten auch bei der nach § 61 erforderlichen Beschwer nicht zu berücksichtigen.[15] Die Beschwerdeberechtigung soll allerdings

---

1 BayObLG v. 27.7.1978 – BReg 3 Z 100/76, BayObLGZ 1978, 235 (237); BayObLG v. 20.3.1998 – 4 Z BR 16/98, BayObLGZ 1998, 84; OLG Frankfurt v. 5.10.2001 – 20 W 362/01, FGPrax 2002, 46.

2 BayObLG v. 5.5.1988 – BReg 1a Z 21/88, NJW 1988, 2745 (2746).

3 KG v. 3.2.1966 – 1 W 174/66, OLGZ 1966, 112 f. (zum Rechtsbeistand).

4 KG v. 8.2.1991 – 1 W 3211/90, OLGZ 1991, 396 (398).

5 OLG Saarbrücken v. 13.10.2000 – 5 W 259/00-95, FGPrax 2001, 70 (71); ähnlich BayObLG v. 4.1.1995 – 1 Z BR 167/94, BayObLGZ 1995, 1 (4).

6 BayObLG v. 26.10.1990 – BReg 1a Z 19/90, BayObLGZ 1990, 294 (296 f.); BayObLG v. 15.9.2000 – 1 Z BR 75/00, NJW-RR 2001, 297; im Ergebnis ebenso OLG Stuttgart v. 1.8.1994 – 8 W 260/94, FGPrax 1995, 87 f.; anders bei der gesetzlichen Vertretungsmacht der Eltern BayObLG v. 22.6.1982 – BReg 1 Z 52/82, FamRZ 1983, 92 (93).

7 BayObLG v. 4.1.1995 – 1 Z BR 167/94, BayObLGZ 1995, 1 (3).

8 OLG Frankfurt v. 16.4.1968 – 6 W 88/68, OLGZ 1968, 341 (342); OLG Köln v. 6.7.1970 – 2 W 75/70, OLGZ 1971, 94 (95); OLG Hamm v. 9.5.1977 – 15 W 473/76, OLGZ 1977, 422 (424); OLG Hamm v. 30.8.1977 – 15 W 37/76, OLGZ 1978, 35 (36); BayObLG v. 27.2.1996 – 3 Z BR 337/95, BayObLGZ 1996, 52 (53); BayObLG v. 20.3.1998 – 4 Z BR 16/98, BayObLGZ 1998, 82 f.

9 BGH v. 25.8.1999 – XII ZB 109/98, NJW 1999, 3718 (3719); BayObLG v. 27.2.1996 – 3 Z BR 337/95, BayObLGZ 1996, 52 (53); BayObLG v. 21.5.1993 – 3 Z BR 56/93, BayObLGZ 1993, 234 (235); BayObLG v. 27.2.1996 – 3 Z BR 337/95, BayObLGZ 1996, 52 (53).

10 BayObLG v. 21.5.1993 – 3 Z BR 56/93, BayObLGZ 1993, 234 (235); OLG Frankfurt v. 5.10.2001 – 20 W 362/01, FGPrax 2002, 46.

11 BGH v. 18.1.1989 – IVb ZB 208/87, NJW 1989, 1858.

12 BayObLG v. 7.8.1973 – BReg 1 Z 36/73, BayObLGZ 1973, 224 (225).

13 OLG Saarbrücken v. 13.10.2000 – 5 W 259/00-95, FGPrax 2001, 70 (72); ähnlich BGH v. 15.2.1979 – V BLw 12/78, NJW 1979, 1453 (1454) zur Parallelregelung des § 9 LwVG.

14 OLG München v. 2.2.2006 – 34 Wx 158/05, FGPrax 2006, 89 (90). Anderes gilt, wenn ihnen spezialgesetzlich ein Beschwerderecht gem. § 59 Abs. 3 eingeräumt ist.

15 BayObLG v. 24.8.2000 – 2 Z BR 33/00, ZMR 2000, 859 (860); BayObLG v. 27.4.2001 – 2 Z BR 70/00, ZMR 2001, 829; BayObLG v. 17.4.2003 – 2 Z BR 32/03, ZMR 2003, 947; Zöller/*Gummer/Heßler*, vor § 511 Rz. 22.

auch dann nicht ausgeschlossen sein, wenn sich die Stellung des Rechtsmittelführers durch den Erfolg seiner Beschwerde verschlechtert.[1]

bb) Verfahrensrechte

3 Entgegen bisweilen in Rechtsprechung und Schrifttum geäußerter Auffassung begründete dagegen die bloße Verletzung von Verfahrensrechten schon nach altem Recht keine Beschwerdebefugnis.[2] Es gibt, anders als bisweilen auch in der obergerichtlichen Rechtsprechung angenommen,[3] **kein subjektives Recht auf ein korrektes Verfahren.**[4] Hieran will die Neufassung des § 59 nichts ändern. Die Verletzung von Verfahrensvorschriften allein begründet also keine Beschwerdeberechtigung, sofern keine Verletzung materiellen Rechts hinzutritt.[5] Die korrekte Gestaltung des Verfahrens ist kein Selbstzweck. Damit sind zum einen solche Beschwerden mangels Beschwerdebefugnis unzulässig, mit denen ausschließlich die Verletzung von Verfahrensrechten gerügt wird, ohne dass der Beschwerdeführer zugleich eine Beeinträchtigung in seinen materiellen Rechten auch nur behauptet. An der erforderlichen Beeinträchtigung fehlt es aber auch dann, wenn es bei Einhaltung der Verfahrensregeln – etwa auf Grund zwingend vorgegebener Rechtsfolge – nicht zu einem anderen Ergebnis hätte kommen können, der prozessuale Fehler also nicht kausal für das Ergebnis ist.

4 Zum anderen eröffnet das Erfordernis einer Beeinträchtigung in materiellen Rechten die **Heilung von Verfahrensfehlern** in der Beschwerdeinstanz.[6] Wurde etwa kein rechtliches Gehör gewährt, kann dies im Rahmen der Beschwerde geheilt werden. Dies kann schon durch die Kenntnisnahme des Vortrags in der Beschwerdeschrift erfolgen, zu dem der Beschwerdeführer erstinstanzlich nicht in der Lage war, jedenfalls aber dadurch, dass ihm das Beschwerdegericht ausdrücklich die Möglichkeit zur Stellungnahme einräumt.

5 Die Verletzung des Verfahrensrechts stellt aber eine Beeinträchtigung dar, wenn es bei einer korrekten Verfahrensgestaltung auch in materiell-rechtlicher Hinsicht zu einer **günstigeren Entscheidung** für den Beschwerdeführer hätte kommen können. Hierfür genügt die bloße Möglichkeit; es bedarf keiner überwiegenden Wahrscheinlichkeit oder gar eines bestimmten Grades an Sicherheit, dass die Entscheidung bei korrekter Durchführung des Verfahrens anders ausgefallen wäre.[7] Dies betrifft insbesondere die Fälle, in denen dem Beschwerdeführer erstinstanzlich nicht hinreichend rechtliches Gehör gewährt wurde. Eine hierauf gestützte Beschwerde ist in aller Regel zulässig. Denn bei entsprechendem Vortrag, was auf hinreichende Gewährung rechtlichen Gehörs ergänzend vorgebracht worden wäre, kann eine abweichende Entscheidung grund-

1 OLG Zweibrücken v. 27.2.1986 – 3 W 46/86, NJW-RR 1987, 7; OLG Dresden v. 30.9.1997 – 15 W 1236/97, NJW-RR 1998, 830.
2 KG v. 15.10.1974 – 1 W 1263/74, FamRZ 1977, 65 (66); BayObLG v. 28.2.1997 – 1 Z BR 244/96, FamRZ 1997, 1299.
3 BayObLG v. 18.1.1967 – BReg 1a Z 62/66, BayObLGZ 1967, 19 (21 f.); BayObLG v. 27.11.1975 – BReg 1 Z 59/75, BayObLGZ 1975, 421 (425); OLG Bremen v. 7.11.1972 – 1 W 73/72(c), Rpfleger 1973, 58.
4 KG v. 15.10.1974 – 1 W 1263/74, FamRZ 1977, 65 f.; OLG Hamm v. 25.2.1980 – 3 UF 395/79, FamRZ 1980, 604.
5 BGH v. 25.8.1999 – XII ZB 109/98, NJW 1999, 3718 (3720); KG v. 9.11.1973 – 1 W 667/72, OLGZ 1975, 62 (67).
6 OLG Düsseldorf v. 22.4.1994 – 3 Wx 258/94 u. 269/94, NJW-RR 1994, 1288; BayObLG v. 4.6.1998 – 2 Z BR 19/98, NJW-RR 1999, 452; Keidel/*Sternal*, § 25 FGG Rz. 7.
7 OLG Frankfurt v. 20.12.1977 – 20 W 663/77, Rpfleger 1978, 310 (311); OLG Köln v. 1.3.1984 – 16 Wx 6/84, OLGZ 1984, 296 (297); Keidel/*Kahl*, § 20 Rz. 11a.

sätzlich nicht ausgeschlossen werden.[1] Ob sie tatsächlich anders getroffen worden wäre, ist eine Frage der Begründetheit, nicht der Zulässigkeit der Beschwerde.

b) Eigene Rechte

Es genügt nach § 59 ferner nicht, dass irgendjemand durch die Entscheidung in seiner Rechtsstellung beeinträchtigt wird. Die Beschwerde steht wie nach altem Recht nur demjenigen zu, der „durch den Beschluss in *seinen* Rechten beeinträchtigt ist". Die Beschwer muss also in der Person des Beschwerdeführers vorliegen. Niemand kann die Rechte Dritter wahrnehmen, wenn sich diese selbst mit der gerichtlichen Entscheidung abfinden.[2] Es kann allerdings zu prüfen sein, ob die Beschwerde in Wirklichkeit **im Namen eines beschwerdeberechtigten Dritten**, etwa des Kindes, eingelegt sein soll.[3] Die sog. „Popularbeschwerde" ist wie in den anderen Verfahrensordnungen nur ausnahmsweise, auf ausdrückliche gesetzliche Zulassung hin, eröffnet.[4] So sind etwa gegen Entscheidungen in Angelegenheiten der **Handelsgesellschaften** nur diese beschwerdeberechtigt, nicht aber ihre Gesellschafter.[5] Dies setzt allerdings nicht voraus, dass der Beschwerdeführer am Verfahren erster Instanz beteiligt war. Wird etwa ein **Dritter irrtümlich im Rubrum der Entscheidung genannt**, ist er beschwerdeberechtigt, um sich gegen die Vollstreckung aus der Entscheidung wehren zu können.[6] Nur eine scheinbare Ausnahme vom Erfordernis der Betroffenheit in eigenen Rechten liegt darin, dass der Vertragspartner etwa des Mündels dann gegen die Verweigerung der **Genehmigung** eines mit ihm geschlossenen Geschäftes Beschwerde einlegen darf, wenn dieses überhaupt keiner Genehmigung bedarf. Denn dann ist das Geschäft in Wahrheit schon zu Stande gekommen, so dass die verweigerte Genehmigung in bereits erworbene Rechte eingreift.[7] 6

c) Beeinträchtigung

aa) Eingriff in die Rechtsposition

Das subjektive Recht des Beschwerdeführers muss durch die Entscheidung beeinträchtigt werden.[8] IdR kommt es insoweit allein auf den **Tenor der Entscheidung** an;[9] ausnahmsweise, etwa bei Auslösung außerhalb des Verfahrens liegender gesetzlicher Nebenfolgen, kann die Beeinträchtigung aber auch in der Begründung der Entscheidung liegen.[10] Es genügt **jeder Eingriff in ein subjektives Recht**, etwa durch Aufhebung, Beschränkung oder Minderung.[11] Eine Erschwerung oder Störung in der Ausübung 7

1 BayObLG v. 5.4.1989 – BReg 1a Z 26/88, NJW-RR 1989, 1090 (1091).
2 OLG Frankfurt v. 13.1.1997 – 20 W 557/94, Rpfleger 1997, 262 zu einem Fehler, der nur den Verfahrensgegner traf.
3 KG v. 15.10.1974 – 1 W 1263/74, FamRZ 1977, 65 (66).
4 Vgl. OLG Hamm v. 25.2.1980 – 3 UF 395/79, FamRZ 1980, 604.
5 OLG Hamm v. 30.8.1977 – 15 W 37/76, OLGZ 1978, 35 (36).
6 Vgl. BGH v. 9.11.1977 – VIII ZB 34/77, MDR 1978, 307 f.
7 BayObLG v. 17.5.1976 – 1 Z 37/76, FamRZ 1977, 141 (142).
8 OLG Hamm v. 25.2.1980 – 3 UF 395/79, FamRZ 1980, 604; KG v. 14.7.1980 – 15 UF 4569/79, FamRZ 1980, 1033.
9 KG v. 15.10.1974 – 1 W 1263/74, FamRZ 1977, 65; BayObLG v. 27.11.1975 – BReg 1 Z 59/75, BayObLGZ 1975, 421 (424); BayObLG v. 5.5.1988 – BReg 1a Z 21/88, NJW 1988, 2745 (2746); BayObLG v. 7.9.2000 – 3 Z BR 210/00, MDR 2001, 94 (95).
10 BayObLG v. 27.11.1975 – BReg 1 Z 59/75, BayObLGZ 1975, 421 (424); ähnlich BayObLG v. 13.2.1975 – BReg 1 Z 82/74, BayObLGZ 1975, 62 (64) = FamRZ 1976, 104 (106).
11 BayObLG v. 7.8.1973 – BReg 1 Z 36/73, BayObLGZ 1973, 224 (225); BayObLG v. 5.5.1988 – BReg 1a Z 21/88, NJW 1988, 2745 (2746); BayObLG v. 27.2.1996 – 3 Z BR 337/95, BayObLGZ

eines solchen Rechts,[1] etwa durch Anordnung einer Testamentsvollstreckung,[2] ist ausreichend. Auch das **Vorenthalten einer Verbesserung der Rechtsstellung** genügt.[3] Nicht ausreichend ist es aber, dass der Beschwerdeführer die Beeinträchtigung eines materiellen Rechts nur befürchtet; die Beeinträchtigung muss nach objektiviertem Verständnis gegeben sein.

bb) Kausalität und Unmittelbarkeit

8 Die angegriffene Entscheidung muss ferner für die Beeinträchtigung des Rechts ursächlich sein. Dies wird selten zweifelhaft sein. Die Beeinträchtigung muss allerdings unmittelbar durch den angegriffenen Beschluss erfolgen.[4] Eine bloße **Reflexwirkung** – etwa die den Gläubiger treffende Verringerung des pfändbaren Vermögens durch Einziehung des Erbscheins – ist nicht ausreichend.

d) Zeitpunkt der Beeinträchtigung

9 Maßgeblich für die Frage, ob eine Beeinträchtigung vorliegt, ist allein der Zeitpunkt der Entscheidung.[5] Dies ist für den Fall anerkannt, dass sie im Laufe des Verfahrens fortfällt, etwa durch Auffinden eines neuen Testaments, das der Beschwerde gegen den vorgesehenen Erbschein die Grundlage entzieht. In diesem Fall wird das Rechtsmittel nachträglich unzulässig; dem Beschwerdeführer bleibt in echten Streitverfahren allenfalls die **Erledigungserklärung** und die Beschränkung der Beschwerde auf die Kosten.[6] Eine isolierte Feststellung der Rechtsverletzung ist nur unter den Voraussetzungen des § 62 zulässig.

10 Entgegen der hM war eine abweichende Behandlung aber schon nach früherem Recht nicht geboten, wenn sich die **Rechts- und Sachlage zugunsten des Beschwerdeführers ändert**. Liegt die Beeinträchtigung zwar bei Einlegung der Beschwerde noch nicht vor, wohl aber zurzeit der Entscheidung über das Rechtsmittel, so wird dieses durch die nachträgliche Änderung der Rechts- und Sachlage zulässig.[7] Es kann dem angerufenen Beschwerdegericht nicht zugemutet werden, sehenden Auges eine zurzeit der Entscheidung zulässige und begründete Beschwerde zu verwerfen, weil es bei ihrer Einlegung an der Rechtsbeeinträchtigung fehlte. Die Begründung, ein Recht, das erst nach der angegriffenen Entscheidung entstehe, könne durch sie nicht beeinträchtigt

---

1996, 52 (53); BayObLG v. 7.9.2000 – 3 Z BR 210/00, MDR 2001, 94 (95); OLG Frankfurt v. 5.10.2001 – 20 W 362/01, FGPrax 2002, 46; OLG Stuttgart v. 1.8.1994 – 8 W 260/94, FGPrax 1995, 87 f.

1 BGH v. 17.3.1997 – II ZB 3/96, NJW 1997, 1855; KG v. 10.1.1989 – 1 W 3253/88, OLGZ 1989, 129 (130); BayObLG v. 27.2.1996 – 3 Z BR 337/95, BayObLGZ 1996, 52 (53); OLG Stuttgart v. 1.8.1994 – 8 W 260/94, FGPrax 1995, 87 f.; OLG Dresden v. 30.9.1997 – 15 W 1236/97, NJW-RR 1998, 830; OLG Frankfurt v. 5.10.2001 – 20 W 362/01, FGPrax 2002, 46.

2 KG v. 7.3.2000 – 1 W 7496/98, NJW-RR 2000, 1608.

3 BayObLG v. 5.5.1988 – BReg 1a Z 21/88, NJW 1988, 2745 (2746); BayObLG v. 7.9.2000 – 3 Z BR 210/00, MDR 2001, 94 (95); OLG Frankfurt v. 5.10.2001 – 20 W 362/01, FGPrax 2002, 46.

4 BGH v. 18.1.1989 – IVb ZB 208/87, NJW 1989, 1858; KG v. 9.11.1973 – 1 W 667/72, OLGZ 1975, 62 (64 ff.); BayObLG v. 24.8.1971 – BReg 3 Z 30/71, BayObLGZ 1971, 284 (286); BayObLG v. 13.10.1986 – BReg 3 Z 68/86, BayObLGZ 1986, 412 (414); OLG Hamburg v. 14.1.1991 – 2 Wx 62/90, WuM 1991, 316; OLG Karlsruhe v. 25.11.1997 – 11 Wx 88/97, FamRZ 1998, 568 (569).

5 BGH v. 18.1.1989 – IVb ZB 208/87, NJW 1989, 1858 f.; BGH v. 25.8.1999 – XII ZB 109/98, NJW 1999, 3718 (3719); BayObLG v. 6.7.1995 – 3 Z BR 64/95, FGPrax 1995, 211 (212).

6 BayObLGZ v. 2.3.1971 – BReg 2 Z 53/70, BayObLGZ 1971, 84 (88); BayObLG v. 1.7.1999 – 3 Z BR 192/99, FamRZ 1999, 1594.

7 Anders die hM zum alten Recht, s. BGH v. 18.1.1989 – IVb ZB 208/87, NJW 1989, 1859.

sein,[1] mutet begriffsjuristisch an. Dies gilt erst recht nach Einführung einer Beschwerdefrist für alle Beschwerden nach §§ 58 ff. Andernfalls kann es dazu kommen, dass die Beeinträchtigung von niemandem mehr angegriffen werden kann: Der frühere Rechtsinhaber wäre dann nach herkömmlicher Dogmatik nicht mehr beeinträchtigt, der neue noch nicht zurzeit der Einlegung der Beschwerde.[2] Ein solcher endgültiger Rechtsverlust war mit der generellen Einführung einer Beschwerdefrist nicht beabsichtigt und würde auch dem Justizgewährungsanspruch zuwiderlaufen. Die Befugnis einer Abänderung nach § 48 Abs. 1 ändert hieran schon dem Wortlaut nach nichts, da die Vorschrift „eine rechtskräftige Entscheidung" voraussetzt, die vor Abschluss des Beschwerderechtszuges eben noch nicht vorliegt. Zudem ist dieser Behelf auf Entscheidungen „mit Dauerwirkung" beschränkt. Schließlich gebietet es auch die Verfahrensökonomie, die zurzeit der Entscheidung gegebene Sach- und Rechtslage zugrunde zu legen und den Beschwerdeführer nicht auf ein anderes Verfahren zu vertrösten. Dies ist schon bislang für den Fall anerkannt, dass die Beschwerde vor einer Pfändung erfolgte, die durch die erstinstanzliche Entscheidung beeinträchtigt wird.[3] Der hinter dieser Judikatur stehende Rechtsgedanke ist verallgemeinerungsfähig.

e) Übertragbarkeit

Das Beschwerderecht kann auf einen **Rechtsnachfolger** übergehen. Dies ist jedenfalls bei übertragbaren Vermögensrechten der Fall. Bei ihrer Beeinträchtigung geht das Beschwerderecht auf den Gesamtrechtsnachfolger des Rechtsinhabers über.[4] Auch dem **Pfändungsgläubiger** steht ein Beschwerderecht zu, wenn die erstinstanzliche Entscheidung sein Pfandrecht an einer gepfändeten Sache oder Forderung beeinträchtigt.[5] Dies gilt selbst dann, wenn die (wirksame) Pfändung erst nach der Einlegung der Beschwerde erfolgte.[6] 11

f) Geltendmachung durch Dritte

Bei beschränkter Geschäftsfähigkeit ist jenseits der Grenzen des § 60 der **gesetzliche Vertreter** zur Ausübung des Beschwerderechts befugt. Entsprechendes gilt bei **Betreuung**, die die Einlegung des Rechtsmittels umfasst.[7] Materiell berechtigt bleibt aber das Kind bzw. der Mündel oder der Betreute; es kommt also auf seine Rechte an. Die von einem **Notar** eingelegte Beschwerde gilt im Zweifel als Rechtsmittel der Beteiligten, für die er in seiner Eigenschaft als Notar tätig wird, auch wenn er sie dem Wortlaut nach in eigenem Namen einlegt.[8] 12

---

1 So BGH v. 18.1.1989 – IVb ZB 208/87, NJW 1989, 1858 (1859); Keidel/*Kahl*, § 20 FGG Rz. 15; ähnlich KG v. 16.3.1999 – 1 W 6452/98, FGPrax 1999, 157 (158).
2 Instruktiv hierzu schon nach altem Recht KG v. 16.3.1999 – 1 W 6452/98, FGPrax 1999, 157 (158).
3 KG v. 16.3.1999 – 1 W 6452/98, FGPrax 1999, 157 (158).
4 BayObLG v. 30.9.1965 – BReg 1b Z 69/65, BayObLGZ 1965, 348 (350); BayObLG v. 29.3.1996 – 3 Z BR 82/96, FamRZ 1997, 218 (219).
5 BayObLG v. 7.8.1973 – BReg 1 Z 36/73, BayObLGZ 1973, 224 (226); KG v. 16.3.1999 – 1 W 6452/98, FGPrax 1999, 157 (158).
6 KG v. 16.3.1999 – 1 W 6452/98, FGPrax 1999, 157 (158) sogar für den Fall der Pfändung nach Einlegung der weiteren Beschwerde.
7 OLG Saarbrücken v. 13.10.2000 – 5 W 259/00-95, FGPrax 2001, 70 (71).
8 OLG Zweibrücken v. 14.6.2000 – 3 W 92/00, FGPrax 2000, 208.

g) Prüfung der Beschwerdeberechtigung durch das Gericht

aa) Amtsermittlung und Freibeweis

13 Die Beschwerdeberechtigung ist durch das Beschwerdegericht von Amts wegen zu prüfen. Selbst das Rechtsbeschwerdegericht hat in diesem Zusammenhang eigene Feststellungen zu treffen.[1] Es ist dabei nicht auf das Vorbringen des Beschwerdeführers beschränkt, auch dann nicht, wenn es (erfolglos) eine **Frist zur Beschwerdebegründung** nach § 65 Abs. 2 gesetzt hat. Denn der Amtsermittlungsgrundsatz gilt in jedem Fall, auch für die Prüfung der Frage, ob das angestrengte Verfahren überhaupt zulässig ist (vgl. § 68 Rz. 15). Hat das Beschwerdegericht aber die Zulässigkeit von Amts wegen zu ermitteln, so kann es nicht erheblichen – wenn auch nach Fristablauf vorgebrachten – Vortrag ignorieren. Das Gericht darf sich dabei **nicht auf eine Schlüssigkeitsprüfung beschränken**. Allein die Rechtsbehauptung des Beschwerdeführers, er sei in einem eigenen Recht beeinträchtigt, genügt also nicht. Die Beeinträchtigung in eigenen Rechten muss tatsächlich vorliegen.[2] Ist die Inhaberschaft des behaupteten Rechts allerdings auch für den sachlichen Erfolg der Beschwerde erheblich, ist dies Gegenstand der Begründetheitsprüfung (zur Ausnahme bei den sog. doppelrelevanten Tatsachen s. § 59 Rz. 15 f.).

14 Das Gericht kann das Vorliegen der Verfahrensvoraussetzungen wie im Zivilprozess im **Freibeweisverfahren** klären.[3] In echten Streitverfahren ist darüber hinaus die gesteigerte Förderungspflicht der Beteiligten zu berücksichtigen. Trägt der Beschwerdeführer in Zweifelsfällen trotz Hinweises des Gerichts nicht ergänzend vor, ist das Gericht nicht verpflichtet, von sich aus weitere Ermittlungen anzustellen, wenn sich keine Aufklärungsansätze mehr ergeben.[4] In Amts- wie in Antragsverfahren trägt grundsätzlich der Beschwerdeführer die **Feststellungslast** für seine Beschwerdeberechtigung. Lässt sie sich nicht positiv feststellen, geht dies zu seinen Lasten. Hier sind aber keine überspannten Anforderungen zu stellen. Ergibt sich, wenn man die Unrichtigkeit der Entscheidung annimmt, eine Beeinträchtigung in seinen Rechten, so liegt die Beschwerdeberechtigung vor. Die Zulässigkeit der Beschwerde ist noch vom Rechtsbeschwerdegericht eigenständig zu prüfen.[5]

bb) Ausnahmen bei doppelt relevanten Tatsachen

15 Eine Ausnahme vom oben skizzierten Verfahren ergibt sich bei Tatsachen, die sowohl für die Beschwerdeberechtigung als auch für ihre Begründetheit von Bedeutung sind (sog. doppelt relevante Tatsachen). Behauptet der gesetzliche Erbe etwa den Widerruf des Testaments, durch das er enterbt wurde, ist diese Tatsache für den Fall der Erbscheinserteilung gem. Testament sowohl für die Beschwerdeberechtigung (die Beeinträchtigung des gesetzlichen Erbrechts) als auch für die Begründetheit der Beschwerde von Bedeutung. In diesen Fällen ist die Richtigkeit der doppelrelevanten Tatsache

---

1 BayObLG v. 5.2.1992 – BReg 1 Z 28/91, FamRZ 1992, 1206.

2 OLG Zweibrücken v. 8.3.1977 – 3 W 19/77, Rpfleger 1977, 305; BayObLG v. 27.2.1996 – 3 Z BR 337/95, BayObLGZ 1996, 52 (54).

3 BGH v. 5.7.2000 – XII ZB 110/00, NJW-RR 2001, 280; BGH v. 24.7.2001 – VIII ZR 58/01, NJW 2001, 2888; *Kemper*, FamRB 2008, 345 (349).

4 BGH v. 15.12.1982 – IVb ZB 910/80, FamRZ 1983, 262 (263); BayObLG v. 10.9.1991 – BReg 1 Z 29/91, NJW 1992, 322 (323).

5 BayObLG v. 13.2.1975 – BReg 1 Z 82/74, BayObLGZ 1975, 62 (63); BayObLG v. 13.10.1986 – BReg 3 Z 68/86, BayObLGZ 1986, 412 (414).

nicht als Frage der Zulässigkeit, sondern der Begründetheit zu prüfen,[1] wobei das Vorgehen im Einzelnen umstritten ist. Während für eine Position die **Möglichkeit einer Rechtsbeeinträchtigung** genügt,[2] verlangt die Gegenposition **schlüssiges Vorbringen**.[3] Letztere Auffassung erscheint insoweit problematisch, als auch das Beschwerdegericht im Rahmen der Begründetheit den Sachverhalt von Amts wegen selbst zu ermitteln hat und keinen schlüssigen Vortrag verlangen kann. Im Ergebnis kann sich das Gericht also bei der Prüfung der Beschwerdeberechtigung mit schlüssigem Vortrag einer Verletzung in eigenen Rechten begnügen, da diese dann auch nach der erstgenannten Position möglich ist. Fehlt entsprechender Vortrag, hat es aber jedenfalls, soweit Aufklärungsansätze bestehen, weitere Ermittlungen anzustellen. In echten Streitverfahren sind die Ermittlungspflichten aber durch die gesteigerte Förderungspflicht des Beschwerdeführers begrenzt.

Allerdings besteht diese Erleichterung nur, wenn Zulässigkeit und Begründetheit un- 16
mittelbar von denselben Tatsachen abhängen. Weitere tatsächliche Vorfragen sind vom Gericht zu klären, das insoweit nicht die Richtigkeit des Beschwerdevorbringens unterstellen kann. Behauptet der Beschwerdeführer etwa, infolge der Nichtigkeit eines Testaments sei er kraft gesetzlicher Erbfolge der richtige Erbe, ist nur die Unwirksamkeit des Testaments zu unterstellen. Die gesetzliche Erbfolge ist von Amts wegen zu prüfen. Liegt nämlich keine gesetzliche Erbfolge vor, so wird der Beschwerdeführer in keinem Falle Erbe und somit nicht durch die erstinstanzliche Entscheidung in seinen Rechten beeinträchtigt, so dass ihm die Beschwerdeberechtigung fehlt.[4]

II. Formelle Beschwer

1. Amtsverfahren

In Verfahren, die von Amts wegen einzuleiten sind, besteht die Beschwerdeberechti- 17
gung unabhängig vom Verhalten des Beschwerdeführers in der ersten Instanz. Er ist auch dann beschwerdeberechtigt, wenn er selbst keinen **Antrag** gestellt hat. Seiner Beschwerdeberechtigung steht noch nicht einmal der Umstand entgegen, dass das Gericht seinem „Antrag" in vollem Umfang stattgegeben hat. Denn der Antrag ist in Verfahren, in denen die Parteien nicht über den Verfahrensgegenstand verfügen können, nur eine Anregung. Da die Beteiligten dort den Verfahrensgegenstand durch ihre „Anträge" nicht bestimmen können, wird auch ihre Beschwerdeberechtigung hierdurch nicht berührt. Maßgeblich ist allein die **objektive Rechtslage**, also die **„materielle Beschwer"**: Wird die Rechtsposition des Beschwerdeführers danach durch die Entscheidung verletzt, ist er in jedem Falle zur Einlegung der Beschwerde berechtigt. Auf eine „formelle Beschwer", also das Zurückbleiben der gerichtlichen Entscheidung

1 OLG Zweibrücken v. 8.3.1977 – 3 W 19/77, Rpfleger 1977, 305; OLG Zweibrücken v. 23.12.1977 – 3 W 126/77, OLGZ 1978, 155; BayObLG v. 9.1.1992 – BReg 1 Z 47/91, FamRZ 1992, 1205 f.

2 BayObLG v. 30.3.1994 – 3 Z BR 4/94, FamRZ 1994, 1061.

3 OLG Stuttgart v. 19.5.1970 – 8 W 343/68, OLGZ 1970, 419 (421); OLG Zweibrücken v. 23.12.1977 – 3 W 126/77, OLGZ 1978, 155; BayObLG v. 27.2.1996 – 3 Z BR 337/95, BayObLGZ 1996, 52 (54); e contrario auch BayObLG v. 5.2.1992 – BReg 1 Z 28/91, FamRZ 1992, 1206, wonach ernstliche Zweifel am Fortleben eines Erbberechtigten näherer Ordnung reichen; wohl auch BGH v. 5.12.1990 – XII ZB 121/90, FamRZ 1991, 549 (550).

4 Instruktives Beispiel in KG v. 29.11.1994 – 1 W 2837/94, FGPrax 1995, 120 (121 f.); ähnlich OLG Zweibrücken v. 8.3.1977 – 3 W 19/77, Rpfleger 1977, 305; BayObLG v. 5.2.1992 – BReg 1 Z 28/91, FamRZ 1992, 1206; KG v. 7.3.2000 – 1 W 7496/98, NJW-RR 2000, 1608.

hinter einem vom Beschwerdeführer gestellten Antrag, kommt es nicht an.[1] Umgekehrt folgt aus der Zurückweisung eines „Antrags" in Verfahren, die von Amts wegen einzuleiten sind, nicht automatisch die Beschwerdeberechtigung. Denn § 59 Abs. 2 gilt nur in Antragsverfahren. Auch insoweit kommt es in Amtsverfahren nur auf die materielle Beschwer an.[2]

2. Antragsverfahren

a) Beschwerderecht nur des Antragstellers

aa) Zurückweisung als Voraussetzung der Beschwerdeberechtigung

18 Restriktiver wurde die Beschwerdeberechtigung schon nach altem Recht (§ 20 FGG aF) für Verfahren gehandhabt, in denen eine Entscheidung des Gerichts nur auf Antrag erging. War der Antrag zwingende Voraussetzung der gerichtlichen Entscheidung, ordnete § 20 Abs. 2 FGG aF an, dass **nur der Antragsteller gegen die Zurückweisung** seines Antrags Rechtsmittel einlegen durfte. Diese Beschränkung übernimmt § 59 Abs. 2 fast wortgleich in das neue Recht.[3] Alle anderen Personen als der Antragsteller sind somit nicht beschwerdeberechtigt, selbst wenn sie durch die zurückweisende Entscheidung materiell beeinträchtigt sind.[4] Ausreichend ist aber selbstverständlich auch eine **teilweise Zurückweisung**. Die formelle Beschwer reicht so weit, wie dem Antrag nicht stattgegeben wurde.

bb) Zurückweisung als hinreichende Voraussetzung?

19 § 59 Abs. 2 stellt **keine selbständige Regelung der Beschwerdeberechtigung** für Antragsverfahren, sondern ein **Zusatzerfordernis** dar.[5] Aus dieser Regelung folgt also nicht im Umkehrschluss, dass die Beschwerde des Antragstellers, dessen Antrag zurückgewiesen wurde, immer zulässig ist.[6] Vielmehr muss die formelle Beschwer zu den Voraussetzungen des § 59 Abs. 1 hinzutreten.

b) Ausnahmen vom Erfordernis der formellen Beschwer

aa) Beschwerden weiterer Antragsberechtigter, die keinen Antrag gestellt haben

20 Die hM ließ dann eine **Ausnahme vom Erfordernis der formellen Beschwer** in Antragsverfahren zu, wenn ein Beschwerdeführer den (zurückgewiesenen) Antrag in erster Instanz hätte stellen können, aber nicht gestellt hat.[7] Dies wurde mit Sinn und Zweck des § 20 Abs. 2 FGG aF und mit Aspekten der Prozesswirtschaftlichkeit begründet: Es wäre eine reine Förmelei, von dem weiteren Antragsberechtigten zu verlangen, denselben Antrag nochmals zu stellen, über den das Gericht bereits befunden hat, nur um

1 BayObLG v. 17.10.1966 – BReg 1b 64/66, BayObLGZ 1966, 343 (345).
2 OLG Köln v. 6.7.1970 – 2 W 75/70, OLGZ 1971, 94 (95).
3 Zur beabsichtigten inhaltlichen Identität s. BT-Drucks. 16/6308, S. 204.
4 KG v. 15.8.1966 – 1 W 1870/66, OLGZ 1966, 596 f.; KG v. 31.8.1971 – 1 W 1644/71, NJW 1972, 113.
5 BGH v. 19.6.1959 – V ZB 19/58, BGHZ 30, 220 (222 f.); BGH v. 20.2.1991 – XII ZB 11/89, NJW-RR 1991, 771 f.; BayObLG v. 7.8.1973 – BReg 1 Z 36/73, BayObLGZ 1973, 224 (226); BayObLG v. 5.11.1987 – BReg 3 Z 67/87, NJW-RR 1988, 873 (874); BayObLG v. 5.2.1992 – BReg 1 Z 28/91, FamRZ 1992, 1206.
6 OLG Hamm v. 9.5.1977 – 15 W 473/76, OLGZ 1977, 422 (425).
7 BGH v. 19.6.1959 – V ZB 19/58, BGHZ 30, 220 (223 f.); KG v. 10.4.1990 – 1 W 5405/87, MDR 1990, 1023 f. = NJW-RR 1990, 1292.

dem Wortlaut der Vorschrift Genüge zu tun.[1] Das Erfordernis der formellen Beschwer in Antragsverfahren soll, wenn sich der Antragsteller mit der Entscheidung abgefunden hat, lediglich Rechtsmittel anderer Beteiligter aus altruistischen oder anderen Motiven verhindern, nicht aber Beschwerden anderer Antragsberechtigter, die ohne weiteres ein eigenes Verfahren hätten einleiten können. Da sich an der Ausgangslage nichts geändert hat, wird an dieser Praxis auch nach neuem Recht fest zu halten sein. Weder der Wortlaut des § 59 Abs. 2 noch die Gesetzesmaterialien lassen erkennen, dass der Gesetzgeber die Handhabung missbilligen könnte.

bb) Notwendigkeit der Beschwerde weiterer Antragsberechtigter?

Eine andere Frage ist es, ob der weitere Antragsberechtigte gegen die Entscheidung, 21
durch die der Antrag eines anderen Antragsberechtigten zurückgewiesen wurde, nunmehr Beschwerde einlegen *muss.* Diese Frage war nach früherem Recht, da die Beschwerde regelmäßig nicht befristet war, von geringerer Bedeutung, da dem weiteren Antragsteller dann in jedem Falle noch das Rechtsmittel blieb. Für eine solche Verpflichtung, gegen die Entscheidung über den Antrag des anderen Antragsberechtigten Beschwerde einzulegen, scheinen auf den ersten Blick die Regelungen zu den **Beschwerdefristen in § 63** zu sprechen. Denn nach § 63 Abs. 3 Satz 1 beginnt die Beschwerdefrist „mit der schriftlichen Bekanntgabe des Beschlusses an die Beteiligten". Dies wird dem Wortlaut nach häufig auch die weiteren Antragsberechtigten erfassen, da sie oftmals von der Entscheidung über den ersten Antrag in ihren Rechten betroffen wären und daher nach § 7 Abs. 2 Nr. 1 zu beteiligen sind. Eine solche Auslegung würde aber außer Acht lassen, dass es sich bei dem beschiedenen Antrag eben um das Verfahren handelt, das ein Dritter eingeleitet hat. Es geht aber grundsätzlich nicht an, die anderen Beteiligten an die Ergebnisse eines Verfahrens zu binden, das sie nicht betrieben haben. Die Rechtsmittelfrist des § 63 kann nicht **die fristlose Berechtigung zur Antragstellung in der ersten Instanz** verdrängen, die den anderen Antragsberechtigten weiterhin zukommt. Die weiteren Beteiligten werden auch nicht durch die Rücknahme des Antrags oder der Beschwerde gegen die erstinstanzliche Entscheidung ihrer eigenen Antragsrechte beraubt. Eine Rechtskrafterstreckung bedürfte, wie die parallele Problematik im Wohnungseigentumsrecht zeigt, einer ausdrücklichen Regelung (wie § 48 Abs. 3 WEG) und zudem der Möglichkeit einer eigenständigen Einwirkung auf das von einem Dritten eingeleitete Verfahren (wie § 48 Abs. 2 Satz 2 WEG). Die weiteren Antragsberechtigten können somit nach Rechtskraft der Entscheidung über den ersten Antrag zwar keine Beschwerde hiergegen mehr einlegen, sehr wohl aber einen neuen erstinstanzlichen Antrag stellen.

c) Beschwerderecht trotz Stattgabe

§ 59 Abs. 2 regelt, wie früher § 20 Abs. 2 FGG aF, nur den Fall, dass der Antrag im 22
Antragsverfahren zurückgewiesen wurde. Dies ließ und lässt die Frage offen, ob der Antragsteller (wie im Amtsverfahren) beschwerdeberechtigt ist, wenn seinem Antrag in vollem Umfang stattgegeben wurde. Hier wird man nach der Annäherung der Beschwerden an die sofortige Beschwerde nach §§ 567 ff. ZPO und den Übergang früherer ZPO-Verfahren in das Verfahrensrecht des FamFG noch zurückhaltender sein müssen als früher. So dürfte etwa eine Beschwerdeberechtigung gegen einen antragsgemäß erteilten Erbschein nur bei einer Änderung der Sach- oder Rechtslage bestehen.[2] Jeden-

1 BGH v. 19.6.1959 – V ZB 19/58, BGHZ 30, 220 (223 f.).
2 Vgl. OLG Rostock v. 12.11.2001 – 10 UF 336/00, FamRZ 2002, 673 (674); anders noch BayObLG v. 14.12.1966 – BReg 1b Z 75/66, BayObLGZ 1966, 408 (411).

falls in **echten Streitverfahren**, in denen der Streitstoff durch den Antrag bestimmt wird, ist nach vollständiger Stattgabe für eine Beschwerde des Antragstellers ebenso wenig Raum wie nach § 511 ZPO. Dies ist auf **Ausnahmen** zu beschränken, etwa auf den Fall, dass bereits der Antrag – von Antragsteller und Gericht unbemerkt – fehlerhaft, etwa nicht vollstreckbar ist.[1] Allenfalls ist zu überlegen, ob der Antrag vom Gericht richtig erfasst wurde, ob also in Wirklichkeit etwas anderes gewollt wurde als (scheinbar) beantragt. Wenn schon der Zivilrichter nach § 139 Abs. 1 Satz 2 ZPO auf sachdienliche Anträge hinzuwirken hat, gilt dies erst recht für Verfahren nach dem FamFG, so dass die Bescheidung eines unzureichenden Antrags mit der Beschwerde angegriffen werden kann. Hingegen bedarf es in Amtsverfahren der formellen Beschwer nicht. Denn hier ist die Prüfung der Sach- und Rechtslage ohne Bindung an die Anträge der Beteiligten vorzunehmen.[2]

III. Weitere Beschränkungen des Beschwerderechts

23 Weitere Beschränkungen des Beschwerderechts können **aus dem materiellen Recht** folgen, etwa dann, wenn mehrere Personen **nur gemeinschaftlich handeln können**. In der Praxis relevante Fälle sind etwa der Tod des Antragstellers oder der Antrag auf Anordnung der Nachlassverwaltung nach § 2062 BGB. Die Beschwerde kann hier nur von allen Miterben bzw. allen Antragstellern gemeinsam eingelegt werden.[3] Ähnliches gilt für die Zurückweisung der Anmeldung eines Vereins oder einer AG oder einer GmbH, wenn man den Vorstand bzw. die Geschäftsführer, nicht die Gesellschaft oder den Verein als antrags- und beschwerdeberechtigt ansieht:[4] Dann kann die Beschwerde gegen die zurückweisende Entscheidung **nur von allen Anmeldeberechtigten gemeinsam** eingelegt werden.[5] Ist das Nachrücken mehrer Erben in die Kommanditistenstellung einzutragen, so sind nur alle Erben gemeinsam beschwerdeberechtigt.[6] Auch im Vereinsrecht, etwa bei Einberufungsverlangen durch eine Minderheit, kann die gemeinschaftliche Einlegung der Beschwerde durch alle erstinstanzlichen Antragsteller erforderlich sein.[7] Entsprechendes gilt bei der Zurückweisung eines Registerantrags.[8] Wird die Beschwerde nicht von allen nur gemeinschaftlich Beschwerdeberechtigten eingelegt, ist sie unzulässig.[9]

1 Vgl. zum Zivilprozess Zöller/*Gummer*/*Heßler*, vor § 511 Rz. 13; Musielak/*Ball*, vor §§ 511 ZPO Rz. 22.

2 OLG Düsseldorf v. 5.10.1981 – 1 UF 83/81, FamRZ 1982, 84.

3 Zur Beschwerde gegen die Ablehnung der Nachlassverwaltung s. etwa Soergel/*Wolf*, § 2062 Rz. 2.

4 BayObLG v. 6.7.1982 – BReg 3 Z 49/82, MDR 1982, 1030; BayObLG v. 5.11.1987 – BReg 3 Z 67/87, NJW-RR 1988, 873 f.; OLG Hamm v. 8.2.1990 – 15 W 37/90, OLGZ 1990, 257 (258); anders BGH v. 24.10.1988 – II ZB 7/88, BGHZ 105, 324 (327 f.).

5 BayObLG v. 10.3.1978 – 1 Z 27/78, BayObLGZ 1978, 62 (64); BayObLG v. 6.7.1982 – BReg 3 Z 49/82, MDR 1982, 1030; BayObLG v. 5.11.1987 – BReg 3 Z 67/87, NJW-RR 1988, 873 f. auch zu Ausnahmen von dieser Regel; OLG Hamm v. 8.2.1990 – 15 W 37/90, OLGZ 1990, 257 (258); KG v. 17.1.2006 – 1 W 175/05, DNotZ 2006, 550 (551).

6 BayObLG v. 13.5.1977 – 3 Z 41/76, Rpfleger 1977, 321.

7 BayObLG v. 23.7.1986 – BReg 3 Z 62/86, BayObLGZ 1986, 289 (290 f.).

8 BayObLG v. 23.12.1986 – BReg 3 Z 126/86, BayObLGZ 1986, 528 (532).

9 BayObLG v. 23.12.1986 – BReg 3 Z 126/86, BayObLGZ 1986, 528 (532).

IV. Beschwerdeberechtigung von Behörden und Verbänden

1. Beschwerdeberechtigung nach Absatz 1

Mit § 59 Abs. 3 berücksichtigt der Gesetzgeber das über § 59 Abs. 1 und 2 hinausgehende Beschwerderecht von Behörden im FamFG. Die Vorschrift ist also nur einschlägig, wenn eine Behörde **nicht schon nach § 59 Abs. 1 und 2 beschwerdeberechtigt** ist, was durchaus in Betracht kommt. Wird eine Gemeinde etwa in einem Testament bedacht, kann sie schon nach § 59 Abs. 1 gegen einen Erbschein, der dies nicht berücksichtigt, Beschwerde einlegen. Zur Annahme einer Beschwerdeberechtigung genügt darüber hinaus bereits die Beeinträchtigung in der Ausübung ihrer Aufgaben und Befugnisse.[1] 24

2. Eigenständige Beschwerdeberechtigung nach Absatz 3

Auch **ohne eine Beeinträchtigung nach § 59 Abs. 1** kann eine Behörde nach § 59 Abs. 3 beschwerdeberechtigt sein. Dies setzt allerdings eine **spezialgesetzliche Regelung** voraus.[2] Obwohl § 59 Abs. 3 zur Regelung der Beschwerdeberechtigung von Behörden nur auf besondere Vorschriften des FamFG oder eines anderen Gesetzes verweist, kommt der Vorschrift eigenständige Bedeutung zu. Denn die Beschwerdeberechtigung von Behörden bestimmt sich nunmehr nach dem FamFG oder einem sonstigen Gesetz, etwa nach §§ 162 Abs. 3 Satz 2, 176 Abs. 2 Satz 2, 194 Abs. 2 Satz 2, 205 Abs. 2 Satz 2, 303 Abs. 1, 335 Abs. 4[3] oder nach spezialgesetzlichen Regelungen wie § 53 Abs. 2 PStG[4] oder § 156 Abs. 6 KostO.[5] Der Kreis der beschwerdeberechtigten Behörden ist damit nun abschließend bestimmt: Kann sich eine Behörde hinsichtlich ihrer Beschwerdeberechtigung nicht auf eine spezialgesetzliche Regelung berufen, liegt eine solche nicht vor. Früher diskutierte Fragen nach der Beschwerdeberechtigung etwa der Aufsichtsbehörden, des Notars oder gar des Gerichts, das sich gegen die Aufhebung seiner Verfügung wehren will,[6] können damit in Zukunft nicht mehr aufkommen. Die Beteiligung der Behörde im Verfahren erster Instanz ist für die Beschwerdeberechtigung nach § 59 Abs. 3 nicht erforderlich[7] und zur Einsparung staatlicher Ressourcen auch nicht geboten. Die effektive Kontrolle durch Ausübung des Beschwerderechts soll über die **Mitteilung der gerichtlichen Entscheidungen** an die Behörden gewährleistet werden.[8] 25

V. Beispiele der Beschwerdeberechtigung aus den einzelnen Rechtsgebieten

1. Betreuungsrecht

Der Betroffene kann sich gegen die **Anordnung der Betreuung** mit der Beschwerde wehren, da hierdurch in seine grundrechtlich geschützte Freiheit, etwa über sein Vermögen zu verfügen, eingegriffen wird.[9] Auch die **Aufhebung der Betreuung** gewährt dem Be- 26

1 BGH v. 12.11.1980 – IVb ZB 712/80, FamRZ 1981, 132 (133); KG v. 9.11.1973 – 1 W 667/72, OLGZ 1975, 62 (65 f.).
2 BayObLG v. 17.1.1964 – BReg 2 Z 209/63, BayObLGZ 1964, 22 (23 f.).
3 BT-Drucks. 16/6308, S. 204.
4 BT-Drucks. 16/6308, S. 204; vgl. zum früheren Recht BGH v. 9.6.1967 – IV ZB 663/66, BGHZ 48, 88 (92); BGH v. 14.1.2004 – XII ZB 30/02, NJW 2004, 1108.
5 BayObLG v. 2.12.1965 – BReg 2 Z 34/65, BayObLGZ 1965, 441 (442 ff.).
6 KG v. 9.11.1973 – 1 W 667/72, OLGZ 1975, 62 (64 ff.); anders offenbar noch OLG Hamburg v. 20.2.1985 – 2 W 5/85, Rpfleger 1985, 194; vgl. Keidel/Kuntze/*Kahl*, § 20 FGG Rz. 36.
7 BT-Drucks. 16/6308, S. 204.
8 BT-Drucks. 16/6308, S. 204.
9 *Bassenge*/Roth, Einl. FGG Rz. 132.

troffenen ein Beschwerderecht, da ihm hierdurch die Rechtsfürsorge des Staates entzogen wird.[1] Gegen die **Festsetzung der Vergütung** ist nach dem Tod des Betreuten dessen Erbe beschwerdeberechtigt, da er nach § 1967 BGB hierfür haftet.[2] Der **Betreuungsbehörde** kommt gegen die Bestellung eines Betreuers auf Antrag des Betroffenen wegen der damit verbundenen wirtschaftlichen Belastungen kein Beschwerderecht zu, da dies keinen Eingriff in ihre Rechte darstellt.[3] Entsprechendes gilt für die Aufhebung einer Unterbringungsmaßnahme.[4] Gegen die Einsicht in die **Betreuungsakte** steht nicht nur dem Betreuten, sondern auch dem Betreuer ein eigenes Beschwerderecht zu.[5]

2. Ehe(scheidungs)recht

27 Die Ehefrau ist beschwert, wenn der **Versorgungsausgleich** unterbleibt, obwohl sie ausgleichsberechtigt wäre.[6] Der öffentlich-rechtliche **Träger der Versorgungslast** ist nur dann nicht beschwerdeberechtigt, wenn durch den gerügten Fehler der Ausgleich der beamtenrechtlichen Versorgungsanwartschaft nicht berührt wird.[7] Darüber hinaus kann er auch keine Rechte geltend machen, die allein den Eheleuten zugewiesen sind, etwa die Berufung auf Härteklauseln.[8] Ansonsten soll ihm schon deswegen ein Beschwerderecht zustehen, weil ein dem materiellen Recht nicht entsprechender Versorgungsausgleich einen Eingriff in seine Rechtsstellung darstellt, unabhängig davon, ob ihn eine finanzielle Mehrbelastung trifft.[9] Anderes soll für privatrechtlich organisierte Träger der betrieblichen Altersversorgung gelten.[10]

3. Erbrecht

28 Beim Beschluss über die **Erteilung eines Erbscheins** (§ 352 Abs. 2) ist jeder Miterbe beschwerdeberechtigt, dessen Erbrecht nicht in der beanspruchten Quote berücksichtigt wird.[11] Dies gilt erst recht, wenn der auf Grund gesetzlicher Erbfolge beantragte Erbschein überhaupt nicht erteilt, sondern eine Erbfolge kraft Testaments bescheinigt werden soll. Hierin liegt zugleich die Zurückweisung des Erbscheinsantrags auf Grund gesetzlicher Erbfolge.[12] Anfechtbar ist auch die Aufhebung und Zurückverweisung einer Entscheidung, die den beantragten Erbschein erteilt.[13] Dies gilt auch für die

1 BayObLG v. 7.9.2000 – 3 Z BR 210/00, MDR 2001, 94 (95).
2 KG v. 31.7.1990 – 1 W 1445/89, OLGZ 1991, 1 f.; BayObLG v. 23.11.1995 – 3 Z BR 296/95, FGPrax 1996, 25.
3 BayObLG v. 20.3.1998 – 4 Z BR 16/98, BayObLGZ 1998, 82 f.
4 OLG Frankfurt v. 5.10.2001 – 20 W 362/01, FGPrax 2002, 46.
5 OLG Köln v. 12.3.1997 – 16 Wx 68/97, NJW-RR 1998, 438.
6 BGH v. 5.12.1990 – XII ZB 121/90, FamRZ 1991, 549 f.
7 OLG Zweibrücken v. 11.10.1984 – 6 UF 34/84, FamRZ 1985, 614.
8 BGH v. 12.11.1980 – IVb ZB 712/80, FamRZ 1981, 132, 134; ähnlich schon BGH v. 21.5.1980 – IVb ZB 580/80, NJW 1980, 1960 (1961).
9 BGH v. 12.11.1980 – IVb ZB 712/80, FamRZ 1981, 132 (133); BGH v. 11.4.1984 – IVb ZB 87/83, FamRZ 1984, 671; ebenso OLG Koblenz v. 10.5.1985 – 13 UF 77/85, FamRZ 1985, 1266 f. (zweifelhaft; aA mit guten Gründen KG v. 14.7.1980 – 15 UF 4569/79, FamRZ 1980, 1033; OLG Hamm v. 25.2.1980 – 3 UF 395/79, FamRZ 1980, 604).
10 BGH v. 18.1.1989 – IVb ZB 208/87, NJW 1989, 1858; BGH v. 20.2.1991 – XII ZB 11/89, NJW-RR 1991, 771 f.
11 BayObLG v. 6.3.1964 – BReg 1 Z 16/64, BayObLGZ 1964, 94 (96); BayObLG v. 26.2.1985 – 1 Z 91/84, FamRZ 1985, 839 (840); KG v. 29.11.1994 – 1 W 2837/94, FGPrax 1995, 120 (121 f.); KG v. 10.4.1990 – 1 W 5405/87, FamRZ 1990, 1264.
12 BayObLG v. 9.1.1992 – BReg 1 Z 47/91, FamRZ 1992, 1205 (1206).
13 BayObLG v. 26.2.1985 – 1 Z 91/84, FamRZ 1985, 839 (840) noch zum Vorbescheid.

selbständige Entscheidung über Vorfragen, etwa die „Anfechtung der Erbschaftsannahme".[1] Beschwerdeberechtigt ist auch der **Miterbe, der selbst keinen Antrag gestellt hat**, ihn aber noch stellen könnte (vgl. Rz. 20).[2] Dies gilt selbst dann, wenn er gerade nicht als Miterbe ausgewiesen sein will.[3] Beschwerdeberechtigt ist der Erbe auch bei Beschränkungen seines Erbrechts etwa durch die **Anordnung einer Testamentsvollstreckung**[4] oder gar bei der Einziehung des Erbscheins.[5] Der Nacherbe ist beschwerdeberechtigt, wenn der Erbschein die **Nacherbfolge** nicht erwähnt[6] oder ausweist, dass der Vorerbe von den Beschränkungen des § 2136 BGB befreit ist.[7] Entsprechendes gilt für den Ersatznacherben, da ihm eine bedingte Anwartschaft auf die Nacherbschaft zukommt, die vererblich und übertragbar ist.[8] Er soll nicht beschwerdeberechtigt sein, wenn der sein Nacherbrecht ausweisende Erbschein eingezogen wird, da die Rechtslage dann nicht anders als vor der Erteilung des Erbscheins ist.[9] Wird der **Testamentsvollstrecker** entgegen dem Antrag eines Erben nicht entlassen, sind die Miterben beschwerdeberechtigt, da sie den erstinstanzlichen Antrag gleichfalls stellen könnten und die Wiederholung des Verfahrens zum bloßen Erwerb des Beschwerderechts eine reine Förmelei wäre (vgl. Rz. 20).[10] Der **Vermächtnisnehmer** ist im Erbscheinsverfahren grundsätzlich nicht beschwerdeberechtigt, da der Erbschein nur das Erbrecht bezeugt und Vermächtnisse nicht berührt.[11] Entsprechendes gilt für Pflichtteilsberechtigte.[12] Wer sich keines Erbrechts berühmt, kann folglich nicht beschwerdeberechtigt sein.[13] Die Ablehnung, ein Testamentsvollstreckerzeugnis zu erteilen, berechtigt nur den Testamentsvollstrecker und Gläubiger unter den Voraussetzungen der §§ 792, 896 ZPO zur Beschwerde, nicht aber den Erben[14] und den Pflichtteilsberechtigten, der keinen Vollstreckungstitel besitzt. Durch die Zurückweisung des Antrags auf Erteilung eines Testamentsvollstreckerzeugnisses wird der Testamentsvollstrecker, nicht aber der Erbe in seinen Rechten beeinträchtigt.[15] Der **Gläubiger**, der einen Miterbenanteil gepfändet hat, kann gegen einen Erbschein Beschwerde mit dem Ziel der Einziehung einlegen, wenn der Erbschein seinen Schuldner nicht als Erben ausweist.[16] Hingegen kommt demjenigen, dem der Erblasser eine **Vollmacht für den Todesfall**

1 BayObLG v. 27.6.1996 – 1 Z BR 148/95, NJW-RR 1997, 72 (73).
2 KG v. 10.4.1990 – 1 W 5405/87, MDR 1990, 1023 f. = NJW-RR 1990, 1292; OLG Brandenburg v. 25.11.1997 – 10 Wx 33/96, FamRZ 1999, 55.
3 BayObLG v. 26.10.1990 – BReg 1a Z 19/90, BayObLGZ 1990, 294 (296 f.).
4 BGH v. 19.6.1959 – V ZB 19/58, BGHZ 30, 220 (223 f.); KG v. 7.3.2000 – 1 W 7496/98, NJW-RR 2000, 1608.
5 BGH v. 19.6.1959 – V ZB 19/58, BGHZ 30, 220 (221 f.).
6 BayObLG v. 20.10.1960 – BReg 1 Z 213/59, BayObLGZ 1960, 407 (410); OLG Hamm v. 19.9.1967 – 15 W 397/67, OLGZ 1968, 80 (81); BayObLG v. 13.2.1975 – BReg 1 Z 82/74, BayObLGZ 1975, 62 (63); BayObLG v. 26.10.1990 – BReg 1a Z 19/90, BayObLGZ 1990, 294 (296); BayObLG v. 26.3.1996 – 1 Z BR 111/94, BayObLGZ 1996, 69 (72).
7 BayObLG v. 20.10.1960 – BReg 1 Z 213/59, BayObLGZ 1960, 407 (410).
8 BayObLG v. 20.10.1960 – BReg 1 Z 213/59, BayObLGZ 1960, 407 (410).
9 BayObLG v. 13.2.1975 – BReg 1 Z 82/74, BayObLGZ 1975, 62 (63) = FamRZ 1976, 104 (105) (zweifelhaft, da die Nacherbschaft dann eben nicht mehr bescheinigt ist).
10 BayObLG v. 11.4.1995 – 1 Z BR 86/94, FamRZ 1996, 186 (187).
11 OLG Köln v. 6.7.1970 – 2 W 75/70, OLGZ 1971, 94 f.; BayObLG v. 13.12.2004 – 1 Z BR 94/03, BayObLGZ 2004, 37 (41 f.).
12 BayObLG v. 13.12.2004 – 1 Z BR 94/03, BayObLGZ 2004, 37 (41 f.).
13 BayObLG v. 6.3.1964 – BReg 1 Z 16/64, BayObLGZ 1964, 94 (96).
14 OLG Hamm v. 8.6.1999 – 15 W 105/99, FamRZ 2000, 487 (488).
15 OLG Hamm v. 9.5.1977 – 15 W 473/76, OLGZ 1977, 422 (423 f.).
16 BayObLG v. 7.8.1973 – BReg 1 Z 36/73, BayObLGZ 1973, 224 (226).

erteilt hat, kein Beschwerderecht gegen die Anordnung einer Nachlasspflegschaft zu, da die Vollmacht kein subjektives Recht darstellt.[1]

4. Familienrecht (ohne Eherecht)

29 Jeder Elternteil kann gegen die Bestellung des anderen zum **Betreuer** für das gemeinschaftliche Kind Beschwerde mit dem Ziel einer gemeinschaftlichen Betreuung durch beide Elternteile einlegen.[2] Verwandten (etwa Großeltern) oder Dritten steht gegen die Zurückweisung ihres Antrags auf **Einräumung eines Umgangsrechts** kein Beschwerderecht zu, da die Pflege verwandtschaftlicher oder persönlicher Beziehungen kein subjektives Recht darstellt.[3] Das über Jahre anhaltende **Pflegeverhältnis** ist zwar selbst durch Art. 6 Abs. 1 GG geschützt,[4] gewährt aber den Pflegeeltern kein Beschwerderecht gegen die Entlassung des Vormundes, sondern nur gegen die Bestellung eines neuen.[5] Auch die Entscheidung über die elterliche Sorge bedeutet keine unmittelbare Beeinträchtigung von Rechten der Pflegeeltern.[6] Gegen die Zurückweisung eines Antrags auf **Unterhaltsbestimmung nach § 1612 Abs. 2 Satz 2 BGB** steht nur dem Kind, nicht aber den Eltern ein Beschwerderecht zu.[7] Der **nichteheliche Vater** hat kein Beschwerderecht gegen die Anordnung einer Amtspflegschaft, die zwecks Geltendmachung von Unterhaltsansprüchen gegen ihn angeordnet wird.[8] Auch gegen die Erteilung des Ehenamens der Mutter an das nichteheliche Kind soll ihm kein Beschwerderecht zustehen.[9]

5. Genehmigung von Rechtsgeschäften

30 Der **Vertragspartner** eines genehmigungspflichtigen Geschäftes hat kein Beschwerderecht, wenn die erforderliche Genehmigung versagt wird.[10] Ausnahmsweise kommt ihm aber ein Beschwerderecht zu, wenn eine bereits erteilte und damit nach § 1829 Abs. 1 BGB wirksame Genehmigung entzogen wird.[11] Gleiches gilt, wenn das Geschäft nach seiner Auffassung überhaupt keiner Genehmigung bedarf.[12] Denn in beiden Fällen werden ihm bereits erworbene Rechte aus dem Vertrag wieder entzogen. Auch **Dritte** können bei Ablehnung ihres Antrages auf Bestellung eines Betreuers beschwerdeberechtigt sein, wenn ein sie betreffendes Rechtsgeschäft (etwa die Kündigung einer Mietwohnung) gegenüber einem Geschäftsunfähigen ansonsten ausgeschlossen ist.[13] Die **Eltern** des Kindes sind beschwerdeberechtigt, wenn das erstinstanzliche Gericht ihre Vertretungsmacht beim Abschluss des Vertrages verneint.[14]

---

1 BayObLG v. 15.9.2000 – 1 Z BR 75/00, NJW-RR 2001, 297.
2 OLG Zweibrücken v. 28.9.2001 – 3 W 213/01, Rpfleger 2002, 146.
3 BayObLG v. 21.5.1993 – 3 Z BR 56/93, BayObLGZ 1993, 234 (235 f.).
4 BGH v. 25.8.1999 – XII ZB 109/98, NJW-1999, 3718, 3719; OLG Karlsruhe v. 25.11.1997 – 11 Wx 88/97, FamRZ 1998, 568 (569).
5 OLG Karlsruhe v. 25.11.1997 – 11 Wx 88/97, FamRZ 1998, 568 (569).
6 BGH v. 25.8.1999 – XII ZB 109/98, NJW 1999, 3718 (3719).
7 KG v. 10.1.1989 – 1 W 3253/88, OLGZ 1989, 129 (130).
8 BayObLG v. 28.2.1997 – 1 Z BR 244/96, FamRZ 1997, 1299.
9 BayObLG v. 24.8.1971 – BReg 3 Z 30/71, BayObLGZ 1971, 284 (286 ff.).
10 BayObLG v. 17.5.1976 – 1 Z 37/76, FamRZ 1977, 141 (142).
11 BayObLG v. 17.5.1976 – 1 Z 37/76, FamRZ 1977, 141 (142).
12 BayObLG v. 17.5.1976 – 1 Z 37/76, FamRZ 1977, 141 (142).
13 BayObLG v. 27.2.1996 – 3 Z BR 337/95, BayObLGZ 1996, 52 (53 f.).
14 BayObLG v. 22.6.1982 – BReg 1 Z 52/82, FamRZ 1983, 92 (93); ähnlich BayObLG v. 27.11.1975 – BReg 1 Z 59/75, BayObLGZ 1975, 421 (425 f.).

6. Gesellschafts- und Vereinsrecht

Wird eine **Registereintragung zurückgewiesen**, kann hiergegen nur vom Antragsteller Beschwerde eingelegt werden.[1] Handelt es sich hierbei um eine Mehrzahl von Personen, können sie nur gemeinschaftlich Beschwerde einlegen (vgl. Rz. 23).[2] Die Ablehnung einer Ermächtigung zur **Einberufung einer Mitgliederversammlung** können nur alle Mitglieder, die den erstinstanzlichen Antrag gestellt haben, gemeinschaftlich anfechten; diese müssen die nach § 37 Abs. 1 BGB erforderliche Mindestzahl erreichen, die schon für den erstinstanzlichen Antrag erforderlich ist.[3] Gegen die Ermächtigung zur Einberufung einer Mitgliederversammlung sind alle diejenigen beschwerdeberechtigt, die hierdurch in ihrem satzungsmäßigen Recht zur Einberufung beeinträchtigt werden.[4] Sonstige Entscheidungen gegen eine Gesellschaft etwa zur **Abberufung eines Liquidators** können nur von dieser, nicht von ihren Gesellschaftern angefochten werden.[5] Ausnahmsweise besteht ein Beschwerderecht des Vereinsmitglieds oder Gesellschafters, wenn auch er unmittelbar in seinen Mitgliedschafts- bzw. Gesellschafterrechten beeinträchtigt wird.[6] Die Befugnis eines Aktionärs, nach § 315 Abs. 1 Satz 1 AktG die **Bestellung eines Sonderprüfers** zu verlangen, ist ein subjektives Recht gem. § 59 Abs. 1.[7] Gegen eine Entscheidung, die das Firmenrecht einer Gesellschaft verletzt, ist diese beschwerdeberechtigt.[8] 31

7. Grundbuchsachen

In grundbuchlichen Antragssachen sind grundsätzlich nur diejenigen beschwerdebefugt, die **erfolglos einen Antrag beim Grundbuchamt** gestellt haben.[9] Die Beschwerde gegen eine Eintragung ist nur mit dem Ziel des Widerspruchs oder der Löschung nach § 71 Abs. 2 Satz 2 GBO zulässig (vgl. § 58 Rz. 7). 32

8. Unterbringungssachen

Gegen die auf Antrag des Betreuers erteilte **Genehmigung der geschlossenen Unterbringung** ist der Betroffene stets beschwerdeberechtigt, da in sein Freiheitsgrundrecht eingegriffen wird.[10] 33

9. Pflegschaften

Dem Pfleger steht zwar kein Recht auf das Fortbestehen der Pflegschaft zu; bei ihrer Fortdauer ist er aber in seinen Rechten beeinträchtigt, wenn er nachträglich in seinen **Befugnissen beschränkt** wird.[11] Anordnungen über die Pflegschaft für ein nichteheli- 34

1 OLG Hamm v. 8.2.1990 – 15 W 37/90, OLGZ 1990, 257, 258; BayObLG v. 28.6.1990 – BReg 3 Z 62/90, BayObLGZ 1990, 192 (198).
2 BayObLG v. 23.12.1986 – BReg 3 Z 126/86, BayObLGZ 1986, 528 (532); OLG Hamm v. 8.2.1990 – 15 W 37/90, OLGZ 1990, 257 (258).
3 BayObLG v. 23.7.1986 – BReg 3 Z 62/86, BayObLGZ 1986, 289 (290 f.).
4 BayObLG v. 2.3.1971 – BReg 2 Z 53/70, BayObLGZ 1971, 84 (86 f.).
5 OLG Hamm v. 30.8.1977 – 15 W 37/76, OLGZ 1978, 35 (36).
6 OLG Stuttgart v. 19.5.1970 – 8 W 343/68, OLGZ 1970, 419 (422).
7 BGH v. 17.3.1997 – II ZB 3/96, NJW 1997, 1855.
8 KG v. 8.2.1991 – 1 W 3211/90, OLGZ 1991, 396 (398).
9 BayObLG v. 9.2.1965 – BReg 2 Z 276/64, BayObLGZ 1965, 342 (343), auch zu Ausnahmen von diesem Grundsatz.
10 OLG Frankfurt v. 4.12.2000 – 20 W 509/2000, FGPrax 2001, 46.
11 KG v. 16.8.1965 – 1 W 1854/65, OLGZ 1965, 237 (238 f.).

ches Kind greifen in die **Rechte von Mutter und Kind** ein und berechtigen diese zur Beschwerde.[1] Der Pfleger mit speziellen Wirkungskreisen ist nicht zur Beschwerde gegen die Entlassung eines weiteren Pflegers mit anderen Wirkungskreisen befugt.[2]

§ 60
Beschwerderecht Minderjähriger

Ein Kind, für das die elterliche Sorge besteht, oder ein unter Vormundschaft stehender Mündel kann in allen seine Person betreffenden Angelegenheiten ohne Mitwirkung seines gesetzlichen Vertreters das Beschwerderecht ausüben. Das Gleiche gilt in sonstigen Angelegenheiten, in denen das Kind oder der Mündel vor einer Entscheidung des Gerichts gehört werden soll. Dies gilt nicht für Personen, die geschäftsunfähig sind oder bei Erlass der Entscheidung das 14. Lebensjahr nicht vollendet haben.

A. Entstehungsgeschichte und Normzweck

1 § 60 Satz 1 und 2 entsprechen wörtlich § 59 Abs. 1 FGG aF. § 60 Satz 3 versteht der Gesetzgeber als eine lediglich redaktionelle überarbeitete Übernahme von § 59 Abs. 3 Satz 1 FGG.[3] Entgegen dem Bekunden der Materialien wurde § 59 Abs. 3 Satz 2 FGG nicht in § 60 übernommen.[4] Die in § 59 Abs. 2 FGG vorgeschriebene Bekanntgabe der Entscheidung, gegen die dem Kind oder dem Mündel ein Beschwerderecht zusteht, ist nun im Wesentlichen unverändert in § 164 geregelt. Die Vorschrift nimmt Rücksicht auf das mit zunehmendem Alter „wachsende Bedürfnis des Kindes zu selbständigem verantwortungsbewusstem Handeln" (§ 1626 Abs. 2 Satz 1 BGB) auch gegenüber Behörden und Gerichten. Deshalb wird seine Fähigkeit, gerichtliche Entscheidungen kritisch zu prüfen, gegenüber der vollen Geschäftsfähigkeit in denjenigen Angelegenheiten vorverlagert, die alle seine Person betreffenden Angelegenheiten betrifft. Aus § 60 folgt **kein eigenständiges, von den Voraussetzungen des § 59 Abs. 1 und 2 unabhängiges Beschwerderecht**. Eine Beeinträchtigung in eigenen Rechten muss auch hier vorliegen.[5] § 60 regelt vielmehr nur, wann ein nach diesen Vorschriften bestehendes Beschwerderecht von einem Minderjährigen nach Vollendung des 14. Lebensjahres unabhängig vom Willen der ihn gesetzlich vertretenden Person ausgeübt werden kann.[6]

1 BayObLG v. 28.2.1997 – 1 Z BR 244/96, FamRZ 1997, 1299.
2 BayObLG v. 13.10.1986 – BReg 3 Z 68/86, BayObLGZ 1986, 412 (414 ff.).
3 BT-Drucks. 16/6308, S. 204.
4 BT-Drucks. 16/6308, S. 204.
5 BayObLG v. 18.1.1982 – 1 Z 141/81, FamRZ 1982, 634 (635).
6 BT-Drucks. 16/6308, S. 204.

B. Inhalt der Vorschrift

I. Voraussetzungen des Beschwerderechts

1. Persönliche Voraussetzungen

a) Erreichen des 14. Lebensjahres

§ 60 Satz 3 bestimmt als Voraussetzung des Beschwerderechts, dass der Minderjährige das 14. Lebensjahr vollendet hat. Dies muss **bereits „bei Erlass der Entscheidung"** der Fall sein. Maßgeblich ist also nach § 38 Abs. 3 Satz 3 die Übergabe des Beschlusses an die Geschäftsstelle oder das Verlesen ihres Tenors nach § 41 Abs. 2 Satz 1, da er hierdurch bereits wirksam wird (§ 40 Abs. 1).[1] Die Vollendung des 14. Lebensjahres nach diesem Stichpunkt hat auf die Beschwerdeberechtigung keinen Einfluss mehr; sie tritt wie nach bisherigem Recht[2] nicht nachträglich ein. 2

b) Geschäftsfähigkeit

Auch nach Vollendung des 14. Lebensjahres ist der Minderjährige nicht beschwerdeberechtigt, wenn er nicht geschäftsfähig ist. Damit ist, da ein Minderjähriger ohnehin nach §§ 106 ff. BGB nur beschränkt geschäftsfähig ist, die Geschäftsunfähigkeit nach § 104 Nr. 2 BGB gemeint. Eine **Ausnahme** gilt aber wie nach altem Recht (§ 70a FGG aF) in Unterbringungssachen. Dort ist der Betroffene nach § 316 ohne Rücksicht auf seine Geschäftsfähigkeit verfahrensfähig und somit auch beschwerdeberechtigt. 3

2. Betroffene Verfahren

Das Beschwerderecht nach § 59 FGG aF wurde auf Vormundschaftssachen und FG-Familiensachen beschränkt. Letzteres ist mit der Überführung der Familiensachen in das Verfahren nach dem FamFG obsolet. Der Minderjährige kann nach Vollendung des 14. Lebensjahres **in allen Familiensachen** ein eigenständiges Beschwerderecht ausüben, soweit seine Person betreffende Angelegenheiten berührt sind. Nicht recht einsichtig waren schon nach früherem Recht die bisweilen vertretene Beschränkung auf Vormundschafts- und Familiensachen und die Ausklammerung etwa von Personenstandssachen,[3] die dem Wortlaut des § 59 FGG aF nicht zu entnehmen war. Mit der Neukodifikation des Verfahrensrechts, das nunmehr alle Verfahren der freiwilligen Gerichtsbarkeit erfasst und mit der Verortung des Beschwerderechts Minderjähriger im Allgemeinen Teil lässt sich diese Beschränkung systematisch in keinem Fall mehr aufrechterhalten. Der Minderjährige, der das 14. Lebensjahr vollendet hat, ist nunmehr in allen Verfahren der freiwilligen Gerichtsbarkeit nach Maßgabe des § 60 beschwerdeberechtigt. 4

3. Erfasste Rechtsmittel

§ 60 erfasst dem Wortlaut nach nur Beschwerden gegen Entscheidungen in der Hauptsache. Es kann aber wie nach altem Recht kein Zweifel bestehen, dass der Minder- 5

1 Dass die Verkündung mangels Anwesenheit des Betroffenen durch die Übergabe an die Geschäftsstelle ersetzt werden soll, zeigt auch der Verweis auf § 59 Abs. 3 Satz 2 FGG aF, der aber entgegen dem Bekunden der Materialien (BT-Drucks. 16/6308, S. 204) nicht in den Text des § 60 FamFG übernommen wurde.

2 Keidel/*Engelhardt*, § 59 FGG Rz. 9; *Bumiller*/Winkler, § 59 FGG Rz. 3.

3 Keidel/*Engelhardt*, § 59 FGG Rz. 5.

jährige dann auch, wenn kein Rechtsmittel mehr gegeben ist, a maiore ad minus auch die **Anhörungsrüge nach § 44** erheben kann. Entsprechendes wird für die Erinnerung gegen **Entscheidungen des Rechtspflegers nach** § 11 Abs. 2 RPflG[1] und für die sofortige Beschwerde gegen **Zwischenentscheidungen** gelten, sofern deren isolierte Anfechtbarkeit bestimmt ist.

4. Betroffene Angelegenheiten

a) Eigene Angelegenheiten

6 Die Beschwerdeberechtigung erfasst nach dem klaren Wortlaut der Norm nur eigene Angelegenheiten des Minderjährigen. Dies betrifft etwa die Frage der Schulwahl.[2] Wie nach altem Recht kommt ihm daher in **Angelegenheiten Dritter** kein Beschwerderecht zu, auch wenn das Kindeswohl durchaus betroffen sein kann.[3] So besteht kein Beschwerderecht gegen Entscheidungen zur elterlichen Sorge bzw. zur Vormundschaft über Geschwister, auch wenn diese mit einer Trennung verbunden sind. Entsprechendes gilt für Entscheidungen in Vermögensangelegenheiten der Eltern, auch wenn die materiellen Verhältnisse naturgemäß für die Entwicklung des Kindes von großer Bedeutung sein können.

b) Seine Person betreffende Angelegenheiten

7 Auch in eigenen Angelegenheiten ist der Minderjährige nur dann beschwerdeberechtigt, wenn seine Person betroffen ist. Dies geht allerdings über die Sorge für die Person hinaus.[4] Erfasst sind alle Angelegenheiten, die **Unterhalt oder Vermögen des Minderjährigen** berühren, da sie sich jedenfalls mittelbar auf die Person auswirken.

II. Ausübung des Beschwerderechts

8 Der Minderjährige kann auf Grund der nach § 60 vorverlagerten Verfahrensfähigkeit sämtliche Verfahrenshandlungen im Rahmen der Beschwerde selbst vornehmen. Dies umfasst neben der Einlegung der **Beschwerde**[5] ua. den Abschluss eines **Vergleichs** oder die **Rücknahme** der Beschwerde[6] sowie die **Mandatierung eines Rechtsanwalts**. Der gesetzliche Vertreter kann der Vornahme derartiger Geschäfte nicht entgegentreten. Umgekehrt ist er aus Rechtsgeschäften, die die Ausübung dieses Rechts betreffen, auch in vollem Umfang verpflichtet. So schuldet er die Rechtsanwaltsvergütung und kann insoweit auch im Erkenntnis- und Vollstreckungsverfahren in Anspruch genommen werden. Da der Minderjährige diese Rechte wahrnehmen „kann", aber nicht muss, kann auch der gesetzliche Vertreter tätig werden, soweit es sich nicht in Widerspruch zu dem Minderjährigen setzt.

1 Keidel/*Engelhardt*, § 59 FGG Rz. 7; *Bumiller*/Winkler, § 59 FGG Rz. 9.
2 BayObLG v. 18.1.1982 – 1 Z 141/81, FamRZ 1982, 634 (635).
3 *Bassenge*/Roth, § 59 FGG Rz. 1.
4 Keidel/*Engelhardt*, § 59 FGG Rz. 13; *Bumiller*/Winkler, § 59 FGG Rz. 6; *Bassenge*/Roth, § 59 FGG Rz. 1.
5 Keidel/*Engelhardt*, § 59 FGG Rz. 2.
6 Keidel/*Engelhardt*, § 59 FGG Rz. 20; *Bassenge*/Roth, § 59 FGG Rz. 4.

§ 61
Beschwerdewert; Zulassungsbeschwerde

(1) In vermögensrechtlichen Angelegenheiten ist die Beschwerde nur zulässig, wenn der Wert des Beschwerdegegenstandes 600 Euro übersteigt.

(2) Übersteigt der Beschwerdegegenstand nicht den in Absatz 1 genannten Betrag, ist die Beschwerde zulässig, wenn das Gericht des ersten Rechtszugs die Beschwerde zugelassen hat.

(3) Das Gericht des ersten Rechtszugs lässt die Beschwerde zu, wenn

1. die Rechtssache grundsätzliche Bedeutung hat oder die Fortbildung des Rechts oder die Sicherung einer einheitlichen Rechtsprechung eine Entscheidung des Beschwerdegerichts erfordert und

2. der Beteiligte durch den Beschluss mit nicht mehr als 600 Euro beschwert ist.

Das Beschwerdegericht ist an die Zulassung gebunden.

A. Entstehungsgeschichte und Normzweck

1 Die Vorschrift gehört zu den substantiellen Neuerungen des FamFG. Für die Beschwerde nach §§ 19 ff. FGG aF bedurfte es grundsätzlich keiner **Mindestbeschwer,** sofern sie nicht spezialgesetzlich vorgeschrieben war. Beispiele hierfür waren die Beschwerde gegen Aufwandsersatz oder Vergütung des Vormunds (§ 56 g Abs. 5 Satz 1 FGG aF),[1] gegen den Kostenansatz (§ 14 Abs. 3 Satz 1 KostO) oder in Wohnungseigentumssachen (§ 45 Abs. 1 WEG aF). In diesen Fällen waren zudem unterschiedliche Beschwerdewerte vorgesehen (in obigen Beispielen 150 Euro bei Beschwerden gegen die Entscheidung über Aufwendungsersatz oder Vergütung des Vormunds, 200 Euro in Kosten- und 750 Euro in Wohnungseigentumssachen). Diese Unterschiede beseitigt § 61, indem eine einheitliche, an § 511 Abs. 2 Nr. 1 ZPO angelehnte Mindestbe-

1 Hierzu BT-Drucks. 16/6308, S. 204.

schwer von 600 Euro eingeführt wird. Zugleich wird hierdurch eine **Harmonisierung mit der ZPO** angestrebt, die dieselbe Beschwer verlangt.[1] Die bei dem hohen Mindestbeschwerdewert drohende Uneinheitlichkeit der Rechtsprechung bzw. der Praxis im Kostenfestsetzungsverfahren soll die Möglichkeit einer **Zulassung der Beschwerde** in § 61 Abs. 2 und 3 verhindern. Bei ihrer Handhabung kann auf entsprechende Regelungen in anderem Zusammenhang (zB § 14 Abs. 3 Satz 2 KostO) zurückgegriffen werden.

B. Inhalt der Vorschrift

I. Mindestbeschwer

1. Geltungsbereich

2 § 61 Abs. 1 schränkt das Erfordernis einer Mindestbeschwer gegenüber § 511 ZPO, an den sich die Vorschrift ansonsten anlehnt,[2] erheblich ein: Anders als dort[3] ist sie nicht in jedem Verfahren, sondern nur **in vermögensrechtlichen Streitigkeiten** erforderlich. Im Umkehrschluss folgt daraus, dass die Beschwerde in nichtvermögensrechtlichen Streitigkeiten unabhängig von einer Beschwer des Rechtsmittelführers immer zulässig ist. Dies bringt allerdings insoweit wieder Probleme mit sich, als die **Abgrenzung** von vermögens- und nichtvermögensrechtlichen Streitigkeiten entscheidende Bedeutung gewinnt. Richtet sich die Beschwerde etwa gegen die Ablehnung der Eintragung einer bestimmten Firma in das Handelsregister lässt sich dies uU beiden Kategorien zuordnen. Im Zweifel ist hierbei großzügig, zugunsten der Möglichkeit einer sachlichen Überprüfung durch die Rechtsmittelinstanz zu verfahren.[4]

3 Unbefriedigend ist ferner die Ungleichbehandlung von **Kostenentscheidungen** (hierzu allgemein Rz. 7), die nach dem klaren Wortlaut des § 61 Abs. 1 ebenfalls nur bei vermögensrechtlichen Streitigkeiten der Mindestbeschwer unterliegen. Es ist nicht einzusehen, dass etwa die Entscheidung nach einer Erledigung gem. § 83 Abs. 2 in vermögensrechtlichen Streitigkeiten von einer Mindestbeschwer von 600 Euro abhängig ist, in nichtvermögensrechtlichen Streitigkeiten dagegen nicht, obwohl gleichermaßen nur noch das Kosteninteresse betroffen ist.

2. Gegenstand und Höhe der Beschwer

a) Grundsatz

4 Die Mindestbeschwer von 600 Euro nach § 61 Abs. 1 bezeichnet allein die **persönliche Beschwer** des Rechtsmittelführers, die sich aus seinem vermögenswerten Interesse an der Abänderung der angegriffenen Entscheidung ergibt.[5] Sie ist der Wert, um den der Beschwerdeführer in seinem Recht verkürzt zu sein behauptet. Dieser Wert ist **nicht**

1 BT-Drucks. 16/6308, S. 163 u. 204.
2 BT-Drucks. 16/6308, S. 204.
3 S. hierzu Musielak/*Ball*, § 511 ZPO Rz. 17; Zöller/*Heßler*, § 511 ZPO Rz. 12.
4 BayObLG v. 27.4.2000 – 2 Z BR 187/99, ZMR 2000, 624 (625).
5 OLG Oldenburg v. 1.2.1999 – 5 W 227/98, ZMR 1999, 358; OLG Hamm v. 19.10.2000 – 15 W 133/00, ZMR 2001, 138 (140); OLG Düsseldorf v. 10.7.2000 – 3 Wx 214/00, ZMR 2000, 783 (784); BayObLG v. 12.10.2000 – 2 Z BR 98/00, ZMR 2001, 126 (127); BayObLG v. 26.9.2001, ZMR 2002, 212; BayObLG v. 17.10.2002 – 2 Z BR 68/02, ZMR 2003, 215 u. BayObLG v. 17.4.2003 – 2 Z BR 32/03, ZMR 2003, 947; OLG Celle v. 27.2.2003 – 4 W 20/03, ZMR 2004, 51.

identisch mit dem Geschäftswert, der wesentlich höher sein kann.[1] Die Beschwer kann aber naturgemäß den Geschäftswert nicht überschreiten.[2] Mangels Übernahme einer § 511 Abs. 3 ZPO entsprechenden Regelung kann dem Beschwerdeführer nicht die Glaubhaftmachung der Beschwer abverlangt werden, was aber im Ergebnis kaum einen Unterschied machen wird: Macht der Beschwerdeführer selbst keine verwertbaren Angaben zu seiner Beschwer, so kann diese geschätzt werden,[3] wobei mangels Mitwirkung des Beschwerdeführers die Anforderungen an die Ermittlungen durch das Gericht sinken. Die Einholung eines Sachverständigengutachtens von Amts wegen kommt nicht in Betracht.[4]

b) Nachträgliche Änderungen im Wert der Beschwer

Maßgeblich für die Höhe der Beschwer ist der **Zeitpunkt, zu dem die Beschwerde eingelegt** wird.[5] Umstände, die die Beschwer bei unverändertem Beschwerdegegenstand nachträglich verändern, sind nicht zu berücksichtigen.[6] Sofern die Entscheidung nur wegen eines unter der erforderlichen Beschwer liegenden Teils der Hauptsacheentscheidung angefochten oder die sofortige Beschwerde bis auf einen unterhalb der Mindestbeschwer liegenden Teil zurückgenommen wird, ist das verbliebene Rechtsmittel unzulässig.[7] Es kann aber durch **Erweiterung** wieder zulässig werden,[8] sofern in der Beschränkung kein Teilrechtsmittelverzicht zu sehen ist (hierzu vgl. § 67 Rz. 6). In Zweifelsfällen, in denen die Bestimmung der Beschwer mangels konkreter Anhaltspunkte Ermessenssache ist, entspricht es rechtsstaatlichen Grundsätzen, von der Zulässigkeit des Rechtsmittels auszugehen und in der Sache zu entscheiden.[9] Der Beschwerdeführer kann aber die Beschwerdesumme nicht durch Erweiterung des in erster Instanz gestellten Antrags im Rechtsmittelverfahren erreichen, da er mangels Entscheidung hierüber im früheren Rechtszug gar nicht beschwert ist (vgl. § 69 Rz. 3).[10] Das Rechtsmittelgericht kann den Beschwerdewert vorab festsetzen, um eine kostengünstige Rücknahme zu eröffnen. Dieser Beschluss ist nicht separat anfechtbar, da die Festsetzung nicht nach § 31 Abs. 3 KostO zum Zwecke der Gebührenfestsetzung erfolgt.[11] 5

c) Zu berücksichtigende Faktoren

Die **Beschwer mehrerer Beschwerdeführer** ist zusammenzurechnen.[12] Mit der Rücknahme der Beschwerde kann diese somit auch für die anderen unzulässig werden. Entspre- 6

1 BayObLG v. 24.8.2000 – 2 Z BR 33/00, ZMR 2000, 859 (860); BayObLG v. 21.9.2000 – 2 Z BR 62/00, ZMR 2001, 49, 50; BayObLG v. 8.3.2001 – 2 Z BR 30/01, ZMR 2001, 814 f.; BayObLG v. 17.4.2003 – 2 Z BR 32/03, ZMR 2003, 947.
2 BayObLG v. 20.4.2000 – 2 Z BR 9/00, ZMR 2001, 906 (907).
3 Vgl. zum Zivilprozess BGH v. 20.10.1997 – II ZR 334/96, NJW-RR 1998, 573; zum Ermessen des Gerichts bei der Schätzung BGH v. 16.12.1987 – IVb ZB 124/87, NJW-RR 1988, 836 f.
4 Vgl. BGH v. 20.10.1997 – II ZR 334/96, NJW-RR 1998, 573.
5 OLG Celle v. 27.2.2003 – 4 W 20/03, ZMR 2004, 51; Musielak/*Ball*, vor §§ 511 ZPO Rz. 23; Zöller/*Heßler*, § 511 ZPO Rz. 19.
6 OLG Celle v. 27.2.2003 – 4 W 20/03, ZMR 2004, 51 f.; Musielak/*Ball*, vor §§ 511 ZPO Rz. 23; Zöller/*Heßler*, § 511 ZPO Rz. 19.
7 BayObLG v. 17.2.1994 – 2 Z BR 134/93, MDR 1994, 1148; BayObLG v. 25.7.2002 – 2 Z BR 31/02, ZMR 2003, 49.
8 BayObLG v. 25.7.2002 – 2 Z BR 31/02, ZMR 2003, 49.
9 BayObLG v. 27.4.2000 – 2 Z BR 187/99, ZMR 2000, 624 (625).
10 BayObLG v. 12.10.2000 – 2 Z BR 98/00, ZMR 2001, 126 (127).
11 OLG Karlsruhe v. 11.8.1997 – 4 W 82/97, ZMR 1998, 248.
12 BayObLG v. 6.8.1993 – 2 Z BR 43/93, WuM 1993, 765 (766); OLG Düsseldorf v. 16.3.1998 – 3 Wx 18/98, ZMR 1998, 450 (451).

chendes gilt für die Beschwer bei einer **Mehrzahl von Beschwerdegegenständen,**[1] auch wenn es sich nur um einen Hilfsantrag handelt.[2] Bei der Ermittlung der Beschwer sind Kosten und Auslagen grundsätzlich nicht zu berücksichtigen.[3] Auch das **Interesse an der Klärung einer Rechtsfrage** für alle Beteiligten bleibt außer Betracht.[4]

3. Kostenentscheidungen

7 Der Beschwerdewert von 600 Euro gilt nach ausdrücklichem Bekunden der Materialien mangels Spezialregelung auch für Kosten- und Auslagenentscheidungen.[5] Diese in keiner Weise eingeschränkte Aussage dürfte aber zumindest unglücklich formuliert sein. § 61 Abs. 1 dürfte nur die **Kostengrundentscheidung** und nicht das **Kostenfestsetzungsverfahren** erfassen. Denn insoweit erklärt § 85 ausdrücklich die Regelungen der ZPO (§§ 103 bis 107 ZPO) für anwendbar. Da § 104 Abs. 3 Satz 1 ZPO aber ohne Einschränkung die sofortige Beschwerde als Rechtsmittel zulässt, wird man für dieses Rechtsmittel nur eine Mindestbeschwer von 200 Euro nach § 567 Abs. 2 ZPO fordern können.[6] Nur dies entspricht auch der Absicht des Gesetzgebers, die Beschwerdemöglichkeiten in den verschiedenen Verfahrensarten zu harmonisieren.[7] Dass die Beschwerde gegen einen Kostenfestsetzungsbeschluss nach § 104 Abs. 3 Satz 1 ZPO den Regeln der §§ 567 ff. ZPO folgt, bedeutet umgekehrt, dass bei Nichterreichen der dortigen Beschwerdesumme von 200 Euro eine Zulassung nach § 61 Abs. 2 und 3 nicht möglich ist. Erfolgt sie gleichwohl, bleibt die sofortige Beschwerde nach allgemeinen Grundsätzen unstatthaft. Da es insoweit auf § 61 Abs. 1 nicht ankommt, gilt die Mindestbeschwer des § 567 Abs. 2 ZPO unabhängig davon, ob eine vermögensrechtliche oder eine nichtvermögensrechtliche Angelegenheit vorliegt.

II. Zulassung der Beschwerde nach § 61 Absätze 2 und 3

1. Voraussetzungen

a) Nichterreichen des Beschwerdewerts

8 Voraussetzung der Zulassung ist zunächst, wie überflüssigerweise in § 61 Abs. 2 und in § 61 Abs. 2 Nr. 3 doppelt geregelt wird, das Nichterreichen des Beschwerdewerts. Hierdurch wird auch die Reichweite der Zulassung bestimmt. Das Gericht kann also durch die Zulassung nach § 61 Abs. 2 und 3 nicht über das **Fehlen anderer Zulässigkeitsvoraussetzungen**, etwa über die fehlende Beschwerdeberechtigung, hinweghelfen. Eine gleichwohl erfolgte Zulassung ist unwirksam; die gleichwohl eingelegte Beschwerde bleibt unstatthaft. Denn der gesetzliche Ausschluss eines Rechtsmittels steht nicht zur Disposition des entscheidenden Gerichts. Hieran ändert auch die Bindung des Beschwerdegerichts nach § 61 Abs. 3 Satz 2 nichts. Denn die Bindungswirkung überwindet nur das Nichterreichen des Beschwerdewerts und das Fehlen der

1 BGH v. 17.7.2003 – V ZB 11/03, ZMR 2003, 750 (752); BayObLG v. 17.4.2003 – 2 Z BR 32/03, ZMR 2003, 947 f.; OLG Hamm v. 19.10.2000 – 15 W 133/00, ZMR 2001, 138 (140).
2 Vgl. KG v. 30.6.1978 – 17 U 1300/78, OLGZ 1979, 349 f.
3 BayObLG v. 24.8.2000 – 2 Z BR 33/00, ZMR 2000, 859 (860); BayObLG v. 27.4.2001 – 2Z BR 70/00, ZMR 2001, 829; BayObLG v. 17.4.2003 – 2 Z BR 32/03, ZMR 2003, 947.
4 BayObLG v. 24.8.2000 – 2 Z BR 33/00, ZMR 2000, 859 (860); BayObLG v. 8.3.2001 – 2 Z BR 30/01, ZMR 2001, 814 f.
5 BT-Drucks. 16/6308, S. 204.
6 So auch *Dieker*, RpflStud. 2006, 134 (136); *Schürmann*, FamRB 2009, 24 (25).
7 BT-Drucks. 16/6308, S. 163 u. 204.

Zulassungsgründe nach § 61 Abs. 3 Nr. 1, aber nicht die aus sonstigen Gründen fehlende Statthaftigkeit der Beschwerde.[1]

b) Besondere Bedeutung

aa) Grundsätzliche Bedeutung

Die sich teilweise überschneidenden Zulassungsgründe entsprechen wörtlich § 511 Abs. 4 Satz 1 Nr. 1 ZPO.[2] Grundsätzliche Bedeutung ist daher anzunehmen, wenn eine Frage klärungsbedürftig ist, die sich in einer unbestimmten Vielzahl von Fällen stellen wird. Dies setzt selbstverständlich voraus, dass die Frage entscheidungserheblich ist, da es ansonsten auf sie nicht ankommt. Die Vielzahl von Fällen liegt stets bei **„Musterprozessen"** vor.[3] Die Anforderungen des § 61 Abs. 3 Nr. 1 setzen aber ebenso wie § 511 Abs. 4 Satz 1 Nr. 1 ZPO sowohl hinsichtlich der betroffenen Rechtskreise als auch der Zahl der Fälle bereits auf deutlich niedrigerer Stufe an. So genügt es, wenn die Frage nur für den Rechtsverkehr im Bezirk des Beschwerdegerichts[4] oder für bestimmte Berufsgruppen[5] von Bedeutung ist. Bei der Vielzahl der Fälle ist auch die **tatsächliche oder rechtliche Bedeutung** zu berücksichtigen. Ist diese für den betroffenen Personenkreis hoch, kann auch eine geringere Zahl von Fällen genügen. Äußerste Grenze ist aber die Einzelfallentscheidung: Stellt sich eine Frage nur in dem konkreten Verfahren, so liegt keine grundsätzliche Bedeutung vor, selbst wenn die Entscheidung für die dort Beteiligten von existentieller Bedeutung ist. 9

bb) Fortbildung des Rechts oder Sicherung einer einheitlichen Rechtsprechung

Die Zulassungsvoraussetzungen der Fortbildung des Rechts oder der Sicherung einer einheitlichen Rechtsprechung werden als **Unterfälle der grundsätzlichen Bedeutung** angesehen.[6] Im vorliegenden Zusammenhang, da das erstinstanzliche Gericht die Beschwerde selbst zulässt, wird die Abweichung von der Rechtsprechung anderer Gerichte[7] die größte Rolle spielen. Gerade in der Anfangszeit wird aber auch die Fortbildung des Rechts zur Klärung von Auslegungsfragen und zur Schließung von Gesetzeslücken erhebliche praktische Bedeutung gewinnen.[8] Auch hierbei muss aber eine **über den Einzelfall hinausgehende Frage** zu klären sein. Ohne Bedeutung wird in diesem Rahmen die Rechtsprechung zur schweren Fehlerhaftigkeit der Ausgangsentscheidung als Grund für die Sicherung einer einheitlichen Rechtsprechung[9] sein, da 10

1 BGH v. 1.10.2002 – IX ZB 271/02, MDR 2003, 229; BGH v. 8.10.2002 – VI ZB 27/02, NJW 2003, 211 (212); BGH v. 27.2.2003 – I ZB 22/02, NJW 2003, 1531; BGH v. 21.4.2004 – XII ZB 279/03, NJW 2004, 2224 f.; MüKo.ZPO/*Lipp*, § 574 ZPO Rz. 11; Musielak/*Ball*, § 574 ZPO Rz. 8; Zöller/*Heßler*, § 574 ZPO Rz. 9 u. 15, vgl. § 70 Rz. 15.

2 Zur Übernahme der dortigen Regelung s. auch BT-Drucks. 16/6308, S. 204.

3 BGH v. 1.10.2002 – XI ZR 71/02, NJW 2003, 65 (68) = MDR 2003, 104 (106).

4 Vgl. Zöller/*Heßler*, § 511 Rz. 37.

5 BGH v. 18.9.2003 – V ZB 9/03, NJW 2003, 3765; vgl. BGH v. 1.10.2002 – XI ZR 71/02, NJW 2003, 65 (68) = MDR 2003, 104 (106); Zöller/*Heßler*, § 543 ZPO Rz. 11.

6 Vgl. Zöller/*Heßler*, § 511 ZPO Rz. 38.

7 Wohl zu eng BT-Drucks. 16/6308, S. 205, wo nur die Abweichung von obergerichtlichen Entscheidungen aufgeführt wird. Letztlich ist diese Frage aber von geringer praktischer Bedeutung, da beim Vorliegen lediglich erstinstanzlicher Entscheidungen dann die Zulassungsvoraussetzung der Fortbildung des Rechts erfüllt ist.

8 BT-Drucks. 16/6308, S. 205.

9 BGH v. 4.7.2002 – V ZB 16/02, NJW 2002, 3029 (3030); ähnlich BGH v. 1.10.2002 – XI ZR 71/02, NJW 2003, 65 (68) = MDR 2003, 104 (106); BGH v. 4.7.2002 – V ZR 75/02, NJW 2002, 2957; zurückhaltender BGH v. 1.10.2002 – XI ZR 71/02, NJW 2003, 65 (67) = MDR 2003, 104 (106).

das erstinstanzliche Gericht kaum jemals seinen eigenen Beschluss als so mängelbelastet ansehen wird, dass es deswegen die Beschwerde für geboten hält.

cc) Beurteilungsspielraum und Ermessen des Gerichts

11 Dem erstinstanzlichen Gericht kommt bei der Frage, ob grundsätzliche Bedeutung vorliegt, ein Beurteilungsspielraum, aber kein Ermessen hinsichtlich der Rechtsfolgen zu.[1] Bejaht es die Voraussetzungen von § 61 Abs. 2 und 3 muss es, wie der Wortlaut („lässt die Beschwerde zu") zeigt, die Beschwerde zulassen. Anderenfalls wäre die Entscheidung willkürlich und nach der **Anhörungsrüge** nach § 44 mit der **Verfassungsbeschwerde** angreifbar. Ähnliches gilt auch dann, wenn das erstinstanzliche Gericht vor dem Vorliegen der Zulassungsvoraussetzungen förmlich die Augen verschließt, etwa diesbezüglichen Vortrag nicht zur Kenntnis nimmt. Denn auch dann verletzt es den Anspruch auf rechtliches Gehör iSd. § 44 Abs. 1 Nr. 2.

c) Ausschließlichkeit der Zulassungsvoraussetzungen

12 Anders als etwa bei der ZPO-Beschwerde lässt der Gesetzgeber für Beschwerden in Verfahren nach dem FamFG **keine Zulassung aus sonstigen Gründen** zu (vgl. § 568 Nr. 1 ZPO), etwa wegen besonderer Schwierigkeiten tatsächlicher oder rechtlicher Art. Dies entspricht dem Charakter als Hauptsacherechtsmittel, da auch § 511 Abs. 4 Satz 1 Nr. 1 ZPO entsprechende Möglichkeiten nicht vorsieht. Eine gleichwohl auf andere Gründe als die in § 61 Abs. 3 genannten gestützte Beschwerde bleibt unstatthaft, da der gesetzliche Ausschluss eines Rechtsmittels nicht durch die Entscheidung des erstinstanzlichen Gerichts überwunden werden kann.

d) Beschränkung der Zulassung

13 Die Beschränkung der Zulassung wird selbst bei der Berufung im Zivilprozess allgemein für zulässig erachtet, obwohl sich die Materialien zu § 511 ZPO ausdrücklich dagegen aussprechen.[2] Dies muss erst recht für die Zulassung der Beschwerde nach § 61 Abs. 2 und 3 gelten, da sich die Materialien hierzu nicht äußern. Denn schon dem erstinstanzlichen Gericht wäre es möglich, abtrennbare Einzelkomplexe durch Teil-Beschluss zu entscheiden, wogegen dann auch die Beschwerde zulässig wäre. Die Zusammenfassung mehrerer abtrennbarer Entscheidungsgegenstände in einem Beschluss darf aber die rechtliche Überprüfbarkeit nicht beeinträchtigen. Wenn nur für einen dieser Gegenstände ein Zulassungsgrund nach § 61 Abs. 2 und 3 vorliegt, muss auch die Zulassung auf ihn begrenzbar sein können.

14 Damit sind zugleich die Grenzen einer Beschränkung der Zulassung abgesteckt. Sie kann nicht auf einzelne **Rechtsfragen, Vorfragen** oÄ erfolgen. Sie muss einen abtrennbaren Gegenstand betreffen, über den auch eigenständig durch Teil-Beschluss hätte befunden werden können.[3] Nimmt das erstinstanzliche Gericht eine **unzulässige Beschränkung** vor, ist diese unwirksam. Das Beschwerdegericht kann und muss die angegriffene Entscheidung dann insgesamt überprüfen.

---

1 So wohl auch *Schürmann*, FamRB 2009, 24 (26); vgl. zur ZPO-Beschwerde MüKo.ZPO/*Lipp*, § 574 ZPO Rz. 12.
2 BT-Drucks. 14/4722, S. 93.
3 Vgl. BGH v. 3.6.1987 – IVa ZR 292/85, BGHZ 101, 276 (278); Zöller/*Heßler*, § 511 ZPO Rz. 40; Korintenberg/Lappe/*Bengel*, § 14 KostO Rz. 146.

2. Entscheidung

a) Zulassung in Tenor oder Gründen

Die Entscheidung über die Zulassung hat nach dem Wortlaut von § 61 Abs. 3 auch ohne Antrag, also **von Amts wegen** zu erfolgen.[1] Anders als §§ 511 Abs. 2 Nr. 2, 543 Abs. 1 Nr. 1 ZPO, wo ausdrücklich von einer Zulassung der Berufung „im Urteil" bzw. „in dem Urteil" die Rede ist, trifft § 61 Abs. 2 und 3 keine Regelung dazu, wie die Zulassung zu erfolgen hat. Auf Grund der in den Materialien betonten Anlehnung an § 511 Abs. 4 ZPO,[2] wo eine ausdrückliche Bestimmung dieses Inhalts ebenfalls fehlt, wird man § 61 nicht anders handhaben können. Die Zulassung hat also **in der Entscheidung zur Hauptsache**, nicht in einem separaten Beschluss zu erfolgen. Allerdings kann in letzterem Fall eine Berichtigung der Hauptsacheentscheidung nach § 42 Abs. 1 erfolgen (vgl. Rz. 18). Angesichts der engen Anlehnung an § 511 Abs. 4 wird man wie dort davon ausgehen müssen, dass die Zulassung nur im Tenor oder nur in den Gründen ausreichend ist.[3] Trifft das erstinstanzliche Gericht überhaupt **keine (ausdrückliche) Entscheidung**, so ist die Beschwerde nicht zugelassen. 15

b) Wirkung

aa) Bindung des Beschwerdegerichts

Die Zulassung durch das erstinstanzliche Gericht bindet das Beschwerdegericht nach § 61 Abs. 3 Satz 2. Dieses kann also weder isoliert die Zulassung aufheben noch die Beschwerde gegen die Entscheidung in der Hauptsache als unzulässig verwerfen, weil seiner Auffassung nach die Voraussetzungen des § 61 Abs. 2 und 3 nicht vorliegen.[4] 16

bb) Unanfechtbarkeit für die Verfahrensbeteiligten

Die Entscheidung über die Zulassung der Beschwerde ist, gleichgültig ob positiv oder negativ, nicht anfechtbar.[5] Die beschwerte Partei hat also weder ein isoliertes Rechtsmittel in Form einer Nichtzulassungsbeschwerde noch die Möglichkeit einer außerordentlichen Beschwerde gegen die Hauptsacheentscheidung. In Betracht kommt nur die **Anhörungsrüge** nach § 44. Deren Erfolg setzt aber voraus, dass das erstinstanzliche Gericht bei der Nichtzulassung den Anspruch auf rechtliches Gehör verletzt hat. Allenfalls kommen noch Verfahrensfehler von ähnlich gravierender Bedeutung als Grund der Abhilfe nach § 44 in Betracht, etwa eine willkürliche Versagung des Rechtsmittels trotz Vorliegens der Zulassung nach § 61 Abs. 2 und 3. Hingegen genügt die einfach-rechtliche Fehlbeurteilung der Zulassungsvoraussetzungen nicht.[6] 17

cc) Korrektur bei versehentlich unterlassener Zulassung

Auch der Korrektur bei versehentlicher Unterlassung einer Zulassung nach § 61 Abs. 2 und 3 sind enge Grenzen gesetzt. Für die Parallelregelung des § 511 Abs. 4 ZPO wird die Selbstkorrektur im Wege der Urteilsergänzung nach § 321 ZPO allgemein abge- 18

1 *Schürmann*, FamRB 2009, 24 (26); so auch zu § 511 Abs. 4 ZPO Zöller/*Heßler*, § 511 ZPO Rz. 39.
2 S. BT-Drucks. 16/6308, S. 204.
3 *Schürmann*, FamRB 2009, 24 (26).
4 BT-Drucks. 16/6308, S. 205.
5 BT-Drucks. 16/6308, S. 205; *Schürmann*, FamRB 2009, 24 (26).
6 Vgl. BVerfG v. 28.9.1990 – 1 BvR 52/90, FamRZ 1991, 295.

lehnt.[1] Dies wird angesichts der bewussten Anlehnung von § 61 Abs. 2 und 3 an diese Vorschrift im Verfahren nach dem FamFG nicht anders beurteilt werden können. Eine **Ergänzung** nach § 43 dürfte somit ausscheiden. In Betracht kommt nur eine **Berichtigung** wegen offenbarer Unrichtigkeit, die auch im Zivilprozess für zulässig gehalten wird.[2] Die Berichtigung nach § 42 Abs. 1 setzt allerdings eine gewisse Evidenz des Fehlers voraus. Die Divergenz zwischen Äußerung und Bildung des Willens muss entweder aus der Entscheidung selbst oder aus anderen Umständen außerhalb der Entscheidung für jeden neutralen Dritten offenkundig sein. In Betracht kommt etwa eine entsprechende Kundgabe des Gerichts im Protokoll oder in Fällen, in denen die Zulassung fälschlicherweise in einer separaten Entscheidung erfolgt.

dd) Entscheidung durch den Einzelrichter

19 IdR wird es bei der Zulassung der Beschwerde durch das Gericht erster Instanz insoweit keine Probleme geben, da in aller Regel das AG zuständig ist. Für das LG als erste Instanz sehen die §§ 23 ff. von vornherein nicht die Möglichkeit der Übertragung zu. Erfolgt sie gleichwohl, wäre die Zulassung mangels Entscheidung durch den gesetzlichen Richter zwar grob verfahrensfehlerhaft, sofern keine spezialgesetzliche Sonderregelung vorliegt. Die Aufhebung und **Zurückverweisung** erfordert aber nach § 69 Abs. 1 Satz 3 neben dem Verfahrensfehler, dass zum Einen ein Beteiligter die Aufhebung und Zurückverweisung beantragt und dass zum Zweiten „eine umfangreiche oder aufwändige Beweiserhebung notwendig wäre". Liegen diese Voraussetzungen nicht vor, muss das Beschwerdegericht also trotz des groben Verfahrensfehlers selbst in der Sache entscheiden (zu den Voraussetzungen einer Aufhebung und Zurückverweisung im Einzelnen s. § 69 Rz. 8 ff.).

§ 62
Statthaftigkeit der Beschwerde nach Erledigung der Hauptsache

(1) Hat sich die angefochtene Entscheidung in der Hauptsache erledigt, spricht das Beschwerdegericht auf Antrag aus, dass die Entscheidung des Gerichts des ersten Rechtszugs den Beschwerdeführer in seinen Rechten verletzt hat, wenn der Beschwerdeführer ein berechtigtes Interesse an der Feststellung hat.

(2) Ein berechtigtes Interesse liegt in der Regel vor, wenn

1. schwerwiegende Grundrechtseingriffe vorliegen oder

2. eine Wiederholung konkret zu erwarten ist.

1 Zöller/*Heßler*, § 511 ZPO Rz. 39; vgl. auch Korintenberg/Lappe/*Bengel*, § 14 KostO Rz. 141.
2 Musielak/*Ball*, § 511 Zpo Rz. 42; Zöller/*Heßler*, § 511 ZPO Rz. 39.

A. Entstehungsgeschichte und Normzweck

Die Möglichkeit der Beschwerde nach Erledigung einer Entscheidung wurde in Verfahren der freiwilligen Gerichtsbarkeit ursprünglich gänzlich verneint. Sofern der Beschwerdeführer seinen Antrag nach Erledigung nicht auf die Kosten beschränkte,[1] verfiel er der Zurückweisung. Auch eine Fortsetzungsfeststellungsklage wurde von der hM mangels einer § 113 Abs. 1 Satz 4 VwGO entsprechenden Regelung abgelehnt.[2] Erst in jüngerer Zeit begann unter dem Einfluss der verfassungsgerichtlichen Rechtsprechung[3] ein Umdenken. Ausgehend von Fällen der Freiheitsentziehung und des Eingriffs in die Unverletzlichkeit der Wohnung wurde ein Interesse an der Entscheidung über die Rechtmäßigkeit der staatlichen Maßnahme auch nach ihrer Erledigung bejaht. Dies hatte Einfluss auch auf die Verfahren der freiwilligen Gerichtsbarkeit, da gerichtliche Entscheidungen auch dort oftmals insbesondere in das Grundrecht der Freizügigkeit eingriffen. Diese neue Rechtsprechung wird durch § 62 im Wesentlichen kodifiziert.[4] 1

B. Inhalt der Vorschrift

I. Voraussetzungen der Statthaftigkeit einer Beschwerde trotz Erledigung

1. Erledigung der Hauptsache

a) Entscheidung in der Hauptsache

Die Statthaftigkeit der Beschwerde nach § 62 setzt zunächst voraus, dass eine **erstinstanzliche Entscheidung in der Hauptsache** existiert. Es genügt also keine Stellungnahme des Gerichts erster Instanz, mit der eine Rechtsauffassung hinsichtlich der zu treffenden Entscheidung geäußert wird oÄ. Da gegen derartige vorbereitende Maßnahmen keine Beschwerde gegeben ist (s. § 58 Rz. 8 ff.), kann auch nach einer Erledigung nichts anderes gelten. Die **Beschwer** muss sich ferner **aus dem Tenor** ergeben. Wird etwa ein Antrag auf Unterbringung zurückgewiesen, kann der Betroffene auch nach Erledigung (etwa auf Grund einer Therapie) durch die ihm missfallende Begründung nicht iSd. § 62 Abs. 1 beschwert sein.[5] Fraglich ist, ob der **Vollzug der gerichtlichen Entscheidung** hinzukommen muss. Jedenfalls bei freiheitsentziehenden Maßnahmen wird man dies wohl annehmen können. Denn die maßgebliche Entscheidung des BVerfG leitet das Feststellungsinteresse wohl aus dem Freiheitsverlust, nicht schon 2

1 Hierzu etwa BayObLGZ v. 2.3.1971 – BReg 2 Z 53/70, BayObLGZ 1971, 84 (88); BayObLG v. 1.7.1999 – 3 Z BR 192/99, FamRZ 1999, 1594.
2 OLG Frankfurt v. 16.4.1968 – 6 W 88/68, OLGZ 1968, 341 (342 f.); BayObLG v. 18.2.1993 – 3 Z BR 127/92, BayObLGZ 1993, 82 (83 ff.).
3 BVerfG v. 5.12.2001 – 2 BvR 527/99 ua., NJW 2002, 2456 ff.; vgl. BayObLG v. 1.7.1999 – 3 Z BR 192/99, FamRZ 1999, 1594; KG v. 26.6.2001 – 1 W 5938/00, FamRZ 2002, 338.
4 BT-Drucks. 16/6308, S. 205; Jacoby, FamRZ 2007, 1703 (1707).
5 Vgl. BayObLG v. 7.9.2000 – 3 Z BR 210/00, MDR 2001, 94 (95).

aus der gerichtlichen Anordnung ab.[1] Wehrt sich der Beschwerdeführer gegen eine nicht vollzogene freiheitsentziehende Maßnahme, bleibt ihm daher nur die Beschränkung seiner Beschwerde auf die Kosten.

b) Ursprünglich zulässige und begründete Beschwerde

3 Des Weiteren muss eine **zulässige Beschwerde** gegen diese belastende Entscheidung vorliegen. Hat etwa ein nicht Beschwerdeberechtigter Rechtsmittel eingelegt oder ist die Beschwerde nicht innerhalb der Frist des § 63 eingelegt worden, ändert sich an ihrer Unzulässigkeit durch die Erledigung nichts. Die Beschwerde muss nach wie vor als unzulässig verworfen werden. Sie muss auch **ursprünglich begründet**, die erstinstanzliche Entscheidung darf also nicht rechtmäßig gewesen sein (zu Besonderheiten bei Erledigung vor Einlegung der Beschwerde s. Rz. 5). Stellt der Beschwerdeführer bei ursprünglich unzulässiger oder unbegründeter Beschwerde den Antrag auf Feststellung, dass er in seinen Rechten verletzt wurde, so ist dieser als unbegründet zurückzuweisen. Denn der Ausspruch nach § 62 ist nichts anderes als ein modifizierter Feststellungsantrag. Ein solcher setzt aber voraus, dass die Beschwerde ursprünglich zulässig und begründet war.

c) Erledigung

aa) Erledigendes Ereignis

4 Ferner muss die angefochtene Entscheidung erledigt sein. Dies ist dann der Fall, wenn das mit der Beschwerde verfolgte Ziel nicht mehr erreicht werden kann, weil es etwa durch ein außerprozessuales Ereignis eingetreten ist (vgl. § 83 Rz. 6).[2] Typisches Beispiel hierfür ist der Ablauf der im amtsgerichtlichen Beschluss angeordneten Dauer einer Unterbringung (s. Rz. 7).[3] Fehlt es hieran, so wäre ein Antrag nach § 62 Abs. 1 wie jeder andere Feststellungsantrag unbegründet, was das vollständige Unterliegen mit der daraus folgenden Kostenbelastung nach sich zieht. Es empfiehlt sich daher, den **ursprünglichen Antrag zumindest hilfsweise aufrechtzuerhalten**. Auf Bedenken wegen nicht vorliegender Erledigung sollte das Beschwerdegericht zudem hinweisen.

bb) Zeitpunkt des erledigenden Ereignisses

5 § 62 Abs. 1 ist nicht genau zu entnehmen, wann das erledigende Ereignis eingetreten sein muss. Daraus, dass sich die „angefochtene Entscheidung in der Hauptsache erledigt" haben muss, folgt nur, dass das Verfahren erster Instanz bereits abgeschlossen sein muss. Fraglich ist dagegen, ob die Beschwerde schon eingelegt sein muss. Der Wortlaut der Norm, der nur verlangt, dass „sich die angefochtene Entscheidung in der Hauptsache erledigt" hat, erfordert dies nicht. Dem entspricht auch der Schutzzweck insbesondere des § 62 Abs. 2 Nr. 2, der eine Wiederholung vermeiden will.[4] Danach

1 BVerfG v. 5.12.2001 – 2 BvR 527/99 ua., NJW 2002, 2456 (2457).

2 BayObLG v. 18.2.1993 – 3 Z BR 127/92, BayObLGZ 1993, 82 (83).

3 BayObLG v. 1.7.1999 – 3 Z BR 192/99, FamRZ 1999, 1594; vgl. BT-Drucks. 16/6308, S. 205. Die dort noch genannte Wohnungsdurchsuchung dürfte regelmäßig nicht zu den direkten Anwendungsfällen des § 62 zählen, da sie keine Maßnahme nach dem FamFG darstellt und zudem schon eine Entscheidung der ersten Instanz vor Beendigung der Maßnahme regelmäßig nicht zu erlangen sein wird. Zu denken ist in derartigen Fällen aber an eine analoge Anwendung der Vorschrift.

4 So schon zum alten Recht BVerfG v. 5.12.2001 – 2 BvR 527/99, NJW 2002, 2456 (2457), wonach die Gewährung von Rechtsschutz nicht „vom konkreten Ablauf des Verfahrens und dem Zeitpunkt der Erledigung der Maßnahme (...) abhängen (...) kann".

kann der durch eine gerichtliche Entscheidung Beschwerte also auch gegen eine Entscheidung Beschwerde einlegen, die sich bereits erledigt hat.[1]

cc) Analoge Anwendung bei Erledigung vor Erlass der erstinstanzlichen Entscheidung

Anders als im öffentlichen Recht wird sich eine den Bürger belastende Maßnahme im Bereich des FamFG selten schon vor dem Erlass der erstinstanzlichen Entscheidung erledigen, da sie regelmäßig erst durch eine gerichtliche Entscheidung ermöglicht wird. Geschieht dies gleichwohl, etwa durch krasse Pflichtverletzung der eigentlich auf eine gerichtliche Entscheidung angewiesenen Behörden, so ist § 62 analog anzuwenden: Muss selbst die fehlende Rechtmäßigkeit gerichtlicher Entscheidungen bei berechtigtem Interesse festgestellt werden, gilt dies erst recht für Verwaltungshandeln ohne eine solche Grundlage. 6

2. Berechtigtes Interesse

a) Vorliegen eines schwerwiegenden Grundrechtseingriffs

Eine Beschwerde ist nach Erledigung der Hauptsache grundsätzlich als unbegründet zurückzuweisen, wenn sie nicht auf die Kosten beschränkt wird.[2] Auch nach neuem Recht ist die Feststellung, dass die erledigte gerichtliche Verfügung rechtswidrig war, auf besondere Fälle beschränkt, in denen ein **berechtigtes Interesse** vorliegt. Für dieses berechtigte Interesse bietet § 62 Abs. 2 zwei aus der Rechtsprechung des Verfassungsgerichts stammende Regelbeispiele. Das erste fordert einen **schwerwiegenden Grundrechtseingriff**. Dieser ist nach der verfassungsgerichtlichen Rechtsprechung stets bei Eingriffen in die Freiheit der Person gegeben.[3] Ein solcher kam in Verfahren der freiwilligen Gerichtsbarkeit insbesondere in **Unterbringungssachen**[4] und in Abschiebehaftsachen in Betracht.[5] Auch die **Bestellung eines Betreuers** kann hierzu zählen,[6] da dem Betroffenen die Befugnis, über sein Vermögen zu verfügen, zumindest teilweise entzogen und somit massiv in sein Eigentumsgrundrecht eingegriffen wird. Für die Frage, ob sie in der Sache begründet war, kommt es auf die **Rechtmäßigkeit der erstinstanzlichen Entscheidung zur Zeit ihres Erlasses** an. Einer Behörde, zu deren Lasten die erstinstanzliche Entscheidung ausgegangen ist, kann grundsätzlich kein Feststellungsinteresse nach § 62 Abs. 1 zukommen, da sie nicht in ihren Grundrechten verletzt sein kann.[7] Auch bei Vorliegen der Voraussetzungen kann ein Fortsetzungsfeststellungsantrag unzulässig sein, wenn sich der Antragsteller mittlerweile mit der Maßnahme einverstanden erklärt hat.[8] 7

b) Konkrete Wiederholungsgefahr

Als zweite Fallgruppe, die nach Erledigung der erstinstanzlichen Maßnahme gleichwohl eine Beschwerde zuließ, erkannte das BVerfG das Interesse an, „einer Wiederholungsgefahr zu begegnen".[9] Auch diese Fallgruppe wurde in § 61 Abs. 2 kodifiziert. 8

---

1 So schon zum alten Recht Keidel/*Kahl*, § 19 FFG Rz. 86.
2 BayObLG v. 18.2.1993 – 3 Z BR 127/92, BayObLGZ 1993, 82 (84).
3 BVerfG v. 5.12.2001 – 2 BvR 527/99 ua., NJW 2002, 2456 (2457); OLG München v. 2.2.2006 – 34 Wx 158/05, FGPrax 2006, 89 (90).
4 Bassenge/Roth, Einl. FGG Rz. 132.
5 BVerfG v. 5.12.2001 – 2 BvR 527/99 ua., NJW 2002, 2456 (2457).
6 *Bassenge*/Roth, Einl. FGG Rz. 132.
7 OLG München v. 2.2.2006 – 34 Wx 158/05, FGPrax 2006, 89 (90).
8 KG v. 26.6.2001 – 1 W 5938/00, FamRZ 2002, 338.
9 BVerfG v. 5.12.2001 – 2 BvR 527/99 ua., NJW 2002, 2456.

Allerdings fordert § 61 Abs. 2 Nr. 2, dass „eine Wiederholung *konkret* zu erwarten ist". Dies wird vor dem Hintergrund der Rechtsprechung des BVerfG restriktiv zu verstehen sein, da dessen Vorgaben, die eine entsprechende Einschränkung nicht vorsehen, ansonsten nicht korrekt umgesetzt sind. Dem Beschwerdeführer ist also nicht die Darlegung einer konkreten Gefahr für die Wiederholung abzuverlangen und anderenfalls die Beschwerde mangels Rechtsschutzbedürfnisses zu verwerfen. Dies kann erst recht nicht verlangt werden, wenn der Beschwerdeführer in die Entscheidungsfindung auf Antragstellerseite keinen Einblick hat. Vielmehr wird man § 62 Abs. 2 Nr. 2 dahingehend auslegen müssen, dass eine Wiederholung nicht unwahrscheinlich oder zumindest nicht ausgeschlossen sein darf.[1] Denn erst dann besteht für einen Fortsetzungsfeststellungsantrag nach § 62 Abs. 2 kein Rechtsschutzinteresse mehr.

c) Gesetzlich nicht geregelte Fälle

9 Die Beispiele des § 62 Abs. 2 sind, wie der Wortlaut „in der Regel" zeigt, **nicht abschließend**. Dies kann insbesondere aus einem – bereits in der maßgeblichen Entscheidung des Verfassungsgerichts angesprochenen[2] – **Rehabilitationsinteresse** folgen, wenn die Entscheidung ohne eine Überprüfung durch das Beschwerdegericht fortdauernde Auswirkungen auf die soziale Reputation des Betroffenen hat. Stellt das Amtsgericht etwa in seiner Entscheidung über die Nichterteilung eines Erbscheins die Erbunwürdigkeit des Antragstellers fest, muss dieser sich auch nach Auffinden eines ihn enterbenden Testamentes gegen die gerichtliche Entscheidung wehren können. Denn auch hier besteht nach der Rechtsprechung des BVerfG ein schützenswertes Interesse, „eine fortwirkende Beeinträchtigung durch einen an sich beendeten Eingriff zu beseitigen".[3]

d) Antrag

10 Eine Entscheidung nach § 62 ergeht, wie der klare Wortlaut des Gesetzes zeigt, **nicht von Amts wegen**, sondern nur „auf Antrag". Wer ihn zu stellen hat, folgt nicht aus dem Wortlaut, aber aus dem Sinn der Norm: Da der Beschwerdeführer ein berechtigtes Interesse an der Feststellung haben muss, kann auch nur er den Antrag stellen.[4] Der **Inhalt des Antrags** folgt aus § 62 Abs. 1. Er muss auf die Feststellung zielen, dass die Entscheidung des Gerichts erster Instanz ihn, den Beschwerdeführer, in seinen Rechten verletzt hat. Stellt er diesen Antrag nicht, ist die Beschwerde nach den aufgezeigten Grundsätzen mangels Rechtschutzbedürfnisses zu verwerfen (vgl. zur prozessualen Überholung allgemein § 68 Rz. 17).[5] Allerdings ist das Gericht nicht anders als das Prozessgericht verpflichtet, auf eine korrekte Antragstellung hinzuwirken. Eine Umdeutung des ursprünglichen Antrags von Amts wegen kommt auf Grund des ausdrücklichen Erfordernisses eines Antrags nach § 62 Abs. 1 nicht in Betracht.[6] Der

1 So auch BT-Drucks. 16/6308, S. 205, wo dem Fall, dass eine Wiederholung konkret zu erwarten ist, die mindere Form der bloßen Wiederholungsgefahr gegenübergestellt ist, die dort ebenfalls als ausreichend angesehen wird.

2 BVerfG v. 5.12.2001 – 2 BvR 527/99 ua., NJW 2002, 2456 (2457).

3 BVerfG v. 5.12.2001 – 2 BvR 527/99 ua., NJW 2002, 2456.

4 So implizit auch BT-Drucks. 16/6308, S. 205, auch zum alten Recht wurde die Stellung eines Feststellungsantrags als erforderlich angesehen, s. etwa BayObLG v. 1.7.1999 – 3 Z BR 192/99, FamRZ 1999, 1594.

5 So schon BayObLG v. 1.7.1999 – 3 Z BR 192/99, FamRZ 1999, 1594; ebenso, wenn auch verklausuliert („ist die Sache dagegen nach den allgemeinen Regeln nach Erledigung der Hauptsache abzuschließen"), auch BT-Drucks. 16/6308, S. 205.

6 So schon zu den Fortsetzungsfeststellungsbeschwerden nach altem Recht *Bassenge*/Roth, Einl. FGG Rz. 132.

Antragsteller kann sich aber trotz der weiter gehenden Möglichkeiten aus § 62 auch damit begnügen, sein **Rechtsmittel auf die Kosten zu beschränken.**[1] Dies sollte er auf jeden Fall hilfsweise für den Fall tun, dass das Gericht die Voraussetzungen des § 62 nicht als erfüllt ansieht. Denn damit vermeidet der Beschwerdeführer wenigstens den völligen Misserfolg der aufrechterhaltenen Beschwerde.

3. Die Entscheidung

a) Vorliegen der Voraussetzungen des Absatzes 2

Hat sich die Entscheidung in der Hauptsache erledigt und liegen die Voraussetzungen des § 62 Abs. 2 vor, so ergibt sich die Entscheidung bereits aus dem Wortlaut des Gesetzes. Das Beschwerdegericht **stellt dann fest, dass die Entscheidung des Gerichts erster Instanz den Beschwerdeführer in seinen Rechten verletzt hat.**[2] Dies kann auch teilweise erfolgen, wenn etwa eine Unterbringung nur bis zu einem bestimmten Zeitpunkt gerechtfertigt war. Im Übrigen ist der Antrag dann zurückzuweisen. 11

b) Fehlen der Voraussetzungen des Absatzes 2

Hat sich die angefochtene Entscheidung erledigt, ohne dass ein besonderes Interesse nach § 62 Abs. 2 vorliegt, ist die Beschwerde mangels Rechtsschutzbedürfnisses zu **verwerfen**, wenn der Beschwerdeführer seinen Antrag nicht auf die Kosten beschränkt. Denn ein Fortsetzungsfeststellungsantrag kommt nach wie vor nur unter den in § 62 kodifizierten Voraussetzungen in Betracht.[3] Unerheblich ist in diesen Fällen, ob die Beschwerde ursprünglich zulässig und begründet war. Dies gilt auch für einen Antrag nach § 62. Denn auch er ist nur unter den dort normierten besonderen Voraussetzungen zulässig. Auf die **Möglichkeit der Beschränkung auf die Kosten** wird das Gericht hinzuweisen haben, um dem Beschwerdeführer ein vermeidbares Unterliegen zu ersparen. 12

§ 63
Beschwerdefrist

(1) Die Beschwerde ist, soweit gesetzlich keine andere Frist bestimmt ist, binnen einer Frist von einem Monat einzulegen.

(2) Die Beschwerde ist binnen einer Frist von zwei Wochen einzulegen, wenn sie sich gegen

1. eine einstweilige Anordnung oder

2. einen Beschluss, der die Genehmigung eines Rechtsgeschäfts zum Gegenstand hat,

richtet.

(3) Die Frist beginnt jeweils mit der schriftlichen Bekanntgabe des Beschlusses an die Beteiligten. Kann die schriftliche Bekanntgabe an einen Beteiligten nicht bewirkt werden, beginnt die Frist spätestens mit Ablauf von fünf Monaten nach Erlass des Beschlusses.

1 BayObLG v. 1.7.1999 – 3 Z BR 192/99, FamRZ 1999, 1594.
2 Vgl. BT-Drucks. 16/6308, S. 205.
3 BT-Drucks. 16/6308, S. 205.

A. Entstehungsgeschichte und Normzweck

1 § 63 ist gehört zu den grundsätzlichen Neuerungen des FamFG. War ein Rechtsmittel nach altem Recht nur dann fristgebunden, wenn dies ausdrücklich spezialgesetzlich bestimmt war (etwa in § 56g Abs. 5 Satz 1 FGG), so existiert forthin nur noch die fristgebundene Beschwerde, sofern nichts anderes bestimmt ist. Dies soll der **Verfahrensbeschleunigung** und der möglichst frühzeitigen Herstellung von Rechtssicherheit dienen.[1] Ferner soll die Beseitigung des Nebeneinanders von unbefristeter und befristeter Beschwerde der Verfahrensvereinfachung dienen.[2] Angesichts dieser Einführung einer Beschwerdefrist für alle Verfahren dürfte sich das Problem einer Verwirkung des Beschwerderechts durch bloßen Zeitablauf erledigt haben.[3] Da die Beschwerde nunmehr die Funktion der früheren Berufung in ZPO-Familiensachen übernimmt, wurde im Gegensatz zur ZPO-Beschwerde die längere Monatsfrist gewählt. Gegenüber der allgemeinen Regelung zum Beginn des Laufs von Fristen in § 16 Abs. 1 ist § 63 Abs. 3 Spezialvorschrift.

B. Inhalt der Vorschrift

I. Fristen des § 63

1. Rechtsnatur

2 Bei den Fristen des § 63 handelt es sich, obwohl sich Gesetzeswortlaut und -materialien hierzu nicht ausdrücklich äußern, um **Notfristen**. Dies folgt aus § 16 Abs. 2 FamFG iVm. § 224 Abs. 2 ZPO und entspricht dem Bestreben, die Rechtsmittelfristen in den verschiedenen Verfahrensordnungen aneinander anzugleichen, bei denen es sich ebenfalls um Notfristen handelt. Mangels besonderer Bestimmung gem. § 16 Abs. 2 FamFG iVm. § 224 Abs. 2 ZPO können die Fristen des § 63 somit weder durch Verfügung des Gerichts noch durch Vereinbarung der Beteiligten verkürzt oder verlängert werden.

1 BT-Drucks. 16/6308, S. 205; *Meyer-Seitz/Kröger*, FamRZ 2005, 1430 (1434); *Dieker*, RpflStud. 2006, 134.
2 BT-Drucks. 16/6308, S. 205.
3 Vgl. hierzu noch BayObLG v. 26.3.1996 – 1 Z BR 111/94, BayObLGZ 1996, 69 (72).

2. Regelfrist von einem Monat

§ 63 Abs. 1 setzt die Beschwerdefrist in Verfahren nach dem FamFG auf einen Monat fest. Dies ist die Regelfrist, die ohne abweichende Spezialregelung für alle Beschwerden gegen Hauptsacheentscheidungen der freiwilligen Gerichtsbarkeit gilt. Für Beschwerden gegen einstweilige Anordnungen und die Genehmigung von Rechtsgeschäften gilt allerdings **nach § 63 Abs. 2 die Zwei-Wochen-Frist**. Gleiches ist bei der Anfechtung von Zwischenentscheidungen der Fall, die nach den Regeln der §§ 567 ff. ZPO zu behandeln sind. 3

3. Verkürzte Frist des Absatzes 2

In bestimmten Angelegenheiten besteht ein Bedürfnis nach besonders schneller Rechtsklarheit.[1] Dies sind zum einen Verfahren des einstweiligen Rechtsschutzes, nach Auffassung des Gesetzgebers auch Beschlüsse, die die Genehmigung eines Rechtsgeschäftes zum Gegenstand haben. Für diese Verfahren bestimmt § 63 Abs. 2 eine verkürzte Beschwerdefrist von zwei Wochen.[2] Bei Verfahren des einstweiligen Rechtsschutzes ist indessen zu beachten, dass die dort getroffenen Entscheidungen nach § 57 Satz 1 grundsätzlich unanfechtbar sind. Die Beschwerdefrist des § 63 Abs. 2 Nr. 1 betrifft also nur einstweilige Anordnungen nach § 57 Satz 2. 4

II. Fristbeginn

1. Schriftliche Bekanntgabe des Beschlusses

a) Erschwerungen gegenüber dem früheren Recht

Im Gegensatz zu § 22 Abs. 1 Satz 2 FGG aF beginnen die Beschwerdefristen nach § 63 Abs. 3 Satz 1 erst mit der schriftlichen Bekanntgabe der Entscheidung zu laufen. Auch wenn die Entscheidung bereits mit Gründen vorliegt und im Termin verlesen und dies protokolliert wird, beginnt die Beschwerdefrist anders als nach früherem Recht, wonach sie Anwesenden gegenüber schon durch Verfügung zu Protokoll in Gang gesetzt werden konnte,[3] ausnahmslos erst mit dem Zugang der schriftlichen Entscheidung. Dies soll der Harmonisierung der Verfahrensordnungen dienen.[4] Der Kenntnisnahme vom Inhalt der Entscheidung bedarf es dagegen wie nach früherem Recht nicht.[5] 5

b) Erleichterungen gegenüber der ZPO

Die Harmonisierung der Verfahrensordnungen ging indessen nicht so weit, dass man auch für Entscheidungen nach dem FamFG wie für Urteile und Beschlüsse im Zivilprozess die förmliche Zustellung verlangt (so aber §§ 517, 569 Abs. 1 Satz 2 ZPO). Wie § 15 Abs. 2 sieht auch § 63 Abs. 3 Satz 1 die förmliche Zustellung nicht zwingend vor. Die Vorschrift begnügt sich mit der „**schriftlichen Bekanntgabe** des Beschlusses an die Beteiligten". Damit genügt es, wenn diese auf Veranlassung des Gerichts eine Ab- 6

1 BT-Drucks. 16/6308, S. 205 f.
2 Zu weiteren Verfahren mit verkürzter Beschwerdefrist außerhalb des FamFG s. *Schürmann*, FamRB 2009, 24 (25).
3 Keidel/Kuntze/Winkler/*Sternal*, § 22 FGG Rz. 22; *Bumiller*/Winkler, § 22 FGG Rz. 8; *Bassenge*/Roth, § 22 FGG Rz. 3; zu der neuen Regelung s. auch *Schürmann*, FamRB 2009, 24 (25).
4 BT-Drucks. 16/6308, S. 206.
5 Hierzu *Bumiller*/Winkler, § 22 FGG Rz. 8.

schrift erhalten. Der Schriftform des § 126 BGB bedarf es wie bisher nicht, da die Verfahrensbeteiligten nach keiner Verfahrensordnung eigenhändig unterschriebene Entscheidungen erhalten und der Gesetzgeber für die Verfahren nach dem FamFG erkennbar keine abweichenden Anforderungen normieren wollte. Die „schriftliche Bekanntgabe" entspricht insoweit der **Textform** nach § 126b BGB (vgl. ausführlich § 41 Rz. 23 ff.). Die formalisierten Regelungen der ZPO gelten insoweit nicht, es bedarf also weder einer Ausfertigung noch der förmlichen Zustellung. So setzt etwa die Übersendung der Entscheidung per Telefax den Lauf der Frist in Gang, denn dies ist eine schriftliche Bekanntgabe der Entscheidung. Auf diesem Wege kann sogar die Verkündung im Termin wieder möglich sein, indem etwa das Gericht den Beteiligten eine Kopie der Entscheidung übergibt. Letztlich wird auch die Übermittlung über elektronische Medien genügen, da der Empfänger dann eine beliebig reproduzierbare schriftliche Fassung erhält. Auch § 172 ZPO findet keine Anwendung, wenn die Entscheidung dem Bevollmächtigten zumindest mittelbar schriftlich bekannt gegeben wird. Erhält der Bevollmächtigte also die schriftliche Entscheidung, die versehentlich dem Mandanten zugestellt wurde, von diesem, löst dies den Lauf der Frist aus. Ebenso genügt die Übermittlung einer einfachen Abschrift in das Ausland, da es auf das Vorliegen einer Zustellung nicht ankommt.

c) Beteiligte und Bevollmächtigte

7 § 63 Abs. 3 Satz 1 spricht nur von der schriftlichen Bekanntgabe des Beschlusses „an die Beteiligten". Sofern diese durch Bevollmächtigte vertreten werden, vertreten sie die Beteiligten auch in der Zustellung.[1] Eine Zustellung an den Mandanten genügt also grundsätzlich nicht, erst die Weitergabe der Entscheidung in schriftlicher Form löst den Lauf der Frist aus. Bei der Bestellung einer **Mehrzahl von Verfahrensbevollmächtigten** beginnt der Lauf der Frist mit der schriftlichen Bekanntgabe, die zuerst erfolgt.[2] Sofern mehrere Beschwerdeberechtigte existieren, läuft die Frist für jeden von ihnen gesondert. Größere Schwierigkeiten bereitet der Beginn der Frist, wenn der **Beschwerdeberechtigte erstinstanzlich gar nicht beteiligt** wurde. Obwohl er bei einer Beeinträchtigung in seinen Rechten anerkanntermaßen beschwerdebefugt ist (s. § 59 Rz. 1), blieb der Beginn der Beschwerdefrist für ihn in § 63 Abs. 3 ungeregelt. Da der zu Unrecht nicht Beteiligte aber kaum schlechter gestellt sein darf als andere Beschwerdeberechtigte, ist § 63 Abs. 3 auf ihn wohl analog anzuwenden. Damit läuft die Beschwerdefrist für ihn frühestens mit dem Empfang der Entscheidung in Textform.

8 Allerdings dürfte die Kenntniserlangung in beliebiger Weise nicht ausreichen. Denn es bedarf, wie das Tatbestandsmerkmal der Bekanntgabe impliziert, der **Übermittlung durch das Gericht**. Die vom Gericht in keiner Weise intendierte Anfertigung von Kopien durch einen Beteiligten ist also nicht ausreichend, wenn das Gericht den Beschwerdeberechtigten überhaupt nicht am Verfahren beteiligt hat. Hingegen genügt die Übermittlung der Entscheidung auf Anfrage.

d) Nicht in Gang gesetzte Frist

9 § 63 Abs. 3 regelt nur den Beginn der Frist, bis zu deren Ablauf die Beschwerde spätestens eingelegt werden muss. Ihr Beginn ist aber keine Voraussetzung einer wirksamen Beschwerde. Es ist anerkannt, dass ein Rechtsmittel schon **vor Beginn der Frist** hierfür eingelegt werden kann. Zwingende Voraussetzung hierfür ist nur, dass die angegriffene

---

1 OLG Zweibrücken v. 5.5.2002 – 3 W 104/02, Rpfleger 2002, 567.
2 OLG Zweibrücken v. 5.5.2002 – 3 W 104/02, Rpfleger 2002, 567.

Entscheidung **bereits existent** ist (vgl. § 58 Rz. 2). Das ist mit ihrem Erlass (§ 38 Abs. 3 Satz 3) der Fall. Legt ein Berechtigter bereits zuvor – etwa auf Grund eindeutiger Äußerungen des Gerichts über den Ausgang des Verfahrens – Beschwerde ein, so ist diese unwirksam.[1] Der Beschwerdeführer ist hierüber aber zu unterrichten. Sofern er als Rechtsunkundiger von der Wirksamkeit seiner Beschwerde ausgeht, ist ihm deshalb Wiedereinsetzung zu gewähren. Entsprechendes gilt auch, wenn etwa mangels Unterzeichnung noch gar keine Entscheidung vorliegt. Wird ein solcher Entwurf gleichwohl ausgefertigt und schriftlich bekannt gegeben, ist der **Anschein eines Beschlusses** gegeben. Folglich kann er mit einem Rechtsmittel angegriffen werden.

e) Fehler der Entscheidung

Wird ein Beschluss **nach § 43 ergänzt**, läuft die Frist für eine Beschwerde gegen diesen neuen Teil der Entscheidung nach dem Rechtsgedanken von § 518 ZPO mit schriftlicher Bekanntgabe der Ergänzung. Die Beschwerdefrist für den bereits übermittelten Teil läuft nach Ergänzungen oder Berichtigungen nicht von Neuem. Etwas anderes kann nur gelten, wenn die Beschwer hinsichtlich des ursprünglichen Teils der Entscheidung erst mit der Berichtigung sichtbar wird. Vergisst das Gericht die **Rechtsbehelfsbelehrung** nach § 39 oder belehrt es falsch, beginnt die Frist nicht. Ein Fehler in weiteren Angaben, etwa zur Fax-Nr. des Gerichts kann die Wiedereinsetzung rechtfertigen (s. § 39 Rz. 16). 10

2. Erlass der Entscheidung

a) Voraussetzungen des Fristbeginns nach Abs. 3 Satz 2

Nach § 63 Abs. 3 Satz 2 beginnt der Lauf der Beschwerdefrist spätestens fünf Monate nach dem Erlass der Entscheidung. Dies erfordert das Vorliegen des **begründeten und unterschriebenen Originals** und seine Übergabe an die Geschäftsstelle (§ 38 Abs. 3). Die Verlesung der Beschlussformel nach § 41 Abs. 2 genügt nach dem klaren Wortlaut von § 63 Abs. 3 Satz 2 nicht.[2] Denn nur bei Vorliegen der vollständigen Entscheidung kommt die Möglichkeit ihrer schriftlichen Bekanntgabe, die § 63 Abs. 3 Satz 2 voraussetzt, überhaupt in Betracht. Die Vorschrift lehnt sich scheinbar an § 517, letzter Halbs. ZPO bzw. § 569 Abs. 1 Satz 2 ZPO an, was auch die Materialien andeuten.[3] In Wirklichkeit unterscheidet sie sich jedoch deutlich von den zivilprozessualen Regelungen. Im Gegensatz zu ihnen stellt § 63 Abs. 3 Satz 2 nicht darauf ab, dass der Beschluss verkündet oder den Beteiligten bekannt gegeben wurde.[4] Sie muss nur erlassen, also nach § 38 Abs. 3 Satz 3 der Geschäftsstelle übergeben sein. Im Gegenzug begnügt sich § 63 Abs. 3 Satz 2 nicht mit dem Ablauf der fünfmonatigen Frist als alleiniger Voraussetzung für den Beginn der Beschwerdefrist. Vielmehr verlangt § 63 Abs. 3 Satz 2 ausdrücklich, dass die schriftliche Bekanntgabe des Beschlusses nicht bewirkt werden kann. Die Fünfmonatsfrist beginnt also anders als bei den zivilprozessualen Regelungen unabhängig von einer Verkündung oder Bekanntgabe des Beschlusses. Dafür ist aber nach ausdrücklicher Anordnung in § 63 Abs. 3 Satz 2 zu fordern, dass die Übermittlung einer Entscheidung in schriftlicher Form überhaupt nicht mög- 11

1 Keidel/*Kahl*, § 19 FGG Rz. 51; *Bassenge*/Roth, § 19 FGG Rz. 28.
2 Sie ist im Gegensatz zum Zivilurteil auch nicht obligatorisch, s. BT-Drucks. 16/6308, S. 206, und daher kein geeigneter Anknüpfungszeitpunkt für den Fristbeginn.
3 BT-Drucks. 16/6308, S. 206.
4 BT-Drucks. 16/6308, S. 206; anders die zivilprozessualen Regelungen, s. MüKo.ZPO/*Lipp*, § 569 ZPO Rz. 5; Baumbach/*Hartmann*, § 569 ZPO Rz. 5; Zöller/*Heßler*, § 569 Rz. 4.

lich ist. Es genügt also für den Fristbeginn nach § 63 Abs. 3 Satz 2 – anders als im Zivilprozess – nicht, dass die Zustellung nicht nachweisbar ist oder fehlschlägt.[1] § 63 Abs. 3 Satz 2 ist nur anwendbar, wenn dem Gericht selbst die gegenüber der Zustellung wesentlich vereinfachte schriftliche Bekanntgabe der schriftlichen Entscheidung aus tatsächlichen oder rechtlichen Gründen nicht möglich ist, weil der Aufenthaltsort eines Beteiligten etwa trotz intensiver Nachforschungen nicht zu ermitteln ist. Dies erscheint auch systemgerecht. Denn die von §§ 517, letzter Halbs., 569 Abs. 1 Satz 2 ZPO erfassten Fälle, in denen die Kenntnis von der Entscheidung lediglich auf unzureichendem Weg vermittelt wird, aber letztlich doch erfolgt, werden in aller Regel schon durch § 63 Abs. 3 Satz 1 erfasst, da die schriftliche Bekanntgabe an weit geringere Voraussetzungen geknüpft ist als die förmliche Zustellung. Man wird daher die noch weiter gehende Fiktion des Fristbeginns nach § 63 Abs. 3 Satz 2 zum Schutze der Beteiligten restriktiv handhaben und verlangen müssen, dass selbst die schriftliche Bekanntgabe objektiv unmöglich ist. Dies muss in der Akte sorgfältig dokumentiert werden, da dem betroffenen Beteiligten ansonsten ohne Verschulden ein einschneidender Rechtsverlust drohen kann.

b) Nachträgliche Möglichkeit der schriftlichen Bekanntgabe

12 In den Fällen des § 63 Abs. 3 Satz 2 bedarf es dann aber anders als im Zivilprozess überhaupt keiner Bekanntgabe oder Zustellung, auch keiner öffentlichen. Kann die schriftliche Bekanntgabe nicht bewirkt werden, genügt der Erlass der Entscheidung. Dies wirft die Frage auf, was bei nachträglichen Änderungen in der Möglichkeit der schriftlichen Bekanntgabe zu gelten hat, wenn die Bekanntgabe also bei Erlass der Entscheidung noch nicht erfolgen kann, wohl aber später. In diesen Fällen ist nach dem Zweck der Norm wohl zwischen der Zeit **vor und nach Ablauf der Frist** des § 63 Abs. 3 Satz 2 zu unterscheiden: § 63 Abs. 3 Satz 1 muss schon aus Gründen effektiven Rechtsschutzes als vorrangig angesehen werden, so dass dem Beschwerdeberechtigten die Entscheidung innerhalb des Zeitraumes von fünf Monaten nach ihrem Erlass noch schriftlich bekannt gegeben werden muss. Erst dann läuft die Beschwerdefrist, auch wenn dies bei einer Zustellung gegen Ende des Fünf-Monats-Zeitraumes zu einer Verschiebung der Beschwerdefrist führt. Ist die Frist nach § 63 Abs. 3 Satz 2 dagegen abgelaufen, kann die Beschwerdefrist durch eine schriftliche Bekanntgabe nicht von Neuem in Gang gesetzt werden.

c) Wiedereinsetzung bei Fristbeginn nach Abs. 3 Satz 2

13 Nach dem von § 517, letzter Halbs. ZPO bzw. § 569 Abs. 1 Satz 2 ZPO abweichenden Regelungsgehalt des § 63 Abs. 3 Satz 2 setzt der dort bestimmte Fristbeginn nicht voraus, dass der Beschwerdeberechtigte in irgendeiner Weise Kenntnis vom Inhalt der Entscheidung erlangt hat.[2] Dies folgt nicht nur aus dem Wortlaut, wonach die schriftliche Bekanntgabe eben gar nicht bewirkt werden kann, sondern auch aus dem Zusammenhang mit § 63 Abs. 3 Satz 1: Sofern eine solche formlose Kenntniserlangung überhaupt möglich ist, wird sie regelmäßig bereits von § 63 Abs. 3 Satz 1 erfasst sein. In diesen Fällen kommt aber ähnlich wie bei der unrichtigen Rechtsbehelfsbelehrung (vgl. § 39 Rz. 17), die zur Nichteinhaltung der Frist führt, die Wiedereinsetzung in Betracht. Dies setzt voraus, dass die Unmöglichkeit, eine schriftliche Bekanntgabe zu

1 Offen gelassen von *Schürmann*, FamRB 2009, 24 (25).
2 Zu den zivilprozessualen Regelungen s. etwa MüKo.ZPO/*Lipp*, § 569 ZPO Rz. 5; Zöller/*Heßler*, § 569 Rz. 4.

bewirken, nicht vom Beschwerdeberechtigten verschuldet ist. Vereitelt er selbst die schriftliche Bekanntgabe, kommt eine Wiedereinsetzung demnach nicht in Betracht.

3. Fristberechnung

Für die Fristberechnung gelten über die Verweisungen des § 16 Abs. 2 FamFG iVm. § 222 Abs. 1 ZPO die Vorschriften des BGB, also §§ 186 ff. BGB. Demnach wird der Tag, an dem die Entscheidung schriftlich bekannt gegeben bzw. erlassen wird, gem. § 187 BGB bei der Berechnung der Frist nicht mitgezählt. Die Fristen des § 63 Abs. 1 und 2 enden gem. § 188 Abs. 2 BGB mit Ablauf des Tages des Monats bzw. der zweiten Woche, der durch seine Benennung dem Tag der schriftlichen Bekanntgabe bzw. des Erlasses entspricht. Sofern dies ein Sonn- oder Feiertag ist, tritt gem. § 193 BGB an dessen Stelle der nächste Werktag. 14

§ 64
Einlegung der Beschwerde

(1) Die Beschwerde ist bei dem Gericht einzulegen, dessen Beschluss angefochten wird.

(2) Die Beschwerde wird durch Einreichung einer Beschwerdeschrift oder zur Niederschrift der Geschäftsstelle eingelegt. Die Einlegung der Beschwerde zur Niederschrift der Geschäftsstelle ist in Ehesachen und in Familienstreitsachen ausgeschlossen. Die Beschwerde muss die Bezeichnung des angefochtenen Beschlusses sowie die Erklärung enthalten, dass Beschwerde gegen diesen Beschluss eingelegt wird. Sie ist von dem Beschwerdeführer oder seinem Bevollmächtigten zu unterzeichnen.

(3) Das Beschwerdegericht kann vor der Entscheidung eine einstweilige Anordnung erlassen; es kann insbesondere anordnen, dass die Vollziehung des angefochtenen Beschlusses auszusetzen ist.

A. Entstehungsgeschichte und Normzweck

1 § 64 übernimmt mit Modifikationen die Regelungen der §§ 569 Abs. 1 Satz 1, Abs. 2, 570 Abs. 3 ZPO in das Verfahren des FamFG. Dabei entspricht § 64 Abs. 1 der Regelung zur Einlegung des Rechtsmittels in § 569 Abs. 1 Satz 1 ZPO, lässt aber im Gegensatz hierzu (und zu § 21 Abs. 1 FGG aF)[1] nur noch die Einlegung der Beschwerde beim Ausgangsgericht zu.[2] Damit wird an die Erfahrungen mit § 569 Abs. 1 Satz 1 ZPO angeknüpft, der die Einlegung beim Ausgangs- und beim Beschwerdegericht zulässt, was der Verfahrensbeschleunigung nicht dienlich war.[3] Die Vorschriften zu Form und Inhalt der Beschwerde (§ 64 Abs. 2) stimmen in Inhalt und weitgehend auch im Wortlaut mit § 569 Abs. 2 ZPO überein. Dabei enthält § 64 Abs. 2 Satz 3 und 4 gegenüber dem alten Recht (§ 21 Abs. 2 FGG) neue Anforderungen an Mindestinhalt und Unterzeichnung der Beschwerdeschrift. Auch dies dient der Harmonisierung der Verfahrensordnungen.[4] Die Vorschrift zur Möglichkeit einstweiliger Anordnungen (§ 64 Abs. 3) entspricht altem Recht (§ 24 Abs. 3 FGG) und findet ihr zivilprozessuales Gegenstück in § 570 Abs. 3 ZPO.

B. Inhalt der Vorschrift

I. Ort der Einlegung

1. Gericht der ersten Instanz

2 Die Beschwerde kann nunmehr gem. § 64 Abs. 1 nur noch bei dem Gericht eingelegt werden, dessen Beschluss angefochten wird, **nicht mehr beim Beschwerdegericht**. Dies dient der Beschleunigung des Verfahrens,[5] da die nach § 68 Abs. 1 erforderliche Entscheidung über die Abhilfe nun nicht mehr die Rücksendung der Beschwerdeschrift an

---

1 *Schürmann*, FamRB 2009, 24 (26); die Materialien (BT-Drucks. 16/6308, S. 206) beziehen sich insoweit zu Unrecht auf § 22 Abs. 1 FGG.
2 BT-Drucks. 16/6308, S. 206.
3 Dazu, dass die Einlegung beim Ausgangsgericht auch bei Beschwerden nach §§ 567 ff. ZPO empfehlenswert ist, s. etwa MüKo.ZPO/*Lipp*, § 569 ZPO Rz. 2; zu weiteren verfahrensförderlichen Auswirkungen der Konzentration beim erstinstanzlichen Gericht *Schürmann*, FamRB 2009, 24 (25).
4 BT-Drucks. 16/6308, S. 206.
5 BT-Drucks. 16/6308, S. 206.

das erstinstanzliche Gericht erfordert. Da der Beschwerdeberechtigte nach § 39 in der Rechtsbehelfsbelehrung über das zuständige Gericht in Kenntnis zu setzen ist, resultieren für ihn aus der Konzentration der Einlegungsmöglichkeit auf das Ausgangsgericht auch keine Nachteile.[1] Die Beschwerde kann noch vor der schriftlichen Bekanntgabe des angefochtenen Beschlusses, aber nicht vor seinem Erlass, eingelegt werden, da der Beschluss erst hierdurch existent wird (s. hierzu § 63 Rz. 9).

2. Einlegung bei einem anderen Gericht

3 Die Einlegung der Beschwerde beim Beschwerdegericht oder einem anderen Gericht wahrt die Beschwerdefristen des § 63 Abs. 1 und 2 nur, wenn die Beschwerdeschrift innerhalb der Beschwerdefrist beim zuständigen Gericht eingeht.[2] Das andere Gericht ist zwar zur **Weiterleitung** der Beschwerdeschrift verpflichtet (§ 25 Abs. 3 Satz 1), hat hierbei aber keine besonderen Maßnahmen (etwa die beschleunigte Weiterleitung durch besonderen Wachtmeister) zu ergreifen, um die Wahrung der Beschwerdefrist zu sichern. Nur **zusätzliche Fehler**, etwa die Weiterleitung an ein unzuständiges Gericht, begründen die Wiedereinsetzung, wenn die Beschwerdefrist bei normalem Geschäftsgang gewahrt worden wäre. Entsprechendes gilt für Justizbehörden wie die Staatsanwaltschaft.[3]

3. Empfangsmöglichkeiten

a) Fristbriefkasten und sonstige Briefkästen

4 Zwischen verschiedenen Empfangseinrichtungen des erstinstanzlichen Gerichts hat der Beschwerdeführer grundsätzlich die **freie Wahl**. Er kann die Beschwerdeschrift zunächst in den normalen Briefkasten dieses Gerichts einlegen. Damit ist sie in die Verfügungsgewalt des Beschwerdegerichts gelangt, was genügt.[4] Dabei gilt die Frist auch dann als gewahrt, wenn der Kasten am letzten Tag der Frist nicht geleert wird, aber sich bei der nächsten Leerung unter den Eingängen befindet. Dies gilt auch dann, wenn das Gericht einen speziellen **Fristenbriefkasten** vorhält und darauf bei sonstigen Empfangsvorrichtungen deutlich und unmissverständlich hinweist.[5] Denn einer Mitwirkungshandlung des Gerichts etwa in Form einer Entgegennahme bedarf es nicht; es genügt, dass der Schriftsatz in seine Verfügungsgewalt gelangt ist, was beim normalen Hausbriefkasten der Fall ist.[6] Ein Fristbriefkasten dient nur der Beweiserleichterung.[7] Somit ist nur eine Beschwerdeschrift, die sich bei der Leerung am Ende des letzten Tages nicht unter den Eingängen befindet, nicht mehr fristgerecht. Halten mehrere Gerichte oder Justizbehörden einen **gemeinsamen Briefkasten** vor, so erfolgt die Einlegung dort fristwahrend; auf den Zugang beim erstinstanzlichen Gericht kommt es

1 So zutreffend BT-Drucks. 16/6308, S. 206.
2 *Schürmann*, FamRB 2009, 24 (25) m. Fn. 12; vgl. BayObLG v. 10.12.1985 – BReg 3 Z 159/85, BayObLGZ 1985, 403 (405).
3 BGH v. 3.6.1987 – IVa ZR 292/85, BGHZ 101, 276 (280); *Schürmann*, FamRB 2009, 24 (25) m. Fn. 12.
4 BGH v. 5.7.2000 – XII ZB 110/00, NJW-RR 2001, 280.
5 BVerfG v. 7.5.1991 – 2 BvR 215/90, NJW 1991, 2076; BGH v. 12.2.1981 – VII ZB 27/80, NJW 1981, 1216 f.; BGH v. 25.1.1984 – IVb ZR 43/82, NJW 1984, 1237; BGH v. 5.7.2000 – XII ZB 110/00, NJW-RR 2001, 280; aA wohl Keidel/Kuntze/Winkler/*Sternal*, § 22 FGG Rz. 28.
6 BVerfG v. 7.5.1991 – 2 BvR 215/90, NJW 1991, 2076; BGH v. 12.2.1981 – VII ZB 27/80, NJW 1981, 1216 f.; BGH v. 25.1.1984 – IVb ZR 43/82, NJW 1984, 1237.
7 BGH v. 25.1.1984 – IVb ZR 43/82, NJW 1984, 1237.

dann nicht mehr an.[1] Der **Eingangsstempel** des erstinstanzlichen Gerichts erbringt den Beweis für den Eingang, kann aber entsprechend § 418 Abs. 2 ZPO widerlegt werden.[2] Dabei bedarf es der vollen Überzeugung des Gerichts, die es sich auch im Wege des Freibeweises bilden kann.[3] Etwas anderes gilt freilich dann, wenn der Beschwerdeführer ein anderes als das erstinstanzliche Gericht als Empfänger bezeichnet hat. Dann gilt das oben zur Einlegung beim falschen Gericht Gesagte (Rz. 3): Es kommt darauf an, wann die Beschwerde beim richtigen Gericht eingeht.

b) Fax und entsprechende Möglichkeiten

5 Bereits nach altem Recht war anerkannt, dass die Beschwerde durch Telefax eingelegt werden konnte. Da dies auch für die Berufung in Zivilsachen möglich ist[4] und die Beschwerde nach den FamFG keine höheren formalen Hürden aufstellen will, hat dies auch in Zukunft zu gelten. Allerdings genügt wie im Zivilprozess[5] eine **Fernkopie ohne Unterschrift** nunmehr wegen § 64 Abs. 2 Satz 4 nicht mehr.[6] Defekte des Empfängergerätes gehen nicht zulasten des Beschwerdeführers, da die Gerichte für ein ordnungsgemäßes Funktionieren ihrer Faxgeräte zu sorgen haben, wenn sie diese Empfangsmöglichkeit bereithalten.[7] Sind **zentrale Faxgeräte** für mehrere Justizbehörden eingerichtet, so sind diese ebenso wie zentrale Briefkästen zu behandeln:[8] Die Übermittlung der ordnungsgemäß gesendeten Signale auf dieses Gerät bewirkt den Eingang bei Gericht.[9] Eine Aufteilung der Empfangszuständigkeit auf verschiedene Geräte wirkt gegenüber dem Rechtsverkehr nur, wenn sie allgemein bekannt gemacht wurde.[10] Jedenfalls dann, wenn das Fax selbst im Gericht nicht mehr auffindbar ist, kann die ordnungsgemäße Übermittlung durch Sendebericht und Faxchronik nachgewiesen werden.[11] In diesem Fall können Störungen in der Sphäre des Gerichts auch nicht mit der Erwägung auf die Beteiligten abgewälzt werden, es sei nicht sicher, ob eine unterzeichnete Beschwerdeschrift übermittelt wurde.[12] Zulässig ist auch weiterhin die Einlegung mit früher üblichen Fernübermittlungsmethoden wie Fernschreiber und Telegramm,[13] wobei es sich aber heute um weitgehend theoretische Möglichkeiten handelt, da die sie üblicherweise nicht mehr in Gebrauch sind.

---

1 BGH v. 3.6.1987 – IVa ZR 292/85, BGHZ 101, 276, 280; *Bassenge*/Roth, § 21 FGG Rz. 5.
2 Vgl. BGH v. 5.7.2000 – XII ZB 110/00, NJW-RR 2001, 280.
3 BGH v. 5.7.2000 – XII ZB 110/00, NJW-RR 2001, 280.
4 BGH v. 23.6.2005 – V ZB 45/04, MDR 2005, 1427 (1428); Zöller/*Gummer*/*Heßler*, § 519 ZPO Rz. 18a.
5 Hierzu Zöller/*Gummer*/*Heßler*, § 519 ZPO Rz. 18a.
6 Der alte Meinungsstreit (s. etwa *Bassenge*/Roth, § 21 FGG Rz. 5; anders schon nach altem Recht *Bumiller*/Winkler, § 21 FGG Rz. 3) ist insoweit durch die ausdrückliche Regelung des § 64 Abs. 2 Satz 4 überholt.
7 BGH v. 2.10.1991 – IV ZR 68/91, FamRZ 1992, 296.
8 BGH v. 3.6.1987 – IVa ZR 292/85, BGHZ 101, 276 (280).
9 BGH v. 25.4.2006 – IV ZB 20/05, NJW 2006, 2263 (2264); die frühere Rechtsprechung, die auf den Ausdruck abstellte – s. etwa BayObLG v. 11.7.1991 – BReg 3 Z 103/91, MDR 1991, 1088; ähnlich schon für Fernschreiber BGH v. 3.6.1987 – IVa ZR 292/85, BGHZ 101, 276 (280) – ist überholt.
10 BayObLG v. 11.7.1991 – BReg 3 Z 103/91, MDR 1991, 1088.
11 OLG Zweibrücken v. 30.10.2001 – 3 W 246/01, FGPrax 2002, 17 = NJW-RR 2002, 355; weiter gehend wohl BGH v. 2.10.1991 – IV ZR 68/91, FamRZ 1992, 296, wo offenbar nur auf den Sendebericht abgestellt wird.
12 OLG Zweibrücken v. 30.10.2001 – 3 W 246/01, FGPrax 2002, 17 = NJW-RR 2002, 355 (356); vgl. schon OLG Köln v. 17.12.1975 – 2 W 143/75, MDR 1976, 497 (498).
13 BGH v. 6.12.1979 – VII ZB 13/79, VersR 1980, 331; BGH v. 3.6.1987 – IVa ZR 292/85, BGHZ 101, 276 (279 f.).

c) Erklärung zu Protokoll

6 Die Beschwerde kann nach § 64 Abs. 2 Satz 1 wie bisher nach § 21 Abs. 2 Satz 1 FGG[1] auch zur Niederschrift der Geschäftsstelle erfolgen, allerdings nunmehr gem. § 64 Abs. 1 nur noch beim Ausgangsgericht. Maßgeblich ist die Niederschrift, nicht die bloße Erklärung des Beschwerdeberechtigten. Nach richtiger Meinung setzt dies die **persönliche Anwesenheit des Beschwerdeführers** voraus; telefonisch kann eine Beschwerde nicht eingelegt werden.[2] Denn nur so kann überprüft werden, welche Person das Rechtsmittel einlegt. Die Unterzeichnung einer **vorgefertigten Beschwerdeschrift** mit Eingangs- und Schlussformel durch den Urkundsbeamten genügt nicht, da das Protokoll von ihm selbst abgefasst sein muss.[3] Wird eine Beschwerde aber trotz derartiger Fehler vom Urkundsbeamten entgegengenommen, ist der Beschwerdeführer vom Beschwerdegericht darauf hinzuweisen. Auf Antrag ist ihm dann Wiedereinsetzung zu gewähren, da der Fehler im Verantwortungsbereich des Gerichts liegt.[4] Der **Unterschrift** des Beschwerdeführers bedarf es neben derjenigen des Urkundsbeamten nicht.[5] Allein letzterer erstellt die Niederschrift. Sofern das Gericht eine besondere **Rechtsantragsstelle** eingerichtet hat, übernimmt diese die Funktion des Urkundsbeamten.[6] Auch der Richter kann nach richtiger Auffassung die Beschwerde wirksam protokollieren.[7] Denn er kann alle Aufgaben übernehmen, die dem Rechtspfleger übertragen sind. Er ist allerdings nicht zur Protokollierung der Niederschrift verpflichtet. Damit die Möglichkeit zur Niederschrift der Geschäftsstelle für die Einlegung der Beschwerde den in Familiensachen gem. § 114 Abs. 1 vorgesehenen Anwaltszwang nicht aushebelt, hat der Gesetzgeber Abs. 2 nachträglich noch um einen entsprechenden Ausschluss ergänzt.[8]

d) Elektronisches Dokument

7 Die Vorschriften über Rechtsmittel enthalten keine eigene Regelung zur Einlegung der Beschwerde als elektronisches Dokument. Nach §§ 68 Abs. 3 Satz 1, 14 Abs. 2 können die Beteiligten ihre „Anträge und Erklärungen" aber auch als elektronisches Dokument übermitteln, wofür §§ 130a Abs. 1 und 3, 298 ZPO entsprechend gelten.[9] Dies muss in **erweiternder Auslegung** auch auf Rechtsmittel angewendet werden. Zum einen muss die Einreichung einer **Beschwerdeschrift** zumindest in entsprechender Anwendung von § 14 Abs. 2 Satz 1 erfasst sein, auch wenn sie nicht zu erstinstanzlichen Anträgen oder Erklärungen gehört. Zum anderen muss diese Möglichkeit entgegen der Beschränkung auf „Beteiligte" **auch demjenigen offenstehen, der in erster Instanz noch nicht beteiligt war**, aber beschwerdeberechtigt ist (vgl. hierzu § 59 Rz. 1). Voraussetzung ist naturgemäß, dass das Beschwerdegericht zu denjenigen Gerichten gehört, für die die elektronische Einreichung von Dokumenten nach § 14 Abs. 4 Satz 4 zugelassen ist. Im Übrigen können die Grundsätze der Einreichung durch Schriftsatz

1 Zur Übereinstimmung mit dem alten Recht s. BT-Drucks. 16/6308, S. 206.
2 OLG Frankfurt v. 4.12.2000 – 20 W 509/2000, FGPrax 2001, 46.
3 Keidel/Kuntze/Winkler/*Sternal*, § 21 FGG Rz. 13.
4 OLG Frankfurt v. 4.12.2000 – 20 W 509/2000, FGPrax 2001, 46.
5 BayObLG v. 30.7.1987 – BReg 3 Z 80/87, BayObLGZ 1987, 275 (276 f.).
6 Keidel/Kuntze/Winkler/*Sternal*, § 21 FGG Rz. 12.
7 BayObLG v. 30.7.1987 – BReg 3 Z 80/87, BayObLGZ 1987, 275 (276); OLG Frankfurt v. 4.12.2000 – 20 W 509/2000, FGPrax 2001, 46.
8 BT-Drucks. 16/12717 (eVF), S. 69; vgl. zur ursprünglichen Fassung *Schürmann*, FamRB 2009, 24 (26).
9 Zu § 14 im Einzelnen, insbesondere zur qualifizierten elektronischen Signatur und dem Format des Dokumentes s. die Kommentierung dort.

oder Telefax entsprechend herangezogen werden. Demnach ist die Beschwerde eingereicht, wenn die Empfangseinrichtung des Gerichts das elektronische Dokument aufgezeichnet hat.[1]

4. Mehrfache Einlegung

8 Legt ein Beteiligter mehrfach Beschwerde ein, ist darin nur eine Beschwerde zu sehen, auch wenn die gestellten Anträge verschiedene, voneinander abtrennbare Ziele haben. Da in der Stellung eines bestimmten Antrags in aller Regel kein Beschwerdeverzicht hinsichtlich des übrigen Inhalts der angefochtenen Entscheidung zu sehen ist (im Einzelnen s. § 67 Rz. 5), liegt in dem späteren Antrag eine (zulässige) Erweiterung der ursprünglichen Beschwerde. Auch nach Rücknahme der Beschwerde kann grundsätzlich **erneut Beschwerde** gegen dieselbe Entscheidung eingelegt werden. Im Gegensatz zum früheren Recht[2] hat diese Möglichkeit ihre praktische Bedeutung weitgehend verloren, da die Fristen des § 63 bei der erneuten Einlegung zumeist verstrichen und die erneute Beschwerde daher unzulässig sein wird. Sofern eine **Mehrzahl von Personen** Beschwerde einlegt, liegen aber in jedem Fall verschiedene Rechtsmittel vor, auch wenn sie identische Ziele verfolgen.

5. Beschränkung der Beschwerde

9 Die Beschwerde kann auf Teile der erstinstanzlichen Entscheidung beschränkt werden. Dabei muss es sich aber um **abtrennbare Teile** handeln, etwa um einzelne, gesondert beschiedene Zeiträume der Vergütung oÄ[3] oder um Beschränkungen der Höhe eines Anspruchs nach. Zulässig ist etwa eine Beschwerde, die die erstinstanzliche Entscheidung insoweit angreift, als nur ein bestimmter Betrag zuerkannt wurde, und die einen höheren, aber nicht den in erster Instanz geforderten begehrt. Unwirksam sind aber Beschränkungen auf **einzelne rechtliche Aspekte**; auf eine entsprechende Beschwerde wird die angegriffene Entscheidung insgesamt überprüft. Eine wirksame Beschränkung stellt keinen Teilverzicht dar und steht daher einer Erweiterung auf andere Teile der angefochtenen Entscheidung nicht entgegen (vgl. § 67 Rz. 5 f.).

II. Form und Inhalt der Beschwerdeschrift

1. Formerfordernisse

a) Schriftform

10 Die Beschwerde bedarf in jedem Fall der schriftlichen Form.[4] Dies erfordert entweder die Einreichung einer Beschwerdeschrift[5] oder die Erklärung zu Protokoll des Urkundsbeamten. Auch hier ist aber die Niederschrift entscheidend; die bloße Erklärung dem Urkundsbeamten gegenüber wäre für sich genommen wirkungslos. Sofern die Einlegung der Beschwerde als elektronisches Dokument zulässig ist, genügt allerdings die schriftliche Reproduzierbarkeit.

1 Keidel/*Sternal*, § 21 FGG Rz. 17; *Bassenge*/Roth, § 21 FGG Rz. 6.
2 Hierzu *Bassenge*/Roth, § 21 FGG Rz. 12; *Bumiller*/Winkler, § 21 FGG Rz. 10.
3 BayObLG v. 18.1.1982 – 1 Z 141/81, FamRZ 1982, 634 (635); OLG Zweibrücken v. 28.9.2001 – 3 W 213/01, Rpfleger 2002, 146.
4 Zum Zweck, der Gewissheit über die Identität des Beschwerdeführers und der Beweissicherungsfunktion s. OLG Frankfurt v. 4.12.2000 – 20 W 509/2000, FGPrax 2001, 46.
5 Vgl. OLG Bremen v. 10.5.1979 – 5 UF 41/79a, FamRZ 1979, 861.

b) Unterschrift

aa) Im Gegensatz zum alten Recht ordnet § 64 Abs. 2 Satz 4 nunmehr an, dass die Beschwerde vom **Rechtsmittelführer oder seinem Bevollmächtigten** zu unterzeichnen ist. Letzteres stellt keine Alternative zur Unterzeichnung durch den Beschwerdeführer selbst dar; wird die Beschwerdeschrift von einem Bevollmächtigten eingereicht, so ist sie von ihm zu unterzeichnen. Denn mit der Unterschrift übernimmt der Bevollmächtigte die volle Verantwortung für den Schriftsatz[1] und gewährleistet die Abgrenzung der Beschwerdeschrift von einem bloßen Entwurf.[2] Da das FamFG hiermit nach der Gesetzesbegründung ausdrücklich auf den „Standard der anderen Verfahrensordnungen" gebracht werden soll,[3] kommt dem **Fehlen der Unterschrift** hier folglich dieselbe Bedeutung zu wie dort: Das Rechtsmittel ist dann nicht wirksam eingelegt.[4] Allerdings dürfte wie im Zivilprozess die **Unterzeichnung des Beglaubigungsvermerks oder eines Begleitschreibens** genügen.[5] Im Hinblick auf die ausdrückliche, vorbehaltlose Regelung in § 64 Abs. 2 Satz 4 und mangels anderer Regelungen, wie sie der Gesetzgeber an anderer Stelle durchaus traf (vgl. § 59 Abs. 3) kann entgegen früherer Praxis auch bei **Behörden** nicht mehr völlig auf eine Unterschrift verzichtet werden.[6] Allerdings bedarf es nicht der Unterzeichnung durch den Behördenleiter; es genügt diejenige eines niederrangigen Beamten, sofern dieser berechtigt ist, die Behörde insoweit nach außen zu vertreten.[7] 11

bb) Die Unterschrift erfordert die **eigenhändige Unterzeichnung** mit dem vollen Namen,[8] wobei aber nicht sämtliche Adelsprädikate oder akademischen Titel wiedergegeben sein müssen. Es genügt der im Rechtsverkehr geführte Name, auch wenn der Beschwerdeführer einen **Doppelnamen** führt. Aus diesem Grunde kann etwa auch ein **Künstlername** genügen, wenn der Beschwerdeführer unter diesem im Rechtsverkehr auftritt. Eine Paraphe genügt aber nicht, da sie als gewollte und bewusste Verkürzung nicht den vollen Namen wiedergibt.[9] Die Unterschrift muss nicht leserlich sein, aber hinreichende Individualisierungsmerkmale erkennen lassen.[10] Ein bloßer Strich genügt daher nicht. Die Frage ist anhand des äußeren Erscheinungsbildes der Unterschrift zu beurteilen[11] und kann im Wege des Freibeweises geklärt werden.[12] Hierbei ist ein großzügiger Maßstab anzuwenden.[13] Aus dem Erfordernis der Eigenhändigkeit folgt, dass die Unterschrift nicht auf andere Art reproduziert sein darf (etwa durch Faksimilestempel, Kopie).[14] Für Telefaxe bzw. die mittlerweile überholten weiteren 12

1 BGH v. 23.6.2005 – V ZB 45/04, MDR 2005, 1427 (1428).
2 BGH v. 6.12.1979 – VII ZB 13/79, VersR 1980, 331.
3 BT-Drucks. 16/6308, S. 206.
4 Vgl. zur ZPO Zöller/*Greger*, § 130 ZPO Rz. 7 mwN.
5 Vgl. Zöller/*Greger*, § 130 ZPO Rz. 19 mwN.
6 So noch BGH v. 9.6.1967 – IV ZB 663/66, BGHZ 48, 88 (94 f.).
7 Vgl. BGH v. 9.6.1967 – IV ZB 663/66, BGHZ 48, 88 (93).
8 BGH v. 15.11.1988 – XI ZB 3/88, MDR 1989, 352; BGH v. 24.7.2001 – VIII ZR 58/01, NJW 2001, 2888.
9 BGH v. 10.7.1997 – IX ZR 24/97, NJW 1997, 3380 (3381); BGH v. 27.9.2005 – VIII ZB 105/04, NJW 2005, 3775 (3776).
10 BGH v. 21.6.1990 – I ZB 6/90, MDR 1991, 223; BGH v. 10.7.1997 – IX ZR 24/97, NJW 1997, 3380 (3381).
11 BGH v. 10.7.1997 – IX ZR 24/97, NJW 1997, 3380 (3381); BGH v. 24.7.2001 – VIII ZR 58/01, NJW 2001, 2888, (2889); BGH v. 27.9.2005 – VIII ZB 105/04, NJW 2005, 3775.
12 BGH v. 24.7.2001 – VIII ZR 58/01, NJW 2001, 2888.
13 BGH v. 10.7.1997 – IX ZR 24/97, NJW 1997, 3380 (3381); BGH v. 24.7.2001 – VIII ZR 58/01, NJW 2001, 2888, (2889); BGH v. 27.9.2005 – VIII ZB 105/04, NJW 2005, 3775.
14 BGH v. 15.11.1988 – XI ZB 3/88, MDR 1989, 352.

Fernübermittlungsgeräte ist insoweit freilich eine Ausnahme gewohnheitsrechtlich anerkannt, wenn es sich bei der Kopiervorlage um den eigenhändig unterschriebenen Originalschriftsatz handelt.[1] Die Eigenhändigkeit verlangt ferner, dass die Unterschrift nicht auf den Willen Dritter (etwa durch Führen der Hand) zurückgeht. Die bloße Unterstützung beim Schreiben ist allerdings zulässig.[2] **Blankounterschriften** genügen daher grundsätzlich nicht, sofern der Unterzeichner den Inhalt des Schriftsatzes nicht vorher so genau festgelegt hat, dass er seinem Willen entspricht.[3] Die Bedeutung der Unterschrift darf auch nicht durch die gleichzeitige Distanzierung von dem Geschriebenen (etwa die Unterzeichnung „im Auftrag") aufgehoben werden.[4] Eine **Unterzeichnung in Vertretung** ist aber zulässig, da der Unterzeichner damit die Verantwortung für das Schriftstück übernimmt. Da die Verantwortung für die Beschwerdeschrift bei Einlegung des Rechtsmittels übernommen werden muss, kommt eine **nachträgliche Billigung** und Unterzeichnung nicht in Betracht.[5] Der Fehler kann aber innerhalb der Beschwerdefrist durch Einreichung einer unterzeichneten Ausfertigung geheilt werden. Aus dem Begriff der **Unter**schrift ergibt sich grundsätzlich, dass sie unter den geschriebenen Text gesetzt werden muss.[6] Wenn man aber selbst die Unterzeichnung von Begleitschreiben genügen lässt (vgl. Rz. 11), können insoweit keine höheren Anforderungen gestellt werden. Auch der Unterschrift **nachfolgende Textteile** sind daher formgerechte Bestandteile der Beschwerde, wenn sie nicht erkennbar von dieser nicht gedeckt sind, etwa von anderer Hand hinzugefügt wurden.[7] Die Unterschrift kann mit beliebigem Schreibmittel (Kugelschreiber, Füller, Pinsel) geleistet werden, sofern es eine gewisse Dauerhaftigkeit aufweist. Dabei ist nicht nur auf den Abdruck des Schreibmittels in das Papier abzustellen, da dieser nur durch Fachleute festgestellt werden kann. Die Unterzeichnung mit Bleistift genügt daher nicht, da der Beschreibstoff hier wieder entfernt werden kann.

13 **cc)** Das Erfordernis einer eigenhändigen Unterschrift tritt zu der schon früher anerkannten Anforderung, dass der **Beschwerdeführer erkennbar** sein muss, nicht an deren Stelle. Auch eine unterzeichnete Beschwerdeschrift ist somit nicht ausreichend, wenn der Beschwerdeführer nicht individualisierbar ist (vgl. Rz. 17). Er muss somit durch Briefkopf, Angabe der Adresse oÄ bezeichnet sein. Das Gericht ist auch nicht zum Vergleich mit bekannten Unterschriften aus anderen Akten zur Ermittlung des Beschwerdeführers verpflichtet. Insoweit ist die Verpflichtung zur Amtsermittlung durch § 64 Abs. 2 Satz 4 eingeschränkt. Aus diesen Gründen muss bei Rechtsmitteln, die der Beteiligte selbst einlegt, die Unterschrift mit dem Namen erfolgen, unter dem die Beschwerde eingelegt wurde. Denn nur so ist die Überprüfung möglich, ob die Beschwerdeschrift auf den Willen des genannten Beschwerdeführers zurückgeht.

1 Vgl. BGH v. 6.12.1979 – VII ZB 13/79, VersR 1980, 331; BGH v. 23.6.2005 – V ZB 45/04, MDR 2005, 1427 (1428).

2 BGH v. 12.3.1981 – IVa ZR 111/80, NJW 1981, 1900 (1901) (sehr weit gehend).

3 BGH v. 23.6.2005 – V ZB 45/04, MDR 2005, 1427 (1428).

4 BGH v. 23.6.2005 – V ZB 45/04, MDR 2005, 1427 (1428); anders wenn auch der mit dem Zusatz „i. A." unterzeichnende Anwalt selbst zu den Verfahrensbevollmächtigten gehört, vgl. BGH v. 27.5.1993 – III ZB 9/93, MDR 1993, 902.

5 BGH v. 6.12.1979 – VII ZB 13/79, VersR 1980, 331; BGH v. 23.6.2005 – V ZB 45/04, MDR 2005, 1427 (1428).

6 Vgl. BGH v. 20.11.1990 – XI ZR 107/89, BGHZ 113, 48 (51 ff.).

7 Anders wohl BGH v. 20.11.1990 – XI ZR 107/89, BGHZ 113, 48 ff., wenn auch nicht in vorliegendem Zusammenhang.

c) Kein Rechtsanwaltszwang

Aus dem alten Recht hat das FamFG die Möglichkeit, sich selbst zu vertreten oder durch nichtanwaltliche Bevollmächtigte vertreten zu lassen, grundsätzlich übernommen. Auch in Beschwerden vor dem OLG besteht kein Zwang, sich anwaltlich vertreten zu lassen.[1] Dies folgt im Umkehrschluss aus § 10 Abs. 4, wo der Zwang festgeschrieben ist, sich vor dem BGH durch einen dort zugelassenen Rechtsanwalt vertreten zu lassen. Mangels entsprechender Regelung gilt dies vor dem OLG nicht. Auch der früher erforderlichen Einlegung des Rechtsmittels zu Protokoll der Geschäftsstelle[2] bedarf es nicht. Allerdings sind bei der Vertretung durch Dritte die (neuen) **Beschränkungen des § 10 Abs. 2** zu beachten. Eine Ausnahme gilt zudem gem. § 114 Abs. 1 für **Ehe- und Folgesachen**, wo sich die Beteiligten schon in erster Instanz und folglich erst recht in den Rechtsmittelinstanzen anwaltlich vertreten lassen müssen.[3] 14

2. Inhalt

a) Bezeichnung der angegriffenen Entscheidung

Das FamFG stellt höhere inhaltliche Anforderungen an eine Beschwerde als das alte Recht.[4] Dies ist ohne weiteres zumutbar, zumal der Beschwerdeberechtigte hierauf in der **Rechtsbehelfsbelehrung** hingewiesen wird.[5] Zunächst stellt § 64 Abs. 2 Satz 3 klar, dass die angefochtene Entscheidung bezeichnet sein muss. Dies wird idR durch Angabe von Gericht, Datum und Aktenzeichen oder durch Beifügung einer Ablichtung erfolgen. Aus rechtsstaatlichen Gründen können aber auch andere Angaben genügen, etwa die der Beteiligten und des Datums, wenn hierdurch eindeutig klargestellt ist, welche Entscheidung angefochten werden soll. Ist dies nicht der Fall, weil etwa zwei Entscheidungen mit denselben Beteiligten am selben Tag erlassen wurden, ist die Beschwerde unzulässig. Das Gericht hat aber, sofern es diesen Mangel rechtzeitig erkennt, einen diesbezüglichen Hinweis zu erteilen. Eine Klarstellung innerhalb der Beschwerdefrist heilt den Zulässigkeitsmangel. 15

b) Begehren einer Überprüfung

Nach § 64 Abs. 2 Satz 3 muss die Beschwerdeschrift bzw. die Erklärung zu Protokoll der Geschäftsstelle die „Erklärung enthalten, dass Beschwerde gegen diesen Beschluss eingelegt wird". Dies ist aber nicht, wie eine strikt am Wortlaut verhaftete Auslegung ergeben könnte, dahingehend zu verstehen, dass der Begriff der „Beschwerde" verwendet werden muss. Auch die Parallelregelung im Zivilprozess (§ 519 Abs. 2 Nr. 2 ZPO), wonach es der Erklärung bedarf, „dass gegen dieses Urteil Berufung eingelegt werde", verlangt nicht den Gebrauch des Wortes „Berufung".[6] Die **Nennung des falschen Rechtsmittels** (zB „Berufung" oder „Revision") oder auch die Verwendung eines **unbestimmten Begriffes** (zB „Rechtsmittel") ist unschädlich.[7] Die Beschwerdeschrift muss aber erkennen lassen, dass eine Überprüfung der Entscheidung durch die nächste 16

1 *Kemper*, FamRB 2008, 345 (347); *Schürmann*, FamRB 2009, 24 (26).
2 Hierzu *Bassenge*/Roth, § 29 FGG Rz. 3; *Bumiller*/Winkler, § 29 FGG Rz. 6.
3 *Kemper*, FamRB 2008, 345 (347); *Schürmann*, FamRB 2009, 24 (26); BGH v. 29.1.1955 – IV ZB 1/55, BGHZ 16, 177 (178); OLG Stuttgart v. 19.5.1970 – 8 W 343/68, OLGZ 1970, 419 (420).
4 Vgl. hierzu BT-Drucks. 16/6308, S. 206.
5 BT-Drucks. 16/6308, S. 206.
6 *Schürmann*, FamRB 2009, 24 (26); vgl. Zöller/*Gummer/Heßler*, § 519 ZPO Rz. 1.
7 OLG Zweibrücken v. 18.9.2003 – 3 W 151/03, FGPrax 2004, 42; *Schürmann*, FamRB 2009, 24 (26).

Instanz gewünscht ist.[1] Etwa das Begehren einer „Berichtigung" ist nicht ausreichend, wenn damit auch eine Berichtigung nach § 42 gemeint sein kann. Auch Rügen, die nur das persönliche Verhalten des Richters betreffen, stellen keine Beschwerde nach §§ 58 ff. dar, sondern sind als Dienstaufsichtsbeschwerde anzusehen.[2]

c) Bezeichnung des Beschwerdeführers

17 Wie nach früherem Recht muss der Beschwerdeführer erkennbar sein.[3] Auch hier ist aber nicht am Wortlaut der Erklärung zu haften. Legt ein **Rechtsanwalt oder Notar** Beschwerde ein, so geschieht dies im Zweifel nicht in eigenem Namen, sondern für den Beschwerdeberechtigten, auch wenn dieser nicht genannt ist.[4] Die von einem **gesetzlichen Vertreter** eingelegte Beschwerde kann, wenn er selbst nicht beschwerdeberechtigt ist, als Rechtsmittel des Vertretenen anzusehen sein.[5] Sind sowohl der Vertretene als auch der Vertreter beschwerdeberechtigt, können zwei Beschwerden vorliegen. Bei der Auslegung sind Beschwerdevortrag, Rechtsschutzziel und Interessenlage zu berücksichtigen, wobei im Zweifel das zu einer Sachentscheidung führende zulässige Rechtsmittel eingelegt werden soll.[6] Lässt sich der Beschwerdeführer auch im Wege der Auslegung nicht ermitteln, ist das Rechtsmittel unzulässig.[7]

d) Antrag und Begründung

18 Die Beschwerde muss lediglich erkennen lassen, dass die angefochtene Entscheidung durch die nächste Instanz überprüft werden soll. Wie im zivilprozessualen Beschwerdeverfahren[8] bedarf es nicht der Stellung von Anträgen. Erforderlich soll ein Antrag aber sein, wenn die Anweisung des erstinstanzlichen Gerichts zu **Ausführungshandlungen** begehrt wird.[9] Sofern zwar ein Antrag gestellt ist, aber eine unstatthafte Rechtsfolge (etwa die Löschung einer Eintragung im Grundbuch) begehrt wird, kann der Beschwerdeführer nicht schlechtergestellt werden als derjenige, der überhaupt keinen Antrag stellt (hierzu s. § 58 Rz. 7; zur Entbehrlichkeit von Anträgen s. § 65 Rz. 4). Auch hier ist die Entscheidung als insgesamt angefochten zu behandeln und die zulässige Rechtsfolge, etwa die **Eintragung eines Widerspruchs** nach § 71 Abs. 2 Satz 2 GBO als gewollt anzusehen.[10] Sofern dieser Antrag begründet ist, muss der angefochtene Beschluss entsprechend geändert werden. Neu ist die Regelung in § 65 Abs. 1, wonach die Beschwerde begründet sein soll (hierzu s. im Einzelnen § 65 Rz. 2 ff.).

1 BayObLG v. 13.11.1980 – 3 Z 99/80, BayObLGZ 1980, 344 (345).
2 BayObLG v. 18.7.1985 – BReg 3 Z 62/85, BayObLGZ 1985, 272 (275); BayObLG v. 13.10.1986 – BReg 3 Z 68/86, BayObLGZ 1986, 412 (416 f.).
3 Instruktiv auf Grund nachvollziehbaren Geheimhaltungsinteresses BayObLG v. 27.7.1978 – BReg 3 Z 100/76, BayObLGZ 1978, 235 (237).
4 BayObLG v. 9.2.1965 – BReg 2 Z 276/64, BayObLGZ 1965, 342 (343); OLG Zweibrücken v. 14.6.2000 – 3 W 92/00, FGPrax 2000, 208.
5 KG v. 18.11.2003 – 1 W 444/02, NJW-RR 2004, 331 f.
6 KG v. 18.11.2003 – 1 W 444/02, NJW-RR 2004, 331 f.
7 BayObLG v. 18.7.1985 – BReg 3 Z 62/85, BayObLGZ 1985, 272 (275); KG v. 18.11.2003 – 1 W 444/02, NJW-RR 2004, 331 (332).
8 Hierzu Zöller/*Gummer/Heßler*, § 519 ZPO Rz. 36; Musielak/*Ball*, § 519 ZPO Rz. 5.
9 OLG Karlsruhe v. 12.2.1988 – 11 W 162/87, Rpfleger 1988, 315; BayObLG v. 26.10.1990 – BReg 1a Z 19/90, BayObLGZ 1990, 294 (300).
10 BayObLG v. 27.11.1975 – BReg 1 Z 59/75, BayObLGZ 1975, 421 (424); BayObLG v. 2.11.1989 – BReg 1a Z 52/88, NJW-RR 1990, 202; anders, für Umdeutung: *Bassenge*/Roth, § 21 FGG Rz. 9. Dies schränkt aber die Überprüfung der angefochtenen Entscheidung unnötig ein, da dann die Voraussetzungen der Umdeutung vorliegen müssen.

e) Bedingungen

Die Beschwerde darf grundsätzlich nicht unter einer Bedingung (etwa derjenigen, dass das Gericht eine bestimmte Rechtsansicht vertritt) eingereicht werden. Von diesem Grundsatz sind zwei Ausnahmen zugelassen. Unschädlich sind zum einen reine **Rechtsbedingungen**, etwa die Einlegung für den Fall, dass der Beschwerdeführer beschwerdeberechtigt ist. Diese „Bedingung" hat das Rechtsmittelgericht ohnehin zu prüfen, was dazu führt, dass eine derartige Bedingung zwar nicht zur Unzulässigkeit der Beschwerde führt, aber auch die förmliche Bescheidung und somit die Kostenbelastung nicht verhindert, wenn die Rechtsbedingung nicht erfüllt ist. Nicht nur unschädlich, sondern grundsätzlich beachtlich sind **innerprozessuale Bedingungen**, also solche, die die Einlegung der Beschwerde von einem Vorgang innerhalb des Verfahrens abhängig machen.[1] So kann ein Beteiligter seine Beschwerde etwa unter der Bedingung einlegen, dass das Rechtsmittel eines anderen Beteiligten erfolglos bleibt.[2] Ebenso kann ein Beteiligter, der sich mit einer ihn teilweise begünstigenden, teilweise belastenden Entscheidung abfindet, Beschwerde für den Fall einlegen, dass der ihm günstige Teil durch das Rechtsmittel eines anderen Beteiligten abgeändert wird. 19

III. Einstweilige Anordnungen

1. Regelungszweck

Auch wenn eine ausdrückliche Regelung wie § 24 Abs. 1 FGG aF in das neue Recht keinen Eingang gefunden hat, ist doch dem Zusammenspiel der Regelungen zu Wirksamwerden der erstinstanzlichen Entscheidung (§ 40 Abs. 1) und Vollstreckbarkeit (§ 86 Abs. 2) zu entnehmen, dass die **Beschwerde keine aufschiebende Wirkung** hat. Sofern keine Sonderregelung durch spezielle Vorschriften vorliegt, ist eine Entscheidung nämlich mit ihrer Wirksamkeit nach der Bekanntgabe (§ 40 Abs. 1) gem. § 86 Abs. 2 sogleich vollstreckbar. In Ermangelung abweichender Regelungen zur Beschwerde gilt dies auch dann, wenn die Entscheidung angefochten ist. Dies erfordert wie nach altem Recht eine Möglichkeit, die **Vollziehung der erstinstanzlichen Entscheidung durch das Beschwerdegericht auszusetzen**, um ein geordnetes Verfahren bis zur Entscheidung über das Rechtsmittel, insbesondere die Regelung des Zustandes bis dahin zu gewährleisten. Diese Möglichkeit bietet § 64 Abs. 3, der weitgehend wörtlich mit dem bisherigen § 24 Abs. 3 FGG übereinstimmt. Da der Gesetzgeber auch inhaltlich nur die Regelungen des früheren Rechts übernehmen wollte,[3] kann daher für die Auslegung dieser Vorschrift in vollem Umfang auf die zum alten Recht ergangene Judikatur zurückgegriffen werden. Da die einstweilige Anordnung in § 64 Abs. 3 nur bruchstückhaft geregelt ist, kann im Übrigen über § 68 Abs. 3 Satz 1 auf die zum Teil sehr ausführlichen Regelungen zur einstweiligen Anordnung in der ersten Instanz zurückgegriffen werden. 20

1 BayObLG v. 7.7.1989 – BReg 1a Z 45/88, NJW-RR 1989, 1286.
2 BayObLG v. 7.7.1989 – BReg 1a Z 45/88, NJW-RR 1989, 1286.
3 S. BT-Drucks. 16/6308, S. 206, wo sich die Ausführungen zu § 64 Abs. 3 in dem Verweis auf § 24 Abs. 3 FGG erschöpfen.

2. Voraussetzungen und Inhalt der einstweiligen Anordnung nach Absatz 3

a) Verhältnis zu einstweiligen Anordnungen nach § 50 Abs. 1 Satz 2 letzter Halbsatz

aa) Abgrenzung der einstweiligen Anordnungen nach § 50 Abs. 1 Satz 2 und § 64 Abs. 3

21 Einstweilige Anordnungen kann das Beschwerdegericht sowohl nach § 64 Abs. 3 als auch nach § 50 Abs. 1 Satz 2 erlassen, wenn die Hauptsache bereits dort anhängig ist. Im Gegensatz zur ersten Instanz, die nur die Anordnung nach §§ 49 ff. erlassen kann, stellt sich somit die Frage nach der Abgrenzung beider Möglichkeiten. Hierbei ist zu berücksichtigen, dass die einstweilige **Anordnung nach § 64 Abs. 3 ein Teil des Hauptsacheverfahrens** bleibt, während diejenige nach §§ 49 ff. ein selbständiges Verfahren darstellt. Zudem weist das Regelbeispiel in § 64 Abs. 3, die Aussetzung der Vollziehung eines angefochtenen Beschlusses, auf einen engeren Zusammenhang zwischen erstinstanzlicher Entscheidung und einstweiliger Anordnung nach § 64 Abs. 3. Man wird also alle Entscheidungen des einstweiligen Rechtsschutzes im Zusammenhang mit der angegriffenen Entscheidung, etwa die Aussetzung ihrer Vollziehung, das Gebot oder Verbot bestimmter Handlungen im Zusammenhang hiermit wie etwa die Herausgabe des Erbscheins an das Beschwerdegericht oder vorläufige Anordnungen zur Regelung oder Sicherung eines Zustandes bis zur Beschwerdeentscheidung § 64 Abs. 3 zuordnen müssen.[1] Betrifft die einstweilige Anordnung dagegen einen **eigenständigen Gegenstand**, der nicht unmittelbar mit der angegriffenen Entscheidung in Zusammenhang steht, unterfällt sie § 50 Abs. 1 Satz 2.

bb) Gemeinsame Verfahrensgrundsätze

22 Die Aufteilung des einstweiligen Rechtsschutzes in der Beschwerdeinstanz ändert indessen nichts daran, dass er grundsätzlich den gleichen Verfahrensgrundsätzen folgt. Dies ergibt sich nicht zuletzt daraus, dass beide Möglichkeiten, die selbständige einstweilige Anordnung und die flankierende Maßnahme, in erster Instanz gleichermaßen §§ 49 ff. unterfallen.[2] Aus diesem Grund kann die Verweisung des § 68 Abs. 3 Satz 1 zur Anwendbarkeit der Vorschriften zum erstinstanzlichen Verfahren auch insoweit angewendet werden (näher hierzu § 68 Rz. 21 ff.).

b) Voraussetzungen: Dringlichkeit und Anordnungsanspruch

23 Wie der Rechtsschutz im Zivilprozess setzt auch die einstweilige Anordnung im Verfahren der freiwilligen Gerichtsbarkeit zum einen eine gewisse **Erfolgsaussicht**, zum anderen eine bestimmte **Dringlichkeit** für die Regelung durch eine einstweilige Anordnung voraus. Diese schon bislang aufgestellten Anforderungen[3] sind nunmehr über § 68 Abs. 3 Satz 1 auch § 49 Abs. 1 zu entnehmen, wo die einstweilige Anordnung im Verfahren erster Instanz geregelt ist. Danach bedarf es eines dringenden Bedürfnisses für die Anordnung, und diese muss „nach den für das Rechtsverhältnis maßgebenden Vorschriften gerechtfertigt" sein. Eine einstweilige Anordnung darf mithin nicht zugunsten desjenigen erlassen werden, der voraussichtlich in der Beschwerdeinstanz unterliegen wird. Wurde eine einstweilige Anordnung bereits erlassen, so ist sie etwa nach Änderung der Rechts- oder Sachlage aufzuheben. Auch wenn Erfolgsaussichten bestehen, darf eine einstweilige Anordnung nur zugunsten eines Beteiligten ergehen,

1 Vgl. OLG Köln v. 8.10.1986 – 2 Wx 57/86, NJW-RR 1987, 71 (72).
2 Vgl. *Schürmann*, FamRB 2008, 375 (378) unter Verweis auf BT-Drucks. 16/6308, S. 199.
3 Keidel/*Sternal*, § 24 FGG Rz. 15; *Bumiller*/Winkler, § 24 FGG Rz. 13.

wenn eine gewisse Dringlichkeit besteht. Dies bedeutet, dass Regelungsbedarf noch vor Ergehen der Entscheidung in der Hauptsache besteht.

c) Verfahren

aa) Antrag und Begründung

Da es in Amtsverfahren noch nicht einmal in der Hauptsache eines Antrags bedarf, steht außer Zweifel, dass auch einstweilige Anordnungen von Amts wegen **ohne Antrag** erlassen werden können. Ein Antrag ist nur als Anregung aufzufassen. Da dem Wortlaut des § 24 Abs. 3 FGG aF nichts anderes zu entnehmen war, wurde der Antrag nicht als zwingende Voraussetzung angesehen.[1] Mangels Änderungswillens des Gesetzgebers ist diese Praxis in das neue Recht zu übernehmen. Wenn aber der Wunsch nach einer vorläufigen Regelung ausdrücklich geäußert wird, hat das Gericht diesen Antrag innerhalb der üblichen Grenzen (Rechtsmissbrauch etc.) zu bescheiden. Wenn es schon keines Antrags bedarf, muss das Begehren auf Erlass einer einstweiligen Anordnung in Amtsverfahren auch nicht begründet werden. 24

In Antragsverfahren verfuhr die Rechtsprechung schon nach altem Recht zum Teil strenger. Im Hinblick darauf, dass das Beschwerdegericht ohne Begründung oftmals nicht ersehen kann, woraus die Dringlichkeit für den Erlass einer einstweiligen Anordnung resultieren soll, wurde eine **Begründung** verlangt, jedenfalls aber deswegen, weil sich der Antragsgegner ohne Begründung kaum zu einem entsprechenden Begehren hätte einlassen können, was aber zur Gewährung rechtlichen Gehörs erforderlich ist.[2] Deshalb wurde eine Begründung für erforderlich angesehen. Diese Anforderungen gelten nun nach § 68 Abs. 3 Satz 1 iVm. § 51 Abs. 1 Satz 2 allgemein. Danach wird in **Antragsverfahren** eine einstweilige Anordnung nach § 64 Abs. 3 nur noch auf Antrag erlassen. § 68 Abs. 3 Satz 1 iVm. § 51 Abs. 1 Satz 2 geht sogar über die Anforderungen in der Hauptsache hinaus, da der Antragsteller danach seinen Antrag zu begründen hat, während die Beschwerde selbst nach § 65 Abs. 1 nur begründet werden soll. Ein auch nach gerichtlichem Hinweis nicht begründeter Antrag ist somit unzulässig. Diese Diskrepanz zwischen Hauptsache und einstweiligem Rechtsschutz ist wohl nur mit dem **Gebot rechtlichen Gehörs** zu begründen, da derjenige, der schon – unanfechtbar – bis zur Entscheidung des Beschwerdegerichts eine gerichtliche Anordnung hinnehmen muss, wenigstens die Möglichkeit haben muss, sich zu dem Antrag zu äußern. 25

bb) Mündliche Verhandlung und rechtliches Gehör

Das Beschwerdegericht kann nach § 68 Abs. 3 Satz 1 iVm. § 51 Abs. 2 Satz 2 ohne mündliche Verhandlung entscheiden. Auch dann hat es aber dem Betroffenen rechtliches Gehör zu gewähren. Nur in besonders dringlichen Fällen muss der Betroffene nicht vorab angehört werden. Dies erfordert aber eine qualifizierte Eilbedürftigkeit, da die einfache Dringlichkeit schon Voraussetzung der einstweiligen Anordnung selbst ist. Zudem muss **das rechtliche Gehör dann nachgeholt werden.**[3] Sofern die über § 68 Abs. 3 Satz 1 anwendbare Vorschrift des § 51 Abs. 2 Satz 3 Versäumnisentscheidungen ausschließt, ist dies für die Mehrzahl der Verfahren ohnehin selbstverständlich, da im Verfahren der freiwilligen Gerichtsbarkeit Versäumnisentscheidungen iSd. Zivilprozesses nur ausnahmsweise möglich sind. 26

---

1 OLG Düsseldorf v. 29.7.1994 – 3 Wx 406/94, FamRZ 1995, 118, 119; Keidel/*Sternal*, § 24 Rz. 15; *Bumiller*/Winkler, § 24 FGG Rz. 4.

2 OLG Köln v. 12.3.1990 – 2 Wx 6/90, OLGZ 1990, 304.

3 OLG Naumburg v. 31.7.2001 – 8 WF 162/01, FamRZ 2002, 615.

d) Form der Entscheidung

27 § 64 Abs. 3 trifft zur Form, in der die einstweilige Anordnung ergeht, keine ausdrücklichen Regelungen. Die Form des Beschlusses ergibt sich auch nicht aus §§ 68 Abs. 3 Satz 1, 38, da § 38 nur für Endentscheidungen in der Hauptsache gilt. Allerdings ist an etwas versteckter Stelle über die Verweisung in § 68 Abs. 3 Satz 1 erkennbar, dass auch diese Entscheidung als Beschluss zu ergehen hat. Denn § 53 Abs. 1 spricht davon, dass die einstweilige Anordnung nur dann der Vollstreckungsklausel bedarf, „wenn die Vollstreckung für oder gegen einen anderen als den in dem *Beschluss* bezeichneten Beteiligten erfolgen soll". Hieraus geht hervor, dass auch einstweilige Anordnungen in der Form eines Beschlusses zu erlassen sind.

e) Inhalt der Entscheidung

aa) Weites Ermessen des Beschwerdegerichts

28 Die in das neue Recht übernommene weite Fassung von § 24 Abs. 3 FGG aF setzt dem Inhalt der einstweiligen Anordnung **keine ausdrücklichen Grenzen**. Daher kann das Gericht sämtliche einstweiligen Anordnungen treffen, die der Regelung der Rechts- und Sachlage bis zu seiner Entscheidung dienlich sind. Beschränkungen des Ermessens können sich aber aus dem materiellen Recht ergeben. So sollen, wenn die Entlassung des Testamentsvollstreckers beantragt ist, grundsätzlich keine vorläufigen Beschränkungen seiner Tätigkeit zulässig sein, da derartige Eingriffe des Beschwerdegerichts in die Befugnisse des Testamentsvollstreckers mit dessen Stellung unvereinbar sein sollen.[1] Ohne derartige Vorgaben müssen die gewählten Maßnahmen nur der Sicherung oder Regelung eines bestehenden Zustands dienen (§ 68 Abs. 3 Satz 1 iVm. § 49 Abs. 2 Satz 1). Dies wird vorrangig, wie schon das Regelbeispiel des § 64 Abs. 3 zeigt, die Aussetzung der Vollziehung des angefochtenen Beschlusses sein.[2] Darüber hinaus ist es dem Beschwerdegericht nach § 68 Abs. 3 Satz 1 iVm. § 49 Abs. 2 Satz 1 möglich, einem Beteiligten Handlungen zu gebieten oder zu verbieten. Denkbar sind auch Maßnahmen auf Grund des § 1666 BGB zur Abwendung einer Gefahr für das Kind.[3] Das Gericht kann eine getroffene einstweilige Anordnung auch **abändern oder aufheben**, wie sich nunmehr auch aus § 68 Abs. 3 Satz 1 iVm. § 54 Abs. 1 ergibt. Jedenfalls in entsprechender Anwendung erlaubt § 64 Abs. 3 auch die Aussetzung der Vollziehung von Verwaltungsakten, wenn der Streit in der Hauptsache hierüber geführt und zulässigerweise im Verfahren der freiwilligen Gerichtsbarkeit ausgetragen wird.[4]

bb) Regelung im Rahmen des Verfahrensgegenstandes

29 Gleichwohl kann das Beschwerdegericht keine beliebigen Anordnungen nach seinem Gutdünken treffen. Aus dem Sinn und Zweck der Regelung wurde schon zum alten Recht gefolgert, dass sich das Beschwerdegericht im Rahmen des Verfahrensgegenstandes halten muss.[5] Dies bedeutet zunächst, dass es nur soweit einstweilige Anordnungen treffen kann, wie der **Gegenstand der Beschwerde** reicht. So, wie es zufällig in

1 OLG Köln v. 8.10.1986 – 2 Wx 57/86, NJW-RR 1987, 71 f.

2 BayObLG v. 17.3.1975 – 3 Z 26/75, NJW 1975, 2147 (2148); OLG Köln v. 12.3.1990 – 2 Wx 6/90, OLGZ 1990, 303.

3 Vgl. BayObLG v. 26.6.1991 – BReg 1 Z 39/91, NJW 1992, 121 zu Maßnahmen der ersten Instanz.

4 BGH v. 11.3.1963 – NotZ 15/62, BGHZ 39, 162 ff.

5 BayObLG v. 21.11.1996 – 1 Z BR 221/96, FamRZ 1997, 572 (573); OLG Stuttgart v. 20.1.1998 – 8 W 4 u. 5/98, FamRZ 1998, 1128.

diesem Zusammenhang bekannt gewordene weitere Entscheidungen erster Instanz nicht mitkorrigieren darf, wenn hiergegen keine Beschwerde eingelegt wurde (vgl. § 69 Rz. 3 f.), kann es insoweit keine einstweiligen Anordnungen erlassen. Des Weiteren darf die einstweilige Anordnung auch den **zeitlichen Rahmen des Beschwerdeverfahrens** nicht überschreiten.[1] Das Beschwerdegericht darf daher keine Anordnungen für die Zeit nach Erlass der Beschwerdeentscheidung treffen, auch dann nicht, wenn es die Entscheidung der Vorinstanz aufhebt und die Sache zurückverweist.[2] So kann es etwa die Wirksamkeit seiner Entscheidung nicht selbst über die Rechtskraft seiner eigenen Entscheidung hinaus aussetzen.[3] Aus diesem Grunde können einstweilige Anordnungen auch nicht mehr mit der Entscheidung in der Hauptsache verbunden werden.

cc) Keine Vorwegnahme der Hauptsache

Das Beschwerdegericht darf nach allgemeinen verfahrensrechtlichen Regeln grundsätzlich auch nicht die Hauptsache vorwegnehmen, sondern muss eine vorübergehende Regelung finden.[4] So kann es den Erbschein nicht durch einstweilige Anordnung nach § 64 Abs. 3 einziehen, wohl aber seine vorübergehende Herausgabe an das Beschwerdegericht (ohne die Wirkung der Einziehung) verfügen.[5] Auch die Bestellung eines Pflegers ist im Wege der einstweiligen Anordnung nicht möglich.[6] 30

Vor diesem Hintergrund ist auch der Streit darüber zu beurteilen, ob das Gericht noch nicht wirksamen Entscheidungen **im Wege der einstweiligen Anordnung Wirksamkeit** verleihen kann.[7] Auch wenn dies nicht schon durch den Wortlaut des § 64 Abs. 3 ausgeschlossen ist, wäre die Anordnung der Wirksamkeit einer kraft Gesetzes noch nicht wirksamen erstinstanzlichen Entscheidung die Vorwegnahme der Hauptsache, die nicht zulässig ist. Eine Ausnahme gilt dann, wenn die Möglichkeit, die sofortige Wirksamkeit des Beschlusses anzuordnen, bereits der ersten Instanz nach § 40 Abs. 3 Satz 2 zukommt. Denn die Befugnisse des Beschwerdegerichts können nicht geringer sein als die der unteren Instanz (vgl. § 40 Rz. 19). Hingegen kann das Beschwerdegericht dann, wenn das erstinstanzliche Gericht die Wirksamkeit seiner Entscheidung ausgesetzt hat, diese Entscheidung abändern. 31

3. Dauer der Anordnung

a) Wirksamwerden und Vollstreckung

Für das Wirksamwerden einstweiliger Anordnungen trifft das Gesetz keine eigenständige Regelung. Bislang ging man davon aus, dass einstweilige Anordnungen **mit der Bekanntmachung** an denjenigen, gegen den sie wirken, wirksam werden.[8] Da der Gesetzgeber die Rechtslage insoweit nicht ändern wollte, ist an dieser Handhabung fest- 32

1 KG v. 18.6.1971 – 1 W 1208/71, OLGZ 1972, 88 (92); KG v. 11.10.1974 – 1 W 1283/74, OLGZ 1976, 130 (132).
2 KG v. 27.11.1936 – 1a Wx 1757/36, JFG 14, 423 (424).
3 BayObLG v. 17.3.1975 – 3 Z 26/75, BayObLGZ 1975, 115 (117) = NJW 1975, 2147 (2148), wonach die Aussetzung bis zur Rechtskraft allerdings noch möglich ist.
4 OLG Köln v. 12.3.1990 – 2 Wx 6/90, OLGZ 1990, 303 f.
5 OLG Köln v. 12.3.1990 – 2 Wx 6/90, OLGZ 1990, 303 f.
6 BayObLG v. 8.10.1987 – BReg 3 Z 163/87, FamRZ 1988, 423 (424).
7 Hierfür *Bumiller*/Winkler, § 24 FGG Rz. 4 (allerdings unter unzutreffender Berufung auf BayObLG v. 26.6.1991 – BReg 1 Z 39/91, NJW 1992, 121); dagegen Keidel/*Sternal*, § 24 FGG Rz. 14; *Bassenge*/Roth, § 24 FGG Rz. 9.
8 Keidel/*Sternal*, § 24 FGG Rz. 22; *Bassenge*/Roth, § 24 FGG Rz. 10.

zuhalten. Denn die zu ihrem Erlass führende Dringlichkeit gebietet ihre schnelle Umsetzung, zumal gegen einstweilige Anordnungen kein Rechtsmittel gegeben ist.

33 Sofern die Vollstreckung aus einstweiligen Anordnungen erforderlich ist, erfolgt sie jedenfalls in entsprechender Anwendung von § 53. Zwar ist dort nur die einstweilige Anordnung durch das Gericht erster Instanz geregelt. Auch wenn man § 53 daher nicht direkt für anwendbar hält, kommt ihr jedenfalls über § 68 Abs. 3 Satz 1 Geltung auch für das Beschwerdeverfahren zu. Denn die §§ 58 ff. enthalten keine abweichende Regelung. Damit bedarf es der **Vollstreckungsklausel** nur, wenn die Vollstreckung gegen einen anderen als den im Beschluss bezeichneten Beteiligten erfolgen soll.

b) Erlass der Entscheidung in der Hauptsache

34 Da die einstweilige Anordnung nach § 64 Abs. 3 nur die Verhältnisse bis zur Entscheidung des Beschwerdegerichts regeln kann, tritt sie mit deren Erlass ohne weiteres außer Kraft,[1] wie sich nunmehr auch aus § 68 Abs. 3 Satz 1 iVm. § 56 Abs. 1 ergibt. Dies ist aber nur dann der Fall, wenn die Endentscheidung auch den Verfahrensgegenstand betrifft, der durch die einstweilige Anordnung geregelt wurde. Entscheidet das Beschwerdegericht absichtlich (etwa durch Teilbeschluss) oder unabsichtlich (etwa in den Fällen des § 43) nur über einen Teil des Verfahrensstoffes, bleibt die hiervon nicht betroffene einstweilige Anordnung in Kraft. Im Falle einer Entscheidung des Beschwerdegerichts bedarf es ihrer **Aufhebung** nicht; eine deklaratorische Feststellung dieser Art ist aber nicht fehlerhaft und kann zur Klarstellung uU sogar geboten sein. Da die einstweilige Anordnung mit Erlass der Beschwerdeentscheidung automatisch außer Kraft tritt, hat das Rechtsbeschwerdegericht hierüber im Rechtsbeschwerdeverfahren nicht mehr zu befinden. Es kann allenfalls eine eigene einstweilige Anordnung erlassen. Mit einer Aufhebung der Beschwerdeentscheidung in der Hauptsache lebt die einstweilige Anordnung nicht wieder auf.[2]

c) Sonstige Erledigung in der Hauptsache

35 Wie § 68 Abs. 3 Satz 1 iVm. § 56 Abs. 2 nunmehr klarstellt, tritt die einstweilige Anordnung auch bei Erledigung der Hauptsache auf sonstigem Wege außer Kraft. Dies ist in Antragsverfahren nach § 68 Abs. 3 Satz 1 iVm. § 56 Abs. 2 Nr. 1 namentlich bei **Rücknahme** des Antrags in der Hauptsache der Fall, ferner nach § 68 Abs. 3 Satz 1 iVm. § 56 Abs. 2 Nr. 3 bei übereinstimmender **Erledigungserklärung**. Sofern § 68 Abs. 3 Satz 1 iVm. § 56 Abs. 2 Nr. 2 auf die rechtskräftige Abweisung des Antrags abstellt, ist diese Regelung einerseits selbstverständlich, andererseits zu eng gefasst, da jede Entscheidung des Beschwerdegerichts, auch die dem Antrag stattgebende, die einstweilige Anordnung außer Kraft setzt. Eine anderweitige Erledigung nach § 68 Abs. 3 Satz 1 iVm. § 56 Abs. 2 kann etwa durch **Vergleich** erfolgen. Allerdings steht zu befürchten, dass die Regelung des § 68 Abs. 3 Satz 1 iVm. § 56 Abs. 2 Nr. 4 neue Rechtsunsicherheit nach sich ziehen wird. Denn nach dem Wortlaut tritt die einstweilige Anordnung schon durch das erledigende Ereignis als solches außer Kraft. Ist also die Erledigung als solche umstritten, folgt hieraus ein Streit um die Wirksamkeit der einstweiligen Anordnung. Der hiervon Betroffene kann diese nach dem Wortlaut des § 68 Abs. 3 Satz 1 iVm. § 56 Abs. 2 Nr. 4 ohne weiteres, insbesondere ohne gerichtliche Entscheidung ignorieren.

---

1 BayObLG v. 19.7.1963 – BReg 1 Z 69/1963, BayObLGZ 1963, 191 (193); BayObLG v. 17.3.1975 – 3 Z 26/75, BayObLGZ 1975, 115, 117 = NJW 1975, 2147 (2148).
2 BayObLG v. 19.7.1963 – BReg 1 Z 69/1963, BayObLGZ 1963, 191 (193).

d) Ausdrückliche Befristung im Beschluss selbst

Das Beschwerdegericht kann seine einstweilige Anordnung selbst auf einen gewissen Zeitraum befristen. In diesem Fall tritt sie mit Erreichen des Enddatums ohne weiteres außer Kraft. 36

4. Anfechtbarkeit

Ein eigenständiges Rechtsmittel gegen einstweilige Anordnungen wurde schon bislang grundsätzlich mit der Begründung abgelehnt, dass die einstweilige Anordnung nur der Regelung der Verhältnisse bis zum Erlass der Entscheidung in der Beschwerdeinstanz diene. Eine eigenständige Anfechtbarkeit sei daher nicht erforderlich und führe vielmehr zur Verzögerung der Entscheidung in der Hauptsache.[1] Diese Rechtsprechung wurde nunmehr in § 70 Abs. 4 gesetzlich kodifiziert, wonach die Rechtsbeschwerde im Verfahren über die Anordnung, Abänderung oder Aufhebung einer einstweiligen Anordnung nicht stattfindet. Auf Grund dieser Spezialregelung finden § 57 Nr. 1 bis 5 auch über die Verweisung des § 68 Abs. 3 Satz 1 keine Anwendung. 37

Problematisch erscheinen hingegen nach neuem Recht die **Ausnahmen** von diesem Grundsatz, die die bisherige Rechtsprechung zuließ. Die Anfechtbarkeit einstweiliger Anordnungen nach § 24 Abs. 3 FGG aF wurde bislang bejaht, wenn das Beschwerdegericht entweder über den im Rahmen der Beschwerde vorgelegten Verfahrensgegenstand hinausging[2] oder aber Anordnungen traf, die über eine einstweilige Anordnung hinausreichen sollten.[3] In diesen Fällen argumentierte die Rechtsprechung dahingehend, dass in Wirklichkeit wegen **Überschreitens des Verfahrensgegenstandes** eine eigenständige Entscheidung getroffen wurde, die folglich auch selbständig anfechtbar sein müsse.[4] Diese Argumentation verfängt nach neuem Recht von vornherein nicht mehr, da die Rechtsbeschwerde, abgesehen von den in § 70 Abs. 3 geregelten Fällen, nach § 70 Abs. 1 auch in der Hauptsache nur statthaft ist, wenn sie vom Beschwerdegericht zugelassen wurde. Dies wird aber nie der Fall sein, wenn das Beschwerdegericht der Auffassung ist, es erlasse nur eine einstweilige Anordnung nach § 64 Abs. 3. Selbst die Anhörungsrüge nach §§ 68 Abs. 3 Satz 1, 44 wird hier nur in Ausnahmefällen Abhilfe schaffen, wenn das Gericht vor Erlass der einstweiligen Anordnung oder jedenfalls danach rechtliches Gehör gewährt hat. Es liegt dann allenfalls eine einfachrechtliche Verkennung der Reichweite einer einstweiligen Anordnung vor. Ein derartiger Fehler begründet aber weder die Anhörungsrüge noch gar die Verfassungsbeschwerde. Sofern nicht die Rechtsbeschwerde in der Hauptsache zugelassen ist und die einstweilige Anordnung dann noch Wirkung entfaltet, wird man die Rechtsprechung zur ausnahmsweise möglichen Anfechtung einstweiliger Anordnungen also nicht in das neue Recht übernehmen können. Etwas anderes kann sich allenfalls bei **greifbarer Gesetzwidrigkeit** ergeben, wenn das Beschwerdegericht etwa im Hinblick auf die Unanfechtbarkeit einstweiliger Anordnungen bewusst eine nicht zulässige Re- 38

1 BGH v. 11.3.1963 – NotZ 15/62, BGHZ 39, 162, 164; BGH v. 9.12.1996, AnwZ (B) 48/96, NJW-RR 1997, 1149; BayObLG v. 4.8.1967 – BReg 1b Z 76/67, BayObLGZ 1967, 279 (280); BayObLG v. 8.10.1997 – 3 Z BR 384/97, NJW-RR 1998, 1047 (1048); BayObLG v. 1.7.1999 – 3 Z BR 192/99, FamRZ 1999, 1594; KG v. 18.6.1971 – 1 W 1208/71, OLGZ 1972, 88 (92 f.); KG v. 11.10.1974 – 1 W 1283/74, OLGZ 1976, 130 (131); OLG Frankfurt v. 28.7.1997 – 20 W 250/97, FGPrax 1997, 200.

2 BayObLG v. 4.8.1967 – BReg 1b Z 76/67, BayObLGZ 1967, 279 (280).

3 KG v. 18.6.1971 – 1 W 1208/71, OLGZ 1972, 88 (89).

4 KG v. 18.6.1971 – 1 W 1208/71, OLGZ 1972, 88 (89).

gelung trifft. In derartigen Konstellationen kommt ein Rückgriff auf das Institut der **außerordentlichen Beschwerde** in Betracht, die allerdings von der ganz hM mittlerweile für nicht mehr zulässig angesehen wird und überdies nur zur Beseitigung krassen Unrechts diente.[1]

§ 65
Beschwerdebegründung

(1) Die Beschwerde soll begründet werden.

(2) Das Gericht kann dem Beschwerdeführer eine Frist zur Begründung der Beschwerde einräumen.

(3) Die Beschwerde kann auf neue Tatsachen und Beweismittel gestützt werden.

(4) Die Beschwerde kann nicht darauf gestützt werden, dass das Gericht des ersten Rechtszugs seine Zuständigkeit zu Unrecht angenommen hat.

1 Vgl. etwa OLG Frankfurt v. 28.7.1997 – 20 W 250/97, FGPrax 1997, 200; BayObLG v. 8.10.1997 – 3 Z BR 384/97, NJW-RR 1998, 1047 (1048).

A. Entstehungsgeschichte und Normzweck

§ 65 Abs. 1 und 2 stellen Neuerungen im Verfahren der freiwilligen Gerichtsbarkeit dar. Während die Beschwerde bislang nicht begründet werden musste und ein Fehlen der Begründung allenfalls in echten Streitverfahren die Ermittlungspflichten des Gerichts verringerte, verlangt § 65 Abs. 1 nunmehr, dass die **Beschwerde in allen Verfahren begründet** werden soll. Die Vorschrift lehnt sich an die gleich lautende Norm zur sofortigen Beschwerde im Zivilprozess (§ 571 Abs. 1 ZPO) an.[1] § 65 Abs. 2 ergänzt diese Anordnung um die Möglichkeit, dem Beschwerdeführer hierzu eine Frist zu setzen. Damit soll neben der Verfahrensbeschleunigung auch eine größere Transparenz erreicht werden, indem für die Beteiligten absehbar wird, wann eine Entscheidung des Gerichts zu erwarten ist.[2] § 65 Abs. 3 entspricht wörtlich § 23 FGG aF. § 65 Abs. 4 entspricht nahezu wörtlich § 571 Abs. 2 Satz 2 ZPO und soll nach der Gesetzesbegründung auch dieselbe Funktion übernehmen, nämlich Rechtsmittel ausschließen, die ausschließlich die fehlende Zuständigkeit des erstinstanzlichen Gerichts rügen.[3] 1

B. Inhalt der Vorschrift

I. Begründung der Beschwerde (Absatz 1)

1. Rechtsnatur der „Begründungspflicht"

a) Absatz 1 als Soll-Vorschrift

Die in den Gesetzesmaterialien als „Begründungspflicht" bezeichnete Regelung des § 65 Abs. 1 stellt tatsächlich, wie der Wortlaut zeigt, nur eine Sollvorschrift dar. Wie im Zivilprozess bleibt das Unterlassen einer Begründung zunächst **sanktionslos**. Die Beschwerde kann wie im Zivilprozess nicht als unzulässig verworfen werden, wie die Gesetzesmaterialien ausdrücklich hervorheben.[4] Darüber hinaus führt eine fehlende Begründung, ebenfalls wie im Zivilprozess, auch nicht dazu, dass die Beschwerde mangels näherer Darlegungen als unsubstanziiert zurückgewiesen werden kann. Das Gericht hat nach wie vor zu prüfen, ob sie nach dem vorgelegten Akteninhalt begründet ist. Gem. § 26 hat es dabei erkennbaren Ermittlungsansätzen unverändert von sich aus nachzugehen. Anderes regelt § 117 Abs. 1 und 2, für Familiensachen, wo tatsächlich eine Begründungspflicht besteht.[5] 2

b) Generelle Bedeutung von Absatz 1

aa) Beschränkung der Amtsermittlung

Gerade im Zusammenhang mit der Amtsermittlung dürfte aber im Gegensatz zur wortgleichen Regelung in § 571 Abs. 1 ZPO die Bedeutung der Vorschrift liegen. Im Zivilprozess, der keine Ermittlung von Amts wegen kennt, erschöpft sich die Begründetheitsprüfung auf den **Akteninhalt** und das **Vorbringen der Beteiligten**. Liegt letzteres nicht vor, besteht von vorneherein keine Möglichkeit weiterer Prüfung über die Akte hinaus, und die Sache ist entscheidungsreif. Trug der Beschwerdeführer in Ver- 3

1 BT-Drucks. 16/6308, S. 206.
2 BT-Drucks. 16/6308, S. 206.
3 BT-Drucks. 16/6308, S. 206.
4 BT-Drucks. 16/6308, S. 206; *Schürmann*, FamRB 2009, 24 (26 f.).
5 *Schürmann*, FamRB 2009, 24 (27).

fahren der freiwilligen Gerichtsbarkeit nicht vor, begrenzte dies schon nach altem Recht in echten Streitverfahren die Pflicht des Gerichts zu eigenen Ermittlungen.[1] Die Rechtsprechung ging davon aus, dass der Beteiligte in diesen Verfahren schon im eigenen Interesse vortragen werde, was seiner Position günstig ist. Dies ist nunmehr in § 27 Abs. 1, der über die Verweisung in § 68 Abs. 3 Satz 1 auch im Beschwerdeverfahren Anwendung findet, positiv normiert.[2] Vor dem Hintergrund der „Begründungspflicht" nach § 65 Abs. 1 dürfte diese Praxis auf alle Verfahren nach dem FamFG zu übertragen sein. Denn den Beschwerdeführer trifft nun jedenfalls eine Obliegenheit, das Verfahren dadurch zu fördern, dass er die aus seiner Sicht gegen die angefochtene Entscheidung streitenden Umstände darlegt.[3] Das Gericht kann nach ausdrücklicher Normierung dieser Obliegenheit in § 65 Abs. 1 davon ausgehen, dass der Beschwerdeführer derartige Umstände von sich aus vorträgt. Tut er dies nicht, hat es **keine weiteren Ermittlungen** anzustellen, wenn sich Ansätze hierzu nicht schon aus der Akte ergeben. Die Beschwerde ist dann als unbegründet zurückzuweisen.

bb) Inhalt der Begründung

4 Dazu, was der Beschwerdeführer inhaltlich vorzutragen hat, kann auf § 23 Abs. 1 Satz 2 zurückgegriffen werden, der über § 68 Abs. 3 Satz 1 ohnehin Anwendung findet. Danach hat der Beschwerdeführer insbesondere die **Tatsachen** vorzutragen, die für die von ihm erstrebte günstigere Entscheidung erheblich sind. Dies umfasst für den Fall, dass sie streitig sein sollten, auch die zu ihrem Nachweis erforderlichen **Beweismittel**. Gleichermaßen sind **Urkunden**, die das Beschwerdevorbringen stützen können, im Original oder in Ablichtung beizufügen. **Rechtsausführungen** sind, da das Beschwerdegericht das Recht unabhängig vom Vorbringen der Beteiligten anzuwenden hat, nicht zwingend erforderlich. Wird aber (auch) die Fehlanwendung des Rechts gerügt, sind Ausführungen hierzu naturgemäß angebracht. Eines Antrags bedarf es ähnlich wie in der ZPO-Beschwerde[4] nicht. Dies ergibt sich nicht zuletzt aus dem Vergleich mit den Parallelregelungen der Rechtsbeschwerde, die in § 71 Abs. 3 Nr. 1 Anträge ausdrücklich verlangen. Soweit sich aus der Beschwerdebegründung nichts anderes ergibt, ist die erstinstanzliche Entscheidung dann insgesamt angegriffen, soweit sie den Beschwerdeführer belastet.

c) Verfahren

5 Wie im Zivilprozess hat das Beschwerdegericht eine **angekündigte Beschwerdebegründung abzuwarten**.[5] Als angemessene Wartefrist sind zwei bis drei Wochen anzusehen.[6] Auch ohne Ankündigung einer Begründung kann das Gericht nicht sofort entscheiden. Es muss auch in diesem Fall die angemessene Zeit von zwei bis drei Wochen abwarten.[7] Eine unangemessene Verzögerung lässt sich durch eine **Fristsetzung nach § 65**

1 Zum Ermessen des Beschwerdegerichts nach altem Recht s. BGH v. 15.12.1982 – IVb ZB 910/80, FamRZ 1983, 262 (263); BayObLG v. 10.9.1991 – BReg 1 Z 29/91, NJW 1992, 322 (323); vgl. zur Reduktion der Pflicht zur Amtsermittlung *Winter/Nießen*, NZG 2007, 13 (14 f.); *Jacoby*, FamRZ 2007, 1703 (1706); *Kemper*, FamRB 2008, 345 (349).

2 Hierzu etwa *Kemper*, FamRB 2008, 345 (349).

3 Zum Aspekt der Verfahrensförderung ausdrücklich BT-Drucks. 16/6308, S. 206.

4 Hierzu Musielak/*Ball*, § 569 ZPO Rz. 7; Zöller/*Heßler*, § 569 ZPO Rz. 8.

5 BayObLG v. 23.7.1974 – BReg 1 Z 55/74, BayObLGZ 1974, 302 (304 f.); BayObLG v. 30.3.1988 – 2 Z 120/87, WE 1988, 205 (206).

6 MüKo.ZPO/*Lipp*, § 571 ZPO Rz. 5; Baumbach/*Hartmann*, § 571 ZPO Rz. 7; Zöller/*Heßler*, § 571 ZPO Rz. 14.

7 Keidel/*Sternal*, § 23 FGG Rz. 17; *Bumiller*/Winkler, § 23 FGG Rz. 1.

Abs. 2 vermeiden. Wie im Zivilprozess ist das Beschwerdegericht in keinem Fall verpflichtet, den Beschwerdeführer zur Vorlage einer Begründung aufzufordern oder eine Frist hierfür zu setzen.[1]

2. Fristsetzung nach Absatz 2

a) Fristsetzung zur Beschwerdebegründung

Das Beschwerdegericht kann dem Beschwerdeführer nunmehr nach § 65 Abs. 2 eine Frist zur Begründung seiner Beschwerde setzen. Mangels abweichender Regelung ist dies bereits unmittelbar **nach Eingang der Beschwerdeschrift** möglich. Soweit die Materialien nur eine Fristsetzung für den Fall ansprechen, dass der Beschwerdeführer „nicht zeitnah zur Einlegung der Beschwerde eine Begründung vorträgt",[2] gibt dies nur eine vom Gesetzeswortlaut eröffnete Möglichkeit wieder. Das Beschwerdegericht kann die Frist natürlich erst nach Abwarten eines bestimmten Zeitraumes setzen. Dies empfiehlt sich insbesondere bei umfangreichem Streitstoff, um unnütze Arbeit in Form eines Entscheidungsentwurfs zu vermeiden, der durch neuen Vortrag obsolet wird. Eine Fristsetzung ist aber bereits nach Eingang der Beschwerdeschrift möglich. Die Frist zur Beschwerdebegründung muss **angemessen** sein. Wird sie unmittelbar nach Eingang der Beschwerdeschrift gesetzt, ist auch hier ein Zeitraum von **zwei bis drei Wochen**, den das Gericht ohnehin abwarten müsste, angemessen. Hat das Gericht bereits eine gewisse Zeit abgewartet, kommt auch eine kürzere Fristsetzung in Betracht. Da die Frist bereits vom Beschwerdegericht gesetzt wird, kommt es zu ihrer Einhaltung auf den Eingang des Schriftsatzes dort an; die Spezialregelung des § 64 Abs. 1 gilt nur für die Einlegung der Beschwerde beim Gericht erster Instanz.[3] 6

b) Fristsetzung zur Beschwerdeerwiderung und zur Replik

Das Gesetz enthält keine Regelung dazu, ob das Beschwerdegericht auch dem Beschwerdegegner eine **Frist zur Beschwerdeerwiderung** oder dem Beschwerdeführer eine solche zur Antwort hierauf setzen kann. Insoweit ist aber eine **analoge Anwendung von § 65 Abs. 2** geboten. Für die Beschwerdeerwiderung ergibt sich dies schon aus dem Gebot der Waffengleichheit. Im Übrigen besteht eine identische Interessenlage, da auch die unangemessen späte Beschwerdeerwiderung bzw. Einreichung sonstiger Schriftsätze das Verfahren vermeidbar verzögert. Eine entsprechende Auslegung entspricht auch der Handhabung der Vorschriften zur Zulässigkeit neuen Vorbringens: Obwohl das Gesetz (§ 23 FGG aF bzw. § 65 Abs. 3 FamFG) auch hier nur auf das Beschwerdevorbringen abstellt, ist doch anerkannt, dass auch der Beschwerdegegner neues Vorbringen in das Verfahren einführen kann (s. Rz. 13). 7

c) Fristverlängerung

Wie im Zivilprozess können richterliche Fristen nach § 16 Abs. 2 FamFG, § 224 Abs. 2 ZPO verlängert werden. Dies setzt allerdings einen **Antrag** voraus, ferner die Glaubhaftmachung erheblicher Gründe. Die Verlängerung nach Ablauf der Frist ist nicht mehr möglich.[4] 8

1 BayObLG v. 30.3.1988 – 2 Z 120/87, WE 1988, 205 (206).
2 BT-Drucks. 16/6308, S. 206.
3 Im Ergebnis ebenso *Schürmann*, FamRB 2009, 24 (27).
4 Zöller/*Stöber*, § 224 ZPO Rz. 7.

d) Folgen des Fristablaufs

aa) Keine Präklusion

9 Verstreicht eine Frist nach § 65 Abs. 2 ungenutzt, ist der Beschwerdeführer mit neuem Vorbringen **nicht präkludiert**. Dies ergibt sich zum einen schon daraus, dass eine Vorschrift dieses Inhalts im Gegensatz zu § 571 Abs. 3 Satz 2 ZPO entgegen dem Vorschlag des Bundesrates[1] in das FamFG gerade nicht aufgenommen wurde.[2] Zum anderen folgt dies aus der Pflicht zur Ermittlung des Sachverhalts von Amts wegen (§ 26).[3] Würden dem Beschwerdegericht entscheidungserhebliche Umstände aus anderer Quelle bekannt, müsste es diese unzweifelhaft bei der Entscheidung berücksichtigen. Dass sie vom Beschwerdeführer vorgetragen werden, hebt den Amtsermittlungsgrundsatz nicht auf.[4] Sein Vortrag muss also auch nach Fristablauf, selbst nach Unterzeichnung der Entscheidung durch den gesamten Spruchkörper noch berücksichtigt werden. Das Beschwerdegericht hat daher organisatorische Vorkehrungen zu treffen, die eine Vorlage auch nach Fristablauf eingegangener Schriftsätze sicherstellen.[5] Die zeitliche Grenze für die Berücksichtigung nicht fristgerechter Schriftsätze ist die Bekanntgabe bzw. die Übergabe der Entscheidung an die Geschäftsstelle nach § 38 Abs. 3 Satz 3, womit sie nach der dortigen Legaldefinition erlassen ist. Erlassene Beschwerdeentscheidungen können nicht mehr geändert werden.

bb) Folgen der Fristversäumung

10 Trotz dieser Pflicht zur Berücksichtigung nicht fristgerechter Schriftsätze bleibt die Versäumung einer Frist nach § 65 Abs. 2 nicht unbedingt sanktionslos. Zum einen kann das Beschwerdegericht **unmittelbar nach Fristablauf entscheiden**. Denn die Fristsetzung soll gerade auch der Orientierung der Beteiligten darüber dienen, wann eine Entscheidung zu erwarten ist.[6] Bei angemessener Frist geschieht dem Beschwerdeführer also durch eine Entscheidung ohne Berücksichtigung der Umstände, die er hätte vortragen können, kein Unrecht. Zum anderen begrenzt der ungenutzte Fristablauf die Ermittlungspflicht des Gerichts in allen Verfahren. Kommt der Beschwerdeführer schon seiner Obliegenheit zur Beschwerdebegründung nach § 65 Abs. 1 nicht nach und lässt er darüber hinaus noch eine Frist nach § 65 Abs. 2 ungenutzt verstreichen, muss das Gericht **keine weiteren Ermittlungen** anstellen, wenn sich Ansätze hierzu nicht schon aus der Akte ergeben.

II. Neues Tatsachenvorbringen (Absatz 3)

1. Beschwerdegericht als Tatsacheninstanz

a) Berücksichtigung bereits vorgebrachter Tatsachen

11 Das Beschwerdegericht ist auch nach neuem Recht vollwertige Tatsacheninstanz. Es hat also die erstinstanzliche Entscheidung in tatsächlicher Hinsicht[7] umfassend zu

1 BT-Drucks. 16/6308, S. 367 f.

2 Allgemein hierzu *Jacoby*, FamRZ 2007, 1703 (1706).

3 Die Ausführungen von *Winter/Nießen*, NZG 2007, 13 (16 f.) zur nur noch subsidiären Fortgeltung des Amtsermittlungsgrundsatzes gelten für das Verfahren nach dem FamFG nicht.

4 So auch BT-Drucks. 16/6308, S. 409.

5 BayObLG v. 17.6.1999 – 2 Z BR 46/99, NJW-RR 1999, 1685, 1686; OLG Köln v. 8.1.2001 – 16 Wx 179/00, ZMR 2001, 571; Keidel/*Sternal*, § 23 FGG Rz. 18.

6 BT-Drucks. 16/6308, S. 206 u. 409.

7 BayObLG v. 6.7.1995 – 3 Z BR 64/95, FGPRax 1995, 211 (212).

überprüfen, soweit sie angefochten ist (zum Umfang der Prüfung vgl. auch § 69 Rz. 2 ff.). Das Beschwerdegericht kann sich also nicht auf die Prüfung beschränken, ob die rechtliche Beurteilung des zu Grunde liegenden Sachverhalts fehlerfrei ist.[1] Es hat eine **eigene Würdigung des Tatsachenvortrags** und insbesondere der erhobenen Beweise vorzunehmen. Dabei ist es an das Vorbringen des Beschwerdeführers nicht gebunden. Es hat daher etwa bei der Testamentsauslegung nicht nur die vorgebrachten Bedenken des Beschwerdeführers zu überprüfen, sondern den gesamten Tatsachenstoff zu berücksichtigen, der für eine von der ersten Instanz abweichende Auslegung sprechen kann.[2] Sofern es die Beweiserhebung für unvollständig hält, kommt eine Aufhebung und Zurückverweisung der angefochtenen Entscheidung nur unter den Voraussetzungen des § 69 Abs. 1 Satz 2 und 3 in Betracht. Auch in diesen Fällen darf es jedoch **selbst erstmals Beweis erheben** und diesen würdigen. Sofern das Beschwerdegericht eigene Ermittlungen angestellt hat, sollten diese aktenkundig gemacht werden. Ihre Darlegung in den Entscheidungsgründen genügt nämlich nur, wenn alle ermittelnden Richter hieran noch mitwirken.[3] Eine solche Kontinuität in der Zusammensetzung des Spruchkörpers ist aber anders als im Zivilprozess nicht zwingend, da eine § 309 ZPO entsprechende Einschränkung in Verfahren nach dem FamFG nach wie vor nicht vorgesehen ist.

b) Berücksichtigung neuer Tatsachen

Neue Tatsachen sind unbegrenzt zu berücksichtigen.[4] Eine Ausnahme sieht § 115 für Ehe- und Familienstreitsachen vor.[5] Die Pflicht zur Berücksichtigung neuer Tatsachen bedeutet zum einen, dass bei einer **Änderung in tatsächlicher Hinsicht** die Sachlage zurzeit der Beschwerdeentscheidung maßgeblich ist.[6] Der beschwerte Beteiligte ist in diesen Fällen nicht auf die Abänderung nach § 48 Abs. 1 beschränkt; er kann die nachträglich in tatsächlicher Hinsicht unrichtig gewordene Entscheidung auch mit der Beschwerde angreifen. Der Beschwerdegegner kann in diesen Fällen uU durch Erledigterklärung der Kostenlast entgehen, da das billige Ermessen nach § 81 Abs. 1 Satz 1 auch die Berücksichtigung der ursprünglichen Sachlage gebietet. Die neuen Tatsachen dürfen den Verfahrensgegenstand allerdings nicht ändern, indem etwa ein anderer Vertrag zur Genehmigung vorgelegt wird als in erster Instanz.[7] 12

Zum anderen können auch Tatsachen, die bereits in erster Instanz hätten vorgetragen werden können, in das Verfahren eingeführt werden. Anders als im Zivilprozess (§ 531 Abs. 2 ZPO) kennt § 65 Abs. 3 weder eine **Präklusion**, weil die Tatsachen bereits im ersten Rechtszug hätten vorgebracht werden können, noch kann die Berücksichtigung tatsächlichen Vorbringens wegen verspäteter Einführung in der Rechtsmittelinstanz zurückgewiesen werden (vgl. § 530 ZPO). Wie nach altem Recht ist die Berücksichtigung neuen Vorbringens entgegen dem Wortlaut von § 23 FGG aF und § 65 Abs. 3 nicht auf das Beschwerdevorbringen beschränkt. Auch der **Beschwerdegegner** kann neuen Vortrag in das Verfahren einführen.[8] Die Nichtberücksichtigung neuer oder 13

1 BayObLG v. 23.7.1985 – BReg 1 Z 39/85, FamRZ 1985, 1179 (1180).
2 BayObLG v. 2.11.1989 – BReg 1a Z 52/88, NJW-RR 1990, 202.
3 OLG Hamm v. 3.4.1968 – 15 W 69/68, OLGZ 1968, 349, 350; *Bassenge*/Roth, § 23 FGG Rz. 3.
4 BGH v. 6.12.1979 – VII ZB 11/79, NJW 1980, 891 (892); KG v. 8.7.1997 – 1 W 7404/95, FGPrax 1997, 224.
5 BT-Drucks. 16/6308, S. 206.
6 BGH v. 6.12.1979 – VII ZB 11/79, NJW 1980, 891 (892); BayObLG v. 6.7.1995 – 3 Z BR 64/95, FGPRax 1995, 211 (212); KG v. 8.7.1997 – 1 W 7404/95, FGPrax 1997, 224.
7 OLG Stuttgart v. 12.4.1979 – 8 W 153/79, OLGZ 1979, 328.
8 Keidel/*Sternal*, § 23 Rz. 1; *Bumiller*/Winkler, § 23 FGG Rz. 1.

jedenfalls erstmals vorgetragener Tatsachen ist ein schwerer Verfahrensmangel, der das rechtliche Gehör verletzt. Er kann bei Statthaftigkeit der Rechtsbeschwerde zur Aufhebung und Zurückverweisung führen. Andernfalls kann die Entscheidung des Beschwerdegerichts mit der Anhörungsrüge nach § 44 und bei Erfolglosigkeit wegen Versagung rechtlichen Gehörs mit der Verfassungsbeschwerde angegriffen werden.[1]

2. Abweichungen vom erstinstanzlichen Verfahren

a) Wiederholung von Beweisaufnahmen und Anhörungen

14 Die Ausgestaltung des Beschwerdeverfahrens als Tatsacheninstanz geht indessen nicht so weit, dass das Beschwerdegericht die erstinstanzliche Tatsachenermittlung in vollem Umfang wiederholen müsste. Schon nach altem Recht war anerkannt, dass das Beschwerdegericht etwa Beweiserhebungen nur dann zwingend zu wiederholen hatte, wenn diese entweder fehlerhaft waren oder das Ergebnis der Beweisaufnahme bzw. die Glaubwürdigkeit eines Zeugen abweichend von der ersten Instanz beurteilt werden sollte.[2] Ähnliches galt für persönliche Anhörungen, allerdings in abgeschwächtem Umfang, da sich auch das Beschwerdegericht einen persönlichen Eindruck verschaffen soll. Diese Rechtsprechung wurde nunmehr in § 68 Abs. 3 Satz 2 ausdrücklich kodifiziert, wonach von der erneuten Vornahme einzelner Verfahrenshandlungen abgesehen werden kann, wenn diese bereits im ersten Rechtszug vorgenommen wurden und von einer Wiederholung keine zusätzlichen Erkenntnisse zu erwarten sind (im Einzelnen s. § 68 Rz. 26 ff.).

b) Ursprünglicher Verfahrensgegenstand und neue Anträge

15 Eine weitere Einschränkung gegenüber dem Verfahren erster Instanz gilt für neue oder geänderte Anträge. Der Gegenstand des Verfahrens wird in Verfahren, die von Amts wegen eingeleitet werden, durch das Gericht erster Instanz bestimmt (vgl. auch § 69 Rz. 3 f.). Anträge in der Beschwerdeinstanz, die diesen Verfahrensgegenstand ändern, werden grundsätzlich als **unzulässig** angesehen.[3] Auch darf etwa im Rahmen der Beschwerde gegen die Versagung der Genehmigung eines Vertrages nicht über die Genehmigung eines anderen entschieden werden.[4] Denn über eine neue Maßnahme hat zuerst das Gericht erster Instanz zu befinden. Allerdings ist auch in **Amtsverfahren**, ähnlich wie bei der Frage nach der Zulässigkeit einer reformatio in peius, zu prüfen, ob es sich bei dem konkreten Verfahrensgegenstand, etwa bei der Vergütung von Betreuern und Pflegern, nicht in Wirklichkeit um die Entscheidung widerstreitender privatrechtlicher Interessen handelt. Dann sind neue Anträge möglich (vgl. Rz. 16).

16 Hingegen wird in **Antragsverfahren** die Änderung des Antrages erster Instanz – allerdings mit erheblichen – Ausnahmen als zulässig angesehen.[5] In echten Streitverfahren

---

1 Vgl. schon zum alten Recht Keidel/*Sternal*, § 23 FGG Rz. 11.

2 BayObLG v. 15.1.1998 – 1 Z BR 68/97, FamRZ 1998, 1469; *Bassenge*/Roth, § 23 FGG Rz. 4; Keidel/*Sternal*, § 23 FGG Rz. 16; vgl. zum Zivilprozess BGH v. 22.9.1988 – IX ZR 219/87, NJW-RR 1989, 380.

3 BGH v. 7.3.1990 – XII ZB 14/89, FamRZ 1990, 606 (607); BayObLG v. 11.7.1997 – 3 Z BR 193/96, NJW-RR 1998, 8.

4 BayObLG v. 27.11.1975 – BReg 1 Z 59/75, BayObLGZ 1975, 421 (424).

5 BayObLG v. 11.7.1997 – 3 Z BR 193/96, NJW-RR 1998, 8; zur abweichenden Handhabung etwa im Erbscheinverfahren OLG Frankfurt v. 13.1.1997 – 20 W 557/94, Rpfleger 1997, 262; BayObLG v. 18.2.1998 – 1 Z BR 155/97, NJW-RR 1998, 798 (799); OLG Brandenburg v. 25.11.1997 – 10 Wx 33/96, FamRZ 1999, 55.

ist auf die Änderung/Erweiterung von Anträgen bzw. auf gänzlich neue Antragstellung § 533 ZPO analog anzuwenden. Sofern die erstinstanzlichen **Anträge unbestimmt oder sonst wie fehlerhaft** sind, hat das Beschwerdegericht nach §§ 68 Abs. 3 Satz 1, 28 Abs. 2 sogar auf eine Änderung hinzuwirken.

c) Bindung an eigene Entscheidungen

Gegenüber dem Gericht erster Instanz kann das Beschwerdegericht des Weiteren in seiner Entscheidung eingeschränkt sein, wenn es in dieser Sache bereits früher eine Entscheidung getroffen hat. Insoweit, als der Verfahrensgegenstand bereits einer früheren Beschwerde unterlag, ist es nunmehr im gleichen Umfang wie das Gericht erster Instanz an seine eigene tatsächliche und rechtliche Beurteilung gebunden. Für die rechtliche Würdigung ist dies nunmehr in § 69 Abs. 1 Satz 4 ausdrücklich kodifiziert (s. im Einzelnen § 69 Rz. 15 ff.). 17

d) Keine reformatio in peius

Bereits aus dem Grundsatz, dass das Beschwerdegericht die Entscheidung nur in dem Umfang der Anfechtung überprüfen darf, ergibt sich das Verbot der reformatio in peius. Die erstinstanzliche Entscheidung darf demnach ohne eigenes Rechtsmittel des Verfahrensgegners nicht zulasten dessen abgeändert werden, der Beschwerde eingelegt hat.[1] Denn insoweit ist die erstinstanzliche Entscheidung nicht angefochten. Eine **zwischenzeitliche Aufhebung und Zurückverweisung** durch das Rechtsbeschwerdegericht ändert hieran nichts. Das Verbot der Schlechterstellung gilt im Rahmen des **Versorgungsausgleichs** auch zugunsten des Versorgungsträgers.[2] Keine Verschlechterung zulasten des Beschwerdeführers liegt allerdings dann vor, wenn ein als unbegründet zurückgewiesener Antrag in der Beschwerdeinstanz als unzulässig behandelt wird.[3] Eine Ausnahme gilt wie in anderen Verfahrensarten hinsichtlich der Entscheidung über **Kosten und Geschäftswert**.[4] Im Verfahren nach dem FamFG wird man aber wie nach früherem Recht darüber hinausgehen müssen. Dort wurde eine reformatio in peius auch in Verfahren, die der **Durchsetzung öffentlicher Interessen** dienen, zugelassen,[5] ebenso bei Entscheidungen, die das Kindeswohl betreffen.[6] Bisweilen wird das Verschlechterungsverbot auch dann nicht angewendet, wenn das Gericht die Rechts- und Sachlage von Amts wegen zu ermitteln hat, etwa die Erbfolge in Bayern.[7] Allerdings findet das Verbot der Schlechterstellung nicht schon deswegen keine Anwendung, weil das Gericht nicht an die Anträge der Beteiligten gebunden ist.[8] Da ein diesbezüglicher Änderungswille nicht zu erkennen ist, wird man an dieser Handhabung der Rechtsprechung auch unter der Geltung des neuen Rechts festhalten müssen. Auch in Verfahren, die der Wahrnehmung öffentlicher Interessen oder der staatlichen Fürsorge dienen, ist aber jeweils zu prüfen, ob die streitgegenständliche Angele- 18

1 BGH v. 18.9.1985 – IVb ZB 57/84, NJW 1986, 185 (186); OLG Hamm v. 10.2.1969 – 15 W 31/69, OLGZ 1969, 273 (274 f.); KG v. 13.6.1986 – 1 W 5768/84, OLGZ 1986, 282 (283).
2 BGH v. 18.9.1985 – IVb ZB 57/84, NJW 1986, 185 (186).
3 *Bassenge*/Roth, § 23 FGG Rz. 13 mwN.
4 BayObLG v. 13.7.1979 – BReg 3 Z 32/79, BayObLGZ 1979, 223 (224).
5 KG v. 13.6.1986 – 1 W 5768/84, OLGZ 1986, 282 (284).
6 KG v. 16.2.1971 – 1 W 12685/70, FamRZ 1971, 267 (268); KG v. 13.6.1986 – 1 W 5768/84, OLGZ 1986, 282 (284); OLG Köln v. 24.8.2001 – 25 UF 214/00, MDR 2002, 341.
7 BayObLG v. 26.3.1996 – 1 Z BR 111/94, BayObLGZ 1996, 69 (73 f.) unter Berufung auf Art. 37 Abs. 1 AGGVG (zweifelhaft), anders wohl BayObLG v. 7.5.1991 – BReg 1a Z 65/90, NJW-RR 1991, 1222 (1223).
8 OLG Hamm v. 10.2.1969 – 15 W 31/69, OLGZ 1969, 273 (274 f.).

genheit selbst hauptsächlich dem **Ausgleich privater Belange** der Beteiligten dient, etwa beim Streit über die Vergütung eines Pflegers. Dann ist die Verschlechterung wiederum ausgeschlossen.[1]

III. Rüge der Unzuständigkeit des erstinstanzlichen Gerichts

1. Bedeutung

19 § 65 Abs. 4 nimmt eine Beschränkung der Überprüfung hinsichtlich der Zuständigkeit vor, die den Regelungen für Berufung und Beschwerde im Zivilprozess (§§ 513 Abs. 2, 571 Abs. 2 Satz 2 ZPO) entspricht.[2] Danach kann eine Beschwerde nicht (erfolgreich) darauf gestützt werden, dass das Gericht erster Instanz seine **Zuständigkeit zu Unrecht angenommen** hat. Nach der Gesetzesbegründung sollen die Rechtsmittelgerichte hierdurch von reinen Streitigkeiten um Zuständigkeitsfragen entlastet werden.[3] Mindestens ebenso bedeutsam dürften aber die Verfahrensbeschleunigung und der Erhalt der vom Gericht erster Instanz bereits geleisteten Arbeit in der Sache[4] sein.

2. Umfang des Rügeausschlusses

20 Für den Rügeausschluss ist gleichgültig, ob das erstinstanzliche Gericht seine Zulässigkeit durch Zwischenentscheidung (zur Zulässigkeit in Verfahren nach dem FamFG s. § 38 Rz. 5) bejaht oder inzident durch eine Endentscheidung in der Sache. Wie im Zivilprozess[5] ist erstere Entscheidung gar nicht, letztere im Hinblick auf die Annahme der Zuständigkeit nicht anfechtbar. Dies umfasst grundsätzlich sachliche, örtliche und funktionelle Zuständigkeit. Die Unanfechtbarkeit ist selbst dann zu bejahen, wenn das erstinstanzliche Gericht eine ausschließliche oder vereinbarte Zuständigkeit nicht berücksichtigt.[6] § 65 Abs. 4 ist wie die Parallelnormen des Zivilprozesses (§§ 513 Abs. 2, 571 Abs. 2 Satz 2 ZPO) zwar nur anwendbar, wenn das erstinstanzliche Gericht seine Zuständigkeit bejaht. Hält sich das Gericht erster Instanz in Verfahren nach dem FamFG für **unzuständig**, hat es die Sache aber, anders als das Zivilgericht, auch ohne Antrag an das zuständige Gericht zu verweisen. Dieser Beschluss ist nach § 3 Abs. 3 Satz 1 nicht anfechtbar.

3. Ausnahmen von der Unanfechtbarkeit

a) Zulässigkeit des Rechtswegs (§ 17a GVG)

21 Ausnahmsweise anfechtbar ist die Bejahung seiner Zuständigkeit durch das erstinstanzliche Gericht, sofern der Rechtsweg betroffen ist. Denn insoweit stellt § 17a Abs. 3 und 4 GVG eine Spezialvorschrift dar. Dies umfasst auch das Verhältnis zu Arbeits- und Zivilgericht.[7] Soweit die Zuständigkeit des Gerichts nicht beanstandet

---

1 KG v. 13.6.1986 – 1 W 5768/84, OLGZ 1986, 282 (284 f.).
2 Zur bewussten Anlehnung an § 571 Abs. 2 Satz 2 ZPO s. BT-Drucks. 16/6308, S. 206.
3 BT-Drucks. 16/6308, S. 206; vgl. BGH v. 16.12.2003 – XI ZR 474/02, MDR 2004, 707.
4 So richtig zum Zivilprozess BGH v. 16.12.2003 – XI ZR 474/02, MDR 2004, 707; Zöller/*Heßler*, § 513 ZPO Rz. 6; MüKo.ZPO/*Lipp*, § 571 ZPO Rz. 9.
5 S. Zöller/*Heßler*, § 513 ZPO Rz. 7.
6 Vgl. zur wortgleichen Vorschrift des § 513 Abs. 2 ZPO Musielak/*Ball*, § 513 ZPO Rz. 7; Zöller/*Heßler*, § 513 ZPO Rz. 7.
7 MüKo.ZPO/*Lipp*, § 571 ZPO Rz. 10 m. Fn. 25; Zöller/*Heßler*, § 513 ZPO Rz. 12.

wird, ist die Zulässigkeit des beschrittenen Rechtswegs nach § 17a Abs. 5 GVG wiederum nicht mehr überprüfbar.

b) Internationale Zuständigkeit

Eine weitere Ausnahme, die insbesondere in Familiensachen von Bedeutung sein wird, ist wie im Zivilprozess[1] für die internationale Zuständigkeit anzuerkennen.[2] Denn zum einen wird diese vielfach durch höherrangiges europäisches Recht geregelt, zum anderen hat sie besondere Bedeutung, da die von einem international nicht zuständigen Gericht erlassene Entscheidung im Ausland nicht vollstreckbar ist.[3] Deshalb kann das Fehlen der internationalen Zuständigkeit entgegen dem zu weiten Wortlaut der § 65 Abs. 4 FamFG, §§ 513 Abs. 2, 571 Abs. 2 Satz 2 ZPO nicht anders als im Zivilprozess auch in der Rechtsmittelinstanz noch gerügt werden. 22

c) Willkürliche Annahme der Zuständigkeit

Umstritten ist die Frage, ob die Bejahung der Zuständigkeit auch dann anfechtbar ist, wenn sie auf der Verletzung von Verfahrensgrundrechten oder auf Willkür beruht.[4] Dies dürfte zu verneinen sein. Über den Verweis in § 68 Abs. 3 Satz 1 ist auch insoweit die **Anhörungsrüge** nach § 44 der vorgesehene Rechtsbehelf. Dass die Verletzung von Verfahrensgrundrechten ausgerechnet in den – wie gerade § 65 Abs. 4 zeigt – vom Gesetzgeber als weniger bedeutsam angesehenen Zuständigkeitsfragen ein ansonsten nicht vorgesehenes Rechtsmittel eröffnen soll, erscheint systemwidrig. 23

§ 66
Anschlussbeschwerde

Ein Beteiligter kann sich der Beschwerde anschließen, selbst wenn er auf die Beschwerde verzichtet hat oder die Beschwerdefrist verstrichen ist; die Anschließung erfolgt durch Einreichung der Beschwerdeanschlussschrift bei dem Beschwerdegericht. Die Anschließung verliert ihre Wirkung, wenn die Beschwerde zurückgenommen oder als unzulässig verworfen wird.

1 Vgl. insoweit BGH v. 28.11.2002 – III ZR 102/02, MDR 2003, 348 (349); BGH v. 16.12.2003 – XI ZR 474/02, MDR 2004, 707; Zöller/*Heßler*, § 513 ZPO Rz. 8 f.; MüKo.ZPO/*Lipp*, § 571 ZPO Rz. 8.

2 So schon zum alten Recht BayObLG v. 7.12.1993 – 1 Z BR 99/93 u. 114/93, FamRZ 1994, 913.

3 Vgl. BGH v. 28.11.2002 – III ZR 102/02, MDR 2003, 348 (349); BGH v. 16.12.2003 – XI ZR 474/02, MDR 2004, 707.

4 Bejahend für den Zivilprozess etwa MüKo.ZPO/*Lipp*, § 571 ZPO Rz. 9; verneinend Zöller/*Heßler*, § 513 ZPO Rz. 10.

A. Entstehungsgeschichte und Normzweck

1 Die Anschlussbeschwerde war im alten Recht nicht im FGG, sondern allenfalls spezialgesetzlich (§§ 22 Abs. 2 LwVG) geregelt.[1] Gleichwohl war sie allgemein anerkannt.[2] Diese Praxis kodifiziert § 66 unter ausdrücklicher Anlehnung an § 567 Abs. 3 Satz 1 ZPO.[3] Damit soll demjenigen, der etwa mangels ausreichender Beschwer (§ 61 Abs. 1) oder Einhaltung der Beschwerdefristen nach § 63 keine eigenständige Beschwerde einlegen kann, bei einer Beschwerde eines anderen Beteiligten auch die Überprüfung zu seinen Gunsten eröffnet werden. Eine Beschränkung auf bestimmte Verfahrensgegenstände oder auf echte Streitverfahren lehnte der Gesetzgeber ausdrücklich ab.[4] Fällt freilich mit **Rücknahme** oder **Verwerfung** der Hauptbeschwerde die Möglichkeit der Verschlechterung zu seinen Lasten weg, zieht dies auch den Verlust der Anschlussbeschwerde nach sich (§ 66 Satz 2). Aus diesem Grunde sollte ein durch die erstinstanzliche Entscheidung beschwerter Beteiligter stets die Einlegung eines eigenständigen Rechtsmittels innerhalb der Fristen des § 63 prüfen. Die Möglichkeit der Anschlussbeschwerde ist nicht auf echte Streitverfahren beschränkt, wird aber dort voraussichtlich besonders relevant.[5]

B. Inhalt der Vorschrift

I. Anwendbarkeit von § 66

1. Keine selbständige Beschwerde

2 Des Rückgriffs auf § 66 bedarf es nur dann, wenn der Anschlussbeschwerdeführer keine eigenständige Beschwerde einlegen kann. Liegen die Voraussetzungen einer eigenständigen Beschwerde vor und wird diese rechtzeitig eingelegt, so ist das Rechtsmittel auch bei **unrichtiger Bezeichnung** nicht als Anschlussbeschwerde mit den misslichen Folgen des § 66 Satz 2 zu behandeln. Denn die unrichtige Bezeichnung schadet nach allgemeinen Grundsätzen nicht (s. § 64 Rz. 16). In **Amtsverfahren** besteht jedenfalls dann kein Bedarf für eine Anschlussbeschwerde, wenn das Verbot der reformatio in peius nicht gilt. Denn dann kann das Beschwerdegericht, wenn es die Rechtslage für den Beschwerdeführer ungünstiger einschätzt als die erste Instanz, auch ohne Anschlussbeschwerde eine Entscheidung zu dessen Lasten treffen.[6]

1 Vgl. hierzu BT-Drucks. 16/6308, S. 206.
2 BT-Drucks. 16/6308, S. 206; vgl. Keidel/*Kahl*, vor §§ 19–30 FGG Rz. 4; *Bumiller*/Winkler, § 19 FGG Rz. 19; *Bassenge*/Roth, vor §§ 19–30 FGG Rz. 5.
3 BT-Drucks. 16/6308, S. 206.
4 BT-Drucks. 16/6308, S. 206.
5 BT-Drucks. 16/6308, S. 206.
6 BGH v. 3.10.1984 – IVb ZB 42/82, NJW 1985, 968 (969); OLG Köln v. 24.8.2001 – 25 UF 214/00, MDR 2002, 341; *Bumiller*/Winkler, § 19 FGG Rz. 19.

2. Voraussetzungen der Anschlussbeschwerde

a) Verfahrensgegenstand und Verfahrensgegner

Bereits zum alten Recht war anerkannt, dass sich die Anschlussbeschwerde im Rahmen des erstinstanzlichen Verfahrensgegenstandes halten musste. Mit der Anschlussbeschwerde kann kein neuer Verfahrensgegenstand in das Verfahren eingeführt werden. Hierüber hat zunächst das Gericht erster Instanz zu befinden. Die Anschlussbeschwerde kann sich des Weiteren nur gegen den Beschwerdeführer, nicht gegen sonstige Beteiligte richten.[1] 3

b) Beschwerdeberechtigung

Zumindest missverständlich ist die nachträgliche Abänderung[2] der ursprünglichen Gesetzesfassung, wonach sich nicht mehr ein „Beschwerdeberechtigter", sondern nunmehr ein „Beteiligter" der Beschwerde anschließen kann. Begründet wurde dies damit, dass auch der vollständig obsiegende Beteiligte in der Lage sein soll, sich bei Änderungen im Unterhaltsbedarf der Beschwerde des Unterhaltsverpflichteten anzuschließen.[3] Dies war, worauf die Materialien selbst hinweisen,[4] selbst im Rahmen des Zivilprozesses möglich und erfordert nicht den völligen Verzicht auf die Beschwerdeberechtigung. Es kann nicht gewollt sein, dass jeder nur aus Gründen rechtlichen Gehörs oder gar zu Unrecht formell am Verfahren Beteiligte aus ideellen, wirtschaftlichen oder moralischen Gründen ebenfalls die Entscheidung erster Instanz angreifen kann. § 66 eröffnet nicht die Möglichkeit der Popularbeschwerde. Man wird den misslungenen Wortlaut von § 66 Satz 1 im Lichte der Materialien korrigierend dahin auslegen müssen, dass eine vollständige Stattgabe der Anträge die Beschwerdeberechtigung nicht ausschließt. Der Anschlussbeschwerdeführer muss aber durch die Entscheidung zumindest auf Grund nachträglicher Entwicklungen in seinen Rechten beeinträchtigt sein (hierzu s. § 59 Rz. 2 ff.). 4

3. Von § 66 überwundene Zulässigkeitsmängel der eigenständigen Beschwerde

a) Rechtsmittelverzicht

Als ersten der Zulässigkeitsmängel für eine eigenständige Beschwerde, die durch § 66 überwunden werden, nennt die Vorschrift in bewusster Anlehnung an § 567 Abs. 3 Satz 1 ZPO[5] den Verzicht auf die Beschwerde (§ 67 Abs. 1 bis 3). Obwohl die Beschwerde des Beteiligten, der auf dieses Rechtsmittel verzichtet hat, eigenständig nicht zulässig wäre, kann er also Anschlussbeschwerde einlegen. Auch auf diese kann ein Beteiligter aber verzichten, wie § 67 Abs. 2 zeigt. 5

b) Fristversäumnis

Die Anschlussbeschwerde kommt ferner, wie § 66 Satz 1 ebenfalls in Anlehnung an § 567 Abs. 3 Satz 1 ZPO[6] klarstellt, auch nach Versäumung der Beschwerdefristen des 6

1 OLG Hamburg v. 14.7.2008 – 2 Wx 31/02, ZMR 2008, 899 (902); Musielak/*Ball*, § 554 ZPO Rz. 7; Zöller/*Heßler*, § 524 ZPO Rz. 18.
2 Durch das sog. FGG-RG-Reparaturgesetz v. 30.7.2009, BGBl. I, S. 2449.
3 BT-Drucks. 16/12717 (eVF), S. 69.
4 BT-Drucks. 16/12717 (eVF), S. 69.
5 BT-Drucks. 16/6308, S. 206.
6 BT-Drucks. 16/6308, S. 206.

§ 63 in Betracht. Allerdings ist in diesem Fall die **Wiedereinsetzung** nach § 18 vorzuziehen, wenn deren Voraussetzungen vorliegen.

c) Geringere Beschwer als beim Hauptrechtsmittel

7 Schon nach bisherigem Recht herrschte Einigkeit, dass bei einer Anschlussbeschwerde an die Beschwer nach § 20 Abs. 1 FGG aF geringere Anforderungen als bei der Hauptbeschwerde zu stellen sind. Dies kann auf das neue Recht übertragen werden, da § 66 Satz 1 keinen abschließenden Katalog enthält. So kann der Anschlussbeschwerdeführer die Entscheidung auch bei einer § 61 Abs. 1 unterschreitenden Beschwer überprüfen lassen. An einer Beschwer in der Hauptsache kann es sogar gänzlich fehlen, wenn sich der Anschlussbeschwerdeführer nur gegen die **Kostenentscheidung** wendet. Da sich § 66 Satz 1 ausdrücklich an § 567 Abs. 3 Satz 1 ZPO anlehnt,[1] kann die diesbezügliche zivilprozessuale Praxis[2] ebenfalls auf Verfahren nach dem FamFG übertragen werden. Allerdings darf es nicht an jeglicher Beschwer fehlen. Denn dann überschreitet die Anschlussbeschwerde entweder unzulässigerweise den Verfahrensgegenstand erster Instanz (s. § 69 Rz. 3 f.) oder der Anschlussbeschwerdeführer ist überhaupt nicht in seinen Rechten beeinträchtigt, weshalb ihm die Beschwerdeberechtigung fehlt (s. Rz. 4 u. § 59 Rz. 2 ff.).

II. Form und spätester Zeitpunkt der Anschließung

1. Beschwerdeanschlussschrift

8 Die Anschließung an die Hauptbeschwerde erfolgt nach § 66 Satz 1, 2. Halbs. durch eine Beschwerdeanschlussschrift. Diese muss die Voraussetzungen einer Beschwerdeschrift erfüllen.[3] Insoweit kann auf § 64 Abs. 2 Satz 1 Bezug genommen werden. Die Anschlussbeschwerdeschrift muss daher dieselben Anforderungen wie die Beschwerdeschrift erfüllen. Sie muss demnach gem. § 64 Abs. 1 beim Beschwerdegericht eingelegt werden, den angefochtenen Beschluss bezeichnen, die Erklärung enthalten, dass hiergegen Anschlussbeschwerde eingelegt wird und vom Anschlussbeschwerdeführer oder seinem Bevollmächtigten unterzeichnet sein (s. die Kommentierung zu § 64).

9 § 66 Satz 1 sieht im Gegensatz zu § 64 Abs. 2 Satz 1 aber nicht die Möglichkeit einer Einlegung der Anschlussbeschwerde durch Erklärung zur **Niederschrift der Geschäftsstelle** vor. Dies dürfte angesichts der lückenhaften Regelung des § 66 nicht überzubewerten sein. Immerhin erwähnt die Vorschrift auch die nach bisherigem Recht und im Zivilprozess unstreitige Möglichkeit der Anschlussbeschwerde bei Nichterreichen der Beschwerdesumme ebenso wenig wie die beiderseitige Erledigungserklärung der Beschwerde als weiteren Tatbestand dafür, dass die Anschlussbeschwerde ihre Wirkung verliert (s. Rz. 14). Auch die Interessenlage von Beschwerde- und Anschlussbeschwerdeführer sind im Hinblick auf die Einlegung des Rechtsmittels durch Erklärung zu Protokoll der Geschäftsstelle identisch. Daher ist von einer unbewussten Regelungslücke auszugehen, die eine analoge Anwendung von § 64 Abs. 2 Satz 1 letzter Halbs. auf die Anschlussbeschwerde rechtfertigt.[4]

1 BT-Drucks. 16/6308, S. 206.
2 S. Baumbach/*Hartmann*, § 567 ZPO Rz. 20; Zöller/*Heßler*, § 567 ZPO Rz. 61.
3 Vgl. die Begr. in BT-Drucks. 16/6308, S. 368.
4 Vgl. zum Zivilprozess MüKo.ZPO/*Lipp*, § 571 ZPO Rz. 38; Zöller/*Heßler*, § 567 ZPO Rz. 61.

2. Begründung der Anschlussbeschwerde und das weitere Verfahren

Auch zur Begründung der Anschlussbeschwerde finden sich in § 66 keine weiteren Regelungen. Da die Interessenlage der Beteiligten insoweit nicht von derjenigen nach Einlegung der Hauptbeschwerde abweicht, sind die Vorschriften zur **Begründung** der Beschwerde (§ 65) einschließlich der Möglichkeit einer **Fristsetzung** zur Begründung nach § 65 Abs. 2 entsprechend anzuwenden. Das umfasst selbstverständlich auch die Möglichkeit, das Rechtsmittel entsprechend § 65 Abs. 3 auf **neue Tatsachen und Beweismittel** zu stützen. Auch die Entscheidung über die Anschlussbeschwerde kann nicht über den Umfang der Anfechtung hinausgehen. Allerdings gilt die erstinstanzliche Entscheidung auch durch eine Anschlussbeschwerde im Zweifel insgesamt als angefochten, soweit sie den Anschlussbeschwerdeführer belastet. Selbstverständlich gilt der Ausschluss der Unzuständigkeitsrüge nach § 65 Abs. 4 für die Anschlussbeschwerde im gleichen Umfang wie für die Hauptbeschwerde. Soweit die Anschlussbeschwerde hierzu Anlass gibt, kann das Beschwerdegericht nach § 64 Abs. 3 allein im Hinblick hierauf **einstweilige Anordnungen** erlassen. Im Zivilprozess kann das Gericht erster Instanz der Anschlussbeschwerde – auch isoliert unter Nichtabhilfe hinsichtlich der Hauptbeschwerde – **abhelfen**. Dies dürfte im Verfahren nach dem FamFG nicht gelten, da das erstinstanzliche Gericht die Hauptbeschwerde schon dem Beschwerdegericht vorgelegt hat und die Sache dann insgesamt dort anhängig ist.[1] Über Haupt- und Anschlussbeschwerde muss nicht zugleich entschieden werden.[2] Eine Vorabentscheidung über die Anschlussbeschwerde scheidet jedoch wegen § 66 Satz 2 aus, da sie ja mit Erledigung der Hauptbeschwerde ihre Wirkung verliert. Die **Kostenentscheidung** bleibt bei einer **Vorabentscheidung über die Hauptbeschwerde** der Schlussentscheidung vorbehalten, da sie für das gesamte Verfahren einheitlich ergehen muss. 10

3. Zeitpunkt der Anschließung

Die Anschließung ist frühestens mit **Einlegung der Hauptbeschwerde** zulässig. Ein zuvor eingelegtes und (etwa mangels Erreichens der Beschwerdesumme) nicht als eigenständige Beschwerde zulässiges Rechtsmittel kann jedoch wiederholt werden, da es nicht fristgebunden ist. Hierauf hat das Beschwerdegericht nach § 68 Abs. 3 Satz 1, § 28 Abs. 2 hinzuwirken. Da die Anschlussbeschwerde nicht an die Fristen des § 63 gebunden ist,[3] kann sie ähnlich wie neues Vorbringen **bis zur Entscheidung in der Hauptsache** bzw. bis zur sonstigen Erledigung erfolgen. Da die Entscheidung, anders als das Urteil im Zivilprozess, nicht auf Grund der mündlichen Verhandlung ergeht, kann dies auch noch danach geschehen. Erst mit dem Erlass der Beschwerdeentscheidung nach § 38 Abs. 3 Satz 3, also mit ihrer Übergabe an die Geschäftsstelle oder mit Verlesung der Beschlussformel, entfällt die Möglichkeit einer Anschlussbeschwerde. Eine danach eingelegte Anschlussbeschwerde ist unzulässig. 11

4. Anschließung an eine Anschlussbeschwerde

Schon im Rahmen der ZPO-Beschwerde, und zwar gerade in den auch hier relevanten Familiensachen, war streitig, ob auch die Anschließung an eine Anschlussbeschwerde 12

1 Vgl. MüKo.ZPO/*Lipp*, § 567 ZPO Rz. 38; Musielak/*Ball*, § 567 ZPO Rz. 24; § 66 Satz 1 sieht nur die Einlegung beim Beschwerdegericht vor.
2 Vgl. MüKo.ZPO/*Lipp*, § 571 ZPO Rz. 39.
3 Der diesbezügliche Vorschlag des BR (BT-Drucks. 16/6308, S. 368), dem die BReg. nicht zustimmte (BT-Drucks. 16/6308, S. 409), wurde nicht Gesetz.

möglich ist.[1] Diese Frage kann sich in Verfahren nach dem FamFG häufiger stellen, nämlich immer dann, wenn ein Beteiligter von der Hauptbeschwerde nicht betroffen ist, wohl aber von einer Anschlussbeschwerde. Wird etwa gegen den vom Gericht in Aussicht gestellten Erbschein zunächst nur deswegen Beschwerde eingelegt, weil die Erbeinsetzung eines Miterben für unwirksam befunden wird, beschwert dies die anderen Miterben nicht unbedingt. Legt der Beschwerdegegner daraufhin im Hinblick auf die ihm günstigere gesetzliche Erbfolge Anschlussbeschwerde ein, mit der er sich gegen die Wirksamkeit des Testaments wendet, sind die Interessen aller testamentarischen Erben berührt. Angesichts der identischen Interessenlage von Anschlussbeschwerdeführer und dem durch dieses Rechtsmittel betroffenen Beteiligten kann kein Zweifel bestehen, dass sich dieser der Anschlussbeschwerde anschließen kann, wie dies die hM in der Zivilprozessrechtsliteratur gleichfalls annimmt.[2]

III. Folgen von Rücknahme oder Verwerfung der Hauptbeschwerde

1. Rücknahme und Verwerfung

13 Die Anschlussbeschwerde ist von der Existenz eines zulässigen Hauptrechtsmittels abhängig. Kommt es etwa durch Rücknahme oder Verwerfung als unzulässig nicht mehr zu einer Entscheidung in der Hauptsache über die Hauptbeschwerde, scheidet nach § 66 Satz 2 auch eine Entscheidung über die Anschlussbeschwerde aus. Sie verliert nach § 66 Satz 2 ihre Wirkung. Damit endet ähnlich wie bei Rücknahme oder beidseitiger Erledigungserklärung einer Sache ihre Rechtshängigkeit. In diesem Falle hat allerdings der Hauptbeschwerdeführer wie im Zivilprozess[3] die **Kosten** des gesamten Beschwerdeverfahrens zu tragen.

2. Weitere Erledigungstatbestände

14 Die in § 66 Satz 2 genannten Tatbestände der Rücknahme oder Verwerfung stellen **keine abschließende Aufzählung** dar. Es sind noch andere Möglichkeiten denkbar, in denen es nicht mehr zu einer Entscheidung in der Hauptsache über die Hauptbeschwerde kommen kann. In Betracht kommt etwa die **beiderseitige Erledigungserklärung** des Gegenstandes der Hauptbeschwerde, die eine sachliche Bescheidung der Hauptbeschwerde nicht mehr zulässt. Ähnliches gilt für die Anschließung an eine Anschlussbeschwerde, wenn sich Haupt- und Anschlussbeschwerdeführer **vergleichen**. Auch in dieser Konstellation werden die Haupt- und die erste Anschlussbeschwerde nicht mehr in der Sache entschieden, so dass sich die weitere Anschließung ebenfalls erledigt hat. In all diesen Fällen verliert die Anschlussbeschwerde entweder in direkter oder in entsprechender Anwendung von § 66 Satz 2 ebenfalls ihre Wirkung.

1 S. MüKo.ZPO/*Lipp*, § 567 Rz. 37; Musielak/*Ball*, § 567 ZPO Rz. 25; Baumbach/*Hartmann*, § 567 ZPO Rz. 20, jeweils mwN.
2 MüKo.ZPO/*Lipp*, § 571 ZPO Rz. 37; Musielak/*Ball*, § 567 ZPO Rz. 37.
3 Hierzu MüKo.ZPO/*Lipp*, § 571 ZPO Rz. 39.

§ 67
Verzicht auf die Beschwerde; Rücknahme der Beschwerde

(1) Die Beschwerde ist unzulässig, wenn der Beschwerdeführer hierauf nach Bekanntgabe des Beschlusses durch Erklärung gegenüber dem Gericht verzichtet hat.

(2) Die Anschlussbeschwerde ist unzulässig, wenn der Anschlussbeschwerdeführer hierauf nach Einlegung des Hauptrechtsmittels durch Erklärung gegenüber dem Gericht verzichtet hat.

(3) Der gegenüber einem anderen Beteiligten erklärte Verzicht hat die Unzulässigkeit der Beschwerde nur dann zur Folge, wenn dieser sich darauf beruft.

(4) Der Beschwerdeführer kann die Beschwerde bis zum Erlass der Beschwerdeentscheidung durch Erklärung gegenüber dem Gericht zurücknehmen.

A. Entstehungsgeschichte und Normzweck

1 § 67 will die Voraussetzungen und Folgen des Verzichts und der Rücknahme einer Beschwerde gesetzlich regeln. Beide Möglichkeiten waren schon bislang anerkannt,[1] im Einzelnen jedoch umstritten.[2] Hierbei erreicht der Wortlaut von § 67 Abs. 1 das in den Materialien gesteckte Ziel, den Rechtsmittelverzicht vor Erlass der Entscheidung durch Erklärung gegenüber dem Gericht zu ermöglichen (s. Rz. 2),[3] eindeutig nicht. Auch die Voraussetzungen eines Rechtsmittelverzichts außerhalb einer Gerichtsverhandlung werden nunmehr anders geregelt als von der früher hM praktiziert, nämlich nicht mehr als Vertrag, sondern als Prozesshandlung. Die knappe Regelung zur Beschwerderücknahme ermöglicht wohl die Beibehaltung der zum alten Recht entwickelten Handhabung. Die Möglichkeiten von Verzicht und Rücknahme sind **für alle Verfahren gleichermaßen** gegeben. Dies entspricht der Reichweite der Verfahrensherrschaft jedes Beteiligten auch in Amtsverfahren: Auch wenn er über den Verfahrensgegenstand selbst nicht verfügen kann, kommt ihm jedoch volle Disposition über die ihm verfahrensrechtlich gegebenen Einwirkungsmöglichkeiten zu.[4] Eine Einschränkung besteht nur bei **beschränkt verfahrensfähigen Personen**. Sie können Verzicht oder Rücknahme unbeschränkt nur in den Fällen erklären, in denen sie als verfahrensfähig gelten.[5] Ansonsten müssen sie sich zumindest in einem Zustand geistiger Klarheit befinden, dass sie die Bedeutung einer entsprechenden Erklärung erkennen.[6] Anderenfalls bedarf es hierfür der Bestellung eines Verfahrenspflegers.[7]

B. Inhalt der Vorschrift

I. Beschwerdeverzicht gegenüber dem Gericht (Absatz 1)

1. Erklärung gegenüber dem Gericht

a) Zeitpunkt der Erklärung

2 Nach den Materialien wollte der Gesetzgeber mit § 67 Abs. 1 den Beschwerdeverzicht gegenüber dem Gericht vor und nach dem Erlass einer gerichtlichen Entscheidung ermöglichen.[8] Ersteres hat er bei der Formulierung von § 67 Abs. 1 offensichtlich aus den Augen verloren. Denn die Vorschrift erklärt die Beschwerde ausdrücklich nur dann für unzulässig, wenn der Beschwerdeführer hierauf „**nach Bekanntgabe des Beschlusses** verzichtet". Dies geht sogar noch über den Erlass hinaus, da eine Entscheidung bereits nach § 38 Abs. 3 der Geschäftsstelle übergeben oder ihr Tenor verlesen und sie damit erlassen sein kann, bevor sie dem Beschwerdeberechtigten nach §§ 41, 15 Abs. 2 bekannt gegeben wird. Diesem eindeutigen Wortlaut zufolge scheidet ein Verzicht vor Bekanntgabe und somit vor Erlass der erstinstanzlichen Entscheidung

1 BayObLG v. 30.12.1964 – BReg 1a Z 315/64, BayObLGZ 1964, 448 (449); BayObLG v. 13.3.1998 – 3 Z BR 54/98, BayObLGZ 1998, 62 (63).
2 Vgl. BT-Drucks. 16/6308, S. 207.
3 BT-Drucks. 16/6308, S. 207.
4 BayObLG v. 14.7.1997 – 1 Z BR 39/97, FGPrax 1997, 229; *Bumiller*/Winkler, § 19 FGG Rz. 20.
5 OLG Hamm v. 10.7.1990 – 15 W 143/90, OLGZ 1990, 401 (404).
6 OLG Hamm v. 10.7.1990 – 15 W 143/90, OLGZ 1990, 401 (404 f.).
7 OLG Hamm v. 10.7.1990 – 15 W 143/90, OLGZ 1990, 401 (405).
8 BT-Drucks. 16/6308, S. 207.

aus. Damit folgt der Wortlaut des Gesetzes der schon bislang hM.[1] Eine gleichwohl abgegebene Erklärung ändert nichts an der Zulässigkeit der Beschwerde. Den spätesten Zeitpunkt, zu dem der Verzicht auf die Beschwerde noch möglich ist, bestimmt das Gesetz nicht ausdrücklich. Der zeitliche Rahmen dürfte aber § 67 Abs. 4 zu entnehmen sein. Wenn nämlich schon die Rücknahme als Erklärung mit weniger gravierenden Folgen nur bis zum **Erlass der Beschwerdeentscheidung** möglich ist, muss die erst recht für den weiter reichenden Verzicht gelten.

b) Form der Erklärung

Der Verzicht auf die Beschwerde bedurfte nach bisheriger Praxis **keiner Form**. Er konnte somit durch Schriftsatz und zu gerichtlichem Protokoll, aber auch mündlich erklärt werden.[2] Da der Gesetzgeber hieran nichts ändern wollte, kann diese Handhabung in das neue Recht übernommen werden. 3

c) Adressat der Erklärung

Zum Adressaten des Verzichts bestimmt § 67 Abs. 1 nur, dass er „gegenüber dem Gericht" erklärt werden kann. Dies umfasste nach früherer Praxis auch das erstinstanzliche Gericht.[3] Hieran ist fest zu halten. Wenn das **Gericht erster Instanz** nunmehr im Gegensatz zum früheren Recht sogar ausschließlich für die Einlegung der Beschwerde zuständig ist, muss auch der Verzicht hierauf schon dort erklärt werden können. Selbstverständlich ist dies **im Laufe des weiteren Verfahrens auch noch vor dem Beschwerdegericht** möglich. Da der Gesetzgeber insoweit keine Einschränkungen vornehmen wollte, bleibt der Verzicht wie die weniger weit reichende Rücknahme zudem auch gegenüber dem **ersuchten Richter** möglich. Die Erklärung gegenüber einem **unzuständigen Gericht** wird von § 67 Abs. 1 nicht erfasst. Auch die Weiterleitung der schriftlichen oder protokollierten Erklärung an das zuständige Gericht oder an andere Beteiligte bleibt ohne rechtliche Folgen. Denn § 67 Abs. 1 erfordert nicht nur, dass dem Gericht die Erklärung irgendwann durch die Vermittlung irgendeines Dritten zugeht. Vielmehr trifft die Norm eine Bestimmung über den Erklärungsvorgang selbst, der „gegenüber dem Gericht" oder gem. § 67 Abs. 3 „gegenüber einem anderen Beteiligten" erfolgen muss. Das ist aber bei Erklärungen, die von vornherein an Unzuständige gerichtet werden, nicht der Fall (vgl. Rz. 33 zur richtigen Adressierung, aber unrichtigen Übermittlung an das falsche Gericht). 4

d) Inhalt der Erklärung

aa) Eindeutiger Verzicht auf Überprüfung

Ein wirksamer Verzicht muss die Erklärung enthalten, dass der Beschwerdeberechtigte die **Möglichkeit einer Überprüfung des erstinstanzlichen Beschlusses durch Rechtsmittel endgültig aufgibt**.[4] Es muss sich um einen vollständigen Verzicht auf die Über- 5

1 S. BGH v. 9.6.1967 – IV ZB 663/66, BGHZ 48, 88 (96 f.); BGH v. 24.10.1988 – II ZB 7/88, BGHZ 105, 324 (329); Keidel/*Kahl*, § 19 FGG Rz. 100; *Bumiller*/Winkler, § 19 FGG Rz. 22; *Bassenge*/Roth, § 20 FGG Rz. 3.

2 OLG Hamm v. 10.7.1990 – 15 W 143/90, OLGZ 1990, 401 (404); BayObLG v. 13.3.1998 – 3 Z BR 54/98, BayObLGZ 1998, 62 (63); Keidel/*Kahl*, § 19 FGG Rz. 101; *Bumiller*/Winkler, § 19 FGG Rz. 21.

3 BayObLG v. 13.3.1998 – 3 Z BR 54/98, BayObLGZ 1998, 62 (63).

4 BGH v. 9.6.1967 – IV ZB 663/66, BGHZ 48, 88 (98); BayObLG v. 30.12.1964 – BReg 1a Z 315/64, BayObLGZ 1964, 448 (449); BayObLG v. 13.3.1998 – 3 Z BR 54/98, BayObLGZ 1998, 62 (63).

prüfung, nicht nur auf das konkrete Rechtsmittel handeln. Hierin unterscheidet sich der Verzicht von der Rücknahme. Nach letzterer ist eine **erneute Beschwerde**, sofern die Fristen des § 63 eingehalten werden, zulässig, nach einem Verzicht nicht. Dessen Erklärung muss nicht ausdrücklich unter Verwendung des Begriffes „Verzicht" erfolgen, sie muss aber eindeutig sein.[1] Die bloße Absichtserklärung, keine Beschwerde einlegen zu wollen, genügt nicht.[2] Hiermit bekundet der Beschwerdeberechtigte lediglich, vorerst keinen Gebrauch von seinem Recht machen zu wollen. Gleiches gilt für die Rücknahme. Sie stellt keinen endgültigen Verzicht auf eine Überprüfung des erstinstanzlichen Beschlusses dar, so dass nochmals Beschwerde eingelegt werden kann, sofern die Fristen des § 63 noch nicht abgelaufen sind. Der Verzicht kann aber im Einzelfall mit der Rücknahme verbunden sein.[3] Auch die konkludente oder ausdrückliche Beschränkung der Beschwerde stellt keinen Teilverzicht dar.[4]

bb) Teilverzicht

6 Der Verzicht kann auf Teile der erstinstanzlichen Entscheidung beschränkt werden.[5] Hierbei muss es sich aber um **abtrennbare Teile** handeln, etwa um einzelne, gesondert beschiedene Zeiträume der Vergütung oÄ. Unwirksam sind aber Beschränkungen auf **einzelne rechtliche Aspekte**. Auf eine entsprechende Beschwerde wird die angegriffene Entscheidung insgesamt überprüft.

cc) Bedingungsfeindlichkeit

7 Der Verzicht kann nicht unter einer Bedingung erklärt werden. Ein solcher Verzicht ist grundsätzlich unwirksam und hat auf eine gleichwohl eingelegte Beschwerde keine Auswirkungen. Eine Ausnahme gilt nach allgemeinen Regeln für **innerprozessuale Bedingungen**. Wird der Verzicht von einem Ereignis im Verlauf des Verfahrens abhängig gemacht, etwa dem Beschwerdeverzicht auch eines anderen Beteiligten, so ist diese Erklärung zulässig. Der Verzicht wird mit Eintritt der Bedingung wirksam.

2. Folgen des Beschwerdeverzichts gegenüber dem Gericht

a) Wirksamkeit durch einseitige Erklärung und Widerruf

8 Der Beschwerdeverzicht nach § 67 Abs. 1 stellt eine einseitige Erklärung gegenüber dem Gericht dar. Er wird erst mit dem Zugang bei Gericht wirksam. Eine schriftliche Erklärung kann also **vor dem Zugang** noch rückgängig gemacht werden. Dies kann entweder körperlich durch „Abfangen" des Schriftstücks oder durch Widerruf geschehen. Letzteres erfordert eine vor dem Verzicht dem Gericht zugehende **weitere Erklärung**, mit der eindeutig bekundet wird, dass der später dort eingehende Verzicht nicht gelten soll. Der Verzicht als einseitige Erklärung bedarf zu seiner Wirksamkeit nicht der Zustimmung anderer Beteiligter. Ist er einmal bei Gericht eingegangen, kann er als **Prozesshandlung** weder widerrufen noch wegen Willensmängeln angefochten wer-

1 BGH v. 24.10.1988 – II ZB 7/88, BGHZ 105, 324 (329); BayObLG v. 30.12.1964 – BReg 1a Z 315/64, BayObLGZ 1964, 448 (449); BayObLG v. 13.3.1998 – 3 Z BR 54/98, BayObLGZ 1998, 62 (63).
2 BGH v. 24.10.1988 – II ZB 7/88, BGHZ 105, 324 (330); BayObLG v. 16.4.1957 – BReg 1 Z 190/1956, BayObLGZ 1957, 130 (132); BayObLG v. 13.3.1998 – 3 Z BR 54/98, BayObLGZ 1998, 62 (63).
3 BayObLG v. 30.12.1964 – BReg 1a Z 315/64, BayObLGZ 1964, 448 (449).
4 BayObLG v. 30.10.1990 – BReg 2 Z 122/90, NJW-RR 1991, 402 (403); *Bassenge*/Roth, § 20 FGG Rz. 3.
5 BayObLG v. 30.3.1988 – 2 Z 120/87, WE 1988, 205 (206).

den.[1] Bei einer Prozesshandlung ist dies, anders als dies nach altem Recht für verfahrensrechtliche Vereinbarungen über einen Rechtsmittelverzicht angenommen wurde,[2] auch bei Zustimmung aller anderen Beteiligten nicht möglich.

b) Unzulässigkeit der Beschwerde

Ein wirksamer Verzicht hat die in § 67 Abs. 1 ausdrücklich normierte Folge: Eine gleichwohl eingelegte Beschwerde ist unzulässig. Dies bedeutet, dass das Gericht den ihm oder dem erstinstanzlichen Gericht gegenüber erklärten Beschwerdeverzicht **von Amts wegen zu berücksichtigen** hat. Die anderen Beteiligten müssen sich hierauf nicht berufen. Durch den wirksamen Verzicht tritt somit formelle Rechtskraft ein.[3] 9

II. Verzicht auf die Anschlussbeschwerde (Absatz 2)

1. Weitergehender Regelungsbedarf

a) Verzicht in Kenntnis eines (möglichen) Hauptrechtsmittels

Beim Verzicht auf die Anschlussbeschwerde sah der Gesetzgeber zu Recht einen weiter gehenden Regelungsbedarf.[4] Denn der Verzicht auf Rechtsmittel erfolgt regelmäßig im Hinblick auf die vorliegende Entscheidung und die darin begründete Beschwer. Nur hiermit will sich der Verzichtende abfinden.[5] Erstrebt aber ein Beteiligter die Abänderung zulasten eines anderen, so muss dieser zur Wahrung der Waffengleichheit seinerseits gleichfalls zur Anfechtung selbst dann berechtigt sein, wenn er ursprünglich auf Rechtsmittel verzichten wollte.[6] Das zeigt schon die Regelung des § 66 Satz 1. Gleichwohl wäre es mit dem Grundsatz der Privatautonomie unvereinbar, wollte man einem Beteiligten den Verzicht auf eine Anschlussbeschwerde grundsätzlich versagen. Diese Spannung kann zu erheblicher Rechtsunsicherheit führen: Hat ein Beteiligter etwa in der Freude über eine überwiegend obsiegende Entscheidung den Verzicht auf „jegliches Rechtsmittel" erklärt, umfasst dies dem Wortlaut nach auch die Anschlussbeschwerde.[7] Gerade eine solche Wirkung im Hinblick auf die Beschwerde eines anderen Beteiligten will § 66 Satz 1 aber vermeiden.[8] Die zurzeit der Erklärung uU noch gar nicht erfasste Bedeutung ist um so schmerzlicher, als der Verzicht auf die Beschwerde als Prozesshandlung unwiderruflich ist. Vor diesem Hintergrund knüpfte der Gesetzgeber den Verzicht auf die Anschlussbeschwerde zu Recht an besondere Voraussetzungen. 10

b) Kein Verzicht bei Prüfung von Amts wegen

Die Materialien äußern sich nicht dazu, ob ein Verzicht auf die Anschlussbeschwerde möglich ist, wenn die Sach- und Rechtslage ohnehin von Amts wegen zu prüfen ist. 11

---

1 BGH v. 8.5.1985 – IVb ZB 56/84, MDR 1985, 830 (831); BayObLG v. 30.12.1964 – BReg 1a Z 315/64, BayObLGZ 1964, 448 (450).

2 BGH v. 8.5.1985 – IVb ZB 56/84, MDR 1985, 830 (831); Keidel/*Kahl*, § 19 FGG Rz. 102.

3 Keidel/*Kahl*, § 19 FGG Rz. 104; vgl. aber die Einschränkungen § 45 Rz. 5.

4 Seine Motive im Einzelnen gehen allerdings aus der dürftigen, einen Satz umfassenden Gesetzesbegründung (BT-Drucks. 16/6308, S. 207) nicht hervor.

5 Vgl. BGH v. 3.10.1984 – IVb ZB 42/82, NJW 1985, 968.

6 BGH v. 3.10.1984 – IVb ZB 42/82, NJW 1985, 968.

7 Vgl. OLG Koblenz v. 10.5.1985 – 13 UF 77/85, FamRZ 1985, 1266, 1267, wo auf „Rechtsmittel aller Art" verzichtet wurde.

8 Bedenklich daher schon nach altem Recht OLG Koblenz v. 10.5.1985 – 13 UF 77/85, FamRZ 1985, 1266 (1267).

Dies wurde bislang verneint, da eine reformatio in peius zulasten des Beschwerdeführers ohnehin möglich sei. Hieran wird festzuhalten sein. Denn der Gesetzgeber wollte die Voraussetzungen des Beschwerdeverzichts nicht neu regeln oder gar grundsätzlich erweitern. Gerade bei der Anschlussbeschwerde hat er sogar besondere Zurückhaltung walten lassen, so dass eine gegenüber dem früheren Recht erweiterte Rechtsfolge in diesem Zusammenhang nicht anzunehmen ist.

2. Einschränkung gegenüber dem Verzicht auf die Beschwerde

a) Einlegung der Hauptbeschwerde

12 Aus den eingangs (Rz. 10) genannten Gründen ist der Verzicht auf die Anschlussbeschwerde durch einseitige Erklärung gegenüber dem Gericht nach § 67 Abs. 2 zum einen in zeitlicher Hinsicht restriktiver geregelt als der Verzicht auf die Beschwerde: Die Anschlussbeschwerde ist nach § 67 Abs. 2 nur dann unzulässig, wenn der Verzicht **nach Einlegung des Hauptrechtsmittels** erklärt wird. Dies soll sicherstellen, dass die Erklärung in Kenntnis des Hauptrechtsmittels erfolgt. Eine vorab erfolgte einseitige Erklärung entfaltet jedenfalls im Hinblick auf die Anschlussbeschwerde von vornherein keine Wirkung. Anderes kann für ein eigenes Hauptrechtsmittel gelten, sofern die Erklärung den Anforderungen des § 67 Abs. 1 genügt.

b) Erklärung gegenüber dem Gericht

13 Eine weitere Einschränkung sieht der Gesetzgeber darin vor, dass der einseitige Verzicht auf die Anschlussbeschwerde **nur gegenüber dem Gericht** erfolgen kann. Der Vortrag, der Beschwerdeführer habe dem Beschwerdegegner gegenüber eine entsprechende Erklärung abgegeben, ist also unbeachtlich. In Betracht kommt nur eine verfahrensrechtliche Vereinbarung (s. Rz. 28).

c) Verzicht auf die Anschlussbeschwerde

14 Das Sicherungsmittel in Form eines frühestmöglichen Zeitpunktes, ab dem der Verzicht auf ein Anschlussrechtsmittel erfolgen kann, dürfte aber in der nunmehr geregelten Form nicht ausreichen. Denn § 67 Abs. 2 stellt ausdrücklich auf die **„Einlegung" des Hauptrechtsmittels**, nicht auf seine Zustellung ab. Eingelegt ist die Beschwerde aber nach § 64 Abs. 2 Satz 1 schon „durch Einreichung einer Beschwerdeschrift", ohne dass die anderen Beteiligten hiervon wissen müssen. Mithin ist durch den zeitlichen terminus post quem für die Wirksamkeit des Verzichts auf die Anschlussbeschwerde allein noch nicht sichergestellt, dass die Erklärung in Kenntnis des Hauptrechtsmittels abgegeben wird. Man wird daher zum Schutze des Beschwerdegegners den Wortlaut des Gesetzes wörtlich nehmen müssen, wonach eine Anschlussbeschwerde nur dann unzulässig ist, wenn der Anschlussbeschwerdeführer *hierauf* verzichtet hat. **Der Erklärung muss also eindeutig zu entnehmen sein, dass auf eine *Anschluss*beschwerde verzichtet wird**. Dies muss eindeutig, wenn auch nicht ausdrücklich erfolgen. Es genügt etwa die Erklärung, dass auch im Hinblick auf die Beschwerde der anderen Beteiligten auf Rechtsmittel verzichtet wird.

3. Folgen des wirksamen Verzichts auf die Anschlussbeschwerde

15 Für die Folgen eines Verzichts auf die Anschlussbeschwerde kann auf die Ausführungen zum Beschwerdeverzicht (Rz. 8 f.) Bezug genommen werden. Als **einseitige Erklärung gegenüber dem Gericht** wird der Verzicht erst mit dem Zugang bei Gericht

wirksam und bedarf nicht der Zustimmung anderer Beteiligter. Ein Widerruf ist nur vor dem Zugang bei Gericht möglich; eine Anfechtung ist ausgeschlossen. Eine trotz Verzichts eingelegte Anschlussbeschwerde ist **unzulässig**, was von Amts wegen zu berücksichtigen ist.

III. Nicht dem Gericht gegenüber erklärter Beschwerdeverzicht (Absatz 3)

1. Erklärung gegenüber anderen Beteiligten

a) Zeitpunkt der Erklärung

§ 67 Abs. 3 regelt den Verzicht, der nicht dem Gericht, sondern anderen Verfahrensbeteiligten gegenüber erklärt wird. Dieser ist teilweise deutlich abweichend vom Verzicht gegenüber dem Gericht ausgestaltet. Der erste Unterschied betrifft den **Zeitpunkt**, zu dem die Erklärung frühestens abgegeben werden kann. Im Gegensatz zu § 67 Abs. 1 sieht § 67 Abs. 3 keine zeitliche Beschränkung der Art vor, dass der Verzicht erst „nach Bekanntgabe des Beschlusses" erklärt werden kann. Damit ist die früher überwiegend verneinend beantwortete Frage, ob schon **vor Erlass der Entscheidung** einseitig auf die Beschwerde verzichtet werden kann,[1] durch den Gesetzgeber geklärt. Die weite Gesetzesfassung ermöglicht es sogar, schon bei Entstehen der Streitigkeit auf Rechtsmittel gegen die erstinstanzliche Entscheidung zu verzichten, um schnell Rechtssicherheit zu erlangen. Dies gilt entgegen früher wohl hM auch für Angelegenheiten, in denen die Beteiligten nicht über den Verfahrensgegenstand verfügen können.[2] Denn weder dem Wortlaut des Gesetzes noch den Materialien lässt sich eine Einschränkung von § 67 Abs. 3 auf **Antragsverfahren** oder **echte Streitverfahren** entnehmen. Der ausdrücklich geäußerte Wille des Gesetzgebers, die Streitigkeiten um die Voraussetzungen eines Verzichts nunmehr zu regeln,[3] zeigt auch, dass er in Kenntnis des Streitstandes eine bewusst weite Regelung vorgenommen hat. 16

b) Adressat der Erklärung

Der Verzicht muss „gegenüber einem anderen Beteiligten" erklärt werden. Erklärungen **gegenüber dem Gericht** genügen also nicht, ebenso wenig **gegenüber Dritten**. Der Beschwerdegegner kann sich also grundsätzlich nicht auf Äußerungen des Beschwerdeberechtigten berufen, die nur Dritten gegenüber gefallen sind. Da es einer Erklärung dem Beteiligten gegenüber bedarf, hat der gegenüber einem Dritten getätigte Verzicht keine Wirkung, sofern ihm nicht nach allgemeinen Regeln **Empfangszuständigkeit** für den Beteiligten zukommt, etwa als **Boten** oder **Vertreter**. Sofern der Beteiligte selbst nicht handeln kann oder nicht verfahrensfähig ist, bedarf es naturgemäß der Erklärung gegenüber seinen Organen bzw. Vertretern. 17

c) Form und Inhalt der Erklärung

Wie bei der Erklärung gegenüber dem Gericht sind an die Form des Verzichts nur geringe, an den Inhalt hohe Anforderungen zu stellen. Der Verzicht bedarf **keiner Form**. Er kann auch mündlich, uU sogar konkludent erfolgen. Sein Inhalt muss aber **eindeutig** sein, wenn auch der Begriff Verzicht nicht verwendet werden muss. Ob die 18

1 Keidel/*Kahl*, § 19 FGG Rz. 100; *Bumiller*/Winkler, § 19 FGG Rz. 22; *Bassenge*/Roth, § 20 FGG Rz. 3.
2 S. etwa Keidel/*Kahl*, § 19 FGG Rz. 100; *Bumiller*/Winkler, § 19 FGG Rz. 22.
3 BT-Drucks. 16/6308, S. 206.

Voraussetzungen eines Verzichts vorliegen, hat das Gericht auf entsprechende Einrede des Beschwerdegegners uU durch Beweisaufnahme zu klären, weshalb sich die schriftliche Fixierung zumindest empfiehlt.

2. Folgen des Beschwerdeverzichts gegenüber einem anderen Beteiligten

a) Wirksamkeit durch einseitige Erklärung

19 Auch der Verzicht gegenüber anderen Beteiligten ist in § 67 Abs. 3 als einseitige Erklärung, nicht als verfahrensrechtliche Vereinbarung ausgestaltet. Der Erklärungsempfänger muss also nicht zustimmen.[1] Der Verzicht ist sogar dann wirksam, wenn er ausdrücklich widerspricht. Die völlig parallele Regelung von § 67 Abs. 1 und Abs. 3 legt es nahe, auch den Verzicht gegenüber einem anderen Beteiligten als grundsätzlich unwiderrufliche, nicht wegen Willensmängeln anfechtbare **Prozesshandlung** anzusehen.[2] Auch die Zustimmung des Beschwerdegegners zu einem Widerruf ändert hieran nichts. Die früher auch für einseitige Erklärungen vertretene gegenteilige Auffassung[3] dürfte durch die neue Fassung des Gesetzes überholt sein. Allerdings kann der Beschwerdegegner die Folgen des Verzichts allein dadurch rückgängig machen, dass er sich **hierauf nicht beruft** (zur Ausgestaltung des Verzichts nach § 67 Abs. 3 als Einrede s. Rz. 20).

b) Einrede

20 Im Unterschied zum Verzicht gegenüber dem Gericht nach § 67 Abs. 1 ist derjenige nach § 67 Abs. 3 nicht von Amts wegen zu beachten. Er ist nur als Einrede ausgestaltet, so dass sich der Beschwerdegegner hierauf berufen muss.[4] Ansonsten ist der Verzicht nach § 67 Abs. 3 nicht zu berücksichtigen, selbst wenn er dem Beschwerdegericht bekannt ist. Zudem muss **Identität zwischen dem Empfänger der Verzichtserklärung und demjenigen bestehen, der sich hierauf beruft**. Dies geht schon aus dem Wortlaut des § 67 Abs. 3 hervor, wonach der „gegenüber einem anderen Beteiligten erklärte Verzicht" nur dann zur Unzulässigkeit der Beschwerde führt, „wenn *dieser* sich darauf beruft". Zudem darf niemand prozessuale Befugnisse Dritter gelten machen. Der Beschwerdeberechtigte kann also sowohl hinsichtlich des Verfahrensgegenstandes teilweise auf die Beschwerde verzichten als auch persönlich hinsichtlich einzelner Beschwerdegegner.

IV. Sonstige verfahrensrechtliche Vereinbarungen

1. Zulässigkeit

21 Verfahrensrechtliche Vereinbarungen über den Verzicht auf Rechtsmittel wurden nach der alten Rechtslage jedenfalls in **echten Streitverfahren** allgemein für zulässig gehalten.[5] An dieser Einschätzung dürfte sich nach neuem Recht nichts ändern. Die Rege-

1 Hierfür spricht auch der Wortlaut der Gesetzesbegründung (BT-Drucks. 16/6308, S. 207), wonach „der gegenüber einem anderen Beteiligten erklärte Verzicht (...) wirksam" sein soll.

2 Zu Prozesshandlungen, die nicht dem Gericht, sondern dem Gegner gegenüber vorzunehmen sind, vgl. Zöller/*Greger*, vor § 128 ZPO Rz. 17.

3 *Bumiller*/Winkler, § 19 FGG Rz. 21.

4 BT-Drucks. 16/6308, S. 207.

5 BGH v. 9.6.1967 – IV ZB 663/66, BGHZ 48, 88 (96 f.); Keidel/*Kahl*, § 19 FGG Rz. 103; *Bumiller*/Winkler, § 19 FGG Rz. 22; *Bassenge*/Roth, § 20 FGG Rz. 3.

lungen der § 67 Abs. 1 bis 3, die nur den Verzicht durch einseitige Erklärung kodifizieren, lassen sich schwerlich als abschließend begreifen. Ein solch gravierender Eingriff in die Privatautonomie bedürfte einer ausdrücklichen Regelung. Zudem hielt der Gesetzgeber in den Materialien selbst den einseitig erklärten Verzicht in weiterem Umfange für möglich, als dies nach der Gesetz gewordenen Fassung des Textes in Betracht kommt (vgl. Rz. 1 f.). Es wäre kaum vertretbar, derartige weiter gehende Gestaltungen, deren Zulässigkeit der Gesetzgeber ausdrücklich wünschte, aber im Gesetzestext nicht berücksichtigte, noch nicht einmal im Wege einer verfahrensrechtlichen Vereinbarung zu ermöglichen. Allerdings wird man hier mangels abweichender Kodifizierung im neuen Recht die früher angenommenen Grenzen der Vertragsgestaltung weiterhin als wirksam ansehen müssen.

2. Bedeutung neben der einseitigen Erklärung nach Absatz 3

Die verfahrensrechtliche Vereinbarung wird neben der einseitigen Erklärung insbesondere dann von Bedeutung sein, wenn der Erklärende seinen Beschwerdeverzicht nicht isoliert erklären, sondern **von Zugeständnissen der anderen Seite abhängig** machen will. Die Bedingungsfeindlichkeit der Erklärungen nach § 67 Abs. 1 bis 3 lässt auch hier nur die verfahrensrechtliche Vereinbarung als Gestaltungsmöglichkeit zu. Gleiches gilt dann, wenn die **Initiative nicht vom Beschwerdeberechtigten ausgeht**. Unterbreitet ihm der Beschwerdegegner ein entsprechendes Angebot, würde die Annahme durch einfaches „Ja" schwerlich den Anforderungen an einen ausdrücklichen Beschwerdeverzicht durch einseitige Erklärung genügen. Selbstverständlich kann auf diesem Wege aber eine zweiseitige verfahrensrechtliche Vereinbarung zu Stande kommen. Daneben kann sie bei **fehlgeschlagener einseitiger Erklärung** Bedeutung erlangen. Denn nach allgemeinen Regeln kann die auf einen anderen Erfolg gerichtete Erklärung im Wege der Umdeutung als Angebot einer verfahrensrechtlichen Vereinbarung anzusehen sein. Hat der Beschwerdeberechtigte etwa vor Erlass der Entscheidung gegenüber dem Beschwerdegericht in Anwesenheit des Beschwerdegegners seinen Verzicht auf Rechtsmittel erklärt, ist diese Erklärung nach § 67 Abs. 1 unwirksam, da sie erst nach Erlass der Entscheidung abgegeben werden kann (s. Rz. 2). Die einseitige Erklärung kann aber in das Angebot zum Abschluss einer verfahrensrechtlichen Vereinbarung umgedeutet werden, wenn davon auszugehen ist, dass der Beschwerdeberechtigte in Kenntnis der Unwirksamkeit seiner Erklärung ein Angebot dieses Inhalts hätte abgeben wollen. Dies setzt allerdings voraus, dass der Beschwerdegegner sogleich (§ 147 Abs. 1 Satz 1 BGB) in irgendeiner Weise seine Zustimmung zu dem Verzicht zu erkennen gegeben hat. 22

3. Voraussetzungen und Grenzen

a) Vereinbarung

Die verfahrensrechtliche Vereinbarung bedarf übereinstimmender Willenserklärungen von Beschwerdeberechtigtem und Beschwerdegegner. Diese müssen die endgültige Aufgabe der Möglichkeit eines Rechtsmittels gegen die erstinstanzliche Entscheidung zum Inhalt haben. Insoweit gilt nichts anderes als für die einseitige Erklärung des Verzichts (s. Rz. 5). 23

b) Zeitpunkt

Schon bislang ging man davon aus, dass die Vereinbarung eines Verzichts auf die Beschwerde im Gegensatz zur einseitigen Erklärung **bereits vor Erlass der Entschei-** 24

dung erfolgen kann.[1] Hieran ist fest zu halten. Auch wenn dies im Wortlaut des § 67 keinen Niederschlag gefunden hat, wollte der Gesetzgeber diese Möglichkeit nicht beschränken, sondern ausweislich der Materialien sogar erweitern. Frühester Zeitpunkt einer solchen Vereinbarung dürfte **das Entstehen der später gerichtlich zu entscheidenden Streitigkeit bzw. des ansonsten zu regelnden Sachverhaltes** sein. Denn ein globaler Verzicht auf Rechtsmittel in noch nicht einmal absehbaren Verfahren erster Instanz dürfte mangels Bestimmtheit unwirksam sein.

c) Form und Inhalt

25 Wie bei der einseitigen Erklärung bedarf es beim vereinbarten Beschwerdeverzicht (s. Rz. 3) keiner Form. Dieser kann auch mündlich vereinbart werden. Der Inhalt muss wie dort eindeutig sein. Bei Streitigkeiten ist das Vorliegen eines vereinbarten Beschwerdeverzichts durch Beweisaufnahme zu klären, sofern sich der Beschwerdegegner hierauf beruft.

4. Folgen

a) Einrede

26 Der vereinbarte Beschwerdeverzicht hatte nach altem Recht im Gegensatz zur wirksamen Erklärung dem Gericht gegenüber keine unmittelbaren Auswirkungen auf das Beschwerdeverfahren. Selbst wenn das Gericht hiervon Kenntnis hatte, war die Vereinbarung nicht von Amts wegen zu berücksichtigen, sondern nur dann, wenn sich der Beschwerdegegner hierauf berief.[2] Diese Ausgestaltung als Einrede kommt dem vereinbarten Beschwerdeverzicht auch nach neuem Recht zu. Abgesehen davon, dass der Gesetzgeber insoweit keinen Änderungswillen erkennen lässt, folgt dies auch aus § 67 Abs. 3. Denn selbst die dort geregelte einseitige Erklärung, die als Prozesshandlung anzusehen ist, ist nur dann zu berücksichtigen, wenn sich der Beschwerdegegner darauf beruft. Nichts anderes kann dann für den verfahrensrechtlichen Vertrag gelten.

b) Anfechtbarkeit

27 Im Gegensatz zur Prozesshandlung unterliegt die verfahrensrechtliche Vereinbarung als Vertrag denselben Regeln der Anfechtung wie sonstige Willenserklärungen. Bei **Willensmängeln** kann sie etwa nach §§ 119, 123 BGB angefochten werden. Anders als bei der einseitigen Erklärung ist entsprechender Vortrag im Beschwerdeverfahren also beachtlich. Das Gericht hat bei Streit über die zur Anfechtung berechtigenden Tatsachen notfalls Beweis zu erheben, sofern die Willenserklärung nicht auch die Voraussetzungen der § 67 Abs. 1 bis 3 erfüllt, also insbesondere unbedingt und unabhängig von Zugeständnissen eines anderen Beteiligten erklärt ist.

5. Besonderheiten bei der Anschlussbeschwerde

28 Der Gesetzgeber lässt mit den Sonderregelungen zum Verzicht auf die Anschlussbeschwerde in § 67 Abs. 2 erkennen, dass bei der Annahme, ein Beteiligter verzichte trotz Hauptrechtsmittels auf seine Anschlussmöglichkeit, besondere Vorsicht geboten ist. Dies ist auch bei der verfahrensrechtlichen Vereinbarung zu beachten. Ein solcher

1 Keidel/*Kahl*, § 19 FGG Rz. 103; *Bumiller*/Winkler, § 19 FGG Rz. 22; *Bassenge*/Roth, § 20 FGG Rz. 3.
2 Keidel/*Kahl*, § 19 FGG Rz. 103; *Bumiller*/Winkler, § 19 FGG Rz. 24.

Verzicht muss zwar grundsätzlich zumindest dort möglich sein, wo der Beteiligte über den Verfahrensgegenstand disponieren kann, also insbesondere in echten Streitverfahren. Bei der Annahme eines solchen Verzichts ist allerdings Zurückhaltung geboten. Bei Vereinbarungen vor Einlegung des Hauptrechtsmittels ist vom Verzicht auf die Anschlussbeschwerde nur dann auszugehen, **wenn er auch für den Fall gelten soll, dass die Gegenseite Beschwerde einlegt**. Dies muss eindeutig, wenn auch nicht unbedingt ausdrücklich erfolgen. Der Verzicht auf „jedes" Rechtsmittel etwa wird regelmäßig nicht genügen. Sofern eine Abänderung zulasten des Beschwerdeführers ohne Anschlussbeschwerde möglich ist, bindet eine entsprechenden Erklärung das Gericht ohnehin nicht.

V. Rücknahme der Beschwerde (Absatz 4)

1. Regelungsgehalt

29 Mit § 67 Abs. 4 trifft der Gesetzgeber eine Regelung zur Rücknahme von Rechtsmitteln, die das FGG nicht kannte. Gleichwohl war die Möglichkeit der Rücknahme eines Rechtsmittels auch dort allgemein anerkannt.[1] § 67 Abs. 4 beschränkt sich auf die Regelung der Möglichkeit und des spätesten Zeitpunktes der Rücknahme. In letzterer Hinsicht ist die Norm ausdrücklich an § 516 Abs. 1 ZPO angelehnt.[2] Weiter geht die Übernahme zivilprozessualer Grundsätze nicht, so dass § 516 Abs. 2, 3 ZPO keine, auch keine analoge Anwendung findet. Insoweit kann aber mangels Änderungswillens des Gesetzgebers auf die zum alten Recht entwickelten Grundsätze zurückgegriffen werden.

2. Erklärung gegenüber dem Gericht

a) Zeitpunkt der Erklärung

30 Die Rücknahme der Beschwerde ist naturgemäß erst **nach ihrer Einlegung** möglich. Das Rechtsmittel muss indessen **nicht statthaft oder zulässig** sein; auch eine durch einen nicht Beschwerdeberechtigten, vor Erlass der erstinstanzlichen Entscheidung oder nach Ablauf der Beschwerdefristen des § 63 eingelegte Beschwerde kann zurückgenommen werden. § 67 Abs. 4 regelt den spätesten Zeitpunkt, zu dem die Beschwerde zurückgenommen werden kann, ausdrücklich. Nach **Erlass** der Entscheidung, also nach Übergabe des Beschlusses an die Geschäftsstelle oder nach Verlesen der Beschlussformel (§ 38 Abs. 3 Satz 3) ist dies nicht mehr möglich. Der Bekanntgabe nach §§ 41 Abs. 1, 15 Abs. 2 oder der sonst wie erlangten Kenntnis durch den Beschwerdeführer bedarf es also nicht. Eine nach diesem Zeitpunkt eingehende Rücknahme ist wirkungslos.

b) Berechtigung zur Rücknahme

31 Nach früherem Recht war die Rücknahme der Beschwerde **in allen Verfahren** gleichermaßen möglich, auch in Amtsverfahren. Denn die Befugnis, von einer Überprüfung der erstinstanzlichen Entscheidung abzusehen, kam verfahrensrechtlich jedem Beschwerdeberechtigten zu, auch wenn er materiell-rechtlich über den Verfahrensgegen-

---

1 S. Keidel/*Kahl*, § 19 FGG Rz. 108; *Bumiller*/Winkler, § 19 FGG Rz. 20; *Bassenge*/Roth, § 20 FGG Rz. 3.
2 BT-Drucks. 16/6308, S. 207.

stand nicht verfügen konnte.[1] Hieran hat das neue Recht festgehalten, indem § 67 Abs. 4 keine Einschränkung auf bestimmte Verfahren vornimmt. Steht einer Mehrzahl von Personen das **Beschwerderecht nur gemeinsam** zu, so führt die Rücknahme nur durch einen von ihnen zum Verlust des Rechtsmittels für alle Beschwerdeführer.[2] Sofern der Beschwerdeberechtigte **verfahrensunfähig** ist, ist die nicht durch einen Pfleger erklärte Rücknahme unwirksam. Eine Ausnahme gilt dann, wenn der Verfahrensunfähige selbst zur Einlegung von Rechtsmitteln befugt ist (s. Rz. 1).[3]

c) Form der Erklärung

32 Die Rücknahme der Beschwerde bedurfte nach bisheriger Praxis keiner Form. Sie konnte somit durch Schriftsatz und zu gerichtlichem Protokoll, aber auch mündlich erklärt werden.[4] Da der Gesetzgeber hieran nichts ändern wollte, kann diese Handhabung in das neue Recht übernommen werden.

d) Adressat der Erklärung

33 Zum Adressaten des Verzichts äußerte sich § 67 Abs. 4 in der ursprünglichen Fassung nicht. Nach früherer Praxis konnte die Beschwerde sowohl vor dem erstinstanzlichen Gericht als auch vor dem Beschwerdegericht erklärt werden.[5] Diese Praxis hat der Gesetzgeber nunmehr kodifiziert.[6] Da der Gesetzgeber insoweit keine Einschränkungen vornehmen wollte, kann auch vor dem ersuchten Richter zurückgenommen werden.[7] Die Erklärung gegenüber einem unzuständigen Gericht wird von § 67 Abs. 4 nicht erfasst. Wie beim Verzicht löst aber die Weiterleitung einer schriftlichen oder protokollierten Erklärung an das zuständige Gericht die Wirkungen der Rücknahme nicht aus. Denn die Rücknahme muss ebenso wie der Verzicht nach § 67 Abs. 1 „gegenüber dem Gericht" erklärt werden. Die von vornherein bewusst an einen unzuständigen Dritten – etwa ein unzuständiges Gericht oder den Beschwerdegegner – gerichtete Erklärung bleibt wirkungslos, auch wenn sie dem Gericht zugeleitet wird.[8] Sie kann allerdings als Verzicht nach § 67 Abs. 3 auszulegen sein. Etwas anderes gilt natürlich dann, wenn die Rücknahme an das richtige Gericht adressiert ist, aber einem anderen übermittelt wird. Dann wird die Rücknahme mit Zugang beim richtigen Gericht wirksam.

e) Inhalt der Erklärung

aa) Eindeutiger Verzicht auf Überprüfung

34 Die Rücknahme muss nur die Erklärung enthalten, dass der Beschwerdeberechtigte auf das **konkrete** Rechtsmittel verzichtet. Er muss nicht die Möglichkeit einer Über-

1 BayObLG v. 14.7.1997 – 1 Z BR 39/97, FGPrax 1997, 229; *Bumiller*//Winkler, § 19 FGG Rz. 20.
2 Keidel/*Kahl*, § 19 FGG Rz. 108.
3 S. OLG Hamm v. 10.7.1990 – 15 W 143/90, OLGZ 1990, 401 (404 f.).
4 BayObLG v. 14.8.1967 – BReg 1b Z 45/67, BayObLGZ 1967, 286 (288); Keidel/*Kahl*, § 19 FGG Rz. 108; *Bumiller*/Winkler, § 19 FGG Rz. 20.
5 S. Keidel/*Kahl*, § 19 FGG Rz. 108.
6 Durch das sog. FGG-RG-Reparaturgesetz v. 30.7.2009, BGBl. I, S. 2449 (s. auch BT-Drucks. 16/12717 [eVF], S. 70).
7 Keidel/*Kahl*, § 19 FGG Rz. 108.
8 Die bisweilen in anderem Sinne zitierten Entscheidungen des BGH v. 21.3.1977 – II ZB 5/77, VersR 1977, 574 und v. 19.2.1991 – X ZR 14/91, MDR 1991, 668 stehen dem nicht entgegen, da die Rechtsmittel dort bei dem ursprünglich zumindest empfangszuständigen Gericht eingelegt wurden, nicht aber bei einem unbeteiligten Gericht.

prüfung des erstinstanzlichen Beschlusses durch Rechtsmittel endgültig aufgeben. Hierin unterscheidet sich die Rücknahme vom Verzicht.

bb) Teilrücknahme

Die Rücknahme kann auf Teile der ursprünglichen Beschwerde beschränkt werden. 35
Hierbei muss es sich aber um **abtrennbare Teile** handeln, etwa um einzelne, gesondert beschiedene Zeiträume der Vergütung.[1] Zurückgenommen werden kann auch hinsichtlich des Umfangs, in dem ein Anspruch geltend gemacht wird. Unwirksam sind Rücknahmen wegen **einzelner Anspruchsgrundlagen oÄ**. In solchen Fällen wird weiterhin die angegriffene Entscheidung insgesamt überprüft.[2] Anderes gilt allerdings dann, wenn nur die Kostenentscheidung von der Rücknahme ausgenommen ist.[3] Sie ist wirksam und führt zur Unzulässigkeit der nunmehr auf die Kosten beschränkte Beschwerde.

cc) Bedingungsfeindlichkeit

Die Rücknahme kann als Prozesshandlung nicht unter einer Bedingung erklärt wer- 36
den. Eine solche Bedingung ist grundsätzlich unwirksam und hat auf eine gleichwohl eingelegte Beschwerde keine Auswirkungen. Eine Ausnahme gilt nach allgemeinen Regeln für **innerprozessuale Bedingungen**. Insoweit kann auf die Ausführungen zum Verzicht (Rz. 7) Bezug genommen werden.

3. Folgen der Rücknahme

a) Verlust des Rechtsmittels

Die Rücknahme der Beschwerde führt zum Verlust des Rechtsmittels. Eine bereits 37
ergangene Entscheidung wird unwirksam.[4] Diese Folge tritt mit dem Zugang der Erklärung bei Gericht ein. Sie kann also zuvor noch durch „Abfangen" des Schriftstücks oder durch Widerruf unwirksam gemacht werden. Insoweit kann auf die Ausführungen zum Verzicht Bezug genommen werden (vgl. Rz. 8). Sofern mehrere Beschwerdeführer nicht ausnahmsweise nur gemeinschaftlich beschwerdeberechtigt sind, trifft diese Folge nur den Beschwerdeführer, der die Rücknahme erklärt hat (zur gemeinschaftlichen Beschwerdeberechtigung vgl. § 59 Rz. 23).[5] Nachträglich kann die Rücknahme als **Prozesshandlung** weder durch Widerruf noch durch Anfechtung beseitigt werden,[6] auch nicht bei Zustimmung des Beschwerdegegners. Ausnahmen werden zugelassen, wenn ein **Restitutionsgrund** iSd. § 580 ZPO vorliegt.[7] Allerdings bezieht sich der Rechtsmittelverlust im Gegensatz zum Verzicht nur auf das konkrete Rechtsmittel. Sind die Fristen des § 63 noch nicht abgelaufen, kann also eine neue Beschwerde eingelegt werden. Die Rücknahme als einseitige Erklärung bedarf zu ihrer Wirksamkeit nicht der Zustimmung anderer Beteiligter, auch nicht nach einer mündlichen Verhandlung.[8]

---

1 BayObLG v. 14.8.1967 – BReg 1b Z 45/67, BayObLGZ 1967, 286 (288).
2 BayObLG v. 14.8.1967 – BReg 1b Z 45/67, BayObLGZ 1967, 286 (288).
3 BayObLG v. 14.8.1967 – BReg 1b Z 45/67, BayObLGZ 1967, 286 (289 f.).
4 Keidel/*Kahl*, § 19 FGG Rz. 108; vgl. Stein/Jonas/*Grunsky*, § 515 ZPO Rz. 21; MüKo.ZPO/*Rimmelspacher*, § 515 ZPO Rz. 24; Baumbach/*Hartmann*, § 516 ZPO Rz. 18.
5 BayObLG v. 26.3.1996 – 1 Z BR 111/94, BayObLGZ 1996, 69 (71 f.).
6 BayObLG v. 30.12.1964 – BReg 1a Z 315/64, BayObLGZ 1964, 448 (450).
7 BGH v. 8.5.1985 – IVb ZB 56/84, MDR 1985, 830 (831); Keidel/*Kahl*, § 19 FGG Rz. 108.
8 BayObLG v. 14.8.1967 – BReg 1b Z 45/67, BayObLGZ 1967, 286 (288).

b) Entscheidung trotz Rücknahme

38 Die Möglichkeit der Rücknahme gegenüber den Gerichten beider Instanzen kann Probleme hervorrufen, wenn die Akte bereits der Rechtsmittelinstanz zugeleitet wurde und diese keine Kenntnis hiervon erlangt. Keine Schwierigkeiten ergeben sich, wenn die Rücknahme erst eingeht, **nachdem die Entscheidung des Beschwerdegerichts erlassen ist**. Dann bleibt sie von der Rücknahme unberührt, da die Rücknahme nach § 67 Abs. 4 nur bis zum Erlass der zweitinstanzlichen Entscheidung erfolgen kann (vgl. Rz. 30). Hingegen wird zu differenzieren sein, wenn die Rücknahme **noch vor der Entscheidung des Beschwerdegerichts eingeht**, aber etwa infolge verzögerter Bearbeitung in der Eingangsstelle oder infolge eines Kanzleiversehens nicht unverzüglich weitergeleitet wird. Dann kommt es darauf an, ob die Rechtsbeschwerde kraft Gesetzes oder durch Zulassung eröffnet ist. In diesem Fall wird die trotzdem ergangene zweitinstanzliche Entscheidung wirkungslos. Denn die Rücknahme eines Rechtsmittels führt grundsätzlich zur Wirkungslosigkeit bereits ergangener, noch nicht rechtskräftiger Entscheidungen zweiter Instanz.[1] Rechtskraft tritt aber erst nach Ablauf der Frist für die Einlegung der Rechtsbeschwerde ein. Anderes gilt mangels Nichtzulassungsbeschwerde, wenn keine Rechtsbeschwerde eingelegt werden kann. Ist nämlich ein Rechtsmittel von vorneherein unstatthaft, so wird die Entscheidung der Beschwerdeinstanz – ähnlich wie Berufungsurteile des LG nach altem Recht – mit ihrem Erlass rechtskräftig.[2] Die Rücknahme kann aber nicht zur Unwirksamkeit bereits rechtskräftiger Entscheidungen führen.

c) Kosten

39 Für die Kostenentscheidung gilt mangels Verweises nicht § 516 Abs. 3 ZPO. Über § 84 wird man aber regelmäßig zu denselben Ergebnissen gelangen. Nehmen mehrere Beteiligte ihre Beschwerden zurück oder bleibt die nicht zurückgenommene Beschwerde erfolglos, sind die Kosten idR nach dem Verhältnis ihres Unterliegens auf die Beschwerdeführer zu verteilen. Eine Kostenquotelung erfolgt auch bei Teilrücknahme, wenn der verbliebene Teil der Beschwerde (zumindest teilweise) erfolgreich ist.

§ 68
Gang des Beschwerdeverfahrens

(1) Hält das Gericht, dessen Beschluss angefochten wird, die Beschwerde für begründet, hat es ihr abzuhelfen; anderenfalls ist die Beschwerde unverzüglich dem Beschwerdegericht vorzulegen. Das Gericht ist zur Abhilfe nicht befugt, wenn die Beschwerde sich gegen eine Endentscheidung in einer Familiensache richtet.

(2) Das Beschwerdegericht hat zu prüfen, ob die Beschwerde an sich statthaft und ob sie in der gesetzlichen Form und Frist eingelegt ist. Mangelt es an einem dieser Erfordernisse, ist die Beschwerde als unzulässig zu verwerfen.

1 Keidel/*Kahl*, § 19 FGG Rz. 108; vgl. Stein/Jonas/*Grunsky*, § 515 ZPO Rz. 21; MüKo.ZPO/*Rimmelspacher* § 515 ZPO Rz. 24; Baumbach/*Hartmann*, § 516 ZPO Rz. 18.

2 *Schuschke/Walker*, Vollstreckung und vorläufiger Rechtsschutz, 3. Aufl. 2002, § 705 Rz. 6; *Gottwald*, Zwangsvollstreckung, 4. Aufl. 2002, § 705 Rz. 10; Stein/Jonas/*Münzberg*, ZPO, 22. Aufl. 2002, § 705 Rz. 2 iVm. 4; für Berufungsurteile des LG nach altem Recht s. Stein/Jonas/*Münzberg*, ZPO, 21. Aufl. 1995, § 705 Rz. 2b.

(3) Das Beschwerdeverfahren bestimmt sich im Übrigen nach den Vorschriften über das Verfahren im ersten Rechtszug. Das Beschwerdegericht kann von der Durchführung eines Termins, einer mündlichen Verhandlung oder einzelner Verfahrenshandlungen absehen, wenn diese bereits im ersten Rechtszug vorgenommen wurden und von einer erneuten Vornahme keine zusätzlichen Erkenntnisse zu erwarten sind.

(4) Das Beschwerdegericht kann die Beschwerde durch Beschluss einem seiner Mitglieder zur Entscheidung als Einzelrichter übertragen; § 526 der Zivilprozessordnung gilt mit der Maßgabe entsprechend, dass eine Übertragung auf einen Richter auf Probe ausgeschlossen ist.

A. Entstehungsgeschichte und Normzweck

1 § 68 regelt den Gang des Beschwerdeverfahrens. Dabei lehnen sich § 68 Abs. 1 und 2 im Wesentlichen an die Beschwerde im Zivilprozess (§ 572 Abs. 1 und 2 ZPO) an, was ua. der Harmonisierung der Verfahrensordnungen dienen soll.[1] Für alle Verfahren wurde ein Abhilfeverfahren eingeführt, das die Beschränkungen des § 18 Abs. 2 FGG aF auf bestimmte Beschwerden beseitigt.[2] Mit der weit gehenden **Übernahme der zivilprozessualen Regelungen**[3] wurden aber auch die dortigen Unklarheiten etwa zur Prüfungsberechtigung und Prüfungspflicht im Abhilfeverfahren übernommen. Zudem ist die Regelungsdichte wie im Zivilprozess sehr punktuell. Während dem Abhilfeverfahren vor dem Gericht des ersten Rechtszuges und der Zulässigkeitsprüfung durch das Beschwerdegericht jeweils ein ganzer Absatz gewidmet werden, wird das gesamte weitere Verfahren in § 68 Abs. 3 Satz 1 durch den Verweis auf den ersten Rechtszug abgehandelt. In § 68 Abs. 3 Satz 2 wurde die Möglichkeit kodifiziert, von der Durchführung einer mündlichen Verhandlung oder der Wiederholung sonstiger Verfahrenshandlungen wie etwa Anhörungen oder Beweisaufnahmen abzusehen, wenn diese keine zusätzlichen Erkenntnisse versprechen (vgl. Rz. 26 ff.).[4] § 68 Abs. 4 regelt die Übertragung der Sache auf den Einzelrichter, dessen Zuständigkeit im Unterschied zur zivilprozessualen Beschwerde nicht obligatorisch, sondern fakultativ ist. Dies entspricht der Beschwerde als Rechtsmittel gegen die Entscheidung in der Hauptsache (vgl. § 526 ZPO).

B. Inhalt der Vorschrift

I. Abhilfeverfahren (Absatz 1)

1. Zweck des Abhilfeverfahrens

2 Vor der Entscheidung des Beschwerdegerichts soll das Gericht erster Instanz die Möglichkeit bekommen, seine Entscheidung selbst zu überprüfen. Dies soll zum einen die Beschwerdegerichte entlasten, da ihnen solche Entscheidungen gar nicht mehr vorgelegt werden, deren Unrichtigkeit das Ausgangsgericht selbst erkannt hat.[5] Zum anderen soll das **Verfahren beschleunigt** werden,[6] indem die Korrektur von dem bereits mit

1 Vgl. BT-Drucks. 16/6308, S. 207.
2 Zu dieser Abweichung vom alten Recht BT-Drucks. 16/6308, S. 207.
3 Hierzu BT-Drucks. 16/6308, S. 207.
4 *Meyer-Seitz/Kröger*, FamRZ 2005, 1430 (1434); zu weit gehend *Schürmann*, FamRB 2009, 24 (28), der davon spricht, dass „für das Beschwerdegericht gleichwohl keine Verpflichtung (besteht), eine erstinstanzliche Beweisaufnahme zu wiederholen".
5 BT-Drucks. 16/6308, S. 207; vgl. MüKo.ZPO/*Lipp*, § 572 Rz. 3; Baumbach/*Hartmann*, § 572 ZPO Rz. 2.
6 Baumbach/*Hartmann*, § 572 ZPO Rz. 2; Musielak/*Ball*, § 572 ZPO Rz. 1.

der Materie betrauten Gericht des ersten Rechtszuges vorgenommen wird, wodurch Zeit für die Einarbeitung des Beschwerdegerichts eingespart wird. Die Möglichkeit der **Abänderung** der Entscheidung durch das erstinstanzliche Gericht nach § 48 Abs. 1 wegen einer Änderung der Sach- und Rechtslage existiert unabhängig von der Abhilfe nach § 68 Abs. 1 Satz 1, ist aber wohl auf nachträgliche Änderungen beschränkt (zum Verhältnis von Beschwerde und Abänderung bei einer Änderung der Sach- oder Rechtslage innerhalb der Beschwerdefrist s. § 48 Rz. 6).[1]

2. Ausschluss des Abhilfeverfahrens

Nach § 68 Abs. 1 Satz 2 besteht in **Familiensachen** keine Befugnis des erstinstanzlichen Gerichts zur Abhilfe. Diese Regelung soll die entsprechenden Bestimmungen des alten Rechts in §§ 621e Abs. 3 aF, 318 ZPO fortschreiben.[2] Das Beschwerdegericht konnte aber schon nach altem Recht die Vollziehung der Entscheidung aussetzen.[3] Diese Möglichkeit bleibt nach § 64 Abs. 3 erhalten. 3

3. Zuständigkeit

Die Durchführung des Abhilfeverfahrens obliegt demselben Spruchkörper, der die erstinstanzliche Entscheidung getroffen hat. Ist ausnahmsweise die erstinstanzliche Zuständigkeit des LG gegeben, hat also die **ganze Kammer**, nicht nur der Vorsitzende über die Abhilfe zu entscheiden.[4] Im Übrigen ist insoweit die Geschäftsverteilung des Gerichts maßgeblich. Nach einem **Dezernatswechsel** entscheidet daher der neue Dezernent, der nach der Geschäftsverteilung für das Verfahren zuständig ist. Das gilt auch dann, wenn der frühere Dezernent noch am Gericht tätig ist. Hieraus ergibt sich für den Fall, dass der neue Dezernent abhelfen will, uU die Notwendigkeit einer **erneuten mündlichen Verhandlung** oder der Wiederholung sonstiger Verfahrenshandlungen. Wie § 68 Abs. 3 Satz 2 zeigt, hat auch das Beschwerdegericht etwa eine Beweisaufnahme zu wiederholen, wenn es den Inhalt einer Aussage oder die Glaubwürdigkeit eines Zeugen anders bewerten will als das Gericht erster Instanz. Nichts anderes kann dann aber gelten, wenn ein neuer Dezernent im Abhilfeverfahren diese Fragen abweichend von seinem Vorgänger beurteilen will. Denn das Ausgangsgericht tritt im Abhilfeverfahren an die Stelle des Beschwerdegerichts (s. Rz. 5). 4

4. Prüfungsumfang

a) Dieselbe Prüfungskompetenz wie das Beschwerdegericht

Nach § 68 Abs. 1 hat das Gericht, dessen Entscheidung angefochten wird, der Beschwerde abzuhelfen, wenn es sie für begründet hält. Dies ergibt dieselbe Kompetenz und Verpflichtung zur Überprüfung, die auch dem Beschwerdegericht zukommt. Das Ausgangsgericht hat also nicht nur Fehler bei der Würdigung der Sach- und Rechtslage nach dem bisherigen Vortrag der Beteiligten zu korrigieren. Es hat auch **neuen Vortrag** zu berücksichtigen und bei Gesetzesänderungen uU neues Recht anzuwenden. Entgegen den Gesetzesmaterialien, die nur von einem „Recht, einer Beschwerde abzuhel- 5

1 BT-Drucks. 16/6308, S. 207.
2 BT-Drucks. 16/6308, S. 207; *Schürmann*, FamRB 2009, 24 (28).
3 Zöller/*Philippi*, § 621e Rz. 60.
4 OLG Stuttgart v. 27.8.2002 – 14 W 3/02, MDR 2003, 110 (111).

fen" sprechen,[1] ergibt sich aus dem Wortlaut des § 68 Abs. 1 Satz 1 („hat es ihr abzuhelfen") eine **Pflicht zur Abhilfe**. Beschränkt wird die Prüfungsmöglichkeit nur durch Vorgaben des Beschwerdegerichts aus einem früheren Beschwerdeverfahren. Hieran bleibt das Gericht des ersten Rechtszuges gebunden (vgl. § 69 Rz. 15 ff.).

b) Prüfungsmöglichkeit oder -pflicht bei unzulässigen Beschwerden

6 § 68 Abs. 1 Satz 1 stellt wie § 572 Abs. 1 Satz 1 ZPO nur darauf ab, ob das Gericht erster Instanz die Beschwerde für *begründet* hält. Das wirft dieselben Fragen zum Prüfungsumfang unzulässiger Beschwerden auf wie im Zivilprozess: Wie dort wird wohl auch im Verfahren nach dem FamFG umstritten bleiben, ob die erste Instanz einer unzulässigen Beschwerde abhelfen darf oder muss, wenn es sie für begründet hält. Obwohl der Wortlaut hierauf zu deuten scheint,[2] zumal die Prüfung der Zulässigkeit in § 68 Abs. 2 ausdrücklich geregelt wird, widerspräche eine solche Prüfungsmöglichkeit oder gar Prüfungspflicht der Systematik des Gesetzes. So sieht **§ 44 Abs. 2** selbst bei besonders schwerwiegenden Verfahrensfehlern ausdrücklich die Einhaltung einer **Zweiwochenfrist** ein. Könnte oder müsste die Entscheidung ohnehin im Abhilfeverfahren abgeändert werden, liefe diese ebenso Frist leer wie diejenigen des § 63. Zudem wäre das Vertrauen auf die **Rechtskraft** einer Entscheidung, deren Eintritt nach § 46 Gegenstand eines Zeugnisses ist, grundsätzlich unberechtigt, könnte oder müsste das Gericht erster Instanz auch verfristeten Beschwerden im Abhilfeverfahren zum Erfolg verhelfen. Ähnliches gilt für andere Fragen der Zulässigkeit, etwa die **Beschwerdeberechtigung**. Gerade in Verfahren nach dem FamFG werden, anders als im Zivilprozess, oftmals Dritte beteiligt, deren rechtlichen Interessen durch die Entscheidung nicht berührt werden. Könnte oder müsste das Gericht ihren Beschwerden (oder gar denen gar nicht beteiligter Personen) trotz fehlender Beschwerdeberechtigung abhelfen, so wäre der Bestand einer Entscheidung in das Belieben Dritter gestellt. Jedenfalls im Abhilfeverfahren wäre die Popularbeschwerde zulässig und würde das Gericht nach der weitestgehenden Auffassung zum Parallelproblem im Zivilprozess zur Korrektur seiner Entscheidung verpflichten. Dies würde, da auch die Fristversäumung dieser Auffassung zufolge lediglich eine nach § 68 Abs. 1 Satz 1 der Abhilfe nicht entgegenstehende Zulässigkeitsvoraussetzung wäre, zu unbefristeter Rechtsunsicherheit führen. Dass eine solche Behandlung unzulässiger Beschwerden Dritter dem deutschen Recht fremd wäre, bedarf keiner weiteren Erörterung. Auf unzulässige Beschwerden hin darf mithin die Entscheidung auch im Abhilfeverfahren nicht geändert werden.

5. Verfahren

a) Tätigwerden nach Eingang der Beschwerde bis zur Vorlage

7 Das Gericht erster Instanz darf **nur nach Eingang einer Beschwerde** tätig werden. Ohne eine solche darf es Fehler allenfalls im Wege der **Berichtigung** nach § 42 oder der **Abänderung** nach § 48, aber nicht gestützt auf die Kompetenz zur Selbstkorrektur nach § 68 Abs. 1 beheben. Die Möglichkeit der Selbstkorrektur endet mit der Vorlage nach § 68 Abs. 1 Satz 1 letzter Halbs. Danach ist die Sache beim Beschwerdegericht anhängig und allein dieses zur Abänderung der angefochtenen Entscheidung befugt.[3]

1 BT-Drucks. 16/6308, S. 207.

2 So auch Musielak/*Ball*, § 572 ZPO Rz. 4 selbst für den Fall einer unstatthaften Beschwerde, eingeschränkt, nur für statthafte Beschwerden Baumbach/Lauterbach, § 572 Rz. 4.

3 Baumbach/Lauterbach, § 572 ZPO Rz. 9; Musielak/*Ball*, § 572 ZPO Rz. 9; Zöller/*Heßler*, § 572 ZPO Rz. 16.

b) Gewährung rechtlichen Gehörs und weitere Verfahrenshandlungen

8 Hält das Gericht erster Instanz die zulässige Beschwerde zumindest teilweise für begründet, darf es seine Entscheidung nicht ohne weiteres abändern. Es hat hierzu allen Beteiligten, die hierdurch belastet werden, rechtliches Gehör zu gewähren. Jedenfalls bei komplizierten rechtlichen oder tatsächlichen Fragen wird die bloße Übersendung der Beschwerdeschrift hierzu oftmals nicht ausreichen, zumal sich das Gericht ja bereits in eine Richtung entschieden hat. Da Schriftsätze in jedem Falle weiterzuleiten sind, werden die anderen Beteiligten häufig noch nicht einmal erkennen, dass eine Änderung des ihnen günstigen Beschlusses droht. Das Gericht wird daher regelmäßig vorab **darauf hinweisen müssen**, welche Änderung beabsichtigt ist. Nur dann haben die anderen Beteiligten die Möglichkeit, sich auf die beabsichtigte Änderung zu ihren Lasten konkret zu äußern. Sofern es um eine abweichende Beurteilung der Sachlage durch einen neuen Dezernenten geht, kann zudem die Wiederholung von Verfahrenshandlungen (etwa einer Beweisaufnahme) geboten sein (hierzu s. bereits Rz. 4).

6. Entscheidung

a) Notwendigkeit einer Entscheidung über die Abhilfe

9 In der zivilprozessualen Rechtsprechung und Literatur herrscht weitgehend Einigkeit darüber, dass das Gericht erster Instanz über die Abhilfe entscheiden muss, was durch **Beschluss** zu erfolgen hat.[1] Die bloße Vorlageverfügung ohne Entscheidung über die Nichtabhilfe genügt demnach nicht.[2] Der Beschluss ist nach den allgemeinen Regeln zu erlassen (§ 38 Abs. 3) bzw. bekannt zu geben (§ 41). Gegenstand der Beschwerde ist dann der erstinstanzliche Beschluss in der Fassung, die er durch die Abhilfeentscheidung gewonnen hat. Neue Gründe, die zur Nichtabhilfe angeführt werden, sind also beim Fortgang des Beschwerdeverfahrens zu berücksichtigen. Das Ausgangsgericht muss allerdings, anders als das Beschwerdegericht, die Begründung einer Beschwerde nicht abwarten, sofern sie nicht ausdrücklich binnen angemessener Frist angekündigt ist.[3] Eine **isolierte Anfechtung** nur der Entscheidung im Abhilfeverfahren ist nicht möglich. Es muss der **gesamte Beschluss in der Form, die er im Abhilfeverfahren erhalten hat**, angefochten werden. Die (Nicht)abhilfentscheidung kann auch vom Beschwerdegericht nicht isoliert aufgehoben werden.

b) Abhilfe

10 Hält das Gericht erster Instanz die Beschwerde für begründet, muss es seine neue Entscheidung in jedem Fall begründen. Denkbar ist auch eine **Teilabhilfe**. Dabei kann das Gericht sowohl dem Umfang nach nur einen Teil des Begehrten (zB einen Teil der im Beschwerdewege erstrebten Mehrvergütung) als auch – bei trennbaren Verfahrensgegenständen – einen Teilanspruch insgesamt, den anderen nicht zuerkennen. Bei voller Abhilfe erledigt sich die ursprüngliche Beschwerde. Das Ausgangsgericht hat dann auch über die **Kosten des Beschwerdeverfahrens** zu befinden.[4] Allerdings kann gegen den Beschluss in Form des Nichtabhilfebeschlusses regelmäßig **Beschwerde**

---

1 OLG Stuttgart v. 27.8.2002 – 14 W 3/02, MDR 2003, 110 (111); Baumbach/*Hartmann*, § 572 ZPO Rz. 8; Zöller/*Heßler*, § 572 ZPO Rz. 10; Musielak/*Ball*, § 572 ZPO Rz. 9.
2 OLG Stuttgart v. 27.8.2002 – 14 W 3/02, MDR 2003, 110 (111).
3 Zöller/*Heßler*, § 572 ZPO Rz. 8.
4 Baumbach/*Hartmann*, § 572 ZPO Rz. 4; Zöller/*Heßler*, § 572 ZPO Rz. 15.

durch die ursprünglichen Beschwerdegegner eingelegt werden. Nach einer (Teil)abhilfe läuft für den hierdurch Belasteten eine **neue Frist zur Anfechtung** nach § 63. Denn er erfährt erst durch die Bekanntgabe des Abhilfebeschlusses, dass er im Umfang der Abhilfe belastet ist. Die Beschwerde darf sich auch in diesem Fall nicht gegen den Abhilfebeschluss richten, sondern gegen den erstinstanzlichen Beschluss in der Form, die er im Abhilfeverfahren erhalten hat. Da sich der Anfechtungsgegner aber häufig nur gegen die ihn belastende Abhilfe richten wird, ist deren Anfechtung entsprechend auszulegen.

c) Nichtabhilfe

11 Auch der Nichtabhilfebeschluss muss grundsätzlich mit einer **Begründung** versehen werden. Beschränkt sich die Beschwerde auf das bisherige Vorbringen, genügt aber eine **Bezugnahme** auf den angefochtenen Beschluss. Bei neuem Tatsachenvorbringen hat sich das erstinstanzliche Gericht hiermit zu befassen.[1] Wurde der ursprüngliche Beschluss nicht oder nicht ausreichend begründet, kann das Gericht des ersten Rechtszuges dies im Abhilfeverfahren nachholen. Ebenso kann es seine Entscheidung nun auf eine neue Grundlage stellen, also bei gleicher Entscheidung die **Begründung hierfür auswechseln**.

7. Fehler des Abhilfeverfahrens

a) Möglichkeit einer Aufhebung des Vorlagebeschlusses

12 Wird das Abhilfeverfahren nicht oder ungenügend durchgeführt, kann das Beschwerdegericht nicht allein im Hinblick hierauf den erstinstanzlichen Beschluss kassieren. Denn der Fehler im Abhilfeverfahren allein führt nicht zur Unrichtigkeit der Entscheidung im ersten Rechtszug. Das Beschwerdegericht kann aber die Sache **unter Aufhebung der Vorlageverfügung zurückgeben**[2] und das erstinstanzliche Gericht dadurch zwingen, sich (erneut) mit dem Vorbringen des Beschwerdeführers im Abhilfeverfahren zu beschäftigen. Ein solches Vorgehen erscheint insbesondere dann sinnvoll, wenn der Beschwerdeführer neue Argumente oder Tatsachen anführt, mit denen sich das Gericht des ersten Rechtszuges nicht oder nur formelhaft auseinandergesetzt hat.[3] Fehlt ein Vorlagebeschluss oder hat ein nicht zuständiger Spruchkörper entschieden, ist die Sache stets zurückzugeben, da es dann an einer ordnungsgemäßen Vorlage fehlt.[4]

b) Möglichkeit einer eigenen Entscheidung des Beschwerdegerichts

13 Bei Fehlern oder auch dem völligen Fehlen eines Abhilfeverfahrens ist das Beschwerdegericht aber nicht gezwungen, die Vorlageverfügung aufzuheben. Die inhaltsgleiche Regelung des § 572 Abs. 1 ZPO wird von der hM dahingehend verstanden, dass das Beschwerdegericht **in jedem Falle zu einer eigenen Entscheidung befugt** ist.[5] Diese Praxis kann auf das Abhilfeverfahren nach § 68 Abs. 1 übertragen werden. Dient das

1 OLG Stuttgart v. 27.8.2002 – 14 W 3/02, MDR 2003, 110 (111).
2 MüKo.ZPO/*Lipp*, § 572 ZPO Rz. 14; Baumbach/*Hartmann*, § 572 ZPO Rz. 10; Zöller/*Heßler*, § 572 ZPO Rz. 4.
3 MüKo.ZPO/*Lipp*, § 572 ZPO Rz. 14.
4 MüKo.ZPO/*Lipp*, § 572 ZPO Rz. 14.
5 Vgl. OLG Frankfurt v. 24.5.2002 – 5 W 4/02, MDR 2002, 1391 (für den Fall einer offenkundig unbegründeten sofortigen Beschwerde); OLG Stuttgart v. 27.8.2002 – 14 W 3/02, MDR 2003, 110 (111); MüKo.ZPO/*Lipp*, § 572 ZPO Rz. 14; Zöller/*Heßler*, § 572 ZPO Rz. 4.

Abhilfeverfahren der Verfahrensbeschleunigung, so wäre es kontraproduktiv, zunächst das erstinstanzliche Gericht zu einer Entscheidung zu zwingen, wenn das Beschwerdegericht bereits selbst entscheiden kann. Auch der Gesichtspunkt einer Entlastung der zweiten Instanz ist in diesen Fällen ohne Bedeutung, da es das Beschwerdegericht meist stärker in Anspruch nehmen würde, zunächst die Vorlageverfügung aufzuheben und dann nach geraumer Zeit und der dann erneut erforderlichen Einarbeitung doch eine eigene Entscheidung fällen zu müssen.

8. Vorlage an das Beschwerdegericht (Abs. 1 Satz 1, letzter Halbs.)

§ 68 Abs. 1 Satz 1, letzter Halbs. regelt den weiteren Gang des Abhilfeverfahrens vor 14
dem Gericht erster Instanz, wenn es die Beschwerde für **unbegründet** hält. Über den Wortlaut hinaus besteht die Pflicht zur Vorlage ähnlich wie im Zivilprozess[1] auch dann, wenn das Gericht erster Instanz die Beschwerde für **unzulässig** hält. Denn auch die Entscheidung hierüber kommt dem Beschwerdegericht, nicht dem Gericht zu, dessen Entscheidung angefochten wird.[2] In beiden Fällen hat das Gericht erster Instanz die Sache unverzüglich dem Beschwerdegericht vorzulegen. Daraus geht hervor, dass die Pflicht zur **unverzüglichen Vorlage** erst nach der Prüfung besteht, ob die Beschwerde begründet ist. Daher hat das Ausgangsgericht ausreichende Zeit zur Prüfung.[3] Nach ihrem Abschluss besteht aber kein Anlass, den Begriff der Unverzüglichkeit anders auszulegen als im sonstigen zivilrechtlichen Sprachgebrauch. Das Ausgangsgericht hat daher nach Erlass des Nichtabhilfebeschlusses allenfalls ein oder zwei Tage Zeit, die Vorlage an das Beschwerdegericht zu verfügen. In aller Regel sollte dies schon zusammen mit dem Nichtabhilfebeschluss geschehen. Die Nichterfüllung dieser Pflicht hat allerdings wie im Zivilprozess[4] keine unmittelbaren Folgen für das Verfahren. Dem Beschwerdeführer bleibt nur die Dienstaufsichtsbeschwerde.

II. Prüfung der Zulässigkeitserfordernisse (Absatz 2)

1. Prüfung durch das Beschwerdegericht

a) Prüfung von Amts wegen

Anders als § 572 Abs. 2 Satz 1 ZPO bestimmt § 68 Abs. 2 Satz 1 nicht, dass die Zuläs- 15
sigkeit der Beschwerde von Amts wegen zu prüfen ist. Schon bislang wurde die Pflicht zur Ermittlung der entscheidungserheblichen Tatsachen selbstverständlich auch auf die Prüfung der Zulässigkeitsvoraussetzungen bezogen (s. auch Rz. 19).[5] Trotz der missglückten Gesetzesbegründung[6] ist diese Praxis in Ermangelung einer anders lautenden Kodifizierung fortzuführen, da eine solche im Hinblick auf §§ 68 Abs. 3 Satz 1,

1 BT-Drucks. 16/6308, S. 207; vgl. etwa MüKo.ZPO/*Lipp*, § 572 ZPO Rz. 10.

2 So zum Zivilprozess auch Musielak/*Ball*, § 572 ZPO Rz. 7; einschränkend, die Pflicht zur Vorlage bei unstatthafter Beschwerde verneinend Zöller/*Heßler*, § 572 ZPO Rz. 6.

3 So im Ergebnis auch BT-Drucks. 16/6308, S. 207.

4 Hierzu MüKo.ZPO/*Lipp*, § 572 ZPO Rz. 11; für die Möglichkeit einer erneuten Einreichung der Beschwerde beim Beschwerdegericht Baumbach/*Hartmann*, § 572 ZPO Rz. 7.

5 BayObLG v. 13.12.2004 – 1 Z BR 94/03, BayObLGZ 2004, 37 (40). Die vereinzelt vertretene Gegenmeinung, s. KG v. 29.11.1994 – 1 W 2837/94, FGPrax 1995, 120, 122, ist durch die neue Gesetzesfassung überholt.

6 Dort (BT-Drucks. 16/6308, S. 207) wird unmittelbar an die Darstellung der Pflicht zur Amtsermittlung der Zulässigkeitsvoraussetzungen nach altem Recht ausgeführt, dass dies nun „ausdrücklich gesetzlich geregelt" werde, was gerade nicht der Fall ist.

26 weiterhin entbehrlich ist. Die Voraussetzungen für die Zulässigkeit gehören nämlich ohne weiteres zu den „entscheidungserheblichen Tatsachen", die nach § 26 von Amts wegen festzustellen sind. Ihr Fehlen ist daher zu berücksichtigen, auch wenn sich der Beschwerdegegner nicht darauf beruft. Ob die Zulässigkeitsvoraussetzungen vorlagen, hat noch das Rechtsbeschwerdegericht nachzuprüfen,[1] auch wenn ihr Fehlen nicht gerügt wird.[2] Maßgeblich ist das zurzeit der Beschwerdeeinlegung geltende Recht.[3] Die Prüfung der Verfahrensvoraussetzungen kann grundsätzlich im Freibeweisverfahren erfolgen.[4]

b) Vorrangigkeit der Zulässigkeitsprüfung?

16 Bereits die als Vorbild des § 68 Abs. 2 herangezogene zivilprozessuale Vorschrift (§ 572 Abs. 2) gab zu Diskussionen Anlass, ob die Prüfung der Zulässigkeit stets in vollem Umfang durchgeführt werden muss, auch wenn feststeht, dass die Beschwerde unbegründet ist. Dies ist mit der hM in der zivilprozessualen Rechtsprechung und Literatur zu verneinen,[5] was sich schon aus dem Wortlaut der Norm ergibt. § 68 Abs. 2 Satz 1 spricht alleine davon, dass die Zulässigkeit (von Amts wegen) zu prüfen ist, und § 68 Abs. 2 Satz 2 zieht die Folgerungen aus einer mit negativem Ergebnis verlaufenden Prüfung.[6] Daraus folgt nur, dass einer Beschwerde nicht stattgegeben werden darf, deren Zulässigkeit nicht feststeht. § 68 Abs. 2 Satz 2 verlangt aber nicht, dass eine unbegründete Beschwerde, deren Zulässigkeit ebenfalls zweifelhaft ist, zwingend vorab in letzterer Hinsicht zu prüfen ist. Es wäre auch mit Grundsätzen der Verfahrensökonomie unvereinbar, zunächst – uU durch Beweisaufnahme – die Zulässigkeit einer Beschwerde festzustellen, die offenkundig unbegründet ist. Dem Beschwerdeführer entstehen insoweit keine Nachteile, da jedenfalls im Hinblick auf die Fristversäumung einer erneuten Beschwerde durch die Zurückweisung als unbegründet kein weiter gehender Rechtsverlust eintritt.[7] Denn die Wiederholung der Beschwerde wäre auch bei Verwerfung als unzulässig ausgeschlossen. Vielmehr ist er sogar insoweit eher bevorteilt, als die Zulassung der Rechtsbeschwerde wegen materiell-rechtlicher Probleme eher erfolgen dürfte als allein im Hinblick auf Zulässigkeitsfragen.

c) Zeitpunkt der Prüfung

17 Die Zulässigkeit der Beschwerde muss noch im Zeitpunkt der gerichtlichen Entscheidung feststehen. Dies bedeutet zum einen, dass ein Zulässigkeitsmangel innerhalb der Fristen des § 63 **geheilt werden** kann. Fehlt es etwa an einer ordnungsgemäßen Bezeichnung des angegriffenen Beschlusses oder an der nunmehr erforderlichen Unter-

1 BayObLG v. 17.5.1976 – 1 Z 37/76, FamRZ 1977, 141 (142); BayObLG v. 21.6.1983 – BReg 1 Z 7–11/83, BayObLGZ 1983, 149, 150; BayObLG v. 21.7.1988 – BReg 3 Z 59/88, BayObLGZ 1988, 259 (260); BayObLG v. 27.6.1996 – 1 Z BR 148/95, NJW-RR 1997, 72 (73); BayObLG v. 13.12.2004 – 1 Z BR 94/03, BayObLGZ 2004, 37 (40); KG v. 18.11.2003 – 1 W 444/02, NJW-RR 2004, 331 (332).

2 BayObLG v. 13.12.2004 – 1 Z BR 94/03, BayObLGZ 2004, 37 (40).

3 BayObLG v. 6.7.1989 – BReg 3 Z 22/89, BayObLGZ 1989, 282 (284).

4 Kemper, FamRB 2008, 345 (349).

5 OLG Zweibrücken v. 18.9.2003 – 3 W 151/03, FGPrax 2004, 42; vgl. zum Zivilprozess OLG Köln v. 22.10.1974 – 2 W 107/74, Rpfleger 1975, 29; Musielak/*Ball*, § 572 ZPO Rz. 11; Zöller/*Heßler*, § 572 ZPO Rz. 20.

6 So auch BT-Drucks. 16/6308, S. 207: „Satz 2 bestimmt, wie das Gericht zu verfahren hat, wenn es an einem Zulässigkeitserfordernis fehlt."

7 Ähnlich Musielak/*Ball*, § 572 ZPO Rz. 11; grundsätzlich auch MüKo.ZPO/*Lipp*, § 572 ZPO Rz. 19, wo auch auf Ausnahmefälle hingewiesen wird.

schrift, kann der Beschwerdeführer diesen Mangel durch Nachreichen einer ausreichenden Beschwerdeschrift heilen. Das Gericht trifft nach §§ 68 Abs. 3 Satz 1, 28 Abs. 2 sogar die Pflicht, hierauf hinzuwirken. Ist die Verletzung dieser Pflicht ursächlich für die Unzulässigkeit einer Beschwerde, begründet dies die Wiedereinsetzung. Umgekehrt kann die ursprünglich gegebene Zulässigkeit einer Beschwerde auch entfallen, wenn der Beschwerdeführer etwa verfahrensunfähig wird. Häufig nennt die zivilprozessuale Literatur in diesem Zusammenhang auch die sog. prozessuale **Überholung**, wenn also der Beschwerdeführer sein Rechtsschutzziel auf Grund nachträglicher Ereignisse in keinem Fall mehr erreichen kann.[1] Dem liegt wohl der Gedanke zugrunde, dass der Beschwerde das Rechtsschutzbedürfnis fehlt.[2] In diesen Fällen liegt aber wohl eher Erledigung vor, die dem ursprünglichen Begehren die Grundlage entzieht, weshalb die Beschwerde unbegründet wird.[3]

2. Anforderungen an die Zulässigkeit einer Beschwerde

a) Zulässigkeitsvoraussetzungen

§ 68 Abs. 2 Satz 1 verlangt dem Wortlaut nach nur die Prüfung „ob die Beschwerde an sich statthaft und ob sie in der gesetzlichen Form und Frist eingelegt ist". Es kann aber wie im Zivilprozess kein Zweifel darüber bestehen, dass das Beschwerdegericht auch die sonstigen Zulässigkeitsvoraussetzungen zu prüfen hat.[4] Hierunter fallen ua. die **Beschwerdeberechtigung** nach § 59, das Erreichen der **Mindestbeschwerdewerts** nach § 61 Abs. 1 und das Fehlen von Ausschlussgründen wie etwa ein **Beschwerdeverzicht** nach § 67 Abs. 1. Hinzu kommen die allgemeinen Verfahrensvoraussetzungen, die in den §§ 58 ff. nicht ausdrücklich geregelt sind. So muss der Beschwerdeführer **verfahrensfähig** sein. Ist aber gerade die Verfahrensfähigkeit Gegenstand des Verfahrens, etwa bei der angefochtenen Löschung einer GmbH[5] oder beim Streit um die Geschäftsfähigkeit im Betreuungsverfahren,[6] so hat der Beschwerdeführer für dieses Verfahren als verfahrensfähig zu gelten. Aus diesen Gründen ist auch die Bevollmächtigung eines Rechtsanwalts für dieses Verfahren als wirksam anzusehen.[7] Ferner muss ein **Rechtsschutzbedürfnis** vorliegen. Daran fehlt es, wenn dem Beschwerdeführer zur Wahrung seiner Rechte ein einfacheres Mittel zu Gebote steht als die Beschwerde. Das ist auch dann der Fall, wenn der Beschwerdeführer durch die angefochtene Entscheidung bereits erlangt hat, was er begehrte.[8] Das Rechtsschutzbedürfnis soll auch dann fehlen, wenn das Abänderungsbegehren etwa bei einem offenkundigen Rechenfehler durch eine Berichtigung nach § 42 geltend gemacht werden 18

1 MüKo.ZPO/*Lipp*, § 572 ZPO Rz. 22; Musielak/*Ball*, § 572 ZPO Rz. 12; so für das Verfahren der freiwilligen Gerichtsbarkeit auch BayObLG v. 24.7.1975 – BReg 1 Z 15/75, FamRZ 1976, 47 (48).
2 So BayObLG v. 7.11.1989 – BReg 1a Z 57/89, FamRZ 1990, 551 (552).
3 So in der Sache BayObLG v. 30.9.1965 – BReg 1b Z 69/65, BayObLGZ 1965, 348 (349); wohl auch BayObLG v. 29.3.1996 – 3 Z BR 21/96, BayObLGZ 1996, 81 (83), wonach die Beschwerde „gegenstandslos geworden" ist.
4 Vgl. MüKo.ZPO/*Lipp*, § 572 ZPO Rz. 18; Musielak/*Ball*, § 572 ZPO Rz. 21.
5 BayObLG v. 8.12.1977 – BReg 3 Z 154/76, BayObLGZ 1977, 320 (321 f.); ähnlich BayObLG v. 18.7.1985 – BReg 3Z 62/85, BayObLGZ 1985, 272 (275 f.).
6 OLG Zweibrücken v. 6.12.1982 – 3 W 217/82, OLGZ 1983, 163 (164); BayObLG v. 19.6.1986 – BReg 3 Z 165/85, BayObLGZ 1986, 214 (215); OLG Hamm v. 10.7.1990 – 15 W 143/90, OLGZ 1990, 401 (404); OLG Frankfurt v. 11.11.1992 – 20 W 430/92, FamRZ 1993, 442; OLG Frankfurt v. 16.12.1996 – 20 W 597/95, NJW-RR 1997, 580.
7 BayObLG v. 19.6.1986 – BReg 3 Z 165/85, BayObLGZ 1986, 214 (215).
8 KG v. 15.10.1974 – 1 W 1263/74, FamRZ 1977, 65 (66).

könnte.[1] Tritt ein Dritter für den Beschwerdeführer auf, muss seine **Vertretungsbefugnis** nachgewiesen sein.[2]

b) Mitwirkungs- und Feststellungslast

19 Auch wenn die Voraussetzungen der Zulässigkeit von Amts wegen zu prüfen sind, trifft den Beschwerdeführer insoweit eine Mitwirkungspflicht. Er hat Tatsachen aus seiner Kenntnissphäre mitzuteilen, die für die Zulässigkeit der Beschwerde von Bedeutung sind. Für **Tatsachen aus seinem Bereich**, wie zB Beschwerdesumme und rechtzeitige Einlegung der Beschwerde, trägt er auch die **Feststellungslast.**[3] Sind diese Tatsachen nicht erweisbar, ist die Beschwerde mithin unzulässig.[4] Hingegen trifft das Gericht die Feststellungslast für Tatsachen aus seinem Bereich. Dies betrifft etwa den Zeitpunkt der **Bekanntgabe** oder der **Zustellung** der erstinstanzlichen Entscheidung.[5] Gleiches gilt für den Eingang der Beschwerde, wenn sich der Beschwerdeführer auf ein vollständiges Übersendungsprotokoll und Faxchroniken seines Faxgerätes stützen kann, das die vollständige und fristgerechte Übermittlung der Beschwerdeschrift bestätigt (s. § 64 Rz. 5).

3. Folge der Unzulässigkeit

20 Erweist sich die Beschwerde als unzulässig, ist ihre **sachliche Prüfung nicht mehr möglich**. Sie ist ohne eine solche Prüfung als unzulässig zu verwerfen, wie § 68 Abs. 2 Satz 2 nunmehr ausdrücklich bestimmt. Ob das Beschwerdegericht die Beschwerde als unzulässig verwirft oder als unbegründet zurückweist, bemisst sich nicht nach der verwendeten Terminologie, sondern nach dem Inhalt der Entscheidung.[6] Dies geschieht durch Beschluss, der nach § 69 Abs. 2 zu begründen ist. Die Zulässigkeit der Beschwerde ist vom Rechtsbeschwerdegericht ohne Bindung an die zweitinstanzliche Entscheidung selbständig zu prüfen.[7]

III. Weiterer Gang des Beschwerdeverfahrens (Absatz 3)

1. Ausdrückliche und stillschweigende Verweisungen auf andere Vorschriften

21 Nach § 68 Abs. 3 Satz 1 sollen die Vorschriften des zweiten Abschnitts „Verfahren im ersten Rechtszug" (§§ 23 bis 37) auch für das Beschwerdeverfahren (entsprechend) anwendbar sein. Diese ausdrückliche Verweisung des § 68 Abs. 3 Satz 1 ist unvollständig. Nach den Ausführungen der Gesetzesmaterialien „verweist Abs. 3 Satz 1 über

1 BayObLG v. 18.7.1968 – BReg 2 Z 35/68, BayObLGZ 1968, 190 (194 f.); OLG Zweibrücken v. 11.10.1984 – 6 UF 34/84, FamRZ 1985, 614; anders mit guten Gründen BGH v. 9.11.1977 – VIII ZB 34/77, MDR 1978, 307 f.

2 KG v. 18.11.2003 – 1 W 444/02, NJW-RR 2004, 331 (332).

3 OLG Köln v. 17.12.1975 – 2 W 143/75, MDR 1976, 497 (498).

4 KG v. 29.11.1994 – 1 W 2837/94, FGPrax 1995, 120 (122); BayObLG v. 13.12.2004 – 1 Z BR 94/03, BayObLGZ 2004, 37 (40).

5 OLG Köln v. 17.12.1975 – 2 W 143/75, MDR 1976, 497 (498).

6 BGH v. 24.3.1993 – XII ZB 12/92, FamRZ 1993, 1310 f.

7 BayObLG v. 17.5.1976 – 1 Z 37/76, FamRZ 1977, 141 (142); BayObLG v. 21.6.1983 – BReg 1 Z 7–11/83, BayObLGZ 1983, 149 (150); BayObLG v. 21.7.1988 – BReg 3 Z 59/88, BayObLGZ 1988, 259 (260); BayObLG v. 27.6.1996 – 1 Z BR 148/95, NJW-RR 1997, 72 (73); BayObLG v. 13.12.2004 – 1 Z BR 94/03, BayObLGZ 2004, 37 (40); KG v. 18.11.2003 – 1 W 444/02, NJW-RR 2004, 331 (332).

§ 113 Abs. 1 auf die Vorschriften der Zivilprozessordnung über das (erstinstanzliche) Verfahren vor den Landgerichten".[1] Auch wenn dies nicht recht verständlich ist, da § 68 Abs. 3 Satz 1 eine solche Verweisung nicht enthält, ist über die Sonderregelung für Familiensachen in § 113 partiell die ZPO anwendbar.[2] Daneben sind die **Allgemeinen Vorschriften des ersten Abschnitts (§§ 1 bis 22a)** auch ohne nochmalige Bestimmung anwendbar.[3] Für die Entscheidung des Beschwerdegerichts enthält § 69 Abs. 3 eine spezielle Verweisung auf den Beschluss im ersten Rechtszug.[4]

2. Verweisung auf die Vorschriften über das Verfahren im ersten Rechtszug

22 § 68 Abs. 3 Satz 1 erklärt „im Übrigen" die Vorschriften über das Verfahren im ersten Rechtszug (also §§ 23 bis 37) für anwendbar. Dies ist wohl dahingehend zu verstehen, dass §§ 23 bis 37 Anwendung finden sollen, sofern §§ 58 bis 69 keine abschließenden Spezialregelungen enthalten, was im Einzelfall schwierig zu entscheiden sein kann. Die Regelungen zum **verfahrensleitenden Antrag in § 23 Abs. 1 Satz 1 und 2** werden durch § 64 Abs. 2 und die Begründungsobliegenheit des § 65 Abs. 1 weitgehend verdrängt. Nur zum Inhalt der Begründung kann § 23 Abs. 1 Satz 2 noch herangezogen werden. Gleiches gilt für die Angabe weiterer Beteiligter und die Vorlage von Urkunden bei neuem Vortrag. Die Soll-Vorschrift des **§ 23 Abs. 1 Satz 4 zur Unterzeichnung des Antrags** wird durch die strengere Regelung des § 64 Abs. 2 Satz 4 verdrängt. Die **Verpflichtung zur Übermittlung des Antrags in § 23 Abs. 2** findet mangels eigenständiger Regelung in den §§ 58 ff. auf die Beschwerdeschrift entsprechende Anwendung. **§ 24** hat **im Beschwerderechtszug keinen Anwendungsbereich**, da die Einleitung des Beschwerdeverfahrens allein von der Einlegung des Rechtsmittels abhängt.

23 Die **Abgabe von Anträgen und Erklärungen nach § 25 Abs. 1** hat nur hinsichtlich der Beschwerdeschrift selbst sowie Verzicht und Rücknahme eine Sonderregelung in §§ 64 Abs. 2, 67 Abs. 1–4 erfahren; für sonstige Anträge und Erklärungen bleibt § 25 Abs. 1 anwendbar. Die Möglichkeit, **Anträge und Erklärungen nach § 25 Abs. 2** vor anderen als dem zuständigen Amtsgericht abzugeben, wird für die Beschwerde selbst in § 64 und für Verzicht und Rücknahme in § 67 eingeschränkt. Die **Verpflichtung zur unverzüglichen Weiterleitung nach § 25 Abs. 3** wird aber auch für Beschwerden gelten, die beim unzuständigen Gericht eingingen. Dies betrifft auch die Wirkung der Verfahrenshandlung nach § 25 Abs. 3 Satz 2. Allerdings begründet § 25 Abs. 3 keine Verpflichtung des Gerichts, zusätzliche Maßnahmen (etwa die Übermittlung durch besonderen Wachtmeister) zu ergreifen, um einen rechtzeitigen Eingang etwa einer Beschwerdeschrift zu ermöglichen. Es genügt die unverzügliche Weiterleitung mit normaler Post. Für sonstige Erklärungen gilt § 25 Abs. 3 unmittelbar.

24 Die Vorschriften zu Amtsermittlung bzw. Mitwirkungspflichten der Beteiligten und Beweiserhebung bzw. Beweiswürdigung sowie Glaubhaftmachung **(§§ 26, 27, 29 bis 31 und 37)** finden auch im Verfahren vor dem Beschwerdegericht Anwendung. Sie werden nur durch die Möglichkeit, nach § 68 Abs. 3 Satz 2 von einer erneuten Beweisaufnahme abzusehen, modifiziert. In jedem Fall muss das Beschwerdegericht eine Beweisauf-

1 BT-Drucks. 16/6308, S. 207.
2 Allgemein zur fortbestehenden Anwendbarkeit der ZPO in Familiensachen *Kemper*, FamRB 2008, 345 (346).
3 BT-Drucks. 16/6308, S. 207.
4 BT-Drucks. 16/6308, S. 207.

nahme wiederholen, wenn es die protokollierte Aussage anders versteht als die erste Instanz oder die Glaubwürdigkeit eines Zeugen abweichend beurteilt.[1] Uneingeschränkte Anwendung findet die Regelung der **Verfahrensleitung in § 28**, wonach das Gericht Hinweise zu erteilen, sachdienliche Anträge anzuregen und dies ebenso zu dokumentieren hat wie Termine und persönliche Anhörungen. Die schon für die erste Instanz nicht zwingend vorgeschriebene **Durchführung einer mündlichen Verhandlung (§ 32 Abs. 1 Satz 1)** kann auch im Beschwerderechtszug unterbleiben. Dies setzt voraus, dass ihr wesentlicher Zweck, die Gewährung rechtlichen Gehörs und die Aufklärung der Sache, von vornherein nicht erfüllt werden kann. In Betracht kommt dies insbesondere bei unzulässigen Rechtsmitteln, über die schon nach altem Recht nicht mündlich verhandelt werden musste.[2] Das Absehen von einer mündlichen Verhandlung nach § 68 Abs. 3 Satz 2 ist dagegen nur zulässig, wenn sie in der ersten Instanz durchgeführt wurde und eine Wiederholung voraussichtlich keine zusätzlichen Erkenntnisse bringt. Die Verweise auf die zivilprozessualen Vorschriften zu **Terminsort und Terminsänderung in § 32 Abs. 1 Satz 2** und zur **Verhandlung im Wege der Bild- und Tonübertragung in § 32 Abs. 3** finden uneingeschränkt Anwendung, ebenso die Regelungen zur **Ladungsfrist (§ 32 Abs. 2)**.

25 Die Vorschriften zum **persönlichen Erscheinen der Beteiligten (§ 33)** und zur **persönlichen Anhörung (§ 34)** sind grundsätzlich auch im Beschwerdeverfahren anwendbar. Das Beschwerdegericht kann aber wiederum nach § 68 Abs. 3 Satz 2 auf eine erneute Anordnung des persönlichen Erscheinens bzw. auf die Durchführung einer persönlichen Anhörung verzichten, wenn hiervon keine zusätzlichen Erkenntnisse zu erwarten sind. Die Vorschrift zur **Festsetzung von Zwangsmitteln (§ 35)** findet auch im Beschwerdeverfahren uneingeschränkt Anwendung. Ein **Vergleich nach** den Maßgaben des **§ 36** kann im Beschwerdeverfahren ebenso geschlossen und protokolliert werden wie im ersten Rechtszug.

3. Absehen von mündlicher Verhandlung oder sonstigen Verfahrenshandlungen (Abs. 3 Satz 2)

a) Sinn der Vorschrift

26 § 68 Abs. 3 Satz 2 überträgt eine bislang nur im Betreuungsrecht ausdrücklich normierte Möglichkeit (§ 69 g Abs. 5 Satz 3 FGG aF) auf alle Verfahren nach dem FamFG.[3] Demnach können voraussichtlich nicht zu weiteren Erkenntnissen führende Wiederholungen von Verfahrenshandlungen unterbleiben. Dies dient der Verfahrensbeschleunigung, aber auch der Schonung staatlicher Ressourcen.[4] Diese Vorschrift ist mit Art. 6 EMRK vereinbar.[5]

---

1 BGH v. 22.5.2002 – VIII ZR 337/00, MDR 2002, 1267 (1268); BayObLG v. 15.1.1998 – 1 Z BR 68/97, FamRZ 1998, 1469; *Bassenge*/Roth, § 23 FGG Rz. 4; Keidel/*Sternal*, § 23 FGG Rz. 16; vgl. zum Zivilprozess BGH v. 22.9.1988 – IX ZR 219/87, NJW-RR 1989, 380.

2 BGH v. 9.12.1996 – AnwZ (B) 48/96, NJW-RR 1997, 1149.

3 BT-Drucks. 16/6308, S. 207.

4 BT-Drucks. 16/6308, S. 207.

5 Ausführlich hierzu BT-Drucks. 16/6308, S. 207.

b) Voraussetzungen des Verzichts auf die mündliche Verhandlung oder sonstige Verfahrenshandlungen

aa) Vornahme der Verfahrenshandlung in der ersten Instanz

27 § 68 Abs. 3 Satz 2 setzt zunächst voraus, dass die mündliche Verhandlung oder die sonstige Verfahrenshandlung in der ersten Instanz durchgeführt wurde. Sie muss auch verfahrensfehlerfrei vorgenommen worden sein.[1] Fehlt es hieran, kann das Beschwerdegericht hierauf jedenfalls nicht unter Berufung auf § 68 Abs. 3 Satz 2 verzichten, auch wenn es sich von der Durchführung der mündlichen Verhandlung bzw. der Vornahme der Verfahrenshandlung keinen Erkenntnisgewinn verspricht. In Betracht kommt dann nur die Anwendung der Vorschriften zum erstinstanzlichen Verfahren über § 68 Abs. 3 Satz 1. So kann auch das Beschwerdegericht nach §§ 68 Abs. 3 Satz 1, 34 Abs. 2 von einer persönlichen Anhörung absehen, wenn durch die persönliche Anhörung erhebliche Nachteile für die Gesundheit des Beteiligten drohen oder er offensichtlich nicht in der Lage ist, seinen Willen kundzutun. Dies ist etwa dann der Fall, wenn der Betroffene im Dauerkoma liegt und sich nicht äußern kann. Für ihn ist aber ein Verfahrenspfleger zu bestellen.[2]

bb) Negative Prognose hinsichtlich der Gewinnung zusätzlicher Erkenntnisse

28 Das Absehen von der Wiederholung der mündlichen Verhandlung oder einer Verfahrenshandlung setzt die Prognose voraus, dass hiervon keine zusätzlichen Erkenntnisse zu erwarten wären. Insoweit kann auf die Kasuistik zu § 69g Abs. 5 Satz 3 FGG aF zurückgegriffen werden. Dies ist etwa dann der Fall, wenn die **Beschwerde gar nicht zulässig** ist[3] oder in zweiter Instanz **nur Rechtsfragen betroffen** sind[4] bzw. **über die Ergebnisse der Beweisaufnahme kein Streit** besteht.[5] Des Weiteren kann von der Wiederholung der mündlichen Verhandlung oder sonstiger Verfahrenshandlungen abgesehen werden, wenn es auf diese auch nach dem Vorbringen des Beschwerdeführers überhaupt nicht ankommt.[6] Es kann auch von der Wiederholung von Teilen einer Beweiserhebung abgesehen werden. Dies ist etwa dann anzunehmen, wenn auch der Beschwerdeführer die Würdigung der Aussagen nicht aller, sondern nur eines Zeugen angreift. Allerdings muss sich das Gericht einen Überblick über die gesamte Beweiserhebung verschaffen, wenn ein Beteiligter nur die ihm ungünstigen Ergebnisse der Beweisaufnahme angreift, da es dann zur Beurteilung der Glaubhaftigkeit dieser Zeugen regelmäßig auch der Vernehmung der anderen bedarf. Umgekehrt kann auf die Wiederholung der mündlichen Verhandlung, einer Beweisaufnahme oder sonstiger Verfahrenshandlungen auch dann verzichtet werden, wenn die erstinstanzliche Entscheidung ohnehin aufzuheben ist.[7]

29 Hingegen kann auf die mündliche Verhandlung, eine Anhörung oder eine sonstige Verfahrenshandlung grundsätzlich nicht verzichtet werden, wenn neue entscheidungserhebliche Tatsachen vorgetragen werden[8] oder eine **Änderung der Sachlage** eingetre-

1 BayObLG v. 29.6.2001 – 3 Z BR 150/01, FamRZ 2001, 1646 f.
2 BayObLG v. 21.1.1993 – 3 Z BR 169/92, FamRZ 1993, 602.
3 Keidel/*Kayser*, § 69g FGG Rz. 29.
4 Keidel/*Kayser*, § 69g FGG Rz. 29; *Bumiller*/Winkler, § 69g FGG Rz. 6.
5 *Bumiller*/Winkler, § 69g FGG Rz. 7.
6 BayObLG v. 30.4.1999 – 3 Z BR 127/99, BayObLGZ 1999, 97 (98).
7 Keidel/*Kayser*, § 69g FGG Rz. 29.
8 BayObLG v. 28.2.2003 – 3 Z BR 18/03, FamRZ 2003, 1043; Keidel/*Kayser*, § 69g FGG Rz. 29; *Bumiller*/Winkler, § 69g FGG Rz. 6.

ten ist. Gleiches gilt, wenn es auf den **persönlichen Eindruck** ankommt, den ein Beteiligter vermittelt.[1] Ferner ist zu berücksichtigen, dass auch dem Beschwerdegericht eine gewisse Kontrollfunktion gegenüber Zeugen und Sachverständigen zukommt.[2] Eine Abänderung zum Nachteil des Betroffenen, die auf eine **abweichende Beurteilung der Beweiserhebung** oder der persönlichen Anhörung gestützt werden soll, setzt stets deren erneute Vornahme voraus.[3] Aber auch dann, wenn die **Dokumentation** des Beweisergebnisses, der Anhörung oder der sonstigen Ermittlung entscheidungserheblicher Tatsachen nicht ausreicht, ist die betroffene Verfahrenshandlung zu wiederholen.[4] Dasselbe gilt selbstverständlich auch dann, wenn die Verfahrenshandlung zwar ausreichend festgehalten, aber selbst **unzureichend** ist, weil sie etwa ohne Bestellung des erforderlichen Verfahrenspflegers vorgenommen wurde[5] oder umgekehrt ein äußerungsfähiger Betroffener nicht angehört wurde.[6] Ähnliches ist der Fall, wenn die betroffene Verfahrenshandlung **schon geraume Zeit zurückliegt** und daher keine hinreichenden Schlüsse für die Gegenwart mehr zulässt.[7]

cc) Verfahren

30 Die Beurteilung, ob von der Wiederholung der mündlichen Verhandlung oder sonstiger Verfahrenshandlungen abgesehen werden kann, soll nach der Gesetzesbegründung im „pflichtgemäßen Ermessen" des Beschwerdegerichts liegen.[8] Dies soll wohl bedeuten, dass dem Beschwerdegericht auch ein **Beurteilungsspielraum** zukommt. Denn danach steht ihm schon bei der Einschätzung, ob die Voraussetzungen eines Absehens von der Wiederholung der mündlichen Verhandlung oder sonstiger Verfahrenshandlungen vorliegen, ein eigener Prognosespielraum zu, nicht erst ein Abwägungsspielraum bei der Frage der Rechtsfolgen. Langjährige Erfahrung und Sachkunde in einem Gebiet, etwa in Unterbringungs- und Betreuungsverfahren, allein genügen aber nicht, wenn es um die **Beurteilung des Einzelfalles** geht.[9] Je schwerwiegender der Eingriff ist, der dem Betroffenen droht, desto eher muss sich das Beschwerdegericht einen eigenen Eindruck verschaffen, was insbesondere bei freiheitsentziehenden Maßnahmen anzunehmen ist.[10] Das Beschwerdegericht ist auch bei Vorliegen der Voraussetzungen von § 68 Abs. 3 Satz 2 **nicht gehindert, die Verfahrenshandlung gleichwohl durchführen**. Dies ist nicht verfahrensfehlerhaft; insoweit besteht auch ein Ermessen auf der Rechtsfolgenseite. Beim Absehen von der Wiederholung müssen die **Gründe hierfür nachvollziehbar dargelegt** sein. Dies erfordert diesbezügliche Ausführungen in der Begründung der Beschwerdeentscheidung.[11] Fehlt es hieran, kann das Rechtsbeschwerdegericht die

1 OLG Stuttgart v. 9.6.1993 – 8 W 163/93, FamRZ 1993, 1365; OLG Karlsruhe v. 4.4.2000 – 11 Wx 28/00, FGPrax 2000, 165 (166).
2 OLG Karlsruhe v. 4.4.2000 – 11 Wx 28/00, FGPrax 2000, 165 (166).
3 Keidel/*Kayser*, § 69g FGG Rz. 29; *Bumiller*/Winkler, § 69g FGG Rz. 6; vgl. BGH v. 22.5.2002 – VIII ZR 337/00, MDR 2002, 1267 (1268).
4 OLG Stuttgart v. 9.6.1993 – 8 W 163/93, FamRZ 1993, 1365 (zur unzureichenden Vermittlung des persönlichen Eindrucks im erstinstanzlichen Protokoll); Keidel/*Kayser*, § 69g FGG Rz. 29.
5 *Bassenge*/Roth, § 69g FGG Rz. 26.
6 *Bassenge*/Roth, § 69g FGG Rz. 26.
7 Keidel/*Kayser*, § 69g FGG Rz. 29.
8 BT-Drucks. 16/6308, S. 207.
9 OLG Stuttgart v. 9.6.1993 – 8 W 163/93, FamRZ 1993, 1365.
10 OLG Karlsruhe v. 4.4.2000 – 11 Wx 28/00, FGPrax 2000, 165 (166); BayObLG v. 29.6.2001 – 3 Z BR 150/01, FamRZ 2001, 1646.
11 BayObLG v. 10.12.1985 – BReg 3 Z 159/85, BayObLGZ 1985, 403, 405; OLG Stuttgart v. 9.6.1993 – 8 W 163/93, FamRZ 1993, 1365; OLG Karlsruhe v. 4.4.2000 – 11 Wx 28/00, FGPrax 2000, 165 (166); Keidel/*Kayser*, § 69g FGG Rz. 29; *Bumiller*/Winkler, § 69g FGG Rz. 6.

Entscheidung des Beschwerdegerichts schon mangels diesbezüglicher Begründung nach § 69 Abs. 2 aufheben und zur erneuten Entscheidung zurückverweisen. Liegt eine Begründung vor, hat das Rechtsbeschwerdegericht die Ermessensentscheidung des Beschwerdegerichts nur auf Ermessensfehlgebrauch zu überprüfen. An verfahrensfehlerfrei getroffene tatsächliche Beurteilungen ist es dabei gebunden.

IV. Übertragung auf den Einzelrichter (Absatz 4)

1. Möglichkeit der Übertragung

a) Die gesetzliche Regelung und ihre Neuerungen

31 § 68 Abs. 4 übernimmt die in § 30 Abs. 1 Satz 3 FGG aF iVm. § 526 ZPO vorgesehene Möglichkeit, die Sache auf den Einzelrichter zu übertragen, in das neue Recht. Dies gilt mangels abweichender Regelung auch für Ehe- und Familienstreitsachen.[1] Von der Einführung des originären Einzelrichters hat der Gesetzgeber aber abgesehen, was im Hinblick auf den weit gehenden Wegfall der dritten Instanz zu begrüßen ist, da die Entscheidung bei einer Kontrolle durch den gesamten Spruchkörper eine höhere Richtigkeitsgewähr bietet. Eine Neuerung besteht aber insoweit, als § 68 Abs. 4 die Möglichkeit der Übertragung auf den Einzelrichter **ohne Beschränkung auf bestimmte Verfahren** vorsieht. Sie ist daher nun in allen Beschwerdesachen möglich.[2] Ist der Spruchkörper eine Kammer für Handelssachen, so erfolgt die Übertragung auf deren Vorsitzenden als Einzelrichter.[3] Gleichwohl sieht auch das neue Recht die weniger weit reichende Form der Zuweisung zur **Vorbereitung der Entscheidung** mangels Verweises auf § 527 ZPO nicht vor.[4] Wird die Sache nicht nach § 68 Abs. 4 übertragen, kommt die Delegation einzelner Verfahrenshandlungen daher nicht in Betracht. § 68 Abs. 4 gilt nur bei der Anfechtung von Endentscheidungen, nicht aber für die Beschwerden, für die die Anwendbarkeit der §§ 567 ff. ZPO vorgesehen ist. Für diese ist nach § 568 Abs. 1 Satz 1 ZPO der Einzelrichter originär zuständig.

b) Voraussetzungen der Übertragung

aa) Gesetzliche Regelung

32 Hinsichtlich der Voraussetzungen einer Übertragung auf den Einzelrichter verweist § 68 Abs. 4 zur Gänze auf § 526 ZPO, schließt aber zusätzlich eine Übertragung auf einen **Richter auf Probe** aus. Danach ist die Übertragung in allen Verfahren, in denen die erstinstanzliche Entscheidung von einem Einzelrichter erlassen wurde, möglich, aber bei Vorliegen eines der vier Negativtatbestände des § 526 Abs. 1 ausgeschlossen.

bb) Erlass der Entscheidung durch den Einzelrichter

33 Zunächst muss auch die angefochtene Entscheidung nach § 68 Abs. 4 FamFG, § 526 Abs. 1 Nr. 1 ZPO durch einen Einzelrichter erlassen worden sein. Das ist stets der Fall, wenn die erstinstanzliche Entscheidung, wie fast durchweg vorgesehen, durch das Amtsgericht als zuständiges Gericht des ersten Rechtszuges erlassen wurde.

1 *Schürmann*, FamRB 2009, 24 (27).
2 BT-Drucks. 16/6308, S. 208.
3 BT-Drucks. 16/6308, S. 208.
4 Vgl. zum alten Recht *Bassenge*/Roth, § 30 FGG Rz. 4.

cc) Keine besonderen Schwierigkeiten tatsächlicher oder rechtlicher Art

34 Insoweit verweist § 68 Abs. 4 zur Gänze auf § 526 Abs. 1 Nr. 2 ZPO, womit die dort bestehenden Zweifelsfragen in das Verfahren nach dem FamFG übertragen werden. Die besondere Schwierigkeit tatsächlicher oder rechtlicher Art nach § 68 Abs. 4 FamFG, § 526 Abs. 1 Nr. 2 ZPO ist qualitativ zu verstehen. Es dürfen also weder besondere **Schwierigkeiten bei der Ermittlung des Sachverhalts** noch bei der **rechtlichen Beurteilung** bestehen. Der Gegenstandswert alleine ist hierfür unerheblich. Da das FamFG keinen § 348 ZPO entsprechenden Katalog kennt, stellt sich die Frage weniger drängend, ob bestimmte Materien generell von besonderer Schwierigkeit sind, was wohl auch zu verneinen ist.[1] Eine solche Betrachtungsweise dürfte in vorliegendem Zusammenhang auch besonders unbehelflich sein, da die dem FamFG zugeordneten Materien durchweg Spezialmaterien sind, die einer gewissen Einarbeitungszeit bedürfen. Für langjährige Angehörige der Spezialkammern bzw. -senate können sie gleichwohl tatsächlich und rechtlich einfach zu bearbeiten sein.[2] Es ist also darauf abzustellen, ob etwa eine langwierige Beweisaufnahme in Spezialgebieten erforderlich ist, die auch mit gutachterlicher Hilfe besonderer Einarbeitung bedarf. In rechtlicher Hinsicht können etwa **Auslandsbezug** oder das **Ineinandergreifen von Spezialnormen verschiedener Rechtsgebiete** (zB Gesellschafts- und Erbrecht) besondere Schwierigkeiten begründen.

dd) Fehlen grundsätzlicher Bedeutung

35 Der Sache darf des Weiteren nach § 68 Abs. 4, § 526 Abs. 1 Nr. 3 ZPO keine grundsätzliche Bedeutung zukommen. Dies ist zum einen wie nach §§ 526 Abs. 1 Nr. 3, 348 Abs. 3 Nr. 2 ZPO dann anzunehmen, wenn die Entscheidung **über den konkreten Fall hinaus von Bedeutung** ist. Davon ist etwa auszugehen, wenn in einer Vielzahl von Fällen ähnliche Fragen zu entscheiden sind. Wie bei § 526 Abs. 1 Nr. 3 ZPO dürfte auch die **wirtschaftliche Bedeutung** der Entscheidung für die von der Entscheidung mittelbar Betroffenen genügen.[3] Denn es geht bei § 68 Abs. 4, anders als bei der Zurückweisung der Berufung nach § 522 Abs. 2 ZPO oder der Zulassung der Revision nach § 543 Abs. 2 ZPO, nicht vorrangig um Aspekte der Verfahrensökonomie, sondern darum, den der Sache angemessenen Spruchkörper zu bestimmen.

ee) Keine Verhandlung zur Hauptsache

36 Die Übertragung auf den Einzelrichter soll ferner nach § 68 Abs. 4, § 526 Abs. 1 Nr. 4 ZPO ausgeschlossen sein, wenn bereits im Haupttermin zur Hauptsache verhandelt worden ist. Diese Verweisung wirft für das Verfahren nach dem FamFG Fragen auf, da eine mündliche Verhandlung dort nicht dieselbe Bedeutung hat wie im Zivilprozess. Nicht sie ist, auch nicht theoretisch, Grundlage der Entscheidung, sondern der gesamte Inhalt des Verfahrens (§§ 68 Abs. 3 Satz 1, 37 Abs. 1). Eine mündliche Verhandlung kann nach §§ 68 Abs. 3 Satz 1, 32 Abs. 1 Satz 1 und § 68 Abs. 3 Satz 2 sogar gänzlich entbehrlich sein. In diesem Fall liefe der Verweis auf § 526 Abs. 1 Nr. 4 ZPO gänzlich leer, da dann bei wörtlicher Handhabung der Norm die Voraussetzung einer Verhandlung zur Hauptsache in einem Haupttermin nicht vorliegt. Man wird deshalb hier eine **ausdehnende Auslegung** vornehmen müssen. Findet ein Termin nach §§ 68 Abs. 3 Satz 1, 32 Abs. 1 Satz 1 statt, so scheidet eine Übertragung auf den Einzelrichter

1 S. zum Zivilprozess Zöller/*Heßler*, § 526 ZPO Rz. 5.
2 Vgl. zu derartigen subjektiven Gegebenheiten im Zivilprozess Zöller/*Greger*, § 348 ZPO Rz. 21.
3 Vgl. Zöller/*Heßler*, § 526 ZPO Rz. 6.

grundsätzlich nach § 68 Abs. 4, § 526 Abs. 1 Nr. 4 ZPO aus, auch wenn danach noch weitere gem. § 37 Abs. 1 erhebliche Erkenntnisse gewonnen werden. Ähnliches muss aber jedenfalls auch dann gelten, wenn der gesamte Spruchkörper das Verfahren **ohne mündliche Verhandlung** bis zur Entscheidungsreife betrieben hat. Denn dann ist auf jeden Fall auch der Zeitpunkt überschritten, zu dem im Zivilprozess eine mündliche Verhandlung hätte stattfinden müssen und somit nach § 526 Abs. 1 Nr. 4 ZPO die Übertragung auf den Einzelrichter ausgeschlossen wäre. In beiden Fällen bleibt die gesamte Beschwerdekammer bzw. der gesamte Beschwerdesenat insgesamt zuständig, auch wenn die § 68 Abs. 4 FamFG, § 526 Abs. 1 Nr. 1 bis 3 ZPO einer Übertragung nicht entgegenstünden.

Eine Rückausnahme sehen § 68 Abs. 4 FamFG, § 526 Abs. 1 Nr. 4 ZPO für den Fall vor, dass nach dem maßgeblichen Zeitpunkt ein **Teil- oder Zwischenbeschluss** ergangen ist. Denn hierdurch kann der schwierige Aspekt des Falles abgearbeitet sein, wenn die komplizierten Fragen etwa zum Grund des Anspruchs[1] entschieden sind und die Höhe des zuzusprechenden Betrages keine vergleichbaren Schwierigkeiten mehr bereitet. Dies lässt sich auf Verfahren nach dem FamFG übertragen. Hat das Beschwerdegericht etwa durch Zwischen- oder Teilbeschluss über den Grund oder den Teil des Anspruchs entschieden, der auf Grund seiner besonderen Schwierigkeiten nicht auf den Einzelrichter übertragen werden konnte, kann die Schlussentscheidung dem Einzelrichter übertragen werden. 37

ff) Keine Übertragung auf einen Richter auf Probe

Auch bei Vorliegen der Voraussetzungen nach § 68 Abs. 4, § 526 Abs. 1 Nr. 1 bis 4 ZPO darf die Sache gem. § 68 Abs. 4, letzter Halbs. nicht auf einen Proberichter als Einzelrichter übertragen werden. Dies kann nur für Freiheitsentziehungs- und Betreuungssachen Bedeutung gewinnen, in denen nach § 72 Abs. 1 GVG weiterhin die Landgerichte als Beschwerdegerichte bestimmt sind. Im Gegensatz zu § 348 Abs. 1 Nr. 1 ZPO ist der Richter auf Probe für die **gesamte Probezeit** vom Ausschluss der Übertragung nach § 68 Abs. 4, letzter Halbs. erfasst, unabhängig davon, wie lange er schon Verfahren nach dem FamFG bearbeitet.[2] Auch ansonsten unterscheidet sich der Wortlaut der Vorschrift von den vergleichbaren Normen, die den Einsatz von Richtern auf Probe beschränken. § 348 Abs. 1 Nr. 1 ZPO erklärt die Möglichkeit der Entscheidung durch Proberichter ohne die erforderliche einjährige Erfahrung in Zivilsachen schlechterdings für unzulässig. § 22 Abs. 6 GVG schließt sogar jegliche Tätigkeit eines Proberichters im ersten Jahr nach seiner Ernennung in Insolvenzsachen aus. Entsprechendes bestimmen § 23b Abs. 3 Satz 2 GVG für Familiensachen und § 29 Abs. 1 Satz 2 GVG für den Vorsitz der des Schöffengerichts.[3] Hingegen verbietet § 68 Abs. 4, letzter Halbs. nur die *Übertragung* auf Proberichter. Diese Abweichung wäre in den Fällen von Relevanz, in denen ein älterer Richter durch einen Richter auf Probe ersetzt wird. In diesen Fällen werden die bereits auf den Einzelrichter übertragenen Fälle nicht mehr auf einen Richter auf Probe übertragen, so dass der Ausschluss dem Wortlaut nach 38

1 Zum Grundurteil als besonderer Form des Zwischenurteils s. BGH v. 20.2.1998 – V ZR 319/96, NJW 1998, 1709; Baumbach/Lauterbach, § 304 ZPO Rz. 1; Zöller/*Vollkommer*, § 304 ZPO Rz. 1.

2 So auch BT-Drucks. 16/6308, S. 208, wonach die Übertragung als Einzelrichtersachen nur auf Richter auf Lebenszeit erfolgen soll. Dieser Vorschlag, dem die BReg. nicht zustimmte (BT-Drucks. 16/6308, S. 410), wurde nicht Gesetz.

3 Zum Vorschlag einer mit § 23b Abs. 3 GVG übereinstimmenden Fassung s. die Äußerung des BR (BT-Drucks. 16/6308, S. 368 f.) und *Schürmann*, FamRB 2009, 24 (27).

keine Anwendung fände. Dies dürfte jedoch dem Sinn der Norm widersprechen, die vermeiden will, dass die regelmäßig letztinstanzlichen Entscheidungen in den oftmals komplizierten Spezialmaterien der Freiheitsentziehungs- und Betreuungssachen von einem Proberichter getroffen werden.[1] Im Übrigen ergäbe sich dann die paradoxe Situation, dass zwar die Übertragung auf einen uU schon längere Zeit mit Freiheitsentziehungs- und Betreuungssachen befassten Proberichter unzulässig wäre, selbst wenn er schon kurze Zeit später (bei der Entscheidung) auf Lebenszeit ernannt würde, der Übergang auf einen völligen Berufsanfänger aber bei Übergang des Dezernats auf ihn die Tätigkeit als Einzelrichter nicht ausschlösse. Daher wird man auch hier davon ausgehen, dass derartige Beschwerdesachen entgegen dem Wortlaut des § 68 Abs. 4 mit dem Übergang des Dezernats auf einen Proberichter Kammersachen werden. Wird umgekehrt ein Proberichter durch einen auf Lebenszeit ernannten Richter ersetzt, ergeben sich im Gegensatz zum Zivilprozess[2] keine Schwierigkeiten, da es ohnehin der Übertragung durch Beschluss bedarf. Allerdings können dann auch bei Vorliegen der sonstigen Voraussetzungen § 68 Abs. 4 FamFG, § 526 Abs. 1 Nr. 4 ZPO entgegenstehen.

c) Wirkung der Übertragung

39 Mit der Übertragung nach § 68 Abs. 4 tritt der Einzelrichter in vollem Umfang an die Stelle der Kammer. Er hat also auch dort allein zu entscheiden, wo das Gesetz von der gesamten Kammer spricht.

2. Rückübertragung

a) Rückübertragung auf Grund einer wesentlichen Änderung der Verfahrenslage

40 Da § 68 Abs. 4 insgesamt auf § 526 ZPO verweist, kommt auch die Rückübertragung nach § 526 Abs. 2 ZPO in Betracht. Dies kann allerdings nach § 526 Abs. 2 Nr. 1, 2 nur unter den dort geregelten Voraussetzungen erfolgen. §§ 68 Abs. 4, 526 Abs. 2 Nr. 1 ZPO setzt eine **wesentliche Änderung der Verfahrenslage** voraus. Diese kann sich entweder aus einer Änderung der Sachlage, etwa aus neuen Schwierigkeiten bei der Ermittlung des entscheidungserheblichen Sachverhaltes, oder aus rechtlichen Schwierigkeiten ergeben. Letzteres kann etwa aus der **Erweiterung der ursprünglichen Anträge** resultieren. In jedem Fall muss die aus der wesentlichen Änderung der Sach- oder Rechtslage folgende Schwierigkeit bei der Bearbeitung der Sache das in § 526 Abs. 1 Nr. 2 ZPO vorgegebene Maß erreichen, da nur dann die Entscheidung durch den Einzelrichter ausgeschlossen ist.

b) Übereinstimmender Antrag der Beteiligten

41 Über den Verweis in § 68 Abs. 4 ist auch die Rückübertragung auf Antrag nach § 526 Abs. 2 Nr. 2 ZPO möglich. Diese Übernahme zivilprozessualer Bestimmungen ist allerdings im Verfahren nach dem FamFG wiederum problematisch, da sie jedenfalls nicht durchgängig von der Zwei-Parteien-Systematik beherrscht werden. Eine Übernahme durch den gesamten Spruchkörper auf **Antrag der „Parteien"** kann also nur dann ohne weiteres auf Verfahren nach dem FamFG übertragen werden, wenn es sich – erstens – um **echte Streitverfahren** handelt, in denen sich – zweitens – nur zwei Beteiligte wie Parteien im Zivilprozess gegenüberstehen.[3] Schwieriger wird es schon

1 Vgl. BT-Drucks. 16/6308, S. 208.
2 Hierzu Zöller/*Greger*, § 348 ZPO Rz. 6a.
3 Vgl. zur Problematik auch Jacoby, FamRZ 2007, 1703 (1704).

in solchen echten Streitverfahren, in denen eine größere Anzahl in gleicher Weise Beteiligter ihr Recht verfolgt, etwa in Erbscheinsverfahren. Hier wird man die **Zustimmung aller Beteiligten** verlangen müssen, da alle in gleicher Weise am Verfahren beteiligt sind. Noch komplizierter wird die Anwendung von § 526 Abs. 2 Nr. 2 ZPO in Streitverfahren, an denen zwar mehrere Personen beteiligt sind, diese aber in ganz **ungleicher Weise am Ausgang des Verfahrens interessiert** sind. So streiten im Versorgungsausgleich vorrangig die Eheleute um ihre Rechte, zu beteiligen sind aber nach § 219 auch Träger der Pensions- und Rentenkassen etc. Hier wird man wohl nach der Beschwerdeberechtigung differenzieren müssen: Hat ein Beteiligter die Möglichkeit, sogar gegen die erstinstanzliche Entscheidung Rechtsmittel einzulegen, dann gewährt ihm das Recht im zweiten Rechtszug eine Verfahrensposition, die die eigenständige Durchsetzung der eigenen Interessen ermöglicht. In diesem Fall ist der Beteiligte auch bei wesentlichen prozessualen Veränderungen wie der Rückübertragung vom Einzelrichter auf den gesamten Spruchkörper antragsbefugt, auch wenn seine Interessen weniger gravierend betroffen sind als die anderer Beteiligter. Umgekehrt darf ohne seinen Antrag eine Rückübertragung nach §§ 68 Abs. 4, 526 Abs. 2 Nr. 2 ZPO nicht erfolgen. Wird er hingegen nur zur Wahrung rechtlichen Gehörs oder aus Gründen der Sachverhaltsermittlung beteiligt, ohne ein **eigenes Beschwerderecht** zu haben, bedarf es seines Antrags für die Rückübertragung nach §§ 68 Abs. 4 FamFG, 526 Abs. 2 Nr. 2 ZPO nicht. Ähnlich wird wohl auch in Amtsverfahren zu differenzieren sein, in denen noch nicht einmal ein echtes Streitverhältnis vorliegt. Hier kann allenfalls aus der Möglichkeit, aus eigenem Recht ein Beschwerdeverfahren einzuleiten, auch die Befugnis seiner näheren Ausgestaltung durch Antrag nach §§ 68 Abs. 4 FamFG, 526 Abs. 2 Nr. 2 ZPO folgen. Der Antrag sonstiger Beteiligter ist weder erforderlich noch überhaupt beachtlich.

c) Verfahren

42 Der Einzelrichter hat die Sache dem gesamten Spruchkörper zur Entscheidung vorzulegen. Die Entscheidung über die Rückübertragung trifft dieser, nicht der Einzelrichter.[1] Zuvor ist allen Beteiligten, auch den nicht antragsberechtigten, rechtliches Gehör zu gewähren.

3. Fehler in der Übertragung

a) Verkennung der Voraussetzungen für eine Übertragung oder Rückübertragung

43 Verkennt das Beschwerdegericht die Voraussetzungen der Übertragung auf den Einzelrichter oder der Rückübertragung auf den gesamten Spruchkörper, begründet dies nach §§ 68 Abs. 4 FamFG, 526 Abs. 3 ZPO **kein Rechtsmittel**. Auch dann, wenn die Rechtsbeschwerde zugelassen wird, bleiben diesbezügliche Fehler somit folgenlos. Dies gilt im Rahmen der §§ 68 Abs. 4 FamFG, 526 ZPO auch dann, **wenn der Einzelrichter die Rechtsbeschwerde nach § 70 Abs. 2 zulässt**. Zwar entsprechen die Ausschlussgründe nach § 69 Abs. 4 FamFG iVm. § 526 Abs. 1 Nr. 2 und 3 ZPO denjenigen des § 568 ZPO. Hier ist die Sache dem Einzelrichter aber ursprünglich nach §§ 68 Abs. 4 FamFG, 526 Abs. 1 ZPO übertragen worden. Die Rückübertragung nach §§ 68 Abs. 4 FamFG, 526 Abs. 2 ZPO steht nicht allein in seiner Hand. Anders als bei Beschlüssen im zivilprozessualen Beschwerdeverfahren, in denen der Einzelrichter die Rechtsbe-

1 Anders für den Zivilprozess, aber mit dem klaren Wortlaut der Norm nicht vereinbar Zöller/*Heßler*, § 526 ZPO Rz. 13.

schwerde wegen Grundsätzlichkeit zulässt,[1] ist der Einzelrichter somit der zur Entscheidung **gesetzlich zuständige Richter.**[2] Die Regelungen der §§ 68 Abs. 4 FamFG, 526 ZPO lassen erkennen, dass der Einzelrichter nach dem Willen des Gesetzgebers durch den Übertragungsbeschluss des Kollegiums zur Entscheidung über die Beschwerde befugt ist, auch wenn er die grundsätzliche Bedeutung der Sache abweichend vom Kollegium bejaht.

b) Fehlen eines Beschlusses

44 Entscheidet der Einzelrichter **ohne Beschluss**, der ihm die Sache überträgt, werden nicht nur die Voraussetzungen einer Übertragung verkannt. Der Einzelrichter entscheidet vielmehr ohne gesetzliche Grundlage. Das Verfahren leidet dann an einem Mangel, der bei Zulassung der **Rechtsbeschwerde** zur Aufhebung und Zurückverweisung führt.[3] Ist die Rechtsbeschwerde nicht zugelassen, kann die Entscheidung durch einen anderen als den gesetzlichen Richter jedenfalls deswegen mit der **Anhörungsrüge** nach §§ 68 Abs. 3 Satz 1, 44 geltend gemacht werden, weil der Beteiligte mit der Entscheidung durch einen anderen als den gesetzlich vorgesehenen Richter vor diesem kein rechtliches Gehör erhalten hat. Anschließend ist die Verfassungsbeschwerde wegen Verstoßes gegen Art. 101 Abs. 1 Satz 2 GG möglich.

c) Unzulässige Übertragung auf den Richter auf Probe

45 Wird die Sache einem Richter auf Probe übertragen, werden ebenfalls nicht nur die Voraussetzungen einer Übertragung verkannt. Es entscheidet auch dann ein gesetzlich **nicht vorgesehener Spruchkörper**. Das Verfahren leidet in diesem Fall an einem Mangel, der bei Zulassung der Rechtsbeschwerde zur Aufhebung und Zurückverweisung führt. Wird die Rechtsbeschwerde nicht zugelassen, so kann die Entscheidung durch einen anderen als den gesetzlichen Richter wiederum zunächst mit der Anhörungsrüge nach §§ 68 Abs. 3 Satz 1, 44 angegriffen werden. Danach bleibt nur die Verfassungsbeschwerde wegen Verstoßes gegen Art. 101 Abs. 1 Satz 2 GG.

§ 69
Beschwerdeentscheidung

(1) Das Beschwerdegericht hat in der Sache selbst zu entscheiden. Es darf die Sache unter Aufhebung des angefochtenen Beschlusses und des Verfahrens nur dann an das Gericht des ersten Rechtszugs zurückverweisen, wenn dieses in der Sache noch nicht entschieden hat. Das Gleiche gilt, soweit das Verfahren an einem wesentlichen Mangel leidet und zur Entscheidung eine umfangreiche oder aufwändige Beweiserhebung notwendig wäre und ein Beteiligter die Zurückverweisung beantragt. Das Gericht des ersten Rechtszugs hat die rechtliche Beurteilung, die das Beschwerdegericht der Aufhebung zugrunde gelegt hat, auch seiner Entscheidung zugrunde zu legen.

(2) Der Beschluss des Beschwerdegerichts ist zu begründen.

(3) Für die Beschwerdeentscheidung gelten im Übrigen die Vorschriften über den Beschluss im ersten Rechtszug entsprechend.

1 Vgl. BGH v. 13.3.2003 – IX ZB 134/02, Rpfleger 2003, 374.
2 S. BGH v. 16.7.2003 – VIII ZR 286/02, NJW 2003, 2900 f.
3 Vgl. Musielak/*Ball*, § 526 ZPO Rz. 9; Zöller/*Heßler*, § 526 ZPO Rz. 11.

A. Entstehungsgeschichte und Normzweck

§ 69 trifft nähere Regelungen zur Entscheidung des Beschwerdegerichts über das Rechtsmittel. Dabei übernimmt § 69 Abs. 1 Satz 1 den bereits zum alten Recht anerkannten Grundsatz, dass das Beschwerdegericht die Sache grundsätzlich selbst zu entscheiden hat.[1] Die Vorschrift kodifiziert zugleich in Abs. 1 Satz 2 und 3 die bisher anerkannten Ausnahmefälle, in denen eine Aufhebung und Zurückverweisung an das Gericht erster Instanz in Betracht kommt.[2] Diese Beschränkung der Möglichkeit zur Aufhebung und Zurückverweisung dient der Verfahrensbeschleunigung und berücksichtigt das Interesse der Beteiligten an einer raschen Entscheidung.[3] § 69 Abs. 1 Satz 4 gestaltet die Bindung des Gerichts erster Instanz für den Fall der Aufhebung und Zurückverweisung näher aus. § 69 Abs. 2[4] enthält in modernerer sprachlicher Fassung die bislang in § 25 FGG enthaltene Pflicht zur Begründung der Beschwerdeentscheidung. 1

1 BT-Drucks. 16/6308, S. 208.
2 Zur Anlehnung an das frühere Recht s. BT-Drucks. 16/6308, S. 208.
3 BT-Drucks. 16/6308, S. 208.
4 Die Ausführungen der Gesetzesmaterialien (BT-Drucks. 16/6308, S. 208) zu Abs. 2 Satz 2 und den dort geregelten Fällen einer zwingenden Begr. bleiben kryptisch, da Abs. 2 nur aus einem Satz besteht.

B. Inhalt der Vorschrift

I. Eigene Entscheidung des Beschwerdegerichts (Absatz 1)

1. Eigene Entscheidung in der Sache

a) Grundsatz

aa) Eigene Sachprüfung

2 Das Beschwerdegericht hat die Sache in vollem Umfang selbst zu prüfen. Es tritt insoweit weitgehend **an die Stelle des erstinstanzlichen Gerichts** (zu den Ausnahmen § 65 Rz. 14 ff.).[1] Es hat also nicht nur zu prüfen, ob die erstinstanzliche Entscheidung fehlerfrei zu Stande gekommen ist, sondern den Sachverhalt neu zu prüfen und ggf. eigene Ermessensentscheidungen zu treffen.[2] Dies erfordert im Erbscheinsverfahren auch eine eigene Auslegung eines Testamentes.[3] An Rügen der Beteiligten ist es nicht gebunden; es hat eine eigene rechtliche und auf Grund der Amtsermittlungspflicht auch tatsächliche Prüfung der Sache vorzunehmen.[4] Neue Tatsachen hat es zu berücksichtigen und bei neuen Ermittlungsansätzen auch selbst **neu zu ermitteln** (vgl. § 65 Rz. 11 ff.).[5] Deshalb können auch Verfahrensfehler der ersten Instanz, etwa eine unterbliebene Beteiligung oder Anhörung, noch im Beschwerdeverfahren geheilt werden.[6] Da die Beschwerdeentscheidung nicht auf Grund der mündlichen Verhandlung ergeht, diese also nicht wie im Zivilprozess die (theoretische) Funktion der Entscheidungsgrundlage einnimmt, ist Vortrag der Beteiligten bis zur Bekanntgabe der Beschwerdeentscheidung nach § 41 Abs. 2 bzw. bis zur Übergabe an die Geschäftsstelle nach § 38 Abs. 3 Satz 3 zu berücksichtigen. Das Beschwerdegericht hat durch entsprechende organisatorische Maßnahmen Sorge dafür zu tragen, dass es bis dahin eingegangene Schriftsätze noch erhält (s. § 32 Rz. 7 f.).

bb) Begrenzung durch erstinstanzlichen Verfahrensgegenstand, Anfall beim Beschwerdegericht und Übertragung von Ausführungshandlungen

3 Die volle Überprüfungsmöglichkeit des Beschwerdegerichts wird durch den erstinstanzlichen Verfahrensgegenstand und den beim Beschwerdegericht angefallenen Gegenstand begrenzt.[7] Auch wenn das Gericht des ersten Rechtszuges auf eine sachdien-

---

1 BayObLG v. 16.2.1962 – WBReg 54/60, BayObLGZ 1962, 42 (46); BayObLG v. 2.11.1989 – BReg 1a Z 52/88, NJW-RR 1990, 202; BayObLG v. 6.7.1995 – 3Z BR 64/95, FGPRax 1995, 211 (212); BayObLG v. 7.5.1991 – BReg 1a Z 65/90, NJW-RR 1991, 1222 (1223); BayObLG v. 20.2.2002 – 3 Z BR 34/02, NJW-RR 2002, 1086; KG v. 13.11.1967 – 1 W 1882/67, OLGZ 1968, 76 (77); s. § 65 Rz. 11 ff.

2 BayObLG v. 16.2.1962 – WBReg 54/60, BayObLGZ 1962, 42 (46); BayObLG v. 23.7.1985 – BReg 1 Z 39/85, FamRZ 1985, 1179 (1180); KG v. 13.11.1967 – 1 W 1882/67, OLGZ 1968, 76 (77).

3 BayObLG v. 2.11.1989 – BReg 1a Z 52/88, NJW-RR 1990, 202.

4 Keidel/*Sternal*, § 25 FGG Rz. 6.

5 BayObLG v. 20.2.2002 – 3 Z BR 34/02, NJW-RR 2002, 1086.

6 OLG Düsseldorf v. 22.4.1994 – 3 Wx 258/94 u. 269/94, NJW-RR 1994, 1288; BayObLG v. 4.6.1998 – 2 Z BR 19/98, NJW-RR 1999, 452; Keidel/*Sternal*, § 25 FGG Rz. 7.

7 BGH v. 6.12.1979 – VII ZB 11/79, NJW 1980, 891; BayObLG v. 12.6.1968 – BReg 1b Z 93/67, BayObLGZ 1968, 164 (170 f.); BayObLG v. 13.2.1975 – BReg 1 Z 82/74, BayObLGZ 1975, 62 (65); BayObLG v. 27.11.1975 – BReg 1 Z 59/75, BayObLGZ 1975, 421 (424); BayObLG v. 28.4.1992 – 1 Z BR 17/92, NJW-RR 1992, 1223 (1225); BayObLG v. 11.7.1997 – 3 Z BR 193/96, NJW-RR 1998, 8; OLG Frankfurt v. 13.1.1997 – 20 W 557/94, Rpfleger 1997, 262; OLG Karlsruhe v. 27.4.1994 – 2 UF 58/94, NJW-RR 1994, 1355; OLG Brandenburg v. 25.11.1997 – 10 Wx 33/96, FamRZ 1999, 55.

liche weiter gehende Antragstellung hätte hinwirken müssen, kann die Entscheidung des Beschwerdegerichts in aller Regel **nicht über das hinausgehen, was Gegenstand des angefochtenen Beschlusses** war. Das Beschwerdegericht darf also nicht mehr entscheiden als die vorangegangene Instanz, etwa den Aufgabenkreis des Betreuers erweitern, wenn nur der Betroffene gegen dessen Bestellung Beschwerde eingelegt hat.[1] Der Grundsatz der Amtsermittlung ändert hieran nichts, weil diese nur im Rahmen des angefallenen Verfahrensgegenstandes erfolgt.[2] Auch die Einbeziehung weiterer, am erstinstanzlichen Verfahren fehlerfrei nicht beteiligter Personen ist nicht zulässig.[3] Das Beschwerdegericht kann zB keinen anderen Erbschein erteilen als in erster Instanz beantragt. Über die erstinstanzlich gestellten Anträge kann es daher regelmäßig nicht hinausgehen, auch wenn die Beteiligten eine Erweiterung ihrer Anträge vornehmen (zu den Ausnahmen in echten Streitverfahren s. § 65 Rz. 16). Entscheidet das Beschwerdegericht (versehentlich) über eine mangels Beschwerde oder infolge Rücknahme nicht angefallene Sache, so ist seine Entscheidung unwirksam, aber auf Grund des äußeren Scheines einer Entscheidung gleichwohl anfechtbar.[4]

Des Weiteren kann es nur insoweit entscheiden, als die erstinstanzliche Entscheidung 4
durch die Beschwerde **beim Beschwerdegericht angefallen** ist.[5] Enthält die Akte weitere Entscheidungen, die (noch) nicht angefochten sind, kann das Beschwerdegericht diese nicht abändern. Des Weiteren kann das Beschwerdegericht jedenfalls in Antragsverfahren nicht über den Antrag des Beschwerdeführers hinausgehen.[6] Schließlich kann das Beschwerdegericht notwendige **Ausführungshandlungen** nicht selbst vornehmen. So kann es einen Erbschein nicht selbst erteilen oder einziehen[7] bzw. den Antrag auf Erteilung eines Erbscheins nicht endgültig zurückweisen,[8] einen Testamentsvollstrecker nicht verpflichten oder entlassen,[9] ebenso wenig einen Vormund,[10] wohl aber einen Betreuer bestellen.[11] Zur Vornahme derartiger notwendiger Ausführungshandlungen kann es jedoch **das Gericht erster Instanz anweisen.**[12] Dieses ist an die Anweisung gebunden.[13] Hierzu bedarf es allerdings eines entsprechenden Antrags.[14] Gegen die Vornahme ist eine erneute Beschwerde grundsätzlich nicht zulässig, es sei denn, der Beschwerdeführer beruft sich auf eine Änderung der Rechts- oder Sachlage, auf Grund derer die Ausführung nicht mehr hätte erfolgen dürfen.[15]

1 BayObLG v. 29.3.1996 – 3 Z BR 21/96, BayObLGZ 1996, 81 (83).
2 BayObLG v. 29.3.1996 – 3 Z BR 21/96, BayObLGZ 1996, 81 (83).
3 BGH v. 17.3.1997 – II ZB 3/96, NJW 1997, 1855.
4 BayObLG v. 21.7.1988 – BReg 3 Z 59/88, BayObLGZ 1988, 259 (260).
5 KG v. 13.6.1986 – 1 W 5768/84, OLGZ 1986, 282 (283).
6 BayObLG v. 27.11.1975 – BReg 1 Z 59/75, BayObLGZ 1975, 421 (424); BayObLG v. 26.6.1986 – BReg. 3 Z 86/85, BayObLGZ 1986, 229 (234); BayObLG v. 28.4.1992 – 1 Z BR 17/92, NJW-RR 1992, 1223 (1225).
7 BayObLG v. 16.2.1962 – WBReg 54/60, BayObLGZ 1962, 42 (46); BayObLG v. 7.7.1989 – BReg 1a Z 45/88, NJW-RR 1989, 1286 (1287); BayObLG v. 26.3.1996 – 1 Z BR 111/94, BayObLGZ 1996, 69 (74); OLG Brandenburg v. 25.11.1997 – 10 Wx 33/96, FamRZ 1999, 55.
8 BayObLG v. 28.4.1992 – 1 Z BR 17/92, NJW-RR 1992, 1223 (1225); OLG Frankfurt v. 13.1.1997 – 20 W 557/94, Rpfleger 1997, 262 (263).
9 OLG Karlsruhe v. 15.9.2004 – 14 Wx 73/03, NJW 2005, 1519.
10 BayObLG v. 16.2.1962 – WBReg 54/60, BayObLGZ 1962, 42 (46).
11 BayObLG v. 21.1.1993 – 3 Z BR 169/92, FamRZ 1993, 602 f.
12 OLG Frankfurt v. 13.1.1997 – 20 W 557/94, Rpfleger 1997, 262 (263); OLG Brandenburg v. 25.11.1997 – 10 Wx 33/96, FamRZ 1999, 55.
13 BayObLG v. 26.3.1996 – 1 Z BR 111/94, BayObLGZ 1996, 69 (74).
14 BayObLG v. 26.10.1990 – BReg 1a Z 19/90, BayObLGZ 1990, 294 (300).
15 Keidel/*Sternal*, § 25 FGG Rz. 20.

b) Entscheidung über unzulässige Beschwerden

5 Dass das Beschwerdegericht die Zulässigkeitserfordernisse von Amts wegen zu prüfen hat, ergibt sich zwar im Gegensatz zu § 572 Abs. 2 Satz 1 ZPO nicht unmittelbar aus dem Gesetzeswortlaut, wohl aber im Zusammenhang mit §§ 68 Abs. 3 Satz 1, 26 aus der Systematik des Gesetzes (s. § 68 Rz. 15). Die Zulässigkeitsvoraussetzungen müssen bei Einlegung der Beschwerde **bis zur Entscheidung des Beschwerdegerichts** vorliegen. Behebbare Mängel etwa zur Form der Beschwerde können nur bis zum Ablauf der Beschwerdefrist geheilt werden. Wird der Mangel nicht behoben, so ist die Beschwerde zu **verwerfen**, wobei der Zusatz „als unzulässig" unschädlich, aber nicht erforderlich ist. Eine Entscheidung in der Sache ergeht nicht. **Hilfserwägungen** dazu, dass eine Beschwerde auch nicht begründet wäre, sind nicht nur unschädlich, sondern können dem Rechtsfrieden sogar förderlich sein, da der Rechtsmittelführer dann nicht meint, nur aus formalen Gründen gescheitert zu sein. Sie tragen die Entscheidung aber nicht: Das Rechtsbeschwerdegericht kann also nur die Verwerfung prüfen, nicht aber Erwägungen zur Begründetheit.[1] Sofern sich keine Bedenken zur Zulässigkeit ergeben, verstößt es nicht gegen die Begründungspflicht aus § 69 Abs. 2, wenn die Beschwerdeentscheidung hierzu keine weiteren Ausführungen enthält.[2] Ist die Beschwerde nur **teilweise unzulässig**, etwa infolge eines Verzichts nur auf eine Beschwerde gegen bestimmte abtrennbare Gegenstände der erstinstanzlichen Entscheidung, so ist das Rechtsmittel teilweise zu verwerfen.[3]

c) Entscheidung über unbegründete Beschwerden

6 Ist die Beschwerde zulässig, aber in der Sache nicht begründet, so ist sie **zurückzuweisen**. Dies ist auch dann der Fall, wenn das Beschwerdegericht mit einer **anderen Begründung** zum selben Ergebnis kommt wie das Gericht des ersten Rechtszuges. In diesem Fall hat es dem Beschwerdeführer aber in aller Regel rechtliches Gehör zu gewähren, damit dieser zu der neuen Begründung Stellung nehmen kann.[4] Etwas anderes kann gelten, wenn der Beschwerdeführer auch diese rechtlichen Gesichtspunkte etwa aus einem Hinweis oder der Hilfsbegründung des erstinstanzlichen Gerichts bereits kannte und somit Stellung nehmen konnte.

d) Eigene Entscheidung über begründete Beschwerden

7 Erweist sich die Beschwerde als begründet, hat das Beschwerdegericht grundsätzlich nicht nur den Beschluss der Vorinstanz aufzuheben, sondern eine **eigene Entscheidung** zu treffen. Es kann sich nicht darauf beschränken, das Gericht erster Instanz anzuweisen, von gewissen Bedenken Abstand zu nehmen, wenn die Sache im Beschwerderechtszug entscheidungsreif wird.[5] Eine Ausnahme wurde nach früherem Recht bei Zwischenverfügungen oder Vorbescheiden zugelassen. Hier wurde eine ersatzlose Aufhebung für zulässig befunden.[6] Dies wird auf die nunmehr nach § 352 Abs. 2 ergehenden Beschlüsse über die Erteilung eines Erbscheins zu übertragen sein.

1 KG v. 16.8.1965 – 1 W 1854/65, OLGZ 1965, 237 (239).
2 Ähnlich Keidel/*Sternal*, § 25 FGG Rz. 15.
3 Keidel/*Sternal*, § 25 FGG Rz. 15.
4 OLG Köln v. 1.3.1984 – 16 Wx 6/84, OLGZ 1984, 296 (297).
5 OLG Hamm v. 19.9.1967 – 15 W 397/67, OLGZ 1968, 80 (83); BayObLG v. 7.5.1991 – BReg 1a Z 65/90, NJW-RR 1991, 1222 (1223).
6 BayObLG v. 27.6.1996 – 1 Z BR 148/95, NJW-RR 1997, 72 (73); Keidel/*Sternal*, § 25 FGG Rz. 17.

2. Aufhebung und Zurückverweisung

a) Grundsatz

8 Das Beschwerdegericht soll idR selbst entscheiden.[1] Dieser schon bisher anerkannte Grundsatz ist nunmehr in § 69 Abs. 1 Satz 1 kodifiziert. Ausnahmen lässt das Gesetz nur im eng begrenzten Umfang des § 69 Abs. 1 Satz 2 und 3 zu, wobei es sich an § 538 Abs. 2 Nr. 1, 3 ZPO anlehnt.[2] Auch in diesen Fällen betrachtete man das Beschwerdegericht nach früherem Recht allgemein **nicht als verpflichtet, die Sache unter Aufhebung der erstinstanzlichen Entscheidung zurückzuverweisen**. Es war nach allgemeiner Auffassung befugt, gleichwohl selbst zu entscheiden.[3] Dies erscheint jedenfalls dann vor dem Anspruch auf den gesetzlichen Richter nach Art. 101 Abs. 1 Satz 2 GG bedenklich, wenn es zum Verlust einer Instanz führt. Gleichwohl spricht auch § 69 Abs. 1 Satz 2 nur davon, dass das Beschwerdegericht die Sache zurückverweisen „darf", was wohl die bisherige Praxis fortschreiben soll. Dies entspricht auch der als Vorbild dienenden Vorschrift des § 538 Abs. 2 ZPO, wo ein **Ermessensspielraum** des Berufungsgerichts angenommen wird.[4] Dessen Ausübung ist allerdings zu begründen, wobei die Gesichtspunkte der Abwägung nachvollziehbar darzulegen sind.[5] Die weiteren Zurückverweisungsgründe des § 538 Abs. 2 ZPO wurden nicht in das FamFG übernommen. Da der Gesetzgeber bewusst auf diese zivilprozessuale Vorschrift Bezug genommen hat, liegt auch keine unbewusste Regelungslücke vor. Eine analoge Anwendung von § 538 Abs. 2 ZPO scheidet somit aus, auch wenn die Voraussetzungen dieser Vorschrift, etwa bei der Entscheidung nur über den Grund eines Anspruchs (§ 528 Abs. 1 Nr. 4 ZPO), gegeben wären.

b) Keine Entscheidung des erstinstanzlichen Gerichts in der Sache

9 Der erste, in § 69 Abs. 1 Satz 2 geregelte Ausnahmefall liegt dann vor, wenn das Gericht erster Instanz keine Entscheidung in der Sache getroffen hat. Denn anderenfalls würde der Beschwerdeführer eine Tatsacheninstanz verlieren. Die Voraussetzungen dieser Norm liegen zum einen vor, wenn das Gericht erster Instanz den Antrag schon aus Gründen der **Zulässigkeit** scheitern lässt, etwa die Antragsbefugnis oder das Rechtsschutzbedürfnis verneint,[6] oder zu Unrecht die Bindung durch die Rechtskraft einer früheren Entscheidung annimmt.[7] Keine Entscheidung in der Sache liegt aber auch dann vor, wenn sich das Gericht erster Instanz zu Unrecht weigert, seine Entscheidung wegen eines **nicht beschiedenen Antrags** nach § 43 zu ergänzen. Gleiches gilt, wenn es einen nach § 7 zu Beteiligenden **fehlerhaft nicht hinzuzieht**. Denn dann kann die Entscheidung gegen ihn nicht wirksam werden, so dass ihm gegenüber auch keine Entscheidung in der Sache getroffen ist. Die fehlende Begründung stellt kein Fehlen der Entscheidung nach § 69 Abs. 1 Satz 2 dar, wenn die Beschlussformel – sei es auch nur mit einer Zurückweisung im Übrigen – die Frage erfasst. Dieser Mangel kann aber nach § 69 Abs. 1 Satz 3 beachtlich sein.

1 BT-Drucks. 16/6308, S. 208.
2 BT-Drucks. 16/6308, S. 208.
3 Keidel/*Sternal*, § 25 FGG Rz. 21; *Bassenge*/Roth, § 25 FGG Rz. 10.
4 Zöller/*Heßler*, § 538 ZPO Rz. 6 f.; einschränkend Musielak/*Ball*, § 538 Rz. 15.
5 Vgl. zum Zivilprozess BGH v. 16.12.2004 – VII ZR 270/03, MDR 2005, 645.
6 BT-Drucks. 16/6308, S. 208, wo das Fehlen einer Entscheidung in der Sache allerdings zu Unrecht auf diese Fallgruppe beschränkt wird.
7 BayObLG v. 19.12.2001 – 3 Z BR 280/01, NJW-RR 2002, 679 (680).

c) Grobe Verfahrensfehler

aa) Wesentlicher Mangel des Verfahrens

10 Der zweite, dem Grundsatz nach ebenfalls schon nach bisherigem Recht anerkannte Grund zur Zurückverweisung[1] ist nach § 69 Abs. 1 Satz 3 das Vorliegen eines wesentlichen Verfahrensmangels. Eine **fehlerhafte materiellrechtliche Beurteilung** genügt danach nicht, auch wenn sie ebenfalls grob fehlerhaft ist und bei der rechtlich gebotenen Würdigung eine umfangreiche oder aufwändige Beweisaufnahme erforderlich wird.[2] Maßgeblich für die Frage nach dem Vorliegen eines Verfahrensmangels ist die **materiellrechtliche Sicht der ersten Instanz.**[3] Wesentliche Verfahrensmängel können etwa Verstöße gegen die Pflicht zur **Amtsermittlung** nach § 26 oder zur Erteilung von Hinweisen sein oder umgekehrt die **Verwertung unzulässig gewonnener Beweismittel**, etwa heimlicher Tonbandaufzeichnungen. § 69 Abs. 1 Satz 3 unterfallen ferner die **Nichtgewährung rechtlichen Gehörs** etwa durch unterbliebene Mitteilung der Beschwerdeschrift[4] oder durch **Unterlassen einer Anhörung**, Fehler in der Beteiligung oder das Abweichen von Anträgen in Antragsverfahren. In Betracht kommt auch die falsche Besetzung des Gerichts etwa bei unzulässiger Abweichung von der Geschäftsverteilung oder bei **Mitwirkung eines zu Recht abgelehnten Richters** an der Entscheidung.[5] Auch die Entscheidung selbst kann noch gravierende Verfahrensfehler enthalten, wenn etwa **Beweise unzureichend gewürdigt** werden oder die in § 38 Abs. 3 Satz 1 vorgeschriebene Begründung gänzlich fehlt.[6] Die fehlerhafte Bekanntgabe kann ebenfalls ein wesentlicher Verfahrensmangel nach § 69 Abs. 1 Satz 3 sein.[7] Kein beachtlicher Verfahrensmangel ist nach dem Rechtsgedanken des § 65 Abs. 4 die unzutreffende Annahme des erstinstanzlichen Gerichts, es sei für die Sache zuständig. Sofern ein grober Verfahrensfehler vorliegt, muss die Entscheidung hierauf beruhen.[8] Es muss also zumindest möglich sein, dass das Gericht ohne den Verfahrensfehler zu einer anderen Entscheidung gekommen wäre.

bb) Notwendigkeit einer umfangreichen oder aufwändigen Beweisaufnahme

11 Ein grober Verfahrensmangel allein berechtigt das Beschwerdegericht im Gegensatz zum früheren Recht noch nicht zur Zurückverweisung. Vielmehr setzt § 69 Abs. 1 Satz 3 voraus, dass „zur Entscheidung eine umfangreiche oder aufwändige Beweiserhebung notwendig wäre". Dies macht zunächst deutlich, dass auch wesentliche Mängel etwa in der Beteiligung nicht in jedem Fall zur Zurückverweisung berechtigen. Kann überhaupt ohne Beweiserhebung entschieden werden, indem der Mangel etwa in der Beteiligung durch das Beschwerdegericht geheilt wird, ist die Zurückverweisung unzulässig. Auch auf die **unterlassene Anhörung** von Beteiligten allein kann das Beschwerdegericht eine Zurückverweisung nach dem klaren Wortlaut der Vorschrift entgegen früherer Praxis[9] grundsätzlich nicht stützen, obwohl jene ähnlich umfangreich

1 BayObLG v. 16.2.1962 – WBReg 54/60, BayObLGZ 1962, 42, 46; vgl. hierzu BT-Drucks. 16/6308, S. 208.
2 Vgl. zum Zivilprozess Musielak/*Ball*, § 538 ZPO Rz. 7; Zöller/*Heßler*, § 538 ZPO Rz. 9 f.
3 Vgl. Musielak/*Ball*, § 538 Rz. 10; Zöller/*Heßler*, § 538 ZPO Rz. 10.
4 BayObLG v. 20.10.1960 – BReg 1 Z 213/59, BayObLGZ 1960, 407 (409).
5 BayObLG v. 20.2.2002 – 3 Z BR 34/02, NJW-RR 2002, 1086.
6 OLG Frankfurt v. 11.8.1978 – 1 UF 147/78, FamRZ 1978, 942 f.
7 Vgl. Zöller/*Heßler*, § 538 ZPO Rz. 29; ähnlich Musielak/*Ball*, §§ 538 Rz. 11.
8 OLG Frankfurt v. 20.12.1977 – 20 W 663/77, Rpfleger 1978, 310 (311).
9 OLG Frankfurt v. 11.8.1978 – 1 UF 147/78, FamRZ 1978, 942 f.; BayObLG v. 6.7.1989 – BReg 3 Z 22/89, BayObLGZ 1989, 282 (288); OLG Köln v. 29.10.2003 – 26 UF 161/03, FamRZ 2004, 1301 f.

sein kann wie eine Beweisaufnahme. Es hat die Anhörung selbst durchzuführen. Umgekehrt muss **zwischen Verfahrensmangel und Beweisaufnahme keine Kausalbeziehung** bestehen.[1] Denn die diesbezügliche Formulierung des § 538 Abs. 2 Nr. 1 ZPO, wonach „auf Grund dieses Mangels eine umfangreiche oder aufwändige Beweisaufnahme notwendig" sein muss, wurde gerade nicht in § 69 Abs. 1 Satz 3 übernommen. Diese Einschränkung ist in Verfahren nach dem FamFG auch nicht geboten, da die Amtsermittlung durch die erste Instanz auch dann nicht verloren gehen soll, wenn die neue Sachaufklärung nicht auf Grund eines Verfahrensfehlers erforderlich wird. Zudem wiche eine solche Praxis zu weit vom früheren Recht ab, was nicht beabsichtigt ist. Etwa die Unterlassung einer gebotenen Anhörung berechtigte früher ohne weiteres zur Aufhebung und Zurückverweisung. Wenn dies nunmehr nicht mehr der Fall ist, darf dieser Fehler nicht auch dann noch unbeachtlich sein, wenn zusätzlich noch eine umfangreiche oder aufwändige Beweisaufnahme erforderlich ist, deren Notwendigkeit aber nicht auf der unterlassenen Anhörung beruht. Die Zurückverweisung ist also nicht nur dann zulässig, wenn sich der Verfahrensmangel auch auf die Unterlassung der Beweisaufnahme erstreckt. Vielmehr kann dem auch eine abweichende rechtliche Beurteilung durch das Beschwerdegericht zugrunde liegen.

Voraussehbar sind Schwierigkeiten bei der Subsumtion, wann eine Beweisaufnahme 12 umfangreich oder aufwändig ist.[2] Unzweifelhaft geht aus diesem Wortlaut nur hervor, dass **nicht jede Beweisaufnahme** die Zurückverweisung begründet. Die Vernehmung eines Zeugen zu einer einfachen tatsächlichen Frage genügt daher nicht.[3] Gleiches dürfte für die Klärung einer einzelnen tatsächlichen Frage – etwa der Echtheit einer Unterschrift – durch einen **Sachverständigen** gelten.[4] Auch die Einnahme des Augenscheins stellt jedenfalls dann weder eine umfangreiche noch ein aufwändige Beweisaufnahme dar, wenn sie an einem nahe gelegenen Ort stattfindet.[5] Demgegenüber unterfallen Beweisaufnahmen mit einer Vielzahl von Zeugen[6] oder Sachverständigen oder eine Kombination aus beidem § 69 Abs. 1 Satz 3. Die Schwierigkeit liegt in der Abgrenzung. Ist **mehr als ein Termin des Beschwerdegerichts** zur Beweisaufnahme erforderlich, dürfte ein § 69 Abs. 1 Satz 3 erreichender Aufwand zu bejahen sein. Allerdings kommt dem Beschwerdegericht bei der Abschätzung des Umfangs ein wohl nicht mehr nachzuprüfender Prognosespielraum zu. Diese Gesichtspunkte, von denen sich das Beschwerdegericht hat leiten lassen, müssen freilich seiner Entscheidung zu entnehmen sein.[7]

Nach ausdrücklicher Anordnung des § 69 Abs. 1 Satz 3 rechtfertigt nicht nur der be- 13 sondere Umfang der Beweisaufnahme, sondern auch ein **besonderer Aufwand** die Zurückverweisung. Ein solcher kann auch bei wenigen Zeugen etwa dann vorliegen, wenn **Auslandszustellungen** oder **Vernehmungen an weit entfernten Orten** erforderlich werden.[8] Gleiches wird für die Einnahme des Augenscheins gelten.

1 Die Stellungnahme in den Materialien (BT-Drucks. 16/6308, S. 208), wonach „auf Grund dessen (des Verfahrensmangels) eine umfangreiche oder aufwändige Beweisaufnahme erforderlich ist", lässt sich weder mit dem Wortlaut noch mit dem Sinn des Gesetzes in Übereinstimmung bringen.
2 Kritisch hierzu *Schürmann*, FamRB 2009, 24 (28).
3 BT-Drucks. 16/6308, S. 208; vgl. Zöller/*Heßler*, § 538 ZPO Rz. 31 zum Zivilprozess.
4 Weiter gehend BGH v. 16.12.2004 – VII ZR 270/03, MDR 2005, 645 für ein Sachverständigengutachten über Baumängel; aA offenbar *Schürmann*, FamRB 2009, 24 (28).
5 Vgl. zum Zivilprozess BGH v. 22.9.2006 – V ZR 239/05, MDR 2007, 289.
6 BT-Drucks. 16/6308, S. 208.
7 Vgl. zum Zivilprozess BGH v. 16.12.2004 – VII ZR 270/03, MDR 2005, 645.
8 Vgl. BT-Drucks. 16/6308, S. 208.

cc) Antrag eines Beteiligten

14 Die Aufhebung und Zurückverweisung setzt neben dem wesentlichen Verfahrensfehler und der umfangreichen oder aufwändigen Beweisaufnahme den Antrag eines Beteiligten voraus. Anders als nach früherer Praxis, derzufolge es noch nicht einmal einer Rüge bedurfte,[1] kann das Beschwerdegericht ohne Antrag nicht zurückverweisen und muss selbst entscheiden.[2] Allerdings wird ein **Hilfsantrag** wie im Zivilprozess genügen.[3] Wie beim Antrag auf Rückübertragung auf den gesamten Spruchkörper nach § 68 Abs. 4 FamFG iVm. § 526 Abs. 2 Nr. 2 ZPO (vgl. § 68 Rz. 41) stellt sich hier die Frage, ob jeder Beteiligte einen entsprechenden Antrag stellen kann, auch wenn er gar nicht antrags- oder beschwerdebefugt wäre. Anders als in diesem Zusammenhang verweist § 69 Abs. 1 Satz 3 nicht nur auf die ZPO, weshalb sich hier nicht das Problem stellt, wer als „Partei" anzusehen ist. Vielmehr benutzt § 69 Abs. 1 Satz 3 die Terminologie des FamFG, wenn es formuliert, dass „ein Beteiligter" den Antrag stellen muss. Daraus geht hervor, dass grundsätzlich **jeder, der von § 7 erfasst ist**, einen Antrag stellen kann. Dies ist zu respektieren, auch wenn die Beteiligten durchaus unterschiedlich von dem Verfahren und dem Zeitverlust durch die Aufhebung und Zurückverweisung betroffen sein können.

d) Folgen der Aufhebung und Zurückverweisung

aa) Bindung des Gerichts erster Instanz

15 § 69 Abs. 1 Satz 4 kodifiziert die bisherige, wohl gewohnheitsrechtlich verfestigte Rechtsprechung, wonach das Gericht erster Instanz an die Entscheidung des Beschwerdegerichts gebunden ist.[4] Der Gesetzgeber will hierüber offenbar nicht hinausgehen, wenn er in den Gesetzesmaterialien von einer Übernahme der „nach allgemeiner Ansicht ... bestehende(n) Bindung des Gerichts des ersten Rechtszugs ... als gesetzliche Regelung spricht".[5] Angesichts dessen ist die knappe Beschreibung dieser Bindung, wonach für das erstinstanzliche Gericht „die der Aufhebung des Beschwerdegerichts zugrunde liegende Beurteilung der Sach- und Rechtslage" maßgeblich sein soll,[6] sehr genau zu nehmen. Die Beurteilung muss der Aufhebung zugrunde liegen. Sie erfasst also nur die Gründe, die den Beschwerdegegenstand bestimmen.[7] **Obiter dicta** entfalten keine Bindungswirkung. Wird etwa wegen eines Verfahrensmangels zurückverwiesen, darf das Gericht erster Instanz sein Verfahren nicht als fehlerfrei ansehen, auch wenn es die Entscheidung der übergeordneten Instanz für falsch hält. Nicht gebunden ist es an zusätzliche Ausführungen zur Rechtslage, denn sie liegen der Aufhebung nicht zugrunde. In diesem Rahmen geht die Bindung nach § 69 Abs. 1 Satz 4 aber über die Rechtskraft hinaus. Für das Gericht der ersten Instanz ist nicht nur nur die Beschlussformel nach §§ 68 Abs. 3 Satz 1, 38 Abs. 2 Nr. 3 maßgeblich. Es ist auch an **rechtliche Vorfragen** gebunden, die das Beschwerdegericht seiner Aufhebung zugrunde legt.[8]

1 OLG Köln v. 29.10.2003 – 26 UF 161/03, FamRZ 2004, 1301 (1302).
2 BT-Drucks. 16/6308, S. 208.
3 *Schürmann*, FamRB 2009, 24 (29); vgl. Zöller/*Heßler*, § 538 ZPO Rz. 4; zur Anlehnung an § 538 ZPO s. BT-Drucks. 16/6308, S. 208.
4 BayObLG v. 26.2.1985 – 1 Z 91/84, FamRZ 1985, 839 (840); OLG Karlsruhe v. 12.2.1988 – 11 W 162/87, Rpfleger 1988, 315.
5 BT-Drucks. 16/6308, S. 208.
6 BT-Drucks. 16/6308, S. 208.
7 BayObLG v. 22.1.1974 – BReg 2 Z 52/73, BayObLGZ 1974, 18 (21 f.) = Rpfleger 1974, 148 (149); *Bumiller*/Winkler, § 25 FGG Rz. 8.
8 Instruktiv OLG Hamm v. 19.9.1967 – 15 W 397/67, OLGZ 1968, 80 (82); ebenso BGH v. 28.10.1954 – IV ZB 48/54, BGHZ 15, 122 (125).

16 Zu eng dürfte der Wortlaut des § 69 Abs. 1 Satz 4 insoweit gefasst sein, als er nur auf „die *rechtliche* Beurteilung" abstellt, die das Beschwerdegericht der Aufhebung zugrunde gelegt hat. Von der Bindung umfasst sein dürften wie bisher **auch tatsächliche Fragen.**[1] Hält das Gericht etwa die Verfahrensfähigkeit eines Beteiligten für gegeben, ist dies eine medizinische und somit tatsächliche Beurteilung. Das Gericht erster Instanz kann den Antrag dieser Beteiligten somit nach Aufhebung und Zurückverweisung nicht mehr unter abweichender Beantwortung dieser Frage erneut als unzulässig zurückweisen.

17 Nach der Systematik des § 69 Abs. 1 Satz 4 tritt die Bindung nur nach einer Aufhebung und Zurückverweisung ein. Dies ist insoweit zu eng, als auch eine **Aufhebung ohne Zurückverweisung** die erste Instanz bindet, wenn etwa die Entscheidung über die Erteilung eines Erbscheins aufgehoben und das Nachlassgericht zur Erteilung eines anderen angewiesen wird.[2] Der förmlichen Zurückverweisung bedarf es nicht.

18 Die Bindung an die rechtliche und tatsächliche Beurteilung durch das Beschwerdegericht besteht nur dann, wenn **dieselbe Sache** erneut Gegenstand der Beschwerde ist. Wenn lediglich eine übereinstimmende Sach- und Rechtslage vorliegt, ist das Beschwerdegericht an seine Beurteilung in einer Parallelsache nicht gebunden, selbst wenn Identität der Beteiligten besteht.[3] Zudem darf keine Änderung der Sachlage eingetreten sein.[4] Auch durch eine **Gesetzesänderung** kann die Bindung aufgehoben werden. Bestimmt der Gesetzgeber, wie etwa in Wohnungseigentumsverfahren (§ 62 Abs. 1 WEG), die Anwendbarkeit neuen Rechts ab einem bestimmten Zeitpunkt auch für Altverfahren, hat das Beschwerdegericht Rechtsmittel nach der neuen Rechtslage zu beurteilen.[5]

bb) Selbstbindung des Beschwerdegerichts und Bindung des Rechtsbeschwerdegerichts

19 Der Gesetzeswortlaut ist auch insoweit zu eng, als er nur eine Bindung des Gerichts erster Instanz regelt. Kommt für dieses nur noch eine bestimmte Beurteilung der Rechts- und Sachlage in Betracht, kann die Einhaltung dieser Vorgaben nicht rechtswidrig sein. Deshalb ist bei einer erneuten Beschwerde auch das Gericht des zweiten Rechtszugs an seine frühere Beurteilung gebunden, die der Zurückverweisung zugrunde lag.[6] Dies kann mittlerweile ebenfalls als gewohnheitsrechtlich verfestigte Praxis gelten. Aus denselben Gründen ist auch das **Rechtsbeschwerdegericht** an die Beurteilung des Beschwerdegerichts gebunden, wenn die Zurückverweisung nicht angegriffen wurde. Können die beiden Tatsacheninstanzen aus Rechtsgründen keine andere Beurteilung der Sach- und Rechtslage vornehmen, so liegt auch kein mit der Rechts-

1 So auch BT-Drucks. 16/6308, S. 208: „Bindung des Gerichts des ersten Rechtszugs an die der Aufhebung des Beschwerdegerichts zugrunde liegenden Beurteilung der Sach- *und Rechtslage*"; vgl. BayObLG v. 16.4.1992 – 3 Z BR 8/92, BayObLGZ 1992, 96 (99).

2 OLG Karlsruhe v. 12.2.1988 – 11 W 162/87, Rpfleger 1988, 315.

3 BayObLG v. 10.9.1991 – BReg 1 Z 29/91, NJW 1992, 322; BayObLG v. 18.2.1998 – 1 Z BR 155/97, NJW-RR 1998, 798 (799).

4 BayObLG v. 31.8.1995 – 3 Z BR 176/95, FamRZ 1996, 436; BayObLG v. 31.3.1998 – 1 Z BR 174/97, BayObLGZ 1998, 100 (102); BayObLG v. 17.4.2003 – 2 Z BR 32/03, ZMR 2003, 947.

5 Vgl. BGH v. 11.7.2002 – IX ZB 80/02, NJW-RR 2002, 1621.

6 BGH v. 28.10.1954 – IV ZB 48/54, BGHZ 15, 122 (124); OLG Hamm v. 19.9.1967 – 15 W 397/67, OLGZ 1968, 80 (82); BayObLG v. 22.1.1974 – BReg 2 Z 52/73, BayObLGZ 1974, 18 (21 f.) = Rpfleger 1974, 148 (149); BayObLG v. 16.4.1992 – 3 Z BR 8/92, BayObLGZ 1992, 96 (99); BayObLG v. 31.8.1995 – 3 Z BR 176/95, FamRZ 1996, 436; BayObLG v. 31.3.1998 – 1 Z BR 174/97, BayObLGZ 1998, 100 (102).

beschwerde angreifbarer Fehler vor, wenn sie entsprechend entscheiden.[1] Allerdings reicht die Bindung von Beschwerde- und Rechtsbeschwerdegericht nicht weiter als diejenige der ersten Instanz. Es muss also dieselbe Sache, nicht nur eine Parallelsache vorliegen. Bei einer von den unteren Instanzen berücksichtigten Änderung der Sachlage ist auch das Rechtsbeschwerdegericht insoweit nicht mehr an die der Zurückverweisung zugrunde liegende Beurteilung des Beschwerdegerichts gebunden. Änderungen der Gesetzeslage hat es ohnehin zu berücksichtigen.

cc) Kostenentscheidung

20 Mit der Aufhebung und Zurückverweisung hat das Gericht erster Instanz regelmäßig auch über die Kosten der Beschwerde zu entscheiden. Blieb der Beschwerdeführer dort im Ergebnis erfolglos, brachte dies einen Konflikt der Kostentragungsgrundsätze nach § 13a Abs. 1 Satz 1 FGG aF, wonach grundsätzlich jeder Beteiligte seine außergerichtlichen Kosten selbst trägt, und der Kostentragung des unterlegenen Rechtsmittelführers nach § 13a Abs. 1 Satz 2 FGG aF mit sich. In diesen Fällen sah die bisherige Praxis Anlass, **von einer Kostenentscheidung nach § 13a Abs. 1 Satz 2 FGG aF zulasten des Beschwerdegegners abzusehen.**[2] Das erneute Unterliegen in der ersten Instanz wurde nicht als so schwerwiegend angesehen, dass es die Kostenerstattung nach § 13a Abs. 1 Satz 2 FGG aF rechtfertigen könnte. An dieser Praxis wird man festhalten können, da auch § 84 nur eine Soll-Vorschrift enthält. Bei ihrer Anwendung ist **zu berücksichtigen, dass der Beschwerdeführer in der Rechtsmittelinstanz erfolgreich** war.

e) Folgen einer unberechtigten Aufhebung und Zurückverweisung

21 Die Aufhebung und Zurückverweisung ist grundsätzlich wie jede andere Entscheidung des Beschwerdegerichts überprüfbar.[3] Bei Zulassung der Rechtsbeschwerde ist die **unberechtigte Aufhebung und Zurückverweisung** ein Fehler, der zur Aufhebung der Beschwerdeentscheidung führt. Die Sache ist dem Beschwerdegericht gem. § 74 Abs. 6 Satz 2 zur eigenen Entscheidung zurückzugeben. Ist die Rechtsbeschwerde nicht kraft Gesetzes oder Zulassung statthaft, können sich die Beteiligten nur mit der **Anhörungsrüge** nach § 44 wehren, wenn ihr Anspruch auf rechtliches Gehör verletzt ist. Dies kann etwa dann der Fall sein, wenn sie nähere Ausführungen zum Nichtvorliegen der Möglichkeit einer Zurückverweisung machten, die unbeachtet blieben. Ansonsten kann die unberechtigte Zurückverweisung die Verfassungsbeschwerde begründen, da dann nicht der gesetzliche Richter, nämlich das Beschwerdegericht, sondern die erste Instanz entscheiden soll.

II. Pflicht zur Begründung der Entscheidung (Absatz 2)

1. Betroffene Entscheidungen

22 Aus der systematischen Stellung – die §§ 58 ff. betreffen nur Endentscheidungen – folgt, dass die Begründungspflicht nach § 69 Abs. 2 nur für **instanzbeendende Entscheidungen** des Beschwerdegerichts gilt. Erfasst sind also neben der **Hauptsacheentschei-**

1 Ausführlich hierzu OLG Hamm v. 19.9.1967 – 15 W 397/67, OLGZ 1968, 80 (82); ebenso BGH v. 28.10.1954 – IV ZB 48/54, BGHZ 15, 122 (124 f.); BayObLG v. 16.4.1992 – 3 Z BR 8/92, BayObLGZ 1992, 96 (100); BayObLG v. 31.8.1995 – 3 Z BR 176/95, FamRZ 1996, 436; BayObLG v. 31.3.1998 – 1 Z BR 174/97, BayObLGZ 1998, 100 (102).

2 OLG Hamm v. 8.12.1992 – 15 W 205/92, FamRZ 1993, 823.

3 BayObLG v. 26.2.1985 – 1 Z 91/84, FamRZ 1985, 839 (840).

dung insbesondere selbständige **Kostenentscheidungen** nach Erledigung oder Rücknahme. Hingegen kann ein Begründungszwang für andere Entscheidungen, etwa für einstweilige Anordnungen nach § 64 Abs. 3 nicht aus § 69 Abs. 2, sondern nur aus Spezialvorschriften abgeleitet werden.

2. Umfang der Begründungspflicht

a) Zu begründende Entscheidungsbestandteile

Zu begründen sind grundsätzlich **alle beschiedenen Anträge**. Ausnahmen können sich aus §§ 69 Abs. 3, 38 Abs. 4 ergeben, wenn die dortigen Voraussetzungen (teilweise) vorliegen (s. im Einzelnen Rz. 28 f. und 33). Auch die **Kostenentscheidung** bedarf der Begründung, die aber regelmäßig kurz ausfallen kann, wenn das Beschwerdegericht der gesetzlichen Regel des § 84 folgt. Eine ausführlichere Begründung ist aber beim Abweichen hiervon geboten. Eine Begründung zur Wirksamkeit und **Vollstreckbarkeit** der Entscheidung erübrigt sich regelmäßig, da diese in §§ 86 Abs. 2, 40 Abs. 1 gesetzlich geregelt ist.[1] Nähere Ausführungen können aber bei Ausnahmen wie der Genehmigung von Rechtsgeschäften (§ 40 Abs. 2) geboten sein. 23

b) Inhalt der Begründung

aa) Tatsachen

Die Anforderungen an die Begründung der Beschwerdeentscheidung können je nach Einzelfall sehr unterschiedlich ausfallen. Jedenfalls dann, wenn das Beschwerdegericht seine Entscheidung auf **neue tatsächliche oder rechtliche Erwägungen** stützt, sind sie nicht geringer als beim erstinstanzlichen Beschluss. Dem Beschwerdegericht obliegt dann eine vollständige Darstellung der festgestellten Tatsachen, auf das es seine Entscheidung stützt.[2] Dies erfordert neben der Darlegung der unstreitigen Tatsachen die **Würdigung der erhobenen Beweise**, also eine Begründung, weshalb das Beschwerdegericht bestimmte Tatsachen für erwiesen bzw. für nicht erwiesen hält.[3] Dies schließt es aus, nicht als unstreitig oder bewiesen festgestellte Umstände der Entscheidung zugrunde zu legen, etwa Verwandtschaftsverhältnisse bei der Entscheidung über einen Erbschein.[4] Nach Auffassung des Gerichts festgestellte Tatsachen und bloßes Vorbringen der Beteiligten müssen klar voneinander zu unterscheiden sein.[5] IdR wird dies einen **ähnlichen Aufbau wie das Zivilurteil**, also mit Tatbestand und Entscheidungsgründen erfordern,[6] die aber in Verfahren der freiwilligen Gerichtsbarkeit traditionell mit I./II. überschrieben werden. Das Abweichen von diesem Aufbau ist aber unschädlich.[7] Es genügt, wenn sich die **Tatsachenfeststellungen aus den Entscheidungsgründen** ergeben.[8] Mit unwesentlichen Tatsachenbehauptungen und den Beweisangeboten hierfür muss sich das Beschwerdegericht freilich nicht beschäftigen. Es darf Sachver- 24

---

1 *Meyer-Seitz/Kröger*, FamRZ 2005, 1430 (1434).
2 OLG Frankfurt v. 20.12.1977 – 20 W 663/77, Rpfleger 1978, 310, 311; BayObLG v. 13.1.1994 – 3 Z BR 311/93, NJW-RR 1994, 617 (618); BayObLG v. 5.2.1998 – 3 Z BR 486/97, NJW-RR 1998, 1014 f.
3 OLG Frankfurt v. 20.12.1977 – 20 W 663/77, Rpfleger 1978, 310 (311); BayObLG v. 5.2.1998 – 3 Z BR 486/97, NJW-RR 1998, 1014 f. *Bumiller*/Winkler, § 25 FGG Rz. 12.
4 BayObLG v. 26.2.1985 – 1 Z 91/84, FamRZ 1985, 839 (840).
5 BayObLG v. 7.12.1993 – 1 Z BR 99/93 u. 114/93, FamRZ 1994, 913 (915).
6 OLG Köln v. 2.10.1992 – 2 Wx 33/92, NJW 1993, 1018.
7 OLG Frankfurt v. 20.12.1977 – 20 W 663/77, Rpfleger 1978, 310 (311).
8 *Bumiller*/Winkler, § 25 FGG Rz. 13.

ständigen oder gar Zeugen nicht kritiklos folgen.[1] Sachverständige Stellungnahmen dürfen nicht nur pauschal wiedergegeben werden, wenn kein schriftliches Gutachten vorliegt.[2] Sofern sich die hinreichende Qualifikation eines Gutachters nicht schon aus Berufsbezeichnung und Zusatzqualifikationen, etwa als Facharzt für bestimmte Gebiete, ergibt, muss das Beschwerdegericht auch die tatsächlichen Umstände dartun, aus denen die besondere Sachkunde folgt.[3] Drängen sich Unstimmigkeiten auf oder werden konkrete Rügen vorgebracht, muss sich das Gericht hiermit befassen. Erst recht bedarf es einer nachvollziehbaren Begründung, wenn das Gericht vom Gutachten eines Sachverständigen abweicht.[4] Sofern ein **Beurteilungs- oder Ermessensspielraum** vorliegt, müssen die tatsächlichen Grundlagen hierfür gleichfalls ausgeführt werden.[5] Auch Entscheidungen im Verfahren, die sich nicht von selbst verstehen, wie etwa die unterlassene Hinzuziehung eines Dolmetschers für einen ausländischen Beteiligten,[6] sind spätestens in der Entscheidung zu begründen. Entsprechendes gilt für die **Dokumentation von Hinweisen** (§ 28 Abs. 3). Sofern das Ergebnis einer Anhörung oder einer Vernehmung nicht aktenkundig ist, muss das Beschwerdegericht deren wesentlichen Inhalt vollständig und im Zusammenhang wiedergeben.[7] Allerdings ist dies nur zulässig, wenn die Anhörung oder Vernehmung von den an der Entscheidung beteiligten Richtern durchgeführt[8] und den anderen Beteiligten nach § 37 Abs. 2 rechtliches Gehör gewährt wurde.[9]

bb) Rechtliche Beurteilung

25 Die Entscheidung muss ferner die **Rechtsanwendung auf den festgestellten Sachverhalt** enthalten.[10] Allerdings musste das Beschwerdegericht auf abweichende Rechtsansichten der Beteiligten nach allgemeiner Handhabung des bisherigen Rechts ebenso wenig eingehen wie auf abweichende Meinungen in Literatur und Rechtsprechung.[11] Dies erscheint zu weitgehend. Wenn sich die Beteiligten hauptsächlich oder gar ausschließlich um die Auslegung des weitgehend neuen Rechts streiten, wird das Beschwerdegericht – immerhin idR ein OLG – gehalten sein, sich jedenfalls dann auch zu abweichenden **Rechtsfragen** zu äußern, wenn sich hierüber noch keine überwiegende Auffassung in Rechtsprechung und Schrifttum gebildet hat.

cc) Bezugnahmen

26 Bezüglich tatsächlicher und rechtlicher Begründung kann das Beschwerdegericht auf die Entscheidung erster Instanz Bezug nehmen, sofern diese die erforderlichen Feststellungen und die Subsumtion enthält.[12] Ähnliches gilt auch für Entscheidungen

1 OLG Stuttgart v. 17.2.1978 – 16 UF 20/78, FamRZ 1978, 827 (828).
2 OLG Düsseldorf v. 29.7.1994 – 3 Wx 406/94, FamRZ 1995, 118.
3 BayObLG v. 19.6.1986 – BReg 3 Z 165/85, BayObLGZ 1986, 214 (216 f.); für einen Berufsanfänger ohne Facharztqualifikation, dessen Sachkunde zudem ausdrücklich gerügt wurde.
4 BayObLG v. 5.11.1992 – 3 Z BR 102/92, FamRZ 1993, 442 f.
5 *Bassenge*/Roth, § 25 RGG Rz. 2.
6 *Bumiller*/Winkler, § 25 FGG Rz. 12.
7 OLG Hamm v. 3.4.1968 – 15 W 69/68, OLGZ 1968, 349 (350); BayObLG v. 7.12.1993 – 1 Z BR 99/93 u. 114/93, FamRZ 1994, 913 (914).
8 OLG Hamm v. 3.4.1968 – 15 W 69/68, OLGZ 1968, 349 (350).
9 Vgl. BayObLG v. 10.12.1985 – BReg 3 Z 159/85, BayObLGZ 1985, 403 (406).
10 OLG Frankfurt v. 20.12.1977 – 20 W 663/77, Rpfleger 1978, 310, 311; BayObLG v. 5.2.1998 – 3 Z BR 486/97, NJW-RR 1998, 1014 f.
11 *Bumiller*/Winkler, § 25 FGG Rz. 13; *Bassenge*/Roth, § 25 RGG Rz. 2.
12 OLG Köln v. 2.10.1992 – 2 Wx 33/92, NJW 1993, 1018.

anderer Gerichte oder Behörden,[1] etwa zu Vorfragen der Beschwerdeentscheidung, und für sonstige Akten. Allerdings muss die Bezugnahme jedenfalls in letzterem Fall ihrem Umfang nach klar gekennzeichnet sein.[2] **Pauschale Bezugnahmen** genügen nicht.[3] Weitergehende Bezugnahmen werden nur dann zugelassen, wenn sich das Beschwerdegericht die Wiederholung einer **Entscheidung erster Instanz** ersparen will. In diesem Fall genügt es aber nicht, dass der angefochtene Beschluss nach Auffassung des Beschwerdegerichts zutrifft. Er muss sowohl die erforderlichen **Tatsachenfeststellungen** als auch die **rechtliche Subsumtion** in **vollem Umfang** enthalten.[4] Von diesen Anforderungen geht auch das neue Recht nicht ab, obwohl die vormals tragende Erwägung weggefallen ist, wonach dem Rechtsbeschwerdegericht allein anhand der Beschwerdeentscheidung eine Rechtskontrolle möglich sein muss.[5] Denn ohne Zulassung der Rechtsbeschwerde durch das Beschwerdegericht ist diese ohnehin nur bei Zulässigkeit kraft Gesetzes statthaft. Gleichwohl besteht der Begründungszwang in vollem Umfang.[6]

Im Übrigen sind **Pauschalverweisungen auf gesamte Akten** oÄ mit § 69 Abs. 2 unvereinbar. Die Bezugnahme darf auf keinen Fall zur Unverständlichkeit der Entscheidung führen, etwa dadurch, dass sich der Inhalt der Begründung nur noch durch Lektüre einer Vielzahl in Bezug genommener Schriftstücke oder gar durch Studium einer anderen Akte erschließt.[7] IdR empfiehlt sich zumindest eine kurze Inhaltsangabe des Schriftstückes und eine Bezugnahme nur auf die Einzelheiten. Selbstverständlich muss das in Bezug genommene Dokument den Beteiligten schon aus Gründen des rechtlichen Gehörs bekannt sein, wenn das Gericht seine Entscheidung hierauf stützt (§ 37 Abs. 2). Das Gericht muss aber eine eigene Entscheidung treffen und dies auch erkennen lassen; eine bloße Bezugnahme auf die Stellungnahme einer Behörde, etwa des Jugendamtes genügt nicht.[8] 27

3. Ausnahmen

Über den Verweis in § 69 Abs. 3 kommen Ausnahmen von der Begründungspflicht wie im ersten Rechtszug in Betracht. Vorbehaltlich der Rückausnahmen in § 38 Abs. 5 und der besonderen Anforderungen bei einer Geltendmachung des Beschlusses im Ausland nach § 38 Abs. 6 kann also auch das Beschwerdegericht von einer Begründung absehen, wenn die Entscheidung auf Grund eines **Anerkenntnisses**, eines **Verzichts** oder der **Säumnis** eines Beteiligten ergeht (§§ 69 Abs. 3, 38 Abs. 4 Nr. 1) oder alle Beteiligten nach mündlicher Bekanntgabe **auf Rechtsmittel verzichtet** haben (§§ 69 Abs. 3, 38 Abs. 4 Nr. 3). Hingegen kommt ein Absehen von der Begründung nach §§ 69 Abs. 3, 38 Abs. 4 Nr. 2 infolge gleichgerichteter Anträge bzw. deswegen, weil der Beschluss nicht 28

1 OLG Köln v. 2.10.1992 – 2 Wx 33/92, NJW 1993, 1018; OLG Köln v. 20.2.2001 – 25 UF 180/00, FamRZ 2002, 337.
2 BayObLG v. 5.12.1996 – 2 Z BR 61/96, NJW-RR 1997, 396 (397).
3 BayObLG v. 5.2.1998 – 3 Z BR 486/97, NJW-RR 1998, 1014 f.
4 OLG Köln v. 2.10.1992 – 2 Wx 33/92, NJW 1993, 1018.
5 OLG Frankfurt v. 20.12.1977 – 20 W 663/77, Rpfleger 1978, 310 (311); OLG Köln v. 2.10.1992 – 2 Wx 33/92, NJW 1993, 1018; BayObLG v. 5.2.1998 – 3 Z BR 486/97, NJW-RR 1998, 1014 f.
6 Dass anderes angedacht war, zeigen die Ausführungen der Materialien zu einem § 69 Abs. 2 Satz 2 zu Fällen, „in denen die Entscheidung zwingend zu begründen ist" (BT-Drucks. 16/6308, S. 208). Diese Vorschrift wurde aber nicht Gesetz.
7 BayObLG v. 5.12.1996 – 2 Z BR 61/96, NJW-RR 1997, 396, 397; BayObLG v. 31.8.1995 – 3 Z BR 176/95, FamRZ 1996, 436.
8 OLG Köln v. 20.2.2001 – 25 UF 180/00, FamRZ 2002, 337; *Bumiller*/Winkler, § 25 FGG Rz. 13.

dem erklärten Willen eines Beteiligten widerspricht, wohl nur theoretisch in Betracht. Diese Bestimmung ist wohl nur auf erstinstanzliche Verfahren zugeschnitten. Die Tatsache, dass überhaupt Beschwerde eingelegt wurde, zeigt bereits, dass keine gleichgerichteten Anträge verfolgt werden und ein Widerspruch zum erklärten Willen eines Beteiligten besteht. Unter § 38 Abs. 4 Nr. 2 fallende Erklärungen wären daher in der Beschwerdeinstanz wohl regelmäßig als Rücknahme des Rechtsmittels bzw. des Antrags zu werten.

29 Weitere Erleichterungen wie im zivilprozessualen Berufungsverfahren sehen die Vorschriften zur Beschwerde nicht vor. Das Beschwerdegericht kann also anders als das Berufungsgericht ohne Rechtsmittelverzicht nach §§ 69 Abs. 3, 38 Abs. 4 Nr. 3 **keine Kurzfassung der Entscheidung** entsprechend § 540 Abs. 1 Satz 2 ZPO in das Protokoll diktieren. Mangels Verweises auf die entsprechenden Vorschriften scheidet auch eine Zurückweisung der Beschwerde nach § 522 Abs. 2 ZPO aus.[1] Vielmehr ist der in § 69 Abs. 3 angeordneten entsprechenden Anwendung der Vorschriften über das erstinstanzliche Verfahren zu entnehmen, dass die Beschwerdeentscheidung grundsätzlich den Anforderungen an einen erstinstanzlichen Beschluss genügen muss.

4. Folgen des Verstoßes

30 Fehlt nicht nur die Begründung, sondern die Entscheidung über einen Antrag insgesamt, kann dieser fehlende Bestandteil **nach §§ 69 Abs. 3, 43 ergänzt** werden. Im Übrigen ist die **fehlende Begründung** wie jeder inhaltliche Fehler nur mit dem zulässigen Rechtsmittel, hier also der Rechtsbeschwerde angreifbar, was allerdings deren Zulassung kraft Gesetzes oder durch das Beschwerdegericht nach § 70 voraussetzt. In diesem Fall liegt ein gravierender Fehler vor, da sich das Beschwerdegericht in der Sache nicht mit dem Vorbringen der Beteiligten auseinander gesetzt hat. Dies rechtfertigt nach § 74 Abs. 6 Satz 2 die teilweise Aufhebung und Zurückverweisung.[2] Dies ist auch bei teilweisem Fehlen einer Begründung der Fall.[3] Ist die Rechtsbeschwerde nicht statthaft, so bleibt den Beteiligten nur die **Anhörungsrüge** nach §§ 69 Abs. 3 Satz 1, 44. Denn das Beschwerdegericht hat sich dann nicht mit dem Vorbringen der Beteiligten auseinander gesetzt und somit den Anspruch auf rechtliches Gehör verletzt. Die nach §§ 69 Abs. 3, 44 Abs. 5 gebotene Fortführung des Verfahrens besteht dann in der Anfertigung und Übermittlung der fehlenden Begründung für den betroffenen Teil der Entscheidung.

5. Weitere formale Anforderungen an die Entscheidung des Beschwerdegerichts

31 Die §§ 58 ff. enthalten keine eigenen Vorgaben zu den weiteren formalen Anforderungen an die Entscheidung des Beschwerdegerichts. Über die Verweisung in § 69 Abs. 3 gelten insoweit die **Vorschriften für das erstinstanzliche Verfahren**. So muss auch der Beschluss zweiter Instanz die Angaben des § 38 Abs. 2 enthalten. Ferner ist die Entscheidung nach § 38 Abs. 3 Satz 2 „zu unterschreiben". Dabei wird man die Unterschriften des gesamten Spruchkörpers, nicht nur des Vorsitzenden fordern müssen.[4]

1 Zur familienrechtlichen Spezialnorm des § 117 Abs. 3 und ihrer § 522 ZPO möglicherweise vergleichbaren Wirkung s. *Schürmann*, FamRB 2009, 24 (28).

2 OLG Frankfurt v. 11.8.1978 – 1 UF 147/78, FamRZ 1978, 942 f.; BayObLG v. 13.1.1994 – 3 Z BR 311/93, NJW-RR 1994, 617 (618); *Bumiller*/Winkler, § 25 FGG Rz. 13.

3 BayObLG v. 13.1.1994 – 3Z BR 311/93, NJW-RR 1994, 617 (618).

4 Keidel/*Sternal*, § 25 FGG Rz. 33; *Bumiller*/Winkler, § 25 FGG Rz. 14.

Ferner muss der Beschluss nach §§ 69 Abs. 3, 39 eine Rechtsbehelfsbelehrung enthalten, sofern ein Rechtsmittel statthaft ist.

III. Entsprechende Anwendbarkeit der Vorschriften über den Beschluss im ersten Rechtszug (Absatz 3)

Ähnlich wie § 68 Abs. 3 Satz 1 für das Verfahren bestimmt § 69 Abs. 3 für die Entscheidung des Beschwerdegerichts die entsprechende Anwendbarkeit der Vorschriften des ersten Rechtszugs. Auch hier ergeben sich wie bei § 68 Abs. 3 Satz 1 auf Grund der Pauschalität der Bezugnahme bisweilen Zweifelsfragen, ob und in welchem Umfang eine Norm zur Entscheidung im ersten Rechtszug auch auf die Beschwerdeentscheidung anwendbar ist. 32

Die Regelungen zur **Form der Entscheidung in § 38 Abs. 1 und 2** finden nur insoweit eine speziellere Regelung in § 69 Abs. 1, als dort die grundsätzliche Pflicht zu einer eigenen Entscheidung des Beschwerdegerichts in der Sache normiert wird. § 38 Abs. 1 und 2 bleiben daneben anwendbar, soweit es um die Form der Entscheidung geht. Wie die erste Instanz hat das Beschwerdegericht durch Beschluss zu entscheiden, der hinsichtlich Rubrum und Tenor den Mindestanforderungen des § 38 Abs. 2 Nr. 1 bis 3 genügen muss. Darüber hinaus macht der ausdrücklich bestimmte Gleichlauf von erstinstanzlichem Beschluss und Beschwerdeentscheidung deutlich, dass dem Gericht des zweiten Rechtszuges im Verfahren nach dem FamFG keine der Zurückweisung nach § 522 Abs. 2 ZPO entsprechende Möglichkeit einer Ressourcen schonenden Erledigung eröffnet ist. Die Pflicht zur **Begründung der Entscheidung in § 38 Abs. 3 Satz 1** hat in § 69 Abs. 2 eine Spezialregelung für das Beschwerdeverfahren gefunden. Hingegen bleibt für den Vermerk zur Übergabe des Beschlusses an die Geschäftsstelle bzw. zur **Bekanntgabe § 38 Abs. 3 Satz 3** mangels eigener Regelung in den §§ 58 ff. auch für das Beschwerdeverfahren maßgeblich. Die Möglichkeit eines **Verzichts** auf die Begründung und die **Rückausnahmen in § 38 Abs. 4 bis 6** sind auch im zweiten Rechtszug anwendbar. Allerdings wird der Stellung gleich lautender Anträge nach § 38 Abs. 4 Nr. 2 in der Beschwerdeinstanz keine Bedeutung zukommen, da dann entweder von einer Antrags- oder einer Beschwerderücknahme auszugehen ist (vgl. Rz. 28). Schließlich gehört auch die **Rechtsbehelfsbelehrung nach § 39** zu den Mindestanforderungen, denen die Beschwerdeentscheidung ebenso wie diejenige des erstinstanzlichen Gerichts genügen muss. 33

Die Vorschriften zum **Wirksamwerden der Entscheidung in § 40** sind uneingeschränkt auch auf das Beschwerdeverfahren anwendbar. Dies gilt auch für die Regelungen zur **Bekanntgabe des Beschlusses nach § 41**. 34

Die Korrektur einer Beschwerdeentscheidung bei unwillentlicher Abweichung des geschriebenen vom gewollten Inhalt durch **Berichtigung nach § 42** ist auch auf die Entscheidung des Beschwerdegerichts anzuwenden. Allerdings kann für diesen Fall kein weiter gehender Rechtszug eröffnet werden als in der Hauptsache. Eine **Erstbeschwerde** nach § 42 Abs. 3 Satz 2 zum BGH findet daher nicht statt. Die Rechtsbeschwerde scheidet schon mangels Verweises auf die §§ 574 ff. ZPO aus. 35

Wird über einen Antrag nicht entschieden, kommt auch im Beschwerdeverfahren auf Antrag binnen zweiwöchiger Frist die **Ergänzung des Beschlusses nach § 43** in Betracht. Allerdings erfasst dies nur Anträge im Beschwerdeverfahren. Hat das Gericht erster Instanz einen Antrag nicht entschieden, hat es diese Entscheidung selbst nach 36

§ 43 nachzuholen. Verschließt es sich einem solchen Antrag, ist die Sache vom Beschwerdegericht nach § 69 Abs. 1 Satz 2 mangels Entscheidung zurückzuverweisen.

37 Die **Anhörungsrüge nach § 44** hat in der Beschwerdeinstanz noch größere Bedeutung als im ersten Rechtszug, da gegen die Entscheidungen des Beschwerdegerichts kein Rechtsmittel gegeben ist, sofern nicht ausnahmsweise die Rechtsbeschwerde kraft Gesetzes statthaft oder vom Beschwerdegericht zugelassen wurde. Die Vorschriften zur Rügefrist (§ 44 Abs. 2), zur Gewährung rechtlichen Gehörs (§ 44 Abs. 3), zur Verwerfung unzulässiger Rügen (§ 44 Abs. 4) und zur Fortsetzung des Verfahrens bei begründeten Rügen (§ 44 Abs. 5) sind in vollem Umfang auch im Beschwerdeverfahren anwendbar.

38 Die **Bestimmungen zur Rechtskraft (§ 45)** finden ebenfalls in vollem Umfang auch auf das Beschwerdeverfahren Anwendung. Für die **Erteilung des Rechtskraftzeugnisses** (§ 46) trifft bereits § 46 Satz 2 eine Sonderregelung für den Fall der Anhängigkeit bei einem Gericht des höheren Rechtszuges.

39 Eine im vollen Umfang auch für das Beschwerdeverfahren geltende Vorschrift enthält **§ 47**. Danach **bleiben Rechtsgeschäfte**, die im Vertrauen auf eine Gerichtsentscheidung vorgenommen werden, **wirksam**, auch wenn der Beschluss zweiter Instanz vom Rechtsbeschwerdegericht aufgehoben wird.

40 Die Regelung zur **Abänderung** rechtskräftiger Entscheidungen in **§ 48 Abs. 1** ist dem Wortlaut nach der ersten Instanz vorbehalten. Dies entspricht der überwiegenden Handhabung von § 18 FGG aF, wonach das Gericht erster Instanz nur seine Entscheidungen, aber nicht die des Beschwerdegerichts abändern konnte.[1] Eigene Entscheidungen konnte das Beschwerdegericht nach bisheriger Praxis nicht nach § 18 FGG aF ändern, da es nicht mehr mit der Sache befasst war und die Abänderungsbefugnis auf das Gericht erster Instanz beschränkt war.[2] Daran ist fest zu halten, da auch § 48 Abs. 1 Satz 1 nur von einer Abänderung durch das „Gericht des ersten Rechtszugs" spricht. Da § 48 Abs. 1, anders als § 48 Abs. 2, gerade nicht auf die Vorschriften der ZPO verweist, wonach das Berufungsgericht für Wiederaufnahmeklagen gegen seine Entscheidungen zuständig ist,[3] sondern die Abänderung ausdrücklich auf das „Gericht des ersten Rechtszugs" beschränkt, wird man hieran festhalten müssen. Das Beschwerdegericht kann demnach weder eigene Entscheidungen noch diejenigen des erstinstanzlichen Gerichts nach § 48 Abs. 1 abändern. Es kann erst auf Beschwerde gegen eine Entscheidung erster Instanz über eine Abänderung tätig werden (vgl. § 48 Rz. 16 und 21). Die Vorschriften der §§ 578 ff. ZPO zur **Wiederaufnahme- und Restitutionsklage**, die nach **§ 48 Abs. 2** auch im Verfahren nach dem FamFG anwendbar sind, regeln in § 584 Abs. 1 ZPO ausdrücklich die Zuständigkeit des Rechtsmittelgerichts. Danach ist dieses für die Wiederaufnahme- und Restitutionsklagen gegen Entscheidungen zuständig, die es selbst erlassen hat. Die Einschränkung, die **§ 48 Abs. 3** für die Genehmigung von Rechtsgeschäften vornimmt, gilt in vollem Umfang auch für das Verfahren zweiter Instanz.

1 Keidel/*Schmidt*, § 18 FGG Rz. 8; *Bumiller*/Winkler, § 30 FGG Rz. 17; aA *Bassenge*/Roth, § 18 RGG Rz. 12.
2 KG v. 22.9.1966 – 1 W 1721/66, OLGZ 1966, 608 f.
3 Vgl. hierzu Zöller/*Greger*, § 584 ZPO Rz. 2.

Unterabschnitt 2
Rechtsbeschwerde

§ 70
Statthaftigkeit der Rechtsbeschwerde

(1) Die Rechtsbeschwerde eines Beteiligten ist statthaft, wenn sie das Beschwerdegericht oder das Oberlandesgericht im ersten Rechtszug in dem Beschluss zugelassen hat.

(2) Die Rechtsbeschwerde ist zuzulassen, wenn

1. die Rechtssache grundsätzliche Bedeutung hat oder

2. die Fortbildung des Rechts oder die Sicherung einer einheitlichen Rechtsprechung eine Entscheidung des Rechtsbeschwerdegerichts erfordert.

Das Rechtsbeschwerdegericht ist an die Zulassung gebunden.

(3) Die Rechtsbeschwerde gegen einen Beschluss des Beschwerdegerichts ist ohne Zulassung statthaft in

1. Betreuungssachen zur Bestellung eines Betreuers, zur Aufhebung einer Betreuung, zur Anordnung oder Aufhebung eines Einwilligungsvorbehalts,

2. Unterbringungssachen und Verfahren nach § 151 Nr. 6 und 7 sowie

3. Freiheitsentziehungssachen.

In den Fällen des Satzes 1 Nr. 2 und 3 gilt dies nur, wenn sich die Rechtsbeschwerde gegen den Beschluss richtet, der die Unterbringung oder die freiheitsentziehende Maßnahme anordnet.

(4) Gegen einen Beschluss im Verfahren über die Anordnung, Abänderung oder Aufhebung einer einstweiligen Anordnung oder eines Arrests findet die Rechtsbeschwerde nicht statt.

A. Entstehungsgeschichte und Normzweck

1 Die Einführung der Rechtsbeschwerde in den §§ 70 ff. gehört zu den einschneidenden Änderungen des FamFG. An die Stelle der früheren weiteren Beschwerde tritt nunmehr die Rechtsbeschwerde.[1] Hierdurch wird der früher mit der weiteren Beschwerde regelmäßig eröffnete dritte Rechtszug, für den noch nicht einmal Rechtsanwaltszwang herrschte, für die große Mehrheit der nicht in § 70 Abs. 3 genannten Sachen praktisch abgeschafft. Er soll nach dem erklärten Willen des Gesetzgebers nur noch für Fälle offen stehen, deren **Bedeutung über den entschiedenen Fall hinausreicht**.[2] Deshalb ist die Rechtsbeschwerde in bewusster Anlehnung an die Regelungen der zivilprozessualen Beschwerde[3] in § 70 Abs. 2 als **Zulassungsrechtsmittel** ausgestaltet. Dieser Grundsatz wird freilich in § 70 Abs. 3 für Betreuungs-, Unterbringungs- und Freiheitsentziehungssachen durchbrochen, ohne dass dies wie in § 574 Abs. 2 Nr. 1 ZPO an das Vorliegen grundsätzlicher Bedeutung geknüpft wird. Die revisionsähnliche Ausgestaltung der Rechtsbeschwerde findet ihre Fortsetzung in § 72 Abs. 1, wonach auch sie nur der Rechtskontrolle dient. Verfahrensfehlerfrei festgestellte Tatsachen bleiben für das Rechtsbeschwerdegericht bindend.

B. Inhalt der Vorschrift

I. Gegenstand der Rechtsbeschwerde

1. Entscheidungen der Beschwerdegerichte in der Hauptsache

2 Gegenstand der Rechtsbeschwerde sind vorrangig die Beschwerdeentscheidungen der Landgerichte und Oberlandesgerichte in der Hauptsache. Wie im Fall der Beschwerde sind aber nur die Entscheidungen in der Hauptsache erfasst (vgl. § 58 Rz. 2). **Zwischenentscheidungen** sind grundsätzlich nicht mit der Beschwerde nach §§ 58 ff. angreifbar, weshalb auch eine Rechtsbeschwerde nicht in Betracht kommt. Sie sind aber nach dem Rechtsgedanken des § 58 Abs. 2[4] durch das Rechtsbeschwerdegericht (hierzu s. § 58 Rz. 16) im Rahmen eines Rechtsmittels in der Hauptsache implizit überprüfbar. Sofern Zwischenentscheidungen selbständig überprüfbar sind, erfolgt dies regelmäßig durch eine sofortige Beschwerde nach den §§ 567 ff. ZPO zum LG oder OLG, je nach Instanzenzug in der Hauptsache (s. § 58 Rz. 18). Gegen die Beschwerdeentscheidung ist bei Vorliegen der Voraussetzungen des § 574 ZPO die Rechtsbeschwerde nach den Vorschriften der ZPO zulässig, wofür nach § 133 GVG ebenfalls der BGH zuständig ist.

1 BT-Drucks. 16/6308, S. 209.
2 BT-Drucks. 16/6308, S. 209.
3 Hierzu s. BT-Drucks. 16/6308, S. 209.
4 Eine direkte Anwendung von § 58 Abs. 2 kommt nicht in Betracht, da § 74 Abs. 4 nur die Vorschriften über den ersten Rechtszug für anwendbar erklärt.

2. Entscheidungen des Oberlandesgerichts im ersten Rechtszug

3 Einigermaßen kryptisch ist die Regelung, dass die Rechtsbeschwerde auch statthaft sein soll, wenn sie das **OLG „im ersten Rechtszug"** zugelassen hat. Denn die Zuständigkeitsregelungen in § 119 Abs. 1 GVG sehen nach wie vor nur eine zweitinstanzliche Zuständigkeit des OLG vor. Auch spezialgesetzlich ist seine erstinstanzliche Zuständigkeit eine extreme Ausnahme (s. etwa § 23b Abs. 4 Satz 5 iVm. Abs. 3 Satz 3 ZFdG).[1] Die Materialien beschränken sich insoweit auf eine bloße Wiederholung des Gesetzestextes.[2] Will man dem Gesetzestext gleichwohl einen Sinn abgewinnen, wird man bei Entscheidungen des OLG wohl von einem Fortleben der „Erstbeschwerde" ausgehen müssen, die zum alten Recht entwickelt wurde. Danach war zwischen (sofortigen) weiteren Beschwerden und „Erstbeschwerden" gegen Entscheidungen der LG zu unterscheiden, je nachdem, ob diese in ihrer Tätigkeit als Rechtsmittelgericht oder wie ein erstinstanzliches Gericht entschieden hatten (s. § 58 Rz. 4). Diese Differenzierung hat freilich für die Praxis nur geringe Bedeutung, da auch die „Erstbeschwerde" gegen Entscheidungen des OLG eine Rechtsbeschwerde bleibt, deren Statthaftigkeit vom Vorliegen der Voraussetzungen des § 70 Abs. 1 und 2 zulässig ist.

II. Zulassung durch das Beschwerdegericht

1. Voraussetzungen der Zulassung

a) Über den Fall hinausgehende Bedeutung

aa) Grundsätzliche Bedeutung

4 Im Gegensatz zum früheren Recht ist die Anrufung der dritten Instanz nicht mehr, wie nach altem Recht, mehr oder minder voraussetzungslos möglich. Sofern die Rechtsbeschwerde nicht kraft Gesetzes zulässig ist, bedarf sie zwingend der Zulassung. Auch die **Verwerfung der Beschwerde als unzulässig** zieht im Gegensatz zum Berufungsrecht (§ 522 Abs. 1 Satz 4 ZPO) nicht automatisch die Zulässigkeit eines weiteren Rechtsmittels – nun also der Rechtsbeschwerde – nach sich.[3] Die sich teilweise überschneidenden Zulassungsgründe entsprechen wörtlich § 574 Abs. 2 ZPO[4] und somit den **Zulassungsvoraussetzungen für die Revision** im Zivilprozess.[5] Ihre Handhabung soll sich an den **Voraussetzungen der Revision** orientieren, da eine Harmonisierung der Verfahrensordnungen ausdrücklich erwünscht ist. Grundsätzliche Bedeutung ist daher anzunehmen, wenn eine Frage noch nicht höchstrichterlich geklärt ist,[6] die sich in einer unbestimmten Vielzahl von Fällen stellen wird.[7] Dies setzt selbstverständlich voraus, dass die Frage **entscheidungserheblich** ist, da es ansonsten

1 Den Hinweis verdanke ich Mitautor *Jennissen*.
2 BT-Drucks. 16/6308, S. 209.
3 Vgl. BGH v. 11.5.2005 – XII ZB 189/03, NJW-RR 2005, 1009.
4 Zur Übernahme der dortigen Regelung s. auch BT-Drucks. 16/6308, S. 204.
5 Zur Identität der Zulassungsvoraussetzungen für Revision und Rechtsbeschwerde im Zivilprozess s. Baumbach/*Hartmann*, § 574 ZPO Rz. 5; Musielak/*Ball*, § 574 ZPO Rz. 6.
6 BGH v. 4.7.2002 – V ZB 16/02, NJW 2002, 3029; BGH v. 4.7.2002 – V ZR 75/02, NJW 2002, 2957.
7 BT-Drucks. 16/6308, S. 209; vgl. zum Zivilprozess BGH v. 4.7.2002 – V ZB 16/02, NJW 2002, 3029; BGH v. 1.10.2002 – XI ZR 71/02, NJW 2003, 65 (67) = MDR 2003, 104 (106); Baumbach/*Hartmann*, § 574 ZPO Rz. 5.

auf sie nicht ankommt.[1] **Fragen nur zur Statthaftigkeit** des Rechtsmittels genügen freilich nicht.[2] Die unbestimmte Vielzahl von Fällen liegt stets bei einem „Musterprozess" vor, dessen Entscheidung sich mehr oder minder insgesamt auf eine Vielzahl gleich gelagerter Fälle übertragen lässt.[3] Es genügt aber bereits, wenn sich eine einzelne Rechtsfrage in einer unbestimmten Vielzahl von Fällen stellen wird. Allerdings sind die Anforderungen höher als beim Ausschluss der Übertragung auf den Einzelrichter wegen grundsätzlicher Bedeutung nach § 68 Abs. 4 FamFG iVm. § 526 Abs. 1 Nr. 3 ZPO (vgl. hierzu § 68 Rz. 35). Denn dort geht es nur um die Bestimmung der Zuständigkeit innerhalb des Beschwerdegerichts. § 70 Abs. 2 dient aber ausdrücklich auch der Entlastung des BGH. Äußerste Grenze ist in jedem Fall die bloße Korrektur einer **Einzelfallentscheidung**:[4] Stellt sich eine Frage nur in dem konkreten Verfahren, so kann niemals grundsätzliche Bedeutung vorliegen, selbst wenn die Entscheidung für die dort Beteiligten von existentieller Bedeutung ist. **Maßgeblicher Zeitpunkt** für die Beurteilung der Grundsatzbedeutung ist nicht die Einlegung der Rechtsbeschwerde, sondern die Entscheidung durch den BGH.[5] Entfällt aber die grundsätzliche Bedeutung auf Grund einer Entscheidung des BGH nach Einlegung der Rechtsbeschwerde, liegt ggf. Divergenz von der höchstrichterlichen Rechtsprechung nach § 70 Abs. 2 Nr. 2 vor, weswegen eine hiervon abweichende Beschwerdeentscheidung gleichwohl aufzuheben ist.[6]

bb) Fortbildung des Rechts und Sicherung einer einheitlichen Rechtsprechung

5 Die weiteren Zulassungsvoraussetzungen des § 70 Abs. 2 Nr. 2 stellen wie im Zivilprozess konkretisierte **Unterfälle der grundsätzlichen Bedeutung** dar.[7] Die Fortbildung des Rechts und die Sicherung einer einheitlichen Rechtsprechung werden gerade in der Zeit unmittelbar nach Inkrafttreten des FamFG von einiger Bedeutung sein, da das neue Gesetz Anlass zur Klärung von Auslegungsfragen und zur Schließung von Gesetzeslücken geben wird.[8] Insbesondere rechtfertigt die **Divergenz**, also die Abweichung von der Rechtsprechung anderer LG und OLG bzw. des BGH die Zulassung der Rechtsbeschwerde.[9] Auch hier muss die zu klärende Rechtsfrage aber über die Einzelfallentscheidung hinaus die Interessen der Allgemeinheit berühren.[10] Hingegen wird der Begriff der Sicherung einer einheitlichen Rechtsprechung anders als im Revisionsrecht **kein Einfallstor zur Korrektur von Einzelfallentscheidungen**, die aus Sicht des

1 BGH v. 4.7.2002 – V ZB 16/02, NJW 2002, 3029; BGH v. 4.7.2002 – V ZR 75/02, NJW 2002, 2957; BGH v. 1.10.2002 – XI ZR 71/02, NJW 2003, 65 (67) = MDR 2003, 104 (106); Zöller/*Heßler*, § 574 ZPO Rz. 13a.

2 BGH v. 29.5.2002 – V ZB 11/02, MDR 2002, 1266 (1267); Baumbach/*Hartmann*, § 574 ZPO Rz. 5; Zöller/*Heßler*, § 574 ZPO Rz. 10.

3 BGH v. 1.10.2002 – XI ZR 71/02, NJW 2003, 65 (68) = MDR 2003, 104 (106).

4 BGH v. 1.10.2002 – XI ZR 71/02, NJW 2003, 65 (68) = MDR 2003, 104 (107).

5 BGH v. 23.9.2003 – VI ZA 16/03, NJW 2003, 3781 f.; BGH v. 8.9.2004 – V ZR 260/03, NJW 2005, 154 (155); Zöller/*Heßler*, § 574 ZPO Rz. 13b.

6 Zur Rechtsbeschwerde s. BGH v. 23.3.2006 – IX ZB 124/05, MDR 2006, 1305 = NZI 2006, 608; vgl. zur Revision BGH v. 8.9.2004 – V ZR 260/03, NJW 2005, 154 (155 f.); Musielak/*Ball*, § 574 ZPO Rz. 6; Zöller/*Heßler*, § 574 ZPO Rz. 13.

7 Vgl. Zöller/*Heßler*, § 511 ZPO Rz. 38.

8 BT-Drucks. 16/6308, S. 209.

9 Vgl. zur Divergenz BGH v. 4.7.2002 – V ZB 16/02, NJW 2002, 3029 (3030); BGH v. 1.10.2002 – XI ZR 71/02, NJW 2003, 65 (66) = MDR 2003, 104 (105); BGH v. 23.9.2003 – VI ZA 16/03, NJW 2003, 3781 f.

10 BGH v. 29.5.2002 – V ZB 11/02, MDR 2002, 1266 (1267); BGH v. 4.7.2002 – V ZB 16/02, NJW 2002, 3029 (3030).

Rechtsbeschwerdegerichts grob fehlerhaft sind, insbesondere Verfahrensgrundrechte verletzen[1] oder das Vertrauen in die Rechtsprechung als Ganzes erschüttern.[2] Denn von dieser Möglichkeit konnte der BGH nur auf Nichtzulassungsbeschwerde einer Partei Gebrauch machen, die in den §§ 70 ff. gerade nicht vorgesehen ist. Hingegen wird kaum ein OLG selbst die Rechtsbeschwerde zulassen, weil es seinen eigenen Beschluss als so fehlerhaft ansieht, dass es zur Sicherung einer einheitlichen Rechtsprechung die Rechtsbeschwerde für geboten hält.

b) Beschwer und Mindestbeschwerdewert

Der Rechtsbeschwerdeführer muss in irgendeiner Weise durch die von ihm angegriffene Beschwerdeentscheidung beschwert sein.[3] Allerdings unterliegt die Rechtsbeschwerde anders als die Beschwerde nach § 61 **keinem Mindestbeschwerdewert.** Ein solcher folgt entgegen bisweilen in der zivilprozessualen Literatur vertretenen Auffassung[4] auch nicht daraus, dass bereits die Beschwerde nach § 61 eine Mindestbeschwer voraussetzt. Denn es ist beispielsweise möglich, dass die den Mindestbeschwerdewert überschreitende Beschwerde bis auf wenige Euro Erfolg hat. Sind die Zulassungsvoraussetzungen hierfür erfüllt, muss die Rechtsbeschwerde unabhängig vom (geringen) Wert zugelassen werden. 6

2. Zuständigkeit

Die **Zulassung** kann nur **durch das Beschwerdegericht**, nicht aber durch das Gericht erster Instanz erfolgen. Der Rechtszug vom erstinstanzlichen Gericht zum BGH ist nur im Wege der Sprungrechtsbeschwerde möglich, über die aber nach § 75 Abs. 1 Nr. 2 das Rechtsbeschwerdegericht selbst zu befinden hat. Lässt das Gericht erster Instanz gleichwohl die Rechtsbeschwerde zu, ist diese Zulassung wie im zivilprozessualen Beschwerdeverfahren unwirksam.[5] 7

3. Entscheidung

a) Zulassung in Tenor oder Gründen

Die Zulassung der Rechtsbeschwerde setzt nach § 70 keinen Antrag voraus. Wie im Zivilprozess[6] hat sie **von Amts wegen** zu erfolgen.[7] Im Gegensatz zu § 61 Abs. 3 ist schon im Wortlaut des § 70 Abs. 1 bestimmt, dass die Zulassung „in dem Beschluss" zu erfolgen hat. Sie ist also **in der Entscheidung zur Hauptsache** auszusprechen, nicht in einem separaten Beschluss.[8] Sofern letzteres geschieht, dürfte allerdings eine offenbare Unrichtigkeit vorliegen, die ausnahmsweise eine Berichtigung der Hauptsacheentscheidung nach § 42 Abs. 1 erlaubt (vgl. Rz. 13). Zu den näheren Modalitäten der 8

1 BGH v. 4.7.2002 – V ZB 16/02, NJW 2002, 3029 (3030); ähnlich BGH v. 1.10.2002 – XI ZR 71/02, NJW 2003, 65 (68) = MDR 2003, 104 (106).
2 BGH v. 4.7.2002 – V ZR 75/02, NJW 2002, 2957; zurückhaltender BGH v. 1.10.2002 – XI ZR 71/02, NJW 2003, 65 (67) = MDR 2003, 104 (106).
3 Vgl. Zöller/*Heßler*, § 574 ZPO Rz. 6.
4 MüKo.ZPO/*Lipp*, § 574 ZPO § 574 Rz. 4; anders und richtig dagegen Zöller/*Heßler*, § 574 ZPO Rz. 6.
5 BGH v. 10.10.2006 – X ZB 6/06, NJW-RR 2007, 285 = BB 2006, 2552; Baumbach/Lauterbach, § 574 ZPO Rz. 4; Zöller/*Heßler*, § 574 ZPO Rz. 9.
6 MüKo.ZPO/*Lipp*, § 574 ZPO Rz. 10; Zöller/*Heßler*, § 574 ZPO Rz. 14.
7 BT-Drucks. 16/6308, S. 209.
8 Musielak/*Ball*, § 574 ZPO Rz. 7a; Zöller/*Heßler*, § 574 ZPO Rz. 14.

Zulassung, insbesondere dazu, ob sie im Tenor zu erfolgen hat, trifft § 70 Abs. 1 keine Aussage. Angesichts der engen Anlehnung an § 574 wird man die Zulassung nur in den Gründen für ausreichend halten dürfen.[1] Erscheint sie im Tenor, so ist diese Entscheidung nach § 69 Abs. 2 ohnehin zu begründen. Eine **irrige Bezeichnung des zugelassenen Rechtsmittels** etwa als „weitere Beschwerde" ist wohl schon im Wege der Auslegung zu korrigieren, jedenfalls nach dem Grundsatz der Meistbegünstigung unschädlich.[2] Äußert sich das Beschwerdegericht überhaupt nicht zur Zulassung der Rechtsbeschwerde, so ist diese nicht zugelassen.[3]

b) Beurteilungsspielraum und Ermessen des Gerichts

9 In der Frage, ob überhaupt ein Zulassungsgrund vorliegt, dürfte dem Beschwerdegericht ein Beurteilungsspielraum zukommen. Gerade die Frage, ob einer Sache grundsätzliche Bedeutung beizumessen ist, lässt sich oftmals nicht eindeutig beantworten. Hingegen ist dem Beschwerdegericht dann, wenn es grundsätzliche Bedeutung annimmt, wie im zivilprozessualen Beschwerdeverfahren[4] kein Ermessensspielraum hinsichtlich der Rechtsfolgen eröffnet. **Bejaht es die Voraussetzungen des § 70 Abs. 2, muss es die Beschwerde zulassen.**[5] Anderenfalls wäre die Entscheidung willkürlich und mit der Anhörungsrüge nach §§ 69 Abs. 3, 44 angreifbar. In der Folge hat das Beschwerdegericht das Verfahren unter Berücksichtigung des übergangenen Vortrags fortzuführen, was hier nur die Zulassung der Rechtsbeschwerde bedeuten kann. Ähnliches gilt auch dann, wenn das Beschwerdegericht **vor dem Vorliegen der Zulassungsvoraussetzungen förmlich die Augen verschließt**, etwa diesbezüglichen Vortrag nicht zur Kenntnis nimmt.[6] Denn dann verletzt es den Anspruch auf rechtliches Gehör iSd. § 44 Abs. 1 Nr. 2. Eine **Ergänzung** der Beschwerdeentscheidung um die Zulassung der Rechtsbeschwerde auf Gehörsrüge nach § 321a ZPO wird auch im zivilprozessualen Beschwerdeverfahren für zulässig befunden,[7] was auf vorliegenden Zusammenhang übertragbar ist. Bleibt die Anhörungsrüge erfolglos, kommt die Verfassungsbeschwerde in Betracht.

c) Beschränkung der Zulassung

10 Im Zivilprozess wird eine Zulassung der Rechtsbeschwerde, die sich auf einen Teil der Beschwerdeentscheidung beschränkt, grundsätzlich für **zulässig** erachtet.[8] Für das Verfahren nach dem FamFG, das sich ausdrücklich hieran anschließt, kann daher nichts anderes gelten. Zudem wäre es schon dem erstinstanzlichen Gericht möglich, abtrennbare Einzelkomplexe durch Teil-Beschluss zu entscheiden, wogegen dann auch die Beschwerde zulässig wäre. Die Zusammenfassung mehrerer abtrennbarer Entscheidungsgegenstände in einem Beschluss darf aber die rechtliche Überprüfbarkeit nicht beeinträchtigen. Wenn nur für einen von ihnen ein Zulassungsgrund nach § 70 Abs. 2

1 BGH v. 19.5.2004 – IXa ZB 182/03, NJW 2004, 2529; implizit auch MüKo.ZPO/*Lipp*, § 574 ZPO § 574 Rz. 10; Zöller/*Heßler*, § 574 ZPO Rz. 14.
2 Vgl. zur zivilprozessualen Rechtsbeschwerde Baumbach/*Hartmann*, § 574 ZPO Rz. 4.
3 MüKo.ZPO/*Lipp*, § 574 ZPO § 574 Rz. 10; Baumbach/*Hartmann*, § 574 ZPO Rz. 4; Zöller/*Heßler*, § 574 ZPO Rz. 14.
4 MüKo.ZPO/*Lipp*, § 574 ZPO Rz. 12; MüKo.ZPO/*Lipp*, § 574 ZPO Rz. 12.
5 BT-Drucks. 16/6308, S. 209.
6 BGH v. 19.5.2004 – IXa ZB 182/03, NJW 2004, 2529 (2530).
7 S. Rz. 11 und BGH v. 19.5.2004 – IXa ZB 182/03, NJW 2004, 2529; Baumbach/*Hartmann*, § 574 ZPO Rz. 4; Musielak/*Ball*, § 574 ZPO Rz. 7a; Zöller/*Heßler*, § 574 ZPO Rz. 14.
8 BGH v. 30.1.2007 – XI ZB 43/05, NJW-RR 2007, 932 (933); Baumbach/*Hartmann*, § 574 ZPO Rz. 4; Musielak/*Ball*, § 574 ZPO Rz. 7a.

vorliegt, muss auch die Zulassung auf ihn begrenzbar sein können. Die Beschränkung darf sich aber **nicht auf einzelne Rechtsfragen, Vorfragen oÄ** beziehen. Sie muss einen **abtrennbaren Gegenstand** betreffen, über den auch eigenständig durch Teil-Beschluss hätte befunden werden können.[1] Befolgt das Beschwerdegericht diese Grundsätze nicht, so ist eine unzulässige Beschränkung etwa auf bestimmte Rechtsfragen unwirksam. Dies führt aber nicht zur Unwirksamkeit der Zulassung, sondern der Beschränkung: Das Rechtsbeschwerdegericht kann und muss die angegriffene Entscheidung dann insgesamt überprüfen.

4. Korrektur fehlerhafter (Nicht)zulassungen

a) Korrektur inhaltlich fehlerhafter Entscheidungen über die Zulassung

aa) Keine Nichtzulassungsbeschwerde

Die Entscheidung über die Zulassung ist im Rahmen der zivilprozessualen Beschwerde 11 grundsätzlich nicht mit Rechtsmitteln angreifbar.[2] Da weiter gehende Regelungen fehlen, findet eine Nichtzulassungsbeschwerde auch gegen Beschwerdeentscheidungen in Verfahren nach dem FamFG nicht statt. Die ganz hM zur zivilprozessualen Beschwerde verneint selbst bei **Verletzung des Anspruchs auf rechtliches Gehör** oder ähnlich gravierenden Verletzungen von Verfahrensgrundrechten ein außerordentliches Rechtsmittel.[3] Der in diesen Rechten Verletzte wird auf die **Nichtanhörungsrüge** nach § 321a ZPO und die **Verfassungsbeschwerde** verwiesen.[4] Da sich die Regelungen der §§ 70 ff. ausdrücklich an die zivilprozessuale Rechtsbeschwerde anlehnen, ist mit einer Übernahme dieser Praxis in die freiwillige Gerichtsbarkeit zu rechnen, so dass auch hier nur die Anhörungsrüge nach § 44 bleibt. Bei erfolgter Zulassung hat auch der Rechtsbeschwerdegegner keine Möglichkeit, diese Entscheidung isoliert anzugreifen.

bb) Entscheidung durch den Einzelrichter

Anders als bei der zivilprozessualen Beschwerde wird die Zulassung der Rechtsbe- 12 schwerde durch den Einzelrichter ähnlich wie bei der Berufung kein Grund zur Aufhebung und Zurückverweisung sein. Insoweit wird auf die Kommentierung zu § 68 Abs. 4 (Rz. 43) Bezug genommen.

b) Korrektur versehentlich unterlassener Entscheidungen über die Zulassung

aa) Berichtigung nach § 42

Die restriktive Handhabung der Unanfechtbarkeit lässt auch bei versehentlicher Un- 13 terlassung einer Zulassung nach § 70 Abs. 2 wenig Spielraum. Im Rahmen der zivil-

1 BGH v. 3.6.1987 – IVa ZR 292/85, BGHZ 101, 276 (278); BGH v. 30.1.2007 – XI ZB 43/05, NJW-RR 2007, 932 (933); Zöller/*Heßler*, § 511 ZPO Rz. 40; Korintenberg/Lappe/*Bengel*, § 14 KostO Rz. 146.

2 BGH v. 19.11.2003 – IV ZB 20/03, MDR 2004, 466; BGH v. 21.4.2004 – XII ZB 279/03, NJW 2004, 2224; MüKo.ZPO/*Lipp*, § 574 ZPO Rz. 3; Baumbach/*Hartmann*, § 574 ZPO Rz. 3; Musielak/*Ball*, § 574 ZPO Rz. 9; Zöller/*Heßler*, § 574 ZPO Rz. 16.

3 BGH v. 19.11.2003 – IV ZB 20/03, MDR 2004, 466; BGH v. 19.5.2004 – IXa ZB 182/03, NJW 2004, 2529; MüKo.ZPO/*Lipp*, § 574 ZPO Rz. 9 u. 13; Baumbach/*Hartmann*, § 574 ZPO Rz. 3 u. 4.

4 BGH v. 19.5.2004 – IXa ZB 182/03, NJW 2004, 2529; Baumbach/*Hartmann*, § 574 ZPO Rz. 4; Musielak/*Ball*, § 574 ZPO Rz. 7a; Zöller/*Heßler*, § 574 ZPO Rz. 14; insoweit aA MüKo.ZPO/*Lipp*, § 574 ZPO Rz. 9; *Abramenko*, Rpfleger 2003, 375 (375 f.), die die Statthaftigkeit der Rechtsbeschwerde bejahen.

prozessualen Beschwerde wird nur eine **Berichtigung** wegen offenbarer Unrichtigkeit nach § 319 ZPO für zulässig gehalten.[1] Angesichts ihres erklärten Vorbildcharakters wird sich diese Handhabung bei der Rechtsbeschwerde nach §§ 574 ff. ZPO auch in vorliegendem Zusammenhang durchsetzen. Die Berichtigung nach § 42 Abs. 1 setzt allerdings eine gewisse **Evidenz des Fehlers** voraus. Die Divergenz zwischen Äußerung und Bildung des Willens muss entweder aus der Entscheidung selbst oder aus anderen Umständen außerhalb der Entscheidung für jeden neutralen Dritten offenkundig sein.[2] In Betracht kommt etwa eine entsprechende Kundgabe des Gerichts im Protokoll. Auch dann, wenn die Zulassung fälschlicherweise in einer separaten Entscheidung erfolgt, wird man von einer offenkundigen Unrichtigkeit ausgehen können.

bb) Ergänzung nach § 43

14 Hingegen wird bei der Parallelregelung des § 574 Abs. 1 Nr. 2 ZPO eine Selbstkorrektur im Wege der Ergänzung nach § 321 ZPO allgemein abgelehnt, selbst wenn eine Entscheidung hierüber nur einfach vergessen wurde.[3] Begründet wird dies damit, dass ein Beschluss des Beschwerdegerichts, der keine Entscheidung über die Zulassung enthält, **keine Lücke** aufweise, sondern eben durch sein Schweigen über die Zulassung befunden habe. Deshalb werde keine unterbliebene Entscheidung nachgeholt, sondern eine getroffene abgeändert.[4] Dies überzeugt zwar in keiner Weise: Vergisst das Gericht einen Anspruch und weist es die Klage (im Übrigen) ab, so ist damit gleichfalls eine der Rechtskraft fähige Entscheidung über diesen Teilanspruch getroffen; dies ändert aber nichts daran, dass er ebenso vergessen wurde, wie dies bei der Zulassung der Rechtsbeschwerde der Fall sein kann.[5] Gleichwohl steht zu befürchten, dass sich diese Argumentation angesichts der bewussten Anlehnung von § 70 an die zivilprozessualen Vorschrift im Verfahren nach dem FamFG durchsetzen wird. Eine Ergänzung nach § 43 kommt demnach, folgt man der Praxis des BGH, nicht in Betracht.

5. Bindung des Rechtsbeschwerdegerichts

15 Entgegen der ursprünglich vorgesehenen Fassung des Gesetzes und gegen den nachdrücklichen Widerstand der Bundesregierung[6] untersteht die Entscheidung des Beschwerdegerichts **nicht der Kontrolle durch das Rechtsbeschwerdegericht**. Sie ist nach § 70 Abs. 2 Satz 2 bindend. Das Rechtsbeschwerdegericht kann also weder isoliert die Zulassung aufheben noch die Beschwerde gegen die Entscheidung in der Hauptsache als unzulässig verwerfen, weil seiner Auffassung nach die Voraussetzungen des § 70 Abs. 2 Satz 1 nicht vorliegen. Allerdings wird im Rahmen der zivilprozessualen Beschwerde die Bindung auf die Entscheidung über das Vorliegen grundsätzlicher Bedeutung bzw. über die Notwendigkeit der Fortbildung des Rechts oder der Sicherung einer einheitlichen Rechtsprechung begrenzt. Angesichts der Parallelität der Regelungen ist diese Praxis auf den vorliegenden Zusammenhang zu übertragen. Das Beschwerdege-

1 BGH v. 24.11.2003 – II ZB 37/02, NJW 2004, 779; MüKo.ZPO/*Lipp*, § 574 ZPO Rz. 10; Baumbach/*Hartmann*, § 574 ZPO Rz. 7; Musielak/*Ball*, § 574 ZPO Rz. 7a.

2 BGH v. 24.11.2003 – II ZB 37/02, NJW 2004, 779.

3 BGH v. 24.11.2003 – II ZB 37/02, NJW 2004, 779; BGH v. 19.5.2004 – IXa ZB 182/03, NJW 2004, 2529; MüKo.ZPO/*Lipp*, § 574 ZPO Rz. 10; Musielak/*Ball*, § 574 ZPO Rz. 7a.

4 BGH v. 24.11.2003 – II ZB 37/02, NJW 2004, 779.

5 Für die Möglichkeit einer Ergänzung nach § 321 ZPO im Zivilprozess auch Baumbach/*Hartmann*, § 574 ZPO Rz. 7.

6 BT-Drucks. 16/6308, S. 209 u. 410; hiergegen die letztlich erfolgreiche Opposition des BR (BT-Drucks. 16/6308, S. 369).

richt kann also durch die Zulassung nach § 70 Abs. 2 nicht über das **Fehlen anderer Zulässigkeitsvoraussetzungen**, etwa über die fehlende Beschwerdeberechtigung hinweghelfen oder gar die gesetzlich normierte Unstatthaftigkeit der Rechtsbeschwerde etwa für Verfahren des einstweiligen Rechtsschutzes (§ 70 Abs. 4) außer Kraft setzen. Eine gleichwohl erfolgte **Zulassung ist unwirksam.**[1] Auch die Zulassung einer kraft Gesetzes statthaften Rechtsbeschwerde entfaltet keine Wirkung,[2] wobei dies im vorliegenden Zusammenhang, anders als bei der zivilprozessualen Rechtsbeschwerde, theoretischer Natur bleiben dürfte. Denn anders als dort bedarf es nach § 70 Abs. 3 nicht des Vorliegens weiterer Zulassungsgründe wie grundsätzlicher Bedeutung (s. Rz. 16), so dass eine Rechtsbeschwerde unabhängig von diesbezüglichen Darlegungen[3] zulässig ist. Denn der gesetzliche Ausschluss eines Rechtsmittels steht nicht zur Disposition des entscheidenden Gerichts. Diese Rechtsprechung wurde für die zivilprozessuale Rechtsbeschwerde auf die Fälle erweitert, in denen **bereits die sofortige Beschwerde unzulässig** war.[4] Die Begründung hierfür, dass dann der Instanzenzug ebenfalls nicht eröffnet ist und auch nicht kraft Zulassung durch das Beschwerdegericht eröffnet werden kann, lässt sich auf die Rechtsbeschwerde nach §§ 70 ff. übertragen.

III. Statthaftigkeit kraft Gesetzes

1. Unbegrenzte Zulassung der Rechtsbeschwerde

Kraft Gesetzes zulässig ist die Rechtsbeschwerde nach § 70 Abs. 3 gegen bestimmte 16
Entscheidungen in **Betreuungssachen, in Unterbringungs- und in Freiheitsentziehungssachen**. Im Gegensatz zur entsprechenden Regelung des § 574 Abs. 2 ZPO verlangt § 70 Abs. 3 keine grundsätzliche Bedeutung der Sache. Deshalb bedarf es insoweit, anders als in der zivilprozessualen Rechtsbeschwerde,[5] auch keiner Darlegungen. In der Konsequenz besteht bei bestimmten Entscheidungen in Betreuungssachen, in Unterbringungs- und in Freiheitsentziehungssachen stets ein dritter Rechtszug. Angesichts der Tatsache, dass es sich gerade bei Betreuungs- und Unterbringungssachen um besonders häufige Verfahren handelt, erscheint diese Regelung im Hinblick auf die Bemühungen um eine Entlastung des BGH zu weitgehend. Dies um so mehr, als es sich in diesen Angelegenheiten oftmals um wenig einsichtige Betroffene handelt. Eine zulässige Beschwerde setzt ferner die Einhaltung der weiteren Formalien, etwa der Frist und Form nach § 71 voraus. Einziger praktisch wirksamer Filter dürfte aber das Erfordernis einer Vertretung durch einen am BGH zugelassenen Rechtsanwalt nach § 10 Abs. 4 sein. Werden diese Zulässigkeitserfordernisse eingehalten, bietet auch der **Zurückverweisungsbeschluss nach § 74a** keine Handhabe, sich in diesen

---

1 BGH v. 1.10.2002 – IX ZB 271/02, MDR 2003, 229; BGH v. 8.10.2002 – VI ZB 27/02, NJW 2003, 211 (212); BGH v. 27.2.2003 – I ZB 22/02, NJW 2003, 1531; BGH v. 21.4.2004 – XII ZB 279/03, NJW 2004, 2224 f.; MüKo.ZPO/*Lipp*, § 574 ZPO Rz. 11; Musielak/*Ball*, § 574 ZPO Rz. 8; Zöller/*Heßler*, § 574 ZPO Rz. 9 u. 15.

2 BGH v. 20.2.2003 – V ZB 59/02, MDR 2003, 645 = NJW-RR 2003, 784 (785); BGH v. 7.4.2004 – XII ZB 51/02, FamRZ 2004, 1023 (1024); BGH v. 23.2.2005 – XII ZB 110/03, MDR 2005, 948.

3 Dies war die Problematik der kraft Gesetzes statthaften ZPO-Beschwerden, die aber entgegen der Meinung des zulassenden Gerichts nicht die Voraussetzungen von § 574 Abs. 2 ZPO erfüllten, s. BGH v. 20.2.2003 – V ZB 59/02, MDR 2003, 645 = NJW-RR 2003, 784 (785); BGH v. 7.4.2004 – XII ZB 51/02, FamRZ 2004, 1023 (1024); BGH v. 23.2.2005 – XII ZB 110/03, MDR 2005, 948 (949).

4 BGH v. 11.5.2005 – XII ZB 189/03, NJW-RR 2005, 1009; BGH v. 17.10.2005 – II ZB 4/05, MDR 2006, 466 (467) = NJW-RR 2006, 286.

5 BGH v. 29.5.2002 – V ZB 11/02, MDR 2002, 1266 (1267) = NJW 2002, 2473 f.

Rechtsgebieten auf Fälle grundsätzlicher Bedeutung zu beschränken (s. § 74a Rz. 2 f.). Einzige Abhilfe schafft hier möglicherweise die Möglichkeit einer **Entscheidung ohne Begründung** nach § 74 Abs. 7.

2. Von Absatz 3 erfasste Angelegenheiten

a) Unterbringungs- und Freiheitsentziehungssachen

17 Verfahren in Unterbringungssachen (§§ 151 Nr. 6, 312 ff.) und in Freiheitsentziehungssachen (§§ 415 ff.) sind insgesamt von der gesetzlichen Zulassung der Rechtsbeschwerde erfasst. Eine Ausnahme ist nach dem Gesetzeswortlaut der Ausschluss der Rechtsbeschwerde gegen einstweilige Anordnungen (§ 70 Abs. 4). Einstweilige Anordnungen etwa nach §§ 331 f., 427 können somit auch in Unterbringungs- und Freiheitsentziehungssachen nicht mit der Rechtsbeschwerde überprüft werden.[1] Im Übrigen sieht § 70 Abs. 3 Satz 2[2] nunmehr eine Beschränkung der Statthaftigkeit von Rechtsbeschwerden auf die Anordnung der Unterbringung bzw. der Freiheitsentziehung vor. Damit wird die nach der ursprünglichen Fassung zu weite Möglichkeit der Rechtsbeschwerde eingeschränkt. In der Konsequenz kann nur der hiervon Betroffene die Entscheidung über Unterbringung und Freiheitsentziehung grundsätzlich von zwei Rechtsmittelinstanzen überprüfen lassen. Hingegen kann etwa der Verfahrenspfleger die Beschwerdeentscheidung über Vergütung und Aufwendungsersatz nach §§ 318, 277 nur auf Zulassung nach § 70 Abs. 2 vom BGH überprüfen lassen.

b) Betreuungssachen

18 Kraft Gesetzes statthaft ist die Rechtsbeschwerde gem. § 70 Abs. 3 Nr. 1 ferner in Betreuungssachen. Auch hier hat der Gesetzgeber die Statthaftigkeit der Rechtsbeschwerde auf bestimmte Angelegenheiten, namentlich die Bestellung eines Betreuers, die Aufhebung einer Betreuung und die Anordnung oder Aufhebung eines Einwilligungsvorbehaltes beschränkt. Entscheidungen etwa über Vergütung und Aufwendungsersatz des Betreuers sind demnach nur nach Zulassung des Beschwerdegerichts mit der Rechtsbeschwerde überprüfbar.

IV. Keine Rechtsbeschwerde in Verfahren des einstweiligen Rechtsschutzes

19 § 70 Abs. 4 übernimmt in Anlehnung an §§ 574 Abs. 1 Satz 2, 542 Abs. 2 ZPO[3] den Ausschluss der Rechtsbeschwerde im Verfahren über die Anordnung, Abänderung oder Aufhebung einer einstweiligen Anordnung. Dies umfasst zum einen das **Verfahren nach §§ 49 ff.**, sofern dort nach § 57 Satz 2 Rechtsmittel überhaupt möglich sind. Zum anderen stellt § 70 Abs. 4 klar, dass auch gegen **einstweilige Anordnungen nach § 64 Abs. 3** die Rechtsbeschwerde nicht statthaft ist, was schon bislang allgemeiner Auffassung entsprach (vgl. § 64 Rz. 37 f.). Eine Zulassung der Rechtsbeschwerde entgegen § 70 Abs. 4 ist unwirksam, da sich das Beschwerdegericht nicht über den gesetzlichen Ausschluss der Rechtsbeschwerde hinwegsetzen kann (allgemein zur fehlenden Bin-

1 Zur Vorrangigkeit dieses speziellen Ausschlusses der Rechtsbeschwerde für Verfahren des einstweiligen Rechtsschutzes vor den allgemeinen Zulassungsregeln s. BGH v. 27.2.2003 – I ZB 22/02, NJW 2003, 1531.
2 Nachträglich eingefügt durch das sog. FGG-RG-Reparaturgesetz v. 30.7.2009, BGBl. I, S. 2449.
3 BT-Drucks. 16/6308, S. 209.

dung bei kraft Gesetzes unstatthaften Rechtsbeschwerden s. Rz. 15).[1] Der Ausschluss ist umfassend und betrifft nicht nur die Anordnung, Abänderung oder Aufhebung einer einstweiligen Anordnung selbst, wie der Wortlaut *„im Verfahren* über die Anordnung, Abänderung oder Aufhebung einer einstweiligen Anordnung" zeigt. Betroffen ist also **jeglicher Beschluss in der Hauptsache**, etwa auch derjenige über die Kosten nach Erledigung oder Vergleich gem. § 83 (dazu, dass § 83 auch auf Kosten im Verfahren über die Anordnung einer einstweiligen Anordnung anwendbar ist, s. § 83 Rz. 14 s. v. „Einstweilige Anordnung"). Da Abschnitt 5 (§§ 58 ff.) nur die Rechtsmittel in der Hauptsache betrifft, sind sonstige Entscheidungen von § 70 Abs. 4 nicht erfasst. Sofern sie überhaupt kraft spezialgesetzlicher Regelung nach den §§ 567 ff. ZPO mit der sofortigen Beschwerde anfechtbar sind, finden aber die zivilprozessualen Beschränkungen (etwa § 66 Abs. 3 Satz 3 GKG) Anwendung.[2] Nicht erfasst sind aber wie im Zivilprozess[3] **Folgesachen, etwa auf Schadensersatz aus § 945 ZPO** gerichtete, sofern diese Möglichkeit über den Verweis in § 119 überhaupt eröffnet ist.[4]

§ 71
Frist und Form der Rechtsbeschwerde

(1) Die Rechtsbeschwerde ist binnen einer Frist von einem Monat nach der schriftlichen Bekanntgabe des Beschlusses durch Einreichen einer Beschwerdeschrift bei dem Rechtsbeschwerdegericht einzulegen. Die Rechtsbeschwerdeschrift muss enthalten:

1. die Bezeichnung des Beschlusses, gegen den die Rechtsbeschwerde gerichtet wird, und

2. die Erklärung, dass gegen diesen Beschluss Rechtsbeschwerde eingelegt werde.

Die Rechtsbeschwerdeschrift ist zu unterschreiben. Mit der Rechtsbeschwerdeschrift soll eine Ausfertigung oder beglaubigte Abschrift des angefochtenen Beschlusses vorgelegt werden.

(2) Die Rechtsbeschwerde ist, sofern die Beschwerdeschrift keine Begründung enthält, binnen einer Frist von einem Monat zu begründen. Die Frist beginnt mit der schriftlichen Bekanntgabe des angefochtenen Beschlusses. § 551 Abs. 2 Satz 5 und 6 der Zivilprozessordnung gilt entsprechend.

(3) Die Begründung der Rechtsbeschwerde muss enthalten:

1. die Erklärung, inwieweit der Beschluss angefochten und dessen Aufhebung beantragt werde (Rechtsbeschwerdeanträge);

2. die Angabe der Rechtsbeschwerdegründe, und zwar

a) die bestimmte Bezeichnung der Umstände, aus denen sich die Rechtsverletzung ergibt;

b) soweit die Rechtsbeschwerde darauf gestützt wird, dass das Gesetz in Bezug auf das Verfahren verletzt sei, die Bezeichnung der Tatsachen, die den Mangel ergeben.

---

1 Speziell zu Rechtsbeschwerden im einstweiligen Rechtsschutz s. BGH v. 27.2.2003 – I ZB 22/02, NJW 2003, 1531.

2 S. MüKo.ZPO/*Lipp*, § 574 ZPO Rz. 3.

3 Hierzu Zöller/*Heßler*, § 543 ZPO Rz. 9.

4 Vgl. hierzu *Schürmann*, FamRB 2008, 375 (381).

(4) Die Rechtsbeschwerde- und die Begründungsschrift sind den anderen Beteiligten bekannt zu geben.

A. Entstehungsgeschichte und Normzweck

1 § 71 regelt Frist, Form und – über die amtliche Überschrift hinaus – Begründung der Rechtsbeschwerde. Die Vorschrift übernimmt mit spezifischen Modifikationen für das Verfahren nach dem FamFG die Regelungen des § 575 ZPO. Dies bringt erhebliche Neuerungen mit sich, die die Voraussetzungen für eine Überprüfung durch die dritte Instanz erheblich verschärfen. Dies betrifft zunächst die **Einlegung** des Rechtsmittels, die künftig nur noch beim Rechtsbeschwerdegericht erfolgen kann. Ferner führt Abs. 1 Satz 2 einen obligatorischen **Mindestinhalt der Rechtsbeschwerdeschrift** ein. Schließlich fordert Abs. 2 im Gegensatz zum bisherigen Recht innerhalb einer allerdings verlängerungsfähigen Frist von einem Monat eine **Begründung** der Rechtsbeschwerde, deren Inhalt den Mindestanforderungen des Abs. 3 genügen muss. Im Zusammenspiel

mit der Ordnungsvorschrift des Abs. 1 Satz 4, die die frühzeitige Vorlage einer Ausfertigung oder Abschrift des angegriffenen Beschlusses verlangt, sollen diese Neuerungen nicht zuletzt der Verfahrensbeschleunigung dienen.

B. Inhalt der Vorschrift

I. Ort der Einlegung

1. Rechtsbeschwerdegericht

Die Rechtsbeschwerde kann nunmehr gem. § 71 Abs. 1 Satz 1 nur noch beim Rechtsbeschwerdegericht eingelegt werden. Dies korrespondiert mit dessen vom Gericht erster Instanz abweichenden Rolle im Rechtsmittelverfahren. Wie nach altem Recht (§ 29 Abs. 3 FGG aF)[1] darf das Beschwerdegericht der Rechtsbeschwerde in Ermangelung einer § 68 Abs. 1 entsprechenden Befugnis im Gesetz **nicht abhelfen**. Die Einlegung der Rechtsbeschwerde beim Beschwerdegericht würde also nur zu Zeitverlusten durch die Übermittlung führen.[2] Für den Rechtsmittelführer führt dies dagegen zu keinen nennenswerten Unannehmlichkeiten, da das Rechtsmittel ohnehin nach § 10 Abs. 4 durch einem am BGH zugelassenen Rechtsanwalt eingelegt werden muss. Die gleichwohl vorgenommene Einlegung der Rechtsbeschwerde beim Beschwerdegericht wahrt die Frist des § 71 Abs. 1 Satz 1 nur, wenn die Rechtsbeschwerdeschrift innerhalb dieser Frist beim BGH eingeht.[3] Das Beschwerdegericht ist zwar zur **Weiterleitung** verpflichtet (§§ 74 Abs. 4, 25 Abs. 3 Satz 1), muss aber keine besonderen Maßnahmen zur Wahrung der Beschwerdefrist (etwa die beschleunigte Weiterleitung durch besonderen Wachtmeister) ergreifen (vgl. § 64 Rz. 3). 2

2. Empfangsmöglichkeiten

Der Rechtsbeschwerdeführer hat grundsätzlich die freie Wahl zwischen den verschiedenen Empfangsmöglichkeiten des Rechtsbeschwerdegerichts. Er kann die Rechtsbeschwerdeschrift in den normalen **Briefkasten** und in den **Fristbriefkasten** dieses Gerichts einlegen, sie aber auch per **Fax, Telegramm oder Fernschreiber** einlegen. Insoweit gilt das zum Beschwerdegericht Ausgeführte (§ 64 Rz. 4 f.). Über die Verweisung in § 74 Abs. 4 können die Beteiligten ihre „Anträge und Erklärungen" nach § 14 Abs. 2 auch als **elektronisches Dokument** übermitteln, wofür §§ 130a Abs. 1 und 3, 298 ZPO entsprechend gelten.[4] Dies muss in erweiternder Auslegung auch auf die Rechtsbeschwerde angewendet werden. Mangels entsprechender gesetzlicher Regelung ist aber die **Erklärung zur Niederschrift der Geschäftsstelle** ausgeschlossen, wofür angesichts der Notwendigkeit einer Vertretung durch einen beim BGH zugelassenen Rechtsanwalt auch kein Bedarf besteht. 3

1 Hierzu BayObLG v. 24.7.1981 – BReg. 3 Z 118/78, BayObLGZ 1981, 264.
2 Zum Aspekt der Beschleunigung s. BT-Drucks. 16/6308, S. 209.
3 *Schürmann*, FamRB 2009, 24 (25) m. Fn. 12; vgl. BayObLG v. 10.12.1985 – BReg. 3 Z 159/85, BayObLGZ 1985, 403 (405).
4 Zu § 14 im Einzelnen, insbesondere zur qualifizierten elektronischen Signatur und dem Format des Dokumentes s. die Kommentierung dort.

II. Frist für die Einlegung der Rechtsbeschwerde

1. Monatsfrist

a) Rechtsnatur der Frist

4 § 71 Abs. 1 Satz 1 hat erstaunlicherweise – möglicherweise der oberflächlichen sprachlichen Modernisierung wegen – den Begriff der „Notfrist" nicht aus § 575 Abs. 1 Satz 1 ZPO übernommen. Gleichwohl ergibt sich wie bei der Beschwerdefrist (§ 63 Abs. 1 und 2) aus § 16 Abs. 2 FamFG iVm. § 224 Abs. 2 ZPO, dass es sich um **Notfristen** handelt. Denn sie können mangels besonderer Bestimmung, wie sie § 71 Abs. 2 Satz 3 für die Begründung vorsieht, gem. § 16 Abs. 2 FamFG iVm. § 224 Abs. 2 ZPO weder durch Verfügung des Gerichts noch durch Vereinbarung der Beteiligten verkürzt oder verlängert werden. Für die Fristberechnung gelten über die Verweisungen des § 16 Abs. 2 FamFG iVm. § 222 Abs. 1 ZPO die Vorschriften des BGB, also §§ 186 ff. BGB.

b) Fristbeginn

aa) Bekanntgabe der Beschwerdeentscheidung

5 Die Rechtsbeschwerde ist nach § 71 Abs. 1 Satz 1 binnen einer Frist von einem Monat einzulegen, die mit der schriftlichen Bekanntgabe der Beschwerdeentscheidung zu laufen beginnt. Damit lehnt sich die Vorschrift an § 63 Abs. 3 Satz 1 an. Der förmlichen Zustellung bedarf es somit zur Ingangsetzung der Frist ebenso wenig wie bei der Beschwerde. Es genügt jede schriftliche Bekanntgabe der Beschwerdeentscheidung. Insoweit kann auf die zur Beschwerde dargelegten Grundsätze verwiesen werden (vgl. § 41 Rz. 23 ff.).

2. Fünfmonatsfrist ab Erlass?

6 Ebenso wenig wie sein Vorbild, § 575 Abs. 1 Satz 1 ZPO auf § 569 Abs. 1 Satz 2 ZPO verweist, nimmt § 71 Abs. 1 Satz 1 auf § 63 Abs. 3 Satz 2 Bezug. Dies wirft wie dort die Frage auf, ob die Rechtsmittelfrist des § 71 Abs. 1 Satz 1 unabhängig vom regelmäßigen Fristbeginn jedenfalls fünf Monate nach Erlass der Beschwerdeentscheidung in Gang gesetzt wird. Für die ZPO-Rechtsbeschwerde wird dies teilweise bejaht, wobei damit argumentiert wird, dass für eine abweichende Regelung kein Grund ersichtlich sei.[1] Eine solche Ergänzung wird schon für § 575 Abs. 1 Satz 1 ZPO von der Gegenmeinung zu Recht abgelehnt,[2] da es nicht angeht, Gesetze schon dann nach Gutdünken zu ergänzen, wenn die Abweichung von andernorts getroffenen Regelungen nicht sinnvoll erscheint.[3] Im Zusammenhang mit § 71 Abs. 1 Satz 1 scheidet auch eine Analogie aus, da **keine regelungswidrige Lücke** vorliegt. Denn ohne Spezialregelung in den §§ 70 ff. ist zunächst auf die allgemeinen Vorschriften der §§ 1 ff. zurückzugreifen. Hier bestimmt **§ 15 Abs. 1** aber, dass „Dokumente, deren Inhalt eine Termins- oder Fristbestimmung enthalten oder den Lauf einer Frist auslösen, ... den Beteiligten bekannt zu geben" sind. Erst hiermit beginnt nach § 16 Abs. 1 der Lauf der Frist. § 63 Abs. 3 Satz 2 ist demgegenüber eine auf das Beschwerdeverfahren beschränkte Spezial-

1 Musielak/*Ball*, § 575 ZPO Rz. 2; MüKo.ZPO/*Lipp*, § 575 ZPO Rz. 5.
2 Baumbach/*Hartmann*, § 575 ZPO Rz. 4; Zöller/*Heßler*, § 575 ZPO Rz. 2.
3 Speziell dazu, dass die zeitliche Beschränkung der Anfechtbarkeit gesetzlicher Entscheidungen einer ausdrücklichen Regelung bedarf, s. BayObLG v. 29.9.1988 – BReg. 3 Z 99/88, NJW-RR 1989, 136 (137) zu § 516 ZPO aF.

vorschrift. Diese kann ohne entsprechende Verweisung nicht herangezogen werden, wenn die betroffenen Fälle durch die mangels Spezialvorschrift anwendbaren allgemeinen Vorschriften geregelt sind.

III. Form und Inhalt der Rechtsbeschwerdeschrift

1. Formerfordernisse

a) Schriftform und Unterschrift

Die Rechtsbeschwerdeschrift bedarf der schriftlichen Form.[1] Hier gelten keine anderen Anforderungen als bei der Beschwerde. Sofern die Einlegung der Beschwerde als elektronisches Dokument zulässig ist, genügt auch hier die schriftliche Reproduzierbarkeit. Die Rechtsbeschwerdeschrift muss nach § 71 Abs. 1 Satz 3 vom Bevollmächtigten des Rechtsmittelführers unterschrieben sein.[2] Eine **Paraphe** genügt nicht. Der Unterzeichnende muss die volle Verantwortung für die Rechtsbeschwerdeschrift übernehmen, weshalb die Unterzeichnung „**im Auftrag**" nicht genügt.[3] Hinsichtlich der weiteren Anforderungen an die Unterschrift kann auf die diesbezüglichen Ausführungen zur Beschwerde Bezug genommen werden (s. § 64 Rz. 11 ff.). Genügt die Rechtsbeschwerdeschrift diesen Anforderungen nicht, ist die Rechtsbeschwerde nicht wirksam eingelegt.[4] Eine Ausnahme für Behörden dürfte nicht mehr anzuerkennen sein, da § 71 Abs. 1 Satz 3 keine Ausnahme vom Erfordernis der Unterschrift zulässt.[5] 7

b) Rechtsanwaltszwang

Die Rechtsbeschwerde kann nach § 10 Abs. 4, wonach es vor dem BGH der Vertretung durch einen dort zugelassenen Rechtsanwalt bedarf, nur von diesem Personenkreis eingelegt werden. Dies gilt auch für das **gesamte weitere Verfahren**. Sonstiger Vortrag kann ansonsten noch nicht einmal zur Ergänzung oder Auslegung von Rechtsbeschwerdeschrift und Begründung herangezogen werden. Wird er nicht durch einen beim BGH zugelassenen Rechtsanwalt zu den Akten gereicht, soll er schlechterdings unbeachtlich sein.[6] Eine Ausnahme gilt nach § 10 Abs. 4 Satz 2 nur für **Behörden** und **juristische Personen des öffentlichen Rechts**, wozu auch Sparkassen gehören.[7] 8

c) Vorlage einer Ausfertigung oder Abschrift des angefochtenen Beschlusses

Nach § 71 Abs. 1 Satz 4 soll der Rechtsbeschwerdeführer mit der Rechtsbeschwerdeschrift eine Ausfertigung oder eine beglaubigte Abschrift des angefochtenen Beschlusses vorlegen. Dabei handelt es sich ebenso wie im Rechtsbeschwerdeverfahren nach 9

1 Zum Zweck, der Gewissheit über die Identität des Beschwerdeführers und der Beweissicherungsfunktion s. OLG Frankfurt v. 4.12.2000 – 20 W 509/2000, FGPrax 2001, 46.
2 Hierzu BT-Drucks. 16/6308, S. 209.
3 BGH v. 5.11.1987 – V ZR 139/87, NJW 1988, 210 f.
4 Vgl. zur ZPO Zöller/*Greger*, § 130 ZPO Rz. 7 mwN.
5 Die frühere Rspr., etwa BayObLG v. 27.7.2001 – 3 Z BR 182/01, NJW-RR 2001, 1515 (zur fehlenden Unterschrift des Bezirksrevisors) und BGH-GS v. 30.4.1979 – GmS-OGB 1/78, Rpfleger 1980, 12 f. (zur maschinenschriftlichen Wiedergabe des Namens mit Beglaubigungsvermerk) dürfte durch § 71 Abs. 1 Satz 3 überholt sein.
6 BGH v. 19.5.2004 – IXa ZB 182/03, NJW 2004, 2529.
7 BayObLG v. 19.7.2000 – 3 Z BR 170/00, NJW-RR 2001, 29.

der ZPO nur um eine **Soll-Vorschrift.**[1] Ihre Nichtbefolgung führt nicht zu prozessualen Nachteilen.[2]

2. Inhalt

a) Bezeichnung der angegriffenen Entscheidung

10 Das FamFG stellt dieselben inhaltlichen Anforderungen an eine Rechtsbeschwerdeschrift wie die ZPO.[3] Nach § 71 Abs. 1 Satz 2 Nr. 1 muss sie zunächst die angefochtene Entscheidung bezeichnen.[4] Dies wird wie bei der Beschwerde idR durch Angabe von **Gericht, Datum und Aktenzeichen** erfolgen. Da § 71 Abs. 1 Satz 4 unabhängig von den Erfordernissen des § 71 Abs. 1 Satz 2 Nr. 1 ohnehin die Vorlage einer beglaubigten Ablichtung oder einer Ausfertigung verlangt, wird die Beifügung einer Ablichtung allein, anders als im Fall der Beschwerde nach § 64 Abs. 2 Satz 3, den Formerfordernissen des § 71 Abs. 1 nicht gerecht. Die Angaben müssen in der Beschwerdeschrift selbst gemacht werden. Da hierauf in der Rechtsbehelfsbelehrung hinzuweisen und zudem die Vertretung durch einen am BGH zugelassenen Rechtsanwalt vorgeschrieben ist, bedarf es auch aus rechtsstaatlichen Grundsätzen keiner vom Wortlaut des § 71 Abs. 1 Satz 2 Nr. 1 abweichenden Erleichterungen. Fehlt es an diesen Angaben, ist die Beschwerde unzulässig. Eine **Klarstellung innerhalb der Beschwerdefrist** heilt aber den Zulässigkeitsmangel.

b) Begehren einer Überprüfung und Anträge

11 Nach § 71 Abs. 1 Satz 2 Nr. 2 muss die Rechtsbeschwerdeschrift die Erklärung enthalten, „dass gegen diesen Beschluss Rechtsbeschwerde eingelegt werde".[5] Wie bei der Beschwerde ist dies nicht dahingehend zu verstehen, dass der Begriff „Rechtsbeschwerde" verwendet werden muss. Die Wahl einer **falschen Bezeichnung** (zB „weitere Beschwerde", „Revision" oÄ) ist nach allgemeinen Grundsätzen ebenso unschädlich wie die Verwendung eines unbestimmten Begriffs (zB „Rechtsmittel").[6] Die Beschwerdeschrift muss aber erkennen lassen, dass eine **Überprüfung der Entscheidung durch das Rechtsbeschwerdegericht gewünscht** ist[7] und unterscheidet sich insoweit vom Begehren einer „Berichtigung" nach § 42 oder einer Dienstaufsichtsbeschwerde.[8] Die **nachträgliche Erklärung**, eine frühere Eingabe, die das Begehren einer Überprüfung nicht erkennen lässt, möge als Rechtsbeschwerde gewertet werden, genügt nicht.[9] Die Rechtsbeschwerdeschrift muss noch **keine Anträge** enthalten. Dies geht aus § 71 Abs. 3 Nr. 1 hervor, wonach erst die Begründung des Rechtsmittels Rechtsbeschwerdeanträge enthalten muss. In der Rechtsbeschwerdeschrift genügt es also, wenn erkennbar wird, dass die Beschwerdeentscheidung durch das Rechtsbeschwerdegericht überprüft werden soll.

1 MüKo.ZPO/*Lipp*, § 575 ZPO Rz. 8.
2 BT-Drucks. 16/6308, S. 209.
3 Vgl. hierzu BT-Drucks. 16/6308, S. 206.
4 BT-Drucks. 16/6308, S. 209; BGH v. 23.10.2003 – IX ZB 369/02, NJW 2004, 1112 (1113).
5 Hierzu BT-Drucks. 16/6308, S. 209.
6 OLG Zweibrücken v. 20.11.1997 – 5 UF 53/97, FamRZ 1998, 960 (961); OLG Zweibrücken v. 18.9.2003 – 3 W 151/03, FGPrax 2004, 42; *Schürmann*, FamRB 2009, 24 (26).
7 BGH v. 23.10.2003 – IX ZB 369/02, NJW 2004, 1112 (1113); BayObLG v. 13.11.1980 – 3 Z 99/80, BayObLGZ 1980, 344 (345).
8 BayObLG v. 18.7.1985 – BReg. 3 Z 62/85, BayObLGZ 1985, 272 (275); BayObLG v. 13.10.1986 – BReg. 3 Z 68/86, BayObLGZ 1986, 412 (416 f.).
9 Vgl. BGH v. 23.10.2003 – IX ZB 369/02, NJW 2004, 1112 (1113).

c) Bezeichnung des Beschwerdeführers

Wie im Fall der Beschwerde muss auch die Rechtsbeschwerdeschrift den Rechtsmittelführer erkennen lassen.[1] Die dortigen Grundsätze bei der Auslegung, wer als solcher anzusehen ist, gelten aber auch im vorliegenden Zusammenhang (vgl. § 64 Rz. 17).[2] Lässt sich der Rechtsbeschwerdeführer auch im Wege der Auslegung nicht ermitteln, ist die Rechtsbeschwerde unzulässig.[3] 12

d) Beschränkungen und Bedingungen der Rechtsbeschwerde

Die Rechtsbeschwerde kann wie die Beschwerde beschränkt werden.[4] Dabei muss es sich aber um abtrennbare Teile der Beschwerdeentscheidung handeln.[5] Insoweit kann auf die Erläuterungen zur Beschwerde verwiesen werden. Bedingungen sind ebenfalls wie bei der Beschwerde grundsätzlich nicht zulässig. Eine Ausnahme gilt für **innerprozessuale Bedingungen** und **Rechtsbedingungen** (vgl. § 64 Rz. 19). 13

IV. Form und Frist der Rechtsbeschwerdebegründung

1. Formerfordernisse

a) Teil der Rechtsbeschwerdeschrift oder separater Schriftsatz

Im Gegensatz zum früheren Recht verlangt § 71 Abs. 2 eine Begründung der Rechtsbeschwerde.[6] Diese kann bereits in der Rechtsbeschwerdeschrift vorgenommen werden, muss es aber, wie § 71 Abs. 1 Satz 1 zeigt, nicht. In diesem Fall hat dies mit separatem Schriftsatz zu geschehen. Dieser unterliegt denselben **Formanforderungen** wie die Rechtsbeschwerdeschrift. Die Begründung muss also in einem Schriftsatz erfolgen, der von einem am BGH zugelassenen Rechtsanwalt unterzeichnet ist. Alternative hierzu ist wiederum das schriftlich reproduzierbare elektronische Dokument. 14

b) Frist

aa) Monatsfrist

Wie § 575 Abs. 2 Satz 1 ZPO sieht § 71 Abs. 2 Satz 1 eine Frist von einem Monat zur Begründung der Rechtsbeschwerde vor. Diese Halbierung der Frist gegenüber Berufung (§ 520 Abs. 2 Satz 1 ZPO) und Revision (§ 551 Abs. 2 Satz 2 ZPO) begründen die Materialien mit „dem besonderen **Beschleunigungsinteresse**".[7] Während dies bei der zivilprozessualen Rechtsbeschwerde noch mit der gegenüber der Hauptsache regelmäßig geringeren Bedeutung des Beschwerdeverfahrens zu rechtfertigen sein mag,[8] gilt Entsprechendes im vorliegenden Zusammenhang nicht mehr. Denn hier geht es stets um 15

1 Instruktiv auf Grund nachvollziehbaren Geheimhaltungsinteresses BayObLG v. 27.7.1978 – BReg. 3 Z 100/76, BayObLGZ 1978, 235 (237); vgl. zur sofortigen Beschwerde BGH v. 23.10.2003 – IX ZB 369/02, NJW 2004, 1112 (1113).
2 Zur Rechtsbeschwerde von Notaren s. etwa BayObLG v. 16.2.2000 – 3 Z BR 389/98, NJW-RR 2000, 990.
3 BayObLG v. 18.7.1985 – BReg. 3 Z 62/85, BayObLGZ 1985, 272 (275); KG v. 18.11.2003 – 1 W 444/02, NJW-RR 2004, 331 (332).
4 BT-Drucks. 16/6308, S. 210 f.
5 BT-Drucks. 16/6308, S. 211; vgl. BayObLG v. 10.1.1975 – BReg. 1 Z 30/74, BayObLGZ 1975, 34.
6 Zur Neuerung und ihren Zielen s. BT-Drucks. 16/6308, S. 209.
7 BT-Drucks. 16/6308, S. 209.
8 So MüKo.ZPO/*Lipp*, § 575 ZPO Rz. 10.

die Hauptsache, in der uU – wie im Erbscheinsverfahren – hohe Vermögenswerte oder – wie in Unterbringungsverfahren – fundamentale Grundrechte betroffen sind. Immerhin hat der Gesetzgeber den Einzelrichtereinsatz gerade im Hinblick auf diese Bedeutung stärker als in anderen Verfahren begrenzt (vgl. § 68 Rz. 31).[1] Für die Fristberechnung gelten über die Verweisungen des § 16 Abs. 2 FamFG iVm. § 222 Abs. 1 ZPO die Vorschriften des BGB, also §§ 186 ff. BGB.

bb) Fristbeginn

16 Die Frist beginnt gem. § 71 Abs. 2 Satz 2 wie bei der zivilprozessualen Rechtsbeschwerde (§ 575 Abs. 2 Satz 2 ZPO) mit der Zustellung bzw. schriftlichen Bekanntgabe der angefochtenen Entscheidung, also gleichzeitig mit der Einlegungsfrist. Gleichwohl laufen beide Fristen unabhängig voneinander. Ein Antrag auf Wiedereinsetzung wegen der Einlegungsfrist soll daher nicht zugleich auch die Begründungsfrist betreffen.[2] Ähnliches gilt für einen Verfahrenskostenhilfeantrag: Da er den Fristlauf nicht automatisch hemmt, bedarf es insoweit eines Fristverlängerungsantrags.[3] Die Frist läuft für jeden Beteiligten separat.

c) Verlängerung

aa) Verlängerung ohne Einwilligung des Gegners

17 Die Frist zur Begründung der Rechtsbeschwerde ist keine Notfrist. Die Möglichkeit ihrer Verlängerung richtet sich gem. § 71 Abs. 2 Satz 3 nach den Regelungen zur Revision im Zivilprozess (§ 551 Abs. 2 Satz 5 und 6 ZPO). Danach kann die Begründungsfrist ohne Einwilligung des Gegners um **zwei Monate** verlängert werden (§ 551 Abs. 2 Satz 6 ZPO). Voraussetzung ist, dass der Rechtsstreit nach Überzeugung des Vorsitzenden durch die Verlängerung nicht verzögert wird und dass der Rechtsbeschwerdeführer **erhebliche Gründe** darlegt. Diese werden großzügig gehandhabt. Die Arbeitsüberlastung des Verfahrensbevollmächtigten genügt[4] ebenso wie Urlaub oder Krankheit des Antragstellers und die Notwendigkeit weiterer Rücksprache mit ihm. Vergleichsverhandlungen sind ebenfalls als erhebliche Gründe für eine Fristverlängerung anerkannt, ebenso die ausstehende Entscheidung über ein Verfahrenskostenhilfegesuch des Antragstellers. Ohne Vorliegen oder jedenfalls Darlegung erheblicher Gründe kann die Fristverlängerung gleichwohl gewährt werden, wenn es nach freier Überzeugung des Vorsitzenden nicht zu einer **Verzögerung** des Verfahrens kommt. Dieses Ermessen soll nicht nachprüfbar sein.[5] Der Vorsitzende kann auch eine kürzere als die beantragte Fristverlängerung gewähren.

18 Die Fristverlängerung erfolgt nur auf **Antrag**. Dieser muss vom Rechtsbeschwerdeführer gestellt sein und bedarf der **Schriftform**.[6] Ein Antrag des Gegners genügt nicht, auch wenn er an einer zulässigen Rechtsbeschwerde ein eigenes Interesse hat, da er

1 BT-Drucks. 16/6308, S. 208.

2 BGH v. 29.6.2006 – III ZA 7/06, NJW 2006, 2857 f.; MüKo.ZPO/*Wenzel*, § 551 ZPO Rz. 10; Musielak/*Ball*, § 551 ZPO Rz. 3 iVm. § 520 ZPO Rz. 4.

3 MüKo.ZPO/*Wenzel*, § 551 ZPO Rz. 10; Musielak/*Ball*, § 551 ZPO Rz. 3 iVm. § 520 ZPO Rz. 5.

4 BGH v. 9.11.2004 – XI ZB 6/04, NJW 2005, 72 (73).

5 MüKo.ZPO/*Wenzel*, § 551 ZPO Rz. 16; Musielak/*Ball*, § 551 ZPO Rz. 3 iVm. § 520 ZPO Rz. 9; zur Möglichkeit der Einbeziehung der Gründe einer späten Antragstellung in die Ermessensausübung vgl. BGH v. 18.3.1982 – GSZ 1/81, NJW 1982, 1651 (1652).

6 BGH v. 23.1.1985 – VIII ZB 18/84, BGHZ 93, 300 (303); BGH v. 9.11.2004 – XI ZB 6/04, BGHZ 161, 86 (89).

Anschlussrechtsbeschwerde einlegen will.[1] Der Antrag muss nach § 10 Abs. 4 von einem beim BGH zugelassenen Anwalt vor Ablauf der Frist gestellt werden. Er muss noch **vor Ablauf der Frist** vorliegen, kann aber auch danach noch (positiv) beschieden werden.[2] Der Antrag hat zwar nicht den gewünschten Zeitraum der Fristverlängerung anzugeben, muss aber erkennen lassen, dass eine solche gewünscht wird.[3]

bb) Verlängerung wegen Nichtvorliegens der Akten

In der Frist soll auf jeden Fall eine effektive Rechtsverfolgung gewährleistet sein. Deshalb ist dem Rechtsbeschwerdeführer, wenn ihm innerhalb der Frist des § 551 Abs. 2 Satz 6, 1. Halbs. ZPO nicht für einen angemessenen Zeitraum Einsicht in die Prozessakten gewährt werden kann, nach deren Übersendung **ohne weitere Voraussetzungen** eine Fristverlängerung zu gewähren. Da § 71 Abs. 2 Satz 3 ohne Einschränkung auf § 551 Abs. 2 Satz 6 ZPO verweist, gilt auch im Rechtsbeschwerdeverfahren eine Fristverlängerung „um bis zu zwei Monate", obwohl die Begründungsfrist selbst nach § 71 Abs. 2 Satz 1 nur einen Monat beträgt.[4] § 551 Abs. 2 Satz 6, letzter Halbs. ZPO spricht zwar davon, dass der Vorsitzende die Frist wegen Unmöglichkeit einer angemessenen Einsichtnahme in die Prozessakten gewähren „kann". Hieraus dürfte sich jedoch nur ein Ermessen hinsichtlich der Dauer der Fristverlängerung ergeben. Anders als nach § 551 Abs. 2 Satz 6, 1. Halbs. ZPO steht diese Entscheidung aber nach dem Sinn und Zweck der Vorschrift, die eine effektive Rechtsverfolgung gewährleisten soll, **nicht im freien Ermessen** des Vorsitzenden. Liegen die Voraussetzungen der Vorschrift vor, muss er eine angemessene Fristverlängerung gewähren. 19

cc) Verlängerung nach Einwilligung des Gegners

Willigt der Rechtsbeschwerdegegner in eine Fristverlängerung ein, bedarf ihre Gewährung keiner weiteren Voraussetzungen. Die Beschränkung auf zwei Monate des § 551 Abs. 2 Satz 6 ZPO findet nach § 551 Abs. 2 Satz 5 ZPO keine Anwendung. Die Einwilligung kann auch **beschränkt** werden, etwa für eine kürzere als die beantragte Dauer. Für eine darüber hinausgehende Dauer hat der Vorsitzende dann wieder das Vorliegen der oben erläuterten Voraussetzungen zu prüfen. Die Einwilligung ist eine **Prozesshandlung**, die unwiderruflich ist.[5] Sie bedarf keiner Form, kann also auch durch den Bevollmächtigten des Rechtsbeschwerdeführers unter anwaltlicher Versicherung mitgeteilt werden.[6] 20

dd) Entscheidung über den Antrag

Vor einer Entscheidung über den Antrag ist dem Rechtsbeschwerdegegner **rechtliches Gehör** zu gewähren. Die Verlängerung muss ausdrücklich erfolgen, eine bloß **stillschweigende Verlängerung** genügt nicht.[7] Es genügt eine Verfügung. Bereits im Revisionsverfahren wurde aber mangels entsprechender Regelung die **Schriftform nicht als** 21

1 MüKo.ZPO/*Wenzel*, § 551 ZPO Rz. 12.
2 BGH v. 18.3.1982 – GSZ 1/81, NJW 1982, 1651 (1652).
3 BGH v. 10.7.1990 – XI ZB 5/90, NJW 1990, 2628 (2629); Musielak/*Ball*, § 551 ZPO Rz. 3 iVm. § 520 ZPO Rz. 7.
4 BT-Drucks. 16/6308, S. 210.
5 MüKo.ZPO/*Wenzel*, § 551 ZPO Rz. 13.
6 BGH v. 9.11.2004 – XI ZB 6/04, BGHZ 161, 86 (89); MüKo.ZPO/*Wenzel*, § 551 ZPO Rz. 13; Musielak/*Ball*, § 551 ZPO Rz. 3 iVm. § 520 ZPO Rz. 8.
7 BGH v. 26.10.1989 – IVb 135/88, NJW-RR 1990, 67; MüKo.ZPO/*Wenzel*, § 551 ZPO Rz. 16; Musielak/*Ball*, § 551 ZPO Rz. 3 iVm. § 520 ZPO Rz. 11.

zwingend angesehen.[1] Dies gilt erst recht im Verfahren nach dem FamFG, wo eine formlose Übermittlung nach § 15 Abs. 3 genügen kann.[2] Allerdings hat der Rechtsbeschwerdeführer bei Übermittlung einer schriftlichen Verfügung, die von der mündlich bewilligten zu seinem Nachteil abweicht, Anlass zu einer Nachfrage beim Rechtsbeschwerdegericht, um ein Verschulden bei der Nichteinhaltung der Frist auszuschließen.[3] Weicht die dem Antragsteller bekannt gegebene Fristverlängerung von der verfügten ab, so ist erstere aus Gründen des Vertrauensschutzes maßgeblich.[4] Die **verfahrensfehlerhafte Fristverlängerung**, die etwa durch den Vorsitzenden eines unzuständigen Spruchkörpers[5] oder ohne wirksamen Antrag gewährt wurde, ist gleichwohl wirksam,[6] ebenso die über den Antrag hinausgehende Fristverlängerung.[7] Gleiches gilt, wenn die Voraussetzungen für eine Verlängerung[8] oder die Einwilligung des Gegners in Wirklichkeit nicht vorliegen.[9] Auch die Fristverlängerung auf **Antrag eines nicht postulationsfähigen Anwalts** ist wirksam.[10] Anderes wird angenommen, wenn der Antrag erst nach Ablauf der Frist gestellt wurde,[11] was nicht recht konsequent anmutet, da nicht einzusehen ist, weshalb ein verspäteter Antrag besser zu behandeln ist als ein überhaupt nicht gestellter.

2. Inhalt

a) Anträge

22 Im Gegensatz zum alten Recht[12] muss der Rechtsbeschwerdeführer nach § 71 Abs. 3 Nr. 1 konkrete Anträge stellen, sofern sie nicht bereits in der Rechtsbeschwerdeschrift gestellt wurden. Sie bestimmen den **Umfang der Nachprüfung** durch das Rechtsbe-

---

1 BGH v. 23.1.1985 – VIII ZB 18/84, BGHZ 93, 300 (305); BGH v. 14.2.1990 – XII ZB 126/89, NJW 1990, 1797; BGH v. 22.10.1997 – VIII ZB 32/97, NJW 1998, 1155 (1156); BGH v. 18.11.2003 – VIII ZB 37/03, NJW 2004, 1460; MüKo.ZPO/*Wenzel*, § 551 ZPO Rz. 16; aA Musielak/*Ball*, § 551 ZPO Rz. 3 iVm. § 520 ZPO Rz. 11.

2 Dazu, dass die Gewährung der Fristverlängerung selbst im Revisionsverfahren keiner förmlichen Zustellung bedarf, s. MüKo.ZPO/*Wenzel*, § 551 ZPO Rz. 16; Musielak/*Ball*, § 551 ZPO Rz. 3 iVm. § 520 ZPO Rz. 11.

3 Das Fehlen des Vertrauensschutzes nimmt BGH v. 26.10.1989 – IVb 135/88, NJW-RR 1990, 67 bei angeblich unbefristeter Verlängerung an; generell für telefonische Antragstellung BGH v. 23.1.1985 – VIII ZB 18/84, BGHZ 93, 300 (307); großzügiger für den Fall, dass die bewilligte über die beantragte Fristverlängerung hinausgeht BGH v. 21.1.1999 – V ZB 31/98, NJW 1999, 1036, wonach nur bei offenkundigen Fehlern Anlass zur Nachfrage besteht. Aber dies ist bei einem Hinausgehen über den Antrag der Fall.

4 BGH v. 21.1.1999 – V ZB 31/98, NJW 1999, 1036.

5 BGH v. 16.5.1962 – V ZR 155/60, BGHZ 37, 125 (126 f.); BGH v. 18.11.2003 – VIII ZB 37/03, NJW 2004, 1460; MüKo.ZPO/*Wenzel*, § 551 ZPO Rz. 16; Musielak/*Ball*, § 551 ZPO Rz. 3 iVm. § 520 ZPO Rz. 12.

6 BGH v. 23.1.1985 – VIII ZB 18/84, BGHZ 93, 300 (304); BGH v. 26.10.1989 – IVb 135/88, NJW-RR 1990, 67 (68); BGH v. 27.4.1994 – XII ZB 154/93, NJW 1994, 2364 (2365).

7 BGH v. 22.10.1997 – VIII ZB 32/97, NJW 1998, 1155 (1156); BGH v. 21.1.1999 – V ZB 31/98, NJW 1999, 1036.

8 Musielak/*Ball*, § 551 ZPO Rz. 3 iVm. § 520 ZPO Rz. 12.

9 BGH v. 18.11.2003 – VIII ZB 37/03, NJW 2004, 1460 (1461); MüKo.ZPO/*Wenzel*, § 551 ZPO Rz. 16; Musielak/*Ball*, § 551 ZPO Rz. 3 iVm. § 520 ZPO Rz. 12.

10 BGH v. 22.10.1997 – VIII ZB 32/97, NJW 1998, 1155 (1156); BGH v. 8.10.1998 – VII ZB 21/98, NJW-RR 1999, 286 (287).

11 BGH v. 17.12.1991 – VI ZB 26/91, NJW 1992, 842; BGH v. 24.1.1996 – XII ZB 184/95, NJW-RR 1996, 513 (514); MüKo.ZPO/*Wenzel*, § 551 ZPO Rz. 16; Musielak/*Ball*, § 551 ZPO Rz. 3 iVm. § 520 ZPO Rz. 12.

12 Zu den Neuerungen und ihrem Zweck s. BT-Drucks. 16/6308, S. 210.

schwerdegericht.[1] Insbesondere geben sie Auskunft darüber, ob die angegriffene Entscheidung ganz oder nur teilweise angefochten werden soll.[2] Eine **Beschränkung** ist jederzeit zulässig, wobei sie die Entscheidung sowohl wegen abtrennbarer Gegenstände als auch in quantitativer Hinsicht, etwa wegen eines Teils des ursprünglich geltend gemachten Anspruchs, vom Angriff des Rechtsmittels ausnehmen kann.[3] Der verbleibende Gegenstand muss nicht in dem Sinne abtrennbar sein, dass er Gegenstand eines Teilurteils sein könnte.[4] Die Anträge müssen selbst in der Revision **nicht zwingend ausformuliert** sein, wenn das Rechtsschutzziel eindeutig zu erkennen ist, etwa die völlige Abweisung des vom Rechtsbeschwerdegegners zuletzt gestellten Antrags.[5] Fehlen die Anträge aber, ohne dass sie der Rechtsbeschwerdebegründung wenigstens im Wege der Auslegung eindeutig zu entnehmen sind, ist das Rechtsmittel unzulässig.[6] Bei Widersprüchen zwischen Antrag und Begründung ist zu unterscheiden: Geht der Antrag weiter als die Begründung, so fehlt letztere für den überschießenden Teil, so dass die Rechtsbeschwerde insoweit unzulässig ist (s. Rz. 23). Fordert der Rechtsbeschwerdeführer in der Begründung mehr als in den Anträgen, so fehlt es an einer wirksamen Antragstellung, so dass die Rechtsbeschwerde aus diesem Grund unzulässig ist. Etwas anderes kann allerdings in dem Ausnahmefall gelten, dass von einem nicht ausformulierten zusätzlichen Antrag auszugehen ist, was etwa bei Hilfsanträgen oder Zug-um-Zug-Verpflichtungen der Fall sein kann.

b) Rechtsbeschwerdegründe

aa) Umfassende Begründung

Der Rechtsbeschwerdeführer muss sein Rechtsmittel nach § 71 Abs. 3 Nr. 2 begründen. Soweit er dies nicht tut, ist die Rechtsbeschwerde (teilweise) unzulässig.[7] Auch insoweit kann auf die zur Revision entwickelten Grundsätze zurückgegriffen werden, an die § 575 Abs. 3 ZPO und somit mittelbar auch § 71 Abs. 3 anknüpfen. Danach muss die Rechtsbeschwerde umfassend begründet werden. Stützt sich die Beschwerdeentscheidung auf **mehrere selbständige Gründe**, so muss die Rechtsbeschwerde alle angreifen. Legt sie dies nur für eine Begründung des Beschwerdegerichts nicht dar, so ist das Rechtsmittel insoweit gänzlich unzulässig.[8] Erst recht muss bei Anspruchshäufung eine unbeschränkte Rechtsbeschwerde die Unrichtigkeit der angegriffenen Entscheidung hinsichtlich sämtlicher Teilgegenstände darlegen.[9] 23

1 Musielak/*Ball*, § 551 ZPO Rz. 3 iVm. § 520 ZPO Rz. 19; MüKo.ZPO/*Wenzel*, § 551 ZPO Rz. 17.
2 Vgl. BT-Drucks. 16/6308, S. 210.
3 BGH v. 28.2.1991 – I ZR 94/89, NJW-RR 1991, 1136 (mit der Einschränkung, dass damit keine Änderung des tatsächlichen Vorbringens verbunden sein darf); Baumbach/*Hartmann*, § 551 ZPO Rz. 8; Musielak/*Ball*, § 551 ZPO Rz. 3 iVm. § 520 ZPO Rz. 22.
4 Musielak/*Ball*, § 551 ZPO Rz. 3 iVm. § 520 ZPO Rz. 22.
5 Baumbach/*Hartmann*, § 551 ZPO Rz. 8; Musielak/*Ball*, § 551 ZPO Rz. 3 iVm. § 520 ZPO Rz. 20.
6 Baumbach/*Hartmann*, § 551 ZPO Rz. 8.
7 BGH v. 11.11.1999 – III ZR 98/99, NJW 2000, 947; BGH v. 18.9.2003 – IX ZB 40/03, NJW 2004, 71; MüKo.ZPO/*Wenzel*, § 551 ZPO Rz. 20; Musielak/*Ball*, § 551 ZPO Rz. 3 iVm. § 520 ZPO Rz. 8.
8 BGH v. 29.11.1990 – I ZR 45/89, NJW 1991, 1683 (1684); BGH v. 11.11.1999 – III ZR 98/99, NJW 2000, 947; BGH v. 30.3.2006 – IX ZB 171/04, NJW-RR 2006, 1346 f.; Baumbach/*Hartmann*, § 551 ZPO Rz. 10; MüKo.ZPO/*Wenzel*, § 551 ZPO Rz. 20.
9 Baumbach/*Hartmann*, § 551 ZPO Rz. 10; MüKo.ZPO/*Wenzel*, § 551 ZPO Rz. 20.

bb) Sachrügen

24 Die Rechtsbeschwerde muss wie die Revision darlegen, ob sie die angegriffene Entscheidung aus verfahrensrechtlichen oder aus materiellrechtlichen Gründen beanstandet.[1] Für letztere (Sachrügen) fordert § 71 Abs. 3 Nr. 2a „die bestimmte Bezeichnung der Umstände, aus denen sich die Rechtsverletzung ergibt". Dies schließt in der Praxis allerdings lediglich **pauschale Rügen**, wonach die angegriffene Entscheidung „unzutreffend"[2] bzw. das materielle Recht nicht richtig angewendet sei,[3] oder die **bloße Bezugnahme auf früheres Vorbringen** aus,[4] ebenso die bloße Wiederholung der Zulassungsgründe.[5] In jedem Falle genügt die Darlegung, dass der festgestellte Lebenssachverhalt aus bestimmten Gründen anders unter die dort herangezogenen Normen zu subsumieren ist, oder dass die Anwendung weiterer Normen zu Unrecht unterlassen wurde. Allerdings soll die fehlerhafte Bezeichnung der angebliche verletzten Rechtsvorschriften,[6] ja sogar der völlige Verzicht auf deren Nennung unschädlich sein.[7] Die Beurteilung der materiellrechtlichen Richtigkeit einer Beschwerdeentscheidung setzt deren hinreichende Begründung mit den zur Subsumtion erforderlichen Tatsachenfeststellungen voraus, so dass diesbezügliche Mängel von Amts wegen zur Aufhebung führen.[8] Ist eine Sachrüge korrekt erhoben, so prüft das Rechtsbeschwerdegericht die sachliche Richtigkeit der Beschwerdeentscheidung im Übrigen von sich aus und ohne Bindung an die vorgebrachten Rügen nach.[9] Auf eine Beschwer des Rechtsmittelführers kommt es dann nicht an.[10]

cc) Verfahrensrügen

25 An Verfahrensrügen stellt § 71 Abs. 3 Nr. 2b ebenso wie § 575 Abs. 3 Nr. 3b ZPO strengere Voraussetzungen als an Sachrügen. Anders als materiellrechtliche Fehler werden Verfahrensmängel vom Rechtsbeschwerdegericht **nur auf diesbezügliche Rüge** berücksichtigt.[11] Eine Ausnahme soll bei einem Verstoß gegen den Amtsermittlungsgrundsatz gelten.[12] Eine korrekte Rüge setzt zunächst voraus, dass der Rechtsbeschwerdeführer die Tatsachen bezeichnet,[13] aus denen sich der Mangel ergeben soll, etwa die falsche Besetzung des Gerichts, die unterlassene Berücksichtigung oder Er-

---

1 BT-Drucks. 16/6308, S. 210.
2 Baumbach/*Hartmann*, § 551 ZPO Rz. 10; MüKo.ZPO/*Wenzel*, § 551 ZPO Rz. 20.
3 MüKo.ZPO/*Wenzel*, § 551 ZPO Rz. 21.
4 BGH v. 13.3.1996 – VIII ZR 99/94, NJW-RR 1996, 949 (950); Baumbach/*Hartmann*, § 551 ZPO Rz. 13; MüKo.ZPO/*Wenzel*, § 551 ZPO Rz. 20.
5 MüKo.ZPO/*Wenzel*, § 551 ZPO Rz. 20.
6 Baumbach/*Hartmann*, § 551 ZPO Rz. 9; Musielak/*Ball*, § 551 ZPO Rz. 9.
7 Baumbach/*Hartmann*, § 551 ZPO Rz. 9; MüKo.ZPO/*Wenzel*, § 551 ZPO Rz. 21.
8 BGH v. 20.9.1995 – XII ZB 87/94, NJW-RR 1996, 130; BGH v. 17.5.2000 – VIII ZR 216/99, NJW 2000, 3007; BGH v. 20.6.2002 – IX ZB 56/01, NJW 2002, 2648 (2649); BGH v. 7.4.2005 – IX ZB 63/03, NJW-RR 2005, 916.
9 BayObLG v. 16.12.1994 – 3 Z BR 308/94, FamRZ 1995, 695; BayObLG v. 3.12.1998 – 1 Z BR 164/97, FamRZ 1999, 817; BayObLG v. 16.12.1998 – 1Z BR 206/97, NJWE-FER 1999, 91; MüKo.ZPO/*Wenzel*, § 551 ZPO Rz. 20.
10 OLG Saarbrücken v. 18.7.1991 – 5 W 16/91, FamRZ 1992, 109 (112).
11 BGH v. 8.12.1989 – V ZR 53/88, WM 1990, 423 (424); BGH v. 17.5.2000 – VIII ZR 216/99, NJW 2000, 3007.
12 BGH v. 20.9.1995 – XII ZB 87/94, NJW-RR 1996, 130; BayObLG v. 21.4.1999 – 1 Z BR 124/98, NJWE-FER 2000, 17.
13 BT-Drucks. 16/6308, S. 210; vgl. BGH v. 8.7.1954 – IV ZR 67/54, BGHZ 14, 205 (209); BAG v. 8.2.1983 – 3 AZR 10/81, ZIP 1983, 605 (606); Baumbach/*Hartmann*, § 551 ZPO Rz. 11; Musielak/*Ball*, § 551 ZPO Rz. 11.

mittlung bestimmter Tatsachen oder die Nichterteilung eines Hinweises. Die Rüge, erhebliches Vorbringen sei übergangen worden, setzt die **Angabe des Schriftsatzes, der Fundstelle und des Inhalts des Vortrags** voraus.[1] Sofern das Beschwerdegericht das Unterlassen einer Verfahrenshandlung begründet, muss sich die Begründung der Rechtsbeschwerde hiermit beschäftigen.[2] Die Darlegung des Verfahrensmangels ist auch bei **absoluten Rechtsbeschwerdegründen** erforderlich.[3] Sofern die Ursächlichkeit des Mangels für die Entscheidung nicht gesetzlich vermutet wird, muss der Rechtsbeschwerdeführer des Weiteren den **Einfluss des Verfahrensfehlers auf die angegriffene Entscheidung** darlegen.[4] Dies erfordert bei der Rüge, es sei kein rechtliches Gehör gewährt bzw. ein gebotener Hinweis sei nicht erteilt worden, die Darlegung, was denn in diesem Falle vorgetragen worden wäre.[5] Trotz Amtsermittlungsgrundsatzes in den Tatsacheninstanzen bedarf es auch im Rechtsbeschwerdeverfahren nach dem FamFG bei unterlassener Tatsachenermittlung des Vortrags, was ein übergangener Zeuge ausgesagt bzw. was ein Gutachten voraussichtlich erbracht hätte.[6] Entsprechendes gilt für die unterlassene Vernehmung eines Beteiligten.[7] Denn es geht bei der Rechtskontrolle im Verfahren nach §§ 70 ff. nicht mehr um die Ermittlung des Sachverhalts, sondern um die hinreichende Darlegung der Entscheidungserheblichkeit eines angeblichen Verfahrensmangels. Die Angabe der konkreten Vorschrift soll aber auch hier nicht erforderlich sein.[8] Das Rügeerfordernis ist rein formaler Natur und setzt nicht voraus, dass der Mangel tatsächlich vorliegt.[9] Wurde mindestens eine Rüge korrekt erhoben, ist die Rechtsbeschwerde zulässig und das Rechtsbeschwerdegericht hat die Richtigkeit der Rechtsanwendung von sich aus zu prüfen.[10]

3. Bekanntgabe der Rechtsbeschwerdeschrift und -begründung

a) Gewährung rechtlichen Gehörs und Beteiligung am Rechtsbeschwerdeverfahren

§ 71 Abs. 4 fordert die Bekanntgabe der Rechtsbeschwerdeschrift und -begründung an die anderen Beteiligten. Damit wird zum einen klar, dass die Rechtsbeschwerde, anders als die ZPO-Beschwerde, in der Beschwerdeinstanz **nicht sogleich verworfen oder zurückgewiesen werden kann**, auch wenn sie sich von vorneherein als unzulässig oder nach ihrer Begründung als unbegründet erweist. Dies entspricht ihrer Bedeutung als Entscheidung über die Hauptsache. Allerdings steht zu erwarten, dass der BGH § 71 Abs. 4 wie schon § 575 Abs. 4 Satz 2 ZPO dadurch umgeht, dass er die Rechtsbeschwerdeführer etwa bei nicht von einem postulationsfähigen Anwalt eingelegtem Rechtsmittel durch einfaches Schreiben über die Unzulässigkeit informiert und mitteilt, dass er das Rechtsmittel als zurückgenommen betrachte. § 71 Abs. 4 stellt zum 26

1 BGH v. 8.7.1954 – IV ZR 67/54, BGHZ 14, 205 (210); BAG v. 8.2.1983 – 3 AZR 10/81, ZIP 1983, 605 (606); Baumbach/*Hartmann*, § 551 ZPO Rz. 13; Musielak/*Ball*, § 551 ZPO Rz. 11; MüKo. ZPO/*Wenzel*, § 551 ZPO Rz. 22.
2 MüKo.ZPO/*Wenzel*, § 551 ZPO Rz. 20.
3 BGH v. 15.11.2006 – XII ZR 97/04, FamRZ 2007, 124 (125); Baumbach/*Hartmann*, § 551 ZPO Rz. 13; MüKo.ZPO/*Wenzel*, § 551 ZPO Rz. 22.
4 BGH v. 1.10.2002 – XI ZR 71/02, NJW 2003, 65 (68); MüKo.ZPO/*Wenzel*, § 551 ZPO Rz. 22.
5 Musielak/*Ball*, § 551 ZPO Rz. 11.
6 Vgl. zur Revision MüKo.ZPO/*Wenzel*, § 551 ZPO Rz. 22; Baumbach/*Hartmann*, § 551 ZPO Rz. 13.
7 BGH v. 9.4.1986 – IVb ZR 27/85, NJW 1986, 2371 (2372).
8 Musielak/*Ball*, § 551 ZPO Rz. 3 iVm. § 520 ZPO Rz. 9.
9 Musielak/*Ball*, § 551 ZPO Rz. 13.
10 Baumbach/*Hartmann*, § 551 ZPO Rz. 10; Musielak/*Ball*, § 551 ZPO Rz. 13.

anderen klar, dass Rechtsbeschwerdeschrift und -begründung nicht nur dem Rechtsbeschwerdegegner, sondern **allen Beteiligten** bekannt gegeben werden müssen. In der Theorie soll dies wohl die Gewährung rechtlichen Gehörs ermöglichen. Dies dürfte in der Praxis aber häufig schon daran scheitern, dass auch ihr Vortrag nach § 10 Abs. 4 Satz 1 jenseits der Ausnahmen des § 10 Abs. 4 Satz 2 nur beachtlich ist, wenn er von einem beim BGH zugelassenen Rechtsanwalt zur Akte gereicht wird. Die zusätzliche Mandatierung zu den erhöhten Sätzen kann etwa in einer Erbengemeinschaft wirtschaftlich kaum mehr sinnvolle Kosten produzieren, so dass eine „informelle" Beteiligung auf der Seite, die die eigenen Interessen vertritt, häufig sinnvoller sein wird. Immerhin wird aber auch in diesen Fällen durch § 71 Abs. 4 eine zuverlässige Mitteilung über den Verfahrensstand erreicht, was eine Beteiligung auch im Rechtsbeschwerdeverfahren sicherstellt. Mit der Bekanntgabe der Begründungsschrift läuft die Frist für die **Anschlussrechtsbeschwerde** (§ 73 Satz 1).[1]

b) Beschränkungen für weitere Beteiligte

27 Beschränkungen für weitere Beteiligte ergeben sich einerseits daraus, dass **neue Tatsachen** im Rechtsbeschwerdeverfahren grundsätzlich nicht mehr vorgetragen werden können. Sie können also wie der Rechtsbeschwerdegegner die Tatsachenfeststellungen des Beschwerdegerichts nur angreifen, wenn sie verfahrensfehlerhaft zustandegekommen sind. Dies schreibt allerdings nur den bestehenden Rechtszustand fort. Gravierender erscheint, dass die kaum modifizierte Übernahme der Regelungen zur Rechtsbeschwerde für die weiteren Beteiligten nicht recht passend erscheint, da diese sich noch stärker an die Zwei-Parteien-Systematik der ZPO anlehnen als die Vorschriften zur Beschwerde. Soweit etwa der Vortrag eines Miterben in den Vorinstanzen verfahrensfehlerhaft nicht berücksichtigt wurde, kann er diese Rüge nicht mehr ohne weiteres im Rechtsbeschwerdeverfahren anbringen. Er muss sich insoweit der **Anschlussrechtsbeschwerde** bedienen. Da diese aber nach allgemeinen Grundsätzen nur gegen den Rechtsmittelführer, nicht gegen Dritte gerichtet werden kann,[2] bleibt Vortrag endgültig unberücksichtigt, der etwa nicht die Erbquote des Rechtsbeschwerdeführers, sondern die der anderen Beteiligten betrifft. Diese fehlende Einwirkungsmöglichkeit wird allerdings dadurch kompensiert, dass die Antragstellung in erster Instanz unbefristet ist. Da die Beteiligten in Ermangelung einer Spezialregelung wie § 48 Abs. 3 WEG nicht vorbehaltlos an die Rechtskraft eines von einem Dritten betriebenen Verfahrens gebunden werden, bleibt ihnen in jedem Fall die Möglichkeit eines erneuten erstinstanzlichen Antrags (vgl. § 59 Rz. 21).

C. Einstweilige Anordnungen

I. Rechtsgrundlage

1. Kein Verweis auf § 64 Abs. 3

28 Im Gegensatz zur Vorbildnorm des § 575 ZPO, der in Abs. 5 auf § 570 Abs. 3 ZPO verweist, enthält § 71 keine Regelung, die den Erlass einstweiliger Anordnungen durch das Rechtsbeschwerdegericht erlaubt. Da die §§ 70 ff. auch keine allgemeine Vorschrift enthalten, die die subsidiäre Anwendbarkeit der Beschwerdevorschriften

1 BT-Drucks. 16/6308, S. 210.

2 S. etwa OLG Hamburg v. 14.7.2008 – 2 Wx 31/02, ZMR 2008, 899 (902); Musielak/*Ball*, § 524 ZPO Rz. 7; Zöller/*Heßler*, § 524 ZPO Rz. 18.

vorsieht, ist die Anwendbarkeit der Spezialnorm des Beschwerderechts (§ 64 Abs. 3) allenfalls mit dogmatisch kaum tragfähigen Notwendigkeitserwägungen begründbar.

2. Rückgriff auf §§ 49 ff.

Näher liegt daher der Rückgriff auf die Verfahrensvorschriften des ersten Rechtszuges (§§ 49 ff.) über § 74 Abs. 4. Dies ist nicht schon deswegen bedenklich, weil die §§ 49 ff. in erster Instanz ein eigenständiges Verfahren darstellen, in dem nach § 70 Abs. 4 gerade keine Rechtsbeschwerde statthaft ist. Denn die Vorschriften zum Verfahren erster Instanz enthalten ihrerseits keine Spezialregelung für einstweilige Anordnungen, die das Verfahren flankieren, wie eben § 64 Abs. 3.[1] Deshalb müssen auch diese auf §§ 49 ff. gestützt werden. Es erscheint daher eher vertretbar, einstweilige Anordnungen im Rechtsbeschwerdeverfahren auf §§ 74 Abs. 4, 49 ff. zu stützen. In jedem Falle können auf diesem Wege nur flankierende Maßnahmen, etwa die Aussetzung der Vollziehung eines in der Beschwerdeinstanz erlassenen Beschlusses angeordnet werden. Ein selbständiges Verfahren nach §§ 49 ff. kann im Rechtsbeschwerdeverfahren nicht durchgeführt werden. 29

II. Voraussetzungen, Verfahren und Inhalt der einstweiligen Anordnung des Rechtsbeschwerdegerichts

1. Voraussetzungen: Dringlichkeit und Anordnungsanspruch

Wie im Beschwerdeverfahren setzt auch die einstweilige Anordnung des Rechtsbeschwerdegerichts zum einen eine gewisse **Erfolgsaussicht**, zum anderen eine gewisse **Dringlichkeit** für die Regelung durch eine einstweilige Anordnung voraus. Eine einstweilige Anordnung erfordert daher eine hinreichende Wahrscheinlichkeit, dass derjenige, zu dessen Gunsten sie ergehen soll, in der Hauptsache obsiegen wird.[2] Zudem muss eine gewisse Dringlichkeit bestehen. Dies bedeutet, dass Regelungsbedarf noch vor Ergehen der Entscheidung in der Hauptsache besteht und dass dem von der einstweiligen Anordnung Begünstigten jedenfalls größere Nachteile drohen als seinem Gegner. Schon die Beurteilung von Dringlichkeit und Erfolgsaussichten erfordert eine Begründung,[3] die nunmehr aber auch nach §§ 74 Abs. 4, § 51 Abs. 1 Satz 2 zu fordern ist. 30

2. Verfahren

Wie im Beschwerdeverfahren bedarf es eines Antrags nach § 51 Abs. 1 Satz 1 nur in **Antragsverfahren**. Dieser muss gem. § 10 Abs. 4 von einem beim BGH zugelassenen Anwalt gestellt werden. Hingegen ist ein Antrag in **Amtsverfahren** nur als Anregung aufzufassen. Nach § 74 Abs. 4 iVm. § 51 Abs. 1 Satz 2 ist der Antrag auf Erlass einer einstweiligen Anordnung in Antragsverfahren zu begründen. Ansonsten ist er unzulässig. Dem Gegner ist rechtliches Gehör zu gewähren. 31

---

1 Zur Unterscheidung zwischen einstweiligen Anordnungen im Verfahren und einstweiligen Verfügungen s. BGH v. 1.12.2005 – IX ZB 208/05, NJW-RR 2006, 332 (333); dazu dass die einstweiligen Anordnungen erster Instanz sowohl selbständige Regelungsgegenstände als auch das Verfahren flankierende Maßnahmen umfassen können, s. § 64 Rz. 22.

2 Vgl. BGH v. 11.5.2005 – XII ZB 63/05, FamRZ 2005, 1064 (1065) zur zivilprozessualen Rechtsbeschwerde, wonach die Erfolgsaussichten und die Nachteile gegeneinander abzuwägen sind.

3 BGH v. 11.5.2005 – XII ZB 63/05, FamRZ 2005, 1064 (1065).

3. Form und Inhalt der Entscheidung

32 Wie im Beschwerderechtszug ergeht die Entscheidung auch über die einstweilige Anordnung durch Beschluss. Im Grundsatz kann das Rechtsbeschwerdegericht ebenso wie das Gericht zweiter Instanz sämtliche flankierenden Maßnahmen anordnen, die der Regelung der Rechts- und Sachlage bis zu seiner Entscheidung dienlich sind, sofern sich keine Beschränkungen aus dem materiellen Recht ergeben. Es muss sich lediglich im Rahmen des Verfahrensgegenstandes halten und darf die Hauptsache nicht vorwegnehmen. Im Gegensatz zum Beschwerdegericht kann das Rechtsbeschwerdegericht aber auch im Rahmen des einstweiligen Rechtsschutzes keine neuen Tatsachen berücksichtigen. Die Entscheidung wird mit ihrem Erlass wirksam und tritt automatisch außer Kraft, sobald die Hauptsache entschieden ist. Eine Vollstreckung erfolgt nach §§ 74 Abs. 4, 53.

§ 72
Gründe der Rechtsbeschwerde

(1) Die Rechtsbeschwerde kann nur darauf gestützt werden, dass die angefochtene Entscheidung auf einer Verletzung des Rechts beruht. Das Recht ist verletzt, wenn eine Rechtsnorm nicht oder nicht richtig angewendet worden ist.

(2) Die Rechtsbeschwerde kann nicht darauf gestützt werden, dass das Gericht des ersten Rechtszugs seine Zuständigkeit zu Unrecht angenommen hat.

(3) Die §§ 547, 556 und 560 der Zivilprozessordnung gelten entsprechend.

A. Entstehungsgeschichte und Normzweck

1 Die Vorschrift steckt den Rahmen ab, innerhalb dessen das Rechtsbeschwerdegericht die Vorinstanz überprüfen kann. Im Gegensatz zu den neuen Bestimmungen über Statthaftigkeit, Form und Frist der Rechtsbeschwerde ergeben sich praktisch **keine Änderungen zum früheren Recht**. Die Rechtsbeschwerde dient wie die frühere (sofortige) weitere Beschwerde nach § 27 Abs. 1 FGG aF allein der **Rechtskontrolle**.[1] Dabei wurde der in § 27 FGG aF enthaltene Verweis auf § 546 ZPO durch eine wortgleiche Übernahme in § 72 Abs. 1 Satz 2 ersetzt.[2] § 72 Abs. 2 wiederholt fast wörtlich die entsprechende Vorschrift für die Beschwerde (§ 65 Abs. 4). § 72 Abs. 3 übernimmt die schon in § 27 Abs. 1 Satz 2 FGG aF enthaltene Verweisung auf § 547 ZPO und erklärt darüber hinaus noch § 556 ZPO und – gesetzestechnisch etwas unglücklich – § 560 ZPO für anwendbar.

B. Inhalt der Vorschrift

I. Das Recht als einziger Kontrollmaßstab

1. Abgrenzung von der Tatsachenfeststellung

a) Keine Überprüfung verfahrensfehlerfrei festgestellter Tatsachen

2 Die Beschränkung der Rechtsbeschwerde auf die Rechtskontrolle schließt grundsätzlich die Überprüfung der verfahrensfehlerfrei getroffenen Tatsachenfeststellungen in der angegriffenen Entscheidung aus (zur verfahrensfehlerhaften Tatsachenfeststellung im Einzelnen s. Rz. 18 ff.).[3] Das Rechtsbeschwerdegericht hat seine Rechtskontrolle auf der Grundlage der dort verfahrensfehlerfrei festgestellten Tatsachen vorzunehmen.[4] Die Auslegung von **Willenserklärungen**[5] wie Testamenten[6] oder Verträgen[7] hat

1 BT-Drucks. 16/6308, S. 210; vgl. OLG Frankfurt v. 18.8.2008 – 20 W 426/05, ZMR 2009, 133 (135).

2 BT-Drucks. 16/6308, S. 210.

3 BayObLG v. 21.4.1999 – 1 Z BR 124/98, NJWE-FER 2000, 17; OLG Köln v. 16.12.1999 – 2 Wx 35/99, NJWE-FER 2000, 187; OLG Stuttgart v. 14.12.2004 – 8 W 313/04, FamRZ 2005, 542; OLG München v. 20.1.2006 – 33 Wx 9/06, FGPrax 2006, 87, 88; Keidel/*Meyer-Holz*, § 27 FGG Rz. 42; *Bumiller*/Winkler, § 27 FGG Rz. 14.

4 BGH v. 17.10.2001 – XII ZB 161/97, NJW 2002, 220; BGH v. 20.6.2002 – IX ZB 56/01, NJW 2002, 2648 (2649); BGH v. 7.4.2005 – IX ZB 63/03, NJW-RR 2005, 916; KG v. 18.8.1983 – 1 W XX B 4044/82, OLGZ 1983, 428 (430 f.); OLG Karlsruhe v. 26.5.2000 – 11 Wx 48/00, FGPrax 2000, 194 (196).

5 OLG Stuttgart v. 14.12.2004 – 8 W 313/04, FamRZ 2005, 542; Keidel/*Meyer-Holz*, § 27 FGG Rz. 49; *Bassenge*/Roth, § 27 FGG Rz. 21.

6 BayObLG v. 14.3.1988 – BReg. 1 Z 63/87, NJW-RR 1988, 968; BayObLG v. 21.4.1988 – 1 Z 31/87, NJW-RR 1988, 969; BayObLG v. 7.4.1989 – BReg. 1a Z 9/88, NJW-RR 1989, 1092; BayObLG v. 17.1.1996 – 1 Z 84/95, NJW-RR 1996, 1478.

7 BGH v. 11.11.1985 – II ZB 5/85, NJW 1986, 1033 (1034) = Rpfleger 1986, 184 (185); BGH v. 8.12.1989 – V ZR 53/88, WM 1990, 423 (424); OLG Köln v. 14.7.1982 – 2 Wx 19/82, Rpfleger 1982, 424; Keidel/*Meyer-Holz*, § 27 FGG Rz. 49; *Bumiller*/Winkler, § 27 FGG Rz. 16.

das Rechtsbeschwerdegericht hinzunehmen, wenn sie alle wesentlichen Umstände berücksichtigt und nicht dem klaren Sinn und Wortlaut widerspricht.[1] Die von der letzten Tatsacheninstanz vorgenommene **Auslegung** muss nicht zwingend sein, es genügt, wenn sie möglich ist[2] und nicht anerkannten Auslegungsgrundsätzen (§§ 133, 157 BGB) widerspricht.[3] Entsprechendes gilt, wenn bestimmte Tatsachen streitig waren. Auch dann hat das Rechtsbeschwerdegericht die **Beweiswürdigung** der Vorinstanz hinzunehmen, soweit sie möglich ist. Sie muss nicht zwingend sein. Dass andere Schlussfolgerungen möglich sind oder sogar näher liegen, ermöglicht allein keine abweichende Beweiswürdigung des Rechtsbeschwerdegerichts.[4] Der nicht kontrollierbaren Tatsachenfeststellung gehört neben der Würdigung von Beweisen und Gutachten[5] und der Augenscheinseinnahme[6] auch die Beurteilung der Glaubwürdigkeit von Zeugen[7] an. Das Rechtsbeschwerdegericht kann die Tatsachenfeststellung nur daraufhin kontrollieren, ob sie Beweisanforderungen vernachlässigt oder überspannt,[8] alle wesentlichen Umstände berücksichtigt[9] und auf einer ausreichenden Ermittlung des Sachverhalts beruht.[10] Leidet die Tatsachenfeststellung nicht unter derartigen Mängeln, muss die dritte Instanz sie hinnehmen.[11]

---

1 BGH v. 5.4.2006 – IX ZB 50/05, NJW-RR 2006, 1138 (1141 f.); BayObLG v. 14.3.1988 – BReg. 1 Z 63/87, NJW-RR 1988, 968; BayObLG v. 21.4.1988 – 1 Z 31/87, NJW-RR 1988, 969; BayObLG v. 7.4.1989 – BReg. 1a Z 9/88, NJW-RR 1989, 1092; BayObLG v. 17.1.1996 – 1 Z 84/95, NJW-RR 1996, 1478; OLG München v. 20.1.2006 – 33 Wx 9/06, FGPrax 2006, 87 (88); die überprüfbaren Grundsätze der Auslegung sind nicht immer von den Denkgesetzen zu trennen, deren Einhaltung als Rechtskontrolle anzusehen ist, vgl. Rz. 14.

2 BGH v. 10.2.2000 – V ZB 5/00, FGPrax 2000, 130; OLG Köln v. 14.7.1982 – 2 Wx 19/82, Rpfleger 1982, 424; OLG Köln v. 3.9.1993 – 2 Wx 23/93, NJW-RR 1994, 74 f.; OLG Stuttgart v. 14.12.2004 – 8 W 313/04, FamRZ 2005, 542; BayObLG v. 14.10.1993 – 3 Z BR 191/93, DNotZ 1994, 652 (653).

3 BGH v. 8.12.1989 – V ZR 53/88, WM 1990, 423 (424); BGH v. 7.2.2006 – KZR 24/04, NJW-RR 2006, 1139 (1141); BayObLG v. 6.11.1995 – 1 Z BR 56/95, FamRZ 1996, 566 (568).

4 *Bassenge*/Roth, § 27 FGG Rz. 23.

5 BayObLG v. 8.10.1987 – BReg. 3 Z 111/87, NJW-RR 1988, 454 (455); OLG Stuttgart v. 14.12.2004 – 8 W 313/04, FamRZ 2005, 542.

6 BayObLG v. 19.1.1988 – BReg. 2 Z 20/87, NJW-RR 1988, 588 (589).

7 BGH v. 30.3.1983 – IVb ZB 760/81, NJW 1983, 1908 (1909); BayObLG v. 3.12.1998 – 1 Z BR 164/97, FamRZ 1999, 817 (818); *Bassenge*/Roth, § 27 FGG Rz. 23.

8 BayObLG v. 8.10.1987 – BReg. 3 Z 111/87, NJW-RR 1988, 454 (455); BayObLG v. 7.4.1989 – BReg. 1a Z 9/88, NJW-RR 1989, 1092; BayObLG v. 10.4.1995 – 3Z BR 88/95, FamRZ 1995, 1235 (1236).

9 BGH v. 5.4.2006 – IX ZB 50/05, NJW-RR 2006, 1138 (1141); BayObLG v. 8.10.1987 – BReg. 3 Z 111/87, NJW-RR 1988, 454 (455); BayObLG v. 6.11.1995 – 1 Z BR 56/95, FamRZ 1996, 566 (568); OLG Schleswig v. 18.3.1988 – 3 W 23/88, NJW-RR 1988, 1225; OLG Schleswig v. 7.4.1989 – BReg. 1a Z 9/88, NJW-RR 1989, 1092; OLG München v. 20.1.2006 – 33 Wx 9/06, FGPrax 2006, 87 (88).

10 BayObLG v. 5.7.1960 – BReg. 1 Z 79/59, BayObLGZ 1960, 267 (273); BayObLG v. 8.10.1987 – BReg. 3 Z 111/87, NJW-RR 1988, 454 (455); BayObLG v. 20.12.1996 – 1 Z BR 186/96, FGPrax 1997, 63; OLG Schleswig v. 18.3.1988 – 3 W 23/88, NJW-RR 1988, 1225; OLG Schleswig v. 7.4.1989 – BReg. 1a Z 9/88, NJW-RR 1989, 1092; OLG Stuttgart v. 14.12.2004 – 8 W 313/04, FamRZ 2005, 542; OLG München v. 20.1.2006 – 33 Wx 9/06, FGPrax 2006, 87 (88).

11 BayObLG v. 19.1.1988 – BReg. 2 Z 20/87, NJW-RR 1988, 588 (589); BayObLG v. 7.2.2001 – 3 Z BR 258/00, NJW-RR 2001, 1047; OLG Schleswig v. 18.3.1988 – 3 W 23/88, NJW-RR 1988, 1225.

b) Keine Einführung neuer Tatsachen oder Anträge

3 Die Beschränkung der dritten Instanz auf die Rechtskontrolle schließt es ferner für alle Beteiligten grundsätzlich aus, neue Tatsachen in das Verfahren einzuführen.[1] Dies verhindert zum einen die Berücksichtigung von Tatsachen, die bereits in den Tatsacheninstanzen hätten vorgetragen werden können, aber nicht vorgetragen wurden.[2] Aber auch Tatsachen, die erst nach Abschluss der Tatsacheninstanzen bekannt wurden, können im Rechtsbeschwerdeverfahren nicht mehr berücksichtigt werden.[3] Allerdings können entsprechende Rügen ua. auf **ungenügende Ermittlungen** oder Hinweise der Vorinstanzen hindeuten, die wiederum eine noch im Rechtsbeschwerdeverfahren zu beachtende Gesetzesverletzung darstellen.[4] Da der **Verfahrensgegenstand** mit demjenigen, über den die Vorinstanz entschieden hat, identisch ist, sind auch darüber hinausgehende Anträge unzulässig.[5] Das betrifft sowohl **neue Anträge**, selbst hilfsweise gestellte,[6] als auch Antragserweiterungen oder -änderungen. Ebenso wenig darf der Beschwerdeführer mit der Rechtsbeschwerde erstmals Teile der erstinstanzlichen Entscheidung angreifen, die er in der zweiten Instanz unangegriffen gelassen hat.[7]

c) Ausnahmen

aa) Verfahrensvoraussetzungen und Verfahrensmängel

4 Die oben genannten Beschränkungen gelten nicht für Tatsachen, die die allgemeinen Verfahrensvoraussetzungen betreffen (vgl. § 68 Rz. 15 m. Fn. 1).[8] So hat auch das Rechtsbeschwerdegericht Unklarheiten etwa über die internationale **Zuständigkeit der deutschen Gerichtsbarkeit**, über die funktionelle Zuständigkeit[9] und die korrekte **Besetzung** des Gerichts,[10] über die **Geschäftsfähigkeit**[11] oder wirksame **Vertretung** eines Beteiligten oder über das Erreichen des Beschwerdewerts in der zweiten Instanz durch eine Beweisaufnahme zu klären. Selbst der Wegfall eines in zweiter Instanz ausdrücklich erklärten Einverständnisses etwa zur Betreuung soll im Rechtsbeschwerdeverfahren beachtlich sein.[12] Das Vorliegen der Zulässigkeitsvoraussetzungen für die Durchführung des Verfahrens zweiter Instanz ist in tatsächlicher Hinsicht vom Rechtsbe-

1 BT-Drucks. 16/6308, S. 210; vgl. BGH v. 18.9.2003 – IX ZB 40/03, NJW 2004, 71; KG v. 22.9.1998 – 1 W 2161/97, FGPrax 1999, 33; BayObLG v. 25.3.1999 – 1 Z BR 49/99, FamRZ 2000, 322 (323).
2 BayObLG v. 22.6.1989 – BReg. 3 Z 66/89, NJW 1990, 775 (776); BayObLG v. 17.1.1996 – 1 Z 84/95, NJW-RR 1996, 1478; Keidel/*Meyer-Holz*, § 27 FGG Rz. 45.
3 KG v. 22.9.1998 – 1 W 2161/97, Rpfleger 1999, 186; BayObLG v. 18.3.2002 – 1 Z BR 48/01, NJW-RR 2002, 1159 (1160); Keidel/*Meyer-Holz*, § 27 FGG Rz. 45.
4 Keidel/*Meyer-Holz*, § 27 FGG Rz. 46.
5 BGH v. 29.11.1990 – I ZR 45/89, NJW 1991, 1683 (1684); BayObLG v. 7.2.1996 – 1 Z BR 72/95, FamRZ 1996, 1436 (1437); BayObLG v. 25.9.1997 – 3 Z BR 143/97, NJW-RR 1998, 470 (471); *Bumiller*/Winkler, § 27 FGG Rz. 18; *Bassenge*/Roth, § 27 FGG Rz. 17.
6 BGH v. 21.12.2006 – IX ZB 81/06, BB 2007, 630.
7 BGH v. 16.3.1983 – IVb ZB 807/80, NJW 1983, 1858 (für die Anschlussrechtsbeschwerde); BGH v. 21.6.1999 – II ZR 47/98, NJW 1999, 2817 (2818).
8 BGH v. 24.3.1993 – XII ZB 12/92, FamRZ 1993, 1310; BGH v. 13.7.1995 – V ZB 6/94, NJW 1995, 2791 (2792); BayObLG v. 8.10.1987 – BReg. 3 Z 111/87, NJW-RR 1988, 454 (456); Keidel/*Meyer-Holz*, § 27 FGG Rz. 46; *Bumiller*/Winkler, § 27 FGG Rz. 16.
9 BGH v. 2.6.2005 – IX ZB 287/03, NJW-RR 2005, 1299.
10 BGH v. 13.7.1995 – V ZB 6/94, NJW 1995, 2791 (2792).
11 BayObLG v. 8.10.1987 – BReg. 3 Z 111/87, NJW-RR 1988, 454 (456).
12 BayObLG v. 8.3.2001 – 3 Z BR 62/01, FamRZ 2001, 1245.

schwerdegericht zu prüfen, etwa die Einhaltung der **Beschwerdefrist**.[1] Ist die Zulässigkeit der Beschwerde, etwa die Frage, ob ein Rechtsmittel rechtzeitig eingelegt wurde, Gegenstand der Nachprüfung durch das Rechtsbeschwerdegericht, kann der Rechtsmittelführer insoweit neue Tatsachen einführen.[2] So ist noch im Rechtsbeschwerdeverfahren der Nachweis möglich, dass die **Vollmacht** der Verfahrensbevollmächtigten zweiter Instanz vor Erlass der Beschwerdeentscheidung vorlag.[3] Es bedarf allerdings einer **Rüge** dieses Fehlers der Rechtsbeschwerdeschrift.[4] Erweist sich das Verfahren des Beschwerdegerichts in jedem Fall als fehlerhaft, kann das Rechtsbeschwerdegericht die Beschwerdeentscheidung aber aufheben und zur weiteren Aufklärung an das Beschwerdegericht **zurückverweisen**.[5] Entsprechendes gilt für einen Verfahrensmangel,[6] etwa die Behauptung, die Amtsermittlungspflicht oder der Anspruch auf rechtliches Gehör seien verletzt worden, und seine Heilung.[7]

bb) Offenkundige Tatsachen

5 Vom Ausschluss neuer Tatsachen sind ferner solche Umstände nicht betroffen, die für das Rechtsbeschwerdegericht offenkundig sind.[8] Aus Gründen der Verfahrensökonomie dürfen diese berücksichtigt werden, damit ein neues Verfahren vermieden wird. Dies ist zum einen bei Tatsachen der Fall, die auf einer (rechtskräftigen) **Gerichtsentscheidung**,[9] einem bestandskräftigen **Verwaltungsakt**[10] oder **sonstigem Behördenhandeln** wie staatsanwaltlichen Ermittlungen[11] oder einer **Registereintragung** beruhen.[12] Zum anderen können neue Tatsachen berücksichtigt werden, die ohne weitere Ermittlungen feststehen, weil sie etwa **gerichtsbekannt oder unstreitig** sind.[13] Auch unzweideutig **aus den Akten ersichtliche Tatsachen**, die auf eine verfahrensfehlerhafte Nichtberücksichtigung erheblicher Tatsachen schließen lassen, sollen zu berücksichtigen sein.[14] Die im Hinblick auf derartige Tatsachen früher für möglich befundene **Aussetzung** des Rechtsbeschwerdeverfahrens[15] wird allerdings nunmehr ausgeschlossen

---

1 BGH v. 22.10.1997 – VIII ZB 32/97, NJW 1998, 1155 (1156); BGH v. 14.3.2001 – XII ZR 51/99, NJW 2001, 1581 (1582); BGH v. 18.9.2003 – IX ZB 40/03, NJW 2004, 71; BGH v. 7.4.2005 – IX ZB 63/03, NJW-RR 2005, 916.

2 BGH v. 22.10.1997 – VIII ZB 32/97, NJW 1998, 1155 (1156); BGH v. 7.3.2002 – VII ZR 193/01, NJW 2002, 1957 f.

3 Vgl. BGH v. 7.3.2002 – VII ZR 193/01, NJW 2002, 1957 f. (zur Berufung).

4 BGH v. 18.9.2003 – IX ZB 40/03, NJW 2004, 71.

5 BGH v. 14.3.2001 – XII ZR 51/99, NJW 2001, 1581 (1582).

6 Keidel/*Meyer-Holz*, § 27 FGG Rz. 46.

7 Keidel/*Meyer-Holz*, § 27 FGG Rz. 46 u. 48.

8 BGH v. 27.10.1993 – XII ZB 158/91, NJW 1994, 579.

9 KG v. 18.8.1983 – 1 W XX B 4044/82, OLGZ 1983, 428 (430 f.); KG v. 22.9.1998 – 1 W 2161/97, Rpfleger 1999, 186 = FGPrax 1999, 33; BayObLG v. 18.3.2002 – 1 Z BR 48/01, NJW-RR 2002, 1159 (1160); Keidel/*Meyer-Holz*, § 27 FGG Rz. 45.

10 KG v. 22.9.1998 – 1 W 2161/97, FGPrax 1999, 33; Keidel/*Meyer-Holz*, § 27 FGG Rz. 45.

11 KG v. 22.9.1998 – 1 W 2161/97, Rpfleger 1999, 186; BayObLG v. 18.3.2002 – 1 Z BR 48/01, NJW-RR 2002, 1159 (1160) = FamRZ 2002, 1349 (1350).

12 BayObLG v. 7.2.2001 – 3 Z BR 258/00, NJW-RR 2001, 1047; Keidel/*Meyer-Holz*, § 27 FGG Rz. 45.

13 BGH v. 17.10.2001 – XII ZB 161/97, NJW 2002, 220; OLG Frankfurt v. 18.8.2008 – 20 W 426/05, ZMR 2009, 133 (135); Keidel/*Meyer-Holz*, § 27 FGG Rz. 45.

14 KG v. 18.8.1983 – 1 W XX B 4044/82, OLGZ 1983, 428 (431); KG v. 22.9.1998 – 1 W 2161/97, Rpfleger 1999, 186 = FGPrax 1999, 33; BayObLG v. 7.4.1989 – BReg. 1a Z 9/88, NJW-RR 1989, 1092; OLG Köln v. 16.12.1999 – 2 Wx 35/99, NJWE-FER 2000, 187; noch darüber hinaus gehend BayObLG v. 12.3.1992 – BReg. 1 Z 65/91, NJW-RR 1992, 968 in Vorwegnahme einer möglichen Abänderung nach § 18 Abs. 1 FGG aF bzw. nunmehr § 48 Abs. 1.

15 BayObLG v. 12.3.1992 – BReg. 1 Z 65/91, NJW-RR 1992, 968.

sein, da das neue Recht derartige Möglichkeiten in Kenntnis der früheren Diskussion nicht mehr eröffnet. In keinem Fall besteht eine Pflicht zur Ermittlung von Amts wegen, ob irgendein Gericht oder eine Verwaltungsbehörde relevante Entscheidungen getroffen hat; es sind nur aktenkundige Vorgänge zu berücksichtigen.[1]

cc) Entscheidungsreife nach fehlerhafter Tatsachenwürdigung der Vorinstanz

Ausnahmsweise kann das Rechtsbeschwerdegericht dann, wenn die Auslegung durch 6 die Vorinstanz verfahrensfehlerhaft und somit nicht bindend vorgenommen wurde, den Sachverhalt auch abweichend von den Tatsacheninstanzen würdigen, also etwa Willenserklärungen und Verträge selbst auslegen, sofern der Sachverhalt keiner weiteren Klärung mehr bedarf.[2] In diesem Fall darf es auch neue Tatsachen berücksichtigen, da es an Stelle der Tatsacheninstanz entscheidet.[3]

dd) Weitere Ausnahmen, insbesondere Tatsachen, die ein Restitutionsverfahren rechtfertigen

Eine weitere Ausnahme gilt für solche Tatsachen, die ein Restitutionsverfahren recht- 7 fertigen würden.[4] Denn diese würden ohnehin die Durchführung eines neuen Verfahrens rechtfertigen. Aus verfahrensökonomischen Gründen lässt man daher ihre Berücksichtigung auch in der Rechtsbeschwerdeinstanz zu. Darüber hinausgehend werden auch die Einrede der **beschränkten Erbenhaftung** und die Tatsachen, auf die sie gestützt wird, berücksichtigt, wenn sie nach dem Erbfall erstmals nach Abschluss der Tatsacheninstanzen geltend gemacht werden kann.[5]

2. Normen, deren Anwendbarkeit in der Rechtsbeschwerde überprüfbar ist

a) Vom Bundesgesetzgeber normiertes Recht

aa) Formelle Gesetze und untergesetzliches Recht

Das Rechtsbeschwerdegericht kann zunächst die Anwendung des vom Bundesgesetz- 8 geber normierten Rechts überprüfen. Hierunter fallen nicht nur **formelle Gesetze**,[6] sondern sämtliche Normen mit Wirkung nach außen, also auch **Verordnungen**, aber keine Verwaltungsanordnungen, die nur staatliche Organe intern binden sollen.[7] Dem Gesetzesrecht gleichgestellt sind nach § 31 Abs. 2 BVerfGG die mit Gesetzeskraft versehenen **Entscheidungen des BVerfG**.

1 KG v. 18.8.1983 – 1 W XX B 4044/82, OLGZ 1983, 428 (432 f.).
2 BGH v. 8.12.1989 – V ZR 53/88, WM 1990, 423 (424); BGH v. 7.2.2006 – KZR 24/04, NJW-RR 2006, 1139 (1141); BayObLG v. 14.3.1988 – BReg. 1 Z 63/87, NJW-RR 1988, 968; BayObLG v. 7.4.1989 – BReg. 1a Z 9/88, NJW-RR 1989, 1092; BayObLG v. 13.3.1997 – 1 Z BR 33/97, Rpfleger 1997, 436; OLG Frankfurt v. 26.10.1993 – 20 W 408/93, NJW-RR 1994, 75 (76); OLG Saarbrücken v. 18.7.1991 – 5 W 16/91, FamRZ 1992, 109 (113); Keidel/*Meyer-Holz*, § 27 FGG Rz. 49.
3 BayObLG v. 14.3.1988 – BReg. 1 Z 63/87, NJW-RR 1988, 968 (969).
4 BGH v. 13.2.1997 – III ZR 285/95, NJW 1997, 1309 (1310); KG v. 18.8.1983 – 1 W XX B 4044/82, OLGZ 1983, 428 (431); KG v. 22.9.1998 – 1 W 2161/97, Rpfleger 1999, 186; KG v. 22.9.1998 – 1 W 2161/97, FGPrax 1999, 33; *Bumiller*/Winkler, § 27 FGG Rz. 16.
5 BGH v. 26.6.1970 – V ZR 156/69, BGHZ 54, 204 (205 f.).
6 Keidel/*Meyer-Holz*, § 27 FGG Rz. 21.
7 Keidel/*Meyer-Holz*, § 27 FGG Rz. 21.

bb) Anwendbare Normen bei Gesetzesänderungen

9 Das Rechtsbeschwerdegericht hat das zurzeit der Entscheidung geltende Recht anzuwenden. Nach einem Gesetzeswechsel ist somit grundsätzlich **neues Recht** anzuwenden,[1] sofern nicht Übergangsvorschriften etwas anderes vorsehen. Lediglich nach früherem Recht bereits entstandene Rechte bleiben unberührt.[2] Im Ergebnis kann also eine Entscheidung der Vorinstanzen abzuändern sein, obwohl sie zurzeit ihres Erlasses fehlerfrei war.[3] Die Anwendbarkeit neuen Rechts bezieht sich sowohl auf das materielle Recht als auch auf das Verfahrensrecht. Auf rechtskräftige Entscheidungen hat es aber keinen Einfluss mehr, wenn das neue Recht nach Eintritt der Rechtskraft eine weitere Instanz eröffnet. Ebenso wenig wird die einmal begründete Zuständigkeit des angerufenen Gerichts durch eine Gesetzesänderung berührt.[4]

b) Ausländisches und lokales Recht

aa) Überprüfbarkeit der Anwendung ausländischen und lokalen Rechts

10 Wie bisher hat das Rechtsbeschwerdegericht auch die richtige Anwendung ausländischen Rechts zu überprüfen,[5] was das **Völkerrecht** und **Staatsverträge** umfasst.[6] Die Beschwerdeentscheidung muss die Grundlage erkennen lassen, also auch auf Grund welchen zwischenstaatlichen Vertrags entschieden worden ist.[7] Im Gegensatz zur Revision ist die Überprüfung im Rechtsbeschwerdeverfahren auch nicht auf Bundesrecht oder Normen beschränkt, deren Geltungsbereich sich über den Bereich eines OLG hinaus erstreckt.[8] Denn § 72 verweist gerade nicht auf diese in § 545 ZPO enthaltene Einschränkung. Darin ist auch keine Gesetzeslücke zu erblicken, da der Gesetzgeber dem Rechtsbeschwerdegericht die Möglichkeit, die Anwendung von Landesrecht zu überprüfen, nach seinem ausdrücklichen Bekunden eröffnen wollte.[9]

bb) Bindung an die Feststellung der Vorinstanz nach § 72 Abs. 3 FamFG iVm. § 560 ZPO?

11 In diesem Zusammenhang will der Gesetzgeber auch den nicht sonderlich geglückten Verweis auf § 560 ZPO in § 72 Abs. 3 verstanden wissen. Dieser ist von vorneherein kaum verständlich, nimmt § 560 ZPO doch auf nicht revisibles Recht nach § 545 ZPO Bezug, also eine Vorschrift, die nach dem ausdrücklichen Bekunden des Gesetzgebers in Verfahren nach dem FamFG gerade keine Anwendung finden soll.[10] Nach Vorstellung des Gesetzgebers soll der Verweis des § 72 Abs. 3 auf § 560 ZPO bewirken, „dass das Rechtsbeschwerdegericht an die tatsächlichen Feststellungen des Beschwerdege-

---

1 BGH v. 8.7.1954 – IV ZR 67/54, BGHZ 14, 205 (206); BGH v. 17.10.2001 – XII ZB 161/97, NJW 2002, 220; BayObLG v. 5.11.1987 – BReg. 3 Z 41/87, NJW 1988, 916 (917); OLG Jena v. 1.9.1999 – 6 W 505/99, FGPrax 1999, 224; *Bumiller*/Winkler, § 27 FGG Rz. 14.
2 BGH v. 8.7.1954 – IV ZR 67/54, BGHZ 14, 205 (208).
3 BGH v. 6.7.1983 – IVb ZB 842/81, FamRZ 1983, 1003 (1004); BGH v. 17.2.1993 – XII ZB 134/92, NJW 1993, 2241 (2243); OLG Frankfurt v. 30.8.1994 – 20 W 308/90, FGPrax 1995, 58; Keidel/*Meyer-Holz*, § 27 FGG Rz. 16.
4 Keidel/*Meyer-Holz*, § 27 FGG Rz. 16; *Bassenge*/Roth, § 27 FGG Rz. 19.
5 OLG Hamburg v. 26.7.1989 – 2 W 49/85, NJW-RR 1990, 76; Keidel/*Meyer-Holz*, § 27 FGG Rz. 21; *Bumiller*/Winkler, § 27 FGG Rz. 12.
6 *Bumiller*/Winkler, § 27 FGG Rz. 13.
7 BGH v. 20.6.2002 – IX ZB 56/01, NJW 2002, 2648 (2649).
8 BT-Drucks. 16/6308, S. 210; auch zur Übereinstimmung dieser Praxis mit der Verfassung.
9 BT-Drucks. 16/6308, S. 210, auch zur Verfassungsmäßigkeit dieser Regelung.
10 BT-Drucks. 16/6308, S. 210; vgl. Keidel/*Meyer-Holz*, § 27 FGG Rz. 21.

richts über das Bestehen und den Inhalt lokalen und ausländischen Rechts gebunden ist".[1] Beabsichtigt ist also offenbar eine partielle Geltung, wonach das Rechtsbeschwerdegericht nicht an die Feststellungen über das Bestehen und den Inhalt irreversibler Gesetze nach § 545 ZPO, sondern über das Bestehen und den Inhalt lokalen und ausländischen Rechts gebunden sein soll. Auch das ist aber unverständlich. Denn an der Überprüfbarkeit der Anwendung ausländischen Rechts sowie entscheidungserheblicher Normen unterhalb der Bundesebene soll sich doch gerade nichts ändern. Daher kann das Rechtsbeschwerdegericht an die Feststellungen der Vorinstanz zu seinem Bestehen und Inhalt gerade nicht gebunden sein. Im Ergebnis wird der Verweis auf § 560 ZPO wegen offenkundigen Widerspruchs zu den ansonsten geäußerten Vorstellungen des Gesetzgebers und insbesondere zum ausdrücklichen Verzicht auf die Geltung von § 545 ZPO, auf den sich § 560 ZPO bezieht, ohne Anwendungsbereich bleiben.

c) Normenähnliche Regelungen und Registerpublikationen

Der Überprüfung durch das Rechtsbeschwerdegericht unterliegt ferner auf Grund ihres Normcharakters die Anwendung privat- oder öffentlich-rechtlicher Regelungswerke. Darunter fallen etwa **Satzungen** von Vereinen,[2] **Gesellschaftsverträge** von Kapitalgesellschaften,[3] **Formularverträge**[4] und **Teilungserklärungen** von Wohnungseigentümergemeinschaften.[5] Auch **Gewohnheitsrecht** kann vom Rechtsbeschwerdegericht anders als von den Vorinstanzen ausgelegt werden.[6] Da sie in ähnlicher Weise objektiv-normativ auszulegen sind, können auch Eintragungen in **öffentlichen Registern**, insbesondere im Grundbuch[7] und im Handelsregister, vom Rechtsbeschwerdegericht selbständig ausgelegt werden.[8] 12

d) Verfahrenshandlungen und Behördenakte

Die Möglichkeit einer eigenen Auslegung dehnt die Rechtsprechung schließlich auch auf Verfahrenshandlungen aus.[9] Dies gilt auch dann, wenn ihnen neben der verfahrensrechtlichen Bedeutung auch materiellrechtliche Wirkung zukommt.[10] Der Kontrolle durch das Rechtsbeschwerdegericht unterliegen somit auch gerichtliche Vergleiche, prozessuale Erklärungen etc. Prozesshandlungen sind dabei so auszulegen, dass im Zweifel gewollt ist, was nach Maßgabe der Gesetze vernünftig ist und dem Inte- 13

1 BT-Drucks. 16/6308, S. 210.
2 BGH v. 11.11.1985 – II ZB 5/85, NJW 1986, 1033 (1034) = Rpfleger 1986, 184 (185); OLG Zweibrücken v. 18.9.2003 – 3 W 151/03, NJW-RR 2004, 34 (35); Keidel/*Meyer-Holz*, § 27 FGG Rz. 21; *Bumiller*/Winkler, § 27 FGG Rz. 16; *Bassenge*/Roth, § 27 FGG Rz. 22.
3 BayObLG v. 7.2.2001 – 3Z BR 258/00, NJW-RR 2001, 1047; Keidel/*Meyer-Holz*, § 27 FGG Rz. 50; *Bassenge*/Roth, § 27 FGG Rz. 22.
4 Keidel/*Meyer-Holz*, § 27 FGG Rz. 50; *Bassenge*/Roth, § 27 FGG Rz. 22.
5 BGH v. 3.7.1997 – V ZB 2/97, NJW 1997, 2956; BayObLG v. 10.9.1998 – V ZB 11/98, NJW 1998, 3713 (3714).
6 OLG Hamburg v. 26.7.1989 – 2 W 49/85, NJW-RR 1990, 76; Keidel/*Meyer-Holz*, § 27 FGG Rz. 21; *Bumiller*/Winkler, § 27 FGG Rz. 13; *Bassenge*/Roth, § 27 FGG Rz. 19.
7 BGH v. 29.1.1993 – V ZB 24/92, NJW 1993, 1329 (1330); BayObLG v. 10.9.1998 – V ZB 11/98, NJW 1998, 3713 (3714).
8 *Bassenge*/Roth, § 27 FGG Rz. 22.
9 BGH v. 24.11.1980 – VII ZR 208/79, NJW 1981, 1453 (1454); BGH v. 10.7.1985 – VIII ZR 285/84, NJW 1986, 198; BGH v. 12.3.1991 – XI ZR 85/90, NJW 1991, 1683; BGH v. 31.5.1995 – VIII ZR 267/94, NJW 1995, 2563 (2564); BGH v. 24.4.1997 – III ZB 8/97, NJW 1997, 2387 = MDR 1997, 776; BayObLG v. 16.2.2000 – 3 Z BR 389/98, NJW-RR 2000, 990 (991); Keidel/*Meyer-Holz*, § 27 FGG Rz. 50; *Bumiller*/Winkler, § 27 FGG Rz. 16; *Bassenge*/Roth, § 27 FGG Rz. 22.
10 OLG Saarbrücken v. 18.7.1991 – 5 W 16/91, FamRZ 1992, 109 (110).

resse des Beteiligten entspricht, der eine Erklärung im Verfahren abgegeben hat.[1] Entsprechendes gilt für behördliche Handlungen wie Verwaltungsakte.[2]

e) Denkgesetze und Erfahrungssätze

14 Der Rechtsanwendung gleich stehen Denkgesetze,[3] also insbesondere die Regeln der formalen Logik. So können etwa **Rechenfehler**, **logische Brüche** oder eine dem allgemeinen Sprachgebrauch zuwiderlaufende Interpretation feststehender Begriffe in der Entscheidung der Vorinstanzen noch im Rechtbeschwerdeverfahren korrigiert werden.[4] Gleiches gilt für Erfahrungssätze, die allgemein und ohne Ausnahme gelten.[5] Dazu gehören insbesondere **Naturgesetze**.

II. Verletzung des Rechts

1. Fehlanwendung materiellen Rechts

a) Subsumtionsfehler

15 Das Rechtsbeschwerdegericht hat auf materiellrechtlicher Ebene zu prüfen, ob die einschlägigen Rechtsnormen richtig angewendet wurden. Eine Rechtsverletzung liegt dann vor, wenn die Vorinstanz eine Norm falsch interpretiert und deshalb entweder nicht oder nicht richtig auf den Lebenssachverhalt angewendet hat. Dies ist zum einen der Fall, wenn die Norm angewendet wird, obwohl der festgestellte Sachverhalt deren Tatbestandsmerkmale entgegen der Auffassung der angegriffenen Entscheidung nicht erfüllt.[6] Der umgekehrte Fehler besteht in der Nichtanwendung einer Norm, obwohl nach dem festgestellten Sachverhalt ihre Tatbestandsmerkmale erfüllt sind, weil der Vorderrichter etwa ihre Reichweite verkannt oder nicht von ihrer Gültigkeit ausgegangen ist.[7] Derartige Fehler sind mit der **Sachrüge** anzugreifen.

b) Unbestimmte Rechtsbegriffe

16 Insbesondere im Familienrecht erschöpfen sich die gesetzlichen Bestimmungen oftmals nicht in einer Regelung, die bei Vorliegen mehr oder weniger eindeutiger Voraussetzungen eine bestimmte Rechtsfolge anordnet. Häufig wird die Rechtsfolge vom Vorliegen nur pauschal beschriebener Tatbestandsmerkmale, eben unbestimmter Rechtsbegriffe wie Kindeswohl (§§ 1666 Abs. 1, 1671 Abs. 2 Nr. 2),[8] angemessener Unterhalt (§ 1360a BGB), Mittellosigkeit (§§ 1835 Abs. 4 Satz 1; 1908i Abs. 1 Satz 1 BGB),[9] grobe Unbilligkeit (zB § 1381 Abs. 1 BGB), unverhältnismäßiger Nachteil (§ 1748

---

1 BGH v. 18.6.1996 – VI ZR 325/95, NJW-RR 1996, 1210 (1211); ähnlich OLG Saarbrücken v. 18.7.1991 – 5 W 16/91, FamRZ 1992, 109 (111 f.).

2 Keidel/*Meyer-Holz*, § 27 FGG Rz. 50; *Bumiller*/Winkler, § 27 FGG Rz. 16; *Bassenge*/Roth, § 27 FGG Rz. 22.

3 BGH v. 8.12.1989 – V ZR 53/88, WM 1990, 423 (424); BayObLG v. 8.10.1987 – BReg. 3 Z 111/87, NJW-RR 1988, 454 (455); BayObLG v. 14.3.1988 – BReg. 1 Z 63/87, NJW-RR 1988, 968; BayObLG v. 7.4.1989 – BReg. 1a Z 9/88, NJW-RR 1989, 1092; BayObLG v. 6.11.1995 – 1 Z BR 56/95, FamRZ 1996, 566 (568); BayObLG v. 17.1.1996 – 1 Z 84/95, NJW-RR 1996, 1478.

4 Keidel/*Meyer-Holz*, § 27 FGG Rz. 30.

5 Keidel/*Meyer-Holz*, § 27 FGG Rz. 30.

6 Keidel/*Meyer-Holz*, § 27 FGG Rz. 22; *Bassenge*/Roth, § 27 FGG Rz. 20.

7 *Bumiller*/Winkler, § 27 FGG Rz. 13.

8 BayObLG v. 10.1.1975 – BReg. 1 Z 30/74, BayObLGZ 1975, 34 (38); OLG Schleswig v. 18.3.1988 – 3 W 23/88, NJW-RR 1988, 1225.

9 BayObLG v. 27.7.2001 – 3 Z BR 182/01, NJW-RR 2001, 1515 f.

Abs. 4 BGB)[1] oder wichtiger Grund (etwa §§ 626 Abs. 1, 1908b Abs. 1 Satz 1, 2227 Abs. 1 BGB)[2] abhängig gemacht. Naturgemäß kann eine Rechtsverletzung auch in der unrichtigen Anwendung solcher unbestimmten Rechtsbegriffe liegen. Dies kann in vollem Umfang durch das Rechtsbeschwerdegericht überprüft werden.[3] Dabei ist zu fragen, ob die Vorinstanz den unbestimmten Rechtsbegriff richtig erfasst[4] und die zu seiner Ausfüllung erforderlichen Wertungsmaßstäbe insbesondere des Grundgesetzes herangezogen hat.[5] An die von der Vorinstanz festgestellten Tatsachen ist das Rechtsbeschwerdegericht dabei gebunden, nicht aber an ihre Bewertung und Subsumtion unter den unbestimmten Rechtsbegriff.[6] In diesem Zusammenhang kann auch überprüft werden, ob die zur Ausfüllung des unbestimmten Rechtsbegriffs erforderliche Tatsachengrundlage richtig ermittelt wurde.

c) Überprüfung der Ermessensausübung

Das Gesetz kann auch auf der Rechtsfolgenseite von zwingenden Anordnungen abse- 17
hen. Es kann die Verhängung einer Rechtsfolge in das Ermessen des Gerichts stellen oder verschiedene Möglichkeiten eröffnen, etwa bei der Genehmigung von Rechtsgeschäften.[7] Hier hat das Rechtsbeschwerdegericht zunächst zu prüfen, ob die angewendete Norm tatsächlich eine Ermessensausübung ermöglicht. Allein daraus, dass das Gericht nach ihrem Wortlaut eine Entscheidung treffen „kann", folgt nicht zwingend ein Ermessen. Es kann auch zum Ausdruck gebracht werden, dass nur das Gericht (keine Verwaltungsbehörde oÄ) handeln kann, ohne dass hinsichtlich der Rechtsfolge ein Ermessensspielraum eröffnet werden soll.[8] Ebenso kann bei einer Mehrzahl von Entscheidungsmöglichkeiten nur zur Wahl gestellt sein, wie, aber nicht, ob das Gericht tätig wird. Dann ist das Ermessen auf die Auswahl einer Möglichkeit beschränkt. Sofern eine Norm bei richtiger Auslegung auf der Rechtsfolgenseite einen Spielraum lässt, ist die Ausübung dieses Ermessens vom Rechtsbeschwerdegericht nur begrenzt überprüfbar. Es kann nur kontrollieren, ob der Ermessensspielraum überhaupt erkannt[9] und nicht entgegen dem gesetzgeberischen Zweck genutzt wurde.[10] Ferner ist

---

1 OLG Stuttgart v. 14.12.2004 – 8 W 313/04, FamRZ 2005, 542 (545); OLG Karlsruhe v. 26.5.2000 – 11 Wx 48/00, FGPrax 2000, 194 (195).

2 BayObLG v. 10.4.1995 – 3 Z BR 88/95, FamRZ 1995, 1235 (1236); BayObLG v. 25.9.1997 – 3 Z BR 143/97, NJW-RR 1998, 470 (471); OLG Köln v. 27.10.2004 – 2 Wx 29/04, NJW-RR 2005, 94.

3 BayObLG v. 30.6.1981 – BReg. 1 Z 37/81, FamRZ 1981, 999 (1000); BayObLG v. 12.8.1982 – BReg. 2 Z 63/82, BayObLGZ 1982, 278 (283); Keidel/*Meyer-Holz*, § 27 FGG Rz. 27; *Bumiller*/Winkler, § 27 FGG Rz. 20; *Bassenge*/Roth, § 27 FGG Rz. 26.

4 Keidel/*Meyer-Holz*, § 27 FGG Rz. 27.

5 Keidel/*Meyer-Holz*, § 27 FGG Rz. 27.

6 BayObLG v. 30.6.1981 – BReg. 1 Z 37/81, FamRZ 1981, 999 (1000).

7 BayObLG v. 4.7.1989 – BReg. 1a Z 7/89, FamRZ 1990, 208 (209).

8 BayObLG v. 26.4.1963 – BReg. 1 Z 161/62, BayObLGZ 1963, 116 (118); Keidel/*Meyer-Holz*, § 27 FGG Rz. 23 u. 31; *Bassenge*/Roth, § 27 FGG Rz. 24.

9 BGH v. 23.5.1990 – XII ZB 117/89, NJW-RR 1990, 1157; OLG Zweibrücken v. 15.8.2000 – 3 W 76/00, NJWE-FER 2000, 315; OLG Zweibrücken v. 18.9.2003 – 3 W 151/03, NJW-RR 2004, 34 (35); BayObLG v. 29.9.1988 – BReg. 3 Z 99/88, NJW-RR 1989, 136 (137); OLG Köln v. 21.6.1999 – 2 Wx 17/99, DB 1999, 2153 (2154); Keidel/*Meyer-Holz*, § 27 FGG Rz. 23; *Bumiller*/Winkler, § 27 FGG Rz. 20; *Bassenge*/Roth, § 27 FGG Rz. 24.

10 BGH v. 23.5.1990 – XII ZB 117/89, NJW-RR 1990, 1157; BayObLG v. 26.4.1963 – BReg. 1 Z 161/62, BayObLGZ 1963, 116 (118); BayObLG v. 4.7.1989 – BReg. 1a Z 7/89, FamRZ 1990, 208 (209); BayObLG v. 22.4.1999 – 2 Z BR 9/99, NZM 1999, 852 (853); OLG Zweibrücken v. 15.8.2000 – 3 W 76/00, NJWE-FER 2000, 315; OLG Zweibrücken v. 18.9.2003 – 3 W 151/03, NJW-RR 2004, 34 (35); Keidel/*Meyer-Holz*, § 27 FGG Rz. 23; *Bumiller*/Winkler, § 27 FGG Rz. 20.

wiederum zu prüfen, ob die **Tatsachenfeststellungen** zur Ausübung des Ermessens ausreichen.[1] Sofern die Entscheidung der Vorinstanz insoweit nicht zu beanstanden ist, kann sie mit der Rechtsbeschwerde nicht erfolgreich angegriffen werden. Die Wahl zwischen einer Mehrzahl von Rechtsfolgen, die sämtlich im Rahmen der zulässigen Ermessensausübung liegen, unterliegt nicht der Kontrolle durch das Rechtsbeschwerdegericht.[2] Die Frage, welche der zulässigen Rechtsfolgen als die zweckmäßigere anzusehen ist, haben die Tatsacheninstanzen in eigener Verantwortung zu klären.[3] Sind der letzten Tatsacheninstanz bei der Ermessensausübung noch in der Rechtsbeschwerdeinstanz beachtliche Fehler unterlaufen, so kann diese ähnlich wie bei der Würdigung der festgestellten Tatsachen das gebotene Ermessen selbst ausüben.[4]

2. Verfahrensfehler

a) Im Rechtsbeschwerdeverfahren beachtliche Fehler

18 Neben der unrichtigen Anwendung des materiellen Rechts kann die Rechtsverletzung auch in einem Fehler des Verfahrens liegen. Dies betrifft etwa die **unrichtige Besetzung** des Spruchkörpers.[5] Auch die **Unterlassung einer gebotenen Beteiligung** ist ein Verfahrensfehler, der allerdings nur von dem zu Unrecht nicht Beteiligten gerügt werden kann.[6] Von besonderer Bedeutung ist die **verfahrensfehlerhafte Tatsachenfeststellung**, also der Fall, dass die Vorinstanz etwa entscheidungserhebliche Umstände nicht oder fehlerhaft ermittelt hat. Das Rechtsbeschwerdegericht ist an verfahrensfehlerhafte Tatsachenfeststellungen nicht gebunden. Denn dann liegt wiederum eine Verletzung des Rechts vor, die die dritte Instanz gerade korrigieren soll.[7] Derartige Fehler sind mit einer **Verfahrensrüge** anzugreifen. Allerdings ist nicht jeder von den Tatsacheninstanzen begangene Verfahrensfehler für die Nachprüfung im Rechtsbeschwerdeverfahren erheblich. Wie für die Beschwerdeinstanz nach § 65 Abs. 4 ist die fehlerhafte Annahme des erstinstanzlichen Gerichts, es sei für eine Sache zuständig, nach § 72 Abs. 2 auch für das Rechtsbeschwerdegericht von vorneherein unbeachtlich.[8] Sofern nicht die internationale Zuständigkeit betroffen ist, kann dieser Fehler somit nicht mehr gerügt werden, selbst wenn das erstinstanzliche Gericht eine ausschließliche oder vereinbarte Zuständigkeit nicht berücksichtigt (zur Reichweite des Rügeausschlusses s. § 65 Rz. 20 ff.). Viele Fehler, wie von der ersten Instanz unterlassene Ermittlungen oder die unterlassene Gewährung rechtlichen Gehörs, können durch Nachholung geheilt werden.[9] In eng umrissenen Grenzen kann eine **Heilung von Ver-**

1 BayObLG v. 26.4.1963 – BReg. 1 Z 161/62, BayObLGZ 1963, 116 (118); BayObLG v. 29.9.1988 – BReg. 3 Z 99/88, NJW-RR 1989, 136 (137); BayObLG v. 4.7.1989 – BReg. 1a Z 7/89, FamRZ 1990, 208 (209); OLG Zweibrücken v. 15.8.2000 – 3 W 76/00, NJWE-FER 2000, 315; OLG Zweibrücken v. 18.9.2003 – 3 W 151/03, NJW-RR 2004, 34 (35); OLG Frankfurt v. 3.8.2005 – 20 W 111/05, NJW-RR 2006, 44; Keidel/*Meyer-Holz*, § 27 FGG Rz. 23; *Bassenge*/Roth, § 27 FGG Rz. 24.

2 OLG Zweibrücken v. 15.8.2000 – 3 W 76/00, NJWE-FER 2000, 315.

3 BayObLG v. 29.9.1988 – BReg. 3 Z 99/88, NJW-RR 1989, 136 (137); Keidel/*Meyer-Holz*, § 27 FGG Rz. 23; *Bassenge*/Roth, § 27 FGG Rz. 24.

4 BayObLG v. 22.4.1999 – 2 Z BR 9/99, NZM 1999, 852 (853); OLG Frankfurt v. 3.8.2005 – 20 W 111/05, NJW-RR 2006, 44 (45); aA OLG Köln v. 21.6.1999 – 2 Wx 17/99, DB 1999, 2153 (2154).

5 BGH v. 13.7.1995 – V ZB 6/94, NJW 1995, 2791 (2792).

6 BayObLG v. 16.12.1998 – 1 Z BR 206/97, NJWE-FER 1999, 91 f.

7 *Bumiller*/Winkler, § 27 FGG Rz. 17.

8 BT-Drucks. 16/6308, S. 210.

9 BayObLG v. 2.4.1982 – BReg. 1 Z 1/82, FamRZ 1982, 958 (960); BayObLG v. 16.12.1994 – 3 Z BR 308/94, FamRZ 1995, 695; BayObLG v. 12.10.2004 – 1 Z BR 71/04, FamRZ 2005, 541; OLG Hamm v. 29.6.1995 – 15 W 52/95, FGPrax 1995, 237; Keidel/*Meyer-Holz*, § 27 FGG Rz. 18.

fahrensfehlern noch in der Rechtsbeschwerdeinstanz erfolgen. Das ist dann der Fall, wenn eine Verfahrenshandlung unterlassen wurde, die nur der Gewährung rechtlichen Gehörs dient, und ihre Nachholung in der Rechtsbeschwerdeinstanz nicht zu neuen Erkenntnissen oder Ermittlungsansätzen führt.[1] Ausgeschlossen ist eine Heilung in der Rechtsbeschwerdeinstanz, wenn weitere Ermittlungen erforderlich sind.[2] Unbeachtlich sind ferner Fehler, die in der zweiten Tatsacheninstanz nicht (rechtzeitig) gerügt werden. Sie sollen auch in der nachfolgenden Instanz nicht mehr berücksichtigt werden, wie § 72 Abs. 3 unter Verweis auf § 556 ZPO klarstellt.[3] Erst recht schließt die ausdrückliche Zustimmung eines Beteiligten zur Verwertung verfahrensfehlerhaft gewonnener Tatsachenfeststellungen die spätere Rüge dieses Mangels aus.

b) Beispiele verfahrensfehlerhafter Tatsachenfeststellungen

Einer der häufigsten Fehler bei der Tatsachenfeststellung ist der **Verstoß gegen die Verpflichtung zur Ermittlung** der entscheidungserheblichen Tatsachen von Amts wegen (§ 26).[4] Dies ist dann der Fall, wenn die Vorinstanz vorhandenen Ermittlungsansätzen[5] oder gar Beweisangeboten nicht nachgegangen ist[6] und dadurch ihre Pflicht zur Amtsermittlung aus § 26 verletzt hat. Ebenso ist es verfahrensfehlerhaft, wenn gebotene Hinweise zu ergänzendem Vortrag nicht erteilt wurden und die Tatsachenfeststellung deshalb unvollständig blieb. Gleiches gilt, wenn erkannten Umständen, die eine andere Tatsachenfeststellung nahe legen, nicht nachgegangen wurde.[7] Selbstverständlich müssen die ermittelten Tatsachen, sofern sie entscheidungserheblich sind, in der Entscheidung der Vorinstanz auch berücksichtigt worden sein.[8] Allerdings ist die bloße Aktenwidrigkeit einer Feststellung allein kein Revisions- bzw. Rechtsbeschwerdegrund.[9] 19

Aber auch die **Durchführung der Ermittlungen** kann fehlerhaft sein. Dies ist etwa dann anzunehmen, wenn die Tatsacheninstanz einen Beweis zu früh als geführt ansieht, ebenso bei einer fehlerhaften Anwendung oder Verkennung von Anscheinsbeweisen[10] oder gesetzlichen Auslegungsregeln[11] oder der Beweislast bzw. des richtigen Beweismaßes.[12] Ähnlich ist die unrichtige Behandlung eines Beteiligten als Zeugen[13] oder umgekehrt die Verkennung der Zeugeneigenschaft zu werten. Auch die unterlassene Anhörung stellt eine Verletzung des Amtsermittlungsgrundsatzes dar.[14] Das- 20

1 BGH v. 9.10.1997 – V ZB 3/97, ZMR 1998, 171 (172); BayObLG v. 27.4.2000 – 2 Z BR 187/99, ZMR 2000, 624 (626); BayObLG v. 15.1.2004 – 2 Z BR 225/03, ZMR 2004, 445; OLG Köln v. 21.11.2001 – 16 Wx 185/01, ZMR 2002, 972 (973).
2 OLG Köln v. 27.10.2004 – 2 Wx 29/04, NJW-RR 2005, 94 (95).
3 BT-Drucks. 16/6308, S. 210; vgl. schon zum alten Recht Keidel/*Meyer-Holz*, § 27 FGG Rz. 17.
4 BGH v. 20.9.1995 – XII ZB 87/94, NJW-RR 1996, 130; BayObLG v. 18.5.2004 – 1 Z BR 7/04, FGPrax 2004, 243; Keidel/*Meyer-Holz*, § 27 FGG Rz. 42.
5 BGH v. 20.9.1995 – XII ZB 87/94, NJW-RR 1996, 130; BGH v. 20.9.1995 – XII ZB 87/94, NJW-RR 1996, 130.
6 BGH v. 20.9.1995 – XII ZB 87/94, NJW-RR 1996, 130; Keidel/*Meyer-Holz*, § 27 FGG Rz. 44.
7 BGH v. 8.12.1989 – V ZR 53/88, WM 1990, 423 (424) zum Anlass einer Übersicherung; BayObLG v. 3.12.1998 – 1 Z BR 164/97, FamRZ 1999, 817 (818) zu Manipulationen an einem Testament.
8 *Bassenge*/Roth, § 27 FGG Rz. 23.
9 BGH v. 5.2.1981 – IVa ZR 42/80, VersR 1981, 621 (622).
10 *Bassenge*/Roth, § 27 FGG Rz. 23.
11 BayObLG v. 17.1.1996 – 1 Z 84/95, NJW-RR 1996, 1478.
12 BGH v. 26.10.1993 – VI ZR 155/92, NJW 1994, 801 (802).
13 BGH v. 26.4.1989 – I ZR 220/87, NJW 1990, 121 (122); BayObLG v. 5.7.1960 – BReg. 1 Z 79/59, BayObLGZ 1960, 267 (272); Keidel/*Meyer-Holz*, § 27 FGG Rz. 43.
14 OLG Oldenburg v. 3.11.1995 – 5 W 187/95, FGPrax 1996, 59.

selbe gilt bei einer Überspannung der Beweisanforderungen oder umgekehrt dann, wenn die angegriffene Entscheidung die Feststellungslast falsch verteilt und deshalb bestimmte Tatsachen als nicht erwiesen ansieht.[1] Hierin liegt eine Fehlanwendung von subjektiven Beweislastregeln,[2] also eine Verletzung des Rechts.

21 Ferner kann auch die **Art und Weise der Tatsachenfeststellung** fehlerhaft sein. So kann es an der Nachvollziehbarkeit fehlen, wie die Tatsacheninstanzen an ihre Erkenntnisse gelangt sind. Sofern die Ermittlungen nicht aktenkundig sind, muss das Beschwerdegericht in seiner Entscheidung nachvollziehbar darlegen, wie es zu seinen Feststellungen gelangt ist.[3] Ebenso ist, wie § 37 Abs. 2 jetzt ausdrücklich klarstellt, die Verwertung von Erkenntnisquellen unzulässig, die allen oder einzelnen Beteiligten entweder gar nicht bekannt oder nicht Gegenstand ihres Vorbringens waren, da damit der Anspruch auf rechtliches Gehör verletzt wird.[4] Wenn dem Beteiligten aber die Existenz derartiger Tatsachen bekannt gemacht wird, kann von ihm uU zu verlangen sein, sich selbst durch Akteneinsicht oder Erteilung einer Abschrift Kenntnis zu verschaffen.[5] Die Wahl der Beweismittel kann gleichfalls fehlerhaft sein. So bedarf es in Abstammungssachen grundsätzlich der Einholung eines medizinischen Gutachtens.[6]

22 Schließlich kann auch die **Beweiswürdigung** selbst verfahrensfehlerhaft sein, wenn sie widersprüchlich oder unklar ist,[7] gegen Denkgesetze verstößt[8] oder Erfahrungssätze allgemein gültigen Inhalts nicht hinreichend berücksichtigt.[9] Dasselbe kann gelten, wenn Sachverständigengutachten trotz erkennbarer oder gerügter Mängel ohne eigene Plausibilitätsprüfung kritiklos übernommen werden.[10] Umgekehrt ist die Würdigung komplexer Vorgänge ohne sachverständige Hilfe ein Fehler, wenn das Gericht seine Sachkunde nicht nachvollziehbar darlegt.[11] Erst recht ist das nicht näher begründete Abweichen von einer sachverständigen Beurteilung ein Mangel der Beweiswürdigung.

---

1 Keidel/*Meyer-Holz*, § 27 FGG Rz. 42.

2 *Bumiller*/Winkler, § 27 FGG Rz. 17; *Bassenge*/Roth, § 27 FGG Rz. 23.

3 BGH v. 20.9.1995 – XII ZB 87/94, NJW-RR 1996, 130; BGH v. 17.5.2000 – VIII ZR 216/99, NJW 2000, 3007; BGH v. 20.6.2002 – IX ZB 56/01, NJW 2002, 2648 (2649); BGH v. 7.4.2005 – IX ZB 63/03, NJW-RR 2005, 916. BayObLG v. 16.12.1994 – 3 Z BR 308/94, FamRZ 1995, 695; BayObLG v. 3.12.1998 – 1 Z BR 164/97, FamRZ 1999, 817; BayObLG v. 16.12.1998 – 1 Z BR 206/97, NJWE-FER 1999, 91; Keidel/*Meyer-Holz*, § 27 FGG Rz. 44.

4 BGH v. 26.4.1989 – I ZR 220/87, NJW 1990, 121 (122); BayObLG v. 30.6.1981 – BReg. 1 Z 37/81, FamRZ 1981, 999 (1001); BayObLG v. 16.12.1994 – 3 Z BR 308/94, FamRZ 1995, 695; BayObLG v. 17.1.1996 – 1 Z 84/95, NJW-RR 1996, 1478; OLG Köln v. 27.10.2004 – 2 Wx 29/04, NJW-RR 2005, 94 (95).

5 BayObLG v. 30.6.1981 – BReg. 1 Z 37/81, FamRZ 1981, 999 (1002): ähnlich BayObLG v. 16.12.1994 – 3 Z BR 308/94, FamRZ 1995, 695.

6 BayObLG v. 21.4.1999 – 1 Z BR 124/98, NJWE-FER 2000, 17 (18).

7 Keidel/*Meyer-Holz*, § 27 FGG Rz. 44.

8 BGH v. 8.12.1989 – V ZR 53/88, WM 1990, 423 (424); BayObLG v. 8.10.1987 – BReg. 3 Z 111/87, NJW-RR 1988, 454 (455); BayObLG v. 14.3.1988 – BReg. 1 Z 63/87, NJW-RR 1988, 968; BayObLG v. 7.4.1989 – BReg. 1a Z 9/88, NJW-RR 1989, 1092; BayObLG v. 6.11.1995 – 1 Z BR 56/95, FamRZ 1996, 566 (568); BayObLG v. 17.1.1996 – 1 Z 84/95, NJW-RR 1996, 1478; *Bassenge*/Roth, § 27 FGG Rz. 23.

9 BayObLG v. 6.11.1995 – 1 Z BR 56/95, FamRZ 1996, 566 (568); BayObLG v. 17.1.1996 – 1 Z 84/95, NJW-RR 1996, 1478; *Bumiller*/Winkler, § 27 FGG Rz. 17.

10 BayObLG v. 3.12.1998 – 1 Z BR 164/97, FamRZ 1999, 817 (818); Keidel/*Meyer-Holz*, § 27 FGG Rz. 43.

11 BayObLG v. 16.12.1994 – 3 Z BR 308/94, FamRZ 1995, 695; Keidel/*Meyer-Holz*, § 27 FGG Rz. 43.

Fehlerhaft ist in echten Streitverfahren letztlich, unabhängig vom materiellen Recht, ein Abweichen von den gestellten Anträgen. Hierunter fällt auch die Zurückweisung eines nicht gestellten Antrags.[1] 23

III. Beruhen der Entscheidung auf der Rechtsverletzung

1. Verletzung materiellen Rechts

Die Rechtsbeschwerde kann nach § 72 Abs. 1 Satz 1 nur erfolgreich sein, wenn die Entscheidung auf der Rechtsverletzung beruht. Bei Fehlern in der Anwendung materiellen Rechts bedeutet dies, dass der Fehler für das Ergebnis der angegriffenen Entscheidung, ursächlich sein muss.[2] Hierbei ist maßgeblich, ob der Ausspruch im Tenor anders ausgefallen wäre.[3] Ist die Entscheidung trotz des Fehlers aus anderen Gründen richtig, so muss die Rechtsbeschwerde zurückgewiesen werden (§ 74 Abs. 2). 24

2. Verletzung von Verfahrensrecht

a) Möglichkeit des Beruhens auf der Rechtsverletzung

Bei Verfahrensfehlern sind geringere Anforderungen an den Einfluss des Mangels auf das Ergebnis der angegriffenen Entscheidung zu stellen. Hier muss der Rechtsbeschwerdeführer nicht nachweisen, dass die Verletzung von Verfahrensrecht für den Ausspruch im Beschluss der Vorinstanz ursächlich war. Vielmehr genügt die **Möglichkeit**, dass die Vorinstanz bei verfahrensfehlerfreiem Vorgehen zu einem anderen Ergebnis gelangt wäre.[4] Dies soll beim Verstoß gegen die **Amtsermittlungspflicht** stets anzunehmen sein,[5] nicht aber bei der Verletzung des Anspruchs auf **rechtliches Gehör**.[6] Eine verfahrensfehlerhaft zu Stande gekommene Entscheidung kann also nur dann aufrechterhalten werden, wenn feststeht, dass der Mangel ohne Einfluss auf sie blieb. 25

b) Absolute Rechtsbeschwerdegründe

Eine weitere Erleichterung für den Nachweis, dass die angegriffene Entscheidung auf einem Verfahrensmangel beruht, sieht § 72 Abs. 3 unter Verweis auf die entsprechende Regelung im Revisionsrecht (§ 547 ZPO) vor. So sollen bestimmte, als besonders schwer angesehene Gründe stets als ursächlich für die angegriffene Entscheidung angesehen werden.[7] Hierbei handelt es sich um die nicht vorschriftsmäßige Besetzung des Gerichts (§ 547 Nr. 1 ZPO), die Mitwirkung eines kraft Gesetzes oder begründeter Ablehnung ausgeschlossenen Richters an der Entscheidung (§ 547 Nr. 2, 3 ZPO), die unzureichende Vertretung eines Beteiligten (§ 547 Nr. 4 ZPO), die Verletzung der Vor- 26

---

1 Vgl. BGH v. 29.11.1990 – I ZR 45/89, NJW 1991, 1683 (1684).
2 BayObLG v. 2.4.1982 – BReg. 1 Z 1/82, FamRZ 1982, 958 (960); Keidel/*Meyer-Holz*, § 27 FGG Rz. 17.
3 Keidel/*Meyer-Holz*, § 27 FGG Rz. 19; *Bumiller*/Winkler, § 27 FGG Rz. 12.
4 BGH v. 26.4.1989 – I ZR 220/87, NJW 1990, 121 (122); BGH v. 30.10.2002 – XII ZR 345/00, NJW 2003, 585; BayObLG v. 5.7.1960 – BReg. 1 Z 79/59, BayObLGZ 1960, 267 (272); OLG Hamburg v. 12.2.1982 – 2 W 4/82, Rpfleger 1982, 293; OLG Köln v. 27.10.2004 – 2 Wx 29/04, NJW-RR 2005, 94 (95); Keidel/*Meyer-Holz*, § 27 FGG Rz. 17.
5 BayObLG v. 21.4.1999 – 1 Z BR 124/98, NJWE-FER 2000, 17; aA OLG Oldenburg v. 3.11.1995 – 5 W 187/95, FGPrax 1996, 59.
6 BayObLG v. 30.6.1981 – BReg. 1 Z 37/81, FamRZ 1981, 999 (1001 f.); vgl. § 71 Rz. 25.
7 BT-Drucks. 16/6308, S. 210; Keidel/*Meyer-Holz*, § 27 FGG Rz. 20 u. 32 ff.; *Bumiller*/Winkler, § 27 FGG Rz. 23.

schriften über die Öffentlichkeit des Verfahrens bei mündlicher Verhandlung (§ 547 Nr. 5 ZPO) und das Fehlen einer Begründung der Entscheidung (§ 547 Nr. 6 ZPO). Für die Öffentlichkeit ist die Sonderregelung in § 170 GVG zu berücksichtigen. Im Übrigen wird insoweit, da sich bei der Anwendung im Verfahren nach dem FamFG keine Besonderheiten ergeben, auf die Kommentierungen zu § 547 ZPO verwiesen.

§ 73
Anschlussrechtsbeschwerde

Ein Beteiligter kann sich bis zum Ablauf einer Frist von einem Monat nach der Bekanntgabe der Begründungsschrift der Rechtsbeschwerde durch Einreichen einer Anschlussschrift beim Rechtsbeschwerdegericht anschließen, auch wenn er auf die Rechtsbeschwerde verzichtet hat, die Rechtsbeschwerdefrist verstrichen oder die Rechtsbeschwerde nicht zugelassen worden ist. Die Anschlussrechtsbeschwerde ist in der Anschlussschrift zu begründen und zu unterschreiben. Die Anschließung verliert ihre Wirkung, wenn die Rechtsbeschwerde zurückgenommen, als unzulässig verworfen oder nach § 74a Abs. 1 zurückgewiesen wird.

A. Entstehungsgeschichte und Normzweck

1 Ein Anschlussrechtsmittel wird unter Bezugnahme auf § 66 auch für das Rechtsbeschwerdeverfahren zugelassen, wobei die Formulierung von § 73 an § 574 Abs. 4 ZPO angelehnt ist.[1] Damit soll insbesondere demjenigen, der mangels Zulassung keine ei-

1 Zur bewussten Anlehnung an beide Vorschriften s. BT-Drucks. 16/6308, S. 210.

genständige Rechtsbeschwerde einlegen kann, bei einer gegen ihn gerichteten Rechtsbeschwerde auch die Überprüfung zu seinen Gunsten eröffnet werden.[1] Diese Möglichkeit ist freilich akzessorisch zum Hauptrechtsmittel und fällt weg, sobald dieses nicht mehr anhängig ist.

B. Inhalt der Vorschrift

I. Anwendbarkeit

1. Keine selbständige Rechtsbeschwerde

Anders als die Anschlussbeschwerde wird die Anschlussrechtsbeschwerde außerhalb 2 der kraft Gesetzes statthaften Rechtsbeschwerde regelmäßig das einzige Rechtsmittel bleiben, das dem Rechtsbeschwerdegegner bleibt. Denn eine selbständige Rechtsbeschwerde scheitert dann an der **fehlenden Zulassung.**[2] Ist dies nicht der Fall, so ist ein selbständiges Rechtsmittel ebenso vorzugswürdig wie in zweiter Instanz, da auch die Anschlussrechtsbeschwerde vom Hauptrechtsmittel abhängig ist. Die Anschließung setzt ein wirksames Hauptrechtsmittel voraus; ist die Rechtsbeschwerde bereits zurückgenommen, so ist die Anschlussrechtsbeschwerde unabhängig von der Kenntnis des Rechtsbeschwerdegegners hiervon unzulässig.[3] Die Anschließung ist auch an eine nur beschränkt zugelassene Rechtsbeschwerde unbegrenzt möglich.[4] In **Amtsverfahren** besteht auch im Rechtsbeschwerdeverfahren kein Bedarf nach einem Anschlussrechtsmittel, da dort das Verbot der reformatio in peius nicht gilt und das Rechtsbeschwerdegericht ohnehin eine Entscheidung zulasten des Rechtsbeschwerdeführers treffen kann (vgl. § 66 Rz. 2).

2. Voraussetzungen der Anschlussrechtsbeschwerde

a) Verfahrensgegenstand und Beschwerdeberechtigung

Wie die Anschlussbeschwerde muss sich auch die Anschlussrechtsbeschwerde im 3 Rahmen des bisherigen Verfahrensgegenstandes halten (vgl. § 66 Rz. 3),[5] zumal neuer Tatsachenvortrag oder neue Anträge im revisionsartigen Rechtsbeschwerdeverfahren von vorneherein unzulässig sind. Ein in erster Instanz unangefochten zulasten des Rechtsbeschwerdegegners entschiedener Verfahrensgegenstand kann somit nicht mit der Anschlussrechtsbeschwerde wieder in das Verfahren eingeführt werden.[6] Die Anschlussrechtsbeschwerde muss aber auch bei beschränkter Zulassung des Rechtsmittels nicht den Streitstoff betreffen, auf den jenes sich bezieht.[7] Aus denselben Gründen wie die Anschlussbeschwerde setzt auch die Anschlussrechtsbeschwerde eine **Beschwerdeberechtigung** nach §§ 59, 60 voraus. Der Anschlussrechtsbeschwerdeführer muss also durch die Entscheidung in seinen Rechten beeinträchtigt sein (hierzu

1 BGH v. 14.11.1981 – IVb ZB 593/80, NJW 1982, 224 (226).
2 Zur Zulässigkeit des Anschlussrechtsmittels in diesem Fall vgl. BGH v. 23.2.2005 – II ZR 147/03, MDR 2005, 823.
3 BGH v. 23.6.1955 – II ZR 18/55, BGHZ 17, 398 (399 f.).
4 MüKo.ZPO/*Wenzel*, § 554 ZPO Rz. 6; Zöller/*Heßler*, § 554 ZPO Rz. 3a.
5 BGH v. 16.3.1983 – IVb ZB 807/80, NJW 1983, 1858; Baumbach/*Hartmann*, § 554 ZPO Rz. 5.
6 BGH v. 16.3.1983 – IVb ZB 807/80, NJW 1983, 1858; Baumbach/*Hartmann*, § 554 ZPO Rz. 5; MüKo.ZPO/*Wenzel*, § 554 ZPO Rz. 5.
7 BGH v. 14.6.2006 – VIII ZR 261/04, NJW-RR 2006, 1542 (1543); BGH v. 18.4.2007 – VIII ZR 117/06, NJW-RR 2007, 1286 (1289).

s. § 59 Rz. 2 f.),[1] wobei es allerdings **keines Mindestbeschwerdewerts** bedarf. Er kann also auch die **Kostenentscheidung** isoliert angreifen.[2] Hingegen genügt es nicht, wenn er sich auf die Zurückweisung der Rechtsbeschwerde beschränkt, da er insoweit nicht beschwert ist.[3] Deshalb ist ein solcher Antrag auch nie als Anschließung zu werten.[4]

b) Verfahrensgegner

4 Nach allgemeinen Grundsätzen kann ein Anschlussrechtsmittel **nur gegen den Rechtsmittelführer**, nicht aber gegen Dritte gerichtet werden.[5] Deswegen darf das Ziel der Anschlussrechtsbeschwerde nicht lediglich darauf gerichtet sein, dasselbe Ziel wie die Hauptrechtsbeschwerde zu erreichen.[6] Dies ist in Verfahren nach dem FamFG besonders zu beachten, da hier häufig **mehr als nur zwei Beteiligte mit entgegengesetzten Interessen** am Verfahren beteiligt sind. Hält etwa ein Miterbe den Erbschein nicht deswegen für unrichtig, weil die Erbquote des Rechtsbeschwerdeführers, sondern eines anderen Beteiligten falsch ermittelt wurde, kann er keine Anschlussrechtsbeschwerde einlegen. Denn diese würde sich gegen einen anderen als den Rechtsbeschwerdeführer richten.

3. Überwundene Zulässigkeitsmängel der Rechtsbeschwerde

5 Wie die Anschlussbeschwerde überwindet die Anschlussrechtsbeschwerde einen **Verzicht** auf dieses Rechtsmittel und die Versäumung der **Monatsfrist** nach § 71 Abs. 1 (vgl. § 66 Rz. 5, 6). Allerdings hat der Rechtsbeschwerdegegner die Frist des § 73 Satz 1 zu beachten, die keine Entsprechung im Beschwerdeverfahren kennt. Die größte Bedeutung dürfte der Anschlussrechtsbeschwerde jedoch dadurch zukommen, dass sie die ansonsten ohne gesetzliche Anordnung oder beschwerdegerichtliche **Zulassung** unstatthafte Rechtsbeschwerde auch dem Rechtsbeschwerdegegner ermöglicht.[7] Anders als in der Beschwerdeinstanz ist das Fehlen eines **Mindestbeschwerdewerts** ohne Bedeutung, da ein solcher im Rechtsbeschwerdeverfahren ohnehin nicht erreicht werden muss (§ 70 Rz. 6).

II. Form, Zeitpunkt und Inhalt der Anschließungsschrift

1. Rechtsbeschwerdeanschlussschrift

a) Formale Anforderungen

6 Die Anschließung an die Rechtsbeschwerde erfolgt nach § 73 Satz 1 durch eine **Anschlussschrift**. Diese muss die Voraussetzungen einer Rechtsbeschwerdeschrift erfüllen. Sie muss demnach gem. § 71 Abs. 1 den angefochtenen Beschluss bezeichnen und

---

1 BGH v. 24.6.2003 – KZR 32/02, NJW 2003, 2525; allgemein s. BGH v. 29.6.2004 – X ZB 11/04, NJW-RR 2004, 1365; Baumbach/*Hartmann*, § 554 ZPO Rz. 5; MüKo.ZPO/*Wenzel*, § 554 ZPO Rz. 5; Musielak/*Ball*, § 554 ZPO Rz. 5.

2 BGH v. 21.2.1992 – V ZR 273/90, NJW 1992, 1897 (1898); MüKo.ZPO/*Wenzel*, § 554 ZPO Rz. 5.

3 Vgl. zur Anschlussberufung BGH v. 2.10.1987 – V ZR 42/86, NJW-RR 1988, 185.

4 BGH v. 3.11.1989 – V ZR 143/87, BGHZ 109, 179 (187).

5 S. etwa OLG Hamburg v. 14.7.2008 – 2 Wx 31/02, ZMR 2008, 899 (902); Musielak/*Ball*, § 524 ZPO Rz. 7; Zöller/*Heßler*, § 524 ZPO Rz. 18.

6 BGH v. 14.11.1981 – IVb ZB 593/80, NJW 1982, 224 (226), dort allerdings zu Unrecht mit fehlendem Rechtsschutzbedürfnis begründet.

7 MüKo.ZPO/*Wenzel*, § 554 ZPO Rz. 1; Zöller/*Heßler*, § 554 ZPO Rz. 3a.

die Erklärung enthalten, dass hiergegen Anschlussrechtsbeschwerde eingelegt wird. Insoweit kann auf die Ausführungen zu § 71 Abs. 1 Bezug genommen werden (s. § 71 Rz. 10 ff.). Der Beifügung einer **Ausfertigung oder beglaubigten Abschrift** der angefochtenen Entscheidung bedarf es allerdings nicht, da diese schon vom Rechtsbeschwerdeführer vorgelegt wurde.[1]

b) Einlegung beim Rechtsbeschwerdegericht

Wie bei der Anschlussbeschwerde hat der Rechtsbeschwerdegegner keine Wahl, bei welchem Gericht er sein Anschlussrechtsmittel einlegt. Dies muss nach § 73 Satz 1 beim Rechtsbeschwerdegericht erfolgen. Im Hinblick auf die fehlende Abhilfemöglichkeit des Beschwerdegerichts und die Notwendigkeit der Mandatierung eines beim BGH zugelassenen Anwalts dient dies der Verfahrensbeschleunigung, ohne die Interessen der Beteiligten zu beeinträchtigen. 7

c) Unterzeichnung durch den Bevollmächtigten

Nach § 73 Satz 2 ist die Anschlussschrift zu unterzeichnen. Da es nach § 10 Abs. 4 der Vertretung durch einen am BGH zugelassenen Rechtsanwalt bedarf, genügt die Einreichung einer vom Anschlussrechtsbeschwerdeführer selbst unterzeichneten Anschlussschrift, anders als im Beschwerdeverfahren, nicht. Sie muss von seinem Bevollmächtigten unterschrieben sein. Da ohnehin Anwaltszwang herrscht, bedarf es, anders als im Beschwerdeverfahren, der Möglichkeit einer Einlegung durch **Erklärung zur Niederschrift der Geschäftsstelle** für die Rechtsbeschwerde nicht. Diese sieht § 73 daher ebenso wenig vor wie § 71 Abs. 1 Satz 1. 8

2. Zeitpunkt der Anschließung

a) Frühester Zeitpunkt

Wie die Anschlussbeschwerde kann auch die Anschlussrechtsbeschwerde frühestens mit **Einlegung der Hauptrechtsbeschwerde** erfolgen. Der früheren Einlegung dürfte anders als dort kaum praktische Relevanz zukommen, da es der Einschaltung eines am BGH zugelassenen Anwalts bedarf und die Kosten hierfür kaum auf Verdacht aufgewendet werden. Sollte dieser Fall ausnahmsweise doch einmal vorkommen, gilt wie bei der Anschlussbeschwerde, dass das Rechtsmittel wiederholt werden kann (vgl. § 66 Rz. 11). 9

b) Monatsfrist

aa) Rechtsnatur der Einlegungsfrist

Anders als die Anschlussbeschwerde, die nicht an die Fristen des § 63 gebunden ist, kann die Anschlussrechtsbeschwerde nicht bis zum Erlass der Rechtsbeschwerdeentscheidung eingelegt werden. Denn hier sieht § 73 Satz 1 eine eigene Frist von einem Monat vor. Hierbei handelt es sich wie bei den Fristen des § 63 um **Notfristen**. Die Monatsfrist des § 73 Satz 1 kann somit wie jene weder durch Verfügung des Gerichts noch durch Vereinbarung der Beteiligten verkürzt oder verlängert werden.[2] 10

1 Baumbach/*Hartmann*, § 554 ZPO Rz. 8; MüKo.ZPO/*Wenzel*, § 554 ZPO Rz. 10.
2 Baumbach/*Hartmann*, § 554 ZPO Rz. 6; MüKo.ZPO/*Wenzel*, § 554 ZPO Rz. 11; Musielak/*Ball*, § 554 ZPO Rz. 7.

bb) Fristbeginn

11 Die Frist des § 73 Satz 1 beginnt mit der **Bekanntgabe der Begründungsschrift** für die Rechtsbeschwerde zu laufen.[1] Der Rechtsbeschwerdegegner muss also nicht schon mit Einlegung der Rechtsbeschwerde tätig werden, sondern kann deren Begründung abwarten. Allerdings dürfte sich das im Hinblick auf die kurze Begründungsfrist nicht empfehlen. Mit dem Fristbeginn der „Bekanntgabe" knüpft § 73 Satz 1 an § 63 Abs. 3 Satz 1 an. Es bedarf also keiner förmlichen Zustellung; die Frist beginnt bereits ab dem Zeitpunkt zu laufen, da der Rechtsbeschwerdegegner die Beschwerdeentscheidung auf Veranlassung des Beschwerdegerichts in schriftlicher Form übermittelt erhält. Die Frist wird gem. § 16 Abs. 2 FamFG iVm. § 222 Abs. 1 ZPO nach den Vorschriften des BGB, also §§ 186 ff. BGB, berechnet (s. § 63 Rz. 14). Sofern der Rechtsbeschwerdeführer seine Begründung innerhalb der Frist des § 71 Abs. 2 ergänzt, verlängert sich auch die Frist zur Anschließung entsprechend.[2]

3. Inhalt der Anschließungsschrift

a) Bezeichnung der angegriffenen Entscheidung und des Gegners

12 An die Anschließungsschrift sind grundsätzlich dieselben inhaltlichen Anforderungen zu stellen wie an die Rechtsbeschwerdeschrift (vgl. § 66 Rz. 8). Sie muss die angefochtene Entscheidung bezeichnen und die Erklärung enthalten, dass gegen die Entscheidung der Vorinstanz Anschlussrechtsbeschwerde eingelegt wird. Dies muss zwar nicht wörtlich geschehen, es muss aber erkennbar sein, dass die Abänderung der Beschwerdeentscheidung begehrt wird.[3] Ferner muss der Anschlussrechtsmittelführer erkennbar sein.

b) Beschränkungen und Bedingungen der Rechtsbeschwerde

13 Die Anschlussrechtsbeschwerde kann wie die Rechtsbeschwerde beschränkt werden. Bedingungen sind ebenfalls wie bei der Rechtsbeschwerde grundsätzlich nicht zulässig, wobei innerprozessuale Bedingungen und Rechtsbedingungen ausgenommen sind. Daher ist auch eine **Hilfsanschlussrechtsbeschwerde** unter der innerprozessualen Bedingung zulässig, dass die Rechtsbeschwerde Erfolg hat.[4]

III. Begründung und weiteres Verfahren

1. Frist

14 Gegenüber der Anschlussbeschwerde hat der Gesetzgeber für die Anschlussrechtsbeschwerde strengere Anforderungen aufgestellt. Sie muss nach § 73 Satz 2 binnen eines Monats **bereits in der Anschlussschrift begründet** werden. Anders als der Rechtsbeschwerdeführer kann der Rechtsbeschwerdegegner angesichts des Gesetzeswortlauts auch keine Fristverlängerung erhalten. Denn die Begründung muss in der Anschluss-

1 Vgl. zur Anschlussrevision BGH v. 7.7.2004 – IV ZR 140/03, NJW 2004, 2981.

2 BGH v. 7.7.2004 – IV ZR 140/03, NJW 2004, 2981.

3 BGH v. 3.11.1989 – V ZR 143/87, BGHZ 109, 179 (187).

4 BGH v. 21.2.1992 – V ZR 273/90, NJW 1992, 1897 (1898); BGH v. 31.5.1995 – VIII ZR 267/94, NJW 1995, 2563 (2564) (jeweils zur Anschlussrevision); Baumbach/*Hartmann*, § 554 ZPO Rz. 5; MüKo.ZPO/*Wenzel*, § 554 ZPO Rz. 4 u. 10; Musielak/*Ball*, § 554 ZPO Rz. 8; vgl. BGH v. 10.11.1983 – VII ZR 72/83, NJW 1984, 1240 (1241) (zur Anschlussberufung).

schrift erfolgen. Da es sich bei der Monatsfrist des § 73 Satz 1 für ihre Einreichung um eine Notfrist handelt, kann folglich auch die Frist für die Begründung der Anschlussrechtsbeschwerde nicht verlängert werden.[1] Es besteht somit dieselbe unbefriedigende Ungleichbehandlung von Rechtsmittelführer und Anschlussberechtigtem wie bei der Revision.[2] Der Rechtsbeschwerdegegner sollte, um nicht in Zeitnot zu geraten, die Möglichkeit einer Anschlussrechtsbeschwerde schon nach Eingang der Rechtsbeschwerdeschrift, nicht erst nach Übermittlung ihrer Begründung prüfen.

2. Form

§ 73 Satz 2 gibt nicht nur den zeitlichen Rahmen für die Einlegung der Anschlussrechtsbeschwerde, sondern auch für die Form ihrer Begründung vor. Diese muss noch „**in der Anschlussschrift**" enthalten sein. Es ist also nicht ausreichend, Anschlussschrift und Begründung gleichermaßen innerhalb der Monatsfrist, aber getrennt einzureichen.[3] Sofern die Begründung nicht nochmals den Anforderungen an die Form der Rechtsbeschwerde (§ 71 Abs. 1) genügt und daher als **Neuvornahme** anzusehen ist,[4] wäre sie dann nicht in der gebotenen Form, nämlich nach § 73 Satz 2 „in der Anschlussschrift" erfolgt. 15

3. Inhalt

a) Anträge

§ 73 Satz 2 schreibt nur vor, dass die Anschlussrechtsbeschwerde „zu begründen und zu unterschreiben" ist, fordert aber nicht ausdrücklich auch **Anschlussrechtsbeschwerdeanträge**. Gleichwohl wird man davon ausgehen müssen, dass das Erfordernis einer Begründung auf § 71 Abs. 3 verweist, wonach die Begründung auch die Anträge enthalten muss.[5] Davon gehen auch die Gesetzesmaterialien aus, die zu § 74 Abs. 1 Satz 1 ausführen, „dass die Rechtsbeschwerde- und Anschließungsanträge die Begründetheitsprüfung begrenzen".[6] Die Anträge sind im Falle der Anschlussrechtsbeschwerde eher noch wichtiger als bei der Rechtsbeschwerde selbst, da der Rechtsbeschwerdegegner ja zum Teil erfolgreich war und eher Unklarheiten zu befürchten sind, ob er die Hauptsacheentscheidung oder die Kostenentscheidung angreifen will und in welchem Umfang dies geschehen soll. Für die Anforderungen an die Anträge kann auf die Ausführungen zur Rechtsbeschwerde verwiesen werden: Sie müssen Auskunft darüber geben, ob die angegriffene Entscheidung zulasten des Rechtsbeschwerdegegners ganz oder nur teilweise, uU nur hinsichtlich der Kosten angefochten werden soll. Ausformulierte Anträge sind auch hier nicht zwingend. Allerdings wird es angesichts der komplizierteren Ausgangslage – Haupt- und Kostenentscheidung können ganz oder teilweise angefochten sein – schwieriger, das Rechtsschutzziel ohne Anträge eindeutig 16

---

1 Baumbach/*Hartmann*, § 554 ZPO Rz. 7.

2 Hierzu s. Zöller/*Heßler*, § 554 Rz. 6.

3 MüKo.ZPO/*Wenzel*, § 554 ZPO Rz. 12; Zöller/*Heßler*, § 554 ZPO Rz. 6; aA MüKo.ZPO/*Lipp*, § 554 ZPO Rz. 20, der aber zugesteht, dass dies dem Wortlaut widerspricht; ähnlich Musielak/*Ball*, § 554 ZPO Rz. 9.

4 Musielak/*Ball*, § 554 ZPO Rz. 9; vgl. zur Einwilligung bei der Sprungrevision BGH v. 31.1.1955 – III ZR 77/54, BGHZ 16, 192 (195). UU wird auch hier der zu strenge Wortlaut dahingehend „berichtigt", dass die Nachreichung innerhalb der Frist als genügend angesehen wird.

5 So für die Anschlussrevision auch Baumbach/*Hartmann*, § 554 ZPO Rz. 7 iVm. § 551 ZPO Rz. 8.

6 BT-Drucks. 16/6308, S. 210.

zu erkennen. Fehlen die Anträge und können sie der Anschlussrechtsbeschwerdebegründung auch im Wege der Auslegung nicht eindeutig entnommen werden, ist das Anschlussrechtsmittel unzulässig.

b) Gründe

aa) Umfassende Begründung

17 Auch der Anschlussrechtsbeschwerdeführer muss sein Rechtsmittel nach § 73 Satz 2 begründen. Die Anforderungen an die Begründung ergeben sich aus § 71 Abs. 3 Nr. 2. Soweit er dies nicht tut, ist seine Anschlussrechtsbeschwerde unzulässig. Zu den Anforderungen an die Begründung der Anschlussrechtsbeschwerde kann auf die Ausführungen zur Rechtsbeschwerde verwiesen werden. Danach muss auch das Anschlussrechtsmittel umfassend begründet werden. Bei einer Mehrzahl selbständiger Gründe für die Entscheidung zulasten des Rechtsbeschwerdegegners muss der Anschlussrechtsbeschwerdeführer also alle angreifen und bei Anspruchshäufung die Unrichtigkeit der angegriffenen Entscheidung hinsichtlich sämtlicher Teilgegenstände darlegen (vgl. § 71 Rz. 23).

bb) Sach- und Verfahrensrügen

18 Wie die Rechtsbeschwerde muss die Anschlussrechtsbeschwerde darlegen, ob sie die angegriffene Entscheidung aus verfahrensrechtlichen oder aus materiellrechtlichen Gründen beanstandet. Für Sachrügen bedarf es näherer Darlegungen, weshalb der festgestellte Lebenssachverhalt anders unter die dort herangezogenen Normen zu subsumieren ist als von der angegriffenen Entscheidung, wobei im Ergebnis wie bei der Rechtsbeschwerde eher geringe Anforderungen zu stellen sind. Im Rahmen von Verfahrensrügen muss der Anschlussrechtsbeschwerdeführer die Tatsachen bezeichnen, aus denen sich der Fehler ergeben soll, und dessen Einfluss auf die angegriffene Entscheidung darlegen. Auch insoweit gilt das zur Rechtsbeschwerde Ausgeführte entsprechend. Die Verfahrensrüge muss selbst dann erhoben werden, wenn dies schon der Rechtsbeschwerdeführer getan hat und die angefochtene Entscheidung insgesamt auf diesem Mangel beruht.[1]

IV. Anschließung an eine Anschlussrechtsbeschwerde

19 Eine Anschließung des Rechtsmittelführers an das Anschlussrechtsmittel wird für die Revision von der hM für unzulässig gehalten.[2] Dass der Gesetzgeber in Kenntnis dieser Praxis eine Gegenanschließung in ausdrücklicher Anlehnung an § 554 ZPO nicht zugelassen hat, spricht dafür, auch im Verfahren nach dem FamFG von ihrer Unzulässigkeit auszugehen. Denn hierdurch würde die Entlastung des Rechtsbeschwerdegerichts, die mit der Begrenzung der Rechtsbeschwerde auf Fälle allgemeiner Bedeutung bezweckt ist, unterlaufen.

1 BGH v. 26.10.1993 – VI ZR 155/92, MDR 1994, 303 f., MüKo.ZPO/*Wenzel*, § 554 ZPO Rz. 12; Zöller/*Heßler*, § 554 ZPO Rz. 7.

2 BGH v. 27.10.1983 – VII ZR 41/83, BGHZ 88, 360 (362); Baumbach/*Hartmann*, § 554 ZPO Rz. 5; Zöller/*Heßler*, § 554 ZPO Rz. 8; Musielak/*Ball*, § 554 ZPO Rz. 8; aA MüKo.ZPO/*Wenzel*, § 554 Rz. 9.

V. Erledigung der Hauptrechtsbeschwerde

Wie die Anschlussbeschwerde ist die Anschlussrechtsbeschwerde von der Existenz eines zulässigen Hauptrechtsmittels abhängig. Deshalb kann über das Anschlussrechtsmittel selbst bei unheilbarer Unzulässigkeit **nie vorab entschieden** werden, da es mit der Erledigung der Rechtsbeschwerde unwirksam wird.[1] Nach deren Rücknahme, Verwerfung oder Zurückweisung nach § 74a verliert auch die Anschlussrechtsbeschwerde nach § 73 Satz 3 ihre Wirkung. Der Rechtsbeschwerdeführer trägt dann die **Kosten** auch der Anschlussrechtsbeschwerde.[2] Die Anschlussrechtsbeschwerde erhöht in diesem Fall den Gegenstandswert nicht.[3] Hingegen trägt der Anschlussrechtsbeschwerdeführer die Kosten des Rechtsstreits nach dem Verhältnis seines Unterliegens, wenn sein Anschlussrechtsmittel von vorneherein unzulässig[4] oder sachlich erfolglos war.[5] Wie bei der Anschlussbeschwerde stellen die gesetzlich normierten Tatbestände der Rücknahme oder Verwerfung keine abschließende Aufzählung dar; es genügt wie bei der Anschlussbeschwerde jeder Vorgang, der ihre Anhängigkeit beendet.[6] Auch die beiderseitige Erledigungserklärung des Hauptrechtsmittels,[7] die Antragsrücknahme oder der Vergleich[8] schließen eine sachliche Bescheidung der Rechtsbeschwerde aus, so dass die Anschlussrechtsbeschwerde entweder in direkter oder in entsprechender Anwendung von § 73 Satz 3 gleichfalls ihre Wirkung verliert. 20

§ 74
Entscheidung über die Rechtsbeschwerde

(1) Das Rechtsbeschwerdegericht hat zu prüfen, ob die Rechtsbeschwerde an sich statthaft ist und ob sie in der gesetzlichen Form und Frist eingelegt und begründet ist. Mangelt es an einem dieser Erfordernisse, ist die Rechtsbeschwerde als unzulässig zu verwerfen.

(2) Ergibt die Begründung des angefochtenen Beschlusses zwar eine Rechtsverletzung, stellt sich die Entscheidung aber aus anderen Gründen als richtig dar, ist die Rechtsbeschwerde zurückzuweisen.

(3) Der Prüfung des Rechtsbeschwerdegerichts unterliegen nur die von den Beteiligten gestellten Anträge. Das Rechtsbeschwerdegericht ist an die geltend gemachten Rechtsbeschwerdegründe nicht gebunden. Auf Verfahrensmängel, die nicht von Amts wegen

---

1 BGH v. 10.5.1994 – XI ZB 2/94, NJW 1994, 2235 (2236).

2 BGH v. 17.12.1951 – GSZ 2/51, BGHZ 4, 229 (235 ff.); BGH v. 9.11.1976 – III ZR 168/75, BGHZ 67, 305 (309 f.); BGH v. 11.3.1981 – GSZ 1/80, BGHZ 80, 146 (150); Baumbach/*Hartmann*, § 554 ZPO Rz. 9; MüKo.ZPO/*Wenzel*, § 554 ZPO Rz. 17; Zöller/*Heßler*, § 554 ZPO Rz. 9.

3 BGH v. 9.11.1976 – III ZR 168/75, BGHZ 67, 305 (311 f.).

4 BGH v. 17.12.1951 – GSZ 2/51, BGHZ 4, 229 (241); BGH v. 23.6.1955 – II ZR 18/55, BGHZ 17, 398 (400); BGH v. 9.11.1976 – III ZR 168/75, BGHZ 67, 305 (307); BGH v. 11.3.1981 – GSZ 1/80, BGHZ 80, 146 (149).

5 BGH v. 17.12.1951 – GSZ 2/51, BGHZ 4, 229 (241); BGH v. 11.3.1981 – GSZ 1/80, BGHZ 80, 146 (149).

6 Baumbach/*Hartmann*, § 554 ZPO Rz. 5.

7 Anders BGH v. 22.5.1984 – III ZB 9/84, NJW 1986, 852; MüKo.ZPO/*Wenzel*, § 554 ZPO Rz. 15, aber inkonsequent, da auch durch die beiderseitige Erledigungserklärung die Anhängigkeit des Hauptrechtsmittels beendet wird.

8 MüKo.ZPO/*Wenzel*, § 554 ZPO Rz. 15.

zu berücksichtigen sind, darf die angefochtene Entscheidung nur geprüft werden, wenn die Mängel nach § 71 Abs. 3 und § 73 Satz 2 gerügt worden sind. Die §§ 559, 564 der Zivilprozessordnung gelten entsprechend.

(4) Auf das weitere Verfahren sind, soweit sich nicht Abweichungen aus den Vorschriften dieses Unterabschnitts ergeben, die im ersten Rechtszug geltenden Vorschriften entsprechend anzuwenden.

(5) Soweit die Rechtsbeschwerde begründet ist, ist der angefochtene Beschluss aufzuheben.

(6) Das Rechtsbeschwerdegericht entscheidet in der Sache selbst, wenn diese zur Endentscheidung reif ist. Andernfalls verweist es die Sache unter Aufhebung des angefochtenen Beschlusses und des Verfahrens zur anderweitigen Behandlung und Entscheidung an das Beschwerdegericht oder, wenn dies aus besonderen Gründen geboten erscheint, an das Gericht des ersten Rechtszugs zurück. Die Zurückverweisung kann an einen anderen Spruchkörper des Gerichts erfolgen, das die angefochtene Entscheidung erlassen hat. Das Gericht, an das die Sache zurückverwiesen ist, hat die rechtliche Beurteilung, die der Aufhebung zugrunde liegt, auch seiner Entscheidung zugrunde zu legen.

(7) Von einer Begründung der Entscheidung kann abgesehen werden, wenn sie nicht geeignet wäre, zur Klärung von Rechtsfragen grundsätzlicher Bedeutung, zur Fortbildung des Rechts oder zur Sicherung einer einheitlichen Rechtsprechung beizutragen.

A. Entstehungsgeschichte und Normzweck

§ 74 regelt die **Entscheidung** über die Rechtsbeschwerde und über die amtliche Überschrift hinaus auch das **Verfahren bis dorthin**, wenn auch nur rudimentär. Abs. 1 betrifft die Prüfung der **Zulässigkeit** und Abs. 3 den **Prüfungsumfang** durch das Rechtsbeschwerdegericht. Die abweichend von der Vorbildnorm (§ 577 Abs. 3 ZPO) systematisch falsch, da vor dem Prüfungsumfang eingeordnete Vorschrift des Abs. 2 sowie Abs. 5 bis 7 regeln den **Maßstab der Prüfung** und den Umfang der Begründung. Abs. 4 ordnet die subsidiäre Geltung der Bestimmungen zum erstinstanzlichen Verfahren an. 1

§ 74 ist eng an § 577 ZPO angelehnt. So entspricht Abs. 1, der wie § 68 Abs. 2[1] im Beschwerdeverfahren die Prüfung der Zulässigkeit zum Gegenstand hat, weitgehend § 577 Abs. 1 ZPO. Abs. 2, der in der Sache über die Verweisung auf 561 ZPO bereits im alten Recht (§ 27 Abs. 1 Satz 2 FGG aF) enthalten war, ist fast wörtlich mit § 577 Abs. 3 identisch. Danach führen Fehler des angegriffenen Beschlusses nicht zum Erfolg der Rechtsbeschwerde, wenn sich die Entscheidung **aus anderen Gründen als richtig** erweist. Abs. 3 umreißt den Umfang der Prüfung durch das Rechtsbeschwerdegericht und entspricht weitgehend § 577 Abs. 2 ZPO, enthält aber einen zusätzlichen Verweis auf § 564 ZPO. Die in Abs. 4 angeordnete **subsidiäre Geltung der Vorschriften zum erstinstanzlichen Verfahren** entspricht § 68 Abs. 3 Satz 1, ist aber für das Rechtsbeschwerdeverfahren weit restriktiver zu handhaben. Abs. 5 bestimmt, dass der angefochtene Beschluss bei begründeter Rechtsbeschwerde aufzuheben ist, und ist eine gewissermaßen aus § 577 Abs. 4, 5 ZPO abstrahierte Regelung.[2] Abs. 6 regelt die Entscheidung des Rechtsbeschwerdegerichts über begründete Rechtsbeschwerden; der erste Satz von Abs. 6 entspricht § 577 Abs. 5 Satz 1 ZPO, Abs. 6 Satz 2 bis 4 mit einigen Modifikationen § 577 Abs. 4. Die Erleichterung für das Rechtsbeschwerdegericht in Abs. 7, wonach es bei fehlendem Interesse der Entscheidung für die Allgemeinheit von einer Begründung absehen kann, ist an § 577 Abs. 6 Satz 3 ZPO angelehnt. 2

B. Inhalt der Vorschrift

I. Prüfung der Zulässigkeitsvoraussetzungen (Absatz 1)

1. Zuständigkeit

Die Entscheidung über die Rechtsbeschwerde kommt nach § 133 GVG dem **BGH** zu. 3
Wenn § 74 Abs. 1 Satz 1 die Prüfung durch „das Rechtsbeschwerdegericht" vorschreibt, ist diese dem ganzen Spruchkörper überantwortet. Eine Übertragung auf den Einzelrichter scheidet mangels Eröffnung dieser Möglichkeit in den §§ 70 ff. aus, so

1 Zur bewussten Anlehnung an § 68 Abs. 2 s. BT-Drucks. 16/6308, S. 210.
2 Zur Anlehnung an § 577 ZPO s. BT-Drucks. 16/6308, S. 211, wo allerdings unzutreffend auf Abs. 1, erster Halbs. Bezug genommen wird.

dass der gesamte Senat auch einfache Sachen – etwa verfristete Rechtsbeschwerden – zu entscheiden hat.[1]

2. Prüfung durch das Rechtsbeschwerdegericht

4 Wie § 68 Abs. 2 bestimmt auch § 74 Abs. 1 im Gegensatz zur zivilprozessualen Vorbildnorm (§ 577 Abs. 1 Satz 1 ZPO) nicht, dass die **Zulässigkeit der Rechtsbeschwerde** von Amts wegen zu prüfen ist. Da die Tatsachen, die die Zulässigkeit des Rechtsmittels begründen, auch in der dritten Instanz noch der gerichtlichen Ermittlungspflicht unterliegen, gilt insoweit aber auch im Rechtsbeschwerdeverfahren über § 74 Abs. 4 der Amtsermittlungsgrundsatz des § 26. Das Fehlen der Zulässigkeitsvoraussetzungen ist daher auch dann zu berücksichtigen, wenn sich der Rechtsbeschwerdegegner nicht darauf beruft.[2] Die Zulässigkeitsvoraussetzungen müssen bis zur Entscheidung über die Rechtsbeschwerde vorliegen, wobei das zu dieser Zeit geltende Recht maßgeblich ist.

3. Voraussetzungen der Zulässigkeit

5 Nach § 74 Abs. 1 Satz 1 hat das Rechtsbeschwerdegericht zunächst die **Statthaftigkeit** der Rechtsbeschwerde zu prüfen. Das setzt voraus, dass die Rechtsbeschwerde entweder kraft Gesetzes statthaft (vgl. § 70 Abs. 3) ist oder auf Grund einer im Gesetz vorgesehenen Möglichkeit von der Vorinstanz zugelassen wurde (vgl. § 70 Abs. 2). An die Zulassung einer kraft Gesetzes unstatthaften Rechtsbeschwerde ist das Rechtsbeschwerdegericht ebenso wenig gebunden (s. § 70 Rz. 15) wie an die Zulassung durch das Gericht erster Instanz (s. § 70 Rz. 7) und an die Zulassung in der Entscheidung über eine unzulässige Beschwerde (s. § 70 Rz. 15). § 74 Abs. 1 fordert ferner eine Prüfung der **form- und fristgerechten Einlegung** (hierzu s. § 71 Rz. 4 ff.) und der **Begründung** der Rechtsbeschwerde (hierzu s. § 71 Rz. 23 ff.). Auch ohne ausdrückliche Anordnung in § 74 Abs. 1 hat das Rechtsbeschwerdegericht wie schon das Beschwerdegericht (s. § 68 Rz. 18) darüber hinaus die weiteren Zulässigkeitsvoraussetzungen zu prüfen, also insbesondere die **Beschwer** des Rechtsbeschwerdeführers, seine **Verfahrensfähigkeit** und das Vorliegen eines **Rechtsschutzbedürfnisses**.[3] Abweichend vom Beschwerderechtszug müssen ferner nach § 10 Abs. 4 alle Verfahrenshandlungen von einem beim BGH **postulationsfähigen Rechtsanwalt** vorgenommen sein, sofern der Rechtsmittelführer keine Behörde oder juristische Person des öffentlichen Rechts ist. Fehlt es an einer dieser Voraussetzungen, so ist die Rechtsbeschwerde nach § 74 Abs. 1 Satz 2 ohne sachliche Prüfung als unzulässig zu verwerfen.[4]

II. Weiteres Verfahren

1. Prüfungsumfang

a) Bindung an die Anträge, Abs. 3 Satz 1

6 Die Anträge in Rechtsbeschwerde und Anschlussrechtsbeschwerde bestimmen den Verfahrensgegenstand (s. § 71 Rz. 22 und § 73 Rz. 16).[5] Daher hat das Rechtsbeschwer-

1 Vgl. Baumbach/*Hartmann*, § 577 ZPO Rz. 3.
2 BayObLG v. 13.12.2004 – 1 Z BR 94/03, BayObLGZ 2004, 37 (40).
3 BayObLG v. 7.11.1989 – BReg. 1a Z 57/89, FamRZ 1990, 551.
4 BT-Drucks. 16/6308, S. 210.
5 BT-Drucks. 16/6308, S. 210 f.

degericht die angegriffene Entscheidung auch nur in diesem Umfang nachzuprüfen. Es darf dem Rechtsbeschwerdeführer nach dem Rechtsgedanken von § 308 Abs. 1 ZPO weder mehr noch etwas anderes zusprechen als von ihm beantragt.[1] Das Verbot der Verschlechterung gilt zugunsten des Rechtsmittelführers im gleichen Umfang wie im Beschwerdeverfahren (vgl. § 65 Rz. 18).[2]

b) Materielle Rechtsprüfung ohne Bindung an das Vorbringen der Beteiligten

Innerhalb dieses Rahmens ist das Rechtsbeschwerdegericht bei der Prüfung, ob die angegriffene Entscheidung materiellem Recht widerspricht, allerdings nicht an das Vorbringen der Beteiligten gebunden.[3] Es hat die materielle Richtigkeit des angefochtenen Beschlusses von sich aus zu prüfen, ohne an die Rechtsbeschwerdebegründung oder die Erwiderung hierauf beschränkt zu sein.[4] Nach § 74 Abs. 3 Satz 4 FamFG iVm. § 559 ZPO ist das Rechtsbeschwerdegericht an **verfahrensfehlerfreie Tatsachenfeststellungen** der Vorinstanz gebunden (vgl. auch § 72 Rz. 2 ff.),[5] so dass allein diese der Prüfung zugrunde liegen. Fehlt eine hinreichende Darstellung des Sachverhalts, so muss das Rechtsbeschwerdegericht, dem eigene Tatsachenfeststellungen grundsätzlich nicht möglich sind, die Sache zurückverweisen.[6] 7

c) Einschränkung der Überprüfung bei Verfahrensmängeln

Hingegen ist die Möglichkeit der Überprüfung bei Verfahrensmängeln eingeschränkt. Diese prüft das Gericht nur ausnahmsweise ohne **Rüge**, wenn sie von Amts wegen zu beachten sind. Das ist etwa dann der Fall, wenn die Vorinstanz die Zulässigkeitsvoraussetzungen einer Beschwerde (s. § 68 Rz. 15) oder die Zuständigkeit der deutschen Gerichte[7] zu Unrecht angenommen hat. Im Übrigen sind Verfahrensmängel nach § 74 Abs. 3 Satz 3 iVm. §§ 71 Abs. 3, 73 Satz 2 nur zu prüfen, wenn sie in der Begründung der Rechtsbeschwerde bzw. der Anschließung gerügt wurden.[8] 8

---

1 BGH v. 29.11.1990 – I ZR 45/89, NJW 1991, 1683 (1684).

2 BGH v. 6.5.2004 – IX ZB 349/02, NJW-RR 2004, 1422; Baumbach/*Hartmann*, § 577 ZPO Rz. 4; MüKo.ZPO/*Lipp*, § 577 ZPO Rz. 8.

3 BT-Drucks. 16/6308, S. 211.

4 BayObLG v. 16.12.1994 – 3 Z BR 308/94, FamRZ 1995, 695; BayObLG v. 3.12.1998 – 1 Z BR 164/97, FamRZ 1999, 817; BayObLG v. 16.12.1998 – 1 Z BR 206/97, NJWE-FER 1999, 91; Baumbach/*Hartmann*, § 577 ZPO Rz. 4; MüKo.ZPO/*Lipp*, § 577 ZPO Rz. 9.

5 BGH v. 17.10.2001 – XII ZB 161/97, NJW 2002, 220; BGH v. 20.6.2002 – IX ZB 56/01, NJW 2002, 2648 (2649); BGH v. 7.4.2005 – IX ZB 63/03, NJW-RR 2005, 916; KG v. 18.8.1983 – 1 W XX B 4044/82, OLGZ 1983, 428 (430 f.); OLG Karlsruhe v. 26.5.2000 – 11 Wx 48/00, FGPrax 2000, 194 (196); zur Anknüpfung an das frühere Recht s. BT-Drucks. 16/6308, S. 211.

6 BGH v. 20.9.1995 – XII ZB 87/94, NJW-RR 1996, 130; BGH v. 17.5.2000 – VIII ZR 216/99, NJW 2000, 3007; BGH v. 20.6.2002 – IX ZB 56/01, NJW 2002, 2648 (2649); BGH v. 7.4.2005 – IX ZB 63/03, NJW-RR 2005, 916; Baumbach/*Hartmann*, § 577 ZPO Rz. 3.

7 S. Musielak/*Ball*, § 557 ZPO Rz. 14.

8 BT-Drucks. 16/6308, S. 211; vgl. BGH v. 8.12.1989 – V ZR 53/88, WM 1990, 423 (424); BGH v. 17.5.2000 – VIII ZR 216/99, NJW 2000, 3007; MüKo.ZPO/*Lipp*, § 577 ZPO Rz. 10; Musielak/*Ball*, § 577 ZPO Rz. 4.

2. Verfahren bis zur Entscheidung

a) Erwiderung des Rechtsbeschwerdegegners

aa) Bedeutung

9 Im Gegensatz zu den Tatsacheninstanzen ist Vorbringen des Rechtsbeschwerdegegners und der weiteren Beteiligten von geringerer Bedeutung, da die Tatsachenfeststellungen der Vorinstanz bindend sind und lediglich die Richtigkeit der Rechtsanwendung überprüft wird. In den §§ 70 ff. schlägt sich dies dadurch nieder, dass seine Beteiligung im Rechtsbeschwerdeverfahren mit Ausnahme der Vorschriften zur Zustellung von Rechtsbeschwerdeschrift und -begründung schlechterdings (§ 71 Abs. 4) nicht geregelt ist, sofern er nicht Anschlussrechtsbeschwerde einlegt (§ 73). Selbstverständlich muss ihm aber schon zur Gewährung rechtlichen Gehörs die Möglichkeit zur Erwiderung gegeben werden.

bb) Keine Erwiderungsfristen

10 Die §§ 70 ff. sehen für den Rechtsbeschwerdegegner, sofern er keine Anschlussrechtsbeschwerde einlegt, **keine Fristen** vor. Dies entspricht der Natur des Rechtsbeschwerdeverfahrens als reiner Rechtskontrolle. Denn zur rechtlichen Beurteilung der Sache kann sich der Rechtsbeschwerdegegner bis zum Erlass einer Entscheidung äußern, da das Gericht rechtliche Aspekte ohnehin stets zu beachten hat. Auch **Gegenrügen** kann er, wie für die parallelen Vorschriften der ZPO-Rechtsbeschwerde anerkannt ist,[1] ohne Frist erheben.

b) Termin zur mündlichen Verhandlung

11 Das Rechtsbeschwerdegericht kann nach § 74 Abs. 4 iVm. § 32 einen Termin zur Erörterung der Sache mit den Beteiligten anberaumen. In der Praxis des BGH zur ZPO-Rechtsbeschwerde, wo dieselbe Möglichkeit besteht,[2] geschieht dies so gut wie nie. Dies wird voraussichtlich auch in Verfahren nach dem FamFG so sein, da es in der dritten Instanz nur noch um Rechtsfragen geht. Die der mündlichen Verhandlung in Verfahren nach dem FamFG zugedachte Funktion, der Aufklärung des Sachverhalts und der Gewährung rechtlichen Gehörs zu dienen, kann sie vor dem Rechtsbeschwerdegericht idR ohnehin nicht erfüllen, weshalb ein Absehen hiervon im Rahmen des gesetzlichen Ermessens liegt und darüber hinaus der Verfahrensbeschleunigung dient.

c) Anwendbarkeit der Vorschriften des ersten Rechtszuges, Absatz 4

aa) Unzulänglichkeit bei spezifisch das Rechtsmittelverfahren betreffenden Fragen

12 In Anlehnung an § 555 Abs. 1 Satz 1 ZPO[3] ordnet § 74 Abs. 4 subsidiär die Anwendbarkeit der Vorschriften zum Verfahren im ersten Rechtszug an. Dies erscheint schon deshalb unglücklich, da spezifisch das Rechtsmittelverfahren betreffende Verfahrensfragen so nicht oder weniger sachnah geregelt sind, als dies bei einem Verweis auf die §§ 58 ff. der Fall wäre. So finden sich zur Berechtigung Minderjähriger, Rechtsbeschwerde einzulegen, in den Vorschriften zum erstinstanzlichen Verfahren naturgemäß keine Regelungen, sondern nur in den Vorschriften zur Beschwerde (§ 60). Gleiches gilt für die Statthaftigkeit der Rechtsbeschwerde nach Erledigung in der Haupt-

1 MüKo.ZPO/*Lipp*, § 577 ZPO Rz. 10.
2 MüKo.ZPO/*Lipp*, § 577 ZPO Rz. 3.
3 Hierzu BT-Drucks. 16/6308, S. 211.

sache (vgl. § 62) und insbesondere für den Verzicht auf das Rechtsmittel (vgl. § 67). In all diesen Fällen bleibt nunmehr nur die Annahme einer unbewussten **Regelungslücke**, die durch Analogie zu schließen ist. Noch schwieriger wird die Beurteilung der Rechtslage, wenn die **Vorschriften zum Verfahren erster Instanz oder die allgemeinen Vorschriften** der §§ 1 bis 22a zwar eine Regelung enthalten, diese aber weniger sachnah ist. Dies ist etwa bei der Rücknahme der Rechtsbeschwerde der Fall, wo sich in der Konsequenz sowohl die entsprechende Anwendung von § 22 als auch eine Analogie zu § 67 Abs. 4 vertreten lassen. Auf die gleich gelagerte Problematik einstweiliger Anordnungen durch das Rechtsbeschwerdegericht wurde bereits in anderem Zusammenhang hingewiesen (s. § 71 Rz. 28 f.). Diese Probleme hätten unschwer durch einen Verweis auf die §§ 58 ff. vermieden werden können, zumal dann, wenn sich auch dort keine Regelung findet, über § 68 Abs. 3 Satz 1 ohnehin auf die Vorschriften zum erstinstanzlichen Verfahren hätte zurückgegriffen werden können.

bb) Eingeschränkte Anwendbarkeit der Vorschriften zum ersten Rechtszug

Darüber hinaus sind die §§ 23 ff. auf Grund der spezifischen Aufgabe der Rechtsbeschwerde als reine Rechtskontrolle in nur weit eingeschränkterem Maße anwendbar als dies im Beschwerdeverfahren der Fall ist. Sämtliche Vorschriften, die die **Tatsachenfeststellung** betreffen, also **§ 23 Abs. 1 Satz 2** (der Begründung dienende Tatsachen und Benennung von Beweismitteln), **§ 26** (Amtsermittlung), **§ 27** (Mitwirkung der Beteiligten bei der Tatsachenfeststellung) sowie **§§ 29 bis 31** (Beweiserhebung und Glaubhaftmachung) sind im Rechtsbeschwerdeverfahren von vorneherein weitgehend unanwendbar. Eine Ausnahme gilt nur in den wenigen Fällen wie der Überprüfung von Zulässigkeitsvoraussetzungen und Verfahrensmängeln, in denen das Rechtsbeschwerdegericht Tatsachenfeststellungen treffen darf (vgl. § 72 Rz. 4). Entsprechendes gilt für **§ 37** (Grundlage der Entscheidung), soweit Tatsachenfeststellungen betroffen sind. 13

Ansonsten besteht für die §§ 23 bis 27 oftmals kein Anwendungsbereich, da insoweit spezielle Regelungen für das Rechtsbeschwerdeverfahren existieren. Das gilt für den verfahrensleitenden Antrag und seine Unterzeichnung nach **§ 23 Abs. 1 Satz 1 und 4** bzw. seine Übermittlung nach **§ 23 Abs. 2** (s. § 71 Abs. 1 Satz 2, Abs. 3 und 4). Lediglich die Vorlage von Urkunden nach **§ 23 Abs. 1 Satz 3** kann für das Rechtsbeschwerdeverfahren von Bedeutung sein, soweit sie von diesem ausgelegt werden können (vgl. § 72 Rz. 12 f.). **§ 24** hat im Rechtsbeschwerdeverfahren keinen Anwendungsbereich, da die Einleitung des Rechtsbeschwerdeverfahrens alleine von der Einlegung des Rechtsmittels abhängt. Ohne Bedeutung für das Verfahren vor dem BGH ist auch **§ 25**, da alle Verfahrenshandlungen von dort postulationsfähigen Anwälten vorgenommen werden müssen, weshalb eigene Anträge und Erklärungen der Beteiligten keine Rolle spielen. Auch **§ 28** verliert im Rechtsbeschwerdeverfahren den größten Teil seines Anwendungsbereichs, soweit nämlich das Hinwirken darauf betroffen ist, „dass die Beteiligten sich rechtzeitig über alle erheblichen Tatsachen erklären und ungenügende tatsächliche Angaben ergänzen". Bedeutung hat diese Vorschrift nur bei rechtlichen Gesichtspunkten, die das Rechtsbeschwerdegericht anders beurteilt als die Beteiligten. Auch § 28 Abs. 4 spielt in der dritten Instanz keine Rolle, da dort keine persönlichen Anhörungen durchgeführt werden und Termine zur mündlichen Verhandlung die große Ausnahme sind. In diesem Fall ist allerdings auch von diesem Gericht ein Vermerk zu fertigen. Zur Durchführung eines Termins nach **§ 32** gilt das soeben Gesagte. In diesem Fall sind die Vorschriften zu den Ladungsfristen und der Erörterung im Wege der Bild- und Tonübertragung (Abs. 2 und 3) anwendbar. Die Anordnung des persönli- 14 chen Erscheinens eines Beteiligten nach **§ 33** kommt im Rechtsbeschwerdeverfahren nicht in Betracht, da eine Sachaufklärung, der diese Anordnung dienlich sein soll, dort nicht mehr durchgeführt werden kann. Eine persönliche Anhörung zur Gewährung rechtlichen Gehörs nach **§ 34** ist allenfalls in den Ausnahmefällen in Erwägung zu ziehen, in denen Verfahrensfehler noch im Rechtsbeschwerdeverfahren geheilt werden können. Auch Zwangsmittel nach **§ 35** können typischerweise nur in den Tatsacheninstanzen verhängt werden, da der BGH nur über die Rechtmäßigkeit einer Entscheidung befindet, nicht aber die Vornahme oder Unterlassung von Handlungen im Verfahren durchsetzt. Die Vorschriften zum Vergleich einschließlich des Verweises auf § 278 Abs. 6 ZPO (**§ 36**) finden auch im Rechtsbeschwerdeverfahren Anwendung, sofern ein Termin zur mündlichen Verhandlung durchgeführt wird, auch diejenigen zur Protokollierung.

III. Entscheidung über zulässige Rechtsbeschwerden

1. Entscheidung über unbegründete Rechtsbeschwerden

15 Ist die Rechtsbeschwerde zulässig, aber in der Sache nicht begründet, so ist sie zurückzuweisen. Wie § 74 Abs. 2 klarstellt, ist dies wie in der Beschwerdeinstanz auch dann der Fall, wenn das Rechtsmittelgericht **aus anderen Gründen zum selben Ergebnis** kommt wie die Vorinstanz. Im Gegensatz zu den Tatsacheninstanzen kann es sich im Rechtsbeschwerdeverfahren aber nur um Rechtsgründe handeln. Dabei ist es zulässig, eine vom Beschwerdegericht fälschlich in der Sache beschiedene Beschwerde als unzulässig zu verwerfen.[1] Auch der BGH hat dem Rechtsbeschwerdeführer nach §§ 74 Abs. 4, 28 Abs. 1 Satz 2 rechtliches Gehör zu dieser neuen Begründung zu gewähren, sofern die Beteiligten sie erkennbar noch nicht in Erwägung gezogen haben.

2. Entscheidung über begründete Rechtsbeschwerden

a) Aufhebung und eigene Entscheidung des Rechtsbeschwerdegerichts

16 Erweist sich die Rechtsbeschwerde als begründet, ist die angegriffene Entscheidung, wie § 74 Abs. 5 klarstellt, stets aufzuheben.[2] Anders als das Beschwerdegericht kann das Rechtsbeschwerdegericht aber nicht immer eine eigene Entscheidung treffen. Dies ist nur dann der Fall, wenn die Sache trotz der fehlerhaften Behandlung durch die Vorinstanz nach § 74 Abs. 6 Satz 1 „zur Endentscheidung reif ist".[3] Dies ist nur bei materiellrechtlichen Fehlern möglich.[4] Dann kann die unzutreffende rechtliche Würdigung durch die richtige ersetzt werden, wenn es keiner weiteren tatsächlichen Aufklärung mehr bedarf. Sofern das Beschwerdegericht die erstinstanzliche Entscheidung fehlerhaft aufgehoben und die Sache zurückverwiesen hat, kommt ausnahmsweise auch eine bloße Aufhebung ohne eigene Sachentscheidung in Betracht.

b) Aufhebung und Zurückverweisung

17 Macht die neue materiellrechtliche Würdigung dagegen **weitere Tatsachenfeststellungen** nötig, so hat das Rechtsbeschwerdegericht die Entscheidung der Vorinstanz auf-

1 Baumbach/*Hartmann*, § 577 ZPO Rz. 3.
2 Vgl. MüKo.ZPO/*Lipp*, § 577 ZPO Rz. 16.
3 Hierzu BT-Drucks. 16/6308, S. 211.
4 MüKo.ZPO/*Lipp*, § 577 ZPO Rz. 17.

zuheben und die Sache zurückzuverweisen, da es die Ermittlungen als reine Rechtskontrollinstanz nicht durchführen kann. Dasselbe gilt, wenn das Verfahren der Vorinstanz unter einem **Verfahrensfehler** leidet. Eines schweren Fehlers bedarf es, anders als in der Beschwerdeinstanz, nicht.[1] Denn es besteht unabhängig von der Schwere des Fehlers immer die Möglichkeit, dass sich bei korrekter Verfahrensgestaltung eine andere tatsächliche Entscheidungsgrundlage ergibt. Auch eines Antrags eines Beteiligten bedarf es, wie sich bereits aus dem Wortlaut des § 74 Abs. 6 Satz 2 ergibt, im Gegensatz zu § 69 Abs. 1 Satz 3 nicht. Das Rechtsbeschwerdegericht muss auch ohne Antrag zurückverweisen, da es die erforderlichen weiteren Ermittlungen nicht selbst anstellen kann. Aus diesem Grunde hat es, anders als das Beschwerdegericht, auch kein Ermessen, ob es zurückverweist oder selbst entscheidet.

c) Gericht der Zurückverweisung

aa) Zuvor befasster Spruchkörper des Beschwerdegerichts

Die Zurückverweisung erfolgt gem. § 74 Abs. 6 Satz 2 ohne Vorliegen besonderer Umstände an das **Gericht der Vorinstanz**, und zwar an **denselben Spruchkörper**, der die Vorentscheidung getroffen hat. Dies geht daraus hervor, dass die Zurückverweisung an das Gericht des ersten Rechtszuges nach § 74 Abs. 6 Satz 2 „besondere Gründe" voraussetzt und auch die Zurückverweisung an einen anderen Spruchkörper des Beschwerdegerichts in § 74 Abs. 6 Satz 3 einer Ermessensausübung bedarf. Das entspricht auch dem ausdrücklich bekundeten Willen des Gesetzgebers, wonach „die Zurückverweisung regelmäßig an das Beschwerdegericht zu erfolgen hat".[2] Die Zurückverweisung an den Spruchkörper des Beschwerdegerichts, der die aufgehobene Entscheidung getroffen hat, ist also die Regel. 18

bb) Zurückverweisung an einen anderen Spruchkörper

Das Rechtsbeschwerdegericht kann die Sache nach § 74 Abs. 6 Satz 3 auch an einen anderen Spruchkörper des Gerichts zurückverweisen, das die angefochtene Entscheidung erlassen hat. Dieses ist idR das Beschwerdegericht. Der Wortlaut lässt es aber in Fällen der Sprungrechtsbeschwerde auch zu, die Sache an einen anderen Richter am AG zurückzuverweisen (vgl. § 75 Rz. 13). Die Zurückverweisung an einen anderen Spruchkörper setzt, wie sich bereits aus dem Wortlaut ergibt („kann an einen anderen Spruchkörper ... erfolgen"), eine **Ermessensausübung** voraus. Die Materialien lassen erkennen, dass hierbei gewichtige Gründe dafür sprechen müssen, nicht mehr den früheren Spruchkörper mit der neuen Entscheidung zu befassen. Denn dort wird die Zurückverweisung an einen anderen Spruchkörper dann für sachgerecht gehalten, „wenn sich aus der Entscheidung der Eindruck ergibt, das Beschwerdegericht sei in der Beurteilung des Verfahrens bereits so festgefahren, dass die Gefahr einer Voreingenommenheit bestehen kann."[3] Gerade in Fällen, in denen der Spruchkörper die Rechtsbeschwerde zugelassen und sich somit gerade nicht als unbelehrbar gezeigt hat, wird dies von vorneherein eine seltene Ausnahme sein. In jedem Fall ist aber zu berücksichtigen, dass die Zurückverweisung der Sache an einen anderen Spruchkörper für die Beteiligten erhebliche **Nachteile** mit sich bringen kann. Denn idR handelt es sich bei den Verfahren nach dem FamFG um Spezialzuweisungen, in denen (nur) der Spruchkörper, der die angefochtene Entscheidung erlassen hat, langjährige Erfahrun- 19

1 Unklar insoweit BT-Drucks. 16/6308, S. 211.
2 BT-Drucks. 16/6308, S. 211.
3 BT-Drucks. 16/6308, S. 211.

gen hat. Ein anderer Spruchkörper, der nur auf Grund der Zurückverweisung einen einzelnen Fall aus diesem Spezialgebiet zu erledigen hat, wird dies nicht immer mit derselben Kompetenz erledigen können wie der ursprünglich damit befasste. In jedem Fall sind aber erhebliche zeitliche Verzögerungen zu erwarten. Diese Nachteile für die Beteiligten sind zu berücksichtigen, darüber hinaus die Möglichkeit, dem ursprünglichen Spruchkörper **Hinweise für die weitere Behandlung der Sache** zu erteilen. Die Zurückverweisung an einen anderen Spruchkörper sollte also im Interesse der Beteiligten eine seltene Ausnahme sein. Diese bedarf der **Begründung** in den Entscheidungsgründen. Die „Zurückverweisung" an ein **anderes Tatsachengericht** zweiter Instanz ist wie nach bisherigem Recht ausgeschlossen.[1]

cc) Zurückverweisung an das Gericht erster Instanz

20 Schon nach früherem Recht wurde die Zurückverweisung an das Gericht erster Instanz unter Übergehung der Beschwerdeinstanz für zulässig erachtet.[2] Diese Rechtsprechung kodifiziert nunmehr § 74 Abs. 6 Satz 2.[3] Danach kann das Rechtsbeschwerdegericht an das Gericht erster Instanz zurückverweisen, „wenn dies aus besonderen Gründen geboten erscheint". Diesem Wortlaut ist zu entnehmen, dass die Zurückverweisung an das Gericht erster Instanz ebenfalls restriktiv zu handhaben ist. Es ist erforderlich, dass gerade die erneute Befassung der ersten Instanz mit der Sache den berechtigten Interessen der Beteiligten entspricht. Das ist insbesondere dann anzunehmen, wenn **beide Entscheidungen an demselben Fehler leiden**[4] oder wenn bereits das **Beschwerdegericht die Sache bei richtiger Würdigung an das erstinstanzliche Gericht hätte zurückverweisen müssen.**[5] In jedem Fall müssen auch die Gründe für die Zurückverweisung an das Gericht erster Instanz in den Entscheidungsgründen dargelegt werden.

d) Folgen der Aufhebung und Zurückverweisung

21 Wie bei der Aufhebung und Zurückverweisung durch das Beschwerdegericht (§ 69 Abs. 1 Satz 4) ist die Vorinstanz nach § 74 Abs. 6 Satz 4 an die Entscheidung des Rechtsbeschwerdegerichts gebunden.[6] Im Gegensatz zur Zurückverweisung durch das Beschwerdegericht ist die Formulierung, wonach es an „die *rechtliche* Beurteilung, die der Aufhebung zugrunde liegt" wörtlich zu nehmen, da das Rechtsbeschwerdegericht nur hierüber befinden kann. Allerdings erfasst die Bindungswirkung auch der Zurückverweisung durch das Rechtsbeschwerdegericht nur die Gründe, die der Aufhebung zugrunde liegen. **Obiter dicta** wie Hinweise zur weiteren rechtlichen Behandlung der Sache entfalten also keine Bindungswirkung. In diesem Rahmen geht die Bindung nach § 74 Abs. 6 Satz 4 aber wie bei der Zurückverweisung durch das Beschwerdegericht über die Rechtskraft hinaus. Für die Vorinstanz ist nicht nur die Beschlussformel maßgeblich. Es ist auch an **rechtliche Vorfragen** gebunden, die das Rechtsbeschwerdegericht seiner Aufhebung zugrunde legt. Die Bindung des Beschwerdegerichts tritt

---

1 OLG München v. 20.12.2005 – 33 Wx 4/05, NJW-RR 2006, 588 (589).

2 BayObLG v. 13.1.1994 – 3 Z BR 311/93, NJW-RR 1994, 617 (618); BayObLG v. 25.9.1997 – 3 Z BR 143/97, NJW-RR 1998, 470 (471 f.).

3 BT-Drucks. 16/6308, S. 211.

4 BayObLG v. 13.1.1994 – 3 Z BR 311/93, NJW-RR 1994, 617 (618); BayObLG v. 21.4.1999 – 1 Z BR 124/98, NJWE-FER 2000, 17 (18); BayObLG v. 25.9.1997 – 3 Z BR 143/97, NJW-RR 1998, 470 (471); BayObLG v. 28.7.1999 – 3 Z BR 204/98, FGPrax 1999, 246.

5 BT-Drucks. 16/6308, S. 211; vgl. BGH v. 2.6.2005 – IX ZB 287/03, NJW-RR 2005, 1299; BGH v. 22.7.2004 – IX ZB 161/03, NJW 2004, 2976 (2979); MüKo.ZPO/*Lipp*, § 577 ZPO Rz. 18.

6 Zur Anknüpfung an § 69 Abs. 1 Satz 4 s. BT-Drucks. 16/6308, S. 211, wo allerdings fälschlich auf Satz 2 Bezug genommen wird.

über den Wortlaut des § 74 Abs. 6 Satz 4 auch nach einer Aufhebung ohne Zurückverweisung ein, wenn etwa die Aufhebung und Zurückverweisung durch das Beschwerdegericht kassiert wurde (vgl. hierzu Rz. 16 und § 69 Rz. 17). Der förmlichen Zurückverweisung bedarf es nicht. Im Gegensatz zur Aufhebung und Zurückverweisung durch das Beschwerdegericht soll das Rechtsbeschwerdegericht in zivilprozessualen Beschwerdeverfahren bei einer erneuten Befassung mit der Sache durch seine frühere Entscheidung nicht gebunden sein,[1] was dann auch für die Rechtsbeschwerde nach dem FamFG gelten muss. Das **Verbot der Verschlechterung** gilt auch nach einer Aufhebung und Zurückverweisung.[2]

Wie bei der Aufhebung und Zurückverweisung durch das Beschwerdegericht tritt die **Bindung** an die rechtliche Beurteilung durch das Rechtsbeschwerdegericht nur dann ein, wenn **dieselbe Sache** erneut Gegenstand der Beschwerde ist. Liegt lediglich eine übereinstimmende Sach- und Rechtslage vor, ist das Beschwerdegericht an die Beurteilung des Rechtsbeschwerdegerichts in der Parallelsache nicht gebunden, selbst wenn Identität der Beteiligten besteht (vgl. § 69 Rz. 18). Zudem darf keine Änderung der Sachlage und keine Gesetzesänderung eingetreten sein (vgl. § 69 Rz. 18). 22

IV. Begründung der Entscheidung

1. Begründungspflicht

Das Rechtsbeschwerdegericht hat seine Entscheidung wie die Vorinstanzen zu begründen, was aus § 74 Abs. 7 im Umkehrschluss hervorgeht. Dies umfasst alle gestellten Anträge. Da das Rechtsbeschwerdegericht an die Tatsachenfeststellungen der Vorinstanz gebunden ist, kann es sich insoweit freilich kurz fassen bzw. mit einer Bezugnahme begnügen. Seine Entscheidung kann sich weitgehend auf die Anwendung des Rechts auf den festgestellten Sachverhalt beschränken. Hierbei kommt ihm allerdings eine weiter gehende Begründungspflicht zu, als sie die hM dem Beschwerdegericht zuweist (vgl. hierzu § 69 Rz. 25). Ein Eingehen auf abweichende **Rechtsansichten** der Beteiligten ist jedenfalls dann unerlässlich, wenn sie sich auf Stellungnahmen in Literatur und Rechtsprechung stützen können. Auch die Zurückverweisung an ein anderes Gericht bzw. einen anderen Spruchkörper nach § 74 Abs. 6 Satz 2 und 3 muss begründet werden. 23

2. Ausnahmen von der Begründungspflicht

a) Absehen von der Begründung nach den Regeln zum erstinstanzlichen Verfahren

Wie im Beschwerdeverfahren können sich Ausnahmen von der Begründungspflicht zunächst aus §§ 74 Abs. 4, 38 Abs. 4 ergeben.[3] Wie im Zivilprozess findet aber auch nach § 74 Abs. 3 Satz 4 FamFG iVm. § 559 ZPO im **Säumnisverfahren** gegen den Revisionsbeklagten eine umfassende Prüfung anhand der Feststellungen des Beschwerdegerichts statt, die sich nicht von einem streitigen Urteil unterscheidet.[4] Denn die Ge- 24

1 GS v. 6.2.1973 – GmS-OGB 1/72, BGHZ 60, 392 (398); MüKo.ZPO/*Lipp*, § 577 ZPO Rz. 20.
2 BGH v. 6.5.2004 – IX ZB 349/02, NJW-RR 2004, 1422.
3 Dazu, dass die weiteren Möglichkeiten der § 74 Abs. 3 Satz 4 iVm. 564 ZPO und § 74 Abs. 7 zu denen des § 38 Abs. 4 treten s. BT-Drucks. 16/6308, S. 211.
4 Vgl. zur Revision BGH v. 4.4.1962 – V ZR 110/60, BGHZ 37, 79 (81 f.); MüKo.ZPO/*Wenzel*, § 555 ZPO Rz. 16; Musielak/*Ball*, § 555 Rz. 6; Zöller/*Heßler*, § 555 ZPO Rz. 4.

ständnisfiktion ist im Rahmen der reinen Rechtskontrolle weitgehend bedeutungslos, so dass § 38 Abs. 4 Nr. 1 insoweit keine Bedeutung erlangen wird. § 38 Abs. 4 Nr. 2 ist wie im Beschwerdeverfahren von geringer Relevanz, da es eben an gleichgerichteten Anträgen fehlt (vgl. § 69 Rz. 33).

b) Unbegründete Verfahrensrügen

25 Von größerer Relevanz ist die Möglichkeit, von einer Begründung der Entscheidung über **Verfahrensrügen**, die das Rechtsbeschwerdegericht nicht für durchgreifend erachtet, nach § 74 Abs. 3 Satz 4 FamFG iVm. § 564 ZPO abzusehen. Dabei ist unerheblich, ob sie nicht hinreichend nach § 71 Abs. 3 dargelegt oder in der Sache nicht berechtigt sind.[1] Der Wegfall der Begründungspflicht umfasst wie im zivilprozessualen Rechtsbeschwerdeverfahren auch die gegen diese Entscheidung gerichtete **Anhörungsrüge** nach § 44.[2] Eine Ausnahme vom Wegfall der Begründungspflicht gilt bei absoluten Rechtsbeschwerdegründen (§ 74 Abs. 3 Satz 4 FamFG iVm. § 564 Satz 2 ZPO).

c) Keine Klärung von Zulassungsvoraussetzungen, Absatz 7

aa) Bedeutung der Vorschrift

26 Darüber hinaus muss das Rechtsbeschwerdegericht seine Entscheidung nach § 74 Abs. 7 nicht begründen, wenn diese „nicht geeignet wäre, zur Klärung von Rechtsfragen grundsätzlicher Bedeutung, zur Fortbildung des Rechts oder zur Sicherung einer einheitlichen Rechtsprechung beizutragen". Diese an § 544 Abs. 4 Satz 2 ZPO angelehnte Regelung ist aus § 577 Abs. 6 Satz 3 ZPO übernommen.[3] Die Norm wird voraussichtlich das Herzstück zur Entlastung des BGH von Rechtsbeschwerden, denen keine über den Einzelfall hinausgehende Bedeutung zukommt, und insoweit den nachträglich (überflüssigerweise) in den Gesetzentwurf eingefügten § 74a verdrängen. Denn § 74 Abs. 7 ist an **weniger strenge Voraussetzungen** geknüpft als jener, erspart aber das dort vorgesehene Vorgehen, wonach das Rechtsbeschwerdegericht ua. vorab auf die beabsichtigte Zurückweisung der Rechtsbeschwerde hinweisen muss. Da die Voraussetzungen von § 74 Abs. 7 immer vorliegen, wenn auch diejenigen des Zurückweisungsbeschlusses nach § 74a gegeben sind, bietet letzterer für die Praxis keinerlei Vorteile.

bb) Voraussetzungen des Absehens von einer Begründung

27 § 74 Abs. 7 setzt voraus, dass eine Entscheidung „nicht geeignet wäre, zur Klärung von Rechtsfragen grundsätzlicher Bedeutung, zur Fortbildung des Rechts oder zur Sicherung einer einheitlichen Rechtsprechung beizutragen." Die Voraussetzungen für den Wegfall der Begründungspflicht liegen also in jedem Fall vor, wenn die Rechtsbeschwerde zugelassen wurde, ohne dass die Sache eines der Zulassungskriterien des § 70 Abs. 2 erfüllt. § 74 Abs. 7 ist aber auch anwendbar, wenn die Rechtsfrage, derentwegen die Rechtsbeschwerde berechtigterweise zugelassen wurde, mittlerweile in einer anderen Entscheidung beantwortet wurde. Allerdings muss die Entscheidung insgesamt ohne Erkenntnisgewinn für die Zulassungskriterien nach § 70 Abs. 2 sein. Von einer Begründung kann schon dann nicht mehr nach § 74 Abs. 7 abgesehen werden, wenn auch nur ein Teilgegenstand der angegriffenen Entscheidung eine Begründung

1 Vgl. MüKo.ZPO/*Wenzel*, § 564 ZPO Rz. 2; Musielak/*Ball*, § 564 Rz. 2.
2 Baumbach/*Hartmann*, § 564 ZPO Rz. 3; Musielak/*Ball*, § 564 Rz. 2.
3 Hierzu MüKo.ZPO/*Lipp*, § 577 ZPO Rz. 21; Baumbach/*Hartmann*, § 577 ZPO Rz. 8.

erfordert, die zur Klärung der Zulassungskriterien nach § 70 Abs. 2 beiträgt. Dann muss die Entscheidung des Rechtsbeschwerdegerichts insgesamt begründet werden.

Die **Zulassung** nach § 70 Abs. 2 ist im Gegensatz zu § 74a keine notwendige Voraussetzung für ein Absehen von der Begründung nach § 74 Abs. 7. Diese Vorschrift setzt nur voraus, dass die Begründung nicht zur Klärung einer nach § 70 Abs. 2 relevanten Frage beitragen würde. Damit ist § 74 Abs. 7 einziges Gegengewicht zur unbegrenzten Statthaftigkeit der Rechtsbeschwerde nach § 70 Abs. 3, da § 74a die Zulassung der Rechtsbeschwerde voraussetzt. 28

Ebenso wenig ist nach dem Wortlaut von § 74 Abs. 7 – wiederum im Gegensatz zu § 74a Abs. 1 – zu fordern, dass das Rechtsmittel keine **Aussicht auf Erfolg** hat. Auch die Begründung einer erfolgreichen Rechtsbeschwerde kann für die weitere Klärung der in § 70 Abs. 2 normierten Zulassungskriterien ohne Bedeutung bleiben. Dies kann etwa dann der Fall sein, wenn die Rechtsbeschwerde in Unkenntnis einer schon ergangenen Entscheidung des BGH zugelassen wurde, die die zur Zulassung führende Rechtsfrage bereits beantwortete. 29

Schließlich setzt die Vorgehensweise nach § 74 Abs. 7, anders als § 74a Abs. 1, keine **einstimmige Willensbildung** innerhalb des Senats voraus. Das Absehen von einer Begründung nach § 74 Abs. 7 ist eine Rechtsfrage, die mangels entgegenstehender Regelung mit einfacher Mehrheit des Spruchkörpers entschieden werden kann. 30

cc) Möglichkeiten des Vorgehens

Liegen die Voraussetzungen des § 74 Abs. 7 vor, so kann das Rechtsbeschwerdegericht insgesamt auf eine Begründung der Entscheidung verzichten. Hieraus folgt, dass es erst recht auf **Teile der Begründung** verzichten kann, obwohl die Voraussetzungen des § 74 Abs. 7 für die gesamte Entscheidung vorlägen. Dies kommt insbesondere dann in Betracht, wenn die Vorinstanz übersehen hat, dass die zur Zulassung führende Frage bereits durch den BGH geklärt wurde. In diesen Fällen kann sich das Rechtsbeschwerdegericht auch mit einer **Bezugnahme** auf seine frühere Entscheidung begnügen. 31

C. Kostenentscheidung

Das Rechtsbeschwerdegericht hat nur dann eine Kostenentscheidung zu treffen, wenn es abschließend in der Sache entscheidet. Ansonsten hat das Beschwerdegericht bzw. das Gericht erster Instanz nach der Aufhebung und Zurückverweisung auch über die Kosten der Rechtsbeschwerde zu entscheiden. Blieb der Rechtsbeschwerdeführer dort im Ergebnis erfolglos, brachte dies wie im Beschwerdeverfahren nach früherem Recht einen Konflikt der Kostentragungsgrundsätze nach § 13a Abs. 1 Satz 1 FGG, wonach grundsätzlich jeder Beteiligte seine außergerichtlichen Kosten selbst trägt, und der Kostentragung des unterlegenen Rechtsmittelführers nach § 13a Abs. 1 Satz 2 FGG mit sich. Wie dort hatte man von einer Kostenentscheidung nach § 13a Abs. 1 Satz 2 FGG zulasten des Rechtsbeschwerdeführers regelmäßig abzusehen (vgl. § 69 Rz. 20). Das erneute Unterliegen in der Vorinstanz ist nicht als so schwerwiegend anzusehen, dass es die Kostenerstattung nach § 84 auch für die Rechtsbeschwerdeinstanz rechtfertigen könnte. 32

§ 74a
Zurückweisungsbeschluss

(1) Das Rechtsbeschwerdegericht weist die vom Beschwerdegericht zugelassene Rechtsbeschwerde durch einstimmigen Beschluss ohne mündliche Verhandlung oder Erörterung im Termin zurück, wenn es davon überzeugt ist, dass die Voraussetzungen für die Zulassung der Rechtsbeschwerde nicht vorliegen und die Rechtsbeschwerde keine Aussicht auf Erfolg hat.

(2) Das Rechtsbeschwerdegericht oder der Vorsitzende hat zuvor die Beteiligten auf die beabsichtigte Zurückweisung der Rechtsbeschwerde und die Gründe hierfür hinzuweisen und dem Rechtsbeschwerdeführer binnen einer zu bestimmenden Frist Gelegenheit zur Stellungnahme zu geben.

(3) Der Beschluss nach Absatz 1 ist zu begründen, soweit die Gründe für die Zurückweisung nicht bereits in dem Hinweis nach Absatz 2 enthalten sind.

A. Entstehungsgeschichte und Normzweck

1 § 74a wurde nachträglich in den Gesetzentwurf eingefügt, um einer Belastung des BGH mit Rechtsbeschwerden entgegenzuwirken, die keine über den Einzelfall hinausgehende Bedeutung entfalten.[1] Der Gesetzgeber orientierte sich dabei an § 552a ZPO. Dessen Verweis auf § 522 Abs. 2 Satz 2 und 3 ZPO wurde allerdings durch eine nahezu wörtliche Übernahme des Textes in § 74a Abs. 2 und 3 ersetzt. Dass die Norm den ihr zugedachten Zweck erfüllen wird, bleibt zu bezweifeln. Denn mit § 74 Abs. 7 hat der Gesetzgeber bereits ein an geringere Voraussetzungen geknüpftes und für eine größere Zahl von Fällen anwendbares Werkzeug geschaffen, um den BGH vor einer Überlastung mit Rechtsbeschwerden zu schützen, an deren Entscheidung kein allgemeines Interesse besteht.

B. Inhalt der Vorschrift

I. Voraussetzungen des Zurückweisungsbeschlusses, Absatz 1

1. Zulassung der Rechtsbeschwerde durch das Beschwerdegericht

2 Im Gegensatz zur Vereinfachung nach § 74 Abs. 7 kann nach dem eindeutigen Wortlaut des § 74a Abs. 1 nur eine vom Beschwerdegericht **zugelassene Rechtsbeschwerde** nach dieser Vorschrift zurückgewiesen werden (vgl. § 74 Rz. 28).[2] Dies erfasst nur die Beschwerdeentscheidungen, in denen die Vorinstanz die Frage des Vorliegens einer über den Einzelfall hinausgehenden Bedeutung bereits geprüft hat. Gerade im Falle der nach **§ 70 Abs. 3** stets statthaften Rechtsbeschwerde ist die Möglichkeit einer vereinfachten Bescheidung nach § 74a nicht gegeben. Bereits dies lässt die Entlastungsfunktion der Vorschrift zweifelhaft erscheinen. Von § 74a Abs. 1 nicht erfasst sind auch zugelassene, aber kraft Gesetzes unstatthafte Rechtsbeschwerden. Denn ihre Zulassung ist wirkungslos.[3] Sie sind zu verwerfen.

1 Vgl. zur Zielsetzung des fast wörtlich übereinstimmenden § 552a ZPO Baumbach/*Hartmann*, § 552a ZPO Rz. 2.; MüKo.ZPO/*Wenzel*, § 552a ZPO Rz. 1; Zöller/*Heßler*, § 552a ZPO Rz. 1.
2 Vgl. MüKo.ZPO/*Wenzel*, § 552a ZPO Rz. 2.
3 MüKo.ZPO/*Wenzel*, § 552a ZPO Rz. 2.

2. Fehlen eines Zulassungsgrundes

3 Des Weiteren verlangt § 74a Abs. 1, dass nach Auffassung des Rechtsbeschwerdegerichts kein Zulassungsgrund vorliegt. Da die kraft Gesetzes statthaften Rechtsbeschwerden nach § 70 Abs. 3 von § 74a Abs. 1 nicht erfasst sind und obendrein keiner weiteren Zulassungsgründe bedürfen (§ 70 Rz. 16), setzt das Vorgehen nach § 74a also eine unzutreffende Bejahung von Zulassungsgründen durch das Beschwerdegericht voraus. Der Zulassungsgrund kann aber auch **nachträglich wegfallen**, etwa durch Bescheidung der zur Zulassung führenden Rechtsfrage durch den BGH in einem Parallelfall. Maßgeblich ist nämlich wie bei § 552a ZPO der Zeitpunkt der Beschlussfassung durch das Rechtsbeschwerdegericht.[1] Daraus folgt, dass umgekehrt bei **nachträglichem Entstehen eines Zulassungsgrundes** § 74a nicht anwendbar ist, wenn etwa die vom Beschwerdegericht irrig angenommene Divergenz durch eine neue obergerichtliche Entscheidung tatsächlich besteht.[2]

3. Fehlende Erfolgsaussicht

4 Wiederum im Gegensatz zu § 74 Abs. 7 setzt § 74a Abs. 1 zusätzlich zum Fehlen eines Zulassungsgrundes voraus, dass das Rechtsmittel nach Auffassung des Rechtsbeschwerdegerichts keine Aussicht auf Erfolg hat. Maßgeblich ist wiederum der **Zeitpunkt der Beschlussfassung** durch das Rechtsbeschwerdegericht.[3] Demnach berechtigt nicht nur die bereits bei Einlegung der Rechtsbeschwerde absehbare Aussichtslosigkeit des Rechtsmittels, sondern auch die **nachträglich** eingetretene die Zurückweisung nach § 74a. Dies ist insbesondere dann der Fall, wenn der BGH die zur Zulassung führende Rechtsfrage nach Einlegung der Rechtsbeschwerde mittlerweile in einer Parallelsache nicht iSd. Rechtsbeschwerdeführers entschieden hat.[4]

4. Einstimmige Willensbildung des Senats

5 Die Zurückweisung einer Rechtsbeschwerde setzt nach § 74a eine einstimmige Willensbildung des Senats voraus. Dies betrifft beide Voraussetzungen, also sowohl das Fehlen der Voraussetzungen für eine Zulassung als auch die mangelnde Erfolgsaussicht.[5] Auch insoweit sind die Anforderungen höher als bei einem Absehen von einer Begründung nach § 74 Abs. 7 (vgl. § 74 Rz. 30). Die Einstimmigkeit muss angesichts möglicher Gegenargumente des Rechtsbeschwerdeführers **noch bei der Beschlussfassung** über den Zurückweisungsbeschluss vorliegen, wobei ein Richterwechsel seit dem Hinweis unschädlich ist.[6]

1 Baumbach/*Hartmann*, § 552a ZPO Rz. 4; MüKo.ZPO/*Wenzel*, § 552a ZPO Rz. 2; Zöller/*Heßler*, § 552a ZPO Rz. 3.
2 MüKo.ZPO/*Wenzel*, § 552a ZPO Rz. 2.
3 Vgl. zu § 552a ZPO BGH v. 20.1.2005 – I ZR 255/02, NJW-RR 2005, 650; Baumbach/*Hartmann*, § 552a ZPO Rz. 4.
4 BGH v. 20.1.2005 – I ZR 255/02, NJW-RR 2005, 650 f.
5 Baumbach/*Hartmann*, § 552a ZPO Rz. 5; Zöller/*Heßler*, § 552a ZPO Rz. 3.
6 Vgl. zu § 522 Abs. 2 ZPO BVerfG v. 27.7.2004 – 1 BvR 801/04, NJW 2004, 3696; Musielak/*Ball*, § 522 ZPO Rz. 24 Fn. 59.

II. Vorgehen

1. Kein Ermessensspielraum

6 In der Frage, ob das Verfahren durch Zurückweisungsbeschluss oder durch Entscheidung in der Sache zu beenden ist, kommt dem Rechtsmittelgericht nach hM zum insoweit wortgleichen § 522 Abs. 2 Satz 1 ZPO **kein Ermessen** zu.[1] Danach muss auch das Rechtsbeschwerdegericht durch Beschluss nach § 74a entscheiden, wenn die Voraussetzungen der Norm vorliegen. Allerdings wird man dies durch **fehlende Einstimmigkeit** verhindern können, was im Hinblick auf die dann eröffnete Möglichkeit, auf die Begründung der Entscheidung nach § 74 Abs. 7 zu verzichten, eine erhebliche Entlastung darstellen kann.

2. Hinweis an den Rechtsbeschwerdeführer

7 Das Rechtsbeschwerdegericht kann das Rechtsmittel auch bei Vorliegen der Voraussetzungen des Abs. 1 nicht sogleich zurückweisen. Es muss den Rechtsbeschwerdeführer nach Abs. 2 auf die beabsichtigte Zurückweisung hinweisen und ihm binnen einer zu bestimmenden Frist **Gelegenheit zur Stellungnahme** geben. Hierbei muss nicht der ganze Spruchkörper handeln. Eine Verfügung des Vorsitzenden genügt nach Abs. 2, nicht aber eine solche des Beisitzers, der Berichterstatter ist.[2] Die Frist kann verlängert werden.[3] Der Hinweis muss **sowohl die fehlenden Zulassungsgründe als auch die mangelnde Erfolgsaussicht** in der Sache aufzeigen. Dies ist zur Gewährung rechtlichen Gehörs unabdingbar.[4]

3. Begründung des Zurückweisungsbeschlusses

8 Das Rechtsbeschwerdegericht hat den Zurückweisungsbeschluss nach Abs. 3 zu **begründen**. Dabei kann es allerdings, wie Abs. 3, letzter Halbs. klarstellt, regelmäßig auf den Hinweis nach Abs. 2 **Bezug nehmen**, in dem es bereits die Gründe der Zurückweisung anführen muss. Dies gilt nicht für neue Gründe, die nicht in dem Hinweis behandelt wurden.[5] Trägt der Rechtsbeschwerdeführer **neue Gesichtspunkte** vor, mit denen sich das Rechtsbeschwerdegericht selbstverständlich auseinander setzen muss, so bedarf es einer Entscheidung in der Hauptsache, da § 74a die Wiederholung des Hinweises mit Fristsetzung nicht vorsieht.[6] Auch insoweit geht der Aufwand über die nicht zu begründende Entscheidung nach § 74 Abs. 7 hinaus. Dass der Beschluss ohne mündliche Verhandlung oder Erörterung im Termin ergehen kann, wie in § 74a Abs. 1 überflüssigerweise nochmals geregelt ist, stellt, anders als im Revisionsverfahren,[7] keine Erleichterung dar, da über die Rechtsbeschwerde ohnehin nicht mündlich verhandelt werden muss (vgl. § 74 Rz. 11).

1 Vgl. zu § 522 Abs. 2 ZPO BGH v. 15.3.2007 – V ZB 170/06, MDR 2007, 1103 = NJW 2007, 2644; Musielak/*Ball*, § 522 ZPO Rz. 20; Zöller/*Heßler*, § 522 ZPO Rz. 31.
2 Vgl. zu § 522 Abs. 2 ZPO BVerfG v. 27.7.2004 – 1 BvR 801/04, NJW 2004, 3696.
3 Vgl. zu § 522 Abs. 2 ZPO Musielak/*Ball*, § 522 ZPO Rz. 27.
4 MüKo.ZPO/*Wenzel*, § 552a ZPO Rz. 3; ähnlich Zöller/*Heßler*, § 522 ZPO Rz. 34.
5 Vgl. zu § 522 Abs. 2 ZPO Musielak/*Ball*, § 522 ZPO Rz. 28; Zöller/*Heßler*, § 522 ZPO Rz. 40.
6 AA zu § 522 Abs. 2 ZPO Zöller/*Heßler*, § 522 ZPO Rz. 34.
7 Hierzu Zöller/*Heßler*, § 552a ZPO Rz. 2.

III. Teilzurückweisung

Im Berufungsverfahren wird eine Teilzurückweisung nach § 522 Abs. 2 ZPO für zulässig befunden.[1] Dies erscheint für § 74a jedenfalls zweifelhaft. Denn diese Möglichkeit ist nicht nur gesetzlich gerade nicht vorgesehen, sondern widerspricht der Vereinfachungsabsicht. Abgesehen davon, dass ohnehin das reguläre Verfahren durchzuführen wäre, würde durch dessen Aufteilung die Gefahr neuer Fehlerquellen geschaffen. Eine Vereinfachung ergäbe sich nicht, da im Rechtsbeschwerdeverfahren ohnehin keine mündliche Verhandlung erforderlich ist (s. § 74 Rz. 11). Das Problem der Klageerweiterung, mit der ein Zurückweisungsbeschluss verhindert werden könnte,[2] stellt sich im Rechtsbeschwerdeverfahren von vorneherein nicht (zur Unzulässigkeit neuer Anträge im Rechtsbeschwerdeverfahren s. § 72 Rz. 3). 9

§ 75
Sprungrechtsbeschwerde

(1) Gegen die im ersten Rechtszug erlassenen Beschlüsse, die ohne Zulassung der Beschwerde unterliegen, findet auf Antrag unter Übergehung der Beschwerdeinstanz unmittelbar die Rechtsbeschwerde (Sprungrechtsbeschwerde) statt, wenn

1. die Beteiligten in die Übergehung der Beschwerdeinstanz einwilligen und

2. das Rechtsbeschwerdegericht die Sprungrechtsbeschwerde zulässt.

Der Antrag auf Zulassung der Sprungrechtsbeschwerde und die Erklärung der Einwilligung gelten als Verzicht auf das Rechtsmittel der Beschwerde.

(2) Für das weitere Verfahren gilt § 566 Abs. 2 bis 8 der Zivilprozessordnung entsprechend.

1 Musielak/*Ball*, § 522 ZPO Rz. 28a; kritisch Zöller/*Heßler*, § 522 ZPO Rz. 42.
2 Zöller/*Heßler*, § 522 ZPO Rz. 37.

A. Entstehungsgeschichte und Normzweck

1 Die Sprungrechtsbeschwerde gehört zu den Neuerungen des FamFG[1] und übernimmt § 566 Abs. 1 ZPO ohne wesentliche Veränderungen in das Verfahren nach dem FamFG.[2] Abs. 1 entspricht überwiegend wörtlich § 566 Abs. 1 ZPO; für das weitere Verfahren verweist Abs. 2 zur Gänze auf die diesbezüglichen Vorschriften in § 566 Abs. 2 bis 8 ZPO.[3] Die Sprungrechtsbeschwerde soll den Beteiligten ermöglichen, möglichst rasch eine höchstrichterliche Entscheidung zu ungeklärten Rechtsfragen einzuholen.[4] Dass sie dieses Ziel erreicht, darf bezweifelt werden. Dem steht insbesondere entgegen, dass die Beteiligten mit dem Antrag auf Zulassung der Sprungrechtsbeschwerde bzw. mit der Einwilligung hierzu auf die ansonsten statthafte Beschwerde verzichten. Es steht vielmehr zu erwarten, dass die Sprungrechtsbeschwerde ähnlich wie die Sprungrevision in der Praxis ohne Bedeutung bleiben wird.

B. Inhalt der Vorschrift

I. Voraussetzungen

1. Beschwerdefähige Entscheidung erster Instanz

2 Die Sprungrechtsbeschwerde findet nach § 75 Abs. 1 Satz 1 nur gegen erstinstanzliche Entscheidungen statt, die ohne Zulassung der Beschwerde unterliegen. In vermögensrechtlichen Angelegenheiten muss folglich der **Mindestbeschwerdewert von 600 Euro** gem. § 61 Abs. 1 erreicht sein.[5] Denn die Sprungrechtsbeschwerde tritt an die Stelle der Beschwerde und stellt kein alternatives Rechtsmittel bei deren Unstatthaftigkeit dar. Unerheblich ist, ob die Entscheidung erster Instanz von einem AG oder von einem LG erlassen wurde.[6] Wie im Zivilprozess ist allerdings eine Sprungrechtsbeschwerde dann **ausgeschlossen, wenn eine Rechtsbeschwerde für das spezielle Verfahren unstatthaft ist**, namentlich also in Verfahren über die Anordnung, Abänderung oder Aufhebung einer einstweiligen Anordnung oder eines Arrests (§ 70 Abs. 4).[7]

2. Antrag

a) Form und Frist

aa) Antragsfrist

3 Die Sprungrechtsbeschwerde ist, anders als die Beschwerde, nicht ohne weiteres eröffnet. Sie erfordert ein **Zulassungsverfahren** beim Rechtsbeschwerdegericht. Das setzt zunächst einen Antrag des Sprungrechtsbeschwerdeführers bei dem Rechtsbeschwer-

---

1 BT-Drucks. 16/6308, S. 211.
2 BT-Drucks. 16/6308, S. 211.
3 Hierzu BT-Drucks. 16/6308, S. 211.
4 BT-Drucks. 16/6308, S. 211; vgl. zu § 566 ZPO Baumbach/*Hartmann*, § 566 ZPO Rz. 1; Musielak/*Ball*, § 566 ZPO Rz. 1; Zöller/*Heßler*, § 566 ZPO Rz. 1.
5 Vgl. BGH v. 1.10.2002 – IX ZR 125/02, NJW 2003, 143 = MDR 2003, 169; Baumbach/*Hartmann*, § 566 ZPO Rz. 4; Musielak/*Ball*, § 566 ZPO Rz. 2; MüKo.ZPO/*Wenzel*, § 566 ZPO Rz. 2; Zöller/*Heßler*, § 566 ZPO Rz. 2.
6 Baumbach/*Hartmann*, § 566 ZPO Rz. 4.
7 Vgl. Baumbach/*Hartmann*, § 566 ZPO Rz. 4; MüKo.ZPO/*Wenzel*, § 566 ZPO Rz. 4.

degericht voraus.[1] Dieser ist nach § 75 Abs. 2 FamFG iVm. §§ 566 Abs. 2 Satz 2, 548 ZPO binnen eines Monats einzulegen. Der Beginn der Frist läuft nicht, obwohl § 75 Abs. 2 insoweit unbeschränkt auf §§ 566 Abs. 2 Satz 2, 548 ZPO verweist, erst ab Zustellung der erstinstanzlichen Entscheidung. Insoweit geht die Verweisung zu weit, was auch daran ersichtlich ist, dass § 548 ZPO von einem Urteil spricht. Vielmehr ist hier zu berücksichtigen, dass § 63 Abs. 3 Satz 1 im Verfahren nach dem FamFG geringere Anforderungen stellt, so dass auch in diesem Zusammenhang die **schriftliche Bekanntgabe** der erstinstanzlichen Entscheidung genügt.

bb) Form des Antrags

Form und Inhalt des Antrags richten sich nach § 75 Abs. 2 FamFG iVm. §§ 566 Abs. 2 Satz 2, 549 ZPO. Es bedarf somit einer **Antragsschrift**, die den angegriffenen Beschluss bezeichnen und die Erklärung enthalten muss, dass hiergegen Sprungrechtsbeschwerde eingelegt werden soll. Nach § 75 Abs. 2 FamFG iVm. §§ 566 Abs. 2 Satz 2, 550 Abs. 1 ZPO soll der Antragsschrift eine Ausfertigung oder beglaubigte Ablichtung des angefochtenen Beschlusses beigefügt werden. 4

b) Begründung des Antrags

Nach § 75 Abs. 2 FamFG iVm. § 566 Abs. 2 Satz 3, Abs. 4 ZPO muss der Antrag die Voraussetzungen der Sprungrechtsbeschwerde darlegen.[2] Diese Voraussetzungen entsprechen § 70 Abs. 2 Nr. 1 und 2. Der Sprungrechtsbeschwerdeführer muss also eine **über den Einzelfall hinausgehende Bedeutung nach § 70 Abs. 2 Nr. 1 oder 2 darlegen**, so dass auf die dortige Kommentierung Bezug genommen werden kann (s. § 70 Rz. 4 ff.). Zusätzlich muss er darlegen, dass die Beschwerde gegen die angefochtene Entscheidung statthaft wäre, also der **Mindestbeschwerdewert** von 600 Euro in vermögensrechtlichen Angelegenheiten überschritten ist.[3] Da die Sprungrechtsbeschwerde selbst nach § 75 Abs. 2 FamFG iVm. § 566 Abs. 4 Satz 2 ZPO nicht auf einen Verfahrensmangel gestützt werden kann, scheidet ein solcher auch als Zulassungsgrund aus.[4] 5

3. Einwilligung

a) Frist und Form

Der Sprungrechtsbeschwerdeführer hat dem Antrag nach § 75 Abs. 2 FamFG iVm. § 566 Abs. 2 Satz 4 ZPO die schriftliche **Einwilligung** „des Antragsgegners" beizufügen.[5] Dies ist dahingehend zu verstehen, dass er die Einwilligung der anderen Beteiligten **im Original** beizufügen hat.[6] Die Einwilligung selbst kann aber als Telefax an den Sprungrechtsbeschwerdeführer übermittelt werden.[7] Nach § 75 Abs. 2 FamFG iVm. § 566 Abs. 2 Satz 4 ZPO ist die Einwilligung „dem Zulassungsantrag beizufügen". Die hM im Zivilprozessrecht legt dies sehr großzügig dahingehend aus, dass sie nicht 6

1 Baumbach/*Hartmann*, § 566 ZPO Rz. 6; Zöller/*Heßler*, § 566 ZPO Rz. 7.
2 Vgl. Musielak/*Ball*, § 566 ZPO Rz. 6; MüKo.ZPO/*Wenzel*, § 566 ZPO Rz. 9.
3 Musielak/*Ball*, § 566 ZPO Rz. 4; MüKo.ZPO/*Wenzel*, § 566 ZPO Rz. 9.
4 BGH v. 4.7.1996 – III ZR 145/95, NJW-RR 1996, 1150; Musielak/*Ball*, § 566 ZPO Rz. 7; MüKo. ZPO/*Wenzel*, § 566 ZPO Rz. 9.
5 Zur Schriftform vgl. Musielak/*Ball*, § 566 ZPO Rz. 3.
6 BGH v. 6.3.2007 – VIII ZR 330/06, NJW-RR 2007, 1075 f. (auch zur Möglichkeit der Wiedereinsetzung bei Vorlage einer Kopie); BVerwG v. 25.8.2005 – 6 C 20/04, NJW 2005, 3367.
7 BVerwG v. 25.8.2005 – 6 C 20/04, NJW 2005, 3367 (3368).

zwangsläufig zugleich mit der Antragsschrift, sondern nur innerhalb der Monatsfrist des § 75 Abs. 2 FamFG iVm. §§ 566 Abs. 2 Satz 2, 548 ZPO eingereicht werden muss.[1] Da es sich bei dieser Frist um eine **Notfrist** handelt, kann sie aber jedenfalls nicht verlängert werden.[2] Die Einwilligung muss in Ausnahme von § 10 Abs. 4 nicht zwangsläufig von einem beim BGH zugelassenen Anwalt unterzeichnet sein. Es genügt nach § 75 Abs. 2 FamFG iVm. §§ 566 Abs. 2 Satz 4 ZPO eine Erklärung des **erstinstanzlichen Bevollmächtigten**.[3] Diese muss aber im Original vorliegen; eine vom Anwalt des Antragstellers beigefügte beglaubigte Ablichtung reicht nicht aus.[4] Eine notariell beglaubigte Abschrift ist aber ausreichend.[5] Da es sich bei erstinstanzlichen Verfahren nach dem FamFG regelmäßig nicht um Anwaltsprozesse handelt, kann die Erklärung der Beteiligten nach § 75 Abs. 2 FamFG iVm. §§ 566 Abs. 2 Satz 4 ZPO auch zu Protokoll der Geschäftsstelle erfolgen.[6] Diese kann nach § 25 Abs. 2 vor der Geschäftsstelle jedes AG abgegeben werden. Für die Einreichung per Fax, Computerfax etc. gelten hinsichtlich der Unterschrift dieselben Erleichterungen wie für das Rechtsmittel selbst (vgl. § 71 Rz. 3).[7]

b) Inhalt

7 In der Erklärung ihrer Einwilligung müssen **alle anderen Beteiligten** der Durchführung des Sprungrechtsbeschwerdeverfahrens zustimmen. Trotz des Verweises auf § 566 Abs. 2 Satz 4 ZPO, wo von der „Einwilligung des Antragsgegners" die Rede ist, müssen alle Beteiligten zustimmen. Die Verweisung auf die zivilprozessualen Vorschriften muss hinter den speziellen Regelungen in § 75 zurückstehen. § 75 Abs. 1 Nr. 1 verlangt aber ohne Einschränkung, dass „die Beteiligten" in die Übergehung der Beschwerdeinstanz einwilligen. Dies muss nicht unbedingt ausdrücklich, aber schon im Hinblick auf den Verlust der Beschwerdeinstanz nach § 75 Abs. 1 Satz 2 **eindeutig** geschehen. Der bloße Antrag auf Zulassung der Sprungrechtsbeschwerde soll noch nicht genügen.[8] Die Einwilligung ist eine **Prozesshandlung**,[9] die nach Eingang bei Gericht weder widerrufen noch durch Anfechtung beseitigt werden kann.[10] Die Beteiligten können sich auch schon **vor der Entscheidung**, ja noch vor Einleitung des Verfahrens auf die Sprungrechtsbeschwerde als Rechtsmittel einigen, sogar formlos.[11] Die Erklärenden sind dann zur Abgabe der Einwilligung in der gebotenen Form verpflich-

1 BGH v. 31.1.1955 – III ZR 77/54, BGHZ 16, 192 (195); Baumbach/*Hartmann*, § 566 ZPO Rz. 7; Musielak/*Ball*, § 566 ZPO Rz. 3; MüKo.ZPO/*Wenzel*, § 566 ZPO Rz. 7; strenger wohl BVerwG v. 25.8.2005 – 6 C 20/04, NJW 2005, 3367.
2 Baumbach/*Hartmann*, § 566 ZPO Rz. 7.
3 BGH 6.3.2007 – VIII ZR 330/06, NJW-RR 2007, 1075 (1076).
4 BGH v. 5.7.1984 – I ZR 102/83, BGHZ 92, 76 (77); BGH v. 10.7.1985 – VIII ZR 285/84, NJW 1986, 198; BGH v. 6.3.2007 – VIII ZR 330/06, NJW-RR 2007, 1075 (1076); Musielak/*Ball*, § 566 ZPO Rz. 3; MüKo.ZPO/*Wenzel*, § 566 ZPO Rz. 5.
5 BVerwG v. 25.8.2005 – 6 C 20/04, NJW 2005, 3367 (3368).
6 Vgl. für den Zivilprozess Baumbach/*Hartmann*, § 566 ZPO Rz. 7; MüKo.ZPO/*Wenzel*, § 566 ZPO Rz. 6; Zöller/*Heßler*, § 566 ZPO Rz. 4.
7 BGH v. 5.7.1984 – I ZR 102/83, BGHZ 92, 76 (77 f.); Musielak/*Ball*, § 566 ZPO Rz. 3; MüKo. ZPO/*Wenzel*, § 566 ZPO Rz. 5.
8 BVerwG v. 25.8.2005 – 6 C 20/04, NJW 2005, 3367; MüKo.ZPO/*Wenzel*, § 566 ZPO Rz. 6.
9 BGH v. 5.7.1984 – I ZR 102/83, BGHZ 92, 76 (78); BGH v. 10.7.1985 – VIII ZR 285/84, NJW 1986, 198; Baumbach/*Hartmann*, § 566 ZPO Rz. 7; Musielak/*Ball*, § 566 ZPO Rz. 3; MüKo. ZPO/*Wenzel*, § 566 ZPO Rz. 6.
10 BGH v. 5.7.1984 – I ZR 102/83, BGHZ 92, 76 (78).
11 Vgl. BGH v. 10.7.1985 – VIII ZR 285/84, NJW 1986, 198 zur Sprungrevision; Baumbach/*Hartmann*, § 566 ZPO Rz. 1; Zöller/*Heßler*, § 566 ZPO Rz. 4.

tet, wenn ein Antrag nach § 75 Abs. 1 Satz 2 gestellt wird.[1] Für den Fall, dass die Einwilligung verweigert wird, könnte noch Beschwerde eingelegt werden, da die Berufung auf den Beschwerdeverzicht arglistig wäre.[2] Bei Fristversäumung wäre die abredewidrige Verweigerung der Einwilligung ein Wiedereinsetzungsgrund. Unaufgefordert muss der Sprungrechtsbeschwerdegegner die Einwilligung aber nicht vorlegen.[3] Allerdings handelt es sich bei solchen außergerichtlichen Abreden nur um **verfahrensrechtliche Vereinbarungen**, die den allgemeinen Regeln über die Anfechtung von Willenserklärungen folgen, mithin bei Irrtum oder Täuschung angefochten werden können.

4. Wirkung von Antrag und Einwilligung

a) Hemmung der Rechtskraft

Ein Antrag nach § 75 Abs. 1 Satz 2 hemmt die Rechtskraft der erstinstanzlichen Entscheidung. Dies gilt auch bei unzulässigen Anträgen, etwa solchen, die ohne Einwilligung der anderen Beteiligten gestellt werden. Dies folgt jedenfalls aus § 75 Abs. 2 FamFG iVm. §§ 566 Abs. 6 ZPO, wonach Rechtskraft erst eintritt, wenn der Antrag „abgelehnt" wird. Das umfasst sowohl die Verwerfung als unzulässig als auch die Zurückweisung.[4] Deswegen hat die Geschäftsstelle des Rechtsbeschwerdegerichts nach § 75 Abs. 2 FamFG iVm. § 566 Abs. 3 Satz 3 ZPO unverzüglich nach Eingang der Antragsschrift die **Prozessakten beim Gericht erster Instanz anzufordern**, damit dieses im Hinblick auf das Rechtskraftzeugnis Kenntnis von dem Antrag erhält.[5] Die erstinstanzliche Entscheidung ist aber gleichwohl nach § 40 Abs. 1 mit der Bekanntgabe wirksam geworden, weshalb aus ihr im Regelfall gem. § 86 Abs. 2 vollstreckt werden kann. Deswegen kann nach § 75 Abs. 2 FamFG iVm. § 566 Abs. 3 Satz 2 ZPO auf Antrag des Sprungrechtsbeschwerdeführers die einstweilige Einstellung der Zwangsvollstreckung nach § 719 Abs. 2 und 3 ZPO angeordnet werden. 8

b) Verzicht auf die Beschwerde

Nach § 75 Abs. 1 Satz 2 gilt der Antrag wie im Zivilprozess[6] als Verzicht auf das Rechtsmittel der Beschwerde.[7] Die gleiche Wirkung trifft die anderen Beteiligten, die in die Durchführung des Sprungrechtsbeschwerdeverfahrens eingewilligt haben. Nach dem Wortlaut der Vorschrift gilt dies schon bei Einlegung des Antrags bzw. der Erklärung der Einwilligung. Um die anderen Beteiligten gegenüber dem Antragsteller nicht zu benachteiligen, verlegt man diese Wirkung der Einwilligung im Sprungrevisionsverfahren auf den **Zeitpunkt, da der Antrag beim Revisionsgericht gestellt wird.**[8] Dies ist auf den vorliegenden Zusammenhang zu übertragen. Der Ablehnung des Antrags 9

1 So für den Zivilprozess auch MüKo.ZPO/*Wenzel*, § 566 ZPO Rz. 13; weiter gehend, für eine unmittelbare Wirkung Musielak/*Ball*, § 566 ZPO Rz. 5, der der verfahrensrechtlichen Vereinbarung „dieselbe Wirkung" wie der Einwilligung gegenüber dem Beschwerdegericht zubilligt.

2 Vgl. BGH v. 10.7.1985 – VIII ZR 285/84, NJW 1986, 198 zur Sprungrevision.

3 BGH v. 10.7.1985 – VIII ZR 285/84, NJW 1986, 198.

4 Vgl. zum identischen Wortlaut des § 544 Abs. 5 Satz 1 ZPO Baumbach/*Hartmann*, § 544 ZPO Rz. 11; Musielak/*Ball*, § 544 ZPO Rz. 25; MüKo.ZPO/*Wenzel*, § 544 ZPO Rz. 23.

5 Baumbach/*Hartmann*, § 566 ZPO Rz. 8; MüKo.ZPO/*Wenzel*, § 566 ZPO Rz. 15.

6 Zur Anlehnung an § 566 Abs. 1 Satz 2 ZPO s. BT-Drucks. 16/6308, S. 211.

7 BGH v. 5.7.1984 – I ZR 102/83, BGHZ 92, 76 (77); BGH v. 24.4.1997 – III ZB 8/97, NJW 1997, 1387.

8 BGH v. 24.4.1997 – III ZB 8/97, NJW 1997, 1387 = MDR 1997, 776; Musielak/*Ball*, § 566 ZPO Rz. 5; Zöller/*Heßler*, § 566 ZPO Rz. 4; im Ergebnis ebenso MüKo.ZPO/*Wenzel*, § 566 ZPO Rz. 12.

durch das Rechtsbeschwerdegericht bedarf es allerdings nicht. Mit Stellung dieses Antrags und der Einwilligung der übrigen Beteiligten ist die Möglichkeit der Beschwerde für alle Beteiligten verloren,[1] selbst wenn der Antrag zurückgenommen wird. Eine gleichwohl eingelegte Beschwerde wäre unzulässig.[2]

5. Zulassung

a) Verfahren

10 Die Sprungrechtsbeschwerde bedarf in jedem Falle der Zulassung.[3] Für stets statthafte Rechtsbeschwerden nach § 70 Abs. 3 ist dies ein zusätzliches Hindernis,[4] das sich im normalen Instanzenzug nicht ergibt (s. § 70 Rz. 16). Die Zulassung fällt gem. § 75 Abs. 2 FamFG iVm. § 566 Abs. 5 Satz 1 ZPO in die alleinige **Zuständigkeit des Rechtsbeschwerdegerichts**. Das erstinstanzliche Gericht kann die Sprungrechtsbeschwerde nicht zulassen;[5] eine entsprechende Entscheidung wäre unwirksam (s. § 70 Rz. 7).[6] Das Rechtsbeschwerdegericht hat in diesem Zusammenhang wie bei der Nichtzulassungsbeschwerde im Zivilprozess zu verfahren.[7] Die Antragsschrift ist entsprechend §§ 566 Abs. 2 Satz 2, 550 Abs. 2 ZPO der „Gegenpartei" zuzustellen. Dies ist im Verfahren nach dem FamFG dahingehend zu verstehen, dass sie nach § 71 Abs. 4 den anderen Beteiligten bekannt zu geben ist. Denn das Erfordernis der Zustellung hat im Rechtsbeschwerdeverfahren nach dem FamFG in § 71 Abs. 4 eine eigenständige Regelung gefunden, die im Rahmen der entsprechenden Anwendung von §§ 566 Abs. 2 Satz 2, 550 Abs. 2 ZPO zu berücksichtigen ist. Dass die Antragsschrift nicht nur dem Sprungrechtsbeschwerdegegner, sondern **allen Beteiligten bekannt zu geben** ist, ergibt sich ebenfalls aus dem Gebot der entsprechenden Anwendung von §§ 566 Abs. 2 Satz 2, 550 Abs. 2 ZPO. Wie § 75 Abs. 1 Nr. 1 im Vergleich zu § 566 Abs. 1 Nr. 1 ZPO zeigt, treten die anderen Beteiligten nämlich an die Stelle des „Gegners". Das Rechtsbeschwerdegericht hat also den Antrag den anderen Beteiligten bekannt zu geben und entsprechend § 544 Abs. 3 ZPO **Gelegenheit zur Stellungnahme** zu gewähren. Die Zulässigkeit, also insbesondere die Statthaftigkeit des Antrags und seine fristgerechte Einlegung und Begründung, hat das Rechtsbeschwerdegericht von Amts wegen zu prüfen. Für die Entscheidung über die Zulassung werden nur die Zulassungsgründe geprüft, die in der Antragsschrift dargelegt werden.[8] Einer mündlichen Verhandlung über den Zulassungsantrag bedarf es nicht.[9]

1 BT-Drucks. 16/6308, S. 211; Zöller/*Heßler*, § 566 ZPO Rz. 6.
2 Vgl. BGH v. 10.7.1985 – VIII ZR 285/84, NJW 1986, 198; Musielak/*Ball*, § 566 ZPO Rz. 5; Zöller/*Heßler*, § 566 ZPO Rz. 6.
3 BT-Drucks. 16/6308, S. 211; vgl. Baumbach/*Hartmann*, § 566 ZPO Rz. 5.
4 Dies übersehen die Materialien, wenn sie davon sprechen (BT-Drucks. 16/6308, S. 211), dass dieses „Erfordernis ... mit dem eingeführten Erfordernis der Zulassung der Rechtsbeschwerde (korrespondiert)."
5 BT-Drucks. 16/6308, S. 211; Musielak/*Ball*, § 566 ZPO Rz. 4; MüKo.ZPO/*Wenzel*, § 566 ZPO Rz. 8.
6 Vgl. zum Zivilprozess Zöller/*Heßler*, § 566 ZPO Rz. 5.
7 Vgl. Baumbach/*Hartmann*, § 566 Rz. 10; ähnlich Musielak/*Ball*, § 566 ZPO Rz. 7; Zöller/*Heßler*, § 566 ZPO Rz. 9.
8 Vgl. MüKo.ZPO/*Wenzel*, § 544 ZPO Rz. 19; Zöller/*Heßler*, § 544 ZPO Rz. 12.
9 Vgl. Baumbach/*Hartmann*, § 566 ZPO Rz. 10; MüKo.ZPO/*Wenzel*, § 566 ZPO Rz. 16; Zöller/*Heßler*, § 566 ZPO Rz. 10.

b) Die Entscheidung

11 Das Rechtsbeschwerdegericht entscheidet gem. § 75 Abs. 2 FamFG iVm. § 566 Abs. 5 Satz 1 ZPO durch Beschluss. Hält das Rechtsbeschwerdegericht den Antrag für unzulässig, verwirft es ihn als unzulässig, hält es ihn mangels Zulassungsgründen für unbegründet, weist es ihn zurück. Dieser Beschluss ist den Beteiligten in entsprechender Anwendung von § 566 Abs. 5 Satz 2 bekannt zu geben. Er ist unanfechtbar;[1] mit der Ablehnung wird der erstinstanzliche Beschluss gem. § 75 Abs. 2 FamFG iVm. § 566 Abs. 6 ZPO rechtskräftig.

II. Weiteres Verfahren

1. Begründung und Prüfung der Rechtsbeschwerde

12 Mit Zulassung der Sprungrechtsbeschwerde wird das Verfahren gem. § 75 Abs. 2 FamFG iVm. § 566 Abs. 7 Satz 1 ZPO als Rechtsbeschwerdeverfahren fortgesetzt. Der Antrag auf Zulassung gilt entsprechend § 566 Abs. 7 Satz 2 ZPO als Einlegung der Rechtsbeschwerde. In Abweichung von § 71 Abs. 2 Satz 2 beginnt die **Frist für ihre Begründung** jedoch gem. § 75 Abs. 2 FamFG iVm. § 566 Abs. 7 Satz 3 ZPO erst mit der schriftlichen Bekanntgabe des Beschlusses über die Zulassung (vgl. § 71 Abs. 1 Satz 1). Mangels abweichender Regelung gilt für die Dauer der Frist § 71 Abs. 2 Satz 1, nicht § 551 Abs. 2 Satz 2 ZPO. Sie beträgt somit nur **einen Monat**, kann aber unter den allgemeinen Voraussetzungen verlängert werden. Die Sprungrechtsbeschwerde kann gem. § 75 Abs. 2 FamFG iVm. § 566 Abs. 4 Satz 2 ZPO nicht auf **Verfahrensfehler** gestützt werden.[2] Von Amts wegen zu beachtende Verfahrensmängel, etwa die unzutreffende Bejahung der Zulässigkeit, sind aber auch im Sprungrechtsbeschwerdeverfahren zu prüfen.[3] Die materielle Rechtslage ist von Amts wegen, unabhängig von den vorgetragenen Sachrügen, zu prüfen.[4]

2. Entscheidung

13 Die Entscheidung folgt den allgemeinen Regeln. Lediglich für die Aufhebung und Zurückverweisung wird § 563 ZPO und somit in entsprechender Anwendung auch § 74 Abs. 6 Satz 2 bis 4 durch § 75 Abs. 2 FamFG iVm. § 566 Abs. 8 Satz 2 dahingehend modifiziert, dass nur an das erstinstanzliche Gericht zurückverwiesen werden kann. Die Zurückverweisung an einen anderen Spruchkörper ist dabei möglich (s.o. § 74 Rz. 19).[5] Das erstinstanzliche Gericht ist dann nach § 75 Abs. 2 FamFG iVm. § 566 Abs. 8 Satz 3 ZPO in demselben Umfang gebunden wie bei jeder Zurückverweisung, ebenso bei einer Beschwerde gegen dessen zweite Entscheidung das Beschwerdegericht.[6]

1 Vgl. Baumbach/*Hartmann*, § 566 ZPO Rz. 10; MüKo.ZPO/*Wenzel*, § 566 ZPO Rz. 16.
2 Vgl. RG v. 25.3.1936 – I 280/35, RGZ 151, 65 (66); BGH v. 5.7.1984 – I ZR 102/83, BGHZ 92, 76 (78).
3 RG v. 25.3.1936 – I 280/35, RGZ 151, 65 (66); BGH v. 4.7.1996 – III ZR 145/95, NJW-RR 1996, 1150; Baumbach/*Hartmann*, § 566 ZPO Rz. 9; Musielak/*Ball*, § 566 ZPO Rz. 12; MüKo.ZPO/*Wenzel*, § 566 ZPO Rz. 19.
4 Musielak/*Ball*, § 566 ZPO Rz. 12.
5 Ebenso für den Zivilprozess Baumbach/*Hartmann*, § 566 ZPO Rz. 13; Musielak/*Ball*, § 566 ZPO Rz. 11.
6 Vgl. für den Zivilprozess Baumbach/*Hartmann*, § 566 ZPO Rz. 13; Musielak/*Ball*, § 566 ZPO Rz. 11; MüKo.ZPO/*Wenzel*, § 566 ZPO Rz. 24; Zöller/*Heßler*, § 566 ZPO Rz. 13.

Abschnitt 6
Verfahrenskostenhilfe

§ 76
Voraussetzungen

(1) Auf die Bewilligung von Verfahrenskostenhilfe finden die Vorschriften der Zivilprozessordnung über die Prozesskostenhilfe entsprechende Anwendung, soweit nachfolgend nichts Abweichendes bestimmt ist.

(2) Ein Beschluss, der im Verfahrenskostenhilfeverfahren ergeht, ist mit der sofortigen Beschwerde in entsprechender Anwendung der §§ 567 bis 572, 127 Abs. 2 bis 4 der Zivilprozessordnung anfechtbar.

Literatur: *Büte*, Verfahrenskostenhilfe, Anwaltszwang und Ausnahmen, FPR 2009, 14; *Götsche*, Die neue Verfahrenskostenhilfe nach dem FamFG, FamRZ 2009, 383; *Schürmann*, Die Verfahrenskostenhilfe nach dem FamFG, FamRB 2009, 58.

A. Allgemeines

1 §§ 76 bis 78 regeln die **Bewilligung von Verfahrenskostenhilfe** (VKH) in Familiensachen und in den Angelegenheiten der freiwilligen Gerichtsbarkeit (fG). Das Recht der fG enthielt schon bisher keine eigenständigen Regelungen über das Recht der VKH (bisher: Prozesskostenhilfe). Vielmehr wurde für fG-Verfahren in § 14 FGG aF auf die entsprechende Anwendung der Vorschriften der ZPO über die Prozesskostenhilfe (PKH) verwiesen. Für die bisherigen ZPO-Familiensachen (insbesondere Ehesachen, Unterhalt und Güterrecht) galten §§ 114 ff. ZPO unmittelbar.

2 Auch nach neuem Recht wird in § 76 Abs. 1 wegen der Bewilligung von VKH weiterhin **auf die Vorschriften der ZPO (§§ 114 ff. ZPO) verwiesen**, soweit §§ 76 Abs. 2, 77, 78 keine abweichenden Bestimmungen enthalten. Die persönlichen Voraussetzungen für die Gewährung von VKH in FamFG-Verfahren (die sog. **Bedürftigkeit**) bestimmen sich danach abschließend nach den in der ZPO geregelten Grundsätzen. Besonderheiten sind insoweit nicht gegeben. Insbesondere kann hierzu auf die bisher ergangene Rechtsprechung und Literatur zurückgegriffen werden.

3 Auch zu den sachlichen Voraussetzungen der VKH (**Erfolgsaussicht, keine Mutwilligkeit**) verzichtet das FamFG abweichend von dem RegE[1] auf Vorschlag des Rechtsausschusses[2] auf eine eigenständige Regelung. Auch insoweit verbleibt es daher bei den bisherigen Grundsätzen. VKH wird insbesondere auch in Amtsverfahren grundsätzlich weiterhin nur dann gewährt, wenn die Rechtsverfolgung oder die Rechtsverteidigung des Beteiligten hinreichende Aussicht auf Erfolg hat.

4 Allerdings kann sich in **Amtsverfahren** die Notwendigkeit der Bewilligung von VKH auch allein aus dem möglichen Eingriff in Grundrechte der Beteiligten ergeben.[3] In Verfahren zur Abwendung einer Kindeswohlgefährdung nach § 1666 BGB kann deshalb den Eltern oder einem Elternteil auch dann VKH bewilligt werden, wenn sie der von dem Jugendamt angeregten Maßnahme zustimmen.[4] Ebenso bedarf es keiner Prüfung der Erfolgsaussicht der Rechtsverteidigung, wenn ein Elternteil im Rahmen eines Scheidungsverfahrens die Übertragung der elterlichen Sorge für die gemeinsamen Kinder auf sich allein begehrt. Dem Gegner ist selbst bei fehlender Erfolgsaussicht seiner Rechtsverteidigung VKH zu bewilligen.[5] Gesondert zu prüfen ist allerdings, ob die Beiordnung eines Rechtsanwalts nach § 78 Abs. 2 erforderlich ist.[6] Auch in Amtsverfahren wird VKH nur auf Antrag gewährt.

5 Für **Antragsverfahren** verbleibt es dabei, dass der jeweilige Sachantrag des Beteiligten hinreichende Aussicht auf Erfolg versprechen muss. Ebenso bleibt es bei der Prüfung, ob ein Beteiligter, der die Verfahrenskosten selbst bezahlen muss, in gleicher Weise vorgehen würde (keine Mutwilligkeit).

6 Die Regelungen über die VKH in §§ 76 bis 78 sind nach § 113 Abs. 1 Satz 1 in **Ehesachen** (insbes. Scheidung und Aufhebung der Ehe) und in **Familienstreitsachen** (Unterhalt, Güterrecht, Lebenspartnerschaftssachen, sonstige Familiensachen nach § 266 Abs. 1) **nicht anzuwenden**. Für diese Verfahren wird in § 113 Abs. 1 Satz 2 auf die (direkte) Anwendung der §§ 114 bis 127 ZPO über die PKH verwiesen. Ein praktischer Unterschied ergibt sich dadurch wegen § 76 Abs. 1 regelmäßig nicht.

7 Weitere Vorschriften über die VKH finden sich in § 114 Abs. 4 Nr. 5 (kein Anwaltszwang im VKH-Verfahren) und in § 149 (Erstreckung auf den Versorgungsausgleich).

B. Inhalt der Vorschrift

I. Absatz 1

8 Nach Abs. 1 finden auf die Bewilligung von VKH die **Vorschriften der ZPO** über die PKH entsprechende Anwendung. Ein Beteiligter erhält danach VKH, wenn er **bedürftig** ist und die von ihm beabsichtigte Rechtsverfolgung oder Rechtsverteidigung hinreichende **Aussicht auf Erfolg** iSv. § 114 ZPO bietet. Außerdem darf die Rechtsverfolgung oder Rechtsverteidigung **nicht mutwillig** iSd. § 114 ZPO erscheinen. Es muss also feststehen, dass ein verständiger nicht bedürftiger Antragsteller auch ohne Gewährung von VKH sein Recht in gleicher Weise verfolgen würde.

1 BT-Drucks. 16/6308, S. 27, S. 212 f.
2 BT-Drucks. 16/9733, S. 291.
3 *Borth*, FamRZ 2007, 1925 (1930).
4 OLG Karlsruhe v. 23.9.2003 – 16 WF 91/03, FamRZ 2004, 706.
5 OLG Rostock v. 31.3.2005 – 10 WF 60/05, FamRZ 2005, 1913.
6 Vgl. dazu für Verfahren mit Amtsaufklärung Zöller/*Philippi*, § 121 ZPO Rz. 11.

9 Die Bewilligung von VKH kann für den Antragsteller, den Antragsgegner und die vom Gericht hinzugezogenen weiteren Beteiligten, die sich im Verfahren äußern, erfolgen. Für Parteien kraft Amtes und juristische Personen vgl. Rz. 46.

10 Die Bewilligung von VKH kommt allerdings nur dann in Betracht, wenn sich der Beteiligte zwecks **Verbesserung** oder Verteidigung **seiner eigenen Rechtsposition** am Verfahren beteiligt. Wer sich dagegen nur auf Grund besonderer persönlicher Nähe im Interesse eines anderen Beteiligten am Verfahren beteiligt (§§ 274 Abs. 4, 315 Abs. 4), kann keine VKH erhalten, zumal Verfahren der fG dem Amtsermittlungsgrundsatz unterliegen. Wer durch eine Anzeige an das Gericht ein (amtswegiges) Sorgerechtsverfahren nach § 1666 BGB auslöst, kann für eine Mitwirkung an dem Verfahren ebenfalls keine VKH erhalten.[1]

II. Absatz 2

11 1. Über Anträge auf Bewilligung von VKH wird durch **Beschluss** entschieden. Eine VKH-Bewilligung muss nicht begründet werden. Einer **Begründung** bedürfen nur eine Ablehnung, eine eingeschränkte Bewilligung (Teilablehnung) oder die Anordnung von Ratenzahlung. Fehlt die Begründung, kann sie auf Gegenvorstellung oder nach Einlegung der sofortigen Beschwerde (§ 76 Abs. 2) im Vorlagebeschluss nachgeholt werden. Soweit die Gründe der Entscheidung Angaben über die persönlichen und wirtschaftlichen Verhältnisse des Beteiligten enthalten, dürfen sie anderen Beteiligten nur mit Zustimmung des Beteiligten (Antragstellers auf VKH) mitgeteilt werden (§ 127 Abs. 1 Satz 3 ZPO).

11a 2. Nach Abs. 2 finden für die Beschwerde in VKH-Sachen die Vorschriften der ZPO entsprechende Anwendung. Die **sofortige Beschwerde** ist danach statthaft in den in § 127 Abs. 2 und 3 ZPO geregelten Fällen. Statthaft ist eine sofortige Beschwerde des Antragstellers gegen alle ihm ungünstigen Beschlüsse in erster Instanz (insbesondere Zurückweisung des Antrags, eingeschränkte Bewilligung, Anordnung von Ratenzahlung, Ablehnung der Beiordnung eines Anwalts, nachträgliche Aufhebung). Unzulässig ist die sofortige Beschwerde, wenn die Ablehnung auf fehlende Erfolgsaussicht gestützt wird und in der Hauptsache eine Beschwerdesumme von mehr als 600 Euro nicht erreicht ist.[2] Für das Verfahren über die VKH steht kein weitergehender Instanzenzug zur Verfügung als in der Hauptsache, um die Gefahr widersprüchlicher Entscheidungen zu vermeiden. Die Beschwerde kann in diesem Fall nur darauf gestützt werden, das Gericht habe zu Unrecht die persönlichen und wirtschaftlichen Voraussetzungen für die VKH verneint (§ 127 Abs. 2 Satz 2, Halbs. 2 ZPO).

12 Eine Bewilligung der VKH ist für die anderen Beteiligten (den Gegner) unanfechtbar. Statthaft ist in diesem Fall (Bewilligung der VKH) nur eine sofortige Beschwerde der Staatskasse gegen die unterbliebene Festsetzung von Monatsraten oder von Zahlungen aus dem Vermögen (§ 127 Abs. 3 ZPO).

13 Die **Frist zur Einlegung** der sofortigen Beschwerde in VKH-Sachen beträgt **einen Monat.**[3] Die Fristbestimmungen der §§ 127 Abs. 2 Satz 3, Abs. 3 Satz 3 ZPO sind in FamFG-Verfahren entsprechend anzuwenden.[4] Dies schreibt die ausdrückliche Regelung des Abs. 2 fort. Anwaltszwang besteht nicht (§ 114 Abs. 4 Nr. 5).

1 OLG Celle v. 6.5.2004 – 10 WF 131/04, FamRZ 2004, 1879.

2 *Götsche*, FamRZ 2009, 383 (388).

3 RegE BT-Drucks. 16/6308, S. 215; *Schürmann*, FamRB 2009, 24 (29); *Götsche*, FamRZ 2009, 383 (387).

4 Vgl. so schon BGH v. 12.4.2006 – XII ZB 102/04, FamRZ 2006, 939.

Sachlich **zuständig** zur Entscheidung über die Beschwerde ist das OLG, mit Ausnahme der Freiheitsentziehungssachen und der von den Betreuungsgerichten entschiedenen Sachen (§ 119 Abs. 1a und b GVG). In den zuletzt genannten Fällen ist Beschwerdegericht das LG (§ 72 Abs. 1 Satz 2 GVG). 14

Der Ausschluss der Kostenerstattung im Beschwerdeverfahren gem. § 127 Abs. 4 ZPO gilt auch in FamFG-Verfahren uneingeschränkt. In der Beschwerdeinstanz ist eine Verschlechterung der Entscheidung für den Beschwerdeführer verboten.[1] Unter den Voraussetzungen der §§ 70 Abs. 1 und 2 ist die Rechtsbeschwerde statthaft. 15

3. Beschlüsse, die VKH-Anträge zurückweisen, erwachsen im Übrigen nicht in Rechtskraft. Der Antrag kann damit **wiederholt** werden. Ein neuerlicher VKH-Antrag, der nicht auf neue Tatsachen oder neue Beweismittel gestützt ist, kann allerdings wegen Rechtsmissbrauchs zurückzuweisen sein.[2] 16

III. Folgen der Verweisung auf die ZPO

Die entsprechende Geltung der Vorschriften der ZPO über die PKH für FamFG-Verfahren nach Abs. 1 bedeutet im Einzelnen: 16a

1. Erfolgsaussicht

§§ 114, 115 ZPO gelten ohne Einschränkungen. Sachliche Voraussetzung für die Bewilligung ist nach § 114 ZPO die **Erfolgsaussicht**. Ihre Prüfung darf nicht dazu dienen, die Rechtsverfolgung oder Rechtsverteidigung selbst in das VKH-Prüfungsverfahren vorzuverlagern und dieses an die Stelle des Hauptsacheverfahrens treten zu lassen. VKH darf nur verweigert werden, wenn die Erfolgschance nur eine entfernte ist.[3] VKH darf nicht versagt werden, wenn die Entscheidung in der Hauptsache von der Beantwortung einer schwierigen, bislang ungeklärten Rechtsfrage abhängt. Sie darf erst recht nicht versagt werden, wenn die Rechtsfrage höchstrichterlich geklärt ist, das Gericht aber von dieser Auffassung abweichen will.[4] Eine schwierige Rechtsfrage, die in vertretbarer Weise nach höchstrichterlicher Rechtsprechung auch anders beantwortet werden kann, darf nicht abschließend im VKH-Verfahren entschieden werden.[5] 17

2. Bedürftigkeit

Weitere Voraussetzung für die Bewilligung ist die **Bedürftigkeit**. Der Beteiligte hat zunächst sein Einkommen (§ 115 Abs. 1 ZPO) und sein Vermögen (§ 115 Abs. 3 ZPO) einzusetzen, um die Kosten des Verfahrens aufzubringen. 18

a) Einzusetzendes Einkommen

Das **einzusetzende Einkommen** ermittelt sich nach § 115 Abs. 1 ZPO, unter Abzug der dort genannten Positionen. Maßgeblich ist das Einkommen des Beteiligten, der die Bewilligung beantragt und nicht das Familieneinkommen. 19

---

1 Zöller/*Philippi*, § 127 ZPO Rz. 37; *Götsche*, FamRZ 2009, 383; OLG Bremen v. 3.9.2008 – 5 WF 37/08, FamRZ 2009, 366.

2 OLG Hamm v. 20.11.2003 – 3 WF 570/03, FamRZ 2004, 1218; BGH v. 16.12.2008 – VIII ZB 78/06, FamRZ 2009, 496.

3 BVerfG v. 13.7.2005 – 1 BvR 175/05, FamRZ 2005, 1893.

4 BVerfG v. 29.5.2006 – 1 BvR 430/03, FamRZ 2007, 1876 f.

5 BVerfG v. 5.2.2003 – 1 BvR 1526/02, FamRZ 2003, 833.

20 **Kindergeld**, das der VKH-Antragsteller bezieht, ist in vollem Umfang als sein Einkommen zu berücksichtigen, soweit es nicht zur Bestreitung des notwendigen Lebensunterhalts eines minderjährigen Kindes zu verwenden ist.[1]

21 Der **Bezug von Leistungen nach dem SGB II** (Arbeitslosengeld II) führt zur Bewilligung von VKH ohne Ratenzahlung, weil die Bedarfsberechnung keinen Prozesskostenratenbedarf vorsieht.[2] Auch Leistungen der **Grundsicherung** im Alter und bei Erwerbsminderung nach §§ 41 f. SGB XII sind kein Einkommen iSv. § 115 Abs. 1 Satz 2 ZPO und daher nicht zur Finanzierung der Verfahrenskosten einzusetzen.[3] Arbeitslosengeld II ist aber dann als Einkommen iSd. § 115 Abs. 1 Satz 2 ZPO zu berücksichtigen, wenn die antragstellende Partei neben dem Arbeitslosengeld II weitere Einkünfte hat, die ihrerseits einzusetzendes Einkommen sind und die zusammen mit dem Arbeitslosengeld II die nach § 115 Abs. 1 Satz 3 ZPO vorzunehmenden Abzüge übersteigen.[4]

22 Vom Einkommen abzusetzen sind die in § 115 Abs. 1 Satz 3 Nr. 1a bis Nr. 4 genannten Beträge.

§ 82 Abs. 2 SGB XII (vgl. § 115 Abs. 1 Satz 3 Nr. 1a) hat folgenden Wortlaut:

„Von dem Einkommen sind abzusetzen

1. auf das Einkommen entrichtete Steuern,

2. Pflichtbeiträge zur Sozialversicherung einschließlich der Beiträge zur Arbeitsförderung,

3. Beiträge zu öffentlichen oder privaten Versicherungen oder ähnlichen Einrichtungen, soweit diese Beiträge gesetzlich vorgeschrieben oder nach Grund und Höhe angemessen sind, sowie geförderte Altersvorsorgebeiträge nach § 82 des Einkommensteuergesetzes, soweit sie den Mindesteigenbeitrag nach § 86 des Einkommensteuergesetzes nicht überschreiten,

4. die mit der Erzielung des Einkommens verbundenen notwendigen Ausgaben,

5. das Arbeitsförderungsgeld und Erhöhungsbeträge des Arbeitsentgelts im Sinne von § 43 Satz 4 des Neunten Buches.“

Vom Einkommen abzusetzen sind danach also Steuern, Sozialversicherungsbeiträge, angemessene Versicherungsbeiträge, geförderte Altersvorsorgebeiträge und Werbungskosten.

23 **Fahrtkosten** zur Arbeit können als Werbungskosten bei der Ermittlung des einzusetzenden Einkommens berücksichtigt werden, für die Benutzung eines PKW monatlich 5,20 Euro je Entfernungskilometer, beschränkt auf maximal 40 km.[5] Die notwendigen Fahrtkosten sind neben dem Freibetrag für Erwerbstätige (zusätzlich) abzusetzen.[6]

24 Weiter abzusetzen nach § 115 Abs. 1 Satz 3 Nr. 1b sind (gegebenenfalls) der **Freibetrag für Erwerbstätige** und nach § 115 Abs. 1 Satz 3 Nr. 2a **Grundfreibeträge** für den Betei-

---

1 BGH v. 26.1.2005 – XII ZB 234/03, FamRZ 2005, 605: wenn der notwendige Lebensunterhalt des Kindes, der mit dem jeweils geltenden Freibetrag zu bemessen ist, durch Unterhaltsleistungen gewährleistet ist; ebenso OLG Karlsruhe v. 7.5.2008 – 2 WF 55/08, FamRZ 2008, FamRZ 2008, 1960 für die Rechtslage nach dem UÄndG 2007.

2 OLG Karlsruhe v. 22.8.2006 – 20 WF 106/06, FamRZ 2007, 155; OLG München v. 18.5.1995 – 2 WF 764/95, FamRZ 1996, 42 zum früheren BSHG.

3 OLG Koblenz v. 15.10.2007 – 7 WF 888/07, FamRZ 2008, 421.

4 BGH v. 8.1.2008 – VIII ZB 18/06 FamRZ 2008, 781; OLG Stuttgart v. 18.2.2008 – 11 WF 243/07, FamRZ 2008, 1261.

5 OLG Zweibrücken v. 30.1.2006 – 6 WF 12/06, FamRZ 2006, 799; OLG Bamberg v. 21.2.2008 – 2 WF 278/07, FamRZ 2008, 1541; OLG Brandenburg v. 7.4.2008 – 9 UF 77/08, FamRZ 2008, 1962. Für die Bemessung der Fahrtkosten nach § 5 Abs. 2 Nr. 2 JVEG dagegen OLG Karlsruhe v. 26.7.2007 – 5 WF 63/07, FamRZ 2008, 69; OLG Karlsruhe v. 7.5.2008 – 16 WF 65/08, FamRZ 2008, 2288 und OLG Nürnberg v. 19.5.2008 – 9 WF 491/08, FamRZ 2008, 1961.

6 Kein Alternativverhältnis dieser Abzüge, vgl. OLG Karlsruhe v. 26.7.2007 – 5 WF 63/07, FamRZ 2008, 69 und *Götsche*, FamRB 2009, 11.

ligten, seinen Ehegatten oder Lebenspartner und nach § 115 Abs. 1 Satz 3 Nr. 2b (gegebenenfalls) Freibeträge für weitere Unterhaltsberechtigte.

25 Abzusetzen nach § 115 Abs. 1 Satz 3 Nr. 3 sind die Kosten des Beteiligten für Unterkunft und Heizung. Zu den **Kosten für Unterkunft und Heizung** nach § 115 Abs. 1 Nr. 3 ZPO gehören der tatsächlich gezahlte Mietzins und die Betriebskosten, aber nicht Verbrauchskosten für allgemeinen Strom und Wasser[1] sowie für Gas, Abwasser, Telefon, Radio und Fernsehen.

26 § 115 Abs. 1 Satz 3 Nr. 4 erlaubt weitere Abzüge für **besondere Belastungen** (zB Unterhaltsrenten oder Verbindlichkeiten, die eingegangen wurden, bevor die Notwendigkeit erkennbar wurde, ein Verfahren zu führen). Die Freibeträge für Unterhaltsleistungen nach § 115 Abs. 1 Satz 3 Nr. 2a für Ehegatten oder Lebenspartner und nach § 115 Abs. 1 Satz 3 Nr. 2b für weitere Unterhaltsberechtigte werden gewährt für Unterhalt, der durch Betreuung tatsächlich geleistet wird (durch Aufnahme in den Haushalt des Antragstellers). Sie vermindern sich ggf. durch eigenes Einkommen der Unterhaltsberechtigten. Die Höhe der derzeitigen **Freibeträge** ergibt sich aus der Prozesskostenhilfebekanntmachung 2009 v. 17.6.2009 (BGBl. 2009, S. 1340: Freibetrag für Erwerbstätige 180 Euro, für die Partei und ihren Ehegatten oder Lebenspartner 395 Euro und für jede weitere Person 276 Euro). Wird dagegen der Unterhalt als Unterhaltsrente bezahlt, ist diese an Stelle des Freibetrages als besondere Belastung iSd. Nr. 4 abzusetzen, sofern der Unterhalt tatsächlich bezahlt wird.

27 Das einzusetzende Einkommen ist nach Maßgabe der Tabelle zu § 115 Abs. 2 ZPO entscheidend dafür, ob und in welcher Höhe Raten auf die Verfahrenskosten zu entrichten sind (höchstens 48 Monatsraten). **§ 115 Abs. 2 ZPO** hat folgenden Wortlaut:

„(2) Von dem nach den Abzügen verbleibenden, auf volle Euro abzurundenden Teil des monatlichen Einkommens (einzusetzendes Einkommen) sind unabhängig von der Zahl der Rechtszüge höchstens 48 Monatsraten aufzubringen, und zwar bei einem

einzusetzenden Einkommen (Euro)	**eine Monatsrate von (Euro)**
bis 15	**0**
50	**15**
100	**30**
150	**45**
200	**60**
250	**75**
300	**95**
350	**115**
400	**135**
450	**155**
500	**175**
550	**200**
600	**225**
650	**250**
700	**275**
750	**300**
über 750	**300 zuzüglich des 750 übersteigenden Teils des einzusetzenden Einkommens.“**

1 BGH v. 8.1.2008 – VIII ZB 18/06 FamRZ 2008, 781.

28 Im Rahmen einer in gesetzlicher **Prozessstandschaft** erhobenen Klage auf Kindesunterhalt (auch außerhalb des Scheidungsverbunds) ist für die Bewilligung von VKH auf die Einkommens- und Vermögensverhältnisse des klagenden Elternteils (der Partei) und nicht auf diejenigen des Kindes abzustellen.[1]

29 Ein **fiktives Einkommen** des Antragstellers (Wert der eigenen Arbeitskraft) kann nur dann angesetzt werden, wenn es sonst zu einer missbräuchlichen Inanspruchnahme von VKH durch arbeitsunwillige Personen käme.[2] Für den Verbleib eines früher vorhandenen Geldvermögens muss eine plausible Erklärung abgegeben werden.[3]

b) Einsatz des Vermögens

30 Nach § 115 Abs. 3 ZPO hat ein Beteiligter vorrangig sein **Vermögen** einzusetzen, um die Kosten der Prozessführung aufzubringen. Vom Einsatz des Vermögens ausgenommen sind die Werte, die in § 90 SGB XII genannt sind (§ 115 Abs. 3 Satz 2 ZPO). **§ 90 SGB XII** hat folgenden Wortlaut:

„(1) Einzusetzen ist das gesamte verwertbare Vermögen.

(2) Die Sozialhilfe darf nicht abhängig gemacht werden vom Einsatz oder von der Verwertung

1. eines Vermögens, das aus öffentlichen Mitteln zum Aufbau oder zur Sicherung einer Lebensgrundlage oder zur Gründung eines Hausstandes erbracht wird,

2. eines Kapitals einschließlich seiner Erträge, das der zusätzlichen Altersvorsorge im Sinne des § 10a oder des Abschnitts XI des Einkommensteuergesetzes dient und dessen Ansammlung staatlich gefördert wurde,

3. eines sonstigen Vermögens, solange es nachweislich zur baldigen Beschaffung oder Erhaltung eines Hausgrundstücks im Sinne der Nr. 8 bestimmt ist, soweit dieses Wohnzwecken behinderter (§ 53 Abs. 1 Satz 1 und § 72) oder pflegebedürftiger Menschen (§ 61) dient oder dienen soll und dieser Zweck durch den Einsatz oder die Verwertung des Vermögens gefährdet würde,

4. eines angemessenen Hausrats; dabei sind die bisherigen Lebensverhältnisse der nachfragenden Person zu berücksichtigen,

5. von Gegenständen, die zur Aufnahme oder Fortsetzung der Berufsausbildung oder der Erwerbstätigkeit unentbehrlich sind,

6. von Familien- und Erbstücken, deren Veräußerung für die nachfragende Person oder ihre Familie eine besondere Härte bedeuten würde,

7. von Gegenständen, die zur Befriedigung geistiger, insbesondere wissenschaftlicher oder künstlerischer Bedürfnisse dienen und deren Besitz nicht Luxus ist,

8. eines angemessenen Hausgrundstücks, das von der nachfragenden Person oder einer anderen in den § 19 Abs. 1 bis 3 genannten Person allein oder zusammen mit Angehörigen ganz oder teilweise bewohnt wird und nach ihrem Tod von ihren Angehörigen bewohnt werden soll. Die Angemessenheit bestimmt sich nach der Zahl der Bewohner, dem Wohnbedarf (zB behinderter, blinder oder pflegebedürftiger Menschen), der Grundstücksgröße, der Hausgröße, dem Zuschnitt und der Ausstattung des Wohngebäudes sowie dem Wert des Grundstücks einschließlich des Wohngebäudes,

9. kleinerer Barbeträge oder sonstiger Geldwerte; dabei ist eine besondere Notlage der nachfragenden Person zu berücksichtigen.

(3) Die Sozialhilfe darf ferner nicht vom Einsatz oder von der Verwertung eines Vermögens abhängig gemacht werden, soweit dies für den, der das Vermögen einzusetzen hat, und für seine unterhaltsberechtigten Angehörigen eine Härte bedeuten würde. Dies ist bei der Leistung nach dem Fünften bis Neunten Kapitel insbesondere der Fall, soweit eine angemessene Lebensführung oder die Aufrechterhaltung einer angemessenen Alterssicherung wesentlich erschwert würde.“

1 BGH v. 11.5.2005 – XII ZB 242/03, NJW-RR 2005, 1237.

2 OLG Brandenburg v. 9.8.2007 – 13 WF 18/07 NJW-RR 2008, 734; strenger KG v. 21.5.2008 – 17 WF 101/08, FamRZ 2008, 2302: Keine Bedürftigkeit, wenn nicht konkrete Bemühungen um eine Beschäftigung dargelegt und glaubhaft gemacht werden.

3 BGH v. 2.4.2008 – XII ZB 184/05, NJW-RR 2008, 953.

Das **Schonvermögen** iSd. §§ 115 Abs. 3 ZPO, 90 Abs. 2 Nr. 9 SGB XII beträgt 2600 Euro zuzüglich eines Betrags von 256 Euro für jede unterhaltsberechtigte Person.[1] 30a

Ob der **Rückkaufswert einer Lebensversicherung** zum Bestreiten der Verfahrenskosten einzusetzen ist, kann nicht allgemein beantwortet werden. Vielmehr bedarf es in Zeiten unsicherer Prognosen zur weiteren Entwicklung der gesetzlichen Alterssicherungssysteme jeweils einer Abwägung, ob im Einzelfall die Realisierung des Rückkaufswerts zur Aufbringung der Verfahrenskosten eine unzumutbare Härte darstellt. Die Auflösung einer bestehenden Lebensversicherung ist insbesondere dann unzumutbar, wenn dadurch die Aufrechterhaltung einer angemessenen Altersvorsorge wesentlich erschwert würde.[2] Lebensversicherungen, die der Altersvorsorge eines Selbständigen dienen, können vom Vermögenseinsatz auszunehmen sein.[3] 31

Auch ein **Bausparguthaben**, das die Grenze des Schonvermögens nicht unerheblich übersteigt, gehört zu dem einzusetzenden Vermögen.[4] **Auslandsvermögen** kann nur dann berücksichtigt werden, wenn es sofort verwertbar ist. Dies ist insbesondere bei Grundvermögen regelmäßig zweifelhaft.[5] Auch ein (höherwertiger) **Pkw** ist als einzusetzendes Vermögen anzusehen.[6] 32

Zum gem. § 115 Abs. 2 ZPO einzusetzenden Vermögen einer Partei gehört auch ein durchsetzbarer **Anspruch auf Prozesskostenvorschuss**. Er ist vorrangig vor der sozialstaatlichen VKH einzusetzen, um die Verfahrenskosten zu bestreiten.[7] Der Prozesskostenvorschuss muss alsbald realisierbar sein.[8] Er wird vom Verpflichteten auch dann geschuldet, wenn er nicht in einer Summe bezahlt werden kann, sondern nur in Raten. Dem Vorschussberechtigten kann dann VKH auch nur gegen entsprechende Ratenzahlung bewilligt werden.[9] Eltern schulden auch ihren **volljährigen Kindern** einen Vorschuss für die Kosten eines Rechtsstreits in persönlichen Angelegenheiten.[10] Gegenüber einem unterhaltsberechtigten Kind ist nicht nur der barunterhaltspflichtige Elternteil prozesskostenvorschusspflichtig, sondern, wenn ein Vorschuss vom barunterhaltspflichtigen Elternteil nicht zu erlangen ist, **im Wege der Ersatzhaftung auch der betreuende Elternteil.**[11] Auch ein getrennt lebender Ehegatte schuldet dem Grunde nach einen Prozesskostenvorschuss, nicht aber ein geschiedener Ehegatte. 33

1 BGH v. 10.6.2008 – VI ZB 56/07, FamRZ 2009, 497; OLG Nürnberg v. 19.4.2006 – 7 WF 266/06, FamRZ 2006, 1398; OLG Köln v. 13.11.2006 – 14 WF 220/06, FamRZ 2007, 488.

2 OLG Zweibrücken v. 26.9.2007 – 6 WF 192/07, FamRZ 2008, 524; OLG Celle v. 1.2.2007 – 12 WF 314/06, FamRZ 2007, 913; OLG Celle v. 8.4.2008 – 10 WF 441/07, FamRZ 2008, 1962; für die grundsätzliche Verwertung einer Kapitallebensversicherung OLG Nürnberg v. 19.2.2008 – 7 UF 739/07, FamRZ 2008, 2289 und OLG Stuttgart v. 8.4.2008 – 17 WF 66/08, FamRZ 2008, 2290; zur Zumutbarkeit der Aufnahme eines sog. Policendarlehens OLG Stuttgart v. 18.2.2008 – 10 W 46/07, FamRZ 2009, 136.

3 OLG Stuttgart v. 22.12.2006 – 16 WF 289/06, FamRZ 2007, 914.

4 Streitig, wie hier OLG Hamburg v. 6.7.1983 – 2 WF 119/83 R, FamRZ 1984, 71; OLG Bamberg v. 12.10.1988 – 2 WF 203/88, JurBüro 1989, 234.

5 VG Frankfurt v. 5.3.1991 – V/2 H 2029/90, NJW 1992, 647.

6 KG v. 27.2.2006 – 12 W 5/06, FamRZ 2007, 158; OLG Brandenburg v. 5.1.2006 – 9 WF 358/05, FamRZ 2006, 1045.

7 BGH v. 10.7.2008 – VII ZB 25/08, FamRZ 2008, 1842.

8 BGH v. 10.7.2008 – VII ZB 25/08, FamRZ 2008, 1842.

9 BGH v. 4.8.2004 – XII ZA 6/04, FamRZ 2004, 1633, OLG Koblenz v. 15.8.1990 – 14 W 382/90, FamRZ 1991, 346.

10 BGH v. 23.3.2005 – XII ZB 13/05, NJW 2005, 1722.

11 OLG Karlsruhe v. 31.10.1994 – 16 WF 116/94, FamRZ 1996, 1100; OLG Jena v. 19.3.1998 – WF 18/98, FamRZ 1998, 1302.

34 Die Heranziehung zu einem Prozesskostenvorschuss setzt grundsätzlich unterhaltsrechtliche **Leistungsfähigkeit** voraus. Diese ist insbesondere in Unterhaltsverfahren nicht gegeben, wenn schon das gesamte über dem Selbstbehalt liegende Einkommen des Verpflichteten im Rahmen der Berechnung des Elementarunterhalts verteilt wird. Beantragt ein Kind VKH für ein Verfahren auf Feststellung der nichtehelichen Vaterschaft, so kann es nicht auf einen etwaigen Prozesskostenvorschuss gegen den Putativ-Vater verwiesen werden.[1]

35 Für die gerichtliche **Geltendmachung** der von einem Sozialhilfeträger **rückübertragenen Unterhaltsansprüche** ist der Unterhaltsberechtigte grundsätzlich nicht bedürftig iSv. § 114 ZPO, da ihm ein Anspruch auf Prozesskostenvorschuss gegen den Sozialhilfeträger zusteht (§ 9 Abs. 4 Satz 3 UVG; § 94 Abs. 5 Satz 2 SGB XII). Für die Geltendmachung laufenden Unterhals ab Rechtshängigkeit ist dem Leistungsberechtigten indessen stets VKH zu bewilligen, soweit Erfolgsaussicht besteht und er selbst bedürftig ist. Allein der Gesichtspunkt der Prozessökonomie rechtfertigt kein schutzwürdiges Interesse des Unterhaltsgläubigers an einer VKH für das gesamte Verfahren. Anders ist dies nur dann, wenn sich die Geltendmachung rückübertragener Ansprüche neben den beim Unterhaltsgläubiger verbliebenen Unterhaltsansprüchen kostenrechtlich nicht auswirkt, zB Zeitraum zwischen Eingang des VKH-Antrags und Rechtshängigkeit.[2]

36 Der Einsatz eines aus einer **Schmerzensgeld**zahlung entstandenen Vermögens ist unzumutbar.[3]

3. Keine Mutwilligkeit

37 Negative Voraussetzung ist das **Fehlen von Mutwilligkeit**. Erklärt eine Partei, zum VKH-Gesuch der Gegenseite keine Erklärung abzugeben, oder hält sie Einwendungen zurück, so kann sich die spätere Rechtsverteidigung als mutwillig darstellen.[4] Ein **Umgangsverfahren** ist idR mutwillig eingeleitet, wenn nicht vorher mit Hilfe des Jugendamts versucht worden ist, eine gütliche Einigung zwischen den Eltern des Kindes zu erzielen,[5] jedenfalls dann, wenn eine solche Vorgehensweise auch erfolgversprechend gewesen wäre. Der Antrag eines Kindes auf Umgang mit einem unwilligen Elternteil ist nicht mutwillig, obwohl er regelmäßig nicht zwangsweise durchgesetzt werden kann.[6] Die Geltendmachung einer zivilprozessualen Scheidungsfolgensache **außerhalb des Verbundverfahrens** ist grundsätzlich nicht mutwillig. Es besteht die freie Wahl zwischen Verbundverfahren und isoliertem Verfahren.[7]

38 VKH für einen neuen **Scheidungsantrag** ist wegen Mutwilligkeit zu versagen, wenn zuvor wiederholt frühere Scheidungsanträge zurückgenommen worden sind[8] oder

1 OLG Karlsruhe v. 3.6.2008 – 2 WF 128/07, NJW-RR 2008, 1103; FA-FamR/*Pieper*, 3. Kap. Rz. 161.
2 BGH v. 2.4.2008 – XII ZB 266/03, FamRZ 2008, 1159.
3 OLG Stuttgart v. 18.6.2007 – 18 WF 112/07, FamRZ 2007, 1661.
4 OLG Oldenburg v. 13.5.2002 – 12 WF 81/02, FamRZ 2002, 1712; OLG Brandenburg v. 5.4.2005 – 9 WF 79/05, FamRZ 2006, 349 m. abl. Anm. *Benkelberg*, FamRZ 2006, 869 ff.; aA OLG Hamm v. 7.12.2006 – 2 WF 194/06, FamRZ 2008, 1264.
5 OLG Stuttgart v. 7.8.2008 – 16 WF 194/08, OLGReport Stuttgart 2008, 765; OLG Koblenz v. 16.8.2004 – 9 WF 791/04, FamRZ 2005, 1915; OLG Brandenburg v. 25.2.2003 – 9 WF 23/03, FamRZ 2003, 1760; aA OLG München v. 26.11.2007 – 26 WF 1792/07, FamRZ 2008, 1089.
6 OLG Stuttgart v. 7.8.2008 – 16 WF 194/08, OLGReport Stuttgart 2008, 765.
7 BGH v. 10.3.2005 – XII ZB 20/04, FamRZ 2005, 786.
8 OLG Köln v. 25.9.1987 – 4 WF 158/87, FamRZ 1988, 92.

wenn kurz zuvor ein Scheidungsantrag nach längerem Verfahren ohne Versöhnung der Eheleute zurückgenommen worden ist.[1] Wer VKH für die Scheidung einer rechtsmissbräuchlich eingegangenen Ehe beantragt, handelt nicht rechtsmissbräuchlich oder mutwillig. Wer sich zum Eingehen einer **Scheinehe** entschließt, hat aber grundsätzlich die Pflicht, im Rahmen des wirtschaftlich Zumutbaren Rücklagen für das (von vornherein vorhersehbare) Eheaufhebungsverfahren zu bilden (verschärfe Prüfung der Bedürftigkeit[2]). Es kann mutwillig sein, ein Vaterschaftsanfechtungsverfahren zu beantragen, wenn das Verfahren nach § 1599 Abs. 2 BGB (scheidungsabhängige Vaterschaftsanerkennung) unschwer zur Verfügung steht.[3]

4. Ausschluss wegen Geringfügigkeit

Keine VKH wird trotz Vorliegens der Voraussetzungen bewilligt, wenn die eigenen Kosten der Prozessführung für den Antragsteller voraussichtlich **vier Monatsraten** nicht übersteigen (§ 115 Abs. 4 ZPO[4]). Wurde die VKH gestützt auf § 115 Abs. 4 ZPO abgelehnt, kann sie erneut beantragt werden, wenn sich nachträglich herausstellt, dass die Kosten vier Monatsraten doch übersteigen.[5] 39

5. Umfang der Bewilligung

Mit der Bewilligung hat das Gericht grundsätzlich klarzustellen, in welchem **Umfang** VKH bewilligt wird. Enthält der Beschluss keine Einschränkung, ist in vollem Umfang bewilligt. Für Folgesachen oder einstweilige Anordnungen muss VKH jedoch jeweils (rechtzeitig) gesondert beantragt und bewilligt werden. In Ausnahme davon erstreckt sich nach § 149 die Bewilligung von PKH (richtig wegen § 113 Abs. 5 Nr. 1: VKH) für die Ehesache auch auf den Versorgungsausgleich. 40

6. Besondere Verfahrensarten

Grundsätzlich kann VKH für **alle Verfahrensarten** bewilligt werden. Solange ein Antrag noch nicht zugestellt ist, darf einem Antragsgegner allerdings im Allgemeinen keine VKH bewilligt werden.[6] Für das VKH-Verfahren wird grundsätzlich VKH nicht gewährt,[7] auch dann nicht, wenn das Gericht die Beteiligten gem. § 118 Abs. 1 Satz 3 ZPO zur mündlichen Erörterung lädt. Kommt es dabei zu einer Einigung der Beteiligten, darf aus Zweckmäßigkeitsgründen VKH gewährt werden, aber nur für den Abschluss des Vergleichs im Erörterungstermin und nicht für das gesamte VKH-Verfahren.[8] 41

Nach Abschluss der Instanz darf VKH nur noch bewilligt werden, wenn der Beteiligte alles ihm Zumutbare getan hat, um eine Bewilligungsentscheidung noch während der 42

---

1 OLG Karlsruhe v. 1.9.1997 – 16 WF 118/96, FamRZ 1998, 485.
2 Vgl. OLG Rostock v. 5.4.2007 – 11 WF 59/07, NJW-RR 2007, 1161; BGH v. 22.6.2005 – XII ZB 247/03, FamRZ 2005, 1477.
3 AA OLG Brandenburg v. 21.11.2006 – 10 WF 218/06, FamRZ 2008, 68, weil die auf der Anerkennung durch den Dritten beruhende Vaterschaft ihrerseits wieder angefochten werden könne.
4 Zur Berechnung Zöller/*Philippi*, § 115 ZPO Rz. 79 f.
5 Zöller/*Philippi*, § 115 ZPO Rz. 77.
6 OLG Rostock v. 10.9.2007 – 10 WF 162/07, FamRZ 2008, 67.
7 BGH v. 30.5.1984 – VIII 298/83, NJW 1984, 2106; OLG Naumburg v.11.9.2007 – 3 WF 260/07, FamRZ 2008, 1088.
8 BGH v. 8.6.2004 – VI ZB 49/03, NJW 2004, 2595; OLG Hamm v. 3.7.2008 – 10 WF 77/08, FamRZ 2009, 136.

Instanz herbeizuführen.[1] VKH kann nicht mehr bewilligt werden, wenn sich das Verfahren in der Hauptsache erledigt hat, bevor über den VKH-Antrag bei ordnungsgemäßem Geschäftsgang entschieden werden konnte.[2]

43 Auch für ein **Vermittlungsverfahren** nach § 165 kann VKH bewilligt und jedenfalls bei komplizierter Sach- und Rechtslage auch ein Anwalt beigeordnet werden.[3]

44 Eine **Abstammungsuntersuchung nach § 1598a BGB** muss vom Anspruchsberechtigten privat auf eigene Rechnung in Auftrag gegeben werden. Für das Abstammungsgutachten kann damit keine VKH bewilligt werden.[4]

45 Bei einer **Stufenklage** ist die VKH von Stufe zu Stufe zu bewilligen, zunächst also nur für die Auskunftsstufe, weil die Prüfung, ob die Rechtsverfolgung hinreichende Aussicht auf Erfolg bietet, nur abschnittsweise vorgenommen werden kann.[5] In **Vaterschaftsfeststellungsverfahren** sind wegen der regelmäßig veranlassten Einholung eines Abstammungsgutachtens an die Erfolgsaussichten der Rechtsverteidigung des Gegners keine hohen Anforderungen zu stellen. Eine antizipierte Beweiswürdigung ist im VKH-Prüfungsverfahren regelmäßig nicht zulässig.[6]

46 Die entsprechende Anwendung der ZPO bedeutet weiter: Nach § 116 ZPO kann auch einer **Partei kraft Amtes**, einer juristischen Person oder einer parteifähigen Vereinigung VKH bewilligt werden. Diese Vorschrift gilt ohne Einschränkungen.

7. Form und Inhalt des Antrags; Bewilligungsverfahren

47 § 117 ZPO regelt Form und Inhalt des **Antrags** auf Bewilligung von VKH und die Verpflichtung zur Vorlage einer Erklärung über die persönlichen und wirtschaftlichen Verhältnisse (Formblatt). Auch diese Vorschrift gilt entsprechend. Lücken bei der Ausfüllung des Vordrucks gem. § 117 Abs. 2 ZPO berechtigen nicht zur Versagung von VKH, wenn die fehlenden Angaben den beigefügten Unterlagen oder der Begründung des VKH-Gesuchs unschwer entnommen werden können.[7]

48 § 118 Abs. 1 Satz 1 ZPO (Anhörung des Gegners) wird durch § 77 Abs. 1 verdrängt. Das Verfahren (Art und Weise) einer etwaigen **Anhörung anderer Beteiligter** richtet sich entsprechend § 118 Abs. 1 Satz 2 bis 5 ZPO, die ohne Einschränkungen gelten (§ 76 Abs. 1; vgl. die Kommentierung zu § 77 Abs. 1).

49 Entsprechend § 118 Abs. 2 Satz 1 ZPO kann das Gericht auch in FamFG-Verfahren verlangen, dass der Antragsteller seine tatsächlichen Angaben **glaubhaft macht**. In

1 BGH v. 30.9.1981 – IVb 694/80, NJW 1982, 446.

2 OLG Köln v. 18.2.2008 – II-4 WF 24/08, FamRZ 2008, 1259; OLG Düsseldorf v. 27.6.1988 – 4 WF 178/88, JurBüro 1989, 114; OLG Frankfurt v. 17.10.1983 – 3 WF 81/83, FamRZ 1984, 305; Zöller/*Philippi*, § 119 ZPO Rz. 45.

3 OLG Frankfurt v. 12.9.2006 – 3 WF 234/06, FamRZ 2007, 566; OLG Brandenburg v. 21.4.2008 – 10 WF 73/08, FamRZ 2008, 2218 (jedenfalls wenn der andere Elternteil anwaltlich vertreten ist); nach *Maier*, FPR 2007, 301 kommt die Beiordnung eines Rechtsanwalts nicht in Betracht.

4 *Helms*, FamRZ 2008, 1033 (1035).

5 OLG Naumburg v. 23.4.2007 – 8 WF 98/07, FamRZ 2007, 1755; aA OLG Brandenburg v. 25.2.2008 – 9 WF 39/08, FamRZ 2008, 1354: Bewilligung hinsichtlich der Leistungsstufe immanent beschränkt auf einen solchen Zahlungsantrag, der von der Auskunft gedeckt ist.

6 AA OLG Naumburg v. 16.9.2005 – 8 WF 187/05, FamRZ 2006, 960: PKH nur dann, wenn der Beklagte ernsthafte Zweifel an seiner Vaterschaft darlegt.

7 BGH v. 20.2.2008 – XII ZB 83/07, FamRZ 2008, 868; BGH v. 13.2.2008 – XII ZB 151/07, FamRZ 2008, 871.

Verfahren, die von Amts wegen eingeleitet werden können, kann sich dies nur auf die Angaben zu den persönlichen und wirtschaftlichen Verhältnisse beziehen, in Antragsverfahren dagegen auch auf das Streitverhältnis. Das Gericht kann entsprechend § 118 Abs. 2 Satz 2 ZPO Erhebungen anstellen (Anordnung der Vorlage von Urkunden, Einholung von Auskünften). Entsprechend § 118 Abs. 2 Satz 3 ZPO ist die Vernehmung von Zeugen und Sachverständigen im Bewilligungsverfahren regelmäßig ausgeschlossen. Zuständig für die Maßnahmen des § 118 ZPO ist der Vorsitzende oder ein von ihm beauftragtes Mitglied des Spruchkörpers (entsprechend § 118 Abs. 3 ZPO).

Im Verfahren über die VKH besteht gem. § 114 Abs. 4 Nr. 5 **kein Anwaltszwang**, auch 50 nicht für einen Termin entsprechend § 118 Abs. 1 Satz 3 ZPO und auch nicht für die sofortige Beschwerde.

8. Ablehnung wegen Nichterfüllung einer Auflage

Entsprechend anwendbar ist auch § 118 Abs. 2 Satz 4 ZPO. Danach kann das Gericht 51 die Bewilligung von VKH (erst) ablehnen, wenn der antragstellende Beteiligte trotz **Auflage zur Beseitigung** und Fristsetzung keine oder nur unvollständige Angaben zu seinen persönlichen und wirtschaftlichen Verhältnissen gemacht oder diese nicht glaubhaft gemacht hat. Ob und wie weit Glaubhaftmachung verlangt wird, steht im Ermessen des Gerichts.[1] In Antragsverfahren kann Glaubhaftmachung auch zu Tatsachen verlangt werden, die sich auf das Streitverhältnis beziehen, soweit der Beteiligte hierfür die Vortrags- und Beweislast hat.[2]

9. Beschränkung auf den Rechtszug

Entsprechend § 119 Abs. 1 Satz 1 ZPO wird die VKH auch in FamFG-Verfahren **für** 52 **jeden Rechtszug gesondert** bewilligt. Sie muss insbesondere in höherer Instanz erneut beantragt werden. Im Beschwerdeverfahren darf nicht zugleich auch VKH für die erste Instanz bewilligt werden, es sei denn, das Beschwerdegericht ist durch Einlegung einer Beschwerde gegen die Ablehnung der Bewilligung auch mit diesem Streitgegenstand befasst.

10. VKH für die zweite Instanz

Ein bedürftiger Beteiligter, der ein Rechtsmittel einlegen will, muss bis zum Ablauf der 53 Rechtsmittelfrist ein VKH-Gesuch für ein beabsichtigtes Rechtsmittel einreichen. Das setzt voraus, dass dem Antrag auf VKH zur Durchführung des **Rechtsmittelverfahrens** innerhalb der Rechtsmittelfrist neben der ausgefüllten Erklärung über die persönlichen und wirtschaftlichen Verhältnisse auch die insoweit nötigen Belege beigefügt werden.[3] Nach Bewilligung der VKH kann und muss dann Rechtsmittel eingelegt und Wiedereinsetzung beantragt werden. Ein unter der Bedingung der Gewährung von VKH eingelegtes Rechtsmittel ist unzulässig.[4] Wirksam eingelegt ist das Rechtsmittel, wenn die „Durchführung" von der Gewährung der VKH abhängig gemacht wird (regelmäßig nur Vorbehalt der Rücknahme des Rechtsmittels für den Fall der Versagung der VKH[5]).

1 Zöller/*Philippi*, § 118 ZPO Rz. 16.
2 Zöller/*Philippi*, § 118 ZPO Rz. 16.
3 BGH v. 13.2.2008 – XII ZB 151/07, FamRZ 2008, 871.
4 BGH v. 20.7.2005 – XII ZB 31/05, FamRZ 2005, 1537.
5 Vgl. BGH v. 18.7.2007 – XII ZB 31/07, FamRZ 2007, 1726.

54 In höherer Instanz ist dem **Rechtsmittelgegner** im Allgemeinen VKH zur Rechtsverteidigung erst dann zu bewilligen, wenn nach Eingang der Rechtsmittelbegründung feststeht, dass das Rechtsmittel durchgeführt wird und nicht als unzulässig zu verwerfen ist.[1] Für den Rechtsmittelgegner ist nach § 119 Abs. 1 Satz 2 ZPO nicht zu prüfen, ob die Verteidigung gegen das Rechtsmittel Aussicht auf Erfolg verspricht.

11. Festsetzung der Zahlungen; Wirkung der Bewilligung

55 § 120 ZPO (**Anordnung von Ratenzahlung**, vorläufige Einstellung der Zahlungen) gilt entsprechend, während § 121 ZPO (Beiordnung eines Rechtsanwalts) durch die eigenständige Regelung in § 78 verdrängt wird.

56 § 122 Abs. 1 ZPO (**Wirkung der Bewilligung** für den Antragsteller) gilt in FamFG-Verfahren ebenfalls entsprechend, § 122 Abs. 2 ZPO (Wirkung der Bewilligung für die Gegenpartei) gilt ebenfalls entsprechend, soweit im Verfahren ein Antragsgegner vorhanden ist. § 123 ZPO (keine Auswirkung auf den Kostenerstattungsanspruch des Gegners) ist dann anwendbar, wenn ein Antragsgegner vorhanden ist und im Verfahren Kostenerstattung angeordnet worden ist.

12. Aufhebung der Bewilligung

57 Nach § 124 ZPO kann die Bewilligung der VKH in den dort bestimmten Fällen (Nr. 1 unrichtige Darstellung des Streitverhältnisses; Nr. 2 schuldhaft unrichtige Angaben über die persönlichen oder wirtschaftlichen Verhältnisse; Nr. 3 Nichtvorliegen der persönlichen oder wirtschaftlichen Verhältnisse für die VKH; Nr. 4 Rückstand mit Zahlungen) **nachträglich wieder aufgehoben werden**. Diese Vorschrift gilt ohne Einschränkungen. Zuständig für die Aufhebung nach § 124 Nr. 1 ZPO ist der Richter.[2] Im Übrigen obliegt die Aufhebung nach § 124 ZPO dem Rechtspfleger (§ 20 Nr. 4c RpflG). Die Aufhebung bewirkt, dass die Vergünstigungen des § 122 ZPO entfallen. Bereits entstandene Honoraransprüche eines beigeordneten Anwalts gegen die Staatskasse bleiben unberührt.[3]

58 § 125 ZPO (Einziehung der Kosten vom Gegner) und § 126 ZPO (Beitreibung der Rechtsanwaltskosten vom Gegner) finden auch in FamFG-Verfahren auf den Antragsgegner Anwendung, sofern ein solcher vorhanden ist. § 127 Abs. 1 ZPO (Entscheidung ohne mündliche Verhandlung) gilt ohne Einschränkungen.

§ 77
Bewilligung

(1) Vor der Bewilligung der Verfahrenskostenhilfe kann das Gericht den übrigen Beteiligten Gelegenheit zur Stellungnahme geben. In Antragsverfahren ist dem Antragsgegner vor der Bewilligung Gelegenheit zur Stellungnahme zu geben, wenn dies nicht aus besonderen Gründen unzweckmäßig erscheint.

---

1 BGH v. 7.2.2001 – XII ZR 26/99, NJW-RR 2001, 1009.
2 Zöller/*Philippi*, § 124 ZPO Rz. 20.
3 Zöller/*Philippi*, § 124 ZPO Rz. 24.

(2) Die Bewilligung von Verfahrenskostenhilfe für die Vollstreckung in das bewegliche Vermögen umfasst alle Vollstreckungshandlungen im Bezirk des Vollstreckungsgerichts einschließlich des Verfahrens auf Abgabe der Versicherung an Eides statt.

A. Allgemeines

§ 77 regelt die Gewährung des **rechtlichen Gehörs** für weitere Beteiligte (als den, der VKH beantragt hat) im Bewilligungsverfahren und den Umfang der Bewilligung von **VKH für die Vollstreckung** in das bewegliche Vermögen. Abs. 2 entspricht wörtlich § 119 Abs. 2 ZPO. 1

B. Inhalt der Vorschrift

I. Absatz 1

Abs. 1 S. 1 stellt es grundsätzlich in das freie Ermessen des Gerichts, ob es vor der Bewilligung anderen Beteiligten **Gelegenheit zur Stellungnahme** gibt. Das Gesetz überlässt es dem Gericht, im Einzelfall zu bestimmen, ob und welche Beteiligten vor der Bewilligung von VKH gehört werden sollen. Durch die Gewährung von VKH wird die verfahrensrechtliche Stellung anderer Beteiligter nicht berührt. Es handelt sich um ein Verfahren zwischen dem Antragsteller und der Staatskasse, das sich auf die Prüfung beschränkt, ob die Voraussetzungen für die Bewilligung vorliegen.[1] Die anderen Beteiligten haben in diesem Verfahren eine der Beiladung ähnliche Stellung. Gelegenheit zur Stellungnahme erhalten sie ggf. nur deshalb, um dem Gericht die Prüfung der Bewilligungsvoraussetzungen zu ermöglichen.[2] Eine Bewilligung der VKH ist für sie unanfechtbar. 2

In **Antragsverfahren**, die mit einem zu begründenden Sachantrag eingeleitet werden, ist dem Antragsgegner jedoch gem. Satz 2 regelmäßig Gelegenheit zur Stellungnahme zu geben, wenn dies nicht aus besonderen Gründen unzweckmäßig ist. Dies entspricht § 118 Abs. 1 Satz 1 ZPO. Unzweckmäßig ist die Anhörung, wenn das Vorbringen des Antragstellers von vornherein unschlüssig ist,[3] wenn nur eine fiktive Anhörung (durch öffentliche Zustellung des VKH-Antrags) erfolgen könnte[4] oder bei besonderer Eilbedürftigkeit des Verfahrens. 3

Aus der entsprechenden Anwendung des § 117 Abs. 2 Satz 2 ZPO ergibt sich, dass eine Anhörung der anderen Beteiligten zu den Angaben des Antragstellers zu seinen persönlichen und wirtschaftlichen Verhältnissen grundsätzlich nicht stattfindet. Das hindert diese freilich nicht, Einwendungen zur Bedürftigkeit des Antragstellers geltend zu machen. Die Erklärung des Antragstellers über seine persönlichen und wirtschaftlichen Verhältnisse mit den zugehörigen Belegen darf anderen Beteiligten nur mit Zustimmung des Antragstellers zugänglich gemacht werden. Die Zustimmung des Antragstellers ist nicht erforderlich, wenn der andere Beteiligte einen Anspruch auf Auskunft über Einkünfte und Vermögen des Antragstellers hat (vgl. §§ 1605, 1361 Abs. 4 Satz 4, 1580, 1615l Abs. 3 Satz 1 BGB). Einem solchen Beteiligten kann auch das VKH- 4

1 Zöller/*Philippi*, § 118 ZPO Rz. 1.
2 Zöller/*Philippi*, § 118 ZPO Rz. 1.
3 Zöller/*Philippi*, § 118 ZPO Rz. 3.
4 Zöller/*Philippi*, § 118 ZPO Rz. 3.

Formblatt zur Stellungnahme zugeleitet werden (nach vorherigem Hinweis an den Antragsteller und Gewährung einer Gelegenheit zur Stellungnahme, vgl. § 117 Abs. 2 Satz 3 ZPO).

5 Wird anderen Beteiligten Gelegenheit zur Stellungnahme gegeben, richtet sich das weitere **Verfahren** gem. § 76 Abs. 1 in entsprechender Anwendung der Vorschriften des § 118 Abs. 1 Satz 2 bis 4 ZPO. Danach kann die Stellungnahme vor der Geschäftsstelle zu Protokoll erklärt werden. Das Gericht kann die Beteiligten zu einem Termin laden, wenn eine Einigung zu erwarten ist; die Anwendung von Zwangsmitteln ist jedoch ausgeschlossen. Anwaltszwang besteht im Verfahren über die VKH nach § 114 Abs. 4 Nr. 5 nicht, auch nicht im höheren Rechtszug.

6 **Gerichtsgebühren** entstehen im Bewilligungsverfahren nicht. Eine Erstattung von Kosten, die den anderen Beteiligten entstanden sind, findet entsprechend § 118 Abs. 1 Satz 4 ZPO nicht statt.

II. Absatz 2

7 Nach Abs. 2 umfasst die Bewilligung von **VKH für die Vollstreckung** in das bewegliche Vermögen alle Vollstreckungshandlungen im Bezirk des Vollstreckungsgerichts einschließlich des Verfahrens auf Abgabe der Versicherung an Eides statt (pauschale Bewilligung). Bei der Immobiliarvollstreckung muss dagegen die VKH für jede Vollstreckungsmaßnahme gesondert beantragt werden.[1]
Im Übrigen ergibt sich aus Abs. 2, dass die Bewilligung für die Vollstreckung gesondert beantragt werden muss. Auch insoweit ist Erfolgsaussicht (§ 114 ZPO) erforderlich.[2]

§ 78
Beiordnung eines Rechtsanwalts

(1) Ist eine Vertretung durch einen Rechtsanwalt vorgeschrieben, wird dem Beteiligten ein zur Vertretung bereiter Rechtsanwalt seiner Wahl beigeordnet.

(2) Ist eine Vertretung durch einen Rechtsanwalt nicht vorgeschrieben, wird dem Beteiligten auf seinen Antrag ein zur Vertretung bereiter Rechtsanwalt seiner Wahl beigeordnet, wenn wegen der Schwierigkeit der Sach- und Rechtslage die Vertretung durch einen Rechtsanwalt erforderlich erscheint.

(3) Ein nicht in dem Bezirk des Verfahrensgerichts niedergelassener Rechtsanwalt kann nur beigeordnet werden, wenn hierdurch besondere Kosten nicht entstehen.

(4) Wenn besondere Umstände dies erfordern, kann dem Beteiligten auf seinen Antrag ein zur Vertretung bereiter Rechtsanwalt seiner Wahl zur Wahrnehmung eines Termins zur Beweisaufnahme vor dem ersuchten Richter oder zur Vermittlung des Verkehrs mit dem Verfahrensbevollmächtigten beigeordnet werden.

(5) Findet der Beteiligte keinen zur Vertretung bereiten Anwalt, ordnet der Vorsitzende ihm auf Antrag einen Rechtsanwalt bei.

1 BGH v. 31.10.2003 – IXa ZB 197/03, NJW-RR 2004, 787.
2 BGH v. 31.10.2003 – IXa ZB 197/03, NJW-RR 2004, 787.

A. Allgemeines

§ 78 regelt die **Beiordnung eines Rechtsanwalts** im Rahmen der VKH, also die Frage, wann dem Beteiligten, dem VKH zu bewilligen ist, zusätzlich ein Rechtsanwalt beizuordnen ist. Abs. 1 entspricht § 121 Abs. 1 ZPO. Die Abs. 3 bis 5 entsprechen inhaltlich § 121 Abs. 3 bis 5 ZPO. 1

B. Inhalt der Vorschrift

I. Absatz 1

In **Verfahren mit Anwaltszwang** wird nach Abs. 1 dem Beteiligten ein zur Vertretung bereiter Rechtsanwalt seiner Wahl beigeordnet. Es ist grundsätzlich zunächst Aufgabe des Beteiligten (Antragsteller für VKH), einen zur Vertretung bereiten Anwalt zu suchen und ihn dem Gericht gegenüber zu benennen (vgl. dazu Abs. 5). 2

Beigeordnet werden kann nicht nur ein einzelner Anwalt, sondern auch eine Rechtsanwaltsgesellschaft (§ 59c Abs. 1 BRAO) oder eine Rechtsanwaltssozietät (GbR).[1] Die Beiordnung einer überörtlich tätigen Sozietät kann von der Zusage abhängig gemacht werden, dass auf die Erstattung von Reisekosten für Sozien aus entfernt gelegenen Niederlassungen verzichtet wird (wenn nicht bereits der Beiordnungsantrag dahin ausgelegt wird, dass er einen solchen Verzicht enthält).[2]

II. Absatz 2

Abs. 2 regelt die Voraussetzungen für eine Anwaltsbeiordnung in **Verfahren ohne Anwaltszwang**. In solchen Verfahren wird dem Beteiligten auf Antrag ein zur Vertretung bereiter Rechtsanwalt seiner Wahl beigeordnet, wenn wegen der Schwierigkeit der Sach- und Rechtslage die Vertretung durch einen Rechtsanwalt erforderlich erscheint. Ausschlaggebend ist hierbei ausschließlich die Schwierigkeit der Sach- und Rechtslage. In Betreuungs- und Unterbringungssachen erfüllt die Schwere des Eingriffs in die Rechte des Betroffenen die Voraussetzungen für die Beiordnung eines Rechtsanwalts regelmäßig nicht. Hier sind die Interessen des Beteiligten vielmehr regelmäßig in hinreichendem Umfang durch die Bestellung eines Verfahrenspflegers (§§ 276, 317) gewahrt. 3

Gem. Abs. 2 wird dem Beteiligten ein Rechtsanwalt beigeordnet, wenn dies auf Grund der **Schwierigkeit der Sach- und Rechtslage** geboten ist. Damit ist die bisherige Streitfrage (zu § 14 FGG aF), ob § 121 Abs. 2 ZPO auch in Verfahren der fG Anwendung findet, gesetzlich geklärt. Die Beiordnung eines Anwalts ist damit nach dem FamFG nicht bereits deshalb geboten, weil ein anderer Beteiligter anwaltlich vertreten ist (Grundsatz der Waffengleichheit).[3] Denn das Gericht ist auf Grund des § 26 von Amts wegen zur umfassenden Aufklärung des Sachverhaltes verpflichtet. Damit haben die Beteiligten keine dem Zivilprozess vergleichbare Verantwortung für die Beibringung der entscheidungsrelevanten Tatsachen. Dies gilt grundsätzlich auch für Fälle, in denen die Beteiligten entgegengesetzte Ziele verfolgen, wie etwa in Umgangs- oder Sorgerechtsverfahren. 4

---

1 BGH v. 17.9.2008 – IV ZR 343/07, FamRZ 2009, 37.
2 BGH v. 17.9.2008 – IV ZR 343/07, FamRZ 2009, 37.
3 *Götsche*, FamRZ 2009, 383.

5 Keine Anwendung findet dieser Rechtsgedanke auf Familienstreitsachen und Ehesachen, auf die gem. § 113 Abs. 1 die Vorschriften der ZPO über die PKH direkt anzuwenden sind. In diesen Verfahren ist ein Rechtsanwalt immer schon dann beizuordnen, wenn der Gegner anwaltlich vertreten ist (§ 121 Abs. 2 Satz 1 ZPO).

6 Auch bei einer einverständlichen **Scheidung** hat der Antragsgegner Anspruch auf Beiordnung eines Rechtsanwalts. Für die Frage der Beiordnung ist unerheblich, ob und wie sich der Antragsgegner auf den Scheidungsantrag einlässt.[1] Im **Vaterschaftsfeststellungsverfahren** ist dem Gegner wegen der Bedeutung der Statusfeststellung auf seinen Antrag trotz Amtsermittlung regelmäßig ein Rechtsanwalt beizuordnen.[2] Grundsätzlich ist auch im **vereinfachten Verfahren über den Unterhalt** Minderjähriger im Rahmen der Bewilligung von PKH ein Rechtsanwalt beizuordnen.[3]

III. Absatz 3

7 Nach Abs. 3 kann ein **nicht ortsansässiger Rechtsanwalt** nur dann beigeordnet werden, wenn hierdurch besondere Kosten nicht entstehen. Die auf § 121 Abs. 3 ZPO gestützte Beiordnung zu den Bedingungen eines ortsansässigen Rechtsanwalts ist durch § 46 RVG nicht geändert worden.[4] Allerdings ist dem Antragsteller bei der Bewilligung von VKH idR der von ihm gewählte Rechtsanwalt an seinem Wohn- oder Geschäftsort beizuordnen. Die Sicherstellung der Einhaltung von § 121 Abs. 3 ZPO erfordert aber die Begrenzung der abrechenbaren Mehrkosten auf die Höhe der Vergütung eines Verkehrsanwalts bereits bei der Entscheidung über die Beiordnung. Der Rechtsanwalt ist mit der Maßgabe beizuordnen, dass die Mehrkosten, die dadurch entstehen, dass er seine Kanzlei nicht am Ort des Prozessgerichts hat, nur bis zur Höhe der Vergütung eines Verkehrsanwalts am Wohnort des Antragstellers erstattungsfähig sind.[5] Wählt der Antragsteller, der im Bezirk des Gerichts wohnt, einen nicht im Bezirk des Verfahrensgerichts niedergelassenen Anwalt (Beispiel: für die in München wohnende Beteiligte legitimiert sich beim zuständigen AG München ein Anwalt aus Stuttgart), erteilt der nicht im Bezirk des Verfahrensgerichts niedergelassene Rechtsanwalt mit dem Beiordnungsantrag stillschweigend sein Einverständnis zur Beiordnung zu den Bedingungen eines am Gerichtssitz niedergelassenen Rechtsanwalts.[6] An eine uneingeschränkte Beiordnung eines Rechtsanwalts ist das Gericht allerdings gebunden, sie darf nicht nachträglich eingeschränkt werden.[7] Zur Beiordnung einer überörtlich tätigen Sozietät vgl. Rz. 2.

IV. Absatz 4

8 Nach Abs. 4 kann dem Beteiligten, wenn besondere Umstände es erfordern, **außerhalb des Prozessgerichts** ein Rechtsanwalt für einen Beweistermin vor einem ersuchten

1 OLG Bremen v. 24.4.2008 – 4 WF 38/08, FamRZ 2008, 1544; Zöller/*Philippi*, § 114 ZPO Rz. 42 f.
2 BGH v. 11.9.2007 – XII ZB 27/07, NJW 2007, 3644.
3 OLG Zweibrücken v. 7.3.2005 – 6 WF 175/04, FamRZ 2006, 212.
4 OLG Hamm v. 8.4.2005 – 11 WF 121/05, FamRZ 2006, 350; aA OLG Oldenburg v. 6.1.2006 – 3 UF 45/05, NJW 2006, 851.
5 OLG Karlsruhe v. 21.7.2005 – 17 WF 30/05, NJW 2005, 2718; aA OLG Stuttgart v. 28.2.2005 – 15 WF 21/05, FamRZ 2005, 2007: über die Erforderlichkeit der Reisekosten des beigeordneten Anwalts wird erst durch den Kostenbeamten im Wege einer Vergleichsberechnung entschieden.
6 OLG Rostock v. 24.11.2008 – 10 WF 196/08, FamRZ 2009, 535.
7 OLG Düsseldorf v. 19.12.2007 – II-4 WF 219/07, FamRZ 2008, 1358.

Richter oder ein Verkehrsanwalt beigeordnet werden. Die Vorschrift gilt auch, wenn dem Beteiligten sonst kein Rechtsanwalt beigeordnet ist, also im Anwaltsprozess und im Parteiprozess. Besondere Umstände iSd. Abs. 4 sind die rechtlichen oder tatsächlichen Schwierigkeiten des Verfahrens und/oder die subjektiven Fähigkeiten des Beteiligten.

V. Absatz 5

Nach Abs. 5 hat das **Gericht** (Zuständigkeit des Vorsitzenden) auf Antrag einen Rechtsanwalt **auszuwählen**, wenn ein Beteiligter trotz entsprechender Bemühungen, die er darlegen muss, keinen zur Vertretung bereiten Anwalt benennen kann. 9

Zur Beiordnung eines Rechtsanwalts für einen nicht anwaltlich vertretenen Antragsgegner im Scheidungsverfahren vgl. § 138.

VI. Aufhebung der Beiordnung

Sieht sich der beigeordnete Rechtsanwalt zu einer weiteren Vertretung des Beteiligten nicht in der Lage, muss er die Entpflichtung (**Aufhebung der Beiordnung**) aus wichtigem Grund beantragen. Eine schlichte Niederlegung des Mandats ist nicht möglich. Der Beteiligte hat dagegen ohne weiteres Anspruch auf Aufhebung der Beiordnung, weil ihm ein Rechtsanwalt nicht gegen seinen Willen aufgezwungen werden kann.[1] Anspruch auf Beiordnung eines anderen Anwalts hat der Beteiligte aber nur dann, wenn der Staatskasse dadurch keine höheren Kosten entstehen oder wenn der Beteiligte das Mandat aus wichtigem Grund gekündigt hat (Störung des Vertrauensverhältnisses). 10

§ 79
(entfallen)

Abschnitt 7
Kosten

Vorbemerkung

Die §§ 80 bis 85 regeln die zu treffende Kostengrundentscheidung und die Kostenerstattung. Diese Vorschriften treten an die Stelle von § 13a FGG. Sie kodifizieren weitgehend die Praxis, die sich zu der weniger ausdifferenzierten Regelung in § 13a FGG entwickelt hatte. Ihr **Anwendungsbereich** erfasst aber nicht das gesamte FamFG. Vielmehr ist im Sachzusammenhang mit einzelnen Verfahrensarten eine Reihe von **Spezialbestimmungen** getroffen worden: 1

1 Thomas/Putzo/*Reichold*, § 121 ZPO Rz. 3.

2 In Ehesachen (§ 121) und selbständigen Familienstreitsachen (§ 112) bestimmt sich die Kostenpflicht über die Verweisung in § 113 Abs. 1 – wie bisher in den Verfahren über diese Regelungsgegenstände – grundsätzlich nach den Kostenvorschriften der ZPO, insbesondere den **§§ 91 ff. ZPO**. Zu beachten sind aber die im FamFG enthaltenen vorrangigen Vorschriften für die einzelnen Verfahren. In **Ehesachen** ist eine Kostenentscheidung nach § 132 (bei Aufhebung der Ehe) oder § 150 (in Scheidungssachen und Folgesachen) zu treffen. In **Unterhaltssachen** ist über die Kosten nach § 243 zu entscheiden. In **Lebenspartnerschaftssachen** gilt über die Verweisung in § 270 Entsprechendes. Soweit es hinsichtlich dieser Verfahren an einer Sondervorschrift im FamFG fehlt, sind ergänzend die Kostenvorschriften der ZPO anzuwenden. Wenn ein Verfahren **Folgesache** eines Scheidungsverfahrens ist, geht die Regelung für die Kosten in Folgesachen (§ 150) den allgemeinen Bestimmungen sowie den auf die jeweilige Folgesache sonst anwendbaren Vorschriften (zB § 243 in Unterhaltssachen) vor.[1] In Ehesachen und selbständigen Familienstreitsachen ist über die Kosten nach Rücknahme der Beschwerde nach § 516 Abs. 3 ZPO zu entscheiden, § 117 Abs. 2 Satz 1 FamFG.

3 Im Übrigen trifft das FamFG hinsichtlich bestimmter Verfahren einzelne Spezialregelungen, die den allgemeinen Bestimmungen in den §§ 80 ff. vorgehen. **Spezialvorschriften** enthalten §§ 183 (Kosten bei Anfechtung der Vaterschaft), 307 (Kosten in Betreuungssachen), 337 (Kosten in Unterbringungssachen) und 430 (Auslagenersatz in Freiheitsentziehungssachen). Außerhalb des Anwendungsbereichs dieser Spezialvorschriften verbleibt es bei der Anwendbarkeit der §§ 80 ff.

4 Die §§ 80 ff. regeln also die Kostengrundentscheidung abschließend in **selbständigen fG-Verfahren**, deren Verfahren bisher weitgehend im FGG geregelt war. Das sind v.a. Kindschaftssachen (§§ 151 ff.), Adoptionssachen (§§ 186 ff.), Ehewohnungs- und Haushaltssachen (§§ 200 ff.), Gewaltschutzsachen (§§ 210 ff.), Versorgungsausgleichsverfahren (§§ 217 ff.), Nachlass- und Teilungssachen (§§ 342 ff.), Registersachen (§§ 374 ff.), Freiheitsentziehungssachen (§§ 415 ff.), Aufgebotsachen (§§ 433 ff.).

§ 80
Umfang der Kostenpflicht

Kosten sind die Gerichtskosten (Gebühren und Auslagen) und die zur Durchführung des Verfahrens notwendigen Aufwendungen der Beteiligten. § 91 Abs. 1 Satz 2 der Zivilprozessordnung gilt entsprechend.

A. Allgemeines

1 Für die Verfahren der **freiwilligen Gerichtsbarkeit** gab es bisher hinsichtlich der Kosten eine Zweiteilung: Während in der Kostenordnung geregelt war, in welcher Höhe die Gerichtskosten (Gebühren und Auslagen) zu erheben und von wem sie zu tragen waren (§§ 2 ff. KostO), konnte bislang nach § 13a FGG die Erstattung der Kosten der Beteiligten angeordnet werden, die zur zweckentsprechenden Erledigung der Angelegenheit notwendig waren. Diese Zweiteilung ist nunmehr aufgegeben. Nach § 80 er-

1 Begr. RegE, BT-Drucks. 16/6308, S. 233.

fasst die Kostengrundentscheidung des Gerichts sowohl die Gerichtskosten als auch die zur Durchführung des Verfahrens notwendigen Aufwendungen der Beteiligten. In **Ehesachen und selbständigen Familienstreitsachen** ist wegen der Verweisung auf die Vorschriften der ZPO (§ 113 Abs. 1 FamFG) § 91 ZPO anzuwenden.

B. Einzelheiten

1. Gerichtskosten

Welche Gerichtskosten (**Gebühren und Auslagen**) seitens der Justizkasse zu erheben sind, bestimmt sich nach dem Gesetz über Gerichtskosten in Familiensachen (FamGKG) sowie der Kostenordnung (KostO). Soweit die Gerichtskosten noch nicht durch einen Vorschuss gedeckt sind, hat sie vorrangig der Beteiligte zu tragen, dem sie durch die gerichtliche Entscheidung auferlegt worden sind (§§ 24 Nr. 1, 26 Abs. 2 FamGKG, § 3 Nr. 1 KostO iVm. § 8 Abs. 3 KostenVfg). Sofern die Gerichtskosten bereits von einem Beteiligten gezahlt worden sind, der sie nach der gerichtlichen Entscheidung nicht zu tragen hat, können sie zulasten des vom Gericht als zahlungspflichtig Bestimmten im Rahmen der Kostenfestsetzung (§ 85 FamFG iVm. §§ 103 bis 107 ZPO) festgesetzt werden. 2

2. Notwendige Aufwendungen

Der Begriff der „zur Durchführung des Verfahrens notwendigen Aufwendungen der Beteiligten" weicht von der bisher in § 13a Abs. 1 Satz 1 FGG verwendeten Formulierung ab, wonach das Gericht anordnen konnte, dass „Kosten, die zur zweckentsprechenden Erledigung der Angelegenheit notwendig waren", zu erstatten seien. § 80 übernimmt bewusst[1] den in § 162 Abs. 1 VwGO verwendeten Begriff der „notwendigen Aufwendungen". Ein grundlegender Systemwechsel gegenüber § 13a Abs. 1 Satz 1 FGG liegt in der Neuformulierung aber nicht. 3

Zur Durchführung des Verfahrens sind Aufwendungen als notwendig anzuerkennen, wenn sie in dem Zeitpunkt, in dem sie aufgewendet wurden, **objektiv aufzuwenden waren**, also ein verständiger und wirtschaftlich vernünftiger Beteiligter die Kosten auslösende Maßnahme damals als sachdienlich ansehen durfte.[2] Auch in den Verfahren nach dem FamFG gilt der allgemeine kostenrechtliche Grundsatz der **Kosten sparenden Verfahrensführung**,[3] dass also jeder Beteiligte die von ihm getätigten Aufwendungen, sofern er sie von einem anderen Beteiligten erstattet verlangen möchte, so niedrig zu halten hat, wie sich dies mit der vollen Wahrung seiner berechtigten prozessualen Belange vereinbaren lässt. Es darf aber im Rahmen der Festsetzung der von einem anderen Beteiligten zu erstattenden Beträge kein kleinlicher Maßstab angelegt werden.[4] Über die Frage, welche Aufwendungen notwendig waren, wird im Kostenfestsetzungsverfahren (§ 85) entschieden. 3a

---

1 Begr. RegE, BT-Drucks. 16/6308, S. 215.

2 Keidel/*Zimmermann*, § 13a Rz. 53; BGH v. 17.12.2002 – VI ZB 56/02, MDR 2003, 413 für § 91 ZPO.

3 BGH v. 3.7.2007 – VI ZB 21/06, NJW 2007, 3723 = MDR 2007, 1397; v. 3.6.2003 – VIII ZB 19/03, FamRZ 2003, 1461 = MDR 2003, 1140; vgl. auch BVerfG v. 30.1.1990 – 2 BvR 1085/89, NJW 1990, 3072.

4 BGH v. 26.4.2005 – X ZB 17/04, NJW 2005, 2317 = MDR 2005, 956.

3. Einzelfälle (alphabetisch geordnet)

4 **Behörde:** Sofern sich eine Behörde in Verfahren selbst vertreten hat, ist ihr allgemeiner Verwaltungsaufwand nicht erstattungsfähig. Die Kosten für den einen Termin wahrnehmenden Mitarbeiter sind zu erstatten, auch wenn es an dem Nachweis einer konkreten finanziellen Einbuße fehlt.[1] Da nicht davon ausgegangen werden kann, dass die Abwesenheit des Mitarbeiters ohne Auswirkungen auf die Behörde bleibt, ist ihr ein Ausgleich entsprechend § 22 JVEG (Bruttoverdienst, höchstens 17 Euro je Stunde) zu gewähren.[2] Ggf. entstehende Reisekosten sind nach den allgemeinen Grundsätzen (s. Stichwort „Reisekosten des Beteiligten" Rz. 12) zu erstatten.

5 **Beschwerde:** Auch im Beschwerdeverfahren sind die Kosten für die Beauftragung eines **Rechtsanwalts** nicht generell, sondern nur dann zu erstatten, wenn sie zur Wahrung der Interessen des Beteiligten geboten waren (s. Stichwort „Rechtsanwaltskosten" Rz. 10). Davon kann im Regelfall ausgegangen werden, wenn in erster Instanz die Vertretung durch einen Rechtsanwalt geboten war. In diesem Fall sind die Kosten für einen Rechtsanwalt im Beschwerdeverfahren dem Grunde nach auch dann erstattungsfähig, wenn der Beschwerdeführer das Rechtsmittel ausdrücklich **nur „vorsorglich"** eingelegt hat, ohne einen Antrag zu stellen, und das Rechtsmittel vor einer Stellungnahme zur Sache wieder zurückgenommen hat. Zwar fehlt es für das FamFG an einer § 91 Abs. 2 Satz 1 ZPO entsprechenden Vorschrift. Die Hinzuziehung eines Rechtsanwalts ist aber grundsätzlich notwendig iSv. § 80 Abs. 1 Satz 1, da der Beteiligte, dem ein Rechtsmittel zugestellt wird, regelmäßig nicht selbst beurteilen kann, was auf dieses hin sachgerecht zu veranlassen ist. Ihm kann daher nicht zugemutet werden, zunächst die weiteren Entschließungen des anwaltlich vertretenen Beschwerdeführers abzuwarten. Insoweit ist daher der Rechtsprechung des BGH zu § 91 ZPO[3] auch für § 80 zu folgen. Auch wenn die Beauftragung eines Rechtsanwalts berechtigt war, ist aber ein Sachantrag oder Sachvortrag vor einer Begründung der Beschwerde nicht erforderlich. Erstattungsfähig ist daher in Familien- und Landwirtschaftssachen (vgl. Vorbem. 3.2.1 Abs. 1 Nr. 2b, c VV-RVG) – unabhängig davon, ob das Rechtsmittel als „vorsorglich" eingelegt bezeichnet wird[4] – nur die nach Nr. 3201 VV-RVG auf 1,1 **reduzierte Gebühr**.[5]

6 **Detektivkosten/Ermittlungskosten** können erstattungsfähig sein, wenn sie zur Führung des Verfahrens erforderlich sind oder der Vorbereitung eines konkret bevorstehenden Verfahrens dienen.[6] Erforderlich ist, dass zum Zeitpunkt der Beauftragung aus vernünftiger Sicht des Beteiligten ein konkreter Anlass oder Verdacht besteht, es für die Durchsetzung seiner Rechtsposition auf die Bestätigung der Verdachtsmomente durch Einzeltatsachen ankommt und diese nur durch entsprechende Ermittlungen (also nicht einfacher und billiger) sachgerecht in Erfahrung gebracht werden können.[7]

---

1 BGH v. 2.12.2008 – VI ZB 63/07, MDR 2009, 230; OLG Stuttgart v. 3.4.2001 – 8 W 494/00, JurBüro 2001, 484; OLG Karlsruhe v. 26.7.1993 – 11 W 44/93, Rpfleger 1993, 484.

2 BGH v. 2.12.2008 – VI ZB 63/07, MDR 2009, 230; KG v. 13.3.2007 – 1 W 257/06, MDR 2007, 920; aA für das Verwaltungsgerichtsverfahren BVerwG v. 29.12.2004 – 9 KSt 6/04, JurBüro 2005, 314: kein Ausgleich, da Terminswahrnehmung zu den öffentlichen Aufgaben der Behörde gehört.

3 BGH v. 17.12.2002 – X ZB 9/02, NJW 2003, 756.

4 BGH v. 3.7.2007 – VI ZB 21/06, NJW 2007, 3723 = MDR 2007, 1397.

5 BGH v. 3.7.2007 – VI ZB 21/06, NJW 2007, 3723 = MDR 2007, 1397; v. 3.6.2003 – VIII ZB 19/03, NJW 2003, 2992.

6 BGH v. 20.10.2005 – I ZB 21/05, NJW-RR 2006, 501 = MDR 2006, 776.

7 OLG Zweibrücken v. 14.2.2001 – 6 WF 177/00, OLGReport 2002, 131; KG v. 6.5.2003 – 1 W 35/01, KGReport 2004, 29; OLG Koblenz v. 15.3.2006 – 9 WF 81/06, FamRZ 2006, 1217 (LS).

Auch dürfen die entstehenden Aufwendungen nicht außer Verhältnis zum Streitgegenstand stehen. Die Erstattungsfähigkeit setzt nicht voraus, dass die Ermittlungen den Verfahrensausgang tatsächlich beeinflusst haben, da maßgeblich eine Betrachtung ex ante ist.[1] Sie müssen aber in das Verfahren eingeführt worden sein,[2] da es sonst an der Prozessbezogenheit fehlt. Wenn das Ermittlungsergebnis vom Gericht verwertet worden ist oder sonst die prozessuale Stellung des Beteiligten vorteilhaft verändert hat, indiziert dies die Erstattungsfähigkeit.[3] Zur **Glaubhaftmachung** der Notwendigkeit und Höhe von Detektivkosten sind regelmäßig die Vorlage eines Berichts über die einzelnen Ermittlungshandlungen und die Vorlage einer danach aufgegliederten Kostenberechnung erforderlich.[4] Im Rahmen eines ggf. bestehenden materiellen **Schadenersatz**anspruchs können im Einzelfall weiter gehende Forderungen als nach kostenerstattungsrechtlichen Kriterien geltend gemacht werden.[5]

Gutachten: Eine Erstattung der Kosten eines Privatgutachtens kommt dann in Betracht, wenn der Beteiligte wegen fehlender Sachkenntnisse nicht zu einer sachgerechten Vertretung seiner Interessen in dem Verfahren in der Lage ist.[6] Die Kosten für **vorgerichtlich** eingeholte Privatgutachten können nur ausnahmsweise als Kosten des Verfahrens angesehen werden, wenn das Gutachten bereits konkret auf das Verfahren bezogen war.[7] Wenn **während des Verfahrens** von einem Beteiligten ein Gutachten eingeholt wird, sind die Kosten nur in engen Grenzen erstattungsfähig, da eine Beweisaufnahme grundsätzlich im gerichtlichen Verfahren durchgeführt wird.[8] Wenn durch einen privat beauftragten Sachverständigen ein vom Gericht eingeholtes Gutachten überprüft und widerlegt werden soll, können diese Aufwendungen nur als notwendig anerkannt werden, wenn sie das Verfahren zugunsten des Beteiligten beeinflusst haben;[9] denn es ist nicht einzusehen, warum ein anderer Beteiligter die Kosten eines Gutachtens (anteilig) tragen sollte, wenn es kein dem Auftraggeber günstiges Ergebnis gebracht hat.[10] **Rechtsgutachten** sind nur ausnahmsweise erstattungsfähig, da sich der Verfahrensbevollmächtigte die erforderlichen Rechtskenntnisse grundsätzlich selbst verschaffen muss.[11] Eine Erstattungsfähigkeit kann im Einzelfall in Betracht kommen, wenn es sich um nicht allgemein zugängliches ausländisches Recht handelt.[12] Die Kosten eines erstattungsfähigen Privatgutachtens sind unabhängig von den Sätzen des JVEG nach der **üblichen Vergütung** (§ 612 Abs. 2 BGB) zu bemessen. 7

1 OLG Koblenz v. 9.4.2002 – 11 WF 70/02, OLGReport 2002, 342; KG v. 13.12.2001 – 19 WF 306/01, KGReport 2002, 291; OLG Karlsruhe v. 22.1.1998 – 2 WF 159/97, OLGReport 1999, 40; aA OLG München v. 18.6.1993 – 11 W 1592/93, JurBüro 1994, 226: Ermittlungsergebnis darf für den Fortgang und das Ergebnis des Verfahrens nicht ganz ohne Bedeutung gewesen sein.

2 OLG Koblenz v. 9.4.2002 – 11 WF 70/02, OLGReport 2002, 342; aA v. Eicken/Hellstab/Lappe/Madert/*Mathias*, Kostenfestsetzung, Rz. B 417.

3 OLG Koblenz v. 9.4.2002 – 11 WF 70/02, OLGReport 2002, 342.

4 OLG Schleswig v. 10.2.1992 – 15 WF 218/91, JurBüro 1992, 471.

5 BGH v. 24.4.1990 – VI ZR 110/89, NJW 1990, 2060: Kosten eines Detektivs bei der Entführung eines Kindes.

6 BGH v. 17.12.2002 – VI ZB 56/02, MDR 2003, 413 für § 91 ZPO.

7 BGH v. 17.12.2002 – VI ZB 56/02, MDR 2003, 413.

8 OLG Bamberg v. 10.6.1987 – 5 W 33/87, JurBüro 1987, 1403.

9 OLG Bamberg v. 10.6.1987 – 5 W 33/87, JurBüro 1987, 1403 m. Anm. *Mümmler*; v. Eicken/Hellstab/Lappe/Madert/*Mathias*, Rz. B 408; aA OLG Saarbrücken v. 8.2.1988 – 5 W 27/88, JurBüro 1988, 1360: ausreichend, dass Partei das Gutachten für erforderlich halten durfte.

10 So zutreffend v. Eicken/Hellstab/Lappe/Madert/*Mathias*, Rz. B 408.

11 BVerfG v. 15.7.1997 – 1 BvR 1174/90, MDR 1997, 1065; OLG München v. 11.4.2000 – 11 W 1298/00, OLGReport 2000, 360; OLG Bamberg v. 3.2.1982 – 1 W 4/82, JurBüro 1982, 918.

12 OLG München v. 11.4.2000 – 11 W 1298/00, OLGReport 2000, 360.

8 **Kopien (Ablichtungen, Abschriften, Ausdrucke):** Die von einem **Beteiligten** für ein von ihm selbst betriebenes Verfahren gefertigten Kopien sind idR erstattbar.[1] Von einem **Rechtsanwalt** als Verfahrensbevollmächtigtem gefertigte Kopien sind erstattungsfähig, wenn die Beauftragung eines Rechtsanwalts notwendig iSv. § 80 war (s. Stichwort „Rechtsanwaltskosten" Rz. 10) und dieser gegenüber seinem Auftraggeber für die Anfertigung notwendiger Kopien einen Anspruch auf Auslagenersatz hat.[2] Letzteres bestimmt sich nach Nr. 7000 VV-RVG. Anderweitige Kopien usw. sind mit der Verfahrensgebühr abgegolten und daher nicht gesondert erstattungsfähig.[3]

8a Die Pauschale nach Nr. 7000 VV-RVG kann in folgenden Fällen geltend gemacht werden: Nach **Nr. 1a)** für Abschriften und Ablichtungen aus **Behörden- und Gerichtsakten** ohne das Erfordernis einer Mindestanzahl, soweit deren Herstellung zur sachgemäßen Bearbeitung der Rechtssache geboten war. Die Anfertigung von Kopien ist regelmäßig nicht durch die Möglichkeit der Akteneinsicht überflüssig.[4] Grundsätzlich ist bei umfangreichen und komplexen Verfahren eine großzügige Betrachtungsweise angezeigt[5] mit der Folge, dass auch die Kopierkosten für solche Unterlagen als erstattungsfähig festzusetzen sind, die sich zwar letztlich als für die Entscheidung bedeutungslos erwiesen haben, die aber aus der Sicht eines verständigen und durchschnittlich erfahrenen Verfahrensbevollmächtigten im Zeitpunkt der Akteneinsicht nicht von vornherein als irrelevant auszuscheiden waren.[6] Eine kursorische Prüfung der zu kopierenden Teile auf Relevanz ist aber regelmäßig notwendig.[7] Kopien sind nicht erforderlich, wenn sie bereits in den Handakten eines früheren Bevollmächtigten vorhanden sind.[8] Gem. **Nr. 1b) und c)** entsteht die Pauschale für die auf Grund Gesetzes oder gerichtlicher Aufforderung, ferner für die zur notwendigen Unterrichtung des Auftraggebers gefertigten Ablichtungen und Ausdrucke, soweit jeweils mehr als 100 Seiten zu fertigen waren. Vergütet werden nur die Kopien ab der 101. Seite.[9] Dies ergibt sich sowohl aus der Verwendung des Wortes „soweit" als auch aus der Begründung des Gesetzesentwurfs,[10] wonach die Anfertigung von bis zu 100 Ablichtungen mit den Gebühren abgegolten sein soll; daran ändert sich nichts, wenn diese Anzahl überschritten wird. Von der Vorschrift sind v.a. **Schriftsatzabschriften und Anlagen** für weitere Beteiligte erfasst. Sofern keine gerichtliche Aufforderung ergangen ist, kommt es auf die Notwendigkeit der Anfertigung an.[11] Dabei ist nicht kleinlich zu verfahren, dem Beteiligten und seinem Bevollmächtigten steht insoweit ein gewisser Ermessensspielraum zur Verfügung.[12] Überflüssig ist

1 v. Eicken/Hellstab/Lappe/Madert/*Mathias*, Rz. B 430.
2 BGH v. 5.12.2002 – I ZB 25/02, FamRZ 2003, 666 = MDR 2003, 476; v. 30.6.2004 – XII ZB 227/02, WuM 2004, 493.
3 BGH v. 5.12.2002 – I ZB 25/02, FamRZ 2003, 666 = MDR 2003, 476; v. 30.6.2004 – XII ZB 227/02, WuM 2004, 493.
4 BGH v. 26.4.2005 – X ZB 19/04, AGS 2005, 573.
5 BGH v. 26.4.2005 – X ZB 19/04, AGS 2005, 573.
6 OVG Münster v. 6.8.2001 – 10a D 180/98, BauR 2002, 530 (LS).
7 LSG Thüringen v. 23.2.2004 – L 6 B 54/03 SF, JurBüro 2004, 430; OVG Münster v. 6.8.2001 – 10a D 180/98, BauR 2002, 530 (LS).
8 BGH v. 26.4.2005 – X ZB 17/04, NJW 2005, 2317 = MDR 2005, 956.
9 LG Berlin v. 10.8.2005 – 82 AR 109/05, AGS 2006, 72; Zöller/*Herget*, § 91 ZPO Rz. 13 „Ablichtungen" aE; Gerold/Schmidt/*Müller-Rabe*, RVG, Nr. 7000 VV Rz. 62; aA OLG Hamburg, MDR 2007, 244 = RVGReport 2007, 36 (LS) m. abl. Anm. Hansens; *Hartmann*, Kostengesetze VV 7000 Rz. 25.
10 BT-Drucks. 15/1971, S. 232.
11 Gerold/Schmidt/*Müller-Rabe*, RVG, Nr. 7000 VV Rz. 52.
12 OLG Oldenburg v. 28.12.2006 – 1 W 88/06, JurBüro 2007, 208; Gerold/Schmidt/*Müller-Rabe*, RVG, Nr. 7000 VV Rz. 53.

aber zB die Einreichung der Kopie einer Urkunde, die sich bereits bei den Akten befindet.[1] Nicht erstattungsfähig sind auch Kopien von Schriftstücken, die der Ersetzung schriftsätzlichen Sachvortrages dienen.[2] Wenn nicht mehr als 100 Seiten anzufertigen waren, ist eine Pauschale nicht entstanden, die Frage einer Erstattungsfähigkeit stellt sich daher nicht. Nach **Nr. 1d)** entsteht die Pauschale auch dann, wenn zusätzliche Exemplare im Einverständnis mit dem Auftraggeber angefertigt werden. In diesem Fall wird es aber regelmäßig an der Notwendigkeit iSv. § 80 fehlen.

Post und Telekommunikationsdienstleistungen: Deren Kosten können nach der Pau- 9
schale der Nr. 7002 VV-RVG verlangt werden, die für jede Angelegenheit iSd. §§ 17, 18 RVG (also zum Beispiel für einstweilige Anordnung und Hauptsache) gesondert berechnet werden kann. Wenn nach Nr. 7001 VV-RVG die tatsächlich entstandenen Kosten begehrt werden, muss bei entsprechendem Bestreiten des Erstattungspflichtigen sowohl die Entstehung als auch die Notwendigkeit der Kosten glaubhaft (§ 85 FamFG iVm. 104 Abs. 2 Satz 2 ZPO) gemacht werden. Unbestrittene Auslagen sind ohne weitere Nachprüfung anzusetzen.[3]

Rechtsanwaltskosten sind nicht in jedem Fall erstattungsfähig. Da eine Bezugnahme 10
auf § 91 Abs. 2 Satz 1 ZPO fehlt, kommt es – wie bereits früher im Rahmen von § 13a FGG – darauf an, ob die Hinzuziehung eines Anwalts **zur Wahrung der Interessen** des Beteiligten **geboten** war. Das ist der Fall, wenn der Erstattungsberechtigte das konkrete Verfahren nach seinen Kenntnissen und Fähigkeiten ohne Gefahr eines Rechtsnachteils nicht ohne anwaltliche Beratung führen konnte.[4] Ein Indiz dafür ist, wenn der Erstattungspflichtige seinerseits einen Rechtsanwalt beauftragt hat. In den sog. echten Streitverfahren der freiwilligen Gerichtsbarkeit (dazu § 22 Rz. 8) sind in nicht völlig einfach gelagerten Fällen die Kosten eines Rechtsanwalts erstattungsfähig,[5] ebenso grundsätzlich bei einer besonderen Bedeutung des Verfahrens für den Betroffenen.[6] Unerheblich ist, wenn sich erst nachträglich im Laufe des Verfahrens, dh. nach Beauftragung des Rechtsanwalts, herausstellt, dass die Sache keine besonderen rechtlichen Schwierigkeiten aufweist.[7] Erstattungsfähigkeit wird zB angenommen in Verfahren nach § 132 Abs. 1 AktG,[8] der Notarkostenbeschwerde[9] und in Betreuungsverfahren.[10] Nicht notwendig hingegen ist die Zuziehung eines Anwalts zB für die Einholung einer vormundschaftsgerichtlichen Genehmigung[11] oder die Bestellung eines Ergänzungspflegers.[12]

Ist ein **Rechtsanwalt selbst Beteiligter** des Verfahrens, kann er nicht zu seinen Gunsten 10a
nach dem RVG abrechnen,[13] sondern nur die ihm tatsächlich entstandenen Auslagen

1 OLG Braunschweig v. 21.1.1999 – 2 W 230/98, JurBüro 1999, 300 = OLGReport 1999, 146.
2 BVerfG v. 17.2.1995 – 1 BvR 697/93, NJW 1996, 382; OLG Braunschweig v. 21.1.1999 – 2 W 230/98, JurBüro 1999, 300 = OLGReport 1999, 146.
3 Gerold/Schmidt/*Müller-Rabe*, RVG, Nr. 7001, 7002 VV Rz. 43.
4 v. Eicken/Hellstab/Lappe/Madert/*Mathias*, Rz. E 15.
5 v. Eicken/Hellstab/Lappe/Madert/*Mathias*, Rz. E 15.
6 OLG Zweibrücken v. 4.4.2003 – 3 W 56/03, FGPrax 2003, 220 = OLGReport 2003, 349: Anordnung eines Einwilligungsvorbehalts.
7 OLG Koblenz v. 18.12.1995 – 14 W 743/95, NJW-RR 1996, 1256.
8 OLG Karlsruhe v. 23.4.1997 – 3 W 30/97, JurBüro 1997, 598 = OLGReport 1998, 131; OLG München v. 7.12.1995 – 11 W 2379/95, MDR 1996, 861.
9 KG v. 6.2.2001 – 1 W 3891/00, BRAGOReport 2001, 92; BayObLG v. 4.1.1999 – 3 Z BR 267/98, FGPrax 1999, 77.
10 OLG Zweibrücken v. 4.4.2003 – 3 W 56/03, FGPrax 2003, 220 = OLGReport 2003, 349.
11 KG v. 14.2.1989 – 1 W 7134/88, MDR 1989, 744.
12 OLG München v. 16.3.1992 – 11 W 922/92, Rpfleger 1992, 347.
13 OLG Köln v. 12.12.1990 – 2 VA (Not) 1/86, MDR 1991, 547.

(zB Reisekosten, Porti) erstattet verlangen.[1] Denn da eine ausdrückliche Regelung wie in § 91 Abs. 2 Satz 3 ZPO fehlt, kommt es auf die Frage der Notwendigkeit an. Wer über entsprechende rechtliche Kenntnisse kraft seiner Ausbildung und Berufstätigkeit verfügt, bedarf anwaltlicher Unterstützung nicht. Auch für Streitverfahren der freiwilligen Gerichtsbarkeit ist eine Ausnahme von diesem Grundsatz nicht gerechtfertigt.[2]

11 **Rechtsbeschwerde:** Da die Beteiligten sich im Verfahren der Rechtsbeschwerde vor dem BGH gem. § 10 Abs. 4 – von den dort angeführten Ausnahmen abgesehen – durch einen beim BGH zugelassenen Rechtsanwalt vertreten lassen müssen, sind die dadurch entstehenden Kosten dieses **Anwalts** erstattungsfähig. Die Beauftragung eines eigenen Anwalts ist bereits vor Begründung der Rechtsbeschwerde durch den Beschwerdeführer gerechtfertigt. Wenn die Rechtsbeschwerde vor ihrer Begründung zurückgenommen wird, ist nur die reduzierte Gebühr nach Nr. 3209 VV-RVG erstattungsfähig. Insoweit gelten dieselben Grundsätze wie im Beschwerdeverfahren (s. Stichwort „Beschwerde" Rz. 5). Die Kosten eines Verkehrsanwaltes sind grundsätzlich nicht erstattungsfähig, weil allein Rechtsfragen zu klären sind, für die eine Korrespondenz mit dem Beteiligten von untergeordneter Bedeutung ist.[3]

12 **Reisekosten des Beteiligten:** Eine **„Reise"** liegt vor, wenn der Beteiligte die Grenzen der politischen Gemeinde überschreitet, in der er wohnt.[4] Wenn der Beteiligte keinen an seinem Wohnsitz ansässigen Rechtsanwalt als Verfahrensbevollmächtigten oder Verkehrsanwalt mandatiert, sind die Reisekosten zur grundsätzlich einmaligen **Information** des am Gerichtsort ansässigen Verfahrensbevollmächtigten erstattungsfähig.[5] Durch die Teilnahme an einem **gerichtlichen Termin** veranlasste Reisekosten eines Beteiligten sind grundsätzlich erstattungsfähig, auch wenn er anwaltlich vertreten und sein persönliches Erscheinen nicht angeordnet war.[6] Eine Erstattung kommt aber nicht in Betracht, wenn von vornherein erkennbar ist, dass eine gütliche Einigung ausscheidet und der Beteiligte zur Klärung des Sachverhalts aus persönlicher Kenntnis nichts beitragen kann.[7] Im Fall der Anordnung des persönlichen Erscheinens sind Reisekosten stets zu erstatten. Hinsichtlich der Höhe der zu erstattenden Kosten wird über § 80 Satz 2 FamFG iVm. § 91 Abs. 1 Satz 2, 2. Halbs. ZPO auf die Vorschriften für die Entschädigung von Zeugen verwiesen, somit auf § 19 JVEG. Gem. § 5 Abs. 1 JVEG sind die **Fahrtkosten** öffentlicher Verkehrsmittel regelmäßig auf die Kosten einer Bahnfahrt erster Klasse beschränkt, es sei denn, es werden zB durch einen teureren Flug anderweitige Mehrkosten (v.a. für Verdienstausfall und Übernachtung) in entsprechender Höhe erspart, § 5 Abs. 3 JVEG. Ansonsten sind höhere Fahrtkosten nur bei Vorliegen besonderer Umstände erstattungsfähig (§ 5 Abs. 3 JVEG), zB bei Krankheit, Gebrechlichkeit, notwendiger Anreise aus dem Ausland.[8] Bei Benutzung eines eigenen Fahrzeugs erhält der Beteiligte entsprechend § 5 Abs. 2 Nr. 1 JVEG 0,25 Euro je Kilometer zuzüglich Barauslagen wie Parkgebühren erstattet. Der Beteiligte kann grundsätzlich

---

1 KG v. 11.11.2003 – 1 W 611/01, FamRZ 2004, 1385 = MDR 2004, 717.

2 BayObLG v. 17.5.2006 – 3 Z BR 71/00, OLGReport 2006, 601; OLG München v. 30.11.2006 – 31 Wx 059/06, MDR 2007, 746; OLG Köln v. 12.12.1990 – 2 VA (Not) 1/86, MDR 1991, 547.

3 BGH v. 4.8.2004 – XII ZA 6/04, FamRZ 2004, 1633 = MDR 2005, 94 für Revision.

4 OLG Düsseldorf v. 8.7.1997 – 10 W 77/97, MDR 1997, 1070; OLG Stuttgart v. 4.1.1984 – 8 W 501/83, JurBüro 1984, 762; aA OLG Koblenz v. 21.12.1989 – 14 W 877/89, JurBüro 1990, 1472: Keine Reise bei Fahrten innerhalb verkehrsmäßig zusammengehöriger Orte.

5 OLG Düsseldorf v. 4.1.1996 – 10 W 251/95, NJW-RR 1997, 128 = OLGReport 1996, 187; Zöller/*Herget*, § 91 ZPO Rz. 13 „Reisekosten".

6 BGH v. 13.12.2007 – IX ZB 112/05, NJW-RR 2008, 654.

7 BGH v. 13.12.2007 – IX ZB 112/05, NJW-RR 2008, 654.

8 BGH v. 13.12.2007 – IX ZB 112/05, NJW-RR 2008, 654.

wählen, ob er mit öffentlichem Verkehrsmittel oder privatem Fahrzeug reist,[1] muss aber unter mehreren gleich geeigneten das kostengünstigere auswählen.[2] Zur Verwendung einer Bahncard s. Stichwort „Reisekosten des Rechtsanwalts" (Rz. 13). Bei der Verbindung privater oder beruflicher Reisen mit der Terminswahrnehmung sind nur die Mehrkosten für einen Umweg erstattungsfähig.[3] Dauert die Reise mindestens acht Stunden, erhält der Beteiligte entsprechend § 6 JVEG ein Tagegeld in der in § 4 Abs. 1 Nr. 5 Satz 2 EStG bestimmten Höhe (Abwesenheit acht bis unter 14 Stunden 6 Euro, 14 bis unter 24 Stunden 12 Euro, 24 Stunden 24 Euro) sowie ggf. ein Übernachtungsgeld nach § 7 BRKG (pauschal 20 Euro, höhere Kosten bei Notwendigkeit).[4]

Reisekosten des Rechtsanwalts: Ein nicht am Gerichtsort ansässiger Beteiligter darf 13
grundsätzlich auch erstattungsrechtlich einen an seinem Wohnort residierenden Verfahrensbevollmächtigten mit seiner Vertretung beauftragen und die Mehrkosten erstattet verlangen, die dadurch entstehen, dass dieser am Gerichtsort nicht ansässig ist.[5] Damit wird dem Bedarf an persönlichem Kontakt zwischen Partei und Anwalt sowie dem Vertrauensverhältnis zwischen beiden Rechnung getragen.[6] Diese Grundsätze gelten gleichermaßen für die erste wie für die zweite Instanz.[7] Erstattungsfähig sind daher neben den anwaltlichen Gebühren die dem Verfahrensbevollmächtigten durch die Reise zum Gerichtssitz entstehenden Kosten, also v.a. die Fahrtkosten gem. Nr. 7003 f. VV-RVG. Der Rechtsanwalt darf Geschäftsreisen grundsätzlich mit dem **eigenen Fahrzeug** unternehmen, er muss sich nicht auf ein ggf. günstigeres Verkehrsmittel verweisen lassen.[8] Die Kosten werden pauschal mit 0,30 Euro je gefahrenen Kilometer erstattet, zusätzlich kann der Rechtsanwalt gem. Nr. 7006 VV-RVG eventuelle Park- oder Mautgebühren verlangen. Wenn er ein anderes Verkehrsmittel nimmt, kann er die tatsächlichen Kosten verlangen, soweit sie angemessen sind. Die Angemessenheit von **Flugreisekosten** wird heute im Gegensatz zu früher häufiger angenommen.[9] Mit Recht wird nicht allein auf den Vergleich mit den Kosten einer Reise mit Pkw, die nach Nr. 7003 VV-RVG zu erstatten wären, oder Bahn (je einschl. Abwesenheitsgeld und ggf. Übernachtungskosten) abgestellt, sondern auch ein erheblicher Zeitgewinn als Kriterium für die Angemessenheit herangezogen.[10] Erstattungsfähig ist der Preis der economy class.[11] Auf sog. Billigflüge kann der Rechtsanwalt wegen der fehlenden Umbuchungsmöglichkeit und der häufigen Unwägbarkeit der Dauer von Gerichtsterminen nicht verwiesen werden.[12] Bei einer **Bahnfahrt** kann der Verfahrensbevollmächtigte entsprechend § 5 Abs. 1 JVEG die Kosten der 1. Klasse[13]

1 *Hartmann,* Kostengesetze, § 5 JVEG Rz. 10.
2 BGH v. 13.12.2007 – IX ZB 112/05, NJW-RR 2008, 654.
3 LG Karlsruhe v. 26.1.2000 – 9 T 8/00, JurBüro 2000, 480.
4 Vorschriften abgedruckt bei *Hartmann,* § 6 JVEG Rz. 4, 6.
5 St. Rspr. des BGH, zB v. 14.9.2004 – VI ZB 37/04, MDR 2005, 177; v. 16.10.2002 – VIII ZB 30/02, NJW 2003, 898.
6 BGH v. 14.9.2004 – VI ZB 37/04, MDR 2005, 177.
7 BGH v. 6.5.2004 – I ZB 27/03, MDR 2004, 1136.
8 OLG Stuttgart v. 15.4.2005 – 8 W 142/05, JurBüro 2005, 367 = OLGReport 2005, 687; Gerold/Schmidt/*Madert/Müller-Rabe,* Nr. 7003, 7004 VV Rz. 18.
9 Nachweise zur Entwicklung bei Gerold/Schmidt/*Madert/Müller-Rabe,* Nr. 7003, 7004 VV Fn. 25.
10 OLG Naumburg v. 30.5.2005 – 12 W 61/05, OLGReport 2006, 162.
11 OLG Frankfurt v. 11.2.2208 – 6 W 207/07, OLGReport 2008, 444.
12 OLG Stuttgart v. 15.4.2005 – 8 W 142/05, JurBüro 2005, 367 = OLGReport 2005, 687.
13 OLG Stuttgart v. 15.4.2005 – 8 W 142/05, JurBüro 2005, 367 = OLGReport 2005, 687; Gerold/Schmidt/*Madert/Müller-Rabe,* Nr. 7003, 7004 VV Rz. 22; *Hartmann,* Nr. 7003–7006 VV-RVG Rz. 23.

zzgl. Reservierungskosten verlangen. Die Kosten einer Bahncard sind allgemeine Geschäftskosten, denen ein konkreter Bezug zum Rechtsstreit und den in diesem entstandenen Kosten fehlt. Sie sind auch nicht anteilig zu erstatten; zu berücksichtigen sind die tatsächlich gezahlten (reduzierten) Fahrtkosten.[1] Der Rechtsanwalt darf auch erstattungsrechtlich grundsätzlich die Strecke zwischen Bahnhof/Flughafen und Gericht mit dem **Taxi** zurücklegen.[2] Das Tage- und **Abwesenheitsgeld** ergibt sich gestaffelt nach Dauer der Reise aus Nr. 7005 VV-RVG. **Übernachtungskosten** erhält der Rechtsanwalt ohne Bindung an bestimmte Sätze als sonstige Auslage nach Nr. 7006 VV-RVG, soweit sie angemessen sind (Einzelzimmer mit Dusche und WC in einem guten Mittelklassehotel[3]). Die Kosten für das Frühstück sind mit dem Tagegeld abgegolten und daher nicht gesondert zu erstatten.[4]

13a Die Reisekosten des Verfahrensbevollmächtigten sind auch zu ersetzen, wenn sie die Kosten eines Unterbevollmächtigten zur Terminswahrnehmung erheblich übersteigen.[5] Sie sind nach Auffassung des BGH[6] – entgegen der Rechtsprechung der Oberlandesgerichte[7] – auch erstattungsfähig, wenn sich der Beteiligte an ein an seinem Wohnsitz ansässiges Mitglied einer **überörtlichen Sozietät** wendet, die auch am Gerichtssitz ansässig ist, und dieser Rechtsanwalt zum Gericht reist. Dem steht entgegen, dass das Mandat grundsätzlich der gesamten Sozietät erteilt wird[8] und die interne Aufteilung, welcher Rechtsanwalt an welchem Standort tätig ist, nicht zulasten des Mandanten gehen kann. Erst wenn diesem Kosten entstehen, stellt sich aber die Frage der Erstattungsfähigkeit im Rahmen der Kostenfestsetzung.[9] Die Mehrkosten, die dadurch entstehen, dass ein an einem **dritten Ort**, also weder am Wohnsitz des Beteiligten noch am Gerichtssitz ansässiger Rechtsanwalt beauftragt wird, können hingegen nicht erstattet verlangt werden.[10] Der Erstattungspflichtige muss grundsätzlich nur die Kosten tragen, die aus dem Auseinanderfallen von Gerichtsort einerseits und Geschäfts- oder Wohnort eines Beteiligten andererseits entstehen.[11] Die Mehrkosten, die dadurch entstehen, dass der von ihm beauftragte Bevollmächtigte nicht zumindest in unmittelbarer Nähe seines Wohnsitzes residiert, sondern seine Kanzlei weiter entfernt hat, muss der Beteiligte selbst tragen.[12] Die Reisekosten eines an einem dritten Ort ansässigen Verfahrensbevollmächtigten sind aber insoweit zu erstatten, als sie sich im Rahmen der Reisekosten halten, die angefallen wären, wenn die Partei einen Verfahrensbevollmächtigten entweder am Gerichtsort oder an ihrem Geschäfts- oder Wohn-

1 OLG Celle v. 31.8.2004 – 8 W 271/04, MDR 2004, 1445; OLG Karlsruhe v. 19.10.1999 – 6 W 48/99, OLGReport 2000, 186; aA OLG Frankfurt v. 3.5.2006 – 18 W 24/06, NJW 2006, 2337.
2 LG Berlin v. 14.6.1999 – 510 Qs 43/99, JurBüro 1999, 526; Gerold/Schmidt/*Madert/Müller-Rabe*, Nr. 7003, 7004 VV Rz. 25.
3 KG v. 25.4.1994 – 4 Ws 63/94, Rpfleger 1994, 430; OLG Karlsruhe v. 10.12.1985 – 4 Ws 266/85, JurBüro 1986, 390.
4 KG v. 25.4.1994 – 4 Ws 63/94, Rpfleger 1994, 430.
5 BGH v. 11.12.2007 – X ZB 21/07, FamRZ 2008, 507 = MDR 2008, 350.
6 BGH v. 16.4.2008 – XII ZB 214/04, NJW 2008, 2122 = FamRZ 2008, 1241.
7 OLG Köln 20.7.2006 – 17 W 96/06, OLGReport 2007, 66; OLG Brandenburg v. 8.6.2006 – 6 W 147/05, MDR 2007, 245; OLG Nürnberg v. 12.6.2006 – 5 W 998/06, MDR 2007, 56; OLG Bamberg 30.6.2004 – 1 W 35/04, OLGReport 2005, 127; KG v. 5.8.2004 – 19 WF 166/04, NJW-RR 2005, 655; OLG Hamburg v. 3.7.2002 – 8 W 143/02, OLGReport 2003, 152.
8 Vgl. zB BGH v. 19.1.1995 – III ZR 107/94, NJW 1995, 1841.
9 So zutreffend BGH v. 5.12.2002 – I ZB 25/02, FamRZ 2003, 666 = MDR 2003, 476.
10 OLG Koblenz v. 14.4.2004 – 5 W 262/04, MDR 2004, 966; OLG Hamburg v. 20.6.2003 – 8 W 112/03, OLGReport 2004, 104; OLG Köln v. 26.11.2001 – 17 W 107/01, JurBüro 2002, 425.
11 BGH v. 22.2.2007 – VII ZB 93/06, MDR 2007, 984 = FamRZ 2007, 718.
12 OLG Köln v. 26.11.2001 – 17 W 107/01, JurBüro 2002, 425.

ort beauftragt hätte.[1] Wohnt der Beteiligte am Gerichtsort, sind die Kosten eines auswärtigen Anwalts grundsätzlich nicht erstattungsfähig, auch wenn zu diesem ein besonderes Vertrauensverhältnis besteht und er die Sache bereits bearbeitet hat.[2]

Übersetzung: Die Kosten der Übersetzung prozesserheblicher Schriftstücke sind grundsätzlich erstattungsfähig,[3] sowohl wenn ein fremdsprachliches Schriftstück für das Gericht, den Beteiligten oder den Verfahrensbevollmächtigten oder umgekehrt ein in deutscher Sprache abgefasstes Schriftstück für einen ausländischen Beteiligten[4] übersetzt wird. Mit einer mündlichen Übersetzung muss sich der Beteiligte nur begnügen, wenn die schriftliche Übersetzung für das prozessuale Vorgehen ohne besondere Bedeutung ist und ihre Kosten außer Verhältnis zum Verfahrensgegenstand stehen.[5] Die Übersetzungskosten sind auch neben den Kosten für einen ausländischen Verkehrsanwalt erstattungsfähig.[6] Übersetzungen durch den Verfahrensbevollmächtigten sind gesondert entsprechend § 11 JVEG zu vergüten.[7] 14

Umsatzsteuer auf die Anwaltsvergütung ist erstattungsfähig, wenn die Erklärung abgegeben wird, dass der Beteiligte sie nicht von der Vorsteuer abziehen kann, § 104 Abs. 2 Satz 3 ZPO. Eine Überprüfung der Richtigkeit dieser Erklärung findet nicht statt, es sei denn, die Richtigkeit der Erklärung wäre durch entsprechenden, vom Erstattungspflichtigen zu erbringenden Beweis bereits entkräftet oder eine offensichtliche Unrichtigkeit der Erklärung ergibt sich zweifelsfrei aus anderen dem Gericht bekannten Umständen, etwa dem Inhalt der Akten.[8] 15

Unterbevollmächtigter: Kosten eines Unterbevollmächtigten sind als notwendig zu erstatten, soweit durch dessen Tätigkeit **Reisekosten des Hauptbevollmächtigten erspart** werden, die ansonsten bei der Wahrnehmung des Termins durch den Hauptbevollmächtigten entstanden und als solche erstattungsfähig wären.[9] Notwendige Voraussetzung für die Erstattung von Kosten des Unterbevollmächtigten ist daher, dass die dem Hauptbevollmächtigten im Falle eigener Terminswahrnehmung zustehenden Reisekosten dem Grunde nach zu erstatten wären. Dies ist regelmäßig der Fall, da der Beteiligte wegen des Bedarfs an persönlichem Kontakt zu seinem Anwalt grundsätzlich einen an seinem Wohnsitz ansässigen Verfahrensbevollmächtigten beauftragen darf.[10] Der Ausnahmetatbestand, dass ein eingehendes Mandantengespräch für die Rechtsverfolgung oder -verteidigung (zB wegen eigener Rechtsabteilung oder unstreitiger Forderung) nicht erforderlich ist,[11] wird in Verfahren nach dem FamFG kaum gegeben sein. Eine geringfügige Überschreitung der ersparten Reisekosten (zu deren 16

---

1 BGH v. 11.3.2004 – VII ZB 27/03, FamRZ 2004, 939 = MDR 2004, 838.
2 BGH 22.2.2007 – VII ZB 93/06, MDR 2007, 984; v. 12.12.2002 – I ZB 29/02, NJW 2003, 901.
3 v. Eicken/Hellstab/Lappe/Madert/*Mathias*, Rz. B 421.
4 OLG Köln v. 15.7.2002 – 17 W 6/02, JurBüro 2002, 591; OLG Karlsruhe v. 13.3.1978 – 12 W 11/78, Justiz 1978, 315 = MDR 1978, 674 (LS).
5 OLG Köln v. 15.7.2002 – 17 W 6/02, JurBüro 2002, 591; OLG Hamburg v. 27.2.1996 – 8 W 23/96, OLGReport 1996, 207.
6 OLG Hamburg v. 27.2.1996 – 8 W 23/96, OLGReport 1996, 207; OLG Karlsruhe v. 21.12.1987 – 13 W 150/87, Justiz 1989, 157.
7 OLG Köln v. 15.7.2002 – 17 W 6/02, JurBüro 2002, 591; OLG Karlsruhe v. 13.3.1978 – 12 W 11/78, Justiz 1978, 315 = MDR 1978, 674 (LS).
8 BGH v. 11.2.2003 – VIII ZB 92/02, NJW 2003, 1534.
9 BGH v. 13.5.2004 – I ZB 3/04, NJW-RR 2004, 1212; v. 16.10.2002 – VIII ZB 30/02, NJW 2003, 898.
10 St. Rspr. BGH, zB v. 14.9.2004 – VI ZB 37/04, MDR 2005, 177.
11 BGH v. 13.5.2004 – I ZB 3/04, NJW-RR 2004, 1212; v. 16.10.2002 – VIII ZB 30/02, NJW 2003, 898.

Ermittlung s. Stichwort „Reisekosten des Rechtsanwalts" Rz. 13) steht der Erstattung der Kosten des Unterbevollmächtigten wegen der Schwierigkeit einer Prognose der Kosten nicht entgegen. Eine **wesentliche Überschreitung** ist im Regelfall anzunehmen, wenn die Kosten des Unterbevollmächtigten die ersparten Reisekosten um mehr als 10 % überschreiten.[1] Ist dieser Betrag überschritten, kann der Beteiligte nicht nur 100 %, sondern 110 % der Reisekosten verlangen, da die Überschreitungstoleranz von 10 % Bestandteil der fiktiven, aber erstattungsfähigen Kosten ist.[2] Ob die Kosten eines Terminsvertreters erheblich höher als die Reisekosten des Prozessbevollmächtigten sein werden, ist ex ante zu beurteilen.[3] Wegen der erheblichen Unsicherheit für den Beteiligten in Verfahren mit mündlicher Verhandlung, wie viele Termine erforderlich sein werden, ist eine kleinliche Betrachtungsweise im Kostenfestsetzungsverfahren zu vermeiden.[4]

17 **Verdienstausfall:** Entgegen dem Wortlaut der in § 80 Satz 2 in Bezug genommenen Verweisung in § 91 Abs. 1 Satz 2 ZPO kann der Beteiligte nicht nur einen Ausgleich für Zeitversäumnis (§ 20 JVEG), sondern auch einen Verdienstausfall nach § 22 JVEG erstattet verlangen.[5] Dieser bemisst sich nach dem **Bruttoverdienst** zuzüglich der Arbeitgeberbeiträge zur Sozialversicherung, begrenzt auf einen Höchstbetrag von 17 Euro je Stunde. Wer als Angestellter oder Beamter die versäumte Zeit nacharbeiten muss oder bezahlten Urlaub oder Freizeitausgleich für Überstunden nimmt, wendet **Freizeit** auf, hat also keinen konkreten Verdienstausfall, so dass er nur Entschädigung für Zeitversäumnis (§ 20 JVEG: 3 Euro je Stunde) verlangen kann.[6] Einer juristischen Person kann wegen der Teilnahme ihrers Geschäftsführers an einem Gerichtstermin ein Anspruch auf Verdienstausfall zustehen.[7]

18 **Verkehrsanwalt:** Wohnt ein Beteiligter nicht in der Nähe des Gerichts, kann er mit seiner Vertretung einen an seinem Wohnsitz ansässigen Rechtsanwalt beauftragen, der dann zur Wahrnehmung eines Termins zum Gerichtsort reisen (s. Stichwort „Reisekosten des Rechtsanwalts" Rz. 13) oder einen anderen Rechtsanwalt beauftragen (s. Stichwort „Unterbevollmächtigter" Rz. 16) kann. Dies stellt seit der umfassenden Postulationsfähigkeit den Regelfall dar. Möglich ist aber auch weiterhin, dass der Beteiligte einen an seinem Wohnsitz residierenden Rechtsanwalt nur damit betraut, den Verfahrensstoff zu sichten und den in der Nähe des Gerichts ansässigen Hauptbevollmächtigten zu informieren. Letzterer hat die Prozessführung und die damit verbundene Beratung in eigener Verantwortung wahrzunehmen, der am Wohnort des Beteiligten ansässige Rechtsanwalt ist dann der Verkehrsanwalt, der nach Nr. 3400 VV-RVG vergütet wird. Die dadurch entstehenden Mehrkosten sind **nur ausnahmsweise erstattungsfähig**, wenn es dem Beteiligten etwa wegen Krankheit oder sonstiger persönlicher Unfähigkeit unmöglich oder unzumutbar ist, seinen Verfahrensbevollmächtigten am entfernten Gerichtsort persönlich, schriftlich oder telefonisch zu infor-

1 BGH v. 16.10.2002 – VIII ZB 30/02, NJW 2003, 898.

2 So zutreffend Zöller/*Herget*, § 91 Rz. 13 „Unterbevollmächtigter"; KG v. 24.10.2007 – 2 W 114/07, KGReport 2008, 314; OLG Frankfurt v. 12.9.2004 – 12 W 152/04, OLGReport 2005, 33; aA OLG Oldenburg v. 18.2.2008 – 5 W 8/08, MDR 2008, 532.

3 OLG Düsseldorf v. 3.8.2006 – 10 W 49/06, OLGReport 2006, 627; *Müller-Rabe*, NJW 2007, 1920, 1928 f.

4 So zutreffend *Schütt*, MDR 2003, 1020; OLG Hamm v. 12.2.2001 – 23 W 8/01, MDR 2001, 959.

5 BGH v. 2.12.2008 – VI ZB 63/07, MDR 2009, 230; *Lappe*, NJW 2006, 270, 275.

6 OLG Stuttgart v. 15.11.1991 – 8 W 422/91, JurBüro 1992, 123; OLG Hamm v. 8.1.1991 – 23 W 440/90, Rpfleger 1991, 266; KG v. 17.12.1982 – 1 W 3919/82, Rpfleger 1983, 172.

7 BGH v. 2.12.2008 – VI ZB 63/07, MDR 2009, 230.

mieren.[1] Auch wenn diese Voraussetzungen nicht vorliegen, sind die durch die Beauftragung von Verkehrsanwälten entstehenden Kosten in Höhe der dadurch **ersparten Kosten für Informationsreisen** der Partei erstattungsfähig, wenn solche Reisen zweckmäßig gewesen wären.[2] Das ist in der **ersten Instanz** regelmäßig der Fall, da jeder Beteiligte ein schützenswertes Interesse daran hat, seinen Verfahrensbevollmächtigten persönlich kennen zu lernen und über komplexere Sachverhalte im persönlichen Gespräch zu informieren.[3] Im **Rechtsbeschwerdeverfahren** kommt die Erstattung der Kosten eines Verkehrsanwalt grundsätzlich nicht in Betracht, weil allein Rechtsfragen zu klären sind, für die eine Korrespondenz mit dem Beteiligten von untergeordneter Bedeutung ist.[4] Auch im **Beschwerdeverfahren** sind die Kosten eines Verkehrsanwalts nur eingeschränkt erstattungsfähig.[5] Die Beauftragung ist gerechtfertigt, wenn ein neuer, tatsächlich oder rechtlich besonders schwieriger Sachverhalt in das Verfahren eingeführt wird.[6] Die Notwendigkeit eines Verkehrsanwalts ist unabhängig von einer Beiordnung im Rahmen der **Prozesskostenhilfe** nach § 121 Abs. 3 ZPO zu prüfen.[7]

Versorgungsausgleich: Die Kosten eines zur Nachprüfung der vom Familiengericht 19
ohne Sachverständigengutachten angestellten Berechnung hinzugezogenen **Rentenberaters** sind nicht erstattungsfähig, da dies Aufgabe des Verfahrensbevollmächtigten ist.[8]

Vorbereitungskosten: Die Kosten zur Vorbereitung des Verfahrens können grundsätz- 20
lich von einem anderen Beteiligten nicht erstattet verlangt werden. Ausnahmsweise sind sie erstattungsfähig, wenn sie konkret zur Durchführung eines bestimmten Rechtsstreits entstanden sind. Sie müssen sich auf ein konkretes Verfahren beziehen und gerade mit Rücksicht auf dieses ausgelöst worden sein,[9] zB auf das konkrete Verfahren bezogene Gutachterkosten. Nicht ausreichend ist, dass die Kosten entstanden sind, um die Erfolgsaussichten besser einschätzen zu können.[10]

Zeitversäumnis für die notwendige Wahrnehmung von Terminen ist nach der in § 80 21
Satz 2 in Bezug genommenen Regelung von § 91 Abs. 1 Satz 2 ZPO zu erstatten. Hinsichtlich der Höhe der zu erstattenden Kosten wird auf die Vorschriften für die Entschädigung von Zeugen verwiesen, somit auf § 20 JVEG. Danach beträgt die Entschädigung 3 Euro je Stunde, es sei denn, dem Beteiligten ist ersichtlich kein Nachteil entstanden. Vorrangig gegenüber dieser Entschädigung ist aber der Ausgleich eines Verdienstausfalls (s. Stichwort „Verdienstausfall" Rz. 17) und eines Nachteils bei der Haushaltsführung (§ 21 JVEG). Letztere beträgt 12 Euro pro Stunde, wenn der Beteiligte einen Haushalt für mehrere Personen führt und nicht erwerbstätig oder teilzeitbeschäftigt ist.

1 BGH v. 7.6.2006 – XII ZB 245/04, MDR 2006, 1434.
2 BGH v. 21.9.2005 – IV ZB 11/04, NJW 2006, 301.
3 BGH v. 21.9.2005 – IV ZB 11/04, NJW 2006, 301.
4 BGH v. 4.8.2004 – XII ZA 6/04, FamRZ 2004, 1633 = MDR 2005, 94 für Revision.
5 BGH v. 21.9.2005 – IV ZB 11/04, NJW 2006, 301; v. 7.6.2006 – XII ZB 245/04, MDR 2006, 1434 je für Berufung.
6 BGH v. 7.6.2006 – XII ZB 245/04, MDR 2006, 1434.
7 OLG Koblenz v. 19.4.1989 – 14 W 232/89, JurBüro 1990, 733; OLG Hamm v. 9.2.1983 – 6 WF 609/82, JurBüro 1983, 1262.
8 OLG Stuttgart v. 4.6.1980 – 8 W 601/79, JurBüro 1981, 274.
9 BGH v. 4.3.2008 – VI ZB 72/06, NJW 2008, 1597 – Gutachterkosten – für § 91 ZPO; BayObLG v. 4.1.1999 – 3 Z BR 267/98, FGPrax 1999, 77 – Rechtsanwaltskosten – für § 13a FGG.
10 OLG Hamburg v. 14.1.1988 – 8 W 6/88, JurBüro 1988, 1022 m. zust. Anm. *Mümmler*.

§ 81
Grundsatz der Kostenpflicht

(1) Das Gericht kann die Kosten des Verfahrens nach billigem Ermessen den Beteiligten ganz oder zum Teil auferlegen. Es kann auch anordnen, dass von der Erhebung der Kosten abzusehen ist. In Familiensachen ist stets über die Kosten zu entscheiden.

(2) Das Gericht soll die Kosten des Verfahrens ganz oder teilweise einem Beteiligten auferlegen, wenn

1. der Beteiligte durch grobes Verschulden Anlass für das Verfahren gegeben hat;

2. der Antrag des Beteiligten von vornherein keine Aussicht auf Erfolg hatte und der Beteiligte dies erkennen musste;

3. der Beteiligte zu einer wesentlichen Tatsache schuldhaft unwahre Angaben gemacht hat;

4. der Beteiligte durch schuldhaftes Verletzen seiner Mitwirkungspflichten das Verfahren erheblich verzögert hat;

5. der Beteiligte einer richterlichen Anordnung zur Teilnahme an einer Beratung nach § 156 Abs. 1 Satz 4 nicht nachgekommen ist, sofern der Beteiligte dies nicht genügend entschuldigt hat.

(3) Einem minderjährigen Beteiligten können Kosten in Verfahren, die seine Person betreffen, nicht auferlegt werden.

(4) Einem Dritten können Kosten des Verfahrens nur auferlegt werden, soweit die Tätigkeit des Gerichts durch ihn veranlasst wurde und ihn ein grobes Verschulden trifft.

(5) Bundesrechtliche Vorschriften, die die Kostenpflicht abweichend regeln, bleiben unberührt.

A. Allgemeines

1 Mit dieser Vorschrift wird dem Gericht ein **Ermessen** eingeräumt, die Kosten auch unabhängig vom Ausgang des Verfahrens unter Würdigung des Verhaltens der Beteiligten im Rahmen des Verfahrens zu verteilen. Sie entspricht mit dem eingeräumten Ermessen dem früheren § 13a Abs. 1 Satz 1 FGG, erfasst aber anders als dieser auch die Gerichtskosten (s. § 80 Rz. 1). Eine Abs. 1 Satz 2 entsprechende Regelung enthielt auch bisher § 94 Abs. 3 Satz 2, 2. Halbs. KostO für Verfahren des Vormundschafts- und

Familiengerichts. Zum **Anwendungsbereich** von § 81 vgl. Vorbemerkung vor § 80. Sofern ein Verfahren **Folgesache** eines Scheidungsverfahrens ist, geht die Regelung für die Kosten in Folgesachen (§ 150) den allgemeinen Bestimmungen, somit auch § 81, vor.[1]

B. Einzelheiten

I. Kostenentscheidung nach billigem Ermessen (Absatz 1)

§ 81 Abs. 1 ermöglicht dem Gericht eine Entscheidung über die Kosten des Verfahrens, begründet aber grundsätzlich keine entsprechende Verpflichtung.[2] Eine solche besteht gem. § 81 Abs. 1 Satz 3 nur für **Familiensachen** (§ 111). Diese Regelung betrifft nur diejenigen Familiensachen, auf die die §§ 80 ff. Anwendung finden (s. Vorbemerkung vor § 80). In Ehesachen und Familienstreitsachen iSv. § 112 ist kraft der Verweisung in § 113 Abs. 1 über die Kosten gem. § 308 Abs. 2 ZPO von Amts wegen zu entscheiden. 2

1. Beteiligtenbegriff

Beteiligter (zur Beteiligtenstellung allgemein s. Erläuterung zu § 7) iSv. § 81 kann nur sein, wer nach § 7 **formell** am Verfahren beteiligt ist.[3] Wer zwar von der zu treffenden Entscheidung betroffen ist (sog. materiell Beteiligter), ohne sich aber selbst an dem Verfahren beteiligt zu haben oder seitens des Gerichts hinzugezogen worden zu sein, kann durch eine Kostenentscheidung weder begünstigt noch (außer nach Abs. 4) belastet werden. Zu beachten ist, dass in den Streitverfahren über § 7 Abs. 2 Nr. 2 auch der Antragsgegner beteiligt ist, der sich auf das Verfahren nicht einlässt; ihm können daher auch bei Passivität Kosten auferlegt werden. **Erstattungsgläubiger** kann aber nur sein, wer sich als materiell Beteiligter oder auf Grund sonstiger (Beschwerde-)Berechtigung rechtmäßig am Verfahren beteiligt hat.[4] Wer für einen Beteiligten auftritt, ist nicht selbst Beteiligter, es sei denn er wird in eigener Sache tätig (zB hinsichtlich seiner Vergütung oder Entlassung). Der **Verfahrensbeistand** ist zwar Beteiligter (§ 158 Abs. 3 Satz 2), ihm können aber gem. § 158 Abs. 8 keine Kosten auferlegt werden, da er allein im Interesse des Kindes tätig wird.[5] Wenn er hingegen in eigener Sache tätig wird (zB hinsichtlich seiner Vergütung), besteht für diese Einschränkung keine Rechtfertigung, so dass ihm insoweit Kosten auferlegt werden können. Parteien kraft Amtes (zB Testamentsvollstrecker, Insolvenzverwalter) sind als solche Beteiligte iSv. § 81, haften aber nur mit dem von ihnen verwalteten Vermögen. 3

Der **Landeskasse** können die Kosten nach § 81 (anders nach §§ 307, 337, 430 in Freiheitsentziehungs-, Betreuungs- und Unterbringungsverfahren) nicht auferlegt werden, da sie kein Beteiligter des Verfahrens ist.[6] Das Gericht kann nur anordnen, dass von der Erhebung der Gerichtskosten abgesehen wird. Eine **Behörde** kann kostenpflichtig und erstattungsberechtigt sein, wenn sie Beteiligte des Verfahrens iSv. § 7 geworden 4

1 Begr. RegE, BT-Drucks. 16/6308, S. 233.
2 Begr. RegE, BT-Drucks. 16/6308, S. 215.
3 BGH v. 23.10.1959 – IV ZB 105/59, BGHZ 31, 92; BayObLG v. 16.11.1972 – 2 Z 64/72, BayObLGZ 1972, 354; KG v. 1.4.1968 – 1 W 497/68, FamRZ 1968, 472, je zu § 13a FGG.
4 BayObLG v. 27.7.2000 – 1 Z BR 64/99, NJWE-FER 2000, 320; v. 16.11.1972 – 2 Z 64/72, BayObLGZ 1972, 354; KG v. 1.4.1968 – 1 W 497/68, FamRZ 1968, 472.
5 Begr. RegE, BT-Drucks. 16/6308, S. 240.
6 So bereits für § 13a FGG BayObLG v. 22.2.1990 – 3 Z 171/89, BayObLGZ 1990, 37.

ist (s. § 7 Rz. 37, § 8 Rz. 19 ff.). Dies ist nicht der Fall, wenn sie nur in Erfüllung ihr allgemein obliegender öffentlicher Aufgaben tätig wird, zB das Finanzamt bei Anregung einer Pflegschaft,[1] das Jugendamt nach § 162 Abs. 1 oder die Industrie- und Handelskammer im Registerverfahren (§ 380 Abs. 1 bis 3). Nimmt die Behörde aber ein ihr – tatsächlich oder vermeintlich – zustehendes Antrags- oder **Beschwerde**recht wahr, wird sie Beteiligter iSv. § 81.[2] Das ist zB der Fall, wenn das Jugendamt gem. § 162 Abs. 3 Satz 2[3] oder die Aufsichtsbehörde des Standesbeamten gem. § 49 Abs. 2 PStG[4] Beschwerde einlegt.

5 Unter der Geltung von § 13a FGG war anerkannt, dass die Anordnung einer Kostenerstattung voraussetzte, dass an der Angelegenheit mehrere Personen im **entgegengesetzten Sinn** beteiligt sind.[5] Dies ist auch nach § 81 gerechtfertigt, soweit es um die Erstattung der notwendigen **Aufwendungen** eines Beteiligten geht. Nur wenn die Beteiligten unterschiedliche Entscheidungen anstreben, kann es Aufgabe des Gerichts sein, über einen Ausgleich der ihnen jeweils entstandenen Aufwendungen zu entscheiden. Hinsichtlich der **Gerichtskosten** ist eine solche Voraussetzung nicht geboten. Auch bei gleichlaufenden Interessen verschiedener Beteiligter (zB Eltern, denen gem. § 1666 BGB die Sorge entzogen werden soll) ist es denkbar, dass eine unterschiedliche Beteiligung an den Gerichtskosten der Billigkeit entspricht, zB weil nur ein Elternteil leistungsfähig ist oder bestimmte Auslagen (Sachverständigenkosten) nur einem Elternteil zuzurechnen sind.

2. Grundsätze der Kostenentscheidung

6 **Abs. 1 Satz 1** räumt dem Gericht ein **Ermessen** ein, ob es eine Kostenentscheidung trifft – außer in Familiensachen, Satz 3 – und welchem Beteiligten es Kosten in welchem Umfang auferlegt. Es trifft seine Entscheidung von Amts wegen, ohne dass es des Antrags eines Beteiligten bedarf. Soweit das Gericht einem Beteiligten einen **Teil der Kosten** auferlegen will, kann es dies in Form einer Quote tun oder ihm konkrete ausscheidbare Kosten auferlegen. In Betracht kommen insoweit zB die Rechtsanwaltskosten eines Beteiligten oder entsprechend dem Rechtsgedanken des § 96 ZPO die Kosten einer Beweisaufnahme. Das Gericht kann auch lediglich über die Verteilung der Gerichtskosten entscheiden und von der Anordnung der Erstattung notwendiger Aufwendungen der Beteiligten absehen.

7 Bei der Kostenentscheidung ist das Gebot der **Einheitlichkeit** zu beachten: Da die Verfahrenskosten nach einem einheitlichen Wert entstehen, können nicht zB die Kosten des Antrags dem einen und die des Gegenantrags einem anderen Beteiligten auferlegt werden. Vielmehr ist die beabsichtigte Kostenlast in einer die Kostenfestsetzung ermöglichenden Form auszudrücken, regelmäßig durch eine Quote der Gesamtkosten. Nur soweit sie ausnahmsweise getrennt anfallen (zB hinsichtlich der Kosten einer Beweisaufnahme oder eines Rechtsmittels entsprechend § 97 Abs. 2 ZPO), kann über die Kosten einzelner Verfahrensabschnitte entschieden werden.

1 BayObLG v. 11.11.1985 – 1 Z 84/85, Rpfleger 1986, 293.
2 BGH v. 23.10.1959 – IV ZB 105/59, BGHZ 31, 92.
3 BayObLG v. 24.10.1988 – 1a Z 63/88, FamRZ 1989, 652 für § 57 Abs. 1 Nr. 9 FGG.
4 BayObLG v. 23.8.1984 – 1 Z 5/84, FamRZ 1985, 201; OLG Hamm v. 14.3.1983 – 15 W 20/83, Das Standesamt 1983, 200.
5 KG v. 14.6.1988 – 1 W 2613/88, FamRZ 1988, 1207; BayObLG v. 9.12.1992 – 2 Z BR 106/92, NJW-RR 1993, 530; Keidel/*Zimmermann*, § 13a Rz. 6a.

Formulierungsvorschlag:

„Die durch die Beweisaufnahme entstandenen Kosten hat der Beteiligte zu 1 zu tragen. Im Übrigen haben die Beteiligten die Gerichtskosten zu gleichen Teilen und ihre notwendigen Aufwendungen selbst zu tragen".

Soweit das Gericht **keine Entscheidung** über die Kosten des Verfahrens trifft, hat jeder Beteiligte seine Aufwendungen selbst zu tragen, hinsichtlich der Gerichtskosten verbleibt es bei den Regelungen in §§ 2 ff. KostO und 21 ff. FamGKG. 8

Bei der Anordnung, dass **notwendige Aufwendungen** zu erstatten seien, ist Zurückhaltung geboten. § 81 ändert nichts an dem Grundsatz,[1] dass in Verfahren der freiwilligen Gerichtsbarkeit jeder Beteiligte im Regelfall seine außergerichtlichen Kosten **selbst zu tragen** hat. Das Gesetz ordnet – anders als bei einem erfolglosen Rechtsmittel, § 84 – für den Fall des Unterliegens auch in kontradiktatorisch geführten Verfahren keine generelle Kostenpflicht des Unterliegenden an, sondern belässt es bei dem Grundsatz des § 81 Abs. 1 Satz 1. Nach § 81 Abs. 2 Nr. 2 besteht eine regelmäßige Kostenpflicht des Unterliegenden nur dann, wenn sein Antrag von vornherein für ihn erkennbar keine Aussicht auf Erfolg hatte. Die Anordnung der Erstattung notwendiger Aufwendungen anderen Beteiligter bedarf daher besonderer Rechtfertigung im Einzelfall. 9

Hinsichtlich der **Gerichtskosten** liegt eine von den Regelungen in den §§ 2 ff. KostO und 21 ff. FamGKG abweichende Entscheidung des Gericht näher als hinsichtlich der Erstattung von Aufwendungen der Beteiligten. Insbesondere eine anteilige Haftung der Beteiligten kann nur über eine gerichtliche Entscheidung begründet werden. Auch wenn einzelne Kosten nur einem Beteiligten zuzurechnen sind und daher diesem allein auferlegt werden sollen, ist eine gerichtliche Entscheidung erforderlich. Sofern das Gericht keine Kostenentscheidung trifft, haften mehrere Kostenschuldner als Gesamtschuldner (§§ 5 KostO, 26 Abs. 1 FamGKG). Soweit das Gericht einen Kostenschuldner bestimmt, haftet dieser vorrangig. Für die Familiensachen ist dies in § 26 Abs. 2 FamGKG bestimmt. Im Anwendungsbereich der KostO fehlt es an einer entsprechenden gesetzlichen Regelung; § 8 Abs. 3 Nr. 1 der bundeseinheitlichen KostVfg enthält aber mit der Anweisung an den Kostenbeamten, grundsätzlich zunächst den Entscheidungsschuldner in Anspruch zu nehmen, eine ähnliche Bestimmung. 10

3. Gesichtspunkte der Ermessensausübung

Ob und in welchem Umfang eine Kostenentscheidung der Billigkeit entspricht, ist im jeweiligen **Einzelfall** zu entscheiden. In der Praxis zum früheren § 13a FGG haben sich aber Tendenzen entwickelt, die auch im Rahmen von § 81 Abs. 1 weiterhin Anwendung finden können: 11

In **echten Streitverfahren** (s. § 22 Rz. 8) entspricht regelmäßig eine Orientierung der Kostenentscheidung am Erfolg der Beteiligten der Billigkeit,[2] da diese Verfahren eine gewisse Nähe zu dem Zivilprozess mit den dortigen Kostengrundsätzen der §§ 91 ff. ZPO aufweisen. Auch in rein vermögensrechtlichen Streitigkeiten unter sich nicht nahe stehenden Beteiligten ist regelmäßig die Anordnung der Erstattung außergerichtlicher Aufwendungen gerechtfertigt.[3] In **von Amts wegen** einzuleitenden Verfah- 12

1 KG v. 1.9.1992 – 1 W 4144/92, FamRZ 1993, 84; BayObLG v. 9.2.2001 – 1 Z BR 1/01, FamRZ 2001, 1311; Keidel/*Zimmermann*, § 13a Rz. 21; Jansen/*v. König*, § 13a Rz. 9.

2 BayObLG v. 4.4.2001 – 3 Z BR 70/00, AG 2002, 290.

3 Keidel/*Zimmermann*, § 13a Rz. 23.

ren ist hingegen mit der Auferlegung außergerichtlicher Kosten eher Zurückhaltung geboten.[1]

13 Bei Streitigkeiten zwischen **Familienangehörigen** ist bei der Anordnung einer Kostenerstattung Zurückhaltung geboten.[2] Im Regelfall sind daher in Umgangs- und Sorgerechtsverfahren außergerichtliche Kosten erster Instanz nicht zu erstatten.[3] Vergleichbares gilt in Ehewohnungs- und Haushaltssachen[4] sowie auch außerhalb der Familiensachen, sofern nahe Verwandte beteiligt sind.[5] Die Anordnung einer Kostenerstattung ist regelmäßig **nicht geboten**, wenn ein Beteiligter bei fehlender anwaltlicher Vertretung allenfalls geringfügige Aufwendungen hatte.[6] Wer im Verfahren überhaupt nicht hervorgetreten ist, obwohl er beteiligt wurde, hat grundsätzlich kein Rechtschutzbedürfnis an einer Kostenentscheidung zu seinen Gunsten.[7] Der Umstand, dass ein Beteiligter bestimmte Aufwendungen notwendigerweise tätigen musste, ist für sich kein Billigkeitsgesichtspunkt iSv. § 81.[8]

4. Einzelfälle

14 Einem **Testamentsvollstrecker** können die Kosten des wegen seiner Entlassung geführten Verfahrens auferlegt werden, wenn er zu entlassen war.[9] Die „strukturelle Unterlegenheit" des einzelnen **Aktionärs** gegenüber der Aktiengesellschaft kann es rechtfertigen, die Erstattung ihm im Spruchstellenverfahren entstandener Kosten anzuordnen.[10]

14a In **Sorge- und Umgangssachen** entspricht es regelmäßig der Billigkeit, die Gerichtskosten – einschließlich eventueller Auslagen zB für Gutachten – zwischen den Eltern (das Kind ist gem. Abs. 3 nicht zu belasten) zu teilen.[11] Im Verfahren über eine **Verbleibensanordnung** nach § 1632 Abs. 4 BGB ist es im Regelfall nicht gerechtfertigt, den Pflegeeltern Kosten aufzuerlegen.[12] In einer **Ehewohnungssache** kann es der Billigkeit entsprechen, dass die Eheleute dem Vermieter die diesem entstandenen außergerichtlichen Kosten zu erstatten haben.[13]

---

1 BayObLG v. 10.9.1999 – 1 Z BR 21/99, FamRZ 2000, 971 für vormundschaftsgerichtliches Verfahren.
2 BayObLG v. 9.2.2001 – 1 Z BR 1/01, FamRZ 2001, 1311; v. 21.2.1991 – 3 Z 17/91, FamRZ 1991, 846.
3 OLG Karlsruhe v. 23.6.1987 – 16 UF 339/87, FamRZ 1988, 1303; OLG Hamm v. 21.9.1983 – 3 UF 452/83, FamRZ 1983, 1264.
4 OLG Köln v. 8.8.2006 – 4 UF 118/06 OLGReport 2007, 129; OLG Schleswig v. 11.4.2003 – 13 WF 193/02, OLGReport 2003, 325; OLG Brandenburg v. 26.7.2001 – 10 WF 53/01, FamRZ 2002, 1356.
5 BayObLG v. 11.4.2001 – 3 Z BR 117/01, FamRZ 2001, 1405 für ein Betreuungsverfahren, an dem zwei Brüder in gegensätzlichem Sinn beteiligt waren.
6 BayObLG v. 13.7.1989 – 2 Z 20/89, WE 1990, 178.
7 BGH v. 23.10.1959 – IV ZB 105/59, BGHZ 31, 92; OLG Bamberg v. 8.11.1984 – 7 UF 77/84, FamRZ 1985, 524.
8 BayObLG v. 25.1.1991 – 1a Z 62/90, FamRZ 1991, 1084 für § 13a FGG.
9 OLG Naumburg v. 19.12.2005 – 10 Wx 10/05, FamRZ 2006, 971.
10 OLG Stuttgart v. 11.7.2000 – 8 W 468/97, AG 2001, 314.
11 OLG Karlsruhe v. 17.2.2005 – 2 WF 233/04, OLGReport 2005, 216; OLG Frankfurt v. 10.3.1993 – 6 WF 32/93, FamRZ 1994, 253.
12 OLG Hamm v. 8.8.2007 – 3 WF 256/06, FamRZ 2008, 1098; OLG Celle v. 21.11.2002 – 18 WF 53/02, FamRZ 2004, 390; OLG Stuttgart v. 15.6.2005 – 18 WF 269/04, OLGReport 2005, 619.
13 OLG Hamburg v. 17.1.1994 – 2 WF 136/93, FamRZ 1994, 716.

5. Absehen von einer Kostenentscheidung

Gem. Satz 2 kann das Gericht anordnen, dass von der **Erhebung von Kosten abgesehen** wird. Diese Entscheidung kann sich trotz des missverständlichen Wortlauts (nach der Definition in § 80 sind „Kosten" neben den Gerichtskosten auch die notwendigen Aufwendungen der Beteiligten) nur auf die **Gerichtskosten** (Gebühren und Auslagen) beziehen, nicht aber auf die Aufwendungen der Beteiligten. Hinsichtlich dieser steht es nicht in der Macht des Gerichts, sie zu erheben oder nicht zu erheben. Eine entsprechende Regelung enthielt auch bisher § 94 Abs. 3 Satz 2, 2. Halbs. KostO für Verfahren des Vormundschafts- und Familiengerichts. In diesen nunmehr dem Familiengericht zugewiesenen Verfahren dürfte auch künftig vornehmlich der Anwendungsbereich dieser Vorschrift liegen. 15

Eine Entscheidung, von der Erhebung der Kosten abzusehen, kommt in Betracht, wenn es nach dem Verlauf oder dem Ausgang des Verfahrens unbillig erscheint, einen der Beteiligten mit den Gerichtskosten zu belasten. Dies kann ferner der Fall sein, wenn der Beteiligte **keine eigenen Interessen** verfolgt, sondern zB die des Kindes.[1] Eine Nichterhebung kann auch geboten sein, wenn es an einer – sei es auch mittelbaren – **Verursachung fehlt**, so im Einzelfall bei einem Eingriff nach § 1666 BGB bei unverschuldetem Versagen der Eltern oder einer Maßnahme gem. § 1693 BGB bei Verhinderung der Eltern.[2] Es entspricht regelmäßig nicht der Billigkeit, die Kosten eines von Amts wegen eingeleiteten (zB vom Jugendamt angeregten) Verfahrens dem Beteiligten aufzuerlegen, wenn sich herausstellt, dass eine Maßnahme nicht erforderlich ist. 16

Auch von der Erhebung **einzelner Gerichtskosten**, insbesondere Auslagen (Gutachtenkosten), kann abgesehen werden. Soweit diese unberechtigt entstanden sind, ist eine Entscheidung aber nicht gem. § 81 Abs. 1 Satz 2, sondern nach §§ 16 KostO, 20 FamGKG zu treffen, da dies insoweit die vorrangigen Regelungen sind.[3] Die überhöhte Rechnung eines Sachverständigen zB ist vom Kostenbeamten nur in der gerechtfertigten Höhe zu bezahlen, so dass Kosten gegenüber den Beteiligten auch nur in dieser Höhe angesetzt werden können. Sollte die überhöhte Rechnung ausgeglichen worden sein, liegt eine unrichtige Sachbehandlung vor, so dass der überhöhte Betrag von den Beteiligten gem. §§ 20 Abs. 1 FamGKG, 16 Abs. 1 KostO nicht zu erheben ist. Dies ist bei dennoch vorgenommenem Ansatz der Kosten im Wege der Erinnerung geltend zu machen (§§ 57 FamGKG, 14 Abs. 2 KostO). 17

Sofern es allein um die **finanzielle Belastung** des oder der Beteiligten geht, ist zu berücksichtigen, dass insoweit die demselben Zweck dienende Verfahrenskostenhilfe (§§ 76 ff.) vorrangig ist, die die Leistungsfähigkeit der Beteiligten durch die Anordnung von Ratenzahlungen flexibel berücksichtigen kann. Die Voraussetzungen für die Bewilligung von Verfahrenskostenhilfe dürfen nicht durch eine Entscheidung nach § 81 Abs. 1 Satz 2 umgangen werden. Die finanziellen Verhältnisse eines Beteiligten können daher nur im Ausnahmefall eine solche Entscheidung rechtfertigen, zB wenn ein offensichtlich nicht leistungsfähiger Beteiligter, der mangels rechtlicher Beratung keinen Antrag auf Verfahrenskostenhilfe gestellt hat, mit hohen, für ihn nicht absehbaren Kosten (Sachverständigengutachten) belastet werden würde. 18

1 OLG Hamm v. 8.8.2007 – 3 WF 256/06, FamRZ 2008, 1098; OLG Celle v. 21.11.2002 – 18 WF 53/02, FamRZ 2004, 390; OLG Stuttgart v. 15.6.2005 – 18 WF 269/04, OLGReport 2005, 619.

2 Korintenberg/Lappe/Bengel/Reimann, § 94 Rz. 36.

3 AA OLG Köln v. 27.3.2006 – 14 UF 30/06, FamRZ 2006, 1057 für nicht vergütungsfähige Leistungen eines Verfahrenspflegers nach früherem Recht.

II. Grundsätzliche Kostenpflicht eines Beteiligten (Absatz 2)

1. Allgemeines

19 Abs. 2 schränkt das dem Gericht nach Abs. 1 eingeräumte Ermessen dahingehend ein, dass in den aufgeführten Fällen die Kosten des Verfahrens einem Beteiligten ganz oder teilweise auferlegt werden sollen. Entsprechend dem allgemeinen juristischen Sprachgebrauch bedeutet die Verwendung des Begriffs „soll“, dass im Regelfall eine solche Kostenbelastung auszusprechen ist.

20 Für alle Alternativen verzichtet das Gesetz bewusst darauf, das Gericht auf die Überbürdung solcher zusätzlichen Kosten zu beschränken, die durch das Verhalten des Beteiligten entstanden sind.[1] Es bedarf daher keiner exakten Ermittlung der Verursachungsbeiträge. Nach der Begründung des Regierungsentwurfs[2] soll nicht einmal erforderlich sein, dass durch das Verhalten des Beteiligten zusätzliche Kosten überhaupt entstanden sind. Eine solch erhebliche Sanktionierung verfahrenswidrigen Verhaltens dürfte aber allenfalls im Ausnahmefall gerechtfertigt sein. IdR wird es sachgerechter Ermessensausübung entsprechen, wenn sich die aufzuerlegenden Kosten an den Mehrkosten orientieren, die durch das Verhalten des Beteiligten entstanden sind. Einer exakten Ermittlung der Verursachungsbeiträge ist das Gericht aber enthoben, weil das Gesetz eine solche strikte Kausalverknüpfung nicht voraussetzt. In den unter Nr. 1 und 2 erfassten Konstellationen kommt eher eine Auferlegung der gesamten Kosten in Betracht, während im Anwendungsbereich der Nr. 3 bis 5 eine Orientierung an den Mehrkosten näher liegt. Werden mehrere Verfahrensgegenstände in einem Verfahren zusammengefasst, so erstreckt sich die Auferlegung der Kosten regelmäßig nur auf den Verfahrensgegenstand, auf den sich die Pflichtwidrigkeit des Beteiligten bezieht.[3]

21 Soweit die Vorschrift auf ein **Verschulden** des Beteiligten abstellt, ist ihm dasjenige seines Verfahrensbevollmächtigten zuzurechnen. Dies war bereits nach § 13a FGG anerkannt[4] und ergibt sich nunmehr aus der Verweisung in § 11 Satz 5 iVm. § 85 Abs. 2 ZPO. Wird die Anwendung von § 81 Abs. 2 bei der Kostengrundentscheidung **übersehen**, kann dies im Kostenfestsetzungsverfahren nicht korrigiert werden.[5]

2. Die einzelnen Tatbestände

22 **Nr. 1:** Der Beteiligte hat durch grobes Verschulden Anlass für das Verfahren gegeben.

Diese Bestimmung knüpft an die frühere Regelung in § 13a Abs. 1 Satz 2, 2. Halbs. FGG an.[6] Wie für diese Vorschrift anerkannt, verlangt grobes Verschulden Vorsatz oder eine Außerachtlassung der nach den Umständen erforderlichen Sorgfalt in ungewöhnlich großem Maße unter Nichtbeachtung dessen, was jedem einleuchten muss.[7]

23 **Nr. 2:** Der Antrag des Beteiligten hatte von vornherein keine Aussicht auf Erfolg und der Beteiligte musste dies erkennen.

1 Begr. RegE, BT-Drucks. 16/6308, S. 215.
2 BT-Drucks. 16/6308, S. 215.
3 Begr. RegE, BT-Drucks. 16/6308, S. 216.
4 OLG Brandenburg v. 22.1.2008 – 9 UF 80/07, FamRZ 2008, 1267.
5 BGH v. 9.2.2006 – VII ZB 59/05, NJW-RR 2006, 810 = BGHReport 2006, 687 zu § 96 ZPO.
6 Begr. RegE, BT-Drucks. 16/6308, S. 215.
7 Keidel/*Zimmermann*, § 13a Rz. 25; Jansen/*v. König*, § 13a Rz. 18.

Dies rechtfertigte bereits nach § 13a Abs. 1 Satz 1 FGG aF aus Billigkeitsgesichtspunkten die Auferlegung der notwendigen Aufwendungen weiterer Beteiligter[1] und wäre auch ohne ausdrückliche Regelung ein Fall, in dem die Kosten gem. § 81 Abs. 1 Satz 1 dem Antragsteller aufzuerlegen wären. Sofern der Beteiligte bereits bei Antragstellung anwaltlich vertreten war, ist es gerechtfertigt, hinsichtlich der Erkennbarkeit der Erfolglosigkeit – wie beim Verschulden (s. Rz. 21) – auf die Kenntnis des anwaltlichen Vertreters abzustellen.[2]

Nr. 3: Der Beteiligte hat zu einer wesentlichen Tatsache schuldhaft unwahre Angaben gemacht. 24

Die Auferlegung von Kosten aus diesem Grund ist gerechtfertigt, wenn dadurch der Verfahrensverlauf beeinflusst worden, insbesondere die Anberaumung eines Termins oder eine Beweisaufnahme erforderlich geworden ist. Wenn dies bei rechtzeitig richtigem Sachvortrag entbehrlich gewesen wäre, sollte der Beteiligte mit den dadurch entstandenen Mehrkosten belastet werden. Sofern es sich um ausscheidbare Kosten handelt, können sie ihm isoliert auferlegt werden (Formulierungsvorschlag Rz. 7).

Nr. 4: Der Beteiligte hat durch schuldhaftes Verletzen seiner Mitwirkungspflichten das Verfahren erheblich verzögert. 25

Diese Vorschrift regelt ebenfalls einen Fall, der bereits früher nach § 13a FGG aus dem Gesichtspunkt des groben Verschuldens eine Kostenpflicht begründet hat.[3] Sie erhält aber eine größere Bedeutung dadurch, dass § 27 eine **Mitwirkungspflicht** der Beteiligten nunmehr ausdrücklich bestimmt. Danach sollen die Beteiligten bei der Ermittlung des Sachverhalts mitwirken und ihre Erklärungen über tatsächliche Umstände vollständig und der Wahrheit gemäß abgeben. Ein Verstoß gegen diese Obliegenheit hat im Regelfall nicht nur verfahrensrechtliche, sondern auch kostenrechtliche Konsequenzen. Wenn ein Beteiligter den Sachverhalt unvollständig (falsche Angaben unterfallen Nr. 3) schildert, notwendige Urkunden nicht vorlegt oder einen Termin trotz Anordnung des persönlichen Erscheinens (§ 33) ohne zureichende Entschuldigung versäumt, sollen ihm die Kosten auferlegt werden, die durch die dann erforderlichen weiter gehenden Ermittlungen des Gerichts entstanden sind. Wenn hingegen das Gericht wegen der unzureichenden Mitwirkung eines Beteiligten von weiteren Ermittlungen absieht und zu seinen Lasten entscheidet, wird eine Kostenentscheidung zu seinem Nachteil im Regelfall nicht auf diesen Gesichtspunkt gestützt werden können, da es an dem Tatbestandsmerkmal der erheblichen Verzögerung fehlt.

Nr. 5: Der Beteiligte ist ohne genügende Entschuldigung einer richterlichen Anordnung zur Teilnahme an einer Beratung nach § 156 Abs. 1 Satz 4 nicht nachgekommen. 26

Während mit den Nr. 1 bis 4 das „grobe Verschulden" konkretisiert wird, das bereits nach dem früheren § 13a Abs. 1 Satz 2 FGG eine Kostensanktion gerechtfertigt hat, handelt es sich bei dieser Nr. auch der Sache nach um eine Neuregelung (ähnlich § 150 Abs. 4 Satz 2 für die Kosten in Scheidungs- und Folgesachen). Sie knüpft an die erstmals eingeführte Pflicht zur Teilnahme an einer Beratung in Kindschaftssachen an und flankiert damit das Ziel des Gesetzes, in diesen Verfahren vornehmlich auf eine Einigung hinzuwirken. Diese Kostenfolge war **im Gesetzgebungsverfahren umstritten**. Im Kern wurde eingewendet, dass sie zwar das äußere Wohlverhalten der Eltern fördern dürfte, aber wohl kaum die notwendige innere Bereitschaft, sich auf eine Bera-

1 OLG Brandenburg v. 22.1.2008 – 9 UF 80/07, FamRZ 2008, 1267.
2 In der Sache ebenso OLG Brandenburg v. 22.1.2008 – 9 UF 80/07, FamRZ 2008, 1267.
3 Keidel/*Zimmermann*, § 13a Rz. 25.

tung durch die Träger der Kinder- und Jugendhilfe einzulassen. Diese Bedenken betreffen aber primär die Frage, ob das Familiengericht von der Möglichkeit einer Anordnung nach § 156 Abs. 1 Satz 4 Gebrauch macht. Wenn es dies getan hat, ist von den Beteiligten zu erwarten, dass sie einer solchen Anordnung auch nachkommen. Es ist nicht sachwidrig, bei einem Verstoß dagegen eine negative Kostenfolge vorzusehen, zumal andere Zwangsmittel ausdrücklich ausgeschlossen sind (§ 156 Abs. 1 Satz 5). Problematisch ist eher, in welchem **Umfang** demjenigen, der an der Beratung unentschuldigt nicht teilnimmt, Kosten aufzuerlegen sind. Hinsichtlich der gesamten Kosten des Verfahrens dürfte dies nicht gerechtfertigt sein, da ein Teil der Kosten ohnehin entstanden wäre. In Betracht kommen daher vornehmlich die nach der fehlgeschlagenen Beratung entstandenen Kosten.

III. Keine Kostenpflicht des Minderjährigen (Absatz 3)

27 Abs. 3 übernimmt die bisher für die Gerichtskosten in § 94 Abs. 3 Satz 2 KostO getroffene Regelung, dass das Kind in den seine Person betreffenden Verfahren nicht mit Kosten belastet werden soll. Dieses Verbot einer Kostenentscheidung zu seinen Lasten umfasst nunmehr entsprechend dem Kostenbegriff von § 80 auch die notwendigen Aufwendungen anderer Beteiligter.

IV. Kostenpflicht Dritter (Absatz 4)

28 Abs. 4 ist missverständlich formuliert. Während die Verwendung des Wortes „nur" auf eine Einschränkung hindeutet, wird durch diese Regelung der **Anwendungsbereich** von § 81 **erweitert**. Abs. 1 und Abs. 2 gehen mit Recht von dem allgemeinen Grundsatz (Rz. 3) aus, dass Kosten nur einem Beteiligten auferlegt werden können. Abs. 4 eröffnet darüber hinaus die Möglichkeit, einem nicht am Verfahren beteiligten Dritten die Kosten (ganz oder teilweise) aufzuerlegen. Nicht am Verfahren beteiligt in diesem Sinne ist auch ein Bevollmächtigter eines Beteiligten, wenn er im eigenen Namen tätig wird.

29 Nach der Begründung des Regierungsentwurfs[1] soll mit dieser Regelung die bisher für **Betreuungs- und Unterbringungsverfahren** vorgesehene Möglichkeit aufgegriffen und für alle FamFG-Verfahren verallgemeinert werden. Für die vorgenannten Verfahren sah der frühere § 13a Abs. 2 FGG vor, dass notwendige Auslagen des Betroffenen ganz oder teilweise der Staatskasse auferlegt werden konnten, wenn eine Betreuungs- oder Unterbringungsmaßnahme als ungerechtfertigt aufgehoben, eingeschränkt oder das Verfahren ohne Entscheidung über eine Maßnahme beendet wurde. Für diese Verfahren hat das FamFG in §§ 307 und 337 entsprechende Regelungen getroffen. In Betreuungs- oder Unterbringungssachen ist daher § 81 Abs. 4 nur anzuwenden, soweit diese Spezialvorschriften nicht eingreifen, die Kosten also nicht den dort genannten Körperschaften aufzuerlegen sind. In den übrigen fG-Verfahren ist eine Kostenentscheidung zulasten eines Dritten nunmehr auch eröffnet. Eine solche kommt vor allem in Betracht, wenn ein Dritter im eigenen Interesse und in Kenntnis der tatsächlichen Lage das Gericht **zu unberechtigten Maßnahmen veranlasst** oder zu veranlassen versucht. Vor einer ihn belastenden Entscheidung ist dem Dritten rechtliches Gehör zu gewähren.

---

1 BT-Drucks. 16/6308, S. 216.

V. Abweichende Vorschriften (Absatz 5)

Diese Bestimmung entspricht dem früheren § 13a Abs. 4 FGG. Ihr **Anwendungsbereich** hat sich aber reduziert, da eine Reihe von Verfahren, die eine eigenständige Kostenregelung enthielten (zB § 20 HausratVO, § 16 FrhEntzG), durch ihre Aufnahme in das FamFG nun dessen (Kosten-)Bestimmungen unterliegen. Soweit das materielle Recht Kostenregelungen (zB nach §§ 261 Abs. 3, 1667 Abs. 4, 1835 ff., 2314 Abs. 2 BGB) trifft, besteht ein Konkurrenzverhältnis zu der verfahrensrechtlichen Vorschrift des § 81 nicht. 30

Gegenüber § 81 vorrangige Sondervorschriften sind zum einen die Spezialbestimmungen, die das **FamFG** für die in ihm geregelten Verfahren getroffen hat; auf die Vorbem. vor § 80 wird Bezug genommen. Außerhalb dieses Gesetzes enthalten beispielsweise folgende **bundesrechtliche** Vorschriften eigene verfahrensrechtliche **Sondervorschriften**: §§ 99 Abs. 6 AktG (Gerichtliche Entscheidung über die Zusammensetzung des Aufsichtsrats), 30 Abs. 2 EGGVG (Anfechtung von Justizverwaltungsakten), 156 Abs. 6 KostO (Einwendungen gegen Kostenrechnung des Notars), 45 LwVG (Landwirtschaftsverfahren), 15 SpruchG (anwendbar auf die Verfahren nach §§ 304, 305, 320b, 327a bis 327 f. AktG, 15, 34, 122 h, 122 i, 176 bis 181, 184, 186, 196, 212 UmwG, 6, 7, 9, 11, 12 SE-AusführungsG, 7 SCE-AusführungsG), 34 VerschG (Todeserklärung). 31

VI. Rechtsmittel gegen die Kostenentscheidung

Sofern die Entscheidung in der Hauptsache angegriffen wird, ist vom Beschwerdegericht auch die Kostenentscheidung von Amts wegen zu überprüfen.[1] Das Verbot der Schlechterstellung des Beschwerdeführers erfasst die neben der Hauptsacheentscheidung von Amts wegen zu treffende Kostenentscheidung nicht.[2] Nach dem früheren § 20a FGG war die **isolierte Anfechtung** der Kostenentscheidung nicht zulässig. Von diesem auch in § 99 Abs. 1 ZPO bestimmten Grundsatz, dass bei Erlass einer Entscheidung in der Hauptsache die Kostenentscheidung nur mit dieser zusammen angefochten werden kann, ist der Reformgesetzgeber bewusst abgewichen.[3] Die in erster Instanz gem. § 81 getroffene Kostenentscheidung kann daher mit der Beschwerde nach § 58 auch dann angegriffen werden, wenn gegen die Entscheidung in der Hauptsache keine Beschwerde eingelegt wird. Die Beschwerde ist gem. § 63 Abs. 1 binnen eines Monats bei dem erstinstanzlichen Gericht (§ 64 Abs. 1) einzulegen. Dieses kann der Beschwerde abhelfen, sofern es sich nicht um eine Endentscheidung in einer Familiensache handelt, § 68 Abs. 1. Das Beschwerdegericht entscheidet auch dann, wenn nur die Kostenentscheidung angegriffen wird, gem. § 68 Abs. 4 durch den gesamten Spruchkörper, kann aber die Entscheidung auf eines seiner Mitglieder als Einzelrichter übertragen, sofern dieser nicht Richter auf Probe ist. 32

Gem. § 65 Abs. 3 kann die Beschwerde auf **neue Tatsachen und Beweismittel** gestützt werden. Da das Gesetz für die Beschwerde gegen Kostenentscheidungen keine abweichende Regelung trifft, gilt auch für dieses Rechtsmittel kein Novenverbot. Soweit eine Kostenentscheidung nach Erledigung der Hauptsache angegriffen ist, verbleibt es aber bei dem Grundsatz, dass eine weitere Sachaufklärung nicht geboten ist (s. § 83 33

1 BayObLG v. 27.7.2000 – 1 Z BR 64/99, NJWE-FER 2000, 320; Zöller/*Herget*, § 97 Rz. 6 für ZPO.
2 KG v. 1.4.1968 – 1 W 497/68, FamRZ 1968, 472 für § 13a FGG; BGH v. 9.2.1993 – XI ZR 88/92, NJW 1993, 1260 für § 308 ZPO.
3 Begr. RegE, BT-Drucks. 16/6308, S. 168.

Rz. 11). Die Beschwerde gegen die Kostengrundentscheidung ist gem. § 61 Abs. 1 in vermögensrechtlichen Angelegenheiten nur zulässig, wenn der **Wert des Beschwerdegegenstandes** 600 Euro übersteigt oder das Erstgericht die Beschwerde aus den Gründen des § 61 Abs. 3 Nr. 1 zulässt. Auf eine besondere Vorschrift hinsichtlich der Anfechtung von Kostenentscheidungen wie in § 567 Abs. 2 ZPO hat der Gesetzgeber verzichtet, da es für die Beschwer eines Beteiligten keinen wesentlichen Unterschied ausmache, ob er sich gegen eine Kosten- oder Auslagenentscheidung oder aber gegen eine ihn wirtschaftlich belastende Entscheidung in der Hauptsache wendet.[1] Der Wert des Beschwerdegegenstandes ist nach den Kosten zu ermitteln, die der Beschwerdeführer nach der angegriffenen Entscheidung zu tragen hat. In nicht vermögensrechtlichen Angelegenheiten ist eine Beschwerde auch gegen die Kostenentscheidung nach dem eindeutigen Wortlaut von § 61 Abs. 1 ohne Mindestbeschwer zulässig (s. auch § 61 Rz. 2). Dies entspricht auch der Absicht des Gesetzgebers,[2] eine Anfechtung von Hauptsache- und Kostenentscheidung in gleicher Weise zu eröffnen.

§ 82
Zeitpunkt der Kostenentscheidung

Ergeht eine Entscheidung über die Kosten, hat das Gericht hierüber in der Endentscheidung zu entscheiden.

1. Maßgeblicher Zeitpunkt

1 Die Vorschrift bestimmt, dass, sofern das Gericht eine ausdrückliche Entscheidung über die Kosten treffen will, dies gleichzeitig mit der Endentscheidung zu geschehen hat, so dass die Beteiligten mit deren Bekanntgabe auch Gewissheit über die Verteilung der Kosten haben. Diese Endentscheidung ist grundsätzlich der nach § 38 zu erlassende **Beschluss**. Wenn also zB durch Beschluss über einen Erbscheinsantrag entschieden wird (§ 352), ist eine ggf. beabsichtigte Kostenentscheidung in diesen aufzunehmen, nicht etwa in den Erbschein, der nur ein Zeugnis über die Erbfolge ist (§ 2353 BGB).

2 Das Verfahren der **einstweiligen Anordnung** ist nunmehr ein selbständiges Verfahren (§ 51 Abs. 3 Satz 1), so dass in der dieses Verfahren abschließenden Entscheidung auch über die insoweit entstandenen Kosten zu befinden ist, sofern das Gericht nicht von einer Kostenentscheidung absieht. Gem. § 51 Abs. 4 gelten für diese Entscheidung die allgemeinen Vorschriften, also die §§ 80 ff. Vergleichbares gilt für das **Vollstreckungsverfahren** gem. § 87 Abs. 5.

2. Ergänzung und Berichtigung

3 Sofern das Gericht versehentlich über die Kosten **nicht entschieden** hat, ist der Beschluss gem. § 43 zu ergänzen. Nach § 43 Abs. 1 setzt dies den Antrag eines Beteiligten voraus, der binnen einer Frist von zwei Wochen ab schriftlicher Bekanntgabe

1 Begr. RegE, BT-Drucks. 16/6308, S. 204.
2 Begr. RegE, BT-Drucks. 16/6308, S. 204.

des Beschlusses gestellt werden muss (§ 43 Abs. 2). Sofern das Gericht die zu treffende Kostenentscheidung zwar in den Entscheidungsgründen behandelt, versehentlich aber nicht in den Tenor aufgenommen hat, ist dieser gem. § 42 zu berichtigen. Wenn das Gericht bewusst eine Entscheidung über die Kosten nicht getroffen hat, kann diese nicht im Wege der Ergänzung nachgeholt werden, vielmehr ist in diesem Fall nur ein Rechtsmittel zulässig.[1] In Ehesachen (§ 121) und Familienstreitsachen (§ 112) sind gem. § 113 Abs. 1 nicht die §§ 42, 43 FamFG, sondern die §§ 319 ff. ZPO anwendbar.

3. Rechtsmittelkosten bei Zurückverweisung

Wird die Sache vom **Rechtsmittelgericht** zur erneuten Behandlung und Entscheidung 4
an die Vorinstanz zurückverwiesen, ist in diesem Beschluss eine Entscheidung über die Kosten des Rechtsmittelverfahrens grundsätzlich nicht zu treffen.[2] Eine eigene Entscheidung ist aber dann möglich, wenn die Kostenfrage von dem Rechtsmittelgericht bereits abschließend geklärt werden kann, das weitere Verfahren also auf die Ermessensentscheidung keinen Einfluss mehr haben kann.[3] Dies ist insbesondere dann der Fall, wenn der (vorläufige) Erfolg des Rechtsmittels auf neuem Vorbringen beruht, das bereits in erster Instanz hätte vorgebracht werden können (s. § 84 Rz. 6).

Von der **Vorinstanz** ist nach der Zurückverweisung mit der (erneuten) Endentschei- 5
dung über die Kosten des Rechtsmittelverfahrens nach den Grundsätzen des § 81 zu entscheiden.[4] Eine Anwendung von § 84 scheidet aus, da das Rechtsmittel nicht erfolglos gewesen ist. Selbst wenn der Rechtsmittelführer nach der Zurückverweisung unterliegt, rechtfertigt dies allein – anders als in dem hinsichtlich der Kostenentscheidung vom Erfolgsprinzip beherrschten Zivilprozess – nicht die Auferlegung der Kosten des Beschwerdeverfahrens, da dies dem Grundsatz (s. § 81 Rz. 9) widersprechen würde, dass im Verfahren der freiwilligen Gerichtsbarkeit im Regelfall jeder Beteiligte seine außergerichtliche Kosten selbst zu tragen hat.[5]

§ 83
Kostenpflicht bei Vergleich, Erledigung und Rücknahme

(1) Wird das Verfahren durch Vergleich erledigt und haben die Beteiligten keine Bestimmung über die Kosten getroffen, fallen die Gerichtskosten jedem Teil zu gleichen Teilen zur Last. Die außergerichtlichen Kosten trägt jeder Beteiligte selbst.

(2) Ist das Verfahren auf sonstige Weise erledigt oder wird der Antrag zurückgenommen, gilt § 81 entsprechend.

---

1 BGH v. 16.12.2005 – V ZR 230/04, NJW 2006, 1351 zu § 321 ZPO.
2 OLG Hamburg v. 9.6.2005 – 11 W 30/05, Der Konzern 2005, 758; OLG Zweibrücken v. 4.4.2003 – 3 W 56/03, FGPrax 2003, 220; OLG Hamm v. 8.12.1992 – 15 W 205/92, FamRZ 1993, 823.
3 OLG Hamburg v. 9.6.2005 – 11 W 30/05, Der Konzern 2005, 758; ohne Begr. ebenso BayObLG v. 17.6.1999 – 1 Z BR 140/98, FamRZ 2000, 485.
4 OLG Zweibrücken v. 4.4.2003 – 3 W 56/03, FGPrax 2003, 220; OLG Hamm v. 8.12.1992 – 15 W 205/92, FamRZ 1993, 82; je für § 13a Abs. 1 Satz 1 FGG.
5 OLG Hamm v. 8.12.1992 – 15 W 205/92, FamRZ 1993, 823.

A. Allgemeines

1 Diese Vorschrift trifft für die Verfahren der freiwilligen Gerichtsbarkeit (zum Anwendungsbereich s. Vorbem. vor § 80) erstmals eine allgemeine Kostenregelung für den Fall eines Vergleichs (Absatz 1), einer Hauptsachenerledigung (Absatz 2) sowie der Rücknahme eines Antrags (Absatz 2). Bisher wurde in diesen in § 13a FGG nicht geregelten Fällen einer Beendigung des Verfahrens eine Billigkeitsentscheidung nach § 13a FGG unter teilweiser Heranziehung der entsprechenden ZPO-Vorschriften (§§ 91a, 98 ZPO) getroffen.[1] Nach der Begründung des Regierungsentwurfs[2] ist Abs. 1 den Regelungen in § 160 VwGO nachgebildet.

B. Einzelheiten

I. Vergleich (Absatz 1)

1. Gerichtlicher Vergleich

2 Sofern die Beteiligten sich über die Verteilung der Kosten **geeinigt** haben, ist diese Einigung maßgebend. Da der Vergleich und damit die in ihm enthaltene Kostenregelung Vollstreckungstitel ist (s. § 85 Rz. 2), bedarf es bei einer Vereinbarung der Beteiligten keiner gerichtlichen Kostenentscheidung. Sofern es an einer solchen **Einigung fehlt**, haben nach der Regelung in Abs. 1 alle Beteiligten die Gerichtskosten zu gleichen Teilen zu tragen, außergerichtliche Kosten sind nicht zu erstatten.

3 Wenn der Prozessvergleich die Kostenentscheidung bewusst dem Gericht überlässt – sog. **negative Kostenregelung** –, ist ein gerichtlicher Kostenbeschluss erforderlich. Dieser richtet sich nicht nach § 83 Abs. 1, vielmehr ist, da nur die Hauptsache erledigt ist, über die Kosten auf Grund der Verweisung in Abs. 2 nach den Grundsätzen des § 81 zu entscheiden.[3]

1 Keidel/*Zimmermann*, § 13a Rz. 22, 44; Jansen/*v. König* § 13a Rz. 19, 22, 23.
2 BT-Drucks. 16/6308, S. 216.
3 Für den entsprechenden Fall des § 98 ZPO BGH v. 6.10.1964 – Ia ZR 74/63, NJW 1965, 103; Zöller/*Herget*, § 98 ZPO Rz. 3 mwN.

2. Außergerichtlicher Vergleich

4 Eine entsprechende Anwendung auf einen außergerichtlichen Vergleich ist nicht ohne weiteres gerechtfertigt.[1] Denn regelmäßig führt der außergerichtliche Vergleich zur **Erledigung** des Verfahrens **in der Hauptsache**,[2] so dass über die Kosten nach §§ 83 Abs. 2, 81 zu entscheiden ist. Nur wenn der Einigung und dem Verhalten der Beteiligten im gerichtlichen Verfahren zu entnehmen ist, dass eine von dem Grundsatz des § 83 Abs. 1 abweichende Kostenentscheidung nicht begehrt wird, bedarf es keiner anderweitigen gerichtlichen Entscheidung. Wenn hingegen das Verfahren unter Hinweis auf den außergerichtlichen Vergleich in der Hauptsache für erledigt erklärt und ein streitiger Kostenantrag gestellt wird, ist vom Gericht über die Kosten des Verfahrens nach § 83 Abs. 2 zu entscheiden.[3] Sofern sich aus dem abgeschlossenen Vergleich keine Anhaltspunkte dafür ergeben, dass die Parteien eine Kostenregelung nach anderen Gesichtspunkten im Auge hatten, kann aber der Grundsatz des § 83 Abs. 1 auch im Rahmen dieser Kostenentscheidung herangezogen werden.[4] Wenn hingegen die Auslegung des Vergleichs und der Erklärungen der Beteiligten im Verfahren ergibt, dass eine Verteilung der Kosten nach sachbezogenen Kriterien gewollt ist, spricht dies für eine Entscheidung nach den Maßstäben des § 81,[5] die aber angesichts des Grundsatzes (s. § 81 Rz. 9), dass im Verfahren der freiwilligen Gerichtsbarkeit die Anordnung der Erstattung von Aufwendungen einer Rechtfertigung bedarf, häufig zu einer § 83 Abs. 1 entsprechenden Entscheidung führen wird.

II. Antragsrücknahme (Absatz 2)

5 Die Rücknahme eines Antrags führt ebenfalls – wie bereits unter Geltung des FGG[6] – nicht notwendig dazu, dass dem Antragsteller die Kosten, insbesondere die notwendigen Aufwendungen anderer Beteiligter aufzuerlegen sind. Denn für diesen Fall verweist § 83 Abs. 2 auf die allgemeinen Regeln in § 81. Im Rahmen der zu treffenden **Billigkeitsentscheidung** kann das Gericht berücksichtigen, ob es im Einzelfall auf Grund der Rücknahme des Antrags und seiner Umstände billigem Ermessen entspricht, dem Antragsteller die Kosten aufzuerlegen. Es kann insbesondere berücksichtigen, ob der Antrag erkennbar von vornherein keine Aussicht auf Erfolg hatte (§ 81 Abs. 2 Nr. 2) oder die Rücknahme eine für alle Beteiligten sachgerechte Beendigung des Verfahrens darstellt (zB nach einer Änderung der Sachlage oder einer Einigung). Hinsichtlich der **Gerichtskosten** ist der Antragsteller grundsätzlich unabhängig von einer Kostenentscheidung des Gerichts gem. §§ 2 Nr. 1 KostO, 21 Abs. 1 FamGKG (mit den dort aufgeführten Ausnahmen) Kostenschuldner.

---

1 Str., aA BVerwG v. 9.10.1990 – 1 WB 108/90, KostRspr VwGO § 160 Nr. 4 für § 160 Satz 1 VwGO: generell analoge Anwendung; ebenso OLG Saarbrücken v. 29.5.1995 – 4 U 179/95, NJW-RR 1996, 320 für § 98 ZPO.
2 Zutreffend Zöller/*Herget*, § 98 ZPO Rz. 5.
3 BGH, Beschl. v. 27.11.1996 – XII ZR 249/95, NJW-RR 1997, 510 für § 98 ZPO.
4 BGH v. 27.11.1996 – XII ZR 249/95, NJW-RR 1997, 510; v. 25.5.1988 – VIII ZR 148/87, NJW 1989, 39; je für § 98 ZPO.
5 Zöller/*Herget*, § 98 ZPO Rz. 5.
6 OLG Zweibrücken v. 29.3.2004 – 6 WF 27/04, OLGReport 2004, 518; OLG Brandenburg v. 5.9.1995 – 9 WF 55/95, OLGReport 1996, 24.

III. Erledigung der Hauptsache (Absatz 2)

1. Begriff der Erledigung

6 In einem Verfahren der Freiwilligen Gerichtsbarkeit hat sich die **Hauptsache erledigt**, wenn nach seinem Beginn ein Umstand eingetreten ist, der den Verfahrensgegenstand hat wegfallen lassen, so dass die Weiterführung des Verfahrens keinen Sinn mehr hätte, da eine Sachentscheidung nicht mehr ergehen kann.[1] Das ist insbesondere der Fall, wenn die gerichtliche Entscheidung auf Grund veränderter Umstände keine Wirkung mehr entfalten könnte. Bei einem teilbaren Verfahrensgegenstand kann sich die Hauptsache auch nur hinsichtlich eines Teils des Gegenstands erledigen. Anders als im Zivilprozess ist **nicht erforderlich**, dass sich die Hauptsache **erst nach Eintritt der Rechtshängigkeit erledigt** hat und der Antrag zuvor zulässig und begründet war.[2] Dies kann aber bei der Kostenentscheidung berücksichtigt werden.

2. Feststellung der Erledigung

7 Die Erledigung der Hauptsache ist als Wegfall einer wesentlichen Verfahrensvoraussetzung im Verfahren der freiwilligen Gerichtsbarkeit **von Amts** wegen in jedem Verfahrensabschnitt zu beachten.[3] Das Gericht muss den Beteiligten gegenüber **feststellen**, dass es die Hauptsache für erledigt ansieht, eine Sachentscheidung also nicht mehr treffen wird.[4] Sofern das Gericht eine Kostenentscheidung trifft, ergibt sich dies aus dem Beschluss. Anderenfalls ist eine formlose Feststellung ausreichend.[5]

a) Echte Streitverfahren

8 In den sog. echten Streitverfahren der freiwilligen Gerichtsbarkeit ist das Gericht an die **übereinstimmende Erledigungserklärung** der Beteiligten gebunden. Diese Verfahren sind dadurch gekennzeichnet, dass die Beteiligten über den Gegenstand verfügen können, sich mindestens zwei Beteiligte mit entgegengesetzten Interessen gegenüberstehen und das Gericht rechtsgestaltend und verbindlich über behauptete subjektive Rechte zu entscheiden hat.[6] Eine Überprüfung, ob die Hauptsache tatsächlich erledigt ist, findet dann in diesen Verfahren nicht statt.[7] Dies hat § 22 Abs. 3 für Antragsverfahren nunmehr ausdrücklich bestimmt (vgl. § 22 Rz. 18). Ein Schweigen des Antragsgegners auf die Erledigungserklärung des Antragstellers kann als Zustimmung verstanden werden.[8] Mit der übereinstimmenden Erledigungserklärung werden zuvor ergangene gerichtliche Entscheidungen wirkungslos, ohne dass es einer Aufhebung bedarf.[9]

---

1 BGH v. 25.11.1982 – IVb ZB 756/81, FamRZ 1982, 156; BayObLG v. 1.2.1999 – 3 Z BR 29/99, FamRZ 1999, 1306; BayObLG 21.2.1991 – BReg. 3 Z 17/91, BReg. 3 Z 18/91, FamRZ 1991, 846; Jansen/*Briesemeister*, § 19 Rz. 32; Keidel/*Zimmermann*, § 13a Rz. 44.

2 BayObLG v. 25.3.1998 – 2 Z BR 165/97, ZMR 1998, 506; v. 18.3.1993 – 2 Z BR 5/93, WuM 1993, 487; *Demharter*, ZMR 1987, 201, 202 f.; aA *Jennissen*, NZM 2002, 594, 598.

3 BayObLG v. 3.2.1983 – 1 Z 137/81, FamRZ 1983, 839.

4 BayObLG 21.2.1991 – BReg. 3 Z 17/91, BReg. 3 Z 18/91, FamRZ 1991, 846.

5 Keidel/*Kahl*, § 19 Rz. 89.

6 BayObLG v. 20.3.1989 – BReg. 1a Z 59/88, FamRZ 1989, 886 = MDR 1989, 749; vgl. auch § 22 Rz. 8.

7 BayObLG v. 20.3.1989 – 1a Z 59/88, FamRZ 1989, 886 = MDR 1989, 749; OLG Stuttgart v. 28.5.1985 – 8 W 601/84, OLGZ 1985, 395; BayObLG v. 13.7.1989 – 2 Z 20/89, WE 1990, 178.

8 BayObLG v. 20.3.1989 – 1a Z 59/88, FamRZ 1989, 886.

9 BayObLG v. 13.7.1989 – 2 Z 20/89, WE 1990, 178.

Das Gericht hat aber auch **ohne Erledigungserklärung** der Beteiligten von Amts wegen zu prüfen und ggf. festzustellen, ob die Hauptsache erledigt ist.[1]

Erklärt der Antragsteller **einseitig** die Hauptsache für erledigt und bejaht das Gericht diese von Amts wegen zu prüfende Frage, so hat es, wenn ein anderer Beteiligter der Erledigungserklärung widerspricht, durch Beschluss die Hauptsachenerledigung festzustellen.[2] Sofern die Hauptsache nicht erledigt ist, ist der entsprechende Feststellungsantrag zurückzuweisen, sofern der Antragsteller nicht hilfsweise seinen ursprünglichen Antrag aufrechterhält.[3] Diese Beschlüsse sind Hauptsachenentscheidungen und daher als solche anfechtbar; in einer nicht vermögensrechtlichen Angelegenheit ist daher die Wertgrenze des § 61 Abs. 1 nicht maßgeblich. Sofern der Antragsteller trotz der Erledigung der Hauptsache an seinem **Antrag festhält**, ist dieser durch Sachentscheidung zurückzuweisen, da es an einer Voraussetzung für eine positive Sachentscheidung fehlt.[4] 9

b) Amtsverfahren

In Amtsverfahren – zB das Kind betreffende Verfahren nach § 1666 BGB (Entziehung des Sorgerechts), § 1684 BGB (Umgang), Verfahren zur Einziehung eines Erbscheins,[5] Amtslöschungsverfahren des Registerrechts[6] – ist das Gericht weder an übereinstimmende Erledigungserklärungen der Beteiligten gebunden noch bedarf es einer solchen Erklärung, da die Beteiligten über den Verfahrensgegenstand nicht disponieren können.[7] Es stellt eine Erledigung also ggf. von Amts wegen fest. 10

c) Antragsverfahren

In Antragsverfahren ist das Gericht gemäß § 22 Abs. 3 an eine übereinstimmende Erklärung aller Beteiligten gebunden, das Verfahren beenden zu wollen (vgl. § 22 Rz. 18). 10a

3. Rechtsfolgen

a) Erledigung in erster Instanz

Tritt die Erledigung der Hauptsache während des Verfahrens **erster Instanz** ein, sind **Maßstab** der Kostenentscheidung kraft der Verweisung in § 83 Abs. 2 die Grundsätze des § 81. Wegen der zu berücksichtigenden Gesichtspunkte wird auf die Erläuterung zu § 81 verwiesen. Auch wenn es an einer § 91a ZPO entsprechenden Regelung („unter Berücksichtigung des bisherigen Sach- und Streitstandes") fehlt, ist eine Abweichung von dem für das frühere FGG anerkannten Grundsatz[8] nicht gerechtfertigt, dass 11

1 BayObLG v. 7.8.1986 – 2 Z 49/86, NJW-RR 1987, 9; Jansen/*Briesemeister*, § 19 Rz. 33.
2 BayObLG v. 1.7.1993 – 3 Z BR 96/93, WM 1993, 1793; OLG Stuttgart v. 28.5.1985 – 8 W 601/84, JurBüro 1985, 1700.
3 OLG Hamm v. 5.12.1998 – 15 W 364/98, FGPrax 1999, 48; *Demharter*, ZMR 1987, 201, 202.
4 BayObLG v. 1.7.1993 – 3 Z BR 96/93, WM 1993, 1793; KG v. 4.4.1975 – 1 W 476/72, OLGZ 1973, 143; Keidel/*Zimmermann*, § 19 Rz. 90; *Demharter*, ZMR 1987, 201, 202; aA OLG Braunschweig v. 5.3.1975 – 2 Wx 19/74, OLGZ 1975, 434: Feststellung der Erledigung.
5 BayObLG v. 9.2.2001 – 1 Z BR 1/01, FamRZ 2001, 1311.
6 OLG Köln v. 12.12.2001 – 2 Wx 62/01, ZIP 2002, 573 = OLGReport 2002, 317.
7 BGH v. 25.11.1982 – IVb ZB 756/81, FamRZ 1982, 156; BayObLG v. 9.2.2001 – 1 Z BR 1/01, FamRZ 2001, 1311.
8 KG v. 1.9.1992 – 1 W 4144/92, FamRZ 1993, 84; KG v. 8.4.2003 – 1 W 67/01, KGReport 2003, 258 = FGPrax 2003, 188; BayObLG v. 21.2.1991 – BReg. 3 Z 17/91, BReg. 3 Z 18/91, FamRZ 1991, 846; Keidel/*Zimmermann*, § 13a Rz. 44.

zur Klärung der Kostenfrage durch das Gericht **keine weitere Sachaufklärung** zu betreiben ist. Soweit es für die Frage einer Kostenentscheidung auf die Erfolgsaussichten ankommt, kann sich das Gericht auf eine summarische Prüfung beschränken und insbesondere darauf verzichten, alle für den Ausgang des Rechtsstreits bedeutsamen **Rechtsfragen** abschließend zu beantworten.[1] Im Zweifelsfall entspricht es billigem Ermessen, dass alle Beteiligten ihre notwendigen Aufwendungen selbst sowie die Gerichtskosten in Streitverfahren anteilig und in Amtsverfahren nach der gesetzlichen Regelung in §§ 2 ff. KostO, 21 ff. FamGKG tragen.

b) Erledigung vor Beschwerdeeinlegung

12 Tritt die Erledigung der Hauptsache nach der erstinstanzlichen Entscheidung, aber vor Einlegung der Beschwerde ein, ist eine dennoch eingelegte Beschwerde hinsichtlich der Hauptsache grundsätzlich (Ausnahme: Feststellungsinteresse nach § 62) unzulässig.[2] Da (nunmehr, s. § 81 Rz. 32) eine isolierte **Anfechtung der Kostenentscheidung** zulässig ist, kann das Rechtsmittel mit diesem Angriff aufrechterhalten werden. Zulässigkeitsvoraussetzung ist aber, dass hinsichtlich der Kostenentscheidung der Beschwerdewert nach § 61 Abs. 1 erreicht ist, sofern es sich um eine vermögensrechtliche Angelegenheit handelt (s. § 81 Rz. 33).

c) Erledigung nach Rechtsmitteleinlegung

13 Wenn sich die Hauptsache nach zulässiger Einlegung eines Rechtsmittels erledigt, wird das Rechtsmittel mangels Rechtsschutzbedürfnisses grundsätzlich (Ausnahme: Feststellungsinteresse nach § 62) unzulässig.[3] Der Beschwerdeführer kann aber seinen Beschwerdeantrag **auf die Kosten beschränken**[4] mit der Folge, dass die Kostenentscheidung der ersten Instanz alleiniger Gegenstand der Beschwerde wird; auf das Erreichen des Beschwerdewerts von § 61 Abs. 1 kommt es nicht an, da das Rechtsmittel ursprünglich zulässig gewesen ist.

4. Einzelfälle einer Hauptsachenerledigung

14 **Auskunft:** Erteilung der begehrten Auskunft.[5]

Betreuungsverfahren: Im Verfahren auf Bestellung eines Betreuers Aufhebung der Betreuung nach § 1908 d Abs. 1 Satz 1 BGB;[6] Tod des Betroffenen;[7] Verfahren über vorläufige Betreuung durch Fristablauf,[8] endgültige Betreuerbestellung[9] sowie Verlängerung der vorläufigen Betreuung.[10] Im Verfahren der Auswahl des Betreuers Tod des

---

1 BGH v. 8.6.2005 – XII ZR 177/03, NJW 2005, 2385 für § 91a ZPO; KG v. 8.4.2003 – 1 W 67/01, KGReport 2003, 258 = FGPrax 2003, 188 für § 13a FGG.
2 BGH v. 5.5.1983 – V BLw 1/82; BayObLG v. 5.10.1987 – BReg. 3 Z 120/87, FamRZ 1988, 321.
3 BGH v. 25.11.1981 – IVb ZB 756/81, NJW 1982, 2505 = MDR 1982, 473; BayObLG v. 5.10.1987 – BReg. 3 Z 120/87, FamRZ 1988, 321; KG v. 31.1.2006 – 1 W 450/05, KGReport 2006, 465.
4 BGH v. 25.11.1981 – IVb ZB 756/81, NJW 1982, 2505 = MDR 1982, 473; BayObLG v. 5.10.1987 – BReg. 3 Z 120/87, FamRZ 1988, 321.
5 OLG Bamberg v. 20.1.1982 – 2 UF 246/81, FamRZ 1982, 398 für Versorgungsausgleich.
6 BayObLG v. 6.10.2004 – 3 Z BR 199/04 ua., BtPrax 2005, 30.
7 BayObLG v. 29.4.1993 – 3 Z BR 47/93; v. 30.9.1965 – 1b Z 69/65, BayObLG Z 1965, 348 für Pflegschaft/Vormundschaft.
8 BayObLG v. 29.10.1997 – 3 Z BR 196/97, FamRZ 1998, 1325.
9 BayObLG v. 23.12.1993 – 3 Z BR 282/93, BtPrax 1994, 61.
10 BayObLG v. 3.3.2004 – 3 Z BR 210/03, FamRZ 2004, 1602.

Betreuten;[1] durch die Bestellung eines neuen Ergänzungsbetreuers das Verfahren über die Entlassung des früheren Ergänzungsbetreuers.[2] Tod des Betreuten führt im Verfahren der Entlassung des Betreuers nicht zur Erledigung.[3]

Einstweilige Anordnung: Vollziehung der Anordnung;[4] Wirksamkeit einer endgültigen Entscheidung (§ 56), nicht aber durch Erlass einer die einstweilige Anordnung nur vorläufig bestätigenden weiteren Entscheidung.[5]

Elterliche Sorge (§§ 1666 ff. BGB): Tod oder Volljährigkeit des Kindes.[6]

Erbscheinsverfahren: Rücknahme des Erbscheinsantrags;[7] rechtskräftige Feststellung in einem Rechtsstreit, dass der Antragsteller nicht Erbe ist.[8] Keine Erledigung des Rechtsmittelverfahrens gegen die Anordnung der Erbscheinserteilung durch Aushändigung des Erbscheins, wenn das Rechtsmittel mit dem Ziel der Einziehung fortgeführt wird.[9]

Freiheitsentziehung/Unterbringung: Ablauf des Zeitraums der Freiheitsentziehung (s. aber auch § 62); Entlassung des Untergebrachten;[10] Verlegung des Betroffenen auf eine offene Station;[11] Abschiebung des Betroffenen; weitere Einzelfälle s. § 429 Rz. 4. Tod des Untergebrachten führt nicht zur Hauptsachenerledigung, sondern zur Beendigung des Verfahrens;[12] Strafhaft erledigt nicht die Genehmigung der Unterbringung nach § 1906 BGB.[13]

Gesellschaftsstreitsachen: Im aktienrechtlichen Spruchstellenverfahren eine rechtskräftige Nichtigerklärung des zugrunde liegenden Hauptversammlungsbeschlusses;[14] im Informationserzwingungsverfahren Verlust der Gesellschafterstellung seitens des Auskunft begehrenden Gesellschafters.[15] Das Verfahren auf gerichtliche Bestellung eines anderen Abschlussprüfers ist in der Hauptsache erledigt, wenn der von der Hauptversammlung gewählte Abschlussprüfer die Jahresabschlussprüfung und den Bestätigungsvermerk vorgenommen hat.[16]

Haushaltssachen: Tod eines Ehegatten;[17] Herausgabe der begehrten Gegenstände.

Notarkostenbeschwerde (§ 156 KostO): Der Notar hebt seine angegriffene Kostenrechnung auf.[18]

---

1 BayObLG v. 29.12.1999 – 3 Z BR 400/99.
2 BayObLG v. 17.11.1999 – 3 Z BR 347/99.
3 BayObLG v. 15.10.1999 – 3 Z BR 224/99, EzFamR aktuell 1999, 395 = FamRZ 2000, 1183 (LS).
4 BayObLG v. 22.5.1990 – 1a Z 16/90, FamRZ 1990, 1379 – Herausgabe eines Kindes.
5 BayObLG v. 3.11.1998 – 1 Z BR 106/98, FamRZ 1999, 1457.
6 BGH v. 14.10.1992 – XII ZB 150/91, NJW 1993, 126; BayObLG v. 10.9.1999 – 1 Z BR 21/99, FamRZ 2000, 971.
7 BayObLG v. 7.2.2002 – 1 Z BR 121/99, FamRZ 2000, 991.
8 BayObLG v. 3.2.1983 – 1 Z 137/81, FamRZ 1983, 839 für Vorbescheid.
9 BayObLG v. 2.6.1982 – 1 Z 45/81, BayObLGZ 1982, 236.
10 KG v. 6.8.1982 – 1 Wxx B 2280/82, OLGZ 1982, 423.
11 OLG München v. 23.1.2008 – 33 Wx 196/07, FamRZ 2008, 917.
12 BayObLG v. 1.6.2001 - 3 Z BR 29/01, FamRZ 2001, 1645.
13 BayObLG v. 1.2.1999 – 3 Z BR 29/99, FamRZ 1999, 1306.
14 OLG Zweibrücken v. 2.3.2004 – 3 W 167/03, OLGReport 2004, 278.
15 BayObLG v. 1.7.1993 – 3 Z BR 96/93, WM 1993, 1793.
16 BayObLG v. 12.12.2001 – 3 Z BR 397/00, FGPrax 2002, 79.
17 OLG Hamm v. 25.1.1965 – 15 W 385/64, FamRZ 1965, 220.
18 KG v. 8.4.2003 – 1 W 67/01, KGReport 2003, 258 = FGPrax 2003, 188; OLG Frankfurt v. 2.12.2004 – 20 W 330/2003, OLGReport 2005, 562.

PStG: Ein Verlobter nimmt den Antrag auf Bestellung des Aufgebots zurück;[1] die nach § 49 Abs. 2 PStG zu klärende Zweifelsfrage ist für die Entscheidung im Einzelfall bedeutungslos geworden.[2]

Registersachen: Das wegen eines täuschenden Namens eingeleitete Amtslöschungsverfahren ist in der Hauptsache erledigt, wenn der gewählte neue Name in das Register eingetragen wird.[3] Die Hauptsache eines auf die Herbeiführung einer Eintragung gerichteten Verfahrens erledigt sich, wenn diese Eintragung vom Registergericht auf Grund einer weiteren Anmeldung vorgenommen wird.[4]

Testamentsvollstreckung: Im Verfahren um seine Entlassung die Kündigung des Testamentsvollstreckers nach § 2226 BGB,[5] sein Tod[6] sowie Beendigung seines Amtes durch Erledigung seiner Aufgaben;[7] Rückgabe des Testamentsvollstreckerzeugnisses im Einziehungsverfahren (aber ggf. Umdeutung in Antrag auf Erteilung eines neuen inhaltsgleichen Testamentsvollstreckerzeugnisses).[8]

Unterbringung: s. Freiheitsentziehung

Umgang: Tod oder Volljährigkeit des Kindes; Tod des Umgangsberechtigten.

Verein: Verfahren über die Bestellung eines Notvorstandes ist mit der Neuwahl eines ordentlichen Vorstandes und dessen Eintragung im Vereinsregister[9] sowie des Verlustes der Mitgliedschaft des Antragstellers[10] erledigt.

Versorgungsausgleichsverfahren: Tod eines Ehegatten vor Rechtskraft des Scheidungsausspruchs im Verbundverfahren.[11]

Wohnungszuweisungssache: Tod eines Ehegatten;[12] Herausgabe.

Zeitablauf einer angefochtenen oder begehrten Regelung, zB zum Umgang, Ablauf des Zeitraums der Unterbringung oder Freiheitsentziehung.

IV. Rechtsmittel gegen die Kostenentscheidung

15 Bei der isolierten Kostenentscheidung nach § 83 handelt es sich um eine **Endentscheidung** iSv. § 38 Abs. 1 Satz 1,[13] da mit ihr über den letzten noch anhängigen Verfahrensgegenstand entschieden wird. Gegen sie ist also wie gegen jede Endentscheidung die **Beschwerde nach § 58** Abs. 1 eröffnet, soweit durch Gesetz nichts anderes bestimmt ist. Es gelten dieselben Grundsätze wie bei der isolierten Anfechtung einer im Beschluss zur Hauptsache enthaltenen Kostenentscheidung nach § 81; auf die Ausführungen in § 81 Rz. 32 f. wird Bezug genommen. Zur Anfechtung der Entscheidung

1 BayObLG v. 7.10.1996 – 1 Z BR 184/96, StAZ 1997, 34; v. 4.2.1982 – 1 Z 80/81, FamRZ 1982, 601.
2 BayObLG v. 25.5.1999 – 1 Z BR 208/98, FamRZ 2000, 252.
3 OLG Hamm v. 18.1.1978 – 15 W 352/77, Rpfleger 1978, 132 = OLGZ 1978, 428.
4 BayObLG v. 10.7.2002 – 3 Z BR 96/01, NJW-RR 2002, 1557.
5 KG v. 13.4.1959 – 1 W 585/59.
6 BayObLG v. 28.3.1994 – 1 Z BR 102/93.
7 BayObLG v. 29.6.1995 – 1 Z BR 158/94, ZEV 1995, 370.
8 OLG Köln v. 3.3.1986 – 2 Wx 47/85, Rpfleger 1986, 261.
9 BayObLG v. 12.12.2001 – 3 Z BR 347/00, NZG 2002, 433.
10 BayObLG v. 21.10.1993 – 3 Z BR 174/93, NJW-RR 1994, 832.
11 BGH v. 12.11.1980 – IVb ZB 601/80, NJW 1981, 686 = FamRZ 1981, 245.
12 OLG Hamm v. 25.1.1965 – 15 W 385/64, FamRZ 1965, 220.
13 So auch Beschlussempfehlung des BT-Rechtsausschusses, BT-Drucks. 16/12717 (eVF), S. 71.

nach einseitiger Erklärung der Hauptsachenerledigung vgl. § 83 Rz. 9. Eine anderweitige Regelung iSv. § 58 Abs. 1 ist für **Ehe- und Familienstreitsachen** getroffen. Über § 113 Abs. 1 FamFG finden auf die Kostenentscheidung die Vorschriften der ZPO Anwendung, also auch die §§ 91, 269 Abs. 3 ZPO. In diesen Vorschriften wird als Rechtsmittel die sofortige Beschwerde nach §§ 567 ff. ZPO bestimmt.

§ 84
Rechtsmittelkosten

Das Gericht soll die Kosten eines ohne Erfolg eingelegten Rechtsmittels dem Beteiligten auferlegen, der es eingelegt hat.

A. Allgemeines

Die Vorschrift trifft eine ähnliche Regelung wie der frühere § 13a Abs. 1 Satz 2, 1. Alt. FGG, sieht aber nicht notwendig eine Kostenfolge bei unbegründetem Rechtsmittel vor. Vielmehr „soll" das Gericht die Kosten eines ohne Erfolg eingelegten Rechtsmittels dem Beteiligten auferlegen, der es eingelegt hat. Damit ist dem Gericht in besonders gelagerten Fällen die Möglichkeit eröffnet, die Kosten nicht dem im Ergebnis erfolglosen Rechtsmittelführer aufzuerlegen.[1] Hinsichtlich der **Rücknahme** eines Rechtsmittels entsprach es auch bereits in Anwendung von § 13a Abs. 1 Satz 1 FGG allgemeiner Praxis, im Regelfall die (außergerichtlichen) Kosten des Beschwerdeverfahrens dem Beschwerdeführer aufzuerlegen, aber bei besonderen Gegebenheiten des Einzelfalls davon abzuweichen.[2] So ist auch im Rahmen von § 84 zu verfahren, was auch den Motiven des Gesetzgebers entspricht.[3] Für **Ehesachen und Familienstreitsachen**, auf die die §§ 80 ff. gemäß § 113 Abs. 1 nicht anwendbar sind, verweist § 117 Abs. 2 Satz 1 für die Kostenentscheidung nach Beschwerderücknahme auf § 516 Abs. 3 ZPO. 1

B. Einzelheiten

1. Begriff der Erfolglosigkeit

„Ohne Erfolg" ist ein Rechtsmittel eingelegt, wenn es zurückgenommen, als unzulässig verworfen oder als unbegründet zurückgewiesen wird. Die Regelung erfasst – wie bereits der frühere § 13a Abs. 1 Satz 2 FGG[4] – nur den Fall, dass das Rechtsmittel **in vollem Umfang** unbegründet oder unzulässig ist. Ist das Rechtsmittel teilweise begründet, ist § 81 anzuwenden, wobei eine anteilige Kostenhaftung des Beschwerdeführers – je nach dem Umfang seines Unterliegens – in Betracht kommt. § 81 ist auch anzuwenden, wenn mehrere Beteiligte mit ihren im entgegengesetzten Sinn eingeleg- 2

1 Begr. RegE, BT-Drucks. 16/6308, S. 216.
2 Vgl. Keidel/*Zimmermann*, § 13a Rz. 42.
3 Die Begr. RegE, BT-Drucks. 16/6308 stellt ausdrücklich fest, dass eine Rücknahme des Rechtsmittels für sich genommen die Auferlegung der Kosten nicht zwingend nach sich ziehe.
4 BayObLG v. 14.1.1994 – 1 Z BR 106/93, BayObLGReport 1994, 21.

ten Rechtsmitteln keinen Erfolg haben; es können nicht jedem Beteiligten die Kosten seines Rechtsmittels auferlegt werden, da dies mit der Einheitlichkeit der Kostenentscheidung unvereinbar wäre.

2. Rücknahme des Rechtsmittels

3 Bei der Rücknahme eines Rechtsmittels entspricht es regelmäßig der Billigkeit, dass der **Beschwerdeführer**, der das Rechtsmittelverfahren in Gang gebracht hat, die dadurch entstandenen Kosten zu tragen hat, es sei denn, dass besondere Umstände für eine andere Beurteilung sprechen.[1] Dabei können im Einzelfall auch die **Erfolgsaussichten** des Rechtsmittels berücksichtigt werden sowie die Frage, in welchem Maße die Einlegung des Rechtsmittels bei objektiver Betrachtungsweise veranlasst war.[2] Für eine von diesem Grundsatz abweichende Entscheidung kann sprechen, dass es sich um Verfahren zwischen **Familienangehörigen** handelt (s. § 81 Rz. 13). Daher ist in Verfahren zur Regelung der elterlichen Sorge und zum Umgang auch nach einer Rücknahme des Rechtsmittels bei der Auferlegung von Kosten Zurückhaltung geboten.[3] Dieser Gesichtspunkt kann auch außerhalb der Familiensachen herangezogen werden,[4] wobei ihm bei eher vermögensrechtlichen Auseinandersetzungen geringeres Gewicht zukommt.[5]

4 Von der Auferlegung zumindest der notwendigen Aufwendungen der übrigen Beteiligten kann **abgesehen** werden, wenn der Beschwerdeführer die Erfolglosigkeit seines Rechtsmittels nicht ohne weiteres erkennen konnte und es nach anwaltlicher Beratung alsbald zurückgenommen hat,[6] wenn er das Rechtsmittel bei schwieriger Rechtslage auf Grund eines gerichtlichen Hinweises zurückgenommen hat[7] oder wenn die Rechtsmittelrücknahme auf einer außergerichtlichen Einigung beruht.[8] Dasselbe gilt, wenn der Beschwerdeführer das Rechtsmittel ausdrücklich nur vorsorglich eingelegt und alsbald zurückgenommen hat und es dem Beschwerdegegner zugemutet werden konnte, eigene Aufwendungen (Anwaltskosten) zunächst zurückzustellen.[9]

3. Zurückweisung/Verwerfung des Rechtsmittels

5 Wenn das Rechtsmittel verworfen oder zurückgewiesen wird, sind die Kosten des Beschwerdeverfahrens in aller Regel dem erfolglosen **Beschwerdeführer** aufzuerlegen. Eine Entscheidung über die notwendigen Aufwendungen anderer Beteiligter ist aber nicht veranlasst, wenn diese im Beschwerdeverfahren nicht angehört worden sind.[10]

1 BGH v. 11.7.1958 – V ZB 13/58, BGHZ 28, 117/123; BayObLG v. 22.8.1997 – 1 Z BR 167/95, FamRZ 1998, 436; KG v. 24.8.1992 – 1 W 2765/92, NJW-RR 1993, 831.
2 KG v. 24.8.1992 – 1 W 2765/92, NJW-RR 1993, 831; BayObLG v. 22.12.1982 – 1 Z 92/82, JurBüro 1983, 748.
3 OLG Karlsruhe v. 23.6.1988 – 16 UF 339/87, FamRZ 1988, 1303; OLG Hamm v. 21.9.1983 – 3 UF 452/83, FamRZ 1983, 1264.
4 BayObLG v. 11.4.2001 – 3 Z BR 117/01, FamRZ 2001, 1405 für ein Betreuungsverfahren, an dem zwei Brüder in gegensätzlichem Sinn beteiligt waren.
5 BayObLG v. 16.2.2001 – 1 Z BR 143/00 – Nachlassauseinandersetzung zwischen Vater und Sohn.
6 BayObLG v. 12.3.1996 – 1 Z BR 122/95, FamRZ 1996, 1560.
7 BayObLG v. 22.8.1997 – 1 Z BR 167/95, FamRZ 1998, 436.
8 BayObLG v. 28.12.1994 – 1 Z BR 165/94.
9 KG v. 25.2.2003 – 1 W 472/02, FamRZ 2004, 710 = KGReport 2004, 117.
10 KG v. 29.11.2005 – 1 W 17/05, KGReport 2006, 131 – Erbscheinsverfahren.

4. Erfolg des Rechtsmittels

Bei einem erfolgreichen Rechtsmittel ist eine Kostenentscheidung sowohl für die Beschwerdeinstanz als auch für die Vorinstanz **nach § 81** zu treffen. Auf die Erläuterungen zu dieser Vorschrift wird verwiesen. Sofern die Beschwerde nur auf Grund **neuen Vorbringens** Erfolg hat, das auch bereits in erster Instanz hätte vorgebracht werden können, entspricht es – wie nach § 97 Abs. 2 ZPO – grundsätzlich billigem Ermessen iSv. § 81 Abs. 1 Satz 1, dem Beschwerdeführer die Kosten des Beschwerdeverfahrens aufzuerlegen.[1] Regelmäßig dürfte dies auch ein Fall von § 81 Abs. 2 Nr. 4 sein. 6

Sofern das Rechtsmittelgericht den Beschluss der Vorinstanz aufhebt und die Sache **zurückverweist**, ist von ihm grundsätzlich eine Entscheidung über die Kosten des Rechtsmittelverfahrens nicht zu treffen, es sei denn, diese Kostenfrage ist von der noch zu treffenden Entscheidung über die Hauptsache unabhängig. Wegen der Einzelheiten s. § 82 Rz. 4 f. 7

§ 85
Kostenfestsetzung

Die §§ 103 bis 107 der Zivilprozessordnung über die Festsetzung des zu erstattenden Betrags sind entsprechend anzuwenden.

A. Allgemeines

Die Vorschrift entspricht inhaltlich dem früheren § 13a Abs. 3, 2. Halbs. FGG. Die in Bezug genommenen Vorschriften der ZPO lauten: 1

§ 103 Kostenfestsetzungsgrundlage; Kostenfestsetzungsantrag

(1) Der Anspruch auf Erstattung der Prozesskosten kann nur auf Grund eines zur Zwangsvollstreckung geeigneten Titels geltend gemacht werden.

(2) Der Antrag auf Festsetzung des zu erstattenden Betrages ist bei dem Gericht des ersten Rechtszuges anzubringen. Die Kostenberechnung, ihre zur Mitteilung an den Gegner bestimmte Abschrift und die zur Rechtfertigung der einzelnen Ansätze dienenden Belege sind beizufügen.

§ 104 Kostenfestsetzungsverfahren

(1) Über den Festsetzungsantrag entscheidet das Gericht des ersten Rechtszuges. Auf Antrag ist auszusprechen, dass die festgesetzten Kosten vom Eingang des Festsetzungsantrags, im Falle des § 105 Abs. 3 von der Verkündung des Urteils ab mit fünf Prozentpunkten über dem Basiszinssatz nach § 247 des Bürgerlichen Gesetzbuchs zu verzinsen sind. Die Entscheidung ist, sofern dem Antrag ganz oder teilweise entsprochen wird, dem Gegner des Antragstellers unter Beifügung einer Abschrift der Kostenrechnung von Amts wegen zuzustellen. Dem Antragsteller ist die Entscheidung nur dann von Amts wegen zuzustellen, wenn der Antrag ganz oder teilweise zurückgewiesen wird; im Übrigen ergeht die Mitteilung formlos.

(2) Zur Berücksichtigung eines Ansatzes genügt, dass er glaubhaft gemacht ist. Hinsichtlich der einem Rechtsanwalt erwachsenden Auslagen für Post- und Telekommunikationsdienstleistungen genügt die Versicherung des Rechtsanwalts, dass diese Auslagen entstanden sind. Zur Berücksichtigung von Umsatzsteuerbeträgen genügt die Erklärung des Antragstellers, dass er die Beträge nicht als Vorsteuer abziehen kann.

1 OLG Hamburg v. 9.6.2005 – 11 W 30/05, Der Konzern 2005, 758.

(3) Gegen die Entscheidung findet sofortige Beschwerde statt. Das Beschwerdegericht kann das Verfahren aussetzen, bis die Entscheidung, auf die der Festsetzungsantrag gestützt wird, rechtskräftig ist.

§ 105 Vereinfachter Kostenfestsetzungsbeschluss

(1) Der Festsetzungsbeschluss kann auf das Urteil und die Ausfertigungen gesetzt werden, sofern bei Eingang des Antrags eine Ausfertigung des Urteils noch nicht erteilt ist und eine Verzögerung der Ausfertigung nicht eintritt. Erfolgt der Festsetzungsbeschluss in der Form des § 130b, ist er in einem gesonderten elektronischen Dokument festzuhalten. Das Dokument ist mit dem Urteil untrennbar zu verbinden.

(2) Eine besondere Ausfertigung und Zustellung des Festsetzungsbeschlusses findet in den Fällen des Absatzes 1 nicht statt. Den Parteien ist der festgesetzte Betrag mitzuteilen, dem Gegner des Antragstellers unter Beifügung der Abschrift der Kostenberechnung. Die Verbindung des Festsetzungsbeschlusses mit dem Urteil soll unterbleiben, sofern dem Festsetzungsantrag auch nur teilweise nicht entsprochen wird.

(3) Eines Festsetzungsantrags bedarf es nicht, wenn die Partei vor der Verkündung des Urteils die Berechnung ihrer Kosten eingereicht hat; in diesem Fall ist die dem Gegner mitzuteilende Abschrift der Kostenberechnung von Amts wegen anzufertigen.

§ 106 Verteilung nach Quoten

(1) Sind die Prozesskosten ganz oder teilweise nach Quoten verteilt, so hat nach Eingang des Festsetzungsantrags das Gericht den Gegner aufzufordern, die Berechnung seiner Kosten binnen einer Woche bei Gericht einzureichen. Die Vorschriften des § 105 sind nicht anzuwenden.

(2) Nach fruchtlosem Ablauf der einwöchigen Frist ergeht die Entscheidung ohne Rücksicht auf die Kosten des Gegners, unbeschadet des Rechts des letzteren, den Anspruch auf Erstattung nachträglich geltend zu machen. Der Gegner haftet für die Mehrkosten, die durch das nachträgliche Verfahren entstehen.

§ 107 Änderung nach Streitwertfestsetzung

(1) Ergeht nach der Kostenfestsetzung eine Entscheidung, durch die der Wert des Streitgegenstandes festgesetzt wird, so ist, falls diese Entscheidung von der Wertberechnung abweicht, die der Kostenfestsetzung zugrunde liegt, auf Antrag die Kostenfestsetzung entsprechend abzuändern. Über den Antrag entscheidet das Gericht des ersten Rechtszuges.

(2) Der Antrag ist binnen der Frist von einem Monat bei der Geschäftsstelle anzubringen. Die Frist beginnt mit der Zustellung und, wenn es einer solchen nicht bedarf, mit der Verkündung des den Wert des Streitgegenstandes festsetzenden Beschlusses.

(3) Die Vorschriften des § 104 Abs. 3 sind anzuwenden.

B. Einzelheiten

1. Voraussetzung der Kostenfestsetzung

2 Der Anspruch auf Erstattung der Kosten (verauslagte Gerichtskosten sowie eigene notwendige Aufwendungen) kann nur auf Grund eines zur Zwangsvollstreckung geeigneten **Titels** geltend gemacht werden. Dies sind die in § 86 genannten Vollstreckungstitel, also insbesondere Beschlüsse und gerichtliche Vergleiche. Beschlüsse müssen **wirksam** geworden sein (§ 86 Abs. 2). Wirksamkeit tritt gem. § 40 Abs. 1 im Regelfall mit Bekanntgabe ein, in besonders geregelten Fällen (§ 40 Abs. 2 und 3) erst mit Rechtskraft. Wenn der Beschluss erst mit Rechtskraft wirksam wird, ist erst ab diesem Zeitpunkt die Kostenentscheidung ein Vollstreckungstitel. Dies ist durch Vorlage eines Rechtskraftzeugnisses (§ 46) nachzuweisen.[1] Auch wenn das Erstgericht (zB nach § 352 Abs. 2 Satz 2) die sofortige Wirksamkeit oder das Beschwerdegericht die

1 Keidel/*Zimmermann*, § 13a Rz. 63; Zöller/*Herget*, § 104 Rz. 4.

Vollziehung (§ 64 Abs. 3) des Beschlusses aussetzt, bildet die darin enthaltene Kostenentscheidung keinen zur Vollstreckung geeigneten Titel.[1] Als **Vergleich** angeführt ist in § 86 Abs. 1 Nr. 2 nur der gerichtlich gebilligte Vergleich über eine Umgangsregelung (§ 156 Abs. 2), nicht aber der Vergleich nach § 36. Über die Verweisung in § 86 Abs. 1 Nr. 3 ua. auf § 794 Abs. 1 Nr. 1 ZPO ist aber auch ein nach § 36 geschlossener Vergleich ein Vollstreckungstitel, somit auch eine darin enthaltene Kostenregelung.

2. Festsetzungsverfahren

Der **Antrag** ist bei dem Gericht erster Instanz zu stellen, auch wenn die Kosten der Beschwerdeinstanz festgesetzt werden sollen. Eine Antragsfrist ist nicht vorgesehen, zunächst nicht angemeldete Kosten können nachträglich liquidiert werden. Eine Verwirkung kommt nur in kaum praktischen Ausnahmefällen in Betracht. Der dafür erforderliche Vertrauenstatbestand liegt jedenfalls noch nicht vor, wenn der Erstattungsberechtigte den Abschluss des Verfahrens abwartet, mag dieser auch erst nach Jahren erfolgen.[2] Die in § 103 Abs. 2 Satz 2 ZPO angeführten Unterlagen sind beizufügen. Die Kostenfestsetzung obliegt dem Rechtspfleger (§ 21 Nr. 1 RPflG), der an die **Kostengrundentscheidung gebunden**[3] ist. Sofern diese nicht eindeutig und eine vorrangige Klarstellung im Wege der Berichtigung (§ 42 Abs. 1) nicht zu erreichen ist, muss sie vom Rechtspfleger entsprechend dem Willen des Gerichts ausgelegt werden.[4] Sofern eine „Kostenaufhebung" angeordnet wird, die in §§ 80 ff. nicht vorgesehen ist, ist eine solche Regelung entsprechend § 92 Abs. 1 ZPO dahin auszulegen, dass jeder Beteiligte anteilig die Gerichtskosten und seine außergerichtlichen Auslagen zu tragen hat.[5] 3

Der Rechtspfleger prüft, ob die Entstehung der Kosten glaubhaft gemacht ist (§§ 104 Abs. 2, 294 ZPO) und die Aufwendungen dem Grunde nach erstattungsfähig (s. Erläuterung zu § 80) sind. Der Erstattungsberechtigte trägt die Darlegungs- und Glaubhaftmachungslast für die angemeldeten Kosten. Der Gegenseite ist – trotz der Formulierung in § 104 Abs. 1 Satz 3 ZPO – vor einer sie beschwerenden Entscheidung **rechtliches Gehör** zu gewähren.[6] Es darf nicht mehr als beantragt festgesetzt werden.[7] Sofern einzelne Gebührenpositionen nicht oder nicht in der angemeldeten Höhe entstanden sind, kann statt dieser eine andere, sich aus demselben Sachverhalt ergebende Gebühr auch ohne diesbezüglichen Antrag festgesetzt werden, sofern der beantragte Gesamtbetrag nicht überschritten wird.[8] Wenn es sich um einen anderen Sachverhalt handelt (zB Terminsreisekosten des Beteiligten als Auslagen statt Anwaltsgebühren), ist ein solcher Austausch hingegen nicht zulässig.[9] 4

1 Keidel/*Zimmermann*, § 13a Rz. 61.
2 v. Eicken/Hellstab/Lappe/Madert/*Mathias*, Rz. B 103.
3 BGH v. 9.2.2006 – VII ZB 59/05, NJW-RR 2006, 810.
4 KG v. 18.12.2001 – 1 W 445/01, KGReport 2002, 92 = MDR 2002, 722.
5 OLG Nürnberg v. 17.11.2004 – 7 WF 3739/04, FamRZ 2005 = OLGReport 2005, 155, 1000; OLG Brandenburg v. 12.4.2005 – 9 UF 58/05, OLGReport 2005, 931.
6 BVerfG v. 29.11.1989 – 1 BvR 1011/88, NJW 1990, 1104; v. 7.12.1982 – 2 BvR 1118/82, NJW 1983, 2187; OLG Dresden v. 2.11.2000 – 5 W 1773/00, NJW-RR 2001, 861; OLG Brandenburg v. 7.1.1999 – 8 W 542/98, NJW 1999, 1268.
7 OLG Hamburg v. 17.3.2005 – 8 W 22/05, MDR 2005, 1138.
8 OLG Karlsruhe v. 14.8.2004 – 5 WF 134/03, FamRZ 2004, 966; v. Eicken/Hellstab/Lappe/Madert/*Mathias*, Rz. B 71.
9 KG v. 13.12.1977 – 1 W 2912/77, KostRspr. ZPO § 104 (B) Nr. 12 (LS) mit zust. Anm. v. Eicken; v. Eicken/Hellstab/Lappe/Madert/*Mathias*, Rz. B 72.

5 **Einwendungen** gegen die angemeldeten Kosten sind nur eingeschränkt zulässig. Das Kostenfestsetzungsverfahren ist ein reines Betragsverfahren, Einwendungen gegen die Kostengrundentscheidung können daher nicht mehr erhoben werden. Unzulässig sind grundsätzlich auch materiellrechtliche Einwendungen gegen den Erstattungsanspruch, wie Erfüllung, Verzicht,[1] Aufrechnung.[2] Von diesem Grundsatz wird aus prozessökonomischen Gründen eine Ausnahme gemacht, wenn die tatsächlichen Voraussetzungen und die materiell-rechtlichen Wirkungen unstreitig oder rechtskräftig festgestellt sind;[3] unerheblich ist, wenn sich der Kostengläubiger in einem solchem Fall allein darauf beruft, im Kostenfestsetzungsverfahren sei eine Aufrechnung unzulässig.[4] Die Geständnisfiktion des § 138 Abs. 3 ZPO reicht für sich genommen für eine Berücksichtigung der Einwendung nicht aus,[5] denn der Erstattungsgläubiger hat grundsätzlich keinen Anlass, sich zu in dem Festsetzungsverfahren unzulässigen Einwendungen zu äußern. Eine Geständniswirkung kann dem Schweigen daher nur beigemessen werden, wenn der Erstattungsberechtigte sich trotz entsprechender Aufforderung des Gerichts zu der Einwendung nicht äußert.[6] Zulässig sind Einwendungen zur Höhe der angemeldeten Kosten, dass zB bestimmte anwaltliche Gebühren nicht oder nicht in der geltend gemachten Höhe entstanden oder die zur Erstattung angemeldeten Gerichtskosten zu Unrecht angesetzt seien.[7] Im Kostenfestsetzungsverfahren nicht zulässige Einwendungen sind durch **Vollstreckungsabwehrklage** (§ 767 ZPO) geltend zu machen, die Beschränkung von § 767 Abs. 2 ZPO besteht insoweit nicht.[8]

3. Festsetzungsentscheidung

6 Da der Kostenfestsetzungsbeschluss ein eigenständiger Vollstreckungstitel ist (§ 86 Abs. 1 Nr. 1), muss er ein volles Rubrum enthalten, ebenso eine Begründung, sofern in ihm streitig entschieden wird, also der Antrag teilweise zurückgewiesen oder trotz Widerspruchs des Schuldners eine Position festgesetzt wird. Sind die Kosten ganz oder teilweise nach Quoten verteilt, ergeht gem. **§ 106 ZPO** ein einheitlicher Beschluss, mit dem die **Kosten ausgeglichen** werden. Sofern hinsichtlich einzelner Kosten (zB einer Beweisaufnahme) differenziert wird, liegt kein Fall des § 106 ZPO vor. Die Kosten sind dann nicht auszugleichen, sondern getrennt festzusetzen.[9] Wenn die nach § 106 Abs. 1 Satz 1 ZPO gesetzte Frist abgelaufen ist, ergeht eine Entscheidung ohne Berücksichtigung der nicht angemeldeten Kosten, sofern sie nicht bis zum tatsächlichen Erlass des Beschlusses noch nachgereicht werden. Auch mit der Beschwerde kann die Einbeziehung nicht mehr geltend gemacht werden,[10] eine nachträgliche Anmeldung und Festsetzung ist aber gem. § 106 Abs. 2 ZPO möglich.

---

1 OLG Nürnberg v. 3.5.2000 – 13 W 1306/00, MDR 2000, 908.
2 BGH v. 15.11.1951 – IV ZR 72/51, BGHZ 3, 381.
3 OLG Hamburg v. 22.11.2002 – 8 W 203/02, MDR 2003, 294; OLG München v. 26.10.1998 – 11 W 2387/98, OLGReport 2000, 30.
4 KG v. 25.1.1993 – 1 W 5846/82, MDR 1984, 150.
5 AA Zöller/*Herget*, § 104 Rz. 21 „materiell-rechtliche Einwendungen".
6 Zutreffend v. Eicken/Hellstab/Lappe/Madert/*Mathias*, Rz. B 93; KG v. 4.7.1975 – 1 W 498/75, MDR 1976, 406; aA OLG Hamm v. 1.12.1976 – 23 W 766/76, MDR 1977, 408: ausdrückliches Zugestehen erforderlich.
7 OLG Dresden v. 2.11.2000 – 5 W 1773/00, MDR 2001, 476.
8 BGH v. 15.11.1951 – IV ZR 72/51, BGHZ 3, 381.
9 OLG Köln v. 27.1.1992 – 17 W 499/90, OLGReport 1992, 268; KG v. 10.8.1976 – 1 W 2714/76, Rpfleger 1977, 10; aA OLG Bremen v. 12.9.1981 – 2 W 52/81, JurBüro 1981, 1734.
10 OLG Hamburg v. 17.3.2005 – 8 W 22/05, MDR 2005, 1138; OLG Koblenz v. 3.9.1999 – 14 W 593/99, OLGReport 2000, 200.

7 Die Ablehnung einer Kostenposition im Kostenfestsetzungsverfahren ist der materiellen **Rechtskraft** fähig. Diese betrifft aber allein die Erstattungsfähigkeit als Folge der gerichtlichen Kostenentscheidung. Die rechtskräftige Verneinung der Erstattungsfähigkeit im Kostenfestsetzungsverfahren schließt deshalb die auf eine sachlich-rechtliche Erstattungspflicht gestützte Geltendmachung derselben Aufwendungen im Prozesswege unter dem Gesichtspunkt der Rechtskraft nicht aus.[1] **§ 107 ZPO** ermöglicht eine Durchbrechung der Rechtskraft der Festsetzungsentscheidung. Auf innerhalb einer Monatsfrist (§ 107 Abs. 2 ZPO) ab Verkündung oder Zustellung (formlose Mitteilung setzt die Frist nicht in Lauf[2]) der Streitwertänderung zu stellenden Antrag, nicht von Amts wegen, ist die Kostenfestsetzung an einen geänderten Streitwert anzupassen. Nur insoweit wird eine Durchbrechung der Rechtskraft ermöglicht. Sofern im ursprünglichen Beschluss bestimmte Positionen aus streitwertunabhängigen Gründen zuerkannt oder aberkannt wurden, verbleibt es dabei auch bei der Anpassungsentscheidung nach § 107 ZPO.[3] Eine Verzinsung beginnt mit dem Eingang des ursprünglichen Festsetzungsantrags, denn die Streitwertanpassung enthält keine Änderung des Festsetzungstitels.[4]

4. Änderung der Kostengrundentscheidung

8 Der Kostenfestsetzungsbeschluss wird ohne weiteres **gegenstandslos**, wenn die ihm zugrunde liegende Kostengrundentscheidung aufgehoben oder – auch nur geringfügig – geändert wird.[5] Die Kosten des dadurch erledigten Festsetzungsverfahrens einschließlich eines Erinnerungsverfahrens und Beschwerdeverfahrens hat die Partei zu tragen, die die Kostenfestsetzung betrieben hat.[6]

5. Rechtsmittel gegen den Kostenfestsetzungsbeschluss

9 Gem. §§ 11 Abs. 1 RPflG, 104 Abs. 3 Satz 1 ZPO findet gegen die Kostenfestsetzungsentscheidung die sofortige Beschwerde statt. Dieses Rechtsmittel ist zulässig, wenn der Wert des Beschwerdegegenstandes **200 Euro** übersteigt. Für die Verweisung in dem früheren § 13a Abs. 3 FGG war anerkannt, dass der **Beschwerdewert** von § 567 Abs. 2 ZPO analog anwendbar sein sollte, da es an einer entsprechenden Regelung im FGG fehlte.[7] Nunmehr bestimmt § 61 Abs. 1, dass in vermögensrechtlichen Angelegenheiten eine Beschwerde nur zulässig ist, wenn der Wert des Beschwerdegegenstandes 600 Euro übersteigt. Damit ist aber nur der – sich am Wert von § 511 Abs. 2 Nr. 1 ZPO orientierende[8] – Wert für die Beschwerde nach § 58 geregelt. Für die gem. § 104 Abs. 3 Satz 1 ZPO eröffnete sofortige Beschwerde enthält das FamFG keine eigenständigen Vorschriften. Sofern in Einzelfällen die sofortige Beschwerde statthaft ist (zB nach

1 BGH v. 24.4.1990 – VI ZR 110/89, NJW 1990, 2060 – Detektivkosten.
2 OLG München v. 1.3.1991 – 11 W 973/91, Rpfleger 1991, 340.
3 OLG Koblenz v. 19.11.1998 – 14 W 809/98, AGS 2000, 36; OLG Hamm v. 20.5.1983 – 23 W 689/82, Rpfleger 1983, 456.
4 v. Eicken/Hellstab/Lappe/Madert/*Mathias*, Rz. B 139.
5 KG v. 9.3.1993 – 1 W 645/93, Rpfleger 1993, 462; OLG Düsseldorf v. 18.11.1980 – 6 WF 84/80, JurBüro 1981, 1097.
6 KG v. 9.3.1993 – 1 W 645/93, Rpfleger 1993, 462; OLG Düsseldorf v. 18.11.1980 – 6 WF 84/80, JurBüro 1981, 1097; v. Eicken/Hellstab/Lappe/Madert/*Mathias*, Rz. B 140.
7 Jansen/*v. König* § 13a Rz. 58 mwN; Keidel/*Zimmermann*, § 13a Rz. 68; v. Eicken/Hellstab/Lappe/Madert/*Mathias*, Rz. E 25.
8 BT-Drucks. 16/6308, S. 204.

§§ 42 Abs. 3 Satz 2, 79 Satz 2), wird auf die §§ 567 ff. ZPO verwiesen. Daher ist es gerechtfertigt, auch für die sofortige Beschwerde gegen den Kostenfestsetzungsbeschluss in Verfahren der freiwilligen Gerichtsbarkeit (weiterhin) § 567 Abs. 3 ZPO entsprechend anzuwenden. Die §§ 567 ff. ZPO gestalten das Verfahren der nach § 85 FamFG iVm. § 104 Abs. 3 ZPO eröffneten sofortigen Beschwerde näher aus, werden also von der Verweisung in § 85 mit umfasst.[1] Dies entspricht auch dem Willen des Gesetzgebers. In der Begründung des Regierungsentwurfs[2] wird festgestellt, dass sich das Gesetz an den Verhältnissen im Zivilprozess orientiert, soweit es ausnahmsweise die Anfechtung von Zwischen- und Nebenentscheidungen zulässt. Die §§ 567 bis 572 ZPO sähen ein für solche Entscheidungen angemessenes Verfahren mit kurzer, 14-tägiger Beschwerdefrist, originärem Einzelrichter sowie im Übrigen ein weitgehend entformalisiertes Rechtsmittelverfahren vor, in dem neue Tatsachen und Beweismittel zu berücksichtigen seien. Da nicht anzunehmen ist, dass der Gesetzgeber dieses Verfahren zB auf die Beschwerde gegen Entscheidungen zur Verfahrenskostenhilfe angewendet wissen wollte, nicht aber hinsichtlich des Kostenfestsetzungsverfahrens, ist davon auszugehen, dass er mit der Verweisung auf § 104 Abs. 3 ZPO auch die §§ 567 bis 572 ZPO einbeziehen wollte. Für eine entsprechende Anwendung von § 567 Abs. 2 Satz 2 ZPO spricht ebenfalls, dass diese Wertgrenze auch für Kostenbeschwerden nach §§ 66 Abs. 2 Satz 1, 68 Abs. 1 Satz 1 GKG, 4 Abs. 3 JVEG, 33 Abs. 3 Satz 1, 56 Abs. 2 Satz 1 RVG gilt. Sofern der Wert von 200 Euro nicht überstiegen wird, ist gegen den Kostenfestsetzungsbeschluss die **Erinnerung** gem. § 11 Abs. 2 RPflG eröffnet, die innerhalb der für die sofortige Beschwerde geltenden Frist einzulegen ist.

10 Auch die anderen Vorschriften der §§ 567 bis 572 ZPO sind aus den vorgenannten Gründen nunmehr auf das **Beschwerdeverfahren** im Übrigen gegen einen Kostenfestsetzungsbeschluss entsprechend anzuwenden. Unter Geltung des FGG wurde dies weitgehend abgelehnt, da das Kostenfestsetzungsverfahren ein Verfahren der freiwilligen Gerichtsbarkeit bleibe.[3] Dieser systematische Gedanke ist für die Verweisung in § 85 nicht mehr tragfähig. Der Gesetzgeber hat dadurch, dass er für (andere) Zwischen- und Nebenentscheidungen die entsprechende Anwendbarkeit der zivilprozessualen Vorschriften über das Beschwerdeverfahren ausdrücklich angeordnet hat, die Entscheidung getroffen, dass Nebenverfahren der freiwilligen Gerichtsbarkeit auch nach den Regeln des Zivilprozesses durchzuführen sind. Der Sache nach ist eine unterschiedliche Verfahrensgestaltung danach, ob Kosten aus einem Verfahren des Zivilprozesses oder der freiwilligen Gerichtsbarkeit festgesetzt werden, ebenfalls nicht gerechtfertigt, da die zu entscheidenden Fragen vergleichbar sind.

11 Für das Beschwerdeverfahren gelten daher folgende Grundsätze: Die Beschwerde hat **keine aufschiebende Wirkung** (§ 570 Abs. 1 ZPO), das Ausgangs- oder Beschwerdege-

1 So bereits für § 13a FGG BGH v. 6.10.1960 – VII ZB 14/60, BGHZ 33, 205; OLG München v. 5.12.2006 – 32 Wx 158/06, MDR 2007, 620; Keidel/*Zimmermann*, § 13a Rz. 68 für die inzwischen überholte Frage einer Abhilfemöglichkeit; aA Jansen/*v. König* § 13a Rz. 60.

2 BT-Drucks. 16/6308, S. 203.

3 Für generelle Anwendung des Verfahrensrechts des FGG: OLG Köln v. 10.4.2007 – 2 Wx 17/07, OLGReport 2008, 27; OLG Hamm v. 16.10.2004 – 23 W 180/03, JurBüro 2005, 87; Jansen/*v. König*, FGG § 13a Rz. 57; v. Eicken/Hellstab/Lappe/Madert/*Mathias*, Rz. E 25; als obiter dictum auch BGH v. 28.9.2006 – V ZB 105/06, NJW 2007, 158; nicht eindeutig BGH v. 30.9.2004 – V ZB 16/04, FamRZ 2004, 1964; aA BGH v. 6.10.1960 – VII ZB 14/60, BGHZ 33, 205; OLG München v. 25.10.2006 – 32 Wx 145/06, OLGReport 2007, 363 für die Anwendung von § 568 ZPO.

richt kann aber die Vollziehung der angefochtenen Entscheidung aussetzen (§ 570 Abs. 2 und 3 ZPO). Die Beschwerde soll begründet und kann auf neue Angriffs- und Verteidigungsmittel gestützt werden, § 571 Abs. 1 und 2 ZPO. Das Beschwerdegericht entscheidet – vorbehaltlich der Übertragung auf den vollständig besetzten Spruchkörper – gem. § 568 ZPO durch den **Einzelrichter**, da die angefochtene Entscheidung von einem Rechtspfleger erlassen wurde. Das **Verschlechterungsverbot** gilt auch im Kostenfestsetzungsverfahren. Die einzelnen Posten der Kostenfestsetzung können aber ggf. durch andere ersetzt werden, wenn nur das Endergebnis sich nicht zum Nachteil des Rechtsmittelführers ändert.[1] Die **Kostenentscheidung** im Erinnerungs- und Beschwerdeverfahren ist nicht nach §§ 91 ff. ZPO zu treffen. Da weder die §§ 104 ff. ZPO noch die §§ 567 ff. ZPO eine eigenständige Kostenregelung enthalten, sind – wie früher unter Geltung des FGG[2] – die Kostenbestimmungen des FamFG anzuwenden, somit die §§ 80 ff.

Abschnitt 8
Vollstreckung

Unterabschnitt 1
Allgemeine Vorschriften

Literatur: *Altrogge*, Das Urteil des BVerfG zur zwangsweisen Durchsetzung der Umgangspflicht und die Ordnungsmittel des FamFG, FPR 2009, 34; *Diehl*, Vollstreckung nach dem Gewaltschutzgesetz und andere Vollstreckungsmaßnahmen im Beisein von Kindern, FPR 2008, 426; *Giers*, Die Vollstreckung nach dem FamFG – Ausblick, FPR 2008, 441; *Giers*, Die Vollstreckung in Familiensachen ab dem 1.9.2009, FamRB 2009, 87.

§ 86
Vollstreckungstitel

(1) Die Vollstreckung findet statt aus

1. gerichtlichen Beschlüssen;

2. gerichtlich gebilligten Vergleichen (§ 156 Abs. 2);

3. weiteren Vollstreckungstiteln im Sinne des § 794 der Zivilprozessordnung, soweit die Beteiligten über den Gegenstand des Verfahrens verfügen können.

(2) Beschlüsse sind mit Wirksamwerden vollstreckbar.

(3) Vollstreckungstitel bedürfen der Vollstreckungsklausel nur, wenn die Vollstreckung nicht durch das Gericht erfolgt, das den Titel erlassen hat.

1 BGH v. 9.2.2006 – VII ZB 59/05, BGHReport 2006, 687 = NJW-RR 2006, 810.
2 v. Eicken/Hellstab/Lappe/Madert/*Mathias*, Rz. E 25.

A. Allgemeines

I. Entstehung

1 Abschnitt 8 (§§ 86 bis 96) regelt die **Vollstreckung** in Familiensachen und in Angelegenheiten der freiwilligen Gerichtsbarkeit (fG).

1a Die Vollstreckung in den ZPO-Familiensachen erfolgte bisher nach §§ 704–915h ZPO. Dabei verbleibt es nach §§ 113 Abs. 1 Satz 1, 120 Abs. 1 für Ehesachen und Familienstreitsachen.

2 Die Vollstreckung **in Angelegenheiten der fG** war dagegen bisher in § 33 FGG aF geregelt. Diese Vollstreckung ist in §§ 86 ff. neu geregelt.

2a Klargestellt ist, auf Grund welcher Titel eine Vollstreckung stattfinden kann (§ 86 Abs. 1), die Vollstreckungsreife (Wirksamwerden nach § 86 Abs. 2), welche Titel einer Vollstreckungsklausel bedürfen (§ 86 Abs. 3), welches Gericht die Vollstreckung in Umgangs- und Kindesherausgabesachen betreibt (§ 88 Abs. 1), wann die Vollstreckung von Amts wegen oder auf Antrag erfolgt (§ 87 Abs. 1) und welches Rechtsmittel im Vollstreckungsverfahren statthaft ist (§ 87 Abs. 4). Die möglichen Vollstreckungsmaßnahmen sind gegenüber dem bisherigen Recht geändert und erweitert, worden

II. Systematik

2b §§ 86 ff. enthalten die **allgemeinen Vorschriften** über die Vollstreckung.

3 **Besondere Vorschriften** über die Vollstreckung finden sich in § 53 für die Vollstreckung einer einstweiligen Anordnung (regelmäßig keine Vollstreckungsklausel erforderlich, bei Bedürfnis Zulässigkeit der Vollstreckung vor der Zustellung an den Gegner), in § 209 Abs. 3 (Ehewohnungs- und Haushaltssachen) und in § 216 Abs. 2 (Gewaltschutzsachen). Die Anerkennung und Vollstreckbarkeit ausländischer Entscheidungen ist in §§ 107 bis 110 geregelt.

4 Die Regelungen über die **Vollstreckung** in §§ 86–96 sind nach § 113 Abs. 1 Satz 1 in **Ehesachen** (insbesondere Scheidung und Aufhebung der Ehe) und in **Familienstreitsachen** (Unterhalt, Güterrecht, Lebenspartnerschaftssachen, sonstige Familiensachen nach § 266 Abs. 1) nicht anzuwenden. Die Vollstreckung in Ehesachen und Familienstreitsachen erfolgt nach § 120 Abs. 1 entsprechend §§ 704–915h ZPO. Zur Vollstreckung in Ehesachen und in Familienstreitsachen vgl. § 95 Rz. 27 ff.

5 Abschnitt 8 betrifft nur die Vollstreckung **verfahrensabschließender Entscheidungen**. Geht es dagegen um die Durchsetzung von gerichtlichen Anordnungen mit vollstreckbarem Inhalt, die verfahrensleitenden Charakter haben (Sachaufklärung oder Abgabe verfahrenserheblicher Erklärungen durch die Beteiligten), richtet sich die Vollstreckung ausschließlich nach § 35 (Beispiele für die Durchsetzung nach § 35: §§ 220, 358, 404). Zur Abgrenzung vgl. § 35 Rz. 3.

III. Allgemeine Vollstreckungsvoraussetzungen

Allgemeine Voraussetzung für die Vollstreckung in FamFG-Verfahren sind das Vorliegen eines vollstreckbaren **Titels** iSd. § 86 Abs. 1, dessen **Zustellung** (dazu § 87 Abs. 2) und ggf. die Erteilung der **Vollstreckungsklausel** (dazu § 86 Abs. 3). 6

Allgemeine Voraussetzung der Vollstreckung ist weiter, dass der Vollstreckungstitel den vollstreckbaren Anspruch **inhaltlich bestimmt** ausweist. Die Vollstreckung setzt voraus, dass dem Verpflichteten in dem Vollstreckungstitel ein aus dem Titel heraus ohne weiteres verständliches Verhalten aufgegeben wurde. Jedes Vollstreckungsorgan hat von Amts wegen zu prüfen, ob der zur Zwangsvollstreckung vorgelegte Titel zur Durchführung der Zwangsvollstreckung geeignet ist. Gegenstand der Verpflichtung muss eine Handlung sein, die in der Entscheidungsformel genau bestimmt sein muss und sich nicht nur aus den Gründen oder Schlussfolgerungen ergeben darf.[1] Nur notfalls kann der Inhalt des Titels durch Auslegung festgestellt werden, wenn der Titel aus sich heraus für eine Auslegung genügend bestimmt ist oder jedenfalls sämtliche Kriterien für seine Bestimmbarkeit eindeutig festlegt.[2] 7

Bei einem **Zahlungstitel** muss der zu vollstreckende Zahlungsanspruch betragsmäßig festgelegt sein oder sich zumindest aus dem Titel ohne weiteres errechnen lassen. Diesen Anforderungen genügt eine Klausel „unter Anrechnung bereits gezahlter Beträge" nicht.[3] 8

In **Gewaltschutzsachen** müssen Schutzanordnungen genau festgelegt sein. Telefonanrufe stellen keine Zuwiderhandlung gegen eine einstweilige Anordnung dar, die es dem Schuldner nur allgemein verbietet, die Gläubigerin „zu bedrohen" oder „zu belästigen".[4] 9

Unabdingbare Voraussetzung für die zwangsweise Durchsetzung einer **Umgangsregelung** ist deren hinreichende Bestimmtheit.[5] Die Umgangsregelung muss genaue und erschöpfende Bestimmungen über Art, Ort und Zeit des Umgangs mit dem Kind enthalten.[6] Vgl. dazu näher § 89 Rz. 7. 10

Titel über die **Erteilung einer Auskunft** müssen den Zeitraum enthalten, für den Auskunft erteilt werden soll. Die Titulierung, eine Auskunft „in geeigneter Weise zu belegen", ist zu unbestimmt und daher der Vollstreckung nicht fähig.[7] Die Belege, die vorgelegt werden sollen, müssen vielmehr im Einzelnen bezeichnet sein. 11

Allgemeine Voraussetzung für die Vollstreckung ist schließlich, dass sie **zwischen den Beteiligten** erfolgt, die **in dem Vollstreckungstitel bezeichnet** sind. Die Beteiligten, für und gegen die vollstreckt werden soll, müssen namentlich so bezeichnet sein, dass ihre Identität eindeutig festgestellt werden kann (vgl. § 750 Abs. 1 Satz 1 ZPO). Nur entsprechend §§ 727 bis 729 ZPO kann ggf. für und gegen einen anderen Beteiligten vollstreckt werden. 12

---

1 OLG München v. 26.10.2005 – 33 Wx 171/05, Rpfleger 2006, 73.
2 BGH v. 7.12.2005 – XII ZR 94/03, FamRZ 2006, 261.
3 BGH v. 7.12.2005 – XII ZR 94/03, FamRZ 2006, 261.
4 OLG Karlsruhe v. 19.9.2007 – 20 WF 104/07, NJW 2008, 450 f.
5 OLG Koblenz v. 25.9.2006 – 11 WF 490/06, FamRZ 2007, 1682.
6 OLG Celle v. 16.12.2005 – 12 WF 141/05, FamRZ 2006, 556.
7 OLG Zweibrücken v. 24.7.2002 – 6 WF 25/02, FamRZ 2004, 1224.

B. Inhalt der Vorschrift

I. Absatz 1

13 Abs. 1 bestimmt, **aus welchen Titeln** die Vollstreckung betrieben werden kann. Die Vorschrift regelt nunmehr ausdrücklich, dass auch in FamFG-Sachen ein vollstreckbarer Titel Grundlage der Vollstreckung ist.

14 Gem. Nr. 1 stellen gerichtliche **Beschlüsse** einen Vollstreckungstitel dar. Die Regelung umfasst sowohl Endentscheidungen als auch solche anderweitigen Beschlüsse mit vollstreckbarem Inhalt, die verfahrensabschließende Entscheidungen enthalten, wie etwa Beschlüsse gem. den §§ 887, 888, 890 ZPO, Festsetzungsbeschlüsse im vereinfachten Verfahren über den Unterhalt Minderjähriger nach § 253 oder Kostenfestsetzungsbeschlüsse.[1] Gerichtliche Beschlüsse iSd. Nr. 1 sind auch einstweilige Anordnungen nach §§ 49 ff. Keine Beschlüsse im Sinne der Nr. 1 sind dagegen verfahrensleitende Verfügungen und Anordnungen, auch wenn sie in Form eines Beschlusses ergehen. Urteile sind nicht mehr genannt, da das FamFG als einheitliche Entscheidungsform nur noch Beschlüsse vorsieht (§ 38 Abs. 1).

15 Nr. 2 bestimmt, dass die Vollstreckung in Kindschaftssachen neben Titeln gem. Nr. 1 auch aus **gerichtlich gebilligten Vergleichen** iSd. § 156 Abs. 2 möglich ist, nicht jedoch aus bloßen Vereinbarungen der Beteiligten, auch wenn die Vereinbarung gerichtlich protokolliert worden ist. Erst die gerichtliche Billigung führt zur Vollstreckbarkeit. Diese Regelung schreibt die geltende Rechtslage[2] fort. Eine Vereinbarung der Eltern über den persönlichen Umgang mit dem Kind ist damit nur vollstreckbar, wenn das Gericht sie genehmigt hat. § 156 Abs. 2 lässt darüber hinaus auch eine einvernehmliche Regelung über die Herausgabe eines Kindes als Inhalt eines Vergleichs zu.

16 Für die gerichtliche Billigung genügt der Ausspruch, dass die Vereinbarung der Beteiligten genehmigt und als gerichtliche Regelung übernommen wird. Dieser Ausspruch erfolgt **durch Beschluss**, der die getroffene Vereinbarung zum Vollstreckungstitel erhebt.

17 Gem. Nr. 3 kann die Vollstreckung auch **aus weiteren Titeln iSd. § 794 ZPO** erfolgen. Soweit diese Titel auf Vereinbarungen zwischen den Beteiligten beruhen, wie etwa § 794 Abs. 1 Nr. 1 ZPO (gerichtlicher Vergleich) oder § 794 Abs. 1 Nr. 4b ZPO (vollstreckbar erklärter Anwaltsvergleich), kommen diese gleichwohl nur als Vollstreckungstitel in Betracht, soweit die Beteiligten über den Verfahrensgegenstand verfügen können.

II. Absatz 2

18 Abs. 2 bestimmt, dass Beschlüsse in FamFG-Sachen mit Wirksamwerden bereits **kraft Gesetzes vollstreckbar** sind, ohne dass es hierzu einer Vollstreckbarerklärung des Gerichts bedarf.

19 Grundsätzlich werden Beschlüsse nach § 40 Abs. 1 mit der Bekanntgabe wirksam und nicht erst mit ihrer formellen Rechtskraft. Abweichende Bestimmungen finden sich in

---

1 *Giers*, FPR 2008, 441.
2 Vgl. *Bassenge*/Roth, § 33 FGG Rz. 2.

§ 40 Abs. 2 (Genehmigung eines Rechtsgeschäfts) und Abs. 3 (Ersetzung der Zustimmung zu Rechtsgeschäften ua.), § 184 Abs. 1 (Abstammungssachen), § 198 Abs. 1 (Ersetzung der Einwilligung oder Zustimmung zur Adoption) und Abs. 2 (Aufhebung einer Adoption), § 209 Abs. 2 Satz 1 (Endentscheidungen in Ehewohnungs- und Haushaltssachen), § 324 Abs. 1 (Genehmigung oder Anordnung einer Unterbringungsmaßnahme) und in § 422 Abs. 1 (Freiheitsentziehung). In diesen Fällen kann aber teilweise die sofortige Wirksamkeit angeordnet werden. Dann sind sie schon vor Eintritt der formellen Rechtskraft vollstreckbar.

III. Absatz 3

Abs. 3 regelt die Erforderlichkeit einer **Vollstreckungsklausel**. Diese bescheinigt die Vollstreckungsreife des Vollstreckungstitels, also dessen Bestand und Vollstreckbarkeit. Sie ist für die Organe der Zwangsvollstreckung eine formelle Vollstreckungsvoraussetzung. Die Vollstreckung wird auf Grund einer mit der Vollstreckungsklausel versehenen Ausfertigung des Vollstreckungstitels (sog. vollstreckbare Ausfertigung) durchgeführt (entsprechend § 724 Abs. 1 ZPO[1]). 20

Nach Abs. 3 ist eine Vollstreckungsklausel nicht erforderlich, wenn die Vollstreckung durch das Gericht erfolgt, das den Titel in der Hauptsache erlassen hat. Erforderlich ist die Klausel dagegen, wenn die **Vollstreckung durch ein anderes Gericht** erfolgt, wie etwa bei der Herausgabe von Personen nach Umzug des Kindes (§ 88 Abs. 1). Eine Klausel ist auch erforderlich bei der Vollstreckung **durch den Gerichtsvollzieher** auf Antrag eines Beteiligten.[2] 21

Für die Vollstreckung einer einstweiligen Anordnung bedarf es dagegen nach § 53 Abs. 1 auch dann keiner Vollstreckungsklausel, sondern nur, wenn die Vollstreckung für oder gegen eine nicht in dem Beschluss bezeichnete Person erfolgen soll. 22

Für das **Verfahren der Erteilung** der Vollstreckungsklausel gelten §§ 724 bis 730 ZPO entsprechend.[3] Zuständig für die Erteilung ist der Urkundsbeamte der Geschäftsstelle des Gerichts des ersten Rechtszugs, wenn das Verfahren bei einem höheren Gericht anhängig ist, der Urkundsbeamte der Geschäftsstelle dieses Gerichts (entsprechend § 724 Abs. 2 ZPO). Ihr Wortlaut ergibt sich aus § 725 ZPO („Vorstehende Ausfertigung wird dem usw. [Bezeichnung des Beteiligten] zum Zwecke der Zwangsvollstreckung erteilt"). 23

Gegen die Erteilung der Vollstreckungsklausel kann der Schuldner entsprechend § 732 Abs. 1 ZPO **Erinnerung** einlegen. Wird sie verweigert, steht dem Gläubiger die Erinnerung zu (entsprechend § 573 Abs. 1 Satz 1 ZPO). Gegen die Entscheidung über die Erinnerung findet die sofortige Beschwerde statt (§ 87 Abs. 4). 24

Besteht ein schutzwürdiger Grund dafür, kann entsprechend § 733 ZPO eine **zweite vollstreckbare Ausfertigung** erteilt werden. Unter den Voraussetzungen der §§ 727–729 ZPO kann auch eine vollstreckbare Ausfertigung für und gegen den **Rechtsnachfolger** erteilt werden (vgl. dazu auch § 53 Abs. 1, der die Möglichkeit der Vollstreckung einer einstweiligen Anordnung für oder gegen einen anderen Beteiligten grundsätzlich voraussetzt; vgl. dazu auch § 929 Abs. 1 ZPO). Für die Erteilung einer zweiten voll- 25

1 *Bassenge*/Roth, § 33 FGG Rz. 35.
2 *Giers*, FPR 2008, 441.
3 *Bassenge*/Roth, § 33 FGG Rz. 35.

streckbaren Ausfertigung und für die Erteilung in den Fällen der §§ 727–729 ZPO ist der Rechtspfleger zuständig (§ 20 Nr. 13 und Nr. 12 RPflG). Gegen die Entscheidung des Rechtspflegers ist nach § 11 Abs. 1 RPflG mit § 87 Abs. 4 die sofortige Beschwerde statthaft.

§ 87
Verfahren; Beschwerde

(1) Das Gericht wird in Verfahren, die von Amts wegen eingeleitet werden können, von Amts wegen tätig und bestimmt die im Fall der Zuwiderhandlung vorzunehmenden Vollstreckungsmaßnahmen. Der Berechtigte kann die Vornahme von Vollstreckungshandlungen beantragen; entspricht das Gericht dem Antrag nicht, entscheidet es durch Beschluss.

(2) Die Vollstreckung darf nur beginnen, wenn der Beschluss bereits zugestellt ist oder gleichzeitig zugestellt wird.

(3) Der Gerichtsvollzieher ist befugt, erforderlichenfalls die Unterstützung der polizeilichen Vollzugsorgane nachzusuchen. § 758 Abs. 1 und 2 sowie die §§ 759 bis 763 der Zivilprozessordnung gelten entsprechend.

(4) Ein Beschluss, der im Vollstreckungsverfahren ergeht, ist mit der sofortigen Beschwerde in entsprechender Anwendung der §§ 567 bis 572 der Zivilprozessordnung anfechtbar.

(5) Für die Kostenentscheidung gelten die §§ 80 bis 82 und 84 entsprechend.

A. Allgemeines

1 § 87 regelt die Einleitung eines Verfahrens der Vollstreckung, die Zustellung des Titels als weitere Vollstreckungsvoraussetzung, die Befugnisse des Gerichtsvollziehers bei der Vollstreckung und das zulässige Rechtsmittel im Vollstreckungsverfahren. Abs. 2 entspricht der Regelung in § 750 Abs. 1 Satz 1 ZPO. Abs. 4 entspricht § 793 ZPO, Abs. 5 entspricht § 891 Satz 3 ZPO.

B. Inhalt der Vorschrift

I. Absatz 1

2 Nach Satz 1 wird die Vollstreckung dann **von Amts wegen** vom Gericht veranlasst und durchgeführt, wenn auch das Erkenntnisverfahren von Amts wegen eingeleitet werden kann. Die Vorschrift stellt damit klar, dass für die Einleitung und Durchführung des Vollstreckungsverfahrens auf die Art des Verfahrens abzustellen ist. Findet das Erkenntnisverfahren nur **auf Antrag** statt, so erfordert auch die Vollstreckung einen Antrag des Berechtigten.

3 Kann das Gericht dagegen im Hauptsacheverfahren von Amts wegen tätig werden (zB in Verfahren nach §§ 1666,1666a BGB oder in Verfahren nach §§ 1684 Abs. 3 und Abs. 4 BGB), so kann auch die Vollstreckung von Amts wegen betrieben werden.

Regelmäßig wird dazu trotzdem eine **Anregung des Berechtigten** erforderlich sein, die die Nichterfüllung eines Vollstreckungstitels darlegt.

Satz 2 enthält dazu ein ausdrückliches Antragsrecht des Berechtigten (eine Anregung) auch für Verfahren, die von Amts wegen eingeleitet werden können. Einem solchen Antrag ist zu entsprechen, wenn mit der Durchsetzung die Rechte eines Beteiligten gewahrt werden sollen.[1] Entspricht das Gericht einem solchen Antrag nicht, hat es den Antrag durch Beschluss zurückzuweisen. Ohne einen Antrag nach Abs. 1 S. 2 liegt die Durchsetzung eines Vollstreckungstitels auch in Amtsverfahren im pflichtgemäßen Ermessen des Gerichts.[2] 4

Das Gericht muss insbesondere nicht von Amts wegen überwachen, ob eine vollstreckbare **Umgangsregelung** von den Beteiligten eingehalten wird. Dies wäre unpraktikabel, es müsste ggf. laufend vollstreckt werden. Ein erzwungener persönlicher Umgang entspricht auch nicht immer dem Wunsch des umgangsberechtigten Beteiligten. 5

Die **örtliche Zuständigkeit** für die Vollstreckung ist in § 87 ff. nicht geregelt (Ausnahme: § 88 Abs. 1). Sie ist nach den allgemeinen Vorschriften unabhängig von derjenigen für das Ausgangsverfahren neu zu bestimmen.[3] Soweit wegen der Vollstreckung allerdings auf die Vorschriften der ZPO verwiesen wird (§ 95 Abs. 1) und dort die Zuständigkeit des Prozessgerichts des ersten Rechtszugs vorgesehen ist (§§ 887 Abs. 1, 888 Abs. 1, 890 Abs. 1 ZPO), muss es bei dessen Zuständigkeit auch für die Vollstreckung nach dem FamFG verbleiben. 6

Auch im Vollstreckungsverfahren ergeht die abschließende Entscheidung des Gerichts durch **Beschluss** (§ 38 Abs. 1). Dieser ist zu begründen (§ 38 Abs. 3 Satz 1) und hat eine Rechtsbehelfsbelehrung (§ 39) sowie nach Abs. 5 eine gesonderte Kostenentscheidung zu enthalten. 7

II. Absatz 2

Nach Abs. 2 ist weitere Voraussetzung der Vollstreckung die **Zustellung** der Entscheidung (des Vollstreckungstitels). Die gleichzeitige Zustellung der Entscheidung genügt (wie bei § 750 Abs. 1 S. 1 ZPO). 8

Abweichend davon kann bei der Vollstreckung einer einstweiligen Anordnung (§ 53 Abs. 2), bei Endentscheidungen in Ehewohnungs- und Haushaltssachen (§ 209 Abs. 3 Satz 1) und in Gewaltschutzsachen (§ 216 Abs. 2 Satz 1) angeordnet werden, dass die Vollstreckung vor Zustellung an den Verpflichteten zulässig ist. 9

III. Absatz 3

Satz 1 entspricht inhaltlich § 33 Abs. 2 Satz 3 FGG aF. Er regelt die **Befugnisse des Gerichtsvollziehers** bei der Vollstreckung. Dieser ist befugt, bei der Vollstreckung 10

1 *Bassenge*/Roth, § 33 FGG Rz. 7.

2 *Bassenge*/Roth, § 33 FGG Rz. 7; für die Androhung eines Zwangsgeldes nach § 33 Abs. 3 FGG aF zB OLG Köln v. 18.2.2005 – 4 WF 24/05, FamRZ 2005, 2080.

3 Vgl. BGH v.14.5.1986 – IVb ARZ 19/86 NJW RR 1986, 1007; BGH v. 4.10.1989 – IVb ARZ 26/89, FamRZ 1990, 35; *Bassenge*/Roth, § 33 FGG Rz. 8.

erforderlichenfalls die Unterstützung der polizeilichen Vollzugsorgane nachzusuchen. Satz 2 verweist auf § 758 Abs. 1 und 2, §§ 759 bis 763 ZPO. Der Gerichtsvollzieher ist damit befugt, zum Zwecke der Vollstreckung mit Einwilligung des Verpflichteten dessen Wohnung und Behältnisse zu durchsuchen (§ 758 Abs. 1 ZPO) und im Rahmen einer erlaubten Durchsuchung auch verschlossene Türen und Behältnisse öffnen zu lassen (§ 758 Abs. 2 ZPO). Ohne Einwilligung des Verpflichteten bedarf es für die Wohnungsdurchsuchung grundsätzlich eines richterlichen Durchsuchungsbeschlusses (nach § 91 oder nach § 95 Abs. 1 FamFG iVm. § 758a ZPO).

11 Der Gerichtsvollzieher hat bei Vollstreckungshandlungen in den Fällen des § 759 ZPO Zeugen zuzuziehen. Die Beteiligten des Vollstreckungsverfahrens haben Anspruch auf Einsicht in die Akten des Gerichtsvollziehers und auf Abschrift einzelner Aktenstücke (§ 760 ZPO). Der Gerichtsvollzieher muss nach Maßgabe des § 762 ZPO ein Protokoll über jede Vollstreckungshandlung aufnehmen, hat Aufforderungen nach der GVGA und Mitteilungen grundsätzlich mündlich zu erlassen und diese in das Protokoll aufzunehmen (§ 763 ZPO).

IV. Absatz 4

12 Abs. 4 bestimmt, dass gegen Entscheidungen im Vollstreckungsverfahren die **sofortige Beschwerde** nach den Vorschriften der ZPO statthaft ist. Die sofortige Beschwerde findet auch dann statt, wenn das Gericht einem Antrag nach Abs. 1 Satz 2 auf Vornahme von Vollstreckungshandlungen nicht entspricht.

13 Die sofortige Beschwerde ist entsprechend § 569 Abs. 1 S. 1 ZPO innerhalb von **zwei Wochen** einzulegen. Aus der entsprechenden Anwendung der Beschwerdevorschriften (§ 570 Abs. 1 ZPO) ergibt sich weiter, dass sie hinsichtlich der Festsetzung von Ordnungs- oder Zwangsmitteln **aufschiebende Wirkung** hat (vgl. § 24 Abs. 1 FGG aF).

14 Sachlich **zuständig** zur Entscheidung über die Beschwerde ist das OLG, mit Ausnahme der Freiheitsentziehungssachen und der von den Betreuungsgerichten entschiedenen Sachen (§ 119 Abs. 1a und b GVG). In den zuletzt genannten Fällen ist Beschwerdegericht das LG (§ 72 Abs. 1 Satz 2 GVG).

15 Unter den Voraussetzungen des § 70 Abs. 1 und 2 ist die Rechtsbeschwerde statthaft.

V. Absatz 5

16 Nach Abs. 5 hat eine gesonderte **Kostenentscheidung** im Vollstreckungsverfahren zu ergehen, die sich nach den Grundsätzen richtet, die auch im Hauptsacheverfahren Anwendung finden (§§ 80 bis 82 und 84, in Ehesachen und Familienstreitsachen nach der ZPO).

Unterabschnitt 2
Vollstreckung von Entscheidungen über die Herausgabe von Personen und die Regelung des Umgangs

§ 88
Grundsätze

(1) Die Vollstreckung erfolgt durch das Gericht, in dessen Bezirk die Person zum Zeitpunkt der Einleitung der Vollstreckung ihren gewöhnlichen Aufenthalt hat.

(2) Das Jugendamt leistet dem Gericht in geeigneten Fällen Unterstützung.

A. Allgemeines

§ 88 regelt die **örtliche Zuständigkeit** für die Vollstreckung von Entscheidungen über 1
die **Herausgabe von Personen** und die Regelung des **persönlichen Umgangs**. Diese Zuständigkeit knüpft nicht an die Zuständigkeit im Ausgangsverfahren an. Denn ein Antrag auf Durchsetzung einer Umgangsregelung mit Zwangsmitteln beinhaltet gegenüber dem abgeschlossenen Umgangsverfahren eine selbständige Familiensache mit der Folge, dass die örtliche Zuständigkeit neu zu prüfen ist.[1] Gleiches muss für die Vollstreckung einer Entscheidung über die Herausgabe einer Person (eines Kindes) gelten.

B. Inhalt der Vorschrift

I. Absatz 1

Abs. 1 bestimmt, dass für die Vollstreckung das Gericht örtlich zuständig ist, in des- 2
sen Bezirk die betroffene Person (das Kind) zum Zeitpunkt der Einleitung der Vollstreckung ihren **gewöhnlichen Aufenthalt** hat. Diese Regelung deckt sich mit § 152 Abs. 2, wonach in Kindschaftssachen ohne Anhängigkeit einer Ehesache ohnehin das Gericht zuständig ist, in dessen Bezirk das Kind seinen gewöhnlichen Aufenthalt hat. Dieses Gericht ist damit auch dann zuständig, wenn im Zusammenhang mit der Durchsetzung der Umgangsregelung ein Antrag auf deren Abänderung oder auf Abänderung der Sorgerechtsentscheidung für dieses Kind gestellt wird.

Zuständigkeitsbegründend ist der gewöhnliche Aufenthalt des Kindes zum **Zeitpunkt** 3
der Einleitung der Vollstreckung. Wird der gewöhnliche Aufenthalt der betroffenen Person nach diesem Zeitpunkt (durch Umzug) verändert, lässt dies die örtliche Zuständigkeit des ursprünglich zu Recht angerufenen Gerichts unberührt.

Nicht geregelt ist die örtliche Zuständigkeit für die Vollstreckung einer Entscheidung 4
über die Herausgabe eines Kindes oder einer Umgangsregelung während der Anhängigkeit einer Ehesache. In diesem Fall muss die Zuständigkeit nach § 152 Abs. 1 (Gericht der Ehesache) vorrangig sein.

1 OLG Frankfurt v. 27.9.2002 – 1 WF 157/02, FamRZ 2003, 321; BGH v. 4.10.1989 – IVb ARZ 26/89, FamRZ 1990, 35; BGH v. 14.5.1986 – IVb ARZ 19/86, FamRZ 1986, 789.

II. Absatz 2

5 Abs. 2 normiert eine **Unterstützungspflicht des Jugendamtes** gegenüber dem Gericht bei der Durchsetzung gerichtlicher Entscheidungen, die die Herausgabe oder das Umgangsrecht zum Gegenstand haben. Das Jugendamt hat dem Gericht in solchen Fällen Unterstützung zu leisten, wenn diese geeignet und erforderlich ist,[1] auch in Fällen mit ausschließlich nationalem Bezug. Die Hinzuziehung eines Mitarbeiters des Jugendamts soll der Vermeidung von Gewaltanwendung dienen und eine das Kindeswohl so wenig wie möglich beeinträchtigende Vollstreckung fördern. Vom Jugendamt zu unterstützen ist ggf. auch ein im Auftrag des Gerichts tätiger Gerichtsvollzieher.

§ 89
Ordnungsmittel

(1) Bei der Zuwiderhandlung gegen einen Vollstreckungstitel zur Herausgabe von Personen und zur Regelung des Umgangs kann das Gericht gegenüber dem Verpflichteten Ordnungsgeld und für den Fall, dass dieses nicht beigetrieben werden kann, Ordnungshaft anordnen. Verspricht die Anordnung eines Ordnungsgelds keinen Erfolg, kann das Gericht Ordnungshaft anordnen. Die Anordnungen ergehen durch Beschluss.

(2) Der Beschluss, der die Herausgabe der Person oder die Regelung des Umgangs anordnet, hat auf die Folgen einer Zuwiderhandlung gegen den Vollstreckungstitel hinzuweisen.

(3) Das einzelne Ordnungsgeld darf den Betrag von 25 000 Euro nicht übersteigen. Für den Vollzug der Haft gelten die § 901 Satz 2, die §§ 904 bis 906, 909, 910 und 913* der Zivilprozessordnung entsprechend.

(4) Die Festsetzung eines Ordnungsmittels unterbleibt, wenn der Verpflichtete Gründe vorträgt, aus denen sich ergibt, dass er die Zuwiderhandlung nicht zu vertreten hat. Werden Gründe, aus denen sich das fehlende Vertretenmüssen ergibt, nachträglich vorgetragen, wird die Festsetzung aufgehoben.

* mWv. 1.1.2013: § 802g Abs. 1 Satz 2 und Abs. 2, die §§ 802h und 802j Abs. 1 (Art. 4 Abs. 8 Nr. 2 des Gesetzes zur Reform der Sachaufklärung in der Zwangsvollstreckung vom 29.7.2009, BGBl. I, S. 2259).

A. Allgemeines

1 § 89 regelt die Art und Weise der Vollstreckung eines Titels zur **Herausgabe von Personen** (insbesondere § 1632 Abs. 1 BGB) und zur **Regelung des persönlichen Umgangs** (§§ 1684 Abs. 3, 1685 Abs. 3 BGB). Als Vollstreckungstitel kommen Endentscheidungen im isolierten Verfahren, einstweilige Anordnungen oder im Scheidungsverbund getroffene Umgangsregelungen in Betracht.

2 Tätig werden kann das Gericht in Umgangsverfahren nach § 87 Abs. 1 Satz 1 von Amts wegen. Der Berechtigte kann aber die Vornahme von Vollstreckungshandlungen beantragen (§ 87 Abs. 1 Satz 2). Entscheidungen über die Herausgabe eines Kindes ergehen dagegen nach § 1632 Abs. 3 BGB nur auf Antrag.[2] Deshalb erfordert auch die

1 Vergleichbar der Regelung in § 9 Abs. 1 S. 2 Nr. 4 IntFamRVG.

2 Vgl. FA-FamR/*Büte*, 4. Kap. Rz. 742.

Herausgabevollstreckung einen Antrag des Berechtigten (Ausnahmen: § 1632 Abs. 4 BGB und §§ 1666, 1666a BGB).

B. Inhalt der Vorschrift

I. Absatz 1

Nach Satz 1 sind zur zwangsweisen Durchsetzung von Herausgabe- und Umgangsanordnungen im Regelfall (abweichend von § 33 FGG aF) **Ordnungsgeld, ersatzweise Ordnungshaft** anzuordnen. Damit soll die Effektivität der Vollstreckung von Umgangs- und Herausgabeentscheidungen erhöht werden. 3

Anders als die früheren Zwangsmittel dienen Ordnungsmittel nicht ausschließlich der Einwirkung auf den Willen der pflichtigen Person, um ein bestimmtes Verhalten in der Zukunft zu erreichen, sondern haben daneben **Sanktionscharakter**. Sie sanktionieren einen in der Vergangenheit erfolgten Verstoß gegen einen gerichtlichen Beschluss. Deshalb können sie auch dann noch festgesetzt und vollstreckt werden, wenn die zu vollstreckende Handlung, Duldung oder Unterlassung wegen Zeitablaufs nicht mehr vorgenommen werden kann.[1] Eine Beschwerde gegen Ordnungsmittel kann auch nicht mehr mit Aussicht auf Erfolg darauf gestützt werden, der Verpflichtete komme zwischenzeitlich seinen Verpflichtungen im Zusammenhang mit einer Umgangsregelung nach.[2] 4

Verspricht die Anordnung eines Ordnungsgeldes keinen Erfolg, kann das Gericht nach Satz 2 **sogleich Ordnungshaft** anordnen. Aus Gründen der Verhältnismäßigkeit ist die Ordnungshaft nachrangig. Zur Durchsetzung einer Umgangsregelung gegen den betreuenden Elternteil kommt sie kaum in Betracht.[3] 5

Die Entscheidung über Ordnungsmittel nach § 89 ergeht nach Satz 3 durch **Beschluss**. 6

Unabdingbare Voraussetzung für die zwangsweise Durchsetzung einer Umgangsregelung ist deren **hinreichende Bestimmtheit**.[4] Die Umgangsregelung muss genaue und erschöpfende Bestimmungen über Art, Ort und Zeit des Umgangs mit dem Kind enthalten.[5] Vollstreckungsmaßnahmen gegen eine Mutter setzen voraus, dass eine konkrete Verpflichtung der Mutter im Zusammenhang mit der Ausübung des Umgangsrechts durch den Vater tituliert ist (etwa die Verpflichtung, das Kind zu den festgesetzten Zeiten zum Abholen bereitzuhalten und es an den Vater herauszugeben[6]). 7

Nach der Rechtsprechung des BVerfG hat allerdings eine zwangsweise Durchsetzung der **Umgangspflicht** eines den Umgang mit seinem Kind beharrlich verweigernden Elternteils zu unterbleiben, es sei denn, es gibt im konkreten Einzelfall hinreichende Anhaltspunkte dafür, dass ein erzwungener Umgang doch ausnahmsweise dem Wohl des Kindes dienlich ist.[7] § 89 ist deshalb abweichend vom RegE[8] als Kann-Vorschrift (statt ursprünglich als Soll-Vorschrift) ausgestaltet. 8

1 Zur früheren Rechtslage zB OLG Karlsruhe v. 7.8.2007 – 16 WF 133/07, FamRZ 2007, 2097 und OLG Karlsruhe v. 6.8.1997 – 2 WF 71/97, NJW-RR 1998, 939.
2 Früher allgemeine Meinung, vgl. u.a. OLG Celle v. 23.11.2007 – 10 WF 22/07, FamRZ 2008, 1552.
3 *Gottschalk*, FPR 2007, 308.
4 OLG Koblenz v. 25.9.2006 – 11 WF 490/06, FamRZ 2007, 1682.
5 OLG Celle v. 16.12.2005 – 12 WF 141/05, FamRZ 2006, 556; kritisch dazu *Spangenberg*, FamRZ 2007, 13.
6 OLG Saarbrücken v. 27.7.2007 – 9 WF 97/07, FamRZ 2007, 2095.
7 BVerfG v. 1.4.2008 – 1 BvR 1620/04, NJW 2008, 1287.
8 BT-Drucks. 16/6308, S. 29.

9 Von dieser Fallgestaltung abgesehen liegt die Durchführung der Vollstreckung regelmäßig nicht nur im pflichtgemäßen Ermessen des Gerichts, sondern ist **verpflichtend.**[1] Das nach dem Wortlaut des Gesetzes eingeräumte Ermessen verdichtet sich zu einer Durchsetzungspflicht,[2] wenn der Berechtigte dies wünscht.

II. Absatz 2

10 Abs. 2 regelt, dass der Verpflichtete bereits **im Erkenntnisverfahren** mit der Entscheidung in der Hauptsache vom Gericht auch über die Folgen einer Zuwiderhandlung gegen den Titel **zu belehren** ist. Zu belehren ist über die möglichen Ordnungsmittel nach §§ 89, 90. Diese Belehrung ersetzt die nach § 33 Abs. 3 FGG aF erforderliche **Androhung**, die **nicht mehr erforderlich** ist. Im Falle des § 156 Abs. 2 (gerichtlich gebilligter Vergleich) ist die Belehrung Bestandteil der Entscheidung nach § 156 Abs. 3 Satz 2 (Billigung der Umgangsregelung).

11 Ist der Hinweis auf die möglichen Ordnungsmittel im Beschluss unterblieben, kann er vor der Vollstreckung nachgeholt werden. Ein ohne Hinweis ergangener Beschluss über ein Ordnungsgeld oder Ordnungshaft ist unzulässig und kann erfolgreich mit der sofortigen Beschwerde angegriffen werden.

III. Absatz 3

12 Satz 1 regelt die maximale **Höhe des Ordnungsgeldes**. Es darf den Betrag von 25 000 Euro nicht übersteigen (wie § 33 Abs. 3 Satz 2 FGG aF). Das Mindestmaß beträgt fünf Euro (Art. 6 Abs. 1 EGStGB). Die Bemessung im Einzelfall orientiert sich ua. an der Bedeutung der Sache, dem Grad des Verschuldens und an den wirtschaftlichen Verhältnissen des Verpflichteten. Das Ordnungsgeld wird von Amts wegen nach §§ 1 Abs. 1 Nr. 3, Abs. 2 JBeitrO durch den Rechtspfleger vollstreckt. Auch die Vollstreckung der Ordnungshaft geschieht von Amts wegen durch das Gericht (durch den Rechtspfleger, vgl. §§ 31 Abs. 3, 4 Abs. 2 Nr. 2a RPflG).

13 Nach Satz 2, der § 33 Abs. 3 Satz 5 FGG aF entspricht, gelten für den **Vollzug der Haft** die § 901 Satz 2, §§ 904 bis 906, 909, 910 und 913 ZPO entsprechend (Inhalt des Haftbefehls § 901 Satz 2 ZPO, Verhaftung durch den Gerichtsvollzieher nach § 909 Abs. 1 ZPO, höchstens sechs Monate Haft nach § 913 ZPO). Für den Erlass eines Haftbefehls ist nur der Richter zuständig (§ 4 Abs. 2 Nr. 2 RPflG).

IV. Absatz 4

14 Die Festsetzung eines Ordnungsmittels setzt voraus, dass der Verpflichtete die Zuwiderhandlung zu vertreten hat. Satz 1 weist die Darlegungs- und Beweislast für fehlendes Vertretenmüssen dem Verpflichteten zu (**vermutetes Verschulden des Verpflichteten**).

15 Danach unterbleibt die Festsetzung eines Ordnungsmittels nur dann, wenn der Verpflichtete Gründe vorträgt, aus denen sich ergibt, dass er die Zuwiderhandlung nicht

1 *Bassenge*/Roth, § 33 FGG Rz. 7.
2 Vgl. Beschlussempfehlung und Bericht des Rechtsausschusses BT-Drucks. 16/9733, S. 292.

zu vertreten hat. Der Verpflichtete hat die Umstände, die den Grund für das Scheitern der Vollstreckung der Entscheidung darstellen, im Einzelnen darzutun, weil sie regelmäßig in seiner Sphäre liegen.

Der betreuende Elternteil muss darlegen, dass und in welcher Weise er auf das Kind zur **Verwirklichung einer Umgangsregelung** eingewirkt hat. Er kann durch Ordnungsmittel dazu angehalten werden, einen dem Umgang mit dem anderen Elternteil entgegenstehenden Willen eines Kindes durch erzieherische Maßnahmen zu beeinflussen.[1] Ordnungsmittel sind insbesondere veranlasst, wenn ein Elternteil keinerlei Anstrengungen unternimmt, damit das Kind eine Umgangsregelung befolgt.[2] 16

Der Widerstand kleinerer Kinder gegen Umgangskontakte kann regelmäßig mit erzieherischen Mitteln überwunden werden. Bei größeren Kindern ist von einer derartigen Einwirkungsmöglichkeit nicht mehr auszugehen. Die Grenze wird bei etwa **neun bis elf Jahren** gezogen.[3] Gelingt es dem Verpflichteten nicht, darzulegen, warum er an der Befolgung der gerichtlichen Anordnung gehindert war, kommt ein Absehen von der Festsetzung eines Ordnungsmittels oder die nachträgliche Aufhebung des Ordnungsmittels nicht in Betracht. 17

Satz 2 regelt, dass die Gründe, aus denen sich das fehlende Vertretenmüssen ergibt, **auch nachträglich** dargetan werden können und die Aufhebung des festgesetzten Ordnungsmittels nach sich ziehen. 18

Gründe, die sich gegen den Fortbestand einer Umgangsregelung richten, sind im Verfahren zur Vollstreckung der Umgangsregelung grundsätzlich unbeachtlich.[4] Eine Prüfung, ob die im Erkenntnisverfahren getroffene Umgangsregelung noch dem Kindeswohl dient, findet nicht statt. Der umgangsverpflichtete Elternteil kann also nicht einwenden, die Umgangsregelung sei nicht rechtens und müsse deshalb nicht beachtet werden.[5] Es kann aber ggf. Ausschluss des persönlichen Umgangs nach §§ 1696 Abs. 1, 1684 Abs. 4 BGB und Erlass einer dementsprechenden einstweiligen Anordnung beantragt werden. In diesem Fall (Abänderungsantrag) kann die Vollstreckung eingestellt werden (§ 93 Abs. 1 Nr. 4). Im gegenseitigen Einvernehmen sind selbstverständlich Abweichungen von einer Umgangsregelung möglich. 19

V. Wiederholte Festsetzung

Eine **Wiederholung** der Festsetzung eines Ordnungsmittels nach § 89 ist wegen des gleichen Sachverhalts erst dann zulässig, wenn zuvor durch Vollstreckung eines bereits festgesetzten Ordnungsmittels versucht wurde, die Befolgung der gerichtlichen Anordnung durchzusetzen.[6] 20

1 OLG Karlsruhe v. 13.9.2002 – 16 WF 110/02, FamRZ 2005, 295.
2 OLG Karlsruhe v. 16.12.2003 – 20 WF 14/03, FamRZ 2005, 919.
3 OLG Hamm v. 12.12.2007 – 10 WF 196/07, FamRZ 2008, 1371; OLG Karlsruhe v. 26.10.2004 – 2 WF 176/04, JAmt 2005, 310: Altersgrenze ca. neun bis zehn Jahre; OLG Karlsruhe v. 5.2.2001 – 2 WF 129/00, FamRZ 2002, 624: zehn Jahre altes Kind.
4 OLG Düsseldorf v. 25.3.1993 – 7 WF 5/93, NJW-RR 1994, 710; OLG Hamburg v. 5.2.1996 – 15 WF 170/95, FamRZ 1996, 1093; *Maier*, FPR 2007, 301.
5 *Gottschalk*, FPR 2007, 308.
6 OLG Celle v. 25.2.2005 – 10 WF 58/05, FamRZ 2005, 1575 zu § 33 FGG aF.

VI. Rechtsmittel

21 Die Entscheidung über Ordnungsmittel nach § 89 (Anordnung oder Ablehnung) erfolgt durch Beschluss (vgl. § 87 Rz. 7). Zur Anhörung des Verpflichteten vgl. § 92. Gegen den Beschluss findet nach § 87 Abs. 4 die **sofortige Beschwerde** statt, auch gegen solche Beschlüsse, durch die das Gericht einem Antrag auf Vornahme von Vollstreckungshandlungen nicht entspricht (§ 87 Abs. 1 Satz 2).

§ 90
Anwendung unmittelbaren Zwangs

(1) Das Gericht kann durch ausdrücklichen Beschluss zur Vollstreckung unmittelbaren Zwang anordnen, wenn

1. die Festsetzung von Ordnungsmitteln erfolglos geblieben ist;

2. die Festsetzung von Ordnungsmitteln keinen Erfolg verspricht;

3. eine alsbaldige Vollstreckung der Entscheidung unbedingt geboten ist.

(2) Anwendung unmittelbaren Zwanges gegen ein Kind darf nicht zugelassen werden, wenn das Kind herausgegeben werden soll, um das Umgangsrecht auszuüben. Im Übrigen darf unmittelbarer Zwang gegen ein Kind nur zugelassen werden, wenn dies unter Berücksichtigung des Kindeswohls gerechtfertigt ist und eine Durchsetzung der Verpflichtung mit milderen Mitteln nicht möglich ist.

A. Allgemeines

1 § 90 regelt die Voraussetzungen für die Anwendung unmittelbaren Zwangs (**gewaltsame Wegnahme**) bei der Vollstreckung eines Titels zur Herausgabe von Personen und zur Regelung des persönlichen Umgangs.

B. Inhalt der Vorschrift

I. Absatz 1

2 Abs. 1 bestimmt, dass der Einsatz unmittelbaren Zwangs zur Vollstreckung stets durch **ausdrücklichen Beschluss** anzuordnen ist, regelmäßig durch Aufnahme der Anordnung in die Beschlussformel. Die Anwendung unmittelbaren Zwangs kommt nur dann in Betracht, wenn mildere Mittel zur Vollstreckung der Entscheidung nicht zur Verfügung stehen.[1] Regelmäßig muss zunächst die Verhängung von Ordnungsmitteln (§ 89 Abs. 1) erfolgen, bevor die Anwendung unmittelbaren Zwangs angeordnet wird.

3 Unmittelbarer Zwang kann nur (alternativ) unter den in den Nr. 1 bis 3 genannten Voraussetzungen eingesetzt werden. Dies ist gem. Nr. 1 der Fall, wenn die Festsetzung von Ordnungsmitteln nach § 89 Abs. 1 (Ordnungsgeld, Ordnungshaft) **keinen Erfolg**

---

1 BGH v. 25.10.1976 – IV ZB 38/76, NJW 1977, 150, 151; OLG Brandenburg v. 11.10.2000 – 9 WF 178/00, FamRZ 2001, 1315.

gebracht haben. Nach Nr. 2 kann im Einzelfall auch unmittelbarer Zwang angeordnet werden, wenn andere Maßnahmen nach der Prognose des Gerichts bereits von vorneherein **keinen Erfolg versprechen**. Nr. 3 ermöglicht die Anwendung unmittelbaren Zwangs, wenn eine alsbaldige Vollstreckung (zB wegen einer unmittelbaren Lebens- oder Gesundheitsgefahr für das Kind) **unbedingt geboten** ist.

Durchgesetzt wird der unmittelbare Zwang durch den Gerichtsvollzieher, der wiederum die Polizei um Unterstützung ersuchen kann (§ 87 Abs. 3). 4

II. Absatz 2

Satz 1 entspricht inhaltlich § 33 Abs. 2 Satz 2 FGG aF. Die Anwendung unmittelbaren Zwangs (**Gewaltanwendung) gegen ein Kind** ist nicht zulässig, um eine Umgangsregelung zu vollstrecken. Im Übrigen (Kindesherausgabe nach § 1632 Abs. 1 BGB oder nach §§ 1666, 1666a BGB) ist notfalls unmittelbarer Zwang auch gegen ein Kind zulässig. Gem. Satz 2 ist dabei die Notwendigkeit der Vollstreckung mit dem Kindeswohl abzuwägen und zu prüfen, ob die Anwendung unmittelbaren Zwangs gegenüber dem Kind verhältnismäßig ist.[1] Hierbei ist ein wesentliches Kriterium das Alter des sich der Herausgabe widersetzenden Kindes. Bei einem Kind ab 14 Jahren ist die Wegnahme gegen den erklärten Willen des Kindes im Hinblick auf Art. 2 Abs. 1 GG bedenklich.[2] 5

III. Rechtsmittel

Gegen Beschlüsse nach § 90 findet nach § 87 Abs. 4 die **sofortige Beschwerde** statt (vgl. § 89 Rz. 21). 6

§ 91
Richterlicher Durchsuchungsbeschluss

(1) Die Wohnung des Verpflichteten darf ohne dessen Einwilligung nur auf Grund eines richterlichen Beschlusses durchsucht werden. Dies gilt nicht, wenn der Erlass des Beschlusses den Erfolg der Durchsuchung gefährden würde.

(2) Auf die Vollstreckung eines Haftbefehls nach § 94 in Verbindung mit § 901* der Zivilprozessordnung ist Absatz 1 nicht anzuwenden.

(3) Willigt der Verpflichtete in die Durchsuchung ein oder ist ein Beschluss gegen ihn nach Absatz 1 Satz 1 ergangen oder nach Absatz 1 Satz 2 entbehrlich, haben Personen, die Mitgewahrsam an der Wohnung des Verpflichteten haben, die Durchsuchung zu dulden. Unbillige Härten gegenüber Mitgewahrsamsinhabern sind zu vermeiden.

(4) Der Beschluss nach Absatz 1 ist bei der Vollstreckung vorzulegen.

* mWv. 1.1.2013: § 802g (Art. 4 Abs. 8 Nr. 3 des Gesetzes zur Reform der Sachaufklärung in der Zwangsvollstreckung vom 29.7.2009, BGBl. I, S. 2259).

---

1 BayObLG v. 18.4.1985 – BReg. 1 Z 9/85, FamRZ 1985, 737; *Bassenge*/Roth, § 33 FGG Rz. 31.

2 BGH v. 5.2.1975 – IV ZR 90/73, FamRZ 1975, 273, 276; Palandt/*Diederichsen*, § 1632 BGB Rz. 9.

A. Allgemeines

1 § 91 regelt die Voraussetzungen für eine **Wohnungsdurchsuchung** bei der Vollstreckung eines Titels zur Herausgabe von Personen und zur Regelung des persönlichen Umgangs in Anlehnung an § 758a ZPO.

B. Inhalt der Vorschrift

I. Absatz 1

2 Nach Satz 1 darf die Wohnung eines Verpflichteten nur mit dessen Einwilligung und **ohne** dessen **Einwilligung** (entsprechend § 758a ZPO) nur auf Grund eines gesonderten **richterlichen Beschlusses** durchsucht werden.

3 Satz 2 entspricht § 758a Abs. 1 Satz 2 ZPO. Danach bedarf es ausnahmsweise keines richterlichen Beschlusses, wenn der Erlass des Beschlusses den Erfolg der Durchsuchung gefährden würde. Gefahr im Verzug in diesem Sinne liegt nur dann vor, wenn die mit der vorherigen Einholung einer richterlichen Entscheidung verbundene Verzögerung den Erfolg der Durchsuchung gefährden würde.[1]

4 Die **Zuständigkeit** für den Erlass des richterlichen Durchsuchungsbeschlusses ergibt sich aus § 88 Abs. 1. Er ist vom Berechtigten gesondert zu beantragen. Wird das Gericht nach § 87 Abs. 1 im Vollstreckungsverfahren von Amts wegen tätig, bedarf es keines Antrags auf Erlass des Durchsuchungsbeschlusses.

5 Der richterliche Durchsuchungsbeschluss muss Rahmen, Grenzen und Ziel der Durchsuchung definieren. Er muss erkennen lassen, wozu die Vollstreckungsorgane befugt sind und was der Wohnungsinhaber dulden muss (Bestimmtheitsgrundsatz[2]).

II. Absatz 2

6 Abs. 2 entspricht § 758a Abs. 2 ZPO. Danach bedarf es keines richterlichen Beschlusses für die Vollstreckung eines Haftbefehls nach § 94 FamFG iVm. § 901 ZPO (**Erzwingung der Abgabe einer eidesstattlichen** Versicherung über den Verbleib einer herauszugebenden Person) in der Wohnung des Verpflichteten, weil es sich dabei nicht um eine Durchsuchung handelt.

III. Absatz 3

7 Abs. 3 entspricht § 758a Abs. 3 ZPO. **Mitbewohner** haben eine erlaubte Durchsuchung der Wohnung des Verpflichteten zu dulden.

IV. Absatz 4

8 Abs. 4 entspricht § 758a Abs. 5 ZPO. Danach ist der Durchsuchungsbeschluss jeder duldungspflichtigen Person (Verpflichteter und Mitbewohner) unaufgefordert **vorzuzeigen**.

1 BVerfG v. 19.11.1999 – 1 BvR 2017/97, FamRZ 2000, 411.
2 BVerfG v. 19.11.1999 – 1 BvR 2017/97, FamRZ 2000, 411.

V. Rechtsmittel

Gegen einen richterlichen Durchsuchungsbeschluss oder gegen dessen Ablehnung findet nach § 87 Abs. 4 die **sofortige Beschwerde** statt. Hat die Durchsuchung bereits stattgefunden, kann nach § 62 Abs. 1 und Abs. 2 Nr. 1 gleichwohl regelmäßig auf Antrag festgestellt werden, ob der Durchsuchungsbeschluss den Wohnungsinhaber in seinen Rechten verletzt hat.[1] 9

§ 92
Vollstreckungsverfahren

(1) Vor der Festsetzung von Ordnungsmitteln ist der Verpflichtete zu hören. Dies gilt auch für die Anordnung von unmittelbarem Zwang, es sei denn, dass hierdurch die Vollstreckung vereitelt oder wesentlich erschwert würde.

(2) Dem Verpflichteten sind mit der Festsetzung von Ordnungsmitteln oder der Anordnung von unmittelbarem Zwang die Kosten des Verfahrens aufzuerlegen.

(3) Die vorherige Durchführung eines Verfahrens nach § 165 ist nicht Voraussetzung für die Festsetzung von Ordnungsmitteln oder die Anordnung von unmittelbarem Zwang. Die Durchführung eines solchen Verfahrens steht der Festsetzung von Ordnungsmitteln oder der Anordnung von unmittelbarem Zwang nicht entgegen.

A. Allgemeines

§ 92 regelt das **Vollstreckungsverfahren** bei der Vollstreckung eines Titels zur Herausgabe von Personen und zur Regelung des persönlichen Umgangs. 1

B. Inhalt der Vorschrift

I. Absatz 1

Nach Satz 1 ist der Verpflichtete vor der Festsetzung von Ordnungsmitteln auch in FamFG-Verfahren **zu hören** (entsprechend § 891 Satz 2 ZPO). 2

Nach Satz 2 hat die Anhörung grundsätzlich auch vor der Genehmigung der Anwendung unmittelbaren Zwangs nach § 90 zu erfolgen, sofern hierdurch der Vollstreckungserfolg nicht gefährdet wird (insbesondere Gefahrensituation für das Kind). Nach Maßgabe des § 159 anzuhören ist im Vollstreckungsverfahren auch das Kind.[2] 3

II. Absatz 2

Die Festsetzung von Ordnungsmitteln oder die Anordnung von unmittelbarem Zwang erfolgt durch Beschluss, durch den nach Abs. 2 dem Verpflichteten mit der Festset- 4

1 RegE BT-Drucks. 16/6308, S. 205.
2 OLG Hamm v. 8.9.2003 – 8 WF 271/03, FamRZ 2004, 1797.

zung zugleich die **Kosten des Verfahrens** aufzuerlegen sind (vgl. § 33 Abs. 1 Satz 3 FGG aF).

5 Eine **Wiederholung der Festsetzung** eines Ordnungsgeldes ist wegen des gleichen Sachverhalts erst dann zulässig, wenn zuvor durch Vollstreckung eines festgesetzten Ordnungsgeldes versucht wurde, die Befolgung der gerichtlichen Anordnung durchzusetzen.[1]

III. Absatz 3

6 Nach Satz 1 muss vor der Festsetzung von Ordnungsmitteln oder der Anordnung von unmittelbarem Zwang ein Vermittlungsverfahren nach § 165 nicht durchgeführt werden. Damit ist ausdrücklich klargestellt, dass das Vermittlungsverfahren und das Vollstreckungsverfahren zwei voneinander unabhängige Verfahrensarten sind. Es steht daher im freien **Ermessen des Elternteils**, das Verfahren zu wählen, das am ehesten geeignet ist, eine Umgangsregelung effektiv zu vollziehen.[2]

7 Nach Satz 2 hindert auch die Tatsache, dass ein Vermittlungsverfahren durchgeführt wird, das Gericht nicht daran, gleichzeitig Vollstreckungsmaßnahmen zu ergreifen. Die Vorschrift stellt es vielmehr in das Ermessen des Gerichts, trotzdem auch Vollstreckungsmaßnahmen zu ergreifen. Dies dürfte praktisch nicht in Betracht kommen, da sich das Gericht durch Vollstreckungsmaßnahmen während der Anhängigkeit eines Vermittlungsverfahrens regelmäßig jeder Vermittlungschance begeben dürfte. § 93 Abs. 1 Nr. 5 regelt deshalb, dass das Gericht die einstweilige Einstellung der Vollstreckung anordnen kann, wenn ein Vermittlungsverfahren beantragt ist.

IV. Rechtsmittel

8 Jede Entscheidung im Vollstreckungsverfahren nach § 92 (Festsetzung von Ordnungsmitteln, Anordnung unmittelbaren Zwangs, ablehnende Entscheidungen) ist nach § 87 Abs. 4 mit der **sofortigen Beschwerde** anfechtbar.

§ 93
Einstellung der Vollstreckung

(1) Das Gericht kann durch Beschluss die Vollstreckung einstweilen einstellen oder beschränken und Vollstreckungsmaßregeln aufheben, wenn

1. Wiedereinsetzung in den vorigen Stand beantragt wird;

2. Wiederaufnahme des Verfahrens beantragt wird;

3. gegen eine Entscheidung Beschwerde eingelegt wird;

4. die Abänderung einer Entscheidung beantragt wird;

5. die Durchführung eines Vermittlungsverfahrens (§ 165) beantragt wird.

1 OLG Celle v. 25.2.2005 – 10 WF 58/05, FamRZ 2005, 1575.

2 So schon zum bisherigen Recht OLG Naumburg v. 18.12.2007 – 3 WF 354/07, FamRZ 2008, 1550 und OLG Rostock v. 29.10.2001 – 10 WF 207/01, FamRZ 2002, 967.

In der Beschwerdeinstanz ist über die einstweilige Einstellung der Vollstreckung vorab zu entscheiden. Der Beschluss ist nicht anfechtbar.

(2) Für die Einstellung oder Beschränkung der Vollstreckung und die Aufhebung von Vollstreckungsmaßregeln gelten die §§ 775 Nr. 1 und 2 und § 776 der Zivilprozessordnung entsprechend.

A. Allgemeines

§ 93 regelt nach seiner systematischen Stellung in Unterabschnitt 2 nur, unter welchen Voraussetzungen die Vollstreckung einer Entscheidung über die Herausgabe von Personen und einer Umgangsregelung **eingestellt** werden kann. Ob nach § 93 auch die Vollstreckung wegen anderer Verpflichtungen eingestellt werden kann, ist unklar,[1] sollte aber nach der allgemein gehaltenen Regelung bejaht werden. § 93 ist §§ 707, 718, 719 ZPO nachgebildet. 1

B. Inhalt der Vorschrift

I. Absatz 1

Nach Satz 1 kann die Vollstreckung einstweilen eingestellt werden, wenn wegen Versäumung eines Rechtsmittels gegen den Vollstreckungstitel (§ 86) **Wiedereinsetzung** in den vorigen Stand nach § 17 ff. (Nr. 1) oder die **Wiederaufnahme** des Erkenntnisverfahrens nach § 48 Abs. 2 (Nr. 2) beantragt wird. Nach Nr. 3 kann die Vollstreckung einstweilen eingestellt werden, wenn gegen eine Entscheidung (gegen den Vollstreckungstitel; die Beschwerde gegen Ordnungsmittel hat entsprechend § 570 Abs. 1 ZPO aufschiebende Wirkung) nach § 58 ff. **Beschwerde eingelegt** wird. Nr. 4 eröffnet die Möglichkeit, auch während eines **Abänderungsverfahrens** (ab Anhängigkeit) nach § 48 Abs. 1 (§ 1696 Abs. 1 BGB) die Vollstreckung einstweilen einzustellen. Nr. 5 regelt, dass das Gericht die einstweilige Einstellung der Vollstreckung auch dann anordnen kann, wenn ein **Vermittlungsverfahren** (§ 165) beantragt ist (vgl. dazu § 92 Rz. 7). 2

Die Zuständigkeit für die Entscheidung über die Einstellung der Vollstreckung ist nicht geregelt. **Zuständig** ist das Gericht, das das Vollstreckungsverfahren betreibt (§ 88 Abs. 1), in den Fällen der Nr. 3 auch das Beschwerdegericht (§ 64 Abs. 3). Nach Satz 2 ist in der Beschwerdeinstanz über die einstweilige Einstellung der Vollstreckung vorab zu entscheiden. Voraussetzung dafür ist, dass die Beschwerde zulässig ist. Ein Antragserfordernis sieht das Gesetz nicht vor. Gleichwohl wird eine Vorab-Entscheidung über die einstweilige Einstellung der Zwangsvollstreckung nur dann ergehen können, wenn dies ein Beteiligter anregt. Nach Satz 3 ist ein Beschluss über die einstweilige Einstellung der Vollstreckung oder deren Ablehnung nicht anfechtbar (wie § 718 Abs. 2 ZPO). 3

1 *Giers*, FPR 2008, 441.

II. Absatz 2

4 Abs. 2 verweist für die Einstellung oder Beschränkung der Vollstreckung und die Aufhebung von Vollstreckungsmaßregeln durch die zuständigen Vollstreckungsorgane im Übrigen auf §§ 775 Nr. 1 und 2 und § 776 ZPO. Die Vollstreckung ist danach einzustellen bei Vorlage einer vollstreckungshindernden Entscheidung nach § 775 Nr. 1 ZPO und im Falle der einstweiligen Einstellung der Zwangsvollstreckung nach § 775 Nr. 2 ZPO. Bereits getroffene Vollstreckungsmaßregeln sind nach Maßgabe des § 776 ZPO zugleich aufzuheben.

§ 94
Eidesstattliche Versicherung

Wird eine herauszugebende Person nicht vorgefunden, kann das Gericht anordnen, dass der Verpflichtete eine eidesstattliche Versicherung über ihren Verbleib abzugeben hat. § 883 Abs. 2 bis 4, § 900 Abs. 1 und §§ 901, 902, 904 bis 910 sowie 913* der Zivilprozessordnung gelten entsprechend.

* mWv. 1.1.2013: § 883 Abs. 2 und 3 (Art. 4 Abs. 8 Nr. 4 des Gesetzes zur Reform der Sachaufklärung in der Zwangsvollstreckung vom 29.7.2009, BGBl. I, S. 2259).

A. Allgemeines

1 § 94 betrifft die Vollstreckung einer Entscheidung über die **Herausgabe einer Person** (§ 1632 Abs. 1 BGB oder §§ 1666, 1666a BGB). Die Vorschrift entspricht § 33 Abs. 2 Satz 5 und 6 FGG aF.

B. Inhalt der Vorschrift

2 Wird eine herauszugebende Person bei der Anwendung unmittelbaren Zwangs nach § 90 (Wegnahme) nicht vorgefunden, kann nach Satz 1 von dem zur Herausgabe Verpflichteten die Abgabe einer **eidesstattlichen Versicherung über ihren** Verbleib angeordnet werden.

3 Der **Inhalt der eidesstattlichen Versicherung** ergibt sich aus der entsprechenden Anwendung der § 883 Abs. 2 und Abs. 3 ZPO (Erklärung des Verpflichteten, dass sich das Kind nicht bei ihm befindet und er auch nicht weiß, wo es sich aufhält), das **Verfahren der Abnahme** aus der entsprechenden Anwendung von §§ 883 Abs. 4, 478 bis 480, 483 ZPO. Unter den Voraussetzungen des § 901 ZPO (Nichterscheinen im Termin oder grundlose Verweigerung der Abgabe) kann ein Haftbefehl erlassen werden, um die Abgabe der eidesstattlichen Versicherung zu erzwingen. Für das Verfahren der Verhaftung gelten §§ 902, 904 bis 910 ZPO. Die Höchstdauer der Haft beträgt nach § 913 ZPO sechs Monate.

Unterabschnitt 3
Vollstreckung nach der Zivilprozessordnung

§ 95
Anwendung der Zivilprozessordnung

(1) Soweit in den vorstehenden Unterabschnitten nichts Abweichendes bestimmt ist, sind auf die Vollstreckung

1. wegen einer Geldforderung,

2. zur Herausgabe einer beweglichen oder unbeweglichen Sache,

3. zur Vornahme einer vertretbaren oder nicht vertretbaren Handlung,

4. zur Erzwingung von Duldungen und Unterlassungen oder

5. zur Abgabe einer Willenserklärung

die Vorschriften der Zivilprozessordnung über die Zwangsvollstreckung entsprechend anzuwenden.

(2) An die Stelle des Urteils tritt der Beschluss nach den Vorschriften dieses Gesetzes.

(3) Macht der aus einem Titel wegen einer Geldforderung Verpflichtete glaubhaft, dass die Vollstreckung ihm einen nicht zu ersetzenden Nachteil bringen würde, hat das Gericht auf seinen Antrag die Vollstreckung vor Eintritt der Rechtskraft in der Entscheidung auszuschließen. In den Fällen des § 707 Abs. 1 und des § 719 Abs. 1 der Zivilprozessordnung kann die Vollstreckung nur unter derselben Voraussetzung eingestellt werden.

(4) Ist die Verpflichtung zur Herausgabe oder Vorlage einer Sache oder zur Vornahme einer vertretbaren Handlung zu vollstrecken, so kann das Gericht durch Beschluss neben oder anstelle einer Maßnahme nach den §§ 883, 885 bis 887 der Zivilprozessordnung die in § 888 der Zivilprozessordnung vorgesehenen Maßnahmen anordnen, soweit ein Gesetz nicht etwas anderes bestimmt.

A. Allgemeines

§ 95 betrifft die Vollstreckung wegen **anderer Vollstreckungstitel** als solcher über die Herausgabe von Personen und die Regelung des Umgangs nach §§ 88–94, also die Vollstreckung wegen einer Geldforderung, zur Herausgabe von Sachen, zur Vornahme von Handlungen, zur Erzwingung von Duldungen und Unterlassungen und zur Abgabe einer Willenserklärung. Eine Vollstreckung wegen dieser Pflichten erfolgt nach § 95 Abs. 1 **entsprechend der ZPO**. 1

Nach § 113 Abs. 1 Satz 1 ist in Ehesachen und in den **Familienstreitsachen** des § 112 (vor allem Unterhalts- und Güterrechtssachen und die sonstigen Familiensachen nach § 266 Abs. 1) ua. § 95 nicht anzuwenden. Die Vollstreckung von Entscheidungen in Ehesachen und in Familienstreitsachen erfolgt über die Verweisung in § 120 Abs. 1 (direkt) nach der ZPO. Vgl. dazu Rz. 27 ff. 2

B. Inhalt der Vorschrift

I. Absatz 1

3 **1.** Nr. 1 regelt die Vollstreckung von Titeln wegen einer **Geldforderung**. Dies betrifft etwa die Vollstreckung einer Ausgleichszahlung in Haushaltssachen, einer schuldrechtlichen Versorgungsausgleichsrente oder der Vergütung des Vormunds/Gegenvormunds gegen den Mündel gem. § 168 sowie der Vergütung des Betreuers gegen den Betreuten gem. § 292. Die Zwangsvollstreckung wegen Geldforderungen erfolgt nach **§§ 803 bis 882a ZPO**, in das bewegliche Vermögen durch Pfändung (§ 803 ZPO), in das unbewegliche Vermögen nach § 866 ZPO durch Eintragung einer Sicherungshypothek, Zwangsversteigerung und Zwangsverwaltung. Für die Vollstreckung ist eine Vollstreckungsklausel erforderlich.[1]

4 **2.** Nr. 2 regelt die Vollstreckung zur **Herausgabe einer beweglichen oder unbeweglichen Sache**. Diese erfolgt entsprechend **§ 883 bis § 886 ZPO** durch Wegnahme oder Räumung durch den Gerichtsvollzieher (statt der bisherigen Festsetzung von Zwangsgeld nach § 33 FGG aF). Dies betrifft etwa eine Wohnungszuweisung, die in § 50d FGG aF geregelte Vollstreckung der Herausgabe der zum persönlichen Gebrauch eines Kindes bestimmten Sachen oder die Herausgabe von Haushaltsgegenständen oder von Nachlassgegenständen auf Grund einer bestätigten Auseinandersetzungsvereinbarung (§ 371 Abs. 2). Für die Vollstreckung ist eine Vollstreckungsklausel erforderlich, weil die Vollstreckung nicht durch das Gericht erfolgt, sondern durch den Gerichtsvollzieher (§ 86 Abs. 3).

5 **3.** Nr. 3 regelt die Vollstreckung der Verpflichtung zur **Vornahme einer vertretbaren oder nicht vertretbaren Handlung**. Diese erfolgt entsprechend **§ 887 ZPO** (Ersatzvornahme) bei vertretbaren Handlungen und entsprechend **§ 888 ZPO** (Zwangsgeld oder Zwangshaft) bei nicht vertretbaren Handlungen.

6 Vertretbare Handlungen sind solche, die von einem Dritten an Stelle des Verpflichteten vorgenommen werden können, aber nicht unter Nr. 1, Nr. 2, Nr. 4 oder Nr. 5 fallen. Eine nicht vertretbare Handlung ist zB die Erteilung einer Auskunft, eine Rechnungslegung oder die Vorlage von Belegen, wenn die Belegvorlage Teil einer umfassenden Verpflichtung auf Auskunftserteilung oder Rechnungslegung ist.[2]

7 Zuständig für die Vollstreckung ist entsprechend §§ 887 Abs. 1, 888 Abs. 1 Satz 1 das **Gericht des ersten Rechtszugs**, das den Titel erlassen hat. Eine Vollstreckungsklausel ist damit nicht erforderlich (§ 86 Abs. 3). Zuständig ist der Richter und nicht der Rechtspfleger.[3]

8 Die **Vollstreckung eines Zwangsgeldes** nach § 888 ZPO erfolgt auf Antrag des Gläubigers zu Gunsten der Staatskasse nach den Bestimmungen über die Zwangsvollstreckung wegen Geldforderungen, nicht von Amts wegen nach der JBeitrO.[4] Der Schuldner kann die Vollstreckung jederzeit durch Vornahme der Handlung abwenden.

9 Für die **Vollstreckung der (Ersatz-)Zwangshaft** gelten die in den §§ 899 ff. ZPO enthaltenen Vorschriften über die Haft entsprechend (§ 888 Abs. 1 Satz 3 ZPO). Die Vollstreckung der Haft setzt demzufolge einen Haftbefehl voraus (vgl. § 901 ZPO), für

1 RegE BT-Drucks. 16/6308, S. 217.
2 *Griesche*, FamRB 2008, 310 (317).
3 Vgl. § 20 Nr. 17 RPflG und Bassenge/*Roth*, § 20 RPflG Rz. 20.
4 Zöller/*Stöber*, § 888 ZPO Rz. 13.

dessen Erlass gleichfalls das Prozessgericht zuständig ist.[1] Die Wahl zwischen Zwangsgeld und Zwangshaft steht dem Gericht zu, nicht dem Gläubiger.[2] Die Zwangsmittel können auch wiederholt angeordnet werden, wenn das zuvor festgesetzte Zwangsmittel vollstreckt wurde.

Entsprechend § 888 Abs. 2 ZPO ist bei der Vollstreckung zur Vornahme einer nicht vertretbaren Handlung eine vorherige Androhung der Zwangsmittel nicht erforderlich. 10

Im Zwangsvollstreckungsverfahren nach § 887 ZPO ist der Schuldner mit seinem **Einwand** zu hören, der vollstreckbare Anspruch **sei erfüllt**.[3] Hat er die geschuldete Handlung bereits ordnungsgemäß vorgenommen, ist die Ermächtigung zur Ersatzvornahme damit ausgeschlossen. Der zur Vornahme einer vertretbaren Handlung verpflichtete Schuldner kann im Vollstreckungsverfahren nach § 887 ZPO aber nicht geltend machen, die Vornahme der Handlung sei für ihn unzumutbar (geworden) oder führe nicht zum Erfolg.[4] Insoweit muss er Vollstreckungsgegenklage erheben, wenn er Gründe anführen kann, dass seine Einwendungen nach dem nach § 767 Abs. 2 ZPO maßgeblichen Zeitpunkt entstanden sind. 11

Auch im Verfahren nach § 888 Abs. 1 ZPO ist der Schuldner mit dem **Einwand** zu hören, der vollstreckbare Anspruch **sei erfüllt**.[5] Ist erfüllt, kommen Zwangsmittel daher nicht mehr in Betracht. Voraussetzung für die Festsetzung von Zwangsmitteln entsprechend § 888 ZPO ist es, dass die Handlung vom Schuldner noch vorgenommen werden kann.[6] Steht die Unmöglichkeit der Erfüllung fest, darf eine Zwangsmaßnahme nicht mehr angeordnet werden.[7] 12

Ist erfüllt, kann vom Schuldner in Ergänzung zur Vollstreckungsgegenklage auch ein **Antrag auf Herausgabe** der vollstreckbaren Ausfertigung **des Titels gestellt** werden, wenn die Vollstreckbarkeit des Titels bereits gem. § 767 ZPO beseitigt ist oder wenn dieses Ziel gleichzeitig im Wege der Vollstreckungsabwehrklage verfolgt wird oder wenn der Gläubiger die Herausgabe des Titels verweigert, obwohl das Erlöschen des titulierten Anspruchs unstreitig ist.[8] 13

4. Nach Nr. 4 erfolgt die Erzwingung von **Duldungen und Unterlassungen** entsprechend **§ 890 ZPO** durch Ordnungsgeld oder Ordnungshaft, die nach § 890 Abs. 2 ZPO zuvor angedroht werden müssen. Eine Unterlassung im Sinne dieser Norm ist zB eine Schutzanordnung nach § 1 GewSchG (Betretungs- und Näherungsverbot), eine Duldung ist zB der Anspruch nach § 1598a Abs. 1 Satz 1 BGB (Duldung der Entnahme einer genetischen Probe). 14

Nach § 890 Abs. 1 Satz 1 ZPO wird dem Verpflichteten wegen jeder einzelnen Zuwiderhandlung ein Ordnungsgeld, hilfsweise Ordnungshaft oder sogleich Ordnungshaft 15

---

1 BGH v. 3.7.2008 – I ZB 87/06, FamRZ 2008, 1751.
2 Zöller/*Stöber*, § 888 ZPO Rz. 8.
3 BGH v. 5.11.2004 – IXa ZB 32/04, FamRZ 2005, 199; Thomas/Putzo/*Hüßtege*, § 887 ZPO Rz. 4.
4 BGH v. 7.4.2005 – I ZB 2/05, NJW-RR 2006, 203.
5 Zöller/*Stöber*, § 888 ZPO Rz. 11; KG v. 6.12.2007 – 2 W 185/07, FamRZ 2008, 1094; Thomas/Putzo/*Hüßtege*, § 888 ZPO Rz. 7; *Griesche*, FamRB 2008, 310 (316); nach OLG Köln v. 17.6.1992 – 19 W 22/92, FamRZ 1992, 1328 jedenfalls bei unstreitiger oder durch Urkunden belegter Erfüllung.
6 Zöller/*Stöber*, § 888 ZPO Rz. 11; Thomas/Putzo/*Hüßtege*, § 888 ZPO Rz. 7.
7 Zöller/*Stöber*, § 888 ZPO Rz. 11.
8 OLG Hamm v. 13.6.2008 – 10 WF 79/08, FamRZ 2008, 2225; BGH v. 14.7.2008 – II ZR 132/07, FamRZ 2008, 2196.

auferlegt. Die Wahl zwischen Ordnungsgeld und Ordnungshaft und der Höhe des Ordnungsmittels steht dem Gericht zu.[1] Ein beantragtes Höchstmaß darf nicht überschritten werden.

16 Die Ordnungsgelder werden von Amts wegen nach §§ 1 Abs. 1 Nr. 3, Abs. 2 JBeitrO vollstreckt. Auch die Vollstreckung der Ordnungshaft geschieht von Amts wegen durch das Gericht (durch den Rechtspfleger, vgl. §§ 31 Abs. 3, 4 Abs. 2 Nr. 2a RPflG).

17 Zuständig für die Vollstreckung ist entsprechend § 890 Abs. 1 Satz 1 das **Gericht des ersten Rechtszugs**, das den Titel erlassen hat. Eine Vollstreckungsklausel ist nicht erforderlich (§ 86 Abs. 3). Zuständig ist der Richter und nicht der Rechtspfleger.[2]

18 Ordnungsmittel enthalten neben der Maßnahme zur Beugung des Willens auch strafrechtliche (repressive) Elemente. Ihre Anwendung setzt daher ein **Verschulden** des Schuldners voraus, also Vorsatz oder Fahrlässigkeit.[3] Vor der Bekanntgabe des Vollstreckungstitels an den Schuldner kommt regelmäßig ein Verschulden nicht in Betracht, wenn die Vollstreckung ausnahmsweise vor der Zustellung zulässig ist (§ 53 Abs. 2). Auch wenn gegen den Schuldner wegen derselben Handlung bereits eine Kriminalstrafe (zB nach § 4 GewSchG) verhängt wurde, ist die Festsetzung von Ordnungsmitteln nach § 890 ZPO zulässig. Bei der Höhe des Ordnungsgeldes ist aber die strafgerichtliche Verurteilung zu berücksichtigen.[4]

19 **5.** Nach Nr. 5 erfolgt die Vollstreckung einer Verpflichtung zur **Abgabe einer Willenserklärung** nach **§ 894 ZPO**. Die Willenserklärung gilt als – in der erforderlichen Form – abgegeben, sobald die Entscheidung im Erkenntnisverfahren (Beschluss nach § 38) rechtskräftig ist. Weitere Vollstreckungsmaßnahmen sind weder nötig noch zulässig. Nicht ersetzt werden die etwa erforderliche rechtsgeschäftliche Genehmigung eines Dritten oder der Zugang der Erklärung an einen Dritten oder an eine Behörde.[5]

20 Die Fiktion der Abgabe einer Willenserklärung nach § 894 ZPO kann nur eintreten, wenn der Tenor der Entscheidung eine Erklärung mit einem festbestimmten Inhalt zum Gegenstand hat. Genügt eine Entscheidung diesem Bestimmtheitserfordernis nicht, so richtet sich die Zwangsvollstreckung nach § 888 ZPO, nach dem eine eindeutige Bestimmbarkeit des Inhalts der abzugebenden Erklärung genügt.[6]

II. Absatz 2

21 Nach Abs. 2 tritt für die Anwendung der vollstreckungsrechtlichen Vorschriften der ZPO an die Stelle eines Urteils im Sinne der §§ 704 ff. ZPO der **Beschluss** (zB §§ 894, 895 ZPO). Im Interesse der Einheitlichkeit des FamFG-Verfahrens haben im Übrigen auch Entscheidungen im Vollstreckungsverfahren durch Beschluss zu ergehen. Dies gilt auch für Entscheidungen über Vollstreckungsabwehrverfahren (zB für den Einwand der Erfüllung, falls er nicht schon im Vollstreckungsverfahren berücksichtigt werden kann, oder für den Einwand, die Erfüllung einer vertretbaren Handlung sei nachträglich unzumutbar geworden) und Drittwiderspruchsverfahren.

1 Zöller/*Stöber*, § 890 ZPO Rz. 17.
2 Vgl. § 20 Nr. 17 RPflG und Bassenge/*Roth*, § 20 RPflG Rz. 20.
3 Zöller/*Stöber*, § 890 ZPO Rz. 5; Thomas/Putzo/*Hüßtege*, § 890 ZPO Rz. 15.
4 OLG Schleswig v. 17.7.2006 – 13 WF 118/06, FamRZ 2007, 300.
5 Thomas/Putzo/*Hüßtege*, § 894 ZPO Rz. 9.
6 OLG Karlsruhe v. 8.10.2004 – 19 W 61/04, RPfleger 2005, 95.

Für den notwendigen Inhalt, die Bekanntgabe, die Berichtigung, die Ergänzung und die Rechtskraft des Beschlusses sowie für die Anhörungsrüge gelten die Vorschriften des Abschnitts 3 (§§ 38 ff.). Diese Vorschriften verdrängen die entsprechenden Regelungen der ZPO. 22

III. Absatz 3

Nach Satz 1 kann das Gericht bei einem Titel wegen einer Geldforderung in der Entscheidung im Erkenntnisverfahren die **Vollstreckung vor Eintritt der Rechtskraft ausschließen**, wenn der Verpflichtete dies beantragt und glaubhaft macht, dass die Vollstreckung für ihn einen nicht zu ersetzenden Nachteil bringen würde. Erforderlich ist dies, weil Beschlüsse in FamFG-Verfahren regelmäßig schon mit der Bekanntgabe wirksam und damit auch vollstreckbar werden (§§ 40 Abs. 1, 86 Abs. 2) und nicht erst mit der formellen Rechtskraft. 23

Durch einen **Antrag** nach Abs. 3 kann vermieden werden, dass durch die Vollstreckung vor Eintritt der Rechtskraft ein Schaden entsteht, der auch im Fall des Erfolgs eines Rechtsmittels nicht mehr rückgängig gemacht werden kann. Der Antrag muss, damit er in der Entscheidung berücksichtigt werden kann, vor Abschluss des erstinstanzlichen Verfahrens gestellt werden. 24

In den Fällen des § 707 Abs. 1 ZPO (Wiedereinsetzungsantrag, Wiederaufnahmeantrag, Gehörsrüge, Fortsetzung des Rechtsstreits nach Vorbehaltsurteil) und des § 719 Abs. 1 ZPO (Einspruch, Beschwerde) kann das Gericht die Zwangsvollstreckung einstweilen einstellen. Satz 2 modifiziert die Voraussetzungen des § 707 Abs. 1 ZPO für eine einstweilige Einstellung der Zwangsvollstreckung dahingehend, dass der Verpflichtete glaubhaft machen muss, dass die Vollstreckung ihm einen nicht zu ersetzenden Nachteil bringen würde. Nur dann kann die Vollstreckung einstweilig eingestellt werden (entsprechend der Regelung für Ehesachen und Familienstreitsachen in § 120 Abs. 2 Satz 2 und 3). 25

IV. Absatz 4

Nach Abs. 4 hat das Gericht die Möglichkeit, bei der Vollstreckung zur Herausgabe oder Vorlage einer Sache sowie zur Vornahme einer vertretbaren Handlung (statt §§ 883, 885, 886, 887 ZPO) **auch** die Zwangsmittel nach § 888 ZPO (**Zwangsgeld und Zwangshaft**) zu ergreifen, um eine möglichst effektive Vollstreckung zu ermöglichen. Das Gericht entscheidet nach pflichtgemäßem Ermessen, ob es die Vollsteckung nur nach § 888 ZPO oder die möglichen Vollstreckungsarten nebeneinander durchführt. 26

V. Vollstreckung in Familienstreitsachen

Endentscheidungen in **Familienstreitsachen** nach § 112 werden (direkt) nach der ZPO vollstreckt (§ 120 Abs. 1). Sie werden erst mit der Rechtskraft wirksam (§ 116 Abs. 3 Satz 1). Das Gericht kann aber die sofortige Wirksamkeit anordnen und soll von dieser Befugnis Gebrauch machen, soweit die Entscheidung eine Verpflichtung zur Leistung von Unterhalt enthält (§ 116 Abs. 3 Satz 2 und 3). Unterhaltsbeschlüsse sind damit regelmäßig sofort vollstreckbar. 27

Nach Maßgabe des § 120 Abs. 2 Satz 2 kann der Verpflichtete jedoch beantragen, dass die Vollstreckung vor Eintritt der Rechtskraft eingestellt oder beschränkt wird, wenn 28 er glaubhaft macht, dass die Vollstreckung ihm einen nicht zu ersetzenden Nachteil bringen würde. §§ 708 bis 713 ZPO sind damit bei der Vollstreckung von Beschlüssen in Familienstreitsachen nicht anwendbar.[1] Das Rechtsinstitut der vorläufigen Vollstreckbarkeit ist in Familienstreitsachen durch § 116 Abs. 3 Satz 2 und 3 entbehrlich.[2]

29 Vollstreckungstitel in Familienstreitsachen auf **Erteilung einer Auskunft** (zB über das Einkommen einer Partei nach § 1605 Abs. 1 Satz 1 BGB oder über das Endvermögen nach § 1379 Abs. 1 BGB) werden nach § 888 ZPO vollstreckt. Das Gleiche gilt für einen Titel auf Vorlage von Belegen nach § 1605 Abs. 1 Satz 2 BGB, wenn dies Teil der umfassenden Verpflichtung auf Auskunftserteilung ist.[3]

30 Ist die Partei verpflichtet worden, die Richtigkeit und Vollständigkeit der erteilten Auskunft **eidesstattlich zu versichern** (§ 260 Abs. 2 BGB), erfolgt die Vollstreckung nach § 889 ZPO. Zuständig im Fall des § 889 ZPO ist das Amtsgericht als Vollstreckungsgericht (§ 889 Abs. 1 ZPO; Zuständigkeit des Rechtspflegers nach § 20 Nr. 17 RPflG).

VI. Vollstreckung in Ehesachen

31 In **Ehesachen** sind §§ 86 ff. ebenfalls nicht anzuwenden (§ 113 Abs. 1 Satz 1). Auch in Ehesachen erfolgt die Vollstreckung nach der ZPO (§ 120 Abs. 1). Endentscheidungen in den in § 121 (Ehesachen) genannten Verfahren haben aber (in der Hauptsache) als Gestaltungs- oder Feststellungsentscheidungen **keinen vollstreckungsfähigen Inhalt.** Im Übrigen gilt § 120 Abs. 3: Eine Verpflichtung zur Eingehung einer Ehe kommt allerdings nur bei Anwendung ausländischen materiellen Rechts oder bei der Vollstreckung ausländischer Titel in Betracht. Ein Verfahren auf Herstellung des ehelichen Lebens ist zwar denkbar,[4] aber praktisch bedeutungslos.

§ 96
Vollstreckung in Verfahren nach dem Gewaltschutzgesetz und in Ehewohnungssachen

(1) Handelt der Verpflichtete einer Anordnung nach § 1 des Gewaltschutzgesetzes zuwider, eine Handlung zu unterlassen, kann der Berechtigte zur Beseitigung einer jeden andauernden Zuwiderhandlung einen Gerichtsvollzieher zuziehen. Der Gerichtsvollzieher hat nach § 758 Abs. 3 und § 759 der Zivilprozessordnung zu verfahren. Die §§ 890 und 891 der Zivilprozessordnung bleiben daneben anwendbar.

(2) Bei einer einstweiligen Anordnung in Gewaltschutzsachen, soweit Gegenstand des Verfahrens Regelungen aus dem Bereich der Ehewohnungssachen sind, und in Ehewohnungssachen ist die mehrfache Einweisung des Besitzes im Sinne des § 885 Abs. 1 der Zivilprozessordnung während der Geltungsdauer möglich. Einer erneuten Zustellung an den Verpflichteten bedarf es nicht.

---

1 RegE BT-Drucks. 16/6308, S. 226.
2 RegE BT-Drucks. 16/6308, S. 224.
3 Zöller/*Stöber*, § 888 ZPO Rz. 3; *Griesche*, FamRB 2008, 310 (317).
4 Palandt/*Brudermüller*, Einf. vor § 1353 BGB Rz. 12; Erman/*Gamillscheg*, § 1353 BGB Rz. 21.

A. Allgemeines

1 § 96 enthält ergänzende Vorschriften für die Vollstreckung in Verfahren nach dem **Gewaltschutzgesetz** und in **Ehewohnungssachen**. Sie findet nicht von Amts wegen statt, sondern ist vom Berechtigten zu veranlassen.[1]

B. Inhalt der Vorschrift

I. Absatz 1

2 Abs. 1 betrifft die Vollstreckung von Schutzanordnungen nach § 1 GewSchG (**Betretungs- und Näherungsverbote**). Die Vollstreckung erfolgt nach § 890 ZPO durch Ordnungsgeld oder Ordnungshaft (§ 95 Abs. 1 Nr. 4). Eine Vollstreckungsklausel ist nicht erforderlich, da die Vollstreckung entsprechend § 890 Abs. 1 ZPO durch das Gericht erfolgt, das die Schutzanordnung erlassen hat. Nach § 890 Abs. 1 Satz 1 ZPO wird dem Verpflichteten wegen jeder einzelnen Zuwiderhandlung ein Ordnungsgeld, hilfsweise Ordnungshaft, oder sogleich Ordnungshaft auferlegt.

3 Nach Abs. 1 Satz 1 kann der Berechtigte daneben zur Beseitigung einer jeden andauernden Zuwiderhandlung einen **Gerichtsvollzieher zuziehen**. Dieser kann bei Widerstand Gewalt anwenden und sich dazu auch der Hilfe der Polizei bedienen (§ 758 Abs. 3 ZPO). Der Verpflichtete kann somit mit Unterstützung der Polizei entfernt werden. In den Fällen des § 759 ZPO hat der Gerichtsvollzieher Zeugen zuzuziehen.

4 Der Verstoß gegen gerichtliche Schutzanordnungen nach § 1 GewSchG stellt auch eine **Straftat** dar (§ 4 GewSchG). Deshalb sieht § 36 Abs. 1 Satz 2 in Gewaltschutzsachen auch kein Hinwirken auf ein Einvernehmen, sondern eine gerichtliche Entscheidung vor. Bei Verstößen können daher auch die Strafverfolgungsbehörden eingreifen. Bei beharrlichen Verstößen kommt auch die Anordnung von Beseitigungsgewahrsam gegen den Störer nach den Landespolizeigesetzen[2] in Betracht. Telefonanrufe stellen allerdings keine Zuwiderhandlung gegen eine einstweilige Anordnung dar, die es dem Schuldner nur allgemein verbietet, die Gläubigerin „zu bedrohen" oder „zu belästigen"[3] (vgl. § 86 Rz. 9).

5 Die Vollstreckung einer Schutzanordnung nach § 2 GewSchG und einer Entscheidung nach § 1361b BGB (**Wohnungszuweisung**) erfolgt nach § 885 ZPO durch Räumungsvollstreckung (§ 95 Abs. 1 Nr. 2). Nach § 86 Abs. 3 ist eine Vollstreckungsklausel erforderlich. Dabei hat der Gerichtsvollzieher den Schuldner aus dem Besitz zu setzen und den Gläubiger in den Besitz einzuweisen (§ 885 Abs. 1 Satz 1 ZPO). Der Gerichtsvollzieher hat nach § 885 Abs. 1 Satz 2 ZPO den Schuldner aufzufordern, eine Anschrift zum Zwecke von Zustellungen oder einen Zustellungsbevollmächtigten zu benennen. Dies soll es dem Schuldner ermöglichen, zur Wahrung seiner Interessen (und dem Interesse des Gerichts am Fortgang des Verfahrens) in dem Verfahren Sorge für weitere Zustellungen und Benachrichtigungen zu tragen.[4]

---

1 Schwab/*Motzer*, Handbuch des Scheidungsrechts, Teil VIII Rz. 31; *Diehl*, FPR 2008, 426.
2 ZB § 28 Abs. 1 Nr. 1 PolG BW.
3 OLG Karlsruhe v. 19.9.2007 – 20 WF 104/07, NJW 2008, 450.
4 Zöller/*Stöber*, § 885 ZPO Rz. 21a.

II. Absatz 2

6 Abs. 2 betrifft die Vollstreckung einer einstweiligen Anordnung und von Endentscheidungen auf **Wohnungszuweisung** (§ 2 GewSchG, §§ 1361b, 1568a BGB). Nach § 53 Abs. 2 kann das Gericht bei einer einstweiligen Anordnung in Gewaltschutzsachen anordnen, dass die Vollstreckung vor Zustellung an den Verpflichteten wirksam ist. Eine Vollstreckungsklausel ist nicht erforderlich, wenn gegen den im Beschluss bezeichneten Beteiligten vollstreckt wird (§ 53 Abs. 1). Die frühere Streitfrage dazu ist damit überholt.[1] Die gleiche Anordnungsbefugnis (Zulässigkeit der Vollstreckung vor der Zustellung) besteht nach § 209 Abs. 3 Satz 1 in Ehewohnungssachen.

7 Die Vollstreckung einer Wohnungszuweisung erfolgt nach § 885 ZPO durch Räumungsvollstreckung. Nach § 214 Abs. 2 gilt in Gewaltschutzsachen der Antrag auf Erlass einer einstweiligen Anordnung im Fall des Erlasses ohne mündliche Verhandlung zugleich als Auftrag zur Zustellung unter Vermittlung der Geschäftsstelle des Gerichts und als Auftrag zur Vollstreckung (vgl. § 64b Abs. 3 Satz 6 FGG aF). Auf Verlangen des Antragstellers darf die Zustellung nicht vor der Vollstreckung erfolgen (§ 214 Abs. 2, 2. Halbs.). Damit kann der Schuldner überrascht werden.

8 Eine einstweilige Anordnung auf Wohnungszuweisung kann während ihrer Geltungsdauer nach Satz 1 **mehrfach vollzogen** werden, wenn der Verpflichtete eigenmächtig wieder in die Wohnung zurückkehrt. Es muss kein neuer Titel erwirkt werden. Einer erneuten Zustellung der Entscheidung bedarf es nach Satz 2 nicht. Gleiches gilt für Endentscheidungen auf Wohnungszuweisung.

9 Nach einer **Versöhnung** der Parteien und einvernehmlicher Rückkehr des Antragsgegners in eine gemeinsame Wohnung hat der Antragsteller dagegen einen Titel nach dem GewSchG herauszugeben. Er darf nicht „auf Vorrat" für eine künftig etwa neu erforderlich werdende Wohnungszuweisung zurückgehalten werden.[2] Mit der Versöhnung und Wiederherstellung der Lebensgemeinschaft verliert der Antragsteller seine Rechte aus der Schutzanordnung.[3]

§ 96a
Vollstreckung in Abstammungssachen

(1) Die Vollstreckung eines durch rechtskräftigen Beschluss oder gerichtlichen Vergleich titulierten Anspruchs nach § 1598a des Bürgerlichen Gesetzbuchs auf Duldung einer nach den anerkannten Grundsätzen der Wissenschaft durchgeführten Probeentnahme, insbesondere die Entnahme einer Speichel- oder Blutprobe, ist ausgeschlossen, wenn die Art der Probeentnahme der zu untersuchenden Person nicht zugemutet werden kann.

(2) Bei wiederholter unberechtigter Verweigerung der Untersuchung kann auch unmittelbarer Zwang angewendet, insbesondere die zwangsweise Vorführung zur Untersuchung angeordnet werden.

1 Überholt insbes. OLG Karlsruhe v. 19.9.2007 – 20 WF 104/07, NJW 2008, 450.
2 KG v. 2.5.2005 – 16 UF 53/05, FamRZ 2006, 49.
3 Schwab/*Motzer*, Handbuch des Scheidungsrechts, Teil VIII Rz. 34.

A. Allgemeines

§ 96a entspricht § 56 Abs. 4 Sätzen 1 und 3 FGG aF in der Fassung des Gesetzes zur Klärung der Vaterschaft unabhängig vom Anfechtungsverfahren v. 26.3.2008 (BGBl. I S. 441). Die Vorschrift enthält ergänzende Regelungen über die **Vollstreckung eines titulierten Anspruchs auf Duldung der Entnahme einer genetischen Probe** nach § 1598a Abs. 1 Satz 1 BGB. 1

Die Vollstreckung erfolgt nach § 95 Abs. 1 Nr. 4 in entsprechender Anwendung des § 890 ZPO (Ordnungsgeld oder Ordnungshaft). Die Vollstreckung muss beantragt werden, nach § 86 Abs. 3 ist eine Vollstreckungsklausel nicht erforderlich, wenn die gerichtliche Zuständigkeit nicht gewechselt hat. 2

B. Inhalt der Vorschrift

I. Absatz 1

Die Vollstreckung entsprechend § 890 ZPO ist nach Abs. 1 ausgeschlossen, wenn die Art der Probeentnahme der zu untersuchenden Person **nicht zugemutet werden kann**. Bei der Zumutbarkeitsprüfung ist zu beachten, dass eine geringe Menge Blut und nach den Richtlinien für die Abstammungsgutachten (in 2.3.1) sogar ein Mundschleimhautabstrich als Untersuchungsgut für ein Abstammungsgutachten genügt. Unzumutbarkeit durch die Art der Probeentnahme ist damit kaum denkbar, es sei denn, es müsste ausnahmsweise bei der Vollstreckung auf die besondere Lebenslage eines minderjährigen Kindes Rücksicht genommen werden (vgl. § 1598a Abs. 3 BGB[1]). Ist dies ausnahmsweise der Fall, dürfen Ordnungsmittel nach § 890 ZPO nicht festgesetzt werden. 3

Materiellrechtliche Einwendungen gegen den Anspruch auf Klärung der Abstammung (Kinderschutzklausel des § 1598a Abs. 3 BGB, Rechtsmissbrauch) müssen aber im Erkenntnisverfahren erhoben werden. 4

II. Absatz 2

Nach Abs. 2 kann bei wiederholter unberechtigter Verweigerung der Untersuchung auch **unmittelbarer Zwang** (Anordnung der zwangsweisen Vorführung zur Untersuchung) angewendet werden. Durchgesetzt wird der unmittelbare Zwang durch den Gerichtsvollzieher, der wiederum die Polizei um Unterstützung ersuchen kann (§ 87 Abs. 3). 5

Eine wiederholte unberechtigte Weigerung der Untersuchung dürfte nicht schon dann vorliegen, wenn wiederholt Ladungen des privat beauftragten Sachverständigen unbeachtet geblieben sind. Unmittelbarer Zwang gegen einen Beteiligten kommt nur in Betracht, wenn dessen Ladung förmlich durch das Gericht erfolgt ist.[2] 6

1 Dazu *Helms*, FamRZ 2008, 1033 (1035 f.).
2 OLG Brandenburg v. 13.10.2000 – 9 WF 198/00, FamRZ 2001, 1010 zu § 178 Abs. 2.

C. Vollstreckung eines titulierten Anspruchs auf Einwilligung in eine genetische Abstammungsuntersuchung nach § 1598a Abs. 1 Satz 1 BGB

7 Insoweit ist eine **Vollstreckung nicht erforderlich**. Ein entsprechender Beschluss vollstreckt sich mit Rechtskraft von selbst (§ 95 Abs. 1 Nr. 5 FamFG iVm. § 894 ZPO). Bei einem gerichtlichen Vergleich sollte die Einwilligung im Vergleich selbst erklärt werden.

Abschnitt 9
Verfahren mit Auslandsbezug

Literatur (aus Raumgründen wurde auf den Nachweis fremdsprachiger Literatur verzichtet):

Grundlagen und Gebietsübergreifendes: *Andrae*, Internationales Familienrecht, 2. Aufl. 2006 (zit.: *Andrae*); *Andrae*, Familiensachen mit Auslandsberührung, in Garbe/Ullrich, Prozesse in Familiensachen, 2007; *Bach*, Grenzüberschreitende Vollstreckung in Europa, 2008; *Baetge*, Auf dem Weg zu einem gemeinsamen europäischen Verständnis des gewöhnlichen Aufenthalts – Ein Beitrag zur Europäisierung des Internationalen Privat- und Verfahrensrechts, in Festschrift für Kropholler, 2008, S. 77; *von Bar/Mankowski*, Internationales Privatrecht, Band I – Allgemeine Lehren, 2. Aufl. 2003; *Bergmann/Ferid/Henrich*, Internationales Ehe- und Kindschaftsrecht mit Staatsangehörigkeitsrecht (Loseblatt); *Breuer*, Ehe- und Familiensachen in Europa – Das internationale Mandat mit Länderberichten, 2008 (zit.: *Breuer*); *Burgstaller/Neumayr*, Internationales Zivilverfahrensrecht (Loseblatt); *Burgstaller/Neumayr*, Beobachtungen zu Grenzfragen der internationalen Zuständigkeit, in Festschrift für Schlosser, 2005, S. 119; *Cieslar*, Internationale Abkommen und Europäische Rechtsakte zum Familien- und Staatsangehörigkeitsrecht, 2008 (Sonderveröffentlichung aus Bergmann/Ferid/Henrich, Internationales Ehe- und Kindschaftsrecht); *Coester-Waltjen*, Multa non multum im internationalen Familienverfahrensrecht, in Festschrift für Geimer, 2002, S. 139; *Coester-Waltjen*, Aktuelle Entwicklungen im Europäischen internationalen Familienverfahrensrecht, Jura 2004, 839; *Coester-Waltjen*, Parteiautonomie in der internationalen Zuständigkeit, in Festschrift für Heldrich, 2005, S. 549; *Coester-Waltjen*, Die Europäisierung des Zivilprozessrechts, Jura 2006, 914; *Coester-Waltjen*, Anerkennung im Internationalen Personen-, Familien- und Erbrecht und das Europäische Kollisionsrecht, IPRax 2006, 392; *Damrau*, Fortdauer der internationalen Zuständigkeit trotz Wegfalls ihrer Voraussetzungen?, in Festschrift für Bosch, 1976, S. 103; *Dasser/Oberhammer*, Kommentar zum Lugano-Übereinkommen, 2008; *Dornblüth*, Die europäische Regelung der Anerkennung und Vollstreckbarerklärung von Ehe- und Kindschaftsentscheidungen, 2003; *Dötsch*, Internationale Zuständigkeit in Familiensachen, NJW-Spezial 2005, 247; *Dötsch*, Familiensachen mit Auslandsbezug, 2008; *Finger*, Rechtsakt des Rates der Europäischen Union über die Zuständigkeit und die Anerkennung und Vollstreckung von Entscheidungen in Ehesachen (und damit zusammenhängenden Kindschaftssachen) v. 30.4.1998, FuR 1998, 346; *Funken*, Das Anerkennungsprinzip im Internationalen Privatrecht, 2009; *Gebauer/Wiedmann*, Zivilrecht unter europäischem Einfluss, 2005; *Geimer*, Anerkennung ausländischer Entscheidungen auf dem Gebiet der freiwilligen Gerichtsbarkeit, in Festschrift für Ferid, 1988, S. 89; *Geimer*, Internationale Freiwillige Gerichtsbarkeit, in Festschrift für Jayme, 2004, S. 241; *Geimer*, Internationales Zivilprozessrecht, 5. Aufl. 2005 (zit. *Geimer*); *Geimer/Schütze*, Europäisches Zivilverfahrensrecht, 2. Aufl. 2004 (zit.: *Geimer/Schütze*); *Geimer/Schütze*, Internationaler Rechtsverkehr in Zivil- und Handelssachen (Loseblatt; zit.: *Geimer/Schütze*, Int. Rechtsverkehr); *Gottwald*, Deutsche Probleme Internationaler Familienverfahren, in Festschrift für Nakamura, 1996, S. 189; *Gruber*, Die neue EheVO und die deutschen Ausführungsgesetze, IPRax 2005, 293; *Gruber*, Das neue Internationale Familienrechtsverfahrensgesetz, FamRZ 2005, 1603; *Hau*, Positive Kompetenzkonflikte im Internationalen Zivilprozessrecht, 1996; *Hau*, Forum shopping, in AG Familien- und Erbrecht im DAV, Der internationale Familien- und Erbrechtsfall, 2006, S. 103; *Hau*, Das Internationale Zivilverfahrensrecht im FamFG, FamRZ 2009, 821; *Helms*, Internationales Verfahrensrecht für Familiensachen in der Europäischen Union, FamRZ 2002, 1593; *Henrich*, Anerkennung statt IPR – Eine Grundsatzfrage, IPRax 2005, 422; *von Hoffmann/Thorn*, Internationales Privatrecht, 9. Aufl. 2007; *Hohloch*, Internationales Verfahrensrecht in Ehe- und Familiensachen, FF 2001, 45; *Hohloch*, Zur Bedeutung des Ordre public-Arguments im Vollstreckbarerklärungsverfahren, in Festschrift für Kropholler, 2008, S. 809; *Jayme/Hausmann*, Internationales Privat- und Verfahrensrecht, 14. Aufl. 2009; *Jud/Rechberger/Reichelt*, Kollisionsrecht in der Europäischen Union – Neue Fragen des Internationalen Privat- und Zivilverfahrensrechts, 2008; *Kegel/Schurig*, Internationales Privatrecht, 9. Aufl. 2004; *Klinck*, Das neue Verfahren zur Anerkennung ausländischer Entscheidungen nach § 108 II S. 1 FamFG, FamRZ 2009, 741; *Kropholler*, Europäisches Zivilprozessrecht, 8. Aufl. 2005 (zit. *Kropholler*, EuZPR); *Kropholler*, Internationales Privatrecht, 6. Aufl. 2006 (zit. *Kropholler*, IPR); *Lakkis*, Gestaltungsakte im internationalen Rechtsverkehr, 2007; *Leible/Freitag*, Forderungsbeitreibung in der EU, 2008; *Linke*, Die Europäisierung des Internationalen Privat- und Verfahrensrechts – Traum oder Trauma?, in Festschrift für Geimer, 2002, S. 529; *Linke*, Internationales Zivilprozessrecht, 4. Aufl. 2006 (zit. *Linke*); *Lipp*, Namensrecht und Europarecht, StAZ 2009, 1; *Lippke*, Der Status im Europäischen Zivilverfahrensrecht – Scheidung und Scheidungsfolgen im Anerkennungsrecht, 2008; *Looschelders*, Internationales Privatrecht, 2004; *Mankowski*, Internationale Zuständigkeit und anwendbares Recht – Parallelen und Divergenzen, in Festschrift für Heldrich, 2005, S. 867; *Mansel*, Anerkennung als Grundprinzip des Europäischen Rechtsraums, RabelsZ 2006, 651; *Mansel/Thorn/Wagner*, Europäisches Kollisionsrecht 2008, IPRax 2009, 1; *Martiny*, Die Entwicklung des Europäischen Internationalen Familienrechts – ein juristischer Hürdenlauf, FPR 2008, 187; *Motzer*, Prozesskostenhilfe in Familiensachen mit Auslandsbezug, FamRBint 2008, 16; *Nademleinsky/Neumayr*, Internationales Familienrecht, 2007; *Nagel/Gottwald*, Internationales Zivilprozessrecht, 6. Aufl. 2007; *Niklas*, Die europäische Zuständigkeitsordnung in Ehe- und Kindschaftsverfahren, 2003; *Pintens*, Harmonisierung im europäischen Familien- und Erbrecht – Ein Dokumentationsaufsatz, FamRZ 2005, 1597; *Prütting*, Internationale Zuständigkeit und Revisionsinstanz, in Gedächtnisschrift für Wolfgang Blomeyer, 2004, S. 803; *Puszkajler*, Das internationale Scheidungs- und Sorgerecht nach Inkrafttreten der Brüssel II-Verordnung, IPRax 2001, 81; *Rathjen*, Die Fortdauer der internationalen Zuständigkeit (perpetuatio fori internationalis) im Familienrecht – Überlegungen aus Anlass einer Ergänzung des FamFG-E, FF 2007, 29; *Rausch*, Ehesachen mit Auslandsbezug vor und nach „Brüssel IIa", FuR 2004, 154; *Rausch*, Familiensachen mit Auslandsbezug vor und nach dem FamFG, FPR 2006, 441; *Rauscher*, Europäisches Zivilprozessrecht, 2. Aufl. 2006 (zit.: *Rauscher*); *Reinmüller*, Internationale Rechtsverfolgung in Zivil- und Handelssachen in der EU, 2009; *Reuß*, Internationale Rechtshängigkeit im Zivilprozess, Jura 2009, 1; *Richardi*, Die Anerkennung und Vollstreckung der ausländischen Gerichtsbarkeit unter besonderer Berücksichtigung des autonomen Rechts, 1991; *Rieck*, Internationales Familien- und Verfahrensrecht, in ders., Ausländisches Familienrecht – Eine Auswahl von Länderdarstellungen (Loseblatt); *Roth*, Zwangsvollstreckung aus ausländischen Entscheidungen der Freiwilligen Gerichtsbarkeit, IPRax 1988, 75; *Schack*, Internationales Zivilverfahrensrecht, 4. Aufl. 2006 (zit.: *Schack*); *Schlauß*, Das neue Gesetz zum internationalen Familienrecht – Das Internationale Familienrechtsverfahrensgesetz (IntFamRVG), 2005; *Schlosser*, EU-Zivilprozessrecht, 3. Aufl. 2009; *Schulz*, Die Verordnung (EG) Nr. 2201/2003 (Brüssel IIa) – eine Einführung, NJW 2004, Beilage zu Heft 18, S. 4; *Schütze*, Die Notzuständigkeit im deutschen Recht, in Festschrift für Rechberger, 2005, S. 567; *Siehr*, Kollisionen des Kollisionsrechts, in Festschrift für Kropholler, 2008, S. 211; *Streicher/Köblitz*, Familiensachen mit Auslandsberührung, 2008 (zit.: *Streicher/Köblitz*); *Vogel*, Internationales Familienrecht – Änderungen und Auswirkungen durch die neue EU-Verordnung, MDR 2000, 1045; *Wagner*, Die Anerkennung und Vollstreckung von Entscheidungen nach der Brüssel II-Verordnung, IPRax 2001, 73; *Wagner*, Anerkennung und Wirksamkeit ausländischer familienrechtlicher Rechtsakte nach autonomem deutschen Recht, FamRZ 2006, 744; *Wagner*, Zu den Chancen der Rechtsvereinheitlichung im internationalen Familienrecht, StAZ 2007, 101; *Wagner*, Zur Kompetenz der Europäischen Gemeinschaft in der justiziellen Zusammenarbeit in Zivilsachen, IPRax 2007, 290; *Wieczorek/Schütze*, ZPO, Bd. 6: Rechtsquellen und Materialien zum internationalen und europäischen Zivilprozessrecht, 3. Aufl. 2007.

Internationale Ehe- und Lebenspartnerschaftssachen, Folgesachen (außer Kindschaftssachen und Unterhalt): *Andrae/Heidrich*, Anerkennung ausländischer Entscheidungen in Ehe- und Lebenspartnerschaftssachen, FPR 2004, 292; *Andrae/Heidrich*, Aktuelle Fragen zum Anwendungsbereich des Verfahrens nach Art. 7 § 1 FamRÄndG, FamRZ 2004, 1622; *Andrae/Heidrich*, Zur Zukunft des förmlichen Anerkennungsverfahrens gemäß Art. 7 FamRÄndG nach der Großen Justizreform, FPR 2006, 222; *Dilger*, Die Regelungen zur internationalen Zuständigkeit in Ehesachen in der Verordnung (EG) Nr. 2201/2003, 2004; *Finger*, Grünbuch der Europäischen Kommission über das anzuwendende Recht und die gerichtliche Zuständigkeit in Scheidungssachen, FF 2007, 35; *Finger*, Internationale Zuständigkeiten nach der Brüssel IIa-VO – Eine Übersicht anhand von Fallbeispielen, FamRBint 2008, 90; *Gewaltig*, Von der nationalen zur europäischen Zuständigkeitsregelung im Familienrecht – Die internationale Zuständigkeit nach den europäischen Verordnungen (EG) Nr. 1347/2000 und Nr. 2201/2003 (EuEheVO) in Deutschland und in den Niederlanden, 2008; *Gruber*, Die neue „europäische Rechtshängigkeit" bei Scheidungsverfahren, FamRZ 2000, 1129; *Hau*, Internationales Eheverfahrensrecht in der Europäischen Union, FamRZ 1999, 484; *Hau*, Das System der internationalen Entscheidungszuständigkeit im europäischen Eheverfahrensrecht, FamRZ 2000, 1333; *Hau*, Europäische und autonome Zuständigkeitsgründe in Ehesachen mit Auslandsbezug, FPR 2002, 616; *Hausmann*, Überlegungen zum Kollisionsrecht registrierter Partnerschaften, in Festschrift für Henrich, 2000, 241; *Heiderhoff*, Gerichtliche Aufforderung zur Wiederaufnahme des ehelichen Lebens nach türkischem Recht durch deutsche Gerichte, IPRax 2007, 118; *Helms*, Die Anerkennung ausländischer Entscheidungen im Europäischen Eheverfahrensrecht, FamRZ 2001, 257; *Henrich*, Internationales Scheidungsrecht (einschließlich Scheidungsfolgen), 2. Aufl. 2005; *Höbbel/Möller*, Formularbuch Scheidungen internationaler Ehen, 2008; *Kampe*, Eheschließung eines Niederländers und einer Deutschen nach Auflösung der registrierten Partnerschaft des Mannes durch einvernehmliche Erklärung in den Niederlanden, StAZ 2008, 250; *Kohler*, Einheitliche Kollisionsnormen für Ehesachen in der Europäischen Union: Vorschläge und Vorbehalte, FPR 2008, 193; *Krömer*, Geltung der Brüssel IIa-Verordnung für Entscheidungen, deren Verfahren vor Inkrafttreten der Brüssel II-Verordnung eingeleitet wurden, StAZ 2006, 301; *Lipp*, Inhalte und Probleme einer „Brüssel III-Verordnung" im Familienvermögensrecht, in Gottwald, Perspektiven der justiziellen Zusammenarbeit in Zivilsachen in der Europäischen Union, 2004, S. 21; *Looschelders*, Scheidungsfreiheit und Schutz des Antragsgegners im internationalen Privat- und Prozessrecht, in Festschrift für Kropholler, 2008, S. 329; *Martiny*, Internationales Privatrecht, in Hausmann/Hohloch, Das Recht der nichtehelichen Lebensgemeinschaft, 2. Aufl. 2004; *Meyer-Götz/Noltemeier*, Internationale Scheidungszuständigkeit im europäischen Eheverfahrensrecht, FPR 2004, 282; *Pabst*, Kollisionsrechtliche Absicherung der Umwandlung einer Ehetrennung in eine Ehescheidung?, FPR 2008, 230; *Rauscher*, Leidet der Schutz der Ehescheidungsfreiheit unter der VO Brüssel II?, in Festschrift für Geimer, 2002, S. 883; *Rauscher*, Iranischrechtliche Scheidung auf Antrag der Ehefrau vor deutschen Gerichten, IPRax 2005, 313; *Rieck*, Ehescheidung bei ausländischen Ehepartnern, FPR 2007, 251; *Rieck*, Die Umwandlungskompetenz nach Art. 5 EheEuGVVO 2003 und ihre Bedeutung im Verhältnis zu den weiteren Zuständigkeiten für Ehesachen, FPR 2007, 427; *Röthel*, Anerkennung gleichgeschlechtlicher Ehen nach deutschem und europäischem Recht, IPRax 2006, 250; *Röthel*, Gleichgeschlechtliche Ehe und ordre public, IPRax 2002, 496; *Samtleben*, Ehetrennung als Ehescheidung – ein Fall der Substitution?, in Festschrift für Kropholler, 2008, S. 413; *Schack*, Das neue Internationale Eheverfahrensrecht in Europa, RabelsZ 65 (2001), 615; *Scholz/Krause*, Später Sieg der Freiheit: Die Kehrtwende der Rechtsprechung zu unscheidbaren ausländischen Ehen, FuR 2009, 1 und 67; *Spellenberg*, Der Anwendungsbereich der EheGVO („Brüssel II") in Statussachen, in Festschrift für Schumann, 2001, S. 423; *Spellenberg*, Die Zuständigkeiten für Eheklagen nach der EheGVO, in Festschrift für Geimer, 2002, S. 1257; *Spellenberg*, Die Annexzuständigkeit nach Art. 3 EheGVO, in Festschrift für Sonnenberger, 2004, S. 677; *Süß/Ring*, Eherecht in Europa, 2006; *Unberath*, Scheidung durch talaq vor einem deutschen Gericht und Recht auf rechtliches Gehör, IPRax 2004, 515; *Wagner*, Versorgungsausgleich mit Auslandsberührung, 1996; *Wagner*, Das neue Internationale Privat- und Verfahrensrecht zur eingetragenen Lebenspartnerschaft, IPRax 2001, 281; *Wagner*, Ausländische Rechtshängigkeit in Ehesachen unter besonderer Berücksichtigung der EG-Verordnungen Brüssel II und Brüssel IIa, FPR 2004, 286; *Wagner*, Konturen eines Gemeinschaftsinstruments zum internationalen Güterrecht, FamRZ 2009, 269.

Internationale Kindschaftssachen: *Andrae*, Zur Abgrenzung des räumlichen Anwendungsbereichs von EheVO, MSA, KSÜ und autonomen IZPR/IPR, IPRax 2006, 82; *Baetge*, Kontinuierlicher, mehrfacher oder alternierender gewöhnlicher Aufenthalt bei Kindesentführungen, IPRax 2005, 335; *Baetge*, Zwischen Rom und Los Angeles – Zur Ermittlung des gewöhnlichen Aufenthalts von Kleinkindern bei Kindesentführungen, IPRax 2006, 313; *Bauer*, Neues internationales Verfahrensrecht im Licht der Kindesentführungsfälle, IPRax 2002, 179; *Bauer*, Wechsel des gewöhnlichen Aufenthalts und perpetuatio fori in Sorgerechtsverfahren, IPRax 2003, 135; *Block*, Internationale Verweisung eines Umgangsverfahrens nach der Brüssel IIa-VO, FamRBint 2008, 55; *Breuer*, Gemeinsame elterliche Sorge – Geltung für ausländische Staatsangehörige in Deutschland, FPR 2005, 74; *Bucher*, Das Kindeswohl im Haager Entführungsabkommen, in Festschrift für Kropholler, 2008, S. 263; *Busch*, Schutzmaßnahmen für Kinder und der Begriff der „elterlichen Verantwortung" im internationalen und europäischen Recht – Anmerkung zur Ausweitung der Brüssel II-Verordnung, IPRax 2003, 218; *Coester-Waltjen*, Die Berücksichtigung der Kindesinteressen in der neuen EU-Verordnung „Brüssel IIa", FamRZ 2005, 241; *Dutta*, Europäische Zuständigkeiten mit Kindeswohlvorbehalt, in Festschrift für Kropholler, 2008, S. 281; *Dutta*, Staatliches Wächteramt und europäisches Kindschaftsverfahrensrecht, FamRZ 2008, 835; *Dutta/Scherpe*, Die Durchsetzung von Rückführungsansprüchen nach dem Haager Kindesentführungsübereinkommen durch deutsche Gerichte, FamRZ 2006, 901; *Eberhard/Eschweiler*, Kindesanhörung – Chancen und Risiken, NJW 2005, 1681; *Finger*, Internationale gerichtliche Zuständigkeit in Kindschaftsrechtlichen Streitverfahren nach Brüssel IIa – ein Überblick mit Beispielen, FamRBint 2005, 13, 36; *Finger*, Internationale Kindesentführung, FuR 2005, 443; *Fleige*, Die Zuständigkeit für Sorgerechtsentscheidungen und die Rückführung von Kindern nach Entführungen nach Europäischem IZVR, 2006; *Gruber*, Zur Konkurrenz zwischen einem selbständigen Sorgerechtsverfahren und einem Verbundverfahren nach der EheVO, IPRax 2004, 507; *Gruber*, Das HKÜ, die Brüssel IIa-Verordnung und das Internationale Familienrechtsverfahrensgesetz, FPR 2008, 214; *Gruber*, Die Brüssel IIa-VO und öffentlich-rechtliche Schutzmaßnahmen, IPRax 2008, 490; *Heß*, Der Verordnungsvorschlag der französischen Ratspräsidentschaft vom 26.6.2000 über einen „Europäischen Besuchstitel", IPRax 2000, 361; *Holzmann*, Brüssel IIa VO: Elterliche Verantwortung und internationale Kindesentführungen, 2008; *Klinkhammer*, Internationale Verweisung von Kindschaftsverfahren nach der Brüssel IIa-VO, FamRBint 2006, 88; *Kress*, Internationale Zuständigkeit für elterliche Verantwortung in der Europäischen Union, 2006; *Looschelders*, Die Europäisierung des internationalen Verfahrensrechts für Entscheidungen über die elterliche Verantwortung, JR 2006, 45; *Motzer*, Neuere Tendenzen beim Umgangsrecht, FPR 2007, 275; *Motzer/Kugler*, Kindschaftsrecht mit Auslandsbezug, 2003; *Niethammer-Jürgens*, Vollstreckungsprobleme im HKÜ-Verfahren, FPR 2004, 306; *Oelkers/Kraeft*, Die Herausgabe des Kindes nach dem Haager Kindesentführungsübereinkommen (HKiEntÜ), FuR 2002, 299, 355; *Pirrung*, Auslegung der Brüssel IIa-Verordnung in Sorgerechtssachen, in Festschrift für Kropholler, 2008, S. 399; *Rausch*, Elterliche Verantwortung – Verfahren mit Auslandsbezug vor und nach „Brüssel IIa", FuR 2005, 53, 112; *Rieck*, Kindesentführung und die Konkurrenz zwischen dem HKÜ und der EheEuGVVO 2003 (Brüssel IIa), NJW 2008, 182; *Rieck*, Neues Eilvorlageverfahren zum EuGH – Kindesrückgabe nach Art. 11 VIII, 42 EheVO, NJW 2008, 2958; *Roth*, Zur Anfechtbarkeit von Zwischenentscheidungen nach Art. 15 Abs. 1 lit. b EuEheVO, IPRax 2009, 56; *Schlauß*, Fehlende persönliche Anhörung des Kindes durch den ausländischen Richter – ein Anerkennungshindernis?, FPR 2006, 228; *Schulz*, Internationale Regelungen zum Sorge- und Umgangsrecht, FamRZ 2003, 336; *Schulz*, Die Zeichnung des Haager Kinderschutz-Übereinkommens von 1996 und der Kompromiss zur Brüssel IIa-Verordnung, FamRZ 2003, 1351; *Schulz*, Internationale Regelungen zum Sorge- und Umgangsrecht, FPR 2004, 299; *Schulz*, Haager Kinderschutzübereinkommen von 1996 – Im Westen nichts Neues, FamRZ 2006, 1309; *Schulz*, Das Haager Kindesentführungsübereinkommen und die Brüssel IIa-Verordnung – Notizen aus der Praxis, in Festschrift für Kropholler, 2008, S. 345; *Solomon*, „Brüssel IIa" – Die neuen europarechtlichen Regeln zum internationalen Verfahrensrecht in Fragen der elterlichen Verantwortung, FamRZ 2004, 1409; *Teixeira de Sousa*, Ausgewählte Probleme aus dem Anwendungsbereich der Verordnung (EG) Nr. 2201/2003 und des Haager Übereinkommens vom 19.10.1996 über den Schutz von Kindern, FamRZ 2005, 1612; *Völker/Steinfatt*, Die Kindesanhörung als Fallstrick bei der Anwendung der Brüssel IIa-Verordnung, FPR 2005, 415; *Vomberg/Nehls*, Rechtsfragen der internationalen Kindesentführung, 2002; *Wagner*, Die Haager Übereinkommen zum Schutz von Kindern, ZKJ 2008, 353; *Weber*, Das Gesetz zur Änderung von Zuständigkeiten nach dem Sorgerechtsübereinkommens-Ausführungsgesetz, NJW 2000, 267; *Winkel*, Grenzüberschreitendes Sorge- und Umgangsrecht und dessen Vollstreckung, 2001; *Winkler von Mohrenfels*, Der Kindeswille im Rahmen des Haager Kindesentführungsübereinkommens, in Festschrift für Geimer, 2002, S. 1527; *Witteborg*, Zur Rückführung des Kindes im Rahmen des Haager Kindesentführungsübereinkommens, IPRax 2005, 330.

Internationale Abstammungs- und Adoptionssachen: *Beyer*, Zur Frage der ordre public-Widrigkeit ausländischer Adoptionsentscheidungen wegen unzureichender Elterneignungs- und Kindeswohlprüfung, JAmt 2006, 329; *Bienentreu*, Grenzüberschreitende Adoptionen, JAmt 2008, 57; *Busch*, Ausländische Adoptionsbeschlüsse und die Anerkennungspraxis der Vormundschaftsgerichte, JAmt 2004, 378; *Fuchs*, Auslandsadoption und Fachlichkeitsgrundsatz, IPRax 2006, 316; *Fuchs*, Auslandsadoptionen vor inländischen Gerichten, IPRax 2001, 116; *Geimer*, Anerkennung und Vollstreckung polnischer Vaterschaftsurteile mit Annexentscheidung über Unterhalt etc., IPRax

2004, 419; *Henrich*, Ausländische Entscheidungen in Kindschaftssachen und ihre Eintragung in deutsche Personenstandsbücher, StAZ 1994, 173; *Looschelders*, Schutz des Adoptivkindes vor Änderung seines Geburtsdatums, IPRax 2005, 28; *Maurer*, Das Gesetz zur Regelung von Rechtsfragen auf dem Gebiet der internationalen Adoption und zur Weiterentwicklung des Adoptionsvermittlungsrechts, FamRZ 2003, 1337; *Maywald*, Internationale Adoptionen – Stärkung oder Schwächung von Kinderrechten?, FPR 2008, 499; *Reinhardt*, Die Praxis der Anerkennung ausländischer Adoptionsentscheidungen aus der Sicht der Adoptionsvermittlung, JAmt 2006, 325; *Schlauß*, Die Anerkennung von Auslandsadoptionen in der vormundschaftsgerichtlichen Praxis, FamRZ 2007, 1699; *Staudinger*, Der ordre public-Vorbehalt bei der Anerkennung ausländischer Adoptionen, FamRBint 2007, 42; *Steiger*, Das neue Recht der internationalen Adoption und Adoptionsvermittlung, 2002; *Steiger*, Im alten Fahrwasser zu neuen Ufern: Neuregelungen im Recht der internationalen Adoption mit Erläuterungen für die notarielle Praxis, DNotZ 2002, 184; *Weitzel*, Zur Anerkennung ausländischer Adoptionsentscheidungen, IPRax 2007, 308; *Weitzel*, Das Haager Adoptionsübereinkommen vom 29.5.1993 – Zur Interaktion der zentralen Behörden, NJW 2008, 186; *Weitzel*, Zum ordre-public-Verstoß nach § 16a Nr. 4 FGG in einer ausländischen Adoptionsentscheidung, JAmt 2008, 105; *Winkelsträter*, Anerkennung und Durchführung internationaler Adoptionen in Deutschland, 2007.

Internationale Unterhaltssachen: *Andrae*, Zum Verhältnis der Haager Unterhaltskonvention 2007 und des Haager Protokolls zur geplanten EU-Unterhaltsverordnung, FPR 2008, 196; *Dörner*, Internationales Unterhaltsverfahrensrecht, in Eschenbruch/Klinkhammer, Der Unterhaltsprozess, 5. Aufl. 2009; *Dörner*, Vorschlag für eine Unterhaltspflichtenverordnung – Vorsicht bei Gebrauch der deutschen Fassung!, IPRax 2006, 550; *Faetan*, Internationale Rechtsgrundlagen im Unterhaltsrecht sowie europäische und internationale Vollstreckungsübereinkommen, JAmt 2007, 181; *Faetan/Schmidt*, Internationale Geltendmachung von Kindesunterhalt im Auftrag deutscher Jugendämter, FPR 2006, 258; *Finger*, Vollstreckung ausländischer Unterhaltstitel in Deutschland, FamRBint 2006, 38; *Gebauer*, Vollstreckung von Unterhaltstiteln nach der EuVTVO und der geplanten Unterhaltsverordnung, FPR 2006, 252; *Geimer*, Anerkennung und Vollstreckung polnischer Vaterschaftsurteile mit Annexentscheidung über den Unterhalt etc., IPRax 2004, 419; *Gottwald*, Prozessuale Zweifelsfragen der geplanten EU-Verordnung in Unterhaltssachen, in Festschrift für Lindacher, 2007, S. 14; *Harten/Jäger-Maillet*, Wenn Kindesunterhaltsansprüche übergegangen sind: Durchsetzung im Ausland, JAmt 2008, 413; *Heiderhoff*, Vollstreckbarerklärung von Titeln auf Kindesunterhalt im Verhältnis zwischen Deutschland und Österreich, IPRax 2004, 99; *Hess/Mack*, Der Verordnungsvorschlag der EG-Kommission zum Unterhaltsrecht, JAmt 2007, 229; *Hirsch*, Neues Haager Unterhaltsübereinkommen – Erleichterte Geltendmachung und Durchsetzung von Unterhaltsansprüchen über Ländergrenzen hinweg, FamRBint 2008, 70; *Hohloch*, Die Abänderung ausländischer Unterhaltstitel im Inland, DEuFamR 2000, 193; *Hohloch*, Grenzüberschreitende Unterhaltsvollstreckung, FF 2001, 147; *Hohloch*, Grenzüberschreitende Unterhaltsvollstreckung, FPR 2004, 315; *Hohloch*, Vollstreckung deutscher Unterhaltstitel im Ausland, FPR 2006, 244; *Janzen*, Die neuen Haager Übereinkünfte zum Unterhaltsrecht und die Arbeiten an einer EG-Unterhaltsverordnung, FPR 2008, 218; *Katsanou*, Übereinkommen über die Geltendmachung von Unterhaltsansprüchen im Ausland – „New Yorker-Unterhaltsübereinkommen", FPR 2006, 255; *Kropholler/Blobel*, Unübersichtliche Gemengelagen im IPR durch EG-Verordnungen und Staatsverträge – Dargestellt am Beispiel des Internationalen Unterhaltsvollstreckungsrechts, in Festschrift für Sonnenberger, 2004, S. 453; *Linke*, Internationales Verfahrensrecht, in Göppinger/Wax, Unterhaltsrecht, 9. Aufl. 2008; *Lohse*, Geltendmachung und Vollstreckung übergeleiteter Unterhaltsansprüche durch die Sozialämter im Ausland, ZKJ 2007, 142; *Looschelders/Boos*, Das grenzüberschreitende Unterhaltsrecht in der internationalen Entwicklung, FamRZ 2006, 374; *Mankowski*, Im Dschungel der für die Vollstreckbarerklärung ausländischer Unterhaltsentscheidungen einschlägigen Abkommen und ihrer Ausführungsgesetze, IPRax 2000, 188; *Martiny*, Der Unterhaltsrückgriff durch öffentliche Träger im europäischen internationalen Privat- und Verfahrensrecht, IPRax 2004, 195; *Martiny*, Grenzüberschreitende Unterhaltsdurchsetzung nach europäischem und internationalem Recht, FamRZ 2008, 1681; *Rausch*, Der Europäische Vollstreckungstitel – Erleichterungen bei grenzüberschreitender Unterhaltsvollstreckung, FamRBint 2005, 79; *Rausch*, Vereinfachte Unterhaltsvollstreckung in der EU mit dem neuen Europäischen Vollstreckungstitel, FuR 2005, 437; *Riegner*, Probleme der internationalen Zuständigkeit und des anwendbaren Rechts bei der Abänderung deutscher Unterhaltstitel nach dem Wegzug des Unterhaltsberechtigten ins EU-Ausland, FamRZ 2005, 1799; *Schmidt*, Der Europäische Vollstreckungstitel für unbestrittene Geldforderungen – Hinweise für die Beistände in den Jugendämtern, JAmt 2005, 445; *Sich*, Die zwischenstaatliche

Durchsetzung von Unterhaltsansprüchen im deutsch/US-amerikanischen Verhältnis nach den Normen des Auslandsunterhaltsgesetzes und des Uniform Interstate Familiy Support Act, 2004; *Strasser*, Abänderung und Vollstreckung von Unterhaltstiteln aus dem EU-Ausland in Deutschland, FPR 2007, 451; *Strothmann*, Die Verfolgung Unterhaltspflichtiger ins EU-Ausland und in die Türkei, 2003; *Trenk-Hinterberger*, Der Unterhaltsregress im Europäischen Zivilprozessrecht, ELF 2003, 87; *Wagner*, Zur Vollstreckung deutscher dynamisierter Unterhaltstitel im Ausland, in Festschrift für Sonnenberger, 2004, S. 727; *Wagner*, Ein neues unterhaltsrechtliches Übereinkommen aus Den Haag, FamRZ 2005, 410; *Wagner*, Der Wettstreit um neue kollisionsrechtliche Vorschriften im Unterhaltsrecht, FamRZ 2006, 979; *Wicke*, Der Gang des Verfahrens nach dem Auslandsunterhaltsgesetz, FPR 2006, 240.

Internationale Erwachsenenschutzsachen: *Guttenberger*, Das Haager Übereinkommen über den internationalen Schutz von Erwachsenen, 2004; *Guttenberger*, Das Haager Übereinkommen über den internationalen Schutz von Erwachsenen, BtPrax 2006, 83; *Helms*, Reform des internationalen Betreuungsrechts durch das Haager Erwachsenenschutzabkommen, FamRZ 2008, 1995; *Ludwig*, Der Erwachsenenschutz im Internationalen Privatrecht nach Inkrafttreten des Haager Erwachsenenschutzübereinkommens, DNotZ 2009, 251; *Siehr*, Das Haager Übereinkommen über den internationalen Schutz von Erwachsenen, RabelsZ 64 (2000), 715; *Wagner*, Die Regierungsentwürfe zur Ratifikation des Haager Übereinkommens vom 13.1.2000 zum internationalen Schutz Erwachsener, IPRax 2007, 11; *Wagner/Beyer*, Das Haager Übereinkommen vom 13.1.2000 zum internationalen Schutz Erwachsener, BtPrax 2007, 231.

Internationale Nachlassverfahren: *Bajons*, Internationale Zuständigkeit und anwendbares Recht in grenzüberschreitenden Erbrechtsfällen innerhalb des europäischen Justizraums, in Festschrift für Heldrich, 2005, S. 495; *Bungert*, Rechtskrafterstreckung eines österreichischen Einantwortungsbeschlusses, IPRax 1992, 225; *Decker*, Grenzüberschreitende Exhumierungsanordnungen und Beweisvereitelung – Zur Vaterschaftsfeststellung bei deutschem Vaterschaftsstatut und verstorbenem italienischen Putativvater, IPRax 2004, 229; *Dörner*, Internationales Pflichtteilsrecht: Herabsetzungsklage und gesellschaftsvertragliche Fortsetzungsklausel, IPRax 2004, 519; *Dörner/Hertel/Lagarde/Riering*, Auf dem Weg zu einem europäischen Internationalen Erb- und Erbverfahrensrecht, IPRax 2005, 1; *Ferid/Firsching/Dörner/Hausmann*, Internationales Erbrecht (Loseblatt); *Fetsch*, Die Erbausschlagung bei Auslandsberührung, MittBayNot 2007, 285; *Gotthardt*, Anerkennung und Rechtsscheinswirkungen von Erbfolgezeugnissen französischen Rechts in Deutschland, ZfRV 1991, 2; *Gronle*, Nachweis nach § 35 GBO durch ausländische Erbzeugnisse, 2001; *Gruber*, Ausländische Nachlassabwickler vor deutschen Gerichten, Rpfleger 2000, 250; *Hausmann*, Zur Anerkennung der Befugnisse eines englischen *administrator* in Verfahren vor deutschen Gerichten, in Festschrift für Heldrich, 2005, S. 649; *Kaufhold*, Zur Anerkennung ausländischer öffentlicher Testamente und Erbnachweise im Grundbuchverfahren, ZEV 1997, 399; *Kousoula*, Europäischer Erbschein, 2008; *Kroiß*, Internationales Erbrecht, in Bonefeld/Kroiß/Tanck, Der Erbprozess mit Erbscheinsverfahren und Teilungsversteigerung, 3. Aufl. 2009; *Lehmann*, Ernüchternde Entwicklung beim Europäischen Erbrecht?, FPR 2008, 203; *Osterloh-Konrad*, Zum internationalen Nachlassverfahrensrecht, ErbR 2008, 191; *Riering*, Internationales Nachlassverfahrensrecht, MittBayNot 1999, 519; *Schaal*, Internationale Zuständigkeit deutscher Nachlassgerichte nach der geplanten FGG-Reform, BWNotZ 2007, 154; *Schack*, Die verfahrensmäßige Behandlung von Nachlässen im anglo-amerikanischen und internationalen Zivilverfahrensrecht, in Schlosser, Die Informationsbeschaffung für den Zivilprozess – Die verfahrensmäßige Behandlung von Nachlässen, ausländisches Recht und Internationales Zivilprozessrecht, 1996, S. 241; *Strübing*, Der amerikanische Erblasser mit Nachlass in Deutschland – Erbscheinserteilung, ZErb 2008, 178; *Süß*, Erbrecht in Europa, 2. Aufl. 2008.

Unterabschnitt 1
Verhältnis zu völkerrechtlichen Vereinbarungen und Rechtsakten der Europäischen Gemeinschaft

§ 97
Vorrang und Unberührtheit

(1) Regelungen in völkerrechtlichen Vereinbarungen gehen, soweit sie unmittelbar anwendbares innerstaatliches Recht geworden sind, den Vorschriften dieses Gesetzes vor. Regelungen in Rechtsakten der Europäischen Gemeinschaft bleiben unberührt.

(2) Die zur Umsetzung und Ausführung von Vereinbarungen und Rechtsakten im Sinn des Absatzes 1 erlassenen Bestimmungen bleiben unberührt.

A. Überblick

1 Das Internationale Zivilverfahrensrecht befasst sich – sowohl in Angelegenheiten der streitigen wie der freiwilligen Gerichtsbarkeit – vornehmlich damit, unter welchen Voraussetzungen zum einen deutsche Gerichte in Fällen mit Auslandsbezug international zuständig sind (dazu §§ 98 bis 106) und zum anderen Entscheidungen, die bereits im Ausland ergangen sind, auch im Inland Wirkungen entfalten (dazu §§ 107 bis

110).[1] Zudem regelt das Internationale Zivilverfahrensrecht ua. die Besonderheiten der Durchführung von Verfahren mit ausländischen Beteiligten sowie die Behandlung eingehender oder ausgehender Rechtshilfeersuchen. Der gängige Begriff Internationales Zivilverfahrensrecht ist dabei ebenso missverständlich wie „Internationales Privatrecht“: International sind zwar die erfassten Sachverhalte (eben: „Verfahren mit Auslandsbezug“), aber nicht zwingend die Rechtsquellen; denn diese finden sich nicht nur im Gemeinschafts- und Konventionsrecht (dazu sogleich), sondern auch im autonomen deutschen Recht (wie §§ 98 ff. FamFG).

B. Regelungsgehalt von § 97

I. Vorrang des Konventionsrechts

Die (streitigen wie freiwilligen) Angelegenheiten, die in den Anwendungsbereich des FamFG fallen, sind seit langem Gegenstand völkerrechtlicher Konventionen. Heute sind neben dem Gemeinschaftsrecht (dazu Rz. 8 ff.) vor allem internationale Übereinkommen von Bedeutung, die im Rahmen der Haager Konferenz für Internationales Privatrecht ausgearbeitet werden.[2] Weitere einschlägige Übereinkommen haben die Vereinten Nationen, der Europarat[3] sowie die Internationale Kommission für das Zivilstandswesen (Commission Internationale de l'Etat Civil – CIEC)[4] vorgelegt.[5] Hinzu kommen einige bilaterale Abkommen, die Deutschland abgeschlossen hat. Beachte die Zusammenstellung Rz. 17 ff. 2

Gem. dem RegE zum FamFG entfaltet § 97 „in erster Linie **Hinweis- und Warnfunktion** für die Rechtspraxis“, und zwar dadurch, dass das Verhältnis des autonomen deutschen Rechts (namentlich also §§ 98 ff.) zu völkerrechtlichen Vereinbarungen – genauer: deren Vorrang – klargestellt wird.[6] Der RegE verweist auf den funktional entsprechenden Art. 3 Abs. 2 EGBGB im Bereich des Kollisionsrechts – also auf eine Norm, die noch vor Inkrafttreten des FamFG geändert wurde, um dadurch noch größere Rechtsklarheit sicherzustellen (s. Rz. 10). 3

Vorrang vor §§ 98 ff. FamFG kommt nur solchen völkerrechtlichen Vereinbarungen zu, die „unmittelbar anwendbares innerstaatliches Recht“ geworden sind. Dies setzt eine **Ratifikation** der betreffenden Verträge im Wege eines Bundesgesetzes voraus (Art. 59 Abs. 2 Satz 1 GG), das die Verträge in innerstaatliches Recht transformiert. Erst durch das Zustimmungsgesetz iSd. Art. 59 Abs. 2 Satz 1 GG erlangen die Regelungen in völkerrechtlichen Verträgen innerstaatliche Geltung, und zwar auf der Ebene einfachen Bundesgesetzesrechts. Als selbstverständlich vorausgesetzt wird von § 97 Abs. 1 Satz 1, dass einer völkerrechtlichen Vereinbarung – also einem (multilateralen) Übereinkommen oder einem (bilateralen) Abkommen – nur dann Vorrang zukommen kann, sofern ihr **Anwendungsbereich** in sachlicher, räumlich-persönlicher sowie zeitlicher Hinsicht eröffnet ist und sofern sie verfassungskonform ist.[7] 4

1 Ähnlich speziell für FG-Sachen etwa *Geimer*, FS Jayme, S. 241 (242, 248, 250); Jansen/*v. Schuckmann*/Sonnenfeld, § 1 FGG Rz. 178.

2 Vgl. etwa die Übersichten über die Haager Konventionen bei *von Bar/Mankowski*, § 5 Rz. 16 ff., und *Wagner*, ZKJ 2008, 353, sowie die Homepage der Konferenz (www.hcch.net).

3 Übersicht über dessen Konventionen unter http://conventions.coe.int.

4 Übersicht über deren Konventionen unter www.ciec-deutschland.de.

5 Dazu etwa *von Bar/Mankowski*, § 5 Rz. 32 ff.; *Schack*, Rz. 64 ff.

6 BT-Drucks. 16/6308, S. 220.

7 Näher zu diesen Prüfungsschritten etwa Staudinger/*Hausmann*, Art. 3 EGBGB Rz. 23 ff.

5 Man mag zweifeln, ob § 97 Abs. 1 Satz 1, wie im RegE behauptet, wirklich nur deklaratorische Bedeutung hat oder ob dort der Vorrang älteren transformierten Konventionsrechts im Verhältnis zum FamFG – entgegen der Regel **lex posterior derogat lege anteriori** – überhaupt erst begründet wird. Geht man hingegen, nicht zuletzt unter Hinweis auf die gebotene völkerrechtsfreundliche Auslegung des nationalen Rechts, davon aus, dass Konventionsrecht im Zweifel ohnehin als spezieller zu betrachten ist,[1] so liegt der deklaratorische, lediglich die Regel „lex specialis derogat lege generali" bestätigende Charakter von § 97 Abs. 1 Satz 1 näher. Die Frage nach der Normqualität des § 97 Abs. 1 Satz 1 FamFG (wie auch des Art. 3 EGBGB[2]) hat letztlich aber keine praktische Bedeutung.

6 Die Anlehnung des RegE an Art. 3 EGBGB darf nicht darüber hinwegtäuschen, dass ein wesentlicher Unterschied zwischen Internationalem Privat- und Verfahrensrecht darin besteht, dass Letzteres vom **Günstigkeitsprinzip** geprägt ist (s. § 109 Rz. 3):[3] Soweit nach diesem Prinzip das konventionsrechtlich geregelte Anerkennungsrecht den Rückgriff auf anerkennungsfreundlicheres nationales Recht zulässt, soll auch § 97 Abs. 1 Satz 1 diesen Rückgriff nicht ausschließen. Dabei handelt es sich der Sache nach aber nicht um eine Ausnahme vom Vorrangprinzip, sondern um eine immanente Begrenzung des Anwendungswillens der jeweiligen völkerrechtlichen Vereinbarung.

7 Gem. § 97 Abs. 2 betrifft die Vorrangregelung auch die **deutschen Ausführungsbestimmungen** zu dem in Abs. 1 Satz 1 angesprochenen Konventionsrecht. Gebündelte Umsetzungsbestimmungen zu mehreren Übereinkommen enthalten namentlich das AVAG (Rz. 23) sowie das IntFamRVG (Rz. 19 – Text: Anhang 1 zu § 97). Zu einer Reihe von internationalen Überein- bzw. Abkommen hat Deutschland jeweils eigenständige Ausführungsgesetze erlassen.

II. Vorrang des Gemeinschaftsrechts

8 Wenn es in § 97 Abs. 1 Satz 2 FamFG heißt, dass Regelungen in Rechtsakten der Europäischen Gemeinschaft „unberührt bleiben", so hat dies nur klarstellenden Charakter: Der deutsche Gesetzgeber ordnet den **(Anwendungs-)Vorrang** nicht an, weil sich dieser ohne weiteres schon aus dem unmittelbar geltenden Gemeinschaftsrecht ergibt.[4]

9 Mit den in § 97 Abs. 1 Satz 2 angesprochenen „Regelungen in Rechtsakten der Europäischen Gemeinschaft" sind in erster Linie **EG-Verordnungen** iSv. Art. 249 Abs. 2 EG gemeint.[5] Die Rechtssetzungskompetenz der EG im Bereich des Internationalen Zivilverfahrensrechts ergibt sich aus Art. 61, 65 EG.[6] Besonders bedeutsam ist hinsichtlich der Angelegenheiten, die in den Anwendungsbereich des FamFG fallen,[7] derzeit die Brüssel IIa-VO, die das Internationale Ehe- und Kindschaftsverfahrensrecht umfassend

1 Vgl. BGH v. 11.1.1984 – IVb ZR 41/82, BGHZ 89, 325 (336) = NJW 1984, 1302 (1304).

2 Beachte zur dazu geführten Diskussion nur Erman/*Hohloch*, Art. 3 EGBGB Rz. 9; Palandt/*Thorn*, Art. 3 EGBGB Rz. 11; Staudinger/*Hausmann*, Art. 3 EGBGB Rz. 14 ff.

3 Diesen Unterschied betonen zutreffend etwa *von Bar/Mankowski*, § 5 Rz. 57.

4 Näher zum Grundsatz (und den Grenzen) der unmittelbaren Geltung und des Anwendungsvorrangs des Gemeinschaftsrechts etwa Gebauer/*Wiedmann*, Kap. 2.

5 Eine Übersicht über einschlägige Rechtsakte ist online zugänglich im Europäischen Justiziellen Netz für Zivil- und Handelssachen unter http://ec.europa.eu/civiljustice/index_de.htm.

6 Einführend etwa *Martiny*, FPR 2008, 187; *Wagner*, StAZ 2007, 101 (102 f.), und IPRax 2007, 290.

7 Vgl. zu den europarechtlichen Implikationen des – hier nicht näher behandelten – Registerrechts etwa *Krafka*, Einführung in das Registergericht, Rz. 32 ff.

regelt. Eine Reihe weiterer Gemeinschaftsrechtsakte ist namentlich für das Internationale Unterhaltsverfahrensrecht maßgeblich (näher im Anhang zu § 245 Rz. 1). Relevant wird der Anwendungsvorrang des Gemeinschaftsrechts dabei vor allem für die Bestimmung der internationalen Entscheidungszuständigkeit deutscher Gerichte sowie in den Bereichen Rechtshilfe und grenzüberschreitende Vollstreck(barerklär)ung. Soweit das gemeinschaftsrechtlich geregelte Anerkennungsrecht nach dem sog. **Günstigkeitsprinzip** ausnahmsweise den Rückgriff auf anerkennungsfreundlicheres Recht zulässt, soll auch § 97 Abs. 1 Satz 2 diesen Rückgriff nicht ausschließen (zur im Einzelnen umstrittenen Geltung des Günstigkeitsprinzips s. § 109 Rz. 3).

Im Ergebnis reicht die Maßgeblichkeit des Verordnungsrechts so weit, dass den FamFG-Regelungen zum Internationalen Ehe-, Kindschafts- und Unterhaltsverfahrensrecht heute nur noch ein eher geringer **Restanwendungsbereich** bleibt. Dies wird dem Rechtsanwender bei unbefangener Gesetzeslektüre allerdings kaum ersichtlich. Abhilfe verspräche ein benutzerfreundliches Fußnotensystem amtlicher Hinweise zu den einzelnen Vorschriften, wie es im BGB zur Kennzeichnung von Richtlinienumsetzungsrecht eingesetzt wird. Alternativ wäre zu erwägen gewesen, vorab in § 97 die bedeutsamsten internationalen Rechtsinstrumente zusammenzustellen. Diesen Schritt hat man inzwischen im Kollisionsrecht mit der Neufassung von Art. 3 EGBGB getan.[1] Eine solche Regelung hätte den zusätzlichen Vorteil, dass der erstrangige Hinweis auf Gemeinschaftsrechtsakte auch deren Anwendungsvorrang gegenüber dem Konventionsrecht betont. 10

Wenngleich dies in § 97 Abs. 1 Satz 2 nicht zum Ausdruck kommt, genießen nicht nur Sekundärrechtsakte Vorrang, sondern auch die Vorgaben des **Primärrechts**, namentlich der EG-Vertrag. Bedeutsam ist dies wegen der darin enthaltenen Diskriminierungsverbote (Art. 12 EG) sowie des Gleichwertigkeits- und Effektivitätsgrundsatzes.[2] Hingegen meint § 97 Abs. 1 Satz 2 FamFG nicht EG-RL iSv. Art. 249 Abs. 3 EG; denn diese gelten, anders als die jeweiligen nationalen Umsetzungsbestimmungen (s. Rz. 13), im Zivilrechtsverkehr grundsätzlich nur mittelbar.[3] 11

Im Bereich des Gemeinschafts- und Sekundärrechts steht dem EuGH die Interpretationsprärogative zu. Dem dient das **Vorabentscheidungsverfahren** gem. Art. 234 EG. Das zum 1.3.2008 eingeführte Eil-Vorlageverfahren (Art. 104b § 1 VerfO EuGH[4]) soll eine zügige Beantwortung von Vorlagefragen sicherstellen.[5] Allerdings schließt Art. 68 EG im Bereich der justiziellen Zusammenarbeit – sachwidrig[6] – die Vorlagekompetenz nicht-letztinstanzlich entscheidender nationaler Gerichte aus; diese Einschränkung gilt freilich nicht, wenn die Vereinbarkeit nationalen Rechts mit dem Primärrecht in Frage steht.[7] Im Grundsatz kommt eine Vorlage gem. Art. 234 EG unabhängig davon in Betracht, ob es um eine Angelegenheit der streitigen oder der freiwilligen Gerichts- 12

1 Art. 1 Nr. 2 IPR-AnpassungsG v. 10.12.2008, BGBl. I 2008, 2401; in Kraft ab 11.1.2009. Dazu *Wagner*, IPRax 2008, 314 (317).
2 Vgl. dazu etwa *Coester-Waltjen*, Jura 2006, 914 ff.; *Hau*, GPR 2007, 93 (99).
3 Näher zu Grundsatz und Ausnahmen wiederum etwa Gebauer/*Wiedmann*, Kap. 2 Rz. 18 ff.
4 ABl. EU 2008 Nr. L 24/39.
5 Näher *Rieck*, NJW 2008, 2958.
6 Vgl. KOM (2006) 346, sowie *Wagner*, IPRax 2007, 290 (292 f.).
7 Vgl. etwa die auf Vorlage des AG Flensburg ergangene Entscheidung des EuGH v. 14.10.2008 – Rs. C-353/06 (Grunkin-Paul), NJW 2009, 135; dort zum Einfluss von Art. 18 EG auf das mitgliedstaatliche Namens(register)recht. Dazu *Funken*, FamRZ 2008, 2091; *Koritz*, FPR 2008, 629; *Lipp*, StAZ 2009, 1; *Mansel/Thorn/Wagner*, IPRax 2009, 1 (2 f.); *Rieck*, NJW 2009, 125.

barkeit geht.[1] Der EuGH betont jedoch, dass die Vorlagemöglichkeit nur eröffnet ist, wenn das Ausgangsverfahren „auf eine Entscheidung mit Rechtsprechungscharakter abzielt". Verneint hat er dies nach Lage der Dinge für ein deutsches Verfahren, in dem es um die Zuweisung des Bestimmungsrechts hinsichtlich der Wahl des Kindesnamens nach § 1617 Abs. 2 BGB ging.[2]

13 Unberührt von den Regelungen des FamFG bleiben gem. § 97 Abs. 2 auch die Umsetzungs- und Ausführungsbestimmungen zu einschlägigen Gemeinschaftsrechtsakten. Die deutschen **Ausführungsbestimmungen** zur Brüssel I-VO sind im AVAG,[3] zur Brüssel IIa-VO im IntFamRVG[4] geregelt. Zu beachten sind außerdem die Regelungen zur Justiziellen Zusammenarbeit in der EU in §§ 1067–1075, 1079 ff. ZPO. Im Bereich des FamFG relevante **Umsetzungsbestimmungen** enthalten §§ 1076–1078 ZPO, die der Umsetzung der PKH-RL dienen (Rz. 34; s. auch Vor §§ 98–106 Rz. 63).[5]

III. Normkollisionen im Konventions- und Gemeinschaftsrecht

14 In Fällen mit Auslandsbezug sind nicht selten die Anwendungsbereiche verschiedener internationaler Rechtsinstrumente eröffnet. Solche **Normkollisionen** ergeben sich zum einen, wenn völkerrechtliche Vereinbarungen unterschiedlicher Provenienz (vgl. Rz. 2) miteinander konkurrieren, und zum anderen deshalb, weil die EG zunehmend Rechtsakte auch auf Gebieten erlässt, mit denen sich bereits Übereinkommen der Haager Konferenz befassen.[6] Beispiele dafür sind aus neuerer Zeit vor allem das Internationale Kindschafts- und das Unterhaltsrecht.[7]

15 Zur Lösung solcher Normkollisionen trägt § 97 FamFG nichts bei. Als Faustregel kann gelten, dass im Falle einer Konkurrenz von Konventionsrecht und einem Gemeinschaftsrechtsakt diesem eine für den deutschen Rechtsanwender verbindliche Regelung der **Vorrangfrage** zu entnehmen ist (vgl. etwa Art. 68 ff. Brüssel I-VO und Art. 59 ff. Brüssel IIa-VO). Konkurrenzen zwischen verschiedenen völkerrechtlichen Vereinbarungen sind häufig in diesen selbst geregelt (vgl. etwa Art. 29 HUntVÜ 1973). Im Übrigen ist auf die lex-specialis- bzw. die lex-posterior-Regel zurückzugreifen (vgl. auch Art. 30 Wiener Vertragsrechtskonvention[8]).

C. Sonstige deutsche Spezialregelungen

16 Prima facie scheint aus § 97 zu folgen, dass hinsichtlich der Angelegenheiten, die in den sachlichen Anwendungsbereich des FamFG fallen, alle einschlägigen Regelungen entweder ebendort zu finden sind oder in dem Konventions- bzw. Gemeinschaftsrecht (samt deutschem Umsetzungs- und Ausführungsrecht), auf das § 97 eigens verweist.

---

1 Vgl. wiederum etwa EuGH v. 14.10.2008 – Rs. C-353/06 (Grunkin-Paul), NJW 2009, 135.
2 EuGH v. 27.4.2006 – Rs. C-96/04 (Standesamt Niebüll), EuGHE 2006, I-3576 = FamRZ 2006, 1349 (ebenfalls ergangen im Zusammenhang mit dem Fall Grunkin-Paul).
3 BGBl. I 2001, 288 (berichtigt 436), zuletzt geändert durch Art. 44 FGG-RG.
4 BGBl. I 2005, 162; zuletzt geändert durch Art. 45 FGG-RG.
5 ABl. EG 2003 Nr. L 26/41, berichtigt ABl. EU 2003 Nr. L 32/15.
6 Vgl. *Coester-Waltjen*, FS Geimer, S. 139 ff.
7 Vgl. etwa die – wohl unfreiwillig eher karikierende denn illustrierende – „Übersicht" zur Abgrenzung von Brüssel IIa-VO, KSÜ und MSA bei *Breuer*, Rz. 227.
8 Wiener UN-Konvention über das Recht der Verträge v. 23.5.1969, BGBl. II 1985, 926.

Dies wäre indes ein Trugschluss; denn neben dem FamFG gibt es weitere deutsche internationalverfahrensrechtliche Regelungen zu FamFG-relevanten Angelegenheiten, die nicht auf Konventions- bzw. Gemeinschaftsrecht beruhen, im Rahmen des FGG-RG aber auch nicht in das FamFG integriert worden sind. Dies gilt insbesondere für das Adoptionswirkungsgesetz v. 5.11.2001 (AdWirkG – Text: § 199 Rz. 3),[1] auf das in § 108 Abs. 2 Satz 3 und § 199 FamFG hingewiesen wird.[2] Hingegen werden etwa § 12 VerschG und das Gesetz zur Geltendmachung von Unterhaltsansprüchen im Verkehr mit ausländischen Staaten v. 19.12.1986 (AUG – Text: Anhang zu § 245 Rz. 168)[3] weder im FamFG noch in den Gesetzesmaterialien erwähnt. Es ist daher absehbar, dass solche Sonderregelungen bei der Rechtsanwendung (auch weiterhin) schlicht übersehen werden.

D. Übersicht: Gemeinschafts- und Konventionsrecht in FamFG-relevanten Angelegenheiten

Die nachfolgende Übersicht stellt, gegliedert nach Sachgebieten entsprechend der Systematik des FamFG, die wichtigsten Rechtsinstrumente zum Internationalen Zivilverfahrensrecht zusammen. Nicht berücksichtigt sind Regelungen zum Kollisionsrecht, zum Staatsangehörigkeits- und Flüchtlingsrecht[4] sowie solche, die zwar verfahrensrechtlicher Natur sind, aber nicht speziell den grenzüberschreitenden Rechtsverkehr betreffen.[5] Ausgeklammert bleiben ferner Rechtsinstrumente zu solchen Angelegenheiten der freiwilligen Gerichtsbarkeit, die nicht im FamFG geregelt sind.[6] 17

Nähere Informationen dazu, im Verhältnis zu welchen Staaten und ab wann die nachfolgend aufgeführten Vereinbarungen für Deutschland gelten, sind zusammengestellt im Fundstellennachweis B zum BGBl. II. Beachte zudem die Angaben in den Sammlungen von *Cieslar*, *Geimer/Schütze*, Int. Rechtsverkehr, sowie *Jayme/Hausmann*. Die meisten Rechtsinstrumente sind zudem online verfügbar.[7] 18

I. Ehesachen

- **Brüssel IIa-VO:** Verordnung Nr. 2201/2003 v. 27.11.2003 über die Zuständigkeit und die Anerkennung und Vollstreckung von Entscheidungen in Ehesachen und in Verfahren betreffend die elterliche Verantwortung und zur Aufhebung der Verordnung 19

1 BGBl. I 2001, 2950; geändert durch Art. 68 FGG-RG.

2 Vgl. BT-Drucks. 16/6308, S. 222, 247 und 248.

3 BGBl. I 1986, 2563.

4 Für Sammlungen einschlägiger Übereinkommen vgl. *Cieslar*, II, und *Jayme/Hausmann*, Nr. 10 ff., 270 ff.

5 Letzteres gilt etwa für das Straßburger Europäische Übereinkommen v. 25.1.1996 über die Ausübung von Kinderrechten, BGBl. II 2001, 1075. Für Deutschland in Kraft seit 1.8.2002. Text: *Cieslar*, IV E.

6 Beachte die Zusammenstellung von Übereinkommen zum Personenstandswesen und zum Namensrecht etwa bei *Cieslar*, VII.

7 Beachte vor allem die Informationen im Europäischen Justiziellen Netz für Zivil- und Handelssachen (http://ec.europa.eu/civiljustice/index_de.htm) sowie die Internetangebote der Deutschen Sektion der Internationalen Kommission für das Zivilstandswesen (www.ciec-deutschland.de), des Europarats (http://conventions.coe.int) sowie der Haager Konferenz für Internationales Privatrecht (www.hcch.net).

Nr. 1347/2000[1] (Text: Anhang 2 zu § 97).[2] Weitere gängige Abkürzungen: EuEheVO, EheVO II oder EheGVVO; ferner etwa EuFamVO 2005.[3] Vollständige Geltung seit 1.3.2005 (Art. 72 Brüssel IIa-VO). – Durchführungsgesetz: Gesetz zur Aus- und Durchführung bestimmter Rechtsinstrumente auf dem Gebiet des internationalen Familienrechts v. 26.1.2005 (**IntFamRVG**; Text: Anhang 1 zu § 97).[4]

II. Kindschaftssachen

20 – **Brüssel IIa-VO** (Rz. 19).

– **HVormÜ:** Haager Abkommen v. 12.6.1902 zur Regelung der Vormundschaft über Minderjährige.[5]

– **MSA:** Haager Übereinkommen v. 5.10.1961 über die Zuständigkeit der Behörden und das anzuwendende Recht auf dem Gebiet des Schutzes von Minderjährigen (Text: Anhang 3 zu § 97).[6] Für Deutschland in Kraft seit 17.9.1971. Zum Nachfolgeübereinkommen (KSÜ v. 19.10.1996) s. Rz. 38.

– **SorgeRÜ:** Luxemburger Europäisches Übereinkommen v. 20.5.1980 über die Anerkennung und Vollstreckung von Entscheidungen über das Sorgerecht für Kinder und die Wiederherstellung des Sorgeverhältnisses.[7] Weitere gängige Abkürzung: ESÜ. Für Deutschland in Kraft seit 1.2.1991. – Ausführungsgesetz: IntFamRVG (Rz. 19).

– **HKEntfÜ:** Haager Übereinkommen v. 25.10.1980 über die zivilrechtlichen Aspekte internationaler Kindesentführung (Text: Anhang 5 zu § 97).[8] Für Deutschland in Kraft seit 1.12.1990. – Ausführungsgesetz: IntFamRVG (Rz. 19).

III. Abstammungssachen

21 – Römisches CIEC-Übereinkommen v. 14.9.1961 über die Erweiterung der Zuständigkeit der Behörden, vor denen nichteheliche Kinder anerkannt werden können.[9] Für Deutschland in Kraft seit 24.7.1965.

1 ABl. EU 2003 Nr. L 338/1, geändert durch Verordnung Nr. 2116/2004 v. 2.12.2004 zur Änderung der Verordnung Nr. 2201/2003 in Bezug auf Verträge mit dem Heiligen Stuhl, ABl. EU 2004 Nr. L 367/1.

2 Das CIEC-Übereinkommen v. 8.9.1967 über die Anerkennung von Entscheidungen in Ehesachen ist von Deutschland gezeichnet, aber nicht ratifiziert worden. Das Haager Übereinkommen v. 1.6.1970 über die Anerkennung von Ehescheidungen und Ehetrennungen ist von Deutschland nicht gezeichnet worden.

3 Dafür neuerdings *Breuer*, Rz. 9, der damit freilich das von ihm selbst treffend beklagte Abkürzungswirrwarr eher verstärkt.

4 BGBl. I 2005, 162, zuletzt geändert durch Art. 45 FGG-RG.

5 RGBl. 1904, 240. Text: *Jayme/Hausmann*, Nr. 52.

6 BGBl. II 1971, 219.

7 BGBl. II 1990, 220. Text: *Cieslar*, IV D 3; *Jayme/Hausmann*, Nr. 182.

8 BGBl. II 1990, 207.

9 BGBl. II 1965, 19. Text: *Cieslar*, IV A 1; *Jayme/Hausmann*, Nr. 50; Staudinger/*Henrich*, vor Art. 19 EGBGB Rz. 2. – Das Römische CIEC-Übereinkommen von 10.9.1970 über die Legitimation durch nachfolgende Ehe (Text: *Cieslar*, IV B) ist von Deutschland zwar gezeichnet, aber nicht ratifiziert worden. Das Münchener CIEC-Übereinkommen v. 5.9.1980 über die freiwillige Anerkennung nichtehelicher Kinder ist von Deutschland zwar gezeichnet, aber noch nicht ratifiziert worden und ist auch im Übrigen noch nicht in Kraft getreten.

- Brüsseler CIEC-Übereinkommen v. 12.9.1962 über die Feststellung der mütterlichen Abstammung nichtehelicher Kinder.[1] Für Deutschland in Kraft seit 24.7.1965.

IV. Adoptionssachen

- **HAdoptÜ:** Haager Übereinkommen v. 29.5.1993 über den Schutz von Kindern und die Zusammenarbeit auf dem Gebiet der internationalen Adoption.[2] Weitere gängige Abkürzung: HAÜ. Für Deutschland in Kraft seit 1.3.2002. – Adoptionsübereinkommens-Ausführungsgesetz v. 5.11.2001 (**HAdoptÜAG**).[3] 22

V. Gewaltschutzsachen

- **Brüssel I-VO:** Verordnung Nr. 44/2001 v. 22.12.2000 über die gerichtliche Zuständigkeit und die Anerkennung und Vollstreckung von Entscheidungen in Zivil- und Handelssachen.[4] Weitere gängige Abkürzungen: EuGVO, EuGVVO. In Kraft getreten am 1.3.2002 (Art. 76 Brüssel I-VO). – Durchführungsgesetz: Gesetz zur Ausführung zwischenstaatlicher Verträge und zur Durchführung von Verordnungen und Abkommen der Europäischen Gemeinschaft auf dem Gebiet der Anerkennung und Vollstreckung in Zivil- und Handelssachen v. 19.2.2001 (**AVAG**).[5] 23
- **LugÜ:** Luganer Europäisches Übereinkommen v. 16.9.1988 über die gerichtliche Zuständigkeit und die Vollstreckung gerichtlicher Entscheidungen in Zivil- und Handelssachen.[6] Für Deutschland in Kraft seit 1.3.1995. – Ausführungsgesetz: AVAG.

VI. Unterhaltssachen

- **Brüssel I-VO** (Rz. 23). 24
- **EuVTVO:** Verordnung Nr. 805/2004 v. 21.4.2004 zur Einführung eines europäischen Vollstreckungstitels für unbestrittene Forderungen.[7] Vollständige Geltung seit

1 BGBl. II 1965, 23. Text: *Cieslar*, IV A 2; *Jayme/Hausmann*, Nr. 51; Staudinger/*Henrich*, vor Art. 19 EGBGB Rz. 16.

2 BGBl. II 2001, 1035. Text: *Cieslar*, IV C 1; *Jayme/Hausmann*, Nr. 223; Staudinger/*Henrich*, vor Art. 22 EGBGB Rz. 18; *Steiger*, S. 183. Deutsche Denkschrift: BT-Drucks. 14/5437, S. 22 (auch abgedruckt bei *Steiger*, S. 228). Das 2008 zum HAdoptÜ von der Haager Konferenz vorgelegte offizielle Handbuch (*Guide to Good Practice*) ist zugänglich unter www.hcch.net/upload/adoguide_e.pdf.

3 BGBl. I 2001, 2950; geändert durch Art. 4 Abs. 17 G. v. 17.12.2006, BGBl. I 2006, 3171. Text: *Jayme/Hausmann*, Nr. 223a.

4 ABl. EG 2001 Nr. L 12/1; berichtigt in ABl. EG 2001 Nr. L 307/28. Text: *Cieslar*, VI A 1; *Geimer/Schütze*, Int. Rechtsverkehr Nr. 540; *Jayme/Hausmann*, Nr. 160.

5 BGBl. I 2001, 288 (berichtigt 436); zuletzt geändert durch Art. 44 FGG-RG und Art. 4 G. v. 10.12.2008 (BGBl. I 2008, 2399). Text: *Geimer/Schütze*, Int. Rechtsverkehr Nr. 708; *Jayme/Hausmann*, Nr. 160a, 181a, 189a.

6 BGBl. II 1994, 2660, berichtigt 3772. Text: *Geimer/Schütze*, Int. Rechtsverkehr Nr. 608; *Jayme/Hausmann*, Nr. 152. – Noch nicht in Kraft getreten ist das revidierte Luganer Übereinkommen v. 30.10.2007 (LugÜ II), ABl. EU 2007 Nr. L 339/3.

7 ABl. EU 2004 Nr. L 143/15; geändert durch Verordnung Nr. 1869/2005 v. 16.11.2005, ABl. EU 2005 Nr. L 300/6. Text: *Cieslar*, VI A 4; *Geimer/Schütze*, Int. Rechtsverkehr Nr. 541; *Jayme/Hausmann*, Nr. 183.

21.10.2005 (Art. 33 Abs. 2 EuVTVO). – Durchführungsbestimmungen: §§ 1079–1086 ZPO.

- **EuMahnVO:** Verordnung Nr. 1896/2006 v. 12.12.2006 zur Einführung eines Europäischen Mahnverfahrens.[1] Weitere gängige Abkürzungen: Zahlungsbefehl-VO und EuMVVO. Vollständige Geltung seit 12.12.2008 (Art. 33 Abs. 2 EuMahnVO). – Durchführungsbestimmungen: §§ 1087–1096 ZPO.
- **UNUntÜ:** New Yorker UN-Übereinkommen v. 20.6.1956 über die Geltendmachung von Unterhaltsansprüchen im Ausland[2] (Text: Anhang zu § 245 Rz. 166). Für Deutschland in Kraft seit 19.8.1959. – Dazu Gesetz v. 26.2.1959.[3]
- **HUntVÜ 1958:** Haager Übereinkommen v. 15.4.1958 über die Anerkennung und Vollstreckung von Entscheidungen auf dem Gebiet der Unterhaltspflicht gegenüber Kindern.[4] Für Deutschland in Kraft seit 1.1.1962. – Dazu Gesetz v. 18.7.1961.[5]
- **HUntVÜ 1973:** Haager Übereinkommen v. 2.10.1973 über die Anerkennung und Vollstreckung von Unterhaltsentscheidungen[6] (Text: Anhang zu § 245 Rz. 125). Für Deutschland in Kraft seit 1.4.1987. – Ausführungsgesetz: AVAG (Rz. 23).
- **LugÜ** (Rz. 23).

VII. Betreuungs- und Unterbringungssachen, Pflegschaft für Erwachsene

25 – **HErwSÜ:** Haager Übereinkommen v. 13.1.2000 über den internationalen Schutz von Erwachsenen (Text: Anhang 7 zu § 97).[7] Für Deutschland in Kraft seit 1.1.2009. Weitere gängige Abkürzung: ESÜ (problematisch wegen Verwechslungsgefahr mit dem SorgeRÜ, s. Rz. 20). – Erwachsenenschutzübereinkommens-Ausführungsgesetz v. 17.3.2007 (**HErwSÜAG**; Text: Anhang 7 zu § 97).[8]

VIII. Nachlasssachen

26 – Deutsch-türkisches Nachlassabkommen (Anlage zu Art. 20 des Konsularvertrags v. 28.5.1929).[9] Wieder anwendbar seit 1.3.1952.

– Deutsch-sowjetischer Konsularvertrag v. 25.4.1958.[10] Nach Auflösung der Sowjetunion wurde mit einer Reihe von Nachfolgestaaten die Weiteranwendung vereinbart.[11]

---

1 ABl. EU 2006 Nr. L 399/1. Text: *Geimer/Schütze*, Int. Rechtsverkehr Nr. 570; *Jayme/Hausmann*, Nr. 184.
2 BGBl. II 1959 II, 150.
3 BGBl. II 1959, 149 idF v. 4.3.1971, BGBl. II 1971, 105.
4 BGBl. II 1961, 1006. Text: *Cieslar*, V C 1; *Geimer/Schütze*, Int. Rechtsverkehr Nr. 795; *Jayme/Hausmann*, Nr. 180.
5 BGBl. I 1961, 1033; geändert durch G. v. 27.7.2001, BGBl. I 2001, 1887.
6 BGBl. II 1986, 826.
7 BGBl. II 2007, 324. Beachte den offiziellen Bericht von *Lagarde*, deutsche Übersetzung in BT-Drucks. 16/3250, S. 28 ff.
8 BGBl. I 2007, 314; geändert durch Art. 46 FGG-RG. Text: *Jayme/Hausmann*, Nr. 20a.
9 RGBl. II 1930, 758. Text: *Jayme/Hausmann*, Nr. 61; Staudinger/*Dörner*, vor Art. 25 f. EGBGB Rz. 160 ff.
10 BGBl. II 1959, 233. Text: *Jayme/Hausmann*, Nr. 62; Staudinger/*Dörner*, vor Art. 25 f. EGBGB Rz. 201.
11 Fundstellen bei *Jayme/Hausmann*, Nr. 34 Fn. 1; Staudinger/*Dörner*, vor Art. 25 f. EGBGB Rz. 194 f.

– Deutschland unterhält mit weiteren Staaten Freundschafts-, Handels-, Schifffahrts- und Konsularverträge, in denen die Mitwirkung von Konsuln bei der Abwicklung von Nachlassverfahren geregelt ist.[1]

IX. Bilaterale Anerkennungs- und Vollstreckungsverträge

Bilaterale Anerkennungs- und Vollstreckungsverträge, die Deutschland mit heutigen **EU-Staaten** geschlossen hat, sind durch die Brüssel I-VO (vgl. Art. 69) und die Brüssel IIa-VO (vgl. Art. 59) für Angelegenheiten, die von diesen Verordnungen erfasst werden, abgelöst worden. Immerhin bleiben die Verträge anwendbar auf Entscheidungen in erbrechtlichen Streitigkeiten (nicht aber in nachlassverfahrensrechtlichen Angelegenheiten[2]) und die Verträge mit Belgien, Griechenland, Italien und Spanien grundsätzlich auch auf Entscheidungen in Abstammungssachen.[3] 27

- Deutsch-belgisches Abkommen v. 30.6.1958 über die gegenseitige Anerkennung und Vollstreckung von gerichtlichen Entscheidungen, Schiedssprüchen und öffentlichen Urkunden in Zivil- und Handelssachen.[4] – Ausführungsgesetz v. 26.6.1959.[5]
- Deutsch-britisches Abkommen v. 14.7.1960 über die gegenseitige Anerkennung und Vollstreckung von gerichtlichen Entscheidungen in Zivil- und Handelssachen.[6] – Ausführungsgesetz v. 28.3.1961.[7]
- Deutsch-griechischer Vertrag v. 4.11.1961 über die gegenseitige Anerkennung und Vollstreckung von gerichtlichen Entscheidungen und Vergleichen und öffentlichen Urkunden in Zivil- und Handelssachen.[8] – Ausführungsgesetz v. 5.2.1963.[9]
- Deutsch-italienisches Abkommen v. 9.3.1936 über die gegenseitige Anerkennung und Vollstreckung von gerichtlichen Entscheidungen in Zivil- und Handelssachen.[10] – Ausführungsverordnung v. 18.5.1937, neu gefasst 12.9.1950.[11]
- Deutsch-niederländischer Vertrag v. 30.8.1962 über die gegenseitige Anerkennung und Vollstreckung gerichtlicher Entscheidungen und anderer Schuldtitel in Zivil- und Handelssachen.[12] – Ausführungsgesetz v. 15.1.1965.[13]
- Deutsch-österreichischer Vertrag v. 6.6.1959 über die gegenseitige Anerkennung und Vollstreckung von gerichtlichen Entscheidungen und Vergleichen und öffentlichen Urkunden in Zivil- und Handelssachen.[14] – Ausführungsgesetz v. 8.3.1960.[15]
- Deutsch-spanischer Vertrag v. 14.11.1983 über die gegenseitige Anerkennung und Vollstreckung von gerichtlichen Entscheidungen und Vergleichen sowie vollstreck-

1 Texte bei Staudinger/*Dörner*, vor Art. 25 f. EGBGB Rz. 202 ff.; Übersicht bei Jansen/v. Schuckmann/Sonnenfeld/*Müller-Lukoschek*, § 72 FGG Rz. 46 ff.
2 Staudinger/*Dörner*, Art. 25 EGBGB Rz. 821 ff., 908.
3 Staudinger/*Henrich*, Art. 19 EGBGB Rz. 115 ff.
4 BGBl. II 1959, 765.
5 BGBl. I 1959, 425.
6 BGBl. II 1961, 301.
7 BGBl. I 1961, 301.
8 BGBl. II 1963, 109.
9 BGBl. I 1963, 129.
10 RGBl. II 1937, 145, BGBl. II 1952, 986.
11 RGBl. II 1937, 143, BGBl. I 1950, 455, 533.
12 BGBl. II 1965, 26.
13 BGBl. I 1965, 17.
14 BGBl. II 1960, 1245.
15 BGBl. I 1960, 169.

baren öffentlichen Urkunden in Zivil- und Handelssachen.[1] – Ausführungsgesetz: AVAG (Rz. 23).

28 Bedeutsamer sind, vorbehaltlich der Einschlägigkeit multilateraler Übereinkommen (namentlich des LugÜ), die folgenden Verträge mit **Nicht-EU-Staaten**:

- Deutsch-israelischer Vertrag v. 20.7.1977 über die gegenseitige Anerkennung und Vollstreckung gerichtlicher Entscheidungen in Zivil- und Handelssachen.[2] In Kraft seit 1.1.1981. – Ausführungsgesetz: AVAG (Rz. 23).
- Deutsch-norwegischer Vertrag v. 17.6.1977 über die gegenseitige Anerkennung und Vollstreckung gerichtlicher Entscheidungen und anderer Schuldtitel in Zivil- und Handelssachen.[3] In Kraft seit 3.10.1981. – Ausführungsgesetz: AVAG (Rz. 23).
- Deutsch-schweizerisches Abkommen v. 2.11.1929 über die gegenseitige Anerkennung und Vollstreckung von gerichtlichen Entscheidungen und Schiedssprüchen.[4] In Kraft seit 1.12.1930. – Ausführungsverordnung v. 23.8.1930.[5]
- Deutsch-tunesischer Vertrag v. 19.7.1966 über Rechtsschutz und Rechtshilfe, die Anerkennung und Vollstreckung gerichtlicher Entscheidungen in Zivil- und Handelssachen sowie über die Handelsschiedsgerichtsbarkeit.[6] In Kraft seit 13.3.1970. – Ausführungsgesetz v. 29.4.1969.[7]

X. Sonstige internationalverfahrensrechtliche Rechtsinstrumente

1. Immunität

29 – **WÜD:** Wiener UN-Übereinkommen v. 18.4.1961 über diplomatische Beziehungen.[8] Für Deutschland in Kraft seit 11.12.1964. – (Erweiternde) Umsetzung: §§ 18, 20 GVG.

- **WÜK:** Wiener UN-Übereinkommen v. 24.4.1963 über konsularische Beziehungen.[9] Für Deutschland in Kraft seit 7.10.1971. – Umsetzung: § 19 GVG.

2. Rechtshilfe

30 – **HZPÜ:** Haager Übereinkommen v. 1.3.1954 über den Zivilprozess.[10] Für Deutschland in Kraft seit 1.1.1960. – Ausführungsgesetz v. 18.12.1958.[11]

- Bilaterale Zusatzvereinbarungen zur weiteren Vereinfachung des Rechtsverkehrs nach dem HZPÜ bestehen für Deutschland im Verhältnis zu Belgien, Dänemark,

1 BGBl. II 1987, 35.
2 BGBl. II 1980, 926. Text: *Jayme/Hausmann*, Nr. 189.
3 BGBl. II 1981, 342.
4 RGBl. II 1930, 1066. Text: *Jayme/Hausmann*, Nr. 188.
5 RGBl. II 1930, 1209; geändert durch G v. 22.12.1997, BGBl. I 1997, 3224.
6 BGBl. II 1969, 890.
7 BGBl. I 1969, 333 und BGBl. I 1970, 307.
8 BGBl. II 1964, 958. Text: *Jayme/Hausmann*, Nr. 140.
9 BGBl. II 1969, 1587. Text: *Jayme/Hausmann*, Nr. 141.
10 BGBl. II 1958, 577. Text: *Geimer/Schütze*, Int. Rechtsverkehr Nr. 101; *Jayme/Hausmann*, Nr. 210. – Die Vorgängerregelung, das Haager Abkommen v. 17.7.1905 über den Zivilprozess (RGBl. 1909, 409; Text: *Geimer/Schütze*, Int. Rechtsverkehr Nr. 200), gilt nur noch im Verhältnis zu Estland und Island.
11 BGBl. I 1958, 939 idF des Art. 21 des Gesetzes v. 27.7.2001, BGBl. I 2001, 1887. Text: *Jayme/Hausmann*, Nr. 210a.

Frankreich, Luxemburg, den Niederlanden, Norwegen, Österreich, Polen, Schweden, der Schweiz und Tschechien.[1]

- Zudem hat Deutschland einige selbständige Rechtshilfeabkommen vereinbart, und zwar mit Griechenland, Liechtenstein, Marokko, Tunesien, der Türkei, den USA sowie dem Vereinigten Königreich.[2] Das letztgenannte Abkommen gilt heute für eine Reihe weiterer Staaten, die früher britische Kolonien waren.[3]

3. Zustellung

- **EuZVO (2007):** Verordnung Nr. 1393/2007 v. 13.11.2007 über die Zustellung gerichtlicher und außergerichtlicher Schriftstücke in Zivil- oder Handelssachen in den Mitgliedstaaten („Zustellung von Schriftstücken") und zur Aufhebung der Verordnung Nr. 1348/2000.[4] Vollständige Geltung seit 13.11.2008 (Art. 26 EuZVO). – Durchführungsbestimmungen: §§ 1067–1071 ZPO. 31
- **HZÜ:** Haager Übereinkommen v. 15.11.1965 über die Zustellung gerichtlicher und außergerichtlicher Schriftstücke im Ausland in Zivil- oder Handelssachen.[5] Für Deutschland in Kraft seit 26.6.1979. – Ausführungsgesetz v. 22.12.1977.[6]

4. Beweis

- **EuBVO:** Verordnung Nr. 1206/2001 v. 28.5.2001 über die Zusammenarbeit zwischen den Gerichten der Mitgliedstaaten auf dem Gebiet der Beweisaufnahme in Zivil- oder Handelssachen.[7] Vollständige Geltung seit 1.1.2004 (Art. 24 Abs. 2 EuBVO). – Durchführungsbestimmungen: §§ 1072–1075 ZPO. 32
- **HBÜ:** Haager Übereinkommen v. 18.3.1970 über die Beweisaufnahme im Ausland in Zivil- oder Handelssachen.[8] Für Deutschland in Kraft seit 26.6.1979. – Ausführungsgesetz v. 22.12.1977.[9]

5. Urkundenverkehr

- Haager Übereinkommen v. 5.10.1961 zur Befreiung ausländischer öffentlicher Urkunden von der Legalisation.[10] Für Deutschland in Kraft seit 13.2.1966. 33

---

1 Texte bei *Geimer/Schütze*, Int. Rechtsverkehr Nr. 102 ff. Text des deutsch-französischen Vertrags v. 6.5.1961 (BGBl. II 1961, 1041) auch bei *Jayme/Hausmann*, Nr. 227; Nachweise zu den weiteren Abkommen ebenda vor Nr. 227 Fn. 1.

2 Texte bei *Geimer/Schütze*, Int. Rechtsverkehr Nr. 405 ff., sowie *Jayme/Hausmann*, vor Nr. 228 Fn. 1, 2, Nr. 228 ff.

3 Näher *Geimer/Schütze*, Int. Rechtsverkehr Nr. 405 ff.

4 ABl. EU 2007 Nr. L 324/79. Text: *Geimer/Schütze*, Int. Rechtsverkehr Nr. 554; *Jayme/Hausmann*, Nr. 224.

5 BGBl. II 1977, 1453. Text: *Geimer/Schütze*, Int. Rechtsverkehr Nr. 351; *Jayme/Hausmann*, Nr. 211.

6 BGBl. I 1977, 3105; geändert durch G. v. 10.12.2008, BGBl. I 2008, 2399. Text: *Geimer/Schütze*, Int. Rechtsverkehr Nr. 354; *Jayme/Hausmann*, Nr. 212a.

7 ABl. EG 2001 Nr. L 174/1. Text: *Geimer/Schütze*, Int. Rechtsverkehr Nr. 560; *Jayme/Hausmann*, Nr. 225.

8 BGBl. II 1977, 1472. Text: *Geimer/Schütze*, Int. Rechtsverkehr Nr. 371; *Jayme/Hausmann*, Nr. 212.

9 BGBl. I 1977, 3105; geändert durch G. v. 10.12.2008, BGBl. I 2008, 2399. Text: *Geimer/Schütze*, Int. Rechtsverkehr Nr. 374; *Jayme/Hausmann*, Nr. 212a.

10 BGBl. II 1965, 876. Text: *Cieslar*, VII C 1; *Geimer/Schütze*, Int. Rechtsverkehr Nr. 762; *Jayme/Hausmann*, Nr. 250.

– Londoner Europäisches Übereinkommen v. 7.6.1968 zur Befreiung der von diplomatischen oder konsularischen Vertretern errichteten Urkunden von der Legalisation.[1] Für Deutschland in Kraft seit 19.9.1971.

– Mit einigen Staaten hat Deutschland bilaterale Abkommen über die Befreiung öffentlicher Urkunden von der Legalisation abgeschlossen oder entsprechende Bestimmungen in bilaterale Anerkennungs- und Vollstreckungsverträge aufgenommen. Dies gilt im Verhältnis zu Belgien, Dänemark, Frankreich, Griechenland, Israel, Italien, Norwegen, Österreich, der Schweiz, Spanien, Tunesien und dem Vereinigten Königreich.[2] Im Übrigen bestehen entsprechende bilaterale Abkommen über die Befreiung ausländischer Urkunden von der Legalisation auch speziell auf dem Gebiet des Personenstandswesens, nämlich mit Luxemburg, Österreich und der Schweiz.[3]

6. Verfahrenskosten

34 – **PKH-RL:** RL 2003/8/EG v. 27.1.2003 zur Verbesserung des Zugangs zum Recht bei Streitsachen mit grenzüberschreitendem Bezug durch Festlegung gemeinsamer Mindestvorschriften für die Prozesskostenhilfe in derartigen Streitsachen.[4] – Umsetzung: §§ 1076–1078 ZPO.

7. Mediation

35 – **Mediations-RL:** RL 2008/52/EG v. 21.5.2008 über bestimmte Aspekte der Mediation in Zivil- und Handelssachen.[5] – Umsetzungsfrist: bis 21.5.2011.

E. Ausblick

I. Ehesachen

36 Am 17.7.2006 hat die Kommission einen – üblicherweise unter dem Stichwort **Rom III** diskutierten – Vorschlag für eine Verordnung zur Änderung der Brüssel IIa-VO im Hinblick auf die Zuständigkeit in Ehesachen und zur Einführung von Vorschriften betreffend das anwendbare Recht in diesem Bereich vorgelegt.[6] Was die geplanten verfahrensrechtlichen Änderungen der Brüssel IIa-VO betrifft, soll eine gemäßigte Möglichkeit der Gerichtsstandswahl für Eheauflösungsverfahren geschaffen und der räumlich-persönliche Restanwendungsbereich der nationalen Zuständigkeitsregeln (s. § 98 Rz. 29 ff.) noch weiter zurückgedrängt werden. Wegen erheblicher Meinungs-

---

1 BGBl. II 1971, 86. Text: *Cieslar*, VII C 2; *Geimer/Schütze*, Int. Rechtsverkehr Nr. 768; *Jayme/Hausmann*, Nr. 251.

2 Texte bei *Geimer/Schütze*, Int. Rechtsverkehr Nr. 770 ff.; Fundstellen bei *Jayme/Hausmann*, vor Nr. 253 Fn. 1, Nr. 253.

3 Fundstellen bei *Jayme/Hausmann*, vor Nr. 253 Fn. 2.

4 ABl. EG 2003 Nr. L 26/41, berichtigt ABl. EU 2003 Nr. L 32/15. Text: *Jayme/Hausmann*, Nr. 226. – Von Deutschland zwar gezeichnet, aber noch nicht ratifiziert wurden das Haager Übereinkommen v. 25.10.1980 über die Erleichterung des internationalen Zugangs zu den Gerichten sowie das Straßburger Europäische Übereinkommen v. 27.1.1977 über die Übermittlung von Anträgen auf Verfahrenshilfe.

5 ABl. EU 2008 Nr. L 136/3.

6 KOM (2006) 399 endg.

unstimmigkeiten der Mitgliedstaaten hinsichtlich der kollisionsrechtlichen Aspekte dürfte dieses Projekt vorerst kaum Realisierungschancen haben.[1]

Im Anschluss an das Grünbuch der Kommission zu den Kollisionsnormen im **Güterrecht** v. 17.7.2006[2] wird eine Verordnung über das internationale Güterrecht vorbereitet (sog. Projekt **Rom IV**). Die Verordnung soll das Kollisionsrecht, aber auch, ergänzend zur Brüssel IIa-VO, die gerichtliche Zuständigkeit sowie die Anerkennung und Vollstreckung gerichtlicher Entscheidungen regeln.[3] Diskutiert wird, ob neben der Ehe und registrierten Lebenspartnerschaften auch sonstige (gleich- oder verschiedengeschlechtliche) Lebensgemeinschaften erfasst werden sollen. 37

II. Kindschaftssachen

Das Haager Übereinkommen v. 19.10.1996 über die Zuständigkeit, das anzuwendende Recht, die Anerkennung, Vollstreckung und Zusammenarbeit auf dem Gebiet der elterlichen Verantwortung und der Maßnahmen zum Schutz von Kindern (**Haager Kindesschutzübereinkommen – KSÜ**; Text: Anhang 4 zu § 97)[4] soll nach seinem Art. 51 künftig das MSA (s. Rz. 20) ablösen. Es ist bereits für eine Reihe von Staaten in Kraft getreten. Der EG eröffnet das KSÜ nicht die Möglichkeit des Beitritts (vgl. Art. 57 f. KSÜ); wegen ihrer Außenkompetenz kommt aber auch keine Ratifikation durch einzelne EG-Staaten mehr in Betracht. Um diese Pattsituation zu überwinden, hat der Rat die Mitgliedstaaten inzwischen ermächtigt, das KSÜ (möglichst vor dem 5.6.2010) zu ratifizieren.[5] Die Bundesrepublik wird davon voraussichtlich Gebrauch machen: Das Ratifikationsgesetz und das Gesetz für die Aufnahme der Ausführungsbestimmungen in das IntFamRVG sind bereits verabschiedet.[6] 38

Kindschaftsrechtliche Regelungen zur internationalen Zusammenarbeit sowie zur Anerkennung und Vollstreckung von Entscheidungen sieht ferner das **Straßburger Europäische Übereinkommen v. 15.5.2003 über den Umgang von und mit Kindern** vor.[7] Derzeit wird diskutiert, ob Deutschland dieses Übereinkommen in Geltung setzen soll.[8] 39

III. Unterhaltssachen

Zu den beiden neuen Rechtsinstrumenten der EG (EuUntVO – Text: Anhang 6 zu § 97) und der Haager Konferenz zum Internationalen Unterhaltsverfahrensrecht (HUntVÜ 2007) s. Anhang zu § 245 Rz. 172 ff. 40

---

1 Vgl. Ratsdokument 11984/08, JUSTCIV 150, sowie *Mansel/Thorn/Wagner*, IPRax 2009, 1 (2, 9, 16 f.).

2 KOM (2006) 400 endg.

3 Dazu *Wagner*, FamRZ 2009, 269; ferner *Mansel/Thorn/Wagner*, IPRax 2009, 1 (9); *Martiny*, FPR 2008, 206 (210 f.).

4 Zum Ratifikationsstand s. *Jayme/Hausmann*, Nr. 54.

5 Entscheidung v. 5.6.2008, ABl. EU 2008 Nr. L 151/36. Näher *Mansel/Thorn/Wagner*, IPRax 2009, 1 (10 f.).

6 Ratifikationsgesetz v. 25.6.2009, BGBl. II, S. 602; Änderung des IntFamRVG v. 25.6.2009, BGBl. I, S. 1594.

7 Zum Ratifikationsstand s. *Jayme/Hausmann*, vor Nr. 50 Fn. 4.

8 Vgl. *Mansel/Thorn/Wagner*, IPRax 2009, 1 (11).

IV. Nachlassverfahren

41 Dem Versuch, internationalverfahrensrechtliche Fragen des Nachlassrechts auf internationaler Ebene zu regeln, war bislang wenig Erfolg beschieden. So ist das Haager Übereinkommen v. 2.10.1973 über die internationale Verwaltung von Nachlässen[1] bislang nur für Portugal, die Slowakei und Tschechien in Kraft getreten. In diese Lücke zielt die Kommission mit ihrem **Grünbuch zum Erb- und Testamentsrecht** v. 1.3.2005.[2] Aus verfahrensrechtlicher Sicht geht es um Regelungen zur internationalen Zuständigkeit in Nachlassangelegenheiten und zur Entscheidungsfreizügigkeit, zudem zur Rolle von Nachlassverwaltern im grenzüberschreitenden Verkehr sowie zum Institut eines „europäischen Erbscheins". Die Realisierungschancen dieses Vorhabens sind ungewiss.[3]

Anhang 1 zu § 97: IntFamRVG

Gesetz vom 26.1.2005 zur Aus- und Durchführung bestimmter Rechtsinstrumente auf dem Gebiet des internationalen Familienrechts (Internationales Familienrechtsverfahrensgesetz – IntFamRVG)[4]

Abschnitt 1
Anwendungsbereich; Begriffsbestimmungen

§ 1
Anwendungsbereich

Dieses Gesetz dient

1. der Durchführung der Verordnung (EG) Nr. 2201/2003 des Rates vom 27. November 2003 über die Zuständigkeit und die Anerkennung und Vollstreckung von Entscheidungen in Ehesachen und in Verfahren betreffend die elterliche Verantwortung und zur Aufhebung der Verordnung (EG) 1347/2000 (ABl. EU Nr. L 338 S. 1);
2. der Ausführung des Haager Übereinkommens vom 19. Oktober 1996 über die Zuständigkeit, das anzuwendende Recht, die Anerkennung, Vollstreckung und Zusammenarbeit auf dem Gebiet der elterlichen Verantwortung und der Maßnahme zum Schutz von Kindern (BGBl. II 2009 S. 602, 603) – im Folgenden: Haager Kinderschutzübereinkommen;
3. der Ausführung des Haager Übereinkommens vom 25. Oktober 1980 über die zivilrechtlichen Aspekte internationaler Kindesentführung (BGBl. 1990 II S. 207) – im Folgenden: Haager Kindesentführungsübereinkommen;
4. der Ausführung des Luxemburger Europäischen Übereinkommens vom 20. Mai 1980 über die Anerkennung und Vollstreckung von Entscheidungen über das Sorgerecht für Kinder und die Wiederherstellung des Sorgeverhältnisses (BGBl. 1990 II S. 220) – im Folgenden: Europäisches Sorgerechtsübereinkommen.

§ 2
Begriffsbestimmungen

Im Sinne dieses Gesetzes sind „Titel" Entscheidungen, Vereinbarungen und öffentliche Urkunden, auf welche die durchzuführende EG-Verordnung oder das jeweils auszuführende Übereinkommen Anwendung findet.

1 Einführend *Kropholler*, IPR § 51 VI; Staudinger/*Dörner*, vor Art. 25 f. EGBGB Rz. 121 ff.
2 KOM (2005) 65 endg. Zum Grünbuch etwa *Blum*, ZErb 2005, 170; *Dörner*, ZEV 2005, 137; *Lehmann*, IPRax 2006, 204; *Stumpf*, EuZW 2006, 587; *Süß*, Erbrecht in Europa, § 9 Rz. 17 ff.
3 Vgl. *Lehmann*, FPR 2008, 203 (204 f.); *Mansel/Thorn/Wagner*, IPRax 2009, 1 (9).
4 BGBl. I 2005, 162; zuletzt geändert durch Gesetz zur Änderung des IntFamRVG v. 25.6.2009 (BGBl. I, 1594).

Abschnitt 2
Zentrale Behörde; Jugendamt

§ 3
Bestimmung der Zentralen Behörde

(1) Zentrale Behörde nach

1. Artikel 53 der Verordnung (EG) Nr. 2201/2003,
2. Artikel 29 des Haager Kinderschutzübereinkommens,
3. Artikel 6 des Haager Kindesentführungsübereinkommens,
4. Artikel 2 des Europäischen Sorgerechtsübereinkommens

ist das Bundesamt für Justiz.

(2) Das Verfahren der Zentralen Behörde gilt als Justizverwaltungsverfahren.

§ 4
Übersetzungen bei eingehenden Ersuchen

(1) Die Zentrale Behörde, bei der ein Antrag aus einem anderen Staat nach Artikel 54 des Haager Kinderschutzübereinkommens oder nach der Verordnung (EG) Nr. 2201/2003 oder nach dem Europäischen Sorgerechtsübereinkommen eingeht, kann es ablehnen, tätig zu werden, solange Mitteilungen oder beizufügende Schriftstücke nicht in deutscher Sprache abgefasst oder von einer Übersetzung in diese Sprache begleitet sind.

(2) Ist ein Schriftstück nach Artikel 24 Abs. 1 des Haager Kindesentführungsübereinkommens ausnahmsweise nicht von einer deutschen Übersetzung begleitet, so veranlasst die Zentrale Behörde die Übersetzung.

§ 5
Übersetzungen bei ausgehenden Ersuchen

(1) Beschafft die antragstellende Person erforderliche Übersetzungen für Anträge, die in einem anderen Staat zu erledigen sind, nicht selbst, veranlasst die Zentrale Behörde die Übersetzungen auf Kosten der antragstellenden Person.

(2) Das Amtsgericht, in dessen Bezirk die antragstellende Person ihren gewöhnlichen Aufenthalt oder bei Fehlen eines gewöhnlichen Aufenthalts im Inland ihren tatsächlichen Aufenthalt hat, befreit die antragstellende Person auf Antrag von einer Erstattungspflicht, wenn diese die persönlichen und wirtschaftlichen Voraussetzungen für die Gewährung von Verfahrenskostenhilfe ohne einen eigenen Beitrag zu den Kosten nach den Vorschriften des Gesetzes über das Verfahren in Familiensachen und in den Angelegenheiten der freiwilligen Gerichtsbarkeit erfüllt.

§ 6
Aufgabenerfüllung durch die Zentrale Behörde

(1) [1]Zur Erfüllung der ihr obliegenden Aufgaben veranlasst die Zentrale Behörde mit Hilfe der zuständigen Stellen alle erforderlichen Maßnahmen. [2]Sie verkehrt unmittelbar mit allen zuständigen Stellen im In- und Ausland. 3Mitteilungen leitet sie unverzüglich an die zuständigen Stellen weiter.

(2) [1]Zum Zweck der Ausführung des Haager Kindesentführungsübereinkommens und des Europäischen Sorgerechtsübereinkommens leitet die Zentrale Behörde erforderlichenfalls gerichtliche Verfahren ein. [2]Im Rahmen dieser Übereinkommen gilt sie zum Zweck der Rückgabe des Kindes als bevollmächtigt, im Namen der antragstellenden Person selbst oder im Weg der Untervollmacht durch Vertreter gerichtlich oder außergerichtlich tätig zu werden. [3]Ihre Befugnis, zur Sicherung der Einhaltung der Übereinkommen im eigenen Namen entsprechend zu handeln, bleibt unberührt.

§ 7
Aufenthaltsermittlung

(1) Die Zentrale Behörde trifft alle erforderlichen Maßnahmen einschließlich der Einschaltung von Polizeivollzugsbehörden, um den Aufenthaltsort des Kindes zu ermitteln, wenn dieser unbekannt ist und Anhaltspunkte dafür vorliegen, dass sich das Kind im Inland befindet.

(2) Soweit zur Ermittlung des Aufenthalts des Kindes erforderlich, darf die Zentrale Behörde bei dem Kraftfahrt-Bundesamt erforderliche Halterdaten nach § 33 Abs. 1 Satz 1 Nr. 2 des Straßenverkehrsgesetzes erheben und die Leistungsträger im Sinne der §§ 18 bis 29 des Ersten Buches Sozialgesetzbuch um Mitteilung des derzeitigen Aufenthalts einer Person ersuchen.

(3) [1]Unter den Voraussetzungen des Absatzes 1 kann die Zentrale Behörde die Ausschreibung zur Aufenthaltsermittlung durch das Bundeskriminalamt veranlassen. [2]Sie kann auch die Speicherung eines Suchvermerks im Zentralregister veranlassen.

(4) Soweit andere Stellen eingeschaltet werden, übermittelt sie ihnen die zur Durchführung der Maßnahmen erforderlichen personenbezogenen Daten; diese dürfen nur für den Zweck verwendet werden, für den sie übermittelt worden sind.

§ 8
Anrufung des Oberlandesgerichts

(1) Nimmt die Zentrale Behörde einen Antrag nicht an oder lehnt sie es ab, tätig zu werden, so kann die Entscheidung des Oberlandesgerichts beantragt werden.

(2) Zuständig ist das Oberlandesgericht, in dessen Bezirk die Zentrale Behörde ihren Sitz hat.

(3) [1]Das Oberlandesgericht entscheidet im Verfahren der freiwilligen Gerichtsbarkeit. [2]§ 14 Abs. 1 und 2 sowie die Abschnitte 4 und 5 des Buches 1 des Gesetzes über das Verfahren in Familiensachen und in den Angelegenheiten der freiwilligen Gerichtsbarkeit gelten entsprechend.

§ 9
Mitwirkung des Jugendamts an Verfahren

(1) [1]Unbeschadet der Aufgaben des Jugendamts bei der grenzüberschreitenden Zusammenarbeit unterstützt das Jugendamt die Gerichte und die Zentrale Behörde bei allen Maßnahmen nach diesem Gesetz. [2]Insbesondere

1. gibt es auf Anfrage Auskunft über die soziale Lage des Kindes und seines Umfelds,
2. unterstützt es in jeder Lage eine gütliche Einigung,
3. leistet es in geeigneten Fällen Unterstützung bei der Durchführung des Verfahrens, auch bei der Sicherung des Aufenthalts des Kindes,
4. leistet es in geeigneten Fällen Unterstützung bei der Ausübung des Rechts zum persönlichen Umgang, der Heraus- oder Rückgabe des Kindes sowie der Vollstreckung gerichtlicher Entscheidungen.

(2) [1]Zuständig ist das Jugendamt, in dessen Bereich sich das Kind gewöhnlich aufhält. [2]Solange die Zentrale Behörde oder ein Gericht mit einem Herausgabe- oder Rückgabeantrag oder dessen Vollstreckung befasst ist, oder wenn das Kind keinen gewöhnlichen Aufenthalt im Inland hat, oder das zuständige Jugendamt nicht tätig wird, ist das Jugendamt zuständig, in dessen Bereich sich das Kind tatsächlich aufhält. In den Fällen des Artikels 35 Absatz 2 Satz 1 des Haager Kinderschutzübereinkommens ist das Jugendamt örtlich zuständig, in dessen Bezirk der antragstellende Elternteil seinen gewöhnlichen Aufenthalt hat.

(3) Das Gericht unterrichtet das zuständige Jugendamt über Entscheidungen nach diesem Gesetz auch dann, wenn das Jugendamt am Verfahren nicht beteiligt war.

Abschnitt 3
Gerichtliche Zuständigkeit und Zuständigkeitskonzentration

§ 10
Örtliche Zuständigkeit für die Anerkennung und Vollstreckung

Örtlich ausschließlich zuständig für Verfahren nach

- Artikel 21 Abs. 3 und Artikel 48 Abs. 1 der Verordnung (EG) Nr. 2201/2003 sowie für die Zwangsvollstreckung nach den Artikeln 41 und 42 der Verordnung (EG) Nr. 2201/2003,
- den Artikeln 24 und 26 des Haager Kinderschutzübereinkommens,
- dem Europäischen Sorgerechtsübereinkommen

ist das Familiengericht, in dessen Zuständigkeitsbereich zum Zeitpunkt der Antragstellung

1. die Person, gegen die sich der Antrag richtet, oder das Kind, auf das sich die Entscheidung bezieht, sich gewöhnlich aufhält oder
2. bei Fehlen einer Zuständigkeit nach Nummer 1 das Interesse an der Feststellung hervortritt oder das Bedürfnis der Fürsorge besteht,
3. sonst das im Bezirk des Kammergerichts zur Entscheidung berufene Gericht.

§ 11
Örtliche Zuständigkeit nach dem Haager Kindesentführungsübereinkommen

Örtlich zuständig für Verfahren nach dem Haager Kindesentführungsübereinkommen ist das Familiengericht, in dessen Zuständigkeitsbereich

1. sich das Kind beim Eingang des Antrags bei der Zentralen Behörde aufgehalten hat oder
2. bei Fehlen einer Zuständigkeit nach Nummer 1 das Bedürfnis der Fürsorge besteht.

§ 12
Zuständigkeitskonzentration

(1) In Verfahren über eine in den §§ 10 und 11 bezeichnete Sache sowie in Verfahren über die Vollstreckbarerklärung nach Artikel 28 der Verordnung (EG) Nr. 2201/2003 entscheidet das Familiengericht, in dessen Bezirk ein Oberlandesgericht seinen Sitz hat, für den Bezirk dieses Oberlandesgerichts.

(2) Im Bezirk des Kammergerichts entscheidet das Familiengericht Pankow/Weißensee.

(3) [1]Die Landesregierungen werden ermächtigt, diese Zuständigkeit durch Rechtsverordnung einem anderen Familiengericht des Oberlandesgerichtsbezirks oder, wenn in einem Land mehrere Oberlandesgerichte errichtet sind, einem Familiengericht für die Bezirke aller oder mehrerer Oberlandesgerichte zuzuweisen. [2]Sie können die Ermächtigung auf die Landesjustizverwaltungen übertragen.

§ 13
Zuständigkeitskonzentration für andere Familiensachen

(1) [1]Das Familiengericht, bei dem eine in den §§ 10 bis 12 bezeichnete Sache anhängig wird, ist von diesem Zeitpunkt an ungeachtet des § 137 Abs. 1 und 3 des Gesetzes über das Verfahren in Familiensachen und in den Angelegenheiten der freiwilligen Gerichtsbarkeit für alle dasselbe Kind betreffenden Familiensachen nach § 151 Nr. 1 bis 3 des Gesetzes über das Verfahren in Familiensachen und in den Angelegenheiten der freiwilligen Gerichtsbarkeit einschließlich der Verfügungen nach § 44 und den §§ 35 und 89 bis 94 des Gesetzes über das Verfahren in Familiensachen und in den Angelegenheiten der freiwilligen Gerichtsbarkeit zuständig. [2]Die Zuständigkeit nach *[Absatz 1]* Satz 1 tritt nicht ein, wenn der Antrag offensichtlich unzulässig ist. [3]Sie entfällt, sobald das angegangene Gericht auf Grund unanfechtbarer Entscheidung unzuständig ist; Verfahren, für die dieses Gericht hiernach seine Zuständigkeit verliert, sind nach näherer Maßgabe des § 281 Abs. 2 und 3 Satz 1 der Zivilprozessordnung von Amts wegen an das zuständige Gericht abzugeben.

(2) Bei dem Familiengericht, das in dem Oberlandesgerichtsbezirk, in dem sich das Kind gewöhnlich aufhält, für Anträge der in Absatz 1 Satz 1 genannten Art zuständig ist, kann auch eine andere Familiensache nach § 151 Nr. 1 bis 3 des Gesetzes über das Verfahren in Familiensachen und in den Angelegenheiten der freiwilligen Gerichtsbarkeit anhängig gemacht werden, wenn ein Elternteil seinen gewöhnlichen Aufenthalt in einem anderen Mitgliedstaat der Europäischen Union oder in einem anderen Vertragsstaat des Haager Kinderschutzübereinkommens, des Haager Kindesentführungsübereinkommens oder des Europäischen Sorgerechtsübereinkommens hat.

(3) [1]Im Falle des Absatzes 1 Satz 1 hat ein anderes Familiengericht, bei dem eine dasselbe Kind betreffende Familiensache nach § 151 Nr. 1 bis 3 des Gesetzes über das Verfahren in Familiensachen und in den Angelegenheiten der freiwilligen Gerichtsbarkeit im ersten Rechtszug anhängig ist oder anhängig wird, dieses Verfahren von Amts wegen an das nach Absatz 1 Satz 1 zuständige Gericht abzugeben. [2]Auf übereinstimmenden Antrag beider Elternteile sind andere Familiensachen, an denen diese beteiligt sind, an das nach Absatz 1 oder Absatz 2 zuständige Gericht abzugeben. [3]§ 281 Abs. 2 Satz 1 bis 3 und Abs. 3 Satz 1 der Zivilprozessordnung gilt entsprechend.

(4) [1]Das Familiengericht, das gemäß Absatz 1 oder Absatz 2 zuständig oder an das die Sache gemäß Absatz 3 abgegeben worden ist, kann diese aus wichtigen Gründen an das nach den allgemeinen Vorschriften zuständige Familiengericht abgeben oder zurückgeben, soweit dies nicht zu einer erheblichen Verzögerung des Verfahrens führt. [2]Als wichtiger Grund ist es in der Regel anzusehen, wenn die besondere Sachkunde des erstgenannten Gerichts für das Verfahren nicht oder nicht mehr benötigt wird. [3]§ 281 Abs. 2 und 3 Satz 1 der Zivilprozessordnung gilt entsprechend. [4]Die Ablehnung einer Abgabe nach Satz 1 ist unanfechtbar.

(5) §§ 4 und 5 Abs. 1 Nr. 5, Abs. 2 und 3 des Gesetzes über das Verfahren in Familiensachen und in den Angelegenheiten der freiwilligen Gerichtsbarkeit bleibt unberührt.

§ 13a
Verfahren bei grenzüberschreitender Abgabe

(1) Ersucht das Familiengericht das Gericht eines anderen Vertragsstaats nach Artikel 8 des Haager Kinderschutzübereinkommens um Übernahme der Zuständigkeit, so setzt es eine Frist, innerhalb derer das ausländische Gericht die Übernahme der Zuständigkeit mitteilen kann. Setzt das Familiengericht das Verfahren nach Artikel 8 des Haager Kinderschutzübereinkommens aus, setzt es den Parteien eine Frist, innerhalb derer das ausländische Gericht anzurufen ist. Ist die Frist nach Satz 1 abgelaufen, ohne dass das ausländische Gericht die Übernahme der Zuständigkeit mitgeteilt hat, so ist in der Regel davon auszugehen, dass das ersuchte Gericht die Übernahme der Zuständigkeit ablehnt. Ist die Frist nach Satz 2 abgelaufen, ohne dass eine Partei das ausländische Gericht angerufen hat, bleibt es bei der Zuständigkeit des Familiengerichts. Das Gericht des ersuchten Staates und die Parteien sind auf diese Rechtsfolgen hinzuweisen.

(2) Ersucht das Gericht eines anderen Vertragsstaats das Familiengericht nach Artikel 8 des Haager Kinderschutzübereinkommens um Übernahme der Zuständigkeit oder ruft eine Partei das Familiengericht nach dieser Vorschrift an, so kann das Familiengericht die Zuständigkeit innerhalb von sechs Wochen übernehmen.

(3) Die Absätze 1 und 2 sind auf Anträge, Ersuchen und Entscheidungen nach Artikel 9 des Haager Kinderschutzübereinkommens entsprechend anzuwenden.

(4) Der Beschluss des Familiengerichts,

1. das ausländische Gericht nach Absatz 1 Satz 1 oder nach Artikel 15 Absatz 1 Buchstabe b der Verordnung (EG) Nr. 2201/2003 um Übernahme der Zuständigkeit zu ersuchen,
2. das Verfahren nach Absatz 1 Satz 2 oder nach Artikel 15 Absatz 1 Buchstabe a der Verordnung (EG) Nr. 2201/2003 auszusetzen,
3. das zuständige ausländische Gericht nach Artikel 9 des Kinderschutzübereinkommens oder nach Artikel 15 Absatz 2 Buchstabe c der Verordnung (EG) Nr. 2201/2003 um Abgabe der Zuständigkeit zu ersuchen,
4. die Parteien einzuladen, bei dem zuständigen ausländischen Gericht nach Artikel 9 des Haager Kinderschutzübereinkommens die Abgabe der Zuständigkeit an das Familiengericht zu beantragen, oder
5. die Zuständigkeit auf Ersuchen eines ausländischen Gerichts oder auf Antrag der Parteien nach Artikel 9 des Haager Kinderschutzübereinkommens an das ausländische Gericht abzugeben,

ist mit der sofortigen Beschwerde in entsprechender Anwendung der §§ 567 bis 572 der Zivilprozessordnung anfechtbar. Die Rechtsbeschwerde ist ausgeschlossen. Die in Satz 1 genannten Beschlüsse werden erst mit ihrer Rechtskraft wirksam. Hierauf ist in dem Beschluss hinzuweisen.

(5) Im Übrigen sind Beschlüsse nach den Artikeln 8 und 9 des Haager Kinderschutzübereinkommens und nach Artikel 15 der Verordnung (EG) Nr. 2201/2003 unanfechtbar.

(6) Parteien im Sinne dieser Vorschrift sowie der Artikel 8 und 9 des Haager Kinderschutzübereinkommens und des Artikels 15 der Verordnung (EG) Nr. 2201/2003 sind die in § 7 Absatz 1 und 2 Nummer 1 des Gesetzes über das Verfahren in Familiensachen und in den Angelegenheiten der freiwilligen Gerichtsbarkeit genannten Beteiligten. Die Vorschriften über die Hinzuziehung weiterer Beteiligter bleiben unberührt.

Abschnitt 4
Allgemeine gerichtliche Verfahrensvorschriften

§ 14
Familiengerichtliches Verfahren

Soweit nicht anders bestimmt, entscheidet das Familiengericht

1. über eine in den §§ 10 und 12 bezeichnete Ehesache nach den hierfür geltenden Vorschriften des Gesetzes über das Verfahren in Familiensachen und in den Angelegenheiten der freiwilligen Gerichtsbarkeit,

2. über die übrigen in den §§ 10, 11, 12 und 47 bezeichneten Angelegenheiten als Familiensachen im Verfahren der freiwilligen Gerichtsbarkeit.

§ 15
Einstweilige Anordnungen

Das Gericht kann auf Antrag oder von Amts wegen einstweilige Anordnungen treffen, um Gefahren von dem Kind abzuwenden oder eine Beeinträchtigung der Interessen der Beteiligten zu vermeiden, insbesondere um den Aufenthaltsort des Kindes während des Verfahrens zu sichern oder eine Vereitelung oder Erschwerung der Rückgabe zu verhindern; Abschnitt 4 des Buches 1 des Gesetzes über das Verfahren in Familiensachen und in den Angelegenheiten der freiwilligen Gerichtsbarkeit gilt entsprechend.

Abschnitt 5
Zulassung der Zwangsvollstreckung, Anerkennungsfeststellung und Wiederherstellung des Sorgeverhältnisses

Unterabschnitt 1
Zulassung der Zwangsvollstreckung im ersten Rechtszug

§ 16
Antragstellung

(1) Mit Ausnahme der in den Artikeln 41 und 42 der Verordnung (EG) Nr. 2201/2003 aufgeführten Titel wird der in einem anderen Staat vollstreckbare Titel dadurch zur Zwangsvollstreckung zugelassen, dass er auf Antrag mit der Vollstreckungsklausel versehen wird.

(2) Der Antrag auf Erteilung der Vollstreckungsklausel kann bei dem zuständigen Familiengericht schriftlich eingereicht oder mündlich zu Protokoll der Geschäftsstelle erklärt werden.

(3) Ist der Antrag entgegen § 184 des Gerichtsverfassungsgesetzes nicht in deutscher Sprache abgefasst, so kann das Gericht der antragstellenden Person aufgeben, eine Übersetzung des Antrags beizubringen, deren Richtigkeit von einer

1. in einem Mitgliedstaat der Europäischen Union oder
2. in einem anderen Vertragsstaat eines auszuführenden Übereinkommens

hierzu befugten Person bestätigt worden ist.

§ 17
Zustellungsbevollmächtigter

(1) Hat die antragstellende Person in dem Antrag keinen Zustellungsbevollmächtigten im Sinne des § 184 Abs. 1 Satz 1 der Zivilprozessordnung benannt, so können bis zur nachträglichen Benennung alle Zustellungen an sie durch Aufgabe zur Post (§ 184 Abs. 1 Satz 2, Abs. 2 der Zivilprozessordnung) bewirkt werden.

(2) Absatz 1 gilt nicht, wenn die antragstellende Person einen Verfahrensbevollmächtigten für das Verfahren bestellt hat, an den im Inland zugestellt werden kann.

§ 18
Einseitiges Verfahren

(1) [1]Im Anwendungsbereich der Verordnung (EG) Nr. 2201/2003 und des Haager Kinderschutzübereinkommens erhält im erstinstanzlichen Verfahren auf Zulassung der Zwangsvollstreckung nur die antragstellende Person Gelegenheit, sich zu äußern. [2]Die Entscheidung ergeht ohne münd-

liche Verhandlung. [3]Jedoch kann eine mündliche Erörterung mit der antragstellenden oder einer von ihr bevollmächtigten Person stattfinden, wenn diese hiermit einverstanden ist und die Erörterung der Beschleunigung dient.

(2) Abweichend von § 130 Abs. 1 des Gesetzes über das Verfahren in Familiensachen und in den Angelegenheiten der freiwilligen Gerichtsbarkeit ist in Ehesachen im ersten Rechtszug eine anwaltliche Vertretung nicht erforderlich.

§ 19
Besondere Regelungen zum Europäischen Sorgerechtsübereinkommen

Die Vollstreckbarerklärung eines Titels aus einem anderen Vertragsstaat des Europäischen Sorgerechtsübereinkommens ist auch in den Fällen der Artikel 8 und 9 des Übereinkommens ausgeschlossen, wenn die Voraussetzungen des Artikels 10 Abs. 1 Buchstabe a oder b des Übereinkommens vorliegen, insbesondere wenn die Wirkungen des Titels mit den Grundrechten des Kindes oder eines Sorgeberechtigten unvereinbar wären.

§ 20
Entscheidung

(1) [1]Ist die Zwangsvollstreckung aus dem Titel zuzulassen, so beschließt das Gericht, dass der Titel mit der Vollstreckungsklausel zu versehen ist. [2]In dem Beschluss ist die zu vollstreckende Verpflichtung in deutscher Sprache wiederzugeben. [3]Zur Begründung des Beschlusses genügt in der Regel die Bezugnahme auf die Verordnung (EG) Nr. 2201/2003 oder den auszuführenden Anerkennungs- und Vollstreckungsvertrag sowie auf die von der antragstellenden Person vorgelegten Urkunden.

(2) Auf die Kosten des Verfahrens ist § 81 des Gesetzes über das Verfahren in Familiensachen und in den Angelegenheiten der freiwilligen Gerichtsbarkeit entsprechend anzuwenden; in Ehesachen gilt § 788 der Zivilprozessordnung entsprechend.

(3) [1]Ist der Antrag nicht zulässig oder nicht begründet, so lehnt ihn das Gericht durch mit Gründen versehenen Beschluss ab. [2]Für die Kosten gilt Absatz 2; in Ehesachen sind die Kosten dem Antragsteller aufzuerlegen.

§ 21
Bekanntmachung der Entscheidung

(1) [1]Im Falle des § 20 Abs. 1 sind der verpflichteten Person eine beglaubigte Abschrift des Beschlusses, eine beglaubigte Abschrift des noch nicht mit der Vollstreckungsklausel versehenen Titels und gegebenenfalls seiner Übersetzung sowie der gemäß § 20 Abs. 1 Satz 3 in Bezug genommenen Urkunden von Amts wegen zuzustellen. [2]Ein Beschluss nach § 20 Abs. 3 ist der verpflichteten Person formlos mitzuteilen.

(2) [1]Der antragstellenden Person sind eine beglaubigte Abschrift des Beschlusses nach § 20, im Falle des § 20 Abs. 1 ferner eine Bescheinigung über die bewirkte Zustellung zu übersenden. [2]Die mit der Vollstreckungsklausel versehene Ausfertigung des Titels ist der antragstellenden Person erst dann zu übersenden, wenn der Beschluss nach § 20 Abs. 1 wirksam geworden und die Vollstreckungsklausel erteilt ist.

(3) In einem Verfahren, das die Vollstreckbarerklärung einer die elterliche Verantwortung betreffenden Entscheidung zum Gegenstand hat, sind Zustellungen auch an den gesetzlichen Vertreter des Kindes, an den Vertreter des Kindes im Verfahren, an das Kind selbst, soweit es das 14. Lebensjahr vollendet hat, an einen Elternteil, der nicht am Verfahren beteiligt war, sowie an das Jugendamt zu bewirken.

(4) Handelt es sich bei der für vollstreckbar erklärten Maßnahme um eine Unterbringung, so ist der Beschluss auch dem Leiter der Einrichtung oder der Pflegefamilie bekannt zu machen, in der das Kind untergebracht werden soll.

§ 22
Wirksamwerden der Entscheidung

[1]Der Beschluss nach § 20 wird erst mit seiner Rechtskraft wirksam. [2]Hierauf ist in dem Beschluss hinzuweisen.

§ 23
Vollstreckungsklausel

(1) Auf Grund eines wirksamen Beschlusses nach § 20 Abs. 1 erteilt der Urkundsbeamte der Geschäftsstelle die Vollstreckungsklausel in folgender Form: „Vollstreckungsklausel nach § 23 des Internationalen Familienrechtsverfahrensgesetzes vom 26. Januar 2005 (BGBl. I S. 162). Gemäß dem Beschluss des ... (Bezeichnung des Gerichts und des Beschlusses) ist die Zwangsvollstreckung aus ... (Bezeichnung des Titels) zu Gunsten ... (Bezeichnung der berechtigten Person) gegen ... (Bezeichnung der verpflichteten Person) zulässig. Die zu vollstreckende Verpflichtung lautet: ... (Angabe der aus dem ausländischen Titel der verpflichteten Person obliegenden Verpflichtung in deutscher Sprache; aus dem Beschluss nach § 20 Abs. 1 zu übernehmen)."

(2) Wird die Zwangsvollstreckung nur für einen oder mehrere der durch den ausländischen Titel zuerkannten oder in einem anderen ausländischen Titel niedergelegten Ansprüche oder nur für einen Teil des Gegenstands der Verpflichtung zugelassen, so ist die Vollstreckungsklausel als „Teil-Vollstreckungsklausel nach § 23 des Internationalen Familienrechtsverfahrensgesetzes vom 26. Januar 2005 (BGBl. I S. 162)" zu bezeichnen.

(3) [1]Die Vollstreckungsklausel ist von dem Urkundsbeamten der Geschäftsstelle zu unterschreiben und mit dem Gerichtssiegel zu versehen. [2]Sie ist entweder auf die Ausfertigung des Titels oder auf ein damit zu verbindendes Blatt zu setzen. [3]Falls eine Übersetzung des Titels vorliegt, ist sie mit der Ausfertigung zu verbinden.

Unterabschnitt 2
Beschwerde

§ 24
Einlegung der Beschwerde; Beschwerdefrist

(1) [1]Gegen die im ersten Rechtszug ergangene Entscheidung findet die Beschwerde zum Oberlandesgericht statt. [2]Die Beschwerde wird bei dem Oberlandesgericht durch Einreichen einer Beschwerdeschrift oder durch Erklärung zu Protokoll der Geschäftsstelle eingelegt.

(2) Die Zulässigkeit der Beschwerde wird nicht dadurch berührt, dass sie statt bei dem Oberlandesgericht bei dem Gericht des ersten Rechtszugs eingelegt wird; die Beschwerde ist unverzüglich von Amts wegen an das Oberlandesgericht abzugeben.

(3) Die Beschwerde gegen die Zulassung der Zwangsvollstreckung ist einzulegen

1. innerhalb eines Monats nach Zustellung, wenn die beschwerdeberechtigte Person ihren gewöhnlichen Aufenthalt im Inland hat;
2. innerhalb von zwei Monaten nach Zustellung, wenn die beschwerdeberechtigte Person ihren gewöhnlichen Aufenthalt im Ausland hat. Die Frist beginnt mit dem Tag, an dem die Vollstreckbarerklärung der beschwerdeberechtigten Person entweder persönlich oder in ihrer Wohnung zugestellt worden ist. Eine Verlängerung dieser Frist wegen weiter Entfernung ist ausgeschlossen.

(4) Die Beschwerdefrist ist eine Notfrist.

(5) Die Beschwerde ist dem Beschwerdegegner von Amts wegen zuzustellen.

§ 25
Einwendungen gegen den zu vollstreckenden Anspruch

Die verpflichtete Person kann mit der Beschwerde gegen die Zulassung der Zwangsvollstreckung aus einem Titel über die Erstattung von Verfahrenskosten auch Einwendungen gegen den Anspruch selbst insoweit geltend machen, als die Gründe, auf denen sie beruhen, erst nach Erlass des Titels entstanden sind.

§ 26
Verfahren und Entscheidung über die Beschwerde

(1) Der Senat des Oberlandesgerichts entscheidet durch Beschluss, der mit Gründen zu versehen ist und ohne mündliche Verhandlung ergehen kann.

(2) [1]Solange eine mündliche Verhandlung nicht angeordnet ist, können zu Protokoll der Geschäftsstelle Anträge gestellt und Erklärungen abgegeben werden. [2]Wird in einer Ehesache die mündliche Verhandlung angeordnet, so gilt für die Ladung § 215 der Zivilprozessordnung.

(3) Eine vollständige Ausfertigung des Beschlusses ist den Beteiligten auch dann von Amts wegen zuzustellen, wenn der Beschluss verkündet worden ist.

(4) § 20 Abs. 1 Satz 2, Abs. 2 und 3, § 21 Abs. 1, 2 und 4 sowie § 23 gelten entsprechend.

§ 27
Anordnung der sofortigen Wirksamkeit

(1) [1]Der Beschluss des Oberlandesgerichts nach § 26 wird erst mit seiner Rechtskraft wirksam. [2]Hierauf ist in dem Beschluss hinzuweisen.

(2) Das Oberlandesgericht kann in Verbindung mit der Entscheidung über die Beschwerde die sofortige Wirksamkeit eines Beschlusses anordnen.

Unterabschnitt 3
Rechtsbeschwerde

§ 28
Statthaftigkeit der Rechtsbeschwerde

Gegen den Beschluss des Oberlandesgerichts findet die Rechtsbeschwerde zum Bundesgerichtshof nach Maßgabe des § 574 Abs. 1 Nr. 1, Abs. 2 der Zivilprozessordnung statt.

§ 29
Einlegung und Begründung der Rechtsbeschwerde

[1]§ 575 Abs. 1 bis 4 der Zivilprozessordnung ist entsprechend anzuwenden. [2]Soweit die Rechtsbeschwerde darauf gestützt wird, dass das Oberlandesgericht von einer Entscheidung des Gerichtshofs der Europäischen Gemeinschaften abgewichen sei, muss die Entscheidung, von der der angefochtene Beschluss abweicht, bezeichnet werden.

§ 30
Verfahren und Entscheidung über die Rechtsbeschwerde

(1) [1]Der Bundesgerichtshof kann nur überprüfen, ob der Beschluss auf einer Verletzung des Rechts der Europäischen Gemeinschaft, eines Anerkennungs- und Vollstreckungsvertrags, sonstigen Bundesrechts oder einer anderen Vorschrift beruht, deren Geltungsbereich sich über den Bezirk eines Oberlandesgerichts hinaus erstreckt. [2]Er darf nicht prüfen, ob das Gericht seine örtliche Zuständigkeit zu Unrecht angenommen hat.

(2) [1]Der Bundesgerichtshof kann über die Rechtsbeschwerde ohne mündliche Verhandlung entscheiden. [2]§ 574 Abs. 4, § 576 Abs. 3 und § 577 der Zivilprozessordnung sind entsprechend anzuwenden; in Angelegenheiten der freiwilligen Gerichtsbarkeit bleiben § 574 Abs. 4 und § 577 Abs. 2 Satz 1 bis 3 der Zivilprozessordnung sowie die Verweisung auf § 556 in § 576 Abs. 3 der Zivilprozessordnung außer Betracht.

(3) § 20 Abs. 1 Satz 2, Abs. 2 und 3, § 21 Abs. 1, 2 und 4 sowie § 23 gelten entsprechend.

§ 31
Anordnung der sofortigen Wirksamkeit

Der Bundesgerichtshof kann auf Antrag der verpflichteten Person eine Anordnung nach § 27 Abs. 2 aufheben oder auf Antrag der berechtigten Person erstmals eine Anordnung nach § 27 Abs. 2 treffen.

Unterabschnitt 4
Feststellung der Anerkennung

§ 32
Anerkennungsfeststellung

Auf das Verfahren über einen gesonderten Feststellungsantrag nach Artikel 21 Absatz 3 der Verordnung (EG) Nr. 2201/2003, nach Artikel 24 des Haager Kinderschutzübereinkommens oder nach dem Europäischen Sorgerechtsübereinkommen, einen Titel aus einem anderen Staat anzuerkennen oder nicht anzuerkennen, sind die Unterabschnitte 1 bis 3 entsprechend anzuwenden. § 18 Absatz 1 Satz 1 ist nicht anzuwenden, wenn die antragstellende Person die Feststellung begehrt, dass ein Titel aus einem anderen Staat nicht anzuerkennen ist. § 18 Absatz 1 Satz 3 ist in diesem Falle mit der Maßgabe anzuwenden, dass die mündliche Erörterung auch mit weiteren Beteiligten stattfinden kann.

Unterabschnitt 5
Wiederherstellung des Sorgeverhältnisses

§ 33
Anordnung auf Herausgabe des Kindes

(1) Umfasst ein vollstreckungsfähiger Titel im Anwendungsbereich der Verordnung (EG) Nr. 2201/2003, des Haager Kinderschutzübereinkommens oder des Europäischen Sorgerechtsübereinkommens nach dem Recht des Staates, in dem er geschaffen wurde, das Recht auf Herausgabe des Kindes, so kann das Familiengericht die Herausgabeanordnung in der Vollstreckungsklausel oder in einer nach § 44 getroffenen Anordnung klarstellend aufnehmen.

(2) Liegt im Anwendungsbereich des Europäischen Sorgerechtsübereinkommens ein vollstreckungsfähiger Titel auf Herausgabe des Kindes nicht vor, so stellt das Gericht nach § 32 fest, dass die Sorgerechtsentscheidung oder die von der zuständigen Behörde genehmigte Sorgerechtsvereinbarung aus dem anderen Vertragsstaat anzuerkennen ist, und ordnet zur Wiederherstellung des Sorgeverhältnisses auf Antrag an, dass die verpflichtete Person das Kind herauszugeben hat.

Unterabschnitt 6
Aufhebung oder Änderung von Beschlüssen

§ 34
Verfahren auf Aufhebung oder Änderung

(1) [1]Wird der Titel in dem Staat, in dem er errichtet worden ist, aufgehoben oder abgeändert und kann die verpflichtete Person diese Tatsache in dem Verfahren der Zulassung der Zwangsvollstreckung nicht mehr geltend machen, so kann sie die Aufhebung oder Änderung der Zulassung in einem besonderen Verfahren beantragen. [2]Das Gleiche gilt für den Fall der Aufhebung oder Änderung von Entscheidungen, Vereinbarungen oder öffentlichen Urkunden, deren Anerkennung festgestellt ist.

(2) Für die Entscheidung über den Antrag ist das Familiengericht ausschließlich zuständig, das im ersten Rechtszug über den Antrag auf Erteilung der Vollstreckungsklausel oder auf Feststellung der Anerkennung entschieden hat.

(3) [1]Der Antrag kann bei dem Gericht schriftlich oder durch Erklärung zu Protokoll der Geschäftsstelle gestellt werden. [2]Die Entscheidung ergeht durch Beschluss.

(4) Auf die Beschwerde finden die Unterabschnitte 2 und 3 entsprechend Anwendung.

(5) [1]Im Falle eines Titels über die Erstattung von Verfahrenskosten sind für die Einstellung der Zwangsvollstreckung und die Aufhebung bereits getroffener Vollstreckungsmaßregeln die §§ 769 und 770 der Zivilprozessordnung entsprechend anzuwenden. [2]Die Aufhebung einer Vollstreckungsmaßregel ist auch ohne Sicherheitsleistung zulässig.

§ 35
Schadensersatz wegen ungerechtfertigter Vollstreckung

(1) [1]Wird die Zulassung der Zwangsvollstreckung aus einem Titel über die Erstattung von Verfahrenskosten auf die Rechtsbeschwerde aufgehoben oder abgeändert, so ist die berechtigte Person zum Ersatz des Schadens verpflichtet, welcher der verpflichteten Person durch die Vollstreckung des Titels oder durch eine Leistung zur Abwendung der Vollstreckung entstanden ist. [2]Das Gleiche gilt, wenn die Zulassung der Zwangsvollstreckung nach § 34 aufgehoben oder abgeändert wird, sofern der zur Zwangsvollstreckung zugelassene Titel zum Zeitpunkt der Zulassung nach dem Recht des Staates, in dem er ergangen ist, noch mit einem ordentlichen Rechtsbehelf angefochten werden konnte.

(2) Für die Geltendmachung des Anspruchs ist das Gericht ausschließlich zuständig, das im ersten Rechtszug über den Antrag, den Titel mit der Vollstreckungsklausel zu versehen, entschieden hat.

Unterabschnitt 7
Vollstreckungsgegenklage

§ 36
Vollstreckungsgegenklage bei Titeln über Verfahrenskosten

(1) Ist die Zwangsvollstreckung aus einem Titel über die Erstattung von Verfahrenskosten zugelassen, so kann die verpflichtete Person Einwendungen gegen den Anspruch selbst in einem Verfahren nach § 767 der Zivilprozessordnung nur geltend machen, wenn die Gründe, auf denen ihre Einwendungen beruhen, erst

1. nach Ablauf der Frist, innerhalb deren sie die Beschwerde hätte einlegen können, oder
2. falls die Beschwerde eingelegt worden ist, nach Beendigung dieses Verfahrens

entstanden sind.

(2) Die Klage nach § 767 der Zivilprozessordnung ist bei dem Gericht zu erheben, das über den Antrag auf Erteilung der Vollstreckungsklausel entschieden hat.

Abschnitt 6
Verfahren nach dem Haager Kindesentführungsübereinkommen

§ 37
Anwendbarkeit

Kommt im Einzelfall die Rückgabe des Kindes nach dem Haager Kindesentführungsübereinkommen und dem Europäischen Sorgerechtsübereinkommen in Betracht, so sind zunächst die Bestimmungen des Haager Kindesentführungsübereinkommens anzuwenden, sofern die antragstellende Person nicht ausdrücklich die Anwendung des Europäischen Sorgerechtsübereinkommen begehrt.

§ 38
Beschleunigtes Verfahren

(1) [1]Das Gericht hat das Verfahren auf Rückgabe eines Kindes in allen Rechtszügen vorrangig zu behandeln. [2]Mit Ausnahme von Artikel 12 Abs. 3 des Haager Kindesentführungsübereinkommens findet eine Aussetzung des Verfahrens nicht statt. [3]Das Gericht hat alle erforderlichen Maßnahmen zur Beschleunigung des Verfahrens zu treffen, insbesondere auch damit die Entscheidung in der Hauptsache binnen der in Artikel 11 Abs. 3 der Verordnung (EG) Nr. 2201/2003 genannten Frist ergehen kann.

(2) Das Gericht prüft in jeder Lage des Verfahrens, ob das Recht zum persönlichen Umgang mit dem Kind gewährleistet werden kann.

(3) Die Beteiligten haben an der Aufklärung des Sachverhalts mitzuwirken, wie es einem auf Förderung und Beschleunigung des Verfahrens bedachten Vorgehen entspricht.

§ 39
Übermittlung von Entscheidungen

Wird eine inländische Entscheidung nach Artikel 11 Abs. 6 der Verordnung (EG) Nr. 2201/2003 unmittelbar dem zuständigen Gericht oder der Zentralen Behörde im Ausland übermittelt, ist der Zentralen Behörde zur Erfüllung ihrer Aufgaben nach Artikel 7 des Haager Kindesentführungsübereinkommens eine Abschrift zu übersenden.

§ 40
Wirksamkeit der Entscheidung; Rechtsmittel

(1) Eine Entscheidung, die zur Rückgabe des Kindes in einen anderen Vertragsstaat verpflichtet, wird erst mit deren Rechtskraft wirksam.

(2) [1]Gegen eine im ersten Rechtszug ergangene Entscheidung findet die Beschwerde zum Oberlandesgericht nach Unterabschnitt 1 des Abschnitts 5 des Buches 1 des Gesetzes über das Verfahren in Familiensachen und in den Angelegenheiten der freiwilligen Gerichtsbarkeit statt; § 65 Abs. 2, § 68 Abs. 4 sowie § 69 Abs. 1 Halbsatz 2 jenes Gesetzes sind nicht anzuwenden. [2]Die Beschwerde ist innerhalb von zwei Wochen einzulegen und zu begründen. [3]Die Beschwerde gegen eine Entscheidung, die zur Rückgabe des Kindes verpflichtet, steht nur dem Antragsgegner, dem

Kind, soweit es das 14. Lebensjahr vollendet hat, und dem beteiligten Jugendamt zu. [4]Eine Rechtsbeschwerde findet nicht statt.

(3) [1]Das Beschwerdegericht hat nach Eingang der Beschwerdeschrift unverzüglich zu prüfen, ob die sofortige Wirksamkeit der angefochtenen Entscheidung über die Rückgabe des Kindes anzuordnen ist. [2]Die sofortige Wirksamkeit soll angeordnet werden, wenn die Beschwerde offensichtlich unbegründet ist oder die Rückgabe des Kindes vor der Entscheidung über die Beschwerde unter Berücksichtigung der berechtigten Interessen der Beteiligten mit dem Wohl des Kindes zu vereinbaren ist. [3]Die Entscheidung über die sofortige Wirksamkeit kann während des Beschwerdeverfahrens abgeändert werden.

§ 41
Bescheinigung über Widerrechtlichkeit

[1]Über einen Antrag, die Widerrechtlichkeit des Verbringens oder des Zurückhaltens eines Kindes nach Artikel 15 Satz 1 des Haager Kindesentführungsübereinkommens festzustellen, entscheidet das Familiengericht,

1. bei dem die Sorgerechtsangelegenheit oder Ehesache im ersten Rechtszug anhängig ist oder war, sonst
2. in dessen Bezirk das Kind seinen letzten gewöhnlichen Aufenthalt im Geltungsbereich dieses Gesetzes hatte, hilfsweise
3. in dessen Bezirk das Bedürfnis der Fürsorge auftritt.

[2]Die Entscheidung ist zu begründen.

§ 42
Einreichung von Anträgen bei dem Amtsgericht

(1) [1]Ein Antrag, der in einem anderen Vertragsstaat zu erledigen ist, kann auch bei dem Amtsgericht als Justizverwaltungsbehörde eingereicht werden, in dessen Bezirk die antragstellende Person ihren gewöhnlichen Aufenthalt oder, mangels eines solchen im Geltungsbereich dieses Gesetzes, ihren tatsächlichen Aufenthalt hat. [2]Das Gericht übermittelt den Antrag nach Prüfung der förmlichen Voraussetzungen unverzüglich der Zentralen Behörde, die ihn an den anderen Vertragsstaat weiterleitet.

(2) Für die Tätigkeit des Amtsgerichts und der Zentralen Behörde bei der Entgegennahme und Weiterleitung von Anträgen werden mit Ausnahme der Fälle nach § 5 Abs. 1 Kosten nicht erhoben.

§ 43
Verfahrenskosten- und Beratungshilfe

Abweichend von Artikel 26 Abs. 2 des Haager Kindesentführungsübereinkommens findet eine Befreiung von gerichtlichen und außergerichtlichen Kosten bei Verfahren nach diesem Übereinkommen nur nach Maßgabe der Vorschriften über die Beratungshilfe und Verfahrenskostenhilfe statt.

Abschnitt 7
Vollstreckung

§ 44
Ordnungsmittel; Vollstreckung von Amts wegen

(1) [1]Bei Zuwiderhandlung gegen einen im Inland zu vollstreckenden Titel nach Kapitel III der Verordnung (EG) Nr. 2201/2003, nach dem Haager Kinderschutzübereinkommen, dem Haager Kindesentführungsübereinkommen oder dem Europäischen Sorgerechtsübereinkommen, der auf Herausgabe von Personen oder die Regelung des Umgangs gerichtet ist, soll das Gericht Ordnungsgeld und für den Fall, dass dieses nicht beigetrieben werden kann, Ordnungshaft anordnen. [2]Verspricht die Anordnung eines Ordnungsgeldes keinen Erfolg, soll das Gericht Ordnungshaft anordnen.

(2) Für die Vollstreckung eines in Absatz 1 genannten Titels ist das Oberlandesgericht zuständig, sofern es die Anordnung für vollstreckbar erklärt, erlassen oder bestätigt hat.[1]

---

1 Absatz 2 eingefügt durch Artikel 8 des Gesetzes über die Internetversteigerung in der Zwangsvollstreckung und zur Änderung anderer Gesetze v. 30.6.2009 (BGBl. I, S. 2474).

(3) [1]Ist ein Kind heraus- oder zurückzugeben, so hat das Gericht die Vollstreckung von Amts wegen durchzuführen, es sei denn, die Anordnung ist auf Herausgabe des Kindes zum Zweck des Umgangs gerichtet. [2]Auf Antrag der berechtigten Person soll das Gericht hiervon absehen.

Abschnitt 8
Grenzüberschreitende Unterbringung

§ 45
Zuständigkeit für die Zustimmung zu einer Unterbringung

[1]Zuständig für die Erteilung der Zustimmung zu einer Unterbringung eines Kindes nach Artikel 56 der Verordnung (EG) Nr. 2201/2003 oder nach Artikel 33 des Haager Kinderschutzübereinkommens im Inland ist der überörtliche Träger der öffentlichen Jugendhilfe, in dessen Bereich das Kind nach dem Vorschlag der ersuchenden Stelle untergebracht werden soll, andernfalls der überörtliche Träger, zu dessen Bereich die Zentrale Behörde den engsten Bezug festgestellt hat. [2]Hilfsweise ist das Land Berlin zuständig.

§ 46
Konsultationsverfahren

(1) Dem Ersuchen soll in der Regel zugestimmt werden, wenn

1. die Durchführung der beabsichtigten Unterbringung im Inland dem Wohl des Kindes entspricht, insbesondere weil es eine besondere Bindung zum Inland hat,
2. die ausländische Stelle einen Bericht und, soweit erforderlich, ärztliche Zeugnisse oder Gutachten vorgelegt hat, aus denen sich die Gründe der beabsichtigten Unterbringung ergeben,
3. das Kind im ausländischen Verfahren angehört wurde, sofern eine Anhörung nicht auf Grund des Alters oder des Reifegrades des Kindes unangebracht erschien,
4. die Zustimmung der geeigneten Einrichtung oder Pflegefamilie vorliegt und der Vermittlung des Kindes dorthin keine Gründe entgegenstehen,
5. eine erforderliche ausländerrechtliche Genehmigung erteilt oder zugesagt wurde,
6. die Übernahme der Kosten geregelt ist.

(2) Im Falle einer Unterbringung, die mit Freiheitsentziehung verbunden ist, ist das Ersuchen ungeachtet der Voraussetzungen des Absatzes 1 abzulehnen, wenn

1. im ersuchenden Staat über die Unterbringung kein Gericht entscheidet oder
2. bei Zugrundelegung des mitgeteilten Sachverhalts nach innerstaatlichem Recht eine Unterbringung, die mit Freiheitsentziehung verbunden ist, nicht zulässig wäre.

(3) Die ausländische Stelle kann um ergänzende Informationen ersucht werden.

(4) Wird um die Unterbringung eines ausländischen Kindes ersucht, ist die Stellungnahme der Ausländerbehörde einzuholen.

(5) [1]Die zu begründende Entscheidung ist auch der Zentralen Behörde und der Einrichtung oder der Pflegefamilie, in der das Kind untergebracht werden soll, mitzuteilen. [2]Sie ist unanfechtbar.

§ 47
Genehmigung des Familiengerichts

(1) [1]Die Zustimmung des überörtlichen Trägers der öffentlichen Jugendhilfe nach den §§ 45 und 46 ist nur mit Genehmigung des Familiengerichts zulässig. [2]Das Gericht soll die Genehmigung in der Regel erteilen, wenn

1. die in § 46 Abs. 1 Nr. 1 bis 3 bezeichneten Voraussetzungen vorliegen und
2. kein Hindernis für die Anerkennung der beabsichtigten Unterbringung erkennbar ist.

[3]§ 46 Abs. 2 und 3 gilt entsprechend.

(2) [1]Örtlich zuständig ist das Familiengericht am Sitz des Oberlandesgerichts, in dessen Zuständigkeitsbereich das Kind untergebracht werden soll, für den Bezirk dieses Oberlandesgerichts. [2]§ 12 Abs. 2 und 3 gilt entsprechend.

(3) Der zu begründende Beschluss ist unanfechtbar.

Abschnitt 9
Bescheinigungen zu inländischen Entscheidungen nach der Verordnung (EG) Nr. 2201/2003

§ 48
Ausstellung von Bescheinigungen

(1) Die Bescheinigung nach Artikel 39 der Verordnung (EG) Nr. 2201/2003 wird von dem Urkundsbeamten der Geschäftsstelle des Gerichts des ersten Rechtszugs und, wenn das Verfahren bei einem höheren Gericht anhängig ist, von dem Urkundsbeamten der Geschäftsstelle dieses Gerichts ausgestellt.

(2) Die Bescheinigung nach den Artikeln 41 und 42 der Verordnung (EG) Nr. 2201/2003 wird beim Gericht des ersten Rechtszugs von dem Familienrichter, in Verfahren vor dem Oberlandesgericht oder dem Bundesgerichtshof von dem Vorsitzenden des Senats für Familiensachen ausgestellt.

§ 49
Berichtigung von Bescheinigungen

Für die Berichtigung der Bescheinigung nach Artikel 43 Abs. 1 der Verordnung (EG) Nr. 2201/2003 gilt § 319 der Zivilprozessordnung entsprechend.

Abschnitt 10
Kosten

§§ 50–53
(aufgehoben)

§ 54
Übersetzungen

Die Höhe der Vergütung für die von der Zentralen Behörde veranlassten Übersetzungen richtet sich nach dem Justizvergütungs- und -entschädigungsgesetz.

Abschnitt 11
Übergangsvorschriften

§ 55
Übergangsvorschriften zu der Verordnung (EG) Nr. 2201/2003

Dieses Gesetz findet sinngemäß auch auf Verfahren nach der Verordnung (EG) Nr. 1347/2000 des Rates vom 29. Mai 2000 über die Zuständigkeit und die Anerkennung und Vollstreckung von Entscheidungen in Ehesachen und in Verfahren betreffend die elterliche Verantwortung für die gemeinsamen Kinder der Ehegatten (ABl. EG Nr. L 160 S. 19) mit folgender Maßgabe Anwendung:

Ist ein Beschluss nach § 21 an die verpflichtete Person in einem weder der Europäischen Union noch dem Übereinkommen vom 16. September 1988 über die gerichtliche Zuständigkeit und die Vollstreckung gerichtlicher Entscheidungen in Zivil- und Handelssachen (BGBl. 1994 II S. 2658) angehörenden Staat zuzustellen und hat das Familiengericht eine Beschwerdefrist nach § 10 Abs. 2 und § 50 Abs. 2 Satz 4 und 5 des Anerkennungs- und Vollstreckungsausführungsgesetzes bestimmt, so ist die Beschwerde der verpflichteten Person gegen die Zulassung der Zwangsvollstreckung innerhalb der vom Gericht bestimmten Frist einzulegen.

§ 56
Übergangsvorschriften zum Sorgerechtsübereinkommens-Ausführungsgesetz

[1]Für Verfahren nach dem Haager Kindesentführungsübereinkommen und dem Europäischen Sorgerechtsübereinkommen, die vor Inkrafttreten dieses Gesetzes eingeleitet wurden, finden die Vorschriften des Sorgerechtsübereinkommens-Ausführungsgesetzes vom 5. April 1990 (BGBl. I S. 701), zuletzt geändert durch Artikel 2 Abs. 6 des Gesetzes vom 19. Februar 2001 (BGBl. I S. 288, 436), weiter Anwendung. [2]Für die Zwangsvollstreckung sind jedoch die Vorschriften dieses Gesetzes anzuwenden. [3]Hat ein Gericht die Zwangsvollstreckung bereits eingeleitet, so bleibt seine funktionelle Zuständigkeit unberührt.

Anhang 2 zu § 97: Brüssel IIa-VO

Verordnung Nr. 2201/2003 vom 27.11.2003 über die Zuständigkeit und die Anerkennung und Vollstreckung von Entscheidungen in Ehesachen und in Verfahren betreffend die elterliche Verantwortung und zur Aufhebung der Verordnung Nr. 1347/2000[1]

DER RAT DER EUROPÄISCHEN UNION –

gestützt auf den Vertrag zur Gründung der Europäischen Gemeinschaft, insbesondere auf Art. 61 Buchstabe c) und Art. 67 Abs. 1,

– auf Vorschlag der Kommission,[2]

– nach Stellungnahme des Europäischen Parlaments,[3]

– nach Stellungnahme des Europäischen Wirtschafts- und Sozialausschusses,[4]

– in Erwägung nachstehender Gründe:

(1) Die Europäische Gemeinschaft hat sich die Schaffung eines Raums der Freiheit, der Sicherheit und des Rechts zum Ziel gesetzt, in dem der freie Personenverkehr gewährleistet ist. Hierzu erlässt die Gemeinschaft unter anderem die Maßnahmen, die im Bereich der justiziellen Zusammenarbeit in Zivilsachen für das reibungslose Funktionieren des Binnenmarkts erforderlich sind.

(2) Auf seiner Tagung in Tampere hat der Europäische Rat den Grundsatz der gegenseitigen Anerkennung gerichtlicher Entscheidungen, der für die Schaffung eines echten europäischen Rechtsraums unabdingbar ist, anerkannt und die Besuchsrechte als Priorität eingestuft.

(3) Die Verordnung (EG) Nr. 1347/2000 des Rates vom 29.5.2000[5] enthält Vorschriften für die Zuständigkeit und die Anerkennung und Vollstreckung von Entscheidungen in Ehesachen sowie von aus Anlass von Ehesachen ergangenen Entscheidungen über die elterliche Verantwortung für die gemeinsamen Kinder der Ehegatten. Der Inhalt dieser Verordnung wurde weitgehend aus dem diesbezüglichen Übereinkommen vom 28.5.1998 übernommen.[6]

(4) Am 3.7.2000 hat Frankreich eine Initiative im Hinblick auf den Erlass einer Verordnung des Rates über die gegenseitige Vollstreckung von Entscheidungen über das Umgangsrecht vorgelegt.[7]

(5) Um die Gleichbehandlung aller Kinder sicherzustellen, gilt diese Verordnung für alle Entscheidungen über die elterliche Verantwortung, einschließlich der Maßnahmen zum Schutz des Kindes, ohne Rücksicht darauf, ob eine Verbindung zu einem Verfahren in Ehesachen besteht.

(6) Da die Vorschriften über die elterliche Verantwortung häufig in Ehesachen herangezogen werden, empfiehlt es sich, Ehesachen und die elterliche Verantwortung in einem einzigen Rechtsakt zu regeln.

(7) Diese Verordnung gilt für Zivilsachen, unabhängig von der Art der Gerichtsbarkeit.

(8) Bezüglich Entscheidungen über die Ehescheidung, die Trennung ohne Auflösung des Ehebandes oder die Ungültigerklärung einer Ehe sollte diese Verordnung nur für die Auflösung einer Ehe und nicht für Fragen wie die Scheidungsgründe, das Ehegüterrecht oder sonstige mögliche Nebenaspekte gelten.

(9) Bezüglich des Vermögens des Kindes sollte diese Verordnung nur für Maßnahmen zum Schutz des Kindes gelten, das heißt i) für die Bestimmung und den Aufgabenbereich einer Person oder Stelle, die damit betraut ist, das Vermögen des Kindes zu verwalten, das Kind zu vertreten und ihm beizustehen, und ii) für Maßnahmen bezüglich der Verwaltung und Erhaltung des Vermögens des Kindes oder der Verfügung darüber. In diesem Zusammenhang sollte diese Verordnung beispielsweise für die Fälle gelten, in denen die Eltern über die Verwaltung des Vermögens des

1 ABl. EU 2003 Nr. L 338/1.
2 ABl. EG 2002 Nr. C 203 E/155.
3 Stellungnahme v. 20.11.2002, ABl. EU 2004 Nr. C 25 E/171.
4 ABl. EG 2003 Nr. C 61/76.
5 ABl. EG 2000 Nr. L 160/19.
6 Bei der Annahme der Verordnung (EG) Nr. 1347/2000 hatte der Rat den von Frau Professorin Alegria Borras erstellten erläuternden Bericht zu dem Übereinkommen zur Kenntnis genommen (ABl. EG 1998 Nr. C 221/27).
7 ABl. EG 2000 Nr. C 234/7.

Kindes im Streit liegen. Das Vermögen des Kindes betreffende Maßnahmen, die nicht den Schutz des Kindes betreffen, sollten weiterhin unter die Verordnung (EG) Nr. 44/2001 des Rates vom 22.12.2000 über die gerichtliche Zuständigkeit und die Anerkennung und Vollstreckung von Entscheidungen in Zivil- und Handelssachen[1] fallen.

(10) Diese Verordnung soll weder für Bereiche wie die soziale Sicherheit oder Maßnahmen allgemeiner Art des öffentlichen Rechts in Angelegenheiten der Erziehung und Gesundheit noch für Entscheidungen über Asylrecht und Einwanderung gelten. Außerdem gilt sie weder für die Feststellung des Eltern-Kind-Verhältnisses, bei der es sich um eine von der Übertragung der elterlichen Verantwortung gesonderte Frage handelt, noch für sonstige Fragen im Zusammenhang mit dem Personenstand. Sie gilt ferner nicht für Maßnahmen, die im Anschluss an von Kindern begangenen Straftaten ergriffen werden.

(11) Unterhaltspflichten sind vom Anwendungsbereich dieser Verordnung ausgenommen, da sie bereits durch die Verordnung (EG) Nr. 44/2001 geregelt werden. Die nach dieser Verordnung zuständigen Gerichte werden in Anwendung des Art. 5 Abs. 2 der Verordnung (EG) Nr. 44/2001 in der Regel für Entscheidungen in Unterhaltssachen zuständig sein.

(12) Die in dieser Verordnung für die elterliche Verantwortung festgelegten Zuständigkeitsvorschriften wurden dem Wohle des Kindes entsprechend und insbesondere nach dem Kriterium der räumlichen Nähe ausgestaltet. Die Zuständigkeit sollte vorzugsweise dem Mitgliedstaat des gewöhnlichen Aufenthalts des Kindes vorbehalten sein außer in bestimmten Fällen, in denen sich der Aufenthaltsort des Kindes geändert hat oder in denen die Träger der elterlichen Verantwortung etwas anderes vereinbart haben.

(13) Nach dieser Verordnung kann das zuständige Gericht den Fall im Interesse des Kindes ausnahmsweise und unter bestimmten Umständen an das Gericht eines anderen Mitgliedstaats verweisen, wenn dieses den Fall besser beurteilen kann. Allerdings sollte das später angerufene Gericht nicht befugt sein, die Sache an ein drittes Gericht weiterzuverweisen.

(14) Die Anwendung des Völkerrechts im Bereich diplomatischer Immunitäten sollte durch die Wirkungen dieser Verordnung nicht berührt werden. Kann das nach dieser Verordnung zuständige Gericht seine Zuständigkeit auf Grund einer diplomatischen Immunität nach dem Völkerrecht nicht wahrnehmen, so sollte die Zuständigkeit in dem Mitgliedstaat, in dem die betreffende Person keine Immunität genießt, nach den Rechtsvorschriften dieses Staates bestimmt werden.

(15) Für die Zustellung von Schriftstücken in Verfahren, die auf der Grundlage der vorliegenden Verordnung eingeleitet wurden, gilt die Verordnung (EG) Nr. 1348/2000 des Rates vom 29.5.2000 über die Zustellung gerichtlicher und außergerichtlicher Schriftstücke in Zivil- oder Handelssachen in den Mitgliedstaaten.[2]

(16) Die vorliegende Verordnung hindert die Gerichte eines Mitgliedstaats nicht daran, in dringenden Fällen einstweilige Maßnahmen einschließlich Schutzmaßnahmen in Bezug auf Personen oder Vermögensgegenstände, die sich in diesem Staat befinden, anzuordnen.

(17) Bei widerrechtlichem Verbringen oder Zurückhalten eines Kindes sollte dessen Rückgabe unverzüglich erwirkt werden; zu diesem Zweck sollte das Haager Übereinkommen vom 24.10.1980, das durch die Bestimmungen dieser Verordnung und insbesondere des Art. 11 ergänzt wird, weiterhin Anwendung finden. Die Gerichte des Mitgliedstaats, in den das Kind widerrechtlich verbracht wurde oder in dem es widerrechtlich zurückgehalten wird, sollten dessen Rückgabe in besonderen, ordnungsgemäß begründeten Fällen ablehnen können. Jedoch sollte eine solche Entscheidung durch eine spätere Entscheidung des Gerichts des Mitgliedstaats ersetzt werden können, in dem das Kind vor dem widerrechtlichen Verbringen oder Zurückhalten seinen gewöhnlichen Aufenthalt hatte. Sollte in dieser Entscheidung die Rückgabe des Kindes angeordnet werden, so sollte die Rückgabe erfolgen, ohne dass es in dem Mitgliedstaat, in den das Kind widerrechtlich verbracht wurde, eines besonderen Verfahrens zur Anerkennung und Vollstreckung dieser Entscheidung bedarf.

(18) Entscheidet das Gericht gemäß Art. 13 des Haager Übereinkommens von 1980, die Rückgabe abzulehnen, so sollte es das zuständige Gericht oder die Zentrale Behörde des Mitgliedstaats, in

1 ABl. EG 2001 Nr. L 12/1. Zuletzt geändert durch die Verordnung (EG) Nr. 1496/2002 der Kommission (ABl. EG 2002 Nr. L 225/13).

2 ABl. EG 2000 Nr. L 160/37.

dem das Kind vor dem widerrechtlichen Verbringen oder Zurückhalten seinen gewöhnlichen Aufenthalt hatte, hiervon unterrichten. Wurde dieses Gericht noch nicht angerufen, so sollte dieses oder die Zentrale Behörde die Parteien entsprechend unterrichten. Diese Verpflichtung sollte die Zentrale Behörde nicht daran hindern, auch die betroffenen Behörden nach nationalem Recht zu unterrichten.

(19) Die Anhörung des Kindes spielt bei der Anwendung dieser Verordnung eine wichtige Rolle, wobei diese jedoch nicht zum Ziel hat, die diesbezüglich geltenden nationalen Verfahren zu ändern.

(20) Die Anhörung eines Kindes in einem anderen Mitgliedstaat kann nach den Modalitäten der Verordnung (EG) Nr. 1206/2001 des Rates vom 28.5.2001 über die Zusammenarbeit zwischen den Gerichten der Mitgliedstaaten auf dem Gebiet der Beweisaufnahme in Zivil- oder Handelssachen[1] erfolgen.

(21) Die Anerkennung und Vollstreckung der in einem Mitgliedstaat ergangenen Entscheidungen sollten auf dem Grundsatz des gegenseitigen Vertrauens beruhen und die Gründe für die Nichtanerkennung auf das notwendige Minimum beschränkt sein.

(22) Zum Zwecke der Anwendung der Anerkennungs- und Vollstreckungsregeln sollten die in einem Mitgliedstaat vollstreckbaren öffentlichen Urkunden und Vereinbarungen zwischen den Parteien „Entscheidungen" gleichgestellt werden.

(23) Der Europäische Rat von Tampere hat in seinen Schlussfolgerungen (Nummer 34) die Ansicht vertreten, dass Entscheidungen in familienrechtlichen Verfahren „automatisch unionsweit anerkannt" werden sollten, „ohne dass es irgendwelche Zwischenverfahren oder Gründe für die Verweigerung der Vollstreckung geben" sollte. Deshalb sollten Entscheidungen über das Umgangsrecht und über die Rückgabe des Kindes, für die im Ursprungsmitgliedstaat nach Maßgabe dieser Verordnung eine Bescheinigung ausgestellt wurde, in allen anderen Mitgliedstaaten anerkannt und vollstreckt werden, ohne dass es eines weiteren Verfahrens bedarf. Die Modalitäten der Vollstreckung dieser Entscheidungen unterliegen weiterhin dem nationalen Recht.

(24) Gegen die Bescheinigung, die ausgestellt wird, um die Vollstreckung der Entscheidung zu erleichtern, sollte kein Rechtsbehelf möglich sein. Sie sollte nur Gegenstand einer Klage auf Berichtigung sein, wenn ein materieller Fehler vorliegt, dh., wenn in der Bescheinigung der Inhalt der Entscheidung nicht korrekt wiedergegeben ist.

(25) Die Zentralen Behörden sollten sowohl allgemein als auch in besonderen Fällen, einschließlich zur Förderung der gütlichen Beilegung von die elterliche Verantwortung betreffenden Familienstreitigkeiten, zusammenarbeiten. Zu diesem Zweck beteiligen sich die Zentralen Behörden an dem Europäischen Justiziellen Netz für Zivil- und Handelssachen, das mit der Entscheidung des Rates vom 28. Mai 2001 zur Einrichtung eines Europäischen Justiziellen Netzes für Zivil- und Handelssachen[2] eingerichtet wurde.

(26) Die Kommission sollte die von den Mitgliedstaaten übermittelten Listen mit den zuständigen Gerichten und den Rechtsbehelfen veröffentlichen und aktualisieren.

(27) Die zur Durchführung dieser Verordnung erforderlichen Maßnahmen sollten gemäß dem Beschluss 1999/468/EG des Rates vom 28.6.1999 zur Festlegung der Modalitäten für die Ausübung der der Kommission übertragenen Durchführungsbefugnisse[3] erlassen werden.

(28) Diese Verordnung tritt an die Stelle der Verordnung (EG) Nr. 1347/2000, die somit aufgehoben wird.

(29) Um eine ordnungsgemäße Anwendung dieser Verordnung sicherzustellen, sollte die Kommission deren Durchführung prüfen und gegebenenfalls die notwendigen Änderungen vorschlagen.

(30) Gemäß Art. 3 des dem Vertrag über die Europäische Union und dem Vertrag zur Gründung der Europäischen Gemeinschaft beigefügten Protokolls über die Position des Vereinigten Königreichs und Irlands haben diese Mitgliedstaaten mitgeteilt, dass sie sich an der Annahme und Anwendung dieser Verordnung beteiligen möchten.

1 ABl. EG 2001 Nr. L 174/1.
2 ABl. EG 2001 Nr. L 174/25.
3 ABl. EG 1999 Nr. L 184/23.

(31) Gemäß den Art. 1 und 2 des dem Vertrag über die Europäische Union und dem Vertrag zur Gründung der Europäischen Gemeinschaft beigefügten Protokolls über die Position Dänemarks beteiligt sich Dänemark nicht an der Annahme dieser Verordnung, die für Dänemark nicht bindend oder anwendbar ist.

(32) Da die Ziele dieser Verordnung auf Ebene der Mitgliedstaaten nicht ausreichend erreicht werden können und daher besser auf Gemeinschaftsebene zu erreichen sind, kann die Gemeinschaft im Einklang mit dem in Art. 5 des Vertrags niedergelegten Subsidiaritätsprinzip tätig werden. Entsprechend dem in demselben Art. genannten Verhältnismäßigkeitsprinzip geht diese Verordnung nicht über das für die Erreichung dieser Ziele erforderliche Maß hinaus.

(33) Diese Verordnung steht im Einklang mit den Grundrechten und Grundsätzen, die mit der Charta der Grundrechte der Europäischen Union anerkannt wurden. Sie zielt insbesondere darauf ab, die Wahrung der Grundrechte des Kindes im Sinne des Art. 24 der Grundrechtscharta der Europäischen Union zu gewährleisten –

Hat folgende Verordnung erlassen:

Kapitel I
Anwendungsbereich und Begriffsbestimmungen

Art. 1
Anwendungsbereich

(1) Diese Verordnung gilt, ungeachtet der Art der Gerichtsbarkeit, für Zivilsachen mit folgendem Gegenstand:

a) die Ehescheidung, die Trennung ohne Auflösung des Ehebandes und die Ungültigerklärung einer Ehe,

b) die Zuweisung, die Ausübung, die Übertragung sowie die vollständige oder teilweise Entziehung der elterlichen Verantwortung.

(2) Die in Abs. 1 Buchstabe b) genannten Zivilsachen betreffen insbesondere:

a) das Sorgerecht und das Umgangsrecht,

b) die Vormundschaft, die Pflegschaft und entsprechende Rechtsinstitute,

c) die Bestimmung und den Aufgabenbereich jeder Person oder Stelle, die für die Person oder das Vermögen des Kindes verantwortlich ist, es vertritt oder ihm beisteht,

d) die Unterbringung des Kindes in einer Pflegefamilie oder einem Heim,

e) die Maßnahmen zum Schutz des Kindes im Zusammenhang mit der Verwaltung und Erhaltung seines Vermögens oder der Verfügung darüber.

(3) Diese Verordnung gilt nicht für

a) die Feststellung und die Anfechtung des Eltern-Kind-Verhältnisses,

b) Adoptionsentscheidungen und Maßnahmen zur Vorbereitung einer Adoption sowie die Ungültigerklärung und den Widerruf der Adoption,

c) Namen und Vornamen des Kindes,

d) die Volljährigkeitserklärung,

e) Unterhaltspflichten,

f) Trusts und Erbschaften,

g) Maßnahmen infolge von Straftaten, die von Kindern begangen wurden.

Art. 2
Begriffsbestimmungen

Für die Zwecke dieser Verordnung bezeichnet der Ausdruck

1. „Gericht" alle Behörden der Mitgliedstaaten, die für Rechtssachen zuständig sind, die gemäß Art. 1 in den Anwendungsbereich dieser Verordnung fallen;
2. „Richter" einen Richter oder Amtsträger, dessen Zuständigkeiten denen eines Richters in Rechtssachen entsprechen, die in den Anwendungsbereich dieser Verordnung fallen;

3. „Mitgliedstaat" jeden Mitgliedstaat mit Ausnahme Dänemarks;
4. „Entscheidung" jede von einem Gericht eines Mitgliedstaats erlassene Entscheidung über die Ehescheidung, die Trennung ohne Auflösung des Ehebandes oder die Ungültigerklärung einer Ehe sowie jede Entscheidung über die elterliche Verantwortung, ohne Rücksicht auf die Bezeichnung der jeweiligen Entscheidung, wie Urteil oder Beschluss;
5. „Ursprungsmitgliedstaat" den Mitgliedstaat, in dem die zu vollstreckende Entscheidung ergangen ist;
6. „Vollstreckungsmitgliedstaat" den Mitgliedstaat, in dem die Entscheidung vollstreckt werden soll;
7. „elterliche Verantwortung" die gesamten Rechte und Pflichten, die einer natürlichen oder juristischen Person durch Entscheidung oder kraft Gesetzes oder durch eine rechtlich verbindliche Vereinbarung betreffend die Person oder das Vermögen eines Kindes übertragen wurden. Elterliche Verantwortung umfasst insbesondere das Sorge- und das Umgangsrecht;
8. „Träger der elterlichen Verantwortung" jede Person, die die elterliche Verantwortung für ein Kind ausübt;
9. „Sorgerecht" die Rechte und Pflichten, die mit der Sorge für die Person eines Kindes verbunden sind, insbesondere das Recht auf die Bestimmung des Aufenthaltsortes des Kindes;
10. „Umgangsrecht" insbesondere auch das Recht, das Kind für eine begrenzte Zeit an einen anderen Ort als seinen gewöhnlichen Aufenthaltsort zu bringen;
11. „widerrechtliches Verbringen oder Zurückhalten eines Kindes" das Verbringen oder Zurückhalten eines Kindes, wenn
    a) dadurch das Sorgerecht verletzt wird, das auf Grund einer Entscheidung oder kraft Gesetzes oder auf Grund einer rechtlich verbindlichen Vereinbarung nach dem Recht des Mitgliedstaats besteht, in dem das Kind unmittelbar vor dem Verbringen oder Zurückhalten seinen gewöhnlichen Aufenthalt hatte, und
    b) das Sorgerecht zum Zeitpunkt des Verbringens oder Zurückhaltens allein oder gemeinsam tatsächlich ausgeübt wurde oder ausgeübt worden wäre, wenn das Verbringen oder Zurückhalten nicht stattgefunden hätte. Von einer gemeinsamen Ausübung des Sorgerechts ist auszugehen, wenn einer der Träger der elterlichen Verantwortung auf Grund einer Entscheidung oder kraft Gesetzes nicht ohne die Zustimmung des anderen Trägers der elterlichen Verantwortung über den Aufenthaltsort des Kindes bestimmen kann.

Kapitel II
Zuständigkeit

Abschnitt 1
Ehescheidung, Trennung ohne Auflösung des Ehebandes und Ungültigerklärung der Ehe

Art. 3
Allgemeine Zuständigkeit

(1) Für Entscheidungen über die Ehescheidung, die Trennung ohne Auflösung des Ehebandes oder die Ungültigerklärung einer Ehe, sind die Gerichte des Mitgliedstaats zuständig,

a) in dessen Hoheitsgebiet

- beide Ehegatten ihren gewöhnlichen Aufenthalt haben oder
- die Ehegatten zuletzt beide ihren gewöhnlichen Aufenthalt hatten, sofern einer von ihnen dort noch seinen gewöhnlichen Aufenthalt hat, oder
- der Antragsgegner seinen gewöhnlichen Aufenthalt hat oder
- im Fall eines gemeinsamen Antrags einer der Ehegatten seinen gewöhnlichen Aufenthalt hat oder
- der Antragsteller seinen gewöhnlichen Aufenthalt hat, wenn er sich dort seit mindestens einem Jahr unmittelbar vor der Antragstellung aufgehalten hat, oder
- der Antragsteller seinen gewöhnlichen Aufenthalt hat, wenn er sich dort seit mindestens sechs Monaten unmittelbar vor der Antragstellung aufgehalten hat und entweder Staatsangehöriger des betreffenden Mitgliedstaats ist oder, im Fall des Vereinigten Königreichs und Irlands, dort sein „domicile" hat;

b) dessen Staatsangehörigkeit beide Ehegatten besitzen, oder, im Fall des Vereinigten Königreichs und Irlands, in dem sie ihr gemeinsames „domicile" haben.

(2) Der Begriff „domicile" im Sinne dieser Verordnung bestimmt sich nach dem Recht des Vereinigten Königreichs und Irlands.

Art. 4
Gegenantrag

Das Gericht, bei dem ein Antrag gemäß Art. 3 anhängig ist, ist auch für einen Gegenantrag zuständig, sofern dieser in den Anwendungsbereich dieser Verordnung fällt.

Art. 5
Umwandlung einer Trennung ohne Auflösung des Ehebandes in eine Ehescheidung

Unbeschadet des Art. 3 ist das Gericht eines Mitgliedstaats, das eine Entscheidung über eine Trennung ohne Auflösung des Ehebandes erlassen hat, auch für die Umwandlung dieser Entscheidung in eine Ehescheidung zuständig, sofern dies im Recht dieses Mitgliedstaats vorgesehen ist.

Art. 6
Ausschließliche Zuständigkeit nach den Art. 3, 4 und 5

Gegen einen Ehegatten, der

a) seinen gewöhnlichen Aufenthalt im Hoheitsgebiet eines Mitgliedstaats hat oder

b) Staatsangehöriger eines Mitgliedstaats ist oder im Fall des Vereinigten Königreichs und Irlands sein „domicile" im Hoheitsgebiet eines dieser Mitgliedstaaten hat,

darf ein Verfahren vor den Gerichten eines anderen Mitgliedstaats nur nach Maßgabe der Art. 3, 4 und 5 geführt werden.

Art. 7
Restzuständigkeit

(1) Soweit sich aus den Art. 3, 4 und 5 keine Zuständigkeit eines Gerichts eines Mitgliedstaats ergibt, bestimmt sich die Zuständigkeit in jedem Mitgliedstaat nach dem Recht dieses Staates.

(2) Jeder Staatsangehörige eines Mitgliedstaats, der seinen gewöhnlichen Aufenthalt im Hoheitsgebiet eines anderen Mitgliedstaats hat, kann die in diesem Staat geltenden Zuständigkeitsvorschriften wie ein Inländer gegenüber einem Antragsgegner geltend machen, der seinen gewöhnlichen Aufenthalt nicht im Hoheitsgebiet eines Mitgliedstaats hat oder die Staatsangehörigkeit eines Mitgliedstaats besitzt oder im Fall des Vereinigten Königreichs und Irlands sein „domicile" nicht im Hoheitsgebiet eines dieser Mitgliedstaaten hat.

Abschnitt 2
Elterliche Verantwortung

Art. 8
Allgemeine Zuständigkeit

(1) Für Entscheidungen, die die elterliche Verantwortung betreffen, sind die Gerichte des Mitgliedstaats zuständig, in dem das Kind zum Zeitpunkt der Antragstellung seinen gewöhnlichen Aufenthalt hat.

(2) Abs. 1 findet vorbehaltlich der Art. 9, 10 und 12 Anwendung.

Art. 9
Aufrechterhaltung der Zuständigkeit des früheren gewöhnlichen Aufenthaltsortes des Kindes

(1) Beim rechtmäßigen Umzug eines Kindes von einem Mitgliedstaat in einen anderen, durch den es dort einen neuen gewöhnlichen Aufenthalt erlangt, verbleibt abweichend von Art. 8 die Zuständigkeit für eine Änderung einer vor dem Umzug des Kindes in diesem Mitgliedstaat ergangenen Entscheidung über das Umgangsrecht während einer Dauer von drei Monaten nach dem Umzug bei den Gerichten des früheren gewöhnlichen Aufenthalts des Kindes, wenn sich der laut der Entscheidung über das Umgangsrecht umgangsberechtigte Elternteil weiterhin gewöhnlich in dem Mitgliedstaat des früheren gewöhnlichen Aufenthalts des Kindes aufhält.

(2) Abs. 1 findet keine Anwendung, wenn der umgangsberechtigte Elternteil im Sinne des Abs. 1 die Zuständigkeit der Gerichte des Mitgliedstaats des neuen gewöhnlichen Aufenthalts des Kindes dadurch anerkannt hat, dass er sich an Verfahren vor diesen Gerichten beteiligt, ohne ihre Zuständigkeit anzufechten.

Art. 10
Zuständigkeit in Fällen von Kindesentführung

Bei widerrechtlichem Verbringen oder Zurückhalten eines Kindes bleiben die Gerichte des Mitgliedstaats, in dem das Kind unmittelbar vor dem widerrechtlichen Verbringen oder Zurückhalten seinen gewöhnlichen Aufenthalt hatte, so lange zuständig, bis das Kind einen gewöhnlichen Aufenthalt in einem anderen Mitgliedstaat erlangt hat und

a) jede sorgeberechtigte Person, Behörde oder sonstige Stelle dem Verbringen oder Zurückhalten zugestimmt hat oder

b) das Kind sich in diesem anderen Mitgliedstaat mindestens ein Jahr aufgehalten hat, nachdem die sorgeberechtigte Person, Behörde oder sonstige Stelle seinen Aufenthaltsort kannte oder hätte kennen müssen und sich das Kind in seiner neuen Umgebung eingelebt hat, sofern eine der folgenden Bedingungen erfüllt ist:

i) Innerhalb eines Jahres, nachdem der Sorgeberechtigte den Aufenthaltsort des Kindes kannte oder hätte kennen müssen, wurde kein Antrag auf Rückgabe des Kindes bei den zuständigen Behörden des Mitgliedstaats gestellt, in den das Kind verbracht wurde oder in dem es zurückgehalten wird;

ii) ein von dem Sorgeberechtigten gestellter Antrag auf Rückgabe wurde zurückgezogen, und innerhalb der in Ziffer i) genannten Frist wurde kein neuer Antrag gestellt;

iii) ein Verfahren vor dem Gericht des Mitgliedstaats, in dem das Kind unmittelbar vor dem widerrechtlichen Verbringen oder Zurückhalten seinen gewöhnlichen Aufenthalt hatte, wurde gemäß Art. 11 Abs. 7 abgeschlossen;

iv) von den Gerichten des Mitgliedstaats, in dem das Kind unmittelbar vor dem widerrechtlichen Verbringen oder Zurückhalten seinen gewöhnlichen Aufenthalt hatte, wurde eine Sorgerechtsentscheidung erlassen, in der die Rückgabe des Kindes nicht angeordnet wird.

Art. 11
Rückgabe des Kindes

(1) Beantragt eine sorgeberechtigte Person, Behörde oder sonstige Stelle bei den zuständigen Behörden eines Mitgliedstaats eine Entscheidung auf der Grundlage des Haager Übereinkommens vom 25. Oktober 1980 über die zivilrechtlichen Aspekte internationaler Kindesentführung (nachstehend „Haager Übereinkommen von 1980" genannt), um die Rückgabe eines Kindes zu erwirken, das widerrechtlich in einen anderen als den Mitgliedstaat verbracht wurde oder dort zurückgehalten wird, in dem das Kind unmittelbar vor dem widerrechtlichen Verbringen oder Zurückhalten seinen gewöhnlichen Aufenthalt hatte, so gelten die Absätze 2 bis 8.

(2) Bei Anwendung der Art. 12 und 13 des Haager Übereinkommens von 1980 ist sicherzustellen, dass das Kind die Möglichkeit hat, während des Verfahrens gehört zu werden, sofern dies nicht auf Grund seines Alters oder seines Reifegrads unangebracht erscheint.

(3) Das Gericht, bei dem die Rückgabe eines Kindes nach Abs. 1 beantragt wird, befasst sich mit gebotener Eile mit dem Antrag und bedient sich dabei der zügigsten Verfahren des nationalen Rechts.

Unbeschadet des Unterabsatzes 1 erlässt das Gericht seine Anordnung spätestens sechs Wochen nach seiner Befassung mit dem Antrag, es sei denn, dass dies auf Grund außergewöhnlicher Umstände nicht möglich ist.

(4) Ein Gericht kann die Rückgabe eines Kindes auf Grund des Art. 13 Buchstabe b) des Haager Übereinkommens von 1980 nicht verweigern, wenn nachgewiesen ist, dass angemessene Vorkehrungen getroffen wurden, um den Schutz des Kindes nach seiner Rückkehr zu gewährleisten.

(5) Ein Gericht kann die Rückgabe eines Kindes nicht verweigern, wenn der Person, die die Rückgabe des Kindes beantragt hat, nicht die Gelegenheit gegeben wurde, gehört zu werden.

(6) Hat ein Gericht entschieden, die Rückgabe des Kindes gemäß Art. 13 des Haager Übereinkommens von 1980 abzulehnen, so muss es nach dem nationalen Recht dem zuständigen Gericht

oder der Zentralen Behörde des Mitgliedstaats, in dem das Kind unmittelbar vor dem widerrechtlichen Verbringen oder Zurückhalten seinen gewöhnlichen Aufenthalt hatte, unverzüglich entweder direkt oder über seine Zentrale Behörde eine Abschrift der gerichtlichen Entscheidung, die Rückgabe abzulehnen, und die entsprechenden Unterlagen, insbesondere eine Niederschrift der Anhörung, übermitteln. Alle genannten Unterlagen müssen dem Gericht binnen einem Monat ab dem Datum der Entscheidung, die Rückgabe abzulehnen, vorgelegt werden.

(7) Sofern die Gerichte des Mitgliedstaats, in dem das Kind unmittelbar vor dem widerrechtlichen Verbringen oder Zurückhalten seinen gewöhnlichen Aufenthalt hatte, nicht bereits von einer der Parteien befasst wurden, muss das Gericht oder die Zentrale Behörde, das/die die Mitteilung gemäß Abs. 6 erhält, die Parteien hiervon unterrichten und sie einladen, binnen drei Monaten ab Zustellung der Mitteilung Anträge gemäß dem nationalen Recht beim Gericht einzureichen, damit das Gericht die Frage des Sorgerechts prüfen kann.

Unbeschadet der in dieser Verordnung festgelegten Zuständigkeitsregeln schließt das Gericht den Fall ab, wenn innerhalb dieser Frist keine Anträge bei dem Gericht eingegangen sind.

(8) Ungeachtet einer nach Art. 13 des Haager Übereinkommens von 1980 ergangenen Entscheidung, mit der die Rückgabe des Kindes verweigert wird, ist eine spätere Entscheidung, mit der die Rückgabe des Kindes angeordnet wird und die von einem nach dieser Verordnung zuständigen Gericht erlassen wird, im Einklang mit Kapitel III Abschnitt 4 vollstreckbar, um die Rückgabe des Kindes sicherzustellen.

Art. 12
Vereinbarung über die Zuständigkeit

(1) Die Gerichte des Mitgliedstaats, in dem nach Art. 3 über einen Antrag auf Ehescheidung, Trennung ohne Auflösung des Ehebandes oder Ungültigerklärung einer Ehe zu entscheiden ist, sind für alle Entscheidungen zuständig, die die mit diesem Antrag verbundene elterliche Verantwortung betreffen, wenn

a) zumindest einer der Ehegatten die elterliche Verantwortung für das Kind hat und

b) die Zuständigkeit der betreffenden Gerichte von den Ehegatten oder von den Trägern der elterlichen Verantwortung zum Zeitpunkt der Anrufung des Gerichts ausdrücklich oder auf andere eindeutige Weise anerkannt wurde und im Einklang mit dem Wohl des Kindes steht.

(2) Die Zuständigkeit gemäß Abs. 1 endet,

a) sobald die stattgebende oder abweisende Entscheidung über den Antrag auf Ehescheidung, Trennung ohne Auflösung des Ehebandes oder Ungültigerklärung einer Ehe rechtskräftig geworden ist,

b) oder in den Fällen, in denen zu dem unter Buchstabe a) genannten Zeitpunkt noch ein Verfahren betreffend die elterliche Verantwortung anhängig ist, sobald die Entscheidung in diesem Verfahren rechtskräftig geworden ist,

c) oder sobald die unter den Buchstaben a) und b) genannten Verfahren aus einem anderen Grund beendet worden sind.

(3) Die Gerichte eines Mitgliedstaats sind ebenfalls zuständig in Bezug auf die elterliche Verantwortung in anderen als den in Abs. 1 genannten Verfahren, wenn

a) eine wesentliche Bindung des Kindes zu diesem Mitgliedstaat besteht, insbesondere weil einer der Träger der elterlichen Verantwortung in diesem Mitgliedstaat seinen gewöhnlichen Aufenthalt hat oder das Kind die Staatsangehörigkeit dieses Mitgliedstaats besitzt, und

b) alle Parteien des Verfahrens zum Zeitpunkt der Anrufung des Gerichts die Zuständigkeit ausdrücklich oder auf andere eindeutige Weise anerkannt haben und die Zuständigkeit in Einklang mit dem Wohl des Kindes steht.

(4) Hat das Kind seinen gewöhnlichen Aufenthalt in einem Drittstaat, der nicht Vertragspartei des Haager Übereinkommens vom 19. Oktober 1996 über die Zuständigkeit, das anzuwendende Recht, die Anerkennung, Vollstreckung und Zusammenarbeit auf dem Gebiet der elterlichen Verantwortung und der Maßnahmen zum Schutz von Kindern ist, so ist davon auszugehen, dass die auf diesen Artikel gestützte Zuständigkeit insbesondere dann in Einklang mit dem Wohl des Kindes steht, wenn sich ein Verfahren in dem betreffenden Drittstaat als unmöglich erweist.

Art. 13
Zuständigkeit auf Grund der Anwesenheit des Kindes

(1) Kann der gewöhnliche Aufenthalt des Kindes nicht festgestellt werden und kann die Zuständigkeit nicht gemäß Art. 12 bestimmt werden, so sind die Gerichte des Mitgliedstaats zuständig, in dem sich das Kind befindet.

(2) Abs. 1 gilt auch für Kinder, die Flüchtlinge oder, auf Grund von Unruhen in ihrem Land, ihres Landes Vertriebene sind.

Art. 14
Restzuständigkeit

Soweit sich aus den Art. 8 bis 13 keine Zuständigkeit eines Gerichts eines Mitgliedstaats ergibt, bestimmt sich die Zuständigkeit in jedem Mitgliedstaat nach dem Recht dieses Staates.

Art. 15
Verweisung an ein Gericht, das den Fall besser beurteilen kann

(1) In Ausnahmefällen und sofern dies dem Wohl des Kindes entspricht, kann das Gericht eines Mitgliedstaats, das für die Entscheidung in der Hauptsache zuständig ist, in dem Fall, dass seines Erachtens ein Gericht eines anderen Mitgliedstaats, zu dem das Kind eine besondere Bindung hat, den Fall oder einen bestimmten Teil des Falls besser beurteilen kann,

a) die Prüfung des Falls oder des betreffenden Teils des Falls aussetzen und die Parteien einladen, beim Gericht dieses anderen Mitgliedstaats einen Antrag gemäß Abs. 4 zu stellen, oder

b) ein Gericht eines anderen Mitgliedstaats ersuchen, sich gemäß Abs. 5 für zuständig zu erklären.

(2) Abs. 1 findet Anwendung

a) auf Antrag einer der Parteien oder

b) von Amts wegen oder

c) auf Antrag des Gerichts eines anderen Mitgliedstaats, zu dem das Kind eine besondere Bindung gemäß Abs. 3 hat.

Die Verweisung von Amts wegen oder auf Antrag des Gerichts eines anderen Mitgliedstaats erfolgt jedoch nur, wenn mindestens eine der Parteien ihr zustimmt.

(3) Es wird davon ausgegangen, dass das Kind eine besondere Bindung im Sinne des Abs. 1 zu dem Mitgliedstaat hat, wenn

a) nach Anrufung des Gerichts im Sinne des Abs. 1 das Kind seinen gewöhnlichen Aufenthalt in diesem Mitgliedstaat erworben hat oder

b) das Kind seinen gewöhnlichen Aufenthalt in diesem Mitgliedstaat hatte oder

c) das Kind die Staatsangehörigkeit dieses Mitgliedstaats besitzt oder

d) ein Träger der elterlichen Verantwortung seinen gewöhnlichen Aufenthalt in diesem Mitgliedstaat hat oder

e) die Streitsache Maßnahmen zum Schutz des Kindes im Zusammenhang mit der Verwaltung oder der Erhaltung des Vermögens des Kindes oder der Verfügung über dieses Vermögen betrifft und sich dieses Vermögen im Hoheitsgebiet dieses Mitgliedstaats befindet.

(4) Das Gericht des Mitgliedstaats, das für die Entscheidung in der Hauptsache zuständig ist, setzt eine Frist, innerhalb deren die Gerichte des anderen Mitgliedstaats gemäß Abs. 1 angerufen werden müssen. Werden die Gerichte innerhalb dieser Frist nicht angerufen, so ist das befasste Gericht weiterhin nach den Art. 8 bis 14 zuständig.

(5) Diese Gerichte dieses anderen Mitgliedstaats können sich, wenn dies auf Grund der besonderen Umstände des Falls dem Wohl des Kindes entspricht, innerhalb von sechs Wochen nach ihrer Anrufung gemäß Abs. 1 Buchstabe a) oder b) für zuständig erklären. In diesem Fall erklärt sich das zuerst angerufene Gericht für unzuständig. Anderenfalls ist das zuerst angerufene Gericht weiterhin nach den Art. 8 bis 14 zuständig.

(6) Die Gerichte arbeiten für die Zwecke dieses Artikels entweder direkt oder über die nach Art. 53 bestimmten Zentralen Behörden zusammen.

Abschnitt 3
Gemeinsame Bestimmungen

Art. 16
Anrufung eines Gerichts

(1) Ein Gericht gilt als angerufen

a) zu dem Zeitpunkt, zu dem das verfahrenseinleitende Schriftstück oder ein gleichwertiges Schriftstück bei Gericht eingereicht wurde, vorausgesetzt, dass der Antragsteller es in der Folge nicht versäumt hat, die ihm obliegenden Maßnahmen zu treffen, um die Zustellung des Schriftstücks an den Antragsgegner zu bewirken, oder

b) falls die Zustellung an den Antragsgegner vor Einreichung des Schriftstücks bei Gericht zu bewirken ist, zu dem Zeitpunkt, zu dem die für die Zustellung verantwortliche Stelle das Schriftstück erhalten hat, vorausgesetzt, dass der Antragsteller es in der Folge nicht versäumt hat, die ihm obliegenden Maßnahmen zu treffen, um das Schriftstück bei Gericht einzureichen.

Art. 17
Prüfung der Zuständigkeit

Das Gericht eines Mitgliedstaats hat sich von Amts wegen für unzuständig zu erklären, wenn es in einer Sache angerufen wird, für die es nach dieser Verordnung keine Zuständigkeit hat und für die das Gericht eines anderen Mitgliedstaats auf Grund dieser Verordnung zuständig ist.

Art. 18
Prüfung der Zulässigkeit

(1) Lässt sich ein Antragsgegner, der seinen gewöhnlichen Aufenthalt nicht in dem Mitgliedstaat hat, in dem das Verfahren eingeleitet wurde, auf das Verfahren nicht ein, so hat das zuständige Gericht das Verfahren so lange auszusetzen, bis festgestellt ist, dass es dem Antragsgegner möglich war, das verfahrenseinleitende Schriftstück oder ein gleichwertiges Schriftstück so rechtzeitig zu empfangen, dass er sich verteidigen konnte, oder dass alle hierzu erforderlichen Maßnahmen getroffen wurden.

(2) Art. 19 der Verordnung (EG) Nr. 1348/2000 findet statt Abs. 1 Anwendung, wenn das verfahrenseinleitende Schriftstück oder ein gleichwertiges Schriftstück nach Maßgabe jener Verordnung von einem Mitgliedstaat in einen anderen zu übermitteln war.

(3) Sind die Bestimmungen der Verordnung (EG) Nr. 1348/2000 nicht anwendbar, so gilt Art. 15 des Haager Übereinkommens vom 15. November 1965 über die Zustellung gerichtlicher und außergerichtlicher Schriftstücke im Ausland in Zivil- und Handelssachen, wenn das verfahrenseinleitende Schriftstück oder ein gleichwertiges Schriftstück nach Maßgabe des genannten Übereinkommens ins Ausland zu übermitteln war.

Art. 19
Rechtshängigkeit und abhängige Verfahren

(1) Werden bei Gerichten verschiedener Mitgliedstaaten Anträge auf Ehescheidung, Trennung ohne Auflösung des Ehebandes oder Ungültigerklärung einer Ehe zwischen denselben Parteien gestellt, so setzt das später angerufene Gericht das Verfahren von Amts wegen aus, bis die Zuständigkeit des zuerst angerufenen Gerichts geklärt ist.

(2) Werden bei Gerichten verschiedener Mitgliedstaaten Verfahren bezüglich der elterlichen Verantwortung für ein Kind wegen desselben Anspruchs anhängig gemacht, so setzt das später angerufene Gericht das Verfahren von Amts wegen aus, bis die Zuständigkeit des zuerst angerufenen Gerichts geklärt ist.

(3) Sobald die Zuständigkeit des zuerst angerufenen Gerichts feststeht, erklärt sich das später angerufene Gericht zu Gunsten dieses Gerichts für unzuständig. In diesem Fall kann der Antragsteller, der den Antrag bei dem später angerufenen Gericht gestellt hat, diesen Antrag dem zuerst angerufenen Gericht vorlegen.

Art. 20
Einstweilige Maßnahmen einschließlich Schutzmaßnahmen

(1) Die Gerichte eines Mitgliedstaats können in dringenden Fällen ungeachtet der Bestimmungen dieser Verordnung die nach dem Recht dieses Mitgliedstaats vorgesehenen einstweiligen Maßnahmen einschließlich Schutzmaßnahmen in Bezug auf in diesem Staat befindliche Personen oder Vermögensgegenstände auch dann anordnen, wenn für die Entscheidung in der Hauptsache gemäß dieser Verordnung ein Gericht eines anderen Mitgliedstaats zuständig ist.

(2) Die zur Durchführung des Abs. 1 ergriffenen Maßnahmen treten außer Kraft, wenn das Gericht des Mitgliedstaats, das gemäß dieser Verordnung für die Entscheidung in der Hauptsache zuständig ist, die Maßnahmen getroffen hat, die es für angemessen hält.

Kapitel III
Anerkennung und Vollstreckung

Abschnitt 1
Anerkennung

Art. 21
Anerkennung einer Entscheidung

(1) Die in einem Mitgliedstaat ergangenen Entscheidungen werden in den anderen Mitgliedstaaten anerkannt, ohne dass es hierfür eines besonderen Verfahrens bedarf.

(2) Unbeschadet des Abs. 3 bedarf es insbesondere keines besonderen Verfahrens für die Beschreibung in den Personenstandsbüchern eines Mitgliedstaats auf der Grundlage einer in einem anderen Mitgliedstaat ergangenen Entscheidung über Ehescheidung, Trennung ohne Auflösung des Ehebandes oder Ungültigerklärung einer Ehe, gegen die nach dem Recht dieses Mitgliedstaats keine weiteren Rechtsbehelfe eingelegt werden können.

(3) Unbeschadet des Abschnitts 4 kann jede Partei, die ein Interesse hat, gemäß den Verfahren des Abschnitts 2 eine Entscheidung über die Anerkennung oder Nichtanerkennung der Entscheidung beantragen.

Das örtlich zuständige Gericht, das in der Liste aufgeführt ist, die jeder Mitgliedstaat der Kommission gemäß Art. 68 mitteilt, wird durch das nationale Recht des Mitgliedstaats bestimmt, in dem der Antrag auf Anerkennung oder Nichtanerkennung gestellt wird.

(4) Ist in einem Rechtsstreit vor einem Gericht eines Mitgliedstaats die Frage der Anerkennung einer Entscheidung als Vorfrage zu klären, so kann dieses Gericht hierüber befinden.

Art. 22
Gründe für die Nichtanerkennung einer Entscheidung über eine Ehescheidung, Trennung ohne Auflösung des Ehebandes oder Ungültigerklärung einer Ehe

Eine Entscheidung, die die Ehescheidung, die Trennung ohne Auflösung des Ehebandes oder die Ungültigerklärung einer Ehe betrifft, wird nicht anerkannt,

a) wenn die Anerkennung der öffentlichen Ordnung des Mitgliedstaats, in dem sie beantragt wird, offensichtlich widerspricht;

b) wenn dem Antragsgegner, der sich auf das Verfahren nicht eingelassen hat, das verfahrenseinleitende Schriftstück oder ein gleichwertiges Schriftstück nicht so rechtzeitig und in einer Weise zugestellt wurde, dass er sich verteidigen konnte, es sei denn, es wird festgestellt, dass er mit der Entscheidung eindeutig einverstanden ist;

c) wenn die Entscheidung mit einer Entscheidung unvereinbar ist, die in einem Verfahren zwischen denselben Parteien in dem Mitgliedstaat, in dem die Anerkennung beantragt wird, ergangen ist; oder

d) wenn die Entscheidung mit einer früheren Entscheidung unvereinbar ist, die in einem anderen Mitgliedstaat oder in einem Drittstaat zwischen denselben Parteien ergangen ist, sofern die frühere Entscheidung die notwendigen Voraussetzungen für ihre Anerkennung in dem Mitgliedstaat erfüllt, in dem die Anerkennung beantragt wird.

Art. 23
Gründe für die Nichtanerkennung einer Entscheidung über die elterliche Verantwortung

Eine Entscheidung über die elterliche Verantwortung wird nicht anerkannt,

a) wenn die Anerkennung der öffentlichen Ordnung des Mitgliedstaats, in dem sie beantragt wird, offensichtlich widerspricht, wobei das Wohl des Kindes zu berücksichtigen ist;

b) wenn die Entscheidung – ausgenommen in dringenden Fällen – ergangen ist, ohne dass das Kind die Möglichkeit hatte, gehört zu werden, und damit wesentliche verfahrensrechtliche Grundsätze des Mitgliedstaats, in dem die Anerkennung beantragt wird, verletzt werden;

c) wenn der betreffenden Person, die sich auf das Verfahren nicht eingelassen hat, das verfahrenseinleitende Schriftstück oder ein gleichwertiges Schriftstück nicht so rechtzeitig und in einer Weise zugestellt wurde, dass sie sich verteidigen konnte, es sei denn, es wird festgestellt, dass sie mit der Entscheidung eindeutig einverstanden ist;

d) wenn eine Person dies mit der Begründung beantragt, dass die Entscheidung in ihre elterliche Verantwortung eingreift, falls die Entscheidung ergangen ist, ohne dass diese Person die Möglichkeit hatte, gehört zu werden;

e) wenn die Entscheidung mit einer späteren Entscheidung über die elterliche Verantwortung unvereinbar ist, die in dem Mitgliedstaat, in dem die Anerkennung beantragt wird, ergangen ist;

f) wenn die Entscheidung mit einer späteren Entscheidung über die elterliche Verantwortung unvereinbar ist, die in einem anderen Mitgliedstaat oder in dem Drittstaat, in dem das Kind seinen gewöhnlichen Aufenthalt hat, ergangen ist, sofern die spätere Entscheidung die notwendigen Voraussetzungen für ihre Anerkennung in dem Mitgliedstaat erfüllt, in dem die Anerkennung beantragt wird; oder

g) wenn das Verfahren des Art. 56 nicht eingehalten wurde.

Art. 24
Verbot der Nachprüfung der Zuständigkeit des Gerichts des Ursprungsmitgliedstaats

Die Zuständigkeit des Gerichts des Ursprungsmitgliedstaats darf nicht überprüft werden. Die Überprüfung der Vereinbarkeit mit der öffentlichen Ordnung gemäß Art. 22 Buchstabe a) und Art. 23 Buchstabe a) darf sich nicht auf die Zuständigkeitsvorschriften der Art. 3 bis 14 erstrecken.

Art. 25
Unterschiede beim anzuwendenden Recht

Die Anerkennung einer Entscheidung darf nicht deshalb abgelehnt werden, weil eine Ehescheidung, Trennung ohne Auflösung des Ehebandes oder Ungültigerklärung einer Ehe nach dem Recht des Mitgliedstaats, in dem die Anerkennung beantragt wird, unter Zugrundelegung desselben Sachverhalts nicht zulässig wäre.

Art. 26
Ausschluss einer Nachprüfung in der Sache

Die Entscheidung darf keinesfalls in der Sache selbst nachgeprüft werden.

Art. 27
Aussetzung des Verfahrens

(1) Das Gericht eines Mitgliedstaats, vor dem die Anerkennung einer in einem anderen Mitgliedstaat ergangenen Entscheidung beantragt wird, kann das Verfahren aussetzen, wenn gegen die Entscheidung ein ordentlicher Rechtsbehelf eingelegt wurde.

(2) Das Gericht eines Mitgliedstaats, bei dem die Anerkennung einer in Irland oder im Vereinigten Königreich ergangenen Entscheidung beantragt wird, kann das Verfahren aussetzen, wenn die Vollstreckung der Entscheidung im Ursprungsmitgliedstaat wegen der Einlegung eines Rechtsbehelfs einstweilen eingestellt ist.

Abschnitt 2
Antrag auf Vollstreckbarerklärung

Art. 28
Vollstreckbare Entscheidungen

(1) Die in einem Mitgliedstaat ergangenen Entscheidungen über die elterliche Verantwortung für ein Kind, die in diesem Mitgliedstaat vollstreckbar sind und die zugestellt worden sind, werden in einem anderen Mitgliedstaat vollstreckt, wenn sie dort auf Antrag einer berechtigten Partei für vollstreckbar erklärt wurden.

(2) Im Vereinigten Königreich wird eine derartige Entscheidung jedoch in England und Wales, in Schottland oder in Nordirland erst vollstreckt, wenn sie auf Antrag einer berechtigten Partei zur Vollstreckung in dem betreffenden Teil des Vereinigten Königreichs registriert worden ist.

Art. 29
Örtlich zuständiges Gericht

(1) Ein Antrag auf Vollstreckbarerklärung ist bei dem Gericht zu stellen, das in der Liste aufgeführt ist, die jeder Mitgliedstaat der Kommission gemäß Art. 68 mitteilt.

(2) Das örtlich zuständige Gericht wird durch den gewöhnlichen Aufenthalt der Person, gegen die die Vollstreckung erwirkt werden soll, oder durch den gewöhnlichen Aufenthalt eines Kindes, auf das sich der Antrag bezieht, bestimmt. Befindet sich keiner der in Unterabs. 1 angegebenen Orte im Vollstreckungsmitgliedstaat, so wird das örtlich zuständige Gericht durch den Ort der Vollstreckung bestimmt.

Art. 30
Verfahren

(1) Für die Stellung des Antrags ist das Recht des Vollstreckungsmitgliedstaats maßgebend.

(2) Der Antragsteller hat für die Zustellung im Bezirk des angerufenen Gerichts ein Wahldomizil zu begründen. Ist das Wahldomizil im Recht des Vollstreckungsmitgliedstaats nicht vorgesehen, so hat der Antragsteller einen Zustellungsbevollmächtigten zu benennen.

(3) Dem Antrag sind die in den Art. 37 und 39 aufgeführten Urkunden beizufügen.

Art. 31
Entscheidung des Gerichts

(1) Das mit dem Antrag befasste Gericht erlässt seine Entscheidung ohne Verzug und ohne dass die Person, gegen die die Vollstreckung erwirkt werden soll, noch das Kind in diesem Abschnitt des Verfahrens Gelegenheit erhalten, eine Erklärung abzugeben.

(2) Der Antrag darf nur aus einem der in den Art. 22, 23 und 24 aufgeführten Gründe abgelehnt werden.

(3) Die Entscheidung darf keinesfalls in der Sache selbst nachgeprüft werden.

Art. 32
Mitteilung der Entscheidung

Die über den Antrag ergangene Entscheidung wird dem Antragsteller vom Urkundsbeamten der Geschäftsstelle unverzüglich in der Form mitgeteilt, die das Recht des Vollstreckungsmitgliedstaats vorsieht.

Art. 33
Rechtsbehelf

(1) Gegen die Entscheidung über den Antrag auf Vollstreckbarerklärung kann jede Partei einen Rechtsbehelf einlegen.

(2) Der Rechtsbehelf wird bei dem Gericht eingelegt, das in der Liste aufgeführt ist, die jeder Mitgliedstaat der Kommission gemäß Art. 68 mitteilt.

(3) Über den Rechtsbehelf wird nach den Vorschriften entschieden, die für Verfahren mit beiderseitigem rechtlichen Gehör maßgebend sind.

(4) Wird der Rechtsbehelf von der Person eingelegt, die den Antrag auf Vollstreckbarerklärung gestellt hat, so wird die Partei, gegen die die Vollstreckung erwirkt werden soll, aufgefordert, sich auf das Verfahren einzulassen, das bei dem mit dem Rechtsbehelf befassten Gericht anhängig ist. Lässt sich die betreffende Person auf das Verfahren nicht ein, so gelten die Bestimmungen des Art. 18.

(5) Der Rechtsbehelf gegen die Vollstreckbarerklärung ist innerhalb eines Monats nach ihrer Zustellung einzulegen. Hat die Partei, gegen die die Vollstreckung erwirkt werden soll, ihren gewöhnlichen Aufenthalt in einem anderen Mitgliedstaat als dem, in dem die Vollstreckbarerklärung erteilt worden ist, so beträgt die Frist für den Rechtsbehelf zwei Monate und beginnt mit dem Tag, an dem die Vollstreckbarerklärung ihr entweder persönlich oder in ihrer Wohnung zugestellt worden ist. Eine Verlängerung dieser Frist wegen weiter Entfernung ist ausgeschlossen.

Art. 34
Für den Rechtsbehelf zuständiges Gericht und Anfechtung der Entscheidung über den Rechtsbehelf

Die Entscheidung, die über den Rechtsbehelf ergangen ist, kann nur im Wege der Verfahren angefochten werden, die in der Liste genannt sind, die jeder Mitgliedstaat der Kommission gemäß Art. 68 mitteilt.

Art. 35
Aussetzung des Verfahrens

(1) Das nach Art. 33 oder Art. 34 mit dem Rechtsbehelf befasste Gericht kann auf Antrag der Partei, gegen die die Vollstreckung erwirkt werden soll, das Verfahren aussetzen, wenn im Ursprungsmitgliedstaat ein ordentlicher Rechtsbehelf gegen die Entscheidung eingelegt wurde oder die Frist für einen solchen Rechtsbehelf noch nicht verstrichen ist. In letzterem Fall kann das Gericht eine Frist bestimmen, innerhalb deren der Rechtsbehelf einzulegen ist.

(2) Ist die Entscheidung in Irland oder im Vereinigten Königreich ergangen, so gilt jeder im Ursprungsmitgliedstaat statthafte Rechtsbehelf als ordentlicher Rechtsbehelf im Sinne des Abs. 1.

Art. 36
Teilvollstreckung

(1) Ist mit der Entscheidung über mehrere geltend gemachte Ansprüche entschieden worden und kann die Entscheidung nicht in vollem Umfang zur Vollstreckung zugelassen werden, so lässt das Gericht sie für einen oder mehrere Ansprüche zu.

(2) Der Antragsteller kann eine teilweise Vollstreckung beantragen.

Abschnitt 3
Gemeinsame Bestimmungen für die Abschnitte 1 und 2

Art. 37
Urkunden

(1) Die Partei, die die Anerkennung oder Nichtanerkennung einer Entscheidung oder deren Vollstreckbarerklärung erwirken will, hat Folgendes vorzulegen:

a) eine Ausfertigung der Entscheidung, die die für ihre Beweiskraft erforderlichen Voraussetzungen erfüllt, und

b) die Bescheinigung nach Art. 39.

(2) Bei einer im Versäumnisverfahren ergangenen Entscheidung hat die Partei, die die Anerkennung einer Entscheidung oder deren Vollstreckbarerklärung erwirken will, ferner Folgendes vorzulegen:

a) die Urschrift oder eine beglaubigte Abschrift der Urkunde, aus der sich ergibt, dass das verfahrenseinleitende Schriftstück oder ein gleichwertiges Schriftstück der Partei, die sich nicht auf das Verfahren eingelassen hat, zugestellt wurde, oder

b) eine Urkunde, aus der hervorgeht, dass der Antragsgegner mit der Entscheidung eindeutig einverstanden ist.

Art. 38
Fehlen von Urkunden

(1) Werden die in Art. 37 Abs. 1 Buchstabe b) oder Abs. 2 aufgeführten Urkunden nicht vorgelegt, so kann das Gericht eine Frist setzen, innerhalb deren die Urkunden vorzulegen sind, oder sich mit gleichwertigen Urkunden begnügen oder von der Vorlage der Urkunden befreien, wenn es eine weitere Klärung nicht für erforderlich hält.

(2) Auf Verlangen des Gerichts ist eine Übersetzung der Urkunden vorzulegen. Die Übersetzung ist von einer hierzu in einem der Mitgliedstaaten befugten Person zu beglaubigen.

Art. 39
Bescheinigung bei Entscheidungen in Ehesachen und bei Entscheidungen über die elterliche Verantwortung

Das zuständige Gericht oder die Zuständige Behörde des Ursprungsmitgliedstaats stellt auf Antrag einer berechtigten Partei eine Bescheinigung unter Verwendung des Formblatts in Anhang I (Entscheidungen in Ehesachen) oder Anhang II (Entscheidungen über die elterliche Verantwortung) aus.

Abschnitt 4
Vollstreckbarkeit bestimmter Entscheidungen über das Umgangsrecht und bestimmter Entscheidungen, mit denen die Rückgabe des Kindes angeordnet wird

Art. 40
Anwendungsbereich

(1) Dieser Abschnitt gilt für

a) das Umgangsrecht und

b) die Rückgabe eines Kindes infolge einer die Rückgabe des Kindes anordnenden Entscheidung gemäß Art. 11 Abs. 8.

(2) Der Träger der elterlichen Verantwortung kann ungeachtet der Bestimmungen dieses Abschnitts die Anerkennung und Vollstreckung nach Maßgabe der Abschnitte 1 und 2 dieses Kapitels beantragen.

Art. 41
Umgangsrecht

(1) Eine in einem Mitgliedstaat ergangene vollstreckbare Entscheidung über das Umgangsrecht im Sinne des Art. 40 Abs. 1 Buchstabe a), für die eine Bescheinigung nach Abs. 2 im Ursprungsmitgliedstaat ausgestellt wurde, wird in einem anderen Mitgliedstaat anerkannt und kann dort vollstreckt werden, ohne dass es einer Vollstreckbarerklärung bedarf und ohne dass die Anerkennung angefochten werden kann.

Auch wenn das nationale Recht nicht vorsieht, dass eine Entscheidung über das Umgangsrecht ungeachtet der Einlegung eines Rechtsbehelfs von Rechts wegen vollstreckbar ist, kann das Gericht des Ursprungsmitgliedstaats die Entscheidung für vollstreckbar erklären.

(2) Der Richter des Ursprungsmitgliedstaats stellt die Bescheinigung nach Abs. 1 unter Verwendung des Formblatts in Anhang III (Bescheinigung über das Umgangsrecht) nur aus, wenn

a) im Fall eines Versäumnisverfahrens das verfahrenseinleitende Schriftstück oder ein gleichwertiges Schriftstück der Partei, die sich nicht auf das Verfahren eingelassen hat, so rechtzeitig und in einer Weise zugestellt wurde, dass sie sich verteidigen konnte, oder wenn in Fällen, in denen bei der Zustellung des betreffenden Schriftstücks diese Bedingungen nicht eingehalten wurden, dennoch festgestellt wird, dass sie mit der Entscheidung eindeutig einverstanden ist;

b) alle betroffenen Parteien Gelegenheit hatten, gehört zu werden, und

c) das Kind die Möglichkeit hatte, gehört zu werden, sofern eine Anhörung nicht auf Grund seines Alters oder seines Reifegrads unangebracht erschien.

Das Formblatt wird in der Sprache ausgefüllt, in der die Entscheidung abgefasst ist.

(3) Betrifft das Umgangsrecht einen Fall, der bei der Verkündung der Entscheidung einen grenzüberschreitenden Bezug aufweist, so wird die Bescheinigung von Amts wegen ausgestellt, sobald

die Entscheidung vollstreckbar oder vorläufig vollstreckbar wird. Wird der Fall erst später zu einem Fall mit grenzüberschreitendem Bezug, so wird die Bescheinigung auf Antrag einer der Parteien ausgestellt.

Art. 42
Rückgabe des Kindes

(1) Eine in einem Mitgliedstaat ergangene vollstreckbare Entscheidung über die Rückgabe des Kindes im Sinne des Art. 40 Abs. 1 Buchstabe b), für die eine Bescheinigung nach Abs. 2 im Ursprungsmitgliedstaat ausgestellt wurde, wird in einem anderen Mitgliedstaat anerkannt und kann dort vollstreckt werden, ohne dass es einer Vollstreckbarerklärung bedarf und ohne dass die Anerkennung angefochten werden kann.

Auch wenn das nationale Recht nicht vorsieht, dass eine in Art. 11 Abs. 8 genannte Entscheidung über die Rückgabe des Kindes ungeachtet der Einlegung eines Rechtsbehelfs von Rechts wegen vollstreckbar ist, kann das Gericht des Ursprungsmitgliedstaats die Entscheidung für vollstreckbar erklären.

(2) Der Richter des Ursprungsmitgliedstaats, der die Entscheidung nach Art. 40 Abs. 1 Buchstabe b) erlassen hat, stellt die Bescheinigung nach Abs. 1 nur aus, wenn

a) das Kind die Möglichkeit hatte, gehört zu werden, sofern eine Anhörung nicht auf Grund seines Alters oder seines Reifegrads unangebracht erschien,

b) die Parteien die Gelegenheit hatten, gehört zu werden, und

c) das Gericht beim Erlass seiner Entscheidung die Gründe und Beweismittel berücksichtigt hat, die der nach Art. 13 des Haager Übereinkommens von 1980 ergangenen Entscheidung zugrunde liegen.

Ergreift das Gericht oder eine andere Behörde Maßnahmen, um den Schutz des Kindes nach seiner Rückkehr in den Staat des gewöhnlichen Aufenthalts sicherzustellen, so sind diese Maßnahmen in der Bescheinigung anzugeben.

Der Richter des Ursprungsmitgliedstaats stellt die Bescheinigung von Amts wegen unter Verwendung des Formblatts in Anhang IV (Bescheinigung über die Rückgabe des Kindes) aus.

Das Formblatt wird in der Sprache ausgefüllt, in der die Entscheidung abgefasst ist.

Art. 43
Klage auf Berichtigung

(1) Für Berichtigungen der Bescheinigung ist das Recht des Ursprungsmitgliedstaats maßgebend.

(2) Gegen die Ausstellung einer Bescheinigung gemäß Art. 41 Abs. 1 oder Art. 42 Abs. 1 sind keine Rechtsbehelfe möglich.

Art. 44
Wirksamkeit der Bescheinigung

Die Bescheinigung ist nur im Rahmen der Vollstreckbarkeit des Urteils wirksam.

Art. 45
Urkunden

(1) Die Partei, die die Vollstreckung einer Entscheidung erwirken will, hat Folgendes vorzulegen:

a) eine Ausfertigung der Entscheidung, die die für ihre Beweiskraft erforderlichen Voraussetzungen erfüllt, und

b) die Bescheinigung nach Art. 41 Abs. 1 oder Art. 42 Abs. 1.

(2) Für die Zwecke dieses Artikels

– wird der Bescheinigung gemäß Art. 41 Abs. 1 eine Übersetzung der Nummer 12 betreffend die Modalitäten der Ausübung des Umgangsrechts beigefügt;

– wird der Bescheinigung gemäß Art. 42 Abs. 1 eine Übersetzung der Nummer 14 betreffend die Einzelheiten der Maßnahmen, die ergriffen wurden, um die Rückgabe des Kindes sicherzustellen, beigefügt.

Die Übersetzung erfolgt in die oder in eine der Amtssprachen des Vollstreckungsmitgliedstaats oder in eine andere von ihm ausdrücklich zugelassene Sprache. Die Übersetzung ist von einer hierzu in einem der Mitgliedstaaten befugten Person zu beglaubigen.

Abschnitt 5
Öffentliche Urkunden und Vereinbarungen

Art. 46

Öffentliche Urkunden, die in einem Mitgliedstaat aufgenommen und vollstreckbar sind, sowie Vereinbarungen zwischen den Parteien, die in dem Ursprungsmitgliedstaat vollstreckbar sind, werden unter denselben Bedingungen wie Entscheidungen anerkannt und für vollstreckbar erklärt.

Abschnitt 6
Sonstige Bestimmungen

Art. 47
Vollstreckungsverfahren

(1) Für das Vollstreckungsverfahren ist das Recht des Vollstreckungsmitgliedstaats maßgebend.

(2) Die Vollstreckung einer von einem Gericht eines anderen Mitgliedstaats erlassenen Entscheidung, die gemäß Abschnitt 2 für vollstreckbar erklärt wurde oder für die eine Bescheinigung nach Art. 41 Abs. 1 oder Art. 42 Abs. 1 ausgestellt wurde, erfolgt im Vollstreckungsmitgliedstaat unter denselben Bedingungen, die für in diesem Mitgliedstaat ergangene Entscheidungen gelten.
Insbesondere darf eine Entscheidung, für die eine Bescheinigung nach Art. 41 Abs. 1 oder Art. 42 Abs. 1 ausgestellt wurde, nicht vollstreckt werden, wenn sie mit einer später ergangenen vollstreckbaren Entscheidung unvereinbar ist.

Art. 48
Praktische Modalitäten der Ausübung des Umgangsrechts

(1) Die Gerichte des Vollstreckungsmitgliedstaats können die praktischen Modalitäten der Ausübung des Umgangsrechts regeln, wenn die notwendigen Vorkehrungen nicht oder nicht in ausreichendem Maße bereits in der Entscheidung der für die Entscheidung der in der Hauptsache zuständigen Gerichte des Mitgliedstaats getroffen wurden und sofern der Wesensgehalt der Entscheidung unberührt bleibt.

(2) Die nach Abs. 1 festgelegten praktischen Modalitäten treten außer Kraft, nachdem die für die Entscheidung in der Hauptsache zuständigen Gerichte des Mitgliedstaats eine Entscheidung erlassen haben.

Art. 49
Kosten

Die Bestimmungen dieses Kapitels mit Ausnahme der Bestimmungen des Abschnitts 4 gelten auch für die Festsetzung der Kosten für die nach dieser Verordnung eingeleiteten Verfahren und die Vollstreckung eines Kostenfestsetzungsbeschlusses.

Art. 50
Prozesskostenhilfe

Wurde dem Antragsteller im Ursprungsmitgliedstaat ganz oder teilweise Prozesskostenhilfe oder Kostenbefreiung gewährt, so genießt er in dem Verfahren nach den Art. 21, 28, 41, 42 und 48 hinsichtlich der Prozesskostenhilfe oder der Kostenbefreiung die günstigste Behandlung, die das Recht des Vollstreckungsmitgliedstaats vorsieht.

Art. 51
Sicherheitsleistung, Hinterlegung

Der Partei, die in einem Mitgliedstaat die Vollstreckung einer in einem anderen Mitgliedstaat ergangenen Entscheidung beantragt, darf eine Sicherheitsleistung oder Hinterlegung, unter welcher Bezeichnung es auch sei, nicht aus einem der folgenden Gründe auferlegt werden:

a) weil sie in dem Mitgliedstaat, in dem die Vollstreckung erwirkt werden soll, nicht ihren gewöhnlichen Aufenthalt hat, oder

b) weil sie nicht die Staatsangehörigkeit dieses Staates besitzt oder, wenn die Vollstreckung im Vereinigten Königreich oder in Irland erwirkt werden soll, ihr „domicile" nicht in einem dieser Mitgliedstaaten hat.

Art. 52
Legalisation oder ähnliche Förmlichkeit

Die in den Art. 37, 38 und 45 aufgeführten Urkunden sowie die Urkunde über die Prozessvollmacht, falls eine solche erteilt wird, bedürfen weder der Legalisation noch einer ähnlichen Förmlichkeit.

Kapitel IV
Zusammenarbeit zwischen den Zentralen Behörden bei Verfahren betreffend die elterliche Verantwortung

Art. 53
Bestimmung der Zentralen Behörden

Jeder Mitgliedstaat bestimmt eine oder mehrere Zentrale Behörden, die ihn bei der Anwendung dieser Verordnung unterstützen, und legt ihre räumliche oder sachliche Zuständigkeit fest. Hat ein Mitgliedstaat mehrere Zentrale Behörden bestimmt, so sind die Mitteilungen grundsätzlich direkt an die zuständige Zentrale Behörde zu richten. Wurde eine Mitteilung an eine nicht zuständige Zentrale Behörde gerichtet, so hat diese die Mitteilung an die zuständige Zentrale Behörde weiterzuleiten und den Absender davon in Kenntnis zu setzen.

Art. 54
Allgemeine Aufgaben

Die Zentralen Behörden stellen Informationen über nationale Rechtsvorschriften und Verfahren zur Verfügung und ergeifen Maßnahmen, um die Durchführung dieser Verordnung zu verbessern und die Zusammenarbeit untereinander zu stärken. Hierzu wird das mit der Entscheidung 2001/470/EG eingerichtete Europäische Justizielle Netz für Zivil- und Handelssachen genutzt.

Art. 55
Zusammenarbeit in Fällen, die speziell die elterliche Verantwortung betreffen

Die Zentralen Behörden arbeiten in bestimmten Fällen auf Antrag der Zentralen Behörde eines anderen Mitgliedstaats oder des Trägers der elterlichen Verantwortung zusammen, um die Ziele dieser Verordnung zu verwirklichen. Hierzu treffen sie folgende Maßnahmen im Einklang mit den Rechtsvorschriften dieses Mitgliedstaats, die den Schutz personenbezogener Daten regeln, direkt oder durch Einschaltung anderer Behörden oder Einrichtungen:

a) Sie holen Informationen ein und tauschen sie aus über
   i) die Situation des Kindes,
   ii) laufende Verfahren oder
   iii) das Kind betreffende Entscheidungen.

b) Sie informieren und unterstützen die Träger der elterlichen Verantwortung, die die Anerkennung und Vollstreckung einer Entscheidung, insbesondere über das Umgangsrecht und die Rückgabe des Kindes, in ihrem Gebiet erwirken wollen.

c) Sie erleichtern die Verständigung zwischen den Gerichten, insbesondere zur Anwendung des Art. 11 Absätze 6 und 7 und des Art. 15.

d) Sie stellen alle Informationen und Hilfen zur Verfügung, die für die Gerichte für die Anwendung des Art. 56 von Nutzen sind.

e) Sie erleichtern eine gütliche Einigung zwischen den Trägern der elterlichen Verantwortung durch Mediation oder auf ähnlichem Wege und fördern hierzu die grenzüberschreitende Zusammenarbeit.

Art. 56
Unterbringung des Kindes in einem anderen Mitgliedstaat

(1) Erwägt das nach den Art. 8 bis 15 zuständige Gericht die Unterbringung des Kindes in einem Heim oder in einer Pflegefamilie und soll das Kind in einem anderen Mitgliedstaat untergebracht werden, so zieht das Gericht vorher die Zentrale Behörde oder eine andere zuständige Behörde dieses Mitgliedstaats zurate, sofern in diesem Mitgliedstaat für die innerstaatlichen Fälle der Unterbringung von Kindern die Einschaltung einer Behörde vorgesehen ist.

(2) Die Entscheidung über die Unterbringung nach Abs. 1 kann im ersuchenden Mitgliedstaat nur getroffen werden, wenn die zuständige Behörde des ersuchten Staates dieser Unterbringung zugestimmt hat.

(3) Für die Einzelheiten der Konsultation bzw. der Zustimmung nach den Absätzen 1 und 2 gelten das nationale Recht des ersuchten Staates.

(4) Beschließt das nach den Art. 8 bis 15 zuständige Gericht die Unterbringung des Kindes in einer Pflegefamilie und soll das Kind in einem anderen Mitgliedstaat untergebracht werden und ist in diesem Mitgliedstaat für die innerstaatlichen Fälle der Unterbringung von Kindern die Einschaltung einer Behörde nicht vorgesehen, so setzt das Gericht die Zentrale Behörde oder eine zuständige Behörde dieses Mitgliedstaats davon in Kenntnis.

Art. 57
Arbeitsweise

(1) Jeder Träger der elterlichen Verantwortung kann bei der Zentralen Behörde des Mitgliedstaats, in dem er seinen gewöhnlichen Aufenthalt hat, oder bei der Zentralen Behörde des Mitgliedstaats, in dem das Kind seinen gewöhnlichen Aufenthalt hat oder in dem es sich befindet, einen Antrag auf Unterstützung gemäß Art. 55 stellen. Dem Antrag werden grundsätzlich alle verfügbaren Informationen beigefügt, die die Ausführung des Antrags erleichtern können. Betrifft dieser Antrag die Anerkennung oder Vollstreckung einer Entscheidung über die elterliche Verantwortung, die in den Anwendungsbereich dieser Verordnung fällt, so muss der Träger der elterlichen Verantwortung dem Antrag die betreffenden Bescheinigungen nach Art. 39, Art. 41 Abs. 1 oder Art. 42 Abs. 1 beifügen.

(2) Jeder Mitgliedstaat teilt der Kommission die Amtssprache(n) der Organe der Gemeinschaft mit, die er außer seiner/seinen eigenen Sprache(n) für Mitteilungen an die Zentralen Behörden zulässt.

(3) Die Unterstützung der Zentralen Behörden gemäß Art. 55 erfolgt unentgeltlich.

(4) Jede Zentrale Behörde trägt ihre eigenen Kosten.

Art. 58
Zusammenkünfte

(1) Zur leichteren Anwendung dieser Verordnung werden regelmäßig Zusammenkünfte der Zentralen Behörden einberufen.

(2) Die Einberufung dieser Zusammenkünfte erfolgt im Einklang mit der Entscheidung 2001/470/EG über die Einrichtung eines Europäischen Justiziellen Netzes für Zivil- und Handelssachen.

Kapitel V
Verhältnis zu anderen Rechtsinstrumenten

Art. 59
Verhältnis zu anderen Rechtsinstrumenten

(1) Unbeschadet der Art. 60, 61, 62 und des Abs. 2 des vorliegenden Artikels ersetzt diese Verordnung die zum Zeitpunkt des Inkrafttretens dieser Verordnung bestehenden, zwischen zwei oder mehr Mitgliedstaaten geschlossenen Übereinkünfte, die in dieser Verordnung geregelte Bereiche betreffen.

(2) a) Finnland und Schweden können erklären, dass das Übereinkommen vom 6. Februar 1931 zwischen Dänemark, Finnland, Island, Norwegen und Schweden mit Bestimmungen des internationalen Verfahrensrechts über Ehe, Adoption und Vormundschaft einschließlich des Schlussprotokolls an Stelle dieser Verordnung ganz oder teilweise auf ihre gegenseitigen Beziehungen anwendbar ist. Diese Erklärungen werden dieser Verordnung als Anhang beigefügt und im Amts-

blatt der Europäischen Union veröffentlicht. Die betreffenden Mitgliedstaaten können ihre Erklärung jederzeit ganz oder teilweise widerrufen.

b) Der Grundsatz der Nichtdiskriminierung von Bürgern der Union aus Gründen der Staatsangehörigkeit wird eingehalten.

c) Die Zuständigkeitskriterien in künftigen Übereinkünften zwischen den in Buchstabe a) genannten Mitgliedstaaten, die in dieser Verordnung geregelte Bereiche betreffen, müssen mit den Kriterien dieser Verordnung im Einklang stehen.

d) Entscheidungen, die in einem der nordischen Staaten, der eine Erklärung nach Buchstabe a) abgegeben hat, auf Grund eines Zuständigkeitskriteriums erlassen werden, das einem der in Kapitel II vorgesehenen Zuständigkeitskriterien entspricht, werden in den anderen Mitgliedstaaten gemäß den Bestimmungen des Kapitels III anerkannt und vollstreckt.

(3) Die Mitgliedstaaten übermitteln der Kommission

a) eine Abschrift der Übereinkünfte sowie der einheitlichen Gesetze zur Durchführung dieser Übereinkünfte gemäß Abs. 2 Buchstaben a) und c),

b) jede Kündigung oder Änderung dieser Übereinkünfte oder dieser einheitlichen Gesetze.

Art. 60
Verhältnis zu bestimmten multilateralen Übereinkommen

Im Verhältnis zwischen den Mitgliedstaaten hat diese Verordnung vor den nachstehenden Übereinkommen insoweit Vorrang, als diese Bereiche betreffen, die in dieser Verordnung geregelt sind:

a) Haager Übereinkommen vom 5. Oktober 1961 über die Zuständigkeit der Behörden und das anzuwendende Recht auf dem Gebiet des Schutzes von Minderjährigen,

b) Luxemburger Übereinkommen vom 8. September 1967 über die Anerkennung von Entscheidungen in Ehesachen,

c) Haager Übereinkommen vom 1. Juni 1970 über die Anerkennung von Ehescheidungen und der Trennung von Tisch und Bett,

d) Europäisches Übereinkommen vom 20. Mai 1980 über die Anerkennung und Vollstreckung von Entscheidungen über das Sorgerecht für Kinder und die Wiederherstellung des Sorgeverhältnisses und

e) Haager Übereinkommen vom 25. Oktober 1980 über die zivilrechtlichen Aspekte internationaler Kindesentführung.

Art. 61
Verhältnis zum Haager Übereinkommen vom 19. Oktober 1996 über die Zuständigkeit, das anzuwendende Recht, die Anerkennung, Vollstreckung und Zusammenarbeit auf dem Gebiet der elterlichen Verantwortung und der Maßnahmen zum Schutz von Kindern

Im Verhältnis zum Haager Übereinkommen vom 19. Oktober 1996 über die Zuständigkeit, das anzuwendende Recht, die Anerkennung, Vollstreckung und Zusammenarbeit auf dem Gebiet der elterlichen Verantwortung und der Maßnahmen zum Schutz von Kindern ist diese Verordnung anwendbar,

a) wenn das betreffende Kind seinen gewöhnlichen Aufenthalt im Hoheitsgebiet eines Mitgliedstaats hat;

b) in Fragen der Anerkennung und der Vollstreckung einer von dem zuständigen Gericht eines Mitgliedstaats ergangenen Entscheidung im Hoheitsgebiet eines anderen Mitgliedstaats, auch wenn das betreffende Kind seinen gewöhnlichen Aufenthalt im Hoheitsgebiet eines Drittstaats hat, der Vertragspartei des genannten Übereinkommens ist.

Art. 62
Fortbestand der Wirksamkeit

(1) Die in Art. 59 Abs. 1 und den Art. 60 und 61 genannten Übereinkünfte behalten ihre Wirksamkeit für die Rechtsgebiete, die durch diese Verordnung nicht geregelt werden.

(2) Die in Art. 60 genannten Übereinkommen, insbesondere das Haager Übereinkommen von 1980, behalten vorbehaltlich des Art. 60 ihre Wirksamkeit zwischen den ihnen angehörenden Mitgliedstaaten.

Art. 63
Verträge mit dem Heiligen Stuhl

(1) Diese Verordnung gilt unbeschadet des am 7. Mai 1940 in der Vatikanstadt zwischen dem Heiligen Stuhl und Portugal unterzeichneten Internationalen Vertrags (Konkordat).

(2) Eine Entscheidung über die Ungültigkeit der Ehe gemäß dem in Abs. 1 genannten Vertrag wird in den Mitgliedstaaten unter den in Kapitel III Abschnitt 1 vorgesehenen Bedingungen anerkannt.

(3) Die Absätze 1 und 2 gelten auch für folgende internationalen Verträge (Konkordate) mit dem Heiligen Stuhl:

a) Lateranvertrag vom 11. Februar 1929 zwischen Italien und dem Heiligen Stuhl, geändert durch die am 18. Februar 1984 in Rom unterzeichnete Vereinbarung mit Zusatzprotokoll,

b) Vereinbarung vom 3. Januar 1979 über Rechtsangelegenheiten zwischen dem Heiligen Stuhl und Spanien,

c) Vereinbarungen zwischen dem Heiligen Stuhl und Malta über die Anerkennung der zivilrechtlichen Wirkungen der Ehen, die nach kanonischem Recht geschlossen wurden, sowie von diesen Ehen betreffenden Entscheidungen der Kirchenbehörden und -gerichte, einschließlich des Anwendungsprotokolls vom selben Tag, zusammen mit dem zweiten Zusatzprotokoll vom 6. Januar 1995.

(4) Für die Anerkennung der Entscheidungen im Sinne des Abs. 2 können in Spanien, Italien oder Malta dieselben Verfahren und Nachprüfungen vorgegeben werden, die auch für Entscheidungen der Kirchengerichte gemäß den in Abs. 3 genannten internationalen Verträgen mit dem Heiligen Stuhl gelten.

(5) Die Mitgliedstaaten übermitteln der Kommission

a) eine Abschrift der in den Absätzen 1 und 3 genannten Verträge,

b) jede Kündigung oder Änderung dieser Verträge.

Kapitel VI
Übergangsvorschriften
Art. 64

(1) Diese Verordnung gilt nur für gerichtliche Verfahren, öffentliche Urkunden und Vereinbarungen zwischen den Parteien, die nach Beginn der Anwendung dieser Verordnung gemäß Art. 72 eingeleitet, aufgenommen oder getroffen wurden.

(2) Entscheidungen, die nach Beginn der Anwendung dieser Verordnung in Verfahren ergangen sind, die vor Beginn der Anwendung dieser Verordnung, aber nach Inkrafttreten der Verordnung (EG) Nr. 1347/2000 eingeleitet wurden, werden nach Maßgabe des Kapitels III der vorliegenden Verordnung anerkannt und vollstreckt, sofern das Gericht auf Grund von Vorschriften zuständig war, die mit den Zuständigkeitsvorschriften des Kapitels II der vorliegenden Verordnung oder der Verordnung (EG) Nr. 1347/2000 oder eines Abkommens übereinstimmen, das zum Zeitpunkt der Einleitung des Verfahrens zwischen dem Ursprungsmitgliedstaat und dem ersuchten Mitgliedstaat in Kraft war.

(3) Entscheidungen, die vor Beginn der Anwendung dieser Verordnung in Verfahren ergangen sind, die nach Inkrafttreten der Verordnung (EG) Nr. 1347/2000 eingeleitet wurden, werden nach Maßgabe des Kapitels III der vorliegenden Verordnung anerkannt und vollstreckt, sofern sie eine Ehescheidung, Trennung ohne Auflösung des Ehebandes oder Ungültigerklärung einer Ehe oder eine aus Anlass eines solchen Verfahrens in Ehesachen ergangene Entscheidung über die elterliche Verantwortung für die gemeinsamen Kinder zum Gegenstand haben.

(4) Entscheidungen, die vor Beginn der Anwendung dieser Verordnung, aber nach Inkrafttreten der Verordnung (EG) Nr. 1347/2000 in Verfahren ergangen sind, die vor Inkrafttreten der Verordnung (EG) Nr. 1347/2000 eingeleitet wurden, werden nach Maßgabe des Kapitels III der vorliegenden Verordnung anerkannt und vollstreckt, sofern sie eine Ehescheidung, Trennung ohne Auflösung des Ehebandes oder Ungültigerklärung einer Ehe oder eine aus Anlass eines solchen Verfahrens in Ehesachen ergangene Entscheidung über die elterliche Verantwortung für die gemeinsamen Kinder zum Gegenstand haben und Zuständigkeitsvorschriften angewandt wurden, die mit denen des Kapitels II der vorliegenden Verordnung oder der Verordnung (EG) Nr. 1347/2000 oder eines Abkommens übereinstimmen, das zum Zeitpunkt der Einleitung des Verfahrens zwischen dem Ursprungsmitgliedstaat und dem ersuchten Mitgliedstaat in Kraft war.

Kapitel VII
Schlussbestimmungen

Art. 65
Überprüfung

Die Kommission unterbreitet dem Europäischen Parlament, dem Rat und dem Europäischen Wirtschafts- und Sozialausschuss spätestens am 1. Januar 2012 und anschließend alle fünf Jahre auf der Grundlage der von den Mitgliedstaaten vorgelegten Informationen einen Bericht über die Anwendung dieser Verordnung, dem sie gegebenenfalls Vorschläge zu deren Anpassung beifügt.

Art. 66
Mitgliedstaaten mit zwei oder mehr Rechtssystemen

Für einen Mitgliedstaat, in dem die in dieser Verordnung behandelten Fragen in verschiedenen Gebietseinheiten durch zwei oder mehr Rechtssysteme oder Regelwerke geregelt werden, gilt Folgendes:

a) Jede Bezugnahme auf den gewöhnlichen Aufenthalt in diesem Mitgliedstaat betrifft den gewöhnlichen Aufenthalt in einer Gebietseinheit.

b) Jede Bezugnahme auf die Staatsangehörigkeit oder, im Fall des Vereinigten Königreichs, auf das „domicile" betrifft die durch die Rechtsvorschriften dieses Staates bezeichnete Gebietseinheit.

c) Jede Bezugnahme auf die Behörde eines Mitgliedstaats betrifft die zuständige Behörde der Gebietseinheit innerhalb dieses Staates.

d) Jede Bezugnahme auf die Vorschriften des ersuchten Mitgliedstaats betrifft die Vorschriften der Gebietseinheit, in der die Zuständigkeit geltend gemacht oder die Anerkennung oder Vollstreckung beantragt wird.

Art. 67
Angaben zu den Zentralen Behörden und zugelassenen Sprachen

Die Mitgliedstaaten teilen der Kommission binnen drei Monaten nach Inkrafttreten dieser Verordnung Folgendes mit:

a) die Namen und Anschriften der Zentralen Behörden gemäß Art. 53 sowie die technischen Kommunikationsmittel,

b) die Sprachen, die gemäß Art. 57 Abs. 2 für Mitteilungen an die Zentralen Behörden zugelassen sind, und

c) die Sprachen, die gemäß Art. 45 Abs. 2 für die Bescheinigung über das Umgangsrecht zugelassen sind.

Die Mitgliedstaaten teilen der Kommission jede Änderung dieser Angaben mit.

Die Angaben werden von der Kommission veröffentlicht.

Art. 68
Angaben zu den Gerichten und den Rechtsbehelfen

Die Mitgliedstaaten teilen der Kommission die in den Art. 21, 29, 33 und 34 genannten Listen mit den zuständigen Gerichten und den Rechtsbehelfen sowie die Änderungen dieser Listen mit.

Die Kommission aktualisiert diese Angaben und gibt sie durch Veröffentlichung im Amtsblatt der Europäischen Union und auf andere geeignete Weise bekannt.

Art. 69
Änderungen der Anhänge

Änderungen der in den Anhängen I bis IV wiedergegebenen Formblätter werden nach dem in Art. 70 Abs. 2 genannten Verfahren beschlossen.

Art. 70
Ausschuss

(1) Die Kommission wird von einem Ausschuss (nachstehend „Ausschuss" genannt) unterstützt.

(2) Wird auf diesen Abs. Bezug genommen, so gelten die Art. 3 und 7 des Beschlusses 1999/468/EG.

(3) Der Ausschuss gibt sich eine Geschäftsordnung.

Art. 71
Aufhebung der Verordnung (EG) Nr. 1347/2000

(1) Die Verordnung (EG) Nr. 1347/2000 wird mit Beginn der Geltung dieser Verordnung aufgehoben.

(2) Jede Bezugnahme auf die Verordnung (EG) Nr. 1347/2000 gilt als Bezugnahme auf diese Verordnung nach Maßgabe der Entsprechungstabelle in Anhang VI.

Art. 72
In-Kraft-Treten

Diese Verordnung tritt am 1. August 2004 in Kraft.

Sie gilt ab 1. März 2005 mit Ausnahme der Art. 67, 68, 69 und 70, die ab dem 1. August 2004 gelten.

[Die hier nicht abgedruckten Anhänge zur Brüssel IIa-VO enthalten Formulare für die Bescheinigungen gem. Art. 39, 41 und 42 Brüssel IIa-VO, eine Konkordanztabelle zur Brüssel II-VO Nr. 1347/2000 sowie Erklärungen Schwedens und Finnlands nach Art. 59 Abs. 2 Buchst. a Brüssel II-VO Nr. 1347/2000.]

Anhang 3 zu § 97: MSA und MSA-AusfG

Haager Übereinkommen vom 5.10.1961 über die Zuständigkeit der Behörden und das anzuwendende Recht auf dem Gebiet des Schutzes von Minderjährigen (MSA)[1]

Art. 1

Die Behörden, seien es Gerichte oder Verwaltungsbehörden, des Staates, in dem ein Minderjähriger seinen gewöhnlichen Aufenthalt hat, sind, vorbehaltlich der Bestimmungen der Artikel 3, 4 und 5 Absatz 3, dafür zuständig, Maßnahmen zum Schutz der Person und des Vermögens des Minderjährigen zu treffen.

Art. 2

(1) Die nach Artikel 1 zuständigen Behörden haben die nach ihrem innerstaatlichen Recht vorgesehenen Maßnahmen zu treffen.

(2) Dieses Recht bestimmt die Voraussetzungen für die Anordnung, die Änderung und die Beendigung dieser Maßnahmen. Es regelt auch deren Wirkungen sowohl im Verhältnis zwischen dem Minderjährigen und den Personen oder den Einrichtungen, denen er anvertraut ist, als auch im Verhältnis zu Dritten.

Art. 3

Ein Gewaltverhältnis, das nach dem innerstaatlichen Recht des Staates, dem der Minderjährige angehört, kraft Gesetzes besteht, ist in allen Vertragsstaaten anzuerkennen.

Art. 4

(1) Sind die Behörden des Staates, dem der Minderjährige angehört, der Auffassung, dass das Wohl des Minderjährigen es erfordert, so können sie nach ihrem innerstaatlichen Recht zum Schutz der Person oder des Vermögens des Minderjährigen Maßnahmen treffen, nachdem sie die Behörden des Staates verständigt haben, in dem der Minderjährige seinen gewöhnlichen Aufenthalt hat.

(2) Dieses Recht bestimmt die Voraussetzungen für die Anordnung, die Änderung und die Beendigung dieser Maßnahmen. Es regelt auch deren Wirkungen sowohl im Verhältnis zwischen dem

1 BGBl. II 1971, 217. Authentisch ist allein die französische Fassung.

Minderjährigen und den Personen oder den Einrichtungen, denen er anvertraut ist, als auch im Verhältnis zu Dritten.

(3) Für die Durchführung der getroffenen Maßnahmen haben die Behörden des Staates zu sorgen, dem der Minderjährige angehört.

(4) Die nach den Absätzen 1 bis 3 getroffenen Maßnahmen treten an die Stelle von Maßnahmen, welche die Behörden des Staates getroffen haben, in dem der Minderjährige seinen gewöhnlichen Aufenthalt hat.

Art. 5

(1) Wird der gewöhnliche Aufenthalt eines Minderjährigen aus einem Vertragsstaat in einen anderen verlegt, so bleiben die von den Behörden des Staates des früheren gewöhnlichen Aufenthalts getroffenen Maßnahmen so lange in Kraft, bis die Behörden des neuen gewöhnlichen Aufenthalts sie aufheben oder ersetzen.

(2) Die von den Behörden des Staates des früheren gewöhnlichen Aufenthalts getroffenen Maßnahmen dürfen erst nach vorheriger Verständigung dieser Behörden aufgehoben oder ersetzt werden.

(3) Wird der gewöhnliche Aufenthalt eines Minderjährigen, der unter dem Schutz der Behörden des Staates gestanden hat, dem er angehört, verlegt, so bleiben die von diesen nach ihrem innerstaatlichen Recht getroffenen Maßnahmen im Staate des neuen gewöhnlichen Aufenthaltes in Kraft.

Art. 6

(1) Die Behörden des Staates, dem der Minderjährige angehört, können im Einvernehmen mit den Behörden des Staates, in dem er seinen gewöhnlichen Aufenthalt hat oder Vermögen besitzt, diesen die Durchführung der getroffenen Maßnahmen übertragen.

(2) Die gleiche Befugnis haben die Behörden des Staates, in dem der Minderjährige seinen gewöhnlichen Aufenthalt hat, gegenüber den Behörden des Staates, in dem der Minderjährige Vermögen besitzt.

Art. 7

Die Maßnahmen, welche die nach den vorstehenden Artikeln zuständigen Behörden getroffen haben, sind in allen Vertragsstaaten anzuerkennen. Erfordern diese Maßnahmen jedoch Vollstreckungshandlungen in einem anderen Staat als in dem, in welchem sie getroffen worden sind, so bestimmen sich ihre Anerkennung und ihre Vollstreckung entweder nach dem innerstaatlichen Recht des Staates, in dem die Vollstreckung beantragt wird, oder nach zwischenstaatlichen Übereinkünften.

Art. 8

(1) Die Artikel 3, 4 und 5 Absatz 3 schließen nicht aus, dass die Behörden des Staates, in dem der Minderjährige seinen gewöhnlichen Aufenthalt hat, Maßnahmen zum Schutz des Minderjährigen treffen, soweit er in seiner Person oder in seinem Vermögen ernstlich gefährdet ist.

(2) Die Behörden der anderen Vertragstaaten sind nicht verpflichtet, diese Maßnahmen anzuerkennen.

Art. 9

(1) In allen dringenden Fällen haben die Behörden jedes Vertragsstaates, in dessen Hoheitsgebiet sich der Minderjährige oder ihm gehörendes Vermögen befindet, die notwendigen Schutzmaßnahmen zu treffen.

(2) Die nach Absatz 1 getroffenen Maßnahmen treten, soweit sie keine endgültigen Wirkungen hervorgebracht haben, außer Kraft, sobald die nach diesem Übereinkommen zuständigen Behörden die durch die Umstände gebotenen Maßnahmen getroffen haben.

Art. 10

Um die Fortdauer der dem Minderjährigen zuteil gewordenen Betreuung zu sichern, haben die Behörden eines Vertragsstaates nach Möglichkeit Maßnahmen erst dann zu treffen, nachdem sie einen Meinungsaustausch mit den Behörden der anderen Vertragsstaaten gepflogen haben, deren Entscheidungen noch wirksam sind.

Art. 11

(1) Die Behörden, die auf Grund dieses Übereinkommens Maßnahmen getroffen haben, haben dies unverzüglich den Behörden des Staates, dem der Minderjährige angehört, und gegebenenfalls den Behörden des Staates seines gewöhnlichen Aufenthalts mitzuteilen.

(2) Jeder Vertragsstaat bezeichnet die Behörden, welche die in Absatz 1 erwähnten Mitteilungen unmittelbar geben und empfangen können. Er notifiziert diese Bezeichnung dem Ministerium für Auswärtige Angelegenheiten der Niederlande.

Art. 12

Als „Minderjähriger" im Sinne dieses Übereinkommens ist anzusehen, wer sowohl nach dem innerstaatlichen Recht des Staates, dem er angehört, als auch nach dem innerstaatlichen Recht des Staates seines gewöhnlichen Aufenthalts minderjährig ist.

Art. 13

(1) Dieses Übereinkommen ist auf alle Minderjährigen anzuwenden, die ihren gewöhnlichen Aufenthalt in einem der Vertragsstaaten haben.

(2) Die Zuständigkeiten, die nach diesem Übereinkommen den Behörden des Staates zukommen, dem der Minderjährige angehört, bleiben jedoch den Vertragsstaaten vorbehalten.

(3) Jeder Vertragsstaat kann sich vorbehalten, die Anwendung dieses Übereinkommens auf Minderjährige zu beschränken, die einem der Vertragsstaaten angehören.

Art. 14

Stellt das innerstaatliche Recht des Staates, dem der Minderjährige angehört, keine einheitliche Rechtsordnung dar, so sind im Sinne dieses Übereinkommens als „innerstaatliches Recht des Staates, dem der Minderjährige angehört" und als „Behörden des Staates, dem der Minderjährige angehört" das Recht und die Behörden zu verstehen, die durch die im betreffenden Staat geltenden Vorschriften und, mangels solcher Vorschriften, durch die engste Bindung bestimmt werden, die der Minderjährige mit einer der Rechtsordnungen dieses Staates hat.

Art. 15

Jeder Vertragsstaat, dessen Behörden dazu berufen sind, über ein Begehren auf Nichtigerklärung, Auflösung oder Lockerung des zwischen den Eltern eines Minderjährigen bestehenden Ehebandes zu entscheiden, kann sich die Zuständigkeit dieser Behörden für Maßnahmen zum Schutz der Person oder des Vermögens des Minderjährigen vorbehalten.

Die Behörden der anderen Vertragsstaaten sind nicht verpflichtet, diese Maßnahmen anzuerkennen.

Art. 16

Die Bestimmungen dieses Übereinkommens dürfen in den Vertragsstaaten nur dann unbeachtet bleiben, wenn ihre Anwendung mit der öffentlichen Ordnung offensichtlich unvereinbar ist.

Art. 17

(1) Dieses Übereinkommen ist nur auf Maßnahmen anzuwenden, die nach seinem Inkrafttreten getroffen worden sind.

(2) Gewaltverhältnisse, die nach dem innerstaatlichen Recht des Staates, dem der Minderjährige angehört, kraft Gesetzes bestehen, sind vom Inkrafttreten des Übereinkommens an anzuerkennen.

Art. 18–25

(vom Abdruck wurde abgesehen)

Gesetz vom 30.4.1971 zu dem Haager Übereinkommen vom 5.10.1961 über die Zuständigkeit der Behörden und das anzuwendende Recht auf dem Gebiet des Schutzes von Minderjährigen[1]

Art. 2

(1) Für die in Artikel 4 Abs. 1, Artikel 5 Abs. 2, Artikel 10 und Artikel 11 Abs. 1 des Übereinkommens vorgesehenen Mitteilungen sind die deutschen Gerichte und Behörden zuständig, bei denen ein Verfahren nach dem Übereinkommen anhängig ist oder, in den Fällen des Artikels 5 Abs. 2, zurzeit des Aufenthaltswechsels des Minderjährigen anhängig war.

(2) Ist ein Verfahren im Geltungsbereich dieses Gesetzes nicht anhängig, so ist für den Empfang der Mitteilungen nach Artikel 4 Abs. 1 und Artikel 11 Abs. 1 das Jugendamt zuständig, in dessen Bezirk der Minderjährige seinen gewöhnlichen Aufenthalt hat. Für den Empfang der Mitteilungen, die nach Artikel 11 Abs. 1 des Übereinkommens an die Behörden des Staates zu richten sind, dem der Minderjährige angehört, ist, wenn im Geltungsbereich dieses Gesetzes weder ein Verfahren anhängig ist noch der Minderjährige seinen gewöhnlichen Aufenthalt hat, das Landesjugendamt Berlin zuständig.

(3) Die Mitteilungen können unmittelbar gegeben und empfangen werden.

(4) Die in den anderen Vertragsstaaten für die Mitteilungen nach dem Übereinkommen zuständigen Behörden sind im Bundesanzeiger bekannt zu geben.

Anhang 4 zu § 97: KSÜ

Übereinkommen vom 19.10.1996 über die Zuständigkeit, das anzuwendende Recht, die Anerkennung, Vollstreckung und Zusammenarbeit auf dem Gebiet der elterlichen Verantwortung und der Maßnahmen zum Schutz von Kindern (KSÜ)[2]

Kapitel I
Anwendungsbereich des Übereinkommens

Art. 1

(1) Ziel dieses Übereinkommens ist es,

a) den Staat zu bestimmen, dessen Behörden zuständig sind, Maßnahmen zum Schutz der Person oder des Vermögens des Kindes zu treffen;

b) das von diesen Behörden bei der Ausübung ihrer Zuständigkeit anzuwendende Recht zu bestimmen;

c) das auf die elterliche Verantwortung anzuwendende Recht zu bestimmen;

d) die Anerkennung und Vollstreckung der Schutzmaßnahmen in allen Vertragsstaaten sicherzustellen;

e) die zur Verwirklichung der Ziele dieses Übereinkommens notwendige Zusammenarbeit zwischen den Behörden der Vertragsstaaten einzurichten.

(2) Im Sinn dieses Übereinkommens umfasst der Begriff „elterliche Verantwortung" die elterliche Sorge und jedes andere entsprechende Sorgeverhältnis, das die Rechte, Befugnisse und Pflichten der Eltern, des Vormunds oder eines anderen gesetzlichen Vertreters in Bezug auf die Person oder das Vermögen des Kindes bestimmt.

Art. 2

Dieses Übereinkommen ist auf Kinder von ihrer Geburt bis zur Vollendung des 18. Lebensjahrs anzuwenden.

Art. 3

Die Maßnahmen, auf die in Artikel 1 Bezug genommen wird, können insbesondere Folgendes umfassen:

1 BGBl. II 1971, 217. Geändert durch G. v. 19.4.2006 (BGBl. I, 866, 880).

2 Die Ratifikation des KSÜ durch Deutschland soll demnächst erfolgen; s. § 97 Rz. 38.

a) die Zuweisung, die Ausübung und die vollständige oder teilweise Entziehung der elterlichen Verantwortung sowie deren Übertragung;

b) das Sorgerecht einschließlich der Sorge für die Person des Kindes und insbesondere des Rechts, den Aufenthalt des Kindes zu bestimmen, sowie das Recht zum persönlichen Umgang einschließlich des Rechts, das Kind für eine begrenzte Zeit an einen anderen Ort als den seines gewöhnlichen Aufenthalts zu bringen;

c) die Vormundschaft, die Pflegschaft und entsprechende Einrichtungen;

d) die Bestimmung und den Aufgabenbereich jeder Person oder Stelle, die für die Person oder das Vermögen des Kindes verantwortlich ist, das Kind vertritt oder ihm beisteht;

e) die Unterbringung des Kindes in einer Pflegefamilie oder einem Heim oder seine Betreuung durch Kafala oder eine entsprechende Einrichtung;

f) die behördliche Aufsicht über die Betreuung eines Kindes durch jede Person, die für das Kind verantwortlich ist;

g) die Verwaltung und Erhaltung des Vermögens des Kindes oder die Verfügung darüber.

Art. 4

Dieses Übereinkommen ist nicht anzuwenden

a) auf die Feststellung und Anfechtung des Eltern-Kind-Verhältnisses;

b) auf Adoptionsentscheidungen und Maßnahmen zur Vorbereitung einer Adoption sowie auf die Ungültigerklärung und den Widerruf der Adoption;

c) auf Namen und Vornamen des Kindes;

d) auf die Volljährigerklärung;

e) auf Unterhaltspflichten;

f) auf trusts und Erbschaften;

g) auf die soziale Sicherheit;

h) auf öffentliche Maßnahmen allgemeiner Art in Angelegenheiten der Erziehung und Gesundheit;

i) auf Maßnahmen infolge von Straftaten, die von Kindern begangen wurden;

j) auf Entscheidungen über Asylrecht und Einwanderung.

Kapitel II
Zuständigkeit

Art. 5

(1) Die Behörden, seien es Gerichte oder Verwaltungsbehörden, des Vertragsstaats, in dem das Kind seinen gewöhnlichen Aufenthalt hat, sind zuständig, Maßnahmen zum Schutz der Person oder des Vermögens des Kindes zu treffen.

(2) Vorbehaltlich des Artikels 7 sind bei einem Wechsel des gewöhnlichen Aufenthalts des Kindes in einen anderen Vertragsstaat die Behörden des Staates des neuen gewöhnlichen Aufenthalts zuständig.

Art. 6

(1) Über Flüchtlingskinder und Kinder, die infolge von Unruhen in ihrem Land in ein anderes Land gelangt sind, üben die Behörden des Vertragsstaats, in dessen Hoheitsgebiet sich die Kinder demzufolge befinden, die in Artikel 5 Absatz 1 vorgesehene Zuständigkeit aus.

(2) Absatz 1 ist auch auf Kinder anzuwenden, deren gewöhnlicher Aufenthalt nicht festgestellt werden kann.

Art. 7

(1) Bei widerrechtlichem Verbringen oder Zurückhalten des Kindes bleiben die Behörden des Vertragsstaats, in dem das Kind unmittelbar vor dem Verbringen oder Zurückhalten seinen ge-

wöhnlichen Aufenthalt hatte, so lange zuständig, bis das Kind einen gewöhnlichen Aufenthalt in einem anderen Staat erlangt hat und

a) jede sorgeberechtigte Person, Behörde oder sonstige Stelle das Verbringen oder Zurückhalten genehmigt hat, oder

b) das Kind sich in diesem anderen Staat mindestens ein Jahr aufgehalten hat, nachdem die sorgeberechtigte Person, Behörde oder sonstige Stelle seinen Aufenthaltsort kannte oder hätte kennen müssen, kein während dieses Zeitraums gestellter Antrag auf Rückgabe mehr anhängig ist und das Kind sich in seinem neuen Umfeld eingelebt hat.

(2) Das Verbringen oder Zurückhalten eines Kindes gilt als widerrechtlich, wenn

a) dadurch das Sorgerecht verletzt wird, das einer Person, Behörde oder sonstigen Stelle allein oder gemeinsam nach dem Recht des Staates zusteht, in dem das Kind unmittelbar vor dem Verbringen oder Zurückhalten seinen gewöhnlichen Aufenthalt hatte, und

b) dieses Recht im Zeitpunkt des Verbringens oder Zurückhaltens allein oder gemeinsam tatsächlich ausgeübt wurde oder ausgeübt worden wäre, falls das Verbringen oder Zurückhalten nicht stattgefunden hätte.

Das unter Buchstabe a genannte Sorgerecht kann insbesondere kraft Gesetzes, auf Grund einer gerichtlichen oder behördlichen Entscheidung oder auf Grund einer nach dem Recht des betreffenden Staates wirksamen Vereinbarung bestehen.

(3) Solange die in Absatz 1 genannten Behörden zuständig bleiben, können die Behörden des Vertragsstaats, in den das Kind verbracht oder in dem es zurückgehalten wurde, nur die nach Artikel 11 zum Schutz der Person oder des Vermögens des Kindes erforderlichen dringenden Maßnahmen treffen.

Art. 8

(1) Ausnahmsweise kann die nach Artikel 5 oder 6 zuständige Behörde eines Vertragsstaats, wenn sie der Auffassung ist, dass die Behörde eines anderen Vertragsstaats besser in der Lage wäre, das Wohl des Kindes im Einzelfall zu beurteilen,

- entweder diese Behörde unmittelbar oder mit Unterstützung der Zentralen Behörde dieses Staates ersuchen, die Zuständigkeit zu übernehmen, um die Schutzmaßnahmen zu treffen, die sie für erforderlich hält,
- oder das Verfahren aussetzen und die Parteien einladen, bei der Behörde dieses anderen Staates einen solchen Antrag zu stellen.

(2) Die Vertragsstaaten, deren Behörden nach Absatz 1 ersucht werden können, sind

a) ein Staat, dem das Kind angehört,

b) ein Staat, in dem sich Vermögen des Kindes befindet,

c) ein Staat, bei dessen Behörden ein Antrag der Eltern des Kindes auf Scheidung, Trennung, Aufhebung oder Nichtigerklärung der Ehe anhängig ist,

d) ein Staat, zu dem das Kind eine enge Verbindung hat.

(3) Die betreffenden Behörden können einen Meinungsaustausch aufnehmen.

(4) Die nach Absatz 1 ersuchte Behörde kann die Zuständigkeit an Stelle der nach Artikel 5 oder 6 zuständigen Behörde übernehmen, wenn sie der Auffassung ist, dass dies dem Wohl des Kindes dient.

Art. 9

(1) Sind die in Artikel 8 Absatz 2 genannten Behörden eines Vertragsstaats der Auffassung, dass sie besser in der Lage sind, das Wohl des Kindes im Einzelfall zu beurteilen, so können sie

- entweder die zuständige Behörde des Vertragsstaats des gewöhnlichen Aufenthalts des Kindes unmittelbar oder mit Unterstützung der Zentralen Behörde dieses Staates ersuchen, ihnen zu gestatten, die Zuständigkeit auszuüben, um die von ihnen für erforderlich gehaltenen Schutzmaßnahmen zu treffen,
- oder die Parteien einladen, bei der Behörde des Vertragsstaats des gewöhnlichen Aufenthalts des Kindes einen solchen Antrag zu stellen.

(2) Die betreffenden Behörden können einen Meinungsaustausch aufnehmen.

(3) Die Behörde, von welcher der Antrag ausgeht, darf die Zuständigkeit an Stelle der Behörde des Vertragsstaats des gewöhnlichen Aufenthalts des Kindes nur ausüben, wenn diese den Antrag angenommen hat.

Art. 10

(1) Unbeschadet der Artikel 5 bis 9 können die Behörden eines Vertragsstaats in Ausübung ihrer Zuständigkeit für die Entscheidung über einen Antrag auf Scheidung, Trennung, Aufhebung oder Nichtigerklärung der Ehe der Eltern eines Kindes, das seinen gewöhnlichen Aufenthalt in einem anderen Vertragsstaat hat, sofern das Recht ihres Staates dies zulässt, Maßnahmen zum Schutz der Person oder des Vermögens des Kindes treffen, wenn

a) einer der Eltern zu Beginn des Verfahrens seinen gewöhnlichen Aufenthalt in diesem Staat und ein Elternteil die elterliche Verantwortung für das Kind hat und

b) die Eltern und jede andere Person, welche die elterliche Verantwortung für das Kind hat, die Zuständigkeit dieser Behörden für das Ergreifen solcher Maßnahmen anerkannt haben und diese Zuständigkeit dem Wohl des Kindes entspricht.

(2) Die in Absatz 1 vorgesehene Zuständigkeit für das Ergreifen von Maßnahmen zum Schutz des Kindes endet, sobald die stattgebende oder abweisende Entscheidung über den Antrag auf Scheidung, Trennung, Aufhebung oder Nichtigerklärung der Ehe endgültig geworden ist oder das Verfahren aus einem anderen Grund beendet wurde.

Art. 11

(1) In allen dringenden Fällen sind die Behörden jedes Vertragsstaats, in dessen Hoheitsgebiet sich das Kind oder ihm gehörendes Vermögen befindet, zuständig, die erforderlichen Schutzmaßnahmen zu treffen.

(2) Maßnahmen nach Absatz 1, die in Bezug auf ein Kind mit gewöhnlichem Aufenthalt in einem Vertragsstaat getroffen wurden, treten außer Kraft, sobald die nach den Artikeln 5 bis 10 zuständigen Behörden die durch die Umstände gebotenen Maßnahmen getroffen haben.

(3) Maßnahmen nach Absatz 1, die in Bezug auf ein Kind mit gewöhnlichem Aufenthalt in einem Nichtvertragsstaat getroffen wurden, treten in jedem Vertragsstaat außer Kraft, sobald dort die durch die Umstände gebotenen und von den Behörden eines anderen Staates getroffenen Maßnahmen anerkannt werden.

Art. 12

(1) Vorbehaltlich des Artikels 7 sind die Behörden eines Vertragsstaats, in dessen Hoheitsgebiet sich das Kind oder ihm gehörendes Vermögen befindet, zuständig, vorläufige und auf das Hoheitsgebiet dieses Staates beschränkte Maßnahmen zum Schutz der Person oder des Vermögens des Kindes zu treffen, soweit solche Maßnahmen nicht mit den Maßnahmen unvereinbar sind, welche die nach den Artikeln 5 bis 10 zuständigen Behörden bereits getroffen haben.

(2) Maßnahmen nach Absatz 1, die in Bezug auf ein Kind mit gewöhnlichem Aufenthalt in einem Vertragsstaat getroffen wurden, treten außer Kraft, sobald die nach den Artikeln 5 bis 10 zuständigen Behörden eine Entscheidung über die Schutzmaßnahmen getroffen haben, die durch die Umstände geboten sein könnten.

(3) Maßnahmen nach Absatz 1, die in Bezug auf ein Kind mit gewöhnlichem Aufenthalt in einem Nichtvertragsstaat getroffen wurden, treten in dem Vertragsstaat außer Kraft, in dem sie getroffen worden sind, sobald dort die durch die Umstände gebotenen und von den Behörden eines anderen Staates getroffenen Maßnahmen anerkannt werden.

Art. 13

(1) Die Behörden eines Vertragsstaats, die nach den Artikeln 5 bis 10 zuständig sind, Maßnahmen zum Schutz der Person oder des Vermögens des Kindes zu treffen, dürfen diese Zuständigkeit nicht ausüben, wenn bei Einleitung des Verfahrens entsprechende Maßnahmen bei den Behörden eines anderen Vertragsstaats beantragt worden sind, die in jenem Zeitpunkt nach den Artikeln 5 bis 10 zuständig waren, und diese Maßnahmen noch geprüft werden.

(2) Absatz 1 ist nicht anzuwenden, wenn die Behörden, bei denen Maßnahmen zuerst beantragt wurden, auf ihre Zuständigkeit verzichtet haben.

Art. 14

Selbst wenn durch eine Änderung der Umstände die Grundlage der Zuständigkeit wegfällt, bleiben die nach den Artikeln 5 bis 10 getroffenen Maßnahmen innerhalb ihrer Reichweite so lange in Kraft, bis die nach diesem Übereinkommen zuständigen Behörden sie ändern, ersetzen oder aufheben.

Kapitel III
Anzuwendendes Recht

Art. 15

(1) Bei der Ausübung ihrer Zuständigkeit nach Kapitel II wenden die Behörden der Vertragsstaaten ihr eigenes Recht an.

(2) Soweit es der Schutz der Person oder des Vermögens des Kindes erfordert, können sie jedoch ausnahmsweise das Recht eines anderen Staates anwenden oder berücksichtigen, zu dem der Sachverhalt eine enge Verbindung hat.

(3) Wechselt der gewöhnliche Aufenthalt des Kindes in einen anderen Vertragsstaat, so bestimmt das Recht dieses anderen Staates vom Zeitpunkt des Wechsels an die Bedingungen, unter denen die im Staat des früheren gewöhnlichen Aufenthalts getroffenen Maßnahmen angewendet werden.

Art. 16

(1) Die Zuweisung oder das Erlöschen der elterlichen Verantwortung kraft Gesetzes ohne Einschreiten eines Gerichts oder einer Verwaltungsbehörde bestimmt sich nach dem Recht des Staates des gewöhnlichen Aufenthalts des Kindes.

(2) Die Zuweisung oder das Erlöschen der elterlichen Verantwortung durch eine Vereinbarung oder ein einseitiges Rechtsgeschäft ohne Einschreiten eines Gerichts oder einer Verwaltungsbehörde bestimmt sich nach dem Recht des Staates des gewöhnlichen Aufenthalts des Kindes in dem Zeitpunkt, in dem die Vereinbarung oder das einseitige Rechtsgeschäft wirksam wird.

(3) Die elterliche Verantwortung nach dem Recht des Staates des gewöhnlichen Aufenthalts des Kindes besteht nach dem Wechsel dieses gewöhnlichen Aufenthalts in einen anderen Staat fort.

(4) Wechselt der gewöhnliche Aufenthalt des Kindes, so bestimmt sich die Zuweisung der elterlichen Verantwortung kraft Gesetzes an eine Person, die diese Verantwortung nicht bereits hat, nach dem Recht des Staates des neuen gewöhnlichen Aufenthalts.

Art. 17

Die Ausübung der elterlichen Verantwortung bestimmt sich nach dem Recht des Staates des gewöhnlichen Aufenthalts des Kindes. Wechselt der gewöhnliche Aufenthalt des Kindes, so bestimmt sie sich nach dem Recht des Staates des neuen gewöhnlichen Aufenthalts.

Art. 18

Durch Maßnahmen nach diesem Übereinkommen kann die in Artikel 16 genannte elterliche Verantwortung entzogen oder können die Bedingungen ihrer Ausübung geändert werden.

Art. 19

(1) Die Gültigkeit eines Rechtsgeschäfts zwischen einem Dritten und einer anderen Person, die nach dem Recht des Staates, in dem das Rechtsgeschäft abgeschlossen wurde, als gesetzlicher Vertreter zu handeln befugt wäre, kann nicht allein deswegen bestritten und der Dritte nicht nur deswegen verantwortlich gemacht werden, weil die andere Person nach dem in diesem Kapitel bestimmten Recht nicht als gesetzlicher Vertreter zu handeln befugt war, es sei denn, der Dritte wusste oder hätte wissen müssen, dass sich die elterliche Verantwortung nach diesem Recht bestimmte.

(2) Absatz 1 ist nur anzuwenden, wenn das Rechtsgeschäft unter Anwesenden im Hoheitsgebiet desselben Staates geschlossen wurde.

Art. 20

Dieses Kapitel ist anzuwenden, selbst wenn das darin bestimmte Recht das eines Nichtvertragsstaats ist.

Art. 21

(1) Der Begriff „Recht" im Sinne dieses Kapitels bedeutet das in einem Staat geltende Recht mit Ausnahme des Kollisionsrechts.

(2) Ist jedoch das nach Artikel 16 anzuwendende Recht das eines Nichtvertragsstaats und verweist das Kollisionsrecht dieses Staates auf das Recht eines anderen Nichtvertragsstaats, der sein eigenes Recht anwenden würde, so ist das Recht dieses anderen Staates anzuwenden. Betrachtet sich das Recht dieses anderen Nichtvertragsstaats als nicht anwendbar, so ist das nach Artikel 16 bestimmte Recht anzuwenden.

Art. 22

Die Anwendung des in diesem Kapitel bestimmten Rechts darf nur versagt werden, wenn sie der öffentlichen Ordnung (ordre public) offensichtlich widerspricht, wobei das Wohl des Kindes zu berücksichtigen ist.

Kapitel IV
Anerkennung und Vollstreckung

Art. 23

(1) Die von den Behörden eines Vertragsstaats getroffenen Maßnahmen werden kraft Gesetzes in den anderen Vertragsstaaten anerkannt.

(2) Die Anerkennung kann jedoch versagt werden,

a) wenn die Maßnahme von einer Behörde getroffen wurde, die nicht nach Kapitel II zuständig war;

b) wenn die Maßnahme, außer in dringenden Fällen, im Rahmen eines Gerichts oder Verwaltungsverfahrens getroffen wurde, ohne dass dem Kind die Möglichkeit eingeräumt worden war, gehört zu werden, und dadurch gegen wesentliche Verfahrensgrundsätze des ersuchten Staates verstoßen wurde;

c) auf Antrag jeder Person, die geltend macht, dass die Maßnahme ihre elterliche Verantwortung beeinträchtigt, wenn diese Maßnahme, außer in dringenden Fällen, getroffen wurde, ohne dass dieser Person die Möglichkeit eingeräumt worden war, gehört zu werden;

d) wenn die Anerkennung der öffentlichen Ordnung (ordre public) des ersuchten Staates offensichtlich widerspricht, wobei das Wohl des Kindes zu berücksichtigen ist;

e) wenn die Maßnahme mit einer später im Nichtvertragsstaat des gewöhnlichen Aufenthalts des Kindes getroffenen Maßnahme unvereinbar ist, sofern die spätere Maßnahme die für ihre Anerkennung im ersuchten Staat erforderlichen Voraussetzungen erfüllt;

f) wenn das Verfahren nach Artikel 33 nicht eingehalten wurde.

Art. 24

Unbeschadet des Artikels 23 Absatz 1 kann jede betroffene Person bei den zuständigen Behörden eines Vertragsstaats beantragen, dass über die Anerkennung oder Nichtanerkennung einer in einem anderen Vertragsstaat getroffenen Maßnahme entschieden wird. Das Verfahren bestimmt sich nach dem Recht des ersuchten Staates.

Art. 25

Die Behörde des ersuchten Staates ist an die Tatsachenfeststellungen gebunden, auf welche die Behörde des Staates, in dem die Maßnahme getroffen wurde, ihre Zuständigkeit gestützt hat.

Art. 26

(1) Erfordern die in einem Vertragsstaat getroffenen und dort vollstreckbaren Maßnahmen in einem anderen Vertragsstaat Vollstreckungshandlungen, so werden sie in diesem anderen Staat auf Antrag jeder betroffenen Partei nach dem im Recht dieses Staates vorgesehenen Verfahren für vollstreckbar erklärt oder zur Vollstreckung registriert.

(2) Jeder Vertragsstaat wendet auf die Vollstreckbarerklärung oder die Registrierung ein einfaches und schnelles Verfahren an.

(3) Die Vollstreckbarerklärung oder die Registrierung darf nur aus einem der in Artikel 23 Absatz 2 vorgesehenen Gründe versagt werden.

Art. 27

Vorbehaltlich der für die Anwendung der vorstehenden Artikel erforderlichen Überprüfung darf die getroffene Maßnahme in der Sache selbst nicht nachgeprüft werden.

Art. 28

Die in einem Vertragsstaat getroffenen und in einem anderen Vertragsstaat für vollstreckbar erklärten oder zur Vollstreckung registrierten Maßnahmen werden dort vollstreckt, als seien sie von den Behörden dieses anderen Staates getroffen worden. Die Vollstreckung richtet sich nach dem Recht des ersuchten Staates unter Beachtung der darin vorgesehenen Grenzen, wobei das Wohl des Kindes zu berücksichtigen ist.

Kapitel V
Zusammenarbeit

Art. 29

(1) Jeder Vertragsstaat bestimmt eine Zentrale Behörde, welche die ihr durch dieses Übereinkommen übertragenen Aufgaben wahrnimmt.

(2) Einem Bundesstaat, einem Staat mit mehreren Rechtssystemen oder einem Staat, der aus autonomen Gebietseinheiten besteht, steht es frei, mehrere Zentrale Behörden zu bestimmen und deren räumliche und persönliche Zuständigkeit festzulegen. Macht ein Staat von dieser Möglichkeit Gebrauch, so bestimmt er die Zentrale Behörde, an welche Mitteilungen zur Übermittlung an die zuständige Behörde in diesem Staat gerichtet werden können.

Art. 30

(1) Die Zentralen Behörden arbeiten zusammen und fördern die Zusammenarbeit der zuständigen Behörden ihrer Staaten, um die Ziele dieses Übereinkommens zu verwirklichen.

(2) Im Zusammenhang mit der Anwendung dieses Übereinkommens treffen sie die geeigneten Maßnahmen, um Auskünfte über das Recht ihrer Staaten sowie die in ihren Staaten für den Schutz von Kindern verfügbaren Dienste zu erteilen.

Art. 31

Die Zentrale Behörde eines Vertragsstaats trifft unmittelbar oder mit Hilfe staatlicher Behörden oder sonstiger Stellen alle geeigneten Vorkehrungen, um

a) die Mitteilungen zu erleichtern und die Unterstützung anzubieten, die in den Artikeln 8 und 9 und in diesem Kapitel vorgesehen sind;

b) durch Vermittlung, Schlichtung oder ähnliche Mittel gütliche Einigungen zum Schutz der Person oder des Vermögens des Kindes bei Sachverhalten zu erleichtern, auf die dieses Übereinkommen anzuwenden ist;

c) auf Ersuchen der zuständigen Behörde eines anderen Vertragsstaats bei der Ermittlung des Aufenthaltsorts des Kindes Unterstützung zu leisten, wenn der Anschein besteht, dass das Kind sich im Hoheitsgebiet des ersuchten Staates befindet und Schutz benötigt.

Art. 32

Auf begründetes Ersuchen der Zentralen Behörde oder einer anderen zuständigen Behörde eines Vertragsstaats, zu dem das Kind eine enge Verbindung hat, kann die Zentrale Behörde des Vertragsstaats, in dem das Kind seinen gewöhnlichen Aufenthalt hat und in dem es sich befindet, unmittelbar oder mit Hilfe staatlicher Behörden oder sonstiger Stellen

a) einen Bericht über die Lage des Kindes erstatten;

b) die zuständige Behörde ihres Staates ersuchen zu prüfen, ob Maßnahmen zum Schutz der Person oder des Vermögens des Kindes erforderlich sind.

Art. 33

(1) Erwägt die nach den Artikeln 5 bis 10 zuständige Behörde die Unterbringung des Kindes in einer Pflegefamilie oder einem Heim oder seine Betreuung durch Kafala oder eine entsprechende Einrichtung und soll es in einem anderen Vertragsstaat untergebracht oder betreut werden, so zieht sie vorher die Zentrale Behörde oder eine andere zuständige Behörde dieses Staates zu Rate. Zu diesem Zweck übermittelt sie ihr einen Bericht über das Kind und die Gründe ihres Vorschlags zur Unterbringung oder Betreuung.

(2) Die Entscheidung über die Unterbringung oder Betreuung kann im ersuchenden Staat nur getroffen werden, wenn die Zentrale Behörde oder eine andere zuständige Behörde des ersuchten Staates dieser Unterbringung oder Betreuung zugestimmt hat, wobei das Wohl des Kindes zu berücksichtigen ist.

Art. 34

(1) Wird eine Schutzmaßnahme erwogen, so können die nach diesem Übereinkommen zuständigen Behörden, sofern die Lage des Kindes dies erfordert, jede Behörde eines anderen Vertragsstaats, die über sachdienliche Informationen für den Schutz des Kindes verfügt, ersuchen, sie ihnen mitzuteilen.

(2) Jeder Vertragsstaat kann erklären, dass Ersuchen nach Absatz 1 seinen Behörden nur über seine Zentrale Behörde zu übermitteln sind.

Art. 35

(1) Die zuständigen Behörden eines Vertragsstaats können die Behörden eines anderen Vertragsstaats ersuchen, ihnen bei der Durchführung der nach diesem Übereinkommen getroffenen Schutzmaßnahmen Hilfe zu leisten, insbesondere um die wirksame Ausübung des Rechts zum persönlichen Umgang sowie des Rechts sicherzustellen, regelmäßige unmittelbare Kontakte aufrechtzuerhalten.

(2) Die Behörden eines Vertragsstaats, in dem das Kind keinen gewöhnlichen Aufenthalt hat, können auf Antrag eines Elternteils, der sich in diesem Staat aufhält und der ein Recht zum persönlichen Umgang zu erhalten oder beizubehalten wünscht, Auskünfte oder Beweise einholen und Feststellungen über die Eignung dieses Elternteils zur Ausübung des Rechts zum persönlichen Umgang und die Bedingungen seiner Ausübung treffen. Eine Behörde, die nach den Artikeln 5 bis 10 für die Entscheidung über das Recht zum persönlichen Umgang zuständig ist, hat vor ihrer Entscheidung diese Auskünfte, Beweise und Feststellungen zuzulassen und zu berücksichtigen.

(3) Eine Behörde, die nach den Artikeln 5 bis 10 für die Entscheidung über das Recht zum persönlichen Umgang zuständig ist, kann das Verfahren bis zum Vorliegen des Ergebnisses des in Absatz 2 vorgesehenen Verfahrens aussetzen, insbesondere wenn bei ihr ein Antrag auf Änderung oder Aufhebung des Rechts zum persönlichen Umgang anhängig ist, das die Behörden des Staates des früheren gewöhnlichen Aufenthalts des Kindes eingeräumt haben.

(4) Dieser Artikel hindert eine nach den Artikeln 5 bis 10 zuständige Behörde nicht, bis zum Vorliegen des Ergebnisses des in Absatz 2 vorgesehenen Verfahrens vorläufige Maßnahmen zu treffen.

Art. 36

Ist das Kind einer schweren Gefahr ausgesetzt, so benachrichtigen die zuständigen Behörden des Vertragsstaats, in dem Maßnahmen zum Schutz dieses Kindes getroffen wurden oder in Betracht gezogen werden, sofern sie über den Wechsel des Aufenthaltsorts in einen anderen Staat oder die dortige Anwesenheit des Kindes unterrichtet sind, die Behörden dieses Staates von der Gefahr und den getroffenen oder in Betracht gezogenen Maßnahmen.

Art. 37

Eine Behörde darf nach diesem Kapitel weder um Informationen ersuchen noch solche erteilen, wenn dadurch nach ihrer Auffassung die Person oder das Vermögen des Kindes in Gefahr geraten könnte oder die Freiheit oder das Leben eines Familienangehörigen des Kindes ernsthaft bedroht würde.

Art. 38

(1) Unbeschadet der Möglichkeit, für die erbrachten Dienstleistungen angemessene Kosten zu verlangen, tragen die Zentralen Behörden und die anderen staatlichen Behörden der Vertragsstaaten die Kosten, die ihnen durch die Anwendung dieses Kapitels entstehen.

(2) Jeder Vertragsstaat kann mit einem oder mehreren anderen Vertragsstaaten Vereinbarungen über die Kostenaufteilung treffen.

Art. 39

Jeder Vertragsstaat kann mit einem oder mehreren anderen Vertragsstaaten Vereinbarungen treffen, um die Anwendung dieses Kapitels in ihren gegenseitigen Beziehungen zu erleichtern. Die Staaten, die solche Vereinbarungen getroffen haben, übermitteln dem Verwahrer dieses Übereinkommens eine Abschrift.

Kapitel VI
Allgemeine Bestimmungen

Art. 40

(1) Die Behörden des Vertragsstaats, in dem das Kind seinen gewöhnlichen Aufenthalt hat oder in dem eine Schutzmaßnahme getroffen wurde, können dem Träger der elterlichen Verantwortung oder jedem, dem der Schutz der Person oder des Vermögens des Kindes anvertraut wurde, auf dessen Antrag eine Bescheinigung über seine Berechtigung zum Handeln und die ihm übertragenen Befugnisse ausstellen.

(2) Die Richtigkeit der Berechtigung zum Handeln und der Befugnisse, die bescheinigt sind, wird bis zum Beweis des Gegenteils vermutet.

(3) Jeder Vertragsstaat bestimmt die für die Ausstellung der Bescheinigung zuständigen Behörden.

Art. 41

Die nach diesem Übereinkommen gesammelten oder übermittelten personenbezogenen Daten dürfen nur für die Zwecke verwendet werden, zu denen sie gesammelt oder übermittelt wurden.

Art. 42

Behörden, denen Informationen übermittelt werden, stellen nach dem Recht ihres Staates deren vertrauliche Behandlung sicher.

Art. 43

Die nach diesem Übereinkommen übermittelten oder ausgestellten Schriftstücke sind von jeder Legalisation oder entsprechenden Förmlichkeit befreit.

Art. 44

Jeder Vertragsstaat kann die Behörden bestimmen, an die Ersuchen nach den Artikeln 8, 9 und 33 zu richten sind.

Art. 45

(1) Die nach den Artikeln 29 und 44 bestimmten Behörden werden dem Ständigen Büro der Haager Konferenz für Internationales Privatrecht mitgeteilt.

(2) Die Erklärung nach Artikel 34 Absatz 2 wird gegenüber dem Verwahrer dieses Übereinkommens abgegeben.

Art. 46

Ein Vertragsstaat, in dem verschiedene Rechtssysteme oder Gesamtheiten von Regeln für den Schutz der Person und des Vermögens des Kindes gelten, muss die Regeln dieses Übereinkommens nicht auf Kollisionen anwenden, die allein zwischen diesen verschiedenen Rechtssystemen oder Gesamtheiten von Regeln bestehen.

Art. 47

Gelten in einem Staat in Bezug auf die in diesem Übereinkommen geregelten Angelegenheiten zwei oder mehr Rechtssysteme oder Gesamtheiten von Regeln in verschiedenen Gebietseinheiten, so ist jede Verweisung

1. auf den gewöhnlichen Aufenthalt in diesem Staat als Verweisung auf den gewöhnlichen Aufenthalt in einer Gebietseinheit zu verstehen;
2. auf die Anwesenheit des Kindes in diesem Staat als Verweisung auf die Anwesenheit des Kindes in einer Gebietseinheit zu verstehen;
3. auf die Belegenheit des Vermögens des Kindes in diesem Staat als Verweisung auf die Belegenheit des Vermögens des Kindes in einer Gebietseinheit zu verstehen;
4. auf den Staat, dem das Kind angehört, als Verweisung auf die von dem Recht dieses Staates bestimmte Gebietseinheit oder, wenn solche Regeln fehlen, als Verweisung auf die Gebietseinheit zu verstehen, mit der das Kind die engste Verbindung hat;
5. auf den Staat, bei dessen Behörden ein Antrag auf Scheidung, Trennung, Aufhebung oder Nichtigerklärung der Ehe der Eltern des Kindes anhängig ist, als Verweisung auf die Gebietseinheit zu verstehen, bei deren Behörden ein solcher Antrag anhängig ist;
6. auf den Staat, mit dem das Kind eine enge Verbindung hat, als Verweisung auf die Gebietseinheit zu verstehen, mit der das Kind eine solche Verbindung hat;
7. auf den Staat, in den das Kind verbracht oder in dem es zurückgehalten wurde, als Verweisung auf die Gebietseinheit zu verstehen, in die das Kind verbracht oder in der es zurückgehalten wurde;
8. auf Stellen oder Behörden dieses Staates, die nicht Zentrale Behörden sind, als Verweisung auf die Stellen oder Behörden zu verstehen, die in der betreffenden Gebietseinheit handlungsbefugt sind;
9. auf das Recht, das Verfahren oder die Behörde des Staates, in dem eine Maßnahme getroffen wurde, als Verweisung auf das Recht, das Verfahren oder die Behörde der Gebietseinheit zu verstehen, in der diese Maßnahme getroffen wurde;
10. auf das Recht, das Verfahren oder die Behörde des ersuchten Staates als Verweisung auf das Recht, das Verfahren oder die Behörde der Gebietseinheit zu verstehen, in der die Anerkennung oder Vollstreckung geltend gemacht wird.

Art. 48

Hat ein Staat zwei oder mehr Gebietseinheiten mit eigenen Rechtssystemen oder Gesamtheiten von Regeln für die in diesem Übereinkommen geregelten Angelegenheiten, so gilt zur Bestimmung des nach Kapitel III anzuwendenden Rechts Folgendes:

a) Sind in diesem Staat Regeln in Kraft, die das Recht einer bestimmten Gebietseinheit für anwendbar erklären, so ist das Recht dieser Einheit anzuwenden;

b) fehlen solche Regeln, so ist das Recht der in Artikel 47 bestimmten Gebietseinheit anzuwenden.

Art. 49

Hat ein Staat zwei oder mehr Rechtssysteme oder Gesamtheiten von Regeln, die auf verschiedene Personengruppen hinsichtlich der in diesem Übereinkommen geregelten Angelegenheiten anzuwenden sind, so gilt zur Bestimmung des nach Kapitel III anzuwendenden Rechts Folgendes:

a) Sind in diesem Staat Regeln in Kraft, die bestimmen, welches dieser Rechte anzuwenden ist, so ist dieses anzuwenden;

b) fehlen solche Regeln, so ist das Rechtssystem oder die Gesamtheit von Regeln anzuwenden, mit denen das Kind die engste Verbindung hat.

Art. 50

Dieses Übereinkommen lässt das Übereinkommen vom 25. Oktober 1980 über die zivilrechtlichen Aspekte internationaler Kindesentführung im Verhältnis zwischen den Vertragsparteien beider Übereinkommen unberührt. Einer Berufung auf Bestimmungen dieses Übereinkommens zu dem Zweck, die Rückkehr eines widerrechtlich verbrachten oder zurückgehaltenen Kindes zu erwirken oder das Recht zum persönlichen Umgang durchzuführen, steht jedoch nichts entgegen.

Art. 51

Im Verhältnis zwischen den Vertragsstaaten ersetzt dieses Übereinkommen das Übereinkommen vom 5. Oktober 1961 über die Zuständigkeit der Behörden und das anzuwendende Recht auf dem Gebiet des Schutzes von Minderjährigen und das am 12. Juni 1902 in Den Haag unterzeichnete Abkommen zur Regelung der Vormundschaft über Minderjährige, unbeschadet der Anerkennung von Maßnahmen, die nach dem genannten Übereinkommen vom 5. Oktober 1961 getroffen wurden.

Art. 52

(1) Dieses Übereinkommen lässt internationale Übereinkünfte unberührt, denen Vertragsstaaten als Vertragsparteien angehören und die Bestimmungen über die im vorliegenden Übereinkommen geregelten Angelegenheiten enthalten, sofern die durch eine solche Übereinkunft gebundenen Staaten keine gegenteilige Erklärung abgeben.

(2) Dieses Übereinkommen lässt die Möglichkeit unberührt, dass ein oder mehrere Vertragsstaaten Vereinbarungen treffen, die in Bezug auf Kinder mit gewöhnlichem Aufenthalt in einem der Staaten, die Vertragsparteien solcher Vereinbarungen sind, Bestimmungen über die in diesem Übereinkommen geregelten Angelegenheiten enthalten.

(3) Künftige Vereinbarungen eines oder mehrerer Vertragsstaaten über Angelegenheiten im Anwendungsbereich dieses Übereinkommens lassen im Verhältnis zwischen solchen Staaten und anderen Vertragsstaaten die Anwendung der Bestimmungen des Übereinkommens unberührt.

(4) Die Absätze 1 bis 3 gelten auch für Einheitsrecht, das auf besonderen Verbindungen insbesondere regionaler Art zwischen den betroffenen Staaten beruht.

Art. 53

(1) Dieses Übereinkommen ist nur auf Maßnahmen anzuwenden, die in einem Staat getroffen werden, nachdem das Übereinkommen für diesen Staat in Kraft getreten ist.

(2) Dieses Übereinkommen ist auf die Anerkennung und Vollstreckung von Maßnahmen anzuwenden, die getroffen wurden, nachdem es im Verhältnis zwischen dem Staat, in dem die Maßnahmen getroffen wurden, und dem ersuchten Staat in Kraft getreten ist.

Art. 54

(1) Mitteilungen an die Zentrale Behörde oder eine andere Behörde eines Vertragsstaats werden in der Originalsprache zugesandt; sie müssen von einer Übersetzung in die Amtssprache oder eine der Amtssprachen des anderen Staates oder, wenn eine solche Übersetzung nur schwer erhältlich ist, von einer Übersetzung ins Französische oder Englische begleitet sein.

(2) Ein Vertragsstaat kann jedoch einen Vorbehalt nach Artikel 60 anbringen und darin gegen die Verwendung des Französischen oder Englischen, jedoch nicht beider Sprachen, Einspruch erheben.

Art. 55

(1) Ein Vertragsstaat kann sich nach Artikel 60

a) die Zuständigkeit seiner Behörden vorbehalten, Maßnahmen zum Schutz des in seinem Hoheitsgebiet befindlichen Vermögens eines Kindes zu treffen;

b) vorbehalten, die elterliche Verantwortung oder eine Maßnahme nicht anzuerkennen, soweit sie mit einer von seinen Behörden in Bezug auf dieses Vermögen getroffenen Maßnahme unvereinbar ist.

(2) Der Vorbehalt kann auf bestimmte Vermögensarten beschränkt werden.

Art. 56

Der Generalsekretär der Haager Konferenz für Internationales Privatrecht beruft in regelmäßigen Abständen eine Spezialkommission zur Prüfung der praktischen Durchführung dieses Übereinkommens ein.

Kapitel VII
Schlussbestimmungen

Art. 57–58

(Vom Abdruck wurde abgesehen).

Art. 59

(1) Ein Staat, der aus zwei oder mehr Gebietseinheiten besteht, in denen für die in diesem Übereinkommen behandelten Angelegenheiten unterschiedliche Rechtssysteme gelten, kann bei der Unterzeichnung, der Ratifikation, der Annahme, der Genehmigung oder dem Beitritt erklären, dass das Übereinkommen auf alle seine Gebietseinheiten oder nur auf eine oder mehrere davon erstreckt wird; er kann diese Erklärung durch Abgabe einer neuen Erklärung jederzeit ändern.

(2) Jede derartige Erklärung wird dem Verwahrer unter ausdrücklicher Bezeichnung der Gebietseinheiten notifiziert, auf die dieses Übereinkommen angewendet wird.

(3) Gibt ein Staat keine Erklärung nach diesem Artikel ab, so ist dieses Übereinkommen auf sein gesamtes Hoheitsgebiet anzuwenden.

Art. 60–63

(Vom Abdruck wurde abgesehen).

Anhang 5 zu § 97: HKEntfÜ

Haager Übereinkommen vom 25.10.1980 über die zivilrechtlichen Aspekte internationaler Kindesentführung (HKEntfÜ)[1]

Kapitel I
Anwendungsbereich des Übereinkommens

Art. 1

Ziel dieses Übereinkommens ist es,

a) die sofortige Rückgabe widerrechtlich in einen Vertragsstaat verbrachter oder dort zurückgehaltener Kinder sicherzustellen und

b) zu gewährleisten, dass das in einem Vertragsstaat bestehende Sorgerecht und Recht zum persönlichen Umgang in den anderen Vertragsstaaten tatsächlich beachtet wird.

Art. 2

Die Vertragsstaaten treffen alle geeigneten Maßnahmen, um in ihrem Hoheitsgebiet die Ziele des Übereinkommens zu verwirklichen. Zu diesem Zweck wenden sie ihre schnellstmöglichen Verfahren an.

1 BGBl. II 1990, 207.

Art. 3

(1) Das Verbringen oder Zurückhalten eines Kindes gilt als widerrechtlich, wenn

a) dadurch das Sorgerecht verletzt wird, das einer Person, Behörde oder sonstigen Stelle allein oder gemeinsam nach dem Recht des Staates zusteht, in dem das Kind unmittelbar vor dem Verbringen oder Zurückhalten seinen gewöhnlichen Aufenthalt hatte, und

b) dieses Recht im Zeitpunkt des Verbringens oder Zurückhaltens allein oder gemeinsam tatsächlich ausgeübt wurde oder ausgeübt worden wäre, falls das Verbringen oder Zurückhalten nicht stattgefunden hätte.

(2) Das unter Buchstabe a genannte Sorgerecht kann insbesondere kraft Gesetzes, auf Grund einer gerichtlichen oder behördlichen Entscheidung oder auf Grund einer nach dem Recht des betreffenden Staates wirksamen Vereinbarung bestehen.

Art. 4

Das Übereinkommen wird auf jedes Kind angewendet, das unmittelbar vor einer Verletzung des Sorgerechts oder des Rechts zum persönlichen Umgang seinen gewöhnlichen Aufenthalt in einem Vertragsstaat hatte. Das Übereinkommen wird nicht mehr angewendet, sobald das Kind das 16. Lebensjahr vollendet hat.

Art. 5

Im Sinn dieses Übereinkommens umfasst

a) das „Sorgerecht" die Sorge für die Person des Kindes und insbesondere das Recht, den Aufenthalt des Kindes zu bestimmen;

b) das Recht „Recht zum persönlichen Umgang" das Recht, das Kind für eine begrenzte Zeit an einen anderen Ort als seinen gewöhnlichen Aufenthaltsort zu bringen.

Kapitel II
Zentrale Behörden

Art. 6

(1) Jeder Vertragsstaat bestimmt eine zentrale Behörde, welche die ihr durch dieses Übereinkommen übertragenen Aufgaben wahrnimmt.

(2) Einem Bundesstaat, einem Staat mit mehreren Rechtssystemen oder einem Staat, der aus autonomen Gebietskörperschaften besteht, steht es frei, mehrere zentrale Behörden zu bestimmen und deren räumliche Zuständigkeit festzulegen. Macht ein Staat von dieser Möglichkeit Gebrauch, so bestimmt er die zentrale Behörde, an welche die Anträge zur Übermittlung an die zuständige zentrale Behörde in diesem Staat gerichtet werden können.

Art. 7

(1) Die zentralen Behörden arbeiten zusammen und fördern die Zusammenarbeit der zuständigen Behörden ihrer Staaten, um die sofortige Rückgabe von Kindern sicherzustellen und auch die anderen Ziele dieses Übereinkommens zu verwirklichen.

(2) Insbesondere treffen sie unmittelbar oder mit Hilfe anderer alle geeigneten Maßnahmen, um

a) den Aufenthaltsort eines widerrechtlich verbrachten oder zurückgehaltenen Kindes ausfindig zu machen;

b) weitere Gefahren von dem Kind oder Nachteile von den betroffenen Parteien abzuwenden, indem sie vorläufige Maßnahmen treffen oder veranlassen;

c) die freiwillige Rückgabe des Kindes sicherzustellen oder eine gütliche Regelung der Angelegenheit herbeizuführen;

d) soweit zweckdienlich Auskünfte über die soziale Lage des Kindes auszutauschen;

e) im Zusammenhang mit der Anwendung des Übereinkommens allgemeine Auskünfte über das Recht ihrer Staaten zu erteilen;

f) ein gerichtliches oder behördliches Verfahren einzuleiten oder die Einleitung eines solchen Verfahrens zu erleichtern, um die Rückgabe des Kindes zu erwirken sowie gegebenenfalls die

Durchführung oder die wirksame Ausübung des Rechts zum persönlichen Umgang zu gewährleisten;

g) soweit erforderlich die Bewilligung von Prozesskosten- und Beratungshilfe einschließlich der Beiordnung eines Rechtsanwalts, zu veranlassen oder zu erleichtern;

h) durch etwa notwendige und geeignete behördliche Vorkehrungen die sichere Rückgabe des Kindes zu gewährleisten;

i) einander über die Wirkungsweise des Übereinkommens zu unterrichten und Hindernisse, die seiner Anwendung entgegenstehen, soweit wie möglich auszuräumen.

Kapitel III
Rückgabe von Kindern

Art. 8

(1) Macht eine Person, Behörde oder sonstige Stelle geltend, ein Kind sei unter Verletzung des Sorgerechts verbracht oder zurückgehalten worden, so kann sie sich entweder an die für den gewöhnlichen Aufenthalt des Kindes zuständige zentrale Behörde oder an die zentrale Behörde eines anderen Vertragsstaats wenden, um mit deren Unterstützung die Rückgabe des Kindes sicherzustellen.

(2) Der Antrag muss enthalten

a) Angaben über die Identität des Antragstellers, des Kindes und der Person, die das Kind angeblich verbracht oder zurückgehalten hat;

b) das Geburtsdatum des Kindes, soweit es festgestellt werden kann;

c) die Gründe, die der Antragsteller für seinen Anspruch auf Rückgabe des Kindes geltend macht;

d) alle verfügbaren Angaben über den Aufenthaltsort des Kindes und die Identität der Person, bei der sich das Kind vermutlich befindet.

Der Antrag kann wie folgt ergänzt oder es können ihm folgende Anlagen beigefügt werden:

e) eine beglaubigte Ausfertigung einer für die Sache erheblichen Entscheidung oder Vereinbarung;

f) eine Bescheinigung oder eidesstattliche Erklärung (Affidavit) über die einschlägigen Rechtsvorschriften des betreffenden Staates; sie muss von der zentralen Behörde oder einer sonstigen zuständigen Behörde des Staates, in dem sich das Kind gewöhnlich aufhält, oder von einer dazu befugten Person ausgehen;

g) jedes sonstige für die Sache erhebliche Schriftstück.

Art. 9

Hat die zentrale Behörde, bei der ein Antrag nach Artikel 8 eingeht, Grund zu der Annahme, dass sich das Kind in einem anderen Vertragsstaat befindet, so übermittelt sie den Antrag unmittelbar und unverzüglich der zentralen Behörde dieses Staates; sie unterrichtet davon die ersuchende zentrale Behörde oder gegebenenfalls den Antragsteller.

Art. 10

Die zentrale Behörde des Staates, in dem sich das Kind befindet, trifft oder veranlasst alle geeigneten Maßnahmen, um die freiwillige Rückgabe des Kindes zu bewirken.

Art. 11

(1) In Verfahren auf Rückgabe von Kindern haben die Gerichte oder Verwaltungsbehörden eines jeden Vertragsstaats mit der gebotenen Eile zu handeln.

(2) Hat das Gericht oder die Verwaltungsbehörde, die mit der Sache befasst sind, nicht innerhalb von sechs Wochen nach Eingang des Antrags eine Entscheidung getroffen, so kann der Antragsteller oder die zentrale Behörde des ersuchten Staates von sich aus oder auf Begehren der zentralen Behörde des ersuchenden Staates eine Darstellung der Gründe für die Verzögerung verlangen. Hat die zentrale Behörde des ersuchten Staates die Antwort erhalten, so übermittelt sie diese der zentralen Behörde des ersuchenden Staates oder gegebenenfalls dem Antragsteller.

Art. 12

(1) Ist ein Kind im Sinn des Artikels 3 widerrechtlich verbracht oder zurückgehalten worden und ist bei Eingang des Antrags bei dem Gericht oder der Verwaltungsbehörde des Vertragsstaats, in dem sich das Kind befindet, eine Frist von weniger als einem Jahr seit dem Verbringen oder Zurückhalten verstrichen, so ordnet das zuständige Gericht oder die zuständige Verwaltungsbehörde die sofortige Rückgabe des Kindes an.

(2) Ist der Antrag erst nach Ablauf der in Absatz 1 bezeichneten Jahresfrist eingegangen, so ordnet das Gericht oder die Verwaltungsbehörde die Rückgabe des Kindes ebenfalls an, sofern nicht erwiesen ist, dass das Kind sich in seine neue Umgebung eingelebt hat.

(3) Hat das Gericht oder die Verwaltungsbehörde des ersuchten Staates Grund zu der Annahme, dass das Kind in einen anderen Staat verbracht worden ist, so kann das Verfahren ausgesetzt oder der Antrag auf Rückgabe des Kindes abgelehnt werden.

Art. 13

(1) Ungeachtet des Artikels 12 ist das Gericht oder die Verwaltungsbehörde des ersuchten Staates nicht verpflichtet, die Rückgabe des Kindes anzuordnen, wenn die Person, Behörde oder sonstige Stelle, die sich der Rückgabe des Kindes widersetzt, nachweist,

a) dass die Person, Behörde oder sonstige Stelle, der die Sorge für die Person des Kindes zustand, das Sorgerecht zurzeit des Verbringens oder Zurückhaltens tatsächlich nicht ausgeübt, dem Verbringen oder Zurückhalten zugestimmt oder dieses nachträglich genehmigt hat oder

b) dass die Rückgabe mit der schwerwiegenden Gefahr eines körperlichen oder seelischen Schadens für das Kind verbunden ist oder das Kind auf andere Weise in eine unzumutbare Lage bringt.

(2) Das Gericht oder die Verwaltungsbehörde kann es ferner ablehnen, die Rückgabe des Kindes anzuordnen, wenn festgestellt wird, dass sich das Kind der Rückgabe widersetzt und dass es ein Alter und eine Reife erreicht hat, angesichts deren es angebracht erscheint, seine Meinung zu berücksichtigen.

(3) Bei Würdigung der in diesem Artikel genannten Umstände hat das Gericht oder die Verwaltungsbehörde die Auskünfte über die soziale Lage des Kindes zu berücksichtigen, die von der zentralen Behörde oder einer anderen zuständigen Behörde des Staates des gewöhnlichen Aufenthalts des Kindes erteilt worden sind.

Art. 14

Haben die Gerichte oder Verwaltungsbehörden des ersuchten Staates festzustellen, ob ein widerrechtliches Verbringen oder Zurückhalten im Sinn des Artikels 3 vorliegt, so können sie das im Staat des gewöhnlichen Aufenthalts des Kindes geltende Recht und die gerichtlichen oder behördlichen Entscheidungen, gleichviel ob sie dort förmlich anerkannt sind oder nicht, unmittelbar berücksichtigen; dabei brauchen sie die besonderen Verfahren zum Nachweis dieses Rechts oder zur Anerkennung ausländischer Entscheidungen, die sonst einzuhalten wären, nicht zu beachten.

Art. 15

Bevor die Gerichte oder Verwaltungsbehörden eines Vertragsstaats die Rückgabe des Kindes anordnen, können sie vom Antragsteller die Vorlage einer Entscheidung oder sonstigen Bescheinigung der Behörden des Staates des gewöhnlichen Aufenthalts des Kindes verlangen, aus der hervorgeht, dass das Verbringen oder Zurückhalten widerrechtlich im Sinn des Artikels 3 war, sofern in dem betreffenden Staat eine derartige Entscheidung oder Bescheinigung erwirkt werden kann. Die zentralen Behörden der Vertragsstaaten haben den Antragsteller beim Erwirken einer derartigen Entscheidung oder Bescheinigung soweit wie möglich zu unterstützen.

Art. 16

Ist den Gerichten oder Verwaltungsbehörden des Vertragsstaats, in den das Kind verbracht oder in dem es zurückgehalten wurde, das widerrechtliche Verbringen oder Zurückhalten des Kindes im Sinn des Artikels 3 mitgeteilt worden, so dürfen sie eine Sachentscheidung über das Sorgerecht erst treffen, wenn entschieden ist, dass das Kind auf Grund dieses Übereinkommens nicht zurückzugeben ist, oder wenn innerhalb angemessener Frist nach der Mitteilung kein Antrag nach dem Übereinkommen gestellt wird.

Art. 17

Der Umstand, dass eine Entscheidung über das Sorgerecht im ersuchten Staat ergangen oder dort anerkennbar ist, stellt für sich genommen keinen Grund dar, die Rückgabe eines Kindes nach Maßgabe dieses Übereinkommens abzulehnen; die Gerichte oder Verwaltungsbehörden des ersuchten Staates können jedoch bei der Anwendung des Übereinkommens die Entscheidungsgründe berücksichtigen.

Art. 18

Die Gerichte oder Verwaltungsbehörden werden durch die Bestimmungen dieses Kapitels nicht daran gehindert, jederzeit die Rückgabe des Kindes anzuordnen.

Art. 19

Eine auf Grund dieses Übereinkommens getroffene Entscheidung über die Rückgabe des Kindes ist nicht als Entscheidung über das Sorgerecht anzusehen.

Art. 20

Die Rückgabe des Kindes nach Artikel 12 kann abgelehnt werden, wenn sie nach den im ersuchten Staat geltenden Grundwerten über den Schutz der Menschenrechte und Grundfreiheiten unzulässig ist.

Kapitel IV
Recht zum persönlichen Umgang

Art. 21

(1) Der Antrag auf Durchführung oder wirksame Ausübung des Rechts zum persönlichen Umgang kann in derselben Weise an die zentrale Behörde eines Vertragsstaats gerichtet werden wie ein Antrag auf Rückgabe des Kindes.

(2) Die zentralen Behörden haben auf Grund der in Artikel 7 genannten Verpflichtung zur Zusammenarbeit die ungestörte Ausübung des Rechts zum persönlichen Umgang sowie die Erfüllung aller Bedingungen zu fördern, denen die Ausübung dieses Rechts unterliegt. Die zentralen Behörden unternehmen Schritte, um soweit wie möglich alle Hindernisse auszuräumen, die der Ausübung dieses Rechts entgegenstehen.

(3) Die zentralen Behörden können unmittelbar oder mit Hilfe anderer die Einleitung eines Verfahrens vorbereiten oder unterstützen mit dem Ziel, das Recht zum persönlichen Umgang durchzuführen oder zu schützen und zu gewährleisten, dass die Bedingungen, von denen die Ausübung dieses Rechts abhängen kann, beachtet werden.

Kapitel V
Allgemeine Bestimmungen

Art. 22

In gerichtlichen oder behördlichen Verfahren, die unter dieses Übereinkommen fallen, darf für die Zahlung von Kosten und Auslagen eine Sicherheitsleistung oder Hinterlegung gleich welcher Bezeichnung nicht auferlegt werden.

Art. 23

Im Rahmen dieses Übereinkommens darf keine Legalisation oder ähnliche Förmlichkeit verlangt werden.

Art. 24

(1) Anträge, Mitteilungen oder sonstige Schriftstücke werden der zentralen Behörde des ersuchten Staates in der Originalsprache zugesandt; sie müssen von einer Übersetzung in die Amtssprache

oder eine der Amtssprachen des ersuchten Staates oder, wenn eine solche Übersetzung nur schwer erhältlich ist, von einer Übersetzung ins Französische oder Englische begleitet sein.

(2) Ein Vertragsstaat kann jedoch einen Vorbehalt nach Artikel 42 anbringen und darin gegen die Verwendung des Französischen oder Englischen, jedoch nicht beider Sprachen, in den seiner zentralen Behörde übersandten Anträgen, Mitteilungen oder sonstigen Schriftstücken Einspruch erheben.

Art. 25

Angehörigen eines Vertragsstaats und Personen, die ihren gewöhnlichen Aufenthalt in einem solchen Staat haben, wird in allen mit der Anwendung dieses Übereinkommens zusammenhängenden Angelegenheiten Prozesskosten- und Beratungshilfe in jedem anderen Vertragsstaat zu denselben Bedingungen bewilligt wie Angehörigen des betreffenden Staates, die dort ihren gewöhnlichen Aufenthalt haben.

Art. 26

(1) Jede zentrale Behörde trägt ihre eigenen Kosten, die bei der Anwendung dieses Übereinkommens entstehen.

(2) Für die nach diesem Übereinkommen gestellten Anträge erheben die zentralen Behörden und andere Behörden der Vertragsstaaten keine Gebühren. Insbesondere dürfen sie vom Antragsteller weder die Bezahlung von Verfahrenskosten noch der Kosten verlangen, die gegebenenfalls durch die Beiordnung eines Rechtsanwalts entstehen. Sie können jedoch die Erstattung der Auslagen verlangen, die durch die Rückgabe des Kindes entstanden sind oder entstehen.

(3) Ein Vertragsstaat kann jedoch einen Vorbehalt nach Artikel 42 anbringen und darin erklären, dass er nur insoweit gebunden ist, die sich aus der Beiordnung eines Rechtsanwalts oder aus einem Gerichtsverfahren ergebenden Kosten im Sinn des Absatzes 2 zu übernehmen, als diese Kosten durch sein System der Prozesskosten- und Beratungshilfe gedeckt sind.[1]

(4) Wenn die Gerichte oder Verwaltungsbehörden auf Grund dieses Übereinkommens die Rückgabe des Kindes anordnen oder Anordnungen über das Recht zum persönlichen Umgang treffen, können sie, soweit angezeigt, der Person, die das Kind verbracht oder zurückgehalten oder die die Ausübung des Rechts zum persönlichen Umgang vereitelt hat, die Erstattung der dem Antragsteller selbst oder für seine Rechnung entstandenen notwendigen Kosten auferlegen; dazu gehören insbesondere die Reisekosten, alle Kosten oder Auslagen für das Auffinden des Kindes, Kosten der Rechtsvertretung des Antragstellers und Kosten für die Rückgabe des Kindes.

Art. 27

Ist offenkundig, dass die Voraussetzungen dieses Übereinkommens nicht erfüllt sind oder dass der Antrag sonstwie unbegründet ist, so ist eine zentrale Behörde nicht verpflichtet, den Antrag anzunehmen. In diesem Fall teilt die zentrale Behörde dem Antragsteller oder gegebenenfalls der zentralen Behörde, die ihr den Antrag übermittelt hat, umgehend ihre Gründe mit.

Art. 28

Eine zentrale Behörde kann verlangen, dass dem Antrag eine schriftliche Vollmacht beigefügt wird, durch die sie ermächtigt wird, für den Antragsteller tätig zu werden oder einen Vertreter zu bestellen, der für ihn tätig wird.

Art. 29

Dieses Übereinkommen hindert Personen, Behörden oder sonstige Stellen, die eine Verletzung des Sorgerechts oder des Rechts zum persönlichen Umgang im Sinn des Artikels 3 oder 21 geltend machen, nicht daran, sich unmittelbar an die Gerichte oder Verwaltungsbehörden eines Vertragsstaats zu wenden, gleichviel ob dies in Anwendung des Übereinkommens oder unabhängig davon erfolgt.

---

1 Diesen Vorbehalt hat ua. Deutschland eingelegt.

Art. 30

Jeder Antrag, der nach diesem Übereinkommen an die zentralen Behörden oder unmittelbar an die Gerichte oder Verwaltungsbehörden eines Vertragsstaats gerichtet wird, sowie alle dem Antrag beigefügten oder von einer zentralen Behörde beschafften Schriftstücke und sonstigen Mitteilungen sind von den Gerichten oder Verwaltungsbehörden der Vertragsstaaten ohne weiteres entgegenzunehmen.

Art. 31

Bestehen in einem Staat auf dem Gebiet des Sorgerechts für Kinder zwei oder mehr Rechtssysteme, die in verschiedenen Gebietseinheiten gelten, so ist

a) eine Verweisung auf den gewöhnlichen Aufenthalt in diesem Staat als Verweisung auf den gewöhnlichen Aufenthalt in einer Gebietseinheit dieses Staates zu verstehen;

b) eine Verweisung auf das Recht des Staates des gewöhnlichen Aufenthalts als Verweisung auf das Recht der Gebietseinheit dieses Staates zu verstehen, in der das Kind seinen gewöhnlichen Aufenthalt hat.

Art. 32

Bestehen in einem Staat auf dem Gebiet des Sorgerechts für Kinder zwei oder mehr Rechtssysteme, die für verschiedene Personenkreise gelten, so ist eine Verweisung auf das Recht dieses Staates als Verweisung auf das Rechtssystem zu verstehen, das sich aus der Rechtsordnung dieses Staates ergibt.

Art. 33

Ein Staat, in dem verschiedene Gebietseinheiten ihre eigenen Rechtsvorschriften auf dem Gebiet des Sorgerechts für Kinder haben, ist nicht verpflichtet, dieses Übereinkommen anzuwenden, wenn ein Staat mit einheitlichem Rechtssystem dazu nicht verpflichtet wäre.

Art. 34

Dieses Übereinkommen geht im Rahmen seines sachlichen Anwendungsbereichs dem Übereinkommen vom 5. Oktober 1961 über die Zuständigkeit der Behörden und das anzuwendende Recht auf dem Gebiet des Schutzes von Minderjährigen vor, soweit die Staaten Vertragsparteien beider Übereinkommen sind. Im Übrigen beschränkt dieses Übereinkommen weder die Anwendung anderer internationaler Übereinkünfte, die zwischen dem Ursprungsstaat und dem ersuchten Staat in Kraft sind, noch die Anwendung des nichtvertraglichen Rechts des ersuchten Staates, wenn dadurch die Rückgabe eines widerrechtlich verbrachten oder zurückgehaltenen Kindes erwirkt oder die Durchführung des Rechts zum persönlichen Umgang bezweckt werden soll.

Art. 35

(1) Dieses Übereinkommen findet zwischen den Vertragsstaaten nur auf ein widerrechtliches Verbringen oder Zurückhalten Anwendung, das sich nach seinem Inkrafttreten in diesen Staaten ereignet hat.

(2) Ist eine Erklärung nach Artikel 39 oder 40 abgegeben worden, so ist die in Absatz 1 des vorliegenden Artikels enthaltene Verweisung auf einen Vertragsstaat als Verweisung auf die Gebietseinheit oder die Gebietseinheiten zu verstehen, auf die das Übereinkommen angewendet wird.

Art. 36

Dieses Übereinkommen hindert zwei oder mehr Vertragsstaaten nicht daran, Einschränkungen, denen die Rückgabe eines Kindes unterliegen kann, dadurch zu begrenzen, dass sie untereinander vereinbaren, von solchen Bestimmungen des Übereinkommens abzuweichen, die eine derartige Einschränkung darstellen könnten.

Kapitel VI
Schlussbestimmungen

Art. 37–45

(Vom Abdruck wurde abgesehen).

Anhang 6 zu § 97: EuUntVO

Verordnung Nr. 4/2009 vom 18.12.2008 über die Zuständigkeit, das anwendbare Recht, die Anerkennung und Vollstreckung von Entscheidungen und die Zusammenarbeit in Unterhaltssachen (EuUntVO)[1]

DER RAT DER EUROPÄISCHEN UNION –

gestützt auf den Vertrag zur Gründung der Europäischen Gemeinschaft, insbesondere auf Artikel 61 Buchstabe c und Artikel 67 Absatz 2,

auf Vorschlag der Kommission,

nach Stellungnahme des Europäischen Parlaments,[2]

nach Stellungnahme des Europäischen Wirtschafts- und Sozialausschusses,[3]

in Erwägung nachstehender Gründe:

(1) Die Gemeinschaft hat sich zum Ziel gesetzt, einen Raum der Freiheit, der Sicherheit und des Rechts, in dem der freie Personenverkehr gewährleistet ist, zu erhalten und weiterzuentwickeln. Zur schrittweisen Schaffung eines solchen Raums erlässt die Gemeinschaft unter anderem Maßnahmen im Bereich der justiziellen Zusammenarbeit in Zivilsachen mit grenzüberschreitenden Bezügen, soweit dies für das reibungslose Funktionieren des Binnenmarkts erforderlich ist.

(2) Nach Artikel 65 Buchstabe b des Vertrags betreffen solche Maßnahmen unter anderem die Förderung der Vereinbarkeit der in den Mitgliedstaaten geltenden Kollisionsnormen und der Vorschriften zur Vermeidung von Kompetenzkonflikten.

(3) Die Gemeinschaft hat hierzu unter anderem bereits folgende Maßnahmen erlassen: die Verordnung (EG) Nr. 44/2001 des Rates vom 22. Dezember 2000 über die gerichtliche Zuständigkeit und die Anerkennung und Vollstreckung von Entscheidungen in Zivil- und Handelssachen,[4] die Entscheidung 2001/470/EG des Rates vom 28. Mai 2001 über die Einrichtung eines Europäischen Justiziellen Netzes für Zivil- und Handelssachen,[5] die Verordnung (EG) Nr. 1206/2001 des Rates vom 28. Mai 2001 über die Zusammenarbeit zwischen den Gerichten der Mitgliedstaaten auf dem Gebiet der Beweisaufnahme in Zivil- oder Handelssachen,[6] die Richtlinie 2003/8/EG des Rates vom 27. Januar 2003 zur Verbesserung des Zugangs zum Recht bei Streitsachen mit grenzüberschreitendem Bezug durch Festlegung gemeinsamer Mindestvorschriften für die Prozesskostenhilfe in derartigen Streitsachen,[7] die Verordnung (EG) Nr. 2201/2003 des Rates vom 27. November 2003 über die Zuständigkeit und die Anerkennung und Vollstreckung von Entscheidungen in Ehesachen und in Verfahren betreffend die elterliche Verantwortung,[8] die Verordnung (EG) Nr. 805/2004 des Europäischen Parlaments und des Rates vom 21. April 2004 zur Einführung eines europäischen Vollstreckungstitels für unbestrittene Forderungen[9] sowie die Verordnung (EG) Nr. 1393/2007 des Europäischen Parlaments und des Rates vom 13. November 2007 über die Zustellung gerichtlicher und außergerichtlicher Schriftstücke in Zivil- oder Handelssachen in den Mitgliedstaaten (Zustellung von Schriftstücken).[10]

(4) Der Europäische Rat hat auf seiner Tagung vom 15. und 16. Oktober 1999 in Tampere den Rat und die Kommission aufgefordert, besondere gemeinsame Verfahrensregeln für die Vereinfachung und Beschleunigung der Beilegung grenzüberschreitender Rechtsstreitigkeiten unter anderem bei Unterhaltsansprüchen festzulegen. Er hat ferner die Abschaffung der Zwischenmaßnahmen gefordert, die notwendig sind, um die Anerkennung und Vollstreckung einer in einem anderen

1 ABl. EU 2008 Nr. L 7/1.
2 Stellungnahme des Europäischen Parlaments v. 13.12.2007 (noch nicht im Amtsblatt veröffentlicht) und Stellungnahme des Europäischen Parlaments v. 4.12.2008 infolge erneuter Anhörung (noch nicht im Amtsblatt veröffentlicht).
3 Stellungnahme des Europäischen Wirtschafts- und Sozialausschusses nach nicht obligatorischer Anhörung (ABl. EU 2006 Nr. C 185/35).
4 ABl. EG 2001 Nr. L 12/1.
5 ABl. EG 2001 Nr. L 174/25.
6 ABl. EG 2001 Nr. L 174/1.
7 ABl. EU 2003 Nr. L 26/41.
8 ABl. EU 2003 Nr. L 338/1.
9 ABl. EU 2004 Nr. L 143/15.
10 ABl. EU 2007 Nr. L 324/79.

Mitgliedstaat ergangenen Entscheidung, insbesondere einer Entscheidung über einen Unterhaltsanspruch, im ersuchten Staat zu ermöglichen.

(5) Am 30. November 2000 wurde ein gemeinsames Maßnahmenprogramm der Kommission und des Rates zur Umsetzung des Grundsatzes der gegenseitigen Anerkennung gerichtlicher Entscheidungen in Zivil- und Handelssachen[1] verabschiedet. Dieses Programm sieht die Abschaffung des Exequaturverfahrens bei Unterhaltsansprüchen vor, um die Wirksamkeit der Mittel, die den Anspruchsberechtigten zur Durchsetzung ihrer Ansprüche zur Verfügung stehen, zu erhöhen.

(6) Am 4. und 5. November 2004 hat der Europäische Rat auf seiner Tagung in Brüssel ein neues Programm mit dem Titel „Haager Programm zur Stärkung von Freiheit, Sicherheit und Recht in der Europäischen Union" (nachstehend das „Haager Programm" genannt)[2] angenommen.

(7) Der Rat hat auf seiner Tagung vom 2. und 3. Juni 2005 einen Aktionsplan des Rates und der Kommission[3] angenommen, mit dem das Haager Programm in konkrete Maßnahmen umgesetzt wird und in dem die Annahme von Vorschlägen zur Unterhaltspflicht als notwendig erachtet wird.

(8) Im Rahmen der Haager Konferenz für Internationales Privatrecht haben die Gemeinschaft und ihre Mitgliedstaaten an Verhandlungen teilgenommen, die am 23. November 2007 mit der Annahme des Übereinkommens über die internationale Geltendmachung der Unterhaltsansprüche von Kindern und anderen Familienangehörigen (nachstehend das „Haager Übereinkommen von 2007" genannt) und des Protokolls über das auf Unterhaltspflichten anzuwendende Recht (nachstehend das „Haager Protokoll von 2007" genannt) abgeschlossen wurden. Daher ist diesen beiden Instrumenten im Rahmen der vorliegenden Verordnung Rechnung zu tragen.

(9) Es sollte einem Unterhaltsberechtigten ohne Umstände möglich sein, in einem Mitgliedstaat eine Entscheidung zu erwirken, die automatisch in einem anderen Mitgliedstaat ohne weitere Formalitäten vollstreckbar ist.

(10) Um dieses Ziel zu erreichen, sollte ein gemeinschaftliches Rechtsinstrument betreffend Unterhaltssachen geschaffen werden, in dem die Bestimmungen über Kompetenzkonflikte, Kollisionsnormen, die Anerkennung, Vollstreckbarkeit und die Vollstreckung von Entscheidungen sowie über Prozesskostenhilfe und die Zusammenarbeit zwischen den Zentralen Behörden zusammengeführt werden.

(11) Der Anwendungsbereich dieser Verordnung sollte sich auf sämtliche Unterhaltspflichten erstrecken, die auf einem Familien-, Verwandtschafts-, oder eherechtlichen Verhältnis oder auf Schwägerschaft beruhen; hierdurch soll die Gleichbehandlung aller Unterhaltsberechtigten gewährleistet werden. Für die Zwecke dieser Verordnung sollte der Begriff „Unterhaltspflicht" autonom ausgelegt werden.

(12) Um den verschiedenen Verfahrensweisen zur Regelung von Unterhaltsfragen in den Mitgliedstaaten Rechnung zu tragen, sollte diese Verordnung sowohl für gerichtliche Entscheidungen als auch für von Verwaltungsbehörden ergangene Entscheidungen gelten, sofern jene Behörden Garantien insbesondere hinsichtlich ihrer Unparteilichkeit und des Anspruchs der Parteien auf rechtliches Gehör bieten. Diese Behörden sollten daher sämtliche Vorschriften dieser Verordnung anwenden.

(13) Aus den genannten Gründen sollte in dieser Verordnung auch die Anerkennung und Vollstreckung gerichtlicher Vergleiche und öffentlicher Urkunden sichergestellt werden, ohne dass dies das Recht einer der Parteien eines solchen Vergleichs oder einer solchen Urkunde berührt, solche Instrumente vor einem Gericht des Ursprungsmitgliedstaats anzufechten.

(14) In dieser Verordnung sollte vorgesehen werden, dass der Begriff „berechtigte Person" für die Zwecke eines Antrags auf Anerkennung und Vollstreckung einer Unterhaltsentscheidung auch öffentliche Aufgaben wahrnehmende Einrichtungen umfasst, die das Recht haben, für eine unterhaltsberechtigte Person zu handeln oder die Erstattung von Leistungen zu fordern, die der berechtigten Person an Stelle von Unterhalt erbracht wurden. Handelt eine öffentliche Aufgaben wahrnehmende Einrichtung in dieser Eigenschaft, so sollte sie Anspruch auf die gleichen Dienste und die gleiche Prozesskostenhilfe wie eine berechtigte Person haben.

---

1 ABl. EG 2001 Nr. C 12/1.
2 ABl. EU 2005 Nr. C 53/1.
3 ABl. EU 2005 Nr. C 198/1.

(15) Um die Interessen der Unterhaltsberechtigten zu wahren und eine ordnungsgemäße Rechtspflege innerhalb der Europäischen Union zu fördern, sollten die Vorschriften über die Zuständigkeit, die sich aus der Verordnung (EG) Nr. 44/2001 ergeben, angepasst werden. So sollte der Umstand, dass ein Antragsgegner seinen gewöhnlichen Aufenthalt in einem Drittstaat hat, nicht mehr die Anwendung der gemeinschaftlichen Vorschriften über die Zuständigkeit ausschließen, und auch eine Rückverweisung auf die innerstaatlichen Vorschriften über die Zuständigkeit sollte nicht mehr möglich sein. Daher sollte in dieser Verordnung festgelegt werden, in welchen Fällen ein Gericht eines Mitgliedstaats eine subsidiäre Zuständigkeit ausüben kann.

(16) Um insbesondere Fällen von Rechtsverweigerung begegnen zu können, sollte in dieser Verordnung auch eine Notzuständigkeit (forum necessitatis) vorgesehen werden, wonach ein Gericht eines Mitgliedstaats in Ausnahmefällen über einen Rechtsstreit entscheiden kann, der einen engen Bezug zu einem Drittstaat aufweist. Ein solcher Ausnahmefall könnte gegeben sein, wenn ein Verfahren sich in dem betreffenden Drittstaat als unmöglich erweist, beispielsweise auf Grund eines Bürgerkriegs, oder wenn vom Kläger vernünftigerweise nicht erwartet werden kann, dass er ein Verfahren in diesem Staat einleitet oder führt. Die Notzuständigkeit kann jedoch nur ausgeübt werden, wenn der Rechtsstreit einen ausreichenden Bezug zu dem Mitgliedstaat des angerufenen Gerichts aufweist, wie beispielsweise die Staatsangehörigkeit einer der Parteien.

(17) In einer zusätzlichen Zuständigkeitsvorschrift sollte vorgesehen werden, dass – außer unter besonderen Umständen – ein Verfahren zur Änderung einer bestehenden Unterhaltsentscheidung oder zur Herbeiführung einer neuen Entscheidung von der verpflichteten Person nur in dem Staat eingeleitet werden kann, in dem die berechtigte Person zu dem Zeitpunkt, zu dem die Entscheidung ergangen ist, ihren gewöhnlichen Aufenthalt hatte und in dem sie weiterhin ihren gewöhnlichen Aufenthalt hat. Um eine gute Verknüpfung zwischen dem Haager Übereinkommen von 2007 und dieser Verordnung zu gewährleisten, sollte diese Bestimmung auch für Entscheidungen eines Drittstaats, der Vertragspartei jenes Übereinkommens ist, gelten, sofern das Übereinkommen zwischen dem betreffenden Staat und der Gemeinschaft in Kraft ist, und in dem betreffenden Staat und in der Gemeinschaft die gleichen Unterhaltspflichten abdeckt.

(18) Für die Zwecke der Anwendung dieser Verordnung sollte vorgesehen werden, dass der Begriff „Staatsangehörigkeit" in Irland durch den Begriff „Wohnsitz" ersetzt wird; gleiches gilt für das Vereinigte Königreich, sofern diese Verordnung in diesem Mitgliedstaat nach Artikel 4 des Protokolls über die Position des Vereinigten Königreichs und Irlands, das dem Vertrag über die Europäische Union und dem Vertrag zur Gründung der Europäischen Gemeinschaft beigefügt ist, anwendbar ist.

(19) Im Hinblick auf eine größere Rechtssicherheit, Vorhersehbarkeit und Eigenständigkeit der Vertragsparteien sollte diese Verordnung es den Parteien ermöglichen, den Gerichtsstand anhand bestimmter Anknüpfungspunkte einvernehmlich zu bestimmen. Um den Schutz der schwächeren Partei zu gewährleisten, sollte eine solche Wahl des Gerichtsstands bei Unterhaltspflichten gegenüber einem Kind, das das 18. Lebensjahr noch nicht vollendet hat, ausgeschlossen sein.

(20) In dieser Verordnung sollte vorgesehen werden, dass für die Mitgliedstaaten, die durch das Haager Protokoll von 2007 gebunden sind, die in jenem Protokoll enthaltenen Bestimmungen über Kollisionsnormen gelten. Hierzu sollte eine Bestimmung aufgenommen werden, die auf das genannte Protokoll verweist. Die Gemeinschaft wird das Haager Protokoll von 2007 rechtzeitig abschließen, um die Anwendung dieser Verordnung zu ermöglichen. Um der Möglichkeit Rechnung zu tragen, dass das Haager Protokoll von 2007 nicht für alle Mitgliedstaaten gilt, sollte hinsichtlich der Anerkennung, der Vollstreckbarkeit und der Vollstreckung von Entscheidungen zwischen den Mitgliedstaaten, die durch das Haager Protokoll von 2007 gebunden sind und jenen, die es nicht sind, unterschieden werden.

(21) Es sollte im Rahmen dieser Verordnung präzisiert werden, dass diese Kollisionsnormen nur das auf die Unterhaltspflichten anzuwendende Recht bestimmen; sie bestimmen nicht, nach welchem Recht festgestellt wird, ob ein Familienverhältnis besteht, das Unterhaltspflichten begründet. Die Feststellung eines Familienverhältnisses unterliegt weiterhin dem einzelstaatlichen Recht der Mitgliedstaaten, einschließlich ihrer Vorschriften des internationalen Privatrechts.

(22) Um die rasche und wirksame Durchsetzung einer Unterhaltsforderung zu gewährleisten und missbräuchlichen Rechtsmitteln vorzubeugen, sollten in einem Mitgliedstaat ergangene Unterhaltsentscheidungen grundsätzlich vorläufig vollstreckbar sein. Daher sollte in dieser Verordnung vorgesehen werden, dass das Ursprungsgericht die Entscheidung für vorläufig vollstreckbar erklären können sollte, und zwar auch dann, wenn das einzelstaatliche Recht die Vollstreckbarkeit

von Rechts wegen nicht vorsieht und auch wenn nach einzelstaatlichem Recht ein Rechtsbehelf gegen die Entscheidung eingelegt wurde oder noch eingelegt werden könnte.

(23) Um die mit den Verfahren gemäß dieser Verordnung verbundenen Kosten zu begrenzen, wäre es zweckdienlich, so umfassend wie möglich auf die modernen Kommunikationstechnologien zurückzugreifen, insbesondere bei der Anhörung der Parteien.

(24) Die durch die Anwendung der Kollisionsnormen gebotenen Garantien sollten es rechtfertigen, dass Entscheidungen in Unterhaltssachen, die in einem durch das Haager Protokoll von 2007 gebundenen Mitgliedstaat ergangen sind, ohne weiteres Verfahren und ohne jegliche inhaltliche Prüfung im Vollstreckungsmitgliedstaat in den anderen Mitgliedstaaten anerkannt werden und vollstreckbar sind.

(25) Alleiniger Zweck der Anerkennung einer Unterhaltsentscheidung in einem Mitgliedstaat ist es, die Durchsetzung der in der Entscheidung festgelegten Unterhaltsforderung zu ermöglichen. Sie bewirkt nicht, dass dieser Mitgliedstaat das Familien-, Verwandtschafts-, eherechtliche oder auf Schwägerschaft beruhende Verhältnis anerkennt, auf der die Unterhaltspflichten, die Anlass zu der Entscheidung gegeben haben, gründen.

(26) Für Entscheidungen, die in einem nicht durch das Haager Protokoll von 2007 gebundenen Mitgliedstaat ergangen sind, sollte in dieser Verordnung ein Verfahren zur Anerkennung und Vollstreckbarerklärung vorgesehen werden. Dieses Verfahren sollte sich an das Verfahren und die Gründe für die Verweigerung der Anerkennung anlehnen, die in der Verordnung (EG) Nr. 44/2001 vorgesehen sind. Zur Beschleunigung des Verfahrens und damit die berechtigte Person ihre Forderung rasch durchsetzen kann, sollte vorgesehen werden, dass die Entscheidung des angerufenen Gerichts außer unter außergewöhnlichen Umständen innerhalb bestimmter Fristen ergehen muss.

(27) Ferner sollten die Formalitäten für die Vollstreckung, die Kosten zu Lasten des Unterhaltsberechtigten verursachen, so weit wie möglich reduziert werden. Hierzu sollte in dieser Verordnung vorgesehen werden, dass der Unterhaltsberechtigte nicht verpflichtet ist, über eine Postanschrift oder einen bevollmächtigten Vertreter im Vollstreckungsmitgliedstaat zu verfügen, ohne damit im Übrigen die interne Organisation der Mitgliedstaaten im Bereich der Vollstreckungsverfahren zu beeinträchtigen.

(28) Zur Begrenzung der mit den Vollstreckungsverfahren verbundenen Kosten sollte keine Übersetzung verlangt werden, außer wenn die Vollstreckung angefochten wird, und unbeschadet der Vorschriften für die Zustellung der Schriftstücke.

(29) Um die Achtung der Grundsätze eines fairen Verfahrens zu gewährleisten, sollte in dieser Verordnung vorgesehen werden, dass ein Antragsgegner, der nicht vor dem Ursprungsgericht eines durch das Haager Protokoll von 2007 gebundenen Mitgliedstaats erschienen ist, in der Phase der Vollstreckung der gegen ihn ergangenen Entscheidung die erneute Prüfung dieser Entscheidung beantragen kann. Der Antragsgegner sollte diese erneute Prüfung allerdings innerhalb einer bestimmten Frist beantragen, die spätestens ab dem Tag laufen sollte, an dem in der Phase des Vollstreckungsverfahrens seine Vermögensgegenstände zum ersten Mal ganz oder teilweise seiner Verfügung entzogen wurden. Dieses Recht auf erneute Prüfung sollte ein außerordentliches Rechtsbehelf darstellen, das dem Antragsgegner, der sich in dem Verfahren nicht eingelassen hat, gewährt wird, und das nicht die Anwendung anderer außerordentlicher Rechtsbehelfe berührt, die nach dem Recht des Ursprungsmitgliedstaats bestehen, sofern diese Rechtsbehelfe nicht mit dem Recht auf erneute Prüfung nach dieser Verordnung unvereinbar sind.

(30) Um die Vollstreckung einer Entscheidung eines durch das Haager Protokoll von 2007 gebundenen Mitgliedstaats in einem anderen Mitgliedstaat zu beschleunigen, sollten die Gründe für eine Verweigerung oder Aussetzung der Vollstreckung, die die verpflichtete Person auf Grund des grenzüberschreitenden Charakters der Unterhaltspflicht geltend machen könnte, begrenzt werden. Diese Begrenzung sollte nicht die nach einzelstaatlichem Recht vorgesehenen Gründe für die Verweigerung oder Aussetzung beeinträchtigen, die mit den in dieser Verordnung angeführten Gründen nicht unvereinbar sind, wie beispielsweise die Begleichung der Forderung durch die verpflichtete Person zum Zeitpunkt der Vollstreckung oder die Unpfändbarkeit bestimmter Güter.

(31) Um die grenzüberschreitende Durchsetzung von Unterhaltsforderungen zu erleichtern, sollte ein System der Zusammenarbeit zwischen den von den Mitgliedstaaten benannten Zentralen Behörden eingerichtet werden. Diese Behörden sollten die berechtigten und die verpflichteten

Personen darin unterstützen, ihre Rechte in einem anderen Mitgliedstaat geltend zu machen, indem sie die Anerkennung, Vollstreckbarerklärung und Vollstreckung bestehender Entscheidungen, die Änderung solcher Entscheidungen oder die Herbeiführung einer Entscheidung beantragen. Sie sollten ferner erforderlichenfalls Informationen austauschen, um die verpflichteten und die berechtigten Personen ausfindig zu machen und soweit erforderlich deren Einkünfte und Vermögen festzustellen. Sie sollten schließlich zusammenarbeiten und allgemeine Informationen auszutauschen sowie die Zusammenarbeit zwischen den zuständigen Behörden ihres Mitgliedstaats fördern.

(32) Eine nach dieser Verordnung benannte Zentrale Behörde sollte ihre eigenen Kosten tragen, abgesehen von speziell festgelegten Ausnahmen, und jeden Antragsteller unterstützen, der seinen Aufenthalt in ihrem Mitgliedstaat hat. Das Kriterium für das Recht einer Person auf Unterstützung durch eine Zentrale Behörde sollte weniger streng sein als das Anknüpfungskriterium des „gewöhnlichen Aufenthalts", das sonst in dieser Verordnung verwendet wird. Das Kriterium des „Aufenthalts" sollte jedoch die bloße Anwesenheit ausschließen.

(33) Damit sie die unterhaltsberechtigten und -verpflichteten Personen umfassend unterstützen und die grenzüberschreitende Durchsetzung von Unterhaltsforderungen optimal fördern können, sollten die Zentralen Behörden gewisse personenbezogene Daten einholen können. Diese Verordnung sollte daher die Mitgliedstaaten verpflichten sicherzustellen, dass ihre Zentralen Behörden Zugang zu solchen Angaben bei den öffentlichen Behörden oder Stellen, die im Rahmen ihrer üblichen Tätigkeiten über die betreffenden Angaben verfügen, erhalten. Es sollte jedoch jedem Mitgliedstaat überlassen bleiben, die Modalitäten für diesen Zugang festzulegen. So sollte ein Mitgliedstaat befugt sein, die öffentlichen Behörden oder Verwaltungen zu bezeichnen, die gehalten sind, der Zentralen Behörde die Angaben im Einklang mit dieser Verordnung zur Verfügung zu stellen, gegebenenfalls einschließlich der bereits im Rahmen anderer Regelungen über den Zugang zu Informationen benannten öffentlichen Behörden oder Verwaltungen. Bezeichnet ein Mitgliedstaat öffentliche Behörden oder Verwaltungen, sollte er sicherstellen, dass seine Zentrale Behörde in der Lage ist, Zugang zu den gemäß dieser Verordnung erforderlichen Angaben, die im Besitz jener Behörden oder Verwaltungen sind, zu erhalten. Die Mitgliedstaaten sollten ferner befugt sein, ihrer Zentralen Behörde den Zugang zu den erforderlichen Angaben bei jeder anderen juristischen Person zu ermöglichen, die diese besitzt und für deren Verarbeitung verantwortlich ist.

(34) Im Rahmen des Zugangs zu personenbezogenen Daten sowie deren Verwendung und Weiterleitung ist es angebracht, die Anforderungen der Richtlinie 95/46/EG des Europäischen Parlaments und des Rates vom 24. Oktober 1995 zum Schutz natürlicher Personen bei der Verarbeitung personenbezogener Daten und zum freien Datenverkehr,[1] wie sie in das einzelstaatliche Recht der Mitgliedstaaten umgesetzt ist, zu beachten.

(35) Es ist angebracht, die spezifischen Bedingungen für den Zugang zu personenbezogenen Daten, deren Verwendung und Weiterleitung für die Anwendung dieser Verordnung festzulegen. In diesem Zusammenhang wurde die Stellungnahme des Europäischen Datenschutzbeauftragten[2] berücksichtigt. Die Benachrichtigung der von der Datenerhebung betroffenen Person sollte im Einklang mit dem einzelstaatlichen Recht erfolgen. Es sollte jedoch die Möglichkeit vorgesehen werden, diese Benachrichtigung zu verzögern, um zu verhindern, dass die verpflichtete Person ihre Vermögensgegenstände transferiert und so die Durchsetzung der Unterhaltsforderung gefährdet.

(36) Angesichts der Verfahrenskosten sollte eine sehr günstige Regelung der Prozesskostenhilfe vorgesehen werden, nämlich die uneingeschränkte Übernahme der Kosten in Verbindung mit Verfahren betreffend Unterhaltspflichten gegenüber Kindern, die das 21. Lebensjahr noch nicht vollendet haben, die über die Zentralen Behörden eingeleitet wurden. Folglich sollten die auf Grund der Richtlinie 2003/8/EG bestehenden Vorschriften über die Prozesskostenhilfe in der Europäischen Union durch spezifische Vorschriften ergänzt werden, mit denen ein besonderes System der Prozesskostenhilfe in Unterhaltssachen geschaffen wird. Dabei sollte die zuständige Behörde des ersuchten Mitgliedstaats befugt sein, in Ausnahmefällen die Kosten bei einem unterlegenen Antragsteller, der eine unentgeltliche Prozesskostenhilfe bezieht, beizutreiben, sofern seine finanziellen Verhältnisse dies zulassen. Dies wäre insbesondere bei einer vermögenden Person, die wider Treu und Glauben gehandelt hat, der Fall.

1 ABl. EG 1995 Nr. L 281/31.
2 ABl. EU 2006 Nr. C 242/20.

(37) Darüber hinaus sollte für andere als die im vorstehenden Erwägungsgrund genannten Unterhaltspflichten allen Parteien die gleiche Behandlung hinsichtlich der Prozesskostenhilfe bei der Vollstreckung einer Entscheidung in einem anderen Mitgliedstaat garantiert werden. So sollten die Bestimmungen dieser Verordnung über die Weitergewährung der Prozesskostenhilfe so ausgelegt werden, dass sie eine solche Hilfe auch einer Partei gewähren, die beim Verfahren zur Herbeiführung oder Änderung einer Entscheidung im Ursprungsmitgliedstaat keine Prozesskostenhilfe erhalten hat, die aber später im selben Mitgliedstaat im Rahmen eines Antrags auf Vollstreckung der Entscheidung in den Genuss der Prozesskostenhilfe gekommen ist. Gleichermaßen sollte eine Partei, die berechtigterweise ein unentgeltliches Verfahren vor einer der in Anhang X aufgeführten Verwaltungsbehörden in Anspruch genommen hat, im Vollstreckungsmitgliedstaat in den Genuss der günstigsten Prozesskostenhilfe oder umfassendsten Kosten- und Gebührenbefreiung kommen, sofern sie nachweisen kann, dass sie diese Vergünstigungen auch im Ursprungsmitgliedstaat erhalten hätte.

(38) Um die Kosten für die Übersetzung von Beweisunterlagen zu reduzieren, sollte das angerufene Gericht unbeschadet der Verteidigungsrechte und der für die Zustellung der Schriftstücke geltenden Vorschriften die Übersetzung dieser Unterlagen nur verlangen, wenn sie tatsächlich notwendig ist.

(39) Um die Anwendung dieser Verordnung zu erleichtern, sollte eine Verpflichtung für die Mitgliedstaaten vorgesehen werden, der Kommission die Namen und Kontaktdaten ihrer Zentralen Behörden sowie sonstige Informationen mitzuteilen. Diese Informationen sollten Praktikern und der Öffentlichkeit durch eine Veröffentlichung im Amtsblatt der Europäischen Union oder durch Ermöglichung des elektronischen Zugangs über das mit der Entscheidung 2001/470/EG eingerichtete Europäische Justizielle Netz für Zivil- und Handelssachen bereitgestellt werden. Darüber hinaus sollte die Verwendung der in dieser Verordnung vorgesehenen Formblätter die Kommunikation zwischen den Zentralen Behörden erleichtern und beschleunigen und die elektronische Vorlage von Ersuchen ermöglichen.

(40) Die Beziehung zwischen dieser Verordnung und den bilateralen Abkommen oder multilateralen Übereinkünften in Unterhaltssachen, denen die Mitgliedstaaten angehören, sollte geregelt werden. Dabei sollte vorgesehen werden, dass die Mitgliedstaaten, die Vertragspartei des Übereinkommens vom 23. März 1962 zwischen Schweden, Dänemark, Finnland, Island und Norwegen über die Geltendmachung von Unterhaltsansprüchen sind, dieses Übereinkommen weiterhin anwenden können, da es günstigere Bestimmungen über die Anerkennung und die Vollstreckung enthält als diese Verordnung. Was künftige bilaterale Abkommen in Unterhaltssachen mit Drittstaaten betrifft, sollten die Verfahren und Bedingungen, unter denen die Mitgliedstaaten ermächtigt wären, in ihrem eigenen Namen solche Abkommen auszuhandeln und zu schließen, im Rahmen der Erörterung eines von der Kommission vorzulegenden Vorschlags zu diesem Thema festgelegt werden.

(41) Die Berechnung der in dieser Verordnung vorgesehenen Fristen und Termine sollte nach Maßgabe der Verordnung (EWG, Euratom) Nr. 1182/71 des Rates vom 3. Juni 1971 zur Festlegung der Regeln für die Fristen, Daten und Termine[1] erfolgen.

(42) Die zur Durchführung dieser Verordnung erforderlichen Maßnahmen sollten nach Maßgabe des Beschlusses 1999/468/EG des Rates vom 28. Juni 1999 zur Festlegung der Modalitäten für die Ausübung der der Kommission übertragenen Durchführungsbefugnisse erlassen[2] werden.

(43) Insbesondere sollte die Kommission die Befugnis erhalten, alle nderungen der in dieser Verordnung vorgesehenen Formblätter nach dem in Artikels 3 des Beschlusses 1999/468/EG genannten Beratungsverfahren des zu erlassen. Für die Erstellung der Liste der Verwaltungsbehörden, die in den Anwendungsbereich dieser Verordnung fallen, sowie der Liste der zuständigen Behörden für die Bescheinigung von Prozesskostenhilfe sollte die Kommission die Befugnis erhalten, das Verwaltungsverfahren nach Artikel 4 jenes Beschlusses anzuwenden.

(44) Diese Verordnung sollte die Verordnung (EG) Nr. 44/2001 ändern, indem sie deren auf Unterhaltssachen anwendbare Bestimmungen ersetzt. Vorbehaltlich der Übergangsbestimmungen dieser Verordnung sollten die Mitgliedstaaten bei Unterhaltssachen, ab dem Zeitpunkt der Anwendbarkeit dieser Verordnung die Bestimmungen dieser Verordnung über die Zuständigkeit, die Aner-

1 ABl. EG 1971 Nr. L 124/1.
2 ABl. EG 1999 Nr. L 184/23.

kennung, die Vollstreckbarkeit und die Vollstreckung von Entscheidungen und über die Prozesskostenhilfe an Stelle der entsprechenden Bestimmungen der Verordnung (EG) Nr. 44/2001 anwenden.

(45) Da die Ziele dieser Verordnung, nämlich die Schaffung eines Instrumentariums zur effektiven Durchsetzung von Unterhaltsforderungen in grenzüberschreitenden Situationen und somit zur Erleichterung der Freizügigkeit der Personen innerhalb der Europäischen Union, auf Ebene der Mitgliedstaaten nicht hinreichend verwirklicht und daher auf Grund des Umfangs und der Wirkungen dieser Verordnung besser auf Gemeinschaftsebene erreicht werden können, kann die Gemeinschaft im Einklang mit dem in Artikel 5 des Vertrags niedergelegten Subsidiaritätsprinzip tätig werden. Entsprechend dem in demselben Artikel genannten Grundsatz der Verhältnismäßigkeit geht diese Verordnung nicht über das für die Erreichung dieser Ziele erforderliche Maß hinaus.

(46) Gemäß Artikel 3 des dem Vertrag über die Europäische Union und dem Vertrag zur Gründung der Europäischen Gemeinschaft beigefügten Protokolls über die Position des Vereinigten Königreichs und Irlands hat Irland mitgeteilt, dass es sich an der Annahme und Anwendung dieser Verordnung beteiligen möchte.

(47) Gemäß den Artikeln 1 und 2 des dem Vertrag über die Europäische Union und dem Vertrag zur Gründung der Europäischen Gemeinschaft beigefügten Protokolls über die Position des Vereinigten Königreichs und Irlands beteiligt sich das Vereinigte Königreich nicht an der Annahme dieser Verordnung, und ist weder durch diese gebunden noch zu ihrer Anwendung verpflichtet. Dies berührt jedoch nicht die Möglichkeit für das Vereinigte Königreich, gemäß Artikel 4 des genannten Protokolls nach der Annahme dieser Verordnung mitzuteilen, dass es die Verordnung anzunehmen wünscht.

(48) Gemäß den Artikeln 1 und 2 des dem Vertrag über die Europäische Union und dem Vertrag zur Gründung der Europäischen Gemeinschaft beigefügten Protokolls über die Position Dänemarks beteiligt sich Dänemark nicht an der Annahme dieser Verordnung und ist weder durch diese gebunden noch zu ihrer Anwendung verpflichtet, unbeschadet der Möglichkeit für Dänemark, den Inhalt der an der Verordnung (EG) Nr. 44/2001 vorgenommenen Änderungen gemäß Artikel 3 des Abkommens vom 19. Oktober 2005 zwischen der Europäischen Gemeinschaft und dem Königreich Dänemark über die gerichtliche Zuständigkeit und die Anerkennung und Vollstreckung von Entscheidungen in Zivil- und Handelssachen[1] anzuwenden.

HAT FOLGENDE VERORDNUNG ERLASSEN:

Kapitel I
Anwendungsbereich und Begriffsbestimmungen

Art. 1
Anwendungsbereich

(1) Diese Verordnung findet Anwendung auf Unterhaltspflichten, die auf einem Familien-, Verwandtschafts-, oder eherechtlichen Verhältnis oder auf Schwägerschaft beruhen.

(2) In dieser Verordnung bezeichnet der Begriff „Mitgliedstaat" alle Mitgliedstaaten, auf die diese Verordnung anwendbar ist.

Art. 2
Begriffsbestimmungen

(1) Im Sinne dieser Verordnung bezeichnet der Begriff

1. „Entscheidung" eine von einem Gericht eines Mitgliedstaats in Unterhaltssachen erlassene Entscheidung ungeachtet ihrer Bezeichnung wie Urteil, Beschluss, Zahlungsbefehl oder Vollstreckungsbescheid, einschließlich des Kostenfestsetzungsbeschlusses eines Gerichtsbediensteten. Für die Zwecke der Kapitel VII und VIII bezeichnet der Begriff „Entscheidung" auch eine in einem Drittstaat erlassene Entscheidung in Unterhaltssachen;
2. „gerichtlicher Vergleich" einen von einem Gericht gebilligten oder vor einem Gericht im Laufe eines Verfahrens geschlossenen Vergleich in Unterhaltssachen;

1 ABl. EU 2005 Nr. L 299/62.

3. „öffentliche Urkunde“
   a) ein Schriftstück in Unterhaltssachen, das als öffentliche Urkunde im Ursprungsmitgliedstaat förmlich errichtet oder eingetragen worden ist und dessen Beweiskraft
      i) sich auf die Unterschrift und den Inhalt der öffentlichen Urkunde bezieht und
      ii) durch eine Behörde oder eine andere hierzu ermächtigte Stelle festgestellt worden ist; oder
   b) eine mit einer Verwaltungsbehörde des Ursprungsmitgliedstaats geschlossene oder von ihr beglaubigte Unterhaltsvereinbarung;
4. „Ursprungsmitgliedstaat“ den Mitgliedstaat, in dem die Entscheidung ergangen, der gerichtliche Vergleich gebilligt oder geschlossen oder die öffentliche Urkunde ausgestellt worden ist;
5. „Vollstreckungsmitgliedstaat“ den Mitgliedstaat, in dem die Vollstreckung der Entscheidung, des gerichtlichen Vergleichs oder der öffentlichen Urkunde betrieben wird;
6. „ersuchender Mitgliedstaat“ den Mitgliedstaat, dessen Zentrale Behörde einen Antrag nach Kapitel VII übermittelt;
7. „ersuchter Mitgliedstaat“ den Mitgliedstaat, dessen Zentrale Behörde einen Antrag nach Kapitel VII erhält;
8. „Vertragsstaat des Haager Übereinkommens von 2007“ einen Vertragsstaat des Haager Übereinkommens vom 23. November 2007 über die internationale Geltendmachung der Unterhaltsansprüche von Kindern und anderen Familienangehörigen (nachstehend „Haager Übereinkommen von 2007“ genannt), soweit dieses Übereinkommen zwischen der Gemeinschaft und dem betreffenden Staat anwendbar ist;
9. „Ursprungsgericht“ das Gericht, das die zu vollstreckende Entscheidung erlassen hat;
10. „berechtigte Person“ jede natürliche Person, der Unterhalt zusteht oder angeblich zusteht;
11. „verpflichtete Person“ jede natürliche Person, die Unterhalt leisten muss oder angeblich leisten muss.

(2) Im Sinne dieser Verordnung schließt der Begriff „Gericht“ auch die Verwaltungsbehörden der Mitgliedstaaten mit Zuständigkeit in Unterhaltssachen ein, sofern diese Behörden ihre Unparteilichkeit und das Recht der Parteien auf rechtliches Gehör garantieren und ihre Entscheidungen nach dem Recht des Mitgliedstaats, in dem sie ihren Sitz hat,

i) vor Gericht angefochten oder von einem Gericht nachgeprüft werden können und

ii) eine mit einer Entscheidung eines Gerichts zu der gleichen Angelegenheit vergleichbare Rechtskraft und Wirksamkeit haben.

Die betreffenden Verwaltungsbehörden sind in Anhang X aufgelistet. Dieser Anhang wird auf Antrag des Mitgliedstaats, in dem die betreffende Verwaltungsbehörde ihren Sitz hat, nach dem Verwaltungsverfahren des Artikels 73 Absatz 2 erstellt und geändert.

(3) Im Sinne der Artikel 3, 4 und 6 tritt der Begriff „Wohnsitz“ in den Mitgliedstaaten, die diesen Begriff als Anknüpfungspunkt in Familiensachen verwenden, an die Stelle des Begriffs „Staatsangehörigkeit“.

Im Sinne des Artikels 6 gilt, dass Parteien, die ihren „Wohnsitz“ in verschiedenen Gebietseinheiten desselben Mitgliedstaats haben, ihren gemeinsamen „Wohnsitz“ in diesem Mitgliedstaat haben.

Kapitel II
Zuständigkeit

Art. 3
Allgemeine Bestimmungen

Zuständig für Entscheidungen in Unterhaltssachen in den Mitgliedstaaten ist

a) das Gericht des Ortes, an dem der Beklagte seinen gewöhnlichen Aufenthalt hat, oder

b) das Gericht des Ortes, an dem die berechtigte Person ihren gewöhnlichen Aufenthalt hat, oder

c) das Gericht, das nach seinem Recht für ein Verfahren in Bezug auf den Personenstand zuständig ist, wenn in der Nebensache zu diesem Verfahren über eine Unterhaltssache zu entscheiden ist, es sei denn, diese Zuständigkeit begründet sich einzig auf der Staatsangehörigkeit einer der Parteien, oder

d) das Gericht, das nach seinem Recht für ein Verfahren in Bezug auf die elterliche Verantwortung zuständig ist, wenn in der Nebensache zu diesem Verfahren über eine Unterhaltssache zu entscheiden ist, es sei denn, diese Zuständigkeit beruht einzig auf der Staatsangehörigkeit einer der Parteien.

Art. 4
Gerichtsstandsvereinbarungen

(1) Die Parteien können vereinbaren, dass das folgende Gericht oder die folgenden Gerichte eines Mitgliedstaats zur Beilegung von zwischen ihnen bereits entstandenen oder künftig entstehenden Streitigkeiten betreffend Unterhaltspflichten zuständig ist bzw. sind:

a) ein Gericht oder die Gerichte eines Mitgliedstaats, in dem eine der Parteien ihren gewöhnlichen Aufenthalt hat;

b) ein Gericht oder die Gerichte des Mitgliedstaats, dessen Staatsangehörigkeit eine der Parteien besitzt;

c) hinsichtlich Unterhaltspflichten zwischen Ehegatten oder früheren Ehegatten

   i) das Gericht, das für Streitigkeiten zwischen den Ehegatten oder früheren Ehegatten in Ehesachen zuständig ist, oder

   ii) ein Gericht oder die Gerichte des Mitgliedstaats, in dem die Ehegatten mindestens ein Jahr lang ihren letzten gemeinsamen gewöhnlichen Aufenthalt hatten.

Die in den Buchstaben a, b oder c genannten Voraussetzungen müssen zum Zeitpunkt des Abschlusses der Gerichtsstandsvereinbarung oder zum Zeitpunkt der Anrufung des Gerichts erfüllt sein.

Die durch Vereinbarung festgelegte Zuständigkeit ist ausschließlich, sofern die Parteien nichts anderes vereinbaren.

(2) Eine Gerichtsstandsvereinbarung bedarf der Schriftform. Elektronische Übermittlungen, die eine dauerhafte Aufzeichnung der Vereinbarung ermöglichen, erfüllen die Schriftform.

(3) Dieser Artikel gilt nicht bei einer Streitigkeit über eine Unterhaltspflicht gegenüber einem Kind, das noch nicht das 18. Lebensjahr vollendet hat.

(4) Haben die Parteien vereinbart, dass ein Gericht oder die Gerichte eines Staates, der dem am 30. Oktober 2007 in Lugano unterzeichneten Übereinkommen über die gerichtliche Zuständigkeit und die Anerkennung und Vollstreckung von Entscheidungen in Zivil- und Handelssachen[1] (nachstehend „Übereinkommen von Lugano" genannt) angehört und bei dem es sich nicht um einen Mitgliedstaat handelt, ausschließlich zuständig sein soll bzw. sollen, so ist dieses Übereinkommen anwendbar, außer für Streitigkeiten nach Absatz 3.

Art. 5
Durch rügelose Einlassung begründete Zuständigkeit

Sofern das Gericht eines Mitgliedstaats nicht bereits nach anderen Vorschriften dieser Verordnung zuständig ist, wird es zuständig, wenn sich der Beklagte auf das Verfahren einlässt. Dies gilt nicht, wenn der Beklagte sich einlässt, um den Mangel der Zuständigkeit geltend zu machen.

Art. 6
Auffangzuständigkeit

Ergibt sich weder eine Zuständigkeit eines Gerichts eines Mitgliedstaats gemäß der Artikel 3, 4 und 5 noch eine Zuständigkeit eines Gerichts eines Staates, der dem Übereinkommen von Lugano angehört und der kein Mitgliedstaat ist, gemäß der Bestimmungen dieses Übereinkommens, so sind die Gerichte des Mitgliedstaats der gemeinsamen Staatsangehörigkeit der Parteien zuständig.

1 ABl. EU 2007 Nr. L 339/3.

Art. 7
Notzuständigkeit (forum necessitatis)

Ergibt sich keine Zuständigkeit eines Gerichts eines Mitgliedstaats gemäß der Artikel 3, 4, 5 und 6, so können die Gerichte eines Mitgliedstaats in Ausnahmefällen über den Rechtsstreit entscheiden, wenn es nicht zumutbar ist oder es sich als unmöglich erweist, ein Verfahren in einem Drittstaat, zu dem der Rechtsstreit einen engen Bezug aufweist, einzuleiten oder zu führen.

Der Rechtsstreit muss einen ausreichenden Bezug zu dem Mitgliedstaat des angerufenen Gerichts aufweisen.

Art. 8
Verfahrensbegrenzung

(1) Ist eine Entscheidung in einem Mitgliedstaat oder einem Vertragsstaat des Haager Übereinkommens von 2007 ergangen, in dem die berechtigte Person ihren gewöhnlichen Aufenthalt hat, so kann die verpflichtete Person kein Verfahren in einem anderen Mitgliedstaat einleiten, um eine Änderung der Entscheidung oder eine neue Entscheidung herbeizuführen, solange die berechtigte Person ihren gewöhnlichen Aufenthalt weiterhin in dem Staat hat, in dem die Entscheidung ergangen ist.

(2) Absatz 1 gilt nicht,

a) wenn die gerichtliche Zuständigkeit jenes anderen Mitgliedstaats auf der Grundlage einer Vereinbarung nach Artikel 4 zwischen den Parteien festgelegt wurde;

b) wenn die berechtigte Person sich auf Grund von Artikel 5 der gerichtlichen Zuständigkeit jenes anderen Mitgliedstaats unterworfen hat;

c) wenn die zuständige Behörde des Ursprungsstaats, der dem Haager Übereinkommen von 2007 angehört, ihre Zuständigkeit für die Änderung der Entscheidung oder für das Erlassen einer neuen Entscheidung nicht ausüben kann oder die Ausübung ablehnt; oder

d) wenn die im Ursprungsstaat, der dem Haager Übereinkommen von 2007 angehört, ergangene Entscheidung in dem Mitgliedstaat, in dem ein Verfahren zur Änderung der Entscheidung oder Herbeiführung einer neuen Entscheidung beabsichtigt ist, nicht anerkannt oder für vollstreckbar erklärt werden kann.

Art. 9
Anrufung eines Gerichts

Für die Zwecke dieses Kapitels gilt ein Gericht als angerufen

a) zu dem Zeitpunkt, zu dem das verfahrenseinleitende Schriftstück oder ein gleichwertiges Schriftstück bei Gericht eingereicht worden ist, vorausgesetzt, dass der Kläger es in der Folge nicht versäumt hat, die ihm obliegenden Maßnahmen zu treffen, um die Zustellung des Schriftstücks an den Beklagten zu bewirken, oder

b) falls die Zustellung an den Beklagten vor Einreichung des Schriftstücks bei Gericht zu bewirken ist, zu dem Zeitpunkt, zu dem die für die Zustellung verantwortliche Stelle das Schriftstück erhalten hat, vorausgesetzt, dass der Kläger es in der Folge nicht versäumt hat, die ihm obliegenden Maßnahmen zu treffen, um das Schriftstück bei Gericht einzureichen.

Art. 10
Prüfung der Zuständigkeit

Das Gericht eines Mitgliedstaats, das in einer Sache angerufen wird, für die es nach dieser Verordnung nicht zuständig ist, erklärt sich von Amts wegen für unzuständig.

Art. 11
Prüfung der Zulässigkeit

(1) Lässt sich ein Beklagter, der seinen gewöhnlichen Aufenthalt im Hoheitsgebiet eines anderen Staates als des Mitgliedstaats hat, in dem das Verfahren eingeleitet wurde, auf das Verfahren nicht ein, so setzt das zuständige Gericht das Verfahren so lange aus, bis festgestellt ist, dass es dem Beklagten möglich war, das verfahrenseinleitende Schriftstück oder ein gleichwertiges Schriftstück so rechtzeitig zu empfangen, dass er sich verteidigen konnte oder dass alle hierzu erforderlichen Maßnahmen getroffen wurden.

(2) Anstelle des Absatzes 1 dieses Artikels findet Artikel 19 der Verordnung (EG) Nr. 1393/2007 Anwendung, wenn das verfahrenseinleitende Schriftstück oder ein gleichwertiges Schriftstück nach Maßgabe jener Verordnung von einem Mitgliedstaat in einen anderen zuzustellen war.

(3) Sind die Bestimmungen der Verordnung (EG) Nr. 1393/2007 nicht anwendbar, so gilt Artikel 15 des Haager Übereinkommens vom 15. November 1965 über die Zustellung gerichtlicher und außergerichtlicher Schriftstücke im Ausland in Zivil- und Handelssachen, wenn das verfahrenseinleitende Schriftstück oder ein gleichwertiges Schriftstück nach Maßgabe dieses Übereinkommens ins Ausland zu übermitteln war.

Art. 12
Rechtshängigkeit

(1) Werden bei Gerichten verschiedener Mitgliedstaaten Verfahren wegen desselben Anspruchs zwischen denselben Parteien anhängig gemacht, so setzt das später angerufene Gericht das Verfahren von Amts wegen aus, bis die Zuständigkeit des zuerst angerufenen Gerichts feststeht.

(2) Sobald die Zuständigkeit des zuerst angerufenen Gerichts feststeht, erklärt sich das später angerufene Gericht zu Gunsten dieses Gerichts für unzuständig.

Art. 13
Aussetzung wegen Sachzusammenhang

(1) Sind bei Gerichten verschiedener Mitgliedstaaten Verfahren, die im Zusammenhang stehen, anhängig, so kann jedes später angerufene Gericht das Verfahren aussetzen.

(2) Sind diese Verfahren in erster Instanz anhängig, so kann sich jedes später angerufene Gericht auf Antrag einer Partei auch für unzuständig erklären, wenn das zuerst angerufene Gericht für die betreffenden Verfahren zuständig ist und die Verbindung der Verfahren nach seinem Recht zulässig ist.

(3) Verfahren stehen im Sinne dieses Artikels im Zusammenhang, wenn zwischen ihnen eine so enge Beziehung gegeben ist, dass eine gemeinsame Verhandlung und Entscheidung geboten erscheint, um zu vermeiden, dass in getrennten Verfahren widersprechende Entscheidungen ergehen könnten.

Art. 14
Einstweilige Maßnahmen einschließlich Sicherungsmaßnahmen

Die im Recht eines Mitgliedstaats vorgesehenen einstweiligen Maßnahmen einschließlich solcher, die auf eine Sicherung gerichtet sind, können bei den Gerichten dieses Staates auch dann beantragt werden, wenn für die Entscheidung in der Hauptsache das Gericht eines anderen Mitgliedstaats auf Grund dieser Verordnung zuständig ist.

Kapitel III
Anwendbares Recht

Art. 15
Bestimmung des anwendbaren Rechts

Das auf Unterhaltspflichten anwendbare Recht bestimmt sich für die Mitgliedstaaten, die durch das Haager Protokoll vom 23. November 2007 über das auf Unterhaltspflichten anzuwendende Recht (nachstehend „Haager Protokoll von 2007" genannt) gebunden sind, nach jenem Protokoll.

Kapitel IV
Anerkennung, Vollstreckbarkeit und Vollstreckung von Entscheidungen

Art. 16
Geltungsbereich dieses Kapitels

(1) Dieses Kapitel regelt die Anerkennung, die Vollstreckbarkeit und die Vollstreckung der unter diese Verordnung fallenden Entscheidungen.

(2) Abschnitt 1 gilt für Entscheidungen, die in einem Mitgliedstaat, der durch das Haager Protokoll von 2007 gebunden ist, ergangen sind.

(3) Abschnitt 2 gilt für Entscheidungen, die in einem Mitgliedstaat, der nicht durch das Haager Protokoll von 2007 gebunden ist, ergangen sind.

(4) Abschnitt 3 gilt für alle Entscheidungen.

Abschnitt 1
In einem Mitgliedstaat, der durch das Haager Protokoll von 2007 gebunden ist, ergangene Entscheidungen

Art. 17
Abschaffung des Exequaturverfahrens

(1) Eine in einem Mitgliedstaat, der durch das Haager Protokoll von 2007 gebunden ist, ergangene Entscheidung wird in einem anderen Mitgliedstaat anerkannt, ohne dass es hierfür eines besonderen Verfahrens bedarf und ohne dass die Anerkennung angefochten werden kann.

(2) Eine in einem Mitgliedstaat, der durch das Haager Protokoll von 2007 gebunden ist, ergangene Entscheidung, die in diesem Staat vollstreckbar ist, ist in einem anderen Mitgliedstaat vollstreckbar, ohne dass es einer Vollstreckbarerklärung bedarf.

Art. 18
Sicherungsmaßnahmen

Eine vollstreckbare Entscheidung umfasst von Rechts wegen die Befugnis, alle auf eine Sicherung gerichteten Maßnahmen zu veranlassen, die im Recht des Vollstreckungsmitgliedstaats vorgesehen sind.

Art. 19
Recht auf Nachprüfung

(1) Ein Antragsgegner, der sich im Ursprungsmitgliedstaat nicht auf das Verfahren eingelassen hat, hat das Recht, eine Nachprüfung der Entscheidung durch das zuständige Gericht dieses Mitgliedstaats zu beantragen, wenn

a) ihm das verfahrenseinleitende Schriftstück oder ein gleichwertiges Schriftstück nicht so rechtzeitig und in einer Weise zugestellt worden ist, dass er sich verteidigen konnte, oder

b) er auf Grund höherer Gewalt oder auf Grund außergewöhnlicher Umstände ohne eigenes Verschulden nicht in der Lage gewesen ist, Einspruch gegen die Unterhaltsforderung zu erheben,

es sei denn, er hat gegen die Entscheidung keinen Rechtsbehelf eingelegt, obwohl er die Möglichkeit dazu hatte.

(2) Die Frist für den Antrag auf Nachprüfung der Entscheidung beginnt mit dem Tag, an dem der Antragsgegner vom Inhalt der Entscheidung tatsächlich Kenntnis genommen hat und in der Lage war, entsprechend tätig zu werden, spätestens aber mit dem Tag der ersten Vollstreckungsmaßnahme, die zur Folge hatte, dass die Vermögensgegenstände des Antragsgegners ganz oder teilweise dessen Verfügung entzogen wurden. Der Antragsgegner wird unverzüglich tätig, in jedem Fall aber innerhalb einer Frist von 45 Tagen. Eine Verlängerung dieser Frist wegen weiter Entfernung ist ausgeschlossen.

(3) Weist das Gericht den Antrag auf Nachprüfung nach Absatz 1 mit der Begründung zurück, dass keine der Voraussetzungen für eine Nachprüfung nach jenem Absatz erfüllt ist, bleibt die Entscheidung in Kraft.

Entscheidet das Gericht, dass eine Nachprüfung aus einem der in Absatz 1 genannten Gründe gerechtfertigt ist, so wird die Entscheidung für nichtig erklärt. Die berechtigte Person verliert jedoch nicht die Vorteile, die sich aus der Unterbrechung der Verjährungs- oder Ausschlussfristen ergeben, noch das Recht, im ursprünglichen Verfahren möglicherweise zuerkannte Unterhaltsansprüche rückwirkend geltend zu machen.

Art. 20
Schriftstücke zum Zwecke der Vollstreckung

(1) Für die Vollstreckung einer Entscheidung in einem anderen Mitgliedstaat legt der Antragsteller den zuständigen Vollstreckungsbehörden folgende Schriftstücke vor:

a) eine Ausfertigung der Entscheidung, die die für ihre Beweiskraft erforderlichen Voraussetzungen erfüllt,

b) einen Auszug aus der Entscheidung, den die zuständige Behörde des Ursprungsmitgliedstaats unter Verwendung des in Anhang I vorgesehenen Formblatts erstellt hat;

c) gegebenenfalls ein Schriftstück, aus dem die Höhe der Zahlungsrückstände und das Datum der Berechnung hervorgehen;

d) gegebenenfalls eine Transskript oder eine Übersetzung des Inhalts des in Buchstabe b genannten Formblatts in die Amtssprache des Vollstreckungsmitgliedstaats oder – falls es in diesem Mitgliedstaat mehrere Amtssprachen gibt – nach Maßgabe des Rechts dieses Mitgliedstaats in die Verfahrenssprache oder eine der Verfahrenssprachen des Ortes, an dem die Vollstreckung betrieben wird, oder in eine sonstige Sprache, für die der Vollstreckungsmitgliedstaat erklärt hat, dass er sie zulässt. Jeder Mitgliedstaat kann angeben, welche Amtssprache oder Amtssprachen der Organe der Europäischen Union er neben seiner oder seinen eigenen für das Ausfüllen des Formblatts zulässt.

(2) Die zuständigen Behörden des Vollstreckungsmitgliedstaats können vom Antragsteller nicht verlangen, dass dieser eine Übersetzung der Entscheidung vorlegt. Eine Übersetzung kann jedoch verlangt werden, wenn die Vollstreckung der Entscheidung angefochten wird.

(3) Eine Übersetzung auf Grund dieses Artikels ist von einer Person zu erstellen, die zur Anfertigung von Übersetzungen in einem der Mitgliedstaaten befugt ist.

Art. 21
Verweigerung oder Aussetzung der Vollstreckung

(1) Die im Recht des Vollstreckungsmitgliedstaats vorgesehenen Gründe für die Verweigerung oder Aussetzung der Vollstreckung gelten, sofern sie nicht mit der Anwendung der Absätze 2 und 3 unvereinbar sind.

(2) Die zuständige Behörde des Vollstreckungsmitgliedstaats verweigert auf Antrag der verpflichteten Person die Vollstreckung der Entscheidung des Ursprungsgerichts insgesamt oder teilweise, wenn das Recht auf Vollstreckung der Entscheidung des Ursprungsgerichts entweder nach dem Recht des Ursprungsmitgliedstaats oder nach dem Recht des Vollstreckungsmitgliedstaats verjährt ist, wobei die längere Verjährungsfrist gilt.

Darüber hinaus kann die zuständige Behörde des Vollstreckungsmitgliedstaats auf Antrag der verpflichteten Person die Vollstreckung der Entscheidung des Ursprungsgerichts insgesamt oder teilweise verweigern, wenn die Entscheidung mit einer im Vollstreckungsmitgliedstaat ergangenen Entscheidung oder einer in einem anderen Mitgliedstaat oder einem Drittstaat ergangenen Entscheidung, die die notwendigen Voraussetzungen für ihre Anerkennung im Vollstreckungsmitgliedstaat erfüllt, unvereinbar ist.
Eine Entscheidung, die bewirkt, dass eine frühere Unterhaltsentscheidung auf Grund geänderter Umstände geändert wird, gilt nicht als unvereinbare Entscheidung im Sinne des Unterabsatzes 2.

(3) Die zuständige Behörde des Vollstreckungsmitgliedstaats kann auf Antrag der verpflichteten Person die Vollstreckung der Entscheidung des Ursprungsgerichts insgesamt oder teilweise aussetzen, wenn das zuständige Gericht des Ursprungsmitgliedstaats mit einem Antrag auf Nachprüfung der Entscheidung des Ursprungsgerichts nach Artikel 19 befasst wurde.
Darüber hinaus setzt die zuständige Behörde des Vollstreckungsmitgliedstaats auf Antrag der verpflichteten Person die Vollstreckung der Entscheidung des Ursprungsgerichts aus, wenn die Vollstreckbarkeit im Ursprungsmitgliedstaat ausgesetzt ist.

Art. 22
Keine Auswirkung auf das Bestehen eines Familienverhältnisses

Die Anerkennung und Vollstreckung einer Unterhaltsentscheidung auf Grund dieser Verordnung bewirkt in keiner Weise die Anerkennung von Familien-, Verwandtschafts-, oder eherechtlichen Verhältnissen oder Schwägerschaft, die der Unterhaltspflicht zugrunde liegen, die zu der Entscheidung geführt hat.

Abschnitt 2
In einem Mitgliedstaat, der nicht durch das Haager Protokoll von 2007 gebunden ist, ergangene Entscheidungen

Art. 23
Anerkennung

(1) Die in einem Mitgliedstaat, der nicht durch das Haager Protokoll von 2007 gebunden ist, ergangenen Entscheidungen werden in den anderen Mitgliedstaaten anerkannt, ohne dass es hierfür eines besonderen Verfahrens bedarf.

(2) Bildet die Frage, ob eine Entscheidung anzuerkennen ist, als solche den Gegenstand eines Streites, so kann jede Partei, welche die Anerkennung geltend macht, in dem Verfahren nach diesem Abschnitt die Feststellung beantragen, dass die Entscheidung anzuerkennen ist.

(3) Wird die Anerkennung in einem Rechtsstreit vor dem Gericht eines Mitgliedstaats, dessen Entscheidung von der Anerkennung abhängt, verlangt, so kann dieses Gericht über die Anerkennung entscheiden.

Art. 24
Gründe für die Versagung der Anerkennung

Eine Entscheidung wird nicht anerkannt,

a) wenn die Anerkennung der öffentlichen Ordnung (ordre public) des Mitgliedstaats, in dem sie geltend gemacht wird, offensichtlich widersprechen würde. Die Vorschriften über die Zuständigkeit gehören nicht zur öffentlichen Ordnung (ordre public);

b) wenn dem Antragsgegner, der sich in dem Verfahren nicht eingelassen hat, das verfahrenseinleitende Schriftstück oder ein gleichwertiges Schriftstück nicht so rechtzeitig und in einer Weise zugestellt worden ist, dass er sich verteidigen konnte, es sei denn, der Antragsgegner hat gegen die Entscheidung keinen Rechtsbehelf eingelegt, obwohl er die Möglichkeit dazu hatte;

c) wenn sie mit einer Entscheidung unvereinbar ist, die zwischen denselben Parteien in dem Mitgliedstaat, in dem die Anerkennung geltend gemacht wird, ergangen ist;

d) wenn sie mit einer früheren Entscheidung unvereinbar ist, die in einem anderen Mitgliedstaat oder in einem Drittstaat zwischen denselben Parteien in einem Rechtsstreit wegen desselben Anspruchs ergangen ist, sofern die frühere Entscheidung die notwendigen Voraussetzungen für ihre Anerkennung in dem Mitgliedstaat erfüllt, in dem die Anerkennung geltend gemacht wird.

Eine Entscheidung, die bewirkt, dass eine frühere Unterhaltsentscheidung auf Grund geänderter Umstände geändert wird, gilt nicht als unvereinbare Entscheidung im Sinne der Buchstaben c oder d.

Art. 25
Aussetzung des Anerkennungsverfahrens

Das Gericht eines Mitgliedstaats, vor dem die Anerkennung einer Entscheidung geltend gemacht wird, die in einem Mitgliedstaat ergangenen ist, der nicht durch das Haager Protokoll von 2007 gebunden ist, setzt das Verfahren aus, wenn die Vollstreckung der Entscheidung im Ursprungsmitgliedstaat wegen der Einlegung eines Rechtsbehelfs einstweilen eingestellt ist.

Art. 26
Vollstreckbarkeit

Eine Entscheidung, die in einem Mitgliedstaat ergangen ist, der nicht durch das Haager Protokoll von 2007 gebunden ist, die in diesem Staat vollstreckbar ist, wird in einem anderen Mitgliedstaat vollstreckt, wenn sie dort auf Antrag eines Berechtigten für vollstreckbar erklärt worden ist.

Art. 27
Örtlich zuständiges Gericht

(1) Der Antrag auf Vollstreckbarerklärung ist an das Gericht oder an die zuständige Behörde des Vollstreckungsmitgliedstaats zu richten, das beziehungsweise die der Kommission von diesem Mitgliedstaat gemäß Artikel 71 notifiziert wurde.

(2) Die örtliche Zuständigkeit wird durch den Ort des gewöhnlichen Aufenthalts der Partei, gegen die die Vollstreckung erwirkt werden soll, oder durch den Ort, an dem die Vollstreckung durchgeführt werden soll, bestimmt.

Art. 28
Verfahren

(1) Dem Antrag auf Vollstreckbarerklärung sind folgende Schriftstücke beizufügen:

a) eine Ausfertigung der Entscheidung, die die für ihre Beweiskraft erforderlichen Voraussetzungen erfüllt,

b) einen durch das Ursprungsgericht unter Verwendung des Formblatts in Anhang II erstellten Auszug aus der Entscheidung, unbeschadet des Artikels 29;

c) gegebenenfalls eine Transskript oder eine Übersetzung des Inhalts des in Buchstabe b genannten Formblatts in die Amtssprache des Vollstreckungsmitgliedstaats oder – falls es in diesem Mitgliedstaat mehrere Amtssprachen gibt – nach Maßgabe des Rechts dieses Mitgliedstaats – in die oder eine der Verfahrenssprachen des Ortes, an dem der Antrag gestellt wird, oder in eine sonstige Sprache, die der Vollstreckungsmitgliedstaat für zulässig erklärt hat. Jeder Mitgliedstaat kann angeben, welche Amtssprache oder Amtssprachen der Organe der Europäischen Union er neben seiner oder seinen eigenen für das Ausfüllen des Formblatts zulässt.

(2) Das Gericht oder die zuständige Behörde, bei dem beziehungsweise bei der der Antrag gestellt wird, kann vom Antragsteller nicht verlangen, dass dieser eine Übersetzung der Entscheidung vorlegt. Eine Übersetzung kann jedoch im Rahmen des Rechtsbehelfs nach Artikel 32 oder Artikel 33 verlangt werden.

(3) Eine Übersetzung auf Grund dieses Artikels ist von einer Person zu erstellen, die zur Anfertigung von Übersetzungen in einem der Mitgliedstaaten befugt ist.

Art. 29
Nichtvorlage des Auszugs

(1) Wird der Auszug nach Artikel 28 Absatz 1 Buchstabe b nicht vorgelegt, so kann das Gericht oder die zuständige Behörde eine Frist bestimmen, innerhalb deren er vorzulegen ist, oder sich mit einem gleichwertigen Schriftstück begnügen oder von der Vorlage des Auszugs befreien, wenn es eine weitere Klärung nicht für erforderlich hält.

(2) In dem Fall nach Absatz 1 ist auf Verlangen des Gerichts oder der zuständigen Behörde eine Übersetzung der Schriftstücke vorzulegen. Die Übersetzung ist von einer Person zu erstellen, die zur Anfertigung von Übersetzungen in einem der Mitgliedstaaten befugt ist.

Art. 30
Vollstreckbarerklärung

Sobald die in Artikel 28 vorgesehenen Förmlichkeiten erfüllt sind, spätestens aber 30 Tage nachdem diese Förmlichkeiten erfüllt sind, es sei denn, dies erweist sich auf Grund außergewöhnlicher Umstände als nicht möglich, wird die Entscheidung für vollstreckbar erklärt, ohne dass eine Prüfung gemäß Artikel 24 erfolgt. Die Partei, gegen die die Vollstreckung erwirkt werden soll, erhält in diesem Abschnitt des Verfahrens keine Gelegenheit, eine Erklärung abzugeben.

Art. 31
Mitteilung der Entscheidung über den Antrag auf Vollstreckbarerklärung

(1) Die Entscheidung über den Antrag auf Vollstreckbarerklärung wird dem Antragsteller unverzüglich in der Form mitgeteilt, die das Recht des Vollstreckungsmitgliedstaats vorsieht.

(2) Die Vollstreckbarerklärung und, soweit dies noch nicht geschehen ist, die Entscheidung werden der Partei, gegen die die Vollstreckung erwirkt werden soll, zugestellt.

Art. 32
Rechtsbehelf gegen die Entscheidung über den Antrag

(1) Gegen die Entscheidung über den Antrag auf Vollstreckbarerklärung kann jede Partei einen Rechtsbehelf einlegen.

(2) Der Rechtsbehelf wird bei dem Gericht eingelegt, das der betreffende Mitgliedstaat der Kommission nach Artikel 71 notifiziert hat.

(3) Über den Rechtsbehelf wird nach den Vorschriften entschieden, die für Verfahren mit beiderseitigem rechtlichen Gehör maßgebend sind.

(4) Lässt sich die Partei, gegen die die Vollstreckung erwirkt werden soll, in dem Verfahren vor dem mit dem Rechtsbehelf des Antragstellers befassten Gericht nicht ein, so ist Artikel 11 auch dann anzuwenden, wenn die Partei, gegen die die Vollstreckung erwirkt werden soll, ihren gewöhnlichen Aufenthalt nicht im Hoheitsgebiet eines Mitgliedstaats hat.

(5) Der Rechtsbehelf gegen die Vollstreckbarerklärung ist innerhalb von 30 Tagen nach ihrer Zustellung einzulegen. Hat die Partei, gegen die die Vollstreckung erwirkt werden soll, ihren gewöhnlichen Aufenthalt im Hoheitsgebiet eines anderen Mitgliedstaats als dem, in dem die Vollstreckbarerklärung ergangen ist, so beträgt die Frist für den Rechtsbehelf 45 Tage und beginnt von dem Tage an zu laufen, an dem die Vollstreckbarerklärung ihr entweder in Person oder in ihrer Wohnung zugestellt worden ist. Eine Verlängerung dieser Frist wegen weiter Entfernung ist ausgeschlossen.

Art. 33
Rechtsmittel gegen die Entscheidung über den Rechtsbehelf

Die über den Rechtsbehelf ergangene Entscheidung kann nur im Wege des Verfahrens angefochten werden, das der betreffende Mitgliedstaat der Kommission nach Artikel 71 notifiziert hat.

Art. 34
Versagung oder Aufhebung einer Vollstreckbarerklärung

(1) Die Vollstreckbarerklärung darf von dem mit einem Rechtsbehelf nach Artikel 32 oder Artikel 33 befassten Gericht nur aus einem der in Artikel 24 aufgeführten Gründe versagt oder aufgehoben werden.

(2) Vorbehaltlich des Artikels 32 Absatz 4 erlässt das mit einem Rechtsbehelf nach Artikel 32 befasste Gericht seine Entscheidung innerhalb von 90 Tagen nach seiner Befassung, es sei denn, dies erweist sich auf Grund außergewöhnlicher Umstände als nicht möglich.

(3) Das mit einem Rechtsbehelf nach Artikel 33 befasste Gericht erlässt seine Entscheidung unverzüglich.

Art. 35
Aussetzung des Verfahrens

Das mit einem Rechtsbehelf nach Artikel 32 oder Artikel 33 befasste Gericht setzt auf Antrag der Partei, gegen die die Vollstreckung erwirkt werden soll, das Verfahren aus, wenn die Vollstreckung der Entscheidung im Ursprungsmitgliedstaat wegen der Einlegung eines Rechtsbehelfs einstweilen eingestellt ist.

Art. 36
Einstweilige Maßnahmen einschließlich Sicherungsmaßnahmen

(1) Ist eine Entscheidung nach diesem Abschnitt anzuerkennen, so ist der Antragsteller nicht daran gehindert, einstweilige Maßnahmen einschließlich solcher, die auf eine Sicherung gerichtet sind, nach dem Recht des Vollstreckungsmitgliedstaats in Anspruch zu nehmen, ohne dass es einer Vollstreckbarerklärung nach Artikel 30 bedarf.

(2) Die Vollstreckbarerklärung umfasst von Rechts wegen die Befugnis, solche Maßnahmen zu veranlassen.

(3) Solange die in Artikel 32 Absatz 5 vorgesehene Frist für den Rechtsbehelf gegen die Vollstreckbarerklärung läuft und solange über den Rechtsbehelf nicht entschieden ist, darf die Zwangsvollstreckung in das Vermögen der Partei, gegen die die Vollstreckung erwirkt werden soll, nicht über Maßnahmen zur Sicherung hinausgehen.

Art. 37
Teilvollstreckbarkeit

(1) Ist durch die Entscheidung über mehrere mit dem Antrag geltend gemachte Ansprüche erkannt worden und kann die Vollstreckbarerklärung nicht für alle Ansprüche erteilt werden, so erteilt das Gericht oder die zuständige Behörde sie für einen oder mehrere dieser Ansprüche.

(2) Der Antragsteller kann beantragen, dass die Vollstreckbarerklärung nur für einen Teil des Gegenstands der Entscheidung erteilt wird.

Art. 38
Keine Stempelabgaben oder Gebühren

Im Vollstreckungsmitgliedstaat dürfen im Vollstreckbarerklärungsverfahren keine nach dem Streitwert abgestuften Stempelabgaben oder Gebühren erhoben werden.

Abschnitt 3
Gemeinsame Bestimmungen

Art. 39
Vorläufige Vollstreckbarkeit

Das Ursprungsgericht kann die Entscheidung ungeachtet eines etwaigen Rechtsbehelfs für vorläufig vollstreckbar erklären, auch wenn das innerstaatliche Recht keine Vollstreckbarkeit von Rechts wegen vorsieht.

Art. 40
Durchsetzung einer anerkannten Entscheidung

(1) Eine Partei, die in einem anderen Mitgliedstaat eine im Sinne des Artikel 17 Absatz 1 oder des Abschnitt 2 anerkannte Entscheidung geltend machen will, hat eine Ausfertigung der Entscheidung vorzulegen, die die für ihre Beweiskraft erforderlichen Voraussetzungen erfüllt.

(2) Das Gericht, bei dem die anerkannte Entscheidung geltend gemacht wird, kann die Partei, die die anerkannte Entscheidung geltend macht, gegebenenfalls auffordern, einen vom Ursprungsgericht erstellten Auszug unter Verwendung des Formblatts in Anhang I beziehungsweise in Anhang II vorzulegen.

Das Ursprungsgericht erstellt diesen Auszug auch auf Antrag jeder betroffenen Partei.

(3) Gegebenenfalls übermittelt die Partei, die die anerkannte Entscheidung geltend macht, eine Transskript oder eine Übersetzung des Inhalts des in Absatz 2 genannten Formblatts in die Amtssprache des betreffenden Mitgliedstaats oder – falls es in diesem Mitgliedstaat mehrere Amtssprachen gibt – nach Maßgabe der Rechtsvorschriften dieses Mitgliedstaats – in die oder eine der Verfahrenssprachen des Ortes, an dem die anerkannte Entscheidung geltend gemacht wird, oder in eine sonstige Sprache, die der betreffende Mitgliedstaat für zulässig erklärt hat. Jeder Mitgliedstaat kann angeben, welche Amtssprache oder Amtssprachen der Organe der Europäischen Union er neben seiner oder seinen eigenen für das Ausfüllen des Formblatts zulässt.

(4) Eine Übersetzung auf Grund dieses Artikels ist von einer Person zu erstellen, die zur Anfertigung von Übersetzungen in einem der Mitgliedstaaten befugt ist.

Art. 41
Vollstreckungsverfahren und Bedingungen für die Vollstreckung

(1) Vorbehaltlich der Bestimmungen dieser Verordnung gilt für das Verfahren zur Vollstreckung der in einem anderen Mitgliedstaat ergangenen Entscheidungen das Recht des Vollstreckungsmitgliedstaats. Eine in einem Mitgliedstaat ergangene Entscheidung, die im Vollstreckungsmitgliedstaat vollstreckbar ist, wird dort unter den gleichen Bedingungen vollstreckt wie eine im Vollstreckungsmitgliedstaat ergangene Entscheidung.

(2) Von der Partei, die die Vollstreckung einer Entscheidung beantragt, die in einem anderen Mitgliedstaat ergangen ist, kann nicht verlangt werden, dass sie im Vollstreckungsmitgliedstaat über eine Postanschrift oder einen bevollmächtigten Vertreter verfügt, außer bei den Personen, die im Bereich der Vollstreckungsverfahren zuständig sind.

Art. 42
Verbot der sachlichen Nachprüfung

Eine in einem Mitgliedstaat ergangene Entscheidung darf in dem Mitgliedstaat, in dem die Anerkennung, die Vollstreckbarkeit oder die Vollstreckung beantragt wird, in der Sache selbst nicht nachgeprüft werden.

Art. 43
Kein Vorrang der Eintreibung von Kosten

Die Eintreibung von Kosten, die bei der Anwendung dieser Verordnung entstehen, hat keinen Vorrang vor der Geltendmachung von Unterhaltsansprüchen.

Kapitel V
Zugang zum Recht

Art. 44
Anspruch auf Prozesskostenhilfe

(1) Die an einem Rechtsstreit im Sinne dieser Verordnung beteiligten Parteien genießen nach Maßgabe der in diesem Kapitel niedergelegten Bedingungen effektiven Zugang zum Recht in einem anderen Mitgliedstaat, einschließlich im Rahmen von Vollstreckungsverfahren und Rechtsbehelfen.

In den Fällen gemäß Kapitel VII wird der effektive Zugang zum Recht durch den ersuchten Mitgliedstaat gegenüber jedem Antragsteller gewährleistet, der seinen Aufenthalt im ersuchenden Mitgliedstaat hat.

(2) Um einen solchen effektiven Zugang zu gewährleisten, leisten die Mitgliedstaaten Prozesskostenhilfe im Einklang mit diesem Kapitel, sofern nicht Absatz 3 gilt.

(3) In den Fällen gemäß Kapitel VII ist ein Mitgliedstaat nicht verpflichtet, Prozesskostenhilfe zu leisten, wenn und soweit die Verfahren in diesem Mitgliedstaat es den Parteien gestatten, die Sache ohne Prozesskostenhilfe zu betreiben, und die Zentrale Behörde die nötigen Dienstleistungen unentgeltlich erbringt.

(4) Die Voraussetzungen für den Zugang zu Prozesskostenhilfe dürfen nicht enger als diejenigen, die für vergleichbare innerstaatliche Fälle gelten, sein.

(5) In Verfahren, die Unterhaltspflichten betreffen, wird für die Zahlung von Verfahrenskosten keine Sicherheitsleistung oder Hinterlegung gleich welcher Bezeichnung auferlegt.

Art. 45
Gegenstand der Prozesskostenhilfe

Nach diesem Kapitel gewährte Prozesskostenhilfe ist die Unterstützung, die erforderlich ist, damit die Parteien ihre Rechte in Erfahrung bringen und geltend machen können und damit sichergestellt werden kann, dass ihre Anträge, die über die Zentralen Behörden oder direkt an die zuständigen Behörden übermittelt werden, in umfassender und wirksamer Weise bearbeitet werden. Sie umfasst soweit erforderlich Folgendes:

a) eine vorprozessuale Rechtsberatung im Hinblick auf eine außergerichtliche Streitbeilegung;

b) den Rechtsbeistand bei Anrufung einer Behörde oder eines Gerichts und die rechtliche Vertretung vor Gericht;

c) eine Befreiung von den Gerichtskosten und den Kosten für Personen, die mit der Wahrnehmung von Aufgaben während des Prozesses beauftragt werden, oder eine Unterstützung bei solchen Kosten;

d) in Mitgliedstaaten, in denen die unterliegende Partei die Kosten der Gegenpartei übernehmen muss, im Falle einer Prozessniederlage des Empfängers der Prozesskostenhilfe auch die Kosten der Gegenpartei, sofern die Prozesskostenhilfe diese Kosten umfasst hätte, wenn der Empfänger seinen gewöhnlichen Aufenthalt im Mitgliedstaat des angerufenen Gerichts gehabt hätte;

e) Dolmetschleistungen;

f) Übersetzung der vom Gericht oder von der zuständigen Behörde verlangten und vom Empfänger der Prozesskostenhilfe vorgelegten Schriftstücke, die für die Entscheidung des Rechtsstreits erforderlich sind;

g) Reisekosten, die vom Empfänger der Prozesskostenhilfe zu tragen sind, wenn das Recht oder das Gericht des betreffenden Mitgliedstaats die Anwesenheit der mit der Darlegung des Falles des Empfängers befassten Personen bei Gericht verlangen und das Gericht entscheidet, dass die betreffenden Personen nicht auf andere Weise zur Zufriedenheit des Gerichts gehört werden können.

Art. 46
Unentgeltliche Prozesskostenhilfe bei Anträgen auf Unterhaltsleistungen für Kinder, die über die Zentralen Behörden gestellt werden

(1) Der ersuchte Mitgliedstaat leistet unentgeltliche Prozesskostenhilfe für alle von einer berechtigten Person nach Artikel 56 gestellten Anträge in Bezug auf Unterhaltspflichten aus einer Eltern-Kind-Beziehung gegenüber einer Person, die das 21. Lebensjahr noch nicht vollendet hat.

(2) Ungeachtet des Absatzes 1 kann die zuständige Behörde des ersuchten Mitgliedstaats in Bezug auf andere Anträge als solche nach Artikel 56 Absatz 1 Buchstaben a und b die Gewährung unentgeltlicher Prozesskostenhilfe ablehnen, wenn sie den Antrag oder einen Rechtsbehelf für offensichtlich unbegründet erachtet.

Art. 47
Fälle, die nicht unter Artikel 46 fallen

(1) In Fällen, die nicht unter Artikel 46 fallen, kann vorbehaltlich der Artikel 44 und 45 die Gewährung der Prozesskostenhilfe gemäß dem innerstaatlichen Recht insbesondere von den Voraussetzungen der Prüfung der Mittel des Antragstellers oder der Begründetheit des Antrags abhängig gemacht werden.

(2) Ist einer Partei im Ursprungsmitgliedstaat ganz oder teilweise Prozesskostenhilfe oder Kosten- und Gebührenbefreiung gewährt worden, so genießt sie ungeachtet des Absatzes 1 in jedem Anerkennungs-, Vollstreckbarerklärungs- oder Vollstreckungsverfahren hinsichtlich der Prozesskostenhilfe oder der Kosten- und Gebührenbefreiung die günstigste oder umfassendste Behandlung, die das Recht des Vollstreckungsmitgliedstaats vorsieht.

(3) Hat eine Partei im Ursprungsmitgliedstaat ein unentgeltliches Verfahren vor einer in Anhang X aufgeführten Verwaltungsbehörde in Anspruch nehmen können, so hat sie ungeachtet des Absatzes 1 in jedem Anerkennungs-, Vollstreckbarerklärungs- oder Vollstreckungsverfahren Anspruch auf Prozesskostenhilfe nach Absatz 2. Zu diesem Zweck muss sie ein von der zuständigen Behörde des Ursprungsmitgliedstaats erstelltes Schriftstück vorgelegen, mit dem bescheinigt wird, dass sie die wirtschaftlichen Voraussetzungen erfüllt, um ganz oder teilweise Prozesskostenhilfe oder Kosten- und Gebührenbefreiung in Anspruch nehmen zu können.

Die für die Zwecke dieses Absatzes zuständigen Behörden sind in Anhang XI aufgelistet. Dieser Anhang wird nach dem Verwaltungsverfahren des Artikels 73 Absatz 2 erstellt und geändert.

Kapitel VI
Gerichtliche Vergleiche und öffentliche Urkunden

Art. 48
Anwendung dieser Verordnung auf gerichtliche Vergleiche und öffentliche Urkunden

(1) Die im Ursprungsmitgliedstaat vollstreckbaren gerichtlichen Vergleiche und öffentlichen Urkunden sind in einem anderen Mitgliedstaat ebenso wie Entscheidungen gemäß Kapitel IV anzuerkennen und in der gleichen Weise vollstreckbar.

(2) Die Bestimmungen dieser Verordnung gelten, soweit erforderlich, auch für gerichtliche Vergleiche und öffentliche Urkunden.

(3) Die zuständige Behörde des Ursprungsmitgliedstaats erstellt auf Antrag jeder betroffenen Partei einen Auszug des gerichtlichen Vergleichs oder der öffentlichen Urkunde unter Verwendung, je nach Fall, der in den Anhängen I und II oder in den Anhängen III und IV vorgesehenen Formblätter.

Kapitel VII
Zusammenarbeit der Zentralen Behörden

Art. 49
Bestimmung der Zentralen Behörden

(1) Jeder Mitgliedstaat bestimmt eine Zentrale Behörde, welche die ihr durch diese Verordnung übertragenen Aufgaben wahrnimmt.

(2) Einem Mitgliedstaat, der ein Bundesstaat ist, einem Mitgliedstaat mit mehreren Rechtssystemen oder einem Mitgliedstaat, der aus autonomen Gebietseinheiten besteht, steht es frei, mehrere Zentrale Behörden zu bestimmen, deren räumliche und persönliche Zuständigkeit er festlegt. Macht ein Mitgliedstaat von dieser Möglichkeit Gebrauch, so bestimmt er die Zentrale Behörde, an die Mitteilungen zur Übermittlung an die zuständige Zentrale Behörde in diesem Staat gerichtet werden können. Wurde eine Mitteilung an eine nicht zuständige Zentrale Behörde gerichtet, so hat diese die Mitteilung an die zuständige Zentrale Behörde weiterzuleiten und den Absender davon in Kenntnis zu setzen.

(3) Jeder Mitgliedstaat unterrichtet die Kommission im Einklang mit Artikel 71 über die Bestimmung der Zentralen Behörde oder der Zentralen Behörden sowie über deren Kontaktdaten und gegebenenfalls deren Zuständigkeit nach Absatz 2.

Art. 50
Allgemeine Aufgaben der Zentralen Behörden

(1) Die Zentralen Behörden

a) arbeiten zusammen, insbesondere durch den Austausch von Informationen, und fördern die Zusammenarbeit der zuständigen Behörden ihrer Mitgliedstaaten, um die Ziele dieser Verordnung zu verwirklichen;

b) suchen, soweit möglich, nach Lösungen für Schwierigkeiten, die bei der Anwendung dieser Verordnung auftreten.

(2) Die Zentralen Behörden ergreifen Maßnahmen, um die Anwendung dieser Verordnung zu erleichtern und die Zusammenarbeit untereinander zu stärken. Hierzu wird das mit der Entscheidung 2001/470/EG eingerichtete Europäische Justizielle Netz für Zivil- und Handelssachen genutzt.

Art. 51
Besondere Aufgaben der Zentralen Behörden

(1) Die Zentralen Behörden leisten bei Anträgen nach Artikel 56 Hilfe, indem sie insbesondere

a) diese Anträge übermitteln und entgegennehmen;

b) Verfahren bezüglich dieser Anträge einleiten oder die Einleitung solcher Verfahren erleichtern.

(2) In Bezug auf diese Anträge treffen die Zentralen Behörden alle angemessenen Maßnahmen, um

a) Prozesskostenhilfe zu gewähren oder die Gewährung von Prozesskostenhilfe zu erleichtern, wenn die Umstände es erfordern;

b) dabei behilflich zu sein, den Aufenthaltsort der verpflichteten oder der berechtigten Person ausfindig zu machen, insbesondere in Anwendung der Artikel 61, 62 und 63;

c) die Erlangung einschlägiger Informationen über das Einkommen und, wenn nötig, das Vermögen der verpflichteten oder der berechtigten Person einschließlich der Belegenheit von Vermögensgegenständen zu erleichtern, insbesondere in Anwendung der Artikel 61, 62 und 63;

d) gütliche Regelungen zu fördern, um die freiwillige Zahlung von Unterhalt zu erreichen, wenn angebracht durch Mediation, Schlichtung oder ähnliche Mittel;

e) die fortlaufende Vollstreckung von Unterhaltsentscheidungen einschließlich der Zahlungsrückstände zu erleichtern;

f) die Eintreibung und zügige Überweisung von Unterhalt zu erleichtern;

g) unbeschadet der Verordnung (EG) Nr. 1206/2001 die Beweiserhebung, sei es durch Urkunden oder durch andere Beweismittel, zu erleichtern;

h) bei der Feststellung der Abstammung Hilfe zu leisten, wenn dies zur Geltendmachung von Unterhaltsansprüchen notwendig ist;

i) Verfahren zur Erwirkung notwendiger vorläufiger Maßnahmen, die auf das betreffende Hoheitsgebiet beschränkt sind und auf die Absicherung des Erfolgs eines anhängigen Unterhaltsantrags abzielen, einzuleiten oder die Einleitung solcher Verfahren zu erleichtern;

j) unbeschadet der Verordnung (EG) Nr. 1393/2007 die Zustellung von Schriftstücken zu erleichtern.

(3) Die Aufgaben, die nach diesem Artikel der Zentralen Behörde übertragen sind, können in dem vom Recht des betroffenen Mitgliedstaats vorgesehenen Umfang von öffentliche Aufgaben wahrnehmenden Einrichtungen oder anderen der Aufsicht der zuständigen Behörden dieses Mitgliedstaats unterliegenden Stellen wahrgenommen werden. Der Mitgliedstaat teilt der Kommission gemäß Artikel 71 die Bestimmung solcher Einrichtungen oder anderen Stellen sowie deren Kontaktdaten und Zuständigkeit mit.

(4) Dieser Artikel und Artikel 53 verpflichten eine Zentrale Behörde nicht zur Ausübung von Befugnissen, die nach dem Recht des ersuchten Mitgliedstaats ausschließlich den Gerichten zustehen.

Art. 52
Vollmacht

Die Zentrale Behörde des ersuchten Mitgliedstaats kann vom Antragsteller eine Vollmacht nur verlangen, wenn sie in seinem Namen in Gerichtsverfahren oder in Verfahren vor anderen Behörden tätig wird, oder um einen Vertreter für diese Zwecke zu bestimmen.

Art. 53
Ersuchen um Durchführung besonderer Maßnahmen

(1) Eine Zentrale Behörde kann unter Angabe der Gründe eine andere Zentrale Behörde auch dann ersuchen, angemessene besondere Maßnahmen nach Artikel 51 Absatz 2 Buchstaben b, c, g, h, i und j zu treffen, wenn kein Antrag nach Artikel 56 anhängig ist. Die ersuchte Zentrale Behörde trifft, wenn sie es für notwendig erachtet, angemessene Maßnahmen, um einem potenziellen Antragsteller bei der Einreichung eines Antrags nach Artikel 56 oder bei der Feststellung behilflich zu sein, ob ein solcher Antrag gestellt werden soll.

(2) Im Falle eines Ersuchens hinsichtlich besonderer Maßnahmen im Sinne des Artikels 51 Absatz 2 Buchstaben b und c holt die ersuchte Zentrale Behörde die erbetenen Informationen ein, erforderlichenfalls in Anwendung von Artikel 61. Informationen nach Artikel 61 Absatz 2 Buchstaben b, c und d dürfen jedoch erst eingeholt werden, wenn die berechtigte Person eine Ausfertigung einer zu vollstreckenden Entscheidung, eines zu vollstreckenden gerichtlichen Vergleichs oder einer zu vollstreckenden öffentlichen Urkunde, gegebenenfalls zusammen mit dem Auszug nach den Artikeln 20, 28 oder 48, vorlegt.

Die ersuchte Zentrale Behörde übermittelt die eingeholten Informationen an die ersuchende Zentrale Behörde. Wurden diese Informationen in Anwendung von Artikel 61 eingeholt, wird dabei nur die Anschrift des potenziellen Antragsgegners im ersuchten Mitgliedstaat übermittelt. Im Rahmen eines Ersuchens im Hinblick auf die Anerkennung, die Vollstreckbarkeitserklärung oder die Vollstreckung wird dabei im Übrigen nur angegeben, ob überhaupt Einkommen oder Vermögen der verpflichteten Person in diesem Staat bestehen.

Ist die ersuchte Zentrale Behörde nicht in der Lage, die erbetenen Informationen zur Verfügung zu stellen, so teilt sie dies der ersuchenden Zentralen Behörde unverzüglich unter Angabe der Gründe mit.

(3) Eine Zentrale Behörde kann auf Ersuchen einer anderen Zentralen Behörde auch besondere Maßnahmen in einem Fall mit Auslandsbezug treffen, der die Geltendmachung von Unterhaltsansprüchen betrifft und im ersuchenden Mitgliedstaat anhängig ist.

(4) Die Zentralen Behörden verwenden für Ersuchen nach diesem Artikel das in Anhang V vorgesehene Formblatt.

Art. 54
Kosten der Zentralen Behörde

(1) Jede Zentrale Behörde trägt die Kosten, die ihr durch die Anwendung dieser Verordnung entstehen.

(2) Die Zentralen Behörden dürfen vom Antragsteller für ihre nach dieser Verordnung erbrachten Dienstleistungen keine Gebühren erheben, außer für außergewöhnliche Kosten, die sich aus einem Ersuchen um besondere Maßnahmen nach Artikel 53 ergeben.

Für die Zwecke dieses Absatzes gelten die Kosten im Zusammenhang mit der Feststellung des Aufenthaltsorts der verpflichteten Person nicht als außergewöhnlich.

(3) Die ersuchte Zentrale Behörde kann sich die außergewöhnlichen Kosten nach Absatz 2 nur erstatten lassen, wenn der Antragsteller im Voraus zugestimmt hat, dass die Dienstleistungen mit einem Kostenaufwand in der betreffenden Höhe erbracht werden.

Art. 55
Übermittlung von Anträgen über die Zentralen Behörden

Anträge nach diesem Kapitel sind über die Zentrale Behörde des Mitgliedstaats, in dem der Antragsteller seinen Aufenthalt hat, bei der Zentralen Behörde des ersuchten Mitgliedstaats zu stellen.

Art. 56
Zur Verfügung stehende Anträge

(1) Eine berechtigte Person, die Unterhaltsansprüche nach dieser Verordnung geltend machen will, kann Folgendes beantragen:

a) Anerkennung oder Anerkennung und Vollstreckbarerklärung einer Entscheidung;

b) Vollstreckung einer im ersuchten Mitgliedstaat ergangenen oder anerkannten Entscheidung;

c) Herbeiführen einer Entscheidung im ersuchten Mitgliedstaat, wenn keine Entscheidung vorliegt, einschließlich, soweit erforderlich, der Feststellung der Abstammung;

d) Herbeiführen einer Entscheidung im ersuchten Mitgliedstaat, wenn die Anerkennung und Vollstreckbarerklärung einer Entscheidung, die in einem anderen Staat als dem ersuchten Mitgliedstaat ergangen ist, nicht möglich ist;

e) Änderung einer im ersuchten Mitgliedstaat ergangenen Entscheidung;

f) Änderung einer Entscheidung, die in einem anderen Staat als dem ersuchten Mitgliedstaat ergangen ist.

(2) Eine verpflichtete Person, gegen die eine Unterhaltsentscheidung vorliegt, kann Folgendes beantragen:

a) Anerkennung einer Entscheidung, die die Aussetzung oder Einschränkung der Vollstreckung einer früheren Entscheidung im ersuchten Mitgliedstaat bewirkt;

b) Änderung einer im ersuchten Mitgliedstaat ergangenen Entscheidung;

c) Änderung einer Entscheidung, die in einem anderen Staat als dem ersuchten Mitgliedstaat ergangen ist.

(3) Bei Anträgen nach diesem Artikel werden der Beistand und die Vertretung nach Artikel 45 Buchstabe b durch die Zentrale Behörde des ersuchten Mitgliedstaats entweder unmittelbar oder über öffentliche Aufgaben wahrnehmende Einrichtungen oder andere Stellen oder Personen geleistet.

(4) Sofern in dieser Verordnung nichts anderes bestimmt ist, werden Anträge gemäß den Absätzen 1 und 2 nach dem Recht des ersuchten Mitgliedstaats behandelt und unterliegen den in diesem Mitgliedstaat geltenden Zuständigkeitsvorschriften.

Art. 57
Inhalt des Antrags

(1) Für Anträge nach Artikel 56 ist das in Anhang VI oder in Anhang VII vorgesehene Formblatt zu verwenden.

(2) Anträge nach Artikel 56 müssen mindestens folgende Angaben enthalten:

a) eine Erklärung in Bezug auf die Art des Antrags oder der Anträge;

b) den Namen und die Kontaktdaten des Antragstellers, einschließlich seiner Anschrift und seines Geburtsdatums;

c) den Namen und, sofern bekannt, die Anschrift sowie das Geburtsdatum des Antragsgegners;

d) den Namen und das Geburtsdatum jeder Person, für die Unterhalt verlangt wird;

e) die Gründe, auf die sich der Antrag stützt;

f) wenn die berechtigte Person den Antrag stellt, Angaben zu dem Ort, an dem die Unterhaltszahlungen geleistet oder an den sie elektronisch überwiesen werden sollen;

g) den Namen und die Kontaktdaten der Person oder Stelle in der Zentralen Behörde des ersuchenden Mitgliedstaats, die für die Bearbeitung des Antrags zuständig ist.

(3) Für die Zwecke des Absatzes 2 Buchstabe b kann die persönliche Anschrift des Antragstellers im Falle familiärer Gewalt durch eine andere Anschrift ersetzt werden, sofern das innerstaatliche Recht des ersuchten Mitgliedstaats nicht vorschreibt, dass der Antragsteller für die Zwecke des Verfahrens seine persönliche Anschrift angibt.

(4) Wenn angebracht und soweit bekannt, muss der Antrag außerdem Folgendes enthalten:

a) Angaben über die finanziellen Verhältnisse der berechtigten Person;

b) Angaben über die finanziellen Verhältnisse der verpflichteten Person, einschließlich des Namens und der Anschrift des Arbeitgebers der verpflichteten Person, sowie Art und Belegenheit der Vermögensgegenstände der verpflichteten Person;

c) alle anderen Angaben, die es gestatten, den Aufenthaltsort des Antragsgegners ausfindig zu machen.

(5) Dem Antrag sind alle erforderlichen Angaben oder schriftlichen Belege einschließlich gegebenenfalls Unterlagen zum Nachweis des Anspruchs des Antragstellers auf Prozesskostenhilfe beizufügen. Anträgen nach Artikel 56 Absatz 1 Buchstaben a und b und Absatz 2 Buchstabe a sind je nach Fall nur die in den Artikeln 20, 28 oder 48 oder die in Artikel 25 des Haager Übereinkommens von 2007 aufgeführten Schriftstücke beizufügen.

Art. 58
Übermittlung, Entgegennahme und Bearbeitung der Anträge und Fälle durch die Zentralen Behörden

(1) Die Zentrale Behörde des ersuchenden Mitgliedstaats ist dem Antragsteller behilflich, sicherzustellen, dass der Antrag alle Schriftstücke und Angaben umfasst, die nach Kenntnis dieser Behörde für seine Prüfung notwendig sind.

(2) Nachdem sich die Zentrale Behörde des ersuchenden Mitgliedstaats davon überzeugt hat, dass der Antrag den Erfordernissen dieser Verordnung entspricht, übermittelt sie ihn der Zentralen Behörde des ersuchten Mitgliedstaats.

(3) Innerhalb von 30 Tagen ab dem Tag des Eingangs des Antrags bestätigt die ersuchte Zentrale Behörde den Eingang des Antrags unter Verwendung des in Anhang VIII vorgesehenen Formblatts, benachrichtigt die Zentrale Behörde des ersuchenden Mitgliedstaats über die ersten Maßnahmen, die zur Bearbeitung des Antrags getroffen wurden oder werden, und fordert gegebenenfalls die von ihr für notwendig erachteten zusätzlichen Schriftstücke oder Angaben an. Innerhalb derselben Frist von 30 Tagen teilt die ersuchte Zentrale Behörde der ersuchenden Zentralen Behörde den Namen und die Kontaktdaten der Person oder Dienststelle mit, die damit beauftragt ist, Fragen im Hinblick auf den Stand des Antrags zu beantworten.

(4) Innerhalb von 60 Tagen nach der Empfangsbestätigung unterrichtet die ersuchte Zentrale Behörde die ersuchende Zentrale Behörde über den Stand des Antrags.

(5) Die ersuchende und die ersuchte Zentrale Behörde unterrichten einander

a) über die Person oder Dienststelle, die für einen bestimmten Fall zuständig ist;

b) über den Stand des Verfahrens

und beantworten Auskunftsersuchen rechtzeitig.

(6) Die Zentralen Behörden behandeln einen Fall so zügig, wie es eine sachgemäße Prüfung seines Gegenstands zulässt.

(7) Die Zentralen Behörden benutzen untereinander die schnellsten und effizientesten Kommunikationsmittel, die ihnen zur Verfügung stehen.

(8) Eine ersuchte Zentrale Behörde kann die Bearbeitung eines Antrags nur ablehnen, wenn offensichtlich ist, dass die Voraussetzungen dieser Verordnung nicht erfüllt sind. In diesem Fall unterrichtet die betreffende Zentrale Behörde die ersuchende Zentrale Behörde umgehend unter Verwendung des in Anhang IX vorgesehenen Formblatts über die Gründe für ihre Ablehnung.

(9) Die ersuchte Zentrale Behörde kann einen Antrag nicht allein deshalb ablehnen, weil zusätzliche Schriftstücke oder Angaben erforderlich sind. Die ersuchte Zentrale Behörde kann die ersuchende Zentrale Behörde jedoch auffordern, solche zusätzlichen Schriftstücke oder Angaben zu übermitteln. Geschieht dies nicht innerhalb von 90 Tagen oder einer von der ersuchten Zentralen Behörde gesetzten längeren Frist, so kann diese Behörde beschließen, die Bearbeitung des Antrags zu beenden. In diesem Fall unterrichtet sie die ersuchende Zentrale Behörde unter Verwendung des in Anhang IX vorgesehenen Formblatts.

Art. 59
Sprachenregelung

(1) Das Formblatt für das Ersuchen oder den Antrag ist in der Amtssprache des ersuchten Mitgliedstaats oder, wenn es in diesem Mitgliedstaat mehrere Amtssprachen gibt, der Amtssprache oder einer der Amtssprachen des Ortes, an dem sich die betreffende Zentrale Behörde befindet, oder in einer sonstigen Amtssprache der Organe der Europäischen Union, die der ersuchte Mitgliedstaat für zulässig erklärt hat, auszufüllen, es sei denn, die Zentrale Behörde dieses Mitgliedstaats verzichtet auf eine Übersetzung.

(2) Unbeschadet der Artikel 20, 28, 40 und 66 werden die dem Formblatt für das Ersuchen oder den Antrag beigefügten Schriftstücke nur dann in die gemäß Absatz 1 bestimmte Sprache übersetzt, wenn eine Übersetzung für die Gewährung der beantragten Hilfe erforderlich ist.

(3) Die sonstige Kommunikation zwischen den Zentralen Behörden erfolgt in der nach Absatz 1 bestimmten Sprache, sofern die Zentralen Behörden nichts anderes vereinbaren.

Art. 60
Zusammenkünfte

(1) Zur leichteren Anwendung dieser Verordnung finden regelmäßig Zusammenkünfte der Zentralen Behörden statt.

(2) Die Einberufung dieser Zusammenkünfte erfolgt im Einklang mit der Entscheidung 2001/470/EG.

Art. 61
Zugang der Zentralen Behörden zu Informationen

(1) Nach Maßgabe dieses Kapitels und abweichend von Artikel 51 Absatz 4 setzt die ersuchte Zentrale Behörde alle geeigneten und angemessenen Mittel ein, um die Informationen gemäß Absatz 2 einzuholen, die erforderlich sind, um in einem bestimmten Fall den Erlass, die Änderung, die Anerkennung, die Vollstreckbarerklärung oder die Vollstreckung einer Entscheidung zu erleichtern.

Die Behörden oder Verwaltungen, die im Rahmen ihrer gewöhnlichen Tätigkeit im ersuchten Mitgliedstaat über die Informationen nach Absatz 2 verfügen und für ihre Verarbeitung im Sinne der Richtlinie 95/46/EG verantwortlich sind, stellen diese Informationen vorbehaltlich der Beschränkungen, die aus Gründen der nationalen oder öffentlichen Sicherheit gerechtfertigt sind, der ersuchten Zentralen Behörde auf Anfrage in den Fällen, in denen die ersuchte Zentrale Behörde keinen direkten Zugang zu diesen Informationen hat, zur Verfügung.

Die Mitgliedstaaten können die Behörden oder Verwaltungen bestimmen, die geeignet sind, der ersuchten Zentralen Behörde die Informationen nach Absatz 2 zur Verfügung zu stellen. Nimmt ein Mitgliedstaat eine solche Bestimmung vor, so achtet er darauf, dass er die Behörden und Verwaltungen so auswählt, dass seine Zentrale Behörde Zugang zu den erforderlichen Informationen gemäß diesem Artikel erhält.

Andere juristische Personen, die im ersuchten Mitgliedstaat über die Informationen nach Absatz 2 verfügen und für ihre Verarbeitung im Sinne der Richtlinie 95/46/EG verantwortlich sind, stellen diese Informationen der ersuchten Zentralen Behörde auf Anfrage zur Verfügung, wenn sie nach dem Recht des ersuchten Mitgliedstaats dazu befugt sind.

Die ersuchte Zentrale Behörde leitet die so erlangten Informationen erforderlichenfalls an die ersuchende Zentrale Behörde weiter.

(2) Bei den Informationen im Sinne dieses Artikels muss es sich um solche handeln, über die die Behörden, Verwaltungen oder Personen nach Absatz 1 bereits verfügen. Diese Informationen sind angemessen und erheblich und gehen nicht über das Erforderliche hinaus; sie betreffen Folgendes:

a) Anschrift der verpflichteten oder der berechtigten Person,

b) Einkommen der verpflichteten Person,

c) Nennung des Arbeitgebers der verpflichteten Person und/oder der Bankverbindung(en) der verpflichteten Person und

d) Vermögen der verpflichteten Person.

Zur Herbeiführung oder Änderung einer Entscheidung kann die ersuchte Zentrale Behörde nur die Angaben nach Buchstabe a anfordern.

Für die Anerkennung, Vollstreckbarerklärung oder Vollstreckung einer Entscheidung kann die ersuchte Zentrale Behörde alle Angaben nach Unterabsatz 1 anfordern. Die Angaben nach Buchstabe d können jedoch nur dann angefordert werden, wenn die Angaben nach den Buchstaben b und c nicht ausreichen, um die Vollstreckung der Entscheidung zu ermöglichen.

Art. 62
Weiterleitung und Verwendung der Informationen

(1) Die Zentralen Behörden leiten die in Artikel 61 Absatz 2genannten Informationen innerhalb ihres Mitgliedstaats je nach Fall an die zuständigen Gerichte, die für die Zustellung von Schriftstücken zuständigen Behörden und die mit der Vollstreckung einer Entscheidung betrauten zuständigen Behörden weiter.

(2) Jede Behörde oder jedes Gericht, der/dem Informationen auf Grund von Artikel 61 übermittelt wurden, darf diese nur zur Erleichterung der Durchsetzung von Unterhaltsforderungen verwenden.

Mit Ausnahme der Informationen, die sich einzig darauf beziehen, ob eine Anschrift, Einkommen oder Vermögen im ersuchten Mitgliedstaat bestehen, dürfen, vorbehaltlich der Anwendung von Verfahrensregeln vor einem Gericht, die Informationen nach Artikel 61 Absatz 2 nicht der Person gegenüber offen gelegt werden, die die ersuchende Zentrale Behörde angerufen hat.

(3) Jede Behörde, die eine ihr auf Grund von Artikel 61 übermittelte Information bearbeitet, bewahrt diese nur so lange auf, wie es für die Zwecke, für die die Information übermittelt wurde, erforderlich ist.

(4) Jede Behörde, die ihr auf Grund von Artikel 61 übermittelte Informationen bearbeitet, gewährleistet die Vertraulichkeit dieser Informationen nach Maßgabe des innerstaatlichen Rechts.

Art. 63
Benachrichtigung der von der Erhebung der Informationen betroffenen Person

(1) Die Benachrichtigung der von der Erhebung der Informationen betroffenen Person über die Übermittlung dieser Informationen in Teilen oder ihrer Gesamtheit erfolgt gemäß dem innerstaatlichen Recht des ersuchten Mitgliedstaats.

(2) Falls diese Benachrichtigung die Gefahr birgt, die wirksame Geltendmachung des Unterhaltsanspruchs zu beeinträchtigen, kann sie um höchstens 90 Tage ab dem Tag, an dem die Informationen der ersuchten Zentralen Behörde übermittelt wurden, aufgeschoben werden.

Kapitel VIII
Öffentliche Aufgaben wahrnehmende Einrichtungen

Art. 64
Öffentliche Aufgaben wahrnehmende Einrichtungen als Antragsteller

(1) Für die Zwecke eines Antrags auf Anerkennung und Vollstreckbarerklärung von Entscheidungen oder für die Zwecke der Vollstreckung von Entscheidungen schließt der Begriff „berechtigte Person" eine öffentliche Aufgaben wahrnehmende Einrichtung, die für eine unterhaltsberechtigte Person handelt, oder eine Einrichtung, der an Stelle von Unterhalt erbrachte Leistungen zu erstatten sind, ein.

(2) Für das Recht einer öffentliche Aufgaben wahrnehmenden Einrichtung, für eine unterhaltsberechtigte Person zu handeln oder die Erstattung der der berechtigten Person an Stelle von Unterhalt erbrachten Leistung zu fordern, ist das Recht maßgebend, dem die Einrichtung untersteht.

(3) Eine öffentliche Aufgaben wahrnehmende Einrichtung kann die Anerkennung und Vollstreckbarerklärung oder Vollstreckung folgender Entscheidungen beantragen:

a) einer Entscheidung, die gegen eine verpflichtete Person auf Antrag einer öffentliche Aufgaben wahrnehmenden Einrichtung ergangen ist, welche die Bezahlung von Leistungen verlangt, die an Stelle von Unterhalt erbracht wurden;

b) einer zwischen einer berechtigten und einer verpflichteten Person ergangenen Entscheidung, soweit der der berechtigten Person Leistungen an Stelle von Unterhalt erbracht wurden.

(4) Die öffentliche Aufgaben wahrnehmende Einrichtung, welche die Anerkennung und Vollstreckbarerklärung einer Entscheidung geltend macht oder deren Vollstreckung beantragt, legt auf Verlangen alle Schriftstücke vor, aus denen sich ihr Recht nach Absatz 2 und die Erbringung von Leistungen an die berechtigte Person ergeben.

Kapitel IX
Allgemeine Bestimmungen und Schlussbestimmungen

Art. 65
Legalisation oder ähnliche Förmlichkeiten

Im Rahmen dieser Verordnung bedarf es weder der Legalisation noch einer ähnlichen Förmlichkeit.

Art. 66
Übersetzung der Beweisunterlagen

Unbeschadet der Artikel 20, 28 und 40 kann das angerufene Gericht für Beweisunterlagen, die in einer anderen Sprache als der Verfahrenssprache vorliegen, nur dann eine Übersetzung von den Parteien verlangen, wenn es der Ansicht ist, dass dies für die von ihm zu erlassende Entscheidung oder für die Wahrung der Verteidigungsrechte notwendig ist.

Art. 67
Kostenerstattung

Unbeschadet des Artikels 54 kann die zuständige Behörde des ersuchten Mitgliedstaats von der unterliegenden Partei, die unentgeltliche Prozesskostenhilfe auf Grund von Artikel 46 erhält, in Ausnahmefällen und wenn deren finanzielle Verhältnisse es zulassen, die Erstattung der Kosten verlangen.

Art. 68
Verhältnis zu anderen Rechtsinstrumenten der Gemeinschaft

(1) Vorbehaltlich des Artikels 75 Absatz 2 wird mit dieser Verordnung die Verordnung (EG) Nr. 44/2001 dahin gehend geändert, dass deren für Unterhaltssachen geltende Bestimmungen ersetzt werden.

(2) Diese Verordnung tritt hinsichtlich Unterhaltssachen an die Stelle der Verordnung (EG) Nr. 805/2004, außer in Bezug auf Europäische Vollstreckungstitel über Unterhaltspflichten, die in einem Mitgliedstaat, der nicht durch das Haager Protokoll von 2007 gebunden ist, ausgestellt wurden.

(3) Im Hinblick auf Unterhaltssachen bleibt die Anwendung der Richtlinie 2003/8/EG vorbehaltlich des Kapitels V von dieser Verordnung unberührt.

(4) Die Anwendung der Richtlinie 95/46/EG bleibt von dieser Verordnung unberührt.

Art. 69
Verhältnis zu bestehenden internationalen Übereinkommen und Vereinbarungen

(1) Diese Verordnung berührt nicht die Anwendung der Übereinkommen und bilateralen oder multilateralen Vereinbarungen, denen ein oder mehrere Mitgliedstaaten zum Zeitpunkt der Annahme dieser Verordnung angehören und die die in dieser Verordnung geregelten Bereiche betreffen, unbeschadet der Verpflichtungen der Mitgliedstaaten gemäß Artikels 307 des Vertrags.

(2) Ungeachtet des Absatzes 1 und unbeschadet des Absatzes 3 hat diese Verordnung im Verhältnis der Mitgliedstaaten untereinander jedoch Vorrang vor Übereinkommen und Vereinbarungen, die sich auf Bereiche, die in dieser Verordnung geregelt sind, erstrecken und denen Mitgliedstaaten angehören.

(3) Diese Verordnung steht der Anwendung des Übereinkommens vom 23. März 1962 zwischen Schweden, Dänemark, Finnland, Island und Norwegen über die Geltendmachung von Unterhaltsforderungen durch die ihm angehörenden Mitgliedstaaten nicht entgegen, da dieses Übereinkommen in Bezug auf die Anerkennung, die Vollstreckbarkeit und die Vollstreckung von Entscheidungen Folgendes vorsieht:

a) vereinfachte und beschleunigte Verfahren für die Vollstreckung von Entscheidungen in Unterhaltssachen und

b) eine Prozesskostenhilfe, die günstiger ist als die Prozesskostenhilfe nach Kapitel V dieser Verordnung.

Die Anwendung des genannten Übereinkommens darf jedoch nicht bewirken, dass dem Antragsgegner der Schutz nach den Artikeln 19 und 21 dieser Verordnung entzogen wird.

Art. 70
Der Öffentlichkeit zur Verfügung gestellte Informationen

Die Mitgliedstaaten übermitteln im Rahmen des durch die Entscheidung 2001/470/EG eingerichteten Europäischen Justiziellen Netzes für Zivil- und Handelssachen die folgenden Informationen im Hinblick auf ihre Bereitstellung für die Öffentlichkeit:

a) eine Beschreibung der nationalen Rechtsvorschriften und Verfahren, die Unterhaltspflichten betreffen,

b) eine Beschreibung der zur Erfüllung der Verpflichtungen aus Artikel 51 getroffenen Maßnahmen,

c) eine Beschreibung darüber, wie ein effektiver Zugang zum Recht gemäß Artikel 44 gewährleistet wird, und

d) eine Beschreibung der nationalen Vollstreckungsvorschriften und -verfahren, einschließlich Informationen über alle Vollstreckungsbeschränkungen, insbesondere über Vorschriften zum Schutz von verpflichteten Personen und zu Verjährungsfristen.

Die Mitgliedstaaten halten diese Informationen stets auf dem neuesten Stand.

Art. 71
Informationen zu Kontaktdaten und Sprachen

(1) Die Mitgliedstaaten teilen der Kommission spätestens bis zum 18. September 2010 Folgendes mit:

a) die Namen und Kontaktdaten der für Anträge auf Vollstreckbarerklärung gemäß Artikel 27 Absatz 1 und für Rechtsbehelfe gegen Entscheidungen über derartige Anträge gemäß Artikel 32 Absatz 2 zuständigen Gerichte oder Behörden;

b) die in Artikel 33 genannten Rechtsbehelfe;

c) das Nachprüfungsverfahren zum Zweck der Anwendung von Artikel 19 sowie die Namen und Kontaktdaten der zuständigen Gerichte;

d) die Namen und Kontaktdaten ihrer Zentralen Behörden sowie gegebenenfalls deren Zuständigkeitsbereiche gemäß Artikel 49 Absatz 3;

e) die Namen und Kontaktdaten der öffentlichen oder sonstigen Stellen sowie gegebenenfalls deren Zuständigkeitsbereiche gemäß Artikel 51 Absatz 3;

f) die Namen und Kontaktdaten der Behörden, die für Vollstreckungssachen im Sinne des Artikel 21 zuständig sind;

g) die Sprachen, die für Übersetzungen der in den Artikeln 20, 28 und 40 genannten Schriftstücke zugelassen sind;

h) die Sprache oder Sprachen, die von ihren Zentralen Behörden für die Kommunikation mit den anderen Zentralen Behörden gemäß Artikel 59 zugelassen sind.

Die Mitgliedstaaten unterrichten die Kommission über spätere Änderungen dieser Angaben.

(2) Die Kommission veröffentlicht die gemäß Absatz 1 mitgeteilten Angaben im Amtsblatt der Europäischen Union, mit Ausnahme der in den Buchstaben a, c und f genannten Anschriften und anderen Kontaktdaten der Gerichte und Behörden.

(3) Die Kommission hält alle gemäß Absatz 1 mitgeteilten Angaben auf andere geeignete Weise, insbesondere über das mit der Entscheidung 2001/470/EG eingerichtete Europäische Justizielle Netz für Zivil- und Handelssachen, für die Öffentlichkeit zugänglich.

Art. 72
Änderung der Formblätter

Änderungen der in dieser Verordnung vorgesehenen Formblätter werden nach dem Beratungsverfahren gemäß Artikel 73 Absatz 3 beschlossen.

Art. 73
Ausschuss

(1) Die Kommission wird von dem durch Artikel 70 der Verordnung (EG) Nr. 2201/2003 eingesetzten Ausschuss unterstützt.

(2) Wird auf diesen Absatz Bezug genommen, so gelten die Artikel 4 und 7 des Beschlusses 1999/468/EG.

Der Zeitraum nach Artikel 4 Absatz 3 des Beschlusses 1999/468/EG wird auf drei Monate festgesetzt.

(3) Wird auf diesen Absatz Bezug genommen, so gelten die Artikel 3 und 7 des Beschlusses 1999/468/EG.

Art. 74
Überprüfungsklausel

Die Kommission legt dem Europäischen Parlament, dem Rat und dem Europäischen Wirtschafts- und Sozialausschuss bis spätestens fünf Jahre nach dem Beginn der Anwendbarkeit gemäß Artikel 76, dritter Unterabsatz einen Bericht über die Anwendung dieser Verordnung vor; dazu gehört auch eine Bewertung der praktischen Erfahrungen im Bereich der Zusammenarbeit zwischen den Zentralen Behörden, insbesondere hinsichtlich ihres Zugangs zu den Informationen, über die Behörden und Verwaltungen verfügen, und eine Bewertung der Funktionsweise des Anerkennungs-, Vollstreckbarerklärungs- und Vollstreckungsverfahrens, das auf Entscheidungen anwendbar ist, die in einem Mitgliedstaat, der nicht durch das Haager Protokoll von 2007 gebunden ist, ergangen sind. Dem Bericht werden erforderlichenfalls Vorschläge zur Anpassung dieser Verordnung beigefügt.

Art. 75
Übergangsbestimmungen

(1) Diese Verordnung findet vorbehaltlich der Absätze 2 und 3 nur auf nach dem Datum ihrer Anwendbarkeit eingeleitete Verfahren, gebilligte oder geschlossene gerichtliche Vergleiche und ausgestellte öffentliche Urkunden Anwendung.

(2) Kapitel IV Abschnitte 2 und 3 findet Anwendung auf

a) Entscheidungen, die in den Mitgliedstaaten vor dem Tag des Beginns der Anwendbarkeit dieser Verordnung ergangen sind und deren Anerkennung und Vollstreckbarerklärung nach diesem Zeitpunkt beantragt wird;

b) Entscheidungen, die nach dem Tag des Beginns der Anwendbarkeit dieser Verordnung in Verfahren, die vor diesem Zeitpunkt eingeleitet wurden, ergangen sind, soweit diese Entscheidungen für die Zwecke der Anerkennung und Vollstreckung in den Anwendungsbereich der Verordnung (EG) Nr. 44/2001 fallen.

Die Verordnung (EG) Nr. 44/2001 gilt weiterhin für die am Tag des Beginns der Anwendbarkeit dieser Verordnung laufenden Anerkennungs- und Vollstreckungsverfahren.

Die Unterabsätze 1 und 2 geltend sinngemäß auch für in den Mitgliedstaaten gebilligte oder geschlossene gerichtliche Vergleiche und ausgestellte öffentliche Urkunden.

(3) Kapitel VII über die Zusammenarbeit zwischen Zentralen Behörden findet auf Ersuchen und Anträge Anwendung, die ab dem Tag des Beginns der Anwendung dieser Verordnung bei der Zentralen Behörde eingehen.

Art. 76
Inkrafttreten

Diese Verordnung tritt am zwanzigsten Tag nach ihrer Veröffentlichung im Amtsblatt der Europäischen Union in Kraft.

Artikel 2 Absatz 2, Artikel 47 Absatz 3, Artikel 71, 72 und 73 gelten ab dem 18. September 2010.

Diese Verordnung findet, mit Ausnahme der in Unterabsatz 2 genannten Vorschriften, ab dem 18. Juni 2011 Anwendung, sofern das Haager Protokoll von 2007 zu diesem Zeitpunkt in der Gemeinschaft anwendbar ist. Anderenfalls findet diese Verordnung ab dem Tag des Beginns der Anwendbarkeit jenes Protokolls in der Gemeinschaft Anwendung.

Anhang 7 zu § 97: HErwSÜ und HErwSÜAG

Haager Übereinkommen vom 13.1.2000 über den internationalen Schutz von Erwachsenen (HErwSÜ)[1]

Kapitel I
Anwendungsbereich des Übereinkommens

Art. 1

(1) Dieses Übereinkommen ist bei internationalen Sachverhalten auf den Schutz von Erwachsenen anzuwenden, die auf Grund einer Beeinträchtigung oder der Unzulänglichkeit ihrer persönlichen Fähigkeiten nicht in der Lage sind, ihre Interessen zu schützen.

(2) Sein Ziel ist es,

a) den Staat zu bestimmen, dessen Behörden zuständig sind, Maßnahmen zum Schutz der Person oder des Vermögens des Erwachsenen zu treffen;

b) das von diesen Behörden bei der Ausübung ihrer Zuständigkeit anzuwendende Recht zu bestimmen;

c) das auf die Vertretung des Erwachsenen anzuwendende Recht zu bestimmen;

d) die Anerkennung und Vollstreckung der Schutzmaßnahmen in allen Vertragsstaaten sicherzustellen;

e) die zur Verwirklichung der Ziele dieses Übereinkommens notwendige Zusammenarbeit zwischen den Behörden der Vertragsstaaten einzurichten.

Art. 2

(1) Im Sinn dieses Übereinkommens ist ein Erwachsener eine Person, die das 18. Lebensjahr vollendet hat.

(2) Dieses Übereinkommen ist auch auf Maßnahmen anzuwenden, die hinsichtlich eines Erwachsenen zu einem Zeitpunkt getroffen worden sind, in dem er das 18. Lebensjahr noch nicht vollendet hatte.

---

1 BGBl. II 2007, 323.

Art. 3

Die Maßnahmen, auf die in Artikel 1 Bezug genommen wird, können insbesondere Folgendes umfassen:

a) die Entscheidung über die Handlungsunfähigkeit und die Einrichtung einer Schutzordnung;

b) die Unterstellung des Erwachsenen unter den Schutz eines Gerichts oder einer Verwaltungsbehörde;

c) die Vormundschaft, die Pflegschaft und entsprechende Einrichtungen;

d) die Bestimmung und den Aufgabenbereich jeder Person oder Stelle, die für die Person oder das Vermögen des Erwachsenen verantwortlich ist, den Erwachsenen vertritt oder ihm beisteht;

e) die Unterbringung des Erwachsenen in einer Einrichtung oder an einem anderen Ort, an dem Schutz gewährt werden kann;

f) die Verwaltung und Erhaltung des Vermögens des Erwachsenen oder die Verfügung darüber;

g) die Erlaubnis eines bestimmten Einschreitens zum Schutz der Person oder des Vermögens des Erwachsenen.

Art. 4

(1) Dieses Übereinkommen ist nicht anzuwenden

a) auf Unterhaltspflichten;

b) auf das Eingehen, die Ungültigerklärung und die Auflösung einer Ehe oder einer ähnlichen Beziehung sowie die Trennung;

c) auf den Güterstand einer Ehe oder vergleichbare Regelungen für ähnliche Beziehungen;

d) auf Trusts und Erbschaften;

e) auf die soziale Sicherheit;

f) auf öffentliche Maßnahmen allgemeiner Art in Angelegenheiten der Gesundheit;

g) auf Maßnahmen, die hinsichtlich einer Person infolge ihrer Straftaten ergriffen wurden;

h) auf Entscheidungen über Asylrecht und Einwanderung;

i) auf Maßnahmen, die allein auf die Wahrung der öffentlichen Sicherheit gerichtet sind.

(2) Absatz 1 berührt in den dort erwähnten Bereichen nicht die Berechtigung einer Person, als Vertreter des Erwachsenen zu handeln.

Kapitel II
Zuständigkeit

Art. 5

(1) Die Behörden, seien es Gerichte oder Verwaltungsbehörden, des Vertragsstaats, in dem der Erwachsene seinen gewöhnlichen Aufenthalt hat, sind zuständig, Maßnahmen zum Schutz der Person oder des Vermögens des Erwachsenen zu treffen.

(2) Bei einem Wechsel des gewöhnlichen Aufenthalts des Erwachsenen in einen anderen Vertragsstaat sind die Behörden des Staates des neuen gewöhnlichen Aufenthalts zuständig.

Art. 6

(1) Über Erwachsene, die Flüchtlinge sind oder die infolge von Unruhen in ihrem Land in ein anderes Land gelangt sind, üben die Behörden des Vertragsstaats, in dessen Hoheitsgebiet sich die Erwachsenen demzufolge befinden, die in Artikel 5 Absatz 1 vorgesehene Zuständigkeit aus.

(2) Absatz 1 ist auch auf Erwachsene anzuwenden, deren gewöhnlicher Aufenthalt nicht festgestellt werden kann.

Art. 7

(1) Die Behörden eines Vertragsstaats, dem der Erwachsene angehört, sind zuständig, Maßnahmen zum Schutz der Person oder des Vermögens des Erwachsenen zu treffen, wenn sie der Auffassung

sind, dass sie besser in der Lage sind, das Wohl des Erwachsenen zu beurteilen, und nachdem sie die nach Artikel 5 oder Artikel 6 Absatz 2 zuständigen Behörden verständigt haben; dies gilt nicht für Erwachsene, die Flüchtlinge sind oder die infolge von Unruhen in dem Staat, dem sie angehören, in einen anderen Staat gelangt sind.

(2) Diese Zuständigkeit darf nicht ausgeübt werden, wenn die nach Artikel 5, Artikel 6 Absatz 2 oder Artikel 8 zuständigen Behörden die Behörden des Staates, dem der Erwachsene angehört, unterrichtet haben, dass sie die durch die Umstände gebotenen Maßnahmen getroffen oder entschieden haben, dass keine Maßnahmen zu treffen sind, oder ein Verfahren bei ihnen anhängig ist.

(3) Die Maßnahmen nach Absatz 1 treten außer Kraft, sobald die nach Artikel 5, Artikel 6 Absatz 2 oder Artikel 8 zuständigen Behörden die durch die Umstände gebotenen Maßnahmen getroffen oder entschieden haben, dass keine Maßnahmen zu treffen sind. Diese Behörden haben die Behörden, die in Übereinstimmung mit Absatz 1 Maßnahmen getroffen haben, entsprechend zu unterrichten.

Art. 8

(1) Die nach Artikel 5 oder 6 zuständigen Behörden eines Vertragsstaats können, wenn sie der Auffassung sind, dass es dem Wohl des Erwachsenen dient, von Amts wegen oder auf Antrag der Behörden eines anderen Vertragsstaats die Behörden eines der in Absatz 2 genannten Staaten ersuchen, Maßnahmen zum Schutz der Person oder des Vermögens des Erwachsenen zu treffen. Das Ersuchen kann sich auf den gesamten Schutz oder einen Teilbereich davon beziehen.

(2) Die Vertragsstaaten, deren Behörden nach Absatz 1 ersucht werden können, sind

a) ein Staat, dem der Erwachsene angehört;

b) der Staat, in dem der Erwachsene seinen vorherigen gewöhnlichen Aufenthalt hatte;

c) ein Staat, in dem sich Vermögen des Erwachsenen befindet;

d) der Staat, dessen Behörden schriftlich vom Erwachsenen gewählt worden sind, um Maßnahmen zu seinem Schutz zu treffen;

e) der Staat, in dem eine Person, die dem Erwachsenen nahe steht und bereit ist, seinen Schutz zu übernehmen, ihren gewöhnlichen Aufenthalt hat;

f) hinsichtlich des Schutzes der Person des Erwachsenen der Staat, in dessen Hoheitsgebiet sich der Erwachsene befindet.

(3) Nimmt die nach den Absätzen 1 und 2 bezeichnete Behörde die Zuständigkeit nicht an, so behalten die Behörden des nach Artikel 5 oder 6 zuständigen Vertragsstaats die Zuständigkeit.

Art. 9

Die Behörden eines Vertragsstaats, in dem sich Vermögen des Erwachsenen befindet, sind zuständig, Maßnahmen zum Schutz dieses Vermögens zu treffen, soweit sie mit den Maßnahmen vereinbar sind, die von den nach den Artikeln 5 bis 8 zuständigen Behörden getroffen wurden.

Art. 10

(1) In allen dringenden Fällen sind die Behörden jedes Vertragsstaats, in dessen Hoheitsgebiet sich der Erwachsene oder ihm gehörendes Vermögen befindet, zuständig, die erforderlichen Schutzmaßnahmen zu treffen.

(2) Maßnahmen nach Absatz 1, die in Bezug auf einen Erwachsenen mit gewöhnlichem Aufenthalt in einem Vertragsstaat getroffen wurden, treten außer Kraft, sobald die nach den Artikeln 5 bis 9 zuständigen Behörden die durch die Umstände gebotenen Maßnahmen getroffen haben.

(3) Maßnahmen nach Absatz 1, die in Bezug auf einen Erwachsenen mit gewöhnlichem Aufenthalt in einem Nichtvertragsstaat getroffen wurden, treten in jedem Vertragsstaat außer Kraft, sobald dort die durch die Umstände gebotenen und von den Behörden eines anderen Staates getroffenen Maßnahmen anerkannt werden.

(4) Die Behörden, die nach Absatz 1 Maßnahmen getroffen haben, haben nach Möglichkeit die Behörden des Vertragsstaats des gewöhnlichen Aufenthalts des Erwachsenen von den getroffenen Maßnahmen zu unterrichten.

Art. 11

(1) Ausnahmsweise sind die Behörden des Vertragsstaats, in dessen Hoheitsgebiet sich der Erwachsene befindet, nach Verständigung der nach Artikel 5 zuständigen Behörden zuständig, zum Schutz der Person des Erwachsenen auf das Hoheitsgebiet dieses Staates beschränkte Maßnahmen vorübergehender Art zu treffen, soweit sie mit den Maßnahmen vereinbar sind, die von den nach den Artikeln 5 bis 8 zuständigen Behörden bereits getroffen wurden.

(2) Maßnahmen nach Absatz 1, die in Bezug auf einen Erwachsenen mit gewöhnlichem Aufenthalt in einem Vertragsstaat getroffen wurden, treten außer Kraft, sobald die nach den Artikeln 5 bis 8 zuständigen Behörden eine Entscheidung über die Schutzmaßnahmen getroffen haben, die durch die Umstände geboten sein könnten.

Art. 12

Selbst wenn durch eine Änderung der Umstände die Grundlage der Zuständigkeit wegfällt, bleiben vorbehaltlich des Artikels 7 Absatz 3 die nach den Artikeln 5 bis 9 getroffenen Maßnahmen innerhalb ihrer Reichweite so lange in Kraft, bis die nach diesem Übereinkommen zuständigen Behörden sie ändern, ersetzen oder aufheben.

Kapitel III
Anzuwendendes Recht

Art. 13

(1) Bei der Ausübung ihrer Zuständigkeit nach Kapitel II wenden die Behörden der Vertragsstaaten ihr eigenes Recht an.

(2) Soweit es der Schutz der Person oder des Vermögens des Erwachsenen erfordert, können sie jedoch ausnahmsweise das Recht eines anderen Staates anwenden oder berücksichtigen, zu dem der Sachverhalt eine enge Verbindung hat.

Art. 14

Wird eine in einem Vertragsstaat getroffene Maßnahme in einem anderen Vertragsstaat durchgeführt, so bestimmt das Recht dieses anderen Staates die Bedingungen, unter denen sie durchgeführt wird.

Art. 15

(1) Das Bestehen, der Umfang, die Änderung und die Beendigung der von einem Erwachsenen entweder durch eine Vereinbarung oder ein einseitiges Rechtsgeschäft eingeräumten Vertretungsmacht, die ausgeübt werden soll, wenn dieser Erwachsene nicht in der Lage ist, seine Interessen zu schützen, werden vom Recht des Staates bestimmt, in dem der Erwachsene im Zeitpunkt der Vereinbarung oder des Rechtsgeschäfts seinen gewöhnlichen Aufenthalt hatte, es sei denn, eines der in Absatz 2 genannten Rechte wurde ausdrücklich schriftlich gewählt.

(2) Die Staaten, deren Recht gewählt werden kann, sind

a) ein Staat, dem der Erwachsene angehört;

b) der Staat eines früheren gewöhnlichen Aufenthalts des Erwachsenen;

c) ein Staat, in dem sich Vermögen des Erwachsenen befindet, hinsichtlich dieses Vermögens.

(3) Die Art und Weise der Ausübung einer solchen Vertretungsmacht wird vom Recht des Staates bestimmt, in dem sie ausgeübt wird.

Art. 16

Wird eine Vertretungsmacht nach Artikel 15 nicht in einer Weise ausgeübt, die den Schutz der Person oder des Vermögens des Erwachsenen ausreichend sicherstellt, so kann sie durch Maßnahmen einer nach diesem Übereinkommen zuständigen Behörde aufgehoben oder geändert werden. Bei der Aufhebung oder Änderung dieser Vertretungsmacht ist das nach Artikel 15 maßgebliche Recht so weit wie möglich zu berücksichtigen.

Art. 17

(1) Die Gültigkeit eines Rechtsgeschäfts zwischen einem Dritten und einer anderen Person, die nach dem Recht des Staates, in dem das Rechtsgeschäft abgeschlossen wurde, als Vertreter des Erwachsenen zu handeln befugt wäre, kann nicht allein deswegen bestritten und der Dritte nicht nur deswegen verantwortlich gemacht werden, weil die andere Person nach dem in diesem Kapitel bestimmten Recht nicht als Vertreter des Erwachsenen zu handeln befugt war, es sei denn, der Dritte wusste oder hätte wissen müssen, dass sich diese Vertretungsmacht nach diesem Recht bestimmte.

(2) Absatz 1 ist nur anzuwenden, wenn das Rechtsgeschäft unter Anwesenden im Hoheitsgebiet desselben Staates geschlossen wurde.

Art. 18

Dieses Kapitel ist anzuwenden, selbst wenn das darin bestimmte Recht das eines Nichtvertragsstaats ist.

Art. 19

Der Begriff „Recht" im Sinn dieses Kapitels bedeutet das in einem Staat geltende Recht mit Ausnahme des Kollisionsrechts.

Art. 20

Dieses Kapitel steht den Bestimmungen des Rechts des Staates, in dem der Erwachsene zu schützen ist, nicht entgegen, deren Anwendung unabhängig vom sonst maßgebenden Recht zwingend ist.

Art. 21

Die Anwendung des in diesem Kapitel bestimmten Rechts darf nur versagt werden, wenn sie der öffentlichen Ordnung (ordre public) offensichtlich widerspricht.

Kapitel IV
Anerkennung und Vollstreckung

Art. 22

(1) Die von den Behörden eines Vertragsstaats getroffenen Maßnahmen werden kraft Gesetzes in den anderen Vertragsstaaten anerkannt.

(2) Die Anerkennung kann jedoch versagt werden,

a) wenn die Maßnahme von einer Behörde getroffen wurde, die nicht auf Grund oder in Übereinstimmung mit Kapitel II zuständig war;

b) wenn die Maßnahme, außer in dringenden Fällen, im Rahmen eines Gerichts- oder Verwaltungsverfahrens getroffen wurde, ohne dass dem Erwachsenen die Möglichkeit eingeräumt worden war, gehört zu werden, und dadurch gegen wesentliche Verfahrensgrundsätze des ersuchten Staates verstoßen wurde;

c) wenn die Anerkennung der öffentlichen Ordnung (ordre public) des ersuchten Staates offensichtlich widerspricht, oder ihr eine Bestimmung des Rechts dieses Staates entgegensteht, die unabhängig vom sonst maßgebenden Recht zwingend ist;

d) wenn die Maßnahme mit einer später in einem Nichtvertragsstaat, der nach den Artikeln 5 bis 9 zuständig gewesen wäre, getroffenen Maßnahme unvereinbar ist, sofern die spätere Maßnahme die für ihre Anerkennung im ersuchten Staat erforderlichen Voraussetzungen erfüllt;

e) wenn das Verfahren nach Artikel 33 nicht eingehalten wurde.

Art. 23

Unbeschadet des Artikels 22 Absatz 1 kann jede betroffene Person bei den zuständigen Behörden eines Vertragsstaats beantragen, dass über die Anerkennung oder Nichtanerkennung einer in einem anderen Vertragsstaat getroffenen Maßnahme entschieden wird. Das Verfahren bestimmt sich nach dem Recht des ersuchten Staates.

Art. 24

Die Behörde des ersuchten Staates ist an die Tatsachenfeststellungen gebunden, auf welche die Behörde des Staates, in dem die Maßnahme getroffen wurde, ihre Zuständigkeit gestützt hat.

Art. 25

(1) Erfordern die in einem Vertragsstaat getroffenen und dort vollstreckbaren Maßnahmen in einem anderen Vertragsstaat Vollstreckungshandlungen, so werden sie in diesem anderen Staat auf Antrag jeder betroffenen Partei nach dem im Recht dieses Staates vorgesehenen Verfahren für vollstreckbar erklärt oder zur Vollstreckung registriert.

(2) Jeder Vertragsstaat wendet auf die Vollstreckbarerklärung oder die Registrierung ein einfaches und schnelles Verfahren an.

(3) Die Vollstreckbarerklärung oder die Registrierung darf nur aus einem der in Artikel 22 Absatz 2 vorgesehenen Gründe versagt werden.

Art. 26

Vorbehaltlich der für die Anwendung der vorstehenden Artikel erforderlichen Überprüfung darf die getroffene Maßnahme in der Sache selbst nicht nachgeprüft werden.

Art. 27

Die in einem Vertragsstaat getroffenen und in einem anderen Vertragsstaat für vollstreckbar erklärten oder zur Vollstreckung registrierten Maßnahmen werden dort vollstreckt, als seien sie von den Behörden dieses anderen Staates getroffen worden. Die Vollstreckung richtet sich nach dem Recht des ersuchten Staates unter Beachtung der darin vorgesehenen Grenzen.

Kapitel V
Zusammenarbeit

Art. 28

(1) Jeder Vertragsstaat bestimmt eine Zentrale Behörde, welche die ihr durch dieses Übereinkommen übertragenen Aufgaben wahrnimmt.

(2) Einem Bundesstaat, einem Staat mit mehreren Rechtssystemen oder einem Staat, der aus autonomen Gebietseinheiten besteht, steht es frei, mehrere Zentrale Behörden zu bestimmen und deren räumliche und persönliche Zuständigkeit festzulegen. Macht ein Staat von dieser Möglichkeit Gebrauch, so bestimmt er die Zentrale Behörde, an welche Mitteilungen zur Übermittlung an die zuständige Zentrale Behörde in diesem Staat gerichtet werden können.

Art. 29

(1) Die Zentralen Behörden arbeiten zusammen und fördern die Zusammenarbeit der zuständigen Behörden ihrer Staaten, um die Ziele dieses Übereinkommens zu verwirklichen.

(2) Im Zusammenhang mit der Anwendung dieses Übereinkommens treffen sie die geeigneten Maßnahmen, um Auskünfte über das Recht ihrer Staaten sowie die in ihren Staaten für den Schutz von Erwachsenen verfügbaren Dienste zu erteilen.

Art. 30

Die Zentrale Behörde eines Vertragsstaats trifft unmittelbar oder mithilfe staatlicher Behörden oder sonstiger Stellen alle geeigneten Vorkehrungen, um

a) auf jedem Weg die Mitteilungen zwischen den zuständigen Behörden bei Sachverhalten, auf die dieses Übereinkommen anzuwenden ist, zu erleichtern;

b) auf Ersuchen der zuständigen Behörde eines anderen Vertragsstaats bei der Ermittlung des Aufenthaltsorts des Erwachsenen Unterstützung zu leisten, wenn der Anschein besteht, dass sich der Erwachsene im Hoheitsgebiet des ersuchten Staates befindet und Schutz benötigt.

Art. 31

Die zuständigen Behörden eines Vertragsstaats können unmittelbar oder durch andere Stellen die Anwendung eines Vermittlungs- oder Schlichtungsverfahrens oder den Einsatz ähnlicher Mittel zur Erzielung gütlicher Einigungen zum Schutz der Person oder des Vermögens des Erwachsenen bei Sachverhalten anregen, auf die dieses Übereinkommen anzuwenden ist.

Art. 32

(1) Wird eine Schutzmaßnahme erwogen, so können die nach diesem Übereinkommen zuständigen Behörden, sofern die Lage des Erwachsenen dies erfordert, jede Behörde eines anderen Vertragsstaats, die über sachdienliche Informationen für den Schutz des Erwachsenen verfügt, ersuchen, sie ihnen mitzuteilen.

(2) Jeder Vertragsstaat kann erklären, dass Ersuchen nach Absatz 1 seinen Behörden nur über seine Zentrale Behörde zu übermitteln sind.

(3) Die zuständigen Behörden eines Vertragsstaats können die Behörden eines anderen Vertragsstaats ersuchen, ihnen bei der Durchführung der nach diesem Übereinkommen getroffenen Schutzmaßnahmen Hilfe zu leisten.

Art. 33

(1) Erwägt die nach den Artikeln 5 bis 8 zuständige Behörde die Unterbringung des Erwachsenen in einer Einrichtung oder an einem anderen Ort, an dem Schutz gewährt werden kann, und soll er in einem anderen Vertragsstaat untergebracht werden, so zieht sie vorher die Zentrale Behörde oder eine andere zuständige Behörde dieses Staates zurate. Zu diesem Zweck übermittelt sie ihr einen Bericht über den Erwachsenen und die Gründe ihres Vorschlags zur Unterbringung.

(2) Die Entscheidung über die Unterbringung kann im ersuchenden Staat nicht getroffen werden, wenn sich die Zentrale Behörde oder eine andere zuständige Behörde des ersuchten Staates innerhalb einer angemessenen Frist dagegen ausspricht.

Art. 34

Ist der Erwachsene einer schweren Gefahr ausgesetzt, so benachrichtigen die zuständigen Behörden des Vertragsstaats, in dem Maßnahmen zum Schutz dieses Erwachsenen getroffen wurden oder in Betracht gezogen werden, sofern sie über den Wechsel des Aufenthaltsorts in einen anderen Staat oder die dortige Anwesenheit des Erwachsenen unterrichtet sind, die Behörden dieses Staates von der Gefahr und den getroffenen oder in Betracht gezogenen Maßnahmen.

Art. 35

Eine Behörde darf nach diesem Kapitel weder um Informationen ersuchen noch solche erteilen, wenn dadurch nach ihrer Auffassung die Person oder das Vermögen des Erwachsenen in Gefahr geraten könnte oder die Freiheit oder das Leben eines Familienangehörigen des Erwachsenen ernsthaft bedroht würde.

Art. 36

(1) Unbeschadet der Möglichkeit, für die erbrachten Dienstleistungen angemessene Kosten zu verlangen, tragen die Zentralen Behörden und die anderen staatlichen Behörden der Vertragsstaaten die Kosten, die ihnen durch die Anwendung dieses Kapitels entstehen.

(2) Jeder Vertragsstaat kann mit einem oder mehreren anderen Vertragsstaaten Vereinbarungen über die Kostenaufteilung treffen.

Art. 37

Jeder Vertragsstaat kann mit einem oder mehreren anderen Vertragsstaaten Vereinbarungen treffen, um die Anwendung dieses Kapitels in ihren gegenseitigen Beziehungen zu erleichtern. Die Staaten, die solche Vereinbarungen getroffen haben, übermitteln dem Verwahrer dieses Übereinkommens eine Abschrift.

Kapitel VI
Allgemeine Bestimmungen

Art. 38

(1) Die Behörden des Vertragsstaats, in dem eine Schutzmaßnahme getroffen oder eine Vertretungsmacht bestätigt wurde, können jedem, dem der Schutz der Person oder des Vermögens des Erwachsenen anvertraut wurde, auf dessen Antrag eine Bescheinigung über seine Berechtigung zum Handeln und die ihm übertragenen Befugnisse ausstellen.

(2) Bis zum Beweis des Gegenteils wird vermutet, dass die bescheinigte Berechtigung zum Handeln und die bescheinigten Befugnisse vom Ausstellungsdatum der Bescheinigung an bestehen.

(3) Jeder Vertragsstaat bestimmt die für die Ausstellung der Bescheinigung zuständigen Behörden.

Art. 39

Die nach diesem Übereinkommen gesammelten oder übermittelten personenbezogenen Daten dürfen nur für die Zwecke verwendet werden, zu denen sie gesammelt oder übermittelt wurden.

Art. 40

Behörden, denen Informationen übermittelt werden, stellen nach dem Recht ihres Staates deren vertrauliche Behandlung sicher.

Art. 41

Die nach diesem Übereinkommen übermittelten oder ausgestellten Schriftstücke sind von jeder Legalisation oder entsprechenden Förmlichkeit befreit.

Art. 42

Jeder Vertragsstaat kann die Behörden bestimmen, an die Ersuchen nach den Artikeln 8 und 33 zu richten sind.

Art. 43

(1) Die nach den Artikeln 28 und 42 bestimmten Behörden werden dem Ständigen Büro der Haager Konferenz für Internationales Privatrecht spätestens bei der Hinterlegung der Ratifikations-, Annahme-, Genehmigungs- oder Beitrittsurkunde mitgeteilt. Jede Änderung wird dem Ständigen Büro ebenfalls mitgeteilt.

(2) Die Erklärung nach Artikel 32 Absatz 2 wird gegenüber dem Verwahrer dieses Übereinkommens abgegeben.

Art. 44

Ein Vertragsstaat, in dem verschiedene Rechtssysteme oder Gesamtheiten von Regeln für den Schutz der Person und des Vermögens des Erwachsenen gelten, muss die Regeln dieses Übereinkommens nicht auf Kollisionen anwenden, die allein zwischen den verschiedenen Rechtssystemen oder Gesamtheiten von Regeln bestehen.

Art. 45

Gelten in einem Staat in Bezug auf die in diesem Übereinkommen geregelten Angelegenheiten zwei oder mehr Rechtssysteme oder Gesamtheiten von Regeln in verschiedenen Gebietseinheiten, so ist jede Verweisung

a) auf den gewöhnlichen Aufenthalt in diesem Staat als Verweisung auf den gewöhnlichen Aufenthalt in einer Gebietseinheit zu verstehen;

b) auf die Anwesenheit des Erwachsenen in diesem Staat als Verweisung auf die Anwesenheit des Erwachsenen in einer Gebietseinheit zu verstehen;

c) auf die Belegenheit des Vermögens des Erwachsenen in diesem Staat als Verweisung auf die Belegenheit des Vermögens des Erwachsenen in einer Gebietseinheit zu verstehen;

d) auf den Staat, dem der Erwachsene angehört, als Verweisung auf die von dem Recht dieses Staates bestimmte Gebietseinheit oder, wenn solche Regeln fehlen, als Verweisung auf die Gebietseinheit zu verstehen, mit welcher der Erwachsene die engste Verbindung hat;

e) auf den Staat, dessen Behörden vom Erwachsenen gewählt worden sind, als Verweisung
- auf die Gebietseinheit zu verstehen, wenn der Erwachsene die Behörden dieser Gebietseinheit gewählt hat;
- auf die Gebietseinheit, mit welcher der Erwachsene die engste Verbindung hat, zu verstehen, wenn der Erwachsene die Behörden des Staates gewählt hat, ohne eine bestimmte Gebietseinheit innerhalb des Staates anzugeben;

f) auf das Recht eines Staates, mit dem der Sachverhalt eine enge Verbindung hat, als Verweisung auf das Recht der Gebietseinheit zu verstehen, mit welcher der Sachverhalt eine enge Verbindung hat;

g) auf das Recht, das Verfahren oder die Behörde des Staates, in dem eine Maßnahme getroffen wurde, als Verweisung auf das Recht, das Verfahren oder die Behörde der Gebietseinheit zu verstehen, in der diese Maßnahme getroffen wurde;

h) auf das Recht, das Verfahren oder die Behörde des ersuchten Staates als Verweisung auf das Recht, das Verfahren oder die Behörde der Gebietseinheit zu verstehen, in der die Anerkennung oder Vollstreckung geltend gemacht wird;

i) auf den Staat, in dem eine Schutzmaßnahme durchzuführen ist, als Verweisung auf die Gebietseinheit zu verstehen, in der die Maßnahme durchzuführen ist;

j) auf Stellen oder Behörden dieses Staates, die nicht Zentrale Behörden sind, als Verweisung auf die Stellen oder Behörden zu verstehen, die in der betreffenden Gebietseinheit handlungsbefugt sind.

Art. 46

Hat ein Staat zwei oder mehr Gebietseinheiten mit eigenen Rechtssystemen oder Gesamtheiten von Regeln für die in diesem Übereinkommen geregelten Angelegenheiten, so gilt zur Bestimmung des nach Kapitel III anzuwendenden Rechts Folgendes:

a) Sind in diesem Staat Regeln in Kraft, die das Recht einer bestimmten Gebietseinheit für anwendbar erklären, so ist das Recht dieser Einheit anzuwenden;

b) fehlen solche Regeln, so ist das Recht der in Artikel 45 bestimmten Gebietseinheit anzuwenden.

Art. 47

Hat ein Staat zwei oder mehr Rechtssysteme oder Gesamtheiten von Regeln, die auf verschiedene Personengruppen hinsichtlich der in diesem Übereinkommen geregelten Angelegenheiten anzuwenden sind, so gilt zur Bestimmung des nach Kapitel III anzuwendenden Rechts Folgendes:

a) Sind in diesem Staat Regeln in Kraft, die bestimmen, welches dieser Rechte anzuwenden ist, so ist dieses anzuwenden;

b) fehlen solche Regeln, so ist das Rechtssystem oder die Gesamtheit von Regeln anzuwenden, mit denen der Erwachsene die engste Verbindung hat.

Art. 48

Im Verhältnis zwischen den Vertragsstaaten ersetzt dieses Übereinkommen das am 17. Juli 1905 in Den Haag unterzeichnete Abkommen über die Entmündigung und gleichartige Fürsorgemaßregeln.

Art. 49

(1) Dieses Übereinkommen lässt andere internationale Übereinkünfte unberührt, denen Vertragsstaaten als Vertragsparteien angehören und die Bestimmungen über die in diesem Übereinkommen geregelten Angelegenheiten enthalten, sofern die durch eine solche Übereinkunft gebundenen Staaten keine gegenteilige Erklärung abgeben.

(2) Dieses Übereinkommen lässt die Möglichkeit unberührt, dass ein oder mehrere Vertragsstaaten Vereinbarungen treffen, die in Bezug auf Erwachsene mit gewöhnlichem Aufenthalt in einem der Staaten, die Vertragsparteien solcher Vereinbarungen sind, Bestimmungen über in diesem Übereinkommen geregelte Angelegenheiten enthalten.

(3) Künftige Vereinbarungen eines oder mehrerer Vertragsstaaten über Angelegenheiten im Anwendungsbereich dieses Übereinkommens lassen im Verhältnis zwischen solchen Staaten und anderen Vertragsstaaten die Anwendung der Bestimmungen dieses Übereinkommens unberührt.

(4) Die Absätze 1 bis 3 gelten auch für Einheitsrecht, das auf besonderen Verbindungen insbesondere regionaler Art zwischen den betroffenen Staaten beruht.

Art. 50

(1) Dieses Übereinkommen ist nur auf Maßnahmen anzuwenden, die in einem Staat getroffen werden, nachdem das Übereinkommen für diesen Staat in Kraft getreten ist.

(2) Dieses Übereinkommen ist auf die Anerkennung und Vollstreckung von Maßnahmen anzuwenden, die getroffen wurden, nachdem es im Verhältnis zwischen dem Staat, in dem die Maßnahmen getroffen wurden, und dem ersuchten Staat in Kraft getreten ist.

(3) Dieses Übereinkommen ist ab dem Zeitpunkt seines Inkrafttretens in einem Vertragsstaat auf die Vertretungsmacht anzuwenden, die zuvor unter Bedingungen erteilt wurde, die denen des Artikels 15 entsprechen.

Art. 51

(1) Mitteilungen an die Zentrale Behörde oder eine andere Behörde eines Vertragsstaats werden in der Originalsprache zugesandt; sie müssen von einer Übersetzung in die Amtssprache oder eine der Amtssprachen des anderen Staates oder, wenn eine solche Übersetzung nur schwer erhältlich ist, von einer Übersetzung ins Französische oder Englische begleitet sein.

(2) Ein Vertragsstaat kann jedoch einen Vorbehalt nach Artikel 56 anbringen und darin gegen die Verwendung des Französischen oder Englischen, jedoch nicht beider Sprachen, Einspruch erheben.[1]

Art. 52

Der Generalsekretär der Haager Konferenz für Internationales Privatrecht beruft in regelmäßigen Abständen eine Spezialkommission zur Prüfung der praktischen Durchführung dieses Übereinkommens ein.

Kapitel VII
Schlussbestimmungen

Art. 53–59

(Vom Abdruck wurde abgesehen).

Gesetz vom 17.3.2007 zur Ausführung des Haager Übereinkommens vom 13.1.2000 über den internationalen Schutz von Erwachsenen (HErwSÜAG)[2]

Abschnitt 1
Zentrale Behörde

§ 1
Bestimmung der Zentralen Behörde

Zentrale Behörde nach Artikel 28 des Haager Übereinkommens vom 13.1.2000 über den internationalen Schutz von Erwachsenen (BGBl. 2007 II, 323 – Übereinkommen) ist das Bundesamt für Justiz.

---

1 Deutschland hat der Verwendung der französischen Sprache widersprochen (BGBl. II 2009, 39).
2 BGBl. I 2007, 314; geändert durch Art. 46 FGG-RG.

§ 2
Übersetzungen bei eingehenden Ersuchen

(1) Die Zentrale Behörde kann es ablehnen tätig zu werden, wenn eine Mitteilung aus einem anderen Vertragsstaat nicht in deutscher Sprache abgefasst oder von einer Übersetzung in die deutsche Sprache oder, falls eine solche Übersetzung nur schwer erhältlich ist, nicht von einer Übersetzung in die englische Sprache begleitet ist.

(2) Die Zentrale Behörde kann erforderliche Übersetzungen selbst in Auftrag geben.

§ 3
Übersetzungen bei ausgehenden Ersuchen

Beschafft ein Antragsteller erforderliche Übersetzungen für Anträge, die in einem anderen Vertragsstaat zu erledigen sind, nicht selbst, veranlasst die Zentrale Behörde die Übersetzungen.

§ 4
Maßnahmen der Zentralen Behörde

(1) Die Zentrale Behörde verkehrt unmittelbar mit allen zuständigen Stellen im In- und Ausland.

(2) Die Zentrale Behörde leitet Mitteilungen, die an die Zentrale Behörde oder eine andere Behörde in einem anderen Vertragsstaat gerichtet sind, dorthin weiter. Mitteilungen aus einem anderen Vertragsstaat leitet sie unverzüglich an die zuständige deutsche Stelle weiter und unterrichtet sie über bereits veranlasste Maßnahmen.

(3) Die Zentrale Behörde trifft alle erforderlichen Maßnahmen einschließlich der Einschaltung von Polizeivollzugsbehörden, um den Aufenthaltsort des schutzbedürftigen Erwachsenen zu ermitteln, wenn dieser unbekannt ist und Anhaltspunkte dafür vorliegen, dass sich der Erwachsene im Inland befindet. Soweit zur Ermittlung des Aufenthaltsorts des Erwachsenen erforderlich, darf die Zentrale Behörde beim Kraftfahrt-Bundesamt Halterdaten nach § 33 Abs. 1 Satz 1 Nr. 2 des Straßenverkehrsgesetzes erheben. Unter den Voraussetzungen des Satzes 1 kann die Zentrale Behörde die Ausschreibung zur Aufenthaltsermittlung durch das Bundeskriminalamt und die Speicherung eines Suchvermerks im Zentralregister veranlassen. Soweit die Zentrale Behörde andere Stellen zur Aufenthaltsermittlung einschaltet, übermittelt sie ihnen die zur Durchführung der Maßnahmen erforderlichen personenbezogenen Daten; diese dürfen nur für den Zweck verwendet werden, für den sie übermittelt worden sind.

§ 5
Justizverwaltungsverfahren; Vergütung für Übersetzungen

Die Tätigkeit der Zentralen Behörde gilt als Justizverwaltungsverfahren. Die Höhe der Vergütung für die von der Zentralen Behörde veranlassten Übersetzungen richtet sich nach dem Justizvergütungs- und -entschädigungsgesetz.

Abschnitt 2
Gerichtliche Zuständigkeit und Zuständigkeitskonzentration

§ 6
Sachliche und örtliche Zuständigkeit; Zuständigkeitskonzentration

(1) Das Betreuungsgericht, in dessen Bezirk ein Oberlandesgericht seinen Sitz hat, ist für den Bezirk dieses Oberlandesgerichts zuständig für

1. die Feststellung der Anerkennung oder Nichtanerkennung einer in einem anderen Vertragsstaat getroffenen Maßnahme nach Artikel 23 des Übereinkommens,
2. die Vollstreckbarerklärung einer in einem anderen Vertragsstaat getroffenen Maßnahme nach Artikel 25 des Übereinkommens sowie
3. das Konsultationsverfahren nach Artikel 33 des Übereinkommens.

Für den Bezirk des Kammergerichts ist das Amtsgericht Schöneberg in Berlin zuständig.

(2) Die Landesregierungen werden ermächtigt, die Zuständigkeit nach Absatz 1 durch Rechtsverordnung einem anderen Betreuungsgericht des Oberlandesgerichtsbezirks oder, wenn in einem Land mehrere Oberlandesgerichte errichtet sind, einem Betreuungsgericht für die Bezirke aller

oder mehrerer Oberlandesgerichte zuzuweisen. Sie können die Ermächtigung auf die Landesjustizverwaltungen übertragen.

(3) Örtlich zuständig für die Verfahren nach Absatz 1 Satz 1 Nr. 1 und 2 ist das Betreuungsgericht, in dessen Zuständigkeitsbereich der Betroffene bei Antragstellung seinen gewöhnlichen Aufenthalt hat. Hat der Betroffene im Inland keinen gewöhnlichen Aufenthalt oder ist ein solcher nicht feststellbar, ist das Betreuungsgericht zuständig, in dessen Zuständigkeitsbereich das Bedürfnis der Fürsorge hervortritt. Ergibt sich keine Zuständigkeit nach den Sätzen 1 und 2, ist das zuständige Betreuungsgericht im Bezirk des Kammergerichts örtlich zuständig. Im Fall des Absatzes 1 Satz 1 Nr. 3 ist das Betreuungsgericht örtlich zuständig, in dessen Zuständigkeitsbereich der Betroffene nach dem Vorschlag der ersuchenden Behörde untergebracht werden soll.

(4) Artikel 147 des Einführungsgesetzes zum Bürgerlichen Gesetzbuche gilt entsprechend.

§ 7
Zuständigkeitskonzentration für andere Betreuungssachen

(1) Das Betreuungsgericht, bei dem ein in § 6 Abs. 1 Satz 1 genanntes Verfahren anhängig ist, ist von diesem Zeitpunkt an für alle denselben Betroffenen betreffenden Betreuungssachen einschließlich der Verfügungen nach § 35 des Gesetzes über das Verfahren in Familiensachen und in den Angelegenheiten der freiwilligen Gerichtsbarkeit sowie Abschnitt 9 des Buches 1 des Gesetzes über das Verfahren in Familiensachen und in den Angelegenheiten der freiwilligen Gerichtsbarkeit zuständig. Die Wirkung des Satzes 1 tritt nicht ein, wenn der Antrag auf Anerkennungsfeststellung oder Vollstreckbarerklärung offensichtlich unzulässig ist. Sie entfällt, sobald das angegangene Gericht infolge einer unanfechtbaren Entscheidung unzuständig ist; Verfahren, für die dieses Gericht hiernach seine Zuständigkeit verliert, sind von Amts wegen an das zuständige Gericht abzugeben. Die Abgabeentscheidung ist unanfechtbar und für das für zuständig erklärte Gericht bindend.

(2) Ein anderes Betreuungsgericht, bei dem eine denselben Betroffenen betreffende Betreuungssache im ersten Rechtszug anhängig ist oder anhängig wird, hat dieses Verfahren von Amts wegen an das nach Absatz 1 Satz 1 zuständige Betreuungsgericht abzugeben. Die Abgabeentscheidung ist unanfechtbar.

(3) Das Betreuungsgericht, das für eine Sache nach Absatz 1 oder Absatz 2 zuständig ist, kann diese aus wichtigen Gründen an das nach den allgemeinen Vorschriften zuständige Betreuungsgericht abgeben oder zurückgeben, soweit dies nicht zu einer unverhältnismäßigen Verzögerung des Verfahrens führt. Als wichtiger Grund ist es in der Regel anzusehen, wenn die besondere Sachkunde des erstgenannten Gerichts für das Verfahren nicht oder nicht mehr benötigt wird. Die Entscheidung über die Abgabe ist unanfechtbar und für das für zuständig erklärte Gericht bindend.

(4) § 273 des Gesetzes über das Verfahren in Familiensachen und in den Angelegenheiten der freiwilligen Gerichtsbarkeit bleibt unberührt.

(5) Artikel 147 des Einführungsgesetzes zum Bürgerlichen Gesetzbuche gilt entsprechend.

Abschnitt 3
Anerkennungsfeststellung, Vollstreckbarerklärung, Konsultationsverfahren und Bescheinigungen

§ 8
Allgemeine Verfahrensvorschriften für die Anerkennungsfeststellung und Vollstreckbarerklärung

(1) Das Verfahren nach den Artikeln 23 und 25 des Übereinkommens richtet sich nach dem Buch 1 des Gesetzes über das Verfahren in Familiensachen und in den Angelegenheiten der freiwilligen Gerichtsbarkeit. Die §§ 275, 276, 297 Abs. 5, §§ 308, 309 und 311 des Gesetzes über das Verfahren in Familiensachen und in den Angelegenheiten der freiwilligen Gerichtsbarkeit sind entsprechend anzuwenden.

(2) Das Gericht hat den Betroffenen persönlich anzuhören, wenn die anzuerkennende oder für vollstreckbar zu erklärende Maßnahme eine im Inland vorzunehmende Unterbringung im Sinn des § 312 des Gesetzes über das Verfahren in Familiensachen und in den Angelegenheiten der freiwilligen Gerichtsbarkeit, eine Untersuchung des Gesundheitszustands, eine Heilbehandlung

oder einen ärztlichen Eingriff im Sinn des § 1904 des Bürgerlichen Gesetzbuchs oder eine im Inland vorzunehmende Sterilisation beinhaltet. Im Übrigen soll das Gericht den Betroffenen persönlich anhören. [3]§ 278 Abs. 3 bis 5 des Gesetzes über das Verfahren in Familiensachen und in den Angelegenheiten der freiwilligen Gerichtsbarkeit gilt entsprechend.

(3) Das Gericht kann die im Inland zuständige Betreuungsbehörde anhören, wenn es der Betroffene verlangt oder wenn es der Sachaufklärung dient. Die Anhörung anderer Personen liegt im Ermessen des Gerichts.

(4) Der Beschluss des Gerichts ist zu begründen.

(5) Der Beschluss ist dem Betroffenen und, falls ein solcher bestellt ist, dem Betreuer oder einer Person mit vergleichbaren Aufgaben bekannt zu machen. Handelt es sich bei der anerkannten oder für vollstreckbar erklärten Maßnahme um eine Unterbringung im Inland, ist der Beschluss auch dem Leiter der Einrichtung bekannt zu machen, in welcher der Betroffene untergebracht werden soll. Die §§ 288 und 326 des Gesetzes über das Verfahren in Familiensachen und in den Angelegenheiten der freiwilligen Gerichtsbarkeit gelten entsprechend.

(6) Der Beschluss unterliegt der Beschwerde. Die §§ 303 und 305 des Gesetzes über das Verfahren in Familiensachen und in den Angelegenheiten der freiwilligen Gerichtsbarkeit gelten entsprechend.

(7) Der Beschluss wird erst mit seiner Rechtskraft wirksam. Bei Gefahr im Verzug kann das Gericht die sofortige Wirksamkeit des Beschlusses anordnen.

§ 9
Bindungswirkung der Anerkennungsfeststellung

Die Feststellung nach Artikel 23 des Übereinkommens, dass die Voraussetzungen für die Anerkennung vorliegen oder nicht vorliegen, ist für Gerichte und Verwaltungsbehörden bindend.

§ 10
Vollstreckungsklausel

(1) Ein Titel aus einem anderen Vertragsstaat, der dort vollstreckbar ist und im Inland Vollstreckungshandlungen erfordert, wird dadurch nach Artikel 25 des Übereinkommens für vollstreckbar erklärt, dass er auf Antrag mit einer Vollstreckungsklausel versehen wird.

(2) § 20 Abs. 1 Satz 1 und 2 sowie § 23 des Internationalen Familienrechtsverfahrensgesetzes gelten entsprechend.

§ 11
Aufhebung oder Änderung von Entscheidungen über die Anerkennungsfeststellung oder Vollstreckbarerklärung

(1) Wird eine in einem anderen Vertragsstaat getroffene Maßnahme in diesem Staat aufgehoben oder abgeändert und kann die betroffene Person diese Tatsache nicht mehr in dem Verfahren nach § 6 Abs. 1 Nr. 1 oder Nr. 2 geltend machen, kann sie die Aufhebung oder Änderung der Entscheidung über die Anerkennungsfeststellung oder Vollstreckbarerklärung in einem besonderen Verfahren beantragen. Die §§ 8 und 9 gelten entsprechend.

(2) Für die Entscheidung über den Antrag ist das Betreuungsgericht ausschließlich zuständig, das im ersten Rechtszug über die Anerkennungsfeststellung oder Vollstreckbarerklärung entschieden hat.

§ 12
Widerspruch im Konsultationsverfahren

(1) Das Gericht soll insbesondere dann nach Artikel 33 Abs. 2 des Übereinkommens einer Unterbringung im Inland widersprechen, wenn

1. die Durchführung der beabsichtigten Unterbringung dem Wohl des Betroffenen widerspricht, insbesondere weil er keine besondere Bindung zum Inland hat,
2. die ausländische Behörde kein Gutachten eines Sachverständigen vorlegt, aus dem sich die Notwendigkeit der beabsichtigten Unterbringung ergibt,
3. ein Grund für eine Versagung der Anerkennung nach Artikel 22 Abs. 2 des Übereinkommens erkennbar ist,

4. dem Betroffenen im ausländischen Verfahren kein rechtliches Gehör gewährt wurde,
5. einer erforderlichen Genehmigung der Ausländerbehörde Gründe entgegenstehen oder
6. die Übernahme der Kosten für die Unterbringung nicht geregelt ist.

(2) Im Fall einer Unterbringung, die mit Freiheitsentzug verbunden ist, oder einer Maßnahme im Sinn des § 1906 Abs. 4 des Bürgerlichen Gesetzbuchs spricht sich das Gericht unbeschadet des Absatzes 1 nach Artikel 33 Abs. 2 des Übereinkommens gegen das Ersuchen aus, wenn

1. im ersuchenden Staat über die ersuchte Maßnahme kein Gericht entscheidet oder
2. bei Zugrundelegung des mitgeteilten Sachverhalts nach innerstaatlichem Recht die Anordnung der ersuchten Maßnahme nicht zulässig wäre.

(3) Das Gericht kann den Betroffenen persönlich anhören.

(4) Das Gericht kann einen Meinungsaustausch mit der ersuchenden Behörde aufnehmen und diese um ergänzende Informationen bitten.

(5) Der Widerspruch nach Artikel 33 Abs. 2 des Übereinkommens ist der ersuchenden Behörde unverzüglich bekannt zu machen. Die Entscheidung, von einem Widerspruch abzusehen, ist dem Betroffenen selbst und, falls ein solcher bestellt ist, dem Betreuer oder einer Person mit vergleichbaren Aufgaben sowie dem Leiter der Einrichtung bekannt zu machen, in welcher der Betroffene untergebracht werden soll. Der Beschluss ist unanfechtbar.

(6) Im Übrigen sind auf das Verfahren die §§ 316, 317 Abs. 1 Satz 1, Abs. 4, 5, §§ 318, 325 Abs. 1 und § 338 des Gesetzes über das Verfahren in Familiensachen und in den Angelegenheiten der freiwilligen Gerichtsbarkeit sowie § 8 Abs. 1 Satz 1, Abs. 3 und 4 entsprechend anzuwenden.

§ 13
Bescheinigungen über inländische Schutzmaßnahmen

(1) Die Bescheinigung über eine inländische Schutzmaßnahme nach Artikel 38 des Übereinkommens wird von dem Urkundsbeamten der Geschäftsstelle des Gerichts des ersten Rechtszugs und, wenn das Verfahren bei einem höheren Gericht anhängig ist, von dem Urkundsbeamten der Geschäftsstelle dieses Gerichts ausgestellt.

(2) § 319 der Zivilprozessordnung gilt entsprechend.

Unterabschnitt 2
Internationale Zuständigkeit

Vor §§ 98–106

Literatur: s. § 97 vor Rz. 1.

A. Internationale Entscheidungszuständigkeit

I. Begriff

1. Internationale und örtliche Zuständigkeit

1 Wie die örtliche, dient auch die **internationale Zuständigkeit** der Ermittlung eines mit der Rechtssache räumlich hinreichend verbundenen Gerichts. Während die internationale Zuständigkeit die Kompetenzen zwischen den Gerichten verschiedener Staaten abgrenzt, ohne bereits das konkret zuständige Gericht zu bestimmen, regelt die **örtliche Zuständigkeit** die innerstaatliche Aufgabenteilung.[1] Fehlt die internationale Zuständigkeit, so ist überhaupt kein deutsches Gericht zuständig. Zum Schluss von der örtlichen auf die internationale Zuständigkeit sowie zu verbleibenden Unterschieden s. § 105.

2. Entscheidungs- und Anerkennungszuständigkeit

2 Die internationale Zuständigkeit hat zwei Funktionen: Einerseits bestimmt sie, hinsichtlich welcher Angelegenheiten der deutsche Staat seine Gerichtsgewalt ausüben will, andererseits setzt sie Maßstäbe für die Anerkennung ausländischer Entscheidungen. Unmittelbar kann ein Staat nur regeln, wann die eigenen Gerichte entscheiden dürfen bzw. müssen. Dieser Aspekt, um den es in §§ 98–106 geht, wird als **Entscheidungszuständigkeit** (compétence directe) bezeichnet. Die internationale Zuständigkeit wird aber auch relevant, wenn es um die Anerkennung ausländischer Entscheidungen im Inland geht: Sofern vorrangiges Gemeinschafts- oder Konventionsrecht nichts anderes bestimmt (vgl. etwa Art. 35 Brüssel I-VO, Art. 24 Brüssel IIa-VO), ist eine ausländische Entscheidung gem. § 109 Abs. 1 Nr. 1 nur anzuerkennen, wenn das ausländische Gericht aus deutscher Sicht zur Entscheidung berufen war (sog. **Anerkennungs-**

1 Ähnlich speziell für FG-Sachen etwa Jansen/*v. Schuckmann*/Sonnenfeld, § 1 FGG Rz. 179.

zuständigkeit bzw. compétence indirecte). Dabei entnimmt man den Maßstab für die Anerkennungszuständigkeit grundsätzlich einer entsprechenden bzw. gewissermaßen spiegelbildlichen Anwendung der inländischen Vorschriften zur Entscheidungszuständigkeit deutscher Gerichte (§ 109 Abs. 1 Nr. 1: „nach deutschem Recht"); in Ehe- und Lebenspartnerschaftssachen werden im Interesse des internationalen Entscheidungseinklangs sogar noch großzügigere Maßstäbe angelegt (vgl. § 109 Abs. 2 und 3). Im Folgenden wird zunächst die Entscheidungszuständigkeit behandelt (zur Anerkennungszuständigkeit s. § 109 Rz. 19 ff.).

3 Von der Anerkennungszuständigkeit wiederum zu unterscheiden ist die Anerkennungsfähigkeit der zu erwartenden inländischen Entscheidung im Ausland: Diese spielt für die Frage, ob deutsche Gerichte international zuständig sind, grundsätzlich keine Rolle.[1] Bestätigt wird diese Regel durch punktuelle Ausnahmevorschriften wie § 98 Abs. 1 Nr. 4.

II. Prüfung im Verfahren

4 Die internationale Zuständigkeit ist in jeder Lage des Verfahrens **von Amts wegen** zu prüfen. Dies gilt sowohl in streitigen als auch in freiwilligen Angelegenheiten.[2] Die Prüfungspflicht sowie die Folgen im Falle der Unzuständigkeit sind bisweilen im Gemeinschafts- oder Konventionsrecht eigens geregelt; vgl. etwa Art. 17, 18 Brüssel IIa-VO.

5 Regelmäßig überschätzt wird die Frage der **Prüfungsreihenfolge**, ob also zunächst die internationale oder die örtliche Zuständigkeit zu klären ist. Eine nicht etwa sachlogisch zwingende, sondern eher pragmatische Antwort lautet: Wer erst die Möglichkeit einer Verfahrenseinleitung erwägt, wird sich zunächst Gedanken über die Wahl des Gerichtsstaats und damit die internationale Zuständigkeit machen; hingegen tut ein bereits angerufenes, aber örtlich unzuständiges deutsches Gericht im Zweifel gut daran, die noch im Einzelnen klärungsbedürftige Entscheidung über die internationale Zuständigkeit dem örtlich zuständigen Gericht zu überlassen.[3]

6 Wird die **internationale Zuständigkeit zu Unrecht** bejaht, so ist die daraufhin ergangene Entscheidung gleichwohl wirksam. Dies mag man aus einer (eventuell durch § 105 indizierten) entsprechenden Anwendung von § 3 Abs. 3 ableiten;[4] für Ehe- und Familienstreitsachen ergibt sich das Ergebnis wegen § 113 Abs. 1 aus den allgemeinen Rechtskraftregeln.[5]

7 Allerdings ist die Prüfung der internationalen Zuständigkeit auch noch in der **Rechtsmittelinstanz** geboten. Daran ändert der insoweit ungenaue Wortlaut von §§ 65 Abs. 4, 72 Abs. 2 nichts; vielmehr sind auch im FamFG die zu §§ 513 Abs. 2, 545 Abs. 2, 571

---

1 Klarstellend BGH v. 6.10.2004 – XII ZR 225/01, BGHZ 160, 332 (334) = NJW-RR 2005, 81; vgl. zudem etwa *Brehm*, Rz. 154; Keidel/*Schmidt*, Einl. Rz. 70.

2 Zur streitigen Gerichtsbarkeit – statt vieler – etwa *Nagel/Gottwald*, § 3 Rz. 307; *Schack*, Rz. 385. – Zur freiwilligen Gerichtsbarkeit: *Bumiller*/Winkler, vor §§ 3–5 FGG Rz. 8; Keidel/*Sternal*, vor §§ 3–5 FGG Rz. 11; Jansen/v. Schuckmann/Sonnenfeld/*Müther*, vor §§ 3–5 FGG Rz. 33.

3 Ebenso etwa Jansen/*v. Schuckmann*/Sonnenfeld, § 1 FGG Rz. 179; anders *Schack*, Rz. 390.

4 Vgl. zur entsprechenden Anwendung von § 7 FGG *Bassenge*/Roth, § 4 FGG Rz. 6, § 7 Rz. 3; Keidel/*Zimmermann*, § 7 FGG Rz. 27. Im Ergebnis übereinstimmend, aber ohne Bezugnahme auf § 7 FGG etwa *Brehm*, Rz. 155; Jansen/*v. Schuckmann*/Sonnenfeld, § 1 FGG Rz. 181.

5 S. etwa BGH v. 3.2.1999 – VIII ZB 35/98, NJW 1999, 1871 (1872); *Kropholler*, IPR § 58 VIII 5; *Schack*, Rz. 389.

Abs. 2 Satz 2 ZPO anerkannten Grundsätze[1] heranzuziehen. Ein dahingehender, die schon bislang vorherrschende Meinung[2] klarstellender Hinweis im Normtext oder wenigstens in der Begründung des RegE wäre freilich wünschenswert gewesen. Gebietet das Gemeinschafts- oder Konventionsrecht, wie etwa in Art. 17 Brüssel IIa-VO, eine Zuständigkeitsprüfung auch in der Rechtsmittelinstanz (arg. Art. 68 EG), so darf das deutsche Recht dies ohnehin nicht ausschließen.[3]

Ergibt die Prüfung, dass die deutschen Gerichte international zuständig sind, so ist von dieser Zuständigkeit auch Gebrauch zu machen. Eine **Rechtsschutzverweigerung** unter Hinweis darauf, das angerufene deutsche Gericht sei nicht hinreichend sachnah oder es sei nach Lage der Dinge angemessener, das Verfahren in einem anderen Staat auszutragen, kommt daher grundsätzlich nicht in Betracht (zur davon zu trennenden Frage nach der Beachtlichkeit ausländischer Parallelverfahren s. Rz. 47 ff.). Ernst zu nehmen ist daher auch eine Zuständigkeit, die das Gesetz, ohne Rücksicht auf den Aufenthaltsstaat, an die deutsche Staatsangehörigkeit einer Person knüpft (beachte dazu auch Rz. 26 ff.).[4] Allemal ist irrelevant, ob sich die ausländischen Gerichte nach ihrem Verfahrensrecht für ausschließlich zuständig halten.[5] Die angloamerikanische Lehre von der unangemessenen Zuständigkeit (**forum non conveniens**) ist dem deutschen Recht fremd, zumal sie in Antragsverfahren unvereinbar mit dem grundgesetzlich verbürgten Justizgewährungsanspruch ist. Ausnahmen bedürfen daher einer gesetzlichen Grundlage. Eine solche zu schaffen kann sich durchaus als sinnvoll erweisen, und zwar namentlich in Fürsorgeangelegenheiten. Um einen negativen Kompetenzkonflikt zu vermeiden, muss dann freilich sichergestellt sein, dass ausländische Gerichte tatsächlich zur Sachentscheidung bereit sind. Solchen Überlegungen trägt das FamFG in Vormundschafts-, Pflegschafts-, Betreuungs- und Unterbringungssachen mit §§ 99 Abs. 2–4, 104 Abs. 2 Rechnung, und zwar mit „einer elastischen Regel, die den Gerichten Ermessensspielraum gibt".[6] Entsprechende Bestimmungen sind im Gemeinschafts- und Konventionsrecht vorgesehen; vgl. insbesondere Art. 15 Brüssel IIa-VO, Art. 8 f. KSÜ, Art. 8 HErwSÜ. 8

III. Maßgeblicher Zeitpunkt; perpetuatio fori

Im Grundsatz ist es sowohl notwendig als auch hinreichend, dass Sachentscheidungsvoraussetzungen wie die internationale Zuständigkeit im **Zeitpunkt der gerichtlichen Entscheidung** (bzw. der letzten mündlichen Verhandlung) gegeben sind.[7] Allerdings gilt dieser Grundsatz nicht ohne Ausnahmen: 9

Zum einen kann der maßgebliche **Zeitpunkt vorverlegt**, insbesondere also gesetzlich angeordnet sein, dass die zuständigkeitsbegründenden Umstände bereits bei Einleitung 10

1 Grundlegend BGH v. 14.6.1965 – GSZ 1/65, BGHZ 44, 46. Nachweise zur entsprechenden Rechtslage nach der ZPO-Reform 2001 etwa bei BGH v. 16.12.2003 – XI ZR 474/02, BGHZ 157, 224 (227 f.) = NJW 2004, 1456 (1456 f.); *Schack*, Rz. 385; Zöller/*Heßler*, § 513 ZPO Rz. 8. Für de lege lata ausgeschlossen, aber de lege ferenda wünschenswert hält die Überprüfbarkeit *Prütting*, GS W. Blomeyer, S. 803.

2 Vgl. etwa Jansen/*v. Schuckmann*/Sonnenfeld, § 1 FGG Rz. 181; Jansen/v. Schuckmann/Sonnenfeld/*Müther*, vor §§ 3–5 FGG Rz. 33.

3 Richtig *Rauscher*, Art. 17 Brüssel IIa-VO Rz. 14; *Bauer*, IPRax 2003, 135 (140).

4 Klarstellend Staudinger/*Henrich*, Art. 21 EGBGB Rz. 143.

5 Klarstellend etwa Jansen/v. Schuckmann/Sonnenfeld/*Müller-Lukoschek*, vor § 35b FGG Rz. 3; Keidel/*Schmidt*, Einl. Rz. 70.

6 So BT-Drucks. 10/504, S. 95, dort zu § 47 FGG.

7 Vgl. etwa BGH v. 26.5.1982 – IVb ZR 675/80, NJW 1982, 1940 (deutsche Staatsangehörigkeit erst während des Scheidungsverfahrens erworben).

des Verfahrens gegeben sein müssen. Unzureichend ist dann ihr Vorliegen erst im Zeitpunkt der Entscheidung. So verhält es sich bei Art. 3 Abs. 1 Buchst. a Strich 5 und 6 Brüssel IIa-VO: Die dort geforderte Aufenthaltsfrist von zwölf bzw. sechs Monaten muss ausweislich des Normtextes schon „unmittelbar vor der Antragstellung" verstrichen sein. Mithin wird die Zuständigkeit nicht dadurch begründet, dass die Frist erst im Entscheidungszeitpunkt abgelaufen ist (s. Rz. 50 sowie § 98 Rz. 19).[1] Für Art. 8 Abs. 1 Brüssel IIa-VO bleibt es hingegen bei dem eingangs dargelegten Grundsatz.[2]

11 Zum anderen kann es genügen, dass die zuständigkeitsbegründenden Umstände zu einem bestimmten Zeitpunkt im Verfahren gegeben waren, so dass ihr späterer Wegfall unschädlich ist. Eine solche **perpetuatio fori** lässt sich für Ehe- und Familienstreitsachen aus § 113 Abs. 1 FamFG, § 261 Abs. 3 Nr. 2 ZPO ableiten; denn die letztgenannte Vorschrift gilt richtigerweise (in doppelfunktionaler Anwendung) auch für die internationale Zuständigkeit.[3] Dafür streitet nicht zuletzt der gebotene Schutz des Antragstellers. Bisweilen ist die Maßgeblichkeit des Zeitpunkts der Antragstellung eigens geregelt, so in Art. 8 Abs. 1 Brüssel IIa-VO.[4] Entsprechendes gilt anerkanntermaßen aber etwa auch für die von Art. 3 Brüssel IIa-VO erfassten Ehesachen[5] sowie im Anwendungsbereich der Brüssel I-VO.[6]

12 Problematisch ist, unter welchen Voraussetzungen eine solche Perpetuierung auch in sonstigen, insbesondere in **Fürsorgeangelegenheiten** eingreift. Bisweilen ist sie ausdrücklich ausgeschlossen, so in Art. 5 Abs. 2 HErwSÜ. Und auch im Anwendungsbereich des MSA soll kein Raum für eine perpetuatio fori internationalis sein (arg. Art. 5 MSA);[7] Entsprechendes dürfte im Anwendungsbereich des KSÜ gelten.[8] Fraglich bleibt die Rechtslage im autonomen deutschen Zuständigkeitsrecht. Zu warnen ist jedenfalls vor einer unbesehenen Berufung auf § 2 Abs. 2 FamFG, wobei wegen § 105 weniger die ausdrückliche Beschränkung auf die örtliche Zuständigkeit als vielmehr die unterschiedliche Interessengewichtung bei örtlicher und internationaler Zuständigkeit eine differenzierte Betrachtung nahe legt.[9] Unter systematischen Gesichtspunkten fragwürdig,[10] letztlich aber wohl unumgänglich dürfte es sein, die perpetuatio fori internationalis von einer Interessenabwägung im Einzelfall abhängig zu machen.[11]

---

1 Richtig etwa Thomas/Putzo/*Hüßtege*, Art. 3 EuEheVO Rz. 10. Anders Garbe/Ullrich/*Andrae*, § 11 Rz. 101.

2 So auch *Holzmann*, S. 122 f.; *Solomon*, FamRZ 2004, 1409 (1411); *Rauscher*, Art. 8 Brüssel IIa-VO Rz. 5.

3 Näher etwa *Geimer*, Rz. 1830 ff.; *Nagel/Gottwald*, § 5 Rz. 230; *Schack*, Rz. 392 ff. Vgl. aus der Rspr. etwa OLG Nürnberg v. 10.11.2000 – 10 WF 3870/00, FamRZ 2001, 837.

4 Dazu *Solomon*, FamRZ 2004, 1409 (1411); *Rauscher*, Art. 8 Brüssel IIa-VO Rz. 4. Gleichwohl gegen eine perpetuatio fori indes *Holzmann*, S. 117 ff.

5 *Hau*, FamRZ 2000, 1333 (1340); *Rauscher*, Art. 3 Brüssel IIa-VO Rz. 9.

6 Statt vieler: Thomas/Putzo/*Hüßtege*, Art. 1 EuGVVO Rz. 8; MüKo.ZPO/*Gottwald*, Art. 2 EuGVO Rz. 19 f.; Rauscher/*Mankowski*, Art. 2 Brüssel I-VO Rz. 3.

7 Dazu BGH v. 5.6.2002 – XII ZB 74/00, BGHZ 151, 63 (69) = NJW 2002, 2955 (2956); OLG Frankfurt v. 21.2.2005 – 1 UF 218/04, NJW-RR 2005, 1674. Näher *Bauer*, IPRax 2003, 135 (137 f.).

8 Staudinger/*Henrich*, Art. 21 EGBGB Rz. 160a.

9 Zur Regelungsbedürftigkeit der Frage vgl. *Rathjen*, FF 2007, 27 ff.

10 Vgl. aus der Sicht der „reinen Lehre" *Geimer*, FS Jayme, S. 241 (250 f.).

11 Vgl. KG v. 5.11.1997 – 3 UF 5133/97, NJW 1998, 1565; Staudinger/*Henrich*, Art. 21 EGBGB Rz. 163 f.; Jansen/*v. Schuckmann*/Sonnenfeld, § 1 FGG Rz. 190. Nicht hierher gehören etwa OLG Nürnberg v. 28.12.2005 – 10 UF 1260/05, FamRZ 2006, 878 und OLG Schleswig v. 19.10.2005 – 12 UF 225/04, OLGReport 2005, 744 (Wegfall des inländischen gewöhnlichen Aufenthalts bei Fortbestand der deutschen Staatsangehörigkeit).

IV. Forum shopping; Zuständigkeitserschleichung

Der Antragsteller orientiert sich bei der Auswahl des Gerichtsstaates zunächst an seinen eigenen Interessen:[1] Er prüft, in welchem Forum er sein Begehren am einfachsten und effektivsten durchsetzen kann; dabei wird er verfahrensrechtliche, materiell- bzw. kollisionsrechtliche, anerkennungsrechtliche und faktische Aspekte berücksichtigen. Die bei diesem sog. **forum shopping** verfolgten Interessen decken sich dabei regelmäßig nicht mit denen des Antragsgegners; vielmehr kann der Antragsteller in seine Überlegungen sogar einbeziehen, in welchem Staat es dem Gegner besonders schwer fallen dürfte, seine Interessen zu vertreten. So kann sich erweisen, dass ein Verfahren in einem Staat mehr, in einem anderen weniger Erfolg verspricht, in einem dritten womöglich sinnlos sein mag. 13

Forum shopping gilt vielen als verpönt. Es erscheint jedoch nur bedenklich, wenn ein Gerichtsstand durch **Simulation** oder **arglistige Herbeiführung der Zuständigkeitsvoraussetzungen** erschlichen wird.[2] Davon kann aber beispielsweise nicht schon die Rede sein, wenn der Aufenthalt in einen Staat verlegt wird, um sich dort einen besonders günstigen Gerichtsstand zu schaffen. Ohnehin kann dem Antragsteller kaum vorgeworfen werden, von ihm vorteilhaften Zuständigkeitsregeln Gebrauch zu machen. Eröffnen mehrere Staaten den Rechtsweg zu ihren Gerichten, so hat der Antragsteller das Recht, zwischen diesen auszuwählen; damit korrespondiert eine Pflicht seiner Anwälte, das günstigste Forum zu ermitteln. Forum shopping ist somit nur die natürliche Konsequenz aus dem Bestehen konkurrierender internationaler Zuständigkeiten. Richtige Adressaten der Kritik sind also eher die Staaten, soweit sie die internationale Zuständigkeit ihrer Gerichte auf Grund exorbitanter Anknüpfungsmomente eröffnen. 14

V. Abänderung und Wiederaufnahme

Auf Grund von **Spezialregelungen** kann eine Annexkompetenz zur Abänderung einer Entscheidung auch dann bestehen, wenn die Gerichte dieses Staates an sich inzwischen nicht mehr international zuständig wären. Zu nennen sind etwa Art. 5 Brüssel IIa-VO (Umwandlung einer Trennung ohne Auflösung des Ehebandes in eine Ehescheidung), Art. 9 Brüssel IIa-VO (zeitlich begrenzte Abänderungskompetenz der Gerichte im früheren Aufenthaltsstaat nach rechtmäßigem Kindesumzug) oder § 102 Nr. 3 FamFG (Annexzuständigkeit für den isolierten Versorgungsausgleich nach Inlandsscheidung). 15

Allgemein regelt § 48 die Abänderung deutscher Endentscheidungen sowie die Wiederaufnahme im Inland abgeschlossener Verfahren. Fraglich ist, ob in solchen Fällen eine **ungeschriebene Annexkompetenz** zur Abänderung bzw. Wiederaufnahme besteht, wenn die deutschen Gerichte nach Maßgabe der allgemeinen Regeln inzwischen nicht mehr international zuständig sind. Im Grundsatz dürfte eine solche Annexkompetenz eher zu verneinen sein.[3] In Unterhaltssachen entspricht dies der weit überwiegenden Auffassung, und zwar sowohl im Anwendungsbereich der Brüssel I-VO bzw. des LugÜ als auch nach autonomem deutschen Recht (s. Anhang zu § 245 Rz. 144). Mithin ist die internationale Zuständigkeit für das Abänderungs- bzw. Wiederaufnahmeverfahren 16

1 Näher zum Folgenden etwa *Hau*, Forum shopping, S. 103 ff. Vgl. zu verfahrenstaktischen Aspekten der Forumswahl aus Anwaltssicht auch *Breuer*, Rz. 162 ff., 190 ff.

2 Dazu etwa *Geimer*, Rz. 1015; *Schack*, Rz. 489 ff.

3 Anders aber *Geimer*, Rz. 1545.

grundsätzlich neu zu bestimmen. In extremen Ausnahmefällen mag man dem Abänderungsinteressenten mit einer **Notzuständigkeit** helfen,[1] und im Übrigen bestehen keine völkerrechtlichen Bedenken dagegen, dass ausländische Gerichte deutsche Entscheidungen abändern oder aufheben.[2]

VI. Einstweiliger Rechtsschutz

17 Die internationale Zuständigkeit für einstweilige Anordnungen bestimmt sich nach Gemeinschafts- und Konventionsrecht üblicherweise nach den allgemeinen Regeln. Häufig wird zudem die Möglichkeit eröffnet, dass danach unzuständige Gerichte ausnahmsweise auf die Zuständigkeitsregeln der lex fori zurückgreifen dürfen, um Rechtsschutzlücken zu vermeiden. Vgl. etwa Art. 31 Brüssel I-VO, Art. 20 Brüssel IIa-VO, Art. 9 MSA, Art. 12 KSÜ. Im Anwendungsbereich des FamFG folgt die Zuständigkeit für einstweilige Anordnungen gem. § 50 derjenigen zur Hauptsache. Dies gilt, wie schon nach früherem Recht,[3] auch für die aus der örtlichen abgeleitete internationale Zuständigkeit (arg. § 105).

VII. Notzuständigkeit

18 Das Gesetz knüpft die internationale Zuständigkeit bisweilen ausdrücklich, über die allgemeinen Anknüpfungsmomente wie gewöhnlicher Aufenthalt oder Staatsangehörigkeit hinaus, daran an, dass im Einzelfall ein besonderes **Fürsorgebedürfnis** bzw. berechtigtes (Regelungs-)Interesse besteht; vgl. etwa §§ 99 Abs. 1 Satz 2, 104 Abs. 1 Satz 2 FamFG oder § 12 Abs. 2 VerschG.[4] Ähnliche Regelungen finden sich im Gemeinschafts- und Konventionsrecht; vgl. etwa Art. 8 Abs. 1, 9 MSA, Art. 11 KSÜ, Art. 9–11 HErwSÜ.

19 Diskutiert wird, ob sich praeter legem, über solche Sonderregeln hinaus, eine **allgemeine Notzuständigkeit** deutscher Gerichte begründen lässt, um negative Kompetenzkonflikte zu vermeiden, wenn Rechtsschutz in anderen Staaten nicht eröffnet oder unzumutbar ist. Dies mag, nicht zuletzt im Lichte von Art. 6 EMRK, unter Berücksichtigung der besonderen Umstände des Einzelfalls statthaft sein, sofern ein hinreichendes Rechtsschutzbedürfnis im Inland verortet wird und sonstigen Beteiligten durch das hier durchzuführende Verfahren keine unzumutbaren Nachteile erwachsen.[5] Praktische Fälle, in denen eine Notzuständigkeit tatsächlich bejaht wurde, sind äußerst selten.[6] Nicht mit ihr zu verwechseln ist die Frage der sog. **Zuständigkeitsverweisung** durch ausländische Gerichte (s. Rz. 59).

---

1 Ebenso etwa *Schack*, Rz. 346.

2 Statt vieler: *Schack*, Rz. 1004.

3 Näher etwa Garbe/Ullrich/*Andrae*, § 11 Rz. 254 f.; Staudinger/*Spellenberg*, Anh. zu § 606a ZPO Rz. 190 ff.

4 Vgl. zur Fürsorgezuständigkeit auch schon *Geimer*, FS Jayme, S. 241 (260); BT-Drucks. 10/504, S. 87, 92, 94.

5 Näher *Schack*, Rz. 397 ff.; *Burgstaller/Neumayr*, FS Schlosser, S. 119 (128 ff.); *Schütze*, FS Rechberger, S. 567 (570 ff.); ferner Jansen/*v. Schuckmann*/Sonnenfeld, § 1 FGG Rz. 187. Beachte zum erforderlichen Inlandsbezug schon BT-Drucks. 10/504, S. 92.

6 Vgl. aber AG Groß-Gerau v. 11.6.1980 – 7 F 468/79, FamRZ 1981, 51; offen lassend KG v. 4.4.2007 – 3 UF 129/06, EuLF 2007, II-120.

B. Wichtige Anknüpfungsmomente für die internationale Zuständigkeit

Zentrale Anknüpfungsmomente für die internationale Zuständigkeit sind zum einen der gewöhnliche Aufenthalt und zum anderen die Staatsangehörigkeit. Diese sollen im Folgenden vorab erläutert werden, weitere Anknüpfungsmomente (vgl. §§ 99 Abs. 1 Satz 2, 102 Nr. 2 und 3, 103 Abs. 1 Nr. 3, 104 Abs. 1 Satz 2) hingegen erst im Zusammenhang mit der jeweiligen Vorschrift. 20

I. Aufenthalt

1. Gewöhnlicher Aufenthalt

Für die vom FamFG erfassten Angelegenheiten ist der gewöhnliche Aufenthalt das bei weitem wichtigste Anknüpfungsmoment für die internationale Zuständigkeit. Dies gilt zum einen im **FamFG**, und zwar dort sowohl für die ausdrücklichen Regelungen der internationalen Zuständigkeit (vgl. §§ 98 Abs. 1 Nr. 2–4, 99 Abs. 1 Satz 1 Nr. 2, 100 Nr. 2, 101 Nr. 2, 102 Nr. 1, 103 Abs. 1 Nr. 2, 104 Abs. 1 Satz 1 Nr. 2) als auch für die Fälle, in denen die internationale Zuständigkeit gem. § 105 aus der örtlichen abgeleitet wird (vgl. §§ 201 Nr. 3 und 4, 211 Nr. 3, 232 Abs. 1 Nr. 2, Abs. 3 Satz 2 Nr. 3, 377 Abs. 3, 416 Satz 1). Bisweilen wird, wenn auf die Gerichtsstandsregeln der ZPO verwiesen wird, ausdrücklich angeordnet, dass es dabei auf den gewöhnlichen Aufenthalt statt auf den Wohnsitz ankommen soll (vgl. §§ 232 Abs. 3 Satz 1, 262 Abs. 2, 267 Abs. 2). Eine Legaldefinition sieht das FamFG, anders als das SGB,[1] nicht vor. Vielmehr heißt es in der Begründung des RegE nur, der gewöhnliche Aufenthalt sei „von einer auf längere Dauer angelegten sozialen Eingliederung gekennzeichnet und [...] allein von der tatsächlichen – ggf. vom Willen unabhängigen – Situation gekennzeichnet, die den Aufenthaltsort als Mittelpunkt der Lebensführung ausweist".[2] 21

Zum anderen wird der gewöhnliche Aufenthalt auch im **Gemeinschafts- und im Konventionsrecht** immer häufiger als zentrales Anknüpfungsmoment verwendet. Dies gilt vor allem für die Brüssel IIa-VO (künftig auch die EuUntVO) und die Übereinkommen der Haager Konferenz (MSA, KSÜ, HKEntfÜ, HAdoptÜ, HErwSÜ). Der Begriff ist dabei jeweils autonom auszufüllen. Insbesondere fehlt in der Brüssel IIa-VO eine Art. 59 Brüssel I-VO vergleichbare Verweisungsnorm – was sich im Interesse des internationalen Entscheidungseinklangs als durchaus sachgerecht erweist. Gleichwohl verzichten auch die internationalen Regelungen darauf, eine Legaldefinition des gewöhnlichen Aufenthalts zu versuchen. Letztlich wird es im Bereich des Gemeinschaftsrechts also darauf ankommen, welche Konturen der EuGH dem Begriff verleihen wird.[3] 22

Solange man beherzigt, dass im Zweifel eine autonome Begriffsbildung den Ausschlag geben muss, dürfte es für die Zwecke der konkreten Rechtsanwendung unschädlich sein, mit einigen **verallgemeinerungsfähigen Grundsätzen** sowohl im nationalen als auch im Gemeinschafts- und Konventionsrecht zu operieren (ähnlich § 122 Rz. 4). Als Ausgangspunkt bietet sich, schon wegen der überragenden praktischen Bedeutung, die 23

1 § 30 Abs. 3 Satz 2 SGB I: Den gewöhnlichen Aufenthalt hat jemand dort, wo er sich unter Umständen aufhält, die erkennen lassen, dass er an diesem Ort oder in diesem Gebiet nicht nur vorübergehend verweilt.

2 BT-Drucks. 16/6308, S. 226.

3 Beachte bereits die erste Vorabentscheidung: EuGH v. 2.4.2009 – Rs. C-523/07 (Fall „A"), dort zum Aufenthalt eines Kindes.

Begrifflichkeit der Brüssel IIa-VO an.[1] Für diese verweist der *Borrás*-Bericht auf die Definition, die der EuGH in ständiger Rechtsprechung zum Wohnsitzstaat verwendet:[2] Entscheidend ist danach der Ort, „den der Betroffene als ständigen und gewöhnlichen Mittelpunkt seiner Lebensinteressen in der Absicht gewählt hat, ihm Dauerhaftigkeit zu verleihen, wobei für die Feststellung dieses Wohnsitzes alle hierfür wesentlichen tatsächlichen Gesichtspunkte zu berücksichtigen sind".[3] Besonderheiten gelten allerdings für den gewöhnlichen Aufenthalt von Kindern.[4] Dass sich eine Person gleichzeitig in mehreren Staaten gewöhnlich aufhält, ist zwar im Interesse der Zuständigkeitsklarheit kaum wünschenswert, aber zumindest begrifflich nicht von vornherein ausgeschlossen.[5] Zu den Einzelheiten s. Kommentierung zu § 122 Rz. 4 ff.

2. Schlichter Aufenthalt

24 Ein schlichter – also nicht zum gewöhnlichen verfestigter – Aufenthalt im Inland genügt im **FamFG** nur ausnahmsweise, um die internationale Zuständigkeit deutscher Gerichte zu begründen. Zu nennen sind aber immerhin § 343 Abs. 1[6] sowie § 411 Abs. 1 Satz 2 Var. 2, jeweils iVm. § 105. Ferner kann der schlichte Aufenthalt im Inland von Bedeutung sein, wenn das Gesetz die internationale Zuständigkeit an ein besonderes Fürsorgebedürfnis bzw. berechtigtes (Regelungs-)Interesse im Einzelfall knüpft (§§ 99 Abs. 1 Satz 2, 104 Abs. 1 Satz 2).[7] Eine ähnlich geringe Rolle spielt der schlichte Aufenthalt als Anknüpfungsmoment für die internationale Zuständigkeit im **Gemeinschafts- und Konventionsrecht** (vgl. aber etwa Art. 13 Brüssel IIa-VO oder Art. 6 HErwSÜ).

3. Exkurs: Wohnsitz

25 Im **FamFG** hat der gewöhnliche Aufenthalt, anders als in der ZPO, den Wohnsitz weitgehend abgelöst, und zwar selbst dann, wenn auf die ZPO-Gerichtsstandsregeln verwiesen wird (vgl. §§ 232 Abs. 3 Satz 1, 262 Abs. 2, 267 Abs. 2). Geblieben ist es bei der Anknüpfung an den Wohnsitz aber in Nachlass- und Teilungssachen (§§ 343, 105), in bestimmten weiteren FG-Sachen (§§ 411 Abs. 1 Satz 2 Var. 1, 105) und in bestimmten Aufgebotssachen (§§ 466 Abs. 1 Satz 2, 105 FamFG iVm. §§ 12 ff. ZPO). Maßgeblich sind dann jeweils §§ 7 ff. BGB. Danach beschreibt der Wohnsitz den räumlichen Mittelpunkt des gesamten Lebens einer Person, mithin den räumlichen Schwerpunkt ihrer Lebensverhältnisse, was die zumindest aus den Umständen ersichtliche subjektive Absicht voraussetzt, sich an dem betreffenden Ort niederzulassen und diese Niederlassung auch dauerhaft beizubehalten.[8] Zudem ist der Wohnsitz, was vor allem für

---

1 Für ein „gesamteuropäisches Verständnis des gewöhnlichen Aufenthalts" wirbt auch *Baetge*, FS Kropholler, S. 77 ff. Vgl. aber auch OLG München v. 30.6.2005 – 4 UF 233/05, IPRspr 2005, Nr. 198, 543: Was unter gewöhnlichem Aufenthalt iS von Art. 8 Brüssel IIa-VO zu verstehen sei, beurteile sich nach dem inhaltsgleichen Begriff des MSA.

2 Bericht *Borrás*, ABl. EG 1998 Nr. C 221/27, Rz. 28, 32 aE.

3 Vgl. etwa EuGH v. 15.9.1994 – Rs. C-452/93 (Pedro Magdalena Fernandez/Kommission), EuGHE 1994, I-4295, Rz. 22; EuGH v. 25.2.1999 – Rs. C-90/97 (Swaddling/Adjudication Officer), EuGHE 1999, I-1075.

4 Näher EuGH v. 2.4.2009 – Rs. C 523/07 (Fall „A").

5 Näher *Baetge*, IPRax 2005, 335 (336 f.); offen gelassen von OLG Nürnberg v. 17.7.2007 – 7 UF 681/07, FamRZ 2007, 1588; jeweils mN zum Diskussionsstand.

6 Zur Vorgängernorm s. Jansen/v. Schuckmann/Sonnenfeld/*Müller-Lukoschek*, § 73 FGG Rz. 8.

7 Vgl. Staudinger/*v. Hein*, Art. 24 EGBGB Rz. 118.

8 Vgl. etwa OLG Hamm v. 2.5.2001 – 8 WF 27/01, FamRZ 2002, 54, dort zur Beibehaltung des Wohnsitzes trotz mehrjährigen Studienaufenthalts im Ausland und zur Abgrenzung zum Begriff des gewöhnlichen Aufenthalts.

Unterhaltsverfahren bedeutsam ist, nach wie vor zentrales Anknüpfungsmoment im Anwendungsbereich der **Brüssel I-VO** (an den gewöhnlichen Aufenthalt knüpft hingegen die EuUntVO an – Text: Anhang 6 zu § 97). Dabei kommt es gem. Art. 59 Brüssel I-VO auf die nationalen Definitionen des Wohnsitzes an.

II. Staatsangehörigkeit

1. Deutsche Staatsangehörige und ihnen gleichgestellte Personen

In Fällen der sog. **Heimatzuständigkeit** beruht die internationale Zuständigkeit deutscher Gerichte ohne weiteres auf der deutschen Staatsangehörigkeit eines Beteiligten (so etwa §§ 98 Abs. 1 Nr. 1, 99 Abs. 1 Satz 1 Nr. 1, 100 Nr. 1, 101 Nr. 1, 103 Abs. 1 Nr. 1, 104 Abs. 1 Satz 1 Nr. 1); bisweilen müssen weitere Umstände hinzutreten (so in Art. 3 Abs. 1 Buchst. a Strich 6 Brüssel IIa-VO: Aufenthalt) oder es kommt auf die Staatsangehörigkeit beider Ehegatten an (so in Art. 3 Abs. 1 Buchst. b Brüssel IIa-VO). In Ehe- und Lebenspartnerschaftsstatussachen genügt es grundsätzlich, wenn der Antragsteller oder der Antragsgegner Deutscher ist (Ausnahme: Art. 3 Abs. 1 Buchst. a Strich 6 Brüssel IIa-VO). Soweit das Gesetz bereits die Staatsangehörigkeit, insbesondere ohne Rücksicht auf den Aufenthaltsstaat, als zuständigkeitsbegründend genügen lässt (vgl. etwa § 99 Abs. 1 Satz 1 Nr. 1) und dem kein vorrangiges Gemeinschafts- oder Konventionsrecht entgegensteht, haben die Gerichte diese Zuständigkeit anzunehmen; sie dürfen sich der Sachentscheidung also nicht kurzerhand unter Hinweis auf ein im Inland fehlendes Rechtsschutzbedürfnis entziehen.[1] 26

Der **Erwerb und Verlust** der deutschen Staatsangehörigkeit bestimmt sich nach den allgemeinen Regeln, namentlich also dem StAG.[2] Maßgeblich ist grundsätzlich die aktuelle Staatsangehörigkeit (Ausnahme: §§ 98 Abs. 1 Nr. 1 Var. 2, 103 Abs. 1 Nr. 1 Var. 2; sog. **Antrittszuständigkeit**). Ein Erwerb der Staatsangehörigkeit erst nach Verfahrenseinleitung kann genügen;[3] bei ihrem Verlust nach Verfahrenseinleitung kommt eine perpetuatio fori in Betracht (s. Rz. 11). 27

Probleme bereitet die Behandlung von **Mehrstaatern**: Hat eine Person sowohl die deutsche als auch eine ausländische Staatsangehörigkeit, so stellt sich die Frage, unter welchen Voraussetzungen eine de facto „nicht gelebte" deutsche Staatsangehörigkeit de jure als ineffektiv zu gelten hat und damit kompetenzrechtlich unbeachtlich bleiben kann. Art. 5 Abs. 1 Satz 2 EGBGB gilt nur für das Kollisionsrecht; eine entsprechende internationalverfahrensrechtliche Vorschrift gibt es nicht.[4] Nach zutreffender Ansicht ist aber gleichwohl eine formale, schlicht auf den deutschen „Pass" abstellende Betrachtungsweise geboten.[5] Dies lässt sich am ehesten mit dem Gesetzeswortlaut vereinbaren und trägt zudem der Überlegung Rechnung, dass das deutsche (und europäische) Zivilverfahrensrecht der Rechtssicherheit in Zuständigkeitsfragen beson- 28

1 Klarstellend Staudinger/*Henrich*, Art. 21 EGBGB Rz. 143; richtig daher auch OLG Schleswig v. 19.10.2005 – 12 UF 225/04, OLGReport 2005, 744.

2 BGBl. I 1999, 1618; abgedruckt bei *Jayme/Hausmann*, Nr. 275. Einführend etwa *v. Hoffmann/Thorn*, § 5 Rz. 39 ff.

3 BGH v. 26.5.1982 – IVb ZR 675/80, NJW 1982, 1940.

4 Auf Art. 5 Abs. 1 Satz 2 EGBGB verweist aber etwa *Nagel/Gottwald*, § 3 Rz. 405.

5 Wie hier etwa BGH v. 18.6.1997 – XII ZB 156/95, NJW 1997, 3024; *Geimer*, Rz. 1086, 1327; *Schack*, Rz. 373. Zu FG-Sachen vgl. etwa *Geimer*, FS Jayme, S. 241 (259); im Ergebnis auch OLG Köln v. 8.5.2007 – 16 Wx 116/07, FamRZ 2008, 427. Anders aber noch KG v. 5.11.1997 – 3 UF 5133-97, NJW 1998, 1565.

dere Bedeutung beimisst, abstrakt-generelle Regeln also einem einzelfallorientierten Ansatz nach Vorbild der doctrine of forum non conveniens vorzieht (s. Rz. 8).

29 Gem. Art. 9 II. Nr. 5 FamRÄndG[1] stehen, soweit im deutschen Verfahrensrecht die Staatsangehörigkeit maßgebend ist, den deutschen Staatsangehörigen diejenigen gleich, die Deutsche iSv. **Art. 116 Abs. 1 GG** sind, ohne die deutsche Staatsangehörigkeit zu besitzen. Eine Gleichbehandlung von EU-Bürgern kann auch gemeinschaftsrechtlich geboten sein. Im Internationalen Verfahrensrecht ergibt sich dies speziell aus Art. 4 Abs. 2 Brüssel I-VO sowie Art. 7 Abs. 2 Brüssel IIa-VO. Zudem besteht eine Reihe von Sonderbestimmungen, die den Inländern bestimmte **Flüchtlinge, Verschleppte, Vertriebene und Asylbewerber** gleichstellen.[2]

2. Ausländische Staatsangehörige

30 Für das autonome deutsche Zuständigkeitsrecht ist es nur ausnahmsweise bedeutsam, dass ein Beteiligter Ausländer ist. Eine Rolle spielt dies aber gem. § 98 Abs. 1 Nr. 4 sowie §§ 343 Abs. 3, 105. Das Gemeinschafts- und das Konventionsrecht kennen besondere **Diskriminierungsverbote**, die eine zuständigkeitsrechtliche Schlechterstellung der Angehörigen ausländischer Staaten verhindern sollen. Hierher gehört etwa Art. 6 Buchst. b Brüssel IIa-VO, der zu Gunsten der Angehörigen anderer EU-Staaten einen Rückgriff auf nationales Zuständigkeitsrecht untersagt (s. § 98 Rz. 23). Dies gilt auch, wenn die fragliche Person zugleich die deutsche oder die Staatsangehörigkeit eines Drittstaats hat: Eine formale, auf den „EU-Pass" abstellende Betrachtungsweise erscheint geboten, weil das Gemeinschaftsrecht es verbietet, sich darüber hinwegzusetzen, dass ein anderer Mitgliedstaat einer Person seine Staatsangehörigkeit verliehen hat.[3]

3. Staatenlose

31 Staatenlose können kraft besonderer Vorschriften den Inländern gleichgestellt sein (s. Rz. 29). Vgl. im Übrigen § 98 Abs. 1 Nr. 3.

C. Grenzen der deutschen Gerichtsbarkeit

I. Völkerrechtliche Grenzen

32 Das Völkerrecht verbietet den Staaten, hoheitliche Handlungen außerhalb ihres Staatsgebietes vorzunehmen. Die Gerichtsbarkeit ist als hoheitliche Handlung auf das eigene Staatsgebiet beschränkt (Territorialitätsprinzip). Daher dürfen **im Ausland** grundsätzlich keine Verfahrenshandlungen, namentlich Zustellungen oder Beweisaufnahmen, vorgenommen werden; vielmehr sind die Gerichte auf **internationale Rechtshilfe** angewiesen.[4] Vgl. §§ 183, 363 ZPO (dazu Rz. 60).

33 Das Völkerrecht zieht der Ausübung von Gerichtsgewalt aber auch **im Inland** gewisse Grenzen. Unter dem (irreführenden) Begriff der Exterritorialität regeln §§ 18–20 GVG –

1 BGBl. I 1961, 1221; abgedruckt bei *Jayme/Hausmann*, Nr. 16.

2 Einzelheiten etwa bei Erman/*Hohloch*, Art. 5 EGBGB Rz. 66 ff.; Palandt/*Thorn*, Anh. II zu Art. 5 EGBGB.

3 Näher *Hau*, FamRZ 2000, 1333 (1337).

4 Vgl. speziell zur internationalen Rechtshilfe in FG-Sachen auch *Geimer*, FS Jayme, S. 241 (251 f.); Jansen/v. Schuckmann/Sonnenfeld/*Müther*, § 2 FGG Rz. 40 ff.

teilweise in Umsetzung völkerrechtlicher Verträge (s. § 97 Rz. 29) – die Befreiung von der inländischen Gerichtsbarkeit. Besonderen Schutz im Sinne weitreichender persönlicher **Immunität** genießen die Mitglieder diplomatischer Missionen (§ 18 GVG). Dies gilt gleichermaßen für streitige wie für freiwillige Angelegenheiten (einschließlich Personenstandssachen).[1] Demgegenüber sind Mitglieder konsularischer Vertretungen (§ 19 GVG) nur hinsichtlich solcher Handlungen befreit, die in Wahrnehmung konsularischer Aufgaben vorgenommen worden sind (sog. Amtsexemtion). Ob sich der Schutz von Staatsgästen (§ 20 GVG) auch auf familienrechtliche Angelegenheiten erstreckt, ist umstritten und zweifelhaft.[2]

II. Wesenseigene Unzuständigkeit bzw. wesensfremde Zuständigkeit

Verweist das deutsche Kollisionsrecht auf ausländisches Sachrecht, so ist dieses der Entscheidung zugrunde zu legen. Gleichwohl muss das deutsche Gericht nach überkommener Vorstellung ein von der lex causae vorgesehenes Tätigwerden verweigern, wenn dieses mit seiner verfassungsrechtlich vorgegebenen Rolle als Rechtsprechungsorgan völlig unvereinbar wäre. Dies kann daran liegen, dass die fragliche Tätigkeit entweder vom Gericht nicht zu bewältigen oder ihm nicht zuzumuten ist. Die Rede ist dann üblicherweise von einer dem deutschen Recht wesensfremden Zuständigkeit bzw. von der wesenseigenen (oder „sachlich internationalen") Unzuständigkeit des deutschen Gerichts.[3] So wenig man gegen diesen Grundsatz auch einwenden mag, so unklar ist, wann genau die Schwelle überschritten ist, ab der er zur Anwendung kommen soll. Der kollisionsrechtliche Ordre-public-Vorbehalt (Art. 6 EGBGB) taugt jedenfalls nicht zur Grenzziehung.[4] Auch wenn Gerichte gelegentlich mit angeblicher Wesensfremdheit argumentieren,[5] finden sich in neuerer Zeit kaum überzeugende Beispiele. Erwägen könnte man Wesensfremdheit, wenn einem deutschen Familiengericht angesonnen würde, eine Ehe durch Umwandlung in eine registrierte Partnerschaft nach niederländischem Recht aufzulösen.[6] Im Übrigen gelangt man regelmäßig schon mit Hilfe gewisser Modifikationen des deutschen Verfahrensrechts zu akzeptablen Ergebnissen. Zu Einzelfragen dieser sog. Anpassung s. Rz. 40 ff. 34

D. Verhältnis zum Internationalen Privatrecht; Relevanz ausländischen Rechts

I. Trennung von Kollisions- und Zuständigkeitsrecht

Der gut beratene Rechtsuchende wird, wenn Gerichtsstände in mehreren Staaten eröffnet sind, seine Wahl nicht zuletzt von dem im jeweiligen Forum maßgeblichen Kollisionsrecht abhängig machen („law shopping through forum shopping"). Für solche Überlegungen bleibt indes kein Raum, wenn ein Verfahren im Inland bereits eingeleitet ist: Gilt es dann zu bestimmen, ob die deutschen Gerichte international 35

1 Vgl. etwa *Kissel/Mayer*, § 18 GVG Rz. 22.
2 Verneinend etwa *Schack*, Rz. 145.
3 Zur bereits uneinheitlichen Terminologie etwa *Kropholler*, IPR § 57 II 1; *Schack*, Rz. 504.
4 Richtig *Kropholler*, IPR § 57 II 2.
5 Vgl. etwa KG v. 27.11.1998 – 3 UF 9545/97, IPRax 2000, 126 m. krit. Anm. *Herfarth*, 101 (revidiert durch BGH v. 6.10.2004 – XII ZR 225/01, BGHZ 160, 332 = NJW-RR 2005, 81).
6 Zum niederländischen Recht vgl. *Kampe*, StAZ 2008, 250 ff. Beachte auch OLG Celle v. 6.7.2005 – 10 VA 2/04, OLGReport 2006, 13.

zur Entscheidung berufen sind, so ist dabei die kollisionsrechtliche Frage ohne Belang, welches Recht in der Sache anzuwenden ist.[1] Im Anwendungsbereich des autonomen deutschen Rechts sind die Kollisionsnormen im EGBGB und die Zuständigkeitsgründe im FamFG geregelt; hybride Vorschriften wie Art. 23 EGBGB idF bis zur IPR-Reform 1986 vermeidet der heutige Gesetzgeber mit gutem Grund. Ohnehin ist es sinnvoll, die gerichtliche Zuständigkeitsprüfung nach Möglichkeit nicht mit mitunter schwierigen kollisionsrechtlichen Fragen zu belasten.

36 Es gibt auch **keinen automatischen Gleichlauf**: Von der internationalen Zuständigkeit deutscher Gerichte darf nicht ohne weiteres auf die Anwendbarkeit deutschen Sachrechts geschlossen werden.[2] Ebenso wenig zieht die Berufung deutschen Sachrechts durch das deutsche IPR die internationale Zuständigkeit deutscher Gerichte nach sich[3] bzw. umgekehrt die Maßgeblichkeit ausländischen Sachrechts die internationale Unzuständigkeit deutscher Gerichte.[4] Eine Absage hat das FamFG insbesondere der früher vorherrschenden Meinung erteilt, deutsche Nachlassgerichte seien grundsätzlich nur international zuständig, wenn deutsches Sachrecht anwendbar ist (s. § 105 Rz. 25).

II. Lex-fori-Prinzip

37 In Fällen mit Auslandsbezug entnimmt das Gericht die verfahrensrechtlichen Regelungen (Rechtssätze ad ordinem litis) grundsätzlich dem im Gerichtsstaat geltenden Verfahrensrecht (also der sog. lex fori); demgegenüber muss es die in der Sache anzuwendenden materiellrechtlichen Regelungen (Rechtssätze ad decisionem) erst kollisionsrechtlich ermitteln. Dieses sog. Lex-fori-Prinzip (forum regit processum) ist im Grundsatz sowohl in streitigen wie in freiwilligen Angelegenheiten anerkannt.[5] Im Übrigen wird daraus auch abgeleitet, dass sich die Abgrenzung von streitiger und freiwilliger Gerichtsbarkeit nach deutschen Vorstellungen (also nicht etwa nach der lex causae) bestimmt.[6] Daraus wiederum folgt beispielsweise, dass das Scheidungsverfahren ungeachtet der lex causae im Inland nicht durch Klage, sondern durch Antrag eingeleitet wird.[7]

38 Für das Lex-fori-Prinzip streitet seine Praktikabilität; denn die Gerichte sind mit der Anwendung des heimischen Rechts vertraut, und es entsprechen sich Gerichtsaufbau und Verfahrensregeln. Das Praktikabilitätsargument vermag das Prinzip aber nicht

1 Richtig etwa Jansen/v. Schuckmann/Sonnenfeld/*Müther*, vor §§ 3–5 FGG Rz. 29. Ausführlich zu Wertungsparallelen und -divergenzen *Mankowski*, FS Heldrich, S. 867 ff.

2 Abwegig Keidel/*Engelhardt*, § 35b FGG Rz. 3: Vorschriften wie §§ 35b, 43b FGG seien „einseitig formuliert (dh. es ist nur bestimmt, wann deutsche Gerichte zuständig sind und nicht auch, wann das ausländische Recht anwendbar ist), aber allseitig gemeint." Fehl geht dabei die Berufung auf BT-Drucks. 10/504, S. 92 (vgl. zur Bedeutung des Begriffspaars einseitig/allseitig ebenda, S. 89).

3 So für Statussachen aber noch Jansen/*v. Schuckmann*/Sonnenfeld, § 1 FGG Rz. 184.

4 Für einen solchen Gleichlauf, wiederum insbesondere in Statussachen, aber noch Jansen/*v. Schuckmann*/Sonnenfeld, § 1 FGG Rz. 185 f.

5 Allgemein zum Diskussionsstand etwa *Geimer*, Rz. 319 ff.; *Schack*, Rz. 40 ff. Vgl. speziell zu FG-Sachen etwa Keidel/*Sternal*, vor §§ 3–5 FGG Rz. 11; Jansen/*v. Schuckmann*/Sonnenfeld, § 1 FGG Rz. 191.

6 Richtig etwa *Geimer*, FS Jayme, S. 241 (252); *v. Hoffmann/Thorn*, § 3 Rz. 296; Jansen/*v. Schuckmann*/Sonnenfeld, § 1 FGG Rz. 191.

7 *Henrich*, Rz. 98.

allein zu tragen (sonst wäre auch im materiellen Recht die Anwendung ausländischen Rechts zu vermeiden), sondern nur in Verbindung mit dem Neutralitätsargument: Weil das Verfahrensrecht zwar Verhaltensnormen für das Gericht und die Parteien aufstellt, aber nicht das Ergebnis der Sachentscheidung vorgibt, wird der internationale Entscheidungseinklang nicht dadurch beeinträchtigt, dass jedes Gericht sein eigenes Verfahrensrecht anwendet.

Vor diesem Hintergrund zeigt sich: Es muss gewährleistet sein, dass sachentscheidende Normen nicht ohne weiteres der lex fori unterstellt bzw. als ausländisches Verfahrensrecht außer Betracht bleiben. Für die gebotene **Abgrenzung zwischen materiellem Recht und Verfahrensrecht** können daher nicht etwa äußere Kriterien (wie der Standort einer Vorschrift im FamFG oder im BGB) den Ausschlag geben, sondern nur funktionelle Kriterien. Als problematisch erweist sich diese Abgrenzung (sowie die These von der Entscheidungsneutralität des Verfahrensrechts) vor allem im Bereich des Beweisrechts: Wer beispielsweise im deutschen Abstammungsverfahren unter Berufung auf die Lex-fori-Regel außer Betracht lassen möchte, dass das Heimatrecht des Betroffenen den Nachweis der nichtehelichen Vaterschaft nur unter besonderen Voraussetzungen zulässt, nimmt damit in Kauf,[1] dass deutsche Gerichte zu einem anderen Ergebnis gelangen als die Gerichte im Heimatstaat. 39

III. Relevanz ausländischen Rechts; Anpassung

Gerade in den vom FamFG erfassten Angelegenheiten ist augenfällig, dass materielles und Verfahrensrecht oft eng verzahnt sind.[2] Dies zeigt sich besonders deutlich bei Gestaltungsentscheidungen, aber auch bei Feststellungs- und Leistungsentscheidungen. Bisweilen beeinflusst das Sachrecht die Ausgestaltung des Verfahrens so stark, dass es geboten erscheint, das deutsche Verfahrensrecht (zu dessen grundsätzlicher Geltung s. Rz. 37 ff.) an das anwendbare ausländische Sachrecht anzupassen: Einzelne sog. **sachrechtsergänzende Verfahrensvorschriften** des fremden Rechts können also auch vom deutschen Richter anzuwenden sein, bzw. umgekehrt können einzelne Ordnungsvorschriften des deutschen Verfahrensrechts, die dem ausländischen Sachrecht fremd sind, angepasst werden oder womöglich sogar völlig außer Betracht bleiben. Dahinter steht das Ziel, einerseits den Anspruch auf Rechtsschutz im Inland zu erfüllen, andererseits die Anerkennung der deutschen Entscheidung im Ausland auch dann zu sichern, wenn dies nach dortigem Recht die Wahrung bestimmter Verfahrensregeln erfordert.[3] 40

Für diese sog. Anpassung gibt es eine Reihe praktisch relevanter **Beispiele**: So kann das deutsche Gericht eine Trennung von Tisch und Bett (als Vorstufe oder als wesensgleiches Minus zur Eheauflösung) aussprechen.[4] Sofern im ausländischen Recht zwingend vorgesehen, kann das deutsche Gericht einen besonderen Sühneversuch unternehmen[5] bzw. das Verfahren aussetzen, um Gelegenheit zur Versöhnung zu geben, 41

1 Vgl. die Beispiele bei *Nagel/Gottwald*, § 5 Rz. 96.
2 Richtig schon *Geimer*, FS Jayme, S. 241 (242 ff.).
3 Vgl. Garbe/Ullrich/*Andrae*, § 11 Rz. 277 ff.; *Henrich*, Rz. 100 ff.; *Nagel/Gottwald*, § 5 Rz. 75 ff.; jeweils mit weiteren Beispielen.
4 Grundlegend BGH v. 22.3.1967 – IV ZR 148/65, NJW 1967, 2109. Vgl. auch die Klarstellung in BT-Drucks. 16/6308, S. 226, dass die für Ehesachen maßgeblichen Verfahrensregeln einschlägig seien.
5 Vgl. OLG Bremen v. 14.1.1983 – 5 UF 102/82a, IPRax 1985, 47.

einen Staatsanwalt beiziehen,[1] zur Wiederaufnahme des ehelichen Lebens auffordern[2] oder den Scheidungsgrund (Schuldausspruch) in den Tenor aufnehmen.[3] Dem deutschen Recht dürfte es aber wesensfremd sein, dem deutschen Familiengericht die Beendigung einer Ehe durch Umwandlung in eine registrierte Partnerschaft nach niederländischem Recht abzuverlangen.[4] Im Abstammungsverfahren ist § 172 erweiternd anzupassen, wenn das ausländische Anfechtungsstatut den Kreis der materiell Anfechtungsberechtigten weiter steckt als das deutsche Recht den Kreis der Beteiligten (s. § 100 Rz. 8). Weitere Beispiele finden sich etwa im Bereich des Erbrechts.[5]

42 Solange der deutsche ordre public (Art. 6 EGBGB) nicht tangiert ist, kann eine Anpassung des deutschen Erkenntnisverfahrens an die ausländischen Verfahrensvorschriften selbst dann erfolgen, wenn es sich um **religiös geprägte Normen** handelt (wie zB in islamischen Rechtsordnungen).[6] Demnach ist das deutsche Gericht nicht gehindert, den Antragsgegner zum Ausspruch der Scheidungsformel zu verurteilen; dies wäre weder eine den deutschen Gerichten wesensfremde Tätigkeit (s. Rz. 34) noch eine nach deutschem Recht unzulässige Verurteilung zur Vornahme einer religiösen Handlung. Nichts anderes folgt in solchen Fällen aus dem Umstand, dass für eine entsprechende Entscheidung im Ausland ein religiöses Gericht zuständig wäre.

IV. Ermittlung und Überprüfung ausländischen Rechts

43 Soweit das FamFG auf die Vorschriften der ZPO verweist (vgl. § 113 Abs. 1 Satz 2), richtet sich die **Ermittlung ausländischen Rechts** nach § 293 ZPO. Diese Vorschrift setzt die Möglichkeit des Strengbeweises, insbesondere durch das Einholen von Sachverständigengutachten, voraus (obwohl auch ausländisches Recht Rechtssatzqualität hat), gestattet aber eben auch den Freibeweis (Satz 2). In FG-Sachen soll § 293 ZPO weder direkt noch entsprechend heranzuziehen sein.[7] Dies bedeutet freilich nur, dass kein Strengbeweis in Betracht kommt (arg.: § 30 FamFG); vielmehr bleibt es bei §§ 26, 29 Abs. 1 FamFG.

44 Eine § 545 Abs. 1 ZPO aF vergleichbare Eingrenzung des „revisiblen" Rechts enthält § 72 Abs. 1 FamFG nicht. Daher kann die neu konzipierte **Rechtsbeschwerde** in sämtlichen vom FamFG erfassten Angelegenheiten auch auf die Verletzung ausländischen Kollisions- und Sachrechts gestützt werden.[8] Dies entspricht der bisherigen Rechtslage

1 Vgl. OLG Bremen v. 14.1.1983 – 5 UF 102/82a, IPRax 1985, 47; OLG Frankfurt v. 7.11.1983 – 1 WF 168/83, NJW 1984, 572.

2 Ablehnend aber OLG Stuttgart v. 28.6.2005 – 17 UF 280/04, IPRax 2007, 131 m. krit. Anm. *Heiderhoff*, 118 f.

3 BGH v. 1.4.1987 – IVb ZR 40/86, NJW 1988, 636 (638); OLG Karlsruhe v. 22.9.1994 – 2 UF 147/93, FamRZ 1995, 738; OLG Zweibrücken v. 30.8.1996 – 2 UF 78/95, FamRZ 1997, 430.

4 Zum niederländischen Recht vgl. *Kampe*, StAZ 2008, 250 ff. Beachte auch OLG Celle v. 6.7.2005 – 10 VA 2/04, OLGReport 2006, 13.

5 Vgl. etwa Staudinger/*Dörner*, Art. 25 EGBGB Rz. 817 (zur sog. Herabsetzungsklage übergangener Erben) und Rz. 852 (mit Beispielen aus dem Nachlassverfahrensrecht).

6 Vgl. BGH v. 6.10.2004 – XII ZR 225/01, BGHZ 160, 332 = NJW-RR 2005, 81 (dazu *Henrich*, FamRZ 2004, 1958; *Rauscher*, IPRax 2005, 313), dort zum Verfahren und zu den Voraussetzungen der Inlandsscheidung iranischer Staatsangehöriger schiitischen Glaubens auf Antrag der Ehefrau. Beachte zu diesem Problemkreis auch Garbe/Ullrich/*Andrae*, § 11 Rz. 277 f.; *Linke*, Rz. 45; *Unberath*, IPRax 2004, 515.

7 Jansen/v. Schuckmann/Sonnenfeld/*Briesemeister*, § 12 FGG Rz. 36 f.

8 Darauf geht BT-Drucks. 16/6308, S. 210 nicht ein. Zu § 545 Abs. 1 ZPO nF vgl. BT-Drucks. 16/9733, S. 301.

zur weiteren Beschwerde gem. § 27 FGG,[1] während bislang namentlich in Ehesachen in der Revisionsinstanz häufig nur mit einer Verletzung von § 293 ZPO argumentiert werden konnte.[2]

E. Sonstige Besonderheiten von Verfahren mit Auslandsbezug

I. Beteiligten- und Verfahrensfähigkeit; Vertretung

Ausgehend von der Lex-fori-Regel ergibt sich die **Beteiligtenfähigkeit** aus § 8, die **Verfahrensfähigkeit** aus § 9 FamFG. Wäre ein Ausländer nach Maßgabe des deutschen Rechts verfahrensfähig, so ist es wegen § 9 Abs. 5 FamFG, § 55 ZPO unschädlich, wenn ihm sein Heimatrecht die Verfahrensfähigkeit abspricht. Umgekehrt lässt sich aus § 9 Abs. 5 FamFG, § 55 ZPO die Grundregel ableiten, dass allemal als verfahrensfähig anzusehen ist, wer dies nach seinem Heimatrecht ist.[3] Für die Beteiligtenfähigkeit von Ausländern dürften die zu § 50 ZPO entwickelten Grundsätze[4] entsprechend gelten. 45

Die **Vertretung** einer verfahrensunfähigen Person bestimmt sich nicht etwa ohne weiteres nach deutschem Recht, sondern nach dem anwendbaren Sachrecht (Art. 21, 24 EGBGB). Vorrang genießt einschlägiges Konventionsrecht, namentlich also das MSA (künftig: KSÜ).[5] 46

II. Parallelverfahren im Ausland

Auch und gerade in grenzüberschreitenden Angelegenheiten, die in den sachlichen Anwendungsbereich des FamFG fallen, kommt es nicht selten zu **positiven Kompetenzkonflikten**:[6] Dies gilt sowohl in Amtsverfahren (wenn sich die Gerichte mehrerer Staaten für zuständig erachten und darauf gestützt tätig werden) als auch in Antragsverfahren (wenn entweder ein Antragsteller in mehreren Staaten um Rechtsschutz nachsucht oder wenn sich die Beteiligten mit Anträgen in verschiedenen Staaten regelrecht bekämpfen). Unerwünscht ist dies nicht nur unter verfahrensökonomischen Gesichtspunkten, sondern auch deshalb, weil einander widersprechende Entscheidungen insbesondere in Statusangelegenheiten den internationalen Entscheidungseinklang empfindlich stören und deshalb nach Möglichkeit zu vermeiden sind. Abhilfe verspricht ein System, das eine einzige Primärzuständigkeit und ergänzend nur subsidiäre Hilfszuständigkeiten vorsieht; auf diesem Modell basiert das HErwSÜ (s. § 104 Rz. 13 ff.). Normalerweise sind hingegen, nicht zuletzt um Rechtsschutzlücken (negative Kompetenzkonflikte) sicher zu vermeiden, konkurrierende Zuständigkeiten eröffnet. Zur Bewältigung der dann drohenden „multi-fora disputes" bedarf es besonderer Instrumente, die sowohl im Gemeinschafts- und Konventionsrecht als auch im autonomen deutschen Recht vorgesehen sind. 47

1 S. Jansen/v. Schuckmann/Sonnenfeld/*Briesemeister*, § 27 FGG Rz. 32.
2 Vgl. zum Unterschied etwa *Geimer*, FS Jayme, S. 241 (252 f.).
3 Vgl. etwa MüKo.ZPO/*Lindacher*, § 55 ZPO Rz. 1; *Schack*, Rz. 535.
4 Einzelheiten bei MüKo.ZPO/*Lindacher*, § 50 ZPO Rz. 66 ff.; *Schack*, Rz. 530 ff.
5 Näher etwa Staudinger/*Henrich*, Art. 20 EGBGB Rz. 79 ff., dort zum Abstammungsverfahren.
6 Dazu *Hau*, Positive Kompetenzkonflikte, passim.

1. Gemeinschafts- und Konventionsrecht

48 Werden **Unterhaltsstreitigkeiten** in mehreren EU- oder LugÜ-Staaten ausgetragen, greifen Art. 27 ff. Brüssel I-VO bzw. Art. 21 LugÜ ein (näher Anhang zu § 245 Rz. 59 ff.). Im Anwendungsbereich der Brüssel IIa-VO regelt Art. 19, was zu tun ist, wenn in zwei Mitgliedstaaten parallele **Eheauflösungs- oder Kindschaftsverfahren** eingeleitet worden sind.[1] Der Vorrang zwischen mehreren zuständigen Gerichten wird dabei jeweils nach dem Prioritätsprinzip ermittelt (vgl. Art. 27 Abs. 1 Brüssel I-VO; Art. 19 Abs. 3 Brüssel IIa-VO), wobei die vorgesehenen verordnungsautonomen Bestimmungen des maßgeblichen Zeitpunkts (vgl. Art. 30 Brüssel I-VO; Art. 16 Brüssel IIa-VO) dafür sorgen, dass das „race to the courthouse" nicht durch unterschiedliche nationale Verfahrensvorschriften verzerrt wird.[2] Im Ergebnis wird damit der Wettlauf der Parteien um die frühere Verfahrenseinleitung von den Zufälligkeiten des internationalen Rechtshilfeverkehrs in Zustellungssachen abgekoppelt.

49 Der augenfälligste Unterschied zum deutschen autonomen Recht besteht darin, dass die genannten Vorschriften die Beachtung ausländischer Parallelverfahren nicht davon abhängig machen, ob das inländische Gericht eine positive Prognose hinsichtlich der **Anerkennungsfähigkeit** der zu erwartenden ausländischen Entscheidung erstellen kann.[3] Bemerkenswert ist außerdem, dass – wiederum abweichend vom autonomen deutschen Recht – das früher eingeleitete Verfahren ein späteres auch dann sperren kann, wenn keine **Streitgegenstandsidentität** besteht: Sofern beide Verfahren dieselbe Ehe betreffen, ist es für den Eintritt der Sperre gem. Art. 19 Abs. 1 Brüssel IIa-VO unerheblich, ob die konkurrierenden Anträge auf Scheidung, Ungültigerklärung oder bloße Trennung lauten.[4] Dabei erhellt die in Art. 19 Abs. 3 Satz 2 Brüssel IIa-VO eigens eröffnete Möglichkeit, den später angebrachten Antrag im vorrangigen Verfahren weiterzuverfolgen, dass Rechtshängigkeits- und Rechtskraftsperre nicht notwendig deckungsgleich sind, vielmehr ein sachlich engeres Verfahren ein weiter gehendes, aber eben nachrangiges zu blockieren vermag.[5]

50 Zum **weiteren Verfahren** ist zu beachten: Sobald die Zuständigkeit des zuerst angerufenen Gerichts feststeht, erklären sich die später angerufenen Gerichte – die das Verfahren bis dahin bereits ausgesetzt hatten (Art. 19 Abs. 1 Brüssel IIa-VO) – endgültig für unzuständig (Abs. 3). Über den Wortlaut des Art. 16 Brüssel IIa-VO hinaus, dürfte der dort bestimmte Zeitpunkt indes nicht nur zur Ermittlung des zuerst angerufenen Gerichts entscheidend sein, sondern allgemeiner für die Frage, wann im Falle von Verfahrenskonkurrenzen die Zuständigkeit vorzuliegen hat: Art. 19 Brüssel IIa-VO gibt dem zuerst angerufenen Gericht nur Gelegenheit, seine Kompetenz zu „klären", nicht aber, sie erst „herbeizuführen". Angenommen also, der Mann macht ein Scheidungsverfahren in Deutschland anhängig, obwohl die Frist des Art. 3 Abs. 1 Buchst. a Strich 5 oder 6 Brüssel IIa-VO noch läuft, und währenddessen leitet seine Frau ein Verfahren in Frankreich ein, wobei sich das dortige Gericht beispielsweise schon auf

1 Näher etwa *Breuer*, Rz. 285 ff.; *Henrich*, Rz. 15 ff.

2 Vgl. etwa KG v. 17.1.2005 – 16 WF 206/04, NJW-RR 2005, 881 = FamRZ 2005, 1685, dort noch zur Vorgängerregelung in Art. 11 Abs. 4 Buchst. a Brüssel II-VO.

3 Statt vieler: Staudinger/*Spellenberg*, Art. 19 EheGVO Rz. 17 f.; *Rauscher*, Art. 19 Brüssel IIa-VO Rz. 2.

4 Vgl. etwa OLG Zweibrücken v. 10.3.2006 – 6 WF 41/06, FamRZ 2006, 1043 (polnisches Verfahren auf Trennung von Tisch und Bett sperrt späteres deutsches Scheidungsverfahren). Zur Unanwendbarkeit im Falle früherer Rechtshängigkeit des Trennungsverfahrens in einem Drittstaat vgl. AG Seligenstadt v. 17.1.2008 – 32 F 695/5 S, IPRax 2008, 443 m. Anm. *Jayme*.

5 Rechtspolitische Kritik übt daran *Rauscher*, Art. 19 Brüssel IIa-VO Rz. 8 und 19 ff.

Art. 3 Abs. 1 Buchst. a Strich 2 Brüssel IIa-VO stützen kann: Zwar müsste das französische Gericht, da später angerufen, sein Verfahren zunächst aussetzen; dennoch führt die Zuständigkeitsprüfung des deutschen Gerichts, auch wenn die Frist inzwischen verstrichen ist, zu einem negativen Ergebnis, so dass letztlich doch das französische Verfahren fortgeführt wird.

2. Autonomes deutsches Recht

Auch ausländische Parallelverfahren, die vom sachlichen und/oder räumlich-persönlichen Anwendungsbereich des Gemeinschafts- oder Konventionsrechts nicht erfasst werden, können im Inland beachtlich sein. 51

Für **Ehe- und Familienstreitsachen** gelten § 113 Abs. 1 Satz 2 FamFG, § 261 Abs. 3 Nr. 1 ZPO entsprechend für bereits im Ausland eingeleitete Verfahren, die denselben Streitgegenstand wie das inländische betreffen.[1] Die weit reichende Sperrwirkung des Art. 19 Brüssel IIa-VO (s. Rz. 49) vermag ein drittstaatliches Verfahren selbst dann nicht zu entfalten, wenn sich die internationale Zuständigkeit der deutschen Gerichte aus ebendieser Verordnung ergibt; mithin wird ein deutsches Scheidungsverfahren mangels Streitgegenstandsidentität nicht durch ein früher eingeleitetes brasilianisches Trennungsverfahren blockiert.[2] 52

Im Falle früherer ausländischer Rechtshängigkeit sind für die entsprechende Anwendung von § 261 Abs. 3 Nr. 1 ZPO zwei wichtige Besonderheiten zu beachten, die dem **Justizgewährungsanspruch** Rechnung tragen:[3] Zum einen soll das inländische Verfahren nicht eingestellt, sondern (analog § 148 ZPO) vorerst nur ausgesetzt werden, bis im ausländischen Parallelverfahren eine Entscheidung ergangen ist, die im Inland anerkennungsfähig ist. Zum anderen wird bereits die Aussetzung des inländischen Verfahrens von einer **positiven Anerkennungsprognose** abhängig gemacht, dieses Verfahren also fortgeführt, sofern absehbar ist, dass die im Ausland zu erwartende Entscheidung in Deutschland voraussichtlich nicht anerkennungsfähig sein wird.[4] Die Anerkennungsfähigkeit (bzw. die diesbezügliche Prognose) ist anhand des jeweils maßgeblichen Anerkennungsregimes zu beurteilen, also anhand von § 109 oder vorrangiger internationaler Bestimmungen. § 107 monopolisiert zu Gunsten der Landesjustizverwaltung nur die Anerkennung im Ausland bereits erlassener Entscheidungen, betrifft hingegen nicht die hier diskutierte Anerkennungsprognose (s. § 107 Rz. 67). 53

Besonderes geregelt ist in § 99 Abs. 2–4, § 104 Abs. 2 die Beachtlichkeit von Verfahren in **Vormundschafts-, Betreuungs-, Unterbringungs- und Pflegschaftssachen**, die im Ausland anhängig sind (bislang: §§ 47, 69e Abs. 1 Satz 1, 70 Abs. 4 FGG). Dem Gesetz- 54

1 Zu diesem Erfordernis im Falle unterschiedlicher Scheidungsgründe sowie bei Konkurrenz von staatlicher und Privatscheidung vgl. BGH v. 28.5.2008 – XII ZR 61/06, BGHZ 176, 365 = FamRZ 2008, 1409 m. Anm. *Henrich*, 1413. Streitgegenstandsidentität wurde etwa verneint im Fall OLG Koblenz v. 19.10.2005 – 11 WF 498/05, OLGReport 2006, 972 (im Inland als Folgesache anhängig gemachte Stufenklage auf Auseinandersetzung des gesetzlichen Güterstandes der Errungenschaftsbeteiligung; in der Türkei Zahlungsklage wegen missbräuchlicher Verfügungen des Ehegatten über gemeinsam erwirtschaftete Vermögensgegenstände im unmittelbaren zeitlichen Zusammenhang mit der Trennung der Parteien).

2 Lehrreich AG Seligenstadt v. 17.1.2008 – 32 F 695/5 S, IPRax 2008, 443 m. Anm. *Jayme*.

3 Vgl. zu den Einzelheiten etwa *Geimer*, Rz. 2685 ff.; *Nagel/Gottwald*, § 5 Rz. 212 ff.; *Schack*, Rz. 747 ff.; *Reuß*, Jura 2009, 1 (3 ff.).

4 Zum Grundsatz etwa BGH v. 28.5.2008 – XII ZR 61/06, BGHZ 176, 365 = FamRZ 2008, 1409 m. Anm. *Henrich*, 1413.

geber ging es dabei um eine nicht starr am Prioritätsprinzip orientierte, sondern „elastische Regel, die den Gerichten Ermessensspielraum gibt".[1] Fraglich ist die **Verallgemeinerungsfähigkeit** solcher Regeln: Hat ein deutsches Gericht grundsätzlich von einer Sachentscheidung abzusehen, wenn ein ausländisches Gericht mit derselben Angelegenheit befasst ist? Kommt es dabei auf zeitliche Priorität an, und falls ja: wonach beurteilt sich diese? Weder dem FamFG noch den Materialien ist eine klare Antwort zu entnehmen. Insbesondere ließe sich der Hinweis, dass in § 2 Abs. 1 nur von der örtlichen Zuständigkeit die Rede ist,[2] unter Berufung auf den Rechtsgedanken des § 105 entkräften.[3] Wie schon nach früherem Recht liegt es im Interesse des internationalen Entscheidungseinklangs idR näher, dass das später mit der Angelegenheit befasste deutsche Gericht mit Rücksicht auf das ausländische Parallelverfahren zunächst nicht zur Sache entscheidet. Entsprechend den Überlegungen zu § 261 Abs. 3 Nr. 1 ZPO setzt dies allerdings voraus, dass eine positive Anerkennungsprognose möglich ist (s. Rz. 53).[4] Im Übrigen schließt die Anhängigkeit eines ausländischen Hauptsacheverfahrens es nicht aus, im Inland einstweilige Anordnungen zu erlassen.[5]

3. Abwehrmaßnahmen gegen ausländische Verfahren

55 Ist ein ausländisches Parallelverfahren nach den soeben dargelegten Grundsätzen im Inland **unbeachtlich**, so hat das deutsche Gericht zur Sache zu entscheiden. Insbesondere ist ohne Belang, ob die ausländischen Gerichte sich nach dortigem Recht als ausschließlich zuständig erachten.[6]

56 Nur in extremen Ausnahmefällen kann im Inland eine gerichtliche Entscheidung (bzw. einstweilige Anordnung) erwirkt werden, die einer Partei das Einleiten oder Fortsetzen eines Verfahrens im Ausland untersagt.[7] Im innereuropäischen Rechtsverkehr bleibt für solche sog. **antisuit injunctions** ohnehin kein Raum.[8]

III. Kooperation von Gerichten; Abgabe von Verfahren

57 Grenzüberschreitende Kommunikation oder gar Kooperation von Gerichten über die Grenzen hinweg erweist sich, ausgehend vom überkommenen völkerrechtlichen **Territorialitätsprinzip** (s. Rz. 32), zunächst als bedenklich. Gleichwohl ist sie insbesondere in Fürsorgeverfahren, aber etwa auch in Unterhaltssachen häufig sinnvoll oder sogar unabdingbar, um in Fällen mit Bezügen zu mehreren Staaten sachgerechte Lösungen erzielen zu können. Rechnung trägt diesem Gedanken der deutsche Gesetzgeber (etwa mit dem AUG), vor allem aber das Gemeinschafts- und Konventionsrecht (vgl. etwa Art. 53 ff. Brüssel IIa-VO, Art. 10 f. MSA, Art. 29 ff. KSÜ, Art. 6 ff. HKEntfÜ, Art. 6 ff. HAdoptÜ, Art. 28 ff. HErwSÜ, UNUntÜ).

---

1 So BT-Drucks. 10/504, S. 95, dort zu § 47 FGG.

2 Vgl. Staudinger/*v. Hein*, Art. 24 EGBGB Rz. 125.

3 Offen gelassen in BT-Drucks. 10/504, S. 95, dort zum Vorrang von § 47 FGG vor einer entsprechenden Anwendung von § 4 FGG.

4 Wie hier zum früheren Recht etwa Keidel/*Engelhardt*, § 35b FGG Rz. 14; *Kegel/Schurig*, § 22 VII; Jansen/v. Schuckmann/Sonnenfeld/*Müller-Lukoschek*, § 35b FGG Rz. 19.

5 Keidel/*Engelhardt*, § 35b FGG Rz. 14.

6 Richtig etwa Keidel/*Schmidt*, Einl. Rz. 70.

7 Näher etwa *Hau*, Positive Kompetenzkonflikte, S. 190 f.; *Nagel/Gottwald*, § 5 Rz. 300 ff.; *Schack*, Rz. 769 ff.

8 Vgl. EuGH v. 27.4.2004 – Rs. C-159/02 (Turner/Grovit), EuGHE 2004, 3565; dazu etwa *Hau*, ZZP Int. 9 (2004), 186.

Aus denselben Erwägungen wird immer häufiger die Möglichkeit einer **grenzüberschreitenden Verfahrensabgabe** eröffnet: Das Gericht darf, auch wenn es an sich international zuständig ist, von einer eigenen Sachentscheidung absehen und stattdessen das Verfahren an ein ausländisches Gericht abgeben[1] bzw. ein solches um Übernahme ersuchen. Vgl. §§ 99 Abs. 3, 104 Abs. 2 FamFG, Art. 15 Brüssel IIa-VO, Art. 6 MSA, Art. 8 f. KSÜ, Art. 8 HErwSÜ. Entsprechend solcher Vorschriften kommt auch die **Übernahme eines ausländischen Verfahrens** durch ein deutsches Gericht in Betracht,[2] wobei dieses allerdings seine internationale Zuständigkeit eigenständig zu prüfen hat. 58

Davon zu unterscheiden ist die Lehre von der sog. **Zuständigkeitsverweisung** (bzw. Renvoi-Zuständigkeit): Danach sollen die deutschen Gerichte, obwohl das deutsche Verfahrensrecht keine Zuständigkeit eröffnet, auch dann zur Entscheidung berufen sein, wenn ein ausländisches Gericht Rechtsschutz mit der Begründung verweigert, die deutschen Gerichte sollten entscheiden. Diese Lehre ist weder mit dem deutschen Zuständigkeitsrecht vereinbar noch sachgerecht.[3] Droht im Einzelfall ein negativer Kompetenzkonflikt, bleibt allenfalls an eine Notzuständigkeit zu denken (s. Rz. 19). 59

IV. Internationales Zustellungs- und Beweisrecht

Das Territorialitätsprinzip begrenzt die Möglichkeit grenzüberschreitender richterlicher Tätigkeit und begründet damit die Notwendigkeit **internationaler Rechtshilfe**. Soweit das FamFG hinsichtlich Zustellungs- und Beweisfragen auf die Vorschriften der ZPO verweist (vgl. §§ 15 Abs. 2, 30 Abs. 1, 113 Abs. 1 Satz 2 FamFG), bezieht sich dies auch auf die internationalverfahrensrechtlichen Regelungen zur Zustellung (§§ 183 f., 1067 ff. ZPO) und zur Beweisaufnahme (§§ 363, 1072 ff. ZPO), und zwar jeweils einschließlich der mit diesen Vorschriften ausgeführten EG-Verordnungen (s. § 97 Rz. 31 f.). Festzuhalten bleibt allerdings, dass der FamFG-Gesetzgeber nicht über die Maßgeblichkeit der EuZVO und der EuBVO disponieren kann: Soweit deren sachlicher Anwendungsbereich neben streitigen auch Angelegenheiten der freiwilligen Gerichtsbarkeit umfasst,[4] sind die Verordnungen selbst dann heranzuziehen, wenn das FamFG nicht auf die genannten ZPO-Regeln verweist. 60

V. Verfahrenskostenhilfe und Verfahrenskostensicherheit

Fragen der Prozess- bzw. Verfahrenskostenhilfe sind vor allem in Familiensachen mit Auslandsbezug von großer praktischer Bedeutung.[5] 61

Seit der PKH-Novelle 1980[6] können **inlandsansässige natürliche Personen** unabhängig von ihrer Staatsangehörigkeit PKH nach Maßgabe von §§ 114 ff. ZPO für ein im Inland durchzuführendes Verfahren erhalten. Das lässt sich gem. § 76 Abs. 1 FamFG auf die Verfahrenskostenhilfe (VKH) übertragen. Was die Bewilligungsvoraussetzungen an- 62

1 Für ausgeschlossen erklärten dies, ungeachtet § 47 Abs. 2 FGG, noch *Bassenge/Roth*, § 4 FGG Rz. 6; Keidel/*Sternal*, vor §§ 3–5 FGG Rz. 17.
2 Jansen/v. Schuckmann/Sonnenfeld/*Müller-Lukoschek*, § 47 FGG Rz. 27; Staudinger/*v. Hein*, Art. 24 EGBGB Rz. 127.
3 Wie hier etwa *Geimer*, Rz. 1018; *Schack*, Rz. 399; jeweils mN zum Streitstand.
4 Näher dazu Rauscher/*v. Hein*, Art. 1 EG-BewVO Rz. 4, 6 f.
5 Vgl. dazu und zum Folgenden etwa *Breuer*, Rz. 180 ff.
6 BGBl. I 1980, 677.

geht, gelten kaum Besonderheiten. Insbesondere ist die Rechtsverfolgung im Inland nicht vorschnell als mutwillig zu qualifizieren: Wenn deutsche Gerichte zur Entscheidung berufen sind, darf PKH/VKH nicht ohne weiteres mit der Begründung versagt werden, der Antragsteller könne sein Recht kostengünstiger im Ausland verfolgen.[1]

63 Im Falle von Bedürftigen, die **in anderen EU-Staaten ansässig** sind, ist die PKH-RL 2003/8/EG v. 27.1.2003 zu beachten.[2] Die Bezugnahme auf „Streitsachen" (Art. 1 Abs. 2 PKH-RL) dürfte keineswegs dahingehend zu verstehen sein, dass Angelegenheiten der freiwilligen Gerichtsbarkeit ausgeschlossen sein sollen.[3] Die PKH-RL wurde in Deutschland in §§ 1076 bis 1078 ZPO umgesetzt,[4] die wegen § 76 Abs. 1 FamFG auch im Anwendungsbereich des FamFG gelten. § 1078 ZPO regelt eingehende Ersuchen, mithin den Fall, dass eine in einem anderen EU-Staat ansässige natürliche Person in Deutschland einen Prozess führen oder die Zwangsvollstreckung betreiben möchte und sich deshalb an die Übermittlungsstelle ihres Wohnsitz- oder Aufenthaltsstaats wendet; die Staatsangehörigkeit des Antragstellers spielt dabei keine Rolle. Die ausländische Übermittlungsstelle leitet das Ersuchen an die deutsche Empfangsbehörde weiter. Freilich bleibt es dem Antragsteller, wie Art. 13 Abs. 1 PKH-RL klarstellt, unbenommen, sich unmittelbar an das deutsche Gericht zu wenden und bei diesem nach allgemeinen Regeln um PKH/VKH nachzusuchen. Gem. § 1078 Abs. 3 ZPO ist grenzüberschreitende PKH/VKH in Deutschland auch dann zu gewähren, wenn der auslandsansässige Antragsteller nachweist, dass er die Kosten der Prozessführung gerade deshalb nicht aufbringen kann, weil die Lebenshaltungskosten in seinem Wohnsitz- oder Aufenthaltsstaat höher sind als die inländischen. Weder in der PKH-RL noch in § 1078 Abs. 3 ZPO wird ausdrücklich geregelt, wie umgekehrt zu verfahren ist, wenn die ausländischen Lebenshaltungskosten niedriger als die inländischen sind. Die Auffassung, in diesem Fall seien die nach § 115 Abs. 2 und 3 ZPO maßgeblichen Sätze zu Lasten des Antragstellers zu modifizieren, hat der BGH zutreffend zurückgewiesen.[5]

64 Auch Bedürftige, die **in einem Drittstaat ansässig** sind, werden in Deutschland seit der PKH-Novelle 1980 unterstützt. Von Bedeutung sind dabei die in Art. 21 bis 23 HZPÜ (s. § 97 Rz. 30) vorgesehenen Verfahrens- und Übermittlungsregeln. Für die Entgegennahme von Bewilligungsanträgen, die gem. Art. 23 Abs. 1 HZPÜ von einem ausländischen Konsul innerhalb Deutschlands übermittelt werden, ist der Präsident des LG oder AG zuständig, in dessen Bezirk PKH/VKH gewährt werden soll (§ 9 AusfG zum HZPÜ).

65 Gem. § 110 Abs. 1 ZPO, § 113 Abs. 1 Satz 2 FamFG können Antragsteller, die weder in der EU noch im EWR ansässig sind, in Ehe- und Familienstreitsachen auf Verlangen des Antragsgegners zur **Sicherheitsleistung wegen der Verfahrenskosten** gehalten sein. Allerdings bestehen weit reichende Ausnahmeregelungen kraft Konventionsrechts (§ 110 Abs. 2 Nr. 1 ZPO); dies gilt etwa gem. Art. 9 Abs. 2 UNUntÜ und Art. 17 ff. HZPÜ.[6] Beachte zudem § 110 Abs. 2 Nr. 2 ZPO.

1 Zutreffend *Nagel/Gottwald*, § 4 Rz. 96; *Mankowski*, IPRax 1999, 155 ff. Näher zu den streitigen Einzelfragen *Motzer*, FamRBint 2008, 16 (20).
2 ABl. EG 2003 Nr. L 26/41, berichtigt ABl. EU 2003 Nr. L 32/15.
3 Ebenso etwa *Schoibl*, JBl. 2006, 142 (148).
4 EG-Prozesskostenhilfegesetz, BGBl. I 2004, 3392.
5 BGH v. 10.6.2008 – VI ZB 56/07, NJW-RR 2008, 1453; dazu *Motzer*, FamRBint 2009, 6.
6 BGBl. II 1958, 577. Beachte die Länderübersicht zu § 110 Abs. 2 ZPO bei Zöller/*Geimer*, Anhang V.

§ 98
Ehesachen; Verbund von Scheidungs- und Folgesachen

(1) Die deutschen Gerichte sind für Ehesachen zuständig, wenn

1. ein Ehegatte Deutscher ist oder bei der Eheschließung war;

2. beide Ehegatten ihren gewöhnlichen Aufenthalt im Inland haben;

3. ein Ehegatte Staatenloser mit gewöhnlichem Aufenthalt im Inland ist;

4. ein Ehegatte seinen gewöhnlichen Aufenthalt im Inland hat, es sei denn, dass die zu fällende Entscheidung offensichtlich nach dem Recht keines der Staaten anerkannt würde, denen einer der Ehegatten angehört.

(2) Die Zuständigkeit der deutschen Gerichte nach Absatz 1 erstreckt sich im Fall des Verbunds von Scheidungs- und Folgesachen auf die Folgesachen.

Literatur: s. § 97 vor Rz. 1.

A. Überblick

1 Beachte vorab zu Begriff und Prüfung der internationalen Zuständigkeit sowie zu den Besonderheiten von Verfahren mit Auslandsbezug die Ausführungen vor §§ 98–106. Zur spiegelbildlichen Anwendung von § 98 bei der Prüfung der Anerkennungszuständigkeit ausländischer Gerichte gem. § 109 Abs. 1 Nr. 1 und Abs. 2 s. dort Rz. 19 ff.

2 § 98 Abs. 1 regelt die internationale Zuständigkeit für Ehesachen iSv. § 121; § 98 Abs. 2 erstreckt diese Zuständigkeit für den Fall des Verbunds auf die Folgesachen. § 106 stellt klar, dass es sich nicht um ausschließliche Zuständigkeiten handelt. Im **bisherigen Recht** ergab sich eine §§ 98 Abs. 1, 106 FamFG entsprechende Regelung aus § 606a Abs. 1 ZPO, während eine ausdrückliche gesetzliche Regelung zur internationalen Verbundzuständigkeit fehlte.

B. Vorrang der Brüssel IIa-VO in Ehesachen

3 Als Bestimmung des nationalen Rechts wird § 98 Abs. 1 in erheblichem Maße durch die Brüssel IIa-VO (Text: Anhang 2 zu § 97; s. auch § 97 Rz. 8 ff.) verdrängt.[1] Diese ist in allen Mitgliedstaaten einheitlich anzuwenden (zum Vorabentscheidungsverfahren s. § 97 Rz. 12). Nach Möglichkeit soll eine verordnungsautonome Auslegung erfolgen; nur ausnahmsweise ist demnach auf das im Forum geltende Recht (lex fori) oder das in der Sache anwendbare Recht (lex causae) zurückzugreifen.

I. Sachlicher Anwendungsbereich

4 Die Brüssel IIa-VO regelt nur **Ehestatussachen** (Art. 1 Abs. 1 Buchst. a), nicht jedoch, mit Ausnahme von Kindschaftsangelegenheiten (s. Rz. 40), die Folgesachen. Allerdings sind weitere vorrangige gemeinschafts- und konventionsrechtliche Regelungen hinsichtlich der von § 98 Abs. 2 thematisierten Folgesachen zu beachten (s. Rz. 46).

5 Die bislang weit überwiegende Auffassung beharrt auf einem autonomen und traditionellen Verständnis des in der Brüssel IIa-VO zugrunde gelegten **Ehebegriffs**. Sie lehnt es daher de lege lata ab, als Ehe iSd. Verordnung auch gleichgeschlechtliche Lebenspartnerschaften oder zumindest die nach einigen Rechtsordnungen (Niederlande, Belgien) möglichen gleichgeschlechtlichen Ehen zu qualifizieren.[2] Ausgeklammert bleiben aber auch sonstige rechtlich verfestigte Lebensformen von Partnern verschiedenen Geschlechts, die das ausländische (etwa das französische oder niederländische) Recht ausdrücklich als Minus gegenüber der Ehe ausgestaltet.[3] Zum Ehebegriff in § 98 s. Rz. 33.

6 Art. 1 Abs. 1 Buchst. a Brüssel IIa-VO benennt die erfassten **Ehesachen**, nämlich die Ehescheidung sowie die Ungültigerklärung; als solche ist auch die Eheaufhebung des deutschen Rechts (§ 1314 BGB) zu qualifizieren. Ferner erfasst die Brüssel IIa-VO die – dem deutschen Eherecht unbekannte – Trennung ohne Auflösung des Ehebandes (sowie die Umwandlung in eine Ehescheidung, arg. Art. 5 Brüssel IIa-VO).[4] Nach vorzugswürdiger, aber umstrittener Auffassung dürften trotz des auf Gestaltungsanträge zugeschnittenen Wortlauts auch **Feststellungsanträge** – und zwar sowohl positive wie negative (vgl. § 121 Nr. 3 FamFG) – in den Anwendungsbereich fallen. Dafür spricht entscheidend der Normzweck der Verordnung, eine europaweite Klärung des Ehestatus zu ermöglichen.[5] Konsequenterweise können dann aber Verfahren betreffend die **Herstellung des ehelichen Lebens**, insoweit im Einklang mit dem Wortlaut der Ver-

---

1 Deutlich etwa *Henrich*, Rz. 1 („nur noch marginale Bedeutung"); *Schack*, Rz. 372 („in der Praxis verschwindend gering"); *Streicher/Köblitz*, § 2 Rz. 39.

2 Statt vieler: *Andrae*, § 10 Rz. 5; *Dilger*, Rz. 98 ff. (aber für Einbeziehung der Mehrehe); Hk-ZPO/*Dörner*, Art. 1 EheGVVO Rz. 7; Thomas/Putzo/*Hüßtege*, vor Art. 1 EuEheVO Rz. 5; MüKo. ZPO/*Gottwald*, Art. 1 EheGVO Rz. 5; Hausmann/Hohloch/*Martiny*, Kap. 12 Rz. 116; *Rauscher*, Art. 1 Brüssel IIa-VO Rz. 3; Staudinger/*Spellenberg*, Art. 1 EheGVO Rz. 11.

3 *Dilger*, Rz. 102 ff.; Hausmann/Hohloch/*Martiny*, Kap. 12 Rz. 52; *Rauscher*, Art. 1 Brüssel IIa-VO Rz. 3.

4 Dazu *Rieck*, FPR 2007, 427; *Pabst*, FPR 2008, 230.

5 Wie hier etwa *Breuer*, Rz. 201; Thomas/Putzo/*Hüßtege*, Art. 1 EuEheVO Rz. 2; *Rauscher*, Art. 1 Brüssel IIa-VO Rz. 7 f.; *Schack*, RabelsZ 65 (2001), 615 (620). Zumindest für negative Feststellungsanträge *Rausch*, FuR 2001, 151 (153). Ablehnend indes Hk-ZPO/*Dörner*, Art. 1 EheGVVO Rz. 8; *Helms*, FamRZ 2001, 257 (259); Staudinger/*Spellenberg*, Vor §§ 606a, 328 ZPO, Rz. 6, 8; ausführlich *Dilger*, Rz. 131 ff.

ordnung, ausgeklammert bleiben (zur internationalen Zuständigkeit nach deutschem Recht s. Rz. 32).[1]

Ausweislich Art. 2 Nr. 1 und 2 Brüssel IIa-VO muss nicht unbedingt ein **Gericht** zur Entscheidung berufen sein; vielmehr werden auch die in einigen Mitgliedstaaten vorgesehenen Eheauflösungsverfahren vor **Verwaltungsbehörden** bzw. Standesämtern erfasst. Für die internationale Zuständigkeit spielt dies aus deutscher Sicht wegen Art. 17 Abs. 2 EGBGB zwar keine Rolle, womöglich aber für die Frage, ob ein ausländisches Parallelverfahren nach Maßgabe von Art. 19 Brüssel IIa-VO beachtlich sein kann (dazu vor §§ 98–106 Rz. 48 ff.). Für die Anwendbarkeit der Brüssel IIa-VO ist nicht etwa ausschlaggebend, ob der Behörde ein Entscheidungsspielraum zusteht,[2] sondern nur, dass ihre Mitwirkung nach der lex causae – sei es konstitutiv oder deklaratorisch[3] – vorgeschrieben ist. Fehlt hingegen jegliche behördliche Mitwirkung, handelt es sich um eine reine **Privatscheidung**, die nicht in den Anwendungsbereich der Brüssel IIa-VO fällt (s. auch Rz. 55).[4] 7

Streitig ist die Behandlung von Verfahren vor **kirchlichen Gerichten**. Manche wollen diese einbeziehen, wenn ein Fall der Beleihung vorliegt, der Forumstaat die kirchlichen Instanzen also mit Rechtsprechungskompetenz versehen hat.[5] Nach anderer Auffassung fallen in den Anwendungsbereich hingegen nur staatsgerichtliche Verfahren, in denen es darum geht, den kirchlichgerichtlichen Entscheidungen staatliche Wirkung beizumessen.[6] Demnach wäre beispielsweise ein in Angelegenheiten zwischen griechischen Muslimen vor dem Mufti in Griechenland geführtes Scheidungsverfahren trotz der dort gesetzlich anerkannten Gerichtsbarkeit des Mufti als solches kein staatliches Verfahren iSd. Verordnung; nichts anderes folgte daraus, dass die Entscheidung des Mufti vom griechischen Gericht (ohne inhaltliche Überprüfung) für vollstreckbar erklärt werden kann.[7] 8

Art. 3 ff. Brüssel IIa-VO regeln nur die internationale Zuständigkeit („Gerichte des Mitgliedstaats"), nicht die **örtliche Zuständigkeit**; für diese bleibt es beim nationalen Recht (§ 122 FamFG). 9

1 Ebenso *Dilger*, Rz. 188.

2 Wie hier etwa *Rauscher*, Art. 1 Brüssel IIa-VO Rz. 4. Anders *Kampe*, StAZ 2008, 250 (251), dort zur Beendigung einer Ehe durch Umwandlung in eine registrierte Partnerschaft nach niederländischem Recht.

3 *Hau*, FamRZ 1999, 484 (485); *Dornblüth*, S. 56 f.; *Niklas*, S. 54 f.; *Dilger*, Rz. 97 Fn. 11; Thomas/Putzo/*Hüßtege*, Art. 1 EuEheVO Rz. 9. Eine konstitutive Mitwirkung verlangt hingegen etwa *Rauscher*, Art. 1 Brüssel IIa-VO Rz. 6.

4 Statt mancher: Thomas/Putzo/*Hüßtege*, Art. 1 EuEheVO Rz. 3; *Rauscher*, Art. 1 Brüssel IIa-VO Rz. 6; *Dilger*, Rz. 97.

5 *Helms*, FamRZ 2001, 257 (259); *Breuer*, Rz. 202.

6 So *Rauscher*, Art. 1 Brüssel IIa-VO Rz. 5. Noch enger OLG Frankfurt v. 16.1.2006 – 1 UF 40/04, IPRspr 2006, Nr. 146, 318: Ein vor dem Mufti in Griechenland geführtes Scheidungsverfahren ist trotz der dort gesetzlich anerkannten Gerichtsbarkeit des Mufti in Angelegenheiten zwischen griechischen Muslimen kein staatliches Verfahren iSd. Verordnung. Dies gelte auch dann, wenn die Entscheidung des Mufti vom zuständigen griechischen Gericht für vollstreckbar erklärt wurde, da die Vollstreckbarerklärung keine inhaltliche Überprüfung der Mufti-Entscheidung beinhalte.

7 OLG Frankfurt v. 16.1.2006 – 1 UF 40/04, IPRspr 2006, Nr. 146, 318.

II. Zeitlicher Anwendungsbereich

10 Die Zuständigkeitsregeln der Brüssel IIa-VO betreffen gem. Art. 64 Abs. 1, Art. 72 Abs. 2 nur Verfahren, die nach dem 1.3.2005 iSv. Art. 16 eingeleitet wurden.

III. Räumlich-persönlicher Anwendungsbereich

11 Die Brüssel IIa-VO gilt für alle EU-Staaten (vgl. im Einzelnen Art. 299 EG), allerdings mit Ausnahme **Dänemarks** (Art. 2 Nr. 3; vgl. Erwägungsgrund Nr. 31).

12 Die **Staatsangehörigkeit** der Ehegatten ist für die Anwendbarkeit der Brüssel IIa-VO irrelevant. Daher können beispielsweise auch Scheidungsverfahren türkischer Eheleute erfasst werden.[1] Allerdings kann die Staatsangehörigkeit eine Rolle für die internationale Zuständigkeit spielen (s. Art. 3 Abs. 1 Buchst. a Strich 6 und Buchst. b, Art. 6 Buchst. b Brüssel IIa-VO).

13 Der räumlich-persönliche Anwendungsbereich der Zuständigkeitsregeln – und damit der Restanwendungsbereich des mitgliedstaatlichen Rechts (dazu 3) – ist in der Verordnung nicht abstrakt festgelegt, sondern lässt sich nur durch eine Analyse ihrer Gerichtsstände (dazu 1) und ihres Vorranganspruchs (dazu 2) bestimmen.

1. Brüssel IIa-Gerichtsstände

14 Ob die Gerichte eines Mitgliedstaats zur Entscheidung in der Ehesache international zuständig sind, bestimmt sich für Antrag und Gegenantrag (Art. 4 Brüssel IIa-VO) nach dem abschließenden Katalog des Art. 3 Abs. 1 Brüssel IIa-VO. Die dort vorgesehenen **Zuständigkeitsgründe** sind in normativer Hinsicht untereinander **gleichrangig**, freilich nicht in systematischer; insbesondere ist die Anknüpfung an den gewöhnlichen Aufenthalt beider Parteien (Buchst. a Strich 1) wegen der ohne weiteres eröffneten Zuständigkeit am gewöhnlichen Aufenthaltsort des Antragsgegners (Buchst. a Strich 3) schlicht redundant.

15 Angeknüpft wird an den gewöhnlichen Aufenthalt des Antragsgegners (Buchst. a Strich 3), an den kraft Zeitablaufs verfestigten (Buchst. a Strich 5) und/oder durch andere Faktoren verstärkten (Buchst. a Strich 2, 4 und 6) **gewöhnlichen Aufenthalt** des Antragstellers und schließlich an die **gemeinsame Staatsangehörigkeit** – bzw. für das Vereinigte Königreich und Irland an das gemeinsame domicile[2] – der Parteien (Buchst. b).[3] Während der Begriff des gewöhnlichen Aufenthalts gemeinschaftsrechtlich autonom auszulegen ist (s. vor §§ 98–106 Rz. 22), bestimmt sich die Staatsangehörigkeit bzw. das domicile nach dem jeweils in Betracht kommenden Heimatstaat. Allerdings darf im Falle eines Mehrstaaters kein Gericht die von einem anderen Mitgliedstaat verliehene Staatsangehörigkeit als ineffektiv außer Betracht lassen (s. vor §§ 98 bis 106 Rz. 28).[4]

---

1 Vgl. AG Leverkusen v. 29.11.2007 – 33 F 173/06, FamRZ 2007, 1758.

2 Zu diesem Begriff KG v. 4.4.2007 – 3 UF 129/06, EuLF 2007, II-120.

3 Zur Frage nach der (zweifelhaften) Gemeinschaftsrechtskonformität von Art. 3 Abs. 1 Brüssel IIa-VO vgl. *Hau*, FamRZ 2000, 1333 (1335 ff.); diese bejaht etwa *Looschelders*, FS Kropholler, S. 329 (338, 340 f.).

4 Beachte zur Behandlung von Mehrstaatern das Vorabentscheidungsersuchen der französischen Cour de cassation v. 21.4.2008 (Rs. Hadadi), beim EuGH geführt als Rs. C-168/08, ABl. EU 2008 Nr. C 158/13; vgl. die Schlussanträge der Generalanwältin v. 12.3.2009.

Besonderes Gewicht räumt Art. 3 Abs. 1 Brüssel IIa-VO dem gewöhnlichen Aufenthaltsort allein des Antragsgegners (Buchst. a Strich 3), aber auch – in den qualifizierten Fällen von Buchst. a Strich 2, 4, 5 sowie 6 – dem gewöhnlichen Aufenthaltsort allein des Antragstellers ein. Damit geht die Brüssel IIa-VO etwa über das deutsche Recht hinaus, das dem inländischen Aufenthalt einer Partei nur eingeschränkt Bedeutung zugesteht (§ 98 Abs. 1 Nr. 3 und 4 FamFG). Ob die **„Klägergerichtsstände"** der Brüssel IIa-VO rechtspolitisch angemessen sind oder dem Schutz des Antragsgegners zu wenig gerecht werden, wird kontrovers diskutiert.[1] 16

Einer Gerichtsstandsvereinbarung oder einer rügelosen Einlassung im technischen Sinne misst Art. 3 Abs. 1 Brüssel IIa-VO keine zuständigkeitsbegründende Funktion bei (beachte für Kindschaftssachen jedoch Art. 9 Abs. 2 und 12 Brüssel IIa-VO; zu Reformplänen in Ehesachen s. § 97 Rz. 36 f.). Allerdings knüpft Buchst. a Strich 4 zu Gunsten des Aufenthaltsstaats nur einer Partei (genauer: des Antragstellers; ansonsten greift bereits Strich 3) die Entscheidungszuständigkeit an den **gemeinsamen Antrag** der Ehegatten. Dies korrespondiert etwa mit dem französischen Scheidungsrecht, bereitet dem deutschen Recht aber Schwierigkeiten, das zwar die einverständliche Scheidung (vgl. § 134 FamFG), jedoch keine gemeinsame Antragsschrift der Ehegatten kennt. Dennoch läuft dieser Zuständigkeitsgrund auch in Deutschland nicht leer, sofern man – was der Wortlaut zulassen dürfte – auf sachliches Einvernehmen innerhalb desselben Verfahrens statt auf die gemeinsame Verfahrenseinleitung abstellt. Demnach wirkte es zuständigkeitsbegründend, wenn der Antragsgegner seinerseits die Scheidung beantragt, wohl aber auch, wenn er dem Scheidungsantrag lediglich iSv. § 1566 Abs. 1 Var. 2 BGB zustimmt. 17

Anders als beispielsweise § 98 Abs. 1 Nr. 1 FamFG knüpft Art. 3 Brüssel IIa-VO keinen Gerichtsstand an die **Staatsangehörigkeit** nur eines Ehegatten. Vielmehr werden Staatsangehörigkeit (bzw. das domicile) nur in zwei Fällen relevant: zum einen, wenn beide Parteien darüber verfügen (Abs. 1 Buchst. b), zum anderen, um eine Verkürzung der zuständigkeitsbegründenden gewöhnlichen Aufenthaltsdauer des Antragstellers zu rechtfertigen (Abs. 1 Buchst. a Strich 6). Bedenklich sind beide Regeln wegen des gemeinschaftsrechtlichen Verbots der Diskriminierung anhand der Staatsangehörigkeit (Art. 12 EG).[2] 18

Eng gefasst ist Art. 3 Abs. 1 Brüssel IIa-VO auch, was den maßgeblichen **Zeitpunkt** angeht: Abweichend von § 98 Abs. 1 Nr. 1 Var. 2 FamFG (Antrittszuständigkeit) genügt es nicht, dass zuständigkeitsrelevante Umstände nur in der Vergangenheit vorgelegen haben. Eine Ausnahme ergibt sich lediglich aus Buchst. a Strich 2, wonach der letzte gewöhnliche Aufenthalt beider Parteien in einem Mitgliedstaat die Zuständigkeit begründet, sofern dort noch immer eine der Parteien (will sagen: der Antragsteller; ansonsten: Buchst. a Strich 3) ansässig ist. 19

2. Vorrang der Brüssel IIa-VO

Muss das in einer Ehesache angerufene deutsche Gericht den räumlich-persönlichen Geltungsanspruch der vorrangigen Brüssel IIa-VO hinsichtlich der internationalen Entscheidungszuständigkeit ausloten, so empfiehlt sich folgender **Prüfungsablauf**: Es ist 20

---

1 Dazu *Hau*, FamRZ 2000, 1333 (1334); *Looschelders*, FS Kropholler, S. 329 (335 ff.).

2 Dazu *Hau*, FamRZ 2000, 1333 (1335 ff.); vgl. zudem etwa Thomas/Putzo/*Hüßtege*, Art. 3 EuEheVO Rz. 9; *Schack*, Rz. 370; ausführlich *Dilger*, Rz. 404 ff. Für Gemeinschaftsrechtskonformität aber *Looschelders*, FS Kropholler, S. 329 (338, 340).

nacheinander zu klären, ob Art. 3 Brüssel IIa-VO im Zeitpunkt der Verfahrenseinleitung (Art. 16 Brüssel IIa-VO) eine Zuständigkeit im Forumstaat (dazu a) oder zwar nicht dort, jedoch in einem anderen Mitgliedstaat (dazu b) oder aber in keinem Mitgliedstaat (dazu c) eröffnet.[1]

a) Brüssel IIa-Zuständigkeit des Forumstaats

21 Die Möglichkeit, zugleich freilich auch die Notwendigkeit für einen Rückgriff auf autonomes Kompetenzrecht ist dem angerufenen Gericht genommen, wenn seine Zuständigkeit bereits nach Maßgabe von Art. 3 Brüssel IIa-VO besteht. Ohne Belang ist dabei, ob der zu entscheidende Sachverhalt irgendeinen weiteren „Gemeinschaftsbezug" aufweist.[2] Begehrt beispielsweise in Deutschland eine hier (oder in der Türkei) ansässige Türkin die Scheidung von ihrem inlandsansässigen deutschen Mann, so ergibt sich die internationale Zuständigkeit deutscher Gerichte bereits aus Art. 3 Abs. 1 Buchst. a Strich 3 Brüssel IIa-VO, der somit § 98 Abs. 1 Nr. 1 ZPO verdrängt.[3] Der Vorrang der Brüssel IIa-VO folgt in einem solchen Fall nicht aus Art. 6 Brüssel IIa-VO, denn dieses Gerichtsstandsprivileg bewahrt ausdrücklich nur vor einem auf autonomes Kompetenzrecht gestützten Verfahren in einem anderen Mitgliedstaat als demjenigen, zu dem die privilegbegründende Beziehung des Antragsgegners besteht. Ausschlaggebend ist vielmehr Art. 7 Abs. 1 Brüssel IIa-VO, dessen eindeutiger Wortlaut in einem solchen Fall keinen Rückgriff auf autonomes Recht vorsieht.

22 Eröffnet Art. 3 Brüssel IIa-VO einen Gerichtsstand im Forumstaat, so korrespondiert damit ein gemeinschaftsrechtlich begründeter Justizgewährungsanspruch des Antragstellers. Das angerufene Gericht darf sein Tätigwerden daher nicht unter Berufung darauf verweigern, der fragliche Zuständigkeitsgrund sei der lex fori unbekannt. Ebenso wenig darf es sich zum „forum non conveniens" erklären, also darauf verweisen, dass die Inanspruchnahme der Zuständigkeit angesichts der konkreten Umstände des Einzelfalls unangemessen erscheine (arg.: Umkehrschluss aus Art. 15 Brüssel IIa-VO, dazu § 99 Rz. 17; s. auch vor §§ 98–106 Rz. 8).

b) Brüssel IIa-Zuständigkeit eines anderen Mitgliedstaats

23 Ergibt sich aus dem Katalog des Art. 3 Abs. 1 Brüssel IIa-VO kein Gerichtsstand in dem vom Antragsteller gewählten Forum, wohl aber in (wenigstens) einem anderen Mitgliedstaat, so folgt die Unanwendbarkeit des autonomen Kompetenzrechts regelmäßig bereits aus einem der beiden in Art. 6 Brüssel IIa-VO vorgesehenen **Gerichtsstandsprivilegien**. Dies gilt, wenn im Forum zwar kein von Art. 3 Brüssel IIa-VO rezipierter Zuständigkeitsgrund verwirklicht ist, der Antragsgegner aber seinen gewöhnlichen Aufenthalt in einem anderen Mitgliedstaat hat (Art. 6 Buchst. a Brüssel IIa-VO; dortige Zuständigkeit gem. Art. 3 Abs. 1 Buchst. a Strich 3 Brüssel IIa-VO) oder beide Parteien über die Staatsangehörigkeit eines anderen Mitgliedstaats verfügen (Art. 6 Buchst. b Brüssel IIa-VO; dortige Zuständigkeit gem. Art. 3 Abs. 1 Buchst. b Brüssel IIa-VO). Ferner gilt Entsprechendes, wenn beide Parteien ihr domicile im Vereinigten Königreich bzw. in Irland haben.

24 Das Heranziehen eines Zuständigkeitsgrunds des autonomen Rechts kann mit Rücksicht auf die Zuständigkeit eines anderen Mitgliedstaats allerdings auch ausgeschlos-

1 Näher bereits *Hau*, FPR 2002, 617 ff.
2 Klarstellend OLG Koblenz v. 29.5.2008 – 7 UF 812/07, NJW 2008, 2929.
3 Verkannt etwa von AG Prüm v. 17.5.2002 – 2 F 22/02, FamRZ 2002, 1561.

sen sein, obwohl kein Fall des Art. 6 Brüssel IIa-VO vorliegt. Dies hat inzwischen auch der EuGH klargestellt.[1] So verhält es sich beispielsweise, wenn eine deutsche Frau, die sich seit einem Jahr gewöhnlich in Frankreich aufhält, in Deutschland von ihrem in der Schweiz lebenden schweizerischen Mann geschieden werden möchte: Weil Art. 3 Abs. 1 Buchst. a Strich 5 Brüssel IIa-VO den französischen Gerichten die Zuständigkeit zuweist, kommt ein auf § 98 Abs. 1 Nr. 1 FamFG (hier: Staatsangehörigkeit allein der Antragstellerin) gestütztes Verfahren in Deutschland nicht in Betracht; wegen der Brüssel IIa-eigenen Zuständigkeit (irgend-)eines Mitgliedstaats sind die Voraussetzungen nicht erfüllt, unter denen Art. 7 Abs. 1 Brüssel IIa-VO den Rückgriff auf autonomes deutsches Recht gestattet.

Eine solche Sperre kann also nicht nur, wie in den Fällen des Art. 6 Brüssel IIa-VO, mit Rücksicht auf die Person des Antragsgegners ausgelöst werden, sondern auch mit dem Ziel, weitergehend ein als angemessen empfundenes einheitliches Zuständigkeitsregime in den Mitgliedstaaten zu begründen. Legitim erscheint dieses Regelungsziel deshalb, weil auf diese Weise die Basis für die Freizügigkeit von Entscheidungen gelegt ist, die gem. Art. 24 Brüssel IIa-VO nicht unter dem Vorbehalt einer Überprüfung der Anerkennungszuständigkeit steht. 25

Eröffnet die Brüssel IIa-VO nicht in dem vom Antragsteller gewählten Forum, wohl aber in einem anderen Mitgliedstaat einen Gerichtsstand, so hat sich das angerufene Gericht gem. Art. 17 Brüssel IIa-VO von Amts wegen für unzuständig zu erklären. 26

c) Brüssel IIa-Zuständigkeit keines Mitgliedstaats

Schließlich kann der Rückgriff auf autonomes Kompetenzrecht versperrt sein, obwohl Art. 3 Brüssel IIa-VO keine Zuständigkeit irgendeines Mitgliedstaats vorsieht. Man denke an den Fall, dass der Antragsgegner zwar die Staatsangehörigkeit eines Mitgliedstaats, seinen gewöhnlichen Aufenthalt aber in einem Drittstaat hat (Art. 3 Abs. 1 Buchst. a Strich 3 Brüssel IIa-VO also nicht einschlägig ist), der Antragsteller (noch) nicht die Anforderungen für einen „Klägergerichtsstand" nach Art. 3 Abs. 1 Buchst. a Strich 5 bzw. 6 Brüssel IIa-VO erfüllt und auch Art. 3 Abs. 1 Buchst. b Brüssel IIa-VO nicht greift. Dann kann die Gerichtspflichtigkeit des Antragsgegners nicht auf vereinheitlichtes Kompetenzrecht gestützt werden, doch erlaubt Art. 6 Brüssel IIa-VO den Rückgriff auf autonomes Kompetenzrecht immerhin im Heimatstaat des Antragsgegners. Die Durchführung des Eheauflösungsverfahrens im Heimatstaat hängt also davon ab, ob dieser eine Zuständigkeit zu Lasten seines eigenen Staatsangehörigen eröffnet. Dies ist nach einigen mitgliedstaatlichen Rechtsordnungen der Fall. Leben beispielsweise ein Franzose und seine deutsche Frau in der Schweiz, bewahrt Art. 6 Buchst. b Brüssel IIa-VO die Frau davor, dass der Mann die Scheidung gestützt auf seine französische Staatsangehörigkeit in Frankreich betreibt, während es ihm offen steht, das Verfahren in Deutschland gestützt auf § 98 Abs. 1 Nr. 1 FamFG einzuleiten. 27

Begründet Art. 3 Brüssel IIa-VO im Falle eines durch Art. 6 Buchst. b Brüssel IIa-VO privilegierten Antragsgegners keinen Gerichtsstand in wenigstens einem Mitgliedstaat, bietet aber auch der Heimatstaat des Antragsgegners nach dortigem autonomen Recht kein Forum, so hat es damit sein Bewenden: Sämtliche mitgliedstaatlichen Gerichte sind international unzuständig; weder eine Prorogation noch eine rügelose Einlassung kommt als zuständigkeitsbegründender Umstand in Betracht. Ebenso we- 28

1 EuGH v. 29.11.2007 – C-68/07 (Sundelind Lopez/Lopez Lizazo), NJW 2008, 207 = FamRZ 2008, 128. Beachte auch den Fall KG v. 4.4.2007 – 3 UF 129/06, EuLF 2007, II-120.

nig bleibt in diesem Fall ohne weiteres Raum für eine Notzuständigkeit nach Maßgabe der lex fori, etwa gestützt auf die Staatsangehörigkeit des Antragstellers. Festzuhalten bleibt daher, dass die Brüssel IIa-VO der beispielsweise im deutschen Recht ausweislich § 98 Abs. 1 Nr. 1 FamFG verbreiteten Vorstellung, der Justizgewährungsanspruch garantiere stets eine Zuständigkeit im Heimatstaat des Antragstellers, eine klare Absage erteilt.

3. Restanwendungsbereich des nationalen Zuständigkeitsrechts

a) Grundsatz

29 Ergibt sich aus Art. 3 Brüssel IIa-VO die Zuständigkeit keines Mitgliedstaats und greift zudem keines der beiden Gerichtsstandsprivilegien des Art. 6 Brüssel IIa-VO ein, darf sich das angerufene Gericht auf die oben erörterten weiter gehenden Zuständigkeitsgründe nach der jeweiligen lex fori stützen. Hält sich beispielsweise die deutsche Antragstellerin ebenso wie ihr schweizerischer Ehemann gewöhnlich in der Schweiz auf, eröffnet ihr Art. 7 Abs. 1 Brüssel IIa-VO die Möglichkeit, das Scheidungsverfahren gestützt auf § 98 Abs. 1 Nr. 1 FamFG vor deutschen Gerichten zu betreiben. In diesem Fall gestattet Art. 7 Abs. 1 Brüssel IIa-VO den Rückgriff auf Restzuständigkeiten zu Gunsten der Antragstellerin selbst dann, wenn sie sich zwar gewöhnlich in einem anderen Mitgliedstaat aufhält, in zeitlicher Hinsicht aber den Anforderungen an einen „Klägergerichtsstand" nach Maßgabe von Art. 3 Abs. 1 Buchst. a Strich 5 bzw. 6 Brüssel IIa-VO noch nicht genügt.[1] Dafür spricht de lege lata zum einen der Hinweis, dass Art. 7 Abs. 2 Brüssel IIa-VO ansonsten weitgehend leer liefe, zum anderen der *Borrás*-Bericht;[2] dagegen spricht – allerdings nur de lege ferenda[3] – der Umstand, dass diese Interpretation von Art. 7 Abs. 1 Brüssel IIa-VO die Mindestfristen des Art. 3 Brüssel IIa-VO aus den Angeln hebt und Art. 7 Abs. 2 Brüssel IIa-VO ohnehin rechtspolitisch fragwürdig ist (s. Rz. 30).

b) Personenbezogene Erweiterung der Restzuständigkeit

30 Ist dem angerufenen mitgliedstaatlichen Gericht nach Maßgabe von Art. 6 und 7 Abs. 1 Brüssel IIa-VO der Rückgriff auf die etwaig über Art. 3 Brüssel IIa-VO hinausgehenden Zuständigkeitsgründe der lex fori freigestellt, kann kraft Gemeinschaftsrechts die Bedeutung des autonomen Rechts sogar noch erweitert sein: Gem. Art. 7 Abs. 2 Brüssel IIa-VO darf sich jeder Mitgliedstaatsangehörige zu Lasten eines Antragsgegners, der den Schutz des Art. 6 Brüssel IIa-VO nicht genießt, auf die im Mitgliedstaat seines gewöhnlichen Aufenthalts geltenden Inländerprivilegien stützen. Der Verordnungsgeber war also nicht bereit, solche Privilegien insgesamt zu beseitigen, sondern begnügte sich damit, wenigstens ihren Ausbau zu Gunsten bestimmter Antragsteller anzuordnen. Damit wird zwar der Unterschied zwischen Art. 3 Abs. 1 Buchst. a Strich 5 und Strich 6 Brüssel IIa-VO teilweise eingeebnet, doch wird dieser Fortschritt auf Kosten von Antragsgegnern aus Drittstaaten erzielt. Diese „Wagenburg-Mentalität" des Art. 7 Abs. 2 Brüssel IIa-VO ist in Statusangelegenheiten rechtspolitisch verfehlt.[4]

1 Wie hier AnwK-BGB/*Gruber*, Anh. I zum III. Abschnitt EGBGB, Art. 7 EheVO 2003 Rz. 2; *Rauscher*, Art. 7 Brüssel IIa-VO Rz. 8.
2 ABl. EG 1998 Nr. C 221/27 (Rz. 47).
3 Anders *Schack*, RabelsZ 65 (2001), 615 (632).
4 Kritisch etwa *Hau*, FamRZ 2000, 1333 (1341); *Schack*, RabelsZ 65 (2001), 615 (632).

c) Einstweilige Maßnahmen

31 Als Freibrief für den Rückgriff auf einzelstaatliche Zuständigkeitsregeln lässt sich schließlich Art. 20 Brüssel IIa-VO lesen: Das Ergreifen einstweiliger Maßnahmen kraft autonomen Rechts ist von den Voraussetzungen der Art. 3, 6 und 7 Brüssel IIa-VO abgekoppelt, vielmehr gemeinschaftsrechtlich lediglich auf „dringende Fälle" und auf Personen oder Güter, die sich im Forum befinden, beschränkt. Freilich wird diese Befugnis hinsichtlich der hier interessierenden Ehestatussachen allenfalls dann relevant, wenn man davon ausgeht, dass Art. 20 Brüssel IIa-VO auch Maßnahmen thematisiert, die zwar nicht in den sachlichen Anwendungsbereich der Brüssel IIa-VO fallen, aber aus Anlass eines erfassten Verfahrens ergriffen werden.[1]

C. Inhalt der Vorschrift

I. Internationale Zuständigkeit (Absatz 1)

1. Anwendungsbereich

32 Beachte zum weit reichenden Vorrang der Brüssel IIa-VO Rz. 3 ff. Im Restanwendungsbereich des deutschen Rechts regelt § 98 Abs. 1 die – konkurrierende (§ 106) – internationale Zuständigkeit deutscher Gerichte für **Ehesachen** iSv. § 121. Abweichend vom früheren Recht (§ 606 Abs. 1 Satz 1 ZPO), sind Verfahren betreffend die Herstellung des ehelichen Lebens – nach deutschem oder ausländischem Eherecht – nicht mehr Ehe-, sondern sonstige Familiensachen iSv. § 266 Abs. 1 Nr. 2 FamFG;[2] die internationale Entscheidungszuständigkeit bestimmt sich nach §§ 267, 105. Hingegen gilt § 98 entsprechend für bloße Trennungsverfahren nach ausländischem Recht (s. vor §§ 98–106 Rz. 41),[3] dies allerdings wiederum vorbehaltlich der Brüssel IIa-VO (s. Rz. 6). Einen etwas weiteren Restanwendungsbereich sichert für § 98, wer – fragwürdigerweise – davon ausgeht, dass die Brüssel IIa-VO Feststellungsanträge nicht erfasst (s. Rz. 6).

33 Der **Begriff der Ehe** ist grundsätzlich iSd. deutschen Familienrechts – sowie entsprechender ausländischer Rechtsordnungen – zu verstehen. Erwägenswert erscheint eine analoge Anwendung von § 98 auf Verfahren betreffend sonstige rechtlich verfestigte Lebensformen von Partnern verschiedenen Geschlechts, die das ausländische (etwa das französische oder niederländische) Recht ausdrücklich als Minus gegenüber der Ehe ausgestaltet.[4] Hingegen unterliegen Statusverfahren im Hinblick auf **homosexuelle Paare** nicht § 98, sondern § 103, und zwar selbst dann, wenn das ausländische Recht das in Rede stehende Rechtsinstitut als „Ehe" bezeichnet. Dazu, dass Deutschland den Zugang zu seinen Gerichten in Lebenspartnerschaftssachen deutlich großzügiger als in Ehesachen eröffnet, s. § 103 Rz. 7.

2. Anknüpfungsmomente

34 § 98 Abs. 1 Nr. 1 knüpft die internationale Zuständigkeit an die deutsche **Staatsangehörigkeit** eines Ehegatten, und zwar unabhängig von dessen Rolle als Antragsteller

1 Näher *Hau*, FPR 2002, 617 (620).
2 BT-Drucks. 16/6308, S. 226.
3 Staudinger/*Spellenberg*, Vor §§ 606a, 328 ZPO, Rz. 56; AG Lüdenscheid v. 24.4.2002 – 5 F 621/00, FamRZ 2002, 1486 (1487).
4 Offen Hausmann/Hohloch/*Martiny*, Kap. 12 Rz. 52; *Wagner*, IPRax 2001, 281 (292).

oder Antragsgegner im Verfahren. Hinreichend ist auch, wenn einer der Ehegatten im Zeitpunkt der Eheschließung Deutscher war (sog. Antrittszuständigkeit). Zur deutschen Staatsangehörigkeit s. vor §§ 98–106 Rz. 26 ff.; dort auch zu Doppelstaatern und Deutschen gleichgestellte Personen. Zu Staatenlosen vgl. § 98 Abs. 1 Nr. 3. Sind beide Ehegatten (auch) Deutsche, gilt vorrangig Art. 3 Abs. 1 Buchst. b Brüssel IIa-VO; ist nur der Antragsteller deutscher Staatsangehöriger und im Inland nicht gewöhnlich ansässig, kann die Brüssel IIa-VO gleichwohl den Rückgriff auf § 98 Abs. 1 Nr. 1 ausschließen (s. Rz. 27).

35 Die Zuständigkeit ist gem. § 98 Abs. 1 Nr. 2 auch begründet, wenn **beide Ehegatten** ihren aktuellen **gewöhnlichen Aufenthalt** im Inland haben (s. dazu vor §§ 98–106 Rz. 21 ff.). Nicht erforderlich ist, dass die Ehegatten hier gemeinsam leben oder jemals hier gemeinsam gelebt haben. § 98 Abs. 1 Nr. 2 hat keinen Anwendungsbereich, weil in diesen Fällen stets ein Gerichtsstand gem. Art. 3 Abs. 1 Buchst. a Strich 3 Brüssel IIa-VO eröffnet ist.

36 Der **gewöhnliche Aufenthalt allein eines Ehegatten** genügt nur unter den zusätzlichen Voraussetzungen von § 98 Abs. 1 Nr. 3 (Staatenlosigkeit des Inlandsansässigen) und Nr. 4 (keine negative Anerkennungsprognose). Irrelevant ist, ob der Inlandsansässige Antragsteller oder Antragsgegner ist. In vielen Fällen läuft § 98 Abs. 1 Nr. 3 und 4 allerdings leer, weil entweder Art. 3 Brüssel IIa-VO einen Gerichtsstand in Deutschland eröffnet oder Art. 6 Brüssel IIa-VO mit Rücksicht auf den Antragsgegner nur die Gerichte eines anderen Mitgliedstaats für zuständig erklärt (s. Rz. 20 ff.). § 98 Abs. 1 Nr. 4 soll hinkende Scheidungen und damit hinkende Ehen vermeiden.[1] Nach dem Wortlaut genügt die Anerkennung durch wenigstens einen Staat (nicht: das Scheidungsstatut),[2] dem einer der Ehegatten angehört; dies gilt im Falle eines Mehrstaaters auch dann, wenn nur einer seiner Heimatstaaten anerkennt.[3] Weil eine Anerkennung mit den inländischen Wirkungen erforderlich ist, muss die deutsche Scheidung im Heimatstaat als solche, also nicht etwa nur als Trennung von Tisch und Bett akzeptiert werden.[4] „Offensichtlich" ist die Nichtanerkennung nur, wenn sich dies ohne „intensive Nachforschung" feststellen lässt.[5] Freilich kann das Einholen von Rechtsauskünften und Gutachten geboten sein.[6] Das Anerkennungserfordernis entfällt, wenn nach dem Recht eines Heimatstaates ohnehin eine Nichtehe vorliegt oder die Ehe bereits als aufgelöst gilt.[7] Zur Anerkennungszuständigkeit, wenn sich nur ein Ehegatte gewöhnlich im ausländischen Entscheidungsstaat aufhält, s. § 109 Abs. 2.

37 Eine § 103 Abs. 1 Nr. 3 entsprechende sog. **Zelebrationskompetenz** eröffnet Deutschland in Ehesachen nicht.[8] Auch an eine ungeschriebene **Notzuständigkeit** (s. vor §§ 98–106 Rz. 18 f.) wird in Ehesachen allenfalls in extremen Ausnahmefällen zu denken sein.[9]

---

1 BT-Drucks. 10/5632, S. 47.

2 Richtig *Schack*, Rz. 375.

3 Anders AG Kaiserslautern v. 28.2.1990 – 3 F 526/89, IPRax 1994, 223.

4 Staudinger/*Spellenberg*, § 606a ZPO Rz. 164.

5 BT-Drucks. 10/5632, S. 47; OLG Nürnberg v. 10.11.2000 – 10 WF 3870/00, FamRZ 2001, 837.

6 OLG Celle v. 21.20.1992 – 18 WF 130/92, FamRZ 1993, 39; OLG Stuttgart v. 18.3.1997 – 17 UF 104/96, FamRZ 1997, 1161. Anders OLG Nürnberg v. 10.11.2000 – 10 WF 3870/00, FamRZ 2001, 837.

7 BGH v. 14.10.1981 – IVb ZB 718/80, NJW 1982, 517.

8 Vgl. ferner die Übersicht zu weiteren dem deutschen Recht fremden Zuständigkeitsgründen bei Staudinger/*Spellenberg*, § 606a ZPO Rz. 313 ff.

9 Staudinger/*Spellenberg*, § 606a ZPO Rz. 283 ff.

Die Inanspruchnahme ausschließlicher internationaler Zuständigkeit durch einen anderen Staat (auch den Heimatstaat) ist für § 98 irrelevant. Ein Wegfall des Anknüpfungsmoments nach Verfahrenseinleitung ist grundsätzlich unschädlich (**perpetuatio fori**, s. vor §§ 98–106 Rz. 11). 38

II. Scheidungsverbund (Absatz 2)

1. Grundlagen

Entsprechend der schon zum früheren Recht (in doppelfunktionaler Anwendung von § 623 ZPO[1]) vertretenen **Verbundzuständigkeit** erstreckt § 98 Abs. 2 die Zuständigkeit für die Scheidungssache im Falle des Verbunds auf die Folgesachen. Auch für die Folgesachen beansprucht Deutschland lediglich eine konkurrierende internationale Zuständigkeit (§ 106). 39

Die **Brüssel IIa-VO** regelt außer den Ehestatussachen (Art. 1 Abs. 1 Buchst. a) nur bestimmte Kindschaftssachen (s. § 99 Rz. 5 ff.), nicht jedoch sonstige Folgesachen. Anerkanntermaßen will es die Verordnung dem nationalen Gesetzgeber allerdings nicht verwehren, durch die Erstreckung der Brüssel IIa-Zuständigkeitsgründe auf Folgesachen einen internationalen Verbund zu schaffen.[2] Probleme bereitet eher die Formulierung von § 98 Abs. 2, wonach die „Zuständigkeit der deutschen Gerichte nach Absatz 1" erstreckt wird: Soll die Verbundzuständigkeit zwar bestehen, soweit die internationale Zuständigkeit deutscher Gerichte für die Scheidungssache nach Maßgabe von Art. 6 f. Brüssel IIa-VO ausnahmsweise noch aus § 98 Abs. 1 herrührt, hingegen in den weitaus häufigeren Fällen ausgeschlossen bleiben, wenn sich diese direkt aus Art. 3 Brüssel IIa-VO ergibt? Dies ist kaum anzunehmen; denn für beide Konstellationen war nach bisherigem Recht die internationale Verbundzuständigkeit anerkannt, und es hätte schon klarer Worte in den Gesetzgebungsmaterialien bedurft, um davon – zweckwidrig – wieder abzurücken.[3] Mithin kann nach wie vor auch Art. 3 Brüssel IIa-VO die Verbundzuständigkeit auslösen, und zwar auch dann, wenn diese Vorschrift ausnahmsweise eine internationale Zuständigkeit deutscher Gerichte eröffnet, die sich aus § 98 Abs. 1 nicht herleiten ließe. 40

Im Übrigen sollte es, wiederum ungeachtet der Formulierung von § 98 Abs. 2 und in Übereinstimmung mit der bislang bereits ganz herrschenden Meinung, dabei bleiben, dass nicht nur Scheidungsverfahren, sondern auch nach Maßgabe ausländischen Eherechts durchzuführende **Trennungsverfahren** geeignet sind, den Verbund im Inland herbeizuführen.[4] 41

Festzuhalten ist, abermals in Fortführung der bisherigen Rechtslage, auch daran, dass es **keine internationale Verbund*un*zuständigkeit** deutscher Gerichte gibt: Ist für die Folgesache ein Gerichtsstand im Inland eröffnet, so steht dem nicht entgegen, dass die Statussache Gegenstand eines ausländischen Verfahrens ist.[5] Auch eine Abgabe gem. 42

1 Zum Streitstand etwa Staudinger/*Spellenberg*, § 606a ZPO Rz. 242 ff.

2 Dazu *Hau*, FamRZ 2000, 1333 (1337); Erman/*Hohloch*, Art. 17 EGBGB Rz. 65b; *Rauscher*, Einl. Brüssel IIa-VO Rz. 9.

3 Vgl. die unergiebige Begr. des RegE zu § 98 Abs. 2 in BT-Drucks. 16/6308, S. 220.

4 Ebenso Staudinger/*Henrich*, Art. 21 EGBGB Rz. 148.

5 Richtig etwa OLG Köln v. 17.10.2002 – 14 UF 78/02, FamRZ 2003, 544; Staudinger/*Henrich*, Art. 21 EGBGB Rz. 151; Staudinger/*Spellenberg*, Anh. zu § 606a ZPO Rz. 34 ff.; *Hau*, FamRZ 2000, 1333 (1337).

§ 233 an das ausländische Gericht kommt nicht in Betracht. Damit nicht zu verwechseln ist die Frage, ob sich die frühere ausländische Rechtshängigkeit der Folgesache als Verfahrenshindernis im Inland erweist (s. vor §§ 98–106 Rz. 47 ff.).

43 Wird eine bereits im Ausland erfolgte Scheidung gem. § 107 anerkannt und deshalb ein im Inland anhängig gemachter Scheidungsantrag gegenstandslos, so gilt für die Fortführung der Folgesachen § 141 Satz 2 entsprechend. Lässt sich die internationale Zuständigkeit deutscher Gerichte nur aus § 98 Abs. 2 ableiten (beispielsweise weil § 102 keine Zuständigkeit eröffnet), bleibt die Verbundzuständigkeit gem. § 113 Abs. 1 FamFG, § 261 Abs. 3 Nr. 2 ZPO erhalten.[1]

2. Versorgungsausgleich

44 Der Versorgungsausgleich ist Folgesache gem. § 137 Abs. 2 Satz 1 Nr. 1. Der in § 98 Abs. 2 vorgesehene internationale Entscheidungsverbund wird nicht durch vorrangiges Gemeinschafts- bzw. Konventionsrecht durchbrochen, und zwar auch dann nicht, wenn sich die Zuständigkeit für die Ehesache aus der Brüssel IIa-VO ergibt (s. Rz. 4). Zur Unanwendbarkeit der Brüssel I-VO (Art. 1 Abs. 2 Buchst. a) und des LugÜ (Art. 1 Abs. 2 Nr. 1) s. § 102 Rz. 4.

45 Außerhalb des Verbunds folgt die internationale Zuständigkeit für **isolierte Versorgungsausgleichssachen** aus § 102.

3. Unterhalt

46 Zu den Folgesachen zählen die in § 137 Abs. 2 Satz 1 Nr. 2 aufgezählten Unterhaltssachen. Der in § 98 Abs. 2 vorgesehene internationale Entscheidungsverbund kann allerdings durch vorrangiges Gemeinschafts- bzw. Konventionsrecht durchbrochen werden; denn die **Brüssel I-VO** und das **LugÜ** erfassen Unterhaltsansprüche (s. Anhang zu § 245 Rz. 1). Hat der Antragsgegner seinen Wohnsitz in einem EU- oder LugÜ-Staat, so gelangt § 98 Abs. 2 für die Unterhaltssache nicht zur Anwendung. Vielmehr bleibt es bei den im Anhang zu § 245 Rz. 5 ff. dargestellten Zuständigkeitsregeln. Auch diese tragen allerdings ausweislich Art. 5 Nr. 2 Brüssel I-VO/LugÜ dem Verbundgedanken Rechnung, sofern sich die Zuständigkeit für die Statussache nicht allein aus der Staatsangehörigkeit eines Beteiligten ergibt (s. Anhang zu § 245 Rz. 28). Ist der räumlich-persönliche Anwendungsbereich der Brüssel I-VO bzw. des LugÜ nicht eröffnet, bleibt § 98 Abs. 2 anwendbar, und zwar auch dann, wenn sich die Zuständigkeit für die Ehesache aus der Brüssel IIa-VO ergibt (s. Rz. 40).

47 Außerhalb des Verbunds bestimmt sich die internationale Zuständigkeit für **isolierte Unterhaltssachen** nach §§ 232, 105 (s. Anhang zu § 245 Rz. 37 ff.). Auch dabei ist jedoch der Vorrang der Brüssel I-VO und des LugÜ zu beachten.

4. Ehewohnungs- und Haushaltssachen

48 Ehewohnungs- und Haushaltssachen (bislang: Wohnungszuweisungs- und Hausratssachen) sind Folgesachen gem. § 137 Abs. 2 Satz 1 Nr. 3. Der in § 98 Abs. 2 vorgesehene internationale Entscheidungsverbund wird nicht durch vorrangiges Gemeinschafts- bzw. Konventionsrecht durchbrochen, und zwar auch dann nicht, wenn sich die Zu-

1 Vgl. OLG Hamm v. 24.3.2005 – 10 WF 26/05, NJW-RR 2005, 1023 (1024).

ständigkeit für die Ehesache aus der Brüssel IIa-VO ergibt (s. Rz. 4). Zur Unanwendbarkeit der Brüssel I-VO (Art. 1 Abs. 2 Buchst. a) und des LugÜ (Art. 1 Abs. 2 Nr. 1) s. § 105 Rz. 11.

Außerhalb des Verbunds lässt sich die internationale Zuständigkeit für **isolierte Ehewohnungs- und Haushaltssachen** aus §§ 201 Nr. 2–4, 105 ableiten. 49

5. Güterrechtssachen

Güterrechtssachen sind Folgesachen gem. § 137 Abs. 2 Satz 1 Nr. 4. Der in § 98 Abs. 2 vorgesehene internationale Entscheidungsverbund wird idR nicht durch vorrangiges Gemeinschafts- bzw. Konventionsrecht durchbrochen, und zwar auch dann nicht, wenn sich die Zuständigkeit für die Ehesache aus der Brüssel IIa-VO ergibt (s. Rz. 4). Namentlich die Brüssel I-VO (Art. 1 Abs. 2 Buchst. a) und das LugÜ (Art. 1 Abs. 2 Nr. 1) sind grundsätzlich nicht einschlägig. Zu bedenken ist aber, dass diese immerhin Unterhaltssachen erfassen (s. Rz. 46) und dass dieser Begriff weit zu verstehen ist: Er kann auch Fragen betreffen, die zwar auf das familienrechtliche Band gestützt sind, aus deutscher Sicht aber eher dem ehelichen Güterrecht zuzuordnen wären (s. Anhang zu § 245 Rz. 9). 50

Außerhalb des Anwendungsbereichs der Brüssel I-VO bzw. des LugÜ und außerhalb des Verbunds lässt sich die internationale Zuständigkeit für **isolierte** Güterrechtssachen aus §§ 262 Abs. 2, 105 ableiten; beachte § 106. 51

6. Sorgerecht, Umgangsrecht, Kindesherausgabe

Zu den Folgesachen zählen die in § 137 Abs. 3 aufgezählten Kindschaftssachen. Der in § 98 Abs. 2 vorgesehene internationale Entscheidungsverbund wird allerdings sehr weit reichend durch Gemeinschafts- bzw. Konventionsrecht, namentlich die vorrangigen Zuständigkeitsregeln der Brüssel IIa-VO durchbrochen (s. § 99 Rz. 4 ff.). 52

Außerhalb des Verbunds folgt die internationale Zuständigkeit für **isolierte Kindschaftssachen** aus § 99 Abs. 1, wobei jedoch wiederum der Vorrang des Gemeinschafts- und Konventionsrechts zu beachten ist. 53

D. Weitere Hinweise zu internationalen Ehesachen

Auf Grund der **Lex-fori-Regel** (vor §§ 98–106 Rz. 37 ff.) bestimmt sich das Verfahren auch in Fällen mit Auslandsbezug grundsätzlich nach deutschem Recht, also §§ 122 ff. Daher wird das Verfahren ungeachtet der lex causae im Inland nicht durch Klage, sondern stets durch Antrag eingeleitet (§ 124). Zu der im Anwendungsbereich ausländischen Sachrechts bisweilen gebotenen **Anpassung** s. vor §§ 98–106 Rz. 40 ff. Erfordert das ausländische Eherecht beispielsweise einen Ausspruch zum Verschulden, so obliegt dies auch dem deutschen Gericht; dies wäre noch kein Fall einer wesensfremden Zuständigkeit (vor §§ 98–106 Rz. 34).[1] 54

§ 98 gilt weder für reine **Privatscheidungen** noch für kirchliche Verfahren. Diesbezüglich ist das staatliche Scheidungsmonopol zu beachten (§ 1564 Satz 1 BGB, Art. 17 Abs. 2 EGBGB). Allerdings kann im Einzelfall fraglich sein, unter welchen Vorausset- 55

1 Ebenso etwa Garbe/Ullrich/*Andrae*, § 11 Rz. 277, 283 ff.

zungen eine „Inlandsscheidung" vorliegt; maßgeblich sollte sein, wo der nach der lex causae konstitutive Akt (Abgabe der Verstoßungserklärung; Abschluss des Aufhebungsvertrags) erfolgt (vgl. zur Parallelfrage bei § 107 dort Rz. 30).[1]

56 Zur Beachtung **ausländischer Parallelverfahren** gem. Art. 19 Brüssel IIa-VO bzw. autonomem Recht s. vor §§ 98–106 Rz. 47 ff.

57 Um die Anerkennung von Ehestatusentscheidungen in der EU zu erleichtern, sieht Anhang I zur Brüssel IIa-VO Vordrucke vor, mit denen die wesentlichen Angaben in allen Amtssprachen bescheinigt werden können. Diese **Bescheinigungen** sind gem. Art. 39 Brüssel IIa-VO auf Antrag auszufüllen; zuständig ist in Deutschland der Urkundsbeamte der Geschäftsstelle (§ 48 Abs. 1 IntFamRVG). Dies gilt auch, wenn die Zuständigkeit des deutschen Gerichts zum Erlass der Ehestatusentscheidung nicht auf die Brüssel IIa-VO, sondern auf § 98 FamFG gestützt wurde; denn auch solche Entscheidungen sind in den anderen Brüssel IIa-Staaten anzuerkennen.

§ 99
Kindschaftssachen

(1) Die deutschen Gerichte sind außer in Verfahren nach § 151 Nr. 7 zuständig, wenn das Kind

1. Deutscher ist oder

2. seinen gewöhnlichen Aufenthalt im Inland hat.

Die deutschen Gerichte sind ferner zuständig, soweit das Kind der Fürsorge durch ein deutsches Gericht bedarf.

(2) Sind für die Anordnung einer Vormundschaft sowohl die deutschen Gerichte als auch die Gerichte eines anderen Staates zuständig und ist die Vormundschaft in dem anderen Staat anhängig, kann die Anordnung der Vormundschaft im Inland unterbleiben, wenn dies im Interesse des Mündels liegt.

(3) Sind für die Anordnung einer Vormundschaft sowohl die deutschen Gerichte als auch die Gerichte eines anderen Staates zuständig und besteht die Vormundschaft im Inland, kann das Gericht, bei dem die Vormundschaft anhängig ist, sie an den Staat, dessen Gerichte für die Anordnung der Vormundschaft zuständig sind, abgeben, wenn dies im Interesse des Mündels liegt, der Vormund seine Zustimmung erteilt und dieser Staat sich zur Übernahme bereit erklärt. Verweigert der Vormund oder, wenn mehrere Vormünder die Vormundschaft gemeinschaftlich führen, einer von ihnen seine Zustimmung, so entscheidet an Stelle des Gerichts, bei dem die Vormundschaft anhängig ist, das im Rechtszug übergeordnete Gericht. Der Beschluss ist nicht anfechtbar.

(4) Die Absätze 2 und 3 gelten entsprechend für Verfahren nach § 151 Nr. 5 und 6.

1 Näher etwa Garbe/Ullrich/*Andrae*, § 11 Rz. 278 ff.; *Henrich*, Rz. 43 ff.

Literatur: s. § 97 vor Rz. 1.

A. Überblick

1 Beachte vorab zu Begriff und Prüfung der internationalen Zuständigkeit sowie zu den Besonderheiten von Verfahren mit Auslandsbezug die Ausführungen vor §§ 98–106. Zur spiegelbildlichen Anwendung bei der Prüfung der Anerkennungszuständigkeit ausländischer Gerichte gem. § 109 Abs. 1 Nr. 1 s. dort Rz. 19 ff.

2 § 99 Abs. 1 begründet die internationale Zuständigkeit für Kindschaftssachen iSv. § 151 Nr. 1–6 und 8. Der Wortlaut von Abs. 1 wurde durch Art. 8 Nr. 1 lit. h des sog. FGG-RG-Reparaturgesetzes[1] geringfügig modifiziert (Satz 2 entspricht der ursprünglichen Nr. 3); dabei soll es sich um eine „sprachliche Korrektur" handeln.[2] § 106 stellt klar, dass es sich nicht um eine ausschließliche Zuständigkeit handelt. § 99 Abs. 2 bis 4 eröffnen Möglichkeiten der grenzüberschreitenden Verfahrenskoordination.

3 Im **früheren Recht** war eine §§ 99 Abs. 1, 106 FamFG entsprechende Regelung für die Vormundschaft und die Pflegschaft in § 35b FGG vorgesehen; darauf wurde verwiesen für sonstige vormundschaftsgerichtliche Verrichtungen (§ 43 Abs. 1 FGG) und für Unterbringungssachen (§ 70 Abs. 4 FGG). § 99 Abs. 2–4 FamFG entsprechende Regelungen fanden sich für die Vormundschaft in § 47 Abs. 1 und 2 FGG; diese galten auch für die Pflegschaft (§ 47 Abs. 3 FGG) und für Unterbringungssachen (§ 70 Abs. 4 FGG).

B. Vorrangige Regelungen

I. Brüssel IIa-VO

4 Als Bestimmung des nationalen Rechts wird § 99 in erheblichem Maße durch die Brüssel IIa-VO (Text: Anhang 2 zu § 97) verdrängt, die in allen Mitgliedstaaten einheitlich anzuwenden ist (s. § 98 Rz. 3).

1. Sachlicher Anwendungsbereich

5 Art. 1 Abs. 1 Buchst. b Brüssel IIa-VO benennt die erfassten **Kindschaftssachen**, nämlich die Zuweisung, Ausübung, Übertragung sowie vollständige oder teilweise Entzie-

1 Vom 30.7.2009, BGBl. I, S. 2449.
2 Vgl. BT-Drucks. 16/12717 (eVF), S. 57 und 70.

hung der elterlichen Verantwortung. Der weiteren Konkretisierung dienen – jeweils nicht abschließend[1] – ein Positivkatalog (Abs. 2) sowie ein Negativkatalog (Abs. 3); beachte dazu auch die Erwägungsgründe 9 und 10. Ein entsprechendes Rechtsinstitut iSv. Art. 1 Abs. 2 Buchst. b Brüssel IIa-VO ist beispielsweise die Beistandschaft (§§ 1712 ff. BGB).

6 Anerkanntermaßen ist die Bezugnahme auf die „elterliche" Verantwortung zu eng; denn als Träger der Verantwortung kommen auch Dritte in Betracht (arg. Art. 1 Abs. 2 Buchst. b und Art. 2 Nr. 7 und 8 Brüssel IIa-VO). Der EuGH neigt in Kindschaftssachen tendenziell zu einer großzügigen Interpretation des Anwendungsbereichs: Obwohl Art. 1 Abs. 1 Brüssel IIa-VO diesen ausdrücklich auf **Zivilsachen** beschränkt, soll eine als Maßnahme des öffentlich-rechtlichen Kindesschutzes ergangene sofortige Inobhutnahme des Kindes erfasst werden, also nicht erst die in Art. 1 Abs. 2 Buchst. d Brüssel IIa-VO eigens angesprochene Unterbringung in einer Pflegefamilie oder einem Heim.[2] Weil überdies ausweislich Art. 2 Nr. 1 Brüssel IIa-VO der Begriff des Gerichts weit zu verstehen ist, zeigt sich, dass die Zuständigkeitsregeln bereits im Vorfeld von Gerichtsverfahren, namentlich also von den Jugendämtern, zu beachten sind.

7 Die Zuständigkeitsregeln der Brüssel IIa-VO zur elterlichen Verantwortung erfassen nach überwiegend vertretener Auffassung kraft verordnungsautonomer Interpretation nur **Minderjährige** iSv. Personen unter 18 Jahren.[3] Dem Wortlaut lässt sich dies freilich nicht sicher entnehmen, weshalb manches dafür spricht, das jeweilige Heimatrecht des Betroffenen entscheiden zu lassen, wann die Minderjährigkeit endet.[4] Für die verordnungsautonome Auslegung streitet aber immerhin ein systematisches Argument: Der Verordnungsgeber hat ausweislich Art. 59 ff. Brüssel IIa-VO offenbar keinen Bedarf für Koordinierungsregeln hinsichtlich des HErwSÜ gesehen, das erst Personen ab 18 Jahren betrifft (s. § 104 Rz. 10). Auf Schutzmaßnahmen zu Gunsten eines **Ungeborenen** soll die Brüssel IIa-VO unanwendbar sein.[5]

8 Art. 8 ff. Brüssel IIa-VO regeln nur die internationale Zuständigkeit („Gerichte des Mitgliedstaats"), nicht die **örtliche Zuständigkeit**; für diese bleibt es beim nationalen Recht (§ 152 FamFG).

2. Zeitlicher Anwendungsbereich

9 Die Zuständigkeitsregeln der Brüssel IIa-VO betreffen gem. Art. 64 Abs. 1, Art. 72 Abs. 2 nur Verfahren, die nach dem 1.3.2005 iSv. Art. 16 eingeleitet wurden.

3. Räumlich-persönlicher Anwendungsbereich

10 Die Brüssel IIa-VO gilt für alle EU-Staaten (vgl. im Einzelnen Art. 299 EG), allerdings mit Ausnahme **Dänemarks** (Art. 2 Nr. 3; vgl. Erwägungsgrund Nr. 31).

1 Klarstellend EuGH v. 27.11.2007 – Rs. C-435/06 (Fall „C"), FamRZ 2008, 125.
2 EuGH v. 27.11.2007 – Rs. C-435/06 (Fall „C"), FamRZ 2008, 125; dazu *Dutta*, FamRZ 2008, 835; *Gruber*, IPRax 2008, 490; *Pirrung*, FS Kropholler, S. 399. Bestätigend EuGH v. 2.4.2009 – C-523/07 (Fall „A"), FamRZ 2009, 843.
3 So etwa Hk-ZPO/*Dörner*, Art. 1 EheGVVO Rz. 11; MüKo.ZPO/*Gottwald*, Art. 1 EheGVO Rz. 14; Jansen/v. Schuckmann/Sonnenfeld/*Müller-Lukoschek*, § 35b FGG Rz. 80 ff.; *Rauscher*, Art. 1 Brüssel IIa-VO Rz. 13; Staudinger/*Spellenberg*, Art. 1 EheGVO Rz. 29; Staudinger/*v. Hein*, vor Art. 24 EGBGB Rz. 5. Ausführlich *Holzmann*, S. 87 ff.
4 Dafür *Solomon*, FamRZ 2004, 1409 (1410 f.); Thomas/Putzo/*Hüßtege*, Art. 1 EuEheVO Rz. 7.
5 *Holzmann*, S. 89 f.; *Rauscher*, Art. 1 Brüssel IIa-VO Rz. 14.

Die **Staatsangehörigkeit** des Kindes (und erst recht der Eltern) ist für die Anwendbarkeit der Brüssel IIa-VO irrelevant, kann aber ausnahmsweise für die internationale Zuständigkeit Bedeutung gewinnen (vgl. Art. 12 Abs. 3 Buchst. a, Art. 15 Abs. 3 Buchst. c Brüssel IIa-VO). Die Zuständigkeitsregeln der Brüssel IIa-VO setzen ausweislich Art. 10, 12 und 13 auch nicht zwingend voraus, dass das Kind wenigstens seinen **gewöhnlichen Aufenthalt** in einem Mitgliedstaat hat. Ferner muss kein Bezug zu einer Ehesache bestehen (Ausnahme: Art. 12 Brüssel IIa-VO, s. Rz. 15). 11

Der räumlich-persönliche Anwendungsbereich der Zuständigkeitsregeln – und damit der Restanwendungsbereich des mitgliedstaatlichen Rechts – ist in der Verordnung nicht abstrakt festgelegt, sondern lässt sich nur durch eine Analyse ihrer Gerichtsstände bestimmen. Die im Folgenden darzulegenden Regeln gelten auch für einstweilige Maßnahmen (arg. Art. 20 Brüssel IIa-VO; dazu Rz. 19). 12

a) Brüssel IIa-Gerichtsstände

Zentrales Anknüpfungsmoment für die internationale Zuständigkeit deutscher Gerichte ist gem. Art. 8 Abs. 1 Brüssel IIa-VO der **gewöhnliche Aufenthalt** des Kindes. Wo sich dieser befindet, ist verordnungsautonom zu bestimmen (s. vor §§ 98 bis 106 Rz. 22).[1] Zum maßgeblichen Zeitpunkt s. vor §§ 98–106 Rz. 9 ff. Für **Abänderungsverfahren** bleibt die Zuständigkeit der Gerichte des Aufenthaltsstaats im Falle eines rechtmäßigen Umzugs des Kindes in einen anderen Mitgliedstaat nach Maßgabe von Art. 9 Brüssel IIa-VO zeitlich begrenzt erhalten.[2] Im Übrigen gehen der Zuständigkeit des Aufenthaltsstaats zum einen Art. 10 Brüssel IIa-VO (widerrechtliches Verbringen; dazu Rz. 23 ff.) und zum anderen abweichende Vereinbarungen iSv. Art. 12 Brüssel IIa-VO vor. 13

Die Zuständigkeit hinsichtlich eines Kindes kann unabhängig von dessen gewöhnlichem Aufenthalt (in einem anderen oder überhaupt in einem Mitgliedstaat) in den Fällen von Art. 12 Abs. 1 und 3 Brüssel IIa-VO gegeben sein. Wenngleich dort nur davon die Rede ist, dass die Zuständigkeit „ausdrücklich oder auf andere Weise anerkannt" wird, geht es der Sache nach um eine **Zuständigkeit kraft Vereinbarung**, also nicht etwa kraft rügeloser Einlassung.[3] Dafür spricht zum einen, dass die Anerkennung „zum Zeitpunkt der Anrufung des Gerichts" (vgl. Art. 16 Brüssel IIa-VO) bereits erfolgt sein – und dann noch bindend vorliegen – muss, und zum anderen ein Umkehrschluss aus Art. 9 Abs. 2 Brüssel IIa-VO. Als Voraussetzung wird in Art. 12 Abs. 1 Buchst. b, Abs. 3 Buchst. b Brüssel IIa-VO jeweils eigens hervorgehoben, dass die Zuständigkeit mit dem Kindeswohl in Einklang steht.[4] Dabei ist die Vermutung des Abs. 4 zu beachten (fehlende Justizgewährung im Drittstaat). 14

Eine vereinbarungsgestützte **Annexkompetenz** zu einer im Gerichtsstand des Art. 3 Brüssel IIa-VO anhängigen Ehesache (nicht: Lebenspartnerschaftssache; s. § 98 Rz. 5) sieht Art. 12 Abs. 1 Brüssel IIa-VO vor; sie endet in den Fällen von Abs. 3. Voraussetzung ist, dass zumindest einer der Ehegatten die elterliche Verantwortung über das Kind „hat". Dies ist eine sog. Erstfrage, die nach der lex causae zu beurteilen ist; um 15

---

1 Ausführlich *Holzmann*, S. 107 ff.

2 Dazu *Solomon*, FamRZ 2004, 1409 (1412).

3 Gegen eine Parallele zu Art. 24 Satz 1 Brüssel I-VO auch BGH v. 22.6.2005 – XII ZB 186/03, BGHZ 163, 248 = NJW 2005, 3424. Wie hier zudem etwa *Looschelders*, JR 2006, 45 (47); *Gruber*, IPRax 2005, 293 (298). Ausführlich *Holzmann*, S. 134 ff.

4 Näher *Dutta*, FS Kropholler, S. 281; *Looschelders*, JR 2006, 45 (47); *Spellenberg*, FS Sonnenberger, S. 677 (685).

diese zu ermitteln, muss mangels Kollisionsnormen in der Brüssel IIa-VO auf sonstiges Kollisionsrecht (einschließlich MSA und künftig KSÜ; vgl. Art. 62 Abs. 1 Brüssel IIa-VO sowie Art. 3 EGBGB) zurückgegriffen werden.[1] Die Annexkompetenz gem. Art. 12 Abs. 1 Brüssel IIa-VO steht zudem unter dem Vorbehalt, dass die Anträge betreffend die Ehesache und die Kindschaftssache miteinander verbunden sind. Dies ist nicht der Fall, wenn die Kindschaftssache zunächst selbständig eingeleitet worden ist. Vereinbarungen im Hinblick auf **isolierte Kindschaftssachen** sind aber gem. Art. 12 Abs. 3 Brüssel IIa-VO beachtlich; die dort in Buchst. a vorgesehene Liste von Kriterien, aus denen sich eine wesentliche Verbindung des Kindes zum Forumstaat ergeben kann, ist nicht abschließend („insbesondere").

16 Die bloße Anwesenheit eines Kindes (**schlichter Aufenthalt**) in einem Mitgliedstaat begründet gem. Art. 13 Brüssel IIa-VO nur eine Auffangzuständigkeit, die zurücktritt, wenn der gewöhnliche Aufenthalt in einem anderen Mitgliedstaat festgestellt werden kann. Zu einstweiligen Maßnahmen s. Rz. 19.

17 Alle genannten Zuständigkeitsvorschriften stehen unter dem Vorbehalt von Art. 15 Brüssel IIa-VO, der – nach Vorbild von Art. 8 f. KSÜ und orientiert am Gedanken des **forum non conveniens** – die Zuständigkeitsklarheit mit Rücksicht auf das Kindeswohl zu Gunsten der Einzelfallgerechtigkeit zurücktreten lässt (s. vor §§ 98–106 Rz. 8 und 28).[2] Vorausgesetzt wird, dass sowohl das verweisende Gericht international zuständig ist (ansonsten: Art. 17 Brüssel IIa-VO[3]) als auch der Staat, an den das Verfahren verwiesen werden soll. Ausweislich seines Wortlauts handelt es sich bei Art. 15 Brüssel IIa-VO um eine Ausnahmevorschrift, die zum einen nur zurückhaltend anzuwenden und zum anderen nicht verallgemeinerungsfähig ist. Im Gegensatz zu Art. 12 Abs. 3 Buchst. a Brüssel IIa-VO dürfte daher die Aufzählung in Art. 15 Abs. 3 Brüssel IIa-VO abschließend gemeint sein.[4] Zudem müssen die für die Verweisung sprechenden Gesichtspunkte deutlich überwiegen. Das zunächst mit der Sache befasste Gericht darf sich erst dann für unzuständig erklären und das vor ihm geführte Verfahren beenden, wenn innerhalb von sechs Wochen eine Zuständigkeitserklärung des ersuchten ausländischen Gerichts erfolgt (Abs. 5 Satz 2). Weder in der Brüssel IIa-VO noch im IntFamRVG ist ausdrücklich geregelt, ob bzw. wie eine Anordnung nach Art. 15 Brüssel IIa-VO angefochten werden kann: Soweit diese nur als Zwischenentscheidung zu qualifizieren ist, wäre sie unanfechtbar.[5]

b) Restzuständigkeit

18 Für den Fall, dass sich aus Art. 8–13 Brüssel IIa-VO keine Zuständigkeit (irgend-)eines Mitgliedstaats ergibt, verweist Art. 14 Brüssel IIa-VO auf die Zuständigkeitsgründe der lex fori des angerufenen Gerichts. Dabei ist freilich zu beachten, dass zu diesem mitgliedstaatlichen Recht auch das dort geltende Konventionsrecht zählt (vgl. § 97 FamFG). Daher bleibt zunächst zu klären, ob solches – namentlich das MSA und künftig das KSÜ – anzuwenden ist (s. Rz. 20 f.). Auf das unvereinheitlichte nationale Recht ist also nur letztrangig zurückzugreifen. Das kommt in Betracht, wenn sich das

1 Näher *v. Hoffmann/Thorn*, § 8 Rz. 63a.
2 Zur Konkretisierung der Kindeswohlklausel s. *Dutta*, FS Kropholler, S. 281.
3 Zum gebotenen Vorgehen in diesem Fall EuGH v. 2.4.2009 – C-523/07 (Fall „A"), FamRZ 2009, 843, insbesondere zur Information des zuständigen Gerichts im anderen Mitgliedstaat.
4 Ebenso etwa *Rauscher*, Art. 15 Brüssel IIa-VO Rz. 6. Anders etwa *Klinkhammer*, FamRBint 2006, 88 (89).
5 So BGH v. 2.4.2008 – XII ZB 134/06, FamRZ 2008, 1168 = IPRax 2009, 77 m. Anm. *Roth*, 56; beachtliche Kritik bei *Gebauer*, LMK 2008, 265950.

Kind in einem „echten" Drittstaat, der weder EG-Mitgliedstaat noch Vertragsstaat des KSÜ oder des MSA ist, befindet und weder eine Vereinbarung nach Art. 12 Brüssel IIa-VO noch Art. 13 Brüssel IIa-VO eingreift.[1]

Art. 20 Abs. 1 Brüssel IIa-VO eröffnet in dringenden Fällen eine von Art. 8 ff. Brüssel IIa-VO unabhängige Zuständigkeit zum Erlass **einstweiliger Maßnahmen** im Anwesenheitsstaat des Kindes.[2] Dringlichkeit ist gegeben, wenn das sofortige Tätigwerden zur Wahrung des Kindeswohls erforderlich ist. Den Ausschlag gibt die Sicht des befassten Gerichts, und es ist dessen Sache, zu bestimmen, welche Maßnahmen nach nationalem Recht ergriffen werden können. Die Brüssel IIa-VO sieht nicht vor, dass das Gericht, das eine einstweilige Maßnahme erlassen hat, die Rechtssache an das Gericht der Hauptsache eines anderen Mitgliedstaats verweist. Allerdings kann es dieses direkt oder unter Einschaltung der Zentralen Behörden über die ergriffenen Maßnahmen unterrichten. 19

II. Konventionsrecht

Gem. ihren Art. 60 Buchst. a und 62 beansprucht die Brüssel IIa-VO im Verhältnis zwischen ihren Mitgliedstaaten den Vorrang vor dem Haager Übereinkommen v. 5.10.1961 über die Zuständigkeit der Behörden und das anzuwendende Recht auf dem Gebiet des Schutzes von Minderjährigen (**MSA** – Text: Anhang 3 zu § 97). Bedeutung haben die Zuständigkeitsvorschriften des MSA daher im Wesentlichen nur noch für den Rechtsverkehr mit der Schweiz, der Türkei sowie Macao (heute: chinesische Sonderverwaltungsregion). Hält sich das Kind gewöhnlich in Deutschland auf, so ergibt sich die internationale Zuständigkeit deutscher Gerichte selbst dann aus Art. 8 Brüssel IIa-VO (statt aus Art. 1 MSA), wenn das Kind die schweizerische oder türkische Staatsangehörigkeit hat.[3] Hält sich das Kind hingegen gewöhnlich in einem dieser Staaten auf, gelangen gleichwohl die Brüssel IIa-Zuständigkeitsregeln zur Anwendung, soweit diese unabhängig vom Aufenthaltsstaat eingreifen; bedeutsam ist dies in den Fällen von Art. 12 Brüssel IIa-VO.[4] 20

Weniger weit reicht ausweislich ihres Art. 61 der von der Brüssel IIa-VO beanspruchte Vorrang gegenüber dem Haager Übereinkommen v. 19.10.1996 über die Zuständigkeit, das anzuwendende Recht, die Anerkennung, Vollstreckung und Zusammenarbeit auf dem Gebiet der elterlichen Verantwortung und der Maßnahmen zum Schutz von Kindern (**KSÜ** – Text: Anhang 4 zu § 97; zur absehbaren Ratifikation durch Deutschland und den Auswirkungen auf das MSA beachte § 97 Rz. 38): Das KSÜ ist anzuwenden, wenn sich das Kind gewöhnlich in einem Vertragsstaat aufhält, der nicht Mitgliedstaat der Brüssel IIa-VO ist. Hält sich das Kind hingegen gewöhnlich in Deutschland auf, so folgt die internationale Zuständigkeit deutscher Gerichte selbst dann aus Art. 8 Brüssel IIa-VO (statt aus Art. 5 KSÜ), wenn das Kind die Staatsangehörigkeit eines KSÜ-Staats hat, der nicht Mitgliedstaat der Brüssel IIa-VO ist.[5] 21

1 Näher *Andrae*, IPRax 2006, 82 (84).
2 Beachte zum Folgenden EuGH v. 2.4.2009 – Rs. C-523/07 (Fall „A"), FamRZ 2009, 843.
3 Wie hier etwa *Breuer*, Rz. 224. Abweichendes lässt sich auch nicht „letztlich auf Art. 60 Brüssel IIa-VO stützen"; so aber *Andrae*, IPRax 2006, 82 (84), und ihr zustimmend Staudinger/*Henrich*, Art. 21 EGBGB Rz. 141.
4 Anders wiederum *Andrae*, IPRax 2006, 82 (84).
5 Anders – unter Berufung auf Art. 61 Brüssel IIa-VO – aber Staudinger/*Henrich*, Art. 21 EGBGB Rz. 141.

22 Wenngleich das Haager Abkommen v. 12.6.1902 zur Regelung der Vormundschaft über Minderjährige (**HVormÜ** – § 97 Rz. 20) noch im Verhältnis zu Belgien gilt, sind seine Zuständigkeitsvorschriften durch den Vorrang der Brüssel IIa-VO heute bedeutungslos.[1]

III. Sonderproblem: Kindesentführung

23 Erhebliche Probleme bereitet im internationalen Kindschaftsrecht ein Phänomen, das häufig unter dem – missverständlichen – Stichwort „legal kidnapping" diskutiert wird: das widerrechtliche Verbringen oder Zurückhalten eines Kindes (vgl. die Legaldefinition in Art. 2 Nr. 11 Brüssel IIa-VO).[2]

24 Der angemessenen Lösung solcher Fälle sollen, neben der auch insoweit einschlägigen Brüssel IIa-VO, weitere Spezialübereinkommen dienen, nämlich das Haager Übereinkommen v. 25.10.1980 über die zivilrechtlichen Aspekte internationaler Kindesentführung (**HKEntfÜ** – Text: Anhang 5 zu § 97) und das Luxemburger Europäische Übereinkommen v. 20.5.1980 über die Anerkennung und Vollstreckung von Entscheidungen über das Sorgerecht für Kinder und die Wiederherstellung des Sorgeverhältnisses (**SorgeRÜ** – s. § 97 Rz. 20). Beide Konventionen sind für Deutschland verbindlich (Ausführungsgesetz: **IntFamRVG** – Text: Anhang 1 zu § 97). Sie gelten nur für Kinder bis zur Vollendung des 16. Lebensjahres (Art. 1 Buchst. a SorgeRÜ; Art. 4 Abs. 1 Satz 2 HKEntfÜ).

25 Durch die unübersichtliche Rechtsquellenlage wird die Rechtsanwendung nicht gerade erleichtert. Immerhin gibt es einige gesetzliche **Konkurrenzregeln**: Das HKEntfÜ geht in seinem sachlichen Anwendungsbereich dem MSA vor (Art. 34 HKEntfÜ), und auch das KSÜ tritt zurück (Art. 50 KSÜ). Zwischen dem HKEntfÜ und dem SorgeRÜ sind Überschneidungen möglich. Kommen Rückgabeersuchen nach beiden Übereinkommen in Betracht, so ist das HKEntfÜ anzuwenden, sofern der Antragsteller nicht ausdrücklich die Anwendung des SorgeRÜ begehrt (§ 37 IntFamRVG). Der Vorrang der Brüssel IIa-VO gegenüber sowohl dem SorgeRÜ als auch dem HKEntfÜ wiederum ergibt sich aus Art. 60, 62 Brüssel IIa-VO.

26 Die vorrangig anzuwendende Brüssel IIa-VO stellt in Art. 10 Brüssel IIa-VO klar, dass die **internationale Zuständigkeit** der Gerichte im bisherigen Aufenthaltsstaat zunächst erhalten bleibt.[3] Dies ist bedeutsam, weil der gewöhnliche Aufenthalt als faktischer Lebensmittelpunkt auch infolge eines rechtswidrigen Verbringens oder Zurückhaltens verändert werden kann.[4] Die Zuständigkeit geht nur unter den dort genannten Voraussetzungen auf die Gerichte des Mitgliedstaats über, in dem sich das Kind infolge des Verbringens oder Zurückhaltens nunmehr gewöhnlich aufhält: Dabei kommt es, sofern kein Einvernehmen über den Verbleib des Kindes herbeigeführt werden kann (Buchst. a), auf eine Verfestigung des neuen Aufenthaltsstatus durch Zeitablauf an (Buchst. b). Es handelt sich aber nicht um eine Präklusionsfrist: Auch nach Ablauf der Frist kann ein Rückführungsantrag erfolgreich sein, wenn sich das Kind noch nicht in seine neue Umgebung eingelebt hat.

27 Unberührt von Art. 10 Brüssel IIa-VO bleibt die Zuständigkeit der Gerichte des neuen Aufenthaltsstaates für die Entscheidung über einen **Antrag auf Kindesrückführung**

1 Dazu Jansen/v. Schuckmann/Sonnenfeld/*Müller-Lukoschek*, § 35b FGG Rz. 66 ff.
2 Ausführlich *Holzmann*, S. 167 ff.
3 Dazu etwa *Rieck*, NJW 2008, 182 (183 f.).
4 BGH v. 22.6.2005 – XII ZB 186/03, BGHZ 163, 248 = NJW 2005, 3424.

nach Art. 12 HKEntfÜ (zum SorgeRÜ s. Rz. 24 f.). Allerdings ist dabei Art. 11 Brüssel IIa-VO zu beachten: Diese Vorschrift ergänzt und modifiziert im Verhältnis zwischen den Mitgliedstaaten die in Art. 12 f. HKEntfÜ vorgesehenen Regeln (vgl. Erwägungsgrund 17; zur Zulässigkeit solcher Zusatzregeln s. Art. 36 HKEntfÜ). Überwiegend – und zutreffend – wird die Brüssel IIa-VO als „Ergänzung und Modifizierung" des HKEntfÜ verstanden,[1] dieses wird also nicht etwa „verdrängt".[2]

Ist das Kind nach Deutschland entführt worden oder wird es hier zurückgehalten, so bestimmt sich die Zuständigkeit für die Entscheidung über den Rückführungsantrag nach §§ 11, 12 IntFamRVG. Für das **Rückführungsverfahren** hat das BVerfG gewisse Mindestanforderungen aufgestellt; insbesondere kann es geboten sein, zur Vertretung des Kindes einen Verfahrensbeistand (vgl. § 158 FamFG) zu bestellen.[3] Anders als das HKEntfÜ, sieht Art. 11 Abs. 2 Brüssel IIa-VO im Regelfall die Anhörung des Kindes vor. Dem besonders relevanten Beschleunigungsgebot tragen Art. 11 Abs. 3 Brüssel IIa-VO und § 38 Abs. 1 IntFamRVG Rechnung. Das zuständige Gericht kann gem. § 15 IntFamRVG Maßnahmen treffen, um den momentanen Aufenthaltsort des Kindes zu sichern: Es kann also etwa untersagen, den Aufenthaltsort zu verändern; zudem können Meldepflichten oder die Hinterlegung der Pässe angeordnet oder die Grenzschutzbehörden um Überwachung der örtlichen Beschränkungen ersucht werden.[4] 28

Ist das Kind widerrechtlich iSv. Art. 3 HKEntfÜ (Art. 2 Nr. 11 Brüssel IIa-VO) verbracht oder zurückgehalten worden und wird der Antrag auf Rückführung fristgerecht gestellt, so ist diesem im Regelfall zu entsprechen (Art. 12 Abs. 1 HKEntfÜ).[5] Die in Art. 13 HKEntfÜ vorgesehenen Gründe, aus denen der Erlass einer **Rückführungsanordnung** ausnahmsweise verweigert werden darf, werden durch Art. 11 Abs. 4 und 5 Brüssel IIa-VO eingegrenzt. Insbesondere darf die Rückführung in einen anderen Mitgliedstaat nicht verweigert werden, wenn nachgewiesen ist, dass dort angemessene Vorkehrungen zum Schutz des Kindes nach seiner Rückkehr getroffen wurden. Auch Art. 16 Abs. 2 GG schließt die Rückführung eines deutschen Kindes nicht aus.[6] 29

Weder die Brüssel IIa-VO noch das HKEntfÜ regeln die **Vollstreckung der Rückführungsanordnung**. Einschlägig ist vielmehr das IntFamRVG, wonach eine wirksame (§ 40 Abs. 1 IntFamRVG) Anordnung auf drei Arten vollstreckt werden kann: Durch Ordnungsgeld oder Ordnungshaft (§ 44 Abs. 1 und 2 IntFamRVG) oder durch Anwendung unmittelbaren Zwangs (§ 44 Abs. 3 IntFamRVG).[7] 30

Wenn das Gericht des gegenwärtigen Aufenthaltsstaats nach Lage der Dinge die **Rückführung ablehnt**, hat es Art. 11 Abs. 6 Brüssel IIa-VO und § 39 IntFamRVG zu beachten. Die Rückführung kann dann gleichwohl noch vom zuständigen Gericht des Ursprungsstaats angeordnet werden; diese Entscheidung ist gem. Art. 11 Abs. 8 und Art. 42 Brüs- 31

1 So *Solomon*, FamRZ 2004, 1409 (1416, 1417); Thomas/Putzo/*Hüßtege*, Art. 11 EuEheVO Rz. 1; Hk-ZPO/*Dörner*, Vorb. EheGVVO Rz. 6, Art. 11 EheGVVO Rz. 1; *Andrae*, § 6 Rz. 198.
2 So aber Staudinger/*Spellenberger*, BGB, Art. 11 EheGVO Rz. 4. Wiederum anders *Rieck*, NJW 2008, 182 (183): die Regeln der Brüssel IIa-VO seien Maßnahmen nach Art. 2 und 36 HKEntfÜ, das lex specialis sei.
3 BVerfG v. 18.7.2006 – 1 BvR 1465/05, FamRZ 2006, 1261; dazu *Schulz*, FamRBint 2007, 10.
4 Dazu *Dutta/Scherpe*, FamRZ 2006, 901 (905); *Gruber*, FamRZ 2005, 1603 (1605).
5 OLG Naumburg v. 28.11.2006 – 8 WF 153/06, FamRZ 2007, 1586.
6 BVerfG v. 15.8.1996 – 2 BvR 1075/96, NJW 1996, 3145.
7 Dazu OLG Karlsruhe v. 14.8.2008 – 2 UF 4/08, FamRBint 2008, 80; OLG Koblenz v. 28.2.2007 – 13 UF 765/06, FamRZ 2007, 1034; OLG Brandenburg v. 22.9.2006 – 15 UF 189/06; OLG Stuttgart v. 6.4.2006 – 17 UF 318/05, Justiz 2007, 164.

sel IIa-VO im gegenwärtigen Aufenthaltsstaat vollstreckbar.[1] Eine im Ursprungsstaat ergangene Sorgerechtsentscheidung kann sich also gegenüber der Nichtrückgabeentscheidung durchsetzen. Dies rechtfertigt sich daraus, dass die Ablehnung der Rückgabe nach Art. 13 HKEntfÜ nur auf einer summarischen Prüfung beruht, die nicht letztverbindlich klären soll, welcher Elternteil am besten für das Kind sorgen kann.[2]

IV. Scheidungs- und Aufhebungsverbund

32 Entsprechend der schon zum früheren Recht herrschenden Meinung erstrecken § 98 Abs. 2 und § 103 Abs. 2 die Zuständigkeit für die Scheidungs- bzw. Aufhebungssache auf die Folgesachen, wenn ein Verbund durchgeführt wird. Dies betrifft gem. § 137 Abs. 3 bzw. §§ 269 Abs. 1 Nr. 3, 270 Abs. 1 Satz 2, 111 Nr. 2, 137 Abs. 3 die dort genannten Kindschaftssachen (s. § 98 Rz. 52 f. und § 103 Rz. 20 f.). Jedoch gilt auch die Verbundzuständigkeit nur vorbehaltlich vorrangigen Gemeinschafts- und Konventionsrechts. Insbesondere geht Art. 12 Brüssel IIa-VO vor, wenn die Zuständigkeit für die Ehesache aus Art. 3 Brüssel IIa-VO folgt.

C. Inhalt der Vorschrift

I. Begriff der Kindschaftssache

33 § 99 Abs. 1 regelt **Kindschaftssachen** iSv. § 151 mit Ausnahme der dort in Nr. 7 genannten Unterbringungssachen (dazu Rz. 38). Die Koordinierungsregeln in § 99 Abs. 2–4 betreffen die Anordnung einer Vormundschaft, die Pflegschaft bzw. sonstige Vertretung sowie die Unterbringung. Für Abstammungssachen gilt § 100 und für Adoptionssachen § 101, zu internationalen Unterhaltssachen s. Anhang zu § 245.

34 **Kind** iSv. § 99 ist nur, wer nach Maßgabe von § 2 BGB minderjährig ist; den Schutz von Erwachsenen regelt § 104 (s. dort Rz. 5). Ferner erfasst § 99 auch Maßnahmen zum Schutz der Leibesfrucht (arg. § 151 Nr. 5) sowie Verfahren betreffend die Beistandschaft iSv. §§ 1712 ff. BGB.[3] Hingegen ist nicht § 99, sondern § 104 einschlägig, wenn das (ausländische) Personalstatut eine Vormundschaft für Volljährige vorsieht. Dass § 104 statt § 99 für die vorsorgliche Betreuerbestellung gem. § 1908a BGB gelten soll, ergibt sich aus §§ 271 Nr. 3, 279 Abs. 4. § 99 gilt auch für Verfahren betreffend Sorgerecht, Umgangsrecht und Kindesherausgabe iSv. § 269 Abs. 1 Nr. 3; dies folgt aus §§ 270 Abs. 1 Satz 2, 111 Nr. 2 bzw. aus § 103 Abs. 3.

II. Internationale Zuständigkeit (Absatz 1)

35 Anknüpfungsmomente für die – konkurrierende (§ 106) – internationale Zuständigkeit deutscher Gerichte sind gemäß Satz 1 alternativ die deutsche **Staatsangehörigkeit** des Kindes (Nr. 1; s. vor §§ 98–106 Rz. 26 ff.; dort auch zu Doppelstaatern und Deutschen gleichgestellte Personen) oder dessen **gewöhnlicher Aufenthalt** im Inland (Nr. 2; s. vor §§ 98–106 Rz. 21 ff.). Ohne Belang sind der gewöhnliche Aufenthalt und die Staats-

1 Dazu EuGH v. 11.7.2008, C-195/08 (Inga Rinau), NJW 2008, 2973 = FamRZ 2008, 1729.

2 S. *Rieck*, NJW 2008, 182 (185 Fn. 42); *Solomon*, FamRZ 2004, 1409 (1417); *Gruber*, FamRZ 2005, 1603 (1607).

3 Anders Staudinger/v. *Hein*, Art. 24 EGBGB Rz. 101.

angehörigkeit des Vormunds oder Pflegers. Die Aufenthaltszuständigkeit (Nr. 2) ist freilich schon wegen des in diesen Fällen vorrangigen Art. 8 Abs. 1 Brüssel IIa-VO bedeutungslos, und auch für die Heimatzuständigkeit (Nr. 1) bleibt nur ganz ausnahmsweise Raum, sofern Art. 14 Brüssel IIa-VO diesen belässt und überdies kein Konventionsrecht einschlägig ist (näher zu alledem Rz. 4 ff.).

Als weiteres Anknüpfungsmoment nennt Satz 2 das **Bedürfnis nach Fürsorge** durch ein deutsches Gericht. Auch hier ist wiederum der Vorrang des Gemeinschafts- und Konventionsrechts zu beachten (s. Rz. 4 ff.). Dass die Fürsorgezuständigkeit den beiden erstgenannten gleichrangig ist, war zu § 35b Abs. 2 FGG anerkannt,[1] obwohl dort der Wortlaut („ferner zuständig") eher für Subsidiarität sprach. Derselbe Wortlaut findet sich auf Grund des sog. FGG-RG-Reparaturgesetzes[2] nunmehr auch in Satz 2 (anders noch die ursprüngliche Fassung des FamFG im FGG-RG). Obwohl diese Reparatur nur eine „sprachliche Korrektur" darstellen soll,[3] ist fortan wohl von Subsidiarität auszugehen. Zu beherzigen ist allemal die Entscheidung des Gesetzgebers, keine Zuständigkeit kraft schlichten Aufenthalts eröffnen zu wollen.[4] Es bedarf also weiterer Umstände, die im Einzelfall zu ermitteln und zu würdigen sind. Ein gewichtiger Faktor ist dabei aber durchaus der Aufenthalt im Inland, ferner womöglich auch Vermögensbelegenheit. Bisweilen wird vertreten, dass anhand der lex causae (dem Personalstatut) zu beurteilen sei, ob ein Fürsorgebedürfnis besteht.[5] Dies ist zweifelhaft: Zuständigkeitsnormen des deutschen Rechts sind grundsätzlich nach der lex fori zu interpretieren. Dafür spricht hier nicht nur das gerade in Fürsorgefällen relevante Ziel schleuniger Zuständigkeitsprüfung, sondern zudem, dass üblicherweise auch der Arrest- bzw. Verfügungsgrund (im Gegensatz zum Arrest- bzw. Verfügungsanspruch) ohne weiteres anhand des deutschen Rechts bestimmt wird. Weil die internationale Zuständigkeit an das Fürsorgebedürfnis gekoppelt ist, haben die darauf gestützten Entscheidungen grundsätzlich provisorischen Charakter und sollten sich auf das unbedingt Notwendige beschränken.[6] 36

Zum Schutz eines **Ungeborenen** bleibt Raum für § 99, weil die Brüssel IIa-VO insoweit unanwendbar sein soll (s. Rz. 7). Es kommt sowohl eine Anknüpfung an die voraussichtliche Staatsangehörigkeit (Satz 1 Nr. 1) als auch eine Anknüpfung an den gewöhnlichen Aufenthalt der Mutter in Betracht (entsprechend Satz 1 Nr. 2).[7] Ist das eine oder das andere der Fall, liegt es freilich nahe, dies als Aspekt der Fürsorgezuständigkeit (Satz 2) zu würdigen.[8] 37

Für die von § 99 Abs. 1 Satz 1 ausgeklammerten **Unterbringungsverfahren nach § 151 Nr. 7** gilt, wiederum unbeschadet vorrangigen Gemeinschafts- und Konventionsrechts (Rz. 4 ff.), gem. § 167 Abs. 1 dasselbe wie für Verfahren nach § 312 Nr. 3: Die – konkurrierende (§ 106) – internationale Zuständigkeit deutscher Gerichte folgt aus § 313 Abs. 3, der laut § 105 doppelfunktional anzuwenden ist. 38

1 BT-Drucks. 10/504, S. 94.
2 Vom 30.7.2009, BGBl. I, S. 2449.
3 BT-Drucks. 16/12717 (eVF), S. 57 und 70.
4 BT-Drucks. 10/504, S. 94.
5 Jansen/v. Schuckmann/Sonnenfeld/*Müller-Lukoschek*, § 35b FGG Rz. 15; Staudinger/*v. Hein*, Art. 24 EGBGB Rz. 119.
6 Staudinger/*Henrich*, Art. 21 EGBGB Rz. 155.
7 Vgl. Jansen/v. Schuckmann/Sonnenfeld/*Müller-Lukoschek*, § 35b FGG Rz. 10, 13.
8 Teilweise anders Staudinger/*v. Hein*, Art. 24 EGBGB Rz. 112 (vermutliche Staatsangehörigkeit für Nr. 1 relevant), 117 (Aufenthaltsstaat der Mutter nur mittels Fürsorgezuständigkeit relevant).

39 Fällt das Anknüpfungsmoment nach Verfahrenseinleitung in Deutschland weg, so soll, abweichend von den allgemeinen Regeln, nicht ohne weiteres von einer **Perpetuierung** der internationalen Zuständigkeit gem. § 99 Abs. 1 auszugehen, sondern die Angemessenheit der Verfahrensfortführung im Einzelfall entscheidend sein (s. vor §§ 98–106 Rz. 12).[1]

III. Grenzüberschreitende Verfahrenskoordination (Absätze 2 bis 4)

40 Die Abs. 2 und 3 gelten nur, wenn sich die internationale Zuständigkeit nicht aus dem Gemeinschafts- oder Konventionsrecht ergibt (dann ginge insbesondere Art. 15 Brüssel IIa-VO vor), sondern aus § 99 Abs. 1. Sie haben aber einen engeren **Anwendungsbereich** als dieser: Unmittelbar betroffen sind nicht sämtliche Kindschaftssachen, sondern nur die Vormundschaft. Entsprechend anzuwenden sind § 99 Abs. 2 und 3 jedoch gem. Abs. 4 für Verfahren betreffend die Pflegschaft (oder sonstige Vertretung) für einen bzw. die Unterbringung eines Minderjährigen (§ 151 Nr. 5 und 6), zudem gem. § 104 Abs. 2 in Erwachsenenschutzsachen. Für die Nachlasspflegschaft (§ 342 Abs. 1 Nr. 2) verweist das Gesetz nicht auf § 99 Abs. 2 und 3. Ferner gelten diese weder direkt noch entsprechend für Statussachen der Lebenspartner iSv. § 103 Abs. 1 (s. dort Rz. 23). Zur Verallgemeinerungsfähigkeit im Übrigen s. vor §§ 98–106 Rz. 54.

41 § 99 Abs. 2 erlaubt es dem an sich nach Abs. 1 zuständigen deutschen Gericht, mit Rücksicht auf die Anhängigkeit eines ausländischen Parallelverfahrens von einer Sachentscheidung abzusehen bzw. das Verfahren ins Ausland abzugeben (Abs. 3). Beides soll internationalen Entscheidungseinklang sichern. Die weite Formulierung stellt klar, dass auch Amtsvormundschaften, die kraft Gesetzes eintreten, einbezogen werden können. Dem Gesetzgeber ging es um eine nicht starr am Prioritätsprinzip orientierte, sondern „**elastische Regel**, die den Gerichten Ermessensspielraum gibt".[2] Unter diesen Voraussetzungen kann es sich insbesondere anbieten, dass Deutschland als Heimatstaat (Abs. 1 Satz 1 Nr. 1) den Gerichten im Aufenthaltsstaat den Vortritt lässt. Die Beurteilung der Frage, ob das deutsche Verfahren fortzuführen und im Inland ein Vormund zu bestellen ist, soll sich nach der lex causae bestimmen (zweifelhaft, vgl. Rz. 36); bei der gebotenen Prüfung darf sich das deutsche Gericht nicht allein auf die Einschätzung Dritter bzw. der ausländischen Gerichte stützen, sondern es muss die erforderlichen Feststellungen von Amts wegen treffen (§ 26).[3]

42 Wenn von einer im Inland eröffneten Zuständigkeit kein Gebrauch gemacht werden soll, muss gleichwohl dem **Rechtsschutzanspruch** genügt werden. Dieser kann sowohl durch eigene Sachentscheidung (plus Vollstreckung) als auch durch Anerkennung (plus Vollstreckung) verwirklicht werden. Deshalb ist vorab zu klären, ob die ausländischen Gerichte international zuständig sind (sog. Anerkennungszuständigkeit), und zwar in spiegelbildlicher Anwendung der deutschen Zuständigkeitsregeln. Aber auch darüber hinaus gilt, dass das deutsche Gericht nicht von einer eigenen Sachentscheidung absehen darf, sofern bereits ersichtlich ist, dass die im Ausland zu erwartende Entscheidung in Deutschland aus anderen Gründen voraussichtlich nicht anerkennungsfähig sein wird.[4]

1 Ebenso Staudinger/*v. Hein*, Art. 24 EGBGB Rz. 106.
2 So BT-Drucks. 10/504, S. 95, dort zu § 47 FGG.
3 Anschaulich OLG Hamm v. 8.10.2002 – 15 W 322/02, FamRZ 2003, 253 (254).
4 Anders Staudinger/*v. Hein*, Art. 24 EGBGB Rz. 126; differenzierend Jansen/v. Schuckmann/Sonnenfeld/*Müller-Lukoschek*, § 47 FGG Rz. 13.

In gewissermaßen spiegelbildlicher Anwendung von § 99 Abs. 3 kommt auch die **Übernahme** eines ausländischen Verfahrens durch ein deutsches Gericht in Betracht,[1] wobei dieses allerdings die internationale Zuständigkeit eigenständig zu prüfen hat. 43

D. Weitere Hinweise zu internationalen Kindschaftssachen

Auf Grund der **Lex-fori-Regel** (vor §§ 98–106 Rz. 37 ff.) bestimmt sich das Verfahren auch in Fällen mit Auslandsbezug und unabhängig von dem in der Sache anwendbaren Recht grundsätzlich nach deutschem Recht, also §§ 152 ff. 44

Das deutsche Gericht darf eine auslandsansässige und/oder ausländische Person zum Vormund oder Pfleger bestellen.[2] Zur Unterbringung des Kindes in einem anderen Mitgliedstaat beachte Art. 56 und dazu Art. 23 Buchst. g Brüssel IIa-VO. 45

Vorgaben für die **grenzüberschreitende Zusammenarbeit** in Angelegenheiten des Kinderschutzes ergeben sich aus 53 ff. Brüssel IIa-VO sowie künftig aus Art. 29 ff. KSÜ. Die Aufgaben der Zentralen Behörde nimmt in Deutschland das Bundesamt für Justiz wahr (§ 3 IntFamRVG), auf dessen Internetseiten wichtige Informationen zum Thema internationale Sorgerechtsverfahren zusammengestellt sind.[3] 46

Um die europaweite Anerkennung und Vollstreckung von Entscheidungen in Kindschaftssachen zu erleichtern, sieht Anhang II zur Brüssel IIa-VO Vordrucke vor, mit denen die wesentlichen Angaben in allen Amtssprachen bescheinigt werden können. Diese **Bescheinigungen** sind gem. Art. 39 Brüssel IIa-VO auf Antrag auszufüllen; zuständig ist in Deutschland der Urkundsbeamte der Geschäftsstelle (§ 48 Abs. 1 IntFamRVG). Dies gilt auch, wenn die Zuständigkeit des deutschen Gerichts zur Erlass der Entscheidung nicht auf die Brüssel IIa-VO, sondern auf § 99 FamFG gestützt wurde; denn auch solche Entscheidungen sind in den anderen Brüssel IIa-Staaten anzuerkennen und zu vollstrecken. 47

§ 100
Abstammungssachen

Die deutschen Gerichte sind zuständig, wenn das Kind, die Mutter, der Vater oder der Mann, der an Eides statt versichert, der Mutter während der Empfängniszeit beigewohnt zu haben,

1. Deutscher ist oder

2. seinen gewöhnlichen Aufenthalt im Inland hat.

Literatur: s. § 97 vor Rz. 1.

---

1 Jansen/v. Schuckmann/Sonnenfeld/*Müller-Lukoschek*, § 47 FGG Rz. 27; Staudinger/*v. Hein*, Art. 24 EGBGB Rz. 127.

2 Vgl. KG v. 25.101994 – 1 AR 37/94, Rpfleger 1995, 159 (Bestellung eines Angehörigen einer deutschen Botschaft). Beachte auch Staudinger/*v. Hein*, Art. 24 EGBGB Rz. 123.

3 Kontaktdaten unter www.bundesjustizamt.de, dort unter „Int. Sorgerecht".

A. Überblick

1 Beachte vorab zu Begriff und Prüfung der internationalen Zuständigkeit sowie zu den Besonderheiten von Verfahren mit Auslandsbezug die Ausführungen vor §§ 98–106. Zur spiegelbildlichen Anwendung bei der Prüfung der Anerkennungszuständigkeit ausländischer Gerichte gem. § 109 Abs. 1 Nr. 1 s. dort Rz. 19 ff.

2 § 100 regelt nunmehr einheitlich die internationale Zuständigkeit für sämtliche Abstammungssachen iSv. § 169; § 106 stellt klar, dass es sich nicht um eine ausschließliche Zuständigkeit handelt. Dies entspricht im **früheren Recht** der Regelung für (streitige) Kindschaftssachen in § 640a Abs. 2 Satz 1 und 2 ZPO. Allerdings waren bislang (wegen des nunmehr aufgehobenen § 1600e Abs. 2 BGB) §§ 35b, 43 FGG und damit das FG-Verfahren einschlägig, wenn der zu Verklagende verstorben war.[1]

B. Vorrangiges Gemeinschafts- und Konventionsrecht

3 Die internationale Zuständigkeit für Abstammungsverfahren ergibt sich weder aus der Brüssel IIa-VO (Art. 1 Abs. 3 Buchst. a[2]) noch dem MSA (wegen der Begrenzung auf Schutzmaßnahmen[3]) oder künftig dem KSÜ (Art. 4 Buchst. a). Bedeutsam können diese aber für die Frage sein, ob zur Vertretung des Kindes ein Verfahrensbeistand (vgl. § 158 FamFG) zu bestellen ist.[4] Die beiden CIEC-Übereinkommen v. 14.9.1961 und v. 12.9.1962 (s. § 97 Rz. 21) betreffen nicht das gerichtliche Abstammungsverfahren, sondern die personenstandsrechtliche Zuständigkeit zur Entgegennahme von Abstammungserklärungen.[5]

C. Inhalt der Vorschrift

4 Anknüpfungsmomente für die – konkurrierende (§ 106) – internationale Zuständigkeit deutscher Gerichte sind alternativ die deutsche Staatsangehörigkeit (s. vor §§ 98–106 Rz. 26 ff.; dort auch zu Doppelstaatern und Deutschen gleichgestellte Personen) oder der inländische gewöhnliche Aufenthalt (s. vor §§ 98–106 Rz. 21 ff.), und zwar jeweils entweder des Kindes, der Mutter, des Vaters oder desjenigen Mannes, der an Eides statt versichert, der Mutter während der Empfängniszeit beigewohnt zu haben. Der inländische Aufenthalt bzw. die deutsche Staatsangehörigkeit dieses Mannes sind aber, wie sich aus den Gesetzesmaterialien ergibt, nur dann zuständigkeitsrelevant, wenn er als Antragsteller das Anfechtungsverfahren betreibt: Zum einen soll § 100 FamFG die Regelung des § 640a Abs. 2 ZPO übernehmen, der auf die „Parteien" des Anfechtungsprozesses abstellt;[6] zum anderen korrespondiert die Formulierung in § 100 mit § 172 Nr. 4 idF des RegE, und diese Nr. 4 wurde sodann unter Hinweis auf § 7 Abs. 1 als selbstverständlich gestrichen.[7]

---

1 Näher BT-Drucks. 16/6308, S. 243 f.; Staudinger/*Henrich*, Art. 19 EGBGB Rz. 113, Art. 20 EGBGB Rz. 64.
2 Insoweit ungenau AG Leverkusen v. 14.6.2007 – 33 F 229/06, FamRZ 2007, 2087 m. Anm. *Henrich*, 2088.
3 AG Leverkusen v. 14.6.2007 – 33 F 229/06, FamRZ 2007, 2087 m. Anm. *Henrich*, 2088.
4 MüKo.ZPO/*Coester-Waltjen*, § 640a ZPO Rz. 3; Staudinger/*Henrich*, Art. 20 EGBGB Rz. 80 ff.
5 Dazu Staudinger/*Henrich*, Art. 19 EGBGB Rz. 132, 136.
6 Vgl. BT-Drucks. 16/6308, S. 221.
7 Vgl. BT-Drucks. 16/6308, S. 245, und 16/9733, S. 295.

Ist ein Antrag auf Einbürgerung gestellt, kann das Verfahren bis zur erfolgten Einbürgerung ausgesetzt werden.[1] Ein Wegfall des Anknüpfungsmoments nach Verfahrenseinleitung ist grundsätzlich unschädlich (**perpetuatio fori**, s. vor §§ 98–106 Rz. 9 ff.).[2] Nicht zuständigkeitsbegründend ist die Staatsangehörigkeit einer Person, die im Zeitpunkt der Verfahrenseinleitung bereits verstorben ist;[3] irrelevant ist dann auch, dass die Person sich zuletzt im Inland gewöhnlich aufgehalten hat oder hier bestattet ist. 5

Eine § 99 Abs. 1 Satz 2 entsprechende **Fürsorgezuständigkeit** ist in § 100 nicht vorgesehen (anders früher in den Fällen von §§ 35b Abs. 2, 43 FGG); auch an eine ungeschriebene Notzuständigkeit (s. vor §§ 98–106 Rz. 18 f.) wird demnach allenfalls in extremen Ausnahmefällen zu denken sein.[4] Hinfällig ist die zum alten Recht diskutierte Frage, ob § 640a Abs. 2 Satz 2 ZPO auch den Rückgriff auf § 16 ZPO eröffnen sollte.[5] 6

D. Weitere Hinweise zu internationalen Abstammungsverfahren

Auf Grund der **Lex-fori-Regel** (vor §§ 98–106 Rz. 37 ff.) bestimmt sich das Verfahren auch in Fällen mit Auslandsbezug grundsätzlich nach deutschem Recht.[6] Weil die lex fori auch über die Abgrenzung zwischen freiwilliger und streitiger Gerichtsbarkeit befindet,[7] gilt nunmehr einheitlich: Alle Abstammungssachen werden durch Antrag eingeleitet und als FG-Verfahren (mit den in §§ 170 ff. vorgesehenen Besonderheiten) durchgeführt, und zwar selbst dann, wenn das Abstammungs- bzw. das Anfechtungsstatut ein kontradiktorisches Verfahren vorsieht.[8] Das deutsche Verfahrensrecht definiert zudem die Wirkungen der im deutschen Abstammungsverfahren ergehenden Entscheidung. 7

Nach diesen Grundsätzen regelt das deutsche Recht (als lex fori), wer Beteiligter des Abstammungsverfahrens bzw. daran zu beteiligen (§ 172) und wer verfahrensfähig ist (§ 9). Ausländische Behörden werden selbst dann nicht beteiligt, wenn das Abstammungsstatut dies vorschreibt (denkbar ist aber ersatzweise die Mitwirkung einer inländischen Behörde bzw. Staatsanwaltschaft; vgl. vor §§ 98–106 Rz. 41). Hingegen ist es eine Frage des materiellen Rechts und damit des Anfechtungsstatuts, wer anfechtungsberechtigt ist.[9] Zieht das ausländische Sachrecht den Kreis der Anfechtungsberechtigten weiter als § 172, so muss diese Vorschrift entsprechend angepasst, also erweitert werden (vgl. vor §§ 98–106 Rz. 41). 8

Die verfahrensrechtliche Pflicht zur **Duldung einer Untersuchung** gem. § 178 gilt auch für Ausländer.[10] Hält sich die fragliche Person im Ausland auf (oder ist sie dort bestat- 9

1 MüKo.ZPO/*Coester-Waltjen*, § 640a ZPO Rz. 7.
2 Ebenso MüKo.ZPO/*Coester-Waltjen*, § 640a ZPO Rz. 6; Staudinger/*Henrich*, Art. 19 EGBGB Rz. 111.
3 Ebenso Staudinger/*Henrich*, Art. 20 EGBGB Rz. 76.
4 Strikt ablehnend Staudinger/*Henrich*, Art. 20 EGBGB Rz. 77.
5 Dazu MüKo.ZPO/*Coester-Waltjen*, § 640a ZPO Rz. 4.
6 Beachte zu den Besonderheiten internationaler Abstammungsverfahren nach früherem Recht bereits *Motzer/Kugler*, Rz. 35 ff.
7 BT-Drucks. 16/6308, S. 243 f.
8 Staudinger/*Henrich*, Art. 20 EGBGB Rz. 66.
9 Zu alldem und zum Folgenden Staudinger/*Henrich*, Art. 20 EGBGB Rz. 67 ff., dort auch zu früheren Streitfragen, die sich durch die einheitliche Neuregelung erledigt haben dürften.
10 Grundlegend zum früheren Recht BGH v. 9.4.1986 – IVb ZR 27/85, JZ 1987, 42 m. Anm. *Stürner* = IPRax 1987, 176 m. Anm. *Schlosser*, 153; *Schack*, Rz. 712 f.

tet),[1] kommt ein Rechtshilfeersuchen an die ausländischen Behörden in Betracht; die EuBVO (s. § 97 Rz. 32) ist anwendbar.[2] Wenn die Untersuchung im Ausland unberechtigt verweigert oder keine Rechtshilfe gewährt wird, kann dies im Rahmen der Beweiswürdigung als Beweisvereitelung gewertet werden.[3]

§ 101
Adoptionssachen

Die deutschen Gerichte sind zuständig, wenn der Annehmende, einer der annehmenden Ehegatten oder das Kind

1. Deutscher ist oder

2. seinen gewöhnlichen Aufenthalt im Inland hat.

Literatur: s. § 97 vor Rz. 1.

A. Überblick

1 Beachte vorab zu Begriff und Prüfung der internationalen Zuständigkeit sowie zu den Besonderheiten von Verfahren mit Auslandsbezug die Ausführungen vor §§ 98–106. Zur spiegelbildlichen Anwendung bei der Prüfung der Anerkennungszuständigkeit ausländischer Gerichte gem. § 109 Abs. 1 Nr. 1 s. dort Rz. 19 ff.

2 § 101 regelt die internationale Zuständigkeit für Adoptionssachen iSv. § 186; § 106 stellt klar, dass es sich nicht um eine ausschließliche Zuständigkeit handelt. Dies entspricht der bisherigen Regelung in § 43b Abs. 1 Satz 1 und 2 FGG.

B. Vorrangige Regelungen

I. Gemeinschafts- und Konventionsrecht

3 Die **Brüssel IIa-VO** gilt gem. Art. 1 Abs. 3 Buchst. b nicht für „Adoptionsentscheidungen und Maßnahmen zur Vorbereitung einer Adoption sowie die Ungültigerklärung

1 Zu grenzüberschreitenden Exhumierungsanordnungen vgl. KG v. 22.11.2002 – 3 WF 5611/99, IPRax 2004, 255, und ausführlich *Decker*, IPRax 2004, 229.

2 Näher speziell zur Vaterschaftsfeststellung Rauscher/*v. Hein*, Art. 1 EG-BewVO Rz. 29 f.

3 Dazu BGH v. 9.4.1986 – IVb ZR 27/85, JZ 1987, 42 m. Anm. *Stürner* = IPRax 1987, 176 m. Anm. *Schlosser*, 153; zu den Grenzen bei sog. Mehrverkehr vgl. OLG Karlsruhe v. 26.10.2000 – 2 UF 256/99, FamRZ 2001, 931.

und den Widerruf der Adoption". Ausgeklammert dürfte damit auch die Rückübertragung der elterlichen Sorge auf die leiblichen Eltern im Falle des Scheiterns bzw. der Aufhebung der Adoption sein.[1] Für die gem. Art. 1 Abs. 2 Brüssel IIa-VO erfassten Kindschaftssachen ist es hingegen unerheblich, ob es um leibliche oder adoptierte Kinder geht.

Die internationale Zuständigkeit für das Adoptionsverfahren ergibt sich auch weder aus dem **MSA** (wegen der Begrenzung auf Schutzmaßnahmen[2]) noch künftig aus dem **KSÜ** (Art. 4 Buchst. b). Bedeutsam kann das MSA bzw. KSÜ aber für die Frage sein, ob zur Vertretung des Kindes ein Verfahrensbeistand (§ 158 FamFG) zu bestellen ist. 4

Das Haager Übereinkommen v. 29.5.1993 über den Schutz von Kindern und die Zusammenarbeit auf dem Gebiet der internationalen Adoption (**HAdoptÜ** bzw. HAÜ; s. § 97 Rz. 22) und das dazu ergangene deutsche Ausführungsgesetz v. 5.11.2001 (HAdoptÜAG) regeln nicht die internationale Zuständigkeit, wohl aber materiell- und verfahrensrechtliche Voraussetzungen der Adoption sowie Fragen der internationalen Adoptionsvermittlung.[3] Das Haager Übereinkommen v. 15.11.1965 über die behördliche Zuständigkeit, das anzuwendende Recht und die Anerkennung von Entscheidungen auf dem Gebiet der Annahme an Kindes Statt[4] hat Deutschland nicht gezeichnet. 5

II. Deutsches Recht

Gem. § 199 FamFG bleibt das **Adoptionswirkungsgesetz** v. 5.11.2001 (AdWirkG – Text: § 199 Rz. 3)[5] unberührt. Das AdWirkG betrifft zum einen die – im vorliegenden Zusammenhang nicht interessierende – Anerkennung ausländischer Adoptionsentscheidungen (dazu § 108 Rz. 52), zum anderen aber auch Inlandsadoptionen, sofern die deutsche Entscheidung nach Maßgabe von Art. 22 EGBGB auf ausländischen Sachvorschriften beruht (oder wenn sich bei Anwendbarkeit deutschen Rechts das Zustimmungserfordernis gem. Art. 23 EGBGB aus ausländischem Heimatrecht ergibt).[6] Der Anwendungsbereich des AdWirkG erfasst nur die Annahme von Minderjährigen (§ 1 Satz 2), ist im Übrigen aber weit gezogen: Das AdWirkG gilt für Volladoptionen ebenso wie für schwache Adoptionen, für Dekret- ebenso wie für Vertragsadoptionen. Im Hinblick auf Inlandsadoptionen regelt das AdWirkG zum einen die gerichtliche Feststellung der Wirksamkeit (§ 2) und zum anderen die Umwandlung einer schwachen in eine Volladoption (§ 3). Die diesbezügliche internationale Zuständigkeit deutscher Gerichte bestimmt sich gem. § 5 Abs. 1 Satz 2 AdWirkG entsprechend § 101 FamFG. 6

Das **Adoptionsvermittlungsgesetz**[7] enthält in § 2a Vorgaben zur internationalen Adoptionsvermittlung; diese gelten sowohl für das autonome deutsche Recht als auch ergänzend zum HAdoptÜ/HAdoptÜAG.[8] 7

---

1 Näher *Winkelsträter*, S. 44 f.
2 AG Leverkusen v. 14.6.2007 – 33 F 229/06, FamRZ 2007, 2087 m. Anm. *Henrich*, 2088.
3 Dazu *Weitzel*, NJW 2008, 186.
4 Text bei Staudinger/*Henrich*, vor Art. 22 EGBGB Rz. 9.
5 BGBl. I 2001, 2950; geändert durch Art. 68 FGG-RG.
6 Str.; wie hier etwa *Andrae*, § 7 Rz. 20; Staudinger/*Henrich*, Art. 22 EGBGB Rz. 73; *Süß*, MittBayNot 2008, 183 (186); jeweils mN zum Streitstand.
7 IdF v. 22.12.2001: BGBl. I 2002, 355.
8 Dazu *Motzer/Kugler*, Rz. 103 ff.; *Steiger*, Rz. 108 ff.

C. Inhalt der Vorschrift

I. Anwendungsbereich

8 Der Begriff der **Adoptionssache** wird, orientiert am deutschen Sachrecht, in § 186 bestimmt, und zwar in einem weiten Sinne (zu den Einzelheiten s. Kommentierung zu § 186). § 101 FamFG erfasst, anders als § 1 Satz 2 AdWirkG, auch die Annahme von Volljährigen (sog. **Erwachsenenadoption**).[1] Verfahren auf Rückübertragung der elterlichen Sorge bei Scheitern der Adoption sind jedoch Kindschaftssachen iSv. § 99.[2]

9 Gerade in Adoptionsfragen weichen die nationalen Rechtsordnungen erheblich voneinander ab.[3] Im Anwendungsbereich ausländischen Sachrechts ist für die Anwendbarkeit von § 101 entscheidend, dass das in Frage stehende **ausländische Rechtsinstitut** im Kern dem Zweck und den Wirkungen einer Adoption deutschen Rechts entspricht. Charakteristisch ist mithin das Begründen eines Eltern-Kind-Verhältnisses zu dem Annehmenden, nicht aber das Erlöschen der Rechtsbeziehungen zu den leiblichen Eltern und deren Angehörigen. Erfasst werden daher auch schwache Adoptionen, nicht hingegen die Begründung einer bloßen Pflegekindschaft oder einer sog. *kafala* islamischen Rechts.[4]

10 Zur Frage, inwieweit § 101 wegen § 103 Abs. 3 auch für annehmende Lebenspartner gilt, s. § 103 Rz. 24.

II. Internationale Zuständigkeit

11 Anknüpfungsmomente für die – konkurrierende (§ 106) – internationale Zuständigkeit deutscher Gerichte sind gem. § 101 alternativ die deutsche Staatsangehörigkeit (s. vor §§ 98–106 Rz. 26 ff.; dort auch zu Doppelstaatern und Deutschen gleichgestellte Personen) oder der inländische gewöhnliche Aufenthalt (s. vor §§ 98–106 Rz. 21 ff.), und zwar jeweils entweder des Annehmenden, einer der annehmenden Ehegatten oder des Kindes.

12 Die Widerrechtlichkeit des Verbringens des Kindes ins Inland lässt nicht schon die internationale Zuständigkeit entfallen. Ist die internationale Zuständigkeit deutscher Gerichte gegeben, so darf nicht vorschnell das **Rechtsschutzbedürfnis** für ein deutsches Verfahren geleugnet werden. Dies gilt auch dann, wenn das Kind im Ausland lebt und die deutsche Adoptionsentscheidung dort (voraussichtlich) nicht anerkannt wird;[5] eine § 99 Abs. 2 und 3 entsprechende Regelung ist für Adoptionsverfahren nicht vorgesehen. Die Inanspruchnahme ausschließlicher internationaler Zuständigkeit durch einen anderen Staat ist aus deutscher Sicht allemal irrelevant.[6] Fällt das Anknüpfungsmoment nach Verfahrenseinleitung in Deutschland weg, so soll, abweichend von den allgemeinen Regeln, nicht ohne weiteres von einer **perpetuatio fori**

1 Klarstellend BT-Drucks. 16/6308, S. 247.
2 BT-Drucks. 16/6308, S. 247.
3 Beachte die ausführliche Übersicht mit Länderberichten bei Staudinger/*Henrich*, vor Art. 22 EGBGB Rz. 1 ff.
4 Ausführlich *Winkelsträter*, S. 30 ff.
5 Deutlich zu unbestimmt *Motzer/Kugler*, Rz. 101; zumindest vorsichtiger Jansen/v. Schuckmann/Sonnenfeld/*Müller-Lukoschek*, § 43b FGG Rz. 52; Staudinger/*Henrich*, Art. 22 EGBGB Rz. 75.
6 Insoweit zutreffend *Motzer/Kugler*, Rz. 101; Erman/*Hohloch*, Art. 22 EGBGB Rz. 20.

auszugehen, sondern die Angemessenheit der Verfahrensfortführung im Einzelfall entscheidend sein (s. vor §§ 98–106 Rz. 12).[1]

Eine § 99 Abs. 1 Satz 2 entsprechende **Fürsorgezuständigkeit** sieht § 101 nicht vor (ebenso schon § 43b Abs. 1 FGG);[2] an eine ungeschriebene Notzuständigkeit (s. vor §§ 98–106 Rz. 18 f.) wird allenfalls in extremen Ausnahmefällen zu denken sein. 13

D. Weitere Hinweise zu internationalen Adoptionsverfahren

Auf Grund der **Lex-fori-Regel** (vor §§ 98–106 Rz. 37 ff.) bestimmt sich das Verfahren auch in Fällen mit Auslandsbezug und unabhängig vom Adoptionsstatut grundsätzlich nach deutschem Recht, also §§ 187 ff.[3] Das dort vorgesehene Verfahren ist, orientiert am deutschen Recht, auf den Fall der sog. Dekretadoption – also durch richterlichen Ausspruch – zugeschnitten. Beruht das in der Sache anwendbare ausländische Recht auf dem System der **Vertragsadoption**, erfordert also nur einen gerichtlich zu bewilligenden oder zu bestätigenden Vertrag, so liegt eine Anpassung des deutschen Verfahrensrechts nahe (allgemein: vor §§ 98–106 Rz. 40 ff.): Das deutsche Gericht hat nicht etwa die Adoption, sondern die Bewilligung bzw. Bestätigung auszusprechen.[4] 14

Im Anwendungsbereich des **AdWirkG** (s. Rz. 6) hat das Gericht, wenn es die Annahme auf der Grundlage ausländischen Sachrechts ausspricht, gem. § 2 Abs. 3 AdWirkG die dort in Abs. 1 und 2 vorgesehenen **Feststellungen** von Amts wegen zu treffen.[5] 15

§ 5 Abs. 1 Satz 1, Abs. 2 AdWirkG konzentriert die **örtliche Zuständigkeit**. Darauf wurde für sonstige Fremdrechtsadoptionen bislang in § 43b Abs. 2 Satz 2 FGG verwiesen, wobei umstritten war, ob es sich um eine Rechtsgrund- oder um eine Rechtsfolgenverweisung handelt; bedeutsam war dies vor allem deshalb, weil das AdWirkG – anders als § 43b FGG und nunmehr § 101 FamFG – nur Minderjährigenadoptionen erfasst.[6] Weil § 43b Abs. 2 Satz 2 FGG ersatzlos entfallen ist und §§ 108 Abs. 2 Satz 3, 199 FamFG nur die Spezialität des AdWirkG klarstellen, aber nicht etwa dessen entsprechende Anwendung anordnen, fehlt für die nunmehr von § 101 FamFG erfassten Verfahren eine Bündelungsregel hinsichtlich der örtlichen Zuständigkeit.[7] Es liegt nahe, von einer unbewussten Regelungslücke auszugehen und § 5 Abs. 1 Satz 1, Abs. 2 AdWirkG fortan, ergänzend zu § 187 FamFG, für alle Fremdrechtsadoptionen (auch von Erwachsenen) analog anzuwenden. 16

Umstritten ist, unter welchen Voraussetzungen im Falle einer im Ausland bereits erfolgten Adoption noch ein Rechtsschutzbedürfnis für eine sog. **Nachadoption** im 17

1 S. MüKo.BGB/*Klinkhardt*, Art. 22 EGBGB Rz. 74; näher *Winkelsträter*, S. 49 ff.

2 Ein dahingehendes Bedürfnis wird bereits geleugnet in BT-Drucks. 10/504, S. 95.

3 MüKo.BGB/*Klinkhardt*, Art. 22 EGBGB Rz. 80 f. Näher zu internationalen Adoptionsverfahren und zur grenzüberschreitenden Adoptionsvermittlung etwa *Maurer*, FamRZ 2003, 1337; *Motzer/Kugler*, Rz. 100 ff.; *Steiger*, Rz. 108 ff. Beachte auch die Informationsseiten des Bundesamtes für Justiz: www.bundesjustizamt.de (dort unter „Auslandsadoption").

4 Näher Staudinger/*Henrich*, Art. 22 EGBGB Rz. 78; Erman/*Hohloch*, Art. 22 EGBGB Rz. 21; dort jeweils auch zu weiteren Anpassungsfragen.

5 Dazu MüKo.BGB/*Klinkhardt*, Art. 22 EGBGB Rz. 79.

6 Einzelheiten bei *Henrich*, IPRax 2007, 338; Palandt/*Thorn*, Art. 22 EGBGB Rz. 9; *Süß*, MittBayNot 2008, 183.

7 Richtig gesehen von Bamberger/Roth/*Heiderhoff*, Art. 22 Rz. 59; zumindest unklar Palandt/*Thorn*, Art. 22 EGBGB Rz. 9, der § 199 FamFG als Nachfolgeregelung zu § 43b Abs. 2 Satz 2 FGG aufführt.

Inland bestehen kann.[1] Dies sollte im Zweifel restriktiv gehandhabt werden, wenn die ausländische Entscheidung hier anerkennungsfähig ist (s. aber § 109 Rz. 64 ff.).

§ 102
Versorgungsausgleichssachen

Die deutschen Gerichte sind zuständig, wenn

1. der Antragsteller oder der Antragsgegner seinen gewöhnlichen Aufenthalt im Inland hat,

2. über inländische Anrechte zu entscheiden ist oder

3. ein deutsches Gericht die Ehe zwischen Antragsteller und Antragsgegner geschieden hat.

Literatur: s. § 97 vor Rz. 1.

A. Überblick

1 Beachte vorab zu Begriff und Prüfung der internationalen Zuständigkeit sowie zu den Besonderheiten von Verfahren mit Auslandsbezug die Ausführungen vor §§ 98–106. Zur spiegelbildlichen Anwendung bei der Prüfung der Anerkennungszuständigkeit ausländischer Gerichte gem. § 109 Abs. 1 Nr. 1 s. dort Rz. 19 ff.

2 § 102 regelt die internationale Zuständigkeit für **isolierte Versorgungsausgleichssachen** iSv. § 217, und zwar zwischen (früheren) Ehegatten oder Lebenspartnern (s. Rz. 8). § 106 stellt klar, dass es sich nicht um eine ausschließliche Zuständigkeit handelt.

3 Das **bisherige Recht** sah keine entsprechende Regelung der internationalen Zuständigkeit vor. Im Scheidungs- bzw. Aufhebungsverbund nahm man eine Annexzuständigkeit zur Ehe- bzw. Lebenspartnerschaftssache an (nunmehr: § 98 Abs. 2, § 103 Abs. 2 FamFG); herangezogen wurden mithin Art. 3 Brüssel IIa-VO bzw. § 606a ZPO oder § 661 Abs. 3 ZPO. Umstritten war die Behandlung isolierter Versorgungsausgleichssachen, also von Fällen, in denen der Versorgungsausgleich aus dem deutschen Scheidungsverbund abgetrennt oder die Scheidung im Ausland erfolgt war. Wohl überwiegend behalf man sich auch dann mit § 606a ZPO;[2] andere plädierten für eine doppel-

1 Ausführlich *Fuchs*, IPRax 2001, 116; *Steiger*, DNotZ 2002, 184 (206); Staudinger/*Henrich*, Art. 22 EGBGB Rz. 99 ff.

2 Grundlegend BGH v. 7.11.1979 – IV ZB 159/78, BGHZ 75, 241 (244); BGH v. 3.2.1993 – XII ZB 93/90, NJW 1993, 2047; BGH v. 11.2.2009 – XII ZB 101/05, FamRZ 2009, 677; *Wagner*, Versorgungsausgleich Rz. 17 f.

funktionale Anwendung von § 45 FGG[1] oder wandten sich gegen jede Anknüpfung an die Staatsangehörigkeit und stattdessen für eine Anlehnung an §§ 23, 23a und 13 ZPO.[2] Der letztgenannten Auffassung hat sich der FamFG-Gesetzgeber der Sache nach angeschlossen.[3]

B. Vorrangige Regelungen

I. Gemeinschafts- und Konventionsrecht

Die **Brüssel IIa-VO** regelt Ehestatussachen (Art. 1 Abs. 1 Buchst. a), nicht jedoch, mit Ausnahme bestimmter Kindschaftssachen, Folgesachen wie den Versorgungsausgleich. Die **Brüssel I-VO** klammert in Art. 1 Abs. 2 Buchst. a zwar die ehelichen Güterstände aus, erwähnt aber den Versorgungsausgleich nicht. Gleichwohl ist anerkannt, dass auch dieser für diese Zwecke als güterrechtlich zu qualifizieren ist und damit aus dem Anwendungsbereich fällt.[4] Unanwendbar ist dementsprechend das **LugÜ** (Art. 1 Abs. 2 Nr. 1). 4

Demgegenüber ist der Anwendungsbereich der Brüssel I-VO und des LugÜ eröffnet hinsichtlich des Versorgungsausgleichs der **Lebenspartner**; denn die soeben erwähnten Ausschlussgründe beziehen sich nur auf die Ehe und es ist nicht ersichtlich, warum dieser Begriff dort anders als in der Brüssel IIa-VO zu verstehen sein sollte (s. § 103 Rz. 4).[5] Dieses Ergebnis mag rechtspolitisch wenig überzeugen, ist aber de lege lata kaum zu vermeiden.[6] Raum für § 102 bleibt auch für Lebenspartner aber außerhalb des räumlich-persönlichen Anwendungsbereichs der Brüssel I-VO und dem LugÜ, also dann, wenn der Antragsgegner seinen Wohnsitz weder in einem EU- noch in einem LugÜ-Staat hat (näher: Anhang zu § 245 Rz. 37). 5

II. Scheidungs- und Aufhebungsverbund

Entsprechend der schon zum früheren Recht herrschenden Meinung erstrecken § 98 Abs. 2 und § 103 Abs. 2, wenn ein Verbund durchgeführt wird, die Zuständigkeit für die Scheidungs- bzw. Aufhebungssache auf die Folgesachen. Dies betrifft gem. § 137 Abs. 2 Satz 1 Nr. 1 bzw. §§ 269 Abs. 1 Nr. 7, 270 Abs. 1 Satz 2, 111 Nr. 7, 137 Abs. 2 Satz 1 Nr. 1 auch Versorgungsausgleichssachen (s. § 98 Rz. 44 und § 103 Rz. 12). 6

C. Inhalt der Vorschrift

Außerhalb des Verbunds genügt für die – konkurrierende (§ 106) – internationale Zuständigkeit deutscher Gerichte gem. § 102 Nr. 1 ein gewöhnlicher Aufenthalt im In- 7

1 So etwa Thomas/Putzo/*Hüßtege*, § 621 ZPO Rz. 4. Differenzierend Jansen/v. Schuckmann/Sonnenfeld/*Müller-Lukoschek*, § 45 FGG Rz. 11 f.
2 So Staudinger/*Spellenberg*, § 606a ZPO Rz. 278.
3 Vgl. BT-Drucks. 16/6308, S. 221.
4 Näher etwa *Andrae*, § 3 Rz. 7 f.; MüKo.ZPO/*Gottwald*, Art. 1 EuGVO Rz. 13; *Kropholler*, EuZPR, Art. 1 EuGVO Rz. 27; Rauscher/*Mankowski*, Art. 1 Brüssel I-VO Rz. 12; *Wagner*, Versorgungsausgleich, Rz. 3 ff.
5 Wie hier MüKo.ZPO/*Gottwald*, Art. 1 EuGVO Rz. 15; *Geimer/Schütze*, Art. 1 EuGVVO Rz. 114 f.; Thomas/Putzo/*Hüßtege*, § 661 Rz. 14.
6 Anders offenbar *Andrae*, § 10 Rz. 10 f.; Rauscher/*Mankowski*, Art. 1 Brüssel I-VO Rz. 14a.

land (s. vor §§ 98–106 Rz. 21 ff.), und zwar entweder des Antragstellers oder des Antragsgegners. Hinreichend ist auch, dass über inländische Anrechte zu entscheiden ist (Nr. 2); die Inlandsbelegenheit dürfte entsprechend § 23 Satz 2 ZPO zu bestimmen sein. Schließlich genügt es, wenn ein deutsches Gericht die Ehe geschieden hat (Nr. 3). Dahinter steht die Erwägung, dass einerseits gerade in Fällen mit Auslandsbezug im Verbund häufig nicht über den Versorgungsausgleich mitentschieden wird, andererseits der Versorgungsausgleich vor einem ausländischen Gericht möglicherweise nicht durchgeführt werden kann.[1] Ein Wegfall des Anknüpfungsmoments nach Verfahrenseinleitung ist analog § 2 Abs. 2 grundsätzlich unschädlich (**perpetuatio fori**, s. vor §§ 98–106 Rz. 9 ff.).[2]

8 § 102 gilt auch für den Versorgungsausgleich der **Lebenspartner**. Dies lässt sich hinsichtlich Nr. 1 und 2 bereits aus dem neutralen Normtext und hinsichtlich Nr. 3 sowohl aus § 103 Abs. 3 als auch aus §§ 269 Abs. 1 Nr. 7, 270 Abs. 1 Satz 2, 111 Nr. 7 ableiten.

D. Weitere Hinweise zu internationalen Versorgungsausgleichsverfahren

9 Auf Grund der **Lex-fori-Regel** (vor §§ 98–106 Rz. 37 ff.) bestimmt sich das Verfahren auch in Fällen mit Auslandsbezug und unabhängig vom Versorgungsausgleichsstatut grundsätzlich nach deutschem Recht, also §§ 218 ff.

10 Die verfahrensrechtliche **Auskunftspflicht** gem. § 220 gilt auch für Ausländer. Hält sich die Auskunftsperson im Ausland auf, kommt ein Rechtshilfeersuchen an die ausländischen Behörden in Betracht; die EuBVO (s. § 97 Rz. 32) ist anwendbar. Eine **Verfahrensaussetzung** gem. § 221 kommt auch in Betracht, wenn ein Verfahren im Ausland anhängig ist bzw. um Gelegenheit zur Verfahrenseinleitung im Ausland zu geben. Dies kann – entsprechend den Regeln zur Beachtung ausländischer Rechtshängigkeit (s. vor §§ 98–106 Rz. 53) – aber nicht gelten, sofern bereits ersichtlich ist, dass die im Ausland zu erwartende Entscheidung in Deutschland voraussichtlich nicht anerkennungsfähig sein wird.

11 Die **Abänderung** deutscher Entscheidungen setzt die internationale Zuständigkeit deutscher Gerichte nach Maßgabe von § 102 voraus; eine Annexkompetenz zur Abänderung besteht grundsätzlich nicht (s. vor §§ 98–106 Rz. 16). Freilich mag man erwägen, eine frühere deutsche Entscheidung zum Versorgungsausgleich analog § 102 Nr. 3 genügen zu lassen; denn dafür sprechen letztlich dieselben Erwägungen wie bereits für diesen Zuständigkeitsgrund (s. Rz. 7).

12 Wenn nach im Ausland erfolgter Scheidung der Versorgungsausgleich im Inland durchgeführt werden soll, setzt dies die **Anerkennungsfähigkeit** der ausländischen Statusentscheidung voraus.[3]

---

1 BT-Drucks. 16/6308, S. 221.

2 Ebenso MüKo.ZPO/*Coester-Waltjen*, § 640a ZPO Rz. 6; Staudinger/*Henrich*, Art. 19 EGBGB Rz. 111.

3 Ebenso etwa Erman/*Hohloch*, Art. 17 EGBGB Rz. 63.

§ 103
Lebenspartnerschaftssachen

(1) Die deutschen Gerichte sind in Lebenspartnerschaftssachen, die die Aufhebung der Lebenspartnerschaft auf Grund des Lebenspartnerschaftsgesetzes oder die Feststellung des Bestehens oder Nichtbestehens einer Lebenspartnerschaft zum Gegenstand haben, zuständig, wenn

1. ein Lebenspartner Deutscher ist oder bei Begründung der Lebenspartnerschaft war,

2. einer der Lebenspartner seinen gewöhnlichen Aufenthalt im Inland hat oder

3. die Lebenspartnerschaft vor einer zuständigen deutschen Stelle begründet worden ist.

(2) Die Zuständigkeit der deutschen Gerichte nach Absatz 1 erstreckt sich im Falle des Verbundes von Aufhebungs- und Folgesachen auf die Folgesachen.

(3) Die §§ 99, 101, 102 und 105 gelten entsprechend.

Literatur: s. § 97 vor Rz. 1.

A. Überblick

1 Beachte vorab zu Begriff und Prüfung der internationalen Zuständigkeit sowie zu den Besonderheiten von Verfahren mit Auslandsbezug die Ausführungen vor §§ 98–106. Zur spiegelbildlichen Anwendung von § 103 bei der Prüfung der Anerkennungszuständigkeit ausländischer Gerichte gem. § 109 Abs. 1 Nr. 1 und Abs. 3 s. dort Rz. 19 ff.

2 § 103 Abs. 1 regelt die internationale Zuständigkeit für Lebenspartnerschaftssachen iSv. § 269 Abs. 1 Nr. 1 und 2; § 103 Abs. 2 erstreckt diese Zuständigkeit für den Fall des Verbunds auf die Folgesachen. § 106 stellt klar, dass es sich nicht um eine ausschließliche Zuständigkeit handelt.

3 Im **bisherigen Recht** ergab sich eine §§ 103 Abs. 1, 106 FamFG entsprechende Regelung aus §§ 661 Abs. 3, 606a ZPO, während eine ausdrückliche gesetzliche Regelung zur internationalen Verbundzuständigkeit fehlte. Vergleicht man § 103 Abs. 1 FamFG mit §§ 661 Abs. 3, 606a ZPO, so zeigt sich, dass sich manches durchaus einfach statt unnötig kompliziert regeln lässt.[1] Eher missglückt ist allerdings § 103 Abs. 3 FamFG (s. Rz. 22 ff.).

---

1 Vgl. bereits den – nunmehr im Ergebnis umgesetzten – Regelungsvorschlag bei MüKo.ZPO/*Coester-Waltjen*, § 661 ZPO Rz. 36.

B. Vorrangige Regelungen

4 Weder das Gemeinschafts- noch das für Deutschland verbindliche Konventionsrecht enthalten Vorgaben zur internationalen Entscheidungszuständigkeit hinsichtlich der von § 103 Abs. 1 erfassten Statussachen der Lebenspartner. Unanwendbar soll namentlich die **Brüssel IIa-VO** sein (s. § 98 Rz. 5). Zu beachten gilt es jedoch vorrangige gemeinschafts- und konventionsrechtliche Regelungen im Hinblick auf die von § 103 Abs. 2 thematisierten Folgesachen. Zu den Einzelheiten s. Rz. 11 ff.

C. Inhalt der Vorschrift

I. Internationale Zuständigkeit (Absatz 1)

5 Die internationale Zuständigkeit wird in § 103 Abs. 1 nur für die beiden Lebenspartnerschaftssachen iSv. § 269 Abs. 1 Nr. 1 und 2, also die **Statussachen** geregelt. Die weitere, sämtliche Lebenspartnerschaftssachen erfassende Formulierung im RegE wurde auf Initiative des Rechtsausschusses eingeschränkt.[1] Die dabei zugleich eingefügte Bezugnahme im Normtext auf das LPartG schließt es nicht aus, dass im Inland Lebenspartnerschaftssachen nach ausländischem Recht verhandelt werden;[2] auch in solchen Fällen bestimmt sich die internationale Zuständigkeit nach § 103 Abs. 1. Zu fordern ist allerdings, dass sich das fragliche **ausländische Rechtsinstitut** als Funktionsäquivalent zur deutschen Lebenspartnerschaft qualifizieren lässt, also nicht etwa als lediglich schuldrechtlich organisierte (im Gegensatz zu: personenstandsrelevante) homosexuelle Lebensgemeinschaft. Allemal anzuwenden ist § 103 daher auf die nach einigen Rechtsordnungen (Niederlande, Belgien) möglichen gleichgeschlechtlichen Ehen. Hingegen gilt für Verfahren betreffend sonstige rechtlich verfestigte Lebensformen von Partnern verschiedenen Geschlechts nicht § 103,[3] sondern allenfalls § 98 analog (s. dort Rz. 33).

6 § 103 Abs. 1 Nr. 1 knüpft die internationale Zuständigkeit an die deutsche **Staatsangehörigkeit** eines Lebenspartners, und zwar unabhängig von dessen Rolle als Antragsteller oder Antragsgegner im Verfahren. Hinreichend ist auch, wenn einer der Lebenspartner im Zeitpunkt der Begründung der Lebenspartnerschaft Deutscher war (sog. Antrittszuständigkeit). Zur deutschen Staatsangehörigkeit s. vor §§ 98–106 Rz. 26 ff.; dort auch zu Doppelstaatern und Deutschen gleichgestellte Personen.

7 Während § 103 Abs. 1 Nr. 1 mithin § 98 Abs. 1 Nr. 1 entspricht, weist der weitere Zuständigkeitskatalog einige Besonderheiten gegenüber § 98 Abs. 1 auf: Insgesamt eröffnet Deutschland den Zugang zu seinen Gerichten in Lebenspartnerschaftssachen deutlich großzügiger als in Ehesachen. Dahinter steht die Erwägung, dass man bei einem Rechtsinstitut, das noch längst nicht von allen Rechtsordnungen akzeptiert wird, tendenziell weite Zuständigkeiten zur Verfügung stellen muss, um dem **Justizgewährungsanspruch** gerecht zu werden. Wegen dieses Unterschieds zur Ehe dürften auch verfassungsrechtliche Bedenken gegen eine zuständigkeitsrechtliche Ungleichbehandlung[4] letztlich nicht durchgreifen.

---

1 Dazu BT-Drucks. 16/9733, S. 56, 292.

2 Klarstellend Hausmann/Hohloch/*Martiny*, Kap. 12 Rz. 117.

3 Gegen die Anwendung von § 661 ZPO schon *Wagner*, IPRax 2001, 281 (292). Dafür aber MüKo.BGB/*Coester*, Art. 17b EGBGB Rz. 133. Unentschieden Hausmann/Hohloch/*Martiny*, Kap. 12 Rz. 52.

4 S. Zöller/*Geimer*, § 606a ZPO Rz. 5.

So begründet gem. § 103 Abs. 1 Nr. 2 bereits der **gewöhnliche Aufenthalt** eines Lebenspartners im Inland (s. dazu vor §§ 98–106 Rz. 21 ff.) die internationale Entscheidungszuständigkeit, und zwar wiederum ohne Rücksicht auf die Rolle im Verfahren. § 98 Abs. 1 Nr. 3 und 4 entsprechende Einschränkungen dieser Aufenthaltszuständigkeit sind nicht vorgesehen und auch nicht analog heranzuziehen. 8

Gem. § 103 Abs. 1 Nr. 3 genügt für die internationale Zuständigkeit auch die Begründung der Lebenspartnerschaft vor einer zuständigen Behörde im Inland (sog. **Zelebrationskompetenz**). Anders als in § 661 Abs. 3 Nr. 1 Buchst. b ZPO kommt es nicht mehr darauf an, dass die Lebenspartnerschaft vor dem Standesbeamten begründet worden ist. § 103 Abs. 1 Nr. 3 hat für Ehegatten keine Parallele in § 98 Abs. 1 oder in der Brüssel IIa-VO und lässt sich wiederum nur mit der Rücksicht auf den Justizgewährungsanspruch erklären (s. Rz. 7). Rechtspolitisch ist allerdings fraglich, ob es wirklich einer derart weit reichenden konkurrierenden Zuständigkeit bedurft oder ob nicht auch eine subsidiäre (Not-)Zuständigkeit genügt hätte, nämlich beschränkt auf den Fall, dass die Gerichte im Heimat- bzw. Aufenthaltsstaat Rechtsschutz verweigern.[1] 9

Die Inanspruchnahme ausschließlicher internationaler Zuständigkeit durch einen anderen Staat (auch den Heimatstaat) ist für § 103 irrelevant. Ein Wegfall des Anknüpfungsmoments nach Verfahrenseinleitung ist grundsätzlich unschädlich (**perpetuatio fori**, s. vor §§ 98–106 Rz. 9 ff.). 10

II. Aufhebungsverbund (Absatz 2)

1. Grundlagen

Im Falle der Aufhebung einer Lebenspartnerschaft (§ 269 Abs. 1 Nr. 1) – sei es nach deutschem oder nach funktional entsprechendem ausländischen Sachrecht – eröffnet § 103 Abs. 2 eine **internationale Verbundzuständigkeit** für die Folgesachen. Eine solche war auch nach früherem Recht anerkannt, konnte aber nur auf eine doppelfunktionale Anwendung von § 661 Abs. 2 ZPO gestützt werden. Während die Regelung für den Scheidungsverbund (§ 98 Abs. 2) schon im RegE zum FamFG vorgesehen war, wurde § 103 Abs. 2 erst auf Initiative des Rechtsausschusses eingefügt[2] (und dabei wurde vergessen, auch die Überschrift von § 103, korrespondierend mit § 98, zu modifizieren). Die in § 103 Abs. 2 enthaltene Bezugnahme auf Abs. 1 bereitet (anders als bei § 98; s. dort Rz. 40) keine Probleme, solange die internationale Entscheidungszuständigkeit für Statussachen der Lebenspartner weder gemeinschafts- noch konventionsrechtlich geregelt ist (zur Unanwendbarkeit der Brüssel IIa-VO s. Rz. 4). 11

2. Versorgungsausgleich

Der Versorgungsausgleich iSv. § 269 Abs. 1 Nr. 7 ist Folgesache gem. §§ 270 Abs. 1 Satz 2, 111 Nr. 7, 137 Abs. 2 Satz 1 Nr. 1. Der in § 103 Abs. 2 vorgesehene **internationale Entscheidungsverbund** kann allerdings durch vorrangiges Gemeinschafts- bzw. Konventionsrecht durchbrochen werden: Der Versorgungsausgleich zwischen Lebenspartnern wird als allgemeine Zivilsache von der **Brüssel I-VO** und dem **LugÜ** erfasst (s. § 102 Rz. 5). Raum für § 103 Abs. 2 bleibt aber außerhalb des räumlich-persönlichen 12

1 Ähnlich schon MüKo.ZPO/*Coester-Waltjen*, § 661 ZPO Rz. 31.
2 Dazu BT-Drucks. 16/9733, S. 56, 292.

Anwendungsbereichs der Brüssel I-VO und dem LugÜ, also dann, wenn der Antragsgegner seinen Wohnsitz weder in einem EU- noch in einem LugÜ-Staat hat.

13 Außerhalb des Verbunds folgt die internationale Zuständigkeit für **isolierte Versorgungsausgleichssachen** aus § 102, und zwar auch zwischen Lebenspartnern (s. Rz. 25), wobei jedoch wiederum der Vorrang der Brüssel I-VO und des LugÜ zu beachten ist.

3. Unterhalt

14 Unterhaltssachen iSv. § 269 Abs. 1 Nr. 8 und 9 sind Folgesachen gem. §§ 270 Abs. 1 Satz 2, 111 Nr. 8, 137 Abs. 2 Satz 1 Nr. 2. Der in § 103 Abs. 2 vorgesehene **internationale Entscheidungsverbund** kann allerdings durch vorrangiges Gemeinschafts- bzw. Konventionsrecht durchbrochen werden: Die **Brüssel I-VO** und das **LugÜ** erfassen Unterhaltsansprüche, und zwar auch dann, wenn diese auf einer Lebenspartnerschaft oder auf entsprechenden Rechtsinstituten beruhen (s. Anhang zu § 245 Rz. 8). Hat der Antragsgegner seinen Wohnsitz in einem EU- oder LugÜ-Staat, so gelangt § 103 Abs. 2 für die Unterhaltssache nicht zur Anwendung. Vielmehr bleibt es bei den im Anhang zu § 245 Rz. 5 ff. dargestellten Zuständigkeitsregeln. Diese tragen ausweislich Art. 5 Nr. 2 Brüssel I-VO/LugÜ allerdings auch dem Verbundgedanken Rechnung, sofern sich die Zuständigkeit für die Statussache nicht allein aus der Staatsangehörigkeit eines Beteiligten ergibt (s. Anhang zu § 245 Rz. 28). Ist der räumlich-persönliche Anwendungsbereich der Brüssel I-VO bzw. des LugÜ nicht eröffnet, bleibt § 103 Abs. 2 anwendbar.

15 Außerhalb des Verbunds bestimmt sich die internationale Zuständigkeit für **isolierte Unterhaltssachen** nach §§ 269 Abs. 1 Nr. 8 und 9, 270 Abs. 1 Satz 2, 111 Nr. 8, 232, 105 (s. Anhang zu § 245 Rz. 44). Auch dabei ist jedoch der Vorrang der Brüssel I-VO und des LugÜ zu beachten.

4. Wohnungszuweisungs- und Haushaltssachen

16 Auch Wohnungszuweisungssachen iSv. § 269 Abs. 1 Nr. 5 und Haushaltssachen (bislang: Hausratssachen) iSv. § 269 Abs. 1 Nr. 6 sind Folgesachen gem. §§ 270 Abs. 1 Satz 2, 111 Nr. 5, 137 Abs. 2 Satz 1 Nr. 3. Der in § 103 Abs. 2 vorgesehene **internationale Entscheidungsverbund** kann allerdings durch vorrangiges Gemeinschafts- bzw. Konventionsrecht durchbrochen werden: Wohnungs- und Haushaltssachen zwischen Lebenspartnern dürften von der **Brüssel I-VO** und dem **LugÜ** erfasst sein; denn die in Art. 1 Abs. 2 Buchst. a Brüssel I-VO und Art. 1 Abs. 2 Nr. 1 LugÜ vorgesehenen Ausschlussgründe beziehen sich nur auf die Ehe und es ist nicht ersichtlich, warum dieser Begriff dort anders als in der Brüssel IIa-VO zu verstehen sein sollte (s. Rz. 4).[1] Dieses Ergebnis mag rechtspolitisch wenig überzeugen, ist aber de lege lata kaum zu vermeiden.[2] Raum für den Verbund gem. § 103 Abs. 2 bleibt aber außerhalb des räumlich-persönlichen Anwendungsbereichs der Brüssel I-VO und dem LugÜ, also dann, wenn der Antragsgegner seinen Wohnsitz weder in einem EU- noch in einem LugÜ-Staat hat (näher: Anhang zu § 245 Rz. 37).

17 Außerhalb des Verbunds lässt sich die internationale Zuständigkeit für **isolierte Wohnungs- und Haushaltssachen** aus §§ 269 Abs. 1 Nr. 5 und 6, 270 Abs. 1 Satz 2, 111 Nr. 5, 201 Nr. 2–4, 105 ableiten (s. § 105 Rz. 12). Auch dabei ist jedoch der Vorrang der Brüssel I-VO und des LugÜ zu beachten.

---

1 Wie hier MüKo.ZPO/*Gottwald*, Art. 1 EuGVO Rz. 15; *Geimer/Schütze*, Art. 1 EuGVVO Rz. 114 f.; Thomas/Putzo/*Hüßtege*, § 661 Rz. 14.

2 Anders offenbar *Andrae*, § 10 Rz. 10 f.; Rauscher/*Mankowski*, Art. 1 Brüssel I-VO Rz. 14a.

5. Güterrechtssachen

Güterrechtssachen iSv. § 269 Abs. 1 Nr. 10 sind Folgesachen gem. §§ 270 Abs. 1 Satz 2, 111 Nr. 9, 137 Abs. 2 Satz 1 Nr. 4. Der in § 103 Abs. 2 vorgesehene **internationale Entscheidungsverbund** wird aber durchbrochen, wenn der Antragsgegner seinen Wohnsitz in einem EU- oder LugÜ-Staat hat: Güterrechtssachen zwischen Lebenspartnern werden von der **Brüssel I-VO** und dem **LugÜ** erfasst; hier gilt dasselbe wie für Wohnungs- und Haushaltssachen (s. Rz. 16). 18

Außerhalb des Verbunds lässt sich die internationale Zuständigkeit für **isolierte Güterrechtssachen** aus §§ 269 Abs. 1 Nr. 10, 270 Abs. 1 Satz 2, 111 Nr. 9, 262 Abs. 2, 105 ableiten. Auch dabei ist der Vorrang der Brüssel I-VO und des LugÜ zu beachten. 19

6. Sorgerecht, Umgangsrecht, Kindesherausgabe

Die in § 269 Abs. 1 Nr. 3 aufgeführten kindbezogenen Verfahren sind Folgesachen gem. §§ 270 Abs. 1 Satz 2, 111 Nr. 2, 137 Abs. 3. Der in § 103 Abs. 2 vorgesehene **internationale Entscheidungsverbund** wird allerdings durch vorrangiges Gemeinschafts- bzw. Konventionsrecht durchbrochen. Insbesondere ist zu beachten, dass die Zuständigkeitsregeln der **Brüssel IIa-VO** (mit Ausnahme von Art. 12 Abs. 1) auch für die Verfahren nach § 269 Abs. 1 Nr. 3 gelten; denn die Verordnung setzt, anders als ihre Vorgängerin, nicht voraus, dass die Kindschaftssache irgendeinen Bezug zu einer Ehesache aufweist (klarstellend Erwägungsgrund Nr. 5 zur Brüssel IIa-VO). S. § 99 Rz. 11. 20

Außerhalb des Verbunds folgt die internationale Zuständigkeit für **isolierte Kindschaftssachen** aus § 99 Abs. 1, und zwar auch zwischen Lebenspartnern (s. Rz. 23), wobei jedoch wiederum der Vorrang des Gemeinschafts- und Konventionsrechts zu beachten ist. 21

III. Entsprechend anwendbare Regelungen (Absatz 3)

Der erst auf Initiative des Rechtsausschusses[1] eingefügte Abs. 3 gibt manches Rätsel auf. 22

So war es entbehrlich, in § 103 einen besonderen **Verweis auf § 99** aufzunehmen; denn dessen Geltung folgt für die Verfahren nach § 269 Abs. 1 Nr. 3 bereits aus §§ 270 Abs. 1 Satz 2, 111 Nr. 2. § 103 Abs. 3 ist aber nicht nur überflüssig, sondern auch irreführend: Verfehlt wäre es, den Verweis hinsichtlich der in §§ 269 Abs. 1 Nr. 1 und 2, 103 Abs. 1 geregelten Statussachen der Lebenspartner auf § 99 Abs. 2 und 3 zu beziehen; denn dann würde sich die Beachtung ausländischer Parallelverfahren nach den auf Fürsorgesachen zugeschnittenen Regeln richten statt nach §§ 270 Abs. 1 Satz 1, 121 Nr. 1 und 2, 113 Abs. 1 Satz 2 FamFG, § 261 Abs. 3 Nr. 1 ZPO, die auch für Ehesachen gelten (s. vor §§ 98–106 Rz. 52). 23

Der **Verweis auf § 101** ist wegen §§ 269 Abs. 1 Nr. 4, 270 Abs. 1 Satz 2 entbehrlich, sofern er sich auf die Anknüpfung an die Staatsangehörigkeit bzw. den gewöhnlichen Aufenthalt des Annehmenden oder des Kindes bezieht. Aber § 103 Abs. 3 erweist sich wiederum nicht nur als überflüssig, sondern als irreführend: Denn man könnte annehmen, dass es wegen § 103 Abs. 3 auch genügt, wenn einer der „annehmenden Lebenspartner" Deutscher oder inlandsansässig ist. Soll also die Bezugnahme auf § 101 bedeuten, dass Deutschland einem gleichgeschlechtlichen Paar ein Forum bietet, wenn keine 24

1 Vgl. BT-Drucks. 16/9733, S. 56, 292.

sog. Stiefkindadoption (vgl. § 9 Abs. 7 LPartG), sondern, sofern vom ausländischen Recht (abweichend von § 9 Abs. 6 LPartG) vorgesehen, die gemeinsame Adoption eines fremden Kindes begehrt wird? Diese Möglichkeit wird im Kollisionsrecht bislang kontrovers diskutiert, wobei sich die nach wie vor überwiegende Auffassung dagegen ausspricht.[1] Ob der Gesetzgeber, als er § 103 Abs. 3 geschaffen hat, diesen Streit vor Augen hatte oder gar iSd. Mindermeinung entscheiden wollte, muss bezweifelt werden; in den Materialien ist jedenfalls nur von einer „verfahrensrechtlichen Folgeregelung auf Grund der materiellrechtlichen Regelungen zur Adoption gem. § 9 Abs. 6 LPartG" die Rede.[2]

25 Der **Verweis auf § 102** ist unschädlich, aber entbehrlich: Dass diese Bestimmung auch für den isolierten Versorgungsausgleich zwischen Lebenspartnern gilt, lässt sich aus §§ 269 Abs. 1 Nr. 7, 270 Abs. 1 Satz 2, 111 Nr. 7 ableiten.

26 Als überflüssig erweist sich schließlich der **Verweis auf § 105**; denn dieser steht ausweislich seines Zwecks und seiner systematischen Stellung ohnehin im gesamten FamFG als Auffangregel zur Verfügung.

§ 104
Betreuungs- und Unterbringungssachen; Pflegschaft für Erwachsene

(1) Die deutschen Gerichte sind zuständig, wenn der Betroffene oder der volljährige Pflegling

1. Deutscher ist oder

2. seinen gewöhnlichen Aufenthalt im Inland hat.

Die deutschen Gerichte sind ferner zuständig, soweit der Betroffene oder der volljährige Pflegling der Fürsorge durch ein deutsches Gericht bedarf.

(2) § 99 Abs. 2 und 3 gilt entsprechend.

(3) Die Absätze 1 und 2 sind im Fall einer Unterbringung nach § 312 Nr. 3 nicht anzuwenden.

Literatur: s. § 97 vor Rz. 1.

1 Näher zum Streitstand etwa Staudinger/*Henrich*, Art. 22 EGBGB Rz. 6 f.
2 BT-Drucks. 16/9733, S. 292.

A. Überblick

Beachte vorab zu Begriff und Prüfung der internationalen Zuständigkeit sowie zu den Besonderheiten von Verfahren mit Auslandsbezug die Ausführungen vor §§ 98–106. Zur spiegelbildlichen Anwendung bei der Prüfung der Anerkennungszuständigkeit ausländischer Gerichte gem. § 109 Abs. 1 Nr. 1 s. dort Rz. 19 ff. 1

§ 104 regelt die internationale Zuständigkeit (Abs. 1) sowie die grenzüberschreitende Verfahrenskoordination (Abs. 2) im Hinblick auf Verfahren betreffend Betreuung, Unterbringung sowie Pflegschaft, und zwar jeweils beschränkt auf volljährige Betroffene (s. Rz. 5). Der Wortlaut von Abs. 1 wurde, ebenso wie § 99 Abs. 1, durch das sog. FGG-RG-Reparaturgesetz[1] geringfügig modifiziert (Satz 2 entspricht der ursprünglichen Nr. 3); dabei soll es sich um eine „sprachliche Korrektur" handeln.[2] § 106 stellt klar, dass Deutschland keine ausschließliche Zuständigkeit beansprucht. Zu beachten ist, dass § 104 weitgehend verdrängt wird durch das HErwSÜ (s. Rz. 8 ff.). 2

Im **früheren Recht** war eine §§ 104 Abs. 1, 106 FamFG entsprechende Regelung für die Vormundschaft und die Pflegschaft in § 35b FGG vorgesehen; darauf wurde verwiesen für die Betreuung (§ 69e Abs. 1 Satz 1 FGG) und für Unterbringungssachen (§ 70 Abs. 4 FGG). § 104 Abs. 2, § 99 Abs. 2 und 3 FamFG entsprechende Regelungen fanden sich für die Vormundschaft in § 47 Abs. 1 und 2 FGG; diese galten auch für die Pflegschaft (§ 47 Abs. 3 FGG), für die Betreuung (§ 69e Abs. 1 Satz 1 FGG) und für Unterbringungssachen (§ 70 Abs. 4 FGG). 3

B. Sachlicher Anwendungsbereich der Vorschrift

Die amtliche Überschrift zu § 104 dürfte sich auf den Titel des 3. Buchs des FamFG beziehen. Erfasst werden demnach Betreuungssachen (§ 271), Unterbringungssachen (§ 312 Nr. 1 und 2; zu § 312 Nr. 3 vgl. § 104 Abs. 3 und dazu Rz. 26) sowie Pflegschaftssachen (§ 340 Nr. 1), aber eben auch die sonstigen betreuungsgerichtlichen Zuweisungssachen iSv. § 340 Nr. 2 und 3. Für die Nachlasspflegschaft (§ 342 Abs. 1 Nr. 2) gilt § 104 nicht. 4

Während Art. 24 EGBGB sowohl Voll- als auch Minderjährige betrifft, geht es in § 104 nur um **Volljährige**.[3] Klargestellt wird dies im Normtext allerdings nur für die Pflegschaft, nicht hingegen für Betreuung und Unterbringung (in der Überschrift bezieht sich „für Erwachsene" wegen des Semikolons allein auf die Pflegschaft; Abs. 1 spricht zwar vom „volljährigen Pflegling", ansonsten aber einschränkungslos vom „Betroffenen"). Dass Minderjährige nicht erfasst sein sollen, folgt aber aus der Gesetzessystematik: Das deutsche Recht kennt grundsätzlich nur die Betreuung von Erwachsenen (vgl. § 1896 Abs. 1 BGB; Ausnahme: § 1908a BGB), und die Unterbringung Minderjähriger ist Kindschaftssache iSv. § 151 Nr. 6 und 7 FamFG. Nach alledem ist also weithin eine klare Abgrenzung zwischen § 99 und § 104 möglich, nämlich danach, ob es im Verfahren um einen Minder- oder um einen Volljährigen geht. Im Übrigen folgt aus §§ 271 Nr. 3, 279 Abs. 4, dass nicht § 99, sondern § 104 auch für die vorsorgliche Betreuerbestellung für einen Siebzehnjährigen gem. § 1908a BGB gelten soll. 5

1 Vom 30.7.2009, BGBl. I, S. 2449.
2 Vgl. BT-Drucks. 16/12717 (eVF), S. 57 und 70.
3 So im Ergebnis auch Staudinger/*v. Hein*, Art. 24 EGBGB Rz. 102.

6 Wer Erwachsener bzw. volljährig iSv. § 104 ist, bestimmt sich nicht etwa nach dem jeweiligen Heimatrecht, sondern nach der deutschen lex fori, also § 2 BGB.

7 § 104 ist auch einschlägig, wenn das anwendbare **ausländische Sachrecht** Rechtsinstitute wie die Verlängerung der Minderjährigkeit oder die Vormundschaft für Volljährige vorsieht. Anwendbar ist § 104 ferner auf ausländische Rechtsinstitute, die funktional der Beistandschaft iSv. §§ 1712 ff. BGB entsprechen, aber Erwachsene betreffen und ein gerichtliches Verfahren erfordern.

C. Vorrangiges Gemeinschafts- und Konventionsrecht

I. Erwachsenenschutz

1. HErwSÜ

8 Das Haager Übereinkommen v. 13.1.2000 über den internationalen Schutz von Erwachsenen (**HErwSÜ** – Text: Anhang 7 zu § 97)[1] regelt umfassend die internationale (nicht die örtliche[2]) Zuständigkeit zum Erlass von Schutzmaßnahmen, die Anerkennung und Vollstreck(barerklär)ung solcher Maßnahmen sowie die grenzüberschreitende Behördenkooperation, aber auch das in der Sache anwendbare Recht. Es ist für Deutschland zum 1.1.2009 in Kraft getreten, zeitgleich mit dem deutschen Ausführungsgesetz (HErwSÜAG – Text: Anhang 7 zu § 97).[3]

9 Weitere Vertragsstaaten des HErwSÜ sind derzeit Frankreich, das Vereinigte Königreich (beschränkt auf Schottland) und die Schweiz; weitere Staaten haben das HErwSÜ bereits gezeichnet.[4]

10 Das HErwSÜ betrifft **Erwachsene**, die auf Grund einer Beeinträchtigung oder der Unzulänglichkeit ihrer persönlichen Fähigkeiten nicht in der Lage sind, ihre Interessen zu schützen (Art. 1).[5] Erwachsen in diesem Sinne sind nur Personen ab Vollendung des 18. Lebensjahrs (Art. 2 Abs. 1 HErwSÜ). Nach Art. 2 Abs. 2 ist das HErwSÜ zwar auch auf Maßnahmen anzuwenden, die bereits zuvor für den Fall der Volljährigkeit getroffen werden (vgl. etwa § 1908a BGB). Bedeutsam ist dies aber nur für die spätere Anerkennung einer solchen Maßnahme, während sich die internationale Entscheidungszuständigkeit nicht nach dem HErwSÜ, sondern beispielsweise nach der Brüssel IIa-VO oder dem KSÜ richtet.[6]

11 Zur Bestimmung der **erfassten Maßnahmen** dienen ein – nicht abschließender – Positivkatalog (Art. 3 HErwSÜ) sowie ein Negativkatalog (Art. 4 Abs. 1 HErwSÜ; beachte aber auch Abs. 2). Im Ergebnis besteht weitestgehend Deckungsgleichheit mit den von § 104 erfassten Verrichtungen. Ausdrücklich genannt werden ua. die Pflegschaft und die Unterbringung (Art. 3 Buchst. c und e HErwSÜ), aber auch die Betreuung des deutschen Rechts ist als „entsprechende Einrichtung" (vgl. Buchst. c) umfasst.[7]

---

1 BGBl. II 2007, 324. Beachte den offiziellen Bericht von *Lagarde*, deutsche Übersetzung in BT-Drucks. 16/3250, S. 28 ff. Die bisweilen verwendete Abkürzung ESÜ wird hier wegen Verwechslungsgefahr mit dem SorgeRÜ vermieden.
2 Klarstellend Staudinger/*v. Hein*, vor Art. 24 EGBGB Rz. 72.
3 Erwachsenenschutzübereinkommens-Ausführungsgesetz v. 17.3.2007, BGBl. I 2007, 314; geändert durch Art. 46 FGG-RG.
4 Der aktuelle Stand ist ersichtlich unter www.hcch.net (dort unter „Conventions").
5 Näher Staudinger/*v. Hein*, vor Art. 24 EGBGB Rz. 22.
6 Ebenso Staudinger/*v. Hein*, vor Art. 24 EGBGB Rz. 35.
7 Näher *Helms*, FamRZ 2008, 1995 f.; *Wagner*, IPRax 2007, 11 (12).

Der **räumlich-persönliche Anwendungsbereich** des HErwSÜ reicht deutlich weiter, als die bislang geringe Zahl von Vertragsstaaten prima facie vermuten lässt. Zunächst betont Art. 1 HErwSÜ, dass nur „internationale Sachverhalte" erfasst werden. Dies ist im hier interessierenden Zusammenhang freilich nicht weiter von Bedeutung,[1] denn in Fällen, die keinerlei Bezug zum Ausland aufweisen, wird sich die Frage nach der internationalen Zuständigkeit ohnehin kaum ernsthaft stellen. Allemal sollte auch Vermögensbelegenheit im Ausland als internationales Element genügen.[2] Weitaus wichtiger erscheint: Art. 1 HErwSÜ fordert zwar, dass der Sachverhalt grenzüberschreitende Bezüge aufweist, aber gerade nicht, dass diese Bezüge zu weiteren Vertragsstaaten bestehen. Das HErwSÜ verzichtet darauf, abstrakt seinen räumlich-persönlichen Anwendungsbereich festzulegen; dieser ist vielmehr für jede einzelne Vorschrift zu ermitteln – was es erschwert, den Restanwendungsbereich des nationalen Rechts (wie § 104 FamFG) zu definieren (s. Rz. 16 ff.). 12

Eine Primär- bzw. Hauptzuständigkeit eröffnet das HErwSÜ gem. Art. 5 Abs. 1 in demjenigen Vertragsstaat, in dem sich der Erwachsene gewöhnlich aufhält. Der gewöhnliche Aufenthalt ist übereinkommensautonom zu bestimmen; eine Legaldefinition ist nicht vorgesehen (s. vor §§ 98–106 Rz. 22). Die Zuständigkeit endet, wenn der gewöhnliche Aufenthalt in einen anderen Vertragsstaat (!) verlegt wird (Art. 5 Abs. 2 HErwSÜ). Ausnahmsweise genügt auch der schlichte Aufenthalt, nämlich im Falle von Flüchtlingen und Vertriebenen (Art. 6 Abs. 1 HErwSÜ) sowie bei Personen, deren gewöhnlicher Aufenthaltsstaat nicht feststellbar ist (Art. 6 Abs. 2 HErwSÜ). Art. 8 Abs. 1 HErwSÜ ermöglicht es, die gem. Art. 5 und 6 HErwSÜ eröffnete Zuständigkeit von Amts wegen oder auf Antrag der Behörden eines anderen Vertragsstaats den (kooperationswilligen) Behörden eines anderen Vertragsstaats zu übertragen. Welche Staaten dafür in Betracht kommen, bestimmt Art. 8 Abs. 2 HErwSÜ, während Abs. 3 negative Kompetenzkonflikte verhindern soll. 13

Die Behörden des Vertragsstaats, dem der Erwachsene angehört, sind nach Maßgabe von Art. 7 HErwSÜ zuständig (sog. **Heimatzuständigkeit**). Im Falle eines Mehrstaaters kommt es nicht darauf an, dass die Staatsangehörigkeit des Forumstaats die effektive ist (vgl. vor §§ 98–106 Rz. 28). Die Zuständigkeit im Heimatstaat ist gegenüber derjenigen des Aufenthaltsstaats iSv. Art. 5 und 6 Abs. 2 HErwSÜ subsidiär; denn gem. Art. 7 Abs. 2 HErwSÜ können die Behörden des Aufenthaltsstaats (bzw. die gem. Art. 8 eingeschalteten Behörden eines anderen Staats) ein Verfahren im Heimatstaat blockieren. 14

Ein kompliziertes System weiterer, an den schlichten Aufenthalt und/oder an die Vermögensbelegenheit anknüpfender **subsidiärer Zuständigkeitsgründe** ist in Art. 9–11 HErwSÜ vorgesehen. Die in Art. 9 HErwSÜ eröffnete Zuständigkeit allein kraft inländischer Vermögensbelegenheit ist im Verhältnis zu sämtlichen vorgenannten Zuständigkeiten nachrangig. Art. 10 HErwSÜ gestattet jedem Vertragsstaat den Erlass unaufschiebbarer, Art. 11 HErwSÜ hingegen den Erlass zwar aufschiebbarer, dafür aber nur vorübergehend bedeutsamer Maßnahmen. 15

1 Ähnlich Staudinger/*v. Hein*, vor Art. 24 EGBGB Rz. 28 f.
2 Richtig Staudinger/*v. Hein*, vor Art. 24 EGBGB Rz. 28. Anders *Wagner*, IPRax 2007, 11 (13).

2. Restanwendungsbereich von § 104

16 Weil Deutschland Vertragsstaat des ausweislich § 97 vorrangig anzuwendenden HErwSÜ ist, bleibt § 104 nur ein eher geringer Restanwendungsbereich.

17 Ist der Betroffene **deutscher Staatsangehöriger**, wird § 104 Abs. 1 Satz 1 Nr. 1 durch Art. 7 HErwSÜ verdrängt. Dies gilt allemal, wenn sich der Betroffene gewöhnlich in einem anderen Vertragsstaat aufhält oder wenn er sich dort unter den Voraussetzungen des Art. 6 Abs. 2 HErwSÜ befindet: In diesen Fällen ist die deutsche Heimatzuständigkeit nur nach Maßgabe von Art. 7 HErwSÜ eröffnet; eine unbesehene Anwendung von § 104 Abs. 1 Satz 1 Nr. 1 wäre konventionswidrig. Hingegen soll § 104 Abs. 1 Satz 1 Nr. 1 weiterhin anzuwenden sein, wenn sich der Betroffene in einem Drittstaat gewöhnlich aufhält.[1] Dann, so wird argumentiert, wolle das HErwSÜ keine Sperrwirkung entfalten, was sich daran zeige, dass Art. 7 HErwSÜ eben nur den Nachrang der Heimatzuständigkeit gegenüber Art. 5, 6 und 8 HErwSÜ sicherstelle.

18 Stets verdrängt wird § 104 Abs. 1 Satz 1 Nr. 2, wenn der Betroffene seinen **gewöhnlichen Aufenthalt** im Inland hat; denn in den dort geregelten Fällen ergibt sich die Zuständigkeit ohne weiteres aus Art. 5 Abs. 1 HErwSÜ. Das gilt auch, wenn der Sachverhalt keinerlei Bezüge zu einem weiteren Vertragsstaat aufweist (s. Rz. 12), der in Deutschland ansässige Betroffene also ein Drittstaatenangehöriger ist und/oder allenfalls in Drittstaaten über weiteres Vermögen verfügt.

19 Die **Fürsorgezuständigkeit** gem. § 104 Abs. 1 Satz 2 betrifft Ausländer, die sich nicht gewöhnlich in Deutschland aufhalten. Sie wird verdrängt durch Art. 6 HErwSÜ, wenn die dort vorgesehenen Anknüpfungsmomente im Inland verwirklicht sind. Vorrang hat außerdem Art. 9 HErwSÜ, wenn sich Vermögen im Inland befindet, aber ein anderer Vertragsstaat nach Maßgabe von Art. 5–8 HErwSÜ zuständig ist. Hingegen kommt eine Fürsorgezuständigkeit gem. § 104 Abs. 1 Satz 2 kraft Vermögensbelegenheit in Betracht, wenn kein Fall von Art. 5–8 HErwSÜ vorliegt, grundsätzlich also, wenn es um einen Drittstaatenangehörigen mit gewöhnlichem Aufenthalt in einem Drittstaat geht. Die Eilzuständigkeit gem. Art. 10 HErwSÜ soll hingegen unabhängig davon eröffnet sein, ob sich der gewöhnliche Aufenthalt in einem Vertrags- oder Drittstaat befindet.[2] Strittig ist, ob Entsprechendes für Art. 11 HErwSÜ gilt oder ob stattdessen § 104 Abs. 1 Satz 2 anwendbar ist, wenn eine Person, die sich gewöhnlich in einem Drittstaat aufhält, sich im Inland befindet und hier der Fürsorge bedarf.[3]

20 Dementsprechend ist hinsichtlich der **Unterbringung** in den Fälle von §§ 104 Abs. 3, 312 Nr. 3 zu entscheiden: Für die internationale Zuständigkeit deutscher Gerichte nach §§ 313 Abs. 3, 105 bleibt kein Raum, wenn sich der Betroffene im Inland oder in einem anderen Vertragsstaat gewöhnlich aufhält. Anwendbar sind dann vielmehr Art. 5 ff. HErwSÜ.

21 Art. 8 HErwSÜ ist das vorrangige Funktionsäquivalent zu §§ 104 Abs. 2, 99 Abs. 2 und 3. Weil die in Art. 8 HErwSÜ vorgesehene **Abgabemöglichkeit** an die Gerichte eines anderen Vertragsstaats nur den gem. Art. 5 oder 6 HErwSÜ zuständigen Gerichten zustehen soll,[4] darf das nach Art. 7 oder 9 HErwSÜ zuständige deutsche Gericht auch

1 Staudinger/*v. Hein*, vor Art. 24 EGBGB Rz. 85.
2 *Helms*, FamRZ 2008, 1995 (1998); *Siehr*, RabelsZ 64 (2000), 715 (734).
3 Für eine Gleichbehandlung von Art. 10 und 11 HErwSÜ *Helms*, FamRZ 2008, 1995 (1998); dagegen *Siehr*, RabelsZ 64 (2000), 715 (735).
4 Staudinger/*v. Hein*, vor Art. 24 EGBGB Rz. 96.

nicht auf §§ 104 Abs. 2, 99 Abs. 2 und 3 zurückgreifen. Diese Regelungen sollten aber anwendbar bleiben, um die gebotene Kooperation mit Drittstaaten zu ermöglichen. Und dies dürfte auch dann gelten, wenn sich die Zuständigkeit der deutschen Gerichte aus Art. 5 oder 6 HErwSÜ ergibt.

II. Kindesschutz

Weil § 104 nur Volljährige betrifft (Rz. 5), ergeben sich von vornherein keine Rege- 22
lungskonflikte mit der **Brüssel IIa-VO**, sofern man davon ausgeht, dass deren Zuständigkeitsregeln zur elterlichen Verantwortung (Art. 1 Abs. 1 Buchst. b, Abs. 2–3, Art. 8 ff.) nur Minderjährige iSv. Personen unter 18 Jahren erfassen sollen (s. § 99 Rz. 7).[1] Unproblematisch ist auch das Verhältnis von § 104 bzw. des HErwSÜ zum **KSÜ**; denn dieses gilt gem. Art. 2 nur für Kinder bis zur Vollendung des 18. Lebensjahrs. Keine Probleme bereitet ferner das **MSA**: Danach wird nur als minderjährig behandelt, wer dies sowohl nach seinem Heimatrecht als auch nach dem Recht im gewöhnlichen Aufenthaltsstaat ist (Art. 12 MSA).

D. Inhalt der Vorschrift

I. Internationale Zuständigkeit (Absatz 1)

Beachte zum Vorrang des HErwSÜ Rz. 8 ff. Der **Zuständigkeitskatalog** des § 104 Abs. 1 23
entspricht demjenigen des § 99 Abs. 1. Anknüpfungsmomente für die – konkurrierende (§ 106) – internationale Zuständigkeit deutscher Gerichte sind gemäß Satz 1 alternativ die deutsche Staatsangehörigkeit des Betroffenen (Nr. 1; s. vor §§ 98–106 Rz. 26 ff.; dort auch zu Doppelstaatern und Deutschen gleichgestellte Personen) oder dessen gewöhnlicher Aufenthalt im Inland (Nr. 2; s. vor §§ 98–106 Rz. 21 ff.); „ferner" ist eine Fürsorgezuständigkeit vorgesehen (Satz 2; s. § 99 Rz. 36). Ohne Belang sind der gewöhnliche Aufenthalt und die Staatsangehörigkeit des Betreuers oder Pflegers.

Die Inanspruchnahme ausschließlicher internationaler Zuständigkeit durch einen an- 24
deren Staat (auch den Heimatstaat) ist aus deutscher Sicht irrelevant.[2] Fällt das Anknüpfungsmoment nach Verfahrenseinleitung in Deutschland weg, so soll, abweichend von den allgemeinen Regeln, nicht ohne weiteres von einer **perpetuatio fori** auszugehen, sondern die Angemessenheit der Verfahrensfortführung im Einzelfall entscheidend sein (s. vor §§ 98–106 Rz. 12).[3] Ausgeschlossen ist eine Perpetuierung der Zuständigkeit gem. Art. 5 Abs. 1 HErwSÜ (s. dort Abs. 2).

II. Grenzüberschreitende Verfahrenskoordination (Absatz 2)

Beachte zum Vorrang des HErwSÜ Rz. 8 ff. § 104 Abs. 2 erlaubt es dem an sich nach 25
Abs. 1 zuständigen deutschen Gericht, mit Rücksicht auf die Anhängigkeit eines ausländischen Parallelverfahrens von einer Sachentscheidung abzusehen (entsprechend

1 So etwa – statt mancher – Hk-ZPO/*Dörner*, Art. 1 EheGVVO Rz. 11; MüKo.ZPO/*Gottwald*, Art. 1 EheGVO Rz. 14; *Rauscher*, Art. 1 Brüssel IIa-VO Rz. 13; Staudinger/*Spellenberg*, Art. 1 EheGVO Rz. 29; Staudinger/*v. Hein*, vor Art. 24 EGBGB Rz. 5.
2 Ebenso Staudinger/*v. Hein*, Art. 24 EGBGB Rz. 107.
3 Ebenso Staudinger/*v. Hein*, Art. 24 EGBGB Rz. 106.

§ 99 Abs. 2; s. dort Rz. 41) bzw. das Verfahren ins Ausland abzugeben (entsprechend § 99 Abs. 3; s. dort Rz. 41). Die Beurteilung der Frage, ob das deutsche Verfahren fortzuführen und im Inland ein Betreuer zu bestellen ist, soll sich nach der lex causae bestimmen (zweifelhaft, s. § 99 Rz. 36). Bei der gebotenen Prüfung darf sich das deutsche Gericht nicht allein auf die Einschätzung Dritter bzw. der ausländischen Gerichte stützen, sondern es muss die erforderlichen Feststellungen von Amts wegen treffen (§ 26).[1] Entsprechend §§ 104 Abs. 2, 99 Abs. 3 kommt auch die **Übernahme** eines ausländischen Verfahrens durch ein deutsches Gericht in Betracht,[2] wobei dieses allerdings die internationale Zuständigkeit eigenständig zu prüfen hat.

III. Unterbringung nach § 312 Nr. 3 (Absatz 3)

26 Beachte zum Vorrang des HErwSÜ Rz. 8 ff. Besonderheiten gelten für die landesgesetzlich geregelte Unterbringung iSv. § 312 Nr. 3: Diesbezüglich schließt § 104 Abs. 3 die Anwendung der Abs. 1 und 2 aus. Mithin folgt die (konkurrierende, § 106) internationale Zuständigkeit aus § 313 Abs. 3, der gem. § 105 doppelfunktional anzuwenden ist. In solchen Fällen ist also insbesondere die Staatsangehörigkeit des Betroffenen irrelevant, und eine § 104 Abs. 2, § 99 Abs. 2 und 3 entsprechende Regelung dürfte ohnehin entbehrlich sein.

E. Weitere Hinweise zu internationalen Erwachsenenschutzsachen

27 Auf Grund der **Lex-fori-Regel** (vor §§ 98–106 Rz. 37 ff.) bestimmt sich das Verfahren auch in Fällen mit Auslandsbezug und unabhängig von dem in der Sache anwendbaren Recht grundsätzlich nach deutschem Recht, also §§ 272 ff.

28 Das deutsche Gericht darf auch eine auslandsansässige und/oder ausländische Person zum Betreuer oder Pfleger bestellen.[3] Schreibt das Gesetz Mündlichkeit vor (vgl. etwa § 289), genügt grundsätzlich auch Fernmündlichkeit.

29 Vorgaben für die grenzüberschreitende Zusammenarbeit in Angelegenheiten des Erwachsenenschutzes ergeben sich aus Art. 28 ff. HErwSÜ und dem HErwSÜAG. Die Aufgaben der Zentralen Behörde nimmt in Deutschland das Bundesamt für Justiz wahr (§ 1 HErwSÜAG).[4]

§ 105
Andere Verfahren

In anderen Verfahren nach diesem Gesetz sind die deutschen Gerichte zuständig, wenn ein deutsches Gericht örtlich zuständig ist.

1 Anschaulich OLG Hamm v. 8.10.2002 – 15 W 322/02, FamRZ 2003, 253 (254).
2 Jansen/v. Schuckmann/Sonnenfeld/*Müller-Lukoschek*, § 47 FGG Rz. 27; Staudinger/*v. Hein*, Art. 24 EGBGB Rz. 127.
3 Vgl. KG v. 25.10.1994 – 1 AR 37/94, Rpfleger 1995, 159 (Bestellung eines Angehörigen einer deutschen Botschaft). Beachte auch Staudinger/*v. Hein*, Art. 24 EGBGB Rz. 123.
4 Kontaktdaten unter www.bundesjustizamt.de.

Literatur: s. § 97 vor Rz. 1.

I. Grundsatz der Doppelfunktionalität

1 Soweit kein vorrangiges Gemeinschafts- oder Konventionsrecht einschlägig ist und auch §§ 98 ff. keine Sonderregelung treffen, bleibt es bei der sog. Doppelfunktionalität der Regeln zur örtlichen Zuständigkeit: Wenn das Gesetz einen örtlichen Gerichtsstand vorsieht, dessen Tatbestandsvoraussetzungen im Inland erfüllt sind, sollen die deutschen Gerichte auch international zuständig sein. Diese zum früheren Recht entwickelte Auffassung[1] hat der Gesetzgeber mit § 105 als **allgemeine Auffangregel** bestätigt. Hinfällig geworden ist damit die Streitfrage, ob sich die Doppelfunktionalität methodisch aus einer analogen Anwendung der Regelungen zur örtlichen Zuständigkeit ergab oder – was näher lag – aus einer darin zugleich enthaltenen, vom Gesetzgeber stillschweigend vorausgesetzten Regelung der internationalen Zuständigkeit.[2] Im Übrigen wäre es verfehlt, aus der Existenz von § 105 FamFG im Umkehrschluss herzuleiten, dass etwa §§ 12 ff. ZPO fortan nicht mehr doppelfunktional wären.

II. Anwendungsbereich

2 Verdrängt wird § 105 durch vorrangiges **Gemeinschafts- oder Konventionsrecht** (vgl. § 97) sowie durch verbleibende **deutsche Sonderregeln** zur internationalen Zuständigkeit außerhalb des FamFG (vgl. etwa § 12 VerschG und §§ 3 f. AUG).

3 Im Übrigen erfasst § 105 sowohl streitige wie freiwillige Angelegenheiten,[3] also beispielsweise Unterhaltssachen (doppelfunktionale Anwendung von § 232) und Nachlasssachen (doppelfunktionale Anwendung von §§ 343, 344). Wenn § 105 auf die Hauptsachezuständigkeit anzuwenden ist, gilt dies auch für die daran angekoppelte Zuständigkeit zum Erlass **einstweiliger Anordnungen** (§ 50).

4 Soweit **Spezialgesetze** die internationale Zuständigkeit nicht regeln und auf das Verfahren nach dem FamFG verweisen, aber zur örtlichen Zuständigkeit weiterhin Son-

1 Vgl. etwa BGH v. 28.9.2005 – XII ZR 17/03, NJW-RR 2005, 1593; *Geimer*, FS Jayme, S. 241 (259); zurückhaltender für FG-Sachen aber *v. Hoffmann/Thorn*, § 3 Rz. 279.
2 Wie hier etwa *Kropholler*, IPR § 58 II 1a; *Schack*, Rz. 236; für Analogie hingegen *v. Hoffmann/Thorn*, § 3 Rz. 38.
3 Falsch Baumbach/*Hartmann*, § 105 FamFG Rz. 1: die Norm regele nur frühere FGG-Sachen.

derregeln vorsehen (vgl. etwa §§ 50 Abs. 2, 51 Abs. 1 Satz 1 PStG), gilt auch dafür grundsätzlich § 105 FamFG.

III. Zur Anwendung im Einzelnen

5 Die nachfolgende Übersicht orientiert sich an der Systematik der Bücher 2–8 des FamFG. Vermerkt sind jeweils auch Hinweise auf vorrangiges Gemeinschafts- und Konventionsrecht. Beachte vorab zu Begriff und Prüfung der internationalen Zuständigkeit sowie zu den Besonderheiten von Verfahren mit Auslandsbezug die Ausführungen vor §§ 98–106. Zur spiegelbildlichen Anwendung bei der Prüfung der Anerkennungszuständigkeit ausländischer Gerichte gem. § 109 Abs. 1 Nr. 1 s. dort Rz. 19 ff.

1. Ehesachen

6 § 105 gilt nicht. Vgl. stattdessen die Kommentierung zu § 98; dort auch zu vorrangigen internationalen Regelungen. § 98 gilt entsprechend für bloße Trennungsverfahren nach ausländischem Recht (s. § 98 Rz. 32). Verfahren betreffend die Herstellung des ehelichen Lebens nach deutschem oder ausländischem Eherecht sind hingegen, abweichend vom früheren Recht (§ 606 Abs. 1 Satz 1 ZPO), nicht mehr Ehesachen iSv. § 121, sondern sonstige Familiensachen (§ 266 Abs. 1 Nr. 2 FamFG).[1] Die internationale Entscheidungszuständigkeit bestimmt sich nach § 267, der laut § 105 doppelfunktional anzuwenden ist; beachte § 106.

2. Kindschaftssachen

7 Vgl. die Kommentierung zu § 99 sowie zum Scheidungs- bzw. Aufhebungsverbund § 98 Rz. 52 f. und § 103 Rz. 20 f., dort jeweils auch zu vorrangigen internationalen Regelungen.

8 Für die von § 99 Abs. 1 ausgeklammerten **Verfahren nach § 151 Nr. 7** gilt, wiederum unbeschadet vorrangigen Gemeinschafts- und Konventionsrechts (§ 99 Rz. 4 ff.), gem. § 167 Abs. 1 dasselbe wie für Verfahren nach § 312 Nr. 3: Die internationale Zuständigkeit dafür folgt nicht aus § 104 Abs. 1 (vgl. § 104 Abs. 3), sondern aus § 313 Abs. 3, der laut § 105 doppelfunktional anzuwenden ist; beachte § 106.

3. Abstammungssachen

9 § 105 gilt nicht. Vgl. stattdessen die Kommentierung zu § 100; dort auch zu vorrangigen internationalen Regelungen.

4. Adoptionssachen

10 § 105 gilt nicht. Vgl. stattdessen die Kommentierung zu § 101; dort auch zu vorrangigen internationalen Regelungen.

5. Ehewohnungs- und Haushaltssachen

11 Verfahren betreffend die Zuweisung von Ehewohnung und Haushalt im Falle von Getrenntleben und Scheidung der **Ehegatten** sind als güterrechtlich iSv. Art. 1 Abs. 2

1 BT-Drucks. 16/6308, S. 226.

Buchst. a Brüssel I-VO bzw. Art. 1 Abs. 2 Nr. 1 LugÜ zu qualifizieren und werden daher von diesen Regelungen nicht erfasst.[1] Zum Scheidungsverbund nach autonomem deutschen Recht s. § 98 Rz. 48 f. Außerhalb des Verbunds lässt sich die internationale Zuständigkeit für isolierte Ehewohnungs- und Haushaltssachen aus §§ 201 Nr. 2–4, 105 ableiten; beachte § 106.

Besonderheiten gelten für Wohnungs- und Haushaltssachen zwischen **Lebenspartnern** (§ 269 Abs. 1 Nr. 5 und 6): Diesbezüglich sind die Brüssel I-VO und das LugÜ anwendbar und damit vorrangig (s. § 103 Rz. 16). Ist deren räumlich-persönlicher Anwendungsbereich nicht eröffnet, weil der Antragsgegner seinen Wohnsitz in keinem EU- oder LugÜ-Staat hat, bleibt es bei der Aufhebungsverbundzuständigkeit gem. § 103 Abs. 2 bzw. für isolierte Wohnungs- und Haushaltssachen bei §§ 269 Abs. 1 Nr. 5 und 6, 270 Abs. 1 Satz 2, 111 Nr. 5, 201 Nr. 2–4, 105. 12

6. Gewaltschutzsachen

Gewaltschutzsachen sind als Zivilsache iSv. Art. 1 Brüssel I-VO bzw. LugÜ zu qualifizieren,[2] und zwar auch im Verhältnis zwischen Ehegatten[3] und zwischen Lebenspartnern. Hat der Antragsgegner seinen Wohnsitz in einem EU- bzw. LugÜ-Staat, so richtet sich die internationale Zuständigkeit nach Art. 2 ff. Brüssel I-VO/LugÜ. Gerichtsstände sind demnach namentlich im Wohnsitzstaat des Antragsgegners (Art. 2, 59 Brüssel I-VO; Art. 2, 52 LugÜ) sowie dort eröffnet, wo das schädigende Ereignis eingetreten ist oder einzutreten droht (Art. 5 Nr. 3 Brüssel I-VO/LugÜ); letzteres meint sowohl den Handlungs- als auch den Erfolgsort.[4] 13

Hat der Antragsgegner keinen Wohnsitz in einem EU- bzw. LugÜ-Staat, lässt sich die internationale Zuständigkeit aus §§ 211, 105 ableiten; beachte § 106. Für § 211 Nr. 1 genügt es, dass der Handlungs- oder der Erfolgsort im Inland liegt.[5] 14

7. Versorgungsausgleichssachen

§ 105 gilt nicht. Vgl. stattdessen die Kommentierung zu § 102; dort auch zum Scheidungs- bzw. Aufhebungsverbund sowie zu vorrangigen internationalen Regelungen. 15

8. Unterhaltssachen

Dazu ausführlich im Anhang zu § 245 Rz. 37 ff. 16

9. Güterrechtssachen

Verfahren betreffend die **ehelichen Güterstände** fallen nicht in den Anwendungsbereich der Brüssel I-VO (Art. 1 Abs. 2 Buchst. a), des LugÜ (Art. 1 Abs. 2 Nr. 1) oder der 17

---

1 Ebenso etwa *Andrae,* § 3 Rz. 7; MüKo.ZPO/*Gottwald,* Art. 1 EuGVO Rz. 13; Rauscher/*Mankowski,* Art. 1 Brüssel I-VO Rz. 12.

2 Ebenso *Andrae,* § 3 Rz. 11; Garbe/Ullrich/*Andrae,* § 11 Rz. 256 f.; Jansen/v. Schuckmann/Sonnenfeld/*Wick,* § 16a Rz. 67 (und in § 64 FGG Rz. 44, dort noch zum insoweit übereinstimmenden EuGVÜ); wohl auch Bamberger/Roth/*Heiderhoff,* Art. 17a EGBGB Rz. 27. Anders offenbar Erman/*Hohloch,* Art. 17a EGBGB Rz. 14.

3 Insoweit abweichend AnwK-BGB/*Gruber,* Art. 17a EGBGB Rz. 25; Staudinger/*Mankowski,* Art. 17a EGBGB Rz. 31.

4 Zu den Einzelheiten etwa Rauscher/*Leible,* Art. 5 Brüssel I-VO Rz. 73 ff.

5 Vgl. BT-Drucks. 16/6308, S. 251.

Brüssel IIa-VO (vgl. Erwägungsgrund Nr. 8). Zu bedenken ist aber, dass die Brüssel I-VO und das LugÜ immerhin Unterhaltssachen erfassen (arg. Art. 5 Nr. 2) und dass dieser Begriff weit zu verstehen ist: Er kann auch Fragen betreffen, die zwar auf das familienrechtliche Band gestützt sind, aus deutscher Sicht aber eher dem ehelichen Güterrecht zuzuordnen wären (s. Anhang zu § 245 Rz. 9). Im Übrigen werden Güterrechtssachen zwischen **Lebenspartnern** ohne weiteres von der Brüssel I-VO und dem LugÜ erfasst.[1]

18 Außerhalb des Anwendungsbereichs der Brüssel I-VO bzw. des LugÜ kommt eine Verbundzuständigkeit gem. § 98 Abs. 2 bzw. § 103 Abs. 2 in Betracht (s. § 98 Rz. 50 f. und § 103 Rz. 18 f.). Außerhalb des Verbunds lässt sich die internationale Zuständigkeit aus §§ 262 Abs. 2, 105 ableiten; beachte § 106.

10. Sonstige Familiensachen

19 Hinsichtlich Verfahren gem. § 266 Abs. 1 Nr. 1 kann vorrangig die Brüssel I-VO oder das LugÜ einschlägig sein: Diese erfassen gem. ihrem Art. 1 Abs. 1 „Zivilsachen". Dabei ergibt ein Umkehrschluss zu dem im Zweifel eng zu fassenden Ausnahmenkatalog in Art. 1 Abs. 2, dass die Brüssel I-VO bzw. das LugÜ auch dann gelten sollen, wenn Ansprüche anlässlich der Beendigung eines **Verlöbnisses** in Rede stehen;[2] denn insoweit geht es weder um den Personenstand noch um eheliches Güterrecht. Hat der Antragsgegner seinen Wohnsitz in einem EU- bzw. LugÜ-Staat, so richtet sich die internationale Zuständigkeit nach Art. 2 ff. Brüssel I-VO/LugÜ.

20 Im Übrigen lässt sich die internationale Zuständigkeit aus §§ 267, 105 ableiten; beachte § 106.

11. Lebenspartnerschaftssachen

21 Zu den Lebenspartnerschafts(status)sachen iSv. § 269 Abs. 1 Nr. 1 und 2 sowie zu den Folgesachen gem. § 269 Abs. 1 Nr. 3 und 5–10 (Sorgerecht, Umgang und Kindesherausgabe; Wohnungs- und Haushaltssachen; Versorgungsausgleich; Unterhalt; Güterrecht) vgl. die Kommentierung zu § 103. Zu § 269 Abs. 1 Nr. 4 s. § 103 Rz. 24.

22 Für die sonstigen Lebenspartnerschaftssachen iSv. § 269 Abs. 2 und 3 (und wohl auch für diejenigen gem. § 269 Abs. 1 Nr. 11 und 12) richtet sich gem. § 270 Abs. 2 die örtliche Zuständigkeit nach § 267, und daraus lässt sich wegen § 105 die internationale Zuständigkeit ableiten (der Verweis in § 103 Abs. 3 auf § 105 ist überflüssig; s. § 103 Rz. 26). Was den Vorrang der Brüssel I-VO und des LugÜ angeht, gilt hierbei dasselbe wie für die sonstigen Familiensachen iSv. § 266 (s. Rz. 19).

12. Betreuungs- und Unterbringungssachen; Pflegschaft für Erwachsene

23 Vgl. die Kommentierung zu § 104; dort auch zu vorrangigen internationalen Regelungen.

---

1 Wie hier MüKo.ZPO/*Gottwald*, Art. 1 EuGVO Rz. 15; *Geimer/Schütze*, Art. 1 EuGVVO Rz. 114 f.; Thomas/Putzo/*Hüßtege*, § 661 Rz. 14. Anders Rauscher/*Mankowski*, Art. 1 Brüssel I-VO Rz. 14a.

2 Ebenso etwa MüKo.ZPO/*Gottwald*, Art. 1 EuGVO Rz. 15; Rauscher/*Mankowski*, Art. 1 Brüssel I-VO Rz. 13. Unzutreffend BGH v. 28.2.1996 – XII ZR 181/93, BGHZ 132, 105 (108). Die Einschlägigkeit internationaler Vorgaben übersieht gänzlich BGH v. 13.4.2005 – XII ZR 296/00, NJW-RR 2005, 1089; zutreffend krit. *Lorenz/Unberath*, IPRax 2005, 516 (517 f.).

13. Nachlass- und Teilungssachen

Im Bereich des Erbrechts sind die Brüssel I-VO und das LugÜ unanwendbar (Art. 1 Abs. 2 Buchst. a Brüssel I-VO; Art. 1 Abs. 2 Nr. 1 LugÜ). Zu beachten sind aber bilaterale Abkommen (Nachweise: § 97 Rz. 26): Regelungen zur Zuständigkeit deutscher Gerichte in Nachlasssachen, namentlich zur Feststellung, Verwahrung und Siegelung des Nachlasses, finden sich in § 2 des Deutsch-türkischen Nachlassabkommens (beachte dort auch §§ 8, 15 zur Zuständigkeit in streitigen Erbsachen) und in Art. 26 des Deutsch-sowjetischen Konsularvertrags, der nach Auflösung der Sowjetunion im Verhältnis zu mehreren Nachfolgestaaten weiter anzuwenden ist. Weitere Freundschafts-, Handels-, Schifffahrts- und Konsularverträge regeln die Befugnisse von Konsuln sowie die Verpflichtung, diese zu informieren. 24

Im Übrigen bleibt es gem. § 105 bei einer doppelfunktionalen Anwendung von §§ 343, 344. Dies wird in der Begründung des RegE eigens hervorgehoben und ist bedeutsam, weil damit eine – in der Sache höchst sinnvolle – Absage an die bislang vorherrschend vertretene Gleichlauftheorie einhergeht (vgl. Vor §§ 98–106 Rz. 36).[1] Die einzelnen Absätze von § 343 regeln zwar ihrem Wortlaut nach auch Fälle mit Auslandsbezug, beziehen sich unmittelbar aber nur auf die örtliche Zuständigkeit; die internationale Zuständigkeit ergibt sich also erst im Zusammenspiel mit § 105. Zu den Einzelheiten s. § 343 Rz. 148 ff. 25

14. Registersachen und unternehmensrechtliche Verfahren

Zwar können auch Angelegenheiten der freiwilligen Gerichtsbarkeit in den Anwendungsbereich der **Brüssel I-VO** bzw. des **LugÜ** fallen.[2] Allerdings setzen deren Zuständigkeitsvorschriften ausweislich ihrer Systematik voraus, dass eine Rechtsstreitigkeit zwischen zwei Parteien in Rede steht und dass das Verfahren auf eine gerichtliche Entscheidung abzielt, der Rechtsprechungscharakter zukommt.[3] Ausgeklammert bleiben damit namentlich Register(eintragungs)verfahren. 26

Die internationale Zuständigkeit lässt sich daher aus §§ 377, 105 ableiten; beachte § 106. Bei der Bestimmung des Sitzes iSv. § 377 Abs. 1 FamFG gelten dieselben Grundsätze wie bei § 17 ZPO.[4] 27

15. Weitere Angelegenheiten der freiwilligen Gerichtsbarkeit

Die internationale Zuständigkeit lässt sich aus §§ 411, 105 ableiten. Allerdings erscheint es nicht ausgeschlossen, die dort geregelten Verfahren als Zivil- und Handelssachen im Sinne der dann vorrangigen **Brüssel I-VO** bzw. des **LugÜ** zu qualifizieren.[5] Ausgeschlossen ist dies aber allemal, soweit es um Erbrecht iSv. Art. 1 Abs. 2 Buchst. a Brüssel I-VO bzw. Art. 1 Abs. 2 Nr. 1 LugÜ geht. 28

---

1 Dazu BT-Drucks. 16/6308, S. 221 f. (dort zu § 105 FamFG) und 348 f. (dort zur konsequenten Neufassung von § 2369 Abs. 1 BGB). Unentschlossen war der Gesetzgeber noch anlässlich der IPR-Reform 1986; vgl. BT-Drucks. 10/504, S. 92.

2 Dazu und zum Folgenden *Geimer*, FS Jayme, S. 241 (257 f.); *Geimer/Schütze*, Art. 2 EuGVVO Rz. 90 ff.

3 Vgl. zu den Anforderungen daran EuGH v. 27.4.2006 – Rs. C-96/04 (Standesamt Niebüll), EuGHE 2006, I-3576 = FamRZ 2006, 1349, dort zur Vorlageberechtigung gem. Art. 234 EG.

4 Näher etwa Zöller/*Vollkommer*, § 17 ZPO Rz. 8 ff.

5 Ausdrücklich ablehnend allerdings *Geimer/Schütze*, Art. 2 EuGVVO Rz. 92, dort zu § 164 FGG (entsprechend § 411 Abs. 2 FamFG).

16. Freiheitsentziehungssachen

29 Die internationale Zuständigkeit lässt sich aus §§ 416, 105 ableiten.

17. Aufgebotssachen

30 Aufgebotssachen sind zwar Zivil- bzw. Handelssachen iSv. Art. 1 Brüssel I-VO bzw. LugÜ; die dort vorgesehenen, auf Zweiparteienstreitigkeiten zugeschnittenen Zuständigkeitsvorschriften sind aber nicht anwendbar.[1] Die internationale Zuständigkeit lässt sich aus §§ 442 Abs. 2, 454 Abs. 2, 465 Abs. 2, 466 – jeweils iVm. § 105 – ableiten. § 466 Abs. 1 Satz 2 FamFG verweist auf den allgemeinen Gerichtsstand und damit auf §§ 12 ff. ZPO. Eine §§ 232 Abs. 3 Satz 1, 262 Abs. 2, 267 Abs. 2 FamFG entsprechende, auf den gewöhnlichen Aufenthalt statt auf den Wohnsitz abstellende Regelung fehlt.

IV. Verbleibende Unterschiede zwischen internationaler und örtlicher Zuständigkeit

31 Trotz § 105 bleibt es dabei, dass gewisse Unterschiede zwischen örtlicher und internationaler Zuständigkeit bestehen können; denn die Interessenlage ist nicht völlig deckungsgleich.[2] Abweichungen ergeben sich bereits daraus, dass sich eine angeordnete **Ausschließlichkeit**, soweit zur örtlichen Zuständigkeit vorgesehen, wegen § 106 nicht auf die internationale Zuständigkeit bezieht. Zudem darf aus § 2 Abs. 2 zumindest nicht unbesehen auf eine **perpetuatio fori** internationalis geschlossen werden (s. vor §§ 98–106 Rz. 12). Ferner ist nach richtiger Auffassung die internationale – anders als die örtliche – Zuständigkeit ungeachtet §§ 65 Abs. 4, 72 Abs. 2 noch in der **Rechtsmittelinstanz** zu überprüfen (s. vor §§ 98–106 Rz. 7).

§ 106
Keine ausschließliche Zuständigkeit

Die Zuständigkeiten in diesem Unterabschnitt sind nicht ausschließlich.

1 Die Inanspruchnahme ausschließlicher internationaler Zuständigkeit würde die Möglichkeit, ausländische Entscheidungen im Inland anzuerkennen, von vornherein zunichte machen (vgl. § 109 Abs. 1 Nr. 1) und damit eine höchst unerwünschte Gefährdung des **internationalen Entscheidungseinklangs** provozieren.[3] Daher war, soweit das frühere Recht Sonderregeln zur internationalen Zuständigkeit vorsah, jeweils eigens klargestellt, dass diese nicht ausschließlich sein sollen (vgl. §§ 606a Abs. 1 Satz 2, 640a Abs. 2 Satz 2 und der Sache nach auch § 621 Abs. 2 S. 1 ZPO [„unter den deut-

1 Dazu *Geimer/Schütze*, Art. 2 EuGVVO Rz. 92; Zöller/*Geimer*, vor § 946 ZPO Rz. 7.
2 Richtig, statt vieler, etwa BGH v. 16.12.2003 – XI ZR 474/02, BGHZ 157, 224 (228) = NJW 2004, 1456 (1457); für FG-Sachen etwa Jansen/*v. Schuckmann*/Sonnenfeld, § 1 FGG Rz. 179. Beachte auch schon BT-Drucks. 10/504, S. 89.
3 Skeptisch gegenüber jedwedem Exklusivitätsanspruch *Geimer*, Rz. 878 ff.; vgl. auch *Hau*, Positive Kompetenzkonflikte, S. 169 ff.

schen Gerichten"]; §§ 35b Abs. 3, 43b Abs. 1 Satz 2 FGG).[1] Entsprechendes wird nunmehr einheitlich in § 106 FamFG angeordnet.

§ 106 hat einen weiten **Anwendungsbereich**: Er erfasst, schon ausweislich seiner systematischen Stellung, auch den Fall, dass die internationale Zuständigkeit gem. § 105 aus der örtlichen abgeleitet wird. Und gerade hier ist der Verzicht auf Ausschließlichkeit bedeutsam, weil die Regelungen zur örtlichen Zuständigkeit häufig ausschließlich ausgestaltet sind. Unanwendbar ist § 106 im Hinblick auf die Zuständigkeitsregeln des Gemeinschafts- und Konventionsrechts. 2

Unterabschnitt 3
Anerkennung und Vollstreckbarkeit ausländischer Entscheidungen

§ 107
Anerkennung ausländischer Entscheidungen in Ehesachen

(1) Entscheidungen, durch die im Ausland eine Ehe für nichtig erklärt, aufgehoben, dem Ehebande nach oder unter Aufrechterhaltung des Ehebandes geschieden oder durch die das Bestehen oder Nichtbestehen einer Ehe zwischen den Beteiligten festgestellt worden ist, werden nur anerkannt, wenn die Landesjustizverwaltung festgestellt hat, dass die Voraussetzungen für die Anerkennung vorliegen. Hat ein Gericht oder eine Behörde des Staates entschieden, dem beide Ehegatten zur Zeit der Entscheidung angehört haben, hängt die Anerkennung nicht von einer Feststellung der Landesjustizverwaltung ab.

(2) Zuständig ist die Justizverwaltung des Landes, in dem ein Ehegatte seinen gewöhnlichen Aufenthalt hat. Hat keiner der Ehegatten seinen gewöhnlichen Aufenthalt im Inland, ist die Justizverwaltung des Landes zuständig, in dem eine neue Ehe geschlossen oder eine Lebenspartnerschaft begründet werden soll; die Landesjustizverwaltung kann den Nachweis verlangen, dass die Eheschließung oder die Begründung der Lebenspartnerschaft angemeldet ist. Wenn eine andere Zuständigkeit nicht gegeben ist, ist die Justizverwaltung des Landes Berlin zuständig.

(3) Die Landesregierungen können die den Landesjustizverwaltungen nach dieser Vorschrift zustehenden Befugnisse durch Rechtsverordnung auf einen oder mehrere Präsidenten der Oberlandesgerichte übertragen. Die Landesregierungen können die Ermächtigung nach Satz 1 durch Rechtsverordnung auf die Landesjustizverwaltungen übertragen.

(4) Die Entscheidung ergeht auf Antrag. Den Antrag kann stellen, wer ein rechtliches Interesse an der Anerkennung glaubhaft macht.

(5) Lehnt die Landesjustizverwaltung den Antrag ab, kann der Antragsteller beim Oberlandesgericht die Entscheidung beantragen.

(6) Stellt die Landesjustizverwaltung fest, dass die Voraussetzungen für die Anerkennung vorliegen, kann ein Ehegatte, der den Antrag nicht gestellt hat, beim Oberlandesgericht die Entscheidung beantragen. Die Entscheidung der Landesjustizverwaltung

1 Dazu BT-Drucks. 10/504, S. 89.

wird mit der Bekanntgabe an den Antragsteller wirksam. Die Landesjustizverwaltung kann jedoch in ihrer Entscheidung bestimmen, dass die Entscheidung erst nach Ablauf einer von ihr bestimmten Frist wirksam wird.

(7) Zuständig ist ein Zivilsenat des Oberlandesgerichts, in dessen Bezirk die Landesjustizverwaltung ihren Sitz hat. Der Antrag auf gerichtliche Entscheidung hat keine aufschiebende Wirkung. Für das Verfahren gelten die Abschnitte 4 und 5 sowie § 14 Abs. 1 und 2 und § 48 Abs. 2 entsprechend.

(8) Die vorstehenden Vorschriften sind entsprechend anzuwenden, wenn die Feststellung begehrt wird, dass die Voraussetzungen für die Anerkennung einer Entscheidung nicht vorliegen.

(9) Die Feststellung, dass die Voraussetzungen für die Anerkennung vorliegen oder nicht vorliegen, ist für Gerichte und Verwaltungsbehörden bindend.

(10) War am 1. November 1941 in einem deutschen Familienbuch (Heiratsregister) auf Grund einer ausländischen Entscheidung die Nichtigerklärung, Aufhebung, Scheidung oder Trennung oder das Bestehen oder Nichtbestehen einer Ehe vermerkt, steht der Vermerk einer Anerkennung nach dieser Vorschrift gleich.

Literatur: s. § 97 vor Rz. 1.

A. Überblick

1 Grundsätzlich erstrecken sich die Wirkungen anerkennungsfähiger ausländischer Entscheidungen ipso iure auf das Inland (näher dazu und zum Begriff der Anerkennung bei § 108). Demgegenüber statuiert § 107 ein sog. **Anerkennungs- bzw. Feststellungsmo-**

nopol: In Ehesachen soll die Anerkennung nicht den damit jeweils als Vorfrage befassten Gerichten oder Verwaltungsbehörden vorbehalten bleiben, sondern in einem besonderen Verfahren festgestellt werden, und zwar verbindlich für alle deutschen Gerichte und Behörden (vgl. Abs. 9). Regelungsziel sind also vor allem der interne Entscheidungseinklang (zum internationalen Entscheidungseinklang als Anerkennungsziel s. § 108 Rz. 3) sowie Rechtssicherheit in Fragen des ehelichen Status (zu Lebenspartnerschaftssachen s. Rz. 21): Zu vermeiden gilt es wenigstens für das Inland sog. **hinkende Ehen**, also solche, die im einen Fall als geschieden, in einem anderen als fortbestehend betrachtet werden. Zugleich soll die Konzentration des Verfahrens bei den Landesjustizverwaltungen bzw. OLG-Präsidenten die besondere Sachkunde der betrauten Stellen sicherstellen.

§ 107 übernimmt weitgehend den Regelungsgehalt von **Art. 7 § 1 FamRÄndG** (aufgehoben durch Art. 51 FGG-RG).[1] Wie Art. 7 § 1 FamRÄndG regelt § 107 das Verfahren, nicht hingegen die Voraussetzungen der Anerkennung. Insoweit gelten nunmehr § 109 FamFG (bislang: § 328 ZPO) bzw. weiterhin Art. 17 EGBGB, soweit auch Privatscheidungen erfasst werden (s. Rz. 26). Nach wie vor hängt die Anerkennung nicht von der Verbürgung der Gegenseitigkeit ab. Dies war bislang in Art. 7 § 1 Abs. 1 Satz 2 FamRÄndG geregelt und folgt jetzt (systematisch korrekt) aus einem Umkehrschluss aus § 109 Abs. 4. Neu ist, dass das Anrufen des OLG fristgebunden ist (§§ 107 Abs. 7 Satz 3, 63; s. Rz. 59) und dass gegen dessen Entscheidung die Rechtsbeschwerde statthaft ist (§§ 107 Abs. 7 Satz 3, 70 ff.; s. Rz. 63). § 107 Abs. 10 entspricht dem nunmehr ebenfalls aufgehobenen **Art. 9 II. Nr. 4 FamRÄndG**. 2

Mit Hinweis auf Art. 92 GG wurde immer wieder die **Verfassungskonformität** von Art. 7 § 1 FamRÄndG bezweifelt.[2] Der FamFG-Gesetzgeber hat sich diese Bedenken, die konsequenterweise auch gegen § 107 zu richten wären, nicht zueigen gemacht. 3

Ähnliche Ziele wie mit § 107 verfolgt der Gesetzgeber, wenn er **weitere besondere Anerkennungsverfahren** für sonstige Entscheidungen vorsieht. Hierzu zählen das Adoptionswirkungsgesetz (AdWirkG, s. § 199) sowie das neu konzipierte Procedere gem. § 108 Abs. 2 und 3 FamFG. Auch diese zielen, entsprechend § 107 Abs. 9, auf eine Klärung mit Wirkung erga omnes ab (vgl. § 4 Abs. 2 AdWirkG; § 108 Abs. 2 Satz 2 FamFG). Es handelt sich aber jeweils, anders als bei § 107, nur um fakultative Verfahren; sie einzuleiten steht denjenigen frei, die ein Interesse an der Feststellung der gegebenen bzw. fehlenden Anerkennungsfähigkeit haben. 4

B. Vorrangiges Gemeinschafts- und Konventionsrecht

I. Ehestatusentscheidungen aus Brüssel IIa-Mitgliedstaaten

Entscheidungen in Ehesachen, die in einem **Mitgliedstaat der EU** (mit Ausnahme Dänemarks, vgl. Art. 2 Nr. 3 Brüssel IIa-VO) ergangen sind, werden in den anderen Mitgliedstaaten gem. Art. 21 ff. Brüssel IIa-VO anerkannt, ohne dass es hierfür eines besonderen Verfahrens bedarf. 5

1 Gegen diese Kontinuität war im Vorfeld rechtspolitische Kritik gerichtet worden; s. *Andrae/Heidrich*, FPR 2006, 222 ff., und Jansen/v. Schuckmann/Sonnenfeld/*Wick*, § 16a FGG Rz. 102.

2 Näher zu dieser Diskussion etwa Staudinger/*Spellenberg*, Art. 7 § 1 FamRÄndG Rz. 8 ff.

1. Anwendungsbereich

6 Vorrang beansprucht die Brüssel IIa-VO nur für mitgliedstaatliche[1] Entscheidungen im weiten Sinne ihres Art. 2 Nr. 4, die in ihren **sachlichen Anwendungsbereich** fallen (s. § 98 Rz. 4 ff.). Erfasst ist, was die eheauflösende Wirkung angeht, auch die Beendigung einer Ehe in den Niederlanden durch Umwandlung in eine registrierte Partnerschaft.[2]

7 Weil die Brüssel IIa-VO für **Privatscheidungen** nur dann gilt, wenn eine wenigstens deklaratorische Behördenmitwirkung erfolgt (s. § 98 Rz. 7), schließt die Brüssel IIa-VO es nicht aus, dass Privatscheidungen, bei denen es zu keinerlei Mitwirkung einer Behörde gekommen ist, dem Verfahren nach § 107 unterworfen werden (zur Anwendbarkeit von § 107 s. Rz. 26). Auch wenn eine Behörde in einem Mitgliedstaat mitgewirkt hat, handelt es sich indes nur dann um eine Entscheidung iSv. Art. 21 Brüssel IIa-VO, wenn die Behörde dabei für den Mitgliedstaat – also nicht nur auf dessen Staatsgebiet – gehandelt hat (Gegenbeispiel: Registrierung einer Privatscheidung in der Pariser Botschaft eines Drittstaats).[3]

8 Umstritten ist die Einbeziehung von **Feststellungsentscheidungen**. Nach hier vertretener Auffassung fallen positive wie negative Feststellungsanträge in den Anwendungsbereich der Brüssel IIa-VO (s. § 98 Rz. 6), und für daraufhin ergehende Entscheidungen sollte de lege lata nichts anderes gelten; denn nur wenn auch diese erfasst werden, wird der europaweite Entscheidungseinklang in Statussachen gesichert, auf dem die Existenzberechtigung der gesamten Verordnung beruht. Eigentlich wäre es sinnvoll, auch Entscheidungen einzubeziehen, die **Eheauflösungsanträge abweisen**, wenn damit nach dem Recht des Ursprungsstaats die Feststellung einhergeht, dass die Ehe (derzeit) besteht.[4] Diese Auffassung hat sich allerdings nicht durchsetzen können.[5] Zur Folge hat dies einen unübersichtlichen Restanwendungsbereich für bilaterale Anerkennungsverträge, die in Europa eigentlich der Vergangenheit angehören sollten (vgl. Art. 59 Brüssel IIa-VO).[6]

9 Für die **räumliche Anwendung** der Brüssel IIa-Anerkennungsregeln ist irrelevant, ob die **Zuständigkeit** zum Erlass der Ehestatusentscheidung auf die Brüssel IIa-VO oder auf nationales Recht gestützt wurde. Selbst eine Fehlentscheidung in dieser Hinsicht befreit die anderen Mitgliedstaaten ausweislich Art. 24 Brüssel IIa-VO nicht von ihrer Anerkennungspflicht.

10 Zum **zeitlichen Anwendungsbereich** der Anerkennungsregeln s. Art. 64, 72 Brüssel IIa-VO.

2. Anerkennungsverfahren

11 Die Anerkennung von Ehestatusentscheidungen, die in den Anwendungsbereich der Brüssel IIa-Regeln fallen, erfolgt gem. Art. 21 Abs. 1 Brüssel IIa-VO ipso iure. Beizu-

1 Klarstellend zur Unanwendbarkeit auf türkische Entscheidungen etwa OLG Celle v. 4.6.2007 – 15 WF 109/07, FamRZ 2008, 430.

2 Unklar *Kampe*, StAZ 2008, 250 ff. (dort für Anwendung von Art. 7 § 1 FamRÄndG); offen lassend OLG Celle v. 6.7.2005 – 10 VA 2/04, OLGReport 2006, 13.

3 Klarstellend *Helms*, FamRZ 2001, 257 (260); Staudinger/*Spellenberg*, Art. 21 EheGVO Rz. 10.

4 *Hau*, FamRZ 1999, 484 (487).

5 *Helms*, FamRZ 2001, 257 (258); *Rauscher*, Art. 2 Brüssel IIa-VO Rz. 9; Staudinger/*Spellenberg*, Art. 21 EheGVO Rz. 20 ff. (der dies wenigstens rechtspolitisch treffend kritisiert).

6 Dazu Staudinger/*Spellenberg*, § 328 ZPO Rz. 14 ff.

bringen sind die in Art. 37 Brüssel IIa-VO genannten Urkunden (zur Bescheinigung gem. Art. 39 Brüssel IIa-VO s. § 98 Rz. 57). Einer Legalisation oder ähnlicher Förmlichkeiten bedarf es nicht (Art. 52 Brüssel IIa-VO).

Ist in einem Rechtsstreit vor einem Gericht eines Mitgliedstaats die Frage der Anerkennungsfähigkeit als Vorfrage zu klären, so kann dieses Gericht ohne weiteres hierüber befinden (Art. 21 Abs. 4 Brüssel IIa-VO); im Falle eines dahingehenden Zwischenfeststellungsantrags kann die Anerkennungsfrage auf diesem Wege rechtskräftig geklärt werden. 12

Im Übrigen dient dem Interesse an Rechtsklarheit im Anwendungsbereich der Brüssel IIa-VO das dort in Art. 21 Abs. 3 geregelte **besondere Anerkennungsverfahren**: Dieses eröffnet die Möglichkeit, eigens eine gerichtliche Feststellungsentscheidung hinsichtlich der Anerkennung oder Nichtanerkennung herbeizuführen. Die Zuständigkeit regeln in Deutschland §§ 10, 12 IntFamRVG. Das Verfahren bestimmt sich gem. Art. 21 Abs. 3 Brüssel IIa-VO und §§ 14, 32 IntFamRVG entsprechend Art. 28 ff. Brüssel IIa-VO, §§ 16 ff. IntFamRVG. Das damit befasste Gericht kann das Verfahren aussetzen, wenn gegen die Entscheidung in ihrem Ursprungsstaat ein ordentlicher Rechtsbehelf eingelegt wurde (Art. 27 Brüssel IIa-VO). Wird die Feststellung der Anerkennungsunfähigkeit beantragt, darf der Antragsgegner, der die Anerkennung begehrt, eine Erklärung abgeben; Art. 31 Abs. 1 Brüssel IIa-VO steht dem nicht entgegen.[1] Die gem. Art. 21 Abs. 3 Brüssel IIa-VO ergehende Entscheidung wirkt – abweichend von § 107 Abs. 9 FamFG – nach herrschender Meinung nur inter partes.[2] 13

Aus Art. 21 Abs. 1 Brüssel IIa-VO lässt sich ableiten, dass Ehestatusentscheidungen, die in den Anwendungsbereich der Brüssel IIa-Anerkennungsregeln fallen, nicht dem **Anerkennungs- bzw. Feststellungsmonopol** gem. § 107 FamFG unterworfen sind.[3] Gefolgert wird daraus aber auch, dass ein gleichwohl nach § 107 Abs. 4 Satz 1 FamFG gestellter Antrag unzulässig wäre.[4] Dies erscheint nicht zwingend (s. zur Möglichkeit eines **fakultativen Anerkennungsverfahrens** auch noch Rz. 32),[5] zumal das Verfahren nach § 107 kostengünstiger als dasjenige gem. Art. 21 Abs. 3 Brüssel IIa-VO ist.[6] 14

3. Anerkennungsvoraussetzungen und -hindernisse

Die anzuerkennende Entscheidung muss in ihrem Ursprungsstaat wirksam, aber nicht formell rechtskräftig sein (arg. Art. 27 Brüssel IIa-VO). Gestaltungswirkung wird das Ursprungsstaatsrecht aber in aller Regel nur rechtskräftigen Entscheidungen beimessen.[7] Die Beischreibung in den Personenstandsbüchern des Anerkennungsstaats darf vom Eintritt der Rechtskraft abhängig gemacht werden (Art. 21 Abs. 2 Brüssel IIa-VO). 15

1 EuGH v. 11.7.2008 – C-195/08 (Inga Rinau), NJW 2008, 2973 = FamRZ 2008, 1729.
2 *Helms*, FamRZ 2001, 257 (258); Thomas/Putzo/*Hüßtege*, Art. 21 EuEheVO Rz. 7; *Schack*, Rz. 901. Anders *Rauscher*, Art. 21 Brüssel IIa-VO Rz. 22.
3 Statt vieler: *Helms*, FamRZ 2001, 257 (261); MüKo.ZPO/*Gottwald*, § 328 Rz. 180; *Rauscher*, Art. 21 Brüssel IIa-VO Rz. 7. Zur Fortgeltung in Altfällen vgl. KG v. 22.7.2003 – 1 VA 27/02, FamRZ 2004, 275.
4 OLG Celle v. 6.7.2005 – 10 VA 2/04, OLGReport 2006, 13; *Helms*, FamRZ 2001, 257 (261); wohl auch *Rauscher*, Art. 21 Brüssel IIa-VO Rz. 12.
5 Für die Möglichkeit einer freiwilligen Delibation denn auch Staudinger/*Spellenberg*, Art. 21 EheGVO Rz. 92.
6 Dies räumt auch *Rauscher*, Art. 21 Brüssel IIa-VO Rz. 12, ein.
7 *Helms*, FamRZ 2001, 257 (260).

16 Die statthaften Anerkennungshindernisse nennt Art. 22 Brüssel IIa-VO (s. dazu § 109 Rz. 9 f.). Art. 24 Brüssel IIa-VO untersagt die Kontrolle der Anerkennungszuständigkeit, Art. 25 Brüssel IIa-VO eine kollisionsrechtliche Kontrolle und Art. 26 Brüssel IIa-VO eine révision au fond.

II. Ehestatusentscheidungen aus Drittstaaten

17 Das deutsch-schweizerische Abkommen v. 2.11.1929 und der deutsch-tunesische Vertrag v. 19.7.1966 (s. § 97 Rz. 28) erfassen auch Entscheidungen in Ehestatussachen. Sie regeln die einschlägigen Anerkennungshindernisse (s. § 108 Rz. 28), sollen aber dem Anerkennungs- und Feststellungsmonopol nach § 107 nicht entgegenstehen.[1]

III. Sonstige Grenzen des Anerkennungsmonopols

18 Probleme ergeben sich, wenn im Ausland über den Ehestatus und zugleich über **Folgesachen** entschieden worden ist.[2] § 107 betrifft zwar keine Folgesachen (s. Rz. 20); doch fraglich kann immerhin sein, ob die diesbezügliche Entscheidung im Inland nur in Abhängigkeit von der Anerkennung der Statusentscheidung anzuerkennen und zu vollstrecken ist. Das in § 107 vorgesehene Anerkennungsmonopol kann allerdings kein Anerkennungshindernis hinsichtlich einer Folgeentscheidung auslösen, sofern Deutschland kraft Gemeinschafts- oder Konventionsrechts zur Anerkennung und Vollstreckbarerklärung verpflichtet ist, ohne dass die entsprechenden Regelungen Rücksicht auf die Statusfrage nehmen. Dies gilt namentlich für die Brüssel I-VO (Unterhalt) und die Brüssel IIa-VO (Kindschaftssachen). Einzelheiten: Anhang zu § 245 Rz. 86 ff.

C. Anwendungsbereich des Anerkennungs- und Feststellungsmonopols

I. Ehestatusentscheidungen

1. Begrenzung auf Statusentscheidungen

19 Das Anerkennungsverfahren betrifft gem. § 107 Abs. 1 Satz 1 nur ausländische Entscheidungen, durch die eine Ehe für nichtig erklärt, aufgehoben, dem Ehebande nach oder unter Aufrechterhaltung des Ehebandes geschieden oder durch die das Bestehen oder Nichtbestehen einer Ehe zwischen den Beteiligten festgestellt worden ist. Scheidung unter Aufrechterhaltung des Ehebandes meint dabei die (statusändernde) **Trennung von Tisch und Bett**, nicht hingegen die bloße Feststellung eines Rechts zum Getrenntleben.[3] Eine Entscheidung, die das Bestehen einer Ehe feststellt, unterfällt § 107 nur dann, wenn sie zwischen den Ehegatten ergangen ist.[4] Den Antrag auf Eheauflösung **abweisende Sachentscheidungen** werden erfasst, sofern die lex fori im Entscheidungsstaat damit die Feststellung des Bestehens der Ehe verbindet.[5] Eine Ent-

1 Staudinger/*Spellenberg*, § 328 ZPO Rz. 47; *Schack*, Rz. 899.
2 Ausführlich zu solchen Fragen nunmehr *Lippke*, Der Status im Europäischen Zivilverfahrensrecht, passim.
3 Näher Staudinger/*Spellenberg*, Art. 7 § 1 FamRÄndG Rz. 42 f.
4 OVG Lüneburg v. 13.12.2007 – 8 LB 14/07, FamRZ 2008, 1785 (1786).
5 MüKo.ZPO/*Gottwald*, § 328 Rz. 184; Staudinger/*Spellenberg*, Art. 7 § 1 FamRÄndG Rz. 50. Anders, aber nicht überzeugend *Andrae/Heidrich*, FamRZ 2004, 1622 (1627 f.).

scheidung, mit der in Staat A eine in Staat B ergangene Statusentscheidung für anerkennungsfähig erklärt wird, ist in Deutschland nicht anerkennungsfähig.[1]

Die Prüfung im Verfahren nach § 107 beschränkt sich auf die Statusentscheidung, erstreckt sich also nicht auf **Neben- oder Folgeentscheidungen**.[2] Davon zu unterscheiden ist die Frage, ob eine solche im Falle fehlender Anerkennungsfähigkeit der Statusentscheidung isoliert anzuerkennen ist (s. Rz. 18 und Rz. 44). 20

2. Begrenzung auf Ehesachen

Nach seinem Wortlaut gilt § 107, entsprechend der bereits zu Art. 7 § 1 FamRÄndG vorherrschenden Auffassung,[3] nicht für Statusentscheidungen hinsichtlich **Lebenspartnerschaften**. Eine Erstreckung der Vorschrift auf diese ließe sich allenfalls mit § 270 Abs. 1 Satz 1 begründen. Dies dürfte aber kaum überzeugen: Zum einen ist § 107, anders als in § 270 Abs. 1 Satz 1 vorausgesetzt, im engeren Sinne kein „Verfahren auf Feststellung des Bestehens oder Nichtbestehens einer Ehe" (und erst recht kein „Verfahren auf Scheidung der Ehe"). Zum anderen wurde § 107 Abs. 2 im Gesetzgebungsverfahren noch eigens geändert, um den Fall zu erfassen, dass die Anerkennung einer ausländischen Eheauflösung betrieben wird, weil ein Ehegatte im Inland eine Lebenspartnerschaft eingehen möchte.[4] Es kann kaum angenommen werden, dass der Gesetzgeber ausgerechnet diese Sondersituation ausdrücklich regeln wollte, aber im Übrigen – entgegen der bislang herrschenden Meinung – davon ausgegangen ist, dass sich die allgemeine Anwendbarkeit der Vorschrift auf Lebenspartnerschaftssachen schon von selbst verstehe.[5] 21

Erfasst § 107 demnach nur Ehesachen iSd. deutschen Rechts, sollten neben der Lebenspartnerschaft auch die in einigen Rechtsordnungen vorgesehenen **gleichgeschlechtlichen Ehen** sowie sonstige rechtlich verfestigte **Lebensformen gleich- oder verschiedengeschlechtlicher Paare**, die das ausländische Recht als Minus gegenüber der Ehe ausgestaltet, ausgeklammert bleiben. Für diesbezügliche Statusentscheidungen gilt mithin nicht § 107, sondern das fakultative Anerkennungsfeststellungsverfahren gem. § 108 Abs. 2 (s. dort Rz. 45 ff.; zur Unanwendbarkeit der Brüssel IIa-VO s. § 103 Rz. 4; beachte zudem Rz. 6 zur Beendigung einer Ehe in den Niederlanden durch Umwandlung in eine registrierte Partnerschaft). 22

1 Staudinger/*Spellenberg*, Art. 7 § 1 FamRÄndG Rz. 48; *Geimer*, FS Ferid, S. 89 (94). Beachte aber auch KG v. 22.7.2003 – 1 VA 27/02, FamRZ 2004, 275 (276), dort zu einem österreichischen Urteil, mit dem auf Grund eines italienischen Trennungsurteils die Scheidung ausgesprochen wird.

2 Klarstellend BGH v. 14.2.2007 – XII ZR 163/05, NJW-RR 2007, 722 = FamRBint 2007, 62 (*Finger*). Beachte auch MüKo.ZPO/*Gottwald*, § 328 Rz. 205 f.; Staudinger/*Spellenberg*, Art. 7 § 1 FamRÄndG Rz. 52 f.

3 Zöller/*Geimer*, § 328 ZPO Rz. 304; MüKo.ZPO/*Gottwald*, § 328 Rz. 183; Bamberger/Roth/*Heiderhoff*, Art. 17b EGBGB Rz. 58; Hausmann/Hohloch/*Martiny*, Kap. 12 Rz. 122; Staudinger/*Spellenberg*, Art. 7 § 1 FamRÄndG Rz. 30; *Wagner*, IPRax 2001, 281 (288). Anders aber *Andrae/Heidrich*, FPR 2004, 292 f., und FamRZ 2004, 1622 (1624 f.); *Hausmann*, FS Henrich, S. 241 (265); MüKo.BGB/*Coester*, Art. 17b EGBGB Rz. 125; Jansen/v. Schuckmann/Sonnenfeld/*Wick*, § 16a FGG Rz. 13.

4 Dazu BT-Drucks. 16/6308, S. 371 f. und 411; BT-Drucks. 16/9733, S. 57, 292. Nachvollzogen wurde damit für § 107 die Änderung von Art. 7 § 1 Abs. 2 FamRÄndG durch das Personenstandsreformgesetz v. 19.2.2007, BGBl. I 2007, 122.

5 Auch *Andrae/Heidrich*, FPR 2006, 222 (228), selbst Befürworter der Einbeziehung, hatten eine Klarstellung für erforderlich gehalten.

23 Die Sonderbehandlung der Ehe in § 107, die keineswegs auf eine Besserstellung hinausläuft, ist de lege lata – auch unter Berücksichtigung von Art. 3 und 6 GG – wohl noch hinnehmbar, aber allemal rechtspolitisch fragwürdig.

II. Entscheidung

1. Begriff

24 In § 107 Abs. 1 Satz 1 ist nur von „Entscheidungen" die Rede, aus Satz 2 erhellt, dass diese von Gerichten oder Behörden stammen können. Weil § 107 den Entscheidungseinklang in Ehestatussachen sichern soll, wird der Begriff der Entscheidung weit gefasst. Wesentlich ist die Ableitung von einem **staatlichen Hoheitsakt**. Neben gerichtlichen Entscheidungen der streitigen oder freiwilligen Gerichtsbarkeit werden auch Eheauflösungen durch Verwaltungsbehörden oder im Wege des Gnadenakts erfasst.

25 Eine **Eheauflösung kraft Gesetzes** (etwa wegen Todes, Todeserklärung, Verschollenheit, Freiheitsstrafe, Religionswechsels) ist zwar als solche kein tauglicher Gegenstand des Anerkennungsverfahrens,[1] wohl aber eine darauf gestützte ausländische behördliche oder gerichtliche Feststellungsentscheidung.

26 Ausländischen Entscheidungen stellt § 107, abweichend von § 1 Satz 1 AdWirkG, nicht solche funktionsäquivalenten Rechtsgeschäfte gleich, die auf ausländischen Sachvorschriften beruhen. Gleichwohl können **Privatscheidungen** anerkanntermaßen dem Anwendungsbereich von § 107 unterfallen: Findet eine behördliche Mitwirkung statt, so vermittelt diese den erforderlichen Bezug zu staatlicher Hoheitsgewalt und damit den Entscheidungscharakter iSv. § 107. Unerheblich ist dabei, ob eine ausländische Behörde konstitutiv oder nur deklaratorisch, etwa beurkundend oder registrierend, mitgewirkt hat (zur Anwendbarkeit der Brüssel IIa-VO in solchen Fällen s. Rz. 7).[2] Ist eine solche behördliche Mitwirkung nach dem ausländischen Recht zwar keine Wirksamkeitsvoraussetzung, aber wenigstens möglich, so sollte § 107 auch dann angewendet werden, wenn auf die behördliche Mitwirkung verzichtet wurde; denn es wäre unsinnig, wäre die Scheidung vor der Mitwirkung ohne weiteres beachtlich, danach aber dem Anerkennungsmonopol unterworfen.[3] Zu weit dürfte es jedoch gehen, § 107 auch auf solche (reinen) Privatscheidungen zu erstrecken, für die das ausländische Recht keinerlei behördliche Beteiligung vorsieht.[4] Wenn § 107 auf Privatscheidungen anwendbar ist, bedeutet dies noch nicht, dass die Anerkennungsfähigkeit nur verfahrensrechtlich, also anhand § 109, zu prüfen wäre; einschlägig ist vielmehr Art. 17 EGBGB (s. Rz. 43).[5]

---

1 MüKo.ZPO/*Gottwald*, § 328 Rz. 185; Staudinger/*Spellenberg*, Art. 7 § 1 FamRÄndG Rz. 41. Anders wohl Zöller/*Geimer*, § 328 ZPO Rz. 305 (unter „Entscheidungen" fielen auch Gesetze).

2 Grundlegend BGH v. 21.2.1990 – XII ZB 203/87, NJW 1990, 2194 (2195); ebenso OLG Frankfurt v. 26.10.2004 – 4 WF 97/04, FamRZ 2005, 989; Präs. OLG Celle v. 11.8.1997 – 3465 I 212/97, FamRZ 1998, 757; BayObLG v. 13.1.1994 – 3 Z BR 66/93, NJW-RR 1994, 771; KG v. 6.11.2001 – 1 VA 11/00, FamRZ 2002, 840 (841); Staudinger/*Spellenberg*, Art. 7 § 1 FamRÄndG Rz. 31; MüKo.ZPO/*Gottwald*, § 328 Rz. 191. Zu eng Jansen/v. Schuckmann/Sonnenfeld/*Wick*, § 16a FGG Rz. 14 („mindestens registriert").

3 Staudinger/*Spellenberg*, Art. 7 § 1 FamRÄndG Rz. 39 f.

4 Justizverwaltung OLG Celle v. 10.11.1997 – 3465 I 301/97, FamRZ 1998, 686; OLG Celle v. 6.7.2005 – 10 VA 2/04, OLGReport 2006, 13 (14); Zöller/*Geimer*, § 328 ZPO Rz. 305, 311, 314. Anders Präs. OLG Frankfurt v. 19.11.2001 – 346/3 – I/4 – 89/99, StAZ 2003, 137; MüKo.ZPO/*Gottwald*, § 328 Rz. 192; *Nishitani*, IPRax 2002 49 (53); *Hohloch*, FF 2001, 45 (50); tendenziell auch *Andrae/Heidrich*, FPR 2004, 292 (293) und FamRZ 2004, 1622 (1626).

5 Klarstellend etwa MüKo.ZPO/*Gottwald*, § 328 Rz. 192.

27 Ausreichend ist für § 107 auch die Mitwirkung (etwa eine Bestätigung) durch **religiöse Gerichte**, wenn der Staat, auf dessen Gebiet sie tätig werden, diese Gerichtsbarkeit billigt und ihnen Autorität zuerkennt.[1] Unanwendbar ist § 107 aber auf Entscheidungen kirchlicher Ehegerichte, denen eine rein geistliche Funktion zukommt.[2] Dies kann von Land zu Land verschieden sein: So sind Scheidungen durch Rabbinatsgerichte in Israel staatlich autorisiert, während sie in Ermangelung dessen in den USA reine Privatscheidungen darstellen.[3]

2. Wirksamkeit

28 Die ausländische Entscheidung muss nach dem Recht des Erststaats wirksam und – soweit vorgesehen – registriert sein.[4] Im Falle einer dem Anerkennungsverfahren unterworfenen Privatscheidung ist maßgeblich, dass ihre rechtsgestaltende Wirkung unwiderruflich eingetreten ist.[5]

29 Wird die im Ausland ergangene Entscheidung dort aufgehoben, so entfällt die Grundlage des Anerkennungsverfahrens und dieses wird unzulässig.[6] Eine bereits ergangene Anerkennungsentscheidung der Landesjustizverwaltung kann das OLG aufheben und die fehlende Anerkennungsfähigkeit feststellen.[7]

III. Im Ausland ergangen

30 Ob eine Entscheidung vorliegt, durch die eine Ehe „im Ausland" aufgelöst worden ist, hat schon die zu Art. 7 § 1 FamRÄndG herrschende Meinung danach beurteilt, ob eine Behörde in Ausübung ausländischer Hoheitsgewalt tätig geworden ist. Daran ist fest zu halten, obwohl der Normtext nach wie vor suggeriert, es sei auf den Entscheidungsort abzustellen. Das Verfahren nach § 107 ist also auch statthaft, wenn eine ausländische Botschaft oder konsularische Vertretung die Scheidung im Inland erlassen oder hier an ihr mitgewirkt hat. Der Antrag auf Anerkennung ist dann zulässig,[8] aber (wegen Art. 17 Abs. 2 EGBGB) unbegründet.[9]

---

1 *Kissner*, StAZ 2004, 116; Justizministerium Baden-Württemberg v. 27.12.2000 – 346 E 633/99, FamRZ 2001, 1018; OLG Braunschweig v. 19.10.2000 – 2 W 148/00, FamRZ 2001, 561 und OLG Düsseldorf v. 28.8.2002 – 3 Va 3/02, FPR 2003, 468 (469): Bestätigung einer Talaq-Ehescheidung durch ein Sharia-Gericht und anschließende standesamtliche Registrierung eröffnet Anwendungsbereich des Art. 7 § 1 FamRÄndG.

2 Zöller/*Geimer*, § 328 ZPO Rz. 305; wohl auch Staudinger/*Spellenberg*, Art. 7 § 1 FamRÄndG Rz. 38.

3 Vgl. Staudinger/*Spellenberg*, Art. 7 § 1 FamRÄndG Rz. 32.

4 Rechtskraft verlangen weitergehend Zöller/*Geimer*, § 328 ZPO Rz. 329; MüKo.ZPO/*Gottwald*, § 328 Rz. 188; Staudinger/*Spellenberg*, Art. 7 § 1 FamRÄndG Rz. 42.

5 Jansen/v. Schuckmann/Sonnenfeld/*Wick*, § 16a FGG Rz. 14.

6 KG v. 27.2.2007 – 1 VA 5/06, FamRZ 2007, 1828 (1829).

7 BayObLG v. 20.2.1998 – 1 Z BR 15/98, FamRZ 1998, 1305.

8 BGH v. 14.10.1981 – IVb ZB 718/80, BGHZ 82, 34 = NJW 1982, 517; Präs. OLG Frankfurt v. 10.7.2000 – 346/3 – I/4-617/99, StAZ 2001, 37 (38); *Andrae/Heidrich*, FamRZ 2004, 1622 (1626); MüKo.ZPO/*Gottwald*, § 328 Rz. 189; Staudinger/*Spellenberg*, § 328 ZPO Rz. 584.

9 Staudinger/*Spellenberg*, § 328 ZPO Rz. 581, 584; BGH v. 14.10.1981 – IVb ZB 718/80, StAZ 1982, 7 (9 f.); BayObLG v. 30.8.1984 – BReg. 1 Z 57/84, FamRZ 1985, 75 (76).

IV. Privilegierung von Heimatstaatsentscheidungen (Abs. 1 Satz 2)

31 Gerichtliche oder auch – was der Normtext nunmehr klarstellt[1] – behördliche Entscheidungen des gemeinsamen Heimatstaats beider Ehegatten sind laut § 107 Abs. 1 Satz 2 von dem zwingenden Anerkennungsverfahren befreit. Es kommt also eine Inzidentanerkennung durch jede mit der Frage befasste Behörde bzw. jedes damit befasste Gericht in Betracht.[2] Nicht recht einsichtig ist die rechtspolitische Begründung dieses Privilegs.[3]

32 Der Normtext („hängt nicht davon ab") schließt es nicht aus, auch im Falle einer Heimatstaatsentscheidung ein **fakultatives Anerkennungsverfahren** nach § 107 durchzuführen.[4] Allerdings soll dann ein konkretes Rechtsschutzbedürfnis darzulegen sein.[5] Für die Anwendung von § 107 (statt des neuen Verfahrens gem. § 108 Abs. 2) spricht vor allem die Überlegung, dass sich nur so die Sachkunde erschließt, die bei den Landesjustizverwaltungen bzw. OLG-Präsidenten speziell hinsichtlich internationaler Ehesachen vorhanden ist.[6]

33 Umstritten ist die Behandlung von **Mehrstaatern**: § 107 Abs. 1 Satz 2 dürfte auch dann eingreifen, wenn ein Ehegatte – oder sogar beide – zusätzlich zu der gemeinsamen Staatsangehörigkeit des Entscheidungsstaats noch über (eine) weitere Staatsangehörigkeit(en) verfügen. Das Gesetz sieht weder vor, dass es dabei auf Effektivitätsüberlegungen ankommt (welche Staatsangehörigkeit wird tatsächlich „gelebt"?), noch trifft es eine Regelung wie Art. 5 Abs. 1 Satz 2 EGBGB, wonach die deutsche Staatsangehörigkeit den Ausschlag gibt (was hier hieße, dass das förmliche Anerkennungsverfahren zwingend durchzuführen wäre). Nach herrschender Meinung liegt gleichwohl, wenn auch nur ein Ehegatte Mehrstaater ist, nie eine Heimatstaatsentscheidung iSv. § 107 Abs. 1 Satz 2 vor.[7]

34 Probleme bereiten wiederum **Privatscheidungen**: Einschlägig ist das förmliche Anerkennungsverfahren nach hier vertretener Auffassung ohnehin nur, wenn das ausländische Recht eine behördliche Mitwirkung wenigstens vorsieht (s. Rz. 26); ist eine solche tatsächlich erfolgt, und zwar durch eine Behörde des gemeinsamen Heimatstaats, sollte konsequenterweise auch die Befreiung gem. § 107 Abs. 1 Satz 2 eingreifen.[8]

---

1 Zur früheren Diskussion vgl. Staudinger/*Spellenberg*, Art. 7 § 1 FamRÄndG Rz. 67 ff.

2 OLG Zweibrücken v. 10.3.2005 – 5 WF 36/05, NJOZ 2005, 3309 (3311); MüKo.ZPO/*Gottwald*, § 328 Rz. 194; kritisch *Andrae/Heidrich*, FPR 2006, 222 (223 f.).

3 Dazu Zöller/*Geimer*, § 328 ZPO Rz. 319; Staudinger/*Spellenberg*, Art. 7 § 1 FamRÄndG Rz. 55.

4 Zur früheren Rechtslage vgl. BGH v. 11.7.1990 – XII ZB 113/87, NJW 1990, 3081 (3082); MüKo.BGB/*Winkler v. Mohrenfels*, Art. 17 EGBGB Rz. 328; Staudinger/*Spellenberg*, Art. 7 § 1 FamRÄndG Rz. 70. Ablehnend etwa Zöller/*Geimer*, § 328 ZPO Rz. 318; *Andrae/Heidrich*, FPR 2004, 292 (293).

5 So BayObLG v. 8.5.2002 – 3 Z BR 303/01, FamRZ 2002, 1637 (1638): Rechtsschutzbedürfnis, wenn durch das Verfahren nach Art. 7 § 1 FamRÄndG der Stillstand eines amtsgerichtlichen Verfahrens beendet werden kann; ferner OLG Celle v. 6.7.2005 – 10 VA 2/04, OLGReport 2006, 13 (14): Kein Rechtsschutzbedürfnis, wenn das Verfahren nach Art. 7 § 1 FamRÄndG wegen einer dann notwendigen Vorlage zum EuGH besonders aufwendig wäre. Gegen besondere Anforderungen an das Rechtsschutzbedürfnis aber Staudinger/*Spellenberg*, Art. 7 § 1 FamRÄndG Rz. 127.

6 Für § 107 statt § 108 Abs. 2 auch *Klinck*, FamRZ 2009, 741 (743).

7 Zöller/*Geimer*, § 328 ZPO Rz. 321; *Schack*, Rz. 893; MüKo.BGB/*Winkler/v. Mohrenfels*, Art. 17 EGBGB Rz. 327. Für Effektivitätsprüfung hingegen Staudinger/*Spellenberg*, Art. 7 § 1 FamRÄndG Rz. 62 f.

8 Strenger OLG Frankfurt v. 26.10.2004 – 4 WF 97/04, FamRZ 2005, 989.

D. Anerkennungsverfahren vor der Landesjustizverwaltung

I. Zuständigkeit

Sachlich zuständig sind zunächst die Landesjustizverwaltungen (§ 107 Abs. 1 Satz 1). Die Landesregierung (oder die dazu von dieser mittels Weiterübertragungsverordnung ermächtigte Landesjustizverwaltung, vgl. § 107 Abs. 3 Satz 2) kann die Zuständigkeit gem. § 107 Abs. 3 auf einen oder mehrere OLG-Präsidenten übertragen. Beides hat sein Für und Wider: Die Zuständigkeit der Landesjustizverwaltung erscheint manchen wegen Art. 92 GG bedenklich, die Übertragung auf den OLG-Präsidenten hingegen deswegen, weil dessen Entscheidung sodann ein OLG-Senat kontrollieren soll (§ 107 Abs. 7).[1] 35

Derzeit (Stand 1.2.2009) gelten in den Bundesländern die folgenden Regeln:[2] 36

- **Baden-Württemberg:** Oberlandesgerichte als Justizverwaltungsbehörden (§ 3 Abs. 3 Zuständigkeitsverordnung Justiz v. 20.11.1998, GBl. 1998, 680);
- **Bayern:** Präsident des OLG München für alle OLG-Bezirke in Bayern (§ 5 Gerichtliche Zuständigkeitsverordnung Justiz v. 16.11.2004, GVBl. 2004, 471);
- **Berlin:** Senatsverwaltung für Justiz;
- **Brandenburg:** Brandenburgisches OLG als Justizverwaltungsbehörde (§ 1 VO v. 9.1.2009 zur Übertragung der Befugnisse nach dem FamRÄndG, GVBl. II/03, 18);
- **Bremen:** Präsident des Hanseatischen OLG (§ 1 VO v. 3.2.2004 zur Übertragung der Befugnisse nach dem FamRÄndG, GBl. 2004, 34);
- **Hamburg:** Justizbehörde; diese hat von der Weiterübertragungsverordnung v. 20.8.2002 (GVBl. 2002, 233) bislang keinen Gebrauch gemacht;
- **Hessen:** Präsident des OLG Frankfurt/Main (§ 37 Gerichtliche Zuständigkeitsverordnung Justiz v. 16.9.2008, GVBl. I 2008, 822);
- **Mecklenburg-Vorpommern:** Justizministerium;
- **Niedersachsen:** Präsidenten der Oberlandesgerichte (§ 9 VO zur Regelung von Zuständigkeiten in der Gerichtsbarkeit und der Justizverwaltung v. 22.1.1998, GVBl. 1998, 66);
- **Nordrhein-Westfalen:** Präsident des OLG Düsseldorf (§ 1 VO zur Übertragung der der Landesjustizverwaltung nach dem FamRÄndG zustehenden Befugnisse v. 17.11.1994, GV. 1994, 1005);
- **Rheinland-Pfalz:** Präsident des OLG Koblenz (§ 1 LandesVO über die Zuständigkeit für die Anerkennung ausländischer Entscheidungen in Ehesachen v. 23.10.2008, GVBl. 2008, 288);
- **Saarland:** Präsident des saarländischen OLG (§ 1 VO v. 18.11.2003 zur Übertragung der Befugnisse nach dem FamRÄndG, ABl. 2003, 2995);
- **Sachsen:** Präsident des OLG Dresden (§ 27 Sächsische Justizorganisationsverordnung v. 14.12.2007, GVBl. 2007, 600);
- **Sachsen-Anhalt:** Präsident des OLG Naumburg (§ 1 VO v. 7.12.2000 zur Übertragung der Befugnisse nach dem FamRÄndG, GVBl. 2000, 672);
- **Schleswig-Holstein:** Ministerium für Justiz, Arbeit und Europa;

---

1 *Andrae/Heidrich*, FPR 2006, 222 (225).
2 Zu den Adressen vgl. www.berlin.de/sen/justiz/struktur/a2_ausl_scheidg_hinw.html.

– **Thüringen:** Präsident des OLG (§ 1 VO v. 12.9.2006 zur Übertragung der Befugnis für die Anerkennung ausländischer Entscheidungen in Ehesachen nach dem FamRÄndG, GVBl. 2006, 521).

37 Die **örtliche Zuständigkeit** bestimmt sich gem. § 107 Abs. 2. Maßgeblich ist in erster Linie der gewöhnliche Aufenthalt (s. § 122 Rz. 4 ff.) eines Ehegatten, nicht zwingend des Antragstellers. Haben die Ehegatten ihren gewöhnlichen Aufenthalt in verschiedenen Bundesländern, hat der Antragsteller die Wahl. Ist jedoch bereits eine zuständige Stelle mit dem Verfahren befasst, so ist jede andere Zuständigkeit ausgeschlossen (analog § 2 Abs. 1). Maßgeblich ist der **Zeitpunkt** der Antragstellung; eine spätere Änderung schadet nicht (analog § 2 Abs. 2). **Parteivereinbarungen** betreffend die Zuständigkeit sind unbeachtlich.

II. Antrag

38 Die Entscheidung der Landesjustizverwaltung bzw. des OLG-Präsidenten ergeht nur auf Antrag (§ 107 Abs. 4 Satz 1). Dieser kann **formlos** gestellt werden.[1] Anwaltszwang besteht nicht. Werden Standesämter mit der Frage der Eheschließung befasst, leiten sie den Antrag an die zuständige Behörde weiter (§§ 159 Abs. 4, 159b Dienstanweisung für die Standesbeamten und ihre Aufsichtsbehörden). Der Antrag muss die in Rede stehende ausländische Entscheidung benennen und kann diesbezüglich auf Feststellung entweder der gegebenen oder der fehlenden Anerkennungsfähigkeit (vgl. Abs. 8) lauten. Der Antrag unterliegt keiner **Frist**. Ob das Antragsrecht ausnahmsweise verwirkt werden kann, ist streitig und zweifelhaft.[2] Bis zur Entscheidung der Landesjustizverwaltung kann der Antragsteller den Antrag frei zurücknehmen (§ 22; zur Rücknahme im Verfahren vor dem OLG s. Rz. 60).

III. Antragsbefugnis

39 Den Antrag kann stellen, wer ein **rechtliches Interesse** an der Anerkennung glaubhaft macht (§ 107 Abs. 4 Satz 2).[3] Das Interesse ist ein rechtliches, wenn es auf einem Rechtsverhältnis des Antragstellers zu einer anderen Person beruht, welches durch die Anerkennung oder Nichtanerkennung beeinflusst wird. Das haben allemal die früheren Ehegatten, auch der Partner der beabsichtigten Zweitehe, nicht jedoch der Verlobte des im Ausland Geschiedenen. Auch der aufgelösten oder der zweiten Ehe entstammende Kinder können wegen ihres Unterhaltsanspruchs und des Sorgerechts Interesse an einem Anerkennungsverfahren haben. Künftige Erben eines noch lebenden Ehegatten sind regelmäßig nicht antragsbefugt; anders beim Tode des Ehegatten, wenn das Erbrecht von der Anerkennung der Entscheidung abhängt. Auch Sozialversicherungsträger und die nach § 1316 BGB zuständige Behörde sind mögliche Antragsbefugte, nicht hingegen Gerichte, Notare, Standesbeamte und Staatsanwaltschaften, für deren Arbeit die Anerkennungsfrage präjudiziell ist. Beachte aber auch Rz. 66 (kein Anerkennungsmonopol bei Evidenz).

---

1 MüKo.ZPO/*Gottwald*, § 328 Rz. 211. Falsch Baumbach/*Hartmann*, § 107 FamFG Rz. 17.

2 Näher MüKo.ZPO/*Gottwald*, § 328 Rz. 212; Staudinger/*Spellenberg*, Art. 7 § 1 FamRÄndG Rz. 142; MüKo.BGB/*Winkler/v. Mohrenfels*, Art. 17 EGBGB Rz. 330.

3 Ausführlich zum Folgenden Staudinger/*Spellenberg*, Art. 7 § 1 FamRÄndG Rz. 124 ff.

IV. Verfahrensgrundsätze

Obwohl es sich bei dem Verfahren vor der Landesjustizverwaltung bzw. vor dem OLG-Präsidenten um ein **besonderes Justizverwaltungsverfahren** handelt,[1] sind die Landesverwaltungsverfahrensgesetze unanwendbar (§ 2 Abs. 3 Nr. 1 VwVfG).[2] Mangels besonderer Regelungen ist das Verfahren daher zweckmäßig und formlos unter Berücksichtigung hergebrachter Grundsätze zu gestalten.[3] 40

Es gilt der **Amtsermittlungsgrundsatz.**[4] Die Behörde kann den Beteiligten die Beibringung von Unterlagen aufgeben, und zwar grundsätzlich samt Übersetzung.[5] Häufig wird die Legalisation der Unterlagen verlangt; rechtmäßig ist dies nur, soweit bi- oder multilaterale Verträge keine Befreiungen anordnen (s. § 97 Rz. 33). Ohne Legalisation unterliegen die Urkunden der freien Beweiswürdigung der Behörde.[6] Die Landesjustizverwaltung darf zwar Zeugen vernehmen, aber nicht vereidigen oder eidesstattliche Versicherungen entgegennehmen; sie darf auch weder Zwang ausüben noch andere Stellen darum im Wege der Rechtshilfe ersuchen.[7] 41

Im Verfahren ist jedem **rechtliches Gehör** zu gewähren, dessen Rechtsstellung durch die Entscheidung unmittelbar betroffen ist.[8] Dieser Personenkreis kann sehr weit sein:[9] Dazu gehören jedenfalls alle Antragsbefugten, insbesondere die Ehegatten, deren Ehe durch die ausländische Entscheidung geschieden wurde. Kinder sind zu Lebzeiten der Eltern nicht schon im Hinblick auf ihr künftiges Pflichtteilsrecht zu hören; im Erbfall sind jedoch alle Erben zu beteiligen. Die Verwaltungsbehörde des § 1316 BGB ist dann zu hören, wenn sie eine Nichtigkeitsklage erhoben hat, die durch eine Anerkennung der Scheidung der Vorehe unbegründet würde. Sozialversicherungsträger und andere Behörden müssen beteiligt werden, wenn die Anerkennung Leistungspflichten für sie zur Folge hat. Anhörung bedeutet, Gelegenheit zur Stellungnahme zu geben.[10] Es müssen alle Möglichkeiten ausgeschöpft werden, den Aufenthalt des Anhörungsberechtigten zu ermitteln.[11] Mängel können durch Nachholung der Anhörung noch im Verfahren vor dem OLG geheilt werden.[12] 42

V. Prüfungsmaßstab

§ 107 regelt nur das Verfahren, nicht hingegen die Voraussetzungen der Anerkennung. Insoweit ist, soweit kein völkerrechtlicher Vertrag vorgeht (s. Rz. 17 zum deutsch-schweizerischen Abkommen und zum deutsch-tunesischen Vertrag), für gerichtliche 43

1 Jansen/v. Schuckmann/Sonnenfeld/*Wick*, § 16a FGG Rz. 13.
2 Richtig MüKo.ZPO/*Gottwald*, § 328 Rz. 214. Falsch Jansen/v. Schuckmann/Sonnenfeld/*Wick*, § 16a FGG Rz. 17.
3 Staudinger/*Spellenberg*, Art. 7 § 1 FamRÄndG Rz. 145 f.
4 MüKo.ZPO/*Gottwald*, § 328 Rz. 214.
5 Staudinger/*Spellenberg*, Art. 7 § 1 FamRÄndG Rz. 147.
6 KG v. 27.2.2007 – 1 VA 5/06, FamRZ 2007, 1828 (1829); Staudinger/*Spellenberg*, Art. 7 § 1 FamRÄndG Rz. 147.
7 MüKo.ZPO/*Gottwald*, § 328 Rz. 214; Staudinger/*Spellenberg*, Art. 7 § 1 FamRÄndG Rz. 148.
8 BayObLG v. 17.6.1999 – 1 Z BR 140/98, FamRZ 2000, 485.
9 Näher zum Folgenden Staudinger/*Spellenberg*, Art. 7 § 1 FamRÄndG Rz. 151 ff.
10 Staudinger/*Spellenberg*, Art. 7 § 1 FamRÄndG Rz. 156.
11 Staudinger/*Spellenberg*, Art. 7 § 1 FamRÄndG Rz. 153.
12 BayObLG v. 17.6.1999 – 1 Z BR 140/98, FamRZ 2000, 485; Staudinger/*Spellenberg*, Art. 7 § 1 FamRÄndG Rz. 150.

und behördliche Entscheidungen § 109 einschlägig. Dieser Maßstab gilt auch für **Privatscheidungen**, die erst auf Grund eines konstitutiven Hoheitsakts Wirkung erlangen. Sonstige Privatscheidungen werden hingegen, sofern sie überhaupt dem Anerkennungsverfahren unterliegen (s. Rz. 26), anhand des nach deutschem IPR zu ermittelnden Eheauflösungsstatuts überprüft.[1] Ist deutsches Eherecht anwendbar, soll die Anerkennung einer im Ausland vorgenommenen Privatscheidung stets scheitern; denn aus § 1564 BGB wird geschlossen, dass über die Scheidung einer Ehe im Anwendungsbereich des deutschen Rechts ein Gericht zu entscheiden hat (vgl. auch § 109 Rz. 56).[2] Eine im Ausland vollzogene Privatscheidung ist demnach in allen Fällen, in denen für die Scheidung der Ehe (auch) deutsches Recht maßgeblich ist, für das Inland nicht anerkennungsfähig.[3]

VI. Entscheidung

44 Die Anerkennung betrifft nur die Entscheidungswirkungen, die durch das ausländische Verfahren herbeigeführt werden sollen, etwa die Gestaltungswirkung bei Nichtigkeits-, Aufhebungs- und Scheidungsentscheidungen oder die materielle Rechtskraftwirkung bei positiven oder negativen Feststellungsentscheidungen (s. § 108 Rz. 13 ff.). Sie bezieht sich nur auf die Ehestatusentscheidung, nicht auf zugleich ausgesprochene weitere Regelungen etwa hinsichtlich des Sorgerechts oder des Unterhalts.[4] S. dazu oben Rz. 20.

45 Ausgesprochen wird nur, was beantragt wurde: Ist der Antrag auf Feststellung der Anerkennungsfähigkeit unbegründet, wird nicht etwa die Anerkennungsunfähigkeit ausgesprochen, und umgekehrt im Falle eines unbegründeten Antrags auf Feststellung der Anerkennungsunfähigkeit (vgl. Abs. 8) nicht etwa die Anerkennungsfähigkeit.[5]

46 Die Anerkennungsentscheidung wird mit Bekanntgabe an den Antragsteller **wirksam** (§ 107 Abs. 6 Satz 2). Die Wirksamkeit kann hinausgeschoben werden (§ 107 Abs. 6 Satz 3), was sich anbietet, wenn eine neue Eheschließung geplant, aber die Anrufung des OLG zu erwarten ist.

---

1 BGH v. 21.2.1990 – XII ZB 203/87, NJW 1990, 2194 (2195); BayObLG v. 30.11.1981 – 1 Z 41/81, IPRax 1982, 104 (105); BayObLG v. 13.1.1994 – 3 Z BR 66/93, NJW-RR 1994, 771; KG v. 6.11.2001 – 1 VA 11/00, FamRZ 2002, 840 (841); OLG Düsseldorf v. 28.8.2002 – 3 Va 3/02, FPR 2003, 468 (469); Präs. OLG Celle v. 11.8.1997 – 3465 I 212/97, FamRZ 1998, 757; Justizministerium Baden-Württemberg v. 27.12.2000 – 346 E 633/99, FamRZ 2001, 1018; *Unberath*, IPRax 2004, 515 (518). Vgl. auch *Nishitani*, IPRax 2002 49 (53): verfahrensrechtliche Anerkennung im Falle einer japanischen Schlichtungsscheidung, die auf Grund der Übereinkunft der Ehegatten vor dem Familiengericht erfolgt.

2 BGH v. 28.5.2008 – XII ZR 61/06, BGHZ 176, 365 = FamRZ 2008, 1409 (1412) m. Anm. *Henrich*, 1413; BGH v. 21.2.1990 – XII ZB 203/87, NJW 1990, 2194 (2196); Präs. OLG Celle v. 11.8.1997 – 3465 I 212/97, FamRZ 1998, 757 (758); BayObLG v. 13.1.1994 – 3 Z BR 66/93, NJW-RR 1994, 771; KG v. 6.11.2001 – 1 VA 11/00, FamRZ 2002, 840 (841); Jansen/v. Schuckmann/Sonnenfeld/*Wick*, § 16a FGG Rz. 18; für eine teleologische Reduktion des § 1564 Satz 1 BGB im Falle der Get-Scheidung aber *Henrich*, zuletzt FamRZ 2008, 1413 (1414).

3 Auf Art. 17 Abs. 2 EGBGB abstellend OLG Braunschweig v. 19.10.2000 – 2 W 148/00, FamRZ 2001, 561 f.

4 BayObLG v. 7.2.2001 – 3 Z BR 177/00, FGPrax 2001, 112.

5 *Geimer*, Rz. 3039; Stein/Jonas/*Roth*, § 328 ZPO Rz. 179, 180; Staudinger/*Spellenberg*, Art. 7 § 1 FamRÄndG Rz. 166.

VII. Wirkung der Entscheidung

Die Sachentscheidung der Landesjustizverwaltung bzw. des OLG-Präsidenten entfaltet, dem Zweck des Verfahrens entsprechend, **Feststellungswirkung erga omnes** (§ 107 Abs. 9). Andere deutsche Gerichte und Behörden dürfen die Anerkennungsfähigkeit der ausländischen Entscheidung – und damit den Bestand der Ehe – also nicht abweichend beurteilen, wenn dem Antrag auf Feststellung der gegebenen (oder der fehlenden, vgl. Abs. 8) Anerkennungsfähigkeit stattgegeben worden ist. Im Übrigen folgt der Umfang der Bindung den allgemeinen Rechtskraftregeln.[1] 47

Da es sich der Sache nach um einen (Justiz-)Verwaltungsakt handelt, tritt die Wirkung nur dann nicht ein, wenn dieser **nichtig** ist. Dies kann nur in extremen Ausnahmefällen der Fall sein;[2] die Feststellung der Anerkennungsfähigkeit trotz Ordre-public-Widrigkeit der ausländischen Entscheidung iSv. § 109 Abs. 1 Nr. 4 genügt für sich genommen nicht.[3] 48

Die Feststellung gegebener Anerkennungsfähigkeit **wirkt zurück** auf den Zeitpunkt, in dem die ausländische Entscheidung nach dem Recht des Entscheidungsstaats wirksam geworden ist.[4] Mit der Feststellung steht dann fest, dass die ausländische Statusentscheidung ihre nach dem Recht des Ursprungsstaats vorgesehenen Wirkungen auch im Inland entfaltet (zur Wirkungserstreckung s. § 108 Rz. 9 ff.). Auch die subjektiven Grenzen der Rechtskraft der ausländischen Entscheidung bestimmen sich nach dem ausländischen Recht; § 107 Abs. 9 bezieht sich nur auf den deutschen Anerkennungsbescheid. 49

Wird der **Feststellungsantrag** als unbegründet **zurückgewiesen**, so steht damit zwar nicht etwa allgemeinverbindlich das Gegenteil des Beantragten fest (s. Rz. 45). Wohl aber entfaltet die Zurückweisung insoweit Bestandskraft und Bindungswirkung, als der Antragsteller den Antrag nicht beliebig wiederholen darf.[5] 50

Die stattgebende oder zurückweisende Entscheidung der Landesjustizverwaltung bzw. des OLG-Präsidenten wird **bestandskräftig**,[6] wenn die Antragsfrist nach §§ 107 Abs. 7 Satz 3, 63 abgelaufen ist. Eine Wiederaufnahme ist hinsichtlich des Verfahrens vor der Landesjustizverwaltung bzw. dem OLG-Präsidenten nicht vorgesehen (§§ 107 Abs. 7 Satz 3, 48 Abs. 2 betreffen nur Verfahren vor dem OLG). Allerdings kommt nach allgemeinen Regeln noch eine Wiedereinsetzung in die versäumte Beschwerdefrist in Betracht (§§ 17 ff.).[7] 51

Zu Art. 7 § 1 FamRÄndG war umstritten, inwieweit die Landesjustizverwaltung bzw. der OLG-Präsident an die eigene Feststellung gebunden sein kann, wenn beispielsweise erst nachträglich Anerkennungshindernisse bekannt geworden sind. Eine **Selbstkorrektur** analog § 48 VwVfG oder § 18 FGG wurde früher vor allem unter Hinweis 52

1 MüKo.ZPO/*Gottwald*, § 328 Rz. 222.
2 Zöller/*Geimer*, § 328 ZPO Rz. 303.
3 Staudinger/*Spellenberg*, Art. 7 § 1 FamRÄndG Rz. 173.
4 MüKo.BGB/*Winkler/v. Mohrenfels*, Art. 17 EGBGB Rz. 325 und 376; Staudinger/*Spellenberg*, Art. 7 § 1 FamRÄndG Rz. 75 und 104 ff.; Jansen/v. Schuckmann/Sonnenfeld/*Wick*, § 16a FGG Rz. 13.
5 Zöller/*Geimer*, § 328 ZPO Rz. 301; MüKo.ZPO/*Gottwald*, § 328 Rz. 216; Staudinger/*Spellenberg*, Art. 7 § 1 FamRÄndG Rz. 95 f.
6 In BT-Drucks. 16/6308, S. 222, heißt es – untechnisch – „rechtskräftig".
7 *Zimmermann*, Das neue FamFG, Rz. 288.

darauf befürwortet, dass ohnehin jederzeit das OLG angerufen werden könne.[1] Und gerade deshalb dürfte die Selbstkorrektur nunmehr ausgeschlossen sein, seit die Möglichkeit, das OLG anzurufen, fristgebunden ist (§§ 107 Abs. 7 Satz 3, 63).[2]

53 Wird die ausländische Statusentscheidung im Ausland, etwa mittels **Wiederaufnahme**, aufgehoben, nachdem ihre Anerkennungsfähigkeit im Inland bereits bestandskräftig festgestellt worden ist, so bleibt es solange bei dieser Entscheidung der Landesjustizverwaltung bzw. des OLG-Präsidenten, bis die Anerkennungsfähigkeit der Aufhebungsentscheidung ihrerseits förmlich festgestellt wird.[3]

54 Wird eine ausländische Scheidung anerkannt und deshalb ein im Inland anhängiger Scheidungsantrag gegenstandslos, ist § 141 Satz 2 für die Fortführung von **Scheidungsfolgesachen** entsprechend anwendbar. Lässt sich die internationale Zuständigkeit deutscher Gerichte nur aus § 98 Abs. 2 ableiten (beispielsweise weil § 102 keine isolierte Zuständigkeit eröffnet), bleibt diese Verbundzuständigkeit analog § 2 Abs. 2 bzw. (bei Familienstreitsachen) analog § 113 Abs. 1 FamFG, § 261 Abs. 3 Nr. 2 ZPO erhalten (s. § 98 Rz. 43).[4]

VIII. Verfahrenskosten

55 Gem. Nr. 204 des Gebührenverzeichnisses zur Justizverwaltungskostenordnung (idF von Art. 47 FGG-RG) kann die Landesjustizverwaltung bzw. der OLG-Präsident eine Gebühr von 10 bis 300 Euro festsetzen.

E. Anrufung des OLG

I. Antragsbefugnis

56 Gibt die Landesjustizverwaltung bzw. der OLG-Präsident dem Antrag nicht statt, kann der **Antragsteller** nach Maßgabe von § 107 Abs. 5 und 7 die Entscheidung des OLG beantragen.

57 Ist hingegen eine stattgebende Entscheidung ergangen, kann sich laut § 107 Abs. 6 Satz 1 der **Ehegatte**, der den Antrag nicht gestellt hat, an das OLG wenden. Zur Frist s. Rz. 59. Hat die Landesjustizverwaltung bzw. der OLG-Präsident antragsgemäß die Anerkennung einer Ehescheidung abgelehnt, besteht alternativ zur Anrufung des OLG die Möglichkeit, einen **neuen Scheidungsantrag** bei dem zuständigen deutschen Gericht zu stellen; denn wegen der verbindlichen (§ 107 Abs. 9) Nichtanerkennung steht die Rechtskraft der ausländischen Entscheidung einem neuen Scheidungsverfahren nicht entgegen.

58 Zum ebenso eng wie § 107 formulierten Art. 7 § 1 FamRÄndG war allerdings verbreitet angenommen worden, dass über den Normtext hinaus jeder **Dritte**, dessen Rechtsverhältnisse von der fraglichen Anerkennung abhängen und der deshalb nach Art. 7 § 1 Abs. 3 Satz 2 FamRÄndG (nunmehr: § 107 Abs. 4 Satz 2) antragsbefugt

1 BayObLG v. 28.7.1999 – 3 Z BR 142/99, NJW-RR 2000, 885 (886); vgl. auch Staudinger/*Spellenberg*, Art. 7 § 1 FamRÄndG Rz. 83 ff.
2 Falsch Baumbach/*Hartmann*, § 107 FamFG Rz. 23.
3 Staudinger/*Spellenberg*, Art. 7 § 1 FamRÄndG Rz. 109 f.
4 Vgl. OLG Hamm v. 24.3.2005 – 10 WF 26/05, NJW-RR 2005, 1023 (1024).

gewesen wäre, auch zur Anrufung des OLG befugt sein soll.[1] Weil diese Erweiterung, soweit es um die Anfechtung einer stattgebenden Entscheidung geht, den Anspruch auf rechtliches Gehör wahrt, dürfte daran praeter legem auch weiterhin fest zu halten sein. Ein Argument dafür mag man aus §§ 107 Abs. 7 Satz 3, 59 ableiten. Im Falle eines ablehnenden Bescheids darf man den Dritten hingegen darauf verweisen, zunächst selbst einen Bescheid der Landesjustizverwaltung bzw. des OLG-Präsidenten zu erwirken.

II. Verfahren

Für das Verfahren vor dem OLG verweist § 107 Abs. 7 Satz 3 auf § 14 Abs. 1 und 2 (elektronische Akte und Dokumente), § 48 Abs. 2 (Wiederaufnahme), §§ 49 ff. (einstweilige Anordnungen) und §§ 58 ff. (Beschwerdeverfahren). Hinsichtlich Form und Frist des Antrags gelten §§ 63 ff. entsprechend; Anwaltszwang besteht nicht (§ 114 Abs. 1 gilt weder direkt noch analog). Die **örtliche Zuständigkeit** bestimmt § 107 Abs. 7 Satz 1. Das OLG entscheidet als Tatsacheninstanz, so dass es den Parteien unbenommen bleibt, **neue Tatsachen und Beweismittel** vorzubringen.[2] 59

Der Antrag auf Entscheidung des OLG hat keine **aufschiebende Wirkung** (§ 107 Abs. 7 Satz 2); allerdings kann das OLG **einstweilige Anordnungen** treffen (§§ 107 Abs. 7 Satz 3, 49 ff.). Der Antrag kann nach §§ 107 Abs. 7 Satz 3, 67 Abs. 4 zurückgenommen werden. Hingegen ist die **Rücknahme des Antrags** auf Anerkennung oder Nichtanerkennung überhaupt – auch im Verfahren vor dem OLG – entsprechend § 22 zu beurteilen.[3] 60

Für die **Kosten** im Verfahren nach § 107 vor dem OLG gilt das FamGKG (s. dort § 1 Satz 1). Die Gerichtsgebühr beträgt im Falle der Zurückweisung des Antrags 200 Euro (Nr. 1714 Kostenverzeichnis zu § 3 FamGKG). 61

III. Entscheidung und Rechtsmittel

Auch die Entscheidung des OLG entfaltet die in § 107 Abs. 9 vorgesehene **Bindungswirkung**. Die Möglichkeit einer **Wiederaufnahme** besteht gem. §§ 107 Abs. 7 Satz 3, 48 Abs. 2. 62

Die bislang in Art. 7 § 1 Abs. 6 Satz 4 FamRÄndG, § 28 Abs. 2 FGG vorgesehene Vorlage zum BGH wird durch die Möglichkeit der **Rechtsbeschwerde** ersetzt (§§ 107 Abs. 7 Satz 3, 70 ff.). 63

F. Konsequenzen des Anerkennungs- und Feststellungsmonopols

Das Anerkennungs- und Feststellungsmonopol gem. § 107 begründet für jedes deutsche Gericht und für jede sonstige deutsche Behörde, für welche die Anerkennung oder Nichtanerkennung der ausländischen Entscheidung von Bedeutung ist, ein **Verfahrens-** 64

1 KG v. 22.7.2003 – 1 VA 27/02, FamRZ 2004, 275 (276); MüKo.ZPO/*Gottwald*, § 328 Rz. 222; Staudinger/*Spellenberg*, Art. 7 § 1 FamRÄndG Rz. 189, 192.
2 MüKo.ZPO/*Gottwald*, § 328 Rz. 226.
3 Für erforderlich hielt eine Einwilligung bislang Staudinger/*Spellenberg*, Art. 7 § 1 FamRÄndG Rz. 122; offen gelassen bei BayObLG v. 2.2.1999 – 1 Z BR 11/98, FamRZ 1999, 1588.

hindernis.[1] Solche nachrangigen Verfahren – etwa ein Scheidungsantrag im Inland oder ein darauf gerichteter Antrag auf Verfahrenskostenhilfe[2] – sind grundsätzlich auszusetzen und die Entscheidung der Landesjustizverwaltung bzw. des OLG-Präsidenten abzuwarten.[3] Möglich bleiben vorerst also nur einstweilige Anordnungen. Ist der Anwendungsbereich von § 107 eröffnet, stehen dessen Vorgaben nicht zur Disposition der Beteiligten. Ein beim Familiengericht eingereichter Antrag auf Feststellung der Wirksamkeit der ausländischen Entscheidung wäre zurückzuweisen, da die Landesjustizverwaltung ausschließlich zuständig ist.[4] Hat die Landesjustizverwaltung bereits entschieden, so kann die Fortsetzung nachrangiger Verfahren nicht mit der Begründung verweigert werden, dass noch ein Antrag nach § 107 Abs. 5 oder 6 möglich bleibt.[5] Wird ein solcher Antrag jedoch gestellt, ist das Verfahren auch weiterhin auszusetzen.

65 Das Feststellungsmonopol nach § 107 greift auch dann, wenn es auf die Wirksamkeit einer ausländischen Ehescheidung nur als **Vorfrage** ankommt: So etwa, wenn sich die von einem deutschen Gericht zu entscheidende Frage, ob die Parteien nach anwendbarem türkischen Recht wirksam verheiratet sind, danach beantwortet, ob die Vorehe eines der Ehepartner im Ausland wirksam geschieden worden war.[6] Ob die Anerkennung der Scheidung notwendige Voraussetzung für die Anerkennung und Vollstreckbarerklärung von **Folgeentscheidungen** ist, hat das Gericht bei der Entscheidung, ob es zu Gunsten eines Verfahrens nach § 107 aussetzt, genau zu prüfen. Dem ist nämlich – ungeachtet eines eventuellen Verbunds mit der Statusentscheidung – nur so, wenn die Folgeentscheidung gerade auf der Statusentscheidung beruht, ohne diese also keinen Bestand haben kann.[7] Beachte dazu auch Rz. 20 sowie Anhang zu § 245 Rz. 86 ff.

66 Ausnahmsweise soll in Fällen, in denen die **Anerkennungs(un)fähigkeit evident** ist, das Feststellungsmonopol außer Betracht bleiben, wenn zu erwarten steht, dass keine der Parteien einen Antrag nach § 107 stellen wird.[8] Andernfalls drohte ein Verfahrensstillstand, da die Gerichte nicht selbst befugt sind, einen Antrag nach § 107 zu stellen (s. Rz. 39).

67 Ist in einem Drittstaat ein **Scheidungsverfahren erst rechtshängig** gemacht, hat das sodann in Deutschland mit demselben Streitgegenstand befasste Gericht, wenn es die

1 Zöller/*Geimer*, § 328 ZPO Rz. 293; Staudinger/*Spellenberg*, Art. 7 § 1 FamRÄndG Rz. 18; MüKo.ZPO/*Gottwald*, § 328 Rz. 202; OLG Köln v. 18.3.1998 – 26 UF 151/97, NJW-RR 1999, 81 (82); OLG Koblenz v. 2.3.2004 – 11 UF 250/03, FamRZ 2005, 1692 (1694).

2 OLG Saarbrücken v. 8.9.2003 – 2 WF 22/03, BeckRS 2003, 30327518.

3 OLG Celle v. 7.5.1990 – 10 WF 199/90, FamRZ 1990, 1390 (1391) folgert fälschlich aus der fehlenden Entscheidung nach Art. 7 § 1 FamRÄndG, dass eine förmliche Anerkennung nicht erfolgt sei und daher ihre Rechtskraft einer erneuten Klage nicht entgegenstünde.

4 Zöller/*Geimer*, § 328 ZPO Rz. 291; Jansen/v. Schuckmann/Sonnenfeld/*Wick*, § 16a FGG Rz. 15; Staudinger/*Spellenberg*, Art. 7 § 1 FamRÄndG Rz. 12.

5 Zöller/*Geimer*, § 328 ZPO Rz. 298.

6 BGH v. 10.1.2001 – XII ZR 41/00, FamRZ 2001, 991 (992); *Kissner* (Berichterstatter), StAZ 2004, 116.

7 Verneint von BGH v. 14.2.2007 – XII ZR 163/05, NJW-RR 2007, 722 (723 f.), für das im Scheidungsverbund ergangene Urt. über Kindesunterhalt, wenn die Unterhaltspflicht unabhängig von der Scheidung besteht; in diese Richtung auch OLG Zweibrücken v. 10.3.2005 – 5 WF 36/05, NJOZ 2005, 3309 (3311). Insoweit noch weitergehend *Hohloch*, FF 2001, 147 (155): Kindesunterhaltstitel seien stets unabhängig von einer Statusfeststellung nach Art. 7 § 1 FamRÄndG einer Vollstreckbarerklärung zugänglich.

8 BGH v. 6.10.1982 – IVb ZR 729/80, NJW 1983, 514 (515); OLG Köln v. 18.3.1998 – 26 UF 151/97, NJW-RR 1999, 81 (82); nach Lage der Dinge in casu abgelehnt von OLG Celle v. 4.6.2007 – 15 WF 109/07, FamRZ 2008, 430.

Beachtlichkeit der früheren ausländischen Rechtshängigkeit klärt, die erforderliche **Anerkennungsprognose** ohne Rücksicht auf § 107 selbst zu erstellen (s. vor §§ 98–106 Rz. 53).[1]

§ 108
Anerkennung anderer ausländischer Entscheidungen

(1) Abgesehen von Entscheidungen in Ehesachen werden ausländische Entscheidungen anerkannt, ohne dass es hierfür eines besonderen Verfahrens bedarf.

(2) Beteiligte, die ein rechtliches Interesse haben, können eine Entscheidung über die Anerkennung oder Nichtanerkennung einer ausländischen Entscheidung nicht vermögensrechtlichen Inhalts beantragen. § 107 Abs. 9 gilt entsprechend. Für die Anerkennung oder Nichtanerkennung einer Annahme als Kind gelten jedoch die §§ 2, 4 und 5 des Adoptionswirkungsgesetzes, wenn der Angenommene zur Zeit der Annahme das 18. Lebensjahr nicht vollendet hatte.

(3) Für die Entscheidung über den Antrag nach Absatz 2 Satz 1 ist das Gericht örtlich zuständig, in dessen Bezirk zum Zeitpunkt der Antragstellung

1. der Antragsgegner oder die Person, auf die sich die Entscheidung bezieht, sich gewöhnlich aufhält oder

2. bei Fehlen einer Zuständigkeit nach Nummer 1 das Interesse an der Feststellung bekannt wird oder das Bedürfnis der Fürsorge besteht.

Diese Zuständigkeiten sind ausschließlich.

1 MüKo.ZPO/*Gottwald*, § 328 Rz. 203; Zöller/*Geimer*, § 328 ZPO Rz. 316; in der Sache auch BGH v. 28.5.2008 – XII ZR 61/06, BGHZ 176, 365 = FamRZ 2008, 1409 (1411 f.) m. Anm. *Henrich*, 1413; OLG Bamberg v. 5.11.1999 – 2 WF 192/99, NJWE-FER 2000, 160.

Literatur: s. § 97 vor Rz. 1.

A. Überblick

1 § 108 hat keine Vorgängernorm. Die mit Anerkennungsfragen in der streitigen und in der freiwilligen Gerichtsbarkeit befassten Vorschriften (§ 328 ZPO und § 16a FGG) regelten ausdrücklich nur die Anerkennungshindernisse (s. nunmehr § 109). Gleichwohl war der jetzt ausdrücklich in Abs. 1 normierte Grundsatz der **Ipso-iure-Anerkennung** auch bislang schon Gemeingut.[1]

2 Hingegen ist das in Abs. 2 und 3 vorgesehene **besondere Anerkennungsverfahren** für sämtliche ausländischen Entscheidungen nicht vermögensrechtlichen Inhalts ein Novum,[2] allerdings angelehnt an das Anerkennungsverfahren für Ehesachen gem. § 107 (bislang: Art. 7 § 1 FamRÄndG) und das AdWirkG (s. § 199). Früher konnte die Anerkennungsfähigkeit einer dem FGG bzw. der ZPO unterfallenden Entscheidung zwar auch in einem FG- bzw. streitigen Verfahren festgestellt werden,[3] dies aber nur mit Wirkung inter partes (vgl. nunmehr §§ 108 Abs. 2 Satz 2, 107 Abs. 9).

B. Entscheidungsanerkennung (Absatz 1)

I. Grundfragen der Anerkennung

1. Interessen

3 Vornehmliches Ziel des Anerkennungsrechts ist Wahrung des **internationalen Entscheidungseinklangs**. Die empfindlichste Störung des internationalen Rechtsverkehrs sind hingegen „hinkende Rechtsverhältnisse“. Davon ist die Rede, wenn Rechtsverhältnisse oder Rechtsakte in einem Staat als gültig, in einem anderen als ungültig angesehen werden. Beispiele sind Eltern-Kind-Verhältnisse, die – etwa infolge Adoption oder Vaterschaftsfeststellung – im Ausland als gegeben, im Inland als nicht gegeben betrachtet werden (zum Parallelproblem hinkender Ehen s. § 107 Rz. 1). Anerkennung ist aber auch bei Leistungsentscheidungen (Bsp.: Unterhalt) geboten, soll nicht im einen Land ein Verhalten aufgegeben, im anderen dasselbe nicht geschuldet oder sogar untersagt sein. Allerdings müssen jedenfalls solche ausländischen Entscheidungen unbeachtlich bleiben, die mit grundlegenden inländischen Gerechtigkeitsvorstellungen unvereinbar sind (vgl. § 109 Abs. 1). Das Anerkennungsrecht hat die Aufgabe,

1 Beachte bereits BT-Drucks. 10/504, S. 93, dort zu § 16a FGG.
2 BT-Drucks. 16/6308, S. 222.
3 Dazu *Geimer*, FS Ferid, S. 89 (109 f.).

einerseits die Wirkungserstreckung großzügig zu gestatten, um internationalen Entscheidungseinklang und Verfahrensökonomie zu sichern, andererseits festzulegen, wann diese Ziele zurücktreten müssen.

2. Gegenstand

Im Regelfall geht es um die Anerkennung der **Entscheidung** (genauer: um die Anerkennung der Wirkungen einer Entscheidung[1]) **eines ausländischen staatlichen Gerichts**. Auf die vom ausländischen Verfahrensrecht vorgesehene Bezeichnung kommt es dabei nicht an (deutlich Art. 32 Brüssel I-VO: „Urteil, Beschluss, Zahlungsbefehl oder Vollstreckungsbescheid, einschließlich des Kostenfestsetzungsbeschlusses eines Gerichtsbediensteten"). Rechtskraft ist keine notwendige Voraussetzung der Anerkennung (arg.: § 110 Abs. 3 Satz 2).[2] Allerdings ist stets zu klären, ob eine im Ursprungsstaat noch nicht unanfechtbar gewordene Entscheidung nach dem dortigen Verfahrensrecht überhaupt schon Wirkungen entfaltet, die sich auf das Inland erstrecken können. Wie bereits zu § 16a FGG vertreten wurde, sind grundsätzlich auch (Eil-)Entscheidungen anerkennungsfähig, die in einem summarischen Verfahren ergangen sind (einen Sonderfall regelt § 11 AUG; s. Anhang § 245 Rz. 135).[3] Dies gilt im Grundsatz auch für einstweilige Maßnahmen im Bereich des Gemeinschafts- und Konventionsrechts, namentlich gem. Art. 31 Brüssel I-VO und Art. 20 Brüssel IIa-VO.[4] Nicht anerkennungsfähig ist eine ausländische Entscheidung, welche die Anerkennungsfähigkeit oder Vollstreckbarerklärung einer drittstaatlichen Entscheidung ausspricht. 4

Tauglicher Gegenstand einer zivilverfahrensrechtlichen Anerkennung sind zudem **Entscheidungen ausländischer Behörden**, wenn diese mit staatlicher Autorität ausgestattet sind und funktional deutschen Gerichten entsprechen. Dies kommt sowohl in Angelegenheiten der streitigen als auch der freiwilligen Gerichtsbarkeit in Betracht.[5] Anerkennungsfähig ist beispielsweise ein vom schwedischen Amt für Beitreibung erlassener Unterhaltstitel (Art. 62 Brüssel I-VO), eine Ehescheidung durch den norwegischen Fylkesmann (einschlägig ist dann § 107)[6] oder ein Adoptionsausspruch durch ein kasachisches Exekutivkomitee.[7] Für vollstreckbar erklärt – und damit inzident anerkannt – wurde auch ein dynamisiertes Unterhaltsurteil samt der Benachrichtigung der Sozialbehörde, wonach die festgelegten Unterhaltsbeträge entsprechend der Wandlung der Lebenshaltungskosten und der persönlichen Einkommen angepasst werden.[8] 5

Bisweilen ist im Gemeinschafts- und Konventionsrecht vorgesehen, dass auch **öffentliche Urkunden** und **Prozessvergleiche** für vollstreckbar erklärt werden können (vgl. 6

1 Vgl. *Schack*, Rz. 776.

2 Dazu *Hau*, Positive Kompetenzkonflikte, S. 78 mN. Anders etwa *Schack*, Rz. 821.

3 BGH v. 13.7.1983 – IVb ZB 31/83, IPRax 1984, 323 (326); *Roth*, IPRax 1988, 75 (81 f.); Jansen/v. Schuckmann/Sonnenfeld/*Wick*, § 16a FGG Rz. 9. Restriktiver zu § 328 ZPO aber etwa MüKo.ZPO/*Gottwald*, § 328 Rz. 53 (nur bei „gewisser Endgültigkeit und Bestandskraft"); *Schack*, Rz. 823 ff.; *Lipp*, Perspektiven, S. 21 (28).

4 Beachte zur Gehörsgewährung als Anerkennungsvoraussetzung BGH v. 21.12.2006 – IX ZB 150/05, NJW-RR 2007, 1573 mwN.

5 Vgl. zu § 16a FGG: BT-Drucks. 10/504, S. 93; Jansen/v. Schuckmann/Sonnenfeld/*Wick*, § 16a FGG Rz. 10; *Ludwig*, RNotZ 2002, 353 (357); weiter aber offenbar *Geimer*, FS Ferid, S. 89 (97). – Zu § 328 ZPO vgl. etwa *Wagner*, FamRZ 2006 744 (746); MüKo.ZPO/*Gottwald*, § 328 Rz. 45.

6 OLG Schleswig v. 5.5.2008 – 12 Va 5/07, NJW-RR 2008, 1390.

7 OLG Zweibrücken v. 16.3.2004 – 5 UF 123/03, NJW-RR 2005, 159 (160); zum sowjetischen Vorgänger ebenso BayObLG v. 11.11.1999 – 1Z BR 155/98, NJWE-FER 2000, 114 (115). Ausführlich und kritisch *Wohlgemuth*, StAZ 2002, 225 (226 ff.).

8 BGH v. 14.2.2007 – XII ZR 163/05, NJW-RR 2007, 722 = FamRBint 2007, 62 (*Finger*).

etwa Art. 57 und 58 Brüssel I-VO; zum autonomen deutschen Recht s. § 110 Rz. 17). Der verfahrensrechtlichen Anerkennung sind sie aber gleichwohl – ebenso wie private Rechtsgeschäfte – nicht zugänglich.[1] Unterstrichen wird dies etwa durch Wortlaut und Regelungssystematik der Brüssel I-VO. Demgegenüber verlangt Art. 46 Brüssel IIa-VO ausdrücklich, dass die dort genannten Urkunden nicht nur für vollstreckbar erklärt, sondern auch anerkannt werden.[2]

7 **Rechtsgeschäfte** sind im verfahrensrechtlichen Sinne nicht anerkennungsfähig. So wird eine im Ausland vorgenommene **Vertragsadoption** (außerhalb des Anwendungsbereichs des HAdoptÜ) nicht etwa nach §§ 108, 109 FamFG anerkannt, vielmehr wird ihre Wirksamkeit nach Maßgabe des von der einschlägigen Kollisionsnorm berufenen Sachrechts ermittelt.[3] Zum Parallelproblem (reiner) **Privatscheidungen** s. § 107 Rz. 43. Eine Ausnahme bildet wiederum Art. 46 Brüssel IIa-VO, wonach auch bestimmte Parteivereinbarungen nicht nur für vollstreckbar erklärt, sondern auch anerkannt werden müssen.[4]

8 Nicht im internationalverfahrensrechtlichen Sinne anerkennungsfähig sind ferner **tatsächliche Handlungen**, namentlich Sicherungsmaßnahmen, die Entgegennahme von Inventaren oder Erklärungen, Beurkundungen äußerer Vorgänge oder von Rechtsgeschäften, Ladungen sowie Registereintragungen.[5]

3. Anerkennung als Wirkungserstreckung

9 Entscheidungen ausländischer Gerichte sind Hoheitsakte, deren Wirkungen sich nach dem völkerrechtlichen **Territorialitätsgrundsatz** zunächst auf den Ursprungsstaat beschränken. Sollen sie darüber hinaus wirken, so bedarf es der Anerkennung durch andere Staaten.

10 Anerkennung bedeutet nach zutreffender Auffassung – und zwar im Bereich der streitigen wie der freiwilligen Gerichtsbarkeit[6] – nicht etwa Gleichstellung mit einer vergleichbaren inländischen Entscheidung, sondern Erstreckung derjenigen Wirkungen, die der Entscheidung im ausländischen Gerichtsstaat zukommt, auf das Inland (**Wirkungserstreckung**).[7] In diesem Sinne kommt es gem. § 110 Abs. 3 Satz 2 darauf an, ob die Entscheidung des ausländischen Gerichts „nach dem für dieses Gericht geltenden Recht die Rechtskraft erlangt hat". Eine Entscheidung, die aus Sicht des Ursprungsstaats **bereits aufgehoben** worden ist, kann auch in Deutschland keine Wirkung entfalten.[8]

11 Bedeutsam ist die Deutung der Anerkennung als Wirkungserstreckung zum einen, wenn die ausländischen Entscheidungswirkungen über das entsprechende deutsche Verfahrensrecht hinausgehen (**starke Wirkungen**). Dies ist hinzunehmen, und zwar

---

1 Richtig etwa *Schack*, Rz. 816; Jansen/v. Schuckmann/Sonnenfeld/*Wick*, § 16a FGG Rz. 10.
2 Kritisch *Rauscher*, Art. 46 Brüssel IIa-VO Rz. 1.
3 Vgl. etwa Staudinger/*Henrich*, Art. 22 EGBGB Rz. 85; beachte auch *Winkelsträter*, S. 180 f.
4 Kritisch *Rauscher*, Art. 46 Brüssel IIa-VO Rz. 1.
5 *Geimer*, FS Ferid, S. 89 (96); Jansen/v. Schuckmann/Sonnenfeld/*Wick*, § 16a FGG Rz. 9. Beachte auch BayObLG v. 11.11.1999 – 1 Z BR 155/98, NJWE-FER 2000, 114 (115), dort zur Ausfertigung und Registrierung einer Adoptionsurkunde durch ein kasachisches Standesamt nach konstitutiver Entscheidung durch das Exekutivkomitee.
6 Vgl. BT-Drucks. 10/504, S. 93.
7 Näher dazu etwa MüKo.ZPO/*Gottwald*, § 328 Rz. 3 ff.; *Hau*, Positive Kompetenzkonflikte, S. 84; Staudinger/*Henrich*, Art. 20 EGBGB Rz. 107; Rauscher/*Leible*, Art. 33 Brüssel I-VO Rz. 3; jeweils mN zum Streitstand.
8 Vgl. BGH v. 7.4.2004 – XII ZB 51/02, FamRZ 2004, 1023; KG v. 27.2.2007 – 1 VA 5/06, FamRZ 2007, 1828 (1829); auch EuGH v. 28.4.2009 – Rs. C-420/07 (Apostolides), EuGRZ 2009, 210.

richtigerweise soweit, wie der deutsche ordre public nicht entgegensteht.[1] Beispielsweise kann eine ausländische Entscheidung, die einen Mann als Vater zu Unterhaltszahlungen verurteilt, zugleich eine Vaterschaftsfeststellung mit in Deutschland anerkennungsfähiger Wirkung erga omnes enthalten.[2] Während die Möglichkeit teilweiser Vollstreckbarerklärung bisweilen eigens hervorgehoben wird (vgl. Art. 48 Brüssel I-VO, Art. 36 Brüssel IIa-VO), fehlen entsprechende Regelungen für die Anerkennung. Gleichwohl kommt auch eine **Teilanerkennung** in Betracht, wenn die ausländische Entscheidung nur hinsichtlich eines Teils oder nur hinsichtlich einzelner Entscheidungswirkungen anerkennungsfähig ist.[3] Demnach kann, wenn eine vollständige Anerkennung namentlich am deutschen ordre public scheiterte, beispielsweise eine nach dem Recht des Ursprungsstaats erga omnes wirkende Entscheidung wenigstens mit Wirkung inter partes anerkannt oder ein Unterhaltsurteil wenigstens bezüglich des Unterhalts, wenn auch nicht bezüglich einer zugleich zugesprochenen Strafleistung anerkannt werden.

Zum anderen können die ausländischen Wirkungen hinter denjenigen des deutschen Rechts zurückbleiben (**schwache Wirkungen**). Dann wäre es schon mit dem rechtlichen Gehör unvereinbar, eine „Gleichstellung" anzustreben und auf diese Weise im Inland Wirkungen zu unterstellen, mit denen die Beteiligten im ausländischen Verfahren nicht gerechnet haben. Beispielsweise darf eine ausländische „schwache" Adoption in Deutschland nicht etwa kraft Anerkennung (also ohne Umwandlung gem. § 3 AdWirkG) als eine „Volladoption" behandelt werden[4] und eine im Ausland gerichtlich ausgesprochene Trennung von Tisch und Bett nicht als Ehescheidung. Ferner folgt aus dem Prinzip der Wirkungserstreckung, dass es überhaupt nur dann anerkennungsfähige Wirkungen gibt, wenn die Entscheidung nach dem Recht des Ursprungsstaats internationale Geltung beansprucht.[5] Darauf kommt es beispielsweise an, wenn in den USA ein Nachlassabwickler eingesetzt wird.[6] 12

4. Anerkennungsfähige Entscheidungswirkungen

Im verfahrensrechtlichen Sinne anerkennungsfähige Entscheidungswirkungen sind die materielle Rechtskraft und die Vollstreckbarkeit (dazu § 110), zudem Interventions- und Streitverkündungswirkung, vor allem in Statussachen aber auch die Gestaltungswirkung.[7] Zum Verhältnis zum Kollisionsrecht s. Rz. 22 f. 13

Nicht hierher gehört die sog. **Tatbestandswirkung**:[8] Dabei geht es nicht um die verfahrensrechtliche Anerkennung,[9] sondern um die Auslegung der lex causae. So ist zu 14

1 MüKo.ZPO/*Gottwald*, § 328 Rz. 5; Staudinger/*Spellenberg*, § 328 ZPO Rz. 125; *Winkelsträter*, S. 184 ff. Ebenso zur Brüssel I-VO etwa Rauscher/*Leible*, Art. 33 Brüssel I-VO Rz. 3; MüKo. ZPO/*Gottwald*, Art. 33 EuGVO Rz. 2. Zu eng *Schack*, Rz. 795 f.

2 Vgl. Staudinger/*Henrich*, Art. 19 EGBGB Rz. 130.

3 *Nagel/Gottwald*, § 11 Rz. 133; Jansen/v. Schuckmann/Sonnenfeld/*Wick*, § 16a FGG Rz. 8.

4 Dazu *Winkelsträter*, S. 182 ff.

5 Vgl. OLG Düsseldorf v. 9.5.1997 – 3 Wx 261/96, FamRZ 1997, 1480; Jansen/v. Schuckmann/Sonnenfeld/*Wick*, § 16a FGG Rz. 8.

6 Dazu *Gruber*, Rpfleger 2000, 250 (251 f.). Anders Zöller/*Geimer*, § 328 ZPO Rz. 25 („kraft Anerkennungsbefehl" des deutschen Rechts sei Wirkungserstreckung auch dann möglich, wenn das Recht des Erststaats die Wirkungen auf sein Territorium begrenzt).

7 *Geimer*, FS Ferid, S. 89 (91); *Wagner*, FamRZ 2006, 744 (750).

8 Näher *Schack*, Rz. 780 ff.; vgl. auch Jansen/v. Schuckmann/Sonnenfeld/*Wick*, § 16a FGG Rz. 6.

9 Entsprechend zu § 16a FGG etwa *Gronle*, S. 128; Erman/*Hohloch*, Art. 25 EGBGB Rz. 55; *Geimer*, FS Ferid, S. 89 (91 Fn. 23); Staudinger/*Dörner*, Art. 25 EGBGB Rz. 914; *Kaufhold*, ZEV 1997, 399 (402).

prüfen, ob auch eine ausländische Entscheidung den Tatbestand einer (deutschen oder vom deutschen IPR berufenen ausländischen) Vorschrift erfüllt, der eine Entscheidung voraussetzt (sog. **Substitution**). Genügt also beispielsweise eine „schwache" Adoption für den Erwerb der deutschen Staatsangehörigkeit nach § 6 StAG?[1] Reicht eine nach der lex fori des Ursprungsstaats nur mit Inter-partes-Wirkung versehene Statusentscheidung für § 27 PStG aus?[2] Erfüllt ein ausländisches Erbfolgezeugnis die Anforderungen des § 35 GBO (dazu Rz. 16 ff.)? Kann einem Ehegatten nach einer „divorcio perpetuo" chilenischen Rechts noch ein Erbrecht gem. § 1931 BGB zustehen?[3]

15 Insbesondere in FG-Sachen kann fraglich sein, ob eine ausländische Entscheidung nach dem Ursprungsstaatrecht überhaupt verfahrensrechtlich anerkennungsfähige Wirkungen entfalten soll. Hervorzuheben sind die folgenden Fallgruppen:

a) Erbfolgezeugnisse

16 Ein „Zeugnis über ein erbrechtliches Verhältnis, insbesondere über das Recht des Erben" ist gem. § 17 des deutsch-türkischen Nachlassabkommens (s. § 97 Rz. 26) anzuerkennen.[4]

17 Im Übrigen jedoch ist ein dem deutschen Erbschein entsprechendes ausländisches Erbfolgezeugnis kein tauglicher Gegenstand eines Anerkennungsverfahrens:[5] Der Erbschein entfaltet weder Gestaltungswirkung (er bestimmt nicht konstitutiv über die Erbfolge) noch Rechtskraft (er kann gem. § 2361 BGB jederzeit wegen Unrichtigkeit eingezogen werden). Erwächst das ausländische „Zeugnis" hingegen, funktional vergleichbar einem deutschen Feststellungsurteil, nach dem Ursprungsstaatrecht in Rechtskraft, so bestimmt sich die Anerkennung dieser verfahrensrechtlichen Wirkung nach §§ 108, 109.[6]

18 Davon zu unterscheiden ist die Frage der (materiellrechtlichen) Tatbestandswirkung, ob einem ausländischen Erbfolgezeugnis für die Zwecke der §§ 2365 ff. BGB oder § 35 Abs. 1 Satz 1 GBO die Wirkung eines Erbscheins deutschen Rechts zukommt.[7] Eine solche Substitution (s. Rz. 14) lehnt die wohl herrschende Meinung in beiden Fällen ab.[8]

b) Anordnung der Vormundschaft, Pflegschaft oder Testamentsvollstreckung

19 Für den deutsch-türkischen Rechtsverkehr ist wiederum § 17 des deutsch-türkischen Nachlassabkommens (s. § 97 Rz. 26) einschlägig; dieser betrifft Zeugnisse „über ein erbrechtliches Verhältnis, insbesondere über das Recht ... eines Testamentvollstreckers".[9]

---

1 Dazu BVerwG v. 10.7.2007 – 5 B 4.07, FamRZ 2007, 1550 f.; OVG Hamburg v. 19.10.2006 – 3 Bf 275/04, IPRax 2008, 261 (266 ff.) m. krit. Anm. *Henrich*, 237 ff.; *Busch*, StAZ 2003, 297 ff.

2 Verneinend Staudinger/*Henrich*, Art. 20 EGBGB Rz. 107.

3 Dazu *Samtleben*, FS Kropholler, S. 413 (416 ff.).

4 Dazu Staudinger/*Dörner*, vor Art. 25 f. EGBGB Rz. 189 f.

5 Jansen/v. Schuckmann/Sonnenfeld/*Wick*, § 16a FGG Rz. 36; Staudinger/*Dörner*, Art. 25 EGBGB Rz. 914.

6 *Klinck*, FamRZ 2009, 741 (746). Anders *Geimer*, Rz. 2884.

7 Staudinger/*Dörner*, Art. 25 EGBGB Rz. 914.

8 Zu § 35 Abs. 1 Nr. 1 GBO: KG v. 25.3.1997 – 1 W 6538/96, NJW-RR 1997, 1094 f.; *Kroiß*, ErbR 2006, 2 (5); *Riering*, MittBayNot 1999, 519 (528); Soergel/*Zimmermann*, § 2369 BGB Rz. 5; Erman/*Hohloch*, Art. 25 EGBGB Rz. 55; *Hohloch*, FS Schlechtriem, S. 377 (394). Anders *Gronle*, S. 135 ff., 153 f.; *Kaufhold*, ZEV 1997, 399 (402 f.). – Zu §§ 2365 ff. BGB: Staudinger/*Schilken*, § 2369 BGB Rz. 12; für Substitution aber Staudinger/*Dörner*, Art. 25 EGBGB Rz. 915.

9 Dazu Staudinger/*Dörner*, vor Art. 25 f. EGBGB Rz. 189 f.

Auch im Übrigen sind die Anordnung von Testamentsvollstreckung, Vormundschaft oder Pflegschaft oder die Entscheidung über eine Einsetzung als Testamentsvollstrecker etc. durchaus anerkennungsfähig.[1] Wird die ausländische Entscheidung nach § 108 Abs. 2 Satz 1 FamFG anerkannt, so steht die wirksame Anordnung bzw. Einsetzung für alle Gerichte und Behörden fest. Dies ist etwa von Bedeutung, wenn der Testamentsvollstrecker in Deutschland die Erteilung eines Zeugnisses nach § 2368 Abs. 1 Satz 1 BGB beantragt. Ob ausländische Zeugnisse über die Stellung als Testamentsvollstrecker etc. dieselben Wirkungen äußern wie das von einer deutschen Sachnorm vorausgesetzte inländische Zeugnis, ist hingegen keine Frage der verfahrensrechtlichen Anerkennung, sondern der Tatbestandswirkung (s. Rz. 14).[2] Ohnehin ist tauglicher Gegenstand der Anerkennung nicht ein ausländisches Zeugnis als solches, sondern allenfalls die diesem zugrunde liegende Sachentscheidung (s. Rz. 4). 20

c) Gerichtliche Genehmigungen

Nach herrschender Ansicht sollen auch gerichtliche Genehmigungen anerkennungsfähig sein.[3] Dem ist zuzustimmen, soweit solchen Genehmigungen Gestaltungswirkung zukommt: Bereits die Genehmigung (nicht erst die Vornahme des genehmigten Rechtsgeschäfts) verändert die Rechtslage insoweit, als sie die Vertretungsbefugnisse des Vormunds, Pflegers oder Testamentsvollstreckers erweitert.[4] 21

5. Anerkennung und Kollisionsrecht

Dem Internationalen Zivilverfahrensrecht gebührt Vorrang vor dem Internationalen Privatrecht.[5] Demgemäß gilt nach zutreffender und herrschender Meinung auch im Falle ausländischer Gestaltungsentscheidungen der freiwilligen oder streitigen Gerichtsbarkeit: Die Anerkennung von Entscheidungen ist verfahrensrechtlich zu deuten und deshalb nicht von der Einschätzung desjenigen Sachstatuts abhängig, das die im Anerkennungsstaat geltenden Kollisionsregeln berufen (anders die sog. Lex-causae-Lehre).[6] Ebenso abzulehnen ist eine „kollisionsrechtliche Relativierung" der Rechtskraftwirkung ausländischer Entscheidungen.[7] Die Anerkennung ist vielmehr unabhängig davon möglich, ob das ausländische Gericht das aus Sicht des deutschen IPR „richtige" Sachrecht zugrunde gelegt hat. Die früher in § 328 ZPO vorgesehene **kollisionsrecht-** 22

1 Ebenso *Geimer*, FS Jayme, S. 241 (254 Fn. 76); *Klinck*, FamRZ 2009, 741 (747); Jansen/v. Schuckmann/Sonnenfeld/*Wick*, § 16a FGG Rz. 24, 26, 35; Keidel/*Zimmermann*, § 16a FGG Rz. 2i, 2j, 2l; Staudinger/*Henrich*, Art. 24 EGBGB Rz. 131 (Vormundschaft und Pflegschaft); *Gruber*, Rpfleger 2000, 250 (251); Palandt/*Thorn*, Art. 25 EGBGB Rz. 22. Ablehnend zur Anerkennungsfähigkeit der Bestellung eines administrator nach common law aber *Hausmann*, FS Heldrich, S. 649 (659); Staudinger/*Dörner*, Art. 25 EGBGB Rz. 911.

2 *Geimer*, FS Ferid, S. 89 (91 Fn. 23); Staudinger/*Dörner*, Art. 25 EGBGB Rz. 914.

3 So für vormundschaftsgerichtliche Genehmigungen BGH v. 14.12.1988 – IVa ZR 231/87, FamRZ 1989, 378 (380); Keidel/*Zimmermann*, § 16a FGG Rz. 2k; Jansen/v. Schuckmann/Sonnenfeld/*Wick*, § 16a FGG Rz. 25. Differenzierend *Geimer*, FS Ferid, S. 89 (93 f.), und FS Jayme 2004, S. 241 (254 ff.): solche Entscheidungen seien grundsätzlich (Ausnahme: familiengerichtliche Genehmigungen von Eheverträgen) der verfahrensrechtlichen Anerkennung zu entziehen und als Hilfsgeschäfte der lex causae zu unterstellen. Dagegen *Richardi*, S. 76 f.

4 *Klinck*, FamRZ 2009, 741 (747); Staudinger/*Engler*, § 1828 Rz. 9; aus anderer Perspektive auch BayObLG v. 10.7.2002 – 3Z BR 82/02, NJW-RR 2003, 649 (651).

5 Plakativ, aber treffend *Schack*, Rz. 870.

6 Dazu *Geimer*, FS Jayme, S. 241 (250); *Nagel/Gottwald*, § 11 Rz. 126; *Schack*, Rz. 24 und 926; Jansen/v. Schuckmann/Sonnenfeld/*Wick*, § 16a FGG Rz. 6.

7 *Nagel/Gottwald*, § 11 Rz. 125; *Schack*, Rz. 779.

liche Kontrolle durch den Anerkennungsrichter wurde bereits anlässlich der IPR-Reform 1986 gestrichen.[1] Auch Art. 25 Brüssel IIa-VO schließt für Ehesachen eine solche Kontrolle ausdrücklich aus. Im Übrigen ist zu beachten, dass Art. 27 Nr. 4 EuGVÜ/LugÜ nicht in Art. 34 Brüssel I-VO übernommen wurde. In Betracht kommt freilich eine Überprüfung des Ergebnisses der ausländischen Rechtsanwendung nach Maßgabe des anerkennungsrechtlichen ordre public (§ 109 Abs. 1 Nr. 4; nicht: Art. 6 EGBGB), wobei aber das Verbot der révision au fond zu berücksichtigen ist (§ 109 Abs. 5).

23 In neuerer Zeit wird das Verhältnis von Anerkennungs- und Kollisionsrecht vor allem unter einem anderen Aspekt problematisiert: Es geht um die sog. **kollisionsrechtliche Anerkennung** im Hinblick auf Rechtsvorgänge wie Registereintragungen, die mangels Entscheidung keiner verfahrensrechtlichen Anerkennung iSv. §§ 107 ff. zugänglich sind (s. oben Rz. 8).[2] Diskutiert wird, ob die herkömmliche kollisionsrechtliche Prüfung solcher Vorgänge auf dem Gebiet des Personen-, Familien- und Erbrechts weitgehend durch ein „Anerkennungsprinzip" abzulösen ist.[3] Im Vordergrund steht derzeit die Frage, inwieweit ein solcher Paradigmenwechsel gemeinschaftsrechtlich geboten erscheint. Illustriert wird die Problematik durch den Fall Grunkin-Paul: Nach Auffassung des EuGH kann ein deutsches Standesamt, das um Eintragung eines in einem anderen Mitgliedstaat (in casu: in Dänemark als dem früheren Aufenthaltsstaat) registrierten Namens eines deutschen Kindes ersucht wird, dazu wegen Art. 18 EG verpflichtet sein, obwohl der gewünschte (Doppel-)Name nicht in Einklang mit dem nach Art. 10 EGBGB berufenen deutschen Namensrecht steht.[4]

6. Anerkennung und inländisches Zweitverfahren

24 Eine ausländische Entscheidung, die nach den jeweils einschlägigen Regeln **nicht anerkennungsfähig** ist, entfaltet im Inland keine Rechtskraftwirkung und kann hier daher einem neuen Erkenntnisverfahren von vornherein nicht entgegenstehen.

25 Davon zu unterscheiden ist die Frage, inwieweit eine **anerkennungsfähige ausländische Entscheidung** ein weiteres Erkenntnisverfahren im Inland sperrt. Der BGH verneint dies: Auch eine rechtskräftige ausländische Entscheidung führe nur dazu, dass eine neue inländische der ausländischen Sachentscheidung entsprechen müsse.[5] Damit bestünde letztlich ein Wahlrecht zwischen Anerkennung und erneutem Erkenntnisverfahren.[6] Dies ist abzulehnen; denn es ist nicht einsichtig, warum die anerkennungsfähige Rechtskraftwirkung einer ausländischen Entscheidung nur als Inhaltsbin-

---

1 Dazu BT-Drucks. 10/504, S. 88.

2 Zur unterschiedlichen Verwendung des Begriffs „Anerkennung" im IPR und IZVR vgl. *Coester-Waltjen*, IPRax 2006, 392; *Wagner*, FamRZ 2006, 744 (747).

3 Dazu *Coester-Waltjen*, IPRax 2006, 392 (397); *Henrich*, IPRax 2005, 422; *Mansel*, RabelsZ 2006, 651.

4 EuGH v. 14.10.2008 – Rs. C-353/06 (Grunkin-Paul), NJW 2009, 135. Dazu *Funken*, FamRZ 2008, 2091; *Koritz*, FPR 2008, 629; *Mansel/Thorn/Wagner*, IPRax 2009, 1 (2 f.); *Rieck*, NJW 2009, 125. Anders noch (trotz irreführender Nennung von § 16a FGG im LS) etwa OLG Stuttgart v. 7.9.2004 – 8 W 260/03, IPRspr 2004, Nr. 210.

5 Vgl. – allerdings zum wegen beschränkter materieller Rechtskraft besonderen Fall einer Sorgerechtsentscheidung – BGH v. 28.5.1986 – IVb ZR 36/84, NJW-RR 1986, 1130; ebenso OLG Saarbrücken v. 9.3.2004 – 2 UF 23/03, OLGReport 2004, 467 (468). In Unterhaltssachen ebenso OLG Zweibrücken v. 10.3.2005 – 5 WF 36/05, NJOZ 2005, 3309 (3312), und OLG Oldenburg v. 11.11.1992 – 4 U 23/92, FamRZ 1993, 1486.

6 Vgl. auch OLG Bamberg v. 30.9.1998 – 2 UF 286/97, NJW-RR 1999, 515 f. (Elternteil kann wählen, ob er eine im Ausland ergangene Umgangsentscheidung im Inland anerkennen und vollstrecken lassen oder eine inländische Umgangsregelung anstreben will).

dung, nicht als Wiederholungsverbot (ne bis in idem) gedeutet werden sollte.[1] Näher dazu bei § 110 Rz. 30.

7. Abänderung anerkannter Entscheidungen

Nach heute wohl einhelliger Auffassung bestehen im Grundsatz keine völkerrechtlichen Bedenken dagegen, dass inländische Gerichte im Ausland erwirkte Entscheidungen abändern.[2] Abänderbar sind aber nur solche ausländischen Entscheidungen, (Prozess-)Vergleiche und Urkunden, die hier überhaupt anerkennungsfähig sind. Unerheblich ist hingegen, ob die lex fori des ausländischen Entscheidungsstaats die Abänderung zulässt.[3] Die internationale Zuständigkeit deutscher Gerichte für das Abänderungsverfahren ist nach Maßgabe der allgemeinen Regeln zu bestimmen; Einzelheiten vor §§ 98–106 Rz. 15 f. Beachte speziell zur praxisrelevanten Abänderung ausländischer Unterhaltstitel noch Anhang zu § 245 Rz. 151 ff. Eine ausländische Entscheidung, die eine dort erlassene, eine deutsche oder eine drittstaatliche Entscheidung abändert, ist nach allgemeinen Regeln anerkennungsfähig. 26

II. Verpflichtung zur Anerkennung

1. Überblick

Im Grundsatz steht es jedem Staat frei, in seinem **autonomen Recht** festzulegen, ob und unter welchen Voraussetzungen auf seinem Staatsgebiet auch ausländischen Hoheitsakten Wirkungen zukommen sollen. Die allgemeinen Regeln des **Völkerrechts** gebieten die Anerkennung nicht. Die Frage, ob Abweichendes für Statusentscheidungen gilt,[4] ist wegen der ohnehin anerkennungsfreundlichen Position des deutschen Gesetzgebers (§§ 108 f.) aus deutscher Sicht ohne Belang. Zudem werden vielfach Verpflichtungen zur Anerkennung (und zur Vollstreckbarerklärung bzw. Bestimmungen über die Entbehrlichkeit einer solchen) eingegangen. Entsprechende Regelungen sind im **Gemeinschaftsrecht** vorgesehen, zudem im multi- und bilateralen **Konventionsrecht**. Im Interesse größtmöglicher internationaler Entscheidungsfreizügigkeit orientiert sich das Verhältnis dieser Anerkennungsregeln zueinander, anders als im Recht der internationalen Entscheidungszuständigkeit, grundsätzlich nicht am Vorrang-, sondern am **Günstigkeitsprinzip** (s. § 109 Rz. 3). 27

2. Rechtsgrundlagen

a) Ehesachen

- Art. 21 ff. Brüssel IIa-VO (§ 97 Rz. 19 – Text: Anhang 2 zu § 97). Dazu Rz. 47 sowie § 107 Rz. 5 ff., § 109 Rz. 9 f. und § 110 Rz. 8 ff. 28

---

1 Näher *Hau*, Positive Kompetenzkonflikte, S. 107 f.; Göppinger/Wax/*Linke*, Rz. 3296; Staudinger/*Spellenberg*, § 328 Rz. 142.

2 S. etwa BGH v. 1.6.1983 – IVb ZR 386/81, NJW 1983, 1976; OLG Köln v. 20.7.2004 – 25 UF 24/04, NJW-RR 2005, 876; *Hohloch*, DEuFamR 2000, 193 (196); *Schack*, Rz. 1004.

3 Wie hier etwa Bamberger/Roth/*Heiderhoff*, Art. 18 EGBGB Rz. 91; *Schack*, Rz. 1009. Offen gelassen von BGH v. 1.6.1983 – IVb ZR 386/81, NJW 1983, 1976; OLG Köln v. 20.7.2004 – 25 UF 24/04, NJW-RR 2005, 876. Für praktisch irrelevant hält die Frage etwa *Henrich*, Rz. 243.

4 Bejahend Jansen/v. Schuckmann/Sonnenfeld/*Wick*, § 16a FGG Rz. 1. Verneinend *Schack*, Rz. 775.

- Art. 3 Deutsch-schweizerisches Abkommen v. 2.11.1929 (§ 97 Rz. 28).
- Art. 28 Abs. 1 Deutsch-tunesischer Vertrag v. 19.7.1966 (§ 97 Rz. 28).

b) Kindschaftssachen

29 – Art. 21 ff. Brüssel IIa-VO (§ 97 Rz. 19 – Text: Anhang 2 zu § 97). Dazu Rz. 47 sowie § 109 Rz. 9 f. und § 110 Rz. 8 ff.

- Art. 7 MSA (§ 97 Rz. 20 – Text: Anhang 3 zu § 97). Wegen des Vorrangs der Brüssel IIa-VO (s. dort Art. 59 Buchst. a) sind die MSA-Anerkennungsregeln nur noch bedeutsam für Schutzanordnungen, die in der Schweiz oder der Türkei erwirkt werden. Dazu § 109 Rz. 11 f. und § 110 Rz. 11.
- Art. 23 ff. KSÜ (§ 97 Rz. 38 – Text: Anhang 4 zu § 97). Das KSÜ soll künftig das MSA ersetzen (Art. 51 KSÜ). Es gilt bereits für eine Reihe von Brüssel IIa-Staaten und außerdem für: Albanien, Armenien, Australien, Ecuador, Monaco, Marokko und Ukraine.[1] Zum Vorrang der Brüssel IIa-Anerkennungsregeln s. Art. 61 Buchst. b Brüssel IIa-VO.
- Art. 7 ff. SorgeRÜ (§ 97 Rz. 20). Die Bedeutung des SorgeRÜ ist gering: Zum einen gehen die Brüssel IIa-Anerkennungsregeln vor (s. Art. 59 Buchst. d Brüssel IIa-VO); zum anderen ist es nach einem unberechtigten Verbringen oder Zurückhalten eines Kindes in aller Regel ohnehin sinnvoller, die Rückführung nach Maßgabe der Brüssel IIa-VO oder des HKEntfÜ zu betreiben (s. § 99 Rz. 23 ff.), statt eine Entscheidung zu erwirken, die dann nach Maßgabe des SorgeRÜ anzuerkennen und zu vollstrecken wäre.[2] Zum SorgeRÜ s. Rz. 49 sowie § 109 Rz. 11 f. und § 110 Rz. 12.
- Nicht einschlägig sind die von Deutschland abgeschlossenen bilateralen Anerkennungs- und Vollstreckungsverträge.[3]

c) Abstammungssachen

30 – Deutsch-belgisches Abkommen v. 30.6.1958 (§ 97 Rz. 27).

- Deutsch-griechischer Vertrag v. 4.11.1961 (§ 97 Rz. 27).
- Deutsch-italienisches Abkommen v. 9.3.1936 (§ 97 Rz. 27).
- Deutsch-schweizerisches Abkommen v. 2.11.1929 (§ 97 Rz. 28).
- Deutsch-spanischer Vertrag v. 14.11.1983 (§ 97 Rz. 27).

d) Adoptionssachen

31 – Art. 23 ff. HAdoptÜ (§ 97 Rz. 22). Erfasst werden Minderjährigenadoptionen, die in einem der bereits über siebzig Vertragsstaaten[4] zu Stande gekommen sind, sofern die zuständige Behörde des Ursprungsstaats bescheinigt, dass die Adoption gemäß den Vorgaben des HAdoptÜ zu Stande gekommen ist. Auf Antrag prüft und bestätigt das Bundesamt für Justiz (§ 1 Abs. 1 HAdoptÜAG) gem. § 9 HAdoptÜAG die Ordnungsmäßigkeit der ausländischen Bescheinigung. Unberührt bleibt auch im Anwendungsbereich des HAdoptÜ die Möglichkeit, das fakultative Anerkennungsverfahren nach dem AdWirkG durchzuführen (s. Rz. 52).

---

1 Zum aktuellen Ratifikationsstand beachte www.hcch.net.
2 Zum aktuellen Ratifikationsstand vgl. www.bundesjustizamt.de (dort unter „Int. Sorgerecht").
3 Einzelheiten bei Staudinger/*Henrich*, Art. 21 EGBGB Rz. 184 ff.
4 Zum aktuellen Ratifikationsstand vgl. www.bundesjustizamt.de (dort unter „Auslandsadoption") oder www.hcch.net (dort unter „Conventions").

e) Gewaltschutzsachen

– Art. 32 ff. Brüssel I-VO (§ 97 Rz. 23). Zur Eröffnung des sachlichen Anwendungsbereichs s. § 105 Rz. 13. 32
– Art. 25 ff. LugÜ (§ 97 Rz. 23).

f) Unterhaltssachen

S. Anhang zu § 245 Rz. 77. 33

g) Sonstige Familiensachen

– Art. 32 ff. Brüssel I-VO (§ 97 Rz. 23). Zur Eröffnung des sachlichen Anwendungsbereichs s. § 105 Rz. 19. 34
– Art. 25 ff. LugÜ (§ 97 Rz. 23).

h) Lebenspartnerschaftssachen

– § 269 Abs. 1 Nr. 1 und 2 (Statussachen): Zur Unanwendbarkeit der Brüssel IIa-VO s. § 103 Rz. 4. 35
– § 269 Abs. 1 Nr. 3 (Sorgerecht, Umgang und Kindesherausgabe): Art. 21 ff. Brüssel IIa-VO (§ 97 Rz. 19 – Text: Anhang 2 zu § 97); Art. 7 MSA (§ 97 Rz. 20 – Text: Anhang 3 zu § 97) und künftig Art. 23 ff. KSÜ (§ 97 Rz. 38 – Text: Anhang 4 zu § 97); Art. 7 ff. SorgeRÜ (§ 97 Rz. 20).
– § 269 Abs. 1 Nr. 4 (Adoption): Art. 23 ff. HAdoptÜ (§ 97 Rz. 22).
– § 269 Abs. 1 Nr. 5–10 (Wohnungs- und Haushaltssachen; Versorgungsausgleich; Unterhalt; Güterrecht): Art. 32 ff. Brüssel I-VO (§ 97 Rz. 23); Art. 25 ff. LugÜ (§ 97 Rz. 23). Zur Eröffnung des sachlichen Anwendungsbereichs s. § 103 Rz. 12 ff.
– Nicht einschlägig sind die von Deutschland abgeschlossenen bilateralen Anerkennungs- und Vollstreckungsverträge.[1]

i) Betreuungs- und Unterbringungssachen, Pflegschaft für Erwachsene

– Art. 22 ff. HErwSÜ (§ 97 Rz. 25 – Text: Anhang 7 zu § 97). Zum Anwendungsbereich s. § 104 Rz. 8 ff., zu den Anerkennungsvoraussetzungen s. § 109 Rz. 14. 36

j) Nachlasssachen

– § 17 Deutsch-türkisches Nachlassabkommen (§ 97 Rz. 26). 37
– Eine Reihe bilateraler Anerkennungs- und Vollstreckungsverträge betreffen Entscheidungen in erbrechtlichen Streitsachen.[2] Dies gilt für das Deutsch-türkische Nachlassabkommen (dort § 15 Satz 2) sowie für die Abkommen mit Belgien, Griechenland, Italien, den Niederlanden, Norwegen, Österreich, der Schweiz, Spanien, Tunesien und dem Vereinigten Königreich, nicht hingegen für das Abkommen mit Israel (s. dort Art. 4 Abs. 1 Nr. 2). S. dazu § 97 Rz. 27 f.

---

1 Vgl. *Henrich*, FamRZ 2002, 137 (141).
2 Näher Staudinger/*Dörner*, Art. 25 EGBGB Rz. 821 ff.; Jansen/v. Schuckmann/Sonnenfeld/*Wick*, § 16a FGG Rz. 89 ff.

k) Registersachen und unternehmensrechtliche Verfahren

38 – Art. 32 ff. Brüssel I-VO (§ 97 Rz. 23). Zur Eröffnung des sachlichen Anwendungsbereichs (trotz Unanwendbarkeit der Brüssel I-Zuständigkeitsregeln) s. § 105 Rz. 26.

– Art. 25 ff. LugÜ (§ 97 Rz. 23).

III. Anerkennung ipso iure

1. Grundsatz

39 Gem. § 108 Abs. 1 werden die Wirkungen ausländischer Entscheidungen im Grundsatz ohne ein besonderes Anerkennungsverfahren – also automatisch bzw. **ipso iure** – anerkannt und damit auf das Inland erstreckt (s. Rz. 10). Gleichsinnige Programmsätze finden sich im Gemeinschaftsrecht (Art. 33 Abs. 1 Brüssel I-VO; Art. 21 Abs. 1 Brüssel IIa-VO, dazu § 107 Rz. 5 ff.) sowie im Konventionsrecht (Art. 26 Abs. 1 LugÜ; Art. 23 Abs. 1 KSÜ; Art. 23 Abs. 1 HAdoptÜ; Art. 22 Abs. 1 HErwSÜ). Demgegenüber schreibt Art. 14 SorgeRÜ nur vor, dass jeder Vertragsstaat für die Anerkennung „ein einfaches und beschleunigtes Verfahren" anwendet.

40 Unbeschadet des Ipso-iure-Prinzips werden im Interesse der Rechtssicherheit vielfach **fakultative Anerkennungsverfahren** eröffnet. Beachte für das deutsche Recht § 108 Abs. 2 (dazu Rz. 53 ff.) und das AdWirkG (dazu § 199). Ähnliche Regelungen sind im Gemeinschafts- und im Konventionsrecht vorgesehen (s. Rz. 46 ff.).

41 Wird kein besonderes Anerkennungsverfahren durchgeführt, hat ein Gericht (oder eine Behörde), wenn sich in einem inländischen Verfahren die Frage der Anerkennungsfähigkeit stellt, diese inzident zu klären. Eigens klargestellt wird die gerichtliche Befugnis zur **Inzidentanerkennung** – und damit die Zulässigkeit entsprechender Zwischenfeststellungsanträge – im Gemeinschaftsrecht (Art. 33 Abs. 3 Brüssel I-VO; Art. 21 Abs. 4 Brüssel IIa-VO, dazu § 107 Rz. 11 ff.) sowie im Konventionsrecht (Art. 26 Abs. 3 LugÜ). Beispielsweise erfolgt die inzidente Anerkennung einer Entscheidung im Rahmen des Vollstreckbarerklärungsverfahrens, wenn die Vollstreckung einer ausländischen Entscheidung beantragt wird (vgl. § 110 Abs. 1). Maßstab für die Inzidentprüfung sind § 109 bzw. die Regeln des Gemeinschafts- oder Konventionsrechts.

42 Ein Sonderfall der Inzidentanerkennung ist die sog. **Anerkennungsprognose**, von der nach autonomem Recht die Beachtung ausländischer Rechtshängigkeit abhängt (s. vor §§ 98–106 Rz. 53, dort auch zur Freistellung von § 107).[1]

2. Ausnahmen

43 Für ausländische **Ehestatusentscheidungen** gilt (außerhalb des Anwendungsbereichs der Brüssel IIa-VO) nicht das Ipso-iure-Prinzip, sondern das in § 107 geregelte Anerkennungs- und Feststellungsmonopol der Landesjustizverwaltung.

44 Eine weitere Ausnahme betrifft die **Vollstreckbarkeit**, die in bestimmten Fällen für das Inland durch einen besonderen Akt – die sog. Vollstreckbarerklärung bzw. das Exequatur – verliehen wird (s. § 110).

1 OLG Zweibrücken v. 24.4.2007 – 5 UF 74/05, NJW-RR 2007, 1232; OLG Koblenz v. 19.10.2005 – 11 WF 498/05, OLGReport 2006, 972.

C. Besonderes Anerkennungsverfahren (Absätze 2 und 3)

I. Überblick

§ 108 Abs. 2 eröffnet ein besonderes bzw. isoliertes[1] Feststellungsverfahren. Dadurch soll ausgeschlossen werden, dass die Anerkennungsfähigkeit von den damit befassten inländischen Stellen unterschiedlich beurteilt wird.[2] 45

II. Vorrangige Regelungen

1. Gemeinschaftsrecht

Ein fakultatives Anerkennungsverfahren ist für die von Art. 1 Brüssel I-VO erfassten Angelegenheiten (s. Rz. 32 ff.) in **Art. 33 Abs. 2 Brüssel I-VO** vorgesehen. Dieses soll nach dem Wortlaut (abweichend von §§ 107 Abs. 4 und 5, 108 Abs. 2 Satz 1 sowie Art. 21 Abs. 3 Brüssel IIa-VO) nur demjenigen eröffnet sein, der die Anerkennungsfähigkeit (also nicht: ihr Fehlen) geltend macht.[3] Das Verfahren bestimmt sich nach Art. 33 Abs. 2, 38 ff. Brüssel I-VO, den in § 25 AVAG genannten Vorschriften sowie §§ 29, 27 AVAG. Das Gericht kann das Verfahren aussetzen, wenn gegen die Entscheidung in ihrem Ursprungsstaat ein ordentlicher Rechtsbehelf eingelegt wurde (Art. 37 Brüssel I-VO). Die gem. Art. 33 Abs. 2 Brüssel I-VO ergehende Entscheidung wirkt – abweichend von §§ 107 Abs. 9, 108 Abs. 2 Satz 2 FamFG – nur inter partes. Zu den Rechtsmitteln s. Art. 43 f. Brüssel I-VO. 46

Das fakultative Anerkennungsverfahren gem. **Art. 21 Abs. 3 Brüssel IIa-VO** gilt für Ehe- und Kindschaftssachen iSv. Art. 1 Brüssel IIa-VO (zum sachlichen Anwendungsbereich s. § 98 Rz. 4 ff. und § 99 Rz. 5 ff.). Zum Verfahren s. § 107 Rz. 5 ff. Unanwendbar ist Art. 21 Abs. 3 Brüssel IIa-VO auf mitgliedstaatliche Entscheidungen zum Umgangsrecht und zur Kindesrückgabe, die auf Grund einer Bescheinigung nach Art. 41 und Art. 42 Brüssel IIa-VO ohne weiteres anzuerkennen und zu vollstrecken sind.[4] 47

2. Konventionsrecht

Das fakultative Anerkennungsverfahren gem. **Art. 26 Abs. 2 LugÜ** entspricht demjenigen nach Art. 33 Abs. 2 Brüssel I-VO (s. Rz. 46). 48

Art. 14 SorgeRÜ schreibt vor, dass jeder Vertragsstaat für die Anerkennung ein einfaches und beschleunigtes Verfahren anwendet. Die Einzelheiten sind, entsprechend dem Verfahren nach Art. 21 Abs. 3 Brüssel IIa-VO (s. § 107 Rz. 13), in §§ 10, 12, 14 f., 32, 16 ff. IntFamRVG geregelt. Dasselbe soll künftig für das Anerkennungsverfahren nach **Art. 24 KSÜ** gelten.[5] 49

Art. 23 Satz 1 HErwSÜ schreibt zwar vor, dass den betroffenen Personen ein fakultatives Anerkennungsverfahren eröffnet werden muss, regelt dieses aber nicht näher, sondern verweist auf das Recht des Anerkennungsstaats (Satz 2). Für Deutschland sieht § 8 HErwSÜAG (idF von Art. 46 FGG-RG) eine gesonderte Regelung vor und verweist 50

1 BT-Drucks. 16/6308, S. 222.
2 BT-Drucks. 16/6308, S. 222. Grundlegend und ausführlich dazu *Klinck*, FamRZ 2009, 741.
3 Näher Rauscher/*Leible*, Art. 33 Brüssel I-VO Rz. 3.
4 EuGH v. 11.7.2008 – C-195/08 (Inga Rinau), NJW 2008, 2973 = FamRZ 2008, 1729; MüKo.ZPO/*Gottwald*, Art. 21 EheGVO Rz. 12.
5 Vgl. BR-Drucks. 8/09.

nur im Übrigen auf „Buch 1" des FamFG. Damit dürften nicht § 108, sondern §§ 2 ff. FamFG gemeint sein.[1] Die Bindungswirkung der Anerkennungsfeststellung ergibt sich aus § 9 HErwSÜAG.

3. Deutsches Recht

a) § 107

51 Für die Anerkennung ausländischer Entscheidungen in Ehesachen gilt § 107 als lex specialis. Dieser, nicht § 108 Abs. 2, ist nach hier vertretener Ansicht auch dann einschlägig, wenn im Falle einer Heimatstaatentscheidung (§ 107 Abs. 1 Satz 2) ein fakultatives Anerkennungsverfahren durchgeführt werden soll (s. § 107 Rz. 32). Soweit § 107 auf eine Privatscheidung nicht anzuwenden ist, weil es an jeglicher Mitwirkung einer ausländischen Behörde fehlt (s. § 107 Rz. 26), greift mangels einer „Entscheidung" auch § 108 Abs. 2 nicht ein.

b) Adoptionswirkungsgesetz

52 § 108 Abs. 2 Satz 3 FamFG stellt den Vorrang der spezielleren §§ 2, 4 und 5 AdWirkG klar (s. dazu § 199). Die Anerkennungsvoraussetzungen bestimmen sich, wenn die Auslandsadoption in den Anwendungsbereich des HAdoptÜ (s. Rz. 31) fällt, nach dessen Art. 23 ff., ansonsten für Dekretadoptionen nach § 109 FamFG. Die Anerkennung ausländischer Erwachsenenadoptionen unterfällt nicht dem AdWirkG (s. dort § 1 Satz 2). Daher bleibt es insoweit bei § 108 Abs. 2 Satz 1.

III. Inhalt der Vorschrift

1. Anwendungsbereich

53 Ein Anerkennungsverfahren gem. § 108 Abs. 2 kommt nur hinsichtlich ausländischer Entscheidungen (s. Rz. 4) in Frage, die nach dem Recht des Ursprungsstaats anerkennungsfähige Wirkungen entfalten (s. Rz. 13 ff.). Im Übrigen geht es von vornherein nur um solche ausländischen Entscheidungen, die in den sachlichen Anwendungsbereich des FamFG fallen.

54 § 108 Abs. 2 Satz 1 grenzt den Anwendungsbereich weiter ein, und zwar auf **Entscheidungen nicht vermögensrechtlichen Inhalts**. Erfasst werden also etwa Kindesherausgabeentscheidungen. Zudem kann das Verfahren nach § 108 Abs. 2 Satz 1 namentlich im Hinblick auf Abstammungs-, Sorge- und Umgangsrechtsentscheidungen, aber auch auf Erwachsenenadoptionen (s. Rz. 52) sowie Statussachen der Lebenspartner (s. § 107 Rz. 22) statthaft sein.

55 Für Entscheidungen über **vermögensrechtliche Ansprüche** soll kein entsprechendes Verfahren erforderlich sein, weil ihre Vollstreckung eine gerichtliche Vollstreckbarerklärung voraussetze und dann – auch seitens des Schuldners – regelmäßig kein weiteres Bedürfnis für einen isolierten Beschluss über die Anerkennung oder Nichtanerkennung bestehe.[2] „Entscheidung nicht vermögensrechtlichen Inhalts" lässt sich also auch als Gegenbegriff zu solchen Entscheidungen verstehen, die der Vollstreckbarerklärung nach §§ 110 Abs. 2, 95 Abs. 1 bedürfen. § 108 Abs. 2 gilt daher nicht für

1 *Klinck*, FamRZ 2009, 741 (742).
2 BT-Drucks. 16/6308, S. 222.

Unterhalts-, Wohnungszuweisungs- und Haushaltsentscheidungen (und es dürfte nur ein Lapsus sein, dass die Begründung zu § 110 Abs. 2 Entscheidungen über die Hausratsverteilung als Gegenbeispiel zu vermögensrechtlichen Entscheidungen nennt).[1]

2. Verfahren

a) Zuständigkeit

§ 108 Abs. 3 Satz 1 regelt die **örtliche Zuständigkeit**, und zwar ausschließlich (Satz 2). 56
Zum Begriff des gewöhnlichen Aufenthalts s. § 122 Rz. 4 ff. Antragsgegner iSv. § 108 Abs. 3 Satz 1 Nr. 1 ist, wer an dem kontradiktorischen ausländischen Verfahren, in dem die Entscheidung ergangen ist, beteiligt war.[2]

Die **sachliche Zuständigkeit** der Amtsgerichte ergibt sich aus § 23a GVG. Die **funktionelle Zuständigkeit** bestimmt sich nach §§ 23b, 23c GVG, und zwar abhängig vom Inhalt der ausländischen Entscheidung: Maßgeblich ist, welche Abteilung nach deutschem Recht für den Erlass der Entscheidung zuständig gewesen wäre. 57

Im RegE heißt es, die **internationale Zuständigkeit** für die Durchführung des Anerkennungsverfahrens richte sich nach §§ 98 ff.[3] Das ist irreführend: Deutsche Gerichte können ohne weiteres darüber befinden, ob ausländische Entscheidungen in Deutschland anerkennungsfähig sind.[4] Stellt sich im Inland, aus welchen Gründen auch immer, beispielsweise die Frage, ob eine im Ausland erfolgte Vaterschaftsfeststellung hier anzuerkennen ist, so haben dies die deutschen Gerichte zu klären, und zwar auch dann, wenn sie nach Maßgabe von § 100 nicht zu einer eigenen Sachentscheidung berufen wären. Eine andere Frage lautet, ob es kraft Gemeinschafts- oder Konventionsrechts ausgeschlossen ist, die Anerkennungsfähigkeit einer ausländischen Entscheidung in Deutschland überprüfen zu lassen (so Art. 41 Abs. 1 Satz 1, 42 Abs. 1 Satz 1 Brüssel IIa-VO). 58

b) Antrag und Antragsbefugnis

Die isolierte Anerkennungsfeststellung ergeht nur auf Antrag. Befugt, einen solchen zu stellen, ist jeder Beteiligte, der ein rechtliches Interesse an einer entsprechenden Feststellung hat (§ 108 Abs. 2 Satz 1). Hierfür wird erforderlich, aber auch ausreichend sein, dass der Antragsteller im Inland von anerkennungsfähigen Wirkungen der Entscheidung betroffen werden kann.[5] Es bietet sich an, die zu § 107 Abs. 4 Satz 2 entwickelten Grundsätze heranzuziehen (s. dort Rz. 39). 59

c) Verfahrensgrundsätze

Anzuwenden sind grundsätzlich die allgemeinen Verfahrensvorschriften (§§ 2 ff.). Nach der zum früheren Recht vorherrschenden Auffassung wurde das Anerkennungsverfahren allerdings denjenigen Regeln unterworfen, die aus Sicht der lex fori das zur ausländischen Entscheidung führende Verfahren bestimmt hätten. Demgemäß wurde die Frage, ob die begehrte Feststellung der Anerkennungsfähigkeit dem FGG oder der ZPO unterfiel, danach beantwortet, ob die ausländische Sachentscheidung aus deutscher 60

1 Vgl. BT-Drucks. 16/6308, S. 222.
2 Näher *Klinck*, FamRZ 2009, 741 (748).
3 BT-Drucks. 16/6308, S. 222.
4 Vgl. *Schack*, Rz. 812; ebenso zum Parallelproblem der Vollstreckbarerklärung *Solomon*, AG 2006, 832 ff.
5 *Klinck*, FamRZ 2009, 741 (748).

Sicht nach dem FGG oder der ZPO ergangen wäre.[1] Daran ist, weil nichts auf einen gegenteiligen Willen des Gesetzgebers hindeutet, auch für das FamFG fest zu halten.[2] Bedeutung gewinnt dies mit Blick auf § 113 allerdings nur, soweit eine Familienstreitsache ausnahmsweise einmal in den Anwendungsbereich von § 108 Abs. 2 fällt.

d) Prüfungsmaßstab

61 Maßstab für die Anerkennungsprüfung sind § 109 bzw. die Regeln des Konventionsrechts, soweit dieses zwar einschlägig ist, die Anwendung von § 108 Abs. 2 aber nicht ausschließt.

e) Entscheidung und Rechtsmittel

62 Die Entscheidung hinsichtlich der Anerkennungsfähigkeit ist feststellender Natur; sie ergeht gem. § 38 durch Beschluss. Wie bei § 107 (s. dort Rz. 45) gilt auch hier, dass nur ausgesprochen wird, was beantragt wurde: Ist der Antrag auf Feststellung der Anerkennungsfähigkeit unbegründet, wird nicht etwa die Anerkennungsunfähigkeit ausgesprochen, und umgekehrt im Falle eines unbegründeten Antrags auf Feststellung der Anerkennungsunfähigkeit nicht etwa die Anerkennungsfähigkeit.[3] Die Entscheidung wirkt **erga omnes** und bindet alle anderen Gerichte und Behörden (§§ 108 Abs. 2 Satz 2, 107 Abs. 9).

63 Für die **Kostenentscheidung** gelten §§ 80 ff. Die Gerichtsgebühr für die Feststellung der Anerkennung sowie bei Zurückweisung des Antrags beträgt 200 Euro (Nr. 1710 Nr. 3 und Nr. 1714 Kostenverzeichnis zu § 3 FamGKG).

64 **Rechtsmittel** ist die Beschwerde nach §§ 58 ff., gegen die Beschwerdeentscheidung ist uU die Rechtsbeschwerde nach §§ 70 ff. statthaft.

§ 109
Anerkennungshindernisse

(1) Die Anerkennung einer ausländischen Entscheidung ist ausgeschlossen,

1. wenn die Gerichte des anderen Staates nach deutschem Recht nicht zuständig sind;

2. wenn einem Beteiligten, der sich zur Hauptsache nicht geäußert hat und sich hierauf beruft, das verfahrenseinleitende Dokument nicht ordnungsgemäß oder nicht so rechtzeitig mitgeteilt worden ist, dass er seine Rechte wahrnehmen konnte;

3. wenn die Entscheidung mit einer hier erlassenen oder anzuerkennenden früheren ausländischen Entscheidung oder wenn das ihr zugrunde liegende Verfahren mit einem früher hier rechtshängig gewordenen Verfahren unvereinbar ist;

4. wenn die Anerkennung der Entscheidung zu einem Ergebnis führt, das mit wesentlichen Grundsätzen des deutschen Rechts offensichtlich unvereinbar ist, insbesondere wenn die Anerkennung mit den Grundrechten unvereinbar ist.

1 *Geimer*, FS Ferid, S. 89 (109 f.); Jansen/v. Schuckmann/Sonnenfeld/*Wick*, § 16a FGG Rz. 12. Entsprechendes galt für das Verfahren der Vollstreckbarerklärung: BGH v. 13.7.1983 – IVb ZB 31/83, FamRZ 1983, 1008 (1009); OLG Bamberg v. 24.11.1999 – 2 UF 206/99, OLGReport 2000, 96; *Roth*, IPRax 1988, 75 (79); Staudinger/*Henrich*, Art. 21 EGBGB Rz. 266 f.

2 *Klinck*, FamRZ 2009, 741 (748).

3 *Klinck*, FamRZ 2009, 741 (748 f.).

(2) Der Anerkennung einer ausländischen Entscheidung in einer Ehesache steht § 98 Abs. 1 Nr. 4 nicht entgegen, wenn ein Ehegatte seinen gewöhnlichen Aufenthalt in dem Staat hatte, dessen Gerichte entschieden haben. Wird eine ausländische Entscheidung in einer Ehesache von den Staaten anerkannt, denen die Ehegatten angehören, steht § 98 der Anerkennung der Entscheidung nicht entgegen.

(3) § 103 steht der Anerkennung einer ausländischen Entscheidung in einer Lebenspartnerschaftssache nicht entgegen, wenn der Register führende Staat die Entscheidung anerkennt.

(4) Die Anerkennung einer ausländischen Entscheidung, die

1. Familienstreitsachen,

2. die Verpflichtung zur Fürsorge und Unterstützung in der partnerschaftlichen Lebensgemeinschaft,

3. die Regelung der Rechtsverhältnisse an der gemeinsamen Wohnung und an den Haushaltsgegenständen der Lebenspartner,

4. Entscheidungen nach § 6 Satz 2 des Lebenspartnerschaftsgesetzes in Verbindung mit den §§ 1382 und 1383 des Bürgerlichen Gesetzbuchs oder

5. Entscheidungen nach § 7 Satz 2 des Lebenspartnerschaftsgesetzes in Verbindung mit den §§ 1426, 1430 und 1452 des Bürgerlichen Gesetzbuchs

betrifft, ist auch dann ausgeschlossen, wenn die Gegenseitigkeit nicht verbürgt ist.

(5) Eine Überprüfung der Gesetzmäßigkeit der ausländischen Entscheidung findet nicht statt.

Literatur: s. § 97 vor Rz. 1.

A. Überblick

1 § 109 regelt die Gründe, aus denen die Anerkennung (s. § 108 Rz. 9 ff.) und damit auch die Vollstreckung (§ 110 Abs. 1) einer ausländischen Entscheidung (s. § 108 Rz. 4) versagt werden darf. Ausweislich der Begründung des RegE soll der Regelungsgehalt von § 328 ZPO und § 16a FGG ohne inhaltliche Änderungen in das FamFG übernommen werden.[1]

2 Der in § 109 Abs. 1 vorgesehene Katalog entspricht wörtlich dem bisherigen § 16a FGG und der Sache nach auch § 328 Abs. 1 Nr. 1–4 ZPO. Sodann sehen Abs. 2 und 3 für Ehe- und Lebenspartnerschaftssachen einige Ausnahmen vom sog. Spiegelbildprinzip (Abs. 1 Nr. 1) vor; diese folgten bislang aus § 606a Abs. 2 und (um einiges komplizierter formuliert) aus § 661 Abs. 3 ZPO. In den Fällen von § 109 Abs. 4 hängt die Anerkennungsfähigkeit zusätzlich von der Verbürgung der Gegenseitigkeit mit dem Entscheidungsstaat ab. Der Katalog in Abs. 4 erklärt sich dadurch, dass bislang in bestimmten streitigen Angelegenheiten, die nunmehr im FamFG geregelt sind, die Gegenseitigkeit verbürgt sein musste (§ 328 Abs. 1 Nr. 5 ZPO), bestimmte Angelegenheiten aber gem. § 328 Abs. 2 ZPO, Art. 7 § 1 Abs. 1 Satz 2 FamRÄndG davon befreit waren. Das in § 109 Abs. 5 geregelte Verbot einer sog. révision au fond galt bislang (unausgesprochen) auch für § 16a FGG[2] und findet sich in der ZPO – systematisch nicht sonderlich überzeugend – erst in § 723 Abs. 1.

B. Vorrangige Regelungen

I. Günstigkeitsprinzip

3 Das Gemeinschafts- und das Konventionsrecht wollen die internationale Freizügigkeit von Entscheidungen grundsätzlich nicht etwa erschweren, sondern möglichst erhöhen. Bedeutung hat dies, wenn in casu der Anwendungsbereich mehrerer Instrumente eröffnet ist: Dann gilt für die Anerkennung und Vollstreckbarerklärung ausländischer Entscheidungen, anders als im Recht der internationalen Zuständigkeit, keine strikte Rangordnung der Instrumente (Vorrangprinzip), sondern im Grundsatz das **Günstigkeitsprinzip**. Bedeutsam ist dies insbesondere im Unterhaltsrecht, s. Anhang zu § 245 Rz. 81 ff.

4 Um die Unübersichtlichkeit nicht überhand nehmen zu lassen, gibt es aber auch, vor allem im Gemeinschaftsrecht, verschiedene **Konkurrenzregeln**. Weitgehenden Vorrang beanspruchen die Brüssel I-VO (Art. 67 ff.) und die Brüssel IIa-VO (Art. 59 ff.), und zwar auch im Verhältnis zum autonomen nationalen Anerkennungsrecht,[3] das sich freilich ohnehin kaum einmal als anerkennungsfreundlicher erweist.

1 BT-Drucks. 16/6308, S. 222.
2 Vgl. etwa Jansen/v. Schuckmann/Sonnenfeld/*Wick*, § 16a FGG Rz. 41.
3 Wie hier etwa Rauscher/*Leible*, Art. 32 Brüssel I-VO Rz. 3; *Rauscher*, Art. 21 Brüssel IIa-VO Rz. 7; *Schack*, Rz. 808. Für Geltung des Günstigkeitsprinzips aber etwa MüKo.ZPO/*Gottwald*, Art. 32 EuGVO Rz. 6; *Linke*, Rz. 339.

II. Gemeinschafts- und Konventionsrecht

5 Zur Frage, welche Gemeinschafts- bzw. Konventionsrechtsakte in FamFG-relevanten Angelegenheiten anwendbar sein können, vgl. vorab die Hinweise bei § 108 Rz. 27 ff.

1. Brüssel I-VO

6 Die Anerkennungshindernisse sind in Art. 34 Brüssel I-VO aufgeführt. Sie dürfen im erstinstanzlichen Exequaturverfahren nicht überprüft werden (Art. 41 Satz 1 Brüssel I-VO). Eine Prüfung der Anerkennungszuständigkeit ist, auch in der Rechtsmittelinstanz, nur ausnahmsweise nach Maßgabe von Art. 35 Brüssel I-VO statthaft. Näheres im Anhang zu § 245 Rz. 106 ff.

2. LugÜ

7 Die in Art. 27 LugÜ aufgezählten Anerkennungshindernisse gehen weiter als Art. 34 Brüssel I-VO. Das Verfahren der Vollstreckbarerklärung ist in Art. 31 ff. LugÜ geregelt. Näheres im Anhang zu § 245 Rz. 115 ff.

3. Weitere Sonderregeln für Unterhaltstitel

8 Für die Anerkennung ausländischer Unterhaltstitel gelten, abgesehen von der Brüssel I-VO und dem LugÜ, noch einige weitere, praktisch bedeutsame Sonderregeln. Diese ergeben sich aus multilateralen Übereinkommen (HUntVÜ 1958 und HUntVÜ 1973), aus den bilateralen Abkommen mit Israel und Tunesien sowie aus dem AUG. Näheres im Anhang zu § 245 Rz. 77 ff.; dort in Rz. 81 ff. auch zur Regelung der Konkurrenzfragen.

4. Brüssel IIa-VO

9 Die Anerkennungsversagungsgründe in **Ehesachen** sind in Art. 22 Brüssel IIa-VO aufgeführt: ordre public (Buchst. a), Gehörsverletzung infolge Zustellungsmängeln (Buchst. b), Entscheidungskollisionen (Buchst. c und d). Für Entscheidungen in **Kindschaftssachen** gilt der umfangreichere Katalog in Art. 23 Brüssel IIa-VO. Bedeutsam ist der Art. 23 Abs. 2 Buchst. b KSÜ nachgebildete Art. 23 Buchst. b Brüssel IIa-VO, ein Spezialfall des verfahrensrechtlichen ordre public. Danach wird eine Entscheidung grundsätzlich nicht anerkannt, wenn das Kind keine Möglichkeit hatte, gehört zu werden, und der Anerkennungsstaat dies als Verletzung eines wesentlichen Verfahrensgrundsatzes wertet. Inwieweit sich dies für Deutschland sagen lässt, ist im Einzelnen streitig.[1]

10 Art. 24 Brüssel IIa-VO stellt klar, dass die **Anerkennungszuständigkeit** nicht nachgeprüft werden darf (beachte aber Art. 64 Abs. 4 Brüssel IIa-VO), und zwar auch nicht unter Berufung auf den ordre public. Darüber hinaus darf die Anerkennung gem. Art. 25 Brüssel IIa-VO nicht deshalb abgelehnt werden, weil die fragliche Ehestatusentscheidung nach dem Recht des Mitgliedstaats, in dem die Anerkennung beantragt wird, nicht zulässig wäre (keine **kollisionsrechtliche Kontrolle**). In der Sache selbst

1 Dazu OLG Frankfurt v. 16.1.2006 – 1 UF 40/04, IPRspr 2006, Nr. 146; OLG Schleswig v. 19.5.2008 – 12 UF 203/07, FamRZ 2008, 1761. Vgl. aus dem Schrifttum *Völker/Steinfatt*, FPR 2005, 415; *Schlauß*, FPR 2006, 228.

darf die anzuerkennende Entscheidung nie nachgeprüft werden, Art. 26 Brüssel IIa-VO (Verbot der **révision au fond**). Nicht ausgeschlossen wird dadurch jedoch, dass im Anerkennungsstaat auf Grund veränderter Tatsachen später eine neue Sorgerechtsentscheidung erlassen wird oder sonstige Maßnahmen in Bezug auf die elterliche Verantwortung neu angeordnet werden.[1]

5. MSA, KSÜ und SorgeRÜ

11 Als Anerkennungshindernisse benennt das **MSA** die fehlende Anerkennungszuständigkeit (vgl. Art. 7 Satz 1 MSA: zuständigen Behörden) sowie die Unvereinbarkeit mit dem ordre public (Art. 16 MSA). Die in Art. 23 Abs. 2 **KSÜ** ausführlicher geregelten Anerkennungsversagungsgründe ähneln denjenigen von Art. 23 Brüssel IIa-VO. Im Unterschied dazu ist allerdings auch die Anerkennungszuständigkeit nach Maßgabe von Art. 23 Abs. 2 Buchst. a, Art. 5 ff. KSÜ zu prüfen (beachte aber auch Art. 25 KSÜ). Art. 27 KSÜ verbietet eine révision au fond. Das **SorgeRÜ** regelt Anerkennungsversagungsgründe in Art. 9 Abs. 1 und 10 Abs. 1 (beachte dazu § 19 IntFamRVG). Eine révision au fond ist wiederum ausgeschlossen (Art. 9 Abs. 3 SorgeRÜ).

12 Es bleibt jeweils beim **Günstigkeitsprinzip**: Anerkennungsfreundlicheres nationales Recht wird nicht verdrängt (deutlich etwa Art. 23 Abs. 2 KSÜ: „kann ... versagt werden").

6. HAdoptÜ

13 Das HAdoptÜ legt das Vorrang-, nicht das Günstigkeitsprinzip zugrunde:[2] Die hinsichtlich einer Auslandsadoption geltenden Anerkennungsvoraussetzungen und -hindernisse bestimmen sich, wenn diese in den Anwendungsbereich des HAdoptÜ (s. § 108 Rz. 31) fällt, allein nach dessen Art. 23 ff. Anderenfalls richtet sich die Anerkennung nach § 109 FamFG (bzw. die Wirksamkeit im Falle einer Vertragsadoption nach Maßgabe des kollisionsrechtlich ermittelten Sachrechts).[3] Zu dem für Dekret- und Vertragsadoptionen eröffneten Anerkennungsverfahren nach dem AdWirkG s. § 108 Rz. 52.

7. HErwSÜ

14 Das HErwSÜ führt die statthaften Anerkennungsversagungsgründe in Art. 22 Abs. 2 auf. Diese ähneln den Regeln in Art. 23 Abs. 2 KSÜ. Art. 26 HErwSÜ verbietet eine révision au fond. Anerkennungsfreundlicheres nationales Recht wird nicht verdrängt (vgl. Art. 22 Abs. 2 HErwSÜ: „kann ... versagt werden").

8. Bilaterale Anerkennungs- und Vollstreckungsverträge

15 Für die Anerkennung in Abstammungs- und in erbrechtlichen Streitsachen sind noch die in § 108 Rz. 30 und 37 aufgeführten Abkommen einschlägig. Diese regeln die Anerkennungshindernisse höchst uneinheitlich.[4]

---

1 MüKo.ZPO/*Gottwald*, Art. 26 EheGVO Rz. 2.
2 Klarstellend etwa MüKo.BGB/*Klinkhardt*, Art. 22 EGBGB Rz. 86.
3 Deutlich etwa Staudinger/*Henrich*, Art. 22 EGBGB Rz. 85.
4 Näher Staudinger/*Henrich*, Art. 19 EGBGB Rz. 115 ff.; Staudinger/*Dörner*, Art. 25 EGBGB Rz. 821 ff.; Jansen/v. Schuckmann/Sonnenfeld/*Wick*, § 16a FGG Rz. 89 ff.

C. Inhalt der Vorschrift

I. Prüfung von Anerkennungshindernissen

1. Grundlagen

16 Ausweislich der negativen Fassung von § 109 geht das Gesetz im Grundsatz von der Anerkennungsfähigkeit ausländischer Entscheidungen aus; das Vorliegen von Anerkennungshindernissen und damit die Nichtanerkennung bilden demgegenüber die begründungsbedürftige Ausnahme.[1] Das Vorliegen der Anerkennungshindernisse ist **von Amts wegen** zu prüfen und beachtlich (Ausnahme: § 109 Abs. 1 Nr. 2, s. Rz. 37; zu den Besonderheiten der Brüssel I-VO s. Anhang zu § 245 Rz. 112 f.). Die Feststellungen des ausländischen Gerichts wird der deutsche Anerkennungsrichter im Zweifel zugrunde legen.[2] Er ist daran aber nicht gebunden; Ausnahmen sind allerdings im Gemeinschafts- und Konventionsrecht vorgesehen (vgl. Art. 35 Abs. 2 Brüssel I-VO; Art. 25 KSÜ). Liegt ein amtswegig zu prüfendes Anerkennungshindernis vor, so muss die Anerkennung zwingend versagt werden; die Frage steht nicht zur Disposition der Beteiligten.

17 Zur grundsätzlichen Unstatthaftigkeit einer **kollisionsrechtlichen Kontrolle** ausländischer Entscheidungen s. § 108 Rz. 22 f. Zur kollisionsrechtlichen Wirksamkeitsprüfung von Rechtsgeschäften s. § 107 Rz. 43 (reine Privatscheidungen) und § 108 Rz. 7 (Vertragsadoptionen).

2. Verbot der révision au fond (Absatz 5)

18 Das Anerkennungsrecht ist geprägt von der Vorstellung, dass die Freizügigkeit von Entscheidungen zu einem geordneten internationalen Rechtsverkehr beiträgt und dass alle Rechts- und Gerichtssysteme im Ausgangspunkt zunächst als gleichwertig – aber eben auch als gleichermaßen fehleranfällig – zu denken sind. Daher sollen ausländische Entscheidungen im Regelfall anzuerkennen sein, und zwar selbst auf die Gefahr hin, dass sie sich aus deutscher Sicht im Einzelfall als unrichtig erweisen könnten. Dadurch erklärt sich § 109 Abs. 5, wonach dem Anerkennungsrichter eine Überprüfung der ausländischen Entscheidung in der Sache – eine sog. révision au fond – verwehrt ist. So ist auf der Anerkennungsebene beispielsweise der Vortrag unbeachtlich, das ausländische Gericht habe bei der Ehescheidung einen unzutreffenden Trennungszeitpunkt zugrunde gelegt.[3] Die als wirklich unabdingbar erachteten Mindestanforderungen ergeben sich im Einzelnen aus § 109 Abs. 1, wobei insbesondere Nr. 2 und 4 sicherstellen, dass Entscheidungen, die in einem inakzeptablen Verfahren zu Stande gekommen sind, ohnehin – ungeachtet ihrer inhaltlichen Richtigkeit – nicht anerkannt werden.

II. Anerkennungszuständigkeit (Abs. 1 Nr. 1, Absätze 2 und 3)

1. Grundsatz

19 Zum Begriff der Anerkennungszuständigkeit s. vor §§ 98–106 Rz. 2. Anders als die sonstigen in § 109 Abs. 1 genannten Anerkennungshindernisse des autonomen Rechts

1 Widersprüchlich Jansen/v. Schuckmann/Sonnenfeld/*Wick*, § 16a FGG Rz. 40.
2 Jansen/v. Schuckmann/Sonnenfeld/*Wick*, § 16a FGG Rz. 40.
3 BayObLG v. 9.6.1993 – 3 Z BR 45/93, FamRZ 1993, 1469.

hat Nr. 1 keine Entsprechung in der **Brüssel IIa-VO** (s. Art. 24; beachte aber Art. 64 Abs. 4) und eine nur sehr eingeschränkte Entsprechung in der **Brüssel I-VO** (s. Art. 35).

20 In Deutschland entnimmt man den Maßstab für die Anerkennungszuständigkeit einer entsprechenden bzw. gewissermaßen spiegelbildlichen Anwendung der deutschen Vorschriften über die internationale Entscheidungszuständigkeit deutscher Gerichte (sog. **Spiegelbildprinzip**): Wird ein nach §§ 98 ff. zuständigkeitsbegründender Umstand im Ausland verwirklicht, so ist die Anerkennungszuständigkeit des ausländischen Gerichts gegeben, und zwar selbst dann, wenn das Gericht seine Zuständigkeit im konkreten Fall auf einen anderen, aus deutscher Sicht irrelevanten Umstand gestützt hat.[1] Eröffnet das Gemeinschafts- oder Konventionsrecht ausnahmsweise auch dann die Entscheidungszuständigkeit deutscher Gerichte, wenn dies nach §§ 98 ff. nicht der Fall wäre, so sollte man auch diese weiter gehenden Zuständigkeitsgründe im Interesse des internationalen Entscheidungseinklangs den Gerichten eines Drittstaats für die Zwecke des § 109 Abs. 1 Nr. 1 spiegelbildlich zubilligen.

21 Das Spiegelbildprinzip findet seine Grenze, soweit das Inland von einer **ausschließlichen Zuständigkeit** der eigenen Gerichte ausgeht. Dies wird wegen § 106 im FamFG aber nicht relevant. Angesichts der tendenziell weiten Zuständigkeitsgründe des deutschen Rechts wird ohnehin nur selten die Anerkennungszuständigkeit fehlen.

22 Das Spiegelbildprinzip hat auch Bedeutung für den **maßgeblichen Zeitpunkt** (vgl. vor §§ 98–106 Rz. 9 ff.): Eine Änderung der die Zuständigkeit begründenden Tatsachen während des ausländischen Erstverfahrens hat keinen Einfluss auf die Anerkennungszuständigkeit, wenn wir auch in Deutschland von einer perpetuatio fori ausgehen würden.[2] Umgekehrt genügt es grundsätzlich, wenn die Zuständigkeit des ausländischen Gerichts aus Sicht des deutschen Rechts bis zum Erlass der Entscheidung eingetreten ist.[3] Allemal ginge es zu weit, wollte man das Vorliegen der die Anerkennungszuständigkeit begründenden Umstände noch für den Zeitpunkt fordern, in dem die Anerkennungsfähigkeit in Deutschland relevant wird.

23 Ist die ausländische Entscheidung in einem **Mehrrechtsstaat** ergangen, so genügt es für § 109 Abs. 1 Nr. 1, wenn der zuständigkeitsbegründende Bezug zum Territorium des Gesamtstaats (also des Völkerrechtssubjekts) besteht;[4] denn geboten ist nur eine Kontrolle der internationalen, nicht der innerstaatlichen oder gar örtlichen Anerkennungszuständigkeit. Dies gilt speziell im Hinblick auf die USA auch dann, wenn kein Bundes-, sondern ein einzelstaatliches Gericht entschieden hat.[5] Zur davon zu unterscheidenden Frage der Gegenseitigkeitsverbürgung iSd. AUG s. Anhang zu § 245 Rz. 133, 167.

24 Obwohl § 109 Abs. 1 Nr. 1 in Antragsverfahren vornehmlich dem Schutz desjenigen dient, gegen den das Verfahren im Ausland betrieben wurde, ist die fehlende Anerkennungszuständigkeit nach wohl vorherrschender, aber zweifelhafter Meinung **von Amts wegen**, nicht nur auf Rüge zu beachten.[6]

1 Vgl. etwa Staudinger/*Henrich*, Art. 19 EGBGB Rz. 120 und Art. 20 EGBGB Rz. 101.
2 BayObLG v. 9.6.1993 – 3 Z BR 45/93, FamRZ 1993, 1469.
3 Jansen/v. Schuckmann/Sonnenfeld/*Wick*, § 16a FGG Rz. 44.
4 BGH v. 29.4.1999 – IX ZR 263/97, BGHZ 141, 286 = NJW 1999, 3198.
5 Wie hier etwa MüKo.ZPO/*Gottwald*, § 328 Rz. 69; ausführlich *von Hoffmann/Hau*, RIW 1998, 344 ff.
6 Vgl. Thomas/Putzo/*Hüßtege*, § 328 ZPO Rz. 8c; *Schack*, Rz. 882. Einschränkend *Geimer*, Rz. 2903; Jansen/v. Schuckmann/Sonnenfeld/*Wick*, § 16a FGG Rz. 40.

2. Ausnahmen

Anerkennungsfreundliche Abweichungen von § 109 Abs. 1 Nr. 1 schreiben Abs. 2 und 3 vor. Dort wird mit Rücksicht auf den internationalen Entscheidungseinklang von einer strengen Durchführung des Spiegelbildprinzips abgesehen, um auf diese Weise hinkende Ehen bzw. Lebenspartnerschaften zu vermeiden.[1] 25

a) Ehesachen (Absatz 2)

§ 109 Abs. 2 entspricht dem bisherigen § 606a Abs. 2 ZPO. Ausweislich des eindeutigen Wortlauts und eines Umkehrschlusses zu Abs. 3 bezieht sich die Privilegierung gem. Abs. 2 nur auf **Ehesachen** iSv. § 121 (bzw. ausländische Funktionsäquivalente), nicht hingegen auf Entscheidungen in Folgesachen. 26

Satz 1 erweitert die Anerkennungszuständigkeit über §§ 109 Abs. 1 Nr. 1, 98 Abs. 1 Nr. 4 hinaus auf Fälle, in denen mit einer Anerkennung der Entscheidung durch die Heimatstaaten nicht zu rechnen ist. Stattdessen genügt es, wenn sich ein Ehegatte gewöhnlich im Ursprungsstaat aufhält (bzw. im maßgeblichen Zeitpunkt aufgehalten hat).[2] Wird also eine Ehesache in einem Staat entschieden, dem keiner der Ehegatten angehört, in dem aber einer von ihnen seinen gewöhnlichen Aufenthalt hatte, so kann diese Entscheidung in Deutschland (unbeschadet § 109 Abs. 1 Nr. 2–4) anerkannt werden. Ergibt sich die Anerkennungszuständigkeit nicht erst aus § 98 Abs. 1 Nr. 4, sondern bereits aus einer spiegelbildlichen Anwendung von § 98 Abs. 1 Nr. 1–3, kommt es auf die Anerkennung seitens des Heimatstaats und damit auf die Privilegierung gem. § 109 Abs. 2 Satz 1 ohnehin nicht an.[3] 27

Noch weitergehend verzichtet **Satz 2** auf die Prüfung der Anerkennungszuständigkeit, wenn die Heimatstaaten der Ehegatten die Entscheidung des Erststaats anerkennen.[4] Maßgeblich ist, dass mindestens ein Heimatstaat jedes Ehegatten die Entscheidung anerkennt; es muss nicht der gemeinsame Heimatstaat sein und im Falle mehrfacher Staatsangehörigkeiten kommt es auch nicht darauf an, ob die Staatsangehörigkeit des anerkennenden Heimatstaats die effektive iSv. Art. 5 Abs. 1 Satz 1 EGBGB ist. 28

b) Lebenspartnerschaftssachen (Absatz 3)

§ 109 Abs. 3 ersetzt die schwer lesbare Regelung des § 661 Abs. 3 Nr. 2 und 3 ZPO: Abweichend von § 109 Abs. 1 Nr. 1 müssen die Gerichte des Entscheidungsstaats nicht in spiegelbildlicher Anwendung von § 103 Abs. 1 international zuständig gewesen sein, sofern der „Register führende Staat" die ausländische Entscheidung anerkennt. Register führend ist derjenige Staat, in dem die Lebenspartnerschaft begründet wurde. Anders als Abs. 2 erstreckt sich die Privilegierung gem. Abs. 3 nicht nur auf die Statussache, sondern auf sämtliche Lebenspartnerschaftssachen iSv. § 269. 29

3. Gerichtsbarkeit

Soweit in FamFG-Sachen ausnahmsweise völkerrechtliche Fragen der **Gerichtsbarkeit** eine Rolle spielen (s. vor §§ 98–106 Rz. 32 f.), wird eine ausländische Entscheidung 30

1 Dazu bereits BT-Drucks. 10/504, S. 90.
2 BT-Drucks. 10/504, S. 90.
3 Klarstellend OLG Celle v. 4.6.2007 – 15 WF 109/07, FamRZ 2008, 430.
4 BT-Drucks. 10/504, S. 90.

nicht anerkannt, die aus deutscher Sicht unter Verstoß gegen diese Regeln ergangen ist (etwa gegen einen deutschen Botschafter, vgl. § 18 GVG). Dies mag man auf eine analoge Anwendung von § 109 Abs. 1 Nr. 1 stützen.[1]

III. Rechtliches Gehör (Abs. 1 Nr. 2)

31 § 109 Abs. 1 Nr. 2 sichert – als Spezialausprägung des verfahrensrechtlichen ordre public (s. Rz. 50 ff.) – den Grundsatz des rechtlichen Gehörs im internationalen Rechtsverkehr.

1. Gehörsverletzung im ausländischen Verfahren

32 Als **Beteiligte** iSv. Nr. 2 kommen alle Personen (sowie deren Rechtsnachfolger) und alle Behörden in Betracht, die zum ausländischen Verfahren hinzuzuziehen waren, weil sie – aus Sicht des deutschen Verfahrensrechts – durch die Entscheidung in ihren Rechten hätten betroffen werden können.[2]

33 Welches das **verfahrenseinleitende Dokument** ist, richtet sich nach dem Verfahrensrecht des Ursprungsstaats.[3] Dabei wird man, dem Zweck von Nr. 2 entsprechend, aber gewisse Mindeststandards verlangen müssen: Das ausländische Verfahrensrecht muss so ausgestaltet sein, dass die materiell Beteiligten so weit über Ziel und Gegenstand des Verfahrens informiert werden, dass sie sich äußern können.[4]

34 Das ausländische Verfahrensrecht bestimmt auch, was es zur **ordnungsgemäßen Mitteilung** des verfahrenseinleitenden Dokuments bzw. zur Heilung von Mitteilungsmängeln bedarf.[5] Die Anforderungen hieran können sich jedoch auch aus vorrangigen zwischenstaatlichen Regelungen ergeben, wie etwa dem HZÜ oder der EuZVO (s. § 97 Rz. 31).

35 Die **Rechtzeitigkeit** der Verfahrenseinbeziehung bemisst sich nicht nach dem ausländischen Verfahrensrecht,[6] sondern ist vom deutschen Anerkennungsrichter eigenverantwortlich und ohne Bindung an die Feststellungen des Erstgerichts zu prüfen. Maßgeblich ist, ob dem Beteiligten in der konkreten Situation unter Gesamtwürdigung aller Umstände des Einzelfalls (Prozesslage, Verfahrensart, Zeitaufwand für eine angemessene Übersetzung, finanzielle Situation, Aufenthaltsort im Zeitpunkt der Kenntnisnahme, Kooperation der Beteiligten etc.) eine Wahrnehmung seiner Rechte noch möglich war.[7] In streitigen Angelegenheiten ist unter Berücksichtigung der Einzelumstände eine Orientierung an § 274 Abs. 3 Satz 1 ZPO und § 339 Abs. 1 ZPO möglich.[8]

1 S. zu § 328 ZPO etwa *Nagel/Gottwald*, § 11 Rz. 151; *Schack*, Rz. 827. Ebenso zu § 16a FGG auch Jansen/v. Schuckmann/Sonnenfeld/*Wick*, § 16a FGG Rz. 41 (obwohl § 16a FGG in Rz. 40 als abschließend gedeutet wird).

2 Jansen/v. Schuckmann/Sonnenfeld/*Wick*, § 16a FGG Rz. 47.

3 Zu § 328 ZPO: MüKo.ZPO/*Gottwald*, § 328 Rz. 80; BayObLG v. 11.10.1999 – 1 Z BR 44/99, FamRZ 2000, 1170.

4 Jansen/v. Schuckmann/Sonnenfeld/*Wick*, § 16a FGG Rz. 49.

5 Jansen/v. Schuckmann/Sonnenfeld/*Wick*, § 16a FGG Rz. 50.

6 BayObLG v. 11.10.1999 – 1 Z BR 44/99, FamRZ 2000, 1170 (1171).

7 BayObLG v. 11.10.1999 – 1 Z BR 44/99, FamRZ 2000, 1170 (1171); BayObLG v. 13.3.2002 – 3 Z BR 371/01, NJOZ 2003, 3097 (3098); BayObLG v. 8.9.2004 – 3 Z BR 69/04, FamRZ 2005, 638 (639); BayObLG v. 22.9.2004 – 3 Z BR 49/04, FamRZ 2005, 923 (924).

8 Jansen/v. Schuckmann/Sonnenfeld/*Wick*, § 16a FGG Rz. 51.

Ausgangspunkt für diese Beurteilung ist der Zeitpunkt, zu dem der Adressat von dem zugestellten Schriftstück Kenntnis nehmen konnte.[1]

2. Einlassung im ausländischen Verfahren

Kein Anerkennungshindernis besteht, wenn sich der Beteiligte im ausländischen Verfahren **zur Hauptsache geäußert** hat. Dies entspricht § 16a Nr. 2 FGG, weicht aber von § 328 Abs. 1 Nr. 2 ZPO ab („auf das Verfahren nicht eingelassen"). Weil § 109 Abs. 1 Nr. 2 nicht zwischen streitigen und freiwilligen Angelegenheiten unterscheidet, sollte es im FamFG künftig einheitlich auf dessen Fassung ankommen.[2] Demnach schadet es dem Betroffenen nicht, wenn er im ausländischen Verfahren nur Erklärungen zur Zulässigkeit, zur internationalen Zuständigkeit bzw. anderen Verfahrensfragen oder zur Kostenhilfe abgegeben hat.[3] Wendet der Beteiligte allein den Zustellungsmangel ein, so schließt das die Anwendung von § 109 Abs. 1 Nr. 2 keinesfalls aus.[4] Legt der Beteiligte gegen die ihm zugestellte, mit dem Makel des § 109 Abs. 1 Nr. 2 behaftete Entscheidung kein Rechtsmittel ein, so verliert er dadurch noch nicht die Möglichkeit, sich auf § 109 Abs. 1 Nr. 2 zu berufen (strenger Art. 34 Nr. 2 Brüssel I-VO).[5] 36

3. Beachtung auf der Anerkennungsebene

Gehörsverletzungen werden nach § 109 Abs. 1 Nr. 2 nur auf **Rüge** des Betroffenen berücksichtigt („und sich hierauf beruft"). Dieser kann also auf den Einwand verzichten mit der Folge, dass Nr. 2 die Anerkennung nicht hindert.[6] Im Anerkennungs- bzw. Vollstreckbarerklärungsverfahren (§§ 107, 108 Abs. 2, 110 Abs. 2) ist somit stets ein möglicher Verzicht zu prüfen. In Ehesachen kann ein **Verzicht** auch noch im OLG-Verfahren (§ 107 Abs. 5–7) erklärt werden;[7] umgekehrt darf sich der Antragsgegner aber nicht erst vor dem OLG auf § 109 Abs. 1 Nr. 2 berufen, wenn er dies nicht bereits im Verfahren vor der Landesjustizverwaltung bzw. dem OLG-Präsidenten getan hat.[8] Ein konkludenter Verzicht kann auch einem Verhalten außerhalb des Anerkennungs- bzw. Vollstreckbarerklärungsverfahrens entnommen werden, etwa dem Antrag auf Durchführung des isolierten Versorgungsausgleichs gem. Art. 17 Abs. 3 Satz 2 EGBGB.[9] Gleiches gilt für denjenigen, der schon im erststaatlichen Verfahren erklärtermaßen auf seine Anhörung verzichtet hatte.[10] 37

Wurde die Ehe im Ausland geschieden, ist es im Hinblick auf möglicherweise unterschiedliche Scheidungsfolgen kein Widerspruch und damit auch nicht **rechtsmissbräuchlich**, wenn sich derjenige auf § 109 Abs. 1 Nr. 2 beruft, der im Inland selbst die 38

1 BayObLG v. 13.3.2002 – 3 Z BR 371/01, NJOZ 2003, 3097 (3098); BayObLG v. 22.9.2004 – 3 Z BR 49/04, FamRZ 2005, 923 (924).
2 So auch Staudinger/*Henrich*, Art. 21 EGBGB Rz. 240.
3 Jansen/v. Schuckmann/Sonnenfeld/*Wick*, § 16a FGG Rz. 48.
4 Zöller/*Geimer*, § 328 ZPO Rz. 176; MüKo.ZPO/*Gottwald*, § 328 Rz. 90.
5 BayObLG v. 11.10.1999 – 1 Z BR 44/99, FamRZ 2000, 1170; BayObLG v. 7.5.2003 – 3 Z BR 177/02, FamRZ 2004, 274 (275); *Schack*, Rz. 851; Staudinger/*Henrich*, Art. 21 EGBGB Rz. 239; Jansen/v. Schuckmann/Sonnenfeld/*Wick*, § 16a FGG Rz. 52. Anders Zöller/*Geimer*, § 328 ZPO Rz. 163.
6 BT-Drucks. 10/504, S. 88.
7 OLG Stuttgart v. 30.1.2002 – 17 VA 4/01, IPRspr 2002, Nr. 202b.
8 Zöller/*Geimer*, § 328 ZPO Rz. 153.
9 OLG Bremen v. 18.6.2004 – 4 UF 10/04, FamRZ 2004, 1975.
10 AG Mönchengladbach v. 26.11.2004 – 40 F 300/04, IPRspr 2004, Nr. 216; Staudinger/*Henrich*, Art. 21 EGBGB Rz. 233.

Scheidung betreibt.[1] Wer hingegen die Zustellung rechtsmissbräuchlich vereitelt hat, kann sich nicht auf § 109 Abs. 1 Nr. 2 stützen.[2]

39 Handelt derjenige, der die Anerkennungsfähigkeit behauptet, arglistig, so soll der von § 109 Abs. 1 Nr. 2 intendierte Schutz, wenn sich der Betroffene nicht darauf beruft, notfalls **von Amts wegen** über § 109 Abs. 1 Nr. 4 erreicht werden.[3] Im Übrigen kann im Einzelfall eine amtswegige Prüfung erfolgen, wenn sich die Frage der Anerkennungsfähigkeit in einem Verfahren stellt, an dem derjenige, dem das verfahrenseinleitende Schriftstück ersichtlich nicht zugestellt wurde, nicht beteiligt ist.[4]

IV. Entscheidungs- und Verfahrenskollisionen (Abs. 1 Nr. 3)

40 Folgende Konfliktsituationen kommen in Betracht: Zum einen kann eine ausländische Entscheidung im Widerspruch zu einer inländischen Entscheidung stehen oder unter Nichtbeachtung früherer inländischer Rechtshängigkeit ergangen sein; zum anderen ist denkbar, dass die ausländische Entscheidung mit einer in einem Drittstaat ergangenen Entscheidung, die im Inland anzuerkennen ist, oder mit einer dortigen früheren Rechtshängigkeit konkurriert.

41 Die Konkurrenzfrage löst § 109 Abs. 1 Nr. 3 klar (aber ungerecht):[5] Einer inländischen Entscheidung wird stets Vorrang vor der Anerkennung einer ausländischen eingeräumt, und zwar unabhängig vom Erlasszeitpunkt. Das gilt auch, wenn die inländische Entscheidung unter Missachtung der ausländischen Rechtshängigkeit bzw. Rechtskraft erlassen worden ist. Ist es umgekehrt zu der ausländischen Entscheidung trotz eines in Deutschland früher rechtshängig gemachten und noch nicht abgeschlossenen Verfahrens gekommen, so löst die inländische Rechtshängigkeit ein Anerkennungshindernis aus. In FG-Sachen dürfte mangels Rechtshängigkeit, auf die der Normtext abstellt, die frühere Befassung mit einer Angelegenheit den Ausschlag geben (vgl. § 2 Abs. 1). Konkurrieren mehrere miteinander unvereinbare ausländische Entscheidungen, so wird der jüngeren die Anerkennung versagt. Auf den Zeitpunkt der Verfahrenseinleitung kommt es dabei nicht an.

42 Für die Beurteilung der Unvereinbarkeit sollte, wie bei § 328 ZPO[6] und bei § 16a FGG,[7] nicht auf den engen Streit- bzw. Verfahrensgegenstandsbegriff abgestellt werden, sondern auf die Kernpunkte der konkurrierenden Verfahren bzw. Entscheidungen. Kollisionen hinsichtlich Vorfragen sollen genügen. Zu beachten ist aber auch die Natur der Entscheidung. So können namentlich Schutzmaßnahmen jederzeit abgeändert werden, wenn das Interesse des Kindes dies verlangt. Daher ist eine spätere ausländische Entscheidung nicht mit einer früheren inländischen unvereinbar, wenn sie sich eben auf veränderte Verhältnisse stützt.[8]

1 Justizministerium Baden-Württemberg v. 4.12.2000 – 346 E-346/99, FamRZ 2001, 1015 (1017).
2 OLG Zweibrücken v. 4.8.2004 – 2 WF 48/04, FamRZ 2005, 997 (998), dort zum HUntVÜ 1973.
3 BT-Drucks. 10/504, S. 88.
4 Vgl. *Kissner*, StAZ 2004, 117.
5 Näher etwa *Hau*, Positive Kompetenzkonflikte, S. 100 ff.
6 OLG Hamm v. 30.10.2000 – 1 U 1/00, FamRZ 2001, 1015; MüKo.ZPO/*Gottwald*, § 328 Rz. 97; Thomas/Putzo/*Hüßtege*, § 328 ZPO Rz. 14. Näher zu Abstammungssachen Staudinger/*Henrich*, Art. 20 EGBGB Rz. 104.
7 Jansen/v. Schuckmann/Sonnenfeld/*Wick*, § 16a FGG Rz. 53.
8 Staudinger/*Henrich*, Art. 21 EGBGB Rz. 243 f.

V. Ordre public (Abs. 1 Nr. 4)

1. Grundlagen

Der Ordre-public-Vorbehalt wird von denjenigen, die sich in casu gegen die Anerkennung wenden, häufig bemüht, führt in der Praxis aber nur selten zum Erfolg. 43

Es besteht Einigkeit, dass der ordre public nur in **extremen Fällen** als „Notbremse" eingreift, in denen zudem eine hinreichende Inlandsbeziehung des Sachverhalts besteht. Nicht von ungefähr nennt § 109 Abs. 1 Nr. 4 die Grundrechte und hebt damit hervor, dass nicht jede – uns durchaus wichtige – Vorschrift des deutschen Sach- oder Verfahrensrechts mit dem ordre public verteidigt werden darf. Rechnung zu tragen ist dabei auch dem **Verbot einer révision au fond** (§ 109 Abs. 5; s. Rz. 18): Vermeintliche Fehler der ausländischen Entscheidung sollen eben grundsätzlich im Ausland, nicht erst im deutschen Anerkennungs- oder Vollstreckungsverfahren beseitigt werden.[1] 44

Zu beachten ist, dass der **anerkennungsrechtliche ordre public** nicht deckungsgleich ist mit dem **kollisionsrechtlichen ordre public** (Art. 6 EGBGB): Denn es besteht ein Unterschied, ob ein deutsches Gericht eine ausländische Vorschrift wegen Art. 6 EGBGB nicht anwenden soll oder ob bereits eine ausländische Entscheidung ergangen ist, die diese Vorschrift angewendet hat. Im letztgenannten Fall kann die ausländische Entscheidung im Hinblick auf § 109 Abs. 1 Nr. 4 womöglich noch hinnehmbar sein, weil die Nichtanerkennung nunmehr den internationalen Entscheidungseinklang störte.[2] 45

Eine Anwendung von § 109 Abs. 1 Nr. 4 kommt nach alledem nur in Betracht, wenn das Ergebnis der Anerkennung bzw. Vollstreckung – also nicht die ausländische Entscheidung an sich – im konkreten Fall **schlechterdings untragbar** erscheint, weil sich ein eklatanter Widerspruch zu den Grundgedanken der deutschen Regelungen und den in ihnen enthaltenen Gerechtigkeitsvorstellungen abzeichnet.[3] Dies vorausgesetzt, kann der ordre public sowohl dem Schutz Einzelner als auch dem Schutz deutscher Hoheitsinteressen oder des Rechtsverkehrs dienen. 46

Maßgeblich für die Beurteilung ist nach herrschender Meinung der **Zeitpunkt** der Anerkennungsentscheidung.[4] Dies leuchtet ein, wenn sich die deutschen Standards seit Erlass der ausländischen Entscheidung dahingehend verändert haben, dass nunmehr eine Anerkennung in Betracht kommt.[5] Denkbar ist aber auch der umgekehrte Fall, dass im Inland inzwischen etwas als anstößig empfunden wird, was in dem Zeitpunkt, in dem die ausländische Entscheidung erlassen wurde und damit ipso iure anzuerkennen war (§ 108 Abs. 1), noch toleriert worden wäre: Dann ist nicht einzusehen, wie die einmal eingetretene Anerkennungsfähigkeit nachträglich wieder entfallen kann;[6] und dies gilt trotz § 107 auch in Ehesachen.[7] 47

---

1 MüKo.ZPO/*Gottwald*, § 328 Rz. 98; Jansen/v. Schuckmann/Sonnenfeld/*Wick*, § 16a FGG Rz. 58.
2 Vgl. etwa *Geimer*, Rz. 27.
3 BGH v. 21.4.1998 – XI ZR 377-97, NJW 1998, 2358.
4 BGH v. 21.4.1998 – XI ZR 377/97, NJW 1998, 2358 (Differenzeinwand); OLG Stuttgart v. 12.10.2004 – 8 W 507/03, FamRZ 2005, 636 (637); LG Dresden v. 26.1.2006 – 2 T 1208/04, JAmt 2006, 360; Staudinger/*Henrich*, Art. 21 EGBGB Rz. 249.
5 *Schack*, Rz. 881. Anders Staudinger/*Spellenberg*, § 328 ZPO Rz. 485 (auch das Vertrauen auf die Nichtanerkennung sei schutzwürdig).
6 *Schack*, Rz. 881; Staudinger/*Spellenberg*, § 328 ZPO Rz. 483.
7 Staudinger/*Spellenberg*, § 328 ZPO Rz. 484.

2. Materiellrechtlicher ordre public

48 § 109 Abs. 1 Nr. 4 stellt klar, dass der ordre public namentlich im Falle eines Verstoßes gegen Grundrechte (des GG, der Länderverfassungen oder der EMRK) **gegen die Anerkennung** zu mobilisieren ist.[1] Wird einem Elternteil das Sorgerecht abgesprochen, weil er einer bestimmten Religion nicht angehört, so widerspricht dies Art. 3 Abs. 2 Satz 1, Art. 4 Abs. 1 und 2, Art. 6 Abs. 2 und 3 GG und ist deshalb nicht anzuerkennen.[2] Ähnliche Fragen ergeben sich aus religiös motivierten Scheidungsverboten; dann geht es um die Freiheit zur (neuen) Eheschließung nach Art. 6 Abs. 1 GG und um die Religionsfreiheit nach Art. 4 Abs. 1 und 2 GG.[3] Bei Schutzmaßnahmen für Kinder gehört es zum ordre public, dass das **Kindeswohl** Richtmaß der Entscheidung sein muss.[4]

49 Grundrechtliche Vorgaben können umgekehrt aber auch **für die Anerkennung** streiten und so bewirken, dass sich einfachgesetzliche Bestimmungen des Anerkennungsstaats nicht durchsetzen. Dies belegt die Rechtsprechung des EuGMR, wonach die Nichtanerkennung einer Adoptionsentscheidung gegen Art. 8 EMRK verstößt, wenn der angebliche Ordre-public-Verstoß darauf gestützt wird, dass nach dem Sachrecht des Anerkennungsstaats eine Volladoption durch eine unverheiratete Frau ausgeschlossen sei.[5] Allgemein kann im Hinblick auf ausländische Statusentscheidungen im Rahmen von § 109 Abs. 1 Nr. 4 berücksichtigt werden, dass die Versagung der Anerkennung zu einem unerwünschten „hinkenden Rechtsverhältnis" führte.[6]

3. Verfahrensrechtlicher ordre public

50 Ist die ausländische Entscheidung in einem Verfahren zu Stande gekommen, das von zwingenden Bestimmungen des deutschen Gerichtsverfassungs- und Verfahrensrechts abweicht, so schließt dies die Anerkennung noch nicht aus; selbst erhebliche Unterschiede sind hinzunehmen. Der deutsche ordre public wird erst dann berührt, wenn das ausländische Verfahren derart von **wesentlichen Grundprinzipien des deutschen Verfahrensrechts** abweicht, dass die ausländische Entscheidung nicht mehr als Ergebnis eines geordneten, rechtsstaatlichen Verfahrens angesehen werden kann.[7] Ein Verstoß gegen das Verfahrensrecht des Erststaats ist weder hinreichend noch notwendig.

51 Wichtiger Teil des ordre public ist der Anspruch auf **rechtliches Gehör** (Art. 103 Abs. 1 GG). Diesbezüglich ergänzt § 109 Abs. 1 Nr. 4 die Sonderregelung in Nr. 2 (Rz. 31 ff.). Der Gehörsanspruch gilt auch in freiwilligen Angelegenheiten, und zwar unabhängig davon, ob eine Anhörung gesetzlich vorgesehen ist: Anspruch auf rechtliches Gehör hat jeder, dem gegenüber die gerichtliche Entscheidung materiell-rechtlich wirkt und der deshalb von dem Verfahren rechtlich unmittelbar betroffen wird.[8] Daher ist eine ausländische Adoptionsentscheidung nicht anzuerkennen, wenn das Kind nicht per-

1 *Looschelders*, IPRax 2005, 28 (29).
2 OLG Koblenz v. 4.8.2004 – 11 UF 771/03, OLGReport 2005, 50 (52).
3 *Scholz/Krause*, FuR 2009, 1 (5), dort zur Unscheidbarkeit einer Ehe.
4 Staudinger/*Henrich*, Art. 21 EGBGB Rz. 248.
5 EuGMR v. 28.6.2007 – 76240/01, FamRZ 2007, 1529 f.
6 BayObLG v. 21.6.2000 – 1 Z BR 186/99, StAZ 2000, 300 (303); *Looschelders*, IPRax 2005, 28 (29); *Staudinger*, FamRBint 2007, 42 (46).
7 BGH v. 18.10.1967 – VIII ZR 145/66, BGHZ 48, 327 (331) = NJW 1968, 354 (355); BayObLG v. 8.5.2002 – 3 Z BR 303/01, FamRZ 2002, 1637 (1639); OLG Naumburg v. 9.10.2000 – 14 WF 101/00, FamRZ 2001, 1013 (1015).
8 BVerfG v. 20.10.2008 – 1 BvR 291/06, NJW 2009, 138 f.

sönlich angehört wurde (beachte nunmehr § 192 Abs. 1 FamFG).[1] Entsprechendes gilt in Verfahren betreffend die Personensorge.[2] Die Anerkennung ist auch zu versagen, wenn in einem Unterhaltsverfahren per Versäumnisurteil gegen den angeblichen Vater inzident dessen Vaterschaft festgestellt wird, obwohl die Mutter in ihrer Klageschrift angegeben hatte, dass der Beklagte die Vaterschaft bestreite, und das Gericht über keine weiteren Erkenntnismittel in dieser Frage verfügte.[3]

Der Einwand des verfahrensrechtlichen ordre public soll **unbeachtlich** bleiben, wenn der Beteiligte, der den Verstoß geltend macht, im Entscheidungsstaat nicht alles ihm Zumutbare unternommen hat, um angebliche Verfahrensfehler zu beseitigen. Dabei kann er durchaus gehalten sein, Rechtsmittel einzulegen.[4] Die dagegen vorgebrachte Erwägung, die Gerichtspflichtigkeit im Ausland sei als solche unzumutbar, ist in erster Linie für § 109 Abs. 1 Nr. 1, nicht für Nr. 4 relevant. 52

Wenig hilfreich ist die These, eine **betrügerisch erlangte Entscheidung** verstoße per se gegen den deutschen ordre public.[5] Vielmehr erscheint die Anerkennung einer Entscheidung, deren Erschleichung erst auf der Anerkennungsebene geltend gemacht wird, noch hinnehmbar, wenn die Möglichkeit zur Klärung dieses Vorwurfs bereits im Ausland bestand oder noch besteht, aber nicht genutzt wurde bzw. genutzt wird. Berührt ist der ordre public hingegen, wenn das ausländische Rechtssystem de jure oder de facto nicht in der Lage ist, während oder nötigenfalls nach Abschluss des Verfahrens angemessen auf den Verdacht betrügerischer Machenschaften zu reagieren. Ferner wurde es als **unzulässige Rechtsausübung** gewertet, dass eine Partei, die sich in mehreren Folgesachen auf die Wirksamkeit der ausländischen Ehescheidung berufen hatte, sodann geltend macht, diese sei als solche wegen angeblicher Verfahrensfehler unwirksam.[6] 53

4. Fallgruppen

a) Ehesachen

Auch bei der Anerkennung ausländischer Ehescheidungen ist zunächst fest zu halten, dass **unterschiedliche verfahrensrechtliche Anforderungen** hinzunehmen sind. So steht die ausländische Ausgestaltung als Verfahren der freiwilligen Gerichtsbarkeit, das durch einen formlosen Antrag eingeleitet werden kann, der Anerkennung nicht zwingend entgegen.[7] 54

Weitaus bedeutsamer ist die Frage, ob die Scheidung durch konstitutiven Hoheitsakt ausgesprochen wurde oder ob eine **Privatscheidung** vorliegt, die auf einem (ein- oder mehrseitigen) Rechtsgeschäft beruht. Privatscheidungen sind der verfahrensrechtlichen Anerkennung zugänglich und deshalb an § 109 Abs. 1 Nr. 4 zu messen, wenn ein vom 55

1 VG Berlin v. 23.2.2005 – 2 A 165.01, juris Rz. 15; LG Dresden v. 26.1.2006 – 2 T 1208/04, JAmt 2006, 360.
2 Dazu OLG Schleswig v. 19.5.2008 – 12 UF 203/07, FamRZ 2008, 1761, dort zu Art. 23 Buchst. b Brüssel IIa-VO; ebenso OLG Frankfurt v. 16.1.2006 – 1 UF 40/04, IPRspr 2006, Nr. 146.
3 OLG Hamm v. 26.4.2005 – 29 W 18/04, FamRZ 2006, 968 (969).
4 BGH v. 22.1.1997 – XII ZR 207/95, NJW 1997, 2051 (2052); KG v. 22.7.2003 – 1 VA 27/02, FamRZ 2004, 275 (277); BayObLG v. 8.5.2002 – 3 Z BR 303/01, FamRZ 2002, 1637 (1639); Staudinger/*Henrich*, Art. 19 EGBGB Rz. 126; Jansen/v. Schuckmann/Sonnenfeld/*Wick*, § 16a FGG Rz. 61. Anders *Schack*, Rz. 866.
5 Näher *Hau*, IPRax 2006, 20.
6 BayObLG v. 8.5.2002 – 3 Z BR 303/01, FamRZ 2002, 1637 (1638).
7 KG v. 22.7.2003 – 1 VA 27/02, FamRZ 2004, 275 (277).

ausländischen Sachrecht als konstitutiv betrachteter Hoheitsakt hinzutreten muss. Demgegenüber sind Privatscheidungen, an denen ein Hoheitsträger allenfalls deklaratorisch mitgewirkt hat, nicht im verfahrensrechtlichen Sinne anerkennungsfähig. Vielmehr wird ihre Wirksamkeit anhand des nach deutschem IPR zu ermittelnden Eheauflösungsstatuts überprüft (s. § 107 Rz. 43); der ordre public kommt dann nicht über § 109 Abs. 1 Nr. 4, sondern eingriffsintensiver bereits über Art. 6 EGBGB ins Spiel.

56 Dies hat Konsequenzen: Bei Geltung deutschen Scheidungsrechts verstößt eine im Ausland vollzogene (rechtsgeschäftliche) Privatscheidung stets gegen **§ 1564 Satz 1 BGB** und ist deshalb aus deutscher Sicht unwirksam (zur inländischen Privatscheidung s. § 107 Rz. 43).[1] Demgegenüber kann eine gleichfalls § 1564 Satz 1 BGB nicht genügende Scheidung, an der eine ausländische Verwaltungsbehörde konstitutiv mitgewirkt hat, anerkennungsfähig sein.[2] Der anerkennungsrechtliche ordre public reicht nämlich nicht etwa so weit, dass eine Ehe nur durch ein Gericht geschieden werden kann; unverzichtbar ist vielmehr nur die Aussage von § 1564 Satz 1 BGB, dass der Hoheitsträger, der die Scheidung ausspricht, eine materiellrechtliche Kontrolle der Scheidungsvoraussetzungen vornehmen muss.

57 Berücksichtigt man, dass auch das deutsche Recht die Scheidung gegen den Willen eines Ehegatten erlaubt, so verstößt die Scheidung durch **Verstoßung** im islamischen Recht (talaq) als solche nicht gegen den deutschen ordre public.[3] Ein Verstoß kann jedoch im Hinblick auf die verfahrensmäßige Durchführung der Scheidung vorliegen, wenn die Ehefrau am Scheidungsverfahren nicht beteiligt wurde und sich auch im Nachhinein weder mit dem Verfahren noch mit dessen Ausgang einverstanden erklärt hat.[4]

58 Die **Verurteilung** zur Vollziehung einer (Privat-)Scheidung ist wegen Verstoßes gegen den ordre public nicht anerkennungsfähig.[5]

59 Ebenso kann es dem ordre public widersprechen, wenn auf die Eheleute politischer oder staatlicher Druck ausgeübt worden ist mit dem Ziel, sie zur Durchführung der Scheidung zu zwingen; unzureichend ist es demgegenüber, wenn sich ein selbst scheidungswilliger Ehegatte von dem anderen unzulässig gedrängt fühlt.[6]

b) Abstammungssachen

60 Im Falle von ausländischen Entscheidungen betreffend die Feststellung von Vater- oder Mutterschaft ist entsprechend der allgemeinen Grundsätze nicht erforderlich, dass das vom ausländischen Gericht angewendete Verfahren in jeder Hinsicht den Regeln des

1 BGH v. 21.2.1990 – XII ZB 203/87, FamRZ 1990, 607 (609 f.); BGH v. 28.5.2008 – XII ZR 61/06, BGHZ 176, 365 = FamRZ 2008, 1409 (1412) m. Anm. *Henrich*, 1413; MüKo.BGB/*Winkler v. Mohrenfels*, Art. 17 EGBGB Rz. 354. Zu Problemen der Verortung mehraktiger Scheidungen vgl. etwa Staudinger/*Spellenberg*, § 328 ZPO Rz. 585 ff.

2 OLG Schleswig v. 5.5.2008 – 12 Va 5/07, NJW-RR 2008, 1390 (1392) = FamRBint 2009, 8 (*Finger*).

3 Zöller/*Geimer*, § 328 ZPO Rz. 315.

4 OLG Stuttgart v. 3.12.1998 – 17 VA 6/98, FamRZ 2000, 171; Präs. OLG Frankfurt v. 22.3.2004 – 346/3 – I/4 – 153/03, StAZ 2004, 367; jeweils zu Art. 6 EGBGB. Ausländische Privatscheidung durch Verstoßung bei ausländischem Scheidungsstatut wurde auch anerkannt etwa von OLG Düsseldorf v. 28.8.2002 – 3 Va 3/02, FPR 2003, 468 (469). Näher Staudinger/*Mankowski*, Art. 17 EGBGB Rz. 118 ff.

5 Erwogen für die rabbinatsgerichtliche Anordnung, eine Get-Scheidung nach mosaischem Recht zu vollziehen, bei BGH v. 28.5.2008 – XII ZR 61/06, BGHZ 176, 365 = FamRZ 2008, 1409 (1412) m. Anm. *Henrich*, 1413.

6 BayObLG v. 7.2.2001 – 3 Z BR 177/00, FamRZ 2001, 1622.

deutschen Verfahrensrechts entspricht; ein Verstoß liegt erst vor, wenn nicht mehr von einem geordneten rechtsstaatlichen Verfahren gesprochen werden kann.[1]

Häufig begegnen **Vaterschaftsfeststellungen**, die ohne medizinisches Gutachten, etwa allein auf Grund von Aussagen der Mutter und etwaiger Zeugen ergangen sind. Dies verstößt nach herrschender Meinung nicht gegen die deutschen Mindeststandards, selbst wenn ein deutsches Gericht in ähnlich gelagerten Fällen gehalten wäre, ein medizinisches Gutachten einzuholen.[2] Einer Vaterschaftsfeststellung wird aber die Anerkennung versagt, wenn der vermeintliche Vater, dessen Name und Anschrift dem ausländischen Gericht nicht bekannt sind, im gesamten Verfahren nicht beteiligt worden ist und damit in keiner Weise rechtliches Gehör hatte.[3] Als nicht mehr akzeptabel wird es auch erachtet, wenn eine Vaterschaftsfeststellungsklage allein deshalb abgewiesen wird, weil sich ein eheähnliches Zusammenleben des angeblichen Vaters mit der Kindesmutter nicht beweisen lässt.[4] 61

Der deutsche ordre public verlangt, dass es bei entsprechender Inlandsbeziehung einem Kind möglich sein muss, ein als unrichtig erachtetes Abstammungsverhältnis zu beenden. Daher steht es einem dahingehenden **Antrag eines Kindes** wegen § 109 Abs. 1 Nr. 4 nicht entgegen, wenn ein entsprechender Antrag im Ausland rechtskräftig mit der Begründung abgewiesen wurde, dass nur dem Scheinvater ein Anfechtungsrecht zustehe.[5] 62

Wird einer ausländischen Statusentscheidung die Anerkennung versagt, so bleibt zu prüfen, ob wenigstens eine damit verbundene **Unterhaltsentscheidung** anzuerkennen ist. Dazu Anhang § 245 Rz. 86 ff. 63

c) Adoptionen

Das im **AdWirkG** vorgesehene fakultative Anerkennungsverfahren für ausländische Adoptionen (s. Kommentierung zu § 199) regelt nicht die statthaften Anerkennungshindernisse. Einschlägig ist insoweit für ausländische Dekretadoptionen vielmehr § 109 Abs. 1, der allerdings durch Art. 23 ff. **HAdoptÜ** verdrängt wird (s. Rz. 13, dort auch zur kollisionsrechtlichen Wirksamkeitsprüfung ausländischer Vertragsadoptionen). Bei der Vereinbarkeitsprüfung mit dem anerkennungsrechtlichen ordre public (§ 109 Abs. 1 Nr. 4; Art. 24 HAdoptÜ) ist insbesondere zu untersuchen, ob eine ausreichende Kindeswohlprüfung vorgenommen worden ist und ob die Anhörungs- und Zustimmungsrechte des Kindes und seiner leiblichen Eltern gewahrt sind.[6] 64

Das auf Grund Art. 6 GG zwingend zu beachtende **Kindeswohl** stellt eine elementare Wertentscheidung dar.[7] Daher ist eine Adoptionsentscheidung nicht anzuerkennen, 65

1 MüKo.BGB/*Klinkhardt*, Art. 19 EGBGB Rz. 57.

2 BGH v. 22.1.1997 – XII ZR 207/95, NJW 1997, 2051 (2052 f.); BSG v. 3.12.1996 – 10 RKg 12/94, NJW-RR 1997, 1433 (1434); OLG Hamm v. 21.2.2003 -11 UF 335/01, FamRZ 2003, 1855; OLG Hamm v. 8.7.2003 – 29 W 34/02, IPRax 2004, 437 (438); OLG München v. 1.7.2002 – 25 W 1526/02, FamRZ 2003, 462 (463); OLG Stuttgart v. 12.10.2004 – 8 W 507/03, FamRZ 2005, 636 (637 f.); OLG Naumburg v. 9.10.2000 – 14 WF 101/00, FamRZ 2001, 1013 (1014 f.); OLG Dresden v. 9.11.2005 – 21 UF 670/05, FamRZ 2006, 563 (564). Abweichend *Zimmermann*, § 328 ZPO Rz. 18.

3 OLG Naumburg v. 15.7.2008 – 3 WF 168/08, JAmt 2008, 550.

4 OLG Oldenburg v. 11.11.1992 – 4 U 23/92, FamRZ 1993, 1486 (1487).

5 Staudinger/*Henrich*, Art. 20 EGBGB Rz. 105.

6 *Steiger*, DNotZ 2002, 184 (198).

7 Vgl. etwa BayObLG v. 21.6.2000 – 1 Z BR 186/99, StAZ 2000, 300 (302); KG v. 4.4.2006 – 1 W 369/05, FamRZ 2006, 1405 (1408).

wenn die Adoption allein zu dem Zweck erfolgen sollte, dem Kind ein Bleiberecht in Deutschland zu verschaffen, ohne dass ein Eltern-Kind-Verhältnis zu erwarten wäre.[1] Lässt die Entscheidungsbegründung jegliche Erwägungen zum Kindeswohl vermissen, so wird die Anerkennung als materiell ordre-public-widrig versagt.[2] Umstritten ist, ob eine lediglich unzureichende Kindeswohlprüfung den Versagungsgrund des verfahrensrechtlichen ordre public auslöst.[3] Allemal kann die unterlassene Einschaltung jeglicher (auch ausländischer) Fachbehörden in das ausländische Adoptionsverfahren als ordre-public-widrig angesehen werden.[4] Eine andere Frage ist, ob die unzureichende Elterneignungs- oder Kindeswohlprüfung im Anerkennungsverfahren nachgeholt werden darf bzw. muss. Eine solche Nachbesserung durch Nachholung der vermissten Verfahrensschritte scheitert nicht schon am Verbot der révision au fond;[5] denn hier geht es im Gegenteil darum, die Anerkennungsfähigkeit herzustellen, um eine sog. Nachadoption (s. § 101 Rz. 17) zu vermeiden und damit nicht zuletzt dem Kindeswohl zu dienen.[6]

66 Im Übrigen liegt ein Verstoß gegen den ordre public vor, wenn eine der folgenden Voraussetzungen der Adoption fehlt: (persönlicher) Antrag des/der Annehmenden; Zustimmung des Kindes; Zustimmung der Eltern, nichtehelichen Mutter oder sonst sorgeberechtigten Person, wenn kein plausibler Grund bestand, auf die Zustimmung zu verzichten.[7] Kein Anerkennungsversagungsgrund ist hingegen das Fehlen der Zustimmung des Ehegatten nach § 1749 Abs. 1 BGB bei einer Einzeladoption durch den anderen Ehegatten.[8] Eine „schwache" Adoption soll ordre-public-widrig sein, wenn aus deutscher Sicht eine Volladoption hätte begründet werden müssen.[9] Eine Adoption durch Bewerber, die das Kind bei seinen leiblichen Eltern „bestellt" hatten, die dieses nur zum Zwecke der Adoption gezeugt und geboren hatten, verstößt gegen den ordre public.[10] Eine Mehrfachadoption soll mit dem ordre public jedenfalls dann vereinbar sein, wenn der Adoptierte volljährig ist.[11] Die Verlegung des Geburtsdatums des Kindes um sechs Monate soll der Anerkennung einer Adoptionsentscheidung nicht entgegenstehen;[12] ebenso wenig, wenn der Geburtsort des Adoptierten (unzutreffend) abgeändert wird.[13]

1 VG Berlin v. 23.2.2005 – 2 A 165.01, juris Rz. 15; LG Potsdam v. 4.10.2007 – 5 T 133/07, FamRZ 2008, 1108 (1109).

2 OVG Berlin v. 27.5.2004 – 2 N 100.04, IPRspr 2004, Nr. 207; VG Berlin v. 21.4.2004 – 25 A 188.02, juris Rz. 18; LG Potsdam v. 4.10.2007 – 5 T 133/07, FamRZ 2008, 1108 (1109); LG Stuttgart v. 26.9.2007 – 2 T 516/06, JAmt 2008, 102 (104). Vgl. auch AG Karlsruhe v. 29.11.2007 – XVI 159/2004, JAmt 2008, 106; LG Stuttgart v. 26.9.2007 – 2 T 516/06, JAmt 2008, 102 (104).

3 Vgl. dazu *Beyer*, JAmt 2006, 329; *Busch*, JAmt 2004, 378; *Reinhardt*, JAmt 2006, 325; *Schlauss*, FamRZ 2007, 1699; *Staudinger*, FamRBint 2007, 42; *Weitzel*, IPRax 2007, 308. Beachte aus der Judikatur etwa KG v. 4.4.2006 – 1 W 369/05, FamRZ 2006, 1405 (1408); LG Potsdam v. 4.10.2007 – 5 T 133/07, FamRZ 2008, 1108 (1109); AG Köln v. 14.1.2008 – 60 XVI 205/06, FamRZ 2008, 1111.

4 LG Stuttgart v. 26.9.2007 – 2 T 516/06, JAmt 2008, 102 (103).

5 Deutlich LG Potsdam v. 4.10.2007 – 5 T 133/07, FamRZ 2008, 1108 (1109).

6 Ähnlich *Staudinger*, FamRBint 2007, 42 (46). Kritisch *Weitzel*, IPRax 2007, 308 (309 f.).

7 DNotI-Report 2003, 53 (54); *Fuchs*, IPRax 2001, 116; *Steiger*, DNotZ 2002, 184 (198).

8 OLG Nürnberg v. 15.10.2001 – 10 UF 1714/01, FPR 2002, 457 (458).

9 DNotI-Report 2003, 53 (54).

10 AG Hamm v. 19.3.2007 – XVI 23/06, KJZ 2007, 369 (370).

11 LG Stuttgart v. 29.7.1999 – 2 T 65/99, StAZ 2000, 47 (48).

12 OLG Karlsruhe v. 28.10.2003 – 11 Wx 8/03, NJW 2004, 516 (517 f.); anders *Looschelders*, IPRax 2003, 28 (30 f.), der die Grundrechte des Kindes verletzt sieht.

13 KG v. 20.3.2007 – 1 W 165/05, KGReport 2007, 779 f.

VI. Gegenseitigkeit (Absatz 4)

Gem. § 109 Abs. 4 dürfen Entscheidungen betreffend Familienstreitsachen iSv. § 112 und solche betreffend die in Nr. 2–5 aufgezählten Lebenspartnerschaftssachen nur dann anerkannt werden, wenn der Ursprungsstaat umgekehrt auch deutsche Entscheidungen anerkennt. Diese Aufzählung ist abschließend. § 109 Abs. 4 dient, anders als Abs. 1, nicht etwa dem unabdingbaren Schutz bestimmter Interessen, sondern will die Gleichheit zwischen den Staaten verwirklichen und andere Staaten dazu bewegen, ihre zu restriktive Anerkennungspraxis zu überdenken. Weil sich solche Staaten darauf aber kaum einlassen werden, solange wir nicht den ersten Schritt tun, trifft § 109 Abs. 4 (wie auch § 328 Abs. 1 Nr. 5 ZPO) den Falschen – nämlich denjenigen, der im Ausland eine Entscheidung (etwa in einer Unterhaltssache) erwirkt hat, die sodann in Deutschland weder anerkannt noch vollstreckt wird. 67

Die Anerkennungsbereitschaft drückt sich in dem einschlägigen ausländischen Gesetzes- oder Richterrecht aus; die Verbürgung der Gegenseitigkeit setzt also keine förmlichen Erklärungen voraus. Es genügt, wenn im Ausland im Wesentlichen gleichwertige Anerkennungsvoraussetzungen gelten; eine völlige Deckung der dortigen Anerkennungsvoraussetzungen mit denen des § 109 ist nicht erforderlich.[1] Auch eine partielle Verbürgung, etwa beschränkt auf Unterhaltsentscheidungen, genügt, wenn eine solche in Deutschland zur Anerkennung ansteht.[2] Keine Rolle spielt § 109 Abs. 4 im Hinblick auf Staaten, mit denen die Gegenseitigkeit iSv. § 1 AUG verbürgt ist (s. Anhang § 245 Rz. 167). 68

Erhebliche Probleme bereitet die Prüfung der Anerkennungsvoraussetzungen im Einzelfall. Aktuelle ausländische gesetzliche Bestimmungen oder Referenzentscheidungen sind, sofern überhaupt vorhanden, häufig nicht ohne weiteres zugänglich. Länderlisten[3] erlauben eine erste Einschätzung, müssen jedoch teilweise auf sehr alte Nachweise oder bloße Mutmaßungen zurückgreifen. Die gutachterliche Feststellung der Gegenseitigkeit verursacht Kosten, Mühe und Zeitverlust.[4] 69

§ 110
Vollstreckbarkeit ausländischer Entscheidungen

(1) Eine ausländische Entscheidung ist nicht vollstreckbar, wenn sie nicht anzuerkennen ist.

(2) Soweit die ausländische Entscheidung eine in § 95 Abs. 1 genannte Verpflichtung zum Inhalt hat, ist die Vollstreckbarkeit durch Beschluss auszusprechen. Der Beschluss ist zu begründen.

(3) Zuständig für den Beschluss nach Absatz 2 ist das Amtsgericht, bei dem der Schuldner seinen allgemeinen Gerichtsstand hat, und sonst das Amtsgericht, bei dem nach § 23 der Zivilprozessordnung gegen den Schuldner Klage erhoben werden kann. Der Beschluss ist erst zu erlassen, wenn die Entscheidung des ausländischen Gerichts nach dem für dieses Gericht geltenden Recht die Rechtskraft erlangt hat.

1 *Geimer*, Rz. 2879; *Schack*, Rz. 875.
2 *Martiny*, FamRZ 2008, 1681 (1686); *Schack*, Rz. 875.
3 S. etwa Zöller/*Geimer*, Anh. V; Rahm/Künkel/*Breuer*, VIII, Rz. 268.1 f.
4 Vgl. bereits BT-Drucks. 10/504, S. 88.

Literatur: s. § 97 vor Rz. 1.

A. Überblick

1 Als eine (dem bisherigen Recht selbstverständliche) Voraussetzung der Vollstreckbarkeit ausländischer Titel im Inland normiert § 110 Abs. 1 die Anerkennungsfähigkeit und nimmt damit Bezug auf § 109. Im Übrigen zeigt das Zusammenspiel von § 110 Abs. 1 und Abs. 2, dass eine besondere Vollstreckbarerklärung (das sog. Exequatur) grundsätzlich entbehrlich ist. Soweit ein Exequaturverfahren doch gefordert ist, soll das in Abs. 2 und 3 vorgesehene Beschlussverfahren Erleichterungen gegenüber §§ 722, 723 ZPO bringen. Im FGG hatte § 110 keine Entsprechung.

B. Vorrangige Regelungen

I. Vollstreckbarkeit ohne Vollstreckbarerklärung

1. EuVTVO, EuMahnVO

2 Europäische Vollstreckungstitel nach der EuVTVO und Europäische Zahlungsbefehle nach der EuMahnVO sind zu vollstrecken, ohne dass ein Exequaturverfahren vorzuschalten wäre. Bedeutung erlangt dies, was die Anwendungsbereiche des FamFG angeht, im Unterhaltsrecht. S. dazu Anhang zu § 245 Rz. 99 ff.

2. Brüssel IIa-VO

3 Das nach Art. 28 ff. Brüssel IIa-VO grundsätzlich erforderliche Exequaturverfahren (s. Rz. 8 ff.) ist nach Maßgabe von Art. 40 ff. Brüssel IIa-VO entbehrlich: Danach sind Entscheidungen über das Umgangsrecht (Art. 40 Abs. 1 Buchst. a, Art. 41 Brüssel IIa-VO) sowie Kindesrückgabeanordnungen iSv. Art. 11 Abs. 8 Brüssel IIa-VO (Art. 40 Abs. 1 Buchst. b, Art. 42 Brüssel IIa-VO) ohne Vollstreckbarerklärung in anderen Mitgliedstaaten zu vollstrecken, wenn der Richter des Ursprungsstaats eine besondere Bescheinigung (gem. Anhang III bzw. IV zur Brüssel IIa-VO) ausgestellt hat.

4 Die Bescheinigung gibt vor allem darüber Auskunft, dass während des Verfahrens im Ursprungsmitgliedstaat bestimmte verfahrenstechnische Mindeststandards eingehal-

ten wurden. Das Ausstellen der Bescheinigung (für die Zuständigkeit vgl. § 48 Abs. 2 IntFamRVG) ist **nicht anfechtbar** (Art. 43 Abs. 2 Brüssel IIa-VO). Laut Art. 41 Abs. 1 Satz 1 und Art. 42 Abs. 1 Satz 1 Brüssel IIa-VO kann aber auch die Anerkennung nicht angefochten werden.[1] Ob damit jegliche Kontrollbefugnis im Vollstreckungsstaat ausgeräumt sein soll, erscheint indes zweifelhaft. So wird daraus, dass das Vollstreckungsverfahren weiterhin dem Recht des Vollstreckungsstaates unterliegt (Art. 47 Abs. 2 Brüssel IIa-VO), abgeleitet, dass die Überprüfung des **ordre public** letztlich vom Exequatur- in das Vollstreckungsverfahren verlagert sei.[2]

Zur eigentlichen Vollstreckung des ausländischen Titels s. § 44 IntFamRVG (dazu Rz. 10). 5

II. Besondere Vollstreckbarerklärungsverfahren

1. Brüssel I-VO, LugÜ

Art. 31 ff. LugÜ sehen ein recht einfaches, Art. 38 ff. Brüssel I-VO sogar ein höchst effizient ausgestaltetes Exequaturverfahren vor. Bedeutung erlangt dies, was die Anwendungsbereiche des FamFG angeht, vor allem für Unterhaltstitel (s. Anhang zu § 245 Rz. 111 ff.), darüber hinaus aber auch für Entscheidungen in Gewaltschutzsachen, sonstigen Familiensachen und Lebenspartnerschaftssachen (iSv. § 111 Nr. 6, 10, 11), ferner in Registersachen sowie unternehmensrechtlichen Verfahren; vgl. dazu die Hinweise in § 108 Rz. 32 ff. 6

2. Weitere Sonderregeln für Unterhaltstitel

Für die Vollstreckbarerklärung ausländischer Unterhaltstitel gelten, abgesehen von der Brüssel I-VO und dem LugÜ, noch einige weitere, praktisch bedeutsame Sonderregeln. Diese ergeben sich aus multilateralen Übereinkommen (HUntVÜ 1958 und HUntVÜ 1973), aus den bilateralen Abkommen mit Israel und Tunesien sowie aus dem AUG. Näher zu alledem im Anhang zu § 245 Rz. 77. 7

3. Brüssel IIa-VO

Das Verfahren nach Art. 28 ff. Brüssel IIa-VO gilt für vollstreckungsbedürftige Entscheidungen (Art. 2 Nr. 4 Brüssel IIa-VO) betreffend die elterliche Verantwortung, also Umgangsregelungen und Kindesherausgabeanordnungen, aber auch für die Kostenentscheidung iSv. Art. 49 Brüssel IIa-VO.[3] Zur Befreiung vom Erfordernis einer Vollstreckbarerklärung gem. Art. 40 ff. Brüssel IIa-VO s. Rz. 3. Für feststellende und gestaltende Entscheidungen – einschließlich der Zuweisung der elterlichen Sorge – kommt keine Vollstreckbarerklärung, sondern allenfalls ein fakultatives Anerkennungsverfahren nach Art. 21 Abs. 3 Brüssel IIa-VO in Betracht.[4] Auch öffentliche Urkunden und Parteivereinbarungen sind nach Maßgabe von Art. 46 Brüssel IIa-VO für vollstreckbar zu erklären. Voraussetzung der Vollstreckbarerklärung ist neben einem entsprechenden Antrag einer berechtigten Partei, dass die zu vollstreckende Entscheidung im Ur- 8

1 Dazu EuGH v. 11.7.2008 – C-195/08 (Inga Rinau), NJW 2008, 2973 = FamRZ 2008, 1729.

2 *Helms*, FamRZ 2002, 1592 (1602); *Solomon*, FamRZ 2004, 1409 (1419); *Rauscher*, Art. 40 Brüssel IIa-VO Rz. 8.

3 Dazu BGH v. 22.6.2005 – XII ZB 186/03, BGHZ 163, 248 = NJW 2005, 3424.

4 Klarstellend BGH v. 22.6.2005 – XII ZB 186/03, BGHZ 163, 248 = NJW 2005, 3424.

sprungsmitgliedstaat vollstreckbar ist und bereits zugestellt wurde (Art. 28 Abs. 1 Brüssel IIa-VO).

9 Das weitere **Exequaturverfahren** ist in Art. 29 ff. Brüssel IIa-VO geregelt und bestimmt sich im Übrigen nach dem Recht des Vollstreckungsmitgliedstaats, in Deutschland also nach dem IntFamRVG. Das erstinstanzliche Verfahren ist nicht kontradiktorisch ausgestaltet (Art. 31 Abs. 1 Brüssel IIa-VO, § 18 IntFamRVG). Es umfasst aber ausweislich Art. 31 Abs. 2 Brüssel IIa-VO (abweichend von Art. 41 Brüssel I-VO) eine gerichtliche Anerkennungsprüfung anhand Art. 22 ff. Brüssel IIa-VO. Um Gefahren von dem Kind abzuwenden oder eine Beeinträchtigung der Interessen der Beteiligten zu vermeiden, kann das über die Vollstreckbarerklärung entscheidende Gericht gem. § 15 IntFamRVG einstweilige Anordnungen treffen. Zur Gewährung von Prozesskostenhilfe und zur Befreiung von Sicherheitsleistungen und Förmlichkeiten vgl. Art. 50–52 Brüssel IIa-VO.

10 Die **eigentliche Vollstreckung** richtet sich gem. Art. 47 Abs. 1 Brüssel IIa-VO nach dem Recht des Vollstreckungsstaats, in Deutschland also grundsätzlich nach §§ 86 ff. FamFG. Allerdings ist auf Initiative des Rechtsausschusses, entgegen dem ursprünglichen RegE,[1] in § 44 IntFamRVG ein Restbestand an Sonderregeln für die Vollstreckung ausländischer Umgangs- und Herausgabetitel erhalten geblieben. Danach „soll" das Gericht Ordnungsmittel verhängen, wenn eine Zuwiderhandlung vorliegt (vgl. demgegenüber § 89 Abs. 1 Satz 1 und 2 FamFG: „kann"). Zum anderen hat das Gericht, wenn der Titel auf Herausgabe oder Rückgabe des Kindes lautet, das Vollstreckungsverfahren grundsätzlich von Amts wegen zu betreiben (vgl. demgegenüber § 87 Abs. 1 FamFG). Das Gericht spielt also eine aktivere Rolle als in reinen Inlandsfällen und soll nachdrücklicher vorgehen. Damit will man den Besonderheiten des grenzüberschreitenden Rechtsverkehrs Rechnung tragen, eine gewisse „Besserstellung" auslandsansässiger Elternteile wird als durchaus sinnvoll erachtet.[2]

4. MSA und KSÜ

11 Für den Fall, dass eine vom MSA erfasste Schutzhandlung der Vollstreckung in einem anderen Vertragsstaat (s. § 108 Rz. 29) bedarf, verweist Art. 7 Satz 2 MSA auf dessen Recht und auf zwischenstaatliche Übereinkünfte. Ausführlichere Regelungen enthalten Art. 23 ff. KSÜ (s. § 108 Rz. 29). Für Deutschland sollen die Ausführungsvorschriften dazu in das IntFamRVG aufgenommen werden.

5. SorgeRÜ

12 Art. 14 SorgeRÜ schreibt vor, dass jeder Vertragsstaat für die Vollstreckung von Sorgerechtsentscheidungen ein einfaches und beschleunigtes Verfahren anwendet und dass die Vollstreckbarerklärung in Form eines einfachen Antrags begehrt werden kann. Die Einzelheiten sind im IntFamRVG geregelt, und zwar entsprechend dem Verfahren zur Ausführung der Brüssel IIa-VO (s. Rz. 8 ff.). Allerdings ist das erstinstanzliche Verfahren kontradiktorisch durchzuführen (§ 18 IntFamRVG gilt nicht); beachte zudem §§ 19 und 33 IntFamRVG.

1 BT-Drucks. 16/6308, S. 333.
2 Lesenswert BT-Drucks. 16/9733, S. 303 f.

C. Inhalt der Vorschrift

I. Vollstreckbarkeit ohne Vollstreckbarerklärung (Absatz 1)

Ohne Exequatur erfolgt die Vollstreckung ausländischer Titel in denjenigen Fällen, für die § 110 Abs. 2 nicht einschlägig ist (s. Rz. 16 f.). Dabei dürfte es sich vor allem um Kindesherausgabe- und Umgangsrechtsentscheidungen[1] handeln, die nicht in den Anwendungsbereich der Brüssel IIa-VO bzw. des SorgeRÜ – und damit des IntFamRVG – fallen (s. Rz. 8 ff. und 12). Nach autonomem deutschen Recht sind im Ausland errichtete Urkunden und ausländische (Prozess-)Vergleiche weder vollstreckbar noch für vollstreckbar zu erklären (s. Rz. 17). 13

Im bisherigen Recht war nach herrschender Meinung in FG-Sachen, zumindest gedanklich, zu unterscheiden: einerseits die **Vollstreckbarerklärung** (das Exequatur), wodurch der ausländische Titel nach positiver Prüfung der Vollstreckbarkeitsvoraussetzungen (Vorliegen von Anerkennungsvoraussetzungen und Rechtskraft, Fehlen von Anerkennungshindernissen) für im Inland vollstreckbar erklärt wird;[2] andererseits die **Vollziehungsverfügung** (früher § 33 FGG: heute **Vollziehungsbeschluss** gem. §§ 87 Abs. 1, 89 FamFG), mit der ein Gericht konkrete Vollstreckungsmaßnahmen zur Vollziehung des für vollstreckbar erklärten Titels anordnet, also etwa die Verhängung eines Ordnungsgeldes. Beides konnte jedoch verbunden werden und in einer Entscheidung ergehen.[3] 14

Für das neue Recht soll laut Begründung des RegE gelten: Eine Vollstreckbarerklärung ist für die nicht von § 110 Abs. 2 erfassten Sachbereiche entbehrlich.[4] Das bedeutet ausweislich § 110 Abs. 1 jedoch nicht, dass die **Prüfung der Vollstreckbarkeit** (Vorliegen von Anerkennungsvoraussetzungen und Rechtskraft, Fehlen von Anerkennungshindernissen) obsolet geworden wäre. Vielmehr fordert das mit der Vollziehung eines ausländischen Titels befasste Gericht, wenn es sich im Rahmen einer Vorfragenprüfung von der Vollstreckbarkeit überzeugt hat, den Verpflichteten, erforderlichenfalls unter Hinweis auf die Folgen der Zuwiderhandlung (vgl. § 89 Abs. 2), zunächst zur Leistung auf. Bleibt diese aus, so ergreift das Gericht die Vollstreckungsmaßnahme nach den allgemeinen innerstaatlichen Regeln. Die Vollstreckbarkeit muss weder bei der Leistungsaufforderung noch im Beschluss betreffend die Anordnung der Vollstreckungsmaßnahme ausdrücklich in der Entscheidungsformel ausgesprochen werden. Freilich sind die zugrunde liegenden Erwägungen, insbesondere zur Anerkennungsfähigkeit, wegen § 38 Abs. 3 Satz 1 in die Gründe aufzunehmen. 15

---

1 Vgl. aber auch BT-Drucks. 16/6308, S. 220: Die Unterlassung des Umgangs mit dem Kind außerhalb der vereinbarten Besuchszeiten soll § 95 Abs. 1 Nr. 4 unterfallen.

2 Für das Erfordernis einer Vollstreckbarerklärung: BGH v. 13.7.1983 – IVb ZB 31/83, BGHZ 88, 113 (116) = IPRax 1984, 323 (324); BayObLG v. 20.7.1981 – 1 Z 6/81, IPRax 1982, 106 (110); *Roth*, IPRax 1988, 75 (76); Jansen/v. Schuckmann/Sonnenfeld/*Wick*, § 16a FGG Rz. 63. Gleichsinnig bereits BGH v. 25.10.1976 – IV ZB 38/76, BGHZ 67, 255 (257 f.), der häufig missverstanden wird, obwohl sich klar ergibt, dass über die Vollstreckbarerklärung eigens zu entscheiden, die Anerkennung hingegen als bloße Vorfrage zu prüfen sein soll. Dies verkennt etwa OLG Düsseldorf v. 4.12.1981 – 5 UF 67/81, FamRZ 1982, 53 f.; richtig hingegen Staudinger/*Henrich*, Art. 21 EGBGB, Rz. 264 und 266 f. Gegen das Erfordernis einer Vollstreckbarerklärung: *Geimer*, FS Ferid, S. 89 (111 f.); wohl auch MüKo.ZPO/*Gottwald*, § 722 Rz. 12.

3 Jansen/v. Schuckmann/Sonnenfeld/*Wick*, § 16a FGG Rz. 64.

4 BT-Drucks. 16/6308, S. 222.

II. Vollstreckbarerklärungsverfahren (Absätze 2 und 3)

1. Anwendungsbereich

16 Das Erfordernis einer Vollstreckbarerklärung betrifft nach § 110 Abs. 2 alle ausländischen Entscheidungen, die eine der in § 95 Abs. 1 genannten Verpflichtungen (Einzelheiten s. dort) zum Inhalt haben. Die Begründung des RegE nennt als **Beispiele** sowohl „vermögensrechtliche Entscheidungen – wie zB eine Entscheidung über Unterhalt –, die im nationalen Recht als Familienstreitsachen (§ 112) geregelt sind, als auch [...] Entscheidungen über die Verteilung des Hausrats".[1] Unterhaltssachen werden also von § 110 Abs. 2 durchaus erfasst, obwohl § 95 Abs. 1 für sie wegen §§ 112 Nr. 1, 113 Abs. 1 Satz 1, 120 Abs. 1 gerade nicht gilt. Ferner ist etwa zu denken an titulierte Ansprüche auf Räumung einer Wohnung in Gewaltschutz- oder Wohnungszuweisungssachen sowie an die Verpflichtung, den Umgang mit dem Kind außerhalb der vereinbarten Besuchszeiten zu unterlassen.[2] Nicht hierher gehören Titel gerichtet auf Kindesherausgabe.[3]

17 § 110 Abs. 2 erfasst, entsprechend der bereits zu §§ 328, 722 f. ZPO herrschenden Meinung,[4] weder **(Prozess-)Vergleiche** noch vollstreckbare **Urkunden** (anders etwa Art. 57, 58 Brüssel I-VO und Art. 46 Brüssel IIa-VO). Dies erscheint rechtspolitisch eher fragwürdig, ist aber mangels gegenteiliger Anhaltspunkte im Gesetz und in den Materialien wohl hinzunehmen. Keiner Vollstreckbarerklärung zugänglich sind ferner ausländische Exequaturentscheidungen (sog. Verbot des **Doppelexequatur**).[5]

2. Zuständigkeit

18 Die **örtliche Zuständigkeit** ergibt sich aus § 110 Abs. 2 Satz 1, der auf den allgemeinen Gerichtsstand des Schuldners (§§ 12 ff. ZPO) und – fehlt ein solcher – auf § 23 ZPO verweist. Diese Zuständigkeit wird, anders als in § 108 Abs. 3 Satz 2 FamFG (und §§ 722 Abs. 2, 802 ZPO), nicht als ausschließlich bezeichnet; freilich wären Gerichtsstandsvereinbarungen oder eine rügelose Einlassung ohnehin unbeachtlich.[6] Die **internationale Zuständigkeit** bedarf keiner Regelung, da von vornherein nur deutsche Gerichte über die Vollstreckbarerklärung von ausländischen Gerichten zu befinden haben (vgl. auch § 108 Rz. 58).[7]

19 **Sachlich zuständig** sind gem. § 110 Abs. 2 Satz 1 die Amtsgerichte. Hinsichtlich der **funktionellen Zuständigkeit** dürfte es dabei bleiben, dass die Vollstreckbarerklärung den Familiengerichten zugewiesen ist, wenn die Entscheidung eine Angelegenheit betrifft, die nach inländischem Verfahrensrecht als Familiensache (sei es der streitigen oder der freiwilligen Gerichtsbarkeit) einzuordnen wäre.[8]

---

1 BT-Drucks. 16/6308, S. 222.
2 BT-Drucks. 16/6308, S. 220.
3 Klarstellend *Zimmermann*, Das neue FamFG, Rz. 297.
4 Statt vieler: Garbe/Ullrich/*Andrae*, § 12 Rz. 500; Eschenbruch/Klinkhammer/*Dörner*, Kap. 8 Rz. 122; MüKo.ZPO/*Gottwald*, § 328 Rz. 59 und § 722 Rz. 13; *Hohloch*, FPR 2006, 315 (321); Schuschke/Walker/*Jennissen*, § 722 Rz. 1; Göppinger/Wax/*Linke*, Rz. 3302; *Schack*, Rz. 816. Für Vollstreckbarerklärung hingegen Zöller/*Geimer*, § 328 ZPO Rz. 79. Noch weitergehend Rahm/Künkel/*Breuer*, VIII, Rz. 255.
5 MüKo.ZPO/*Gottwald*, § 722 Rz. 22; *Schack*, Rz. 936.
6 Vgl. allgemein *Zimmermann*, Das neue FamFG, Rz. 9.
7 Näher *Solomon*, AG 2006, 832 ff.
8 Ebenso schon BGH v. 13.7.1983 – IVb ZB 31/83, FamRZ 1983, 1008 (1009); OLG Bamberg v. 24.11.1999 – 2 UF 206/99, OLGReport 2000, 96; MüKo.ZPO/*Gottwald*, § 722 Rz. 27; *Schack*, Rz. 942.

3. Verfahren

20 Der Gesetzgeber wollte das Verfahren nach § 110 Abs. 2 an den anderen Hauptsacheverfahren des FamFG orientieren.[1] **Antragsbefugt** ist, wer als Gläubiger oder Rechtsnachfolger Rechte aus der zu vollstreckenden Entscheidung ableitet, richtiger Antragsgegner ist, gegen wen als Schuldner oder Rechtsnachfolger daraus Rechte abgeleitet werden.

21 Für den Antrag gelten die allgemeinen Vorschriften (§§ 23 ff.). **Verfahrensgegenstand** ist nicht der dem Titel zugrunde liegende materiellrechtliche Anspruch, sondern der Anspruch des Gläubigers auf den rechtsgestaltenden Ausspruch der Vollstreckbarkeit;[2] der Antrag ist dementsprechend zu fassen. Der Antrag hemmt analog § 204 Abs. 1 Nr. 1 BGB die **Verjährung** des materiellen Anspruchs.[3] Eine Beschränkung des Antrags auf Vollstreckbarerklärung in bestimmter Höhe oder auf einen von mehreren Verfahrensgegenständen ist möglich; es ergeht dann ein **Teilexequatur**.[4] Das **Rechtsschutzbedürfnis** für den Antrag nach § 110 Abs. 2 besteht auch, wenn der Schuldner derzeit kein Vermögen im Inland besitzt oder in einem anderen Staat leichter vollstreckt werden könnte.[5]

4. Prüfung

22 Das mit der Vollstreckbarerklärung befasste Gericht prüft die **Anerkennungsfähigkeit** (§ 110 Abs. 1) sowie die **formelle Rechtskraft** der ausländischen Entscheidung, und zwar nach Maßgabe des Verfahrensrechts des Ursprungsstaats (§ 110 Abs. 3 Satz 2).

23 Ein Vollstreckungstitel, der aus Sicht des Ursprungsstaats (etwa mangels hinreichender Bestimmtheit) **nicht vollstreckungsfähig** oder dort **bereits aufgehoben** worden ist, kann auch in Deutschland keine Wirkung entfalten.[6] Der Vortrag, der Vollstreckungstitel habe seine Vollstreckbarkeit vor dem Abschluss des Exequaturverfahrens verloren oder sei weggefallen, ist von dem damit befassten Gericht zu beachten,[7] muss vom Titelschuldner also nicht etwa gesondert (mittels § 767 ZPO) geltend gemacht werden. Einwendungen können sich auch auf den im Ausland **titulierten Anspruch** beziehen. Zu den vor allem im Unterhaltsrecht relevanten Einzelheiten s. Anhang zu § 245 Rz. 91 ff.

24 Ausländische Vollstreckungstitel, die nach deutschen Maßstäben einen zu **unbestimmten Inhalt** haben oder von einer Bedingung mit unbestimmtem Inhalt abhängen, können zwar nicht ohne weiteres für vollstreckbar erklärt, womöglich aber im Rahmen des Exequaturverfahrens konkretisiert werden. Zu den Voraussetzungen s. Anhang zu § 245 Rz. 149.

25 Wenn im Ausland über eine Statusfrage (Ehescheidung oder Abstammung) und zugleich über Unterhaltsansprüche entschieden worden und die Statusentscheidung in Deutschland nicht anerkennungsfähig ist, kann fraglich sein, ob die **Annexunterhaltsentscheidung** isoliert anzuerkennen und deshalb für vollstreckbar zu erklären ist. S. dazu Anhang zu § 245 Rz. 86 ff.

---

1 BT-Drucks. 16/6308, S. 223.
2 BGH v. 17.7.2008 – IX ZR 150/05, FamRZ 2008, 1749.
3 MüKo.ZPO/*Gottwald*, § 722 Rz. 24.
4 MüKo.ZPO/*Gottwald*, § 722 Rz. 24.
5 MüKo.ZPO/*Gottwald*, § 722 Rz. 30.
6 Vgl. etwa BGH v. 7.4.2004 – XII ZB 51/02, FamRZ 2004, 1023.
7 Klarstellend – und insoweit unproblematisch – BGH v. 14.3.2007 – XII ZB 174/04, BGHZ 171, 310 = NJW 2007, 3433.

5. Entscheidung

26 Das Gericht entscheidet durch Beschluss, und zwar nicht nur, wie § 110 Abs. 2 suggeriert, im Falle der Stattgabe. Der Beschluss ist zu begründen, wobei es in den Gesetzesmaterialien heißt, dass dabei insbesondere auf das (Nicht-)Vorliegen von Anerkennungshindernissen einzugehen sei.[1]

27 Im Fall der Stattgabe ist die zu vollstreckende Verpflichtung entsprechend dem ausländischen Tenor in deutscher Sprache wiederzugeben.[2] Eine **Umrechnung** fremder Währungen findet nicht statt; diese obliegt vielmehr den Vollstreckungsorganen.[3] Jedoch kann im Vollstreckbarerklärungsbeschluss angegeben werden, welcher Zeitpunkt für die Umrechnung maßgeblich ist.

6. Kosten

28 Für die Kosten gelten §§ 80 ff. Die Gerichtsgebühr beträgt 200 Euro (Nr. 1710 Nr. 2 Kostenverzeichnis zu § 3 FamGKG).

7. Verhältnis zu anderen Rechtsbehelfen

29 In den von § 110 Abs. 2 erfassten Fällen ist das **isolierte Anerkennungsverfahren nach § 108 Abs. 2** nicht statthaft (s. § 108 Rz. 55). Dahinter steht laut Begründung des RegE die Erwägung, dass bereits § 110 Abs. 2 eine hinreichende Möglichkeit zur (inzidenten) Klärung der Anerkennungsmöglichkeit biete.[4] Konsequenterweise dürfte, anders als im Anwendungsbereich von §§ 722, 723 ZPO,[5] auch nur ausnahmsweise eine **Feststellungsklage** hinsichtlich der Anerkennungsfähigkeit in Betracht kommen. Zu denken bleibt daran aber immerhin, um sich mittels eines negativen Feststellungsantrags gegen eine vermeintlich unberechtigte Anspruchsberühmung zur Wehr setzen zu können.

30 Im Anwendungsbereich von §§ 722, 723 ZPO wird überwiegend ein Wahlrecht des Titelgläubigers zwischen Vollstreckungsklage und einem **neuem Titulierungsverfahren** vertreten.[6] Hiernach soll im Inland ein neues Titulierungsverfahren eingeleitet werden können; stellt sich in diesem heraus, dass die ausländische Entscheidung anerkennungsfähig ist, so soll den deutschen Gerichten nur eine davon abweichende Sachentscheidung verwehrt sein.[7] Diese Auffassung ist zwar abzulehnen (s. § 108 Rz. 25), dürfte von ihren Vertretern aber auch auf § 110 übertragen werden.

31 Vor der Vollstreckbarerklärung kann eine **Vollstreckungsabwehrklage** nach § 767 ZPO (iVm. § 95 Abs. 1 oder §§ 112, 113 Abs. 1, 120 Abs. 1 FamFG) nicht erhoben werden, da sie die Vollstreckbarkeit des ausländischen Titels im Inland voraussetzt.[8]

---

1 BT-Drucks. 16/6308, S. 223.
2 MüKo.ZPO/*Gottwald*, § 722 Rz. 35.
3 MüKo.ZPO/*Gottwald*, § 722 Rz. 38.
4 BT-Drucks. 16/6308, S. 222.
5 Zöller/*Geimer*, § 722 ZPO Rz. 99; MüKo.ZPO/*Gottwald*, § 722 Rz. 45.
6 Statt vieler: BGH v. 26.11.1986 – IVb ZR 90/85, NJW 1987, 1146; OLG Zweibrücken v. 10.3.2005 – 5 WF 36/05, NJOZ 2005, 3309 (3312 f.); Garbe/Ullrich/*Andrae*, § 12 Rz. 504; MüKo.ZPO/*Gottwald*, § 722 Rz. 41 und 43; *Schack*, Rz. 887.
7 Zöller/*Geimer*, § 722 ZPO Rz. 97; OLG Zweibrücken v. 10.3.2005 – 5 WF 36/05, NJOZ 2005, 3309 (3312).
8 Zöller/*Geimer*, § 722 ZPO Rz. 101; *Schack*, Rz. 945.

Buch 2
Verfahren in Familiensachen

Abschnitt 1
Allgemeine Vorschriften

§ 111
Familiensachen

Familiensachen sind

1. Ehesachen,
2. Kindschaftssachen,
3. Abstammungssachen,
4. Adoptionssachen,
5. Ehewohnungs- und Haushaltssachen,
6. Gewaltschutzsachen,
7. Versorgungsausgleichssachen,
8. Unterhaltssachen,
9. Güterrechtssachen,
10. sonstige Familiensachen,
11. Lebenspartnerschaftssachen.

Literatur: *Giers*, Die Vollstreckung in Familiensachen ab dem 1.9.2009, FamRB 2009, 87; *Hartmann*, Neues Familienverfahren und ZPO, NJW 2009, 321; *Löhnig*, Das Scheidungsverfahren in erster Instanz nach dem FamFG, FamRZ 2009, 737 ff.; *Meyer-Seitz/Kröger/Heiter*, Auf dem Weg zu einem modernen Familienverfahrensrecht – die familienverfahrensrechtlichen Regelungen im Entwurf eines FamFG, FamRZ 2005, 1430; *Philippi*, Das Verfahren in Scheidungssachen und Folgesachen nach neuem Recht, FPR 2006, 406; *Schael*, Die Terminologie in Familienstreitsachen nach der bevorstehenden Reform des Familienverfahrensrechts, FamRZ 2009, 7.

A. Überblick

I. Normzweck

1 § 111 ersetzt die bisherigen § 23b Abs. 1 Satz 2 GVG und § 621 Abs. 1 ZPO und **definiert abschließend**[1] **den Begriff der Familiensachen** nicht nur mit Wirkung für das FamFG, sondern für die gesamte Rechtsordnung (vgl. etwa §§ 23a Abs. 1 Nr. 1, 23b Abs. 1 GVG). Was unter den in Nr. 1 bis 11 aufgezählten „Familiensachen" im Einzelnen zu verstehen ist, ergibt sich aus den Begriffsbestimmungen, mit denen die Abschnitte 2 bis 12 des zweiten Buches jeweils eingeleitet werden. Damit stellt der in § 111 enthaltene Katalog gleichzeitig eine Art Inhaltsverzeichnis für das zweite Buch „Verfahren in Familiensachen" dar.

II. Entstehung

2 Seit ihrer Einführung durch das 1. EheRG zum 1.7.1977 wurden die Kompetenzen der Familiengerichte mehrfach ausgeweitet.[2] Indem § 111 im Vergleich zu § 23b Abs. 1 Satz 2 GVG aF den Kreis der Familiensachen erneut erweitert, kommt das FamFG der in der Reformdebatte wiederholt erhobenen Forderung nach einem weiteren **Ausbau der familiengerichtlichen Zuständigkeiten** („Großes Familiengericht") nach:[3] So wurden eine Reihe von Zuständigkeiten von den Vormundschaftsgerichten, die durch das FamFG auf die Funktion sog. Betreuungsgerichte (§ 23c Abs. 1 GVG) reduziert wurden, auf die Familiengerichte übertragen. Dazu gehören ua. Vormundschaften und Pflegschaften für Minderjährige (§ 111 Nr. 2 iVm. § 151 Nr. 4 und 5) sowie sämtliche Adop-

1 Vgl. etwa OLG Köln v. 6.2.1992 – 1 U 51/91, FamRZ 1992, 832 (833); OLG Oldenburg v. 1.12.1977 – 4 UF 164/77, FamRZ 1978, 130.
2 Vgl. den Überblick bei MüKo.ZPO/*Bernreuther*, § 621 ZPO Rz. 1 ff. und Musielak/*Borth*, § 621 ZPO Rz. 1.
3 *Meyer-Seitz/Kröger/Heiter*, FamRZ 2005, 1430 (1432 f. mwN).

tionssachen (§ 111 Nr. 4). Für Gewaltschutzsachen (§ 111 Nr. 6) wurde die bisher in § 23b Abs. 1 Satz 2 Nr. 8a GVG aF vorgesehene Differenzierung fallen gelassen; diese wurden nunmehr unterschiedslos den Familiengerichten übertragen. Durch Zuweisung sog. sonstiger Familiensachen (§ 111 Nr. 10) wird die Zuständigkeit des Familiengerichts auf weitere Gegenstände erstreckt, für die bisher die allgemeinen Zivilabteilungen der Amtsgerichte bzw. die Zivilkammern der Landgerichte zuständig waren. Doch auch nach Inkrafttreten des FamFG sind **nicht alle Streitigkeiten zwischen Familienmitgliedern** den Familiengerichten zugewiesen.

III. Systematik

Die Verfahren, die in § 111 unter dem Begriff der Familiensachen zusammengefasst werden, lassen sich in **drei Untergruppen** aufteilen: 3

- **Ehesachen** iSv. § 111 Nr. 1 iVm. § 121,
- **Familienstreitsachen** iSv. § 112, welche als Pendant zu den bisherigen ZPO-Familiensachen den Großteil der in § 111 Nr. 8 bis 11 erfassten Verfahrensgegenstände umfassen (vgl. im Einzelnen § 112 Rz. 2),
- die übrigen Familiensachen, welche man als Pendant zu den bisherigen FGG-Familiensachen als **Familiensachen der freiwilligen Gerichtsbarkeit** bezeichnen kann.

Das Gesetz über das Verfahren in Familiensachen und in Angelegenheiten der freiwilligen Gerichtsbarkeit (FamFG) löst die bisher in der ZPO (vor allem §§ 606 bis 661 ZPO aF), dem FGG, der HausratsVO und weiteren Gesetzen enthaltenen Bestimmungen über das familiengerichtliche Verfahren ab und fasst sie in einem **„Stammgesetz"** zusammen.[1] Regelungstechnisch enthält das FamFG für Familiensachen einen **dreistufigen Gesetzesaufbau**: 4

Zunächst enthält das **erste Buch einen Allgemeinen Teil**, der grundsätzlich für das gesamte FamFG Geltung beansprucht. Auch wenn der Kreis an Rechtsregeln, der für alle Familiensachen einheitlich gilt, nach wie vor eingeschränkt ist (vor allem wegen des weit gehenden Vorrangs der ZPO für Ehesachen und Familienstreitsachen gem. § 113 Abs. 1), wurden die Gemeinsamkeiten durch das FamFG deutlich gestärkt: Entscheidungen in Familiensachen ergehen nunmehr einheitlich durch Beschluss (§§ 38, 39, 116 Abs. 1), die Vorschriften über den einstweiligen Rechtsschutz wurden harmonisiert (§§ 49 bis 57) sowie ein einheitliches Rechtsmittelrecht geschaffen (§§ 58 bis 75). Gemeinsame Regeln gelten darüber hinaus auch für Verfahren mit Auslandsbezug (§§ 97 bis 110). 5

Eine zweite Regelungsebene enthält der durch § 111 eingeleitete erste Abschnitt des zweiten Buchs, der einen **allgemeinen Teil für die im zweiten Buch zusammengefassten Verfahren in Familiensachen** schafft. Die §§ 112 bis 120 sind indes regelmäßig nicht auf alle Familiensachen iSv. § 111 anwendbar, sondern gelten – mit Ausnahme der Regeln über die anwaltliche Vertretung (§ 114) und die Entscheidung durch Beschluss (§ 116 Abs. 1) – nur für die durch § 112 gebildete Untergruppe der „Familienstreitsachen" sowie für Ehesachen. Allerdings wurde für alle Familiensachen die Terminologie vereinheitlicht, indem nach § 113 Abs. 5 auch in Familienstreitsachen die in der freiwilligen Gerichtsbarkeit üblichen Begriffe verwendet werden sollen (Verfahren statt Prozess, Beteiligte statt Parteien etc.). 6

1 BT-Drucks. 16/6308, S. 163.

7 Die **besonderen Regeln für die einzelnen Verfahren** in Familiensachen sind sodann in den Abschnitten 2 bis 12 des zweiten Buches geregelt, während die besonderen Regelungen für die sonstigen FamFG-Verfahren, die nicht zu den Familiensachen gehören, in den Büchern 3–8 enthalten sind.

8 Trotz Schaffung einer in sich grundsätzlich abgeschlossenen Verfahrensordnung verweist das FamFG nach wie vor **vielfach auf die Vorschriften der ZPO** (in Abschnitt 1 des 2. Buchs: §§ 113 Abs. 1 Satz 2 und Abs. 2, 117 bis 120). Wichtige Ergänzungen enthält außerdem das Gerichtsverfassungsgesetz, welches durch die Neufassung der §§ 12, 13 GVG und § 2 EGGVG nunmehr auch auf alle Angelegenheiten der freiwilligen Gerichtsbarkeit sowie Familiensachen unmittelbar anwendbar ist.

B. Definition der Familiensachen

I. Allgemeine Grundsätze

9 Im **Rahmen der Zuständigkeitsprüfung** sind Beurteilungsgrundlage für die Qualifizierung als Familiensache sowie die Zuordnung zu den einzelnen Verfahrensgegenständen des § 111 die Tatsachen, die der Antragsteller zur Begründung seines Begehrens vorträgt. Wie der Antragsteller selbst sein Begehren rechtlich einordnet, ob dieses in tatsächlicher und rechtlicher Hinsicht begründet ist und ob auf Grund des Verteidigungsvorbringens der Gegenseite familienrechtliche Aspekte in das Verfahren eingebracht werden, ist demgegenüber für die Einordnung als Familiensache und die Zuordnung zur konkreten Sachmaterie ohne Belang.[1]

10 Wird ein **einheitlicher prozessualer Anspruch** auf verschiedene materiellrechtliche Anspruchsgrundlagen gestützt, von denen – für sich betrachtet – nur eine das Verfahren zur Familiensache machen würde, kommt nach Sinn und Zweck der familienrechtlichen Spezialzuständigkeit den Familiengerichten der Vorrang zu, soweit nicht der familienrechtliche Anspruch offensichtlich unbegründet ist.[2] Zur Verfahrensverbindung vgl. Rz. 65.

11 Auch bei Sachverhalten mit **Auslandsberührung** bestimmt sich die Frage, ob eine Familiensache vorliegt, nach der **lex fori**.[3] Soweit für ein fremdes Rechtsinstitut kein unmittelbares Pendant im deutschen Recht existiert, kann es gleichwohl als Familiensache eingeordnet werden, soweit es mit einem der in Nr. 1 bis 11 aufgeführten Gegenstände funktional vergleichbar ist.[4]

---

1 St. Rspr. vgl. nur BGH v. 6.12.2006 – XII ZR 97/04, FamRZ 2007, 368 (369); BGH v. 15.11.2006 – XII ZR 97/04, FamRZ 2007, 124; BGH v. 16.5.1990 – XII ZR 40/89, FamRZ 1990, 851; BGH v. 8.7.1981 – IVb ARZ 532/81, FamRZ 1981, 1047; BGH v. 9.7.1980 – IVb 527/80, FamRZ 1980, 988 (989).

2 BGH v. 10.11.1982 – IVb ARZ 44/82, FamRZ 1983, 155 (156); OLG Bamberg v. 4.1.1989 – SA 9/88, FamRZ 1989, 408 (409); OLG Zweibrücken v. 30.1.2002 – 2 AR 64/01, FamRZ 2002, 1043 (1044).

3 BGH v. 10.11.1982 – IVb ARZ 44/82, FamRZ 1983, 155 (156); BGH v. 17.9.1980 – IVb ARZ 543/80, FamRZ 1980, 1107 (1108); OLG Hamm v. 25.5.1992 – 8 WF 160/92, FamRZ 1993, 211 f.; OLG Frankfurt v. 14.3.1988 – 1 UFH 4/88, FamRZ 1989, 75 (76).

4 OLG Hamm v. 25.5.1992 – 8 WF 160/92, FamRZ 1993, 211 f.; *Nagel/Gottwald*, § 5 Rz. 88. Familiensachen sind danach etwa der Anspruch auf Zahlung der Morgengabe nach islamischem Recht (BGH v. 28.1.1987 – IVb ZR 10/86, FamRZ 1987, 463; OLG Saarbrücken v. 9.3.2005 – 9 UF 33/04, FamRZ 2006, 1378 ff.; OLG Zweibrücken v. 24.4.2007 – 5 UF 74/05, FamRZ 2007, 1555 ff.) sowie die Pflicht zur Zahlung einer Entschädigung nach tunesischem Scheidungsrecht

12 In der **Rechtsmittelinstanz** kann die Einordnung als Familien- oder Nichtfamiliensache grundsätzlich nicht mehr überprüft werden. Denn für die Rechtsmittelzuständigkeit gilt nach §§ 72 Abs. 1, 119 Abs. 1 Nr. 1a GVG das Prinzip der formellen Anknüpfung: Ob das LG oder das OLG zuständig ist, hängt allein davon ab, ob in erster Instanz das Prozessgericht oder die familiengerichtliche Abteilung des AG entschieden hat, unabhängig davon, ob die Qualifizierung als Familien- oder Nichtfamiliensache zu Recht erfolgte.[1] Nach den gleichen formalen Regeln bestimmt sich auch, ob innerhalb des Oberlandesgerichts die allgemeinen Prozesssenate oder die Familiensenate zuständig sind. Zwar erklärt § 119 Abs. 2 GVG den § 23b Abs. 1 und 2 GVG für entsprechend anwendbar, doch kann nach § 17a Abs. 6 iVm. Abs. 5 GVG in der Rechtsmittelinstanz nicht mehr geltend gemacht werden, dass die Zuständigkeitsabgrenzung zwischen Familiengerichten und allgemeinen Prozessabteilungen fehlerhaft vorgenommen wurde.[2] Verweist das Gericht den Rechtsstreit nach § 17a Abs. 2 iVm. Abs. 6 GVG nF, weil es sich wegen der Einordnung des Verfahrens als (Nicht)Familiensache für unzuständig hält, ist hiergegen die sofortige Beschwerde statthaft (Rz. 50 f.). Auch der BGH ist an eine vom OLG vorgenommene Qualifikation als Familiensache gebunden und prüft daher etwa im Rahmen der Statthaftigkeit einer Nichtzulassungsbeschwerde nicht, ob diese Qualifikation zutrifft (vgl. § 117 Rz. 72).[3]

13 Demgegenüber hängen die **verfahrensrechtlichen Bestimmungen**, nach denen der Rechtsstreit zu führen ist, stets von der wahren Rechtsnatur der Sache ab,[4] damit besteht auch keine Bindung der höheren Instanzen an die Einschätzung der Eingangsinstanz.[5]

(OLG München v. 17.12.1979 – 2 UF 999/79, IPRax 1981, 22). Unterschiedlich eingeordnet wurde der Anspruch auf Rückzahlung einer Mitgift (Familiensache: OLG Karlsruhe v. 4.2.1982 – 16 WF 52/86, IPRax 1988, 294 f. [griechisches Recht]. Keine Familiensache: OLG Köln v. 29.6.1994 – 26 WF 84/94, FamRZ 1994, 1476 f. [türkisches Recht]). In Zukunft idR wohl als sonstige Familiensachen einzuordnen sind Ansprüche auf Herausgabe von Haushaltsgegenständen nach ausländischem Recht, soweit sie nicht funktional vergleichbar mit den Haushaltssachen iSv. § 111 Nr. 5 sind (vgl. bisher OLG Hamm v. 25.5.1992 – 8 WF 160/92, FamRZ 1993, 211 [212 ff.]; OLG Stuttgart v. 19.3.1996 – 17 AR 5/96, FamRZ 1997, 1085 f.; abw. OLG Frankfurt v. 14.3.1988 – 1 UFH 4/88, FamRZ 1989, 75 [76]); das Gleiche gilt für Ansprüche auf Herausgabe von Schmuck und Hochzeitsgeschenken (nach bisherigem Recht keine Familiensache: OLG Hamm v. 25.5.1992 – 8 WF 160/92, FamRZ 1993, 211 [212 ff.]; OLG Frankfurt v. 14.3.1988 – 1 UFH 4/88, FamRZ 1989, 75 [76]; OLG Stuttgart v. 19.3.1996 – 17 AR 5/96, FamRZ 1997, 1085 f.; zT abw. OLG Hamm v. 10.4.1992 – 4 WF 47/92, FamRZ 1992, 963 ff.). Zur Klage auf Trennung von Tisch und Bett vgl. § 121 Rz. 13.

1 BGH v. 14.7.1993 – XII ARZ 16/93, FamRZ 1994, 25 (26); BGH v. 4.10.1990 – XII ZB 89/90, FamRZ 1991, 682; BGH v. 26.10.1989 – IVb ZB 135/88, FamRZ 1990, 148; BayObLG v. 21.7.2000 – 1 Z BR 102/00, FamRZ 2001, 716.

2 Vor Inkrafttreten des FamFG wurde dieser Grundsatz daraus abgeleitet, dass die Berufung nicht darauf gestützt werden kann, dass das Gericht der ersten Instanz seine Zuständigkeit zu Unrecht angenommen hat (vgl. nunmehr § 65 Abs. 4): OLG Naumburg v. 23.7.2008 – 8 U 2/08, FPR 2008, 640; OLG Stuttgart v. 17.3.2003 – 17 UF 259/02, FamRZ 2004, 291. Vgl. auf der Grundlage von § 529 Abs. 3 Satz 1 ZPO aF auch schon BGH v. 1.6.1988 – IVb ARZ 35/88, FamRZ 1988, 1035; BGH v. 14.7.1993 – XII ARZ 16/93, FamRZ 1994, 25 (26).

3 BGH v. 5.11.2008 – XII ZR 103/07, FamRZ 2009, 219 f.

4 Johannsen/Henrich/*Sedemund-Treiber*, § 621 ZPO Rz. 61.

5 BGH v. 1.6.1988 – IVb ARZ 35/88, FamRZ 1988, 1035 (1036); *Bergerfurth*, FamRZ 2001, 1493 (1494).

II. Katalog der Familiensachen

14 § 111 regelt **enumerativ und abschließend** den Begriff der Familiensachen. Weder sind alle Ansprüche zwischen Familienangehörigen Familiensachen (vgl. insbes. Rz. 24 und Rz. 32) noch ist stets Voraussetzung, dass zwischen den Beteiligten ein familienrechtliches Verhältnis besteht. Dies zeigen schon § 111 Nr. 8 iVm. § 261 Abs. 1, wonach auch güterrechtliche Ansprüche gegen „Dritte" zu den Familiensachen zählen. Auch durch einen **Gläubigerwechsel** im Wege eines gesetzlichen oder gewillkürten Forderungsübergangs geht die Qualifizierung des Anspruchs und damit die Zuordnung zu den Familiensachen nicht verloren.[1] Wo in den Randbereichen im Einzelnen die Grenze zwischen Familien- und Nichtfamiliensachen zu ziehen ist, wird vor allem unter dem Gesichtspunkt der „Familiensachen kraft Sachzusammenhangs" diskutiert (Rz. 27 ff.). Zu den allgemeinen Beurteilungsgrundlagen (Rz. 9).

1. Nr. 1 – Ehesachen

15 Der Begriff der Ehesachen wird in **§ 121** festgelegt und erfasst wie bisher (§ 606 Abs. 1 Satz 1 ZPO aF) Scheidungssachen, Verfahren auf Aufhebung der Ehe und auf Feststellung des Bestehens oder Nichtbestehens einer Ehe. Demgegenüber gehören Verfahren „auf Herstellung des ehelichen Lebens" nicht mehr zu den Ehesachen, sondern sind als „sonstige Familiensachen" unter § 111 Nr. 10 einzuordnen.

2. Nr. 2 – Kindschaftssachen

16 Im Zuge der Erweiterung der familiengerichtlichen Zuständigkeit um Verfahrensgegenstände, die bislang dem Vormundschaftsgericht zugewiesen waren, wird die Kategorie der Kindschaftssachen in **§ 151** grundlegend neu definiert. Sie erfasst nunmehr im Wesentlichen alle Verfahren, welche „die Verantwortung für die Person oder das Vermögen eines Minderjährigen oder dessen Vertretung" betreffen.[2] Während die bisher in § 640 Abs. 2 ZPO aF als Kindschaftssachen bezeichneten Verfahren nun überwiegend zu den „Abstammungssachen" (§ 111 Nr. 3) zählen (mit Ausnahme des Verfahrens auf Feststellung des Bestehens oder Nichtbestehens der elterlichen Sorge nach § 640 Abs. 2 Nr. 5 ZPO aF), gehören zu den „Kindschaftssachen" iSv. § 151 unter Anlehnung an die bisherige Regelung in § 23b Abs. 1 Satz 2 Nr. 2 bis 4 GVG aF (= § 621 Abs. 1 Nr. 1 bis 3 ZPO aF) alle Verfahren, die die elterliche Sorge (§ 151 Nr. 1), das Umgangsrecht (§ 151 Nr. 2) sowie die Kindesherausgabe (§ 151 Nr. 3) betreffen. Darüber hinaus werden ein Teil der bisher in § 23b Abs. 1 Satz 2 Nr. 14 GVG aF (= § 621 Abs. 1 Nr. 12 ZPO aF) geregelten Familiensachen sowie weitere bislang überwiegend dem Vormundschaftsgericht zugewiesene Verfahren erfasst, welche die Vormundschaft (§ 151 Nr. 4), die Pflegschaft oder die gerichtliche Bestellung eines sonstigen Vertreters für einen Minderjährigen (§ 151 Nr. 5), die Unterbringung Minderjähriger (§ 151 Nr. 6 und 7) sowie Maßnahmen nach dem Jugendgerichtsgesetz (§ 151 Nr. 8) betreffen.[3]

1 Zu Unterhaltsansprüchen vgl. § 231 Rz. 5. Daher ist auch der Scheinvaterregress als Familiensache einzuordnen, OLG Brandenburg v. 1.2.2007 – 10 WF 279/06, FamRZ 2007, 1994; OLG Koblenz v. 8.1.1999 – 15 SmA 1/99, FamRZ 1999, 658; aA OLG Jena v. 22.11.2002 – 12 SA 10/02, FamRZ 2003, 1125 (1126), mittlerweile wohl überholt ist BGH v. 20.12.1978 – IV ARZ 106/78, FamRZ 1979, 218 (219).
2 BT-Drucks. 16/6308, S. 233.
3 BT-Drucks. 16/6308, S. 233.

3. Nr. 3 – Abstammungssachen

Der neu eingeführte Begriff der Abstammungssachen wird in **§ 169** definiert. In der Sache umfasst er einerseits die Statusverfahren (§ 169 Nr. 1 und Nr. 4), die bisher in § 640 Abs. 2 Nr. 1 und 4 ZPO aF als Kindschaftssachen bezeichnet wurden, und andererseits die Ansprüche auf isolierte Klärung der Abstammung (§ 169 Nr. 2 und 3), die durch das am 1.4.2008 in Kraft getretene Gesetz zur Klärung der Vaterschaft unabhängig vom Anfechtungsverfahren[1] geschaffen wurden. 17

4. Nr. 4 – Adoptionssachen

Im Zuge der Ersetzung der Vormundschaftsgerichte durch Betreuungsgerichte wird die Zuständigkeit für alle Verfahren im Zusammenhang mit der Annahme als Kind unter dem in **§ 186** definierten Titel der Adoptionssachen auf die Familiengerichte übertragen. Wegen des Sachzusammenhangs werden auch Verfahren auf Befreiung vom Eheverbot der durch Annahme als Kind begründeten Verwandtschaft (§ 1308 Abs. 1 BGB), für die schon bisher die Familiengerichte zuständig waren, zu den Adoptionssachen gezählt (§ 186 Nr. 4). 18

5. Nr. 5 – Ehewohnungs- und Haushaltssachen

Die in **§ 200** enthaltene Definition umfasst alle Streitigkeiten nach §§ 1361a, 1361b BGB sowie §§ 1586a, 1586b BGB und entspricht damit der Sache nach der bisherigen Regelung in § 23b Abs. 1 Satz 2 Nr. 8 GVG aF (= § 621 Abs. 1 Nr. 7 ZPO aF). Die vom bisherigen Recht in Bezug genommene HausrVO wurde durch Art. 2 des Gesetzes zur Änderung des Zugewinnausgleichs- und Vormundschaftsrechts zum 1.9.2009 aufgehoben. Die materiellrechtlichen Bestimmungen der HausrVO wurden in das BGB überführt, das Verfahren in Ehewohnungs- und Haushaltssachen richtet sich nunmehr ausschließlich nach dem FamFG.[2] 19

6. Nr. 6 – Gewaltschutzsachen

Nach **§ 210** werden nunmehr unter Aufgabe der bisherigen Zuständigkeitsspaltung, die zu Abgrenzungsschwierigkeiten[3] führte, alle Verfahren nach §§ 1, 2 GewSchG dem Familiengericht als Gewaltschutzsachen zugewiesen. Damit entfällt die in § 23b Abs. 1 Satz 2 Nr. 8a GVG aF (= § 621 Abs. 1 Nr. 13 ZPO aF) enthaltene Einschränkung auf Verfahren, bei denen die Beteiligten einen auf Dauer angelegten gemeinsamen Haushalt führen oder innerhalb von sechs Monaten vor Antragstellung geführt haben. 20

7. Nr. 7 – Versorgungsausgleichssachen

Die in **§ 217** enthaltene Definition entspricht § 23b Abs. 1 Satz 2 Nr. 7 GVG aF (= § 621 Abs. 1 Nr. 6 ZPO aF). 21

8. Nr. 8 – Unterhaltssachen

§ 231 fasst die bisher in § 23b Abs. 1 Satz 2 Nr. 5, 6, 13 GVG aF (= § 621 Abs. 1 Nr. 4, 5, 11 ZPO aF) enthaltenen Gegenstände unter Einbeziehung der Verfahren nach § 3 22

1 BGBl. I 2008, S. 441.
2 Geändert durch Gesetz zur Änderung des Zugewinnausgleichs- und Vormundschaftsrechts vom 6.7.2009, BGBl. I, S. 1696.
3 Krit. etwa *Hecht*, FPR 2005, 13; *Viefhues*, FPR 2005, 32.

Abs. 2 Satz 3 BKGG und § 64 Abs. 2 Satz 3 EStG, für die bislang das VormG zuständig war, unter dem Begriff der Unterhaltssachen zusammen. Zur Qualifizierung der „klassischen"[1] Unterhaltssachen nach § 231 Abs. 1 als Familienstreitsachen vgl. § 112 Nr. 1.

9. Nr. 9 – Güterrechtssachen

23 **§ 261** fasst die bisher in § 23b Abs. 1 Satz 2 Nr. 9 und 10 GVG aF (= § 621 Abs. 1 Nr. 8 und 9 ZPO aF) enthaltenen Gegenstände unter Einbeziehung weiterer das Güterrecht betreffender Fragen (§§ 1365 Abs. 2, 1369 Abs. 2, 1426, 1430, 1452 BGB), für die bislang das VormG zuständig war, in der Kategorie der Güterrechtssachen zusammen. Zur Qualifizierung der Güterrechtssachen nach § 261 Abs. 1 als Familienstreitsachen vgl. § 112 Nr. 2.

10. Nr. 10 – sonstige Familiensachen

24 Für die in **§ 266** näher umschriebenen „sonstigen Familiensachen" waren bisher die allgemeinen Zivilgerichte zuständig, doch war die Zuweisung an die Familiengerichte in der Reformdiskussion vielfach gefordert worden (Rz. 2). In der Sache handelt es sich um Verfahrensgegenstände, die einen engen Bezug zu einem familienrechtlich geregelten Rechtsverhältnis (Verlöbnis, Ehe, Eltern-Kind-Verhältnis, Umgangsrecht) aufweisen oder im Zusammenhang mit dessen Auflösung stehen (§ 266 Abs. 1).[2] Große praktische Bedeutung besitzen vor allem die auf allgemeine vermögensrechtliche Anspruchsgrundlagen gestützten Ausgleichsansprüche zwischen Ehegatten bei Trennung und Scheidung (Gesamtschuldnerausgleich, Rückforderung von Darlehen, Geschenken und unbenannten Zuwendungen, Auseinandersetzung einer Ehegatteninnengesellschaft etc.). Daneben erfüllt die Kategorie auch noch eine gewisse „Lückenbüßerfunktion", wenn zu den sonstigen Familiensachen auch noch Verfahren nach § 1357 Abs. 2 BGB gezählt werden (§ 266 Abs. 2), für die bislang die Vormundschaftsgerichte zuständig waren. Zur Qualifizierung der „sonstigen Familiensachen" iSv. § 266 Abs. 1 als Familienstreitsachen vgl. § 112 Nr. 3.

11. Nr. 11 – Lebenspartnerschaftssachen

25 **§ 269** unterscheidet zwischen Lebenspartnerschaftssachen (Abs. 1) und sonstigen Lebenspartnerschaftssachen (Abs. 2 und 3), wobei die Kategorie der sonstigen Lebenspartnerschaftssachen den „sonstigen Familiensachen" iSv. § 266 Abs. 1 und Abs. 2 entspricht. Die Definition der Lebenspartnerschaftssachen in § 269 Abs. 1 stimmt weitgehend mit der bisherigen Regelung in § 661 ZPO aF überein (mit Ausnahme der Verfahren nach § 661 Abs. 1 Nr. 3 ZPO aF, welche die Verpflichtung zur Fürsorge und Unterstützung in der Lebensgemeinschaft zum Gegenstand haben und nunmehr den sonstigen Lebenspartnerschaftssachen iSv. § 269 Abs. 2 Nr. 2 zuzuordnen sind[3]). Parallel zur erweiterten Zuständigkeit des Familiengerichts auf dem Gebiet der Güterrechtssachen (vgl. § 261 Abs. 2) bezieht **§ 269 Abs. 1 Nr. 11** Verfahren nach §§ 1365 Abs. 2, 1369 Abs. 2 BGB iVm. § 6 LPartG und **§ 269 Abs. 1 Nr. 12** Verfahren nach §§ 1426, 1430, 1452 BGB iVm. § 7 LPartG in den Kreis der Lebenspartnerschaftssachen ein.

1 *Meyer-Seitz/Kröger/Heiter*, FamRZ 2005, 1430 (1436).
2 BT-Drucks. 16/6308, S. 262. Vgl. auch *Meyer-Seitz/Kröger/Heiter*, FamRZ 2005, 1430 (1437).
3 BT-Drucks. 16/6308, S. 263.

26 Damit spiegelt der Begriff der Lebenspartnerschaftssachen – wie bisher – den Katalog der Familiensachen wieder, soweit dieser für eingetragene Lebenspartner materiellrechtlich Relevanz besitzt. Es bleibt also bei der terminologischen Separierung,[1] obwohl die auf Lebenspartnerschaftssachen anwendbaren verfahrensrechtlichen Bestimmungen jeweils dem für die korrespondierende Familiensache einschlägigen Verfahrensregime zu entnehmen sind (§ 270). Zur Einordnung der Lebenspartnerschaftssachen iSv. § 269 Abs. 1 Nr. 7 bis 9 und Abs. 2 als Familienstreitsachen vgl. § 112 Nr. 1 bis 3.

III. Familiensachen kraft Sachzusammenhangs

27 Zwar handelt es sich bei der Aufzählung in § 111 grundsätzlich um eine abschließende Regelung, doch zählen auch solche Verfahren zu den Familiensachen, die auf eine **allgemeine Rechtsgrundlage** gestützt werden, die nicht unmittelbar oder ausschließlich den aufgezählten Sachgebieten zuzurechnen ist, wenn materiellrechtlich oder verfahrensrechtlich gleichwohl ein **enger sachlicher Zusammenhang** mit den Katalogstreitigkeiten besteht. Im Hinblick auf den mit der Einrichtung eigenständiger Abteilungen verfolgten Zweck, deren besondere Sachkunde für Familiensachen nutzbar zu machen, muss gefragt werden, ob durch die Zuweisung an die allgemeinen Prozessabteilungen sachlich Zusammenhängendes sinnwidrig auseinander gerissen würde,[2] doch darf der hierbei anzulegende Maßstab nicht zu großzügig sein, um die Familiengerichte nicht von ihren eigentlichen Aufgaben abzulenken.

1. Materiellrechtlicher Zusammenhang

a) Vorbereitende Ansprüche

28 Ansprüche auf **Auskunft**[3] und **Herausgabe von Unterlagen**[4] sind Familiensachen, selbst wenn sie keine spezifisch familienrechtliche Grundlage besitzen, sondern aus allgemeinen Prinzipien abzuleiten sind (§ 242 BGB), soweit sie der **Prüfung oder Durchsetzung eines familienrechtlichen Anspruchs** dienen.[5] Wird Auskunft über die Höhe familienrechtlicher Ansprüche verlangt, um einen **Schadensersatzanspruch gegen Dritte vorzubereiten** (zB Anwaltsregress), handelt es sich nicht um eine Familiensache.[6] Daher überzeugt es auch nicht, wenn wegen des Nachrangs von Sozialleistungen (ALG II, Sozialhilfe) hinter dem Anspruch aus § 1361 BGB auch der Anspruch gegen den Ehegatten auf Übergabe einer Verdienstbescheinigung aus § 1605 BGB abge-

1 Zum abweichenden Konzept des RefE I (2005): *Meyer-Seitz/Kröger/Heiter*, FamRZ 2005, 1430 (1435).
2 OLG Hamm v. 26.4.1991 – 9 WF 121/91, NJW-RR 1991, 1349; Zöller/*Philippi*, § 621 ZPO Rz. 4.
3 BGH v. 4.3.1981 – IVb ZB 662/80, FamRZ 1981, 533 (§ 1587e Abs. 1 BGB); OLG Bamberg v. 18.3.1980 – 7 WF 19/80, FamRZ 1980, 811 (§ 1578e Abs. 1 BGB); BGH v. 19.5.1982 – IVb ZB 80/82, NJW 1982, 1651 (§ 1605 BGB); OLG Zweibrücken v. 21.2.1996 – 5 WF 21/96, FamRZ 1996, 1288 (§ 1605 BGB); OLG Hamm v. 14.5.1999 – 6 UF 16/99, FamRZ 2000, 362 (§ 1379 BGB); OLG Köln v. 8.8.1994 – 25 WF 147/94, NJW-RR, 1995, 644 (§ 1379 BGB); OLG Stuttgart v. 3.7.1979 – 17 UF 114/79, FamRZ 1979, 809 (§ 1435 Satz 2 BGB).
4 OLG Koblenz v. 2.6.1981 – 13 SmA 4/81, FamRZ 1981, 992 (§ 1605 BGB).
5 OLG Düsseldorf v. 25.4.1985 – 3 WF 55/85, FamRZ 1985, 721 (güterrechtliche Ansprüche gegen Dritte); OLG Hamm v. 5.4.2005 – 2 Sdb (FamS) Zust. 5/05, FamRZ 2005, 1844 (1845) (Scheinvaterregress).
6 BGH v. 8.2.1984 – IVb ZR 42/82, FamRZ 1984, 465 (466).

leitet und auf diese Weise als Familiensache eingeordnet wird.[1] Zum Auskunftsanspruch aus § 836 Abs. 3 ZPO vgl. Rz. 40.

b) Sekundäransprüche

29 Ansprüche auf Rückgewähr, Schadensersatz oder Freistellung sind regelmäßig Familiensachen, soweit sie als Sekundäransprüche aus einem familienrechtlichen Verhältnis resultieren. So sind Ansprüche aus **ungerechtfertigter Bereicherung** Familiensachen, wenn der vermeintliche oder fortgefallene Rechtsgrund familienrechtlicher Natur ist.[2] Bei **Schadensersatz- und Freistellungsansprüchen** ist entscheidend, ob der Bestand und die Höhe eines familienrechtlichen Anspruchs den Schwerpunkt der Auseinandersetzung bilden.[3] Damit ist auch die (selbständige) Geltendmachung von Anwaltsgebühren im Wege des Verzugsschadensersatzes Familiensache, soweit sie zur Durchsetzung einer Familiensache angefallen sind.[4] Nach diesen Maßstäben musste auch ein Schadensersatzanspruch wegen Vereitelung von Umgangskontakten entgegen der Ansicht des BGH[5] schon nach bisherigem Recht als Familiensache qualifiziert werden.[6] Durch die Einordnung als sonstige Familiensache iSv. § 266 Abs. 1 Nr. 5 wurde dies nun klargestellt.[7]

1 BayObLG v. 26.3.1985 – Allg. Reg. 15/85; FamRZ 1985, 945 (947); aA Zöller/*Philippi*, § 621 ZPO Rz. 5.

2 **Unterhalt:** BGH v. 3.5.1978 – IV ARZ 26/78, FamRZ 1978, 582 (584 f.); OLG München v. 15.6.1978 – 26 AR 12/78, FamRZ 1978, 601 (Prozesskostenvorschuss); OLG Stuttgart v. 15.7.1980 – 18 UF 106/80, FamRZ 1981, 36 (Prozesskostenvorschuss); Familiensache ist daher auch der Anspruch auf Räumung und Herausgabe von Wohnraum, der bisher als Naturalunterhalt zur Verfügung gestellt wurde (Zöller/*Philippi*, § 621 ZPO Rz. 8; aA OLG Frankfurt v. 10.12.1982 – 1 WF 189/82, FamRZ 1983, 200). **Zugewinn:** OLG Hamm v. 17.10.1979 – 5 WF 484/79, FamRZ 1979, 1036.

3 **Unterhalt:** OLG Hamm v. 26.4.1991 – 9 WF 121/91, NJW-RR 1991, 1349 (Verschweigen von Einkünften); OLG Karlsruhe v. 26.6.1978 – 16 WF 20/78, FamRZ 1979, 170 (Verletzung einer Auskunftspflicht); OLG Köln v. 7.8.1986 – 14 UF 55/86, FamRZ 1986, 1111 (1112) und OLG Hamm v. 11.6.2008 – 2 Sdb (Fam.S.) Zust. 12/08, FamRZ 2008, 2040 (2041) (Verweigerung der Zustimmung zum Realsplitting); OLG Hamm v. 11.6.2008 – 2 Sdb (Fam.S.) Zust. 12/08, FamRZ 2008, 2040 (2041) (verweigerte Zustimmung zur gemeinsamen Veranlagung zur Einkommenssteuer bisher keine Familiensache; vgl. jetzt § 266 Rz. 42); OLG Zweibrücken v. 6.9.1999 – 5 WF 92/99, FamRZ 2000, 497 (Verletzung einer Freistellungsvereinbarung; aA OLG Schleswig v. 17.8.1981 – 8 WF 162/81, SchlHA 1982, 76); BGH v. 9.2.1994 – XII ARZ 1/94, FamRZ 1994, 626 (Nichtgeltendmachung bzw. abredewidrige Verwendung von Leistungen aus privater Krankenversicherung); OLG Karlsruhe v. 8.12.1981 – 16 WF 181/81, FamRZ 1982, 400 f. (Klage aus § 826 BGB gegen Titel); OLG Hamm v. 3.2.1988 – 6 UF 496/87, FamRZ 1988, 952 (Verzug); OLG Düsseldorf v. 23.11.1987 – 2 UFH 17/87, FamRZ 1988, 298 (299) (Anspruch aus § 717 Abs. 2 ZPO); **Güterrecht:** OLG Köln v. 14.12.1992 – 16 W 62/92, FamRZ 1993, 713 (Nutzungsentschädigung für eingebrachten Gegenstand bei Gütergemeinschaft); **Haushaltsgegenstände:** LG München II v. 16.10.1991 – 11 O 4082/91, FamRZ 1992, 335 f. (grundlegend); OLG Zweibrücken v. 16.11.2004 – 2 AR 33/04, FamRZ 2006, 431; OLG Schleswig v. 6.1.2003 – 2 W 220/02, FamRZ 2003, 1199 (1200); OLG Karlsruhe v. 5.11.1999 – 11 AR 38/99, FamRZ 2000, 1168 (Schadensersatz wegen Nichterfüllung eines titulierten Herausgabeanspruchs).

4 OLG Dresden v. 21.4.2006 – 21 ARf 8/06, FamRZ 2006, 1128; OLG München v. 21.12.2005 – 16 WF 1872/05, FamRZ 2006, 721; OLG Saarbrücken v. 13.10.2008 – 9 WF 85/08, FPR 2009, 189; OLG Frankfurt v. 31.3.2008 – 3 WF 85/08, FamRB 2009, 46 (*Krause*); OLG Braunschweig v. 17.4.1979 – 1 W 3/79, FamRZ 1979, 719 (720).

5 BGH v. 19.6.2002 – XII ZR 173/00, FamRZ 2002, 1099.

6 OLG Karlsruhe v. 21.12.2001 – 5 UF 78/01, FamRZ 2002, 1056.

7 BT-Drucks. 16/6308, S. 263.

c) Honorarklage des Verfahrensvertreters

Die Klage des Rechtsanwalts auf Zahlung seines Honorars für ein Mandat in einer Familiensache ist selbst dann, wenn sie im Gerichtsstand des Hauptprozesses (§ 34 ZPO) erhoben wird, keine Familiensache, denn der Vergütungsanspruch resultiert allein aus dem Anwaltsvertrag iSv. §§ 675, 611 BGB und stellt auch **keinen Annex** zum familiengerichtlichen Verfahren dar.[1] 30

d) Unselbständige vertragliche Ansprüche

Vertraglich vereinbarte Ansprüche, die familienrechtliche Rechtsbeziehungen iSv. § 111 konkretisieren und ergänzen, sind ebenfalls Familiensachen.[2] Soweit Unterhaltsvereinbarungen keine vom Gesetz vollkommen losgelösten und selbständigen Ansprüche schaffen, verlieren sie nicht die Qualität als „gesetzliche" Unterhaltsansprüche iSv. § 111 Nr. 8 iVm. § 231 Abs. 1 (vgl. auch § 231 Rz. 5 f.).[3] Werden in einer Scheidungsfolgenvereinbarung Regelungen getroffen, die sowohl Familiensachen als auch Nicht-Familiensachen betreffen, so handelt es sich, soweit eine ausschließliche Zuordnung der einzelnen Ansprüche zu einem der Bereiche nicht möglich ist, insgesamt um eine Familiensache (vgl. auch Rz. 10 und § 261 Rz. 19).[4] 31

e) Allgemeine vermögensrechtliche Ansprüche

Allgemeine vermögensrechtliche Ansprüche, die keine spezifisch familienrechtliche Basis besitzen (Ansprüche aus Vertrag,[5] Schenkung,[6] Gesamtschuldnerausgleich,[7] gemeinsamen Konten,[8] unberechtigter Einziehung fremder Forderungen,[9] (Innen)Gesellschaft,[10] 32

1 BGH v. 29.1.1986 – IVb ZR 8/85, FamRZ 1986, 347 (348); OLG Frankfurt v. 25.9.1984 – AR 45/84, FamRZ 1984, 1119; OLG Hamm v. 14.8.1981 – 6 UF 281/81, FamRZ 1981, 1089; OLG Zweibrücken v. 10.11.1981 – 2 AR 21/81, FamRZ 1982, 85 f.; OLG Koblenz v. 29.4.1983 – 15 SmA 1/83, FamRZ 1983, 1253; OLG Dresden v. 21.4.2006 – 21 ARf 8/06, FamRZ 2006, 1128.

2 OLG Zweibrücken v. 2.8.1996 – 5 WF 83/96, FamRZ 1997, 32 (33) (Umgangskosten); BGH v. 29.9.1983 – IX ZR 107/82, FamRZ 1984, 35 (36) (güterrechtliche Auseinandersetzung).

3 BGH v. 5.11.2008 – XII ZR 103/07, FamRZ 2009, 219 (220 f.); BGH v. 29.10.1997 – XII ARZ 25/97, NJW-FER 1998, 63 (Kosten der Ehescheidung); BGH v. 29.11.1978 – IV ZR 74/78, FamRZ 1979, 220 und BGH v. 7.3.1979 – IV ZB 162/78, FamRZ 1979, 907 (Vergleich über Ehegattenunterhalt); BGH v. 20.12.1978 – IV ARZ 74/78, FamRZ 1979, 217 (218) (Freistellungsvereinbarung und Erstattung erbrachten Unterhalts); BayObLG v. 24.2.1983 – Allg. Reg. 62/82, FamRZ 1983, 1246 (1247) (Vereinbarung über Kindesunterhalt); BGH v. 13.1.1982 – IVb ARZ 571/81, FamRZ 1982, 262 (263) (güterrechtliche Beziehungen). Keine Familiensache demgegenüber rein vertragliche Unterhaltsvereinbarung: BGH v. 28.6.1978 – IV ZB 82/78, FamRZ 1978, 674 und OLG Hamm v. 20.8.1990 – 29 W 101/89, FamRZ 1991, 443 f.; Vereinbarung über Freistellung von Schulden: BGH v. 26.3.1980 – IV ARZ 14/80, FamRZ 1980, 671.

4 BGH v. 25.6.1980 – IVb ARZ 505/80, FamRZ 1980, 878 (879).

5 KG v. 22.5.2008 – 2 AR 26/08, FamRZ 2008, 2039.

6 OLG Köln v. 18.2.1994 – 27 W 2/94, FamRZ 1995, 236.

7 BGH v. 30.9.1987 – IVb ZR 94/86, FamRZ 1987, 1239 f.; BGH v. 13.7.1988 – IVb ZR 96/87, FamRZ 1988, 1031; OLG Köln v. 29.1.2004 – 14 W 1/04, FamRZ 2004, 1584 (1585); OLG Koblenz v. 23.10.2001 – 11 UF 771/00, FPR 2003, 25 (Türkei).

8 OLG Naumburg v. 23.7.2008 – 8 AR 6/08, FamRZ 2008, 2215 f.; OLG Zweibrücken v. 9.12.1986 – 7 U 96/86, FamRZ 1987, 1138; OLG Karlsruhe v. 14.12.1989 – 11 U 75/89, FamRZ 1990, 629.

9 BGH v. 9.7.1980 – IVb ARZ 527/80, FamRZ 1980, 988 (989).

10 BGH v. 8.7.1981 – IVb ARZ 532/81, FamRZ 1981, 1047; OLG Zweibrücken v. 21.2.2001 – 4 W 8/01, FamRZ 2001, 1011 f.

Delikt,[1] (Mit)Eigentum[2] etc.), sind regelmäßig nur dann Familiensachen, **wenn sie als sonstige Familiensachen** im Zusammenhang mit der Auflösung eines Verlöbnisses (§ 266 Abs. 1 Nr. 1) oder einer Ehe (§ 266 Abs. 1 Nr. 3) stehen (vgl. § 266 Rz. 34 ff.). Nur in seltenen Ausnahmefällen kann das Verfahren einem der anderen Katalogstreitigkeiten zugeordnet werden, wenn der Anspruch zwar in ein allgemein zivilrechtliches Gewand gekleidet, doch der Schwerpunkt der Auseinandersetzung auf einer (Vor)Frage liegt, die zu den Sachmaterien der § 111 Nr. 1 bis 9 und 11 zählt. So handelt es sich etwa um eine Güterrechtssache, wenn wegen Verstoßes gegen § 1365 BGB ein auf §§ 894, 985 iVm. § 1368 BGB gestützter Anspruch gegen einen Dritten geltend gemacht wird.[3]

2. Verfahrensrechtlicher Zusammenhang

a) Beratungs- und Verfahrenskostenhilfe

33 Die **Verfahrenskostenhilfe** teilt die Rechtsnatur der Hauptsache, denn sie ist gem. § 117 Abs. 1 Satz 1 ZPO (iVm. § 76 Abs. 1 bzw. § 113 Abs. 1 Satz 2 FamFG) beim „Prozessgericht" zu beantragen und setzt die Prüfung der Erfolgsaussichten voraus.[4] Demgegenüber ist die Festsetzung einer Vergütung des Verfahrensbevollmächtigten im Verfahren der **Beratungshilfe** keine Familiensache, weil hierfür keine speziellen familienrechtlichen Kenntnisse erforderlich sind.[5]

b) Zwischen- und Nebenverfahren

34 **Ablehnungsgesuche** gegen Richter und Sachverständige folgen in ihrer rechtlichen Qualifikation der Einordnung der Hauptsache als Familiensache.[6] Der nur noch in Ausnahmefällen (Rz. 50 und 64) nach § 36 Abs. 1 Nr. 6 ZPO zu lösende **Kompetenzkonflikt** zwischen den allgemeinen Prozessabteilungen und den Abteilungen für Familiensachen ist, soweit nicht der Geschäftsverteilungsplan des OLG eine ausdrückliche Zuständigkeitsregelung vorsieht, wegen der besonderen Sachkompetenz den Familiensenaten zugewiesen.[7]

---

1 BGH v. 4.7.2000 – VI ZR 192/99, FamRZ 2001, 86 f.; BGH v. 26.9.1979 – IV ARZ 23/79, FamRZ 1980, 45 (46); OLG Brandenburg v. 25.9.2006 – 9 AR 7/06, FamRZ 2007, 293 (294).

2 BGH v. 9.7.1980 – IVb ARZ 527/80, FamRZ 1980, 988; OLG Brandenburg v. 29.6.2000 – 9 U 4/00, FamRZ 2001, 427 (428); OLG Frankfurt v. 14.3.1988 – 1 UFH 4/88, FamRZ 1989, 75 (76); OLG Hamm v. 25.5.1992 – 8 WF 160/92, FamRZ 1993, 211 f.; OLG Köln v. 6.2.1992 – 1 U 51/91, FamRZ 1992, 832 (833); BayObLG v. 18.9.1979 – Allg. Reg. 50/79, FamRZ 1980, 468 (469); OLG Düsseldorf v. 25.3.1998 – 3 WF 246/97, FamRZ 1999, 856; OLG München v. 19.4.1982 – 26 AR 4/82, FamRZ 1982, 942 (943).

3 OLG Celle v. 29.1.1987 – 12 UF 122/86, FamRZ 1987, 942 (943); OLG Hamm v. 10.8.2000 – 22 W 38/00, NJW-RR 2001, 869; Zöller/*Philippi*, § 621 ZPO Rz. 3a.

4 BGH v. 31.1.1979 – IV ARZ 111/78, FamRZ 1979, 421 (nicht, wenn Gericht der Hauptsache das Vollstreckungsgericht ist); BayObLG v. 26.3.1985 – 15/85, FamRZ 1985, 945 (947).

5 BGH v. 16.5.1984 – IVb ARZ 20/84, FamRZ 1984, 774 (775); OLG Nürnberg v. 30.3.2004 – 7 WF 719/04, FamRZ 2005, 740; MüKo.ZPO/*Bernreuther*, § 621 ZPO Rz. 126.

6 BGH v. 4.4.1979 – IV ARZ 112/78, FamRZ 1979, 472.

7 OLG Brandenburg v. 25.9.2006 – 9 AR 7/06, FamRZ 2007, 293; OLG Rostock v. 22.9.2003 – 10 WF 134/03, FamRZ 2004, 650; OLG Rostock v. 10.9.2003 – 10 WF 142/03, FamRZ 2004, 956 (957); Zöller/*Philippi*, § 621 ZPO Rz. 10; aA OLG Karlsruhe v. 7.12.1999 – 19 AR 20/99, FamRZ 2000, 568; Stein/Jonas/*Roth*, § 36 ZPO Rz. 11.

c) Eil-, Hilfs- und Sicherungsverfahren

35 Der **Arrest** teilt die rechtliche Qualität des zu sichernden Hauptanspruchs.[1] Entsprechendes gilt für **einstweilige Anordnungen** nach §§ 49 ff. Auch wenn sich der Antragsteller nicht an das Gericht der Hauptsache (§ 919, 1. Alt. ZPO, § 50 Abs. 1 FamFG) wendet, sondern von der Belegenheits- bzw. Aufenthaltszuständigkeit nach § 919 2. Alt ZPO oder der Eilzuständigkeit nach § 50 Abs. 2 Satz 1 FamFG Gebrauch macht, entscheidet das Familiengericht (§ 119 Rz. 2 und 8).

36 Für das **selbständige Beweissicherungsverfahren** in einer Familiensache ist gem. § 486 Abs. 1 ZPO das Familiengericht als Gericht der Hauptsache zuständig, soweit bereits ein Rechtsstreit anhängig ist. Auch außerhalb eines anhängigen Verfahrens ist nach § 486 Abs. 2 ZPO grundsätzlich das Familiengericht zuständig, wenn es auch über die Hauptsache zu entscheiden hätte.[2] Soweit jedoch die Eilzuständigkeit nach § 486 Abs. 3 ZPO in Anspruch genommen wird, kommt dem zugrunde liegenden materiellrechtlichen Anspruch kein entscheidendes Gewicht mehr zu. Dann handelt es sich um ein allgemeines verfahrensrechtliches Instrument, das nicht als Familiensache anzusehen ist.[3]

37 Die nach § 157 Abs. 1 GVG in Familiensachen zu leistende **Rechtshilfe** ist eine selbständige Aufgabe des Amtsgerichts, die mangels ausdrücklicher Zuweisung durch den Geschäftsverteilungsplan nicht automatisch den Abteilungen für Familiensachen zugewiesen ist.[4] Lehnt am ersuchten Rechtshilfegericht eine Abteilung für Familiensachen die Durchführung des Rechtshilfeersuchens ab, entscheidet nach § 159 Abs. 1 GVG der Familiensenat des OLG.[5]

d) Kostenfestsetzung

38 Das Kostenfestsetzungsverfahren in einer Familiensache ist gleichfalls als Familiensache anzusehen, weil sonst die **Einheitlichkeit des Rechtsmittelzugs** mit der Hauptsache nicht gewahrt werden könnte.[6] Bestellt das Familiengericht einem Kind einen Verfahrensbeistand nach § 158, hat es auch über die Festsetzung von Vergütung und Aufwendungsersatz zu entscheiden (§ 158 Abs. 7 iVm. § 277).[7]

e) Zwangsvollstreckung

39 Die Zuständigkeit des Familiengerichts ist ohne weiteres immer dann gegeben, wenn für Angelegenheiten der Zwangsvollstreckung nach §§ 95 Abs. 1, 120 Abs. 1 FamFG iVm. §§ 704 ff. ZPO ausdrücklich die Zuständigkeit des **Prozessgerichts des ersten Rechtszugs** angeordnet ist. Dies ist etwa der Fall für die Ermächtigung zur Ersatzvor-

1 BGH v. 10.10.1979 – IV ARZ 52/79, FamRZ 1980, 46; OLG Düsseldorf v. 18.6.1993 – 3 UF 192/92, NJW-RR 1994, 453; OLG Frankfurt v. 10.11.1987 – 1 UFH 22/87, FamRZ 1988, 184.

2 Wieczorek/Schütze/*Kemper*, § 621 ZPO Rz. 117. Demgegenüber ist LG Lüneburg v. 4.10.1983 – 1 T 114/83, FamRZ 1984, 69 durch Neufassung von § 486 ZPO teilweise überholt.

3 LG Lüneburg v. 4.10.1983 – 1 T 114/83, FamRZ 1984, 69; Wieczorek/Schütze/*Kemper*, § 621 ZPO Rz. 117; aA offenbar Baumbach/*Hartmann*, § 111 FamFG Rz. 4.

4 OLG Stuttgart v. 16.1.1984 – 18 AR 15/83, FamRZ 1984, 716; Zöller/*Philippi*, § 621 ZPO Rz. 13; Wieczorek/Schütze/*Kemper*, § 621 ZPO Rz. 119.

5 OLG Frankfurt v. 27.2.1984 – 1 UFH 26/83, FamRZ 1984, 1030.

6 BGH v. 3.5.1978 – IV ARZ 39/78, FamRZ 1978, 585 (586); BGH v. 15.10.1980 – IVb ZR 503/80, FamRZ 1981, 19 (21); BGH v. 18.12.1991 – XII ZB 128/91, FamRZ 1992, 538; MüKo.ZPO/*Bernreuther*, § 621 ZPO Rz. 125.

7 BGH v. 20.6.2007 – XII ZB 220/04, FamRZ 2007, 1548.

nahme nach § 887 Abs. 1 ZPO,[1] die Festsetzung von Zwangsgeld und Zwangshaft nach § 888 Abs. 1 ZPO[2] sowie die Verhängung von Ordnungsmitteln nach § 890 ZPO.[3] Für Vollstreckungsmaßnahmen nach §§ 88 ff. sind in Familiensachen die Familiengerichte zuständig.[4] Auch der Antrag auf Einwilligung in die Auszahlung des nach § 839 ZPO hinterlegten Betrags ist eine Familiensache.[5]

40 Ist demgegenüber für Maßnahmen der Zwangsvollstreckung das **Amtsgericht als Vollstreckungsgericht** zuständig (§ 828 ZPO), besteht keine Zuständigkeit des Familiengerichts, weil die entsprechenden Verfahren in erster Linie Kenntnisse auf dem Gebiet des Zwangsvollstreckungsrechts und nicht familienrechtliche Spezialkenntnisse erfordern.[6] Das Vollstreckungsgericht ist beispielsweise zuständig für die Abgabe der eidesstattlichen Versicherung gem. § 889 Abs. 1 ZPO.[7] Der Anspruch des Unterhaltsgläubigers gegen den Unterhaltsschuldner auf **Auskunftserteilung gem. § 836 Abs. 3 ZPO** bezieht sich auf die gepfändete und überwiesene behauptete Forderung und betrifft demnach keine Familiensache.[8]

41 Für die **Vollstreckungserinnerung** nach § 766 ZPO ist das Vollstreckungsgericht zuständig.[9] Ob es sich bei der dem Prozessgericht zugewiesenen **Vollstreckungsabwehrklage** nach § 767 ZPO um eine Familiensache handelt, richtet sich nach der Rechtsnatur des titulierten Anspruchs.[10] Wird die Klage gegen einen Titel gerichtet, der keine Familiensache betrifft, aber auf die Aufrechnung mit einem familienrechtlichen Anspruch gestützt wird, so bleibt es – angesichts des klaren Wortlauts des § 767 Abs. 1 ZPO – bei der Einordnung als Nicht-Familiensache.[11] Die **Drittwiderspruchsklage** nach § 771 ZPO ist nur dann Familiensache, wenn das die Veräußerung hindernde Recht familienrechtlicher Natur ist.[12] Demgegenüber handelt es sich bei der Widerspruchsklage nach § 774 ZPO nicht um eine Familiensache, weil ihr Gegenstand

1 OLG Hamburg v. 19.1.1983 – 16 WF 3/83, FamRZ 1983, 1252 f.

2 OLG Schleswig v. 7.8.1981 – 8 WF 175/81, SchlHA 1981, 190; OLG Düsseldorf v. 9.11.1977 – 2 WF 165/77, FamRZ 1978, 129 (130).

3 OLG Düsseldorf v. 24.2.1981 – 5 UF 257/80, FamRZ 1981, 577.

4 BGH v. 4.10.1989 – IVb ARZ 26/89, FamRZ 1990, 35 (36); BGH v. 25.1.1978 – IV ZB 72/77, FamRZ 1978, 330; BGH v. 14.5.1986 – IVb ARZ 19/86, FamRZ 1986, 789; BGH v. 1.6.1988 – IVb ARZ 26/88, FamRZ 1988, 1256; BayObLG v. 10.7.2000 – 1 Z BR 195/99, FamRZ 2000, 1605 (Ls.).

5 OLG Düsseldorf v. 23.11.1987 – 2 UFH 17/87, FamRZ 1988, 298.

6 BGH v. 31.1.1979 – IV ARZ 111/78, FamRZ 1979, 421; OLG Celle v. 13.9.1978 – 8 jw 382/78, FamRZ 1979, 57; OLG Düsseldorf v. 20.3.1978 – 1 WF 85/78, NJW 1978, 1012.

7 OLG Frankfurt v. 30.7.2003 – 3 WF 177/03, FamRZ 2004, 129.

8 OLG Nürnberg v. 23.2.1979 – 7 W 32/79, FamRZ 1979, 524.

9 OLG Düsseldorf v. 8.3.1978 – 2 WF 54/78, FamRZ 1978, 913 (914); OLG Düsseldorf v. 1.9.1977 – 2 WF 109/77, FamRZ 1977, 725 (726).

10 BGH v. 14.6.1978 – IV ARZ 31/78, FamRZ 1978, 672 (673); BGH v. 17.10.1979 – IV ARZ 42/79, FamRZ 1980, 47; BGH v. 11.7.1979 – IV ZR 165/78, FamRZ 1979, 910 (911); BGH v. 18.12.1991 – XII ZB 128/91, FamRZ 1992, 538; OLG Köln v. 23.11.1998 – 13 W 68/98, FamRZ 2000, 364.

11 OLG Hamm v. 21.3.1997 – 7 WF 127/97, FamRZ 1997, 1493; Zöller/*Philippi*, § 621 ZPO Rz. 17a; aA OLG Hamm v. 2.5.1989 – 2 Sdb (Zust) 7/89, FamRZ 1989, 875 (876).

12 OLG Hamburg v. 19.6.1984 – 12 WF 88/84, FamRZ 1984, 804 (805); Übernahmerecht nach **§ 1477 Abs. 2 BGB**: BGH v. 5.6.1985 – IVb ZR 34/84, FamRZ 1985, 903 (904); OLG Frankfurt v. 7.2.1985 – 21 UF 172/84, FamRZ 1985, 403 (404); Veräußerungsverbot nach **§ 1365 BGB**: OLG München v. 4.8.1999 – 3 W 2133/99, FamRZ 2000, 365; OLG Köln v. 7.1.2000 – 25 UF 194/99, FamRZ 2000, 1167; OLG Bamberg v. 8.12.1999 – 2 WF 159/99, FamRZ 2000, 1167; OLG Hamburg v. 9.3.2000 – 2 WF 23/00, FamRZ 2000, 1290; OLG Hamm v. 13.1.1995 – 3 WF 429/94, FamRZ 1995, 1072 (1073); aA OLG Stuttgart v. 10.12.1981 – 18 WF 374/81, FamRZ 1982, 401.

lediglich die (Un-)Zulässigkeit der Zwangsvollstreckung in das in Frage stehende Objekt und nicht eine materielle Rechtsposition ist.[1] Auch die Klage auf Unterlassung der Zwangsvollstreckung aus **§ 826 BGB**[2] sowie die **negative Feststellungsklage**, dass der Vollstreckungstitel keinen vollstreckungsfähigen Inhalt hat,[3] teilen die rechtliche Natur des Titels, gegen den sie sich richten.

Die **Vollstreckungsklausel** wird in Familiensachen nach § 724 Abs. 2 ZPO vom Urkundsbeamten des Familiengerichts erteilt. Über Erinnerungen und Beschwerden gegen die Erteilung der Vollstreckungsklausel oder gegen die Ablehnung der Erteilung entscheidet nach § 732 Abs. 1 ZPO das Prozessgericht.[4] Auch die Titelumschreibung nach §§ 727 ff. ZPO fällt in die Zuständigkeit des Familiengerichts.[5] 42

Die **Vollstreckbarerklärung einer ausländischen Entscheidung** nach § 110 Abs. 2, die – gemessen an den Maßstäben des inländischen Rechts – in einer Familiensache ergangen ist, ist ihrerseits Familiensache, denn es sind Anerkennungshindernisse zu prüfen (§ 110 Abs. 1), die einen engen Zusammenhang zu der jeweiligen familienrechtlichen Sachmaterie aufweisen.[6] Zur Vollstreckbarerklärung von Titeln nach dem HUntVÜ 1958 durch das Familiengericht Anh. § 245 Rz. 129. Demgegenüber ist für die Vollstreckbarerklärung nach dem HUntVÜ 1973 nach § 3 AVAG der Vorsitzende einer Kammer für Zivilsachen am Landgericht zuständig (vgl. Anh. § 245 Rz. 125).[7] Das Gleiche gilt für die Vollstreckbarerklärung von Unterhaltstiteln nach Art. 39 Abs. 1 iVm. Anhang II Brüssel I-VO.[8] Die hiergegen nach Art. 43 Abs. 2 und Abs. 3 Brüssel I-VO iVm. §§ 11 ff., 55 Abs. 1 AVAG statthafte Beschwerde zum OLG (vgl. Anh. § 245 Rz. 113) ist ebenfalls Familiensache.[9] Auch für das **besondere Anerkennungsverfahren für ausländische Entscheidungen** nach § 108 Abs. 2 sind die Familiengerichte zuständig, wenn sie nach deutschem (Verfahrens-)Recht für den Erlass einer entsprechenden Entscheidung zuständig gewesen wären (§ 108 Rz. 57). 43

f) Abänderungs- und Wiederaufnahmeverfahren

Für die Qualifizierung eines Abänderungsantrags nach §§ 248 ff. oder § 113 Abs. 1 Satz 2 FamFG iVm. § 328 ZPO als Familiensache kommt es auf die Rechtsnatur des titulierten Anspruchs an.[10] Zum Wiederaufnahmeverfahren vgl. § 118 Rz. 3. 44

---

1 BGH v. 20.12.1978 – IV ARZ 85/78, FamRZ 1979, 219.
2 OLG Düsseldorf v. 17.9.1979 – 4 WF 160/79, FamRZ 1980, 376 (377); OLG Karlsruhe v. 8.12.1981 – 16 WF 181/81, FamRZ 1982, 400 f.
3 OLG Karlsruhe v. 23.8.2004 – 16 WF 75/04, FamRZ 2005, 377.
4 OLG Hamburg v. 15.12.1981 – 15 WF 266/81 U, FamRZ 1982, 426 f.; OLG Hamburg v. 29.6.1981 – 15 WF 89/81, FamRZ 1981, 980; OLG Hamm v. 27.6.1979 – 6 UF 313/79, FamRZ 1979, 848; OLG Düsseldorf v. 14.4.1978 – 2 WF 56/78, FamRZ 1978, 427.
5 OLG Bremen v. 1.8.1979 – 5 WF 76/79, FamRZ 1980, 725; BGH v. 30.6.1993 – XII ARZ 18/93, FamRZ 1994, 27 (zur Umschreibung von Alttiteln).
6 Zu § 722 ZPO: BGH v. 9.7.1980 – IVb ARZ 533/80, NJW 1980, 2025; BGH v. 6.11.1985 – IVb ZR 73/84, FamRZ 1986, 45 f. Vollstreckbarerklärung eines Titels der freiwilligen Gerichtsbarkeit: BGH v. 13.7.1983 – IVb ZB 31/83, FamRZ 1983, 1008 (1009); OLG Hamm v. 4.12.1986 – 1 UF 475/86, FamRZ 1987, 506; OLG München v. 16.9.1992 – 12 UF 930/92, FamRZ 1993, 349 (350).
7 OLG Köln v. 9.1.1995 – 16 W 72/94, FamRZ 1995, 1430; KG v. 1.8.1990 – 24 W 3718/90, FamRZ 1990, 1376.
8 OLG Köln v. 20.4.1995 – 16 W 67/94, FamRZ 1996, 115 f.
9 BGH v. 21.3.1990 – XII ZB 71/89, FamRZ 1990, 868.
10 BGH v. 13.1.1982 – IVb ARZ 571/81, FamRZ 1982, 262.

C. Zuständigkeitsordnung in Familiensachen

I. Zuständigkeit des Familiengerichts

45 Die **internationale Zuständigkeit** für Familiensachen ist – soweit nicht Rechtsakte der Europäischen Gemeinschaft oder völkervertragliche Abkommen Anwendung finden – in §§ 98–106 geregelt.

46 **Sachlich zuständig** ist für Familiensachen gem. § 23a Abs. 1 Nr. 1 GVG stets das **Amtsgericht.**[1] Die Zuweisung an die Abteilungen für Familiensachen folgt aus § 23b Abs. 1 GVG. Beide Vorschriften legen den Aufgabenkreis der Familiengerichte nicht (mehr) eigenständig fest (vgl. demgegenüber § 23b Abs. 1 Satz 2 GVG aF), so dass zur Konkretisierung des Begriffs „Familiensachen" jeweils auf den Katalog des § 111 zurückzugreifen ist. Da Familiengerichte keine eigenständigen Gerichte, sondern lediglich (unselbständige) Abteilungen der Amtsgerichte sind,[2] ist ihre Zuständigkeit für Familiensachen nach § 23b Abs. 1 GVG lediglich im Sinne einer zwingenden **gesetzlichen Geschäftsverteilung** zu verstehen, die vergleichbar mit der Geschäftsverteilung iSd. § 21e Abs. 1 Satz 1 GVG ist, aber auf Grund besonderer gesetzlicher Festlegung der Regelung des Präsidiums entzogen ist.[3] Für Familiengerichte mit mehreren Abteilungen ist die gerichtsinterne Zuständigkeitskonzentration gem. § 23b Abs. 2 GVG zu beachten, wonach alle Familiensachen, die denselben Personenkreis betreffen, derselben Abteilung zugewiesen werden sollen.

47 Gem. § 119 Abs. 2 GVG ist § 23b Abs. 1 GVG in **zweiter Instanz** entsprechend anwendbar. Daher entscheiden am Oberlandesgericht, welches gem. § 119 Abs. 1 Nr. 1a GVG für Beschwerden gegen Entscheidungen der Familiengerichte stets zuständig ist, besondere Senate für Familiensachen. Ihr Verhältnis zu den allgemeinen OLG-Senaten ist das Gleiche wie zwischen Familiengerichten und allgemeinen Prozessabteilungen der Amtsgerichte. **Rechtsbeschwerdeinstanz** ist stets der Bundesgerichtshof (§ 133 GVG). Zur Frage der Überprüfung der Qualifikation als Familiensache in der Rechtsmittelinstanz Rz. 12.

48 Von der sachlichen Zuständigkeit der Amtsgerichte in Familiensachen und den besonderen Regeln über die gesetzliche Geschäftsverteilung in § 23b Abs. 1 GVG zu unterscheiden ist die **funktionelle Zuständigkeit**, also die Frage, welches konkrete Rechtspflegeorgan (Einzelrichter, Spruchkörper, Rechtspfleger, Urkundsbeamter etc.) in der Sache tätig zu werden hat.

49 Die **örtliche Zuständigkeit** für Ehesachen (§ 111 Nr. 1) ist in §§ 122, 123 geregelt. Für die übrigen Familiensachen (§ 111 Nr. 2 bis 11) wird die örtliche Zuständigkeit für jede einzelne Kategorie separat geregelt (vgl. die jeweils zweite Vorschrift der Abschnitte 3 bis 12). In der Sache beibehalten wurde die vorrangige Zuständigkeit des Gerichts der Ehesache (§ 621 Abs. 2 und 3 ZPO aF): Danach ist für bestimmte (vor allem – aber

---

1 Nach bisherigem Recht waren die Zuständigkeitsnormen verstreut: § 23a GVG aF, §§ 64 Abs. 1, 64b Abs. 1 FGG, § 11 Abs. 1 HausrVO, § 6 Abs. 1 SorgeRÜbkAG.

2 BGH v. 3.5.1978 – IV ARZ 26/78, BGHZ 71, 264 (269) = FamRZ 1978, 582 f.; BGH v. 5.3.1980 – IV ARZ 2/80, FamRZ 1980, 557 (558) = NJW 1980, 1282.

3 BGH v. 3.5.1978 – IV ARZ 26/78, BGHZ 71, 264 (268 f.) = FamRZ 1978, 582 (583); BGH v. 27.1.2004 – VI ZB 33/03, FamRZ 2004, 869 (870); OLG Hamm v. 25.5.1992 – 8 WF 160/92, FamRZ 1993, 211; OLG Frankfurt v. 14.3.1988 – 1 UFH 4/88, FamRZ 1989, 75 (76); Zöller/*Philippi*, § 621 ZPO Rz. 70; MüKo.ZPO/*Bernreuther*, § 621 ZPO Rz. 14 mwN auch zu früher vertretenen Ansichten.

nicht ausschließlich – verbundfähige) Familiensachen stets das Gericht der Ehesache örtlich zuständig, soweit eine Ehesache bereits anhängig ist (§§ 152 Abs. 1, 201 Nr. 1, 218 Nr. 1, 232 Abs. 1 Nr. 1, 262 Abs. 1, 267 Abs. 1, 270 Abs. 1 Satz 2). Wird eine Ehesache nachträglich rechtshängig, müssen diese Familiensachen an das Gericht der Ehesache abgegeben werden (§§ 153, 202, 233, 263, 268, 270 Abs. 1 Satz 2).

II. Abgabe, Verweisung und Zuständigkeitsstreit

1. Überleitung innerhalb des Amtsgerichts

a) Verhältnis FamG – Prozessabteilung

Während vor Inkrafttreten des FamFG die Überleitung eines Verfahrens vom Familiengericht an die Prozessabteilung (und umgekehrt) wegen fehlerhafter Einordnung als (Nicht)Familiensache – wie andere Fragen der Geschäftsverteilung – durch eine von Amts wegen vorzunehmende formlose, nicht bindende Abgabe gelöst wurde,[1] sind nunmehr gem. § 17a Abs. 6 GVG die § 17a Abs. 1 bis 5 GVG entsprechend anwendbar: Wird die familiengerichtliche Abteilung mit einer allgemeinen Zivilsache oder die Prozessabteilung mit einer Familiensache befasst, spricht sie ihre Unzuständigkeit nach Anhörung der Beteiligten, die auch schriftlich erfolgen kann (§ 17a Abs. 4 Satz 1 GVG), aus und **verweist den Rechtsstreit von Amts wegen** an die zuständige Abteilung. Die Verweisung hat bindende Wirkung (§ 17a Abs. 2 Satz 3 GVG) und ergeht in Form eines Beschlusses, der zu begründen (§ 17a Abs. 4 Satz 2 GVG) und zuzustellen ist (§ 329 Abs. 3 ZPO), weil er gem. § 17a Abs. 4 Satz 3 GVG der sofortigen Beschwerde nach §§ 567 ff., 574 ff. ZPO[2] unterliegt. In der Sache misst der Gesetzgeber damit der gerichtsinternen Spezialzuständigkeit der Familiengerichte wegen ihrer besonderen Spezialisierung und Kompetenz nunmehr eine deutlich erhöhte Bedeutung zu. Hierin spiegelt sich die allgemeine Reformtendenz wieder, die Eigenständigkeit des FamFG im Allgemeinen und der Verfahren in Familiensachen im Besonderen stärker zu betonen. Es besteht jedoch die Gefahr, dass hierdurch langwierige Zuständigkeitsstreitigkeiten heraufbeschworen werden. 50

Rügt ein Verfahrensbeteiligter die Zuständigkeit, so ist gem. § 17a Abs. 3 Satz 2 GVG **vorab zu entscheiden**. Sollte das Gericht dies versäumen, so entfällt die Bindung des Rechtsmittelgerichts nach § 17a Abs. 5 GVG.[3] Die Rüge ist eine Prozesshandlung, die im Anwaltsprozess dem Anwaltszwang unterliegt.[4] Gem. § 17a Abs. 3 Satz 1 GVG steht es im freien – im Rechtsmittelverfahren nicht überprüfbaren[5] – Ermessen des Gerichts, in Zweifelsfällen auch ohne entsprechende Rüge seine Zuständigkeit von Amts wegen vorab auszusprechen. Durch die Vorabentscheidung wird den Beteiligten die sofortige Beschwerde nach § 17a Abs. 4 Satz 3 bis 6 GVG iVm. §§ 567 ff., 574 ff. ZPO eröffnet.[6] Im Übrigen kann die Frage der zutreffenden Einordnung im Rechtsmittelverfahren nicht mehr geprüft werden (§ 17a Abs. 5 GVG). 51

---

1 Vgl. nur BGH v. 3.5.1978 – IV ARZ 26/78, BGHZ 71, 265 (272) = FamRZ 1978, 582 (584); BGH v. 27.1.2004 – VI ZB 33/03, FamRZ 2004, 869.

2 *Fölsch*, § 2 Rz. 9; vgl. zum Rückgriff auf die ZPO für die Anfechtung von Zwischen- und Nebenentscheidungen BT-Drucks. 16/6308, S. 203.

3 BGH v. 18.9.2008 – V ZB 40/08, NJW 2008, 3572 (3573).

4 Zöller/*Lückemann*, § 17a GVG Rz. 6.

5 BGH v. 18.9.2008 – V ZB 40/08, NJW 2008, 3572 (3573).

6 Vgl. *Fölsch*, § 2 Rz. 9; vgl. BT-Drucks. 16/6308, S. 203.

52 Die **Bindungswirkung** gem. § 17a Abs. 2 Satz 3 GVG beschränkt sich grundsätzlich auf die Zuordnung zur allgemeinen oder familiengerichtlichen Abteilung; die aufnehmende Abteilung kann aus Gründen der örtlichen oder sachlichen Unzuständigkeit weiterverweisen.[1] Sieht sich allerdings die abgebende Abteilung bei der Verweisung „an das zuständige Gericht" veranlasst, im Hinblick auf die sachliche oder örtliche Zuständigkeit gleichfalls Korrekturen vorzunehmen, so spricht wohl nichts dagegen, dem Verweisungsbeschluss insoweit, falls die entsprechenden Voraussetzungen erfüllt sind (insbesondere rechtliches Gehör gewährt wurde), Bindungswirkung nach § 281 Abs. 2 Satz 4 ZPO bzw. § 3 Abs. 3 Satz 2 FamFG zuzusprechen.[2]

53 Zulässig ist die Verweisung nach § 17a GVG **erst nach Rechtshängigkeit bzw. Übermittlung der Antragsschrift (§ 23 Abs. 2)**, ein zuvor ergehender Verweisungsbeschluss entfaltet keine Bindungswirkung.[3] Da sachlich zuständiges Eingangsgericht stets das Amtsgericht als solches ist und eine explizite Adressierung an das „Familiengericht" weder erforderlich noch verbindlich ist, liegt die Verantwortung für die Zuweisung des Verfahrens an die intern zuständige Abteilung zunächst beim Gericht. Vor Zustellung bzw. Übermittlung der Antragsschrift hat das Gericht daher die Befugnis, die durch die Eingangsgeschäftsstelle vorgenommene Einordnung als Familien- oder Nichtfamiliensache auch ohne einen entsprechenden Antrag durch **formlose und nicht bindende** Abgabe an die zuständige Abteilung zu korrigieren.[4] Da im Verfahren der **Verfahrenskostenhilfe** mangels Rechtshängigkeit der Hauptsache § 17a GVG (im Gegensatz etwa zu § 281 ZPO) nicht entsprechend anwendbar ist,[5] kommt in isolierten Verfahrenskostenhilfeverfahren immer nur eine formlose nicht bindende Abgabe in Betracht.

54 Dass nach Ausspruch der Verweisung auf Grund des Geschäftsverteilungsplans ein anderer Richter für das Verfahren zuständig wird, ist nicht Voraussetzung für die Anwendbarkeit von § 17a Abs. 6 GVG. **Unterschiedliche Spruchkörper** iSd. Vorschrift sind auch dann betroffen, wenn sich der Übergang von der Familiensache zur allgemeinen Prozesssache „abteilungsintern" beim selben Richter vollzieht (wenn dieser ein gespaltenes Dezernat besitzt).[6]

55 Auf die früher in § 17 Abs. 1 HausrVO enthaltene Möglichkeit der bindenden Abgabe an das nach der HausrVO zuständige FamG, die zusammen mit der HausrVO aufge-

1 Vgl. OLG Frankfurt v. 31.5.2001 – 20 W 75/01 und 105/01, FamRZ 2002, 112; MüKo.ZPO/*Zimmermann*, § 17a GVG Rz. 18; *Kissel/Mayer*, § 17 GVG Rz. 38.

2 BayObLG v. 1.10.2001 – 2 Z AR 1/01, NJW-RR 2002, 1024. Zur Verweisung nach den mittlerweile aufgehobenen §§ 18, 18a HausrVO (vgl. Rz. 19 und 55) OLG Karlsruhe v. 6.4.1992 – 11 W 36/92, FamRZ 1992, 1082 (1083); vgl. zu § 281 ZPO BGH v. 26.11.1997 – XII ARZ 34/97, FamRZ 1999, 501. Nach bisherigem Recht war streitig, ob der Richter zunächst intern an die einschlägige Abteilung abgeben musste (Johannsen/Henrich/*Sedemund-Treiber*, § 621 ZPO Rz. 14; Zöller/*Philippi*, § 621 ZPO Rz. 72) oder sofort an das örtlich und sachlich zuständige Gericht verweisen konnte (Musielak/*Borth*, § 621 ZPO Rz. 26).

3 BAG v. 9.2.2006 – 5 AS 1/06, NJW 2006, 1371; OLG Karlsruhe v. 14.8.2007 – 19 W 16/07, MDR 2007, 1390 f.; vgl. auch BGH v. 5.3.1980 – IV ARZ 8/80 FamRZ 1980, 572 (zu § 36 Nr. 6 ZPO).

4 Vgl. zu § 281 ZPO BGH v. 13.7.1994 – XII ARZ 9/94, FamRZ 1995, 32 (33); BGH v. 5.3.1980 – IV ARZ 8/80, FamRZ 1980, 562 (563).

5 OLG Karlsruhe v. 14.8.2007 – 19 W 16/07, MDR 2007, 1390 ff.; BayObLG v. 23.11.1999 – 3 Z AR 27/99 (juris); *Kissel/Mayer*, § 17 GVG Rz. 6; MüKo.ZPO/*Zimmermann*, § 17 GVG Rz. 3.

6 So schon zur Verweisung vom FamG an das Gericht der FG nach altem Recht gem. § 17a Abs. 2 GVG aF analog: MüKo.ZPO/*Bernreuther*, § 621 ZPO Rz. 17; Stein/Jonas/*Schlosser*, § 621 ZPO Rz. 2. Auch *Kissel*, NJW 1977, 1034 (1037) fordert insofern eine „förmliche" Verweisung. Demgegenüber lässt Keidel/*Schmidt*, § 1 FGG Rz. 34 offenbar eine konkludente Verweisung durch Heranziehung der einschlägigen Verfahrensordnung ausreichen.

hoben wurde (Rz. 19), konnte angesichts der allgemeinen Regelung in § 17a Abs. 6 GVG nF verzichtet werden.

b) Verhältnis FamG – fG-Abteilungen

Wird das FamG wegen einer Nichtfamiliensache angerufen, die zur Zuständigkeit der Abteilungen für Angelegenheiten der freiwilligen Gerichtsbarkeit gehört (oder umgekehrt), so ist – soweit es sich um echte (fG)Streitsachen oder Antragsverfahren handelt – das Verfahren nunmehr ebenfalls **gem. § 17a Abs. 6 GVG zu verweisen**. Das gilt nach dem Wortlaut der Vorschrift selbst dann, wenn es im Ergebnis unstreitig ist, dass die Sache ausschließlich nach fG-Grundsätzen zu behandeln ist, weil es sich entweder um eine Familiensache der FG oder eine allgemeine Angelegenheit der freiwilligen Gerichtsbarkeit handelt.[1] Nachdem das FGG-RG die Vormundschaftsgerichte abgeschafft und ihre Kompetenzen auf die Familiengerichte und die neu geschaffenen Betreuungsgerichte (§ 23c Abs. 1 GVG) verteilt hat, dürften zwischen Familiengerichten und Betreuungsgerichten kaum noch Zuweisungsstreitigkeiten entstehen. Hat der betroffene Richter ein gespaltenes Dezernat und ist er nicht nur als FamG, sondern auch als Betreuungsgericht oder sonstige Abteilung der freiwilligen Gerichtsbarkeit für die Sache zuständig, verweist er dennoch an sich selbst. Auf Verfahren, die **von Amts wegen eröffnet** werden, kann § 17a GVG nicht angewandt werden, weil es an der „Beschreitung" eines „Rechtswegs" fehlt;[2] sie sind daher, wenn die falsche Abteilung tätig wurde, von Amts wegen wieder einzustellen.[3] 56

2. Überleitung zwischen verschiedenen Gerichten

Grundsätzlich nicht vorgesehen ist eine bindende Verweisung zwischen erst- und zweitinstanzlichem Gericht.[4] Genau so wenig ist die bindende Verweisung eines Rechtsstreits von einem Rechtsmittelgericht an ein anderes möglich.[5] An die vom Eingangsgericht vorgenommene Einordnung als (Nicht)Familiensache ist das Rechtsmittelgericht gebunden (Rz. 12). 57

a) Sachliche Zuständigkeit

Liegt nach Auffassung des Familiengerichts eine allgemeine Zivilsache vor, die zur Zuständigkeit des Landgerichts gehört (oder ordnet umgekehrt das Landgericht ein Verfahren als Familiensache ein), wird durch die Verweisung nicht lediglich das Ein- 58

---

1 Zum bisherigen Recht wurde die Auffassung vertreten, eine analoge Anwendung von § 17a Abs. 2 GVG sei nur dann erforderlich, wenn die Grenzziehung zwischen Zivilprozess und Verfahren der freiwilligen Gerichtsbarkeit betroffen sei (MüKo.ZPO/*Bernreuther*, § 621 ZPO Rz. 16 ff.; Johannsen/Henrich/*Sedemund-Treiber*, § 23b GVG Rz. 9; vgl. BGH v. 5.4.2001 – III ZB 48/00, NJW 2001, 2181). Soweit das FamG nach den Grundsätzen der freiwilligen Gerichtsbarkeit zu verfahren habe, sei es selbst als Abteilung für Angelegenheiten der freiwilligen Gerichtsbarkeit anzusehen (*Kissel*, NJW 1977, 1034 (1036); MüKo.ZPO/*Bernreuther*, § 621 ZPO Rz. 16).

2 BT-Drucks. 16/6308, S. 318. Diese Einschränkung entsprach auch schon bisher der ganz herrschenden Meinung (vgl. Nachweise in nachstehender Fn.); aA *Fölsch*, § 2 Rz. 16.

3 Johannsen/Henrich/*Sedemund-Treiber*, § 621 ZPO Rz. 14; *Kissel/Mayer*, § 17 GVG Rz. 56; Keidel/*Winkler*, § 1 FGG Rz. 20.

4 OLG Düsseldorf v. 3.9.1979 – 4 UF 34/79, FamRZ 1979, 1039; BayObLG v. 16.8.1979 – Allg. Reg. 59/79, FamRZ 1979, 1042 (1043).

5 BGH v. 4.10.1990 – XII ZB 89/90, FamRZ 1991, 682 f.; BGH v. 16.5.1984 – IVb ARZ 20/84, FamRZ 1984, 774 f.; BGH v. 2.10.1985 – IVb ARZ 24/85, FamRZ 1985, 1242 (zum früheren § 18 HausrVO); KG v. 18.3.1987 – 16 UF 850/87, NJW-RR 1987, 1483.

gangsgericht korrigiert,[1] sondern **gleichzeitig zwischen der Zuweisung an die Familiengerichte oder die allgemeinen Prozessabteilungen entschieden**. Schon nach bisherigem Recht war anerkannt, dass § 17a Abs. 2 GVG analog anzuwenden ist, wenn das Landgericht eine Angelegenheit der freiwilligen Gerichtsbarkeit an das „Amtsgericht – freiwillige Gerichtsbarkeit" verweist.[2] Da § 17a Abs. 6 GVG nunmehr aber nicht nur das Verhältnis zwischen ordentlicher und freiwilliger Gerichtsbarkeit, sondern auch das jeweilige Verhältnis zu den Familiengerichten betrifft, muss auch bei der Verweisung vom FamG an das LG (und umgekehrt) bei Streit über die Einordnung als Familiensache die Verweisung nach den Grundsätzen des § 17a GVG erfolgen. Bei einer Verweisung vom Familiengericht an das Landgericht dürfte dieses gem. § 281 Abs. 2 Satz 4 ZPO auch an einer Weiterverweisung an das Amtsgericht – Prozessabteilung gehindert sein (Rz. 52).

b) Örtliche Zuständigkeit

59 Die Verweisung wegen örtlicher Unzuständigkeit richtet sich in Ehesachen und Familienstreitsachen iSv. § 112 nach **§ 281 ZPO** (iVm. § 113 Abs. 1 Satz 2 FamFG), bei Familiensachen der FG demgegenüber nach **§ 3 FamFG**. Während die Verweisung nach § 281 ZPO nur auf Antrag erfolgt, ist nach § 3 FamFG von Amts wegen an das zuständige Gericht zu verweisen. Die Entscheidung kann ohne mündliche Verhandlung ergehen,[3] den Beteiligten ist aber Gelegenheit zur schriftlichen Stellungnahme zu gewähren.[4] Vor Zustellung des Antrags bzw. vor Übermittlung der Antragsschrift (§ 23 Abs. 2) sind § 281 ZPO und § 3 FamFG nicht anwendbar, in diesem Stadium ist nur eine formlose Abgabe ohne Bindungswirkung möglich (§ 3 Rz. 11).[5] Eine Ausnahme gilt für das Verfahren der Verfahrenskostenhilfe, welches schon vor Rechtshängigkeit der Hauptsache nach § 281 ZPO bzw. § 3 FamFG analog verwiesen werden kann.[6] Die Verweisung ist gem. § 281 Abs. 2 Satz 4 ZPO bzw. § 3 Abs. 3 Satz 2 FamFG **bindend**. Allerdings erstreckt sich die Bindungswirkung nur auf die örtliche Zuständigkeit des Amtsgerichts als solches.[7] Das FamG kann daher gem. § 17a Abs. 6 GVG die Sache an die allgemeine Prozessabteilung weiterverweisen.

---

1 Nach bisherigem Recht erfolgte die Verweisung nach § 281 ZPO. Die Verweisung vom LG an das „AG – FamG" war für das FamG nicht bindend, vielmehr konnte das Verfahren innerhalb des Amtsgerichts an die allgemeinen Prozessabteilungen weitergegeben werden: BGH v. 5.3.1980 – IV ARZ 2/80, FamRZ 1980, 557 (558) = NJW 1980, 1282; OLG Zweibrücken v. 30.1.2002 – 2 AR 64/01, FamRZ 2002, 1043 (1044); OLG Bamberg v. 14.9.1992 – SA 11/92, FamRZ 1993, 335 (336); Zöller/*Lückemann*, § 23b GVG Rz. 9; aA OLG Köln v. 11.1.2007 – 21 WF 14/07, FamRZ 2008, 283 f. Im Allgemeinen war jedoch der Grundsatz anerkannt, dass weitere Zuständigkeitsfragen von der Bindungswirkung erfasst sein konnten, wenn das verweisende Gericht die Zuständigkeit auch unter diesem Gesichtspunkt geprüft hatte (BGH v. 26.11.1997 – XII ARZ 34/97, FamRZ 1999, 501 (Verweis vom AG an LG unter Verkennung, dass es sich um Familiensache handelt); vgl. auch BGH v. 30.9.1974 – II ZR 41/74, NJW 1975, 450 f.).

2 BayObLG v. 23.1.1992 – AR 2 Z 110/91, NJW-RR 1992, 597; BayObLG v. 17.3.1994 – 2 Z AR 12/94, NJW-RR 1994, 856; vgl. auch BGH v. 5.4.2001 – III ZB 48/00, NJW 2001, 2181; Musielak/*Borth*, § 621 ZPO Rz. 31.

3 Für § 281 ZPO: § 128 Abs. 4 ZPO.

4 § 3 Abs. 1 Satz 2. Für § 281 ZPO: Zöller/*Greger*, § 281 ZPO Rz. 12.

5 Zu § 281 ZPO: BGH v. 13.7.1994 – XII ARZ 9/94, FamRZ 1995, 32 (33); BGH v. 5.3.1980 – IV ARZ 8/80, FamRZ 1980, 562 (563).

6 Zu § 281 ZPO: BGH v. 9.3.1994 – XII ARZ 8/94, NJW-RR 1994, 706; BGH v. 5.6.1991 – XII ARZ 14/91, FamRZ 1991, 1172.

7 BGH v. 7.10.1987 – IVb ARZ 34/87, FamRZ 1988, 155 (156).

Wird eine Ehesache **nachträglich rechtshängig**, müssen – unter Durchbrechung des Grundsatzes der perpetuatio fori – bestimmte Familiensachen an das Gericht der Ehesache abgegeben werden (§§ 153, 202, 233, 263, 268, 270 Abs. 1 Satz 2). In gleicher Weise wie schon nach § 621 Abs. 3 Satz 2 ZPO aF wird im jeweils zweiten Satz der genanten Vorschriften dieser Abgabe Bindungswirkung nach § 281 Abs. 2 und 3 Satz 1 ZPO verliehen. 60

3. Reichweite der Bindungswirkung und Lösung negativer Kompetenzkonflikte

Während die Verweisung nach § 281 Abs. 2 Satz 2 ZPO, § 3 Abs. 3 Satz 1 FamFG nicht anfechtbar ist, unterliegen Beschlüsse im Verfahren nach § 17a Abs. 6 GVG der sofortigen Beschwerde (§ 17a Abs. 4 Satz 3 GVG). Grundsätzlich beschränkt sich die in § 17a Abs. 2 Satz 3 GVG, § 281 Abs. 2 Satz 4 ZPO, § 3 Abs. 3 Satz 2 FamFG angeordnete Bindungswirkung auf die Zuständigkeit. Keine Bindung besteht bezüglich der Frage, welche **verfahrensrechtlichen Bestimmungen** auf den Rechtsstreit anwendbar sind, dies beurteilt jeder Spruchkörper eigenständig und unabhängig von der Einschätzung durch das verweisende Gericht.[1] Eine im Verfahrenskostenhilfeverfahren ausgesprochene Verweisung, die in analoger Anwendung von § 281 ZPO und § 3 FamFG möglich ist (Rz. 59), ist mangels Rechtshängigkeit des Antrags in der Hauptsache für das nachfolgende Hauptsacheverfahren nicht bindend.[2] 61

Die Bindungswirkung besteht auch dann, wenn dem verweisenden Gericht ein Rechts- oder Verfahrensfehler unterlaufen ist. Bei Anwendung der § 281 Abs. 2 Satz 2 ZPO, § 3 Abs. 3 Satz 1 FamFG wird eine **Einschränkung** aus verfassungsrechtlichen Gründen allerdings dann gemacht, wenn ein besonders schwerwiegender Verfahrensverstoß vorliegt, vor allem weil den Beteiligten kein rechtliches Gehör gewährt wurde,[3] oder es dem Beschluss an jeder rechtlichen Grundlage fehlt, so dass er objektiv willkürlich erscheint (vgl. dazu im Einzelnen § 3 Rz. 26 f.).[4] Im Anwendungsbereich des § 17a Abs. 4 GVG muss demgegenüber berücksichtigt werden, dass danach eine eigenständige Anfechtungsmöglichkeit besteht. Eine Einschränkung der Bindungswirkung kommt für die Fälle des § 17a Abs. 6 GVG daher allenfalls bei „extremen Verstößen" in Frage.[5] 62

1 Zur Verweisung nach der mittlerweile aufgehobenen HausrVO (Rz. 19 und 55): OLG Köln v. 16.10.1979 – 21 WF 136/79, FamRZ 1980, 173 (174); OLG Hamburg v. 15.4.1982 – 15 UF 194/81 H, FamRZ 1982, 941; AG Dinslaken 2.6.1993 – 15 F 102/93, FamRZ 1994, 521 (522); vgl. auch Musielak/*Borth*, § 621 ZPO Rz. 32.

2 BGH v. 18.4.1991 – I ARZ 748/90, NJW-RR 1992, 59 (60) m. Anm. der Schriftleitung; BGH v. 5.6.1991 – XII ARZ 14/91, FamRZ 1991, 1172 (1173); OLG Karlsruhe v. 14.8.2007 – 19 W 16/07, MDR 2007, 1390 (1391).

3 BGH v. 26.11.1997 – XII ARZ 34/97, FamRZ 1999, 501; BGH v. 15.3.1995 – XII ARZ 37/94, FamRZ 1995, 1135; BGH v. 25.1.1995 – XII ARZ 1/95, FamRZ 1995, 415; BGH v. 14.12.1994 – XII ARZ 33/94, FamRZ 1995, 728; BGH v. 22.9.1993 – XII ARZ 24/93, FamRZ 1994, 299; BGH v. 13.12.1978 – IV ARZ 100/78, FamRZ 1979, 220.

4 Zu § 3: BT-Drucks. 16/6308, S. 175. Zu § 17a GVG: BAG v. 19.3.2003 – 5 AS 1/03, BAGE 105, 305 (307) = MDR 2003, 1010. Zu § 281 ZPO: BGH v. 7.10.1987 – IVb ARZ 34/87, FamRZ 1988, 155 f.; BGH v. 19.1.1993 – X ARZ 845/92, NJW 1993, 1273; BGH v. 10.9.2002 – X ARZ 217/02, NJW 2002, 3634 (3635); BGH v. 9.7.2002 – X ARZ 110/02, FamRZ 2003, 88.

5 BAG v. 9.2.2006 – 5 AS 1/06, NJW 2006, 1371; BAG v. 19.3.2003 – 5 AS 1/03, BAGE 105, 305 (307) = MDR 2003, 1010; BAG v. 22.7.1998 – 5 AS 17/98, NZA 1998, 1190 (1191); *Kissel/Mayer*, § 17 GVG Rz. 39; MüKo.ZPO/*Zimmermann*, § 17a GVG Rz. 19. Offen gelassen: BGH v. 13.11.2001 – X ARZ 266/01, WM 2002, 406 (407); BGH v. 9.4.2002 – X ARZ 24/02, NJW 2002, 2474 (2475); aA Wieczorek/Schütze/*Schreiber*, § 17a GVG Rz. 15.

63 Eine **Rück- oder Weiterverweisung** durch das zweite Gericht ist ohne Weiteres dann möglich, wenn der Erstverweisung nach den vorstehenden Grundsätzen keine Bindungswirkung zukommt. Im Übrigen kommt einer Rück- oder Weiterverweisung nach § 281 ZPO, § 3 FamFG, welche die Bindungswirkung der Erstverweisung missachtet, ihrerseits keine Bindungswirkung zu.[1] Demgegenüber kann im Anwendungsbereich von § 17a GVG auch eine gesetzwidrige Rückverweisung Bindungswirkung entfalten, wenn sie in Rechtskraft erwächst (und ihrerseits nicht wegen Willkür unverbindlich ist). Wegen der im Verfahren nach § 17a Abs. 4 GVG eröffneten Anfechtungsmöglichkeit besteht kein Grund, der Zweitverweisung die Bindungswirkung nach § 17a Abs. 2 Satz 3 GVG abzusprechen.[2]

64 Erklärt sich in den Fällen des § 281 ZPO, § 3 FamFG **auch das andere Gericht** (etwa unter Berufung auf die mangelnde Bindungswirkung des Verweisungsbeschlusses) für unzuständig, ist nach § 36 Abs. 1 Nr. 6 ZPO, § 5 Abs. 1 Nr. 4 FamFG zu verfahren. Vor Inkrafttreten des FamFG wurden diese Grundsätze auf den Kompetenzkonflikt zwischen Abteilungen der streitigen und der freiwilligen Gerichtsbarkeit sowie dem Familiengericht entsprechend angewendet.[3] Das Gleiche galt in der Rechtsmittelinstanz für den Zuständigkeitsstreit zwischen einem allgemeinen Zivilsenat und einem Senat für Familiensachen.[4] Seit Inkrafttreten des FamFG können Meinungsverschiedenheiten über die Einordnung als Familiensache oder Angelegenheit der freiwilligen Gerichtsbarkeit jedoch grundsätzlich nur noch – auf Initiative eines Beteiligten – in dem durch § 17a Abs. 4 GVG vorgesehenen Beschwerdeverfahren geklärt werden. Eine entsprechende Anwendung von § 36 Abs. 1 Nr. 6 ZPO, § 5 Abs. 1 Nr. 4 FamFG kommt nur ausnahmsweise dann in Frage, wenn es im Interesse einer funktionierenden Rechtspflege und der Rechtssicherheit geboten ist, die Zuständigkeit klarzustellen, weil keines der in Frage kommenden Gerichte bereit ist, die Rechtsstreitigkeit ordnungsgemäß zu betreiben.[5]

D. Verfahrensverbindung und Aufrechnung

65 Familiensachen iSd. § 111 können – nach allgemeinen Grundsätzen – miteinander verbunden werden, wenn für sie die **gleiche Prozessart** zulässig ist, dh. ZPO-Familiensachen können mit ZPO-Familiensachen (soweit nicht das besondere Verbindungsverbot des § 126 Abs. 2 greift) und fG-Familiensachen mit fG-Familiensachen verbunden werden. Eine Verbindung von Verfahrensgegenständen, für die unterschiedliche Verfahrensordnungen maßgeblich sind, ermöglicht ausnahmsweise der Verbund von Scheidungs- und Folgesachen gem. § 137 Abs. 1.[6] Wegen des besonderen Verfahrens-

1 Zöller/*Greger*, § 281 ZPO Rz. 19.

2 BGH v. 24.2.2000 – III ZB 33/99, NJW 2000, 1343 (1344) (nach rechtskräftiger Rückverweisung vom VG an das LG legte Kläger gegen erneute Rückverweisung seitens des LG sofortige Beschwerde ein: kein Fall des § 36 ZPO, vielmehr war Beschwerde wegen rechtskräftiger Rückverweisung stattzugeben); BGH v. 13.11.2001 – X ARZ 266/01, WM 2002, 406 (407); Zöller/*Lückemann*, § 17a GVG Rz. 13.

3 BGH v. 3.5.1978 – IV ARZ 26/78, BGHZ 71, 264 (270 f.) = FamRZ 1978, 582 (583); OLG Bamberg v. 20.9.1989 – SA-F-25/89, FamRZ 1990, 179 (180); OLG Rostock v. 10.9.2003 – 10 WF 142/03, FamRZ 2004, 956.

4 BGH v. 10.11.1982 – IVb ARZ 44/82, FamRZ 1983, 155 (156).

5 BGH v. 13.11.2001 – X ARZ 266/01, WM 2002, 406 (407); BGH v. 9.4.2002 – X ARZ 24/02, NJW 2002, 2474 (2475); BAG v. 13.1.2003 – 5 AS 7/02, NJW 2003, 1068 f.; BAG v. 9.2.2006 – 5 AS 1/06, NJW 2006, 1371.

6 OLG Naumburg v. 18.9.2006 – 3 WF 154/06, FamRZ 2007, 920.

regimes für Familiensachen gem. §§ 111 ff. können Nichtfamiliensachen nicht zusammen mit einer Familiensache im Wege objektiver Klagenhäufung (nicht dieselbe Prozessart iSv. § 260 ZPO)[1] oder im Wege einer Widerklage[2] geltend gemacht werden (und auch eine Prozessverbindung gem. § 147 ZPO ist unzulässig). Das FamG hat vielmehr die Nichtfamiliensache an das zuständige Gericht zu verweisen oder abzugeben (Rz. 50 ff.).[3] Wird die Nichtfamiliensache lediglich als Hilfsantrag geltend gemacht, so ist zunächst über den Hauptantrag zu entscheiden.[4] Im Falle einer **Antragsänderung** kommt es darauf an, ob auch der neue prozessuale Anspruch eine Familiensache darstellt.[5]

Demgegenüber kann vor dem Familiengericht mit einer Gegenforderung **aufgerechnet** werden, die vor dem Prozessgericht einzuklagen wäre,[6] so wie umgekehrt auch das Prozessgericht über die Aufrechnung mit einem Anspruch aus einer Familiensache entscheiden kann,[7] denn die Prozessaufrechnung macht die Gegenforderung nicht rechtshängig. Allerdings kann das Gericht den Rechtsstreit – ggf. nach Erlass eines Vorbehaltsurteils (§ 302 Abs. 1 ZPO) – aussetzen (§ 148 ZPO bzw. § 21 FamFG) und dem Antragsgegner Gelegenheit geben, innerhalb einer bestimmten Frist, nach deren Ablauf das Verteidigungsmittel als verspätet zurückzuweisen ist, eine rechtskräftige Entscheidung über die Gegenforderungen herbeizuführen.[8] 66

§ 112
Familienstreitsachen

Familienstreitsachen sind folgende Familiensachen:

1. Unterhaltssachen nach § 231 Abs. 1 und Lebenspartnerschaftssachen nach § 269 Abs. 1 Nr. 8 und 9,

2. Güterrechtssachen nach § 261 Abs. 1 und Lebenspartnerschaftssachen nach § 269 Abs. 1 Nr. 10 sowie

3. sonstige Familiensachen nach § 266 Abs. 1 und Lebenspartnerschaftssachen nach § 269 Abs. 2.

---

1 St. Rspr., vgl. nur BGH v. 6.12.2006 – XII ZR 97/04, FamRZ 2007, 368 (369); BGH v. 15.11.2006 – XII ZR 97/04, FamRZ 2007, 124; BGH v. 8.11.1978 – IV ARZ 73/78, FamRZ 1979, 215 (216); BGH v. 20.12.1978 – IV ARZ 74/78, FamRZ 1979, 217 (218); BGH v. 8.7.1981 – IVb ARZ 532/81, FamRZ 1981, 1047; BayObLG v. 17.4.2003 – 1 Z AR 33/03, FamRZ 2003, 1569.

2 OLG Düsseldorf v. 22.12.1981 – 6 UF 54/81, FamRZ 1982, 511 (512 f.).

3 OLG Frankfurt v. 14.3.1988 – 1 UFH 4/88, FamRZ 1989, 75 (77).

4 BGH v. 8.7.1981 – IVb ARZ 532/81, FamRZ 1981, 1047 f.; BGH v. 5.3.1980 – IV ARZ 5/80, FamRZ 1980, 554 (555).

5 OLG Frankfurt v. 15.6.1981 – 5 UF 266/80, FamRZ 1981, 978 (979 f.).

6 OLG Köln v. 18.12.1991 – 26 UF 78/91, FamRZ 1992, 450 (451).

7 BGH v. 19.10.1988 – IVb ZR 70/87, FamRZ 1989, 166 (167); KG v. 22.5.2008 – 2 AR 26/08, FamRZ 2008, 2039.

8 BGH v. 19.10.1988 – IVb ZR 70/87, FamRZ 1989, 166 (167); OLG Köln v. 18.12.1991 – 26 UF 78/91, FamRZ 1992, 450 (451); Musielak/*Borth*, § 621 ZPO Rz. 2; aA OLG Karlsruhe v. 24.5.1991 – 1 W 18/91, FamRZ 1992, 830 (831), soweit die zur Aufrechnung gestellte Gegenforderung nicht „anhängig" ist. Nach wohl hM ist § 148 ZPO gleichwohl anwendbar (OLG Köln v. 18.12.1991 – 26 UF 78/91, FamRZ 1992, 450 [451]; vgl. BGH v. 11.1.1955 – I ZR 106/53, NJW 1955, 497 ff.).

A. Normzweck

1 Der durch das FamFG neu geschaffene Systembegriff der Familienstreitsachen fasst diejenigen Familiensachen zusammen, auf die (neben den Ehesachen iSv. § 111 Nr. 1) im Wesentlichen die Vorschriften der Zivilprozessordnung Anwendung finden. In welchem Umfang dies im Einzelnen der Fall ist, regelt § 113. Seiner Funktion nach entspricht die Untergruppe der „Familienstreitsachen" damit der **bisherigen Kategorie der sog. ZPO-Familiensachen** (vgl. § 23b Abs. 1 Satz 2 Nr. 5, 6, 9, 12, 13, 15 GVG aF), wobei inhaltlich eine geringfügige Verschiebung der erfassten Materien erfolgt (vgl. Rz. 3).

B. Verfahrensgegenstände in Familienstreitsachen

2 Der Kategorie der Familienstreitsachen wird die ganz überwiegende Mehrzahl der Unterhaltssachen (§ 112 Nr. 1), der Güterrechtssachen (§ 112 Nr. 2) und der sonstigen Familiensachen (§ 112 Nr. 3) sowie die sachlich hiermit korrespondierenden Lebenspartnerschaftssachen (§ 112 Nr. 1 bis 3, jew. aE) zugeordnet. Zu diesem Zweck verweisen § 112 Nr. 1 bis 3 auf den jeweiligen **Abs. 1 der einschlägigen Definitionsnormen**, in dem gerade die Unterhalts- (§ 231 Abs. 1), Güterrechts- (§ 261 Abs. 1) und sonstigen Familiensachen (§ 266 Abs. 1) zusammengefasst sind, die als Familienstreitsachen qualifiziert werden sollen, während im jeweils nicht in Bezug genommenen Abs. 2 die – weitgehend unbedeutenden – Gegenstände aufgeführt sind, die Familiensachen der freiwilligen Gerichtsbarkeit sind (vgl. dazu im Einzelnen § 231 Rz. 42, § 261 Rz. 50 ff., § 266 Rz. 60 ff., § 269 Rz. 25 f.). Die verfahrensmäßige Gleichbehandlung der Lebenspartnerschaftssachen wird durch die Inbezugnahme der korrespondierenden Verfahrensgegenstände des § 269 in § 112 Nr. 1 bis 3 sichergestellt.

3 Gegenüber der früheren Einordnung ergeben sich hierdurch nur **geringfügige Veränderungen**: Vor allem gehören wie bisher nahezu alle Unterhalts- und Güterrechtssachen zu den Familienstreitsachen. Während Abstammungssachen iSv. § 111 Nr. 3 (in § 640 Abs. 1 ZPO aF noch als Kindschaftssachen bezeichnet) bislang überwiegend ZPO-Familiensachen waren (mit Ausnahme der Verfahren nach § 1600e Abs. 2 BGB aF bei Tod des Passivbeteiligten), zählen sie in Zukunft zu den fG-Familiensachen. Indem die im Zuge der Schaffung des großen Familiengerichts neu hinzugekommenen sonstigen Familiensachen iSv. § 111 Nr. 10, für die bislang die allgemeinen Prozessabteilungen des AG oder LG zuständig waren, ebenfalls als Familienstreitsachen qualifiziert werden, wird sichergestellt, dass sich die anwendbaren Verfahrensregeln nicht ändern (zu Verfahren auf Herstellung des ehelichen Lebens, die von Ehesachen zu sonstigen Familiensachen iSv. § 266 Abs. 1 Nr. 2 „zurückgestuft" wurden, vgl. § 121 Rz. 1). Demgegenüber unterliegen die bisherigen „zivilgerichtlichen Gewaltschutzsachen", nachdem Gewaltschutzverfahren gem. § 111 Nr. 6 iVm. § 210 nunmehr unterschiedslos dem FamG zugewiesen sind, den Verfahrensregeln der freiwilligen Gerichtsbarkeit.

4 Obwohl auf **Ehesachen** (und korrespondierende Lebenspartnerschaftssachen) gem. § 113 Abs. 1 und 3 iVm. § 270 Abs. 1 ebenfalls in weitem Umfang die Vorschriften der Zivilprozessordnung anwendbar sind, werden sie von § 112 nicht zu den Familienstreitsachen gezählt, weil für Ehesachen durch § 113 Abs. 4 die Geltung der ZPO-Regeln teilweise wieder zurückgenommen und im Abschnitt 2 des 2. Buches (§§ 121 ff.) ein Verfahrensregime geschaffen wird, für das in nicht unerheblichem Umfang eigene Gesetzmäßigkeiten gelten.

§ 113
Anwendung von Vorschriften der Zivilprozessordnung

(1) In Ehesachen und Familienstreitsachen sind die §§ 2 bis 37, 40 bis 45, 46 Satz 1 und 2 sowie §§ 47 und 48 sowie 76 bis 96 nicht anzuwenden. Es gelten die Allgemeinen Vorschriften der Zivilprozessordnung und die Vorschriften der Zivilprozessordnung über das Verfahren vor den Landgerichten entsprechend.

(2) In Familienstreitsachen gelten die Vorschriften der Zivilprozessordnung über den Urkunden- und Wechselprozess und über das Mahnverfahren entsprechend.

(3) In Ehesachen und Familienstreitsachen ist § 227 Abs. 3 der Zivilprozessordnung nicht anzuwenden.

(4) In Ehesachen sind die Vorschriften der Zivilprozessordnung über

1. die Folgen der unterbliebenen oder verweigerten Erklärung über Tatsachen,

2. die Voraussetzungen einer Klageänderung,

3. die Bestimmung der Verfahrensweise, den frühen ersten Termin, das schriftliche Vorverfahren und die Klageerwiderung,

4. die Güteverhandlung,

5. die Wirkung des gerichtlichen Geständnisses,

6. das Anerkenntnis,

7. die Folgen der unterbliebenen oder verweigerten Erklärung über die Echtheit von Urkunden,

8. den Verzicht auf die Beeidigung des Gegners sowie von Zeugen oder Sachverständigen

nicht anzuwenden.

(5) Bei der Anwendung der Zivilprozessordnung tritt an die Stelle der Bezeichnung

1. Prozess oder Rechtsstreit die Bezeichnung Verfahren,

2. Klage die Bezeichnung Antrag,

3. Kläger die Bezeichnung Antragsteller,

4. Beklagter die Bezeichnung Antragsgegner,

5. Partei die Bezeichnung Beteiligter.

A. Allgemeines

I. Systematik

1 Ehesachen und Familienstreitsachen iSv. § 112 werden trotz formaler Eingliederung in das FamFG durch die in § 113 Abs. 1 Satz 2 enthaltene ZPO-Verweisung **aus dem System der freiwilligen Gerichtsbarkeit weitgehend herausgelöst**. Allerdings wird dieser Grundsatz auf vielfältige Weise modifiziert, so dass sich ein **vielschichtiges Zusammenspiel von FamFG und ZPO** ergibt:

- § 113 Abs. 1 verweist nur auf einen Teil der ZPO-Vorschriften und verdrängt die im ersten Buch des FamFG aufgestellten allgemeinen Grundsätze der freiwilligen Gerichtsbarkeit nicht komplett; anwendbar bleiben die allgemeinen Vorschriften über die Entscheidung durch Beschluss (§§ 38, 39), die Regeln über den einstweiligen Rechtsschutz (§§ 49 bis 57), die Rechtsmittel (§§ 58 bis 75) sowie die Verfahren mit Auslandsbezug (§§ 97 bis 110); allerdings verweisen diese allgemeinen Regeln ihrerseits für bestimmte Einzelfragen wieder auf die Zivilprozessordnung;
- die allgemeinen Vorschriften über das Verfahren in Familiensachen (§§ 111 bis 120) schränken teilweise den Verweis auf die ZPO ein (zB § 113 Abs. 3 und 4) oder stellen divergierende Sonderregeln auf (zB §§ 114, 115, 116 Abs. 3, 120 Abs. 2), teilweise erweitern sie den Verweis auf die ZPO aber auch (zB §§ 113 Abs. 2, 117 Abs. 1 Satz 3, Abs. 2 und Abs. 5, 118, 119 Abs. 1 Satz 2 und Abs. 2, 120 Abs. 1);
- für jede Einzelmaterie gelten besondere Vorschriften (§§ 121 ff., 231 ff., 261 ff., 266 ff., 269 f.), denen Vorrang vor dem Generalverweis auf die ZPO zukommt.

II. Entstehung

2 Das FamFG beschreitet damit **regelungstechnisch im Vergleich zur bisherigen Rechtslage den umgekehrten Weg**: Bislang waren Familiensachen grundsätzlich in die ZPO eingegliedert, dabei galten für sog. ZPO-Familiensachen eine Fülle von Sonderregeln (§§ 606 ff. ZPO aF), während für FGG-Familiensachen grundsätzlich auf das Recht der freiwilligen Gerichtsbarkeit verwiesen wurde (§ 621a Abs. 1 Satz 1 ZPO aF). Unübersichtlich war dieser Ansatz vor allem deshalb, weil auf FGG-Familiensachen eine Reihe von FGG-Vorschriften nicht anwendbar waren und gem. § 621a Abs. 1 Satz 2 ZPO aF durch die entsprechenden ZPO-Bestimmungen ersetzt wurden. Außerdem galten manche ZPO-Vorschriften ausdrücklich für alle Familiensachen oder mussten deshalb herangezogen werden, weil das FGG keine auch nur annähernd lückenlose Verfahrensordnung aufstellte. Zwar kommt auch das neue Recht nicht ohne eine Fülle an Verweisungen aus, doch hätte man diese nur durch eine weitgehend vollständige Parallelregelung zur ZPO vermeiden können, wenn man an dem sinnvollen Ansatz festhält, alle Familiensachen in einer Verfahrensordnung zusammenzufassen.[1] Struktur und Fassung der neuen FamFG-Vorschriften sind auf jeden Fall deutlich transparenter als zuvor.[2]

---

1 Die Eingliederung in das Recht der freiwilligen Gerichtsbarkeit verteidigen *Meyer-Seitz/Kröger/Heiter*, FamRZ 2005, 1430 (1431). Krit. *Brehm*, FPR 2006, 401.

2 AA Baumbach/*Hartmann*, § 113 FamFG Rz. 2: „geradezu beängstigend unübersichtlich".

III. Überblick über Änderungen

In der Sache ergeben sich für Ehesachen und Familienstreitsachen nur **wenige durchgreifende Änderungen**: 3

Entscheidungen ergehen in Zukunft durch **Beschluss** und nicht mehr durch Urteil (§ 113 Abs. 1 Satz 1 iVm. § 38 und § 116). An die Stelle der Anordnung der sofortigen Vollstreckbarkeit tritt die Anordnung der **sofortigen Wirksamkeit** (§ 116 Abs. 3 Satz 2 und 3 iVm. § 120 Abs. 2). Die **einstweilige Anordnung** ist auch für Familienstreitsachen (§ 113 Abs. 1 Satz 1 iVm. § 49 ff. und § 119) als hauptsacheunabhängiges Verfahren ausgestaltet. Der erstinstanzliche **Anwaltszwang** wurde auf isolierte Unterhaltsverfahren und Verfahren in sonstigen Familiensachen erstreckt (§ 114 Abs. 1). **Rechtsmittel** sind die befristete Beschwerde und die Rechtsbeschwerde und nicht mehr Berufung und Revision (§ 113 Abs. 1 Satz 1 iVm. §§ 58 ff., vgl. auch § 117). **Terminologisch** erfolgt eine Angleichung an die in der fG üblichen Begriffe (§ 113 Abs. 5). 4

B. Anwendbarkeit von Vorschriften der ZPO

I. ZPO-Verweisung (Absatz 1)

1. Grundsatz

§ 113 Abs. 1 Satz 2 verweist für Ehesachen iSv. § 121 und Familienstreitsachen iSv. § 112 auf die „Allgemeinen Vorschriften" der Zivilprozessordnung (§§ 1 bis 252 ZPO) und – entsprechend §§ 608, 621b, 624 Abs. 3 ZPO aF – auf die Vorschriften über das „Verfahren vor den Landgerichten" (§§ 253 bis 494a ZPO). Damit handelt es sich bei Ehesachen und Familienstreitsachen trotz der systematischen Verortung im FamFG um **Streitverfahren**, die im Vergleich zu reinen ZPO-Verfahren allerdings – nicht zuletzt durch die in Abs. 3 bis 5 normierten Ausnahmen – **vielfältigen Modifikationen** unterliegen. Obwohl für Familiensachen stets das Amtsgericht zuständig ist (§ 23a Abs. 1 Nr. 1 GVG), werden die ZPO-Vorschriften über Verfahren vor den Amtsgerichten (§§ 495 bis 510b ZPO) von der Verweisung nicht erfasst, weil sie auf Verfahren in weniger bedeutenden Angelegenheiten ohne Anwaltszwang zugeschnitten sind. Gültig bleibt naturgemäß die **in § 495 ZPO enthaltene Klarstellung**, dass sich Abweichungen von den Vorschriften über das Verfahren vor den Landgerichten aus der Verfassung der Amtsgerichte ergeben können (daher Anwendbarkeit von § 45 Abs. 2 ZPO).[1] 5

Da die nach § 113 Abs. 1 Satz 2 in Bezug genommenen **ZPO-Vorschriften nicht „statt"** der nach § 113 Abs. 1 Satz 1 von der Anwendung ausgeschlossenen FamFG-Vorschriften gelten, ist es unproblematisch möglich, über § 113 Abs. 1 Satz 2 ZPO-Vorschriften anzuwenden, für die es in dem für nicht anwendbar erklärten Teil des FamFG kein Pendant gibt. Obwohl durch Beschluss entschieden wird (§ 116 Abs. 1), bezieht sich der Verweis auf die **Urteilsvorschriften** der ZPO, vgl. § 116 Rz. 16 f. 5a

Für **Familiensachen der freiwilligen Gerichtsbarkeit** ist die Vorschrift auch dann nicht einschlägig, wenn über diese zusammen mit einer Scheidungssache im **Verbund** entschieden wird. Vielmehr bleiben insofern die allgemeinen Regeln des FamFG anwendbar, soweit sich aus dem Zwang zur einheitlichen Verhandlung und Entscheidung (§ 137 Abs. 1) nichts Gegenteiliges ergibt (§ 137 Rz. 11 ff.). 5b

---

1 Vgl. MüKo.ZPO/*Bernreuther*, § 608 ZPO Rz. 2; weitergehend Zöller/*Philippi*, § 608 ZPO Rz. 1 (anwendbar auch §§ 192 Abs. 3, 924 Abs. 2 Satz 3 ZPO); dagegen zu Recht Stein/Jonas/*Schlosser*, § 608 ZPO Rz. 1.

5c **Erweitert** wird die in § 113 Abs. 1 Satz 2 enthaltene ZPO-Verweisung durch § 119 Abs. 2 Satz 2, der für Familienstreitsachen den Arrest nach den Vorschriften der ZPO zulässt und durch § 120 Abs. 1, der an Stelle der bereits durch § 113 Abs. 1 Satz 1 ausgeschlossenen §§ 86 ff. FamFG auf die Vollstreckung von Ehesachen und Familienstreitsachen §§ 704 ff. ZPO für anwendbar erklärt. Demgegenüber hat die ZPO-Verweisung in § 118 für das Wiederaufnahmeverfahren angesichts der Parallelregelung in § 48 Abs. 2 lediglich klarstellenden Charakter.

6 Die in § 113 Abs. 1 angeordnete ZPO-Verweisung ist teilweise auch für **Rechtsmittelverfahren** relevant: Zwar werden gem. Abs. 1 Satz 1 die Vorschriften des FamFG über Rechtsmittelverfahren (§§ 58 bis 75) grundsätzlich nicht verdrängt, so dass in Abs. 1 Satz 2 das 3. Buch der ZPO auch nicht in Bezug genommen wird, doch ordnen §§ 68 Abs. 3 Satz 1, 74 Abs. 4 an, dass sich Rechtsmittelverfahren – soweit im FamFG nichts Besonderes geregelt ist – nach den Vorschriften über das Verfahren im ersten Rechtszug und damit für Ehe- und Familienstreitsachen gem. § 113 Abs. 1 Satz 2 nach den ZPO-Grundsätzen über das „Verfahren vor den Landgerichten" richten. Eine ergänzende Bestimmung trifft § 117 Abs. 2, der auf einzelne ZPO-Vorschriften aus dem Berufungsrecht verweist.

2. Ausnahmen

7 Ausweislich der Aufzählung in § 113 Abs. 1 Satz 1 werden **einige im Allgemeinen Teil (§§ 1 bis 110) niedergelegte FamFG-Grundsätze in Ehe- und Familienstreitsachen nicht verdrängt**: § 1 stellt die grundsätzliche Anwendbarkeit des FamFG auf alle Familiensachen klar. Anwendbar bleiben auch §§ 38, 39, so dass gem. § 116 Abs. 1 in allen Familiensachen die Entscheidung einheitlich in Form eines Beschlusses ergeht und mit einer Rechtsbehelfsbelehrung zu versehen ist. § 46 Satz 3 regelt die Erteilung des Rechtskraftzeugnisses in Ehesachen. Nicht verdrängt werden darüber hinaus – was § 119 Abs. 1 Satz 1 bestätigt – die §§ 49 bis 57 über die einstweilige Anordnung, die Rechtsmittelvorschriften der §§ 58 bis 75 sowie die Grundsätze über das Verfahren mit Auslandsbezug (§§ 97 bis 110).

II. Besondere Verfahrensarten (Absatz 2)

8 Nach Abs. 2 gelten für Familienstreitsachen die Vorschriften der Zivilprozessordnung über den **Urkunden- und Wechselprozess** (§§ 592 bis 605a ZPO) und das **Mahnverfahren** (§§ 688 bis 703d ZPO). Die praktische Bedeutung dieser Verfahren für die „klassischen" ZPO-Sachen, Unterhalt und Zugewinn, ist gering (für Unterhaltsansprüche schon deshalb, weil im Mahnverfahren – anders als im Urkunden- und Wechselprozess[1] – keine erst künftig fällig werdenden Leistungen gefordert werden können[2]). Seit dem Inkrafttreten des FamFG gehören zu den Familienstreitsachen nun aber auch „sonstige Familiensachen" iSv. § 266 Abs. 1. Im Mahnverfahren muss als das für das streitige Verfahren zuständige Gericht iSv. § 690 Abs. 1 Nr. 5 ZPO das „Amtsgericht – Familiengericht" angegeben werden, um die Zuständigkeit des Amtsgerichts – unabhängig von der allgemeinen Streitwertgrenze – klarzustellen.

---

1 Zöller/*Greger*, § 592 ZPO Rz. 1; Musielak/*Voit*, § 592 ZPO Rz. 4; vgl. zur Geltendmachung von Unterhalt aus einer privatschriftlichen Urkunde AG Kerpen v. 13.9.2001 – 51 F 93/01 UE/UK, FamRZ 2002, 831 f. sowie ausf. *Herr*, FuR 2006, 153 ff.

2 OLG Naumburg v. 21.7.1998 – 12 W 17/98, OLGReport 1999, 94 (96); Zöller/*Vollkommer*, § 688 ZPO Rz. 3; *Eschenbruch/Klinkhammer*, Kap. 5 Rz. 3.

III. Terminverlegung (Absatz 3)

§ 113 Abs. 3 erklärt in Übereinstimmung mit § 227 Abs. 3 Satz 2 Nr. 3 ZPO aF, dass § 227 Abs. 3 Satz 1 ZPO, wonach für die Zeit vom 1.7. bis 31.8 ein **Anspruch auf Terminverlegung** besteht, auf Ehesachen und Familienstreitsachen nicht anwendbar ist. Wegen der teilweise existenzsichernden Natur der involvierten Ansprüche und der besonderen emotionalen Belastungen, die bei Auseinandersetzungen zwischen ehemaligen Lebenspartnern typisch sind, soll jede – nicht sachlich bedingte – Verfahrensverzögerung vermieden werden. 9

IV. Ausnahmen für Ehesachen (Absatz 4)

§ 113 Abs. 4 fasst die bisher an verschiedenen Stellen geregelten Ausnahmen von der Anwendbarkeit zivilprozessualer Vorschriften auf Ehesachen (vgl. bisher §§ 611, 617, 227 Abs. 3 Nr. 3 ZPO) sachlich nahezu unverändert in einer Norm zusammen. Da die Parteien **materiellrechtlich über die Auflösung der Ehe nicht frei bestimmen können**, privatautonome Gestaltungsmöglichkeiten insofern also weitgehend ausgeschlossen sind, muss auch das Verfahrensrecht sicherstellen, dass diese grundlegende Weichenstellung prozessual nicht konterkariert werden kann. Daher wird in Ehesachen die prozessuale Dispositionsbefugnis der Beteiligten eingeschränkt (Nr. 6). Aus dem gleichen Grund ersetzt in Ehesachen gem. § 127 der (eingeschränkte) Untersuchungsgrundsatz die Verhandlungsmaxime, auch hieraus zieht die Vorschrift die notwendigen Konsequenzen (Nr. 1, 5, 7 und 8). Des Weiteren schließt § 113 Abs. 4 die Anwendung einiger Vorschriften aus, welche in normalen ZPO-Verfahren den zügigen Abschluss des Prozesses fördern sollen (Nr. 2 und 3), denn auf Grund der besonderen Bedeutung für das persönliche Schicksal der Beteiligten soll die sorgfältige Führung von Eheverfahren nicht durch ein dezidiertes Streben nach zügiger Verfahrensbeendigung gefährdet werden. Darüber hinaus sind einige ZPO-Grundsätze in Ehesachen überflüssig (Nr. 4). Weitere Besonderheiten für das Verfahren in Ehesachen sind in §§ 121 ff. geregelt. 10

1. Einschränkung des Verhandlungsgrundsatzes (Nr. 1, 5, 7, 8)

Entsprechend § 617 ZPO aF finden weder §§ 288 bis 290 ZPO über die Bindungswirkung eines gerichtlichen **Geständnisses** (Nr. 5) noch §§ 138 Abs. 3, 439 Abs. 3 ZPO über die Geständnisfiktion wegen unterbliebener oder verweigerter Erklärung über Tatsachen (Nr. 1) bzw. die Echtheit von Urkunden (Nr. 7) Anwendung. Diese Vorschriften sind mit dem in § 127 Abs. 1 verankerten (eingeschränkten) Amtsermittlungsgrundsatz nicht vereinbar. Allerdings können die entsprechenden Verhaltensweisen im Rahmen der allgemeinen Beweiswürdigung (§ 286 ZPO) berücksichtigt werden.[1] Aus dem gleichen Grund finden auch §§ 391, 410 iVm. 402, 452 Abs. 3 ZPO über den **Verzicht auf die Beeidigung** des Gegners sowie von Zeugen und Sachverständigen keine Anwendung (Nr. 8). Die Entscheidung über die Vereidigung steht ausschließlich im Ermessen des Gerichts. 11

1 KG v. 24.3.1972 – 1 W 164/72, Rpfleger 1972, 461 (462) – Geständnis; Musielak/*Borth*, § 617 ZPO Rz. 3.

2. Erweiterte Zulassung der Antragsänderung (Nr. 2)

12 §§ 263, 264 ZPO, welche die Zulässigkeit einer Klageänderung nach Eintritt der Rechtshängigkeit an einschränkende Voraussetzungen knüpfen, sind – in Übereinstimmung mit § 611 Abs. 1 ZPO aF – nicht anwendbar. Damit ist bis zum Schluss der mündlichen Verhandlung eine Antragsänderung **ohne Zustimmung des Gegners** und **ohne Prüfung der Sachdienlichkeit** möglich, soweit in einem bereits rechtshängigen Eheverfahren die Ehe unter einem anderen – ebenfalls als Ehesache zu qualifizierenden – Gesichtspunkt angegriffen wird. Auch die Frage, ob überhaupt eine Antragsänderung vorliegt (Änderung des Streitgegenstandes), muss dann grundsätzlich nicht geprüft werden (zum Streitgegenstand in Ehesachen vgl. § 126 Rz. 3),[1] weil auch die bloße Ergänzung des Tatsachenvortrags gem. § 115 nur in seltenen Ausnahmefällen unzulässig ist. Hierdurch soll selbst auf die Gefahr hin, dass es zu Verfahrensverzögerungen kommen kann, die Möglichkeit eröffnet werden, alle Angriffe gegen den Bestand der Ehe vorzubringen und in einem Verfahren zu bündeln.[2] Die Regelung liegt auf einer Linie mit § 126 Abs. 1, der einen Gegenantrag auch noch in zweiter Instanz unter erleichterten Voraussetzungen zulässt, sowie mit § 123, der eine Konzentration aller Ehesachen, die dieselbe Ehe betreffen, bei einem Gericht sicherstellt.

13 **Zulässige Antragsänderungen** sind damit der Übergang vom Scheidungs- zum Aufhebungsantrag und umgekehrt, die Kumulation der beiden Begehren durch nachträgliche Stellung eines Eventualantrags sowie der Umtausch der Rangfolge entsprechender Haupt- und Hilfsanträge.[3] Selbstverständlich ist es auch zulässig, einen Antrag auf Aufhebung der Ehe auf neue Gründe zu stützen.[4] Während früher der Wechsel zum Verfahren auf Feststellung des Bestehens oder Nichtbestehens der Ehe Probleme bereitete, weil dieses nicht zum Katalog der Ehesachen gehörte, die nach § 610 Abs. 1 ZPO aF miteinander verbunden werden konnten, ist diese Beschränkung in § 126 Abs. 1 nunmehr fortgefallen, so dass die dargestellten Grundsätze auch insofern ohne Einschränkung gelten.[5] Nicht mehr zum Kreis der Ehesachen gehört demgegenüber das Verfahren auf Herstellung des ehelichen Lebens (vgl. § 121 Rz. 1), so dass beim Übergang zu diesem nunmehr die allgemeinen Beschränkungen für eine Antragsänderung anwendbar sind. Bei Maßgeblichkeit ausländischen Sachrechts gelten für solche Verfahren, die dem deutschen Recht nicht bekannt, aber gleichwohl als Ehesache iSv. § 121 zu qualifizieren sind, wie etwa das Verfahren auf Trennung ohne Auflösung des Ehebandes (vgl. § 121 Rz. 13), ebenfalls die dargestellten Grundsätze.[6] Auch dem Antragsgegner stehen für einen **Gegenantrag** (vgl. § 126 Rz. 7) die gleichen Änderungsbefugnisse zu.

14 In der **Beschwerdeinstanz** greifen nicht die verschärften Anforderungen des § 533 ZPO, weil § 113 Abs. 1, der als allgemeine Vorschrift auch in der zweiten Instanz Anwen-

---

1 BGH v. 12.10.1988 – IVb ZB 73/86, FamRZ 1989, 153 (155).

2 OLG Karlsruhe v. 4.12.1997 – 16 UF 77/97, FamRZ 1999, 454 (455).

3 BGH v. 12.10.1988 – IVb ZB 73/86, FamRZ 1989, 153 (155).

4 Zöller/*Greger*, § 611 ZPO Rz. 2. Jeder Aufhebungsgrund stellt einen eigenen Streitgegenstand dar (MüKo.ZPO/*Bernreuther*, § 611 ZPO Rz. 5).

5 Für zulässig gehalten wurde ein endgültiges Überwechseln, soweit keine Ehesache iSv. § 610 Abs. 1 ZPO aF mehr geltend gemacht wurde, weil § 611 Abs. 1 ZPO eine lex specialis darstelle (MüKo.ZPO/*Bernreuther*, § 611 ZPO Rz. 10; Musielak/*Borth*, § 610 ZPO Rz. 3).

6 OLG Karlsruhe v. 4.12.1997 – 16 UF 77/97, FamRZ 1999, 454 (455 f.), doch wurde aus Zweckmäßigkeitserwägungen in der Berufungsinstanz auf den Übergang vom Trennungsantrag zum Scheidungsantrag § 611 ZPO aF nicht angewendet. Den Bedenken hätte durch analoge Anwendung von § 629b Abs. 1 ZPO aF (= § 146) Rechnung getragen werden können (Musielak/*Borth*, § 611 ZPO Rz. 6 m. Fn. 15).

dung findet, nur auf das Verfahren vor den Landgerichten verweist, so dass die dargestellten Prinzipien gem. § 68 Abs. 3 Satz 1 grundsätzlich gültig bleiben. Doch ergeben sich Einschränkungen aus dem allgemeinen Gesichtspunkt, dass die Einlegung eines Rechtsmittels – soweit nicht ausnahmsweise die Aufrechterhaltung der Ehe angestrebt wird (Einzelheiten bei § 117 Rz. 13)[1] – stets eine **Beschwer** voraussetzt:[2] Wenn dem Antrag in erster Instanz voll **entsprochen** wurde, kann der Antragsteller nicht Beschwerde mit dem Ziel einlegen, die Ehe unter einem anderen Gesichtspunkt anzugreifen (Aufhebung statt Scheidung oder Aufhebungsgrund A statt Aufhebungsgrund B),[3] es sei denn, dass eine Anschließung an das Rechtsmittel des Antragsgegners möglich ist.[4] Wurde der in erster Instanz gestellte Aufhebungsantrag **abgewiesen**, so kann die Beschwerde nicht allein auf einen anderen Klagegrund gestützt werden (Scheidung statt Aufhebung), weil hierdurch nicht die vorinstanzliche Entscheidung und die darin enthaltene Beschwer angegriffen wird.[5] Stattdessen muss der erstinstanzliche Antrag in der Beschwerdeinstanz weiterverfolgt und die Scheidung der Ehe hilfsweise beantragt werden.[6] Wird umgekehrt verfahren und der erstinstanzliche Aufhebungsantrag nur als Hilfsantrag gestellt, so wäre der Hauptantrag auf Scheidung zu verwerfen, weil er die Beschwer nicht bekämpft, und es wäre nur über den Hilfsantrag in der Sache zu entscheiden.[7] Hat der Antragsteller zunächst zulässigerweise Beschwerde eingelegt, später jedoch den erstinstanzlichen Antrag, durch dessen Zurückweisung er beschwert war, nach einer Antragsänderung nicht mehr weiterverfolgt, so entfällt die ursprünglich gegebene Beschwer nicht.[8]

Kommt es auf Grund einer – zulässigen – Antragsänderung erstmals in zweiter Instanz 15
zur Durchführung eines Scheidungsverfahrens, stellt sich die Frage, welche Auswirkungen der nunmehr nach § 137 Abs. 2 Satz 2 herzustellende **Mindestverbund** hat. Bisher sprach sich die herrschende Meinung unter Berufung auf die für einen vergleichbaren Fall in § 629b ZPO aF enthaltene Wertentscheidung für eine Zurückverweisung des Verfahrens an das FamG aus.[9] Demgegenüber eröffnet die neue Parallelvorschrift des § 146 nunmehr ausdrücklich die Möglichkeit, in Ausnahmefällen von einer Zurückverweisung abzusehen (§ 146 Rz. 2), was in der vorliegenden Konstellation je nach den Umständen des Einzelfalles durchaus in Betracht zu ziehen ist, um

1 BGH v. 11.1.1984 – IVb ZR 41/82, FamRZ 1984, 350 (351); OLG Karlsruhe v. 4.12.1997 – 16 UF 77/97, FamRZ 1999, 454; Zöller/*Philippi*, § 611 ZPO Rz. 5.

2 BGH v. 6.11.1963 – IV ZR 6/63, FamRZ 1964, 38; Zöller/*Philippi*, § 611 ZPO Rz. 5; MüKo.ZPO/*Bernreuther*, § 611 ZPO Rz. 11.

3 Zöller/*Philippi*, § 611 ZPO Rz. 5; vgl. OLG Oldenburg v. 15.11.1977 – 5 UF 34/77, NJW 1978, 170; OLG Karlsruhe v. 13.12.1979 – 16 UF 23/79, FamRZ 1980, 682 (683).

4 Stein/Jonas/*Schlosser*, § 611 ZPO Rz. 10.

5 BGH v. 6.5.1999 – IX ZR 250/98, NJW 1999, 2118 (2119); vgl. auch BGH v. 16.9.2008 – IX ZR 172/07, NJW 2008, 3570 f.; Musielak/*Borth*, § 611 ZPO Rz. 3; Zöller/*Philippi*, § 611 ZPO Rz. 5; aA offenbar OLG Stuttgart v. 25.1.2007 – 11 UF 169/06, FamRZ 2007, 1111 (Volltext in ZR-Report.de und juris).

6 OLG Köln v. 1.7.1999 – 14 UF 225/98, FamRZ 2000, 819 f.; vgl. etwa auch OLG Hamburg v. 31.8.1982 – 2a UF 16/81, FamRZ 1982, 1211 f.

7 BGH v. 11.10.2000 – VIII ZR 321/99, NJW 2001, 226 f.; Zöller/*Philippi*, § 611 ZPO Rz. 5b; Baumbach/*Hartmann*, § 611 ZPO Rz. 3.

8 BGH v. 6.11.1963 – IV ZR 6/63, FamRZ 1964, 38; Stein/Jonas/*Schlosser*, § 611 ZPO Rz. 9; MüKo.ZPO/*Bernreuther*, § 611 ZPO Rz. 11; vgl. auch OLG Stuttgart v. 25.1.2007 – 11 UF 169/06, FamRZ 2007, 1111 (Volltext in ZR-Report.de und juris); aA Zöller/*Philippi*, § 611 ZPO Rz. 5a.

9 OLG Stuttgart v. 25.1.2007 – 11 UF 169/06, FamRZ 2007, 1111 (1112); OLG Hamburg v. 31.8.1982 – 2a UF 16/81, FamRZ 1982, 1211 (1212); Musielak/*Borth*, § 611 ZPO Rz. 3; Johannsen/Henrich/*Sedemund-Treiber*, § 629b ZPO Rz. 1; aA Zöller/*Philippi*, § 611 ZPO Rz. 6.

den Beteiligten Zeit und Kosten zu ersparen, vor allem dann, wenn sie einverstanden sind.[1]

16 Für die **Rechtsbeschwerde** gilt die Vorschrift demgegenüber nicht: Obwohl § 74 Abs. 4 grundsätzlich auf die im ersten Rechtszug geltenden Vorschriften verweist, gilt § 113 Abs. 4 Nr. 2 wegen § 559 ZPO, der gem. § 74 Abs. 3 Satz 4 entsprechend anwendbar ist, nicht: Nach § 559 ZPO ist in der Rechtsbeschwerde durch die Natur des Rechtsmittels eine Antragsänderung nämlich ausgeschlossen.[2] Im Wiederaufnahmeverfahren ist eine Antragsänderung demgegenüber erneut möglich.[3] Auch für einen **Gegenantrag** des Antragsgegners – der in den durch § 126 gesteckten Grenzen zulässig ist – gelten die dargestellten Möglichkeiten der Antragsänderung. Die Frage, in welchem Umfang **neuer Tatsachenvortrag** zulässig ist, wird in § 115 geregelt.

3. Einschränkung des Beschleunigungsgrundsatzes (Nr. 3)

17 Durch den Ausschluss der Vorschriften über das schriftliche Vorverfahren (§ 276 ZPO) wird in Ehesachen ein **früher erster Termin** zwingend vorgeschrieben, so dass sich auch die „Bestimmung der Verfahrensweise" (§ 272 ZPO) erübrigt. Damit ist auch § 272 Abs. 3 ZPO, wonach die mündliche Verhandlung so früh wie möglich stattfinden soll, nicht anwendbar. Die Vorschrift passt für das Verbundverfahren nicht. Vor allem der von Amts wegen durchzuführende Versorgungsausgleich muss durch Einholung von Auskünften vorbereitet werden.[4] Anwendbar bleibt allerdings § 216 Abs. 2 ZPO (unverzügliche Terminsbestimmung).[5] Zur Behandlung „verfrühter" Scheidungsanträge vgl. § 124 Rz. 15 ff.

18 Gleichzeitig sind die Vorschriften über die Vorbereitung des frühen ersten Termins (§ 275 ZPO) und die Klageerwiderung (§ 277 ZPO) nicht anwendbar. Die dem Richter durch diese Vorschriften eröffnete Möglichkeit, **Fristen zur Stellungnahme** zu setzen, deren Versäumung durch Präklusion geahndet werden kann (§ 296 Abs. 1 und 2 ZPO), zielt auf eine Verfahrensbeschleunigung ab, die weder mit dem Amtsermittlungsgrundsatz noch mit dem berechtigten Anliegen, nicht vorsorglich Tatsachen vortragen zu wollen, die zu einer Ausweitung und Eskalation des Streites führen könnten, vereinbar ist.[6] Gem. § 115 Satz 2 sind Angriffs- und Verteidigungsmittel in Ehesachen gerade abweichend von den allgemeinen Vorschriften zugelassen, nur § 115 Satz 1 zieht eine äußerste Grenze.

19 Anwendbar bleiben jedoch die durch § 113 Abs. 4 Nr. 3 nicht ausdrücklich ausgeschlossenen Vorschriften zur Beschleunigung des Verfahrens: die Fristsetzung zur Erklärung über klärungsbedürftige Punkte nach § 273 Abs. 2 Nr. 1 ZPO[7] und die

1 Vgl. BT-Drucks. 16/6308, S. 233. Zum bisherigen Recht bereits OLG Stuttgart v. 25.1.2007 – 11 UF 169/06, FamRZ 2007, 1111 (1112); OLG Oldenburg v. 5.6.1998 – 11 UF 50/98, FamRZ 1998, 1528 mwN.

2 BGH v. 4.5.1961 – III ZR 222/59, NJW 1961, 1467 f.; BGH v. 16.9.2008 – IX ZR 172/07, NJW 2008, 3570 (3571); Zöller/*Philippi*, § 611 ZPO Rz. 7; MüKo.ZPO/*Bernreuther*, § 611 ZPO Rz. 8. Vgl. im Einzelnen etwa Musielak/*Ball*, § 559 ZPO Rz. 3 ff.

3 Johannsen/Henrich/*Sedemund-Treiber*, § 611 ZPO Rz. 3; MüKo.ZPO/*Bernreuther*, § 611 ZPO Rz. 12.

4 OLG Schleswig v. 9.1.1984 – 10 WF 286/83, SchlHA 1984, 56 (57).

5 OLG Brandenburg v. 21.7.2005 – 10 WF 178/05, FamRZ 2006, 1772; OLG Frankfurt v. 22.10.1985 – 5 WF 269/85, FamRZ 1986, 79 (80).

6 BT-Drucks. 7/650, S. 198.

7 BT-Drucks. 16/6308, S. 223; *Löhnig*, FamRZ 2009, 737 (739).

allgemeine Prozessförderungspflicht nach § 282 ZPO,[1] wobei eine Präklusion von Zulässigkeitsrügen (§ 282 Abs. 3 ZPO) nur in Frage kommt, wenn der Antragsgegner gemessen am Maßstab des § 296 Abs. 3 ZPO[2] auf sie verzichten kann. Außerdem kann auch gem. § 356 ZPO eine Frist zur Beibringung eines Beweismittels gesetzt werden.[3] Im Unterschied zur früheren Rechtslage (vgl. § 611 Abs. 2 ZPO aF) ist § 275 Abs. 1 Satz 2 ZPO nicht mehr anwendbar. Die Sanktionierung verspäteten Vorbringens ist allerdings stets nur innerhalb des durch § 115 Satz 1 eröffneten Rahmens möglich.[4] Zur Vermeidung von Wertungswidersprüchen wird man diesen Maßstab wohl auch auf § 356 ZPO übertragen müssen, obwohl es sich dort nicht um Angriffs- und Verteidigungsmittel,[5] sondern um Verzögerungen bei der Beweisaufnahme handelt.

4. Ausschluss der Güteverhandlung (Nr. 4)

§ 278 Abs. 2 bis 5 ZPO finden auf Ehesachen keine Anwendung mehr,[6] weil eine Verfahrensbeendigung durch Abschluss eines Vergleichs mangels materiellrechtlicher Dispositionsbefugnis der Beteiligten in Ehesachen ohnehin kaum in Frage kommt und das FamFG spezifische Mechanismen vorsieht, um die Chance für eine Aussöhnung der Beteiligten zu wahren (§ 136).[7] Anwendbar bleibt § 278 Abs. 1 ZPO, so dass der Richter nach wie vor dazu aufgerufen ist, jede Chance zur gütlichen Beilegung des Verfahrens durch **Versöhnung der Ehegatten** zu ergreifen.[8] § 15a Abs. 2 Satz 1 Nr. 2 EGZPO aF, wonach die Vorschriften über die Einigung vor einer Gütestelle auf Familiensachen nicht anwendbar sind, konnte gestrichen werden, weil die Vorschrift auf Familiensachen wegen deren Verortung im FamFG ohnhin keine Anwendung mehr findet[9] (und auch von der Verweisung in § 113 Abs. 1 Satz 2 nicht erfasst wird). 20

5. Einschränkung der Dispositionsmaxime (Nr. 6)

In ähnlicher Weise wie durch § 113 Abs. 4 Nr. 1, 5, 7, 8 den Beteiligten die Verantwortung für die Sammlung des Tatsachenstoffes teilweise entzogen wird, schränkt § 113 Abs. 4 Nr. 6 die Verfügungsfreiheit über den Streitgegenstand ein, indem § 307 ZPO über die bindende Wirkung eines **Anerkenntnisses** keine Anwendung findet. Ein wirksames Anerkenntnis kann damit nicht erklärt werden, ein entsprechender An- 21

1 BT-Drucks. 16/6308, S. 223; Baumbach/*Hartmann*, § 611 ZPO Rz. 4.
2 In diesem Sinne kann man davon sprechen, dass § 296 Abs. 3 ZPO anwendbar bleibt (Johannsen/Henrich/*Sedemund-Treiber*, § 615 ZPO Rz. 2; Musielak/*Borth*, § 615 ZPO Rz. 2), doch sind auch insofern die (weiteren) Voraussetzungen der Präklusion § 115 zu entnehmen (Musielak/*Borth*, § 615 ZPO Rz. 2; MüKo.ZPO/*Bernreuther*, § 615 ZPO Rz. 4), vgl. sogleich im Text.
3 MüKo.ZPO/*Bernreuther*, § 611 ZPO Rz. 15; Zöller/*Philippi*, § 611 ZPO Rz. 8; vgl. OLG Hamm v. 14.5.2002 – 9 UF 30/99, FamRZ 2003, 616 (617) (in concreto jedoch zweifelhaft wegen Geltung des Amtsermittlungsgrundsatzes).
4 Musielak/*Borth*, § 611 ZPO Rz. 10; MüKo.ZPO/*Bernreuther*, § 615 ZPO Rz. 4.
5 BGH v. 31.3.1993 – VIII ZR 91/92, NJW 1993, 1926 (1927); BVerfG v. 26.10.1999 – 2 BvR 1292/96, NJW 2000, 945 (946).
6 Baumbach/*Hartmann*, § 113 FamFG Rz. 7. Bisher wurde die Vorschrift vom Verweis in § 608 ZPO aF erfasst, Zöller/*Philippi*, § 612 ZPO Rz. 1; ausf. *Bergerfurth/Rogner*, Ehescheidungsprozess, Rz. 176; BGH v. 6.10.2004 – XII ZR 225/01, FamRZ 2004, 1952 (1957).
7 BT-Drucks. 16/6308, S. 223.
8 Vgl. *Bergerfurth*, FamRZ 2001, 12 ff.
9 BT-Drucks. 16/6308, S. 324.

erkenntnisbeschluss darf nicht ergehen,[1] doch kann die Erklärung im Rahmen der allgemeinen Beweiswürdigung berücksichtigt werden.[2]

22 Demgegenüber wird der **Verzicht** auf den Klaganspruch (§ 306 ZPO) durch § 113 Abs. 4 Nr. 1–8 nicht ausgeschlossen.[3] Denn während die Beendigung der Ehe materiellrechtlich nicht zur Disposition der Parteien steht, bleibt es dem Belieben eines jeden Einzelnen überlassen, ob und wann er den Bestand der Ehe angreifen will. Der Verzichtsbeschluss ergeht, auch ohne dass ein Abweisungsantrag nach § 306 ZPO durch den Antragsgegner gestellt wurde.[4] Auch nach Verzicht bleibt die erneute Stellung des Scheidungsantrags auf Grund neuer Tatsachen, etwa dem erneuten Ablauf der Trennungsfristen, zulässig.[5] Bei einem Feststellungsverfahren hat der Verzicht gem. § 130 Abs. 1 analog die Wirkung, dass der Antrag als zurückgenommen gilt.[6] Unproblematisch ist daher auch eine **Rücknahme** des Antrags gem. § 269 ZPO möglich (vgl. im Einzelnen § 134 Rz. 7).[7]

23 Innerhalb des durch die vorgenannten Eckpunkte abgesteckten Rahmens können die Beteiligten auch in Ehesachen **Vereinbarungen** treffen. So kann der Antragsteller auf die Geltendmachung bestimmter ehefeindlicher Tatsachen[8] oder sein derzeit bestehendes Scheidungsrecht[9] verzichten, doch ist ein Verzicht, der sich auch auf ein künftiges Scheidungsrecht erstreckt, nichtig.[10] Demgegenüber kann der Antragsgegner vergleichsweise die Zustimmung zur Scheidung iSv. § 1566 Abs. 1 BGB erklären,[11] wobei man angesichts der doch eher geringen materiellrechtlichen Tragweite dieser gem. § 134 Abs. 2 Satz 1 widerrufbaren Erklärung hierin selbst dann kein bedenkliches „Abkaufen der Scheidungsbereitschaft"[12] sehen sollte, wenn sich die andere Seite bei der gleichzeitigen Regelung nachehelicher Ausgleichsansprüche als großzügig erweist. Die Vereinbarung erhält die Qualität eines **Prozessvergleichs** iSv. § 794 Abs. 1 Nr. 1 ZPO, der bezüglich der Kosten einen Vollstreckungstitel schafft, wenn sie unmittelbar verfahrensbeendigende Wirkung besitzt.[13] In Frage kommt etwa die vergleichsweise Beendigung durch Antragsrücknahme, Verzicht oder übereinstimmende Erledigungserklärung.[14] Wird demgegenüber nur der Streit über einzelne Teilfragen beseitigt (sog.

1 BGH v. 2.3.1994 – XII ZR 207/92, NJW 1994, 2697; OLG Brandenburg v. 30.8.2000 – 9 WF 159/00, MDR 2000, 1380 (1381).
2 Zöller/*Philippi*, § 617 ZPO Rz. 1; MüKo.ZPO/*Bernreuther*, § 617 ZPO Rz. 1.
3 BGH v. 9.4.1986 – IVb ZR 32/85, FamRZ 1986, 655 (656); OLG Karlsruhe v. 24.4.1980 – 16 UF 114/79, FamRZ 1980, 1121 (1123).
4 OLG Karlsruhe v. 24.4.1980 – 16 UF 114/79, FamRZ 1980, 1121 (1123); MüKo.ZPO/*Bernreuther*, § 617 ZPO Rz. 5; aA offenbar Baumbach/*Hartmann*, § 617 ZPO Rz. 2.
5 BGH v. 9.4.1986 – IVb ZR 32/85, FamRZ 1986, 655 (656); Baumbach/*Hartmann*, § 617 ZPO Rz. 2.
6 Zöller/*Philippi*, § 617 ZPO Rz. 4; MüKo.ZPO/*Bernreuther*, § 617 ZPO Rz. 5.
7 OLG Frankfurt v. 10.11.1981 – 3 UF 6/81, FamRZ 1982, 809 (811 f.).
8 Musielak/*Borth*, § 617 ZPO Rz. 6; Baumbach/*Hartmann*, § 617 ZPO Rz. 4.
9 BGH v. 9.4.1986 – IVb ZR 32/85, FamRZ 1986, 655 (656); MüKo.ZPO/*Bernreuther*, § 617 ZPO Rz. 10; Stein/Jonas/*Schlosser*, § 617 ZPO Rz. 4; Staudinger/*Rauscher*, § 1564 BGB Rz. 47.
10 BGH v. 9.4.1986 – IVb ZR 32/85, FamRZ 1986, 655 f.; BGH v. 19.12.1989 – IVb ZR 91/88, FamRZ 1990, 372 f.; Schwab/*Maurer/Borth*, Rz. IV 1333; *Lüke*, FS Pieper, 1998, S. 307 f. und 315; Staudinger/*Rauscher*, § 1564 BGB Rz. 42.
11 MüKo.ZPO/*Bernreuther*, § 617 ZPO Rz. 8; Stein/Jonas/*Schlosser*, § 617 ZPO Rz. 6; *Göppinger/Börger*, Rz. 109. Die Zustimmung muss gegenüber dem Gericht erklärt werden, vgl. § 134 Rz. 4.
12 Musielak/*Borth*, § 617 ZPO Rz. 6.
13 MüKo.ZPO/*Bernreuther*, § 617 ZPO Rz. 9; Stein/Jonas/*Schlosser*, § 617 ZPO Rz. 6.
14 Musielak/*Borth*, § 617 ZPO Rz. 6; MüKo.ZPO/*Bernreuther*, § 617 ZPO Rz. 9.

Zwischenvergleich), wird eine Entscheidung des Gerichts über den Verfahrensgegenstand nicht entbehrlich und § 794 Abs. 1 Nr. 1 ZPO findet keine Anwendung.[1] Das Gleiche gilt, wenn sich die Einigung auf die Verteilung der Kosten beschränkt;[2] dies findet lediglich im Rahmen von § 150 Abs. 4 Satz 3 Berücksichtigung.[3]

Zulässig ist auch eine beiderseitige Erledigungserklärung iSv. § 91a ZPO durch über- 24
einstimmende Verfahrenserklärungen (unabhängig von einem Prozessvergleich).[4] Bei – praktisch seltener – einseitiger Erledigterklärung gelten die allgemeinen Grundsätze.[5] Ein **Rechtsmittelverzicht** wird von § 113 Abs. 4 Nr. 6 nicht erfasst und ist gem. § 67 Abs. 1, der gem. § 113 Abs. 1 nicht verdrängt wird, ohne weiteres zulässig.[6] Zum Vergleich in Folgesachen vgl. § 142 Rz. 4.

V. Terminologie (Absatz 5)

Während es sich in Abs. 4 um inhaltliche Abweichungen von den Regeln der ZPO 25
handelt, beinhaltet Abs. 5 lediglich terminologische Abweichungen, welche eine **begriffliche Harmonisierung** mit den familienrechtlichen Verfahren herbeiführen, die Familiensachen der freiwilligen Gerichtsbarkeit sind. Wie bislang für Ehesachen schon weitgehend üblich (vgl. §§ 622 Abs. 3, 631 Abs. 2 Satz 2 ZPO aF), treten nun auch für Familienstreitsachen an die Stelle bestimmter ZPO-Begriffe die in der freiwilligen Gerichtsbarkeit üblichen Bezeichnungen. Eine ergänzende terminologische Festlegung trifft § 3 Abs. 1 FamGKG.

ZPO		Ehe- und Familienstreitsachen
Prozess oder Rechtsstreit	→	Verfahren
Klage	→	Antrag
Kläger	→	Antragsteller
Beklagter	→	Antragsgegner
Partei	→	Beteiligter
Streitwert	→	Verfahrenswert (§ 3 Abs. 1 FamGKG)

Die in § 113 Abs. 5 aufgeführten Begriffe sind grundsätzlich auch dann zu verwenden, wenn sie in Zusammensetzung mit anderen Wörtern gebraucht werden, so ist etwa von Verfahrenskostenhilfe (zB §§ 149, 242 Satz 1), Stufenverfahren, Feststellungsverfahren, Abänderungsverfahren etc. zu sprechen.[7]

Letztlich dürfen aber **inhaltliche Verständlichkeit und sprachliche Prägnanz** nicht auf 26
der Strecke bleiben, so dass der Rückgriff auf die ZPO-Terminologie nicht um jeden

1 MüKo.ZPO/*Bernreuther*, § 617 ZPO Rz. 9; Baumbach/*Hartmann*, § 617 ZPO Rz. 4; Zöller/*Philippi*, § 617 ZPO Rz. 5.
2 BGH v. 6.3.1952 – IV ZR 171/51, BGHZ 5, 251 (258).
3 MüKo.ZPO/*Bernreuther*, § 617 ZPO Rz. 9; Johannsen/Henrich/*Sedemund-Treiber*, § 617 ZPO Rz. 6; aA Stein/Jonas/*Schlosser*, § 617 ZPO Rz. 16.
4 MüKo.ZPO/*Bernreuther*, § 617 ZPO Rz. 12; Zöller/*Philippi*, § 617 ZPO Rz. 5.
5 OLG Düsseldorf v. 19.2.1992 – 4 UF 88/91, FamRZ 1992, 961.
6 Vgl. OLG Zweibrücken v. 3.12.1993 – 5 UF 57/92, FamRZ 1994, 1045.
7 Vgl. dazu ausf. *Schael*, FamRZ 2009, 7 (8 f.).

Preis vermieden werden muss. So kann es im Einzelfall beispielsweise hilfreich sein, statt von einem Gegenantrag von einer Widerklage zu sprechen, da der Begriff des Gegenantrags[1] auch verwendet wird, um einen gleichlaufenden Scheidungsantrag des Scheidungsgegners zu bezeichnen (Anschlussantrag). Auch der Gesetzgeber verwendet etwa den Begriff des (Stufen-)Klageantrags (vgl. § 38 FamGKG) sowie des Widerklageantrags (§ 39 FamGKG).

§ 114
Vertretung durch einen Rechtsanwalt; Vollmacht

(1) Vor dem Familiengericht und dem Oberlandesgericht müssen sich die Ehegatten in Ehesachen und Folgesachen und die Beteiligten in selbständigen Familienstreitsachen durch einen Rechtsanwalt vertreten lassen.

(2) Vor dem Bundesgerichtshof müssen sich die Beteiligten durch einen bei dem Bundesgerichtshof zugelassenen Rechtsanwalt vertreten lassen.

(3) Behörden und juristische Personen des öffentlichen Rechts einschließlich der von ihnen zur Erfüllung ihrer öffentlichen Aufgaben gebildeten Zusammenschlüsse können sich durch eigene Beschäftigte oder Beschäftigte anderer Behörden oder juristischer Personen des öffentlichen Rechts einschließlich der von ihnen zur Erfüllung ihrer öffentlichen Aufgaben gebildeten Zusammenschlüsse vertreten lassen. Vor dem Bundesgerichtshof müssen die zur Vertretung berechtigten Personen die Befähigung zum Richteramt haben.

(4) Der Vertretung durch einen Rechtsanwalt bedarf es nicht

1. im Verfahren der einstweiligen Anordnung,

2. wenn ein Beteiligter durch das Jugendamt als Beistand vertreten ist,

3. für die Zustimmung zur Scheidung und zur Rücknahme des Scheidungsantrags und für den Widerruf der Zustimmung zur Scheidung,

4. für einen Antrag auf Abtrennung einer Folgesache von der Scheidung,

5. im Verfahren über die Verfahrenskostenhilfe,

6. in den Fällen des § 78 Abs. 3 der Zivilprozessordnung sowie

7. für den Antrag auf Durchführung des Versorgungsausgleichs nach § 3 Abs. 3 des Versorgungsausgleichsgesetzes und die Erklärungen zum Wahlrecht nach § 15 Abs. 1 und 3 des Versorgungsausgleichsgesetzes.

(5) Der Bevollmächtigte in Ehesachen bedarf einer besonderen auf das Verfahren gerichteten Vollmacht. Die Vollmacht für die Scheidungssache erstreckt sich auch auf die Folgesachen.

---

1 Vgl. etwa BGH v. 13.10.1982 – IVb ZB 601/81, FamRZ 1983, 38 (40).

A. Überblick

I. Normzweck

Auf der einen Seite geht der Anwaltszwang in Familiensachen weiter als in ZPO-Normalverfahren, weil er in Abweichung von § 78 Abs. 1 ZPO für **Ehe- und Folgesachen sowie für selbständige Familienstreitsachen schon vor dem Amtsgericht** greift. Dies ist gerechtfertigt, um die sachgerechte Beratung insbesondere des schwächeren Ehegatten (etwa über die Einreichung von Folgesachen) sicherzustellen, die häufig emotionsgeladenen Verfahren zu versachlichen und den Beteiligten die Tragweite ihrer Entscheidungen vor Augen zu führen. Auf der anderen Seite bleibt § 114 hinter den ZPO-Regeln zurück, weil – entsprechend den Grundsätzen der freiwilligen Gerichtsbarkeit (vgl. § 10) – für **selbständige Familiensachen der FG selbst in zweiter Instanz vor dem OLG noch kein Anwaltszwang** besteht. 1

II. Entstehung

Die Neuregelung in § 114 entspricht für Ehe- und Folgesachen sowie für isolierte Familiensachen der FG weitgehend § 78 Abs. 1 Satz 4, Abs. 2 bis 4 ZPO aF, an dessen Stelle sie tritt.[1] Wegen der existenzsichernden sowie langfristigen Wirkung und der besonderen Komplexität der Materie[2] wurde für isolierte Unterhaltsverfahren jedoch ebenfalls der erstinstanzliche Anwaltszwang eingeführt und dieser auch auf die neu in die Zuständigkeit des FamG einbezogenen sonstigen Familiensachen erstreckt, unabhängig davon, ob für sie bisher das AG oder LG zuständig war. 2

1 Die entsprechenden familienrechtlichen Bestimmungen des § 78 ZPO konnten daher gestrichen werden, Art. 29 Nr. 3 Buchst. a FamFG.
2 BT-Drucks. 16/6308, S. 223.

3 Der Vorschlag, ein **vereinfachtes Scheidungsverfahren** ohne Anwaltszwang (§ 130 Abs. 1 Satz 2 RefE II [2006]) für Ehen ohne gemeinschaftliche Kinder zur Verfügung zu stellen, soweit sich die Eheleute über die durch die Ehe begründete Unterhaltspflicht sowie die Rechtsverhältnisse an der Ehewohnung und am Hausrat geeinigt haben (§ 143 Abs. 1 RefE II [2006]), konnte sich in der Reformdebatte zu Recht nicht durchsetzen.[1]

B. Allgemeine Grundsätze

4 Die **Postulationsfähigkeit**, dh. die Fähigkeit, Prozesshandlungen vor oder gegenüber dem Gericht selbst wirksam vornehmen zu können, wird durch den Anwaltszwang eingeschränkt. Während grundsätzlich jede prozessfähige Person auch postulationsfähig ist, müssen sich im Anwaltsprozess die Beteiligten durch einen Rechtsanwalt vertreten lassen. Nach früherem Recht bedurfte ein Rechtsanwalt einer besonderen Zulassung für das Tätigwerden vor einem bestimmten Gericht. Nachdem dieser Grundsatz immer mehr eingeschränkt worden war,[2] wurde er durch das Gesetz zur Stärkung der Selbstverwaltung der Rechtsanwaltschaft v. 26.3.2007[3] für die unteren Instanzen komplett aufgegeben. Eine besondere Zulassung ist nur noch für den BGH erforderlich (vgl. § 114 Abs. 2 FamFG iVm. § 164 ff. BRAO); im Übrigen genügt nach § 114 die Einschaltung „eines Rechtsanwalts" (zum Wirksamwerden der Zulassung vgl. § 12 BRAO). Auch in Familiensachen darf wegen des **Verbots der Vertretung widerstreitender Interessen** (§ 43a Abs. 4 BRAO, § 356 StGB) ein Rechtsanwalt nicht beide Seiten vertreten.[4] Unzulässig ist auch die Vertretung durch einen Rechtsanwalt, der zuvor beide Ehegatten als Mediator beraten hat.[5]

5 Soweit **kein Anwaltszwang** besteht, sind Verfahrensbeteiligte selbst postulationsfähig und können jede Prozesshandlung vornehmen (§ 10 Abs. 1 FamFG, § 79 Abs. 1 Satz 1 ZPO) oder sich durch einen Rechtsanwalt (§ 10 Abs. 2 Satz 1 FamFG, § 79 Abs. 2 Satz 1 ZPO) oder einen Bevollmächtigten vertreten lassen, soweit dieser zu den in § 79 Abs. 2 Satz 2 ZPO bzw. § 10 Abs. 2 Satz 2 FamFG aufgezählten Personengruppen gehört. Falls in einer Scheidungssache anwaltliche Vertretung erforderlich erscheint, kann dem Antragsgegner gem. § 138 ein Rechtsanwalt beigeordnet werden.

6 Jeder Beteiligte kann außerdem gem. § 12 FamFG, § 90 ZPO einen **Beistand** einschalten, der in der Verhandlung die Beteiligtenrechte ausführt. Mit der Neufassung des § 90 ZPO durch das Gesetz zur Neuregelung des Rechtsberatungsrechts v. 12.12.2007[6] wurde klargestellt, dass Beistandschaft sowohl im Partei- als auch im Anwaltsprozess möglich ist. In Verfahren ohne Anwaltszwang kann neben der Einschaltung eines Rechtsanwalts als Bevollmächtigten auch noch ein Beistand eingeschaltet werden.[7]

---

1 Vgl. die Kritik etwa von *Born*, FamRZ 2006, 829 ff.; *Brudermüller*, FF 2006, 121 f.; *Groß*, AnwBl. 2006, 337 f.

2 Vgl. Johannsen/Henrich/*Sedemund-Treiber*, § 78 ZPO Rz. 1b und 1c.

3 BGBl. I 2007, S. 358. Vgl. dazu Entwurfsbegründung, BT-Drucks. 16/513, S. 22.

4 BGH v. 23.10.1984 – 5 StR 430/84, FamRZ 1985, 593; BayObLG v. 23.1.1981 – Rreg. 2 St 125/80, FamRZ 1981, 608 (609 f.); OLG Celle v. 19.2.1982 – 12 WF 14/82, FamRZ 1983, 1045 f. Vgl. auch AG Neunkirchen v. 27.7.1995 – 4 C 121/95, FamRZ 1996, 298 f.: Nichtigkeit eines Beratungsvertrags mit beiden Ehegatten zur Vorbereitung einer einverständlichen Scheidung.

5 OLG Karlsruhe v. 26.4.2001 – 2 U 1/00, FamRZ 2002, 37 (38).

6 BGBl. I 2007, S. 2840.

7 KG v. 19.4.2001 – 17 WF 118/01, FamRZ 2001, 1619.

1. Sachliche Reichweite des Anwaltszwangs

a) Prozesshandlungen

7 Der Anwaltszwang erfasst – vorbehaltlich ausdrücklich festgelegter Ausnahmen (vor allem § 114 Abs. 3 und 4) – das **gesamte Verfahren in der Instanz** und betrifft alle Prozesshandlungen.[1] Diese unterscheiden sich von rechtsgeschäftlichen Erklärungen des bürgerlichen Rechts dadurch, dass ihre Wirkungen im Wesentlichen auf prozessualem Gebiet liegen:[2] Erfasst werden beispielsweise[3] die Einleitung des Verfahrens durch Einreichung einer Antragsschrift, Anträge (etwa auf Aussetzung oder Verweisung), schriftlicher oder mündlicher Tatsachenvortrag sowie ein gerichtliches Geständnis (§ 288 ZPO),[4] die Zustimmung zum schriftlichen Verfahren,[5] Verzicht (§ 306 ZPO) und Anerkenntnis (§ 307 ZPO) sowie die Antragsrücknahme (§ 269 ZPO), die Einlegung und Rücknahme von Rechtsmitteln sowie der Rechtsmittelverzicht.[6] Doch können über die Antragsrücknahme,[7] den Rechtsmittelverzicht und die Rechtsmittelrücknahme außgerichtliche Vereinbarungen ohne Einschaltung von Anwälten geschlossen werden,[8] die auf Einrede der Gegenseite im Verfahren zu berücksichtigen sind (zum Zeitpunkt der Rechtskraft vgl. § 116 Rz. 21).

8 Maßnahmen der **Zwangsvollstreckung in Familiensachen**, für die das Amtsgericht/Familiengericht als Prozessgericht nach §§ 887 ff. ZPO zuständig ist, unterliegen dem Anwaltszwang, wenn ein solcher für das – erstinstanzliche – Erkenntnisverfahren bestand.[9] Im Verfahren vor dem Vollstreckungsgericht (§ 764 ZPO) gelten die allgemeinen Regeln (§ 78 ZPO). Bei Zuständigkeit des **Rechtspflegers** ist das Verfahren gem. § 13 RPflG stets anwaltsfrei (vgl. etwa Verfahren auf Festsetzung von Kosten und der Rechtsanwaltsvergütung, § 21 Nr. 1 und Nr. 2 RPflG).

9 Auch im Anwaltsprozess, in welchem die Beteiligten (idR Antragsteller und Antragsgegner) selbst keine Prozesshandlungen vornehmen können, sind sie nicht von jeder **Mitwirkung am Verfahren** ausgeschlossen (vgl. auch Rz. 20 f.): In Ehesachen ist gem. § 128 Abs. 1 Satz 1 das persönliche Erscheinen der Ehegatten anzuordnen, und auch sonst können die Beteiligten gem. § 137 Abs. 4 ZPO das Wort verlangen und tatsächliche Erlärungen abgeben sowie Geständnisse und Erklärungen ihres Verfahrensbevollmächtigten widerrufen (§ 85 Abs. 1 Satz 2 ZPO).

b) Vergleiche

10 **Scheidungsfolgenvergleiche** unterliegen nach mittlerweile ganz hM dem Anwaltszwang, wenn sie in einem Verfahren(sabschnitt) mit Anwaltszwang geschlossen werden.[10] So-

1 Zöller/*Vollkommer*, § 78 ZPO Rz. 9.
2 *Rosenberg/Schwab/Gottwald*, § 63 Rz. 1; *Musielak*, Grundkurs ZPO, Rz. 153.
3 Umfassender Überblick etwa bei Zöller/*Vollkommer*, § 78 ZPO Rz. 9 ff.
4 BGH v. 7.2.2006 – VI ZR 20/05, VersR 2006, 663 (664); Zöller/*Greger*, § 288 ZPO Rz. 3c; aA wohl Zöller/*Vollkommer*, § 78 ZPO Rz. 1a.
5 OLG Zweibrücken v. 30.6.1998 – 15 UF 18/98, FamRZ 1999, 456.
6 BGH v. 18.1.1984 – IVb ZB 53/83, NJW 1984, 1465.
7 OLG Frankfurt v. 20.3.2002 – 7 U 140/01, OLGReport 2002, 272 (273).
8 BGH v. 10.5.1951 – IV ZB 26/51, BGHZ 2, 112 (114); BGH v. 8.5.1985 – IVb ZB 56/84, NJW 1985, 2334; BGH v. 21.12.1988 – IVb ZB 145/86, FamRZ 1989, 268; BGH v. 14.5.1997 – XII ZR 184/96, FamRZ 1997, 999; aA *Rosenberg/Schwab/Gottwald*, § 134 Rz. 45 und 47.
9 OLG Köln v. 8.8.1994 – 25 WF 147/94, FamRZ 1995, 312; OLG Frankfurt v. 6.8.1987 – 3 WF 153/87, FamRZ 1987, 1292 (1293).
10 Johannsen/Henrich/*Sedemund-Treiber*, § 78 ZPO Rz. 13; Zöller/*Vollkommer*, § 78 ZPO Rz. 31.

weit sie Prozessvergleiche sind,[1] ergibt sich das aus ihrer Doppelnatur[2] als materielles Rechtsgeschäft und Prozesshandlung.[3] Bei der Protokollierung einer Vereinbarung über den Versorgungsausgleich gem. §§ 6, 7 Abs. 2 VersAusglG iVm. § 127a BGB müssen die Beteiligten aber auch dann durch einen Rechtsanwalt vertreten werden, wenn die Vereinbarung ausnahmsweise die Voraussetzungen des § 794 Abs. 1 Nr. 1 ZPO nicht erfüllen sollte, etwa weil kein gegenseitiges Nachgeben vorliegt.[4] Werden Verfahrensgegenstände in den Scheidungsfolgenvergleich einbezogen, die nicht anhängig sind oder nicht einmal in die Zuständigkeit des FamG fallen,[5] ist es unerheblich, ob für diese weiteren Materien Anwaltszwang bestünde, wenn sie (isoliert) gerichtlich geltend gemacht würden.[6] Für am Verfahren beteiligte **Dritte** kommt es darauf an, ob sie selbst in dem Verfahren, in dem der Vergleich geschlossen wird, dem Anwaltszwang unterliegen.[7] Demgegenüber bedürfen (außenstehende) Dritte, die nur dem Vergleich beitreten, keiner anwaltlichen Vertretung.[8]

11 Getreu dem Grundsatz, dass entscheidend ist, in welchem Verfahren(sstadium) der Vergleich geschlossen wird (Rz. 10), unterliegt ein gem. § 118 Abs. 1 Satz 3 ZPO im **Verfahrenskostenhilfeverfahren** geschlossener Scheidungsfolgenvergleich wegen § 114 Abs. 4 Nr. 5 nicht dem Anwaltszwang.[9] Das Gleiche gilt gem. § 114 Abs. 4 Nr. 6 FamFG iVm. § 78 Abs. 3 ZPO bei Tätigwerden eines **beauftragten oder ersuchten Richters**.[10] Findet das Verfahren vor dem Familienrichter oder einem Einzelrichter am OLG statt, kann sich dieser aber nicht selbst als beauftragten Richter bestimmen, um einen Vergleich zu schließen, vielmehr setzt die Verweisung an den beauftragten Richter die Zuständigkeit eines Kollegialgerichts voraus.[11] Die bislang heftig umstrittene Frage, ob vergleichsweise Regelungen im **Verfahren der einstweiligen Anordnung nach §§ 620 ff. ZPO aF** bereits im Hinblick auf § 620a Abs. 2 Satz 2 ZPO aF vom

1 Zu den Anforderungen *Göppinger/Börger*, Vereinbarungen anlässlich der Ehescheidung, Rz. 36.

2 BGH v. 30.9.2005 – V ZR 275/04, MDR 2006, 284 mwN; Thomas/Putzo/*Hüßtege*, § 794 ZPO Rz. 3.

3 BGH v. 20.2.1991 – XII ZB 125/88, NJW 1991, 1743; BGH v. 30.1.1986 – IVb ZR 65/83, FamRZ 1986, 458 f.; OLG Schleswig v. 9.9.1998 – 12 U 56/95, MDR 1999, 252; Zöller/*Vollkommer*, § 78 ZPO Rz. 11 und 31; aA etwa OLG München v. 15.5.1986 – 11 WF 904/86, Rpfleger 1986, 408 (409) unter Berufung auf die Besonderheiten einer einverständlichen Scheidung; AG Groß-Gerau v. 21.10.1987 – 7 F 102/83, FamRZ 1988, 187 (Erst-Recht-Schluss aus § 630 Abs. 2 Satz 2 ZPO).

4 BGH v. 20.2.1991 – XII ZB 125/88, NJW 1991, 1743 (unter Berufung darauf, dass § 1587o BGB iVm. § 127a BGB prozessordnungsgemäß abgegebene „Erklärungen" verlange); OLG Zweibrücken v. 10.10.1986 – 2 UF 1/86, FamRZ 1987, 84; OLG Köln v. 28.2.1997 – 25 UF 248/96, FamRZ 1998, 373.

5 Die Protokollierung eines Scheidungsfolgenvergleichs setzt voraus, dass mindestens eine Folgesache betroffen ist (Zöller/*Philippi*, § 630 ZPO Rz. 16).

6 Johannsen/Henrich/*Sedemund-Treiber*, § 78 ZPO Rz. 13; MüKo.ZPO/*v. Mettenheim*, § 78 ZPO Rz. 69.

7 Johannsen/Henrich/*Sedemund-Treiber*, § 78 ZPO Rz. 13.

8 BGH v. 16.12.1982 – VII ZR 55/82, NJW 1983, 1433 (1434); Zöller/*Vollkommer*, § 78 ZPO Rz. 11; Baumbach/*Hartmann*, Anhang zu § 307 ZPO Rz. 26; aA MüKo.ZPO/*v. Mettenheim*, § 78 ZPO Rz. 26; enger auch *Bergerfurth*, Rz. 221.

9 OLG Hamburg v. 3.8.1988 – 12 WF 113/88, FamRZ 1988, 1299; Rahm/*Künkel/Engels*, Handbuch des Familiengerichtsverfahrens, Rz. II 99. Vgl. auch AG Groß-Gerau v. 17.11.1994 – 71 F 687/93, FamRZ 1995, 1004.

10 BGH v. 5.10.1954 – V BLw 25/54, BGHZ 14, 381 (387) zu § 279 aF; OLG Düsseldorf v. 22.7.1975 – 7 W 50/75, NJW 1975, 2298 (2299).

11 BGH v. 30.1.1986 – IVb ZR 65/83, FamRZ 1986, 458; OLG Frankfurt v. 12.1.1987 – 5 UF 155/86, FamRZ 1987, 737 f.; *Jost*, NJW 1980, 327 (329).

Anwaltszwang befreit sind,[1] hat sich erledigt, da gem. § 114 Abs. 4 Nr. 1 nunmehr das gesamte Verfahren der einstweiligen Anordnung anwaltsfrei ausgestaltet ist und somit ein Vergleich im Anordnungsverfahren stets ohne Rechtsanwälte geschlossen werden kann.

2. Rechtsfolgen bei Verletzung des Anwaltszwangs

Da die Postulationsfähigkeit eine **Prozesshandlungsvoraussetzung** ist,[2] sind Prozess- 12
handlungen eines Postulationsunfähigen unwirksam.[3] Dieser Mangel ist vom Gericht in jeder Lage des Verfahrens von Amts wegen zu beachten:[4] Wird rechtzeitig erkannt, dass ein **verfahrenseinleitender Antrag** von einem Postulationsunfähigen eingereicht wurde, so ist von der Zustellung abzusehen,[5] erfolgt diese gleichwohl, wird der Antrag nicht rechtshängig[6] mit allen daraus resultierenden materiellrechtlichen Konsequenzen;[7] wird der Mangel – trotz Hinweises nach § 139 Abs. 3 ZPO[8] bzw. § 28 Abs. 2 FamFG – nicht behoben, so ist der Antrag durch Prozessurteil als unzulässig abzuweisen.[9] Die mangelnde Postulationsfähigkeit kann durch Einschaltung eines postulationsfähigen Rechtsanwalts mit Wirkung ex nunc geheilt werden, entweder durch Wiederholung oder Genehmigung der unwirksamen Prozesshandlung[10] im Wege einer Bezugnahme. Bei fristgebundenen Prozesshandlungen ist erforderlich, dass die Genehmigung, die erkennbar mit dem Willen vorgenommen werden muss, den entdeckten Mangel zu beseitigen,[11] vor Fristablauf erklärt wird, da keine rückwirkende Heilung des Mangels möglich ist.[12] Erscheint ein Beteiligter im Anwaltsprozess **ohne Anwalt im Termin**, so ist er säumig iSv. §§ 330 ff. ZPO, doch ist gem. § 130 Abs. 2 in Ehesachen ein Versäumnisbeschluss gegen den Antragsgegner unzulässig. Im Streit um die Postulationsfähigkeit ist – wie bei Zweifeln an der Prozessfähigkeit[13] – eine evtl. nicht postulationsfähige Partei als postulationsfähig zu behandeln.[14] Während in der bisherigen Rechtsprechung betont wurde, es bestehe keine allgemeine Pflicht, über einen – vor allem in Rechtsmittelverfahren bestehenden – Anwaltszwang zu beleh-

1 Dafür unter gewissen Voraussetzungen Zöller/*Vollkommer*, § 78 ZPO Rz. 29 und Rz. 31 mwN; vgl. auch OLG Koblenz v. 6.2.1976 – 6 W 49/76, MDR 1976, 940 (941); aA MüKo.ZPO/*v. Mettenheim*, § 78 ZPO Rz. 69 mwN; *Gießler/Soyka*, Vorläufiger Rechtsschutz in Familiensachen, Rz. 136.

2 BGH v. 11.10.2005 – XI ZR 398/04, FamRZ 2006, 116 (117).

3 BGH v. 7.6.1990 – III ZR 142/89, NJW 1990, 3085 (3086); BGH v. 1.3.1984 – IX ZR 33/83, NJW 1984, 1559 (1560).

4 BGH v. 30.6.1992 – VI ZB 15/92, NJW 1992, 2706; BGH v. 11.10.2005 – XI ZR 398/04, FamRZ 2006, 116 (117).

5 Musielak/*Weth*, § 78 ZPO Rz. 6; aA MüKo.ZPO/*v. Mettenheim*, § 78 ZPO Rz. 47.

6 BGH v. 1.3.1984 – IX ZR 33/83, NJW 1984, 1559 (1560); Johannsen/Henrich/*Sedemund-Treiber*, § 78 ZPO Rz. 1a.

7 Keine Verjährungsunterbrechung: OLG Naumburg v. 14.12.2000 – 8 UF 24/00, FamRZ 2001, 1006. Keine Unwirksamkeit des Ausschlusses des VA nach § 1408 Abs. 2 Satz 2 BGB: BGH v. 16.9.1998 – XII ZB 104/96, NJW 1998, 3710. Kein Ehezeitende iSv. § 1587 BGB: OLG Celle v. 28.2.1994 – 15 UF 186/93, FamRZ 1996, 297.

8 OLG Köln v. 8.8.1994 – 25 WF 147/94, FamRZ 1995, 312 (313).

9 BGH v. 7.6.1990 – III ZR 142/89, NJW 1990, 3085 (3086); BGH v. 1.3.1984 – IX ZR 33/83, NJW 1984, 1559 (1560).

10 Vgl. bereits RG v. 3.1.1901 – VI 380/00, RGZ 106, 413 (416).

11 BGH v. 27.1.1999 – XII ZB 167/98, FamRZ 1999, 1497 (1498).

12 BGH v. 7.6.1990 – III ZR 142/89, NJW 1990, 3085 (3086); BGH v. 16.12.1992 – XII ZB 137/92, FamRZ 1993, 695.

13 BGH v. 23.2.1990 – V ZR 188/88, BGHZ 110, 294 (295 f.).

14 OLG Frankfurt v. 18.1.1994 – 3 WF 6/94, FamRZ 1994, 1477.

ren,[1] sind nunmehr rechtsmittelfähige Beschlüsse gem. § 39 (der nach § 113 Abs. 1 auch auf Ehe- und Familienstreitsachen Anwendung findet) mit einer **Rechtsbehelfsbelehrung** zu versehen, die auch Angaben über die „einzuhaltende Form" enthalten muss (vgl. auch die Hinweispflicht nach § 215 Abs. 2 ZPO für die Ladung zur mündlichen Verhandlung).

C. Anwaltszwang in Familiensachen

I. Anwaltszwang vor FamG und OLG (Absatz 1)

13 Abs. 1 regelt für Familiensachen (§ 111) den Anwaltszwang vor dem Amtsgericht – FamG – und dem OLG, die in erster (§ 23a Abs. 1 Nr. 1 iVm. § 23b Abs. 1 GVG) und zweiter Instanz (§ 119 Abs. 1 Nr. 1a GVG) stets zuständig sind. Soweit Anwaltszwang besteht, sind – außer vor dem BGH (Rz. 22) – **alle Rechtsanwälte zur Vertretung befugt** (vgl. bereits § 78 Abs. 1 ZPO aF idF des Gesetzes zur Stärkung der Anwaltschaft v. 26.3.2007[2]). Das in § 78 Abs. 4 ZPO normierte **Selbstvertretungsrecht** für Rechtsanwälte gilt auch in Familiensachen, man wird § 114 wohl kaum als eine insofern abschließende Regelung ansehen können.[3]

1. Ehe- und Folgesachen (Abs. 1, 1. Alt.)

14 In Ehesachen und (Scheidungs-)Folgesachen müssen sich **Ehegatten** vor dem Familiengericht und dem Oberlandesgericht anwaltlich vertreten lassen (für den BGH folgt dies aus Abs. 2). **Andere Beteiligte** (zB zuständige Verwaltungsbehörde im Eheaufhebungsverfahren, Versorgungsträger beim Versorgungsausgleich) unterliegen in diesen Verfahren nicht dem Anwaltszwang. Auf Lebenspartnerschaftssachen nach § 269 Abs. 1 Nr. 1 und Nr. 2 sind die für Ehesachen (§ 270 Abs. 1 Satz 1) und auf Lebenspartnerschaftssachen nach § 269 Abs. 1 Nr. 3 bis 11 die für Folgesachen geltenden Grundsätze entsprechend anzuwenden (§ 270 Abs. 1 Satz 2, Abs. 2).

15 Der Begriff der **Ehesachen** ist in § 121 definiert. Welche Verfahren im Falle einer Scheidung **Folgesachen** sind, legen § 137 Abs. 2 bis 5 fest. Es gilt auch hier der allgemeine Grundsatz, dass die verfahrensrechtlichen Bestimmungen, nach denen der Rechtsstreit zu führen ist, stets von der wahren Rechtsnatur der Sache abhängen (§ 111 Rz. 13).[4] Im Interesse der Rechtssicherheit und des gebotenen Vertrauensschutzes scheitert die Einlegung eines Rechtsmittels jedoch ausnahmsweise nicht an fehlender anwaltlicher Vertretung, wenn die erste Instanz eine Folgesache fälschlich als anwaltsfreie selbständige Familiensache behandelt hat.[5] Ob ein ursprünglich im Verbund stehendes Verfahren nach **Abtrennung** noch als Folgesache anzusehen ist (und damit für die Ehegatten weiterhin dem Anwaltszwang unterliegt), richtet sich nach § 137 Abs. 5.[6] Während

---

1 BGH v. 19.3.1997 – XII ZB 139/96, FamRZ 1997, 1141 f. mwN; BGH v. 13.9.2005 – VI ZB 19/05, NJW-RR 2005, 1726 (1727).

2 BGBl. I 2007, S. 358.

3 Für Ehe- und Familienstreitsachen ergibt sich dies aus § 113 Abs. 1 Satz 2, doch auch für FG-Folgesachen muss das Gleiche gelten.

4 Johannsen/Henrich/*Sedemund-Treiber*, § 78 ZPO Rz. 2.

5 OLG Hamm v. 25.6.2001 – 5 UF 150/01, FamRZ 2002, 103; Johannsen/Henrich/*Sedemund-Treiber*, § 78 ZPO Rz. 2.

6 BGH v. 15.10.1980 – IVb ZB 597/80, NJW 1981, 233 (234); BGH v. 3.12.1997 – XII ZB 24/97, FamRZ 1998, 1505 (1506); OLG Köln v. 21.6.2000 – 27 UF 50/99, OLGReport 2001, 153 = NJW-FER 2001, 130; Schwab/*Maurer*/*Borth*, Rz. I 117.

Familiensachen der FG in erster und zweiter Instanz grundsätzlich anwaltsfreie Verfahren sind (Rz. 19), unterliegen sie als Folgesachen ebenfalls dem – im gesamten Verbundverfahren einheitlich[1] geltenden – Anwaltszwang.

2. Selbständige Familienstreitsachen (Abs. 1, 2. Alt.)

16 Für selbständige Familienstreitsachen iSv. § 112, die keine Folgesachen sind, besteht nach Abs. 1, 2. Alt. für **jeden Beteiligten** in den ersten beiden Instanzen Anwaltspflicht (für die dritte Instanz folgt dies aus Abs. 2). Werden die Ansprüche demgegenüber als Folgesachen (§ 137 Abs. 2 bis 5) geltend gemacht, ist ausschließlich Abs. 1, 1. Alt. anwendbar. Zum Behördenprivileg vgl. § 114 Abs. 3.

17 Während früher in isolierten Familienstreitsachen eine erstinstanzliche Anwaltspflicht nur für Güterrechtssachen bestand (§ 78 Abs. 2 ZPO aF), erstreckt § 114 Abs. 1 diese nun auch auf Unterhaltssachen iSv. § 112 Nr. 1 und – unabhängig von ihrer bisherigen Zuweisung an die AGe oder LGe – auch auf sonstige Familiensachen iSv. § 112 Nr. 3 einschließlich der jeweils korrespondierenden Lebenspartnerschaftssachen (§ 269 Abs. 1 Nr. 7 und 8 bzw. § 269 Abs. 2).

18 **Beteiligte** sind in selbständigen Familienstreitsachen in erster Linie **der Antragsteller und der Antragsgegner**. Im Regelfall sind dies die Eheleute oder unterhaltsberechtigte bzw. -verpflichtete Verwandte, doch kann es sich auch um ihre Rechtsnachfolger auf der Aktiv- (vor allem Träger öffentlicher Leistungen, auf welche Unterhaltsansprüche nach § 37 BAföG, § 33 SGB II, § 94 SGB XII, § 7 UVG übergegangen sind oder übergeleitet wurden) oder Passivseite (vor allem Erben) handeln (die Einordnung als Familiensache wird hierdurch nicht berührt, vgl. § 111 Rz. 14). Außerdem richten sich bestimmte materiellrechtliche Ansprüche bereits originär gegen außerhalb der Ehegemeinschaft stehende Personen (etwa §§ 1368, 1369 Abs. 3, 1390 BGB, vgl. im Einzelnen die Kommentierung zu § 139 Abs. 1). In Frage kommen außerdem Fälle verfahrensrechtlicher Drittbeteiligung durch den Eintritt in den Rechtsstreit als Nebenintervenient (§ 66 ZPO).[2] **Behörden** sind jedoch nach § 114 Abs. 3 vom Anwaltszwang befreit.

3. Selbständige Familiensachen der FG

19 Festgehalten wurde am **Grundsatz, dass selbständige Familiensachen der FG im ersten und zweiten Rechtszug** anwaltsfrei geführt werden können. Diese Regel gilt damit nun auch für Abstammungssachen, die durch das FamFG generell den FG-Verfahren zugeordnet wurden (§ 112 Rz. 3), während sie früher – mit Ausnahme der Verfahren nach § 1600e Abs. 2 BGB – vor dem OLG nicht vom Anwaltszwang befreit waren (§ 78 Abs. 3 ZPO aF).

4. Eigene Mitwirkungsmöglichkeiten der Beteiligten trotz Anwaltszwanges

20 Obwohl im **Scheidungsverfahren** Anwaltszwang besteht, besitzt der Antragsgegner unter dem Schutzmantel des § 130 Abs. 2, wonach gegen ihn kein Versäumnisbeschluss ergehen darf, eine Reihe von Mitwirkungsmöglichkeiten, wenn er – etwa im Interesse einer Kostenreduzierung – auf anwaltliche Vertretung verzichtet: Gem. § 128 Abs. 1 Satz 1 soll das Gericht das persönliche Erscheinen der Ehegatten anordnen, wobei die Anhörung sich auch auf die elterliche Sorge und das Umgangsrecht erstreckt

1 BGH v. 17.1.1979 – IV ZB 111/78, NJW 1979, 766.
2 Schwab/*Maurer*/*Borth*, Rz. I 102.

(Abs. 2). In diesem Zusammenhang kann der Antragsgegener etwa eheerhaltende Tatsachen vorbringen, Beweis hierfür antreten und sich auf die Härteklausel des § 1568 BGB berufen.[1] Gem. § 114 Abs. 4 Nr. 3 bedarf es außerdem keiner anwaltlichen Vertretung für die Zustimmung zur Scheidung und zur Rücknahme des Scheidungsantrags sowie für den Widerruf der Zustimmung zur Scheidung. Falls in einer Scheidungssache anwaltliche Vertretung gleichwohl geboten erscheint, kann dem Antragsgegner gem. § 138 Abs. 1 ein Rechtsanwalt beigeordnet werden, der die Stellung eines Beistands erlangt (§ 138 Abs. 2).

21 Soweit Folgesachen **Familiensachen der FG** sind, gebietet es außerdem die Amtsaufklärungspflicht (§ 26), relevanten Sachvortrag zu berücksichtigen.[2] Da § 1671 Abs. 1 BGB auch für den Fall der einvernehmlichen Übertragung der elterlichen Sorge (Abs. 2 Nr. 1) stets einen Antrag desjenigen Elternteils voraussetzt, auf den die elterliche Sorge übertragen werden soll, kommt im Verbundverfahren eine Übertragung auf den anwaltlich nicht vertretenen Elternteil nicht in Frage.[3] Demgegenüber ist die Zustimmungserklärung des anderen Elternteils iSv. § 1671 Abs. 2 Nr. 1 BGB keine Verfahrenshandlung und muss daher auch dann berücksichtigt werden, wenn sie von einem nicht postulationsfähigen Ehegatten im Verfahren abgegeben wird.

II. Genereller Anwaltszwang vor dem BGH (Absatz 2)

22 Vor dem Bundesgerichtshof, der gem. § 133 GVG für die Rechtsbeschwerde zuständig ist, besteht in Familiensachen für **alle Verfahrensbeteiligten** ein qualifizierter Anwaltszwang: Die Vertretung ist nur durch einen beim Bundesgerichtshof zugelassenen Anwalt möglich. Eine Ausnahme sieht Abs. 3 lediglich für bestimmte Behörden und juristische Personen vor. Da gem. § 71 Abs. 1 Satz 1 (vgl. auch § 113 Abs. 1 Satz 1) die Rechtsbeschwerde stets beim Rechtsbeschwerdegericht einzulegen ist, unterliegt bereits die Einlegung des Rechtsmittels dem Anwaltszwang. Das Gleiche gilt für einen Zwangsvollstreckungs-Schutzantrag gem. § 719 Abs. 2 ZPO (iVm. §§ 95 Abs. 1, 120 Abs. 1 FamFG). Die Vorschrift gilt ausweislich ihrer systematischen Stellung (Buch 2, Abschnitt 1) für alle Familiensachen und verdrängt als lex specialis § 10 Abs. 4.

III. Behördenprivileg (Absatz 3)

23 Die in § 114 Abs. 3 normierte Befreiung von Behörden und juristischen Personen des öffentlichen Rechts vom Anwaltszwang entspricht § 78 Abs. 4 ZPO aF, der bereits durch das Gesetz zur Neuregelung des Rechtsberatungsrechts v. 17.12.2007[4] neu gefasst wurde, um eine – vor allem sprachliche – Angleichung der Verfahrensordnungen herbeizuführen (vgl. etwa § 67 Abs. 4 Satz 4 VwGO). Auch wenn hierdurch erstmals für Zivilverfahren ein allgemeines Behördenprivileg eingeführt wurde, das alle Behörden umfasst, hat sich der Kreis der in Familiensachen von der Anwaltspflicht befreiten Institutionen nicht verändert.[5]

1 Zöller/*Vollkommer*, § 78 ZPO Rz. 31; *Bergerfurth*, Rz. 331.

2 BVerfG v. 13.7.1992 – 1 BvR 99/90, FamRZ 1992, 1151 f. Vgl. OLG Zweibrücken v. 19.11.1981 – 2 WF 42/81, FamRZ 1982, 187.

3 MüKo.BGB/*Finger*, § 1671 BGB Rz. 141; krit. *Schuller*, FamRZ 1998, 1287 ff.; aA Zöller/*Vollkommer*, § 78 ZPO Rz. 30.

4 BGBl. I 2007, S. 2840.

5 Begr. zum Entwurf eines Gesetzes zur Neuregelung des Rechtsberatungsgesetzes, BT-Drucks. 16/3655, S. 85.

Der **Begriff der Behörden** ist im gleichen Sinne zu verstehen wie etwa in §§ 8 Nr. 3, 10 Abs. 2 Satz 2 Nr. 1 FamFG, § 79 Abs. 2 Satz 2 Nr. 1 ZPO, § 67 Abs. 4 Satz 4 VwGO, insbesondere fallen hierunter selbstverständlich die in § 78 Abs. 4 ZPO (idF vor dem 1.7.2008) früher ausdrücklich genannten **Jugendämter** (§§ 69 ff. SGB VIII). 24

Juristische Personen des öffentlichen Rechts sind Körperschaften, Anstalten oder Stiftungen des öffentlichen Rechts, die vor Inkrafttreten des Gesetzes zur Neuregelung des Rechtsberatungsrechts in § 78 Abs. 4 ZPO aF separat aufgeführt wurden. Zu den Körperschaften des öffentlichen Rechts zählen zunächst die Gebietskörperschaften (Bund, Länder, Landkreise/Kreise und Gemeinden), weitere Körperschaften des öffentlichen Rechts sind die Träger der gesetzlichen Rentenversicherung (Deutsche Rentenversicherung des Bundes und der Länder, Deutsche Rentenversicherung Knappschaft-Bahn-See), die Ersatzkassen (BEK, DAK, TK usw.), die Bundesagentur für Arbeit, die Industrie- und Handelskammern, die Handwerkskammern, die Landesärztekammern[1] sowie die als öffentlich-rechtliche Körperschaften anerkannten Religionsgemeinschaften. Anstalten des öffentlichen Rechts sind zB die Versorgungsanstalt des Bundes und der Länder, die Sparkassen und Landesbanken. Unter den Begriff der „Zusammenschlüsse" fallen alle Arten von öffentlich-rechtlichen Verbänden und Vereinigungen einschließlich der in § 78 Abs. 4 ZPO aF früher ausdrücklich erwähnten Spitzenverbände und Arbeitsgemeinschaften,[2] etwa die kommunalen Zweck- und Spitzenverbände (zB deutscher Städte- oder Landkreistag) und der Verband der deutschen Angestellten-Krankenkassen eV.[3] 25

§ 114 Abs. 3 Satz 1, 2. Halbs. legt den Kreis der **Personen** fest, welche die **Vertretung übernehmen** können. Außer den eigenen Beschäftigten sind dies – in Übereinstimmung mit § 78 Abs. 2 ZPO – auch Beschäftigte anderer Behörden oder juristischer Personen des öffentlichen Rechts einschließlich der von ihnen zur Erfüllung ihrer öffentlichen Aufgaben gebildeten Zusammenschlüsse. Selbstverständlich schließt es das Behördenprivileg nicht aus, dass sich die Behörde durch einen Anwalt vertreten lässt.[4] 26

§ 114 Abs. 3 Satz 2 verlangt – in Übereinstimmung mit § 67 Abs. 4 Satz 4 VwGO, § 73 Abs. 4 Satz 4 SGG – für die Vertretung vor dem Bundesgerichtshof als besondere juristische Qualifikation die **Befähigung zum Richteramt (§§ 5 ff. DRiG)**. Diplom-Juristen aus dem Beitrittsgebiet werden durch § 5 Nr. 2 des Einführungsgesetzes zum Rechtsdienstleistungsgesetz v. 17.12.2007 gleichgestellt. 27

Vor allem wegen der für isolierte Unterhaltssachen eingeführten allgemeinen Anwaltspflicht (vgl. Rz. 2) erstreckt sich nunmehr das Behördenprivileg umfassend auf **alle Instanzen**. Demgegenüber bestand nach bisherigem Recht für Verfahren, an denen Behörden beteiligt sein können, in erster Instanz ohnehin schon kein Anwaltszwang (§ 78 Abs. 2 ZPO aF), und für die zweite Instanz befreite § 78 Abs. 3, 1. Halbs. ZPO aF zumindest am „Verfahren über Folgesachen beteiligte Dritte" vom Anwaltszwang. 28

1 Die Entscheidung BGH v. 21.12.1988 – IVb ZB 75/87, FamRZ 1989, 371 f. (zu § 78 Abs. 2 Satz 3 ZPO idF des UÄndG v. 20.2.1986) ist überholt.

2 Begr. zum Entwurf eines Gesetzes zur Neuregelung des Rechtsberatungsgesetzes, BT-Drucks. 16/3655, S. 85.

3 Vgl. BVerwG v. 8.10.1998 – 3 B 71/97, NJW 1999, 882 f.

4 BGH v. 3.2.1993 – XII ZB 141/92, NJW 1993, 1208 (1209).

IV. Ausnahmen vom Anwaltszwang (Absatz 4)

1. Einstweilige Anordnung (Nr. 1)

29 Im Verfahren der einstweiligen Anordnung (§§ 49 ff. iVm. § 119 Abs. 1) besteht generell **kein Anwaltszwang**, und zwar – soweit ein Rechtsmittel statthaft ist (§ 57) – in allen Instanzen.[1] Zu Unrecht geht die Gesetzesbegründung davon aus, dass § 114 Abs. 4 Nr. 1 der bisherigen Rechtslage entspreche:[2] Eine pauschale Befreiung vom Anwaltszwang sah das bisherige Recht lediglich für die Verfahrenseinleitung und schriftliche Verfahrensführung vor (§§ 620a Abs. 2 Satz 2, 127a Abs. 2 Satz 2, 621f Abs. 2 Satz 2, 621g Satz 2, 644 Satz 2 iVm. § 78 Abs. 5 ZPO aF), nicht jedoch für eine mündliche Verhandlung.[3] Insofern kam es darauf an, ob der Hauptsacheprozess dem Anwaltszwang unterfiel:[4] Zwar bestand in isolierten Unterhaltsverfahren in erster Instanz noch kein Anwaltszwang, doch wurden etwa alle einstweiligen Anordnungen nach §§ 620 ff. ZPO aF als Teil des Eheverfahrens angesehen (und insoweit auch dem Anwaltszwang unterstellt),[5] was auf Grund der systematischen Stellung der §§ 49 ff. nach neuem Recht nicht mehr der Fall ist.

30 Damit ist der Gesetzgeber wohl über das Ziel hinausgeschossen. Vor allem wenn man bedenkt, dass er gerade für Unterhaltssachen wegen ihrer besonderen Komplexität und existenziellen Bedeutung[6] für das Hauptsacheverfahren einen allgemeinen Anwaltszwang eingeführt hat, will nicht einleuchten, warum für einstweilige Anordnungen, die nun gerade auf diesem Gebiet die größte Bedeutung besitzen, der Anwaltszwang (weiter) gelockert wird.[7]

2. Jugendamt als Beistand (Nr. 2)

31 Ist das Jugendamt selbst Beteiligter an einem Verfahren, wird es bereits nach § 114 Abs. 3 von der Anwaltspflicht befreit, demgegenüber geht es in § 114 Abs. 4 Nr. 2 um die Fälle, in denen das Jugendamt ein Kind in einem Unterhaltsverfahren (§ 1712 Abs. 1 Nr. 2 BGB) oder in einem Vaterschaftsfeststellungsverfahren vor dem BGH (§ 1712 Abs. 1 Nr. 1 BGB) als Beistand an Stelle der Sorgeberechtigten (vgl. § 234) vertritt. Im Unterschied zur verfahrensrechtlichen Institution des Beistands iSv. § 90 ZPO bzw. § 12 FamFG, mit dem die BGB-Beistandschaft nichts zu tun hat,[8] ist das Jugendamt als Beistand gesetzlicher Vertreter des Kindes (§§ 1716 Satz 2, 1793 Abs. 1 Satz 1 BGB). § 114 Abs. 4 Nr. 2 befreit das – durch das Jugendamt vertretene – Kind als Beteiligten des Unterhaltsverfahrens von der Anwaltspflicht. Auch in diesen Fällen ist für das Auftreten des Jugendamts vor dem Bundesgerichtshof § 114 Abs. 3 Satz 2 entsprechend anwendbar (vgl. auch § 10 Abs. 4 Satz 2).[9]

---

1 *Schürmann*, FamRB 2008, 375 (377).
2 BT-Drucks. 16/6308, S. 224. Im RefE idF v. 14.2.2006 war der Anwaltszwang nur für einstweilige Anordnungen in (selbständigen) Familienstreitsachen aufgehoben (§§ 106 Abs. 3 Nr. 1, 130 Abs. 1 Satz 1 RefE II).
3 OLG Düsseldorf v. 22.6.1992 – 3 WF 96/92, FamRZ 1992, 1198 (1199).
4 Johannsen/Henrich/*Sedemund-Treiber*, § 78 ZPO Rz. 12.
5 Zöller/*Philippi*, § 620a ZPO Rz. 9; Johannsen/Henrich/*Sedemund-Treiber*, § 620a ZPO Rz. 11.
6 BT-Drucks. 16/6308, S. 223.
7 *Groß*, FPR 2006, 430 auf der Grundlage des noch nicht so weit reichenden RefE II.
8 Zöller/*Vollkommer*, § 90 ZPO Rz. 1.
9 So auch Baumbach/*Hartmann*, § 114 FamFG Rz. 6; Schulte-Bunert/Weinreich/*Rehme*, § 114 FamFG Rz. 16.

3. Zustimmung zur Scheidung und zur Rücknahme des Scheidungsantrags und Widerruf der Zustimmung zur Scheidung (Nr. 3)

Während die Zustimmung zur Scheidung und der Widerruf der Zustimmung zur Scheidung auch schon nach bisherigem Recht nicht dem Anwaltszwang unterfielen (§ 630 Abs. 2 Satz 2 iVm. § 78 Abs. 5 ZPO aF), kann nunmehr auch die Zustimmung zur „Rücknahme des Scheidungsantrags", die ab Beginn der mündlichen Verhandlung Voraussetzung für eine wirksame Antragsrücknahme ist (§ 269 ZPO), durch die Beteiligten selbst erklärt werden. Für Einzelheiten vgl. § 134 Rz. 7. 32

4. Antrag auf Abtrennung einer Folgesache (Nr. 4)

Ausdrücklich klargestellt wird (obwohl dies schon aus Abs. 4 Nr. 6 folgt), dass nunmehr auch der Antrag auf Abtrennung einer Folgesache, der gem. § 140 Abs. 5 zur Niederschrift der Geschäftsstelle oder in der mündlichen Verhandlung zur Niederschrift des Gerichts gestellt werden kann, nicht die Hinzuziehung eines Anwalts erfordert. 33

5. Verfahrenskostenhilfe (Nr. 5)

Nach § 114 Abs. 4 Nr. 5 besteht für das gesamte Verfahren der Verfahrenskostenhilfe – einschließlich der sofortigen Beschwerde nach § 76 Abs. 2 – kein Anwaltszwang (vgl. §§ 117 Abs. 1 Satz 1, 118 Abs. 1 Satz 2 iVm. § 78 Abs. 5 ZPO aF). 34

6. Fälle des § 78 Abs. 3 ZPO (Nr. 6)

Die Vorschrift verweist auf § 78 Abs. 3 ZPO, der § 78 Abs. 5 ZPO aF entspricht. Vom Anwaltszwang ausgenommen sind gem. § 78 Abs. 3, 1. Alt. ZPO zunächst Verfahren vor dem **ersuchten oder beauftragten Richter**, beispielsweise die Vernehmung und Anhörung eines Ehegatten nach § 128 Abs. 1 durch einen ersuchten Richter oder in zweiter Instanz durch einen beauftragten Richter (§§ 451, 375 ZPO iVm. § 113 Abs. 1 FamFG). Zum Abschluss eines Vergleichs vgl. Rz. 11. 35

Gem. § 78 Abs. 3, 2. Alt. ZPO sind Prozesshandlungen, die vor dem **Urkundsbeamten der Geschäftsstelle** (eines jeden Amtsgerichts, vgl. § 129a Abs. 1 ZPO) vorgenommen werden können, ebenfalls anwaltsfrei, und zwar auch dann, wenn sie nicht gegenüber dem Urkundsbeamten, sondern durch Erklärung an das Gericht (Schriftsatz oder Erklärung in der mündlichen Verhandlung) abgegeben werden.[1] Soweit sich das **Verfahren in Familiensachen nach der ZPO** bestimmt (vgl. § 113 Rz. 5), ergibt sich die Zulässigkeit von Protokollerklärungen aus den in Bezug genommenen ZPO-Vorschriften, so etwa für die Ablehnung eines Richters oder Sachverständigen (§§ 44 Abs. 1, 406 ZPO), die Erklärung der Erledigung in der Hauptsache (§ 91a Abs. 1 Satz 1 ZPO), den Antrag auf Bewilligung von Verfahrenskostenhilfe (§§ 117 Abs. 1, 118 Abs. 1 Satz 2 ZPO), Anträge auf Verweisung und sonstige Erklärungen zur Zuständigkeit (§ 281 Abs. 2 Satz 1 ZPO) und das Arrestgesuch (§ 920 Abs. 3 ZPO).[2] Nach dem **FamFG** ist § 78 Abs. 3, 2. Alt. ZPO anwendbar auf die Einlegung der **Gehörsrüge** (§ 44 Abs. 2 Satz 3) sowie auf Anträge und Erklärungen im vereinfachten Verfahren über den Unterhalt Minderjähriger (§ 257 Satz 1). Erklärungen nach § 134 Abs. 1 werden durch § 114 36

---

1 Zöller/*Philippi*, § 78 ZPO Rz. 46; Musielak/*Weth*, § 78 ZPO Rz. 32.
2 Für weitere Anwendungsfälle vgl. etwa Zöller/*Philippi*, § 78 ZPO Rz. 47.

Abs. 4 Nr. 3 und der Antrag nach § 140 Abs. 5 wird durch § 114 Abs. 4 Nr. 4 explizit geregelt.

7. Erklärungen zum Versorgungsausgleich (Nr. 7)

36a § 114 Abs. 4 Nr. 7 befreit die Erklärung nach § 3 Abs. 3 VersAusglG vom Anwaltszwang. Danach findet bei einer Ehezeit von bis zu drei Jahren ein Versorgungsausgleich nur auf Antrag statt. Ebenfalls vom Anwaltszwang befreit wird das Wahlrecht nach § 15 Abs. 1 und 3 VersAusglG, das gegenüber dem Gericht auszuüben ist[1] und in § 222 näher geregelt wird.

V. Vollmacht in Ehesachen (Absatz 5)

1. Normzweck

37 In Ehesachen bedarf der Bevollmächtigte einer besonderen, auf das Verfahren gerichteten Vollmacht (vgl. schon § 609 ZPO aF). Nicht ausreichend ist daher die Erteilung einer nicht weiter spezifizierten generellen „Prozessvollmacht" oder die Erteilung einer Scheidungsvollmacht durch einen Generalbevollmächtigten. Historisch gesehen sollte durch diese Bestimmung „Sicherheit [...] gewonnen werden [...], dass die Klagepartei wirklich Auftrag gegeben habe, dasjenige, was für sie beantragt wird, zu erreichen".[2] Ins Positive gewendet sollen die Eheleute gezwungen werden, selbst eine **bewusste Entscheidung** über das weitere Schicksal ihrer Ehe zu treffen.[3]

2. Voraussetzungen

38 Erforderlich ist daher, dass bei Erteilung der Vollmacht angegeben wird, ob **Verfahrensziel die Auflösung oder Aufrechterhaltung** der Ehe ist.[4] Eine genauere Präzisierung der von der Vollmacht erfassten Verfahrensgegenstände ist möglich, allerdings von der Ratio der Norm nicht zwingend geboten,[5] da die unterschiedlichen Rechtsfolgen von Scheidung und Aufhebung nicht (mehr) den Ehestatus als solchen, sondern allein die vermögensrechtlichen Folgen betreffen. Damit bedarf es einer besonderen Bevollmächtigung, wenn bei ursprünglicher Festlegung auf eine bestimmte Verfahrensart der Antrag geändert (Scheidung statt Aufhebung) oder ein Gegenantrag (paralleler Scheidungsantrag statt Abweisungsantrag) gestellt werden soll. Das Gleiche gilt für ein Wiederaufnahmeverfahren, weil hierdurch der erreichte Status quo erneut in Frage gestellt wird.[6]

39 Auf einen gem. § 138 beigeordneten Rechtsanwalt findet § 114 Abs. 5 nur dann Anwendung, wenn der betroffene Verfahrensbeteiligte ihn tatsächlich bevollmächtigt (§ 138 Rz. 11). Gem. § 81 ZPO iVm. § 113 Abs. 1 Satz 2 FamFG kann der Bevollmäch-

1 BT-Drucks. 16/10144, S. 93.

2 RG v. 18.1.1900 – VI 353/99, RGZ 45, 418 (420).

3 OLG Frankfurt v. 24.11.1978 – 3 WF 294/78, FamRZ 1979, 323; Musielak/*Borth*, § 609 ZPO Rz. 1.

4 Zöller/*Philippi*, § 609 ZPO Rz. 1; MüKo.ZPO/*Bernreuther*, § 609 ZPO Rz. 2; Stein/Jonas/*Schlosser*, § 609 ZPO Rz. 2.

5 Vgl. Zöller/*Philippi*, § 609 ZPO Rz. 1; MüKo.ZPO/*Bernreuther*, § 609 ZPO Rz. 2; Stein/Jonas/*Schlosser*, § 609 ZPO Rz. 2; aA Musielak/*Borth*, § 609 ZPO Rz. 1; Thomas/Putzo/*Hüßtege*, § 609 ZPO Rz. 1.

6 Zöller/*Philippi*, § 609 ZPO Rz. 3; MüKo.ZPO/*Bernreuther*, § 609 ZPO Rz. 2; Stein/Jonas/*Schlosser*, § 609 ZPO Rz. 4 und 6 aE.

tigte einen Unterbevollmächtigten bestellen; dass der „Bevollmächtigte" gem. § 114 Abs. 5 einer besonderen Vollmacht bedarf, steht dem nicht entgegen.[1]

3. Umfang

Auch auf die Vollmacht in Ehesachen finden gem. § 113 Abs. 1 Satz 2 grundsätzlich **§§ 81 bis 83 ZPO Anwendung**, soweit sich nicht aus dem Erfordernis einer besonderen Bevollmächtigung etwas anderes ergibt.[2] Gem. § 81 ZPO kann der Rechtsanwalt daher jede Prozesshandlung vornehmen (mit Ausnahme einer Widerklage und der Wiederaufnahme des Verfahrens, vgl. Rz. 38), die Zwangsvollstreckung betreiben oder einen Vergleich schließen usw. Gem. § 82 ZPO, der auf **einstweilige Anordnungen** (§§ 49 ff. iVm. § 119 Abs. 1) entsprechend anwendbar ist,[3] erstreckt sich die Vollmacht auch auf Nebenverfahren. 40

Angesichts des für Verbundverfahren gem. § 114 Abs. 1 einheitlich bestehenden Anwaltszwangs erstreckt sich gem. § 114 Abs. 5 Satz 2 die Vollmacht für eine Scheidungssache grundsätzlich auf alle **Folgesachen** iSv. § 137 Abs. 2 bis 5 (vgl. schon § 624 Abs. 1 ZPO aF). Keine Anwendung findet die Vorschrift auf beschränkt geschäftsfähige Ehegatten, die gem. § 125 Abs. 1 zwar in Ehesachen verfahrensfähig sind, nicht jedoch in Folgesachen.[4] Da für eine einheitliche und umfassende Vertretung allerdings bloße Zweckmäßigkeitserwägungen sprechen, werden die durch § 83 ZPO eröffneten Möglichkeiten, die **Vollmacht einzuschränken**, hierdurch nicht verdrängt. Doch über den Wortlaut dieser Vorschrift hinausgehend, ist es auch zulässig, die Vollmacht auf die Scheidungssache oder (einzelne) Folgesachen zu beschränken (Kostenersparnis), weil durch den Verfahrensverbund keine Prozessverbindung iSv. § 147 ZPO eintritt, sondern die Verfahren selbständig bleiben (§ 137 Rz. 11).[5] Zur Stellung des im Scheidungsverfahren nicht anwaltlich vertretenen Antragsgegners vgl. Rz. 20. Sogar eine Vertretung durch verschiedene Anwälte in Scheidungssache und Folgesachen bzw. in unterschiedlichen Folgesachen ist damit möglich.[6] Stets ist eine Beschränkung des Umfangs der Verfahrensvollmacht gegenüber dem Gegner nur dann wirksam, wenn sie ihm unzweideutig mitgeteilt wurde.[7] 41

Unzulässig ist im Anwaltsprozess schon nach dem Wortlaut des § 83 Abs. 1 ZPO und im Gegenschluss aus § 83 Abs. 2 ZPO die Beschränkung der Vollmacht auf einzelne Prozesshandlungen,[8] wie etwa einen **Rechtsmittelverzicht** oder den bloßen Abschluss eines **Scheidungsfolgenvergleichs**.[9] Die Vollmacht ist dann nicht nichtig,[10] sondern gilt 42

1 Zöller/*Philippi*, § 609 ZPO Rz. 3; Stein/Jonas/*Schlosser*, § 609 ZPO Rz. 1 Fn. 1; vgl. schon RG v. 6.7.1939 – IV 58/39, RGZ 161, 62 ff.
2 MüKo.ZPO/*Finger*, § 624 ZPO Rz. 2; Stein/Jonas/*Schlosser*, § 609 ZPO Rz. 6; vgl. bereits RG v. 9.1.1905 – IV 539/04, RGZ 59, 346 (348).
3 Zöller/*Philippi*, § 624 ZPO Rz. 1.
4 Johannsen/Henrich/*Sedemund-Treiber*, § 624 ZPO Rz. 2; Stein/Jonas/*Schlosser*, § 624 ZPO Rz. 34.
5 Zöller/*Philippi*, § 624 ZPO Rz. 3; MüKo.ZPO/*Finger*, § 624 ZPO Rz. 2; Thomas/Putzo/*Hüßtege*, § 624 ZPO Rz. 1; aA Baumbach/*Hartmann*, § 624 ZPO Rz. 2; einschränkend auch Schwab/*Maurer/Borth*, Rz. I 108 f.
6 Johannsen/Henrich/*Sedemund-Treiber*, § 624 ZPO Rz. 2; MüKo.ZPO/*Finger*, § 624 ZPO Rz. 3; Musielak/*Borth*, § 609 ZPO Rz. 3; aA offenbar Stein/Jonas/*Schlosser*, § 624 ZPO Rz. 34.
7 BGH v. 20.1.1955 – II ZR 239/53, BGHZ 16, 167 (170).
8 Vgl. etwa BGH v. 30.3.1976 – IV ZR 143/74, NJW 1976, 1581.
9 Schwab/*Maurer/Borth*, Rz. I 109; MüKo.ZPO/*Bernreuther*, § 609 ZPO Rz. 4; Zöller/*Philippi*, § 609 ZPO Rz. 4; vgl. auch OLG Zweibrücken v. 14.7.1966 – 6 U 59/66, OLGZ 1967, 26 (27 f.).
10 AA Stein/Jonas/*Bork*, § 83 ZPO Rz. 4.

aus Gründen der Rechtssicherheit umfassend ohne die angestrebte Einschränkung.[1] Wird ein Anwalt etwa spontan zu einer Scheidungssache hinzugezogen, um für den anwaltlich nicht vertretenen Antragsgegner einen Rechtsmittelverzicht zu erklären, muss er daher in das Rubrum des Scheidungsbeschlusses aufgenommen und dieser ihm gem. § 172 ZPO zugestellt werden,[2] was auch nicht durch eine noch im Termin erklärte Niederlegung des Mandats „abgewendet" werden kann (§ 87 Abs. 1, 2. Halbs. ZPO).

4. Prüfung

43 Da ein Rechtsanwalt als Bevollmächtigter auftritt, ist gem. § 88 Abs. 2 ZPO die Vollmacht nicht von Amts wegen zu prüfen, auch der gem. § 127 bestehende Amtsermittlungsgrundsatz gebietet keine abweichende Behandlung.[3] § 613 Satz 2 ZPO aF, wonach der Mangel der Vollmacht in Ehesachen von Amts wegen zu prüfen war, wurde durch das erste Eherechtsgesetz bewusst aufgehoben.

§ 115
Zurückweisung von Angriffs- und Verteidigungsmitteln

In Ehesachen und Familienstreitsachen können Angriffs- und Verteidigungsmittel, die nicht rechtzeitig vorgebracht werden, zurückgewiesen werden, wenn ihre Zulassung nach der freien Überzeugung des Gerichts die Erledigung des Verfahrens verzögern würde und die Verspätung auf grober Nachlässigkeit beruht. Im Übrigen sind die Angriffs- und Verteidigungsmittel abweichend von den allgemeinen Vorschriften zuzulassen.

A. Allgemeines

I. Systematik

1 Satz 1 der Vorschrift fasst die schon bisher für Ehesachen (§ 615 ZPO aF) und ZPO-Familiensachen (§ 621d ZPO aF) geltenden Grundsätze über die Zurückweisung verspäteten Vorbringens zusammen (doch ergibt sich eine Ausweitung des Anwendungs-

1 Zöller/*Philippi*, § 609 ZPO Rz. 4; MüKo.ZPO/*Bernreuther*, § 609 ZPO Rz. 4.
2 Zöller/*Philippi*, § 609 ZPO Rz. 4.
3 OLG Frankfurt v. 24.11.1978 – 3 WF 294/78, FamRZ 1979, 323 f.; OLG Hamm v. 19.6.1979 – 3 WF 256/79, NJW 1979, 2316; KG v. 17.1.2005 – 16 WF 206/04, NJW-RR 2005, 881 (882); MüKo.ZPO/*Bernreuther*, § 609 ZPO Rz. 5; aA *Bergerfurth*, Rz. 339.

bereichs durch die Neueinbeziehung der sonstigen Familiensachen iSv. § 112 Nr. 3). Neben einer Verfahrensverzögerung ist danach in Ehesachen und Familienstreitsachen (in Übereinstimmung mit § 296 Abs. 2 ZPO) stets Voraussetzung, dass das verspätete Vorbringen der Angriffs- und Verteidigungsmittel auf „grober Nachlässigkeit" beruht. Satz 2 stellt klar, dass es sich insofern um eine **abschließende Regelung** handelt und in Abweichung vom generellen Verweis in § 113 Abs. 1 Satz 2 nicht ergänzend auf die – teilweise deutlich strengeren – Präklusionsvorschriften der ZPO zurückgegriffen werden darf. Zur Beseitigung eines Hindernisses für die Aufnahme eines Beweises nach § 356 ZPO vgl. § 113 Rz. 19.

Damit finden weder § 296 ZPO noch §§ 530, 531 ZPO auf Ehesachen und Familien- 2
streitsachen Anwendung. Für letztere ergibt sich dies allerdings – genau genommen – bereits aus dem allgemeinen Grundsatz, dass auf **Rechtsmittelverfahren** in Familiensachen die Vorschriften über das Verfahren im ersten Rechtszug Anwendung finden (§§ 68 Abs. 3 Satz 1, 74 Abs. 4, 113 Abs. 1). § 117 Abs. 2, der ergänzend auf einzelne ZPO-Vorschriften aus dem Berufungsrecht verweist, nennt §§ 530, 531 ZPO gerade nicht. Damit verbleibt es auch in der Beschwerde bei der alleinigen Anwendbarkeit von § 115.[1] Anwendbar bleibt demgegenüber § 296a ZPO, da diese Vorschrift Konsequenz der auch in Ehesachen und Familienstreitsachen gültigen Verfahrensstruktur ist (§ 113 Abs. 1 Satz 2 FamFG iVm. §§ 128 Abs. 1, 136 Abs. 4 ZPO, § 117 Abs. 4 FamFG).

II. Normzweck

Es entspricht der allgemeinen Tendenz des Familienverfahrensrechts, dass in Ehesa- 3
chen das **Anliegen einer zügigen Beendigung des Verfahrens zurücktreten muss hinter anderen vorrangigen Verfahrenszielen** (§ 113 Rz. 17 f.): So soll etwa durch die Aussetzungsmöglichkeit nach § 136 die Chance auf die Versöhnung der Eheleute gewahrt werden, und die großzügige Zulassung von Antragsänderungen nach § 113 Abs. 4 Nr. 2 zielt auf eine umfassende Bereinigung des gesamten Streitstoffes in einem einzigen Verfahren. In ähnlicher Weise räumt § 115 der Ermittlung des materiellrechtlich „richtigen" Ergebnisses Vorrang vor einer beschleunigten Verfahrensbeendigung ein. Dass dieser Grundsatz nicht nur auf Ehesachen, sondern auch auf Familienstreitsachen Anwendung findet, ist zum einen wegen der existenziellen Bedeutung der im Raum stehenden Ansprüche gerechtfertigt, deren sachgerechte Aufbereitung teilweise dadurch erschwert wird, dass sie laufenden Veränderungen unterliegen, und zum anderen wegen der psychischen Ausnahmesituation, in welcher sich die Beteiligten oftmals befinden. In Unterhaltssachen werden hierdurch auch prozessual unökonomische Abänderungsverfahren vermieden.[2] Ob es freilich gerechtfertigt ist, dass § 115 nunmehr auch auf die (nicht verbundfähigen) sonstigen Familiensachen iSv. § 112 Nr. 3 Anwendung findet, muss bezweifelt werden. In der Praxis spielt die Zurückweisung verspäteten Vorbringens in Ehesachen und Familienstreitsachen keine nennenswerte Rolle.[3]

---

1 *Borth*, FamRZ 2007, 1925 (1931). Vgl. § 117 Rz. 45.
2 Begr. zum RegE, BT-Drucks. 14/4722, S. 119 f.
3 *Völker*, MDR 2001, 1325 ff.

B. Zurückweisung verspäteten Vorbringens

4 Anwendbar ist die Vorschrift auf Ehesachen iSv. § 121 und Familienstreitsachen iSv. § 112. Gem. § 270 Abs. 1 Satz 1 gilt sie für Lebenspartnerschaftssachen iSv. § 269 Abs. 1 Nr. 1 und Nr. 2 entsprechend. Zu Familiensachen der FG vgl. Rz. 5.

I. Verhältnis zum Amtsermittlungsgrundsatz

5 Soweit der (eingeschränkte) Amtsermittlungsgrundsatz in Ehesachen gem. § 127 reicht, **scheidet die Anwendung der Vorschrift aus**. Bei Geltung der Inquisitionsmaxime wird der Verfahrensstoff nicht von den Beteiligten „vorgebracht", wie es § 115 voraussetzt, vielmehr liegt seine Sammlung in der Hand des Gerichts. Erklärungen der Beteiligten, die zur Aufklärung des Sachverhalts beitragen, sind immer dann zu berücksichtigen, wenn dies die Pflicht zur Amtsermittlung gebietet.[1] Aus diesem Grund erstreckt § 115 seinen Anwendungsbereich auch nicht auf Familiensachen der FG, selbst wenn sie Folgesachen sind, denn gem. § 26 unterliegen sie durchgängig dem Amtsermittlungsgrundsatz.

II. Voraussetzungen für Zurückweisung

6 Auch wenn § 296 ZPO durch § 115 verdrängt wird (Rz. 2), entsprechen die Anwendungsvoraussetzungen der Vorschrift weitgehend denjenigen von § 296 Abs. 2 ZPO, der im Unterschied zum strengeren § 296 Abs. 1 ZPO ebenfalls eine grob nachlässige Verfahrensverzögerung voraussetzt.[2]

1. Angriffs- und Verteidigungsmittel

7 Zu den Angriffs- und Verteidigungsmitteln zählen – wie § 282 Abs. 1 ZPO deutlich macht – das Aufstellen oder Bestreiten von Behauptungen, Einwendungen und Einreden sowie Beweismittel und Beweiseinreden, soweit sie zur **Begründung des Antrags oder zur Verteidigung** gegen diesen vorgebracht werden. Hiervon abzugrenzen sind **Sachanträge, durch die neue Streitgegenstände** in das Verfahren eingeführt werden. Diese stellen keine „Mittel" zum Angriff oder zur Verteidigung dar, sondern sind Angriff bzw. Verteidigung selbst (Antragsänderung, Gegenantrag, Antragshäufung).[3] In Ehesachen werden sie gem. § 113 Abs. 4 Nr. 2 bis zum Schluss der mündlichen Verhandlung ohne weiteres akzeptiert, in Familienstreitsachen richtet sich ihre Zulässigkeit nach §§ 263, 264 ZPO iVm. § 113 Abs. 1 Satz 2 FamFG. Soweit hiernach ein neuer Antrag zulässig ist, dürfen zu seiner Begründung bzw. Abwehr selbstverständlich auch neue Angriffs- und Verteidigungsmittel vorgebracht werden.[4]

---

1 BT-Drucks. 7/650, S. 198; Musielak/*Borth*, § 615 ZPO Rz. 1; MüKo.ZPO/*Bernreuther*, § 615 ZPO Rz. 3; Baumbach/*Hartmann*, § 615 ZPO Rz. 2.

2 MüKo.ZPO/*Bernreuther*, § 615 ZPO Rz. 1; Stein/Jonas/*Schlosser*, § 615 ZPO Rz. 1.

3 BGH v. 17.4.1996 – XII ZB 60/95, FamRZ 1996, 1071; BGH v. 12.2.1981 – VII ZR 112/80, NJW 1981, 1217; BGH v. 23.4.1986 – VIII ZR 93/85, NJW 1986, 2257 (2258); Johannsen/Henrich/*Sedemund-Treiber*, § 615 ZPO Rz. 2.

4 BGH v. 22.4.1982 – VII ZR 160/81, NJW 1982, 1708 (1709); Stein/Jonas/*Schlosser*, § 615 ZPO Rz. 4.

2. Verspätung und Verzögerung

Für die Beurteilung, ob ein Angriffs- oder Verteidigungsmittel „nicht rechtzeitig vorgebracht" wurde, ist zu unterscheiden: In **Ehesachen**, auf die gem. § 113 Abs. 4 Nr. 3 die Vorschriften über das schriftliche Vorverfahren (§ 276 ZPO) und die Bestimmung von Fristen zur Vorbereitung der mündlichen Verhandlung (§§ 275, 277 ZPO) keine Anwendung finden, ist der einschlägige Maßstab die **allgemeine Prozessförderungspflicht** des § 282 ZPO (iVm. § 113 Abs. 1 Satz 2 FamFG). Einziger Ansatzpunkt für eine schärfere Konturierung ist eine Fristsetzung nach § 273 Abs. 2 Nr. 1 ZPO, der auch in Ehesachen anwendbar bleibt (§ 113 Rz. 19). Nach § 282 ZPO müssen Angriffs- und Verteidigungsmittel so zeitig vorgebracht werden, wie es nach der Prozesslage einer sorgfältigen und auf Förderung des Verfahrens bedachten Prozessförderungspflicht entspricht. Dabei muss jedoch der **Besonderheit von Eheverfahren** Rechnung getragen werden, dass es – im Interesse einer deeskalierenden Verfahrensführung – sachlich gerechtfertigt sein kann, Angriffe gegen die Ehe erst nach und nach in das Verfahren einzuführen.[1] 8

Erweiterte Möglichkeiten zur Feststellung einer Verspätung bestehen in **Familienstreitsachen**. Auf diese finden nämlich auch die allgemeinen Vorschriften der ZPO über den frühen ersten Termin und das schriftliche Vorverfahren – einschließlich der hierdurch eröffneten Möglichkeiten zur Fristsetzung – Anwendung (§§ 272 ff. ZPO iVm. § 113 Abs. 1 Satz 2 FamFG). Demgegenüber ergeben sich für **Folgesachen „faktische Einschränkungen"**[2] durch den in § 137 Abs. 1 angeordneten Verhandlungsverbund. Da sie zusammen mit der Scheidungssache zu verhandeln sind, kann auch insofern das schriftliche Vorverfahren nicht gewählt werden. Gem. § 275 Abs. 1 Satz 1, Abs. 3 und 4 ZPO können allerdings für die Klageerwiderung und die Replik Fristen gesetzt werden.[3] Sanktioniert wird eine Fristversäumung allerdings auch in diesen Fällen nicht durch § 296 Abs. 1 ZPO, sondern ausschließlich durch § 115 Satz 1. 9

Ob es durch einen verspäteten Vortrag zu einer Verzögerung kommt, richtet sich – entsprechend den allgemeinen zu § 296 ZPO entwickelten Regeln – grundsätzlich danach, ob der Rechtsstreit bei Zulassung des Vorbringens länger dauern würde als bei dessen Zurückweisung (sog. absoluter Verzögerungsbegriff).[4] Doch gelten verschiedene Einschränkungen,[5] vor allem dann, wenn evident ist, dass dieselbe Verzögerung auch bei rechtzeitigem Vortrag eingetreten wäre (etwa weil das Verfahren ohnehin noch nicht entscheidungsreif war)[6] oder wenn das Gericht durch rechtzeitige Hinweise (§ 139 ZPO) oder prozessleitende Maßnahmen (§ 273 ZPO) die Verzögerung hätte verhindern können.[7] Da für Scheidungs- und Folgesachen gem. § 137 Abs. 1 der Entscheidungsverbund gilt, tritt eine Verzögerung nur ein, wenn sich das Verbundverfahren 10

1 Johannsen/Henrich/*Sedemund-Treiber*, § 615 ZPO Rz. 3; Stein/Jonas/*Schlosser*, § 615 ZPO Rz. 2.
2 Johannsen/Henrich/*Sedemund-Treiber*, § 621d ZPO Rz. 2.
3 Johannsen/Henrich/*Sedemund-Treiber*, § 621d ZPO Rz. 2.
4 St. Rspr. vgl. BGH v. 31.1.1980 – VII ZR 96/79, NJW 1980, 945 (946); Zöller/*Greger*, § 296 ZPO Rz. 20 mwN; vgl. auch OLG Saarbrücken v. 2.10.2003 – 6 UF 16/03, FuR 2005, 90 (91 f.), keine Verzögerung bei Vortrag, der nicht bestritten wird oder sich aus den bei den Akten befindlichen Unterlagen belegen lässt.
5 Vgl. ausführlich etwa Musielak/*Huber*, § 296 ZPO Rz. 14 ff.; MüKo.ZPO/*Prütting*, § 296 ZPO Rz. 78 ff.
6 BVerfG v. 5.5.1987 – 1 BvR 903/85, NJW 1987, 2733 (2735).
7 BVerfG v. 21.2.1990 – 1 BvR 1117/89, NJW 1990, 2373; Zöller/*Greger*, § 296 ZPO Rz. 14a mwN.

insgesamt verlängern würde.[1] Denn die Präklusionsvorschriften wollen nicht die Verzögerung einzelner Streitpunkte, sondern des gesamten Rechtsstreits verhindern.[2]

3. Grobe Nachlässigkeit

11 Grobe Nachlässigkeit liegt – entsprechend § 296 Abs. 2 ZPO – dann vor, wenn das Verhalten eine für jedermann offensichtliche Pflicht, den Fortgang des Verfahrens zu fördern, in ungewöhnlichem Maße verletzt.[3] Dabei wird den Beteiligten ein Verschulden ihrer Verfahrensbevollmächtigten gem. § 85 Abs. 2 ZPO zugerechnet.[4]

12 Selbst wenn alle Tatbestandsvoraussetzungen erfüllt sind, ist die Präklusionswirkung nicht zwingend, vielmehr räumt die Vorschrift dem Gericht ein **Ermessen** („können") ein, so dass es aus sachlichen Gründen von der Zurückweisung des Vorbringens absehen kann.[5]

§ 116
Entscheidung durch Beschluss; Wirksamkeit

(1) Das Gericht entscheidet in Familiensachen durch Beschluss.

(2) Endentscheidungen in Ehesachen werden mit Rechtskraft wirksam.

(3) Endentscheidungen in Familienstreitsachen werden mit Rechtskraft wirksam. Das Gericht kann die sofortige Wirksamkeit anordnen. Soweit die Endentscheidung eine Verpflichtung zur Leistung von Unterhalt enthält, soll das Gericht die sofortige Wirksamkeit anordnen.

1 Musielak/*Borth*, § 615 ZPO Rz. 6; Johannsen/Henrich/*Sedemund-Treiber*, § 621d ZPO Rz. 3.

2 BGH v. 10.10.1984 – VIII ZR 107/83, NJW 1986, 134 (135); BGH v. 12.2.1981 – VII ZR 112/80, NJW 1981, 1217; BGH v. 26.6.1980 – VII ZR 143/79, NJW 1980, 2355 (2356).

3 BGH v. 10.10.1984 – VIII ZR 107/83, NJW 1986, 134 (135).

4 Musielak/*Borth*, § 615 ZPO Rz. 7; MüKo.ZPO/*Finger*, § 621d ZPO Rz. 3.

5 Johannsen/Henrich/*Sedemund-Treiber*, § 615 ZPO Rz. 3; Stein/Jonas/*Schlosser*, § 615 ZPO Rz. 2; vgl. auch BGH v. 12.2.1981 – VII ZR 112/80, NJW 1981, 1217 (1218). *Völker*, MDR 2001, 1325 (1326) plädiert dafür, idR von einer Präklusion abzusehen.

A. Systematik

Während nach bisherigem Recht über Ehesachen, ZPO-Familiensachen sowie Folgesachen im Verbund stets durch Urteil zu entscheiden war, stellt § 116 Abs. 1 nunmehr klar, dass Entscheidungen in Familiensachen, also auch in Ehesachen und Familienstreitsachen, einheitlich als Beschluss ergehen. In der Sache wird hierdurch lediglich die **allgemeine Regelung des § 38 bekräftigt**, die auch für Ehesachen und Familienstreitsachen gilt, da § 38 nicht in § 113 Abs. 1 Satz 1 unter den Vorschriften angeführt wird, die von der ZPO verdrängt werden. Auf Grund ihrer Stellung im Allgemeinen Teil des zweiten Buches gilt die Vorschrift in allen Instanzen (vgl. auch §§ 68 Abs. 3 Satz 1, 74 Abs. 4). 1

Trotz der Entscheidung in Form eines Beschlusses werden Endentscheidungen in Ehesachen und Familienstreitsachen gem. § 116 Abs. 2 und Abs. 3 Satz 1 erst mit Rechtskraft wirksam. Doch besitzt das Gericht in Familienstreitsachen (in gleicher Weise wie beispielsweise in fG-Verfahren nach §§ 40 Abs. 3 Satz 2, 198 Abs. 1 Satz 2, 209 Abs. 2 Satz 2, 216 Abs. 1 Satz 2) nunmehr die Befugnis, die **„sofortige Wirksamkeit"** der Entscheidung anzuordnen (Abs. 3 Satz 2), wovon bei Unterhaltsentscheidungen im Regelfall Gebrauch gemacht werden soll (Abs. 3 Satz 3). Die Anordnung der sofortigen Wirksamkeit eröffnet nach § 120 Abs. 2 Satz 1 unmittelbar die Möglichkeit der Zwangsvollstreckung und macht damit die Anordnung der vorläufigen Vollstreckbarkeit überflüssig, die in Familienstreitsachen nicht mehr vorgesehen ist. 2

B. Beschluss als einheitliche Entscheidungsform (Absatz 1)

§ 116 Abs. 1 bestätigt trotz des weiter reichenden Wortlauts lediglich den allgemeinen Grundsatz des § 38 Abs. 1 Satz 1, dass **Endentscheidungen** in Familiensachen, also auch in Ehesachen und Familienstreitsachen (vgl. § 113 Abs. 1 Satz 1), nunmehr stets durch Beschluss ergehen. Welche Zwischen- oder Nebenentscheidungen ebenfalls durch Beschluss zu treffen sind, ist im FamFG ausdrücklich geregelt (zB § 140 Abs. 6) oder ergibt sich durch Verweisung auf die Zivilprozessordnung (zB § 113 Abs. 1 Satz 2 FamFG iVm. § 281 Abs. 1 Satz 1 ZPO).[1] Vgl. im Einzelnen § 38 Rz. 37. 3

I. Besonderheiten des Verfahrens in Ehesachen und Familienstreitsachen

Für das Verfahren bis zur Endentscheidung bleibt es allerdings dabei, dass in **Ehesachen und Familienstreitsachen überwiegend die Verfahrensprinzipien der ZPO** Anwendung finden (§ 113 Abs. 1 Satz 2): Eingeleitet wird das Verfahren nur auf Antrag (§ 124 FamFG, § 253 ZPO), gem. § 128 Abs. 1 ZPO muss grundsätzlich eine mündliche Verhandlung durchgeführt werden (Rz. 17), über die nach §§ 160 ff. ZPO ein Protokoll zu errichten ist. Die Sammlung des Verfahrensstoffs liegt (vorbehaltlich der Einschränkungen für Ehesachen gem. § 113 Abs. 4 Nr. 1, 5, 7 und 8) in der Hand der Beteiligten, die über den Verfahrensgegenstand (vorbehaltlich § 113 Abs. 4 Nr. 6) auch frei disponieren können. Die Beweisaufnahme erfolgt nach den Vorschriften der ZPO. Nur eingeschränkt anwendbar sind die Vorschriften über die Zurückweisung verspäteten Vorbringens (§ 115). Doch können gem. § 296a ZPO nach Schluss der mündlichen Verhandlung Angriffs- und Verteidigungsmittel nicht mehr vorgebracht werden (§ 115 Rz. 2). 4

1 BT-Drucks. 16/6308, S. 195.

II. Form und Inhalt der Entscheidung

5 Auf den Beschluss iSv. § 116 Abs. 1 sind in allen Familiensachen die allgemeinen Regeln der §§ 38, 39 anwendbar. Damit richtet sich die Fassung von **Rubrum und Tenor** nach § 38 Abs. 2.

6 Nach § 38 Abs. 3 Satz 1 ist der Beschluss zu **begründen**. Ausnahmen von der Begründungspflicht statuiert § 38 Abs. 4, der jedoch gem. § 38 Abs. 5 Nr. 1 auf Ehesachen – mit Ausnahme der eine Scheidung aussprechenden Entscheidung – und Abstammungssachen nicht anwendbar ist. Zwingend vorgeschrieben ist eine Begründung des Weiteren gem. § 224 Abs. 2 für Entscheidungen über den Versorgungsausgleich. Gem. § 69 Abs. 2 und 3 gelten diese Regeln auch für Beschwerdeentscheidungen.

7 Zwar erstreckt sich die Begründungspflicht auch auf die Wiedergabe der wesentlichen der Entscheidung zugrunde liegenden Tatsachen, doch ist im Unterschied zu § 313 Abs. 1 Nr. 4 und 5 ZPO für den Beschluss nach § 38 FamFG eine **Trennung in Tatbestand und Entscheidungsgründe** nicht zwingend vorgeschrieben. Für Ehesachen und Familienstreitsachen bedeutet dies eine gewisse Lockerung der formalen Anforderungen, die sich – zumindest ein Stück weit – damit rechtfertigen lässt, dass auch auf Ehesachen und Familienstreitsachen nunmehr das Beschwerdeverfahren nach §§ 58 ff. Anwendung findet (vgl. § 113 Abs. 1 Satz 1) und dieses keine Bindung an die Tatsachenfeststellungen der Vorinstanz kennt (vgl. demgegenüber § 529 Abs. 1 ZPO). Gleichwohl muss bei der Konkretisierung der aus der Begründungspflicht abzuleitenden Anforderungen berücksichtigt werden, dass in Ehesachen und Familienstreitsachen dem Tatbestand der Entscheidung gem. § 314 ZPO (iVm. § 113 Abs. 1 Satz 2 FamFG) Beweiskraft zukommt (Rz. 16 f.) und eine Rekonstruktion des der Entscheidung zugrunde liegenden Sachverhalts im Hinblick auf die Präklusionswirkung der § 238 Abs. 2 FamFG und § 767 Abs. 2 ZPO (iVm. § 120 Abs. 1 FamFG) vor allem in Unterhaltsverfahren von großer Bedeutung ist. Aus diesem Grund dürfte es in Familienstreitsachen (zumindest in Unterhaltssachen) zweckmäßig sein, sich weiterhin am üblichen Aufbauschema für Urteile zu orientieren. Wegen § 139 Abs. 1 Satz 2 müssen Entscheidungen in Folgesachen so abgefasst werden, dass Dritten die Teile des Beschlusses isoliert zugestellt werden können, die sie betreffen. Zu den Anforderungen an die Begründung im Einzelnen vgl. § 38 Rz. 20.

8 Nach § 38 Abs. 3 Satz 3 muss das **Datum der Übergabe des Beschlusses an die Geschäftsstelle bzw. der Bekanntgabe durch Verlesen der Beschlussformel** – vor allem im Hinblick auf den Beginn der Beschwerdefrist nach § 63 Abs. 3 Satz 2 – auf dem Beschluss vermerkt werden. Im Unterschied zu § 313 Abs. 1 Nr. 3 ZPO ist ein Hinweis auf den Tag, an dem die mündliche Verhandlung geschlossen worden ist, nicht mehr vorgeschrieben. Doch ist in Familienstreitsachen (vor allem Unterhalt) die Aufnahme eines entsprechenden Hinweises empfehlenswert, um die Handhabung der Präklusionswirkung nach § 238 Abs. 2 FamFG, § 767 Abs. 2 ZPO zu erleichtern.

9 Gem. § 39 sind alle anfechtbaren Entscheidungen mit einer **Rechtsbehelfsbelehrung** zu versehen. Vgl. im Einzelnen § 39 Rz. 5 ff. und § 117 Rz. 68.

III. Kostenentscheidung

10 Während in Familiensachen der fG §§ 80 ff. anwendbar sind, richtet sich die Kostenentscheidung in **Ehesachen und Familienstreitsachen gem. § 113 Abs. 1 grundsätzlich nach §§ 91 ff. ZPO**. Eine vorrangige Bestimmung für Scheidungssachen und Folgesa-

chen findet sich in § 150, die lex specialis auch gegenüber der Sonderregelung für die Kostenentscheidung in Unterhaltssachen nach § 243 ist. Bei Aufhebung der Ehe gilt § 132. In Familiensachen ist über die Kosten stets von Amts wegen zu entscheiden (§ 81 Abs. 1 Satz 3 FamFG bzw. § 113 Abs. 1 Satz 2 FamFG iVm. § 308 Abs. 2 ZPO).

IV. Erlass, Wirksamwerden und Bekanntmachung

Während auf Familiensachen der fG die allgemeinen Regeln über den Erlass (§ 38 Abs. 3 Satz 3), das Wirksamwerden (§ 40) und die Bekanntgabe (§ 41) des Beschlusses unproblematisch anwendbar sind, ist die **Gesetzeslage für Ehesachen und Familienstreitsachen teilweise unklar**, da einerseits durch Beschluss iSv. § 38 zu entscheiden ist, aber andererseits §§ 40, 41 zu den Vorschriften gehören, die gem. § 113 Abs. 1 Satz 1 von der Anwendung ausgenommen sind (§ 113 Abs. 1 Satz 2). 11

Zunächst scheint aus der Legaldefinition des § 38 Abs. 3 Satz 3 zu folgen, dass eine Verkündung iSv. § 311 ZPO nicht vorgesehen ist, sondern Entscheidungen in Ehe- und Familienstreitsachen **durch Verlesen der Beschlussformel oder Übergabe an die Geschäftsstelle erlassen** werden.[1] Allerdings betrifft § 38 Abs. 3 Satz 3 lediglich die Dokumentation des entsprechenden Vorgangs und knüpft eigentlich an die Regelung in § 41 (insbes. Abs. 2) an, die jedoch gem. § 113 Abs. 1 Satz 1 auf Ehe- und Familienstreitsachen gerade nicht anwendbar ist.[2] Zumindest ursprünglich scheinen die Gesetzesverfasser davon ausgegangen zu sein, dass Beschlüsse in Familiensachen nicht mehr durch Verkündung gem. § 311 ZPO erlassen werden,[3] § 38 Abs. 3 Satz 3 könnte insofern als ausreichender Anhaltspunkt gewertet werden. Demgegenüber geht die Gesetzesbegründung zu § 142 Abs. 3 FamFG idF des VAStrRefG mittlerweile wieder von einer Verkündung aus.[4] Bis diese Frage verbindlich geklärt ist, sollte in der Praxis wie bisher der Erlass durch **Verkündung iSv. §§ 310, 311, 312 ZPO** erfolgen. Konsequenterweise müsste dann entgegen § 38 Abs. 3 Satz 3 stets der Zeitpunkt der Verkündung vermerkt werden und für die Zwecke des § 63 Abs. 3 Satz 2 ebenfalls hieran angeknüpft werden. Gem. § 173 GVG ist für die Verkündung die Öffentlichkeit (wieder) herzustellen (vgl. § 169 GVG nF), denn die Vorschrift ist auf Endentscheidungen in Beschlussform entsprechend anwendbar. 12

Wirksam werden Entscheidungen in Ehesachen und Familienstreitsachen gem. § 116 Abs. 2 und Abs. 3 Satz 1 grundsätzlich erst mit Rechtskraft. Die allgemeine Vorschrift des § 40 wird durch diese Sonderregel verdrängt, was auch § 113 Abs. 1 Satz 1 klarstellt.[5] Folgesachen werden unabhängig davon, ob es sich um Familiensachen der fG oder Familienstreitsachen handelt, gem. § 148 erst mit Rechtskraft des Scheidungsausspruchs wirksam. 13

---

1 *Schulte-Bunert*, § 113 Rz. 453; *Feskorn*, unten § 117 Rz. 69; aA *Hütter/Kodal*, FamRZ 2009, 917 (919).

2 Anders als bei der Verkündung nach § 311 ZPO ist eine Bekanntgabe durch Verlesen der Beschlussformel nach § 41 Abs. 2 FamFG nur gegenüber Anwesenden möglich.

3 Vgl. *Meyer-Seitz/Kröger/Heiter*, FamRZ 2005, 1430 (1433); vgl. auch – allerdings weniger eindeutig – *Meyer-Seitz/Frantzioch/Ziegler*, S. 401 Fn. 1.

4 BT-Drucks. 16/10144, S. 93, allerdings unter Bezugnahme auf § 329 Abs. 1 ZPO (vgl. dazu Rz. 16 f.).

5 Inkonsequent ist es daher, wenn BT-Drucks. 16/6308, S. 196 davon spricht, die Vorschrift komme einem Bedürfnis nach einem schnellen Wirksamwerden von FamFG-Entscheidungen entgegen, das auch in „den nunmehr im Recht der freiwilligen Gerichtsbarkeit geregelten Familienstreitsachen" bestehe.

14 Die **Bekanntgabe** von Entscheidungen in Ehe- und Familienstreitsachen richtet sich angesichts der eindeutigen Regelung in § 113 Abs. 1 Satz 1 nicht nach § 41.[1] Vielmehr ist nach § 113 Abs. 1 Satz 2 insofern die ZPO anwendbar. Ob allerdings die Vorschriften über die Verlautbarung von Urteilen (§ 317 ZPO) oder Beschlüssen (§ 329 ZPO) maßgeblich sind, wird durch Wortlaut und Systematik des Gesetzes nicht klar vorgegeben und hängt davon ab, wie man den Verweis in § 113 Abs. 1 Satz 2 deutet (Rz. 16 f.).[2] Im praktischen Ergebnis macht dies allerdings keinen großen Unterschied. Bis die Frage geklärt ist, erscheint es empfehlenswert, unter Berufung auf § 317 ZPO Endentscheidungen in Ehe- und Familienstreitsachen den Beteiligten **stets gem. § 113 Abs. 1 Satz 2 FamFG iVm. §§ 166 ff. ZPO zuzustellen**. Die in der Zustellung liegende schriftliche Bekanntgabe (vgl. § 15 Abs. 2 FamFG) setzt gem. § 63 Abs. 3 Satz 1 FamFG die Beschwerdefrist in Gang.

15 Nach bisherigem Recht ordneten §§ 618, 621c ZPO aF an, dass § 317 Abs. 1 Satz 3 ZPO, wonach auf übereinstimmenden Antrag der Parteien die **Zustellung verkündeter Urteile bis zu fünf Monate hinausgeschoben** werden kann, auf Endentscheidungen in Familiensachen nicht anwendbar sei. Ob durch die Streichung dieser Vorschriften eine Änderung der Rechtslage beabsichtigt war oder der Gesetzgeber davon ausging, dass § 317 ZPO auf „Beschlüsse" nach dem FamFG ohnehin nicht anwendbar sei, ist unklar (Rz. 14).

V. Ergänzende Anwendung von Vorschriften der ZPO

16 §§ 38, 39, 116 Abs. 1 FamFG beschränken sich auf die Regelung der äußeren Form und des Wirksamwerdens von Entscheidungen, **im Übrigen finden auf Beschlüsse in Ehe- und Familienstreitsachen über § 113 Abs. 1 Satz 2 die Vorschriften der ZPO** entsprechende Anwendung. Problematisch ist dieser Verweis, weil nach neuem Recht nunmehr – formal – auf die Vorschriften der Zivilprozessordnung über Beschlüsse (und nicht mehr wie bisher über Urteile) Bezug genommen wird, die ZPO hierfür in § 329 ZPO aber nur eine bruchstückhafte Regelung bereit hält, die durch entsprechende Anwendung der Vorschriften über Urteile ergänzt werden muss, und außerdem schon vom Ansatz her nicht passt, weil nach der bestehenden Systematik der Zivilprozessordnung zumindest in erster Instanz Entscheidungen über den Streitgegenstand stets durch Urteil ergehen. Orientiert man sich gleichwohl an der formalen Einordnung als Beschluss, müsste für jede ZPO-Urteilsvorschrift begründet werden, dass sie auf Beschlüsse in Ehe- und Familienstreitsachen entsprechend anwendbar ist. So ist beispielsweise schon bisher anerkannt, dass die Bindung des Gerichts nach § 318 ZPO auch für „urteilsähnliche" Beschlüsse gilt,[3] und auch eine entsprechende Anwendung etwa von § 314 ZPO auf instanzbeendende Beschlüsse, die auf Grund mündlicher Verhandlung ergehen, wird für möglich gehalten.[4]

---

1 Anders offenbar *Schulte-Bunert*, § 113 Rz. 453, ohne jedoch den Widerspruch zu § 113 Abs. 1 Satz 1 zu thematisieren.

2 Jeweils ohne nähere Begründung: für § 329 ZPO *Gießler*, FPR 2006, 421 (424); für § 317 ZPO *Maurer*, FamRZ 2009, 465 (482). *Schürmann*, FamRB 2009, 24 verweist auf §§ 317, 329 ZPO.

3 OLG München v. 12.2.2003 – 1 U 2733/02, MDR 2003, 522; Zöller/*Vollkommer*, § 318 Rz. 9; Stein/Jonas/*Roth*, § 329 ZPO Rz. 20 ff.

4 BGH v. 19.6.1975 – KVR 2/74, BGHZ 65, 30 (36); OLG Frankfurt v. 13.11.2003 – 5 W 21/03, OLGR Frankfurt 2004, 249 (250); BayObLG v. 2.3.1989 – Breg 3 Z 151/88, BayObLGZ 89, 51 (52); OLG Köln v. 27.4.1976 – 2 W 61/76, MDR 1976, 848; Zöller/*Vollkommer*, § 320 Rz. 2; recht weitgehend *Rosenberg/Schwab/Gottwald*, § 60 Rz. 49; demgegenüber abl. Stein/Jonas/*Roth*, § 329 ZPO Rz. 26.

Im Einzelfall kann dieser Ansatz jedoch auf Schwierigkeiten stoßen. So müsste etwa begründet werden, warum gegen den Wortlaut der Vorschrift (§ 128 Abs. 4 ZPO) auf Beschlüsse in Ehesachen und Familienstreitsachen der in § 128 Abs. 1 ZPO verankerte Mündlichkeitsgrundsatz anzuwenden ist.[1] Außerdem erscheint zweifelhaft, ob der Gesetzgeber die „entsprechende" Anwendung der ZPO in § 113 Abs. 1 Satz 2 wirklich in diesem (umständlichen) Sinne verstanden hat: Im Referentenentwurf zum FamFG bestimmte die Vorläufernorm zu § 116 Abs. 1 noch, dass bei Anwendung der Zivilprozessordnung „an die Stelle des Urteils der Beschluss nach den Vorschriften dieses Gesetzes" tritt (§ 107 RefE II = § 107 RefE I). Diese Formulierung könnte so gedeutet werden, dass sich der Verweis auf die ZPO direkt auf die Urteilsvorschriften beziehen sollte.[2] Begründen ließe sich dieser Ansatz auch für das in Kraft getretene Recht mit dem Argument, es handele sich beim Beschluss in Ehe- und Familienstreitsachen zwar um eine Entscheidung, die mit dem Etikett eines Beschlusses versehen wurde, aber nach den Maßstäben der ZPO auf einem Urteilsverfahren basiert. Im Ergebnis wird man sowohl nach dem einen als auch dem anderen Begründungsansatz im **schon bisher gewohnten Umfang zur Anwendung der ZPO-Urteilsvorschriften** gelangen, soweit das FamFG keine vorrangige Spezialregelung enthält. 17

C. Wirksamkeit von Endentscheidungen in Ehesachen und Familienstreitsachen (Absätze 2 und 3)

I. Überblick

§ 116 Abs. 2 und 3 treten für Ehesachen und Familienstreitsachen an die Stelle von § 40, dessen Anwendung nach § 113 Abs. 1 Satz 1 allerdings ohnehin ausgeschlossen ist. Danach werden Endentscheidungen in Ehesachen und Familienstreitsachen **grundsätzlich erst mit Eintritt der formellen Rechtskraft** wirksam. Für Ehesachen ist dies Konsequenz ihres rechtsgestaltenden Charakters (vgl. § 1564 Satz 2 BGB), Familienstreitsachen werden auf diese Weise den ZPO-Grundsätzen unterstellt (vgl. § 704 ZPO). Die Anordnung der vorläufigen Vollstreckbarkeit ist für Familienstreitsachen allerdings nicht mehr vorgesehen, stattdessen besteht die Möglichkeit, die „sofortige Wirksamkeit" der Entscheidung anzuordnen (Abs. 3 Satz 2), wovon bei Unterhaltsentscheidungen im Regelfall Gebrauch gemacht werden soll (Abs. 3 Satz 3). 18

Demgegenüber stellt § 40 Abs. 1 für Entscheidungen in Familiensachen der fG, soweit nicht ein Fall des § 40 Abs. 2 oder 3 vorliegt, auf die **Bekanntgabe** ab, doch gelten Ausnahmen für Abstammungssachen (§ 184 Abs. 1 Satz 1), bestimmte Adoptionssachen (§ 198), Ehewohnungs- und Haushaltssachen (§ 209 Abs. 2 Satz 1), Gewaltschutzsachen (§ 216 Abs. 1 Satz 1), Versorgungsausgleichssachen (§ 224 Abs. 1) sowie Entscheidungen über die Stundung des Zugewinnausgleichs und die Übertragung von Vermögensgegenständen unter Anrechnung auf die Ausgleichsforderung (§ 264 Abs. 1 Satz 1), die ebenfalls erst mit Rechtskraft wirksam werden. 19

1 IE so auch *Maurer*, FamRZ 2009, 465 (476).

2 Nicht zu folgen ist dann allerdings der Gesetzesbegründung zu § 142 Abs. 3 FamFG idF des VAStrRefG, die sich auf § 329 Abs. 1 ZPO (anstatt § 317 ZPO) beruft (BT-Drucks. 16/10144, S. 93).

II. Endentscheidungen

20 Der Begriff der Endentscheidung ist in **§ 38 Abs. 1 Satz 1** legaldefiniert. Dabei handelt es sich idR um instanzbeendende Entscheidungen in der Hauptsache, doch soll die Vorschrift nach dem Willen des Gesetzgebers bei vorheriger Erledigung offenbar auch auf isolierte Kostenentscheidungen anwendbar sein.[1] Auf Beschlüsse, die keine Endentscheidungen sind (zB Aussetzung nach § 136), ist in Ehesachen und Familienstreitsachen § 113 Abs. 1 Satz 2 FamFG iVm. § 329 ZPO anwendbar.

III. Rechtskraft

21 Endentscheidungen in Ehesachen und Familienstreitsachen werden gem. § 120 Abs. 1 FamFG iVm. § 705 ZPO formell rechtskräftig, wenn sie nicht mehr angefochten werden können. Dies ist nach allgemeinen Verfahrensgrundsätzen dann der Fall, wenn (1) die Ehegatten, sonstige Beteiligte und anfechtungsberechtigte Dritte gem. §§ 67 Abs. 1 und 2, 144 wirksam auf (Anschluss-)Rechtsmittel sowie ggf. den Antrag auf erweiterte Aufhebung nach § 147 **verzichtet** haben oder (2) die **Fristen** für Haupt- und Anschlussrechtsmittel (§§ 63, 71 Abs. 1, 145) abgelaufen sind, ansonsten (3) nach **Erschöpfung** des Instanzenzuges. Für weitere Einzelheiten vgl. auch § 148.

22 Ein **Rechtsmittelverzicht** muss gem. § 67 Abs. 1 und Abs. 2 durch Erklärung gegenüber dem Gericht erfolgen und unterliegt nach § 114 Abs. 1 in Ehesachen und Familienstreitsachen stets dem Anwaltszwang.[2] Demgegenüber führt ein außerprozessual erklärter Verzicht nicht zu einem beschleunigten Eintritt der Rechtskraft, weil er gem. § 67 Abs. 3 erst auf Einrede im Rechtsmittelverfahren beachtlich ist. Zur Beschränkung einer Anwaltsvollmacht allein auf einen Rechtsmittelverzicht vgl. § 114 Rz. 42 und § 144 Rz. 2. Die Reichweite eines Rechtsmittelverzichts bestimmt sich nach seinem objektiven Erklärungswert,[3] dabei kann grundsätzlich davon ausgegangen werden, dass sich ein im Verbundverfahren ohne weitere Einschränkungen erklärter Rechtsmittelverzicht auf den Scheidungsausspruch und sämtliche Folgesachen bezieht.[4] § 144 erleichtert den Verzicht auf Anschlussrechtsmittel, wenn Drittbeteiligte in Folgesachen der fG ein eigenes Anfechtungsrecht besitzen (vor allem Versorgungsträger), das sich die Ehegatten im Wege verfahrensübergreifender Anschließung zunutze machen könnten, um den Scheidungsausspruch anzufechten.

23 Für **Folgesachen** bestimmt § 148 unter Abweichung vom Grundsatz des § 116 Abs. 3 Satz 1, dass diese stets erst mit Rechtskraft des Scheidungsausspruchs wirksam werden.

24 § 46 Satz 3, der durch § 113 Abs. 1 Satz 1 gerade nicht verdrängt wird, bestimmt ausdrücklich, dass in Ehesachen den Beteiligten von Amts wegen ein **Rechtskraftzeugnis** auf einer Ausfertigung der Entscheidung ohne Begründung zu erteilen ist. Die Vorschrift tritt an die Stelle des inhaltsgleichen § 706 Abs. 1 Satz 2 ZPO, der durch das

1 So ausdrücklich die Begr. des sog. FGG-RG-Reparaturgesetzes BT-Drucks. 16/12717 (eVF), S. 71; *Schulte-Bunert*, Rz. 479; aA *Schael*, FPR 2009, 11 (12 f.); *Schael*, FPR 2009, 195 f.

2 BGH v. 4.7.2007 – XII ZB 14/07, FamRZ 2007, 1631; BGH v. 18.1.1984 – IVb ZB 53/83, FamRZ 1984, 372.

3 BGH v. 8.7.1981 – IVb ZB 660/80, FamRZ 1981, 947 f.; OLG Frankfurt v. 9.11.2005 – 3 UF 151/05, OLGReport 2006, 561 f.

4 BGH v. 25.6.1986 – IVb ZB 75/85, FamRZ 1986, 1089.

FGG-RG aufgehoben wurde.[1] In anderen Verfahren ist gem. § 46 Satz 1 das Rechtskraftzeugnis von der Geschäftsstelle des Gerichts des ersten Rechtszugs nur auf Antrag zu erteilen.

IV. Anordnung der sofortigen Wirksamkeit

1. Systematik und Normgeschichte

Nach § 116 Abs. 3 Satz 2 kann die sofortige Wirksamkeit von Endentscheidungen in Familienstreitsachen angeordnet werden. Hierdurch wird **unmittelbar die Möglichkeit der Zwangsvollstreckung** nach § 120 Abs. 2 Satz 1 eröffnet. Dieses Institut tritt an die Stelle der Anordnung der vorläufigen Vollstreckbarkeit.[2] Gem. § 116 Abs. 3 Satz 3 „soll" für Endentscheidungen, die eine Verpflichtung zur Leistung von Unterhalt enthalten, im Regelfall die sofortige Wirksamkeit angeordnet werden. Nach dem ursprünglichen Konzept des RefE sollten alle Beschlüsse über Leistungsansprüche in Familienstreitsachen mit der Bekanntgabe wirksam werden und damit auch vollstreckbar sein (§ 107 Abs. 2 RefE II). Eine Einschränkung zum Schutz des Vollstreckungsschuldners fand stets nur auf seinen besonderen Antrag entsprechend der nunmehr in § 120 Abs. 2 Satz 2 in Kraft getretenen Regelung statt (vgl. § 110 Abs. 2 RefE II). Die sofortige Wirksamkeit von einstweiligen Anordnungen insbes. zum Unterhalt muss nicht angeordnet werden, da insofern nach § 57 Satz 1 kein Rechtsmittel statthaft ist. 25

2. Voraussetzungen

Im Rahmen des ihm durch § 116 Abs. 3 Satz 2 eröffneten Ermessens hat das Gericht die Interessen von Gläubiger und Schuldner gegeneinander abzuwägen.[3] Dabei zeigt die Gesetzgebungsgeschichte, dass mit der Reform grundsätzlich eine **Verbesserung der Gläubigerposition** beabsichtigt war.[4] Auch wenn das ursprünglich noch gläubigerfreundlichere Konzept eingeschränkt wurde, war damit doch keine gänzliche Abkehr von diesem Anliegen verbunden. Gesetzessystematisch lässt sich aus dem **Zusammenspiel von § 116 Abs. 3 Satz 2 mit der Schuldnerschutzklausel des § 120 Abs. 2 Satz 2** folgern, dass das Gericht im Zweifel die sofortige Wirksamkeit der Entscheidung anordnen soll, weil die Interessen des Schuldners durch die Möglichkeit zur Einstellung oder Beschränkung der Zwangsvollstreckung nach § 120 Abs. 2 Satz 2 gewahrt werden, soweit der Eintritt eines nicht zu ersetzenden Nachteils glaubhaft gemacht wird. Wenn das Gericht nämlich schon auf Grund des ihm durch § 116 Abs. 3 Satz 2 eröffneten Ermessens von der Anordnung der sofortigen Wirksamkeit absieht, kann die Zwangsvollstreckung selbst in den Fällen erst nach Eintritt der Rechtskraft betrieben werden, in denen der Gläubiger früher die – im neuen Recht nicht mehr vorgesehene (§ 120 Rz. 3 und 8) – Möglichkeit gehabt hätte, gegen Sicherheitsleistung die Zwangsvollstreckung zu betreiben. Hier besteht dann ua. die Gefahr, dass der Wettlauf mit anderen Gläubigern verloren geht, die allgemeine vermögensrechtliche Ansprüche vollstrecken. Diese Überlegung zeigt aber letztlich auch, dass die Frage, 26

1 Art. 29 Nr. 17 FGG-RG, vgl. BT-Drucks. 16/6308, S. 326.
2 BT-Drucks. 16/6308, S. 224.
3 BT-Drucks. 16/6308, S. 412.
4 Diskutiert wurde in erster Linie, ob die Regelung die Interessen des Schuldners angemessen wahre, BT-Drucks. 16/6308, S. 373 und 412.

wie die Interessen von Gläubiger und Schuldner im Rahmen des § 116 Abs. 3 Satz 2 zu gewichten sind, untrennbar mit dem **Verständnis des § 120 Abs. 2 Satz 2** zusammenhängt: Je eher man bereit ist, einen unersetzbaren Nachteil iSv. § 120 Abs. 2 Satz 2 zu bejahen, desto mehr spricht dafür, nach § 116 Abs. 3 Satz 2 die sofortige Wirksamkeit der Entscheidung anzuordnen.

27 Eine weitere **ausdrückliche Vorgabe** enthält das Gesetz selbst in § 116 Abs. 3 Satz 3. Danach soll – wegen ihrer existenzsichernden Funktion – für Entscheidungen über Unterhaltsansprüche im Regelfall die sofortige Wirksamkeit angeordnet werden. Nach den Vorstellungen der Gesetzesverfasser sind Ausnahmefälle beispielsweise dann denkbar, wenn auf die öffentliche Hand übergegangene Unterhaltsansprüche nach § 33 Abs. 3 Satz 2 SGB II,[1] § 94 Abs. 4 Satz 2 SGB XII oder § 7 Abs. 4 Satz 1 UhVorschG geltend gemacht oder „länger zurückliegende Unterhaltsrückstände" verlangt werden.[2] Für die allgemeine Abwägung nach § 116 Abs. 2 Satz 2 wird man aus dieser gesetzlichen Weichenstellung die Direktive ableiten können, dass entscheidendes Gewicht der Frage zukommt, welche **Bedeutung der im Raum stehende Anspruch für die aktuelle Lebenssituation des Berechtigten** besitzt. Doch kann das nach der hier vertretenen Auffassung nicht bedeuten, dass etwa dann, wenn der andere Ehegatte (umfangreiche) Unterhaltsrückstände geltend macht, von der Anordnung der sofortigen Wirksamkeit stets abgesehen werden muss. Auch hier wird man es in vielen Fällen darauf ankommen lassen können, ob der Schuldner die Voraussetzungen des § 120 Abs. 2 Satz 2 glaubhaft zu machen vermag.

28 Für **Unterhalts- und Güterrechtsfolgesachen** scheidet wegen § 148 die Anordnung der sofortigen Wirksamkeit vor Eintritt der Rechtskraft in der Scheidungssache aus. Wird über die Folgesache jedoch vor Rechtskraft des Scheidungsausspruchs entschieden, muss die sofortige Wirksamkeit regelmäßig für die Zeit ab Rechtskraft der Scheidung angeordnet werden,[3] weil der Scheidungsbeschluss (etwa wegen eines auf die Scheidungssache beschränkten Rechtsmittelverzichts) schneller rechtskräftig werden könnte als die Entscheidung in der Folgesache. Allerdings darf die Vollstreckungsklausel (§ 120 Abs. 1 FamFG iVm. §§ 725 f. ZPO) erst nach Rechtskraft der Scheidung erteilt werden.[4]

3. Verfahren

29 Über die Anordnung der sofortigen Wirksamkeit entscheidet das Gericht **von Amts wegen**; ein Antrag ist insofern nicht erforderlich. Dabei wird man davon ausgehen können, dass der Ausspruch stets im **Tenor** der Endentscheidung zu erfolgen hat. Zwar ist im Gesetz nicht ausdrücklich angegeben, bis zu welchem Zeitpunkt die Entscheidung über die sofortige Wirksamkeit erfolgen muss, doch kann daraus wohl nicht gefolgert werden, die Anordnung dürfe – wie in Familiensachen der fG (vgl. etwa § 40 Rz. 19, § 198 Rz. 8) – ohne weiteres „nachgeholt" werden:[5] An seine Beschlüsse ist das Gericht in Familienstreitsachen stets gebunden (§ 113 Abs. 1 Satz 2 FamFG iVm. § 318 ZPO), Vortrag nach Schluss der mündlichen Verhandlung kann nicht berücksichtigt werden (§ 113 Abs. 1 Satz 2 FamFG iVm. § 296a ZPO), und auch wenn

1 Entspricht dem in der Gesetzesbegründung noch zitierten § 33 Abs. 2 Satz 4 SGB II aF.
2 BT-Drucks. 16/6308, S. 224.
3 Zur Anordnung der vorläufigen Vollstreckbarkeit nach bisherigem Recht OLG Bamberg v. 14.9.1989 – 2 UF 85/89, FamRZ 1990, 184; *Kemnade*, FamRZ 1986, 625 (627).
4 Musielak/*Borth*, § 629d ZPO Rz. 6; MüKo.ZPO/*Finger*, § 629d ZPO Rz. 6.
5 So *Zimmermann*, Das neue FamFG 2009, Rz. 309.

einem Antrag nach § 120 Abs. 2 Satz 2 stattgegeben wird (der ebenfalls vor Schluss der mündlichen Verhandlung gestellt werden muss), ist die Einstellung oder Beschränkung der Vollstreckung im Tenor auszusprechen (§ 120 Rz. 10). Vor diesem Hintergrund erscheint es zwingend, dass die sofortige Wirksamkeit in den Fällen des § 116 Abs. 3 Satz 2 stets in der Endentscheidung selbst ausgesprochen werden muss. Nur wenn versäumt wurde, hierüber zu entscheiden, kann in entsprechender Anwendung von § 120 Abs. 1 FamFG iVm. §§ 716, 321 ZPO Ergänzung verlangt werden. Im Übrigen besteht die Möglichkeit einer Korrektur erst wieder im Rechtsmittelverfahren, dabei besitzt das Rechtsmittelgericht nach § 64 Abs. 3 die Befugnis, die sofortige Wirksamkeit vorab anzuordnen (vgl. auch § 40 Rz. 19),[1] wobei auch eine entsprechende Anwendung von § 113 Abs. 1 Satz 2 FamFG iVm. § 718 ZPO in Erwägung zu ziehen wäre.[2]

§ 117
Rechtsmittel in Ehe- und Familienstreitsachen

(1) In Ehesachen und Familienstreitsachen hat der Beschwerdeführer zur Begründung der Beschwerde einen bestimmten Sachantrag zu stellen und diesen zu begründen. Die Begründung ist beim Beschwerdegericht einzureichen. Die Frist zur Begründung der Beschwerde beträgt zwei Monate und beginnt mit der schriftlichen Bekanntgabe des Beschlusses, spätestens mit Ablauf von fünf Monaten nach Erlass des Beschlusses. § 520 Abs. 2 Satz 2 und 3 sowie § 522 Abs. 1 Satz 1, 2 und 4 der Zivilprozessordnung gelten entsprechend.

(2) Die §§ 514, 516 Abs. 3, 521 Abs. 2, 524 Abs. 2 Satz 2 und 3, die §§ 528, 538 Abs. 2 und § 539 der Zivilprozessordnung gelten im Beschwerdeverfahren entsprechend. Einer Güteverhandlung bedarf es im Beschwerde- und Rechtsbeschwerdeverfahren nicht.

(3) Beabsichtigt das Beschwerdegericht von einzelnen Verfahrensschritten nach § 68 Abs. 3 Satz 2 abzusehen, hat das Gericht die Beteiligten zuvor darauf hinzuweisen.

(4) Wird die Endentscheidung in dem Termin, in dem die mündliche Verhandlung geschlossen wurde, verkündet, kann die Begründung auch in die Niederschrift aufgenommen werden.

(5) Für die Wiedereinsetzung gegen die Versäumung der Fristen zur Begründung der Beschwerde und Rechtsbeschwerde gelten die §§ 233 und 234 Abs. 1 Satz 2 der Zivilprozessordnung entsprechend.

1 Zur Vorläufernorm des § 24 FGG Jansen/*Briesemeister*, § 24 FGG Rz. 15 aE.
2 Zur vorläufigen Vollstreckbarkeit nach bisherigem Recht OLG Bamberg v. 14.9.1989 – 2 UF 85/89, FamRZ 1990, 184; OLG Frankfurt v. 4.1.1990 – 3 UF 195/89, FamRZ 1990, 539 (540).

A. Allgemeines

1 Die Vorschrift betrifft entgegen der weiter gefassten Überschrift nicht alle Rechtsmittel in Ehesachen (§ 121) und Familienstreitsachen (§ 112), sondern nur die Anfechtung von die Instanz abschließenden **Endentscheidungen**. Sie regelt die Materie, die bisher für die der ZPO unterliegenden Familiensachen (Ehesachen, Unterhaltssachen, Güterrechtssachen) in den §§ 511 ff. ZPO (Berufung) und §§ 542 ff. ZPO (Revision), für Scheidungsverbundurteile in § 629a ZPO und bei Anfechtung allein von fG-Folgesachen (Sorge- und Umgangssachen, Versorgungsausgleich, Ehewohnungs- und Haushaltssachen) in § 621e (iVm. § 629a Abs. 2 Satz 1) ZPO geregelt war. § 117 ist neben den schon in der Vergangenheit als solche definierten Familiensachen (§ 23b GVG aF) nunmehr auch auf die bisherigen Zivilprozesssachen anwendbar, die durch die Erweiterung der Zuständigkeit im Rahmen des sog. großen Familiengerichts nunmehr dem Familiengericht zugewiesen sind und deren Verfahren sich jetzt nach dem FamFG bestimmt (vgl. §§ 266, 269 Abs. 2).

2 Nach **bisherigem Recht** war gegen die als Urteile ergangenen Endentscheidungen der ersten Instanz in den Ehesachen sowie den Streitigkeiten, die nunmehr unter die Familienstreitsachen des § 112 fallen, als Rechtsmittel die Berufung nach §§ 511 ff. ZPO eröffnet. Gegen das Berufungsurteil war – abhängig von ihrer Zulassung – die Revision zulässig. Hingegen war die befristete Beschwerde gem. § 621e ZPO statthaft, wenn nur Familiensachen der freiwilligen Gerichtsbarkeit angefochten wurden (§ 629a Abs. 2 Satz 1 ZPO). Diese sog. befristete Beschwerde war wegen der entsprechenden Anwendung einzelner Vorschriften der Zivilprozessordnung teilweise berufungsähnlich ausgestaltet. Bei einer Zulassung war (weitgehend) die Rechtsbeschwerde zum Bundesgerichtshof eröffnet, § 621e Abs. 2 ZPO. Verbundurteile waren nach dem bisherigen Recht (§ 629a ZPO) je nachdem, welcher Verfahrengegenstand mit dem Rechts-

mittel angegriffen worden ist, entweder mit der Berufung oder der befristeten Beschwerde anfechtbar. Diese Zweiteilung der Rechtsmittel ist im FamFG durch das **einheitliche Rechtsmittel der Beschwerde** gem. §§ 58 ff. ersetzt worden. Die Entscheidung des Beschwerdegerichts (Oberlandesgericht) kann ggf. durch Rechtsbeschwerde (§§ 70 ff.) angefochten werden. Die Vorschriften der Zivilprozessordnung über die Berufung und Revision sind nicht anwendbar, soweit dies nicht ausdrücklich angeordnet ist. Auch gegen **Verbundentscheidungen** (Ehescheidung nebst Folgesachen) ist nach dem FamFG in jedem Fall – unabhängig von dem angegriffenen Verfahrensgegenstand – die Beschwerde nach den §§ 58 ff. eröffnet. Hinsichtlich der weiteren Ausgestaltung des Beschwerdeverfahrens wirkt aber die Differenzierung zwischen Streitsachen und Verfahren der freiwilligen Gerichtsbarkeit fort, da für erstere teilweise auf Vorschriften der Zivilprozessordnung verwiesen wird.

Mit dem FamFG ist daher die **Regelungssystematik** für die Rechtsmittel in Ehe- und 3
Familienstreitsachen geändert worden. Während auf diese bisher grundsätzlich die Zivilprozessordnung anzuwenden war und nur teilweise die Vorschriften des FGG, werden nunmehr umgekehrt alle Rechtsmittel in diesen Verfahren grundsätzlich den Vorschriften des FamFG über Beschwerde (§§ 58 ff.) und Rechtsbeschwerde (§§ 70 ff.) unterstellt. In Abweichung davon erklärt § 117 für das Verfahren der Beschwerde teilweise Vorschriften des **Berufungs**verfahrens der Zivilprozessordnung für entsprechend anwendbar. Hinsichtlich des Verfahrens der **Rechtsbeschwerde** bleibt es weitgehend bei der allgemeinen Regelung der §§ 70 ff. Ergänzend enthalten auch die §§ 113–116 und 119 Regelungen, die in das Beschwerde- und Rechtsbeschwerdeverfahren in Ehe- und Familienstreitsachen wirken. Die Konzeption des erstinstanzlichen Verfahrens in diesen Sachen, dessen Vorschriften subsidiär auch für das Beschwerde- und Rechtsbeschwerdeverfahren gelten (§§ 68 Abs. 3 Satz 1, 74 Abs. 4), ist eine andere: Für dieses treten gem. § 113 Abs. 1 in weitem Umfang die Allgemeinen Vorschriften der Zivilprozessordnung sowie die Vorschriften der Zivilprozessordnung über das Verfahren vor dem Landgericht an die Stelle des FamFG.

Motiv des Gesetzgebers[1] für die teilweise Abkehr von der Anwendbarkeit des Beru- 4
fungsrechts war die Auffassung, dass die zivilprozessuale Berufung wegen der grundsätzlichen Bindung des Gerichts an erstinstanzliche Feststellungen (§ 529 Abs. 1 ZPO), der Pflicht des Berufungsgerichts zur Zurückweisung verspäteten Vorbringens (§ 531 Abs. 2 ZPO), der Einschränkung der Anschlussberufung (§ 524 Abs. 2 ZPO) und wegen des weit gehenden Ausschlusses von Klageänderung, Aufrechnung und Widerklage (§ 533 ZPO) den Bedürfnissen des familiengerichtlichen Verfahrens, die Tatsachenfeststellung an das häufig im Fluss befindliche Geschehen anzupassen, nicht immer gerecht werde. Die genannten Vorschriften, denen die Vorstellung zugrunde liege, dass im Zivilprozess über einen abgeschlossenen Lebenssachverhalt gestritten werde, seien mit der **Dynamik eines Trennungsgeschehens** häufig nur schwer vereinbar und würden, etwa in Unterhaltssachen, die Berücksichtigung veränderter Einkommens- und Vermögensverhältnisse nur in eingeschränktem Maße zulassen. Solche Änderungen seien sinnvollerweise bereits im Rechtsmittelverfahren und nicht erst in einem neuen Verfahren zu berücksichtigen. Bereits daraus ergebe sich, dass die Beschwerdeinstanz in Familienstreitsachen als volle zweite Tatsacheninstanz auszugestalten sei. Die Nähe der Ehesachen und der Familienstreitsachen zu den zivilprozessualen Rechtsstreitigkeiten findet ihren Ausdruck aber weiterhin durch die in § 117 angeordnete entsprechende Anwendung einzelner Vorschriften der Zivilprozessordnung.

1 Begr. RegE, BT-Drucks. 16/6308, S. 224 f.

4a Zu beachten ist, dass § 117 nicht in der im BGBl. vom 22.12.2008[1] ursprünglich verkündeten Fassung in Kraft getreten ist. Die Vorschrift wurde in mehreren Punkten durch Art. 8 des Gesetzes zur Modernisierung von Verfahren im anwaltlichen und notariellen Berufsrecht vom 30.7.2009[2] vor ihrem Inkrafttreten geändert. Durch diese Änderung wurden einige redaktionelle Versehen, die im Gesetzgebungsverfahren unterlaufen sind, korrigiert. Es handelt sich um folgende Änderungen:

- § 117 Abs. 1 ist dahingehend ergänzt worden, dass die Beschwerdebegründung beim Beschwerdegericht einzureichen ist (vgl. dazu Rz. 20).
- Die Verweisung auf die Vorschriften der ZPO in Absatz 2 Satz 1 ist auf die §§ 516 Abs. 3, 521 Abs. 2 ZPO erweitert worden (vgl. dazu Rz. 60, 67).
- Die Verweisung auf die Vorschriften der ZPO über die Wiedereinsetzung in Abs. 5 (vgl. Rz. 74) ist auf den Fall der Begründung von Beschwerde und Rechtsbeschwerde beschränkt worden; zuvor war auch die Einlegung der Rechtsmittel erfasst.

B. Einzelheiten

1. Sachlicher und zeitlicher Anwendungsbereich

5 § 117 regelt die Anfechtung von **Endentscheidungen**, also Entscheidungen, durch die der Verfahrensgegenstand ganz oder teilweise erledigt wird, § 38 Abs. 1. Dies entspricht der bisherigen Definition der Endentscheidung nach § 621e ZPO. Auf die Anfechtung von Zwischen- und Nebenentscheidungen finden die §§ 58 ff. keine Anwendung. Gegen erstinstanzliche Endentscheidungen in Ehesachen (§ 121) und Familienstreitsachen (§ 112) ist die **Beschwerde** (§§ 58 ff.) zum Oberlandesgericht das **einheitliche Rechtsmittel**, eine Berufung gibt es in diesen Verfahren nicht mehr. Zu beachten ist, dass zu den Familienstreitsachen gem. § 112 Nr. 3 nunmehr auch Verfahren gehören, die bisher von der allgemeinen Abteilung des Amtsgerichts oder dem Landgericht entschieden wurden. Das sind v.a. diejenigen des § 266, also ua. Ansprüche zwischen Verlobten oder ehemals Verlobten im Zusammenhang mit dem Ende des Verlöbnisses (Nr. 1), aus der Ehe herrührende Ansprüche (Nr. 2), Ansprüche zwischen Verheirateten oder ehemals Verheirateten im Zusammenhang mit Trennung und Beendigung der Ehe (Nr. 3) sowie aus dem Eltern-Kind-Verhältnis (Nr. 4) oder dem Umgangsrecht (Nr. 5) stammende Ansprüche. Entsprechendes gilt für Lebenspartnerschaftssachen mit diesen Gegenständen (§ 269 Abs. 2). Gegen die Entscheidungen des Beschwerdegerichts ist einheitliches Rechtsmittel die **Rechtsbeschwerde** zum Bundesgerichtshof (vgl. Rz. 71 ff.). Auch in Ehe- und Familienstreitsachen gibt es eine Revision nicht mehr. Die gem. § 75 eröffnete Sprungrechtsbeschwerde gegen Entscheidungen des Familiengerichts hat in Ehe- und Familienstreitsachen keine Bedeutung.

6 Zum **Übergangsrecht** ist zu beachten: Das FamFG ist als Art. 1 des FGG-RG gem. dessen Art. 112 Abs. 1 am 1. September 2009 in Kraft getreten. Die Rechtsmittel in Ehe- und Familiensachen bestimmen sich – wie die Rechtsmittel in anderen Verfahren des FamFG – erst dann nach den Vorschriften des FamFG, wenn auch das erstinstanzliche Verfahren bereits nach diesem Gesetz durchgeführt worden ist. Nach Art. 111 FGG-RG finden auf Verfahren, die **bis zum Inkrafttreten des FamFG eingeleitet** worden sind oder deren Einleitung bis zum Inkrafttreten dieses Gesetzes beantragt wurde,

1 BGBl. I, S. 2585 ff.
2 BGBl. I 2009, S. 2449.

weiter die bis dahin geltenden Vorschriften Anwendung. Diese Regelung erstreckt sich mangels anderweitiger Differenzierung einheitlich auf die Durchführung des Verfahrens in allen Instanzen. Ist das Verfahren in erster Instanz nach dem bisherigen Recht eingeleitet, so wird auch das **Rechtsmittelverfahren nach dem bisherigen Recht** durchgeführt.[1] Erst wenn das erstinstanzliche Verfahren nach dem neuen Recht eingeleitet ist, bestimmt sich nach diesem auch das Rechtsmittelverfahren.

2. Überblick über die anwendbaren Vorschriften

Die allgemeinen Vorschriften der §§ 58–75 über Beschwerde und Rechtsbeschwerde sind von der Regelung in § 113 Abs. 1, mit der für Ehe- und Familienstreitsachen in erheblichem Maße die Vorschriften des FamFG für nicht anwendbar erklärt werden, nicht erfasst. Soweit § 117 keine Sonderregelung enthält, sind daher die §§ 58 ff. auch auf die Beschwerde und Rechtsbeschwerde in diesen Verfahren anzuwenden. Für die in den §§ 58 ff. nicht geregelten Fragen wird für die Beschwerde gem. § 68 Abs. 3 Satz 1 und für die Rechtsbeschwerde gem. § 74 Abs. 4 auf die Vorschriften über das Verfahren in erster Instanz verwiesen. In Ehesachen und Familienstreitsachen sind das gem. § 113 Abs. 1 Satz 2 weitgehend die **Allgemeinen Vorschriften der Zivilprozessordnung** sowie die Vorschriften der Zivilprozessordnung über das **Verfahren vor den Landgerichten**. Daneben zu beachten ist aber, dass auch die speziellen Bestimmungen über die einzelnen Verfahren in den **Abschnitten 2, 3, 6, 8–12 des 2. Buchs** des FamFG Regelungen enthalten, die für die erste Instanz der Verweisung auf die Zivilprozessordnung vorgehen und damit auch im Beschwerdeverfahren Anwendung finden können. Zur Rechtsbeschwerde vgl. Rz. 71 ff. 7

Neben den unmittelbaren Bestimmungen über die **Beschwerde** (§§ 58 ff.) sind auch auf Beschwerdeverfahren in Ehe- und Familienstreitsachen ua. folgende allgemeinen Regelungen des FamFG anwendbar: Gem. § 114 Abs. 1 müssen sich die Ehegatten in Ehesachen und Folgesachen im Beschwerdeverfahren **durch einen Rechtsanwalt vertreten** lassen, sofern nicht eine der in § 114 Abs. 4 bestimmten Ausnahmen eingreift. Die Bewilligung von **Prozesskostenhilfe** bestimmt sich gem. § 113 Abs. 1 hingegen nach den §§ 114 ff. ZPO, die Anwendung der §§ 76 ff. über die Verfahrenskostenhilfe wird ausgeschlossen. Auf den Erlass einer **einstweiligen Anordnung** sind auch bei einer Zuständigkeit des Beschwerdegerichts (§ 50 Abs. 1 Satz 1) die §§ 49 ff. anzuwenden (§ 119). Das Beschwerdegericht entscheidet durch **Beschluss** mit Rechtsbehelfsbelehrung (§§ 38, 39, vgl. dazu Rz. 65 ff.). Von den für die einzelnen Verfahren geltenden **Vorschriften des 2. Buchs** des FamFG haben für die Beschwerdeinstanz besondere Bedeutung: In **Ehesachen** die eingeschränkte Amtsermittlung (§ 127), die Anhörung der Ehegatten (§ 128, vgl. aber auch Rz. 46 ff.), die Kostenregelungen (§§ 132, 150), die Regelungen über den Verbund von Scheidungs- und Folgesachen (§§ 137, 142, vgl. dazu Rz. 58) sowie die Abtrennung von Folgesachen (§ 140), die Befristung von Rechtsmittelerweiterung und Anschlussrechtsmittel (§ 145), die Zurückverweisung bei noch anhängiger Folgesache (§ 146), in **Kindschaftssachen** das Beschleunigungsgebot (§ 155),[2] die Bestellung eines Verfahrensbeistands (§ 158), die persönliche Anhörung von Kind und Eltern (§§ 159 f., vgl. aber auch Rz. 46 ff.), in **Ehewohnungssachen** die Regelungen über die Beteiligten und die Anhörung des Jugendamts (§§ 204, 205), in **Versorgungsausgleichssachen** die Regelungen über die Zulässigkeit der Beschwerde (§ 228), in **Unterhaltssachen** die Bestimmungen über die verfahrensrechtlichen Auskunftspflichten 8

1 Begr. RegE, BT-Drucks. 16/6308, S. 359.
2 Vgl. dazu *Hennemann*, FPR 2009, 20 (23).

(§§ 235, 236), die Kostenbestimmung des § 243 sowie die Spezialbestimmungen zur einstweiligen Anordnung (§§ 246–248) und in **Güterrechtssachen** die Regelungen hinsichtlich der Verfahren nach §§ 1382, 1383 BGB (Stundung und Übertragung von Vermögensgegenständen, §§ 264, 265).

9 Bei einem Rechtsmittel gegen eine **Verbundentscheidung** iSd. § 137 ist zu differenzieren: Sofern die **Scheidung** und/oder eine **Familienstreitsache** iSd. § 112 (Unterhaltssache oder Güterrechtssache) angefochten ist, finden neben den §§ 58 ff. und den Spezialvorschriften in dem entsprechenden Abschnitt des 2. Buchs die Verweisungen des § 117 auf die ZPO-Vorschriften Anwendung. Wenn hingegen nur eine Folgesache angefochten ist, die der **freiwilligen Gerichtsbarkeit** zuzuordnen ist (Versorgungsausgleichssache, Ehewohnungs- und Haushaltssache, Kindschaftssache), gelten allein die §§ 58 ff., ggf. mit den Modifizierungen, die für diese Verfahren in den Spezialvorschriften des entsprechenden Abschnitts des 2. Buchs angeordnet sind. Sofern **mehrere Teilentscheidungen** einer Verbundentscheidung angefochten sind, ist auf jeden Verfahrensteil das für ihn geltende Beschwerderecht anwendbar. Wenn sich also zB die Beschwerde sowohl gegen die Verurteilung zur Zahlung von Kindesunterhalt als auch gegen die Entscheidung zum Sorgerecht für ein gemeinschaftliches Kind richtet, sind auf die Unterhaltssache die §§ 58 ff. mit den Modifikationen des § 117 anwendbar (zB das Erfordernis einer Beschwerdebegründung, § 117 Abs. 1), während sich das Beschwerdeverfahren hinsichtlich des Sorgerechts allein nach den §§ 58 ff. richtet.

3. Zulässigkeit der Beschwerde

a) Wert des Beschwerdegegenstandes

10 In vermögensrechtlichen Angelegenheiten ist die Beschwerde gem. § 61 Abs. 1 zulässig, wenn der **Wert des Beschwerdegegenstandes 600 Euro** (Ausnahme: Entscheidungen zum Versorgungsausgleich, § 228) übersteigt; zur Bemessung der Beschwer grundsätzlich § 61 Rz. 3 ff. In nichtvermögensrechtlichen Angelegenheiten ist die Beschwerde uneingeschränkt zulässig. Für die **bisher der Zivilprozessordnung unterliegenden Familienstreitsachen** enthalten weder der Allgemeine Teil des FamFG noch § 117 Regelungen, wie die Beschwer zu bemessen ist. § 113 Abs. Satz 2 verweist aber für die Familienstreitsachen generell auf die Allgemeinen Vorschriften der ZPO. Zu diesen gehören die **§§ 3 ff. ZPO**. Deren Grundsätze sind daher auf die Familienstreitsachen (weiterhin) anwendbar. Für **Unterhaltssachen** bedeutet dies, dass sich der Wert der Beschwer entsprechend § 9 ZPO bestimmt. Maßgeblich ist somit der in der Beschwerdeinstanz streitige Teil des Unterhalts für 42 Monate, sofern nicht eine kürzere Zeit im Streit ist, § 9 Satz 2 ZPO. Rückstände, die bis zur Klageeinreichung aufgelaufen sind, sind diesem Betrag hinzuzurechnen.[1] Hingegen bleiben Beträge, die zwischen Einreichung des Antrags und Einlegung der Beschwerde fällig geworden sind, für die Ermittlung der Beschwer unberücksichtigt.

11 Die Beschwer eines **zur Auskunft Verurteilten** bemisst sich nach seinem Interesse, die Auskunft nicht erteilen zu müssen, wobei auf den Aufwand an Zeit und Kosten abzustellen ist, den die Erteilung der geschuldeten Auskunft erfordert.[2] Dabei können die Kosten der Zuziehung einer sachkundigen Hilfsperson (zB Steuerberater) nur berücksichtigt werden, wenn sie zwangsläufig entstehen, weil der Auskunftspflichtige ohne

1 BGH v. 6.5.1960 – V ZR 148/59, NJW 1960, 1459 = MDR 1960, 663.
2 Std. Rspr., zB BGH v. 26.10.2005 – XII ZB 25/05, FamRZ 2006, 33; BGH v. 3.11.2004 – XII ZB 165/00, FamRZ 2005, 104.

sie zu einer sachgerechten Auskunftserteilung nicht in der Lage ist.[1] Daran fehlt es, wenn dem Auskunftspflichtigen alle Daten bereits vorliegen und es lediglich ihrer Zusammenstellung bedarf.[2] Anhaltspunkt für die Bewertung seines eigenen Zeitaufwandes können die Stundensätze für die Entschädigung von Zeugen nach den §§ 19 ff. JVEG sein.[3] Da regelmäßig ein Verdienstausfall nicht entstehen wird, sind dies gem. § 20 JVEG 3 Euro je Stunde. Sofern der Antragsgegner durch eine nicht eindeutige Formulierung der Auskunftsverpflichtung zur Klärung von deren Umfang **rechtlicher Beratung** bedarf, sind die dafür erforderlichen Kosten zusätzlich zu berücksichtigen.[4] Im Einzelfall kann ein **Geheimhaltungsinteresse** des zur Auskunft Verurteilten gegenüber dem Auskunftsberechtigten (zusätzlich) für die Bemessung des Rechtsmittelinteresses erheblich sein. Dafür muss er substantiiert dartun, dass ihm durch die Erteilung der Auskunft seitens des die Auskunft Begehrenden die Gefahr droht, dieser werde von ihm gegenüber offenbarten Tatsachen über den Rechtsstreit hinaus in einer Weise Gebrauch machen, die schützenswerte wirtschaftliche Interessen des Auskunftspflichtigen gefährden können.[5] Wurde ein unterhaltsrechtlicher **Auskunftsanspruch abgewiesen**, bemisst sich der Rechtsmittelstreitwert des den Leistungsanspruch erst vorbereitenden Auskunftsbegehrens nach einem Bruchteil – üblicherweise 1/4 bis 1/10,[6] in Unterhaltssachen im Regelfall 1/4 oder 1/5[7] – des voraussichtlichen Unterhaltsanspruchs.[8] Dieser ist nach objektiven Anhaltspunkten zu schätzen, wobei anhand des Tatsachenvortrags des Antragstellers danach zu fragen ist, welche Vorstellungen er sich vom Wert des Leistungsanspruchs macht und ob ggf. ein solcher Anspruch nach den festgestellten Verhältnissen überhaupt oder allenfalls in geringerer Höhe in Betracht kommt.[9] Der Monatsbetrag ist entsprechend § 9 ZPO auf den 3,5-fachen Jahresbetrag hochzurechnen, sofern nicht ausnahmsweise allein ein kürzerer Zeitraum im Streit ist.[10]

Wenn der Beschwerdewert nicht erreicht ist, ist die Beschwerde (nur) zulässig, wenn 12
das Familiengericht sie gem. § 61 Abs. 2, Abs. 3 zugelassen hat; das Beschwerdegericht ist an die Zulassung gebunden, § 61 Abs. 3 Satz 2. Die **Zulassung** ist in den Beschlusstenor aufzunehmen. Ausreichend für eine wirksame Zulassung ist aber, dass sie sich aus den Entscheidungsgründen ergibt[11] (vgl. § 61 Rz. 14).

b) Beschwerdeberechtigung

Beschwerdeberechtigt ist gem. § 59 Abs. 1, wer durch den Beschluss **in seinen Rechten** 13
beeinträchtigt ist. Wegen der Einzelheiten vgl. § 59 Rz. 2 ff. Einer formellen Beschwer bedarf es nicht, wenn der Beschwerdeführer sich gegen die Scheidung wendet und mit seinem Rechtsmittel die **Aufrechterhaltung der Ehe** anstrebt. Zwar fehlt es für die Verfolgung eines Rechtsmittels an einem Rechtsschutzbedürfnis, wenn der Rechts-

---

1 BGH v. 26.10.2005 – XII ZB 25/05, FamRZ 2006, 33; BGH v. 11.7.2001 – XII ZR 14/00, FamRZ 2002, 666.
2 BGH v. 11.7.2001 – XII ZR 14/00, FamRZ 2002, 666.
3 BGH v. 11.7.2001 – XII ZR 14/00, FamRZ 2002, 666.
4 BGH v. 20.6.2007 – XII ZB 142/05, FamRZ 2007, 1461 = MDR 2007, 1259.
5 BGH v. 10.8.2005 – XII ZB 63/05, NJW 2005, 3349 = FamRZ 2005, 1986.
6 BGH v. 8.1.1997 – XII ZR 307/95, NJW 1997, 1016 = FamRZ 1997, 546.
7 BGH v. 8.1.1997 – XII ZR 307/95, NJW 1997, 1016 = FamRZ 1997, 546; BGH v. 31.3.1993 – XII ZR 67/92, FamRZ 1993, 1189.
8 BGH v. 21.4.1999 – XII ZB 158/98, FamRZ 1999, 1497.
9 BGH v. 31.3.1993 – XII ZR 67/92, FamRZ 1993, 1189.
10 BGH v. 8.1.1997 – XII ZR 307/95, NJW 1997, 1016 = FamRZ 1997, 546.
11 BGH v. 29.1.2003 – XII ZR 92/01, NJW 2003, 1518; Zöller/*Heßler*, § 543 Rz. 16 für die Revisionszulassung.

mittelführer durch die anzufechtende Entscheidung nicht beschwert ist, weil seinem Rechtsbegehren insoweit in vollem Umfang stattgegeben worden ist. Ausnahmen von diesem Grundsatz hat die Rechtsprechung, die auf das FamFG übertragbar ist, im Interesse einer Aufrechterhaltung der Ehe jedoch zugelassen, wenn das Rechtsmittel eingelegt wird, um von dem Scheidungsverlangen Abstand zu nehmen und den Fortbestand der Ehe zu erreichen.[1] Der **Antragsteller**, auf dessen Antrag hin die Scheidung ausgesprochen wurde, kann daher mit seiner Beschwerde auf den Scheidungsantrag verzichten oder ihn zurücknehmen.[2] Die Beschwerde ist jedoch unzulässig, wenn der Beschwerdeführer in der Beschwerdebegründung nicht deutlich erkennen lässt, dass die Ehe aufrechterhalten werden soll, und vorbehaltlos die Rücknahme seines Scheidungsantrags erklärt oder einen Verzicht (§ 306 ZPO) ankündigt.[3] Der **Antragsgegner** kann mit seiner Beschwerde seine Zustimmung zur Scheidung, die grundsätzlich seiner Beschwer entgegenstehen würde, gem. § 134 Abs. 2 widerrufen und Abweisung des Scheidungsantrags begehren.[4]

c) Anfechtung der Vorabentscheidung über den Scheidungsantrag

14 Der Beschwerdeführer kann mit seinem Rechtsmittel geltend machen, dass über die Scheidung entgegen § 137 Abs. 1 **nicht gemeinsam mit allen Folgesachen** entschieden worden ist, (mindestens) eine Folgesache also zu Unrecht nach § 140 abgetrennt worden ist. § 140 Abs. 6 ordnet zwar an, dass die Abtrennung von Folgesachen nicht selbständig anfechtbar ist. Dies schließt aber allein eine Anfechtung des Abtrennungsbeschlusses selbst aus. Im Rahmen der Beschwerde gegen den Scheidungsausspruch ist auch die Rechtmäßigkeit der Abtrennung zu überprüfen, da gem. § 58 Abs. 2 der Beurteilung des Beschwerdegerichts auch die nicht selbständig anfechtbaren Entscheidungen unterliegen, die der Endentscheidung vorausgegangen sind. Die Entscheidung über die Auflösung des Verfahrensverbunds ist daher wie nach bisherigem Recht[5] verfahrensmäßig der Entscheidung über den Scheidungsantrag zugeordnet. Daher ist die Rüge, die Auflösung des Verbunds sei zu Unrecht erfolgt, im Wege der **Anfechtung des Scheidungsausspruchs** zu erheben. Für die Zulässigkeit der Beschwerde gegen den Scheidungsausspruch reicht dieser Einwand aus, es ist nicht erforderlich, dass der Beschwerdeführer sich auch gegen die Berechtigung der Scheidung selbst wendet.[6] Wird dem Scheidungsantrag zu Unrecht vor der Entscheidung über eine Folgesache stattgegeben, schafft dies eine **selbständige Beschwer**, die von beiden Ehegatten mit Rechtsmitteln gegen den Scheidungsausspruch gerügt werden kann.[7] Beide Ehegatten können verlangen, nur geschieden zu werden, wenn gleichzeitig über die Folgesachen entschieden wird, unabhängig davon, ob sie sich in erster Instanz mit einer Vorabentscheidung über die Scheidung einverstanden erklärt haben.[8] Es reicht aus, wenn der Beschwerdeführer die Aufhebung des Scheidungsausspruchs und Zurückverweisung der Sache an das Familiengericht beantragt, weil davon auszugehen ist, dass er damit seinen Folgesachenantrag aus der ersten Instanz weiter verfolgen will.[9] Da nach einer

1 BGH v. 30.3.1983 – IVb ZR 19/82, NJW 1983, 1561 = FamRZ 1983, 685.
2 BGH v. 11.1.1984 – IVb ZR 41/82, NJW 1984, 1302 = FamRZ 1984, 350.
3 BGH v. 26.11.1986 – IVb ZR 92/85, FamRZ 1987, 264 = MDR 1987, 392.
4 BGH v. 11.1.1984 – IVb ZR 41/82, NJW 1984, 1302 = FamRZ 1984, 350.
5 BGH v. 8.5.1996 – XII ZR 4/96, FamRZ 1996, 1333.
6 BGH v. 8.5.1996 – XII ZR 4/96, FamRZ 1996, 1333.
7 BGH v. 27.3.1996 – XII ZR 83/95, NJW-RR 1996, 833 = FamRZ 1996, 1070; BGH v. 2.7.1986 – IVb ZR 54/85, FamRZ 1986, 898.
8 BGH v. 9.1.1991 – XII ZR 14/90, NJW 1991, 1616 = FamRZ 1991, 687.
9 BGH v. 27.3.1996 – XII ZR 83/95, FamRZ 1996, 1070.

Vorabentscheidung über die Scheidung die noch anhängigen Folgesachen ihrerseits einen Verbund bilden, kann mit der Beschwerde auch angegriffen werden, dass dieser (reduzierte) Verbund durch die isolierte Entscheidung über eine Folgesache erneut aufgelöst wird.[1] Gegen die Abtrennung können sich mit der Beschwerde **nur die Ehegatten** wenden, nicht aber ein weiterer am Verfahren Beteiligter Dritter.[2]

Wenn die Voraussetzungen für eine Abtrennung nicht erfüllt sind, hat das Familiengericht **zu Unrecht** eine **Teilentscheidung** erlassen, da es nur über einen Teil (Scheidung) der nach § 137 Abs. 1 einheitlich zu treffenden Entscheidung entschieden hat. Dieser unzulässige Teilbeschluss ist daher gem. § 117 Abs. 2 Satz 1 FamFG iVm. § 538 Abs. 2 Satz 1 Nr. 7 ZPO aufzuheben und zur Wiederherstellung des Verbunds mit den abgetrennten Folgesachen an das Familiengericht **zurückzuverweisen**; des Antrags eines Beteiligten bedarf es dazu entsprechend § 538 Abs. 2 Satz 3 ZPO nicht.[3] Sofern die vom Familiengericht abgetrennten Folgesachen zwischenzeitlich entscheidungsreif sind, kann das Oberlandesgericht wie bei einem unzulässigen Teilurteil[4] von der **Zurückverweisung absehen**, diese Folgesachen an sich ziehen und über sie mit entscheiden.[5] 15

4. Einlegung der Beschwerde

Die Beschwerde ist **bei dem Familiengericht** (§ 64 Abs. 1) binnen eine Monats ab schriftlicher Bekanntgabe des Beschlusses (§ 63 Abs. 1, Abs. 3) einzulegen; kann der Beschluss einem Beteiligten nicht schriftlich bekannt gegeben werden, beginnt die Beschwerdefrist spätestens mit Ablauf von fünf Monaten nach Erlass des Beschlusses (dazu im Einzelnen § 63 Rz. 10). Bei schuldloser Versäumung der Frist kann entsprechend §§ 233 ff. ZPO Wiedereinsetzung gewährt werden (dazu Rz. 75 f.). Die Beschwerde muss die Bezeichnung des angefochtenen Beschlusses sowie die Erklärung enthalten, dass Beschwerde gegen diesen Beschluss eingelegt wird (§ 64 Abs. 2 Satz 2), und unterzeichnet sein (§ 64 Abs. 2 Satz 3). Der Verwendung des Wortes „Beschwerde" bedarf es nicht notwendig, da auch eine Rechtsmittelschrift **auslegungsfähig** ist. Es reicht aus, wenn die Absicht, die erstinstanzliche Entscheidung einer Nachprüfung durch die höhere Instanz zu unterstellen, der Erklärung deutlich zu entnehmen ist.[6] Es muss wie nach bisherigem Recht[7] erkennbar sein, **wer das Rechtsmittel einlegt**, wobei sich dies auch aus einer Auslegung der Beschwerdeschrift oder aus weiteren Unterlagen ergeben kann, die bis zum Ablauf der Beschwerdefrist eingegangen sind.[8] Wegen der Anforderungen an die Beschwerde im Einzelnen vgl. § 64 Rz. 10 ff. 16

Einzulegen ist die Beschwerde durch Einreichung einer **Beschwerdeschrift**, § 64 Abs. 2 Satz 1. Nach der ursprünglichen Fassung war auch in Ehe- und Familienstreitsachen eine Einlegung zur Niederschrift der Geschäftsstelle möglich. Dies hätte dazu geführt, dass die Beschwerde trotz des in den genannten Verfahren grundsätzlich bestehenden 17

1 OLG Zweibrücken v. 3.6.1997 – 5 UF 68/96, FamRZ 1997, 1231.
2 OLG Brandenburg v. 2.10.1995 – 10 UF 61/95, FamRZ 1996, 496 = OLGReport 1996, 43.
3 OLG Hamm v. 1.12.2006 – 12 UF 168/06, FamRZ 2007, 651 = OLGReport 2007, 550; OLG Stuttgart v. 15.4.2004 – 16 UF 363/03, FamRZ 2005, 121.
4 BGH v. 30.10.2000 – V ZR 356/99, NJW 2001, 78 = MDR 2001, 165; BGH v. 12.1.1994 – XII ZR 167/92, NJW-RR 1994, 381 = MDR 1994, 613.
5 Vgl. Zöller/*Philippi*, § 628 Rz. 14.
6 BGH v. 19.11.1997 – XII ZB 157/97, NJW-RR 1998, 507; BGH v. 25.11.1986 – VI ZB 12/86, NJW 1987, 1204.
7 KG v. 4.3.1998 – 24 W 26/97, KGReport 1998, 199; BayObLG v. 27.7.1978 – BReg. 3 Z 100/76, BayObLGZ 1978, 235; *Sternal* in: Keidel/Kuntze/*Winkler*, 15. Aufl. § 21 Rz. 20.
8 BGH v. 9.4.2008 – VIII ZB 58/06, NJW-RR 2008, 1161 für Berufung.

Anwaltszwangs von den Beteiligten **persönlich** hätte eingelegt werden können. Denn gem. § 114 Abs. 4 Nr. 6 ist auf diese Verfahren § 78 Abs. 3 ZPO (= § 78 Abs. 5 ZPO aF) anzuwenden, nach dem die Vorschriften über den Anwaltsprozess nicht auf Verfahrenshandlungen anzuwenden sind, die vor dem Urkundsbeamten der Geschäftsstelle vorgenommen werden können. Diese Möglichkeit ist vom Gesetzgeber nicht beabsichtigt gewesen. Er hat daher durch Art. 8 des Gesetzes zur Modernisierung von Verfahren im anwaltlichen und notariellen Berufsrecht vom 30.7.2009 (dazu bereits Rz. 4a) § 64 Abs. 2 Satz 2 eingefügt, wonach in Ehe- und Familienstreitsachen die Einlegung der Beschwerde zur Niederschrift der Geschäftsstelle ausgeschlossen ist. Auch die Einlegung der Beschwerde unterliegt daher – wie ihre Begründung und das weitere Verfahren – der **Notwendigkeit anwaltlicher Vertretung** gem. § 114 Abs. 1.

18 Die Beschwerde kann – wie jedes Rechtsmittel – grundsätzlich nicht **unter einer Bedingung** eingelegt werden (vgl. im Einzelnen § 64 Rz. 19). In Familiensachen problematisch wird dies nicht selten bei der Kombination eines Rechtsmittels mit einem Antrag auf **Prozesskostenhilfe** (§ 113 Abs. 1 FamFG iVm. §§ 114 ff. ZPO). Die Einlegung des Rechtsmittels kann mit einem Prozesskostenhilfegesuch verbunden worden. Wegen der Bedingungsfeindlichkeit der Beschwerde kann deren Einlegung aber nicht davon abhängig gemacht werden, dass dem Beschwerdeführer Prozesskostenhilfe bewilligt wird. Daher muss der Beschwerdeführer alles vermeiden, was den Eindruck erweckt, er wolle die Einlegung des Rechtsmittels von der Gewährung der Prozesskostenhilfe abhängig machen.[1] Mit der Annahme einer solchen Bedingung ist aber angesichts der einschneidenden Folge, nämlich der Unzulässigkeit des Rechtsmittels, Zurückhaltung geboten. Nach der ständigen Rechtsprechung des Bundesgerichtshofs[2] ist ein Schriftsatz, der **alle formellen Anforderungen an ein Rechtsmittel erfüllt**, regelmäßig als wirksam eingelegte Prozesserklärung zu behandeln. Eine Deutung dahin, dass er dennoch nicht als unbedingtes Rechtsmittel bestimmt ist, kommt nur in Betracht, wenn sich dies aus den Begleitumständen mit einer jeden vernünftigen Zweifel ausschließenden Deutlichkeit ergibt. Grundsätzlich nicht ausreichend dafür ist, dass in dem Schriftsatz darauf hingewiesen wird, dass das Rechtsmittel nur durchgeführt werden soll, „soweit Prozesskostenhilfe bewilligt wird",[3] oder dass der Beteiligte daran gehindert sei, die Rechtsmittelfrist einzuhalten, und deswegen Wiedereinsetzung in den vorigen Stand nach Bewilligung der Prozesskostenhilfe beantragen werde.[4] Hingegen ist die Erklärung, das Rechtsmittel werde nur für den Fall von Gewährung der Prozesskostenhilfe „erhoben", eindeutig eine Bedingung und führt zur Unzulässigkeit des Rechtsmittels.[5] Wenn der Schriftsatz die Bezeichnung „**Entwurf** einer Beschwerdeschrift" trägt, handelt es sich nicht um eine Rechtsmittelschrift, sondern allein um die Begründung eines Antrags auf Prozesskostenhilfe,[6] nach dessen Bescheidung Wiedereinsetzung beantragt werden kann.

19 Das Familiengericht ist nach Einlegung der Beschwerde zur **Abhilfe nicht** befugt (§ 68 Abs. 1 Satz 2) und hat das Rechtsmittel mit den Verfahrensakten unverzüglich dem Oberlandesgericht als Beschwerdegericht vorzulegen. Die Einlegung einer zulässigen Beschwerde hat in Ehesachen zur Folge, dass der **angefochtene Beschluss nicht wirk-**

---

1 BGH v. 19.5.2004 – XII ZB 25/04, FamRZ 2004, 1553.
2 ZB BGH v. 18.7.2007 – XII ZB 31/07, NJW-RR 2007, 1565 = MDR 2007, 1387; BGH v. 19.5.2004 – XII ZB 25/04, FamRZ 2004, 1553.
3 BGH v. 18.7.2007 – XII ZB 31/07, NJW-RR 2007, 1565 = MDR 2007, 1387.
4 BGH v. 18.7.2007 – XII ZB 31/07, NJW-RR 2007, 1565 = MDR 2007, 1387.
5 BGH v. 20.7.2005 – XII ZB 31/05, FamRZ 2005, 1537 = MDR 2006, 43.
6 BGH v. 2.10.1985 – IVb ZB 62/85, VersR 1986, 40.

sam wird, da dies gem. § 116 Abs. 2 die Rechtskraft der Entscheidung voraussetzt. In Familienstreitsachen (§ 112) gilt dies gem. § 116 Abs. 3 Satz 1 grundsätzlich ebenfalls, das Familiengericht kann aber nach Satz 2 die sofortige **Wirksamkeit anordnen**. Nach § 116 Abs. 3 Satz 3 soll das Gericht die sofortige Wirksamkeit anordnen, soweit die Entscheidung eine Verpflichtung zur Leistung von Unterhalt enthält. Sofern die Beschwerde nicht rechtzeitig eingelegt und den Anforderungen des § 117 Abs. 1 entsprechend begründet wird, ist sie **als unzulässig zu verwerfen**, § 117 Abs. 1 Satz 3 FamFG iVm. 522 Abs. 1 Satz 2 ZPO.

5. Begründung der Beschwerde (Absatz 1)

a) Einreichung von Beschwerdeantrag und Beschwerdebegründung

In Ehesachen und Familienstreitsachen hat der Beschwerdeführer – anders als sonst 20
bei einer Beschwerde in Verfahren nach dem FamFG, die nur begründet werden „soll" (§ 65 Abs. 1) – in Anlehnung an die Vorschriften über die Berufung (§ 520 ZPO) einen bestimmten **Sachantrag zu stellen** und diesen zu **begründen**, § 117 Abs. 1 Satz 1. Im Gesetz in seiner ursprünglichen Fassung nicht geregelt war, **bei welchem Gericht** (Familiengericht oder Oberlandesgericht) die Begründungsschrift einzureichen ist. Auch die Begründung des RegE[1] äußert sich zum Adressaten dieses Schriftsatzes nicht. Dies hatte zu unterschiedlichen Lösungsversuchen geführt.[2] Mit Art. 8 des Gesetzes zur Modernisierung von Verfahren im anwaltlichen und notariellen Berufsrecht vom 30.7.2009[3] hat der Gesetzgeber die erforderliche Regelung als Satz 2 in § 117 Abs. 1 eingefügt. Entsprechend der Berufungsbegründung ist auch die Beschwerdebegründung beim Rechtsmittelgericht, also dem Oberlandesgericht, einzureichen. Gem. § 114 Abs. 1 ist die Vertretung durch einen Rechtsanwalt erforderlich.

b) Begründungsfrist

Die **Frist** zur Antragstellung und **Begründung der Beschwerde** beträgt gem. § 117 21
Abs. 1 Satz 2 wie bei der Berufung **zwei Monate** und beginnt mit der schriftlichen Bekanntgabe des Beschlusses, spätestens mit Ablauf von fünf Monaten nach Erlass des Beschlusses. Für die Fristen gelten die §§ 221 ff. ZPO entsprechend (§ 113 Abs. 1). Bei ihrer schuldlosen Versäumung kann entsprechend §§ 233 ff. ZPO Wiedereinsetzung gewährt werden (dazu Rz. 75 f.). Die Frist zur Beschwerdebegründung kann, wie sich aus der Verweisung in § 117 Abs. 1 Satz 3 FamFG auf § 520 Abs. 2 Satz 2 und 3 ZPO ergibt, auf Antrag des Beschwerdeführers durch den Vorsitzenden des Beschwerdegerichts **verlängert** werden. Ohne Einwilligung der Gegenseite kann dies um bis zu einen Monat geschehen, wenn nach der freien Überzeugung des Vorsitzenden das Verfahren durch die Verlängerung nicht verzögert wird oder wenn der Beschwerdeführer erhebliche Gründe darlegt. Mit Einwilligung der Gegenseite kann die Frist ohne diese zeitliche Begrenzung verlängert werden. **Erhebliche Gründe** sind etwa Arbeitsüberlastung,[4] Erkrankungen des Rechtsanwalts oder seiner Mitarbeiter, fehlende Informationen,[5] bisher nicht mögliche Rücksprache mit dem Mandanten.[6] Der Beteiligte

1 BT-Drucks. 16/6308, S. 225.
2 ZB *Schürmann*, FamRB 2009, 24 (27).
3 BGBl. I, S. 2449.
4 BVerfG v. 26.7.2007 – 1 BvR 602/07, NJW 2007, 3342; BGH v. 13.10.1992 – VI ZB 25/92, VersR 1993, 771.
5 BGH v. 1.8.2001 – VIII ZB 24/01, NJW 2001, 3552.
6 BGH v. 24.10.1996 – VII ZB 25/96, NJW 1997, 400.

(und sein Rechtsanwalt) darf darauf vertrauen, dass ein üblicherweise als erheblich angesehener Grund zur Rechtfertigung einer Verlängerung ausreicht.[1] Einer näheren Substantiierung (zB warum bei Arbeitsüberlastung gerade diese Sache nachrangig sei oder welche konkreten Informationen noch fehlen) bedarf es grundsätzlich nicht.[2] Wenn die Verlängerung der Berufungsbegründungsfrist zu Unrecht versagt wird, ist der Verfahrensbevollmächtigte gehalten, Wiedereinsetzung zu beantragen und die versäumte Begründung nachzuholen.[3]

22 Der **Verlängerungsantrag** muss vor Fristablauf gestellt werden. Eine trotz Fristablaufs gewährte Verlängerung ist unwirksam, da eine einmal abgelaufene Frist nicht verlängert werden kann.[4] Dem Antrag muss sich – mindestens im Wege der Auslegung – entnehmen lassen, bis zu welchem Datum die Frist verlängert werden soll.[5] Die Verlängerung darf nur um den beantragten Zeitraum erfolgen. Wird die Frist trotzdem weitergehend verlängert, ist die dem Beschwerdeführer mitgeteilte längere Frist maßgebend.[6] Da die **Verlängerungsverfügung** keine Frist in Lauf setzt, muss sie **nicht zugestellt** werden.[7] Daher kann sie auch mündlich (telefonisch) mitgeteilt werden,[8] was aber zur Vermeidung von Missverständnissen nicht angezeigt ist. Das Gericht ist nicht verpflichtet, seine Entscheidung – auch eine ablehnende – vorab außerhalb des üblichen Geschäftsgangs per Telefon oder Telefax mitzuteilen.[9]

c) Anforderungen an die Beschwerdebegründung

23 Da die in § 117 Abs. 1 gestellten Anforderungen an die Beschwerdebegründung denen einer Berufungsbegründung entsprechen und diese demselben Zweck dient, können die in der Rechtsprechung für die **Berufungsbegründung entwickelten Grundsätze** auf sie übertragen werden: Die Beschwerdebegründung muss aus sich heraus verständlich sein, damit eine Zusammenfassung und Beschleunigung des Rechtsstreits erreicht werden kann; eine Schlüssigkeit der Argumentation ist aber nicht Zulässigkeitsvoraussetzung.[10] Die Beschwerdebegründung muss deutlich machen, **welche Erwägungen** des angefochtenen Beschlusses aus welchen Gründen angegriffen werden. Sie muss auf den zur Entscheidung stehenden Streitfall zugeschnitten sein, formularmäßige Sätze und allgemeine Redewendungen genügen nicht.[11] Sofern nur die **Rechtsausführungen** des angefochtenen Beschlusses angegriffen werden, reicht es nicht aus, diese als unzutreffend zu rügen; vielmehr muss zumindest ansatzweise dargelegt werden, von welcher Rechtsansicht der Beschwerdeführer ausgeht.[12]

24 Wenn das Familiengericht die Abweisung des Antrags hinsichtlich eines prozessualen Anspruchs auf **mehrere voneinander unabhängige**, selbständig tragende rechtliche **Er-**

1 BVerfG v. 26.7.2007 – 1 BvR 602/07, NJW 2007, 3342; BGH v. 24.10.1996 – VII ZB 25/96, NJW 1997, 400.
2 BVerfG v. 26.7.2007 – 1 BvR 602/07, NJW 2007, 3342; BGH v. 1.8.2001 – VIII ZB 24/01, NJW 2001, 3552; BGH v. 13.10.1992 – VI ZB 25/92, VersR 1993, 771.
3 BGH v. 24.10.1996 – VII ZB 25/96, NJW 1997, 400.
4 BGH v. 17.12.1991 – VI ZB 26/91, NJW 1992, 842.
5 Zöller/*Herget*, § 520 Rz. 16.
6 BGH v. 21.1.1999 – V ZB 31/98, NJW 1990, 1036.
7 BGH v. 14.2.1990 – XII ZB 126/89, NJW 1990, 1797.
8 BGH v. 8.12.1993 – XII ZB 157/93, FamRZ 1994, 302.
9 BGH v. 18.7.2007 – IV ZR 132/06, FamRZ 2007, 1808 = MDR 2008, 41.
10 BGH v. 9.3.1995 – IX ZR 142/94, NJW 1995, 1559 für Berufung.
11 Std. Rspr., zB BGH v. 13.11.2001 – VI ZR 414/00, NJW 2002, 682; BGH v. 9.3.1995 – IX ZR 142/94, NJW 1995, 1559; BGH v. 4.10.1999 – II ZR 361/98, NJW 1999, 3784, je für Berufung.
12 BGH v. 9.3.1995 – IX ZR 142/94, NJW 1995, 1559 für Berufung.

wägungen gestützt hat, muss die Beschwerdebegründung den Beschluss in allen diesen Punkten angreifen und daher für jede der mehreren Erwägungen darlegen, warum sie die Entscheidung nach Auffassung des Beschwerdeführers nicht trägt; andernfalls ist das Rechtsmittel unzulässig.[1] Im Falle der uneingeschränkten Anfechtung muss die Beschwerdebegründung geeignet sein, den gesamten Beschluss in Frage zu stellen; bei einem teilbaren Streitgegenstand oder bei **mehreren Streitgegenständen** muss sie sich somit grundsätzlich auf alle Teile des Beschlusses erstrecken, hinsichtlich derer eine Änderung beantragt wird.[2] Wenn sich eine Beschwerde gegen mehrere Teile einer **Verbundentscheidung** richtet, ist sie daher für jeden einzelnen Verfahrensgegenstand zu begründen. Zu beachten ist aber bei Verbundentscheidungen, dass in den Verfahren, die nicht Ehesachen (§ 121) und Familienstreitsachen (§ 112) sind, eine Beschwerde nach der allgemeinen Vorschrift des § 65 Abs. 1 nur begründet werden „soll", eine Begründung also hinsichtlich dieser Verfahrensgegenstände keine Zulässigkeitsvoraussetzung des Rechtsmittels ist. Die vom Bundesgerichtshof für die Beschwerde nach dem früheren § 621e ZPO in Familiensachen der freiwilligen Gerichtsbarkeit aufgestellten – gegenüber einer Berufungsbegründung bereits deutlich reduzierten – Anforderungen, dass nämlich der Beschwerdeführer zumindest in kurzer Form ausführen muss, was er an der angefochtenen Entscheidung missbilligt,[3] sind daher auf die Beschwerde nach § 58 nicht übertragbar. Wenn das Familiengericht in der Verbundentscheidung eine **Folgesache übergeht**, ist auf eine Ergänzung des Beschlusses (§ 113 Abs. 1 FamFG iVm. § 321 ZPO) hinzuwirken, eine Beschwerde kann darauf nicht gestützt werden.[4]

Gem. § 65 Abs. 3 kann die Beschwerde auf neue Tatsachen und Beweismittel gestützt 25 werden. Die Beschwerdeinstanz ist nach der Konzeption des FamFG auch in den Ehe- und Familienstreitsachen als **volle zweite Tatsacheninstanz** ausgestaltet. Einschränkungen ergeben sich nur aus § 115 (vgl. dazu Rz. 45). Die Beschwerde kann gem. § 65 Abs. 4 nicht darauf gestützt werden, dass das Familiengericht seine Zuständigkeit zu Unrecht angenommen hat. Dem dürfte nach Inkrafttreten des FamFG vor allem im Hinblick auf die sonstigen Familiensachen iSv. § 266 Bedeutung zukommen, da deren Abgrenzung in der Rechtsprechung zunächst zu klären sein wird.

d) Antragsänderung und -erweiterung

Voraussetzung für ein zulässiges Rechtsmittel ist nach der ständigen Rechtsprechung 26 des Bundesgerichtshofs,[5] dass der in erster Instanz geltend gemachte **Anspruch** bis zum Schluss der mündlichen Verhandlung[6] wenigstens teilweise **weiter verfolgt** wird, die Richtigkeit der erstinstanzlichen Abweisung des Antrags also in Frage gestellt und nicht nur im Wege der Antragsänderung ein neuer, bisher nicht geltend gemachter Anspruch zur Entscheidung gestellt wird. Weist das Familiengericht aber ein Unterhaltsbegehren zurück, weil es nicht im Wege des **Abänderungsantrags**, sondern im Wege des **Leistungsantrags** geltend gemacht wurde, so ist die dagegen eingelegte Be-

1 Std. Rspr., zB BGH v. 18.10.2005 – VI ZB 81/04, NJW-RR 2006, 285 = MDR 2006, 466; BGH v. 27.11.2003 – IX ZR 250/00, MDR 2004, 405 = FamRZ 2004, 435; BGH v. 13.11.2001 – VI ZR 414/00, NJW 2002, 682, je für Berufung.
2 BGH v. 13.11.2001 – VI ZR 414/00, NJW 2002, 682 für Berufung.
3 Vgl. zB BGH v. 18.12.1991 – XII ZB 128/91, FamRZ 1992, 538.
4 OLG Zweibrücken v. 17.1.1994 – 5 UF 157/93, FamRZ 1994, 972; Zöller/*Philippi*, § 629a Rz. 3a.
5 ZB BGH v. 15.3.2002 – V ZR 39/01, MDR 2002, 1085; BGH v. 21.9.1994 – VIII ZB 22/94, NJW 1994, 3358.
6 BGH v. 15.3.2002 – V ZR 39/01, MDR 2002, 1085.

schwerde nicht deshalb unzulässig, weil der Beschwerdeführer sein Begehren nunmehr im Wege des Abänderungsantrags verfolgt.[1] Der Beschwerdeführer kann sein **hinsichtlich eines Teils der Verbundentscheidung** zulässiges Rechtsmittel dazu nutzen, um hinsichtlich eines anderen Teils seinen **Antrag zu erweitern**. Der zulässige Angriff auf die Verbundentscheidung hinsichtlich einer Folgesache schafft die Möglichkeit, andere in dem Beschluss enthaltene Folgesachenentscheidungen, auch wenn diese dem ursprünglichen Antrag des Rechtsmittelführers entsprechen, mit in der Beschwerdeinstanz erstmals erweiterten Anträgen zur Entscheidung des Beschwerdegerichts zu stellen.[2] Wenn der Beschwerdeführer also zB die in dem Verbundbeschluss ergangene Entscheidung zum Versorgungsausgleich zulässig angefochten hat, kann er daneben mit der Beschwerde nachehelichen Unterhalt verlangen, der über den von ihm erstinstanzlich beantragten (und zuerkannten) Betrag hinausgeht.

27 Die angekündigten Anträge können **während der Beschwerdebegründungsfrist erweitert** werden. Der Ankündigung beschränkter Anträge in der Einlegungsschrift kann ein (teilweiser) Rechtsmittelverzicht im Allgemeinen nicht entnommen werden, auch wenn die Erklärung keinen ausdrücklichen Vorbehalt enthält, den Antrag noch zu erweitern.[3] **Nach Ablauf** der **Begründungsfrist** kann zwar der Beschwerdeantrag noch erweitert werden, jedoch nur, soweit sich die Erweiterung auf die fristgerecht vorgebrachten (§ 117 Abs. 1) Anfechtungsgründe stützt.[4] Für eine Verbundentscheidung bedeutet dies: Auch wenn der Beschwerdeführer mit der Einlegung seines Rechtsmittels dieses nur auf einen **Teil der Verbundentscheidung** bezogen hat, kann er seine Beschwerde *bis zum Ablauf* der Frist zur Begründung der Beschwerde grundsätzlich auf weitere Verfahrensgegenstände (Scheidungssausspruch oder Folgesache) **erweitern**.[5] *Nach Ablauf* der Begründungsfrist kann die Zielrichtung des Rechtsmittels grundsätzlich nicht mehr dahin geändert werden, dass nunmehr ein anderer Teil der Verbundentscheidung angefochten wird, da neue Anfechtungsgründe nach Ablauf der Begründungsfrist nicht mehr vorgebracht werden können.[6] Die Erweiterung auf andere Teilentscheidungen ist nur dann zulässig, wenn sich die dies rechtfertigenden Gründe bereits aus der rechtzeitig eingereichten Beschwerdebegründung ergeben,[7] was nur selten der Fall, aber möglich ist.[8] Zur Anwendung der Frist des § 145 vgl. § 145 Rz. 3.

28 In zwei Fallgruppen hat die Rechtsprechung eine **Ausnahme** von den vorstehenden Grundsätzen anerkannt: **1.** Das auf den Unterhaltsausspruch einer Verbundentscheidung beschränkte Rechtsmittel kann noch nach Ablauf der Begründungsfrist auf die **Sorgerechtsregelung** erweitert werden, wenn Abänderungsgründe iSd. § 1696 BGB neu entstanden sind und die Entscheidung über den Unterhalt von der Sorgerechtsregelung abhängt.[9] **2.** Eine nachträgliche Erweiterung des Rechtsmittels gegen **Unterhaltsent-**

1 BGH v. 3.5.2001 – XII ZR 62/99, NJW 2001, 2259 = FamRZ 2001, 1140.
2 BGH v. 20.10.1982 – IVb ZR 318/81, NJW 1983, 172 = FamRZ 1982, 1198.
3 BGH v. 11.1.1984 – IVb ZR 41/82, NJW 1984, 1302 = FamRZ 1984, 350.
4 BGH v. 6.7.2005 – XII ZR 293/02, NJW 2005, 3067 für Berufung; BGH v. 29.9.1982 – IVb ZB 866/81, NJW 1983, 179 = FamRZ 1982, 1196 für Beschwerde nach § 621e ZPO.
5 BGH v. 5.7.1989 – IVb ZB 16/89, BGHReport ZPO § 629a Abs. 2 Anfechtungsumfang 1; BGH v. 11.1.1984 – IVb ZR 41/82, NJW 1984, 1302 = FamRZ 1984, 350.
6 BGH v. 29.9.1982 – IVb ZB 866/81, NJW 1983, 179 = FamRZ 1982, 1196 für Beschwerde nach § 621e ZPO.
7 BGH v. 18.6.1986 – IVb ZB 105/84, NJW 1987, 1024 = FamRZ 1986, 895; BGH v. 5.12.1984 – IVb ZR 55/83, NJW 1985, 2266 = FamRZ 1985, 267.
8 Vgl. OLG Koblenz v. 3.10.1989 – 11 UF 1524/88, FamRZ 1990, 769.
9 BGH v. 18.6.1986 – IVb ZB 105/84, NJW 1987, 1024 = FamRZ 1986, 895.

scheidungen ist zulässig, wenn nach Ablauf der Rechtsmittelbegründungsfrist neue Umstände eingetreten sind, die einen Abänderungsantrag (früher § 323 ZPO, jetzt § 238 FamFG) rechtfertigen würden.[1] Soweit es den Beschwerdegegner betrifft, ist dieser Grundsatz durch die Möglichkeit der in diesem Fall unbefristeten (vgl. Rz. 36) Anschlussbeschwerde (§ 117 Abs. 2 Satz 1 FamFG, § 524 Abs. 2 Satz 3 ZPO) übernommen worden. Der Grundsatz der prozessualen Waffengleichheit gebietet es, die nachträgliche Berücksichtigung von Abänderungsgründen nicht nur dem Beschwerdegegner, sondern auch dem Beschwerdeführer zu ermöglichen.

6. Analoge Anwendung von Vorschriften des Berufungsverfahrens (Absatz 2)

§ 117 Abs. 2 ist ebenso wie § 117 Abs. 1 Ausdruck der Nähe der Ehe- und Familien- 29
streitsachen zu den zivilprozessualen Rechtsstreitigkeiten. Er ordnet für das Beschwerdeverfahren in diesen Sachen die entsprechende Anwendung von einzelnen Vorschriften der Zivilprozessordnung über die Berufung an:

Die Beschwerde gegen **Versäumnisbeschlüsse** des Familiengerichts ist nur in entspre- 30
chender Anwendung von § 514 ZPO statthaft. Bei einer **Säumnis im Beschwerdeverfahren** kann eine Versäumnisentscheidung entsprechend § 539 ZPO ergehen (vgl. Rz. 56 f.). Die analoge Anwendung der §§ 514 und 539 ZPO ist erforderlich, da das FamFG und somit auch dessen Beschwerdeverfahren entsprechende Folgen einer Säumnis nicht vorsieht.

Entsprechend § 528 ZPO unterliegen der Prüfung und Entscheidung des Beschwerde- 31
gerichts nur die **Beschwerdeanträge**. Der Beschluss des Familiengerichts darf nur insoweit geändert werden, als seine Abänderung beantragt ist. Mit der entsprechenden Anwendung von § 528 ZPO werden die zivilprozessuale Dispositionsmaxime und das Verbot der **reformatio in peius** auch auf das Beschwerdeverfahren in Ehe- und Familienstreitsachen übertragen (vgl. Rz. 64).

Eine **Zurückverweisung** an das Familiengericht ist (nur) entsprechend § 538 Abs. 2 32
ZPO zulässig. Diese ausdifferenziertere Regelung tritt an die Stelle des sonst anwendbaren § 69 Abs. 1 Satz 2 und 3 FamFG (vgl. Rz. 63).

Nachdem der Gesetzentwurf der Bundesregierung eine Befristung der **Anschlussbe-** 33
schwerde nicht vorgesehen hatte,[2] ist im Laufe des Gesetzgebungsverfahrens auf Vorschlag des Bundesrats eine solche durch Verweisung auf die Regelung in § 524 Abs. 2 ZPO aufgenommen worden (vgl. Rz. 36).

Im Übrigen sind die Berufungsvorschriften der **Zivilprozessordnung** auf die Beschwer- 34
de in Ehe- und Familienstreitsachen **nicht entsprechend** anwendbar. Dies gilt insbesondere für den gem. §§ 529, 531 Abs. 2 ZPO eingeschränkten Prüfungsumfang des Berufungsgerichts, die Verspätungsvorschriften der §§ 530, 531 Abs. 1 ZPO (vgl. Rz. 45) und die Einschränkungen für Klageänderung, Aufrechnung und Widerklage gem. § 533 ZPO (vgl. Rz. 43). Insoweit verbleibt es bei den Regelungen der §§ 58 ff., da diese nach Auffassung des Gesetzgebers besser geeignet sind, der Dynamik eines Trennungsgeschehens Rechnung zu tragen.[3] Auch eine Zurückweisung der Beschwerde

1 BGH v. 18.6.1986 – IVb ZB 105/84, NJW 1987, 1024 = FamRZ 1986, 895; BGH v. 3.4.1985 – IVb ZR 18/84, NJW 1985, 2029 = FamRZ 1985, 691; OLG Koblenz v. 17.11.1987 – 11 UF 1546/86, FamRZ 1988, 302; OLG Hamburg v. 21.3.1984 – 12 UF 1/84, FamRZ 1984, 706.

2 BT-Drucks. 16/6308, S. 225.

3 Begr. RegE, BT-Drucks. 16/6308, S. 224.

entsprechend § 522 Abs. 2 ZPO ist entgegen dem Vorschlag des Bundesrats[1] nicht mehr zulässig; an ihre Stelle ist die – weiter gehende – Möglichkeit getreten, gem. § 68 Abs. 3 Satz 2 von einer mündlichen Verhandlung abzusehen (vgl. dazu Rz. 46 ff.).

7. Anschlussbeschwerde

a) Einlegung

35 Ein Beteiligter kann sich gem. § 66 durch Einreichung einer Anschlussschrift bei dem Beschwerdegericht der Beschwerde anschließen, auch wenn er auf die Beschwerde verzichtet hat oder die Beschwerdefrist verstrichen ist. Die Anschlussbeschwerde ist aber unzulässig, wenn der Anschlussbeschwerdeführer auf sie gem. § 67 Abs. 2, Abs. 3 verzichtet hat. Die Anschließung verliert ihre Wirkung, wenn die Beschwerde zurückgenommen oder als unzulässig verworfen wird. Wegen der Einzelheiten vgl. § 66 Rz. 3 ff. Wenn das eingelegte Rechtsmittel **als eigenständige Beschwerde zulässig** wäre, ist im Zweifel davon auszugehen, dass eine solche gewollt war, auch wenn es als „Anschlussbeschwerde" bezeichnet worden ist. Denn damit wird die negative Folge des § 66 Satz 2 vermieden. Andererseits kann eine **Beschwerdebegründung**, die erst nach Ablauf der Begründungsfrist, aber noch innerhalb der Anschließungsfrist eingereicht wird, in eine Anschlussbeschwerde **umgedeutet** werden.[2]

35a Durch Art. 8 des Gesetzes zur Modernisierung von Verfahren im anwaltlichen und notariellen Berufsrecht vom 30.7.2009 (dazu bereits Rz. 4a) ist § 66 Satz 1 geändert worden. Nachdem in der ursprünglichen Fassung die Anschlussbeschwerde (nur) einem Beschwerdeberechtigten eröffnet wurde, ist nunmehr zur Anschließung jeder Beteiligte berechtigt. Diese Änderung wurde vorgenommen,[3] um die Anschließung auch einem Beteiligten zu ermöglichen, der durch die angefochtene Entscheidung nicht beschwert ist, um Änderungen nach Erlass des angefochtenen Beschlusses noch berücksichtigen zu können. Nach dem ausdrücklichen Willen des Gesetzgebers ist also insoweit der Grundsatz des § 59 Abs. 1 nicht anzuwenden, wonach die Beschwerde nur demjenigen zusteht, der durch den Beschluss in seinen Rechten beeinträchtigt ist.

35b Dies hat insbesondere in Unterhaltssachen nach § 231 Abs. 1 praktische Bedeutung. Wenn der Beschwerdeführer eine Endentscheidung anficht, die dem Antrag in erster Instanz in vollem Umfang stattgibt, wäre der Beschwerdegegner mangels Beschwer nach § 59 Abs. 1 daran gehindert, seinen nach Erlass der angefochtenen Entscheidung erhöhten Unterhaltsbedarf im Wege der Anschlussbeschwerde geltend zu machen. Nach der Rechtsprechung des BGH[4] ist die Anschlussberufung nach § 524 ZPO bei einer Verurteilung zu künftig fällig werdenden Leistungen unabhängig davon bis zum Schluss der letzten mündlichen Verhandlung über das Rechtsmittel zulässig, ob die zu ihrer Begründung vorgetragenen Umstände erst nach der letzten mündlichen Verhandlung in erster Instanz entstanden sind. Wie sich aus der Beschlussempfehlung des Rechtsausschusses des Bundestages[5] ergibt, sollte diese sehr weit gehende prozessuale Möglichkeit der Anschließung auch dem Beteiligten eröffnet werden, der mit seinem ursprünglichen Antrag in vollem Umfang Erfolg hatte.

1 BT-Drucks. 16/6308, S. 372.
2 OLG Düsseldorf v. 30.6.2004 – 1 UF 9/04, FamRZ 2005, 386.
3 Beschlussempfehlung des BT-Rechtsausschusses, BT-Drucks. 16/12717 (eVF), S. 69.
4 BGH v. 28.1.2009 – XII ZR 119/07, FamRZ 2009, 579.
5 BT-Drucks. 16/12717 (eVF), S. 69.

b) Einlegungsfrist

36 Abweichend von § 66 ist gem. § 117 Abs. 2 Satz 1 FamFG iVm. § 524 Abs. 2 Satz 2 ZPO in Ehe- und Familienstreitsachen die Anschließung grundsätzlich nur bis zum Ablauf einer dem Beschwerdegegner entsprechend § 521 Abs. 2 ZPO gesetzten **Frist zur Beschwerdeerwiderung** zulässig. Die Zustellung einer bloßen Mitteilung der Geschäftsstelle löst die Frist des § 524 Abs. 2 Satz 2 ZPO aber nicht aus, vielmehr ist dafür die Zustellung einer beglaubigten Abschrift der richterlichen Fristverfügung erforderlich.[1] Wenn eine solche Frist nicht gesetzt wird, ist die Anschließung bis zum Schluss der mündlichen Verhandlung möglich. Gemäß dem entsprechend anwendbaren § 524 Abs. 2 Satz 3 ZPO schränkt diese Frist die Anschließung nicht ein, wenn diese eine Verurteilung zu **künftig fällig werdenden wiederkehrenden Leistungen** iSv. § 323 ZPO bzw. § 238 FamFG zum Gegenstand hat, insbesondere also Unterhaltsleistungen. Nach verbreiteter Ansicht sollte dies nur dann gelten, wenn das Anschlussrechtsmittel auf eine Änderung der Verhältnisse gestützt wird, die erst während des Rechtsmittelverfahrens eingetreten ist und innerhalb der Frist des § 524 Abs. 2 Satz 2 ZPO nicht mehr geltend gemacht werden konnte.[2] Wird mit der Anschlussbeschwerde hingegen nur eine fehlerhafte Rechtsanwendung des Familiengerichts gerügt oder ist die Änderung bereits bis zum Ablauf der Erwiderungsfrist eingetreten, sollte die Anschlussbeschwerde, auch wenn sie eine Verurteilung zu künftig fällig werdenden wiederkehrenden Leistungen zum Gegenstand hat, nach Ablauf der dem Beschwerdegegner gesetzten Frist zur Beschwerdeerwiderung unzulässig sein. Dem hat der BGH[3] widersprochen. Er leitet sowohl aus dem Wortlaut von § 524 Abs. 2 Satz 3 ZPO wie aus dem Zweck der Vorschrift ab, dass die Anschlussberufung bei künftig fällig werdenden Leistungen uneingeschränkt zulässig ist.

c) Begründung

37 Ob die Anschlussbeschwerde **in der Anschlussschrift** – wie die Beschwerde (§ 117 Abs. 1 Satz 1) und in entsprechender Anwendung von § 524 Abs. 3 Satz 1 ZPO – einen bestimmten **Sachantrag** und eine **Begründung** enthalten muss, ist zweifelhaft, im Ergebnis aber zu bejahen. Dieses Erfordernis kann zwar dem Wortlaut des Gesetzes nicht entnommen werden. § 66 sieht ein solches nicht vor, was konsequent ist, da auch für die Beschwerde nach dem FamFG – außerhalb der Ehe- und Familienstreitsachen – die Begründung kein Zulässigkeitserfordernis ist, § 65 Abs. 1. Eine Verweisung auf § 524 Abs. 3 ZPO enthält § 117 FamFG nicht. Eine entsprechende Verpflichtung ergibt sich aber aus der Natur der Sache. Mit der Anschließung an die Beschwerde eines anderen Beteiligten erstrebt der Anschlussbeschwerdeführer **dieselbe Rechtsfolge** wie mit einer eigenen Beschwerde. Er begehrt wie mit dieser eine Änderung der angefochtenen Entscheidung zu seinen Gunsten. Es ist kein sachlicher Grund erkennbar, warum an die Anschließung geringere Anforderungen als an das Hauptrechtsmittel gestellt werden sollten. Der Bundesrat hat in seiner Stellungnahme zu § 66 idF des Gesetzentwurfs der Bundesregierung[4] ebenfalls festgestellt, es sei „nicht einzusehen, warum an die Anschließung nicht dieselben, das Beschwerdeverfahren erleichternden **formalen Anforderungen** gestellt werden sollten **wie an die Beschwerde** selbst". Die

1 BGH v. 23.9.2008 – VIII ZR 85/08, MDR 2009, 216.
2 OLG Koblenz v. 14.6.2007 – 7 UF 155/07, NJW 2007, 3362 = FamRZ 2007, 1999; OLG Celle v. 18.7.2007 – 15 UF 236/06, FamRZ 2007, 1821 = OLGReport 2007, 1821; *Born*, NJW 2007, 3363; *Fölsch*, MDR 2004, 1029 (1033).
3 BGH v. 28.1.2009 – XII ZR 119/07, FamRZ 2009, 579.
4 BT-Drucks. 16/6038, S. 368.

Bundesregierung[1] sowie der Rechtsausschuss des Deutschen Bundestages in seiner Beschlussempfehlung zu § 66[2] haben sich dem angeschlossen. Zwar wurde damit nur das nunmehr in § 66 Satz 1, 2. Halbs. enthaltene Schriftformerfordernis begründet. Dieser Gedanke ist aber ebenfalls auf das Erfordernis einer Antragstellung und Begründung der Anschlussbeschwerde in Ehe- und Familienstreitsachen übertragbar. Die Bundesregierung[3] hat zwar in ihrer Gegenäußerung das Erfordernis einer Begründung der Anschlussbeschwerde wie einer Begründung der Beschwerde abgelehnt, sich aber insoweit auf die (Anschluss-)Beschwerde nach §§ 58, 66 sowie die Besonderheiten des Verfahrens der freiwilligen Gerichtsbarkeit (Führung der Verfahren durch Rechtsunkundige) bezogen. Für die Familienstreitsachen hatte die Bundesregierung eine weitere Prüfung zugesagt,[4] die sodann zu dem Verweis in § 117 Abs. 2 Satz 1 auf § 524 Abs. 2 Satz 2 und 3 ZPO geführt hat. Es ist davon auszugehen, dass eine Bezugnahme auf § 524 Abs. 3 Satz 1 ZPO lediglich aus Versehen unterblieben ist, zumal das Begründungserfordernis keine größere Beschränkung für die Einlegung der Anschlussbeschwerde darstellt als deren Befristung. Derartige Fehler der Gesetzgebung bei der Verweisungstechnik stehen einer **Auslegung nach Sinn und Zweck** der Norm nicht entgegen.[5] Die Lücke ist daher entsprechend der ratio legis, die Anschlussbeschwerde in Ehe- und Familienstreitsachen an der Anschlussberufung zu orientieren, durch eine **entsprechende Anwendung von § 117 Abs. 1 Satz 2 FamFG, § 524 Abs. 3 Satz 1 ZPO** zu schließen. Es ist zu hoffen, dass der Gesetzgeber insoweit möglichst bald für eine Klarstellung sorgt.

38 Der Antrag der Anschlussbeschwerde kann auch nach Ablauf der Frist zu ihrer Einlegung **erweitert** werden, soweit die Erweiterung durch die fristgerecht eingereichten Beschwerdegründe gedeckt ist.[6]

d) Besonderheiten der Anfechtung einer Verbundentscheidung

39 Soweit eine **Verbundentscheidung** angefochten ist, kann sich **jeder Ehegatte** der Beschwerde des anderen Ehegatten anschließen, indem er einen anderen Teil der Verbundentscheidung (Scheidungsausspruch und jede Entscheidung in einer Folgesache) angreift.[7] Da § 66 insoweit keine Einschränkung vorsieht, kann sich ein Ehegatte auch **der Beschwerde eines Dritten** (zB des Rentenversicherungsträgers oder des Jugendamts) anschließen, um die Änderung einer durch das Hauptrechtsmittel nicht angegriffenen Folgesachenentscheidung zu erreichen. Die nach dem bisherigen Recht erforderliche **Gegnerstellung** zwischen Rechtsmittelführer und Anschließendem,[8] die aus der entsprechenden Anwendung der zivilprozessualen Vorschriften abgeleitet wurde, ist angesichts der autonomen Regelung in § 66 **nicht (mehr) erforderlich**. Dies entspricht wohl auch der Ansicht des Gesetzgebers. In der Begründung des RegE[9] heißt es: § 66 „regelt nunmehr umfassend die Möglichkeit, Anschlussbeschwerde einzulegen; eine Beschränkung auf bestimmte Verfahrensgegenstände ist nicht vorgesehen. Gleich-

1 BT-Drucks. 16/6038, S. 409.
2 BT-Drucks. 16/9733, S. 357.
3 BT-Drucks. 16/6038, S. 409.
4 BT-Drucks. 16/6038, S. 409.
5 BGH v. 2.12.2008 – VI ZB 63/07, MDR 2009, 230.
6 BGH v. 6.7.2005 – XII ZR 293/02, NJW 2005, 3067 für Anschlussberufung.
7 BGH v. 22.4.1998 – XII ZR 281/96, NJW 1998, 2679 = FamRZ 1998, 1024; BGH v. 20.10.1982 – IVb ZR 318/81, NJW 1983, 172 = FamRZ 1982, 1198.
8 Vgl. dazu Zöller/*Philippi*, § 629a Rz. 27 ff.
9 BT-Drucks. 16/6308, S. 206.

wohl wird die Anschlussbeschwerde auch künftig in erster Linie in den Verfahren praktische Bedeutung haben, in denen sich Beteiligte gegensätzlich mit widerstreitenden Anliegen gegenüberstehen."

Am Verfahren beteiligte **Dritte** können sich daher ebenfalls einer Beschwerde anschließen, ohne dass sie Gegner des Hauptbeschwerdeführers sein müssen. Jede Anschlussbeschwerde muss sich im Rahmen des **erstinstanzlichen Verfahrensgegenstandes** halten, mit ihr kann also keine Entscheidung in einer Folgesache begehrt werden, die erstinstanzlich nicht anhängig gewesen ist. Sofern mit einer Anschlussbeschwerde Teile der Verbundentscheidung angefochten werden, die eine andere Familiensache betreffen, ist dies nur in der **Frist des § 145** zulässig. 40

8. Verfahren des Beschwerdegerichts (Absatz 3)

a) Allgemeine Grundsätze

Nachdem dem Oberlandesgericht die Beschwerde mit den Sachakten vorgelegt worden ist (§ 68 Abs. 1), hat es die Zulässigkeit zu prüfen und das Rechtsmittel bei Unzulässigkeit gem. § 117 Abs. 1 Satz 3 FamFG iVm. § 522 Abs. 1 Satz 2 ZPO zu verwerfen. Es kann gem. §§ 119 Abs. 1, 64 Abs. 3 vor der Entscheidung eine einstweilige Anordnung erlassen und insbesondere anordnen, dass die **Vollziehung** des angefochtenen Beschlusses **auszusetzen** ist. Soweit § 117 nichts anderes bestimmt, richtet sich das weitere Verfahren der Beschwerdeinstanz gem. § 68 Abs. 3 Satz 1 grundsätzlich nach den Vorschriften über das Verfahren in der ersten Instanz. Wegen der Regelung in § 113 bedeutet dies in Ehe- und Familienstreitsachen, dass weitgehend die **Zivilprozessordnung** mit ihren Allgemeinen Vorschriften und den Vorschriften über das Verfahren vor den Landgerichten ergänzend Anwendung findet. Vorrangig sind aber die im 2. Buch des FamFG für die einzelnen Verfahren enthaltenen Spezialvorschriften. Einer **Güteverhandlung** bedarf es im Beschwerdeverfahren nicht, § 117 Abs. 2 Satz 2. Im Einzelnen bedeutet dies: 41

Für die **Ehesachen** sind die Einschränkungen der prozessualen Dispositionsbefugnis, wie sie gem. § 113 Abs. 4 in erster Instanz gelten (vgl. im Einzelnen § 113 Rz. 21), nach § 68 Abs. 3 Satz 1 auch im Beschwerdeverfahren anzuwenden. Der Antrag kann ohne die Beschränkungen des § 533 ZPO oder der §§ 263 f. ZPO (vgl. § 68 Abs. 3 Satz 1 iVm. § 113 Abs. 4 Nr. 2) auch in der Beschwerdeinstanz geändert werden. Weder Zustimmung der Gegenseite noch eine Sachdienlichkeit sind daher erforderlich. Zu den Einzelheiten vgl. § 113 Rz. 12. Von der erneuten persönlichen Anhörung der Ehegatten kann das Beschwerdegericht gem. § 68 Abs. 3 Satz 2 absehen, wenn durch sie keine neuen Erkenntnisse zu erwarten sind (vgl. Rz. 46 ff.). 42

In **Familienstreitsachen** iSv. § 112, die nach bisherigem Recht nach den Vorschriften der Zivilprozessordnung geführt worden sind, wird auch das Beschwerdeverfahren als Streitverfahren unter Geltung des zivilprozessualen **Beibringungsgrundsatz**es geführt.[1] Eine Überprüfung der angefochtenen Entscheidung von Amts wegen findet nicht statt. Über §§ 68 Abs. 3 Satz 1, 113 Abs. 1 sind grundsätzlich die zivilprozessualen Vorschriften über das erstinstanzliche Verfahren vor dem Landgericht entsprechend anwendbar. Das Gericht ist also insbesondere gem. § 308 ZPO an die Anträge der Parteien sowie gem. § 528 ZPO iVm. § 117 Abs. 2 Satz 1 FamFG an die Beschwerdeanträge gebunden. Die Parteien können über den Streitgegenstand durch Geständnis (§ 288 ZPO), An- 43

1 BT-Drucks. 16/6308, S. 225.

tragsrücknahme (§ 269 ZPO), Anerkenntnis (§ 307 ZPO) und Verzicht (§ 306 ZPO) verfügen. Eine **Antragsänderung** ist in der Beschwerdeinstanz ohne die Beschränkungen des § 533 ZPO zulässig, da auf diese Vorschrift in § 117 nicht verwiesen wird. Sie bestimmt sich daher über die Verweisung in §§ 68 Abs. 3 Satz 1, 113 Abs. 1 Satz 2 nach den §§ 263, 264 ZPO. Auch eine **Widerklage**, jetzt gem. § 113 Abs. 5 Nr. 2 als Widerantrag zu bezeichnen, kann in der Beschwerdeinstanz mangels Anwendbarkeit des § 533 ZPO ohne die dort angeordneten Einschränkungen erhoben werden. Ob der zur Rechtfertigung des geänderten Antrags oder des Widerantrags vorgetragene Sachverhalt als **verspätet** zurückzuweisen ist, bestimmt sich nach § 115 (vgl. Rz. 45). Der Widerantrag oder die Änderung des Antrags selbst sind nicht Angriffsmittel, sondern Angriff und unterliegen daher nicht den Verspätungsvorschriften.[1] Eine **Aufrechnungs**erklärung ist in der Beschwerdeinstanz ebenfalls ohne die Einschränkung des § 533 ZPO zulässig.

44 In Ehe- und Familienstreitsachen gilt der Grundsatz der **Mündlichkeit** der Verhandlung, § 128 ZPO (vgl. aber Rz. 46, 49), über die – anders als sonst in Verfahren nach dem FamFG – ein **Protokoll** nach den §§ 160 ff. ZPO aufzunehmen ist. Ein **Vergleich** kann sowohl in einem Termin entsprechend § 160 Abs. 3 Nr. 1 ZPO protokolliert als auch ohne mündliche Verhandlung gem. § 278 Abs. 6 ZPO geschlossen werden. **Zustellungen** sind nach den §§ 166 ff. vorzunehmen. Eine **Beweisaufnahme** ist nach den Vorschriften der Zivilprozessordnung durchzuführen.

b) Verspätung

45 Eine Zurückweisung von Angriffs- und Verteidigungsmitteln wegen Verspätung ist in Ehesachen und Familienstreitsachen **nur nach § 115** zulässig, der inhaltlich den bisherigen §§ 615, 621d ZPO entspricht. §§ 530, 531 Abs. 1 ZPO sind mangels Bezugnahme in § 117 FamFG nicht entsprechend anwendbar. Wie bereits nach dem bisherigen Recht[2] können daher Angriffs- und Verteidigungsmittel, auch wenn das Amtsgericht sie mit Recht zurückgewiesen hat, erneut in der Beschwerdeinstanz vorgebracht werden, soweit nicht § 115 eingreift. Wenn sie also nicht zu einer **Verzögerung der Erledigung** führen, sind sie unabhängig vom Zeitpunkt ihres Vorbringens zu berücksichtigen.

c) Verzicht auf Verfahrenshandlungen

46 Gemäß dem auch in Ehe- und Familienstreitsachen anwendbaren **§ 68 Abs. 3 Satz 2** kann das Beschwerdegericht von der Durchführung eines Termins, einer **mündlichen Verhandlung** oder einzelner **Verfahrenshandlungen absehen**, wenn diese bereits vom Familiengericht vorgenommen wurden und von einer erneuten Vornahme keine zusätzlichen Erkenntnisse zu erwarten sind. Die Vorschrift dient der effizienten Nutzung gerichtlicher Ressourcen in der Beschwerdeinstanz.[3] In Ehe- und Familienstreitsachen kommen v.a. der Verzicht auf eine erneute Anhörung der Eheleute in Ehesachen (§ 128), der Eltern (§ 160) und des Kindes (§ 159) in der Kindschaftssache eines Verbundverfahrens, auf eine erneute Beweisaufnahme sowie das Absehen von einer erneuten mündlichen Verhandlung in Betracht.

1 BGH v. 17.4.1996 – XII ZB 60/95, NJW-RR 1996, 961 = FamRZ 1996, 1071; BGH v. 23.4.1986 – VIII ZR 93/85 NJW 1986, 2257.
2 Vgl. Zöller/*Philippi*, § 615 Rz. 10.
3 So ausdrücklich Begr. RegE, BT-Drucks. 16/6308, S. 207.

aa) Absehen von einer Beweisaufnahme

Der Verzicht auf eine erneute Beweisaufnahme in der Berufungsinstanz war auch in der Vergangenheit nicht unüblich, wenn die Beweisaufnahme der ersten Instanz erschöpfend und die **Beweiswürdigung überzeugend** war. Nach neuem Recht ist in diesem Fall ebenfalls eine erneute Beweisaufnahme grundsätzlich nicht erforderlich. Etwas anderes kann sich aus neuen, dem Familiengericht bei seiner Entscheidung noch nicht bekannten Umständen ergeben. In jedem Fall muss das Beschwerdegericht eine Beweisaufnahme wiederholen, wenn es die protokollierte **Aussage anders versteht** als die erste Instanz oder die **Glaubwürdigkeit eines Zeugen** abweichend beurteilt.[1] 47

bb) Absehen von einer Anhörung

Ob eine erneute Anhörung der **Ehegatten** gem. § 128 erforderlich ist, richtet sich nach dem Angriff gegen den Scheidungsausspruch. Wenn mit der Beschwerde allein die **Wiederherstellung des Verbunds** angestrebt wird (vgl. Rz. 14), ist sie im Regelfall eher entbehrlich. Hingegen ist grundsätzlich eine Anhörung auch durch den Beschwerdesenat geboten, wenn Angriffspunkt das **Scheitern der Ehe** oder ein **Härtegrund** iSd. §§ 1565 Abs. 2, 1568 BGB ist. Ob von einer erneuten **Anhörung der Eltern** (§ 160) und des **Kindes** (§ 159) in einer Kindschaftssache abgesehen werden kann, ist eine Frage des Einzelfalls. In den Fällen, in denen von der Anberaumung eines Termins nicht abgesehen werden kann (vgl. Rz. 49 f.), sind im Regelfall auch Eltern und Kind erneut persönlich anzuhören. 48

cc) Absehen von einer erneuten mündlichen Verhandlung

Wenn die Sache bereits in der **ersten Instanz** im erforderlichen Umfang mit den Beteiligten **erörtert** wurde, ist nach der Auffassung des Gesetzgebers[2] die Durchführung eines Termins in der Beschwerdeinstanz entbehrlich. Diese Möglichkeit des Verzichts auf eine mündliche Erörterung erscheint primär auf die – vom Amtsermittlungsgrundsatz geprägten – Verfahren der freiwilligen Gerichtsbarkeit zugeschnitten. In Ehe- und Familienstreitsachen stellt sie eine einschneidende Änderung des bisherigen Rechtsmittelverfahrens dar.[3] Der **Grundsatz der Mündlichkeit** (§ 128 ZPO) wird für das Beschwerdeverfahren durchbrochen. Dies geschieht in einem deutlich stärkeren Maße als durch § 522 Abs. 2 ZPO. Während danach die Berufung durch einstimmigen Beschluss zurückgewiesen werden kann, wenn sie keine Aussicht auf Erfolg hat und die Voraussetzungen für die Zulassung einer Revision nicht vorliegen, fehlt es für das Beschwerdeverfahren in § 68 Abs. 3 Satz 2 an entsprechenden Einschränkungen. Das Beschwerdegericht ist **nicht auf eine Zurückweisung** der Beschwerde beschränkt, sondern kann die angefochtene Entscheidung teilweise oder sogar vollständig **abändern**. Eine Einstimmigkeit im Senat ist nicht erforderlich. § 68 Abs. 3 Satz 2 schließt auch nicht aus, dass der Einzelrichter, dem gem. § 68 Abs. 4 die Entscheidung über die Beschwerde übertragen ist (dazu Rz. 59), ohne erneuten Termin entscheidet. Schließlich kann auch in Fällen, in denen die **Rechtsbeschwerde zuzulassen** ist, von der Durchführung einer mündlichen Verhandlung abgesehen werden. 49

1 BGH v. 22.5.2002 – VIII ZR 337/00, MDR 2002, 1267; BGH v. 29.1.1991 – XI ZR 76/90, MDR 1991, 670.
2 Begr. RegE, BT-Drucks. 16/6308, S. 207.
3 Kritisch *Schürmann*, FamRB 2009, 24 (28); *Rasch*, FPR 2006, 426 (427).

50 Nach der Vorstellung des Gesetzgebers[1] hat das Gericht die Vorschrift **konform mit der Europäischen Menschenrechtskonvention** (EMRK), insbesondere ihrem Art. 6 (Recht auf ein faires Verfahren), **auszulegen** und bei der Ausübung des Ermessens auch die Rechtsprechung des **Europäischen Gerichtshofs für Menschenrechte** (EGMR) hierzu zu beachten. Nach dieser gilt für Rechtsmittelinstanzen, dass von der mündlichen Verhandlung abgesehen werden kann, wenn in der ersten Instanz eine solche stattgefunden hat und es nur um die Zulassung des Rechtsmittels geht oder nur eine rechtliche Überprüfung möglich ist. Wenn über **Tatsachenfragen** zu entscheiden ist, kann das Rechtsmittelgericht von einer erneuten Verhandlung unter der Voraussetzung absehen, dass es ohne eigene Ermittlungen auf Grund der Aktenlage in der Sache entscheiden kann.[2] Eine zweite mündliche Verhandlung ist nach der Rechtsprechung des EGMR dagegen erforderlich, wenn der Fall schwierig ist, die tatsächlichen Fragen **nicht einfach sind und erhebliche Bedeutung** haben.[3] Unabhängig von den Voraussetzungen des § 68 Abs. 3 Satz 2 können die Beteiligten auch auf die Durchführung eines erneuten Termins zur mündlichen Verhandlung **verzichten**.

dd) Gemeinsame Voraussetzungen und Verfahren

51 § 68 Abs. 3 Satz 2 setzt voraus, dass die mündliche Verhandlung oder die sonstige Verfahrenshandlung in der ersten Instanz ohne Verfahrensfehler durchgeführt wurde. Fehlt es hieran, kann das Beschwerdegericht auf sie nicht unter Berufung auf § 68 Abs. 3 Satz 2 verzichten, auch wenn es sich von der Durchführung der mündlichen Verhandlung bzw. der Vornahme der Verfahrenshandlung keinen Erkenntnisgewinn verspricht. Weitere Tatbestandsvoraussetzung ist, dass nach der **Prognose** des Beschwerdegerichts von einer Wiederholung der mündlichen Verhandlung oder einer sonstigen Verfahrenshandlung **keine zusätzlichen Erkenntnisse** zu erwarten wären (im Einzelnen vgl. § 68 Rz. 27 f.). Die Entscheidung, ob von der Wiederholung der mündlichen Verhandlung oder sonstigen Verfahrenshandlungen abgesehen werden kann, soll nach der Gesetzesbegründung im „pflichtgemäßen Ermessen" des Beschwerdegerichts liegen. Ihm steht also ein – durch Art. 6 EMRK begrenzter (vgl. Rz. 50) – **Beurteilungsspielraum** zu (vgl. § 68 Rz. 30).

52 Damit die Beteiligten von einem solchen Vorgehen des Beschwerdegerichts nicht überrascht werden, muss dieses gem. § 117 Abs. 3 auf eine entsprechende Absicht hinweisen. Dieser **Hinweis** soll den Beteiligten die Möglichkeit eröffnen, dem Beschwerdegericht weitere Gesichtspunkte zu unterbreiten, die eine erneute Durchführung der mündlichen Verhandlung oder der nicht für erforderlich erachteten Verfahrenshandlungen rechtfertigen.[4] Daneben eröffnet ein Hinweis darauf, dass das Beschwerdegericht auf eine erneute mündliche Verhandlung verzichten will, den Beteiligten die Möglichkeit, **abschließend vorzutragen**. Die Einräumung einer **Stellungnahmefrist** ist nicht vorgeschrieben. Der Zweck des Hinweises gebietet es aber, mit einer Entscheidung so lange zu warten, dass den Beteiligten eine Reaktion auf den Hinweis möglich ist. Zu einem Hinweis, welche Entscheidung das Gericht beabsichtigt, ist es – anders als nach § 522 Abs. 2 Satz 2 ZPO – nicht verpflichtet. Sofern nicht erneut mündlich verhandelt wird, kommt aber der **Hinweispflicht des § 139 ZPO**, der

1 BT-Drucks. 16/6308, S. 207 f.

2 Vgl. *Meyer-Ladewig*, Europäische Menschenrechtskonvention, Art. 6 Rz. 66; *Grabenwarter*, Europäische Menschenrechtskonvention, § 24 Rz. 94 f.

3 Vgl. *Meyer-Ladewig*, Europäische Menschenrechtskonvention, Art. 6 Rz. 66.

4 Begr. RegE, BT-Drucks. 16/6308, S. 225.

gem. §§ 68 Abs. 3 Satz 1, 113 Abs. 1 an die Stelle von § 28 tritt, besondere Bedeutung zu. Auf noch unzureichend geklärte Gesichtspunkte, die das Oberlandesgericht anderenfalls im Termin mit den Beteiligten erörtern würde, muss in diesem Fall schriftlich hingewiesen werden.

Nach **§ 139 Abs. 2 ZPO** darf das Gericht seine Entscheidung auf einen Gesichtspunkt, den eine Partei erkennbar übersehen oder für unerheblich gehalten hat oder den das Gericht anders beurteilt als beide Parteien, nur stützen, wenn es darauf hingewiesen und Gelegenheit zur Äußerung dazu gegeben hat. Die Hinweispflicht dient in Konkretisierung des Anspruchs auf rechtliches Gehör vor allem der **Vermeidung von Überraschungsentscheidungen** und besteht auch gegenüber dem anwaltlich vertretenen Beteiligten, wenn der Rechtsanwalt die Rechtslage ersichtlich falsch beurteilt oder darauf vertraut, dass sein schriftsätzliches Vorbringen ausreichend sei.[1] Auf Bedenken gegen die Schlüssigkeit des Antrags muss das Gericht gem. § 139 ZPO daher grundsätzlich auch einen **anwaltlich vertretenen Beteiligten** hinweisen.[2] Davon, dass ein rechtlicher Gesichtspunkt übersehen wurde, ist idR auszugehen, wenn kein Beteiligter auf ihn eingegangen ist.[3] Ein in erster Instanz obsiegender Beteiligter darf darauf vertrauen, dass das Rechtsmittelgericht ihm rechtzeitig einen Hinweis nach § 139 ZPO gibt, wenn es der Beurteilung der **Vorinstanz** in einem entscheidungserheblichen Punkt nicht folgen will und insbesondere auf Grund seiner **abweichenden Ansicht** eine Ergänzung des Vorbringens oder einen Beweisantritt für erforderlich hält,[4] es sei denn, der Gesichtspunkt ist bereits Gegenstand vertiefter Erörterungen der Beteiligten und ggf. des Gerichts gewesen.[5] Der Umstand, dass ein Beteiligter Bedenken gegen die Fassung des Antrags oder die Schlüssigkeit geltend gemacht hat, befreit das Gericht aber dann nicht von seiner Pflicht zu einem Hinweis, wenn es für das Gericht offenkundig ist, dass der Prozessbevollmächtigte der Partei diese Bedenken nicht zutreffend aufgenommen hat.[6] Ein Hinweis ist grundsätzlich nicht deshalb entbehrlich, weil sich zur Ansicht des Beschwerdegerichts der Verfahrensweise in einem anderen Verfahren etwas entnehmen lässt.[7] 53

d) Mündliche Verhandlung

Sofern das Beschwerdegericht eine mündliche Verhandlung durchführt, ist diese gem. § 170 Abs. 1 GVG (idF des Art. 22 Nr. 17 FGG-RG) in Familiensachen generell **nicht öffentlich**. Das Gericht kann danach die Öffentlichkeit zulassen, aber nicht gegen den Willen eines Beteiligten. Das Gericht hat daher im Einzelfall zu entscheiden, ob das Interesse der Beteiligten am Schutz ihrer Privatsphäre oder der sich aus dem Rechtsstaatsprinzip ergebende Grundsatz der Öffentlichkeit der Verhandlung in dem konkreten Verfahren überwiegt. Dieses Ermessen wird beschränkt, soweit ein Beteiligter der Zulassung der Öffentlichkeit widerspricht. In diesem Fall bleibt es notwendig bei der Nichtöffentlichkeit. Damit wird dem Schutz der Privatsphäre in diesen Fällen bewusst und stets Vorrang vor dem Grundsatz der Öffentlichkeit eingeräumt.[8] Nach Auffas- 54

1 BGH v. 27.9.2006 – VIII ZR 19/04, NJW 2007, 2414.
2 BGH v. 7.12.2000 – I ZR 179/98, NJW 2001, 2548.
3 BGH v. 23.9.1992 – I ZR 248/90, NJW 1993, 667.
4 BGH v. 15.3.2006 – IV ZR 32/05, FamRZ 2006, 942 = MDR 2006, 1250; BGH v. 27.4.1994 – XII ZR 16/93, NJW 1994, 1880 mwN.
5 BGH v. 21.10.2005 – V ZR 169/04, NJW-RR 2006, 235= MDR 2006, 504.
6 BGH v. 17.6.2004 – VII ZR 25/03, NJW-RR 2004, 1247.
7 BGH v. 15.3.2006 – IV ZR 32/05, FamRZ 2006, 942 = MDR 2006, 1250.
8 BT-Drucks. 16/6308, S. 320.

sung des Gesetzgebers[1] ist diese Regelung mit Art. 6 Abs. 1 EMRK vereinbar. Dieser gewährt allen Personen das Recht auf ein öffentliches Verfahren in Streitigkeiten in Bezug auf ihre zivilrechtlichen Ansprüche oder Verpflichtungen, zu denen auch Familiensachen gehören.[2] Die Öffentlichkeit kann nach Art. 6 Abs. 1 Satz 2 EMRK ua. dann ausgeschlossen werden, wenn die **Interessen von Jugendlichen** oder der **Schutz des Privatlebens** der Beteiligten es verlangen. Dieses Recht wird mit der Regelung in § 170 GVG in Anspruch genommen,[3] wobei dies für die Beschwerdeinstanz anders als für die Rechtsbeschwerdeinstanz (170 Abs. 2 GVG) in sehr pauschalisierter Form geschieht. Denn bei Widerspruch eines Beteiligten ist dem Beschwerdegericht die Zulassung der Öffentlichkeit selbst auf Antrag des Gegners nicht möglich, auch wenn nach seiner Einschätzung – zB in Streitsachen nach § 266 – die Privatsphäre nicht maßgeblich berührt ist.

55 § 170 GVG regelt nur die Öffentlichkeit von „Verhandlungen, Erörterungen und Anhörungen", nicht aber die der **Verkündung einer Entscheidung**. Insoweit verbleibt es bei dem Grundsatz der Öffentlichkeit des § 169 GVG.[4] Diese Vorschrift ist nunmehr[5] – wie das gesamte GVG – auf das Verfahren nach dem FamFG anwendbar, da durch Art. 21 Nr. 1 FGG-RG die Beschränkung in § 2 EGGVG auf die streitige Gerichtsbarkeit entfallen ist.

e) Versäumnisbeschluss

56 Bleibt der **Beschwerdeführer** in der mündlichen Verhandlung **säumig**, ist seine Beschwerde in **Familienstreitsachen** auf Antrag durch Versäumnisbeschluss gem. § 117 Abs. 2 Satz 1 FamFG iVm. § 539 Abs. 1 ZPO ohne Sachprüfung zurückzuweisen. Sofern der **Beschwerdegegner** in diesen Verfahren säumig ist und der Beschwerdeführer einen Versäumnisbeschluss beantragt, ist das tatsächliche Vorbringen des Beschwerdeführers als zugestanden anzusehen und gem. § 117 Abs. 2 Satz 1 FamFG iVm. § 539 Abs. 2 ZPO ein Versäumnisbeschluss zu erlassen, soweit das Vorbringen den Beschwerdeantrag rechtfertigt; soweit dies nicht der Fall ist, ist die Beschwerde zurückzuweisen. Sofern bei einem Rechtsmittel gegen eine **Verbundentscheidung** auch Verfahren der **freiwilligen Gerichtsbarkeit** Gegenstand des Beschwerdeverfahrens sind, kann eine Säumnisentscheidung hinsichtlich dieser Verfahrensgegenstände nicht ergehen, da eine solche nach den §§ 58 ff. nicht zulässig ist. Die frühere Rechtsprechung,[6] nach der auch in Folgesachen der freiwilligen Gerichtsbarkeit bei gleichzeitigem Angriff einer ZPO-Folgesache ein Versäumnisurteil ergehen konnte, ist überholt, da sie zur Grundlage hatte, dass über das Rechtsmittel nach § 629a Abs. 2 Satz 2 ZPO einheitlich als Berufung zu entscheiden war. Soweit eine Folgesache angefochten ist, bei der es sich um eine **Familienstreitsache** handelt, ist wie in isolierten Familienstreitsachen (s.o.) gem. § 117 Abs. 2 Satz 1 FamFG iVm. § 539 ZPO ein Versäumnisurteil sowohl gegen den Beschwerdeführer als auch den Beschwerdegegner zulässig.

57 In **Ehesachen** ist zu differenzieren: Bei Säumnis des **Beschwerdeführers** ist das Rechtsmittel auf Antrag ohne Sachprüfung durch **Versäumnisbeschluss** gem. § 117 Abs. 2

1 BT-Drucks. 16/6308, S. 320.
2 Vgl. *Meyer-Ladewig*, Europäische Menschenrechtskonvention, Art. 6 Rz. 8.
3 BT-Drucks. 16/6308, S. 320.
4 AA ohne Begr. *Schürmann*, FamRB 2009, 24 (29).
5 Zur früheren Rechtslage nach dem FGG vgl. BGH v. 24.11.1993 – BLw 37/93, BGHZ 124, 204; Zöller/*Lückemann*, § 169 GVG Rz. 1.
6 OLG München v. 18.5.1994 – 12 UF 619/94, FamRZ 1995, 378 = OLGReport 1994, 211.

Satz 1 FamFG iVm. § 539 Abs. 1 ZPO zurückzuweisen. Dies gilt auch dann, wenn der Antragsgegner Beschwerdeführer ist. § 130 Abs. 2 steht dem nicht entgegen, da es sich bei der in § 117 Abs. 2 Satz 1 in Bezug genommenen Regelung des § 539 Abs. 2 ZPO um eine vorrangige Sonderbestimmung für das Berufungs- bzw. Beschwerdeverfahren handelt.[1] Der Antragsgegner ist als Beschwerdeführer nicht wie in erster Instanz schutzbedürftig, da er über sein Rechtsmittel statt durch Säumnis auch durch Rücknahme verfügen könnte. Bei Säumnis des **Beschwerdegegners**, der **Antragsgegner der Ehesache** ist (der Antragsteller verfolgt also mit seinem Rechtsmittel den abgewiesenen Scheidungsantrag weiter), darf gem. §§ 68 Abs. 3 Satz 1, 130 Abs. 2 eine Säumnisentscheidung zu seinen Lasten nicht ergehen. § 130 Abs. 2 ist nach seinem Zweck gegenüber § 539 Abs. 2 ZPO vorrangig, da damit eine Scheidung durch Versäumnisurteil ausgeschlossen werden soll. Ist der säumige **Beschwerdegegner Antragsteller der Ehesache** (greift also der Antragsgegner mit dem Rechtsmittel den Scheidungsausspruch an), steht § 130 Abs. 2 einem Versäumnisbeschluss entsprechend § 539 Abs. 1 ZPO nicht entgegen, weil diese Vorschrift nur eine Versäumnisentscheidung gegen den Antragsgegner ausschließt. Es darf aber in der Sache nicht auf Grund der Säumnis entschieden werden, da das **tatsächliche Vorbringen** des Beschwerdeführers **nicht als zugestanden angesehen** werden kann. Dies wird in Ehesachen durch § 113 Abs. 4 Nr. 1 ausgeschlossen. Der Erlass eines Versäumnisbeschlusses wird dadurch aber – entgegen einer verbreiteten Ansicht[2] – nicht ausgeschlossen (aA § 130 Rz. 11). Es ist zu differenzieren zwischen der Form der Entscheidung und der Entscheidungsgrundlage.[3] Eine Entscheidung auf Grund einer mündlichen Verhandlung iSv. § 128 ZPO, die – von der Ausnahme des § 68 Abs. 3 Satz 2 abgesehen – in der Beschwerdeinstanz in Ehe- und Familienstreitsachen durchzuführen ist (vgl. Rz. 41, 44), setzt voraus, dass beide Beteiligte anwesend sind und mündlich verhandeln. Eine Endentscheidung auf Grund einseitiger mündliche Verhandlung ist nach der insoweit entsprechend anwendbaren (§§ 68 Abs. 3 Satz 1, 113 Abs. 1) Zivilprozessordnung nur durch Versäumnisentscheidung (§§ 330, 331 ZPO) oder, wenn bereits mündlich verhandelt worden ist, durch Entscheidung nach Lage der Akten (§ 251a ZPO) möglich. Wenn das Beschwerdegericht daher im ersten Termin des Beschwerdeverfahrens **bei Säumnis** eines Beteiligten eine **Sachentscheidung treffen** will, kann dies nur durch einen **Versäumnisbeschluss** geschehen; bei fehlender Entscheidungsreife kann überhaupt keine Endentscheidung ergehen. Unabhängig von der Form der Entscheidung ist die Frage zu beantworten, auf welcher Grundlage sie ergeht. Da die Geständnisfiktion durch § 113 Abs. 4 Nr. 1 ausgeschlossen wird, ist zwar in der Form eines Versäumnisbeschlusses zu entscheiden, nicht aber auf Grund der Säumnis, vielmehr nach einer vollen Sachprüfung.[4] Die Rechtslage ist vergleichbar der bei einer Säumnis des Revisionsbeklagten: In diesem Fall entscheidet der BGH in ständiger Rechtsprechung[5] zwar durch Versäumnisurteil, das aber inhaltlich dem Urteil entspricht, das auch ohne Säumnis ergangen wäre. Notwendige Folge der Qualifikation als Versäumnisentscheidung ist, dass dem Säumigen gegen diese der Einspruch (§§ 68 Abs. 3 Satz 1, 113 Abs. 1 FamFG iVm. § 338 ZPO) zusteht.

---

1 So auch für das bisherige Recht OLG München v. 18.5.1994 – 12 UF 619/94, FamRZ 1995, 379 = OLGReport 1994, 211; OLG Schleswig v. 13.1.1992 – 15 UF 22/90, FamRZ 1992, 839.

2 Vgl. OLG Schleswig v. 5.11.1990 – 15 UF 41/90, SchlHA 1991, 81; *Prütting*, ZZP 91, 197, 207; Schwab/*Maurer*, Teil I Rz. 250; Zöller/*Philippi*, § 612 Rz. 9.

3 BGH v. 4.4.1962 – V ZR 110/60, NJW 1962, 1149 = BGHZ 37, 79.

4 Ähnlich: *Furtner*, JuS 1962, 253, 256; Stein/Jonas/*Schlosser*, § 612 Rz. 13.

5 Seit BGH v. 4.4.1962 – V ZR 110/60, NJW 1962, 1149 = BGHZ 37, 79; ferner zB BGH v. 16.2.2005 – VIII ZR 133/04, NJW-RR 2005, 790.

f) Fortwirken des Verbunds

58 Sofern Scheidung und Folgesachen oder mehrere Folgesachen einer **Verbundentscheidung** angefochten sind, ist auch in der **Beschwerdeinstanz** über alle anhängigen Verfahrensgegenstände zusammen zu verhandeln (wenn nicht gem. § 68 Abs. 3 Satz 2 von einer Verhandlung abgesehen wird, vgl. Rz. 46, 49) und zu entscheiden. Dies ergibt sich aus der Verweisung in § 68 Abs. 3 Satz 1 auf die Vorschriften über das Verfahren in erster Instanz und somit auf § 137 Abs. 1, Abs. 5 Satz 1, 2. Halbs. Diese Regelung entspricht der bisherigen in §§ 629a Abs. 2 Satz 3, 623 Abs. 1 ZPO. Der Zweck des Verbunds beansprucht selbst bei zwischenzeitlichem Eintritt der **Rechtskraft des Scheidungsausspruchs** Geltung, um soweit wie möglich aufeinander abgestimmte Entscheidungen in den Folgesachen zu gewährleisten.[1] Ist ein Rechtsmittel gegen die Verbundentscheidung des Familiengerichts hinsichtlich eines Verfahrensgegenstandes unzulässig (zB mangels rechtzeitiger Begründung gem. § 117 Abs. 1), so ist auch hierüber zusammen mit den übrigen Verfahrensgegenständen zu entscheiden, die in der Beschwerdeinstanz anhängig sind. Das Beschwerdegericht darf das unzulässige Rechtsmittel **nicht vorweg verwerfen**.[2] Über die Verweisung in § 68 Abs. 3 Satz 1 ist auch § 140 entsprechend anwendbar. Das Berufungsgericht kann daher unter denselben Voraussetzungen wie das Familiengericht eine **Folgesache abtrennen** und über sie getrennt entscheiden. Zwischen den übrigen Teilen der Verbundentscheidung besteht der Verbund dann fort, über sie ist einheitlich zu verhandeln und entscheiden (§§ 68 Abs. 3 Satz 1, 137 Abs. 1, Abs. 5 Satz 1, 2. Halbs.). Ist vom Beschwerdegericht **nur über Folgesachen** zu entscheiden, kann dies bei unterschiedlicher Entscheidungsreife aber unter (teilweiser) Auflösung des Verbunds geschehen, wenn zwischen den Folgesachen **kein inhaltlicher Zusammenhang** besteht,[3] wie zB idR zwischen Versorgungsausgleich und elterlicher Sorge. In diesem Fall besteht für eine Aufrechterhaltung des Verbunds kein sachlicher Grund mehr, so dass dem Interesse eines Ehegatten an einer alsbaldigen Entscheidung und Vollstreckungsmöglichkeit vorrangig Rechnung zu tragen ist.[4]

g) Einzelrichter

59 Das Oberlandesgericht kann die Entscheidung über die Beschwerde durch Beschluss einem seiner Mitglieder zur Entscheidung als Einzelrichter übertragen, § 68 Abs. 4. Voraussetzung ist nach dem **entsprechend anwendbaren § 526 ZPO**, dass die Sache keine besonderen Schwierigkeiten tatsächlicher oder rechtlicher Art aufweist, keine grundsätzliche Bedeutung hat und nicht bereits im Haupttermin zur Hauptsache verhandelt worden ist, es sei denn, dass zwischenzeitlich eine Vorbehalts-, Teil- oder Zwischenentscheidung ergangen ist. Hinsichtlich der Übernahme des Rechtsstreits durch den Senat ist § 526 Abs. 2 ZPO entsprechend anwendbar. Auf eine erfolgte oder unterlassene Übertragung, Vorlage oder Übernahme kann die Rechtsbeschwerde nicht gestützt werden, § 68 Abs. 4, 2. Halbs. FamFG iVm. § 526 Abs. 3 ZPO. Wegen der Einzelheiten vgl. § 68 Rz. 31 ff. In Verfahren nach dem **Internationalen Familienrechtsverfahrensgesetz** ist nach § 40 Abs. 2 dieses Gesetzes (idF des Art. 45 Nr. 8 FGG-RG) eine Übertragung auf den **Einzelrichter ausgeschlossen**.

---

1 OLG Zweibrücken v. 3.6.1997 – 5 UF 68/96, FamRZ 1997, 1231.
2 So auch zu § 629a ZPO Zöller/*Philippi*, § 629a Rz. 6.
3 OLG Zweibrücken v. 3.6.1997 – 5 UF 68/96, FamRZ 1997, 1231; Zöller/*Philippi*, § 629a Rz. 7.
4 OLG Zweibrücken v. 3.6.1997 – 5 UF 68/96, FamRZ 1997, 1231.

h) Rücknahme der Beschwerde

Gem. § 67 Abs. 4 kann der Beschwerdeführer die Beschwerde **bis zum Erlass der Beschwerdeentscheidung** zurücknehmen, also ggf. auch noch nach einer mündlichen Verhandlung. Zu den Einzelheiten vgl. § 67 Rz. 29 ff. In Ehe- und Familienstreitsachen hat die Rücknahme entsprechend § 516 Abs. 3 ZPO (zur Anwendbarkeit dieser Kostenbestimmung vgl. § 117 Abs. 2 Satz 1 FamFG sowie Rz. 67) zur Folge, dass der Beschwerdeführer die **Kosten** der Beschwerdeinstanz zu tragen hat. Dies ist entsprechend § 516 Abs. 3 Satz 2 ZPO durch einen Beschluss, der keines Antrags bedarf, auszusprechen. Dasselbe gilt für den in § 516 Abs. 3 ZPO ebenfalls bestimmten Verlust des eingelegten Rechtsmittels, da § 117 Abs. 2 Satz 1 FamFG idF des Art. 8 des Gesetzes zur Modernisierung von Verfahren im anwaltlichen und notariellen Berufsrecht (vgl. Rz. 4a) insgesamt auf § 516 Abs. 3 ZPO verweist. 60

9. Entscheidung des Beschwerdegerichts (Absatz 4)

a) Beschwerdegericht

Für die Entscheidung über die Beschwerde gegen Entscheidungen des Familiengerichts ist gem. § 119 Abs. 1 Nr. 1a GVG das **Oberlandesgericht** zuständig. Maßgeblicher Anknüpfungspunkt ist nicht, ob es sich um eine in die Zuständigkeit der Familiengerichte fallende Sache handelt, sondern ob das **Familiengericht** tatsächlich **entschieden** hat.[1] In diesem Fall ist auch unabhängig von der zutreffenden Qualifikation des Anspruchs ein Familiensenat des Oberlandesgerichts zur Entscheidung berufen.[2] Die Beschwerde kann auch in der Sache gem. § 65 Abs. 4 nicht darauf gestützt werden, dass das Familiengericht seine **Zuständigkeit zu Unrecht** angenommen hat. Wenn sich Zweifel daran ergeben, welcher Spruchkörper – die allgemeine Prozessabteilung des Amtsgerichts oder das Familiengericht – entschieden hat, so dass die Grundsätze der formellen Anknüpfung keine zweifelsfreie Bestimmung des für das Rechtsmittel zuständigen Gerichts ermöglichen, darf der Beteiligte nach dem sog. **Meistbegünstigungsgrundsatz** alle in Betracht kommenden Rechtsbehelfe einlegen (Berufung zum Landgericht oder Beschwerde zum OLG).[3] In diesem Fall ist das Verfahren ggf. an das tatsächlich zuständige Rechtsmittelgericht zu verweisen.[4] 61

b) Entscheidung bei unzulässiger Beschwerde

Nach der Vorlage der Akten durch das Familiengericht (§ 68 Abs. 1. 2. Halbs.), hat das Oberlandesgericht gem. § 117 Abs. 1 Satz 3 FamFG iVm. § 522 Abs. 1 Satz 1 ZPO von Amts wegen zu prüfen, ob die Beschwerde an sich statthaft und ob sie in der gesetzlichen Form und Frist eingelegt und begründet ist. Sofern dies nicht der Fall ist, ist die Berufung als unzulässig **zu verwerfen** (§ 117 Abs. 1 Satz 3 FamFG iVm. § 522 Abs. 1 Satz 2 ZPO). Einer mündlichen Verhandlung dazu bedarf es bereits nach allgemeinen Grundsätzen[5] nicht; außerdem kann das Beschwerdegericht gem. § 68 Abs. 3 Satz 2 von einer solchen absehen (vgl. dazu Rz. 46, 49), da für die Beurteilung der Zulässigkeit des Rechtsmittels von einer mündlichen Verhandlung regelmäßig keine zusätzlichen Erkenntnisse zu erwarten sind. 62

1 BGH v. 6.12.2006 – XII ZR 97/04, NJW 2007, 912 = FamRZ 2007, 359.
2 BGH v. 15.11.2006 – XII ZR 97/04, FamRZ 2007, 124.
3 St. Rspr., zB BGH v. 10.7.1996 – XII ZB 90/95, FamRZ 1996, 1544.
4 BGH v. 10.7.1996 – XII ZB 90/95, FamRZ 1996, 1544.
5 Vgl. BGH v. 31.5.1965 – AnwZ (B) 7/65, DNotZ 1965, 565.

c) Entscheidung bei begründeter/unbegründeter Beschwerde

63 Ist die zulässige Beschwerde in der Sache **unbegründet**, ist sie zurückzuweisen. Ist die Beschwerde **begründet**, darf das Oberlandesgericht grundsätzlich nicht nur den Beschluss des Familiengerichts aufheben, sondern hat **in der Sache selbst** zu entscheiden, § 69 Abs. 1 Satz 1. Eine **Zurückverweisung** an das Familiengericht ist unter den Voraussetzungen des **§ 538 Abs. 2 ZPO** zulässig, der auf Grund der Verweisung in § 117 Abs. 2 Satz 1 an die Stelle von § 69 Abs. 1 Satz 3 tritt. Nach § 69 Abs. 1 Satz 2 ist eine Zurückverweisung auch zulässig, wenn das erstinstanzliche Gericht in der Sache noch nicht entschieden, den Antrag also als unzulässig zurückgewiesen hat.[1] Eine vergleichbare Regelung enthält § 538 Abs. 2 Nr. 3 ZPO. Da auf § 538 ZPO uneingeschränkt verwiesen wird, ist davon auszugehen, dass damit auch § 69 Abs. 1 Satz 2 verdrängt werden soll.[2] Diese Frage hat durchaus praktische Bedeutung, da bei einer Anwendung von § 538 Abs. 2 Nr. 3 ZPO die Zurückverweisung nur bei entsprechendem Antrag eines Beteiligten zulässig ist, während § 69 Abs. 1 Satz 2 einen solchen nicht voraussetzt. Nach einer Zurückverweisung hat das **Familiengericht** seiner Entscheidung die **rechtliche Beurteilung** zugrunde zu legen, die das Beschwerdegericht der Aufhebung zugrunde gelegt hat, § 69 Abs. 1 Satz 4. Die **Bindungswirkung** greift aber dann nicht ein, wenn sich in dem weiteren Verfahren ein neuer Sachverhalt ergibt, für den die bisherige rechtliche Beurteilung nicht zutrifft.[3] Wird durch das Beschwerdegericht eine **Entscheidung aufgehoben, durch die der Scheidungsantrag abgewiesen** wurde, soll die Sache gem. § 146 an das Familiengericht zurückverwiesen werden, wenn dort eine Folgesache zur Entscheidung ansteht; wegen der Einzelheiten vgl. § 146 Rz. 2 ff.

d) Verbot der reformatio in peius

64 Aus der in § 117 Abs. 2 Satz 1 angeordneten entsprechenden Anwendbarkeit von **§ 528 ZPO** ergibt sich für die Ehe- und Familienstreitsachen das Verbot der reformatio in peius (**Verbot der Schlechterstellung**). Da nach § 528 ZPO die erstinstanzliche Entscheidung nur insoweit abgeändert werden darf, als eine Änderung beantragt ist, ist der Rechtsmittelführer davor geschützt, dass er auf sein eigenes Rechtsmittel hin über die mit der angegriffenen Entscheidung vorhandene Beschwer hinaus weiter beeinträchtigt wird.[4] Das Verbot der Schlechterstellung gilt zugunsten des Beschwerdeführers auch nach einer – über den Rechtsmittelantrag hinausgehenden – **vollständigen Aufhebung und Zurückverweisung** an die Vorinstanz fort. Das Familiengericht, an das zurückverwiesen wird, hat im Rahmen seiner neuen Entscheidung keine größere Entscheidungsfreiheit als das Beschwerdegericht, das zurückverwiesen hat, in dem Rechtsmittelverfahren hatte. Das Verschlechterungsverbot schützt den Rechtsmittelführer aber nur gegen eine ihm nachteilige Änderung der angefochtenen Entscheidung als solcher, nicht gegen eine Änderung der Begründung. Anderweitige Bewertungen und Berechnungen können danach mit der Maßgabe zum Tragen kommen, dass die Entscheidung **im Ergebnis nicht zum Nachteil** des Rechtsmittelführers abgeändert werden darf.[5] Dem kommt insbesondere in Unterhaltsverfahren Bedeutung zu: Das Oberlandesgericht kann auch zuungunsten des Beschwerdeführers von der Berech-

1 Begr. RegE, BT-Drucks. 16/6308, S. 208.
2 So wohl auch Begr. RegE, BT-Drucks. 16/6308, S. 208.
3 BGH v. 4.4.1985 – IVb ZR 18/84, NJW 1985, 2029 = FamRZ 1985, 691.
4 BGH v. 12.9.2002 – IX ZR 66/01, NJW 2003, 140; Zöller/*Heßler*, § 528 Rz. 24.
5 BGH v. 27.10.1982 – IVb ZB 719/81, NJW 1983, 173 = FamRZ 1983, 44.

nungsweise des Familiengerichts abweichen, was nicht selten vorkommt, wenn eine Vielzahl von Positionen in die Berechnung einfließt; es darf ihn nur im Ergebnis nicht schlechter stellen, als es die angefochtene Entscheidung getan hat.

e) Form und Inhalt des Beschlusses

Das Beschwerdegericht hat gem. §§ 69 Abs. 3, 116 Abs. 1 durch **Beschluss** zu entscheiden, also auch dann, wenn nach dem bisherigen Recht ein Urteil zu erlassen war. Der Beschluss ist zu **begründen**, § 69 Abs. 2. Unter den Voraussetzungen des § 38 Abs. 4, Abs. 5, der gem. § 69 Abs. 3 auch auf den Beschluss des Beschwerdegerichts Anwendung findet, bedarf es einer Begründung nicht, insbesondere also nicht bei einer Entscheidung auf Grund Anerkenntnisses, Verzichts oder Säumnis sowie bei Rechtsmittelverzicht seitens aller Beteiligter nach mündlicher Bekanntgabe. Zu den Einzelheiten vgl. § 38 Rz. 26 ff. 65

Im Übrigen ergeben sich aus dem Gesetz keine **inhaltlichen Anforderungen** an die Fassung der Entscheidungsgründe. Solche wurden **bewusst nicht** aufgestellt; insbesondere wurden im Interesse der Verfahrensflexibilität nicht die strikten Erfordernisse an den Inhalt des Urteils nach den §§ 313 ff. ZPO übernommen.[1] Eine Bezugnahme auf diese Vorschriften oder § 540 ZPO ergibt sich auch für die Ehe- und Familienstreitsachen aus § 117 nicht. Das Beschwerdegericht hat daher im jeweiligen **Einzelfall** zu entscheiden, in welchem Umfang es tatbestandliche Feststellungen in den Beschluss aufnimmt und wie ausführlich es seine Entscheidung begründet. Diese Gestaltungsfreiheit ist aber in den Fällen eingeschränkt, in denen eine **Rechtsbeschwerde** – entweder nach ihrer Zulassung oder bei Verwerfung der Beschwerde als unzulässig (vgl. Rz. 73) – eröffnet ist. In diesem Fall muss wie nach bisherigem Recht[2] dem Rechtsbeschwerdegericht die Nachprüfung richtiger Anwendung des Gesetzes auf den vorliegenden Tatbestand durch das Rechtsbeschwerdegericht möglich sein. Die Entscheidung muss also eine verständliche Darstellung des Sachverhalts unter Anführung der Gründe, aus denen eine Tatsache für erwiesen erachtet wurde oder nicht, sowie die Rechtsanwendung auf den festgestellten Sachverhalt enthalten.[3] Einer vollständigen Wiedergabe des Sachverhalts bedarf es hingegen nicht, es genügt die Verweisung auf konkret bezeichnete Aktenbestandteile,[4] zB die Feststellungen in dem erstinstanzlichen Beschluss oder das Ergebnis einer Beweisaufnahme. Nicht ausreichend ist eine allgemeine Bezugnahme auf den Akteninhalt.[5] 66

Für den die Beschwerdeinstanz abschließenden Beschluss gelten gem. § 69 Abs. 3 die Vorschriften über den **erstinstanzlichen Beschluss entsprechend**. Er hat daher gem. § 38 Abs. 2 ein **volles Rubrum** mit der Bezeichnung der Beteiligten, ihrer gesetzlichen Vertreter und der Bevollmächtigten zu enthalten, die Bezeichnung des Gerichts und die Namen der amtierenden Richter sowie die Beschlussformel (Tenor). In dem Beschluss ist – bei positiver Entscheidung sachgerecht im Tenor – über eine Zulassung der Rechtsbeschwerde gem. § 70 Abs. 2 zu entscheiden (vgl. dazu § 70 Rz. 8 ff.). Die **Kostenentscheidung** in Ehe- und Familienstreitsachen richtet sich grundsätzlich nach den Vorschriften der **Zivilprozessordnung**, insbesondere den §§ 91 ff., 269 Abs. 3, 516 67

1 Begr. RegE, BT-Drucks. 16/6308, S. 195.
2 Vgl. Keidel/*Sternal*, 15. Aufl. § 25 Rz. 28 mN aus der Rspr.
3 KG v. 10.12.1993 – 24 W 6967/93, NJW-RR 1994, 599 = KGReport 1994, 43; BayObLG v. 1.10.1992 – 3 Z BR 108/92, BayObLGZ 1992, 274 = FamRZ 1993, 555.
4 Vgl. Keidel/*Sternal*, 15. Aufl. § 25 Rz. 29 mN aus der Rspr.
5 BayObLG v. 5.2.1998 – 3 Z BR 486/97, FamRZ 1998, 1327.

Abs. 3 ZPO, da die Anwendung der §§ 80 ff. FamFG durch § 113 Abs. 1 Satz 1 (iVm. § 69 Abs. 3) ausgeschlossen ist. Auf § 516 Abs. 3 ZPO wird in § 117 Abs. 2 Satz 2 FamFG (in der Fassung des Art. 8 des Gesetzes zur Modernisierung von Verfahren im anwaltlichen und notariellen Berufsrecht, vgl. Rz. 4a) ausdrücklich verwiesen. Vorrangige **Sondervorschriften** enthalten § 132 bei Aufhebung der Ehe, § 150 bei einer Entscheidung in Scheidungssachen und Folgesachen sowie § 243 in Unterhaltssachen. Wenn ein Verfahren **Folgesache** eines Scheidungsverfahrens ist, geht die Regelung für die Kosten in Folgesachen (§ 150) den allgemeinen Bestimmungen sowie den auf die jeweilige Folgesache sonst anwendbaren Vorschriften (zB § 243 in Unterhaltssachen) vor.[1]

68 Über die Verweisung in § 69 Abs. 3 auf die erstinstanzlichen Vorschriften und mangels Ausschlusses in § 113 Abs. 1 muss auch der Beschluss des Beschwerdegerichts gem. § 39 eine **Rechtsbehelfsbelehrung** enthalten. Sofern das Oberlandesgericht die Rechtsbeschwerde zulässt, muss es daher darüber belehren, dass dieses Rechtsmittel eröffnet ist, innerhalb welcher Frist und Form es bei welchem Gericht (einschließlich der Angabe von dessen Sitz) einzulegen ist. Zu den Einzelheiten vgl. § 39 Rz. 12 ff. Da gem. § 39 der Beschluss die Rechtsbehelfsbelehrung zu enthalten hat, muss diese von den Unterschriften der Richter gedeckt sein, das Anheften eines Formblatts genügt nicht (vgl. § 39 Rz. 5). Nicht erforderlich ist eine Rechtsbehelfsbelehrung dagegen, wenn gegen die Entscheidung nur noch **außerordentliche Rechtsbehelfe** statthaft sind.[2] Eine Belehrung etwa über die Wiedereinsetzung in den vorigen Stand, die Beschlussberichtigung und -ergänzung oder die Möglichkeit der Rüge auf Grund der Verletzung rechtlichen Gehörs (§ 113 Abs. 1 FamFG iVm. § 321 a ZPO) ist daher nicht geboten. In den Fällen, in denen das Oberlandesgericht in der Sache über die Beschwerde entscheidet und eine **Rechtsbeschwerde nicht zulässt**, ist daher nach der gesetzlichen Regelung eine Belehrung nicht erforderlich, wobei ein Hinweis sachgerecht erscheint, dass die Entscheidung unanfechtbar ist. Sofern das Oberlandesgericht die Beschwerde gem. § 117 Abs. 1 Satz 3 FamFG iVm. § 522 Abs. 1 Satz 2 ZPO als unzulässig verwirft, ist – wenn das Beschwerdegericht mit der hier vertretenen Auffassung von einer zulassungsfreien Rechtsbeschwerde ausgeht (vgl. dazu Rz. 73) – eine entsprechende Rechtsmittelbelehrung erforderlich. Eine Bindung des Bundesgerichtshofs an die darin vertretene Auffassung besteht nicht. **Berichtigung und Ergänzung** des Beschlusses richten sich entgegen der spontanen Erwartung, dass diese Regelungen an die Bestimmung über den jeweiligen Beschluss (§ 38) anknüpfen, nicht nach §§ 42 und 43, da deren Anwendung nach § 113 Abs. 1 ausgeschlossen ist, sondern stattdessen nach den entsprechend anwendbaren §§ 319 ff. ZPO. Auf Grund dieser Verweisung ist auch auf die Beschwerdeentscheidung die Regelung in **§ 321a ZPO** über die Abhilfe bei der Verletzung des Anspruchs auf **rechtliches Gehör** (statt § 44 FamFG) entsprechend anzuwenden.

f) Verlautbarung

69 Der Beschluss bedarf **keiner Verkündung**. Gem. § 69 Abs. 3 iVm. § 38 Abs. 3 Satz 3, dessen Anwendung in § 113 nicht ausgeschlossen ist, kann die Entscheidung sowohl durch Übergabe an die Geschäftsstelle als auch durch Verlesen der Beschlussformel (in öffentlicher Sitzung, § 169 GVG, vgl. Rz. 55) erlassen werden. Wenn die Endentscheidung in dem Termin verkündet wird, in dem die mündliche Verhandlung geschlossen

1 Begr. RegE, BT-Drucks. 16/6308, S. 233.
2 Begr. RegE, BT-Drucks. 16/6308, S. 196.

wurde, kann die Begründung des Beschlusses auch **in die Sitzungsniederschrift aufgenommen** werden, § 117 Abs. 4. Diese Vorschrift ist an § 540 Abs. 2 Satz 2 ZPO angelehnt,[1] so dass die dazu ergangene Rechtsprechung übertragbar ist: Der Beschluss muss nicht unmittelbar im Anschluss an die mündliche Verhandlung verkündet werden, es genügt eine Verkündung **am Schluss der Sitzung.**[2] Da die Protokollentscheidung denselben **inhaltlichen Anforderungen** genügen muss wie ein gesonderter Beschluss,[3] bietet sich diese Entscheidungsform nicht an, wenn die Rechtsbeschwerde zugelassen wird. Zulässig ist sie aber auch in diesem Fall. Wenn der Beschluss nicht mit seinem gesamten Inhalt, dh. insbesondere einschließlich Rubrum, Tenor, Gründen und allen Unterschriften, in die Sitzungsniederschrift aufgenommen ist, muss ein Beschluss mit dem nicht in das Protokoll aufgenommenen Inhalt erstellt und mit dem die Gründe enthaltenen Protokoll verbunden werden; dieser verbundene Beschluss muss sodann zugestellt werden.[4]

g) Wirksamkeit

Über die Verweisung in § 69 Abs. 3 ist auch § 116 auf den die Beschwerdeinstanz abschließenden Beschluss anzuwenden. Danach werden Endentscheidungen in Ehesachen **mit Rechtskraft wirksam**, § 116 Abs. 2. In Familienstreitsachen gilt dies grundsätzlich ebenfalls. Das Gericht kann aber die **sofortige Wirksamkeit** anordnen und soll dies tun, soweit es um die Verpflichtung zur Leistung von Unterhalt geht, § 116 Abs. 3. Zu den Einzelheiten vgl. § 116 Rz. 25 ff. Mit dieser Regelung wird das Rechtsinstitut der vorläufigen Vollstreckbarkeit auch für die Beschwerdeinstanz entbehrlich. 70

10. Rechtsbeschwerde

Hinsichtlich der Rechtsbeschwerde enthält § 117 nur in geringem Umfang Sonderregelungen. Auf sie sind daher auch in Ehe- und Familienstreitsachen weitgehend die §§ 70 ff. anwendbar, sofern nicht die übrigen Vorschriften des 2. Buchs des FamFG, insbesondere über die einzelnen Verfahren, Abweichendes regeln. Die Vorschriften über das erstinstanzliche Verfahren gelten gem. § 74 Abs. 4 auch für das Rechtsbeschwerdeverfahren subsidiär. 71

Gegen die Entscheidung des Oberlandesgerichts als Beschwerdegericht findet auch in Ehe- und Familienstreitsachen die Rechtsbeschwerde nach Maßgabe der §§ 70 ff. statt. Der Sprungrechtsbeschwerde (§ 75) kommt in Familiensachen keine Bedeutung zu. Rechtsbeschwerdegericht ist gem. § 133 GVG der **Bundesgerichtshof**. Da die Rechtsbeschwerde gem. § 70 Abs. 2 FamFG unter vergleichbaren Voraussetzungen wie die Revision nach § 543 ZPO zuzulassen ist, ändert sich insoweit gegenüber der bisherigen Rechtslage nichts. Die Statthaftigkeit der Rechtsbeschwerde hängt aber gem. § 70 Abs. 1 von der **Zulassung** durch das Oberlandesgericht ab, an die der Bundesgerichtshof gebunden ist. Eine **Nichtzulassungsbeschwerde** sieht das Gesetz nicht vor. Für eine solche besteht nach der Auffassung des Gesetzgebers[5] **kein Bedürfnis**. Dies soll 72

1 Begr. RegE, BT-Drucks. 16/6308, S. 225.
2 BGH v. 6.2.2004 – V ZR 249/03, NJW 2004, 1666.
3 BGH v. 8.2.2006 – XII ZR 57/03, NJW 2006, 1523 = MDR 2006, 1127.
4 BGH v. 2.5.2007 – XII ZR 87/05, FamRZ 2007, 1314; BGH v. 6.2.2004 – V ZR 249/03, NJW 2004, 1666.
5 Begr. RegE, BT-Drucks. 16/6308, S. 225.

auch deshalb gelten, weil die Rechtbeschwerde in Familiensachen bereits nach § 26 Nr. 9 EGZPO bis zum 1. Januar 2010 ausgeschlossen gewesen sei. Bei dieser Argumentation berücksichtigt der Gesetzgeber weder den Umstand, dass die Rechtsbeschwerde bisher nur befristet ausgeschlossen gewesen ist, noch dass nunmehr in die Familiensachen Rechtsstreitigkeiten einbezogen sind (vgl. §§ 266, 269 Abs. 2), die bisher als zivilprozessuale Streitigkeiten grundsätzlich der Nichtzulassungsbeschwerde unterlagen. Wenn das **Oberlandesgericht vom Vorliegen einer Familiensache** – zB durch Bezeichnung als solche im Rubrum des Urteils – ausgegangen ist, hält sich der Bundesgerichtshof für daran **gebunden**.[1] Er prüft auch im Rahmen der Statthaftigkeit der Nichtzulassungsbeschwerde nicht, ob diese Qualifikation zutreffend ist;[2] eine dennoch eingelegte Nichtzulassungsbeschwerde wird als unzulässig verworfen.[3]

73 Zweifelhaft, im Ergebnis aber zu bejahen ist die Frage, ob gegen die **Verwerfung der Beschwerde** als unzulässig (§ 117 Abs. 1 Satz 3 FamFG iVm. § 522 Abs. 1 Satz 2 ZPO) eine **zulassungsfreie Rechtsbeschwerde** eröffnet ist. Gem. § 70 bedürfte die Rechtsbeschwerde einer Zulassung durch das Oberlandesgericht, da ein Fall der zulassungsfreien Rechtsbeschwerde nach § 70 Abs. 3 nicht vorliegt. In Verfahren nach der Zivilprozessordnung ist die Rechtsbeschwerde gegen einen Verwerfungsbeschluss gem. § 574 Abs. 1 Nr. 1 ZPO iVm. § 522 Abs. 1 Satz 4 ZPO ohne Zulassung eröffnet. § 117 Abs. 1 Satz 4 FamFG verweist aber lediglich auf die Regelung in § 522 Abs. 1 Satz 4 ZPO. Angesichts der Gesetzessystematik wäre daher mangels Verweisung auf die Vorschriften der Zivilprozessordnung über die Rechtsbeschwerde die Vorschrift des § 70 FamFG entsprechend anwendbar. Dies ist aber vom Gesetzgeber nicht gewollt gewesen und Folge der nicht sehr übersichtlichen und nicht nur in diesem Fall nicht konsequent durchgehaltenen Verweisungstechnik. Derartige offenkundige Fehler des Gesetzgebers bei der Verweisungstechnik stehen einer **Auslegung nach Sinn und Zweck** der Norm nicht entgegen.[4] Die Stellungnahme des Bundesrats, die zu der Einfügung der Verweisung auf § 522 Abs. 1 ZPO geführt hat,[5] geht davon aus, dass sich aus der entsprechenden Anwendung von § 522 Abs. 1 Satz 4 ZPO ergibt, dass eine Zulassung der Rechtsbeschwerde nicht erforderlich sei. Auf der Grundlage dieser **Motive des Gesetzgebers** kann der Verweisung auf § 522 Abs. 1 Satz 4 ZPO daher entnommen werden, dass die dort angeführte, also die nach der Zivilprozessordnung eröffnete Rechtsbeschwerde, mit ihren Verfahrensgrundsätzen und nicht die allgemein für Verfahren nach dem FamFG in § 70 geregelte Rechtsbeschwerde auf den Verwerfungsbeschluss Anwendung finden soll. Notwendige Folge davon ist aber, dass nicht nur die Regelung über die Zulassungsfreiheit in § 574 Abs. 1 Nr. 1 ZPO, sondern auch die Regelung in **§ 574 Abs. 2 ZPO** Anwendung findet.[6] Die Rechtsbeschwerde gegen den Verwerfungsbeschluss ist daher nur zulässig, wenn die Rechtssache **grundsätzliche Bedeutung** hat oder die Fortbildung des Rechts oder die Sicherung einer einheitlichen Rechtsprechung eine Entscheidung des Bundesgerichtshofs erfordert. Sofern dies nicht der Fall ist, wird die Rechtsbeschwerde als unzulässig verworfen.[7]

---

1 BGH v. 5.11.2008 – XII ZR 103/07, FamRZ 2009, 219 für § 26 Nr. 9 EGZPO.
2 BGH v. 5.11.2008 – XII ZR 103/07, FamRZ 2009, 219 für § 26 Nr. 9 EGZPO.
3 BGH v. 5.11.2008 – XII ZR 103/07, FamRZ 2009, 219 für § 26 Nr. 9 EGZPO.
4 BGH v. 2.12.2008 – VI ZB 63/07, MDR 2009, 230.
5 BT-Drucks. 16/6308, S. 372 und 412.
6 BGH v. 26.11.2008 – XII ZB 103/08, FamRZ 2009, 220 für Beschwerde nach § 621e ZPO; BGH v. 7.5.2003 – XII ZB 191/02, NJW 2003, 2172 = FamRZ 2003, 1093.
7 BGH v. 20.2.2003 – V ZB 59/02, MDR 2003, 645 = FamRZ 2003, 1009.

74 Im Rechtsbeschwerdeverfahren müssen sich die Beteiligten gem. § 114 Abs. 2 durch einen bei dem **Bundesgerichtshof zugelassenen Rechtsanwalt** vertreten lassen, sofern nicht eine der Ausnahmen in § 114 Abs. 3, Abs. 4 eingreift. Gem. § 117 Abs. 5 bestimmt sich eine **Wiedereinsetzung** gegen die Versäumung der Frist zur Begründung der Rechtsbeschwerde nach §§ 233 und 234 Abs. 1 Satz 2 ZPO (dazu Rz. 75 f.). Daneben enthalten die Vorschriften im 2. Buch des FamFG für die **einzelnen Verfahren** Regelungen, die (auch) auf das Rechtsbeschwerdeverfahren anzuwenden sind. Dies sind insbesondere die §§ 145 (Befristung von Rechtsmittelerweiterung und Anschlussrechtsmittel bei Verbundentscheidung), 146 (Zurückverweisung bei Aufhebung eines den Scheidungsantrags abweisenden Beschlusses), 147 (erweiterte Aufhebung bei Verbundentscheidung), 150 (Kosten in Scheidungssachen und Folgesachen), 243 (Kostenentscheidung in Unterhaltssachen). Im Übrigen richtet sich das Verfahren der Rechtsbeschwerde nach den allgemeinen Vorschriften der **§§ 70 bis 75**. Auf die entsprechenden Kommentierungen wird verwiesen.

11. Wiedereinsetzung (Absatz 5)

75 § 117 Abs. 5 erklärt in Ehe- und Familienstreitsachen die §§ 233 und 234 Abs. 1 Satz 2 ZPO für entsprechend anwendbar. Dies hat eher klarstellende Funktion. Denn da gem. §§ 68 Abs. 3 Satz 1, 113 Abs. 1 in diesen Verfahren auf die Wiedereinsetzung nicht die §§ 17 ff., sondern die entsprechenden Vorschriften der Zivilprozessordnung, also die §§ 233 ff. ZPO, anwendbar sind, liegt deren entsprechende Anwendung auf die genannten Fristen auch ohne ausdrückliche Regelung nahe. Entsprechend § 233 ZPO ist daher einem Beteiligten auf Antrag Wiedereinsetzung in den vorigen Stand zu gewähren, wenn er ohne Verschulden gehindert war, die Frist zur Begründung der **Beschwerde und Rechtsbeschwerde** oder die Frist zur Beantragung der Wiedereinsetzung (§ 234 Abs. 1 ZPO) einzuhalten. Weder in § 117 Abs. 5 FamFG noch in § 233 ZPO erwähnt ist die Frist zur **Anschließung** an die Berufung bzw. Beschwerde. Da es keinen sachlichen Grund gibt, bei einer Versäumung dieser Frist Wiedereinsetzung nicht zu gewähren,[1] sind auf diese Frist die §§ 233 ff. ZPO entsprechend anwendbar.

76 Die Wiedereinsetzungsfrist beträgt bei Versäumung der **Frist zur Begründung** von Beschwerde und Rechtsbeschwerde entsprechend § 234 Abs. 1 Satz 2 ZPO **einen Monat**. Für die übrigen Fristen, insbesondere die zur Einlegung der Rechtsmittel und Anschlussrechtsmittel verbleibt es bei der Zwei-Wochen-Frist des § 234 Abs. 1 Satz 1 ZPO.[2] Die Frist beginnt entsprechend § 234 Abs. 2 ZPO mit dem Wegfall des Hindernisses und endet spätestens ein Jahr nach dem Ende der versäumten Frist, § 234 Abs. 3 ZPO. Das **weitere Verfahren** der Wiedereinsetzung bestimmt sich gem. §§ 68 Abs. 3 Satz 1, 113 Abs. 1 FamFG nach den §§ 236 ff. ZPO. Zur Frage des (fehlenden) Verschuldens an der Säumnis vgl. § 17 Rz. 10–22.

1 OLG Zweibrücken v. 27.6.2003 – 2 UF 151/02, FamRZ 2003, 1850 = OLGReport 2003, 452; Zöller/*Greger*, § 233 Rz. 6.

2 Vgl. Beschlussempfehlung des BT-Rechtsausschusses, BT-Drucks. 16/12717 (eVF), S. 72.

§ 118
Wiederaufnahme

Für die Wiederaufnahme des Verfahrens in Ehesachen und Familienstreitsachen gelten die §§ 578 bis 591 der Zivilprozessordnung entsprechend.

1 Der Sache nach **entspricht § 118 dem bereits in § 48 Abs. 2 angeordneten Verweis** auf die Wiederaufnahmevorschriften der Zivilprozessordnung. § 48 Abs. 2 wäre auf Grund seiner systematischen Stellung auch auf Ehesachen und Familienstreitsachen anwendbar, wenn er nicht durch § 113 Abs. 1 Satz 1 verdrängt würde. Die ausdrückliche Wiederholung des ZPO-Verweises schien wohl übersichtlicher zu sein als eine differenzierte Bezugnahme auf § 48, der in seinen übrigen Absätzen auf Ehesachen und Familienstreitsachen nicht anwendbar ist. Soweit das Wiederaufnahmeverfahren nach dem 1.9.2009 eingeleitet wurde, findet auf dieses das FamFG unabhängig davon Anwendung, ob für das wieder aufgenommene Verfahren vor seinem rechtskräftigen Abschluss bereits das FamFG galt (Art. 111 Satz 1 FGG-RG).[1]

2 Bei der Wiederaufnahme handelt es sich um einen **außerordentlichen Rechtsbehelf**, der darauf abzielt, durch rechtsgestaltende Entscheidung ein bestehendes rechtskräftiges Urteil mit rückwirkender Kraft zu beseitigen. Die Wiederaufnahme des Verfahrens nach § 578 ZPO kann durch Nichtigkeitsklage nach § 579 ZPO oder Restitutionsklage nach § 580 ZPO erreicht werden. Die sachliche und örtliche Zuständigkeit richtet sich nach § 584 ZPO.

3 Auch wenn es sich um ein eigenständiges Verfahren handelt, zielt die Wiederaufnahme doch – vergleichbar einem Rechtsmittel – auf Überprüfung des Vorprozesses ab. Das gesamte Wiederaufnahmeverfahren selbst ist daher seinerseits auch **Ehesache** iSv. § 111 Nr. 1 bzw. **Familienstreitsache** iSv. § 112,[2] so dass ergänzend zu §§ 578 ff. ZPO die entsprechenden Verfahrensvorschriften des FamFG gelten.[3] Insbesondere wird durch Einleitung eines Wiederaufnahmeverfahrens der Gerichtsstand der Ehesache iSv. §§ 152 Abs. 1, 201 Nr. 1, 218 Nr. 1, 232 Abs. 1 Nr. 1, 262 Abs. 1, 267 Abs. 1, 270 Abs. 1 Satz 2 eröffnet.[4]

4 Während die Wiederaufnahme der Scheidungssache sich – zwecks Fortführung des Verbunds – ohne weiteres auch auf die **Folgesachen** erstreckt, wird die Rechtskraft der Scheidung durch eine auf Folgesachen beschränkte Wiederaufnahme nicht tangiert.[5]

---

1 Vgl. *Schulte-Bunert*, Rz. 50.

2 BGH v. 5.5.1982 – IVb ZR 707/80, FamRZ 1982, 789 (790); OLG Stuttgart v. 22.10.1979 – 18 WF 245/79, FamRZ 1980, 379; OLG Zweibrücken v. 30.4.2004 – 2 UF 187/03, FamRZ 2005, 733; MüKo.ZPO/*Bernreuther*, § 606 ZPO Rz. 11; aA OLG Karlsruhe v. 26.5.1995 – 2 WF 61/95, FamRZ 1996, 301.

3 BGH v. 5.5.1982 – IVb ZR 707/80, FamRZ 1982, 789 (790); *Rosenberg/Schwab/Gottwald*, § 158 Rz. 5; *Bergerfurth/Rogner*, Ehescheidungsprozess, Rz. 1354.

4 Zöller/*Philippi*, § 621 ZPO Rz. 86; *Bergerfurth*, FamRZ 1998, 16; *Bergerfurth/Rogner*, Ehescheidungsprozess, Rz. 1355 Fn. 7. Wegen der hiermit einhergehenden Manipulationsgefahr lehnt OLG Karlsruhe v. 26.5.1995 – 2 WF 61/95, FamRZ 1996, 301 die Qualifizierung als Ehesache ab.

5 *Bergerfurth/Rogner*, Rz. 1362; MüKo.ZPO/*Finger*, § 621a ZPO Rz. 51; Staudinger/*Rauscher*, § 1564 BGB Rz. 92; aA Zöller/*Philippi*, § 629a ZPO Rz. 43: Neuverhandlung von Folgesachen nur, wenn sie ausdrücklich angefochten werden.

§ 119
Einstweilige Anordnung und Arrest

(1) In Familienstreitsachen sind die Vorschriften dieses Gesetzes über die einstweilige Anordnung anzuwenden. In Familienstreitsachen nach § 112 Nr. 2 und 3 gilt § 945 der Zivilprozessordnung entsprechend.

(2) Das Gericht kann in Familienstreitsachen den Arrest anordnen. Die §§ 916 bis 934 und die §§ 943 bis 945 der Zivilprozessordnung gelten entsprechend.

Literatur: *Gießler*, Das einstweilige Anordnungsverfahren, FPR 2006, 421; *Löhnig*, Die Sicherung künftiger familienrechtlicher Ansprüche – zur Zweispurigkeit materiell-rechtlicher und prozessualer Sicherungsmittel, FamRZ 2004, 504; *Menne*, Die Sicherung von Unterhaltsansprüchen durch dinglichen Arrest, FamRZ 2004, 6; *Schürmann*, Die einstweilige Anordnung nach dem FamFG, FamRB 2008, 375.

A. Einstweilige Anordnung nach allgemeinen FamFG-Grundsätzen

§ 119 Abs. 1 Satz 1 stellt klar, dass die einstweilige Anordnung nach §§ 49 ff. auch in Familienstreitsachen iSv. § 112 statthaft ist, was sich der Sache nach bereits daraus ergibt, dass §§ 49 bis 57 nicht zu den Vorschriften gehören, deren Anwendung auf Familienstreitsachen durch § 113 Abs. 1 Satz 1 ausgeschlossen wird. Damit ist der vorläufige Rechtsschutz, der nach der Konzeption des FamFG nunmehr durchweg unabhängig vom Hauptsacheverfahren beantragt und betrieben werden kann (vgl. § 51 Abs. 3 Satz 1), für **alle Familiensachen einheitlich** ausgestaltet. Im Bereich der Familienstreitsachen existieren ergänzende Sondervorschriften in Unterhaltssachen (§§ 246–248). Die Regelung des FamFG ist abschließend, so dass ein Rückgriff auf die einstweilige Verfügung nach §§ 935 ff. ZPO, wie sie vor Inkrafttreten des FamFG in Unterhaltssachen teilweise möglich war, ausgeschlossen ist.[1] 1

Obwohl das Verfahren nunmehr im Allgemeinen Teil des FamFG selbständig geregelt ist, sind einstweilige Anordnungen – soweit die Hauptsache zum Katalog des § 111 gehört – **Familiensachen** kraft verfahrensrechtlichen Zusammenhangs, für welche nach § 50 die Familiengerichte selbst dann zuständig sind, wenn die Eilzuständigkeit nach § 50 Abs. 2 Satz 1 in Anspruch genommen wird. Das Gleiche gilt in den Fällen des § 119 Abs. 1 Satz 2 für Schadensersatzprozesse nach § 945 ZPO.[2] Aufgrund der systematischen Stellung können jedoch einstweilige Anordnungen, selbst wenn sie während der Anhängigkeit einer Ehesache ergehen, nicht mehr als Ehesachen eingeordnet werden, so dass etwa § 125 und § 128[3] keine Anwendung finden. Wird nach Beantragung einer einstweiligen Anordnung eine Ehesache rechtshängig, ist das Eilverfahren nach §§ 153, 202, 233, 263, 268, 270 Abs. 1 Satz 2 an das Gericht der Ehesache abzugeben.[4] Gem. § 114 Abs. 4 Nr. 1 ist das Verfahren der einstweiligen Anordnung vom **Anwaltszwang** befreit. Damit kann in diesem Verfahrensstadium auch ein Vergleich ohne Mitwirkung von Rechtsanwälten wirksam geschlossen werden (§ 114 2

---

1 BT-Drucks. 16/6308, S. 226; Überblick über typische Verfahrensgegenstände Schulte-Bunert/Weinreich/*Schwonberg*, § 119 FamFG Rz. 2 ff.

2 Zöller/*Philippi*, § 621 ZPO Rz. 14.

3 So schon zum bislang geltenden Recht MüKo.ZPO/*Bernreuther*, § 613 ZPO Rz. 4; aA offenbar Thomas/Putzo/*Hüßtege*, § 620a ZPO Rz. 1.

4 *Schürmann*, FamRB 2008, 375 (376); *Gießler*, FPR 2006, 421 (426).

Rz. 10 f.). Wegen der Verselbständigung der einstweiligen Anordnung ist im Unterschied zu § 620g ZPO aF über die **Kosten** nach allgemeinen Grundsätzen zu entscheiden (vgl. § 51 Abs. 4).

3 Nach § 57 Satz 1 sind Entscheidungen im Verfahren der einstweiligen Anordnung grundsätzlich **nicht mit den allgemeinen Rechtsmitteln anfechtbar**. In dem Ausnahmekatalog des § 57 Satz 2 sind keine Familienstreitsachen enthalten. Spezifische Rechtsbehelfe eröffnen jedoch § 52 Abs. 2 und § 54 Abs. 1 und 2.[1] Zum Absehen von Verfahrenshandlungen im Hauptsacheverfahren gem. § 51 Abs. 2 Satz 2, soweit diese schon im Rahmen des Verfahrens der einstweiligen Anordnung vorgenommen wurden vgl. § 51 Rz. 19.

4 Gem. § 119 Abs. 1 Satz 2 ist in Familienstreitsachen iSv. § 112 Nr. 2 und 3 der **Schadensersatzanspruch** aus § 945 ZPO entsprechend anwendbar. Im Umkehrschluss kann nunmehr eindeutig gefolgert werden, dass – in Übereinstimmung mit der bisherigen Rechtsprechung des Bundesgerichtshofs[2] – § 945 ZPO auf Unterhaltssachen keine Anwendung findet. Wer auf Grund einer einstweiligen Anordnung Unterhalt gezahlt hat, den er nach der späteren Hauptsacheentscheidung nicht schuldet (§ 56 Abs. 1 Satz 2), bleibt damit nach wie vor auf den – wegen des Entreicherungseinwandes (§ 818 Abs. 3 BGB) unsicheren – Konditionsanspruch beschränkt.[3] Zur Frage der analogen Anwendbarkeit von § 241 vgl. § 241 Rz. 12.

B. Arrest nach der Zivilprozessordnung

5 § 119 Abs. 2 stellt klar, dass – wie auch nach bisherigem Recht – in Familienstreitsachen die Anordnung eines **dinglichen oder persönlichen Arrestes** nach §§ 916 bis 934, 943 bis 945 ZPO möglich ist. Der Sache nach ergänzt die Vorschrift damit die in § 113 Abs. 1 Satz 2, 120 Abs. 1 enthaltenen Verweisungen auf die ZPO. Während die einstweilige Anordnung zu einem vorläufigen Leistungsanspruch oder zur vorläufigen Regelung eines streitigen Rechtsverhältnisses führt, dient der Arrest der Sicherung der Zwangsvollstreckung in das bewegliche und unbewegliche Vermögen wegen Geldforderungen (§ 916 Abs. 1 ZPO). Voraussetzung ist die Glaubhaftmachung (§ 920 Abs. 2 ZPO) eines (materiellrechtlichen) Anspruchs und eines Arrestgrundes (§§ 917, 918 ZPO).

6 In Unterhaltssachen besitzt der Arrest vor allem Bedeutung zur **Sicherung künftiger Unterhaltsansprüche**. Dabei besteht wegen § 926 Abs. 1 ZPO für zukünftige Ansprüche eine Sicherungsmöglichkeit erst dann, wenn der zu sichernde Anspruch auch in der Hauptsache klagbar wäre (dh. bei nachehelichem Unterhalt ab Rechtshängigkeit des Scheidungsantrags).[4] Ein Arrestgrund liegt vor, wenn die konkrete Gefahr besteht, der Schuldner werde in Zukunft die Ansprüche nicht erfüllen.[5] Eine allgemein

---

1 *Schürmann*, FamRB 2008, 375 (379 ff.); *Gießler*, FPR 2006, 421 (425 f.).

2 BGH v. 27.10.1999 – XII ZR 239/97, FamRZ 2000, 751 (753 f.).

3 Vgl. die Darstellung der entsprechenden Grundsätze in BGH v. 27.10.1999 – XII ZR 239/97, FamRZ 2000, 751 f.; krit. Zöller/*Philippi*, § 620f ZPO Rz. 26 mwN.

4 OLG Düsseldorf v. 18.6.1993 – 3 UF 189/92, FamRZ 1994, 111 (113 f.); OLG Düsseldorf v. 18.6.1993 – 3 UF 192/92, FamRZ 1994, 114 (115); vgl. auch OLG Hamm v. 20.6.1995 – 3 UF 51/95, FamRZ 1995, 1427; *Löhnig*, FamRZ 2004, 503 f.; *Menne*, FamRZ 2004, 6 (8).

5 OLG Düsseldorf v. 23.6.1980 – 6 UF 64/80, FamRZ 1981, 45; OLG Köln v. 20.9.1983 – 4 UF 231/83, FamRZ 1983, 1259 (Ls. und 1260). Bejaht etwa in OLG Düsseldorf v. 18.6.1993 – 3 UF 189/92, FamRZ 1994, 111 (114) (hartnäckige Vermögensverschiebungen und -verschleierungen); OLG Hamm v. 20.6.1995 – 3 UF 51/95, FamRZ 1995, 1427 (Einkommensverlust wegen nicht nachvollziehbaren Zusammenbruchs der eigenen Firma). Vgl. auch den Überblick bei *Menne*, FamRZ 2004, 6 (9 f.).

schlechte Vermögenslage, geringfügige Zahlungsverzögerungen oder eine einmalige längere Verzögerung sowie die allgemeine Ungewissheit, ob zukünftige Vollstreckungsbemühungen Erfolg haben würden, sind nicht ausreichend.[1] Auch die Nichterteilung einer Einkommensauskunft selbst über einen längeren Zeitraum ist für sich genommen noch kein ausreichender Arrestgrund zur Sicherung künftiger Unterhaltsansprüche.[2] Ein Sicherungsbedürfnis besteht nur für die Dauer des voraussichtlichen Bestehens des Unterhaltsanspruchs. Da diese Prognose jedoch häufig schwierig zu treffen ist, muss die Dauer des Arrestes unter Abwägung der beiderseitigen Interessen festgelegt werden. Um die wirtschaftliche Bewegungsfreiheit des Schuldners nicht unangemessen einzuschränken, wird beim Ehegattenunterhalt der Sicherungszeitraum dabei regelmäßig auf höchstens fünf Jahre zu beschränken sein.[3] Das Sicherungsbedürfnis wird durch das Vorliegen eines vollstreckbaren Titels nicht automatisch beseitigt, weil nach § 751 ZPO nur die jeweils fällig werdenden monatlichen Unterhaltsbeträge vollstreckt werden können, etwas anderes gilt jedoch dann, wenn sich der Gläubiger durch die Vorratspfändung von Arbeitseinkommen nach § 850d Abs. 3 ZPO absichern kann.[4] Die Möglichkeit, nach § 1585a BGB Sicherheit verlangen zu können, lässt das Sicherungsbedürfnis – nach einhelliger Ansicht – nicht entfallen.[5]

In Güterrechtssachen war bisher heftig umstritten, ob die Sicherung von **zukünftigen[6] Ansprüchen auf Zugewinnausgleich** im Wege des Arrests statthaft ist, weil § 1389 BGB aF einen eigenständigen Anspruch auf Sicherheitsleistung normierte. Um die Anwendung der Arrestvorschriften insofern klarzustellen, hat der Gesetzgeber mit Wirkung zum 1.9.2009 § 1389 BGB aF aufgehoben.[7] Damit kann nunmehr eindeutig auch ein künftiger Anspruch auf Zugewinnausgleich durch Arrest gesichert werden,[8] sobald er klagbar ist (etwa im Verbund).[9] Gleichzeitig hat der Gesetzgeber durch die Neufassung der §§ 1385, 1386 BGB die Möglichkeit, vorzeitigen Zugewinnausgleich zu verlangen, erweitert. Auch dieser Anspruch kann durch Arrest gesichert 7

1 OLG Köln v. 20.9.1983 – 4 UF 231/83, FamRZ 1983, 1259 (Ls. und 1260).

2 OLG München v. 10.8.1999 – 12 WF 1136/99, FamRZ 2000, 965 (Ls.).

3 Grundlegend OLG Düsseldorf v. 23.6.1980 – 6 UF 64/80, FamRZ 1981, 45 f.; OLG Düsseldorf v. 18.6.1993 – 3 UF 189/92, FamRZ 1994, 111 (114); OLG Hamm v. 20.6.1995 – 3 UF 51/95, FamRZ 1995, 1427 (1428); Rahm/Künkel/*Niepmann/Stollenwerk*, VI Rz. 101.

4 OLG Düsseldorf v. 18.6.1993 – 3 UF 189/92, FamRZ 1994, 111 (114); OLG Düsseldorf v. 23.6.1980 – 6 UF 64/80, FamRZ 1981, 45; OLG Zweibrücken v. 23.3.1999 – 5 UF 82/97, FamRZ 2000, 966 (967) (eine erst nach Erlass des Arrestes entstandene Möglichkeit zur Vorratspfändung lässt das Rechtsschutzbedürfnis nicht entfallen).

5 OLG Düsseldorf v. 18.6.1993 – 3 UF 189/92, FamRZ 1994, 111 (114); *Löhnig*, FamRZ 2004, 503 (506); *Menne*, FamRZ 2004, 6 (7).

6 Da § 1389 BGB aF nur der Sicherung von „künftigen" Ansprüchen auf Zugewinnausgleich diente, war die Arrestfähigkeit des durch Rechtskraft der Scheidung entstandenen Anspruchs auf Zugewinnausgleich (§ 1378 Abs. 3 Satz 1 BGB) schon immer unproblematisch (OLG Frankfurt v. 12.9.1995 – 3 UF 172/95, FamRZ 1996, 747; MüKo.BGB/*Koch*, § 1389 BGB Rz. 5).

7 Begr. Entwurf eines Gesetzes zur Änderung des Zugewinnausgleichs- und Vormundschaftsrechts, BT-Drucks. 16/10798 (eVF), S. 31.

8 Vgl. schon zum bisherigen Recht OLG Naumburg v. 30.1.2008 – 8 WF 4/08, FamRZ 2008, 2202; OLG Düsseldorf v. 18.6.1993 – 3 UF 192/92, FamRZ 1994, 114 (115); OLG Hamburg v. 9.10.2001 – 2 UF 61/01, FamRZ 2003, 238; OLG Hamm v. 22.4.1996 – 5 WF 89/96, FamRZ 1997, 181; OLG Karlsruhe v. 29.8.2006 – 5 UF 173/06, FamRZ 2007, 408 m. Anm. *Kleinle* S. 1259; OLG Karlsruhe v. 9.3.1994 – 5 UF 187/93, FamRZ 1995, 822 (823); OLG Karlsruhe v. 17.10.1996 – 2 UF 140/96, FamRZ 1997, 622; Zöller/*Vollkommer*, § 916 ZPO Rz. 8.

9 OLG Brandenburg v. 29.9.2008 – 13 UF 68/08, FamRZ 2009, 446; OLG Naumburg v. 30.1.2008 – 8 WF 4/08, FamRZ 2008, 2202 f.; OLG Koblenz v. 10.1.2001 – 1 U 1502/00, OLGR Koblenz 2001, 292 (294); MüKo.BGB/*Koch*, § 1389 BGB Rz. 4; *Kleinle*, FamRZ 2007, 1259 (1260).

werden.[1] Ein **Arrestgrund** liegt beispielsweise dann vor, wenn der (künftige) Anspruch auf Zugewinnausgleich auf Grund (konkret drohender) Vermögensverschiebungen,[2] erheblicher Vermögensverluste beim Glücksspiel[3] oder der wissentlichen Erteilung grob falscher Auskünfte gefährdet erscheint.[4] In den Fällen des § 1385 Nr. 2–4 BGB indiziert der Arrestanspruch den Arrestgrund.[5]

8 Zuständig für den Arrest ist gem. § 919 ZPO das Gericht der Hauptsache (vgl. § 943 ZPO) sowie das AG, in dessen Bezirk der mit dem Arrest zu belegende Gegenstand oder die in ihrer persönlichen Freiheit zu beschränkende Person sich befindet. Der Gläubiger hat die Wahl zwischen den beiden Gerichtsständen (§ 35 ZPO), und zwar auch dann, wenn während der Anhängigkeit einer Ehesache für die Hauptsache das Gericht der Ehesache ausschließlich zuständig ist.[6] Soweit das Hauptsacheverfahren eine **Familiensache** ist, sind für den Erlass des Arrestbefehls jeweils die Abteilungen für Familiensachen zuständig (vgl. § 111 Rz. 35).[7] Gem. § 116 Abs. 1 entscheiden sie stets durch Beschluss (vgl. demgegenüber § 922 Abs. 1 ZPO).[8] Das Arrestgesuch kann gem. § 920 Abs. 3 ZPO iVm. § 129a Abs. 1 ZPO zu Protokoll eines jeden Amtsgerichts erklärt werden und unterliegt deshalb auch nicht dem Anwaltszwang (§ 114 Abs. 4 Nr. 6 FamFG iVm. § 78 Abs. 3 ZPO).[9]

9 Gegen die Entscheidung stehen die allgemeinen für das Arrestverfahren vorgesehenen **Rechtsbehelfe** offen: Wurde ein Arrest **ohne mündliche Verhandlung** ausgesprochen (= Beschluss iSv. § 924 Abs. 1 iVm. § 922 Abs. 1 Satz 1, 2. Alt. ZPO), so ist Widerspruch nach § 924 ZPO statthaft. Wurde der Antrag ohne mündliche Verhandlung zurückgewiesen oder gem. § 921 Satz 2 ZPO nur gegen Sicherheitsleistung zugelassen, steht dem Antragsteller gem. § 567 Abs. 1 Nr. 2 ZPO die sofortige Beschwerde offen.[10] Da §§ 58 ff. FamFG den Rückgriff auf die sofortige Beschwerde nicht sperren wollen, damit bei Entscheidungen, die auf der Grundlage von Vorschriften der ZPO getroffen werden, in Verfahren nach dem FamFG das gleiche Rechtsmittel statthaft ist wie in bürgerlichen Rechtsstreitigkeiten,[11] wird man die Legitimation für die Heranziehung der §§ 567 ff. ZPO aus dem Verweis auf §§ 916 ff. ZPO ableiten können.[12] Wurde demgegenüber **auf Grund mündlicher Verhandlung** entschieden, kann unter den Voraussetzungen des § 58 Abs. 1 Beschwerde eingelegt werden. Gegen einen Versäumnisbeschluss kann der Säumige Einspruch nach §§ 338 ff. ZPO iVm. § 113 Abs. 1 Satz 2 FamFG einlegen. Daneben kennt das Arrestverfahren als weitere Rechtsbehelfe den Aufhebungsantrag wegen Versäumung der Frist zur Erhebung der Hauptsacheklage

1 Begr. Entwurf eines Gesetzes zur Änderung des Zugewinnausgleichs- und Vormundschaftsrechts, BT-Drucks. 16/10798 (eVF), S. 28.
2 OLG Brandenburg v. 29.9.2008 – 13 UF 68/08, FamRZ 2009, 446 (448); OLG Naumburg v. 30.1.2008 – 8 WF 4/08, FamRZ 2008, 2202 (2203); OLG Düsseldorf v. 18.6.1993 – 3 UF 192/92, FamRZ 1994, 114 (115 f.); OLG München v. 10.8.1999 – 12 WF 1136/99, FamRZ 2000, 965 (Ls.); OLG Celle v. 8.9.1993 – 21 UF 118/93, FamRZ 1996, 1429.
3 AG Warendorf v. 10.11.1999 – 9 F 244/99, FamRZ 2000, 965 (Ls.).
4 OLG Frankfurt v. 12.9.1995 – 3 UF 172/95, FamRZ 1996, 747 (749); vgl. dazu auch Schulte-Bunert/Weinreich/*Schwonberg*, § 119 FamFG Rz. 17.
5 Schulte-Bunert/Weinreich/*Schwonberg*, § 119 FamFG Rz. 17.
6 OLG Frankfurt v. 10.11.1987 – 1 UFH 22/87, FamRZ 1988, 184 (185).
7 BGH v. 10.10.1979 – IV ARZ 52/79, FamRZ 1980, 46.
8 Begr. RefE II, S. 357.
9 Ein Antragsmuster findet sich bei Rahm/Künkel/*Niepmann/Stollenwerk*, VI Rz. 108.
10 Zur bisherigen Rechtslage Zöller/*Vollkommer*, § 922 ZPO Rz. 13.
11 BT-Drucks. 16/6308, S. 203.
12 Vgl. auch *Fölsch*, § 5 Rz. 112.

(§ 926 Abs. 2 ZPO) und den Antrag auf Aufhebung wegen veränderter Umstände (§ 927 ZPO), der insbesondere nach Obsiegen in der Hauptsache greift.[1] Eine Rechtsbeschwerde ist in Arrestverfahren gem. § 70 Abs. 4, 2. Alt. ausdrücklich ausgeschlossen. **Kein Rechtsmittel** ist damit **gegen Entscheidungen des Oberlandesgerichts** gegeben, gleichgültig ob dieses über das Arrestgesuch erstinstanzlich bei Anhängigkeit der Hauptsache in der Beschwerdeinstanz (vgl. § 58 Abs. 1) oder in zweiter Instanz auf Beschwerde (vgl. § 70 Abs. 4, 2. Alt.) oder sofortige Beschwerde hin (vgl. § 574 Abs. 1 Satz 2 iVm. § 542 Abs. 2 ZPO) entscheidet.

§ 120 Vollstreckung

(1) Die Vollstreckung in Ehesachen und Familienstreitsachen erfolgt entsprechend den Vorschriften der Zivilprozessordnung über die Zwangsvollstreckung.

(2) Endentscheidungen sind mit Wirksamwerden vollstreckbar. Macht der Verpflichtete glaubhaft, dass die Vollstreckung ihm einen nicht zu ersetzenden Nachteil bringen würde, hat das Gericht auf seinen Antrag die Vollstreckung vor Eintritt der Rechtskraft in der Endentscheidung einzustellen oder zu beschränken. In den Fällen des § 707 Abs. 1 und des § 719 Abs. 1 der Zivilprozessordnung kann die Vollstreckung nur unter denselben Voraussetzungen eingestellt oder beschränkt werden.

(3) Die Verpflichtung zur Eingehung der Ehe und zur Herstellung des ehelichen Lebens unterliegt nicht der Vollstreckung.

A. Systematik

Nach § 116 Abs. 2 und Abs. 3 Satz 1 werden Endentscheidungen in Ehesachen und Familienstreitsachen grundsätzlich erst mit Rechtskraft wirksam, doch besitzt das Gericht die Befugnis, die **sofortige Wirksamkeit** anzuordnen (§ 116 Abs. 3), um damit nach § 120 Abs. 2 Satz 1 die Möglichkeit der Zwangsvollstreckung zu eröffnen. Das bisherige System der vorläufigen Vollstreckbarkeit wird hierdurch abgelöst und ist auf Familienstreitsachen nicht mehr anwendbar. Als Gegengewicht kann jedoch nach § 120 Abs. 2 Satz 2 auf **Antrag die Vollstreckung ausgeschlossen oder beschränkt werden**, wenn ein nicht zu ersetzender Nachteil glaubhaft gemacht wird. Im Übrigen gelten in Ehesachen und Familienstreitsachen die Regeln der ZPO über die Zwangsvollstreckung entsprechend (§ 120 Abs. 1). 1

1 Zöller/*Vollkommer*, § 927 ZPO Rz. 4 f.

B. Anwendbarkeit der Zivilprozessordnung

I. Grundsatz (Absatz 1)

2 Die Vorschrift ergänzt den in § 113 Abs. 1 Satz 2 enthaltenen Verweis auf die ZPO. Gem. § 120 Abs. 1 richtet sich die Vollstreckung in Ehesachen und Familienstreitsachen nicht nach §§ 86 ff., deren Anwendbarkeit bereits durch § 113 Abs. 1 Satz 1 ausgeschlossen wird, sondern – wie nach bisherigem Recht – nach **§§ 704 bis 915h ZPO**. Auf Grund ihrer Stellung im Allgemeinen Teil des 2. Buches gilt die Vorschrift für die Vollstreckung von Entscheidungen aus allen Instanzen. Zur Zuständigkeit des Familiengerichts als „Prozessgericht" vgl. § 111 Rz. 39.

II. Modifikationen (Abs. 2 Satz 1)

3 Gem. § 120 Abs. 2 Satz 1 sind Endentscheidungen in Ehesachen und Familienstreitsachen **automatisch vollstreckbar**, sobald sie wirksam sind, und bedürfen daher keiner besonderen Vollstreckbarerklärung.[1] Durch dieses Regelungskonzept werden §§ 708–713 ZPO verdrängt,[2] so dass etwa die Anordnung der vorläufigen Vollstreckbarkeit gegen Sicherheitsleistung (§ 709 Satz 2) oder eine Abwendung der Vollstreckung durch Sicherheitsleistung (§ 711 ZPO) nicht mehr vorgesehen sind (zu Ausnahmen Rz. 12). Auch §§ 714–720a ZPO passen nur noch teilweise; bei ihrer Auslegung muss berücksichtigt werden, dass wirksame Endentscheidungen in Familienstreitsachen automatisch und ohne Sicherheitsleistung vollstreckbar sind.[3] So ist etwa die Zwangsvollstreckung aus einem Beschluss, dessen sofortige Wirksamkeit angeordnet wurde, uneingeschränkt und ohne eine mit § 720a ZPO vergleichbare Einschränkung möglich.[4] Demgegenüber bleibt beispielsweise § 717 Abs. 2 ZPO anwendbar, wonach der Schuldner vom Vollstreckungsgläubiger Schadensersatz verlangen kann, wenn der Beschluss, aus dem vollstreckt wurde, später aufgehoben oder abgeändert wird.[5]

4 Der **Zeitpunkt des Wirksamwerdens** bestimmt sich für Endentscheidungen in Ehesachen und Familienstreitsachen nach § 116 Abs. 2 und 3, für Folgesachen muss außerdem § 148 beachtet werden.

5 **Sonstige Vollstreckungstitel** iSv. § 120 Abs. 1 FamFG iVm. § 794 ZPO werden von der Regelung des § 120 Abs. 2 FamFG nicht erfasst. Für sie gilt damit ausschließlich § 120 Abs. 1.

C. Einstellung und Beschränkung der Vollstreckung (Abs. 2 Satz 2 und 3)

6 Nach § 120 Abs. 2 Satz 2 kann – in Parallele zu § 62 Abs. 1 Satz 2 ArbGG – die Vollstreckung auf Antrag eingestellt oder beschränkt werden, wenn der Verpflichtete glaubhaft macht (§ 113 Abs. 1 Satz 2 FamFG iVm. § 294 ZPO), dass sie ihm einen nicht zu ersetzenden Nachteil bringt. Der Begriff des **nicht zu ersetzenden Nachteils** wird im zwangsvollstreckungsrechtlichen Kontext bereits in §§ 707 Abs. 1 Satz 2, 712

1 BT-Drucks. 16/6308, S. 226.
2 BT-Drucks. 16/6308, S. 226.
3 BT-Drucks. 16/6308, S. 226.
4 *Giers*, FamRB 2009, 87.
5 *Giers*, FamRB 2009, 87.

Abs. 1 Satz 1, 719 Abs. 2 Satz 1 ZPO verwendet. Als **Beschränkung** kommt entweder die Einstellung der Vollstreckung über einen bestimmten Betrag hinaus oder der Ausschluss bestimmter Vollstreckungsmaßnahmen (etwa in einzelne Objekte) in Frage.[1]

Für die Bedeutung dieser Schutzklausel ist im familienrechtlichen Kontext vor allem entscheidend, ob sie bereits dann greifen soll, wenn der Schuldner wegen der **Mittellosigkeit des Vollstreckungsgläubigers** aller Voraussicht nach einen etwaigen Anspruch auf Rückforderung des beigetriebenen Geldbetrags (vgl. § 717 Abs. 2 und 3 ZPO) nicht wird realisieren können. Nach einer äußerst restriktiven Ansicht, die vor allem von den Familiensenaten einiger Oberlandesgerichte vertreten wird, sollen die finanziellen Nachteile, die mit einer grundlosen Zwangsvollstreckung regelmäßig verbunden sind, keinen unersetzbaren Nachteil darstellen, solange keine irreparablen Folgeschäden wie zB der Verlust der Existenzgrundlage drohen.[2] Demgegenüber hat sich der BGH – in Übereinstimmung mit der einhelligen Meinung der Arbeitsgerichte zu § 62 Abs. 1 Satz 2 ArbGG[3] – mittlerweile auf den Standpunkt gestellt, dass nach dem klaren Wortlaut des § 719 Abs. 2 ZPO der **dauerhafte Verlust einer nicht geschuldeten Geldsumme** ein unersetzlicher Nachteil sei.[4] Dafür wird es allerdings nicht als ausreichend angesehen, dass die Rückforderung längere Zeit in Anspruch nehmen und mit nicht unerheblichen Mühen verbunden sein könnte, vielmehr sei erforderlich, dass (etwa wegen dauerhafter Arbeitslosigkeit) mit einer Rückzahlung auf absehbare Zeit nicht gerechnet werden kann.[5] Zwar spricht im Kontext des § 120 Abs. 2 Satz 2 viel für eine restriktive Auslegung, denn das neue System der § 116 Abs. 3 Satz 2 und 3 iVm. § 120 Abs. 2 zielt offenbar auf eine Stärkung der Position des Vollstreckungsgläubigers,[6] doch dient § 120 Abs. 2 Satz 2 allein dem Schuldnerschutz und nimmt, anders als etwa §§ 712 Abs. 2 Satz 1, 719 Abs. 2 Satz 1 ZPO, auf ein „überwiegendes Interesse des Gläubigers" gerade nicht Rücksicht. Im Ergebnis lässt sich damit kaum begründen, warum der ungerechtfertigte Verlust einer Geldsumme kein unersetzbarer Nachteil sein soll. 7

Kompromisslösungen wären möglich, wenn man (als milderes Mittel) die Einstellung oder Beschränkung der Zwangsvollstreckung gegen Sicherheitsleistung anordnen könnte. Eine solche Option ist in § 120 Abs. 2 Satz 2, anders als in dem durch diese Vorschrift verdrängten § 712 ZPO, jedoch nicht vorgesehen. Auch das Argument, dass 8

---

1 Entsprechend einer „teilweisen" Einstellung iSv. § 719 ZPO (Baumbach/*Hartmann*, § 719 ZPO Rz. 8) und § 62 Abs. 1 ArbGG (Schwab/Weth/*Walker*, § 62 ArbGG Rz. 16; Germelmann/Matthes/Prütting/Müller Glöge/*Germelmann*, § 62 ArbGG Rz. 38).

2 OLG Hamm v. 10.3.1999 – 10 UF 239/98, FamRZ 2000, 363; OLG Koblenz v. 29.7.2004 – 11 UF 387/04, FamRZ 2005, 468; KG v. 28.2.2008 – 12 U 25/08, NZM 2008, 623; OLG Rostock v. 28.5.2003 – 10 UF 46/03, FamRZ 2004, 127 (128); LG Frankfurt a.M. v. 14.3.1989 – 2/11 S 18/89, WuM 1989, 304; vgl. auch noch BGH v. 28.9.1955 – III ZR 171/55, BGHZ 18, 219 f.; Zöller/*Herget*, § 707 ZPO Rz. 13, anders aber § 719 ZPO Rz. 6.

3 LAG Frankfurt v. 8.1.1992 – 10 Sa 1901/91, NZA 1992, 427 (428); Schwab/Weth/*Walker*, § 62 ArbGG Rz. 12; ErfK/*Koch*, § 62 ArbGG Rz. 4; Germelmann/Matthes/Prütting/Müller-Glöge/*Germelmann*, § 62 ArbGG Rz. 19 und 23 ff. jeweils mwN.

4 BGH v. 30.1.2007 – X ZR 147/06, BGHReport 2007, 409 (411) = NJW-RR 2007, 1138; OLG Hamm v. 24.1.1995 – 1 UF 403/94, FamRZ 1996, 113; Musielak/*Lackmann*, § 707 ZPO Rz. 9; MüKo.ZPO/*Krüger*, § 707 ZPO Rz. 17aE; Stein/Jonas/*Münzberg*, § 707 ZPO Rz. 17.

5 LAG Frankfurt v. 8.1.1992 – 10 Sa 1901/91, NZA 1992, 427 (428); Germelmann/Matthes/Prütting/Müller-Glöge/*Germelmann*, § 62 ArbGG Rz. 24 f.

6 Diskutiert wurde in erster Linie, ob die Regelung die Interessen des Schuldners angemessen wahre, BT-Drucks. 16/6308, S. 373 und 412. Vgl. demgegenüber im Rahmen der Sachverständigenanhörung die Warnung von *Borth*, der „Gläubigerschutz" sei deutlich schwächer (http://www.bundestag.de/ausschuesse/a06/anhoerungen/Archiv/30_FGG_Teil_II/04_Stellungnahmen/Stellungnahme_Borth.pdf).

eine Sicherheitsleistung im Unterschied zu § 62 Abs. 1 Satz 4 ArbGG immerhin nicht ausdrücklich ausgeschlossen sei,[1] trägt nicht. Zum einen betrifft § 62 Abs. 1 Satz 4 ArbGG, der erst mit Wirkung zum 1.4.2008 eingeführt wurde, vergleichbar mit § 120 Abs. 2 Satz 3 nur die Fälle der §§ 707 Abs. 1, 719 Abs. 1 ZPO, zum anderen kommt der Norm lediglich klarstellende Funktion zu.[2]

9 Damit dürfte das neue Recht einen zusätzlichen Anreiz schaffen, in Unterhaltssachen **einstweilige Anordnungen** zu beantragen: Zwar können einstweilige Anordnungen, da sie nunmehr von der Anhängigkeit einer Hauptsache unabhängig sind, grundsätzlich als Endentscheidungen angesehen werden,[3] doch gilt § 120 Abs. 2 wegen der abschließenden Regelung in § 55 nicht.[4] Als vorteilhaft erweist sich dieses Vorgehen auch deshalb, weil § 119 Abs. 1 Satz 2 klarstellt, dass (nach wie vor) kein Schadensersatzanspruch nach § 945 ZPO droht, wenn sich nachträglich herausstellt, dass die Vollstreckung zu Unrecht erfolgte.

10 In entsprechender Anwendung von § 714 Abs. 1 ZPO muss der Antrag nach § 120 Abs. 2 Satz 2 **vor Schluss der mündlichen Verhandlung** gestellt werden, auf die der Beschluss ergeht.[5] Soweit § 120 Abs. 2 Satz 2 auf den Zeitpunkt „vor Eintritt der Rechtskraft" abstellt, wird hierdurch nicht der Zeitraum eingegrenzt, innerhalb dessen der Antrag zu stellen ist,[6] sondern die anzuordnende Maßnahme, Einstellung bzw. Beschränkung der „Vollstreckung vor Eintritt der Rechtskraft", näher spezifiziert. Wird die rechtzeitge Antragstellung versäumt, bleibt nur der Weg über § 120 Abs. 2 Satz 3 FamFG iVm. §§ 707 Abs. 1, 719 Abs. 1 ZPO. Wird der Antrag übergangen, kann nach § 716 ZPO iVm. § 323 ZPO eine Ergänzung des Beschlusses verlangt werden.[7] Die Einstellung oder Beschränkung der Vollstreckung „vor Eintritt der Rechtskraft" ist im Tenor auszusprechen, während eine Ablehnung des Antrags in den Entscheidungsgründen erfolgt.[8] Die Entscheidung ist zu begründen.

11 Gem. § 120 Abs. 2 Satz 3 gelten – in Übereinstimmung mit § 62 Abs. 1 Satz 3 ArbGG – die in Satz 2 festgelegten Maßstäbe auch für die Einstellung und Beschränkung der Zwangsvollstreckung nach **§ 707 Abs. 1 und § 719 Abs. 1 ZPO**. In der Sache bedeutet das, dass die Einstellung oder Beschränkung der Zwangsvollstreckung auch in den dort geregelten Fällen stets nur dann möglich ist, wenn der Schuldner einen nicht zu ersetzenden Nachteil glaubhaft macht. Doch beschränkt sich die Norm – entgegen dem ersten Anschein – nicht darauf, die „Voraussetzungen" für Maßnahmen nach § 120 Abs. 2 Satz 2 FamFG und §§ 707 Abs. 1, 719 Abs. 1 ZPO zu harmonisieren. Vielmehr wird man die Anordnung, dass die Vollstreckung nur unter denselben Voraussetzun-

1 *Giers*, FamRB 2009, 87 (88), der die Frage im Ergebnis offen lässt, aber empfiehlt, vorsorglich entsprechende Anträge zu stellen.

2 BR-Drucks. 820/07, S. 33. Für die Anordnung nach § 62 Abs. 1 Satz 2 ArbGG wird die Einstellung der Zwangsvollstreckung gegen Sicherheitsleistung nach hM nicht für möglich gehalten, Germelmann/Matthes/Prütting/Müller-Glöge/*Germelmann*, § 62 ArbGG Rz. 33; Schwab/Weth/*Walker*, § 62 ArbGG Rz. 4; zur Gegenansicht vgl. *Beckers*, NZA 1997, 1322 (1324 f.).

3 *Schael*, FPR 2009, 11 (12); *Maurer*, FamRZ 2009, 1035.

4 Vgl. zur Rechtslage nach § 62 ArbGG Germelmann/Matthes/Prütting/Müller-Glöge/*Germelmann*, § 62 ArbGG Rz. 7.

5 So die ganz hM zu § 62 ArbGG Schwab/Weth/*Walker*, § 62 ArbGG Rz. 7; Germelmann/Matthes/Prütting/Müller-Glöge/*Germelmann*, § 62 ArbGG Rz. 3 und 29.

6 So *Schulte-Bunert*, Rz. 479; Schulte-Bunert/Weinreich/*Schulte-Bunert*, § 120 FamFG Rz. 4.

7 Germelmann/Matthes/Prütting/Müller-Glöge/*Germelmann*, § 62 ArbGG Rz. 3.

8 Schwab/Weth/*Walker*, § 62 ArbGG Rz. 18 f. unter Berufung auf die Parallele zu § 712 ZPO (vgl. dazu Zöller/*Herget*, § 712 ZPO Rz. 7). Demgegenüber ist nach Germelmann/Matthes/Prütting/Müller-Glöge/*Germelmann*, § 62 ArbGG Rz. 34 f. beides im Tenor auszusprechen.

gen „eingestellt oder beschränkt" werden könne, auch als Vereinheitlichung der Rechtsfolgen verstehen müssen, weil nicht einzusehen ist, warum in erster und zweiter Instanz insofern unterschiedliche Regeln gelten sollten: Damit ist auch in den Fällen der §§ 707 Abs. 1, 719 Abs. 1 ZPO nur die in § 120 Abs. 2 Satz 2 FamFG vorgesehene Einstellung oder Beschränkung der Zwangsvollstreckung **ohne Sicherheitsleistung** möglich.[1] Aus dem Umstand, dass § 62 Abs. 1 Satz 4 ArbGG eine entsprechende ausdrückliche Regelung enthält, kann man für § 120 Abs. 2 Satz 3 FamFG keinen Gegenschluss ziehen, denn die erst mit Wirkung zum 1.4.2008 eingeführte Regelung besaß nach dem Willen des Gesetzgebers lediglich klarstellende Funktion.[2] Die Entscheidung ergeht durch Beschluss und ist nicht anfechtbar (§ 120 Abs. 1 FamFG iVm. §§ 707 Abs. 2 Satz 2, 719 Abs. 1 Satz 1 ZPO).

Soweit § 120 Abs. 2 keine Sonderregelung trifft, bleibt demgegenüber die Einstellung der Zwangsvollstreckung **gegen Sicherheitsleistung** möglich, so etwa bei einer Vollstreckungsabwehr- oder Drittwiderspruchsklage nach § 120 Abs. 1 FamFG iVm. §§ 769, 771 Abs. 2 ZPO[3] oder der einstweiligen Einstellung der Zwangsvollstreckung im Zusammenhang mit einem Abänderungsantrag nach § 242 Satz 1 FamFG iVm. § 769 ZPO. 12

D. Ausschluss der Vollstreckung (Absatz 3)

§ 120 Abs. 3 übernimmt die Regelung des § 888 Abs. 3, 1. und 2. Alt. ZPO: Eine **Verpflichtung zur Eingehung einer Ehe** wird im deutschen Familienrecht schon durch § 1297 Abs. 1 BGB ausgeschlossen. Der auf § 1353 Abs. 1 Satz 2 BGB gestützte Antrag auf **Herstellung des ehelichen Lebens** zählt gesetzessystematisch nunmehr (vgl. noch § 606 Abs. 1 Satz 1 ZPO aF) zu den sonstigen Familiensachen (§ 266 Abs. 1 Nr. 2). § 120 Abs. 3, 2. Alt. schließt die Vollstreckbarkeit aus, nicht aber die Klagbarkeit. 13

Keine Anwendung findet die Vorschrift auf solche Pflichten, die sich zwar (auch) auf § 1353 Abs. 1 BGB stützen, jedoch **nicht in erster Linie das personale Verhältnis** betreffen, wie zB Unterlassungsansprüche zum Schutz des räumlich-gegenständlichen Bereichs der Ehe[4] oder das Recht auf Mitbenutzung der Ehewohnung.[5] 14

Eine entsprechende Anwendung der Vorschrift kann demgegenüber geboten sein, um **drohenden Grundrechtsverletzungen zu begegnen**.[6] So wurde etwa die in einem Prozessvergleich eingegangene Verpflichtung zur Teilnahme an einer religiösen Scheidungszeremonie nach § 888 Abs. 3 ZPO aF analog als nicht vollstreckbar angesehen.[7] 15

---

1 Dies entspricht zu § 62 Abs. 1 Satz 2 ArbGG der ganz herrschenden Auffassung: Germelmann/Matthes/Prütting/Müller-Glöge/*Germelmann*, § 62 ArbGG Rz. 46 mwN.

2 BR-Drucks. 820/07, S. 33. Die insofern klargestellte Rechtslage entsprach auch schon zuvor der ganz herrschenden Auffassung: Schwab/Weth/*Walker*, § 62 ArbGG Rz. 24 und 29 mwN.

3 Germelmann/Matthes/Prütting/Müller-Glöge/*Germelmann*, § 62 ArbGG Rz. 50; ErfK/*Koch*, § 62 ArbGG Rz. 2; Schwab/Weth/*Walker*, § 62 ArbGG Rz. 32.

4 BGH v. 26.6.1952 – IV ZR 228/51, BGHZ 6, 360 (366 ff.); einschränkend OLG Bremen v. 2.11.1962 – 1 U 80/62, NJW 1963, 395 (396), soweit mittelbar die Wiederherstellung der ehelichen Gemeinschaft bezweckt wird; Vollstreckung nur gegen Dritten: OLG Celle v. 29.11.1979 – 12 UF 153/79, NJW 1980, 711 (713).

5 Vgl. OLG Hamm v. 25.1.1965 – 15 W 374/64, FamRZ 1966, 449 f.; *Schuschke/Walker*, Vollstreckung und Vorläufiger Rechtsschutz, § 888 ZPO Rz. 45.

6 BGH v. 3.7.2008 – I ZB 87/06, FamRZ 2008, 1751 (1752); MüKo.ZPO/*Gruber*, § 888 ZPO Rz. 22; *Schuschke/Walker*, Vollstreckung und Vorläufiger Rechtsschutz, § 888 ZPO Rz. 44, 47.

7 OLG Köln v. 19.3.1973 – 7 W 63/72, MDR 1973, 768 (769).

Demgegenüber hat sich mittlerweile in der Rechtsprechung die Auffassung durchgesetzt, einer Vollstreckung von Auskunftsansprüchen des sog. Scheinvaters (§§ 242, 826 BGB) oder eines nichtehelichen Kindes (§ 1618a BGB) gegen die Mutter auf Nennung des Erzeugers stehe nichts entgegen.[1] Während Verträge, mit denen sich Verlobte zur Wahl eines bestimmten Ehenamens verpflichten, als unwirksam[2] oder zumindest nicht klagbar[3] bzw. vollstreckbar[4] angesehen werden, können Abreden, in denen sich ein Ehegatte verpflichtet, seinen durch die Eheschließung erworbenen Namen im Falle der Scheidung aufzugeben (§ 1355 Abs. 5 Satz 2 BGB) wirksam getroffen werden, der hieraus resultierende Anspruch ist klagbar und auch vollstreckbar.[5]

E. Rechtsbehelfe

16 Über § 120 Abs. 1 finden auch die besonderen Rechtsbehelfe der ZPO im Zwangsvollstreckungsverfahren (§§ 732, 766, 793) Anwendung. Insofern werden die allgemeinen Vorschriften (§§ 58 ff., 117 FamFG) verdrängt.[6]

Abschnitt 2
Verfahren in Ehesachen; Verfahren in Scheidungssachen und Folgesachen

Unterabschnitt 1
Verfahren in Ehesachen

§ 121
Ehesachen

Ehesachen sind Verfahren

1. auf Scheidung der Ehe (Scheidungssachen),

2. auf Aufhebung der Ehe und

3. auf Feststellung des Bestehens oder Nichtbestehens einer Ehe zwischen den Beteiligten.

---

1 BGH v. 3.7.2008 – 1 ZB 87/06, FamRZ 2008, 1751 ff. m. Anm. *Löhnig*; OLG Bremen v. 21.7.1999 – 6 W 21/98, NJW 2000, 963 f. m. Anm. *Walker*, JZ 2000, 316 f.; aA LG Münster v. 29.7.1999 – 5 T 198/99, NJW 2000, 3787 (3788); aufgehoben durch OLG Hamm v. 16.1.2001 – 14 W 129/99, NJW 2001, 1870 (1871). Krit. zur Ableitung eines Auskunftsanspruchs des nichtehelichen Kindes gegen seine Mutter aus § 1618a BGB *Frank/Helms*, FamRZ 1997, 1258 ff.

2 Staudinger/*Vogel*, § 1355 BGB Rz. 51; *Rauscher*, Familienrecht, Rz. 262.

3 *Gernhuber/Coester-Waltjen*, Familienrecht, § 16 Rz. 12.

4 *Diederichsen*, NJW 1976, 1169 (1170 m. Fn. 32).

5 BGH v. 6.2.2008 – XII ZR 185/05, FamRZ 2008, 859 (860 f.).

6 Schulte-Bunert/Weinreich/*Schulte-Bunert*, § 120 FamFG Rz. 10; Baumbach/*Hartmann*, § 120 FamFG Rz. 8.

Literatur: *Becker-Eberhard,* Endgültiger Abschied vom Grundsatz der Einheitlichkeit der Entscheidung in Ehesachen, FS Gaul 1997, S. 35; *Gottwald,* Deutsche Probleme internationaler Familienverfahren, FS Nakamura 1996, S. 187; *Linke,* Parteifreiheit und Richterinitiative im Scheidungsverfahren, FS Beitzke 1979, S. 269; *Löhnig,* Das Scheidungsverfahren in erster Instanz nach dem FamFG, FamRZ 2009, 737; *Philippi,* Das Verfahren in Scheidungssachen und Folgesachen nach neuem Recht, FPR 2006, 406; *Prütting,* Versäumnisurteile in Statusprozessen, ZZP 91 (1978), 197; *H. Roth,* Der Streitgegenstand der Ehescheidung und der Grundsatz der Einheitlichkeit der Entscheidung, FS Schwab 2005, S. 701.

A. Allgemeines

I. Überblick

§ 121 legt fest, welche Verfahren zur **Kategorie der Ehesachen** iSv. § 111 Nr. 1 zu rechnen sind. Danach sind Ehesachen – in weitgehender Übereinstimmung mit § 606 Abs. 1 Satz 1, 1. Halbs. ZPO aF – Verfahren auf Scheidung der Ehe (Nr. 1), auf Aufhebung der Ehe (Nr. 2) und auf Feststellung des Bestehens oder Nichtbestehens einer Ehe (Nr. 3). Im Unterschied zu § 606 Abs. 1 Satz 1, 4. Alt. ZPO aF zählen allerdings Klagen auf Herstellung des ehelichen Lebens nicht mehr zu den Ehesachen, vielmehr sind sie nunmehr als „aus der Ehe herrührende Ansprüche“ iSv. § 266 Abs. 1 Nr. 2 den sonstigen Familiensachen iSv. § 111 Nr. 10 zuzuordnen.[1] Das Gleiche gilt für Verfahren auf Feststellung des Rechts zum Getrenntleben,[2] die als Gegenstück zur Klage auf Herstellung des ehelichen Lebens anerkannt sind.[3] Die anderen in § 111 Nr. 2 bis 11 aufgeführten Familiensachen rechnet § 121 nicht zu den Ehesachen (auch nicht, wenn sie Folgesachen iSv. § 137 sind[4]), da sie nicht den Bestand der Ehe als solchen zum Gegenstand haben. 1

II. Anwendbare Vorschriften

Nach § 111 Nr. 1 gehören Verfahren in Ehesachen zu den Familiensachen. Doch trotz formaler Eingliederung in das FamFG werden sie durch die in § 113 Abs. 1 Satz 2 enthaltene ZPO-Verweisung aus dem System der freiwilligen Gerichtsbarkeit zunächst weitgehend herausgelöst. Da allerdings Verfahrensgegenstand der Bestand der Ehe ist und diese als ein auch die Interessen Dritter berührender Status materiellrechtlich nicht der freien Disposition der Beteiligten unterliegt (vgl. § 113 Rz. 10), werden die **Vorschriften des ZPO-Normalverfahrens vielfältigen Modifikationen** unterworfen. 2

1 BT-Drucks. 16/6308, S. 226; *Meyer-Seitz/Kröger/Heiter,* FamRZ 2005, 1430 (1434).
2 AA offensichtlich Baumbach/*Hartmann,* § 122 FamFG Rz. 8.
3 Vgl. etwa OLG Karlsruhe v. 18.5.1988 – 16 WF 69/88, FamRZ 1989, 79 f.; OLG Frankfurt v. 10.9.1984 – 1 UF 246/84, FamRZ 1984, 1123.
4 BGH v. 17.10.1979 – IV ARZ 44/79, NJW 1980, 188 (zum Begriff der Ehesache iSv. § 620b Abs. 3 iVm. § 620a Abs. 4 Satz 1 ZPO aF).

Schon § 113 Abs. 4 schränkt die Verweisung auf die Zivilprozessordnung durch eine Reihe von Ausnahmen ein. Der erste Teil des Abschnitts 2 über das Verfahren in Ehesachen (§§ 122 bis 132) enthält weitere wichtige Sonderregeln, welche die grundsätzlich anwendbaren ZPO-Vorschriften verdrängen. Damit wird für Ehesachen ein besonderes Verfahrensregime geschaffen, welches gewisse Parallelen zu den ebenfalls Statusfragen berührenden Kindschaftssachen aufweist (zB Einschränkung der Dispositionsmaxime, Geltung der Inquisitionsmaxime). Für die praktisch ganz im Vordergrund stehenden Scheidungssachen treffen §§ 133 bis 150 ergänzende Bestimmungen, die insbesondere den Verbund von Scheidungs- und Folgesachen regeln.

3 Auch soweit materiellrechtlich auf die Auflösung der Ehe **ausländisches Recht** anwendbar ist, bleiben §§ 121 ff. als lex fori anwendbar. Im Einzelfall kann es jedoch erforderlich sein, das Verfahren dem ausländischen Sachrecht anzupassen, soweit bestimmte Regeln zwar verfahrensrechtlichen Charakter besitzen, ihre Einhaltung aus Sicht des ausländischen Rechts aber zwingende Voraussetzung für die Anerkennung der Entscheidung ist.[1] Dies kann etwa für die Durchführung eines Versöhnungsversuchs[2] oder die Mitwirkung des Staatsanwalts[3] gelten. Vgl. vor §§ 98–106 Rz. 40 f.

B. Verfahrensgegenstände in Ehesachen

4 Gem. § 270 Abs. 1 Satz 1 findet die Vorschrift auf **Lebenspartnerschaftssachen** nach § 269 Abs. 1 Nr. 1 und Nr. 2 entsprechende Anwendung. Ein Wiederaufnahmeverfahren in einer Ehesache ist selbst auch Ehesache (§ 118 Rz. 3).

I. Scheidung (Nr. 1)

5 § 121 Nr. 1 definiert den **Begriff der Scheidungssachen**. Ob die geltend gemachten Scheidungsgründe dem deutschen (§§ 1565 bis 1568 BGB) oder einem gem. Art. 17 Abs. 1 Satz 1 EGBGB einschlägigen ausländischen Sachrecht entnommen werden, spielt keine Rolle. Die dem Antrag auf Ehescheidung stattgebende Entscheidung besitzt rechtsgestaltende Wirkung und löst mit Eintritt der Rechtskraft die Ehe auf (§ 1564 Satz 2 BGB, § 116 Abs. 2 FamFG). Die rechtskräftige Abweisung eines Scheidungsantrags hindert den Antragsteller nicht, in einem neuen Verfahren geltend zu

1 *Nagel/Gottwald*, § 5 Rz. 75 ff.; Rahm/Künkel/*Breuer*, Rz. VIII 155; demgegenüber will Staudinger/*Spellenberg*, Anh. zu § 606a ZPO Rz. 66 ff. nicht nur die Anerkennungsfähigkeit sicherstellen, sondern den zwingenden Erfordernissen des ausländischen Rechts Rechnung tragen.

2 Afghanistan: OLG Hamburg v. 21.3.2000 – 2 UF 91/99, FamRZ 2001, 1007 (1008); Bosnien: OLG Stuttgart v. 18.3.1997 – 17 UF 104/96, FamRZ 1997, 1161 (im konkreten Fall entbehrlich); Italien: OLG Bremen v. 14.1.1983 – 5 UF 102/82a, IPRax 1985, 47; Kroatien: OLG Frankfurt v. 24.8.2000 – 6 WF 144/00, FamRZ 2001, 293 f. (im konkreten Fall nicht zwingend); vgl. zu Italien OLG Karlsruhe v. 21.3.1991 – 2 UF 45/90, FamRZ 1991, 1308 (1309); zum Versöhnungsversuch nach iranischem Recht vgl. BGH v. 6.10.2004 – XII ZR 225/01, FamRZ 2004, 1952 (1957). Grundsätzlich ablehnend (mit ausführlicher Begr.) demgegenüber AG Lüdenscheid v. 24.4.2002 – 5 F 621/00, FamRZ 2002, 1486 (1487 f.). Umfassend Staudinger/*Spellenberg*, Anh. zu § 606a ZPO Rz. 147 ff.

3 Str. vgl. *Nagel/Gottwald*, § 5 Rz. 77 und Zöller/*Philippi*, § 606a ZPO Rz. 15 einerseits und Rahm/Künkel/*Breuer*, Rz. VIII 162 andererseits. Im Verhältnis zu Italien, das in der Praxis die meisten Probleme bereitete, ist die Anerkennung nunmehr durch die Brüssel IIa-VO gesichert. Umfassende Nachweise zum Streitstand bei Staudinger/*Spellenberg*, Anh. zu § 606a ZPO Rz. 123 ff.

machen, die Ehe sei nach Abschluss der mündlichen Verhandlung im Vorprozess gescheitert und sich dabei – ergänzend – auch auf Tatsachen zu stützen, die schon vor Abschluss des Vorprozesses entstanden waren.[1] Zur Rechtskraftwirkung eines **ausländischen Scheidungsurteils** vgl. Kommentierung zu § 107.

II. Aufhebung (Nr. 2)

Die Voraussetzungen, unter denen eine Ehe aufgehoben werden kann, sind seit Inkrafttreten des Eheschließungsrechtsgesetzes[2] am 1.7.1998 in § 1314 BGB geregelt (für die Übergangsregelungen vgl. Art. 226 EGBGB[3]), können sich aber auch aus einem nach Art. 13 Abs. 1 EGBGB zu bestimmenden ausländischen Recht ergeben. Da das Verfahren auf den Erlass eines Gestaltungsurteils gerichtet ist, ist die Darlegung eines **besonderen Rechtsschutzbedürfnisses keine Zulässigkeitsvoraussetzung.**[4] In engen Ausnahmefällen kann sich die Antragstellung jedoch als unzulässige Rechtsausübung darstellen (§ 129 Rz. 6 f.).[5] 6

Eine Beteiligung Dritter am Verfahren ist möglich, wenn die **zuständige Verwaltungsbehörde** oder im Falle einer Doppelehe der **Ehegatte der Erstehe** den Antrag stellt (vgl. § 1316 Abs. 1 Nr. 1 BGB, § 129 Abs. 1 FamFG). Zur Antragsbefugnis der zuständigen Verwaltungsbehörde vgl. § 129 Rz. 5. Nach § 129 Abs. 2 Satz 1 ist in den Fällen des § 1316 Abs. 1 Nr. 1 BGB die zuständige Verwaltungsbehörde von einer Antragstellung zu unterrichten; ihr stehen auch dann, wenn sie keinen eigenen Antrag stellt, umfassende Mitwirkungsbefugnisse zu (§ 129 Abs. 2 Satz 2). 7

Auch bei der Eheaufhebung handelt es sich um eine rechtsgestaltende Entscheidung, die mit Eintritt der Rechtskraft mit **Wirkung ex nunc** die Ehe auflöst (§ 1313 Satz 2 BGB, § 116 Abs. 2 FamFG). Im Unterschied zur Scheidung wird bei der Eheaufhebung kein (nachträgliches) Scheitern, sondern ein die Ehe von Anfang an belastender Mangel geltend gemacht.[6] Hängt die Entscheidung eines anderen Rechtsstreits vom Ausgang des Eheaufhebungsverfahrens ab, so hat das Gericht diesen Rechtsstreit gem. § 152 ZPO auf Antrag auszusetzen. Da die Eheaufhebung statusrechtlich die gleichen Wirkungen besitzt wie die Scheidung, kann eine rechtskräftig geschiedene Ehe nicht mehr aufgehoben werden (§ 1317 Abs. 3 BGB). Doch wird den Ehegatten im Hinblick auf die vermögensrechtlichen Konsequenzen (§ 1318 Abs. 2 bis 5 BGB) im Wege der Rechtsfortbildung das Recht eingeräumt, einer rechtskräftigen Scheidung nachträglich die Wirkungen des § 1318 BGB beigeben zu lassen.[7] Auch hierbei handelt es sich um 8

1 Staudinger/*Rauscher*, § 1564 BGB Rz. 72; Johannsen/Henrich/*Jaeger*, § 1564 BGB Rz. 53; Zöller/*Philippi*, § 606 ZPO Rz. 13; *Diederichsen*, ZZP 91 (1978), 397 (443 ff.).

2 BGBl. I 1998, S. 833.

3 Vgl. dazu MüKo.ZPO/*Bernreuther*, § 631 ZPO Rz. 22 ff.

4 BGH v. 9.1.2002 – XII ZR 58/00, FamRZ 2002, 604 (605); BGH v. 18.6.1986 – IVb ZR 41/85, FamRZ 1986, 879 (880); OLG Oldenburg v. 13.1.2000 – 14 UF 135/99, IPRax 2001, 143 (144); Musielak/*Borth*, § 631 ZPO Rz. 4.

5 Vgl. im Übrigen etwa MüKo.BGB/*Müller-Gindullis*, § 1316 BGB Rz. 4 f.; Staudinger/*Voppel*, § 1315 BGB Rz. 50 ff.

6 MüKo.BGB/*Müller-Gindullis*, § 1313 BGB Rz. 1.

7 BGH v. 10.7.1996 – XII ZR 49/95, FamRZ 1996, 1209 (1210 f.) (zu § 37 Abs. 2 EheG); MüKo. BGB/*Müller-Gindullis*, § 1317 BGB Rz. 10; Erman/*Roth*, § 1317 BGB Rz. 5; Staudinger/*Rauscher*, § 1317 BGB Rz. 43. Nach aA soll der Antrag auf Feststellung gerichtet sein, dass die Ehe aufhebbar gewesen wäre und nach § 1318 BGB keine Scheidungsfolgen ausgelöst hätte, Palandt/*Brudermüller*, § 1317 BGB Rz. 10; Johannsen/*Henrich*, § 1317 BGB Rz. 18. Im praktischen Ergebnis macht das keinen Unterschied.

eine Ehesache iSv. § 121.[1] Wird ein Antrag auf Aufhebung der Ehe abgewiesen, so entfaltet dies Rechtskraft nur zwischen den Beteiligten des Erstverfahrens und hindert andere Antragsberechtigte (etwa die Verwaltungsbehörde) nicht, denselben Aufhebungsgrund in einem neuen Verfahren geltend zu machen.[2]

III. Feststellung (Nr. 3)

9 Das Verfahren auf Feststellung des Bestehens oder Nichtbestehens einer Ehe ist ein **Anwendungsfall der allgemeinen Feststellungsklage** nach § 256 Abs. 1 ZPO.[3] Dabei handelt es sich in § 121 Nr. 3 um eine abschließende Sonderregelung, so dass die Feststellung, ob eine Ehe besteht oder nicht besteht, nicht Gegenstand einer gewöhnlichen Feststellungsklage sein kann,[4] doch kann diese Frage inzident geprüft werden, wenn sie sich als Vorfrage in einem anderen Verfahren stellt.[5]

10 Das erforderliche **Feststellungsinteresse** ist gegeben, wenn Zweifel an der wirksamen Eingehung oder wirksamen Auflösung einer Ehe bestehen, dabei kann auch die Feststellung begehrt werden, dass eine später geschiedene Ehe nie wirksam geschlossen wurde.[6] So kann die „Eheschließung" unter derartig gravierenden Mängeln leiden, dass vom Vorliegen einer Nichtehe ausgegangen werden muss (zB Eheschließung ohne Mitwirkung eines Standesbeamten nach einer staatlich nicht anerkannten religiösen Zeremonie).[7] Bei Zweifeln an der **Anerkennungsfähigkeit ausländischer eheauflösender Entscheidungen** fehlt es am Rechtsschutzbedürfnis für einen Feststellungsantrag, wenn die Anerkennung im Inland ohnehin eine Entscheidung der Landesjustizverwaltung nach § 107 Abs. 1 Satz 1 (als Nachfolgevorschrift zum nunmehr aufgehobenen Art. 7 § 1 FamRÄndG) voraussetzt, durch die mit Wirkung gegenüber jedermann alle Unklarheiten beseitigt werden (§ 107 Abs. 9).[8] Ein Feststellungsantrag nach § 121 Nr. 3 kommt nur dann in Frage, wenn § 107 nicht anwendbar ist,[9] etwa weil eine Privatscheidung ohne jede behördliche Mitwirkung vollzogen[10] oder im gemeinsamen Heimatstaat ausgesprochen wurde (§ 107 Abs. 1 Satz 2) oder es sich um ein Scheidungs-

1 MüKo.ZPO/*Bernreuther*, § 606 ZPO Rz. 11.

2 Zöller/*Philippi*, § 631 ZPO Rz. 17a.

3 Johannsen/Henrich/*Sedemund-Treiber*, § 632 ZPO Rz. 1; Stein/Jonas/*Schlosser*, vor § 606 ZPO Rz. 9.

4 OLG Hamm v. 7.1.1980 – 8 U 196/79, FamRZ 1980, 706 (707); Zöller/*Philippi*, § 606 ZPO Rz. 12.

5 BSG v. 30.11.1977, NJW 1978, 2472; Anm. d. Red. zu OLG Hamm v. 7.1.1980 – 8 U 196/79, FamRZ 1980, 706 (707).

6 Musielak/*Borth*, § 606 ZPO Rz. 6; Stein/Jonas/*Schlosser*, vor § 606 ZPO Rz. 10; aA KG v. 28.10.1957 – 8 U 1297/57, FamRZ 1958, 324 ff.

7 Vgl. auch den Sachverhalt, welcher KG v. 6.7.2006 – 1 W 373/05, FamRZ 1999, 1863 zugrunde liegt (fehlende Registrierung einer Eheschließung nach iranischem Recht) sowie OLG Nürnberg v. 5.12.1969 – 7 W 51/69, FamRZ 1970, 246 (247 f.) (postmortale Eheschließung).

8 Zöller/*Philippi*, § 632 ZPO Rz. 1; Musielak/*Borth*, § 632 ZPO Rz. 1.

9 LG Hamburg v. 12.1.1977 – 5 R 515/76, IPRspr 1977 Nr. 66; AG Hamburg v. 10.6.1982 – 289 F 164/81, IPRspr 1982 Nr. 66; AG Hamburg v. 19.9.1978 – 261 F 235/78, StAZ 81, 83 f. m. Anm. *Gottwald* S. 84; Staudinger/*Spellenberg*, Art. 7 § 1 FamRÄndG Rz. 71.

10 Palandt/*Heldrich*, Art. 17 EGBGB Rz. 36; AG Hamburg v. 10.6.1982 – 289 F 164/81, IPRspr 1982 Nr. 66; aA Präs. OLG Frankfurt v. 19.11.2001 – 346/3 - 1/4 - 89/99, StAZ 2003, 137. Überblick zum Diskussionsstand bei Staudinger/*Spellenberg*, Art. 7 § 1 FamRÄndG Rz. 38 ff. Vgl. dazu auch *Andrae/Heidrich*, FamRZ 2004, 1622 (1626).

urteil aus der ehemaligen DDR handelt.[1] Eheauflösende Gerichtsentscheidungen aus Mitgliedstaaten der europäischen Gemeinschaft (mit Ausnahme von Dänemark[2]) bedürfen gem. Art. 21 Abs. 1 Brüssel IIa-VO im Inland ebenfalls keiner besonderen Anerkennung nach § 107 Abs. 1 Satz 1. Doch stellt Art. 21 Abs. 3 Brüssel IIa-VO fakultativ ein Verfahren zur Verfügung, in dem eine Entscheidung über die Anerkennung oder Nichtanerkennung getroffen werden kann (Artt. 28 ff. Brüssel IIa-VO), dem allerdings nur Wirkung inter partes zukommt.[3] Zuständig hierfür ist gem. § 12 IntFamRVG das Familiengericht am Sitz des OLG (in Berlin das AG Pankow/Weißensee). Soweit dieses spezielle Verfahren beschritten werden kann, dürfte ein Rückgriff auf § 121 Nr. 3 nicht zulässig sein.[4]

Ausweislich des Wortlauts der Vorschrift („zwischen den Beteiligten") sind **antragsbefugt nur die (Schein)Ehegatten** selbst. Da das Verfahren nach § 121 Nr. 3 mit besonderen Verfahrensgarantien ausgestattet ist (Rz. 2), handelt es sich um eine abschließende Regelung, so dass Dritte nicht unter Rückgriff auf die allgemeine Feststellungsklage das Bestehen einer Ehe gerichtlich klären lassen können.[5] Behörden ist daher nur im Rahmen ihrer Mitwirkungsbefugnisse nach § 129 Abs. 2 eine Beteiligung am Verfahren möglich.[6] Während § 638 Satz 2 ZPO aF, der durch das Eheschließungsrechtsgesetz[7] mit Wirkung zum 1.7.1998 gestrichen wurde, noch ausdrücklich eine inter-omnes-Wirkung anordnete, wirkt nunmehr eine stattgebende Feststellungsentscheidung nur noch **inter partes**.[8] Eine Beiladung (schein)ehelicher Kinder und eines Ehegatten, soweit der Fortbestand einer früheren Ehe in Frage steht, ist daher nicht mehr erforderlich.[9] 11

IV. Ausländische Rechtsinstitute

Obwohl es sich bei § 121 grundsätzlich um eine abschließende Regelung handelt, findet sie auch auf Rechtsinstitute Anwendung, die in einer gem. Artt. 13 Abs. 1, 17 Abs. 1 EGBGB maßgeblichen ausländischen Rechtsordnung vorgesehen sind und **funktional vergleichbar** mit den in § 121 Nr. 1 bis 3 aufgeführten Verfahren des deutschen Rechts sind. Das Gericht hat – soweit kein Verstoß gegen den deutschen ordre public vorliegt – die Entscheidung zu treffen, welche das anwendbare ausländische Sachrecht vorschreibt, auch wenn sie im deutschen Recht nicht (mehr) vorgesehen ist. Da sich das Verfahrensrecht grundsätzlich (vgl. Rz. 3) nach der lex fori richtet, müssen die 12

1 Die DDR-Problematik (ausführlich Zöller/*Philippi*, § 632 ZPO Rz. 1) hat an Aktualität verloren, da die Klagebefugnis idR verwirkt ist, wenn der Antrag nicht innerhalb einer angemessenen Frist nach Bekanntwerden des Scheidungsurteils erhoben wird (BGH v. 30.11.1960 – IV ZR 61/60, BGHZ 34, 134 [148 f.]).

2 Vgl. Erwägungsgrund 31 der Brüssel IIa-VO.

3 Zöller/*Geimer*, Anh. II EG-VO Ehesachen, Art. 21 Rz. 26; *Helms*, FamRZ 2001, 257 (261 f.).

4 Zöller/*Geimer*, Anh. II EG-VO Ehesachen, Art. 21 Rz. 26; wohl auch Musielak/*Borth*, § 632 ZPO Rz. 1.

5 OLG Hamm v. 7.1.1980 – 8 U 196/79, FamRZ 1980, 706 (707); MüKo.ZPO/*Bernreuther*, § 632 ZPO Rz. 2.

6 Johannsen/Henrich/*Sedemund-Treiber*, § 632 ZPO Rz. 3; Zöller/*Philippi*, § 632 ZPO Rz. 2.

7 BGBl. I 1998, S. 833.

8 Musielak/*Borth*, § 632 ZPO Rz. 5; Zöller/*Philippi*, § 632 ZPO Rz. 10; *Habscheid/Habscheid*, FamRZ 1999, 480 (481 f.).

9 MüKo.ZPO/*Bernreuther*, § 632 ZPO Rz. 13; aA offenbar Musielak/*Borth*, § 632 ZPO Rz. 5.

Vorschriften der §§ 121 ff. angewendet werden, welche den ausländischen Regelungen am besten gerecht werden.[1]

13 Als Ehesachen anzusehen ist danach vor allem ein **Verfahren auf gerichtliche Trennung von Tisch und Bett,**[2] das in seltenen Fällen Alternative, häufiger aber Vorstufe zur Scheidung ist.[3] Mit der nach deutschem Recht zulässigen Feststellung des Rechts zum Getrenntleben, die gerade nicht mehr als Ehesache anzusehen ist (§ 266 Rz. 44), haben diese Gestaltungsklagen nichts zu tun. Auch ein Ausspruch über die **(Mit)Schuld an der Trennung**[4] **bzw. der Scheidung**[5] ist – im Tenor[6] – möglich. Obwohl sich das deutsche Recht seit der Scheidungsrechtsreform aus dem Jahre 1976 vom Verschuldensprinzip verabschiedet hat, liegt hierin kein Verstoß gegen den deutschen ordre public.[7] Auch der Ausspruch des Erlöschens der bürgerlichen Wirkungen einer (nach italienischem Recht) religiös geschlossenen Ehe stellt eine Ehesache dar.[8]

14 Das deutsche Recht hat mit Inkrafttreten des Eheschließungsrechtsgesetzes[9] zum 1.7.1998 die Nichtigerklärung einer Ehe mit Wirkung ex tunc abgeschafft und alle bisherigen Nichtigkeitsgründe (§§ 16 ff. EheG) als Aufhebungsgründe iSv. § 1314 BGB eingestuft. Dennoch muss von deutschen Familiengerichten eine rückwirkende Auflösung angeordnet werden, soweit das nach Art. 13 Abs. 1 EGBGB zur Anwendung berufene ausländische Sachrecht die **Nichtigerklärung** der Ehe vorsieht.[10] Das nach Art. 13 Abs. 1 EGBGB anzuwendende Recht regelt nämlich nicht nur die materiellen Voraussetzungen, sondern entscheidet auch über die Rechtsfolgen, die aus einer fehlerhaften Eheschließung resultieren.[11]

15 Da gem. § 1564 Satz 1 BGB, Art. 17 Abs. 2 EGBGB eine Ehe im Inland nur durch gerichtliches Urteil geschieden werden kann, ist das deutsche Familiengericht am

1 OLG Karlsruhe v. 21.3.1991 – 2 UF 45/90, FamRZ 1991, 1308 (1309); Stein/Jonas/*Schlosser*, vor § 606 ZPO Rz. 17b; vgl. auch BGH v. 22.3.1967 – IV ZR 148/65, FamRZ 1967, 452.

2 BGH v. 1.4.1987 – IVb ZR 40/86, FamRZ 1987, 793 (Italien); AG Lüdenscheid v. 24.4.2002 – 5 F 621/00, FamRZ 2002, 1486 (Italien); OLG Karlsruhe v. 12.1.1999 – 2 WF 129/98, FamRZ 1999, 1680 (Italien); OLG Karlsruhe v. 21.3.1991 – 2 UF 45/90, FamRZ 1991, 1308 (1309) (gerichtliche Bestätigung einer einverständlichen Trennung nach ital. Recht); OLG Karlsruhe v. 6.3.1984 – 16 UF 46/84, IPRax 1985, 106 f. (Türkei) m. Anm. *Henrich* S. 89. Vgl. auch BT-Drucks. 16/6308, S. 226. Umfassend auch Staudinger/*Spellenberg*, Vorbem. zu §§ 606a, 328 ZPO Rz. 56 f.

3 Staudinger/*Mankowski*, Art. 17 EGBGB Rz. 456 ff.; Staudinger/*Spellenberg*, Vorbem. zu §§ 606a, 328 ZPO Rz. 56 f.; vgl. auch BGH v. 22.3.1967 – IV ZR 148/65, BGHZ 47, 324 (332 f.).

4 BGH v. 1.4.1987 – IVb ZR 40/86, FamRZ 1987, 793 (794 f.) (Italien).

5 OLG Frankfurt v. 28.5.1979 – 1 UF 304/77, FamRZ 1979, 587 (588) (Luxemburg); BGH v. 26.5.1982 – IVb ZR 675/80, FamRZ 1982, 795 (796 f.) (Frankreich); OLG Frankfurt v. 6.5.1981 – 1 UF 186/79, FamRZ 1981, 783 (Ls.) (Griechenland); OLG Zweibrücken v. 30.8.1996 – 2 UF 78/95, FamRZ 1997, 430 (431) (Polen); OLG Karlsruhe v. 22.9.1994 – 2 UF 147/93, FamRZ 1995, 738 (Österreich).

6 OLG Zweibrücken v. 30.8.1996 – 2 UF 78/95, FamRZ 1997, 430 (431); OLG Karlsruhe v. 22.9.1994 – 2 UF 147/93, FamRZ 1995, 738. Der BGH hat seine frühere Position, der Ausspruch könne nur in den Entscheidungsgründen erfolgen (BGH v. 26.5.1982 – IVb ZR 675/80, FamRZ 1982, 795 [797]), aufgegeben (BGH v. 1.4.1987 – IVb ZR 40/86, FamRZ 1987, 793 [795]).

7 Stein/Jonas/*Schlosser*, vor § 606 ZPO Rz. 17b; vgl. etwa auch OLG Frankfurt v. 30.3.2005 – 1 W 93/04, NJW-RR 2005, 1375 (Anerkennung von entsprechenden Scheidungsfolgen).

8 OLG Frankfurt v. 12.12.1977 – 1 UF 250/77, FamRZ 1978, 510 (511).

9 BGBl. I 1998, S. 833.

10 Thomas/Putzo/*Hüßtege*, vor § 606 ZPO Rz. 4.

11 BGH v. 10.1.2001 – XII ZR 41/00, FamRZ 2001, 991 (992); BGH v. 9.1.2002 – XII ZR 58/00, FamRZ 2002, 604.

Ausspruch der Scheidung auch dann nicht gehindert, wenn das anwendbare Sachrecht nur eine **Privatscheidung** (vor allem durch Verstoßung oder Übergabe eines Scheidebriefes) vorsieht.[1] Soweit kein Verstoß gegen den deutschen ordre public vorliegt,[2] ist die Abgabe einer Verstoßungserklärung als materiellrechtliche Scheidungsvoraussetzung zu behandeln. Die Verstoßung kann – um die Anerkennung im Ausland sicherzustellen (Rz. 3) – in der mündlichen Verhandlung erfolgen,[3] doch ist es idR ausreichend und im Hinblick auf die Herabsetzung des verstoßenen Ehepartners vorzugswürdig, wenn die Erklärung außerhalb der Verhandlung abgegeben wird.[4] Auch für die Scheidung nach mosaischem Recht durch Übergabe eines Scheidebriefes (Get), bei welcher die Mitwirkung eines Rabbinatsgerichts zwingend vorgeschrieben ist, sind deutsche Familiengerichte zuständig.[5]

Ob Verfahren bezüglich der in einigen ausländischen Rechtsordnungen vorgesehen **gleichgeschlechtlichen Ehe** als Ehesachen iSv. § 121 oder als Lebenspartnerschaftssachen iSv. § 269 Abs. 1 Nr. 1 und 2 qualifiziert werden, macht wegen der Globalverweisung in § 270 Abs. 1 Satz 1 keinen praktischen Unterschied. 16

§ 122
Örtliche Zuständigkeit

Ausschließlich zuständig ist in dieser Rangfolge:

1. **das Gericht, in dessen Bezirk einer der Ehegatten mit allen gemeinschaftlichen minderjährigen Kindern seinen gewöhnlichen Aufenthalt hat;**
2. **das Gericht, in dessen Bezirk einer der Ehegatten mit einem Teil der gemeinschaftlichen minderjährigen Kinder seinen gewöhnlichen Aufenthalt hat, sofern bei dem anderen Ehegatten keine gemeinschaftlichen minderjährigen Kinder ihren gewöhnlichen Aufenthalt haben;**
3. **das Gericht, in dessen Bezirk die Ehegatten ihren gemeinsamen gewöhnlichen Aufenthalt zuletzt gehabt haben, wenn einer der Ehegatten bei Eintritt der Rechtshängigkeit im Bezirk dieses Gerichts seinen gewöhnlichen Aufenthalt hat;**
4. **das Gericht, in dessen Bezirk der Antragsgegner seinen gewöhnlichen Aufenthalt hat;**
5. **das Gericht, in dessen Bezirk der Antragsteller seinen gewöhnlichen Aufenthalt hat;**
6. **das Amtsgericht Schöneberg in Berlin.**

---

1 BGH v. 6.10.2004 – XII ZR 225/01, FamRZ 2004, 1952 ff.

2 Weil der Ehepartner mit der Scheidung einverstanden ist oder auch nach deutschem Recht die Scheidungsvoraussetzungen vorliegen (OLG München v. 19.9.1988 – 2 UF 1696/86, IPRax 1989, 238 [241]; aA AG Frankfurt aM v. 9.8.1988 – 35 F 4153/87, IPRax 1989, 237 [238]).

3 OLG München v. 19.9.1988 – 2 UF 1696/86, IPRax 1989, 238 (241) m. Anm. *Jayme*, S. 223 f.; AG Eßlingen v. 19.3.1992 – 1 F 162/92, IPRax 1993, 250 f.

4 Staudinger/*Spellenberg*, Anh. zu § 606a ZPO Rz. 72; *Nagel/Gottwald*, § 5 Rz. 84.

5 Zöller/*Philippi*, § 606a ZPO Rz. 14; *Nagel/Gottwald*, § 5 Rz. 85; vgl. auch BGH v. 6.10.2004 – XII ZR 225/01, FamRZ 2004, 1952 (1954); zur Qualifizierung als Privatscheidung BGH v. 28.5.2008 – XII ZR 61/06, FamRZ 2008, 1409 ff.; aA KG v. 11.1.1993 – 3 WF 7099/92, FamRZ 1994, 839 (840).

A. Überblick

1 Während sich für Ehesachen die sachliche Zuständigkeit der Amtsgerichte aus § 23a Abs. 1 Nr. 1 GVG iVm. § 111 Nr. 1 FamFG ergibt und die geschäftsverteilungsmäßige interne Zuständigkeit der familiengerichtlichen Abteilungen aus § 23b Abs. 1 GVG folgt, regelt § 122 die **örtliche Zuständigkeit**. Zentrales Tatbestandselement ist danach der gewöhnliche Aufenthalt eines Beteiligten, der durch den tatsächlichen Lebensmittelpunkt bestimmt wird und nicht mit dem Wohnsitz iSv. §§ 7 ff. BGB übereinstimmen muss. Da die örtliche Zuständigkeit als **ausschließliche Zuständigkeit** bestimmt wird, können die Beteiligten einen anderen Gerichtsstand weder durch Vereinbarung noch durch rügeloses Verhandeln zur Hauptsache begründen (§ 113 Abs. 1 Satz 2 FamFG iVm. § 40 Abs. 2 Satz 1 Nr. 2 und Satz 2 ZPO). Die Vorschrift entspricht im Wesentlichen § 606 ZPO aF:[1]

2

§ 122 Nr. 1	=	§ 606 Abs. 1 Satz 2 ZPO aF
§ 122 Nr. 2: Klarstellung, entspricht bisheriger Praxis zu § 606 Abs. 1 Satz 2 ZPO aF[2]		
§ 122 Nr. 3	=	§ 606 Abs. 2 Satz 1 ZPO aF
§ 122 Nr. 4	=	§ 606 Abs. 2 Satz 2, 1. Alt. ZPO aF
§ 122 Nr. 5	=	§ 606 Abs. 2 Satz 2, 2. Alt. ZPO aF
§ 122 Nr. 6	=	§ 606 Abs. 3 ZPO aF

3 Weggefallen ist das früher primäre Anknüpfungsmoment des **gemeinsamen gewöhnlichen Aufenthalts** (§ 606 Abs. 1 Satz 1 ZPO aF), dessen praktische Bedeutung verschwindend gering war,[3] weil ein „gemeinsamer" gewöhnlicher Aufenthalt mit der Trennung fortfällt. Weder der gewöhnliche Aufenthalt im selben Gerichtsbezirk noch das Getrenntleben innerhalb der gleichen Wohnung waren insofern ausreichend.[4] Der Zuständigkeitsgrund kam daher nur in anderen Ehesachen als Scheidungsverfahren in Betracht.

---

1 BT-Drucks. 16/6308, S. 226.
2 BGH v. 8.7.1987 – IVb ARZ 28/87, NJW-RR 1987, 1348 (1349) mwN = MDR 1988, 38; Stein/Jonas/*Schlosser*, § 606 ZPO Rz. 13.
3 BT-Drucks. 16/6308, S. 226.
4 BGH v. 16.12.1987 – IVb ARZ 44/87, juris; OLG Stuttgart v. 10.4.1981 – 15 UF 39/81 ES, FamRZ 1982, 84 (85); MüKo.ZPO/*Bernreuther*, § 606 ZPO Rz. 18.

B. Allgemeine Grundsätze zur Bestimmung des gewöhnlichen Aufenthalts

4 Der Begriff des gewöhnlichen Aufenthalts wird im nationalen und internationalen Familien(verfahrens)recht in unterschiedlichen Zusammenhängen verwendet: vgl. etwa § 88, §§ 98 bis 104, §§ 152 Abs. 2, 154, 170, 187, 201 Nr. 3 und 4, 211 Nr. 3, 218, 232, 262 Abs. 2, 267 Abs. 2 FamFG; Artt. 5 Abs. 2, 14 Abs. 1 Nr. 2, 18 Abs. 1 EGBGB; Art. 5 Nr. 2 Brüssel I-VO; Artt. 3 Abs. 1, 8 Abs. 1 Brüssel IIa-VO; Art. 1 MSA; Art. 4 HKiEntÜ. Dabei gehen die genannten Vorschriften **grundsätzlich von demselben Begriffsverständnis** aus,[1] wobei allerdings unterschiedliche teleologische Erwägungen in die Auslegung einfließen können.

5 Nach ständiger Rechtsprechung liegt der gewöhnliche Aufenthalt einer Person dort, wo der Schwerpunkt ihrer Bindungen, ihr **Daseinsmittelpunkt** besteht.[2] Es sind vor allem objektive, tatsächliche Elemente, die den gewöhnlichen Aufenthalt ausmachen. Hierin unterscheidet sich der gewöhnliche Aufenthalt vom Wohnsitz. Letzterer ist in stärkerem Maße durch subjektive Elemente geprägt, da idR ein rechtsgeschäftlicher Wille zum objektiven Sich-Niederlassen hinzukommen muss, um einen Wohnsitz zu begründen bzw. zu wechseln.[3] Darüber hinaus orientiert sich der Wohnsitz auch weniger an der tatsächlichen physischen Präsenz (vgl. etwa §§ 9, 11 BGB).[4] Wohnsitz und gewöhnlicher Aufenthalt können daher auseinander fallen.[5] Aufgrund der stärkeren Prägung durch objektive Elemente lässt sich der gewöhnliche Aufenthalt auch als „faktischer Wohnsitz" auffassen.[6]

I. Physische Präsenz

6 Die **Begründung eines gewöhnlichen Aufenthalts** setzt stets eine physische Präsenz voraus. Gewöhnlich liegt der Lebensmittelpunkt einer Person dort, wo sie sich überwiegend aufhält, dh. im Regelfall dort, wo sie ihre Wohnung hat bzw. nächtigt.[7] Hält sich eine Person regelmäßig an unterschiedlichen Orten auf, ist unter Berücksichtigung zeitlicher und sozialer Aspekte zu prüfen, bei welchem von mehreren Aufenthaltsorten der Schwerpunkt der Lebensführung liegt. Erfüllt keiner der Orte physischer Präsenz die zeitlichen oder sozialen Mindestvoraussetzungen, etwa bei Landstreichern, ist es möglich, dass kein gewöhnlicher Aufenthalt in einem bestimmten Gerichtsbezirk besteht.[8] Dies kann insbesondere auch dann der Fall sein, wenn eine

---

1 Vgl. nur Stein/Jonas/*Schlosser*, § 606 ZPO Rz. 7; Zöller/*Philippi*, § 606 ZPO Rz. 23; Wieczorek/Schütze/*Becker-Eberhard*, § 606 ZPO Rz. 44; Soergel/*Kegel*, Art. 5 EGBGB Rz. 43; *Baetge*, Auf dem Weg zu einem gemeinsamen europäischen Verständnis des gewöhnlichen Aufenthalts, FS Kropholler 2008, S. 77 ff.

2 St. Rspr., vgl. nur BGH v. 5.2.1975 – IV ZR 103/73, FamRZ 1975, 272 (273); BGH v. 5.6.2002 – XII ZB 74/00, FamRZ 2002, 1182 (1183); vgl. auch EuGH v. 2.4.2009 – Rs. C-523/07, FamRZ 2009, 843 (845).

3 Palandt/*Heinrichs*, § 7 BGB Rz. 7; vgl. auch § 8 BGB.

4 OLG Frankfurt v. 15.2.2006 – 1 WF 231/05, FamRZ 2006, 883.

5 Zöller/*Philippi*, § 606 ZPO Rz. 30.

6 BGH v. 18.6.1997 – XII ZB 156/95, FamRZ 1997, 1070; BGH v. 29.10.1980 – IVb ZB 586/80, BGHZ 78, 293 (295) = FamRZ 1981, 135 (136); OLG München v. 12.7.2006 – 33 AR 7/06, FamRZ 2006, 1622 (1623).

7 Zöller/*Philippi*, § 606 ZPO Rz. 23; Baumbach/*Hartmann*, § 122 FamFG Rz. 10; Wieczorek/Schütze/*Becker-Eberhard*, § 606 ZPO Rz. 45.

8 Nicht erforderlich ist, dass der gewöhnliche Aufenthalt innerhalb des Gerichtsbezirks stets am selben Ort ist: OLG Köln v. 3.4.2006 – 16 Wx 52/06, OLGReport 2006, 536.

Person ihren letzten gewöhnlichen Aufenthalt (etwa mit der Trennung) endgültig aufgegeben hat, und bewusst nur vorübergehend an einem Ort lebt.[1] Da es im Rahmen des § 122 auf den gewöhnlichen Aufenthalt in einem bestimmten Gerichtsbezirk ankommt, ist das Nichtvorliegen eines diesbezüglichen gewöhnlichen Aufenthalts häufiger gegeben als im internationalen Familien(verfahrens)recht. Dass jemand keinen gewöhnlichen Aufenthalt in einem bestimmten Gerichtsbezirk hat, schließt nämlich nicht aus, dass sein gewöhnlicher Aufenthalt innerhalb eines bestimmten Staatsgebiets lokalisiert werden kann.

II. Zeitliches Element

7 In zeitlicher Hinsicht muss der Aufenthalt **objektiv von gewisser Dauer sein oder subjektiv auf eine gewisse Dauer angelegt** sein.[2] Eine Mindestverweildauer lässt sich nicht angeben, sie hängt von den Umständen des konkreten Einzelfalles ab, doch hat sich als Daumenregel vor allem für bestimmte Zweifelsfälle eine Frist von sechs Monaten eingebürgert (vgl. Rz. 18).[3] Doch auch wenn eine Person objektiv noch nicht längere Zeit an einem bestimmten Ort verweilt, kann sich dort ihr gewöhnlicher Aufenthalt befinden, soweit der Aufenthalt nach ihrem Willen auf längere Sicht angelegt ist. Damit ist gewährleistet, dass der gewöhnliche Aufenthalt bei einem Umzug unmittelbar wechselt und sich nicht jeweils erst mit einer zeitlichen Verzögerung den objektiven Umständen anpasst.[4] In subjektiver Hinsicht kommt es nur auf den natürlichen Willen des Betroffenen an, nicht etwa wie für den Wohnsitz auf einen rechtsgeschäftlichen Willen.[5]

8 Ein nur **vorübergehender Aufenthaltswechsel** lässt den bisherigen gewöhnlichen Aufenthalt idR nicht entfallen.[6] So geben etwa Saisonarbeiter ihren Bezug zur Heimat nicht hinreichend lange auf, um einen neuen gewöhnlichen Aufenthalt zu begründen.[7] Demgegenüber verlegen Diplomaten und Gastarbeiter, die sich für längere Zeit niederlassen, typischerweise ihren gewöhnlichen Aufenthalt.[8] Auch der vorübergehende Einsatz des Mitarbeiters eines deutschen Unternehmens im Ausland kann bei einem Aufenthalt von deutlich über einem Jahr zu einem Wechsel des gewöhnlichen Aufenthalts führen, soweit seine familiären und sozialen Bindungen sich ebenfalls ins Ausland verlagern (etwa weil ihn seine Familie begleitet und die Wohnung im Inland aufgegeben wird) (zum Studium im Ausland vgl. Rz. 14). Das Gleiche gilt für ausländische Soldaten, soweit sie für längere Zeit in Deutschland stationiert sind.[9] Beim Einzug in ein Frauenhaus kommt es darauf an, ob es sich um einen vorübergehenden

1 OLG Stuttgart v. 10.4.1984 – 15 UF 39/81 ES, FamRZ 1982, 84 (85).

2 Soergel/*Kegel*, Art. 5 EGBGB Rz. 45; Stein/Jonas/*Schlosser*, § 606 ZPO Rz. 9; Zöller/*Philippi*, § 606 ZPO Rz. 24.

3 Zöller/*Philippi*, § 606 ZPO Rz. 34; Baumbach/*Hartmann*, § 122 FamFG Rz. 10; Wieczorek/Schütze/*Becker-Eberhard*, § 606 ZPO Rz. 48.

4 BGH v. 29.10.1980 – IVb ZB 586/80, BGHZ 78, 293 (295) = FamRZ 1981, 135 (136); BGH v. 3.2.1993 – XII ZB 93/90, FamRZ 1993, 798 (800); OLG München v. 12.7.2006 – 33 AR 7/06, FamRZ 2006, 1622 (1623); OLG München v. 4.7.2007 – 33 Wx 89/07, 33, FamRZ 2007, 1913 (1914); OLG Karlsruhe v. 12.6.2008 – 2 UF 43/08, FamRZ 2009, 239.

5 Musielak/*Borth*, § 606 ZPO Rz. 17.

6 BGH v. 3.2.1993 – XII ZB 93/90, FamRZ 1993, 798 (800).

7 OLG Hamm v. 5.5.1989 – 1 WF 167/89, NJW 1990, 651.

8 OLG Hamm v. 5.5.1989 – 1 WF 167/89, NJW 1990, 651.

9 OLG Zweibrücken v. 3.11.1998 – 5 UF 44/98, FamRZ 1999, 940; AG Landstuhl v. 7.11.2002 – 1 F 67/02, FamRZ 2003, 1300 (in concreto abgelehnt wegen Rückkehr in absehbarer Zeit) m. abl. Anm. *Hau*, S. 1301.

Schritt handelt oder der Aufenthalt auf unbestimmte Dauer angelegt ist und eine Rückkehr an den bisherigen Aufenthaltsort ausgeschlossen erscheint.[1] Soweit vor allem Senioren ihren Aufenthalt regelmäßig zu relativ gleichen Anteilen zwischen einer Sommer- und einer Winterresidenz aufteilen, kann auch ein **alternierender gewöhnlicher Aufenthalt** gegeben sein (vgl. auch Rz. 13).[2]

Andere Maßstäbe gelten für einen **unfreiwilligen Aufenthalt**, etwa im Strafvollzug,[3] in einem Flüchtlingslager,[4] in einem Krankenhaus[5] oder bei Teilnahme an einem Zeugenschutzprogramm.[6] Ist die Rückkehr an den bisherigen Aufenthaltsort ausgeschlossen, kommt die sofortige Begründung eines neuen gewöhnlichen Aufenthalts in Frage.[7] Sind jedoch hierfür – wegen zu kurzer Verweildauer – die Voraussetzungen nicht erfüllt, besteht momentan kein gewöhnlicher Aufenthalt.[8] Solange demgegenüber der Betroffene den Wunsch und die Möglichkeit hat, an seinen bisherigen Lebensmittelpunkt zurückzukehren, steht dies – selbst bei längerem Aufenthalt – einem Wechsel des gewöhnlichen Aufenthalts regelmäßig entgegen. Gleichwohl führt bei einer objektiv längeren Verweildauer auch ein unfreiwilliger Aufenthalt zur Begründung eines gewöhnlichen Aufenthalts. Im Vergleich zur ähnlichen Problematik bei Kindesentführungen (Rz. 18) muss jedoch berücksichtigt werden, dass Erwachsene weiter gehende Möglichkeiten besitzen, eine innere und äußere Verbindung zum bisherigen Daseinsmittelpunkt aufrechtzuerhalten. Dies gilt allerdings bei einem Klink- oder Kuraufenthalt in stärkerem Maße als bei einem Gefägnisaufenthalt. Je nach den Umständen des Einzelfalls wird man daher bei einer objektiven Verweildauer von über ein bis zwei 9

---

1 OLG Saarbrücken v. 30.5.1990 – 9 WF 76/90, FamRZ 1990, 1119 (endgültiger Entschluss, nicht mehr an bisherigen Aufenthaltsort zurückzukehren); OLG Hamm v. 7.5.1997 – 8 WF 161/97, FamRZ 1997, 1294 (familiäre Kontakte sowie Wohnungssuche im Gerichtsbezirk); OLG Hamm v. 17.6.1999 – 2 UF 231/99, FamRZ 2000, 1294 (Wunsch, sich dauerhaft im Gerichtsbezirk aufzuhalten); OLG Zweibrücken v. 11.2.2000 – 2 AR 47/99, OLGReport 2000, 475 (vorübergehender Aufenthalt von unter drei Wochen genügt nicht, sofern nicht ein Bleibewille dokumentiert wird); aA OLG Hamburg v. 30.9.1981 – 15 W 205/81 R, FamRZ 1981, 85 (14 Wochen Aufenthalt ausreichend, ohne dass Absicht zu länger dauerndem Aufenthalt bestehen müsste); OLG Hamburg v. 12.10.1982 – 2 UF 89/82 R, FamRZ 1983, 612 (613) (nach über vier Monaten gewöhnlicher Aufenthalt trotz Auszugsabsicht). Auch für die Bestimmung des Wohnsitzes musste die Rspr. beurteilen, ob ein Aufenhalt im Frauenhaus als „ständige" Niederlassung anzusehen ist: BGH v. 14.12.1994 – XII ARZ 33/94, FamRZ 1995, 728 f. (nicht bei bloß dreiwöchigem Aufenthalt); OLG Karlsruhe v. 10.2.1995 – 2 UF 290/94, FamRZ 1995, 1210 (polizeilicher Anmeldung wird entscheidendes Gewicht beigemessen); OLG Nürnberg v. 15.11.1996 – 10 WF 3644/96, FamRZ 1997, 1400 (Wohnsitzbegründung: Kinder besuchten vor Ort Schule und Kindergarten).

2 Zöller/*Philippi*, § 606 ZPO Rz. 29; zu Minderjährigen vgl. *Baetge*, IPRax 2005, 335 (337).

3 OLG Schleswig v. 29.10.1979 – 8 WF 292/79, SchlHA 1980, 73; OLG Düsseldorf v. 15.8.1968 – 21 W 55/68, MDR 1969, 143; OLG Stuttgart v. 10.7.1963 – 5 W 34/63, MDR 1964, 768; anders OLG Koblenz v. 24.9.1997 – 13 WF 810/97, FamRZ 1998, 756 f. (wegen zu erwartender anschließender Abschiebung). Zur Untersuchungshaft vgl. OLG München v. 4.7.2007 – 33 Wx 89/07, FamRZ 2007, 1913 (1914) (Möglichkeit der jederzeitigen Beendigung verhindert zunächst die Begr. eines gewöhnlichen Aufenthalts).

4 Zöller/*Philippi*, § 606 ZPO Rz. 26 mwN.

5 BGH v. 24.7.1985 – IVb ARZ 31/85, juris; BayObLG v. 23.7.1992 – 3 Z AR 102/92, FamRZ 1993, 89 (zwei Jahre); OLG Karlsruhe v. 12.12.1995 – 11 AR 26/95, FamRZ 1996, 1341 (1342) (zwei Jahre); OLG Stuttgart v. 26.9.1996 – 8 AR 44/96, FamRZ 1997, 438.

6 OLG Köln v. 20.12.2002 – 4 WF 153/02, FamRZ 2003, 1124 (1125).

7 OLG München v. 28.7.2006 – 33 Wx 75/06, FamRZ 2007, 83 (84); OLG München v. 4.7.2006 – 33 Wx 60/06, FamRZ 2006, 1562 (1563); OLG Zweibrücken v. 3.5.2007 – 3 W 61/07, FamRZ 2007, 1833; OLG Köln v. 10.10.2006 – 16 Wx 199/06, FGPrax 2007, 84.

8 OLG Stuttgart v. 26.9.1996 – 8 AR 44/96, FamRZ 1997, 438.

Jahren trotz Bestehens eines Rückkehrwunsches einen neuen gewöhnlichen Aufenthalt allein aus den objektiven Gegebenheiten ableiten müssen.[1] Sobald eine nach diesen Maßstäben erhebliche Mindestverweildauer objektiv feststeht (zB nach rechtskräftiger Verurteilung), wird man von einer Verlagerung des gewöhnlichen Aufenthalts ausgehen müssen.

10 Ob ein Aufenthalt auf Dauer angelegt ist, kann auch von seiner **rechtlichen Qualität** abhängen. So ist bei Ausländern zu berücksichtigen, ob sie ein längerfristiges Aufenthaltsrecht besitzen oder etwa eine Abschiebung droht.[2] Asylbewerber begründen daher vor Abschluss ihres Asylverfahrens regelmäßig keinen gewöhnlichen Aufenthalt.[3] Die rechtliche Unsicherheit, mit der ein Aufenthalt belastet ist, tritt aber gegenüber den tatsächlichen Verhältnissen zurück und kann von einem mehrjährigen Aufenthalt und sozialer Integration überspielt werden.[4] Verstärkt und beschleunigt wird die Integration im Inland, wenn der Aufenthalt eines Asylbewerbers geduldet wird oder feststeht, dass der Betroffene unabhängig vom Ausgang des Asylverfahrens zunächst nicht abgeschoben wird.[5]

III. Soziales Element

11 In Zweifelsfällen ist jedoch die Frage der zeitlichen Verweildauer nur ein erstes Indiz für die Bestimmung des gewöhnlichen Aufenthalts, entscheidend ist vielmehr, wo der Betroffene seinen Lebensmittelpunkt, dh. seinen **sozialen Bezugspunkt** hat:[6] Neben der allgemeinen sozialen Integration spielen hierfür insbesondere familiäre und berufliche Aspekte eine Rolle, insofern ist eine Gesamtschau vorzunehmen.[7] Die Anmeldung beim Einwohnermeldeamt ist weder erforderlich noch ausreichend, ihr kommt allenfalls eine gewisse Indizwirkung zu.[8] Relevant wird das soziale Element insbesondere dann, wenn der Betroffene an mehreren Orten Wohnungen unterhält oder wenn ein Wohnungswechsel stattgefunden hat, der Betroffene aber noch nicht an seinem neuen Wohnort verwurzelt ist. Hat der Betroffene hingegen nur an einem Ort dauernd sein Nachtquartier, so liegt sein gewöhnlicher Aufenthalt dort im Zweifel auch dann, wenn der Arbeitsplatz und die sozialen Kontakte anderweitig verortet sind.[9]

---

1 Zöller/*Philippi*, § 606 ZPO Rz. 26 schlägt als Grenzwert generell zwei Jahre vor. AA offenbar MüKo.ZPO/*Bernreuther*, § 606 ZPO Rz. 16 (Rückkehrmöglichkeit ausschlaggebend).

2 OLG Karlsruhe v. 7.6.1990 – 2 UF 76/90, FamRZ 1990, 1351 (1352) mwN; OLG Karlsruhe v. 2.10.1991 – 2 A UF 35/91, FamRZ 1992, 316 (317) = NJW-RR 1992, 1094 (allerdings im Ergebnis auf Grund längeren Aufenthalts anders); OLG Köln v. 9.11.1995 – 10 UF 78/95, FamRZ 1996, 946; OLG Koblenz v. 24.9.1997 – 13 WF 810/97, FamRZ 1998, 756.

3 LG Memmingen v. 26.6.1991 – 4 T 602/91, DAVorm 1991, 873 (876); OLG Karlsruhe v. 2.10.1991 – 2 A UF 35/91, FamRZ 1992, 316 (317).

4 OLG Nürnberg v. 5.3.2001 – 11 WF 320/01, FamRZ 2002, 324; OLG Koblenz v. 15.6.1989 – 11 WF 621/89, FamRZ 1990, 536; OLG Hamm v. 5.5.1989 – 1 WF 167/89, NJW 90, 651 f.; OLG Karlsruhe v. 2.10.1991 – 2 A UF 35/91, FamRZ 1992, 316 (317); *Rauscher*, IPrax 1992, 14 (15), *Gottwald*, FamRZ 2002, 1343; aA AG Landstuhl v. 6.9.2001 – 1 F 247/99, FamRZ 2003, 1343.

5 Baumbach/*Hartmann*, § 122 FamFG Rz. 11 mwN; Wieczorek/Schütze/*Becker-Eberhard*, § 606 ZPO Rz. 56.

6 BGH v. 5.2.1975 – IV ZR 103/73, FamRZ 1975, 272 (273) = NJW 1975, 1068 st. Rspr.; vgl. auch EuGH v. 2.4.2009 – Rs. C-523/07, FamRZ 2009, 843 (845).

7 BGH v. 18.6.1997 – XII ZB 156/95, NJW 1997, 3024 (3025); OLG Frankfurt v. 15.2.2006 – 1 WF 231/05, FamRZ 2006, 883 (884).

8 BGH v. 15.3.1995 – XII ARZ 37/94, FamRZ 1995, 1135; KG v. 3.3.1987 – 1 VA 6/86, FamRZ 1987, 603 (605).

9 Soergel/*Kegel*, Art. 5 EGBGB Rz. 48.

Die **Unterhaltung von zwei Wohnungen** ist häufig damit verknüpft, dass der Beruf am einen Ort, die Familie hingegen am anderen Ort angesiedelt ist. Der Lebensmittelpunkt ist wertend zu ermitteln, wobei auch die Zeitanteile, die am einen oder anderen Ort verbracht werden, eine Rolle spielen. Verbringt jemand vier bis fünf Werktage am Ort seiner Berufstätigkeit und nur die (verlängerten) Wochenenden bei der Familie, so kommt ausnahmsweise durchaus die Begründung eines gewöhnlichen Aufenthalts am Arbeitsort in Frage.[1] Gleichwohl besitzen die familiären und gesellschaftlichen Kontakte am Wochenende besonderes Gewicht,[2] so dass man regelmäßig allenfalls von einem mehrfachen gewöhnlichen Aufenthalt wird ausgehen können.[3] Nach Sinn und Zweck des § 122 Nr. 3 ist es auf jeden Fall gerechtfertigt, zur Bestimmung des letzten gemeinsamen gewöhnlichen Aufenthalts selbst relativ kurzfristige Wochenendkontakte am Wohnsitz der Familie ausreichen zu lassen (Rz. 29). 12

Umstritten ist, ob bei annäherndem Gleichgewicht auch die Annahme **mehrerer**[4] **oder alternierender** (Rz. 8 aE) gewöhnlicher Aufenthaltsorte möglich ist oder ob immer einem Ort Vorrang eingeräumt werden muss.[5] Während ein doppelter gewöhnlicher Aufenthalt im internationalen Privatrecht Probleme bereitet, weil er zu einem Verweis auf zwei Rechtsordnungen führen kann, ist es etwa bei Anwendung von § 122 unschädlich, wenn mehrere Gerichte örtlich zuständig sind. Mehrere gewöhnliche Aufenthalte können etwa dadurch begründet werden, dass mehrere Wohnungen mit vergleichbaren Zeitanteilen oder mit gleichwertiger sozialer Integration genutzt werden,[6] oder der Aufenthalt zwar so dauerhaft verlegt wurde, dass nicht mehr nur von einer vorübergehenden Unterbrechung zu sprechen ist, jedoch eine Rückkehr beabsichtigt und durch regelmäßige Besuche dokumentiert ist, so dass auch der frühere gewöhnliche Aufenthalt nicht aufgegeben wurde.[7] 13

Das soziale Element entscheidet des Weiteren darüber, ob bei **längeren, aber vorübergehenden Ortswechseln** ein neuer gewöhnlicher Aufenthalt begründet wird (vgl. die Beispiele Rz. 8).[8] Soweit sich ein **Student** von seinem Elternhaus und seinem heimatlichen Umfeld gelöst hat, liegt sein Lebensmittelpunkt daher am Studienort, auch wenn er nach einigen Semestern die Hochschule wechseln oder nach Abschluss seines Studiums an seinen Heimatort zurückkehren will.[9] Etwas anderes kann gelten, wenn ein Student nach einem ein- oder zweisemestrigen Studium im Ausland in sein Hei- 14

1 Sogar schon bei einer Abwesenheit von drei Werktagen: Zöller/*Philippi*, § 606 ZPO Rz. 29; MüKo.ZPO/*Bernreuther*, § 606 ZPO Rz. 17.

2 Soergel/*Kegel*, Art. 5 EGBGB Rz. 48 (genereller Vorrang); Musielak/*Borth*, § 606 ZPO Rz. 19 (regelmäßiger Vorrang); ähnlich OLG Frankfurt v. 12.6.1961 – 4 W 58/61, NJW 1961, 1586 f.

3 Demgegenüber geht bei fünf Werktagen Abwesenheit Zöller/*Philippi*, § 606 ZPO Rz. 29 offenbar schon von einem alleinigen gewöhnlichen Aufenthalt am Ort der Berufstätigkeit aus.

4 Wohl hM: BayObLG v. 5.2.1980 – BReg. 1 Z 25/79, FamRZ 1980, 883 (885) mwN; KG v. 3.3.1987 – 1 VA 6/86, FamRZ 1987, 603 (605); Zöller/*Philippi*, § 606 ZPO Rz. 29; Wieczorek/Schütze/*Becker-Eberhard*, § 606 ZPO Rz. 49; *Baetge*, IPRax 2005, 335 (336 f.).

5 So MüKo.BGB/*Sonnenberger*, Einl. v. Art. 3 EGBGB Rz. 543.

6 MüKo.ZPO/*Bernreuther*, § 606 ZPO Rz. 17; Zöller/*Philippi*, § 606 ZPO Rz. 27.

7 Wieczorek/Schütze/*Becker-Eberhard*, § 606 ZPO Rz. 52 (Auslandsstudium); vgl. KG v. 3.3.1987 – 1 VA 6/86, FamRZ 1987, 603 (605). Ähnlich auch BayObLG v. 5.2.1890 – BReg. 1 Z 25/79, FamRZ 1980, 883 (885), im konkreten Fall allerdings verneint.

8 Vgl. RG v. 6.9.1944 – IV 116/44, DR 1944, 913 (914) (vorübergehende Einziehung zum Wehrdienst); OLG Schleswig v. 11.5.1948 – 2 U 34/48, JR 1949, 387 (vorübergehender Umzug zu Schwiegereltern nach Ausbombung).

9 KG v. 3.3.1987 – 1 VA 6/86, FamRZ 1987, 603 (605); Zöller/*Philippi*, § 606 ZPO Rz. 27; *Henrich*, IPRax 1990, 59; ausführlich Wieczorek/Schütze/*Becker-Eberhard*, § 606 ZPO Rz. 52.

matland zurückkehren möchte.[1] UU kann hier auch an zwei Orten ein gewöhnlicher Aufenthalt gegeben sein.[2]

IV. Minderjährige

15 Der gewöhnliche Aufenthalt minderjähriger Kinder leitet sich nicht wie der Wohnsitz (vgl. § 11 Satz 1 BGB) vom gewöhnlichen Aufenthalt der Sorgeberechtigten ab, sondern ist grundsätzlich selbständig nach den zuvor dargestellten Grundsätzen zu bestimmen.[3] Unterschiede zu Erwachsenen ergeben sich allerdings dadurch, dass Kinder **in stärkerem Maße fremdbestimmt** sind. Insbesondere Kleinkinder sind derart von ihrer Bezugs- und Obhutsperson abhängig, dass ihr gewöhnlicher Aufenthalt stark an diese gebunden ist.[4] So spielen bis zum 4. Lebensjahr soziale Kontakte zu anderen Personen als den Eltern (oder vergleichbaren Betreuungspersonen) eine geringe Rolle. Daher ist bei Säuglingen und Kleinkindern der Aufenthalt dann auf längere Dauer angelegt, wenn die Betreuungspersonen (idR die Eltern) beabsichtigen, an einem Ort für unbestimmte oder längere Zeit zu verbleiben.[5] Mit zunehmendem Alter spielen andere soziale Beziehungen und der eigene Wille des Kindes eine stärkere Rolle, beispielsweise der Besuch eines Kindergartens oder einer Schule, der Antritt einer Lehrstelle, die Anwesenheit von Freunden und anderen Familienangehörigen.[6] Die soziale Integration kann insbesondere dadurch verzögert werden, dass das Kind die am Aufenthaltsort gängige Sprache nicht beherrscht.[7]

16 Bei einem **regelmäßigen Wechsel** des Aufenthaltsortes kommt es auf den Schwerpunkt der Lebensführung an. Lebt ein Kind während der Woche bei einem Elternteil, besucht dort die Schule und hat seinen Freundeskreis, so liegt hier auch dann sein alleiniger gewöhnlicher Aufenthalt, wenn es die Wochenenden regelmäßig beim anderen Elternteil verbringt.[8] Wechselt der Aufenthalt des Kindes hingegen in halbjährigem Rhythmus, so ist der Aufenthalt jeweils nur von vorübergehender Dauer. Der gewöhnliche Aufenthalt verbleibt dann idR am Ort des ursprünglichen gewöhnlichen Aufenthalts.[9]

17 Auch wenn **Internatsbesuche** auf mehr als ein Schuljahr angelegt sind, begründen sie regelmäßig keinen gewöhnlichen Aufenthalt des Kindes am Schulort, soweit es in den Ferien und gelegentlich an den Wochenenden seine Eltern besucht. Im Unterschied zu Studenten (Rz. 14) wird hier nur ausnahmsweise eine weit gehende Loslösung vom Elternhaus in Frage kommen.[10] Ob die Unterbringung in einem **Heim oder einer Pfle-**

1 Vgl. auch OLG Hamm v. 13.3.1989 – 10 WF 76/89, FamRZ 1989, 1331 (1332) (häufiger Studienortwechsel) m. Anm. *Henrich*, IPRax 1990, 59. Vgl. zum Wohnsitz OLG Frankfurt v. 9.2.2009 – 1 WF 32/09, FamRZ 2009, 796 f. m. Anm. *Gottwald*.

2 KG v. 3.3.1987 – 1 VA 6/86, FamRZ 1987, 603 (605); *Henrich*, IPRax 1990, 59.

3 BGH v. 18.6.1997 – XII ZB 156/95, FamRZ 1997, 1070; OLG Frankfurt v. 15.2.2006 – 1 WF 231/05, FamRZ 2006, 883; vgl. auch EuGH v. 2.4.2009 – Rs. C-523/07, FamRZ 2009, 843 (845).

4 Vgl. BT-Drucks. 16/6308, S. 226 f.

5 OLG Schleswig v. 26.7.2000 – 12 UF 233/99, FamRZ 2000, 1426 (1427).

6 OLG Frankfurt v. 15.2.2006 – 1 WF 231/05, FamRZ 2006, 883 (884 f.).

7 Vgl. OLG Hamm v. 13.6.1989 – 1 UF 117/89, FamRZ 1989, 1109 (1110); OLG Frankfurt v. 15.2.2006 – 1 WF 231/05, FamRZ 2006, 883 (884 f.).

8 OLG Bremen v. 3.4.1992 – 4 UF 35/92, FamRZ 1992, 963.

9 OLG Rostock v. 25.5.2000 – 10 UF 126/00, FamRZ 2001, 642 (643); krit. *Baetge*, IPRax 2005, 335 (336).

10 BGH v. 5.2.1975 – IV ZR 103/73, NJW 1975, 1068 (Internatsaufenthalt eines fünfjängigen Kindes im Ausland als vorübergehende Notlösung); AG Rottweil v. 20.6.1997 – 2 F 56/97, FamRZ 1997, 1408; Zöller/*Philippi*, § 606 ZPO Rz. 33.

gefamilie einen gewöhnlichen Aufenthalt begründet, hängt von den Umständen des Einzelfalles ab.[1] Ist ein Ende des Aufenthalts nicht absehbar und in der nächsten Zeit nicht wahrscheinlich, ist der gewöhnliche Aufenthalt am Ort der Pflegefamilie oder des Heims. Die Unterbringung bei Verwandten, etwa den Großeltern, dürfte oftmals eine vorübergehende Lösung darstellen. Dauert diese jedoch längere Zeit an und integriert sich das Kind an diesem Ort, kann auch hier ein neuer gewöhnlicher Aufenthalt entstehen.[2]

Problematisch sind Fälle, in denen ein Ehegatte ein Kind **gegen den Willen des anderen** 18
an sich nimmt, obwohl das Aufenthaltsbestimmungsrecht dem anderen Ehegatten oder beiden gemeinsam zusteht (zivilrechtliche Kindesentführung). Da wegen der Widerrechtlichkeit des Aufenthaltswechsels nicht von vorneherein absehbar ist, ob der Status quo ante nicht doch über kurz oder lang wiederhergestellt wird, kann nicht allein auf die tatsächlichen Umstände abgestellt werden, so dass der Wechsel des gewöhnlichen Aufenthalts in diesen Fällen allenfalls zeitverzögert zum tatsächlichen Ortswechsel eintritt, wenn das Kind am Aufenthaltsort sozial integriert ist.[3] Allerdings ändert die eigenmächtige und rechtswidrige Verlegung des Aufenthalts nichts daran, dass für die Bestimmung des gewöhnlichen Aufenthalts in erster Linie auf die tatsächlichen Verhältnisse abgestellt werden muss (hiervon geht auch die neu eingeführte Regelung des § 154 Satz 1 aus).[4] Entscheidend sind die soziale Eingliederung, die Dauer des Aufenthaltes und der Wille des Kindes, bei dem einen oder anderen Elternteil leben zu wollen, sowie die faktische Möglichkeit des anderen Elternteil, eine Rückführung des Kindes durchzusetzen.[5] Im Allgemeinen wird davon ausgegangen, dass nach Ablauf von sechs Monaten der Aufenthalt eines Minderjährigen zum gewöhnlichen Aufenthalt erstarkt, selbst wenn sich der Aufenthaltswechsel gegen den Willen eines mitsorgeberechtigten Elternteils vollzogen hat.[6] Doch sind Abweichun-

1 Vgl. BGH v. 23.1.2008 – XII ZB 176/07, NJW 2008, 739 (741); OLG Düsseldorf v. 6.11.1990 – 6 UF 195/90, NJW-RR 1991, 1411 (bei Heimunterbringung abgelehnt wegen des vorübergehenden Zweckes); OLG München v. 12.7.2006 – 33 AR 7/06, FamRZ 2006, 1622 (1623) (bejaht, weil Kind schon seit mehreren Jahren in Betreuungseinrichtungen lebte und Rückkehr nicht beabsichtigt war).

2 OLG Stuttgart v. 6.7.1989 – 8 W 258/89, FamRZ 1989, 1110 (1111), Aufenthalt bei Verwandten im Ausland gegen Willen des aufenthaltsbestimmungsberechtigten Jugendamts.

3 Grenzüberschreitend: BGH v. 29.10.1980 – IVb ZB 586/80, FamRZ 1981, 135 (136 f.); OLG München v. 16.9.1992 – 12 UF 930/92, FamRZ 1993, 349; OLG Hamm v. 29.4.1988 – 5 UF 57/88, FamRZ 1988, 1198 (1199); OLG Düsseldorf v. 22.7.1993 – 6 UF 150/92, FamRZ 1994, 107 (108 f.) = NJW 1992, 636 f. Inlandsfälle: OLG Hamm v. 22.12.2006 – 2 Sdb(FamS) Zust. 14/06, FamRZ 2008, 1007 (1008); OLG Zweibrücken v. 15.2.2008 – 5 WF 196/07, FamRZ 2008, 1258 m. Anm. *Menne*, ZkJ 2008, 308.

4 BGH v. 29.10.1980 – IVb ZB 586/80, NJW 1981, 520 (521) mwN; OLG Hamm v. 16.5.1991 – 4 UF 8/91, FamRZ 1991, 1466 (1467 f.); *Henrich*, FamRZ 1989, 1325; aA OLG Karlsruhe v. 18.7.1975 – 4 W 16 u. 28/75, NJW 1976, 485 (486).

5 BGH v. 29.10.1980 – IVb ZB 586/80, FamRZ 1981, 135 (136 f.); OLG Düsseldorf v. 16.12.1983 – 1 WF 336/83, FamRZ 1984, 194 (195); OLG Hamm v. 13.6.1989 – 1 UF 117/89, FamRZ 1989, 1109 f.; OLG Karlsruhe v. 21.7.1998 – 2 WF 64 u. 65/98, NJW-RR 1999, 1383 (1384); OLG Hamm v. 22.12.2006 – 2 Sdb(FamS) Zust. 14/06, FamRZ 2008, 1007 (1008); OLG Zweibrücken v. 15.2.2008 – 5 WF 196/07, FamRZ 2008, 1258.

6 Internationale Entführung: BGH v. 29.10.1980 – IVb ZB 586/80, BGHZ 78, 293 (295) = FamRZ 1981, 135 (137) mwN; BGH v. 18.6.1997 – XII ZB 156/95, FamRZ 1997, 1070; OLG Celle v. 2.1.1991 – 18 UF 167/90, FamRZ 1991, 1221 (1222); OLG Koblenz v. 27.7.1988 – 13 UF 861/88, NJW 1989, 2201; OLG Köln v. 13.11.1990 – 4 UF 153/90, FamRZ 1991, 363 (364); OLG Frankfurt v. 15.2.2006 – 1 WF 231/05, FamRZ 2006, 883. Inländische Entführung: OLG Zweibrücken v. 15.2.2008 – 5 WF 196/07, FamRZ 2008, 1258 (fünfmonatiger Aufenthalt nicht ausreichend). Rechtmäßiger Umzug ins Ausland: OLG Karlsruhe v. 16.8.2003 – 18 UF 171/02, FamRZ 2005,

gen von dieser Regel im Einzelfall möglich, etwa wenn besondere Anhaltspunkte dafür bestehen, dass die Rückführung in näherer Zukunft erfolgreich durchgesetzt werden kann.[1]

C. Örtliche Zuständigkeit

19 Zur **internationalen Zuständigkeit** in Ehesachen vgl. Kommentierung zu § 98, zur **Rechtshängigkeitssperre** bei Anhängigkeit eines (Scheidungs-)Verfahrens vor ausländischen Gerichten vgl. vor §§ 98–106 Rz. 47 ff.

I. Anknüpfungsmomente im Einzelnen

1. Verhältnis der Zuständigkeitsgründe

20 Die Regelung des § 122 enthält eine Zuständigkeitsleiter, die sich (bis auf Nr. 6) am gewöhnlichen Aufenthalt zumindest eines Ehegatten, teilweise auch am (ehemaligen) gemeinsamen gewöhnlichen Aufenthalt oder am gewöhnlichen Aufenthalt der gemeinsamen minderjährigen Kinder orientiert. Da das Eingreifen eines vorrangigen Zuständigkeitsgrundes alle nachfolgenden Stufen ausschließt, besteht ein Subsidiaritätsverhältnis: Der **Übergang vom vorrangigen zum subsidiären Zuständigkeitsgrund** kann insbesondere bewirkt werden durch

a) das Nichtvorhandensein gemeinsamer minderjähriger Kinder (Nr. 1 und Nr. 2) oder eines ehemaligen gemeinsamen gewöhnlichen Aufenthalts im Inland (Nr. 3);

b) die Nichterfüllung besonderer Bedingungen (Nr. 2 und Nr. 3);

c) das Fehlen eines gewöhnlichen Aufenthalts (Nr. 1 – Nr. 5);[2]

d) mangelnde Feststellbarkeit eines gewöhnlichen Aufenthaltes (Nr. 1 – Nr. 4);[3]

e) einen gewöhnlichen Aufenthalt im Ausland (Nr. 1 – Nr. 5).

21 § 122 Nr. 6 besitzt keine eingrenzenden Tatbestandsvoraussetzungen und fungiert als **Auffanggerichtsstand** für alle übrigen Fälle, die der deutschen Gerichtsbarkeit zugewiesen sind.

22 Dass mit dem gewöhnlichen Aufenthalt nur der gewöhnliche Aufenthalt **im Inland** gemeint ist, ergibt sich im Gegensatz zu § 606 ZPO aF nicht mehr ausdrücklich aus dem Gesetz,[4] sondern indirekt dadurch, dass die Bestimmung, welche ausländischen Gerichte zuständig sind, nicht in die Kompetenz des deutschen Gesetzgebers fällt.

---

287 (288); OLG Hamm v. 12.12.1973 – 15 W 190/73, NJW 1974, 1053. Minderjähriger Asylbewerber: BVerwG v. 24.6.1999 – 5 C 24.98, NVwZ 2000, 325 (328).

1 OLG Zweibrücken v. 15.2.2008 – 5 WF 196/07, FamRZ 2008, 1258 (einstweilige Anordnung und vorläufige Stellungnahme des Sachverständigen im Sorgerechtsverfahren, allerdings auch erst 5 Monate verstrichen).

2 Anzunehmen etwa bei Gatten, die den anderen verlassen haben und noch keine konkreten Pläne für den künftigen Aufenthalt haben; vgl. OLG Stuttgart v. 10.4.1981 – 15 UF 39/81 ES, FamRZ 1982, 84 (85).

3 Unbekannter Aufenthalt ist Fehlen eines gewöhnlichen Aufenthalts im Inland gleichzusetzen, BGH v. 29.9.1982 – IVb ARZ 41/82, FamRZ 1982, 1199; OLG Stuttgart v. 22.9.1964 – 5 W 53/64, NJW 1964, 2166 (grundlegend); OLG Karlsruhe v. 31.3.1998 – 16 UF 238/97, FamRZ 1999, 1085 (1086) (etwas anderes gilt, wenn Aufenthalt nur dem Ast. – nicht aber dem Gericht – unbekannt ist); Zöller/*Philippi*, § 606 ZPO Rz. 22.

4 Vgl. § 606 Abs. 1 Satz 2 ZPO aF; MüKo.ZPO/*Bernreuther*, § 606 ZPO Rz. 14.

2. Aufenthalt eines Ehegatten mit minderjährigen gemeinsamen Kindern (Nr. 1 und Nr. 2)

23 Nach § 122 Nr. 1 und Nr. 2 ist primär das Gericht örtlich zuständig, in dessen Bezirk einer der Ehegatten mit allen **gemeinschaftlichen minderjährigen Kindern** (Nr. 1) oder zumindest einem Teil der gemeinschaftlichen minderjährigen Kinder (Nr. 2) seinen gewöhnlichen Aufenthalt hat. Ausdrücklich nicht anwendbar ist § 122 Nr. 2 allerdings, wenn eines der gemeinschaftlichen Kinder seinen gewöhnlichen Aufenthalt im Gerichtsbezirk des Antragstellers und ein anderes seinen gewöhnlichen Aufenthalt beim Antragsgegner hat. In der Sache werden von Nr. 2 daher nur (die seltenen) Konstellationen erfasst, in denen das andere Kind oder die anderen Kinder ihren gewöhnlichen Aufenthalt weder im Gerichtsbezirk des einen noch des anderen Ehegatten haben. Sinn und Zweck der beiden Vorschriften ist es, in Kindschaftsfolgesachen die Anhörung der betroffenen Kinder und die Kooperation mit dem zuständigen Jugendamt zu erleichtern.[1]

24 Gemeinschaftlich ist ein Kind dann, wenn die Ehegatten **statusrechtlich** Mutter und Vater des Kindes sind.[2] Keine Rolle spielen hingegen die biologischen Abstammungsverhältnisse, solange sie nicht durch Anfechtungsklage bzw. Vaterschaftsfeststellungsklage rechtliche Wirkung entfalten. Das Abstammungsverhältnis kann daher auch durch Adoption (ua. auch Stiefkindadoption) begründet worden sein.[3] Leben Ehegatten getrennt und bekommt die Ehefrau ein Kind von einem Dritten, bewirkt dies, dass nach Nr. 1 der gewöhnliche Aufenthalt der Frau und des Kindes maßgeblich ist, da das Kind nach § 1592 Nr. 1 BGB als Kind des Ehemannes gilt. Berücksichtigt werden allein minderjährige Kinder (§ 2 BGB), da nur für diese die elterliche Sorge iSd. § 1626 BGB besteht. Volljährige betreuungsbedürftige Kinder (§ 1896 ff. BGB) sind nicht maßgeblich.

25 Wann ein Ehegatte „mit" seinen Kindern einen gewöhnlichen Aufenthalt im selben Gerichtsbezirk hat, war unter Geltung des § 606 ZPO aF zunächst umstritten. Teilweise wurde vertreten, dass das Attribut „mit" dem Erfordernis eines „gemeinsamen gewöhnlichen Aufenthalts" gleichkomme; der Ehegatte müsse daher mit den Kindern in einem Haushalt leben.[4] Nach herrschender Ansicht ist hingegen lediglich zu fordern, dass die Kinder ihren **gewöhnlichen Aufenthalt im gleichen Gerichtsbezirk** haben wie der Ehegatte. Dies ergibt sich zum einen aus Sinn und Zweck des § 122 Nr. 1 und Nr. 2, die Kooperation mit dem zuständigen Jugendamt zu fördern.[5] Zum anderen schreibt der Gesetzeswortlaut gerade keinen „gemeinsamen" Aufenthalt vor.[6] Leben also die Ehegatten getrennt, aber im gleichen Gerichtsbezirk, und lebt bei jedem Ehegatten eines von zwei gemeinschaftlichen minderjährigen Kindern, so ist bereits die Zuständigkeit nach Nr. 1 gegeben, weil einer der Ehegatten (sogar beide) mit allen Kindern im gleichen Gerichtsbezirk seinen gewöhnlichen Aufenthalt hat. Die Anwendung des neuen § 154, der in Fällen widerrechtlicher Verlegung des Kindesaufenthalts eine Verweisung an das Gericht des Herkunftsortes zulässt, ist nur in isolierten Kind-

1 BT-Drucks. 16/9733, S. 292; BT-Drucks. 7/650, S. 195; BGH v. 8.7.1987 – IVb ARZ 28/87, NJW-RR 1987, 1348 (1349); BGH v. 1.2.1984 – IV b ARZ 52/83, FamRZ 1984, 370.

2 MüKo.ZPO/*Bernreuther*, § 606 ZPO Rz. 22.

3 MüKo.ZPO/*Bernreuther*, § 606 ZPO Rz. 22.

4 So etwa Baumbach/*Albers*, 45. Aufl. 1987, § 606 ZPO Anm. 3 B; *Rolland*, Komm. zum EheRG, § 606 ZPO Rz. 10.

5 OLG Frankfurt v. 22.3.1984 – 1 UFH 8/84, FamRZ 1984, 806; OLG Hamm v. 10.1.1989 – 2 Sbd [Zust] 27/88, FamRZ 1989, 641 (642): jedenfalls analoge Anwendung; Zöller/*Philippi*, § 606 ZPO Rz. 33.

6 OLG Hamm v. 10.1.1989 – 2 Sbd [Zust] 27/88, FamRZ 1989, 641 (642).

schaftssachen möglich und hat keine Auswirkungen auf die Zuständigkeit für die Ehesache nach § 122.[1]

26 Die Anknüpfung nach Nr. 2 steht unter dem **audrücklichen Vorbehalt**, dass kein gemeinschaftliches minderjähriges Kind seinen gewöhnlichen Aufenthalt „bei dem anderen Ehegatten" hat. Dieses neue Tatbestandsmerkmal muss in gleicher Weise ausgelegt werden wie der Aufenthalt des antragstellenden Ehegatten „mit" gemeinschaftlichen Kindern, so dass es auf einen gemeinsamen Haushalt nicht ankommt. Würde man hier eine gemeinsame Haushaltsführung fordern, so würde das Ziel des Gesetzgebers, dass die Kinder für die Bestimmung der Zuständigkeit keinen Ausschlag geben, wenn sie zwischen den Gatten „verteilt" sind, ausgehebelt.

Beispiel: A und B haben zwei Kinder X und Y. X lebt in einem Heim in Marburg, Y besucht ein Internat in Kassel, A bleibt in der Ehewohnung in Marburg zurück, während B nach Kassel zieht. Forderte man für den Ausschlussgrund nach § 122 Nr. 2 einen gemeinsamen Haushalt, so könnten sich beide Gatten darauf berufen, im selben Gerichtsbezirk wie ein Kind zu wohnen, während der andere mit dem gemeinsamen Kind keinen Haushalt bilde. Dann könnte jeder ein Verfahren im eigenen Gerichtsbezirk anhängig machen. Dieses Ergebnis ist nach Sinn und Zweck der Vorschrift nicht gewollt, so dass der Gerichtsstand nach den Nr. 3 ff. zu bestimmen ist.

3. Letzter gemeinsamer Aufenthalt (Nr. 3)

27 Soweit gemeinschaftliche minderjährige Kinder nicht nach § 122 Nr. 1 oder Nr. 2 den Ausschlag geben, ist gem. § 122 Nr. 3 das Gericht zuständig, in dessen Bezirk die Ehegatten ihren letzten gemeinsamen gewöhnlichen Aufenthalt hatten, wenn dort noch einer der Gatten seinen gewöhnlichen Aufenthalt hat. Der Hauptzweck der Regel stammt noch aus der Zeit, als im Scheidungsrecht das Schuldprinzip galt. Der Ort des letzten gemeinsamen Aufenthalts war zweckmäßig, weil hier die Gründe für das eheliche Zerwürfnis besonders gut aufzuklären waren.[2] Heute liegt die Rechtfertigung für diesen Zuständigkeitsgrund vor allem darin, dass durch die Anknüpfung an den letzten gemeinsamen Aufenthalt ein **neutrales Anknüpfungsmoment** gefunden wird, das nicht von der in Ehesachen häufig eher zufälligen Rolle als Antragsteller oder Antragsgegner abhängt.

28 Kein gemeinsamer Aufenthalt besteht an dem **Ort, an dem zwar beide Ehegatten ihren gewöhnlichen Aufenthalt hatten, aber bereits getrennt** lebten.[3]

Beispiel: A und B leben gemeinsam in Marburg. A trennt sich und zieht nach Frankfurt. B zieht ebenfalls nach Frankfurt. Nach längerem Aufenthalt zieht B nach Gießen. Der letzte gemeinsame gewöhnliche Aufenthalt ist Marburg, nicht Frankfurt, da die Gatten in Frankfurt nicht zusammenwohnten. Da in Marburg kein Gatte mehr wohnt, richtet sich die örtliche Zuständigkeit nach § 122 Nr. 4.

29 Lebten die Ehegatten während der gesamten Ehezeit **unter der Woche berufsbedingt getrennt** und nutzten die gemeinsame Wohnung nur am Wochenende, ist die Rechtsprechung großzügig und nimmt entgegen dem zeitlichen Schwerpunkt regelmäßig einen gemeinsamen gewöhnlichen Aufenthalt an.[4] Selbst wenn nie ein gemeinsamer Haushalt gegründet wurde und das eheliche Leben in sporadischen gemeinsamen

---

1 *Menne*, ZkJ 2008, 308 (309).

2 BayObLG v. 15.12.1948 – RevReg. 81/48, NJW 1959, 39.

3 OLG Stuttgart v. 10.4.1981 – 15 UF 39/81 ES, FamRZ 1982, 84; Stein/Jonas/*Schlosser*, § 606 ZPO Rz. 12; MüKo.ZPO/*Bernreuther*, § 606 ZPO Rz. 18.

4 OLG Frankfurt v. 12.6.1961 – 4 W 58/61, NJW 1961, 1586 f.; OLG Schleswig v. 9.4.1963 – 5 W 16/63, SchlHA 1963, 125 (126); Baumbach/*Hartmann*, § 122 FamFG Rz. 11.

Übernachtungen bestand, soll dies genügen.[1] Wegen des Vorrangs von § 122 Nr. 3 gegenüber Nr. 4 und Nr. 5 und wegen der Zielsetzung des Zuständigkeitsgrundes ist diese Handhabung gerechtfertigt (vgl. Rz. 12). Die Bedingung, dass ein Gatte seinen gewöhnlichen Aufenthalt am Ort des letzten gemeinsamen gewöhnlichen Aufenthalts hat, ist auch dann erfüllt, wenn der Betreffende zwischenzeitlich seinen gewöhnlichen Aufenthalt verlegt hatte, aber wieder zurückgekehrt ist.[2] Der Gerichtsstand nach Nr. 3 kann also **wiederaufleben**, obwohl er zwischenzeitlich nicht gegeben war. Stets erforderlich ist aber ein gemeinsamer gewöhnlicher Aufenthalt während der Ehe, bestand er lediglich vor der Eheschließung, ist dies nicht ausreichend (zB Eheschließung in JVA) (zum gewöhnlichen Aufenhalt in diesen Fällen vgl. Rz. 9).

4. Gewöhnlicher Aufenthalt des Antragsgegners (Nr. 4) und des Antragstellers (Nr. 5)

Auf der vierten Stufe wird an den gewöhnlichen Aufenthalt des Antragsgegners angeknüpft, auf der fünften Stufe – soweit der Antragsgegner keinen (bekannten)[3] gewöhnlichen Aufenthalt im Inland hat – an den gewöhnlichen Aufenthalt des Antragstellers. Der Vorrang des gewöhnlichen Aufenthalts des Antragsgegners vor dem gewöhnlichen Aufenthalt des Antragstellers entspricht dem Rechtsgedanken des § 12 ZPO („actor sequitur forum rei").[4] Beim Eingreifen der Nr. 4 und Nr. 5 ist im Gegensatz zu den vorangehenden Stufen **nicht das gleiche Gericht für die Anträge beider Ehegatten zuständig**, vielmehr richtet sich die Zuständigkeit danach, welcher der Ehegatten den Antrag einreicht. Soweit der zweite Ehegatte nicht von der Möglichkeit Gebrauch macht, seinen Antrag als Gegenantrag bei dem Gericht der zuerst anhängig gewordenen Ehesache einzureichen (§ 126 Rz. 7) und tatsächlich zwei Eheverfahren parallel bei unterschiedlichen Gerichten in Gang gesetzt werden, wird die Verfahrenskollision durch § 123 gelöst. 30

5. Amtsgericht Schöneberg in Berlin (Nr. 6)

Für alle übrigen Fälle, in denen die Nr. 1 bis 5 nicht eingreifen, weil die Beteiligten im Inland niemals zusammengelebt haben und auch im Zeitpunkt der Rechtshängigkeit des Antrags keiner der Ehegatten im Inland lebt, ist das AG Schöneberg in Berlin ausschließlich zuständig. Da auch die internationale Zuständigkeit nach Art. 3 Brüssel IIa-VO und § 98 weitgehend vom gewöhnlichen Aufenthalt der Beteiligten abhängt, greift diese Stufe nur selten ein. Haben beide Ehegatten ihren gewöhnlichen Aufenthalt im Ausland, so kann die internationale Zuständigkeit nur durch die **deutsche Staatsangehörigkeit** beider Gatten (Art. 3 Abs. 1 Buchst. b Brüssel IIa-VO) oder eines Gatten (§ 98 Abs. 1 Nr. 1) vermittelt werden, wobei die Brüssel IIa-VO in ihrem Anwendungsbereich Vorrang besitzt (§ 98 Rz. 3 ff.). 31

1 OLG Schleswig v. 17.2.1950 – 5 U 20/50, SchlHA 1950, 195 (kriegsbedingt nur kurze Besuche bei der Ehefrau); OLG Schleswig v. 9.4.1963 – 5 W 16/63, SchlHA 1963, 125 (126) (mehrere Urlaube des Ehemanns von etwa einer Woche); OLG Hamm v. 28.11.1956 – 5 W 188/56, MDR 1957, 171 (getrennte Wohnungen, wobei die Gatten jedoch zeitweise in der Wohnung des jeweils anderen schliefen).

2 BayObLG v. 15.12.1948 – RevReg. 81/48, NJW 1959, 39.

3 Unbekannter Aufenthalt ist Fehlen eines gewöhnlichen Aufenthalts im Inland gleichzusetzen BGH v. 29.9.1982 – IVb ARZ 41/82, FamRZ 1982, 1199; OLG Stuttgart v. 22.9.1964 – 5 W 53/64, NJW 1964, 2166 (grundlegend); OLG Karlsruhe v. 31.3.1998 – 16 UF 238/97, FamRZ 1999, 1085 (1086) (etwas anderes gilt, wenn Aufenthalt nur dem Antragsteller – nicht aber dem Gericht – unbekannt ist); Zöller/*Philippi*, § 606 ZPO Rz. 22.

4 Zöller/*Vollkommer*, § 12 ZPO Rz. 2.

II. Behandlung von Zuständigkeitsproblemen

1. Prüfung

32 Als **Sachurteilsvoraussetzung** ist die örtliche Zuständigkeit von Amts wegen zu prüfen. Bei örtlicher Unzuständigkeit ist der Antrag – nach entsprechendem Hinweis (§ 139 Abs. 3 ZPO) – durch Prozessurteil als unzulässig abzuweisen, soweit kein Verweisungsantrag nach § 281 Abs. 1 ZPO gestellt wird. Werden anfängliche Zuständigkeitsmängel im laufenden Verfahren durch Veränderung der maßgeblichen Umstände behoben, bevor das Verfahren verwiesen wurde, tritt jedoch eine Heilung des Zuständigkeitsmangels ein.[1] Soweit das FamG zum Schluss der mündlichen Verhandlung zuständig (geworden) ist, ist daher eine Sachentscheidung zu treffen. In der **Rechtsmittelinstanz** wird nicht geprüft, ob das FamG seine örtliche Zuständigkeit zu Unrecht bejaht hat (§ 65 Abs. 4, § 72 Abs. 2).

2. Perpetuatio fori

33 Ändern sich die zuständigkeitsbegründenden Tatsachen (Verlegung des gewöhnlichen Aufenthalts, Eintritt der Volljährigkeit, Feststellung der Nichtabstammung etc.), so kann dies die **örtliche Zuständigkeit eines Gerichts nicht nachträglich beseitigen** (perpetuatio fori). Dies folgt nicht aus § 2, der auf Ehesachen keine Anwendung findet (§ 113 Abs. 1 Satz 1), sondern aus § 261 Abs. 3 ZPO iVm. § 113 Abs. 1 Satz 2 FamFG. Die perpetuatio fori tritt danach erst mit Rechtshängigkeit ein. Ist der Antrag also nur anhängig oder wurde lediglich Verfahrenskostenhilfe beantragt, kann das befasste Gericht nachträglich unzuständig werden.[2] Dies birgt für den Antragsteller während des VKH-Prüfungsverfahrens die Gefahr, dass der Antragsgegner seinen gewöhnlichen Aufenthalt ändert und hierdurch das befasste Gericht unzuständig wird. Um dies zu vermeiden, kann der Antragsteller im VKH-Prüfungsverfahren einen unbedingten Scheidungsantrag einreichen und beantragen, diesen gem. § 15 Nr. 3a FamGKG ohne Einzahlung des Vorschusses zuzustellen.

34 § 261 Abs. 3 Nr. 2 ZPO bezweckt lediglich die **Erhaltung der Zuständigkeit** eines Gerichts, nicht der Unzuständigkeit.[3] Dh., dass ein zunächst unzuständiges Gericht nachträglich zuständig werden kann. Dies folgt daraus, dass die Regel der perpetuatio fori der Prozessökonomie dienen soll.[4] Wird die Unzuständigkeit während des laufenden Verfahrens „geheilt", greift ab diesem Zeitpunkt der Grundsatz der perpetuatio fori, so dass ein späterer Fortfall der zuständigkeitsbegründenden Umstände unbeachtlich ist.[5]

Beispiel: Der letzte gemeinsame Aufenthalt von A und B war Marburg. B verlässt A und zieht mit der 17-jährigen Tochter T nach Frankfurt. A beantragt vor dem AG Marburg die Scheidung. Am 1.9.2008 wird der Antrag rechtshängig. Am 2.9. wird T volljährig. Am 3.9. gebiert B den gemeinsamen (§ 1592 Nr. 1 BGB) Sohn S. Das AG Marburg war nach § 122 Nr. 1 zunächst unzuständig, wurde dann jedoch am 2.9. zuständig (§ 122 Nr. 3), wobei diese Zuständigkeit durch die anschließende (erneute) Veränderung der Umstände nicht mehr fortfällt.

---

1 RG v. 1.10.1925 – 89/25 IV, JW 1926, 375 (376); OLG Hamburg v. 8.9.1987 – 12 WF 108/87, ZfJ 1988, 94 (95 f.); Zöller/*Philippi*, § 606 ZPO Rz. 39.
2 BGH v. 9.3.1994 – XII ARZ 2/94, NJW-RR 94, 706 Nr. 2; OLG Hamm v. 22.12.2006 – 2 Sdb (FamS) Zust. 14/06, FamRZ 2008, 1007 (1008).
3 Zöller/*Greger*, § 261 ZPO Rz. 12.
4 Zöller/*Greger*, § 261 ZPO Rz. 12.
5 Musielak/*Borth*, § 606 ZPO Rz. 14.

§ 123
Abgabe bei Anhängigkeit mehrerer Ehesachen

Sind Ehesachen, die dieselbe Ehe betreffen, bei verschiedenen Gerichten im ersten Rechtszug anhängig, sind, wenn nur eines der Verfahren eine Scheidungssache ist, die übrigen Ehesachen von Amts wegen an das Gericht der Scheidungssache abzugeben. Ansonsten erfolgt die Abgabe an das Gericht der Ehesache, die zuerst rechtshängig geworden ist. § 281 Abs. 2 und 3 Satz 1 der Zivilprozessordnung gilt entsprechend.

A. Normzweck

Der durch das FamFG neu eingeführte § 123 befasst sich mit Fällen, in denen mehrere Eheverfahren eingeleitet werden, die dieselbe Ehe betreffen, und nach § 122 **verschiedene Gerichte örtlich zuständig** sind. Indem die Vorschrift die Verfahren beim Gericht der Scheidungssache (Satz 1) bzw. beim Gericht der zuerst rechtshängigen Ehesache (Satz 2) zusammenführt, soll die Einheitlichkeit der Entscheidung in Ehesachen sichergestellt werden. Ist eines der Gerichte, bei dem eine Ehesache anhängig gemacht wird, nach § 122 örtlich unzuständig, ist nicht nach § 123 vorzugehen, sondern nach § 281 ZPO iVm. § 113 Abs. 1 Satz 2 FamFG auf Antrag an das örtlich zuständige Gericht zu verweisen (Rz. 8 und § 111 Rz. 59). 1

Im bisherigen Verfahrensrecht gab es zu § 123 **keine vollständige Entsprechung**. § 606 Abs. 2 Satz 3 ZPO aF befasste sich lediglich mit einem Spezialfall der Zuständigkeitskonkurrenz: Soweit sich die örtliche Zuständigkeit für eine Ehesache nach § 122 Nr. 4 oder (mangels gewöhnlichen Aufenthalts des Antragsgegners im Inland) Nr. 5 (= § 606 Abs. 2 Satz 2 ZPO aF) bestimmte und beide Ehegatten unter Berufung auf den Zuständigkeitsgrund der Nr. 4 ein Eheverfahren am Ort des gewöhnlichen Aufenthalts ihres jeweiligen Antragsgegners oder bei Anwendung von Nr. 5 an ihrem eigenen gewöhnlichen Aufenthaltsort einleiteten, wurde die ausschließliche Zuständigkeit des Gerichts angeordnet, bei dem das Verfahren zuerst rechtshängig wurde. § 606 Abs. 2 Satz 3 ZPO aF ist nunmehr in der allgemeineren Regel des § 123 aufgegangen. 2

Die **praktische Bedeutung der Vorschrift ist gering**, da sich gem. § 122 für Ehesachen in den meisten Fällen die Zuständigkeitsgründe nach einheitlichen Kriterien – unabhängig von der Position als Antragsteller oder Antragsgegner – bestimmen. Außer in den bereits früher von § 606 Abs. 2 Satz 3 ZPO aF erfassten Fällen des § 122 Nr. 4 und 5 müssten sich schon zwischen der Stellung des ersten und des zweiten Antrags die nach § 122 Nr. 1 bis 3 maßgeblichen Umstände ändern (Umzug etc.). Aber selbst wenn unterschiedliche Gerichte zuständig sein sollten, wird der Ehegatte, der den zweiten Antrag stellt, im Regelfall ein Interesse haben, diesen im Wege eines Gegenantrags beim zuerst angerufenen Gericht einzureichen (§ 126 Rz. 7). Außerdem ließen sich 3 auch schon nach bisherigem Recht die meisten Kollisionsfälle zufrieden stellend lösen, weil der Anrufung unterschiedlicher Gerichte der Grundsatz der anderweitigen Rechtshängigkeit (§ 261 Abs. 3 Nr. 1 ZPO) entgegengehalten werden konnte, soweit den wechselseitigen Anträgen identische Streitgegenstände zugrunde liegen (§ 126 Rz. 3 und 12). Während in einer solchen Konstellation bisher der zweite Antrag als unzulässig abzuweisen war, soweit keine Verweisung beantragt wurde,[1] ist nach § 123 nunmehr von Amts wegen abzugeben.[2]

4 Als **Vorbild** für § 123 diente § 621 Abs. 3 ZPO aF,[3] der im neuen Recht seine Entsprechung in §§ 153, 202, 233, 263, 268, 270 Abs. 1 Satz 2 findet. Danach sind bestimmte Familiensachen (vor allem, aber nicht ausschließlich, die verbundfähigen) an das Gericht der Ehesache abzugeben, wenn eine Ehesache nachträglich rechtshängig wird.

B. Abgabe bei Anhängigkeit mehrerer Ehesachen

I. Abgabe an Gericht der Scheidungssache (Satz 1)

5 § 123 Satz 1 erfasst die Fälle, in denen mehrere Ehesachen bei verschiedenen – nach § 122 örtlich zuständigen (Rz. 8) – Gerichten im ersten Rechtszug anhängig sind und **nur eines der Verfahren eine Scheidungssache** darstellt (andernfalls ist Satz 2 anwendbar). Voraussetzung ist die gleichzeitige Anhängigkeit der beiden Verfahren (zu Beginn und Ende der Anhängigkeit vgl. § 124 Rz. 2 und Rz. 8). Zu denken wäre beispielsweise an Konstellationen, in denen der eine Ehegatte Aufhebung und der andere Scheidung begehrt. Unabhängig davon, ob erst das Scheidungs- oder erst das Aufhebungsverfahren anhängig wurde, wäre nach § 123 Satz 1 das Aufhebungsverfahren an das Gericht der Scheidungssache abzugeben. Wegen der eventuell schon eingeleiteten Verbundverfahren wird das Gericht der Scheidungssache bevorzugt,[4] während für das konkurrierende Aufhebungsverfahren eine Durchbrechung des Grundsatzes der perpetuatio fori in Kauf genommen wird. Wird allerdings neben der Aufhebung hilfsweise die Scheidung begehrt, handelt es sich auch beim zweiten Antrag um eine „Scheidungssache", da Hilfsanträge nicht aufschiebend bedingt, sondern sogleich anhängig sind,[5] mit der Folge, dass dann § 123 Satz 2 anwendbar wäre.

II. Abgabe an das Gericht der zuerst rechtshängigen Ehesache (Satz 2)

6 § 123 Satz 2 ist anwendbar, wenn mehrere Ehesachen bei verschiedenen – nach § 122 örtlich zuständigen (Rz. 8) – Gerichten im ersten Rechtszug anhängig sind und nicht wie in den Konstellationen des Satzes 1 „nur eines der Verfahren eine Scheidungssache ist". Es kann sich also um Fälle handeln, in denen **zwei Scheidungsanträge** gestellt wurden oder gar **keine Scheidungssache**, sondern nur zwei andere Ehesachen anhängig sind. Nach dem in Satz 2 verankerten Prioritätsprinzip ist an das Gericht der Ehesache abzugeben, die – durch Zustellung (§§ 253 Abs. 1, 261 Abs. 1 ZPO iVm.

1 Zöller/*Philippi*, § 606 ZPO Rz. 38, § 610 ZPO Rz. 6; BT-Drucks. 16/6308, S. 227.
2 *Löhnig*, FamRZ 2009, 737.
3 BT-Drucks. 16/6308, S. 227.
4 BT-Drucks. 16/6308, S. 227.
5 Stein/Jonas/*Schlosser*, § 623 ZPO Rz. 2. Für die Frage der Rechtshängigkeit BGH v. 6.6.1990 – IV ZR 88/89, FamRZ 1990, 1109; Zöller/*Greger*, § 260 ZPO Rz. 4; MüKo.ZPO/*Lüke*, § 253 ZPO Rz. 19; Rosenberg/Schwab/*Gottwald*, § 65 Rz. 32.

§ 113 Abs. 1 Satz 2 FamFG) – zuerst rechtshängig geworden ist. Im Unterschied zu den Konstellationen des § 123 Satz 1 ist in den Fällen des Satzes 2 demnach erforderlich, dass mindestens einer der Anträge schon rechtshängig geworden ist. Die Regelung des § 606 Abs. 2 Satz 4 ZPO aF, wonach bei Zustellung am gleichen Tag das zuständige Gericht nach § 36 ZPO zu bestimmen war, ist in § 123 nicht übernommen worden.

§ 123 Satz 2 greift auch dann ein, wenn beide Eheverfahren einen **identischen Streitgegenstand** besitzen:[1] Stellt etwa der eine Ehegatte nach § 122 Nr. 4 seinen Scheidungsantrag beim örtlich zuständigen Amtsgericht A und der andere Ehegatte einen eigenen Scheidungsantrag beim örtlich zuständigen Amtsgericht B, anstatt sich im Wege eines Anschlussantrags ebenfalls an das Amtsgericht A zu wenden (§ 126 Abs. 1), so ist der später rechtshängig gewordene Scheidungsantrag nach § 123 Satz 2 von Amts wegen an das Gericht der zuerst rechtshängigen Ehesache abzugeben. Dieses Gericht sollte, um die Gefahr widersprechender Entscheidungen über Scheidung oder Fortbestand der Ehe auszuschließen, eine Sachentscheidung erst nach Zusammenführung der Verfahren treffen.[2] 7

III. Keine Abgabe an örtlich unzuständiges Gericht

§ 123 dient ausschließlich dazu, den seltenen **Konflikt zwischen zwei nach § 122 örtlich zuständigen Gerichten** zu lösen.[3] Anders als in den „alltäglichen" Fällen der Verfahrenskonzentration beim Gericht der Ehesache (§ 111 Rz. 60) besteht daher kein Bedürfnis, eine leicht handhabbare Überleitungsmöglichkeit auch an ein örtlich unzuständiges Gericht zu eröffnen.[4] 8

Beispiel: Die Familie lebte in A, die Ehefrau zieht mit gemeinschaftlichem Kind dauerhaft nach B und stellt dort einen Scheidungsantrag, der zunächst nicht zugestellt wird. Der Ehemann stellt Scheidungsantrag beim FamG A, der sogleich zugestellt wird. Verweist das gem. § 122 Nr. 1 örtlich zuständige FamG B unter Berufung auf § 123 Satz 2 an das FamG A, so läuft diese Verweisung ins Leere, die örtliche Zuständigkeit des FamG A wird hierdurch nicht begründet. Vielmehr kann das FamG A die Übernahme des Verfahrens ablehnen und seinerseits nach § 281 ZPO iVm. § 113 Abs. 1 Satz 2 FamFG die Ehesachen durch bindenden Beschluss an das FamG B verweisen.

IV. Formale Voraussetzungen und Wirkungen der Abgabe (Satz 3)

Die Abgabe nach § 123 Satz 1 und 2 erfolgt **von Amts wegen** durch Beschluss iSv. § 329 ZPO. Während in den Fällen des § 123 Satz 1 beide Ehesachen lediglich anhängig sein müssen (zu Beginn und Ende vgl. § 124 Rz. 2 und Rz. 8), setzt die Anwendung von Satz 2 voraus, dass mindestens eine Ehesache rechtshängig geworden ist (zu Beginn und Ende vgl. § 124 Rz. 3 und § 116 Rz. 21), weil auf andere Weise nicht bestimmt werden kann, welchem Verfahren Priorität zukommt. Die Vorschrift bezieht sich nur auf Verfahren, die „im ersten Rechtszug anhängig" sind, doch endet vor formellem 9

1 BT-Drucks. 16/6308, S. 227.

2 Vgl. Zöller/*Philippi*, § 610 ZPO Rz. 6.

3 § 606 Abs. 2 Satz 3 ZPO aF, der zumindest teilweise als Vorbild gedient hat, bestimmte noch ausdrücklich: „... so ist von den Gerichten, die nach Satz 2 zuständig wären, das Gericht ausschließlich zuständig ...".

4 § 621 Abs. 2 und 3 ZPO aF war auch bei Anhängigkeit der Ehesache vor dem örtlich unzuständigen FamG anwendbar, Zöller/*Philippi*, § 621 ZPO Rz. 86b, doch wurde Weiterverweisung zugelassen, wenn Ehesache – wegen örtlicher Unzuständigkeit – gem. § 281 ZPO verwiesen wird (Zöller/*Philippi*, § 621 ZPO Rz. 96).

Abschluss der Instanz (durch Eintritt der Rechtskraft oder Einlegung eines Rechtsmittels) die Abgabemöglichkeit, wenn in der überzuleitenden Ehesache die instanzbeendende Entscheidung getroffen wurde, weil danach die Zwecksetzung der Vorschrift nicht mehr erreicht werden kann.[1] Nach § 128 Abs. 4 ZPO iVm. § 113 Abs. 1 Satz 2 FamFG kann die Entscheidung ohne mündliche Verhandlung ergehen, doch ist den Beteiligten **rechtliches Gehör** zu gewähren.[2]

10 Die Abgabe ist gem. § 123 Satz 3 unanfechtbar (§ 281 Abs. 2 Satz 2 ZPO) und **bindend** (§ 281 Abs. 2 Satz 4 ZPO). Die allgemeinen Grundsätze über eine aus verfassungsrechtlichen Gründen vorzunehmende Einschränkung der Bindungswirkung gelten entsprechend (vgl. § 111 Rz. 62). Gerichtsintern ist der Abteilungsrichter, der auch die andere Ehesache bearbeitet, zuständig, ob man dies nun aus § 23b Abs. 2 Satz 1 und 2 GVG oder direkt aus § 123 ableitet.[3] Um die Einheitlichkeit der Entscheidung sicherzustellen, sind die Eheverfahren gem. § 126 Abs. 1 miteinander zu verbinden (§ 126 Rz. 5). Was die Kostenentscheidung anbelangt, so erfasst die Verweisung in § 123 Satz 3 FamFG nur § 281 Abs. 3 Satz 1 ZPO, nicht aber Satz 2 der Vorschrift, weil in den vorliegenden Konstellationen die Verweisung durch ein Gericht erfolgt, das ursprünglich (örtlich) zuständig war.

§ 124
Antrag

Das Verfahren in Ehesachen wird durch Einreichung einer Antragsschrift anhängig. Die Vorschriften der Zivilprozessordnung über die Klageschrift gelten entsprechend.

A. Normzweck

1 Da es sich bei Ehesachen um modifizierte ZPO-Verfahren handelt, finden gem. § 124 Satz 2 – wie auch schon nach §§ 622 Abs. 2 Satz 2, 631 Abs. 2 Satz 2 ZPO aF – auf den verfahrenseinleitenden Antrag die **Vorschriften der Zivilprozessordnung über die Klagschrift** entsprechende Anwendung (zur Terminologie vgl. § 113 Abs. 5), freilich ergibt sich dies im Grunde schon aus § 113 Abs. 1 Satz 2. Für Scheidungssachen trifft § 133 ergänzende Bestimmungen.

---

1 Vgl. zur entsprechenden Frage nach § 621 Abs. 3 Satz 1 ZPO aF BGH v. 22.5.1985 – IVb ARZ 15/85, FamRZ 1985, 800 (801); Musielak/*Borth*, § 621 ZPO Rz. 21.

2 Vgl. zu § 621 Abs. 3 Satz 1 ZPO aF Musielak/*Borth*, § 621 ZPO Rz. 23; MüKo.ZPO/*Bernreuther*, § 621 ZPO Rz. 173.

3 So für § 621 Abs. 3 ZPO aF Stein/Jonas/*Schlosser*, § 621 ZPO Rz. 55.

B. Voraussetzungen und Wirkungen der Verfahrenseinleitung

Gem. § 124 Satz 1 wird eine Ehesache durch Einreichung der Antragsschrift **anhängig**. 2
Wird gleichzeitig mit einem VKH-Gesuch die Antragsschrift in der Ehesache eingereicht, so wird auch der Rechtsstreit als solcher anhängig, soweit der Antragsteller nicht eindeutig klarstellt, dass er den Antrag nur unter der Bedingung der Bewilligung von Verfahrenskostenhilfe stellen will, indem er dies ausdrücklich bestimmt, die Antragsschrift nur als Anlage zum VKH-Gesuch einreicht, als Entwurf bezeichnet oder nicht unterschreibt.[1] Ab dem Zeitpunkt der Anhängigkeit ist das Gericht der Ehesache für andere Familiensachen, die dieselben Beteiligten betreffen, nach Maßgabe der §§ 152 Abs. 1, 201 Nr. 1, 218 Nr. 1, 232 Abs. 1 Nr. 1, 262 Abs. 1, 267 Abs. 1, 270 Abs. 1 Satz 2 ausschließlich zuständig. Der Kreis der von dieser **Zuständigkeitskonzentration** betroffenen Verfahren erfasst die nach § 137 Abs. 2 und 3 verbundfähigen Verfahrensgegenstände unter Einschluss der „sonstigen Familiensachen" iSv. § 111 Nr. 10, beschränkt sich hierauf aber nicht.

Die Antragsschrift muss dem Gegner zugestellt werden (§§ 253 Abs. 1, 271 Abs. 1 3
ZPO), bei Anträgen beider Ehegatten ist wechselseitige Zustellung erforderlich (vgl. aber Rz. 14). Hierdurch tritt **Rechtshängigkeit** ein (§ 261 Abs. 1 ZPO), die materiellrechtlich insbesondere entscheidend ist für die Festlegung der Ehezeit beim Zugewinnausgleich und beim Versorgungsausgleich (§ 1384 BGB, § 1587 BGB iVm. § 3 Abs. 1 VersAusglG), das Entstehen des Anspruchs auf Vorsorgeunterhalt nach § 1361 Abs. 1 Satz 2 BGB sowie für das Ehegattenerbrecht (§§ 1933, 2077 Abs. 1, 2268 Abs. 1, 2279 BGB). Soweit es um die Wahrung von Fristen, den Neubeginn oder die Hemmung der Verjährung geht, werden die Wirkungen der Zustellung unter den Voraussetzungen des § 167 ZPO auf den Zeitpunkt der Einreichung des Antrags bei Gericht zurückbezogen.[2] Bei **wechselseitigen Scheidungsanträgen** ist wegen der Einheitlichkeit des Streitgegenstandes (vgl. § 126 Rz. 3) der für den Eintritt der Rechtshängigkeit maßgebliche Zeitpunkt die Zustellung des ersten Scheidungsantrags, auch wenn dieser später zurückgenommen wird (vgl. auch § 130 Abs. 1) und die Ehe auf den gegnerischen Scheidungsantrag geschieden wird.[3] Dies gilt nur dann nicht, wenn der gegnerische Scheidungsantrag erst zugestellt wird, nachdem die Rechtshängigkeit des (ursprünglichen) Scheidungsverfahrens bereits durch Rücknahme des Scheidungsantrags beendet war.[4]

Ab dem Zeitpunkt der Rechtshängigkeit müssen andere Familiensachen, die zwischen 4
denselben Beteiligten bereits anderswo anhängig sind, auf das Gericht der Ehesache **übergeleitet** werden, soweit §§ 153, 202, 233, 263, 268, 270 Abs. 1 Satz 2 eine Zuständigkeitskonzentration vorsehen.

---

1 BGH v. 22.5.1996 – XII ZR 14/95, FamRZ 1996, 1142 (1143); OLG Naumburg v. 25.4.2001 – 8 UF 49/01, FamRZ 2002, 401; OLG Köln v. 8.6.1998 – 14 WF 80/98, FamRZ 1999, 29.

2 Die Vorschrift findet etwa auf § 1585b Abs. 3 BGB Anwendung (OLG Brandenburg v. 17.7.2008 – 10 WF 139/08, FamRZ 2009, 800 [801]), demgegenüber nicht auf §§ 1384, 1587 Abs. 2 aF, 1933, 2077 Abs. 1 Satz 2 und 3 BGB (§ 1384 BGB: OLG München v. 1.12.1981 – 4 UF 234/81, FamRZ 1982, 279 [280]; § 1587 BGB: BGH v. 13.10.1982 – IVb ZB 601/81, FamRZ 1983, 38 [39 f.]; §§ 1933, 2077, 2279 BGB: BGH v. 6.6.1990 – IV ZR 88/89, NJW 1990, 2382 [2383]; BGH v. 13.7.1994 – IV ZR 294/93, FamRZ 1994, 1173 [1174]). Überblick über die von § 167 ZPO erfassten Fälle bei Zöller/*Greger*, § 167 ZPO Rz. 3.

3 BGH v. 13.10.1982, IVb ZB 601/81, FamRZ 1983, 38 (39 f.); BGH v. 21.10.1981 – IVb ZB 650/80, FamRZ 1982, 153 (154); Stein/Jonas/*Schlosser*, § 622 ZPO Rz. 10.

4 BGH v. 21.10.1981 – IVb ZB 650/80, FamRZ 1982, 153 (154); BGH v. 12.10.1988 – IVb ZB 73/86, FamRZ 1989, 153 (155); OLG Zweibrücken v. 27.10.1998 – 5 WF 118/98, FamRZ 1999, 941 (942).

5 Für die **Zustellung** gelten die allgemeinen Grundsätze der Zivilprozessordnung (§ 113 Abs. 1 Satz 2). Eine Ersatzzustellung an den anderen Ehegatten (dh. den Antragsteller selbst) ist gem. § 178 Abs. 2 ZPO ausgeschlossen; das Gleiche gilt für eine Ersatzzustellung durch Einwurf in einen gemeinsamen Briefkasten nach § 180 ZPO,[1] zulässig bleibt aber die Zustellung durch Niederlegung nach § 181 ZPO, selbst bei Einwurf der Mitteilung in einen gemeinsamen Briefkasten.[2] Den Zustellungsauftrag sowie den Vordruck der Zustellungsurkunde versieht die Geschäftsstelle daher mit dem Vermerk: „Keine Ersatzzustellung an Ehegatten". Auch eine öffentliche Zustellung ist nach allgemeinen Regeln (§§ 185 ff. ZPO) möglich.[3] Zustellungsmängel können durch tatsächlichen Zugang nach § 189 ZPO, etwa durch Übergabe der Antragsschrift in der mündlichen Verhandlung, oder Verzicht bzw. rügeloses Verhandeln nach § 295 ZPO geheilt werden.[4] Selbst wenn prozessual eine Heilung ex tunc in Frage kommt, tritt für die Bestimmung des Ehezeitendes nach § 3 Abs. 1 VersAusglG die Heilung nur mit Wirkung ex nunc ein (§ 295 Abs. 2 ZPO).[5]

6 Soweit es um die Regelung **internationaler Kompetenzkonflikte** geht, greift im Anwendungsbereich von Art. 16 Brüssel IIa-VO die Rechtshängigkeitssperre bereits mit Einreichung des verfahrenseinleitenden Schriftstücks bei Gericht oder mit Zustellung an den Antragsgegner ein, soweit eine solche Zustellung nach einer ausländischen Verfahrensordnung der Einreichung bei Gericht vorausgehen muss. Für die materiellrechtlichen Folgefragen (Rz. 3) kann diese Bestimmung – auch bei internationalen Sachverhalten – allerdings nicht herangezogen werden, um den Zeitpunkt der Rechtshängigkeit vorzuverlegen.[6]

7 Umstrittten ist, ob eine **Vorverlegung des Zeitpunkts der Rechtshängigkeit** möglich ist, indem der Antrag in der Ehesache etwa beim Verwaltungsgericht (!) eingereicht wird, weil dort gem. §§ 90 Abs. 1, 81 Abs. 1 VwGO bereits die Anhängigkeit zur Rechtshängigkeit führt.[7] Grundsätzlich wird durch die nach § 17a Abs. 2 GVG vorzunehmende Verweisung an das zuständige Gericht, die selbst bei rechtsmissbräuchli-

---

1 OLG Nürnberg v. 27.4.2004 – 7 WF 792/04, FamRZ 2005, 727 f.; AG Bergisch Gladbach v. 23.6.2003 – 27 F 382/01, FamRZ 2004, 955 (956); *Bergerfurth/Rogner*, Rz. 1388.

2 AG Bergisch Gladbach v. 23.6.2003 – 27 F 382/01, FamRZ 2004, 955 (956); aA offenbar Stein/Jonas/*Roth*, § 178 ZPO Rz. 32 (vgl. allerdings auch § 180 ZPO Rz. 1); Wieczorek/Schütze/*Rohe*, § 178 ZPO Rz. 66 und § 181 ZPO Rz. 18). Dies entsprach vor Inkrafttreten des Zustellungsreformgesetzes v. 25.6.2001 weitgehend einhelliger Auffassung (vgl. etwa Stein/Jonas/*Roth*, § 185 ZPO Rz. 1; aA jedoch LG Fulda 26.9.1986 – 2 O 337/86, MDR 1987, 149 [150]).

3 OLG München v. 20.10.1998 – 26 WF 1215/98, FamRZ 1999, 446.

4 BGH v. 21.12.1983 – IVb ZB 29/82, FamRZ 1984, 368 (Verstoß gegen § 172 Abs. 1 Satz 1 ZPO); OLG Jena v. 19.12.1996 – UF 115/96, FamRZ 1998, 1446 (1447) (formlose Mitteilung); OLG Brandenburg v. 4.12.1997 – 10 UF 83/96, FamRZ 1988, 1439 (1440) (Verstoß gegen § 169 Abs. 2 ZPO).

5 BGH v. 21.12.1983 – IVb ZB 29/82, FamRZ 1984, 368 (369); Musielak/*Borth*, § 622 ZPO Rz. 6. Zur Frage, wie das Ehezeitende zu bestimmen ist, wenn keine prozessual ordnungsgemäße Zustellung festgestellt werden kann: OLG Brandenburg v. 4.12.1997 – 10 UF 83/96, FamRZ 1998, 1439 (Stellung des Scheidungsantrags in mündlicher Verhandlung, wenn Antragsgegner ordnungsgemäß geladen war); OLG Brandenburg v. 25.8.2000 – 9 UF 238/98, FamRZ 2001, 1220 (Zustellung des Scheidungsurteils, wenn keine ordnungsgemäße Ladung vorliegt); OLG Zweibrücken v. 12.5.1998 – 5 UF 18/97, FamRZ 1999, 27 (28) (Rechtskraft des Scheidungsausspruchs bei prozessunfähigem Antragsgegner).

6 MüKo.ZPO/*Finger*, § 622 ZPO Rz. 3.

7 Ausf. Überblick *Kogel*, FamRB 2009, 164 ff.; vgl. auch Zöller/*Greger*, § 261 ZPO Rz. 3a. Zur Auseinandersetzung über die Zulässigkeit vgl. *Kogel*, FamRZ 1999, 1252 (1253) mit abl. Erwiderung *Hagelstein*, FamRZ 2000, 340 ff. und Replik *Kogel*, FamRZ 2000, 872.

chen Klageerhebungen zu erfolgen hat,[1] die Rechtshängigkeit nicht unterbrochen (§ 17b Abs. 1 Satz 2 GVG). Bislang wurde überwiegend davon ausgegangen, dass dann, wenn sich der Antragsteller durch dieses Vorgehen beim Zugewinn- oder Versorgungsausgleich einen treuwidrigen Vorteil verschafft, dies lediglich über §§ 1381, 242 BGB bzw. § 27 VersAusglG korrigiert werden kann.[2] Demgegenüber hat sich das KG Berlin nunmehr auf den Standpunkt gestellt, ein solcher Scheidungsantrag begründe wegen „offenkundigen Rechtsmissbrauchs" schon gar keine Rechtshängigkeit.[3]

Die **Anhängigkeit der Ehesache endet** gem. § 269 Abs. 3 Satz 1 ZPO iVm. § 113 Abs. 1 Satz 2 FamFG mit Antragsrücknahme (vgl. § 141 Rz. 2), übereinstimmenden Erledigungserklärungen (vgl. § 113 Rz. 23 f.), dem Tod eines Ehegatten (§ 131) oder dem rechtskräftigen Abschluss des Verfahrens (vgl. § 116 Rz. 21). 8

C. Anforderungen an die Antragsschrift

I. Allgemeines

Nach § 124 Satz 2 finden auf den verfahrenseinleitenden Antrag die Vorschriften der Zivilprozessordnung über die Klageschrift entsprechende Anwendung. Einschlägig ist damit vor allem § 253 Abs. 2 ZPO, der den von Amts wegen zu prüfenden **Mindestinhalt** der Klageschrift festlegt. Hiervon zu unterscheiden sind die Anforderungen an einen schlüssigen oder gar besonders gewissenhaften Vortrag. Nach § 253 Abs. 2 ZPO muss die Antragsschrift die Namen und die ladungsfähige Anschrift der Beteiligten, die Bezeichnung des angerufenen Gerichts, den Antrag und seine Begründung enthalten. Nur wenn ein schutzwürdiges Geheimhaltungsinteresse besteht (etwa wegen ernsthafter Bedrohung des Antragstellers durch den Antragsgegner), kann auf die Angabe der Adresse des Antragstellers in der Antragsschrift verzichtet werden.[4] Damit das Gericht seine Zuständigkeit prüfen kann, muss ihm jedoch die Anschrift mitgeteilt und eine Anschriftensperre beantragt werden.[5] Die Angabe des Verfahrenswerts ist gem. § 253 Abs. 3 ZPO nicht notwendiger Inhalt der Antragsschrift, zumal in Familiensachen die Zuständigkeit des Gerichts nicht streitwertabhängig ist, sie ist aber dennoch sinnvoll, um die Berechnung des erforderlichen Kostenvorschusses zu ermöglichen (§ 14 Abs. 1 Satz 1 FamGKG). 9

Über § 253 Abs. 4 ZPO finden die Vorschriften über **vorbereitende Schriftsätze** auf die Antragsschrift entsprechende Anwendung. Da die Verfahrenseinleitung in Ehesachen gem. § 114 Abs. 1 und 2 dem Anwaltszwang unterliegt (befreit ist nach Abs. 3 die zuständige Verwaltungsbehörde iSv. § 1316 Abs. 1 Nr. 1 BGB), muss die Antragsschrift als bestimmender Schriftsatz[6] von einem Verfahrensbevollmächtigten unterschrieben 10

---

1 BVerwG v. 5.2.2001 – 6 B 8/01, NJW 2001, 2513; LSG Schleswig v. 28.5.2002 – L 1 SF 43/01, FamRZ 2003, 46 f.

2 Staudinger/*Rauscher*, § 1564 BGB Rz. 29; MüKo.ZPO/*Finger*, § 622 ZPO Rz. 4 m. Fn. 16; vgl. auch BVerwG v. 5.2.2001 – 6 B 8/01, NJW 2001, 2513.

3 KG v. 12.12.2007 – 3 UF 88/07, NJW-RR 2008, 744 (745); aA OLG Schleswig v. 24.7.2008 – 12 WF 8/08, FamRZ 2009, 441 (442), soweit sich der Betroffene darauf berufen könne, einer vermögenden Partei gleich gestellt zu werden, die den Gerichtskostenvorschuss ohne Probleme hätte einzahlen können.

4 BT-Drucks. 16/6308, S. 413; BGH v. 9.12.1987 – IVb ZR 4/87, FamRZ 1988, 382 (383); vgl. auch BVerfG v. 2.2.1996 – 1 BvR 2211/94, NJW 1996, 1272 (1273).

5 FA-FamR/*v. Heintschel-Heinegg*, Rz. II 43.

6 Vgl. Zöller/*Greger*, § 129 ZPO Rz. 3; *Musielak*, Grundkurs ZPO, Rz. 69.

werden, auch wenn es sich bei § 130 Nr. 6 ZPO dem Wortlaut nach um eine bloße Sollvorschrift handelt.[1] Gem. § 253 Abs. 5 ZPO ist der Antragsschrift eine Abschrift für die Zustellung an den Antragsgegner beizufügen. Zweckdienlich, wenn auch nicht zwingend vorgeschrieben, sind Angaben zur Staatsangehörigkeit[2] (die ggf. durch einen Staatsangehörigkeitsnachweis zu belegen sind), um das anwendbare Sachrecht bestimmen zu können. § 133 trifft **für Scheidungssachen ergänzende Bestimmungen**, die für andere Ehesachen nicht gelten (§ 133 Rz. 1).

II. Antrag und Begründung

11 Der Antrag ist dahingehend zu formulieren, dass die Ehe der Beteiligten geschieden bzw. aufgehoben wird. **Datum und Standesamt der Eheschließung** (sowie Nr. des Heiratseintrags) sollten mitgeteilt werden, weil das wirksame Bestehen einer Ehe von Amts wegen zu prüfende Voraussetzung für ihre Auflösung ist und den Antragsteller insofern die Beweislast trifft (§ 127 Rz. 6 und 8), doch gehören diese Angaben nicht zum Mindestinhalt der Antragsschrift, weil der Antrag auch ohne sie hinreichend bestimmt ist.[3] Zweckmäßigerweise sollte auch eine Heiratsurkunde oder eine beglaubigte Abschrift aus dem Familienbuch (wobei überwiegend auch eine beglaubigte Kopie akzeptiert wird) beigelegt werden (vgl. für Scheidungssachen § 133 Rz. 6).

12 Um die Anforderungen an die Einreichung eines wirksamen Schriftsatzes zu erfüllen, ist für die **Begründung eines Scheidungsantrags** – im Hinblick auf den einheitlichen Streitgegenstand des Scheidungsverfahrens (vgl. § 126 Rz. 3) – streng genommen die Angabe ausreichend, dass die Ehe gescheitert sei (§ 1565 Abs. 1 BGB).[4] Eine „knappe", aber „substantiierte" Mitteilung der Scheidungsgründe ist nicht zwingend erforderlich.[5] Nach ständiger Rechtsprechung muss der Klaganspruch nämlich nicht schlüssig und substantiiert dargelegt werden, um den Anforderungen des § 253 Abs. 2 Nr. 2 ZPO zu genügen. Entscheidend ist vielmehr, dass dem Schuldner der Wille des Gläubigers zur Durchsetzung der Forderung verdeutlicht wird und er den Anspruch als solchen identifizieren kann.[6] Selbstverständlich setzt aber ein schlüssiger Vortrag voraus, dass genauere Angaben zu den Scheidungsgründen, insbesondere zur Trennungszeit und den Härtegründen im Fall des § 1565 Abs. 2 BGB gemacht werden.[7] Die grundsätzlichen Bedenken, die wegen der Verleitung zu floskelhaftem Vortrag gegen die Verwendung eines Formulars vorgebracht wurden, bei dem vorgegebene Textbausteine angekreuzt waren,[8] dürften angesichts der allgemein verbreiteten Verwendung von

1 Grundlegend RG v. 15.5.1936 – 2/36/V 62/35, RGZ 151, 82; Einzelheiten etwa bei Zöller/*Greger*, § 130 ZPO Rz. 7 ff.

2 *Vogel*, AnwBl. 1982, 457 (461).

3 Johannsen/Henrich/*Sedemund-Treiber*, § 622 ZPO Rz. 3; Musielak/*Borth*, § 622 ZPO Rz. 5; *Bergerfurth/Rogner*, Rz. 60.

4 Zöller/*Philippi*, § 622 ZPO Rz. 5; Stein/Jonas/*Schlosser*, § 622 ZPO Rz. 4.

5 So aber Johannsen/Henrich/*Sedemund-Treiber*, § 622 ZPO Rz. 3 (in der zitierten Entscheidung OLG Köln v. 7.4.1995 – 25 WF 67/95, FamRZ 1995, 1503 wurden die Erfolgsaussichten eines PKH-Antrags wegen Unschlüssigkeit des Vortrags verneint); ähnlich MüKo.ZPO/*Finger*, § 622 ZPO Rz. 11 und Musielak/*Borth*, § 622 ZPO Rz. 5.

6 BGH v. 11.2.2004 – VIII ZR 127/03, NJW-RR 2005, 216; BGH v. 18.7.2000 – X ZR 62/98, NJW 2000, 3492 (3493).

7 OLG Köln v. 7.4.1995 – 25 WF 67/95, FamRZ 1995, 1503.

8 OLG Celle v. 25.1.1978 – 12 WF 7/78, FamRZ 1978, 257 (258) (durch Ankreuzen ausgefülltes Formular); Musielak/*Borth*, § 622 ZPO Rz. 5; Johannsen/Henrich/*Sedemund-Treiber*, § 622 ZPO Rz. 3; aA MüKo.ZPO/*Finger*, § 622 ZPO Rz. 12; MüKo.BGB/*Wolf*, § 1566 BGB Rz. 9 mwN.

Computertextbausteinen – auch zur Erstellung von Scheidungsbeschlüssen durch Datenverarbeitungsprogramme der Justiz – überholt sein.

Die **Begründung eines Eheaufhebungsantrags** iSv. § 1314 Abs. 2 BGB setzt demgegenüber voraus, dass die Eheaufhebungsgründe, die das Begehren des Antragstellers stützen sollen, im Antrag angegeben werden,[1] da es sich insofern um ganz unterschiedliche Streitgegenstände handelt. Für das Verfahren auf **Feststellung** des Bestehens oder Nichtbestehens einer Ehe, bei dem es sich um einen Anwendungsfall der allgemeinen Feststellungsklage nach § 256 Abs. 1 ZPO handelt,[2] gelten neben den bereits dargestellten allgemeinen Regeln keine Besonderheiten. 13

III. Anträge der Gegenseite und in Folgesachen

Stellt der andere Ehegatte ebenfalls einen Antrag – was selbst dann nicht erforderlich ist, wenn er Antragsabweisung begehrt, weil eine Versäumnisentscheidung gegen ihn nicht ergehen kann (§ 130 Abs. 2) –, so muss dieser nicht den Anforderungen der §§ 124, 133 genügen. Anträge der Gegenseite können daher auch in der mündlichen Verhandlung **zu Protokoll erklärt** werden (§§ 261 Abs. 2, 297 Abs. 1 Satz 2 und 3 ZPO).[3] Anträge in Folgesachen sollten stets in **getrennten Schriftsätzen** eingereicht werden, da beim FamG hierfür regelmäßig Sonderakten angelegt werden (§ 13a Abs. 2 Satz 4 AktO) und Drittbeteiligten Anträge nur insoweit zugestellt werden sollen, als der Inhalt des Schriftstücks sie betrifft (§ 139 Abs. 1 Satz 1).[4] Zu den Möglichkeiten der **Verfahrensverbindung** vgl. § 126. 14

D. Behandlung fehlerhafter und „verfrühter" Anträge

Das Vorliegen einer ordnungsgemäßen Antragsschrift ist eine **Prozessvoraussetzung**, die von Amts wegen zu prüfen ist.[5] Doch auch ein unvollständiger Antrag ist der Gegenseite zuzustellen, damit Termin anberaumt und der Antrag ggf. als unzulässig abgewiesen werden kann.[6] Werden die Mängel – trotz Hinweises (§ 139 ZPO) – bis zur mündlichen Verhandlung nicht behoben, so ist der Antrag als **unzulässig** abzuweisen.[7] 15

Wird **keine wirksame Antragsschrift iSv. § 124** eingereicht, sondern die Anträge allein in der mündlichen Verhandlung gestellt, so ist eine Heilung dieses fundamentalen Mangels nach § 295 ZPO nicht möglich.[8] Hieran ändert sich auch nichts dadurch, dass dem Antragsgegner im Laufe des Prozesses ein anderes Schriftstück zugesandt wird, 16

1 Johannsen/Henrich/*Sedemund-Treiber*, § 631 ZPO Rz. 8.
2 Johannsen/Henrich/*Sedemund-Treiber*, § 632 ZPO Rz. 1; Stein/Jonas/*Schlosser*, vor § 606 ZPO Rz. 9.
3 OLG Frankfurt v. 10.11.1981 – 3 UF 6/81, FamRZ 1982, 809 (811); Zöller/*Philippi*, § 622 ZPO Rz. 9; Johannsen/Henrich/*Sedemund-Treiber*, § 622 ZPO Rz. 2.
4 MüKo.ZPO/*Finger*, § 622 ZPO Rz. 13, § 624 ZPO Rz. 13.
5 Zöller/*Greger*, § 253 ZPO Rz. 7.
6 OLG Zweibrücken v. 27.10.1998 – 5 WF 118/98, FamRZ 1999, 941 (942); Zöller/*Greger*, § 271 ZPO Rz. 6; MüKo.ZPO/*Becker-Eberhard*, § 271 ZPO Rz. 8.
7 OLG Zweibrücken v. 27.10.1998 – 5 WF 118/98, FamRZ 1999, 941 (942); Musielak/*Borth*, § 622 ZPO Rz. 4; MüKo.ZPO/*Finger*, § 622 ZPO Rz. 7.
8 OLG Schleswig v. 25.2.1988 – 15 UF 256/86, FamRZ 1988, 736; Johannsen/Henrich/*Sedemund-Treiber*, § 622 ZPO Rz. 2; Musielak/*Borth*, § 622 ZPO Rz. 4.

das inhaltlich den Anforderungen von § 124 entspricht, aber gleichwohl keine wirksame Antragsschrift darstellt (zB Protokoll der mündlichen Verhandlung).[1] Hiervon zu unterscheiden sind demgegenüber die Fälle, in denen eine wirksame Antragsschrift iSv. § 124 eingereicht wurde, aber keine ordnungsgemäße Zustellung erfolgte. Hier kommt neben der Anwendung von § 189 ZPO auch eine Heilung nach § 295 ZPO in Frage (Rz. 5).

17 Wird ein **Scheidungsantrag vor Ablauf des Trennungsjahres** gestellt, ohne dass die besonderen Voraussetzungen von § 1565 Abs. 2 BGB schlüssig und unwidersprochen[2] vorgetragen worden wären, so darf keine Verfahrenskostenhilfe gewährt[3] und die Terminierung der mündlichen Verhandlung nicht künstlich hinausgezögert werden.[4] Vielmehr ist der Antrag nach entsprechendem Hinweis (§ 139 ZPO) innerhalb des normalen Geschäftsgangs[5] als unbegründet abzuweisen. Da die Einholung der Auskünfte für den von Amts wegen im Verbund durchzuführenden Versorgungsausgleich jedoch erfahrungsgemäß eine gewisse Zeit in Anspruch nimmt, besteht vielfach die Übung, Scheidungsverfahren, die 2 bis 3 Monate vor Ablauf des Trennungsjahres eingeleitet werden, nur dann unverzüglich zu terminieren, wenn die andere Seite die Abweisung beantragt.[6] Diese Vorgehensweise ist prozessordnungswidrig, denn die Folgesache braucht nicht betrieben zu werden, weil sie mit Abweisung des Scheidungsantrags gegenstandslos wird (§ 142 Abs. 2 Satz 1). Das Problem dieser Praxis liegt wohl weniger darin, dass sie Sinn und Zweck des Trennungsjahres widersprechen würde.[7] Nach allgemeinen Regeln ist allein entscheidend, dass dieses im Zeitpunkt der letzten mündlichen Verhandlung abgelaufen ist, außerdem dient das Trennungsjahr nicht dazu, dem „Scheidungsgegner die Anwachsung von Versorgungspositionen oder Vermögensanwartschaften"[8] zu sichern (zum Stichtag vgl. Rz. 3). Der entscheidende Einwand dürfte vielmehr darin liegen, dass es zu willkürlicher Ungleichbehandlung führt, wenn auf Grund zweckfremder Erwägungen die Pflicht zu zeitnaher Terminierung (§ 113 Abs. 1 Satz 2 FamFG iVm. § 216 Abs. 2 ZPO[9]) verletzt wird. Weigert sich das Gericht nach einer entsprechenden Anregung der Gegenseite, einen Termin zur mündlichen Verhandlung anzuberaumen, so kann dies entspre-

1 OLG Schleswig v. 25.2.1988 – 15 UF 256/86, FamRZ 1988, 736 (737); aA Zöller/*Philippi*, § 622 ZPO Rz. 8 (doch betreffen die angeführten Entscheidungen andere Konstellationen); Stein/Jonas/*Schlosser*, § 622 ZPO Rz. 3.

2 KG v. 3.7.1985 – 18 WF 3100/85, FamRZ 1985, 1066; OLG Stuttgart v. 19.6.1998 – 11 WF 115/98, FamRZ 1998, 1606; Zöller/*Philippi*, § 612 ZPO Rz. 1.

3 OLG Köln v. 3.2.2006 – 4 WF 18/06, OLGReport Köln 2006, 357 f.; OLG Köln v. 5.11.2003 – 26 WF 258/03, FamRZ 2004, 1117; OLG Dresden v. 6.12.2001 – 20 WF 794/01, FamRZ 2002, 890 (891); Palandt/*Brudermüller*, § 1565 BGB Rz. 13.

4 OLG Dresden v. 6.12.2001 – 20 WF 794/01, FamRZ 2002, 890 (891); KG v. 3.7.1985 – 18 WF 3100/85, FamRZ 1985, 1066; OLG Schleswig v. 9.1.1984 – 10 WF 286/83, SchlHA 1984, 56 f.; vgl. auch OLG Frankfurt v. 22.10.1985 – 5 WF 269/85, FamRZ 1986, 79 (80); Staudinger/*Rauscher*, § 1565 BGB Rz. 95 stellt zu Recht auf die normal erreichbare Terminierung ab; demgegenüber wird teilweise sogar die vorrangige bzw. zeitnahe Terminierung gefordert: *Philippi*, FamRZ 1985, 712; *Ditzen*, FamRZ 1988, 1010 f.

5 Staudinger/*Rauscher*, § 1565 BGB Rz. 95; demgegenüber wird teilweise die vorrangige bzw. zeitnahe Terminierung gefordert: *Philippi*, FamRZ 1985, 712; *Ditzen*, FamRZ 1988, 1010 f.

6 Vgl. etwa *Krause*, FamRZ 2002, 1386.

7 So aber die ganz hM, OLG Dresden v. 6.12.2001 – 20 WF 794/01, FamRZ 2002, 890 (891); MüKo.ZPO/*Bernreuther*, § 612 ZPO Rz. 2; Staudinger/*Rauscher*, § 1565 BGB Rz. 94; *Ditzen*, FamRZ 1988, 1010.

8 Stein/Jonas/*Schlosser*, § 608 ZPO Rz. 1.

9 Demgegenüber ist § 272 Abs. 3 ZPO gem. § 113 Abs. 4 Nr. 3 nicht anwendbar (§ 113 Rz. 17).

chend § 252 ZPO mit der sofortigen Beschwerde nach §§ 567 ff. ZPO angefochten werden.[1]

Hat das FamG den verfrühten Scheidungsantrag abgewiesen und läuft das **Trennungsjahr in der zweiten Instanz** ab, so ist der Antrag nunmehr begründet, weil nach § 68 Abs. 3 Satz 1 die Tatsachenlage im Zeitpunkt der mündlichen Verhandlung in zweiter Instanz entscheidend ist.[2] Das Verfahren ist dann gem. § 146 Abs. 1 Satz 1 regelmäßig an das FamG zurückzuverweisen, jedoch sind nach § 113 Abs. 1 Satz 2 FamFG iVm. § 97 Abs. 2 ZPO analog dem Antragsteller die Kosten des Beschwerdeverfahrens aufzuerlegen.[3] In einem solchen Fall kommen die Anwendung von § 1381 BGB, § 27 VersAusglG und ausnahmsweise auch eine Modifizierung der Stichtage für die Berechnung des Versorgungsausgleichs und des Zugewinnausgleichs in Frage.[4] 18

§ 125
Verfahrensfähigkeit

(1) In Ehesachen ist ein in der Geschäftsfähigkeit beschränkter Ehegatte verfahrensfähig.

(2) Für einen geschäftsunfähigen Ehegatten wird das Verfahren durch den gesetzlichen Vertreter geführt. Der gesetzliche Vertreter bedarf für den Antrag auf Scheidung oder Aufhebung der Ehe der Genehmigung des Familien- oder Betreuungsgerichts.

A. Normzweck

Verfahrensfähigkeit ist die Fähigkeit, Verfahrenshandlungen selbst – oder durch einen selbst bestellten Verfahrensbevollmächtigten – vornehmen oder entgegennehmen zu können.[5] Es handelt sich dabei um eine Verfahrensvoraussetzung, die das Gericht in jeder Lage des Verfahrens von Amts wegen zu prüfen hat, soweit Zweifel an ihrem Vorliegen bestehen (§ 56 Abs. 1 ZPO iVm. § 113 Abs. 1 Satz 2 FamFG).[6] Wegen der 1

1 Zur Statthaftigkeit der sofortigen Beschwerde § 58 Rz. 17 f. und *Fölsch*, § 5 Rz. 111. Vgl. zur bisherigen Rechtslage OLG Brandenburg v. 21.7.2005 – 10 WF 178/05, FamRZ 2006, 1772; OLG Frankfurt v. 22.10.1985 – 5 WF 269/85, FamRZ 1986, 79; OLG Köln v. 25.5.1998 – 14 W 27/98, FamRZ 1998, 1607; OLG Schleswig v. 9.1.1984 – 10 WF 286/83, SchlHA 1984, 56; OLG Stuttgart v. 19.6.1998 – 11 WF 115/98, FamRZ 1998, 1606; aA OLG München v. 9.3.1979 – 26 WF 1048/78, NJW 1979, 1050; OLG Karlsruhe v. 16.5.1994 – 5 WF 58/94, FamRZ 1994, 1399.

2 BGH v. 4.12.1996 – XII ZR 231/95, FamRZ 1997, 347 (348); OLG Naumburg v. 30.6.2006 – 4 UF 13/06, FamRZ 2007, 298; OLG Koblenz v. 10.9.2007 – 13 UF 278/07, FamRZ 2008, 996; OLG Hamm v. 19.8.1998 – 11 UF 46/98, FamRZ 1999, 726; OLG Nürnberg v. 16.4.1996 – 11 UF 4188/95, NJW-RR 1997, 388 (389); OLG Hamburg v. 15.1.1985 – 12 UF 173/84 R, FamRZ 1985, 711 f.

3 BGH v. 4.12.1996 – XII ZR 231/95, FamRZ 1997, 347 (348); OLG Hamm v. 24.1.1996 – 8 UF 288/95, FamRZ 1996, 1078; OLG Nürnberg v. 16.4.1996 – 11 UF 4188/95, NJW-RR 1997, 388 (389); soweit nicht beide Ehegatten die Scheidung verfrüht angestrebt haben: OLG Hamm v. 19.8.1998 – 11 UF 46/98, FamRZ 1999, 726.

4 BGH v. 4.12.1996 – XII ZR 231/95, FamRZ 1997, 347 (348); *Krause*, FamRZ 2002, 1386 (1387); Staudinger/*Rauscher*, § 1565 BGB Rz. 96.

5 Zöller/*Vollkommer*, vor § 50 ZPO Rz. 15; Rosenberg/Schwab/*Gottwald*, § 44 Rz. 1.

6 Allg. M. vgl. für Ehesachen, BGH v. 20.11.1970 – IV ZR 104/69; FamRZ 1971, 243 (244); OLG Zweibrücken v. 12.5.1998 – 5 UF 18/97, FamRZ 1999, 27 (28).

höchstpersönlichen Natur der auf dem Spiel stehenden Rechtsbeziehungen spricht § 125 Abs. 1 in Abweichung von den allgemeinen Regeln der Zivilprozessordnung (§ 52 ZPO iVm. § 113 Abs. 1 Satz 2 FamFG) beschränkt geschäftsfähigen Ehegatten die aktive und passive Verfahrensfähigkeit in Ehesachen zu und ermöglicht ihnen auf diese Weise, autonom über den Fortbestand ihrer Ehe zu bestimmen. Damit geht die Vorschrift noch über die Regelung in § 1303 Abs. 2 BGB hinaus, wonach Minderjährige im deutschen Recht ab Vollendung des 16. Lebensjahres mit familiengerichtlicher Genehmigung die Ehe schließen können. Demgegenüber werden geschäftsunfähige Ehegatten gem. § 125 Abs. 2 Satz 1 auch in Ehesachen durch ihre gesetzlichen Vertreter vertreten. Allerdings bedürfen diese für den Antrag auf Scheidung oder Aufhebung der Ehe einer **Genehmigung**, für die nach Abschaffung der Vomundschaftsgerichte nunmehr das Familien- oder Betreuungsgericht zuständig ist. Der Sache nach entspricht die Regelung damit weitgehend § 607 ZPO aF.

B. Beschränkt geschäftsfähiger Ehegatte

2 Die (aktive und passive) Verfahrensfähigkeit beschränkt geschäftsfähiger Erwachsener besteht gem. § 125 Abs. 1 für alle Ehesachen iSv. § 121. Von der Vorschrift erfasst werden alle Verfahrenshandlungen sowie materiell-rechtlichen Willenserklärungen, die erforderlich sind, um das eingeräumte Verfahrensprivileg **effektiv wahrnehmen** zu können: Von der Erteilung einer Verfahrensvollmacht iSv. § 114 Abs. 5 und dem Abschluss eines entsprechenden Anwaltsvertrags,[1] über die Einzahlung der Verfahrensgebühr[2] bis zum Verfahren auf Kostenfestsetzung[3] oder Wiederaufnahme.[4] Von der Privilegierung nicht mehr erfasst ist das Verfahren der Zwangsvollstreckung, weil dort finanzielle Belange und nicht Statusfragen im Vordergrund stehen.[5] Daher gilt die Vorschrift – ausweislich ihres eindeutigen Wortlauts – auch nicht für Folgesachen iSv. § 137 oder den Abschluss von Scheidungsfolgenvereinbarungen.[6] Die für das bisherige Recht nahezu einhellig vertretene Auffassung, § 607 ZPO aF sei auf **einstweilige Anordnungen** nach §§ 620 ff. ZPO aF anwendbar, weil diese Teil des Verfahrens in Ehesachen seien,[7] war schon immer recht formal und trägt für die hauptsacheunabhängigen einstweiligen Anordnungen des neuen Rechts (§ 119 Abs. 1 Satz 1 iVm. §§ 49 ff.) auch unter systematischen Gesichtspunkten nicht mehr. Soweit das **materielle Eherecht** Spielraum für privatautonome Entscheidungen eröffnet, kann der beschränkt Geschäftsfähige diese eigenverantwortlich treffen, so liegt es in seiner Hand, ob er den Antrag auf Scheidung oder Aufhebung der Ehe (vgl. § 1316 Abs. 2 Satz 2 BGB) stellt, ob

1 Vgl. OLG Hamburg v. 30.5.1963 – 6 U 90/62, MDR 1963, 761 (762); OLG Nürnberg v. 29.7.1970 – 4 U 21/70, NJW 1971, 1274 f.; RG v. 25.10.1894 – IV 100/94, RGZ 34, 386 ff.; BayObLG v. 6.8.1963 – 1 Z 103/63, BayObLGZ 1963, 209 (213); Stein/Jonas/*Schlosser*, § 607 ZPO Rz. 2.

2 RG v. 17.12.1928 – 70/28 B IV, JW 1929, 852 f.; Johannsen/Henrich/*Sedemund-Treiber*, § 607 ZPO Rz. 3; Zöller/*Philippi*, § 607 ZPO Rz. 2.

3 Johannsen/Henrich/*Sedemund-Treiber*, § 607 ZPO Rz. 3; MüKo.ZPO/*Bernreuther*, § 607 ZPO Rz. 3.

4 MüKo.ZPO/*Bernreuther*, § 607 ZPO Rz. 3; Zöller/*Philippi*, § 607 ZPO Rz. 2.

5 OLG Hamm v. 2.12.1959 – 15 W 488/59, FamRZ 1960, 161 (162); MüKo.ZPO/*Bernreuther*, § 607 ZPO Rz. 3; Baumbach/*Hartmann*, § 125 FamFG Rz. 2.

6 Schulte-Bunert/Weinreich/*Schröder*, § 125 FamFG Rz. 3; vgl. auch Musielak/*Borth*, § 607 ZPO Rz. 4; MüKo.ZPO/*Bernreuther*, § 607 ZPO Rz. 3.

7 Johannsen/Henrich/*Sedemund-Treiber*, § 607 ZPO Rz. 3; MüKo.ZPO/*Bernreuther*, § 607 ZPO Rz. 1 und 3; Zöller/*Philippi*, § 607 ZPO Rz. 2; aA AK-ZPO/*Derleder*, § 607 ZPO Rz. 1.

er die Zustimmung iSv. § 1566 Abs. 1 BGB erteilt oder widerruft und die Härteklausel des § 1568 Abs. 1 BGB geltend macht (vgl. § 127 Abs. 3).[1]

Beschränkt geschäftsfähig sind Minderjährige, die das siebente Lebensjahr vollendet haben (§ 106 BGB). Eine vergleichbare Stellung haben **Betreute**, wenn sich der Einwilligungsvorbehalt auf Verfahren in Ehesachen erstreckt (§ 1903 Abs. 1 Satz 2 BGB), so dass man auf sie eigentlich § 125 Abs. 1 anwenden könnte, soweit kein Fall der Geschäftsunfähigkeit iSv. § 104 Nr. 2 BGB vorliegt. Doch wird gem. § 53 ZPO im Interesse einer einheitlichen Prozessführung die Handlungsmacht eines Betreuten durch die Vertretungsmacht des Betreuers verdrängt, wenn dessen Aufgabenkreis die Führung des Prozesses umfasst (unabhängig von der Anordnung eines Einwilligungsvorbehalts) und er im Namen des Betreuten klagt oder in den Prozess eintritt. Diese Grundsätze finden auch auf Ehesachen Anwendung. Im Ergebnis wird damit für Betreute § 125 Abs. 1 durch § 53 ZPO verdrängt.[2] 3

C. Geschäftsunfähiger Ehegatte

Als gesetzlicher Vertreter kommen bei Erwachsenen in erster Linie ein Betreuer (§§ 1896, 1902 BGB) oder Verfahrenspfleger (§ 57 ZPO), bei minderjährigen Ehegatten der Inhaber der elterlichen Sorge, ein Vormund (§§ 1773, 1793 Abs. 1 BGB) oder Pfleger (§ 1909 BGB) in Frage. Gem. § 125 Abs. 2 Satz 1 wird für einen Ehegatten, der geschäftsunfähig iSv. § 104 Nr. 2 BGB ist, das Verfahren durch seinen gesetzlichen Vertreter geführt, dabei kann sich die Geschäftsunfähigkeit auch auf Eheverfahren beschränken.[3] Doch beschränkt sich der Anwendungsbereich der Vorschrift nicht auf Geschäftsunfähige, denn soweit **für einen prozessfähigen Ehegatten ein Betreuer oder Pfleger** bestellt ist, wird unter den Voraussetzungen des § 53 ZPO die Handlungsmacht des Betreuten bzw. Pflegebedürftigen durch die Vertretungsmacht der Fürsorgeperson verdrängt (Rz. 3). 4

Zweifeln an der Verfahrensfähigkeit hat das Gericht in jeder Lage des Verfahrens **von Amts wegen** nachzugehen (§ 56 Abs. 1 ZPO iVm. § 113 Abs. 1 Satz 2 FamFG).[4] Kann nach Erschöpfung aller Beweismöglichkeiten (einschließlich der Einholung eines Sachverständigengutachtens, das erst nach vorangehender persönlicher Anhörung zulässig ist[5]) nicht geklärt werden, ob ein Beteiligter verfahrensfähig ist, muss er als verfahrensunfähig behandelt werden.[6] In diesem Fall geht das Familiengericht nach §§ 241, 246 ZPO vor[7] und wendet sich an das Betreuungsgericht, um dem Beteiligten 5

1 Musielak/*Borth*, § 607 ZPO Rz. 4; Johannsen/Henrich/*Sedemund-Treiber*, § 607 ZPO Rz. 4; MüKo.ZPO/*Bernreuther*, § 607 ZPO Rz. 3.

2 OLG Hamm v. 22.3.1996 – 12 UF 451/95; FamRZ 1997, 301 (302); BGH v. 24.6.1987 – IVb ZR 5/86, FamRZ 1987, 928 (930) (Gebrechlichkeitspfleger); BGH v. 15.4.1964 – IV ZR 165/63, BGHZ 41, 303 (306 f.) = FamRZ 1964, 126 (Gebrechlichkeitspfleger); Musielak/*Borth*, § 607 ZPO Rz. 3; aA AK-ZPO/*Derleder*, § 607 ZPO Rz. 1.

3 BGH v. 20.11.1970 – IV ZR 104/69; FamRZ 1971, 243 (244); BGH v. 28.6.1972 – IV ZR 32/71, FamRZ 1972, 497 (498); BGH v. 19.6.1970 – IV ZR 83/69, FamRZ 1970, 545 f.; BGH v. 24.9.1955 – IV ZR 162/54, BGHZ 18, 184 (186 f.).

4 Vgl. für Ehesachen BGH v. 20.11.1970 – IV ZR 104/69; FamRZ 1971, 243 (244).

5 OLG Rostock v. 28.11.2005 – 10 WF 254/05, FamRZ 2005, 554 (555).

6 BGH v. 9.1.1996 – VI ZR 94/95, NJW 1996, 1059 (1060); BGH v. 20.11.1970 – IV ZR 104/69; FamRZ 1971, 243 (244); BGH v. 24.9.1955 – IV ZR 162/54, BGHZ 18, 184 (189 f.); Zöller/*Philippi*, § 607 ZPO Rz. 5.

7 Johannsen/Henrich/*Sedemund-Treiber*, § 607 ZPO Rz. 7; Zöller/*Philippi*, § 607 ZPO Rz. 6.

einen Betreuer bestellen zu lassen. Für die Bestellung eines Verfahrenspflegers in Passivprozessen eines Verfahrensunfähigen gem. § 57 ZPO[1] sind die Tatbestandsvoraussetzungen regelmäßig nicht erfüllt, selbst wenn der Antragsteller dadurch eine Verfahrensverzögerung hinnehmen muss.[2] Nimmt der gesetzliche Vertreter das Verfahren auf, liegt hierin eine Genehmigung, durch die frühere Verfahrensmängel geheilt werden.[3]

6 Der gesetzliche Vertreter bedarf nach § 125 Abs. 2 Satz 2 zur Einleitung eines Verfahrens auf Scheidung oder Aufhebung einer Ehe (nicht aber zur Feststellung des Bestehens oder Nichtbestehens einer Ehe iSv. § 121 Nr. 3) einer Genehmigung. Diese ist nach der Überführung der Vormundschaftsgerichte in die Betreuungsgerichte nunmehr vom Familiengericht zu erteilen, soweit es um den Inhaber elterlicher Sorge, Vormund oder Pfleger iSv. § 1909 BGB geht (Kindschaftssache iSv. § 151 Nr. 1, 4 oder 5). Demgegenüber ist das Betreuungsgericht[4] zuständig für die Genehmigung eines Antrags des Betreuers (Betreuungssache nach § 271 Nr. 3) oder Verfahrenspflegers iSv. § 57 ZPO (betreuungsgerichtliche Zuweisungssache nach § 340 Nr. 1). Funktionell zuständig ist am Familiengericht der Richter, da nach § 3 Nr. 3g iVm. § 25 RPflG keine Übertragung an den Rechtspfleger erfolgt. Demgegenüber ist für die entsprechenden betreuungsgerichtlichen Genehmigungsverfahren in § 15 RPflG offenbar kein Richtervorbehalt aufgenommen worden, so dass es gem. § 3 Nr. 2b RPflG bei der Zuständigkeit des Rechtspflegers bleibt, was äußerst bedenklich erscheint. Das Gericht hat seine Entscheidung danach auszurichten, ob die **Genehmigung dem wohlverstandenen Interesse** des geschäftsunfähigen Ehegatten entspricht.[5] Auch die Erteilung einer nachträglichen Genehmigung ist möglich, wodurch Mängel des bisherigen Verfahrens geheilt werden.[6] Gegen die Erteilung der Genehmigung hat der andere Ehegatte keine Beschwerdebefugnis iSv. § 59.[7] Entfällt die Verfahrensfähigkeit erst während des laufenden Verfahrens, bedarf es zur Fortsetzung durch den gesetzlichen Vertreter keiner Genehmigung, weil die Einleitung des Verfahrens noch dem Ehegatten zugerechnet werden kann.[8] Materiellrechtlich kommt es, insbesondere was die Ablehnung der ehelichen Lebensgemeinschaft iSv. § 1567 Abs. 1 Satz 1 BGB anbelangt, nicht auf den gesetzlichen Vertreter, sondern den tatsächlichen Trennungswillen des geschäftsunfähigen Ehegatten an.[9]

---

1 Vgl. dazu OLG Karlsruhe v. 28.8.1957 – 3 W 57/57, FamRZ 1957, 423 (424) m. Anm. *Beitzke*; BayObLG v. 22.12.1965 – 1b Z 103/1965, FamRZ 1966, 151 (152).

2 Wieczorek/Schütze/*Becker-Eberhard*, § 607 ZPO Rz. 10; Stein/Jonas/*Schlosser*, § 607 ZPO Rz. 4; *Beitzke*, FamRZ 1966, 424.

3 OLG Hamm v. 12.6.1989 – 4 UF 221/88, FamRZ 1990, 166 (167); BGH v. 30.1.1964 – VII ZR 5/63, BGHZ 41, 104 (106).

4 Die alternative Zuständigkeit des Betreuungsgerichts wurde durch das sog. FGG-RG-Reparaturgesetz eingeführt, vgl. BT-Drucks. 16/12717 (eVF), S. 16; vgl. auch § 271 Rz. 14.

5 BGH v. 7.11.2001 – XII ZR 247/00, FamRZ 2002, 316 (317); KG v. 4.10.2005 – 1 W 162/05, FamRZ 2006, 433 (434); OLG München v. 13.9.2006 – 33 Wx 138/06, FamRZ 2007, 568 (569).

6 OLG München v. 13.9.2006 – 33 Wx 138/06, FamRZ 2007, 568 (569); KG v. 4.10.2005 – 1 W 162/05, FamRZ 2006, 433 (434); OLG Hamm v. 12.6.1989 – 4 UF 221/88, FamRZ 1990, 166 (167); RG v. 12.11.1914 – IV 346/14, RGZ 86, 15 (17).

7 OLG München v. 13.9.2006 – 33 Wx 138/06, FamRZ 2007, 568 (569); KG v. 4.10.2005 – 1 W 162/05, FamRZ 2006, 433 f.

8 OLG Hamm v. 12.6.1989 – 4 UF 221/88, FamRZ 1990, 166 (167); MüKo.ZPO/*Bernreuther*, § 607 ZPO Rz. 8; Johannsen/Henrich/*Sedemund-Treiber*, § 607 ZPO Rz. 7.

9 BGH v. 25.1.1989 – IVb ZR 34/88, FamRZ 1989, 479 (480); BGH v. 7.11.2001 – XII ZR 247/00, FamRZ 2002, 316 (317) (Abstellen auf gelebte Verantwortungsgemeinschaft, wenn Ehegatte kein Bewusstsein [mehr] besitzt, in einer Ehe zu leben); KG v. 4.10.2005 – 1 W 162/05, FamRZ 2006, 433 (434); Stein/Jonas/*Schlosser*, § 607 ZPO Rz. 4.

Wird die **Verfahrensunfähigkeit eines Beteiligten nicht erkannt**, setzt die Zustellung gleichwohl die Rechtsmittelfristen in Gang, und die Entscheidung erwächst im Interesse von Rechtsfrieden und Rechtssicherheit nach allgemeinen Grundsätzen (zB Rücknahme oder Verzicht auf Rechtmittel) formal in Rechtskraft in gleicher Weise, wie wenn es sich um einen Verfahrensfähigen gehandelt hätte. Doch kann der Betroffene unter Berufung auf § 579 Abs. 1 Nr. 4 ZPO iVm. § 118 FamFG die Wiederaufnahme des Verfahrens betreiben.[1] Verfahrenshandlungen, an die sich weitere Rechtsfolgen knüpfen (zB Rechtshängigkeit), bleiben demgegenüber unwirksam.[2] 7

Verfahren auf **Feststellung des Bestehens oder Nichtbestehens einer Ehe** sind nicht nach § 125 Abs. 2 Satz 2 genehmigungsbedürftig, können somit vom gesetzlichen Vertreter in eigener Verantwortung geführt werden. Da Verfahren auf **Herstellung des ehelichen Lebens** keine Ehesachen mehr sind (§ 121 Rz. 1), werden sie in § 125 naturgemäß nicht erwähnt. Während § 607 Abs. 2 Satz 2, 1. Halbs. ZPO aF wegen der Einmischung in höchstpersönliche Belange eine Stellvertretung auf Aktivseite noch a limine ausschloss, hat der Gesetzgeber auf eine entsprechende Bestimmung nunmehr bewusst verzichtet,[3] so dass in Zukunft insofern die allgemeinen Vertretungsregeln gelten. 8

§ 126
Mehrere Ehesachen; Ehesachen und andere Verfahren

(1) Ehesachen, die dieselbe Ehe betreffen, können miteinander verbunden werden.

(2) Eine Verbindung von Ehesachen mit anderen Verfahren ist unzulässig. § 137 bleibt unberührt.

(3) Wird in demselben Verfahren Aufhebung und Scheidung beantragt und sind beide Anträge begründet, so ist nur die Aufhebung der Ehe auszusprechen.

1 BGH v. 25.3.1988 – V ZR 1/87, FamRZ 1988, 828 (829) (mN auch zur Gegenansicht); BGH v. 27.11.1957 – IV ZR 28/57, FamRZ 1958, 58 (59) m. abl. Anm. *Rosenberg*, FamRZ 1958, 95 (96) (Rechtskraft erst mit Ablauf der Fünfmonatsfrist iSv. §§ 517, 548 ZPO); OLG Zweibrücken v. 12.5.1998 – 5 UF 18/97, FamRZ 1999, 27 (28).

2 OLG Zweibrücken v. 12.5.1998 – 5 UF 18/97, FamRZ 1999, 27 (28) (Ehezeitende iSv. § 1587 Abs. 2 BGB erst mit Rechtskraft des Scheidungsausspruchs); MüKo.ZPO/*Bernreuther*, § 607 ZPO Rz. 10.

3 BT-Drucks. 16/6308, S. 227.

A. Vorbemerkungen

I. Normzweck

1 Der Grundsatz der Zivilprozessordnung, dass mehrere Verfahren zur gemeinsamen Verhandlung und Entscheidung miteinander verbunden werden können, sei es im Rahmen einer Widerklage (§ 33 ZPO), einer Verfahrensverbindung (§ 147 ZPO) oder einer Klagenhäufung (§ 260 ZPO), wird für Ehesachen durch § 126 eingeschränkt. Der Grund hierfür sind die **besonderen Charakteristika des Verfahrens in Ehesachen**, die sie von anderen Familiensachen deutlich abheben: Von den Familiensachen der FG unterscheiden sie sich durch die generelle Anwendbarkeit der ZPO (§ 113 Abs. 1 Satz 2), doch auch mit Familienstreitsachen iSv. § 112 sind sie kaum kompatibel, weil für Ehesachen nicht die Verhandlungsmaxime, sondern der (eingeschränkte) Amtsermittlungsgrundsatz (§ 127) gilt.

2 Gem. § 126 Abs. 1 können **Ehesachen untereinander uneingeschränkt verbunden** werden. Die Vorschrift geht damit über § 610 Abs. 1 ZPO aF hinaus, der Verfahren auf Feststellung des Bestehens oder Nichtbestehens der Ehe von der Verbindungsmöglichkeit noch ausschloss. Die unterschiedliche Reichweite des Amtsermittlungsgrundsatzes für Feststellungsverfahren nach § 127 Abs. 1 einerseits und Verfahren auf Scheidung oder Aufhebung der Ehe nach § 127 Abs. 2 andererseits wurde jedoch nicht mehr als ausreichender Grund für die Aufrechterhaltung dieses Verbindungsverbots angesehen.[1] Nach § 126 Abs. 2 Satz 1 ist wie auch schon bisher (§ 610 Abs. 2 Satz 1 ZPO aF) die **Verbindung einer Ehesache mit einer Nichtehesache unzulässig**, soweit es sich nicht um den gem. § 137 zulässigen Verbund einer Scheidungs- und Folgesache handelt (§ 126 Abs. 2 Satz 2). Dieser unterscheidet sich von der herkömmlichen Prozessverbindung[2] dadurch, dass Verfahrensgegenstände miteinander verbunden werden, für die trotz gemeinsamer Verhandlung und Entscheidung unterschiedliche Verfahrensordnungen maßgeblich sind (§ 137 Rz. 11). Während in § 610 Abs. 2 Satz 1 ZPO aF das Verbot der Geltendmachung einer Nichtehesache im Wege einer Widerklage ausdrücklich hervorgehoben wurde, enthält die neue Regelung diesen Zusatz nicht mehr, weil er eine selbstverständliche Konsequenz des Verbindungsverbots ist.[3] § 126 Abs. 3 entspricht § 631 Abs. 2 Satz 3 ZPO aF, wonach bei einer **Kumulation von Scheidungs- und Aufhebungsantrag**, wenn beide Anträge begründet sind, nur die Aufhebung der Ehe auszusprechen ist (vgl. dazu Rz. 13).

II. Streitgegenstand in Ehesachen

3 Um Voraussetzungen und Wirkungen einer Verfahrensverbindung analysieren zu können, muss der Streitgegenstand in Ehesachen bestimmt werden (zur Antragsänderung vgl. § 113 Rz. 12, zum Umfang der Rechtskraft vgl. § 121 Rz. 5). Seit Einführung des Zerrüttungsprinzips geht die nahezu einhellige Auffassung davon aus, dass dem Scheidungsverfahren im deutschen Recht ein **einheitlicher Streitgegenstand** zugrunde liegt, obwohl das Gesetz in §§ 1565 ff. BGB verschiedene Vermutungstatbestände normiert, denn maßgeblicher Lebenssachverhalt ist stets das Scheitern der

1 BT-Drucks. 16/6308, S. 227. Keine Konsequenzen hieraus zieht Baumbach/*Hartmann*, § 126 FamFG Rz. 3.
2 Zöller/*Philippi*, § 610 ZPO Rz. 2.
3 BT-Drucks. 16/6308, S. 227.

Ehe im Zeitpunkt der letzten mündlichen Verhandlung.[1] An der Einheitlichkeit des Streitgegenstandes ändert sich auch dann nichts, wenn beide Ehegatten gleichgerichtete Anträge auf Scheidung stellen.[2] Trotz des einheitlichen Verfahrensziels (Auflösung der Ehe) bestehen im Verhältnis von Scheidung und Aufhebung wegen der unterschiedlichen Ansatzpunkte – (nachträgliches) Scheitern der Ehe einerseits und Geltendmachung eines die Ehe von Anfang an belastenden Mangels andererseits – unterschiedliche Streitgegenstände.[3] Streitgegenstand im Eheaufhebungsverfahren ist der konkret **geltend gemachte Ehemangel**, wobei neben einer Aufgliederung nach den Aufhebungsgründen des § 1314 BGB eine weitere Differenzierung nach dem zugrunde liegenden Lebenssachverhalt denkbar ist (zB Mehrzahl von Irrtümern).[4] Beim Antrag auf Feststellung des Bestehens oder Nichtbestehens einer Ehe gelten für die Bestimmung des Streitgegenstandes die gleichen Grundsätze wie bei der allgemeinen Feststellungsklage (vgl. § 121 Rz. 9). Danach wird der Streitgegenstand nicht durch die für oder gegen die Ehe vorgebrachten Umstände beschränkt, sondern umfasst den Bestand der Ehe als solchen.[5]

B. Verbindung von Verfahren

I. Allgemeine Grundsätze

Für die Verbindung mehrerer Ehesachen nach § 126 Abs. 1 kommen ein Gegenantrag 4
des anderen Ehegatten, eine Verfahrensverbindung durch das Gericht (§ 147 ZPO) sowie eine Antragshäufung durch den Antragsteller (§ 260 ZPO), die auch im Eventualverhältnis zulässig ist,[6] in Frage. Verstößt ein Gegenantrag oder eine Antragshäufung gegen das von Amts wegen zu beachtende Verbot des § 126 Abs. 2, müssen die

---

1 Staudinger/*Rauscher*, § 1564 BGB Rz. 26 f.; Johannsen/Henrich/*Sedemund-Treiber*, § 611 ZPO Rz. 9; Johannsen/Henrich/*Jaeger*, § 1564 BGB Rz. 43; Musielak/*Borth*, § 611 ZPO Rz. 7; Stein/Jonas/*Schlosser*, § 611 ZPO Rz. 2; MüKo.ZPO/*Bernreuther*, § 611 ZPO Rz. 4. Nach aA sollen unterschiedliche Streitgegenstände vorliegen, wenn sich (zumindest) ein Ehegatte auf Härtegründe iSv. § 1565 Abs. 2 BGB beruft, Zöller/*Philippi*, § 606 ZPO Rz. 15; BGB-RGRK/*Grasshoff*, § 1564 BGB Rz. 48 und 50; noch weiter gehende Aufgliederung nach den verschiedenen Scheidungstatbeständen Soergel/*Heintzmann*, § 1564 BGB Rz. 38 und *Lüke*, FS Gaul 1997, S. 427 f.

2 Staudinger/*Rauscher*, § 1564 BGB Rz. 27; Zöller/*Philippi*, § 606 ZPO Rz. 15, § 610 ZPO Rz. 6 (zu Einschränkungen vgl. vorangehende Fn.); Stein/Jonas/*Schlosser*, § 611 ZPO Rz. 2; MüKo.ZPO/*Bernreuther*, § 611 ZPO Rz. 4; aA OLG Frankfurt v. 10.11.1981 – 3 UF 6/81, FamRZ 1982, 809 (811); Johannsen/Henrich/*Jaeger*, § 1564 BGB Rz. 41; BGB-RGRK/*Grasshoff*, § 1564 BGB Rz. 48; *H. Roth*, FS Schwab 2005, S. 706 f.

3 OLG Zweibrücken v. 27.6.2001 – 5 WF 40/01, FamRZ 2002, 255 (256); OLG Karlsruhe v. 2.2.1984 – 2 UF 105/82, IPrax 1985, 36 (37); Zöller/*Philippi*, § 606 ZPO Rz. 14; *Lüke*, FS Gaul 1997, S. 426 f.; offen gelassen in BGH v. 12.10.1988 – IVb ZB 73/86, FamRZ 1989, 153 (155). Vor Inkrafttreten des 1. EheG wurde überwiegend die Ansicht vertreten, es bestehe derselbe Streitgegenstand, weil es um den Bestand der Ehe als solchen gehe. Maßgebliches Argument war § 616 ZPO aF, wonach bei Abweisung einer Scheidungs- oder Aufhebungsklage alle Auflösungsgründe präkludiert waren, die im früheren Rechtsstreit hätten geltend gemacht werden können (RG v. 17.11.1904 – IV 248/04, RGZ 58, 307 (309 f.); BGH v. 6.3.1922 – IV 531/21, RGZ 104, 155 (156); *Gilles*, ZZP 80 (1967), 391 (410); hieran hält offenbar Baumbach/*Hartmann*, Einf. § 121 FamFG Rz. 3 fest).

4 Stein/Jonas/*Schlosser*, § 611 ZPO Rz. 3 f.; MüKo.ZPO/*Bernreuther*, § 611 ZPO Rz. 5; Johannsen/Henrich/*Sedemund-Treiber*, § 611 ZPO Rz. 11.

5 Johannsen/Henrich/*Sedemund-Treiber*, § 611 ZPO Rz. 13; MüKo.ZPO/*Bernreuther*, § 611 ZPO Rz. 6; Stein/Jonas/*Schlosser*, § 611 ZPO Rz. 6.

6 OLG Brandenburg v. 16.10.2007 – 10 UF 141/07, FamRZ 2008, 1534 (1535); vgl. auch Rz. 13.

Verfahren nach § 145 ZPO iVm. § 113 Abs. 1 Satz 2 FamFG **getrennt** werden.[1] Wurde der unvereinbare Antrag nur hilfsweise gestellt, ist er als unzulässig abzuweisen, da eine Verfahrenstrennung bei Hilfsanträgen nicht möglich ist.[2]

5 Sind für verschiedene Anträge gem. § 122 verschiedene Gerichte zuständig und verzichtet der Antragsteller auf eine Antragshäufung oder der Antragsgegner auf eine Geltendmachung im Wege der Widerklage, könnte es zu zwei getrennten Eheverfahren bezüglich ein und derselben Ehe kommen. Vor Inkrafttreten des FamFG wurde teilweise die Ansicht vertreten, dass für ein selbständiges Verfahren das Rechtsschutzbedürfnis fehlt, soweit der Antrag im Wege der Antragshäufung oder der Widerklage in ein bereits anhängiges Verfahren eingebracht werden kann.[3] Auf diesen argumentativen Notbehelf, der mit den allgemeinen Verfahrensgrundsätzen nur schwer vereinbar ist, kann nunmehr verzichtet werden, da § 123 die Zusammenführung der Verfahren durch **Abgabe an das Gericht der Scheidungssache oder das Gericht der zuerst rechtshängigen Ehesache** anordnet. Werden demgegenüber die Anträge beim selben Gericht eingereicht, ohne dass eine Verfahrensverbindung durch den Antragsteller bzw. Antragsgegner angestrebt wird, führt schon die Geschäftsverteilung zur Zuständigkeit desselben Abteilungsrichters (§ 23b Abs. 2 Satz 1 GVG), der die Verfahren nach § 147 ZPO verbinden wird. Dabei wird man – obwohl dies nur von theoretischem Interesse sein dürfte – aus § 123 sogar eine entsprechende Verpflichtung ableiten können.

6 Die früher herrschende Lehre von der **Einheitlichkeit der Entscheidung** in Ehesachen entwickelte den Grundsatz, dass über verschiedene Begehren, welche die Auflösung ein und derselben Ehe zum Ziel haben, nur gleichzeitig und gemeinsam entschieden werden kann.[4] Zwar hat diese Auffassung durch das 1. EheRG, welches den einheitlichen Scheidungsgrund des Scheiterns der Ehe einführte, weitgehend an Bedeutung verloren, doch werden aus dem Grundsatz teilweise auch heute noch gewisse Schlussfolgerungen gezogen, so etwa, dass bei Verbindung mehrerer Ehesachen ein Teilbeschluss unzulässig[5] (Rz. 12 und 14) und bei einer Zurückverweisung nach einer Teilanfechtung die gesamte Vorentscheidung aufzuheben sei (Rz. 16).[6] Demgegenüber geht die mittlerweile wohl herrschende Auffassung davon aus, dass es nicht der Postulierung eines die geltenden Verfahrensregeln derogierenden Prinzips bedarf, weil man bei sachgerechter Anwendung der allgemeinen Regeln bereits angemessene Ergebnisse zu erzielen vermag.[7] Dennoch behält der Gesichtspunkt als **Auslegungstopos seine Be-**

1 BT-Drucks. 16/6308, S. 227; BGH v. 19.3.1997 – XII ZR 277/95, FamRZ 1997, 811 (812); OLG Hamm v. 1.9.1993 – 5 UF 146/92, FamRZ 1994, 773.

2 BGH v. 30.11.1960 – IV ZR 61/60, BGHZ 34, 134 (153) = FamRZ 1961, 203 (208); OLG Stuttgart v. 4.2.1980 – 17 WF 361/79 ES, FamRZ 1981, 579; OLG Düsseldorf v. 21.12.1988 – 2 UF 106/88, FamRZ 1989, 648 (649).

3 Stein/Jonas/*Schlosser*, § 610 ZPO Rz. 9, § 611 ZPO Rz. 8; MüKo.ZPO/*Bernreuther*, § 611 ZPO Rz. 13; Johannsen/Henrich/*Sedemund-Treiber*, § 610 ZPO Rz. 4; Wieczorek/Schütze/*Becker-Eberhard*, § 610 ZPO Rz. 25.

4 Vgl. die Darstellung bei *Becker-Eberhard*, FS Gaul 1997, S. 36 ff. mwN.

5 Baumbach/*Hartmann*, Einf. § 121 FamFG Rz. 4.

6 Johannsen/Henrich/*Sedemund-Treiber*, § 610 ZPO Rz. 10. Zum früheren Stand dieser Lehre vgl. Wieczorek/Schütze/*Becker-Eberhard*, § 610 ZPO Rz. 14 f. mwN.

7 OLG Zweibrücken v. 5.6.2001 – 5 UF 38/01, OLGReport 2001, 470 (471) = FamRB 2002, 43 (*Neumann*); Zöller/*Philippi*, § 610 ZPO Rz. 5 ff.; MüKo.ZPO/*Bernreuther*, § 610 ZPO Rz. 7 ff.; Stein/Jonas/*Schlosser*, § 610 ZPO Rz. 5; Wieczorek/Schütze/*Becker-Eberhard*, § 610 ZPO Rz. 19 („weitgehend entbehrlich"). Einen Rückgriff auf diese Lehre zumindest für bestimmte Fallkonstellationen befürworten Musielak/*Borth*, § 610 ZPO Rz. 8 ff.; Johannsen/Henrich/*Sedemund-Treiber*, § 610 ZPO Rz. 9 f.; *H. Roth*, FS Schwab 2005, S. 701 ff. Vgl. auch OLG Stuttgart v. 30.12.1994 – 15 UF 295/94, FamRZ 1995, 618.

rechtigung, weil es in der Tat zweckmäßig sein kann, eine Aufspaltung verschiedener Verfahren, die den Bestand derselben Ehe betreffen, zu vermeiden. Seit Einführung des § 123, der in die gleiche Richtung zielt, besitzt dieses Argument sogar verstärktes Gewicht. Gleichzeitig zeigt diese Vorschrift aber auch, dass das Gesetz nicht von einem dem Eheverfahrensrecht bereits immanenten Grundsatz der Einheitlichkeit der Entscheidung ausgeht, denn dann wären Parallelverfahren vor verschiedenen Gerichten bereits per se unzulässig.[1]

II. Besonderheiten des Gegenantrags

Der Gegenantrag (iSe. Widerklage – zur Terminologie vgl. § 113 Rz. 26), der auch bedingt gestellt werden kann,[2] muss nicht den Anforderungen des § 133 genügen, sondern kann auch in der mündlichen Verhandlung **zu Protokoll erklärt** werden (§§ 261 Abs. 2, 297 Abs. 1 Satz 2 und 3 ZPO).[3] Die durch § 113 Abs. 4 Nr. 2 eröffneten Möglichkeiten einer Antragsänderung gelten auch für einen Gegenantrag. Auch wenn der besondere **Gerichtsstand** der Widerklage auf Ehesachen nicht anwendbar ist (vgl. § 33 Abs. 2 ZPO), kann der Gegenantrag gem. § 126 Abs. 1 – unabhängig davon, ob § 122 die Zuständigkeit desselben Gerichts begründet[4] – stets in dem für die erste Ehesache begründeten Gerichtsstand erhoben werden.[5] Zu Art. 4 Brüssel IIa-VO, der auch die örtliche Zuständigkeit für einen Gegenantrag regelt, vgl. § 98 Rz. 14. 7

§ 126 Abs. 1 gilt gem. § 68 Abs. 3 Satz 1 (der gem. § 113 Abs. 1 Satz 1 auch in Ehesachen anwendbar bleibt) auch in der **Beschwerdeinstanz**, so dass dort die Stellung eines Gegenantrags unabhängig von den Vorgaben des § 533 ZPO möglich ist. Doch ergeben sich Einschränkungen aus dem allgemeinen Gesichtspunkt, dass die Einlegung eines Rechtsmittels – soweit nicht ausnahmsweise die Aufrechterhaltung der Ehe angestrebt wird (Einzelheiten bei § 117 Rz. 13)[6] – stets eine Beschwer voraussetzt.[7] Hat der Antragsgegner in erster Instanz voll obsiegt, kann er seine Beschwerde nicht allein mit der Stellung eines Gegenantrags begründen.[8] Wurde vom Familiengericht das Getrenntleben der Ehegatten nach ausländischem Recht ausgesprochen, so soll nach Auffassung des OLG Karlsruhe der in der Rechtsmittelinstanz als Gegenantrag eingereichte Scheidungsantrag des Antragsgegners unzulässig sein, weil der Mindestverbund nach § 137 Abs. 2 Satz 2 und Abs. 3 erstmals in zweiter Instanz durchzuführen wäre.[9] Hier wäre eine Zurückverweisung gem. § 146 Abs. 1 Satz 1 analog vorzugswürdig.[10] Obwohl § 74 Abs. 4 für die **Rechtsbeschwerde** grundsätzlich auf die im ers- 8

1 So in der Tat früher RG v. 6.3.1922 – IV 531/21, RGZ 104, 155 (156 f.); vgl. auch noch Zöller/*Philippi*, 20. Aufl. 1997, § 610 ZPO Rz. 6.

2 RG v. 15.1.1941 – IV B 40/40, RGZ 165, 317 (319); Johannsen/Henrich/*Sedemund-Treiber*, § 611 ZPO Rz. 4.

3 Johannsen/Henrich/*Sedemund-Treiber*, § 611 ZPO Rz. 4.

4 In aller Regel ist für den Gegenantrag dasselbe Gericht zuständig, zu Ausnahmen vgl. § 123 Rz. 6.

5 Johannsen/Henrich/*Sedemund-Treiber*, § 611 ZPO Rz. 5 und § 606 ZPO Rz. 12; wohl auch Baumbach/*Hartmann*, § 122 FamFG Rz. 1.

6 BGH v. 11.1.1984 – IVb ZR 41/82, FamRZ 1984, 350 (351); OLG Karlsruhe v. 4.12.1997 – 16 UF 77/97, FamRZ 1999, 454; Zöller/*Philippi*, § 611 ZPO Rz. 5.

7 BGH v. 6.6.1957 – IV ZB 102/57, FamRZ 1957, 316 (Klagänderung); Musielak/*Borth*, § 611 ZPO Rz. 6.

8 MüKo.ZPO/*Bernreuther*, § 611 ZPO Rz. 11; Zöller/*Philippi*, § 611 ZPO Rz. 5.

9 OLG Karlsruhe v. 4.12.1997 – 16 UF 77/97, FamRZ 1999, 454 (455 f.).

10 Musielak/*Borth*, § 611 ZPO Rz. 6 m. Fn. 15.

ten Rechtszug geltenden Vorschriften verweist, gilt § 126 Abs. 1 wegen § 559 ZPO, der gem. § 74 Abs. 3 Satz 4 entsprechend anwendbar ist, nicht: Nach § 559 ZPO ist in der Rechtsbeschwerde durch die Natur des Rechtsmittels die erstmalige Einreichung eines Gegenantrags nicht zulässig.[1] Zur Parallelproblematik der Antragsänderung in der Rechtsmittelinstanz vgl. § 113 Rz. 14 ff.

III. Parallele Scheidungsanträge

1. Zulässigkeit und Bedeutung

9 Stellt in einem Scheidungsverfahren der andere Ehegatte ebenfalls einen Antrag auf Scheidung der Ehe, so würde dem nach allgemeinen Grundsätzen wegen der Einheitlichkeit des Streitgegenstandes (Rz. 3) der Einwand anderweitiger Rechtshängigkeit entgegenstehen (§ 261 Abs. 3 Nr. 1 ZPO). Das Scheidungs(verfahrens)recht setzt jedoch die **Zulässigkeit gleichlaufender Scheidungsanträge** voraus (§ 1566 Abs. 1 BGB). Der Nachweis eines besonderen Rechtsschutzbedürfnisses ist dafür – auch im VKH-Verfahren – nicht erforderlich, vielmehr besteht generell (nicht nur in Fällen einverständlicher Scheidung) ein anerkennenswertes Interesse, den Ablauf des Verfahrens selbst „in der Hand zu behalten",[2] nicht zuletzt um die Gegenseite daran zu hindern, durch Rücknahme des Scheidungsantrags die Ehezeitdauer iSd. §§ 1384, 1579 Nr. 1 BGB § 3 VersAusglG zu verschieben.[3] Aus diesem Grund ist regelmäßig **beiden Seiten Verfahrenskostenhilfe** zu gewähren, obwohl sie dem jeweiligen Antrag der Gegenseite nicht entgegentreten.[4]

10 Will man die systematischen Zusammenhänge und die Unterschiede zum echten Gegenantrag (iSe. Widerklage) deutlicher hervortreten lassen, kann der „Gegenantrag" des anderen Ehegatten etwa als **gleichgerichteter Scheidungsantrag oder Anschlussantrag**[5] bezeichnet werden. Hat ein Ehegatte in erster Instanz die Abweisung des Scheidungsantrags erreicht, muss er Anschlussbeschwerde einlegen, wenn er im **Beschwerdeverfahren** nunmehr einen gleichlaufenden Scheidungsantrag stellen will.[6] Zur Rechtsnatur der Zustimmung iSv. § 1566 Abs. 1 BGB vgl. § 134 Rz. 4.

2. Verfahrensfragen

11 Für die Anträge beider Ehegatten gilt Anwaltszwang (§ 114 Abs. 1), doch muss der Anschlussantrag nicht den Anforderungen des § 133 genügen, sondern kann auch in der mündlichen Verhandlung **zu Protokoll erklärt** werden (§§ 261 Abs. 2, 297 Abs. 1 Satz 2 und 3 ZPO).[7]

---

1 BGH v. 23.5.1957 – II ZR 250/55, BGHZ 24, 279 (285); Musielak/*Borth*, § 611 ZPO Rz. 6; Stein/Jonas/*Schlosser*, § 611 ZPO Rz. 11.

2 Stein/Jonas/*Schlosser*, § 611 ZPO Rz. 2.

3 Staudinger/*Rauscher*, § 1564 BGB Rz. 25; MüKo.BGB/*Wolf*, § 1564 BGB Rz. 39; MüKo.ZPO/*Bernreuther*, § 611 ZPO Rz. 4; Musielak/*Borth*, § 611 ZPO Rz. 7. Vgl. die Konstellationen in BGH v. 13.10.1982 – IVb ZB 601/81, FamRZ 1983, 38 (40); OLG Frankfurt v. 10.11.1981 – 3 UF 6/81, FamRZ 1982, 809 (811).

4 OLG Bamberg v. 2.3.1994 – 2 WF 32/94, FamRZ 1995, 370 f.; Zöller/*Philippi*, § 114 ZPO Rz. 42 f.; MüKo.ZPO/*Finger*, § 630 ZPO Rz. 9.

5 Stein/Jonas/*Schlosser*, § 611 ZPO Rz. 2; wohl auch MüKo.ZPO/*Bernreuther*, § 610 ZPO Rz. 3.

6 OLG Frankfurt v. 8.1.1980 – 3 UF 325/78, FamRZ 1980, 710.

7 OLG Frankfurt 10.11.1981 – 3 UF 6/81, FamRZ 1982, 809 (811); Zöller/*Philippi*, § 622 ZPO Rz. 9; Johannsen/Henrich/*Sedemund-Treiber*, § 622 ZPO Rz. 2.

Wegen der Einheitlichkeit des Streitgegenstandes bilden gleichgerichtete Scheidungsanträge **verfahrensrechtlich eine untrennbare Einheit**, über sie muss daher stets im selben Verfahren entschieden werden.[1] Macht der Antragsgegner seinen Scheidungsantrag bei einem anderen Gericht anhängig, so steht dem die Rechtshängigkeit des ersten Antrags entgegen (§ 261 Abs. 3 Nr. 1 ZPO).[2] Nach § 123 Satz 2 ist das zweite Scheidungsbegehren nunmehr von Amts wegen an das Gericht abzugeben, bei dem das Verfahren zuerst rechtshängig geworden ist.[3] Ausgeschlossen ist auch jede Form der prozessualen Aufspaltung, beispielsweise durch Aussetzung des Verfahrens über das Scheidungsbegehren nur eines Ehegatten,[4] durch Teilbeschluss[5] oder durch Abweisung des ersten Antrags als unzulässig und Verweisung des zweiten an ein anderes Gericht.[6] Im Scheidungsbeschluss muss nicht deutlich gemacht werden, auf wessen Antrag die Ehe geschieden wurde.[7] Wird der erste Antrag zurückgenommen (vgl. auch § 130 Abs. 1) und die Ehe auf den gegnerischen Scheidungsantrag geschieden, bleibt der für den Eintritt der **Rechtshängigkeit** maßgebliche Zeitpunkt die Zustellung des ersten Scheidungsantrags (vgl. § 124 Rz. 3).[8] 12

IV. Kollision von Scheidung und Aufhebung

1. Verhältnis der Anträge (Absatz 3)

Beantragt der eine Ehegatte die Scheidung und der andere die Aufhebung der Ehe, so ist nach § 126 Abs. 3, wenn beide Anträge begründet sind, nur die Aufhebung der Ehe auszusprechen. Der hierin zum Ausdruck kommende **Vorrang des Eheaufhebungsantrags** greift auch dann, wenn der Antragsteller sowohl Aufhebung als auch Scheidung beantragt, ohne ein Rangverhältnis ausdrücklich festzulegen. Da es dem Antragsteller jedoch unbenommen ist, zunächst allein die Scheidung zu beantragen und erst im Falle einer Abweisung dieses Antrags in einem zweiten Verfahren die Aufhebung der Ehe zu begehren, muss er auch die Option besitzen, von vorneherein Scheidung und hilfsweise Aufhebung der Ehe zu beantragen. § 126 Abs. 3 stellt demnach kein zwingendes Recht dar, vielmehr hat der Antragsteller die Möglichkeit, ein entgegengesetztes Rangverhältnis festzulegen.[9] 13

---

1 Wieczorek/Schütze/*Becker-Eberhard*, § 610 ZPO Rz. 17; MüKo.ZPO/*Bernreuther*, § 610 ZPO Rz. 3; Johannsen/Henrich/*Sedemund-Treiber*, § 610 ZPO Rz. 10.

2 BT-Drucks. 16/6308, S. 227; BGH v. 13.10.1982 – IVb ZB 601/81, FamRZ 1983, 38 (40); BGH v. 26.1.1983 – IVb ZR 335/81, NJW 1983, 1269 f.; Stein/Jonas/*Schlosser*, § 611 ZPO Rz. 2.

3 BT-Drucks. 16/6308, S. 227.

4 MüKo.ZPO/*Bernreuther*, § 610 ZPO Rz. 8; Zöller/*Philippi*, § 614 ZPO Rz. 5. Vgl. – auf anderer dogmatischer Grundlage – auch RG v. 1.12.1904 – IV 443/04, RGZ 58, 315 (316); OLG Köln v. 13.5.1960 – 9 W 44/60, JR 1961, 68 (69).

5 Zöller/*Philippi*, § 610 ZPO Rz. 7; Johannsen/Henrich/*Sedemund-Treiber*, § 610 ZPO Rz. 10. Vgl. – auf anderer dogmatischer Grundlage – auch RG v. 24.3.1943 – IV 23/43, RGZ 171, 39 (40 f.); OLG Düsseldorf v. 20.5.1965 – 8 U 288/64, OLGZ 65, 186 f.

6 OLG Bamberg v. 25.11.1983 – 7 UF 50/83, FamRZ 1984, 302 (303); Stein/Jonas/*Schlosser*, § 611 ZPO Rz. 2; Zöller/*Philippi*, § 610 ZPO Rz. 9.

7 Stein/Jonas/*Schlosser*, § 611 ZPO Rz. 2; MüKo.ZPO/*Finger*, § 622 ZPO Rz. 7; aA offenbar OLG Hamm v. 20.5.1980 – 2 UF 42/80, FamRZ 1980, 1049.

8 BGH v. 13.10.1982 – IVb ZB 601/81, FamRZ 1983, 38 (39 f.); BGH v. 21.10.1981 – IVb ZB 650/80, FamRZ 1982, 153.

9 BGH v. 12.10.1988 – IVb ZB 73/86, FamRZ 1989, 153 (155); MüKo.ZPO/*Bernreuther*, § 610 ZPO Rz. 2; Zöller/*Philippi*, § 610 ZPO Rz. 12, § 631 ZPO Rz. 17; Wieczorek/Schütze/*Becker-Eberhard*, § 610 ZPO Rz. 6.

2. Vermeidung widersprechender Entscheidungen

14 Während nach traditioneller Auffassung aus dem Grundsatz der Einheitlichkeit der Entscheidung (Rz. 6) ein **Verbot von Teilbeschlüssen** abgeleitet wird,[1] berufen sich andere Autoren auf den positiv-rechtlichen Anhaltspunkt in § 126 Abs. 3, um eine entsprechende Schlussfolgerung zu legitimieren.[2] Der Sache nach geht es um die Frage, ob ein Hauptantrag auf Eheaufhebung durch Teilbeschluss abgewiesen werden darf, auf die Gefahr hin, dass das Familiengericht dann später auf den hilfsweise gestellten Scheidungsantrag die Ehe scheidet, während die Rechtsmittelinstanz zu dem Ergebnis gelangt, die Ehe sei doch aufzuheben. Bei pragmatischer Herangehensweise wird das Familiengericht in einer derartigen Konstellation eine Teilentscheidung schon gar nicht als sachdienlich ansehen (§ 301 Abs. 2 ZPO) oder zumindest das Scheidungsverfahren aussetzen, bis die Teilentscheidung rechtskräftig geworden ist.[3] Doch auch wenn dieser Weg nicht eingeschlagen wird, stellen sich keine Probleme, die nicht auch in anderen Fällen eventueller Klagenhäufung gelöst werden müssten. Soweit ein Teilurteil insofern überhaupt für zulässig gehalten wird,[4] soll die Entscheidung über einen hilfsweise gestellten Antrag **auflösend bedingt** sein und ihre Wirkung verlieren, wenn das Rechtsmittelgericht dem Hauptantrag doch stattgibt.[5]

15 Bestehen keine prinzipiellen Einwände gegen den Erlass eines Teilbeschlusses, kommt auch eine dem Teilbeschluss sachlich nahe stehende **Urteilsergänzung nach § 321 ZPO** in Frage.[6] Praktische Relevanz besitzt dies lediglich dann, wenn ein Aufhebungsantrag abgewiesen und das hilfsweise Scheidungsbegehren übergangen wurde.[7] Wurde demgegenüber der Aufhebungsantrag ignoriert und direkt über den Scheidungsantrag entschieden, handelt es sich nicht um einen Anwendungsfall der Urteilsergänzung, vielmehr ist die Entscheidung wegen Verstoßes gegen § 126 Abs. 3 fehlerhaft und muss durch Einlegung von Rechtsmitteln korrigiert werden.[8]

16 Auch eine **Teilanfechtung** begegnet keinen Bedenken.[9] Schon nach allgemeinen Regeln wird bei einer Teilanfechtung der Eintritt der Rechtskraft insgesamt gehemmt, solange das Rechtsmittel noch erweitert werden oder der Gegner ein Anschlussrechtsmittel einlegen kann,[10] wobei in Ehesachen der durch § 113 Abs. 4 Nr. 2 auch für die

1 Johannsen/Henrich/*Sedemund-Treiber*, § 610 ZPO Rz. 10; Musielak/*Borth*, § 610 ZPO Rz. 9; Baumbach/*Hartmann*, Einf. § 121 FamFG Rz. 4.

2 MüKo.ZPO/*Bernreuther*, § 610 ZPO Rz. 8.

3 Wieczorek/Schütze/*Becker-Eberhard*, § 610 ZPO Rz. 20. Für Zulässigkeit des Teilurteils auch Stein/Jonas/*Schlosser*, § 610 ZPO Rz. 6.

4 Gegen die hM etwa Zöller/*Vollkommer*, § 301 ZPO Rz. 8 mwN.

5 OLG Zweibrücken v. 5.6.2001 – 5 UF 38/01, OLGReport 2001, 470 (471) = FamRB 2002, 43 (*Neumann*); Wieczorek/Schütze/*Becker-Eberhard*, § 610 ZPO Rz. 20; Zöller/*Philippi*, § 610 ZPO Rz. 12; MüKo.ZPO/*Bernreuther*, § 610 ZPO Rz. 8; *Musielak*, § 301 ZPO Rz. 14; MüKo.ZPO/*Musielak*, § 301 ZPO Rz. 9; Rosenberg/Schwab/*Gottwald*, § 164 Rz. 50.

6 Vgl. Nachw. in nachfolgender Fn.; aA RG v. 12.5.1932 – IV 52/32, HRR 1932 Nr. 1789; Musielak/*Borth*, § 610 ZPO Rz. 10; Johannsen/Henrich/*Sedemund-Treiber*, § 610 ZPO Rz. 10.

7 Wieczorek/Schütze/*Becker-Eberhard*, § 610 ZPO Rz. 23; Zöller/*Philippi*, § 610 ZPO Rz. 14; Stein/Jonas/*Schlosser*, § 610 ZPO Rz. 10; eingehend *Becker-Eberhard*, FS Gaul 1997, S. 50.

8 Wieczorek/Schütze/*Becker-Eberhard*, § 610 ZPO Rz. 23; MüKo.ZPO/*Bernreuther*, § 610 ZPO Rz. 10.

9 Wieczorek/Schütze/*Becker-Eberhard*, § 610 ZPO Rz. 24; MüKo.ZPO/*Bernreuther*, § 610 ZPO Rz. 11; Stein/Jonas/*Schlosser*, § 610 ZPO Rz. 12; für die Revision vgl. BGH v. 2.10.1968 – IV ZR 600/68, MDR 1969, 39.

10 Zöller/*Stöber*, § 705 ZPO Rz. 11; Thomas/Putzo/*Hüßtege*, § 705 ZPO Rz. 10; Stein/Jonas/*Münzberg*, § 705 ZPO Rz. 8; Musielak/*Lackmann*, § 705 Rz. 8.

Beschwerdeinstanz eröffnete Spielraum zu beachten ist. Wird der Scheidungsausspruch rechtskräftig, während der Aufhebungsantrag noch in der Rechtsmittelinstanz anhängig ist, wird man im Hinblick auf § 126 Abs. 3 die Scheidung als auflösend bedingt ansehen können, so dass sie ihre Wirkung verliert, wenn das Rechtsmittelgericht dem Aufhebungsantrag doch stattgibt.[1]

Eine **Trennung** von Aufhebungs- und Scheidungsverfahren ist mit § 126 Abs. 3 nicht 17
zu vereinbaren, und eine **teilweise Verweisung** würde § 123 Satz 2 widersprechen.[2]

V. Geltendmachung mehrerer Aufhebungsgründe

1. Verhältnis der Anträge

Beruft sich der Antragsteller in einem Aufhebungsverfahren auf **mehrere Aufhebungs-** 18
gründe oder machen Antragsteller und Antragsgegner unterschiedliche Aufhebungsgründe geltend, liegt wegen der unterschiedlichen Streitgegenstände (Rz. 3) prozessual ein Fall der Antragshäufung vor. Der Antragsteller kann ein Eventualverhältnis festlegen, doch kann er hiervon im Hinblick auf die Möglichkeit, nach § 1318 Abs. 2 BGB den Eintritt der Scheidungsfolgen abzuwehren, auch absehen, so dass dann über alle – gleichrangig geltend gemachten – Aufhebungsgründe gemeinsam entschieden werden muss.[3] Berufen sich zwei Ehegatten auf denselben Aufhebungsgrund, soll dem zweiten Antrag der Einwand der anderweitigen Rechtshängigkeit entgegenstehen.[4]

2. Vermeidung widersprechender Entscheidungen

Der Erlass eines **Teilbeschlusses** über einzelne Aufhebungsgründe ist regelmäßig un- 19
zweckmäßig, doch besteht kein Anlass, einen solchen mit der Lehre von der Einheitlichkeit der Entscheidung (Rz. 6) für unzulässig zu halten.[5] Das Gleiche gilt für eine **Teilanfechtung**, die dazu führen kann, dass über unterschiedliche Aufhebungsgründe in unterschiedlichen Instanzen entschieden wird.[6] Wurde die Ehe bereits aus einem Aufhebungsgrund aufgelöst, so kann man entweder im Hinblick auf § 1318 Abs. 2 BGB eine nochmalige Aufhebung für zulässig ansehen[7] oder muss – wenn man sich hieran durch § 1317 Abs. 3 BGB gehindert sieht – dem Antragsteller das Recht einräumen, der Auflösung nachträglich die Wirkungen eines weiteren Aufhebungsgrundes beigeben zu lassen,[8] was etwa auch für den Fall zugelassen wird, dass die nachträgliche Aufhebung einer bereits rechtskräftig geschiedenen Ehe beantragt wird (§ 121 Rz. 8).

1 Zöller/*Philippi*, § 610 ZPO Rz. 13; *Becker-Eberhard*, FS Gaul 1997, S. 51.
2 Rosenberg/Schwab/*Gottwald*, § 164 Rz. 55. Mit anderer Begr. iE auch MüKo.ZPO/*Bernreuther*, § 610 ZPO Rz. 8; Johannsen/Henrich/*Sedemund-Treiber*, § 610 ZPO Rz. 10.
3 Stein/Jonas/*Schlosser*, § 610 ZPO Rz. 8; Musielak/*Borth*, § 610 ZPO Rz. 6; MüKo.ZPO/*Bernreuther*, § 610 ZPO Rz. 2 und 8; Wieczorek/Schütze/*Becker-Eberhard*, § 610 ZPO Rz. 7. Vgl. auch OLG Zweibrücken v. 5.6.2001 – 5 UF 38/01, OLGReport 2001, 470 (471) = FamRB 2002, 43 (*Neumann*).
4 Wieczorek/Schütze/*Becker-Eberhard*, § 610 ZPO Rz. 9; Stein/Jonas/*Schlosser*, § 610 ZPO Rz. 4 lässt den zweiten Antrag am fehlenden Rechtsschutzbedürfnis scheitern.
5 So aber etwa Johannsen/Henrich/*Sedemund-Treiber*, § 610 ZPO Rz. 9.
6 Zöller/*Philippi*, § 610 ZPO Rz. 16.
7 MüKo.ZPO/*Bernreuther*, § 611 ZPO Rz. 8; Wieczorek/Schütze/*Becker-Eberhard*, § 610 ZPO Rz. 22.
8 Zöller/*Philippi*, § 610 ZPO Rz. 16.

§ 127
Eingeschränkte Amtsermittlung

(1) Das Gericht hat von Amts wegen die zur Feststellung der entscheidungserheblichen Tatsachen erforderlichen Ermittlungen durchzuführen.

(2) In Verfahren auf Scheidung oder Aufhebung der Ehe dürfen von den Beteiligten nicht vorgebrachte Tatsachen nur berücksichtigt werden, wenn sie geeignet sind, der Aufrechterhaltung der Ehe zu dienen oder wenn der Antragsteller einer Berücksichtigung nicht widerspricht.

(3) In Verfahren auf Scheidung kann das Gericht außergewöhnliche Umstände nach § 1568 des Bürgerlichen Gesetzbuchs nur berücksichtigen, wenn sie von dem Ehegatten, der die Scheidung ablehnt, vorgebracht worden sind.

A. Normzweck

1 In Übereinstimmung mit § 616 ZPO aF schränkt die Vorschrift für Ehesachen den Verhandlungsgrundsatz ein und ersetzt ihn insoweit durch den auch sonst im FamFG geltenden Amtsermittlungsgrundsatz (vgl. § 26, der gem. § 113 Abs. 1 Satz 1 nicht anwendbar ist). Daher finden gem. § 113 Abs. 4 Nr. 1, 5, 7 und 8 bestimmte Vorschriften der ZPO, die mit der Inquisitionsmaxime unvereinbar sind, auf Ehesachen auch keine Anwendung. Indem die Verantwortung für die Sammlung des Tatsachenstoffs in die Hände des Gerichts gelegt wird, wird sichergestellt, dass die **Einschränkungen der Privatautonomie im materiellen Recht** nicht auf prozessualem Wege – vor allem durch einverständliche Scheidungen ohne Vorliegen der Scheidungsvoraussetzungen – umgangen werden können (§ 113 Rz. 10). Da es jedoch im Belieben eines jeden Einzelnen steht, aus welchen Gründen er das Eheband in Frage stellt, gilt die Untersuchungsmaxime in Scheidungs- und Aufhebungsverfahren uneingeschränkt nur für eheerhaltende Tatsachen (§ 127 Abs. 2). Wegen ihres besonderen persönlichen Charakters dürfen außergewöhnliche Umstände iSv. § 1568 Abs. 1, 2. Alt. BGB nur berücksichtigt werden, wenn sie von dem die Scheidung ablehnenden Ehegatten vorgebracht werden (§ 127 Abs. 3).

B. Allgemeine Grundsätze

I. Amtsermittlungsgrundsatz (Absatz 1)

2 Bei Geltung des Amtsermittlungsgrundsatzes ist das Gericht an das tatsächliche Vorbringen und die Beweisanträge der Beteiligten nicht gebunden, sondern hat die **entscheidungserheblichen Tatsachen von Amts wegen festzustellen**. Das Gericht darf auch solchen Informationen nachgehen und sie bei der Entscheidungsfindung berücksichtigen,

die ihm auf andere Weise als durch den Vortrag der Beteiligten zur Kenntnis gelangt sind (zB aus anderen Verfahren, etwa auf Trennungsunterhalt, aus einem Jugendamtsbericht etc.). Ist der eingereichte Antrag unschlüssig, ist es jedoch nicht seine Aufgabe, durch eigene Nachforschungen eine Korrektur zu ermöglichen, vielmehr genügt ein entsprechender Hinweis (§ 139 ZPO).[1] Das Gericht kann von Amts wegen Beweisaufnahmen anordnen, doch steht auch den Beteiligten das Recht zu, eigene Beweisanträge zu stellen, die nur unter den Voraussetzungen der § 244 Abs. 3 bis 5 StPO analog abgelehnt werden können.[2] Soweit der Beweis nicht auch von Amts wegen hätte erhoben werden müssen, kann die Beweisaufnahme gem. § 379 ZPO von einem Auslagenvorschuss abhängig gemacht werden.[3] Anträge und Hinweise eines anwaltlich nicht vertretenen Ehegatten sind als Anregungen zur Amtsermittlung zu behandeln.[4] Die Geltung des Amtsermittlungsgrundsatzes enthebt das Gericht nicht von der **Gewährung rechtlichen Gehörs**. Tatsachen, welche die Beteiligten nicht selbst vorgebracht haben, darf das Gericht nur verwerten, nachdem diesen Gelegenheit zur Stellungnahme gewährt wurde (so ausdrücklich § 616 Abs. 1 ZPO aF), auch § 139 ZPO bleibt anwendbar.[5] Das Gericht darf seine Bemühungen erst einstellen, wenn es den Sachverhalt so vollständig ermittelt hat, dass keine weitere sachdienliche Aufklärung zu erwarten ist (vgl. im Einzelnen § 26).[6] Wird die Amtsermittlungspflicht verletzt, stellt dies einen „wesentlichen" Verfahrensmangel dar, der unter den Voraussetzungen des § 117 Abs. 2 Satz 1 FamFG iVm. § 538 Abs. 2 Satz 1 Nr. 1 ZPO im Beschwerdeverfahren zur Zurückverweisung führen kann.[7]

Gem. § 68 Abs. 3 Satz 1 findet die Vorschrift auch in der **Beschwerdeinstanz** Anwendung, doch müssen sich die Ermittlungen im Rahmen der Rechtsmittelanträge (§ 117 Abs. 2 FamFG iVm. § 528 ZPO) bewegen. Für die Rechtsbeschwerde wird der Untersuchungsgrundsatz durch § 74 Abs. 3 Satz 4 FamFG iVm. § 559 ZPO verdrängt.[8] 3

II. Einschränkungen für ehefeindliche Tatsachen (Absatz 2)

Während für Feststellungsverfahren über den Bestand der Ehe der Amtsermittlungsgrundsatz uneingeschränkt gilt, dürfen gem. § 127 Abs. 2 in Scheidungs- und Aufhebungsverfahren nur eheerhaltende Tatsachen uneingeschränkt berücksichtigt werden, ehefeindliche Tatsachen demgegenüber nur dann, wenn der Antragsteller einer Berücksichtigung nicht widerspricht (zur Parallelregelung für die Vaterschaftsanfechtung vgl. § 177 Abs. 1). Praktische Bedeutung kommt der Vorschrift nicht zu, denn warum sollte der scheidungswillige Antragsteller Einwände gegen die Berücksichtigung von Tatsachen erheben, die sein Begehren stützen?[9] Obwohl der ausdrücklich oder konklu- 4

1 MüKo.ZPO/*Bernreuther*, § 616 ZPO Rz. 6; Johannsen/Henrich/*Sedemund-Treiber*, § 616 ZPO Rz. 9.
2 BGH v. 19.12.1990 – XII ZR 31/90, FamRZ 1991, 426 (428) – für die Vaterschaftsfeststellung; MüKo.ZPO/*Bernreuther*, § 616 ZPO Rz. 10; Musielak/*Borth*, § 616 ZPO Rz. 6.
3 Zöller/*Philippi*, § 616 ZPO Rz. 9; Stein/Jonas/*Schlosser*, § 616 ZPO Rz. 9.
4 Zöller/*Philippi*, § 616 ZPO Rz. 8.
5 OLG Frankfurt v. 22.1.1985 – 3 UF 90/84, FamRZ 1985, 823 (824); Musielak/*Borth*, § 616 ZPO Rz. 3 f.
6 BGH v. 5.7.1963 – V ZB 7/63, BGHZ 40, 54 (57); OLG Köln v. 3.11.2003 – 2 Wx 26/03, FamRZ 2004, 1382 (1383); Zöller/*Philippi*, § 616 ZPO Rz. 8.
7 Vgl. OLG Hamm v. 12.6.1989 – 4 UF 221/88, FamRZ 1990, 166 (167); OLG Zweibrücken v. 25.7.1997 – 2 UF 15/97, FamRZ 1998, 1115; *Rosenberg/Schwab/Gottwald*, § 138 Rz. 26 mwN; Musielak/*Borth*, § 616 ZPO Rz. 5.
8 MüKo.ZPO/*Bernreuther*, § 616 ZPO Rz. 7; Musielak/*Borth*, § 616 ZPO Rz. 5.
9 So auch Stein/Jonas/*Schlosser*, § 616 ZPO Rz. 4.

dent[1] zu erklärende Widerspruch eine Prozesshandlung darstellt, unterliegt er wegen der besonderen Schutzrichtung der Vorschrift **nicht dem Anwaltszwang.**[2] Bei wörtlichem Verständnis schränkt § 127 Abs. 2 nicht die Pflicht zur Amtsermittlung nach Abs. 1, sondern lediglich das Recht zur Verwertung der ermittelten Tatsachen ein.[3] Da kein Interesse erkennbar ist, ehefeindliche Tatsachen durch amtswegige Ermittlungen an das Tageslicht zu bringen, spricht jedoch viel dafür, aus § 127 Abs. 2 bereits eine Einschränkung der Untersuchungspflicht abzuleiten und Anhaltspunkten für ehefeindliche Tatsachen nur dann von Amts wegen nachzugehen, wenn sie von einem der Beteiligten vorgebracht werden.[4]

III. Einschränkung für außergewöhnliche Umstände iSv. § 1568 BGB (Absatz 3)

5 Außergewöhnliche Umstände, die nach § 1568 Abs. 1, 2. Alt. BGB einer Scheidung entgegenstehen, dürfen gem. § 127 Abs. 3 nur berücksichtigt werden, wenn der die Scheidung ablehnende Ehegatte sie vorbringt. Niemand soll gezwungen werden, an einer gescheiterten Ehe aus (Härte)Gründen, die in seiner Person liegen, festhalten zu müssen. Da eheerhaltende Tatsachen von Amts wegen zu berücksichtigen sind und § 127 Abs. 3 keine unnötigen prozessualen Hürden aufbauen, sondern nur die Entscheidungsfreiheit des Betroffenen schützen will, unterliegt die Berufung auf diese Härtegründe **nicht dem Anwaltszwang**.[5] Auf die Kinderschutzklausel des § 1568 Abs. 1, 1. Alt. BGB ist die Vorschrift, die sich schon dem Wortlaut nach nur auf „außergewöhnliche Umstände" und nicht auf „besondere Gründe" iSv. § 1568 BGB bezieht, nicht anwenbar.[6]

C. Reichweite im Einzelnen

I. Scheidung

6 Von Amts wegen zu prüfen ist zunächst das **wirksame Bestehen einer Ehe**. Zum Nachweis ist idR die Vorlage der Heiratsurkunde erforderlich (vgl. § 133 Abs. 2). So-

1 BGH v. 19.9.1979 – IV ZR 47/78, FamRZ 1979, 1007 (1009) – für die Vaterschaftsanfechtung; Zöller/*Philippi*, § 616 ZPO Rz. 5; Wieczorek/Schütze/*Becker-Eberhard*, § 616 ZPO Rz. 19; widersprüchlich demgegenüber Musielak/*Borth*, § 616 ZPO Rz. 9 und Johannsen/Henrich/*Sedemund-Treiber*, § 616 ZPO Rz. 7.

2 Zöller/*Philippi*, § 616 ZPO Rz. 5; Musielak/*Borth*, § 616 ZPO Rz. 10; Wieczorek/Schütze/*Becker-Eberhard*, § 616 ZPO Rz. 19.

3 Teilweise wird gefordert, die Betroffenen müssten das Recht haben, durch ihren Widerspruch bereits die Ermittlung ehefeindlicher Tatsachen zu verhindern, vgl. Wieczorek/Schütze/*Becker-Eberhard*, § 616 ZPO Rz. 18; MüKo.ZPO/*Bernreuther*, § 616 ZPO Rz. 15; Stein/Jonas/*Schlosser*, § 616 ZPO Rz. 10.

4 IE so auch *Linke*, FS Beitzke 1979, S. 275 ff.; vorsichtiger („sollten unterbleiben") Johannsen/Henrich/*Sedemund-Treiber*, § 616 ZPO Rz. 7 und 9; Musielak/*Borth*, § 616 ZPO Rz. 9; aA Stein/Jonas/*Schlosser*, § 616 ZPO Rz. 3; MüKo.ZPO/*Bernreuther*, § 616 ZPO Rz. 17; Wieczorek/Schütze/*Becker-Eberhard*, § 616 ZPO Rz. 3.

5 Zöller/*Philippi*, § 610 ZPO Rz. 6; Musielak/*Borth*, § 616 ZPO Rz. 10; Staudinger/*Rauscher*, § 1568 BGB Rz. 171; vgl. auch BGH v. 12.6.1968 – IV ZR 593/68, FamRZ 1968, 447 – zum Widerspruch nach § 48 EheG; Johannsen/Henrich/*Sedemund-Treiber*, § 616 ZPO Rz. 6; aA Johannsen/Henrich/*Jaeger*, § 1568 BGB Rz. 38.

6 Zöller/*Philippi*, § 616 ZPO Rz. 6; Johannsen/Henrich/*Sedemund-Treiber*, § 616 ZPO Rz. 6.

weit deren Beschaffung jedoch nicht möglich oder den Ehegatten nicht zumutbar ist, kann sich das Gericht auch auf jede andere Weise Gewissheit über die wirksame Eheschließung verschaffen.[1]

Des Weiteren muss ermittelt werden, ob die Ehe **tatsächlich gescheitert** ist, insbesondere ob die Eheleute getrennt leben und die Fristen des § 1566 BGB abgelaufen sind oder ein Härtegrund nach § 1565 Abs. 2 BGB vorliegt. Machen die Eheleute geltend, sie hätten innerhalb der ehelichen Wohnung getrennt gelebt (§ 1567 Abs. 1 Satz 2 BGB), muss die Entflechtung der Lebensbereiche näher aufgeklärt werden, damit beurteilt werden kann, ob eine Trennung im Rechtssinne vorliegt.[2] Zu den **eheerhaltenden Tatsachen**, die gem. § 127 Abs. 2 von Amts wegen zu berücksichtigen sind, gehören die Wiederaufnahme der ehelichen Lebensgemeinschaft und das Eingreifen der Kinderschutzklausel des § 1568 Abs. 1, 1. Alt. BGB. Machen die Eheleute übereinstimmende Angaben zur Trennungszeit, besteht im Regelfall keine Veranlassung zur näheren Überprüfung.[3] 7

Trotz Geltung der Inquisitionsmaxime behalten die **allgemeinen Beweislastregeln Gültigkeit**, der Scheidungsantrag ist abzuweisen, wenn die Zerrütung der Ehe nicht bewiesen werden kann.[4] 8

II. Aufhebung

Es gelten die **gleichen Grundsätze** wie bei der Scheidung einer Ehe. Dass sich die Amtsermittlungspflicht auf die geltend gemachten Aufhebungsgründe beschränkt, ergibt sich nach dem hier zugrunde gelegten Verständnis bereits aus § 127 Abs. 2 (Rz. 4), unstreitig aber auch aus dem begrenzten Streitgegenstand des Eheaufhebungsverfahrens (§ 126 Rz. 3).[5] Eine ehefreundliche Tatsache, die von Amts wegen zu ermitteln ist, stellt die Bestätigung der aufzuhebenden Ehe iSv. § 1315 BGB dar.[6] Auch hier gelten die allgemeinen Regeln über die Verteilung der Beweislast.[7] 9

III. Feststellung

Da § 127 Abs. 2 auf Ehefeststellungsverfahren nicht anwendbar ist, gilt gem. § 127 Abs. 1 der Amtsermittlungsgrundsatz insofern uneingeschränkt. Alle Tatsachen, die für und gegen den Bestand der Ehe sprechen, sind von Amts wegen aufzuklären.[8] 10

1 OLG Zweibrücken 25.7.1997 – 2 UF 15/97, FamRZ 1998, 1115; OLG Karlsruhe v. 7.6.1990 – 18 WF 35/90, FamRZ 1991, 83 (84); OLG Düsseldorf v. 27.12.1991 – 6 WF 157/91, FamRZ 1992, 1078 (1079); vgl. auch im Zusammenhang mit § 132 FamFG, BT-Drucks. 16/6308, S. 228; aA für eine besondere (internationale) Fallkonstellation OLG Bremen v. 27.2.1992 – 5 WF 14/92, FamRZ 1992, 1083 (1084).

2 Zöller/*Philippi*, § 616 ZPO Rz. 2; Stein/Jonas/*Schlosser*, § 616 ZPO Rz. 5.

3 AA Baumbach/*Hartmann*, § 127 FamFG Rz. 4; Johannsen/Henrich/*Sedemund-Treiber*, § 616 ZPO Rz. 5. Demgegenüber meint Wieczorek/Schütze/*Becker-Eberhard*, § 616 ZPO Rz. 14, man könne übereinstimmendem Vortrag „bisweilen durchaus Glauben schenken".

4 Musielak/*Borth*, § 616 ZPO Rz. 4.

5 Zöller/*Philippi*, § 616 ZPO Rz. 3 f.; Johannsen/Henrich/*Sedemund-Treiber*, § 616 ZPO Rz. 2 und 6.

6 Zöller/*Philippi*, § 616 ZPO Rz. 4; Musielak/*Borth*, § 616 ZPO Rz. 8.

7 Vgl. OLG Köln v. 1.7.1999 – 14 UF 225/98, FamRZ 2000, 819 (820).

8 Johannsen/Henrich/*Sedemund-Treiber*, § 616 ZPO Rz. 3.

§ 128
Persönliches Erscheinen der Ehegatten

(1) Das Gericht soll das persönliche Erscheinen der Ehegatten anordnen und sie anhören. Die Anhörung eines Ehegatten hat in Abwesenheit des anderen Ehegatten stattzufinden, falls dies zum Schutz des anzuhörenden Ehegatten oder aus anderen Gründen erforderlich ist. Das Gericht kann von Amts wegen einen oder beide Ehegatten als Beteiligte vernehmen, auch wenn die Voraussetzungen des § 448 der Zivilprozessordnung nicht gegeben sind.

(2) Sind gemeinschaftliche minderjährige Kinder vorhanden, hat das Gericht die Ehegatten auch zur elterlichen Sorge und zum Umgangsrecht anzuhören und auf bestehende Möglichkeiten der Beratung hinzuweisen.

(3) Ist ein Ehegatte am Erscheinen verhindert oder hält er sich in so großer Entfernung vom Sitz des Gerichts auf, dass ihm das Erscheinen nicht zugemutet werden kann, kann die Anhörung oder Vernehmung durch einen ersuchten Richter erfolgen.

(4) Gegen einen nicht erschienenen Ehegatten ist wie gegen einen im Vernehmungstermin nicht erschienenen Zeugen zu verfahren; die Ordnungshaft ist ausgeschlossen.

A. Normzweck

1 In Abweichung von § 141 Abs. 1 Satz 1 ZPO (iVm. § 113 Abs. 1 Satz 2 FamFG) soll gem. § 128 Abs. 1 Satz 1 in Ehesachen das **persönliche Erscheinen der Ehegatten stets angeordnet** werden. Die Regelung entspricht weitgehend § 613 ZPO aF. Nur ein Verfahren, an dem möglichst beide Ehegatten mitwirken und ihre Einstellung zum Fortbestand der Ehe äußern, wird der besonderen Bedeutung und dem höchstpersönlichen Charakter von Ehesachen gerecht. Oftmals wird die persönliche Anhörung auch die einzige Möglichkeit sein, um die von Amts wegen gebotene (§ 127) Sachverhaltsaufklärung zu betreiben und die Chancen für eine außergerichtliche Streitbeilegung über Folgesachen (§ 135) sowie eine Aussöhnung (§ 136 Abs. 1) auszuloten. Aus diesem Grund können die Ehegatten gem. § 128 Abs. 1 Satz 3 auch – unter Befreiung von den einschränkenden Voraussetzungen des § 448 ZPO – von Amts wegen als Beteiligte vernommen werden. Ist einem Ehegatten das Erscheinen unzumutbar, kann gem. § 128 Abs. 3 die Anhörung oder Vernehmung durch einen ersuchten Richter erfolgen. Um das Erscheinen zu erzwingen, sieht § 128 Abs. 4 im Vergleich zu § 141 Abs. 3 ZPO **verschärfte Sanktionsmöglichkeiten** vor.

2 Gem. § 128 Abs. 2 ist auch die fortbestehende **elterliche Verantwortung** für gemeinschaftliche minderjährige Kinder Gegenstand der Anhörung. Da seit Inkrafttreten des

KindRG[1] zum 1.7.1998 im Scheidungsverfahren nicht mehr zwingend über die Zuweisung des Sorgerechts entschieden werden muss, soll durch diese Regelung sichergestellt werden, dass das Schicksal der von Trennung und Scheidung betroffenen Kinder nicht aus dem Blick gerät und die Eltern sich bewusst und in Kenntnis der rechtlichen Gestaltungsmöglichkeiten entscheiden, ob sie einen Antrag auf Regelung der elterlichen Sorge stellen oder nicht.[2] Gleichzeitig kann das Gericht auf diese Weise Anhaltspunkte für eine Kindeswohlgefährdung gewinnen (§§ 1666 f. BGB). Im Unterschied zur bisherigen Regelung (§ 613 Abs. 1 Satz 2 ZPO aF) hört das Gericht die Eltern nach § 128 Abs. 2 nicht mehr nur zur elterlichern Sorge, **sondern auch zum Umgangsrecht** an.

B. Persönliche Anhörung und Vernehmung

I. Voraussetzungen

Nach Wortlaut und systematischer Stellung gilt die Vorschrift für Ehesachen iSv. § 121 im ersten und zweiten (vgl. § 68 Abs. 3 Satz 1) Rechtszug, demgegenüber weder für Folgesachen noch für isolierte andere Familiensachen.[3] Die Anordnung des persönlichen Erscheinens steht **nicht im Ermessen des Gerichts**,[4] nur unter engen Voraussetzungen kann davon abgesehen werden (Rz. 15). Wird die Pflicht zur Anhörung verletzt, so stellt dies einen „wesentlichen" Verfahrensfehler dar, der zwar in der Rechtsmittelinstanz geheilt werden kann,[5] aber unter den Voraussetzungen des § 117 Abs. 2 Satz 1 FamFG iVm. § 538 Abs. 2 Satz 1 Nr. 1 ZPO auch zur Zurückverweisung berechtigt.[6] 3

Die Anordnung des persönlichen Erscheinens erfolgt nach § 273 Abs. 2 Nr. 3 ZPO als **terminvorbereitende Maßnahme** (idR als Teil der Terminsverfügung). Die Ehegatten sind persönlich und formlos (§ 141 Abs. 2 Satz 2 ZPO) unter Hinweis auf die Folgen ihres Ausbleibens (§ 141 Abs. 3 Satz 3 ZPO) zu laden. Ob es zu einer bloßen Anhörung oder auch einer Beteiligtenvernehmung kommen wird, braucht nicht im Vorhinein festgelegt zu werden.[7] Wegen des Grundsatzes des rechtlichen Gehörs müssen auch die Anwälte der Beteiligten von der Anordnung des persönlichen Erscheinens benachrichtigt werden.[8] 4

1 BGBl. I 1997, S. 2942.

2 Begr. zum Kindschaftsrechtsreformgesetz BT-Drucks. 13/4899, S. 160. Treffend zu diesem schwierigen Zielkonflikt *Büttner* (FamRZ 1998, 585, 591): „Die Regelung versucht, allen alles zu geben: Den Eltern die volle Autonomie und den Kindern den vollen Schutz vor Missbrauch der Autonomie; der Staat soll sich heraushalten, aber bei jeder Gefahr doch zur Stelle sein und eingreifen."

3 OLG Hamburg v. 20.1.1983 – 15 UFH 1/83, FamRZ 1983, 409.

4 BGH v. 2.2.1994 – XII ZR 148/92, FamRZ 1994, 434 (436).

5 OLG Schleswig v. 8.9.1990 – 15 UF 7/90, FamRZ 1991, 96 (97); OLG Düsseldorf v. 28.2.1986 – 9 UF 121/85, FamRZ 1986, 1117 (1118).

6 Vgl. OLG Hamm v. 1.9.1999 – 5 UF 84/99, FamRZ 2000, 898 (899); OLG Hamm v. 12.6.1989 – 4 UF 221/88, FamRZ 1990, 166 (167 f.); Musielak/*Borth*, § 613 ZPO Rz. 4. Enger Wieczorek/Schütze/*Becker-Eberhard*, § 613 ZPO Rz. 8 (bei greifbarem Ermessensmissbrauch oder Verletzung der Pflicht zur Amtsaufklärung).

7 Zöller/*Philippi*, § 613 ZPO Rz. 8; MüKo.ZPO/*Bernreuther*, § 613 ZPO Rz. 5.

8 Zöller/*Philippi*, § 613 ZPO Rz. 8 unter Berufung auf §§ 172 Abs. 1 Satz 1, 273 Abs. 4 ZPO analog; Baumbach/*Hartmann*, § 128 FamFG Rz. 4.

II. Abgrenzung und Durchführung

5 Dogmatisch gesehen sind Anhörung und Vernehmung klar zu unterscheiden: Die Beteiligtenvernehmung stellt ein **Beweismittel** dar, durch welches sich der Richter von der Wahrheit oder Unwahrheit einer bereits in das Verfahren eingeführten Tatsache Gewissheit zu verschaffen sucht. Demgegenüber dient die Anhörung der **Ergänzung und Präzisierung des Sachvortrags**. Da in Eheverfahren jedoch weitgehend der Amtsermittlungsgrundsatz gilt (§ 127) und beide Erkenntnisquellen vergleichbare Überzeugungskraft besitzen, kann es kaum verwundern, dass in der Praxis die Grenzlinien zwischen beiden Instituten verschwimmen.[1]

6 Eine besondere Anordnung der Anhörung durch Beschluss ist nicht erforderlich.[2] Nicht zwingend vorgeschrieben ist die **gemeinschaftliche Anhörung** der Ehegatten, doch ist sie im Interesse einer umfassenden Sachaufklärung sowie der gütlichen Streitbeilegung von Folgesachen (vgl. § 135) regelmäßig sinnvoll.[3] Auch bei getrennter Anhörung hat der andere Ehegatte grundsätzlich das Recht, anwesend zu sein, soweit kein Fall des § 128 Abs. 1 Satz 2 vorliegt (Rz. 10 f.). Da der Vortrag der Beteiligten gem. § 286 ZPO der freien richterlichen Würdigung unterliegt, kann der Richter schon auf dieser Grundlage zur vollen Überzeugung von der Richtigkeit der vorgebrachten Tatsachen gelangen. Eine förmliche Beweisaufnahme zur Klärung streitiger oder ungeklärter Umstände durch Beteiligtenvernehmung ist daher in Ehesachen nicht zwingend erforderlich.[4]

7 Auch die Anhörung eines **anwaltlich nicht vertretenen Ehegatten** ist zulässig und geboten.[5] Sie besitzt sogar besondere Bedeutung, weil sie für den nicht postulationsfähigen Ehegatten die einzige Möglichkeit darstellt, sich zur Sache zu äußern. Diese Anhörung stellt keine „Verhandlung des Beklagten zur Hauptsache" iSv. § 269 Abs. 1 ZPO dar,[6] so dass sich an der allgemeinen Regel nichts ändert, dass der Antragsteller seinen Scheidungsantrag bis zum rechtskräftigen Abschluss des Scheidungsverfahrens einseitig zurücknehmen kann, wenn der Antragsgegner anwaltlich nicht vertreten ist (§ 134 Rz. 8).

8 Gem. § 128 Abs. 1 Satz 3 können die Ehegatten unter Befreiung von den einschränkenden Voraussetzungen des § 448 ZPO von Amts wegen als **Beteiligte vernommen** werden. Damit stellt die Beteiligtenvernehmung in Ehesachen kein subsidiäres Beweismittel dar. Die Vernehmung erfolgt auf Grund eines Beweisbeschlusses (§ 450 Abs. 1 Satz 1 ZPO), der das Beweisthema jedoch nicht angeben muss.[7] Etwas anderes gilt nur dann, wenn ein anderes Gericht um die Vernehmung ersucht wird (Rz. 13). Die Ausführung der Vernehmung richtet sich nach § 451 ZPO. Gem. § 452 ZPO ist die Beeidigung der Ehegatten möglich.

9 Grundsätzlich muss zu Beginn der Befragung im **Protokoll** festgehalten werden, ob es sich um eine Anhörung oder eine Vernehmung handelt.[8] Doch bestehen keine Beden-

1 MüKo.ZPO/*Bernreuther*, § 613 ZPO Rz. 12; Wieczorek/Schütze/*Becker-Eberhard*, § 613 ZPO Rz. 9 und 13; Stein/Jonas/*Schlosser*, § 613 ZPO Rz. 5 und 12.
2 Zöller/*Philippi*, § 613 ZPO Rz. 10; Baumbach/*Hartmann*, § 128 FamFG Rz. 4.
3 OLG Brandenburg v. 22.12.1999 – 9 WF 209/99, FamRZ 2000, 897 (898).
4 Stein/Jonas/*Schlosser*, § 613 ZPO Rz. 12; Wieczorek/Schütze/*Becker-Eberhard*, § 613 ZPO Rz. 13.
5 Zöller/*Philippi*, § 613 ZPO Rz. 9; MüKo.ZPO/*Bernreuther*, § 613 ZPO Rz. 11.
6 BGH v. 23.6.2004 – XII ZB 212/01, FamRZ 2004, 1364 (1365); weitere Nachweise § 134 Rz. 8 m. Fn. 6.
7 Zöller/*Philippi*, § 613 ZPO Rz. 11.
8 BGH v. 27.11.1968 – IV ZR 675/68, FamRZ 1969, 82 (83); Zöller/*Philippi*, § 613 ZPO Rz. 9.

ken, wenn das Gericht im Laufe der Anhörung zu einer förmlichen Vernehmung übergeht, soweit dieses protokolliert wird.[1] Nur für die Beteiligtenvernehmung ist gem. § 160 Abs. 3 Nr. 4 ZPO die inhaltliche **Protokollierung** vorgeschrieben (soweit kein Fall des § 161 ZPO vorliegt). Für die Anhörung ist die Protokollierung sinnvoll,[2] zwingend ist sie nur dann, wenn das Gericht auf das Vorbringen der Beteiligten seine Überzeugungsbildung in streitigen oder unklaren Punkten (Rz. 6) maßgeblich stützt[3] oder der andere Ehegatte nach § 128 Abs. 1 Satz 2 ausgeschlossen wird. Inhaltlich müssen die **durch § 127 gezogenen Grenzen** beachtet werden: Während im Rahmen eines Feststellungsverfahrens alle sachdienlichen Fragen gestellt werden können, dürfen in Scheidungs- und Aufhebungsverfahren ehefeindliche Tatsachen nur dann (genauer) ermittelt werden, wenn sie von den Beteiligten vorgetragen werden (§ 127 Rz. 4). Wird ein Ehegatte als Beteiligter vernommen, ist er über die Pflicht zur Abgabe wahrheitsgetreuer Angaben sowie die Eidespflicht zu belehren (§§ 451, 395 Abs. 1 ZPO) und gleichzeitig darauf hinzuweisen, dass es ihm freisteht, sich zur Sache zu äußern.

III. Anhörung in Abwesenheit des anderen Ehegatten (Abs. 1 Satz 2)

Nach § 128 Abs. 1 Satz 2 hat die Anhörung des einen Ehegatten in Abwesenheit des anderen stattzufinden, falls dies zu seinem Schutz oder aus anderen Gründen erforderlich ist (vgl. die gem. § 113 Abs. 1 Satz 1 nicht anwendbare Parallelregelung in § 33 Abs. 1 Satz 2). Die Vorschrift geht auf eine Empfehlung des Bundesrates zurück, der vor allem der Bedrohung und Einschüchterung der von Zwangsheirat betroffenen Frauen entgegenwirken wollte.[4] Schon vor Inkrafttreten des FamFG ging die herrschende Meinung davon aus, dass das grundsätzlich bestehende Anwesenheitsrecht des anderen Ehegatten[5] unter den Voraussetzungen des § 247 StPO analog eingeschränkt werden könne.[6] Im Vergleich zu § 247 StPO wurde die **Eingriffsschwelle nunmehr herabgesetzt**, doch darf nicht außer Acht gelassen werden, dass die Beteiligungsrechte des anderen Ehegatten Ausfluss des Rechtsstaatsprinzips sind und die „Gegenüberstellung" der beiden Ehegatten für den Richter oft das einzige Mittel ist, um den Wahrheitsgehalt der Aussagen zu beurteilen, insbesondere wenn der im Raum stehende Gewaltvorwurf als Härtegrund iSv. § 1565 Abs. 2 BGB dienen soll. 10

Die Vorschrift ist vor allem dann anwendbar, wenn die traumatisierende Wirkung **schwerer Gewaltanwendung** gegen den Betroffenen oder eine ihm nahe stehende Person durch die persönliche Konfrontation erneut hervorgerufen werden könnte.[7] Dem- 11

1 Stein/Jonas/*Schlosser*, § 613 ZPO Rz. 12; Wieczorek/Schütze/*Becker-Eberhard*, § 613 ZPO Rz. 13.

2 BGH v. 27.11.1968 – IV ZR 675/68, FamRZ 1969, 82 (83); BGH v. 28.3.1962 – IV ZR 246/61, MDR 1962, 552; OLG Stuttgart v. 9.11.2000 – 8 WF 49/99, FamRZ 2001, 695.

3 Vgl. auch Stein/Jonas/*Schlosser*, § 613 ZPO Rz. 5 und 12.

4 BT-Drucks. 16/6308, S. 373.

5 OLG Brandenburg v. 22.12.1999 – 9 WF 209/99, FamRZ 2000, 897 (898); OLG Frankfurt v. 4.10.1993 – 3 WF 107/93, FamRZ 1994, 1400 (1401); OLG Frankfurt v. 13.1.2003 – 25 W 97/02, OLGReport 2003, 130.

6 OLG Frankfurt v. 4.10.1993 – 3 WF 107/93, FamRZ 1994, 1400 (1401); vgl. auch OLG Frankfurt v. 13.1.2003 – 25 W 97/02, OLGReport 2003, 130.

7 Weiter gehend offenbar *Löhnig*, FamRZ 2009, 737 (739), der die Vorschrift bei „Gewalt in der Ehe" für anwendbar hält. BVerfG v. 18.12.2003 – 1 BvR 1140/03, FamRZ 2004, 354 (355) (massive Körperverletzungen und versuchte Vergewaltigung); OLG Frankfurt v. 4.10.1993 – 3 WF 107/93, FamRZ 1994, 1400 f. (jahrelanger Missbrauch der Stieftochter durch AG); demgegenüber OLG Brandenburg v. 22.12.1999 – 9 WF 209/99, FamRZ 2000, 897 (898) (unspezifisches Attest).

gegenüber ist der bloße Wunsch, wegen heftiger Auseinandersetzungen und des durch die Trennung verursachten Schmerzes den anderen nicht mehr sehen zu wollen, nicht ausreichend. Möglich ist die Anwendung der Vorschrift auch dann, wenn der eine Ehegatte vom anderen **massiv bedroht wird**. Doch dürfte hier oftmals die Inanspruchnahme von Polizeischutz während der Gerichtsverhandlung das geeignetere Mittel sein, denn eine Geheimhaltung des Anhörungstermins lässt sich ohnehin nicht erreichen: Zum einen besteht keine Möglichkeit, nach § 128 Abs. 1 Satz 2 auch das Anwesenheitsrecht[1] des Verfahrensvertreters zu beschneiden, zum anderen muss der ausgeschlossene Ehegatte, auch wenn er anwaltlich nicht vertreten ist, vom Anhörungstermin unterrichtet werden (vgl. § 273 Abs. 4 Satz 1 ZPO), damit er die Möglichkeit hat, einen Anwalt zu beauftragen.

12 Der Ausschluss von der Anhörung erfolgt durch Beschluss und setzt die Gewährung **rechtlichen Gehörs** voraus. Die Aussage ist zu protokollieren (Rz. 9), und dem ausgeschlossenen Ehegatten ist Gelegenheit zur Stellungnahme zu geben. Auch wenn sich die Norm ausweislich ihres Wortlauts und ihrer systematischen Stellung nur auf die Anhörung nach § 128 Abs. 1 Satz 1 zu beziehen scheint, kann schon wegen der vergleichbaren Zwecksetzung (Rz. 5 f.) für eine **Vernehmung** nach § 128 Abs. 1 Satz 3 sinnvollerweise nichts anderes gelten.[2] Ordnet das Gericht die Anhörung in Abwesenheit des anderen Ehegatten an, so ist hiergegen **kein Rechtsmittel** statthaft, eine Überprüfung der Maßnahme ist nur zusammen mit der Entscheidung in der Hauptsache möglich.[3]

IV. Vornahme durch ersuchten Richter (Absatz 3)

13 Soweit das persönliche Erscheinen dem Betroffenen nicht zumutbar ist, kann gem. § 128 Abs. 3, 2. Alt. die Anhörung oder Vernehmung durch einen ersuchten Richter erfolgen. Ganz überwiegend wird davon ausgegangen, dass angesichts der Bedeutung der Anhörung und der heutigen Verkehrsverhältnisse für in Deutschland lebende Ehegatten das persönliche Erscheinen nicht allein auf Grund der Entfernung zum Gerichtsort, sondern **nur bei Hinzutreten weiterer (erschwerender) Umstände unzumutbar** ist.[4] Mit dem Wortlaut der Vorschrift, an dem der Gesetzgeber trotz grundlegender Überarbeitung des Familienverfahrensrechts im Zusammenhang mit Einführung des FamFG festgehalten hat, ist diese restriktive Interpretation nicht vereinbar. Bei einverständlichem Scheidungswunsch und unstreitigem Ablauf der Trennungsfristen bestehen keine durchgreifenden Bedenken, den anwaltlich vertretenen Antragsgegner auch bei großen innerdeutschen Entfernungen auf seinen Wunsch von einem ersuchten Richter anhören zu lassen. Als Grund für eine Verhinderung iSd. § 128 Abs. 3, 1. Alt. kommen Krankheit oder Gebrechlichkeit, nicht aber Mittellosigkeit in Frage,[5]

1 Wieczorek/Schütze/*Becker-Eberhard*, § 613 ZPO Rz. 7; Stein/Jonas/*Schlosser*, § 613 ZPO Rz. 5. Das Fragerecht nach §§ 451, 397 Abs. 2 ZPO soll für die Anhörung nicht gelten Zöller/*Philippi*, § 613 ZPO Rz. 10.

2 Auch der Vorschlag des BR bezog sich auf beide Varianten (BT-Drucks. 16/6308, S. 373).

3 OLG Frankfurt v. 4.10.1993 – 3 WF 107/93, FamRZ 1994, 1400 (1401); OLG Frankfurt v. 13.1.2003 – 25 W 97/02, OLGReport 2003, 130.

4 Mit unterschiedlichen Nuancen: Zöller/*Philippi*, § 613 ZPO Rz. 13 „in der Regel"; MüKo.ZPO/*Bernreuther*, § 613 ZPO Rz. 7 „keineswegs" unzumutbar; Stein/Jonas/*Schlosser*, § 613 ZPO Rz. 3 „immer zumutbar"; aA wohl Schulte-Bunert/Weinreich/*Schulte-Bunert*, § 128 FamFG Rz. 7.

5 MüKo.ZPO/*Bernreuther*, § 613 ZPO Rz. 7; Johannsen/Henrich/*Sedemund-Treiber*, § 613 ZPO Rz. 3.

da Reisekosten auch dann, wenn keine Verfahrenskostenhilfe[1] beantragt wurde, nach den bundeseinheitlichen Verwaltungsbestimmungen über die Bewilligung von Reiseentschädigungen an mittellose Personen ersetzt werden können.[2] Die Vernehmung durch einen ersuchten Richter erfolgt gem. § 358 ZPO iVm. § 113 Abs. 1 Satz 2 FamFG auf Grund eines Beweisbeschlusses, der auch das Vernehmungsthema angibt (§ 359 Nr. 1 ZPO).[3] Auf den Beschluss, mit dem ein ersuchter Richter beauftragt wird, die Anhörung nach § 128 Abs. 1 Satz 1 FamFG durchzuführen, ist § 358 ZPO demgegenüber nicht anwendbar.[4]

V. Zwangsweise Durchsetzung (Absatz 4)

Während die Ehegatten nicht verpflichtet sind, durch eigene Äußerungen oder Aussagen an der Anhörung aktiv mitzuwirken, kann ihr persönliches Erscheinen zwangsweise durchgesetzt werden. Gem. § 128 Abs. 4 können gegen einen nicht erschienen Ehegatten – mit Ausnahme der ausdrücklich ausgenommenen Ordnungshaft (Abs. 4 aE) – die gleichen Ordnungsmittel wie gegen einen nicht zum Vernehmungstermin erschienenen Zeugen verhängt werden. Gegenüber den allgemeinen Möglichkeiten, das persönliche Erscheinen einer Partei durchzusetzen, stellt dies eine **deutliche Verschärfung** dar: Ordnungsgeld iHv. 5 bis 1000 Euro (Art. 6 Abs. 1 EGStGB) kann gem. § 380 Abs. 1 Satz 2 ZPO ohne Weiteres festgesetzt werden und unterliegt nicht den Beschränkungen des § 141 Abs. 3 Satz 2 ZPO. Auch ist nach § 380 Abs. 2 ZPO eine zwangsweise Vorführung möglich, die im ZPO-Normalprozess nicht vorgesehen ist. Die Verhängung von Ordnungsmitteln setzt gem. § 380 Abs. 1 ZPO eine ordnungsgemäße Ladung voraus. Neben der Anordnung des persönlichen Erscheinens (Rz. 4) unter Androhung von Ordnungsmitteln (§§ 141 Abs. 3 Satz 3, 377 Abs. 2 Nr. 3 ZPO)[5] setzt dies voraus, dass der Betroffene rechtzeitig (§ 217 ZPO) – bei anwaltlicher Vertretung durch Zustellung an seinen Prozessbevollmächtigten (§§ 172, 329 Abs. 2 Satz 2 ZPO) – zum Termin geladen wurde.[6] Auch gegen einen anwaltlich nicht vertretenen Antragsgegner, der sich auf das Verfahren nicht eingelassen hat, können Ordnungsmittel verhängt werden.[7] Die genannten Sanktionsmöglichkeiten stehen gem. § 400 ZPO auch dem ersuchten Richter zu Gebote. Gem. § 380 Abs. 1 Satz 1 ZPO sind dem nicht erschienenen Ehegatten die durch sein Ausbleiben verursachten Kosten aufzuerlegen. Einschränkungen ergeben sich aus § 381 ZPO, wenn das Ausbleiben genügend entschuldigt wird.[8] Statthafter Rechtsbehelf gegen die Anordnung bzw. das Ausbleiben 14

1 Reisekosten werden nach ganz hM von § 122 Abs. 1 Nr. 1 ZPO erfasst (Zöller/*Philippi*, § 122 ZPO Rz. 26 f. mwN).

2 *Hartmann*, Kostengesetze, Anh. I § 25 JVEG (mit Abdruck der Bestimmungen); *Kalthoener/Büttner*, Prozesskostenhilfe, Rz. 623; MüKo.ZPO/*Motzer*, § 122 ZPO Rz. 9. Vgl. vor Inkrafttreten dieser RL bereits BGH v. 19.3.1975 – IV ARZ (VZ) 29/74, NJW 1975, 1124 (1125).

3 OLG Koblenz v. 25.11.1975 – 4 SmA 3/75, FamRZ 1976, 97 (98); OLG Düsseldorf v. 9.8.1967 – 19 W 7/67, OLGZ 1968, 57 (58 f.).

4 OLG Bamberg v. 4.11.1981 – 2 WF 146/81, JurBüro 1982, 235; KG v. 5.12.1989 – 1 AR 30/89, NJW-RR 1990, 586; MüKo.ZPO/*Bernreuther*, § 613 ZPO Rz. 7. Zöller/*Philippi*, § 613 ZPO Rz. 13 halten die Angabe des Beweisthemas stets für erforderlich.

5 Zöller/*Philippi*, § 613 ZPO Rz. 14.

6 OLG Zweibrücken v. 28.6.1982 – 6 WF 92/82, FamRZ 1982, 1097.

7 OLG Düsseldorf v. 10.7.1981 – 6 WF 84/81, FamRZ 1981, 1096 (1097); KG v. 5.2.1969 – 9 W 2192/68, NJW 1970, 287; Zöller/*Philippi*, § 613 ZPO Rz. 14. Die früher teilweise vertretene Gegenansicht (vgl. OLG Celle v. 21.4.1970 – 2 W 29/69, NJW 1970, 1689) ist überholt.

8 OLG Naumburg v. 11.10.2006 – 3 WF 181/06, FamRZ 2007, 909 (Nichterscheinen des Antragsgegners entschuldigt wegen Verhinderung seines Rechtsanwalts).

von Ordnungsmitteln ist gem. § 380 Abs. 3 ZPO die sofortige Beschwerde.[1] Denn für Zwischenentscheidungen bleibt auch nach Inkrafttreten des FamFG die sofortige Beschwerde zulässig, soweit sie nach den in Bezug genommenen ZPO-Vorschriften der statthafte Rechtsbehelf ist (vgl. § 58 Rz. 17 f.).[2]

VI. Grenzen der Anhörungspflicht

15 Wegen der besonderen Bedeutung der persönlichen Anhörung (Rz. 1) besteht grundsätzlich eine Pflicht des Gerichts, das persönliche Erscheinen anzuordnen.[3] Da es sich jedoch um eine Soll-Vorschrift handelt, kann **in Ausnahmefällen von der Anordnung abgesehen** werden. Unproblematisch ist eine solche Ausnahme dann gegeben, wenn der Aufenthalt des Antragsgegners unbekannt ist[4] und evtl. schon der Scheidungsantrag nur im Wege öffentlicher Zustellung zugestellt werden konnte. Der Umstand, dass der Ehegatte im Ausland lebt, entbindet das Gericht grundsätzlich nicht von der Anhörung des Beteiligten, es sei denn, dass der Aufenthaltsstaat keine Rechtshilfe leistet.[5] Ein allgemeiner Grundsatz, von der Anhörung eines Ehegatten könne abgesehen werden, wenn sich das Gericht hiervon keine weitere Sachaufklärung verspricht,[6] existiert nicht, denn § 128 Abs. 1 beschränkt sich nicht auf diese Zielsetzung.[7] Doch kann im Falle eines ausreichend aufgeklärten Sachverhalts von einer Anhörung abgesehen werden, wenn der Antragsgegner, der mehreren Terminen[8] ohne ausreichende Entschuldigung fernbleibt, keinerlei Interesse am Fortgang des Verfahrens zeigt oder sich der Schluss aufdrängt, er wolle den zügigen Abschluss des Verfahrens sabotieren.[9]

16 Während – in aussichtsreichen Fällen – zunächst versucht werden muss, das Erscheinen durch Verhängung eines Ordnungsgeldes zu erzwingen, steht die zwangsweise Vorführung im Ermessen des Gerichts (§ 380 Abs. 2 ZPO) und stellt keine notwendige Voraussetzung für das Absehen von einer Anhörung dar.[10] Nicht ausreichend ist es,

---

1 *Schulte-Bunert*, § 128 Rz. 501; aA offenbar Baumbach/*Hartmann*, § 128 FamFG Rz. 7, der die „befristete Beschwerde" nach §§ 58 ff. (vgl. Baumbach/*Hartmann*, § 63 Rz. 1) als statthaften Rechtsbehelf anzusehen scheint.

2 BT-Drucks. 16/6308, S. 203.

3 Zöller/*Philippi*, § 613 ZPO Rz. 3; Musielak/*Borth*, § 613 ZPO Rz. 3; MüKo.ZPO/*Bernreuther*, § 613 ZPO Rz. 2 und 6.

4 BGH v. 2.2.1994 – XII ZR 148/92, FamRZ 1994, 434 (436).

5 OLG Hamm v. 1.9.1999 – 5 UF 84/99, FamRZ 2000, 898 (899); OLG Hamm v. 8.2.1989 – 8 UF 72/88, FamRZ 1989, 991 (992). Vgl. zur Anhörung in Auslandsfällen Stein/Jonas/*Schlosser*, § 613 ZPO Rz. 17 ff.

6 Vgl. aber AG Lüdenscheid v. 19.11.2008 – 5 F 650/07, FamRZ 2009, 804 (805); AG Lüdenscheid v. 18.2.2004 – 5 F 476/00, FamRZ 2004, 1976 (1977).

7 KG v. 22.11.1985 – 1 WF 3866/85, JurBüro 1986, 1530 (1531); OLG Bamberg v. 17.6.1991 – 7 WF 83/91, JurBüro 1991, 1642 (1643); OLG Stuttgart v. 9.11.2000 – 8 WF 49/99, FamRZ 2001, 695.

8 Ein einmaliges Fernbleiben genügt in aller Regel nicht, OLG Hamm v. 2.2.1996 – 5 UF 219/95, FamRZ 1996, 1156; OLG Düsseldorf v. 28.2.1986 – 9 UF 121/85, FamRZ 1986, 1117 (1118). Für eine Ausnahmesituation (in der drei Rechtsanwälte das Mandat für einen zu Gewalttätigkeiten neigenden Mandanten niedergelegt hatten) vgl. OLG Hamm v. 17.3.1998 – 2 UF 464/97, FamRZ 1998, 1123 (1124).

9 OLG Koblenz v. 25.8.2000 – 11 UF 672/99, FamRZ 2001, 1159 (1160); OLG Hamm v. 9.2.1999 – 1 UF 179/98, FamRZ 1999, 1090 (1091); OLG Hamm v. 17.3.1998 – 2 UF 464/97, FamRZ 1998, 1123 (1124); AG Konstanz v. 29.9.2000 – 2 F 18/00, FamRZ 2001, 425; Zöller/*Philippi*, § 613 ZPO Rz. 4; Baumbach/*Hartmann*, § 128 FamFG Rz. 2. Abl. Musielak/*Borth*, § 613 ZPO Rz. 3.

10 Musielak/*Borth*, § 613 ZPO Rz. 4. Strenger demgegenüber *Bergerfurth/Rogner*, Rz. 166.

wenn der Antragsgegner lediglich eine schriftliche Stellungnahme einreicht, um sich den Mühen eines persönlichen Erscheinens zum Termin zu entziehen.[1] Bei größeren Entfernungen kann in einem solchen Fall an eine Anhörung durch den ersuchten Richter gedacht werden (Abs. 3). Da die Beteiligten nicht verpflichtet sind, Angaben zu machen und Erklärungen abzugeben, ist von der Anordnung des persönlichen Erscheinens jedoch abzusehen, wenn ein Ehegatte unmissverständlich zum Ausdruck bringt, dass er nicht zur Aussage bereit ist.[2]

Zwar wird teilweise im Hinblick auf das Verbot der vorweggenommenen Beweiswür- 17
digung und den besonderen Schutz der Ehe (Art. 6 Abs. 1 GG) eine restriktivere Haltung gefordert,[3] doch wird man nicht außer Acht lassen können, dass schon bei feststehendem Scheidungswunsch nur eines Ehegatten der **Spielraum für eine Abweisung des Scheidungsantrags** nach Ablauf des Trennungsjahres äußerst gering ist. Tritt der Antragsgegner dem Scheidungsbegehren in der Sache nicht mit nachvollziehbaren Argumenten entgegen und zeigt er keinerlei Interesse am Verfahrensfortgang, würde in den dargestellten Konstellationen das Beharren auf einer persönlichen Anhörung einen sinnlosen Formalismus darstellen. Doch muss gleichzeitig beachtet werden, dass das Scheidungsverfahren seine legitime Funktion, den Betroffenen die Tragweite ihrer Entscheidung vor Augen zu führen, nur dann erfüllen kann, wenn alle sinnvollen Anstrengungen unternommen werden, um die Ehegatten zu einer persönlichen Beteiligung zu bewegen.

C. Anhörung zur elterlichen Sorge und zum Umgang (Absatz 2)

Durch die Anhörung nach Abs. 2 soll sichergestellt werden, dass die **Interessen und** 18
Bedürfnisse der von der Scheidung betroffenen Kinder nicht aus dem Blick geraten (Rz. 2). Um dem Richter ein Eingehen auf die individuelle Situation zu ermöglichen, muss in Scheidungssachen nach dem (in Anlehnung an § 630 Abs. 1 ZPO aF) neu eingefügten § 133 Abs. 1 Nr. 2 die Antragsschrift ua. die Erklärung enthalten, ob die Ehegatten eine Regelung über die elterliche Sorge, den Umgang und die Unterhaltspflicht gegenüber den gemeinschaftlichen minderjährigen Kindern getroffen haben. Allerdings bedeutet dies nicht, dass die Ehegatten verpflichtet wären, über die genannten Punkte eine Einigung herbeizuführen, bevor sie die Scheidung beantragen,[4] oder dass das Gericht im Rahmen des Scheidungsverfahrens dazu berufen wäre, von Amts wegen auf eine einvernehmliche Regelung der betreffenden Fragen hinzuwirken (auch § 135 bezieht sich nur auf „anhängige" Folgesachen). Soweit die Schwelle für ein amtswegiges Einschreiten wegen Kindeswohlgefährdung nicht überschritten ist (§§ 1666 f. BGB), beschränkt sich die Aufgabe des Gerichts im Rahmen der Anhörung nach § 128 Abs. 2 darauf, die Ehegatten über den Fortbestand der gemeinsamen Sorge trotz Trennung und die Möglichkeit zur Beantragung der alleinigen Sorge sowie die hieraus sich jeweils ergebenden Konsequenzen, insbesondere im Hinblick auf § 1687 BGB zu belehren. Um den individuellen Gegebenheiten gerecht zu werden, kann es in

1 AG Lüdenscheid v. 18.2.2004 – 5 F 476/00, FamRZ 2004, 1976 (1977).
2 OLG Hamburg v. 15.1.1997 – 12 WF 6/97, MDR 1997, 596; Baumbach/*Hartmnann*, § 128 FamFG Rz. 2; Stein/Jonas/*Schlosser*, § 613 ZPO Rz. 3.
3 MüKo.ZPO/*Bernreuther*, § 613 ZPO Rz. 8; Musielak/*Borth*, § 613 ZPO Rz. 3; besonders streng *Bergerfurth/Rogner*, Rz. 166.
4 Vgl. zum alten Recht bereits BT-Drucks. 13/8511, S. 78: keine Pflicht zur Vorlage eines Sorgeplans.

diesem Zusammenhang erforderlich sein, die Eltern nach den seit der Trennung aufgetretenen Problemen, den unternommenen Lösungsversuchen und den hiermit gemachten Erfahrungen zu befragen.

19 Durch das FamFG neu eingeführt wurde die Pflicht zur **Anhörung zum Umgangsrecht**, wobei es das erklärte Ziel ist, dessen tatsächliche Ausübung zu fördern.[1] Dem liegt die allgemein akzeptierte Erkenntnis zugrunde, dass für das Wohlergehen des Kindes nach der Scheidung der Kontakt zu beiden Elternteilen ausschlaggebende Bedeutung besitzt (§ 1626 Abs. 3 Satz 1 BGB).[2] Das Recht des Kindes auf Umgang mit beiden Elternteilen steht daher im Mittelpunkt der Anhörung. Dem umgangsberechtigten Elternteil sollte nicht nur sein Recht, sondern auch seine Pflicht zur Wahrnehmung des Umgangsrechts deutlich gemacht und auch dem betreuenden Elternteil ggf. seine Mitwirkungspflichten vor Augen geführt werden. Damit die Anhörung nicht zu einer leeren Förmlichkeit erstarrt, wird es regelmäßig erforderlich sein, die Eltern nach dem bisher praktizierten Umgang zu befragen. Außerdem sind die Eltern über die bestehenden Möglichkeiten der Beratung durch die Beratungsstellen und -dienste der Träger der Jugendhilfe zu belehren (vgl. § 17 Abs. 1 und 2 SGB VIII). Der Hinweis hierauf kann schriftlich durch Übergabe oder Zusendung eines Merkblatts erfolgen.

20 Zugleich dient die Anhörung auch dazu, dem Gericht ein Mindestmaß an Informationsmöglichkeiten zu verschaffen, damit es beurteilen kann, ob im Einzelfall zur **Wahrung des Kindeswohls** familiengerichtliche Maßnahmen vor allem nach §§ 1666 f. BGB veranlasst sind. Diesem Anliegen dient auch § 17 Abs. 3 SGB VIII, wonach das Jugendamt von einem Scheidungsverfahren zu informieren ist, damit es den Eltern Hilfe und Beratung anbieten kann. Allerdings sind die Erkenntnismöglichkeiten des Gerichts im Rahmen der Anhörung nach § 128 Abs. 2 sehr beschränkt.[3]

§ 129
Mitwirkung der Verwaltungsbehörde oder dritter Personen

(1) Beantragt die zuständige Verwaltungsbehörde oder bei Verstoß gegen § 1306 des Bürgerlichen Gesetzbuchs die dritte Person die Aufhebung der Ehe, ist der Antrag gegen beide Ehegatten zu richten.

(2) Hat in den Fällen des § 1316 Abs. 1 Nr. 1 des Bürgerlichen Gesetzbuchs ein Ehegatte oder die dritte Person den Antrag gestellt, ist die zuständige Verwaltungsbehörde über den Antrag zu unterrichten. Die zuständige Verwaltungsbehörde kann in diesen Fällen, auch wenn sie den Antrag nicht gestellt hat, das Verfahren betreiben, insbesondere selbständig Anträge stellen oder Rechtsmittel einlegen. Im Fall eines Antrags auf Feststellung des Bestehens oder Nichtbestehens einer Ehe zwischen den Beteiligten gelten die Sätze 1 und 2 entsprechend.

1 BT-Drucks. 16/6308, S. 228.
2 Vgl. etwa *Bergmann/Gutdeutsch*, FamRZ 1999, 422 mwN.
3 *Bergmann/Gutdeutsch*, FamRZ 1999, 422 (425 f.) halten es ausnahmsweise für möglich, in dieser Situation über § 1666 BGB eine Kindesanhörung durchzuführen.

A. Allgemeines

1 § 129 Abs. 1 bestimmt entsprechend § 631 Abs. 3 ZPO aF, dass ein Antrag auf Aufhebung der Ehe gegen beide Ehegatten zu richten ist, wenn ein **Dritter den Aufhebungsantrag** stellt. Hierbei kann es sich um die zuständige Verwaltungsbehörde handeln, die nach § 1316 Abs. 1 Nr. 1 BGB in bestimmten Konstellationen zur Wahrung des öffentlichen Interesses befugt ist, ein Verfahren auf Aufhebung der Ehe einzuleiten, oder den Partner aus einer ersten Ehe oder Lebenspartnerschaft, wenn ein Verstoß gegen das Verbot der Doppelehe (§ 1306 BGB) vorliegt.

2 In Übereinstimmung mit § 631 Abs. 4 ZPO aF ist die zuständige Verwaltungsbehörde vom Gericht zu **unterrichten**, wenn in den Fällen des § 1316 Abs. 1 Nr. 1 BGB ein Antrag auf Aufhebung der Ehe gestellt wird (§ 129 Abs. 2 Satz 1). Denn ihr stehen, auch ohne dass sie einen eigenen Antrag stellt, umfassende **Mitwirkungsbefugnisse** zu (§ 129 Abs. 2 Satz 2). Gem. § 129 Abs. 2 Satz 3 gilt – wie schon nach § 632 Abs. 3 ZPO aF – diese Regelung entsprechend, wenn ein Antrag auf Feststellung des Bestehens oder Nichtbestehens einer Ehe gestellt wird.

B. Aufhebungsantrag seitens Dritter

I. Antragsbefugnis

3 Da das Verfahren auf den Erlass einer rechtsgestaltenden Entscheidung gerichtet ist, ist die Darlegung eines **besonderen Rechtsschutzbedürfnisses grundsätzlich keine Zulässigkeitsvoraussetzung.**[1]

1. Verwaltungsbehörde

4 Die zuständige Verwaltungsbehörde iSv. § 1316 Abs. 1 Nr. 1 BGB wird durch Rechtsverordnung der Landesregierungen bestimmt:

Baden-Württemberg	Regierungspräsidium Tübingen[2]
Bayern	Regierung von Mittelfranken[3]
Berlin	Bezirksverwaltungen[4]
Brandenburg	Ministerium des Innern[5]
Bremen	Standesämter[6]

1 BGH v. 9.1.2002 – XII ZR 58/00, FamRZ 2002, 604 (605); BGH v. 18.6.1986 – IVb ZR 41/85, FamRZ 1986, 879 (880); OLG Oldenburg v. 13.1.2000 – 14 UF 135/99, IPRax 2001, 143 (144).
2 § 1 VO v. 16.1.2001, GBl. 2001, 2.
3 § 1 Abs. 1 VO v. 3.6.2008, GVBl. 2008, 326.
4 § 3 Abs. 2 Satz 1, § 4 Abs. 1 Satz 2 AZG idF v. 22.7.1996, GVBl. 302, 472.
5 § 18 AGBGB, GVBl. 2000, 114.
6 § 1 VO v. 7.8.2001, GBl. 2001, 261.

Hamburg	Bezirksämter[1]
Hessen	Regierungspräsidium[2]
Mecklenburg-Vorpommern	Landkreise und kreisfreie Städte[3]
Niedersachsen	Landkreise, kreisfreie Städte und die großen selbständigen Städte[4]
Nordrhein-Westfalen	Bezirksregierung Köln bzw. Arnsberg[5]
Rheinland-Pfalz	Aufsichts- und Dienstleistungsdirektion[6]
Saarland	Landesverwaltungsamt[7]
Sachsen	Landesdirektionen[8]
Sachsen-Anhalt	Landkreise und kreisfreie Städte[9]
Schleswig-Holstein	Landräte der Kreise und Bürgermeister kreisfreier Städte[10]
Thüringen	Landesverwaltungsamt[11]

5 Die Behörde hat nach **pflichtgemäßem Ermessen** zu entscheiden, ob sie von der ihr eingeräumten Antragsbefugnis Gebrauch machen will.[12] Nach § 1316 Abs. 3 BGB soll die Verwaltungsbehörde bei bestimmten Ehemängeln grundsätzlich den Aufhebungsantrag stellen, soweit nicht im Interesse des betroffenen Ehegatten oder der aus der Ehe hervorgegangenen Kinder eine Aufrechterhaltung ausnahmsweise geboten erscheint. Die Antragstellung durch die Behörde kann nicht im Verwaltungsrechtsweg erzwungen oder verhindert werden.[13] Das Familiengericht prüft jedoch, ob die Behörde ermessensfehlerhaft gehandelt, insbesondere, ob sie das Eingreifen der Härteklausel des § 1316 Abs. 3, 2. Halbs. BGB verkannt hat.[14]

6 Als problematisch haben sich vor allem Fälle erwiesen, in denen ein Antrag auf Aufhebung einer **bigamischen Ehe** gestellt wurde, obwohl die Erstehe mittlerweile (durch Scheidung oder Tod) wirksam aufgelöst worden war (die maßgebliche zeitliche Grenze für die Kollision legt § 1315 Abs. 2 Nr. 1 BGB fest). Solange unter der Geltung des früheren Rechts die Ehenichtigkeitsklage wegen Doppelehe zu einer Auflösung der Zweitehe ex tunc führte, wurde ein öffentliches Interesse in aller Regel bejaht, weil

1 Abs. 7 AnO v. 23.6.1970, Amt. Anz. 1970, 1073 idF der VO v. 1.9.1998, Amtl. Anz. 1998, 2450.
2 § 1 VO v. 22.12.1999, GVBl. 2000, 26.
3 § 1 Abs. 1 Gesetz v. 10.12.1999, GVOBl. 1999, 632.
4 § 2 AllgZustVO-Kom v. 4.12.2004, GVBl. 2004, 589.
5 § 1 Nr. 1, 2 VO v. 26.5.1998, GVBl. 1998 391.
6 § 1 VO v. 3.7.98, GVBl. 1998, 197 idF des Landesgesetzes zur Reform und Neuorganisation der Landesverwaltung v. 12.10.1999, GVBl 1999, 325.
7 § 30a AGJusG idF des Verwaltungsstrukturreformgesetzes v. 21.11.2007, ABl. 2007, 2407.
8 § 5 SächsPStVO v. 7.1.2009, GVBl. 2009, 3.
9 § 1 Abs. 1 Nr. 14 AllgZustVO-Kom v. 7.5.1994, GVBl 1994, 568 idF der VO v. 9.12.1998, GVBl. 1998, 476.
10 § 1 VO v. 26.5.1998, GVBl. 1998, 199.
11 § 1 VO v. 11.1.1999, GVBl. 1999, 52.
12 BGH v. 18.6.1986 – IVb ZR 41/85, FamRZ 1986, 879 (880); Palandt/*Brudermüller*, § 1316 BGB Rz. 9; Einzelheiten zur Ermessensausübung bei Staudinger/*Voppel*, § 1315 BGB Rz. 56, § 1316 BGB Rz. 16 ff.
13 KG v. 7.2.1986 – 1 VA 2/84, FamRZ 1986, 806; OLG Düsseldorf v. 19.7.1995 – 3 VA 6/93, FamRZ 1996, 109 f.; Staudinger/*Voppel*, § 1316 BGB Rz. 15; Palandt/*Brudermüller*, § 1316 BGB Rz. 8; MüKo.ZPO/*Bernreuther*, § 631 ZPO Rz. 10 und 16; aA offenbar Musielak/*Borth*, § 631 ZPO Rz. 7.
14 MüKo.BGB/*Müller-Gindullis*, § 1316 BGB Rz. 9; Staudinger/*Voppel*, § 1316 BGB Rz. 23; Palandt/*Brudermüller*, § 1316 BGB Rz. 8; aA offenbar Baumbach/*Hartmann*, § 129 FamFG Rz. 3 und 5.

der „gegen die sittliche Ordnung verstoßende Zustand der Doppelehe" beseitigt wurde.[1] Seitdem die Eheaufhebung jedoch nur noch die Auflösung der Ehe ex nunc bewirkt (§ 1313 Satz 2 BGB), hat diese Argumentation endgültig an Überzeugungskraft verloren, denn die Auflösung der bigamischen Beziehung vermag nichts daran zu ändern, dass in der Vergangenheit die Kollision zwischen den beiden Ehen fortbestand, während sich für die Zukunft der Konflikt durch Auflösung der Erstehe erledigt hat.[2] Das erforderliche öffentliche Interesse an der Eheaufhebung ist in dieser Sonderkonstellation daher nur noch dann zu bejahen, wenn das Verfahren erforderlich ist, um im Hinblick auf § 1318 Abs. 3 BGB die versorgungsrechtlichen Verhältnisse der Beteiligten zu klären.[3]

2. Ehegatte der Erstehe

Im Fall einer Doppelehe ist auch der **Ehegatte der Erstehe** befugt, den Aufhebungsantrag zu stellen (§ 1316 Abs. 1 Nr. 1 iVm. § 1306 BGB). Wurde die Zweitehe (durch Scheidung oder Tod) bereits aufgelöst, ist gem. § 1317 Abs. 3 BGB eine nachträgliche Aufhebung allerdings nicht mehr möglich (vgl. aber § 121 Rz. 8). Wurde demgegenüber die Erstehe aufgelöst, ändert das nichts daran, dass der frühere Ehegatte als „dritte Person" iSv. § 1316 Abs. 1 Nr. 1 BGB nach wie vor befugt ist, die Aufhebung der bigamischen Beziehung zu beantragen. Auch wenn grundsätzlich kein besonderes Rechtsschutzbedürfnis geltend gemacht werden muss, stellt sich seit der Reform durch das Eheschließungsrechtsgesetz (§ 121 Rz. 6 und Rz. 14) in dieser Konstellation die Antragstellung jedoch als unzulässige Rechtsausübung dar, soweit der frühere Ehegatte kein eigenes Interesse an der Aufhebung der Zweitehe besitzt. Ein solches Interesse ist jedoch dann gegeben, wenn das Verfahren dazu beiträgt, die miteinander konkurrierenden Rentenansprüche der ersten und der zweiten Ehefrau zu klären.[4] 7

II. Stellung der Ehegatten als Antragsgegner (Absatz 1)

Stellt die zuständige Verwaltungsbehörde oder im Falle einer Doppelehe der Ehegatte der Erstehe den Aufhebungsantrag, ist dieser gem. § 129 Abs. 1 gegen beide Ehegatten zu richten. Da das streitige Rechtsverhältnis ihnen gegenüber nur einheitlich festgestellt werden kann, sind sie **notwendige Streitgenossen** iSv. § 62 ZPO.[5] Daher kann nach Antragstellung durch die zuständige Verwaltungsbehörde ein Ehegatte dieser auch nicht als Streitgehilfe beitreten.[6] 8

1 BGH v. 18.6.1986 – IVb ZR 41/85, FamRZ 1986, 879 (880); BGH v. 17.1.2001 – XII ZR 266/98, FamRZ 2001, 685 (686).

2 BGH v. 9.1.2002 – XII ZR 58/00, FamRZ 2002, 604 (605); vgl. auch BGH v. 17.1.2001 – XII ZR 266/98, FamRZ 2001, 685 (686); MüKo.ZPO/*Bernreuther*, § 631 ZPO Rz. 9.

3 BGH v. 9.1.2002 – XII ZR 58/00, FamRZ 2002, 604 (606) (obiter) unter Bezugnahme auf die zum alten Recht ergangene Entscheidung BGH v. 17.1.2001 – XII ZR 266/98, FamRZ 2001, 685 (686 f.); MüKo.ZPO/*Bernreuther*, § 631 ZPO Rz. 9. Staudinger/*Voppel*, § 1315 BGB Rz. 56, § 1316 Rz. 20 meint demgegenüber, der gesetzlich missbilligte Zustand habe sich lediglich abgeschwächt und will eine Abwägung unter Einbeziehung der Interessen des gutgläubigen zweiten Ehegatten und eventueller Kinder entscheiden lassen.

4 BGH v. 9.1.2002 – XII ZR 58/00, FamRZ 2002, 604 (606); MüKo.ZPO/*Bernreuther*, § 631 ZPO Rz. 8.

5 BGH v. 7.4.1976 – IV ZR 70/74, NJW 1976, 1590; OLG München v. 21.11.1956 – 4 UH 67/56, NJW 1957, 954; OLG Dresden v. 2.2.2004 – 21 ARf 1/04, FamRZ 2004, 952.

6 OLG München v. 21.11.1956 – 4 UH 67/56, NJW 1957, 954; Zöller/*Philippi*, § 631 ZPO Rz. 13.

C. Stellung der Verwaltungsbehörde in Aufhebungs- und Feststellungsverfahren (Absatz 2)

9 Stellt die zuständige Verwaltungsbehörde, die gem. § 114 Abs. 3 Satz 1 vom Anwaltszwang befreit ist, in den Fällen des § 1316 Abs. 1 Nr. 1 BGB einen eigenen Antrag auf Aufhebung der Ehe, so ist sie „regulärer" Beteiligter und kann ohne Weiteres die entsprechenden (Verfahrens)Rechte ausüben. Doch auch wenn sie keinen eigenen Antrag stellt, kann sie gem. § 129 Abs. 2 Satz 2 das **Verfahren selbst betreiben**, dh. für oder gegen den Bestand der Ehe tätig werden,[1] indem sie in der Sache Stellung nimmt, selbständig Anträge stellt oder Rechtsmittel einlegt. Ob und in welchem Umfang sie tätig wird, steht – innerhalb der durch § 1316 Abs. 3 BGB gezogenen Schranken – in ihrem Ermessen. Diese „klägerähnliche" Position entspricht nicht derjenigen eines notwendigen Streitgenossen, vielmehr ist sie am ehesten mit derjenigen des Vertreters des öffentlichen Interesses im verwaltungsgerichtlichen Verfahren (§§ 35 ff. VwGO) zu vergleichen.[2] Die Befugnisse des § 129 Abs. 2 Satz 2 stehen der Behörde jedoch nur zu, solange das Verfahren noch anhängig ist.[3] Hatte sich die Behörde in erster Instanz am Verfahren beteiligt, beginnt eine eigene Rechtsmittelfrist mit der Zustellung an sie zu laufen, hatte sie sich demgegenüber nicht beteiligt, kann sie kein Rechtsmittel mehr einlegen, wenn das Verfahren durch Rechtsmittelverzicht[4] oder Ablauf der für die Ehegatten geltenden Rechtsmittelfristen rechtskräftig abgeschlossen wurde.

10 Damit die Verwaltungsbehörde die ihr zustehenden Mitwirkungsrechte ausüben kann, muss sie gem. § 129 Abs. 2 Satz 1 vom Gericht **unterrichtet** werden, wenn in den Fällen des § 1316 Abs. 1 Nr. 1 BGB ein anderer Beteiligter einen Antrag auf Aufhebung der Ehe stellt. Gem. § 129 Abs. 2 Satz 3 stehen die genannten Beteiligungsrechte der zuständigen Verwaltungsbehörde auch dann zu, wenn ein Antrag auf **Feststellung des Bestehens oder Nichtbestehens einer Ehe** gestellt wird.

§ 130
Säumnis der Beteiligten

(1) Die Versäumnisentscheidung gegen den Antragsteller ist dahin zu erlassen, dass der Antrag als zurückgenommen gilt.

(2) Eine Versäumnisentscheidung gegen den Antragsgegner sowie eine Entscheidung nach Aktenlage ist unzulässig.

1 RG v. 3.3.1930 – VIII 279/29, JW 1931, 1335 (1337); OLG Karlsruhe v. 17.9.1990 – 2 WF 54/89, FamRZ 1991, 92 (93).

2 MüKo.ZPO/*Bernreuther*, § 631 ZPO Rz. 13; Stein/Jonas/*Schlosser*, § 634 ZPO Rz. 1; Wieczorek/Schütze/Kemper, § 634 ZPO Rz. 1; aA Zöller/*Philippi*, § 631 ZPO Rz. 12; Musielak/*Borth*, § 631 ZPO Rz. 9.

3 RG v. 3.3.1930 – VIII 279/29, JW 1931, 1335 (1337).

4 BayObLG v. 2.9.1966 – BReg. 2 Z 37/66, FamRZ 1966, 639 (640).

A. Normzweck

1 Die Vorschrift schließt in allen Ehesachen iSv. § 121 (nicht aber in Folgesachen) bei **Säumnis des Antragsgegners** den Erlass einer Versäumnisentscheidung sowie einer Entscheidung nach Aktenlage aus (§ 130 Abs. 2). Bei **Säumnis des Antragstellers** ist die Versäumnisentscheidung grundsätzlich dahin zu erlassen, dass der Antrag als zurückgenommen gilt (§ 130 Abs. 1). In der Sache handelt es sich um eine Durchbrechung der Verhandlungsmaxime, die auf einer Linie mit § 113 Abs. 4 Nr. 1, 5, 7, 8 liegt. Dass bei Säumnis des Antragsgegners – wie auch schon nach altem Recht (§ 612 Abs. 4 ZPO) – nicht auf Grundlage einer Geständnisfiktion (§ 331 Abs. 1 ZPO) ein Versäumnisurteil ergehen kann, ist zwingende Konsequenz des Amtsermittlungsgrundsatzes und der mangelnden Bindungswirkung gerichtlicher Geständnisse (§ 113 Abs. 4 Nr. 5). Demgegenüber führte nach bisherigem Recht die Säumnis des Antragstellers nur bei Verfahren auf Feststellung des Bestehens oder Nichtbestehens einer Ehe zum Ausspruch der Klagerücknahme (§ 632 Abs. 4 ZPO aF), weil nur hier ein öffentliches Interesse angenommen wurde, den Weg für eine verbindliche Statusfeststellung nicht zu erschweren. Das FamFG hat – im Interesse des Antragstellers – die Fiktion der Antragsrücknahme jedoch nunmehr auf alle Ehesachen erstreckt, damit nicht die materiell rechtskräftige Antragsabweisung einem später erneut eingeleiteten Scheidungs- oder Aufhebungsverfahren entgegensteht, obwohl im vorangegangenen Verfahren wegen der Säumnis die sachliche Berechtigung des Begehrens nicht zu prüfen war.[1]

B. Säumnis des Antragstellers (Absatz 1)

2 Ist der Antragsteller säumig, kann – durch Beschluss iSv. § 116 – eine Versäumnisentscheidung ergehen, allerdings nicht mit dem Inhalt, dass der Antrag abgewiesen wird, sondern dass er **als zurückgenommen gilt** (§ 130 Abs. 1). Die Anordnung der sofortigen Wirksamkeit für die Entscheidung über den Kostenpunkt, der sich in Scheidungssachen nach § 150 Abs. 2 Satz 1 richtet,[2] kommt nicht in Frage.[3] Endentscheidungen in Ehesachen sind gem. § 120 Abs. 2 Satz 1 iVm. § 116 Abs. 2 erst mit Rechtskraft vollstreckbar; die Anordnung der sofortigen Wirksamkeit (vgl. § 116 Abs. 3 Satz 2) ist – auch für den Kostenausspruch – nicht vorgesehen. Einem später erneut gestellten Antrag auf Scheidung oder Aufhebung der Ehe steht damit grundsätzlich nichts im Wege, doch findet § 269 Abs. 6 ZPO gem. § 113 Abs. 1 Satz 2 FamFG Anwendung.[4] Gegen den Beschluss kann **Einspruch** nach §§ 338 ff. ZPO iVm. § 113 Abs. 1 Satz 2 FamFG eingelegt werden.

3 Voraussetzung für eine Entscheidung nach § 130 Abs. 1 ist, dass der andere Ehegatte Antrag auf Erlass einer Versäumnisentscheidung stellt (§ 330 ZPO), der zugleich als

---

1 BT-Drucks. 16/6308, S. 228.

2 In den übrigen Ehesachen kann § 269 Abs. 3 ZPO (iVm. § 113 Abs. 1 Satz 2) zwar nicht direkt angewendet werden, weil die Folgen der Rücknahme im Fall des § 130 nicht automatisch eintreten, sondern durch gerichtliche Entscheidung ausgesprochen werden (Stein/Jonas/*Schlosser*, § 635 ZPO Rz. 1; MüKo.ZPO/*Bernreuther*, § 632 ZPO Rz. 8 – je zu § 269 ZPO aF), doch ist der Maßstab des § 269 Abs. 3 Satz 2 ZPO bei der Kostenentscheidung heranzuziehen.

3 Das galt wegen § 704 Abs. 2 ZPO auch schon nach bisherigem Recht (Zöller/*Philippi*, § 612 ZPO Rz. 3a); Baumbach/*Hartmann*, § 130 FamFG Rz. 3 übersieht, dass § 704 Abs. 2 ZPO aufgehoben wurde (Art. 29 Nr. 16b FGG-RG).

4 Stein/Jonas/*Schlosser*, § 635 ZPO Rz. 1; MüKo.ZPO/*Bernreuther*, § 632 ZPO Rz. 8 – je zu § 269 ZPO aF.

konkludente Zustimmung zur Antragsrücknahme iSv. § 269 Abs. 1 ZPO zu werten ist.[1] Zwar bedarf es für die Zustimmung zur Rücknahme des Scheidungsantrags gem. § 114 Abs. 4 Nr. 3 keiner anwaltlichen Vertretung, doch besteht Anwaltszwang für den Antrag auf Erlass einer Versäumnisentscheidung. In den Fällen des § 129 Abs. 2 Satz 2 kann den Antrag iSv. § 330 ZPO auch die zuständige Verwaltungsbehörde stellen (nicht aber die Zustimmung zur Antragsrücknahme erklären).[2] Wurde schon einmal mündlich verhandelt und ist der Sachverhalt hinreichend geklärt, kann der Antragsgegner gem. § 113 Abs. 1 Satz 2 FamFG iVm. § 331a ZPO auch eine Entscheidung nach Aktenlage beantragen.[3] Dem steht § 130 Abs. 2 auf Grund seiner systematischen Stellung nicht entgegen. Stellt der **Antragsgegner keinen Antrag oder erscheint er ebenfalls nicht (beiderseitige Säumnis)**, kann – entgegen der bisherigen Rechtslage – nach § 130 Abs. 2 eine Entscheidung nach Aktenlage (§ 251a Abs. 1 und 2 ZPO) nicht ergehen.[4] Vielmehr ist zu vertagen (§ 227 ZPO) oder das Ruhen des Verfahrens anzuordnen (§ 251a Abs. 3 ZPO). § 130 Abs. 1 gilt entsprechend, wenn der Antragsteller einen **Antragsverzicht** iSv. § 306 ZPO erklärt.

4 Auch wenn die Gegenseite **einen Gegenantrag** eingereicht hat, bestehen grundsätzlich keine Bedenken, § 130 Abs. 1 auf den säumigen Antragsteller anzuwenden.[5] Allerdings sollte das Gericht, wenn etwa ein Gegenantrag auf Scheidung als Reaktion auf einen Aufhebungsantrag gestellt wurde, wegen des Vorrangs der Eheaufhebung (§ 126 Abs. 3), um verfahrensrechtliche Komplikationen zu vermeiden, über den Gegenantrag erst entscheiden, wenn die Versäumnisentscheidung rechtskräftig geworden ist (§ 126 Rz. 14).

5 Etwas anderes gilt dann, wenn **beide Ehegatten die Scheidung beantragt** haben (zu parallelen Scheidungsanträgen vgl. § 126 Rz. 9). Der Antragsgegner kann nicht gleichzeitig Versäumnisentscheidung und Scheidung der Ehe beantragen.[6] Wegen des einheitlichen Streitgegenstandes bleibt die Säumnis des Antragstellers vielmehr ohne Folgen, es wird einseitig kontradiktorisch verhandelt (Rz. 6). Soweit nunmehr ein anderer Scheidungstatbestand herangezogen wird, zu dem bislang nicht vorgetragen worden war, muss dem nicht erschienenen Ehegatten Gelegenheit zu neuem Vortrag gegeben werden (§ 139 Abs. 2 Satz 1 ZPO).[7] Will der Antragsgegner seinen eigenen Scheidungsantrag zurücknehmen, muss auch diese veränderte Verfahrenslage zunächst dem säumigen Ehegatten mitgeteilt werden. Gegen ihn kann eine Versäumnisentscheidung daher erst dann ergehen, wenn er auch im nächsten – ordnungsgemäß anberaumten – Termin säumig bleibt (§ 335 Abs. 1 Nr. 3 ZPO). Nach bisher herrschender Ansicht soll dieser Grundsatz sogar dann gelten, wenn der Antragsgegner keinen eigenen Antrag stellt, sondern nur die Zustimmung zur Scheidung erklärt hat.[8] Nachdem jedoch die Rechtsfolge der Säumnis von der Sachabweisung zum bloßen Ausspruch der Antragsrücknahme abgeschwächt worden ist, ist es nicht mehr gerecht-

---

1 *Löhnig*, FamRZ 2009, 737 (740).
2 Johannsen/Henrich/*Sedemund-Treiber*, § 632 ZPO Rz. 5.
3 Baumbach/*Hartmann*, § 130 FamFG Rz. 3; *Löhnig*, FamRZ 2009, 737 (740).
4 AA Baumbach/*Hartmann*, § 130 FamFG Rz. 5 („möglich, aber kaum ratsam").
5 AA auf der Grundlage der Lehre von der einheitlichen Entscheidung in Ehesachen RG v. 30.3.1931 – VIII 44/31, HRR 1931 Nr. 1606; OLG Jena v. 5.4.1938 – 1 U 52/38, JW 1938, 1916.
6 Zöller/*Philippi*, § 613 ZPO Rz. 6, § 610 ZPO Rz. 8; Johannsen/Henrich/*Sedemund-Treiber*, § 612 ZPO Rz. 10; MüKo.ZPO/*Bernreuther*, § 612 ZPO Rz. 7. IE auch Musielak/*Borth*, § 612 ZPO Rz. 5.
7 Musielak/*Borth*, § 612 ZPO Rz. 7.
8 Zöller/*Philippi*, § 613 ZPO Rz. 6 aE; Musielak/*Borth*, § 612 ZPO Rz. 7; Stein/Jonas/*Schlosser*, § 613 ZPO Rz. 7 aE. AA schon zum bisherigen Recht Johannsen/Henrich/*Sedemund-Treiber*, § 612 ZPO Rz. 10; MüKo.ZPO/*Bernreuther*, § 612 ZPO Rz. 7.

fertigt, von den allgemeinen Regeln abzuweichen, es gibt keinen zwingenden Grund mehr, die Zustimmung zur Scheidung wie einen eigenständigen Sachantrag zu behandeln.[1]

C. Säumnis des Antragsgegners (Absatz 2)

Ist der Antragsgegner säumig, ist gem. § 130 Abs. 2 sowohl eine Versäumnisentscheidung als auch – über den bisherigen § 612 Abs. 4 ZPO hinaus gehend – eine Entscheidung nach Aktenlage[2] unzulässig (§§ 331a, 251a ZPO). Soweit der Antragsgegner ordnungsgemäß geladen war und ihm die Sachanträge rechtzeitig durch Schriftsatz mitgeteilt wurden, wird **einseitig streitig verhandelt**, andernfalls ist zu vertagen.[3] Das FamG hat im Rahmen des Amtsermittlungsgrundsatzes den Sachverhalt aufzuklären, das Vorbringen des Antragstellers sachlich zu prüfen und auf Antrag bzw. von Amts wegen die erforderlichen Beweise zu erheben.[4] Soweit sich der nicht erschienene Ehegatte schriftlich geäußert hat, ist dieses Vorbringen als Urkundenbeweis zu berücksichtigen; nur unter engen Voraussetzungen kann von seiner persönlichen Anhörung abgesehen werden (§ 128 Rz. 15). Auf dieser Grundlage ergeht eine streitige Entscheidung, die nicht durch Einspruch, sondern nur mit der **Beschwerde** angefochten werden kann.[5] 6

Da in Ehesachen gem. § 114 Abs. 1 Anwaltszwang besteht, ist der **anwaltlich nicht vertretene** Antragsgegner säumig, doch läuft er wegen § 130 Abs. 2 nicht Gefahr, gravierende verfahrensrechtliche Nachteile zu erleiden. Zwar kann er keine eigenen Verfahrenshandlungen vornehmen, insbesondere keine eigenen Anträge stellen, doch kann er im Rahmen der Anhörung nach § 128 Abs. 1 Satz 1 seinen Standpunkt geltend machen. Da § 130 Abs. 2 auf Folgesachen nicht anwendbar ist, kann insofern allerdings (soweit es sich um Familienstreitsachen iSv. § 112 handelt) eine Versäumnisentscheidung ergehen (§ 113 Abs. 1 Satz 2).[6] 7

D. Säumnis in der Rechtsmittelinstanz

§ 130 ist auf das **Verfahren in der Rechtsmittelinstanz nicht zugeschnitten**. Die Ausgangssituation ist hier nämlich eine vollkommen andere, weil bereits eine auf Grund sachlicher Prüfung ergangene kontradiktorische Entscheidung der Vorinstanz vorliegt. Außerdem ist der Rechtsmittelführer in Ehesachen nicht gehindert, die Entscheidung der Vorinstanz zu akzeptieren, indem er das Rechtsmittel zurücknimmt oder darauf verzichtet.[7] 8

1 AA offenbar Baumbach/*Hartmann*, § 130 FamFG Rz. 4.
2 Unklar Baumbach/*Hartmann*, § 130 FamFG Rz. 1 einerseits und Rz. 4 aE andererseits.
3 RG v. 31.1.1916 – VI 394/15, RGZ 88, 66 (68 f.); vgl. insofern auch OLG Celle v. 29.10.1954 – 7 U 91/64, FamRZ 1965, 213 (214) und OLG Koblenz v. 8.2.1983 – 15 U 519/82, FamRZ 1983, 759 f. (im Übrigen zu diesen Urt. unten Rz. 10 m. Fn. 5).
4 OLG Hamm v. 13.10.1986 – 4 UF 194/86, NJW-RR 1987, 521; Musielak/*Borth*, § 612 ZPO Rz. 6.
5 Baumbach/*Hartmann*, § 130 FamFG Rz. 5; *Löhnig*, FamRZ 2009, 737 (740).
6 Vgl. OLG Schleswig v. 13.1.1992 – 15 UF 22/90, FamRZ 1992, 839.
7 OLG Hamm v. 13.10.1986 – 4 UF 194/86, NJW-RR 1987, 521; MüKo.ZPO/*Bernreuther*, § 632 ZPO Rz. 12 mit Fn. 16. Zu §§ 635, 638 ZPO aF, die in der Sache § 632 Abs. 4 ZPO aF entsprechen, *Prütting*, ZZP 91 (1978), 197 (201); Stein/Jonas/*Schlosser*, § 635 ZPO Rz. 2.

I. Beschwerde

9 Im Beschwerdeverfahren wird § 130 iVm. § 68 Abs. 3 Satz 1 nach der eindeutigen Regelung in § 117 Abs. 2 Satz 1 durch § 539 ZPO verdrängt. Allerdings kann die Geständnisfiktion des § 539 Abs. 2 ZPO wegen § 127 keine Anwendung finden.

10 Ist der **Beschwerdeführer säumig**, wird – unabhängig davon, welche verfahrensrechtliche Stellung er in erster Instanz eingenommen hat – gem. § 539 Abs. 1 ZPO die Beschwerde ohne Weiteres **durch Versäumnisentscheidung zurückgewiesen**.[1] Während früher die herrschende Meinung davon ausging, dass die Versäumnisentscheidung auch im Verbund stehende Folgesachen der freiwilligen Gerichtsbarkeit erfasse,[2] da über das Rechtsmittel nach § 629a Abs. 2 Satz 2 ZPO aF einheitlich als Berufung zu entscheiden war, verweist § 117 Abs. 2 nur noch für Ehe- und Familienstreitsachen auf § 539 ZPO (§ 117 Rz. 56). Von einigen Gerichten wurde dem Beschwerdegegner ein **Wahlrecht** eingeräumt, an Stelle der Versäumnisentscheidung eine Sachentscheidung auf Grund einseitig streitiger Verhandlung beantragen zu können, weil er sich nicht mit einer Versäumnisentscheidung zufrieden geben müsse, sondern nach den gleichen Grundsätzen wie im ersten Rechtszug bei Säumnis des Antragsgegners eine sachliche Prüfung verlangen könne.[3] Dem ist mit der herrschenden Meinung entgegenzuhalten, dass nach der gesetzlichen Systematik erst dann, wenn bereits einmal verhandelt wurde, eine Entscheidung nach kontradiktorischen Grundsätzen zulässig ist (§§ 251a Abs. 1 und 2, 331a, 539 Abs. 3 ZPO). Die ausnahmsweise in erster Instanz eröffnete Möglichkeit, einseitig streitig zu verhandeln, besteht allein deshalb, weil andernfalls wegen § 130 Abs. 2 das Verfahren keinen Fortgang fände.[4] Diese Sondersituation ist – mangels Anwendbarkeit von § 130 – in zweiter Instanz jedoch nicht gegeben.

11 Ist der **Beschwerdegegner säumig**, findet nach der Gesetzessystematik über § 117 Abs. 2 an und für sich § 539 Abs. 2 ZPO (und nicht § 130) Anwendung. Doch ist die § 539 Abs. 2 ZPO zugrunde liegende Geständnisfiktion mit dem in Ehesachen geltenden Amtsermittlungsgrundsatz (§ 127) sowie der mangelnden Bindungswirkung gerichtlicher Geständnisse (§ 113 Abs. 4 Nr. 5) nicht vereinbar.[5] Unabhängig davon, welche verfahrensrechtliche Stellung der Beschwerdeführer in erster Instanz eingenommen hat, ist der Erlass einer Versäumnisentscheidung daher ausgeschlossen (aA § 117

---

1 Das entspricht der bisherigen Auffassung, BGH v. 14.12.1966 – IV ZR 241/65, BGHZ 46, 300 (304); OLG Schleswig v. 13.1.1992 – 15 UF 22/90, FamRZ 1992, 839; OLG Hamm v. 13.10.1986 – 4 UF 194/86, NJW-RR 1987, 521; OLG München v. 18.5.1994 – 12 UF 619/94, FamRZ 1995, 379. Zu einer Ausnahmekonstellation vgl. OLG Saarbrücken v. 13.4.1966 – 1 U 47/66, NJW 1966, 2123 (2124 f.).

2 OLG München v. 18.5.1994 – 12 UF 619/94, FamRZ 1995, 379; Zöller/*Philippi*, § 612 ZPO Rz. 8; Baumbach/*Hartmann*, § 612 ZPO Rz. 10. AA allerdings bereits OLG Stuttgart v. 17.6.1997 – 18 UF 429/96, NJW-RR 1997, 1228 (Teilversäumnisurteil).

3 OLG Celle v. 29.10.1954 – 7 U 91/64, FamRZ 1965, 213 (214); OLG Hamm v. 6.5.1982 – 8 UF 94/81, FamRZ 1982, 295 (Nr. 163); OLG Koblenz v. 8.2.1983 – 15 U 519/82, FamRZ 1983, 759 f.; OLG Köln v. 26.2.1958 – 2 U 47/57, MDR 1958, 777; OLG Schleswig v. 6.10.1949 – 1 U 111/49, SchlHA 1950, 16.

4 OLG Hamm v. 12.10.1981 – 6 UF 433/80, FamRZ 1982, 295 f. (Nr. 164); OLG Hamm v. 13.10.1986 – 4 UF 194/86, NJW-RR 1987, 521; OLG Karlsruhe v. 17.1.1985 – 2 UF 268/84, FamRZ 1985, 505 (506); Zöller/*Philippi*, § 612 ZPO Rz. 8; MüKo.ZPO/*Bernreuther*, § 612 ZPO Rz. 11.

5 OLG Schleswig v. 5.11.1990 – 15 UF 41/90, SchlHA 91, 81; Zöller/*Philippi*, § 612 ZPO Rz. 9; Baumbach/*Hartmann*, § 612 ZPO Rz. 10; Musielak/*Borth*, § 612 ZPO Rz. 10; Johannsen/Henrich/*Sedemund-Treiber*, § 612 ZPO Rz. 8; *Prütting*, ZZP 91 (1978), 197 (207). AA *Rosenberg/Schwab/Gottwald*, § 164 Rz. 72.

Rz. 57) und es ist nach den in Rz. 6 geschilderten Grundsätzen **einseitig streitig zu verhandeln.**[1]

12 Demgegenüber wurde vor Inkrafttreten des FamFG teilweise differenziert: Während unter Berufung auf § 612 Abs. 4 ZPO aF (= § 130 Abs. 2) eine Versäumnisentscheidung allgemein ausgeschlossen wurde, wenn es sich beim Beschwerdegegner um den Antragsgegner erster Instanz handelte, wurde eine Versäumnisentscheidung gegen den als Beschwerdegegner säumigen Antragsteller für zulässig gehalten. Dabei sei – an Stelle der Geständnisfiktion – der in erster Instanz festgestellte Sachverhalt zugrunde zu legen.[2] Dieser Ansatz hat schon durch die Vereinfachungsnovelle 1976 an Überzeugungskraft verloren, weil die früher in § 542 ZPO aF ausdrücklich eröffnete Möglichkeit zur Berücksichtigung des in erster Instanz festgestellten Sachverhalts in § 539 Abs. 2 ZPO nicht mehr vorgesehen ist.[3] Seit Inkrafttreten des FamFG ist diese Auffassung jedoch auch mit der Gesetzessystematik nicht mehr zu vereinbaren: § 130 Abs. 1 lässt in Ehesachen eine Versäumnisentscheidung gegen den Antragsteller generell nur noch mit dem Inhalt zu, dass der (verfahrenseinleitende) Antrag als zurückgenommen gilt (aA § 117 Rz. 57). Eine entsprechende Versäumnisentscheidung auf Antragsrücknahme wäre in zweiter Instanz aber nicht angemessen, nachdem in der Vorinstanz bereits auf Grund sachlicher Prüfung entschieden wurde.[4] Richtigerweise wird man also davon ausgehen müssen, dass in zweiter Instanz § 130 durch den Verweis auf § 539 ZPO vollständig verdrängt wird.[5]

13 Legen im Falle paralleler Scheidungsanträge **beide Seiten Beschwerde** ein, ergeht bei Säumnis eines Ehegatten eine einseitig kontradiktorische Entscheidung (vgl. Rz. 11).[6]

II. Rechtsbeschwerde

14 Auf das Verfahren der Rechtsbeschwerde finden gem. § 74 Abs. 4 grundsätzlich die im ersten Rechtszug geltenden Vorschriften entsprechende Anwendung (und damit nicht § 539 ZPO). Bei der Auslegung und Anwendung von § 130 muss jedoch berücksichtigt werden, dass die Vorschrift auf das Rechtsmittelverfahren nicht zugeschnitten ist (Rz. 8).

15 Gegen den **Rechtsbeschwerdegegner**, der in erster Instanz Antragsgegner war, ist gem. § 130 Abs. 2 (der auf die Parteirollen in erster Instanz Bezug nimmt) eine Versäumnisentscheidung nicht zulässig, war er hingegen Antragsteller, so würde bei wörtlichem Verständnis des § 130 Abs. 1 die Entscheidung dahin ergehen müssen, dass sein (verfahrenseinleitender) Antrag als zurückgenommen gilt. Da dieses Ergebnis jedoch sachwidrig ist, muss § 130 Abs. 1 restriktiv ausgelegt und in der Rechtsbeschwerdeinstanz

1 Das entsprach schon zum bisherigen Recht der wohl herrschenden Auffassung, vgl. Zöller/*Philippi*, § 612 ZPO Rz. 9; MüKo.ZPO/*Bernreuther*, § 612 ZPO Rz. 12; Musielak/*Borth*, § 612 ZPO Rz. 10; Wieczorek/Schütze/*Becker-Eberhard*, § 612 ZPO Rz. 15; *Prütting*, ZZP 91 (1978), 197 (207).

2 An dieser Ansicht haben festgehalten Thomas/Putzo/*Hüßtege*, § 612 ZPO Rz. 10; Baumbach/*Hartmann*, § 612 ZPO Rz. 10; Stein/Jonas/*Schlosser*, § 612 ZPO Rz. 12 mwN zur älteren Rspr.; ähnl. auch *Rosenberg/Schwab/Gottwald*, § 164 Rz. 72.

3 MüKo.ZPO/*Bernreuther*, § 612 ZPO Rz. 12; Wieczorek/Schütze/*Becker-Eberhard*, § 612 ZPO Rz. 15; *Prütting*, ZZP 91 (1978), 197 (206 f.).

4 AA OLG Stuttgart v. 15.7.1976 – 16 U 42/76, NJW 1976, 2305.

5 So für § 632 Abs. 4 ZPO aF: Zöller/*Philippi*, § 632 ZPO Rz. 7; MüKo.ZPO/*Bernreuther*, § 632 ZPO Rz. 12 mit Fn. 16; *Prütting*, ZZP 91 (1978), 197 (201 und 204).

6 Zöller/*Philippi*, § 612 ZPO Rz. 10; iE so auch Musielak/*Borth*, § 612 ZPO Rz. 11.

eine Versäumnisentscheidung gegen den Antragsteller ausgeschlossen werden.[1] In beiden Fällen ist daher eine **(einseitig) streitige Entscheidung** auf der Tatsachengrundlage des § 559 ZPO zu erlassen.

16 Auf den **Rechtsbeschwerdeführer** ist § 130 nach Sinn und Zweck der Vorschrift ebenfalls nicht anwendbar (Rz. 14 f.). Daher gelten für die Versäumnisentscheidung, die auf § 113 Abs. 1 Satz 2 FamFG iVm. § 330 ZPO gestützt werden kann, die gleichen Grundsätze wie in zweiter Instanz (Rz. 10).[2]

§ 131
Tod eines Ehegatten

Stirbt ein Ehegatte, bevor die Endentscheidung in der Ehesache rechtskräftig ist, gilt das Verfahren als in der Hauptsache erledigt.

A. Normzweck

1 Da durch den Tod eines Ehegatten die Ehe automatisch aufgelöst wird, kommt eine anschließende Scheidung nicht mehr in Frage. Auch ist es gem. § 1317 Abs. 3 BGB nicht zulässig, die Aufhebung einer bereits aufgelösten Ehe zu beantragen, was im Hinblick auf die günstigeren vermögensrechtlichen Folgen (§ 1318 BGB) durchaus von Interesse sein könnte (zur „Beilegung der Aufhebungsfolgen" nach rechtskräftiger Scheidung vgl. § 121 Rz. 8). Auch dem Verfahren nach § 121 Nr. 3 wird durch den Tod eines Ehegatten die Grundlage entzogen, da es sich nur auf die Feststellung „zwischen den Beteiligten" bezieht. § 131 stellt daher – wie auch schon § 619 ZPO aF – klar, dass Verfahren in Ehesachen als in der Hauptsache erledigt gelten, wenn einer der Ehegatten vor Rechtskraft der Entscheidung stirbt. In Abweichung von den allgemeinen Regeln bedarf es keiner Erledigungserklärungen (§ 91a ZPO), vielmehr tritt die Wirkung unmittelbar ex lege ein. Hierdurch wird dem **höchstpersönlichen Charakter** von Eheverfahren Rechnung getragen. Eine Fortsetzung des Rechtsstreits mit den Rechtsnachfolgern des Verstorbenen findet regelmäßig nur im Kostenpunkt statt (Rz. 12 ff.). Soweit der Bestand der Ehe (§ 121 Rz. 9) oder das Vorliegen der Scheidungsvoraussetzungen (§§ 1933, 2077 Abs. 1, 2268, 2279 Abs. 2 BGB) Auswirkungen auf andere Rechtsverhältnisse hat, sind diese Fragen im Verfahren zwischen den betroffenen Dritten inzident zu prüfen.

---

1 So auch schon zum bisherigen Recht, obwohl § 130 Abs. 1 auf Scheidungs- und Aufhebungsverfahren noch nicht anwendbar war, Zöller/*Philippi*, § 612 ZPO Rz. 9; Musielak/*Borth*, § 612 ZPO Rz. 10; MüKo.ZPO/*Bernreuther*, § 612 ZPO Rz. 13; *Prütting*, ZZP 91 (1978), 197 (208).

2 So auch schon zum bisherigen Recht Zöller/*Philippi*, § 612 ZPO Rz. 8; MüKo.ZPO/*Bernreuther*, § 612 ZPO Rz. 13; *Prütting*, ZZP 91 (1978), 197 (207 f.).

B. Voraussetzungen

I. Zeitlicher Geltungsbereich

Eine „Erledigung der Hauptsache" iSv. § 131 setzt schon rein begrifflich voraus, dass das **erledigende Ereignis nach Rechtshängigkeit** der Ehesache eingetreten ist, denn erst durch die Zustellung des Antrags werden das Prozessrechtsverhältnis und der Streitgegenstand bestimmt.[1] An diesem Grundsatz hat sich auch nichts durch den mit Wirkung zum 1.1.2002 eingeführten § 269 Abs. 3 Satz 3 ZPO geändert, der ausnahmsweise eine Kostenentscheidung für den Fall einer Klagerücknahme bei „Erledigung" vor Rechtshängigkeit ermöglicht.[2] 2

Stirbt der **Antragsgegner** vor Zustellung des Antrags, kann dieser nach § 113 Abs. 1 Satz 2 FamFG iVm. § 269 Abs. 1 ZPO zurückgenommen werden, andernfalls ist er – mangels Existenz eines Antragsgegners – als unzulässig abzuweisen.[3] Über die Kosten ist jedoch nicht zu entscheiden, denn ein Gegner, der Kostenerstattung verlangen könnte, existiert nicht.[4] Stirbt der **Antragsteller** vor Zustellung des Scheidungsantrags, ist dieser nicht mehr zuzustellen; erfolgt gleichwohl die Zustellung, liegt keine Erledigung iSv. § 131 vor,[5] vielmehr ist der Antrag, soweit er nicht von den Erben des Antragstellers zurückgenommen wird,[6] mangels Existenz eines Antragstellers abzuweisen.[7] 3

Voraussetzung für die Anwendbarkeit der Vorschrift ist der Tod eines Ehegatten, bevor der Scheidungsbeschluss **rechtskräftig** wird (vgl. dazu § 116 Rz. 21).[8] Obwohl eine Wiedereinsetzung nach dem Tod eines Ehegatten normalerweise nicht in Betracht kommt (Rz. 5), treten die Wirkungen des § 131 ausnahmsweise erst mit der Entscheidung über den Wiedereinsetzungsantrag eines Beschwerdeführers ein, wenn der Verfahrensgegner während einer von VKH-Bewilligigung abhängig gemachten Beschwerde stirbt. Denn ein vermögender Ehegatte hätte das Rechtsmittel sogleich einlegen können.[9] 4

II. Sachlicher Geltungsbereich

Die Vorschrift gilt für Ehesachen iSv. § 121 in allen Instanzen. Wurde eine Rechtsmittelfrist versäumt, kann Wiedereinsetzung in den vorigen Stand nach dem Tod 5

1 BGH v. 15.1.1982 – V ZR 50/81, BGHZ 83, 12 (14); KG v. 20.3.1969 – 1 W 4652/68; JurBüro 1969, 984 (985 f.); vgl. auch OLG München v. 3.6.1997 – 26 WF 858/97, OLGReport München 1997, 202 (203); OLG Karlsruhe v. 18.12.1995 – 16 WF 173/94, FamRZ 1997, 220.

2 OLG Oldenburg v. 8.2.2007 – 5 W 6/07, OLGReport 2007, 579; MüKo.ZPO/*Becker-Eberhard*, § 269 ZPO Rz. 14 und 58; Musielak/*Foerste*, § 269 ZPO Rz. 6 und 13; aA OLG Naumburg v. 12.9.2001 – 6 U 229/00, FamRZ 2002, 1042 (1043).

3 BGH v. 11.4.1957 – VII ZR 280/56, BGHZ 24, 91 (94); OLG Brandenburg v. 6.11.1995 – 9 WF 76/95, FamRZ 1996, 683; Musielak/*Borth*, § 619 ZPO Rz. 2; *Jauernig*, FamRZ 1961, 98 (103).

4 OLG Brandenburg v. 6.11.1995 – 9 WF 76/95, FamRZ 1996, 683; MüKo.ZPO/*Bernreuther*, § 619 ZPO Rz. 4; Zöller/*Philippi*, § 619 ZPO Rz. 2.

5 MüKo.ZPO/*Bernreuther*, § 619 ZPO Rz. 4; Baumbach/*Hartmann*, § 131 FamFG Rz. 1; aA Zöller/*Philippi*, § 619 ZPO Rz. 2.

6 Baumbach/*Hartmann*, § 131 FamFG Rz. 1.

7 Wieczorek/Schütze/*Becker-Eberhard*, § 619 ZPO Rz. 4; Stein/Jonas/*Schlosser*, § 619 ZPO Rz. 16; *Jauernig*, FamRZ 1961, 98 (103).

8 BGH v. 15.2.1984 – IVb ZB 577/80, NJW 1984, 2829.

9 OLG Stuttgart v. 28.7.1999 – 17 UF 71/99, FamRZ 2000, 1029 (1030); MüKo.ZPO/*Bernreuther*, § 619 ZPO Rz. 5.

eines Ehegatten normalerweise (Rz. 4) nicht mehr gewährt werden.[1] Auch eine Wiederaufnahme kommt nicht in Frage, weil eine erneute Verhandlung gem. § 131 stets ausgeschlossen ist, da die Erben über die Ehe als höchstpersönliche Rechtsbeziehung nicht verfügen können.[2]

C. Wirkungen

I. Auf das Eheverfahren

6 Die Wirkung des § 131 ist von Amts wegen zu beachten und tritt **unmittelbar ex lege** ein, ohne dass es entsprechender Erledigungserklärungen oder eines gerichtlichen Ausspruchs bedarf. Ein Rechtsmittel gegen eine nach § 131 vor Eintritt der Rechtskraft gegenstandslos gewordene Entscheidung ist mangels Beschwer nicht zulässig.[3] Doch ist eine deklaratorische Feststellung der Erledigung der Hauptsache möglich, soweit ein entsprechendes Rechtsschutzbedürfnis besteht, dies ist vor allem dann der Fall, wenn die Scheidung ausgesprochen[4] und die Entscheidung den Beteiligten zugestellt wurde.[5] Trotz Erledigung der Hauptsache bleibt das Verfahren im Kostenpunkt rechtshängig, doch muss eine Entscheidung über die Kosten nur auf Antrag einer Seite ergehen.[6]

7 § 131 hindert den Antragsteller nicht, seinen Antrag unter den Voraussetzungen des § 113 Abs. 1 Satz 2 FamFG iVm. § 269 Abs. 1 ZPO **zurückzunehmen** (mit der Kostenfolge des § 150 Abs. 2 Satz 1 und Abs. 4).[7] Da die Vorschrift lediglich eine weitere Auseinandersetzung in der Sache selbst vermeiden will, ist auch eine Fortsetzung des Verfahrens unter Mitwirkung der Rechtsnachfolger des verstorbenen Ehegatten zwecks Abweisung des Antrags als unzulässig[8] oder zwecks Verwerfung eines Rechtsmittels als unzulässig[9] möglich. Allerdings können Rechtsmittel nach dem Tod eines Ehegatten nicht zurückgenommen werden, um die Rechtskraft des Scheidungsausspruchs herbeizuführen, weil sonst die Wirkung des § 131 umgangen würde.[10]

1 Johannsen/Henrich/*Sedemund-Treiber*, § 619 ZPO Rz. 7; MüKo.ZPO/*Bernreuther*, § 619 ZPO Rz. 12.

2 BGH v. 10.2.1965 – IV ZR 39/64, BGHZ 43, 239 (241 ff.); OLG Zweibrücken v. 30.4.2004 – 2 UF 187/03, FamRZ 2005, 733 f.; OLG Stuttgart v. 28.7.1999 – 17 UF 71/99, FamRZ 2000, 1029.

3 BGH v. 12.11.1980 – IVb ZB 601/80, FamRZ 1981, 245 (246); OLG Düsseldorf v. 30.6.2004 – II – 1 UF 9/04, FamRZ 2005, 386 (387); OLG Düsseldorf v. 4.6.1970 – 18 U 95/70, FamRZ 1970, 486.

4 Wurde der Scheidungsantrag abgewiesen, besteht kein Rechtsschutzbedürfnis OLG Bamberg v. 25.11.1983 – 7 UF 50/83, FamRZ 1984, 302 (303).

5 OLG Düsseldorf v. 30.6.2004 – II – 1 UF 9/04, FamRZ 2005, 386 (387); OLG Hamm v. 23.8.1994 – 5 WF 131/94, FamRZ 1995, 101; OLG Naumburg v. 4.8.2005 – 8 WF 92/05, FamRZ 2006, 867 f.; OLG Zweibrücken v. 12.8.1997 – 5 UF 54/94, NJW-RR 1998, 147 (148); OLG Zweibrücken v. 20.9.1994 – 5 UF 197/91, FamRZ 1995, 619 (620); Zöller/*Philippi*, § 619 ZPO Rz. 5; aA OLG Saarbrücken v. 16.11.1984 – 6 WF 139/84, FamRZ 1985, 89 (90); enger auch OLG Frankfurt v. 18.4.1980 – 3 WF 315/79, FamRZ 1981, 192 f.

6 OLG Naumburg v. 21.4.2005 – 14 WF 50/05, FamRZ 2006, 217; Zöller/*Philippi*, § 619 ZPO Rz. 5.

7 OLG Naumburg v. 4.8.2005 – 8 WF 92/05, FamRZ 2006, 867 m. Anm. *Gottwald*; OLG München v. 23.7.1970 – 11 W 1178/70, NJW 1970, 1799 f.; MüKo.ZPO/*Bernreuther*, § 619 ZPO Rz. 14.

8 BGH v. 11.5.1988 – IVb ZB 191/87, FamRZ 1988, 1158 (1159); OLG München v. 23.7.1970 – 11 W 1178/70, NJW 1970, 1799 (1800).

9 BGH v. 5.12.1973 – IV ZR 128/73, FamRZ 1974, 129 (130).

10 OLG Koblenz v. 22.4.1980 – 15 UF 346/79, FamRZ 1980, 717 (718).

Nach § 113 Abs. 1 Satz 2 FamFG iVm. § 239 Abs. 1 ZPO wird das Verfahren (im noch rechtshängigen Kostenpunkt bzw. zur Abweisung des Antrags als unzulässig) bis zur Aufnahme durch den Rechtsnachfolger **unterbrochen**. War der Verstorbene anwaltlich vertreten, tritt nach § 246 Abs. 1 ZPO keine automatische Unterbrechung ein, doch ist auf Antrag die Aussetzung des Verfahrens anzuordnen.[1] 8

II. Auf Folgesachen

Da über Folgesachen per definitionem nur für den Fall der Scheidung der Ehe entschieden wird (§§ 137 Abs. 1, 142 Abs. 1 Satz 1, 148), erstreckt sich nach §§ 141 Satz 1, 142 Abs. 2 Satz 1 analog die Erledigung der Scheidungssache **automatisch auch auf die Folgesachen**. Eine bereits erlassene Verbundentscheidung wird somit – mit Ausnahme des Kostenpunktes (Rz. 14) – wirkungslos, soweit sie nicht bereits vor dem Tod des Ehegatten rechtskräftig geworden ist.[2] Wie auch bezüglich der Ehesache (Rz. 6), kann auch die Erledigung der Folgesache zum Zwecke der Klarstellung deklaratorisch festgestellt werden.[3] 9

Nach §§ 141 Satz 2, 142 Abs. 2 Satz 2 analog kann der überlebende Ehegatte oder der Rechtsnachfolger des Verstorbenen erklären, das betreffende Verfahren als **selbständige Familiensache fortführen** zu wollen.[4] Aussicht auf Erfolg hat dies nur für solche Gegenstände, deren Geltendmachung materiellrechtlich auch unabhängig von der (rechtskräftigen) Scheidung möglich ist: Für den Versorgungsausgleich (vgl. § 1587 BGB)[5] und Verfahren zur Regelung der Rechtsverhältnisse an der Ehewohnung und an Haushaltsgegenständen anlässlich der Scheidung (§§ 1568a, 1568b BGB) ist dies nicht der Fall. Demgegenüber richtet sich der Anspruch auf Ehegattenunterhalt unter den Voraussetzungen des § 1586b BGB gegen den Erben des Verpflichteten, und auch Zugewinnausgleich kann nach Auflösung der Ehe durch Tod eines Ehegatten verlangt werden, soweit der Ausgleich nicht durch pauschale Erhöhung des Ehegattenerbteils nach § 1371 BGB erfolgt.[6] Demgegenüber kann Kindesunterhalt nicht als selbständige Familiensache fortgeführt werden, weil der Anspruch bei Tod des in Anspruch genommenen Ehegatten erlischt (§ 1615 Abs. 1 BGB) und auch eine Rechtsnachfolge in die Position des Ehegatten, der in gesetzlicher Verfahrensstandschaft den Unterhalt für das Kind nach § 1629 Abs. 3 Satz 1 BGB geltend macht (§ 137 Rz. 33, § 140 Rz. 8), nicht möglich ist.[7] 10

1 BGH v. 12.11.1980 – IVb ZB 601/80, FamRZ 1981, 245; OLG Naumburg v. 4.8.2005 – 8 WF 92/05, FamRZ 2006, 867; OLG Stuttgart v. 28.7.1999 – 17 UF 71/99, FamRZ 2000, 1029; OLG Bamberg v. 7.12.1994 – 2 UF 225/94, FamRZ 1995, 1073 (1074).

2 BGH v. 15.2.1984 – IVb ZB 577/80, NJW 1984, 2829; BGH v. 14.7.1982 – IVb ZB 565/81, FamRZ 1983, 683; BGH v. 12.11.1980 – IVb ZB 601/80, FamRZ 1981, 245 (246); vgl. auch BT-Drucks. 16/10144, S. 70.

3 OLG Zweibrücken v. 20.9.1994 – 5 UF 197/91, FamRZ 1995, 619 (620); OLG Karlsruhe v. 28.6.1995 – 2 UF 264/94, NJW-RR 1996, 773.

4 KG v. 19.11.1999 – 19 WF 5080/98, FamRZ 2000, 1030 (Ls.); Zöller/*Philippi*, § 619 ZPO Rz. 12; MüKo.ZPO/*Bernreuther*, § 619 ZPO Rz. 17; offen gelassen in BGH v. 12.11.1980 – IVb ZB 601/80, FamRZ 1981, 245 (246).

5 BGH v. 12.11.1980 – IVb ZB 601/80, FamRZ 1981, 245 (246); Musielak/*Borth*, § 619 ZPO Rz. 5.

6 Zöller/*Philippi*, § 619 ZPO Rz. 13 f.; MüKo.ZPO/*Bernreuther*, § 619 ZPO Rz. 18. Nach § 1387 BGB analog bleibt für die Berechnung des Zugewinns die Rechtshängigkeit des Scheidungsantrags maßgebend (BGH v. 14.1.1987 – IVb ZR 46/85, FamRZ 1987, 353 ff.).

7 Zöller/*Philippi*, § 619 ZPO Rz. 15; MüKo.ZPO/*Bernreuther*, § 619 ZPO Rz. 17.

11 Ist in dem Zeitpunkt, in dem einer der Ehegatten verstirbt, der **Scheidungsbeschluss bereits rechtskräftig**, ist § 131 nicht anwendbar, und das Schicksal der Folgesachen beurteilt sich nach allgemeinen Grundsätzen.[1] Während ein Anspruch auf Wertausgleich bei der Scheidung gem. § 31 Abs. 1 Satz 1 VersAusglG auch noch gegen die Erben des Ausgleichspflichtigen geltend gemacht werden kann,[2] besitzen umgekehrt nach dem Tod des Berechtigten seine Erben kein Recht auf Wertausgleich (§ 31 Abs. 1 Satz 2 VersAusglG),[3] so dass sich das Versorgungsausgleichsverfahren erledigt, was zum Zwecke der Klarstellung deklaratorisch festgestellt werden kann.[4]

III. Kosten

12 Während die Frage nach früherem Recht umstritten war, stellt § 150 Abs. 2 Satz 2, 3. Alt. klar, dass die Kosten der Scheidungssache und der Folgesachen grundsätzlich **gegeneinander aufzuheben** sind.[5] Soweit dieses Ergebnis unbillig erscheint, besteht nach dem nunmehr als allgemeine Billigkeitsklausel ausgestalteten § 150 Abs. 4 („insbesondere") die Möglichkeit einer anderweitigen Kostenverteilung. Fraglich ist, inwieweit in diesem Rahmen auch der bisherige Sach- und Streitstand zu berücksichtigen ist. Da sich der Gesetzgeber grundsätzlich für die Kostenaufhebung und gegen eine summarische Prüfung der Erfolgsaussichten entsprechend § 91a ZPO entschieden hat, darf diese Weichenstellung nicht über die Hintertür des § 150 Abs. 4 wieder zunichte gemacht werden. Daher wird man lediglich in offensichtlichen Fällen die mangelnden Erfolgsaussichten des Antrags in einer Scheidungs- oder einer Unterhalts- oder Güterrechtsfolgesache berücksichtigen können. Auf Aufhebungsverfahren und Verfahren auf Feststellung des Bestehens oder Nichtbestehens einer Ehe sollte § 150 Abs. 2 Satz 2, 3. Alt. in den Fällen des § 131 entsprechend angewendet werden.[6]

13 Ist der überlebende Ehegatte **Alleinerbe des Verstorbenen**, ergeht keine Kostenentscheidung, weil Verfahrensgegner, die einander Kosten erstatten könnten, nicht vorhanden sind.[7]

14 War **bereits eine Entscheidung in der Ehesache** ergangen, wird der Ausspruch zu den Kosten durch § 131 grundsätzlich nicht berührt.[8] Nach bisherigem Recht wurde in

1 Musielak/*Borth*, § 619 ZPO Rz. 7; Zöller/*Philippi*, § 619 ZPO Rz. 18.

2 Vgl. zu § 1587e Abs. 4 Satz 2 BGB aF BGH v. 15.2.1984 – IVb ZB 577/80, NJW 1984, 2829 (2830).

3 Vgl. zu § 1587e Abs. 2 BGB aF OLG Nürnberg v. 8.3.2006 – 10 UF 79/06, FamRZ 2006, 959 (unter fälschlicher Bezugnahme auch auf § 619 ZPO aF); OLG Frankfurt v. 29.9.1989 – 3 UF 103/87, FamRZ 1990, 296 (297).

4 OLG Nürnberg v. 8.3.2006 – 10 UF 79/06, FamRZ 2006, 959; OLG Frankfurt v. 29.9.1989 – 3 UF 103/87, FamRZ 1990, 296 (297); vgl. auch OLG Zweibrücken v. 20.9.1994 – 5 UF 197/91, FamRZ 1995, 619 (620); OLG Karlsruhe v. 28.6.1995 – 2 UF 264/94, NJW-RR 1996, 773.

5 Der BGH kam durch entsprechende Anwendung von § 93a ZPO schon nach bisherigem Recht zu diesem Ergebnis (BGH v. 13.11.1985 – IVb ZB 112/82, FamRZ 1986, 253 (254); BGH v. 14.7.1982 – IVb ZB 565/81, FamRZ 1983, 683; OLG Köln v. 4.2.1999 – 25 UF 154/98, FamRZ 2000, 620), doch wandten eine Reihe von Oberlandesgerichten § 91a ZPO analog an: OLG Bamberg v. 7.12.1994 – 2 UF 225/94, FamRZ 1995, 1073 (1074); OLG Karlsruhe v. 28.6.1995 – 2 UF 264/94, NJW-RR 1996, 773; OLG Nürnberg v. 16.9.1996 – 10 UF 1814/96, FamRZ 1997, 763; OLG München v. 23.7.1970 – 11 W 1178/70, NJW 1970, 1799 (1800).

6 Vgl. schon zum bisherigen Recht MüKo.ZPO/*Bernreuther*, § 619 ZPO Rz. 23.

7 Zöller/*Philippi*, § 619 ZPO Rz. 5; Johannsen/Henrich/*Sedemund-Treiber*, § 619 ZPO Rz. 3; aA Stein/Jonas/*Schlosser*, § 619 ZPO Rz. 15; MüKo.ZPO/*Bernreuther*, § 619 ZPO Rz. 23.

8 BGH v. 12.11.1980 – IVb ZB 601/80, FamRZ 1981, 245 (246); OLG Düsseldorf v. 30.6.2004 – II – 1 UF 9/04, FamRZ 2005, 386 (387).

analoger Anwendung von § 91a Abs. 2 ZPO oder § 99 Abs. 2 ZPO hiergegen die sofortige Beschwerde zugelassen.[1] Nach der hier vertretenen Auffassung ist jedoch in Fällen, in denen eine Kostenentscheidung nach § 150 zu treffen ist, das in § 99 Abs. 1 ZPO verankerte Verbot der isolierten Anfechtung von Kostenentscheidungen nicht anwendbar (§ 150 Rz. 19). Vielmehr ist die Beschwerde nach §§ 58 ff. nach allgemeinen Regeln (§ 81 Rz. 32) zulässig (aA offenbar § 59 Rz. 2).

§ 132
Kosten bei Aufhebung der Ehe

(1) Wird die Aufhebung der Ehe ausgesprochen, sind die Kosten des Verfahrens gegeneinander aufzuheben. Erscheint dies im Hinblick darauf, dass bei der Eheschließung ein Ehegatte allein die Aufhebbarkeit der Ehe gekannt hat oder ein Ehegatte durch arglistige Täuschung oder widerrechtliche Drohung seitens des anderen Ehegatten oder mit dessen Wissen zur Eingehung der Ehe bestimmt worden ist, als unbillig, kann das Gericht die Kosten nach billigem Ermessen anderweitig verteilen.

(2) Absatz 1 ist nicht anzuwenden, wenn eine Ehe auf Antrag der zuständigen Verwaltungsbehörde oder bei Verstoß gegen § 1306 des Bürgerlichen Gesetzbuchs auf Antrag des Dritten aufgehoben wird.

In weitgehender Übereinstimmung mit § 93a Abs. 3 und 4 ZPO aF regelt § 132 die Kosten bei Aufhebung einer Ehe. In Parallele zu § 150 Abs. 1 geht die Vorschrift – in Abweichung von § 113 Abs. 1 Satz 2 FamFG iVm. §§ 91 ff. ZPO – vom Grundsatz der **Kostenaufhebung** aus (vgl. § 92 Abs. 1 Satz 2 ZPO). Nach § 132 Abs. 1 Satz 2 ist in abschließend aufgeführten Konstellationen eine abweichende Kostenverteilung vor allem nach dem Verursacherprinzip möglich,[2] wenn dies unter Billigkeitsgesichtspunkten geboten erscheint; dabei zählt in gleicher Weise wie bei § 150 Abs. 4 der Gesichtspunkt der unverhältnismäßigen Beeinträchtigung der Lebensführung (§ 93a Abs. 1 Satz 2 Nr. 1 und Abs. 3 Satz 2, 1. Alt. ZPO aF) nicht mehr zu den aufgeführten Fallgruppen. 1

Da die Vorschrift nur dann anwendbar ist, wenn der Antrag auf Aufhebung der Ehe durchdringt, trägt der erfolglose Antragsteller die Kosten gem. § 113 Abs. 1 Satz 2 FamFG iVm. § 91 ZPO. Werden Anträge beider Ehegatten abgewiesen, sind die Kosten gem. § 92 Abs. 1 ZPO gegeneinander aufzuheben. Nach § 132 Abs. 2 gilt der Grundsatz der Kostenaufhebung auch dann nicht, wenn die **Ehe auf Antrag der zuständigen Verwaltungsbehörde oder eines berechtigten Dritten** (vgl. § 129 Abs. 1) aufgehoben wird. Insofern bleibt es ebenfalls bei den allgemeinen Regeln: Wird die Ehe aufgehoben, tragen die Ehegatten gem. § 113 Abs. 1 Satz 2 FamFG iVm. §§ 91, 100 Abs. 1 ZPO die Kosten je zur Hälfte. Wird der Antrag des berechtigten Dritten oder der Verwaltungsbehörde abgewiesen, trägt diese(r) die Kosten (§ 91 ZPO). Da die Staatskasse jedoch nach § 2 Abs. 1 FamGKG von den Gerichtskosten befreit ist, trägt sie – der Sache nach – nur die außergerichtlichen Kosten des Antragsgegners (so noch ausdrücklich § 631 Abs. 5 ZPO aF). 2

1 Vgl. Zöller/*Philippi*, § 619 ZPO Rz. 8; MüKo.ZPO/*Bernreuther*, § 619 ZPO Rz. 20 mit Fn. 38.
2 *Borth*, FamRZ 2009, 157 (163).

Unterabschnitt 2
Verfahren in Scheidungssachen und Folgesachen

§ 133
Inhalt der Antragsschrift

(1) Die Antragsschrift muss enthalten:

1. Namen und Geburtsdaten der gemeinschaftlichen minderjährigen Kinder sowie die Mitteilung ihres gewöhnlichen Aufenthalts,

2. die Erklärung, ob die Ehegatten eine Regelung über die elterliche Sorge, den Umgang und die Unterhaltspflicht gegenüber den gemeinschaftlichen minderjährigen Kindern sowie die durch die Ehe begründete gesetzliche Unterhaltspflicht, die Rechtsverhältnisse an der Ehewohnung und an den Haushaltsgegenständen getroffen haben, und

3. die Angabe, ob Familiensachen, an denen beide Ehegatten beteiligt sind, anderweitig anhängig sind.

(2) Der Antragsschrift sollen die Heiratsurkunde und die Geburtsurkunden der gemeinschaftlichen minderjährigen Kinder beigefügt werden.

A. Systematik

1 Die Vorschrift stellt ergänzend zu den allgemeinen Vorgaben des § 124 in Abs. 1 **zwingende** („muss") und in Abs. 2 **weitere** („soll") **Anforderungen** an den Inhalt der Antragsschrift auf. Ausweislich ihrer systematischen Stellung gilt § 133 nur in Scheidungssachen und nicht in anderen Ehesachen, obwohl die entsprechenden Angaben auch dort im Hinblick auf die Prüfung der örtlichen Zuständigkeit und die Herbeiführung der Verfahrenskonzentration zweckmäßigerweise bereits in der Antragsschrift erfolgen sollten. Auf Anträge in Folgesachen ist die Vorschrift nach ihrem Sinn und Zweck nicht anwendbar.[1] Zu Anträgen in Folgesachen vgl. § 137 Rz. 49.

B. Inhalt der Antragsschrift

I. Zwingende Angaben (Absatz 1)

2 Die Vorgaben in Abs. 1 Nr. 1 gehen über die bisherige Regelung in § 622 Abs. 2 Satz 1 Nr. 1 ZPO aF hinaus, weil nicht nur das bloße Vorhandensein **gemeinschaftlicher minderjähriger** (auch gemeinschaftlich adoptierter) **Kinder**, sondern auch deren Namen, Geburtsdatum sowie gewöhnlicher Aufenthalt zum Antragsinhalt gehören. Auf diese Weise erhält das Gericht unverzüglich die Daten, die gem. § 17 Abs. 3 SGB VIII an das Jugendamt weiterzugeben sind und die erforderlich sind, um seine Zuständigkeit (§ 122 Nr. 1 bis 3) zu überprüfen sowie die Beteiligten gem. § 128 Abs. 2 zur elterlichen Sorge und zum Umgang anhören und auf Beratungsmöglichkeiten hinweisen zu können.

1 AA Schulte-Bunert/Weinreich/*Schröder*, § 133 FamFG Rz. 1.

Auf Vorschlag des Rechtsausschusses wurde – in Anlehnung an den Katalog des § 630 Abs. 1 ZPO aF – die Regelung des Abs. 1 Nr. 2 eingefügt, wonach die Antragsschrift auch die Erklärung enthalten muss, ob die Ehegatten eine Regelung über die elterliche Sorge, den Umgang und die Unterhaltspflicht gegenüber den gemeinschaftlichen minderjährigen Kindern sowie die durch die Ehe begründete Unterhaltspflicht, die Rechtsverhältnisse an der Ehewohnung und an den Haushaltsgegenständen getroffen haben. Hierdurch sollen die Ehegatten in erster Linie einen **Anstoß erhalten**, sich bewusst zu werden, ob wichtige Folgefragen im Zusammenhang mit der Scheidung noch der (gerichtlichen oder außergerichtlichen) Klärung bedürfen.[1] Außerdem kann der Richter auf dieser Grundlage im Rahmen der nach § 128 Abs. 2 vorgeschriebenen **Anhörung zur elterlichern Sorge und zum Umgangsrecht** (vgl. § 128 Rz. 18 f.) besser auf die individuelle Situation der betroffenen Kinder eingehen sowie gezielte Hinweise auf entsprechende Beratungsmöglichkeiten geben. Gleichzeitig erhält er ein Minimum an Informationen, um (vor allem im Zusammenspiel mit Erkenntnissen aus anderen Verfahren) einschätzen zu können, ob ein Sorgeverfahren nach §§ 1666, 1666a BGB wegen Gefährdung des Kindeswohls von Amts wegen eingeleitet werden muss. Wenig schlüssig ist es jedoch, wenn die Gesetzesbegründung die Hoffnung äußert, der Richter könne den Ehegatten auch gezielte Beratungshinweise erteilen, um zu einer „möglichst ausgewogenen Scheidungsfolgenregelung [...] im Interesse eines wirtschaftlich schwächeren Ehepartners beizutragen".[2] Eine inhaltliche Belehrung oder Beratung seitens des Richters über vermögensrechtliche Belange ist im geltenden Verfahrensrecht nicht vorgesehen. 3

Das Erfordernis des § 133 Abs. 1 Nr. 2 bedeutet nicht, dass die Ehegatten verpflichtet wären, über die genannten Punkte eine Einigung herbeizuführen, bevor sie die Scheidung beantragen, vielmehr kann sich die Erklärung darauf beschränken, dass eine **einvernehmliche Lösung (noch) nicht gefunden** wurde. Wurde eine entsprechende Regelung getroffen, ist es nach § 133 Abs. 1 Nr. 2 nicht einmal erforderlich, deren Inhalt mitzuteilen.[3] 4

Nach Abs. 1 Nr. 3 müssen **alle anderweitig anhängigen Familiensachen** (auch soweit sie sich bereits in der Rechtsmittelinstanz befinden)[4] durch Bezeichnung des Gerichts und des entsprechenden Aktenzeichens[5] in der Antragsschrift angegeben werden. Die Anhängigkeit beginnt mit Einreichung des verfahrenseinleitenden Antrags (in Amtsverfahren mit erstmaliger Befassung des Gerichts) und wird nicht unterbrochen, wenn das Verfahren ausgesetzt wird oder wegen Nichtbetreibens zum Stillstand kommt,[6] sondern endet erst mit Antragsrücknahme, übereinstimmenden Erledigungserklärungen, verfahrensbeendendem Vergleich, rechtskräftiger Entscheidung oder ggf. dem Tod eines Beteiligten (§ 131). Auf diese Weise wird sichergestellt, dass bereits anhängige Verfahren auf das Gericht der Ehesache übergeleitet werden können, indem dieses die mit anderen Familiensachen befassten Gerichte über die Rechtshängigkeit der Scheidungssache informiert, soweit das Gesetz eine Zuständigkeitskonzentration vorschreibt (vgl. § 124 Rz. 2 und Rz. 4). Allerdings erfasst die Vorschrift nunmehr alle 5

1 BT-Drucks. 16/9733, S. 293.
2 BT-Drucks. 16/9733, S. 293.
3 BT-Drucks. 16/9733, S. 293; *Löhnig*, FamRZ 2009, 737 (738).
4 Für das bisherige Recht war dies umstritten, vgl. Zöller/*Philippi*, § 622 ZPO Rz. 4 einerseits und Stein/Jonas/*Schlosser*, § 622 ZPO Rz. 9; *Vogel*, AnwBl. 1982, 457 (461) andererseits.
5 Zöller/*Philippi*, § 622 ZPO Rz. 4; demgegenüber Stein/Jonas/*Schlosser*, § 622 ZPO Rz. 9 („zweckmäßig").
6 BGH v. 13.10.1982 – IVb ZB 601/81, FamRZ 1983, 38 (40); BGH v. 2.12.1987 – IVb ARZ 39/87, FamRZ 1988, 491 (492).

Familiensachen und nicht mehr wie § 622 Abs. 2 Satz 1 Nr. 1 ZPO aF nur diejenigen Verfahren, für die die Zuständigkeitskonzentration beim Gericht der Ehesache gilt. Hierdurch soll das Gericht frühzeitig über die zwischen den Ehegatten bestehenden Streitpunkte informiert werden,[1] was sich als hilfreich erweisen mag, um etwa die Chancen für die außergerichtliche Streitbeilegung über Folgesachen (§ 135) einschätzen zu können.

6 Soweit ein Scheidungsantrag eine der vorgeschriebenen Angaben nicht enthält, hat das Gericht – wie auch sonst bei **Mängeln der Antragsschrift** (§ 124 Rz. 15) – hierauf gem. § 139 Abs. 3 ZPO (iVm. § 113 Abs. 1 Satz 2) hinzuweisen und gleichwohl zuzustellen, damit Termin anberaumt und der Antrag ggf. als unzulässig abgewiesen werden kann. Fehlende Angaben können in einem ergänzenden Schriftsatz bis zum Schluss der letzten mündlichen Verhandlung nachgeholt werden.[2]

II. Soll-Angaben (Absatz 2)

7 Die nach § 133 Abs. 2 vorzulegende **Heiratsurkunde** sowie die **Geburtsurkunde(n)** für gemeinschaftliche Kinder gehören nicht zum zwingenden Mindestinhalt der Antragsschrift, doch „sollen" sie – der bisherigen Übung entsprechend – bereits bei Verfahrenseinleitung vorgelegt werden. Dabei akzeptieren die Gerichte vielfach auch beglaubigte Kopien. Die Vorlage der Heiratsurkunde ist erforderlich, weil das Gericht von Amts wegen zu prüfen hat, ob die Beteiligten überhaupt eine wirksame Ehe miteinander geschlossen haben (§ 127 Rz. 6). Ist es den Ehegatten jedoch nicht möglich, eine Heiratsurkunde zu beschaffen, so steht dies einer Scheidung nicht entgegen, solange das Gericht sich auf andere Weise Gewissheit über die wirksame Eheschließung verschaffen kann.[3] Soweit nach bisherigem Recht der Nachweis der aktuellen Personenstandsdaten (zB Staatsangehörigkeit wegen des anwendbaren Rechts) erforderlich war, konnte dieser durch Vorlage aktueller Auszüge aus dem Familienbuch erbracht werden.

8 Mit Inkrafttreten des **neuen Personenstandsgesetzes** zum 1.1.2009 wurden die Familienbücher durch Personenstandsregister ersetzt.[4] Die Eheurkunde (§ 57 PStG) bzw. die Geburtsurkunde (§ 59 PStG) stellen nunmehr einen Auszug aus dem jeweiligen Ehe- (§ 15 PStG) bzw. Geburtenregister (§ 21 PStG) dar. Zum Nachweis der aktuellen Personenstandsdaten kann die Vorlage eines beglaubigten Registerausdrucks (§ 55 Abs. 1 Nr. 1 PStG) aus dem Eheregister verlangt werden, das nach § 16 PStG durch Aufnahme von Folgebeurkundungen und Hinweisen den jeweils neuesten Stand wiedergibt. Angaben über die gemeinsamen Kinder finden sich jedoch nur in deren Geburtseintrag und werden allein dort fortgeführt (§ 27 PStG). Die bisherigen Familienbücher werden zu Heiratseinträgen umgewidmet und sind in entsprechender Anwendung von § 16 PStG fortzuführen (§ 77 Abs. 2 Satz 1 und 2 PStG). Sie dienen als Grundlage zur Ausstellung von Eheurkunden (§ 77 Abs. 3 PStG).

1 BT-Drucks. 16/6308, S. 228.

2 *Löhnig*, FamRZ 2009, 737 (738). Der Auffassung, dass bei fehlenden Angaben keine Rechtshängigkeit eintrete und diese durch Nachholung der fehlenden Angaben lediglich mit Wirkung ex nunc geheilt werde (Baumbach/*Hartmann*, § 133 FamFG Rz. 2 aE und 3 aE; Stein/Jonas/*Schlosser*, § 622 ZPO Rz. 6), kann nicht gefolgt werden (vgl. schon MüKo.ZPO/*Klauser*, 1. Aufl. 1992, § 622 ZPO Rz. 10).

3 OLG Karlsruhe v. 7.6.1990 – 18 WF 35/90, FamRZ 1991, 83 (84); vgl. auch BT-Drucks. 16/6308, S. 228 und 413.

4 Vgl. *Schulte-Bunert*, § 133 Rz. 510.

§ 134
Zustimmung zur Scheidung und zur Rücknahme; Widerruf

(1) Die Zustimmung zur Scheidung und zur Rücknahme des Scheidungsantrags kann zur Niederschrift der Geschäftsstelle oder in der mündlichen Verhandlung zur Niederschrift des Gerichts erklärt werden.

(2) Die Zustimmung zur Scheidung kann bis zum Schluss der mündlichen Verhandlung, auf die über die Scheidung der Ehe entschieden wird, widerrufen werden. Der Widerruf kann zur Niederschrift der Geschäftsstelle oder in der mündlichen Verhandlung zur Niederschrift des Gerichts erklärt werden.

A. Normzweck

Während die Zustimmung zur Scheidung (§ 1566 Abs. 1 BGB) und der Widerruf der Zustimmung zur Scheidung schon gem. § 630 Abs. 2 Satz 2 ZPO aF zu Protokoll der Geschäftsstelle oder in der mündlichen Verhandlung zur Niederschrift des Gerichts erklärt werden konnten, erstreckt § 134 diesen Grundsatz nunmehr auch auf die „Zustimmung zur Rücknahme des Scheidungsantrags" iSv. § 269 Abs. 2 Satz 1 ZPO. Diese zusätzliche Befreiung vom Anwaltszwang wird regelmäßig allerdings nur dann relevant, wenn der ursprünglich anwaltlich vertretene Antragsgegner in einem Fortsetzungstermin nicht mehr anwaltlich vertreten ist (zB wegen Niederlegung oder Entziehung des Mandats), denn solange ein Ehegatte überhaupt nie anwaltlich vertreten war, kann er nicht iSv. § 269 Abs. 1 ZPO mündlich verhandelt haben, so dass sich die Frage seiner Zustimmung zur Antragsrücknahme schon gar nicht stellt. Eine Ausnahme gilt allerdings dann, wenn der Antragsgegner die – auch ohne anwaltliche Vertretung mögliche – Zustimmung zur Scheidung erklärt (Rz. 8). 1

Der zentrale Reformschritt besteht jedoch darin, dass weder in § 134 noch in einer sonstigen Vorschrift die Zustimmung zur Scheidung an besondere Bedingungen geknüpft wird. Um **einverständliche Scheidungen zu erleichtern**, wird nicht mehr wie nach § 630 Abs. 1 ZPO aF die Zustimmung zur Scheidung von der einverständlichen Regelung bestimmter Scheidungsfolgen abhängig gemacht.[1] Vom gesetzgeberischen Anliegen des § 630 ZPO aF, über den gemeinsamen Wunsch nach einer (zügigen) Scheidung die Regelung zentraler Folgefragen nicht aus dem Blick zu verlieren, ist lediglich die allgemeine Vorgabe übrig geblieben, dass die Antragsschrift gem. § 133 Abs. 1 Nr. 2 auch die Erklärung enthalten muss, „ob" die Ehegatten eine Regelung über bestimmte Scheidungsfolgen getroffen haben. 2

1 BT-Drucks. 16/6308, S. 229; krit. *Münch*, FamRB 2008, 251 ff.

B. Zustimmung zur Scheidung (Abs. 1 Alt. 1) und Widerruf (Absatz 2)

3 Während eine unwiderlegbare Vermutung für das Scheitern einer Ehe nach § 1566 Abs. 2 BGB erst nach dreijähriger Trennungszeit greift, verkürzt sich gem. § 1566 Abs. 1 BGB die einzuhaltende Frist auf ein Jahr, wenn beide Ehegatten die Scheidung beantragen (§ 126 Rz. 9) oder der Antragsgegner zustimmt. Da jedoch nach bisherigem Recht durch § 630 Abs. 1 ZPO aF die Berufung auf § 1566 Abs. 1 BGB von der Einigung über wesentliche Folgefragen abhängig war, wichen die meisten Paare trotz übereinstimmenden Scheidungswunsches auf den Grundtatbestand des § 1565 Abs. 1 BGB aus.[1] In Zukunft besteht hierfür kein Anlass mehr. Hierdurch erhält die in Entsprechung zu § 630 Abs. 2 Satz 2 ZPO aF in § 134 Abs. 1 vorgesehene **Möglichkeit, ohne anwaltliche Vertretung der Scheidung zuzustimmen, eine vollkommen neue Bedeutung.**[2] Bei Anwendung fremden Scheidungsrechts ist es allerdings denkbar, dass ausländische Regelungen an einverständliche Scheidungen vergleichbare Anforderungen wie § 630 ZPO aF stellen, denen wegen ihrer scheidungsbeschränkenden Wirkung materiellrechtlicher Gehalt zukommt, so dass sie auch vor deutschen Gerichten zu beachten sein können.[3]

4 Da § 1566 Abs. 1 BGB kein eigenständiger Scheidungstatbestand ist, sondern lediglich die unwiderlegliche Vermutung des Scheiterns der Ehe begründet (vgl. § 292 ZPO), entfaltet die Zustimmung wesentliche Wirkungen auf prozessualem Gebiet, so dass sie **(auch) eine Verfahrenshandlung** darstellt.[4] Sie muss daher **gegenüber dem Gericht** erklärt werden,[5] außergerichtliche Äußerungen genügen grundsätzlich nicht. Überwiegend wird es jedoch als ausreichend angesehen, wenn die außergerichtlich (etwa in einer Scheidungsfolgenvereinbarung) erklärte Zustimmung mit Willen des Betroffenen dem Gericht vorgelegt wird.[6] Da es sich nicht um eine höchstpersönliche Erklärung handelt, ist die Abgabe durch Anwaltsschriftsatz unproblematisch möglich.[7] Ob die Ankündigung, man werde dem Scheidungsantrag zustimmen, schon für sich genommen als endgültige und unzweifelhafte Zustimmung gewertet werden kann, ist durch Auslegung zu ermitteln;[8] nicht ausreichend ist die Äußerung, man werde dem Scheidungsantrag nicht entgegentreten.[9] Äußert der Ehegatte bei Abgabe der Zustimmung, eigentlich wünsche er keine Scheidung, handelt es sich nicht zwangsläufig um eine perplexe Willenserklärung, vielmehr kann er eine Verkomplizierung des Verfahrens vermeiden oder sich dem Unvermeidlichen beugen wollen.[10]

---

1 Vgl. dazu nur *Dastmaltchi*, FPR 2007, 226 (228) mwN.

2 Krit. *Rakete-Dombek*, FPR 2009, 16 (17).

3 Vgl. *Jayme*, NJW 1977, 1378 (1381 f.); MüKo.ZPO/*Finger*, § 630 ZPO Rz. 5.

4 BGH v. 6.6.1990 – IV ZR 88/89, FamRZ 1990, 1109; BGH v. 30.11.1994 – IV ZR 290/93, FamRZ 1995, 229; BayObLG v. 18.12.1995 – 1 Z BR 111/95, FamRZ 1996, 760 (761); OLG Karlsruhe v. 10.2.1998 – 2 WF 162/67, FamRZ 1998, 1606 (1607).

5 BGH v. 30.11.1994 – IV ZR 290/93, FamRZ 1995, 229; MüKo.ZPO/*Finger*, § 630 ZPO Rz. 10.

6 *Schwab*, Rz. II 82; Staudinger/*Rauscher*, § 1566 BGB Rz. 38 mwN auch zur Gegenansicht; MüKo.BGB/*Wolf*, § 1566 BGB Rz. 26.

7 BayObLG v. 18.12.1995 – 1 Z BR 111/95, FamRZ 1996, 760 ff.; OLG Zweibrücken v. 25.11.1994 – 3 W 165/94, FamRZ 1995, 570 (571); OLG Saarbrücken v. 18.7.1991 – 5 W 16/91, FamRZ 1992, 109 (110 f.); OLG Frankfurt v. 6.4.1989 – 12 U 143/88, FamRZ 1990, 210 (211).

8 BayObLG v. 18.12.1995 – 1 Z BR 111/95, FamRZ 1996, 760 (761); Staudinger/*Rauscher*, § 1566 BGB Rz. 35 mwN.

9 OLG Zweibrücken v. 27.6.1989 – 2 WF 63/89, FamRZ 1990, 59; OLG Stuttgart v. 22.12.1978 – 15 UF 218/78, NJW 1979, 662 (Ls.); MüKo.ZPO/*Finger*, § 630 ZPO Rz. 11; Staudinger/*Rauscher*, § 1566 BGB Rz. 28.

10 Vgl. OLG Saarbrücken v. 18.7.1991 – 5 W 16/91, FamRZ 1992, 109 (111 f.), wo jedoch zweifelhaft war, ob überhaupt eine Zustimmung vorlag (*Schwab*, Rz. II 83 gegenüber Staudinger/*Rauscher*, § 1566 BGB Rz. 35).

Nach § 134 Abs. 2 Satz 1 ist der **Widerruf der Zustimmung**, für den die gleichen Regeln wie für die Erklärung der Zustimmung gelten (Rz. 4), bis zum Schluss der letzten mündlichen Verhandlung, dh. auch noch in der zweiten und dritten Instanz, zulässig. Im Interesse der Eheerhaltung kann ein Rechtsmittel allein zu dem Zweck eingelegt werden, die Zustimmung zur Scheidung zu widerrufen.[1] Nach Widerruf der Zustimmung kann wegen der Einheitlichkeit des Streitgegenstandes (§ 126 Rz. 3) die Scheidung – ohne Antragsänderung – etwa auf den Grundtatbestand (§ 1565 Abs. 1 BGB) gestützt werden. Hat ein Ehegatte einen eigenen Scheidungsantrag gestellt, den er nicht wirksam zurücknehmen kann, weil der andere Ehegatte nicht zustimmt (§ 269 Abs. 1 ZPO) oder er anwaltlich nicht mehr vertreten ist, kann er gleichwohl durch einen Widerruf nach § 134 Abs. 2 bewirken, dass sein Antrag nicht mehr als Basis für eine einverständliche Scheidung iSv. § 1566 Abs. 1 BGB herangezogen werden darf, weil diese materiellrechtlich ein Einverständnis beider Ehegatten mit der Scheidung voraussetzt.[2] (Zur Behandlung eines materiell nicht mehr aufrechterhaltenen, aber prozessual nicht wirksam zurückgenommenen Antrags vgl. auch Rz. 10). 5

Sowohl die Zustimmung zur Scheidung als auch der Widerruf der Zustimmung zur Scheidung können zu Protokoll der Geschäftsstelle eines jeden Amtsgerichts (§ 129a ZPO) oder in der mündlichen Verhandlung zur Niederschrift des Gerichts erklärt werden. Nach § 114 Abs. 4 Nr. 3 unterliegen diese Erklärungen damit **nicht dem Anwaltszwang**. 6

C. Zustimmung zur Rücknahme des Scheidungsantrags (Abs. 1 Alt. 2)

Gem. § 113 Abs. 1 Satz 2 ist auf die Rücknahme des Scheidungsantrags § 269 ZPO anwendbar, soweit in § 134 Abs. 1 nichts anderes bestimmt ist. Damit kann der Scheidungsantrag, solange er rechtshängig ist, – durch den Verfahrensbevollmächtigten (§ 114 Abs. 1) – zurückgenommen werden, also auch noch nach Erlass des Scheidungsbeschlusses vor Eintritt der Rechtskraft. Hat der Antragsgegner zur Hauptsache mündlich verhandelt, ist gem. § 269 Abs. 1 ZPO seine Zustimmung erforderlich, die ebenfalls bis zur Rechtskraft des Scheidungsausspruchs erteilt werden kann. Die Rücknahme sowie die Zustimmung sind grundsätzlich in der in § 269 Abs. 2 ZPO vorgesehen Form zu erklären. Doch kann die Zustimmung nach § 134 Abs. 1, 2. Alt. nunmehr auch zu Protokoll der Geschäftsstelle eines jeden Amtsgerichts (§ 129a ZPO) oder in der mündlichen Verhandlung zur Niederschrift des Gerichts erklärt werden und unterliegt damit nach § 114 Abs. 4 Nr. 3 **nicht mehr dem Anwaltszwang** (Rz. 1). Ausnahmsweise kann auch eine schlüssige Erklärung ausreichen, wenn sie eindeutig ist und den Zustimmungswillen ohne jeden Zweifel erkennen lässt.[3] Die Fiktion des § 269 Abs. 2 Satz 4 ZPO, wonach die Zustimmung als erteilt gilt, wenn der Antragsgegner nicht binnen zwei Wochen nach Zustellung der Rücknahmeerklärung widerspricht, ist auch in Ehesachen anwendbar.[4] 7

Der Antragsgegner verhandelt mündlich zur Hauptsache, wenn sich sein Verfahrensbevollmächtigter **sachlich zum Scheidungsantrag einlässt**, dh. seinen Standpunkt zu 8

1 BGH v. 11.1.1984 – IVb ZR 41/82, FamRZ 1984, 350 (351); OLG Stuttgart v. 22.12.1978 – 15 UF 218/78 ES, NJW 1979, 662; Musielak/*Borth*, § 630 ZPO Rz. 5.

2 Staudinger/*Rauscher*, § 1566 BGB Rz. 45 f.; *Schwab*, Rz. II 86; Johannsen/Henrich/*Jaeger*, § 1566 BGB Rz. 15; iE so nunmehr auch MüKo.BGB/*Wolf*, § 1566 BGB Rz. 22.

3 OLG Bamberg v. 18.1.1989 – 2 WF 14/89 (juris).

4 OLG Naumburg v. 8.6.2002 – 8 UF 80/02, FamRZ 2003, 545; Zöller/*Philippi*, § 626 ZPO Rz. 1a.

den tatsächlichen oder rechtlichen Gesichtspunkten des Verfahrens vorträgt; die Stellung eines förmlichen Antrags (vgl. § 137 Abs. 1 ZPO) bzw. die Abgabe einer Zustimmungserklärung ist nicht erforderlich.[1] Nicht ausreichend ist demgegenüber, dass das Gericht die Möglichkeiten einer außergerichtlichen Streitbeilegung auslotet (§ 135 Abs. 2) oder über die Zulässigkeit von Anträgen verhandelt.[2] Ist der Antragsgegner anwaltlich nicht vertreten (gem. § 130 Abs. 2 ist ein Versäumnisbeschluss gegen ihn nicht zulässig), kann er nicht zur Sache verhandeln (§ 114 Abs. 1). Der Antragsteller kann dann seinen Scheidungsantrag bis zum rechtskräftigen Abschluss des Scheidungsverfahrens einseitig zurücknehmen.[3] Hieran ändert der Umstand nichts, dass auch ein anwaltlich nicht vertretener Ehegatte gem. § 128 anzuhören ist und in diesem Zusammenhang geäußerte eheerhaltende Tatsachen zu berücksichtigen sind (§ 114 Rz. 20), denn hierdurch kommt das Gericht lediglich seiner Pflicht zur amtswegigen Feststellung und Überprüfung der Scheidungsvoraussetzungen nach (§ 127).[4] Ausnahmsweise liegt eine mündliche Verhandlung seitens eines anwaltlich nicht vertretenen Antragsgegners vor, wenn er selbst die Zustimmung zum Scheidungsantrag erklärt, die gem. § 134 Abs. 1 iVm. § 114 Abs. 4 Nr. 3 vom Anwaltszwang befreit ist.[5]

9 Durch die Rücknahme fällt gem. § 269 Abs. 3 Satz 1 ZPO rückwirkend die **Rechtshängigkeit des Scheidungsantrags fort** (zu wechselseitigen Anträgen vgl. § 124 Rz. 3). Auch seine materiellrechtlichen Wirkungen (vgl. dazu § 124 Rz. 3) werden beseitigt.[6] Ein Widerruf der Rücknahme ist – auch mit Zustimmung der Gegenseite – nicht möglich.[7] Ein schon ergangener (aber noch nicht rechtskräftiger) Scheidungsbeschluss wird automatisch wirkungslos (§ 269 Abs. 3 Satz 1 ZPO). In der Rücknahme des Antrags liegt kein Verzicht (vgl. dazu § 113 Rz. 22) auf die erneute Geltendmachung der bereits entstandenen Scheidungsgründe.[8] Zu den Auswirkungen der Rücknahme auf Folgesachen vgl. § 141, zur Kostenentscheidung vgl. § 150 Abs. 2 Satz 1. Gem. § 269 Abs. 4 ZPO entscheidet das Gericht über die Wirkungen der Rücknahme (Wirkungslosigkeit eines Scheidungsbeschlusses und Kostentragung) auf Antrag eines (anwaltlich vertretenen) Ehegatten durch Beschluss ohne notwendige mündliche Verhandlung (§ 128 Abs. 4 ZPO).

10 Auch wenn die Rücknahme des Scheidungsantrags **verfahrensrechtlich unwirksam** sein sollte, darf materiellrechtlich die Ehe nur geschieden werden, wenn mindestens ein Ehegatte nach wie vor die Scheidung begehrt.[9] In letzter Konsequenz müsste ein

1 BGH v. 23.6.2004 – XII ZB 212/01, FamRZ 2004, 1364; OLG Frankfurt v. 10.11.1981 – 3 UF 6/81, FamRZ 1982, 809 (811); OLG Stuttgart v. 12.9.2001 – 16 UF 279/01, FamRZ 2002, 831; Zöller/*Philippi*, § 626 ZPO Rz. 1.

2 Musielak/*Borth*, § 626 ZPO Rz. 2; vgl. auch BGH v. 6.5.1987 – IVb ZR 51/86, FamRZ 1987, 800 (801) im Rahmen eines Berufungsverfahrens.

3 OLG Zweibrücken v. 9.4.1997 – 5 UF 13/97, NJW-RR 1997, 833; OLG Köln v. 20.6.1985 – 21 WF 88/85, FamRZ 1985, 1060 f.; OLG Düsseldorf v. 18.11.1976 – 18 U 207/76, FamRZ 1977, 130 (131); OLG Karlsruhe v. 4.12.1978 – 5 WF 126/78, FamRZ 1979, 63.

4 BGH v. 23.6.2004 – XII ZB 212/01, FamRZ 2004, 1364 (1365); OLG Stuttgart v. 19.7.2004 – 17 WF 106/04, FamRZ 2005, 286 (287); OLG Hamm v. 26.4.1989 – 10 UF 402/88, FamRZ 1989, 1102; OLG Köln v. 20.6.1985 – 21 WF 88/85, FamRZ 1985, 1060 (1061); OLG Karlsruhe v. 4.12.1978 – 5 WF 126/78, FamRZ 1979, 63.

5 OLG München v. 29.9.1993 – 4 WF 143/93, NJW-RR 1994, 201; Staudinger/*Rauscher*, § 1564 BGB Rz. 56. AA Johannsen/Henrich/*Jaeger*, § 1564 BGB Rz. 34.

6 *Rosenberg/Schwab/Gottwald*, § 128 Rz. 27.

7 OLG München v. 5.3.1982 – 13 UF 635/81, FamRZ 1982, 510.

8 Johannsen/Henrich/*Jaeger*, § 1564 BGB Rz. 34; *Henrich*, FamRZ 1997, 1214 f.

9 *Schwab*, Rz. II 86; Johannsen/Henrich/*Jaeger*, § 1564 BGB Rz. 34 aE. AA MüKo.BGB/*Wolf*, § 1564 BGB Rz. 51.

materiellrechtlich nicht mehr verfolgter, aber verfahrensrechtlich nicht wirksam zurückgenommener Antrag als unbegründet abgewiesen werden.[1]

§ 135
Außergerichtliche Streitbeilegung über Folgesachen

(1) Das Gericht kann anordnen, dass die Ehegatten einzeln oder gemeinsam an einem kostenfreien Informationsgespräch über Mediation oder eine sonstige Möglichkeit der außergerichtlichen Streitbeilegung anhängiger Folgesachen bei einer von dem Gericht benannten Person oder Stelle teilnehmen und eine Bestätigung hierüber vorlegen. Die Anordnung ist nicht selbständig anfechtbar und nicht mit Zwangsmitteln durchsetzbar.

(2) Das Gericht soll in geeigneten Fällen den Ehegatten eine außergerichtliche Streitbeilegung anhängiger Folgesachen vorschlagen.

Literatur: *Bastine/Nawrot*, Familienmediation in unterschiedlichen Praxisfeldern – Eine bundesweite Untersuchung, ZKM 2007, 16; *Bergschneider*, Mediation in Familiensachen – Chancen und Probleme, FamRZ 2000, 77; *Buchner/Appelt/Alt-Saynisch*, Effektivität von Trennungs- und Scheidungsberatung, Paar- und Familientherapie sowie Mediation, FPR 2008, 160; *Friederici*, Verfahren vor einem (Familien-)Schiedsgericht, FF 2008, 69; *Kloster-Harz*, Das Süddeutsche Familienschiedsgericht, FamRZ 2007, 99; *Mähler/Mähler*, Familienmediation, in: *Haft/von Schlieffen* (Hrsg.), Handbuch Mediation, 2. Aufl. 2009, S. 457; *Montada*, Nachhaltige Beilegung von Familienkonflikten durch Mediation, FPR 2004, 182; HK-FamR/*Morawe*, Schwerpunktbeitrag 8: „Mediation im Familienrecht"; *Schulz*, Mediation aus richterlicher Sicht, FamRZ 2000, 860; *Zurmühl/Kiesewetter*, Zur Praxis der Familienmediation – Eine Mitgliederbefragung der BAFM, ZKM 2008, 107.

A. Einleitung

I. Normzweck

Die durch das FGG-RG in Anlehnung an § 278 Abs. 5 Satz 2 ZPO neu eingeführte Vorschrift betrifft anhängige Folgesachen iSv. § 137, nicht aber die Scheidungssache selbst; sie dient damit nicht der Aussöhnung der Beteiligten und der Wiederherstellung der ehelichen Lebensgemeinschaft.[2] Nach § 113 Abs. 1 Satz 2 FamFG iVm. § 278 Abs. 1 ZPO (Familienstreitsachen) bzw. §§ 36 Abs. 1 Satz 2, 156 Abs. 1 Satz 1 (Familiensachen der fG) soll das Gericht in jeder Lage des Verfahrens auf eine gütliche 1

1 Staudinger/*Rauscher*, § 1564 BGB Rz. 57.
2 *Philippi*, FPR 2006, 406 (408).

Einigung hinwirken. § 135 will sicherstellen, dass **trotz Einleitung eines Gerichtsverfahrens auch die Bemühungen um eine außergerichtliche Streitbeilegung nicht eingestellt werden**. Da dieses Anliegen in Familiensachen als besonders dringlich angesehen wird,[1] geht die Vorschrift über die für das allgemeine Streitverfahren in § 278 Abs. 5 Satz 2 ZPO enthaltene Regelung ein gewisses Stück hinaus (Rz. 3 und 5). Eine weiter gehende Möglichkeit bietet in Kindschaftssachen § 156 Abs. 1 Satz 4. Zur Vertretung durch einen Rechtsanwalt, der in der gleichen Sache zuvor als Mediator tätig geworden ist, § 114 Rz. 4.

II. Bedeutung

2 Der Vorschrift liegt die Erkenntnis zugrunde, dass in familiengerichtlichen Streitigkeiten zwischen den Beteiligten regelmäßig ein schwerwiegender **Beziehungskonflikt** besteht, der durch die Entscheidung der rechtlichen Sachfragen nicht bereinigt wird. Soll – vor allem im Interesse der betroffenen Kinder – eine nachhaltige Befriedung erzielt werden, sind **gemeinsam erarbeitete oder zumindest einverständlich erzielte Lösungen** oftmals tragfähiger. Auch wenn in der familiengerichtlichen Praxis bereits eine auf Konsens abzielende Verhandlungsführung im Vordergrund steht, kann sich die Einschaltung eines in Vermittlungstechniken geschulten außenstehenden Dritten, der über deutlich mehr Zeit verfügt, als hilfreich erweisen. Dennoch wird die praktische Bedeutung der Vorschrift aller Voraussicht nach gering bleiben: Dass sich Unterhaltsverfahren, soweit außerprozessuale Vergleichsbemühungen unter Einschaltung von Rechtsanwälten bereits gescheitert sind, regelmäßig für eine (mit nicht unerheblichen Kosten verbundene) außergerichtliche Streitbeilegung nicht anbieten, wird deutlich, wenn von Seiten der Mediatoren betont wird, dass die durch eine Mediation in Unterhaltsstreitsachen erzielten Ergebnisse „mit denen vergleichbar sind, die sich bei einer klassischen Unterhaltsberechnung ergeben".[2] In Kindschaftssachen, in denen sich Konfliktlösungsstrategien in Kooperation von Gericht und außergerichtlichen Beratungsstellen bewährt haben (sog. Cochemer Praxis),[3] wird demgegenüber regelmäßig (zumindest zunächst) der Weg über § 156 Abs. 1 Satz 4 vorzuziehen sein, denn hiernach kann das Gericht direkt anordnen, dass die Eltern an einer Beratung durch die Beratungsstellen und -dienste der Träger der Kinder- und Jugendhilfe teilnehmen.

B. Informationsgespräch über Möglichkeiten der außergerichtlichen Streitbeilegung (Absatz 1)

3 Nach § 135 Abs. 1, zu dem es im allgemeinen Streitverfahren kein Pendant gibt, kann das Gericht anordnen, dass die Ehegatten einzeln oder gemeinsam an einem kostenfreien „Informationsgespräch" über die Möglichkeiten außergerichtlicher Streitbeilegung anhängiger Folgesachen teilnehmen und eine Bestätigung hierüber vorlegen, wenn es dies für sachdienlich hält. Nicht von der Vorschrift gedeckt ist demgegenüber eine direkte Anordnung zur Teilnahme an einem Verfahren außergerichtlicher Streitbeilegung (vgl. aber § 156 Abs. 1 Satz 4). Ob das Gericht eine Anordnung nach § 135

---

1 BT-Drucks. 16/6308, S. 229.

2 HK-FamR/*Morawe*, Schwerpunktbeitrag 8, Rz. 89 und 91. Vgl. auch die Einschätzungen von *Bergschneider*, FamRZ 2000, 77 (78) und *Schulz*, FamRZ 2000, 860.

3 *Hess*, Mediation und weitere Verfahren konsensualer Streitbeilegung – Regelungsbedarf im Verfahrens- und Berufsrecht?, Gutachten für den 67. DJT Erfurt 2008, S. F 36 ff.

Abs. 1 trifft, steht in seinem **freien Ermessen.**[1] Dabei muss ua. berücksichtigt werden, ob die Wahrnehmung eines (gemeinsamen) Gesprächstermins für die Ehegatten zumutbar ist, was in Fällen häuslicher Gewalt sowie bei weiter Anreise zu verneinen sein kann.[2] Gem. § 135 Abs. 1 Satz 2 ist die Anordnung weder mit Zwangsmitteln durchsetzbar noch als Zwischenentscheidung selbständig anfechtbar, doch ist es denkbar, dass ihre Nichtbeachtung gem. § 150 Abs. 4 Satz 2 kostenrechtliche Folgen nach sich zieht (§ 150 Rz. 12). Welche Angebote für „kostenfreie" Informationsgespräche bestehen, hängt von länderspezifischen und örtlichen Gegebenheiten ab. Als Veranstalter kommen nach Einschätzung der Gesetzesverfasser in erster Linie die Anbieter außergerichtlicher Streitbeilegung selbst in Frage.[3] Bei Teilnahme an einem nicht kostenfreien Informationsgespräch kann aus der Vorschrift ein Anspruch gegen die Staatskasse auf Kostenersatz nicht abgeleitet werden.[4] Die Anordnung nach § 135 Abs. 1 erfolgt durch Beschluss, der keiner Begründung bedarf.[5]

C. Vorschlag außergerichtlicher Streitbeilegung (Absatz 2)

§ 135 Abs. 2 greift die durch das Gesetz zur Reform des Zivilprozesses mit Wirkung zum 1.1.2002 neu eingeführte Regelung des § 278 Abs. 5 Satz 2 ZPO auf, deren praktische Bedeutung bislang allerdings als „extrem bescheiden" eingestuft wird.[6] Danach soll das Gericht in geeigneten Fällen – über die bloße Teilnahme an einem Informationsgespräch hinaus (Abs. 1) – die außergerichtliche Streitbeilegung anhängiger Folgesachen vorschlagen. Doch ist es in diesem Zusammenhang nicht Aufgabe des Richters, eine Anregung für den Inhalt der zu treffenden Einigung zu geben.[7] Das Gericht kann sich auf die allgemeine Empfehlung beschränken, eine Mediation oder sonstige Form der außergerichtlichen Streitbeilegung durchzuführen, kann aber **auch eine konkrete Stelle oder eine bestimmte Person** als Schlichter vorschlagen. In Frage kommen freiberuflich tätige Mediatoren,[8] aber auch einem anderen Spruchkörper desselben Gerichts angehörende, in Mediationstechniken speziell geschulte Richter.[9] Soweit vermögensrechtliche Ansprüche betroffen sind (§ 1030 ZPO), ist auch die Durchführung eines Schiedsverfahrens nach §§ 1029 ff. ZPO denkbar.[10] Kennzeichnend für die Mediation im eigentlichen Sinne ist, dass der neutrale Dritte die Betroffenen nicht von den Vorzügen eines von ihm entwickelten Vergleichsvorschlags zu überzeugen sucht, sondern sie anhält, eigene Lösungswege zu erarbeiten. 4

1 BT-Drucks. 16/6308, S. 229.
2 BT-Drucks. 16/6308, S. 229.
3 BT-Drucks. 16/6308, S. 229. Die Bundes-Arbeitsgemeinschaft für Familienmediation hat ihren Mitgliedern empfohlen, ein entsprechendes Informationsgespräch kostenfrei anzubieten (*Mähler/Mähler*, Familienmediation, in: Haft/v. Schlieffen (Hrsg.), Handbuch Mediation, S. 487).
4 AA *Spangenberg*, FamRZ 2009, 834 (835).
5 Baumbach/*Hartmann*, § 135 FamFG Rz. 3.
6 MüKo.ZPO/*Prütting*, § 278 ZPO Rz. 34. Für Einzelheiten vgl. *Hommerich/Prütting/Ebers/Lang/Traut*, Rechtstatsächliche Untersuchung zu den Auswirkungen des Zivilprozessrechts auf die gerichtliche Praxis, Evaluation der ZPO-Reform, 2006, S. 85.
7 Stein/Jonas/*Leipold*, § 278 ZPO Rz. 69.
8 Zur Arbeitsweise HK-FamR/*Morawe*, Schwerpunktbeitrag 8: „Mediation im Familienrecht"; *Mähler/Mähler*, Familienmediation, in: Haft/v. Schlieffen (Hrsg.), Handbuch Mediation, S. 457 ff.
9 Zöller/*Greger*, § 278 ZPO Rz. 5; Stein/Jonas/*Leipold*, § 278 ZPO Rz. 71; *Koch* NJ 2005, 97 (99); *Prütting*, ZKM 2006, 100 (101).
10 Zu Schiedsgerichten in Familiensachen FA-FamR/*Kloster-Harz*, Kap. 19 Rz. 28 ff.; *Kloster-Harz*, FamRZ 2007, 99 ff.; *Friederici*, FF 2008, 69 ff.

5 Zwar ist die Vorschrift im Unterschied zu § 278 Abs. 5 Satz 2 ZPO als Sollvorschrift ausgestaltet, doch besteht bzgl. der Frage, ob es sich um einen „geeigneten Fall" handelt, dh. konkrete Aussichten auf eine gütliche außergerichtliche Einigung bestehen, ein Beurteilungsspielraum des Richters.[1] Ob die Beteiligten dem „Vorschlag" nachkommen und sich um eine außergerichtliche Streitschlichtung bemühen, liegt allein in ihrer Hand. Weigern sie sich, so zieht dies **keine nachteiligen Konsequenzen** nach sich. Da von einer Übernahme des § 278 Abs. 5 Satz 3 ZPO bewusst Abstand genommen wurde,[2] erfolgt keine förmliche Aussetzung des Verfahrens für die Dauer der Vermittlungsbemühungen. Auch wenn die außergerichtlichen Maßnahmen zur Streitbeilegung auf richterlichen Vorschlag erfolgen, kann die Verfahrenskostenhilfe nicht auf die hierdurch entstandenen Kosten erstreckt werden.[3] Zur Möglichkeit, in Kindschaftssachen die Teilnahme an einer Beratung durch die Beratungsstellen und -dienste der Träger der Kinder- und Jugendhilfe anzuordnen, s. § 156 Rz. 5.

§ 136
Aussetzung des Verfahrens

(1) Das Gericht soll das Verfahren von Amts wegen aussetzen, wenn nach seiner freien Überzeugung Aussicht auf Fortsetzung der Ehe besteht. Leben die Ehegatten länger als ein Jahr getrennt, darf das Verfahren nicht gegen den Widerspruch beider Ehegatten ausgesetzt werden.

(2) Hat der Antragsteller die Aussetzung des Verfahrens beantragt, darf das Gericht die Scheidung der Ehe nicht aussprechen, bevor das Verfahren ausgesetzt war.

(3) Die Aussetzung darf nur einmal wiederholt werden. Sie darf insgesamt die Dauer von einem Jahr, bei einer mehr als dreijährigen Trennung die Dauer von sechs Monaten nicht überschreiten.

(4) Mit der Aussetzung soll das Gericht in der Regel den Ehegatten nahelegen, eine Eheberatung in Anspruch zu nehmen.

A. Normzweck

1 § 136 entspricht im Grundsatz § 614 ZPO aF, doch beschränkt sich der Anwendungsbereich auf Scheidungsverfahren, da die früher ebenfalls erfassten Verfahren auf Herstellung des ehelichen Lebens nicht mehr zum Kreis der Ehesachen gehören (§ 121

1 Stein/Jonas/*Leipold*, § 278 ZPO Rz. 70.

2 BT-Drucks. 16/6308, S. 229.

3 OLG Dresden v. 9.10.2006 – 20 WF 739/06, FamRZ 2007, 489 f.; OLG Brandenburg v. 29.3.2007 – 10 WF 79/07, FamRZ 2007, 1994 f. *Fölsch*, § 3 Rz. 56 fordert eine Überprüfung dieser Rspr. *Spangenberg*, FamRZ 2009, 834 (835) leitet Anspruch aus GG ab.

Rz. 1). Zweck der Vorschrift ist es, durch die Aussetzung des Verfahrens eine noch bestehende **Chance auf Fortbestand der Ehe** zu wahren.[1] Indem das Gericht den Ehegatten nach § 136 Abs. 4 idR nahe legt, eine Eheberatung in Anspruch zu nehmen, soll die Bereitschaft zur Versöhnung erhöht werden. Das Interesse der Ehegatten an einer baldigen Scheidung wird zum einen durch die Widerspruchsmöglichkeit nach Abs. 1 Satz 2 und zum anderen durch die zeitliche Schranke des Abs. 3 gewahrt. Abs. 2 erweitert im Interesse der Eheerhaltung die verfahrensrechtlichen Gestaltungsmöglichkeiten des Antragsstellers, der subjektiv zur Aussöhnung bereit ist,[2] denn dieser könnte den Scheidungsantrag auch kurzerhand zurücknehmen, doch würde das für ihn den Verlust des Verfahrensstands bedeuten.

In der Vorschrift spiegeln sich Grundprinzipien des **materiellen Scheidungsrechts** wie- 2
der: So entspricht die Befugnis zur Aussetzung von Amts wegen dem Prinzip, dass die Ehe nicht ohne gerichtliche Prüfung allein auf Grund übereinstimmender Anträge geschieden wird. Dass die Ehegatten nach einjährigem Getrenntleben durch übereinstimmenden Widerspruch die Aussetzung verhindern können (§ 136 Abs. 1 Satz 2), findet seine materiellrechtliche Parallele in § 1566 Abs. 1 BGB.[3] Die unwiderlegliche Vermutung des § 1566 Abs. 2 BGB findet hingegen keine Entsprechung dahingehend, dass eine Aussetzung nach dreijähriger Trennung schon gegen den Widerspruch nur eines Ehegatten ausgeschlossen wäre.[4] Stattdessen verkürzt § 136 Abs. 3 Satz 2 in diesen Fällen lediglich die Höchstdauer der Aussetzung auf sechs Monate.

Im Übrigen kann auch in Scheidungsverfahren die Aussetzung oder das Ruhen des 3
Verfahrens nach **allgemeinen Grundsätzen** angeordnet werden (§ 113 Abs. 1 Satz 2 FamFG iVm. §§ 148 ff., 246 ff. bzw. §§ 251, 251a Abs. 3 ZPO).[5]

B. Voraussetzungen

I. Allgemeine Voraussetzungen und Wirkungen

§ 136 ist **nur auf Scheidungssachen** anwendbar. Denn in Verfahren auf Aufhebung oder 4
Feststellung des Nichtbestehens einer Ehe kann von einem besonderen Eheerhaltungsinteresse nicht ohne Weiteres ausgegangen werden, da geltend gemacht wird, dass der Ehe bereits von Anfang an ein gravierender Mangel anhafte.[6] Aus diesem Grund kann auch dann nicht ausgesetzt werden, wenn ein Ehegatte Aufhebung der Ehe und hilfsweise Scheidung begehrt[7] oder die eine Seite Aufhebung und die andere Scheidung beantragt.[8]

1 Stein/Jonas/*Schlosser*, § 614 ZPO Rz. 1; MüKo.ZPO/*Bernreuther*, § 614 ZPO Rz. 1.

2 Vgl. OLG Schleswig v. 5.11.1990 – 15 UF 41/90, SchlHA 1991, 81 (82); OLG Bamberg v. 30.5.1984 – 2 WF 39/84, FamRZ 1984, 897.

3 Vgl. auch Stein/Jonas/*Schlosser*, § 614 ZPO Rz. 4.

4 Bei der Schaffung von § 614 ZPO aF hatte der Rechtsausschuss dies in Erwägung gezogen, vgl. *Heintzmann*, FamRZ 1975, 373 (378).

5 OLG Frankfurt v. 22.8.1978 – 3 WF 191/78, FamRZ 1978, 919 (920); OLG Karlsruhe v. 15.3.1978 – 5 W 76/77, FamRZ 1978, 527 (528).

6 MüKo.ZPO/*Bernreuther*, § 614 ZPO Rz. 1.

7 MüKo.ZPO/*Bernreuther*, § 614 ZPO Rz. 12; Baumbach/*Hartmann*, § 136 FamFG Rz. 5; Zöller/*Philippi*, § 614 ZPO Rz. 1, der allerdings im umgekehrten Fall eine Aussetzungsmöglichkeit annimmt.

8 Musielak/*Borth*, § 614 ZPO Rz. 2; Zöller/*Philippi*, § 614 ZPO Rz. 1; aA Stein/Jonas/*Schlosser*, § 614 ZPO Rz. 14; MüKo.ZPO/*Bernreuther*, § 614 ZPO Rz. 12.

5 Eine noch nicht rechtskräftige Entscheidung steht der Aussetzung, die in **allen Instanzen** angeordnet werden kann, nicht entgegen.[1] Die Zuständigkeit des Ausgangsgerichts bleibt auch nach Erlass der Entscheidung bis zur Einlegung eines Rechtsmittels erhalten.[2] Das Gericht entscheidet sowohl über die Anordnung der Aussetzung als auch über die Ablehnung eines Antrags auf Aussetzung (Abs. 2) durch **Beschluss**.[3] Wird Aussetzung angeordnet, soll das Gericht gem. § 136 Abs. 4 den Ehegatten regelmäßig nahe legen, eine Eheberatungsstelle in Anspruch zu nehmen. Kommen die Ehegatten dieser Empfehlung nicht nach, hat dies keine rechtlichen Konsequenzen. Die Dauer der Aussetzung muss im Beschluss festgelegt werden,[4] dabei sind die zeitlichen Grenzen des § 136 Abs. 3 Satz 2 zu beachten. Nach Ablauf der Aussetzungsfrist wird das Gericht nicht von sich aus tätig, sondern wartet ab, ob das Verfahren durch die Beteiligten weiter betrieben wird.[5]

6 Die Entscheidung über die Aussetzung ist gem. § 113 Abs. 1 Satz 2 FamFG iVm. § 252 ZPO mit der **sofortigen Beschwerde** angreifbar. Wer weder Scheidungs- noch Abweisungsantrag stellt, ist durch eine Aussetzung des Verfahrens nicht beschwert und daher nicht beschwerdebefugt.[6] Wird dem Antrag auf Aussetzung nicht stattgegeben und stattdessen der Scheidungsantrag abgewiesen, muss der Antragsteller die Entscheidung insgesamt mit der Beschwerde nach § 58 angreifen.[7]

7 Durch die **Aussetzung** wird gem. § 113 Abs. 1 Satz 2 FamFG iVm. § 249 ZPO der Lauf jeder prozessualen Frist beendet. Mit dem Ende der Aussetzung beginnen die Fristen von neuem zu laufen. Außerdem sind alle gegenüber dem anderen Beteiligten vorzunehmenden Verfahrenshandlungen wirkungslos (§ 249 Abs. 2 ZPO). Dies gilt nicht für Rechtsmittelanträge, da diese beim Gericht einzulegen sind.[8] Wegen des Verbundprinzips (§ 137 Abs. 1) erfasst die Aussetzung neben dem Scheidungsverfahren auch alle Folgesachen. Demgegenüber werden nach dem klaren Wortlaut von § 249 Abs. 2 ZPO Nebenverfahren, also insbesondere einstweilige Anordnungsverfahren, von der Aussetzung nicht erfasst.[9]

II. Aussetzung von Amts wegen (Absatz 1)

8 Nach § 136 Abs. 1 kann das Verfahren von Amts wegen ausgesetzt werden. Dies setzt voraus, dass nach der freien Überzeugung des Gerichts **konkrete Anhaltspunkte** vorliegen, dass Aussicht auf Fortsetzung der Ehe besteht.[10] Die praktische Bedeutung

1 Thomas/Putzo/*Hüßtege*, § 614 ZPO Rz. 1; Baumbach/*Hartmann*, § 136 FamFG Rz. 6.
2 BGH v. 1.12.1976 – IV ZB 43/76, NJW 1977, 717 (718).
3 Zöller/*Philippi*, § 614 ZPO Rz. 8; Baumbach/*Hartmann*, § 136 FamFG Rz. 5; Musielak/*Borth*, § 614 ZPO Rz. 10.
4 Zöller/*Philippi*, § 614 ZPO Rz. 9; Stein/Jonas/*Schlosser*, § 614 ZPO Rz. 17.
5 OLG Karlsruhe v. 10.2.1998 – 2 WF 162/67, FamRZ 1998, 1606; *Bergerfurth*, FamRZ 1966, 359 f.; *Habscheid*, FamRZ 1967, 357 (365). AA OLG Düsseldorf v. 22.12.1965 – 8 W 103/65, FamRZ 1966, 358 (359).
6 OLG Karlsruhe v. 10.2.1998 – 2 WF 162/67, FamRZ 1998, 1606 (1607).
7 Vgl. OLG Köln v. 3.2.1995 – 25 UF 199/94, FamRZ 1995, 888 (889); Zöller/*Philippi*, § 614 ZPO Rz. 14.
8 BGH v. 25.9.1968 – IV ZR 520/68, BGHZ 50, 397 (400); BGH v. 1.12.1976 – IV ZB 43/76, NJW 1977, 717 (718).
9 OLG Schleswig v. 11.1.1950 – W 2/50, SchlHA 1950, 60 (61); OLG Celle v. 25.9.1967 – 7 W 30/67, MDR 1968, 243.
10 OLG Celle v. 27.8.1964 – 7 W 29/64, MDR 1965, 48; KG v. 4.12.1967 – 10 W 2243/67, FamRZ 1968, 167; OLG Düsseldorf v. 22.3.1978 – 3 WF 100/78, FamRZ 1978, 609.

dieser Bestimmung ist verschwindend gering. Ihr Anwendungsbereich wird bereits dadurch stark eingeschränkt, dass der Scheidungsantrag abzuweisen und nicht das Verfahren auszusetzen ist, wenn das Gericht zu der Überzeugung gelangt, dass die Scheidungsvoraussetzungen (noch) nicht gegeben sind.[1] Es würde Sinn und Zweck der Vorschrift widersprechen, ein Scheidungsverfahren in der Schwebe zu halten, obwohl die Sache abweisungsreif ist.[2] Als Anwendungsfälle kommen damit nur äußerst seltene Konstellationen in Frage, in denen noch keine formelle Entscheidungsreife besteht oder die Zerrüttung nach § 1566 BGB zwar materiellrechtlich unwiderleglich vermutet wird, das Gericht aber gleichwohl eine realistische Chance zur Versöhnung sieht. Auch wenn es sich dem Wortlaut nach um eine Sollvorschrift handelt, besteht für das Gericht nach Sinn und Zweck der Vorschrift **kein Ermessen**, von einer Aussetzung abzusehen, wenn es davon überzeugt ist, dass Aussicht auf Fortsetzung der Ehe besteht.[3]

Eine Aussetzung des Verfahrens von Amts wegen ist nach § 136 Abs. 1 Satz 2 unzuläs- 9
sig, wenn beide Ehegatten **Widerspruch** gegen die Aussetzung einlegen und bereits länger als ein Jahr getrennt leben. Der Widerspruch unterliegt als Verfahrenshandlung dem Anwaltszwang (§ 114 Abs. 1) und muss ausdrücklich erklärt werden.[4] Damit die Ehegatten sich erklären können, muss das Gericht ihnen vor seiner Entscheidung Gelegenheit zur Stellungnahme geben. Obwohl der Wortlaut der Vorschrift eher dagegen spricht, muss aus Achtung vor der privatautonomen Entscheidung der Beteiligten auch ein nachträglicher Widerspruch zur Beendigung der Aussetzung führen.

III. Aussetzung auf Antrag (Absatz 2)

Nach § 136 Abs. 2 darf das Gericht die Scheidung nicht aussprechen, bevor das Ver- 10
fahren ausgesetzt war, soweit der Antragsteller die **Aussetzung des Verfahrens beantragt**. Grundsätzlich überprüft das Gericht dabei nicht die Zweckmäßigkeit der Aussetzung.[5] Doch ist der Antrag abzuweisen, wenn der Scheidungsantrag bereits abweisungsreif ist (Rz. 8)[6] oder sich der Aussetzungsantrag als **rechtsmissbräuchlich** darstellt, weil der Antragssteller zur Fortsetzung der Ehe gar nicht bereit ist.[7] Rechtsmissbrauch liegt vor allem auch dann vor, wenn es einem Ehegatten darum geht, durch die Aussetzung den Ablauf der bisher nicht eingehaltenen Trennungsfristen zu erzwingen.[8] Da die Aussetzung nach § 136 Abs. 2 vom Willen des Antragstellers abhängig ist, kommt die Vorschrift nicht zur Anwendung, wenn beide Beteiligten die Scheidung beantragen und nur einer die Aussetzung begehrt.[9] Der Antragsgegner, der

1 MüKo.ZPO/*Bernreuther*, § 614 ZPO Rz. 3 und Rz. 8; Musielak/*Borth*, § 614 ZPO Rz. 6.
2 OLG Oldenburg v. 15.8.1968 – 6 W 81/68, NJW 1969, 101 (102) mwN.
3 OLG Düsseldorf v. 22.3.1978 – 3 WF 100/78, FamRZ 1978, 609; Baumbach/*Hartmann*, § 136 FamFG Rz. 2; Musielak/*Borth* § 614 ZPO Rz. 6.
4 Musielak/*Borth*, § 614 ZPO Rz. 7.
5 Musielak/*Borth*, § 614 ZPO Rz. 8; Baumbach/*Hartmann*, § 136 FamFG Rz. 3; MüKo.ZPO/*Bernreuther*, § 614 ZPO Rz. 6.
6 Stein/Jonas/*Schlosser*, § 614 ZPO Rz. 8. Allerdings darf das Verfahren nicht fortgesetzt werden, um zu ermitteln, ob der Antrag abweisungsreif ist (BGH v. 1.12.1976 – IV ZB 43/76, NJW 1977, 717; Zöller/*Philippi*, § 614 ZPO Rz. 3; aA OLG Oldenburg v. 13.8.1968 – 6 W 81/68, FamRZ 1968, 604).
7 OLG Bamberg v. 30.11.1983 – 2 W 233/83, FamRZ 1984, 897; OLG Schleswig v. 5.11.1990 – 15 UF 41/90, SchlHA 1991, 81 (82).
8 OLG Bamberg v. 30.11.1983 – 2 W 233/83, FamRZ 1984, 897.
9 Zöller/*Philippi*, § 614 ZPO Rz. 5; Musielak/*Borth*, § 614 ZPO Rz. 8.

der Scheidung lediglich zustimmt, sie jedoch nicht formell beantragt, ist gegen eine Aussetzung auf Antrag hingegen nicht geschützt.[1]

11 Der Antrag nach § 136 Abs. 2 unterliegt als **Verfahrenshandlung** dem Anwaltszwang (§ 114 Abs. 1). Dass das Gericht hinsichtlich der Dauer der Aussetzung – im Rahmen von § 136 Abs. 3 – an einen Vorschlag des Antragstellers gebunden wäre, lässt sich dem Gesetz nicht entnehmen. Allerdings darf das Gericht, soweit nicht die Voraussetzungen des § 136 Abs. 1 vorliegen, nicht über eine beantragte Aussetzungsfrist hinausgehen („ne ultra petita"). Beantragt der Antragsteller die Aufhebung der Aussetzung, ist diesem Antrag zu entsprechen, da hierdurch nachträglich die Anordnungsvoraussetzungen entfallen.[2]

§ 137
Verbund von Scheidungs- und Folgesachen

(1) Über Scheidung und Folgesachen ist zusammen zu verhandeln und zu entscheiden (Verbund).

(2) Folgesachen sind

1. Versorgungsausgleichssachen,

2. Unterhaltssachen, sofern sie die Unterhaltspflicht gegenüber einem gemeinschaftlichen Kind oder die durch Ehe begründete gesetzliche Unterhaltspflicht betreffen mit Ausnahme des vereinfachten Verfahrens über den Unterhalt Minderjähriger,

3. Ehewohnungs- und Haushaltssachen und

4. Güterrechtssachen,

wenn eine Entscheidung für den Fall der Scheidung zu treffen ist und die Familiensache spätestens zwei Wochen vor der mündlichen Verhandlung im ersten Rechtszug in der Scheidungssache von einem Ehegatten anhängig gemacht wird. Für den Versorgungsausgleich ist in den Fällen der §§ 6 bis 19 und 28 des Versorgungsausgleichsgesetzes kein Antrag notwendig.

(3) Folgesachen sind auch Kindschaftssachen, die die Übertragung oder Entziehung der elterlichen Sorge, das Umgangsrecht oder die Herausgabe eines gemeinschaftlichen Kindes der Ehegatten oder das Umgangsrecht eines Ehegatten mit dem Kind des anderen Ehegatten betreffen, wenn ein Ehegatte vor Schluss der mündlichen Verhandlung im ersten Rechtszug in der Scheidungssache die Einbeziehung in den Verbund beantragt, es sei denn, das Gericht hält die Einbeziehung aus Gründen des Kindeswohls nicht für sachgerecht.

(4) Im Fall der Verweisung oder Abgabe werden Verfahren, die die Voraussetzungen des Absatzes 2 oder des Absatzes 3 erfüllen, mit Anhängigkeit bei dem Gericht der Scheidungssache zu Folgesachen.

---

1 Zöller/*Philippi*, § 614 ZPO Rz. 14; Baumbach/*Hartmann*, § 136 FamFG Rz. 3; Musielak/*Borth*, § 614 ZPO Rz. 8; vgl. auch OLG Karlsruhe v. 10.2.1998 – 2 WF 162/67, FamRZ 1998, 1606 (1607).

2 Zöller/*Philippi*, § 614 ZPO Rz. 13; Thomas/Putzo/*Hüßtege*, § 614 ZPO Rz. 14; Stein/Jonas/*Schlosser*, § 614 ZPO Rz. 17.

(5) Abgetrennte Folgesachen nach Absatz 2 bleiben Folgesachen; sind mehrere Folgesachen abgetrennt, besteht der Verbund auch unter ihnen fort. Folgesachen nach Absatz 3 werden nach der Abtrennung als selbständige Verfahren fortgeführt.

A. Überblick

I. Systematik

1 Durch die Anordnung des sog. Verbunds stellt § 137 Abs. 1 sicher, dass **über die Scheidung nur zusammen mit bestimmten Familiensachen** verhandelt (Verhandlungsverbund) und entschieden (Entscheidungsverbund) werden kann. Aus diesem Grund besteht eine einheitliche Zuständigkeit des Gerichts der Scheidungssache für alle Folgesachen (Rz. 67). Außerdem werden Entscheidungen über Folgesachen erst mit Rechtskraft des Scheidungsausspruchs wirksam (§ 148) und erledigen sich grundsätzlich mit Rücknahme des Scheidungsantrags (§ 141 Satz 1). Der Kreis der Folgesachen wird in § 137 Abs. 2 und 3 abschließend festgelegt. Eine Verbindung der Scheidungssache mit Verfahren, die keine Folgesachen und auch keine anderen Ehesachen (§ 126 Abs. 1) sind, ist unzulässig (§ 126 Abs. 2).

2 Beim Verbund handelt es sich um eine **besondere Form der Verfahrensverbindung**,[1] die sich von der normalen Prozessverbindung iSv. §§ 147, 260 ZPO dadurch unterscheidet, dass die miteinander verknüpften Verfahrensgegenstände trotz gemeinsamer Verhandlung und Entscheidung bis zu einem gewissen Grad selbständig bleiben, was sich insbesondere daran zeigt, dass unterschiedliche Verfahrensordnungen maßgeblich sind.[2] § 137 stellt damit eine Ausnahme von dem Grundsatz dar, dass Familiensachen nur miteinander verbunden werden können, wenn für sie die gleiche Prozessart zuläs-

1 *Diederichsen*, NJW 1977, 649 (652).
2 Zöller/*Philippi*, § 623 ZPO Rz. 1; Stein/Jonas/*Schlosser*, § 623 ZPO Rz. 1; vgl. auch OLG Düsseldorf v. 7.10.1985 – 10 WF 192/85, JurBüro 1986, 299.

sig ist (§ 111 Rz. 65). Gleichzeitig ermöglicht der Verbund unabhängig von §§ 257, 258 ZPO die **Geltendmachung zukünftiger Ansprüche**, die materiellrechtlich erst mit Rechtskraft der Scheidung entstehen, bereits im laufenden Scheidungsverfahren (zB nachehelicher Unterhalt, Versorgungs- und Zugewinnausgleich).

II. Entstehung

3 § 137 **entspricht inhaltlich** weitgehend dem durch die Scheidungsrechtsreform im Jahre 1977 (1. EheRG) eingeführten § 623 ZPO aF. Zwar zählen zum Kreis der von § 137 Abs. 2 erfassten Unterhalts- und Güterrechtssachen nunmehr auch die jeweiligen Verfahren der freiwilligen Gerichtsbarkeit (vgl. §§ 231 Abs. 2, 261 Abs. 2), doch wirkt sich dies im Ergebnis nicht aus, da in diesen Materien (mit Ausnahme der schon bislang erfassten Verfahren nach §§ 1382, 1383 BGB) keine Entscheidungen „für den Fall der Scheidung" zu treffen sind.[1] Um eine übermäßige Verzögerung der Scheidung zu verhindern, wurden die sonstigen Familiensachen iSv. § 266, für die nunmehr auch die Familiengerichte zuständig sind, nicht in den Kreis der Folgesachen einbezogen.[2] Da diese Ansprüche materiellrechtlich idR unabhängig vom Scheidungsausspruch bestehen, kam eine Einordnung in den Katalog der Folgesachen nach § 137 Abs. 2, die einen Antrag „für den Fall der Scheidung" voraussetzen, nicht in Frage. Doch auch eine Gleichstellung mit den übrigen Folgesachen iSv. § 137 Abs. 3[3] erschien trotz der materiellrechtlichen Wechselwirkungen mit Ansprüchen auf Unterhalt und Zugewinnausgleich nicht erforderlich, da sonstige Familiensachen für die aktuelle Lebenssituation des Berechtigten typischerweise keine ausschlaggebende Bedeutung besitzen.

4 Im Unterschied zu § 623 Abs. 2 und Abs. 3 ZPO aF werden **Sorge- und Umgangsrechtssachen nicht mehr automatisch** in den Verbund einbezogen, sondern nur noch auf gesonderten Antrag, es sei denn, dass das Gericht die Einbeziehung aus Gründen des Kindeswohls nicht für sachdienlich hält (§ 137 Abs. 3). Die in § 623 Abs. 2 Satz 2 ZPO aF vorgesehene Abtrennung dieser Verfahren auf Antrag eines Ehegatten konnte damit gestrichen werden, vielmehr gelten auch insofern die nunmehr einheitlich in § 140 normierten Regeln.

III. Normzweck

5 In erster Linie ist der Verbund ein **sinnvolles Instrument**, um Verfahren in Familiensachen zwischen denselben Ehegatten beim Gericht der Scheidungssache bündeln und Regelungen für die Zeit nach der Scheidung bereits während eines laufenden Scheidungsverfahrens treffen zu können. Auf diese Weise haben die Ehegatten die Möglichkeit, eine abschließende und aufeinander abgestimmte Regelung der Scheidungsfolgen herbeizuführen.[4] Ob von dieser **Schutzfunktion der Vorschrift** Gebrauch gemacht wird, liegt allerdings weitgehend in den Händen der Beteiligten, denn eine Entscheidung von Amts wegen ist allein über den Versorgungsausgleich zu treffen (§ 137 Abs. 2 Satz 2). Bei pragmatischer Sicht der Dinge ist außerdem hervorzuheben, dass in einer nicht unerheblichen Zahl von Fällen die Hinauszögerung des Scheidungsausspruchs als mehr oder weniger sanftes Druckmittel eingesetzt werden kann, um den schei-

1 BT-Drucks. 16/6308, S. 230 (zu § 140).
2 BT-Drucks. 16/6308, S. 230.
3 So die Anregung von *Heiter*, unten § 266 Rz. 5 f.
4 Begr. RegE 1. EheRG, BT-Drucks. 7/650, S. 85 f.; BT-Drucks. 16/6308, S. 229.

dungswilligen Ehegatten auch als Schuldner etwa eines Zugewinnausgleichs oder Unterhaltsanspruchs zu einer ordungsgemäßen Mitwirkung am Verfahren zu bewegen.[1] Ob sich der Verbund demgegenüber auch wegen seiner teilweise hervorgehobenen **Warnfunktion**[2] rechtfertigen lässt, weil er übereilten Scheidungen vorbeuge, indem er den Beteiligten deren Folgen vor Augen führe, muss bezweifelt werden. Zwar stellen materiellrechtliche und verfahrensrechtliche Hürden sinnvolle ehestabilisierende Faktoren dar, doch dürften neben der Einhaltung der Trennungsfristen und dem Erfordernis, ein dem Anwaltszwang unterliegendes Scheidungsverfahren durchlaufen zu müssen, die Verbundregeln in dieser Hinsicht keinen weiter gehenden Beitrag leisten.[3]

B. Verhandlungs- und Entscheidungsverbund (Absatz 1)

6 § 137 Abs. 1 enthält eine **Legaldefinition des Verbundprinzips**: Danach hat das FamG über alle Folgesachen gleichzeitig und zusammen mit der Scheidungssache zu verhandeln und, sofern dem Scheidungsantrag stattzugeben ist, durch einheitlichen Beschluss zu entscheiden (§ 142 Abs. 1 Satz 1). Dass der Verbund grundsätzlich auch zwischen den Folgesachen untereinander und nicht nur im Verhältnis zur Scheidungssache besteht, zeigt § 137 Abs. 5 Satz 1, 2. Halbs. In der Rechtsmittelinstanz setzt sich der Verbund fort (§§ 68 Abs. 3 Satz 1, 74 Abs. 4), und zwar auch dann, wenn nur Folgesachen – und nicht auch die Scheidungssache – anhängig sind (§ 137 Abs. 5 Satz 1, 2. Halbs.).[4] Der Verbund kann nur eintreten, wenn Scheidungs- und Folgesache **beim selben Gericht anhängig** sind. Zur Herstellung des Verbunds durch Verweisung oder Abgabe vgl. Abs. 4.

7 **Verstößt** das FamG gegen seine Pflicht zur gemeinsamen Entscheidung, ohne dass die Voraussetzungen für eine Auflösung des Verbunds gegeben wären, liegt eine unzulässige Teilentscheidung iSv. § 117 Abs. 2 Satz 1 FamFG iVm. § 538 Abs. 2 Satz 1 Nr. 7 ZPO vor, die idR zur Aufhebung und Zurückverweisung an das FamG führt (vgl. im Einzelnen § 117 Rz. 14 f.).[5] Hat das OLG eine an sich gebotene Zurückverweisung an die erste Instanz unterlassen, so ist dies vom BGH im Rechtsbeschwerdeverfahren nachzuholen.[6]

I. Verbund auslösende Scheidungssache

8 In Scheidungsverfahren greift der Verbund selbst dann, wenn eine Härtefallscheidung nach § 1565 Abs. 2 BGB begehrt wird.[7] Demgegenüber ist § 137 nach Wortlaut und

---

1 Vgl. Wieczorek/Schütze/*Kemper*, § 623 ZPO Rz. 2; MüKo.ZPO/*Finger*, § 628 ZPO Rz. 2.
2 Begr. RegE 1. EheRG, BT-Drucks. 7/650, S. 85 f.; BT-Drucks. 16/6308, S. 229; dieser Aspekt wird in Rspr. und Literatur vielfach aufgegriffen, vgl. nur BGH v. 9.2.1983 – IVb ZR 361/81, FamRZ 1983, 461 (462) und Musielak/*Borth*, § 623 ZPO Rz. 1.
3 Vgl. Rahm/Künkel/*Wohlnick*, Rz. III A 148; Schulte-Bunert/Weinreich/*Schröder*, § 137 FamFG Rz. 2; sehr krit. insofern MüKo.ZPO/*Finger*, § 623 ZPO Rz. 1.
4 OLG Zweibrücken v. 3.6.1997 – 5 UF 68/96, FamRZ 1997, 1231; OLG Oldenburg v. 26.9.1979 – 11 UF 97/79, FamRZ 1980, 71 (72); § 117 Rz. 58.
5 OLG Brandenburg v. 3.7.2006 – 9 UF 38/06, FamRZ 2007, 410 (411 f.); OLG Brandenburg v. 8.5.2003 – 9 UF 113/02, FamRZ 2004, 384 (386); OLG Nürnberg v. 8.7.2004 – 7 UF 1224/04, FamRZ 2005, 1497 (1498); OLG Düsseldorf v. 12.11.1987 – 10 UF 104/87, FamRZ 1988, 312; OLG München v. 19.1.1984 – 26 UF 964/83, FamRZ 1984, 407.
6 BGH v. 27.3.1996 – XII ZR 83/95, FamRZ 1996, 1070 (1071).
7 OLG Karlsruhe v. 16.5.1994 – 5 WF 58/94, FamRZ 1994, 1399; Johannsen/Henrich/*Sedemund-Treiber*, § 623 ZPO Rz. 2.

systematischer Stellung auf **andere Ehesachen** iSv. § 121 nicht anwendbar.[1] Wird neben einem Antrag auf Aufhebung der Ehe hilfsweise Scheidung beantragt, wird auch die Scheidungssache sogleich anhängig (§ 123 Rz. 5 aE), doch tritt wegen § 126 Abs. 3 zunächst nur ein vorläufiger Verhandlungsverbund ein.[2] Zu einem Entscheidungsverbund kommt es erst dann, wenn die Erfolgsaussichten des Hauptantrags verneint wurden und in die sachliche Behandlung des Scheidungsantrags eingetreten wurde. Sinnvollerweise sollte daher auch erst ab diesem Zeitpunkt über die Folgesachen verhandelt werden.[3] Wird die Ehe auf den Hauptantrag aufgehoben, so werden die (Scheidungs-)Folgesachen gem. § 142 Abs. 2 analog gegenstandslos.[4] Bei Anwendbarkeit **ausländischen Scheidungsrechts** kommt es nicht darauf an, ob das fremde Sach- oder Verfahrensrecht eine dem deutschen Verbund entsprechende Regelung kennt.[5]

9 Auf **scheidungsähnliche Verfahren nach ausländischem Recht** wie die Trennung von Tisch und Bett findet § 137 nach zutreffender, wenn auch bestrittener Ansicht entsprechende Anwendung, da sie als Vorstufe oder manchmal auch Alternative zur Scheidung anzusehen sind (§ 121 Rz. 13).[6] Dass die Betroffenen noch nicht die Möglichkeit zur Wiederheirat erlangen, kann für die Anwendbarkeit der §§ 137 ff. keine Rolle spielen.[7] Auch hier kommt es grundsätzlich nicht darauf an, ob das ausländische Recht für diese Verfahren eine dem deutschen Verbund vergleichbare Regelung kennt.[8] Als Folgesachen kommen allerdings nur Verfahrensgegenstände in Frage, die materiellrechtlich an die Trennung (und nicht die Scheidung) anknüpfen.[9] Damit ist ein

---

1 BGH v. 12.10.1988 – IVb ZB 73/86, FamRZ 1989, 153 (154); BGH v. 31.3.1982 – IVb ZB 743/81, FamRZ 1982, 586.

2 MüKo.ZPO/*Finger*, § 623 ZPO Rz. 3; Baumbach/*Hartmann*, § 137 FamFG Rz. 1; *Bergerfurth*, FamRZ 1976, 581 (582). AA OLG Stuttgart v. 4.2.1980 – 17 WF 361/79 ES, FamRZ 1981, 579; Musielak/*Borth*, § 623 ZPO Rz. 5 (Verfahrensverbund erst ab sachlicher Behandlung des Scheidungsantrags).

3 Zöller/*Philippi*, § 623 ZPO Rz. 4; Stein/Jonas/*Schlosser*, § 623 ZPO Rz. 2.

4 Zöller/*Philippi*, § 623 ZPO Rz. 4. AA Stein/Jonas/*Schlosser*, § 629 ZPO Rz. 1 und *Bergerfurth*, FamRZ 1976, 581 (582) (Folgesachen bleiben als selbständige Familiensachen automatisch rechtshängig).

5 Musielak/*Borth*, § 623 ZPO Rz. 4; Wieczorek/Schütze/*Kemper*, § 623 ZPO Rz. 6; *Roth*, ZZP 103 (1990), 5 (17 f.).

6 **Italien**: OLG Karlsruhe v. 12.1.1999 – 2 WF 129/98, FamRZ 1999, 1680; OLG Karlsruhe v. 21.3.1991 – 2 UF 45/90, FamRZ 1991, 1308 (1309); OLG Frankfurt v. 26.11.1993 – 1 UF 139/93, FamRZ 1994, 715; OLG Frankfurt v. 19.11.1982 – 3 UF 200/81, IPRax 1981, 193 m. Anm. *Jayme*; OLG Düsseldorf v. 15.10.1980 – 6 WF 70/80, FamRZ 1981, 146 (148); OLG Stuttgart v. 8.1.1988 – 17 UF 187/87, Die Justiz 1988, 131; OLG Stuttgart v. 28.2.1984 – 17 UF 372/83, DAVorm. 1984, 1066 (1067); OLG Hamm v. 11.6.1981 – WF 426/80, NJW 1981, 2648 (2649); Saarländisches OLG v. 19.2.1997 – 6 UF 144/96, OLGReport Koblenz 1997, 27 f.; **Spanien**: AG Rüsselsheim v. 17.9.1985 – 7 F 361/84, FamRZ 1986, 185 (186 f.). AA OLG München v. 19.10.1992 – 11 WF 951/92, FamRZ 1993, 459 (460); OLG Frankfurt v. 8.8.1994 – 6 WF 119/94, FamRZ 1995, 375 f.; OLG Frankfurt v. 18.1.1985 – 1 UF 126/84, FamRZ 1985, 619 (620); OLG Bremen v. 16.12.1982 – 5 WF 183/82b, IPrax 1985, 46 m. Anm. *Jayme*; OLG Koblenz v. 15.1.1980 – 15 WF 875/79, FamRZ 1980, 713 f.

7 MüKo.ZPO/*Finger*, § 623 ZPO Rz. 6; *Gottwald*, FS Nakamura 1996, S. 191; Staudinger/*Spellenberg*, § 606a ZPO Rz. 250 f. (zu § 621 Abs. 2 ZPO aF).

8 Staudinger/*Spellenberg*, § 606a ZPO Rz. 250 f. (zu § 621 Abs. 2 ZPO aF); *Gottwald*, FS Nakamura 1996, S. 191; aA offenbar OLG Karlsruhe v. 12.1.1999 – 2 WF 129/98, FamRZ 1999, 1680 und Musielak/*Borth*, § 623 ZPO Rz. 4.

9 OLG Karlsruhe v. 12.1.1999 – 2 WF 129/98, FamRZ 1999, 1680; Musielak/*Borth*, § 623 ZPO Rz. 4.

Versorgungsausgleich nach deutschem Recht nicht durchzuführen, da er erst durch die Rechtshängigkeit des Scheidungsantrags ausgelöst wird.[1]

Nach § 270 Abs. 1 Satz 1 gelten die Verbundprinzipien auch für Verfahren auf Aufhebung der **Lebenspartnerschaft** (§ 269 Abs. 1 Nr. 1) entsprechend. 10

II. Anwendbare Verfahrensregeln

Die durch § 137 verbundenen Verfahren bleiben grundsätzlich selbständige Angelegenheiten, die nach ihren **jeweils eigenen Verfahrensregeln** zu behandeln sind, die auch dann anwendbar wären, wenn sie als isolierte Familiensachen außerhalb des Verbunds geführt würden: Im Unterschied zu den Folgesachen der freiwilligen Gerichtsbarkeit gilt demnach für die Scheidungssache und die Familienstreitsachen das übliche Zusammenspiel von FamFG- und ZPO-Vorschriften (vor allem nach § 113 Abs. 1 Satz 1 und 2). Ausnahmen können sich aus besonderen gesetzlichen Bestimmungen oder aus dem Zwang zur einheitlichen Verhandlung und Entscheidung ergeben.[2] 11

Nach § 114 Abs. 1 und 2 besteht für Ehegatten in allen Instanzen einheitlich **Anwaltszwang**, somit auch für die Folgesachen der freiwilligen Gerichtsbarkeit. Für andere Beteiligte in Folgesachen der fG gilt dies nur vor dem Bundesgerichtshof (§ 114 Abs. 2), doch können sich Behörden (zB Jugendämter) und juristische Personen des öffentlichen Rechts (zB Träger der gesetzlichen Rentenversicherung) auch dort selbst vertreten (§ 114 Abs. 3). Nach § 114 Abs. 5 Satz 2 erstreckt sich die Vollmacht für die Scheidungssache auch auf die Folgesachen. Verhandlungen in Familiensachen sind nach § 170 Abs. 1 Satz 1 GVG generell **nicht öffentlich**. Die Öffentlichkeit kann zugelassen werden, jedoch nicht gegen den Willen eines Beteiligten (§ 170 Abs. 1 Satz 2 GVG). 12

Da über alle Verfahrensgegenstände stets gemeinsam zu verhandeln ist, muss auch in den Folgesachen der freiwilligen Gerichtsbarkeit **mündlich verhandelt** werden. Die entsprechenden Vorschriften der Zivilprozessordnung, welche unmittelbar nur für die Scheidungssache und die Unterhalts- und Güterrechtsfolgesache gelten (§ 113 Abs. 1 Satz 2 FamFG iVm. §§ 128, 136 Abs. 4, 137 ZPO), setzen sich insofern gegenüber den Grundsätzen der freiwilligen Gerichtsbarkeit durch, die keine obligatorische mündliche Verhandlung kennt (§ 32 Abs. 1). Ist beispielsweise das Verbundverfahren nach Durchführung einer mündlichen Verhandlung grundsätzlich entscheidungsreif, müssen aber in der Folgesache „elterliche Sorge" die Kinder noch angehört werden, reicht es nicht aus, wenn das Gericht den Beteiligten Gelegenheit zur schriftlichen Stellungnahme gibt, vielmehr muss (soweit nicht die Voraussetzungen des § 128 Abs. 2 ZPO vorliegen) erneut mündlich verhandelt werden (vgl. § 136 Abs. 4 ZPO). Wird eine einzelne Folgesache nach § 21 oder § 113 Abs. 1 Satz 2 FamFG iVm. §§ 148 ff. ZPO **ausgesetzt**, ohne vorher abgetrennt worden zu sein, wird das gesamte Verbundverfahren erfasst.[3] 13

Was die **Sammlung des Tatsachenstoffes** anbelangt, bleibt es demgegenüber dabei, dass für Unterhalts- und Güterrechtsfolgesachen die Verhandlungsmaxime gilt, während 14

1 BGH v. 23.2.1994 – XII ZB 39/93, FamRZ 1994, 825 (826); *Henrich*, Internationales Familienrecht, S. 147.

2 OLG Schleswig v. 13.1.1992 – 15 UF 22/90, FamRZ 1992, 839.

3 OLG München v. 17.1.1996 – 12 WF 510/96, FamRZ 1996, 950 (951); OLG Oldenburg v. 26.9.1979 – 11 UF 97/79, FamRZ 1980, 71 (72).

für Folgesachen der fG der Amtsermittlungsgrundsatz greift (§ 26).[1] Soweit es hierdurch zu gewissen Friktionen kommt, muss der Richter versuchen, eine Klärung herbeizuführen, so etwa wenn von Amts wegen ermittelte Tatsachen geeignet wären, einen lückenhaften Vortrag in einer Unterhalts- oder Güterrechtsfolgesache zu ergänzen, oder hierzu im Widerspruch stehen (§ 139 ZPO).[2] Lassen sich die Unstimmigkeiten nicht beseitigen, ist es in letzter Konsequenz möglich, Tatsachen, die in einer Folgesache der fG von Amts wegen ermittelt wurden, auch in den Familienstreitsachen zu verwerten, sofern sie insoweit Relevanz besitzen (§ 291 ZPO).[3] Darüber hinaus behalten aber etwa auch die unterschiedlichen Regeln über die **Verfahrenseinleitung** (vgl. Rz. 49) sowie die **Disposition** über den Verfahrensgegenstand ihre jeweilige Gültigkeit.

15 Während sich normalerweise die **Beteiligung Dritter** auf das Verfahren nicht auswirkt, sind Unterhalts- und Güterrechtsfolgesachen gem. § 140 Abs. 1 automatisch abzutrennen, wenn außer den Ehegatten eine weitere Person Beteiligter des Verfahrens ist (für Beispiele vgl. § 140 Rz. 8). In Unterhalts- und Güterrechtsfolgesachen sind **Teilklageanträge** nach allgemeinen Regeln zulässig.[4]

16 Da die Verfahrensrollen in den einzelnen Verbundsachen wechseln können, ist es üblich, die **Bezeichnung** als Antragsteller bzw. Antragsgegner im gesamten Verfahren danach auszurichten, wer in der Scheidungssache den (ersten) Antrag gestellt hat.

III. Kostenerwägungen

17 Unter **kostenrechtlichen** Gesichtspunkten muss einerseits bedacht werden, dass durch die Geltendmachung im Verbund die Gebührendegression ausgenutzt werden kann, weil hier die Gebühren nach dem zusammengerechneten Wert der jeweiligen Gegenstände zu berechnen sind (§ 44 FamGKG, § 16 Nr. 4 RVG).[5] Auf der anderen Seite werden die Kosten des Verbundverfahrens nach § 150 Abs. 1 idR gegeneinander aufgehoben, während bei isolierter Geltendmachung in Familienstreitsachen der obsiegende Ehegatte gem. § 91 ZPO iVm. § 113 Abs. 1 Satz 2 FamFG einen Kostenerstattungsanspruch erlangt (demgegenüber ist über die Kosten in Familiensachen der fG gem. § 81 Abs. 1 Satz 1 und 3 nach billigem Ermessen zu entscheiden, wobei die Gerichtskosten idR geteilt werden und von der Anordnung einer Erstattung außergerichtlicher Kosten meist abgesehen wird [§ 81 Rz. 12 f.]).

18 Vor diesem Hintergrund wurde früher die Auffassung vertreten, dass **Verfahrenskostenhilfe** vor allem für die isolierte Geltendmachung von Unterhalts- und Zugewinnausgleichsansprüchen auf Grund der insgesamt höheren Kosten regelmäßig verweigert werden müsse. Der BGH ist dieser Ansicht entgegengetreten und hat hervorgehoben, dass aus der – insofern maßgeblichen – Perspektive des einzelnen Beteiligten ein Vor-

1 MüKo.ZPO/*Finger*, § 623 ZPO Rz. 40; Johannsen/Henrich/*Sedemund-Treiber*, § 623 ZPO Rz. 20; Schwab/*Maurer/Borth*, Rz. I 331.

2 Zöller/*Philippi*, § 623 ZPO Rz. 37; Johannsen/Henrich/*Sedemund-Treiber*, § 623 ZPO Rz. 20.

3 KG v. 5.6.1978 – 18 UF 422/77, FamRZ 1978, 609 (610); Musielak/*Borth*, § 623 ZPO Rz. 31; Baumbach/*Hartmann*, § 623 ZPO Rz. 13; Zöller/*Philippi*, § 623 ZPO Rz. 37 (für Zeugenvernehmung); *Diederichsen*, ZZP 98 (1978), 397 (420 f.). AA Wieczorek/Schütze/*Kemper*, § 623 ZPO Rz. 45; Johannsen/Henrich/*Sedemund-Treiber*, § 623 ZPO Rz. 20.

4 Zöller/*Philippi*, § 623 ZPO Rz. 7; *Gottwald*, FamRZ 2002, 1266; aA AG Groß-Gerau v. 20.3.2002 – 71 F 530/99 S, FamRZ 2002, 1265 f.; MüKo.ZPO/*Finger*, § 623 ZPO Rz. 33.

5 Berechnungsbeispiele bei *Schöppe-Fredenburg/Schwolow*, FuR 1998, 9.

gehen außerhalb des Verbunds wegen der im Falle des Obsiegens günstigeren Kostenentscheidung, von der im Übrigen auch die Staatskasse profitieren könne (§ 24 Nr. 1 FamGKG, § 59 Abs. 1 RVG), nicht als mutwillig angesehen werden darf.[1] Noch nicht geklärt ist, ob diese Rechtsprechung auch auf Folgesachen der fG übertragbar ist. Zwar ist zuzugeben, dass hier die isolierte Geltendmachung idR nicht zu einer günstigeren Kostenverteilung führt,[2] doch hat der BGH seine Entscheidung zusätzlich damit begründet, dass Art. 3 GG iVm. dem Rechtsstaatsprinzip eine weitgehende Angleichung der Situation von Bemittelten und Unbemittelten bei der Verwirklichung des Rechtsschutzes gebiete.[3] Für die verbundfähigen Kindschaftssachen kommt hinzu, dass diese nach § 137 Abs. 3 nicht mehr automatisch, sondern nur nach vorheriger Kindeswohlprüfung und auf speziellen Antrag in den Verbund einbezogen werden. Dieser Konzeption liegt die Wertung zugrunde, dass eine Koppelung der entsprechenden Verfahren an den Scheidungsverbund oftmals nicht sachdienlich ist (Rz. 63). Daher wird man zumindest in Kindschaftssachen eine isolierte Antragstellung in aller Regel nicht als mutwillig bewerten dürfen, soweit nicht (etwa bei einverständlicher Übertragung des Sorgerechts) eine Regelung im Verbund ohne Zeitverzögerung möglich gewesen wäre.[4]

Bei der Entscheidung, ob ein Verfahren innerhalb oder außerhalb des Verbunds geführt wird, sollte außerdem berücksichtigt werden, dass ein **Anspruch auf Verfahrenskostenvorschuss** gem. §§ 1361 Abs. 4 Satz 4, 1360a Abs. 4 Satz 1 BGB nach rechtskräftiger Scheidung nicht mehr besteht[5] und es im VKH-Verfahren als mutwillig angesehen werden könnte, wenn dieser Behelf nicht genutzt wurde.[6] Ausreichend ist es allerdings, den Verpflichteten rechtzeitig durch Mahnung in Verzug zu setzen, weil der entsprechende Betrag dann als Verzugsschadensersatz geltend gemacht werden kann.[7] 19

IV. Auflösung des Verbunds

§ 137 Abs. 1 ist eine zwingende Vorschrift und steht nicht zur Disposition der Beteiligten, so dass gem. § 113 Abs. 1 Satz 2 FamFG iVm. § 295 Abs. 2 ZPO auch ein Rügeverlust nicht in Frage kommt.[8] Soll dem Scheidungsantrag vorab stattgegeben werden, muss die Folgesache entweder **abgetrennt** werden, was nur unter den Voraussetzungen des § 140 möglich ist, oder sie muss, soweit es sich nicht um ein Verfahren handelt, das von Amts wegen im Verbund durchzuführen ist (§ 137 Abs. 2 Satz 2), durch **Rück-** 20

1 BGH v. 10.3.2005 – XII ZB 20/04, FamRZ 2005, 786 (787) mwN; OLG Karlsruhe v. 21.4.2004 – 20 WF 43/03, FamRZ 2005, 1099 (1100).

2 Hierauf hat sich OLG Karlsruhe v. 10.10.2005 – 5 WF 175/05, FamRZ 2006, 494 berufen.

3 BGH v. 10.3.2005 – XII ZB 20/04, FamRZ 2005, 786 (788). Diesen Gesichtspunkt hält für ausschlaggebend Zöller/Philippi, § 623 ZPO Rz. 24b und c. AA Musielak/*Fischer*, § 114 ZPO Rz. 36.

4 OLG Karlsruhe v. 10.10.2005 – 5 WF 175/05, FamRZ 2006, 494; MüKo.ZPO/*Motzer*, § 114 ZPO Rz. 102.

5 Palandt/*Brudermüller*, § 1360a BGB Rz. 10 mwN.

6 OLG München v. 6.4.1995 – 16 WF 587/95, OLGReport 1995, 212 (213) (allerdings nur ergänzender Gesichtspunkt zu – überholtem – Hauptargument der Verbundpflicht); Schwab/*Borth*, Rz. IV 90; *Weisbrodt*, FF 2003, 237 mwN; AG Detmold v. 17.12.1986 – 16 F 309/86, FamRZ 1987, 1061 f.; aA OLG München v. 18.7.1997 – 12 WF 972/97, FamRZ 1997, 1542; Zöller/*Philippi*, § 623 ZPO Rz. 24b.

7 Palandt/*Brudermüller*, § 1360a BGB Rz. 16; *Viefhues*, FamRZ 2005, 881; *Weisbrodt*, FF 2003, 237 f.

8 BGH v. 9.1.1991 – XII ZR 14/90, FamRZ 1991, 687 f.; OLG Schleswig v. 1.7.1991 – 15 UF 174/90, FamRZ 1992, 198; Johannsen/Henrich/*Sedemund-Treiber*, § 623 ZPO Rz. 14.

nahme[1] (§ 113 Abs. 1 Satz 2 FamFG iVm. § 269 ZPO bzw. § 22 FamFG) oder wegen **Erledigung**[2] aus dem Verbund gelöst werden. Stimmt der Antragsgegner einer Erledigungserklärung nicht zu, ist der Streit über den Eintritt der Erledigung nicht mehr Bestandteil des Verbundverfahrens, denn auf Grund der in der Erledigungserklärung liegenden Antragsänderung wird keine Entscheidung mehr für den Fall der Scheidung begehrt.[3] Zur Kostenentscheidung in diesen Fällen § 150 Rz. 10.

21 Da zu den Folgesachen iSv. § 137 Abs. 2 Satz 1 nur solche Anträge zählen, die für den Fall der Scheidung der Ehe gestellt werden (Rz. 27 f.), kann ein Verfahrensgegenstand auch dadurch aus dem Verbund herausgelöst werden, dass im Wege der **Antragsänderung** von einem bedingten zu einem unbedingten Antrag übergegangen wird (zB Antrag auf vorzeitigen Zugewinnausgleich oder sofortige Zahlung von Kindesunterhalt).[4] In Familienstreitsachen ist Voraussetzung, dass die andere Seite in die Antragsänderung einwilligt oder das Gericht sie für sachdienlich erachtet (§ 263 ZPO). Ist ein Antrag in einer Folgesache ohnehin schon abweisungsreif, ist eine Herauslösung aus dem Verbund durch Umstellung auf ein unbedingtes Begehren nicht sachdienlich.[5] Demgegenüber wird der Verbund nicht automatisch dadurch aufgelöst, dass in einer bereits anhängigen antragsabhängigen Folgesache (zB Kindesunterhalt) in der letzten mündlichen Verhandlung **kein Antrag gestellt** wird. Soweit über die Folgesache nicht im Wege eines Versäumnisbeschlusses oder durch Entscheidung nach Lage der Akten entschieden werden kann (§ 142 Abs. 2 Satz 2), darf auch in der Ehesache kein Beschluss ergehen.[6] Zu den Rechtsfolgen bei Verletzung des Verbunds vgl. Rz. 7.

22 Folgesachen werden **gegenstandslos**, wenn der Scheidungsantrag abgewiesen (§ 142 Abs. 2 Satz 1) oder zurückgenommen (§ 141 Satz 1) wird oder sich die Scheidungssache auf sonstige Weise erledigt, etwa durch Tod (§ 131).

V. Internationale Verbundzuständigkeit

23 Zur **internationalen Zuständigkeit** des Gerichts der Scheidungssache für Folgesachen nach § 98 Abs. 2 vgl. § 98 Rz. 39 ff.; speziell zu Kindschaftssachen vgl. § 99 Rz. 32, zu Versorgungsausgleichssachen vgl. § 102 Rz. 6, zu Unterhaltssachen Anh. nach § 245 Rz. 40 ff. und zu Ehewohnungs- und Haushaltssachen § 105 Rz. 11.

C. Folgesachen

24 § 137 Abs. 2 und 3 legen den Kreis der verbundfähigen Familiensachen fest. Hierbei ist zu unterscheiden zwischen den **Folgesachen „kraft Gesetzes"** (Abs. 2), die bei Rechtshängigkeit eines Scheidungsantrags automatisch in den Verbund fallen, und den neu

1 BGH v. 9.1.1991 – XII ZR 14/90, FamRZ 1991, 687 (688); Musielak/*Borth*, § 623 ZPO Rz. 21 und 39.
2 OLG Zweibrücken v. 19.11.1996 – 5 UF 138/95, FamRZ 1997, 504 (505).
3 OLG Zweibrücken v. 19.11.1996 – 5 UF 138/95, FamRZ 1997, 504 (505).
4 OLG Düsseldorf v. 4.2.2002 – 2 UF 211/01, FamRZ 2002, 1572 m. Anm. *Leidinger*; *Philippi*, FamRZ 1991, 1426 (jeweils auch zu den (Kosten-)Risiken); MüKo.ZPO/*Finger*, § 623 ZPO Rz. 50; aA offenbar Musielak/*Borth*, § 623 ZPO Rz. 39 (würde dem „allgemeinen Verbundgedanken widersprechen").
5 *Philippi*, FamRZ 1991, 1426.
6 OLG Nürnberg v. 8.7.2004 – 7 UF 1224/04, FamRZ 2005, 1497 (1498); OLG Hamm v. 27.8.1998 – 4 UF 81/98, FamRZ 1999, 520.

konzipierten **Folgesachen „kraft Antrags“** (Abs. 3), die nur auf Grund eines besonderen (Verfahrens-)Antrags in den Verbund einbezogen werden. Innerhalb der beiden Fallgruppen bleibt die nach früherem Recht allein relevante Unterscheidung zwischen **antragsabhängigen und Amtsverfahren** relevant. Allerdings bezieht sich das hiermit angesprochene Antragserfordernis nicht auf die Einbeziehung in den Verbund, sondern die allgemeine Frage, ob die Initiative zur Verfahrenseinleitung von den Beteiligten oder dem Gericht ausgeht.

Ein Teil der Folgesachen betrifft Rechtsfolgen, die erst durch die rechtskräftige Scheidung ausgelöst werden (Versorgungsausgleich, Nachehelichenunterhalt, Zugewinnausgleich), andere Folgesachen sind demgegenüber materiellrechtlich nicht zwingend **mit der Scheidung verknüpft** (Kindesunterhalt, Umgang und Sorge). Während für die erste Gruppe vor Rechtskraft der Scheidung eine selbständige Geltendmachung außerhalb des Verbunds nicht in Frage kommt, kann der Antragsteller bezüglich der zweiten Gruppe grundsätzlich frei wählen, ob er die Sache im Verbund oder selbständig verfolgt. 25

I. Folgesachen kraft Gesetzes (Absatz 2)

Der Katalog der **„automatischen“ Folgesachen** in § 137 Abs. 2 Satz 1, die kraft Gesetzes zum Verbund gehören, entspricht weitgehend demjenigen des § 623 Abs. 1 Satz 1 ZPO aF. Die Regelung über den Amtsverbund nach § 137 Abs. 2 Satz 2 entspricht § 623 Abs. 1 Satz 3 ZPO aF. Insgesamt geht es um Verfahren, die das **Verhältnis der Ehegatten zueinander** betreffen. Zur Abtrennung, wenn in einer Unterhalts- oder Güterrechtsfolgesache ein Dritter Verfahrensbeteiligter wird, vgl. § 140 Abs. 1. 26

1. Antragsabhängige Folgesachen

Ein Folgesachenantrag kann frühestens zusammen mit dem Scheidungsantrag eingereicht werden; bis wann er spätestens anhängig sein muss, ist für die Fälle des Abs. 2 und Abs. 3 unterschiedlich geregelt. Folgesachen nach § 137 Abs. 2 sind nur solche Familiensachen, in denen eine Entscheidung für den Fall der Scheidung zu treffen ist. Soweit das Verfahren nicht von Amts wegen einzuleiten ist (§ 137 Abs. 2 Satz 2), kommt es hierfür entscheidend darauf an, welches **Ziel der Antragsteller** verfolgt. 27

a) Entscheidung für den Fall der Scheidung

Wird eine Regelung ab Scheidung verlangt oder der Antrag als Folgesache deklariert, ist im Zweifel davon auszugehen, dass der **Antrag eventualiter für den Fall der Scheidung** gestellt wird. Wird eine Entscheidung für die Zeit vor Rechtskraft der Scheidung oder unabhängig vom Ausspruch der Scheidung begehrt, handelt es sich nicht um einen Folgesachenantrag.[1] Erfüllt ein „Verbundantrag“ diese Voraussetzungen nicht, ist er nicht als unzulässig abzuweisen, sondern gem. § 145 ZPO abzutrennen und als selbständige Familiensache zu behandeln.[2] Zu den Konsequenzen einer fehlerhaften Einordnung vgl. Rz. 7. 28

1 Vgl. Zöller/*Philippi*, § 623 ZPO Rz. 23c. Nicht ausreichend für die Annahme eines Folgesachenantrags ist die Einreichung „mit gleicher Post“ wie die Scheidungssache BGH v. 23.1.1985 – IVb ZB 145/84, FamRZ 1985, 578 (579).

2 BGH v. 19.3.1997 – XII ZR 277/95, FamRZ 1997, 811 (812); OLG Hamm v. 1.9.1993 – 5 UF 146/92, FamRZ 1994, 773.

aa) Versorgungsausgleich (Satz 1 Nr. 1)

29 Der Versorgungsausgleich ist in Form des **Wertausgleichs bei der Scheidung** nach §§ 9 ff. VersAusglG idR von Amts wegen durchzuführen (§ 137 Abs. 2 Satz 2). Auf einen Antrag nach § 137 Abs. 2 Satz 1 Nr. 1 kommt es in diesem Zusammenhang daher nur dann an, wenn bei internationalen Sachverhalten der Versorgungsausgleich nur auf Initiative eines Ehegatten erfolgt (Art. 17 Abs. 3 Satz 2 EGBGB).[1] Für **Ausgleichsansprüche nach der Scheidung** iSv. §§ 20 ff. VersAusglG, über die gem. § 223 stets nur auf Antrag zu entscheiden ist, wird im Verbundverfahren meist kein Raum sein, weil die entsprechenden Ansprüche regelmäßig nicht bereits mit Rechtskraft der Scheidung fällig sind. Doch kann – bei Vorliegen eines besonderen Feststellungsinteresses[2] – im Verbund die Feststellung begehrt werden, dass ein entsprechender Ausgleich durchzuführen sein wird.

bb) Unterhaltssachen (Satz 1 Nr. 2)

30 Da eine Folgesache nur dann vorliegt, wenn eine Entscheidung für den Fall der Scheidung zu treffen ist, kann **Unterhalt für die Zeit vor Rechtskraft der Scheidung nicht im Verbund** geltend gemacht werden. Keine Folgesachen sind daher der Familienunterhalt und der Trennungsunterhalt,[3] und zwar auch soweit Vorsorgeunterhalt ab Rechtshängigkeit des Scheidungsverfahrens (§ 1361 Abs. 1 Satz 2 BGB) geltend gemacht wird,[4] sowie der Kindesunterhalt für die Zeit des Getrenntlebens.[5] § 137 Abs. 2 Nr. 2 stellt ausdrücklich klar, dass vereinfachte Verfahren über den Unterhalt Minderjähriger nie Folgesachen sind.

31 Da zwischen **Trennungs- und Nachehelichenunterhalt** materiellrechtlich keine Identität besteht, fällt der Anspruch auf Trennungsunterhalt mit Rechtskraft der Scheidung fort. Soll eine lückenlose Versorgung gesichert werden, muss der Anspruch auf nachehelichen Unterhalt im Verbund geltend gemacht werden, denn einer isolierten Geltendmachung vor der Scheidung steht entgegen, dass der Anspruch erst mit Rechtskraft der Scheidung entsteht.[6] Gegen die fortgesetzte Vollstreckung aus einem Titel über Trennungsunterhalt kann sich der Unterhaltsschuldner ab Rechtskraft der Scheidung mit einem **Vollstreckungsgegenantrag** nach § 767 ZPO zur Wehr setzen. Ist eine fortgesetzte Vollstreckung konkret zu befürchten, ist der Antrag auch schon im Verbund zulässig.[7] Gleichfalls Folgesache ist der **negative Feststellungsantrag** über das Nichtbestehen einer nachehelichen Unterhaltsverpflichtung, der nach allgemeinen Grundsätzen (§ 256 ZPO) dann zulässig ist, wenn die andere Seite sich eines (Unterhalts-)Anspruchs berühmt.[8] Demgegenüber bleibt eine vor der Ehescheidung erlassene

1 OLG Hamm v. 20.9.1990 – 4 UF 157/90, FamRZ 1991, 204; OLG Hamm v. 21.2.1989 – 13 UF 412/88, FamRZ 1989, 1191; OLG München v. 17.11.1989 – 4 UF 103/89, FamRZ 1990, 186.

2 MüKo.ZPO/*Finger*, § 623 ZPO Rz. 27 (ausnahmsweise); Musielak/*Borth*, § 623 ZPO Rz. 17 (idR nicht gegeben).

3 BGH v. 23.1.1985 – IVb ZB 145/84, FamRZ 1985, 578 (579); OLG Koblenz v. 8.2.1999 – 13 UF 973/98, OLGReport, 1999, 356 (357); OLG Düsseldorf v. 5.9.1991 – 11 WF 8/91, JurBüro 1992, 42 (43).

4 BGH v. 19.5.1982 – IVb ZR 708/80, FamRZ 1982, 781 (782).

5 OLG Koblenz v. 19.9.2001 – 9 UF 62/01, FamRZ 2002, 965 (966); OLG Dresden v. 21.5.1997 – 20 UF 17/97, FamRZ 1998, 1389.

6 BGH v. 14.1.1983 – IVb ZR 575/80, FamRZ 1981, 242 (243).

7 MüKo.ZPO/*Finger*, § 623 ZPO Rz. 14; Schwab/*Maurer/Borth*, Rz. I 315; vgl. BGH v. 14.1.1983 – IVb ZR 575/80, FamRZ 1981, 242 (244).

8 OLG Hamm v. 20.2.1985 – 6 UF 638/84, FamRZ 1985, 952 (953); MüKo.ZPO/*Finger*, § 623 ZPO Rz. 14.

einstweilige Anordnung über Ehegattenunterhalt gem. § 56 Abs. 1 grundsätzlich auch nach der Ehescheidung bis zum Wirksamwerden einer anderweitigen Regelung in Kraft.[1]

Da Nachehelichenunterhalt erst ab Rechtskraft der Scheidung verlangt werden kann, sind für die Berechnung eigentlich die Verhältnisse bei Eintritt der Rechtskraft des Scheidungsausspruchs maßgeblich. Doch ist anerkannt, dass es bei einer Geltendmachung im Verbund auf die **im Zeitpunkt der letzten mündlichen Verhandlung erkennbar gewordenen Verhältnisse** ankommt.[2] Eine mit § 140 Abs. 2 Nr. 1 vergleichbare Abtrennungsmöglichkeit ist nicht erforderlich, denn spätere Veränderungen (auch zwischen Ausspruch und Rechtskraft der Scheidung) können nach § 238 Abs. 2 im Rahmen der Abänderung berücksichtigt werden. 32

Beim Anspruch auf **Unterhalt für ein gemeinschaftliches (minderjähriges) Kind** handelt es sich demgegenüber um einen einheitlichen Anspruch, der durch die Rechtskraft der Scheidung nicht seine rechtliche Qualität verändert. Da Unterhalt für die Zeit vor Rechtskraft der Scheidung ohnehin nicht als Folgesache geltend gemacht werden kann, empfiehlt es sich regelmäßig, den gesamten Unterhalt außerhalb des Verbunds einzufordern.[3] Um gleichwohl eine Geltendmachung im Verbundverfahren ohne Beteiligung des minderjährigen Kindes zu ermöglichen, räumt § 1629 Abs. 3 Satz 1 BGB dem einen Elternteil eine gesetzliche Verfahrensstandschaft zur Erhebung von Unterhaltsansprüchen gegen den anderen Elternteil ein; ein Auftreten als Vertreter wird dadurch ausgeschlossen („nur").[4] Eine auf diese Weise erlangte Gerichtsentscheidung oder ein zwischen den Eltern geschlossener gerichtlicher Vergleich wirken gem. § 1629 Abs. 3 Satz 2 BGB auch für und gegen das Kind. Die Verfahrensstandschaft steht einem Elternteil nur dann zu, wenn er insofern auch zur Alleinvertretung befugt ist, etwa auf Grund einer vorläufigen oder endgültigen Sorgerechtsregelung (§ 1671 BGB) oder weil das Kind sich in seiner Obhut befindet (§ 1629 Abs. 2 Satz 2 BGB).[5] Nicht ausreichend ist demgegenüber, wenn der Ehegatte, der das Kind derzeit nicht in seiner Obhut hat, erst die Übertragung der elterlichen Sorge für den Fall der Scheidung fordert,[6] denn die einzige innerprozessuale Bedingung, welche das Verbundverfahren erlaubt, ist die Entscheidung für den Fall der Scheidung (nicht aber für den Fall der Übertragung des Sorgerechts). Vielmehr muss in diesen Fällen ein Ergänzungspfleger bestellt werden (§§ 1909 Abs. 1 Satz 1, 1629 Abs. 2 Satz 1, 1795 Abs. 1 Nr. 1 und 3 BGB), der im Namen des Kindes den Unterhalt im selbständigen Verfahren geltend macht (§ 140 Rz. 8).[7] Nach Rechtskraft der Scheidung ist § 1629 Abs. 3 Satz 1 BGB nicht mehr anwendbar,[8] das Kind muss dann – vertreten durch seinen gesetzlichen Vertreter – den Unterhalt selbständig einklagen. Tritt Rechtskraft der Scheidung (etwa wegen § 140) während des laufenden Verbundverfahrens auf Kindesunterhalt ein, bevor über diesen entschieden wird, bleibt die Verfahrensstandschaft nach 33

1 § 246 Rz. 24. Zum früheren Recht auf der Grundlage von § 620f ZPO aF BGH v. 14.1.1983 – IVb ZR 575/80, FamRZ 1981, 242 (243).
2 BGH v. 30.1.1985 – IVb ZR 70/83, FamRZ 1985, 471 (472); MüKo.BGB/*Maurer*, § 1578 BGB Rz. 36; Zöller/*Philippi*, § 623 ZPO Rz. 7a.
3 Zöller/*Philippi*, § 623 ZPO Rz. 13.
4 MüKo.BGB/*Huber*, § 1629 BGB Rz. 98.
5 MüKo.BGB/*Huber*, § 1629 BGB Rz. 92.
6 MüKo.ZPO/*Finger*, § 623 ZPO Rz. 16; aA Zöller/*Philippi*, § 623 ZPO Rz. 14.
7 Vgl. OLG Stuttgart v. 26.4.2005 – 16 UF 65/05, NJW-RR 2005, 1382 (1383); Palandt/*Diederichsen*, § 1629 BGB Rz. 29.
8 OLG Brandenburg v. 25.5.2001 – 15 WF 51/01, FamRZ 2001, 1712.

§ 265 Abs. 2 Satz 1 ZPO analog bis zum Abschluss des Unterhaltsverfahrens erhalten, soweit dem betreffenden Elternteil nicht gleichzeitig das Sorgerecht entzogen worden ist.[1]

34 Unterhaltsansprüche **volljähriger Kinder** müssen, weil ein Dritter am Verfahren beteiligt ist (vgl. § 140 Abs. 1), stets im isolierten Verfahren geltend gemacht werden. Wird ein Kind während des laufenden Unterhaltsverfahrens volljährig, endet die gesetzliche Verfahrensstandschaft nach § 1629 Abs. 3 Satz 1[2] und das Kind hat das Recht, nunmehr selbst als Beteiligter in das Verfahren einzutreten.[3] Wurde dieses im Verbund geführt, so ist es nunmehr nach § 140 Abs. 1 abzutrennen (zu den Auswirkungen der Abtrennung nach § 137 Abs. 5 vgl. Rz. 69). Macht das Kind von seiner Befugnis keinen Gebrauch, hat sich das Verfahren insoweit erledigt.[4] Die Fortführung des Verfahrens durch den „ausgeschiedenen" Elternteil im Wege gewillkürter Verfahrensstandschaft auf Grund einer Ermächtigung des Kindes ist mangels Vorliegens eines eigenen schutzwürdigen Interesses des betreffenden Elternteils nicht zulässig.[5]

35 Wie beim Ehegattenunterhalt kann auch beim Kindesunterhalt – bei Vorliegen des entsprechenden Feststellungsinteresses – ein **negativer Feststellungsantrag** als Folgesache anhängig gemacht werden.[6] Auch die **Abänderung** eines bestehenden Titels für die Zeit nach Rechtskraft der Scheidung ist im Verbund denkbar.[7] Ist bereits ein isoliertes Verfahren auf Kindesunterhalt rechtshängig, steht § 261 Abs. 3 Nr. 1 ZPO einem zusätzlichem Verbundantrag entgegen.[8] Auch wenn der ursprüngliche Antrag auf den Trennungszeitraum beschränkt wird, fehlt einem weiteren (Verbund-)Antrag für den Unterhalt ab Rechtskraft der Scheidung idR das Rechtsschutzbedürfnis.[9]

cc) Ehewohnungs- und Haushaltssachen (Satz 1 Nr. 3)

36 Folgesachen sind die Verfahren auf Regelung der Rechtsverhältnisse an der Ehewohnung und an Haushaltsgegenständen **anlässlich der Scheidung** nach §§ 1568a, 1568b BGB, die mit Inkrafttreten des Gesetzes zur Änderung des Zugewinnausgleichs- und Vormundschaftsrechts an die Stelle von §§ 1–10 HausrVO getreten sind, nicht aber die entsprechenden für die Trennungszeit geltenden Verfahren nach §§ 1361a, 1361b BGB. Zur Beteiligung Dritter vgl. § 139 Rz. 2.

dd) Güterrechtssachen (Satz 1 Nr. 4)

37 Da eine Folgesache nur dann vorliegt, wenn eine **Entscheidung für den Fall der Scheidung** zu treffen ist, sind Verfahren über den vorzeitigen Zugewinnausgleich nicht

1 BGH v. 15.11.1989 – IVb ZR 3/89, FamRZ 1990, 283 (284); BGH v. 22.9.1999 – XII ZR 250/97, FamRZ 2000, 221; OLG Hamm v. 29.7.1997 – 13 UF 41/97, FamRZ 1998, 379 f.; OLG Koblenz v. 19.9.2001 – 9 UF 62/01, FamRZ 2002, 965 (966).

2 OLG München v. 21.10.1982 – 26 UF 726/81, FamRZ 1983, 925 (926); Musielak/*Borth*, § 623 ZPO Rz. 13.

3 BGH v. 15.11.1989 – IVb ZR 3/89, FamRZ 1990, 283 (284); BGH v. 30.1.1985 – IVb ZR 70/83, FamRZ 1985, 471 (473).

4 MüKo.ZPO/*Finger*, § 623 ZPO Rz. 17.

5 Zöller/*Philippi*, § 623 ZPO Rz. 15; vgl. auch MüKo.ZPO/*Finger*, § 623 ZPO Rz. 17.

6 MüKo.ZPO/*Finger*, § 623 ZPO Rz. 15; Zöller/*Philippi*, § 623 ZPO Rz. 17.

7 BGH v. 24.1.1996 – XII ZB 184/95, FamRZ 1996, 543 (544); MüKo.ZPO/*Finger*, § 623 ZPO Rz. 15.

8 Zöller/*Philippi*, § 623 ZPO Rz. 17.

9 MüKo.ZPO/*Finger*, § 623 ZPO Rz. 15.

verbundfähig.[1] Folgesachen sind demgegenüber der Zugewinnausgleich (§ 1378 Abs. 1 BGB) sowie Ansprüche aus der Auseinandersetzung und auf Mitwirkung an der Auseinandersetzung des Gesamtgutes bei der Gütergemeinschaft,[2] etwa die Befugnis zur Übernahme nach § 1477 Abs. 2 BGB[3] oder der Wertersatz des Eingebrachten nach § 1478 Abs. 1 BGB.[4] Vor Rechtskraft der Scheidung ist eine isolierte Geltendmachung des Anspruchs auf Zugewinnausgleich mangels Vorliegens der Tatbestandsvoraussetzungen (Beendigung des Güterstandes nach § 1372 BGB erst mit Rechtskraft der Scheidung) nicht möglich.

Nach § 1384 BGB kommt es für die Berechnung des Zugewinnausgleichs und für die Höhe der Ausgleichsforderung auf den **Zeitpunkt der Rechtshängigkeit des Scheidungsantrags** und nicht auf den Zeitpunkt der Beendigung des Güterstandes (Rechtskraft der Scheidung) an. Vermögensänderungen nach Zustellung des Scheidungsantrags können die Höhe des Ausgleichsanspruchs damit nicht mehr beeinflussen (vgl. demgegenüber noch § 1378 Abs. 2 BGB aF).[5] Allerdings kann im Zusammenhang mit der Auseinandersetzung einer Gütergemeinschaft ausnahmsweise eine **Abtrennung** nach § 140 Abs. 2 Nr. 1 geboten sein, wenn sich die Höhe der Ausgleichsansprüche erst nach Rechtskraft des Scheidungsbeschlusses bestimmen lässt (§ 140 Rz. 12). 38

Zu den Güterrechtssachen zählen nach § 261 Abs. 2 nunmehr auch die Verfahren auf **Stundung** einer Zugewinnausgleichsforderung (§ 1382 BGB) oder Übertragung von Vermögensgegenständen unter **Anrechnung** auf die Zugewinnausgleichsforderung (§ 1383 BGB). Soweit der entsprechende Antrag für den Fall der Scheidung gestellt wird, insbesondere weil die streitige Ausgleichsforderung ebenfalls im Verbund anhängig ist (vgl. §§ 1382 Abs. 5, 1383 Abs. 3 BGB), handelt es sich um Folgesachen. Für diese ist dann – naturgemäß – der Familienrichter und nicht – wie bei isolierter Geltendmachung – der Rechtspfleger (§ 25 Nr. 3b RPflG) zuständig (§ 264 Rz. 8). Nicht in den Kreis der verbundfähigen Familiensachen einbezogen wurden **sonstige Ausgleichsansprüche** zwischen Ehegatten außerhalb des Güterrechts (zB Gesamtschuldnerausgleich, Auflösung einer Ehegatteninnengesellschaft etc.), obwohl sie nunmehr als sonstige Familiensachen iSv. § 266 Abs. 1 Nr. 3 in die Zuständigkeit des FamG fallen können. 39

Wird außer den Ehegatten eine weitere Person **Beteiligter** des Verfahrens, ist die Güterrechtssache nach § 140 Abs. 1 abzutrennen. 40

ee) Vorbereitende und ergänzende Verfahren

Zu den Folgesachen Versorgungsausgleich (§ 4 VersAusglG), Unterhalt (§§ 1580, 1605 BGB) und Güterrecht (§ 1379 BGB) zählen auch die entsprechenden **Auskunftsbegehren in Form von Stufenklageanträgen.**[6] § 1379 Abs. 2 BGB, wonach Auskunft über das Endvermögen verlangt werden kann, sobald Scheidung der Ehe beantragt wird, ist auf 41

---

1 OLG Düsseldorf v. 4.2.2002 – 2 UF 211/01, FamRZ 2002, 1572; KG v. 21.3.2000 – 13 UF 9188/99, FamRZ 2001, 166 m. krit. Anm. *Gottwald.*

2 MüKo.ZPO/*Finger*, § 623 ZPO Rz. 21; Musielak/*Borth*, § 623 ZPO Rz. 18.

3 BGH v. 14.12.1983 – IVb ZR 62/82, FamRZ 1984, 254 (256); OLG Karlsruhe v. 25.6.1981 – 16 UF 37/80, FamRZ 1982, 286 (287).

4 BGH v. 1.7.1982 – IX ZR 32/81, FamRZ 1982, 991 (992); BGH v. 14.12.1983 – IVb ZR 62/82, FamRZ 1984, 254 (255); OLG Karlsruhe v. 25.6.1981 – 16 UF 37/80, FamRZ 1982, 286 (287).

5 BT-Drucks. 16/10798 (eVF), S. 27 (vorab).

6 BGH v. 19.3.1997 – XII ZR 277/95, FamRZ 1997, 811 (812); OLG Brandenburg v. 3.7.2006 – 9 UF 38/06, FamRZ 2007, 410 (411 f.); KG v. 18.2.2000 – 3 UF 6680/99, FamRZ 2000, 1293; OLG Hamburg v. 31.7.1980 – 15 UF 90/80 V, FamRZ 1981, 179 f.

§ 1580 BGB entsprechend anwendbar.[1] Sowohl über die Verpflichtung zur Auskunft als auch zur Abgabe der eidesstattlichen Versicherung kann – da insofern keine Entscheidung für den Fall der Rechtskraft der Scheidung begehrt wird – nicht im Verbund, sondern nur vorab durch Teilbeschluss entschieden werden.[2] Nach § 116 Abs. 3 Satz 2 ist die sofortige Wirksamkeit des Teilbeschlusses anzuordnen. Die Kostenentscheidung bleibt dem abschließenden Verbundbeschluss vorbehalten.[3] Erteilt der Antragsgegner die begehrte Auskunft oder gibt er die Versicherung an Eides statt ab, entbindet dies allein das Gericht noch nicht von einer Entscheidung über die entsprechende Stufe; hierfür bedarf es vielmehr verfahrensbeendender Erklärungen (zB [übereinstimmende] Erledigung, Rücknahme oder Antragsänderung[4] durch Übergang zur nächsten Stufe).[5] Ergibt die Auskunft, dass kein Anspruch besteht, kann die Leistungsstufe nicht einseitig für erledigt erklärt werden, denn dafür hätte der entsprechende Antrag ursprünglich zulässig und begründet sein müssen. Allerdings kann dem Antragsteller ein materiellrechtlicher Schadensersatzanspruch wegen der streitigen Kosten zustehen, der im Wege der Antragsänderung im anhängigen Rechtsstreit geltend gemacht werden kann.[6]

42 Bestandteil des Verbundbeschlusses nach § 142 Abs. 1 Satz 1 ist bei Stufenverfahren nur die Entscheidung über die letzte Stufe. Nachdem im Versorgungsausgleich dem privatrechtlichen Auskunftsanspruch neben den **verfahrensrechtlichen Auskunftspflichten** nach § 220 kaum Bedeutung zukommt,[7] verbindet der Gesetzgeber mit der Einführung des § 235 Abs. 2 nunmehr die Hoffnung, dass auch in Unterhaltssachen Stufenklageanträge in Zukunft weitgehend überflüssig sein werden (vgl. § 235 Rz. 4 ff.).[8]

43 Demgegenüber sind **isolierte Auskunftsanträge** grundsätzlich keine Folgesachen.[9] Werden sie im Verbund geltend gemacht, sind sie nach § 145 ZPO abzutrennen und als selbständige Verfahren zu behandeln.[10] Eine Ausnahme gilt dann, wenn ein Aus-

1 BGH v. 4.11.1981 – IVb ZR 624/80, FamRZ 1982, 151; MüKo.BGB/*Maurer*, § 1580 BGB Rz. 4. Während §§ 1587e Abs. 1, 1587k Abs. 1 BGB noch auf § 1580 BGB verwiesen, können nach § 4 VersAusglG nunmehr die „erforderlichen" Auskünfte verlangt werden.

2 BGH v. 19.3.1997 – XII ZR 277/95, FamRZ 1997, 811 (812); OLG Brandenburg v. 3.7.2006 – 9 UF 38/06, FamRZ 2007, 410 (411 f.); KG v. 18.2.2000 – 3 UF 6680/99, FamRZ 2000, 1293; OLG Schleswig v. 15.7.1996 – 15 UF 153/95, SchlHA 1997, 72.

3 OLG Naumburg v. 15.12.1998 – 8 WF 334/98, FamRZ 1999, 1435; OLG Hamburg v. 31.7.1980 – 15 UF 90/80 V, FamRZ 1981, 179 (180); Musielak/*Borth*, § 623 ZPO Rz. 19.

4 Bei zulässiger Antragsänderung (§§ 263, 264 ZPO) fällt die Rechtshängigkeit des ursprünglich gestellten Antrags fort, so dass es einer förmlichen Antragsrücknahme nicht bedarf (BGH v. 1.6.1990 – V ZR 48/89, NJW 1990, 2682).

5 OLG Brandenburg v. 3.7.2006 – 9 UF 38/06, FamRZ 2007, 410 (412).

6 BGH v. 5.5.1994 – III ZR 98/93, FamRZ 1995, 348 (349); Musielak/*Borth*, § 623 ZPO Rz. 20.

7 Während die bisher herrschende Auffassung ein Rechtsschutzbedürfnis für die Geltendmachung des privatrechtlichen Auskunftsanspruchs auch für das Verfahren in Versorgungsausgleichssachen wegen der hierdurch eröffneten Möglichkeit zur Anordnung von Zwangshaft bejahte (vgl. OLG Frankfurt v. 18.3.1999 – 2 WF 70/99, FamRZ 2000, 99; OLG Hamm v. 25.6.2001 – 5 UF 150/01, FamRZ 2002, 103; Johannsen/Henrich/*Hahne*, § 1587e BGB Rz. 4), erscheint zweifelhaft ob angesichts der Angleichung der Vollstreckungsmöglichkeiten, hieran uneingeschränkt festgehalten werden kann (§ 217 Rz. 11, § 220 Rz. 4). Demgegenüber ist der verfahrensrechtliche Auskunftsanspruch in Unterhaltssachen gem. § 235 Abs. 4 nicht mit Zwangsmitteln durchsetzbar.

8 BT-Drucks. 16/6308, S. 255.

9 BGH v. 19.3.1997 – XII ZR 277/95, FamRZ 1997, 811 (812); OLG Brandenburg v. 3.7.2006 – 9 UF 38/06, FamRZ 2007, 410 (412); KG v. 18.2.2000 – 3 UF 6680/99, FamRZ 2000, 1293.

10 BGH v. 19.3.1997 – XII ZR 277/95, FamRZ 1997, 811 (812); OLG Hamm v. 1.9.1993 – 5 UF 146/92, FamRZ 1994, 773.

kunftsanspruch im Wege eines Gegenantrags erhoben wird, um sich gegen einen geltend gemachten Ausgleichsanspruch zur Wehr zu setzen.[1] Soweit der Versorgungsausgleich von Amts wegen durchzuführen ist, bedarf es keines bezifferten Leistungsantrags, insofern fällt der Auskunftsanspruch nach § 4 VersAusglG stets in den Verbund.[2]

Gegen den Teilbeschluss über einen im Wege eines Stufenantrags geltend gemachten Auskunftsanspruch ist die **Beschwerde** nach §§ 58 ff. (evtl. iVm. § 117) statthaft, soweit der Beschwerdewert des § 61 Abs. 1 erreicht oder die Beschwerde zugelassen wird (§ 61 Abs. 2).[3] Hebt das OLG die erstinstanzliche Entscheidung auf und weist den Auskunftsantrag ab, darf nicht zugleich über die Leistungsstufe entschieden werden, denn hierüber ist (zusammen mit der Scheidung) in der Verbundentscheidung zu befinden.[4] Verurteilt das OLG zur Auskunft, nachdem das FamG (etwa wegen des wirksamen Ausschlusses von Ausgleichsansprüchen) den Auskunfts- und Leistungsantrag im Verbundbeschluss abgewiesen hat, wird die erstinstanzliche Entscheidung regelmäßig hinsichtlich der Folgesache aufzuheben und nach § 69 Abs. 1 Satz 2 bzw. § 117 Abs. 2 Satz 1 FamFG iVm. § 538 Abs. 2 Nr. 4 ZPO zurückzuverweisen sein.[5] 44

Hinsichtlich einer anhängigen Folgesache ist auch ein **Zwischenfeststellungsantrag** (etwa über die [Un-]Wirksamkeit einer ehevertraglichen Vereinbarung) zulässig.[6] Ein solcher Antrag kann beispielsweise empfehlenswert sein, um einen Widerspruch zwischen einem Teilbeschluss über einen Auskunftsanspruch, der wegen wirksamen Ausschlusses von Unterhalts- und Zugewinnausgleichsansprüchen in einem Ehevertrag abgewiesen werden soll, und der Schlussentscheidung zu vermeiden.[7] 45

Folgesache ist auch die **Zwangsvollstreckung** aus einer im Verbundverfahren ergangenen Entscheidung, soweit das Prozessgericht dafür zuständig ist (daher Anwaltszwang).[8] Demgegenüber stellt etwa das Verfahren auf Durchsetzung einer Umgangsregelung nach §§ 88 ff. eine neue, selbständige Verrichtung dar, die nicht mehr Folgesache sein kann.[9] 46

---

1 OLG Zweibrücken v. 16.1.1996 – 5 UF 16/95, FamRZ 1996, 749 (750); OLG Brandenburg v. 3.7.2006 – 9 UF 38/06, FamRZ 2007, 410 (412); Zöller/*Philippi*, § 623 ZPO Rz. 21.

2 OLG Frankfurt v. 18.3.1999 – 2 WF 70/99, FamRZ 2000, 99; Musielak/*Borth*, § 623 ZPO Rz. 20.

3 Wurde der Antrag abgewiesen, bemisst sich die Beschwer des Antragstellers nach einem Bruchteil des verfolgten Hauptanspruchs (BGH v. 31.3.1993 – XII ZR 67/92, FamRZ 1993, 1189). Wurde der Antragsgegner zur Auskunft verurteilt, richtet sich seine Beschwer demgegenüber nach dem Aufwand an Zeit und Kosten, die die Erfüllung des Anspruchs erfordert (BGH v. 24.11.1994 – GSZ 1/94, FamRZ 1995, 349 [350 f.]; BGH v. 12.11.2008 – XII ZB 92/08, FPR 2009, 184), so dass der Beschwerdewert oft nicht erreicht wird. Vgl. im Einzelnen § 117 Rz. 11.

4 MüKo.ZPO/*Finger*, § 623 ZPO Rz. 25; Zöller/*Philippi*, § 623 ZPO Rz. 21b.

5 MüKo.ZPO/*Finger*, § 623 ZPO Rz. 25; vgl. auch BGH v. 22.5.1981 – I ZR 34/79, NJW 1982, 235 (236); weitergehend OLG Stuttgart v. 17.4.1984 – 17 UF 442/83 U, FamRZ 1984, 806 (808) (Aufhebung auch des Scheidungsausspruchs zur Aufrechterhaltung des Verfahrensverbunds); vgl. auch Musielak/*Borth*, § 623 ZPO Rz. 19.

6 OLG Schleswig v. 15.1.1999 – 10 UF 81/89, NJW-RR 1999, 1094; OLG Köln v. 18.5.2006 – 10 WF 90/06, FamRZ 2006, 1768 (in concreto unzulässig, weil kein entsprechendes Verfahren in der Hauptsache anhängig); OLG Frankfurt v. 3.12.1982 – 1 UF 137/82, FamRZ 1983, 176 f.; Musielak/*Borth*, § 623 ZPO Rz. 18.

7 Zöller/*Philippi*, § 623 ZPO Rz. 21a.

8 OLG München v. 2.7.1993 – 12 WF 819/93, OLGReport 1993, 260.

9 BGH v. 1.6.1988 – IVb ARZ 26/88, FamRZ 1988, 1256 (1257); BGH v. 14.5.1986 – IVb ARZ 19/86, FamRZ 1986, 789 f.; Zöller/*Philippi*, § 623 ZPO Rz. 20d.

b) Fristgerechter Antrag

47 Soweit nicht § 137 Abs. 2 Satz 2 anwendbar ist, greift der Verbund nur dann ein, wenn der Antragsteller einen Antrag in einer Folgesache rechtzeitig anhängig macht. Dabei tritt Anhängigkeit – wie auch sonst – durch Einreichung eines entsprechenden Schriftsatzes bei Gericht ein. Um missbräuchlichen Verfahrensverzögerungen entgegenzuwirken,[1] wird die Antragstellung nicht mehr bis zum Schluss der mündlichen Verhandlung zugelassen (§ 623 Abs. 4 Satz 1 ZPO aF), sondern nach dem auf Vorschlag des Bundesrats neu eingeführten § 137 Abs. 2 Satz 1 aE nur noch bis **spätestens zwei Wochen vor der mündlichen Verhandlung** im ersten Rechtszug in der Scheidungssache. Da die Vorschrift nicht auf den einzelnen Termin zur mündlichen Verhandlung abstellt, wird die Frist durch Anberaumung eines Fortsetzungstermins nicht neu eröffnet (sog. Einheit der mündlichen Verhandlung).[2]

48 Um den Beteiligten eine faire Chance zur Einreichung von Folgesachen einzuräumen, wird man in Scheidungssachen daher bei der Bestimmung eines Termins zur mündlichen Verhandlung auf die Einlassungsfrist nach § 274 Abs. 3 ZPO bzw. die Ladungsfrist nach § 217 ZPO eine weitere **Frist von mindestens zwei Wochen aufschlagen** müssen,[3] soweit nicht die Beteiligten mitteilen, dass sie keine Folgesachen anhängig machen wollen oder auf die Fristverlängerung verzichten. Wird die Frist versäumt, kann der Antrag wegen Abhängigkeit von einer unzulässigen außerprozessualen Bedingung nicht ohne weiteres als selbständige Familiensache behandelt werden.[4] Doch kann (ggf. nach richterlichem Hinweis) der Betroffene – soweit möglich – auf einen unbedingten Antrag umstellen und sein Begehren dann außerhalb des Verbunds weiter verfolgen. Demgegenüber gilt die Zweiwochenfrist weder für Kindschaftssachen nach § 137 Abs. 3 (diese können nach wie vor bis zum Schluss der mündlichen Verhandlung im ersten Rechtszug in der Scheidungssache in den Verbund eingebracht werden) noch für die Amtsverfahren nach § 137 Abs. 2 Satz 2.

49 Die Antragstellung unterliegt gem. § 114 Abs. 1 dem Anwaltszwang, und zwar auch insoweit, als es sich um Folgesachen der freiwilligen Gerichtsbarkeit handelt (zu den Mitwirkungsmöglichkeiten des anwaltlich nicht vertretenen Ehegatten § 114 Rz. 20 f.). Die formalen Anforderungen an das verfahrenseinleitende Schriftstück bestimmen sich für **Unterhalts- und Güterrechtsfolgesachen** nach § 113 Abs. 1 Satz 2 FamFG iVm. § 253 Abs. 2 ZPO.[5] Dabei ist für die Herbeiführung der Anhängigkeit eine über die Anforderungen des § 253 Abs. 2 Nr. 2 ZPO hinausgehende Begründung nicht erforderlich.[6] Mit Zustellung des Antrags, die gem. §§ 9 Abs. 1, 12, 14 Abs. 1 FamGKG nicht von der Einzahlung eines Vorschusses abhängig gemacht werden darf, tritt Rechtshängigkeit ein (§ 261 Abs. 2 ZPO). In **Folgesachen der freiwilligen Gerichtsbarkeit** ist der weniger strenge § 23 anwendbar, der keinen bestimmten Sachantrag verlangt[7] und als Sollvorschrift ausgestaltet ist. In der Sache ist es hier ausreichend, dass der Antragsteller hinreichend deutlich zum Ausdruck bringt, welche

1 BT-Drucks. 16/6308, S. 374 und S. 413.

2 AA Schulte-Bunert/Weinreich/*Schröder*, § 137 FamFG Rz. 3, der gegen Wortlaut auf zwei Wochen vor „Schluss" der mündlichen Verhandlung abstellt.

3 Vgl. auch *Rakete-Dombek*, FPR 2009, 16 (19) (Ladungsfrist von regelmäßig mindestens vier Wochen); *Löhnig*, FamRZ 2009, 737 (738) „großzügig bemessene Ladungsfristen erforderlich".

4 Vgl. Zöller/*Philippi*, § 623 ZPO Rz. 32a und b.

5 BGH v. 6.5.1987 – IVb ZR 52/86, FamRZ 1987, 802 (803); Stein/Jonas/*Schlosser*, § 623 ZPO Rz. 9a.

6 Vgl. OLG Zweibrücken v. 12.5.1998 – 5 UF 73/97, FamRZ 1998, 1525 f.

7 BT-Drucks. 16/6308, S. 185.

gerichtliche Entscheidung er begehrt.[1] Wird ein Vorschlag zur gütlichen Einigung bei Gericht eingereicht, so hängt die Frage, ob hierin eine Antragstellung zu sehen ist, davon ab, ob die Ehegatten die Rechtsfolgen durch privatautonome Vereinbarung erzielen können oder eine richterliche Entscheidung erforderlich ist.[2] Weder in der Ankündigung, einen Vergleich über bestimmte Folgesachen schließen zu wollen,[3] noch in der Vornahme entsprechender Verhandlungen zwischen den Beteiligten im Termin[4] ist eine entsprechende Antragstellung zu sehen. Wird der Versorgungsausgleich nur auf Antrag durchgeführt, liegt dieser schon in der Bitte, den Beteiligten die entsprechenden Fragebögen zuzuleiten.[5]

Für die Wahrung der Frist nach Abs. 2 reicht die Einreichung eines **Stufenantrags** 50
(§ 113 Abs. 1 Satz 2 FamFG iVm. § 254 ZPO) aus.[6] Wegen der Schutzfunktion der Vorschrift gilt dies nach herrschender, wenn auch bestrittener Ansicht gleichfalls für die Stellung eines **reinen Verfahrenskostenhilfeantrags** unter bloßer Ankündigung einer späteren Antragstellung „nach Bewilligung von VKH",[7] obwohl hierdurch die Folgesache noch nicht anhängig wird (§ 124 Rz. 2). Nicht zuletzt angesichts der durch Einführung der Zweiwochenfrist wesentlich verschärften Anforderungen, welche auch die Gefahr eines missbräuchlichen Einsatzes von Verbundanträgen deutlich verringern, ist der herrschenden Ansicht zu folgen.

Nach Ablauf der Zweiwochenfrist dürfen die Beteiligten zwar keine neuen Folgesa- 51
chenanträge mehr stellen, doch können sie im Rahmen der bereits anhängigen Verfahrensgegenstände ihre **Anträge erweitern oder ändern**.[8] Während diese Frage nach bisherigem Recht nur in der Rechtsmittelinstanz von Bedeutung war, weil neue Verbundanträge ohnehin bis zum Schluss der mündlichen Verhandlung in erster Instanz gestellt werden konnten (§ 623 Abs. 4 Satz 1 ZPO aF), wird dieser Weg durch § 137 Abs. 2 Satz 1 nun wesentlich früher versperrt, so dass die Grenzziehung an Bedeutung gewinnt. Nach Schluss der mündlichen Verhandlung ist auch eine Antragsänderung oder -erweiterung nicht mehr möglich.[9] Zulässig ist es etwa, im Rahmen eines Verfahrens in Haushaltssachen die Verteilung weiterer Haushaltsgegenstände zu verlangen[10] oder den geltend gemachten Zugewinnausgleichs- oder Unterhaltsanspruch zu erhöhen oder durch einen nunmehr im Wege eines Stufenantrags geltend gemachten Aus-

1 OLG Zweibrücken v. 3.9.1980 – 6 WF 59/80, FamRZ 1980, 1143; OLG Düsseldorf v. 21.1.1981 – 6 WF 187, 188/80, JurBüro 1981, 933 (934); Johannsen/Henrich/*Sedemund-Treiber*, § 623 ZPO Rz. 10.
2 OLG Düsseldorf v. 21.1.1981 – 6 WF 187, 188/80, JurBüro 1981, 933 (934); Musielak/*Borth*, § 623 ZPO Rz. 29.
3 OLG Hamm v. 17.11.1980 – 6 UF 559/80, MDR 1981, 324 f.
4 OLG Schleswig v. 12.12.1980 – 8 WF 18/80, SchlHA 1980, 79 (80); OLG Düsseldorf v. 21.1.1981 – 6 WF 187, 188/80, JurBüro 1981, 933 (934); KG v. 11.7.1978 – 1 W 2248/78, Rpfleger 1978, 389 f.; aA OLG Celle v. 20.4.1979 – 10 WF 26/79, JurBüro 1980, 874 (875); OLG Celle v. 10.12.1982 – 21 WF 71/82, MDR 1983, 852 (853).
5 MüKo.ZPO/*Finger*, § 623 ZPO Rz. 27.
6 BGH v. 19.3.1997 – XII ZR 277/95, FamRZ 1997, 811 (812). Vgl. dazu im Einzelnen Rz. 41.
7 OLG Koblenz v. 29.5.2008 – 7 UF 812/07, FamRZ 2008, 1965 (1966); OLG Karlsruhe v. 8.7.1993 – 16 UF 26/93, FamRZ 1994, 971 (972); OLG Schleswig v. 1.3.1995 – 12 UF 195/94, SchlHA 1995, 157 (158); Johannsen/Henrich/*Sedemund-Treiber*, § 623 ZPO Rz. 10; Musielak/*Borth*, § 623 ZPO Rz. 27; MüKo.ZPO/*Finger*, § 623 ZPO Rz. 33 f. mit Fn. 113. AA OLG Naumburg v. 8.3.2000 – 8 WF 37/00, FamRZ 2001, 168 (Ls.); OLG Schleswig v. 4.10.1994 – 13 UF 140/93, SchlHA 1995, 158; Zöller/*Philippi*, § 623 ZPO Rz. 23c; *Keuter*, NJW 2009, 276 ff.
8 Johannsen/Henrich/*Sedemund-Treiber*, § 623 ZPO Rz. 11; Zöller/*Philippi*, § 623 ZPO Rz. 29.
9 Zöller/*Greger*, § 297 ZPO Rz. 2a.
10 Zöller/*Philippi*, § 623 ZPO Rz. 29b.

kunftsanspruch zu ergänzen.[1] Demgegenüber kann der Verbund nicht nachträglich dadurch hergestellt werden, dass nach Ablauf der Zweiwochenfrist ein ursprünglich isolierter Auskunftsantrag durch einen Zahlungsantrag in Form eines Stufenklageantrags ergänzt wird.[2] Auch können, wenn lediglich das Verfahren über den Wertausgleich bei der Scheidung nach §§ 6 bis 19 und 28 VersAusglG von Amts wegen eingeleitet wurde, nach Fristablauf keine Ausgleichsansprüche nach der Scheidung iSv. §§ 20 ff. VersAusglG geltend gemacht werden, denn insofern handelt es sich um unterschiedliche Verfahrensgegenstände.[3]

52 Nach dem klaren Wortlaut der Vorschrift können in der **Beschwerdeinstanz** keine neuen Folgesachen anhängig gemacht werden.[4] Der Antrag muss vielmehr als isolierte Familiensache in der ersten Instanz verfolgt werden. Wurde die Folgesache in der ersten Instanz rechtzeitig[5] anhängig gemacht, ist in der Beschwerdeinstanz jedoch – nach den vorstehend dargestellten Grundsätzen – eine Antragserweiterung zulässig.[6] Aus Gründen der Verfahrensökonomie und des effektiven Rechtsschutzes wird eine erstmalige Antragstellung in der Beschwerdeinstanz ausnahmsweise zugelassen, wenn der Antrag auf Durchführung des schuldrechtlichen Versorgungsausgleichs nach §§ 1587f, 1587i, 1587l BGB aF und § 3a VAHRG aF, an dessen Stelle nach neuem Recht die sog. „Ausgleichsansprüche nach der Scheidung" iSv. §§ 20 ff. VersAusglG treten, erstmals in der Rechtsmittelinstanz gestellt werden kann, weil in der ersten Instanz bis zum maßgeblichen Zeitpunkt die Voraussetzungen hierfür noch nicht gegeben waren.[7] Nach Ansicht des OLG Frankfurt soll es sogar möglich sein, im Rahmen eines in zweiter Instanz anhängigen Sorgerechtsverfahrens die in zweiter Instanz erstmalig beantragte Herausgabe eines Kindes nach § 1632 Abs. 1 BGB anzuordnen.[8]

53 Wird die Scheidungssache nach § 146 Abs. 1 Satz 1 oder § 117 Abs. 2 Satz 1 FamFG iVm. § 538 Abs. 2 ZPO an das Gericht des ersten Rechtszugs **zurückverwiesen**, können keine neuen Anträge in Folgesachen gestellt werden, denn am Fristablauf ändert sich dadurch nichts. Bestätigt wird diese Auslegung dadurch, dass § 623 Abs. 4 Satz 2 ZPO aF, der die Frage bislang im gegenteiligen Sinne entschied, im neuen Recht nicht übernommen wurde.[9]

2. Von Amts wegen durchzuführender Versorgungsausgleich (Abs. 2 Satz 2)

54 Nach § 137 Abs. 2 Satz 2 FamFG idF des VAStrRefG ist über den Versorgungsausgleich in den Fällen der §§ 6 bis 19 und 28 VersAusglG von Amts wegen zu entscheiden

1 OLG Hamm v. 4.10.1991 – 5 UF 482/90, FamRZ 1994, 48 (49); Zöller/*Philippi*, § 623 ZPO Rz. 29c.; MüKo.ZPO/*Finger*, § 623 ZPO Rz. 14.

2 OLG Koblenz v. 23.6.2003 – 13 UF 257/03, FamRZ 2004, 200.

3 OLG Bamberg v. 29.6.2000 – 7 UF 30/00, FamRZ 2001, 689 (690); OLG Köln v. 3.7.1979 – 4 UF 28/79, FamRZ 1979, 1027 f.; KG v. 6.10.1980 – 18 UF 3064/80, FamRZ 1981, 60.

4 OLG Hamburg v. 28.7.1999 – 7 UF 73/99, FamRZ 2000, 842; OLG Hamm v. 21.2.1989 – 13 UF 412/88, FamRZ 1989, 1191 f.; OLG Hamm v. 8.2.1989 – 8 UF 72/88, FamRZ 1989, 991 (992); OLG Hamm v. 20.9.1990 – 4 UF 157/90, FamRZ 1991, 204.

5 Zöller/*Philippi*, § 623 ZPO Rz. 29.

6 OLG Hamm v. 13.8.1999 – 5 UF 55/99, OLGReport 2000, 62 f. = FamRZ 2000, 1030 (Ls.).

7 OLG Zweibrücken v. 12.9.2005 – 2 UF 157/03, FamRZ 2006, 713 (714); Musielak/*Borth*, § 623 ZPO Rz. 28. Zu den Grenzen vgl. OLG Hamm v. 20.9.1990 – 4 UF 157/90, FamRZ 1991, 204.

8 OLG Frankfurt v. 30.12.1998 – 6 UF 124/98, FamRZ 1999, 612 (613); Johannsen/Henrich/*Sedemund-Treiber*, § 623 ZPO Rz. 11; abl. Zöller/*Philippi*, § 623 ZPO Rz. 30.

9 AA Schulte-Bunert/Weinreich/*Schröder*, § 146 FamFG Rz. 4. Ungenau daher BT-Drucks. 16/6308, S. 230 „weiteren Voraussetzungen ... entsprechen bis auf geringfügige Veränderungen in der Formulierung dem geltenden Recht".

(Amtsverbund). An die Stelle der bisherigen Amtsverfahren nach § 1587b BGB und § 1 VAHRG tritt durch die Reform des Versorgungsausgleichs das Verfahren über den **Wertausgleich bei der Scheidung** nach §§ 6 bis 19 VersAusglG in Form der internen (§§ 10 bis 13 VersAusglG) oder – ausnahmsweise – externen Teilung (§§ 14 bis 17 VersAusglG). In den (seltenen) Fällen des § 28 VersAusglG ist der Ausgleich ebenfalls von Amts wegen zu prüfen, obwohl er in Form einer schuldrechtlichen Ausgleichsrente erfolgt, denn diese tritt hier an die Stelle der internen oder externen Teilung.[1] Auch die nunmehr in § 224 Abs. 3 vorgeschriebene Feststellung, dass ein Wertausgleich bei der Scheidung nicht stattfindet, ist von Amts wegen zu treffen.

Gem. § 3 Abs. 3 VersAusglG findet bei einer **Ehezeit von bis zu drei Jahren** ein Versor- 55
gungsausgleich nur statt, wenn ein Ehegatte dies beantragt. Ohne dass es wie nach bisherigem Recht einer gerichtlichen Genehmigung bedürfte (§ 1587o BGB aF), kann außerdem durch Parteivereinbarung – soweit die formellen und materiellen Wirksamkeitsvoraussetzungen erfüllt werden (§§ 7, 8 VersAusglG) – die Durchführung des Versorgungsausgleichs insgesamt oder in Form des Wertausgleichs bei der Scheidung ausgeschlossen werden (§ 6 Abs. 1 VersAusglG, vgl. § 1408 Abs. 2 BGB). Nähere Ermittlungen müssen nicht eingeleitet werden, wenn zweifelsfrei feststeht, dass keine auszugleichenden Anrechte erworben wurden.[2] Demgegenüber setzt die Entscheidung, nach § 18 Abs. 1 und 2 VersAusglG wegen geringer Differenz der auszugleichenden Anrechte von der Durchführung des VA abzusehen, regelmäßig voraus, dass die Versorgungsanrechte der Ehegatten im Einzelnen geklärt wurden.

Die **Anhängigkeit** der von Amts wegen einzuleitenden Folgesache tritt nicht schon 56
durch gerichtsinterne Handlungen, sondern erst mit einer nach außen erkennbar werdenden Initiative des Gerichts ein, die auf eine Aufnahme des Verfahrens gerichtet ist.[3] Nicht ausreichend ist die bloße Nachfrage bei den Beteiligten, ob während der Ehezeit überhaupt Versorgungsanwartschaften erworben wurden, weil hierdurch nur geklärt werden soll, ob eine entsprechende Folgesache einzuleiten ist.[4] Entscheidend ist vielmehr, wann das Gericht konkrete Ermittlungen zur Klärung des Versorgungsausgleichs aufnimmt, insbesondere wenn es die Ehegatten (vor allem durch Zusendung der Fragebögen) oder die Versorgungsträger gem. § 220 zur Auskunftserteilung auffordert.[5] Nach bisherigem Recht ging man teilweise davon aus, dass eine Verfahrenseinleitung nicht vorliege, wenn der Familienrichter mit den Beteiligten erörtert, ob der Versorgungsausgleich vertraglich ausgeschlossen sei, oder er lediglich feststelle, dass ein Versorgungsausgleich nicht stattfinde (vgl. § 53d FGG aF).[6] Diese Ansicht dürfte durch die Einführung des § 224 Abs. 3 für die dort genannten Fälle nunmehr

1 BT-Drucks. 16/10144, S. 69.

2 Vgl. Musielak/*Borth*, § 623 ZPO Rz. 16 und 24; MüKo.ZPO/*Finger*, § 623 ZPO Rz. 29.

3 BGH v. 30.9.1992 – XII ZB 100/89, NJW 1992, 3293 (3294) (nicht schon bei Anlegung einer Versorgungsausgleichsakte und Einsichtnahme in Scheidungsakte).

4 OLG Karlsruhe v. 13.11.2006 – 20 WF 141/05, MDR 2007, 620 (621); KG v. 27.2.1987 – 1 WF 5989/86, FamRZ 1987, 727; OLG Düsseldorf v. 22.9.2005 – II-1 UF 22/05, FamRZ 2006, 793 (794); Johannsen/Henrich/*Sedemund-Treiber*, § 623 ZPO Rz. 10; aA OLG Düsseldorf v. 17.6.1991 – 3 WF 75/91, FamRZ 1991, 1079 (1080) (keine Unterscheidung zwischen Vorermittlungen und Ermittlungen).

5 OLG Hamm v. 3.4.2007 – 1 UF 24/07, FamRZ 2007, 1257 (1258); OLG Düsseldorf v. 22.9.2005 – II-1 UF 22/05, FamRZ 2006, 793 (794); OLG Düsseldorf v. 17.6.1991 – 3 WF 75/91, FamRZ 1991, 1079; MüKo.ZPO/*Finger*, § 623 ZPO Rz. 31.

6 OLG Hamburg v. 13.11.1987 – 12 WF 107/87, FamRZ 1988, 638; Zöller/*Philippi*, § 623 ZPO Rz. 23a; aA KG v. 27.2.1987 – 1 WF 5989/86, FamRZ 1987, 727; OLG Düsseldorf v. 17.6.1991 – 3 WF 75/91, FamRZ 1991, 1079 (1080).

überholt sein. Die Zweiwochenfrist des § 137 Abs. 2 Satz 1 gilt für die Amtsverfahren nach § 137 Abs. 2 Satz 2 nicht.[1]

57 Bei Anwendbarkeit **ausländischen Rechts** ist – soweit dieses überhaupt einen funktional vergleichbaren (Versorgungs-)Ausgleich kennt[2] – dieser gem. Art. 17 Abs. 3 Satz 1 EGBGB von Amts wegen nur dann durchzuführen, wenn ihn das Recht eines der Staaten kennt, denen die Ehegatten im Zeitpunkt der Rechtshängigkeit des Scheidungsantrags angehören. Im Übrigen findet der Versorgungsausgleich nach Art. 17 Abs. 3 Satz 2 EGBGB nur auf Antrag statt (Rz. 29). Da § 137 nur auf Scheidungssachen anwendbar ist, wird bei **anderen Ehesachen** iSv. § 121 kein Versorgungsausgleich von Amts wegen durchgeführt.[3]

II. Kindschaftssachen als Folgesachen kraft Antrags (Absatz 3)

58 Die in § 137 Abs. 3 aufgeführten Kindschaftssachen, die im Wesentlichen dem Katalog der §§ 623 Abs. 2 Satz 1 Nr. 1 bis 3, 621 Abs. 3 Satz 1 ZPO aF entsprechen, gehören nicht mehr automatisch kraft Gesetzes zum Verbund, sondern werden **nur auf Grund eines besonderen (Verfahrens-)Antrags** einbezogen. Demgegenüber ist eine Einbeziehung in den Verbund von Amts wegen (etwa für Verfahren nach § 1666 BGB) im Gesetz nicht vorgesehen.

59 Im Unterschied zu § 137 Abs. 2 betreffen die Gegenstände des § 137 Abs. 3 nicht das Verhältnis der Ehegatten untereinander, sondern ihre Beziehung zu den gemeinschaftlichen Kindern (Alt. 1 bis 3) sowie den jeweiligen Stiefkindern (Alt. 4). Die verbundfähigen Kindschaftssachen werden im Gesetz abschließend aufgezählt. Zu den Verfahren, welche die Übertragung oder Entziehung der **elterlichen Sorge** für ein gemeinschaftliches Kind betreffen, sind auch solche Maßnahmen nach §§ 1666 Abs. 3 Nr. 6, 1671 Abs. 1 BGB zu rechnen, die sich lediglich auf einen Teilbereich der elterlichen Sorge beziehen. Dem Umstand, dass die Vorschrift – im Unterschied zu § 623 Abs. 3 Satz 1 ZPO aF – den Teilentzug bzw. die Teilübertragung nicht explizit erwähnt, kann keine Bedeutung beigemessen werden (vgl. auch § 141 Satz 2). Auch die Änderung bereits getroffener Anordnungen nach § 1696 BGB kommt als Folgesache in Frage.[4] Das **Umgangsrecht** für ein gemeinschaftliches Kind bestimmt sich nach § 1684 BGB, für ein Stiefkind nach § 1685 Abs. 2 BGB. **Herausgabe** eines gemeinschaftlichen Kindes kann nach § 1632 BGB verlangt werden.

60 Die in § 137 Abs. 3 aufgeführten Verfahren sind nunmehr als „fakultative" Folgesachen ausgestaltet. Sie werden nur auf Grund eines entsprechenden **(Verfahrens-)Antrags**, der von jedem Ehegatten bis zum Schluss der mündlichen Verhandlung im ersten Rechtszug gestellt werden kann, in den Verbund einbezogen (während die Einbeziehung früher automatisch erfolgte und nur auf Antrag eines Ehegatten [§ 623 Abs. 2 Satz 2 ZPO aF] oder Initiative des Gerichts [§ 623 Abs. 3 Satz 2 ZPO aF] abzutrennen war). Beim Antrag nach § 137 Abs. 3, der nach § 114 Abs. 1 dem Anwaltszwang unterliegt, handelt es sich nicht um einen verfahrenseinleitenden Antrag iSv. § 23.

1 BGH v. 17.1.1979 – IV ZB 111/78, FamRZ 1979, 232.

2 BGH v. 11.2.2009 – XII ZB 101/05, FamRZ 2009, 677 (678 ff.); BGH v. 11.2.2009 – XII ZB 184/04, FamRZ 2009, 681 (682 f.); Staudinger/*Spellenberg*, § 606a ZPO Rz. 267; Länderüberblick bei Rahm/Künkel/*Paetzold*, Rz. VIII 962 ff.

3 OLG München v. 25.3.1980 – 4 UF 270/79, FamRZ 1980, 565 (566).

4 Musielak/*Borth*, § 623 ZPO Rz. 10; aA auf der Grundlage des abweichenden Wortlauts von § 623 Abs. 2 Nr. 1 ZPO aF OLG Zweibrücken v. 15.12.2000 – 2 UF 130/00, FamRZ 2001, 920 f.

Ob die entsprechende Kindschaftssache nur auf Antrag (zB § 1671 Abs. 1 BGB) oder von Amts wegen (zB §§ 1666, 1696 BGB) eingeleitet wird, richtet sich nach allgemeinen Grundsätzen. Auch soweit ein verfahrenseinleitender Antrag erforderlich ist, bedarf es für Verfahrensgegenstände der fG keines bestimmten Sachantrags. Anders als in den Fällen des § 137 Abs. 2 Satz 1 muss es sich ausweislich des unterschiedlichen Wortlauts von Abs. 2 und 3 auch **nicht um einen bedingten Antrag** handeln, der „für den Fall der Scheidung" gestellt wird (wenngleich auch in den Fällen des § 137 Abs. 3 wegen § 148 vor Rechtskraft der Scheidung die Entscheidung in der Folgesache nicht wirksam wird). 61

Der Antrag auf Einbeziehung in den Verbund muss zwischen der Einreichung des Scheidungsantrags und dem **Schluss der mündlichen Verhandlung** erster Instanz in der Scheidungssache gestellt werden. Die unter Rz. 49 f. dargestellten Grundsätze gelten auch hier. Der Antrag ist abzulehnen, wenn das Gericht die Einbeziehung aus Gründen des Kindeswohls nicht für sachgerecht hält. Die Entscheidung erfolgt durch gesonderten Beschluss und ist nicht selbständig anfechtbar (§ 140 Abs. 6 analog). 62

Oftmals wird eine **Einbeziehung nicht den wohlverstandenen Interessen des Kindes dienen** (zu den Kostenvorteilen vgl. Rz. 17 f.): Werden Kindschaftssachen als Folgesachen geführt, kann die Entscheidung nämlich nur zusammen mit der Scheidung getroffen werden (§§ 137 Abs. 1, 142 Abs. 1 Satz 1) und wird auch erst zusammen mit dieser wirksam (§ 148). Bereits das materielle Recht zeigt aber, dass nicht die Scheidung, sondern die Trennung die entscheidende Zäsur ist, die ein Regelungsbedürfnis hervorruft (vgl. § 1671 BGB). Eine Regelung für die Zeit der Trennung kann im Verbund aber nicht erfolgen. Auch das nunmehr im Gesetz verstärkt hervorgehobene Anliegen einer beschleunigten Behandlung von Kindschaftssachen (§§ 140 Abs. 2 Nr. 3, 155) spricht gegen die Verknüpfung mit dem Scheidungsverbund.[1] Aber auch wenn die Kindschaftssache erst nach der Scheidungssache entscheidungsreif sein sollte, ist es regelmäßig nicht kindeswohldienlich, die Regelung von Sorge- und Umfangsfragen dadurch zu belasten, dass die Scheidung hinausgezögert und die Konflikte auf der Paarebene in der Schwebe gehalten werden. Letztlich bleibt somit unklar, welches der mit dem Verbund verfolgten Ziele (Rz. 5) überhaupt dadurch gefördert werden soll, dass die Entscheidung in einer Kindschaftssache gerade mit dem Ausspruch der Scheidung verknüpft wird.[2] Wird die Einbeziehung nicht abgelehnt und gelangt das Gericht später zu der Erkenntnis, dass die Fortführung des Verfahrens im Verbund nicht (mehr) den Interessen des Kindes entspricht, kann das Verfahren nach § 140 Abs. 2 Nr. 3 wieder **abgetrennt** werden. 63

III. Folgesachen bei Anwendbarkeit ausländischen Rechts

Der Verbund tritt ohne Weiteres auch dann ein, wenn auf Folgesachen ausländisches Recht Anwendung findet,[3] und zwar unabhängig davon, ob das fremde Recht ver- 64

1 Vgl. im Zusammenhang mit § 140 Abs. 2 Nr. 3 BT-Drucks. 16/6308, S. 231: „An erster Stelle steht nunmehr die Beschleunigung der Kindschaftsfolgesachen im Interesse des Kindeswohls."

2 *Schwab*, FamRZ 1998, 457 (459) hat bereits anlässlich des Inkrafttretens des KindRG den Verfahrensverbund für Kindschaftssachen in Frage gestellt. Demgegenüber befürchtete *Büttner*, FamRZ 1998, 585 (592) eine „Entwertung des Verbundverfahrens für den sozial schwächeren Ehegatten".

3 OLG Hamm v. 8.2.1989 – 8 UF 72/88, FamRZ 1989, 991 (990); Baumbach/*Hartmann*, § 137 FamFG Rz. 3; Staudinger/*Spellenberg*, § 606a ZPO Rz. 244 (für die Frage der int. Verbundzuständigkeit).

gleichbare Verbundprinzipien kennt. Gleichwohl können sich die Regelungen des ausländischen Rechts in gewisser Weise auf das deutsche Verfahren auswirken (vgl. § 121 Rz. 3): So beurteilt sich die Frage, ob eine Folgesache **nur auf Antrag oder von Amts** wegen in den Verbund einzubeziehen ist, nach dem ausländischen Sachrecht.[1] Dies kann vor allem von Amts wegen zu treffende Sorgerechtsentscheidungen oder Entscheidungen über den Kindesunterhalt betreffen.

65 Auch Sachregelungen, die dem deutschen Recht nicht bekannt sind, aber **funktional bestimmten Folgesachen entsprechen**, können in den Verbund fallen:[2] Für den Anspruch auf die sog. Braut- oder Morgengabe (mahr), die va. in islamischen Rechtsordnungen vorgesehen ist, hat sich in der Rechtsprechung aber mittlerweile die Auffassung durchgesetzt, dass dieser nicht in den Verbund einzubeziehen sei.[3] Angesichts der unterhalts- und güterrechtlichen Funktion dieses Instituts[4] ist diese Weichenstellung allerdings nicht ohne Weiteres nachvollziehbar.[5] Demgegenüber wurde der Anspruch des unschuldig geschiedenen Ehegatten nach Art. 143 türk. ZGB auf Immaterialschadensersatz als Folgesache angesehen.[6]

66 Zur Frage der **internationalen Zuständigkeit** für Verbundverfahren vgl. Rz. 23.

D. Verweisung oder Abgabe an Gericht der Scheidungssache (Absatz 4)

67 Nach § 137 Abs. 4, der weitgehend § 623 Abs. 5 ZPO aF entspricht, werden Verfahren, die an das Gericht der Ehesache übergeleitet werden, mit Anhängigkeit beim Gericht der Scheidungssache zu Folgesachen, wenn sie die Voraussetzungen der Abs. 2 oder 3 erfüllen. Der Verbund tritt, sofern die entsprechenden Voraussetzungen (Rz. 68) erfüllt sind, **kraft Gesetzes** ein und ist von Amts wegen zu beachten. Der Anwendungsbereich der Vorschrift erstreckt sich vor allem auf zwei Konstellationen: Nach §§ 152 Abs. 1, 201 Nr. 1, 218 Nr. 1, 232 Abs. 1 Nr. 1, 262 Abs. 1, 270 Abs. 1 Satz 2 ist für alle verbundfähigen Familiensachen (aber nicht nur für diese) das Gericht der Scheidungssache ausschließlich örtlich zuständig. Wird diese Regelung verkannt und ein örtlich unzuständiges Gericht angerufen, verweist dieses das Verfahren nach § 281 ZPO (iVm. § 113 Abs. 1 Satz 2 FamFG) bzw. § 3 an das Gericht der Scheidungssache. Auch wenn die Scheidungssache erst rechtshängig wird, nachdem die betreffende Familiensache bereits anderweitig im ersten Rechtszug anhängig geworden ist, sind verbundfähige Familiensachen ebenfalls nach §§ 153, 202, 233, 263, 270 Abs. 1 Satz 2 an das Gericht

1 OLG Stuttgart v. 28.2.1984 – 17 UF 372/83, DAVorm 1984, 1066 (1067 f.); Musielak/*Borth*, § 623 ZPO Rz. 8; Stein/Jonas/*Schlosser*, § 623 ZPO Rz. 22; *Nagel/Gottwald*, § 5 Rz. 93; *Henrich*, Internationales Familienrecht, S. 147.

2 Staudinger/*Spellenberg*, § 606a ZPO Rz. 253 (für die Frage der int. Verbundzuständigkeit); *Nagel/Gottwald*, § 5 Rz. 93; *Roth*, ZZP 103 (1990), 5 (18). Offen gelassen für den Anspruch auf Entschädigungs- und Genugtuungszahlung nach türkischem Recht: OLG Hamm v. 21.2.1989 – 13 UF 412/88, FamRZ 1989, 1191 (1192); abl. Staudinger/*Spellenberg*, § 606a ZPO Rz. 261.

3 OLG Zweibrücken v. 24.4.2007 – 5 UF 74/05, FamRZ 2007, 1555 (1556); OLG Hamm v. 2.10.2003 – 6 WF 316/03, FamRZ 2004, 551; KG v. 6.10.2004 – 3 WF 177/04, FamRZ 2005, 1685; Musielak/*Borth*, § 623 ZPO Rz. 8; Arg. zumindest nicht zurückgewiesen von BGH v. 6.10.2004 – XII ZR 225/01, FamRZ 2004, 1952 (1958); aA AG Hamburg v. 19.12.1980 – 261 F 84/80, IPRax 1983, 74 (75); vgl. auch KG v. 12.11.1979 – 3 WF 3982/79, FamRZ 1980, 470 (471).

4 *Wurmnest*, FamRZ 2005, 1878 (1879 ff.). Wie das Institut kollisionsrechtlich anzuknüpfen ist (vgl. dazu etwa *Henrich*, FS Sonnenberger 2004, S. 137 ff.) ist demgegenüber nicht entscheidend.

5 So auch Zöller/*Philippi*, § 623 ZPO Rz. 6.

6 OLG Karlsruhe v. 25.10.2002 – 20 UF 94/00, NJW-RR 2003, 725 (726); vgl. dazu auch *Finger*, FuR 1997, 129 (132 f.).

der Scheidungssache überzuleiten. Nach § 133 Abs. 1 Nr. 3 muss die Antragsschrift in der Scheidungssache daher auch Angaben über anderweitig anhängige Familiensachen enthalten. Übergeleitete Verfahren werden mit Eingang der Akten anhängig (§ 281 Abs. 2 Satz 3 ZPO).[1] Erst ab diesem Zeitpunkt kann der Verbund seine Wirkungen entfalten.[2] Die beim ersten Gericht erwachsenen Kosten werden als Teil der Kosten des zweiten Gerichts behandelt, § 281 Abs. 3 Satz 1 ZPO (iVm. §§ 153 Satz 2, 202 Satz 2, 233 Satz 2, 263 Satz 2, 270 Abs. 1 Satz 2 FamFG), § 3 Abs. 4 FamFG.

Ob die übergeleiteten Verfahren die **Voraussetzungen der Abs. 2 und 3** erfüllen, bestimmt sich nach allgemeinen Kriterien. Verfahren nach Abs. 2 sind nur dann Folgesachen, wenn der Antrag für den Fall der Scheidung gestellt wird (Rz. 27 f.). Solange das Verfahren als isolierte Familiensache geführt wurde, wird dies aber regelmäßig nicht der Fall sein. Die Einordnung als Folgesache hängt demnach regelmäßig davon ab, ob der Antragsteller nach der Überleitung erklärt, nunmehr eine Entscheidung für den Fall der Scheidung zu wünschen (zB Kindesunterhalt ab Rechtskraft der Scheidung).[3] Für Verfahren nach Abs. 3 ist entscheidend, ob der Antragsteller die Einbeziehung in den Verbund beantragt. 68

E. Behandlung abgetrennter Folgesachen (Absatz 5)

§ 137 Abs. 5 legt fest, ob ein ursprünglich im Verbund stehendes Verfahren **nach Abtrennung (§ 140) nach wie vor als Folgesache** anzusehen ist. Obwohl sie dem Verbund nicht mehr angehören, verlieren die Verfahrensgegenstände des § 137 Abs. 2 gem. § 137 Abs. 5 Satz 1 grundsätzlich nicht ihren Charakter als Folgesachen. Durch die Abtrennung ändert sich hier nämlich regelmäßig nichts daran, dass eine Entscheidung nur für den Fall der Scheidung zu treffen ist,[4] was im Rahmen einer selbständigen Familiensache nicht möglich ist (unzulässige außerprozessuale Bedingung).[5] Nach Wortlaut und Systematik der Vorschrift werden auch die Fälle der Abtrennung wegen Beteiligung Dritter (§ 140 Abs. 1) erfasst.[6] Allerdings ist der Antragsteller nicht gehindert, den Antrag zu ändern und das Verfahren als selbständige Familiensache fortzuführen.[7] Dies ist etwa dann der Fall, wenn ein volljährig gewordenes Kind in das von einem Elternteil in gesetzlicher Verfahrensstandschaft geführte Unterhaltsverfahren eintritt (Rz. 34) und Unterhalt nicht mehr erst ab Rechtskraft der Scheidung, sondern sofort verlangt.[8] Auch wenn der vorab ergangene Scheidungsbeschluss rechtskräftig wird, entfällt nicht der Charakter als Folgesache.[9] Demgegenüber entstehen gem. § 137 Abs. 5 Satz 2 durch die Abtrennung von Folgesachen iSv. § 137 Abs. 3 automatisch selbständige Verfahren. 69

1 OLG Stuttgart v. 26.6.2000 – 16 UF 148/00, FamRZ 2001, 166.
2 BT-Drucks. 16/6308, S. 230.
3 OLG Bamberg v. 12.12.1989 – 7 WF 126/89, FamRZ 1990, 645 f.; Musielak/*Borth*, § 623 ZPO Rz. 30.
4 BT-Drucks. 16/6308, S. 230.
5 Zöller/*Philippi*, § 623 ZPO Rz. 32a und c.
6 Bislang war die Frage umstritten, weil § 623 Abs. 1 Satz 2 ZPO aF keine explizite Regelung vorsah vgl. Schwab/*Maurer/Borth*, Rz. I 117; Stein/Jonas/*Schlosser*, § 623 ZPO Rz. 6b.
7 BT-Drucks. 16/6308, S. 230; OLG Düsseldorf v. 4.2.2002 – 2 UF 211/01, FamRZ 2002, 1572.
8 Nach bisherigem Recht (vgl. auch Fn. 6) war das Schicksal der abgetrennten Folgesache in dieser Konstellation umstritten (vgl. einerseits Zöller/*Philippi*, § 623 ZPO Rz. 32c und andererseits Musielak/*Borth*, § 623 ZPO Rz. 34).
9 BGH v. 15.10.1980 – IVb ZB 597/80, NJW 1981, 233 (234); KG v. 13.1.1984 – 17 UF 4031/83, FamRZ 1984, 495.

70 **Konsequenzen** hat diese Einordnung in mehrerer Hinsicht: Durch die Abtrennung vom Verbund entfällt zunächst der Zwang zur einheitlichen Verhandlung und Entscheidung nach § 137 Abs. 1 mit allen daraus folgenden Konsequenzen (Rz. 11 ff.), insbesondere entfällt damit der Zwang, auch in Familiensachen der fG mündlich zu verhandeln.[1] Soweit das Verfahren jedoch als **Folgesache** anzusehen ist, unterliegt es weiterhin dem Anwaltszwang nach § 114 Abs. 1.[2] Wegen der Abhängigkeit von der Scheidungssache bleibt außerdem die Anwendbarkeit der kostenrechtlich vorteilhaften Bestimmungen für das Verbundverfahren (§ 44 FamGKG, § 16 Nr. 4 RVG) erhalten;[3] auch die für die Folgesache bewilligte Verfahrenskostenhilfe bleibt nach der Abtrennung bestehen.[4] Die Entscheidung in der Folgesache wird erst mit Rechtskraft der Scheidung wirksam (§ 148) und bei Rücknahme oder Abweisung des Scheidungsantrags gegenstandslos (§§ 141 Satz 1, 142 Abs. 2 Satz 1).

71 Die Fortführung als **selbständiges Verfahren** bedeutet demgegenüber, dass die für Folgesachen geltenden Vorschriften (wie etwa §§ 141, 148) keine Anwendung mehr finden.[5] Das FamG muss über die Kosten gesondert entscheiden,[6] ein für die Folgesache bereits bewilligter VKH-Antrag muss erneut gestellt werden.[7] Anwaltszwang besteht nur noch insoweit, als er gem. § 114 Abs. 1 für selbständige „Familienstreitsachen" vorgeschrieben ist.[8] Zur **Kostenentscheidung** nach Abtrennung vgl. § 150 Abs. 5.

72 Werden **mehrere Folgesachen abgetrennt**, so bleibt unter ihnen – wie § 137 Abs. 5 Satz 1, 2. Halbs. nunmehr klarstellt – ein „Restverbund" fortbestehen, über den durch einheitliche Entscheidung zu befinden ist, um eine möglichst weit gehende Koordinierung der verschiedenen Scheidungsfolgen zu ermöglichen.[9] In entsprechender Anwendung von § 140 Abs. 1, Abs. 2 Nr. 1–4 ist eine Abtrennung aus dem Restverbund möglich.[10] Angesichts des nunmehr eingeschränkten Schutzzwecks kann dabei ein deutlich großzügigerer Maßstab angelegt werden.[11] Besteht zwischen den Folgesachen kein inhaltlicher Zusammenhang, kann auch, ohne dass die Voraussetzungen der Vorschrift vorliegen, eine Abtrennung vorgenommen werden.[12]

---

1 KG v. 13.1.1984 – 17 UF 4031/83, FamRZ 1984, 495 f.; OLG Köln v. 8.8.1994 – 25 WF 147/94, FamRZ 1995, 312 (313).

2 BGH v. 15.10.1980 – IVb ZB 597/80, NJW 1981, 233 (234); BGH v. 3.12.1997 – XII ZB 24/97, FamRZ 1998, 1505 (1506); OLG Köln v. 21.6.2000 – 27 UF 50/99, OLGReport 2001, 153 = NJW-FER 2001, 130; Schwab/*Maurer/Borth*, Rz. I 117.

3 OLG Düsseldorf v. 21.3.2000 – 10 WF 5/2000, JurBüro 2000, 413; OLG Bamberg v. 15.2.1984 – 2 WF 24/84, JurBüro 1984, 738.

4 OLG Dresden v. 12.2.2002 – 22 WF 470/00, FamRZ 2002, 1415 (1416); Baumbach/*Hartmann*, § 140 FamFG Rz. 21.

5 Zur Rechtskraft OLG Bamberg v. 28.1.1999 – 7 UF 122/98, FamRZ 2000, 1237 (1238).

6 Vgl. dazu *Kogel*, Anm. zu OLG Köln v. 28.11.2006 – 10 WF 172/06, FamRZ 2007, 647 (648).

7 OLG Naumburg v. 12.2.2001 – 14 WF 229/00, FamRZ 2001, 1469 (1470); MüKo.ZPO/*Finger*, § 623 ZPO Rz. 49.

8 OLG Rostock v. 8.12.2005 – 11 UF 39/05, FamRZ 2007, 1352.

9 OLG Stuttgart v. 24.4.1990 – 18 UF 54/90, FamRZ 1990, 1121 f.; KG v. 29.11.1989 – 18 UF 3209/89, FamRZ 1990, 646.

10 OLG Zweibrücken v. 3.6.1997 – 5 UF 68/96, FamRZ 1997, 1231; OLG Koblenz v. 3.8.1992 – 13 UF 1222/91, FamRZ 1993, 199; OLG Stuttgart v. 24.4.1990 – 18 UF 54/90, FamRZ 1990, 1121 (1122).

11 OLG Zweibrücken v. 3.6.1997 – 5 UF 68/96, FamRZ 1997, 1231; Musielak/*Borth*, § 628 ZPO Rz. 11.

12 § 117 Rz. 58, vgl. Zöller/*Philippi*, § 629a ZPO Rz. 7.

§ 138
Beiordnung eines Rechtsanwalts

(1) Ist in einer Scheidungssache der Antragsgegner nicht anwaltlich vertreten, hat das Gericht ihm für die Scheidungssache und eine Kindschaftssache als Folgesache von Amts wegen zur Wahrnehmung seiner Rechte im ersten Rechtszug einen Rechtsanwalt beizuordnen, wenn diese Maßnahme nach der freien Überzeugung des Gerichts zum Schutz des Beteiligten unabweisbar erscheint; § 78c Abs. 1 und 3 der Zivilprozessordnung gilt entsprechend. Vor einer Beiordnung soll der Beteiligte persönlich angehört und dabei auch darauf hingewiesen werden, dass und unter welchen Voraussetzungen Familiensachen gleichzeitig mit der Scheidungssache verhandelt und entschieden werden können.

(2) Der beigeordnete Rechtsanwalt hat die Stellung eines Beistands.

A. Überblick

1 § 138 ermöglicht es dem Gericht, dem Antragsgegner eines Scheidungsverfahrens zu seinem Schutz auch **gegen seinen Willen einen Anwalt als Beistand beizuordnen**. Da es sich um einen schwerwiegenden Eingriff handelt, kommt die Maßnahme nur als ultima ratio in Betracht[1] und wird in der Praxis nur äußerst selten angewendet. In der Sache entspricht die Vorschrift weitgehend § 625 ZPO aF, doch erstreckt sich die Beiordnung nunmehr auf alle Kindschaftssachen iSv. § 137 Abs. 3. Außerdem wurde klargestellt, dass im Rahmen der persönlichen Anhörung nach § 138 Abs. 1 Satz 2 auch auf die Möglichkeit zur Einleitung von Folgesachen hinzuweisen ist.

B. Voraussetzungen

2 Umstritten ist zunächst, ob die Anwendung der Vorschrift voraussetzt, dass ein **Scheidungsantrag anhängig**[2] **oder rechtshängig**[3] ist. Doch besitzt die Frage keine praktische Relevanz, weil das Gericht vor Zustellung des Scheidungsantrags ohnehin nicht feststellen kann, ob die Beiordnung eines Anwalts notwendig ist. Insbesondere hat der Antragsgegner vor diesem Zeitpunkt noch keine Veranlassung, sich an einen Rechtsanwalt zu wenden. Voraussetzung für die Beiordnung ist aber nach dem klaren Wortlaut des Gesetzes stets, dass der Antragsgegner nicht anwaltlich vertreten ist. Wird nach der Beiordnung ein anderer Anwalt als Verfahrensvertreter bestellt, so ist die Maßnahme auf Antrag aufzuheben, da ihre Voraussetzungen fortgefallen sind.[4]

3 Die Beiordnung muss nach der freien Überzeugung des Gerichts zum Schutz des Antragsgegners unabweisbar erscheinen:

4 Eine **objektive Schutzbedürftigkeit** ist gegeben, wenn dem Antragsgegner durch die fehlende anwaltliche Vertretung ein nicht unerheblicher Schaden entstehen kann.[5]

1 BT-Drucks. 7/650, S. 210; OLG Hamm v. 23.9.1981 – 4 WF 312–313/81, FamRZ 1982, 86 (87).
2 Musielak/*Borth*, § 625 ZPO Rz. 2; Thomas/Putzo/*Hüßtege*, § 625 ZPO Rz. 3.
3 Zöller/*Philippi*, § 625 ZPO Rz. 1; Baumbach/*Hartmann*, § 138 FamFG Rz. 2.
4 Hk-ZPO/*Kemper*, § 625 ZPO Rz. 3; vgl. auch Stein/Jonas/*Schlosser*, § 625 ZPO Rz. 1.
5 Vgl. OLG Hamm v. 23.9.1981 – 4 WF 312–313/81, FamRZ 1982, 86 (87).

Vom Schutzbereich der Vorschrift werden nur solche Gefahren erfasst, die auf Grund der Scheidungssache selbst oder der Kindschaftssache als Folgesache drohen, etwa die Befürchtung, der Umgang könnte unzureichend geregelt oder zu Unrecht ausgeschlossen werden. Demgegenüber ist die Gefährdung güterrechtlicher oder unterhaltsrechtlicher Ansprüche irrelevant, da das Gericht insofern ohnehin keinen Anwalt beiordnen kann.[1] Eine Gefahr droht zumindest dann regelmäßig nicht, wenn der Antragsgegner der Scheidung zustimmt und sich die Beteiligten hinsichtlich der Rechtsfolgen bereits außergerichtlich geeinigt haben[2] oder der Scheidungsantrag ohnehin nicht schlüssig ist.[3] Der Umstand, dass der anwaltlich nicht vertretene Antragsgegner gem. § 114 Abs. 1 nicht postulationsfähig ist, stellt für sich genommen keine Gefährdung dar, denn dies gilt in jedem Scheidungsverfahren und kann durch eine Maßnahme nach § 138 nicht behoben werden, weil auch ein beigeordneter Anwalt keine Anträge stellen kann (Rz. 11).

5 In **subjektiver Hinsicht** besteht eine Schutzbedürftigkeit nur dann, wenn der Antragssteller selbst nicht für seinen eigenen Schutz zu sorgen vermag, weil er dazu entweder nicht fähig oder nicht willens ist. So etwa, wenn er die rechtliche Problematik des Verfahrens nicht erfasst oder über seine tatsächliche Lage den Überblick verloren hat.[4] Gründe für eine fehlende Verteidigungsbereitschaft können Gleichgültigkeit, Uneinsichtigkeit oder der beherrschende Einfluss des anderen Gatten sein.[5]

6 Die Beiordnung muss zum Schutz des Antragsgegners unabweisbar erscheinen. Der Gesetzgeber begreift die **Maßnahme als ultima ratio**. Dh., dass es kein anderes dem Gericht zur Verfügung stehendes Mittel geben darf, um einen hinreichenden Schutz zu gewährleisten. Vorrangig muss das Gericht den Antragsgegner auf die bestehenden Gefahren hinweisen und ihm nahe legen, einen Anwalt zu beauftragen. Insbesondere sollte auch auf die Möglichkeit der Verfahrenskostenhilfe hingewiesen werden. Das Gericht darf dabei jedoch den Antragsgegner nicht in der Weise beraten, dass es gleichsam selbst die Rolle seines Anwalts übernimmt, da hierdurch die richterliche Unvoreingenommenheit gefährdet würde.

C. Verfahren

7 Die Beiordnung (§ 138 Abs. 1 Satz 1, 2. Halbs. FamFG iVm. § 78c Abs. 1 ZPO) erfolgt durch einen zu begründenden **Beschluss**; dabei muss das Gericht die Umstände angeben, die eine Beiordnung als unabweisbar erscheinen lassen.[6]

8 Mit Zustellung des Scheidungsantrags wird der Antragsgegner **aufgefordert, einen Anwalt zu bestellen** für den Fall, dass er beabsichtigt, sich gegen den Scheidungsantrag zu verteidigen (§ 113 Abs. 1 Satz 2 FamFG iVm. § 271 Abs. 2 ZPO). Kommt er dieser Aufforderung nicht nach (zur Rechtsstellung des anwaltlich nicht vertretenen Antragsgegners vgl. § 114 Rz. 20 f.) und erfährt das Gericht von Umständen, die die Unabweisbarkeit einer Beiordnung nahe legen, hat es von Amts wegen zu ermitteln, ob die Beiordnung eines Anwalts erforderlich ist. Voraussetzung für eine solche Maßnah-

1 Zum Versorgungsausgleich KG v. 10.5.1978 – 17 WF 1661/78, FamRZ 1978, 607 (608).
2 KG v. 10.5.1978 – 17 WF 1661/78, FamRZ 1978, 607 (608).
3 OLG Hamm v. 23.9.1981 – 4 WF 312–313/81, FamRZ 1982, 86 (87).
4 BT-Drucks. 7/650, S. 210.
5 BT-Drucks. 7/650, S. 210.
6 OLG Düsseldorf v. 14.7.1978 – 3 WF 228/78, FamRZ 1978, 918.

me ist gem. § 138 Abs. 1 Satz 2 stets, dass der Antragsgegner **persönlich angehört** wurde; die bloße Gelegenheit zur schriftlichen Stellungsnahme genügt nicht.[1] Im Rahmen der Anhörung ist der Antragsgegner darüber aufzuklären, dass und unter welchen Voraussetzungen Familiensachen gleichzeitig mit der Scheidungssache verhandelt und entschieden werden können. Gleichzeitig soll sich das Gericht einen Eindruck verschaffen, ob eine Beiordnung unabweisbar ist.[2] Ordnet das Gericht einen Anwalt ohne vorherige Anhörung bei, stellt dies einen schweren Verfahrensfehler dar.[3] Nimmt der Antragsgegner die Gelegenheit zur persönlichen Stellungnahme nicht wahr, so hat ihn das Gericht im Termin anzuhören.[4] Das Erscheinen im Termin ist gem. § 128 Abs. 1 und 4 erzwingbar. Da es sich bei der Anhörung nach § 138 Abs. 1 Satz 2 jedoch um eine Soll-Vorschrift handelt, kann in besonderen Ausnahmefällen, in denen eine Anhörung nicht erzwingbar ist (zB Antragsgegner hält sich im Ausland auf), hiervon abgesehen werden.[5]

Gegen die Beiordnung ist nach § 138 Abs. 1 Satz 1, 2. Halbs. FamFG iVm. § 78c Abs. 3 9
ZPO[6] die **sofortige Beschwerde** nach §§ 567 ff. ZPO statthaft.

Beschwerdeberechtigt ist gem. § 78c Abs. 3 ZPO nur der **Antragsgegner** selbst. Die 10
Beschwer ergibt sich für ihn daraus, dass nach § 39 Satz 1 RVG die Beiordnung unmittelbar Vergütungsansprüche des beigeordneten Anwalts auslöst. Der Antragssteller ist hingegen nicht beschwert, da ihn diese Kosten nur mittelbar treffen, wenn der Scheidungsantrag abgelehnt wird.[7] Die Ablehnung einer Beiordnung ist nicht angreifbar, da hierdurch kein Verfahrensbeteiligter beschwert ist.[8] Begehrt der Antragsgegner selbst die Beiordnung eines Rechtsanwalts, so hat er einen Antrag auf Verfahrenskostenhilfe zu stellen. Auch dem beigeordneten Anwalt steht gem. § 78c Abs. 3 ZPO ein Beschwerderecht zu.

D. Wirkungen

Prozessual hat der beigeordnete Anwalt gem. § 138 Abs. 2 die **Stellung eines Beistands.** 11
Nach § 113 Abs. 1 Satz 2 FamFG iVm. § 90 Abs. 2 ZPO gilt daher das von ihm Vorgetragene als Vortrag des Antragsgegners, soweit dieser nicht sofort widerruft oder berichtigt. Der beigeordnete Anwalt erlangt hingegen nicht die Stellung eines Verfahrensbevollmächtigten. Er kann daher **keine Verfahrenshandlungen für den Antragsgegner wirksam vornehmen**, insbesondere keine Anträge stellen.[9] Der Antragsgegner kann den beigeordneten Anwalt jedoch ohne weiteres zur Verfahrensführung bevollmächtigen. Hierdurch entstehen idR keine höheren Kosten.[10] Die Beiordung betrifft nach dem klaren Gesetzeswortlaut nur die erste Instanz und nur das Hauptsacheverfahren.

1 OLG Hamm v. 4.9.1986 – 4 WF 318/86, NJW-RR 1987, 952 (953).
2 KG v. 10.5.1978 – 17 WF 1661/78, FamRZ 1978, 607 (608); OLG Düsseldorf v. 14.7.1978 – 3 WF 228/78, FamRZ 1978, 918 f.; OLG Hamm v. 4.9.1986 – 4 WF 318/86, FamRZ 1986, 1122.
3 KG v. 10.5.1978 – 17 WF 1661/78, FamRZ 1978, 607 (608).
4 Zöller/*Philippi*, § 625 ZPO Rz. 2.
5 MüKo.ZPO/*Finger*, § 625 ZPO Rz. 5.
6 Nach bisherigem Recht wurde die analoge Anwendung dieser Vorschrift vertreten KG v. 10.5.1978 – 17 WF 1661/78, FamRZ 1978, 607 f. (damals noch zu § 625 iVm. § 116b ZPO); OLG Düsseldorf v. 14.7.1978 – 3 WF 228/78, FamRZ 1978, 918.
7 OLG Hamm v. 23.9.1981 – 4 WF 312–313/81, FamRZ 1982, 86 (87).
8 Zöller/*Phlippi*, § 625 ZPO Rz. 5; Baumbach/*Hartmann*, § 138 FamFG Rz. 5.
9 Zöller/*Philippi*, § 625 ZPO Rz. 7; Hk-ZPO/*Kemper*, § 625 ZPO Rz. 10.
10 Vgl. § 39 Satz 1 RVG.

fahren. Für den einstweiligen Rechtsschutz besteht keine entsprechende Beiordnungsmöglichkeit.[1]

12 Die Beiordnung bezieht sich auf die **Scheidungssache und Kindschaftssachen als Folgesachen** iSv. § 137 Abs. 3, soweit solche anhängig sind; sonstige Folgesachen – insbesondere vermögensrechtlicher Art – werden nicht erfasst. Der Wortlaut des § 138 enthält somit eine Erweiterung gegenüber § 625 ZPO aF, der lediglich Anträge nach § 1671 Abs. 1 BGB nannte. Schon zur alten Rechtslage wurde jedoch gefordert, die Regelung auch auf Umgangsverfahren und Anträge auf Kindesherausgabe entsprechend anzuwenden.[2]

13 Der beigeordnete Anwalt erwirbt gem. § 39 RVG unmittelbar einen Anspruch gegen den Antragsgegner, als wäre er von diesem bevollmächtigt worden, und zwar sowohl einen **Vergütungs- als auch einen Vorschussanspruch**.[3] Bei Verzug kann die Vergütung auch von der Staatskasse verlangt werden (§ 45 Abs. 2 RVG).

§ 139
Einbeziehung weiterer Beteiligter und dritter Personen

(1) Sind außer den Ehegatten weitere Beteiligte vorhanden, werden vorbereitende Schriftsätze, Ausfertigungen oder Abschriften diesen nur insoweit mitgeteilt oder zugestellt, als der Inhalt des Schriftstücks sie betrifft. Dasselbe gilt für die Zustellung von Entscheidungen an dritte Personen, die zur Einlegung von Rechtsmitteln berechtigt sind.

(2) Die weiteren Beteiligten können von der Teilnahme an der mündlichen Verhandlung insoweit ausgeschlossen werden, als die Familiensache, an der sie beteiligt sind, nicht Gegenstand der Verhandlung ist.

1 Vor dem Hintergrund des grundsätzlich bestehenden Zwangs zu gemeinsamer Verhandlung und Entscheidung stellt § 139 Abs. 1 wie schon § 624 Abs. 4 ZPO aF sicher, dass durch die Beteiligung Dritter an einzelnen Folgesachen nicht übermäßig in die **Privatsphäre der Ehegatten** eingegriffen wird.[4] In das Gesetz neu aufgenommen[5] wurde die in § 139 Abs. 2 enthaltene Möglichkeit, Dritte von der mündlichen Verhandlung auszuschließen, soweit nicht über die sie betreffenden Familiensachen verhandelt wird. Das Gesetz räumt dem Gericht insofern ein Ermessen ein („kann"), doch wird regelmäßig kein Anlass bestehen, von der Ausschließung abzusehen.[6]

---

1 OLG Koblenz v. 22.2.1985 – 15 WF 105/85 FamRZ 1985, 618 (619); MüKo.ZPO/*Finger*, § 625 ZPO Rz. 6; Zöller/*Philippi*, § 625 ZPO Rz. 6; aA Musielak/*Borth*, § 625 ZPO Rz. 5.

2 OLG München v. 24.7.1979 – 2 W 854/79, AnwBl. 79, 440 (441); *Diederichsen*, NJW 1977, 601 (606); Thomas/Putzo/*Hüßtege*, § 625 ZPO Rz. 7; Zöller/*Philippi*, § 625 ZPO Rz. 6.

3 Musielak/*Borth*, § 625 ZPO Rz. 8; Zöller/*Philippi*, § 625 ZPO Rz. 8; aA Baumbach/*Hartmann*, § 138 FamFG Rz. 6: kein Vorschuss.

4 BT-Drucks. 16/6308, S. 230; BGH v. 22.4.1998 – XII ZR 281/96, FamRZ 1998, 1024 (1025).

5 Teilweise wurde eine entsprechende Befugnis auch schon aus dem bisherigen Recht abgeleitet, so etwa Zöller/*Philippi*, § 624 ZPO Rz. 9.

6 *Löhnig*, FamRZ 2009, 737 (739).

§ 139 Abs. 1 Satz 1 erfasst Dritte, die in **Folgesachen der freiwilligen Gerichtsbarkeit** regelmäßig neben den Ehegatten an Verbundverfahren beteiligt sind: beim Versorgungsausgleich die Versorgungsträger (§ 7 Abs. 2 Nr. 1 iVm. § 219 Nr. 2 und 3), in Ehewohnungs- und Haushaltssachen die in § 204 genannten Personen und in Kindschaftssachen das Jugendamt (§ 7 Abs. 1 und Abs. 2 Nr. 2 iVm. § 162 Abs. 2), eine Pflegeperson (§ 7 Abs. 3 iVm. § 161 Abs. 1 Satz 1) sowie einen Verfahrensbeistand, dessen Stellung als Beteiligter durch das FamFG klargestellt wird (§ 7 Abs. 2 Nr. 2 iVm. § 158 Abs. 3 Satz 2). Gem. § 7 Abs. 2 Nr. 1 ist – im Unterschied zum früheren Recht[1] – nunmehr auch der Minderjährige in Kindschaftssachen regelmäßig formell Beteiligter (§ 151 Rz. 21).[2] Auch ein Vormund oder Pfleger ist in Kindschaftssachen Beteiligter iSv. § 7 Abs. 2 Nr. 1.[3] Demgegenüber führt in **Unterhalts- und Güterrechtsfolgesachen** die Beteiligung Dritter zur Abtrennung des betreffenden Verfahrens nach § 140 Abs. 1. 2

§ 139 Abs. 1 Satz 2 betrifft **alle Personen, die zur Einlegung eines Rechtsmittels berechtigt sind**, unabhängig davon, ob sie formell Verfahrensbeteiligte gewesen sind. Eine eigene Beschwerdebefugnis auch ohne formelle Beteiligung im erstinstanzlichen Verfahren stand nach früherem Recht vor allem dem über 14 Jahre alten Kind zu (§ 60 FamFG, vgl. § 59 FGG aF), doch zählen Kinder nach neuem Recht nunmehr auch zu den formell Beteiligten (§ 7 Abs. 2 Nr. 1). Demgegenüber muss etwa dem Jugendamt in Ehewohnungssachen nach § 205 Abs. 2 im Hinblick auf das ihm unabhängig von seiner Beteiligtenstellung zustehende Beschwerderecht jede Entscheidung mitgeteilt werden, soweit Kinder im Haushalt der Ehegatten leben. Auch in Kindschaftssachen steht dem Jugendamt nach § 162 Abs. 3 Satz 2 eine generelle Beschwerdebefugnis zu, so dass ihm Entscheidungen iSv. § 162 Abs. 3 Satz 1 auch dann bekannt zu geben sind, wenn es nicht nach § 162 Abs. 2 formell beteiligt wurde. 3

Um gewährleisten zu können, dass Schriftstücke und Entscheidungen Dritten nur insofern übermittelt werden, als sie hiervon betroffen sind (§ 139 Abs. 1), müssen bereits die **verfahrenseinleitenden Anträge** (vgl. § 23 Abs. 2) in getrennten Schriftsätzen eingereicht werden (§ 124 Rz. 14). Auch beim Aufbau der **Verbundentscheidung** muss der Richter berücksichtigen, dass neben Rubrum und Tenor einem Dritten nur der Teil der Begründung zugeleitet werden darf, der seine rechtlichen Interessen betrifft, so dass die Entscheidung in den entsprechenden Folgesachen aus sich heraus verständlich sein muss. Im Hinblick auf § 139 Abs. 2 ist die mündliche Verhandlung ggf. so zu gestalten (§ 136 ZPO), dass eine Beschränkung der Anwesenheit auf einzelne Verfahrensabschnitte möglich ist, allerdings ändert dies wegen § 137 Abs. 1 nichts daran, dass in jedem Termin(sstadium) auch zu allen anderen Verfahrensgegenständen vorgetragen werden kann.[4] Von der Rechtskraft der Entscheidung (vgl. § 148) erlangt der Dritte Kenntnis, indem der ihn betreffende Entscheidungsauszug mit einem (Teil-)-Rechtskraftvermerk (§ 706 ZPO) versehen und ihm übermittelt wird. 4

1 OLG Hamm v. 23.10.2001 – 2 WF 474/01, FamRZ 2002, 1127; Musielak/*Borth*, § 624 ZPO Rz. 9; aA MüKo.ZPO/*Finger*, § 623 ZPO Rz. 11.
2 *Schael*, FamRZ 2009, 265 (266); *Meyer-Seitz/Kröger/Heiter*, FamRZ 2005, 1430 (1435).
3 So schon zum bisherigen Recht Zöller/*Philippi*, § 624 ZPO Rz. 10. AA MüKo.ZPO/*Finger*, § 623 ZPO Rz. 12.
4 Stein/Jonas/*Schlosser*, § 623 ZPO Rz. 13.

§ 140
Abtrennung

(1) Wird in einer Unterhaltsfolgesache oder Güterrechtsfolgesache außer den Ehegatten eine weitere Person Beteiligter des Verfahrens, ist die Folgesache abzutrennen.

(2) Das Gericht kann eine Folgesache vom Verbund abtrennen. Dies ist nur zulässig, wenn

1. in einer Versorgungsausgleichsfolgesache oder Güterrechtsfolgesache vor der Auflösung der Ehe eine Entscheidung nicht möglich ist,

2. in einer Versorgungsausgleichsfolgesache das Verfahren ausgesetzt ist, weil ein Rechtsstreit über den Bestand oder die Höhe eines Anrechts vor einem anderen Gericht anhängig ist,

3. in einer Kindschaftsfolgesache das Gericht dies aus Gründen des Kindeswohls für sachgerecht hält oder das Verfahren ausgesetzt ist,

4. seit der Rechtshängigkeit des Scheidungsantrags ein Zeitraum von drei Monaten verstrichen ist, beide Ehegatten die erforderlichen Mitwirkungshandlungen in der Versorgungsausgleichsfolgesache vorgenommen haben und beide übereinstimmend deren Abtrennung beantragen oder

5. sich der Scheidungsausspruch so außergewöhnlich verzögern würde, dass ein weiterer Aufschub unter Berücksichtigung der Bedeutung der Folgesache eine unzumutbare Härte darstellen würde, und ein Ehegatte die Abtrennung beantragt.

(3) Im Fall des Absatzes 2 Nr. 3 kann das Gericht auf Antrag eines Ehegatten auch eine Unterhaltsfolgesache abtrennen, wenn dies wegen des Zusammenhangs mit der Kindschaftsfolgesache geboten erscheint.

(4) In den Fällen des Absatzes 2 Nr. 4 und 5 bleibt der vor Ablauf des ersten Jahres seit Eintritt des Getrenntlebens liegende Zeitraum außer Betracht. Dies gilt nicht, sofern die Voraussetzungen des § 1565 Abs. 2 des Bürgerlichen Gesetzbuchs vorliegen.

(5) Der Antrag auf Abtrennung kann zur Niederschrift der Geschäftsstelle oder in der mündlichen Verhandlung zur Niederschrift des Gerichts gestellt werden.

(6) Die Entscheidung erfolgt durch gesonderten Beschluss; sie ist nicht selbständig anfechtbar.

A. Überblick

I. Normzweck

Nach § 137 Abs. 1 ist über die Scheidung zusammen mit den Folgesachen iSv. § 137 Abs. 2 und 3 zu verhandeln und zu entscheiden. Um zu verhindern, dass es durch diesen Grundsatz zu einer **gegenseitigen Blockade der verschiedenen Verfahrensbestandteile** kommt, die von Sinn und Zweck des Verbundgedankens nicht mehr gedeckt ist (§ 137 Rz. 5), kommt unter bestimmten Voraussetzungen die Abtrennung der Folgesachen in Frage. 1

II. Entstehung

§ 140 fasst die früher an verschiedenen Stellen geregelten Tatbestände (§§ 623 Abs. 1 Satz 2, Abs. 2 Satz 2 bis 4, Abs. 3 Satz 2 und 3, 627, 628 ZPO aF) in **deutlich modifizierter Form** in einer Vorschrift zusammen. Da Kindschaftssachen nach § 137 Abs. 3 nur noch unter engen Voraussetzungen in den Verbund fallen, passt § 140 Abs. 2 Satz 2 Nr. 3 die Regeln für ihre Abtrennung an diese Gegebenheiten an. Neu eingeführt wurde der Tatbestand des § 140 Abs. 2 Satz 2 Nr. 4, wonach bei ordnungsgemäßer Mitwirkung der Ehegatten an der Klärung des Versorungsausgleichs nach Ablauf von drei Monaten eine Abtrennung möglich ist. Eine Abtrennung nach § 140 Abs. 2 Satz 2 Nr. 4 und 5 ist nur noch auf Antrag möglich, der nach Abs. 5 zur Niederschrift der Geschäftsstelle oder in der mündlichen Verhandlung zur Niederschrift des Gerichts gestellt werden kann. Die Anforderungen an die (erweiterte) Abtrennung einer Unterhaltsfolgesache im Gefolge der Abtrennung einer Kindschaftssache wurden verschärft (§ 140 Abs. 3). Der ebenfalls neu eingeführte Abs. 4 will verhindern, dass aus einem verfrühten Scheidungsantrag Vorteile gezogen werden können. Abs. 6 stellt klar, dass die Entscheidung über die Abtrennung durch gesonderten Beschluss ergeht, der nicht selbständig anfechtbar ist. 2

Dass es nach dem Wortlaut der Vorschrift im Unterschied zu § 628 Satz 1, 1. Halbs. ZPO aF nicht ausdrücklich darum geht, **„dem Scheidungsantrag vor der Entscheidung über eine Folgesache“** stattzugeben, liegt daran, dass eine Reihe von früher eigenständig geregelten Fallgruppen in die einheitliche Regelung aufgenommen wurden, in denen die Abtrennung nicht notwendigerweise dem Ziel einer Vorabscheidung dient (vgl. § 623 Abs. 1 Satz 2, Abs. 2 Satz 2 bis 4, Abs. 3 Satz 2 und 3 ZPO aF). Doch hat sich der Sache nach für die Tatbestände, die § 628 Satz 1 Nr. 1 bis 4 ZPO aF entsprechen, an der bisherigen Zielsetzung nichts geändert. 3

B. Abtrennungsvoraussetzungen

Die Abtrennung einer Folgesache ist nur unter den in § 140 **abschließend geregelten Voraussetzungen** möglich. Der Rückgriff auf die allgemeinen Regeln der Verfahrenstrennung (§ 113 Abs. 1 Satz 2 FamFG iVm. § 145 ZPO) ist daneben ausgeschlossen.[1] Die Vorschrift ist zwingendes Recht und steht nicht zur Disposition der Beteiligten.[2] 4

---

1 BGH v. 9.1.1991 – XII ZR 14/90, FamRZ 1991, 687.

2 BGH v. 29.5.1991 – XII ZR 108/90, FamRZ 1991, 1043 (1044); OLG Hamm v. 20.10.2008 – II-4 UF 67/08, FamRZ 2009, 367; OLG Schleswig v. 20.11.1979 – 8 UF 197/78, SchlHA 1980, 18; OLG Hamburg v. 31.10.1977 – 2 WF 168/77, FamRZ 1978, 42 (43).

Daher kommt bei einem Verstoß gem. § 113 Abs. 1 Satz 2 FamFG iVm. § 295 Abs. 2 ZPO auch keine Heilung dieses Verfahrensmangels durch Rügeverlust in Betracht.[1] Zu anderen Möglichkeiten der Herauslösung einer Folgesache aus dem Verbund, etwa durch Antragsrücknahme, vgl. § 137 Rz. 20.

5 Die teilweise hervorgehobene Maxime, die Vorschrift **müsse eng ausgelegt werden**, weil der Verbund dem Schutz des wirtschaftlich schwächeren Ehegatten diene und dieser Zweck durch eine zu großzügige Handhabung des § 140 nicht vereitelt werden dürfe,[2] stellt eine etwas einseitige Sichtweise dar. Dass die Hürden für die Anwendbarkeit des § 140 hoch sind, ergibt sich schon aus dem Wortlaut der einzelnen Tatbestände. Zwar ist richtig, dass dem Schutz der § 137 zugrunde liegenden Normzwecke entscheidendes Gewicht zukommt, doch muss die Auslegung von § 140 gleichzeitig von dem Bestreben getragen werden, das Verbundprinzip nicht zu einem inhaltsleeren Formalismus erstarren zu lassen.[3]

6 Steht die Abtrennung mehrerer Folgesachen in Frage, müssen die Voraussetzungen des § 140 für jeden Verfahrensgegenstand **getrennt** geprüft werden.[4] Denkbar ist auch die Abtrennung eines Teils einer Folgesache, soweit die Voraussetzungen für eine Teilentscheidung gegeben sind.[5]

I. Beteiligung Dritter (Absatz 1)

7 Während in Folgesachen der freiwilligen Gerichtsbarkeit die Beteiligung Dritter auf den Fortbestand des Verfahrensverbunds keine Auswirkungen hat (§ 139), ist nach § 140 Abs. 1 in Übereinstimmung mit § 623 Abs. 1 Satz 2 ZPO aF eine **Unterhalts- oder Güterrechtsfolgesache** (§ 137 Abs. 2 Satz 1 Nr. 2 und 4) von Amts wegen abzutrennen, wenn ein Dritter Verfahrensbeteiligter wird. Nach Einschätzung des Gesetzgebers würde andernfalls die Vertraulichkeit des Verbundverfahrens und das Prinzip der einheitlichen Kostenentscheidung in Frage gestellt.[6] Außerdem bestünde die Gefahr, dass der Verfahrensstoff weit über das Rechtsverhältnis zwischen den Ehegatten hinausgreift.[7]

8 Drittbeteiligung in Form der **Nebenintervention** ist in Unterhalts- und Güterrechtssachen äußerst selten.[8] Relevant wird die Vorschrift vor allem dann, wenn ein Dritter **Hauptbeteiligter** des Verfahrens wird: So können Eltern zwar unter den Voraussetzungen des § 1629 Abs. 3 Satz 1 BGB den Unterhaltsanspruch eines minderjährigen Kindes

---

1 BGH v. 9.1.1991 – XII ZR 14/90, FamRZ 1991, 687 f.; OLG Schleswig v. 1.7.1991 – 15 UF 174/90, FamRZ 1992, 198; Johannsen/Henrich/*Sedemund-Treiber*, § 623 ZPO Rz. 14.

2 OLG Stuttgart v. 21.8.2008 – 16 UF 65/08, FamRZ 2009, 64 (65); OLG Düsseldorf v. 12.11.1987 – 10 UF 104/87, FamRZ 1988, 312; OLG Bamberg, FamRZ 1986, 1011 (1012); OLG Frankfurt v. 17.3.1978 – 1 UF 576/77, FamRZ 1978, 363.

3 Vgl. OLG Bamberg v. 3.12.1987 – 2 UF 160/87, FamRZ 1988, 531.

4 OLG Frankfurt v. 8.1.1988 – 1 UF 180/87, FamRZ 1988, 966 (967).

5 BGH v. 29.2.1984 – IVb ZB 28/83, FamRZ 1984, 572 (573); Zöller/*Philippi*, § 628 ZPO Rz. 10. Unzulässigkeit einer Teilentscheidung: OLG Oldenburg v. 18.11.1991 – 12 UF 90/91, FamRZ 1992, 458 (Ausschluss nach § 1587c BGB); OLG Brandenburg v. 17.3.2005 – 9 UF 128/04, FamRZ 2005, 1920 (1921) (wechselseitige Anträge auf Zugewinnausgleich); OLG Karlsruhe v. 8.10.1981 – 16 UF 111/80, FamRZ 1982, 318 (319 f.) (Unterhaltsansprüche).

6 BT-Drucks. 7/4361, S. 60; BT-Drucks. 10/2888, S. 28.

7 Vgl. Zöller/*Philippi*, § 623 ZPO Rz. 5a.

8 OLG Braunschweig v. 2.11.2004 – 1 UF 111/04, FamRZ 2005, 725 (726 f.) (Interesse eines Sozius an Geheimhaltung von Bilanzen nicht ausreichend für Beitritt zur Folgesache Nachehelichenunterhalt).

im eigenen Namen im Verbund geltend machen (gesetzliche Verfahrensstandschaft). Doch soweit die Voraussetzungen dieser Norm (vgl. § 137 Rz. 33) nicht (mehr) erfüllt sind, weil etwa dem betreffenden Elternteil nicht die elterliche Sorge zusteht, sondern ein Vormund oder Ergänzungspfleger den Rechtsstreit im Namen des Kindes führen muss, oder das Kind während des laufenden Unterhaltsverfahrens volljährig wird und selbst in das Verfahren eintritt, muss das Unterhaltsverfahren nach § 140 Abs. 1 abgetrennt werden. Eine Beteiligung Dritter in Güterrechtsfolgesachen kommt etwa in Frage, wenn Ausgleichsansprüche gegen einen beschenkten Dritten nach § 1390 BGB geltend gemacht werden; dabei stellt § 261 Abs. 1 klar, dass es sich gleichwohl um eine Familiensache handelt.

Sind die Voraussetzungen der Norm erfüllt, besteht eine Pflicht des Gerichts zur Abtrennung („ist abzutrennen").[1] Da es sich um Gegenstände des § 137 Abs. 2 handelt, behalten die Verfahren gem. § 137 Abs. 5 Satz 1 auch nach ihrer Abtrennung die Qualität als **Folgesachen**. Auf diese Weise bleibt es weiterhin zulässig, einen Antrag (vor allem in einer Güterrechtssache) für den Fall der Scheidung zu stellen, obwohl das Verfahren aus dem Verbund gelöst wurde.[2] Doch ist der Antragsteller nicht gehindert, den Antrag zu ändern und das Verfahren als selbständige Familiensache fortzuführen (§ 137 Rz. 69). Zum Schicksal von Folgesachen bei Tod eines Ehegatten vgl. § 131 Rz. 9 f. 9

II. Abtrennung nach Absatz 2

Während die Abtrennung nach § 140 Abs. 2 Satz 2 Nr. 4 und 5 nunmehr jeweils einen förmlichen **Antrag** voraussetzt, hat das Gericht die übrigen Tatbestände **von Amts wegen** zu prüfen.[3] 10

Auch wenn die Verwendung des Wortes „kann" die gegenteilige Schlussfolgerung nahe zu legen scheint, räumt § 140 Abs. 2 Satz 1 dem Gericht **kein eigenständiges Ermessen** ein. Für die Tatbestände der Nr. 1 und Nr. 3 ist dies ohne Weiteres zwingend, weil eine Entscheidung im Verbund schon gar nicht möglich wäre oder dem Kindeswohl widerspräche. In den Fällen der Nr. 4 und 5 verwendet das Gesetz unbestimmte Rechtsbegriffe („erforderlich", „außergewöhnlich" und „unzumutbar"), die in der Rechtsmittelinstanz der vollen Nachprüfung unterliegen.[4] Soweit diese Tatbestandsvoraussetzungen jedoch erfüllt sind, ist nicht ersichtlich, welche legitimen Erwägungen es rechtfertigen könnten, von einer Abtrennung abzusehen.[5] Die von der Gegenansicht vertretene Position, es handele sich um eine Ermessensentscheidung, hat keine spürbaren Konsequenzen, weil die Rechtsmittelgerichte stets ihre Kompetenz zur Prüfung von Ermessensfehlern in extensiver Weise in Anspruch nehmen.[6] 11

1 BT-Drucks. 16/6308, S. 230.

2 Musielak/*Borth*, § 623 ZPO Rz. 34; Zöller/*Philippi*, § 623 ZPO Rz. 32c.

3 OLG Köln v. 3.1.2003 – 14 WF 194/02, FamRZ 2003, 1197; OLG Hamburg v. 31.10.1977 – 2 WF 168/77, FamRZ 1978, 42 (43); OLG Naumburg v. 27.12.2000 – 8 WF 239/00, FamRZ 2002, 248 (Ls.).

4 BGH v. 8.5.1996 – XII ZR 4/96, NJW-RR 1996, 1025; vgl. demgegenüber noch BGH v. 9.1.1991 – XII ZR 14/90, FamRZ 1991, 687 (689); BGH v. 30.5.1979 – IV ZR 160/78, FamRZ 1979, 690 (692).

5 OLG Karlsruhe v. 26.4.1979 – 2 UF 220/78, FamRZ 1979, 725 (726); MüKo.ZPO/*Finger*, § 628 ZPO Rz. 3; Schwab/*Maurer/Borth*, Rz. I 393.

6 BGH v. 29.5.1991 – XII ZR 108/90, FamRZ 1991, 1043 (1044); OLG Naumburg v. 29.6.2001 – 14 WF 108/01, FamRZ 2002, 331 (332); OLG Karlsruhe v. 13.2.1998 – 2 WF 173/97, FamRZ 1999, 98 (99); vgl. auch BGH v. 2.7.1986 – IVb ZR 54/85, FamRZ 1986, 898 (899).

1. Vorgreiflichkeit der Scheidung (Satz 2 Nr. 1)

12 § 140 Abs. 2 Satz 2 Nr. 1 erfasst Fälle, in denen eine Entscheidung über den Versorgungsausgleich oder die güterrechtlichen Folgen der Scheidung erst möglich ist, wenn der genaue Zeitpunkt der Auflösung der Ehe (§ 1564 Satz 2 BGB) feststeht.[1] Dies kann vor allem die Auseinandersetzung einer **Gütergemeinschaft** betreffen, die erst mit Rechtskraft des Scheidungsausspruchs endet.[2] Manchmal wird erst danach der Überschuss ermittelt werden können, der nach Beendigung der Auseinandersetzung an die Ehegatten auszukehren ist (§ 1476 BGB),[3] oder der Ausgleich für die nach § 1477 Abs. 2 BGB übernommenen Gegenstände möglich sein, deren Wert sich nach dem Zeitpunkt der Übernahme richtet.[4] Im Zugewinnausgleich werden vergleichbare Probleme dadurch vermieden, dass § 1384 BGB für die Berechnung nunmehr ausschließlich (vgl. demgegenüber § 1378 Abs. 2 BGB aF) auf den Zeitpunkt der Rechtshängigkeit des Scheidungsantrags abstellt.

13 Eine **Versorgungsausgleichsfolgesache** kann abzutrennen sein, wenn ein Anrecht erst nach Eintritt der Rechtskraft des Scheidungsausspruchs bewertet werden kann.[5] Doch sind Ausgleichsansprüche nach der Scheidung iSv. §§ 20 ff. VersAusglG regelmäßig schon gar nicht verbundfähig iSv. § 137 Abs. 2 Nr. 1.

2. Aussetzung des Versorgungsausgleichs (Satz 2 Nr. 2)

14 Die Vorschrift nimmt Bezug auf § 221 Abs. 2: Wird danach das Verfahren über den Versorgungsausgleich ausgesetzt, weil ein Rechtsstreit über ein in den Versorgungsausgleich einzubeziehendes Anrecht **vor einem Verfassungs-, Verwaltungs-, Sozial-, oder Arbeitsgericht anhängig** ist, so erfasst dies wegen § 137 Abs. 1 das gesamte Verbundverfahren (§ 137 Rz. 13).[6] § 140 Abs. 2 Satz 2 Nr. 2 ist nach seinem klaren Wortlaut erst anwendbar, wenn ein Rechtsstreit vor einem anderen Gericht „anhängig ist" (§ 221 Abs. 2), nicht aber, wenn das Verfahren über den Versorgungsausgleich lediglich nach § 221 Abs. 1 vorläufig ausgesetzt wurde, um den Ehegatten innerhalb einer bestimmten Frist die Möglichkeit zur gerichtlichen Klärung des streitigen Anrechts zu geben. Dem Tatbestand liegt die gesetzgeberische Wertung zugrunde, dass bei Aussetzung der Versorgungsausgleichsfolgesache ein weiteres Zuwarten regelmäßig unzumutbar ist.[7] Soweit dies – gemessen an den Maßstäben des § 140 Abs. 2 Satz 2 Nr. 5 – einmal eindeutig nicht der Fall sein sollte, kommt – soweit man nicht ohnehin von einem allgemeinen Ermessensspielraum des Gerichts ausgeht (Rz. 11) – eine teleologische Reduktion in Frage.[8]

15 Die Gerichte werden immer wieder mit Konstellationen konfrontiert, in denen der Versorgungsausgleich nicht durchgeführt werden kann, weil entscheidungserhebliche **Vorschriften wegen Verstoßes gegen höherrangiges Recht** nicht anwendbar sind.[9] Das

---

1 OLG Düsseldorf v. 4.2.2002 – 2 UF 211/01, FamRZ 2002, 1572.
2 OLG Karlsruhe v. 25.6.1981 – 16 UF 37/80, FamRZ 1982, 286 (288).
3 BGH v. 14.12.1983 – IVb ZR 62/82, FamRZ 1984, 254 (255); Zöller/*Philippi*, § 623 ZPO Rz. 12.
4 BGH v. 14.12.1983 – IVb ZR 62/82, FamRZ 1984, 254 (256); MüKo.ZPO/*Finger*, § 623 ZPO Rz. 21.
5 MüKo.ZPO/*Finger*, § 628 ZPO Rz. 4; Musielak/*Borth*, § 628 ZPO Rz. 3.
6 OLG Oldenburg v. 2.8.1979 – 11 UF 97/79, FamRZ 1980, 71 f.
7 Musielak/*Borth*, § 628 ZPO Rz. 4.
8 Vgl. für die Aussetzung nach § 140 Abs. 2 Satz 2 Nr. 3 Schwab/*Maurer/Borth*, Rz. I 382.
9 Vgl. derzeit das Problem der Startgutschriften für rentenferne Versicherte in den Zusatzversorgungen des öffentlichen Dienstes (BGH v. 14.11.2007 – IV ZR 74/06, FamRZ 2008, 395 ff. m.

Verfahren über die Folgesache ist dann bis zu einer gesetzlichen Neuregelung auszusetzen,[1] soweit nicht durch diesen Schwebezustand eine unerträgliche Situation geschaffen wird, der besser durch Anwendung des bisher geltenden Rechts unter dem Vorbehalt der Anpassung an die künftige Neuregelung begegnet werden kann.[2] Soweit nicht schon eine Abtrennung nach § 140 Abs. 2 Satz 2 Nr. 4 oder Nr. 5[3] möglich ist, kommt die Vorabscheidung in analoger Anwendung von § 140 Abs. 2 Satz 2 Nr. 2 in Frage.[4]

3. Kindschaftssachen (Satz 2 Nr. 3)

Da Kindschaftssachen nicht mehr automatisch in den Verbund fallen (fakultative Folgesachen gem. § 137 Abs. 3), tritt an die Stelle der weit reichenden Abtrennungsmöglichkeiten nach §§ 623 Abs. 2 Satz 2, Abs. 3 Satz 2, 627 ZPO aF die Regelung des § 140 Abs. 2 Satz 2 Nr. 3. Danach kann eine Kindschaftsfolgesache abgetrennt werden, wenn das Verfahren ausgesetzt ist (etwa zur Klärung strafrechtlicher Vorwürfe gegen einen Elternteil) oder dies aus Gründen des Kindeswohls sachgerecht erscheint. Die Kindeswohlklausel soll in erster Linie dazu dienen, das Verfahren in der **Kindschaftssache durch Herauslösung aus dem Verbund zu beschleunigen**, damit keine Rücksicht auf die fehlende Entscheidungsreife eines anderen Verfahrensgegenstandes genommen werden muss.[5] Nach § 137 Abs. 5 Satz 2 wird das Verfahren zur selbständigen Familiensache, so dass die Wirksamkeit der Endentscheidung nicht durch § 148 verzögert wird. Allerdings wird die praktische Bedeutung gering sein, da in Kindschaftssachen meist ein Interesse an beschleunigter Entscheidungsfindung besteht (vgl. § 155 Abs. 1) und daher regelmäßig schon dem nach § 137 Abs. 3 erforderlichen Antrag auf Einbeziehung in den Verbund nicht stattzugeben sein wird (§ 137 Rz. 63). Eine Vorabentscheidung über die elterliche Sorge kann auch dann geboten sein, wenn andere Folgesachen (Kindes- und Betreuungsunterhalt, Zuweisung der Ehewohnung) hiervon abhängen. 16

Allerdings ist die Abtrennung aus Gründen des Kindeswohls nach Wortlaut und Systematik (vgl. § 140 Abs. 3) der Vorschrift nicht auf diese Zielrichtung festgelegt.[6] Im Einzelfall kann es durchaus gute Gründe geben, durch die Abtrennung der Kindschaftsfolgesache **zunächst eine Erledigung des Scheidungsverfahrens zu ermöglichen**, 17

Anm. *Borth*; BGH v. 5.11.2008 – XII ZB 53/06, FamRZ 2009, 303 ff.; BGH v. 5.11.2008 – XII ZB 181/05, FamRZ 2009, 296 ff.).

1 BGH v. 5.11.2008 – XII ZB 181/05, FamRZ 2009, 296 (301); BGH v. 5.11.2008 – XII ZB 53/06, FamRZ 2009, 303 (305); BGH v. 14.1.2009 – XII ZB 178/05, FamRZ 2009, 591 (594).

2 OLG Celle v. 26.5.1997 – 17 UF 218/96, FamRZ 1997, 1219 (1220).

3 OLG Koblenz v. 4.3.1997 – 15 UF 1160/96, FamRZ 1997, 1218. Bei Anhängigkeit eines Normenkontrollverfahrens OLG Oldenburg v. 24.7.1978 – 5 UF 2/78, FamRZ 1978, 812 (814); OLG Celle v. 22.12.1978 – 10 UF 268/78, FamRZ 1979, 295 (296).

4 Zöller/*Philippi*, § 628 ZPO Rz. 3 schlägt die analoge Anwendung von § 140 Abs. 2 Satz 2 Nr. 1 vor. OLG Stuttgart v. 28.12.2007 – 15 UF 240/07, FamRZ 2008, 1086 gelangt über die analoge Anwendung von § 2 Abs. 1 Satz 2 VAÜG zur Anwendbarkeit von § 628 ZPO aF.

5 BT-Drucks. 16/6308, S. 231.

6 Auch die Gesetzesbegründung macht deutlich, dass die Beschleunigung des Verfahrens nicht in allen Fällen die dem Kindeswohl am besten dienende Lösung ist (BT-Drucks. 16/6308, S. 231; vgl. auch *Löhnig*, FamRZ 2009, 737 [738]). Demgegenüber wurde die Abtrennungsmöglichkeit nach § 623 Abs. 2 Satz 2 ZPO aF teilweise einschränkend ausgelegt, sie solle nur eine Entscheidung über die elterliche Sorge vor Scheidung ermöglichen (OLG Köln v. 25.4.2002 – 14 WF 42/02, FamRZ 2002, 1570 [1571]. Der BGH hat diesen strengen Standpunkt abgelehnt (BGH v. 1.10.2008 – XII ZR 172/06, FamRZ 2008, 2268 [2269]), doch gleichwohl betont, hierin liege die Zielsetzung der Norm (BGH v. 1.10.2008 – XII ZB 90/08, FamRZ 2008, 2193 [2194]).

wenn man sich hierdurch eine Beruhigung der Konflikte auf der Paarebene und damit eine tragfähigere Basis für das Bemühen um einverständliche Lösungen erhofft. Regelmäßig wird ein solches Vorgehen jedoch nur dann in Frage kommen, wenn zumindest der Aufenthalt des Kindes nicht streitig ist und der Umgang (einigermaßen) regelmäßig stattfindet (zB bei Streit über Modalitäten des Umgangs oder eine Ferien- oder Feiertagsregelung).

4. Ordnungsgemäße Mitwirkung am Versorgungsausgleich (Satz 2 Nr. 4)

18 Neu ist die in § 140 Abs. 2 Satz 2 Nr. 4 vorgesehene **erleichterte Abtrennungsmöglichkeit für die Folgesache Versorgungsausgleich**. Haben beide Ehegatten die erforderlichen Mitwirkungshandlungen vorgenommen, kann auf ihren übereinstimmenden Antrag der Versorgungsausgleich abgetrennt werden, soweit seit Rechtshängigkeit des Scheidungsantrags drei Monate[1] verstrichen sind. Dabei ist nach Sinn und Zweck der Vorschrift des Weiteren Voraussetzung, dass die Scheidungssache entscheidungsreif ist (Rz. 20). Für die Fristberechnung ist die Regel des Abs. 4 über die Behandlung verfrühter Scheidungsanträge zu berücksichtigen. Ursprünglich war die Vorschrift Teil eines Gesamtkonzepts zur Vereinfachung des Scheidungsverfahrens und sollte nur in den – eng umrissenen – Fällen greifen, in denen die Voraussetzungen für eine Scheidung ohne obligatorische Mitwirkung eines Anwalts erfüllt waren (§ 149 Abs. 2 Nr. 4 iVm. § 143 RefE II). Mit der Aufgabe dieses Konzepts (vgl. § 114 Rz. 3) entfiel auch die entsprechende Einschränkung des tatbestandlichen Anwendungsbereichs.

19 Ob alle „erforderlichen" Mitwirkungshandlungen vorgenommen wurden, wird der Richter oft erst beurteilen können, wenn die **Angaben der Beteiligten von den Versorgungsträgern geprüft** worden sind, denn regelmäßig können erst hierdurch Widersprüche und Lücken sowie die Notwendigkeit zur Vornahme weiterer Mitwirkungshandlungen iSv. § 235 aufgedeckt werden.[2] Da § 140 Abs. 2 Satz 2 Nr. 4 als typisierter Spezialfall des § 140 Abs. 2 Satz 2 Nr. 5 anzusehen ist,[3] kann entsprechend dem dort anerkannten Grundsatz von einer Abtrennung abgesehen werden, wenn absehbar ist, dass das Verbundverfahren demnächst insgesamt entscheidungsreif sein wird (Rz. 21 aE). Angesichts des Umstandes, dass die Träger der gesetzlichen Rentenversicherung in der Eingangsbestätigung standardmäßig darum bitten, von Sachstandsanfragen vor Ablauf von drei Monaten Abstand zu nehmen, ist es unverständlich, warum die Frist – auf Intervention des Bundesrats[4] – auf drei Monate und nicht, wie im RegE ursprünglich vorgesehen, auf sechs Monate festgesetzt wurde.

5. Härteklausel (Satz 2 Nr. 5)

20 § 140 Abs. 2 Satz 2 Nr. 5 greift in leicht modifizierter Form die Härteklausel des § 628 Satz 1 Nr. 4 ZPO aF auf. Während früher die außergewöhnliche Verzögerung des Scheidungsausspruchs auf die „gleichzeitige Entscheidung über die Folgesache" zurückzuführen sein musste, spielt nach der neuen Fassung der **Grund der drohenden Verzögerung keine Rolle**. Denkbar ist die Abtrennung damit etwa auch dann, wenn die Verzö-

1 Es handelt sich um einen Kompromiss zwischen dem RegE, der eine Frist von sechs Monaten vorsah, und den Vorstellungen des Bundesrats, der hierauf ganz verzichten wollte (BT-Drucks. 16/6308, S. 374 und S. 413).

2 Vgl. demgegenüber *Löhnig*, FamRZ 2009, 737 (738).

3 Vgl. auf der Grundlage des bisherigen Rechts AG Landstuhl v. 1.10.1992 – 1 F 88/92, NJW-RR 1993, 519.

4 BT-Drucks. 16/6308, S. 374.

gerung auf einer allgemeinen Überlastung des Gerichts beruht.[1] Außerdem setzt die Abtrennung nach § 140 Abs. 2 Satz 2 Nr. 5 nunmehr einen förmlichen Antrag eines Ehegatten voraus. Ziel des Tatbestandes ist es, die Vorabscheidung zu ermöglichen (so noch ausdrücklich § 628 Satz 1, 1. Halbs. ZPO aF), daher ist Anwendungsvoraussetzung stets, dass die Scheidungssache entscheidungsreif ist (Rz. 37).

a) Außergewöhnliche Verzögerung

Eine außergewöhnliche Verzögerung wird regelmäßig bejaht, wenn die **voraussichtliche Verfahrensdauer zwei Jahre** übersteigt.[2] Dabei ist die bisher verstrichene Verfahrensdauer, soweit nicht ein nach Abs. 4 zu behandelnder verfrühter Scheidungsantrag vorliegt, vom Zeitpunkt der Rechtshängigkeit an zu berechnen.[3] Im Beschwerdeverfahren ist die Tatsachenlage im Zeitpunkt der Beschwerdeverhandlung maßgeblich.[4] Auch die Zeit, während derer das Verfahren ausgesetzt ist oder ruht, ist mit einzurechnen.[5] Bei beiderseitigem Scheidungswillen kommt es auf die Rechtshängigkeit des Scheidungsantrags desjenigen Ehegatten an, der die unzumutbare Härte geltend macht.[6] Da die Zweijahresfrist auf Erfahrungswerten für das Inland beruht, kann sie auf Fälle mit Auslandsberührung nicht ohne Weiteres übertragen werden.[7] Auch wenn das Verfahren schon länger als zwei Jahre gedauert hat, ist ein weiteres Abwarten jedoch dann zumutbar, wenn **absehbar ist, dass auch über die Folgesache** demnächst entschieden werden kann.[8] 21

Die Zweijahresgrenze darf jedoch **nicht als Mindestfrist aufgefasst** werden, die stets abgelaufen sein müsste, bevor eine Abtrennung nach § 140 Abs. 2 Satz 2 Nr. 5 vorgenommen werden könnte.[9] Sie basiert auf der statistischen Annahme, dass im Bundesdurchschnitt nach einem Jahr ca. 66 bis 69 % der Ehesachen[10] und nach Ablauf von 22

---

1 BT-Drucks. 16/6308, S. 231.

2 BGH v. 9.1.1991 – XII ZR 14/90, FamRZ 1991, 687 (689); BGH v. 2.7.1986 – IVb ZR 54/85, FamRZ 1986, 898 (899); OLG Hamm v. 20.10.2008 – II-4 UF 67/08, FamRZ 2009, 367; OLG Düsseldorf v. 9.1.2008 – II-5 UF 148/07, FamRZ 2008, 1266; OLG Koblenz v. 28.6.2007 – 7 UF 216/07, FamRZ 2008, 166 (167); OLG Zweibrücken v. 8.5.2001 – 5 UF 143/00, FamRZ 2002, 334 (335); OLG Stuttgart v. 6.11.1997 – 11 UF 176/97, MDR 1998, 290; KG v. 24.11.2000 – 13 UF 7180/00, FamRZ 2001, 928 (929). Für eine Absenkung auf 1½ Jahre plädieren OLG Naumburg v. 29.6.2001 – 14 WF 108/01, FamRZ 2002, 331 (333) und MüKo.ZPO/*Finger*, § 628 ZPO Rz. 12; dezidiert aA OLG Düsseldorf v. 20.8.1990 – 7 UF 254/89, NJW-RR 1991, 264 „Verfahrensdauer von 1½ Jahren nicht außergewöhnlich lang".

3 BGH v. 9.1.1991 – XII ZR 14/90, FamRZ 1991, 687 (689); BGH v. 2.7.1986 – IVb ZR 54/85, FamRZ 1986, 898 (899).

4 BGH v. 29.5.1991 – XII ZR 108/90, FamRZ 1991, 1043 (1044); BGH v. 30.5.1979 – IV ZR 160/78, FamRZ 1979, 690 (692); OLG München v. 10.7.2007 – 4 UF 481/06, NJW-RR 2008, 887 f.; OLG Schleswig v. 24.9.2003 – 12 UF 34/03, MDR 2004, 514; OLG Celle v. 11.4.1996 – 15 UF 266/95, FamRZ 1996, 1485; OLG Düsseldorf v. 12.11.1987 – 10 UF 104/87, FamRZ 1988, 312.

5 BGH v. 2.7.1986 – IVb ZR 54/85, FamRZ 1986, 898 (899); OLG Schleswig v. 24.9.2003 – 12 UF 34/03, MDR 2004, 514; ausf. OLG Zweibrücken v. 8.5.2001 – 5 UF 143/00, FamRZ 2002, 334 (335); OLG Stuttgart v. 6.11.1997 – 11 UF 176/97, MDR 1998, 290; aA Schwab/*Maurer*/*Borth*, Rz. I 385; vgl. auch MüKo.ZPO/*Finger*, § 628 ZPO Rz. 11.

6 OLG Schleswig v. 24.9.2003 – 12 UF 34/03, MDR 2004, 514; OLG Stuttgart v. 6.11.1997 – 11 UF 176/97, MDR 1998, 290; OLG Düsseldorf v. 13.12.1984 – 4 UF 76/84, FamRZ 1985, 412 (413).

7 OLG Hamm v. 14.3.1997 – 13 UF 415/96, FamRZ 1997, 1228 (1229).

8 OLG Hamm v. 1.12.2006 – 12 UF 168/06, FamRZ 2007, 651 (652); OLG Stuttgart v. 19.9.1991 – 16 UF 181/91, FamRZ 1992, 320 (321).

9 So aber offensichtlich OLG Köln v. 13.1.2000 – 14 UF 152/99, FamRZ 2000, 1294 (Ls.).

10 OLG Stuttgart v. 15.4.2004 – 16 UF 363/03, FamRZ 2005, 121 (122); Zöller/*Philippi*, § 628 ZPO Rz. 5.

zwei Jahren ca. 95 % der Verfahren[1] erledigt sind.[2] Soweit im konkreten Gerichtsbezirk eine deutlich schnellere Erledigungspraxis festgestellt werden kann, kommt eine Abtrennung auch bereits bei einer Verfahrensdauer von einem bis eineinhalb Jahren in Frage.[3] Auch besteht Spielraum für die Berücksichtigung der konkreten Umstände des Einzelfalls, weil die Verfahrensdauer ganz wesentlich von der Anzahl und der Komplexität der Folgesachen abhängt.[4] Auch muss bei einer Härtefallscheidung nach § 1565 Abs. 2 BGB aus rechtssystematischen Gründen eine Abtrennung schon nach wesentlich kürzerer Verfahrensdauer akzeptiert werden.[5] Vor allem aber ist es nach dem klaren Wortlaut der Vorschrift nicht erforderlich, dass die außergewöhnliche Verzögerung bereits eingetreten ist,[6] vielmehr ist eine **Prognose über die Verfahrensdauer** anzustellen. Hierbei ist etwa zu berücksichtigen, welche Punkte noch klärungsbedürftig sind, ob sich eine (umfangreiche) Beweiserhebung abzeichnet[7] und in welchem Stadium sich ein Stufenverfahren befindet.[8] Dabei kann sogar auch die voraussichtliche Verzögerung des Verfahrens durch ein mit Sicherheit zu erwartendes Rechtsmittel berücksichtigt werden.[9] Alles in allem kann daher – je nach den Umständen des Einzelfalls – auch schon nach Ablauf von einem bis eineinhalb Jahren ein Antrag auf Abtrennung mit gewisser Aussicht auf Erfolg gestellt werden.[10] Demgegenüber ist eine Verzögerung nicht deshalb außergewöhnlich, weil eine Seite sie verschuldet hat; hierauf kommt es nur im Zusammenhang mit der Prüfung der unzumutbaren Härte an.[11]

b) Unzumutbare Härte

23 Unzumutbar ist die durch die Verzögerung des Scheidungsausspruchs hervorgerufene Härte dann, wenn – auch unter Berücksichtigung der finanziellen Belange gemeinsamer Kinder[12] – das Interesse des Antragstellers an einer frühzeitigen Scheidung **deut-**

1 BGH v. 2.7.1986 – IVb ZR 54/85, FamRZ 1986, 898 (899): 93,7 %; OLG Zweibrücken v. 8.5.2001 – 5 UF 143/00, FamRZ 2002, 334 (335): 95 %.

2 Vgl. die Angaben zur durchschnittlichen Verfahrensdauer der durch Scheidungsurteil beendeten Verfahren, Statistisches Bundesamt, Fachserie 10/Reihe 2.2, 2007, S. 34.

3 OLG Celle v. 11.4.1996 – 15 UF 266/95, FamRZ 1996, 1485 (Auswertung der Zählkartenstatistik ergab eine durchschnittliche Verfahrensdauer von 5,3 Monaten).

4 OLG Bamberg v. 3.12.1987 – 2 UF 160/87, FamRZ 1988, 531; Johannsen/Henrich/*Sedemund-Treiber*, § 628 ZPO Rz. 6; Schwab/*Maurer/Borth*, Rz. I 385; vgl. auch Baumbach/*Hartmann*, § 140 FamFG Rz. 9.

5 MüKo.ZPO/*Finger*, § 623 ZPO Rz. 48.

6 Von der Formulierung in § 149 Abs. 2 Nr. 5 RefE II (2006): „wenn sich der Scheidungsausspruch so außergewöhnlich verzögert hat" ist der Gesetzgeber wieder abgerückt.

7 BGH v. 9.1.1991 – XII ZR 14/90, FamRZ 1991, 687 (689); BGH v. 2.7.1986 – IVb ZR 54/85, FamRZ 1986, 898 (899); OLG Celle v. 11.4.1996 – 15 UF 266/95, FamRZ 1996, 1485.

8 BGH v. 2.7.1986 – IVb ZR 54/85, FamRZ 1986, 898 (899); BGH v. 30.5.1979 – IV ZR 160/78, FamRZ 1979, 690 (692); OLG Karlsruhe v. 26.4.1979 – 2 UF 220/78, FamRZ 1979, 725 (726).

9 BGH v. 2.7.1986 – IVb ZR 54/85, FamRZ 1986, 898 (899); Zöller/*Philippi*, § 628 ZPO Rz. 5a; aA OLG Köln v. 13.1.2000 – 14 UF 152/99, FamRZ 2000, 1294 (Ls.); Baumbach/*Hartmann*, § 140 FamFG Rz. 9. Zur Abtrennung bei Aussetzung eines Verfahrens wegen der Anhängigkeit eines Normenkontrollverfahrens: OLG Oldenburg v. 24.7.1978 – 5 UF 2/78, FamRZ 1978, 812 (814); OLG Celle v. 22.12.1978 – 10 UF 268/78, FamRZ 1979, 295 (296).

10 Zöller/*Philippi*, § 628 ZPO Rz. 5; vgl. auch MüKo.ZPO/*Finger*, § 628 ZPO Rz. 10.

11 So auch Zöller/*Philippi*, § 628 ZPO Rz. 5, doch besteht ein Widerspruch, wenn die Entscheidung des OLG Naumburg zustimmend angeführt wird; aA OLG Naumburg v. 29.6.2001 – 14 WF 108/01, FamRZ 2002, 331 (333).

12 OLG Köln v. 10.12.1982 – 4 UF 264/82, FamRZ 1983, 289 (290).

lich schwerer wiegt als das Interesse des Antragsgegners an einer gleichzeitigen Regelung der abzutrennenden Folgesachen.[1]

Dabei soll nach ganz einhelliger Auffassung die **außergewöhnlich lange Verfahrensdauer für sich genommen** nicht schon eine unzumutbare Härte darstellen können,[2] soweit es sich nicht um eine „ganz außergewöhnliche Verzögerung" handelt.[3] Begründet wird diese Auffassung damit, andernfalls werde das eigenständige Erfordernis der unzumutbaren Härte in § 140 Abs. 2 Satz 2 Nr. 5 überflüssig.[4] Überzeugend ist diese Argumentation freilich nicht: Nach dem Wortlaut der Vorschrift muss die unzumutbare Härte eine Folge der außergewöhnlichen Verzögerung sein („dass"). Formallogisch zwingend ableiten lässt sich hieraus lediglich, dass nicht schon jede außergewöhnliche Verzögerung als unzumutbare Härte gedeutet werden darf. Versteht man das Zusammenspiel der beiden Tatbestandsmerkmale jedoch in dem Sinne, dass eine außergewöhnliche Verzögerung Anlass zu einer Gesamtabwägung gibt, wobei die Verzögerung für sich genommen die unzumutbare Härte begründen kann, wenn keine gewichtigen Interessen gegen die Abtrennung sprechen (zB Geltendmachung von geringfügigem Aufstockungsunterhalt), wird das Tatbestandsmerkmal „unzumutbare Härte" keineswegs überflüssig.[5] Wie lange die Ehegatten bereits **getrennt** gelebt haben, spielt grundsätzlich keine Rolle und begründet selbst bei längerer Trennungszeit keine unzumutbare Härte,[6] doch kann der Fall bei einer jahrzehntelangen Trennung anders liegen.[7] 24

Als Härtegrund anerkannt ist der Wunsch des Antragstellers, seinen **nichtehelichen Lebenspartner** zu heiraten, soweit er mit diesem bereits Kinder hat oder die Partnerin schwanger ist.[8] Demgegenüber soll nach einhelliger Auffassung allein das Bestehen 25

1 OLG München v. 10.7.2007 – 4 UF 481/06, NJW-RR 2008, 887; OLG Düsseldorf v. 9.1.2008 – II-5 UF 148/07, FamRZ 2008, 1266 f.; OLG Koblenz v. 28.6.2007 – 7 UF 216/07, FamRZ 2008, 166 (167); OLG Hamm v. 1.12.2006 – 12 UF 168/06, FamRZ 2007, 651 (652); OLG Schleswig v. 24.9.2003 – 12 UF 34/03, MDR 2004, 514.

2 OLG Stuttgart v. 21.8.2008 – 16 UF 65/08, FamRZ 2009, 64 (65); OLG Hamm v. 17.11.2008 – 6 UF 131/08, FamRZ 2009, 710; OLG München v. 10.7.2007 – 4 UF 481/06, NJW-RR 2008, 887; OLG Schleswig v. 24.9.2003 – 12 UF 34/03, MDR 2004, 514; OLG Zweibrücken v. 12.5.1998 – 5 UF 73/97, FamRZ 1998, 1525 (1526); OLG Düsseldorf v. 4.2.2002 – 2 UF 211/01, FamRZ 2002, 1572.

3 OLG Stuttgart v. 6.11.1997 – 11 UF 176/97, MDR 1998, 290. Eine Verfahrensdauer von fünf Jahren wurde allerdings nicht als ausreichend angesehen von KG v. 18.2.2000 – 3 UF 6680/99, FamRZ 2000, 1293 (1294).

4 OLG Hamm v. 1.12.2006 – 12 UF 168/06, FamRZ 2007, 651 (652); OLG Köln v. 3.1.2003 – 14 WF 194/02, FamRZ 2003, 1197; OLG Hamburg v. 11.7.2000 – 2 UF 126/98, FamRZ 2001, 1228; Zöller/*Philippi*, § 628 ZPO Rz. 6.

5 So in der Tat auch noch das Vorgehen von OLG Schleswig v. 20.11.1979 – 8 UF 197/78, SchlHA 1980, 18 (19). Vgl. auch den etwas anderen Ansatz von MüKo.ZPO/*Finger*, § 628 ZPO Rz. 5.

6 OLG Schleswig v. 27.4.1992 – 15 UF 127/91, FamRZ 1992, 1199 (1200); OLG Koblenz v. 28.6.2007 – 7 UF 216/07, FamRZ 2008, 166 (167).

7 OLG Oldenburg v. 18.5.1979 – 11 UF 10/79, FamRZ 1979, 616 (618) (wenige Jahre eheliche Gemeinschaft bei 40-jähriger Ehe); OLG Hamm v. 25.10.1979 – 3 UF 239/79, FamRZ 1980, 373 (30 Jahre); OLG Hamm v. 24.10.1978 – 1 UF 385/78, FamRZ 1979, 163 (164) (20 Jahre nicht ausreichend); OLG Oldenburg v. 12.6.1979 – 11 UF 11/79, FamRZ 1979, 619 (10 Jahre nicht ausreichend).

8 BGH v. 2.7.1986 – IVb ZR 54/85, FamRZ 1986, 898 (899); OLG München v. 10.7.2007 – 4 UF 481/06, NJW-RR 2008, 887; OLG Schleswig v. 24.9.2003 – 12 UF 34/03, MDR 2004, 514; OLG Hamm v. 1.12.2006 – 12 UF 168/06, FamRZ 2007, 651 (652); OLG Karlsruhe v. 26.4.1979 – 2 UF 220/78, FamRZ 1979, 725 (726). Einschränkend OLG Köln v. 24.6.1997 – 14 UF 215/96, FamRZ 1997, 1487 (1488) bei langer Ehedauer.

einer festen Beziehung zu einem anderen Partner[1] oder der Wunsch, eine neue Ehe einzugehen, unbeachtlich sein.[2] Allerdings soll ein Aufschub der Wiederheirat dann unzumutbar sein, wenn die Lebenserwartung des Betreffenden durch hohes Alter oder schlechten Gesundheitszustand begrenzt ist.[3] Ob diese Differenzierungen noch auf rechtlich nachvollziehbaren Wertungskriterien beruhen, muss bezweifelt werden. Das ursprünglich als besonders gewichtig hervorgehobene Anliegen, ein Kind zu legitimieren und die gemeinsame elterliche Sorge für dieses erlangen zu können,[4] ist längst fortgefallen. Die Gerichte könnten sich jedes Urteils darüber, ob nach den gegebenen Umständen eine Heirat tatsächlich „baldmöglichst geboten"[5] sei, enthalten, wenn anerkannt würde, dass bereits die außergewöhnliche Verzögerung für sich genommen einen Härtegrund darzustellen vermag (Rz. 24).

26 Als weiterer wichtiger Härtegrund ist die **dilatorische Verfahrensführung** durch die Gegenseite, insbesondere bei Verletzung ihrer verfahrensrechtlichen Mitwirkungspflichten,[6] anerkannt.[7] Im Rahmen der Gesamtabwägung muss berücksichtigt werden, welche wirtschaftlichen Interessen auf dem Spiel stehen; ob sogar die Abtrennung einer Unterhaltsfolgesache in Frage kommt, hängt von den Umständen des Einzelfalls ab.[8] Trägt der Antragsteller selbst zur Verzögerung bei, kann er sich nach § 242 BGB nicht auf die Unzumutbarkeit berufen,[9] dabei muss er dem Gericht auch solche Informationen liefern, über die eigentlich die Gegenseite Auskunft erteilen sollte, von denen er aber selbst Kenntnis hat.[10] Entgegen einer gelegentlich geäußerten Auffassung kann dem Antragsteller jedoch nicht entgegengehalten werden, das Gericht hätte die durch den Antragsgegner verursachte Blockade durch verfahrensleitende Maßnah-

---

1 OLG Stuttgart v. 6.11.1997 – 11 UF 176/97, MDR 1998, 290; OLG Koblenz v. 28.6.2007 – 7 UF 216/07, FamRZ 2008, 166 (167); OLG Schleswig v. 27.4.1992 – 15 UF 127/91, FamRZ 1992, 1199 (1200); OLG Stuttgart v. 6.11.1997 – 11 UF 176/97, MDR 1998, 290.

2 OLG Hamm v. 1.12.2006 – 12 UF 168/06, FamRZ 2007, 651 (652); OLG Schleswig v. 24.9.2003 – 12 UF 34/03, MDR 2004, 514; OLG Stuttgart v. 6.11.1997 – 11 UF 176/97, MDR 1998, 290. Weniger kategorisch demgegenüber OLG Stuttgart v. 21.8.2008 – 16 UF 65/08, FamRZ 2009, 64 (65). Keine entscheidende Bedeutung besitze auch der Wunsch, dem nichtehelichen Lebenspartner einen gesicherten Aufenthaltsstatus zu verschaffen: OLG Hamm v. 17.11.2008 – 6 UF 131/08, FamRZ 2009, 710.

3 OLG Hamm v. 1.12.2006 – 12 UF 168/06, FamRZ 2007, 651 (652); OLG Frankfurt v. 19.11.1979 – 1 UF 140/78, FamRZ 1980, 280 (281 f.).

4 So BGH v. 2.7.1986 – IVb ZR 54/85, FamRZ 1986, 898 (899); OLG Frankfurt v. 17.3.1978 – 1 UF 576/77, FamRZ 1978, 363 (364).

5 KG v. 24.11.2000 – 13 UF 7180/00, FamRZ 2001, 928 (929).

6 OLG Naumburg v. 29.6.2001 – 14 WF 108/01, FamRZ 2002, 331 (333); OLG Oldenburg v. 18.11.1991 – 12 UF 90/91, FamRZ 1992, 458; OLG Bamberg v. 3.12.1987 – 2 UF 160/87, FamRZ 1988, 531 (532).

7 BGH v. 8.5.1996 – XII ZR 4/96, NJW-RR 1996, 1025; OLG Hamm v. 1.12.2006 – 12 UF 168/06, FamRZ 2007, 651 (652); OLG Stuttgart v. 6.11.1997 – 11 UF 176/97, MDR 1998, 290; OLG Schleswig v. 24.9.2003 – 12 UF 34/03, MDR 2004, 514.

8 OLG Stuttgart v. 21.8.2008 – 16 UF 65/08, FamRZ 2009, 64 (65); OLG Stuttgart v. 6.11.1997 – 11 UF 176/97, MDR 1998, 290; OLG Schleswig v. 24.9.2003 – 12 UF 34/03, MDR 2004, 514; OLG Bamberg v. 3.12.1987 – 2 UF 160/87, FamRZ 1988, 531 (532).

9 OLG Hamm v. 17.11.2008 – 6 UF 131/08, FamRZ 2009, 710 (711); OLG München v. 10.7.2007 – 4 UF 481/06, NJW-RR 2008, 887 (888); OLG Schleswig v. 24.9.2003 – 12 UF 34/03, MDR 2004, 514; OLG Hamm v. 14.3.1997 – 13 UF 415/96, FamRZ 1997, 1228 (1229); KG v. 18.2.2000 – 3 UF 6680/99, FamRZ 2000, 1293 (1294); OLG Köln v. 24.6.1997 – 14 UF 215/96, FamRZ 1997, 1487 (1488).

10 OLG Frankfurt v. 18.3.1986 – 4 UF 248/85, FamRZ 1986, 921 f.

men verhindern können,[1] denn das Verhalten des Gerichts ist dem Antragsteller nicht zurechenbar. Der sukzessiven Einreichung von Folgesachenanträgen werden durch die Einführung der Zweiwochenfrist in § 137 Abs. 2 nunmehr allerdings Grenzen gesetzt.

Zu berücksichtigen ist stets, dass Folgesachen für den Anspruchsinhaber **unterschiedliches Gewicht** besitzen. Je stärker sie dazu dienen, die Grundlagen der wirtschaftlichen Existenz zu sichern, desto gewichtigere Interessen müssen für eine Abtrennung sprechen.[2] Dabei entspricht es Sinn und Zweck des Verbundgedankens, das Interesse des Ehegatten an wirtschaftlicher Sicherung grundsätzlich hoch zu bewerten.[3] Güterrechtlichen Ansprüchen kommt insofern, vor allem wenn der Berechtigte über eigenes Einkommen verfügt, regelmäßig die geringste Bedeutung zu.[4] Dies wird nunmehr auch dadurch bestätigt, dass der Gesetzgeber davon Abstand genommen hat, sonstige Familiensachen iSv. § 111 Nr. 10, zu denen auch die Ansprüche aus dem sog. Nebengüterrecht gehören, in den Verbund einzubeziehen. Für die Wertigkeit der Folgesache Versorgungsausgleich ist entscheidend, ob bereits in nächster Zeit eine Rentenberechtigung entstehen könnte.[5] Demgegenüber kommt eine Abtrennung des Anspruchs auf nachehelichen Unterhalt nur ausnahmsweise in Frage,[6] es sei denn, dass lediglich ein vergleichsweise geringfügiger Aufstockungsunterhalt im Streit steht[7] oder der Unterhalt durch eine eA vorläufig geregelt ist.[8] Dem Umstand, dass der Antragsteller freiwillig Unterhalt zahlt, muss kein entscheidendes Gewicht beigemessen werden, solange die Gefahr besteht, dass die Zahlungen jederzeit eingestellt werden.[9] Wird der Nachehelichenunterhalt aller Voraussicht nach deutlich niedriger ausfallen als der 27

1 So aber OLG Stuttgart v. 21.8.2008 – 16 UF 65/08, FamRZ 2009, 64 (65); OLG Stuttgart v. 15.4.2004 – 16 UF 363/03, FamRZ 2005, 121 (122 f.); OLG Hamm v. 17.11.2008 – 6 UF 131/08, FamRZ 2009, 710 (711). Selbst der Vorwurf, der Betroffene hätte versuchen müssen, seinen Auskunftsanspruch gerichtlich durchzusetzen (OLG Frankfurt v. 18.3.1986 – 4 UF 248/85, FamRZ 1986, 921 [922]), ist angesichts der weit reichenden Ermittlungsbefugnisse des Gerichts zweifelhaft.

2 OLG Hamm v. 1.12.2006 – 12 UF 168/06, FamRZ 2007, 651 (652); OLG Hamm v. 17.11.2008 – 6 UF 131/08, FamRZ 2009, 710 (712); OLG Zweibrücken v. 12.5.1998 – 5 UF 73/97, FamRZ 1998, 1525 (1526); OLG Brandenburg v. 21.12 1995 – 9 UF 70/95, FamRZ 1996, 751; OLG Düsseldorf v. 13.12.1984 – 4 UF 76/84, FamRZ 1985, 412 (413); OLG Bamberg v. 3.12.1987 – 2 UF 160/87, FamRZ 1988, 531 (532); OLG Frankfurt v. 17.3.1978 – 1 UF 576/77, FamRZ 1978, 363.

3 OLG Schleswig v. 24.9.2003 – 12 UF 34/03, MDR 2004, 514; OLG Hamm v. 1.12.2006 – 12 UF 168/06, FamRZ 2007, 651 (652).

4 BGH v. 29.5.1991 – XII ZR 108/90, FamRZ 1991, 1043 (1044); BGH v. 2.7.1986 – IVb ZR 54/85, FamRZ 1986, 898 (899); OLG Schleswig v. 27.4.1992 – 15 UF 127/91, FamRZ 1992, 1199 (1200); OLG Zweibrücken v. 12.5.1998 – 5 UF 73/97, FamRZ 1998, 1525 (1526); OLG Hamm v. 28.4.1992 – 9 UF 332/91, FamRZ 1992, 1086 (1087). Gleichwohl für wichtig erachtet „neben ihren eigenen Erwerbseinkünften": KG v. 24.11.2000 – 13 UF 7180/00, FamRZ 2001, 928 (929); vgl. auch OLG Hamburg v. 11.7.2000 – 2 UF 126/98, FamRZ 2001, 1228 (Verflechtung zwischen Zugewinnausgleichsforderung des Ast. und Unterhaltsforderung der Agg.).

5 OLG Schleswig v. 20.11.1979 – 8 UF 197/78, SchlHA 1980, 18 (19).

6 OLG Düsseldorf v. 9.1.2008 – II-5 UF 148/07, FamRZ 2008, 1266 (1267); OLG Hamm v. 1.12.2006 – 12 UF 168/06, FamRZ 2007, 651 (652); OLG Zweibrücken v. 12.5.1998 – 5 UF 73/97, FamRZ 1998, 1525 (1526); OLG Brandenburg v. 21.12 1995 – 9 UF 70/95, FamRZ 1996, 751.

7 OLG Bamberg v. 3.12.1987 – 2 UF 160/87, FamRZ 1988, 531 (532).

8 OLG Schleswig v. 20.1.1981 – 8 UF 187/80, SchlHA 1981, 67; OLG Karlsruhe v. 13.2.1998 – 2 WF 173/97, FamRZ 1999, 98 (99); MüKo.ZPO/*Finger*, § 628 ZPO Rz. 12; Zöller/*Philippi*, § 628 ZPO Rz. 8; abl. OLG Zweibrücken v. 12.5.1998 – 5 UF 74/97, FamRZ 1998, 1525 (1526).

9 OLG Düsseldorf v. 9.1.2008 – II-5 UF 148/07, FamRZ 2008, 1266 (1267). Demgegenüber sah OLG Karlsruhe v. 26.4.1979 – 2 UF 220/78, FamRZ 1979, 725 (726) im konkreten Fall keine solche Gefahr.

Trennungsunterhalt, so begründet dies für sich genommen noch keine unzumutbare Härte,[1] es sei denn, dass aus diesem Grund die Folgesache verzögert wird.[2] Ausnahmsweise kommt eine Abtrennung der Unterhaltsfolgesache auch dann in Betracht, wenn ein anderes Verfahren eines vorrangigen Unterhaltsberechtigten Auswirkungen auf Bestand und Höhe des Anspruchs hat.[3] Ohne dass die Hauptsache vorweggenommen werden dürfte, können – ergänzend – auch die Erfolgsaussichten der Folgesache berücksichtigt werden.[4]

28 Die **Zustimmung der anderen Seite** zur Abtrennung ist – wie nunmehr auch der Tatbestand des § 140 Abs. 2 Satz 2 Nr. 4 zeigt – ein Indiz dafür, dass die Interessen des Antragstellers überwiegen, führt aber – da die Vorschrift nicht dispositiv ist – nicht automatisch zur Abtrennung.[5] Auch soll nach bisheriger Praxis das Einverständnis der Gegenseite mit der Abtrennung den Antragsteller nicht davon entbinden, einen eigenständigen – über die Verzögerung hinausgehenden – Härtegrund vorzubringen.[6]

6. Rechtsmittelinstanz

29 Wird die erstinstanzliche Entscheidung nicht nur in der Scheidungssache, sondern auch hinsichtlich einer oder mehrerer Folgesachen angefochten, kann die Abtrennung im **Beschwerdeverfahren** vorgenommen werden, soweit (nunmehr) die Voraussetzungen des § 140 Abs. 2 vorliegen.[7] Demgegenüber ist § 140 Abs. 2 nach mittlerweile ganz herrschender Auffassung nicht anwendbar, wenn sich die Scheidungssache und das Folgeverfahren nicht in derselben Instanz befinden. Gelangt daher nur eine Folgesache in die zweite Instanz, kann nicht durch deren Abtrennung der Eintritt der Rechtskraft für den Scheidungsausspruch beschleunigt werden. Denn hierdurch würde die Möglichkeit genommen, sich im Wege einer verfahrensübergreifenden Anschließung (§ 117 Rz. 39) gegen den Scheidungsausspruch zu wenden,[8] doch werden die Grenzen insofern nur durch § 145 gezogen.[9]

---

1 OLG Hamm v. 1.12.2006 – 12 UF 168/06, FamRZ 2007, 651 (652); KG v. 24.11.2000 – 13 UF 7180/00, FamRZ 2001, 928 (929); OLG Koblenz v. 3.10.1989 – 11 UF 1524/88, FamRZ 1990, 769 (771); OLG Frankfurt v. 18.3.1986 – 4 UF 248/85, FamRZ 1986, 921 (922); vgl. auch OLG Zweibrücken v. 8.5.2001 – 5 UF 143/00, FamRZ 2002, 334 (335); OLG Koblenz v. 3.10.1989 – 11 UF 1524/88, FamRZ 1990, 769 (771).

2 BGH v. 29.5.1991 – XII ZR 108/90, FamRZ 1991, 1043 (1044); OLG Hamm v. 1.12.2006 – 12 UF 168/06, FamRZ 2007, 651 (652); OLG Frankfurt v. 24.4.1981 – 1 WF 20/81, FamRZ 1981, 579 (580).

3 OLG Schleswig v. 27.11.1996 – 12 UF 65/96, SchlHA 1997, 135.

4 OLG Karlsruhe v. 13.2.1998 – 2 WF 173/97, FamRZ 1999, 98; vgl. auch OLG Köln v. 16.7.1997 – 26 UF 31/97, FamRZ 1998, 301 (302).

5 BGH v. 29.5.1991 – XII ZR 108/90, FamRZ 1991, 1043 (1044); BGH v. 9.1.1991 – XII ZR 14/90, FamRZ 1991, 687 (688); OLG Schleswig v. 27.4.1992 – 15 UF 127/91, FamRZ 1992, 1199 (1200); OLG Bamberg v. 3.12.1987 – 2 UF 160/87, FamRZ 1988, 531 (532).

6 OLG Schleswig v. 3.5.1989 – 12 UF 135/88, FamRZ 1989, 1106.

7 BGH v. 17.9.1980 – IVb ZB 745/80, FamRZ 1980, 1108 (1109); OLG Bamberg v. 14.5.1986 – 2 WF 137/86, FamRZ 1986, 1011 (1013); OLG Düsseldorf v. 25.4.1978 – 1 UF 23/78, FamRZ 1978, 527 (vgl. auch Rz. 21 m. Fn. 2).

8 BGH v. 9.2.1983 – IVb ZR 361/81, FamRZ 1983, 461 (462).

9 BGH v. 17.9.1980 – IVb ZB 745/80, FamRZ 1980, 1108 (1109); OLG Bamberg v. 3.12.1987 – 2 UF 160/87, FamRZ 1986, 1011 (1013); Zöller/*Philippi*, § 629a ZPO Rz. 7; aA OLG Oldenburg v. 2.8.1979 – 11 UF 97/79, FamRZ 1980, 71 (72); OLG Frankfurt v. 19.11.1979 – 1 UF 140/78, FamRZ 1980, 280 (281); OLG Karlsruhe v. 20.7.1979 – 16 UF 44/79, FamRZ 1980, 283 (Ls.). Die Auffassung des BGH hat sich auch der Gesetzgeber bei Einführung des § 629a Abs. 3 ZPO aF (als Vorläufervorschrift zu § 145) zu eigen gemacht, BT-Drucks. 10/2888, S. 29 f.; vgl. dazu Johannsen/Henrich/*Sedemund-Treiber*, § 629a ZPO Rz. 13.

Gelangen mehrere Folgesachen in die Rechtsmittelinstanz, besteht zwischen ihnen unter den Voraussetzungen des § 137 Abs. 5 Satz 1, 2. Halbs. ein **Restverbund** (vgl. § 629a Abs. 2 Satz 3 ZPO aF), der in entsprechender Anwendung von § 140 Abs. 2 gelöst werden kann (§ 137 Rz. 72). Angesichts des nunmehr eingeschränkten Schutzzwecks kann dabei ein deutlich großzügigerer Maßstab angelegt werden.[1] Besteht zwischen den Folgesachen kein inhaltlicher Zusammenhang, kann auch, ohne dass die Voraussetzungen der Vorschrift vorliegen, eine Abtrennung vorgenommen werden (§ 117 Rz. 58).[2] 30

III. Erweiterte Abtrennung (Absatz 3)

In Anlehnung an § 623 Abs. 2 Satz 3 ZPO aF ermöglicht § 140 Abs. 3 bei Abtrennung einer Kindschaftsfolgesache nach Abs. 2 Satz 2 Nr. 3 die Abtrennung einer Unterhaltsfolgesache auf Antrag eines Ehegatten. Allerdings wird nunmehr ausdrücklich klargestellt, dass die Abtrennung **„wegen des Zusammenhangs mit der Kindschaftsfolgesache geboten"** sein muss.[3] Ein solcher Zusammenhang kann bestehen, wenn der Aufenthalt des Kindes zwischen den Beteiligten streitig ist, weil sowohl die Geltendmachung von Betreuungsunterhalt nach § 1570 BGB als auch die Bestimmung, welcher Elternteil barunterhaltspflichtig ist (vgl. § 1606 Abs. 3 Satz 2 BGB), von dieser Weichenstellung abhängt. 31

Allerdings ist die erweiterte Abtrennung nur dann **„geboten"**, wenn andernfalls über die Folgesache Unterhalt vor der Kindschaftssache entschieden werden müsste. Demgegenüber spricht nichts dagegen, über die Unterhaltssache (zusammen mit der Scheidungssache) später als über die Kindschaftssache zu entscheiden, denn die Unterhaltsansprüche werden – wenn sie verbundfähig sein sollen – ohnehin erst ab Rechtskraft der Scheidung geltend gemacht.[4] Würde man § 140 Abs. 3 auch in diesem Fall anwenden, könnte die Vorschrift als Vehikel eingesetzt werden, um die restriktiven Abtrennungsvoraussetzungen des § 140 Abs. 2 Satz 2 Nr. 5 zu umgehen, was durch die im Vergleich zu § 623 Abs. 2 Satz 3 ZPO aF restriktivere Fassung gerade verhindert werden soll. Wird eine Kindschaftssache nach § 140 Abs. 2 Nr. 3 abgetrennt, um – wie regelmäßig – vorab über diese zu entscheiden, ist eine erweiterte Abtrennung demnach nicht geboten, vielmehr kommt ein entsprechendes Bedürfnis nur im – eher seltenen – umgekehrten Fall in Frage, wenn die Abtrennung der Kindschaftssache vorab den Ausspruch der Scheidung ermöglicht. Der Anwendungsbereich der Vorschrift tendiert damit gegen null:[5] Denn ein Zusammenhang zwischen Kindschaftssache und Unterhaltssache besteht gerade nur in den Fällen, in denen der Aufenthalt des Kindes streitig ist, doch wird hier regelmäßig kein Anlass bestehen, über die Anwendung von § 140 Abs. 2 Nr. 3 eine Vorabscheidung zu ermöglichen (Rz. 17 aE). 32

---

1 OLG Zweibrücken v. 3.6.1997 – 5 UF 68/96, FamRZ 1997, 1231.

2 Zöller/*Philippi*, § 629a ZPO Rz. 7.

3 Diese Einschränkung wurde bereits in § 623 Abs. 2 Satz 3 ZPO aF hineingelesen (BGH v. 1.10.2008 – XII ZR 172/06, FamRZ 2008, 2268 [2269]).

4 So schon BGH v. 1.10.2008 – XII ZR 172/06, FamRZ 2008, 2268 (2269) „insoweit ist eine Vorabentscheidung anders als bei der Sorgerechtssache indessen nicht sinnvoll" (ähnl. BGH v. 1.10.2008 – XII ZB 90/08, FamRZ 2008, 2193 [2194]); vgl. auch *Klinkhammer*, FamRZ 2003, 583 (584).

5 Daher hat *Klinkhammer*, FamRZ 2003, 583 f. schon zur alten Rechtslage die Streichung der erweiterten Abtrennung vorgeschlagen.

33 Der Antrag auf Abtrennung kann von **beiden Ehegatten** und auch noch nachträglich nach Abtrennung der Kindschaftssache gestellt werden.[1]

IV. Fristberechnung bei verfrühtem Scheidungsantrag (Absatz 4)

34 Damit aus der Stellung verfrühter Scheidungsanträge kein Vorteil gezogen werden kann, ist gem. § 140 Abs. 4 für die Berechnung der Dreimonatsfrist nach Abs. 2 Satz 2 Nr. 4 und die Bestimmung der außergewöhnlichen Verzögerung nach Abs. 2 Satz 2 Nr. 5 der **Zeitraum vor Ablauf des Trennungsjahres** nicht zu berücksichtigen.[2] Naturgemäß gilt diese Regelung gem. Abs. 4 Satz 2 nicht, soweit auf Grund der Härteklausel des § 1565 Abs. 2 BGB die Scheidung bereits vor Ablauf des Trennungsjahres möglich ist.

C. Antrag (Absatz 5)

35 Im Unterschied zum früheren Recht kann die Abtrennung nach § 140 Abs. 2 Satz 2 Nr. 4 und 5 so wie auch die erweiterte Abtrennung nach § 140 Abs. 3 **nur auf Antrag** erfolgen. Dieser kann gem. § 140 Abs. 5 zur Niederschrift der Geschäftsstelle oder zu Protokoll erklärt werden und ist damit, wie § 114 Abs. 4 Nr. 4 ausdrücklich klarstellt (obwohl sich dies bereits aus allgemeinen Grundsätzen ergibt, § 114 Abs. 4 Nr. 6 FamFG iVm. § 78 Abs. 3 ZPO), vom Anwaltszwang befreit. Für die übrigen Tatbestände des § 140 Abs. 1 und 2 bleibt es grundsätzlich dabei, dass das Gericht die Möglichkeit zur Auflösung des Verbunds von Amts wegen zu prüfen hat; gleichwohl ist es auch hier sinnvoll, durch Stellung eines „Antrags" eine entsprechende Prüfung anzuregen,[3] weil sich sonst dem Gericht der Schluss aufdrängen muss, die Verfahrensverzögerung stelle für keinen der Beteiligten eine besondere Härte dar.[4]

D. Entscheidung über Abtrennung und Rechtsmittel (Absatz 6)

36 Nach § 140 Abs. 6 hat das Gericht über die Abtrennung – unabhängig davon, ob sie auf Antrag oder von Amts wegen erfolgen soll – durch **gesonderten Beschluss** zu befinden. Klargestellt wird außerdem, dass dieser Beschluss – entsprechend seinem Charakter als Zwischenentscheidung – nicht selbständig anfechtbar ist.[5]

37 Die Entscheidung ist **Teil des Scheidungsverfahrens**,[6] so dass unabhängig davon, ob eine Familienstreitsache oder eine Familiensache der fG abgetrennt wird, § 113 Abs. 1 Satz 2 FamFG iVm. § 329 ZPO Anwendung findet. Eine mündliche Verhandlung ist nicht vorgeschrieben (§ 128 Abs. 4 ZPO), doch ist den Beteiligten rechtliches Gehör zu

1 Zöller/*Philippi*, § 623 ZPO Rz. 32g.
2 So auch schon OLG Köln v. 13.1.2000 – 14 UF 152/99, FamRZ 2000, 1294 (Ls.); OLG Frankfurt v. 24.4.1981 – 1 WF 20/81, FamRZ 1981, 579 (580).
3 OLG Köln v. 3.1.2003 – 14 WF 194/02, FamRZ 2003, 1197; OLG Hamburg v. 31.10.1977 – 2 WF 168/77, FamRZ 1978, 42 (43); OLG Naumburg v. 27.12.2000 – 8 WF 239/00, FamRZ 2002, 248 (Ls.).
4 MüKo.ZPO/*Finger*, § 628 ZPO Rz. 16.
5 So auch schon zum bisherigen Recht BGH v. 20.10.2004 – XII ZB 35/04, FamRZ 2005, 191 (192).
6 BGH v. 8.5.1996 – XII ZR 4/96, NJW-RR 1996, 1025; BGH v. 17.9.1980 – IVb ZB 745/80, FamRZ 1980, 1108 (1109).

gewähren.[1] Der Beschluss ist zu begründen, dabei sind in den Fällen des § 140 Abs. 2 Satz 2 Nr. 5 die Verfahrensverzögerung und insbesondere die mangelnde Entscheidungsreife der Folgesache darzulegen, andernfalls liegt ein wesentlicher Verfahrensmangel iSv. § 117 Abs. 2 Satz 1 FamFG, § 538 Abs. 2 Satz 1 Nr. 1 ZPO vor.[2]

Trennt das Gericht eine Folgesache ab und spricht vorab die Scheidung aus, ohne dass die Voraussetzungen des § 140 vorliegen, begründet dies eine **selbständige Beschwer**, die im Wege der Beschwerde gegen den Scheidungsbeschluss geltend gemacht werden kann. Es liegt eine unzulässige Teilentscheidung iSv. § 117 Abs. 2 Satz 1 FamFG iVm. § 538 Abs. 2 Satz 1 Nr. 7 ZPO vor, die idR zur Aufhebung und Zurückverweisung der Scheidungssache an das FamG führt (vgl. im Einzelnen § 117 Rz. 14 f.).[3] Hat das OLG eine an sich gebotene Zurückverweisung an die erste Instanz unterlassen, so ist dies vom BGH im Rechtsbeschwerdeverfahren nachzuholen.[4] 38

E. Fortgang des Verfahrens

Das Schicksal der abgetrennten Folgesachen bestimmt sich nach § 137 Abs. 5. Soweit danach der abgetrennte Verfahrensteil weiterhin als Folgesache anzusehen ist (§ 137 Abs. 5 Satz 1), kann trotz Lösung des Verhandlungs- und Entscheidungsverbunds iSv. § 137 Abs. 1 wegen der inneren Abhängigkeit (vgl. etwa §§ 141 Satz 1, 148) nicht von einer echten Verfahrenstrennung gesprochen werden. Vielmehr ergehen **zwei zeitlich versetzte Teilentscheidungen in einem einzigen Verfahren.**[5] Für die Scheidungssache und die nicht abgetrennten Folgesachen gelten weiterhin die normalen Verbundregeln (so noch ausdrücklich § 628 Satz 2 ZPO aF). Die Vorabentscheidung über die Scheidungssache, die gem. § 142 Abs. 1 Satz 1 zusammen mit den nicht abgetrennten Folgesachen erfolgen muss, enthält – trotz ihres Charakters als Teilentscheidung – eine eigene Kostenentscheidung nach § 150 (§ 150 Rz. 3). 39

Das Verfahren in der abgetrennten Folgesache ist selbst dann weiter zu **fördern**, wenn der Scheidungsausspruch angefochten wird, andernfalls kann Beschwerde nach § 252 ZPO analog eingelegt werden.[6] 40

1 BGH v. 2.7.1986 – IVb ZR 54/85, FamRZ 1986, 898 (899); OLG Köln v. 10.12.1982 – 4 UF 264/82, FamRZ 1983, 289 (290).

2 OLG Koblenz v. 12.6.1990 – 11 UF 192/90, NJW-RR 1991, 5 (6); Baumbach/*Hartmann*, § 140 FamFG Rz. 1 und 18.

3 OLG Stuttgart v. 21.8.2008 – 16 UF 65/08, FamRZ 2009, 64 (65); OLG München v. 10.7.2007 – 4 UF 481/06, NJW-RR 2008, 887; OLG Nürnberg v. 8.7.2004 – 7 UF 1224/04, FamRZ 2005, 1497 (1498); OLG Düsseldorf v. 12.11.1987 – 10 UF 104/87, FamRZ 1988, 312; OLG München v. 19.1.1984 – 26 UF 964/83, FamRZ 1984, 407; vgl. auch BGH v. 8.5.1996 – XII ZR 4/96, NJW-RR 1996, 1025.

4 BGH v. 27.3.1996 – XII ZR 83/95, FamRZ 1991, 1070 (1071).

5 OLG Dresden v. 12.2.2002 – 22 WF 470/00, FamRZ 2002, 1415 (1416); OLG Karlsruhe v. 7.2.1996 – 2 WF 157/95, FamRZ 1996, 881 (882); OLG Düsseldorf v. 8.9.1983 – 10 WF 82/83, JurBüro 1984, 223.

6 BGH v. 30.5.1979 – IV ZR 160/78, FamRZ 1979, 690 (692); KG v. 19.8.1981 – 3 WF 3887/81, FamRZ 1982, 320 f.

§ 141
Rücknahme des Scheidungsantrags

Wird ein Scheidungsantrag zurückgenommen, erstrecken sich die Wirkungen der Rücknahme auch auf die Folgesachen. Dies gilt nicht für Folgesachen, die die Übertragung der elterlichen Sorge oder eines Teils der elterlichen Sorge wegen Gefährdung des Kindeswohls auf einen Elternteil, einen Vormund oder Pfleger betreffen, sowie für Folgesachen, hinsichtlich derer ein Beteiligter vor Wirksamwerden der Rücknahme ausdrücklich erklärt hat, sie fortführen zu wollen. Diese werden als selbständige Familiensachen fortgeführt.

A. Allgemeines

1 Da über Folgesachen per definitionem nur für den Fall der Scheidung der Ehe entschieden wird (§§ 137 Abs. 1, 142 Abs. 1 Satz 1, 148), liegt es in der Natur der Dinge, dass sich mit der Rücknahme des Scheidungsantrags eigentlich auch das Verfahren in der Folgesache erledigt. § 141 Satz 1 erstreckt daher kurzerhand die Wirkungen der Rücknahme auf die Folgesachen. Allerdings lässt § 141 Satz 2 in Übereinstimmung mit § 626 Abs. 1 Satz 1 und Abs. 2 Satz 1 ZPO aF aus Gründen der **Verfahrensökonomie** gewisse Ausnahmen von diesem Grundsatz zu. Denn soweit trotz Rücknahme des Scheidungsantrags die Trennung der Ehegatten fortbesteht, kann sich eine Fortführung bestimmter Verfahrensbestandteile (zB Unterhalt, elterliche Sorge) als sinnvoll erweisen, weil hierdurch – anders als bei Einleitung eines neuen Verfahrens – der erreichte Verfahrensstand gewahrt werden kann.[1]

B. Erstreckung der Rücknahme auf Folgesachen (Satz 1)

2 Die **Rücknahme des Scheidungsantrags** richtet sich nach § 113 Abs. 1 Satz 2 FamFG iVm. § 269 ZPO. Hat der Antragsgegner zur Hauptsache mündlich verhandelt, kann seine nach § 269 Abs. 1 ZPO erforderliche Zustimmung nunmehr auch zu Protokoll der Geschäftsstelle oder in der mündlichen Verhandlung zur Niederschrift des Gerichts erklärt werden (§ 134 Abs. 1, 2. Alt.) und unterliegt damit nach § 114 Abs. 4 Nr. 3 nicht mehr dem Anwaltszwang (vgl. zu den allg. Voraussetzungen und Wirkungen der Rücknahme des Scheidungsantrags § 134 Rz. 7 f.). Haben beide Seiten einen eigenen Scheidungsantrag gestellt, so treten die Rechtsfolgen des § 141 Satz 1 nicht bereits durch Rücknahme des einen Antrags ein, vielmehr wird das Scheidungsverfahren auf der Grundlage des Gegenantrags fortgeführt (§ 124 Rz. 3 und § 126 Rz. 9).

3 Indem § 141 Satz 1 die Wirkungen der Rücknahme auch **auf die Folgesache erstreckt**, ist auch diese gem. § 269 Abs. 3 Satz 1 ZPO als nicht anhängig geworden anzusehen. Eine in der Folgesache bereits ergangene Entscheidung, die gem. § 148 erst zusammen mit dem Scheidungsausspruch rechtskräftig werden kann, wird **automatisch** wirkungslos, ohne dass es einer besonderen Aufhebung bedürfte (§ 269 Abs. 3 Satz 1 ZPO). Gem. § 269 Abs. 4 ZPO entscheidet das Gericht über die Wirkungen der Rücknahme auf Antrag eines Ehegatten durch Beschluss ohne notwendige mündliche Verhandlung (§ 128 Abs. 4 ZPO). Auch eine **„isolierte" Rücknahme** der (antragsabhängi-

1 KG v. 21.9.2004 – 18 UF 89/04, FamRZ 2005, 805 (806).

gen) Folgesachen ist nach allgemeinen Regeln möglich (§ 113 Abs. 1 Satz 2 FamFG iVm. § 269 ZPO bzw. § 22 FamFG).

Die Vorschrift kann entsprechend angewendet werden, wenn ein Scheidungsantrag dadurch **gegenstandslos** wird, dass während des laufenden Verbundverfahrens die Ehe im Ausland durch ein im Inland anzuerkennendes Urteil geschieden wird.[1] Die **kostenrechtlichen** Konsequenzen der Rücknahme des Scheidungsantrags sind in § 150 Abs. 2 Satz 1 geregelt. 4

C. Fortführung von Folgesachen (Sätze 2 und 3)

§ 141 Satz 2 sieht zwei Ausnahmen von dem Grundsatz des § 137 Satz 1 vor: Soweit ein Verfahren auf Übertragung der elterlichen Sorge oder eines Teils der elterlichen Sorge wegen **Gefährdung des Kindeswohls** auf einen Elternteil, Vormund oder Pfleger (§ 1666 BGB) anhängig ist,[2] bleibt dieses von der Rücknahme des Scheidungsantrags unberührt. Das Gleiche gilt, wenn ein Beteiligter **in einer Folgesache rechtzeitig erklärt**, das betreffende Verfahren fortführen zu wollen. 5

Allerdings muss diese Erklärung nunmehr nach dem klaren Wortlaut der Vorschrift **vor Wirksamwerden der Rücknahme des Scheidungsantrags**[3] erfolgen (und unterliegt damit auch stets dem Anwaltszwang nach § 114 Abs. 1[4]): Sowohl die Rücknahme als auch die – nach mündlicher Verhandlung des Antragsgegners zur Hauptsache (§ 134 Rz. 8) erforderliche – Zustimmung sind grundsätzlich in der in § 269 Abs. 2 ZPO vorgesehen Form zu erklären. Doch kann die Zustimmung nach § 134 Abs. 1, 2. Alt. nunmehr auch zu Protokoll der Geschäftsstelle eines jeden Amtsgerichts (§ 129a ZPO) oder in der mündlichen Verhandlung zur Niederschrift des Gerichts erklärt werden. Die Fiktion des § 269 Abs. 2 Satz 4 ZPO, wonach die Zustimmung als erteilt gilt, wenn der Antragsgegner nicht binnen zwei Wochen nach Zustellung der Rücknahmeerklärung widerspricht, ist auch in Ehesachen anwendbar.[5] 6

Um Folgesachen fortführen zu können, bedarf es im Unterschied zum bisherigen Recht keiner gerichtlichen Entscheidung (vgl. § 626 Abs. 2 Satz 1 ZPO aF). Vielmehr bewirkt allein die Erklärung des Beteiligten die Fortsetzung des Verfahrens.[6] Dabei besitzt das Gericht keinen Ermessensspielraum, die Fortführung als unzweckmäßig oder in der Sache aussichtslos abzulehnen.[7] Auf diese Weise bleiben der bisherige Verfahrensstoff und die Ergebnisse der Beweisaufnahme verwertbar. Neben der Äußerung des Fortführungswunsches ist allerdings Voraussetzung, dass der Betroffene sei- 7

1 BGH v. 14.12.1983 – IVb ZR 26/82, FamRZ 1984, 256 (257); OLG Hamm v. 24.3.2005 – 10 WF 26/05, FamRZ 2005, 1496 (1497); in dieser Konstellation bleibt auch die Fortführung des VA-Verfahrens möglich KG v. 20.3.1979 – 3 WF 4575/78, NJW 1979, 1107.

2 Im RegE war vorgesehen, diese Regelung auf alle Kindschaftssachen iSv. § 137 Abs. 3 zu erstrecken, doch ist man hiervon auf Intervention des Bundesrats wieder abgerückt (BT-Drucks. 16/6308, S. 374 und S. 413).

3 Baumbach/*Hartmann*, § 141 FamFG Rz. 4; aA *Löhnig*, FamRZ 2009, 737 (740 f.). Nach bisherigem Recht war eine Frist für den Antrag nach § 626 Abs. 2 Satz 1 ZPO aF nicht vorgesehen, so dass er bis zur Rechtskraft des Beschlusses nach § 626 Abs. 1 Satz 3 ZPO aF als zulässig angesehen wurde (OLG Stuttgart v. 20.7.2005 – 17 WF 57/05, FamRZ 2006, 714).

4 Vgl. Zöller/*Philippi*, § 626 ZPO Rz. 9; Johannsen/Henrich/*Sedemund-Treiber*, § 626 ZPO Rz. 6.

5 OLG Naumburg v. 8.6.2002 – 8 UF 80/02, FamRZ 2003, 545; Zöller/*Philippi*, § 626 Rz. 1a.

6 BT-Drucks. 16/6308, S. 232.

7 OLG Stuttgart v. 20.7.2005 – 17 WF 57/05, FamRZ 2006, 714; OLG Hamm v. 24.3.2005 – 10 WF 26/05, FamRZ 2005, 1496 (1497); KG v. 4.11.2003 – 18 WF 233/03, FamRZ 2004, 1044.

nen zunächst als Folgesache eventualiter für den Fall der Scheidung gestellten Antrag **in einen unbedingten Antrag ändert** (was nur dann möglich ist, wenn über die Folgesache noch nicht entschieden ist).[1] Damit beschränkt sich der Kreis der zur Fortführung geeigneten Verfahren auf solche Gegenstände, deren Geltendmachung unabhängig von der Rechtskraft der Scheidung möglich sind: Als unproblematisch erweisen sich damit Kindesunterhalt, elterliche Sorge, Umgang und Kindesherausgabe; darüber hinaus kann aber auch vom Nachehelichenunterhalt zum Trennungsunterhalt, vom Zugewinnausgleich zum vorzeitigen Zugewinnausgleich (§§ 1385 ff. BGB),[2] von einer Regelung der Rechtsverhältnisse an der Ehewohnung und an Haushaltsgegenständen anlässlich der Scheidung (§§ 1568a, 1568b BGB) zu einer solchen bei Getrenntleben (§§ 1361a, 1361b BGB) übergegangen werden. Demgegenüber scheiden der (reguläre) Zugewinnausgleich (vgl. §§ 1372, 1378 Abs. 3 Satz 1 BGB) und der Versorgungsausgleich (vgl. § 1587 BGB)[3] als (fortzuführende) Verfahrensgegenstände aus. Im Regelfall wird man in der Äußerung des Fortsetzungswunsches zugleich auch die entsprechende Antragsänderung sehen können (ggf. § 139 ZPO).

8 Schon nach dem Wortlaut der Vorschrift („Beteiligter") kann das Begehren zur Fortführung nicht nur vom ursprünglichen Antragsteller der Folgesache, sondern **auch vom Antragsgegner ausgehen.**[4] Allerdings wird dieser hieran regelmäßig kein Interesse haben, denn solange der Antragsteller seinen in den Fällen des § 137 Abs. 2 stets bedingt gestellten Antrag nicht umstellt, ändert sich nichts an der Erledigung in der Hauptsache. Doch kann der Antragsgegner die rechtskräftige Abweisung des Antrags anstreben, weil dieser von Anfang an unzulässig oder unbegründet gewesen sei.

9 § 141 Satz 3 stellt klar, dass die betroffenen Verfahren als **selbständige Familiensachen** fortzuführen sind. In der Sache bedeutet das: Ein Anwaltszwang besteht nur noch insoweit, als er gem. § 114 Abs. 1 für selbständige Familiensachen vorgeschrieben ist. Die Zuständigkeit des Gerichts der Scheidung bleibt (vorbehaltlich einer Abgabe nach § 4) nach den Grundsätzen der perpetuatio fori erhalten (§ 113 Abs. 1 Satz 2 FamFG iVm. § 261 Abs. 3 Nr. 2 ZPO bzw. § 2 Abs. 2 FamFG).[5] Beim Übergang zum Antrag auf vorzeitigen Zugewinnausgleich bleibt materiellrechtlich als Stichtag – trotz der Rücknahme – die Rechtshängigkeit des Scheidungsantrags (§ 1384 BGB) maßgeblich.[6] Wird die Ehe auf Grund eines später erneut eingereichten Scheidungsantrags rechtskräftig geschieden, erledigt sich ein Verfahren auf vorzeitigen Zugewinnausgleich, doch kann der Antrag erneut auf endgültigen Zugewinnausgleich umgestellt werden.[7] Über die Kosten ist nach § 150 Abs. 5 Satz 2 nach allgemeinen Regeln zu entscheiden, so als ob nie ein Verbundverfahren bestanden hätte.[8]

1 MüKo.ZPO/*Finger*, § 626 ZPO Rz. 14.
2 KG v. 4.11.2003 – 18 WF 233/03, FamRZ 2004, 1044; OLG Bamberg v. 25.4.1996 – 7 WF 45/96, FamRZ 1997, 91 (92); vgl. auch OLG Stuttgart v. 20.7.2005 – 17 WF 57/05, FamRZ 2006, 714.
3 Zu einer Ausnahme vgl. Rz. 4 m. Fn. 1.
4 OLG Stuttgart v. 20.7.2005 – 17 WF 57/05, FamRZ 2006, 714 f.; Stein/Jonas/*Schlosser*, § 626 ZPO Rz. 4; Wieczorek/Schütze/*Kemper*, § 626 ZPO Rz. 15; aA Johannsen/Henrich/*Sedemund-Treiber*, § 623 ZPO Rz. 6. Allerdings kann die Initiative – trotz des nunmehr geänderten Wortlauts – nicht von einem weiteren Beteiligten ausgehen (vgl. zum bisherigen Recht MüKo.ZPO/*Finger*, § 626 ZPO Rz. 16).
5 OLG Hamm v. 24.3.2005 – 10 WF 26/05, FamRZ 2005, 1496 (1497).
6 OLG Bamberg v. 25.4.1996 – 7 WF 45/96, FamRZ 1997, 91 (92); Palandt/*Brudermüller*, § 1384 BGB Rz. 9.
7 OLG Köln v. 27.5.2008 – 21 UF 43/08, FamRZ 2008, 2043 (2044).
8 OLG Koblenz v. 12.5.2000 – 13 UF 608/99, JurBüro 2000, 533 (534); OLG Köln v. 10.4.2003 – 26 WF 73/03, FamRZ 2004, 285 (286).

§ 142
Einheitliche Endentscheidung; Abweisung des Scheidungsantrags

(1) Im Fall der Scheidung ist über sämtliche im Verbund stehenden Familiensachen durch einheitlichen Beschluss zu entscheiden. Dies gilt auch, soweit eine Versäumnisentscheidung zu treffen ist.

(2) Wird der Scheidungsantrag abgewiesen, werden die Folgesachen gegenstandslos. Dies gilt nicht für Folgesachen nach § 137 Abs. 3 sowie für Folgesachen, hinsichtlich derer ein Beteiligter vor der Entscheidung ausdrücklich erklärt hat, sie fortführen zu wollen. Diese werden als selbständige Familiensachen fortgeführt.

(3) Enthält der Beschluss nach Absatz 1 eine Entscheidung über den Versorgungsausgleich, so kann insoweit bei der Verkündung auf die Beschlussformel Bezug genommen werden.

A. Überblick

§ 142 zieht – wie zuvor § 629 Abs. 1 ZPO aF – die Konsequenzen aus dem Verbundprinzip des § 137 für die (End-)Entscheidung in Verbundverfahren: Soweit die **Scheidung ausgesprochen** wird, ist gem. § 142 Abs. 1 Satz 1 über sämtliche im Verbund stehende Familiensachen durch einheitlichen Beschluss zu entscheiden. Während früher – den Regeln über das Verfahren in Scheidungssachen folgend (vgl. § 608 ZPO aF) – als einheitliche Entscheidungsform (auch für FGG-Familiensachen) das Urteil vorgeschrieben war, ist nunmehr für alle Familiensachen ohnehin die Entscheidung durch Beschluss vorgesehen (§ 116 Abs. 1). Der Grundsatz der einheitlichen Endentscheidung gilt gem. § 142 Abs. 1 Satz 2 (früher § 629 Abs. 2 Satz 2 ZPO) auch, soweit eine Versäumnisentscheidung zu treffen ist. 1

Wird der **Scheidungsantrag abgewiesen**, so werden die Folgesachen gem. § 142 Abs. 2 Satz 1 in Übereinstimmung mit § 629 Abs. 3 Satz 1, 1. Halbs. ZPO aF gegenstandslos, da über Folgesachen grundsätzlich nur für den Fall der Scheidung der Ehe entschieden wird (§§ 137 Abs. 1, 148). § 142 Abs. 2 Satz 2 und 3 lässt wie auch schon § 629 Abs. 3 ZPO aF die Fortführung bestimmter Folgesachen als selbständige Familiensachen zu. Insofern besteht eine Parallele zur Fortführung von Folgesachen nach Rücknahme des Scheidungsantrags. Während jedoch § 141 Satz 2 wie auch die Vorläufervorschrift zu § 142 Abs. 2 Satz 2 (§ 629 Abs. 3 Satz 1 ZPO aF) eine automatische Fortführung nur für Verfahren auf Übertragung der elterlichen Sorge wegen Gefährdung des Kindeswohls vorsieht, gilt diese Regel nach § 142 Abs. 2 Satz 2 nunmehr für alle Kindschaftssachen iSv. § 137 Abs. 3. 2

B. Einheitliche Entscheidung (Abs. 1 Satz 1)

3 Das **Gebot der einheitlichen Endentscheidung** nach § 142 Abs. 1 Satz 1 steht grundsätzlich jeder vorab oder getrennt ergehenden Teilentscheidung entgegen.[1] Wird die Ehe geschieden, muss daher die Beschlussformel iSv. § 38 Abs. 2 Nr. 3 neben dem Ausspruch der Scheidung auch die Entscheidung über alle mitzuentscheidenden Folgesachen iSv. § 137 enthalten, soweit nicht nach § 140 durch gesonderten Beschluss eine Abtrennung erfolgt (§ 140 Abs. 6). Ausnahmsweise zulässig ist eine Teilentscheidung im Rahmen eines Stufenverfahrens, denn über die Verpflichtung zur Auskunft oder zur Abgabe der eidesstattlichen Versicherung muss vorab durch Teilbeschluss entschieden werden (§ 137 Rz. 41). Ist die Entscheidung in einer Folgesache versehentlich unterblieben, kommt eine Ergänzung nach § 113 Abs. 1 Satz 2 FamFG iVm. § 321 ZPO bzw. § 43 FamFG auf Antrag, bei Amtsverfahren auch von Amts wegen in Frage.[2] Wurde demgegenüber bewusst von der Entscheidung in einer Folgesache abgesehen, weil etwa die Voraussetzungen des § 140 verkannt wurden, liegt eine unzulässige Teilentscheidung iSv. § 117 Abs. 2 Satz 1 FamFG iVm. § 538 Abs. 2 Nr. 7 ZPO vor (§ 137 Rz. 7).

4 Nicht entschieden werden muss über eine **Folgesache**, die wirksam zurückgenommen (§ 113 Abs. 1 Satz 2 FamFG iVm. § 269 ZPO bzw. § 22 FamFG) oder durch gerichtlichen Vergleich iSv. § 794 Abs. 1 Nr. 1 ZPO oder § 36 FamFG erledigt wurde. Stellt sich erst nach Rechtskraft der Verbundentscheidung heraus, dass der Vergleich nichtig war, muss das Verfahren wie nach einer Abtrennung gem. § 140 fortgesetzt werden.[3] Eine Ausnahme gilt, soweit die Durchführung des Versorgungsausgleichs auf Grund einer Vereinbarung nach §§ 6 bis 8 VersAusglG ausgeschlossen wurde, denn das Gericht hat insofern gem. § 224 Abs. 3 eine in Rechtskraft erwachsende Feststellung in der Beschlussformel zu treffen. In Kindschaftssachen hat ein Vergleich mangels Dispositionsbefugnis der Beteiligten keine unmittelbar verfahrensbeendende Wirkung, vielmehr bedarf es insofern der Billigung einer entsprechenden Vereinbarung (§ 156 Abs. 2) oder einer Übernahme in der gerichtlichen Entscheidung.

5 Solange die Scheidungssache noch nicht rechtskräftig geworden ist, lautet wegen § 148 die **Beschlussformel in der Folgesache Unterhalt** etwa:

„... ist verpflichtet, an ... einen monatlichen Unterhalt iHv. ... zu zahlen, zahlbar ab dem Tage, der dem Eintritt der Rechtskraft des Scheidungsausspruchs folgt".

Dabei ist auf den Tag, der dem Eintritt der Rechtskraft des Scheidungsausspruchs folgt, und nicht den ersten Tag des auf die Rechtskraft folgenden Monats abzustellen, da der Anspruch auf Trennungsunterhalt zu diesem Zeitpunkt erlischt und der Anspruch auf nachehelichen Unterhalt im gleichen Moment entsteht.[4] Wird demgegenüber die Scheidung auf Grund Abtrennung nach § 140 oder wegen eines Rechtsmittelverzichts vor der Entscheidung über den Unterhalt rechtskräftig, muss das genaue Datum angegeben werden, ab dem der Unterhalt zu zahlen ist.[5]

1 OLG Brandenburg v. 3.7.2006 – 9 UF 38/06, FamRZ 2007, 410 (411); OLG Brandenburg v. 3.7.2006 – 9 UF 38/06, FamRZ 2004, 384 (386); *Göttsche*, MDR 2006, 781 ff.
2 MüKo.ZPO/*Finger*, § 629 ZPO Rz. 5; Zöller/*Philippi*, § 629 ZPO Rz. 1; teilweise aA Schwab/*Maurer/Borth*, Rz. I 735 (stets Ergänzung von Amts wegen möglich).
3 BGH v. 6.3.1991 – XII ZB 88/90, FamRZ 1991, 681 f. (insofern überholt, als es um Versorgungsausgleich ging – dazu sogleich im Text).
4 BGH v. 13.1.1988 – IVb ZR 7/87, FamRZ 1988, 370 (372); OLG Köln v. 9.5.2001 – 27 UF 136/99, FamRZ 2002, 326.
5 Zöller/*Philippi*, § 623 ZPO Rz. 8.

Im **Rubrum** des Verbundbeschlusses sind nach § 38 Abs. 2 Nr. 1 neben den Ehegatten auch die Drittbeteiligten in Folgesachen der freiwilligen Gerichtsbarkeit (vgl. § 139 Rz. 2) aufzuführen. Die Pflicht zur **Begründung** des Verbundbeschlusses richtet sich nach §§ 38, 39, die für alle Familiensachen einheitlich gelten (vgl. § 113 Abs. 1 Satz 1). Danach ist kein gesonderter Tatbestand mehr erforderlich, doch muss die Begründung den maßgeblichen Sachverhalt erkennen lassen (§ 116 Rz. 6 f.). Bei der Abfassung muss berücksichtigt werden, dass weiteren Beteiligten und Dritten iSv. § 139 Abs. 1 nur der Teil der Begründung zugeleitet werden darf, der ihre rechtlichen Interessen betrifft. Unter den Voraussetzungen des § 38 Abs. 4 iVm. Abs. 5 Nr. 1 und Nr. 4 kann von einer Begründung abgesehen werden, dabei muss in den Fällen des § 38 Abs. 4 Nr. 3 die Bekanntgabe grundsätzlich in Gegenwart aller Beteiligter erfolgt sein; auch müssen alle Beteiligten auf Rechtsmittel verzichtet haben (vgl. im Einzelnen § 38 Rz. 30). Entscheidungen über den Versorgungsausgleich sind nach § 224 Abs. 2 stets zu begründen. Obwohl § 313a Abs. 4 ZPO auch in Unterhaltssachen durch § 38 verdrängt wird (vgl. § 113 Abs. 1 Satz 1), wird man den Grundsatz, dass bei der Verurteilung zu künftig fällig werdenden wiederkehrenden Leistungen im Hinblick auf die Abänderungsmöglichkeit nach §§ 238 ff. von einer Begründung nicht abgesehen werden kann, weiterhin anwenden müssen. 6

Die Verbundentscheidung ist nach den allgemein für Beschlüsse in Ehesachen geltenden Regeln (§ 116 Rz. 11 ff.) zu verkünden und den Ehegatten und allen weiteren Beteiligten sowie anfechtungsberechtigten Dritten iSv. § 139 Abs. 1 Satz 1 und 2 – soweit es sie betrifft – **zuzustellen**. Dies gilt auch, wenn die Beteiligung zu Unrecht erfolgte oder versehentlich auf sie verzichtet wurde.[1] 7

Die Anordnung der **sofortigen Wirksamkeit** nach § 116 Abs. 3 Satz 2 darf in einer Unterhalts- oder Güterrechtsfolgesache wegen § 148 erst für die Zeit ab Rechtskraft des Scheidungsausspruchs erfolgen.[2] Relevanz erlangt dies beispielsweise dann, wenn die Verbundentscheidung nur in der Folgesache angefochten und der Scheidungsausspruch rechtskräftig wird. Unterbleibt die Anordnung, so kann – soweit die entsprechenden Tatbestandsvoraussetzungen erfüllt sind – Ergänzung der Entscheidung nach § 113 Abs. 1 Satz 2 FamFG iVm. § 321 ZPO verlangt werden. Im Übrigen besteht die Möglichkeit einer Korrektur erst wieder im Rechtsmittelverfahren (§ 116 Rz. 29). Wegen § 116 Abs. 2 darf in der Scheidungssache auch nicht bezüglich der Entscheidung über die Kosten die sofortige Wirksamkeit angeordnet werden; eine solche Möglichkeit ist daher im Gesetz auch nicht vorgesehen (vgl. § 116 Abs. 3 Satz 2).[3] 8

Zur Feststellung einer (Mit-)Schuld nach **ausländischem Recht** sowie zum Vorgehen, wenn das maßgebliche Recht nur eine Privatscheidung vorsieht, vgl. § 121 Rz. 13. Über die **Kosten** entscheidet das Gericht einheitlich nach § 150. Zur **Rechtskraft** des Scheidungsausspruchs und zum Wirksamwerden von Entscheidungen in Folgesachen vgl. § 148. 9

1 OLG Stuttgart v. 13.12.1988 – 18 UF 336/88, Justiz 1989, 88 (89).
2 OLG Stuttgart v. 13.12.1988 – 18 UF 336/88, Justiz 1989, 88 (89); OLG Bamberg v. 14.9.1989 – 2 UF 85/89, FamRZ 1990, 184.
3 Zöller/*Philippi*, § 629 ZPO Rz. 3b.

C. Versäumnisentscheidung (Abs. 1 Satz 2)

10 Während in Familiensachen der fG eine Versäumnisentscheidung wegen der Geltung des Amtsermittlungsgrundsatzes (§ 26) in §§ 23 ff. nicht vorgesehen ist[1] und auch die Scheidung selbst gem. § 130 nicht durch Versäumnisentscheidung ausgesprochen werden kann, ist in **Unterhalts- und Güterrechtsfolgesachen** eine Versäumnisentscheidung nach allgemeinen Regeln der Zivilprozessordnung statthaft (§ 113 Abs. 1 Satz 2 FamFG iVm. §§ 330 ff. ZPO).[2] Soweit die Voraussetzungen der §§ 331a, 251a Abs. 1 und 2 ZPO erfüllt sind, kann insofern auch eine Entscheidung nach Lage der Akten ergehen.[3] Da es wegen §§ 137 Abs. 1, 142 Abs. 1 nicht zulässig ist, über einen einzelnen Verfahrensgegenstand durch Teilversäumnisbeschluss vorab zu entscheiden, kommt es allein auf die Säumnis in der letzten mündlichen Verhandlung an. Die Versäumnisentscheidung ergeht nicht durch gesonderten Beschluss, sondern ist Teil des Verbundbeschlusses, der mit „Teilversäumnis- und Endbeschluss" zu überschreiben ist.[4] Für die Anordnung der sofortigen Wirksamkeit gelten die allgemeinen Regeln, vgl. Rz. 8.

11 Soweit die Entscheidung auf der Säumnis beruht, ist sie ausschließlich durch **Einspruch** nach § 113 Abs. 1 Satz 2 FamFG iVm. § 338 ZPO anfechtbar, dabei kommt es nicht auf die Bezeichnung, sondern den Inhalt der Entscheidung an.[5] Wird gegen die Entscheidung im Übrigen auch **Beschwerde** eingelegt, ist nach § 143 vorzugehen. Die nach § 39 vorgeschriebene Rechtsbehelfsbelehrung muss klarstellen, welcher Entscheidungsteil mit welchem Rechtsbehelf anfechtbar ist. Zur Säumnis in der Rechtsmittelinstanz vgl. § 117 Rz. 56 f.

12 Werden von beiden Ehegatten **Anträge lediglich zur Scheidung**, nicht aber in einer gleichzeitig anhängigen Unterhalts- oder Güterrechtsfolgesache gestellt, kann – soweit weder eine Entscheidung nach Lage der Akten gem. § 251a Abs. 1 und 2 ZPO noch eine Abtrennung nach § 140 in Frage kommt – auch in der Scheidungssache nicht entschieden werden.[6] Vielmehr ist zu vertagen (§ 227 ZPO) oder das Ruhen des Verfahrens anzuordnen (§ 251a Abs. 3 ZPO).

D. Abweisung des Scheidungsantrags (Abs. 2 Satz 1)

13 Wird der Scheidungsantrag abgewiesen, werden Folgesachen gem. § 142 Abs. 2 Satz 1 selbst dann, wenn über sie bereits formell rechtskräftig entschieden wurde, **kraft Gesetzes gegenstandslos**, weil über sie per definitionem nur für den Fall der Scheidung der Ehe zu entscheiden ist (§§ 137 Abs. 1, 148). Hierfür bedarf es weder eines Antrags[7] noch ist ein entsprechender Ausspruch in der Verbundentscheidung erforderlich, allerdings kann ein klarstellender Hinweis erfolgen.[8] Die Vorschrift ist auch

1 Vgl. schon OLG Zweibrücken v. 6.2.1996 – 5 UF 60/95, FamRZ 1996, 1483; Musielak/*Borth*, § 629 ZPO Rz. 4.

2 OLG Brandenburg v. 21.7.2005 – 10 WF 178/05, FamRZ 2006, 1772; OLG Koblenz v. 25.8.2000 – 11 UF 672/99, FamRZ 2001, 1159.

3 OLG Hamm v. 27.8.1998 – 4 UF 81/98, FamRZ 1999, 520.

4 Vgl. etwa OLG Schleswig v. 27.4.1992 – 15 UF 127/91, FamRZ 1992, 1199 (1200 f.).

5 BGH v. 11.5.1994 – XII ZB 55/94, FamRZ 1994, 1521; BGH v. 3.2.1988 – IVb ZB 4/88, FamRZ 1988, 945; OLG Koblenz v. 25.8.2000 – 11 UF 672/99, FamRZ 2001, 1159 f.

6 OLG Hamm v. 27.8.1998 – 4 UF 81/98, FamRZ 1999, 520; OLG Koblenz v. 3.10.1989 – 11 UF 1524/88, FamRZ 1990, 769 (770).

7 BGH v. 27.4.1994 – XII ZR 158/93, FamRZ 1994, 827 (829).

8 Zöller/*Philippi*, § 629 ZPO Rz. 7; Musielak/*Borth*, § 629 ZPO Rz. 6.

dann anwendbar, wenn der Scheidungsantrag abgewiesen wird, weil die Ehe bereits durch ein anzuerkennendes ausländisches Urteil geschieden wurde;[1] sie gilt auch im Rechtsmittelverfahren (§§ 68 Abs. 3 Satz 1, 74 Abs. 4). Die Kosten in der Scheidungssache und in den Folgesachen bestimmen sich nach § 150 Abs. 2. Erwächst die Entscheidung, durch die der Scheidungsantrag abgewiesen wurde, nicht in Rechtskraft, sondern wird sie vom Rechtsmittelgericht aufgehoben, leben die Folgesachen auf, und es kommt eine Zurückverweisung nach § 146 zwecks Wiederherstellung des Verbunds in Frage.

Von diesem Grundsatz lässt § 142 Abs. 2 Satz 2 zwei **Ausnahmen** zu: Kindschaftssachen iSv. § 137 Abs. 3 bleiben von der Rücknahme des Scheidungsantrags stets unberührt. Das Gleiche gilt – in Parallele zu § 141 Satz 2, 2. Halbs. – wenn ein Beteiligter in einer Folgesache rechtzeitig erklärt, das betreffende Verfahren fortführen zu wollen. Im Unterschied zum bisherigen Recht bedarf es insofern keiner gerichtlichen Entscheidung (vgl. § 629 Abs. 3 Satz 2 ZPO aF), vielmehr bewirkt allein die Erklärung des Beteiligten die Fortsetzung des Verfahrens.[2] Die Erklärung muss „vor der Entscheidung" abgegeben werden, dh. vor ihrer Verkündung (§ 116 Rz. 12).[3] Die Fortführungserklärung unterliegt dem Anwaltszwang nach § 114 Abs. 1. Das Gericht muss die Ehegatten auf die mögliche Abweisung des Scheidungsantrags hinweisen, damit sie die Chance haben, einen Fortführungsantrag zu stellen.[4] 14

Durch die Fortführung kann der erreichte Verfahrensstand gewahrt werden, wenn trotz Abweisung des Scheidungsantrags ein entsprechendes Regelungsbedürfnis (wegen der Trennung) fortbesteht (was der Gesetzgeber bei Kindschaftssachen iSv. § 137 Abs. 3 unterstellt). Neben der Äußerung des Fortführungswunsches ist allerdings Voraussetzung, dass der Betroffene seinen in den Fällen des § 137 Abs. 2 stets eventualiter für den Fall der Scheidung gestellten Antrag **in einen unbedingten Antrag ändert**. Damit beschränkt sich der Kreis der zur Fortführung geeigneten Verfahren auf solche Materien, deren Regelung unabhängig vom Ausspruch der Scheidung möglich ist (vgl. § 141 Rz. 7). § 142 Abs. 2 Satz 3 stellt klar, dass die betroffenen Verfahren als selbständige Familiensachen fortzuführen sind. In der Sache bedeutet das: Ein Anwaltszwang besteht nur noch insoweit, als er gem. § 114 Abs. 1 für selbständige Familiensachen vorgeschrieben ist. Die Zuständigkeit des Gerichts der Scheidung bleibt (vorbehaltlich einer Abgabe nach § 4) nach den Grundsätzen der perpetuatio fori erhalten (§ 113 Abs. 1 Satz 2 FamFG iVm. § 261 Abs. 3 Nr. 2 ZPO bzw. § 2 Abs. 2 FamFG). Über die Kosten ist nach § 150 Abs. 5 Satz 2 nach allgemeinen Regeln zu entscheiden, so als ob nie ein Verbundverfahren bestanden hätte. Wird ein **Rechtsmittel gegen die Abweisung des Scheidungsantrags** eingelegt, so kann – solange das Schicksal des Verfahrensverbunds ungewiss ist – die Folgesache nicht weiterbetrieben werden.[5] 15

1 BGH v. 14.12.1983 – IVb ZR 26/82, FamRZ 1984, 256 (257).
2 BT-Drucks. 16/6308, S. 232.
3 *Löhnig*, FamRZ 2009, 737 (740) stellt demgegenüber auf den Schluss der mündlichen Verhandlung ab.
4 *Löhnig*, FamRZ 2009, 737 (740); Zöller/*Philippi*, § 629 ZPO Rz. 8; Wieczorek/Schütze/*Kemper*, § 629 ZPO Rz. 11.
5 Zöller/*Philippi*, § 629 ZPO Rz. 8.

E. Verkündung der Entscheidung über Versorgungsausgleich (Absatz 3)

16 § 142 Abs. 3 wurde durch das VAStrRefG neu eingeführt, um einem praktischen Bedürfnis Rechnung zu tragen.[1] Danach kann bei der Verkündung für die Entscheidung über den Versorgungsausgleich **auf die Beschlussformel Bezug** genommen werden. Zur Frage, ob für Endentscheidungen in Ehesachen nach neuer Rechtslage überhaupt eine Verkündung zwingend vorgeschrieben ist vgl. § 116 Rz. 12.

§ 143
Einspruch

Wird im Fall des § 142 Abs. 1 Satz 2 gegen die Versäumnisentscheidung Einspruch und gegen den Beschluss im Übrigen ein Rechtsmittel eingelegt, ist zunächst über den Einspruch und die Versäumnisentscheidung zu verhandeln und zu entscheiden.

1 § 143, der mit § 629 Abs. 2 Satz 2 ZPO aF übereinstimmt, **knüpft an § 142 Abs. 1 Satz 2 an.** Danach gilt im Verbundverfahren der Grundsatz der einheitlichen Endentscheidung auch dann, wenn in Unterhalts- oder Güterrechtsfolgesachen (vgl. § 142 Rz. 10) eine Versäumnisentscheidung zu treffen ist. Wird gegen die Versäumnisentscheidung Einspruch und gegen einen anderen Teil der Entscheidung Beschwerde oder Rechtsbeschwerde eingelegt, so ist zunächst über den Einspruch zu verhandeln und zu entscheiden. Auf diese Weise kann geklärt werden, ob eine Wiederzusammenführung der verschiedenen Verfahrensteile in der Rechtsmittelinstanz geboten ist:[2] Erst nachdem über den Einspruch entschieden wurde, darf das Rechtsmittelverfahren weiterbetrieben werden, soweit nicht eine Abtrennung insbesondere nach § 140 Abs. 2 Satz 2 Nr. 5 vorzunehmen ist. Gelangt der zunächst durch Einspruch angefochtene Verfahrensteil ebenfalls in die höhere Instanz, wird der Verbund wiederhergestellt.[3]

2 Soweit eine Verbundentscheidung auf der Säumnis beruht, ist sie **allein durch Einspruch anfechtbar**, dabei kommt es nicht auf die Bezeichnung (vgl. § 38 Rz. 5), sondern auf den Inhalt der Entscheidung an.[4] Dies gilt selbst dann, wenn in der Sache eine Versäumnisentscheidung nicht hätte ergehen dürfen.[5] Lässt sich trotz der nunmehr nach § 39 vorgeschriebenen Rechtsbehelfsbelehrung die wahre Natur der Entscheidung nicht klären, sind nach dem Grundsatz der Meistbegünstigung sowohl der Einspruch als auch die (Rechts)Beschwerde statthaft.[6] Durch den Einspruch werden die **Rechtsmittelfristen für die übrigen Teile der Entscheidung** nicht gehemmt und der

1 BT-Drucks. 16/10144, S. 93.
2 BGH v. 25.6.1986 – IVb ZB 83/85, FamRZ 1986, 897 f.; Musielak/*Borth*, § 629 ZPO Rz. 5.
3 Zöller/*Philippi*, § 629 ZPO Rz. 5a; MüKo.ZPO/*Finger*, § 629 ZPO Rz. 9.
4 BGH v. 11.5.1994 – XII ZB 55/94, FamRZ 1994, 1521; BGH v. 3.2.1988 – IVb ZB 4/88, FamRZ 1988, 945; OLG Koblenz v. 25.8.2000 – 11 UF 672/99, FamRZ 2001, 1159 f.
5 OLG Koblenz v. 25.8.2000 – 11 UF 672/99, FamRZ 2001, 1159 f.
6 BGH v. 3.2.1988 – IVb ZB 4/88, FamRZ 1988, 945.

Eintritt der (Teil-)Rechtskraft nicht gehindert.[1] Soll für die übrigen Teile der Verbundentscheidung der Eintritt der Rechtskraft verhindert werden, müssen insofern Rechtsmittel – nach allgemeinen Regeln (vgl. auch § 145) – rechtzeitig eingelegt werden. Wird dies versäumt und gelangt später der zunächst durch Einspruch angefochtene Entscheidungsteil in die Rechtsmittelinstanz, ist es nicht möglich, die bereits rechtskräftig gewordenen Entscheidungsteile im Wege eines Anschlussrechtsmittels doch noch anzufechten.[2]

§ 144
Verzicht auf Anschlussrechtsmittel

Haben die Ehegatten auf Rechtsmittel gegen den Scheidungsausspruch verzichtet, können sie auch auf dessen Anfechtung im Wege der Anschließung an ein Rechtsmittel in einer Folgesache verzichten, bevor ein solches Rechtsmittel eingelegt ist.

A. Normzweck

1 In Übereinstimmung mit § 629a Abs. 4 ZPO aF erleichtert die Vorschrift im Verbundverfahren den Verzicht auf Anschlussrechtsmittel (nur) für den Scheidungsausspruch. Selbst wenn beide Ehegatten auf (Haupt-)Rechtsmittel gegen den Scheidungsausspruch verzichtet haben, können sie diesen gem. § 66 Satz 1 noch durch Anschlussrechtsmittel anfechten. Dabei sind an den Folgesachen der fG typischerweise Dritte iSv. § 139 Abs. 1 beteiligt (Versorgungsträger, Jugendamt, Kind, Vermieter), denen ein eigenes Beschwerderecht zusteht. Deren Rechtsmittel können sich die Ehegatten zunutze machen, um im Wege einer verfahrensübergreifenden Anschließung (vgl. § 117 Rz. 39) den Scheidungsausspruch anzufechten. Nach § 67 Abs. 2 kann auf die Einlegung von Anschlussrechtsmitteln eigentlich erst verzichtet werden, nachdem der Dritte das (Haupt-)Rechtsmittel eingelegt hat. § 144 ermöglicht den Ehegatten, bereits vor diesem Zeitpunkt auf Anschlussrechtsmittel gegen den Scheidungsausspruch zu verzichten, um den **Eintritt der Rechtskraft zu beschleunigen**. Ein besonderes Interesse hieran besteht etwa dann, wenn verhindert werden soll, dass ein Kind aus einer neuen Verbindung gem. § 1592 Nr. 1 BGB noch in die gescheiterte Ehe hineingeboren wird.[3]

B. Inhalt der Vorschrift

2 Sowohl der Verzicht auf Hauptrechtsmittel gegen den Scheidungsausspruch, der Voraussetzung für die Anwendbarkeit der Norm ist, als auch der Verzicht auf Anschlussrechtsmittel muss gem. § 67 Abs. 1 und Abs. 2 durch Erklärung gegenüber dem Ge-

1 BGH v. 25.6.1986 – IVb ZB 83/85, FamRZ 1986, 897 f.; OLG Köln v. 3.2.1995 – 25 UF 199/94, FamRZ 1995, 888 (889); KG v. 7.4.1989 – 18 UF 6795/88, FamRZ 1989, 1206.

2 MüKo.ZPO/*Finger*, § 629 ZPO Rz. 9; Johannsen/Henrich/*Sedemund-Treiber*, § 629 ZPO Rz. 4; Zöller/*Philippi*, § 629a ZPO Rz. 37; aA KG v. 7.4.1989 – 18 UF 6795/88, FamRZ 1989, 1206.

3 BT-Drucks. 10/2888, S. 45.

richt erfolgen (zu den Anforderungen im Einzelnen vgl. § 67 Rz. 2 ff.) und unterliegt nach § 114 Abs. 1 dem Anwaltszwang.[1] Demgegenüber führt ein außerprozessual erklärter Verzicht nicht zu einem beschleunigten Eintritt der Rechtskraft, weil er gem. § 67 Abs. 3 erst auf Einrede im Rechtsmittelverfahren beachtlich ist. Die Beschränkung einer Anwaltsvollmacht allein auf einen Rechtsmittelverzicht ist unwirksam (§ 114 Rz. 42). Wird ein Anwalt daher spontan zu einer Scheidungssache hinzugezogen, um für den anwaltlich nicht vertretenen Antragsgegner einen Rechtsmittelverzicht zu erklären, muss er stets in das Rubrum des Scheidungsbeschlusses aufgenommen, und dieser muss ihm gem. § 172 ZPO zugestellt werden,[2] was auch nicht durch eine noch im Termin erklärte Niederlegung des Mandats „abgewendet" werden kann (§ 87 Abs. 1, 2. Halbs. ZPO iVm. § 113 Abs. 1 Satz 2 FamFG). Soweit umgekehrt die Vollmacht sich nicht auf einen Rechtsmittelverzicht erstrecken soll, ist diese Einschränkung gem. § 83 Abs. 1 ZPO im Außenverhältnis unwirksam.[3] Der Wille, auch auf Anschlussrechtsmittel zu verzichten, muss aus der Erklärung eindeutig hervorgehen (§ 67 Rz. 14). Daher sollte in den Fällen des § 144, in denen der Verzicht bereits vor Einlegung des Hauptrechtsmittels erfolgt, eine ausdrückliche Erklärung abgegeben werden. Der pauschale Verzicht auf „alle Rechtsmittel" ist für sich genommen nicht eindeutig und lässt Raum für Auslegungszweifel.[4] Die Vorschrift ist nur auf **Anschlussrechtsmittel** anwendbar, die sich **gegen den Scheidungsausspruch** richten; in Bezug auf Folgesachen gilt sie nicht.[5]

3 Die Vorschrift gilt hinsichtlich des Scheidungsausspruchs für den Verzicht auf den **Antrag auf erweiterte Aufhebung** nach § 147 entsprechend.[6] Ein solcher Verzicht ist erforderlich, um die Rechtskraft in der Scheidungssache herbeizuführen, wenn die Beschwerdeinstanz eine Verbundentscheidung erlassen hat und in einer Folgesache die Rechtsbeschwerde nach § 70 Abs. 2 zugelassen wurde. Demgegenüber ist ein solcher Verzicht im erstinstanzlichen Verfahren nicht erforderlich, denn soweit die Eheleute umfassend auf Rechtsmittel und Anschlussrechtsmittel gegen den Scheidungsausspruch verzichtet haben, kann die Scheidungssache nicht in die zweite Instanz gelangen und damit auch nicht Gegenstand einer Rechtsbeschwerde werden.[7]

---

1 BGH v. 4.7.2007 – XII ZB 14/07, FamRZ 2007, 1631; BGH v. 18.1.1984 – IVb ZB 53/83, FamRZ 1984, 372.

2 Zöller/*Philippi*, § 609 ZPO Rz. 4.

3 BGH v. 14.5.1997 – XII ZR 184/96, FamRZ 1997, 999; BGH v. 8.12.1993 – XII ZR 133/92, FamRZ 1994, 300 (301).

4 Musielak/*Borth*, § 629a ZPO Rz. 33; MüKo.ZPO/*Finger*, § 629a ZPO Rz. 40; aA Stein/Jonas/*Schlosser*, § 629a ZPO Rz. 19. Unter Berücksichtigung der Gesamtumstände kann aus einer derartigen Erklärung mittels Auslegung ein umfassender Verzicht abgeleitet werden BGH v. 15.2.1984 – IVb ZB 577/80, NJW 1984, 2829; OLG Köln v. 18.2.1986 – 4 UF 247/85, FamRZ 1986, 482 f.; OLG Hamm v. 23.11.1979 – 2 UF 198/79, FamRZ 1980, 278 (279).

5 Musielak/*Borth*, § 629a ZPO Rz. 32; Wieczorek/Schütze/*Kemper*, § 629a ZPO Rz. 36.

6 BGH v. 15.2.1984 – IVb ZB 577/80, NJW 1984, 2829 f.; MüKo.ZPO/*Finger*, § 629a ZPO Rz. 44.

7 OLG Hamm v. 16.11.1993 – 7 UF 203/92, FamRZ 1995, 943 (944) mwN auch zur Gegenansicht; Musielak/*Borth*, § 629a ZPO Rz. 34; Johannsen/Henrich/*Sedemund-Treiber*, § 629c ZPO Rz. 4 mwN.

§ 145
Befristung von Rechtsmittelerweiterung und Anschlussrechtsmittel

(1) Ist eine nach § 142 einheitlich ergangene Entscheidung teilweise durch Beschwerde oder Rechtsbeschwerde angefochten worden, können Teile der einheitlichen Entscheidung, die eine andere Familiensache betreffen, durch Erweiterung des Rechtsmittels oder im Wege der Anschließung an das Rechtsmittel nur noch bis zum Ablauf eines Monats nach Zustellung der Rechtsmittelbegründung angefochten werden; bei mehreren Zustellungen ist die letzte maßgeblich.

(2) Erfolgt innerhalb dieser Frist eine solche Erweiterung des Rechtsmittels oder Anschließung an das Rechtsmittel, so verlängert sich die Frist um einen weiteren Monat. Im Fall einer erneuten Erweiterung des Rechtsmittels oder Anschließung an das Rechtsmittel innerhalb der verlängerten Frist gilt Satz 1 entsprechend.

A. Normzweck

1 Die Vorschrift betrifft Fälle, in denen während des Rechtsmittelverfahrens in einer Verbundsache der **Angriff auf andere Familiensachen** als die ursprünglich angefochtenen ausgedehnt werden soll. Dies kann zum einen durch den Rechtsmittelführer selbst im Wege der Antragserweiterung und zum anderen durch den Rechtsmittelgegner im Wege einer verfahrensübergreifenden Anschließung geschehen. Freilich sind einem solchen Vorgehen bereits nach allgemeinen Regeln Grenzen gesetzt (Rz. 3). § 145 sieht eine zusätzliche zeitliche Schranke vor, damit sich der Abschluss des Verbundverfahrens nicht unzumutbar verzögert und die nicht angefochtenen Verfahrensteile bereits vorab in Rechtskraft erwachsen können.[1] In der Sache entspricht die Regelung § 629a Abs. 3 ZPO aF, doch wurde sie sprachlich präzisiert, indem nunmehr explizit von Rechtsmittelerweiterung und -anschließung gesprochen wird.[2]

B. Tatbestandlicher Anwendungsbereich

2 Anwendbar ist die Vorschrift nur, soweit eine **einheitliche Endentscheidung iSv. § 142** angefochten wird. Damit ist neben der Verbundentscheidung über Scheidung und Folgesachen auch die Entscheidung über den – nach Abtrennung der Scheidungssache eintretenden – Restverbund iSv. § 137 Abs. 5 Satz 1, 2. Halbs. erfasst. Obwohl durch einheitlichen Beschluss zu entscheiden ist, können die einzelnen Bestandteile einer Verbundentscheidung ohne Weiteres getrennt angefochten werden.[3] Die Vorschrift findet sowohl im Beschwerde- als auch im Rechtsbeschwerdeverfahren Anwendung.

1 BT-Drucks. 10/2888, S. 30.
2 BT-Drucks. 16/6308, S. 232.
3 BGH v. 27.4.1994 – XII ZR 158/93, FamRZ 1994, 827 (828).

Während Gegenstand der Vorschrift die Rechtsmittelerweiterung und -anschließung sind, gelten für die Einlegung des Hauptrechtsmittels selbst die allgemeinen Schranken (so früher ausdrücklich § 629a Abs. 3 Satz 4 ZPO).

I. Rechtsmittelerweiterung

3 Nach **allgemeinen Grundsätzen** kann ein Rechtsmittelantrag nachträglich gegen zunächst nicht angefochtene Teile der Verbundentscheidung gerichtet werden, soweit er sich auf Anfechtungsgründe stützt, die innerhalb der Rechtsmittelbegründungsfrist vorgetragen wurden (vgl. im Einzelnen § 117 Rz. 27). Nur in eng umgrenzten Fällen sind Ausnahmen möglich, wenn Gründe zur Abänderung einer Sorgerechts- (§ 1696 BGB) oder Unterhaltsentscheidung (§ 238) bestehen (vgl. § 117 Rz. 28). Vor diesem Hintergrund wird es eher selten zu der Situation kommen, dass ursprünglich lediglich die Folgesache A angefochten wurde, die hierfür vorgetragenen Gründe später dann aber herangezogen werden können, um den Angriff gegen die Folgesache B zu rechtfertigen. Wurde etwa innerhalb der Beschwerdebegründungsfrist lediglich die Entscheidung zum Versorgungsausgleich angegriffen, wird sich hierauf später nicht die Anfechtung einer Sorgerechtsentscheidung stützen lassen. Demgegenüber ist es beispielsweise vorstellbar, dass der Vortrag des Beschwerdeführers zur Anfechtung der Entscheidung über den Nachehelichenunterhalt geeignet ist, auch einen Angriff auf die Entscheidung zum Kindesunterhalt zu legitimieren.[1] Ausreichend ist es, wenn die maßgeblichen Gründe während der Beschwerdebegründungsfrist vorsorglich vorgebracht werden und erst später hierauf ein Rechtsmittel gestützt wird.[2]

4 Soweit die Rechtsmittelerweiterung einen **Angriff auf eine „andere" Familiensache** beinhaltet, sind neben den dargestellten allgemeinen Anforderungen zusätzlich die zeitlichen Grenzen des § 145 zu beachten.[3] Hiervon zu unterscheiden sind die Fälle, in denen der geänderte Antrag sich auf **dieselbe Familiensache** bezieht (zB Geltendmachung eines höheren Zugewinnausgleichs als im ursprünglichen Beschwerdeantrag gefordert); insofern findet die Vorschrift keine Anwendung.[4]

II. Anschlussrechtsmittel

5 §§ 66, 73 eröffnen die Möglichkeit zur Einlegung von Anschlussrechtsmitteln. Regelmäßig betrifft die Anschließung **dieselbe Familiensache**, die auch Gegenstand des Hauptrechtsmittels ist. Der Rechtsmittelgegner, der etwa einen Verzicht auf die Einlegung eines Hauptrechtsmittels erklärt oder die Frist für dessen Einlegung hat verstreichen lassen, erhält auf diese Weise die Chance, eine Abänderung der Entscheidung auch zu seinen Gunsten zu bewirken. Auf diese Fallgestaltung findet **§ 145 keine Anwendung**, vielmehr gelten insofern nur die allgemeinen Regeln: In der zweiten

1 Zöller/*Philippi*, § 629a ZPO Rz. 23.

2 OLG Koblenz v. 3.10.1989 – 11 UF 1524/88, FamRZ 1990, 769 (770); Zöller/*Philippi*, § 629a ZPO Rz. 23.

3 BGH v. 11.11.1992 – XII ZA 20/92, NJW-RR 1993, 260; OLG Schleswig v. 28.1.1988 – 12 UF 168/87, NJW-RR 1988, 1479; Stein/Jonas/*Schlosser*, § 629a ZPO Rz. 14 mit Fn. 64; Baumbach/*Hartmann*, § 145 FamFG Rz. 10. Ungenau OLG Koblenz v. 3.10.1989 – 11 UF 1524/88, FamRZ 1990, 769 (770), das die Frage, ob dann, wenn die Anfechtungsgründe innerhalb der Begründungsfrist vorgebracht wurden, zusätzlich § 629a Abs. 3 ZPO aF zu beachten sei, offen lässt.

4 Zöller/*Philippi*, § 629a ZPO Rz. 25.

Instanz ergeben sich in Ehe- und Familienstreitsachen die zeitlichen Grenzen für eine Anschließung aus § 117 Abs. 2 FamFG iVm. § 524 Abs. 2 ZPO (vgl. dazu § 117 Rz. 36), während für Familiensachen der freiwilligen Gerichtsbarkeit keine spezifischen zeitlichen Schranken vorgesehen sind, so dass eine Anschließung bis zum Erlass der Beschwerdeentscheidung möglich ist (§ 66 Rz. 11). Demgegenüber ist für das Verfahren der Rechtsbeschwerde eine Befristung in § 73 Satz 1 vorgesehen.

Allerdings besteht im Verbundverfahren auch die Möglichkeit, im Wege der Anschließung **andere Teile der Verbundentscheidung anzufechten**, die nicht Gegenstand des Hauptrechtsmittels sind.[1] Diese Befugnis wird in § 145 vorausgesetzt, wenn die Norm daran anknüpft, dass eine „andere Familiensache" im Wege der Anschließung an das (Haupt-)Rechtsmittel angefochten wird. Grundlage der verfahrensübergreifenden Anschließung ist der Verbundgedanke: Wegen des sachlichen Zusammenhangs soll es möglich sein, den Rechtsmittelangriff eines anderen Beteiligten gegen einen Teil der Verbundentscheidung zum Anlass zu nehmen, auch die übrigen Teile zur Überprüfung zu stellen, um eine stimmige (Gesamt-)Regelung auch in der Rechtsmittelinstanz sicherzustellen.[2] Nur auf diese besondere Form der verfahrensübergreifenden Anschließung, durch die eine andere als die durch die Hauptbeschwerde angefochtene Familiensache angegriffen wird, findet § 145 Anwendung. Als lex specialis verdrängt die Vorschrift § 73 Satz 1 und § 117 Abs. 2 FamFG iVm. § 524 Abs. 2 ZPO.[3] 6

Die **Befugnis** zur verfahrensübergreifenden Anschließung kann nicht nur Ehegatten, sondern auch Drittbeteiligten zustehen (§ 117 Rz. 39). Doch sind die allgemeinen Zulässigkeitsvoraussetzungen für die Einlegung eines (Anschluss-)Rechtsmittels zu beachten: So steht Dritten, weil sie insofern nicht in ihrer eigenen Rechtsstellung betroffen sind, kein Recht zu, im Wege der verfahrensübergreifenden Anschließung den Scheidungsausspruch anzufechten.[4] Da nach bisherigem Recht lediglich der Rechtsmittelgegner (§§ 524 Abs. 1, 554 Abs. 1 ZPO) zur Anschließung befugt war, musste bei Anfechtung einer Folgesache der freiwilligen Gerichtsbarkeit stets geprüft werden, ob eine Gegnerstellung zwischen Rechtsmittelführer und Anschließendem angenommen werden kann. Dieses Konzept kann nicht unbesehen auf das neue Recht übertragen werden, nachdem nunmehr Anschlussrechtsmittel in §§ 66, 73 eine eigenständige Regelung erfahren haben, die an die Stellung als „Beschwerdeberechtigter" (vgl. § 66 Rz. 4) bzw. „Beteiligter" (vgl. § 73 Rz. 3) anknüpft (vgl. im Einzelnen § 117 Rz. 39 f.). 7

Warum auf diese Weise allerdings auch die Anschließung an das Rechtsmittel in einer Folgesache (selbst wenn dieses seitens eines Drittbeteiligten eingelegt wurde) mit dem Ziel möglich ist, den zunächst von beiden Ehegatten akzeptierten Scheidungsausspruch wieder in Frage zu stellen,[5] ist aus heutiger Sicht schwer nachvollziehbar. Die Erwägung, es müsse jedem Ehegatten freistehen, zu entscheiden, zu welchen Bedingungen er eine Scheidung akzeptiere,[6] wird der Realität des deutschen Scheidungsrechts kaum noch gerecht. Durch die in § 144 eröffnete Möglichkeit des Verzichts auf Anschlussrechtsmittel werden die Bedenken nicht restlos ausgeräumt.[7] 8

1 BGH v. 22.4.1998 – XII ZR 281/96, FamRZ 1998, 1024 (1025); BGH v. 20.10.1982 – IVb ZR 318/81, FamRZ 1982, 1198 f.; BGH v. 14.10.1981 – IVb ZB 593/80, FamRZ 1982, 36 (38).
2 BGH v. 22.4.1998 – XII ZR 281/96, FamRZ 1998, 1024 (1025).
3 Johannsen/Henrich/*Sedemund-Treiber*, § 629a ZPO Rz. 13 und 18.
4 BGH v. 22.4.1998 – XII ZR 281/96, FamRZ 1998, 1024 (1025).
5 BGH v. 22.4.1998 – XII ZR 281/96, FamRZ 1998, 1024 (1025).
6 BGH v. 5.12.1979 – IV ZB 75/79, FamRZ 1980, 233; Stein/Jonas/*Schlosser*, § 629a ZPO Rz. 10.
7 MüKo.ZPO/*Finger*, § 629a ZPO Rz. 25.

9 Auch das Anschlussrechtsmittel seinerseits kann von den Ehegatten oder Drittbeteiligten zum Anlass für die Erklärung einer verfahrensübergreifenden **(Gegen-)Anschließung** genommen werden (vgl. § 66 Rz. 12); insofern gelten die vorangehend dargestellten Regeln entsprechend.[1] Dabei muss jedoch erneut beachtet werden, dass auch die Gegenanschließung nur dann in den Anwendungsbereich von § 145 fällt, wenn sie eine andere Familiensache betrifft als diejenige, die Gegenstand der Anschließung war.

III. „Andere" Familiensache

10 Voraussetzung für die Anwendbarkeit der Vorschrift ist stets die Ausweitung des Rechtsmittelangriffs auf eine „andere" Familiensache. Daher muss unterschieden werden, ob es sich um einen anderen Verfahrensgegenstand **oder lediglich einen weiteren Aspekt eines einheitlichen Verfahrens** handelt: Einen einheitlichen Verfahrensgegenstand bilden der Elementar- und Vorsorgeunterhalt nach § 1578 Abs. 2 und 3 BGB, die interne und externe Teilung im Rahmen des Wertausgleichs bei der Scheidung,[2] der Zugewinnausgleich und Anträge nach §§ 1382, 1383 BGB[3] sowie – wegen des Aspekts der Geschwisterbindung – Sorgerechtsverfahren für mehrere Kinder.[4] Demgegenüber betreffen Unterhaltsansprüche verschiedener Kinder unterschiedliche Familiensachen,[5] das Gleiche gilt für die Zuweisung der Ehewohnung im Verhältnis zur Verteilung von Haushaltsgegenständen[6] sowie für den Wertausgleich bei der Scheidung iSv. §§ 9 bis 19 VersAusglG im Verhältnis zu den Ausgleichsansprüchen nach der Scheidung iSv. §§ 20 bis 26 VersAusglG.[7]

C. Fristenregelung

11 Die durch die Teilanfechtung der Verbundentscheidung eröffnete Möglichkeit zur Rechtsmittelerweiterung und -anschließung hindert den Eintritt der Rechtskraft für die gesamte Verbundentscheidung, insbesondere auch den Scheidungsausspruch.[8] § 145 setzt daher der Erweiterung des Rechtsmittels auf eine andere Familiensache sowie der verfahrensübergreifenden Anschließung zeitliche Grenzen. Die Frist beträgt **einen Monat**, sie kann, weil dies im Gesetz nicht vorgesehen ist, durch das Gericht nicht verlängert werden (§ 224 Abs. 2 ZPO aE) und beginnt mit Zustellung der Rechtsmittelbegründung.

12 § 145 Abs. 1 aE stellt klar, dass bei **mehreren Zustellungen** nicht für jeden Zustellungsadressaten die an ihn bewirkte Zustellung, sondern im Interesse einer einheitlichen Fristbestimmung die letzte Zustellung maßgeblich ist. Relevant ist diese Regel

1 OLG Karlsruhe v. 3.12.1987 – 2 UF 141/86, FamRZ 1988, 412; OLG Frankfurt v. 24.6.1987 – 1 UF 52/87, FamRZ 1987, 959 (960); Zöller/*Philippi*, § 629a ZPO Rz. 21.
2 Vgl. Johannsen/Henrich/*Sedemund-Treiber*, § 629a ZPO Rz. 14.
3 MüKo.ZPO/*Finger*, § 629a ZPO Rz. 27; aA Stein/Jonas/*Schlosser*, § 629 ZPO Rz. 14.
4 OLG Schleswig v. 20.6.1980 – 8 WF 145/80, SchlHA 1980, 188; Zöller/*Philippi*, § 629a ZPO Rz. 16a mwN. AA OLG Frankfurt v. 18.5.1981 – 20 W 5/81, FamRZ 1981, 813 (814); für Umgangsverfahren BayObLG v. 1.2.1983 – BReg. 1 Z 51/82, DAVorm 1983, 377 (379).
5 MüKo.ZPO/*Finger*, § 629a ZPO Rz. 27.
6 Musielak/*Borth*, § 629a ZPO Rz. 22.
7 BGH v. 7.3.1990 – XII ZB 14/89, FamRZ 1990, 606 (607); Johannsen/Henrich/*Sedemund-Treiber*, § 629a ZPO Rz. 14; aA MüKo.ZPO/*Finger*, § 629a ZPO Rz. 27.
8 Vgl. etwa OLG Zweibrücken v. 12.8.1997 – 5 UF 54/94, FamRZ 1998, 678.

nicht nur, wenn eine Rechtsmittelbegründung mehreren Beteiligten zuzustellen ist,[1] sondern auch dann, wenn mehrere Zustellungen auf Grund der Einlegung mehrerer Hauptrechtsmittel vorzunehmen sind[2] oder mehrere Begründungen innerhalb der Begründungsfrist eingereicht werden.[3] Wird die Zustellung an einen Verfahrensbeteiligten oder anfechtungsberechtigten Dritten versäumt, wird die Frist nicht in Gang gesetzt.[4] Der früher herrschenden Auffassung, eine (etwa wegen Verstoßes gegen § 172 Abs. 1 Satz 1 ZPO) unwirksame Zustellung könne nicht durch Zugang nach § 187 ZPO aF geheilt werden, weil die Frist des § 145 Abs. 1 einer Notfrist iSv. § 187 Satz 2 ZPO aF gleichgestellt werden müsse,[5] wurde durch die Neufassung des § 189 ZPO die Grundlage entzogen.[6]

In entsprechender Anwendung von § 233 ZPO kann einem Beteiligten auf Antrag **Wiedereinsetzung** in den vorigen Stand gewährt werden, wenn er ohne Verschulden gehindert war, die Frist des § 145 Abs. 1 oder die Frist zur Beantragung der Wiedereinsetzung gem. § 234 Abs. 1 ZPO einzuhalten (§ 117 Rz. 75). Wird zunächst nur VKH für ein bedingt eingereichtes Anschlussrechtsmittel beantragt, muss das Rechtsmittel spätestens zwei Wochen nach Zustellung der Entscheidung über die Gewährung von VKH eingelegt werden (§§ 234, 236 ZPO). Regelmäßig wird dem Rechtsmittelführer dann die Wiedereinsetzung gewährt werden.[7] 13

Die fristwahrende Einlegung eines Anschlussrechtsmittels setzt voraus, dass während der Monatsfrist eine den Anforderungen der §§ 65 Abs. 1, 71 Abs. 2 und 3 genügende **Begründung** eingereicht wird.[8] Demgegenüber ist die Erweiterung eines Rechtsmittels schon nach allgemeinen Regeln nur zulässig, soweit sie auf Anfechtungsgründe gestützt wird, die innerhalb der Rechtsmittelbegründungsfrist vorgetragen wurden. Diese Begründungsfrist wird durch § 145 Abs. 1 nicht verlängert, vielmehr wird lediglich der Antragserweiterung (auf Grundlage der bereits vorgetragenen Begründung) eine Grenze gezogen (soweit hierdurch eine andere Familiensache angefochten wird).[9] 14

Wird fristgemäß eine „solche" Erweiterung oder Rechtsmittelanschließung vorgenommen, dh. der Angriff iSv. § 145 Abs. 1 auf weitere Familiensachen als die ursprünglich angefochtenen ausgedehnt, so **verlängert sich die Frist** für eine erneute Rechtsmittelerweiterung oder -anschließung nach § 145 Abs. 2 Satz 1 um einen weiteren Monat. Auf diese Weise soll den Beteiligten, und zwar auch demjenigen, der die erste nachträgliche Anfechtung erklärt hat, die Chance eröffnet werden, auf die veränderte Sachlage erneut zu reagieren. Nach dem eindeutigen Wortlaut der Vorschrift beginnt die zweite Monatsfrist mit Ablauf der Frist nach § 145 Abs. 1, wobei nicht entscheidend 15

1 OLG Nürnberg v. 9.6.1986 – 11 UF 3532/85, FamRZ 1986, 923.
2 OLG Frankfurt v. 24.6.1987 – 1 UF 52/87, FamRZ 1987, 959 (960).
3 MüKo.ZPO/*Finger*, § 629a ZPO Rz. 30; Musielak/*Borth*, § 629a ZPO Rz. 25.
4 BGH v. 22.4.1998 – XII ZR 281/96, FamRZ 1998, 1024 (1025 f.); OLG Nürnberg v. 9.6.1986 – 11 UF 3532/85, FamRZ 1986, 923.
5 OLG Köln v. 10.4.1987 – 25 UF 253/86, FamRZ 1987, 1059 (1061); OLG Nürnberg v. 9.6.1986 – 11 UF 3532/85, FamRZ 1986, 923 (924).
6 Johannsen/Henrich/*Sedemund-Treiber*, § 629a ZPO Rz. 14a; Zöller/*Philippi*, § 629a ZPO Rz. 32.
7 Zöller/*Philippi*, § 629a ZPO Rz. 33.
8 MüKo.ZPO/*Finger*, § 629a ZPO Rz. 32; Zöller/*Philippi*, § 629a ZPO Rz. 31.
9 BGH v. 11.11.1992 – XII ZA 20/92, NJW-RR 1993, 260; Stein/Jonas/*Schlosser*, § 629a ZPO Rz. 14 mit Fn. 64. Ungenau OLG Koblenz v. 3.10.1989 – 11 UF 1524/88, FamRZ 1990, 769 (770), das die Frage im Ergebnis aber offen lässt, weil im konkreten Fall die Monatsfrist eingehalten war.

ist, wann beispielsweise die erste Anschließung zugestellt wurde.[1] Fällt das Ende der ersten Monatsfrist auf einen Sonntag, allgemeinen Feiertag oder Sonnabend, muss § 222 Abs. 2 ZPO berücksichtigt werden, denn es handelt sich nicht um eine einheitliche Gesamtfrist, sondern selbständige, einander nachgeschaltete Fristen.[2] Soweit auf Grund einer verzögerten Zustellung die anderen Beteiligten keine ausreichende Gelegenheit haben, um von der verlängerten Frist Gebrauch zu machen, kann Wiedereinsetzung gewährt werden.[3] Der Ausdruck „innerhalb dieser Frist" darf nicht dahingehend missverstanden werden, dass nur eine Rechtsmittelerweiterung oder -anschließung nach Beginn der Monatsfrist des § 145 Abs. 1 die Fristverlängerung nach Abs. 2 Satz 1 auslöst, vielmehr ist insofern auch eine bereits vorher eingereichte Erklärung ausreichend.[4] § 145 Abs. 2 Satz 2 stellt klar, dass bei erneuter Erweiterung oder Anschließung iSv. § 145 Abs. 1 innerhalb der nach § 145 Abs. 2 Satz 1 verlängerten Frist eine mehrfache Fristverlängerung eintritt.

§ 146
Zurückverweisung

(1) Wird eine Entscheidung aufgehoben, durch die der Scheidungsantrag abgewiesen wurde, soll das Rechtsmittelgericht die Sache an das Gericht zurückverweisen, das die Abweisung ausgesprochen hat, wenn dort eine Folgesache zur Entscheidung ansteht. Das Gericht hat die rechtliche Beurteilung, die der Aufhebung zugrunde gelegt wurde, auch seiner Entscheidung zugrunde zu legen.

(2) Das Gericht, an das die Sache zurückverwiesen wurde, kann, wenn gegen die Aufhebungsentscheidung Rechtsbeschwerde eingelegt wird, auf Antrag anordnen, dass über die Folgesachen verhandelt wird.

A. Normzweck

1 § 146 entspricht im Wesentlichen § 629b ZPO aF, doch wurde die bisher zwingend anzuordnende Zurückverweisung nunmehr als Regel-Vorgabe („soll") ausgestaltet. In der Sache geht es um Fälle, in denen ein Scheidungsantrag abgewiesen wird und sich damit die Folgesachen scheinbar nach § 142 Abs. 2 Satz 1 erledigen oder als selbständige Familiensachen fortzuführen sind. Gelangt die übergeordnete Instanz zum gegenteiligen Ergebnis, dass die Scheidung auszusprechen ist, stellt sich die Frage, wie dem **Verbundgedanken Rechnung getragen** werden kann. Durch ein Hinaufziehen der wieder auflebenden Folgesachen (§ 142 Rz. 13) in die höhere Instanz ginge den Beteiligten eine Instanz verloren. Daher entscheidet sich das Gesetz in § 146 grundsätzlich für die gegenteilige Lösung: Durch Aufhebung der abweisenden Entscheidung und Zurückverweisung der Scheidungssache wird der Verbund in der Vorinstanz wiederhergestellt, wobei durch die Neufassung der Vorschrift klargestellt wird, dass hiervon im

1 OLG Karlsruhe v. 3.12.1987 – 2 UF 141/86, FamRZ 1988, 412; Zöller/*Philippi*, § 629a ZPO Rz. 35; MüKo.ZPO/*Finger*, § 629a ZPO Rz. 35; teilw. aA Schwab/*Maurer/Borth*, Rz. I 836.
2 Musielak/*Borth*, § 629a ZPO Rz. 25; Zöller/*Philippi*, § 629a ZPO Rz. 35.
3 MüKo.ZPO/*Finger*, § 629a ZPO Rz. 35.
4 Johannsen/Henrich/*Sedemund-Treiber*, § 629a ZPO Rz. 16.

Ausnahmefall abgesehen werden kann. Die Vorschrift ist sowohl in der Beschwerde- als auch der Rechtsbeschwerdeinstanz anwendbar.

B. Aufhebung und Zurückverweisung

Praktische Relevanz besitzt die Regelung vor allem in Fällen, in denen ein **vorzeitig gestellter Scheidungsantrag** vom FamG abgewiesen wird.[1] Läuft während des Beschwerdeverfahrens das Trennungsjahr ab, ist dies nämlich gem. § 68 Abs. 3 Satz 1 beachtlich (§ 124 Rz. 18). Eine entsprechende Anwendung der Vorschrift kommt in Frage, wenn die zweite Instanz erstmalig mit einem begründeten Scheidungsantrag befasst ist, entweder auf Grund einer zulässigen Antragsänderung (§ 113 Rz. 15)[2] oder weil erstmals über einen hilfsweise gestellten Scheidungsantrag zu entscheiden ist, nach dem die Voraussetzungen für die in erster Instanz ausgesprochene Aufhebung der Ehe vom Beschwerdegericht verneint wurden.[3] Doch wird man hier im Einzelfall – um den Beteiligten Zeit und Kosten zu ersparen – darüber nachdenken müssen, ob nicht von der nunmehr ausdrücklich eröffneten Möglichkeit Gebrauch gemacht werden sollte, von einer Zurückverweisung abzusehen. Von dieser Ausnahme kann das OLG auch dann Gebrauch machen, wenn es im Wiederaufnahmeverfahren einen Scheidungsausspruch aufhebt und erneut über Scheidung und Folgesachen (vgl. § 118 Rz. 4) zu befinden hat.[4] 2

In der **dritten Instanz** kommt die Regelung naturgemäß nur äußerst selten zur Anwendung: Kann der BGH bereits abschließend beurteilen, dass einem Scheidungsantrag entgegen der Entscheidung beider Vorinstanzen stattzugeben ist, muss an das FamG zurückverwiesen werden, wenn dort noch Folgesachen anhängig sind; ist dem BGH keine abschließende Beurteilung möglich, muss an die Vorinstanz zurückverwiesen werden.[5] Hatte bereits das FamG die Scheidung ausgesprochen, ist an das OLG zurückzuverweisen, soweit dort noch Folgesachen zur Entscheidung anstehen, andernfalls hat der BGH selbst zu entscheiden, soweit ihm eine eigene Entscheidung möglich ist (§ 74 Abs. 6 Satz 1).[6] 3

Voraussetzung für die Zurückverweisung ist, dass in der unteren Instanz **eine Folgesache iSv. § 137 Abs. 2 und 3 „zur Entscheidung ansteht"**. Dabei ist nicht erforderlich, dass diese Sache bereits anhängig ist. Vielmehr ist ausreichend, dass über sie von Amts wegen nach § 142 Abs. 1 Satz 1 zusammen mit dem Ausspruch der Scheidung zu entscheiden sein wird.[7] Dabei wird regelmäßig zumindest noch der Versorgungsausgleich durchzuführen sein. Bei antragsabhängigen Folgesachen müssen grundsätz- 4

1 Vgl. etwa BGH v. 4.12.1996 – XII ZR 231/95, FamRZ 1997, 347; OLG Koblenz v. 10.9.2007 – 13 UF 278/07, FamRZ 2008, 996; OLG Naumburg v. 30.6.2006 – 4 UF 13/06, FamRZ 2007, 298 f.; OLG Brandenburg v. 23.1.2003 – 9 UF 87/02, FamRZ 2003, 1192 f.; OLG Hamm v. 24.1.1996 – 8 UF 288/95, FamRZ 1996, 1078; OLG Köln v. 19.6.1980 – 14 UF 86/79, FamRZ 1980, 1048.

2 OLG Stuttgart v. 25.1.2007 – 11 UF 169/06, FamRZ 2007, 1111 (1112); OLG Hamburg v. 31.8.1982 – 2a UF 16/81, FamRZ 1982, 1211 (1212); vgl. auch OLG Karlsruhe v. 18.9.1987 – 16 UF 116/87, IPRax 1990, 52 (53); Schwab/*Maurer/Borth*, Rz. I 304; aA Zöller/*Philippi*, § 611 ZPO Rz. 6.

3 OLG Brandenburg v. 16.10.2007 – 10 UF 141/07, FamRZ 2008, 1534 (1535).

4 Vgl. KG v. 4.1.1989 – 18 UF 5704/87, FamRZ 1989, 647 (648), das von der Nichtanwendbarkeit der Vorschrift ausging.

5 Musielak/*Borth*, § 629b ZPO Rz. 2; Zöller/*Philippi*, § 629b ZPO Rz. 2.

6 MüKo.ZPO/*Finger*, § 629b ZPO Rz. 13; Zöller/*Philippi*, § 629b ZPO Rz. 5.

7 OLG Dresden v. 17.1.2003 – 10 UF 789/02, FamRZ 2003, 1193 (1194); OLG Frankfurt v. 9.1.2002 – 2 UF 62/01, NJW-RR 2002, 577 (578); OLG Karlsruhe v. 9.10.1980 – 16 UF 35/80, FamRZ 1981, 191 (192); OLG Celle v. 16.11.1978 – 12 UF 220/77, FamRZ 1979, 234 (235).

lich die Fristen des § 137 Abs. 2 und 3 eingehalten worden sein, dabei beginnen durch die Zurückverweisung die Fristen auch nicht erneut zu laufen (§ 137 Rz. 53). Kein Anlass für eine Zurückverweisung sind Folgesachen, die durch Abtrennung gem. § 140 endgültig aus dem Verbund ausgeschieden sind. Demgegenüber werden als selbständige Familiensachen nach § 142 Abs. 2 Satz 3 fortgeführte Verfahrensgegenstände – bei entsprechender Änderung des Antrags – wieder Bestandteil des Verfahrensverbunds, weil sie nur auf Grund der erstinstanzlichen Abweisung des Scheidungsantrags aus dem Verbund gelöst wurden.[1]

5 Werden die Folgesachen in der höheren Instanz wirksam **zurückgenommen** (§ 113 Abs. 1 Satz 2 FamFG iVm. § 269 ZPO bzw. § 22 FamFG) oder durch gerichtlichen **Vergleich** iSv. § 794 Abs. 1 Nr. 1 ZPO oder § 36 FamFG erledigt, besteht kein Raum für eine Zurückverweisung. Gelangt das Gericht zur Einschätzung, dass die Durchführung des Versorgungsausgleichs auf Grund einer Vereinbarung nach §§ 6 bis 8 VersAusglG ausgeschlossen ist, kann gleichwohl zurückzuverweisen sein, denn insofern ist nunmehr stets eine in Rechtskraft erwachsende Feststellung zu treffen (§ 224 Abs. 3). Allerdings wird man im Hinblick auf den Soll-Charakter der Vorschrift von einer Zurückverweisung Abstand nehmen können, wenn an der Wirksamkeit der Vereinbarung keinerlei Zweifel bestehen.[2] In Kindschaftssachen hat ein Vergleich mangels Dispositionsbefugnis der Beteiligten keine unmittelbar verfahrensbeendende Wirkung, vielmehr bedarf es hierfür der gerichtlichen Billigung (§ 156 Abs. 2) oder der Übernahme in einer gerichtlichen Entscheidung. In entsprechender Anwendung von § 140 kann das Rechtsmittelgericht die Scheidung vorab aussprechen, soweit die Voraussetzungen für eine **Abtrennung** gegeben wären, wenn die Scheidungssache zusammen mit den Folgesachen in die Rechtsmittelinstanz gelangt wäre.[3]

6 § 146 Abs. 1 Satz 1 ist – dem strikten Charakter des Verbundprinzips entsprechend (§ 137 Rz. 20) – eine zwingende Norm, die nicht zur Disposition der Beteiligten steht.[4] Allerdings handelt es sich nach neuem Recht um eine **Soll-Vorschrift**, so dass in Ausnahmefällen von der Aufhebung und Zurückverweisung abgesehen werden kann, wenn diese zu einer unnötigen Verfahrensverzögerung führen würde, die nicht durch nachvollziehbare Rechtsschutzinteressen eines Beteiligten gerechtfertigt erscheint. Soweit ein Ausnahmefall gegeben ist, impliziert die Vorschrift auch die Befugnis des Rechtsmittelgerichts, in der Vorinstanz anhängige bzw. zur Entscheidung anstehende Folgesachen an sich zu ziehen und selbst zu entscheiden. Dabei handelt es sich zum einen um Konstellationen, die schon auf der Grundlage des bisherigen Rechts – trotz des engeren Gesetzeswortlauts – überwiegend anerkannt waren, in denen die Beteiligten mit einer Entscheidung der höheren Instanz einverstanden sind und der Sachverhalt so vollständig aufgeklärt ist, dass durch den Verlust einer Tatsacheninstanz kein Nachteil entsteht,[5] oder in einer Frage (zB Sorge oder Umgang) der Sache nach Einig-

1 Zöller/*Philippi*, § 629b ZPO Rz. 4; Musielak/*Borth*, § 629b ZPO Rz. 3 f.
2 Zum bisherigen Recht vgl. OLG Zweibrücken v. 6.4.2006 – 6 UF 208/05, FamRZ 2006, 1210 (1211); OLG Köln v. 1.7.1999 – 14 UF 225/98, FamRZ 2000, 819 (820); demgegenüber strenger schon Musielak/*Borth*, § 629b ZPO Rz. 3.
3 MüKo.ZPO/*Finger*, § 629b ZPO Rz. 11.
4 OLG Dresden v. 17.1.2003 – 10 UF 789/02, FamRZ 2003, 1193 (Ls. 2); MüKo.ZPO/*Finger*, § 629b ZPO Rz. 10.
5 OLG Stuttgart v. 25.1.2007 – 11 UF 169/06, FamRZ 2007, 1111 (1112); OLG Oldenburg v. 5.6.1998 – 11 UF 50/98, FamRZ 1998, 1528; OLG Frankfurt v. 8.1.1980 – 3 UF 325/78, FamRZ 1980, 710 (712); OLG Frankfurt v. 9.1.2002 – 2 UF 62/01, NJW-RR 2002, 577 (578) (Abstandnahme wegen Widerspruch eines Beteiligten). AA OLG Dresden v. 17.1.2003 – 10 UF 789/02, FamRZ 2003, 1193 (1194); OLG Naumburg v. 30.6.2006 – 4 UF 13/06, FamRZ 2007, 298 (299).

keit besteht.[1] Zum anderen wird man die Anwendung der Vorschrift in atypischen Verfahrenskonstellationen in Erwägung ziehen können (Rz. 2). Doch ist der Umstand, dass die Scheidungsvoraussetzungen erst in der Rechtsmittelinstanz gegeben sind, für sich genommen kein Anlass, von der Aufhebung und Zurückverweisung Abstand zu nehmen.[2]

Die Entscheidung über die **Kosten** des Rechtsmittelverfahrens erfolgt regelmäßig durch das Gericht, an das die Sache zurückverwiesen wird. Eine Ausnahme gilt dann, wenn das Beschwerdegericht bereits abschließend über die Kosten entscheiden kann, vor allem wenn sie dem Rechtsmittelführer deshalb aufzuerlegen sind, weil das Trennungsjahr erst in der zweiten Instanz abgelaufen ist (§ 150 Rz. 22, § 124 Rz. 18).[3] 7

C. Fortgang des Verfahrens

Zur Aufrechterhaltung des Verbunds ist unter Aufhebung des abweisenden Beschlusses die Sache an das Gericht zurückzuverweisen, das die Abweisung ausgesprochen hat. Die Zurückverweisung erfolgt auf Antrag (§ 281 ZPO) an das örtlich zuständige Familiengericht und nicht zwingend an das Gericht, das als Vorinstanz entschieden hat.[4] Die in § 146 Abs. 1 Satz 2 angeordnete **Bindungswirkung** entspricht § 74 Abs. 6 Satz 4,[5] sie erstreckt sich nicht auch auf die Folgesachen, mit denen die höhere Instanz im Fall der Zurückverweisung gar nicht befasst ist, sondern beschränkt sich auf die Scheidungssache.[6] Durch die Zurückverweisung wird der Verfahrensverbund iSv. § 137 Abs. 1 wieder hergestellt. 8

Nach § 146 Abs. 2 kann das Gericht, an das die Sache zurückverwiesen wurde, auf Antrag anordnen, dass **über die Folgesachen verhandelt** wird, wenn gegen die Aufhebungsentscheidung Rechtsbeschwerde eingelegt wird. Ausschlaggebend ist, ob hierdurch eine spürbare Verfahrensbeschleunigung erzielt werden kann. Da §§ 58 ff. keine abschließende Regelung treffen,[7] wird man bei Ablehnung des Antrags eine Anfechtung nach § 567 Abs. 1 Nr. 2 ZPO analog zulassen können.[8] Wird Termin zur Fortsetzung der Folgesache anberaumt, ist hiergegen kein Rechtsmittel gegeben. In der Sache entscheiden kann das Gericht freilich erst dann, wenn der Zurückverweisungsbeschluss rechtskräftig geworden ist. 9

1 OLG Oldenburg v. 5.6.1998 – 11 UF 50/98, FamRZ 1998, 1528; OLG Frankfurt v. 8.1.1980 – 3 UF 325/78, FamRZ 1980, 710 (712); OLG Köln v. 19.6.1980 – 14 UF 86/79, FamRZ 1980, 1048 (1049); OLG Karlsruhe v. 2.8.1983 – 18 UF 149/82, FamRZ 1984, 57 (58 f.).

2 Vgl. BT-Drucks. 16/6308, S. 232 f.

3 Zöller/*Philippi*, § 629b ZPO Rz. 7. Demgegenüber wird dem Rechtsmittelgericht vielfach ein Ermessensspielraum eingeräumt, ob in diesen Fällen eine eigene Kostenentscheidung zu treffen ist, OLG Zweibrücken v. 23.1.2003 – 9 UF 87/02, FamRZ 2003, 1192 (Ls. 2) (Abdruck der Entscheidungsgründe in juris); MüKo.ZPO/*Finger*, § 629b ZPO Rz. 12 und 16.

4 OLG Zweibrücken v. 7.11.1984 – 2 UF 46/84, FamRZ 1985, 81 (82); OLG Hamburg v. 12.10.1982 – 2 UF 89/82 R, FamRZ 1983, 612 (613); Baumbach/*Hartmann*, § 146 FamFG Rz. 5.

5 OLG Düsseldorf v. 27.3.1981 – 3 UF 269/80, FamRZ 1981, 808.

6 BGH v. 4.12.1996 – XII ZR 231/95, FamRZ 1997, 347 (348); OLG Naumburg v. 30.6.2006 – 4 UF 13/06, FamRZ 2007, 298.

7 BT-Drucks. 16/6308, S. 203.

8 Im Ergebnis so auch Baumbach/*Hartmann*, § 146 FamFG Rz. 6, wobei der Verweis auf § 113 Abs. 1 Satz 2 wegen des beschränkten Verweisungsumfangs für sich genommen nicht trägt.

§ 147
Erweiterte Aufhebung

Wird eine Entscheidung auf Rechtsbeschwerde teilweise aufgehoben, kann das Rechtsbeschwerdegericht auf Antrag eines Beteiligten die Entscheidung auch insoweit aufheben und die Sache zur anderweitigen Verhandlung und Entscheidung an das Beschwerdegericht zurückverweisen, als dies wegen des Zusammenhangs mit der aufgehobenen Entscheidung geboten erscheint. Eine Aufhebung des Scheidungsausspruchs kann nur innerhalb eines Monats nach Zustellung der Rechtsmittelbegründung oder des Beschlusses über die Zulassung der Rechtsbeschwerde, bei mehreren Zustellungen bis zum Ablauf eines Monats nach der letzten Zustellung, beantragt werden.

A. Normzweck

1 Die Vorschrift entspricht § 629c ZPO aF und will in **Fortführung des Verbundgedankens** sicherstellen, dass auch in der dritten Instanz die aufeinander abgestimmten Teile einer Verbundentscheidung nicht auseinander gerissen werden und in Widerspruch zueinander geraten. Anlass für die Regelung ist die Besonderheit des Rechtsbeschwerdeverfahrens, wonach eine Anfechtung sowohl durch Haupt- als auch Anschlussrechtsmittel nur insoweit statthaft ist, als die Rechtsbeschwerde gem. § 70 Abs. 1 und 2 vom OLG zugelassen wurde. § 147 eröffnet den Ehegatten daher die Möglichkeit, die Aufhebung und Zurückverweisung auch solcher Bestandteile der Verbundentscheidung zu beantragen, die mit den vom BGH auf die Rechtsbeschwerde hin aufgehobenen Entscheidungsteilen sachlich zusammenhängen.

2 Solange der Antrag nach § 147 möglich ist, erwachsen auch die nicht angefochtenen Teile einer zweitinstanzlichen Verbundentscheidung **nicht in Rechtskraft**. Während ursprünglich diese Frage umstritten war, kann sie als geklärt gelten, seitdem der Gesetzgeber § 629c Satz 2 ZPO aF (= § 147 Satz 2) mit dem expliziten Ziel in das Gesetz eingefügt hat, den Eintritt der Rechtskraft des Scheidungsausspruchs zu beschleunigen.[1] Der praktische Nutzen von § 147 ist verschwindend gering, da in den einschlägigen Fallkonstellationen regelmäßig schon allgemeine Institute zur Verfügung stehen (§§ 48, 238 ff. FamFG, § 767 ZPO, § 1696 BGB), um die nicht angefochtenen Gegenstände der Verbundentscheidung an die in der Rechtsbeschwerdeinstanz geänderten Entscheidungsteile anzupassen.[2]

B. Erweiterte Aufhebung durch BGH

3 Anwendbar ist die Vorschrift nur dann, wenn der BGH eine durch Rechtsbeschwerde angegriffene **Verbundentscheidung eines OLG teilweise aufhebt**. Dabei kann sich die erweiterte Aufhebung nur auf die Verfahrensbestandteile beziehen, über die das OLG befunden hat, demgegenüber nicht auf Gegenstände der erstinstanzlichen Entscheidung, die nicht in die zweite Instanz gelangt sind.[3] Hebt der BGH die Entscheidung

1 Eingefügt durch UÄndG v. 20.2.1986, vgl. BT-Drucks. 10/2888, S. 46. Zur Diskussion vgl. *Deneke*, FamRZ 1987, 1214 (1218 f.).
2 MüKo.ZPO/*Finger*, § 629c ZPO Rz. 2; Wieczorek/Schütze/*Kemper*, § 629c ZPO Rz. 4; weniger krit. demgegenüber *Deneke*, FamRZ 1987, 1214 ff.
3 OLG Frankfurt v. 10.9.1984 – 3 UF 86/83, FamRZ 1985, 821 (822).

der Vorinstanz auf und weist den Scheidungsantrag ab, besteht kein Raum für die Anwendung der Vorschrift, weil die Folgesachen gem. § 142 Abs. 2 Satz 1 gegenstandslos werden. Ist der Scheidungsausspruch demgegenüber aufzuheben und das Verfahren an die Vorinstanz zurückzuverweisen, muss die Aufhebung der nicht angefochtenen Folgesachen angeordnet werden, weil diese sonst rechtskräftig werden, da sie nicht nach § 145 Abs. 1 angefochten werden können,[1] denn die einmal verfristete Möglichkeit zur Rechtsmittelerweiterung oder -anschließung lebt nach der Zurückverweisung nicht wieder auf. Nicht einschlägig ist § 147 auch dann, wenn der BGH einem Scheidungsantrag entgegen der Vorinstanz stattgibt, weil dann das OLG wegen § 142 Abs. 2 Satz 1 über Folgesachen nicht entschieden hat; hier ist nach § 146 vorzugehen. Nach Sinn und Zweck der Vorschrift ist ihre Anwendung ausgeschlossen, soweit das OLG die Rechtsbeschwerde zugelassen hat und die Möglichkeit besteht, die sachlich zusammenhängenden Verfahrensteile insgesamt anzufechten. Andernfalls würde das Fristensystem des § 145 Abs. 1 für die Anschließung und Rechtsmittelerweiterung in der Rechtsbeschwerdeinstanz unterlaufen.[2]

Ein **Zusammenhang** zwischen dem auf die Rechtsbeschwerde aufgehobenen Teil der Verbundentscheidung und einem anderen Teil der OLG-Entscheidung besteht dann, wenn diese im Interesse einer widerspruchsfreien Rechtsfindung aufeinander abgestimmt werden sollten.[3] Ist etwa im Rahmen eines Verfahrens auf Zuweisung der elterlichen Sorge der Aufenthalt des Kindes streitig, hängt sowohl die Geltendmachung von Betreuungsunterhalt nach § 1570 BGB[4] als auch die Bestimmung, welcher Elternteil barunterhaltspflichtig ist (vgl. § 1606 Abs. 3 Satz 2 BGB), von dieser Weichenstellung ab. Das Gleiche gilt für die Zuweisung der Ehewohnung und die Verteilung von Haushaltsgegenständen, weil auf das Wohl der im Haushalt lebenden Kinder Rücksicht zu nehmen ist (§§ 1568a Abs. 1, 1568b Abs. 1 BGB). Außerdem kann es geboten sein, zusammen mit einer Sorgerechtsentscheidung auch eine getroffene Umgangsregelung aufzuheben, um eine abgestimmte Entscheidung über beide Aspekte zu ermöglichen.[5] Die Entscheidung über den Zugewinnausgleich hat Auswirkungen auf Nebenentscheidungen nach §§ 1382, 1383 BGB.[6] Ansprüche auf Zugewinn und Unterhalt können sich vor dem Hintergrund der Rechtsprechung zum sog. Doppelverwertungsverbot gegenseitig beeinflussen,[7] auch ist denkbar, dass bei Anwendung einer Härteklausel des Scheidungsfolgenrechts zu berücksichtigen ist, inwieweit der Betroffene bereits auf andere Weise abgesichert ist.[8] Die theoretisch anerkannte Möglich- 4

1 Zöller/*Philippi*, § 629c ZPO Rz. 3; Musielak/*Borth*, § 629c ZPO Rz. 2. BGH v. 26.11.1986 – IVb ZR 92/85, FamRZ 1987, 264 (265) ist durch die Neufassung von § 145 Abs. 1 (= § 629a Abs. 3 ZPO aF) überholt.

2 MüKo.ZPO/*Finger*, § 629c ZPO Rz. 8; Zöller/*Philippi*, § 629c ZPO Rz. 10; nunmehr auch Johannsen/Henrich/*Sedemund-Treiber*, § 629c ZPO Rz. 8; aA Musielak/*Borth*, § 629c ZPO Rz. 8; Stein/Jonas/*Schlosser*, § 629c ZPO Rz. 3.

3 BGH v. 18.6.1986 – IVb ZB 105/84, FamRZ 1986, 895 (897).

4 BGH v. 18.6.1986 – IVb ZB 105/84, FamRZ 1986, 895 (896 f.).

5 BGH v. 27.4.1994 – XII ZR 158/93, FamRZ 1994, 827 (829); teilweise aA Musielak/*Borth*, § 629c ZPO Rz. 3 und MüKo.ZPO/*Finger*, § 629c ZPO Rz. 7, soweit Regelung des Umgangs oder Anordnung von Kindesherausgabe durch Aufhebung einer Sorgerechtsentscheidung gegenstandslos würden, bedürfte es keiner erweiterten Aufhebung.

6 MüKo.ZPO/*Finger*, § 629c ZPO Rz. 7.

7 Vgl. BGH v. 11.12.2002 – XII ZR 27/00, FamRZ 2003, 432 f.; BGH v. 21.4.2004 – XII ZR 185/01, FamRZ 2004, 1352 f.; BGH v. 6.2.2008 – XII ZR 45/06, NJW 2008, 1221 ff.

8 OLG Hamm v. 20.10.2008 – II-4 UF 67/08, FamRZ 2009, 367 f. im anderen Kontext zu § 1587c BGB aF.

keit, sogar den Scheidungsausspruch wegen Sachzusammenhangs aufzuheben, besitzt keinerlei praktische Bedeutung.[1]

5 Erforderlich ist ein **Antrag** auf erweiterte Aufhebung, der nach ganz überwiegender Auffassung nicht von Drittbeteiligten, sondern nur von den Ehegatten selbst gestellt werden kann, weil die Vorschrift nur dem Schutz ihrer Interessen dient.[2] Gem. § 114 Abs. 2 muss der Antrag von einem beim BGH zugelassenen Rechtsanwalt gestellt werden. Eine Befristung sieht § 147 Satz 2 nur für den Antrag auf (erweiterte) **Aufhebung des Scheidungsausspruchs** vor. Das insofern geltende Fristenregime entspricht der Regelung des § 145 Abs. 1, dabei läuft die alternative Anknüpfung an den „Beschluss über die Zulassung der Rechtsbeschwerde"[3] ins Leere, nachdem eine Nichtzulassungsbeschwerde im neuen Recht nicht mehr vorgesehen ist (§ 117 Rz. 72). Demgegenüber kann der Antrag auf (erweiterte) **Aufhebung einer Folgesache** bis zum Schluss der mündlichen Verhandlung gestellt werden,[4] soweit eine solche nicht durchzuführen ist, bis zur Entscheidung des BGH.[5] Kommt eine Teilaufhebung in einer Folgesache in Frage, hat der BGH auf die Möglichkeit zur Stellung eines Antrags nach § 147 Satz 1 hinzuweisen, weil die Ehegatten sonst gezwungen wären, vorsorglich entsprechende Anträge zu stellen.[6]

6 Nach § 67 Abs. 2 analog können die Ehegatten nach Einlegung der Rechtsbeschwerde auf ihr Antragsrecht nach § 147 Satz 1 **verzichten**. In entsprechender Anwendung von § 144 kann hinsichtlich des Scheidungsausspruchs dieser Verzicht auch schon nach Bekanntgabe der zweitinstanzlichen Entscheidung erklärt werden.[7]

C. Fortgang des Verfahrens

7 Nimmt der BGH eine erweiterte Aufhebung nach § 147 Satz 1 vor, so verweist er die zusammenhängenden Teile der Verbundentscheidung zur Verhandlung und Entscheidung zurück an das OLG. Allerdings kann der BGH über die ihm angefallenen Verfahrensgegenstände unter den Voraussetzungen des § 74 Abs. 6 Satz 1 auch selbst entscheiden und nur im Übrigen an die Vorinstanz zurückverweisen.[8] Eine eigene Entscheidung über die nach § 147 Satz 1 aufzuhebenden weiteren Verfahrensteile ist ihm demgegenüber verwehrt.[9]

1 Musielak/*Borth*, § 629c ZPO Rz. 3; Zöller/*Philippi*, § 629c ZPO Rz. 6; dazu *Deneke*, FamRZ 1987, 1214 (1216 f.).

2 MüKo.ZPO/*Finger*, § 629c ZPO Rz. 5 f.; Musielak/*Borth*, § 629c ZPO Rz. 4; aA Baumbach/*Hartmann*, § 147 FamFG Rz. 4.

3 Eingefügt durch das ZPO-Reformgesetz mit Wirkung zum 1.1.2002, vgl. auch BT-Drucks. 14/4722, S. 120.

4 Zöller/*Philippi*, § 629c ZPO Rz. 8.

5 MüKo.ZPO/*Finger*, § 629c ZPO Rz. 5; Musielak/*Borth*, § 629c ZPO Rz. 5.

6 Johannsen/Henrich/*Sedemund-Treiber*, § 629c ZPO Rz. 6; Zöller/*Philippi*, § 629c ZPO Rz. 8b.

7 BGH v. 15.2.1984 – IVb ZB 577/80, NJW 1984, 2829 f.; MüKo.ZPO/*Finger*, § 629a ZPO Rz. 44; Johannsen/Henrich/*Sedemund-Treiber*, § 629c ZPO Rz. 4.

8 Musielak/*Borth*, § 629c ZPO Rz. 7; Zöller/*Philippi*, § 629c ZPO Rz. 9; aA Johannsen/Henrich/*Sedemund-Treiber*, § 629c ZPO Rz. 7.

9 BGH v. 18.6.1986 – IVb ZB 105/84, FamRZ 1986, 895 (897).

gesamte Verbundentscheidung, doch wird der Scheidungsausspruch nach Ablauf der in § 147 Satz 2 festgelegten Frist rechtskräftig, wenn bis dahin kein entsprechender Antrag gestellt wurde.[1]

III. Antrag auf Verfahrenskostenhilfe und Wiedereinsetzung

Soweit innerhalb der Rechtsmittelfrist lediglich ein Antrag auf **Verfahrenskostenhilfe** für die Einlegung des Rechtsmittels gestellt wird, hindert dies zunächst nicht den Eintritt der Rechtskraft. Wird dem Betroffenen jedoch später auf entsprechenden Antrag und bei Nachholung des Rechtsmittels **Wiedereinsetzung in den vorigen Stand** gewährt, wird hierdurch die Rechtskraft rückwirkend beseitigt.[2] Soweit in dieser Situation nicht die Ausstellung des Rechtskraftzeugnisses verweigert wird, kann es – zumindest vorübergehend – zum Abschluss einer Doppelehe kommen.[3] 6

C. Wirksamwerden der Entscheidungen in Folgesachen

§ 148 bestimmt lediglich, dass Entscheidungen in Folgesachen niemals vor Rechtskraft des Scheidungsausspruchs wirksam werden, im Übrigen richten sich die Voraussetzungen **nach allgemeinen Regeln**. Während Entscheidungen in Familienstreitsachen gem. § 116 Abs. 3 Satz 1 mit Rechtskraft wirksam werden, stellt § 40 Abs. 1 für Entscheidungen in Familiensachen der fG auf die Bekanntgabe ab. Doch gelten Ausnahmen für den Versorgungsausgleich (§ 224 Abs. 1) sowie für Entscheidungen in Ehewohnungs- und Haushaltssachen (§ 209 Abs. 2 Satz 1), die ebenfalls erst mit Rechtskraft wirksam werden, so dass die allgemeine Regel des § 40 Abs. 1 nur für Kindschaftssachen iSv. § 137 Abs. 3 einschlägig ist. 7

Allerdings wirken sich die Besonderheiten des Verbundverfahrens auch auf das Wirksamwerden von Entscheidungen in Folgesachen aus: Wird eine Verbundentscheidung teilweise angefochten, hindert dies wegen der Möglichkeit der **Rechtsmittelerweiterung und verfahrensübergreifenden Rechtsmittelanschließung** den Eintritt der Rechtskraft insgesamt. Erst wenn innerhalb der Fristen des § 145 keine Rechtsmittelerweiterung vorgenommen wurde, werden die nicht angegriffenen Teile der Verbundentscheidung rechtskräftig. Beschleunigt wird der Eintritt der Rechtskraft, wenn die Beteiligten auf Haupt- und Anschlussrechtsmittel verzichten (Rz. 4). Die Reichweite eines Rechtsmittelverzichts bestimmt sich nach seinem objektiven Erklärungswert;[4] dabei kann grundsätzlich davon ausgegangen werden, dass ein ohne weitere Einschränkungen erklärter Rechtsmittelverzicht sich auf den Scheidungsausspruch und sämtliche Folgesachen bezieht.[5] Hat das OLG im Verbund die Scheidung ausgesprochen und in einer Folgesache die Rechtsbeschwerde zugelassen, verzögert sich wegen § 147 der Eintritt der Rechtskraft auch für den nicht anfechtbaren/angefochtenen Teil der Verbundentscheidung, soweit nicht die Ehegatten auf den **Antrag auf erweiterte Aufhebung** verzichten (Rz. 5). 8

1 MüKo.ZPO/*Finger*, § 629c ZPO Rz. 11.
2 BGH v. 18.3.1987 – IVb ZR 44/86, FamRZ 1987, 570 f.; OLG Zweibrücken v. 20.9.1994 – 5 UF 197/91, FamRZ 1995, 619; OLG Stuttgart v. 17.11.1986 – 17 UF 297/85, Justiz 1988, 159 (160).
3 MüKo.ZPO/*Finger*, § 629d ZPO Rz. 4; Zöller/*Philippi*, § 629d ZPO Rz. 10.
4 BGH v. 8.7.1981 – IVb ZB 660/80, FamRZ 1981, 947 f.; OLG Frankfurt v. 9.11.2005 – 3 UF 151/05, OLGReport 2006, 561 f.
5 BGH v. 25.6.1986 – IVb ZB 75/85, FamRZ 1986, 1089.

9 Wird über abgetrennte Folgesachen vorab entschieden, sollte im Tenor darauf hingewiesen werden, dass die Entscheidung erst wirksam wird, wenn die Ehe rechtskräftig geschieden ist.[1] Zur Anordnung der **sofortigen Wirksamkeit** von Entscheidungen in Unterhalts- und Güterrechtsfolgesachen vgl. § 116 Rz. 25 ff.

§ 149
Erstreckung der Bewilligung von Verfahrenskostenhilfe

Die Bewilligung der Verfahrenskostenhilfe für die Scheidungssache erstreckt sich auf eine Versorgungsausgleichsfolgesache, sofern nicht eine Erstreckung ausdrücklich ausgeschlossen wird.

1 In Übereinstimmung mit § 624 Abs. 2 ZPO aF erstreckt § 149 die Bewilligung der Verfahrenskostenhilfe für die Scheidungssache auch **ohne besonderen Ausspruch** auf eine Versorgungsausgleichsfolgesache, sofern die Erstreckung nicht ausdrücklich ausgeschlossen wird. Die Vorschrift findet auf die Beiordnung eines Rechtsanwalts entsprechende Anwendung.[2]

2 Die Bewilligung der **Verfahrenskostenhilfe für das Scheidungsverfahren** richtet sich gem. § 113 Abs. 1 Satz 2 nach den Vorschriften der Zivilprozessordnung (§§ 114 ff. ZPO), doch ergibt sich hieraus kaum ein relevanter Unterschied zu den Familiensachen der fG, denn auch die Vorschriften über die Gewährung von Verfahrenskostenhilfe verweisen in weitem Umfang auf die ZPO (§ 76 Abs. 1). Da sich der Antragsgegner dem Scheidungsverfahren nicht (durch ein sofortiges Anerkenntnis oä.) entziehen kann und es sein gutes Recht ist, an der Ehe festhalten zu wollen, ist ihm Verfahrenskostenhilfe für das Scheidungsverfahren unabhängig davon zu gewähren, ob er dem (begründeten) Scheidungsantrag zustimmt, sich ihm widersetzt, einen eigenen (parallelen) Scheidungsantrag oder gar keinen Antrag stellt.[3] Eine Ausnahme gilt nur dann, wenn der Antragsteller einen (vor allem mangels Ablaufs der Trennungsfrist) offensichtlich unbegründeten Antrag stellt und der Antragsgegner gleichfalls die Scheidung der Ehe anstrebt.[4] Zu weiteren Einzelheiten vgl. § 76 insbesondere Rz. 38.

3 Regelmäßig wird es sich bei der **Versorgungsausgleichsfolgesache** um den nach § 137 Abs. 2 Satz 2 von Amts wegen durchzuführenden Wertausgleich bei der Scheidung nach §§ 9 ff. VersAusglG handeln. Der Wille des Gesetzgebers, den Anwendungsbereich auf derartige Amtsverfahren zu beschränken,[5] hat im Wortlaut der Vorschrift keinen Niederschlag gefunden. Daher werden Ausgleichsansprüche nach der Scheidung iSv. §§ 20 ff. VersAusglG sowie der bei Scheidung nach ausländischem Recht auf Antrag durchzuführende VA nach Art. 17 Abs. 3 Satz 2 EGBGB auch von § 149 erfasst,

1 Musielak/*Borth*, § 629d ZPO Rz. 6; Zöller/*Philippi*, § 629d ZPO Rz. 11.
2 OLG Köln v. 17.9.2007 – 25 WF 204/07, FamRZ 2008, 707.
3 OLG Bamberg v. 2.3.1994 – 2 WF 32/94, FamRZ 1995, 370 f.; OLG Düsseldorf v. 1.9.1989 – 3 WF 196/89, FamRZ 1990, 80; Schwab/*Maurer/Borth*, Rz. I 154; Zöller/*Philippi*, § 114 ZPO Rz. 42; MüKo.ZPO/*Finger*, § 624 ZPO Rz. 8.
4 MüKo.ZPO/*Finger*, § 624 ZPO Rz. 8.
5 BT-Drucks. 10/2888, S. 28.

soweit sie Folgesachen sind (§ 137 Rz. 29).[1] Das Gleiche gilt für den Auskunftsanspruch nach § 4 VersAusglG, der ebenfalls eine Versorgungsausgleichsfolgesache iSv. § 137 Abs. 2 Satz 1 iVm. § 217 ist.[2] Da es nicht darauf ankommt, ob das Verfahren im Verbund geführt wird, findet die Vorschrift auch nach einer Abtrennung Anwendung (vgl. § 137 Abs. 5 Satz 1).

Es besteht regelmäßig kein Spielraum, eine von Amts wegen einzuleitende Versorgungsausgleichsfolgesache, der die Beteiligten sich nicht entziehen können, von der VKH-Bewilligung **auszuschließen**, und zwar selbst dann nicht, wenn die konkret gestellten Anträge keine Aussicht auf Erfolg haben.[3] Demgegenüber gelten für die antragsabhängigen Ausgleichsansprüche nach der Scheidung, die der vollen Disposition der Beteiligten unterliegen, die allgemeinen Maßstäbe.[4] 4

Auf **sonstige Folgesachen** ist die Norm nach ihrem eindeutigen Wortlaut nicht anwendbar, selbst dann, wenn diese von Amts wegen eingeleitet werden (zB §§ 1666, 1666a BGB).[5] Vielmehr muss für Folgesachen Verfahrenskostenhilfe jeweils eigenständig beantragt und bewilligt werden.[6] Wird uneingeschränkt Verfahrenskostenhilfe gewährt, erstreckt sich die Bewilligung auf alle zu diesem Zeitpunkt anhängigen Folgesachen, für die Verfahrenskostenhilfe beantragt war, eine Beschränkung müsste im VKH-Beschluss ausdrücklich klargestellt werden.[7] Nach § 48 Abs. 3 RVG erstreckt sich die Beiordnung eines Rechtsanwalts in einer Ehesache automatisch auch auf den Abschluss eines Vergleichs über die dort genannten Gegenstände, dabei ist es nach herrschender, wenn auch umstrittener Auffassung unerheblich, ob die entsprechende Vereinbarung gerichtlich oder außergerichtlich geschlossen wird.[8] 5

§ 150
Kosten in Scheidungssachen und Folgesachen

(1) Wird die Scheidung der Ehe ausgesprochen, sind die Kosten der Scheidungssache und der Folgesachen gegeneinander aufzuheben.

(2) Wird der Scheidungsantrag abgewiesen oder zurückgenommen, trägt der Antragsteller die Kosten der Scheidungssache und der Folgesachen. Werden Scheidungsanträ-

1 OLG Frankfurt v. 18.3.1999 – 2 WF 70/99, FamRZ 2000, 99; Musielak/*Borth*, § 624 ZPO Rz. 3; MüKo.ZPO/*Finger*, § 624 ZPO Rz. 5; aA Schwab/*Maurer*/*Borth*, Rz. I 159.

2 OLG Frankfurt v. 18.3.1999 – 2 WF 70/99, FamRZ 2000, 99; Baumbach/*Hartmann*, § 149 FamFG Rz. 3.

3 OLG Bamberg v. 8.10.1986 – 2 UF 261/86, 2 WF 238/86, FamRZ 1987, 500 (501).

4 Musielak/*Borth*, § 624 ZPO Rz. 3.

5 AA Musielak/*Borth*, § 623 ZPO Rz. 36, § 624 ZPO Rz. 3.

6 OLG Rostock v. 31.3.2005 – 10 WF 60/05, FamRZ 2005, 1913 (1914); OLG Zweibrücken v. 25.1.2005 – 2 WF 9/05, FamRZ 2006, 133; OLG Bamberg v. 8.10.1986 – 2 UF 261/86, 2 WF 238/86, FamRZ 1987, 500 (501). Für einen großzügigen Prüfungsmaßstab spricht sich OLG Karlsruhe v. 19.9.1988 – 16 WF 151/88, FamRZ 1989, 882 (883) aus.

7 OLG München v. 31.5.1994 – 16 WF 757/94, FamRZ 1995, 822.

8 Vgl. etwa OLG Rostock v. 4.9.2007 – 11 WF 166/07, FamRZ 2008, 708; OLG München v. 16.10.2003 – 11 W 1806/03, FamRZ 2004, 966; OLG Brandenburg v. 20.12.2004 – 10 WF 234/04, FamRZ 2005, 1264; vgl. auch BGH v. 21.10.1987 – IVa ZR 170/86, NJW 1988, 494 f.; Zöller/*Philippi*, § 114 ZPO Rz. 47, § 119 ZPO Rz. 25 mwN auch zur Gegenansicht; aA etwa OLG Karlsruhe v. 15.10.2007 – 18 WF 104/06, FamRZ 2008, 802; OLG Brandenburg v. 11.10.2000 – 9 WF 199/00, FamRZ 2001, 1394 f.

ge beider Ehegatten zurückgenommen oder abgewiesen oder ist das Verfahren in der Hauptsache erledigt, sind die Kosten der Scheidungssache und der Folgesachen gegeneinander aufzuheben.

(3) Sind in einer Folgesache, die nicht nach § 140 Abs. 1 abzutrennen ist, außer den Ehegatten weitere Beteiligte vorhanden, tragen diese ihre außergerichtlichen Kosten selbst.

(4) Erscheint in den Fällen der Absätze 1 bis 3 die Kostenverteilung insbesondere im Hinblick auf eine Versöhnung der Ehegatten oder auf das Ergebnis einer als Folgesache geführten Unterhaltssache oder Güterrechtssache als unbillig, kann das Gericht die Kosten nach billigem Ermessen anderweitig verteilen. Es kann dabei auch berücksichtigen, ob ein Beteiligter einer richterlichen Anordnung zur Teilnahme an einem Informationsgespräch nach § 135 Abs. 1 nicht nachgekommen ist, sofern der Beteiligte dies nicht genügend entschuldigt hat. Haben die Beteiligten eine Vereinbarung über die Kosten getroffen, soll das Gericht sie ganz oder teilweise der Entscheidung zugrunde legen.

(5) Die Vorschriften der Absätze 1 bis 4 gelten auch hinsichtlich der Folgesachen, über die infolge einer Abtrennung gesondert zu entscheiden ist. Werden Folgesachen als selbständige Familiensachen fortgeführt, sind die hierfür jeweils geltenden Kostenvorschriften anzuwenden.

A. Überblick

1 In weitgehender Übereinstimmung mit § 93a ZPO aF trifft § 150 eine **Sonderregelung für die Kosten in Scheidungs- und Folgesachen**, die lex specialis auch gegenüber § 243 (Kostenentscheidung in Unterhaltssachen) ist. In Abweichung von den sonst für Familiensachen der fG (§§ 80 ff.) und Familienstreitsachen (§ 113 Abs. 1 Satz 2 FamFG iVm. §§ 91 ff., 269 Abs. 3 ZPO, § 243 FamFG) geltenden Grundsätzen stellt die Vorschrift das Prinzip der Kostenaufhebung in den Vordergrund (§ 150 Abs. 1 und 5), das jedoch in einer Reihe von Sonderkonstellationen durchbrochen wird (§ 150 Abs. 2 bis 4). Für das Scheidungsverfahren (und die von Amts wegen einzuleitenden Folgesachen) rechtfertigt sich dieser Ansatz, der nach § 132 Abs. 1 Satz 1 auch für die Eheaufhebung gilt, ua. aus der Überlegung, dass der Antragsgegner sich dem Verfahren nicht (durch sofortiges Anerkenntnis oä.) entziehen kann und die Rollenverteilung oftmals eher zufällig ist. Auch für Kindschaftssachen iSv. § 137 Abs. 3 ist eine Orientierung am Obsiegen und Unterliegen kein geeigneter Maßstab, da die Entscheidung in erster Linie am Kindeswohl auszurichten ist (vgl. auch § 81 Abs. 1). Dass die gleichen Grundsätze auch für Unterhalts- und Güterrechtsfolgesachen gelten, rechtfertigt sich – angesichts des Umstands, dass für Trennungsunterhalt oder vorzeitigen Zugewinnausgleich stets die allgemeinen Regeln gelten – in erster Linie aus Praktikabilitätserwägungen. Des-

halb weist Abs. 4 Satz 1, 2. Alt. für diese Verfahrensgegenstände auch explizit auf die Möglichkeit einer abweichenden (erfolgsabhängigen) Kostenverteilung hin.[1]

B. Kostenaufhebung (Absatz 1)

Wird einem Scheidungsantrag stattgegeben, sind nach § 150 Abs. 1 die Kosten der Scheidung gegeneinander aufzuheben (vgl. § 92 Abs. 1 Satz 2 ZPO). Das Gleiche gilt, soweit das Verfahren im Verbund geführt wurde, für die Kosten der Folgesachen. Grundsätzlich ergeht die Kostenentscheidung **für die Scheidungs- und Folgesachen einheitlich** in der Endentscheidung iSv. § 142 Abs. 1 Satz 1 (sog. Kostenverbund). Ist etwa über Stufenanträge vorab durch Teilbeschluss zu entscheiden, bleibt die Kostenentscheidung dem abschließenden Verbundbeschluss vorbehalten.[2] Wegen der Selbständigkeit des einstweiligen Anordnungsverfahrens gilt die Vorschrift nicht (mehr) für die Kosten des Verfahrens der einstweiligen Anordnung, denn insofern handelt es sich weder um eine Scheidungs- noch eine Folgesache.[3] 2

Muss über eine **Folgesache auf Grund Abtrennung** gesondert entschieden werden, ergeht eine eigenständige Kostenentscheidung, für die jedoch die gleichen Maßstäbe Gültigkeit behalten (§ 150 Abs. 5 Satz 1). Über die Kosten der Scheidungssache (und der ggf. noch im Verbund stehenden Folgesachen) muss dann vorab zusammen mit dem Scheidungsausspruch entschieden werden, obwohl es sich der Sache nach um eine Teilentscheidung handelt.[4] Erledigt sich eine Folgesache, etwa durch Tod des Anspruchsgegners, bleibt die Anwendbarkeit von § 150 grundsätzlich unberührt.[5] Zu den Auswirkungen von Anerkenntnis, übereinstimmender Erledigungserklärung und Antragsrücknahme in einer Familienstreitsache vgl. Rz. 10. 3

C. Abweisung, Rücknahme und Erledigung des Scheidungsantrags (Absatz 2)

Abs. 2 fasst die bisher für den Fall der Abweisung und Rücknahme des Scheidungsantrags verstreut geregelten Kostentragungsgrundsätze (§§ 91, 93a Abs. 2, 269 Abs. 3 Satz 2, 626 Abs. 1 ZPO) in einer Vorschrift zusammen und stellt explizit die kostenrechtlichen Folgen bei Erledigung des Scheidungsantrags klar. Wird der Scheidungsantrag abgewiesen oder zurückgenommen, trägt der Antragsteller sowohl die **Kosten des Scheidungsverfahrens als auch der rechtshängigen[6] Folgesachen,**[7] denn diese werden – unabhängig davon, ob sie noch im Verbund geführt werden oder nach § 140 4

1 BGH v. 28.2.2007 – XII ZB 165/06, FamRZ 2007, 893 (894).
2 OLG Naumburg v. 15.12.1998 – 8 WF 334/98, FamRZ 1999, 1435; OLG Hamburg v. 31.7.1980 – 15 UF 90/80 V, FamRZ 1981, 179 (180).
3 AA Baumbach/*Hartmann*, § 150 FamFG Rz. 3.
4 OLG Naumburg v. 8.6.2007 – 4 UF 85/07, OLGReport 2007, 995; OLG Naumburg v. 8.11.2007 – 8 UF 213/07, FamRZ 2008, 1203 (unter Aufgabe seiner früheren Rspr., welche die Kostenentscheidung insgesamt der abschließenden Entscheidung vorbehalten wollte); OLG Düsseldorf v. 21.3.2000 – 10 WF 5/2000, JurBüro 2000, 413; OLG München v. 10.11.1986 – 4 UF 34/84, JurBüro 1987, 564 f.; OLG München v. 30.6.1998 – 11 WF 568/98, NJW-RR 1999, 146; Zöller/*Philippi*, § 629 ZPO Rz. 3. AA MüKo.ZPO/*Finger*, § 628 ZPO Rz. 27.
5 BGH v. 13.11.1985 – IVb ZB 112/82, FamRZ 1986, 253 (254); BGH v. 14.7.1982 – IVb ZB 565/81, FamRZ 1983, 683.
6 OLG Köln v. 19.11.1985 – 4 WF 314/85, FamRZ 1986, 278 m. Anm. *Becker-Eberhard*.
7 Vgl. demgegenüber die rudimentäre Regelung in § 93a Abs. 2 ZPO aF, die durch allgemeine Grundsätze ergänzt werden musste (Zöller/*Herget*, § 93a ZPO Rz. 7 ff.).

abgetrennt wurden – gem. §§ 141, 142 gegenstandslos. Soweit jedoch Folgesachen trotz Abweisung oder Rücknahme des Scheidungsantrags fortgeführt werden, sind sie als selbständige Familiensachen zu qualifizieren (§§ 141 Satz 3, 142 Abs. 2 Satz 3), für die eine eigenständige Kostenentscheidung nach allgemeinen Regeln zu treffen ist (§ 150 Abs. 5 Satz 2). In Abweichung vom Grundsatz des Abs. 2 Satz 1 sieht Abs. 2 Satz 2 eine Kostenaufhebung (wie nach Abs. 1) vor, wenn beide Ehegatten Scheidungsanträge gestellt haben, die zurückgenommen[1] oder abgewiesen werden, oder sich das Verfahren in der Hauptsache erledigt, etwa durch den Tod eines Ehegatten (§ 131 Rz. 12). Auch für die Fälle des Abs. 2 besteht nach Abs. 4 die Möglichkeit einer abweichenden Kostenverteilung nach Billigkeitsgesichtspunkten, etwa wenn der andere Ehegatte offensichtlich unbegründete Ansprüche in Unterhalts- oder Güterrechtsfolgesachen erhoben hat.

5 Wird der **Scheidungsantrag vor Rechtshängigkeit zurückgenommen**, kann grundsätzlich keine Kostenentscheidung ergehen, denn ein Verfahrensrechtsverhältnis ist zwischen den Beteiligten noch nicht entstanden.[2] Eine Antragsrücknahme iSd. § 150 Abs. 2 setzt Rechtshängigkeit voraus. An dieser Rechtslage hat sich auch nichts durch § 269 Abs. 3 Satz 3 ZPO geändert, der lediglich eine Kostenentscheidung für den Sonderfall einer Klagrücknahme bei „Erledigung" vor Rechtshängigkeit ermöglichen will,[3] vgl. dazu § 131 Rz. 2.

6 Soll nach einer Rücknahme der **Antrag in der Ehesache erneut anhängig** gemacht werden, findet § 269 Abs. 6 ZPO iVm. § 113 Abs. 1 Satz 2 FamFG Anwendung.

D. Drittbeteiligte (Absatz 3)

7 In **Folgesachen der fG** sind regelmäßig Dritte am Verfahren beteiligt (vgl. § 139). Der neu eingefügte § 150 Abs. 3 stellt klar,[4] dass diese Personen ihre außergerichtlichen Kosten grundsätzlich selbst tragen. Doch kann das Gericht nach Abs. 4 eine abweichende Bestimmung treffen, soweit dies aus Gründen der Billigkeit geboten ist.[5] Dies kann beispielsweise dann der Fall sein, wenn ein Dritter erfolgreich Beschwerde einlegt (Rz. 23).[6]

8 Demgegenüber sind **Unterhalts- und Güterrechtsfolgesachen** bei Beteiligung Dritter nach § 140 Abs. 1 abzutrennen (vor allem Eintritt eines volljährig gewordenen Kindes in laufendes Unterhaltsverfahren). Soweit das Verfahren als selbständige Familiensache fortgeführt wird, finden über § 150 Abs. 5 Satz 2 die allgemeinen Kostenregeln (§ 113 Abs. 1 Satz 2 FamFG iVm. §§ 91 ff. ZPO) Anwendung. Doch auch wenn das Verfahren ausnahmsweise seinen Charakter als Folgesache behält (§ 137 Rz. 69, § 140 Rz. 9), regelt § 150 die Kostentragungspflicht nicht, da Abs. 3 ausdrücklich keine Anwendung findet und die übrigen Absätze nur die Kostentragungspflicht zwischen Ehegatten regeln. Vielmehr finden auch insofern die allgemeinen Vorschriften Anwen-

1 Dies wurde unter Berufung auf § 92 Abs. 1 ZPO schon zum bisherigen Recht vertreten, OLG Hamm v. 27.9.1978 – 6 UF 261/78, FamRZ 1979, 169.
2 OLG Karlsruhe v. 17.3.1986 – 18 WF 5/86, NJW-RR 1986, 1013 f.; Zöller/*Philippi*, § 626 ZPO Rz. 3.
3 OLG Oldenburg v. 8.2.2007 – 5 W 6/07, OLGReport 2007, 579; MüKo.ZPO/*Becker-Eberhard*, § 269 ZPO Rz. 14 und 58; Musielak/*Foerste*, § 269 ZPO Rz. 6 und 13.
4 Die Frage war bislang überaus umstritten, vgl. etwa Zöller/*Philippi*, § 629 ZPO Rz. 3a.
5 BT-Drucks. 16/6308, S. 233.
6 Johannsen/Henrich/*Sedemund-Treiber*, § 93a ZPO Rz. 8; Zöller/*Philippi*, § 629a ZPO Rz. 12.

dung. Wird allerdings der Scheidungsantrag abgewiesen, richtet sich die Kostenentscheidung für die gegenstandslos gewordenen Folgesachen nach § 150 Abs. 2 Satz 1.[1]

E. Billigkeitsklausel (Absatz 4)

Abs. 4 eröffnet dem Gericht die Möglichkeit einer anderweitigen Kostenverteilung, soweit die Anwendung von Abs. 1 bis 3 „unbillig" erscheint. Das Gesetz führt eine Reihe von Umständen auf, die bei der Ermessensentscheidung berücksichtigt werden können (Satz 1 und 2) oder sollen (Satz 3), doch handelt es sich im Unterschied zum früheren Recht nicht um eine abschließende Aufzählung. Auf den Gesichtspunkt der unverhältnismäßigen Beeinträchtigung der Lebensführung (§ 93a Abs. 1 Satz 2 Nr. 1 ZPO aF) wurde – vor allem mangels praktischer Relevanz[2] – verzichtet. Neu aufgenommen wurde demgegenüber der Aspekt der **Versöhnung der Ehegatten** (§ 150 Abs. 4 Satz 1, 1. Halbs.), denn es könnte sich als ungerecht erweisen, dem Antragsteller, der nach einer Versöhnung seinen Scheidungsantrag zurücknimmt, nach § 150 Abs. 2 Satz 1 die gesamten Kosten aufzuerlegen (idR vielmehr Kostenaufhebung). 9

Nach § 150 Abs. 4 Satz 2, 2. Halbs. ist eine anderweitige Kostenverteilung auch im Hinblick auf das **Ergebnis einer Unterhalts- oder Güterrechtsfolgesache** möglich. Zwar gelten nicht unmittelbar die für isolierte Verfahren geltenden Maßstäbe, doch sind sowohl das Obsiegen oder Unterliegen (§§ 91, 92 ZPO)[3] als auch die abweichenden Kostenfolgen für den Fall des sofortigen Anerkenntnisses (§ 93 ZPO), der übereinstimmenden Erledigungserklärung (§ 91a ZPO)[4] oder der Antragsrücknahme (§ 269 Abs. 3 ZPO)[5] im Rahmen der Ermessensentscheidung zu berücksichtigen.[6] Stets bleibt Raum für die Berücksichtigung weiterer Billigkeitsgesichtspunkte, insbesondere der Bewertung des prozessualen Verhaltens der Ehegatten vom Standpunkt eines verständigen Beobachters.[7] Soweit es hiernach der Billigkeit entspricht, die Kosten der Unterhalts- oder Güterrechtsfolgesache ganz oder teilweise einem Ehegatten aufzuerlegen, können entweder die Gesamtkosten quotenmäßig verteilt oder es können die Mehrkosten, die – unter Zugrundelegung der sog. Differenzmethode (Rz. 16) – durch die erfolglose Folgesache entstanden sind, dem insoweit unterliegenden Ehegatten auferlegt werden.[8] 10

Werden Verfahren in Folgesachen, die zu einer Erhöhung des Streitwerts führen, durch Rücknahme oder Abweisung des Scheidungsantrags gegenstandslos (§ 150 Abs. 2), kann im Rahmen der **allgemeinen Billigkeitsabwägung** unter Berufung auf den Rechtsgedanken des § 91a ZPO auf den voraussichtlichen Verfahrensausgang abgestellt werden (vgl. so noch ausdrücklich § 93a Abs. 2 Satz 2 ZPO aF für Unterhalts- und Güter- 11

1 Zöller/*Philippi*, § 623 ZPO Rz. 32d; Musielak/*Borth*, § 623 ZPO Rz. 34.
2 BT-Drucks. 16/6308, S. 233.
3 Vgl. etwa OLG Saarbrücken v. 16.5.2007 – 9 UF 77/06, FamRZ 2008, 698 (699); OLG Karlsruhe v. 25.10.2002 – 20 UF 94/00, NJW-RR 2003, 725 (726).
4 OLG Brandenburg v. 9.3.2005 – 10 WF 17/05, FamRZ 2006, 52 (Ls.).
5 Vgl. etwa KG v. 25.6.2007 – 19 WF 97/07, FamRZ 2007, 1758; KG v. 8.2.1988 – 19 UF 6012/86, FamRZ 1988, 1075 f.
6 BGH v. 28.2.2007 – XII ZB 165/06, FamRZ 2007, 893 (894 f.).
7 OLG Karlsruhe v. 7.2.1996 – 2 WF 157/95, FamRZ 1996, 881 (882); MüKo.ZPO/*Finger*, § 626 ZPO Rz. 8.
8 Schulte-Bunert/Weinreich/*Keske*, § 150 FamFG Rz. 11. Vgl. auch *Bergerfurth/Rogner*, Rz. 639; OLG Köln v. 6.1.1997 – 14 WF 245/96, FamRZ 1997, 764 (im konkreten Fall offen gelassen, ob Differenzmethode der Billigkeit entspricht); Präferenz für Differenzmethode: OLG Frankfurt v. 14.1.1997 – 1 WF 1/97, OLGReport 1997, 168; Johannsen/Henrich/*Sedemund-Treiber*, § 93a ZPO Rz. 9; Präferenz für Quotierung: Zöller/*Philippi*, § 626 ZPO Rz. 4.

rechtsfolgesachen[1]). Auch die Grundsätze der §§ 95, 96 ZPO können im Rahmen der Billigkeitsprüfung Berücksichtigung finden.[2]

12 Neu eingefügt wurde Abs. 4 Satz 2, der die Möglichkeit schafft, die Nichtteilnahme an einem nach § 135 Abs. 1 Satz 1 **angeordneten Informationsgespräch**, soweit sie nicht genügend entschuldigt wird, kostenrechtlich zu sanktionieren (während die Anordnung selbst nicht mit Zwangsmitteln durchsetzbar ist, § 135 Abs. 1 Satz 2). Systematisch besteht eine Parallele zur Regelung des § 81 Abs. 2 Nr. 5 (Nichtteilnahme an einem nach § 156 Abs. 1 Satz 4 angeordneten Beratungsgespräch). Doch kann man in der Sache die beiden Konstellationen kaum miteinander vergleichen: In Kindschaftssachen hat sich der Einsatz – mehr oder weniger sanften – richterlichen Drucks in vielen Fällen als durchaus probates Mittel erwiesen, um die Beteiligten zur erfolgreichen Inanspruchnahme außergerichtlicher Beratungsmöglichkeiten zu bewegen. Demgegenüber wird man in Unterhalts- und Güterrechtsfolgesachen allenfalls in den seltenen Fällen, in denen ohne nachvollziehbaren Grund keinerlei außergerichtliche Klärungsbemühungen unternommen wurden, die Weigerung, einer außergerichtlichen Streitbeilegung näher zu treten, aus kostenrechtlicher Sicht als sanktionswürdige Pflichtverletzung auffassen können.[3]

13 Dass eine von den Beteiligten getroffene **Vereinbarung** regelmäßig für die Kostenverteilung ausschlaggebend ist, wird im neuen Recht dadurch stärker hervorgehoben,[4] dass Abs. 4 Satz 3 nunmehr als Sollvorschrift ausgestaltet ist (vgl. demgegenüber § 93a Abs. 1 Satz 3 ZPO aF). Zwar besteht nach wie vor keine strikte Bindung des Gerichts, weil in Scheidungsverfahren und Folgesachen der fG die Dispositionsfreiheit der Beteiligten eingeschränkt ist,[5] doch wird es nur unter außergewöhnlichen Umständen einen nachvollziehbaren Grund geben, von einer Kostenabrede abzuweichen.[6]

14 Die Ermessensentscheidung des erstinstanzlichen Gerichts ist in der **Rechtsmittelinstanz** nicht durch eine eigene Ermessensentscheidung des Rechtsmittelgerichts zu ersetzen, sondern lediglich auf Ermessensfehler zu überprüfen.[7]

F. Gesonderte Kostenentscheidung in Folgesachen (Absatz 5)

15 Ist in einer Folgesache auf Grund Abtrennung gesondert zu entscheiden, muss eine **eigenständige Kostenentscheidung** ergehen (Rz. 3).

16 Auf Verfahrensgegenstände, die **Folgesachen** bleiben (vgl. § 137 Abs. 5 Satz 1), findet weiterhin § 150 Anwendung (§ 150 Abs. 5 Satz 1), dh. die Kosten sind regelmäßig gegeneinander aufzuheben. Auch die Anwendbarkeit der kostenrechtlich vorteilhaften Bestimmungen für das Verbundverfahren (§ 44 FamGKG, § 16 Nr. 4 RVG) bleibt er-

1 Zur Frage der entsprechenden Anwendbarkeit auf Folgesachen der freiwilligen Gerichtsbarkeit Zöller/*Philippi*, § 626 ZPO Rz. 5.

2 Johannsen/Henrich/*Sedemund-Treiber*, § 93a ZPO Rz. 9; vgl. auch Zöller/*Herget*, § 93a ZPO Rz. 2: direkte Anwendung von § 96 ZPO.

3 Vgl. auch Schulte-Bunert/Weinreich/*Keske*, § 150 FamFG Rz. 12 „nicht unproblematisch". AA *Löhnig*, FamRZ 2009, 737 (740): „im Regelfall ... ermessensgerecht".

4 BT-Drucks. 16/6308, S. 233.

5 BGH v. 6.3.1952 – IV ZR 171/51, BGHZ 5, 251 (258); OLG Frankfurt v. 7.3.1982 – 3 WF 302/82, Rpfleger 1984, 159; OLG Bamberg v. 13.1.1982 – 2 WF 178/81, JurBüro 1982, 769 (770).

6 Baumbach/*Hartmann*, § 150 FamFG Rz. 21; *Löhnig*, FamRZ 2009, 737 (741). Vgl. bereits OLG Frankfurt v. 7.3.1982 – 3 WF 302/82, Rpfleger 1984, 159; *Göppinger/Börger*, Vereinbarungen anlässlich der Ehescheidung, Rz. 1–160.

7 BGH v. 28.2.2007 – XII ZB 165/06, FamRZ 2007, 893 (895); Baumbach/*Hartmann*, § 150 FamFG Rz. 8.

halten.[1] Die Kostenentscheidung in der Folgesache bezieht sich lediglich auf die durch die Folgesache ausgelösten Mehrkosten. Diese werden nach der sog. Differenzmethode in der Weise ermittelt, dass den tatsächlich entstandenen Kosten unter Einschluss der Folgesache(n) die gedachten Kosten gegenübergestellt werden, die entstanden wären, wenn diese Folgesache(n) niemals anhängig gemacht worden wäre(n).[2]

Demgegenüber scheiden Verfahrensgegenstände, die **selbständige Familiensachen** werden (vgl. § 137 Abs. 5 Satz 2), aus dem Kostenverbund aus. Anwendbar sind die allgemeinen für das jeweilige Verfahren einschlägigen Kostenvorschriften (§ 150 Abs. 5 Satz 2), dh. für Familiensachen der fG §§ 80 ff.[3] und für Familienstreitsachen § 113 Abs. 1 Satz 2 FamFG iVm. §§ 91 ff., 269 Abs. 3 ZPO bzw. § 243 FamFG. Über die Kosten ist so zu entscheiden, als ob die Sache nie zum Verbund gehört hätte. 17

G. Rechtsmittel

I. Anfechtung der Kostenentscheidung

Nach bisherigem Recht war die Anfechtung der nach § 93a ZPO aF zu treffenden Kostenentscheidung gem. **§ 99 Abs. 1 ZPO** grundsätzlich nur zulässig, wenn auch gegen die Entscheidung in der Hauptsache ein Rechtsmittel eingelegt wurde. Ausnahmsweise war eine isolierte Anfechtung möglich, soweit der Scheidungsantrag zurückgenommen (§ 269 Abs. 5 ZPO) oder übereinstimmend für erledigt erklärt wurde (§ 91a Abs. 2 ZPO).[4] Das Gleiche galt nach allgemeinen Grundsätzen für sog. Kostenmischentscheidungen, die auf verschiedenen Kostentragungsgründen beruhen, insbesondere soweit im Rahmen der nach § 93a Abs. 1 Satz 2 ZPO aF zu treffenden Ermessensentscheidung die Wirkungen eines (sofortigen) Anerkenntnisses (§ 99 Abs. 2 ZPO), einer übereinstimmenden Erledigungserklärung (§ 91a Abs. 2 ZPO) oder Antragsrücknahme (§ 269 Abs. 5 ZPO) zu berücksichtigen waren (vgl. Rz. 10).[5] 18

Nach neuem Recht regelt das FamFG die Kostenentscheidung in Verbundverfahren selbständig und verweist insofern nicht mehr auf die ZPO. Ob § 99 Abs. 1 ZPO zumindest im Anwendungsbereich von § 113 Abs. 1 Satz 2 weiterhin zu beachten ist, erscheint äußerst zweifelhaft,[6] denn nach § 113 Abs. 1 Satz 1 finden auf das Rechtsmittelverfahren einheitlich §§ 58 ff. Anwendung. Die dem § 99 Abs. 1 ZPO inhaltlich entsprechende Regel des § 20a FGG aF wurde aber in §§ 58 ff. bewusst nicht übernommen. Damit wollte der Gesetzgeber „für den Bereich der freiwilligen Gerichtsbarkeit"[7] das 19

1 OLG Düsseldorf v. 21.3.2000 – 10 WF 5/2000, JurBüro 2000, 413; OLG Bamberg v. 15.2.1984 – 2 WF 24/84, JurBüro 1984, 738.

2 Ausführlich etwa OLG München v. 30.6.1998 – 11 WF 568/98, NJW-RR 1999, 146 f. (unter Aufgabe der früheren Rspr.); OLG Düsseldorf v. 21.3.2000 – 10 WF 5/2000, JurBüro 2000, 413; OLG Koblenz v. 21.8.1989 – 11 WF 929/89, JurBüro 1990, 73; OLG Schleswig v. 13.12.2000 – 15 WF 223/00, OLGReport 2001, 171; OLG Schleswig v. 21.3.2000 – 10 WF 5/2000, JurBüro 1994, 748 f.; OLG München v. 16.9.1998 – 11 WF 1101/98, MDR 1999, 101; OLG Köln v. 6.1.1997 – 14 WF 245/96, FamRZ 1997, 764; OLG Frankfurt v. 14.1.1997 – 1 WF 1/97, OLGReport 1997, 168.

3 Vgl. etwa OLG Naumburg v. 27.3.2000 – 3 WF 35/00, FamRZ 2001, 111 (Ls.); OLG München v. 12.4.1999 – 12 WF 687/99, FamRZ 2000, 168.

4 BGH v. 28.2.2007 – XII ZB 165/06, FamRZ 2007, 893 (894); vgl. auch OLG Karlsruhe v. 7.2.1996 – 2 WF 157/95, FamRZ 1996, 881 f. zu einer abgetrennten Folgesache, die übereinstimmend für erledigt erklärt wurde.

5 BGH v. 28.2.2007 – XII ZB 165/06, FamRZ 2007, 893 (894 f.); Zöller/*Herget*, § 93a ZPO Rz. 12.

6 AA *Hütter/Kodal*, FamRZ 2009, 917 (919).

7 BT-Drucks. 16/6308, S. 168.

Verbot der isolierten Anfechtung der Kostentscheidung aufheben, um eine Überprüfung der durch §§ 80 ff. eröffneten Ermessensentscheidung zu ermöglichen. Da aber § 150 ebenfalls ein weit reichendes Ermessen eröffnet, sprechen teleologische Erwägungen dafür, im Anwendungsbereich dieser Vorschrift nicht auf § 99 Abs. 1 ZPO zurückzugreifen, sondern die **Beschwerde ohne diese Einschränkung einheitlich nach allgemeinen Regeln** zuzulassen (vgl. dazu § 81 Rz. 32 abweichend allerdings § 59 Rz. 2).

20 Auch soweit in Fällen der übereinstimmenden Erledigungserklärung oder der Antragsrücknahme lediglich eine **isolierte Kostenentscheidung** zu treffen ist, soll es sich nach dem Willen des Gesetzgebers um eine Endentscheidung iSv. § 38 Abs. 1 Satz 1 handeln, die grundsätzlich mit der Beschwerde nach § 58 Abs. 1 anfechtbar sei, soweit nicht das Gesetz etwas anderes bestimme.[1] Eine derartige abweichende Bestimmung sehen die Verfasser des sog. FGG-RG-Reparaturgesetzes für „Ehesachen und Familienstreitsachen" in § 113 Abs. 1 Satz 2 FamFG iVm. §§ 91a Abs. 2, 269 Abs. 5 ZPO, so dass in den genannten Fallgruppen die sofortige Beschwerde das statthafte Rechtsmittel sei.[2] Für den Anwendungsbereich des § 150 ist diese Deutung der systematischen Zusammenhänge jedoch alles andere als selbstverständlich, denn an und für sich werden die genannten Vorschriften durch § 150 verdrängt.

II. Kostenentscheidung im Rechtsmittelverfahren

21 Die Kosten eines **erfolglos** eingelegten Rechtsmittels trägt in Ehe- und Familienstreitsachen stets (§ 113 Abs. 1 Satz 2 FamFG iVm. § 97 Abs. 1 ZPO) und in Folgesachen der fG regelmäßig (§ 84)[3] der Rechtsmittelführer, auch wenn es sich um einen Drittbeteiligten oder anfechtungsberechtigten Dritten iSv. § 139 handelt.[4] Wird das Rechtsmittel nur teilweise zurückgewiesen, sind auch nur in diesem Umfang § 97 Abs. 1 ZPO, § 84 FamFG anwendbar, im Übrigen ist nach § 150 zu entscheiden.[5] Bei Rücknahme gilt § 117 Abs. 2 Satz 1 FamFG iVm. § 516 Abs. 3 ZPO (vgl. § 117 Rz. 60 u. 67).

22 Soweit das Rechtsmittel **erfolgreich** ist, richtet sich die Kostenentscheidung nach § 150. Wird der Scheidungsausspruch aufgehoben, ist über die Kosten beider Instanzen nach § 150 Abs. 2 Satz 1 zu entscheiden. Ist die Sache nach § 146 Abs. 1 Satz 1 zurückzuverweisen, weil die erstinstanzliche Abweisung des Scheidungsantsrags aufzuheben ist, richten sich die Kosten beider Instanzen nach § 150. Dabei erfolgt die Entscheidung über die Kosten regelmäßig durch das Gericht, an das zurückverwiesen wird. Eine Ausnahme gilt dann,[6] wenn das Beschwerdegericht bereits abschließend über die

---

1 Begr. zum sog. FGG-RG-Reparaturgesetz BT-Drucks. 16/12717 (eVF), S. 71. AA *Schael*, FPR 2009, 11 (12 f.); *Schael*, FPR 2009, 195 f.

2 Begr. zum sog. FGG-RG-Reparaturgesetz BT-Drucks. 16/12717 (eVF), S. 71.

3 § 97 Abs. 3 ZPO aF, der die Anwendbarkeit der Vorschrift auf Familiensachen der freiwilligen Gerichtsbarkeit erstreckte, wurde aufgehoben (Art. 29 Nr. 5 FGG-RG).

4 OLG Naumburg v. 14.7.2000 – 14 UF 74/00, FamRZ 2001, 1374 (Ls.); vgl. auch OLG Frankfurt v. 16.12.1985 – 3 UF 372/84, FamRZ 1986, 368 ff. und KG v. 21.11.1980 – 17 UF 3234/79, FamRZ 1981, 381 f.

5 BGH v. 27.10.1982 – IVb ZB 719/81, FamRZ 1983, 44 (48); OLG Hamburg v. 15.11.1989 – 12 UF 85/89, FamRZ 1990, 299; Baumbach/*Hartmann*, § 150 FamFG Rz. 11; aA Johannsen/Henrich/*Sedemund-Treiber*, § 93a ZPO Rz. 13 (Berücksichtigung im Rahmen der Billigkeitsklausel).

6 Zöller/*Philippi*, § 629b ZPO Rz. 7. Demgegenüber wird dem Rechtsmittelgericht vielfach ein Ermessensspielraum eingeräumt, ob in diesen Fällen eine eigene Kostenentscheidung zu treffen ist, OLG Zweibrücken v. 23.1.2003 – 9 UF 87/02, FamRZ 2003, 1192 (Ls. 2) (Abdruck der Entscheidungsgründe in juris); MüKo.ZPO/*Finger*, § 629b ZPO Rz. 12 und 16.

Kosten entscheiden kann, vor allem wenn sie dem Rechtsmittelführer nach § 113 Abs. 1 Satz 2 FamFG iVm. § 97 Abs. 2 ZPO analog aufzuerlegen sind, weil das Trennungsjahr erst in der zweiten Instanz abgelaufen ist.[1] Im Fall einer Teilanfechtung von Folgesachen aus einer Verbundentscheidung verbleibt es – entgegen der allgemeinen Regel, dass in der Rechtsmittelinstanz über die gesamten Kosten aller Instanzen zu entscheiden ist – regelmäßig bei der Kostenentscheidung der ersten Instanz, und es ist unter Anwendung der Maßstäbe des § 150 nur über die Kosten des Rechtsmittelverfahrens in den (Folge-)Sachen zu entscheiden, die Gegenstand der Anfechtung sind.[2]

Legt ein **Drittbeteiligter erfolgreich ein Rechtsmittel** ein, entspricht es – nach dem Rechtsgedanken der §§ 91, 92 ZPO – der Billigkeit iSv. § 150 Abs. 4 unter Abweichung von § 150 Abs. 3, die Kosten (einschließlich der außergerichtlichen Kosten des Drittbeteiligten) den Ehegatten je zur Hälfte (entsprechend § 150 Abs. 1) aufzuerlegen.[3] 23

Abschnitt 3
Verfahren in Kindschaftssachen

Literatur: *Heiter*, Verfahrensfähigkeit des Kindes in personenbezogenen Verfahren nach dem FamFG, FamRZ 2009, 85; *Jaeger*, Verfahren in Kindschaftssachen, FPR 2006, 410; *Meysen*, Familiengerichtliche Maßnahme bei Gefährdung des Kindeswohls, JAmt 2008, 233; *Röchling*, Das Gesetz zur Erleichterung familiengerichtlicher Maßnahmen bei Gefährdung des Kindeswohls, FamRZ 2008, 1495; *Schael*, Minderjährige und ihre formelle Beteiligung in Verfahren über Kindschaftssachen nach dem FamFG, FamRZ 2009, 265; *Stößer*, Das Gesetz zur Erleichterung familiengerichtlicher Maßnahmen bei Gefährdung des Kindeswohls, FamRB 2008, 243; *Stößer*, Das neue Verfahren in Kindschaftssachen, FamRZ 2009, 656.

§ 151
Kindschaftssachen

Kindschaftssachen sind die dem Familiengericht zugewiesenen Verfahren, die

1. die elterliche Sorge,

2. das Umgangsrecht,

3. die Kindesherausgabe,

4. die Vormundschaft,

1 BGH v. 4.12.1996 – XII ZR 231/95, FamRZ 1997, 347 (348); OLG Hamm v. 24.1.1996 – 8 UF 288/95, FamRZ 1996, 1078; OLG Nürnberg v. 16.4.1996 – 11 UF 4188/95, NJW-RR 1997, 388 (389); soweit nicht beide Ehegatten die Scheidung verfrüht angestrebt haben, OLG Hamm v. 19.8.1998 – 11 UF 46/98, FamRZ 1999, 726; Zöller/*Philippi*, § 629b ZPO Rz. 7a mit weiteren Ausnahmen.

2 BGH v. 14.7.1982 – IVb ZB 565/81, FamRZ 1983, 683; ausführlich OLG München v. 18.1.1979 – 26 UF 506/78, FamRZ 1980, 473; OLG Brandenburg v. 6.6.1994 – 9 UF 21/93, FamRZ 1994, 1485; Johannsen/Henrich/*Sedemund-Treiber*, § 93a ZPO Rz. 12; aA KG v. 8.2.1988 – 19 UF 6012/86, FamRZ 1988, 1075 (Änderung der gesamten Kostenentscheidung auch für die nicht angefochtenen Verfahrensteile); Baumbach/*Hartmann*, § 137 FamFG Rz. 17.

3 Vgl. zum bisherigen Recht OLG Naumburg v. 13.4.1994 – 2 UF 228/93, FamRZ 1995, 361 (363).

5. die Pflegschaft oder die gerichtliche Bestellung eines sonstigen Vertreters für einen Minderjährigen oder für eine Leibesfrucht,

6. die Genehmigung der freiheitsentziehenden Unterbringung eines Minderjährigen (§§ 1631b, 1800 und 1915 des Bürgerlichen Gesetzbuchs),

7. die Anordnung der freiheitsentziehenden Unterbringung eines Minderjährigen nach den Landesgesetzen über die Unterbringung psychisch Kranker oder

8. die Aufgaben nach dem Jugendgerichtsgesetz

betreffen.

A. Allgemeines

I. Entstehung

1 § 151 enthält eine Definition des Begriffs **Kindschaftssachen** und definiert dabei diesen Begriff neu. Er fasst die in § 621 Abs. 1 Nr. 1 bis 3 ZPO aF und teilweise auch in § 621 Abs. 1 Nr. 12 ZPO aF genannten Familiensachen sowie weitere bislang überwiegend dem Vormundschaftsgericht zugewiesene Verfahren unter der einheitlichen Bezeichnung Kindschaftssachen zusammen. Der Begriff Kindschaftssachen wurde früher für die in § 640 Abs. 2 ZPO aF genannten Verfahren, die überwiegend das Abstammungsrecht betrafen, verwendet. Dem Gesetzesbegriff ist damit ein völlig **neuer Inhalt** gegeben worden. Die (neuen) Kindschaftssachen betreffen im Wesentlichen die Verantwortung für die Person oder das Vermögen eines Minderjährigen oder dessen Vertretung und nicht mehr die Abstammung.

II. Systematik

2 § 151 enthält den **Katalog der Kindschaftssachen**, für die die besonderen Verfahrensvorschriften des Abschnitts 3 gelten. Daneben gelten in Kindschaftssachen die Vorschriften des Allgemeinen Teils (Buch 1), soweit der Abschnitt 3 keine davon abweichenden Vorschriften enthält.

B. Inhalt der Vorschrift

3 **1.** Nr. 1 (Verfahren, die die **elterliche Sorge** betreffen) erfasst alle Verfahren, die die Bestimmung der Person, der Rechte oder Pflichten des Sorgeberechtigten betreffen. Auch Verfahrensgegenstände, die mit einer solchen Regelung aus sachlichen oder verfahrensrechtlichen Gründen in Zusammenhang stehen, sind mit umfasst. Sind zugleich auch die Voraussetzungen einer nachfolgenden Nummer erfüllt, so geht letztere als speziellere Vorschrift vor.

3a Kindschaftssachen sind damit Verfahren nach §§ 1618 Satz 4, 1626c Abs. 2 Satz 3, 1628, 1640, 1643, 1666, 1667, 1671, 1672, 1674, 1678 Abs. 2, 1680 Abs. 2 und Abs. 3,

1681, 1682, 1687 Abs. 2, 1688 Abs. 3 und Abs. 4, 1696 BGB. Darüber hinaus erfasst werden Verfahren, die die Feststellung des Bestehens oder Nichtbestehens der elterlichen Sorge zum Gegenstand haben (vgl. § 640 Abs. 2 Nr. 5 ZPO aF), zB die Feststellung, dass eine Mutter für ein Kind allein sorgeberechtigt ist,[1] oder ein Verfahren auf Feststellung des Bestehens der gemeinsamen elterlichen Sorge.[2] Diese Verfahren sind keine Abstammungssachen iSd. § 169.

Unter Nr. 1 fallen auch vom Familiengericht zu treffende Entscheidungen nach § 112 BGB, § 2 Abs. 3, § 3 Abs. 2 und § 7 RelKErzG, § 2 Abs. 1 NamÄndG, § 16 Abs. 3 VerschG und zahlreichen anderen spezialgesetzlichen Vorschriften, soweit der Minderjährige unter elterlicher Sorge steht. 4

Unter dieser Voraussetzung sind auch Verfahren nach § 1303 Abs. 2 bis 4, § 1315 Abs. 1 Satz 1 Nr. 1 BGB Kindschaftssachen nach Nr. 1.

2. Nr. 2 (Verfahren, die das **Umgangsrecht** betreffen) sind Verfahren nach §§ 1684, 1685 und 1686 BGB, Vermittlungsverfahren nach § 165 sowie Verfahren zur Durchsetzung einer gerichtlichen Umgangsregelung nach § 88 ff. 5

In Verfahren zur Regelung des persönlichen Umgangs muss das Gericht im Regelfall entweder Umfang und Ausübung der Umgangsbefugnis konkret regeln oder die Umgangsbefugnis ebenso konkret einschränken oder ausschließen. Das Gericht darf sich nicht auf die Ablehnung einer gerichtlichen Regelung beschränken.[3] Die Anregung auf Einleitung eines Verfahrens muss keinen konkreten Sachantrag enthalten. Wird ein solcher Antrag gleichwohl gestellt, ist das Gericht daran nicht gebunden.[4] Es hat von Amts wegen diejenige Regelung zu treffen, die dem Wohl des Kindes entspricht. Eine Antragsrücknahme beendet das Verfahren nicht, in Ausnahmefällen kann aber ein Regelungsbedürfnis durch gerichtliche Entscheidung entfallen.[5] Die Rücknahme des Antrags führt dann nicht zum Abschluss des Verfahrens, wenn das Regelungsbedürfnis (§ 1684 Abs. 3 BGB) weiterbesteht.[6] 6

Die Entscheidung des Familiengerichts über Umfang und Ausübung des Umgangsrechts muss eine konkrete, dh. vollständige und vollstreckbare Regelung treffen. Diese muss deshalb möglichst genaue Angaben über Zeit, Ort und Häufigkeit des Umgangs sowie die Umstände der Abholung des Kindes enthalten.[7] Sonst ist sie nicht vollstreckbar. Bei der Anordnung eines betreuten Umgangs gilt nichts anderes. Das Gericht darf insbesondere die Regelung des betreuten Umgangs nicht dem Dritten überlassen.[8] 7

3. Nr. 3 (**Kindesherausgabe**) betrifft Verfahren nach § 1632 Abs. 3 und Abs. 4 BGB. 8

4. Nr. 4 (Verfahren, die die **Vormundschaft** betreffen) umfasst sämtliche Verfahren, die die Bestimmung der Person oder der Rechte oder Pflichten des Vormunds betreffen. Insbesondere sind zu nennen die Anordnung und Aufhebung der Vormundschaft, die 9

1 OLG Stuttgart v. 7.11.2007 – 16 WF 181/07, FamRZ 2008, 539.
2 Palandt/*Diederichsen*, § 1671 BGB Rz. 7.
3 BGH v. 27.10.1993 – XII ZB 88/92, FamRZ 1994, 158.
4 OLG Hamburg v. 8.1.1966 – 12 UF 116/95, FamRZ 1996, 676.
5 OLG Jena v. 3.3.1994 – 7 UF 76/93, FamRZ 1996, 359.
6 OLG Zweibrücken v. 29.3.2004 – 6 WF 27/04, FamRZ 2004, 1589.
7 OLG Zweibrücken v. 3.4.2003 – 5 UF 216/02, FamRZ 2004, 53.
8 OLG Zweibrücken v. 3.4.2003 – 5 UF 216/02, FamRZ 2004, 53; auch keine bloße Gewährung des Umgangs dem Grunde nach, vgl. OLG Frankfurt v. 5.2.2008 – 3 UF 307/07, FamRZ 2008, 1372.

Auswahl und Bestellung des Vormunds, die Genehmigungen des Vormundschaftsrechts, die Aufsicht über die Tätigkeit des Vormunds und Entscheidungen über die Vergütung. Unter Nr. 4 fallen auch Entscheidungen nach den §§ 112, 113 Abs. 3 BGB, § 2 Abs. 3, § 3 Abs. 2 und § 7 RelKErzG, § 56 SGB VIII, § 2 Abs. 1 NamÄndG, § 16 Abs. 3 VerschG und zahlreichen anderen spezialgesetzlichen Vorschriften, soweit der Minderjährige unter Vormundschaft steht.

10 **5.** Nr. 5 (Verfahren, die die **Pflegschaft** oder die Bestellung eines **sonstigen Vertreters für eine minderjährige Person** oder für eine Leibesfrucht betreffen) umfasst Entscheidungen, die sich auf die Anordnung einer Pflegschaft, die Bestimmung der Person des Pflegers oder Vertreters sowie auf dessen Rechte oder Pflichten beziehen (insbesondere Ergänzungspflegschaft nach § 1909 BGB, Pflegschaft für eine Leibesfrucht nach § 1912 BGB, Spezialregelungen außerhalb des BGB). Unter Nr. 5 fällt insbesondere auch die Bestellung eines Ergänzungspflegers für die Frage der Ausübung des Zeugnisverweigerungsrechts im Rechtsstreit der Eltern eines Minderjährigen untereinander oder im Strafverfahren gegen den sorgeberechtigten Elternteil (vgl. § 52 Abs. 2 Satz 2 StPO).

11 **6.** Nach Nr. 6 sind Verfahren, die die **Genehmigung der geschlossenen Unterbringung** Minderjähriger (§§ 1631b, 1800 und 1915 BGB) betreffen, ebenfalls Kindschaftssachen (vgl. § 70 Abs. 1 Nr. 1a FGG aF). Nach § 167 hat das Familiengericht in diesen Angelegenheiten die für das Verfahren in Unterbringungssachen geltenden Vorschriften anzuwenden.

12 **7.** Nr. 7 erfasst die freiheitsentziehende Unterbringung Minderjähriger, soweit in den Landesgesetzen über die **Unterbringung psychisch Kranker** eine solche vorgesehen ist (vgl. dazu § 167).

13 **8.** Unter Nr. 8 (die dem Familiengericht zugewiesenen **Aufgaben nach dem Jugendgerichtsgesetz**) fällt insbesondere die Festsetzung von Eriehungsmaßregeln (§ 9 JGG) durch das Familiengericht (vgl. §§ 53, 104 Abs. 4 JGG) als Rechtsfolge einer Straftat des Jugendlichen. In Betracht kommen auch Entscheidungen nach § 67 Abs. 4 Satz 3 JGG.

C. Verfahren in Kindschaftssachen

I. Verfahrenseinleitung

14 Abschnitt 3 enthält keine Regelung darüber, wie eine Kindschaftssache eingeleitet wird. Das Recht und die Pflicht zur **Einleitung einer Kindschaftssache** ergibt sich vielmehr aus dem materiellen Recht oder aus dem Verfahrensrecht.

15 Für Verfahren zur Abwendung einer Kindeswohlgefährdung nach §§ 1666, 1666a BGB und für Verfahren zur Regelung des persönlichen Umgangs nach § 1684 Abs. 3 und 4 BGB (im Bereich der Umgangsregelung hat der Antrag eines Beteiligten lediglich die Funktion einer Anregung[1]) gilt § 24, wonach es zur Einleitung des Verfahrens nur einer Anregung bedarf. Das – regelmäßig nicht zwangsweise durchsetzbare – Recht eines Kindes zum Umgang mit einem Elternteil nach § 1684 Abs. 1 BGB soll nach der Rechtsprechung des BGH[2] nur durch das Kind – vertreten durch den sorgeberechtigten

1 OLG Zweibrücken v. 13.10.1992 – 5 UF 237/91, FamRZ 1993, 728; OLG Jena v. 3.3.1994 – 7 UF 76/93, FamRZ 1996, 359; Erman/*Michalski*, § 1684 BGB Rz. 32.
2 B. v. 14.5.2008 – XII ZB 225/06, FamRZ 2008, 1334.

Elternteil oder, im Falle eines Interessenkonflikts, durch einen zu bestellenden Verfahrensbeistand – geltend gemacht werden können, nicht aber von dem sorgeberechtigten Elternteil im eigenen Namen (obwohl die Regelung des persönlichen Umgangs eigentlich im Amtsverfahren erfolgt[1]). Mutwillig iSd. § 114 ZPO ist ein solcher Antrag eines Kindes auf Umgang mit einem unwilligen Elternteil nicht.[2] Zur Vollstreckung der Umgangspflicht § 89 Rz. 8.

Verfahren nach §§ 1628, 1632 Abs. 3, 1671, 1672 BGB setzen nach materiellem Recht einen Antrag voraus. Über Verbleibensanordnungen nach §§ 1632 Abs. 4, 1682 kann das Familiengericht von Amts wegen oder auf Antrag der Pflegeperson entscheiden. 16

Ein Vermittlungsverfahren nach § 165 erfordert einen verfahrenseinleitenden Antrag. Deshalb konnte für die verschiedenen Kindschaftssachen des § 151 keine für alle Verfahren geltende Regelung über die Einleitung des Verfahrens erfolgen. 17

Ein etwa erforderlicher verfahrenseinleitender Antrag muss den Beteiligten nur formlos mitgeteilt werden (§§ 15 Abs. 3, 23 Abs. 1). Für seinen Inhalt gilt § 23 Abs. 1. Anträge in Verfahren der freiwilligen Gerichtsbarkeit mussten schon nach bisheriger Rechtsprechung nicht die formstrengen Anforderungen des Zivilprozesses an den Inhalt einer Klageschrift erfüllen. Sie waren dem Gericht gegenüber wirksam abgegeben, wenn aus dem Schriftstück der Inhalt der abzugebenden Erklärung und der Person, von der sie ausgeht, zuverlässig entnommen werden konnte.[3] 18

Ein verfahrenseinleitender Antrag kann nach § 22 Abs. 1 bis zur Rechtskraft der Endentscheidung wieder **zurückgenommen** werden, bis zum Erlass der Endentscheidung ohne Zustimmung der übrigen Beteiligten. 19

Anwaltszwang besteht in isolierten Kindschaftssachen im ersten und auch im zweiten Rechtszug nicht (vgl. § 114 Abs. 1). 20

II. Beteiligte in Kindschaftssachen

Die **Beteiligten** in Kindschaftssachen ergeben sich aus § 7. Neben dem Antragsteller in Antragsverfahren (§ 7 Abs. 1) sind dies nach § 7 Abs. 2 Nr. 1 diejenigen, deren Recht durch das Verfahren unmittelbar betroffen wird, also die Eltern und idR auch das Kind.[4] Für das Kind handeln im Verfahren seine gesetzlichen Vertreter (§ 9 Abs. 2). Eine Ausnahme davon enthält § 9 Abs. 1 Nr. 3, der Kinder, die das 14. Lebensjahr vollendet haben, für verfahrensfähig erklärt, wenn sie in Verfahren, die ihre Person betreffen (dazu § 160 Rz. 3), ein ihnen nach bürgerlichem Recht zustehendes Recht geltend machen. Diese Verfahrensfähigkeit besteht nicht generell, sondern nur für materiellrechtliche Widerspruchs- und Mitwirkungsrechte des mindestens 14 Jahre alten Minderjährigen, etwa nach §§ 1671 Abs. 2 Nr. 1, 1778 Abs. 1 Nr. 5, 1887 Abs. 2 Satz 2 BGB.[5] Kindern ab 14 Jahren steht auch ein selbständiges Beschwerderecht zu (§ 60). Sie sind ab einem Alter von 14 Jahren nach § 167 Abs. 3 in Verfahren betreffend die Unter- 21

1 Vgl. *Maurer/Borth* in Schwab: Handbuch des Scheidungsrechts Kap. 1 Rz. 428; OLG Brandenburg v. 22.11.2007 – 10 WF 287/07, FamRZ 2008, 1551; Erman/*Michalski*, § 1684 BGB Rz. 32.

2 OLG Stuttgart v. 7.8.2008 – 16 WF 194/08, OLGReport 2008, 765.

3 OLG Frankfurt v. 27.9.2002 – 1 WF 157/02, FamRZ 2003, 321.

4 *Jaeger*, FPR 2006, 410; *Schael*, FamRZ 2009, 265.

5 Beschlussempfehlung und Bericht des Rechtsausschusses BT-Drucks. 16/9733, S. 288; *Heiter*, FamRZ 2009, 85; *Schael*, FamRZ 2009, 265.

bringung Minderjähriger stets verfahrensfähig (ohne Rücksicht auf ihre Geschäftsfähigkeit). Greift eine dieser Vorschriften ein, können Kinder ihre Rechte ohne Mitwirkung ihrer gesetzlichen Vertreter geltend machen.

22 Die Beteiligung von Pflegepersonen ist in § 161 Abs. 1, die Beteiligung des Jugendamts in § 162 Abs. 2 gesondert geregelt. Ein Verfahrensbeistand wird durch seine Bestellung automatisch zum Beteiligten (§ 158 Abs. 3 Satz 2).

III. Beweiserhebung in Kindschaftssachen

23 In Kindschaftssachen gilt der Grundsatz der **Amtsermittlung** nach § 26. Die Beweiserhebung richtet sich nach § 29 f. § 30 Abs. 1 stellt es zunächst in das pflichtgemäße Ermessen des Gerichts, ob es entscheidungserhebliche Tatsachen in Kindschaftssachen im Freibeweis oder aber durch eine förmliche Beweisaufnahme entsprechend der ZPO feststellt.

24 Nach § 30 Abs. 3 soll aber eine **förmliche Beweisaufnahme** über die Richtigkeit einer Tatsachenbehauptung stattfinden, wenn das Gericht seine Entscheidung maßgeblich auf die Feststellung dieser Tatsache stützen will und die Richtigkeit von einem Beteiligten ausdrücklich bestritten wird. Maßstab für die Entscheidung in Kindschaftssachen ist das Kindeswohl (vgl. §§ 1632 Abs. 4, 1666, 1671 Abs. 2 Nr. 2, 1684 Abs. 4 S. 1, 1685, 1697a BGB). Wenn aus einer ausdrücklich bestrittenen Tatsache Rückschlüsse für das Kindeswohl gezogen werden sollen, muss diese Tatsache daher durch förmliche Beweisaufnahme entsprechend der ZPO festgestellt werden (insbesondere Zeugenbeweis und Beweis durch Sachverständige).

25 Nach § 163 Abs. 3 darf die Verpflichtung des Gerichts zur Durchführung einer förmlichen Beweisaufnahme in Kindschaftssachen allerdings nicht dazu führen, dass das Kind als Zeuge vernommen wird. Zur Aufklärung des Sachverhalts kommt insoweit nur die Anhörung des Kindes nach § 159 in Betracht.

26 Für die Prüfung von Verfahrensvoraussetzungen gilt der Freibeweis.[1]

§ 152
Örtliche Zuständigkeit

(1) Während der Anhängigkeit einer Ehesache ist unter den deutschen Gerichten das Gericht, bei dem die Ehesache im ersten Rechtszug anhängig ist oder war, ausschließlich zuständig für Kindschaftssachen, sofern sie gemeinschaftliche Kinder der Ehegatten betreffen.

(2) Ansonsten ist das Gericht zuständig, in dessen Bezirk das Kind seinen gewöhnlichen Aufenthalt hat.

(3) Ist die Zuständigkeit eines deutschen Gerichts nach Absatz 1 und 2 nicht gegeben, ist das Gericht zuständig, in dessen Bezirk das Bedürfnis der Fürsorge bekannt wird.

(4) Für die in den §§ 1693 und 1846 des Bürgerlichen Gesetzbuchs und in Artikel 24 Abs. 3 des Einführungsgesetzes zum Bürgerlichen Gesetzbuche bezeichneten Maßnah-

1 *Kemper*, FamRB 2008, 345.

men ist auch das Gericht zuständig, in dessen Bezirk das Bedürfnis der Fürsorge bekannt wird. Es soll die angeordneten Maßnahmen dem Gericht mitteilen, bei dem eine Vormundschaft oder Pflegschaft anhängig ist.

A. Allgemeines

§ 152 regelt die **örtliche Zuständigkeit** für Verfahren in Kindschaftssachen neu. Anknüpfungspunkte sind wie bisher die Anhängigkeit einer Ehesache, der gewöhnliche Aufenthalt des Kindes (statt bisher sein Wohnsitz) und das Bekanntwerden eines Fürsorgebedürfnisses. Die örtliche Zuständigkeit ist eine ausschließliche. Von ihr kann damit nicht abgewichen werden. Möglich ist allerdings eine Abgabe aus wichtigem Grund (§ 4). 1

B. Inhalt der Vorschrift

I. Absatz 1

Nach Abs. 1 ist in erster Linie das Gericht zuständig, bei dem die Ehesache im ersten Rechtszug anhängig ist oder war (Zuständigkeitskonzentration beim **Gericht der Ehesache**). Die Zuständigkeit umfasst nur Kindschaftssachen, die gemeinschaftliche Kinder der Ehegatten betreffen (also keine Zuständigkeit des Gerichts der Ehesache für die Regelung des persönlichen Umgangs eines Kindes mit Stiefvater oder Stiefmutter nach § 1685 Abs. 2 BGB[1]). Der Kreis der von der Zuständigkeitskonzentration erfassten Verfahren ist mit dem der Verfahren, die als Folgesachen in den Verbund einbezogen werden können (Verfahrenskonzentration, vgl. § 137 Abs. 3), nicht identisch. Die Zuständigkeit nach Abs. 1 greift nur ein während der Anhängigkeit einer Ehesache, also nicht mehr nach rechtskräftigem Abschluss derselben. 2

II. Absatz 2

Soweit eine Ehesache nicht anhängig ist, bestimmt sich die örtliche Zuständigkeit nach Abs. 2 nach dem **gewöhnlichen Aufenthalt** des Kindes. Auf den Wohnsitz des Kindes wird nicht mehr abgestellt (vgl. § 36 Abs. 1 Satz 1 FGG aF). 3

Gewöhnlicher Aufenthalt ist der Ort des tatsächlichen Mittelpunkts der Lebensführung des Kindes, des Schwerpunkts seiner sozialen Bindungen, insbesondere in familiärer und schulischer bzw. beruflicher Hinsicht.[2] Dem Begriff des gewöhnlichen Aufenthalts liegt eine faktische und keine rechtliche Betrachtung zugrunde (vgl. zur einseitigen Änderung des Aufenthalts eines Kindes § 154 Rz. 3). Eingehend zum Begriff des gewöhnlichen Aufenthalts § 122 Rz. 4 ff. 4

Die Anknüpfung nach Abs. 2 greift auch dann ein, wenn zwar eine Ehesache im ersten Rechtszug anhängig ist, die Kindschaftssache aber ein Kind betrifft, das kein gemeinschaftliches Kind der Ehegatten ist.[3] 5

1 *Jaeger*, FPR 2006, 410.
2 BGH v. 5.2.1975 – IV ZR 103/73, NJW 1975,1068; BGH v. 29.10.1980 – IVb ZB 586/80, FamRZ 1981, 135; OLG Karlsruhe v. 15.11.2002 – 2 UF 115/02, FamRZ 2003, 956.
3 *Jaeger*, FPR 2006, 410.

6 Der für die Feststellung der örtlichen Zuständigkeit **maßgebliche Zeitpunkt** bestimmt sich danach, wann das Gericht mit der Sache befasst wurde.[1] In Antragsverfahren ist dies der Fall, wenn ein Antrag mit dem Ziel der Erledigung durch dieses Gericht eingegangen ist. In Amtsverfahren ist ein Gericht mit einer Sache befasst, wenn es amtlich von Tatsachen Kenntnis erlangt, die Anlass zu gerichtlichen Maßnahmen sein können.[2] Eine spätere Änderung des gewöhnlichen Aufenthalts des Kindes (zB durch Obhutswechsel oder durch Umzug des betreuenden Elternteils mit dem Kind) nach dem maßgeblichen Zeitpunkt lässt die einmal gegebene Zuständigkeit nach § 2 Abs. 2 nicht entfallen (Grundsatz der **perpetuatio fori**).

7 Von einer einheitlichen Zuständigkeitsregelung für Geschwisterkinder (zB Gericht, bei dem die Kindschaftssache des jüngsten Kindes anhängig ist) hat der Gesetzgeber bewusst abgesehen. Eine einheitliche Zuständigkeit kann damit nur durch Abgabe aus wichtigem Grund (§ 4) erreicht werden.

8 Abänderungsverfahren nach § 1696 BGB und Verfahren zur Durchsetzung einer Umgangsregelung sind selbständige Verfahren, so dass die örtliche Zuständigkeit unabhängig von derjenigen für das Ausgangsverfahren neu zu bestimmen ist,[3] für Vollstreckungsverfahren nach § 88 Abs. 1.

III. Absatz 3

9 Ist auch nach Abs. 2 die Zuständigkeit eines deutschen Gerichts nicht gegeben, ist nach Abs. 3 das Gericht zuständig, in dessen Bezirk das **Bedürfnis der Fürsorge** hervortritt. Diese Zuständigkeit greift ein, wenn sich der Aufenthalt des Kindes noch nicht zu einem gewöhnlichen Aufenthalt verdichtet hat oder wenn ein solcher nicht feststellbar ist oder im Ausland liegt. Auch wenn das Kind noch nicht geboren ist, ist diese Zuständigkeit maßgeblich (vgl. § 1912 BGB).

IV. Absatz 4

10 **1.** Abs. 4 S. 1 entspricht § 44 Satz 1 FGG aF. Örtlich zuständig für vorläufige Maßnahmen nach §§ 1693 und 1846 BGB und nach Art. 24 Abs. 3 EGBGB ist zusätzlich – neben dem nach Abs. 1 oder Abs. 2 zuständigen Gericht – auch das Gericht, in dessen Bezirk das **Bedürfnis der Fürsorge** bekannt wird.

11 **2.** S. 2 entspricht § 44 Satz 2 FGG aF. Das zuständige Gericht soll von den angeordneten Maßnahmen benachrichtigt werden.

C. Sachliche, funktionelle und internationale Zuständigkeit

12 Die **sachliche Zuständigkeit** für Kindschaftssachen ergibt sich aus §§ 23a Abs. 1 Nr. 1, 23b Abs. 1 Satz 1 GVG (Amtsgericht, Abteilung für Familiensachen). **Funktionell zuständig** ist nach § 3 Nr. 2a RPflG der Rechtspfleger, soweit die Kindschaftssachen nicht durch den Katalog des § 14 Abs. 1 RPflG dem Richter vorbehalten sind.

1 *Bassenge*/Roth, § 43 FGG Rz. 4.
2 *Bassenge*/Roth, § 5 FGG Rz. 5.
3 BGH v. 14.5.1986 – IVb ARZ 19/86, FamRZ 1986, 789.

Die **internationale Zuständigkeit** für Kindschaftssachen ist vorrangig in der EG-Verordnung Nr. 2201/2003 v. 27.11.2003 geregelt (sog. Brüssel IIa-Verordnung). Sie gilt für Zivilsachen, die die Zuweisung, die Ausübung, die Übertragung sowie die vollständige oder teilweise Entziehung der elterlichen Verantwortung betreffen, insbesondere Sorgerechts- und Umgangsverfahren sowie Verfahren auf Entziehung der elterlichen Sorge nach §§ 1666, 1666 a BGB. Zuständig für Entscheidungen, die die elterliche Verantwortung betreffen, sind die Gerichte des Mitgliedstaats, in dem das Kind zum Zeitpunkt der Antragstellung seinen gewöhnlichen Aufenthalt hat (Art. 8 I der Verordnung). Soweit kein Mitgliedstaat nach Art. 8 bis 13 der Verordnung international zuständig ist, gestattet Art. 14 der Verordnung den Rückgriff auf das autonome Recht des Mitgliedstaates. Das ist insbesondere das Minderjährigenschutzabkommen v. 5.10.1961 (MSA), hilfsweise § 99. 13

§ 153
Abgabe an das Gericht der Ehesache

Wird eine Ehesache rechtshängig, während eine Kindschaftssache, die ein gemeinschaftliches Kind der Ehegatten betrifft, bei einem anderen Gericht im ersten Rechtszug anhängig ist, ist diese von Amts wegen an das Gericht der Ehesache abzugeben. § 281 Abs. 2 und 3 Satz 1 der Zivilprozessordnung gilt entsprechend.

A. Allgemeines

§ 153 Satz 1 regelt die **Abgabe** einer bereits anhängigen Kindschaftssache an das Gericht, bei dem nachfolgend eine Ehesache rechtshängig wird. Die Vorschrift entspricht im Wesentlichen § 621 Abs. 3 ZPO aF. Sie bezweckt, den Verbund von Scheidungs- und Folgesachen nach § 137 zu ermöglichen. 1

B. Inhalt der Vorschrift

1. Wird eine Ehesache rechtshängig (§§ 253 Abs. 1, 261 Abs. 1 ZPO), während eine Kindschaftssache, die ein gemeinschaftliches Kind der Ehegatten betrifft, bei einem anderen Gericht im ersten Rechtszug anhängig ist, ist nach Satz 1 die Kindschaftssache von Amts wegen an das Gericht der Ehesache abzugeben. An das Gericht der Ehesache abzugeben sind alle Kindschaftssachen nach § 151, die ein gemeinschaftliches Kind der Ehegatten betreffen und die noch nicht entschieden sind.[1] Die Kindschaftssache muss noch im ersten Rechtszug anhängig sein. Nicht übergeleitet werden Kindschaftssachen, die in der Rechtsmittelinstanz anhängig sind. Ein VKH-Bewilligungsverfahren nach § 118 ZPO für eine Ehesache genügt für eine Abgabe (noch) nicht. 2

Die Abgabe erfolgt **von Amts wegen**. Unter den Voraussetzungen des § 137 Abs. 3 gelangt die abgegebene Sache beim Gericht der Scheidungssache in den Verbund (§ 137 Abs. 4). 3

1 Zöller/*Philippi*, § 621 ZPO Rz. 93.

4 **2.** Der Abgabebeschluss ist nach Satz 2 **unanfechtbar** (§ 281 Abs. 2 Satz 2 ZPO) und für das Gericht der Ehesache **bindend** (§ 281 Abs. 2 Satz 4 ZPO).

§ 154
Verweisung bei einseitiger Änderung des Aufenthalts des Kindes

Das nach § 152 Abs. 2 zuständige Gericht kann ein Verfahren an das Gericht des früheren gewöhnlichen Aufenthaltsorts des Kindes verweisen, wenn ein Elternteil den Aufenthalt des Kindes ohne vorherige Zustimmung des anderen geändert hat. Dies gilt nicht, wenn dem anderen Elternteil das Recht der Aufenthaltsbestimmung nicht zusteht oder die Änderung des Aufenthaltsorts zum Schutz des Kindes oder des betreuenden Elternteils erforderlich war.

A. Allgemeines

1 Ein eigenmächtiger Umzug des betreuenden Elternteils mit dem Kind soll ihm nicht den Vorteil eines ortsnahen Gerichts verschaffen. § 154 sieht deshalb eine Verweisungsmöglichkeit an das Gericht des früheren gewöhnlichen Aufenthaltsorts des Kindes vor.

B. Inhalt der Vorschrift

2 Satz 1 begründet eine Befugnis des nach § 152 Abs. 2 zuständigen Gerichts (am gewöhnlichen Aufenthalt des Kindes) zur **Verweisung** einer Kindschaftssache an das Gericht des früheren gewöhnlichen Aufenthalts, wenn ein Elternteil (nicht: ein Stiefelternteil oder ein Dritter[1]) den Aufenthalt des Kindes ohne vorherige Zustimmung des anderen geändert hat, also mit dem gemeinsamen Kind eigenmächtig umgezogen ist. Sofern dieser Umzug nach Satz 2 nicht im Ausnahmefall – etwa wegen Gewalt und Drohungen gegen den Ehegatten – gerechtfertigt ist, kann er dem betreuenden Elternteil nicht den Vorteil eines ortsnahen Gerichts verschaffen. Ausgeschlossen ist die Verweisung des Verfahrens nach Satz 2 auch dann, wenn der betreuende (mit dem Kind umgezogene) Elternteil Inhaber des Aufenthaltsbestimmungsrechts oder sogar der alleinigen elterlichen Sorge für das Kind war.

3 Im Regelfall wird allerdings ein überraschend durchgeführter Wegzug mit dem Kind nicht ohne weiteres die Zuständigkeit des Gerichts am neuen Aufenthaltsort des Kindes begründen, weil ein gewöhnlicher Aufenthalt ein Einleben in der neuen Umgebung mit sozialen Kontakten (zB Schul- oder Kindergartenbesuch) erfordert (vgl. dazu näher § 122 Rz. 7, 11). Es muss zu einer Einbindung des Kindes in die Lebensverhältnisse am neuen Aufenthaltsort gekommen sein.[2] Hat sich der Aufenthalt des Kindes in der neuen Umgebung also noch nicht zu einem gewöhnlichen Aufenthalt verdichtet, greift § 154 nicht ein. Das Gericht am neuen Aufenthaltsort des Kindes hat dann

1 *Jaeger*, FPR 2006, 410.
2 BGH v. 29.10.1980 – IVb ZB 586/80, FamRZ 1981, 135; BGH v. 22.6.2005 – XII ZB 186/03, FamRZ 2005, 1540; OLG Karlsruhe v. 15.11.2002 – 2 UF 115/02, FamRZ 2003, 956; OLG Zweibrücken v. 15.2.2008 – 5 WF 196/07, FamRZ 2008, 1258.

schon von vorneherein seine örtliche Zuständigkeit zu verneinen. Ist ein gewöhnlicher Aufenthalt zu bejahen, besteht die Befugnis des Gerichts des neuen Aufenthalts, die Sache an das Gericht des früheren gewöhnlichen Aufenthaltsorts des Kindes zu verweisen.

Der Gesetzgeber hat (abweichend vom RegE) durch Ausgestaltung des Verfahrens als eine Verweisung nach § 3 die **bindende Wirkung** des Beschlusses für das Empfangsgericht klargestellt.[1] Dessen Einverständnis ist nicht erforderlich. 4

§ 154 stellt die Verweisung an das Gericht des früheren gewöhnlichen Aufenthaltsorts in das pflichtgemäße **Ermessen** des Gerichts. Sie kann zB dann unterbleiben, wenn der andere Elternteil einer Verhandlung der Kindschaftssache am neuen Aufenthaltsort zustimmt. 5

Unklar ist, ob eine Verweisung erfolgen kann, wenn im Verfahren zwischen den Eltern Streit darüber besteht, ob die Änderung des Aufenthaltsorts zum Schutz des Kindes oder des betreuenden Elternteils erforderlich war, wenn also insbesondere die Anwendung häuslicher Gewalt umstritten ist. Nach der Ausgestaltung des Satzes 2 als Ausnahmebestimmung wird die Verweisung des Verfahrens nur dann unterbleiben können, wenn die Voraussetzungen des Satzes 2 2. Alt. unstreitig sind oder wenn der betreuende Elternteil sie kurzfristig nachweist. Eine (aufwändige) Beweisaufnahme zur Erforderlichkeit einer Änderung des Aufenthaltsorts wird dem Zweck einer Zuständigkeitsregelung nicht gerecht.[2] 6

§ 155
Vorrang- und Beschleunigungsgebot

(1) Kindschaftssachen, die den Aufenthalt des Kindes, das Umgangsrecht oder die Herausgabe des Kindes betreffen, sowie Verfahren wegen Gefährdung des Kindeswohls sind vorrangig und beschleunigt durchzuführen.

(2) Das Gericht erörtert in Verfahren nach Absatz 1 die Sache mit den Beteiligten in einem Termin. Der Termin soll spätestens einen Monat nach Beginn des Verfahrens stattfinden. Das Gericht hört in diesem Termin das Jugendamt an. Eine Verlegung des Termins ist nur aus zwingenden Gründen zulässig. Der Verlegungsgrund ist mit dem Verlegungsgesuch glaubhaft zu machen.

(3) Das Gericht soll das persönliche Erscheinen der verfahrensfähigen Beteiligten zu dem Termin anordnen.

A. Allgemeines

§ 155 enthält ein **Vorrang- und Beschleunigungsgebot** für bestimmte Kindschaftssachen. Die Vorschrift entspricht § 50e Abs. 1 FGG aF in der Fassung des Gesetzes zur Erleichterung familiengerichtlicher Maßnahmen bei Gefährdung des Kindeswohls.[3] 1

1 Beschlussempfehlung des Rechtsausschusses, BT-Drucks. 16/9733, S. 293.
2 Lipp/Schumann/Veit/*Häußermann*, Reform des familiengerichtlichen Verfahrens, S. 36 f.
3 V. 4.7.2008, BGBl. I S. 1188.

§ 155 soll eine Verkürzung der Verfahrensdauer in sorge- und umgangsrechtlichen Verfahren bewirken.

2 Der Bürger hat nach der Rechtsprechung des BVerfG einen Anspruch auf effektiven Rechtsschutz in angemessener Zeit. Dies gilt insbesondere bei Streitigkeiten über das Umgangsrecht, weil mit jeder Verfahrensverzögerung eine Entfremdung zwischen dem Umgang begehrenden Elternteil und dem betroffenen Kind fortschreitet.[1] Für Kindschaftssachen über den Aufenthalt oder die Herausgabe des Kindes sowie für Verfahren wegen Gefährdung des Kindeswohls gilt gleichermaßen, dass sie wegen der Natur des Verfahrens und der Auswirkungen einer langen Verfahrensdauer für die Beteiligten in angemessener Zeit geklärt werden müssen.

B. Inhalt der Vorschrift

I. Absatz 1

3 Abs. 1 sieht vor, dass Kindschaftssachen, die den **Aufenthalt** des Kindes, das **Umgangsrecht** (§§ 1684 Abs. 3 und 4, 1685 Abs. 3 BGB) oder die **Herausgabe** des Kindes (§ 1632 Abs. 3 BGB) betreffen und Verfahren wegen **Gefährdung des Kindeswohls** (§§ 1666, 1666a BGB) vorrangig und beschleunigt durchzuführen sind, im Notfall auf Kosten anderer bei Gericht anhängiger Verfahren. Eine Streitigkeit über den Aufenthalt des Kindes liegt nicht vor, wenn nur darüber gestritten wird, ob die gemeinsame elterliche Sorge auf Antrag eines Elternteils aufgehoben werden soll (§ 1671 Abs. 1 BGB) oder fortbestehen kann.

4 Die Vorschrift gilt in allen Rechtszügen und **in jeder Lage des Verfahrens**. Sie ist ua. bei der Anberaumung von Terminen, bei der Fristsetzung für die Abgabe eines Sachverständigengutachtens (vgl. § 163) und bei der Abfassung und Bekanntgabe von Entscheidungen zu beachten.

5 Das Vorrang- und Beschleunigungsgebot schließt es freilich nicht aus, in Einzelfällen auch einmal mit Verfahrensabschnitten abzuwarten, wenn dies für das Kindeswohl besser ist; etwa mit der schnellen Anberaumung eines Termins, wenn ein bestehender persönlicher Umgang nur geringfügig ausgeweitet oder geändert werden soll[2] oder wenn ein persönlicher Umgang wieder aufgegriffen werden soll, der über lange Zeit hinweg nicht mehr stattgefunden hat. Das Vorrang- und Beschleunigungsgebot ist nicht in allen Verfahren gerechtfertigt, die nach dem Wortlaut des Abs. 1 erfasst sind. Außerdem sind Gewaltschutz, Unterhalt und Wohnungszuweisung häufig nicht weniger dringlich.

6 Das Beschleunigungsgebot erfordert eine sofortige und eingehende Beschäftigung des Gerichts mit Kindschaftssachen. Nicht immer ist es sachgerecht, solche Verfahren möglichst schnell abzuschließen, weil die Beteiligten häufig Zeit benötigen, um eine einvernehmliche und dauerhafte Lösung zu finden. Es muss vermieden werden, dass ein zügig herbeigeführter Abschluss des Verfahrens zu Entscheidungen führt, die sich nicht als nachhaltig tragfähig erweisen.

1 BVerfG v. 25.11.2003 – 1 BvR 834/03, FamRZ 2004, 689; BVerfG v. 24.7.2008 – 1 BvR 547/06, FamRZ 2008, 2258.

2 BT-Drucks. 16/6815, S. 16.

II. Absatz 2

7 Nach Satz 1 und Satz 2 soll in den in Abs. 1 genannten Kindschaftssachen spätestens einen Monat nach Beginn des Verfahrens ein **Erörterungstermin** stattfinden, in dem das Gericht die Sache mit den Beteiligten zu erörtern hat. Die Monatsfrist für die Durchführung des Erörterungstermins beginnt ggf. auch schon mit dem Eingang eines Antrags auf Verfahrenskostenhilfe für ein Verfahren, das unter § 155 Abs. 1 fällt.[1] Eine vorgeschaltete Anhörung nach § 77 Abs. 1 Satz 1 darf damit nicht zu einer Versäumung der Frist führen.

8 In diesem Erörterungstermin hat das Gericht nach Satz 3 auch einen Vertreter des Jugendamts (mündlich) anzuhören, ein Sachbearbeiter hat also am Termin teilzunehmen. Diese Anhörung des Jugendamts setzt allerdings voraus, dass das Jugendamt im Termin bereits eine substantiierte Stellungnahme abgeben kann, was wiederum regelmäßig vorherige Gespräche des Sachbearbeiters mit den Eltern und uU auch mit dem Kind erfordert.

9 Eine **Verlegung** dieses frühen ersten Erörterungstermins ist gem. Satz 4 **nur aus zwingenden Gründen** zulässig, der Verlegungsgrund ist gem. Satz 5 glaubhaft zu machen. Im Gegensatz zu der Regelung in § 32 Abs. 1 Satz 2 FamFG iVm. § 227 Abs. 1 ZPO reichen damit (nur) erhebliche Gründe für eine Verlegung nicht aus. Nach der Gesetzesbegründung[2] soll das Vorliegen einer Terminskollision mit einem anderen Verfahren für einen Beteiligtenvertreter kein ausreichender Grund für eine Terminsverlegung sein. Es müsse vielmehr in der anderen Sache Terminsverlegung beantragt werden,[3] es sei denn, auch der kollidierende Termin betrifft ein Verfahren nach § 155 Abs. 1. Diesem Verlegungsantrag müsse wegen des Vorrangs der Kindschaftssache stattgegeben werden,[4] was insbesondere bei langfristig abgesprochenen Terminen mit mehreren Beteiligten oder bei Haftsachen praxisfremd ist. Nicht vereinbar mit dem Vorrang- und Beschleunigungsgebot wäre es allerdings, bei einer Terminskollision, wie im Wesentlichen bisher praktiziert, nur darauf abzustellen, welcher Termin früher anberaumt wurde. Eine Verlegung des Erörterungstermins kommt insbesondere auch nicht in Betracht wegen kollidierender außergerichtlicher Besprechungstermine. Zu prüfen ist ferner, ob der Erörterungstermin ggf. durch einen Vertreter wahrgenommen werden kann.

III. Absatz 3

10 In dem Erörterungstermin nach Abs. 2 sollen die Beteiligten (idR die Eltern) persönlich anwesend sein (**Anordnung des persönlichen Erscheinens**). Die Erörterung kann nämlich im Hinblick auf die Regelungen nach § 156 Abs. 1 regelmäßig nur dann zu einem sinnvollen Ergebnis führen, wenn sich die Beteiligten im Termin nicht vertreten lassen können. Die Anordnung des persönlichen Erscheinens bezieht sich auf die verfahrensfähigen Beteiligten. Ggf. muss also auch das persönliche Erscheinen eines Kindes angeordnet werden, das das 14. Lebensjahr vollendet hat (vgl. § 9 Abs. 1 Nr. 3). Die Teilnahme eines jüngeren Kindes am Erörterungstermin ist dagegen aus Gründen des Kindeswohls regelmäßig nicht angezeigt. Generell schließt Abs. 3 eine getrennte An-

1 BT-Drucks. 16/6815, S. 16.
2 BT-Drucks. 16/6815, S. 17.
3 BT-Drucks. 16/6815, S. 17.
4 BT-Drucks. 16/6815, S. 17.

hörung eines Kindes anlässlich des Erörterungstermins nicht aus. Diese Verfahrensweise bietet sich an, wenn die Gefahr besteht, dass Kinder durch die unmittelbare Teilnahme am Termin in den Konflikt der Eltern und in emotional geführte Auseinandersetzungen hineingezogen werden.

11 Die Ausgestaltung als **Sollvorschrift** ermöglicht es (zB in Fällen familiärer Gewalt oder bei Verhinderung), von der Anordnung des persönlichen Erscheinens eines Elternteils zum Termin abzusehen oder auch eine getrennte Anhörung der Beteiligten durchzuführen. Zur Teilnahme von Kindern vgl. Rz. 10.

12 Die Folgen eines unentschuldigten Fernbleibens im Termin bestimmen sich nach § 33 Abs. 3.

§ 156
Hinwirken auf Einvernehmen

(1) Das Gericht soll in Kindschaftssachen, die die elterliche Sorge bei Trennung und Scheidung, den Aufenthalt des Kindes, das Umgangsrecht oder die Herausgabe des Kindes betreffen, in jeder Lage des Verfahrens auf ein Einvernehmen der Beteiligten hinwirken, wenn dies dem Kindeswohl nicht widerspricht. Es weist auf Möglichkeiten der Beratung durch die Beratungsstellen und -dienste der Träger der Kinder- und Jugendhilfe insbesondere zur Entwicklung eines einvernehmlichen Konzepts für die Wahrnehmung der elterlichen Sorge und der elterlichen Verantwortung hin. Das Gericht soll in geeigneten Fällen auf die Möglichkeit der Mediation oder der sonstigen außergerichtlichen Streitbeilegung hinweisen. Es kann anordnen, dass die Eltern an einer Beratung nach Satz 2 teilnehmen. Die Anordnung ist nicht selbständig anfechtbar und nicht mit Zwangsmitteln durchsetzbar.

(2) Erzielen die Beteiligten Einvernehmen über den Umgang oder die Herausgabe des Kindes, ist die einvernehmliche Regelung als Vergleich aufzunehmen, wenn das Gericht diese billigt (gerichtlich gebilligter Vergleich). Das Gericht billigt die Umgangsregelung, wenn sie dem Kindeswohl nicht widerspricht.

(3) Kann in Kindschaftssachen, die den Aufenthalt des Kindes, das Umgangsrecht oder die Herausgabe des Kindes betreffen, eine einvernehmliche Regelung im Termin nach § 155 Abs. 2 nicht erreicht werden, hat das Gericht mit den Beteiligten und dem Jugendamt den Erlass einer einstweiligen Anordnung zu erörtern. Wird die Teilnahme an einer Beratung oder eine schriftliche Begutachtung angeordnet, soll das Gericht in Kindschaftssachen, die das Umgangsrecht betreffen, den Umgang durch einstweilige Anordnung regeln oder ausschließen. Das Gericht soll das Kind vor dem Erlass einer einstweiligen Anordnung persönlich anhören.

Literatur: *Walter*, Hinwirken auf Einvernehmen – Welche Zusatzqualifikation braucht das Gericht?, FPR 2009, 23.

A. Allgemeines

1 § 156 verpflichtet das Gericht, in Sorgerechtsverfahren, in Umgangsverfahren und in Verfahren, die die Herausgabe des Kindes betreffen, grundsätzlich in jeder Lage des

Verfahrens auf ein **Einvernehmen** der Beteiligten hinzuwirken. Abs. 1 Satz 1 und 2 entsprechen dabei im Wesentlichen § 52 Abs. 1 Satz 1 und 2 FGG aF. Verfahren wegen Gefährdung des Kindeswohls nach den §§ 1666 und 1666a BGB sind in § 157 gesondert geregelt.

B. Inhalt der Vorschrift

I. Absatz 1

1. Nach Satz 1 soll das Gericht in Kindschaftssachen, die die **elterliche Sorge** bei Trennung und Scheidung, den **Aufenthalt** des Kindes, das **Umgangsrecht** oder die **Herausgabe** des Kindes betreffen, in jeder Lage des Verfahrens auf ein Einvernehmen der Beteiligten hinwirken, wenn dies dem Kindeswohl nicht widerspricht. Die Ausgestaltung als **Sollvorschrift** stellt klar, dass der Grundsatz, die konsensuale Bereinigung des Elternkonflikts aktiv zu unterstützen, an Grenzen stoßen kann, wenn dies von einem Beteiligten abgelehnt wird, insbesondere nach erlebter häuslicher Gewalt. Ein Hinwirken auf ein Einvernehmen kommt nicht in Betracht, wenn dies dem Kindeswohl nicht entspricht. 2

2. Nach § 18 Abs. 1 SGB VIII haben allein erziehende Mütter und Väter Anspruch auf Beratung und Unterstützung bei der Ausübung der Personensorge. Eltern und andere Umgangsberechtigte sowie Kinder und Jugendliche haben Anspruch auf Beratung und Unterstützung bei der Ausübung des Umgangsrechts (§ 18 Abs. 3 SGB VIII). Nach § 17 Abs. 2 SGB VIII sind Eltern im Falle der Trennung oder Scheidung bei der Entwicklung eines einvernehmlichen Konzepts für die Wahrnehmung der elterlichen Sorge zu unterstützen. Auf diese Aufgaben der Jugendhilfe hat das Gericht nach Satz 2 hinzuweisen. 3

3. Satz 3 sieht einen gerichtlichen Hinweis auf die Möglichkeit der Mediation oder der sonstigen **außergerichtlichen Streitbeilegung** vor, wenn eine solche geeignet ist, zu einem Einvernehmen zu führen. 4

4. Satz 4 gibt dem Familiengericht die verbindliche Kompetenz, die Eltern zur **Teilnahme an einer Beratung** durch die Beratungsstellen und -dienste der Träger der Jugendhilfe zu verpflichten. Das Familiengericht kann auf diese Weise reagieren, wenn es den Eltern nicht schon im Termin gelingt, Einvernehmen über die Regelung der sorge- und umgangsrechtlichen Fragen zu erreichen. Das Gesetz übernimmt damit das sog. Cochemer Modell oder vergleichbare Verfahrensmodelle zur Erzielung eines Elternkonsenses. Im Unterschied zum bisherigen Recht kann das Gericht verbindlich anordnen, dass die Eltern an einer Beratung nach Satz 2 teilnehmen. Durch die Bezugnahme auf Satz 2 ist klargestellt, dass sich diese Befugnis nicht auf ein Verfahren der Mediation oder der sonstigen außergerichtlichen Streitbeilegung nach Satz 3, sondern nur auf eine Beratung durch die Beratungsstellen und -dienste der Träger der Kinder- und Jugendhilfe erstreckt. Das Gericht sollte vor Erlass dieser Anordnung dem Jugendamt Gelegenheit zur Stellungnahme geben. In der Anordnung nach Satz 4 hat das Gericht im Einvernehmen mit dem Jugendamt zur Erzielung von Verbindlichkeit festzulegen, bei welcher Beratungsstelle und binnen welcher Frist (Kontaktaufnahme mit der Beratungstelle) die Eltern sich beraten lassen sollen. 5

Die Verpflichtung zur Beratung darf nicht zu einer Verzögerung des Verfahrens führen. Das Gericht hat daher trotz der Anordnungskompetenz sorgfältig zu prüfen, ob eine Beratung überhaupt Aussicht auf ein Einvernehmen verspricht oder ob der Durchfüh- 6 rung praktische Schwierigkeiten entgegenstehen (zB große räumliche Entfernung zwischen den Elternteilen, schwierige Arbeitszeiten oder Haft eines Elternteils). Die Anordnung einer Beratung ist auch nur dann sinnvoll, wenn bei der Beratungsstelle ausreichende Kapazität für eine zeitnahe Beratung vorhanden ist. Im Übrigen verspricht eine von den Eltern oder einem Elternteil abgelehnte Beratung nichts Gutes. In nicht für eine Beratung geeigneten Fällen (auch nach der Persönlichkeit der Eltern oder eines Elternteils) hat das Gericht daher sogleich das Verfahren mit dem Ziel einer gerichtlichen Entscheidung fortzusetzen.

7 Trifft das Gericht eine Anordnung nach Satz 4, hat es den Fortgang des Verfahrens (Beginn und Verlauf der Beratung) zu überwachen. Eine zusätzliche Zuweisung der Eltern an die Beratungsstelle auch durch das Gericht oder Jugendamt ist zumindest sinnvoll. Eine förmliche Aussetzung des Verfahrens für die Dauer der Beratung (nach § 21) findet nicht statt.

8 Scheitert die Beratung, ist das gerichtliche Verfahren fortzusetzen. Einigen sich die Beteiligten, kann das Verfahren für erledigt erklärt, nach Abs. 2 verfahren oder eine unstreitige Entscheidung getroffen werden (zB nach § 1671 Abs. 2 Nr. 1 BGB).

9 **5.** Nach Satz 5 ist die Anordnung einer Beratung als Zwischenentscheidung **nicht selbständig anfechtbar**. Sie ist auch nicht mit Zwangsmitteln durchsetzbar. Weigert sich ein Elternteil, an einer angeordneten Beratung teilzunehmen, oder verzögert er erkennbar die Durchführung der Beratung, ist die Sache mit den Beteiligten und dem Jugendamt kurzfristig erneut zu erörtern oder (bei Entscheidungsreife) zu entscheiden. Die Weigerung, an der Beratung teilzunehmen, kann nur **Kostennachteile** nach sich ziehen (vgl. § 81 Abs. 2 Nr. 5) oder in der Sache Berücksichtigung finden, wenn aus der Weigerung Schlüsse für das Kindeswohl gezogen werden können.

II. Absatz 2

10 Abs. 2 regelt den Vergleich in Umgangs- und auch in Herausgabeverfahren und enthält eine gesetzliche Definition des **gerichtlich gebilligten Vergleichs**, der – ebenso wie eine gerichtliche Entscheidung – einen Vollstreckungstitel darstellt (§ 86 Abs. 1 Nr. 2). Die Regelung ist angelehnt an § 52a Abs. 4 Satz 3 FGG aF, verlangt aber für eine einvernehmliche Regelung über den Umgang oder die Herausgabe des Kindes nach dem Wortlaut ein Einvernehmen aller formell am Verfahren Beteiligten. Damit bedarf es ggf. der Zustimmung des Jugendamts (§ 162 Abs. 2), des Verfahrensbeistands (§ 158 Abs. 3 Satz 2) und von Pflegepersonen (§ 161 Abs. 1). Ob ein 14 Jahre alter Minderjähriger wegen § 9 Abs. 1 Nr. 3 selbst einem Vergleich über die Regelung des persönlichen Umgangs zustimmen muss,[1] ist unklar, sollte aber wegen des in § 1684 Abs. 1 BGB enthaltenen Rechts des Kindes auf Umgang mit jedem Elternteil bejaht werden.[2]

11 Das Gericht billigt die Herausgabe- oder Umgangsregelung, wenn die Vereinbarung der Beteiligten dem Kindeswohl nicht widerspricht. Die Billigung ist erforderlich, weil das Recht zum persönlichen Umgang nicht der freien Disposition der Eltern unterliegt. Eine gerichtlich protokollierte Elternvereinbarung kann daher das gerichtliche Verfah-

1 Vgl. *Heiter*, FamRZ 2009, 85.
2 Zum subjektiven Recht auf Umgang BGH v. 14.5.2008 – XII ZB 225/06, FamRZ 2008, 1334; aA *Schael*, FamRZ 2009, 265.

ren nicht unmittelbar beenden.[1] Die Billigung erfolgt durch einen **Beschluss**, der ausspricht, dass die von den Beteiligten getroffene Regelung gebilligt und als gerichtliche Regelung übernommen wird.

Bei der Billigung (und Protokollierung) einer Umgangsregelung ist darauf zu achten, 12
dass diese einen **vollstreckungsfähigen Inhalt** hat. Die Umgangsregelung muss genaue und erschöpfende Bestimmungen über Art, Ort und Zeit des Umgangs mit dem Kind enthalten.[2] Sonst kann sie nicht durchgesetzt werden. Ggf. muss die Umgangsregelung vor der Billigung noch zusätzlich konkretisiert werden. Bei einem begleiteten Umgang muss das Familiengericht sich zuerst eines zur Mitwirkung bereiten Dritten versichern und sodann auch insoweit eine verbindliche und durchsetzungsfähige Regelung treffen (keine bloße Gewährung des Umgangs dem Grunde nach[3]).

Erzielen die Beteiligten Einvernehmen über den persönlichen Umgang, wollen aber 13
keinen Vergleich protokollieren, weil sie die damit regelmäßig verbundene starre Regelung vermeiden wollen, steht Abs. 2 einer Erledigung des Verfahrens durch Antragsrücknahme oder übereinstimmende Erledigungserklärungen nicht entgegen. Für die Niederschrift des Vergleichs gilt § 36 Abs. 2. Er kann entsprechend § 278 Abs. 6 ZPO ggf. auch noch außerhalb des Termins schriftlich geschlossen werden (§ 36 Abs. 3).

III. Absatz 3

1. Satz 1 begründet für die dort genannten Verfahren (Verfahren über den Aufenthalt 14
des Kindes, das Umgangsrecht oder die Herausgabe des Kindes) die Verpflichtung des Familiengerichts, mit den Beteiligten den Erlass einer **einstweiligen Anordnung** zu erörtern, um zu verhindern, dass vor allem in Umgangsverfahren „vollendete Tatsachen" geschaffen werden. Nach den §§ 49, 51 Abs. 1 kann das Gericht – abweichend von § 620 ff., § 621g ZPO aF – die einstweilige Anordnung von Amts wegen erlassen, sofern das Verfahren von Amts wegen eingeleitet werden kann. Ein Antrag eines Beteiligten auf Erlass einer einstweiligen Anordnung ist daher nur in den Verfahren erforderlich, in denen verfahrenseinleitende Anträge zu stellen sind (zB §§ 1632 Abs. 3, 1671 BGB), nicht aber in Verfahren, die von Amts wegen eingeleitet und betrieben werden können (zB §§ 1684 Abs. 3 Satz 1, 1685 Abs. 3 BGB).

2. In Verfahren über den **persönlichen Umgang** soll das Gericht nach Satz 2 den Um- 15
gang vorläufig regeln, wenn es auf Grund einer Beratungsanordnung oder durch Einholung eines Sachverständigengutachtens noch nicht zu einem Abschluss des Verfahrens kommt. Hiervon kann abgesehen werden, wenn nur um eine Ausweitung des persönlichen Umgangs gestritten wird oder absehbar ist, dass die Anordnung nur zu einer unwesentlichen Verzögerung führt. Einstweilige Anordnungen zum persönlichen Umgang können den Erfolg einer Beratung gefährden. Vorrangig ist daher auf eine vorläufige Vereinbarung für die Dauer des Verfahrens hinzuwirken. Im Übrigen sind übereilte einstweilige Anordnungen, die ohne gesicherten Hintergrund getroffen werden, zu vermeiden.[4] Das Gericht kann den Umgang auch im Wege der einstweiligen Anordnung vorläufig ausschließen, wenn dringende Anhaltspunkte für das Vorliegen der Voraussetzungen des § 1684 Abs. 4 BGB vorliegen.

1 BGH v. 23.9.1987 – IVb ZB 59/86, FamRZ 1988, 277.
2 OLG Celle v. 16.12.2005 – 12 WF 141/05, FamRZ 2006, 556.
3 OLG Frankfurt v. 5.2.2008 – 3 UF 307/07, FamRZ 2008, 1372 und OLG Zweibrücken v. 3.4.2003 – 5 UF 216/02, FamRZ 2004, 53.
4 *Röchling*, FamRZ 2008, 1495.

16 **3.** Nach Satz 3 soll das Gericht das Kind vor dem Erlass einer einstweiligen Anordnung persönlich anhören (vgl. §§ 620a Abs. 3, 621g Satz 2 ZPO aF).

§ 157
Erörterung der Kindeswohlgefährdung; einstweilige Anordnung

(1) In Verfahren nach den §§ 1666 und 1666a des Bürgerlichen Gesetzbuchs soll das Gericht mit den Eltern und in geeigneten Fällen auch mit dem Kind erörtern, wie einer möglichen Gefährdung des Kindeswohls, insbesondere durch öffentliche Hilfen, begegnet werden und welche Folgen die Nichtannahme notwendiger Hilfen haben kann. Das Gericht soll das Jugendamt zu dem Termin laden.

(2) Das Gericht hat das persönliche Erscheinen der Eltern zu dem Termin nach Absatz 1 anzuordnen. Das Gericht führt die Erörterung in Abwesenheit eines Elternteils durch, wenn dies zum Schutz eines Beteiligten oder aus anderen Gründen erforderlich ist.

(3) In Verfahren nach den §§ 1666 und 1666a des Bürgerlichen Gesetzbuchs hat das Gericht unverzüglich den Erlass einer einstweiligen Anordnung zu prüfen.

A. Allgemeines

1 § 157 entspricht § 50f FGG aF in der Fassung des Gesetzes zur Erleichterung familiengerichtlicher Maßnahmen bei Gefährdung des Kindeswohls v. 4. Juli 2008.[1] Die Vorschrift enthält als neuen Bestandteil des familiengerichtlichen Verfahrens die **Erörterung der Kindeswohlgefährdung** (Erörterungsgespräch). Dieser Verfahrensabschnitt ergänzt die bisher schon vorgeschriebene Anhörung der Eltern in solchen Verfahren (§ 160 Abs. 1 Satz 2), die der Aufklärung des Sachverhalts und der Gewährung des rechtlichen Gehörs dient.

B. Inhalt der Vorschrift

I. Absatz 1

2 **1.** Nach Satz 1 soll das Familiengericht mit den Eltern und in geeigneten Fällen auch mit dem Kind in Verfahren nach §§ 1666, 1666a BGB in einem **Termin erörtern**, wie einer möglichen Gefährdung des Kindeswohls begegnet werden kann, insbesondere durch öffentliche Hilfen, und welche Folgen die Nichtannahme notwendiger Hilfen haben kann. Eine gemeinsame Erörterung mit dem Kind wird idR notwendig sein, wenn etwa Drogenabhängigkeit oder wiederholte Straffälligkeit des Kindes bzw. Jugendlichen Anlass zu dem Verfahren gegeben hat, um auf das gefährdete Kind einzuwirken.

3 Die Regelung stellt lediglich auf eine **mögliche Gefährdung** des Kindeswohls ab, da das Jugendamt das Familiengericht bereits dann anzurufen hat, wenn die Eltern bei der Abschätzung des Gefährdungsrisikos nicht mitwirken (§ 8a Abs. 3 Satz 1, 2. Halbs.

1 BGBl. I, S. 1188.

SGB VIII), eine Gefährdung mithin noch nicht sicher feststeht. § 157 erwartet, dass Familiengerichte nicht erst dann angerufen werden, wenn nichts anderes mehr bleibt, als die elterliche Sorge zu entziehen.

Es ist Aufgabe der Gerichte, in diesen Gesprächen den Eltern den Ernst der Lage vor Augen zu führen, darauf hinzuwirken, dass sie notwendige Leistungen der Jugendhilfe annehmen, und sie auf die andernfalls eintretenden Konsequenzen (insbesondere den Entzug der elterlichen Sorge) hinzuweisen (**Warnfunktion**). Das Erörterungsgespräch ist ein gesonderter Verfahrensabschnitt vor der gerichtlichen Entscheidung. Es gibt insbesondere auch Raum, mit den Eltern auf freiwilliger Basis einen Maßnahmenkatalog zu erarbeiten, wie einer Trennung des Kindes von seiner Familie begegnet werden kann (**Herstellen von Verbindlichkeit**). Werden solche Maßnahmen nicht eingehalten, ist bei einem Sorgerechtsentzug dem Verhältnismäßigkeitsgrundsatz (Trennung des Kindes von seiner Familie nur als ultima ratio[1]) eher genügt. 4

Eine frühzeitige Anrufung des Familiengerichts birgt aber auch Risiken.[2] Das Vertrauensverhältnis in der Hilfebeziehung zwischen der Familie und dem Jugendamt wird belastet, sie kann zu verstärkter Abwehr und Widerstand führen. Im Empfinden der Eltern ist die Anrufung des Familiengerichts nicht niedrigschwellig.[3] Das Jugendamt hat daher die Chancen und Risiken einer frühzeitigen Anrufung des Familiengerichts gewissenhaft abzuwägen. 5

Das Erörterungsgespräch kann mit der Anhörung der Eltern verbunden werden oder in einem gesonderten Termin stattfinden. Es ist auch ein nicht sorgeberechtigter Elternteil zu beteiligen,[4] weil für den Fall, dass der sorgeberechtigte Elternteil das Kind nicht selbst erziehen kann, wegen § 1680 Abs. 3 BGB das (nachrangige) Erziehungsrecht des anderen Elternteils auflebt.[5] 6

Kommen Maßnahmen nach den §§ 1666, 1666a BGB offensichtlich nicht in Betracht, kann das Erörterungsgespräch auch unterbleiben[6] (**Sollvorschrift**). Es kann auch dann unterbleiben, wenn es (bei einem unabwendbaren Sorgerechtsentzug) sinnlos ist. 7

2. Nach Satz 2 soll das Gericht das **Jugendamt** zu dem Termin laden. Die Notwendigkeit dazu ergibt sich schon deshalb, weil Verfahren nach den §§ 1666 und 1666a BGB regelmäßig gerade auf Grund einer Mitteilung des Jugendamts nach § 8a Abs. 3 SGB VIII eingeleitet werden. Die Anwesenheit eines Sachbearbeiters im Erörterungstermin dient daher dazu, den Anlass der Mitteilung, die ggf. schon in der Vergangenheit geleisteten Maßnahmen der Familienhilfe und die zukünftige Hilfeplanung zu erörtern. 8

II. Absatz 2

1. Das Erörterungsgespräch nach Abs. 1 kann nur dann zu einem sinnvollen Ergebnis führen, wenn die Eltern persönlich teilnehmen müssen, sich also nicht von einem 9

1 BVerfG v. 23.8.2006 – 1 BvR 476/04, FamRZ 2006, 1593. Näher zum Verhältnismäßigkeitsgrundsatz Erman/*Michalski*, § 1666 BGB Rz. 17 ff. und § 1666a BGB Rz. 2 f.
2 Eingehend *Meysen*, JAmt 2008, 233 (239).
3 *Meysen*, JAmt 2008, 233 (239).
4 BT-Drucks. 16/6815, S. 17.
5 *Orgis*, JAmt 2008, 243.
6 BT-Drucks. 16/6815, S. 17.

Anwalt vertreten lassen können. Das Gericht hat daher nach Satz 1 das **persönliche Erscheinen der Eltern** zu dem Termin anzuordnen (§ 33). Auch das Jugendamt soll regelmäßig in das Gespräch eingebunden werden (Abs. 1 Satz 2). Das persönliche Erscheinen der Eltern im Erörterungstermin kann nach Maßgabe des § 33 Abs. 3 erzwungen werden.

10 **2.** Nach Satz 2 kann die Erörterung auch in Abwesenheit eines Elternteils durchgeführt werden, wenn dies zum Schutz eines Beteiligten oder aus anderen Gründen erforderlich ist (zB Fälle häuslicher Gewalt oder auch der Verhinderung).

III. Absatz 3

11 Abs. 3 regelt die Verpflichtung des Gerichts, den Erlass einer **einstweiligen Anordnung** unverzüglich nach der Verfahrenseinleitung zu prüfen (vgl. § 50e Abs. 4 FGG aF). Die Regelung betrifft alle Verfahren, die wegen einer Gefährdung des Kindeswohls eingeleitet werden können, zB auch Verfahren, die auf eine Verbleibensanordnung nach § 1632 Abs. 4 BGB gerichtet sind. Die Verpflichtung nach Abs. 3 ergibt sich bereits aus dem Schutzauftrag des Gerichts (staatliches Wächteramt im Bereich der elterlichen Sorge), das aber beachten muss, dass eine Eilmaßnahme nach §§ 1666, 1666a BGB auf einer möglichst zuverlässigen Entscheidungsgrundlage beruhen muss.[1] Art und Ausmaß des staatlichen Eingriffs durch einstweilige Anordnungen müssen am Grad des Versagens der Eltern ausgerichtet sein und daran, was im Interesse des Kindes geboten ist (Verhältnismäßigkeitsgrundsatz). Der Staat muss nach Möglichkeit versuchen, durch helfende, unterstützende, auf Herstellung oder Wiederherstellung eines verantwortungsgerechten Verhaltens der leiblichen Eltern gerichtete Maßnahmen sein Ziel zu erreichen. Die verfassungsrechtliche Dimension von Art. 6 GG beeinflusst auch das Verfahrensrecht, auch und gerade in kindschaftsrechtlichen Eilverfahren.[2]

§ 158
Verfahrensbeistand

(1) Das Gericht hat dem minderjährigen Kind in Kindschaftssachen, die seine Person betreffen, einen geeigneten Verfahrensbeistand zu bestellen, soweit dies zur Wahrnehmung seiner Interessen erforderlich ist.

(2) Die Bestellung ist in der Regel erforderlich,

1. wenn das Interesse des Kindes zu dem seiner gesetzlichen Vertreter in erheblichem Gegensatz steht,

2. in Verfahren nach den §§ 1666 und 1666a des Bürgerlichen Gesetzbuchs, wenn die teilweise oder vollständige Entziehung der Personensorge in Betracht kommt,

3. wenn eine Trennung des Kindes von der Person erfolgen soll, in deren Obhut es sich befindet,

1 BVerfG v.19.12.2007 – 1 BvR 2681/07, FamRZ 2008, 492.
2 BVerfG v. 21.6.2002 – 1 BvR 605/02, FamRZ 2002, 1021; vgl. dazu auch EuGHMR v. 8.4.2004 – Beschwerde Nr. 11057/02, FamRZ 2005, 585, 588.

4. in Verfahren, die die Herausgabe des Kindes oder eine Verbleibensanordnung zum Gegenstand haben oder

5. wenn der Ausschluss oder eine wesentliche Beschränkung des Umgangsrechts in Betracht kommt.

(3) Der Verfahrensbeistand ist so früh wie möglich zu bestellen. Er wird durch seine Bestellung als Beteiligter zum Verfahren hinzugezogen. Sieht das Gericht in den Fällen des Absatzes 2 von der Bestellung eines Verfahrensbeistands ab, ist dies in der Endentscheidung zu begründen. Die Bestellung eines Verfahrensbeistands oder deren Aufhebung sowie die Ablehnung einer derartigen Maßnahme sind nicht selbständig anfechtbar.

(4) Der Verfahrensbeistand hat das Interesse des Kindes festzustellen und im gerichtlichen Verfahren zur Geltung zu bringen. Er hat das Kind über Gegenstand, Ablauf und möglichen Ausgang des Verfahrens in geeigneter Weise zu informieren. Soweit nach den Umständen des Einzelfalls ein Erfordernis besteht, kann das Gericht dem Verfahrensbeistand die zusätzliche Aufgabe übertragen, Gespräche mit den Eltern und weiteren Bezugspersonen des Kindes zu führen sowie am Zustandekommen einer einvernehmlichen Regelung über den Verfahrensgegenstand mitzuwirken. Das Gericht hat Art und Umfang der Beauftragung konkret festzulegen und die Beauftragung zu begründen. Der Verfahrensbeistand kann im Interesse des Kindes Rechtsmittel einlegen. Er ist nicht gesetzlicher Vertreter des Kindes.

(5) Die Bestellung soll unterbleiben oder aufgehoben werden, wenn die Interessen des Kindes von einem Rechtsanwalt oder einem anderen geeigneten Verfahrensbevollmächtigten angemessen vertreten werden.

(6) Die Bestellung endet, sofern sie nicht vorher aufgehoben wird,

1. mit der Rechtskraft der das Verfahren abschließenden Entscheidung oder

2. mit dem sonstigen Abschluss des Verfahrens.

(7) Für den Ersatz von Aufwendungen des nicht berufsmäßigen Verfahrensbeistands gilt § 277 Abs. 1 entsprechend. Wird die Verfahrensbeistandschaft berufsmäßig geführt, erhält der Verfahrensbeistand für die Wahrnehmung seiner Aufgaben nach Absatz 4 in jedem Rechtszug jeweils eine einmalige Vergütung in Höhe von 350 Euro. Im Fall der Übertragung von Aufgaben nach Absatz 4 Satz 3 erhöht sich die Vergütung auf 550 Euro. Die Vergütung gilt auch Ansprüche auf Ersatz anlässlich der Verfahrensbeistandschaft entstandener Aufwendungen sowie die auf die Vergütung anfallende Umsatzsteuer ab. Der Aufwendungsersatz und die Vergütung sind stets aus der Staatskasse zu zahlen. Im Übrigen gilt § 168 Abs. 1 entsprechend.

(8) Dem Verfahrensbeistand sind keine Kosten aufzuerlegen.

Literatur: *Ballof*, Einordnung und Bewertung von Gerichtsgutachten und Stellungnahmen aus Sicht des Verfahrenspflegers, FPR 2006, 36; *Menne*, Reform des Verfahrenspflegschaftsrechts: Vom Verfahrenspfleger zum Verfahrensbeistand, FPR 2006, 44; *Menne*, Zur pauschalisierten Entschädigung des Verfahrensbeistands im kommenden Recht, ZKJ 2008, 461; *Menne*, Die Entpflichtung des Verfahrenspflegers, ZKJ 2008, 111; *Menne*, Der Verfahrensbeistand im neuen FamFG, ZKJ 2009, 68; *Salgo*, Neue Perspektiven bei der Verfahrenspflegschaft für Kinder und Jugendliche, FPR 2006, 12; *Stötzel*, Verfahrensbeistand und Umgangspfleger-Aufgaben und Befugnisse, FPR 2009, 27.

A. Allgemeines

1 § 158 regelt die Voraussetzungen für die Bestellung eines Verfahrensbeistands, dessen Stellung und Aufgaben sowie seine Vergütung. § 158 ersetzt den bisher in § 50 FGG aF geregelten Verfahrenspfleger für minderjährige Kinder („**Anwalt des Kindes**"). In anderen Rechtsbereichen, wie etwa im Betreuungs- und Unterbringungsrecht (§§ 276, 317), ist die Verfahrenspflegschaft weiterhin vorgesehen. Mit der Schaffung zweier auch begrifflich verschiedener Rechtsinstitute unterstreicht der Gesetzgeber die unterschiedliche Ausgestaltung nach den spezifischen Anforderungen der betroffenen Rechtsgebiete.

2 Die Bezeichnung **Verfahrensbeistand** bringt Aufgabe und Funktion im Verfahren deutlicher zum Ausdruck als der Begriff des Verfahrenspflegers. Als ein ausschließlich verfahrensrechtliches Institut[1] handelt es sich nicht um eine Beistandschaft nach §§ 1712 ff. BGB. Durch § 158 sind zahlreiche Streit- und Zweifelsfragen aus dem Bereich des § 50 FGG aF geklärt.

B. Inhalt der Vorschrift

I. Absatz 1

3 Abs. 1 enthält den **Grundtatbestand**, wann das Gericht dem minderjährigen Kind einen Verfahrensbeistand zu bestellen hat. Die Vorschrift unterscheidet sich von § 50 Abs. 1 FGG aF dadurch, dass der Gesetzeswortlaut nicht mehr nur eine Kann-Bestimmung, sondern eine Verpflichtung des Gerichts zur Bestellung eines Verfahrensbeistands enthält, wenn das Kriterium der Erforderlichkeit erfüllt ist.[2] Dies entspricht in der Sache bereits der herrschenden Auffassung zu § 50 Abs. 1 FGG aF.[3]

4 Nach Abs. 1 soll das Gericht nur eine Person zum Verfahrensbeistand bestimmen, die persönlich und fachlich **geeignet** ist, das Interesse des Kindes festzustellen und sachgerecht in das Verfahren einzubringen. Auf Qualifikationsanforderungen für die zu bestellende Person verzichtet das Gesetz weiterhin.[4] Nicht ausgeschlossen ist deshalb auch die Bestellung eines geeigneten Laien (zB eines nahen, vertrauten Verwandten).

5 Nach dem Grundtatbestand muss ein Verfahrensbeistand bestellt werden, wenn die Kindschaftssache **die Person des Kindes** betrifft (dazu § 160 Rz. 3) und die Bestellung zur Wahrnehmung der Interessen des Kindes erforderlich ist, idR deshalb, weil die Eltern diese Interessen nicht wahrnehmen wollen oder so in Auseinandersetzungen verstrickt sind, dass sie die Interessen des Kindes nicht mehr wahrnehmen können.

6 Nicht erforderlich ist die Bestellung eines Verfahrensbeistands, wenn das Kind seine Interessen selbst unbeeinflusst und erschöpfend wahrnehmen kann, wenn sein Alter und seine Reife eine eigene Wahrnehmung seiner Verfahrensrechte erlauben. Dies ist regelmäßig bei Kindern ab 14 Jahren zu prüfen. Das im RegE noch vorgesehene Antragsrecht eines mehr als 14 Jahre alten Kindes auf einen Verfahrensbeistand[5] entfiel, weil das Aufgabenprofil des Verfahrensbeistands eher auf die Wahrnehmung der Inte-

1 *Menne*, FPR 2006, 44.
2 *Jaeger*, FPR 2006, 410; *Salgo*, FPR 2006, 12.
3 Vgl. *Maier*, Handbuch Fachanwalt Familienrecht, 4. Kap. Rz. 298 und Rz. 304.
4 Kritisch dazu *Salgo*, FPR 2006, 12.
5 Vgl. BT-Drucks. 16/6308, S. 40.

ressen jüngerer Kinder zugeschnitten ist und älteren Kindern bei Bedarf gleichwohl auf Grund der anderen Regelbeispiele ein Verfahrensbeistand bestellt werden kann oder muss.[1]

Nicht erforderlich ist die Bestellung eines Verfahrensbeistands bei Entscheidungen von geringer Tragweite, die sich auf die Rechtspositionen der Beteiligten und auf die künftige Lebensgestaltung des Kindes nicht in erheblichem Umfang auswirken. Die Erforderlichkeit kann weiter fehlen, wenn alle Beteiligten gleichgerichtete Verfahrensziele verfolgen. Aber auch wenn die Interessen des Kindes im Verfahren in anderer Weise ausreichend zur Geltung gebracht werden, kommt ein Absehen von der Bestellung eines Verfahrensbeistands in Betracht. Dies kann zB dann der Fall sein, wenn das Kind durch einen Ergänzungspfleger vertreten wird (vgl. dazu auch Rz. 16). 7

II. Absatz 2

Abs. 2 regelt Fälle, in denen die Bestellung eines Verfahrensbeistands idR erforderlich ist (**Regelbeispiele**). Sie dienen als Orientierung zur Auslegung des Begriffs der Erforderlichkeit in Abs. 1 und können ggf. auch nebeneinander vorliegen. 8

1. Nr. 1 entspricht § 50 Abs. 2 Nr. 1 FGG aF. Wenn das Interesse des Kindes zu dem seiner gesetzlichen Vertreter **in erheblichem Gegensatz** steht, ist die Bestellung idR erforderlich. Dies ist der Fall, wenn Eltern vornehmlich ihre eigenen Interessen durchsetzen wollen.[2] Liegen im Einzelfall konkrete Umstände für die Annahme vor, dass ein Elternteil die Interessen des Kindes aus dem Blick verlieren könnte, so ist von Verfassungs wegen die Bestellung eines Verfahrensbeistands zwingend geboten.[3] 9

2. Nach Nr. 2 ist die Bestellung idR erforderlich in Verfahren nach den §§ 1666, 1666a BGB, wenn die teilweise oder vollständige **Entziehung der Personensorge** in Betracht kommt, weil dies typischerweise erhebliche Auswirkungen für den Lebensweg des Kindes (idR Trennung von der Familie) hat. Nicht besonders geregelt ist die Notwendigkeit der Bestellung eines Verfahrensbeistands in Abänderungsverfahren nach § 1696 Abs. 2 BGB. Hier kann es geboten sein, dem Kind nach Abs. 2 Nr. 1 oder Nr. 3 oder nach dem Grundtatbestand des Abs. 1 einen Verfahrensbeistand zu bestellen, wenn Interessenkollisionen nicht ausgeräumt sind. 10

3. Nach Nr. 3 liegt ein Regelfall vor, wenn eine **Trennung des Kindes** von der Person erfolgen soll, in deren Obhut es sich befindet. In Verfahren nach §§ 1666, 1666a BGB ist damit die Bestellung eines Verfahrensbeistands regelmäßig unter beiden Gesichtspunkten (Nr. 2 und 3) geboten. Nr. 3 ist weiter gefasst als § 50 Abs. 2 Nr. 2 FGG aF. Sie ist nicht auf Verfahren nach den §§ 1666, 1666a BGB beschränkt. Maßgebend ist, ob eine Entscheidung das soziale Umfeld des Kindes bestimmt und zu einer Herauslösung des Kindes aus der unmittelbaren Zuwendung des gegenwärtig betreuenden Elternteils führen kann.[4] Für die Anwendung der Regelung ist es ohne Belang, wer die Trennung anstrebt, insbesondere ob es das Kind selbst, das Jugendamt, ein Elternteil (nach §§ 1671 Abs. 2 Nr. 2, 1696 Abs. 1 BGB) oder ein außenstehender Dritter ist, oder 11

1 Beschlussempfehlung und Bericht des Rechtsauschusses, BT-Drucks. 16/9733, S. 294; kritisch *Menne*, ZKJ 2009, 68.
2 BVerfG v. 29.10.1998 – 2 BvR 1206/98, NJW 1999, 631.
3 BVerfG v. 18.7.2006 – 1 BvR 1465/05, FamRZ 2006, 1261.
4 BVerfG v. 29.10.1998, NJW 1999, 631 (633).

ob das Gericht eine derartige Maßnahme in Betracht zieht. Eine Überschneidung mit Nr. 1 kommt in Betracht.

12 **4.** Nr. 4 nennt Verfahren, die die **Herausgabe** des Kindes (§ 1632 Abs. 1, 3 BGB) oder eine **Verbleibensanordnung** (§§ 1632 Abs. 4, 1682 BGB) zum Gegenstand haben. Auch hierbei geht es um den grundsätzlichen Aufenthalt des Kindes. Diese Verfahren sind besonders genannt, da ihre Zuordnung zu Nr. 3 zweifelhaft sein kann (bei unklaren Obhutsverhältnissen oder wenn der betreuende Elternteil die Herausgabe vom Umgangsberechtigten oder von einem Dritten verlangt). Auf das Vorliegen der Tatbestandsmerkmale der Nr. 3 kommt es nicht an.

13 **5.** Nach Nr. 5 ist ein Verfahrensbeistand idR zu bestellen, wenn ein Ausschluss oder eine wesentliche **Beschränkung des Umgangsrechts** (vgl. § 1684 Abs. 4 Satz 1, 2 BGB) in Betracht kommt, weil dies von einem Verfahrensbeteiligten gefordert oder von dem Gericht erwogen wird. Darunter fällt insbesondere auch der Fall, dass das Kind durch Anordnung des persönlichen Umgangs einer Lebensgefahr ausgesetzt wäre.[1] Keine Bestellung ist nach der Klarstellung im Gesetzgebungsverfahren[2] erforderlich in Umgangsverfahren, die nur die einmalige oder vorübergehende Einschränkung des Umgangsrechts zum Gegenstand haben.

III. Absatz 3

14 **1.** Nach Satz 1 hat die Bestellung des Verfahrensbeistands so **früh** wie möglich zu erfolgen, also zu dem Zeitpunkt, in dem das Vorliegen der Voraussetzungen nach Abs. 1 bzw. 2 feststeht, damit der Verfahrensbeistand auf die weitere Gestaltung des Verfahrens Einfluss nehmen und seine Aufgaben nach Abs. 4 auch wahrnehmen kann. Im Interesse eines kostenbewussten Vorgehens ist es regelmäßig gerechtfertigt, mit der Bestellung zunächst abzuwarten, ob sich nicht im Erörterungstermin nach § 155 Abs. 2 eine Einigung der Beteiligten ergibt. Alibibestellungen am Ende des Verfahrens sind jedenfalls unzulässig.

15 **2.** Nach Satz 2 wird der Verfahrensbeistand durch seine Bestellung zum **Beteiligten** des Verfahrens mit allen Rechten und Pflichten. Er hat die Rechte des Betroffenen wahrzunehmen, ohne an dessen Weisungen gebunden zu sein. Er muss daher zB einem Vergleich nach § 156 Abs. 2 zustimmen.[3]

16 **3.** Satz 3 entspricht inhaltlich § 50 Abs. 2 Satz 2 FGG aF. Sieht das Gericht trotz Vorliegens eines Regelbeispiels von einer Bestellung ab, muss dies in der Endentscheidung besonders **begründet** werden. Ein Absehen von der Bestellung eines Verfahrensbeistands trotz Vorliegens eines Regelfalls kommt in Betracht, wenn die Interessen des Kindes durch ein Sachverständigengutachten gewahrt sind. Dagegen kann die Beteiligung des Jugendamts die Bestellung eines Verfahrensbeistands für ein Kind nicht ersetzen, weil das Jugendamt einen Beratungs- und Hilfsauftrag auch gegenüber den Eltern wahrzunehmen hat.[4]

17 **4.** Satz 4 stellt klar, dass Entscheidungen über die Bestellung oder Aufhebung der Bestellung eines Verfahrensbeistands sowie über die Ablehnung einer derartigen Maß-

1 Eine besondere Fallgruppe ist entgegen *Salgo*, FPR 2006, 12 nicht erforderlich.
2 Vgl. Beschlussempfehlung und Bericht des Rechtsausschusses, BT-Drucks. 16/9733, S. 294.
3 *Schael*, FamRZ 2009, 265.
4 BVerfG v. 18.7.2006 – 1 BvR 1465/05, FamRZ 2006, 1261; im Ergebnis ebenso *Rüting*, JAmt 2007, 49.

nahme als Zwischenentscheidungen **nicht isoliert anfechtbar** sind. Damit ist die bisherige Streitfrage[1] im Gesetz ausdrücklich entschieden. Allerdings kann ein Rechtsmittel gegen die Endentscheidung weiterhin auch damit begründet werden, dass das Gericht einen Verfahrensbeistand zu Unrecht bestellt oder abberufen hat oder dass es die Bestellung eines Verfahrensbeistands zu Unrecht unterlassen oder abgelehnt hat (§ 58 Abs. 2).

IV. Absatz 4

Abs. 4 enthält (im Gegensatz zu § 50 FGG aF erstmals) Bestimmungen über **Aufgaben und Rechtsstellung des Verfahrensbeistands**. Damit erübrigt sich die bisherige, zum Teil sehr zersplitterte und unübersichtliche obergerichtlichen Rechtsprechung weitgehend. 18

1. Nach Satz 1 besteht die originäre Aufgabe des Verfahrensbeistands darin, die Interessen des Kindes festzustellen und sie im Verfahren wahrzunehmen. Er ist nach dem ausdrücklichen Gesetzeswortlaut dem **Interesse des Kindes** verpflichtet, also seinem wohlverstandenen Interesse und nicht allein dem von dem Kind geäußerten Willen (seinen Wünschen). Er hat den Kindeswillen deutlich zu machen und in das Verfahren einzubringen, hat jedoch darüber hinaus weitere Gesichtspunkte und auch etwaige Bedenken gegen den vom Kind geäußerten Willen vorzutragen, also auch das objektive Interesse des Kindes (Kindeswohl) einzubeziehen.[2] Dies entspricht dem materiellen Recht als Maßstab für gerichtliche Entscheidungen in Kindschaftssachen (vgl. §§ 1632 Abs. 4, 1666, 1671 Abs. 2 Nr. 2, 1684 Abs. 4 Satz 1, 1685, 1697a BGB) und auch seiner eigenständigen Stellung als Verfahrensbeteiligter. 19

Seine Stellungnahme kann sowohl schriftlich als auch mündlich im Termin abgegeben werden. Wird sie mündlich abgegeben, ist sie in den Terminsvermerk aufzunehmen. Seine Aufgaben beschränken sich auf das konkrete Verfahren, für das er bestellt wurde. In einer parallelen Kindschaftssache kann er für das Kind nur tätig werden, wenn er auch für dieses Verfahren bestellt wurde. 20

2. Nach Satz 2 hat der Verfahrensbeistand das Kind – neben der Information durch das Gericht (§ 159 Abs. 4 Satz 1) ggf. zusätzlich – in geeigneter Weise (altersgemäß) über das Verfahren (Gegenstand, Ablauf, möglicher Ausgang) zu **informieren**. Zum Kernbestand der Tätigkeit gehören damit zunächst die Akteneinsicht, Gespräche mit dem Kind, die Information und die Vorbereitung des Kindes auf das Verfahren und die Begleitung des Kindes durch das Verfahren (vgl. dazu auch § 159 Abs. 4 S. 3).[3] Regelmäßige Aufgabe des Verfahrensbeistands ist damit nur der Kontakt mit dem Kind. 21

3. Nach Satz 3 kann das Gericht dem Verfahrensbeistand die zusätzliche Aufgabe übertragen, Gespräche mit den Eltern und weiteren Bezugspersonen des Kindes zu führen sowie am **Zustandekommen einer einvernehmlichen Regelung** über den Verfahrensgegenstand mitzuwirken. Diese Aufgabe des Verfahrensbeistands ist[4] von ei- 22

1 Vgl. zB OLG Frankfurt v. 17.4.2008 – 1 WF 68/08, FamRZ 2008, 1364.

2 Vgl. OLG Frankfurt v. 17.4.2008 – 1 WF 68/08, FamRZ 2008, 1364: keine Beschränkung auf die Vertretung des Kindeswillens; BVerfG v. 9.3.2004 – 1 BvR 455/02, FamRZ 2004, 1267: Erkundung und Wahrnehmung des kindlichen Interesses; *Jaeger*, FPR 2006, 410; *Ballof*, FPR 2006, 36; *Menne*, ZKJ 2009, 68 (70).

3 *Menne*, FPR 2006, 44.

4 Abweichend vom RegE BT-Drucks. 16/6308, S. 40.

ner zusätzlichen Beauftragung durch das Gericht abhängig, die bei einem kleinen Kind ggf. im Wege einer Ermessensreduzierung für Elterngespräche zwingend erfolgen muss.[1]

23 **4.** Nach Satz 4 muss das Gericht Art und Umfang dieser zusätzlichen Beauftragung **konkret festlegen** und die Beauftragung begründen, um eine unzulässige Vermischung der den Verfahrensbeteiligten zugedachten Rollen zu verhindern. Das Hinwirken auf Einvernehmen setzt häufig eine Festlegung im Hinblick auf ein beabsichtigtes Ergebnis voraus, die nur das Gericht treffen kann, zumal ein getroffener Vergleich ggf. gerichtlich gebilligt werden muss. Es hängt damit von einer konkreten, nach Art und Umfang präzisierten Beauftragung durch das Gericht im Einzelfall ab, ob der Verfahrensbeistand auf ein Einvernehmen hinwirken kann.

24 **5.** Nach Satz 5 kann der Verfahrensbeistand unabhängig von einer Beeinträchtigung in eigenen materiellen Rechten im Interesse des Kindes **Rechtsmittel einlegen**. Die Einlegung erfolgt nicht im Namen des Kindes, sondern im eigenen Namen.[2]

25 **6.** Satz 6 stellt die bisherige Streitfrage klar, dass eine gesetzliche Vertretungsmacht des Verfahrensbeistands für das Kind nicht besteht. Die Bestellung ändert also an den Vertretungsverhältnissen des Kindes nichts. Der Verfahrensbeistand darf **keine rechtsgeschäftlichen Willenserklärungen** für das Kind abgeben oder entgegennehmen.

V. Absatz 5

26 Abs. 5 entspricht § 50 Abs. 3 FGG aF. Danach soll die Bestellung eines Verfahrensbeistands unterbleiben oder aufgehoben werden, wenn die Interessen des Kindes von einem (von dem mehr als 14 Jahre alten Kind oder seinem gesetzlichen Vertreter bestellten) **Rechtsanwalt** oder einem anderen geeigneten Verfahrensbevollmächtigten angemessen vertreten werden. Nicht angemessen wäre es, wenn Eltern bewusst die Interessenvertretung eines Kindes durch einen ihnen nicht genehmen Verfahrensbeistand durch Bestellung eines Rechtsanwalts verhindern würden.

VI. Absatz 6

27 Abs. 6 entspricht § 50 Abs. 4 FGG aF. Die Bestellung endet mit ihrer Aufhebung, mit der Rechtskraft der das Verfahren abschließenden Entscheidung oder mit dem sonstigen Abschluss des Verfahrens (Antragsrücknahme, Erledigung der Hauptsache). Die Bestellung in erster Instanz wirkt damit insbesondere **auch für das Beschwerdeverfahren**. Abs. 6 sieht ausdrücklich eine vorherige Aufhebung der Bestellung vor. Damit ist auch eine Entpflichtung des Verfahrensbeistands möglich, die allerdings auf Ausnahmefälle beschränkt sein muss (zB Untätigkeit oder Verfolgung verfahrensfremder Interessen[3]). Auch die Entpflichtung ist nicht selbständig anfechtbar, auch nicht vom Verfahrensbeistand selbst (Abs. 4 Satz 3).

1 Näher dazu *Menne*, ZKJ 2009, 68.
2 *Jaeger*, FPR 2006, 410.
3 Vgl. *Menne*, ZKJ 2008, 111.

VII. Absatz 7

Abs. 7 regelt die **Vergütung** des Verfahrensbeistands neu. 28

1. Für den Ersatz von Aufwendungen des nicht berufsmäßigen Verfahrensbeistands gilt nach Satz 1 § 277 Abs. 1 entsprechend. Sie richtet sich wie bisher nach § 1835 Abs. 1 bis 2 BGB (vgl. § 67a Abs. 1 FGG aF). 29

2. Die Vergütung für einen berufsmäßig handelnden Verfahrensbeistand ist dagegen durch die Sätze 2 und 3 auf Vorschlag des Rechtsausschusses[1] auf eine **Fallpauschale** umgestellt, die sich – wenig nachvollziehbar[2] – an den Gebühren für einen in einer Kindschaftssache tätigen Rechtsanwalt mit Regelstreitwert von 3000 Euro orientiert. Sie beträgt nach Satz 2 für die regelmäßigen Aufgaben nach Abs. 4 Satz 1 und 2 **350 Euro**. Klargestellt ist, dass die Pauschale in jedem Rechtszug gesondert anfällt, wenn der Verfahrensbeistand in der Instanz auch jeweils tätig geworden ist. 30

3. Sind dem berufsmäßig handelnden Verfahrensbeistand zusätzlich Aufgaben nach Abs. 4 Satz 3 (Gespräche mit den Eltern und weiteren Bezugspersonen, Hinwirken auf Einvernehmen) übertragen worden, beträgt die Vergütung **550 Euro**. 31

4. Die Vergütung gilt nach Satz 4 auch Ansprüche auf Ersatz von Aufwendungen (insbesondere Fahrt- und Telefonkosten) sowie die Umsatzsteuer ab. Die Fallpauschale bezweckt eine Begrenzung der Vergütung, sie soll zudem den bisherigen Abrechnungs- und Kontrollaufwand (als Beleg für die Richtigkeit dieser Erwägung kann die dazu bisher ergangene umfangreiche Rechtsprechung angeführt werden) ersparen. Sie kann jedoch vor allem im Fall der zusätzlichen Übertragung von Aufgaben nach Abs. 4 S. 3 kaum als auskömmlich bezeichnet werden, weil eine einvernehmliche Lösung regelmäßig viel Zeit- und Arbeitsaufwand erfordert.[3] Nicht geregelt ist die Höhe der Vergütung eines Verfahrensbeistands, der in einem Verfahren für mehrere Kinder (zB für Geschwister) bestellt wird. In einem solchen Fall sollte die ohnehin knapp kalkulierte Pauschale für jedes Kind anfallen.[4] 32

5. Nach Satz 5 sind Aufwendungsersatz des nicht berufsmäßigen Verfahrensbeistands und die Fallpauschale stets **aus der Staatskasse** zu zahlen. 33

6. Im Übrigen gilt nach Satz 6 § 168 Abs. 1 entsprechend (Festsetzung durch das bestellende Gericht). 34

VIII. Absatz 8

Nach Abs. 8 dürfen dem Verfahrensbeistand **keine Verfahrenskosten** auferlegt werden. Die Regelung gilt für alle Rechtszüge (auch keine Anwendung des § 84). 35

1 BT-Drucks. 16/9733, S. 294.
2 Ein Rechtsanwalt ist nicht nur oder überwiegend in Kindschaftssachen tätig. Kritisch und zutreffend auch *Menne*, ZKJ 2008, 461.
3 Kritisch zur Höhe der Fallpauschale auch *Menne*, FamRB 2008, 368, und *Menne*, ZKJ 2008, 461.
4 *Menne*, ZKJ 2009, 68.

§ 159
Persönliche Anhörung des Kindes

(1) Das Gericht hat das Kind persönlich anzuhören, wenn es das 14. Lebensjahr vollendet hat. Betrifft das Verfahren ausschließlich das Vermögen des Kindes, kann von einer persönlichen Anhörung abgesehen werden, wenn eine solche nach der Art der Angelegenheit nicht angezeigt ist.

(2) Hat das Kind das 14. Lebensjahr noch nicht vollendet, ist es persönlich anzuhören, wenn die Neigungen, Bindungen oder der Wille des Kindes für die Entscheidung von Bedeutung sind oder wenn eine persönliche Anhörung aus sonstigen Gründen angezeigt ist.

(3) Von einer persönlichen Anhörung nach Absatz 1 oder Absatz 2 darf das Gericht aus schwerwiegenden Gründen absehen. Unterbleibt eine Anhörung allein wegen Gefahr im Verzug, ist sie unverzüglich nachzuholen.

(4) Das Kind soll über den Gegenstand, Ablauf und möglichen Ausgang des Verfahrens in einer geeigneten und seinem Alter entsprechenden Weise informiert werden, soweit nicht Nachteile für seine Entwicklung, Erziehung oder Gesundheit zu befürchten sind. Ihm ist Gelegenheit zur Äußerung zu geben. Hat das Gericht dem Kind nach § 158 einen Verfahrensbeistand bestellt, soll die persönliche Anhörung in dessen Anwesenheit stattfinden. Im Übrigen steht die Gestaltung der persönlichen Anhörung im Ermessen des Gerichts.

A. Allgemeines

1 Die Vorschrift regelt die **Kindesanhörung** (vgl. § 50b FGG aF). Die Norm betrifft alle Kinder in Kindschaftssachen, also auch Mündel, was im Gegensatz zum bisherigen Recht nicht mehr eigens ausgesprochen ist. Die Anhörung eines Kindes dient sowohl der Tatsachenaufklärung als auch der Gewährung des rechtlichen Gehörs, auf dessen Einhaltung auch das betroffene Kind einen verfassungsrechtlich geschützten Anspruch hat.

B. Inhalt der Vorschrift

I. Absatz 1

2 Abs. 1 betrifft die Anhörung von Kindern, die das **14. Lebensjahr vollendet** haben. Ein solches Kind ist nach Satz 1 in allen Verfahren, die es betrifft, persönlich anzuhören, egal, ob das Verfahren die Personen- oder die Vermögenssorge betrifft. Das Kind ist grundsätzlich persönlich, also **mündlich** anzuhören. Die Nichtanhörung des betroffenen Kindes im Sorgerechts- und Umgangsverfahren ist idR ein schwerer Verfahrensmangel, der es ggf. rechtfertigt, den ergangenen Beschluss aufzuheben und die Sache zur erneuten Behandlung und Entscheidung an das Erstgericht zurückzuverweisen.[1]

1 OLG Köln v. 29.10.2003 – 26 UF 161/03, FamRZ 2004, 1301; OLG Schleswig v. 19.12.2007 – 10 UF 194/07, JAmt 2008, 278; OLG Düsseldorf v. 13.2.2008 – II-8 UF 219/07, FamRZ 2008, 1363.

Die Anhörung eines Kindes ist auch im Verfahren über die Festsetzung eines Ordnungsmittels zur Erzwingung einer gerichtlichen Regelung über den persönlichen Umgang des Kindes geboten.[1] Zur begrenzten Verfahrensfähigkeit des 14 Jahre alten Kindes in personenbezogenen Verfahren § 151 Rz. 21. 2a

In **Vermögenssorgeverfahren** kann nach Satz 2 von einer persönlichen Anhörung abgesehen werden, wenn eine solche nach der Art der Angelegenheit nicht angezeigt ist. In solchen Verfahren kann aber eine schriftliche Anhörung geboten sein. 3

II. Absatz 2

Abs. 2 behandelt die persönliche Anhörung des Kindes, welches das **14. Lebensjahr noch nicht vollendet** hat. Voraussetzung für eine persönliche Anhörung ist in diesem Fall, dass die Neigungen, Bindungen oder der Wille des Kindes für die Entscheidung von Bedeutung sind. Dies ist zB in Verfahren zur Regelung der elterlichen Sorge, des persönlichen Umgangs, der Herausgabe des Kindes und in Verfahren wegen Gefährdung des Kindeswohls regelmäßig der Fall. Eine persönliche Anhörung scheidet damit in den genannten Verfahren nur dann aus, wenn wegen des Alters des Kindes eine sinnvolle Anhörung noch nicht stattfinden kann (zu Altersgrenzen vgl. Abs. 3, Rz. 5). Eine persönliche Anhörung eines Kindes unter 14 Jahren kann aber nach Abs. 2 auch aus sonstigen Gründen, etwa in vermögensrechtlichen Angelegenheiten, angezeigt sein. 4

III. Absatz 3

1. Satz 1 entspricht § 50b Abs. 3 Satz 1 FGG aF. Danach darf von einer nach den Absätzen 1 oder 2 gebotenen persönlichen Anhörung **nur aus schwerwiegenden Gründen** abgesehen werden. Ein schwerwiegender Grund, von der persönlichen Anhörung eines Kindes abzusehen, liegt nicht darin, dass die Eltern auf eine Anhörung verzichtet haben. Die persönliche Anhörung eines Kindes **im Alter von sechs Jahren aufwärts** ist grundsätzlich geboten.[2] Schwerwiegende Gründe, die es geboten erscheinen lassen, von einer persönlichen Anhörung abzusehen, liegen nur dann vor, wenn das Kind durch die Anhörung aus seinem seelischen Gleichgewicht gebracht wird und eine Beeinträchtigung seines Gesundheitszustands zu besorgen ist.[3] Von einer persönlichen Anhörung des Kindes kann auch nicht deshalb abgesehen werden, weil ein Verfahrensbeistand für das Kind bestellt ist. Es gehört zu seinen Aufgaben, auf eine kindgemäße Form der Anhörung hinzuwirken, das Kind auf die Anhörung vorzubereiten und es ggf. zu der Anhörung zu begleiten (vgl. Abs. 4 Satz 3). 5

2. Unterbleibt eine Anhörung allein wegen Gefahr im Verzug (zB vor Erlass einer einstweiligen Anordnung), ist sie nach Satz 2 unverzüglich **nachzuholen** (vgl. § 50b Abs. 3 Satz 2 FGG aF). 6

1 OLG Hamm v. 8.9.2003 – 8 WF 271/03, FamRZ 2004, 1797.
2 OLG Rostock v. 9.12.2005 – 11 UF 99/05, FamRZ 2007, 1835; weitergehend OLG Brandenburg v. 14.10.2002 – 9 UF 129/02, FamRZ 2003, 624: ab einem Mindestalter von drei Jahren.
3 OLG Schleswig v. 19.12.2007 – 10 UF 194/07, JAmt 2008, 278.

IV. Absatz 4

7 Abs. 4 regelt die **Durchführung** der Anhörung.

8 **1.** Satz 1 entspricht § 50b Abs. 2 Satz 3, 1. Halbs. FGG aF. Das Kind soll regelmäßig alters- und kindgerecht über Gegenstand, Ablauf und möglichen Ausgang des Verfahrens informiert werden. Dabei empfiehlt sich der Hinweis, dass es mit seinen Angaben nicht für den Ausgang des Verfahrens verantwortlich ist, sondern dass die Eltern und notfalls das Gericht die Verantwortung für den Ausgang des Verfahrens tragen.

9 **2.** Nach Satz 2 ist dem Kind Gelegenheit zur Äußerung zu geben (vgl. § 50b Abs. 2 Satz 3, 2. Halbs. FGG aF). Es soll also nach seiner Meinung befragt werden. Ziel der Anhörung ist es im Übrigen, durch behutsame Fragen Neigungen, Bindungen und den Willen des Kindes festzustellen.

10 **3.** Satz 3 regelt, dass im Regelfall ein **Anwesenheitsrecht des Verfahrensbeistands** bei der persönlichen Anhörung des Kindes besteht. Er ist deshalb auch zu dem Anhörungstermin zu laden. Das Anwesenheitsrecht dient dazu, das Kind durch die Anhörung zu begleiten und ihm zu helfen, die ungewohnte Situation zu meistern. Nicht geregelt ist, ob der Verfahrensbeistand auch das Recht hat, Fragen an das Kind zu stellen. Solche Fragen zuzulassen steht deshalb nach Satz 4 im Ermessen des Gerichts.

11 **4.** Satz 4 stellt im Übrigen die **Gestaltung der Anhörung** in das pflichtgemäße **Ermessen des Gerichts**. Dazu gehört auch, ob Geschwister getrennt oder gemeinsam angehört werden, in welchen Räumlichkeiten die Anhörung erfolgt (in häuslicher Umgebung, Schule, Kindergarten oder im Gericht) und ob sie in zeitlichem Zusammenhang mit dem Erörterungstermin oder gesondert durchgeführt wird. Es obliegt auch dem Ermessen des Gerichts, einem Vertreter des Jugendamts die Anwesenheit zu gestatten.

12 Die Anwesenheit der Eltern oder eines Elternteils bzw. ihrer Verfahrensbevollmächtigten ist dagegen regelmäßig nicht sachgerecht. Die Anwesenheit der Eltern oder eines Elternteils kann allerdings bei sehr kleinen Kindern zur Verhaltensbeobachtung geboten sein oder wenn das Kind sonst nicht zu einem Gespräch mit dem Richter bewegt werden kann. Bei der Beweiswürdigung ist dies entsprechend zu berücksichtigen.

13 Das Familiengericht muss den wesentlichen Inhalt einer gebotenen Kindesanhörung in dem **Anhörungsvermerk** nach § 28 Abs. 4 wiedergeben. Zulässig ist es ggf. auch, den wesentlichen Inhalt der persönlichen Anhörung in der abschließenden Entscheidung selbst vollständig, im Zusammenhang und frei von eigenen Wertungen wiederzugeben.[1]

§ 160
Anhörung der Eltern

(1) In Verfahren, die die Person des Kindes betreffen, soll das Gericht die Eltern persönlich anhören. In Verfahren nach den §§ 1666 und 1666a des Bürgerlichen Gesetzbuchs sind die Eltern persönlich anzuhören.

1 OLG Saarbrücken v. 21.11.2005 – 2 UF 13/05, FamRZ 2006, 557.

(2) In sonstigen Kindschaftssachen hat das Gericht die Eltern anzuhören. Dies gilt nicht für einen Elternteil, dem die elterliche Sorge nicht zusteht, sofern von der Anhörung eine Aufklärung nicht erwartet werden kann.

(3) Von der Anhörung darf nur aus schwerwiegenden Gründen abgesehen werden.

(4) Unterbleibt die Anhörung allein wegen Gefahr im Verzug, ist sie unverzüglich nachzuholen.

A. Allgemeines

§ 160 regelt die **Anhörung der Eltern** in Kindschaftssachen. 1

B. Inhalt der Vorschrift

I. Absatz 1

1. Satz 1 betrifft die persönliche Anhörung der Eltern in Verfahren, die die **Person des Kindes** betreffen. Er entspricht im Wesentlichen § 50a Abs. 1 Satz 2 FGG aF. Der Verzicht auf die Wörter „in der Regel" nach dem neuen Recht macht deutlich, dass das Gericht von einer Anhörung der Eltern nur in besonders gelagerten Ausnahmefällen absehen darf. Anzuhören ist grundsätzlich auch ein Elternteil, dem die elterliche Sorge nicht zusteht. 2

Verfahren, die die Person des Kindes betreffen, sind alle Verfahren, die die Lebensführung und Lebensstellung eines Kindes und nicht ausschließlich sein Vermögen betreffen,[1] also vor allem Verfahren zur Regelung der elterlichen Sorge, des Aufenthalts und des persönlichen Umgangs sowie die Kindesherausgabe und die Genehmigung der freiheitsentziehenden Unterbringung (vgl. dazu auch § 162 Rz. 3). Eine persönliche Anhörung des Verpflichteten ist nach § 92 Abs. 1 auch im Verfahren über die Festsetzung eines Ordnungsmittels zur Erzwingung einer gerichtlichen Regelung über den persönlichen Umgang des Kindes geboten.[2] 3

2. Satz 2 entspricht § 50a Abs. 1 Satz 3 FGG aF. In **Verfahren wegen Gefährdung des Kindeswohls** nach §§ 1666, 1666a BGB ist die persönliche Anhörung der Eltern zwingend. Anzuhören ist auch ein nicht sorgeberechtigter Elternteil, weil für den Fall, dass der sorgeberechtigte Elternteil das Kind nicht selbst erziehen kann, wegen § 1680 Abs. 3 BGB das (nachrangige) Erziehungsrecht des anderen Elternteils auflebt.[3] Die Anhörung nach Satz 2 kann mit dem Erörterungstermin nach § 157 Abs. 1 verbunden werden (§ 157 Rz. 6). 4

3. Die Eltern sind sowohl nach Satz 1 als auch nach Satz 2 grundsätzlich persönlich, also **mündlich** anzuhören. 5

1 Bassenge/Roth, § 50 FGG Rz. 1 und § 50c FGG Rz. 2.
2 OLG Hamm v. 8.9.2003 – 8 WF 271/03, FamRZ 2004, 1797.
3 *Orgis*, JAmt 2008, 243.

II. Absatz 2

6 Abs. 2 regelt die Anhörung in Kindschaftssachen, die nicht die Person des Kindes und nicht die Abwendung einer Kindeswohlgefährdung betreffen, also in **Vermögenssorgeverfahren** (§§ 1640 Abs. 3, 1666 Abs. 2, 1821 BGB).

7 **1.** Satz 1 verlangt in solchen Verfahren keine persönliche Anhörung der Eltern. Die Anhörung kann deshalb auch schriftlich erfolgen. Eine – zumindest schriftliche – Anhörung der sorgeberechtigten Elternteile zur Gewährleistung des rechtlichen Gehörs und zur Aufklärung des Sachverhalts ist damit aber in jeder Kindschaftssache geboten.

8 **2.** Satz 2 entspricht inhaltlich § 50a Abs. 2 FGG aF. In Vermögenssorgeverfahren kann auf die Anhörung eines nicht sorgeberechtigten Elternteils verzichtet werden, wenn von der Anhörung eine Aufklärung nicht erwartet werden kann. Die Regelung gilt auch für die Eltern eines unter Vormundschaft stehenden Kindes.

III. Absatz 3

9 Nach Abs. 3 darf von einer nach Abs. 1 oder Abs. 2 gebotenen Anhörung **nur aus schwerwiegenden Gründen** abgesehen werden (vgl. § 50a Abs. 3 Satz 1 FGG aF). Schwerwiegende Gründe sind neben den Fällen des § 34 Abs. 2 zB ein nicht zu ermittelnder Aufenthalt oder Unerreichbarkeit wegen eines zeitlich nicht absehbaren Auslandsaufenthalts.[1]

10 Im Falle eines unentschuldigten Ausbleibens im Termin gilt § 34 Abs. 3. Eine nochmalige Anhörung ist entbehrlich. Ist zu Recht zugleich nach § 33 Abs. 1 das persönliche Erscheinen angeordnet worden, kann nach § 33 Abs. 3 ein Ordnungsgeld verhängt und im Falle des wiederholten Ausbleibens die Vorführung angeordnet werden.

IV. Absatz 4

11 Nach Abs. 4 ist die Anhörung der Eltern unverzüglich **nachzuholen**, wenn sie allein wegen Gefahr im Verzug unterblieben ist (vgl. § 50a Abs. 3 Satz 2 FGG aF Abs. 3 Satz 2 FGG aF). Wegen Gefahr im Verzug unterbleiben muss eine Anhörung der Eltern oder eines Elternteils ggf. im Falle des Erlasses einer dringenden einstweiligen Anordnung.

C. Durchführung der Anhörung

12 Die **Gestaltung der Anhörung** steht im pflichtgemäßen Ermessen des Gerichts. Ggf. sind zusätzlich §§ 156 Abs. 1 und Abs. 3, 157 Abs. 1 Satz 1 und 165 Abs. 3 und Abs. 4 zu beachten. Eltern können auch getrennt angehört werden.

13 Der wesentliche Inhalt einer gebotenen Anhörung der Eltern muss im **Vermerk nach § 28 Abs. 4** wiedergegeben werden. Zulässig ist es auch, den wesentlichen Inhalt in der abschließenden Entscheidung (im tatbestandlichen Teil) vollständig, im Zusammenhang und frei von eigenen Wertungen wiederzugeben.[2]

---

1 BayObLG v. 25.2.1981 – BReg. 1 Z 10/81, FamRZ 1981, 814.
2 BGH v. 4.4.2001 – XII ZB 3/00 FamRZ 2001, 907.

§ 161
Mitwirkung der Pflegeperson

(1) Das Gericht kann in Verfahren, die die Person des Kindes betreffen, die Pflegeperson im Interesse des Kindes als Beteiligte hinzuziehen, wenn das Kind seit längerer Zeit in Familienpflege lebt. Satz 1 gilt entsprechend, wenn das Kind auf Grund einer Entscheidung nach § 1682 des Bürgerlichen Gesetzbuchs bei dem dort genannten Ehegatten, Lebenspartner oder Umgangsberechtigten lebt.

(2) Die in Absatz 1 genannten Personen sind anzuhören, wenn das Kind seit längerer Zeit in Familienpflege lebt.

A. Allgemeines

§ 161 regelt die Beteiligung und Anhörung von **Pflegepersonen und Bezugspersonen** in Kindschaftssachen. 1

B. Inhalt der Vorschrift

I. Absatz 1

Abs. 1 sieht vor, dass das Gericht in Verfahren, die die **Person des Kindes** betreffen (dazu § 160 Rz. 3), Pflegepersonen im Interesse des Kindes nach § 7 Abs. 3 von Amts wegen als Beteiligte hinzuziehen kann (Kann-Beteiligte), wenn das Kind seit längerer Zeit in Familienpflege lebt (länger andauerndes Pflegeverhältnis). Gleiches gilt für Bezugspersonen iSd. § 1682 BGB (Ehegatten, Lebenspartner oder Umgangsberechtigte). Der Begriff der „längeren Zeit" entspricht der Formulierung in §§ 1630 Abs. 3, 1632 Abs. 4 BGB. Es kommt darauf an, ob das Kind in der Pflegezeit seine Bezugswelt in der Pflegefamilie gefunden hat[1] und deshalb die Herausnahme zu diesem Zeitpunkt das Kindeswohl gefährden würde. Das Ermessen des Gerichts bei der Entscheidung über die Hinzuziehung als Beteiligte ist begrenzt, wenn das Kind seit längerer Zeit in Familienpflege lebt. Wenn eine Hinzuziehung dem Kindeswohl dienen kann, muss eine Hinzuziehung erfolgen. 2

Das Verfahren der Hinzuziehung richtet sich nach § 7 Abs. 4 und 5. Durch die Hinzuziehung wird die Pflegeperson oder Bezugsperson iSd. § 1682 BGB formell am Verfahren **beteiligt**. Damit ist sie über den Fortgang des Verfahrens und über die Beweisergebnisse durch Übermittlung der Schriftsätze und Dokumente zu informieren. Sie muss einem Vergleich nach § 156 Abs. 2 zustimmen. 3

Anders als bei der Mitwirkung des Jugendamts nach § 162 Abs. 3 Satz 2 sieht § 161 für die Pflegeperson allerdings keine verfahrensrechtliche Beschwerdebefugnis vor. Die **Rechtsmittelbefugnis** richtet sich allein nach einer Beschwer der Pflegeperson. Diese ist nur in den Fällen der §§ 1632 Abs. 4 BGB und 1630 Abs. 3 BGB gegeben.[2] 4

1 Palandt/*Diederichsen*, § 1632 BGB Rz. 13; Erman/*Michalski*, § 1632 BGB Rz. 26.
2 OLG Hamm v. 15.3.2005 – 2 WF 11/05, FamRZ 2005, 2081.

II. Absatz 2

5 Nach Abs. 2 sind die in Abs. 1 genannten Personen (Pflegeperson und Bezugspersonen) **anzuhören**, wenn das Kind seit längerer Zeit in Familienpflege lebt (zu diesem Begriff vgl. oben Abs. 1, Rz. 2). Im Unterschied zu § 50c S. 1 FGG aF ist ein Absehen von der Anhörung nicht mehr möglich. Vorgeschrieben ist die Anhörung in allen die Person des Kindes betreffenden Verfahren (gleicher Begriff wie in § 160 Abs. 1, dazu § 160 Rz. 3). Die Anhörung muss unabhängig davon erfolgen, ob die Person nach Abs. 1 als Beteiligter hinzugezogen wird. Eine bestimmte Form der Anhörung ist nicht vorgeschrieben. Regelmäßig wird die Sachaufklärung jedoch eine persönliche, also mündliche Anhörung erfordern. Für ein unentschuldigtes Ausbleiben im Anhörungstermin gilt § 34 Abs. 3.

§ 162
Mitwirkung des Jugendamts

(1) Das Gericht hat in Verfahren, die die Person des Kindes betreffen, das Jugendamt anzuhören. Unterbleibt die Anhörung wegen Gefahr im Verzug, ist sie unverzüglich nachzuholen.

(2) Das Jugendamt ist auf seinen Antrag an dem Verfahren zu beteiligen.

(3) Dem Jugendamt sind alle Entscheidungen des Gerichts bekannt zu machen, zu denen es nach Absatz 1 Satz 1 zu hören war. Gegen den Beschluss steht dem Jugendamt die Beschwerde zu.

A. Allgemeines

1 § 162 regelt die Anhörung, Beteiligung und Beschwerdebefugnis des **Jugendamts** in Kindschaftssachen.

B. Inhalt der Vorschrift

I. Absatz 1

2 **1.** Satz 1 sieht die Anhörung des Jugendamts in Verfahren, die die **Person des Kindes** betreffen, vor. Im Gegensatz zu der im bisherigen Recht (§ 49a Abs. 1 FGG aF) enthaltenen Aufzählung sind die betroffenen Verfahren nunmehr allgemein bezeichnet. Dies entspricht der Formulierung in § 50 Abs. 1 Satz 1 SGB VIII. Die Anhörung des Jugendamts ist Mittel zur Aufklärung des Sachverhalts.

3 Verfahren, die die Person des Kindes betreffen, sind solche, die die elterliche Sorge (zB §§ 1671,1674,1680 Abs. 2 BGB), die Personensorge (zB § 1631 Abs. 3 BGB), die Herausgabe des Kindes (§ 1632 Abs. 1 und 4 BGB), oder den persönlichen Umgang (§§ 1684, 1685 BGB) betreffen, sowie alle sonstigen Kindschaftssachen, die das Kind betreffen und nicht ausschließlich vermögensrechtlicher Art sind. Der Begriff entspricht der Formulierung in §§ 160 Abs. 1, 161 Abs. 1 (dazu § 160 Rz. 3). Dies können auch Kindschaftssachen nach § 151 Nr. 4 bis 7 sein (vor allem Genehmigung der freiheitsent-

ziehenden Unterbringung). Nach § 26 kann die Anhörung des Jugendamts auch geboten sein in Verfahren der Vollstreckung einer Entscheidung, die die Person des Kindes betrifft.[1] In Angelegenheiten der **Vermögenssorge** findet eine Anhörung des Jugendamts dagegen nicht statt.

Anzuhören ist das nach § 87b SGB VIII zuständige Jugendamt. Unterbleibt die Anhörung, ist das ein Verfahrensfehler, der ggf. die Aufhebung und Zurückverweisung durch das Beschwerdegericht rechtfertigen kann.[2] 4

In welcher **Form** die Anhörung des Jugendamts zu erfolgen hat, ist im Gesetz für den Regelfall weiterhin nicht geregelt (Ausnahmen: mündliche Anhörung in §§ 155 Abs. 2 Satz 3, 157 Abs. 1 Satz 2). Regelmäßig genügt daher eine schriftliche Stellungnahme. Inhaltliche Anforderungen an die Stellungnahme des Jugendamts (zB vorhergehender Hausbesuch, Entscheidungsvorschlag) kann das Gericht dagegen nicht verlangen, jedenfalls nicht solche, die über § 50 Abs. 2 SGB VIII hinausgehen.[3] Das Jugendamt ist gegenüber dem Familiengericht nicht weisungsgebunden.[4] Seine Mitwirkungspflicht – oder bestimmte inhaltliche Anforderungen – können auch nicht erzwungen werden.[5] Hält das Gericht weitere Ermittlungen für erforderlich, muss es diese selbst vornehmen. 5

Die Anhörung des Jugendamts setzt im Übrigen voraus, dass es über den Inhalt des Verfahrens und über Beweisergebnisse durch **Übermittlung der Schriftsätze** (Antragsschrift und Erwiderung) und Dokumente (zB Sachverständigengutachten, Stellungnahme Verfahrensbeistand) durch das Gericht informiert wird. 6

2. Satz 2 entspricht inhaltlich § 49a Abs. 3 iVm. § 49 Abs. 4 S. 2 FGG aF. Danach kann bei Gefahr im Verzug auch schon vor Anhörung des Jugendamts eine einstweilige Anordnung ergehen. Dann ist eine **unverzügliche Nachholung** der Anhörung geboten. 7

II. Absatz 2

Abs. 2 regelt die Stellung des Jugendamts als Verfahrensbeteiligter. Die bloße Anhörung macht es noch nicht zum **Beteiligten**[6] iSd. § 7 (vgl. § 7 Abs. 6). Ob sich das Jugendamt über die Anhörung hinaus formell am Verfahren beteiligt, ist eine Frage des Einzelfalls. Das Jugendamt hat insoweit ein Wahlrecht, das sich auf alle die Person des Kindes betreffenden Verfahren erstreckt (nicht in Verfahren ausschließlich vermögensrechtlicher Art). Im Fall eines entsprechenden Antrags ist deshalb das Gericht zur Hinzuziehung verpflichtet. Stellt das Jugendamt in einem Antragsverfahren einen Sach- oder Verfahrensantrag, ist es schon deshalb (nach § 7 Abs. 1) Beteiligter.[7] Ist das Jugendamt formell am Verfahren beteiligt, muss es einem Vergleich nach § 156 Abs. 2 zustimmen.[8] 8

---

1 RegE BT-Drucks. 16/6308, S. 241; zum früheren Recht schon OLG Stuttgart v. 11.2.1971 – 8 W 300/70, Die Justiz 1971, 145.

2 OLG Köln v. 31.3.1995 – 25 UF 53/95 FamRZ 1995, 1593.

3 Schwab/*Motzer*, Handbuch Teil III Rz. 27; bedenklich OLG Stuttgart v. 28.8.2006 – 17 UF 151/06, FamRZ 2006, 1857 mit kritischer Anm. *Bienwald*, FamRZ 2006, 1858; OLG Schleswig v. 14.1.1994 – 10 WF 114/93, 124/93, FamRZ 1994, 1129 verlangt eine „sachkundige Stellungnahme" zur entscheidungserheblichen Frage.

4 *Rüting*, JAmt 2007, 49.

5 OLG Schleswig v. 14.1.1994 – 10 WF 114/93, 124/93, FamRZ 1994, 1129.

6 RegE BT-Drucks. 16/6308, S. 241.

7 RegE BT-Drucks. 16/6308, S. 241.

8 *Schael*, FamRZ 2009, 265.

III. Absatz 3

9 **1.** Satz 1 entspricht § 49a Abs. 3 iVm. § 49 Abs. 3 FGG aF. Dem Jugendamt sind alle Entscheidungen des Gerichts **bekannt zu machen**, in denen eine Anhörungspflicht bestand, auch wenn die Anhörung unterblieb.

10 **2.** Nach Satz 2 steht dem Jugendamt in Verfahren, die die Person des Kindes betreffen, die Beschwerde zu. Diese **Beschwerdebefugnis** ist unabhängig von einer Beeinträchtigung in eigenen Rechten des Jugendamts, und unabhängig von der Beteiligung in der ersten Instanz.[1]

§ 163
Fristsetzung bei schriftlicher Begutachtung; Inhalt des Gutachtenauftrags; Vernehmung des Kindes

(1) Wird schriftliche Begutachtung angeordnet, setzt das Gericht dem Sachverständigen zugleich eine Frist, innerhalb derer er das Gutachten einzureichen hat.

(2) Das Gericht kann in Verfahren, die die Person des Kindes betreffen, anordnen, dass der Sachverständige bei der Erstellung des Gutachtenauftrags auch auf die Herstellung des Einvernehmens zwischen den Beteiligten hinwirken soll.

(3) Eine Vernehmung des Kindes als Zeuge findet nicht statt.

Literatur: *Ballof*, Die Rolle des Sachverständigen in Kindschaftssachen nach neuem Recht, FPR 2006, 415; *Kölch/Fegert*, Die umgangsrechtliche Praxis aus Sicht der Kinder- und Jugendpsychiatrie, FamRZ 2008, 1573; *Salzgeber*, Der Sachverständige als Hersteller des Einvernehmens, endlich der Garant für das Kindeswohl? FamRZ 2008, 656.

A. Allgemein

1 § 163 enthält Regelungen zur Einholung von gerichtlichen **Sachverständigengutachten** in Kindschaftssachen (Absätze 1 und 2) und verbietet eine förmliche Zeugenvernehmung des Kindes in einem Verfahren, das es selbst betrifft (Abs. 3).

B. Inhalt der Vorschrift

I. Absatz 1

2 Nach Abs. 1 hat das Gericht bei Anordnung einer schriftlichen Begutachtung in einer Kindschaftssache (abweichend von § 411 Abs. 1 ZPO als Soll-Vorschrift) dem Sachverständigen zugleich eine **Frist für die Einreichung des Gutachtens** zu setzen. § 163 (zwingende Fristsetzung bei schriftlicher Begutachtung) ergänzt damit das Beschleunigungsgebot des § 155. Die Vorschrift beruht auf der Erkenntnis, dass die Einholung eines schriftlichen Sachverständigengutachtens oft zu einer Verlängerung der Verfahrensdauer führt. Deshalb hat nach dem Wortlaut des Abs. 1 schon zugleich mit der

1 *Schürmann*, FamRB 2009, 24.

Anordnung der Begutachtung eine Fristsetzung zu erfolgen. Dies ermöglicht es dem beauftragten Sachverständigen, ggf. sogleich um Auswahl eines anderen Sachverständigen zu bitten. Zweckmäßig ist es, vor der Auswahl des Sachverständigen mit ihm Kontakt aufzunehmen und dabei abzusprechen, ob seine Kapazitäten für eine Erledigung innerhalb angemessener Frist ausreichen werden.

Es kann jedoch nicht außer Betracht bleiben, dass die fristgemäße Erstellung des Gutachtens nicht allein von dem Sachverständigen abhängig ist, sondern auch von der Mitwirkungsbereitschaft und Verfügbarkeit der Beteiligten. Eine Fristsetzung ist also nicht in jedem Fall realistisch.[1] Deshalb muss ggf. auf Mitteilung des Sachverständigen hin nachträglich eine **Fristverlängerung** erfolgen. 3

Eine Verfahrensverzögerung kann das Gericht auch dadurch vermeiden, dass es den Sachverständigen zu einem Termin lädt und sich mit einem **mündlichen Gutachten** begnügt, wenn sich der Sachverhalt hierfür eignet. 4

Versäumt der Sachverständige die ihm gesetzte Frist, gilt § 30 Abs. 1, 2 iVm. § 411 Abs. 2 ZPO (Festsetzung eines **Ordnungsgeldes** nach vorheriger Androhung unter Setzung einer Nachfrist). Ist die Versäumung der Frist auf eine unzureichende Mitwirkung der Beteiligten zurückzuführen, muss die Festsetzung eines Ordnungsgeldes unterbleiben. 5

Die Verpflichtung der Eltern zur Mitwirkung an der Erstellung eines Gutachtens folgt aus § 27 Abs. 1. Die Mitwirkung ist allerdings nicht erzwingbar. Erzwingbar ist es insbesondere nicht, einen Elternteil in einem Sorgerechtsverfahren dazu zu bewegen, sich körperlich oder/und psychiatrisch/psychologisch untersuchen zu lassen und zu diesem Zweck bei einem Sachverständigen zu erscheinen.[2] Auch die zwangsweise Durchführung von Umgangskontakten im Beisein eines Sachverständigen verstößt gegen Art. 2 Abs. 1 GG.[3] Weigerungen, an einer Gutachtenerstattung mitzuwirken, können nur nach den Grundsätzen der **Beweisvereitelung** beurteilt werden.[4] Weigern sich Eltern, an einer Begutachtung teilzunehmen, können ihnen ggf. auch nach § 81 Abs. 1 Satz 1 und Abs. 2 Nr. 4 Kosten auferlegt werden. 6

II. Absatz 2

Nach Abs. 2 kann das Familiengericht in Kindschaftsverfahren, die die Person des Kindes betreffen (vgl. §§ 158 Abs. 1, 160 Abs. 1, 161 Abs. 1, 162 Abs. 1), den Sachverständigen auch damit beauftragen, die Eltern zur **Erzielung eines Einvernehmens** (und damit zur eigenen Wahrnehmung ihrer elterlichen Verantwortung) zu bewegen. Ziele einer solchen Anordnung sind Konfliktminderung und Einstellungsänderung,[5] im Gegensatz zur herkömmlichen Statusdiagnostik (psychologische Begutachtung lediglich als Entscheidungshilfe für das Gericht). 7

Eine interventionsorientierte Begutachtung iSd. Abs. 2 kommt regelmäßig bei der Regelung der elterlichen Sorge (insbesondere Aufenthalt des Kindes) und des persönli- 8

1 *Kölch/Fegert*, FamRZ 2008, 1573, 1579; kritisch auch *Hennemann*, FPR 2009, 20.
2 BVerfG v. 20.5.2003 – 1 BvR 2222/01, FamRZ 2004, 523; OLG Naumburg v. 18.2.2005 – 8 WF 239/04, FamRZ 2006, 282.
3 BVerfG v. 20.5.2003 – 1 BvR 2222/01, FamRZ 2004, 523.
4 OLG Naumburg v. 18.2.2005 – 8 WF 239/04, FamRZ 2006, 282.
5 *Balloff*, FPR 2006, 415.

chen Umgangs in Betracht. Der Sachverständige hat nach einer entsprechenden Anordnung des Gerichts in erster Linie zwischen den Eltern zu intervenieren und mit den Eltern ein einvernehmliches Konzept (zur elterlichen Sorge und/oder zum persönlichen Umgang) zu erarbeiten. Erst wenn dies nicht gelingt, hat er wie in einem herkömmlichen Gutachten einen Entscheidungsvorschlag zu den im Beweisbeschluss bezeichneten Punkten zu machen.

9 Die Befugnis, auf die Herstellung eines Einvernehmens hinzuwirken, ist nicht unproblematisch, weil dies oftmals eine Festlegung erfordert, welche Regelung der elterlichen Sorge oder des persönlichen Umgangs dem Wohl des Kindes besser entspricht. Dies festzustellen und zu entscheiden (zB bei einem Streit darüber, bei welchem Elternteil ein Kind nach der Trennung der Eltern leben soll), ist die ureigene Aufgabe des Gerichts. Nur das Gericht ist sachlich und persönlich unabhängig (Art. 97 GG). Abs. 2 darf deshalb nicht dazu führen, dass die richterliche Aufgabe unbesehen privatisiert (auf den Sachverständigen übertragen) wird und sich das Familiengericht von seiner Aufgabe zurückzieht.[1] Die Leitung und Steuerung des Verfahrens obliegt dem Gericht, zumal die Intervention Grenzen hat (in dem erforderlichen Aufwand, in der Person der Beteiligten, beim Sachverständigen und im Kindeswohl[2]), vor allem in hochstrittigen Fällen. Deshalb erfordert die Befugnis des Sachverständigen zu intervenieren (auf ein Einvernehmen hinzuwirken), eine **zusätzliche Anordnung des Gerichts**, die zur Kontrolle des möglichen Ergebnisses ggf. auch erst später (nach einer vorläufigen Stellungnahme des Sachverständigen) zu treffen ist. In diesem Fall kann es auch erforderlich werden, die nach Abs. 1 gesetzte Frist zu verlängern, weil nicht absehbar ist, wie lange der Sachverständige für das Herstellen von Einvernehmen benötigt, und weil Zeitdruck für das Erarbeiten tragfähiger, nachhaltiger Lösungen häufig kontraproduktiv ist.[3]

10 Wünschen die Beteiligten oder auch nur ein Beteiligter trotz einer Anordnung nach Abs. 2 eine familiengerichtliche Entscheidung, so ist dies zu respektieren. Das Sich-einlassen auf einen Interventionsprozess ist freiwillig.[4]

III. Absatz 3

11 Nach Abs. 3 darf die in § 30 Abs. 3 begründete Verpflichtung des Gerichts zur Durchführung einer förmlichen Beweisaufnahme in Kindschaftssachen nicht dazu führen, dass das **Kind als Zeuge** vernommen wird. Dies käme in Betracht, wenn (wie regelmäßig) der Wille des Kindes oder seine Neigungen und Bindungen beachtlich sind und sich die Eltern hierzu unmittelbar auf (bestrittene) Äußerungen des Kindes berufen oder wenn häusliche Gewalt umstritten ist und in Anwesenheit des Kindes stattgefunden hat. Eine Vernehmung des Kindes als Zeuge darf gleichwohl in keinem Fall erfolgen. Hierdurch soll eine zusätzliche Belastung des Kindes ausgeschlossen werden. Eine Aufklärung des Sachverhalts mit Hilfe des Kindes darf vielmehr nur im Rahmen seiner behutsameren **Anhörung** nach § 159 erfolgen.

1 Kein „outgesourcter Einigungsprozess", vgl. *Maier* in: Lipp/Schumann/Veit, Reform des familiengerichtlichen Verfahrens, S. 105 (109).
2 Vgl. dazu eingehend *Salzgeber*, FamRZ 2008, 656.
3 Vgl. dazu *Kölch/Fegert*, FamRZ 2008, 1573, 1580.
4 *Salzgeber*, FamRZ 2008, 656.

C. Anfechtbarkeit der Begutachtung

Beweisbeschlüsse sind als Zwischenentscheidungen **nicht selbständig anfechtbar.** 12
Nicht selbständig anfechtbar ist die Anordnung einer Begutachtung im fG-Verfahren, die den Beteiligten und den Betroffenen keine Handlungs- oder Duldungspflichten auferlegt.[1]

Eine im Rahmen eines Sorgerechtsverfahrens getroffene Anordnung an einen Elternteil, sich auf eine mögliche Alkoholerkrankung ärztlich untersuchen zu lassen, ist nicht zulässig. Eine solche Beweisanordnung ist in sinngemäßer Anwendung des § 58 anfechtbar.[2]

§ 164
Bekanntgabe der Entscheidung an das Kind

Die Entscheidung, gegen die das Kind das Beschwerderecht ausüben kann, ist dem Kind selbst bekannt zu machen, wenn es das 14. Lebensjahr vollendet hat und nicht geschäftsunfähig ist. Eine Begründung soll dem Kind nicht mitgeteilt werden, wenn Nachteile für dessen Entwicklung, Erziehung oder Gesundheit zu befürchten sind. § 38 Abs. 4 Nr. 2 ist nicht anzuwenden.

A. Allgemeines

1. § 164 regelt, ob und in welcher Form Entscheidungen in Kindschaftssachen dem Kind selbst **bekannt zu machen** sind. 1

2. Die abschließende Entscheidung in Kindschaftssachen ergeht in Form eines **Beschlusses** (§§ 116 Abs. 1, 38 Abs. 1). Er ist nach § 38 Abs. 3 zu begründen; § 38 Abs. 4 Nr. 2 ist nicht anzuwenden (§ 164 Satz 3). Schon im Hinblick auf § 166 (Abänderung und Überprüfung) sollte der Beschluss immer eine kurze **Begründung** enthalten, auch im Falle des § 38 Abs. 4 Nr. 3 (allseitiger Rechtsmittelverzicht). Der Beschluss hat nach § 39 eine Rechtsbehelfsbelehrung zu enthalten. Ein Beschluss über die Regelung des persönlichen Umgangs oder die Herausgabe eines Kindes hat nach § 89 Abs. 2 auch über die Folgen einer Zuwiderhandlung (über die möglichen Ordnungsmittel nach §§ 89, 90) zu belehren, auch im Falle des § 156 Abs. 2 (gerichtlich gebilligter Vergleich). Der Beschluss ist den Beteiligten nach Maßgabe des § 41 bekannt zu geben. 2

Ergibt sich in Verfahren nach § 1666 BGB, dass das Kindeswohl nicht gefährdet oder jedenfalls die Eingriffsschwelle nicht erreicht ist, ist das Verfahren durch Beschluss einzustellen. 2a

Gegen die Endentscheidung findet nach § 58 Abs. 1 die **Beschwerde** statt. Die Beschwerdefrist beträgt einen Monat (§ 63 Abs. 1). Eine Abhilfebefugnis besteht nach § 68 Abs. 1 Satz 2 nicht. Sachlich zuständig für die Verhandlung und Entscheidung 3

1 OLG Zweibrücken v. 14.2.2006 – 2 WF 19 u. 20/06, FamRZ 2006, 1619; OLG Brandenburg v. 5.2.2004 – 9 WF 23/04, FamRZ 2005, 917; vgl. in diesem Sinne auch BGH v. 23.1.2008 – XII ZB 209/06, NJW-RR 2008, 737.

2 So zu § 19 FGG aF OLG Oldenburg v. 26.3.2007 – 2 WF 55/07, FamRZ 2007, 1574.

über die Beschwerde ist das Oberlandesgericht (§ 119 Abs. 1 Nr. 1a GVG). Anwaltszwang besteht (außer im Verbund) nicht. Im Falle der Zulassung ist die Rechtsbeschwerde statthaft (§ 70). Rechtsbeschwerdegericht ist der Bundesgerichtshof (§ 133 GVG).

B. Inhalt der Vorschrift

4 **1.** Nach § 60 besteht ein selbständiges Beschwerderecht des mindestens 14 Jahre alten Kindes unabhängig vom Willen der ihn ansonsten vertretenden Person. Es besteht in allen seine Person betreffenden Angelegenheiten (dazu § 160 Rz. 3) und in solchen Angelegenheiten, in denen eine Anhörungspflicht bestand.

5 **2.** Eine solche beschwerdefähige Entscheidung ist deshalb nach Satz 1 **dem Kind selbst bekannt zu machen**, wenn es bei Erlass der Entscheidung das 14. Lebensjahr vollendet hat und nicht nach § 104 Nr. 2 BGB geschäftsunfähig ist. Sonst kann die Entscheidung nicht formell rechtskräftig werden. Aus der (begrenzten) Verfahrensfähigkeit des Kindes in personenbezogenen Verfahren (§ 9 Abs. 1 Nr. 3, vgl. dazu § 151 Rz. 21) folgt weiter, dass dem verfahrensfähigen Kind sogar schon die im Verfahren anfallenden Schriftstücke (Schriftsätze, Gutachten, Stellungnahme des Jugendamts) übermittelt werden müssen.[1] Für diese Information des Kindes gilt § 164 Satz 2 entsprechend.

6 **3.** Satz 2 regelt die **Form** der Bekanntgabe an das Kind. Diese erfolgt nach § 15 Abs. 2. Sie tritt neben die Bekanntgabe an den gesetzlichen Vertreter. Die Entscheidungsformel ist dem Kind stets bekannt zu geben. Eine Beschränkung auf diese (also keine Mitteilung der Entscheidungsgründe) kann angeordnet werden, wenn Nachteile für die Entwicklung, Erziehung oder Gesundheit des Kindes zu befürchten sind. Möglich ist auch eine teilweise Bekanntgabe der Gründe an das Kind, wenn Satz 2 nur auf einen Teil der Gründe zutrifft.[2] Eine Anordnung nach Satz 2 ergeht gesondert oder als Teil der Endentscheidung selbst. Die Entscheidung hierüber ist nicht anfechtbar. Durch § 164 Satz 2 ist zugleich klargestellt, dass eine Bekanntgabe ohne Begründung den Lauf der Beschwerdefrist nicht hindert.

7 **4.** Aus Satz 3 ergibt sich, dass die Endentscheidung in Kindschaftssachen stets zu **begründen** ist, auch wenn gleichgerichteten Anträgen der Beteiligten stattgegeben wird (keine Anwendung von § 38 Abs. 4 Nr. 2). § 38 Abs. 4 Nr. 3 (allseitiger Rechtsmittelverzicht nach mündlicher Bekanntgabe) bleibt dagegen anwendbar. § 38 Abs. 4 Nr. 1 ist in Kindschaftssachen nicht denkbar.

§ 165
Vermittlungsverfahren

(1) Macht ein Elternteil geltend, dass der andere Elternteil die Durchführung einer gerichtlichen Entscheidung oder eines gerichtlich gebilligten Vergleichs über den Umgang mit dem gemeinschaftlichen Kind vereitelt oder erschwert, vermittelt das Gericht auf Antrag eines Elternteils zwischen den Eltern. Das Gericht kann die Vermitt-

1 *Heiter*, FamRZ 2009, 85 (88).
2 Bassenge/*Roth*, § 59 FGG Rz. 8.

lung ablehnen, wenn bereits ein Vermittlungsverfahren oder eine anschließende außergerichtliche Beratung erfolglos geblieben ist.

(2) Das Gericht lädt die Eltern unverzüglich zu einem Vermittlungstermin. Zu diesem Termin ordnet das Gericht das persönliche Erscheinen der Eltern an. In der Ladung weist das Gericht darauf hin, welche Rechtsfolgen ein erfolgloses Vermittlungsverfahren nach Absatz 5 haben kann. In geeigneten Fällen lädt das Gericht auch das Jugendamt zu dem Termin.

(3) In dem Termin erörtert das Gericht mit den Eltern, welche Folgen das Unterbleiben des Umgangs für das Wohl des Kindes haben kann. Es weist auf die Rechtsfolgen hin, die sich ergeben können, wenn der Umgang vereitelt oder erschwert wird, insbesondere darauf, dass Ordnungsmittel verhängt werden können oder die elterliche Sorge eingeschränkt oder entzogen werden kann. Es weist die Eltern auf die bestehenden Möglichkeiten der Beratung durch die Beratungsstellen und -dienste der Träger der Kinder- und Jugendhilfe hin.

(4) Das Gericht soll darauf hinwirken, dass die Eltern Einvernehmen über die Ausübung des Umgangs erzielen. Kommt ein gerichtlich gebilligter Vergleich zu Stande, tritt dieser an die Stelle der bisherigen Regelung. Wird ein Einvernehmen nicht erzielt, sind die Streitpunkte im Vermerk fest zu halten.

(5) Wird weder eine einvernehmliche Regelung des Umgangs noch Einvernehmen über eine nachfolgende Inanspruchnahme außergerichtlicher Beratung erreicht oder erscheint mindestens ein Elternteil in dem Vermittlungstermin nicht, stellt das Gericht durch nicht anfechtbaren Beschluss fest, dass das Vermittlungsverfahren erfolglos geblieben ist. In diesem Fall prüft das Gericht, ob Ordnungsmittel ergriffen, Änderungen der Umgangsregelung vorgenommen oder Maßnahmen in Bezug auf die Sorge ergriffen werden sollen. Wird ein entsprechendes Verfahren von Amts wegen oder auf einen binnen eines Monats gestellten Antrag eines Elternteils eingeleitet, werden die Kosten des Vermittlungsverfahrens als Teil der Kosten des anschließenden Verfahrens behandelt.

Literatur: *Maier*, Hinwirken auf das Einvernehmen nach § 52 FGG und das Vermittlungsverfahren nach § 52a FGG, FPR 2007, 301.

A. Allgemeines

§ 165 übernimmt und erweitert das **Vermittlungsverfahren** gem. § 52a FGG aF, das durch das KindRG v. 16. Dezember 1997 (BGBl. I S. 2942) in das Gesetz eingefügt worden ist. Es ist bisher in der Praxis wenig verbreitet. 1

B. Inhalt der Vorschrift

I. Absatz 1

Abs. 1 regelt die Voraussetzungen für ein Vermittlungsverfahren nach § 165. 2

1. Voraussetzung dafür ist nach Satz 1 zunächst, dass bereits eine gerichtliche **Umgangsregelung zwischen Eltern** nach § 1684 BGB vorliegt. Es muss bereits eine vollstreckbare gerichtliche Entscheidung über den Umgang vorliegen oder eine Vereinbarung der Eltern, die das Gericht gebilligt hat (§ 156 Abs. 2). 3

4 Das Vermittlungsverfahren findet ferner nur auf **Antrag** statt, wenn **ein Elternteil** geltend macht, die Regelung über den Umgang werde vereitelt oder erschwert. Großeltern, Geschwister und andere Bezugspersonen (§ 1685 BGB) können kein Vermittlungsverfahren beantragen. Auch dem Verfahrensbeistand, dem Jugendamt oder einem über 14 Jahre alten Kind steht kein Antragsrecht zu.

5 **2. Ablehnen** kann das Gericht die Vermittlung nach Satz 2 nur dann, wenn bereits ein früheres Vermittlungsverfahren oder eine anschließende außergerichtliche Beratung (nach Abs. 5 S. 2) erfolglos geblieben ist. Im Übrigen muss das Gericht das Verfahren durchführen, auch wenn es eine Vermittlung für aussichtslos hält. Abgelehnt werden kann die Vermittlung ferner im Fall eines unzulässigen Antrags (zB Antrag einer Bezugsperson nach § 1685 BGB). Die Ablehnung ist mit der Beschwerde nach § 58 anfechtbar.

6 Zuständig für das Vermittlungsverfahren ist nicht notwendig das Gericht, das die streitige Umgangsregelung getroffen oder gebilligt hat. Das Vermittlungsverfahren ist ein **selbständiges Verfahren**. Die örtliche Zuständigkeit ist damit neu zu bestimmen (nach § 152). Haben sich die zuständigkeitsbegründenden Umstände nicht geändert, bleibt das Gericht zuständig, das den persönlichen Umgang geregelt oder die Umgangsvereinbarung gebilligt hat.

II. Absatz 2

7 Durchgeführt wird das Verfahren durch Anberaumung eines **Vermittlungstermins** (Satz 1). Zu diesem Termin hat das Gericht nach Satz 2 das **persönliche Erscheinen** der Eltern anzuordnen (§ 33). Die Eltern können sich also im Vermittlungstermin grundsätzlich nicht vertreten lassen. Nach § 33 Abs. 3 erzwingbar ist das persönliche Erscheinen im Vermittlungsverfahren wegen Abs. 5 Satz 1 nicht.[1] In der Ladung hat das Gericht nach Satz 3 auf die Rechtsfolgen eines erfolglosen Vermittlungsverfahrens nach Abs. 5 hinzuweisen (Durchsetzung der Umgangsregelung nach §§ 89 f., Änderung der Umgangsregelung, Eingriffe in die elterliche Sorge nach §§ 1666, 1666a BGB). Das Gericht kann nach Satz 4 auch das Jugendamt zu dem Termin laden.

III. Absatz 3

8 Nach Satz 1 hat das Gericht im Termin mit den Eltern die Folgen eines unterbleibenden Umgangs für das Wohl des Kindes zu **erörtern**, namentlich auf den Umstand hinzuweisen, dass der Abbruch des Kontakts zu einem Elternteil langfristig erhebliche Risiken für eine gesunde Entwicklung des Kindes birgt (§ 1626 Abs. 3 Satz 1 BGB) und dass Kinder unter Umgangsstreitigkeiten leiden. Das Gericht hat nach Satz 2 im Termin erneut auf die nach Abs. 5 Satz 2 möglichen Rechtsfolgen eines vereitelten oder erschwerten Umgangs hinzuweisen, ferner nach Satz 3 auch auf das Beratungsangebot des Jugendamts nach § 18 Abs. 3 SGB VIII.

IV. Absatz 4

9 Erzielen die Eltern im Termin (Satz 1) Einvernehmen über eine **abweichende Umgangsregelung**, ist diese nach Satz 2 zu protokollieren; außerdem ist ihre Billigung zu

1 Bassenge/*Roth*, § 52a FGG Rz. 3.

prüfen (§ 156 Abs. 2 Satz 2). Ein so zu Stande gekommener gerichtlich gebilligter Vergleich tritt an die Stelle der bisherigen Umgangsregelung. Der gerichtlich gebilligte Vergleich beendet das Vermittlungsverfahren. Auf eine hinreichende Bestimmtheit der Umgangsregelung (genaue und erschöpfende Bestimmungen über Art, Ort und Zeit des Umgangs mit dem Kind) ist zu achten. Wird ein Einvernehmen nicht erzielt, sind nach Satz 3 die Streitpunkte im Terminsvermerk (§ 28 Abs. 4) fest zu halten.

V. Absatz 5

Nach Satz 1 hat das Gericht durch Beschluss festzustellen, dass das Vermittlungsverfahren **erfolglos geblieben** ist, wenn kein Einvernehmen über den Umgang und auch kein Einvernehmen über eine nachfolgende außergerichtliche Beratung erreicht wird oder wenn mindestens ein Elternteil in dem Vermittlungstermin nicht erscheint. Dieser Beschluss ist nicht anfechtbar. Wird Einvernehmen über eine Inanspruchnahme außergerichtlicher Beratung erreicht, ist dies zu protokollieren. Damit endet das Vermittlungsverfahren ebenfalls. 10

Hat das Gericht festgestellt, dass das Vermittlungsverfahren erfolglos geblieben ist, hat es nach Satz 2 die zwangsweise Durchsetzung der Umgangsregelung, Änderungen der Umgangsregelung oder Maßnahmen in Bezug auf die elterliche Sorge zu prüfen. Es kommt insbesondere ein teilweiser Sorgerechtsentzug und die Einsetzung eines Umgangspflegers in Betracht.[1] In Verfahren zur Regelung des persönlichen Umgangs nach § 1684 Abs. 3 und 4 BGB kann das Gericht die Vollstreckung auch von Amts wegen betreiben (vgl. dazu § 87 Rz. 3). 11

Das Verhältnis des Vermittlungsverfahrens zur **Vollstreckung einer Umgangsregelung** nach §§ 89 f. ist in § 92 Abs. 3 geregelt. Danach muss vor der Festsetzung von Ordnungsmitteln oder der Anordnung von unmittelbarem Zwang ein Vermittlungsverfahren nach § 165 nicht durchgeführt werden. Damit ist ausdrücklich klargestellt, dass das Vermittlungsverfahren und das Vollstreckungsverfahren zwei voneinander unabhängige Verfahrensarten sind. Die Wahl des Vorgehens steht daher im **Ermessen** des umgangsberechtigten Elternteils.[2] 12

Leitet das Gericht nach Abs. 5 Satz 2 ein Vollstreckungsverfahren ein oder wird es auf Antrag eines Elternteils eingeleitet, so ist dies gegenüber dem Vermittlungsverfahren ein selbständiges Verfahren. Die Kosten des Vermittlungsverfahrens werden unter den Voraussetzungen des Abs. 5 Satz 2 als Teil der Kosten des anschließenden Verfahrens behandelt (Satz 3). 13

Auch für ein Vermittlungsverfahren kann **Verfahrenskostenhilfe** bewilligt und jedenfalls bei komplizierter Sach- und Rechtslage auch ein Anwalt beigeordnet werden.[3] 14

1 OLG Frankfurt v. 5.3.2008 – 4 UF 95/07, NJW-RR 2009, 4.

2 So schon zum bisherigen Recht OLG Naumburg v. 18.12.2007 – 3 WF 354/07, FamRZ 2008, 1550 und OLG Rostock v. 29.10.2001 – 10 WF 207/01, FamRZ 2002, 967.

3 Zu § 52a FGG aF OLG Frankfurt v. 12.9.2006 – 3 WF 234/06, FamRZ 2007, 566; nach *Maier*, FPR 2007, 301 kommt die Beiordnung eines Rechtsanwalts nicht in Betracht, nach OLG Brandenburg v. 21.4.2008 – 10 WF 73/08, FamRZ 2008, 2218 jedenfalls dann, wenn der andere Elternteil anwaltlich vertreten ist.

§ 166
Abänderung und Überprüfung von Entscheidungen und gerichtlich gebilligten Vergleichen

(1) Das Gericht ändert eine Entscheidung oder einen gerichtlich gebilligten Vergleich nach Maßgabe des § 1696 des Bürgerlichen Gesetzbuchs.

(2) Eine länger dauernde kindesschutzrechtliche Maßnahme hat das Gericht in angemessenen Zeitabständen zu überprüfen.

(3) Sieht das Gericht von einer Maßnahme nach den §§ 1666 bis 1667 des Bürgerlichen Gesetzbuchs ab, soll es seine Entscheidung in einem angemessenen Zeitabstand, in der Regel nach drei Monaten, überprüfen.

A. Allgemeines

1 § 166 regelt die **Abänderung und Überprüfung** von Entscheidungen und gerichtlich gebilligten Vergleichen (§ 156 Abs. 2) in Kindschaftssachen. Nach § 1696 Abs. 1 Satz 1 BGB hat das Gericht eine Entscheidung zum Sorge- oder Umgangsrecht oder einen gerichtlich gebilligten Vergleich zu ändern, wenn dies aus triftigen, das Wohl des Kindes nachhaltig berührenden Gründen angezeigt ist (materiellrechtliche Änderungsbefugnis und Abänderungsmaßstab). Nach § 1696 Abs. 2 BGB sind kindesschutzrechtliche Maßnahmen aufzuheben, wenn eine Gefahr für das Wohl des Kindes nicht mehr besteht oder die Erforderlichkeit der Maßnahme entfallen ist.

B. Inhalt der Vorschrift

I. Absatz 1

2 § 166 Abs. 1 nimmt auf § 1696 BGB Bezug und enthält mit der Verpflichtung zur Abänderung auch eine entsprechende verfahrensrechtliche Befugnis des Gerichts. Diese ist für den Bereich der Kindschaftssachen nach §§ 151 ff. als Spezialvorschrift zu § 48 Abs. 1 zu verstehen.

3 Die Vorschrift betrifft die Abänderung von Entscheidungen in der Hauptsache und von gerichtlich gebilligten Vergleichen, insbesondere alle Entscheidungen zur **elterlichen Sorge** (zB nach § 1671 BGB) und zum **persönlichen Umgang** (§§ 1684 Abs. 3 und 4, 1685 Abs. 3 BGB). Entscheidungsmaßstab für eine Abänderung ist das Kindeswohl. Triftige Gründe iSd. § 1696 Abs. 1 BGB können sich bei Sorgerechtsentscheidungen aus Veränderungen der Gründe ergeben, die für eine Erstentscheidung maßgeblich sind (insbesondere Förderungsprinzip, Bindungen des Kindes, Bindungstoleranz der Eltern), aber auch aus einer Änderung der Rechtslage (auch Änderung der höchstrichterlichen Rechtsprechung). Entscheidungen oder gerichtlich gebilligte Vereinbarungen zum persönlichen Umgang bedürfen regelmäßig der Anpassung an das Heranwachsen des Kindes oder an Veränderungen in den Lebensverhältnissen der Eltern (Umzug, Arbeitszeiten) oder müssen wegen Zuwiderhandlungen gegen bestehende Regelungen angepasst werden.

4 Die Abänderung einer im Verfahren auf Erlass einer einstweiligen Anordnung ergangenen Entscheidung richtet sich dagegen nach § 54. Nach dieser Vorschrift ist eine

Veränderung der für die getroffene Regelung maßgebenden Umstände nicht erforderlich. Es genügt, dass das Gericht die tatsächlichen oder rechtlichen Umstände anders würdigt (vgl. § 54 Rz. 2).

Das Abänderungsverfahren nach § 166 Abs. 1 kann in Umgangssachen (nicht dagegen im Rahmen von § 1671 BGB) von Amts wegen eingeleitet werden. Es stellt gegenüber der Erstentscheidung stets ein **selbständiges Verfahren** dar. Die örtliche Zuständigkeit ist daher neu zu prüfen, sie kann eine andere als bei der Erstentscheidung sein.[1] 5

Das Verfahren richtet sich nach den Grundsätzen für das Erstverfahren, erforderliche Anhörungen (insbesondere Kind, Eltern, Jugendamt) sind deshalb im Abänderungsverfahren zu wiederholen. Es ist (ggf. erneut) die Bestellung eines Verfahrensbeistands nach § 158 zu prüfen. 6

II. Absatz 2

Abs. 2 entspricht § 1696 Abs. 2 BGB. Eine länger dauernde **kindesschutzrechtliche Maßnahme** (nach §§ 1666 bis 1667 BGB) hat das Gericht in angemessenen Zeitabständen zu überprüfen. Die Überprüfungspflicht des Gerichts besteht für alle kindesschutzrechtliche Maßnahmen iSd. § 1696 Abs. 2 BGB mit Dauerwirkung (vor allem einen Entzug der elterlichen Sorge). Ist eine Kindeswohlgefährdung nicht mehr gegeben oder die Maßnahme nicht mehr erforderlich, ist sie nach dem Verhältnismäßigkeitsgrundsatz aufzuheben. Die Überprüfung nach § 166 Abs. 2 muss das Gericht (im Gegensatz zu § 166 Abs. 1) stets **von Amts wegen** vornehmen, regelmäßig durch die Bitte an das Jugendamt, die durchgeführten Hilfen mitzuteilen und zur Notwendigkeit des Fortbestehens der Maßnahme Stellung zu nehmen. Die Überprüfungspflicht kann auch durch erneute persönliche Anhörung der Eltern oder des Kindes erfüllt werden. 7

III. Absatz 3

Die Vorschrift entspricht § 1696 Abs. 3 Satz 2 BGB aF. Ergibt sich in Verfahren zur Abwendung einer Gefährdung des Kindeswohls nach § 1666 bis 1667 BGB, dass das Kindeswohl nicht gefährdet oder jedenfalls die Eingriffsschwelle nicht erreicht ist, ist das Verfahren durch Beschluss einzustellen. Nach Abs. 3 soll das Familiengericht eine solche Entscheidung, die von Maßnahmen nach §§ 1666 bis 1667 BGB absieht, in angemessenem Zeitabstand, idR **nach drei Monaten**, überprüfen. Nach der Begründung der Beschlussempfehlung des Rechtsauschusses[2] ist damit **keine „Dauerkontrolle"** der Gerichte über eine Familie vorgesehen oder beabsichtigt. Die Vorschrift verlangt vielmehr nur eine einmalige Überprüfung der Entscheidung. Ob danach noch eine weitere Überwachung stattfinden muss, ist vom Ergebnis der ersten Überprüfung der Entscheidung abhängig. 8

Die Ausgestaltung des Abs. 3 als **Sollvorschrift** ermöglicht es, von einer nochmaligen Überprüfung abzusehen, wenn die Anrufung des Familiengerichts offensichtlich unbegründet war, vor allem dann, wenn auch das Jugendamt keine gerichtlichen Maßnahmen (mehr) für erforderlich hält. In jedem Fall unberührt bleibt die Befugnis des 9

1 BGH v. 11.7.1990 – XII ARZ 25/90, FamRZ 1990, 1101.
2 Zum Entwurf eines Gesetzes zur Erleichterung familiengerichtlicher Maßnahmen bei Gefährdung des Kindeswohls, BT-Drucks. 16/8914, S. 12.

Jugendamts, das Familiengericht erneut anzurufen, wenn es dies wegen nachteiliger Veränderung der Sachlage für erforderlich hält.

§ 167
Anwendbare Vorschriften bei Unterbringung Minderjähriger

(1) In Verfahren nach § 151 Nr. 6 sind die für Unterbringungssachen nach § 312 Nr. 1, in Verfahren nach § 151 Nr. 7 die für Unterbringungssachen nach § 312 Nr. 3 geltenden Vorschriften anzuwenden. An die Stelle des Verfahrenspflegers tritt der Verfahrensbeistand.

(2) Ist für eine Kindschaftssache nach Absatz 1 ein anderes Gericht zuständig als dasjenige, bei dem eine Vormundschaft oder eine die Unterbringung erfassende Pflegschaft für den Minderjährigen eingeleitet ist, teilt dieses Gericht dem für das Verfahren nach Absatz 1 zuständigen Gericht die Anordnung und Aufhebung der Vormundschaft oder Pflegschaft, den Wegfall des Aufgabenbereichs Unterbringung und einen Wechsel in der Person des Vormunds oder Pflegers mit; das für das Verfahren nach Absatz 1 zuständige Gericht teilt dem anderen Gericht die Unterbringungsmaßnahme, ihre Änderung, Verlängerung und Aufhebung mit.

(3) Der Betroffene ist ohne Rücksicht auf seine Geschäftsfähigkeit verfahrensfähig, wenn er das 14. Lebensjahr vollendet hat.

(4) In den in Absatz 1 Satz 1 genannten Verfahren sind die Elternteile, denen die Personensorge zusteht, der gesetzliche Vertreter in persönlichen Angelegenheiten sowie die Pflegeeltern persönlich anzuhören.

(5) Das Jugendamt hat die Eltern, den Vormund oder den Pfleger auf deren Wunsch bei der Zuführung zur Unterbringung zu unterstützen.

(6) In Verfahren nach § 151 Nr. 6 und 7 soll der Sachverständige Arzt für Kinder- und Jugendpsychiatrie und -psychotherapie sein. In Verfahren nach § 151 Nr. 6 kann das Gutachten auch durch einen in Fragen der Heimerziehung ausgewiesenen Psychotherapeuten, Psychologen, Pädagogen oder Sozialpädagogen erstattet werden.

A. Allgemeines

1 § 167 regelt die anzuwendenden Vorschriften bei der freiheitsentziehenden Unterbringung Minderjähriger (Verfahren nach § 151 Nr. 6 und 7).

B. Inhalt der Vorschrift

I. Absatz 1

2 **1.** Nach Satz 1 sind in den Fällen des § 151 Nr. 6 (**Genehmigung der geschlossenen Unterbringung** nach §§ 1631b, 1800 und 1915 BGB) die für Unterbringungssachen nach § 312 Nr. 1 geltenden Vorschriften anzuwenden, also die Vorschriften über die Genehmigung einer freiheitsentziehenden Unterbringung eines Betreuten oder einer freiheitsentziehenden Unterbringung durch einen Bevollmächtigten. In Verfahren

nach § 151 Nr. 7 (freiheitsentziehende **Unterbringung psychisch kranker Minderjähriger**) sind die für Unterbringungssachen nach § 312 Nr. 3 geltenden Vorschriften anzuwenden, also die Vorschriften über die freiheitsentziehende Unterbringung psychisch kranker Volljähriger.

a) Für die Genehmigung der geschlossenen Unterbringung nach §§ 1631b, 1800 und 1915 BGB ist damit nach § 313 Abs. 1 Nr. 2 das Gericht **örtlich zuständig**, in dessen Bezirk der Minderjährige seinen gewöhnlichen Aufenthalt hat (eine Betreuung kann nur über Volljährige angeordnet werden), hilfsweise das Gericht, in dessen Bezirk das Bedürfnis für die Unterbringungsmaßnahme hervortritt (§ 313 Abs. 1 Nr. 3), höchst hilfsweise das Amtsgericht Schöneberg in Berlin, wenn der Betroffene Deutscher ist (§ 313 Abs. 1 Nr. 4). Zum Begriff des gewöhnlichen Aufenthalts § 152 Rz. 4 und § 122 Rz. 4 ff. 3

b) Für die Unterbringung psychisch kranker Minderjähriger ist örtlich zuständig das Gericht, in dessen Bezirk das Bedürfnis für die Unterbringungsmaßnahme hervortritt, wenn sich der Minderjährige bereits in einer geschlossenen Einrichtung befindet das Gericht, in dessen Bezirk die Einrichtung liegt (§ 313 Abs. 3). 4

c) Wirksam **eingeleitet** werden kann ein Verfahren der geschlossenen Unterbringung nach § 1631b BGB nach der Rechtsprechung des BVerfG nur dann, wenn der Antragsteller Träger des Aufenthaltsbestimmungsrechts ist (obwohl es sich eigentlich um ein Amtsverfahren handelt[1]). Widerspricht der Personensorgeberechtigte der mit Freiheitsentziehung verbundenen Inobhutnahme durch das Jugendamt, muss der Entscheidung nach § 1631b BGB eine solche nach §§ 1666, 1666a BGB hinzutreten.[2] 5

2. Nach Satz 2 tritt an die Stelle des Verfahrenspflegers nach § 317 der **Verfahrensbeistand** nach § 158. Unter welchen Voraussetzungen er bestellt werden muss, ergibt sich also aus § 158 Abs. 1 (der sich ohnehin mit § 317 Abs. 1 Satz 1 deckt). Er ist nach dem Grundtatbestand zu bestellen, wenn dies zur Wahrnehmung der Interessen des Minderjährigen erforderlich ist, also im Hinblick auf die Schwere des Eingriffs für den Minderjährigen oder im Hinblick auf psychische Beeinträchtigungen praktisch immer. Zwingend ist die Bestellung auch, wenn der Minderjährige noch nicht verfahrensfähig, also unter 14 Jahren alt ist. 6

II. Absatz 2

Abs. 2 entspricht im Wesentlichen dem bisherigen § 70 Abs. 7 FGG, soweit er die Unterbringung Minderjähriger betrifft. Er sieht **gegenseitige Mitteilungen** vor zwischen dem Gericht, das für die Genehmigung der Unterbringung zuständig ist, und dem Gericht, bei dem bereits eine Vormundschaft oder eine die Unterbringung erfassende Pflegschaft für den Minderjährigen eingeleitet ist. 7

III. Absatz 3

Abs. 3 entspricht § 70a FGG aF. Er regelt die **Verfahrensfähigkeit des Kindes**. Das minderjährige Kind ist ohne Rücksicht auf seine Geschäftsfähigkeit verfahrensfähig, 8

1 Rahm/Künkel/*Schneider*, Handbuch III B Rz. 498.
2 BVerfG v. 14.6.2007 – 1 BvR 338/07, NJW 2007, 3560; OLG Naumburg v. 13.5.2008 – 8 WF 90/08, JAmt 2009, 40.

wenn es das 14. Lebensjahr vollendet hat. Ab diesem Alter kann das Kind damit selbst wirksam alle Erklärungen im Verfahren abgeben. Dadurch entfällt aber nicht die Notwendigkeit, ihm unter den Voraussetzungen des § 317 einen Verfahrensbeistand zu bestellen.

IV. Absatz 4

9 Abs. 4 entspricht § 70d Abs. 2 FGG aF. In Verfahren der Unterbringung eines minderjährigen Kindes nach § 151 Nr. 6 und 7 sind die Elternteile, denen die Personensorge zusteht, der gesetzliche Vertreter in persönlichen Angelegenheiten sowie die Pflegeeltern persönlich **anzuhören**. Der Minderjährige selbst ist vor einer Unterbringungsmaßnahme nach Maßgabe des § 319 persönlich anzuhören. Das Gericht hat sich von ihm einen persönlichen Eindruck zu verschaffen, soweit dies erforderlich ist, in der üblichen Umgebung des Minderjährigen (§ 319 Abs. 1). Er ist über den möglichen Verlauf des Verfahrens zu unterrichten (§ 319 Abs. 2). Anzuhören ist nach § 162 Abs. 1 Satz 1 auch das Jugendamt.

V. Absatz 5

10 Abs. 5 entspricht im Wesentlichen § 70g Abs. 5 Satz 1 FGG aF. Die **Zuführung des Betroffenen** zur Unterbringung (das Verbringen in die Einrichtung) obliegt dem Personensorgeberechtigten, der das Verfahren der geschlossenen Unterbringung eingeleitet hat (Eltern, Vormund oder Pfleger). Das Jugendamt hat diese Personen auf deren Wunsch bei der Zuführung zur Unterbringung zu unterstützen. Die Befugnisse des Jugendamts bei der Zuführung zur Unterbringung richten sich nach § 167 Abs. 1 Satz 1 iVm. § 326 Abs. 2 (Gewaltanwendung nur auf Grund ausdrücklicher gerichtlicher Entscheidung, erforderlichenfalls Unterstützung durch die Polizei).

VI. Absatz 6

11 Vor der Genehmigung der Unterbringung eines Minderjährigen muss nach § 321 durch förmliche Beweisaufnahme (§ 30 Abs. 1 und 2) ein **Sachverständigengutachten** über die Notwendigkeit der Maßnahme und über deren voraussichtliche Dauer eingeholt werden. Abs. 6 regelt dabei die **Qualifikation des Sachverständigen** abweichend von § 321 Abs. 1 Satz 4. Der ärztliche Sachverständige soll (muss aber nicht zwingend) Arzt für Kinder- und Jugendpsychiatrie und -psychotherapie sein. In Verfahren nach § 151 Nr. 6 (geschlossene Unterbringung nach § 1631b BGB) kann das Gutachten auch durch einen in Fragen der Heimerziehung ausgewiesenen Psychotherapeuten, Psychologen, Pädagogen oder Sozialpädagogen erstattet werden. Letzteres kommt in Betracht, wenn ausnahmsweise kein psychiatrischer Hintergrund im Raum steht.[1]

C. Endentscheidung, Rechtsmittel

12 **1.** Die Endentscheidung in Verfahren der freiheitsentziehenden Unterbringung Minderjähriger ergeht durch **Beschluss**. Er hat im Fall der Genehmigung oder Anordnung

1 ZB bei eindeutigen Erziehungsdefiziten, vgl. RegE BT-Drucks. 16/6308, S. 243.

einer Unterbringungsmaßnahme diese nach § 323 näher zu bezeichnen (§ 323 Nr. 1) und den Zeitpunkt zu enthalten, zu dem die Maßnahme endet (§ 323 Nr. 2, dazu § 329 Abs. 1). Der Beschluss, der eine geschlossene Unterbringung nach § 1631b BGB genehmigt, muss nach § 323 Nr. 1 klarstellen, ob die Unterbringung in einer psychiatrischen Klinik oder in einer geschlossenen Einrichtung der Jugendhilfe genehmigt wird.[1] Dies gilt auch bei einer einstweiligen Anordnung nach § 331.[2]

Das Familiengericht genehmigt jedoch lediglich die Unterbringung als solche. Die Auswahl der Einrichtung, in der der Minderjährige untergebracht werden soll, obliegt demjenigen, der das Verfahren eingeleitet hat (Träger des Aufenthaltsbestimmungsrechts[3]). 13

Beschlüsse über die Genehmigung oder Anordnung einer Unterbringungsmaßnahme werden erst mit Rechtskraft **wirksam** (§ 324 Abs. 1). Das Gericht kann aber die sofortige Wirksamkeit anordnen (§ 324 Abs. 2). Der Beschluss hat eine Rechtsmittelbelehrung zu enthalten (§ 39). 14

Ergibt sich, dass die Voraussetzungen für eine freiheitsentziehende Unterbringung nicht vorliegen, ist die Maßnahme abzulehnen. 15

2. Gegen die Endentscheidung findet nach § 58 Abs. 1 die **Beschwerde** statt. Beschwerdeberechtigt ist im Falle der Genehmigung oder Anordnung einer Unterbringungsmaßnahme der Betroffene, wenn er das 14. Lebensjahr vollendet hat (§§ 60, 167 Abs. 3). Er kann sie auch bei dem Amtsgericht einlegen, in dessen Bezirk er bereits untergebracht ist (§ 336). Zur Einlegung der Beschwerde berechtigt sind nach § 162 Abs. 3 Satz 2 unabhängig von einer Beeinträchtigung in eigenen Rechten auch das Jugendamt und nach § 158 Abs. 4 Satz 5 auch der Verfahrensbeistand. Ist die Unterbringungsmaßnahme abgelehnt worden, sind beschwerdeberechtigt der berechtigte Antragsteller des Verfahrens (Träger des Aufenthaltsbestimmungsrechts), das Jugendamt und der Verfahrensbeistand. 16

Eine Erweiterung des Kreises der Beschwerdeberechtigten unabhängig von einer Beeinträchtigung in eigenen Rechten ergibt sich aus § 335. Im Interesse des Minderjährigen können dessen Eltern, Pflegeeltern und der Leiter der Einrichtung Beschwerde einlegen, wenn sie am Verfahren beteiligt worden sind. 17

3. Die Vollziehung einer Unterbringung psychisch kranker Minderjähriger kann nach § 328 ausgesetzt werden. Die Dauer und Verlängerung der Unterbringung ergibt sich aus § 329. Die Unterbringungsmaßnahme ist nach § 330 aufzuheben, wenn ihre Voraussetzungen wegfallen. 18

D. Vorläufige Unterbringungsmaßnahme

Nach § 331 kann durch einstweilige Anordnung eine **vorläufige Unterbringung** genehmigt werden, deren Dauer zunächst sechs Wochen nicht überschreiten darf (§ 333, mit Verlängerungsmöglichkeit bis zur Gesamtdauer von drei Monaten). Die Verlängerung einer einstweiligen Anordnung über sechs Wochen hinaus muss Ausnahmefällen vor- 19

1 BVerfG v. 14.6.2007 – 1 BvR 338/07, NJW 2007, 3560.
2 BVerfG v. 14.6.2007 – 1 BvR 338/07, NJW 2007, 3560.
3 OLG Brandenburg v. 29.9.2003 – 9 WF 177/03, FamRZ 2004, 815; Palandt/*Diederichsen*, § 1631b BGB Rz. 5.

behalten bleiben.[1] Der Erlass der einstweiligen Anordnung setzt nach § 331 neben dringenden Gründen dafür, dass eine Unterbringung genehmigt oder angeordnet wird, und einem dringenden Regelungsbedürfnis (§ 331 Nr. 1) ein **ärztliches Zeugnis** über den Zustand des Minderjährigen (§ 331 Nr. 2) und dessen persönliche Anhörung (§ 331 Nr. 4) voraus, im Falle der Notwendigkeit der Bestellung eines Verfahrensbeistands auch dessen Anhörung (§ 331 Nr. 3). Bei gesteigerter Dringlichkeit (der Minderjährige ist zB nicht greifbar, es besteht aber eine erhebliche Selbst- oder Fremdgefährdung) kann nach § 332 eine einstweilige Anordnung auch vor Anhörung des Minderjährigen und vor Anhörung und Bestellung des Verfahrensbeistands ergehen. Diese Verfahrenshandlungen sind dann unverzüglich nachzuholen.

20 Unklar ist, ob eine **einstweilige Anordnung** nach § 331 mit der Beschwerde **anfechtbar** ist. Verfahren nach § 151 Nr. 6 und 7 sind als Kindschaftssachen Familiensachen. Die Genehmigung oder Anordnung einer vorläufigen Unterbringung kann einen Teilbereich der elterlichen Sorge betreffen, so dass die Beschwerde nach § 57 S. 2 Nr. 1 stattfinden kann, wenn das Gericht auf Grund mündlicher Erörterung entschieden hat.[2] Die Beschwerdefrist beträgt nach § 63 Abs. 2 Nr. 1 bei einer einstweiligen Anordnung zwei Wochen. Besteht Unanfechtbarkeit, muss nach § 54 Abs. 2 beantragt werden, auf Grund mündlicher Verhandlung erneut zu entscheiden.

§ 168
Beschluss über Zahlungen des Mündels

(1) Das Gericht setzt durch Beschluss fest, wenn der Vormund, Gegenvormund oder Mündel die gerichtliche Festsetzung beantragt oder das Gericht sie für angemessen hält:

1. Vorschuss, Ersatz von Aufwendungen, Aufwandsentschädigung, soweit der Vormund oder Gegenvormund sie aus der Staatskasse verlangen kann (§ 1835 Abs. 4 und § 1835a Abs. 3 des Bürgerlichen Gesetzbuchs) oder ihm nicht die Vermögenssorge übertragen wurde;

2. eine dem Vormund oder Gegenvormund zu bewilligende Vergütung oder Abschlagszahlung (§ 1836 des Bürgerlichen Gesetzbuchs).

Mit der Festsetzung bestimmt das Gericht Höhe und Zeitpunkt der Zahlungen, die der Mündel an die Staatskasse nach den §§ 1836c und 1836e des Bürgerlichen Gesetzbuchs zu leisten hat. Es kann die Zahlungen gesondert festsetzen, wenn dies zweckmäßig ist. Erfolgt keine Festsetzung nach Satz 1 und richten sich die in Satz 1 bezeichneten Ansprüche gegen die Staatskasse, gelten die Vorschriften über das Verfahren bei der Entschädigung von Zeugen hinsichtlich ihrer baren Auslagen sinngemäß.

(2) In dem Antrag sollen die persönlichen und wirtschaftlichen Verhältnisse des Mündels dargestellt werden. § 118 Abs. 2 Satz 1 und 2 sowie § 120 Abs. 2 bis 4 Satz 1 und 2 der Zivilprozessordnung sind entsprechend anzuwenden. Steht nach der freien Überzeugung des Gerichts der Aufwand zur Ermittlung der persönlichen und wirtschaft-

1 OLG Karlsruhe v. 11.1.2002 – 20 WF 112/01, FamRZ 2002, 1127.

2 OLG Brandenburg v. 29.9.2003 – 9 WF 177/03, FamRZ 2004, 815; vgl. auch OLG Bamberg v. 15.10.2002 – 2 UF 219/02, FamRZ 2003, 1854.

lichen Verhältnisse des Mündels außer Verhältnis zur Höhe des aus der Staatskasse zu begleichenden Anspruchs oder zur Höhe der voraussichtlich vom Mündel zu leistenden Zahlungen, kann das Gericht ohne weitere Prüfung den Anspruch festsetzen oder von einer Festsetzung der vom Mündel zu leistenden Zahlungen absehen.

(3) Nach dem Tode des Mündels bestimmt das Gericht Höhe und Zeitpunkt der Zahlungen, die der Erbe des Mündels nach § 1836e des Bürgerlichen Gesetzbuchs an die Staatskasse zu leisten hat. Der Erbe ist verpflichtet, dem Gericht über den Bestand des Nachlasses Auskunft zu erteilen. Er hat dem Gericht auf Verlangen ein Verzeichnis der zur Erbschaft gehörenden Gegenstände vorzulegen und an Eides statt zu versichern, dass er nach bestem Wissen und Gewissen den Bestand so vollständig angegeben habe, als er dazu imstande sei.

(4) Der Mündel ist zu hören, bevor nach Absatz 1 eine von ihm zu leistende Zahlung festgesetzt wird. Vor einer Entscheidung nach Absatz 3 ist der Erbe zu hören.

(5) Auf die Pflegschaft sind die Absätze 1 bis 4 entsprechend anzuwenden.

A. Allgemeines

1. § 168 regelt das Verfahren über die Entschädigung von **Vormund/Gegenvormund** aus der Staatskasse, den Regress der Staatskasse gegen den Mündel wegen der Entschädigung und die direkte Entschädigung des Vormunds/Gegenvormunds durch den Mündel. Er gilt auch für die Entschädigung des **Pflegers** nach §§ 1909 ff., 1960 f. BGB (§ 168 Abs. 5). Durch die Verweisung in § 292 Abs. 1 gilt § 168 auch für den Ersatz von Aufwendungen und der Vergütung des **Betreuers**. § 168 Abs. 1 gilt auch für den **Verfahrenspfleger** (§ 277 Abs. 5) und für den **Verfahrensbeistand** (§ 158 Abs. 7). Verfahrenspfleger und Verfahrensbeistand werden allerdings stets aus der Staatskasse bezahlt (§ 277 Abs. 5, 158 Abs. 7). § 168 entspricht § 56g FGG aF mit Ausnahme der im Hinblick auf den Allgemeinen Teil des FamFG entbehrlichen § 56g Abs. 5 FGG aF (Rechtsmittel, dazu § 58) und § 56g Abs. 6 FGG aF (Vollstreckung, dazu § 95 Abs. 1 Nr. 1). 1

2. Eine Vormundschaft wird nach § 1836 Abs. 1 Satz 1 BGB grundsätzlich unentgeltlich geführt. Nach § 1835 Abs. 1 BGB können Vormund und Gegenvormund aber vom Mündel für Aufwendungen zum Zwecke der Führung der Vormundschaft Vorschuss oder Ersatz verlangen, ebenso Ersatz von Fahrtkosten. Ist der Mündel mittellos, richtet sich der Anspruch auf Vorschuss und Ersatz gegen die Staatskasse (§ 1835 Abs. 4 BGB). 2

Statt einzelne Aufwendungen geltend zu machen, kann der Vormund sie sich auch als Pauschale vergüten lassen (§ 1835a Abs. 1 BGB). Auch diese pauschale Aufwandsentschädigung wird aus der Staatskasse bezahlt, wenn der Mündel mittellos ist (§ 1835a Abs. 3 BGB). 2a

Nach § 1836 Abs. 1 Satz 2 BGB wird die Vormundschaft ausnahmsweise entgeltlich geführt, wenn das Gericht bei der Bestellung des Vormunds feststellt, dass die Vormundschaft berufsmäßig geführt wird. Vergütungsschuldner ist bei vorhandenen Mitteln der Mündel. Ist der Mündel mittellos, kann der berufsmäßige Vormund die Vergütung aus der Staatskasse verlangen (§ 1 Abs. 2 Satz 2 VBVG). 3

B. Inhalt der Vorschrift

I. Absatz 1

4 **1.** Satz 1 Nr. 1 ermöglicht die Festsetzung von Vorschuss, Ersatz von Aufwendungen und Aufwandsentschädigung **gegen die Staatskasse**, soweit der Mündel mittellos ist, oder **gegen den Mündel**, wenn er bemittelt ist und der Vormund nicht die Vermögenssorge hat. Hat er die Vermögenssorge, kann er die Beträge ohne Festsetzung aus dem Mündelvermögen entnehmen.[1]

5 **2.** Satz 1 Nr. 2 ermöglicht die Festsetzung der Vergütung oder Abschlagszahlung eines Berufsvormunds **gegen den Mündel**, wenn er bemittelt ist oder **gegen die Staatskasse**, wenn der Mündel mittellos ist.

6 Die gerichtliche Festsetzung findet **auf Antrag** statt, den Vormund, Gegenvormund oder der Mündel stellen können. Sie findet **von Amts wegen** statt, wenn das Gericht sie (zB bei zweifelhafter Sach- oder Rechtslage) für angemessen hält.

7 **3.** Die Festsetzung oder Ablehnung erfolgt durch **Beschluss**. § 1836c BGB legt das Einkommen und Vermögen fest, das der Mündel für den Aufwendungsersatz und für die Vergütung des Vormunds einzusetzen hat, bevor dieser die Staatskasse in Anspruch nehmen kann. Soweit die Staatskasse die Ansprüche des Vormunds auf Aufwendungsersatz oder Vergütung befriedigt hat, obwohl sie ganz oder teilweise gegen den Mündel durchzusetzen gewesen wären, findet nach § 1836e BGB ein Forderungsübergang auf die Staatskasse statt. Mit der Festsetzung bestimmt das Gericht deshalb nach Satz 2 Höhe und Zeitpunkt der Zahlungen, die der Mündel ggf. an die Staatskasse (Landeskasse) nach §§ 1836c und 1836e BGB zu leisten hat. Dieser **Regress** setzt die nach § 1836c BGB zu bestimmende Leistungsfähigkeit des Mündels voraus.[2] Diese Zahlungen können nach Satz 3 auch gesondert festgesetzt werden, wenn dies zweckmäßig ist.

8 **4. Zuständig** für die gerichtliche Festsetzung ist der Rechtspfleger des Gerichts, das die Vormundschaft führt (§§ 3 Nr. 2b, 14 Abs. 1 RPflG). Erfolgt keine gerichtliche Festsetzung und richten sich die Ansprüche gegen die Staatskasse (keine Festsetzung gegen den Mündel), gelten nach Satz 4 die Vorschriften über das Verfahren bei der Entschädigung von Zeugen hinsichtlich ihrer baren Auslagen sinngemäß (nach dem JVEG). Dann erfolgt eine Festsetzung durch den Kostenbeamten in einem reinen Verwaltungsverfahren ohne Rückgriff nach Abs. 1 Satz 2.[3] In diesem Verwaltungsverfahren kann auch eine Vergütung festsetzt werden („die in Satz 1 bezeichneten Ansprüche"). Gegen die Entscheidung des Kostenbeamten kann gerichtliche Festsetzung nach Abs. 1 Satz 1 beantragt werden.[4]

II. Absatz 2

9 In dem Antrag auf gerichtliche Festsetzung sollen, wenn er vom Vormund/Gegenvormund gestellt wird, nach Satz 1 die persönlichen und wirtschaftlichen Verhältnisse des Mündels dargestellt werden. Das Gericht kann nach Satz 2 verlangen, dass der

1 BayObLG v. 23.11.2000 – 3 Z BR 320/00, Rpfleger 2001, 179.
2 OLG Frankfurt v. 11.8.2008 – 20 W 211/08, FamRZ 2009, 250.
3 *Fröschle/Locher*, Praxiskommentar Betreuungs- und Unterbringungsverfahren Anhang zu 69e FGG Rz. 59.
4 BayObLG v. 20.5.1999 – 3 Z BR 103/99, FamRZ 1999, 1590.

Antragsteller seine Angaben glaubhaft macht, es kann Erhebungen anstellen und Auskünfte einholen (entsprechend § 118 Abs. 2 Satz 1 und 2 ZPO). Die Festsetzung erfordert, dass Vormund oder Gegenvormund eine **prüffähige Abrechnung** erteilen. Es ist eine bezifferte Forderungsaufstellung erforderlich.[1]

Über die Angemessenheit der Vergütung entscheidet das Gericht nach pflichtgemäßem Ermessen. Für die Feststellung eines konkret aufgewendeten Zeitaufwands gilt § 287 ZPO entsprechend.[2] Für die Frage, ob einzelne Tätigkeiten nötig waren, kommt es darauf an, ob der Vormund die jeweilige Tätigkeit zur pflichtgemäßen Erfüllung seiner Aufgaben für erforderlich halten durfte.[3] Nach Satz 3 kann (nur) der Aufwand zur Ermittlung der persönlichen und wirtschaftlichen Verhältnisse des Mündels eingeschränkt werden. Steht dieser Aufwand außer Verhältnis zur Höhe des aus der Staatskasse zu begleichenden Anspruchs (§§ 1835 Abs. 4, 1835a Abs. 3 BGB) oder zur Höhe der voraussichtlich vom Mündel zu leistenden Zahlungen (nach §§ 1836c, 1836e BGB), kann das Gericht ohne weitere Prüfung den Anspruch festsetzen oder von einer Festsetzung der vom Mündel an die Staatskasse zu leistenden Zahlungen absehen. Eine umfassende Prüfung der persönlichen und wirtschaftlichen Verhältnisse des Mündels muss aber erfolgen, wenn der Vormund Festsetzung gegen den Mündel beantragt und geltend macht, dieser sei bemittelt. 10

Wenn abzusehen ist, dass die Zahlungen des Mündels die Kosten decken, soll die vorläufige Einstellung der Zahlungen bestimmt werden (Abs. 2 Satz 2 iVm. § 120 Abs. 3 ZPO). Die Entscheidung über die zu leistenden Zahlungen kann geändert werden, wenn sich die persönlichen und wirtschaftlichen Verhältnisse des Mündels wesentlich geändert haben. Auf Verlangen des Gerichts hat sich der Mündel darüber zu erklären, ob eine Veränderung der Verhältnisse eingetreten ist (Abs. 2 Satz 2 iVm. § 120 Abs. 4 Satz 1 und 2 ZPO). 11

III. Absatz 3

Nach Satz 1 bestimmt das Gericht **nach dem Tode des Mündels** Höhe und Zeitpunkt der Zahlungen, die der Erbe des Mündels nach § 1836e BGB an die Staatskasse zu leisten hat. Der Erbe ist nach Satz 2 dazu verpflichtet, dem Gericht über den Bestand des Nachlasses Auskunft zu erteilen. Er hat nach Satz 3 auf Verlangen ein Verzeichnis der zur Erbschaft gehörenden Gegenstände vorzulegen und dessen Richtigkeit an Eides statt zu versichern. 12

IV. Absatz 4

Nach Satz 1 ist der Mündel **zu hören**, bevor nach Abs. 1 eine von ihm zu leistende Zahlung (an den Vormund oder nach § 1836e BGB an die Staatskasse) festgesetzt wird. Vor einer Entscheidung nach Abs. 3 ist nach Satz 2 der Erbe zu hören. 13

1 *Fröschle/Locher*, Praxiskommentar Betreuungs- und Unterbringungsverfahren Anhang zu 69e FGG Rz. 48.
2 BayObLG v. 20.5.1999 – 3 Z BR 121/99, FamRZ 1999, 1591.
3 BayObLG v. 20.5.1999 – 3 Z BR 121/99, FamRZ 1999, 1591.

V. Absatz 5

14 Nach Abs. 5 gilt § 168 auch für die Entschädigung des **Pflegers** nach §§ 1909 ff., 1960 f. BGB.

C. Rechtsmittel, Vollstreckung

15 **1.** Gegen die Entscheidung des Rechtspflegers findet die **Beschwerde** nach § 58 statt, wenn der Beschwerdewert erreicht ist (600 Euro nach § 61 Abs. 1[1]) oder die Beschwerde zugelassen wird. Beschwerdeberechtigt ist der Vormund, wenn die Festsetzung abgelehnt wird oder hinter dem begehrten Betrag zurückbleibt. Der Mündel ist beschwert durch Festsetzung von Zahlungen an den Vormund oder an die Staatskasse nach § 1836e BGB. Die Staatskasse ist beschwerdeberechtigt, soweit sie zu Zahlungen verpflichtet worden ist oder wenn ein Rückgriff abgelehnt worden ist.[2] Ist die Beschwerde nicht statthaft, findet nach § 11 Abs. 2 Satz 1 RPflG die **Erinnerung** statt.

16 **2.** Entscheidungen, die Zahlungen des Mündels an den Vormund festsetzen, werden nach § 95 Abs. 1 Nr. 1 nach der ZPO **vollstreckt**. Festgesetzte Zahlungen des Mündels oder Erben an die Landeskasse werden nach § 1 Abs. 1 Nr. 4b, Abs. 2 JBeitrO vollstreckt.[3]

§ 168a
Mitteilungspflichten des Standesamts

(1) Wird dem Standesamt der Tod einer Person, die ein minderjähriges Kind hinterlassen hat, oder die Geburt eines Kindes nach dem Tod des Vaters oder das Auffinden eines Minderjährigen, dessen Familienstand nicht zu ermitteln ist, angezeigt, hat das Standesamt dies dem Familiengericht mitzuteilen.

(2) Führen Eltern, die gemeinsam für ein Kind sorgeberechtigt sind, keinen Ehenamen und ist von ihnen binnen eines Monats nach der Geburt des Kindes der Geburtsname des Kindes nicht bestimmt worden, teilt das Standesamt dies dem Familiengericht mit.

A. Allgemein

1 § 168a regelt **Mitteilungspflichten des Standesamts** an das Familiengericht in den genannten Fällen.

---

1 Vgl. RegE BT-Drucks. 16/6308, S. 266 zu § 277 Abs. 5 und S. 204 zu § 61.
2 BayObLG v. 19.11.1999 – 3 Z BR 233/99, NJW-RR 2001, 584.
3 *Fröschle/Locher*, Praxiskommentar Betreuungs- und Unterbringungsverfahren Anhang zu 69e FGG Rz. 71.

B. Inhalt der Vorschrift

I. Absatz 1

Abs. 1 entspricht inhaltlich § 48 FGG aF. Eine Mitteilungspflicht des Standesbeamten besteht in folgenden Fällen: Tod einer Person, die ein minderjähriges Kind hinterlassen hat; Geburt eines Kindes nach dem Tod des Vaters; Auffinden eines Minderjährigen, dessen Familienstand nicht zu ermitteln ist. Die Mitteilung dient der Prüfung, ob familiengerichtliche Maßnahmen erforderlich sind, zB die Bestellung eines Vormunds oder eines Pflegers. 2

II. Absatz 2

Abs. 2 entspricht inhaltlich § 64c FGG aF. Die Mitteilungspflicht nach Abs. 2 korrespondiert mit § 1617 Abs. 2 BGB. Danach hat das Familiengericht einem Elternteil das Namensbestimmungsrecht zu übertragen, wenn Eltern, die gemeinsam für ein Kind sorgeberechtigt sind und keinen Ehenamen führen, binnen eines Monats nach der Geburt des Kindes keine Bestimmung über den Geburtsnamen des Kindes getroffen haben. 3

Abschnitt 4
Verfahren in Abstammungssachen

Literatur: *Beinkinstadt*, „Vater werden ist nicht schwer" – Entwurf eines Gesetzes zur Ergänzung des Rechts zur Anfechtung der Vaterschaft, JAmt 2007, 342; *Borth*, Das Verfahren zum Entwurf eines Gesetzes zur Klärung der Abstammung unabhängig vom Anfechtungsverfahren gemäß § 1598a BGB-E und dessen Verhältnis zum Abstammungsverfahren nach dem FamFG, FPR 2007, 381; *Hammermann*, Das Gesetz zur Klärung der Vaterschaft unabhängig vom Anfechtungsverfahren, FamRB 2008, 150; *Heiter*, Das Verfahren in Abstammungssachen im Entwurf eines FamFG, FPR 2006, 417; *Helms*, Das neue Verfahren zur Klärung der leiblichen Abstammung, FamRZ 2008, 1033; *Löhnig*, Das Gesetz zur Ergänzung des Rechts zur Anfechtung der Vaterschaft, FamRZ 2008, 1130; *Stößer*, Das neue Verfahren in Abstammungssachen nach dem FamFG, FamRZ 2009, 923; *Wellenhofer*, Das neue Gesetz zur Klärung der Vaterschaft unabhängig vom Anfechtungsverfahren, NJW 2008, 1185.

§ 169
Abstammungssachen

Abstammungssachen sind Verfahren

1. **auf Feststellung des Bestehens oder Nichtbestehens eines Eltern-Kind-Verhältnisses, insbesondere der Wirksamkeit oder Unwirksamkeit einer Anerkennung der Vaterschaft,**
2. **auf Ersetzung der Einwilligung in eine genetische Abstammungsuntersuchung und Anordnung der Duldung einer Probeentnahme,**
3. **auf Einsicht in ein Abstammungsgutachten oder Aushändigung einer Abschrift oder**
4. **auf Anfechtung der Vaterschaft.**

A. Allgemeines

I. Entstehung

1 § 169 enthält eine Definition des Begriffs **Abstammungssachen** (bisher: Kindschaftssachen nach § 640 ZPO aF). Abstammungsverfahren betreffen das **Bestehen oder Nichtbestehen eines Verwandtschaftsverhältnisses** eines Kindes zum Vater oder zur Mutter. Diese Verfahren wurden früher nach den Vorschriften der ZPO geführt (§§ 640 ff. ZPO aF). Für den Fall, dass die Person, gegen die die Klage zu richten wäre, verstorben war, sah § 1600e Abs. 2 BGB aF ein gesondertes Verfahren der freiwilligen Gerichtsbarkeit (fG) vor (vgl. § 55b FGG aF).

2 Nach dem FamFG sind sämtliche Abstammungssachen einheitlich als **Verfahren der fG** ausgestaltet, ohne formalen Gegner, auch dann, wenn ein Beteiligter dem Begehren des Antragstellers widerspricht. Das FamFG enthält auch keine Sonderregelung mehr für den Fall, dass die Person, gegen die ein entsprechender Antrag zu richten wäre, verstorben ist. Es genügt, wenn das Verfahren durch den Antragsteller eingeleitet wird (für den Fall, dass ein Beteiligter während des Verfahrens verstirbt, ist § 181 zu beachten). Die für das frühere zivilprozessuale Verfahren nach § 640 ff. ZPO aF typischen besonderen Elemente, wie der Strengbeweis (§ 177 Abs. 2), die Wirkung der Entscheidung für und gegen alle (§ 184 Abs. 2) sowie die besonderen Vorschriften für eine Wiederaufnahme des Verfahrens (§ 185) blieben erhalten.

II. Systematik

3 § 169 enthält den **Katalog der Abstammungssachen**, für die die besonderen Verfahrensvorschriften des Abschnitts 4 gelten. Für das Verfahren gelten daneben die Vorschriften des Allgemeinen Teils, insbesondere auch der Grundsatz der Amtsermittlung (§ 26), der allerdings im Verfahren auf Anfechtung der Vaterschaft nach Maßgabe des § 177 Abs. 1 eingeschränkt ist.

4 Die gerichtliche Klärung der Abstammung erfolgt nur in den Verfahren nach § 169. Die Abstammung kann wegen der Rechtsausübungssperren der §§ 1599, 1600d Abs. 4 BGB **nicht inzident** in einem anderen Verfahren geklärt werden, etwa in einer Unterhaltssache. Lediglich im Regressprozess des Scheinvaters gegen den mutmaßlichen Erzeuger des Kindes (§ 1607 Abs. 3 Satz 2 BGB) kann in besonders gelagerten Einzelfällen die Vaterschaft des Antragsgegners inzident festgestellt werden.[1] Auch in Verfahren zwischen den rechtlichen Eltern des Kindes, die deren rechtliche Beziehung untereinander betreffen, kommt eine Ausnahme von der aus § 1599 Abs. 1 BGB folgenden Rechtsausübungssperre in Betracht, wenn der Umstand der Nichtabstammung des Kindes vom rechtlichen Vater zwischen den Beteiligten unstreitig ist.[2] Eine Ausnahme besteht auch für den Fall eines Regresses gegen einen Rechtsanwalt, der die Frist zur Vaterschaftsanfechtung versäumt hat.[3]

5 Eine Inzidentfeststellung der Abstammung in solchen Verfahren erwächst aber nicht in Rechtskraft, nicht einmal zwischen den Beteiligten dieses Verfahrens.[4]

---

1 BGH v. 16.4.2008 – XII ZR 144/06, FamRZ 2008, 1424 m. Anm. *Wellenhofer*; BGH v. 22.10.2008 – XII ZR 46/07, FamRZ 2009, 32 m. Anm. *Wellenhofer*.

2 BGH v. 25.6.2008 – XII ZB 163/06, FamRZ 2008, 1836 betreffend die Prüfung nach § 1587c BGB.

3 BGH v. 23.9.2004 – IX ZR 137/03, NJW-RR 2005, 494.

4 BGH v. 25.6.2008 – XII ZB 163/06, FamRZ 2008, 1836.

B. Inhalt der Vorschrift

1. Nr. 1 (**Verfahren auf Feststellung des Bestehens oder Nichtbestehens eines Eltern-Kind-Verhältnisses**) entspricht § 640 Abs. 2 Nr. 1 ZPO aF. Erfasst sind insbesondere Verfahren nach § 1600d Abs. 1 BGB (gerichtliche Feststellung der Vaterschaft). In Verfahren nach Nr. 1 kann auch die Abstammung des Kindes von der Mutter geklärt werden, wenn streitig ist, welche Frau das Kind geboren hat (§ 1591 BGB). 6

Unter Verfahren auf Feststellung der **Wirksamkeit oder Unwirksamkeit einer Anerkennung der Vaterschaft** fällt der Streit darüber, ob eine Vaterschaftsanerkennung von vornherein unwirksam war, weil sie den Anforderungen der §§ 1594–1597 BGB nicht genügt, also etwa ob die Anerkennung wegen fehlender Geschäftsfähigkeit, wegen Formmangels oder mangels Zustimmung der Mutter oder des Kindes unwirksam ist. 7

Abstammungssachen sind auch Verfahren auf Feststellung des **Nichtbestehens der Vaterschaft**, wie sich aus der Regelung des § 182 Abs. 2 ergibt (vgl. § 182 Rz. 4). Einbezogen sind auch die bislang von § 1600e Abs. 2 BGB aF erfassten Feststellungsverfahren nach dem Tod der passivlegitimierten Partei.[1] 8

Unzulässig ist ein **isoliertes Abstammungsfeststellungsverfahren**, also die bloße gerichtliche Feststellung, dass ein Kind nicht von seinem rechtlichen Vater abstammt, sondern von einem anderen Mann.[2] Denn nach § 1600d Abs. 1 BGB ist die gerichtliche Feststellung der Vaterschaft nur zulässig, soweit keine andere Vaterschaft nach §§ 1592 Nr. 1 und 2, 1593 BGB besteht.[3] 9

Keine Abstammungssache ist das Verfahren eines Kindes gegen seine Mutter auf **Auskunft über den Vater**[4] oder ein Verfahren des sog. Scheinvaters gegen die Mutter auf **Nennung des biologischen Vaters**.[5] 10

2. Nr. 2 (Verfahren auf Ersetzung der **Einwilligung in eine genetische Abstammungsuntersuchung** und Anordnung der **Duldung einer Probeentnahme**) betrifft Verfahren nach § 1598a Abs. 2 BGB. Möglich ist in diesem Verfahren auch die Klärung der leiblichen Mutterschaft.[6] 11

3. Unter Nr. 3 (Verfahren auf **Einsicht in ein Abstammungsgutachten** oder **Aushändigung einer Abschrift des Abstammungsgutachtens**) fallen Verfahren nach § 1598a Abs. 4 BGB. Die Verfahren nach Nr. 2 und 3 dienen nur der rechtsfolgenlosen Klärung der Abstammung.[7] Eine sich ggf. als unzutreffend erweisende statusrechtliche Zuordnung des Kindes bleibt unverändert. 12

Das Verfahren nach § 1598a Abs. 2 BGB steht **gleichrangig** neben der Möglichkeit der Anfechtung der Vaterschaft. Besteht ein genügender Anfangsverdacht nach § 1600b Abs. 1 Satz 2 BGB, hat der Anfangsberechtigte ein Wahlrecht zwischen beiden Verfahren. 13

---

1 *Heiter*, FPR 2006, 417.
2 BGH v. 6.12.2006 – XII ZR 164/06, FamRZ 2007, 538.
3 Das ist verfassungsgemäß, vgl. BVerfG v. 13.10.2008 – 1 BvR 1548/03, FamRZ 2008, 2257.
4 OLG Hamm v. 31.3.1999 – 8 WF 120/99, FamRZ 2000, 38.
5 Vgl. den Fall BGH v. 3.7.2008 – 1 ZB 87/06, FamRZ 2008, 1751.
6 *Borth*, FPR 2007, 381; Palandt/*Diederichsen*, § 1598a BGB Rz. 6.
7 Gesetz zur Klärung der Vaterschaft unabhängig vom Anfechtungsverfahren v. 26.3.2008, BGBl. I 2008, S. 441.

14 Die **Verfahrenskostenhilfe** für ein Verfahren auf Anfechtung der Vaterschaft kann nicht mit der Begründung abgelehnt werden, der Anfechtungsberechtigte habe nach § 1598a BGB die Möglichkeit einer außergerichtlichen Klärung der Abstammung. Denn letztere ist rechtsfolgenlos.

15 **4.** Nr. 4 (**Verfahren auf Anfechtung der Vaterschaft**) entspricht § 640 Abs. 2 Nr. 4 ZPO aF. Verfahren auf Anfechtung der Vaterschaft sind solche nach §§ 1599, 1600 BGB. Einbezogen sind wiederum auch die bislang von § 1600e Abs. 2 BGB aF erfassten postmortalen Vaterschaftsanfechtungsverfahren nach § 56c FGG aF. Vor der Geburt des Kindes ist eine Anfechtung der Vaterschaft nicht möglich.[1]

16 Keine Abstammungssachen sind die – seltenen – Verfahren auf Feststellung des **Bestehens oder Nichtbestehens der elterlichen Sorge** nach § 640 Abs. 2 Nr. 5 ZPO aF.[2] Sie werden von der Definition des § 151 Nr. 1 erfasst[3] und gehören somit zu den Kindschaftssachen nach Abschnitt 3 (zum völlig neuen Inhalt des Gesetzesbegriffs der Kindschaftssachen vgl. § 151 Rz. 1).

§ 170
Örtliche Zuständigkeit

(1) Ausschließlich zuständig ist das Gericht, in dessen Bezirk das Kind seinen gewöhnlichen Aufenthalt hat.

(2) Ist die Zuständigkeit eines deutschen Gerichts nach Absatz 1 nicht gegeben, ist der gewöhnliche Aufenthalt der Mutter, ansonsten der des Vaters maßgebend.

(3) Ist eine Zuständigkeit nach den Absätzen 1 und 2 nicht gegeben, ist das Amtsgericht Schöneberg in Berlin ausschließlich zuständig.

A. Allgemeines

1 § 170 regelt die **örtliche Zuständigkeit** in Abstammungssachen. Diese ist **ausschließlich**. Von ihr kann damit nicht abgewichen werden.

B. Inhalt der Vorschrift

I. Absatz 1

2 Abs. 1 entspricht § 640a Abs. 1 Satz 1 ZPO aF, wobei jedoch im Unterschied zum früheren Recht das Kriterium des Wohnsitzes (von Kind oder Mutter) entfällt und nur noch an den gewöhnlichen Aufenthalt des Kindes angeknüpft wird.

3 Ausschließlich zuständig ist in erster Linie das Gericht, in dessen Bezirk das Kind seinen **gewöhnlichen Aufenthalt** hat. Gewöhnlicher Aufenthalt ist der Ort des tat-

1 OLG Rostock v. 30.11.2006 – 10 WF 206/06, FamRZ 2007, 1675.
2 Beispiele: Zöller/*Philippi*, § 640 ZPO Rz. 28.
3 RegE BT-Drucks. 16/6308, S. 234; *Heiter*, FPR 2006, 417.

sächlichen Mittelpunktes der Lebensführung des Kindes, des Schwerpunktes seiner sozialen Bindungen, insbesondere in familiärer und schulischer bzw. beruflicher Hinsicht.[1] Dem Begriff des gewöhnlichen Aufenthalts liegt eine faktische und keine rechtliche Betrachtung zugrunde. Einzelheiten zum Begriff des gewöhnlichen Aufenthalts vgl. § 122 Rz. 4 ff.

Der für die Feststellung der örtlichen Zuständigkeit **maßgebliche Zeitpunkt** bestimmt sich danach, wann das Gericht mit der Sache befasst wurde, also wann der verfahrenseinleitende Antrag (§ 171) bei Gericht eingegangen ist. Eine spätere Änderung des gewöhnlichen Aufenthalts des Kindes (zB durch Umzug) nach dem maßgeblichen Zeitpunkt lässt die einmal gegebene Zuständigkeit nach § 2 Abs. 2 nicht entfallen (Grundsatz der **perpetuatio fori**). 4

II. Absatz 2

Abs. 2 ersetzt die Regelung des bisherigen § 640a Abs. 1 Satz 2 und 3 ZPO. Ist eine Zuständigkeit nach Abs. 1 nicht gegeben, weil das Kind seinen gewöhnlichen Aufenthalt im Ausland hat, kommt es zunächst auf den gewöhnlichen Aufenthalt **der Mutter**, wenn auch danach die Zuständigkeit eines deutschen Gerichts nicht gegeben ist, auf den gewöhnlichen Aufenthalt des (ggf. auch nur möglichen) **Vaters** an. Zum maßgeblichen Zeitpunkt für die Bestimmung der örtlichen Zuständigkeit vgl. oben Abs. 1 (Rz. 4). 5

III. Absatz 3

Abs. 3 entspricht inhaltlich § 640a Abs. 1 Satz 4 ZPO aF. Höchst hilfsweise ist das **Amtsgericht Schöneberg** in Berlin ausschließlich zuständig. 6

C. Verweisung und Abgabe

Für den Fall der Unzuständigkeit ist das Verfahren nach § 3 an das zuständige Gericht zu **verweisen**. Aus wichtigem Grund kann die Sache nach § 4 an ein anderes Gericht **abgegeben** werden, wenn sich dieses zur Übernahme bereit erklärt hat. 7

D. Sachliche, funktionelle und internationale Zuständigkeit

Die **sachliche Zuständigkeit** für Abstammungssachen ergibt sich aus §§ 23a Abs. 1 Nr. 1, 23b Abs. 1 Satz 1 GVG (Amtsgericht, Abteilung für Familiensachen). **Funktionell zuständig** ist der Richter. Die **internationale Zuständigkeit** der deutschen Gerichte in Abstammungssachen bestimmt sich nach § 100. 8

1 BGH v. 5.2.1975 – IV ZR 103/73, NJW 1975,1068; BGH v. 29.10.1980 – IVb ZB 586/80, FamRZ 1981, 135.

§ 171
Antrag

(1) Das Verfahren wird durch einen Antrag eingeleitet.

(2) In dem Antrag sollen das Verfahrensziel und die betroffenen Personen bezeichnet werden. In einem Verfahren auf Anfechtung der Vaterschaft nach § 1600 Abs. 1 Nr. 1 bis 4 des Bürgerlichen Gesetzbuchs sollen die Umstände angegeben werden, die gegen die Vaterschaft sprechen, sowie der Zeitpunkt, in dem diese Umstände bekannt wurden. In einem Verfahren auf Anfechtung der Vaterschaft nach § 1600 Abs. 1 Nr. 5 des Bürgerlichen Gesetzbuchs müssen die Umstände angegeben werden, die die Annahme rechtfertigen, dass die Voraussetzungen des § 1600 Abs. 3 des Bürgerlichen Gesetzbuchs vorliegen, sowie der Zeitpunkt, in dem diese Umstände bekannt wurden.

A. Allgemeines

1 § 171 regelt, wie Abstammungssachen eingeleitet werden.

B. Inhalt der Vorschrift

I. Absatz 1

2 **1.** Nach Abs. 1 werden Abstammungssachen nur **auf Antrag** eingeleitet. Das Verfahren kennt allerdings keinen Antragsgegner, es ist nicht mehr gegen das Kind und/oder gegen den Vater (vgl. § 1600e Abs. 1 BGB aF) gerichtet.

3 Die rechtzeitige Einreichung des Antrags bei Gericht bewirkt bei der Anfechtung der Vaterschaft zugleich die Einhaltung der materiellrechtlichen Anfechtungsfrist nach § 1600b Abs. 1 BGB. Auf eine Klageerhebung wie nach früherem Recht – und damit auf die **Bekanntgabe des Antrags** an die weiteren Beteiligten – kommt es **nicht mehr** an. Zu beachten ist jedoch § 25 Abs. 3 Satz 2, nach dem die Wirkungen einer Verfahrenshandlung bei Vornahme gegenüber einem unzuständigen Gericht erst mit Eingang beim zuständigen Gericht eintreten.

4 Ist die Abstammungssache auf Antrag hin eingeleitet, ist ein sich anschließendes **Nichtbetreiben des Verfahrens** ohne Einfluss auf die Wahrung der Anfechtungsfrist des § 1600b Abs. 1 BGB.[1]

5 **2.** Der verfahrenseinleitende Antrag muss den anderen Beteiligten (§ 172) nur **formlos mitgeteilt** werden (§ 15 Abs. 3). Er kann nach § 22 Abs. 1 bis zur Rechtskraft der Endentscheidung wieder zurückgenommen werden, bis zum Erlass der Endentscheidung ohne Zustimmung der übrigen Beteiligten. Anwaltszwang besteht in Abstammungssachen im ersten und auch im zweiten Rechtszug nicht (vgl. § 114 Abs. 1).

6 **3.** Wer berechtigt ist, eine Abstammungssache durch Antrag einzuleiten, ist im FamFG nicht gesondert geregelt. Die Aktiv- und Passivlegitimation war früher in § 1600e Abs. 1 BGB geregelt. Die **Antragsbefugnis** ist nach Aufhebung dieser Vorschrift wie folgt zu bestimmen:

1 OLG Köln v. 24.5.2000 – 14 WF 52/00, FamRZ 2001, 246.

Verfahren nach § 1600d Abs. 1 BGB (gerichtliche **Feststellung der Vaterschaft**) können von denjenigen beantragt werden, die nach § 172 Abs. 1 Nr. 1 bis 3 generell in Abstammungssachen zu beteiligen sind, also von dem Kind, von der Mutter und von dem angeblichen Erzeuger (dem biologischen Vater). Zur Vertretung des minderjährigen Kindes vgl. § 172 Rz. 3 ff. 7

Die Berechtigung zur Einleitung eines Verfahrens nach **§ 169 Nr. 2** (Klärung der Vaterschaft unabhängig vom Anfechtungsverfahren) ergibt sich aus § 1598a Abs. 1 BGB (rechtlicher Vater, Mutter oder Kind, nicht aber der biologische Vater[1]). 8

In Verfahren nach **§ 169 Nr. 3** ist antragsberechtigt, wer als Vater, Mutter oder Kind in eine genetische Abstammungsuntersuchung eingewilligt und eine genetische Probe abgegeben hat (§ 1598a Abs. 4 BGB). 9

Zur **Anfechtung der Vaterschaft** berechtigt sind nach § 1600 Abs. 1 BGB der Mann, der auf Grund einer Ehe mit der Mutter als Vater vermutet wird (§§ 1592 Nr. 1, 1593 BGB), der Mann, der die Vaterschaft anerkannt hat (§ 1592 Nr. 2 BGB), die Mutter und das Kind. Auch bei einem bewusst falschen Vaterschaftsanerkenntnis kann die Vaterschaft gem. §§ 1600 Abs. 1 Nr. 1, 1592 Nr. 2 BGB angefochten werden.[2] 10

Anfechtungsberechtigt ist nach § 1600 Abs. 1 Nr. 2 BGB weiter der Mann, der an Eides statt versichert, der Mutter des Kindes während der gesetzlichen Empfängniszeit beigewohnt zu haben (der sog. biologische Vater). Nach § 1600 Abs. 1 Nr. 5 BGB ist auch die zuständige Behörde anfechtungsberechtigt. 11

4. Einer Regelung zur **Passivlegitimation** bedarf es nach Überleitung der Abstammungssachen in ein Verfahren der fG ohne formalen Gegner nicht mehr. Die weiteren Beteiligten – neben dem Antragsteller – bestimmen sich nach § 172. 12

II. Absatz 2

Abs. 2 enthält eine von § 23 Abs. 1 abweichende Bestimmung des **Inhalts des Antrags**. Die notwendigen Anforderungen an den Inhalt einer Klageschrift nach § 253 Abs. 2 bis 5 ZPO gelten nicht. 13

1. Nach Satz 1 sollen das **Verfahrensziel** und die **betroffenen Personen** bezeichnet werden. Es handelt sich hierbei um die für die Abgrenzung des Verfahrensgegenstands erforderlichen Mindestangaben. 14

2. Satz 2 bestimmt, dass bei einem Verfahren auf **Anfechtung der Vaterschaft nach § 1600 Abs. 1 Nr. 1 bis 4 BGB** darüber hinaus die Umstände angegeben werden sollen, die gegen eine Vaterschaft sprechen, dh. Umstände, die bei objektiver Betrachtung geeignet sind, Zweifel an der Abstammung zu wecken. Der Antragsteller soll in der Antragsbegründung auch den Zeitpunkt der Kenntniserlangung von diesen Umständen darlegen. 15

Durch diese Angaben soll dem Gericht eine **Ermittlung der Einhaltung der Anfechtungsfrist** nach § 1600b Abs. 1 BGB von Amts wegen (dazu § 177 Rz. 5) ermöglicht werden. Die Angaben nach Satz 2 entsprechen im Wesentlichen den Anforderungen, 16

1 Palandt/*Diederichsen*, § 1598a BGB Rz. 7.
2 OLG Naumburg v. 9.1.2008 – 3 WF 3/08, FamRZ 2008, 2146; OLG Köln v. 25.10.2001 – 14 UF 106/01, FamRZ 2002, 629; Erman/*Hammermann*, § 1600 BGB Rz. 4.

die die Rechtsprechung früher an die Schlüssigkeit einer Klage auf Anfechtung der Vaterschaft gestellt hat.[1] Dabei dürfen an die Darlegung derartiger Umstände keine zu hohen Anforderungen gestellt werden. Es genügt, dass die vorgetragenen Umstände bei objektiver Betrachtung geeignet sind, Zweifel an der Vaterschaft zu wecken und die Möglichkeit einer anderweitigen Abstammung des Kindes als nicht ganz fern liegend erscheinen lassen.[2] Nicht ausreichend für ein Verfahren auf Anfechtung der Vaterschaft ist damit das bloße Vorbringen des Beteiligten, er sei nicht der Vater des Kindes und ein gerichtliches Sachverständigengutachten werde seine Vaterschaft ausschließen. Ausreichend ist regelmäßig Geschlechtsverkehr der Frau während der Empfängniszeit mit einem anderen Mann oder die Erklärung der Mutter gegenüber dem Anfechtenden, er sei nicht der Vater.

17 Ein außergerichtlich **heimlich eingeholtes** DNA-**Gutachten** ist rechtswidrig und gegen den Willen des Kindes oder seines gesetzlichen Vertreters nicht verwertbar. Es ist deshalb auch nicht geeignet, den Anfangsverdacht, das Kind stamme nicht von dem Antragsteller, zu begründen.[3]

17a Da es sich um eine Soll-Vorschrift handelt und Amtsermittlung gilt, darf der Antrag bei fehlenden oder ungenügenden Angaben nicht als unzulässig zurückgewiesen werden. Das Gericht hat vielmehr auf vollständige Angaben hinzuwirken (§ 28 Abs. 1). Den Antragsteller trifft aber nach Satz 2 eine **Mitwirkungspflicht** bei der Aufklärung des Sachverhalts (vgl. auch § 27 Abs. 1), weil die nach Satz 2 anzugebenden Tatsachen sonst nicht festgestellt werden können. Werden diese Angaben trotz gerichtlichem Hinweis nicht nachgeholt, ist der Antrag daher als unzulässig zurückzuweisen.

18 Wird ein genügender Anfangsverdacht vorgetragen, hat das Gericht den Sachverhalt einschließlich der Frage, ob die jeweilige Anfechtungsfrist eingehalten worden ist, **von Amts wegen** aufzuklären (zur Beweisaufnahme in Abstammungssachen § 177).

19 Die **Beweislast** für den Ablauf der Anfechtungsfrist richtet sich dabei nach dem materiellen Recht (§ 1600b Abs. 1 BGB[4]). Soweit nach Ausschöpfen der verfügbaren Beweismittel von Amts wegen noch Zweifel an der Einhaltung der Anfechtungsfrist durch den Antragsteller verbleiben, gehen diese demnach zulasten der weiteren Beteiligten an einem Anfechtungsverfahren, insbesondere zulasten des Kindes und nicht zulasten des Antragstellers.[5]

20 **3.** Satz 3 trägt den Besonderheiten der **behördlichen Anfechtung** Rechnung (§ 1600 Abs. 1 Nr. 5). Voraussetzung hierfür ist, dass das Kind nicht von dem Mann abstammt, der die Vaterschaft anerkannt hat und dass die Voraussetzungen des § 1600 Abs. 3 BGB (Fehlen einer sozial-familiären Beziehung zwischen Kind und dem Anerkennenden, Bezug zu erlaubter Einreise oder Aufenthalt) vorliegen. Die behördliche Anfechtung unterliegt den Anfechtungsfristen nach § 1600b Abs. 1a BGB. Nach Satz 3 anzugeben sind die Tatsachen, die den Tatbestand des behördlichen Anfechtungsrechts nach § 1600 Abs. 3 BGB ergeben, und der Zeitpunkt, in dem der Behörde diese Tatsachen

1 Vgl. BGH v. 12.1.2005 – XII ZR 227/03, NJW 2005, 497.
2 Vgl. BGH v. 30.10.2002 – XII ZR 345/00, NJW 2003, 585; BGH v. 12.1.2005 – XII ZR 227/03, NJW 2005, 497.
3 BGH v. 12.1.2005 – XII ZR 227/03, NJW 2005, 497; BGH v. 12.12.2007 – XII ZR 173/04, FamRZ 2008, 501.
4 Vgl. dazu Palandt/*Diederichsen*, § 1600b BGB Rz. 4.
5 BGH v. 14.2.1990 – XII ZR 12/89, FamRZ 1990, 507; MüKo/BGB/*Wellenhofer* § 1600b BGB Rz. 6; Erman/*Hammermann*, § 1600b BGB Rz. 61.

bekannt wurden. Die Darlegung von Zweifeln an der biologischen Abstammung ist dagegen nicht verlangt.

Die **Darlegungslast** der anfechtungsberechtigten Behörde dürfte dabei mit Rücksicht auf die Aufklärungsmöglichkeiten abgestuft sein: Die Behörde muss den staatsangehörigkeits- bzw. ausländerrechtlichen Teil des Tatbestands umfassend darlegen und kann insbesondere das fehlende Zusammenleben in häuslicher Gemeinschaft vortragen. Es ist dann Sache von Vater und Kind als den Anfechtungsgegnern, ihre sozial-familiäre Beziehung iSv. § 1600 Abs. 4 BGB im Einzelnen darzulegen (Vortrags- und Beweislast nach Zumutbarkeit[1]). 21

Die **Anfechtung durch den biologischen Vater** (§ 1600 Abs. 1 Nr. 2 BGB) setzt nach § 1600 Abs. 2 BGB voraus, dass zwischen dem Kind und seinem rechtlichen Vater keine sozial-familiäre Beziehung besteht oder im Zeitpunkt seines Todes bestanden hat. Das Nichtbestehen einer solchen Beziehung ist aber keine Frage der Zulässigkeit des Verfahrens, sondern erst eine Frage der Begründetheit.[2] Der Anfechtende muss diese (negative) Voraussetzung seines Anfechtungsrechts mit dem verfahrensleitenden Antrag schlüssig darlegen, etwa durch den Hinweis, dass das Kind nicht bei seinem Vater lebt, sondern bei seiner Mutter und deren neuen Partner.[3] Ein Bestreiten mit Nichtwissen ist unbeachtlich (Darlegungslast des biologischen Vaters). Ob eine wirklich existierende soziale Familie von Kind und rechtlichem Vater tatsächlich besteht, muss das Gericht dann auf Grund der Amtsermittlungspflicht feststellen, falls Anhaltspunkte ersichtlich sind, daran zu zweifeln.[4] 22

Die Anfechtung des leiblichen Vaters nach § 1600 Abs. 1 Nr. 2 BGB ist **zugleich** auf **Feststellung der Vaterschaft** des Antragstellers gerichtet, weil das Kind im Fall erfolgreicher Anfechtung nicht vaterlos werden soll (§ 182 Abs. 1[5]). Von Amts wegen ermittelt werden muss deshalb im Anfechtungsverfahren nach § 1600 Abs. 1 Nr. 2 BGB auch, dass der Anfechtende leiblicher Vater des Kindes ist (vgl. § 1600 Abs. 2 BGB). 23

4. Ein **Vaterschaftsfeststellungsantrag** nach § 1600d BGB iVm. § 1600e Abs. 2 BGB ist **nicht fristgebunden**. Eine mittelbare Befristung ergibt sich nur dann, wenn eine Vaterschaft auf Grund von §§ 1592 Nr. 1, 1593 BGB besteht, weil dann zunächst diese durch eine Vaterschaftsanfechtung beseitigt werden muss. Eine gerichtliche Feststellung der positiven Vaterschaft ist nicht zulässig, solange die Vaterschaft eines anderen Mannes nach §§ 1592 Nr. 1 und 2, 1593 BGB besteht (vgl. § 1600d Abs. 1 BGB). 24

5. Für die **rechtsfolgenlose Klärung der Abstammung** nach § 1598a BGB muss der Antrag im gerichtlichen Verfahren nicht substantiiert werden, es ist kein sog. Anfangsverdacht vorzutragen, wie er für die Vaterschaftsanfechtung erforderlich ist.[6] Es reicht der Vortrag aus, dass ein Klärungsverpflichteter nicht in eine Abstammungsuntersuchung einwilligt und/oder nicht die Entnahme einer genetischen Probe duldet.[7] Der Antrag ist darauf gerichtet, den Antragsgegner zu verpflichten, in die genetische Abstammungsuntersuchung einzuwilligen und die Entnahme einer Blutprobe oder eines Mundschleimhautabstrichs zu dulden.[8] Der Anspruch muss nicht innerhalb einer be- 25

1 RegE BT-Drucks. 16/6308, S. 244.
2 BGH v. 6.12.2006 – XII ZR 164/04, FamRZ 2007, 538.
3 BGH v. 6.12.2006 – XII ZR 164/04, FamRZ 2007, 538.
4 BGH v. 6.12.2006 – XII ZR 164/04, FamRZ 2007, 538.
5 BGH v. 30.7.2008 – XII ZR 18/07, FamRZ 2008, 1921.
6 *Helms*, FamRZ 2008, 1033.
7 *Borth*, FPR 2007, 381.
8 *Helms*, FamRZ 2008, 1033.

stimmten Frist geltend gemacht werden. Die Art der Probe (Blut oder Mundschleimhautabstrich) wird durch den Antragsteller bestimmt, er hat insoweit ein Wahlrecht.[1]

26 Die Abstammungsuntersuchung selbst wird nicht vom Gericht angeordnet, sondern muss vom Anspruchsberechtigten privat auf eigene Rechnung in Auftrag gegeben werden. Die Beteiligten haben lediglich die Entnahme einer (regelmäßig) Blutprobe oder eines Mundschleimhautabstrichs zu dulden.

27 Zum Verhältnis des Verfahrens nach § 1598a BGB zur Vaterschaftsanfechtung vgl. § 169 Rz. 13 (kein Vorrang eines der beiden Verfahren). Zur Verfahrensaussetzung aus Gründen des Wohls eines minderjährigen Kindes vgl. § 1598a Abs. 3 BGB.

§ 172
Beteiligte

(1) Zu beteiligen sind

1. das Kind,

2. die Mutter,

3. der Vater.

(2) Das Jugendamt ist in den Fällen des § 176 Abs. 1 Satz 1 auf seinen Antrag zu beteiligen.

A. Allgemeines

1 § 172 regelt, wer in Abstammungssachen von Amts wegen als **Beteiligter** hinzuzuziehen ist (nach § 7 Abs. 2 Nr. 2 als Muss- Beteiligte). Die Vorschrift soll verhindern, dass die Wirkung der Entscheidung (§ 184 Abs. 2) einen Mitbetroffenen präjudiziert, ohne dass er am Verfahren beteiligt ist. § 172 wird ergänzt durch § 7 (insbesondere § 7 Abs. 1, Antragsteller als Beteiligter).

B. Inhalt der Vorschrift

I. Absatz 1

2 Nach Nr. 1, 2 und 3 sind das **Kind**, die **Mutter** und der **rechtliche Vater** (§§ 1592 Nr. 1 und 2, 1593 BGB) in allen Abstammungssachen zu beteiligen. In der Sache handelt es sich dabei um den in § 640e Abs. 1 Satz 1 ZPO aF (Beiladung) benannten Personenkreis. Diese Beiladung ist entfallen. Durch die Regelung des § 172 haben Kind und beide Elternteile ohne weiteres die gleiche Rechtsstellung im Verfahren, so dass die Notwendigkeit der Beiladung entfällt.

3 Ein minderjähriges Kind ist formell am Verfahren beteiligt, aber selbst nicht verfahrensfähig. Es wird daher von seinem gesetzlichen Vertreter vertreten (§ 9 Abs. 2). Für ein minderjähriges Kind kann nur der gesetzliche Vertreter die Vaterschaft **anfechten** (§ 1600a Abs. 3 BGB, kein Mitspracherecht des minderjährigen Kindes). Dabei ist zwi-

1 *Hammermann*, FamRB 2008, 150.

schen der Ausübung des materiellen Gestaltungsrechts auf Anfechtung einerseits und der prozessualen Verfahrenshandlung der Einleitung des entsprechenden Verfahrens andererseits zu unterscheiden.[1] Die Entscheidung, ob eine Anfechtung erfolgen soll, trifft der Personensorgeberechtigte. Bei einem erheblichen Interessengegensatz zwischen ihm und dem Kind kann die Personensorge entzogen und ein Pfleger bestellt werden.

In dem gerichtlichen **Verfahren auf Anfechtung** der Vaterschaft vertritt die Mutter das Kind allein, wenn ihr die elterliche Sorge allein zusteht (zB nach §§ 1626a Abs. 2, 1671 BGB) oder wenn sie sie nach § 1678 Abs. 1 BGB allein ausübt. Im Verfahren ist die Mutter von der Vertretung des Kindes ausgeschlossen, wenn sie das Sorgerecht gemeinsam mit dem Scheinvater hat. Es muss dann wegen §§ 1629 Abs. 2 Satz 1, 1795 Abs. 1 Nr. 3 BGB für die Anfechtung durch den gesetzlichen Vertreter (§ 1600a Abs. 3 BGB) ein Ergänzungspfleger bestellt werden.[2] Gleiches gilt (Ergänzungspflegschaft erforderlich) für die Vertretung des Kindes in einem Verfahren, in dem eine allein sorgeberechtigte Mutter die Vaterschaft ihres geschiedenen Ehemanns anficht.[3] 4

Nach § 1629 Abs. 2a BGB können der Vater und die Mutter das Kind in einem gerichtlichen Verfahren nach § 1598a Abs. 2 BGB (**Klärung der leiblichen Abstammung**) nicht vertreten. Es muss deshalb auch für die Vertretung des Kindes in diesem Verfahren ein Ergänzungspfleger bestellt werden.[4] 5

Die Vertretung des Kindes bei der **behördlichen Anfechtung** (§ 1600 Abs. 1 Nr. 5 BGB) ist nicht besonders geregelt. Auch in einem solchen Verfahren wird wegen §§ 1629 Abs. 2 Satz 1, 1795 Abs. 1 Nr. 3 BGB für das am Verfahren zu beteiligende Kind ein Ergänzungspfleger bestellt werden müssen. 6

Nach § 9 Abs. 1 Nr. 3 sind Kinder ab 14 Jahren zwar verfahrensfähig, soweit sie in einem Verfahren, das ihre Person betrifft, ein ihnen nach bürgerlichem Recht zustehendes Recht geltend machen. Diese Regelung ist nach ihrem Wortlaut aber auf **Kindschaftssachen** zugeschnitten. Sie dürfte für Abstammungssachen auch nach der Gesetzesbegründung[5] nicht gelten. 7

Nach der allgemeinen Regelung des § 7 Abs. 1 zu beteiligen ist im Verfahren auf Anfechtung der Vaterschaft auch der Mann, der nach § 1600 Abs. 1 Nr. 2 BGB an Eides statt versichert, der Mutter während der Empfängniszeit beigewohnt zu haben (der sog. **biologische Vater**), wenn er das Verfahren durch seinen Antrag eingeleitet hat. Die Notwendigkeit der Beteiligung des (anfechtungsberechtigten) biologischen Vaters ergibt sich auch daraus, dass ein von ihm erstrittener rechtskräftiger Beschluss nicht nur das Nichtbestehen der Vaterschaft feststellt, sondern zugleich positiv die Feststellung der Vaterschaft des Anfechtenden beinhaltet (§ 182 Abs. 1[6]). 8

Im Anfechtungsverfahren des rechtlichen Vaters, des Kindes oder der Mutter muss dagegen ein potenzieller **biologischer Vater** nicht beteiligt werden, weil die erfolgreiche Vaterschaftsanfechtung nicht seine Rechtsverteidigung in einem späteren Vater- 9

1 BGH v. 18.2.2009 – XII ZR 156/07, FamRZ 2009, 861.
2 Erman/*Hammermann*, § 1600a BGB Rz. 13; MüKo/*Wellenhofer*, § 1600a BGB Rz. 9; Palandt/*Diederichsen*, § 1600a BGB Rz. 5 und Rz. 8.
3 BGH v. 27.3.2002 – XII ZR 203/99, NJW 2002, 2109.
4 *Helms*, FamRZ 2008, 1033; Palandt/*Diederichsen*, § 1629 BGB Rz. 29.
5 Beschlussempfehlung und Bericht des Rechtsauschusses BT-Drucks. 16/9733, S. 288: „... erlaubt dem Kind die eigenständige Geltendmachung materieller Rechte in kindschaftsrechtlichen Verfahren ..."; ebenso *Heiter*, FamRZ 2009, 85 (87).
6 Vgl. BGH v. 4.7.2007 – XII ZB 68/04, FamRZ 2007, 1731.

schaftsfeststellungsverfahren verkürzt.[1] Ein potenzieller biologischer Vater ist auch nicht an einem Verfahren der rechtsfolgenlosen Klärung der Abstammung nach § 1598a Abs. 2 BGB beteiligt. Er ist nach materiellem Recht nicht berechtigt, ein solches Verfahren einzuleiten.[2]

10 Ebenfalls schon nach § 7 Abs. 1 zu beteiligen ist im Fall der behördlichen Anfechtung nach § 1600 Abs. 1 Nr. 5 BGB die **anfechtungsberechtigte Behörde**. Die Bestimmung der anfechtungsberechtigten Behörde erfolgt nach § 1600 Abs. 6 BGB durch die Landesregierungen.[3]

11 § 7 Abs. 2 Nr. 1 gebietet es ferner, als Beteiligte diejenigen hinzuzuziehen, deren Recht durch das Verfahren unmittelbar betroffen wird. Ist bei der Vaterschaftsfeststellung der Mann verstorben, sind deshalb auch die in § 55b Abs. 1 Satz 1 FGG aF genannten **nächsten Angehörigen** des verstorbenen Mannes zu beteiligen (Ehefrau, Lebenspartner, Eltern und Kinder[4]). Ob diese Aufzählung abschließend ist, ist unklar.[5]

II. Absatz 2

12 Abs. 2 gibt dem **Jugendamt** die Möglichkeit, in den Fällen, in denen es nach § 176 Abs. 1 Satz 1 anzuhören ist (Anfechtung durch den „biologischen" Vater; behördliche Anfechtung; Anfechtung durch das Kind, wenn die Anfechtung durch den gesetzlichen Vertreter erfolgt), auch die volle Beteiligtenstellung zu erlangen. Es ist auf seinen Antrag durch das Gericht in den genannten Fällen als Beteiligter hinzuzuziehen.

§ 173
Vertretung eines Kindes durch einen Beistand

Wird das Kind durch das Jugendamt als Beistand vertreten, ist die Vertretung durch den sorgeberechtigten Elternteil ausgeschlossen.

A. Allgemeines

1 § 173 verhindert in Abstammungssachen gegensätzliche Erklärungen des Jugendamts als Beistand des Kindes und des sorgeberechtigten Elternteils, indem dem Jugendamt der Vorrang eingeräumt wird. Die Regelung entspricht § 53a ZPO aF.

B. Inhalt der Vorschrift

2 Auf schriftlichen Antrag eines Elternteils kann das Jugendamt Beistand des Kindes für die Feststellung der Vaterschaft werden (§ 1712 BGB). Die elterliche Sorge wird durch

1 BGH v. 4.7.2007 – XII ZB 68/04, FamRZ 2007, 1731.
2 Palandt/*Diederichsen*, § 1598a BGB Rz. 7.
3 ZB für Baden-Württemberg Verordnung v. 8.9.2008, GBl. 2008, S. 286.
4 Vgl. *Bassenge*/Roth, § 55b FGG Rz. 4 und BGH v. 27.4.2005 – XII ZB 184/02, NJW 2005, 1945.
5 Beschwerdebefugnis sonstiger gesetzlicher testamentarischer Erben des Mannes verneint von OLG Düsseldorf v. 17.5.1989 – 3 Wx 185/89, FamRZ 1990, 316.

die Beistandschaft nicht eingeschränkt (§ 1716 Satz 1 BGB). § 173 verdrängt aus prozessualen Gründen (widerspruchsfreie Prozessführung) die materiellrechtliche Regelung der gesetzlichen Vertretung des Kindes zugunsten der alleinigen Vertretung des Kindes durch das Jugendamt. Die Vertretung durch den sorgeberechtigten Elternteil ist insoweit ausgeschlossen.[1] Der Elternteil kann dies durch ein Verlangen nach Beendigung der Beistandschaft (§ 1715 Abs. 1 BGB) verhindern.

Durch die Beistandschaft wird das Jugendamt nicht zum Verfahrensbeteiligten. Die Beteiligung regelt sich allein nach §§ 172 Abs. 2, 176 Abs. 1 Satz 1. 3

§ 174
Verfahrensbeistand

Das Gericht hat einem minderjährigen Beteiligten in Abstammungssachen einen Verfahrensbeistand zu bestellen, sofern dies zur Wahrnehmung seiner Interessen erforderlich ist. § 158 Abs. 2 Nr. 1 sowie Abs. 3 bis 7 gilt entsprechend.

A. Allgemeines

§ 174 regelt die Bestellung eines **Verfahrensbeistands** in Abstammungssachen. 1

B. Inhalt der Vorschrift

Nach Satz 1 hat das Gericht nunmehr auch in Abstammungssachen einem minderjährigen **Beteiligten** (iSd. § 172 Abs. 1) einen Verfahrensbeistand zu bestellen, wenn dies zur Wahrnehmung seiner Interessen erforderlich ist. Bestellt werden kann der Verfahrensbeistand für ein minderjähriges Kind, aber auch für die Mutter und/oder den Vater, wenn diese noch minderjährig sind. Unter Umständen müssen daher in einem Verfahren mehrere Verfahrensbeistände bestellt werden. 2

Durch die Verweisung auf § 158 Abs. 2 Nr. 1 ist klargestellt, dass die **Bestellung idR erforderlich** ist, wenn das Interesse des minderjährigen Beteiligten zu dem seiner gesetzlichen Vertreter in **erheblichem Gegensatz** steht. 3

Wegen der weiteren Ausgestaltung der Stellung des Verfahrensbeistands, seiner **Aufgaben, des Zeitpunkts der Bestellung und der Vergütung** verweist Satz 2 auf § 158 Abs. 3 bis 7. 4

Daraus ergibt sich insbesondere Folgendes: Der Verfahrensbeistand wird durch seine Bestellung Beteiligter (§ 158 Abs. 3 S. 2). Die Bestellung, Aufhebung oder Ablehnung einer Bestellung sind nicht selbständig anfechtbar (§ 158 Abs. 3 S. 4). Er hat das Interesse des minderjährigen Beteiligten festzustellen und im gerichtlichen Verfahren zur Geltung zu bringen (§ 158 Abs. 4 S. 1). Er kann im Interesse des minderjährigen Beteiligten Rechtsmittel einlegen (§ 158 Abs. 4 S. 5). Er ist nicht gesetzlicher Vertreter des minderjährigen Beteiligten (§ 158 Abs. 4 S. 6). 4a

1 OLG Naumburg v. 27.9.2005 – 3 WF 172/05, FamRZ 2006, 1223.

5 Zum Verfahrensbeistand soll nur bestimmt werden, wer persönlich und fachlich geeignet ist, das Interesse des minderjährigen Beteiligten festzustellen und sachgerecht in das Verfahren einzubringen. Auf **konkrete Qualifikationsanforderungen** für die zu bestellende Person **verzichtet** das Gesetz.

6 Für den **Ersatz von Aufwendungen** des nicht berufsmäßigen Verfahrensbeistands und die Vergütung für einen berufsmäßig handelnden Verfahrensbeistand gilt § 158 Abs. 7. Warum die Verweisung nicht auch § 158 Abs. 8 (keine Kostenauferlegung auf den Verfahrensbeistand) erfasst, erschließt sich aus der Gesetzesbegründung nicht.[1] Es ist deshalb davon auszugehen, dass es sich um ein Redaktionsversehen handelt.

§ 175
Erörterungstermin; persönliche Anhörung

(1) Das Gericht soll vor einer Beweisaufnahme über die Abstammung die Angelegenheit in einem Termin erörtern. Es soll das persönliche Erscheinen der verfahrensfähigen Beteiligten anordnen.

(2) Das Gericht soll vor einer Entscheidung über die Ersetzung der Einwilligung in eine genetische Abstammungsuntersuchung und die Anordnung der Duldung der Probeentnahme (§ 1598a Abs. 2 des Bürgerlichen Gesetzbuchs) die Eltern und ein Kind, das das 14. Lebensjahr vollendet hat, persönlich anhören. Ein jüngeres Kind kann das Gericht persönlich anhören.

A. Allgemeines

1 § 175 regelt die Durchführung eines **Erörterungstermins** vor einer Beweisaufnahme über die Abstammung und die **persönliche Anhörung** der Beteiligten vor einer Entscheidung in Abstammungssachen nach § 169 Nr. 2. Abs. 2 übernimmt § 56 Abs. 1 FGG aF in der Fassung des Gesetzes zur Klärung der Vaterschaft unabhängig vom Anfechtungsverfahren.[2]

B. Inhalt der Vorschrift

I. Absatz 1

2 **1.** Satz 1 bestimmt als Soll-Vorschrift, dass die Angelegenheit mit den Beteiligten in einem Termin erörtert wird. Dieser Termin soll **vor einer Beweisaufnahme über die Abstammung** (Abstammungsgutachten) erfolgen. Geboten ist dies insbesondere dann, wenn die Frage der Einhaltung der Anfechtungsfrist geklärt werden soll, bevor ein Abstammungsgutachten in Auftrag gegeben wird. Denn eine Untersuchung zur Feststellung der Abstammung ist nach § 178 Abs. 1 nur dann zu dulden, wenn sie erforderlich ist. Ein Recht zur Verweigerung der Untersuchung besteht dann, wenn die Begut-

1 RegE BT-Drucks. 16/6308, S. 245.
2 Gesetz v. 26.3.2008, BGBl. I 2008, S. 441.

achtung nicht erforderlich ist, weil ein Vaterschaftsfeststellungsantrag unzulässig oder unschlüssig ist.[1]

3 Notwendig und sinnvoll ist der Erörterungstermin auch deshalb, um unnötige Gutachterkosten zu vermeiden oder sogar das bisweilen schwer verständliche, aber zwingend hinzunehmende Ergebnis der Beweisaufnahme, dass zwar eine nichteheliche Abstammung erwiesen wird, aber die Anfechtungsfrist verstrichen ist. Im Erörterungstermin kann auch geklärt werden, welche Personen in eine Abstammungsuntersuchung einbezogen werden sollen.

4 Ist in Verfahren **auf Feststellung der Vaterschaft** unstreitig, dass der als Vater in Anspruch genommene Mann der Mutter während der gesetzlichen Empfängniszeit beigewohnt hat, soll die Abstammung aber nach dem Willen eines Beteiligten (regelmäßig des Mannes) nur zweifelsfrei nachgewiesen werden, um befürchteten Mehrverkehr der Mutter auszuschließen, würde ein Erörterungstermin vor Einholung eines Abstammungsgutachtens die Klärung der Abstammung nur verzögern. In solchen Fällen kann der Erörterungstermin daher unterbleiben (**Soll-Vorschrift**).

5 Von dem Termin kann in einem Verfahren auf **Anfechtung der Vaterschaft** auch abgesehen werden, wenn keine Anhaltspunkte für den Ablauf der Anfechtungsfrist ersichtlich sind.

6 **2.** Satz 2 bestimmt, dass das Gericht zu dem Erörterungstermin das **persönliche Erscheinen** der verfahrensfähigen Beteiligten anordnen soll (§ 33). Dieses persönliche Erscheinen kann nach Maßgabe des § 33 Abs. 3 auch erzwungen werden.

II. Absatz 2

7 Abs. 2 regelt das **Verfahren in Abstammungssachen nach § 169 Nr. 2** (rechtsfolgenlose Klärung der Abstammung). Vor einer Entscheidung über die Ersetzung der Einwilligung in eine genetische Abstammungsuntersuchung und die Anordnung der Duldung der Probeentnahme soll das Gericht die Eltern und ein Kind, das das 14. Lebensjahr vollendet hat, **persönlich**, also mündlich anhören. Ein jüngeres Kind kann das Gericht persönlich anhören. Die nach Abs. 2 vorgeschriebenen Anhörungen können auch mit dem Ziel einer gütlichen Einigung erfolgen. Denn in Verfahren nach § 169 Nr. 2 ist der Abschluss eines gerichtlichen Vergleichs im Erörterungstermin zulässig (vgl. § 96a Abs. 1 Satz 1[2]).

C. Verfahren in Abstammungssachen nach § 169 Nr. 3

8 In Abstammungssachen nach § 169 Nr. 3 sind persönliche Anhörungen nicht vorgeschrieben. In solchen Verfahren genügt es deshalb regelmäßig, dem Klärungsberechtigten schriftlich **Gelegenheit zur Stellungnahme** zu geben.

1 OLG Düsseldorf v. 17.12.2007 – II – 1 UF 151/07, FamRZ 2008, 630; BGH v. 1.3.2006 – XII ZR 210/04, FamRZ 2006, 686.
2 *Helms*, FamRZ 2008, 1033 (1035).

§ 176
Anhörung des Jugendamts

(1) Das Gericht soll im Fall einer Anfechtung nach § 1600 Abs. 1 Nr. 2 und 5 des Bürgerlichen Gesetzbuchs sowie im Fall einer Anfechtung nach § 1600 Abs. 1 Nr. 4 des Bürgerlichen Gesetzbuchs, wenn die Anfechtung durch den gesetzlichen Vertreter erfolgt, das Jugendamt anhören. Im Übrigen kann das Gericht das Jugendamt anhören, wenn ein Beteiligter minderjährig ist.

(2) Das Gericht hat dem Jugendamt in den Fällen einer Anfechtung nach Absatz 1 Satz 1 sowie einer Anhörung nach Absatz 1 Satz 2 die Entscheidung mitzuteilen. Gegen den Beschluss steht dem Jugendamt die Beschwerde zu.

A. Allgemeines

1 § 176 regelt die **Anhörung und Beschwerdeberechtigung des Jugendamts** in Abstammungssachen neu.

B. Inhalt der Vorschrift

I. Absatz 1

2 **1.** Nach Satz 1 soll das Gericht das Jugendamt anhören im Fall einer Anfechtung nach § 1600 Abs. 1 Nr. 2 BGB (**Anfechtung durch den biologischen Vater**) und nach § 1600 Abs. 1 Nr. 5 BGB (**behördliche Anfechtung**) sowie im Fall einer Anfechtung nach § 1600 Abs. 1 Nr. 4 BGB (Anfechtung durch das Kind), wenn die **Anfechtung durch** den gesetzlichen Vertreter erfolgt (insbesondere **minderjähriges Kind**). Bisher war die Beteiligung des Jugendamts nur bei der behördlichen Anfechtung vorgesehen (§ 640d Abs. 2 Satz 1 ZPO aF).

3 Durch die Mitwirkung in Verfahren nach § 1600 Abs. 1 Nr. 2 und 5 BGB soll das Jugendamt seine Bewertung zum Vorliegen oder Nichtvorliegen einer **sozial-familiären Beziehung** zwischen rechtlichem Vater/Anerkennendem und Kind in das Verfahren einbringen[1] (diese Frage ist ggf. im Wege der Amtsermittlung zu prüfen[2]). Die Mitwirkung im Fall einer Anfechtung nach § 1600 Abs. 1 Nr. 4 BGB soll eine Klärung der Frage erleichtern, ob eine Anfechtung im Sinne des § 1600a Abs. 4 BGB dem **Wohl des** geschäftsunfähigen oder in der Geschäftsfähigkeit beschränkten **Kindes** dient.

4 **2.** Nach Satz 2 kann das Gericht das Jugendamt auch in allen anderen Abstammungssachen anhören, wenn ein **Beteiligter minderjährig** ist. UU ist das Jugendamt in Abstammungssachen (zB solchen nach § 169 Nr. 2) auch schon als Ergänzungspfleger des Kindes mit dem Verfahren befasst.

1 *Beinkinstadt*, JAmt 2007, 342 (344).
2 BGH v. 6.12.2006 – XII ZR 164/06, FamRZ 2007, 538.

II. Absatz 2

Nach Satz 1 hat das Gericht dem Jugendamt in den Fällen, in denen nach Abs. 1 Satz 1 eine Anhörungspflicht besteht, die Endentscheidung **mitzuteilen** (nach §§ 41, 15 Abs. 2). Gleiches gilt, wenn das Jugendamt nach Abs. 1 Satz 2 tatsächlich angehört wurde. Zur Endentscheidung in Abstammungssachen vgl. § 184 Rz. 2. 5

In allen diesen Fällen (Anhörungspflicht nach Abs. 1 S. 1 oder tatsächliche Anhörung nach Abs. 1 Satz 2) ist das Jugendamt nach Satz 2 berechtigt, gegen die Entscheidung in der Abstammungssache Beschwerde einzulegen. Diese **Beschwerdeberechtigung** ist unabhängig von einer Beeinträchtigung in eigenen Rechten des Jugendamts (§ 59 Abs. 3). 6

§ 177
Eingeschränkte Amtsermittlung; förmliche Beweisaufnahme

(1) Im Verfahren auf Anfechtung der Vaterschaft dürfen von den beteiligten Personen nicht vorgebrachte Tatsachen nur berücksichtigt werden, wenn sie geeignet sind, dem Fortbestand der Vaterschaft zu dienen, oder wenn der die Vaterschaft Anfechtende einer Berücksichtigung nicht widerspricht.

(2) Über die Abstammung in Verfahren nach § 169 Nr. 1 und 4 hat eine förmliche Beweisaufnahme stattzufinden. Die Begutachtung durch einen Sachverständigen kann durch die Verwertung eines von einem Beteiligten mit Zustimmung der anderen Beteiligten eingeholten Gutachtens über die Abstammung ersetzt werden, wenn das Gericht keine Zweifel an der Richtigkeit und Vollständigkeit der im Gutachten getroffenen Feststellungen hat und die Beteiligten zustimmen.

A. Allgemeines

§ 177 regelt die **Beweisaufnahme in Abstammungssachen**. 1

B. Inhalt der Vorschrift

I. Absatz 1

Für die Abstammungssachen des § 169 gilt die **Amtsermittlung** nach § 26. Die Frage, ob eine Person von der anderen abstammt, ist ungeachtet der Einlassung der Beteiligten grundsätzlich von Amts wegen zu klären. Gleiches gilt für die Frage, ob die Anfechtungsfrist des § 1600b BGB eingehalten ist. Eine Entscheidung auf Grund eines 2

Anerkenntnisses ist in Abstammungssachen nicht möglich, Geständnisse sind nicht bindend.

3 Abs. 1 schränkt die Amtsermittlung für **Verfahren auf Anfechtung der Vaterschaft** nach § 169 Nr. 4 ein, weil kein öffentliches Interesse besteht, den Status eines ehelichen Kindes oder eine Vaterschaftsanerkennung zu beseitigen. Von den beteiligten Personen nicht vorgebrachte Tatsachen dürfen nur berücksichtigt werden, wenn sie geeignet sind, dem Fortbestand der Vaterschaft zu dienen, oder wenn der die Vaterschaft Anfechtende einer Berücksichtigung nicht widerspricht (vgl. § 640d ZPO aF).

4 Nicht von Amts wegen ermittelt werden dürfen Umstände, die geeignet sind, **Zweifel an der Vaterschaft** zu wecken. Von den Beteiligten nicht vorgebrachte Tatsachen dürfen auch berücksichtigt werden, wenn der die Vaterschaft Anfechtende einer Berücksichtigung **nicht widerspricht**.

5 Ermittlungen dazu, ob die **Anfechtungsfrist** des § 1600b BGB abgelaufen ist, sind geeignet, den Status des Kindes zu erhalten. Ihre Einhaltung ist daher vom Gericht entgegen einem abgelehnten Änderungsvorschlag des Bundesrates[1] **von Amts wegen zu beachten**, also auch dann, wenn sich kein Beteiligter auf die Nichteinhaltung beruft.[2]

6 Bei der **Vaterschaftsanfechtung durch den biologischen Vater** (§ 1600 Abs. 1 Nr. 2 BGB) ist das Nichtbestehen einer sozial-familiären Beziehung zwischen dem Kind und seinem rechtlichen Vater keine Frage der Zulässigkeit des Verfahrens, sondern erst eine Frage der Begründetheit.[3] Diese Frage muss das Gericht auf Grund der Amtsermittlungspflicht prüfen, falls Anhaltspunkte ersichtlich sind, die Anlass geben, daran zu zweifeln.[4]

7 Für die Frage, ob diese negative Voraussetzung des Anfechtungsrechts gegeben ist, kommt es auf den Zeitpunkt der letzten mündlichen Verhandlung an und nicht auf den Zeitpunkt, zu dem das Verfahren eingeleitet wird.[5] § 1600d Abs. 3 S. 2 BGB enthält dabei lediglich eine – widerlegliche – Regelannahme für die (anfängliche) Übernahme tatsächlicher Verantwortung für das Kind. Die (anfängliche) Übernahme der tatsächlichen Verantwortung begründet aber noch keine Regelannahme dahin, dass diese Verantwortung auch weiterhin wahrgenommen wird und somit eine sozial-familiäre Beziehung im **maßgeblichen Zeitpunkt** der letzten Tatsachenverhandlung noch besteht.[6] Eine non-liquet-Situation wirkt sich zulasten des anfechtenden biologischen Vaters aus.[7]

II. Absatz 2

8 **1.** Satz 1 bestimmt, dass eine Beweisaufnahme über die **Frage der Abstammung** in Verfahren nach **§ 169 Nr. 1 und 4** (Feststellung des Bestehens oder Nichtbestehens eines Eltern-Kind-Verhältnisses, Anfechtung der Vaterschaft) stets als **förmliche Beweisaufnahme** nach den Vorschriften der ZPO zu erfolgen hat (vgl. § 30 Abs. 1 und

---

1 BT-Drucks. 16/6308, S. 380 und S. 417.
2 MüKo.BGB/*Wellenhofer*, § 1600b BGB Rz. 6; Erman/*Hammermann*, § 1600b BGB Rz. 3.
3 BGH v. 6.12.2006 – XII ZR 164/04, FamRZ 2007, 538.
4 BGH v. 6.12.2006 – XII ZR 164/04, FamRZ 2007, 538.
5 BGH v. 6.12.2006 – XII ZR 164/04, FamRZ 2007, 538.
6 BGH v. 6.12.2006 – XII ZR 164/04, FamRZ 2007, 538; BGH v. 30.7.2008 – XII ZR 150/06, FamRZ 2008, 1821.
7 BGH v. 6.12.2006 – XII ZR 164/04, FamRZ 2007, 538; *Höfelmann*, FamRZ 2004, 745.

Abs. 2). Ein Freibeweis ist wegen der besonderen Bedeutung der Frage der Abstammung ausgeschlossen. Zur Möglichkeit, in Anfechtungsverfahren nach §§ 1592 Nr. 1, 1600 Abs. 1 Nr. 1 BGB ausnahmsweise von der Einholung eines Abstammungsgutachtens abzusehen vgl. Rz. 26.

In Verfahren nach **§ 169 Nr. 2** (Verfahren auf Ersetzung der Einwilligung in eine genetische Abstammungsuntersuchung und Anordnung der Duldung einer Probeentnahme) und **Nr. 3** (Verfahren auf Einsicht in ein Abstammungsgutachten oder Aushändigung einer Abschrift des Abstammungsgutachtens) kommt es nicht zu einer vom Gericht veranlassten Beweisaufnahme über die Abstammung. Diese muss vom Anspruchsberechtigten privat auf eigene Rechnung in Auftrag gegeben werden. Deshalb werden diese Verfahren in Abs. 2 Satz 1 nicht erwähnt. Zu Anhörungen in Verfahren nach § 169 Nr. 2 und 3 vgl. § 175 Rz. 7 f. 9

2. Nach Satz 2 kann das Gericht im Einverständnis mit den Beteiligten ein **privat eingeholtes Abstammungsgutachten** verwenden, wenn es an den dort getroffenen Feststellungen nicht zweifelt. Das private Abstammungsgutachten muss mit Einwilligung aller Beteiligten eingeholt worden sein. Sind auch im gerichtlichen Verfahren alle Beteiligten mit der Verwertung des privat eingeholten Gutachtens einverstanden, kann das Gericht seine Entscheidung auf dieses Gutachten stützen. Ein außergerichtlich heimlich eingeholtes DNA-Gutachten ist damit auch nach Satz 2 im Abstammungsverfahren nicht verwertbar.[1] 10

C. Begutachtung in Abstammungssachen

1. Gerichtliche Überzeugungsbildung

In Verfahren nach § 169 Nr. 1 und 4 bestehen widerlegliche **Vaterschaftsvermutungen**: 11

Im Verfahren auf gerichtliche **Feststellung der Vaterschaft** trägt das Kind die Beweislast für seine Abstammung von einem bestimmten Mann. Gem. § 1600d Abs. 2 Satz 1 BGB wird jedoch als Vater vermutet, wer der Mutter während der Empfängniszeit beigewohnt hat. Diese Vermutung gilt nach § 1600d Abs. 2 S. 2 BGB nicht, wenn schwerwiegende Zweifel an der Vaterschaft bestehen. 12

In dem Verfahren auf **Anfechtung der Vaterschaft** wird gem. § 1600c Abs. 1 BGB vermutet, dass das Kind von dem Mann abstammt, dessen Vaterschaft nach § 1592 Nr. 1 (Ehe) und Nr. 2 (Anerkennung der Vaterschaft), § 1593 BGB (Eheauflösung durch Tod) besteht. Wird diese Vermutung nicht widerlegt und greift auch nicht § 1600c Abs. 2 BGB (Ausschluss der Vermutung nach § 1592 Nr. 2 BGB) ein, ist also davon auszugehen, dass der nach §§ 1592 Nr. 1 und 2, 1593 BGB als Vater geltende Mann auch tatsächlich der Vater ist. Die Vermutung kann nur durch den vollen Beweis des Gegenteils widerlegt werden. Die Beweislast geht zulasten des Anfechtenden. 13

Durch den Fortschritt der Abstammungsbegutachtung sind diese Vermutungen in der Praxis allerdings kaum noch von Bedeutung, weil durch Gutachten ein direkter Nachweis der Abstammung oder deren Unmöglichkeit geführt werden kann.[2] 14

1 BGH v. 12.1.2005 – XII ZR 227/03, NJW 2005, 497; BGH v. 12.12.2007 – XII ZR 173/04, FamRZ 2008, 501.

2 Vgl. aber den Fall OLG Hamm v. 24.6.2008 – 9 UF 132/05, JAmt 2008, 378 (eineiige Zwillinge als mögliche Väter).

15 Um die Vaterschaft zu klären, ist das Gericht gehalten, von Amts wegen weitere **Aufklärungsmöglichkeiten auszuschöpfen**, wenn es dies nach der Erstattung eines Gutachtens zur Beseitigung verbliebener Zweifel und Unklarheiten für erforderlich hält.[1] Auch wenn die Abstammung voll bewiesen sein muss, ist es bei entsprechend hohen Wahrscheinlichkeitswerten auf Grund biostatischer Auswertung aber rechtlich unbedenklich, wenn das Gericht in tatrichterlicher Würdigung zu der Überzeugung gelangt, dass der in Anspruch genommene Mann der Erzeuger ist, sofern keine sonstigen Umstände vorliegen, die gegen die Vaterschaft sprechen. Es sind nicht alle nur irgendwie denkbaren Beweismöglichkeiten auszuschöpfen.[2] Ein Wahrscheinlichkeitsgrad von 99,995 % genügt, um im Regelfall die volle Überzeugung von der Vaterschaft zu vermitteln.[3] Auf den weiteren Nachweis der **Beiwohnung** kommt es dann nicht mehr an. Angesichts der inzwischen erreichbaren hohen Wahrscheinlichkeitswerte **gilt** sie ggf. **als mitbewiesen**.[4]

16 Tabellen zur Berechnung der gesetzlichen Empfängniszeit (§ 1600d Abs. 3 BGB): *Herlan*, FamRZ 1998, 1349, und Erman/*Hammermann*, § 1600d BGB Rz. 33.

2. DNA-Untersuchung

17 Die Abstammungsbegutachtung erfolgt heute vorwiegend durch eine humangenetische **DNA-Untersuchung**, die grundsätzlich dann als geeignetes Beweismittel im Vaterschaftsfeststellungsverfahren angesehen werden kann, wenn das Gutachten den Anforderungen der RL 2002[5] entspricht und Fachkunde und Sorgfalt des Gutachters außer Zweifel stehen.[6]

18 Es werden für gerichtliche Gutachten aus Sicherheitsgründen im Regelfall zwei verschiedene Systemkategorien eingesetzt (STR = Short Tandem Repeats und SLS = Single-Locus-Sonden oder STR-Doppeluntersuchung). Probenmaterial sind Blut oder auch ein Mundschleimhautabstrich. In die Untersuchung einzubeziehen sind das Kind, die Mutter und der Mann. Fehlen dem als möglichen Vater untersuchten Mann in mehr als drei Systemen Merkmale, die das Kind von seinem Vater geerbt haben muss, ist er voll beweiskräftig **als Vater** des Kindes **ausgeschlossen**. Ist ein Mann in einem System von der Vaterschaft ausgeschlossen, beweist dies noch nicht die offenbare Unmöglichkeit der Vaterschaft. Eine derartige Konstellation kann Ergebnis einer zufällig aufgetretenen Mutation sein. Aus Sicherheitsgründen müssen dann weitere Systeme untersucht werden. Liegen sichere Ausschlüsse vor, bedarf es keiner Wahrscheinlichkeitsberechnung mehr.

19 Ist der als Vater in Anspruch genommene Mann **nicht** als Vater **ausgeschlossen**, müssen die Befunde **statistisch ausgewertet** werden. Grundlage dieser Berechnungen sind die Einzelhäufigkeiten der betreffenden Merkmale pro untersuchtem System in der Gesamtbevölkerung. Die errechnete Wahrscheinlichkeit wird verbal übersetzt. Als Ergebnis der statistischen Auswertung wird heute üblicherweise eine Vaterschaftswahrscheinlichkeit von 99,999 % erzielt („Vaterschaft praktisch erwiesen").

1 BGH v. 12.1.1994 – XII ZR 155/92, FamRZ 1994, 506.
2 BGH v. 12.1.1994 – XII ZR 155/92, FamRZ 1994, 506.
3 *Wellenhofer*, FamRZ 2006, 1749; früherer Schwellenwert 99,73 %; vgl. Erman/*Hammermann*, § 1600d BGB Rz. 17.
4 BGH v. 3.5.2006 – XII ZR 195/03, FamRZ 2006, 1745; Palandt/*Diederichsen*, § 1600d BGB Rz. 10.
5 Abgedruckt FamRZ 2002, 1159.
6 BGH v. 3.5.2006 – XII ZR 195/03, FamRZ 2006, 1745.

Aktuelle **Richtlinien** der Bundesärztekammer für die Erstattung von Abstammungsgutachten finden sich in FamRZ 2002, 1159.[1] Für die Gerichte sind diese Richtlinien allerdings nicht bindend.[2] 20

3. Andere, überholte Gutachten

Beim **erbbiologischen Gutachten** werden vererbbare sichtbare körperliche Merkmale von Kind und vermutetem Vater (zB Form des Kopfes, des Gesichtes, Augenfarbe) miteinander verglichen. Ein solches Gutachten kann erst ab dem vierten Lebensjahr des Kindes erstellt werden (was in der Vergangenheit häufig zu einer Aussetzung des Verfahrens führte). Einem anthropologisch-erbbiologischen Gutachten kommt gegenüber der DNA-Untersuchung ein geringerer Beweiswert zu, es findet praktisch keine Anwendung mehr. Es kommt dann in Betracht, wenn auf Grund der DNA-Analyse mit biostatischer Zusatzberechnung noch Zweifel an der Vaterschaft bestehen sollten.[3] 21

Einen geringen Beweiswert (wegen der Unsicherheiten der für die Begutachtung erforderlichen Grundlagen) haben auch Gutachten über die **Zeugungsfähigkeit** eines Mannes und solche über den Reifegrad eines Kindes.[4] Letztere (Gutachten über **Tragezeit**) sind daher völlig überholt. 22

4. Ablehnung von Beweisanträgen

Ein förmliches Beweisangebot darf grundsätzlich nur unter den Voraussetzungen **zurückgewiesen** werden, unter denen ein solcher Antrag auch sonst abgelehnt werden kann.[5] Dabei kann sich das Gericht an die Vorschrift des § 244 Abs. 3 StPO über die Ablehnung von Beweisanträgen im Strafverfahren anlehnen.[6] Wird die Einholung eines ergänzenden oder anderen Gutachtens beantragt, so muss sich danach ergeben, dass es nicht (nur) um eine nochmalige Begutachtung durch einen anderen Sachverständigen, sondern um wissenschaftliche Erkenntnisse geht, die in dem bisherigen Gutachten nicht berücksichtigt sind.[7] 23

Unzulässig ist die Ablehnung eines Antrags auf Erhebung eines Beweises über eine bestimmte Tatsache mit der Begründung, das Gericht sei bereits **vom Gegenteil** der aufgestellten Behauptung **überzeugt**.[8] Von einem beantragten (weiteren) Gutachten muss speziell unter Berücksichtigung des bisher ermittelten Beweisergebnisses (noch) eine weitere Aufklärung erheblicher Umstände zu erwarten sein, die als ernst zu nehmende Indizien gegen die Vaterschaft sprechen. In diesem Sinn kann ein Beweismittel als **ungeeignet** zurückgewiesen werden, wenn es lediglich zum Ziel hat, einen festgestellten hohen Wahrscheinlichkeitswert für die Vaterschaft des Mannes zu relativieren, ohne dass sonst Umstände dargetan sind, die zu einem Vaterschaftsausschluss führen können.[9] 24

1 Dazu *Orgis*, FamRZ 2002, 1157 und kritisch *Martin*, FamRZ 2003, 76.
2 FA-FamR/*Pieper*, 3. Kap. Rz. 188.
3 OLG Naumburg v. 4.5.2000 – 3 UF 197/99, FamRZ 2001, 931.
4 Zöller/*Philippi*, § 640 ZPO Rz. 35.
5 BGH v. 12.1.1994 – XII ZR 155/92, FamRZ 1994, 506 (507).
6 BGH v. 12.1.1994 – XII ZR 155/92, FamRZ 1994, 506 (507).
7 BGH v. 12.1.1994 – XII ZR 155/92, FamRZ 1994, 506 (508).
8 BGH v. 12.1.1994 – XII ZR 155/92, FamRZ 1994, 506 (508).
9 BGH v. 12.1.1994 – XII ZR 155/92, FamRZ 1994, 506 (508).

25 Eine Vaterschaftswahrscheinlichkeit von **99,94 bis 99,95 %** darf allerdings nicht ohne weiteres zum Anlass genommen werden, von einer weiteren Beweisaufnahme abzusehen (nämlich Mehrverkehrszeugen, die als Vater noch nicht ausgeschlossen sind, in die Begutachtung einzubeziehen[1]). Wenn der mögliche Vater bestreitet, der Kindesmutter beigewohnt zu haben, darf selbst bei einer erreichten Wahrscheinlichkeit von **99,995 %** eine weiter beantragte Beweisaufnahme (Zeugen vom Hörensagen für Mehrverkehr der Mutter, Blutgruppengutachten) nicht abgelehnt werden.[2]

5. Absehen von der Begutachtung

26 In Vaterschaftsfeststellungsverfahren ist die Einholung eines **Abstammungsgutachtens** wegen der Amtsermittlung **regelmäßig zwingend**, auch dann, wenn der als Vater in Anspruch genommene Mann übereinstimmend als Vater benannt ist.[3] Dagegen bedarf es in Anfechtungsverfahren nach §§ 1592 Nr. 1, 1600 Abs. 1 Nr. 1 BGB keiner Begutachtung, wenn die Vaterschaft eines anderen Mannes als des Ehemannes auch sonst durch die Angaben von Mutter, Ehemann und biologischem Vater im Hinblick auf objektive Umstände (zB langjähriges Getrenntleben) genügend gesichert ist.[4] Dies verstößt nicht gegen Abs. 2 Satz 1, weil eine förmliche Beweisaufnahme nur über beweisbedürftige (streitige) Tatsachen erfolgen muss.

6. Beweisvereitelung

27 Untersuchungen zur Feststellung der Abstammung sind nach § 178 Abs. 1 zu dulden und können nach § 178 Abs. 2 zwangsweise durchgesetzt werden. Verweigert ein auf Vaterschaftsfeststellung in Anspruch genommener Mann unberechtigt notwendige Untersuchungen und können diese nicht zwangsweise durchgesetzt werden (zB wegen Aufenthalts im Ausland), kann der Beteiligte nach vorherigem Hinweis so behandelt werden, als hätte die Untersuchung keine schwerwiegenden Zweifel an seiner Vaterschaft erbracht (**Beweisvereitelung**[5]).

28 Wird von der Mutter allerdings **Mehrverkehr** mit zwei Männern in der Empfängniszeit eingeräumt, ist bei Weigerung des einen im Ausland wohnenden Mannes zu einer Blutentnahme keine hinreichende Grundlage für die Vaterschaftsfeststellung gegeben, wenn der andere Mann nicht ermittelt werden kann.[6]

7. Unanfechtbarkeit eines Beweisbeschlusses

29 Ein Beweisbeschluss auf Einholung eines Abstammungsgutachtens ist eine **unanfechtbare** Zwischenentscheidung[7] (vgl. dazu auch § 178 Rz. 10).

1 BGH v. 14.3.1990 – XII ZR 56/89, FamRZ 1990, 615.
2 BGH v. 3.5.2006 – XII ZR 195/03, FamRZ 2006, 1745 m. Anm. *Wellenhofer*.
3 FA-FamR/*Pieper*, 3. Kap. Rz. 172.
4 FA-FamR/*Pieper*, 3. Kap. Rz. 173; AG Hannover v. 20.12.1999 – 608 F 1948/99, FamRZ 2001, 245.
5 BGH v. 10.2.1993 – XII ZR 241/91, BGHZ 121, 266; Erman/*Hammermann*, § 1600d BGB Rz. 19.
6 OLG Karlsruhe v. 26.10.2000 – 2 UF 256/99, FamRZ 2001, 931.
7 BGH v. 4.7.2007 – XII ZB 199/05, FamRZ 2007, 1728.

§ 178
Untersuchungen zur Feststellung der Abstammung

(1) Soweit es zur Feststellung der Abstammung erforderlich ist, hat jede Person Untersuchungen, insbesondere die Entnahme von Blutproben, zu dulden, es sei denn, dass ihr die Untersuchung nicht zugemutet werden kann.

(2) Die §§ 386 bis 390 der Zivilprozessordnung gelten entsprechend. Bei wiederholter unberechtigter Verweigerung der Untersuchung kann auch unmittelbarer Zwang angewendet, insbesondere die zwangsweise Vorführung zur Untersuchung angeordnet werden.

A. Allgemeines

§ 178 regelt, unter welchen Voraussetzungen die Beteiligten und auch am Verfahren nicht beteiligte Dritte Untersuchungen zur Feststellung der Abstammung **zu dulden** haben. Die Vorschrift ist wortgleich mit § 372a ZPO. § 372a ZPO ist die Rechtsgrundlage für die etwaige Anordnung einer Abstammungsuntersuchung außerhalb einer Abstammungssache nach §§ 169 ff.,[1] zB im Rahmen einer erbrechtlichen Streitigkeit. 1

B. Inhalt der Vorschrift

I. Absatz 1

Soweit es zur Feststellung der Abstammung erforderlich ist, hat jede Person nach Satz 1 **Untersuchungen zu dulden**, es sei denn, dass ihr die Untersuchung nicht zugemutet werden kann. Zu dulden sind insbesondere die Entnahme von Blut- oder Speichelproben, aber auch das Fertigen von Lichtbildern und/oder Fingerabdrücken zur Sicherung der Identität im Zusammenhang mit der Entnahme der Probe.[2] 2

Die Untersuchung muss nach den anerkannten Grundsätzen der Wissenschaft erfolgen und zur Feststellung der Abstammung **erforderlich** sein. Die bloße Zweckmäßigkeit genügt nicht.[3] Regelmäßig müssen erst andere Beweismöglichkeiten erschöpft sein.[4] Die Untersuchung darf keinen Nachteil für die Gesundheit des zu Untersuchenden befürchten lassen. 3

Ein solcher Nachteil kann sich aus der **Art der Untersuchung** (gesundheitliche Schäden) oder aus den möglichen **Folgen des Ergebnisses** für den Betroffenen ergeben.[5] Gesundheitliche Schäden sind nach dem Stand der Abstammungsbegutachtung praktisch nicht mehr denkbar, weil Probenmaterial eine sehr geringe Blutmenge ist (die auch durch Kapillarblutentnahme gewonnen werden kann) und weil die Richtlinien für die Erstattung von Abstammungsgutachten (in 2.3.1) „in begründeten Ausnahmefällen" sogar einen Mundschleimhautabstrich (mit Wattestäbchen) als Untersuchungsgut zulassen. 4

1 RegE BT-Drucks. 16/6308, S. 325.
2 AG Hohenstein-Ernstthal v. 23.12.2005 – 1 F 605/05, FamRZ 2006, 1769.
3 OLG Hamm v. 19.10.2004 – 9 WF 167/04, NJW-RR 2005, 231.
4 OLG Nürnberg v. 26.11.2004 – 10 WF 2380/04, FamRZ 2005, 728; Zöller/*Greger*, § 372a ZPO Rz. 3.
5 Zöller/*Greger*, § 372a ZPO Rz. 9 ff.

5 Eine mögliche Unzumutbarkeit kann sich damit nur noch aus dem **Ergebnis der Untersuchung** ergeben.[1] Aussagen zu körperlichen Eigenheiten oder Erkrankungen werden in Abstammungsgutachten nicht getroffen. Ein Recht auf informationelle Selbstbestimmung hat daher hinter dem Recht der anderen Beteiligten auf Kenntnis der wahren Abstammung zurückzutreten.[2]

6 Von einer Untersuchung zur Feststellung der Abstammung **betroffen** sind die Mutter, das Kind, der Mann und auch am Verfahren nicht zu beteiligende, aber in die Begutachtung einzubeziehende Dritte. Zu den verschiedenen Arten gebräuchlicher Abstammungsgutachten, insbesondere zur DNA-Untersuchung vgl. § 177 Rz. 17 ff.

II. Absatz 2

7 Über die Rechtmäßigkeit einer Weigerung wird in dem Verfahren nach §§ 386 bis 390 ZPO entschieden. Ein **Recht zur Verweigerung** der Untersuchung besteht dann, wenn die Begutachtung nicht erforderlich ist, weil ein Vaterschaftsfeststellungsantrag unzulässig oder unschlüssig ist.[3]

8 Ist bei der Vaterschaftsanfechtung der **rechtliche Vater verstorben**, sollen vorerst weder der behauptete biologische Vater noch nach dessen Tod seine Abkömmlinge gegen ihren Willen zur Blutentnahme herangezogen werden können. Es sollen vielmehr vorab vorhandene Abkömmlinge des rechtlichen Vaters in die Begutachtung einbezogen werden, erforderlichenfalls sei die Exhumierung des rechtlichen Vaters anzuordnen.[4]

9 Für die Erklärung der Verweigerung gilt § 386 Abs. 1 ZPO, der Weigerungsgrund ist glaubhaft zu machen. Über die Rechtmäßigkeit der Weigerung ergeht eine **Zwischenentscheidung** nach Anhörung der Beteiligten entsprechend § 387 ZPO in Form eines Beschlusses.

10 Gegen den Beschluss findet entsprechend § 387 Abs. 3 ZPO die **sofortige Beschwerde** statt. Wegen dieser Möglichkeit, die Erforderlichkeit oder Zumutbarkeit der Mitwirkung an der Begutachtung in einem gerichtsförmigen Verfahren überprüfen zu lassen, besteht keine Notwendigkeit, ausnahmsweise ein selbständiges Rechtsmittel gegen einen Beweisbeschluss auf Einholung eines Abstammungsgutachtens zuzulassen.[5]

11 Wird die Untersuchung ohne Angabe eines Grundes (dann ist ein Zwischenverfahren entbehrlich[6]) oder aus einem im Zwischenstreit entsprechend § 387 ZPO rechtskräftig für unerheblich erklärten Grund verweigert, gilt § 390 ZPO (zur Erzwingung der Untersuchung **Ordnungsgeld, ersatzweise Ordnungshaft** nach § 390 Abs. 1 Satz 2 ZPO, bei wiederholter Weigerung **Erzwingungshaft** nach § 390 Abs. 2 ZPO). Nach Abs. 2 Satz 2 kann bei wiederholter unberechtigter Verweigerung der Untersuchung auch un-

1 Dazu Zöller/*Greger*, § 372a ZPO Rz. 11.
2 OLG Düsseldorf v. 17.12.2007 – II – 1 UF 151/07, FamRZ 2008, 630.
3 OLG Düsseldorf v. 17.12.2007 – II – 1 UF 151/07, FamRZ 2008, 630; BGH v. 1.3.2006 – XII ZR 210/04, FamRZ 2006, 686.
4 OLG Hamm v. 19.10.2004 – 9 WF 167/04, NJW-RR 2005, 231; zur Problematik der Exhumierung zur postmortalen Vaterschaftsfeststellung und -anfechtung *Lakkis*, FamRZ 2006, 454.
5 BGH v. 4.7.2007 – XII ZB 199/05, FamRZ 2007, 1728.
6 OLG Brandenburg v. 13.10.2000 – 9 WF 198/00, FamRZ 2001, 1010.

mittelbarer Zwang angewendet, insbesondere die zwangsweise Vorführung zur Untersuchung angeordnet werden.

Eine wiederholte unberechtigte Weigerung der Untersuchung im Sinne von Satz 2 liegt nicht vor, wenn wiederholt Ladungen des beauftragten Sachverständigen unbeachtet geblieben sind. Unmittelbarer Zwang gegen einen Beteiligten kommt nur in Betracht, wenn dessen **Ladung förmlich durch das Gericht** erfolgt ist.[1] Bis zum rechtskräftigen Abschluss des Zwischenstreits ist die Verhängung von Zwangsmitteln ausgeschlossen.[2] 12

Das **Weigerungsrecht Minderjähriger** wird bis zur Erlangung der hierfür erforderlichen Verstandesreife durch den gesetzlichen Vertreter ausgeübt (vgl. § 9 Abs. 2[3]). Weigert sich eine allein sorgeberechtigte Mutter, dass ihre Kinder im Vaterschaftsfeststellungsverfahren an einer Blutgruppenuntersuchung mitwirken, findet deshalb ebenfalls der Zwischenstreit über die Rechtmäßigkeit der Weigerung nach §§ 386 bis 390 ZPO statt. Ein teilweiser Entzug des Sorgerechts ist nicht erforderlich.[4] Bei der Abwägung, ob die Untersuchung zugemutet werden kann, hat der Schutz der Intimsphäre der Mutter gegenüber dem Recht des Kindes auf Kenntnis seiner Abstammung zurückzutreten.[5] 13

Ein Kind hat die erforderliche Verstandesreife für eine eigene Entscheidung über das Weigerungsrecht ab einem Alter von **etwa 14 Jahren** (vgl. dazu § 60[6]). 14

Verweigert ein auf Vaterschaftsfeststellung in Anspruch genommener Mann unberechtigt notwendige Untersuchungen und können diese nicht zwangsweise durchgesetzt werden, kann der Beteiligte schließlich nach vorherigem Hinweis so behandelt werden, als hätte die Untersuchung keine schwerwiegende Zweifel an seiner Vaterschaft erbracht (**Beweisvereitelung**[7]). 15

Wohnt die betroffene Person im **Ausland**, kann sie zunächst von dem beauftragten Sachverständigen aufgefordert werden, freiwillig eine Blutprobe abzugeben. Wird dies abgelehnt, muss der ausländische Staat im Wege der Rechtshilfe um eine Blutentnahme ersucht werden. Solche Rechtshilfeersuchen werden aber häufig nur mit Einwilligung des Betroffenen erledigt (vgl. jeweils den Länderteil der ZRHO, zB Frankreich, Niederlande, Spanien, Vereinigtes Königreich). Wird diese Einwilligung unberechtigt verweigert, gilt nach erfolgloser Belehrung und Fristsetzung der Grundsatz der Beweisvereitelung.[8] 16

---

1 OLG Brandenburg v. 13.10.2000 – 9 WF 198/00, FamRZ 2001, 1010.
2 BGH v. 4.7.2007 – XII ZB 199/05, FamRZ 2007, 1728; Zöller/*Greger*, § 372a ZPO Rz. 13.
3 Und OLG Jena v. 22.1.2007 – 1 UF 454/06, FamRZ 2007, 1676; OLG Naumburg v. 25.1.2000 – 20 UF 165/99, FamRZ 2000, 1290; Zöller/*Greger*, § 372a ZPO Rz. 14.
4 OLG Karlsruhe v. 10.10.2006 – 2 UF 197/06, FamRZ 2007, 738.
5 OLG Jena v. 22.1.2007 – 1 UF 454/06, FamRZ 2007, 1676.
6 Und Zöller/*Greger*, § 372a ZPO Rz. 14.
7 BGH v. 10.2.1993 – XII ZR 241/91, BGHZ 121, 266; Erman/*Hammermann*, § 1600d BGB Rz. 19.
8 BGH v. 9.4.1986 – IVb ZR 27/85, FamRZ 1986, 663; BGH v. 10.2.1993 – XII ZR 241/91, BGHZ 121, 266 (276).

§ 179
Mehrheit von Verfahren

(1) Abstammungssachen, die dasselbe Kind betreffen, können miteinander verbunden werden. Mit einem Verfahren auf Feststellung des Bestehens der Vaterschaft kann eine Unterhaltssache nach § 237 verbunden werden.

(2) Im Übrigen ist eine Verbindung von Abstammungssachen miteinander oder mit anderen Verfahren unzulässig.

A. Allgemeines

1 § 179 regelt die Fälle einer möglichen **Verfahrensverbindung** in Abstammungssachen.

B. Inhalt der Vorschrift

I. Absatz 1

2 **1.** Nach Satz 1 können nur Abstammungssachen, die **dasselbe Kind** betreffen, miteinander verbunden werden. Geschwister können damit nicht in demselben Verfahren ihre Vaterschaft anfechten, ebenso muss eine Vaterschaftsanfechtung gegen mehrere Kinder in getrennten Verfahren erfolgen.

3 Zulässig ist dagegen ein Verfahren auf Feststellung der Vaterschaft **gegen mehrere Männer** (wenn in der Empfängniszeit Mehrverkehr stattgefunden hat). Ist dasselbe Kind betroffen, kommt auch eine Abstammungssache als Widerklage in Betracht.[1] Diese ist jedoch nur zulässig, wenn als allgemeine Verfahrensvoraussetzung ein Rechtsschutzbedürfnis für sie besteht. Einem Verfahren auf Feststellung der Vaterschaft kann daher keine negative Feststellungswiderklage entgegengehalten werden.[2]

4 **2.** Nach Satz 2 ist die **Verbindung einer Unterhaltssache** nach § 237 (Verurteilung zur Zahlung des Mindestunterhalts nach § 1612a BGB) mit einem Verfahren auf Feststellung des Bestehens der Vaterschaft möglich.

5 Das Verfahren nach § 237 ist allerdings ein **selbständiges Verfahren**, auf das die für Unterhaltssachen geltenden Verfahrensvorschriften (die ZPO) anzuwenden sind.[3] Für die Unterhaltssache gilt der Beibringungsgrundsatz, über den Unterhalt kann durch Versäumnisentscheidung oder auf Grund eines Anerkenntnisses entschieden werden.

6 Ist ein Verfahren auf Feststellung der Vaterschaft anhängig, kann nach § 248 bei dem Gericht, bei dem das Verfahren auf Feststellung der Vaterschaft anhängig ist, auch eine **einstweilige Anordnung** über den **Kindesunterhalt** und über den **Betreuungsunterhalt** der Mutter nach § 1615l BGB beantragt werden. Auch in diesem Fall handelt es sich bei dem Verfahren der einstweiligen Anordnung um ein selbständiges Verfah-

1 OLG Brandenburg v. 22.10.2002 – 10 UF 145/02, FamRZ 2004, 471.
2 OLG Brandenburg v. 22.10.2002 – 10 UF 145/02, FamRZ 2004, 471.
3 RegE BT-Drucks. 16/6308, S. 257; so zum bisherigen Recht schon Zöller/*Philippi*, § 653 ZPO Rz. 5a; *Gottwald*, FamRZ 2003, 618.

ren (§ 51 Abs. 3 Satz 1). Es ist nicht Teil des Verfahrens auf Feststellung der Vaterschaft.[1]

II. Absatz 2

7 Nach Abs. 2 ist im Übrigen eine Verbindung von Abstammungssachen miteinander oder mit anderen Verfahren **unzulässig** (wie § 640c Abs. 1 ZPO aF). Ist eine unzulässige Verbindung vorgenommen worden, muss zur Vermeidung eines wesentlichen Verfahrensfehlers eine Abtrennung vorgenommen werden.

§ 180
Erklärungen zur Niederschrift des Gerichts

Die Anerkennung der Vaterschaft, die Zustimmung der Mutter sowie der Widerruf der Anerkennung können auch in einem Erörterungstermin zur Niederschrift des Gerichts erklärt werden. Das Gleiche gilt für die etwa erforderliche Zustimmung des Mannes, der im Zeitpunkt der Geburt mit der Mutter des Kindes verheiratet ist, des Kindes oder eines gesetzlichen Vertreters.

A. Allgemeines

1 Nach § 180 können rechtsgeschäftliche Erklärungen zur Abstammung eines Kindes auch zur Niederschrift des Gerichts erklärt werden. Die Vorschrift entspricht § 641c ZPO aF.

B. Inhalt der Vorschrift

2 Die Anerkennung der Vaterschaft (§ 1592 Nr. 2 BGB), die Zustimmung der Mutter (§ 1595 Abs. 1 BGB) sowie der Widerruf der Anerkennung (§ 1597 Abs. 3 Satz 1 BGB) können auch in einem Erörterungstermin zur **Niederschrift des Gerichts** erklärt werden. Diese Verfahrensweise ersetzt die für diese Erklärungen sonst erforderliche öffentliche Beurkundung nach § 1597 Abs. 1, Abs. 3 Satz 2 BGB. Das Gleiche gilt für die etwa erforderliche Zustimmung des Mannes, der im Zeitpunkt der Geburt mit der Mutter des Kindes verheiratet ist (§§ 1599 Abs. 2 Satz 2 BGB), des Kindes (§ 1595 Abs. 2 BGB) oder eines gesetzlichen Vertreters (§§ 1596 Abs. 1 Satz 2, Abs. 2 Satz 1).

3 Das Gericht muss die Erklärungen in den **Vermerk nach § 28 Abs. 4** aufnehmen. Erklärungen zur Niederschrift des Gerichts können auch (und dann auf gesicherter Grundlage) erfolgen, wenn bereits eine Beweisaufnahme über die Abstammung stattgefunden hat (zB in einem eigens dafür anberaumten Termin).

4 Die Anerkennung der Vaterschaft kann **nicht schriftsätzlich**, sondern nur zur Niederschrift des Gerichts erklärt werden. Sie führt dazu, dass sich das Verfahren in der

1 RegE BT-Drucks. 16/6308, S. 260.

Hauptsache **erledigt**, wenn die erforderlichen Zustimmungen vorliegen. Denn mit Vorliegen einer wirksamen Vaterschaftsanerkennung ist ein Rechtsschutzbedürfnis für einen Antrag auf Feststellung der Vaterschaft nicht mehr gegeben.

5 Eine Entscheidung nach § 38 Abs. 4 Nr. 1 (auf Grund eines Anerkenntnisses) darf nicht ergehen.[1] In einer Abstammungssache kann **kein wirksames Anerkenntnis** im Sinne von § 307 ZPO erklärt werden.

§ 181
Tod eines Beteiligten

Stirbt ein Beteiligter vor Rechtskraft der Endentscheidung, hat das Gericht die übrigen Beteiligten darauf hinzuweisen, dass das Verfahren nur fortgesetzt wird, wenn ein Beteiligter innerhalb einer Frist von einem Monat dies durch Erklärung gegenüber dem Gericht verlangt. Verlangt kein Beteiligter innerhalb der vom Gericht gesetzten Frist die Fortsetzung des Verfahrens, gilt dieses als in der Hauptsache erledigt.

A. Allgemeines

1 § 181 regelt die Auswirkungen des **Todes eines Beteiligten** auf Abstammungsverfahren (Vaterschaftsanfechtung, Vaterschaftsfeststellung, Klärung der Vaterschaft unabhängig vom Anfechtungsverfahren).

B. Inhalt der Vorschrift

2 Nach Satz 1 sind bei Tod eines Beteiligten vor Rechtskraft der Endentscheidung die übrigen Beteiligten darauf hinzuweisen, dass das Verfahren nur fortgesetzt wird, wenn einer von ihnen dies innerhalb eines Monats durch Erklärung gegenüber dem Gericht verlangt. Im Fall eines solchen Verlangens innerhalb der Monatsfrist oder einer vom Gericht gesetzten längeren Frist (Satz 2) wird dasselbe Verfahren ohne den verstorbenen Beteiligten fortgesetzt. Das Sonderverfahren nach § 1600e Abs. 2 BGB aF besteht nicht mehr.

3 Verlangt keiner der Beteiligten innerhalb der Frist die Fortsetzung des Verfahrens, so ist dieses nach Satz 2 als **in der Hauptsache erledigt** anzusehen (§ 640g Satz 2 ZPO aF).

4 Wird die Frist unverschuldet versäumt, kann nach §§ 17 ff. Wiedereinsetzung in den vorigen Stand beantragt werden.

1 So schon zum bisherigen Recht OLG Brandenburg v. 22.10.2002 – 10 UF 145/02, FamRZ 2004, 471; OLG Brandenburg v. 30.8.2000 – 9 WF 159/00, FamRZ 2001, 503; OLG Hamm v. 13.4.1988 – 15 U 66/87, FamRZ 1988, 854.

§ 182
Inhalt des Beschlusses

(1) Ein rechtskräftiger Beschluss, der das Nichtbestehen einer Vaterschaft nach § 1592 des Bürgerlichen Gesetzbuchs infolge der Anfechtung nach § 1600 Abs. 1 Nr. 2 des Bürgerlichen Gesetzbuchs feststellt, enthält die Feststellung der Vaterschaft des Anfechtenden. Diese Wirkung ist in der Beschlussformel von Amts wegen auszusprechen.

(2) Weist das Gericht einen Antrag auf Feststellung des Nichtbestehens der Vaterschaft ab, weil es den Antragsteller oder einen anderen Beteiligten als Vater festgestellt hat, spricht es dies in der Beschlussformel aus.

A. Allgemeines

§ 182 enthält Regelungen über den Inhalt der Beschlussformel (Tenor) bei der **erfolgreichen Vaterschaftsanfechtung** nach § 1600 Abs. 1 Nr. 2 BGB (Anfechtung durch den biologischen Vater) und bei einem **unbegründeten Antrag auf Feststellung des Nichtbestehens der Vaterschaft**. Abs. 1 entspricht § 640h Abs. 2 ZPO aF, Abs. 2 entspricht § 641h ZPO aF. 1

B. Inhalt der Vorschrift

I. Absatz 1

Satz 1 soll verhindern, dass ein Kind im Falle einer erfolgreichen Vaterschaftsanfechtung eines biologischen Vaters nach § 1600 Abs. 1 Nr. 2 BGB vaterlos wird. Die Anfechtung nach § 1600 Abs. 1 Nr. 2 BGB ist Anfechtungsverfahren und zugleich auf Feststellung der Vaterschaft des Antragstellers gerichtet.[1] Deshalb ist in der Beschlussformel der erfolgreichen Vaterschaftsanfechtung nach Satz 2 **zugleich** die **Feststellung der Vaterschaft des Anfechtenden** von Amts wegen auszusprechen. Diese ist damit nach § 1592 Nr. 3 BGB gerichtlich festgestellt. Dass der Anfechtende leiblicher Vater des Kindes ist, muss im Anfechtungsverfahren nach § 1600 Abs. 1 Nr. 2 BGB von Amts wegen als Tatbestandsvoraussetzung ermittelt werden (vgl. § 1600 Abs. 2 BGB). 2

Fehlt der Ausspruch nach Satz 2 (versehentlich) im Tenor, kann sich die Feststellungswirkung gleichwohl aus den Gründen der Entscheidung ergeben.[2] 3

II. Absatz 2

Aus Abs. 2 ergibt sich, dass auch Verfahren auf Feststellung des Nichtbestehens eines nichtehelichen Vater-Kind-Verhältnisses zulässig sind (**negative Feststellungsverfahren**). Ein Rechtsschutzbedürfnis hierfür besteht, wenn ein Kind oder die Mutter behauptet, dass ein Mann der Vater sei. Dieser braucht nicht abzuwarten, ob positive 4

1 BGH v. 30.7.2008 – XII ZR 18/07, FamRZ 2008, 1921.
2 Thomas/Putzo/*Hüßtege*, § 640h ZPO Rz. 14.

Feststellung der Vaterschaft beantragt wird.[1] Praktische Bedeutung hat dieses negative Feststellungsverfahren nicht.

5 Die Vorschrift dient der Klarstellung. Weist das Gericht einen Antrag auf Feststellung des Nichtbestehens der Vaterschaft ab, weil es den Antragsteller oder einen anderen Beteiligten als Vater festgestellt hat, weist es nicht nur den Antrag auf negative Feststellung ab, sondern spricht in der Beschlussformel **zugleich** die **Feststellung** aus, dass der Antragsteller oder der andere Beteiligte der Vater des Kindes ist. Das Beweisergebnis ist damit in die Beschlussformel aufgenommen.

6 Voraussetzung für den zusätzlichen Ausspruch ist es, dass das Beweisergebnis ihn rechtfertigt, er kommt also nicht in Betracht wenn die Abstammung unklar bleibt. Der Ausspruch nach Abs. 2 hat auch ohne dahingehenden Antrag zu erfolgen. Die Entscheidung steht einer **positiven Feststellung** des Beteiligten als Vater gleich.

§ 183
Kosten bei Anfechtung der Vaterschaft

Hat ein Antrag auf Anfechtung der Vaterschaft Erfolg, tragen die Beteiligten, mit Ausnahme des minderjährigen Kindes, die Gerichtskosten zu gleichen Teilen; die Beteiligten tragen ihre außergerichtlichen Kosten selbst.

A. Allgemeines

1 § 183 regelt die Kosten eines **erfolgreichen** Verfahrens auf **Anfechtung** der Vaterschaft. Die Vorschrift entspricht inhaltlich § 93c Satz 1 ZPO aF („Kostenaufhebung"), wurde aber an die Terminologie der fG angepasst.

B. Inhalt der Vorschrift

2 Die Kostenentscheidung in Abstammungssachen richtet sich grundsätzlich nach den allgemeinen Vorschriften (§§ 80 ff.). § 81 Abs. 2 ermöglicht es dabei auch, Fälle eines verfahrensbezogenen Verschuldens bei der Kostenentscheidung zu berücksichtigen. Einem minderjährigen Kind können Kosten nicht auferlegt werden (§ 81 Abs. 3).

3 Eine **Sonderregelung** enthält § 183 für die Kosten eines **erfolgreichen** Verfahrens auf Anfechtung der Vaterschaft nach § 1599 BGB: Die Beteiligten (mit Ausnahme des minderjährigen Kindes) tragen die Gerichtskosten zu gleichen Teilen, eine Erstattung der außergerichtlichen Kosten (insbesondere Anwaltskosten) findet nicht statt.

4 § 183 gilt **nicht** für eine erfolgreiche **Vaterschaftsfeststellung** und nicht, wenn ein **Antrag** auf Anfechtung der Vaterschaft **abgewiesen** wird. In diesen Fällen gilt § 81.

5 § 183 gilt auch für die Kosten einer erfolgreichen **behördlichen Anfechtung** nach §§ 1600 Abs. 1 Nr. 5, Abs. 3 BGB.[2] Bei einer erfolgreichen behördlichen Anfechtung

1 Zöller/*Philippi*, § 640 ZPO Rz. 13; zum negativen Vaterschaftsbeweis auch Palandt/*Diederichsen*, Einf. 7 vor § 1591 BGB.
2 *Löhnig*, FamRZ 2008, 1130 (1133).

kommt aber eine Kostentragungspflicht des Anerkennenden über § 81 Abs. 2 Nr. 1 in Betracht.

§ 184
Wirksamkeit des Beschlusses; Ausschluss der Abänderung; ergänzende Vorschriften über die Beschwerde

(1) Die Endentscheidung in Abstammungssachen wird mit Rechtskraft wirksam. Eine Abänderung ist ausgeschlossen.

(2) Soweit über die Abstammung entschieden ist, wirkt der Beschluss für und gegen alle.

(3) Gegen Endentscheidungen in Abstammungssachen steht auch demjenigen die Beschwerde zu, der an dem Verfahren beteiligt war oder zu beteiligen gewesen wäre.

A. Allgemeines

§ 184 enthält Regelungen über die **Endentscheidung in Abstammungssachen**. 1

B. Inhalt der Vorschrift

I. Absatz 1

Die abschließende Entscheidung in Abstammungssachen ergeht in Form eines **Beschlusses** (§§ 116 Abs. 1, 38 Abs. 1). Er ist nach § 38 Abs. 3 immer zu begründen, auch wenn er gleichgerichteten Anträgen der Beteiligten entspricht (§ 38 Abs. 5 Nr. 2). Der Beschluss hat nach § 39 eine Rechtsbehelfsbelehrung zu enthalten. 2

1. Nach Satz 1 werden Endentscheidungen in Abstammungssachen abweichend von § 40 Abs. 1 erst **mit der Rechtskraft** wirksam (wie § 704 Abs. 2 ZPO aF und § 55b Abs. 2 FGG aF für das bisherige fG-Abstammungsverfahren). 3

2. Nach Satz 2 ist die **Abänderung** von Endentscheidungen in Abstammungssachen (entgegen § 48 Abs. 1) **unzulässig**. 4

II. Absatz 2

Nach Abs. 2 wirkt der rechtskräftige Beschluss, soweit über die Abstammung entschieden ist, nicht nur zwischen den Beteiligten, sondern **für und gegen alle** (wie § 640h Abs. 1 Satz 1 ZPO aF). Die früher enthaltene Einschränkung auf den Eintritt der Rechtskraft zu Lebzeiten der Parteien entfällt, weil der Tod eines Beteiligten vor Rechtskraft der Entscheidung nach § 181 nicht notwendig zur Erledigung der Hauptsache führt. 5

Die Wirkung für und gegen alle führt dazu, dass keine abweichende Statusentscheidung ergehen kann. Sie wirkt sich auch auf andere Verfahren aus, in denen es auf die Abstammung ankommt (zB Unterhaltsverfahren). 6

7 Ist nicht **über die Abstammung entschieden**, tritt die inter-omnes-Wirkung nicht ein. Eine (nur ausnahmsweise zulässige) Inzidentfeststellung der Abstammung in einem anderen Verfahren (§ 169 Rz. 4) erwächst nicht in Rechtskraft, nicht einmal zwischen den Beteiligten dieses Verfahrens.[1]

8 Hat ein Verfahren auf Anfechtung der Ehelichkeit Erfolg und klagt das Kind darauf gegen einen anderen Mann auf Feststellung der Vaterschaft, kann sich der mögliche biologische Vater zwar wegen § 184 Abs. 2 nicht mehr auf den Standpunkt stellen, das Kind sei rechtlich doch noch dem rechtlichen Vater zuzuordnen. Der mögliche biologische Vater kann aber seine eigene biologische Vaterschaft bestreiten, ohne dass die Erforschung der wahren Abstammungsverhältnisse unter Einbeziehung des im erfolgreichen Anfechtungsverfahren beteiligten Mannes ausgeschlossen ist.[2]

9 Wird ein Verfahren auf Anfechtung der Vaterschaft mit der Begründung abgewiesen, der Vater habe keine Umstände dargetan, die Zweifel an seiner Vaterschaft begründen könnten, ist nicht über die Vaterschaft entschieden. Es kann ein **erneutes Verfahren beantragt** werden, wenn dieses auf einen neuen, nach der mündlichen Verhandlung zu Tage getretenen Sachverhalt gestützt wird.[3] Es genügt aber nicht, wenn die Sachverhaltsdarstellung des früheren Verfahrens lediglich abgewandelt, ergänzt oder korrigiert wird.[4] Ist der Antrag mit der Begründung abgewiesen, der Vater habe die Anfechtungsfrist versäumt, ist ebenfalls nicht über die (wahre) Abstammung entschieden.[5]

III. Absatz 3

10 Gegen die Endentscheidung in Abstammungssachen findet nach § 58 Abs. 1 die **Beschwerde** statt. Die Beschwerdefrist beträgt einen Monat (§ 63 Abs. 1). Ein Beteiligter kann selbst Beschwerde einlegen (kein Anwaltszwang). Eine Abhilfebefugnis besteht nach § 68 Abs. 1 Satz 2 nicht. Sachlich zuständig für die Verhandlung und Entscheidung über die Beschwerde ist das OLG (§ 119 Abs. 1 Nr. 1a GVG). Im Falle der Zulassung ist die Rechtsbeschwerde statthaft (§ 70). Rechtsbeschwerdegericht ist der BGH (§ 133 GVG).

11 Abs. 3 ergänzt die **Beschwerdeberechtigung** in Abstammungssachen. Beschwerdeberechtigt sind unabhängig von einer Beeinträchtigung in eigenen Rechten auch diejenigen, die nach § 172 am Verfahren beteiligt waren oder zu beteiligen gewesen wären, also neben dem Antragsteller (biologischer Vater oder anfechtungsberechtigte Behörde) immer das Kind, die Mutter und der Vater. Nicht beschwerdeberechtigt sind dagegen Personen, die durch die Entscheidung nur mittelbar in ihren Rechten beeinträchtigt sind wie zB Großeltern oder Geschwister des Kindes.[6] Zur Beschwerdeberechtigung des Jugendamts § 176 Rz. 6.

---

1 BGH v. 25.6.2008 – XII ZB 163/06, FamRZ 2008, 1836.
2 BGH v. 4.7.2007 – XII ZB 68/04, FamRZ 2007, 1731; aA OLG Saarbrücken v. 10.8.2005 – 9 UF 171/04, NJW-RR 2005, 1672.
3 BGH v. 30.10.2002 – XII ZR 345/00, NJW 2003, 585; BGH v. 12.1.2005 – XII ZR 227/03, FamRZ 2005, 340.
4 BGH v. 30.10.2002 – XII ZR 345/00, NJW 2003, 585.
5 OLG Düsseldorf v. 28.5.1980 – 3 W 121/80, FamRZ 1980, 831.
6 Vgl. Beschlussempfehlung des Rechtsauschusses BT-Drucks. 16/9733, S. 295.

Aus § 185 Abs. 2 folgt im Übrigen, dass in Abstammungssachen eine formelle Beschwer nach § 59 Abs. 1 und 2 nicht Voraussetzung für ein Rechtsmittel ist. Es kann auch von demjenigen eingelegt werden, der in erster Instanz obsiegt hat.[1] 12

§ 185
Wiederaufnahme des Verfahrens

(1) Der Restitutionsantrag gegen einen rechtskräftigen Beschluss, in dem über die Abstammung entschieden ist, ist auch statthaft, wenn ein Beteiligter ein neues Gutachten über die Abstammung vorlegt, das allein oder in Verbindung mit den im früheren Verfahren erhobenen Beweisen eine andere Entscheidung herbeigeführt haben würde.

(2) Der Antrag auf Wiederaufnahme kann auch von dem Beteiligten erhoben werden, der in dem früheren Verfahren obsiegt hat.

(3) Für den Antrag ist das Gericht ausschließlich zuständig, das im ersten Rechtszug entschieden hat; ist der angefochtene Beschluss von dem Beschwerdegericht oder dem Rechtsbeschwerdegericht erlassen, ist das Beschwerdegericht zuständig. Wird der Antrag mit einem Nichtigkeitsantrag oder mit einem Restitutionsantrag nach § 580 der Zivilprozessordnung verbunden, ist § 584 der Zivilprozessordnung anzuwenden.

(4) § 586 der Zivilprozessordnung ist nicht anzuwenden.

A. Allgemeines

§ 185 regelt die **Wiederaufnahme des Verfahrens** in Abstammungssachen. 1

B. Inhalt der Vorschrift

I. Absatz 1

Abs. 1 entspricht § 641i Abs. 1 ZPO aF. Ein Restitutionsantrag (§ 48 Abs. 2 FamFG iVm. § 580 ZPO) gegen einen rechtskräftigen Beschluss (bisher: Urteil), in dem über die Abstammung entschieden ist, kann auch auf ein **neues Gutachten über die Abstammung** gestützt werden. Abs. 1 enthält damit einen **zusätzlichen**, den Katalog des § 580 ZPO ergänzenden **Restitutionsgrund**. Dadurch soll sich in Abstammungsverfahren möglichst die wahre Abstammung durchsetzen und der Fortschritt der Abstammungsbegutachtung genutzt werden können. 2

Das neue Gutachten muss allein oder in Verbindung mit den in dem früheren Verfahren erhobenen Beweisen geeignet sein, die Grundlage der früheren Entscheidung zu erschüttern, und nicht erst in Verbindung mit noch zu erhebenden Beweisen.[2] Es muss 3

1 BGH v. 18.2.2009 – XII ZR 156/07, FamRZ 2009, 861; OLG Hamm v. 13.11.2007 – 9 UF 36/07, FamRZ 2008, 1646; Thomas/Putzo/*Hüßtege*, § 641i ZPO Rz. 6; aA Zöller/*Philippi*, § 641i ZPO Rz. 12.

2 BGH v. 18.9.2003 – XII ZR 62/01, NJW 2003, 3708.

sich nicht auf neue Befunde gründen, sondern kann auch anhand der Akten erstattet sein.[1] Es muss geltend gemacht werden, in dem früheren Verfahren wäre – möglicherweise – eine andere Entscheidung ergangen, wenn das neue Gutachten damals bereits vorgelegt worden wäre.

4 Die Vorlage eines neuen Gutachtens ist **Zulässigkeitsvoraussetzung** für den Restitutionsantrag.[2] Es kann bis zum Schluss der mündlichen Verhandlung vor dem Tatrichter im Wiederaufnahmeverfahren vorgelegt werden und dadurch einen bis dahin möglicherweise unzulässigen Antrag zulässig machen.[3] Wer zur Vorbereitung eines solchen Antrags ein Gutachten erstatten lassen will, hat nach § 1598a Abs. 1 BGB ggf. einen Anspruch auf Einwilligung in eine genetische Abstammungsuntersuchung und auf Duldung der Entnahme einer für die Untersuchung geeigneten genetischen Probe.[4]

5 In der früheren Entscheidung muss **über die Abstammung entschieden** worden sein (zum Anwendungsbereich von § 185 gehören auch abweisende Entscheidungen). Das neue Gutachten muss sich konkret auf den im Vorprozess zur Entscheidung gestellten Sachverhalt beziehen (als Abstammungsgutachten, Gutachten über die Tragezeit oder über die Zeugungsfähigkeit über die Frage der Abstammung des einen Beteiligten von dem anderen).[5] Über die Abstammung ist damit nicht entschieden, wenn eine Anfechtungsklage wegen Versäumung der Anfechtungsfrist abgewiesen wurde. Der Gedanke der Vorschrift, neue wissenschaftliche Erkenntnisse für die Vaterschaftsfeststellung nutzbar zu machen, trifft in diesem Fall nicht zu.[6]

6 Ist eine Klage auf Anfechtung der Vaterschaft wegen Versäumung der Anfechtungsfrist abgewiesen worden, ist der Restitutionsantrag auch dann nicht statthaft, wenn ein nach § 1598a BGB eingeholtes Gutachten die Abstammung widerlegt (Art. 229 EGBGB § 17).

II. Absatz 2

7 Nach Abs. 2 kann der Antrag auf Wiederaufnahme auch von dem Beteiligten erhoben werden, der in dem früheren Verfahren obsiegt hat. Eine **Beschwer** ist damit entgegen dem sonstigen Recht der Wiederaufnahme[7] **nicht erforderlich**.

III. Absatz 3

8 Nach Satz 1 ist für den Antrag auf Wiederaufnahme das Gericht ausschließlich (sachlich und örtlich) **zuständig**, das im ersten Rechtszug entschieden hat. Ist der angefochtene Beschluss (oder das Urteil) in höherer Instanz ergangen, ist stets das Beschwerdegericht zuständig.

---

1 BGH v. 18.9.2003 – XII ZR 62/01, NJW 2003, 3708.
2 OLG Zweibrücken v. 7.10.2004 – 2 WF 159/04, FamRZ 2005, 735.
3 BGH v. 18.9.2003 – XII ZR 62/01, NJW 2003, 3708.
4 *Helms*, FamRZ 2008, 1033 (1037); überholt OLG Zweibrücken v. 7.10.2004 – 2 WF 159/04 FamRZ 2005, 735: kein gerichtlich durchsetzbarer Anspruch auf Mitwirkung an der Erstellung des Gutachtens.
5 BGH v. 18.9.2003 – XII ZR 62/01, NJW 2003, 3708; BGH v. 7.6.1989 – IVb ZR 70/88, FamRZ 1989, 1067.
6 Zöller/*Philippi*, § 641i ZPO Rz. 3.
7 Zöller/*Greger*, Vorbem. vor § 578 ZPO Rz. 3.

Wird der Antrag auf Wiederaufnahme wegen eines neuen Gutachtens nach Abs. 1 mit einem Nichtigkeitsantrag oder mit einem Restitutionsantrag nach § 580 ZPO verbunden, bestimmt sich nach Satz 2 die Zuständigkeit nach § 584 ZPO. Nach § 584 ZPO ist ausschließlich zuständig das Gericht, das im ersten Rechtszug erkannt hat: wenn das angefochtene Urteil oder auch nur eines von mehreren angefochtenen Urteilen von dem Berufungsgericht erlassen wurde oder wenn ein in der Revisionsinstanz erlassenes Urteil auf Grund des § 580 Nr. 1 bis 3, 6, 7 angefochten wird, das Beschwerdegericht; wenn ein in der Revisionsinstanz erlassenes Urteil auf Grund der §§ 579, 580 Nr. 4, 5 angefochten wird, das Rechtsbeschwerdegericht. 9

IV. Absatz 4

Abs. 4 erklärt für die Wiederaufnahme nach Abs. 1 wegen eines neuen Gutachtens die **Klagefrist** des § 586 ZPO (von einem Monat) für **unanwendbar**. Diese Regelung gilt nicht für andere Wiederaufnahmeanträge in Abstammungssachen.[1] 10

Abschnitt 5
Verfahren in Adoptionssachen

§ 186
Adoptionssachen

Adoptionssachen sind Verfahren, die

1. die Annahme als Kind,

2. die Ersetzung der Einwilligung zur Annahme als Kind,

3. die Aufhebung des Annahmeverhältnisses oder

4. die Befreiung vom Eheverbot des § 1308 Abs. 1 des Bürgerlichen Gesetzbuchs betreffen.

1 OLG Düsseldorf v. 22.2.2002 – 1 WF 8/02, FamRZ 2002, 1268; nach BGH v. 3.11.1993 – XII ZR 135/92, FamRZ 1994, 237 bleibt es jedenfalls bei Nichtigkeitsklagen nach § 579 ZPO in Abstammungssachen bei der Klagefrist des § 586 ZPO.

Literatur: *Bäumker*, Die einseitige Aufhebung einer Erwachsenenadoption, 2007; *Becker*, Die Erwachsenenadoption als Instrument der Nachlassplanung, ZEV 2009, 25; *Busch*, Adoptionswirkungsgesetz und Haager Adoptionsübereinkommen – von der Nachadoption zur Anerkennung und Wirkungsfeststellung, IPRax 2003, 13; *Frank*, Neuregelungen auf dem Gebiet des Internationalen Adoptionsrechts unter besonderer Berücksichtigung der Anerkennung von Auslandsadoptionen, StAZ 2003, 257; *Krause*, Annahme als Kind, Teil 1: Annahme Minderjähriger (Voraussetzungen und Verfahren), NotBZ 2006, 221; *Krause*, Annahme als Kind, Teil 2: Wirkungen der Annahme Minderjähriger, NotBZ 2006, 273; *Krause*, Annahme als Kind, Teil 3: Annahme Volljähriger, NotBZ 2007, 43; *Krause*, Annahme als Kind, Teil 4: Aufhebung des Annahmeverhältnisses, NotBZ 2007, 276; *Lorenz*, Adoptionswirkungen, Vorfrageanknüpfung und Substitution im Internationalen Adoptionsrecht nach der Umsetzung des Haager Adoptionsabkommens v. 29.5.1993, FS für Sonnenberger, 2004, S. 497; *Ludwig*, Internationales Adoptionsrecht in der notariellen Praxis nach dem Adoptionswirkungsgesetz, RNotZ 2002, 253; *Müller/Sieghörtner/Emmerling de Oliveira*, Adoptionsrecht in der Praxis, 2007; *Pätzold*, Die gemeinschaftliche Adoption Minderjähriger durch eingetragene Lebenspartner, 2006; *Paulitz*, Adoption, 2. Aufl. 2006; *Reinhardt*, Gewollt oder nicht? Die private Adoption von Kindern aus dem Ausland, ZRP 2006, 244; *Röchling*, Adoption, 3. Aufl. 2006; *Steiger*, Das neue Recht der internationalen Adoption und Adoptionsvermittlung, 2002; *Steiger*, Im alten Fahrwasser zu neuen Ufern, DNotZ 2002, 184; *Staudinger/Winkelsträter*, Grenzüberschreitende Adoptionen in Deutschland, FamRBint 2005, 84; *Süß*, Ratifikation der Haager Adoptionskonvention – Folgen für die notarielle Praxis, MittBayNot 2002, 88; *Wandel*, Auslandsadoption, Anerkennung und erbrechtliche Auswirkungen im Inlandserbfall, BWNotZ 1992, 17; *Winkelsträter*, Anerkennung und Durchführung internationaler Adoptionen in Deutschland, 2007; *Wuppermann*, Adoption – Ein Handbuch für die Praxis, 2006.

A. Allgemeines

1 Die §§ 186 ff. enthalten die Vorschriften über das Verfahren in Adoptionssachen. § 186 führt die Bezeichnung **Adoptionssachen** als Gesetzesbegriff ein und enthält eine Aufzählung der darunter fallenden Verfahren. Im Zuge der Einführung des Großen Familiengerichts und der Auflösung des Vormundschaftsgerichts als gesonderter Spruchkörper handelt es sich nunmehr bei den Adoptionssachen um Familiensachen (§ 111 Nr. 4). Diese sind auf das Familiengericht übertragen (§ 23a Abs. 1 Nr. 1 GVG). Die für die Verfahren vor dem Familiengericht einschlägigen gerichtsverfassungsrechtlichen Regelungen sind auch auf die Adoptionssachen anzuwenden. Rechtsmittelgericht in Adoptionssachen ist somit nicht mehr das Landgericht, sondern das Oberlandesgericht (§ 119 Abs. 1 Nr. 1a GVG). Die Vorschriften des Adoptionswirkungsgesetzes bleiben von den §§ 186 ff. unberührt. Dies regelt § 199 ausdrücklich.

B. Inhalt der Vorschrift

I. Annahme als Kind (Nr. 1)

2 Zu den Adoptionssachen zählen gem. § 186 Nr. 1 die Verfahren, die die **Annahme als Kind** betreffen. Hiervon sind sowohl die Annahme Minderjähriger wie auch die Annahme Volljähriger umfasst. Einbezogen ist jeweils das gesamte Verfahren einschließ-

lich seiner unselbständigen Teile, wie etwa der Ausspruch zur Namensführung nach § 1757 BGB.[1] Auch die gerichtliche Genehmigung nach § 1746 Abs. 1 Satz 4 BGB gehört zum Verfahren auf Annahme als Kind.[2]

Das gesonderte Verfahren auf Rückübertragung der elterlichen Sorge nach § 1751 Abs. 3 BGB ist, wie sonstige Verfahren auf Übertragung der elterlichen Sorge auch, eine Kindschaftssache (§ 151) und keine Adoptionssache.[3] 3

Die Annahme als Kind, gemeinhin auch Adoption genannt, ist in erster Linie ein Mittel der Fürsorge für elternlose und verlassene Kinder, denen die Möglichkeit gegeben werden soll, in einer harmonischen Familie aufzuwachsen. Sie kann aber auch bewusst als Instrument der Vermögensnachfolge eingesetzt werden. Das angenommene Kind erlangt bei der Volladoption mit dem Ausspruch der Annahme die rechtliche Stellung eines leiblichen Kindes des Angenommenen. Dies gilt nicht nur hinsichtlich der elterlichen Sorge oder Unterhaltsansprüchen, sondern insbesondere auch hinsichtlich des gesetzlichen Erbrechts. Neben der Erweiterung des Kreises der gesetzlichen Erben hat die Annahme als Kind unmittelbare Auswirkungen auf den Kreis der Pflichtteilsberechtigten und die Höhe möglicherweise bestehender Pflichtteilsansprüche. Die Annahme als Kind kann erhebliche erbschaftsteuerliche Vorteile bieten. Der Erbteil des angenommenen Kindes ist gem. § 15 ErbStG nach Steuerklasse I zu versteuern, und es gilt gem. § 16 Abs. 1 Nr. 2 ErbStG der erhöhte Steuerfreibetrag von 400 000 Euro. 4

Das Gesetz unterscheidet zwischen der Annahme eines Minderjährigen gem. §§ 1741–1766 BGB und der Annahme eines Volljährigen gem. §§ 1767–1772 BGB. Während die erste Gruppe den Regelfall bildet, ist die Annahme Volljähriger grundsätzlich mit schwächeren Wirkungen verbunden. Die Annahme als Kind wird gem. § 1752 Abs. 1 BGB auf Antrag vom Familiengericht ausgesprochen. Das Familiengericht entscheidet durch Beschluss. 5

1. Annahme Minderjähriger

Die Annahme eines Minderjährigen soll idR erst erfolgen, wenn der Annehmende das Kind eine angemessene Zeit in Pflege gehabt hat. Der Gesetzgeber nennt dies **„Probezeit"**, § 1744 BGB. Gem. § 1741 Abs. 1 Satz 1 BGB ist die Annahme als Kind nur zulässig, wenn sie dem Wohl des Kindes dient und zu erwarten ist, dass zwischen dem Annehmenden und dem Kind ein **Eltern-Kind-Verhältnis** entsteht. Hierfür reicht allein der Wunsch der Eltern oder des Kindes nicht aus. Eine entsprechende Prognose muss vielmehr unter subjektiven und objektiven Gesichtspunkten gerechtfertigt sein.[4] Um dies zu beurteilen, hat das Gericht ua. nach § 189 eine fachliche Äußerung der Adoptionsvermittlungsstelle bzw. des Jugendamtes einzuholen. 6

Die einzelnen Annahmeformen sind in § 1741 Abs. 2 BGB geregelt. Danach kann ein Nichtverheirateter ein Kind nur allein und ein Ehepaar dieses nur gemeinschaftlich annehmen. Weiter kann ein Ehegatte ein Kind seines Ehegatten allein annehmen. Schließlich kann ein Kind allein angenommen werden, wenn der andere Ehegatte das 7

1 BT-Drucks. 16/6308, S. 247.
2 BT-Drucks. 16/6308, S. 247.
3 BT-Drucks. 16/6308, S. 247.
4 *Krause*, NotBZ 2006, 221; zur Adoption durch den nichtehelichen Lebensgefährten der Mutter s. DNotI-Gutachten, DNotI-Report 2001, 62.

Kind nicht annehmen kann, weil er selbst geschäftsunfähig ist oder das 21. Lebensjahr noch nicht vollendet hat.

8 Die an die Annehmenden zu stellenden Alterserfordernisse ergeben sich im Einzelnen aus § 1743 BGB. Die Annehmenden müssen mindestens 25 Jahre alt sein, zum Teil genügt auch ein Alter von 21 Jahren. Ein Höchstalter kennt das Gesetz nicht. Das Mindestalter des Kindes ergibt sich aus § 1747 Abs. 2 Satz 1 BGB. Es beträgt 8 Wochen.

a) Wirkungen der Annahme als Kind

9 Die Annahme eines Minderjährigen begründet drei Rechtsfolgen:

10 Der Minderjährige erhält gem. § 1754 BGB die rechtliche Stellung eines Kindes mit allen sich daraus ergebenden Rechtsfolgen bis hin zum Unterhalts- und Erbrecht. Im Ergebnis der **Volladoption** ist der Angenommene somit nicht nur gegenüber den ihn Annehmenden, sondern insbesondere auch gegenüber deren Verwandten gesetzlich erb- und pflichtteilsberechtigt. Nimmt ein Ehepaar ein Kind an oder ein Ehegatte ein Kind des anderen Ehegatten, so erlangt das Kind gem. § 1754 Abs. 1 BGB die rechtliche Stellung eines gemeinschaftlichen Kindes, in den übrigen Fällen erlangt es gem. § 1754 Abs. 2 BGB die rechtliche Stellung eines Kindes des Annehmenden. Die elterliche Sorge steht gem. § 1754 Abs. 3 BGB in den zuerst genannten Fällen den Ehegatten gemeinsam zu, im Übrigen dem Annehmenden.

11 Weiterhin **erlöschen** gem. § 1755 Abs. 1 Satz 1 BGB mit der Annahme das Verwandtschaftsverhältnis des Kindes und seiner Abkömmlinge zu den bisherigen Verwandten und die sich aus ihm ergebenden Rechte und Pflichten, also ebenfalls einschließlich Unterhalts- und Erbrecht. Der Angenommene verliert infolge des Ausspruches der Annahme somit insbesondere seine gesetzliche Erb- und Pflichtteilsberechtigung gegenüber seinen leiblichen Verwandten. Dies gilt selbstverständlich auch umgekehrt. Nimmt ein Ehegatte das Kind seines Ehegatten an, so tritt das Erlöschen nur im Verhältnis zu dem anderen Elternteil und dessen Verwandten ein. Ausnahmen von dem Erlöschen der bisherigen Verwandtschaftsverhältnisse enthält § 1756 BGB für die Verwandtenadoption und nach dem Tod eines Elternteils.

12 Das Kind erhält schließlich gem. § 1757 Abs. 1 Satz 1 BGB grundsätzlich als **Geburtsnamen** den Familiennamen des Annehmenden.

b) Erklärungen

13 Die Annahme als Kind setzt einen **Antrag des Annehmenden** voraus. Dieser kann nicht unter einer Bedingung oder einer Zeitbestimmung oder durch einen Vertreter gestellt werden. Er bedarf gem. § 1752 Abs. 2 BGB der notariellen Beurkundung. Im Hinblick auf § 1753 Abs. 2 BGB sollte zudem der Notar mit der Einreichung des Antrages beim Familiengericht betraut werden.

Formulierungsvorschlag:

Wir sind deutsche Staatsangehörige. Wir haben am ... vor dem Standesbeamten in ... unter Heiratseintrag Nr. ... die Ehe geschlossen. Wir sind kinderlos.

Das Kind befindet sich bei uns seit dem ... in Pflege.

Wir wollen den am ... in ... geborenen ... (Geburtseintrag Nr. ... beim Standesamt ...) als gemeinschaftliches Kind annehmen und beantragen daher beim zuständigen Familengericht auszusprechen:

Das am ... in ... geborene Kind ... wird von den Eheleuten ... als gemeinschaftliches Kind angenommen. Das Kind erhält als Geburtsnamen den Namen ...

Für den Fall des Todes eines von uns oder beider wird der beurkundende Notar mit der Einreichung des Antrages auf Annahme als Kind beim zuständigen Familiengericht betraut (§ 1753 Abs. 2 BGB).

Wir wurden vom Notar darauf hingewiesen, dass das Kind mit dem Ausspruch der Annahme als Kind die rechtliche Stellung eines gemeinschaftlichen ehelichen Kindes erlangt mit allen Folgen für Unterhalt und Erbrecht.

Zur Annahme ist gem. § 1746 BGB weiter die **Einwilligung des Kindes** erforderlich. 14
Für ein geschäftsunfähiges oder noch nicht 14 Jahre altes Kind kann nur sein gesetzlicher Vertreter die Einwilligung erteilen. Gesetzlicher Vertreter ist häufig das Jugendamt als Amtsvormund.[1] Im Übrigen kann das Kind die Einwilligung nur selbst erteilen, bedarf hierzu allerdings der Zustimmung seines gesetzlichen Vertreters.

Formulierungsvorschlag:

Das Jugendamt ... ist Vormund des am ... in ... geborenen Kindes ... Die Geburt des Kindes ist unter Nr. ... des Standesamtes in ... beurkundet. Der Erschienene ist mit der Ausübung der vormundschaftlichen Obliegenheiten für das vorgenannte Kind betraut. Die Vormundschaft wird beim AG ... unter dem Aktenzeichen ... geführt.

Ich, der Erschienene, willige hiermit namens des von mir vertretenen Kindes in die Annahme als Kind durch die Eheleute ... ein. Ich gebe diese Einwilligungserklärung gegenüber dem zuständigen Familiengericht ab. Mir ist bekannt, dass meine Einwilligungserklärung mit dem Zugang an das Familiengericht unwiderruflich wird.

Darüber hinaus bedarf es gem. § 1747 BGB der **Einwilligung der Eltern des Kindes** in 15
die Annahme. Hinsichtlich des nicht mit der Mutter verheirateten Vaters enthält § 1747 Abs. 3 BGB einige spezielle Regelungen.[2] Ggf. kann die Einwilligung eines Elternteils gem. § 1748 BGB durch das Familiengericht ersetzt werden. Mit Zugang der Einwilligung beim Familiengericht treten die Wirkungen des § 1751 BGB ein.

Formulierungsvorschlag:

Ich gebe hiermit als Mutter des Kindes ..., geb. am ... in ..., meine Einwilligung dazu, dass das Kind durch die Eheleute ... als gemeinschaftliches Kind angenommen wird. Ich gebe diese Einwilligungserklärung gegenüber dem zuständigen Familiengericht ab. Mir ist bekannt, dass meine Einwilligungserklärung mit dem Zugang an das Familengericht unwiderruflich wird. Ich wurde darauf hingewiesen, dass mit dem Zugang meiner Einwilligung bei dem Familiengericht meine elterliche Sorge ruht, die Befugnis, mit dem Kind persönlich umzugehen, nicht ausgeübt werden darf und von diesem Zeitpunkt an das Jugendamt Vormund wird.

Als letzte Gruppe der zur **Einwilligung** Berufenen kommen eventuelle **Ehegatten** in 16
Betracht. Gem. § 1749 Abs. 1 BGB ist zur Annahme eines Kindes durch einen Ehegatten allein die Einwilligung des anderen Ehegatten erforderlich. Ist der Anzunehmende verheiratet, ist schließlich gem. § 1749 Abs. 2 BGB die Einwilligung seines Ehegatten notwendig.

Die Einwilligungserklärungen nach den §§ 1746, 1747 und 1749 BGB bedürfen nach 17
§ 1750 Abs. 1 Satz 2 BGB sämtlich der **notariellen Beurkundung**. Die jeweiligen Einwilligungen werden gem. § 1750 Abs. 1 Satz 3 BGB mit Zugang beim Familiengericht wirksam. Sie sind wie der Antrag bedingungsfeindlich und können nicht unter einer Zeitbestimmung erteilt werden.

1 *Krause*, NotBZ 2006, 221 (224).
2 Vgl. *Krause*, NotBZ 2006, 221 (226).

2. Annahme Volljähriger

18 Die Annahme Volljähriger ist der Annahme Minderjähriger nachgebildet. Es finden daher gem. § 1767 Abs. 2 BGB die Vorschriften über die Annahme Minderjähriger entsprechende Anwendung, sofern die §§ 1767 bis 1772 BGB keine speziellen Regelungen enthalten. Unterschiede bestehen zB darin, dass bei der Annahme Volljähriger keine Probezeit erforderlich ist und die Eltern des Anzunehmenden nicht einwilligen müssen (§ 1768 Abs. 1 Satz 2 BGB). Ebenso sind die Voraussetzungen für die Annahme verschieden. Ein Volljähriger kann gem. § 1767 Abs. 1 BGB nur als Kind angenommen werden, wenn die Annahme **sittlich gerechtfertigt** ist. Dies ist insbesondere anzunehmen, wenn zwischen dem Annehmenden und Anzunehmenden ein Eltern-Kind-Verhältnis bereits entstanden ist. Wirtschaftliche Gründe allein genügen nicht.[1] Sofern wirtschaftliche Gründe – wie etwa die Ersparnis von Erbschaftsteuer – Nebenzweck der Annahme sind, schadet dies nicht.[2]

a) Wirkungen der Annahme als Kind

19 Grundlegend unterscheiden sich die **Wirkungen** der Annahme eines Volljährigen von denen der Annahme eines Minderjährigen. Gem. § 1770 BGB tritt keine Volladoption ein. Die Wirkungen der Adoption erstrecken sich nicht auf die Verwandten des Annehmenden. Es tritt lediglich im Verhältnis zum Annehmenden die wechselseitige gesetzliche Erbberechtigung einschließlich des Pflichtteilsrechts ein, während eine solche zu den Verwandten des Annehmenden mangels Verwandtschaftsverhältnisses nicht begründet wird. Ebenso wird der Ehegatte oder Lebenspartner des Annehmenden nicht mit dem Angenommenen, dessen Ehegatte oder Lebenspartner nicht mit dem Annehmenden verschwägert. Auch werden die Rechte und Pflichten aus dem Verwandtschaftsverhältnis des Angenommenen und seiner Abkömmlinge zu ihren Verwandten durch die Annahme grundsätzlich nicht berührt. Der Angenommene bleibt gegenüber seinen leiblichen Eltern und deren Verwandten erb- und pflichtteilsberechtigt, wie dies auch umgekehrt der Fall ist. Stirbt der Angenommene, so sind seine leiblichen Eltern und seine Adoptiveltern nebeneinander Erben der zweiten Ordnung iSd. § 1925 BGB.[3]

20 Nur unter den **besonderen Voraussetzungen** des § 1772 BGB kann das Vormundschaftsgericht die gleichen Wirkungen wie bei der Annahme Minderjähriger anordnen. Dies ist etwa der Fall, wenn ein minderjähriges Geschwisterkind von denselben Personen angenommen wurde bzw. gleichzeitig angenommen wird oder der Anzunehmende bereits als Minderjähriger in die Familie des Annehmenden aufgenommen worden ist.[4]

b) Erklärungen

21 Für die Annahme eines Volljährigen sind gem. § 1768 Abs. 1 BGB der **Antrag des Annehmenden** und der **Antrag des Anzunehmenden** erforderlich. Einwilligungserklärungen bedarf es mit Ausnahme der Einwilligung eventueller Ehegatten nach §§ 1767 Abs. 2, 1749 BGB oder Lebenspartner nach § 1767 Abs. 2 Satz 3 BGB nicht. Die Anträ-

1 Vgl. *Krause*, NotBZ 2007, 43 (44); zu den Anforderungen an die sittliche Rechtfertigung s. auch BayObLG v. 24.7.2002 – 1 Z BR 54/02, MittBayNot 2003, 140; BayObLG v. 21.4.2004 – 1 Z BR 019/04, MittBayNot 2004, 443.

2 BGH v. 27.3.1961 – III ZR 6/60, BGHZ 35, 75; *Krause*, NotBZ 2007, 43 (44).

3 AnwK-BGB/*Finger*, § 1770 BGB Rz. 2.

4 Vgl. näher *Krause*, NotBZ 2007, 43 (47); zur Namensführung nach Volljährigenadoption s. BayObLG v. 15.1.2003 – 1 Z BR 138/02, MittBayNot 2003, 226.

ge bedürfen der notariellen Beurkundung. Wird eine Volladoption nach § 1772 BGB beantragt, hat das Familiengericht die leiblichen Eltern des Anzunehmenden am Verfahren zu beteiligen und anzuhören (§ 188 Abs. 1 Nr. 1b).

Formulierungsvorschlag:

Die Erschienenen zu 1. und 2. haben am ... vor dem Standesamt ... unter Heiratseintrag Nr. ... die Ehe geschlossen. Ihre Ehe ist kinderlos. Der Erschienene zu 3. ist am ... in ... geboren. Er ist ledig. Sämtliche Erschienene sind deutsche Staatsangehörige.

Der Erschienene zu 3. lebt seit seinem 10. Lebensjahr im Haushalt der Erschienenen zu 1. und 2. wie ein eheliches Kind. Es ist zwischen den Beteiligten ein echtes Eltern-Kind-Verhältnis entstanden.

Die Erschienenen beantragen beim zuständigen Familiengericht auszusprechen:

Der am ... in ... geborene ... wird von den Eheleuten ... als gemeinschaftliches Kind angenommen. Er erhält als Geburtsnamen den Familiennamen ...

Ferner wird beantragt, beim Ausspruch der Annahme zu bestimmen, dass sich die Wirkungen der Annahme nach den Vorschriften über die Annahme eines Minderjährigen richten.

Die Erschienenen wurden vom Notar über die Rechtswirkungen der Annahme und das Erbrecht belehrt.

Für den Fall des Todes eines der Annehmenden oder beider wird der beurkundende Notar mit der Einreichung des Antrages auf Annahme als Kind beim zuständigen Familiengericht betraut (§ 1753 Abs. 2 BGB).

3. Stiefkindadoption durch eingetragenen Lebenspartner

§ 9 Abs. 7 LPartG ermöglicht seit dem 1.1.2005, dass ein Lebenspartner ein Kind seines Lebenspartners allein annehmen kann (**Stiefkindadoption**). Für diesen Fall gelten § 1743 Satz 1, § 1751 Abs. 2 und 4 Satz 2, § 1754 Abs. 1 und 3, § 1755 Abs. 2, § 1756 Abs. 2, § 1757 Abs. 2 Satz 1 und § 1772 Abs. 1 Satz 1 Buchst. c BGB gem. § 9 Abs. 7 Satz 2 LPartG entsprechend. Mit dieser Regelung werden die für die Stiefkindadoption erforderlichen Sonderregelungen, wie zB das Bestehenbleiben der Verwandtschaftsverhältnisse (§ 1756 Abs. 2 BGB), für anwendbar erklärt. Die übrigen, nicht allein die Stiefkindadoption betreffenden Vorschriften des Adoptionsrechts wie das Kindeswohlerfordernis des § 1741 Abs. 1 BGB und die Notwendigkeit eines Beschlusses über die Adoption (§ 1752 BGB) sind darüber hinaus anwendbar.[1] 22

§ 9 Abs. 6 LPartG stellt klar, dass ein Lebenspartner zu der Alleinadoption eines Kindes die Zustimmung seines Lebenspartners benötigt. Dies entspricht wie bei der Ehe dem Wesen einer umfassenden Lebensgemeinschaft. 23

4. Unterlagen zur Vorlage beim Familiengericht

Dem Familiengericht sind zusammen mit den Ausfertigungen (nicht beglaubigte Abschriften) der Urkunden, die den Antrag sowie die erforderlichen Einwilligungs- bzw. Zustimmungserklärungen enthalten, die nachfolgenden **Unterlagen** einzureichen: 24

- Geburtsurkunden der Annehmenden;
- Eheurkunde bzw. Lebenspartnerschaftsurkunde der Annehmenden;
- Staatsangehörigkeitsnachweis der Annehmenden;
- Polizeiliche Führungszeugnisse der Annehmenden;

1 *Krause*, NotBZ 2005, 85 (88).

- Amtsärztliche Gesundheitszeugnisse der Annehmenden;
- Geburtsurkunde des anzunehmenden Kindes;
- Staatsangehörigkeitsnachweis des anzunehmenden Kindes;
- Amtsärztliches Gesundheitszeugnis des anzunehmenden Kindes;
- Ggf. Eheurkunde bzw. Lebenspartnerschaftsurkunde des anzunehmenden Kindes.

25 Die Einreichung der Unterlagen beim Familiengericht kann durch den Antragsteller oder den Notar erfolgen.

II. Ersetzung der Einwilligung zur Annahme als Kind (Nr. 2)

26 § 186 Nr. 2 erfasst die Verfahren, die die **Ersetzung der Einwilligung zur Annahme als Kind** betreffen. Dies sind insbesondere die selbständigen Verfahren nach den §§ 1748, 1749 Abs. 1 Satz 2 BGB.[1]

1. Ersetzung der Einwilligung eines Elternteils

27 § 1748 BGB sieht die Möglichkeit der Ersetzung der fehlenden Einwilligung eines Elternteils in die Annahme vor. Die Vorschrift dient dem **Kindeswohl** und ermöglicht auch eine Adoption gegen den Willen der leiblichen Eltern. Ersetzt werden kann die Einwilligung des einzigen, eines von beiden oder beider Elternteile. Die Ersetzung der Einwilligung bedeutet Entzug des Elternrechts.[2] § 1748 BGB ist lex specialis zu § 1666 BGB.[3]

28 Die Ersetzung nach § 1748 BGB erfolgt nur auf **Antrag**[4] **des Kindes**. Ein mindestens 14 Jahre altes Kind kann den Antrag nur selbst stellen, bedarf hierzu allerdings der Zustimmung des gesetzlichen Vertreters. Für ein noch nicht 14 Jahre altes Kind kann nur sein gesetzlicher Vertreter den Antrag stellen, selbst wenn er das Kind annehmen will[5] (vgl. § 1746 Abs. 1 BGB). Bei Interessenkonflikten zu dem allein sorgeberechtigten Elternteil ist Ergänzungspflegschaft für den Antrag nach § 1748 BGB anzuordnen. Die gesetzliche Amtspflegschaft für ein nichteheliches Kind umfasst nicht die Antragsbefugnis, falls die Mutter ihre Einwilligung zur Adoption verweigert.

29 Der Ersetzungsbeschluss muss rechtskräftig sein, bevor die Annahme als Kind ausgesprochen werden kann.[6]

30 Bei nichtehelichen Vätern, die keine elterliche Sorge innehaben, ist die Einwilligung gem. § 1748 Abs. 4 BGB zu ersetzen, wenn das Unterbleiben der Annahme dem Kind zu **unverhältnismäßigem Nachteil** gereichen würde. Die Feststellung eines solchen unverhältnismäßigen Nachteils erfordert eine Abwägung der Einzelfallumstände unter Berücksichtigung der Interessen des Kindes und des Vaters. Es reicht nicht aus, dass

1 BT-Drucks. 16/6308, S. 247.
2 Erman/*Saar*, § 1748 BGB Rz. 6.
3 MüKo.BGB/*Maurer*, § 1748 BGB Rz. 2; Erman/*Saar*, § 1748 BGB Rz. 6.
4 Eine Begr. des Antrags ist nicht erforderlich; das Familiengericht hat die Ersetzungsgründe von Amts wegen zu prüfen; vgl. AnwK-BGB/*Finger*, § 1748 BGB Rz. 15. Eine Anhörung des Kindes ist jedoch erforderlich; vgl. BVerfG v. 14.8.2001 – 1 BvR 310/08, FamRZ 2002, 229; OLG Düsseldorf v. 19.12.1994 – 3 Wx 454/94, FamRZ 1995, 1294; AnwK-BGB/*Finger*, § 1748 BGB Rz. 15; Erman/*Saar*, § 1748 BGB Rz. 31.
5 OLG Zweibrücken v. 8.2.2001 – 3 W 266/00, FamRZ 2001, 1730.
6 *Krause*, NotBZ 2006, 221 (227).

lediglich die Interessen des Kindes diejenigen des Vaters überwiegen.[1] Die Adoption muss vielmehr einen so erheblichen Vorteil für das Kind haben, dass ein sich verständig sorgender Elternteil auf der Erhaltung des Verwandschaftsbandes zum leiblichen Vater nicht bestehen würde.

Bei der im Einzelfall ausgerichteten **Interessenabwägung** ist zu berücksichtigen, dass die Adoption idR nicht dem Wohl des Kindes dient, wenn sie vorrangig auf den Ausschluss von Umgangsmöglichkeiten des leiblichen Vaters gerichtet ist. Außerdem ist das Bestehen eines gelebten Vater-Kind-Verhältnisses zu beachten. Auf Grund der Unterschiede zwischen der Drittadoption und der Stiefkindadoption bei der Sorgerechtserlangung durch den leiblichen Vater ist dessen Einwilligung in den Fällen der Stiefkindadoption nur unter strengeren Voraussetzungen zu ersetzen als in den Fällen der Drittadoption.[2] 31

2. Ersetzung der Einwilligung eines Ehegatten

Das Familiengericht kann gem. § 1749 Abs. 1 Satz 2 BGB die fehlende Einwilligung eines Ehegatten ersetzen.[3] Die Ersetzung scheidet nach § 1749 Abs. 1 Satz 3 BGB aus, wenn der Annahme **berechtigte Interessen** des anderen Ehegatten und der Familie entgegenstehen. Bei der Interessenabwägung kommt es insbesondere darauf an, ob die eheliche Gemeinschaft durch die Annahme beeinträchtigt werden kann. Im Übrigen ist eine Ersetzung möglich, wenn die Einwilligung aus unsachlichen Gründen verweigert wird. Letzteres ist zB der Fall, wenn das Kind bereits beim Adoptionsbewerber lebt und die Annahme seinem Wohl dient. 32

III. Aufhebung des Annahmeverhältnisses (Nr. 3)

§ 186 Nr. 3 nennt die Verfahren, die die **Aufhebung des Annahmeverhältnisses** betreffen. Hierzu gehören auch die unselbständigen Teile des Aufhebungsverfahrens, wie etwa die Entscheidung zur Namensführung.[4] Nicht umfasst ist das selbständige Verfahren auf Rückübertragung der elterlichen Sorge bzw. Bestellung eines Vormunds oder Pflegers (§ 1764 Abs. 4 BGB). Es handelt sich hierbei um Kindschaftssachen.[5] 33

1. Aufhebung des Annahmeverhältnisses bei Minderjährigen

Bei Verstoß gegen das **Eheverbot** des § 1308 BGB wird das Adoptionsverhältnis kraft Gesetzes aufgelöst. Im Übrigen kann es gem. § 1759 BGB nur in den Fällen der §§ 1760, 1763 BGB aufgehoben werden. Nach Erreichen seiner Volljährigkeit ist die Annahme eines Minderjährigen nicht mehr aufhebbar.[6] In der Praxis sind Aufhebungsverfahren selten. Verfassungswidrigkeit scheidet als eigener Aufhebungsgrund aus. 34

1 BGH v. 23.3.2005 – XII ZB 10/03, NJW 2005, 1781; aA OLG Karlsruhe v. 26.5.2000 – 11 Wx 48/00, FamRZ 2001, 573.
2 BGH v. 23.3.2005 – XII ZB 10/03, NJW 2005, 1781; krit. hierzu *Peschel-Gutzeit*, NJW 2005, 3324.
3 Eine Ersetzung kommt insbesondere in Betracht, wenn die Ehegatten dauerhaft getrennt leben; vgl. MüKo.BGB/*Maurer*, § 1749 BGB Rz. 5; Erman/*Saar*, § 1749 BGB Rz. 5.
4 BT-Drucks. 16/6308, S. 247.
5 BT-Drucks. 16/6308, S. 247.
6 OLG Zweibrücken v. 20.1.1997 – 3 W 173/96, FamRZ 1997, 577; OLG Karlsruhe v. 21.8.1995 – 11 Wx 52/94, FamRZ 1996, 434.

Nach einer wegen Verletzung des rechtlichen Gehörs erfolgreichen Verfassungsbeschwerde hat das Familiengericht jedoch zu prüfen, ob eine Aufhebung des Adoptionsbeschlusses in Betracht kommt.[1]

35 Die Aufhebung erfolgt im Falle des § 1760 BGB auf **Antrag** (§ 1762 BGB)[2] und im Falle des § 1763 BGB **von Amts wegen**. Funktionell zuständig ist gem. § 14 Abs. 1 Nr. 15 RPflG der Richter.

36 Zu unterscheiden von der bloßen Aufhebbarkeit, die die Wirksamkeit des Annahmebeschlusses unberührt lässt, ist die **Nichtigkeit der Annahme**. Auf diese kann sich jedermann berufen. Eine nichtige Adoption hat keinerlei Rechtswirkungen. Sie kommt nur bei besonders schweren, offensichtlichen Mängeln in Betracht, zB bei Erlass des Adoptionsbeschlusses durch den Rechtspfleger,[3] bei Verstößen gegen § 1753 Abs. 1 BGB,[4] oder bei Adoption des eigenen Kindes.[5]

37 Nur aufhebbar und nicht nichtig ist die Annahme zB bei einem fehlenden Antrag,[6] bei einem Verstoß gegen § 1742 BGB[7] oder bei Annahme eines Minderjährigen nach den für Volljährige geltenden Regeln.[8] Eine Anordnung im Adoptionsbeschluss, dass der Angenommene seinen bisherigen Namen entgegen § 1757 Abs. 1 BGB weiterführt, ist wirkungslos.[9]

2. Sonderfall: Ehe zwischen Annehmendem und Kind

38 § 1307 Satz 1 BGB untersagt Ehen zwischen Verwandten in gerader Linie sowie zwischen vollbürtigen und halbbürtigen Geschwistern. Dieses **Ehehindernis** dehnt § 1308 Abs. 1 BGB auch auf Personen aus, deren Verwandtschaft durch Annahme als Kind begründet worden ist. Haben sich die Beteiligten über das Eheverbot des § 1308 Abs. 1 BGB hinweggesetzt, bestehen allerdings keine eherechtlichen Sanktionen.[10] Im Gegensatz zu einem Verstoß gegen § 1307 BGB ist die Ehe insbesondere nicht nach §§ 1313, 1314 BGB aufhebbar. § 1766 BGB ordnet für diesen Fall jedoch an, dass das Adoptionsverhältnis mit der Eheschließung kraft Gesetzes endet.[11]

3. Aufhebung des Annahmeverhältnisses bei Volljährigen

39 § 1771 BGB enthält für die **Aufhebung der Volljährigenadoption** Sonderregeln. Daneben anwendbar ist § 1766 BGB für den Fall der Ehe zwischen dem Annehmenden und dem Angenommenen.[12] Für das Aufhebungsverfahren gelten die Regelungen zur Auf-

1 BVerfG v. 8.2.1994 – 1 BvR 765, 766/89, NJW 1994, 1053; BVerfG v. 23.3.1994 – 2 BvR 397/93, NJW 1995, 316.
2 Die Antragsbefugnis ist höchstpersönlich und nicht vererblich; vgl. AnwK-BGB/*Finger*, § 1759 BGB Rz. 1.
3 AnwK-BGB/*Finger*, § 1759 BGB Rz. 2.
4 Staudinger/*Frank*, § 1759 BGB Rz. 6; Erman/*Saar*, § 1759 BGB Rz. 4.
5 MüKo.BGB/*Maurer*, § 1759 BGB Rz. 17; Erman/*Saar*, § 1759 BGB Rz. 4.
6 OLG Düsseldorf v. 19.6.1996 – 3 W 99/96, FamRZ 1997, 117.
7 Staudinger/*Frank*, § 1759 BGB Rz. 6; aA Erman/*Saar*, § 1759 BGB Rz. 4; *Beitzke*, StAZ 1983, 6.
8 Erman/*Saar*, § 1759 BGB Rz. 5.
9 *Krause*, NotBZ 2007, 276 (277).
10 AnwK-BGB/*Finger*, § 1766 BGB Rz. 2; Bamberger/Roth/*Enders*, § 1766 BGB Rz. 1.
11 Eine Ehe zwischen Adoptivgroßvater und Kind verstößt gegen § 1308 Abs. 1 BGB, es tritt jedoch keine Aufhebung des Annahmeverhältnisses ein; vgl. Erman/*Saar*, § 1766 BGB Rz. 2.
12 BT-Drucks. 7/3061, S. 55; AnwK-BGB/*Finger*, § 1771 BGB Rz. 1.

hebung des Annahmeverhältnisses Minderjähriger entsprechend.[1] Nicht anwendbar ist § 1771 BGB, wenn der Angenommene im Zeitpunkt der Annahme minderjährig war, inzwischen aber volljährig geworden ist.[2] Wird jedoch die Annahme des Minderjährigen durch eine Adoption im Erwachsenenalter ersetzt, richten sich die Voraussetzungen und Folgen der Aufhebung nach § 1771 BGB.

Gem. § 1772 Abs. 2 Satz 1 BGB kann das mit starken Wirkungen ausgestaltete Annahmeverhältnis nur in sinngemäßer Anwendung des § 1760 Abs. 1 bis 5 BGB aufgehoben werden, wobei nach § 1772 Abs. 2 Satz 2 BGB an die Stelle der Einwilligung des Kindes der Antrag des Anzunehmenden tritt. § 1771 BGB ist dagegen unanwendbar.[3] Eine Aufhebung der Volladoption kommt dementsprechend nur aus Verfahrensmängeln, nicht aber aus wichtigem Grund in Betracht. Die leiblichen Eltern haben kein Antragsrecht.[4] 40

IV. Befreiung vom Eheverbot des § 1308 Abs. 1 BGB (Nr. 4)

§ 186 Nr. 4 erwähnt die Verfahren, die die **Befreiung vom Eheverbot** des § 1308 Abs. 1 BGB zum Gegenstand haben. Gem. § 1308 Abs. 1 Satz 1 BGB soll eine Ehe nicht geschlossen werden zwischen Personen, deren Verwandtschaft iSd. § 1307 BGB (vgl. Rz. 38) durch Annahme als Kind begründet worden ist. Das Familiengericht kann gem. § 1308 Abs. 2 Satz 1 BGB auf Antrag von dieser Vorschrift Befreiung erteilen, wenn zwischen dem Antragsteller und seinem künftigen Ehegatten durch die Annahme als Kind eine Verwandtschaft in der Seitenlinie begründet worden ist. Gem. § 1308 Abs. 2 Satz 2 BGB soll die Befreiung versagt werden, wenn wichtige Gründe der Eingehung der Ehe entgegenstehen. Fehlen solche, ist die Befreiung wegen Art. 6 Abs. 1 GG zu erteilen.[5] Antragsberechtigt ist jeder Verlobte. 41

Für die Zuordnung des Verfahrens nach § 1308 Abs. 2 BGB zu den Adoptionssachen sprach aus Sicht des Gesetzgebers die größte Sachnähe.[6] 42

§ 187
Örtliche Zuständigkeit

(1) Für Verfahren nach § 186 Nr. 1 bis 3 ist das Gericht ausschließlich zuständig, in dessen Bezirk der Annehmende oder einer der Annehmenden seinen gewöhnlichen Aufenthalt hat.

(2) Ist die Zuständigkeit eines deutschen Gerichts nach Absatz 1 nicht gegeben, ist der gewöhnliche Aufenthalt des Kindes maßgebend.

(3) Für Verfahren nach § 186 Nr. 4 ist das Gericht ausschließlich zuständig, in dessen Bezirk einer der Verlobten seinen gewöhnlichen Aufenthalt hat.

1 AnwK-BGB/*Finger*, § 1771 BGB Rz. 6.
2 OLG Zweibrücken v. 20.1.1997 – 3 W 173/96, FamRZ 1997, 577.
3 AnwK-BGB/*Finger*, § 1772 BGB Rz. 6; Staudinger/*Frank*, § 1772 BGB Rz. 8; aA *Bosch*, FamRZ 1978, 663; Erman/*Saar*, § 1772 BGB Rz. 8.
4 BayObLG v. 21.7.2000 – 1 Z BR 66/00, FGPrax 2000, 204.
5 BVerfG v. 14.11.1973 – 1 BvR 719/69, NJW 1974, 545.
6 BT-Drucks. 16/6308, S. 247.

(4) Kommen in Verfahren nach § 186 ausländische Sachvorschriften zur Anwendung, gilt § 5 Abs. 1 Satz 1 und Abs. 2 des Adoptionswirkungsgesetzes entsprechend.

(5) Ist nach den Absätzen 1 bis 4 eine Zuständigkeit nicht gegeben, ist das Amtsgericht Schöneberg in Berlin zuständig. Es kann die Sache aus wichtigem Grund an ein anderes Gericht verweisen.

A. Allgemeines

1 Die Vorschrift regelt die **örtliche Zuständigkeit für** Adoptionssachen (§ 186 Nr. 1 bis 4). § 187 Abs. 1 entspricht seinem wesentlichen Inhalt nach dem bisherigen § 43b Abs. 2 Satz 1 FGG. Die Vorschrift ist jedoch knapper gefasst. Dies soll die Übersichtlichkeit verbessern.[1] § 187 Abs. 2 knüpft an § 187 Abs. 1 an und entspricht im Wesentlichen dem bisherigen § 43b Abs. 4 Satz 1 FGG. § 187 Abs. 3 entspricht dem bisherigen § 44a Abs. 1 Satz 1 FGG. § 187 Abs. 4 übernimmt den Regelungsgehalt des bisherigen § 43b Abs. 2 Satz 2 FGG. § 187 Abs. 5 enthält eine Auffangzuständigkeit des Amtsgerichts Schöneberg in Berlin. Diese war bislang in § 43b Abs. 3 und 4 FGG und § 44a Abs. 1 FGG geregelt.

B. Inhalt der Vorschrift

I. Zuständigkeit für Verfahren gem. § 186 Nr. 1 bis 3 nach dem gewöhnlichen Aufenthalt des Annehmenden (Absatz 1)

2 Gem. § 187 Abs. 1 ist für Verfahren nach § 186 Nr. 1 bis 3, also solche, die die Annahme als Kind (vgl. § 186 Rz. 2 ff.), die Ersetzung der Einwilligung zur Annahme als Kind (vgl. § 186 Rz. 26 ff.) oder die Aufhebung des Annahmeverhältnisses (vgl. § 186 Rz. 33 ff.) betreffen, das Gericht ausschließlich zuständig, in dessen Bezirk der Annehmende oder einer der Annehmenden seinen gewöhlichen Aufenthalt hat. Der **gewöhnliche Aufenthalt** wird von einer auf längere Dauer angelegten sozialen Eingliederung gekennzeichnet und ist allein von der tatsächlichen – ggf. vom Willen unabhängigen – Situation gekennzeichnet, die den Aufenthaltsort als Mittelpunkt der Lebensführung ausweist.[2] Zum Begriff des gewöhnlichen Aufenthalts s. auch die Kommentierung zu § 122.

3 § 187 Abs. 1 gilt unabhängig davon, ob der Annehmende oder einer der Annehmenden die deutsche Staatsangehörigkeit besitzt. Auch die Staatsangehörigkeit des Kindes ist insoweit ohne Bedeutung; zur Zuständigkeitskonzentration bei Auslandsbezug s. § 5 Abs. 1 Satz 1 AdWirkG (vgl. Rz. 7 und § 199 Rz. 11).

4 Haben die Annehmenden im Zeitpunkt der Befassung des Gerichts (vgl. Rz. 10) getrennte Aufenthaltsorte im Bezirk verschiedener Familiengerichte, tritt eine doppelte Zuständigkeit dieser Gerichte ein.[3] In einem solchen Fall ist nach § 2 Abs. 1 das Gericht zuständig, das zuerst mit der Angelegenheit befasst ist.

1 BT-Drucks. 16/6308, S. 247.
2 Vgl. BT-Drucks. 16/6308, S. 226.
3 Vgl. KG v. 8.11.1994 – 1 AR 39/94, FGPrax 1995, 71.

II. Zuständigkeit für Verfahren gem. § 186 Nr. 1 bis 3 nach dem gewöhnlichen Aufenthalt des Kindes (Absatz 2)

Fehlt es in den Verfahren nach § 186 Nr. 1 bis 3 an der Zuständigkeit eines deutschen Gerichts nach § 187 Abs. 1, ist gem. § 187 Abs. 2 der gewöhnliche Aufenthalt (vgl. Rz. 3) des Kindes maßgebend. Auch in diesem Fall ist die Staatsangehörigkeit des Kindes ohne Bedeutung; zur Zuständigkeitskonzentration nach § 5 Abs. 1 Satz 1 AdWirkG vgl. Rz. 7 und § 199 Rz. 11. 5

III. Zuständigkeit für Verfahren gem. § 186 Nr. 4 (Absatz 3)

Für die Verfahren nach § 186 Nr. 4 (Befreiung vom Eheverbot des § 1308 Abs. 1 BGB, vgl. § 186 Rz. 41 f.) ist gem. § 187 Abs. 3 das Gericht ausschließlich zuständig, in dessen Bezirk einer der Verlobten seinen gewöhnlichen Aufenthalt (vgl. Rz. 3) hat. Bei getrennten Aufenthaltsorten der Verlobten in verschiedenen Gerichtsbezirken sind beide Familiengerichte örtlich zuständig. Dem Gericht, das zuerst mit der Sache befasst ist, gebührt nach § 2 Abs. 1 der Vorrang. Hat nur einer der Verlobten seinen gewöhnlichen Aufenthalt im Inland, ist das Gericht, in dessen Bezirk sich der Aufenthaltsort befindet, örtlich zuständig. 6

IV. Zuständigkeitskonzentration bei Anwendung ausländischer Sachvorschriften (Absatz 4)

Gem. § 187 Abs. 4 gilt § 5 Abs. 1 Satz 1 und Abs. 2 AdWirkG entsprechend, sofern im Verfahren nach § 186 ausländische Sachvorschriften zur Anwendung kommen. § 187 Abs. 4 wurde durch das Gesetz zur Modernisierung von Verfahren im amtlichen und notariellen Berufsrecht, zur Errichtung einer Schlichtungsstelle der Rechtsanwaltschaft sowie zur Änderung sonstiger Vorschriften v. 30.7.2009[1] eingefügt. 7

Durch die Verweisung auf § 5 Abs. 1 Satz 1 AdWirkG ist für Inlandsadoptionssachen, in denen ausländische Sachvorschriften zur Anwendung kommen, die örtliche Zuständigkeit für den Bezirk eines OLG bei dem Gericht konzentriert, in dessen Bezirk das OLG seinen Sitz hat. Die Verweisung auf § 5 Abs. 2 AdWirkG ermächtigt die Landesregierungen, die Zuständigkeitskonzentration abweichend zu regeln. § 187 Abs. 4 gewährleistet die Einrichtung mit besonderer Sachkunde ausgestatteter Gerichte. Hierfür besteht angesichts der Komplexität von Verfahren, in denen ausländisches Recht angewendet werden muss, ein erhebliches praktisches Bedürfnis. Die Vorschrift gilt für alle Verfahren nach § 186. S. auch § 199 Rz. 11. 8

V. Auffangzuständigkeit des Amtsgerichts Schöneberg in Berlin (Absatz 5)

Fehlt es an einer Zuständigkeit nach § 187 Abs. 1 bis 4, ist gem. § 187 Abs. 5 Satz 1 eine **Auffangzuständigkeit** des Amtsgerichts Schöneberg in Berlin gegeben. Das Amtsgericht Schöneberg in Berlin kann die Sache gem. § 187 Abs. 5 Satz 2 aus wichtigem Grund an ein anderes Gericht verweisen. Die in § 187 Abs. 5 Satz 2 vorgesehene Ver- 9

1 BGBl. I, S. 2449.

weisungsmöglichkeit geht zurück auf die Stellungnahme des Bundesrates,[1] der die Bundesregierung[2] in modifizierter Form zugestimmt hat.

10 Ein **wichtiger Grund zur Abgabe** kann etwa vorliegen, wenn ein Annehmender, das Kind bzw. ein Verlobter seinen gewöhnlichen Aufenthalt in den Bezirk eines anderen Gerichts verlegt hat.

VI. Maßgeblicher Zeitpunkt für die Feststellung der örtlichen Zuständigkeit

11 Der für die Feststellung der örtlichen Zuständigkeit **maßgebliche Zeitpunkt** bestimmt sich danach, wann das Familiengericht mit der Sache befasst wurde. In **Antragsverfahren** (zB nach §§ 1748, 1749 Abs. 1 BGB, §§ 1752, 1767 Abs. 2, 1768 BGB, §§ 1760, 1771, 1772 Satz 2 BGB) ist dies der Fall, wenn ein Antrag mit dem Ziel der Erledigung durch dieses Gericht eingegangen ist.[3] In **Amtsverfahren** (zB § 1746 Abs. 3 BGB, § 1763 BGB) ist ein Gericht mit einer Sache befasst, wenn es amtlich von Tatsachen Kenntnis erlangt, die Anlass zu gerichtlichen Maßnahmen sein können.[4] Ein Wechsel der maßgeblichen Verhältnisse nach dem angegebenen Zeitpunkt ist unerheblich.

12 Der **Tod des Annehmenden** führt nicht zwangsläufig zur Unmöglichkeit der Annahme. Für eine Adoption trotz Todes des Annehmenden kann sprechen, dass das Kind bereits im Haushalt des Annehmenden gelebt hat und die Beziehung zu den übrigen Familienmitgliedern erhalten bleiben soll. Entscheidend für den Ausspruch sind das Kindeswohl und die Frage, ob das Kind seine Einwilligung widerruft. Stirbt der Annehmende vor dem Ausspruch der Annahme, kann diese nur bei Vorliegen der Voraussetzungen des § 1753 Abs. 2 BGB erfolgen. Hierfür ist erforderlich, dass der Annehmende den Antrag beim Familiengericht eingereicht oder bei oder nach der notariellen Beurkundung des Antrags den Notar damit betraut hat, den Antrag einzureichen. Der Auftrag an den Notar darf nicht an eine Bedingung (Ableben des Annehmenden) geknüpft sein.[5] War der Antrag nicht mehr vor dem Tode des Annehmenden bei Gericht eingereicht worden, hatte aber der Annehmende den Notar damit betraut, den Antrag bei Gericht einzureichen, so war nach § 43b Abs. 2 Satz 1 Halbs. 2 FGG aF für die örtliche Zuständigkeit des Gerichts der Zeitpunkt maßgebend, in dem der Notar mit der Einreichung betraut worden war. Eine vergleichbare Regelung enthält § 187 nicht. Der Gesetzgeber wollte die Regelungen des § 43b Abs. 2 Satz 1 FGG aF in § 187 Nr. 1 lediglich übersichtlicher fassen[6] und nicht inhaltlich ändern. Es ist daher davon auszugehen, dass es in den Fällen des § 1753 Abs. 2 BGB für die Entscheidung der örtlichen Zuständigkeit bei Versterben des Annehmenden vor Einreichung des Annahmeantrages bei Gericht nach wie vor auf den Zeitpunkt ankommt, in dem der Notar mit der Einreichung betraut wird.

C. Internationale Zuständigkeit

13 Die bisher in § 43b Abs. 1 FGG enthaltenen Bestimmungen zur internationalen Zuständigkeit für Adoptionssachen finden sich nunmehr in §§ 101, 106. Gem. § 101 sind

1 BR-Drucks. 307/07, S. 50.
2 BT-Drucks. 16/6308, S. 417.
3 Vgl. BT-Drucks. 16/6308, S. 234.
4 Vgl. BT-Drucks. 16/6308, S. 234.
5 *Krause*, NotBZ 2006, 221 (233).
6 BT-Drucks. 16/6308, S. 247.

die deutschen Gerichte zuständig, wenn der Annehmende, einer der annehmenden Ehegatten oder das Kind Deutscher ist oder seinen gewöhnlichen Aufenthalt im Inland hat. § 106 stellt fest, dass die internationale Zuständigkeit nicht ausschließlich ist. S. hierzu näher die Kommentierungen zu §§ 101, 106.

§ 188
Beteiligte

(1) Zu beteiligen sind

1. in Verfahren nach § 186 Nr. 1

a) der Annehmende und der Anzunehmende,

b) die Eltern des Anzunehmenden, wenn dieser entweder minderjährig ist und ein Fall des § 1747 Abs. 2 Satz 2 oder Abs. 4 des Bürgerlichen Gesetzbuchs nicht vorliegt oder im Fall des § 1772 des Bürgerlichen Gesetzbuchs,

c) der Ehegatte des Annehmenden und der Ehegatte des Anzunehmenden, sofern nicht ein Fall des § 1749 Abs. 3 des Bürgerlichen Gesetzbuchs vorliegt;

2. in Verfahren nach § 186 Nr. 2 derjenige, dessen Einwilligung ersetzt werden soll;

3. in Verfahren nach § 186 Nr. 3

a) der Annehmende und der Angenommene,

b) die leiblichen Eltern des minderjährigen Angenommenen;

4. in Verfahren nach § 186 Nr. 4 die Verlobten.

(2) Das Jugendamt und das Landesjugendamt sind auf ihren Antrag zu beteiligen.

A. Allgemeines

Die Vorschrift regelt, wer in Adoptionssachen als **Beteiligter** hinzuzuziehen ist. Die Aufzählung ist nicht abschließend. Unter den Voraussetzungen des § 7 Abs. 2 Nr. 1 können im Einzelfall weitere Personen hinzuzuziehen sein.[1] Dies sind diejenigen Personen, deren Recht durch das Verfahren unmittelbar betroffen wird. 1

B. Inhalt der Vorschrift

I. Beteiligte im Verfahren nach § 186 Nr. 1 (Abs. 1 Nr. 1)

1. Annehmender und Anzunehmender (Abs. 1 Nr. 1a)

In den Verfahren, die die Annahme als Kind betreffen (§ 186 Nr. 1, vgl. § 186 Rz. 2 ff.) sind gem. § 188 Abs. 1 Nr. 1a der **Annehmende** und der **Anzunehmende** zu beteiligen. Ein besonderer Hinzuziehungsakt ist entbehrlich, soweit die genannten Personen bereits als Antragsteller nach § 7 Abs. 1 Beteiligte sind.[2] 2

1 BT-Drucks. 16/6308, S. 247.
2 BT-Drucks. 16/6308, S. 247.

3 Die einzelnen Annahmeformen sind in § 1741 Abs. 2 BGB geregelt. Das Gesetz geht zunächst von der Annahme durch eine Person aus, schränkt diese dann aber für Verheiratete im Hinblick auf das Ziel der Adoption erheblich ein.

4 Ein Unverheirateter kann gem. § 1741 Abs. 2 Satz 1 BGB ein Kind nur allein annehmen. Nicht miteinander verheiratete Personen können demzufolge ein Kind nicht gemeinschaftlich annehmen.[1] Dies gilt auch für die Annahme durch ein Geschwisterpaar.[2]

5 Ein Ehepaar kann ein Kind gem. § 1741 Abs. 2 Satz 2 BGB nur gemeinschaftlich annehmen.[3] Die bloße Zustimmung des Ehepartners reicht nicht aus.[4] Unzulässig ist auch eine gestufte Adoption, also zunächst durch den einen Ehegatten und dann durch den anderen Ehegatten.

6 Gem. § 1741 Abs. 2 Satz 3 BGB kann ein Ehegatte das Kind seines Ehegatten allein annehmen. Gleichgültig ist dabei, ob das Kind aus einer anderen Ehe stammt, außerehelich geboren oder adoptiert ist. Mit der Adoption des Stiefkindes erlangt dieses die Stellung eines gemeinschaftlichen Kindes der Ehegatten (§ 1754 Abs. 1 BGB).

7 Weiterhin kann ein Ehegatte gem. § 1741 Abs. 2 Satz 4 BGB ein Kind allein annehmen, wenn der andere Ehegatte das Kind nicht annehmen kann, weil er selbst geschäftsunfähig ist oder das 21. Lebensjahr noch nicht vollendet hat. Auf vergleichbare Hindernisse (zB Adoptionsverbot nach ausländischem Recht) kann § 1741 Abs. 2 Satz 4 BGB analog angewandt werden.[5]

8 § 9 Abs. 7 LPartG ermöglicht, dass ein Lebenspartner ein Kind seines Lebenspartners allein annehmen kann (Stiefkindadoption).

9 Angenommen werden kann grundsätzlich jedes Kind; auch das Kind der Leihmutter.[6] Die Annahme des eigenen nichtehelichen Kindes ist jedoch ausgeschlossen.[7]

2. Eltern des Anzunehmenden (Abs. 1 Nr. 1b)

10 Die **Eltern des Anzunehmenden** sind gem. § 188 Abs. 1 Nr. 1b zu beteiligen, wenn dieser entweder minderjährig ist und ein Fall des § 1747 Abs. 2 Satz 2 oder Abs. 4 BGB nicht vorliegt oder im Fall des § 1772 BGB.

11 Bei Minderjährigkeit des Anzunehmenden sind dessen Eltern grundsätzlich zum Verfahren hinzuzuziehen. Ausgenommen hiervon sind die Fälle der **Inkognitoadoption** nach § 1747 Abs. 2 Satz 2 BGB. Voraussetzung ist, dass die Annehmenden im Zeitpunkt der Einwilligungserklärung schon feststehen, auch wenn der Einwilligende sie nicht kennt. Die Einwilligung kann alternativ oder hilfsweise für mehrere Adoptionsbewerber erteilt werden.[8] Sie kann auch auf bestimmte Adoptionsverhältnisse be-

---

1 BT-Drucks. 7/3061, S. 30.
2 *Krause*, NotBZ 2006, 221 (222).
3 Dies gilt auch für die Adoption eines Volljährigen durch seinen verheirateten leiblichen Vater; vgl. OLG Hamm v. 24.9.2002 – 15 W 285/01, FamRZ 2003, 1039.
4 AnwK-BGB/*Finger*, § 1741 BGB Rz. 19.
5 AnwK-BGB/*Finger*, § 1741 BGB Rz. 22; aA Bamberger/Roth/*Enders*, § 1741 BGB Rz. 14.
6 AnwK-BGB/*Finger*, § 1741 BGB Rz. 24.
7 *Krause*, NotBZ 2006, 221 (222).
8 AnwK-BGB/*Finger*, § 1747 BGB Rz. 10.

schränkt werden, zB hinsichtlich der Religion der Adoptionsbewerber.[1] Bedingungen für das Annahmeverhältnis sind dagegen unzulässig.[2]

Eine weitere Ausnahme vom Gebot der Beteiligung der Eltern des minderjährigen Anzunehmenden besteht im Fall des § 1747 Abs. 4 BGB. Nach dieser Vorschrift ist die Einwilligung eines Elternteils, der zur Abgabe einer Erklärung dauernd außer Stande oder dessen Aufenthalt dauernd unbekannt ist, nicht erforderlich. Geschäftsunfähigkeit, deren Heilung nicht absehbar ist, reicht hierfür aus.[3] Ein unbekannter Aufenthalt eines Elternteils liegt zB bei einem Findelkind vor.[4] Ist der Elternteil namentlich bekannt, ist er zur Aufenthaltsermittlung auszuschreiben; sechs Monate nach der ersten Ausschreibung sind die Voraussetzungen des § 1747 Abs. 4 BGB erfüllt.[5] 12

Bei einer Volljährigenadoption sind die Eltern des Anzunehmenden nur zu beteiligen, wenn eine Annahme mit den Wirkungen der Minderjährigenannahme beantragt ist. Der Antrag muss ausdrücklich auf Ausspruch der Volladoption gerichtet sein. Die leiblichen Eltern des Anzunehmenden sind in diesem Fall zur Wahrung ihrer Interessen nach § 1772 Abs. 1 Satz 2 BGB am Verfahren zu beteiligten und anzuhören.[6] 13

3. Ehegatten des Annehmenden und des Anzunehmenden (Abs. 1 Nr. 1c)

Der **Ehegatte des Annehmenden** und der **Ehegatte des Anzunehmenden** sind gem. § 188 Abs. 1 Nr. 1c zu beteiligen, sofern nicht ein Fall des § 1749 Abs. 3 BGB vorliegt. 14

Die Beteiligung der Ehegatten des Annehmenden und des Anzunehmenden ist geboten, da die Annahme auch ihre Interessen berühren kann. Ihre Unterhaltsansprüche, Erb- bzw. Pflichtteilsansprüche werden durch die Annahme beeinträchtigt. § 1749 BGB regelt, in welchen Fälle die Einwilligung eines Ehegatten in die Annahme erforderlich ist. Grundlage des Einwilligungserfordernisses bildet die **eheliche Lebensgemeinschaft** gem. § 1353 BGB.[7] 15

Der Anwendungsbereich des § 1749 Abs. 1 Satz 1 BGB ist begrenzt. Die Vorschrift setzt voraus, dass der Ehegatte das Kind mit der Wirkung annimmt, dass es allein sein Kind wird. Dies kann nur dann der Fall sein, wenn der Ehegatte ein fremdes Kind annimmt und der andere Ehegatte noch nicht 21 Jahre alt ist (§ 1741 Abs. 2 Satz 4 BGB). Nimmt der Ehegatte dagegen das Kind seines Ehegatten an (§§ 1741 Abs. 2 Satz 3, 1742 BGB), bedarf es dazu bereits dessen Einwilligung als Elternteil nach § 1747 Abs. 1 Satz 1 BGB. Bei der Stiefkindadoption kommt § 1749 Abs. 1 Satz 2 BGB demzufolge keine eigenständige Bedeutung zu.[8] 16

Ist der Anzunehmende verheiratet, bedarf es der Einwilligung seines Ehegatten gem. § 1749 Abs. 2 BGB, da dieser mit der neuen Familie verschwägert wird (§ 1590 BGB). Die fehlende Einwilligung des Ehegatten des Adoptivkindes kann nicht ersetzt werden.[9] 17

1 *Listl*, FamRZ 1974, 74; AnwK-BGB/*Finger*, § 1747 BGB Rz. 10; aA Erman/*Saar*, § 1747 BGB Rz. 8.
2 *Krause*, NotBZ 2006, 221 (226).
3 BayObLG v. 15.7.1999 – 1 Z BR 6/99, FamRZ 1999, 1688.
4 Erman/*Saar*, § 1747 BGB Rz. 16.
5 *Krause*, NotBZ 2006, 221 (226).
6 Vgl. Staudinger/*Frank*, § 1772 BGB Rz. 6, 11; Erman/*Saar*, § 1772 BGB Rz. 9.
7 MüKo.BGB/*Maurer*, § 1749 BGB Rz. 1; AnwK-BGB/*Finger*, § 1749 BGB Rz. 1.
8 Erman/*Saar*, § 1749 BGB Rz. 3.
9 BT-Drucks. 7/5087, S. 19; Erman/*Saar*, § 1749 BGB Rz. 6; *Engler*, FamRZ 1975, 132; AnwK-BGB/*Finger*, § 1749 BGB Rz. 5.

18 Nicht erforderlich ist die Einwilligung des Ehegatten gem. § 1749 Abs. 3 BGB, wenn dieser zur Abgabe der Erklärung dauernd außer Stande oder sein Aufenthalt dauernd unbekannt ist. Diese Vorschrift entspricht § 1747 Abs. 4 BGB. Die Fristen können im Rahmen des § 1749 Abs. 3 BGB länger bemessen werden.[1]

II. Beteiligte im Verfahren nach § 186 Nr. 2 (Abs. 1 Nr. 2)

19 In den Verfahren, die die Ersetzung der Einwilligung zur Annahme als Kind betreffen (§ 186 Nr. 2), ist gem. § 188 Abs. 1 Nr. 2 derjenige zu beteiligen, dessen Einwilligung ersetzt werden soll. Es handelt sich hierbei in erster Linie um die Verfahren nach §§ 1748 und 1749 BGB. Zu beteiligen sind somit insbesondere der **Elternteil** bzw. **Ehegatte**, dessen Einwilligung ersetzt werden soll (vgl. näher § 186 Rz. 26 ff.). Ggf. sind nach § 7 Abs. 2 Nr. 1 weitere Personen hinzuzuziehen.[2]

III. Beteiligte im Verfahren nach § 186 Nr. 3 (Abs. 1 Nr. 3)

1. Annehmender und Angenommener (Abs. 1 Nr. 3a)

20 In § 188 Abs. 1 Nr. 3a sind als Beteiligte eines Verfahrens auf Aufhebung des Annahmeverhältnisses (vgl. § 186 Rz. 33 ff.) der **Annehmende** und der **Angenommene** genannt. Abgesehen von den Fällen des Verstoßes gegen das Eheverbot des § 1308 BGB kann das Adoptionsverhältnis gem. § 1759 BGB nur in den Fällen der §§ 1760, 1763 BGB aufgehoben werden. Die Aufhebung erfolgt im Falle des § 1760 BGB auf Antrag (§ 1762 BGB) und im Falle des § 1763 BGB von Amts wegen. Zu den Sonderregelungen bei Aufhebung einer Volljährigenadoption s. § 186 Rz. 40 f.

21 Auf die Nichtigkeit des Annahmeverhältnisses kann sich jedermann berufen, einen **Aufhebungsantrag** nach § 1760 Abs. 1 BGB kann dagegen nur derjenige stellen, der in seinen Rechten verletzt ist.[3] § 1762 Abs. 1 BGB regelt die Antragsberechtigung, § 1762 Abs. 2 BGB die Antragsfristen und § 1762 Abs. 3 BGB die für den Antrag erforderliche Form. Antragsempfänger ist das zuständige Familiengericht.[4] Während die Erklärung vor dem Notar höchstpersönlich abgegeben werden muss, kann der Antrag auch durch einen Dritten, zB bei einer Inkognito-Adoption durch das Jugendamt, beim Familiengericht eingereicht werden.[5]

22 § 1763 BGB ermöglicht die **Aufhebung** des Annahmeverhältnisses **von Amts wegen**. Von dieser Möglichkeit darf nur im Interesse des Kindes Gebrauch gemacht werden. Die Vorschrift lässt keine Lossagung der Adoptiveltern von der Annahme zu. Nach Eintritt der Volljährigkeit des Kindes ist eine Aufhebung von Amts wegen nach § 1763 BGB nicht mehr möglich. Auch § 1771 BGB ist in diesen Fällen nicht anwendbar.[6] Für das Alter kommt es auf den Zeitpunkt der letzten Tatsacheninstanz an.[7] Die Rechtsfolgen der Aufhebung richten sich nach §§ 1764, 1765 BGB.

1 MüKo.BGB/*Maurer*, § 1749 BGB Rz. 8; AnwK-BGB/*Finger*, § 1749 BGB Rz. 6.
2 BT-Drucks. 16/6308, S. 247.
3 AnwK-BGB/*Finger*, § 1762 BGB Rz. 1.
4 AnwK-BGB/*Finger*, § 1762 BGB Rz. 3; Erman/*Saar*, § 1762 BGB Rz. 3.
5 AnwK-BGB/*Finger*, § 1762 BGB Rz. 3; Erman/*Saar*, § 1762 BGB Rz. 3; Bamberger/Roth/*Enders*, § 1762 BGB Rz. 6.
6 OLG Zweibrücken v. 20.1.1997 – 3 W 173/96, FGPrax 1997, 66; LG Düsseldorf v. 26.5.2000 – 19 T 146/0, NJWE-FER 2001, 9.
7 OLG Karlsruhe v. 21.8.1995 – 11 Wx 52/94, FamRZ 1996, 434.

2. Leibliche Eltern des minderjährigen Angenommenen (Abs. 1 Nr. 3b)

Weitere Beteiligte eines Verfahrens auf Aufhebung des Annahmeverhältnisses sind gem. § 188 Abs. 1 Nr. 3b die **leiblichen Eltern des minderjährigen Angenommenen**. Dies ist erforderlich, da § 1764 Abs. 3 BGB im Gegenzug zum Erlöschen des Verwandtschaftsverhältnisses zur Adoptivfamilie (§ 1764 Abs. 2 BGB) anordnet, dass das Kind wieder seiner leiblichen Familie zugeordnet wird. Mit Ausnahme der elterlichen Sorge (vgl. Rz. 24) leben das Verwandtschaftsverhältnis des Kindes und seiner Abkömmlinge zu den leiblichen Verwandten des Kindes und die sich aus ihm ergebenden Rechte und Pflichten wieder auf. Dies gilt insbesondere für das Unterhalts- und Erbrecht. § 1764 Abs. 3 BGB verhindert, dass das Kind zum **„Niemandskind"** wird.[1] Wird das Kind von seinen leiblichen Eltern in einer Verfügung von Todes wegen übergangen, gilt § 2079 BGB.[2] 23

Die **elterliche Sorge** der leiblichen Eltern lebt mit Aufhebung der Annahme nicht automatisch wieder auf. Nach § 1764 Abs. 4 Halbs. 1 BGB kann sie den leiblichen Eltern jedoch durch das Familiengericht zurückübertragen werden. Dies setzt voraus, dass die Rückübertragung dem Kindeswohl entspricht.[3] Ein früheres Fehlverhalten der leiblichen Eltern kann für zukünftig zu befürchtende Nachteile des Kindes Indizwirkung haben. Allein an der früheren Einwilligung der Eltern in die Adoption muss die Rückübertragung der elterlichen Sorge nicht scheitern.[4] Kommt eine Rückübertragung der elterlichen Sorge auf die leiblichen Eltern nicht in Betracht, hat das Familiengericht nach § 1764 Abs. 4 Halbs. 2 BGB einen Vormund oder Pfleger zu bestellen. 24

IV. Beteiligte im Verfahren nach § 186 Nr. 4 (Abs. 1 Nr. 4)

Beteiligte im Verfahren nach § 186 Nr. 4 (Befreiung vom Eheverbot des § 1308 Abs. 1 BGB, vgl. § 186 Rz. 41 f.) sind gem. § 188 Abs. 1 Nr. 4 beide **Verlobten**. Antragsberechtigt ist jeder Verlobte. 25

V. Jugendamt und Landesjugendamt als Beteiligte (Abs. 2)

§ 188 Abs. 2 ermöglicht dem Jugendamt und dem Landesjugendamt, eine Hinzuziehung als Beteiligte zu beantragen. Das Familiengericht hat einem solchen Antrag stets zu entsprechen.[5] Ein Ermessen besteht nicht. 26

§ 189
Fachliche Äußerung einer Adoptionsvermittlungsstelle

Wird ein Minderjähriger als Kind angenommen, hat das Gericht eine fachliche Äußerung der Adoptionsvermittlungsstelle, die das Kind vermittelt hat, einzuholen, ob das Kind und die Familie des Annehmenden für die Annahme geeignet sind. Ist keine

---

1 BT-Drucks. 7/3061, S. 50; AnwK-BGB/*Finger*, § 1764 BGB Rz. 5; Erman/*Saar*, § 1764 BGB Rz. 6.
2 AnwK-BGB/*Finger*, § 1764 BGB Rz. 5.
3 Die Rückübertragung entspricht nicht dem Kindeswohl, wenn Gründe für die Entziehung der elterlichen Sorge (§ 1666 BGB) vorliegen.
4 *Krause*, NotBZ 2007, 276 (281).
5 Vgl. BT-Drucks. 16/6308, S. 247.

Adoptionsvermittlungsstelle tätig geworden, ist eine fachliche Äußerung des Jugendamts oder einer Adoptionsvermittlungsstelle einzuholen. Die fachliche Äußerung ist kostenlos abzugeben.

A. Allgemeines

1 Die Annahme eines Minderjährigen soll idR erst erfolgen, wenn der Annehmende das Kind eine angemessene Zeit in Pflege gehabt hat. Der Gesetzgeber nennt dies **„Probezeit"** (§ 1744 BGB). Gem. § 1741 Abs. 1 Satz 1 BGB ist die Annahme als Kind nur zulässig, wenn sie dem Wohl des Kindes dient und zu erwarten ist, dass zwischen dem Annehmenden und dem Kind ein **Eltern-Kind-Verhältnis** entsteht. Hierfür reicht allein der Wunsch der Eltern oder des Kindes nicht aus. Eine entsprechende Prognose muss vielmehr unter subjektiven und objektiven Gesichtspunkten gerechtfertigt sein. Um dies zu beurteilen, hat das Gericht gem. § 189 bei Annahme eines Minderjährigen als Kind eine fachliche Äußerung der Adoptionsvermittlungsstelle, die das Kind vermittelt hat, bzw. des Jugendamts oder einer Adoptionsvermittlungsstelle einzuholen. Auf diese Weise sollen die Erfahrungen, die die Adoptionsvermittlungsstelle bzw. das Jugendamt über den Lebensweg des Kindes erworben haben, für das Familiengericht nutzbar gemacht werden. Die Adoptionsvermittlung und Anerkennung als Adoptionsvermittlungstelle sind im AdVermiG normiert.

2 § 189 entspricht im Wesentlichen dem bisherigen § 56d FGG. Die in § 56d FGG verwendete Bezeichnung der Äußerung als „gutachtlich" wurde geändert. § 189 verlangt nun eine „fachliche Äußerung". Diese Änderung soll der sprachlichen und systematischen Klarheit dienen, um eine irreführende Parallele zur förmlichen Beweisaufnahme zu vermeiden.[1] Geänderte Anforderungen an den Inhalt der Stellungnahme ergeben sich jedoch nicht.

3 § 189 gilt nur für Verfahren, die sich auf die **Annahme eines Minderjährigen als Kind** beziehen. Auf alle anderen Adoptionssachen (vgl. § 186) ist die Vorschrift nicht anwendbar, dh. in diesen Verfahren besteht keine Verpflichtung des Familiengerichts zur Einholung einer fachlichen Äußerung nach § 189. Aus Gründen der Sachaufklärung (§ 26) kann es sich jedoch auch in Verfahren, die die Ersetzung der Einwilligung zur Annahme als Kind bzw. die Aufhebung des Annahmeverhältnisses betreffen, anbieten, eine fachliche Äußerung der in § 189 genannten Stellen einzuholen.[2]

B. Inhalt der Vorschrift

4 Die Einholung der **fachlichen Äußerung** ist zwingend. Gegenstand der fachlichen Äußerung soll nach § 189 Satz 1 die Frage sein, ob das Kind und die Familie des Annehmenden für die Annahme geeignet sind. Um dem Familiengericht die Entscheidung darüber zu erleichtern, ob die Adoption dem Kindeswohl dient, bedarf es einer ausführlichen Stellungnahme, die nach Darstellung aller Fakten dem Gericht einen Entscheidungsvorschlag unterbreitet.[3]

1 BT-Drucks. 16/9733, S. 295.

2 Vgl. Keidel/*Engelhardt*, § 56d FGG Rz. 1.

3 Vgl. Keidel/*Engelhardt*, § 56d FGG Rz. 3; *Arndt/Oberloskamp*, Zentralblatt für Jugendrecht 1977, 273.

Die Annahme eines Minderjährigen soll idR erst erfolgen, wenn der Annehmende das Kind eine angemessene Zeit in Pflege gehabt hat. Die Erfahrungen aus dieser Probezeit bilden die Grundlage für die Stellungnahme. Die Angemessenheit der Probezeit richtet sich nach dem Einzelfall; idR sollte diese zwei bis sechs Monate betragen.[1] Die fachliche Äußerung hat diesen Zeitraum abzudecken.[2] 5

Einzuholen hat das Familiengericht die fachliche Äußerung grundsätzlich gem. § 189 Satz 1 von der **Adoptionsvermittlungsstelle**, die das Kind vermittelt hat. Diese ist am ehesten in der Lage, dem Familiengericht die Informationen und Wertungen zu vermitteln, die es für die Entscheidungsfindung benötigt. Nur in den Fällen, in denen keine Adoptionsvermittlungsstelle tätig geworden ist, darf das Familiengericht gem. § 189 Satz 2 eine fachliche Äußerung des nach § 87b SGB VIII zuständigen **Jugendamts** oder einer nicht mit der Sache befassten Adoptionsvermittlungsstelle einholen. 6

Die fachliche Äußerung der Adoptionsvermittlungsstelle bzw. des Jugendamts ist kostenlos abzugeben. Dies stellt § 189 Satz 3 klar. Sie ist den Beteiligten (§§ 7, 188) zur Kenntnis zu bringen. 7

Wird die Einholung der fachlichen Äußerung nach § 189 unterlassen, kann dies eine Beschwerde bei Zurückweisung des Antrages auf Annahme als Kind begründen. Ein ohne Einholung einer fachlichen Äußerung ergangener Annahmebeschluss ist nicht unwirksam. Ihr Fehlen führt auch nicht zur Aufhebbarkeit oder Nichtigkeit des Annahmebeschlusses.[3] Einer Adoption kann auch dann entsprochen werden, wenn das Jugendamt mitteilt, sich nicht gutachterlich äußern zu können, weil eine persönliche Anhörung des Kindes von den Sorgeberechtigten verhindert worden sei.[4] 8

Die Einholung der fachlichen Äußerung führt nicht dazu, dass die Adoptionsvermittlungsstelle bzw. das Jugendamt die Stellung eines Verfahrensbeteiligten erhalten. Das Jugendamt und das Landesjugendamt können jedoch gem. § 188 Abs. 2 die Hinzuziehung als Beteiligte beantragen. 9

Die Notwendigkeit **weiterer Ermittlungen** ist in § 189 nicht normiert. Diese richtet sich nach den allgemeinen Grundsätzen des § 26. Das Familiengericht hat sämtliche entscheidungserheblichen Tatsachen, die für die Adoption von Bedeutung sein können, von Amts wegen zu ermitteln. Dies gilt auch für die von § 1745 BGB geschützten Interessen.[5] Anzuhören sind insbesondere der Anzunehmende und der Annehmende (§ 192 Abs. 1), die weiteren am Verfahren beteiligten Personen (§ 192 Abs. 2), wie Eltern des Anzunehmenden oder Ehegatten des Annehmenden und Anzunehmenden, die Kinder des Annehmenden und des Anzunehmenden (§ 193), das Jugendamt, sofern dieses nicht eine fachliche Äußerung nach § 189 abgegeben hat (§ 194), sowie ggf. das Landesjugendamt (§ 195). Auch kann eine Anhörung weiterer mit den Verhältnissen der Familie vertrauter Personen im Einzelfall geboten sein. 10

1 AnwK-BGB/*Finger*, § 1744 BGB Rz. 2; Erman/*Saar*, § 1744 BGB Rz. 7.
2 Vgl. Keidel/*Engelhardt*, § 56d FGG Rz. 3.
3 Vgl. Keidel/*Engelhardt*, § 56d FGG Rz. 4.
4 BayObLG v. 4.8.2000 – 1 Z BR 103/00, FamRZ 2001, 647.
5 Vgl. *Krause*, NotBZ 2006, 221 (224).

§ 190
Bescheinigung über den Eintritt der Vormundschaft

Ist das Jugendamt nach § 1751 Abs. 1 Satz 1 und 2 des Bürgerlichen Gesetzbuchs Vormund geworden, hat das Familiengericht ihm unverzüglich eine Bescheinigung über den Eintritt der Vormundschaft zu erteilen; § 1791 des Bürgerlichen Gesetzbuchs ist nicht anzuwenden.

A. Allgemeines

1 In § 1751 BGB sind die **Vorwirkungen der Annahme** normiert. Diese treten mit Wirksamwerden der Einwilligungserklärung der leiblichen Eltern ein. Mit Ausspruch der Adoption gehen diese in deren Vollwirkungen über. § 1751 BGB gilt auch bei Ersetzung der Einwilligung eines Elternteils nach § 1748 BGB.[1] Gerichtliche Sorgerechtsentscheidungen nach §§ 1671, 1672 BGB sind nach Wirksamwerden der Einwilligungserklärung für diesen Elternteil nicht mehr möglich.[2]

2 Mit der Einwilligung eines Elternteils in die Annahme ruhen gem. § 1751 Abs. 1 Satz 1 BGB dessen Sorge- und Umgangsbefugnisse. Hat nur ein Elternteil seine Einwilligung erteilt, übt ggf. der andere Elternteil die elterliche Sorge nach § 1678 Abs. 1 BGB allein aus. Steht der nichtehelichen Mutter die elterliche Sorge nach § 1626a Abs. 2 BGB allein zu, kann sie nach ihrer Einwilligung in die Adoption mit dem leiblichen Vater keine **Sorgeerklärung** iSd. § 1626a Abs. 1 Nr. 1 BGB mehr abgeben. Umgangsrechte anderer Personen, zB der Großeltern oder Geschwister nach § 1685 BGB, bestehen zunächst fort.[3] Die Rückübertragung der elterlichen Sorge an die leiblichen Eltern setzt eine entsprechende familiengerichtliche Entscheidung voraus.[4]

3 Die Adoption eines Stiefkindes lässt dessen Verwandtschaftsverhältnis zum leiblichen Elternteil nicht erlöschen (vgl. § 1755 Abs. 2 BGB). § 1751 Abs. 1 BGB gilt daher für die Stiefkindadoption gem. § 1751 Abs. 2 BGB nicht.

4 Gesetzlicher Vertreter **(Vormund)** wird nach § 1751 Abs. 1 Satz 2 Halbs. 1 BGB automatisch das Jugendamt. Etwas anderes gilt nur dann, wenn der andere Elternteil die elterliche Sorge allein ausübt (§ 1751 Abs. 1 Satz 2 Halbs. 2, Var. 1 BGB) oder bereits ein Vormund bestellt ist (§ 1751 Abs. 1 Satz 2 Halbs. 2, Var. 2 BGB).[5] Zuständig für die Vormundschaft ist analog § 87c Abs. 3 SGB VIII das Jugendamt am gewöhnlichen Aufenthaltsort des Kindes.

5 Ebenso wie eine bereits bestehende Vormundschaft bleibt gem. § 1751 Abs. 1 Satz 3 BGB eine bestehende Pflegschaft unberührt (vgl. §§ 1630 Abs. 1, 1794 BGB).[6]

---

1 AnwK-BGB/*Finger*, § 1751 BGB Rz. 2.

2 MüKo.BGB/*Maurer*, § 1751 BGB Rz. 3; AnwK-BGB/*Finger*, § 1751 BGB Rz. 3.

3 MüKo.BGB/*Maurer*, § 1751 BGB Rz. 4; Staudinger/*Frank*, § 1751 BGB Rz. 10; AnwK-BGB/*Finger*, § 1751 BGB Rz. 4; Erman/*Saar*, § 1751 BGB Rz. 9.

4 AnwK-BGB/*Finger*, § 1751 BGB Rz. 3.

5 Diese Ausnahme gilt auch bei einer gesetzlichen Amtsvormundschaft des Jugendamtes nach § 1791c BGB; vgl. OLG Köln v. 4.11.1991 – 16 Wx 116/91, FamRZ 1992, 352; MüKo.BGB/*Maurer*, § 1751 BGB Rz. 7; AnwK-BGB/*Finger*, § 1751 BGB Rz. 6; Erman/*Saar*, § 1751 BGB Rz. 6; *Brüggemann*, Zentralblatt für Jugendrecht 1977, 203.

6 Eine bestehende Pflegschaft begrenzt die Kompetenz des Jugendamtes als Adoptionsvormund; vgl. Erman/*Saar*, § 1751 BGB Rz. 6.

B. Inhalt der Vorschrift

§ 190 entspricht dem durch das FGG-RG aufgehobenen § 1751 Abs. 1 Satz 4 BGB. Die Erteilung der **Bescheinigung über den Eintritt der Vormundschaft** ist verfahrensrechtlicher Natur. Die Vorschrift regelt eine Pflicht des Gerichts und nicht das Rechtsverhältnis der Beteiligten untereinander. Der Gesetzgeber hat daher die Übernahme der Regelung des § 1751 Abs. 1 Satz 4 BGB aF in die einschlägige verfahrensrechtliche Kodifikation für konsequent angesehen.[1] Mit der Regelung in einer gesonderten Vorschrift hat der Gesetzgeber im Übrigen die Hoffnung verbunden, dass diese in der Praxis stärker beachtet wird als bisher.[2] 6

Nach § 190 Halbs. 1 erhält das Jugendamt über den Eintritt der Vormundschaft vom Familiengericht unverzüglich, also ohne schuldhaftes Zögern (§ 121 BGB) eine Bescheinigung. Funktionell zuständig ist gem. § 3 Nr. 2a RPflG der Rechtspfleger. § 190 Halbs. 2 stellt klar, dass das Jugendamt keine Bestallungsurkunde iSd. § 1791 BGB erhält. 7

Formulierungsvorschlag:

Amtsgericht ...
– Familiengericht –
Geschäfts-Nr. ...
Bescheinigung für das Jugendamt
Vormund für ..., geboren am ..., wohnhaft in ..., ..., ist gem. § 1751 BGB das Jugendamt des Landkreises ... (dienstansässig ..., ...).
Rechtspfleger

§ 191
Verfahrensbeistand

Das Gericht hat einem minderjährigen Beteiligten in Adoptionssachen einen Verfahrensbeistand zu bestellen, sofern dies zur Wahrnehmung seiner Interessen erforderlich ist. § 158 Abs. 2 Nr. 1 sowie Abs. 3 bis 7 gilt entsprechend.

A. Allgemeines

Ein **Verfahrensbeistand** für einen minderjährigen Beteiligten (§ 158) in Adoptionssachen ist nicht zwingend vorgesehen. § 191 Satz 1 ermöglicht dem Familiengericht nunmehr auch in diesen Verfahren, einem minderjährigen Beteiligten einen Verfahrensbeistand beizuordnen. Dies gilt für sämtliche Adoptionssachen iSd. § 186. Der bisherige § 56f Abs. 2 FGG sah die Bestellung eines Verfahrenspflegers nur in einer bestimmten Konstellation im Aufhebungsverfahren vor. Da **Interessenkollisionen** in der Person des gesetzlichen Vertreters eines Minderjährigen nicht auf den Fall des bisherigen § 56f FGG begrenzt sind, hat der Gesetzgeber die Möglichkeit der Beiordnung eines Verfahrensbeistandes in allen Adoptionssachen eröffnet.[3] § 191 Satz 2 er- 1

1 BT-Drucks. 16/6308, S. 247.
2 BT-Drucks. 16/6308, S. 247.
3 BT-Drucks. 16/6308, S. 248.

klärt bestimmte Regelungen über den Verfahrensbeistand für entsprechend anwendbar.

B. Inhalt der Vorschrift

2 Das Familiengericht kann gem. § 191 Satz 1 einem minderjährigen Beteiligten in Adoptionssachen einen Verfahrensbeistand bestellen, sofern dies zur **Wahrnehmung** seiner **Interessen** erforderlich ist. Nach § 158 Abs. 1 hat das Gericht einem minderjährigen Kind in Kindschaftssachen, die seine Person betreffen, stets einen geeigneten Verfahrensbeistand zu bestellen, soweit dies zur Wahrnehmung seiner Interessen erforderlich ist. Im Gegensatz dazu handelt es sich nach dem Wortlaut des § 191 Satz 1 bei dieser Vorschrift nur um eine Kann-Bestimmung. Gleichwohl wird man § 191 Satz 1 dahingehend verstehen müssen, dass diese Vorschrift eine Verpflichtung zur Bestellung eines Verfahrensbeistandes in Adoptionssachen enthält, sofern dies zur Wahrnehmung der Interessen des minderjährigen Beteiligten erforderlich ist. Entsprechend § 158 Abs. 1 kann zum Verfahrensbeistand nur eine Person bestellt werden, die persönlich und fachlich geeignet ist, die Interessen des Kindes festzustellen und sachgerecht in das Verfahren einzubringen.[1]

3 Maßstab für die **Erforderlichkeit** der Bestellung eines Verfahrensbeistandes in Adoptionssachen ist die aus den konkreten Umständen des Einzelfalls abzuleitende Gefahr, dass die Interessen des minderjährigen Beteiligten weder durch die allgemeinen Verfahrensgarantien oder einen Verfahrensbevollmächtigten (§§ 191 Satz 2, 158 Abs. 5) hinreichend gewahrt werden noch die gesetzlichen Vertreter in der Lage sind, die Interressen des Kindes wahrzunehmen.[2]

4 Gem. § 191 Satz 2 gelten die Regelungen über den **Verfahrensbeistand in Kindschaftssachen** in § 158 Abs. 2 Nr. 1 sowie Abs. 3 bis 7 für den Verfahrensbeistand in Adoptionssachen entsprechend (vgl. hierzu näher § 158 Rz. 8 ff.). Dies bedeutet, dass die Bestellung eines Verfahrensbeistandes in Adoptionssachen idR erforderlich ist, wenn das Interesse des minderjährigen Beteiligten zu dem seiner gesetzlichen Vertreter in erheblichem Gegensatz steht (§§ 191 Satz 2, 158 Abs. 2 Nr. 1). Bei gemeinsamer Sorge genügt ein erheblicher **Interessengegensatz** zu einem Sorgeberechtigten.[3]

5 Der Verfahrensbeistand ist so früh wie möglich zu bestellen (§§ 191 Satz 2, 158 Abs. 3 Satz 1). Er wird durch seine Bestellung als Beteiligter zum Verfahren hinzugezogen (§§ 191 Satz 2, 158 Abs. 3 Satz 2). Sieht das Gericht im Fall des §§ 191 Satz 2, 158 Abs. 2 Nr. 1 von der Bestellung eines Verfahrensbeistands ab, ist dies in der Endentscheidung zu begründen (§§ 191 Satz 2, 158 Abs. 3 Satz 3). Die Bestellung eines Verfahrensbeistands oder deren Aufhebung sowie die Ablehnung einer derartigen Maßnahme sind nicht selbständig anfechtbar (§§ 191 Satz 2, 158 Abs. 3 Satz 4).

6 Der Verfahrensbeistand hat das Interesse des Kindes festzustellen und im gerichtlichen Verfahren zur Geltung zu bringen (§§ 191 Satz 2, 158 Abs. 4 Satz 1). Er hat das Kind über Gegenstand, Ablauf und möglichen Ausgang des Verfahrens in geeigneter Weise zu informieren (§§ 191 Satz 2, 158 Abs. 4 Satz 2). Soweit nach den Umständen des Einzelfalls ein Erfordernis besteht, kann das Gericht dem Verfahrensbeistand die

1 Vgl. BT-Drucks. 16/6308, S. 238.
2 Vgl. Keidel/*Engelhardt*, § 50 FGG Rz. 21.
3 Vgl. Keidel/*Engelhardt*, § 50 FGG Rz. 25.

zusätzliche Aufgabe übertragen, Gespräche mit den Eltern und weiteren Bezugspersonen des Kindes zu führen sowie am Zustandekommen einer einvernehmlichen Regelung über den Verfahrensgegenstand mitzuwirken (§§ 191 Satz 2, 158 Abs. 4 Satz 3). Das Gericht hat Art und Umfang der Beauftragung konkret festzulegen und die Beauftragung zu begründen (§§ 191 Satz 2, 158 Abs. 4 Satz 4). Der Verfahrensbeistand kann im Interesse des Kindes Rechtsmittel einlegen (§§ 191 Satz 2, 158 Abs. 4 Satz 5). Er ist jedoch nicht gesetzlicher Vertreter des Kindes (§§ 191 Satz 2, 158 Abs. 4 Satz 6).

Die Bestellung des Verfahrensbeistandes soll unterbleiben oder aufgehoben werden, 7
wenn die Interessen des Kindes von einem **Rechtsanwalt** oder einem **anderen geeigneten Verfahrensbevollmächtigten** angemessen vertreten werden (§§ 191 Satz 2, 158 Abs. 5). Sie endet, sofern sie nicht vorher aufgehoben wird, mit der Rechtskraft der das Verfahren abschließenden Entscheidung oder mit dem sonstigen Abschluss des Verfahrens (§§ 191 Satz 2, 158 Abs. 6). Die Vergütung des Verfahrensbeistandes richtet sich nach §§ 191 Satz 2, 158 Abs. 7, 277 Abs. 1.

§ 192
Anhörung der Beteiligten

(1) Das Gericht hat in Verfahren auf Annahme als Kind oder auf Aufhebung des Annahmeverhältnisses den Annehmenden und das Kind persönlich anzuhören.

(2) Im Übrigen sollen die beteiligten Personen angehört werden.

(3) Von der Anhörung eines minderjährigen Beteiligten kann abgesehen werden, wenn Nachteile für seine Entwicklung, Erziehung oder Gesundheit zu befürchten sind oder wenn wegen des geringen Alters von einer Anhörung eine Aufklärung nicht zu erwarten ist.

A. Allgemeines

Die Vorschrift regelt die **Anhörung der Beteiligten.** § 192 Abs. 1 sieht in Verfahren auf 1
Annahme als Kind (§ 186 Nr. 1; vgl. § 186 Rz. 2 ff.) und auf Aufhebung des Annahmeverhältnisses (§ 186 Nr. 3; vgl. § 186 Rz. 33 ff.) die persönliche Anhörung des Annehmenden und des Kindes vor. Angesichts der besonderen Tragweite der zu treffenden Entscheidung ist es nach Ansicht des Gesetzgebers erforderlich, dass das Gericht sich einen persönlichen Eindruck verschafft.[1] Bei minderjährigen Kindern entspricht § 192 Abs. 1 im Zusammenwirken mit der Ausnahmevorschrift des § 192 Abs. 3 weitgehend dem bisherigen § 55c FGG.[2] Nach § 192 Abs. 2 sollen die weiteren beteiligten Personen angehört werden. Diese Vorschrift erfasst außer den in § 192 Abs. 1 nicht genannten Personen auch die Verfahren nach § 186 Nr. 2 und 4. § 192 Abs. 3 enthält schließlich eine Einschränkung für das Erfordernis der Anhörung eines minderjährigen Beteiligten. Der Gesetzgeber wollte mit der Neuregelung die Kriterien, nach denen ausnahmsweise von einer Anhörung abgesehen werden kann, deutlicher als bisher hervorheben.

1 BT-Drucks. 16/6308, S. 248.
2 BT-Drucks. 16/6308, S. 248.

B. Inhalt der Vorschrift

I. Anhörung des Annehmenden und des Kindes in Verfahren nach § 186 Nr. 1 und 3 (Absatz 1)

2 Die **persönliche Anhörung des Annehmenden und des Kindes** ist bei der Annahme als Kind insbesondere im Hinblick auf die Klärung der Frage, ob die Voraussetzungen des § 1741 Abs. 1 Satz 1 BGB erfüllt sind, von Bedeutung. Nach dieser Vorschrift ist die Annahme als Kind nur zulässig, wenn sie dem **Wohl des Kindes** dient und zu erwarten ist, dass zwischen dem Annehmenden und dem Kind ein **Eltern-Kind-Verhältnis** entsteht. Die Voraussetzungen des § 1741 Abs. 1 Satz 1 BGB müssen kumulativ vorliegen.[1] Die Annahme dient dem Kindeswohl, wenn im Vergleich zu den gegenwärtigen Lebensbedingungen eine merklich bessere Entwicklung der Persönlichkeit des Kindes zu erwarten ist.[2] Der Annehmende muss zudem zur Erziehung des Kindes geeignet sein.[3] Ein hohes Alter des Annehmenden bzw. ein großer Altersunterschied zum Kind verlangen daher eine sorgfältige Prüfung des Kindeswohls.[4] Sexuelle Beziehungen zwischen Kind und Annehmendem stehen einem Eltern-Kind-Verhältnis entgegen.[5] Vor der Annahme kann ein Aids-Test verlangt werden.[6] Eine Zurückweisung des Antrages wegen Homosexualität des Annahmewilligen verstößt gegen Art. 14 EMRK.[7]

3 Bei einer Volljährigenadoption ist insbesondere die **sittliche Rechtfertigung der Annahme** iSd. § 1767 Abs. 1 Halbs. 1 BGB klärungsbedürftig. Dieser unbestimmte Rechtsbegriff soll missbräuchliche Volljährigenadoptionen verhindern.[8] Eine sittliche Rechtfertigung der Annahme ist gem. § 1767 Abs. 1 Halbs. 2 BGB insbesondere anzunehmen, wenn zwischen dem Annehmenden und dem Anzunehmenden ein **Eltern-Kind-Verhältnis** bereits entstanden ist. Das Eltern-Kind-Verhältnis muss zur Überzeugung des Gerichts feststehen.[9] Die Annahme ist in diesen Fällen regelmäßig unabhängig von den mit ihr verfolgten Zielen auszusprechen. Ist das Eltern-Kind-Verhältnis noch nicht entstanden, sind die Motive der Beteiligten eingehend zu würdigen. Die Annahme ist nur dann sittlich gerechtfertigt, wenn die Gründe, die für die Entstehung einer Eltern-Kind-Beziehung sprechen, deutlich überwiegen. Erforderlich ist insoweit eine objektive Erwartung.[10] Verbleiben begründete Zweifel, ist die Adoption durch das Familiengericht abzulehnen. Nebenzwecke, die die Beteiligten verfolgen, schaden jedoch nicht. Begründete Zweifel an einem Eltern-Kind-Verhältnis gehen zu Lasten der Antragsteller.[11] Mit einem Eltern-Kind-Verhältnis unvereinbar sind geschlechtliche Beziehungen.[12] Auch wirtschaftliche Interessen allein sind nicht ausreichend. Bilden diese jedoch einen Nebenzweck der Annahme – wie etwa Ersparnis von Erbschaftsteuer –,

1 Erman/*Saar*, § 1741 BGB Rz. 11.
2 BayObLG v. 6.12.1996 – 1 Z BR 100/96, FamRZ 1997, 839.
3 Erman/*Saar*, § 1741 BGB Rz. 6.
4 OLG Oldenburg v. 3.11.1995 – 5 W 187/95, FamRZ 1996, 895.
5 *Krause*, NotBZ 2006, 221.
6 KG v. 23.4.1991 – 1 W 441/89, FamRZ 1991, 1101.
7 EGMR v. 26.2.2002 – 35615/97, FamRZ 2003, 149.
8 Erman/*Saar*, § 1767 BGB Rz. 10.
9 BayObLG v. 21.11.1996 – 1 Z BR 199/96, FamRZ 1997, 638; OLG Frankfurt v. 24.10.1996 – 20 W 355/96, FamRZ 1997, 638.
10 BayObLG v. 14.10.1997 – 1 Z BR 136/97, NJWE-FER 1998, 78; OLG Köln v. 7.4.2003 – 16 Wx 63/03, FamRZ 2003, 1870.
11 OLG Frankfurt v. 11.2.1999 – 20 W 190/98, NJWE-FER 2000, 29.
12 Erman/*Saar*, § 1767 BGB Rz. 9; MüKo.BGB/*Maurer*, § 1767 BGB Rz. 6.

schaden sie nicht.[1] Nicht ausreichend sind darüber hinaus allein freundschaftliche Beziehungen,[2] das Bestehen einer Hausgemeinschaft[3] oder die Sicherung der Namensfolge, auch bei Adelsnamen.[4] Ebenso kann ein geringer Altersunterschied gegen die Annahme sprechen.[5] Die Regelung der Hofnachfolge soll dagegen neben familienbezogenen Zwecken eine Annahme rechtfertigen können. Auch eine Annahme, durch welche Kinder und Eltern zu Adoptivgeschwistern werden, ist nicht ausgeschlossen.[6]

Gegenstand der Anhörung im Rahmen eines Aufhebungsverfahrens ist nicht zuletzt 4
§ 1761 Abs. 2 BGB. Diese Vorschrift ist in allen Fällen zu berücksichtigen, in denen eine Aufhebung der Adoption in Betracht kommt.[7] Nach ihr darf das Annahmeverhältnis nicht aufgehoben werden, wenn dadurch das Wohl des Kindes erheblich gefährdet würde, es sei denn, dass überwiegende Interessen des Annehmenden die Aufhebung erfordern. Letzteres kann zB der Fall sein, wenn der Adoptionsantrag gefehlt hat oder unwirksam war.[8] Überwiegende Interessen des Annehmenden können auch Vermögensinteressen sein.[9] Im Regelfall wird ein Sachverständigengutachten erforderlich sein, um die Folgen der Aufhebung für das Kind beurteilen zu können. Anzunehmen ist eine erhebliche Kindeswohlgefährdung zB bei schwer wiegendem Trennungsschmerz des Kindes nach Abbruch der Verbindungen zu seiner neuen Familie.[10] Eine mit jedem Wechsel verbundene Umstellung reicht für eine erhebliche Kindeswohlgefährdung dagegen nicht aus.[11]

Gegenstand der Anhörung hinsichtlich der Aufhebung einer **Volljährigenadoption** ist 5
insbesondere die Frage, ob ein **wichtiger Grund** iSd. § 1771 Satz 1 BGB vorliegt. Ein solcher ist anzunehmen, wenn dem Angenommenen und dem Annehmenden nicht mehr zugemutet werden kann, an dem Annahmeverhältnis fest zu halten. Dies ist regelmäßig der Fall, wenn die Annahme gescheitert ist. Die gemeinsame Antragstellung reicht für sich allein noch nicht für die Bejahung eines wichtigen Grundes aus.[12] Als wichtige Gründe kommen zB in Betracht: subjektive Schwierigkeiten mit der Namensänderung,[13] Täuschung über Vermögensverhältnisse,[14] Verbrechen gegen Adoptivverwandte[15] oder sonstige schwere Verstöße gegen die Familienbindung.[16] Kein wichtiger Grund liegt dagegen vor, wenn mit der Annahme sittenwidrige Zwecke verfolgt worden sind (zB Erlangung der Aufenthaltserlaubnis durch Ausländer),[17] oder wenn sich die familiären Beziehungen nicht nach den Erwartungen der Beteiligten entwickelt haben.[18]

---

1 *Krause*, NotBZ 2007, 43 (44).
2 BayObLG v. 16.4.1997 – 1 Z BR 202/96, FamRZ 1998, 504.
3 OLG Celle v. 6.10.1994 – 18 W 22/94, FamRZ 1995, 829.
4 BGH v. 10.10.1996 – III ZR 205/95, FamRZ 1996, 1533; BayObLG v. 31.7.1992 – 1 Z BR 69/92.
5 BayObLG v. 14.10.1997 – 1 Z BR 136/97, NJWE-FER 1998, 78.
6 BayObLG v. 21.4.2004 – 1 Z BR 019/04, MittBayNot 2004, 443.
7 MüKo.BGB/*Maurer*, § 1761 BGB Rz. 6; Erman/*Saar*, § 1761 BGB Rz. 4.
8 Erman/*Saar*, § 1761 BGB Rz. 5.
9 Bamberger/Roth/*Enders*, § 1761 BGB Rz. 3; AnwK-BGB/*Finger*, § 1761 BGB Rz. 4.
10 AnwK-BGB/*Finger*, § 1761 BGB Rz. 3; MüKo.BGB/*Maurer*, § 1761 BGB Rz. 5.
11 AnwK-BGB/*Finger*, § 1761 BGB Rz. 3.
12 AnwK-BGB/*Finger*, § 1771 BGB Rz. 3; Erman/*Saar*, § 1771 BGB Rz. 7; Staudinger/*Frank*, § 1771 BGB Rz. 10; aA MüKo.BGB/*Maurer*, § 1771 BGB Rz. 6.
13 LG Münster v. 18.4.2002 – 5 T 294/02, FamRZ 2002, 1655.
14 *Krause*, NotBZ 2007, 276 (283); aA AnwK-BGB/*Finger*, § 1771 BGB Rz. 4.
15 AnwK-BGB/*Finger*, § 1771 BGB Rz. 3.
16 *Krause*, NotBZ 2007, 276 (283).
17 OLG Schleswig v. 4.1.1995 – 2 W 120/94, NJW-RR 1995, 583.
18 Erman/*Saar*, § 1771 BGB Rz. 7.

II. Anhörung der weiteren Beteiligten (Absatz 2)

6 Gem. § 192 Abs. 2 sollen die weiteren Beteiligten angehört werden. Dies sind im Verfahren auf Annahme als Kind (§ 186 Nr. 1) insbesondere die **Eltern des Anzunehmenden** nach Maßgabe des § 188 Abs. 1 Nr. 1b (vgl. § 188 Rz. 10 ff.) und die **Ehegatten des Annehmenden bzw. Anzunehmenden** nach Maßgabe des § 188 Abs. 1 Nr. 1c (vgl. § 188 Rz. 14 ff.). Im Verfahren auf Ersetzung der Einwilligung zur Annahme als Kind (§ 186 Nr. 2) sind in erster Linie diejenigen **Personen, deren Einwilligung ersetzt werden soll**, als Beteiligte iSd. § 188 Abs. 1 Nr. 2 anzuhören (vgl. § 188 Rz. 19). Beteiligte in einem Verfahren auf Aufhebung des Annahmeverhältnisses (§ 186 Nr. 3) sind nach § 188 Abs. 1 Nr. 3 neben dem **Annehmenden** und dem **Angenommenen** die **leiblichen Eltern des minderjährigen Angenommenen** (vgl. § 188 Rz. 23 f.). Im Verfahren auf Befreiung vom Eheverbot des § 1308 Abs. 1 BGB nach § 186 Nr. 4 sind schließlich als Beteiligte iSd. § 188 Abs. 1 Nr. 4 die **Verlobten** anzuhören (vgl. § 188 Rz. 25). Sind das **Jugendamt** oder das **Landesjugendamt** auf ihren Antrag Beteiligte nach § 188 Abs. 2, sind sie unabhängig von §§ 194, 195 ebenfalls anzuhören.

III. Ausnahmen für die Anhörung eines minderjährigen Beteiligten (Absatz 3)

7 Von der **Anhörung eines minderjährigen Beteiligten** kann nach § 192 Abs. 3 abgesehen werden, wenn Nachteile für seine Entwicklung, Erziehung oder Gesundheit zu befürchten sind oder wenn wegen des geringen Alters von einer Anhörung eine Aufklärung nicht zu erwarten ist. Will das Familiengericht von der Anhörung absehen, muss es die *leitenden* Gründe darlegen.

§ 193
Anhörung weiterer Personen

Das Gericht hat in Verfahren auf Annahme als Kind die Kinder des Annehmenden und des Anzunehmenden anzuhören. § 192 Abs. 3 gilt entsprechend.

A. Allgemeines

1 Die Anhörung der Beteiligten ist in § 192 normiert (vgl. § 192 Rz. 2 ff.). § 193 sieht demgegenüber die **Anhörung weiterer Personen** vor. Die Kinder des Annehmenden und des Anzunehmenden sind in § 188 Abs. 1 Nr. 1 nicht als Beteiligte eines Verfahrens auf Annahme als Kind (§ 186 Nr. 1) genannt. Im Regelfall sind sie auch nicht als Beteiligte nach der allgemeinen Vorschrift des § 7 hinzuzuziehen.

B. Inhalt der Vorschrift

I. Anhörung der Kinder des Annehmenden und des Anzunehmenden (Satz 1)

2 Gem. § 193 Satz 1 hat das Gericht in Verfahren auf Annahme als Kind die **Kinder des Annehmenden und des Anzunehmenden** anzuhören.[1] Diese Regelung soll die in den §§ 1745, 1769 BGB vorgesehene Berücksichtigung der Interessen der Abkömmlinge sicherstellen.[2] Die Anhörungspflicht gilt ausdrücklich nicht für die Verfahren nach § 186 Nr. 2–4.

1. Verbot der Annahme eines Minderjährigen nach § 1745 BGB

3 Gem. § 1745 BGB darf eine Annahme nicht ausgesprochen werden, wenn **wichtige Interessen Dritter** entgegenstehen. Berücksichtigung finden insoweit die Interessen der Kinder des Annehmenden oder des Anzunehmenden einerseits und die Interessen des Anzunehmenden andererseits. Die Vorschrift gilt sowohl für leibliche Kinder wie auch für solche aus anderen Annahmeverhältnissen.[3] Eine Einbenennung iSd. § 1618 BGB genügt nicht.[4] Im Vordergrund stehen immaterielle Interessen, wirtschaftliche Erwägungen sollen nicht ausschlaggebend sein. Eine Einwilligung der Kinder in die Adoption ist gesetzlich jedoch nicht vorgesehen.

4 Das Familiengericht hat sämtliche Tatsachen, die für die Adoption von Bedeutung sein können, von Amts wegen zu ermitteln (§ 26). Dies gilt auch für die von § 1745 BGB geschützten Interessen. Ein Verstoß gegen § 1745 BGB führt nicht zur Unwirksamkeit des Annahmebeschlusses.[5]

5 Durch die Annahme werden die Interessen der weiteren Kinder des Annehmenden in vielfältiger Weise berührt. Die Annahme kann nicht nur ihre Unterhaltsansprüche oder Erbaussichten mindern, möglich ist auch eine Beeinträchtigung ihrer persönlichen Pflege, Betreuung und Erziehung. § 1745 BGB gilt auch, wenn aus einer Ehe gemeinschaftliche Kinder hervorgegangen sind und ein Ehegatte erst- oder voreheliche Kinder seines Partners annimmt.[6] Eine Stiefkindadoption, mit der der Zweck verfolgt wird, ihre Unterhaltsansprüche zu verkürzen, haben die Kinder des Annehmenden nicht hinzunehmen.[7]

6 Die Kinder des Anzunehmenden werden von dessen Adoption mittelbar betroffen. Gem. § 1754 BGB erhält der Angenommene die rechtliche Stellung eines Kindes mit allen sich daraus ergebenden Rechtsfolgen. Weiterhin erlischt gem. § 1755 Abs. 1 Satz 1 BGB mit der Annahme das Verwandtschaftsverhältnis des Kindes und seiner Abkömmlinge zu den bisherigen Verwandten. Die Kinder des Anzunehmenden erhalten demzufolge etwa „neue" Großeltern.

7 Die Interessen des anzunehmenden Kindes werden bereits im Rahmen des § 1741 BGB bei der Prüfung, ob die Annahme dem Wohl des Kindes dient, berücksichtigt.[8]

1 S. auch BVerfG v. 20.10.2008 – 1 BvR 291/06, ZEV 2009, 44: Eine unterbliebene Anhörung verstößt gegen den Anspruch auf rechtliches Gehör aus Art. 103 Abs. 1 GG.
2 BT-Drucks. 17/6308, S. 248.
3 AnwK-BGB/*Finger*, § 1745 BGB Rz. 1; Erman/*Saar*, § 1745 BGB Rz. 3.
4 AnwK-BGB/*Finger*, § 1745 BGB Rz. 1.
5 AnwK-BGB/*Finger*, § 1745 BGB Rz. 1.
6 *Krause*, NotBZ 2006, 221 (224).
7 *Krause*, NotBZ 2006, 221 (224).
8 Vgl. auch *Engler*, FamRZ 1976, 586.

8 Im Rahmen der nach § 1745 BGB vorgesehenen **Interessenabwägung** sind die Belange der Kinder des Annehmenden oder des Anzunehmenden und die Interessen des anzunehmenden Kindes selbst einander gegenüberzustellen.[1] Nach § 1745 Satz 2 BGB sollen vermögensrechtliche Interessen, wie zB eine Beeinträchtigung der Unterhaltsansprüche oder eine Schmälerung der Erbquoten,[2] dabei nicht ausschlaggebend sein. Sie können aber gleichwohl in die Interessenabwägung mit einbezogen werden. Bildet die Kürzung der Unterhaltsansprüche vorhandener Kinder das Motiv der Annahme, ist diese zu versagen.[3]

2. Verbot der Annahme eines Volljährigen nach § 1769 BGB

9 Gem. § 1769 BGB darf die Annahme eines Volljährigen nicht ausgesprochen werden, wenn ihr **überwiegende Interessen** der Kinder des Annehmenden oder des Anzunehmenden entgegenstehen. § 1769 BGB tritt im Rahmen der Volljährigenadoption an die Stelle des für die Minderjährigenadoption geltenden § 1745 BGB. Im Gegensatz zur Minderjährigenadoption bleibt bei der Volljährigenadoption eine etwaige Gefährdung der Interessen des Anzunehmenden durch Kinder des Annehmenden unberücksichtigt. Darüber hinaus ist § 1745 Satz 2 BGB nicht anwendbar, so dass bei der Volljährigenadoption auch vermögensrechtliche Interessen zu berücksichtigen sind.[4]

10 Ideelle Interessen der Kinder des Annehmenden und der Kinder des Anzunehmenden werden bei einer sittlich gerechtfertigten Annahme eines Volljährigen idR nur selten berührt. Vermögensrechtliche Folgen spielen dagegen bei der Volljährigenadoption, insbesondere im Bereich des Erb- und des Unterhaltsrechts, eine erhebliche Rolle. So tritt neben die Kinder des Annehmenden ein weiterer Miterbe sowie Pflichtteils- und Unterhaltsberechtigter. Im Einzelfall kann die Annahme eines Volljährigen als Kind trotz sittlicher Rechtfertigung aus diesen Gründen scheitern.[5] Dies ist etwa der Fall, wenn das leibliche Kind das elterliche Unternehmen fortführen soll und eine Auszahlung der Erbansprüche an das anzunehmende Kind das Unternehmen in wirtschaftliche Schwierigkeiten bringen würde.

11 Vermögens-, insbesondere erbrechtliche Interessen treten zurück, wenn der Annehmende bereits als Minderjähriger in die Familie des Annehmenden aufgenommen wurde oder wenn ein Stiefkind adoptiert wird.[6] Die Möglichkeit des Entstehens eines Geschwisterverhältnisses zwischen den Kindern des Annehmenden und dem Anzunehmenden ist nicht zu berücksichtigen.[7]

12 Die Interessen der Kinder des Annehmenden und der Kinder des Anzunehmenden sind vom Gericht objektiv zu würdigen.[8] Die subjektive Einstellung der Kinder zur Adoption bleibt jedoch nicht unberücksichtigt. Stimmen sie einer Adoption zu, können objektive Interessen der Kinder nur unter außergewöhnlichen Umständen zu einem Verbot der Annahme des Volljährigen führen. Lehnen die Kinder des Annehmenden

1 Die Abwägung setzt voraus, dass die Interessen und Gegeninteressen feststehen; vgl. BayObLG v. 28.10.1999 – 1 Z BR 37/99, FamRZ 2000, 767.
2 Vgl. AnwK-BGB/*Finger*, § 1745 BGB Rz. 5; Erman/*Saar*, § 1745 BGB Rz. 3.
3 AnwK-BGB/*Finger*, § 1745 BGB Rz. 6; Erman/*Saar*, § 1745 BGB Rz. 3.
4 Erman/*Saar*, § 1769 BGB Rz. 2.
5 AnwK-BGB/*Finger*, § 1769 BGB Rz. 1.
6 Erman/*Saar*, § 1769 BGB Rz. 3.
7 BT-Drucks. 7/3061, S. 53.
8 Erman/*Saar*, § 1769 Rz. 3.

und des Anzunehmenden die Annahme als Kind ab, ist eine Abwägung der Interessen zwischen Annehmendem, Anzunehmendem und deren Kindern erforderlich.

Eine förmliche Einwilligung der Kinder des Anzunehmenden und der Kinder des Annehmenden ist nicht erforderlich. Bei minderjährigen Kindern hat das Gericht von Amts wegen zu ermitteln. Volljährige Kinder haben ihre Einwendungen selbst darzulegen.[1] Ein Adoptionsantrag, der mit der Einschränkung gestellt wurde, die Kinder nicht zu hören, ist als unzulässig abzuweisen.[2] 13

II. Ausnahmen für die Anhörung eines minderjährigen Kindes (Satz 2)

§ 193 Satz 2 erklärt § 192 Abs. 3 für entsprechend anwendbar. Diese Vorschrift ermöglich unter engen Voraussetzungen ein Absehen von der Anhörung Minderjähriger (vgl. § 192 Rz. 7). 14

§ 194
Anhörung des Jugendamts

(1) In Adoptionssachen hat das Gericht das Jugendamt anzuhören, sofern der Anzunehmende oder Angenommene minderjährig ist. Dies gilt nicht, wenn das Jugendamt nach § 189 eine fachliche Äußerung abgegeben hat.

(2) Das Gericht hat dem Jugendamt in den Fällen, in denen dieses angehört wurde oder eine fachliche Äußerung abgegeben hat, die Entscheidung mitzuteilen. Gegen den Beschluss steht dem Jugendamt die Beschwerde zu.

A. Allgemeines

§ 194 Abs. 1 Satz 1 schreibt eine **Anhörung des Jugendamts** in Adoptionssachen vor, sofern der Anzunehmende oder Angenommene minderjährig ist. Diese Vorschrift ersetzt den Katalog des bisherigen § 49 Abs. 1 FGG.[3] § 194 Abs. 1 Satz 2 enthält eine Ausnahme von dieser Anhörungspflicht für den Fall, dass das Jugendamt bereits nach § 189 eine fachliche Äußerung abgegeben hat (vgl. § 189 Rz. 4 ff.). Eine entsprechende Regelung war bereits im bisherigen § 49 Abs. 1 Nr. 1 FGG enthalten.[4] § 194 Abs. 2 Satz 1 entspricht dem bisherigen § 49 Abs. 3 FGG. Nach dieser Vorschrift hat das Gericht dem Jugendamt in den Fällen, in denen dieses angehört wurde oder eine fachliche Äußerung abgegeben hat, die Entscheidung mitzuteilen. § 194 Abs. 2 Satz 2 knüpft daran an und enthält eine eigenständige, von § 59 unabhängige Beschwerdeberechtigung des Jugendamts.[5] 1

1 Bamberger/Roth/*Enders*, § 1769 BGB Rz. 3; AnwK-BGB/*Finger*, § 1769 BGB Rz. 2.
2 BayObLG v. 22.11.1999 – 1 Z BR 124/99, FamRZ 2001, 121; AnwK-BGB/*Finger*, § 1769 BGB Rz. 2.
3 BT-Drucks. 16/6308, S. 248.
4 BT-Drucks. 16/6308, S. 248.
5 BT-Drucks. 16/6308, S. 248.

B. Inhalt der Vorschrift

2 Das Familiengericht ist gem. § 194 Abs. 1 Satz 1 verpflichtet, das Jugendamt bei **minderjährigen Anzunehmenden** oder **Angenommenen** in Adoptionssachen anzuhören. Diese gerichtliche Pflicht bezieht sich auf alle Adoptionssachen iSd. § 186. Sie besteht bei allen Minderjährigen, unabhängig davon, ob das Jungendamt bereits Hilfe gewährt hat oder als Vormund bzw. Pfleger tätig geworden ist.[1] Sie gilt auch, wenn das Kind eine ausländische Staatsangehörigkeit besitzt oder ausländisches Recht anzuwenden ist.[2] Ausnahmsweise kann von der Anhörung abgesehen werden, wenn von vornherein absehbar ist, dass keine gerichtliche Maßnahme in Betracht kommt.[3]

3 Das Jugendamt hat einerseits die erforderlichen Ermittlungen anzustellen und andererseits dem Familiengericht die ermittelten Tatsachen mitzuteilen. Insoweit soll es zu den beabsichtigten gerichtlichen Maßnahmen gutachterlich Stellung nehmen[4] und dem Gericht einen konkreten Entscheidungsvorschlag unterbreiten.[5]

4 Der Zeitpunkt und die Form der Anhörung des Jugendamts sind gesetzlich nicht geregelt. Die Anhörung wird regelmäßig schriftlich geschehen; in Eilfällen kann aber auch eine telefonische Anhörung in Frage kommen. Den Zeitpunkt der Anhörung hat das Gericht nach seinem Ermessen festzulegen. Naturgemäß muss er vor der Entscheidung des Gerichts liegen.[6]

5 Die Anhörung des Jugendamts nach § 194 Abs. 1 Satz 1 ist zwingend, sofern nicht der Ausnahmetatbestand des § 194 Abs. 1 Satz 2 vorliegt (vgl. Rz. 8). Ein Verstoß gegen diese Pflicht stellt einen schweren Verfahrensfehler dar, der zur Aufhebung der familiengerichtlichen Entscheidung führen kann.[7] Die Beschwerdeberechtigung des Jugendamts ergibt sich nunmehr aus § 194 Abs. 2 Satz 2.

6 Einer erneuten Anhörung im Beschwerdeverfahren bedarf es nur, wenn sich die tatsächlichen Verhältnisse seit der erstinstanzlichen Anhörung maßgeblich verändert haben.[8]

7 Die örtliche Zuständigkeit des Jugendamts richtet sich nach § 87b SGB VIII. Sie bleibt gem. § 87b Abs. 2 Satz 1 SBG VIII grundsätzlich bis zum Abschluss des Verfahrens bestehen.[9] Die Anhörung macht das Jugendamt nicht zum Verfahrensbeteiligten. Es ist jedoch gem. § 188 Abs. 2 auf Antrag am Verfahren zu beteiligen (vgl. § 188 Rz. 26).

8 Hat das zuständige Jugendamt bereits eine fachliche Äußerung nach § 189 abgegeben (vgl. § 189 Rz. 4 ff.), ist keine zusätzliche Anhörung nach § 194 erforderlich. Dies stellt § 194 Abs. 1 Satz 2 klar.

---

1 Vgl. Keidel/*Engelhardt*, § 49 FGG Rz. 4.
2 Vgl. Keidel/*Engelhardt*, § 49 FGG Rz. 4.
3 Vgl. Keidel/*Engelhardt*, § 49 FGG Rz. 4.
4 BayObLG v. 15.4.1994 – 1 Z BR 17/94, FamRZ 1994, 1411; OLG Köln v. 31.3.1995 – 25 UF 53/95, NJW-RR 1995, 1410; *Oelkers*, Zentralblatt für Jugendrecht 1995, 811.
5 OLG Köln v. 31.3.1995 – 25 UF 53/95, NJW-RR 1995, 1410; OLG Karlsruhe v. 25.11.1996 – 11 Wx 79/96, NJWE-FER 1998, 4.
6 Vgl. Keidel/*Engelhardt*, § 49 FGG Rz. 6.
7 BayObLG v. 30.4.1993 – 1 Z BR 104/92, FamRZ 1993, 1350; OLG Köln v. 31.3.1995 – 25 UF 53/95, NJW-RR 1995, 1410.
8 BayObLG v. 23.6.1994 – 1 Z BR 40/94, FamRZ 1995, 185.
9 Zur Pflicht zur Anhörung des Jugendamts am neuen Aufenthaltsort der Eltern oder des Kindes s. BayObLG v. 25.1.1995 – 1 Z BR 169/94, BayObLGZ 1995, 22.

Das Familiengericht hat gem. § 194 Abs. 2 Satz 1 dem Jugendamt in den Fällen, in denen das Jugendamt angehört wurde oder eine fachliche Äußerung abgegeben hat, die Entscheidung mitzuteilen. Diese Vorschrift dient der Information der Fachbehörde. Im Übrigen ist das Jugendamt gem. § 194 Abs. 2 Satz 2 **beschwerdeberechtigt.** 9

§ 195
Anhörung des Landesjugendamts

(1) In den Fällen des § 11 Abs. 1 Nr. 2 und 3 des Adoptionsvermittlungsgesetzes hat das Gericht vor dem Ausspruch der Annahme auch die zentrale Adoptionsstelle des Landesjugendamts anzuhören, die nach § 11 Abs. 2 des Adoptionsvermittlungsgesetzes beteiligt worden ist. Ist eine zentrale Adoptionsstelle nicht beteiligt worden, tritt an seine Stelle das Landesjugendamt, in dessen Bereich das Jugendamt liegt, das nach § 194 Gelegenheit zur Äußerung erhält oder das nach § 189 eine fachliche Äußerung abgegeben hat.

(2) Das Gericht hat dem Landesjugendamt alle Entscheidungen mitzuteilen, zu denen dieses nach Absatz 1 anzuhören war. Gegen den Beschluss steht dem Landesjugendamt die Beschwerde zu.

A. Allgemeines

§ 195 Abs. 1 normiert in den Fällen des § 11 Abs. 1 Nr. 2 und 3 AdVermiG eine zusätzliche Pflicht des Familiengerichts zur **Anhörung der zentralen Adoptionsstelle des Landesjugendamts**. Die Vorschrift entspricht dem bisherigen § 49 Abs. 2 FGG. Eine § 195 Abs. 2 Satz 1 vergleichbare Mitteilungspflicht enthielt bereits § 49 Abs. 3 FGG. An diese knüpft § 195 Abs. 2 Satz 2 an und räumt dem Landesjugendamt eine eigenständige, von § 59 unabhängige Beschwerdeberechtigung ein.[1] Mitteilungspflicht und Beschwerdeberechtigung entsprechen den für die Anhörung des Jugendamts geltenden Regelungen des § 194 Abs. 2. 1

B. Inhalt der Vorschrift

Bei den Landesjugendämtern sind **zentrale Adoptionsstellen** eingerichtet. Gem. § 11 Abs. 1 Nr. 2 und 3 AdVermiG unterstützen diese die Adoptionsvermittlungsstellen bei ihrer Arbeit, insbesondere durch fachliche Beratung, wenn ein Adoptionsbewerber oder das Kind eine **ausländische Staatsangehörigkeit** besitzt oder **staatenlos** ist oder wenn ein Adoptionsbewerber oder das Kind **seinen Wohnsitz oder gewöhnlichen Aufenthalt nicht im Inland** hat. Die Mitwirkung der zentralen Adoptionsstellen der Landesjugendämter ist in solchen Adoptionsfällen mit Auslandsbezug geboten, da diese regelmäßig besondere Schwierigkeiten mit sich bringen. 2

Das Familiengericht hat in diesen Fällen gem. § 195 Abs. 1 Satz 1 vor Ausspruch der Annahme die zentrale Adoptionsstelle des Landesjugendamts anzuhören, die durch die Adoptionsvermittlungsstelle nach § 11 Abs. 2 AdVermiG am Adoptionsverfahren be- 3

1 BT-Drucks. 16/6308, S. 248.

teiligt worden ist. Unterblieb eine solche Beteiligung, hat das Familiengericht gem. § 195 Abs. 1 Satz 2 die zentrale Adoptionsstelle des Landesjugendamts anzuhören, in dessen Bereich das Jugendamt liegt, das nach § 194 Gelegenheit zur Äußerung erhalten oder nach § 189 eine fachliche Äußerung abgegeben hat.

4 Die Pflicht zur Anhörung der zentralen Adoptionsstelle des Landesjugendamts erstreckt sich nach dem Wortlaut des § 195 Abs. 1 Satz 1 nur auf Verfahren, die eine Annahme als Kind (§ 186 Nr. 1) zum Gegenstand haben. Sie kann aber nach § 26 auch in anderen Adoptionssachen mit Auslandsbezug geboten sein.[1]

5 Die Anhörung wird regelmäßig schriftlich erfolgen. Ihr Zeitpunkt hat vor der Entscheidung des Familiengerichts zu liegen. Ein Verstoß gegen die Anhörungspflicht stellt einen schweren Verfahrensfehler dar. Dieser kann zur Aufhebung der familiengerichtlichen Entscheidung führen.

6 Das Familiengericht hat gem. § 195 Abs. 2 Satz 1 dem Landesjugendamt alle Entscheidungen mitzuteilen, zu denen dieses nach § 195 Abs. 1 anzuhören war. Gegen diese steht dem Landesjugendamt nach § 195 Abs. 2 Satz 2 die **Beschwerde** zu.

§ 196
Unzulässigkeit der Verbindung

Eine Verbindung von Adoptionssachen mit anderen Verfahren ist unzulässig.

1 Gem. § 20 kann das Gericht Verfahren verbinden oder trennen, soweit es dies für sachdienlich hält. § 196 schließt demgegenüber eine **Verbindung** von Adoptionssachen mit anderen Verfahren aus.

2 Die Verfahren in Adoptionssachen sind durch zahlreiche Besonderheiten gekennzeichnet, nicht zuletzt durch das in § 1758 BGB geregelte Offenbarungs- und Ausforschungsverbot. § 1758 BGB bezweckt den Schutz des Adoptionsgeheimnisses. Die Ziele der Adoption könnten vereitelt werden, wenn die leiblichen Eltern oder Verwandten noch Jahre nach der Annahme ohne weiteres Kontakt zum Kind aufnehmen könnten. Auch wird das Geheimhaltungsinteresse der Adoptiveltern und -kinder an der Tatsache der Adoption und der Herkunft der Kinder geschützt. Die Verbindung eines anderen Verfahrens mit einer Adoptionssache ist damit nach Ansicht des Gesetzgebers nicht zu vereinbaren.[2]

§ 197
Beschluss über die Annahme als Kind

(1) In einem Beschluss, durch den das Gericht die Annahme als Kind ausspricht, ist anzugeben, auf welche gesetzlichen Vorschriften sich die Annahme gründet. Wurde die Einwilligung eines Elternteils nach § 1747 Abs. 4 des Bürgerlichen Gesetzbuchs nicht für erforderlich erachtet, ist dies ebenfalls in dem Beschluss anzugeben.

1 Vgl. Keidel/*Engelhardt*, § 49 FGG Rz. 13.
2 BT-Drucks. 16/6308, S. 248.

(2) In den Fällen des Absatzes 1 wird der Beschluss mit der Zustellung an den Annehmenden, nach dem Tod des Annehmenden mit der Zustellung an das Kind wirksam.

(3) Der Beschluss ist nicht anfechtbar. Eine Abänderung oder Wiederaufnahme ist ausgeschlossen.

A. Allgemeines

1 Die Annahme als Kind wird vom Familiengericht durch **Beschluss** ausgesprochen (§ 1752 Abs. 1, § 1768 Abs. 1 BGB). § 197 regelt den Inhalt eines solchen Beschlusses und sein Wirksamwerden. Im Übrigen bestimmt die Vorschrift, dass der Beschluss über die Annahme als Kind unanfechtbar und unabänderlich ist. § 197 entspricht dem bisherigen § 56e FGG.[1]

2 Die Vorschrift betrifft nur die Beschlüsse, durch die die Annahme als Kind ausgesprochen wird. Beschlüsse, die einen Adoptionsantrag ablehnen (vgl. Rz. 54), sind von § 197 nicht erfasst. Zu den Beschlüssen in den weiteren Adoptionssachen s. § 198.

B. Inhalt der Vorschrift

I. Prüfungsschritte vor Erlass des Beschlusses über die Annahme als Kind

1. Antrag

3 Notwendige Verfahrensvoraussetzung für das Tätigwerden des Familiengerichts ist zunächst ein wirksamer **Antrag** auf Annahme als Kind.

1 BT-Drucks. 16/6308, S. 248.

4 Bei Annahme eines Minderjährigen ist gem. § 1752 Abs. 1 BGB lediglich der Annehmende antragsberechtigt, nicht dagegen das Kind oder ein sonstiger Beteiligter. Der Antrag bedarf gem. § 1752 Abs. 2 Satz 2 BGB zu seiner Wirksamkeit der notariellen Beurkundung (s. den Formulierungsvorschlag in § 186 Rz. 13). Da nur die Ausfertigung der notariellen Urkunde die Urschrift im Rechtsverkehr ersetzt (§ 47 BeurkG), reicht die Einreichung einer beglaubigten Abschrift der Antragsurkunde beim Familiengericht nicht aus. Für die Beurkundung fällt, unabhängig davon, ob der Antrag durch eine Person oder durch Ehegatten gestellt wird, eine 10/10 Gebühr nach § 36 Abs. 1 KostO an. Bei Annahme eines Minderjährigen beträgt der Geschäftswert 3000 Euro (§ 39 Abs. 4 KostO).

5 Wirksam wird der Antrag mit Eingang beim Familiengericht. Er ist durch den Annehmenden **höchstpersönlich** zu stellen. Dies bedeutet, dass der Antrag persönlich zur Niederschrift des Notars erklärt werden muss. Der Notar kann jedoch – wie dies regelmäßig geschieht – mit der Einreichung des Antrags bei Gericht betraut werden.[1] Der Annehmende muss geschäftsfähig sein. Eine gesetzliche Vertretung bei der Antragstellung ist nicht möglich. Ebenso ausgeschlossen ist eine rechtsgeschäftliche Vertretung. Die fehlende Geschäftsfähigkeit führt zwingend zur Zurückweisung des Antrags.[2]

6 Eine Rücknahme des Antrags ist bis zum Ausspruch der Annahme möglich. Sie bedarf keiner besonderen Form.[3] Eine Rücknahme vor Zustellung des Annahmebeschlusses führt nicht zur Nichtigkeit des gleichwohl ergangenen Annahmebeschlusses.[4]

7 Das Antragsrecht ist nicht vererblich.[5] Der Tod des Antragstellers bringt das Verfahren zur Erledigung, sofern nicht ein Fall des § 1753 Abs. 2 BGB vorliegt. Ebenso wie die Einwilligungserklärungen nach §§ 1746, 1747 und 1749 BGB (vgl. § 1750 Abs. 2 BGB) ist der Antrag bedingungsfeindlich und kann nicht unter einer Zeitbestimmung gestellt werden.

8 § 1768 Abs. 1 BGB enthält für die **Volljährigenadoption** eine Sondervorschrift zu § 1752 Abs. 1 BGB. Während bei der Minderjährigenannahme der Adoptionsantrag lediglich vom Annehmenden zu stellen ist und das Kind in die Annahme einwilligen muss, bedarf die Annahme eines Volljährigen neben dem Antrag des Annehmenden auch eines solchen des Anzunehmenden (s. den Formulierungsvorschlag in § 186 Rz. 21).

2. Einwilligungen

9 Die für die Annahme als Kind erforderlichen **Einwilligungen** müssen vorliegen.

a) Annahme eines Minderjährigen

aa) Einwilligung des Kindes

10 Gem. § 1746 Abs. 1 Satz 1 BGB ist zur Annahme zunächst die **Einwilligung des Kindes** erforderlich (s. den Formulierungsvorschlag in § 186 Rz. 14). Diese Vorschrift ist Aus-

1 Bamberger/Roth/*Enders*, § 1752 BGB Rz. 2; AnwK-BGB/*Finger*, § 1752 BGB Rz. 2; Erman/*Saar*, § 1752 BGB Rz. 3.
2 AnwK-BGB/*Finger*, § 1752 BGB Rz. 2.
3 Staudinger/*Frank*, § 1752 BGB Rz. 8; Keidel/*Engelhardt*, § 56e FGG Rz. 3; aA Erman/*Saar*, § 1752 BGB Rz. 4.
4 *Krause*, NotBZ 2006, 221 (232); aA Bamberger/Roth/*Enders*, § 1752 BGB Rz. 3.
5 BayObLG v. 25.7.1995 – 1 Z BR 168/94, FamRZ 1995, 1604; AnwK-BGB/*Finger*, § 1752 BGB Rz. 2.

fluss des Selbstbestimmungsrechts des Kindes und dient auch der Verwirklichung des Kindeswohls. Die Einwilligung muss ausdrücklich erfolgen und sich idR auf eine bestimmte Person beziehen.[1]

Ist das Kind geschäftsunfähig oder noch nicht 14 Jahre alt, kann gem. § 1746 Abs. 1 Satz 2 BGB nur sein **gesetzlicher Vertreter** die Einwilligung erteilen. Dies sind meist beide Eltern (§§ 1626 ff. BGB), ansonsten der Elternteil, Pfleger oder Vormund, dem die **Personensorge** zusteht. Im Falle des § 1628 BGB ist die Einwilligung durch den Elternteil zu erteilen, dem die Entscheidungsbefugnis übertragen ist. Gesetzlicher Vertreter ist häufig das **Jugendamt als Amtsvormund**. Die Mutter kann als gesetzliche Vertreterin des Kindes die Einwilligung in die Adoption durch den Stiefvater erteilen; eine Pflegerbestellung ist insoweit nicht erforderlich.[2] Zur Einwilligung des gesetzlichen Vertreters ist eine Genehmigung des Familiengerichts nicht erforderlich (Ausnahme: § 1746 Abs. 1 Satz 4 BGB). 11

Ein über 14 Jahre altes Kind kann die Einwilligung gem. § 1746 Abs. 1 Satz 3 Halbs. 1 BGB nur selbst erteilen. Es bedarf hierzu allerdings der **Zustimmung seines gesetzlichen Vertreters** nach § 1746 Abs. 1 Satz 3 Halbs. 2 BGB. Die Zustimmungserklärung des gesetzlichen Vertreters bedarf keiner Form.[3] Sie muss jedoch dem Familiengericht gegenüber nachgewiesen werden. Eine Ersetzung der Einwilligung des über 14 Jahre alten Kindes ist ausgeschlossen.[4] 12

Haben der Annehmende und das Adoptivkind unterschiedliche Staatsangehörigkeiten, bedarf die Einwilligung nach § 1746 Abs. 1 Satz 4 Halbs. 1 BGB ausnahmsweise der **Genehmigung des Familiengerichts**. Dies gilt gem. § 1746 Abs. 1 Satz 4 Halbs. 2 BGB nicht, sofern die Annahme deutschem Recht unterliegt. Die Genehmigungsbedürftigkeit dient der Berücksichtigung des Kindeswohls. Unterliegt die Annahme deutschem Recht, wird das Kindeswohl bereits im Rahmen des § 1741 BGB gewürdigt.[5] 13

Das Kind kann, sofern es das 14. Lebensjahr vollendet hat und nicht geschäftsunfähig ist, die Einwilligung gem. § 1746 Abs. 2 Satz 1 BGB bis zum Wirksamwerden des Ausspruchs der Annahme gegenüber dem Familiengericht zurücknehmen. Der Widerruf bedarf gem. § 1746 Abs. 2 Satz 2 BGB der öffentlichen Beurkundung. Diese kann durch einen Notar oder durch das Jugendamt gem. § 59 Abs. 1 Nr. 6 SGB VIII erfolgen. Eine Zustimmung des gesetzlichen Vertreters ist dagegen nicht erforderlich (§ 1746 Abs. 2 Satz 3 BGB). Ein Verzicht auf das Widerrufsrecht ist nicht möglich.[6] Das Kind kann sowohl die eigene Einwilligung wie auch die vor seinem 14. Lebensjahr durch seinen gesetzlichen Vertreter erklärte Einwilligung widerrufen.[7] 14

Sofern der Vormund oder der Pfleger die Einwilligung oder Zustimmung ohne triftigen Grund verweigert haben, kann sie das Familiengericht gem. § 1746 Abs. 3 Halbs. 1 BGB ersetzen. Triftig sind nur überzeugende und schwerwiegende Gründe. Eine Ersetzung kommt insbesondere bei eigennützigen Motiven oder Ressentiments gegen die Adoptiveltern in Betracht, nicht aber bei Zweifeln an den Voraussetzungen des § 1741 Abs. 1 BGB oder Einwänden gegen eine Großeltern-Enkel-Adoption, wenn El- 15

1 Vgl. AnwK-BGB/*Finger*, § 1746 BGB Rz. 2.
2 AnwK-BGB/*Finger*, § 1746 BGB Rz. 3.
3 AnwK-BGB/*Finger*, § 1746 BGB Rz. 6.
4 BayObLG v. 19.9.1996 – 1 Z BR 143/96, FamRZ 1997, 576.
5 Es gibt kaum eine Rechtsordnung, die keine Kindeswohlprüfung vorsieht; vgl. *Frank*, FamRZ 1998, 397.
6 *Krause*, NotBZ 2006, 221 (225).
7 Erman/*Saar*, § 1746 BGB Rz. 8.

tern und Geschwister in der Nähe wohnen. Über die Ersetzung entscheidet der Richter gem. § 14 Abs. 1 Nr. 15 RPflG. Die Ersetzung der Einwilligung kann auf Anregung, Antrag oder von Amts wegen erfolgen.[1] Das Gericht entscheidet nach den Kriterien, die es der Prüfung des Adoptionsantrags zugrunde legt.[2] Erfolgt die Entscheidung über die Ersetzung außerhalb des Adoptionsverfahrens, ist gegen einen ablehnenden Beschluss Beschwerde nach § 58 möglich; bei einer Prüfung im Rahmen des Adoptionsverfahrens ist kein besonderer Rechtsbehelf gegeben.[3]

16 Eine Mitwirkung der Eltern ist gem. § 1746 Abs. 3 Halbs. 2 BGB entbehrlich, sofern diese nach den §§ 1747, 1750 BGB unwiderruflich in die Annahme eingewilligt haben oder ihre Einwilligung nach § 1748 BGB durch das Familiengericht ersetzt worden ist.

bb) Einwilligung der Eltern des Kindes

17 Mit der Annahme als Kind erlöschen nach § 1755 Abs. 1 Satz 1 BGB das Verwandtschaftsverhältnis des Kindes und seiner Abkömmlinge zu den bisherigen Verwandten und die sich aus ihm ergebenden Rechte und Pflichten. Das Erfordernis der **Einwilligung der Eltern** in die Adoption ihres Kindes dient der Verwirklichung des durch Art. 6 GG geschützten Elternrechts.[4] Nur in besonderen Ausnahmefällen kann die Einwilligung eines Elternteils gem. § 1748 BGB durch das Familiengericht ersetzt werden. Anderen Verwandten steht kein Einwilligungsrecht zu.[5] Fehlende oder unwirksame Einwilligungserklärungen führen unter bestimmten Voraussetzungen zur Aufhebbarkeit der Annahme (§§ 1760 f. BGB), jedoch nicht zu deren Nichtigkeit.[6]

18 **Einwilligungsberechtigt** sind gem. § 1747 Abs. 1 Satz 1 BGB die leiblichen Eltern des Kindes (§§ 1591, 1592 BGB); s. den Formulierungsvorschlag in § 186 Rz. 15. Dies gilt unabhängig davon, ob die Eltern miteinander verheiratet sind oder waren. Eine Sonderregelung für den nichtehelichen Vater findet sich in § 1747 Abs. 3 BGB, falls die Eltern keine Sorgeerklärung (§ 1626a Abs. 1 Nr. 1 BGB) abgegeben haben. Adoptiveltern sind nicht einwilligungsberechtigt.[7] Mutter des Kindes ist die Frau, die es geboren hat (§ 1591 BGB). Als Vater des Kindes einwilligungsberechtigt ist grundsätzlich derjenige, der rechtlich als Vater gilt. Gem. § 1592 BGB ist dies der Mann, der zum Zeitpunkt der Geburt mit der Mutter des Kindes verheiratet ist, der die Vaterschaft anerkannt hat oder dessen Vaterschaft nach § 1600d BGB oder § 182 gerichtlich festgestellt ist. Steht kein anderer Mann als Vater nach § 1592 BGB fest, ist gem. § 1747 Abs. 1 Satz 2 BGB der Mann, dessen Vaterschaft nach § 1600d Abs. 2 Satz 1 BGB vermutet wird, weil er der Mutter während der Empfängniszeit beigewohnt hat, einwilligungsberechtigt. Die Voraussetzung des § 1600d Abs. 2 Satz 1 BGB ist von ihm glaubhaft zu machen. Die **Glaubhaftmachung** bezieht sich auf die Beiwohnung, nicht aber auf die Vaterschaft.[8] Zum Zwecke der Glaubhaftmachung kann sich der Mann aller nach § 31 zulässigen Beweismittel bedienen.[9]

1 AnwK-BGB/*Finger*, § 1746 BGB Rz. 10.
2 BayObLG v. 6.12.1996 – 1 Z BR 100/96, FamRZ 1997, 839; AnwK-BGB/*Finger*, § 1746 BGB Rz. 9.
3 Erman/*Saar*, § 1746 BGB Rz. 9.
4 BVerfG v. 7.3.1995 – 1 BvR 790/91 ua., NJW 1995, 2155; EGMR v. 26.5.1994 – 16/1993/411/490 (*Joseph Keegan/Irland*), NJW 1995, 2153.
5 AnwK-BGB/*Finger*, § 1747 BGB Rz. 2.
6 *Krause*, NotBZ 2006, 221 (225).
7 Erman/*Saar*, § 1747 BGB Rz. 2.
8 MüKo.BGB/*Maurer*, § 1747 BGB Rz. 4; AnwK-BGB/*Finger*, § 1747 BGB Rz. 7.
9 Erman/*Saar*, § 1747 BGB Rz. 3.

Die **Einwilligungserklärung** bedarf gem. § 1750 Abs. 1 Satz 2 BGB der notariellen Beurkundung. § 1747 Abs. 2 Satz 1 BGB schreibt darüber hinaus vor, dass sie erst erteilt werden kann, wenn das Kind acht Wochen alt ist. Ebenso wie die notarielle Beurkundung dient diese Vorschrift dem Schutz vor einer unüberlegten Weggabe des Kindes. Eine vorzeitige Einwilligungserklärung stellt einen Aufhebungsgrund gem. § 1760 Abs. 2e BGB dar.[1] Die Einwilligungserklärung kann dem Adoptionsantrag auch vorausgehen.[2] 19

Unzulässig ist eine **Blankoadoption**, bei der nur eine allgemeine Einwilligung der Eltern vorliegt[3] (Ausnahme: Einwilligung des nach § 1747 Abs. 1 Satz 2 BGB vermuteten Vaters[4]). § 1747 Abs. 2 Satz 2 BGB lässt dagegen die **Inkognitoadoption** zu. Voraussetzung ist, dass die Annehmenden im Zeitpunkt der Einwilligungserklärung schon feststehen, auch wenn der Einwilligende sie nicht kennt. Die Einwilligung kann alternativ oder hilfsweise für mehrere Adoptionsbewerber erteilt werden.[5] Sie kann auch auf bestimmte Adoptionsverhältnisse beschränkt werden, zB hinsichtlich der Religion der Adoptionsbewerber.[6] Bedingungen für das Annahmeverhältnis sind dagegen unzulässig.[7] 20

§ 1747 Abs. 3 BGB enthält **Ausnahmen für den nichtehelichen Vater**. Voraussetzung für die Anwendung der Vorschrift ist, dass die Eltern keine Sorgeerklärung (§ 1626a Abs. 1 Nr. 1 BGB) abgegeben haben. Hinsichtlich seiner Rechte nach § 1747 Abs. 3 BGB ist der Vater vom Jugendamt zu beraten.[8] Im Fall des § 1747 Abs. 3 Nr. 1 BGB kann der nichteheliche Vater seine Einwilligung in die Adoption bereits vor der Geburt des Kindes erteilen. Gibt die Kindesmutter keine zur Identifizierung ausreichende Auskunft über den nichtehelichen Vater – weil sie nicht will oder nicht kann –, kann das Gericht ihn naturgemäß nicht am Adoptionsverfahren beteiligten. Es ist dann im Rechtssinne kein Vater vorhanden, dessen Einwilligung für die Adoption erforderlich wäre.[9] Hat der nichteheliche Vater die Übertragung der Sorge nach § 1672 Abs. 1 BGB beantragt, darf gem. § 1747 Abs. 3 Nr. 2 BGB die Annahme erst ausgesprochen werden, nachdem über seinen Antrag entschieden worden ist.[10] Erhält der Vater die elterliche Sorge, kann seine Einwilligung nach § 1748 Abs. 1 BGB ersetzt und die Adoption ausgesprochen werden.[11] Gem. § 1747 Abs. 3 Nr. 3 BGB kann der nichteheliche Vater auf die Übertragung der Sorge nach § 1672 Abs. 1 BGB verzichten. Zu ihrer Wirksamkeit muss die **Verzichtserklärung** öffentlich beurkundet werden. § 1750 BGB gilt insoweit sinngemäß mit Ausnahme von § 1750 Abs. 4 Satz 1 BGB. Zuständig für die Beurkundung sind Notar und Jugendamt. Ein **Blankoverzicht** für alle Fälle ist möglich.[12] Der Verzicht kann zu jedem Zeitpunkt nach der Geburt des Kindes erfolgen.[13] 21

---

1 Eine vor der Geburt erklärte Einwilligung ist wirkungslos; vgl. Erman/*Saar*, § 1747 BGB Rz. 4.

2 AnwK-BGB/*Finger*, § 1747 BGB Rz. 9.

3 BT-Drucks. 7/3061, S. 21; BT-Drucks. 7/5087, S. 12.

4 Erman/*Saar*, § 1747 BGB Rz. 12; Bamberger/Roth/*Enders*, § 1747 BGB Rz. 9.

5 AnwK-BGB/*Finger*, § 1747 BGB Rz. 10.

6 *Listl*, FamRZ 1974, 74; AnwK-BGB/*Finger*, § 1747 BGB Rz. 10; aA Erman/*Saar*, § 1747 BGB Rz. 8.

7 *Krause*, NotBZ 2006, 221 (226).

8 Erman/*Saar*, § 1747 BGB Rz. 11.

9 LG Freiburg v. 28.5.2002 – 4 T 238/01, FamRZ 2002, 1647; AnwK-BGB/*Finger*, § 1747 BGB Rz. 11.

10 Ein Antrag des Vaters nach § 1672 BGB zieht eine automatische Sperrwirkung für das Annahmeverfahren nach sich; vgl. AnwK-BGB/*Finger*, § 1747 BGB Rz. 12; s. auch OLG Naumburg v. 24.7.2003 – 10 Wx 9/02, FamRZ 2004, 810.

11 MüKo.BGB/*Maurer*, § 1747 BGB Rz. 25; AnwK-BGB/*Finger*, § 1747 BGB Rz. 12.

12 MüKo.BGB/*Maurer*, § 1747 BGB Rz. 27; AnwK-BGB/*Finger*, § 1747 BGB Rz. 14.

13 Erman/*Saar*, § 1747 BGB Rz. 14.

22 Ist ein Elternteil zur Abgabe einer Erklärung dauernd außer Stande oder ist sein Aufenthalt dauernd unbekannt, so ist dessen Einwilligung gem. § 1747 Abs. 4 BGB nicht erforderlich. Geschäftsunfähigkeit, deren Heilung nicht absehbar ist, reicht hierfür aus.[1] Ein unbekannter Aufenthalt eines Elternteils liegt zB bei einem Findelkind vor.[2] Ist der Elternteil namentlich bekannt, ist er zur Aufenthaltsermittlung auszuschreiben; sechs Monate nach der ersten Ausschreibung sind die Voraussetzungen des § 1747 Abs. 4 BGB erfüllt.[3]

23 § 1748 BGB sieht die Möglichkeit der Ersetzung der fehlenden Einwilligung eines Elternteils in die Annahme vor (vgl. § 186 Rz. 27 ff.). Der Ersetzungsbeschluss muss rechtskräftig sein, bevor die Annahme als Kind ausgesprochen werden kann.

cc) Einwilligung des Ehegatten

24 Die Annahme als Kind kann auch die Interessen eventueller **Ehegatten** berühren. Dies gilt sowohl für den in der Praxis allerdings nicht sehr häufigen Fall, dass das minderjährige Kind verheiratet ist, als auch für den Ehegatten des Annehmenden. Die Einwilligung richtet sich nach § 1749 BGB (s. hierzu näher § 188 Rz. 14 ff.). Die Einwilligung des Ehegatten des Annehmenden kann ersetzt werden, diejenige des Ehegatten des Adoptivkindes nicht.[4]

b) Annahme eines Volljährigen

25 Bei der **Annahme eines Volljährigen** als Kind kommen Einwilligungen der Ehegatten nach § 1749 BGB sowie bei Annahme einer Person, die eine Lebenspartnerschaft führt, die Einwilligung dessen Lebenspartners nach § 1767 Abs. 2 Satz 3 BGB in Betracht.

c) Einwilligungserklärungen

26 § 1750 BGB gilt für die Einwilligung des Adoptivkindes (§ 1746 BGB), die Einwilligung seiner Eltern (§ 1747 BGB) sowie die Einwilligung eventueller Ehegatten des Adoptivkindes oder des Annehmenden (§ 1749 BGB). Auf den Verzicht des nichtehelichen Vaters gem. § 1747 Abs. 3 Nr. 3 BGB ist § 1750 BGB entsprechend anwendbar.[5] Das Familiengericht darf die Wirksamkeit einer Einwilligungserklärung im Rahmen einer **Vorabentscheidung** prüfen.[6] Die Beteiligten sollen nicht auf ein späteres Aufhebungsverfahren verwiesen werden.

27 **Empfänger der Einwilligungserklärungen** ist gem. § 1750 Abs. 1 Satz 1 BGB das Familiengericht. Die örtliche Zuständigkeit richtet sich nach § 187 (vgl. § 187 Rz. 3 ff.). Ein örtlich unzuständiges Gericht hat die Einwilligungserklärung an das zuständige Familiengericht weiterzuleiten. Die Erklärung wird erst mit Zugang beim örtlich zuständigen Gericht wirksam.[7]

28 Die Einwilligungserklärungen bedürfen gem. § 1750 Abs. 1 Satz 2 BGB der **notariellen Beurkundung**. Eine vom Jugendamt beurkundete Einwilligung ist nach § 125 BGB

1 BayObLG v. 15.7.1999 – 1 Z BR 6/99, FamRZ 1999, 1688; Erman/*Saar*, § 1747 BGB Rz. 16; AnwK-BGB/*Finger*, § 1747 BGB Rz. 16.
2 Erman/*Saar*, § 1747 BGB Rz. 16.
3 *Krause*, NotBZ 2006, 221 (227).
4 BT-Drucks. 7/5087, S. 19; Erman/*Saar*, § 1749 BGB Rz. 6; *Engler*, FamRZ 1975, 132; AnwK-BGB/*Finger*, § 1749 BGB Rz. 5.
5 Bamberger/Roth/*Enders*, § 1750 BGB Rz. 2.
6 Vgl. Bamberger/Roth/*Enders*, § 1750 BGB Rz. 7.
7 AnwK-BGB/*Finger*, § 1750 BGB Rz. 2; Erman/*Saar*, § 1750 BGB Rz. 4.

formnichtig.[1] Die Verzichtserklärung des nichtehelichen Vaters auf seinen Antrag nach § 1672 BGB bedarf dagegen nicht der notariellen Beurkundung.[2] Die Einwilligungserklärungen müssen dem Familiengericht in Ausfertigung, nicht in beglaubigter Abschrift zugehen.[3] Nur die Ausfertigung ersetzt die Urschrift der notariellen Urkunde im Rechtsverkehr (§ 47 BeurkG). Für die Beurkundung fällt eine 1/4 Gebühr nach § 38 Abs. 4 KostO an. Der Geschäftswert beträgt 3000 Euro (§ 39 Abs. 4 KostO). Bei Zusammenbeurkundung von Antrag und Einwilligungserklärungen liegt Gegenstandsgleichheit gem. § 44 Abs. 1 KostO vor, so dass gem. § 44 Abs. 1 Satz 1 KostO nur eine 10/10 Gebühr nach § 36 Abs. 1 KostO zu erheben ist. Für die mitbeurkundeten Einwilligungserklärungen fällt in diesem Fall keine eigene Gebühr an.

Die Einwilligungserklärungen werden gem. § 1750 Abs. 1 Satz 3 BGB im Zeitpunkt ihres **Zugangs beim Familiengericht** wirksam. Ab diesem Zeitpunkt ruht die elterliche Sorge gem. § 1751 Abs. 1 Satz 1 BGB. Vor ihrem Wirksamwerden kann die Einwilligungserklärung gem. § 130 Abs. 1 Satz 2 BGB ohne Einhaltung einer Form widerrufen werden.[4] 29

Ebenso wie der Antrag (§ 1752 Abs. 2 BGB) sind die jeweiligen Einwilligungserklärungen gem. § 1750 Abs. 2 Satz 1 BGB bedingungsfeindlich und können nicht unter einer Zeitbestimmung erteilt werden.[5] Mit Ausnahme derjenigen des Kindes (§ 1746 Abs. 2 BGB) sind die Einwilligungserklärungen nach § 1750 Abs. 2 Satz 2 BGB **unwiderruflich**. Möglich ist jedoch vor Erlass des Adoptionsbeschlusses eine Anfechtung nach §§ 119 ff. BGB. Zulässig ist diese allerdings nur in dem Umfang, in dem die Annahme nach § 1760 Abs. 2 BGB aufzuheben wäre.[6] Andere Unwirksamkeitsgründe, wie zB § 138 BGB, stehen dem gleich. 30

Die Einwilligungserklärung ist **höchstpersönlich**. Stellvertretung ist gem. § 1750 Abs. 3 Satz 1 BGB ausgeschlossen. Mit Ausnahme des Adoptivkindes (§ 1746 Abs. 1 Satz 2, 3 BGB) bedarf auch der beschränkt Geschäftsfähige nach § 1750 Abs. 3 Satz 2 BGB zu seiner Einwilligung nicht der Zustimmung seines gesetzlichen Vertreters. Die Einwilligung eines geschäftsunfähigen Elternteils in die Annahme seines Kindes ist nicht notwendig.[7] 31

Mit Rücknahme des Annahmeantrags oder Versagung der Annahme verlieren die Einwilligungserklärungen nach § 1750 Abs. 4 Satz 1 BGB ihre Kraft. Gleiches gilt gem. § 1750 Abs. 4 Satz 2 BGB für die Einwilligung eines Elternteils, wenn das Kind nicht innerhalb von drei Jahren seit dem Wirksamwerden der Einwilligung angenommen wird. Die Einwilligungserklärungen verlieren ihre Wirkung auch, wenn die Pflegeeltern eindeutig und endgültig erklären, dass sie von der ursprünglich beabsichtigten Annahme Abstand nehmen.[8] 32

1 Erman/*Saar*, § 1750 BGB Rz. 5.
2 AnwK-BGB/*Finger*, § 1750 BGB Rz. 4.
3 AnwK-BGB/*Finger*, § 1750 BGB Rz. 2; Erman/*Saar*, § 1750 BGB Rz. 4.
4 Erman/*Saar*, § 1750 BGB Rz. 4; MüKo.BGB/*Maurer*, § 1750 BGB Rz. 9.
5 Bei einer Inkognito-Adoption dürfen die leiblichen Eltern persönliche Anforderungen festlegen, denen die Anzunehmenden genügen müssen; vgl. Bamberger/Roth/*Enders*, § 1750 BGB Rz. 3; Staudinger/*Frank*, § 1750 BGB Rz. 11; AnwK-BGB/*Finger*, § 1750 BGB Rz. 7; Erman/*Saar*, § 1750 BGB Rz. 6.
6 AnwK-BGB/*Finger*, § 1750 BGB Rz. 6; Erman/*Saar*, § 1750 BGB Rz. 8; aA *Heilmann*, DAVorm 1997, 585.
7 AnwK-BGB/*Finger*, § 1750 BGB Rz. 9.
8 Erman/*Saar*, § 1750 BGB Rz. 10.

3. Ermittlungen und Anhörungen

33 Das Familiengericht hat die erforderlichen **Ermittlungen** und **Anhörungen** vorzunehmen, insbesondere Einholung der fachlichen Äußerung einer Adoptionsvermittlungsstelle bzw. des Jugendamts nach § 189 (vgl. § 189 Rz. 4 ff.), Anhörung der Beteiligten nach § 192 (vgl. § 192 Rz. 2 ff.), Anhörung weiterer Personen nach § 193 (vgl. § 193 Rz. 2 ff.), Anhörung des Jugendamts nach § 194, falls dieses nicht eine fachliche Äußerung nach § 189 abgegeben hat (vgl. § 194 Rz. 3 ff.), bei Auslandsbezug Anhörung der zentralen Adoptionsstelle des Landesjugendamts nach § 195 (vgl. § 195 Rz. 2 ff.) und ggf. Bestellung eines Verfahrensbeistandes für einen minderjährigen Beteiligten nach § 191 (vgl. § 191 Rz. 2 ff.).

4. Vorliegen der materiellen Voraussetzungen

34 Schließlich hat das Gericht die **materiellen Voraussetzungen** der Annahme als Kind zu prüfen,[1] bei der Annahme eines Minderjährigen also insbesondere, ob sie dem Wohl des Kindes dient und zu erwarten ist, dass zwischen dem Annehmenden und dem Kind ein Eltern-Kind-Verhältnis entsteht (§ 1741 BGB, vgl. § 192 Rz. 2), und bei der Annahme eines Volljährigen, ob diese sittlich gerechtfertigt ist (§ 1767 BGB, vgl. § 192 Rz. 3). Die Interessen der Kinder des Annehmenden und des Anzunehmenden nach §§ 1745, 1769 BGB sind zu beachten (vgl. § 193 Rz. 3 ff.). Zum anwendbaren Recht in internationalen Fällen vgl. § 199 Rz. 2.

35 Liegen ihre Voraussetzungen vor, ist die Annahme durch Beschluss des Familiengerichts auszusprechen.

II. Inhalt des Beschlusses über die Annahme als Kind (Absatz 1)

36 Im **Beschluss** ist zunächst die Annahme als Kind auszusprechen (§§ 1752 Abs. 1, 1768 Abs. 1 BGB). Weiter ist im Beschluss gem. § 197 Abs. 1 Satz 1 anzugeben, auf welche Gesetzesvorschriften sich die Annahme gründet. Sofern die Einwilligung eines Elternteils nach § 1747 Abs. 4 BGB nicht für erforderlich erachtet wurde, ist dies gem. § 197 Abs. 1 Satz 2 ebenfalls im Beschluss anzugeben. Schließlich ist eine beantragte Namensregelung nach § 1757 Abs. 4 BGB zu bescheiden.

1. Angabe der gesetzlichen Vorschriften

37 In dem Beschluss sind gem. § 197 Abs. 1 Satz 1 die **gesetzlichen Vorschriften** anzugeben, auf welche sich die Annahme gründet. Hierbei handelt es sich um alle Normen, die Aufschluss über die durch die Annahme begründeten und erloschenen Verwandtschaftsverhältnisse geben.[2] Zu unterscheiden sind die normale Minderjährigenadoption nach §§ 1754, 1755 BGB,[3] Verwandtenadoption nach § 1756 Abs. 1 BGB,[4] Stiefkindadoption des Kindes des Ehegatten, dessen Ehe durch Tod aufgelöst ist, nach § 1756 Abs. 2 BGB,[5] Stiefkindadoption des Kindes des Lebenspartners nach § 9 Abs. 7

1 S. näher *Krause*, NotBZ 2006, 221; *Krause*, NotBZ 2007, 43.
2 Keidel/*Engelhardt*, § 56e FGG Rz. 12; *Bischof*, JurBüro 1976, 1592; *Lüderitz*, NJW 1976, 1869.
3 Vgl. *Krause*, NotBZ 2006, 273.
4 Vgl. *Krause*, NotBZ 2006, 273 (275).
5 Vgl. *Krause*, NotBZ 2006, 273 (275).

LPartG iVm. § 1756 Abs. 2 BGB, normale Volljährigenadoption nach § 1770 BGB[1] und Volladoption eines Volljährigen nach § 1772 BGB.[2]

2. Nichterforderlichkeit der Einwilligung eines Elternteils

Hält das Gericht die Einwilligung eines Elternteils nach § 1747 Abs. 4 BGB nicht für erforderlich (vgl. Rz. 22), ist dies gem. § 197 Abs. 1 Satz 2 im Beschluss anzugeben. Um in einem etwaigen Aufhebungsverfahren zweifelsfrei feststellen zu können, ob die Einwilligung eines Elternteils vom Gericht aus Gründen des § 1747 Abs. 4 BGB nicht eingeholt worden ist, sah es der Gesetzgeber für erforderlich an, diese **Feststellung im Annahmebeschluss** zu treffen.[3] 38

3. Änderung des Namens des Kindes

Der Annahmebeschluss hat weiterhin eine beantragte **Namensänderung** nach § 1757 Abs. 4 BGB zu bescheiden. 39

Die namensrechtlichen Wirkungen der Annahme eines Kindes normiert § 1757 BGB. Das Namensrecht entspricht demjenigen leiblicher Kinder verheirateter Eltern (vgl. §§ 1616, 1617, 1617c BGB). Die in § 1757 BGB aufgeführten Gestaltungsmöglichkeiten sind abschließend.[4] Die namensrechtlichen Folgen der Adoption unterscheiden sich danach, ob das Kind durch eine Einzelperson oder ein Ehepaar gemeinsam bzw. vom anderen Ehepartner als Stiefkind angenommen wird. Darüber hinaus enthält die Vorschrift Regelungen zur Namenserstreckung und Namensänderung. 40

Die Erklärungen zur Namensführung bedürfen der öffentlichen Beglaubigung. In der Praxis werden die Erklärungen zur Namensführung regelmäßig in die Urkunden aufgenommen, die den Adoptionsantrag bzw. die Einwilligungserklärungen enthalten. Diese sind notariell zu beurkunden (§§ 1752 Abs. 2 Satz 2, 1750 Abs. 1 Satz 2 BGB). Die **notarielle Beurkundung** ersetzt die öffentliche Beglaubigung (§ 129 Abs. 2 BGB). 41

Die Entscheidung über die Namensführung ist **unanfechtbar**.[5] Ihre Ablehnung ist jedoch beschwerdefähig (§ 58).[6] Beschwerdeberechtigt ist bei der Minderjährigenadoption nur der Annehmende, nicht das Kind. Nach Wirksamkeit des Annahmebeschlusses ist ein Antrag auf Namensänderung unstatthaft.[7] 42

Gem. § 1757 Abs. 1 Satz 1 BGB[8] erhält das Kind auf Grund der Adoption als Geburtsnamen den Familiennamen des Annehmenden (Einzeladoption). Bei einer Annahme durch Ehegatten ist dies regelmäßig deren **Ehename** (Ausnahme: § 1757 Abs. 2 BGB). Der Anzunehmende kann seinen bisherigen Geburtsnamen an Stelle des Familienna- 43

1 Vgl. *Krause*, NotBZ 2007, 43 (46).
2 Vgl. *Krause*, NotBZ 2007, 43 (47).
3 BT-Drucks. 7/3061, S. 79; BT-Drucks. 7/5087, S. 24.
4 AnwK-BGB/*Finger*, § 1757 BGB Rz. 1; Bamberger/Roth/*Enders*, § 1757 BGB Rz. 1.
5 AnwK-BGB/*Finger*, § 1757 BGB Rz. 9; Erman/*Saar*, § 1757 BGB Rz. 19; aA LG Braunschweig v. 16.12.1998 – 8 T 610/98, FamRZ 2000, 114; Bamberger/Roth/*Enders*, § 1757 BGB Rz. 19.
6 OLG Zweibrücken v. 29.11.2000 – 3 W 255/00, FamRZ 2001, 1733; MüKo.BGB/*Maurer*, § 1757 BGB Rz. 11; Erman/*Saar*, § 1757 BGB Rz. 19; AnwK-BGB/*Finger*, § 1757 BGB Rz. 9.
7 BayObLG v. 23.9.2002 – 1 Z BR 113/02, FamRZ 2003, 1773; Erman/*Saar*, § 1757 BGB Rz. 19; AnwK-BGB/*Finger*, § 1757 BGB Rz. 9.
8 Die Vorschrift ist verfassungsgemäß; vgl. BayObLG v. 15.1.2003 – 1 Z BR 138/02, DNotZ 2003, 291; OLG Karlsruhe v. 23.12.1998 – 4 W 7/97, FamRZ 2000, 115; Erman/*Saar*, § 1757 BGB Rz. 2.

mens des Annehmenden nicht weiterführen.[1] Persönliche Adelsprädikate sind nicht übertragbar.[2] Die Angabe eines falschen Namens durch den Annehmenden führt nicht zur Nichtigkeit des Adoptionsbeschlusses.[3] Ein dem Ehenamen oder dem Lebenspartnerschaftsnamen gem. § 1355 Abs. 4 BGB bzw. § 3 Abs. 2 LPartG hinzugefügter Name gilt nach § 1757 Abs. 1 Satz 2 BGB nicht als Familienname. Er kann demzufolge vom angenommenen Kind nicht erworben werden. Ein etwaiger Begleitname des Annehmenden ändert sich durch die Adoption automatisch und kann von ihm nicht weitergeführt werden.[4]

44 Führen die Ehegatten im Fall einer gemeinsamen Adoption bzw. einer Stiefkindadoption keinen Ehenamen, so ist eine **Bestimmung des Geburtsnamens** des Adoptivkindes erforderlich. Diese hat gem. § 1757 Abs. 2 Satz 1 BGB vor dem Ausspruch der Annahme durch Erklärung gegenüber dem Familiengericht zu erfolgen. Die Namensbestimmung ist demzufolge Annahmevoraussetzung. § 1617 Abs. 1 BGB gilt hinsichtlich der Form (öffentliche Beglaubigung), der Wahlmöglichkeiten und der Verbindlichkeit der Wahl entsprechend. Die Namenswahl ist auch für weitere leibliche oder angenommene Kinder aus dieser Ehe verbindlich.[5] Scheitert die gemeinsame Namensbestimmung, kann dies ein Indiz für das Fehlen der Voraussetzungen des § 1741 BGB sein.[6] Bestimmbarer Name kann nur der aktuell geführte Name sein.[7]

45 Ist das Kind über fünf Jahre alt, hat es gem. § 1757 Abs. 2 Satz 2 BGB ein **Mitbestimmungsrecht**. Die Wirksamkeit der Namensbestimmung ist von seiner Zustimmung abhängig. Diese hat durch Erklärung vor dem Ausspruch der Annahme gegenüber dem Familiengericht zu erfolgen. § 1617c Abs. 1 Satz 2 BGB gilt insoweit entsprechend, dh. ein über 14 Jahre altes Kind kann die Erklärung nur selbst abgeben, bedarf hierzu aber der Zustimmung seines gesetzlichen Vertreters. Die Zustimmung des Kindes bedarf der öffentlichen Beglaubigung.[8] Fehlt die Zustimmung des Kindes, bleibt sein bisheriger Name bestehen.[9]

46 § 1757 Abs. 3 BGB entspricht § 1617c Abs. 3 BGB. Nach dieser Vorschrift erstreckt sich die Änderung des Geburtsnamens nur dann auf den Ehenamen, wenn der Ehegatte mit der Namensänderung einverstanden ist. Dessen Anschlusserklärung bedarf der öffentlichen Beglaubigung und ist vor dem Ausspruch der Annahme gegenüber dem Familiengericht abzugeben. Die **Anschlusserklärung des Ehegatten** wird mit Zugang beim Familiengericht bindend.[10] Die Änderung des Geburtsnamens hat keine Auswirkungen, wenn der Geburtsname des Ehegatten des Angenommenen der Ehename ist.[11]

47 Sofern dies dem Wohl des Kindes entspricht, kann das Familiengericht gem. § 1757 Abs. 4 Nr. 1 BGB auf Antrag des Annehmenden den **Vornamen des Kindes ändern** oder

1 BayObLG v. 15.1.2003 – 1 Z BR 138/02, DNotZ 2003, 291; Erman/*Saar*, § 1757 BGB Rz. 4.
2 AnwK-BGB/*Finger*, § 1757 BGB Rz. 2.
3 BayObLG v. 22.4.1993 – 3 Z BR 3/93, FamRZ 1994, 775; AnwK-BGB/*Finger*, § 1757 BGB Rz. 2.
4 Erman/*Saar*, § 1757 BGB Rz. 6; aA BayObLG v. 23.11.1999 – 1 Z BR 89/99, NJWE-FER 2000, 141.
5 OLG Hamm v. 14.9.2000 – 15 W 270/00, FamRZ 2001, 859; Bamberger/Roth/*Enders*, § 1757 BGB Rz. 4; AnwK-BGB/*Finger*, § 1757 BGB Rz. 4.
6 *Liermann*, FamRZ 1995, 200; Erman/*Saar*, § 1757 BGB Rz. 4.
7 AnwK-BGB/*Finger*, § 1757 BGB Rz. 4; Bamberger/Roth/*Enders*, § 1757 BGB Rz. 4.
8 Erman/*Saar*, § 1757 BGB Rz. 5.
9 Bamberger/Roth/*Enders*, § 1757 BGB Rz. 5; AnwK-BGB/*Finger*, § 1757 BGB Rz. 4.
10 AnwK-BGB/*Finger*, § 1757 BGB Rz. 5.
11 Bamberger/Roth/*Enders*, § 1757 BGB Rz. 13; Erman/*Saar*, § 1757 BGB Rz. 6.

ihm einen oder mehrere Vornamen beigeben. Für die Beurteilung des Kindeswohls kommt es entscheidend darauf an, wie weit sich das Kind bereits mit seinem bisherigen Vornamen identifiziert hat.[1] Starre Altersgrenzen bestehen insoweit nicht.[2]

Eine **Erhaltung des bisherigen Familiennamens des Kindes** kommt gem. § 1757 Abs. 4 Nr. 2 BGB in Betracht, wenn dies aus schwerwiegenden Gründen zum Wohl des Kindes erforderlich ist. Auch insoweit bedarf es eines Antrags des Annehmenden vor Ausspruch der Adoption. Mit der geänderten Namensführung muss dem Adoptierten erheblich besser gedient sein.[3] Der beigefügte Name ist kein Begleitname, sondern ein zweigliedriger Familienname.[4] 48

Neben dem Antrag des Annehmenden bedarf eine Namensänderung iSd. § 1757 Abs. 4 BGB der Einwilligung des Kindes. Für diese gilt § 1746 Abs. 1 Satz 2, 3, Abs. 3 Halbs. 1 BGB entsprechend. 49

4. Muster für einen Beschluss über die Annahme eines Minderjährigen als Kind: 49a

Amtsgericht ..., den ...
– Familiengericht –
Geschäfts-Nr. ...

Beschluss

Der

...
geboren am ... in ...
wohnhaft in ...
– Anzunehmender –

gesetzlich vertreten durch das Jugendamt des Landkreises ...

wird von den Eheleuten

Herrn ...
geboren am ... in ...
und Frau ... geb. ...
geboren am ... in ...
beide wohnhaft in ...
– Annehmende –

als Kind angenommen.

Der Angenommene erhält als Geburtsnamen den Namen ...

Gründe:

Die Annahme gründet sich auf die Vorschriften der §§ 1752, 1754, 1755 BGB.

Sie dient dem Wohl des Kindes, da ein Eltern-Kind-Verhältnis zwischen den Beteiligten bereits entstanden ist.

Das Kind erhält gem. § 1757 Abs. 1 Satz 1 BGB als Geburtsnamen den Familiennamen der Annehmenden.

---

1 Erman/*Saar*, § 1757 BGB Rz. 13; *Lüderitz*, FamRZ 1993, 1263 (1264).
2 AnwK-BGB/*Finger*, § 1757 BGB Rz. 6.
3 LG Köln v. 16.2.1996 – 6 T 33/96, FamRZ 1998, 506; MüKo.BGB/*Maurer*, § 1757 BGB Rz. 8.
4 Erman/*Saar*, § 1757 BGB Rz. 14; Bamberger/Roth/*Enders*, § 1757 BGB Rz. 17.

49b **5. Muster für einen Beschluss über die Annahme eines Volljährigen als Kind:**

Amtsgericht ..., den ...
– Familiengericht –
Geschäfts-Nr. ...

Beschluss

Der
...
geboren am ... in ...
wohnhaft in ...
– Anzunehmender –

wird von
Herrn ...
geboren am ... in ...
wohnhaft in ...
– Annehmender –

als Kind angenommen.

Der Angenommene führt als Geburtsnamen den Namen ...

Die Wirkungen der Annahme richten sich nach den Vorschriften über die Annahme eines Minderjährigen.

Gründe:

Die Annahme gründet sich auf die Vorschriften der §§ 1772, 1754, 1755 BGB.

Sie ist sittlich gerechtfertigt, da zwischen dem Annehmenden und dem Anzunehmenden ein Eltern-Kind-Verhältnis bereits entstanden ist.

Der Anzunehmende hat von ... bis ... im Haushalt des Annehmenden gelebt.

Der Anzunehmende behält gem. § 1757 Abs. 1 Satz 1 BGB als Geburtsnamen den Familiennamen des Annehmenden.

Der Annehmende und die Kindesmutter, Frau ... geb. ..., geboren am ... in ..., haben am ... vor dem Standesbeamten des Standesamtes ... – Heiratseintrag Nr. ... – die Ehe geschlossen.

III. Wirksamwerden des Beschlusses über die Annahme als Kind (Absatz 2)

50 Der **Beschluss** ist den Beteiligten gem. § 41 Abs. 1 Satz 1 **bekannt zu geben**. Gem. § 197 Abs. 2 wird er mit Zustellung an den Annehmenden, nach dem Tod des Annehmenden mit Zustellung an das Kind wirksam. Bei Annahme durch Ehegatten tritt die Wirksamkeit erst mit Zustellung an beide Ehegatten ein.[1] Von der Bekanntgabe an die weiteren Beteiligten hängt die Wirksamkeit des Beschlusses nicht ab. Im Fall des § 1753 Abs. 3 BGB tritt die Wirksamkeit des Beschlusses bei einem minderjährigen Angenommenen erst mit Zustellung an dessen gesetzlichen Vertreter ein. Dies gilt unabhängig davon, ob dieser über 14 Jahre alt ist.[2]

IV. Unanfechtbarkeit des Beschlusses über die Annahme als Kind (Abs. 3 Satz 1)

51 Der **Annahmebeschluss** ist gem. § 197 Abs. 3 Satz 1 **nicht anfechtbar**, dh. gegen ihn ist kein Rechtsmittel gegeben. Willensmängel oder Verfahrensfehler werden durch den

1 Keidel/*Engelhardt*, § 56e FGG Rz. 20.
2 Keidel/*Engelhardt*, § 56e FGG Rz. 21.

Beschluss geheilt,[1] sie können nur zur Aufhebung der Adoption (§ 1760 BGB) führen.[2] Bei einer Volljährigenadoption kann das Fachgericht zu einer rückwirkenden Aufhebung des Annahmebeschlusses gelangen. Die Ablehnung von Anträgen, wie zB einer Namensänderung (§ 1757 Abs. 4 BGB, vgl. Rz. 39 ff.) oder Annahme eines Volljährigen mit den Wirkungen der Minderjährigenannahme (§ 1772 BGB),[3] ist dagegen beschwerdefähig (§ 58).

V. Unabänderlichkeit des Beschlusses über die Annahme als Kind (Abs. 3 Satz 2)

Eine **Abänderung des Annahmebeschlusses** (§ 48 Abs. 1) oder eine **Wiederaufnahme** 52 (§ 48 Abs. 2) ist gem. § 197 Abs. 3 Satz 2 **ausgeschlossen**. Dies gilt sowohl für das erstinstanzliche Gericht als auch für die Beschwerdeinstanz. Der Beschluss ist – außer bei Nichtigkeit – auch für jedes andere Gericht oder jede Behörde bindend. Die Unabänderlichkeit tritt ein, sobald der Beschluss vom Richter unterschrieben und mit dessen Willen aus der Verfügungsmacht des Gerichts gelangt und zur Zustellung an den Annehmenden gegeben wurde.[4]

VI. Berichtigung der Personenstandsbücher

Zur **Berichtigung der Personenstandsbücher** ist im Hinblick auf die Änderungen des 53 Familienstandes und des Namens eine Mitteilung des Beschlusses an das Standesamt vorgesehen (§ 56 Abs. 1 Nr. 1c PStV). An die Namensbestimmung ist der Standesbeamte – außer bei Nichtigkeit des Beschlusses – gebunden.[5]

C. Beschluss über die Ablehnung eines Antrags auf Annahme als Kind

Bekanntgabe und Wirksamwerden des den **Antrag auf Annahme als Kind ablehnenden** 54 **Beschlusses** richten sich nach den allgemeinen Vorschriften der §§ 40, 41. Als Endentscheidung ist der Ablehnungsbeschluss nach § 58 Abs. 1 mit der Beschwerde anfechtbar. Die Beschwerde ist befristet. Sie ist gem. § 63 Abs. 1 innerhalb einer Frist von einem Monat beim Familiengericht (§ 64 Abs. 1) einzulegen. Beschwerdeberechtigt nach § 59 Abs. 2 ist bei der Minderjährigenadoption nur der Annehmende (§ 1752 BGB). Bei der Volljährigenadoption sind der Annehmende und der Anzunehmende als Antragsteller (§ 1768 BGB) beschwerdeberechtigt. Über die Beschwerde entscheidet nach § 119 Abs. 1 Nr. 1a GVG das OLG. Gegen dessen Entscheidung ist die Rechtsbeschwerde statthaft, die nach § 70 Abs. 1 einer ausdrücklichen Zulassung durch das Beschwerdegericht bedarf. Die Rechtsbeschwerde ist befristet (§ 71 Abs. 1 Satz 1) und qualifiziert zu begründen (§ 71 Abs. 2 und 3). Sie kann gem. § 72 Abs. 1 Satz 1 nur darauf gestützt werden, dass die angefochtene Entscheidung auf einer Verletzung des Rechts beruht. Über die Rechtsbeschwerde entscheidet gem. § 133 GVG der BGH. Mit

1 *Lüderitz*, NJW 1976, 1869; AnwK-BGB/*Finger*, § 1752 BGB Rz. 4.
2 Vgl. BVerfG v. 8.12.1993 – 2 BvR 736/90, FamRZ 1994, 496.
3 Vgl. näher *Krause*, NotBZ 2007, 43 (47).
4 BayObLG v. 29.10.1998 – 1 Z BR 7/98, FamRZ 1999, 1667; OLG Düsseldorf v. 19.6.1996 – 99/96, FamRZ 1997, 117; Keidel/*Engelhardt*, § 56e FGG Rz. 27.
5 AnwK-BGB/*Finger*, § 1752 BGB Rz. 4.

Ablauf der Rechtsmittelfrist wird die Entscheidung formell rechtskräftig (§ 45). Ein entsprechendes Zeugnis ist auf Antrag zu erteilen (§ 46).

D. Offenbarungs- und Ausforschungsverbot

55 § 1758 BGB bezweckt den Schutz des **Adoptionsgeheimnisses**. Die Ziele der Adoption könnten vereitelt werden, wenn die leiblichen Eltern oder Verwandten noch Jahre nach der Annahme ohne weiteres Kontakt zum Kind aufnehmen könnten. Auch wird das Geheimhaltungsinteresse der Adoptiveltern und Kinder an der Tatsache der Adoption und der Herkunft der Kinder geschützt. § 1758 BGB dient damit in erster Linie der Gewährleistung der Inkognito-Adoption.[1]

56 Sanktionen der Verletzung des Adoptionsgeheimnisses hat der Gesetzgeber in § 1758 BGB nicht vorgesehen. Die Adoptiveltern und Kinder können aber bei schuldhaften Verstößen gegen § 1758 BGB Abwehr- und Schadensersatzansprüche nach § 823 Abs. 2 BGB geltend machen.[2] Streitigkeiten um Akteneinsicht beim Jugendamt als Adoptionsvermittlungsstelle sind vor den Verwaltungsgerichten auszutragen.[3]

57 Dem Adoptionsgeheimnis wird dadurch Rechnung getragen, dass § 13 Abs. 2 Satz 2 den Kreis der zur Einsicht in die Gerichtsakten berechtigten Personen einschränkt. Gleiches gilt für die Erteilung beglaubigter Registerausdrucke aus dem Geburtseintrag nach § 63 Abs. 1 PStG.

58 Während sich das **Offenbarungsverbot** des § 1758 Abs. 1 BGB grundsätzlich an jeden am Adoptionsverfahren Beteiligten richtet, ist Adressat des **Ausforschungsverbotes** jedermann, gleichgültig, ob Privatperson oder Behörde.[4] Über die Reichweite der Offenbarungs- und Ausforschungsverbote entscheiden die Adoptiveltern und das Kind, dh. diesen obliegt insoweit das Verfügungsrecht über die Umstände der Adoption. Mit ihrer Zustimmung sind weder die Offenbarung noch die Ausforschung rechtswidrig.[5] Die Zustimmung des Kindes richtet sich nach § 1746 BGB.[6] Mit Vollendung seines 16. Lebensjahres kann das Kind selbst die Erteilung eines beglaubigten Registerausdrucks aus seinem Geburtseintrag verlangen (§ 63 Abs. 1 PStG).

59 Ausnahmsweise ist die Offenbarung bzw. Ausforschung des Adoptionsgeheimnisses nach § 1758 Abs. 1 BGB gerechtfertigt, wenn besondere Gründe des öffentlichen Interesses dies erfordern. Neben den Eintragungen in die Personenstandsbücher zählen hierzu insbesondere die Verfolgung und Aufklärung von Straftaten.[7]

60 Der Schutz des § 1758 BGB beginnt gem. § 1758 Abs. 2 Satz 1 BGB mit Erteilung der nach § 1747 BGB erforderlichen Einwilligung der Eltern des Kindes. Das Familiengericht kann darüber hinaus nach § 1758 Abs. 2 Satz 2 BGB anordnen, dass das Verbot bereits wirksam wird, wenn ein Antrag auf Ersetzung der Einwilligung eines Eltern-

1 Erman/*Saar*, § 1758 BGB Rz. 1; AnwK-BGB/*Finger*, § 1758 BGB Rz. 1.

2 AnwK-BGB/*Finger*, § 1758 BGB Rz. 5, 9; Staudinger/*Frank*, § 1758 BGB Rz. 21.

3 Erman/*Saar*, § 1758 BGB Rz. 8.

4 Das Verbot des § 1758 BGB besteht auch gegenüber dem leiblichem Elternteil, welches die Aufhebung der Adoption betreiben will; vgl. OLG Karlsruhe v. 27.2.1996 – 11 Wx 63/95, FGPrax 1996, 106; Erman/*Saar*, § 1758 BGB Rz. 4; aA AnwK-BGB/*Finger*, § 1758 BGB Rz. 4.

5 BayObLG v. 7.2.1996 – 1 Z BR 72/85, FamRZ 1996, 1436.

6 Staudinger/*Frank*, § 1758 BGB Rz. 11; AnwK-BGB/*Finger*, § 1758 BGB Rz. 4; aA Erman/*Saar*, § 1758 BGB Rz. 5.

7 AnwK-BGB/*Finger*, § 1758 BGB Rz. 4; Erman/*Saar*, § 1758 BGB Rz. 5.

teils gestellt wird (§ 1748 BGB). Gefährdungen des Kindeswohls sind in diesen Fällen nahe liegend. Durch Anwendung des § 1684 Abs. 4 BGB kann der Geheimhaltungsschutz im Einzelfall noch weiter vorverlagert werden.[1]

§ 198
Beschluss in weiteren Verfahren

(1) Der Beschluss über die Ersetzung einer Einwilligung oder Zustimmung zur Annahme als Kind wird erst mit Rechtskraft wirksam. Bei Gefahr im Verzug kann das Gericht die sofortige Wirksamkeit des Beschlusses anordnen. Der Beschluss wird mit Bekanntgabe an den Antragsteller wirksam. Eine Abänderung oder Wiederaufnahme ist ausgeschlossen.

(2) Der Beschluss, durch den das Gericht das Annahmeverhältnis aufhebt, wird erst mit Rechtskraft wirksam; eine Abänderung oder Wiederaufnahme ist ausgeschlossen.

(3) Der Beschluss, durch den die Befreiung vom Eheverbot nach § 1308 Abs. 1 des Bürgerlichen Gesetzbuchs erteilt wird, ist nicht anfechtbar; eine Abänderung oder Wiederaufnahme ist ausgeschlossen, wenn die Ehe geschlossen worden ist.

A. Allgemeines

Während § 197 den Beschluss über die Annahme als Kind zum Gegenstand hat, be- 1
trifft § 198 **Beschlüsse in den weiteren Adoptionssachen** (§ 186 Nr. 2 bis 4).

§ 198 Abs. 1 Satz 1 regelt den Zeitpunkt des Wirksamkeitseintritts im Fall der Erset- 2
zung einer Einwilligung oder Zustimmung zur Annahme als Kind. Ein derartiger Beschluss wird erst mit Rechtskraft wirksam. Dies entspricht dem bisherigen § 53 Abs. 1 Satz 2 FGG.[2] Eine dem § 53 Abs. 2 FGG vergleichbare Möglichkeit, bei Gefahr im Verzug die sofortige Wirksamkeit anzuordnen, findet sich in § 198 Abs. 1 Satz 2. Abänderung und Wiederaufnahme sind in diesem Fall wie bisher ausgeschlossen.[3]

§ 198 Abs. 2 betrifft Beschlüsse über die Aufhebung des Annahmeverhältnisses. Der 3
erste Satzteil des § 198 Abs. 2 entspricht dem bisherigen § 56f Abs. 3 FGG, der zweite Satzteil dem bisherigen § 18 Abs. 2 FGG iVm. § 60 Abs. 1 Nr. 6 FGG.[4]

§ 198 Abs. 3 hat den Beschluss, durch den die Befreiung vom Eheverbot nach § 1308 4
Abs. 1 BGB erteilt wird, zum Gegenstand. § 198 Abs. 3 Halbs. 1 entspricht dem bisherigen § 44a Abs. 2 Satz 1 FGG und § 198 Abs. 3 Halbs. 2 dem bisherigen § 44a Abs. 2 Satz 2 FGG.[5]

1 AnwK-BGB/*Finger*, § 1758 BGB Rz. 7; Erman/*Saar*, § 1758 BGB Rz. 6; aA Staudinger/*Frank*, § 1758 BGB Rz. 18.
2 BT-Drucks. 16/6308, S. 248.
3 BT-Drucks. 16/6308, S. 248.
4 BT-Drucks. 16/6308, S. 248.
5 BT-Drucks. 16/6308, S. 248.

B. Inhalt der Vorschrift

I. Beschluss über die Ersetzung einer Einwilligung oder Zustimmung zur Annahme als Kind (Absatz 1)

1. Wirksamwerden mit Rechtskraft

5 Ein Beschluss wird gem. § 40 Abs. 1 grundsätzlich mit Bekanntgabe an den Beteiligten, für den er seinem wesentlichen Inhalt nach bestimmt ist, wirksam. § 198 Abs. 1 Satz 1 enthält hiervon eine Ausnahme. Die Vorschrift ordnet an, dass der Beschluss über die Ersetzung einer Einwilligung oder Zustimmung zur Annahme als Kind erst mit **Rechtskraft** (§ 45) wirksam wird.

6 Von § 198 Abs. 1 erfasst sind die Ersetzung der Einwilligung oder Zustimmung eines Elternteils (vgl. § 186 Rz. 27),[1] des Vormunds oder Pflegers (vgl. § 197 Rz. 15) oder eines Ehegatten (vgl. § 186 Rz. 32) zu einer Annahme als Kind (§§ 1748, 1746 Abs. 3, 1749 Abs. 1, 1767 Abs. 2 BGB).

7 § 198 Abs. 1 Satz 4 stellt klar, dass eine **Abänderung** des Beschlusses über die Ersetzung einer Einwilligung oder Zustimmung zur Annahme als Kind oder **Wiederaufnahme ausgeschlossen** ist.

2. Anordnung der sofortigen Wirksamkeit

8 Bei Gefahr im Verzug kann das Familiengericht gem. § 198 Abs. 1 Satz 2 die **sofortige Wirksamkeit anordnen**. Gefahr im Verzug setzt voraus, dass von dem Aufschub der Wirksamkeit bis zur Rechtskraft eine Gefährdung der zu verfolgenden Interessen zu befürchten ist.[2] Es handelt sich hierbei um eine **Ermessensentscheidung** des Gerichts. Die Anordnung der sofortigen Wirksamkeit kann auf Antrag oder von Amts wegen erfolgen. Sie ist nicht nur gleichzeitig mit dem Ersetzungsbeschluss, sondern auch später möglich.[3]

9 Die sofortige Wirksamkeit tritt gem. § 198 Abs. 1 Satz 3 mit Bekanntgabe des Beschlusses an den Antragsteller ein. Sie ist unabhängig von der Notwendigkeit der Bekanntgabe an dritte Personen.

10 Das Beschwerdegericht kann gem. § 64 Abs. 3 die Anordnung der sofortigen Wirksamkeit durch **einstweilige Anordnung** außer Kraft setzen.

II. Beschluss über die Aufhebung des Annahmeverhältnisses (Absatz 2)

11 Die Aufhebung des Annahmeverhältnisses eines Minderjährigen kann gem. § 1759 BGB nur in den Fällen des §§ 1760, 1763 BGB erfolgen (vgl. § 186 Rz. 34 ff.). Im Falle des § 1760 BGB erfolgt sie auf **Antrag** (§ 1762 BGB) und im Falle des § 1763 BGB **von Amts wegen**. Für die Aufhebung der Volljährigenadoption enthält § 1771 BGB Sonderregelungen (vgl. § 186 Rz. 39 f.).[4]

12 § 198 Abs. 2 Halbs. 1 ordnet an, dass der **Beschluss**, durch den das Gericht das Annahmeverhältnis aufhebt, erst mit **Rechtskraft** (§ 45) wirksam wird. Der Beschluss ist mit

1 S. hierzu näher auch *Krause*, NotBZ 2006, 221 (227).
2 Keidel/*Engelhardt*, § 53a FGG Rz. 12.
3 Vgl. Keidel/*Engelhardt*, § 53a FGG Rz. 12.
4 Zur Aufhebung des Annahmeverhältnisses s. näher *Krause*, NotBZ 2007, 273 (276).

der Beschwerde nach § 58 Abs. 1 anfechtbar (s. näher § 197 Rz. 54). § 198 Abs. 2 Halbs. 2 stellt klar, dass eine **Abänderung** oder **Wiederaufnahme** ausgeschlossen ist. § 1764 Abs. 1 Satz 1 BGB legt fest, dass die Aufhebung nur für die Zukunft wirkt. Die bis zur Rechtskraft des Aufhebungsbeschlusses eingetretenen rechtlichen Wirkungen der Annahme bleiben somit auch nach der Aufhebung bestehen. Dies bedeutet, dass zB rückständige Unterhaltsansprüche weiterhin geltend gemacht werden können[1] und eine Rückforderung geleisteter Unterhaltszahlungen – unabhängig von § 818 Abs. 3 BGB – ausgeschlossen ist. Das Kind behält auch seine durch die Adoption vermittelte Staatsangehörigkeit.[2]

Bekanntgabe und Wirksamwerden des die Aufhebung des Annahmeverhältnisses ablehnenden Beschlusses richten sich nach den allgemeinen Vorschriften der §§ 40, 41. Als Endentscheidung ist der Ablehnungsbeschluss nach § 58 Abs. 1 mit der Beschwerde anfechtbar (s. näher § 197 Rz. 54). Zur Berichtigung der Personenstandsbücher ist eine Mitteilung des Beschlusses an das Standesamt vorgesehen (§ 56 Abs. 1 Nr. 1c PStV). 13

III. Beschluss über die Befreiung vom Eheverbot des § 1308 Abs. 1 BGB (Absatz 3)

Gem. § 1308 Abs. 1 Satz 1 BGB soll eine Ehe nicht geschlossen werden zwischen Personen, deren Verwandtschaft iSd. § 1307 BGB durch Annahme als Kind begründet worden ist. Das Familiengericht kann gem. § 1308 Abs. 2 Satz 1 BGB auf Antrag von dieser Vorschrift Befreiung erteilen, wenn zwischen dem Antragsteller und seinem künftigen Ehegatten durch die Annahme als Kind eine Verwandtschaft in der Seitenlinie begründet worden ist. Gem. § 198 Abs. 3 Halbs. 1 ist ein solcher **Befreiungsbeschluss** nicht anfechtbar. § 198 Abs. 3 Halbs. 2 schließt die Befugnis des Familiengerichts zur Abänderung oder Wiederaufnahme aus, wenn die Ehe geschlossen worden ist. Der Beschluss, mit dem die Befreiung vom Eheverbot abgelehnt wird, ist mit der Beschwerde nach § 58 Abs. 1 anfechtbar (s. näher § 197 Rz. 54). Beschwerdeberechtigt ist in einem solchen Fall jeder Verlobte. 14

§ 199
Anwendung des Adoptionswirkungsgesetzes

Die Vorschriften des Adoptionswirkungsgesetzes bleiben unberührt.

A. Allgemeines

Das Haager Übereinkommen über den Schutz von Kindern und die Zusammenarbeit auf dem Gebiet der internationalen Adoption v. 29.5.1993[3] (**Haager Adoptionsübereinkommen** – HAdoptÜ) ist in Deutschland am 1.3.2002 in Kraft getreten. Ziel des 1

1 AnwK-BGB/*Finger*, § 1764 BGB Rz. 2.
2 AnwK-BGB/*Finger*, § 1764 BGB Rz. 2; Bamberger/Roth/*Enders*, § 1764 BGB Rz. 2.
3 BGBl. II 2001, S. 1034; 2002, S. 2872.

HAdoptÜ ist insbesondere die Zusammenarbeit zwischen den Vertragsstaaten auf dem Gebiet der internationalen Adoption zum Schutz und zum Wohl der Kinder und die Sicherung der Anerkennung der gem. dem Übereinkommen zu Stande gekommenen Adoptionen. Es normiert insbesondere die allgemeinen Voraussetzungen der Adoption, den Verfahrensgang sowie die Anerkennung und Wirkungen der nach Maßgabe des Abkommens erfolgten Adoptionen. Regelungen zur internationalen Zuständigkeit oder dem auf die Adoption anwendbaren Recht enthält das HAdoptÜ nicht. Umgesetzt wurde es durch das am 1.1.2002 in Kraft getretene Gesetz zur Ausführung des HAdoptÜ (Adoptionsübereinkommens-Ausführungsgesetz – AdÜbAG).[1] Daneben trat zum 1.1.2002 das Gesetz über Wirkungen der Annahme als Kind nach ausländischem Recht v. 5.11.2001 (Adoptionswirkungsgesetz – AdWirkG)[2] in Kraft.

2 Art. 22 EGBGB (**Adoptionsstatut**) enthält das IPR der Adoption und vergleichbarer Rechtsinstitute, durch die Eltern-Kind-Verhältnisse oder sonstige nahe Verwandtschaftsverhältnisse begründet werden. Die Wirksamkeit einer Adoption unterliegt gem. Art. 22 Abs. 1 Satz 1 EGBGB dem Heimatrecht des Annehmenden. Ist der Annehmende verheiratet oder nehmen Ehegatten gemeinsam ein Kind an, unterliegt die Adoption gem. Art. 22 Abs. 1 Satz 2 EGBGB dem auf die allgemeinen Wirkungen ihrer Ehe anwendbaren Recht (Art. 14 Abs. 1 EGBGB). Das nach Art. 22 Abs. 1 EGBGB zur Anwendung kommende Recht bestimmt gem. Art. 22 Abs. 2 EGBGB auch die statusbegründenden und statusauslösenden Wirkungen der Adoption. Art. 22 Abs. 3 EGBGB enthält mit der sog. **Gleichstellungserklärung** ein erbrechtliches Gestaltungsmittel. Diese ermächtigt den Annehmenden, dessen Ehegatten oder Verwandte, einen nach ausländischem Recht Angenommenen in Ansehung der Rechtsnachfolge von Todes wegen einem nach deutschen Adoptionsvorschriften angenommenen Kind gleichzustellen. Darüber hinaus ist bei Adoptionen mit Auslandsberührung Art. 23 EGBGB (**Zustimmungsstatut**) zu beachten. Gem. Art. 23 Satz 1 EGBGB sind zusätzlich zu den nach dem Adoptionsstatut vorgeschriebenen Einwilligungen die vom Heimatrecht des Kindes für sich selbst und für diejenigen Personen, zu denen es in einem familienrechtlichen Verhältnis steht, geforderten Zustimmungen einzuholen. Soweit dies dem Wohl des Kindes dient, kann gem. Art. 23 Satz 2 EGBGB für die nach Art. 23 Satz 1 EGBGB verlangten Einwilligungen das deutsche Recht an Stelle des Heimatrechts des Kindes angewendet werden.

B. Inhalt der Vorschrift

I. Adoptionswirkungsgesetz als Spezialvorschrift

3 § 199 enthält eine Ergänzung zu § 97 Abs. 2 für das AdWirkG. Diese war erforderlich, da das AdWirkG über die Umsetzung und Ausführung von Rechtsakten nach § 97 Abs. 1 hinausgeht.[3] Die Vorschriften des AdWirkG gehen gem. § 199 denjenigen des FamFG als Spezialvorschriften vor. Das AdWirkG hat folgenden Wortlaut:

§ 1 – Anwendungsbereich

Die Vorschriften dieses Gesetzes gelten für eine Annahme als Kind, die auf einer ausländischen Entscheidung oder auf ausländischen Sachvorschriften beruht. Sie gelten nicht, wenn der Angenommene zurzeit der Annahme das 18. Lebensjahr vollendet hatte.

1 BGBl. I 2001, S. 2950.
2 BGBl. I 2001, S. 2950, 2953.
3 BT-Drucks. 16/6308, S. 248.

§ 2 – Anerkennungs- und Wirkungsfeststellung

(1) Auf Antrag stellt das Familiengericht fest, ob eine Annahme als Kind im Sinne des § 1 anzuerkennen oder wirksam und ob das Eltern-Kind-Verhältnis des Kindes zu seinen bisherigen Eltern durch die Annahme erloschen ist.

(2) Im Falle einer anzuerkennenden oder wirksamen Annahme ist zusätzlich festzustellen,

1. wenn das in Absatz 1 genannte Eltern-Kind-Verhältnis erloschen ist, dass das Annahmeverhältnis einem nach den deutschen Sachvorschriften begründeten Annahmeverhältnis gleichsteht,

2. andernfalls, dass das Annahmeverhältnis in Ansehung der elterlichen Sorge und der Unterhaltspflicht des Annehmenden einem nach den deutschen Sachvorschriften begründeten Annahmeverhältnis gleichsteht.

Von der Feststellung nach Satz 1 kann abgesehen werden, wenn gleichzeitig ein Umwandlungsausspruch nach § 3 ergeht.

(3) Spricht ein deutsches Familiengericht auf der Grundlage ausländischer Sachvorschriften die Annahme aus, so hat es die in den Absätzen 1 und 2 vorgesehenen Feststellungen von Amts wegen zu treffen. Eine Feststellung über Anerkennung oder Wirksamkeit der Annahme ergeht nicht.

§ 3 – Umwandlungsausspruch

(1) In den Fällen des § 2 Abs. 2 Satz 1 Nr. 2 kann das Familiengericht auf Antrag aussprechen, dass das Kind die Rechtsstellung eines nach den deutschen Sachvorschriften angenommenen Kindes erhält, wenn

1. dies dem Wohl des Kindes dient,

2. die erforderlichen Zustimmungen zu einer Annahme mit einer das Eltern-Kind-Verhältnis beendenden Wirkung erteilt sind und

3. überwiegende Interessen des Ehegatten oder der Kinder des Annehmenden oder des Angenommenen nicht entgegenstehen.

Auf die Erforderlichkeit und die Erteilung der in Satz 1 Nr. 2 genannten Zustimmungen finden die für die Zustimmungen zu der Annahme maßgebenden Vorschriften sowie Artikel 6 des Einführungsgesetzes zum Bürgerlichen Gesetzbuche entsprechende Anwendung. Auf die Zustimmung des Kindes ist zusätzlich § 1746 Abs. 1 Satz 1 bis 3, Abs. 2 und 3 des Bürgerlichen Gesetzbuchs anzuwenden. Hat der Angenommene zurzeit des Beschlusses nach Satz 1 das 18. Lebensjahr vollendet, so entfällt die Voraussetzung nach Satz 1 Nr. 1.

(2) Absatz 1 gilt in den Fällen des § 2 Abs. 2 Satz 1 Nr. 1 entsprechend, wenn die Wirkungen der Annahme von den nach den deutschen Sachvorschriften vorgesehenen Wirkungen abweichen.

§ 4 – Antragstellung; Reichweite der Entscheidungswirkungen

(1) Antragsbefugt sind

1. für eine Feststellung nach § 2 Abs. 1

a) der Annehmende, im Fall der Annahme durch Ehegatten jeder von ihnen,

b) das Kind,

c) ein bisheriger Elternteil oder

d) das Standesamt, das nach § 27 Abs. 1 des Personenstandsgesetzes für die Fortführung der Beurkundung der Geburt des Kindes im Geburtenregister oder nach § 36 des Personenstandsgesetzes für die Beurkundung der Geburt des Kindes zuständig ist;

2. für einen Ausspruch nach § 3 Abs. 1 oder Abs. 2 der Annehmende, annehmende Ehegatten nur gemeinschaftlich.

Von der Antragsbefugnis nach Satz 1 Nr. 1 Buchstabe d und e ist nur in Zweifelsfällen Gebrauch zu machen. Für den Antrag nach Satz 1 Nr. 2 gelten § 1752 Abs. 2 und § 1753 des Bürgerlichen Gesetzbuchs.

(2) Eine Feststellung nach § 2 sowie ein Ausspruch nach § 3 wirken für und gegen alle. Die Feststellung nach § 2 wirkt jedoch nicht gegenüber den bisherigen Eltern. In dem Beschluss nach § 2 ist dessen Wirkung auch gegenüber einem bisherigen Elternteil auszusprechen, sofern dieser das Verfahren eingeleitet hat oder auf Antrag eines nach Absatz 1 Satz 1 Nr. 1 Buchstabe a bis c

Antragsbefugten beteiligt wurde. Die Beteiligung eines bisherigen Elternteils und der erweiterte Wirkungsausspruch nach Satz 3 können in einem gesonderten Verfahren beantragt werden.

§ 5 – Zuständigkeit und Verfahren

(1) Über Anträge nach den §§ 2 und 3 entscheidet das Familiengericht, in dessen Bezirk ein Oberlandesgericht seinen Sitz hat, für den Bezirk dieses Oberlandesgerichts; für den Bezirk des Kammergerichts entscheidet das Amtsgericht Schöneberg. Für die internationale und die örtliche Zuständigkeit gelten die §§ 101 und 187 Abs. 1, 2 und 4 des Gesetzes über das Verfahren in Familiensachen und in den Angelegenheiten der freiwilligen Gerichtsbarkeit entsprechend.

(2) Die Landesregierungen werden ermächtigt, die Zuständigkeit nach Absatz 1 Satz 1 durch Rechtsverordnung einem anderen Familiengericht des Oberlandesgerichtsbezirks oder, wenn in einem Land mehrere Oberlandesgerichte errichtet sind, einem Familiengericht für die Bezirke aller oder mehrerer Oberlandesgerichte zuzuweisen. Sie können die Ermächtigung auf die Landesjustizverwaltungen übertragen.

(3) Das Familiengericht entscheidet im Verfahren der freiwilligen Gerichtsbarkeit. Die §§ 167 und 168 Abs. 1 Satz 1, Abs. 2 bis 4 des Gesetzes über das Verfahren in Familiensachen und in den Angelegenheiten der freiwilligen Gerichtsbarkeit sind entsprechend anzuwenden. Im Verfahren nach § 2 wird ein bisheriger Elternteil nur nach Maßgabe des § 4 Abs. 2 Satz 3 und 4 angehört. Im Verfahren nach § 2 ist das Bundesamt für Justiz als Bundeszentralstelle für Auslandsadoption, im Verfahren nach § 3 sind das Jugendamt und die zentrale Adoptionsstelle des Landesjugendamtes zu beteiligen.

(4) Auf die Feststellung der Anerkennung oder Wirksamkeit einer Annahme als Kind oder des durch diese bewirkten Erlöschens des Eltern-Kind-Verhältnisses des Kindes zu seinen bisherigen Eltern, auf eine Feststellung nach § 2 Abs. 2 Satz 1 sowie auf einen Ausspruch nach § 3 Abs. 1 oder 2 oder nach § 4 Abs. 2 Satz 3 findet § 197 Abs. 2 und 3 des Gesetzes über das Verfahren in Familiensachen und in den Angelegenheiten der freiwilligen Gerichtsbarkeit entsprechende Anwendung. Im Übrigen unterliegen Beschlüsse nach diesem Gesetz der Beschwerde; sie werden mit ihrer Rechtskraft wirksam. § 4 Abs. 2 Satz 2 bleibt unberührt.

II. Anerkennung von Auslandsadoptionen

4 Das AdWirkG sieht mit dem Anerkennungs- und Wirkungsfeststellungsverfahren einerseits und dem Umwandlungsverfahren anderseits zwei familiengerichtliche Verfahren vor. Die Regelungen des AdWirkG gelten gem. § 1 Satz 1 Alt. 2, § 2 Abs. 3 AdWirkG iÜ auch für inländische Adoptionsbeschlüsse, wenn diese auf ausländischen Sachvorschriften beruhen.

1. Anerkennungs- und Wirkungsfeststellungsverfahren

5 Das **Anerkennungs- und Wirkungsfeststellungsverfahren** ist fakultativ. Eine im Ausland durchgeführte, anzuerkennende Adoption wirkt im Inland auch ohne Durchführung des Verfahrens. Das Anerkennungs- und Wirkungsfeststellungsverfahren setzt gem. § 2 Abs. 1 AdWirkG einen (nicht notariell zu beurkundenden) Antrag voraus.[1] Die Prüfung des Familiengerichts erfolgt in zwei Stufen:

6 Das Familiengericht hat zunächst gem. § 2 Abs. 1 Halbs. 1 AdWirkG über die Anerkennung (**Dekretadoption**) bzw. Wirksamkeit (**Vertragsadoption**) der Adoption zu entscheiden. Nach dem HAdoptÜ durchgeführte Adoptionen werden gem. Art. 23 Abs. 1 HAdoptÜ ohne weitere Prüfung anerkannt, wenn die zuständige Behörde des Staates, in dem sie durchgeführt worden ist, bescheinigt, dass sie gem. dem HAdoptÜ zu Stande gekommen ist. Nicht auf der Grundlage des HAdoptÜ durchgeführte Dekret-

1 Zu den mit dem Antrag einzureichenden Unterlagen s. *Hölzel*, StAZ 2003, 294.

adoptionen sind anhand der in §§ 108, 109 geregelten Anerkennungsausschlussgründe zu prüfen. Die Wirksamkeit von Vertragsadoptionen außerhalb des HAdoptÜ richtet sich nach Art. 22, 23 EGBGB.

Auf der zweiten Stufe hat das Familiengericht zu klären, ob das Eltern-Kind-Verhältnis des Kindes zu seinen bisherigen Eltern erloschen ist (§ 2 Abs. 1 Halbs. 2 AdWirkG). Wird diese Frage bejaht, ist gem. § 2 Abs. 2 Nr. 1 AdWirkG festzustellen, dass das Annahmeverhältnis einem nach deutschen Sachvorschriften begründeten Annahmeverhältnis gleichsteht. Besteht das bisherige Eltern-Kind-Verhältnis dagegen fort, ist gem. § 2 Abs. 2 Nr. 2 AdWirkG festzustellen, dass das Annahmeverhältnis in Ansehung der elterlichen Sorge und der Unterhaltspflicht des Annehmenden einem nach deutschen Sachvorschriften begründeten Annahmeverhältnis gleichsteht. 7

2. Umwandlungsverfahren

Nach § 3 AdWirkG besteht die Möglichkeit, eine anzuerkennde Auslandsadoption mit schwachen Wirkungen in eine **Volladoption** nach deutschem Recht umzuwandeln. Die Antragsbefugnis richtet sich nach § 4 Abs. 1 AdWirkG. Der Antrag bedarf gem. § 4 Abs. 1 Satz 3 AdWirkG iVm. § 1752 Abs. 2 Satz 2 BGB der notariellen Beurkundung. Voraussetzungen für die **Umwandlung** sind, dass die ursprüngliche Adoption dem Grunde nach anzuerkennen und das Verfahren nach § 2 AdWirkG durchgeführt worden ist sowie die in § 3 Abs. 1 Satz 1 Nr. 1 bis 3 AdWirkG genannten Anforderungen erfüllt sind. Mit dem Ausspruch der Umwandlung erhält das Kind gem. § 3 Abs. 1 Satz 1 AdWirkG die Rechtsstellung eines nach deutschen Sachvorschriften angenommenen Kindes. Ein Umwandlungsverfahren kann gem. § 3 Abs. 2 AdWirkG auch durchgeführt werden, wenn das Eltern-Kind-Verhältnis durch den ausländischen Adoptionsbeschluss zwar beendet worden ist, das Annahmeverhältnis jedoch teilweise von den nach den deutschen Sachvorschriften vorgesehenen Wirkungen abweicht. Auf diese Weise kann etwa die volle erbrechtliche oder namensrechtliche Gleichheit des Angenommenen herbeigeführt werden. 8

III. Internationale und örtliche Zuständigkeit

Die bisher in § 43b FGG enthaltenen Bestimmungen zur **internationalen und örtlichen Zuständigkeit** für Adoptionssachen finden sich nunmehr in den §§ 101 und 187 Abs. 1, 2, 4 und 5. Der Gesetzgeber hat § 187 im Rahmen des Gesetzes zur Modernisierung von Verfahren im anwaltlichen und notariellen Berufsrecht, zur Errichtung einer Schlichtungsstelle der Rechtsanwaltschaft sowie zur Änderung sonstiger Vorschriften v. 30.7.2009[1] geändert, dabei jedoch die notwendige Folgeänderung des § 5 Abs. 1 Satz 1 AdWirkG übersehen. § 187 Abs. 4 wurde neu eingefügt. Der bisherige § 187 Abs. 4 ist nun § 187 Abs. 5. § 5 Abs. 1 Satz 1 AdWirkG müsste daher § 187 Abs. 5 und nicht § 187 Abs. 4 für entsprechend anwendbar erklären. 9

Gem. § 101 sind die deutschen Gerichte in Adoptionssachen zuständig, wenn der Annehmende, einer der annehmenden Ehegatten oder das Kind Deutscher ist oder seinen gewöhnlichen Aufenthalt im Inland hat. § 106 stellt fest, dass diese internationale Zuständigkeit nicht ausschließlich ist. 10

1 BGBl. I, S. 2449.

11 Die örtliche Zuständigkeit folgt aus 187 Abs. 1, 2, 4 und 5. Besonders zu beachten ist in diesem Zusammenhang die in § 5 Abs. 1 Satz 1 AdWirkG angeordnete Zuständigkeitskonzentration. Für den Fall, dass auf die Annahme ausländische Sachvorschriften zur Anwendung kommen, ist nach dieser Vorschrift örtlich zuständig stets das Familiengericht, in dessen Bezirk das jeweilige Oberlandesgericht seinen Sitz hat; für den Bezirk des KG entscheidet das Amtsgericht Schöneberg. Diese **Zuständigkeitskonzentration** gilt auch dann, wenn deutsches Recht Adoptionsstatut ist, zusätzlich wegen der ausländischen Staatsangehörigkeit des Anzunehmenden ausländisches Recht für die Zustimmungen zur Adoption anzuwenden ist oder sich die Geltung deutschen Adoptionsrechts nach Anwendung ausländischen Rechts erst aus einer Rückverweisung ergibt.[1] Sie bezieht sich jedoch nur auf Verfahren, in denen der Anzunehmende zurzeit der Annahme noch nicht das 18. Lebensjahr vollendet hat und endet mit Eintritt der Volljährigkeit.[2]

Abschnitt 6
Verfahren in Ehewohnungs- und Haushaltssachen

§ 200
Ehewohnungssachen; Haushaltssachen

(1) Ehewohnungssachen sind Verfahren

1. nach § 1361b des Bürgerlichen Gesetzbuchs,

2. nach § 1568a des Bürgerlichen Gesetzbuchs.

(2) Haushaltssachen sind Verfahren

1. nach § 1361a des Bürgerlichen Gesetzbuchs,

2. nach § 1568b des Bürgerlichen Gesetzbuchs.

Literatur: *Götz/Brudermüller*, Die gemeinsame Wohnung, 2008; *Götz/Brudermüller*, Regelungen der Nutzungs- und Rechtsverhältnisse an Ehewohnung und Hausrat, FamRZ 2008, 1895; *Götz/Brudermüller*, Wohnungszuweisung und Hausratsteilung – Aufhebung der HausratsVO und Neuregelung im BGB, NJW 2008, 3025; *Kemper*, Der Rechtsstreit um Wohnung und Hausrat, 2004; *Krause*, Das Familienheim bei Trennung und Scheidung, 2007.

A. Allgemeines

1 Die Vorschriften dieses Abschnitts ersetzen die besonderen Verfahrensregeln (§§ 11 bis 18a) der **HausrVO** von 1944. Die Sachvorschriften der HausrVO (§§ 1 bis 10) werden

1 Vgl. BayObLG v. 16.12.2004 – 1 Z AR 168/04, StAZ 2005, 297; OLG Stuttgart v. 2.12.2003 – 8 AR 22/03, FamRZ 2004, 1124; OLG Zweibrücken v. 1.12.2004 – 2 AR 46/04, OLGReport 2005, 213; aA OLG Hamm v. 21.11.2002 – 15 Sbd 13/02, FamRZ 2003, 1042.

2 Vgl. OLG Stuttgart v. 20.11.2006 – 8 AR 42/06, FGPrax 2007, 26; OLG Stuttgart v. 19.1.2007 – 8 AR 1/07, RNotZ 2007, 171; OLG Schleswig v. 21.4.2006 – 2 W 57/06, FamRZ 2006, 1462; OLG Hamm v. 26.7.2007 – 15 Sbd 7/07, FamRZ 2008, 300; OLG München v. 16.3.2007 – 31 AR 49/07, FGPrax 2007, 127; OLG Rostock v. 22.5.2007 – 3 UH 7/07, FGPrax 2007, 174; aA OLG Köln v. 29.5.2006 – 16 Wx 71/06, FGPrax 2006, 211.

zeitgleich mit dem Inkrafttreten des FamFG in das BGB (§§ 1568a, 1568b BGB) aufgenommen, Art. 1 des Gesetzes zur Änderung des Zugewinnausgleichs- und Vormundschaftsrechts (Güterrechtsreformgesetz) v. 6.7.2009.[1] Zugleich hat das Gesetz zur Güterrechtsreform nachträglich noch die Grundbegriffe dieses Abschnitts abgeändert: aus den Wohnungszuweisungssachen des FamFG idF des Gesetzes v. 17.12.2008 (BGBl. I, S. 2586) werden Ehewohnungssachen, aus Hausratssachen werden Haushaltssachen, aus Hausratsgegenständen werden Haushaltsgegenstände. Schließlich sieht Art. 2 des Güterrechtsreformgesetzes die gänzliche Aufhebung der HausrVO vor, nachdem auch die letzten verbliebenen Kostenvorschriften der HausrVO in § 48 FamGKG überführt worden sind.

B. Verfahrensarten

§ 200 definiert, für welche Verfahrensarten dieser Abschnitt vorgesehen ist: **Ehewohnungssachen** nach § 1361b BGB (für die Zeit des Getrenntlebens) und § 1568a BGB (bei und nach der Scheidung) sowie entsprechend **Haushaltssachen** nach § 1361a BGB und § 1568b BGB. Die Regeln dieses Abschnitts gelten **auch für Lebenspartner** (§§ 269 Abs. 1 Nr. 4 und 5, 270 Abs. 1 Satz 2, 111 Nr. 5). Sie gelten nicht für (ehemalige) Verlobte, die ihren Streit bei Beendigung des Verlöbnisses nunmehr vor dem Familiengericht austragen können (§ 266 Abs. 1 Nr. 1). Für diese sonstigen Familiensachen, die Familienstreitsachen sind (§ 112 Nr. 3), richten sich die Verfahrensregeln nach den Vorschriften der ZPO nach Maßgabe von § 113. Ohne jede Einschränkung nach den Regeln der ZPO zu behandeln sind – vor dem Zivilgericht – die Verfahren derjenigen Parteien, die Wohnung und Hausrat miteinander geteilt haben, ohne jemals verlobt, verheiratet oder verpartnert gewesen zu sein. 2

Voraussetzung für die Anwendung der Vorschriften dieses Abschnitts ist zunächst, dass die **Parteien verheiratet** sind oder – bis vor kurzem – waren. Gleiches gilt analog für Lebenspartner. Weiter ist Voraussetzung, dass der Streit um eine gemeinsame Ehewohnung oder gemeinsame Haushaltsgegenstände geht. 3

I. Ehewohnungssachen

Gegenstand des Verfahrens ist zum einen die **Ehewohnung**. Der Begriff der Ehewohnung ist nach allgemeiner Meinung weit auszulegen und erfasst alle Räume, die die Ehegatten zum Wohnen benutzten oder gemeinsam bewohnt haben oder die dafür nach den Umständen bestimmt waren.[2] Auch ein Wochenendhaus oder eine Ferienwohnung können, wenn die Ehepartner dort einen Schwerpunkt ihres Lebens haben, als Ehewohnung angesehen werden.[3] Die Nutzung einer Gartenlaube, eines Wohnwagens oder einer Motorjacht kann hingegen den Regeln über den Hausrat unterliegen.[4] Der Auszug eines Ehegatten ändert nichts an dem Charakter der Wohnung als Ehewohnung. Erst wenn der ausgezogene Ehegatte die Wohnung endgültig aufgibt oder auch kündigt, verliert sie – eventuell erst nach Jahren – ihren Charakter als Ehewohnung.[5] 4

1 BGBl. I, S. 1696.
2 BGH v. 21.3.1990 – XII ARZ 11/90, FamRZ 1990, 987.
3 OLG Brandenburg v. 17.1.2008 – 10 WF 311/07, FamRZ 2008, 1930.
4 OLG Koblenz v. 16.11.1993 – 3 U 449/93, FamRZ 1994, 1255 = MDR 1994, 589; OLG Dresden v. 25.3.2003 – 10 ARf 2/03, OLGReport 2003, 232 = MDR 2003, 995 = FamRB 2004, 1 (*Neumann*).
5 OLG Köln v. 10.3.2005 – 14 UF 11/05, FamRZ 2005, 1993.

II. Haushaltssachen

5 Zum anderen sind die **Haushaltsgegenstände**, früher Hausrat genannt, zu verteilen. Hierzu zählen alle beweglichen Gegenstände, die nach den Vermögens- und Lebensverhältnissen der Ehegatten und ihrer Kinder üblicherweise für die Wohnung, die Hauswirtschaft und das Zusammenleben der Familie, einschließlich der Freizeitgestaltung bestimmt sind, also der gemeinsamen Lebensführung dienen.[1] Voraussetzung ist die Eignung und tatsächliche Verwendung der Gegenstände als Hausrat, ungeachtet der Anschaffungsmotive und des Wertes. Auch kostbare Kunstgegenstände können bei entsprechendem Lebenszuschnitt der Eheleute Hausrat sein.[2] Eine Einbauküche und andere Einbauten sind nur dann Hausrat, wenn sie nicht wesentliche Bestandteile des Gebäudes geworden sind.[3] Ein Kfz kann Hausrat sein, wenn es nach Funktion und Zweckbestimmung auch der Familie dient.[4] Haustiere sind zwar keine Haushaltsgegenstände, aber doch entsprechend zu behandeln und wie diese zu verteilen.[5]

6 Umstritten war bisher, ob der possessorische Anspruch auf **Besitzschutz** nach § 861 BGB von den sich trennenden oder bereits getrennt lebenden Ehegatten vor dem Zivilgericht geltend gemacht werden kann oder als ein Anspruch, der (auch) nach § 1361b BGB zu bewerten ist, vor das Familiengericht gehört.[6] Die Frage des Gerichtszweiges ist jetzt zu Gunsten des **Familiengerichts** gelöst, da nach § 266 Abs. 1 Nr. 3 auch andere Ansprüche der (ehemaligen) Ehegatten aus Anlass von Trennung und Scheidung als sonstige Familiensachen vor das Familiengericht gehören; dies gilt gem. § 269 Abs. 2 Nr. 3 entsprechend für Lebenspartner. Es bleibt die Frage der **Verfahrensart**, da sonstige Familiensachen als Verfahren nach den Regeln der ZPO geführt werden, während für § 1361b BGB nach §§ 200 ff. zu verfahren ist. Nachdem der bisherige Zuständigkeitsstreit entfallen ist, steht zu erwarten, dass sich die Praxis der Familienrichter an die sog. vermittelnde Lösung[7] hält und auch bei possessorischen Ansprüchen die Regelungen der §§ 1361a und 1361b BGB in entsprechender Anwendung heranzieht und im Rahmen einer Billigkeitsabwägung die verbotene Eigenmacht in besonderem Maße berücksichtigt. Das Verfahren wird dann eher nach den Regeln der §§ 200 ff. ablaufen als nach den strengeren, aber für eine Billigkeitsabwägung unpassenden Regeln der ZPO. Schon bisher wird dem Antragsteller empfohlen, seinen possessorischen Anspruch als Antrag auf Zuweisung zu formulieren und die verbotene Eigenmacht als Billigkeitsargument anzuführen.[8]

7 Ebenfalls umstritten war zuletzt die Zuständigkeit der Gerichte für die Festsetzung einer **Nutzungsentschädigung** außerhalb eines Verfahrens nach § 1361b BGB. Der BGH hatte bei Miteigentum der Ehegatten an der Ehewohnung den Anspruch auf Nutzungsentschädigung aus § 745 Abs. 2 BGB abgeleitet[9] und so auf den Zivilrechts-

1 BGH v. 1.12.1983 – IX ZR 41/83, FamRZ 1984, 144 = NJW 1984, 484.
2 BGH v. 14.3.1984 – IVb ARZ 59/83, FamRZ 1984, 575 = NJW 1984, 1758.
3 OLG Zweibrücken v. 19.8.1992 – 5 UF 191/91, FamRZ 1993, 84; vgl. dazu auch Johannsen/Henrich/*Brudermüller*, § 1361a BGB Rz. 16.
4 OLG Düsseldorf v. 23.10.2006 – II-2 UF 97/06, FamRZ 2007, 1325; KG v. 17.1.2003 – 13 UF 439/02, FamRZ 2003, 1927; vgl. *Götz/Brudermüller*, FamRZ 2008, 1895 (1898).
5 Staudinger/*Weinreich*, § 1 HausratsVO Rz. 30.
6 Vgl. zum Streitstand *Götz/Brudermüller*, FamRZ 2008, 1895 (1896).
7 S. *Götz/Brudermüller*, FamRZ 2008, 1895 (1897).
8 *Götz/Brudermüller*, Die gemeinsame Wohnung, Rz. 262 aE.
9 BGH v. 8.5.1996 – XII ZR 254/94, FamRZ 1996, 931.

weg verwiesen. In einer späteren Entscheidung[1] sprach er auch dem freiwillig scheidenden Alleineigentümer der Ehewohnung in analoger Anwendung von § 1361b BGB eine Nutzungsvergütung zu. Dies ermutigte das OLG München,[2] für die Zeit nach der Scheidung eine Nutzungsentschädigung ebenfalls in entsprechender Anwendung der Regeln über eine Wohnungszuweisung zu bemessen und so den Rechtsweg zu dem Familiengericht zu eröffnen. Der Entwurf der Bundesregierung zur Integration der HausrVO in das BGB sah insoweit als künftige Lösung den Anspruch des die Ehewohnung nutzenden Ehegatten auf Begründung eines Mietverhältnisses vor.[3] Der Bundesrat regte an, auch ohne die Begründung eines Mietverhältnisses dem dinglich Berechtigten einen Anspruch auf Nutzungsentschädigung einzuräumen.[4] Auf Vorschlag des Rechtsausschusses des Bundestags ist daraufhin die Vorschrift des § 1568a Abs. 5 Satz 1 BGB dahin ergänzt worden, dass auch der weichende Ehegatte als dinglich Berechtigter und damit zur Vermietung Berechtigter die Begründung eines Mietverhältnisses zu ortsüblichen Bedingungen verlangen kann.[5] Dies solle ihn, so die Begründung des Ausschusses,[6] auch ohne den Anspruch auf eine Nutzungsentschädigung ausreichend absichern. Somit können beide Ehegatten innerhalb der Jahresfrist des § 1568a Abs. 6 BGB Klarheit über die Nutzungskonditionen, eventuell befristet gemäß § 1568a Abs. 5 Satz 2 BGB, erlangen. Wenn dies versäumt wird, bleibt der Anspruch auf – im Zweifel – die ortsübliche Vergleichsmiete, § 1568a Abs. 5 Satz 3 BGB. Zwar ist dieser Anspruch seinem Wortlaut und dem Kontext nach auf den Fall beschränkt, dass es bei der Begründung eines – befristeten – Mietverhältnisses zu keiner Einigung über die Höhe der Miete kommt. Doch liegt bei isolierter Interpretation dieses Satzes auch dann keine Einigung über die Höhe der Miete vor, wenn es schon zu keiner Begründung eines Mietverhältnisses gekommen ist. Auch in diesem Fall besteht für den zur Vermietung Berechtigten ein Anspruch auf die ortsübliche Vergleichsmiete, die im Zweifelsfalle nach Billigkeit zu modifizieren ist. Diese „Nutzungsentschädigung" nach § 1568a Abs. 5 Satz 3 BGB ist ebenfalls als Ehewohnungssache geltend zu machen und nicht als sonstige Familiensache iSd. § 266.

§ 201
Örtliche Zuständigkeit

Ausschließlich zuständig ist in dieser Rangfolge:

1. **während der Anhängigkeit einer Ehesache das Gericht, bei dem die Ehesache im ersten Rechtszug anhängig ist oder war;**
2. **das Gericht, in dessen Bezirk sich die gemeinsame Wohnung der Ehegatten befindet;**
3. **das Gericht, in dessen Bezirk der Antragsgegner seinen gewöhnlichen Aufenthalt hat;**
4. **das Gericht, in dessen Bezirk der Antragsteller seinen gewöhnlichen Aufenthalt hat.**

1 BGH v. 15.2.2006 – XII ZR 202/03, FamRZ 2006, 930 = MDR 2006, 1236 = NJW-RR 2006, 1081.
2 OLG München v. 17.4.2007 – 2 UF 1607/06, FamRZ 2007, 1655 m. abl. Anm. *Wever*.
3 BT-Drucks. 16/10798 (eVF), S. 4 und 34; verkündet im BGBl. I 2009, S. 1696.
4 BT-Drucks. 16/10798 (eVF), Anl. 3.
5 BT-Drucks. 16/13027, S. 4 und 11.
6 BT-Drucks. 16/13027, S. 11.

A. Allgemeines

1 Die Vorschrift bestimmt die örtliche Zuständigkeit in Ehewohnungs- und Haushaltssachen. **Sachlich zuständig** für diese Familiensachen (§ 111 Nr. 5) ist stets das Familiengericht, § 23a Nr. 1 GVG.

B. Reihenfolge der örtlich zuständigen Gerichte

2 **Örtlich zuständig** ist entsprechend der bisherigen Regelung in § 11 Abs. 1 HausrVO vorrangig das **Gericht der Ehesache, Nr. 1.** Solange noch keine Ehesache (§ 121) anhängig ist, bestimmt sich die örtliche Zuständigkeit nach der Lage der **gemeinsamen Wohnung der Ehegatten, Nr. 2.** Diese Vorschrift entspricht dem bisherigen § 11 Abs. 2 Satz 1 HausrVO. Wird später eine Ehesache bei einem anderen Familiengericht rechtshängig, so ist die Ehewohnungs- oder Haushaltssache – sofern sie noch im ersten Rechtszug anhängig ist – an das andere Gericht abzugeben, § 202 (bisher § 11 Abs. 3 HausrVO). Gab oder gibt es keine gemeinsame Wohnung mehr und ist auch keine Ehesache anhängig, so ist nun für die Zuständigkeit des Familiengerichts der **gewöhnliche Aufenthalt des Antragsgegners** maßgeblich, **Nr. 3.** Greift auch diese Zuständigkeitsregel nicht, weil etwa kein gewöhnlicher Aufenthalt des Antragsgegners im Inland gegeben ist, so ist hilfsweise das Gericht am Ort des **gewöhnlichen Aufenthalts des Antragstellers** zuständig, **Nr. 4.** Zur Bestimmung des gewöhnlichen Aufenthalts einer Partei s. die Erläuterungen zu § 122 (Rz. 2 ff.).

3 Für die Zuständigkeit innerhalb eines Familiengerichts mit mehreren Abteilungen ist ebenfalls der **Vorrang der Abteilung** zu beachten, bei der die Ehesache anhängig ist bzw. rechtshängig wird, § 23b Abs. 2 GVG. International sind die **deutschen Gerichte** zuständig, wenn sie örtlich zuständig sind, § 105. Anwendbar ist deutsches Recht, wenn die Ehewohnung und die Haushaltsgegenstände sich im Inland befinden, Art. 17a EGBGB. Dies schließt nicht aus, dass ein zuständiges deutsches Gericht auch die Verhältnisse an Haushaltsgegenständen oder einer Eigentumswohnung der Ehegatten regelt, die sich im Ausland befinden (zB Ferienwohnung und Inventar).[1]

4 **Zuständigkeitskonflikte** sind nach den allgemeinen Regeln der §§ 2 ff. zu lösen, etwa durch Verweisung (§ 3) oder auch Abgabe (§ 4) an ein anderes Gericht. Die gerichtliche Bestimmung des zuständigen Gerichts erfolgt nach § 5.

5 Ist ein deutsches Gericht für eine Ehewohnungs- oder Haushaltssache örtlich zuständig, so ist es gemäß **§ 105** auch **international zuständig**. Für inländische Wohnungen und im Inland befindliche Haushaltsgegenstände ist gemäß Art. 17a EGBGB deutsches Recht anzuwenden.

1 Zöller/*Philippi*, § 621 ZPO Rz. 84.

§ 202
Abgabe an das Gericht der Ehesache

Wird eine Ehesache rechtshängig, während eine Ehewohnungs- oder Haushaltssache bei einem anderen Gericht im ersten Rechtszug anhängig ist, ist diese von Amts wegen an das Gericht der Ehesache abzugeben. § 281 Abs. 2 und 3 Satz 1 der Zivilprozessordnung gilt entsprechend.

Die Vorschrift sichert den Vorrang der Zuständigkeit bei dem **Gericht der Ehesache**, 1
wenn eine Ehesache erst rechtshängig wird, nachdem die Ehewohnungs- und Haushaltssache bereits anhängig ist, solange diese noch im ersten Rechtszug anhängig ist. Das Verfahren ist dann von Amts wegen an das Gericht der Ehesache abzugeben. Dies entspricht dem bisherigen § 11 Abs. 3 HausrVO bzw. § 621 Abs. 3 ZPO.

Auf das Verfahren bei der **Verweisung** an das Gericht der Ehesache sind die Regeln des 2
§ 281 Abs. 2 und Abs. 3 Satz 1 ZPO entsprechend anzuwenden, also nicht die allgemeine Vorschrift des § 3. Für Anträge und Erklärungen zur Zuständigkeit des Gerichts besteht somit kein Anwaltszwang, § 281 Abs. 2 Satz 1 ZPO. Wird die Ehewohnungs- und Haushaltssache nach Verweisung von dem Gericht der Ehesache in den Verbund der Scheidungssache aufgenommen (§ 137 Abs. 4), besteht dann für die Folgesache Anwaltszwang, § 114 Abs. 1. Der Verweisungsbeschluss ist unanfechtbar (§ 281 Abs. 2 Satz 2 ZPO), aber ausnahmsweise (entgegen § 281 Abs. 2 Satz 4 ZPO) ohne Bindungswirkung, wenn ihm jede rechtliche Grundlage fehlt.[1] Die verwiesene Sache ist ab Eingang der Akten bei dem im Beschluss bezeichneten Gericht anhängig, § 281 Abs. 2 Satz 3 ZPO. Die bei dem ersten Gericht erwachsenen Kosten werden als Teil der Kosten des zweiten Gerichts behandelt, § 281 Abs. 3 Satz 1 ZPO. Zu weiteren Einzelheiten der Verweisung s. auch die Erläuterungen zu § 263.

§ 203
Antrag

(1) Das Verfahren wird durch den Antrag eines Ehegatten eingeleitet.

(2) Der Antrag in Haushaltssachen soll die Angabe der Gegenstände enthalten, deren Zuteilung begehrt wird. Dem Antrag in Haushaltssachen nach § 200 Abs. 2 Nr. 2 soll zudem eine Aufstellung sämtlicher Haushaltsgegenstände beigefügt werden, die auch deren genaue Bezeichnung enthält.

(3) Der Antrag in Ehewohnungssachen soll die Angabe enthalten, ob Kinder im Haushalt der Ehegatten leben.

I. Allgemeines Antragserfordernis (Absatz 1)

In Abs. 1 wird das für diesen Abschnitt bestehende Antragserfordernis formuliert, das 1
etwa in Kindschaftssachen (§§ 151 ff.) fehlt. Das schließt nicht aus, dass in einer von

1 Näheres dazu bei Zöller/*Greger*, § 281 ZPO Rz. 14, 17 f.

Amts wegen eingeleiteten Kindschaftssache einem Ehegatten die Nutzung der Ehewohnung untersagt wird, weil dies zum Schutz eines Kindes erforderlich ist, vgl. § 1666 Abs. 3 Nr. 3 BGB.

2 Ehewohnungssachen und Haushaltssachen werden nur **auf Antrag** eines Ehegatten eingeleitet. Andere an der Ehewohnungssache Beteiligte (§ 204) haben demnach kein Antragsrecht, mit dem sie ein Verfahren einleiten könnten. Der Antrag kann im isolierten Verfahren auch zu Protokoll der Geschäftsstelle gestellt werden, § 25. Für die Folgesache im Verbund der Ehesache (§ 137 Abs. 2 Nr. 3) besteht jedoch Anwaltszwang, § 114 Abs. 1; davon ausgenommen sind wiederum der Antrag auf Abtrennung der Folgesache von der Scheidung, das Verfahren der einstweiligen Anordnung und das Verfahren über die Verfahrenskostenhilfe, § 114 Abs. 4 Nr. 1, 4 und 5.

3 Der Antrag kann auch auf Erlass einer (isolierten) einstweiligen Anordnung nach den §§ 49 ff. gerichtet sein, § 51 Abs. 1 Satz 1.

4 Für den **Inhalt** des Antrags gelten zunächst die allgemeinen Anforderungen des § 23. Der Antrag soll die Personen nennen, die als Beteiligte in Betracht kommen. Außer dem anderen Ehegatten sind dies hier vor allem die weiteren Beteiligten nach § 204. Der Antrag ist auch zu begründen. Dabei sind die zur Begründung dienenden Tatsachen und Beweismittel zu benennen. In Bezug genommene Urkunden sollen beigefügt werden. Dies betrifft hier vor allem Mietverträge, Eigentumsurkunden, Kaufbelege und Inventarlisten. Schließlich ist der Antrag vom Antragsteller oder seinem Bevollmächtigten zu unterzeichnen.

5 Der Antrag auf Erlass einer einstweiligen Anordnung ist ebenfalls zu begründen; zusätzlich sind die Voraussetzungen für die Anordnung glaubhaft zu machen, § 51 Abs. 1 Satz 2.

II. Antrag in Haushaltssachen (Absatz 2)

6 Abs. 2 stellt besondere Anforderungen an den Antrag in **Haushaltssachen** auf. Der Antragsteller soll zunächst angeben, welche Haushaltsgegenstände er zugewiesen haben will, Satz 1. Die Bezeichnung muss dabei so genau sein, dass sie zur Identifizierung des Gegenstands in der Vollstreckung ausreicht.[1] Weiter ist in allen Haushaltssachen, die bei oder nach Scheidung gem. § 1568b BGB beantragt werden, eine Aufstellung sämtlicher Haushaltsgegenstände mit ihrer genauen Bezeichnung beizufügen, Satz 2. In den Verfahren, die während des Getrenntlebens betrieben werden (§ 1361a BGB), kann der Richter nachträglich jedem Ehegatten – also nicht nur dem Antragsteller – aufgeben, eine Aufstellung sämtlicher Haushaltsgegenstände mit genauer Bezeichnung einzureichen bzw. zu ergänzen, § 206 Abs. 1 Nr. 2. Diese Auflage kann auch ergehen, wenn die Aufstellung im Verfahren nach § 1568b BGB fehlt oder unvollständig ist. Für die Erfüllung der Auflagen kann das Gericht eine Frist setzen (§ 206 Abs. 1 aE), deren Versäumung Konsequenzen hat, § 206 Abs. 3.

1 BGH v. 3.12.1987 – IX ZR 228/86, FamRZ 1988, 255; OLG Köln v. 27.6.2000 – 14 UF 47/00, FamRZ 2001, 174; vgl. auch Abs. 2 Satz 2 aE, § 206 Abs. 1 Nr. 2.

III. Antrag in Ehewohnungssachen (Absatz 3)

Für den Antrag in **Ehewohnungssachen** stellt Abs. 3 das besondere Erfordernis auf, dass auch anzugeben ist, ob Kinder im Haushalt der Ehegatten leben. Dies soll nicht nur sicherstellen, dass das Jugendamt an dem Verfahren beteiligt (§ 204 Abs. 2) und angehört (§ 205) wird. Damit wird auch ermöglicht, dass das Wohl der in der Wohnung lebenden – gemeinsamen oder nicht gemeinsamen – Kinder gem. §§ 1361b Abs. 1 Satz 2, 1568a Abs. 1 BGB Beachtung findet, selbst wenn der Antragsteller in seinem Tatsachenvortrag nur seine eigene Betroffenheit darlegt. 7

§ 204
Beteiligte

(1) In Ehewohnungssachen nach § 200 Abs. 1 Nr. 2 sind auch der Vermieter der Wohnung, der Grundstückseigentümer, der Dritte (§ 1568a Absatz 4 des Bürgerlichen Gesetzbuchs) und Personen, mit denen die Ehegatten oder einer von ihnen hinsichtlich der Wohnung in Rechtsgemeinschaft stehen, zu beteiligen.

(2) Das Jugendamt ist in Ehewohnungssachen auf seinen Antrag zu beteiligen, wenn Kinder im Haushalt der Ehegatten leben.

A. Allgemeines

In **Ehewohnungssachen** können andere Personen als die Ehegatten zu beteiligen sein. 1 Dies gilt aber nur für Verfahren, die bei oder nach Scheidung der Ehe betrieben werden, weil nur hier eine endgültige Regelung bezüglich der Wohnung getroffen werden kann, die auch die Rechte Dritter berührt, vgl. § 1568a BGB. Für die Zeit des Getrenntlebens kann dagegen lediglich die Benutzung der Wohnung geregelt werden, § 1361b Abs. 1 Satz 1 BGB, so dass Dritte hier nicht zu beteiligen sind. Gleiches gilt für Nutzungsregelungen nach den §§ 14 LPartG, 2 GewSchG oder nach § 1666 Abs. 3 Nr. 3 BGB sowie einstweilige Anordnungen.[1]

B. Beteiligte

I. Beteiligte in Ehewohnungssachen (Absatz 1)

Abs. 1 zählt mögliche **Beteiligte** (§ 7) in Ehewohnungssachen auf ohne abschließend 2 zu sein. Sie sind als materiell Beteiligte im Sinne von § 7 Abs. 1 Nr. 1 an dem Verfahren zu beteiligen, sofern und soweit sie von dem Ausgang der Ehewohnungssache nach § 1568a BGB materiell betroffen sind. Die Beteiligtenstellung kann sich auch aus § 7 Abs. 2 Nr. 1 als in seinen Rechten unmittelbar Betroffener ergeben, etwa für den Erbbauberechtigten, den Nießbraucher oder sonstige dinglich Berechtigte an der Wohnung.[2] Im Übrigen folgt die Aufzählung dem bisherigen § 7 HausrVO: Vermieter,

1 Vgl. *Götz/Brudermüller*, Die gemeinsame Wohnung, Rz. 364.
2 Vgl. MüKo.BGB/*Müller-Gindullis*, § 7 HausrVO Rz. 4.

Grundstückseigentümer, Dritte iSv. § 1568a Abs. 4 BGB (Dienstherr und Arbeitgeber bei Dienst- und Werkswohnungen), Mitberechtigte an der Ehewohnung (Miteigentümer, Mitmieter, Untermieter). Nicht in einer Rechtsgemeinschaft hinsichtlich der Ehewohnung stehen die Personen, die sie nur tatsächlich mitbenutzen, wie vor allem die Kinder, aber auch ein neuer Partner des in der Wohnung verbliebenen Ehegatten. Der Umstand, dass Kinder nicht formell beteiligt sind, bedeutet nicht, dass ihre Interessen nicht zu beachten wären, vgl. §§ 1361b Abs. 1 Satz 2, 1568a Abs. 1 BGB.

II. Beteiligung des Jugendamts (Absatz 2)

3 Gem. Abs. 2 ist in Ehewohnungssachen, wenn Kinder im Haushalt der Ehegatten leben, nur auf seinen Antrag auch das **Jugendamt** zu beteiligen. Es ist dann formell Beteiligter iSv. § 7 Abs. 2 Nr. 2. Dies entspricht der Regelung in Kindschaftssachen, vgl. § 162 Abs. 2. Zuvor ist das Jugendamt auf jeden Fall gem. § 205 anzuhören, ohne dass es allein dadurch bereits Beteiligter wird (§ 7 Abs. 6). Das Jugendamt kann als Behörde auch nicht von Amts wegen gem. § 7 Abs. 3 als Beteiligter hinzugezogen werden.[1]

III. Parteiähnliche Stellung der Beteiligten

4 Die Beteiligten haben eine **parteiähnliche Stellung.**[2] Ihre Beteiligtenfähigkeit bestimmt sich nach § 8 entsprechend ihrer Rechtsfähigkeit, ihre Verfahrensfähigkeit ergibt sich – anknüpfend an die Geschäftsfähigkeit – aus § 9. Die Anträge der Parteien sind den Beteiligten zu übermitteln (§ 23 Abs. 2), im Verbundverfahren aber nur, soweit sie vom Inhalt der Schriftstücke betroffen sind (§ 139 Abs. 1). Ein eigenes Antragsrecht auf Einleitung einer Ehewohnungssache haben die Beteiligten nicht. Für die Beteiligten besteht bei Familiengericht und OLG kein Anwaltszwang (vgl. § 114 Abs. 1), da keine Familienstreitsache iSv. § 112 vorliegt und im Verbundverfahren nur die Ehegatten dem Anwaltszwang unterliegen. Die Beteiligten haben ein Recht auf Akteneinsicht (§ 13), das Gericht muss ihnen Hinweise erteilen (§ 28) und nach förmlicher Beweisaufnahme Gelegenheit zur Stellungnahme geben (§ 30 Abs. 4). Die Beteiligten sind zur Mitwirkung verpflichtet (§ 27). Während in dem mündlichen Erörterungstermin (§ 207 Satz 1) auf jeden Fall die Ehegatten persönlich angehört werden (§ 207 Satz 2), sind die Beteiligten gem. § 34 Abs. 1 Nr. 1 persönlich anzuhören, wenn dies zur Gewährleistung des rechtlichen Gehörs[3] erforderlich ist. Dies wird idR dann der Fall sein, wenn bei der Zuweisung der Ehewohnung in die Rechte der Beteiligten eingegriffen werden soll. Ihr persönliches Erscheinen kann angeordnet und erzwungen werden (§ 33). Im Verbundverfahren können sie von der Teilnahme an der mündlichen Verhandlung ausgeschlossen werden, soweit die Folgesache, an der sie beteiligt sind, nicht Gegenstand der Verhandlung ist (§ 139 Abs. 2). An einem Vergleich der Parteien können auch die weiteren Beteiligten mitwirken, soweit sie über den Gegenstand des Verfahrens verfügen können (§ 36 Abs. 1 Satz 1). Zumindest müssen sie einem Vergleich der Parteien zustimmen, sofern sie davon betroffen sind. Sonst aber ist die Zustimmung des Vermieters nur erforderlich, falls die Jahresfrist nach § 1568a Abs. 6 BGB (früher: § 12 HausrVO) bereits abgelaufen ist.

1 So ausdrücklich die Begr. des GesetzE, BT-Drucks. 16/6038, S. 179.
2 BayObLG v. 21.12.1976 – BReg. 1 Z 87/76, FamRZ 1977, 467 (468).
3 BVerfG v. 25.10.2001 – 1 BvR 1079/96, FamRZ 2002, 451.

Entscheidungen sind den Beteiligten zuzustellen (§ 41 Abs. 1). Im Verbundverfahren sind ihnen die Entscheidungen nur auszugsweise bekannt zu geben, sofern sie als Dritte zur Einlegung von Rechtsmitteln berechtigt sind (§ 139 Abs. 1). Die Berechtigung zur Beschwerde besteht, wenn der Beteiligte in seinen Rechten beeinträchtigt ist (§ 59). Das Jugendamt ist gem. § 205 Abs. 2 Satz 2 in jedem Falle zur Beschwerde befugt. 5

§ 205
Anhörung des Jugendamts in Ehewohnungssachen

(1) In Ehewohnungssachen soll das Gericht das Jugendamt anhören, wenn Kinder im Haushalt der Ehegatten leben. Unterbleibt die Anhörung allein wegen Gefahr im Verzug, ist sie unverzüglich nachzuholen.

(2) Das Gericht hat in den Fällen des Absatzes 1 Satz 1 dem Jugendamt die Entscheidung mitzuteilen. Gegen den Beschluss steht dem Jugendamt die Beschwerde zu.

Unabhängig von seiner Stellung als Beteiligter, die nur auf Antrag eintritt (§ 204 Abs. 2), ist das Jugendamt in Ehewohnungssachen anzuhören. Die **Anhörung des Jugendamts** ist notwendig, wenn Kinder im Haushalt der Ehegatten leben. Dieser Umstand ist deshalb schon in der Antragsschrift anzugeben (§ 203 Abs. 3). Die Anhörung ist nicht mehr davon abhängig, ob das Familiengericht die Absicht hat, einen Antrag auf Zuweisung der Ehewohnung abzulehnen (so bisher § 49a Abs. 2 FGG). Die jetzt geltende Vorschrift ist aber – anders als sonst in familiengerichtlichen Verfahren des 2. Buches[1] – nur als Soll-Vorschrift ausgestaltet, wie die Gesetzesbegründung ausdrücklich betont.[2] Demnach ist eine Anhörung des Jugendamts nicht in jedem Falle zwingend vorgeschrieben, vielmehr kann sie vor allem entfallen, wenn der Antrag auf Zuweisung der Ehewohnung ersichtlich unbegründet ist;[3] es wäre dann verfehlt, die Kinder durch das Auftreten des Jugendamts unnötig zu beunruhigen. Es kann aber durchaus ein Anlass bestehen, das Jugendamt dennoch einzuschalten, wenn ein Antrag unzureichend, weil nur aus der subjektiven Sicht des Antragstellers begründet worden ist, ohne die gem. den §§ 1361b Abs. 1 Satz 2 und 1568a Abs. 1 BGB durchaus beachtlichen Belange der betroffenen Kinder zu erwähnen. Eine unterlassene Anhörung des Jugendamts ist aber angesichts der Herabstufung zur Soll-Vorschrift nicht mehr in jedem Fall ein schwerer Verfahrensfehler, der stets zur Aufhebung der Entscheidung führt.[4] 1

Wegen Gefahr im Verzug kann die gebotene Anhörung des Jugendamts zunächst unterbleiben, ist aber unverzüglich nachzuholen, Abs. 1 Satz 2 (so auch bisher schon § 49a Abs. 3 FGG iVm. § 49 Abs. 4 FGG). Die Gefahr im Verzug muss sich nicht auf die Kinder im Haushalt beziehen. Wenn eine sofortige (vorläufige) Zuweisung der Wohnung schon aus anderen Gründen als solchen des Kindeswohls gerechtfertigt ist 2

1 Vgl. §§ 162 Abs. 1, 194 Abs. 1 Satz 1.
2 BT-Drucks. 16/6308, S. 250.
3 Vgl. BayObLG v. 5.9.1986 – 1 Z 41/86, FamRZ 1987, 87 (88).
4 So noch OLG Köln v. 31.3.1995 – 25 UF 53/95, FamRZ 1995, 1593 zu § 49a Abs. 1 FGG; ebenso zu § 49a Abs. 2 FGG Keidel/*Engelhardt*, § 49a Rz. 2.

(etwa nach erheblichen Verletzungen iSd. § 1361b Abs. 2 BGB), so wäre es verfehlt, erst die Expertise des Jugendamts zur Betroffenheit der Kinder abzuwarten.

3 Das Jugendamt ist seinerseits zur **Mitwirkung** verpflichtet, vgl. § 50 Abs. 1 Satz 2 SGB VIII. Das Familiengericht hat jedoch keine Befugnis, eine konkrete Mitwirkungshandlung des Jugendamts anzuordnen. Dem Jugendamt selbst obliegt allein die Entscheidungskompetenz über die Art und Weise seiner Mitwirkung.[1] Es kann sogar zu dem Entschluss kommen, im gerichtlichen Verfahren untätig bleiben zu wollen, sollte aber wenigstens diese Entscheidung dem Gericht nebst Gründen mitteilen. Anders als dem Sachverständigen in Kindschaftssachen (§ 163 Abs. 1) darf dem Jugendamt keine Frist gesetzt werden. Es kann in Ehewohnungssachen auch nicht an das Beschleunigungsgebot des § 155 erinnert werden, da dieses nur für Kindschaftssachen gilt.

4 Gem. Abs. 2 Satz 1 ist die **Entscheidung** über die Ehewohnungssache, wenn Kinder in der Wohnung leben, dem Jugendamt mitzuteilen, also unabhängig davon, ob das Jugendamt auf seinen Antrag Beteiligter des Verfahrens geworden ist (§ 204 Abs. 2). Die Mitteilungspflicht gilt auch dann, wenn das Gericht in Eilfällen ohne Anhörung des Jugendamts entschieden hat, obwohl der Verweis in Abs. 2 Satz 1 die Vorschrift über die unterbliebene Anhörung in Abs. 1 Satz 2 ausspart. Die Begründung des Gesetzentwurfs[2] lässt aber erkennen, dass die Gliederung der Vorschrift ursprünglich einen eigenen Absatz für die Regelung in Abs. 1 Satz 2 vorsah. Die Verweisung in Abs. 2 Satz 1 will also erkennbar nur auf den Umstand „Kinder im Haushalt der Ehegatten" Bezug nehmen.

5 Das Jugendamt ist in jedem Falle – auch ohne den Status als Beteiligter und ohne eigene Beschwer – zur **Beschwerde** gegen die Entscheidung berechtigt, Abs. 2 Satz 2.

§ 206
Besondere Vorschriften in Haushaltssachen

(1) Das Gericht kann in Haushaltssachen jedem Ehegatten aufgeben,

1. die Haushaltsgegenstände anzugeben, deren Zuteilung er begehrt,

2. eine Aufstellung sämtlicher Haushaltsgegenstände einschließlich deren genauer Bezeichnung vorzulegen oder eine vorgelegte Aufstellung zu ergänzen,

3. sich über bestimmte Umstände zu erklären, eigene Angaben zu ergänzen oder zum Vortrag eines anderen Beteiligten Stellung zu nehmen oder

4. bestimmte Belege vorzulegen

und ihm hierzu eine angemessene Frist setzen.

(2) Umstände, die erst nach Ablauf einer Frist nach Absatz 1 vorgebracht werden, können nur berücksichtigt werden, wenn dadurch nach der freien Überzeugung des Gerichts die Erledigung des Verfahrens nicht verzögert wird oder wenn der Ehegatte die Verspätung genügend entschuldigt.

(3) Kommt ein Ehegatte einer Auflage nach Absatz 1 nicht nach oder sind nach Absatz 2 Umstände nicht zu berücksichtigen, ist das Gericht insoweit zur weiteren Aufklärung des Sachverhalts nicht verpflichtet.

1 *Münder* ua., FK-SGB VIII, vor § 50 Rz. 6–10.
2 BT-Drucks. 16/6308, S. 250.

A. Allgemeines

1 Diese Vorschrift ergänzt in Haushaltssachen die allgemeinen Verfahrensregeln der §§ 23 ff. um einige besondere Regeln über die Mitwirkungspflichten (§ 27) der Ehegatten in diesen Verfahren. Grundsätzlich ist auch in Ehewohnungs- und Haushaltssachen der einleitende Antrag eines Ehegatten nur ein Verfahrensantrag und nicht notwendig ein Sachantrag, vgl. § 23. Das Gericht hat sodann die entscheidungserheblichen Tatsachen zu ermitteln, § 26. Dies entspricht dem bisherigen § 12 FGG. Doch schon § 203 Abs. 2 hält den antragstellenden Ehegatten zu weiteren Angaben in Haushaltssachen an. Darüber hinausgehend ermächtigt hier § 206 den Richter, beiden Ehegatten weitere „Aufgaben" aufzuerlegen.

B. Inhalt der Vorschrift

I. Bezeichnung der begehrten Haushaltsgegenstände (Abs. 1 Nr. 1)

2 Beiden Ehegatten kann aufgegeben werden, die in diesem Verfahren **begehrten Haushaltsgegenstände** zu bezeichnen, Abs. 1 Nr. 1. Während des Getrenntlebens der Ehegatten geht es an Stelle der Zuteilung nur um die Benutzung der Haushaltsgegenstände. An diesen „Anträgen" kann der Richter erkennen, auf welche Gegenstände aus den im gemeinsamen Eigentum stehenden Haushaltsgegenständen ein Ehegatte in stärkerem Maße angewiesen sein will (§ 1568b Abs. 1 BGB) als der andere Ehegatte. Falls kein höherer Bedarf vorgetragen werden kann, reicht ggf. auch die Darlegung anderer Gründe, die die Billigkeit einer Zuteilung des Gegenstandes rechtfertigen sollen, vgl. § 1568b Abs. 1 aE BGB. Auch wenn eine genaue Bezeichnung der Gegenstände nur für die Aufzählung aller Haushaltsgegenstände nach Nr. 2 ausdrücklich verlangt wird, ist die genaue Beschreibung in „vollstreckbarer" Weise vor allem für die konkret verlangten Gegenstände erforderlich, damit ggf. eine Vollstreckung durch den Gerichtsvollzieher möglich ist.[1]

II. Auflistung aller Haushaltsgegenstände (Abs. 1 Nr. 2)

3 Den Ehegatten kann weiter aufgegeben werden, eine **Liste aller Haushaltsgegenstände** vorzulegen oder eine bereits vorgelegte Aufstellung (§ 203 Abs. 2 Satz 2) zu ergänzen, Abs. 1 Nr. 2. Diese Aufstellung soll dem Richter einen Gesamtüberblick vermitteln über alle Haushaltsgegenstände, die im gemeinsamen Haushalt der Eheleute vorhanden waren. Anhand dieser Übersicht kann der Richter dann auch beurteilen, ob die

1 BGH v. 3.12.1987 – IX ZR 228/86, FamRZ 1988, 255; OLG Köln v. 27.6.2000 – 14 UF 47/00, FamRZ 2001, 174.

angestrebte Verteilung der Gegenstände der Billigkeit entspricht, auch wenn – wie so oft – die meisten Gegenstände bereits einvernehmlich geteilt sind und der Streit nur noch wenige Teile betrifft.

III. Erklärungen oder Stellungnahmen (Abs. 1 Nr. 3)

4 Der Richter kann einer oder beiden Parteien auch aufgeben, zu bestimmten Gegenständen oder Umständen **Erklärungen oder Stellungnahmen** abzugeben, Abs. 1 Nr. 3. Dies betrifft die Eigentumsverhältnisse an Haushaltsgegenständen, die Herkunft (zB Kauf oder Schenkung) bestimmter Gegenstände, ihre bisherige Nutzung oder ihre angestrebte künftige Nutzung (auch im Hinblick auf zu versorgende Kinder).

IV. Vorlage von Belegen (Abs. 1 Nr. 4)

5 Schließlich kann der Richter die Vorlage einzelner **Belege** anordnen, Abs. 1 Nr. 4. Dies betrifft vor allem Kaufbelege zum Nachweis des Datums des Erwerbs, der Person des Käufers oder des Wertes der Sache. Es kann aber auch eine testamentarische Anordnung vorzulegen sein, etwa als Beleg für einen Erwerb auf Grund eines Vermächtnisses.

V. Fristsetzung

6 Zur Erfüllung aller dieser Auflagen kann der Richter eine **angemessene Frist** setzen, Abs. 1 aE. Damit verdeutlicht er die der antragstellenden Partei obliegende Darlegungslast, die es nun rechtzeitig zu erfüllen gilt.

VI. Präklusion (Absatz 2)

7 Eine **Versäumung der Frist** hat eine Präklusionswirkung zur Folge, Abs. 2. Ähnlich wie nach § 296 Abs. 1 ZPO können verspätet vorgebrachte Umstände nur noch berücksichtigt werden, wenn dadurch die Erledigung des Verfahrens nicht verzögert wird oder der Ehegatte die Verspätung genügend entschuldigt. Hinsichtlich der Probleme und der Einzelheiten einer solchen Präklusion wird auf Erläuterungen zu § 296 ZPO verwiesen.[1] Der **Präklusion** unterliegen hier nur die Umstände, also das erläuternde Vorbringen der Parteien nebst der Beweisangebote. Die Verfahrensziele, dh. die nach Abs. 1 Nr. 1 formulierten „Anträge" können jederzeit noch geändert und ausgetauscht werden.[2] Dies ermöglicht ein ständiges „Geben" und „Nehmen" hinsichtlich der von den Ehegatten verlangten Gegenstände bis zuletzt, um ggf. die jederzeit anzustrebende gütliche Einigung der Parteien (§ 36 Abs. 1 Satz 2) doch noch zu erreichen.

VII. Folgen der Präklusion (Absatz 3)

8 Abs. 3 stellt die **Folgen der Präklusion** klar. Kommt ein Ehegatte einer Auflage nach Abs. 1 nicht oder nur verspätet iSd. Abs. 2 nach, so brauchen die von ihm nicht oder nur verspätet vorgebrachten Umstände von dem Gericht nicht weiter aufgeklärt wer-

1 ZB Zöller/*Greger*, § 296 ZPO Rz. 1 ff.
2 So ausdrücklich die Gesetzesbegr. in BT-Drucks. 16/6308, S. 250.

den. Die Pflicht zur Amtsermittlung (§ 26) endet insoweit. Dies betrifft jedoch nur die dem säumigen Ehegatten jeweils günstigen Umstände. Den ihm nachteiligen Umständen kann das Gericht weiterhin im Rahmen seiner Pflicht zur Amtsermittlung nachgehen.[1] Die Beweiserhebung erfolgt von Amts wegen (§ 29), so dass es eine formelle Beweislast zu Lasten einer Partei nicht gibt. Lässt sich aber das Vorhandensein eines verlangten Gegenstandes oder das Eigentum hieran nicht feststellten, so trifft den sich darauf berufenden Ehegatten die Feststellungslast.[2]

§ 207
Erörterungstermin

Das Gericht soll die Angelegenheit mit den Ehegatten in einem Termin erörtern. Es soll das persönliche Erscheinen der Ehegatten anordnen.

Die dem Familiengericht grundsätzlich freigestellte Erörterung der Sache mit den Beteiligten in einem Termin (§ 32) soll in Ehewohnungs- und Haushaltssachen regelmäßig stattfinden, Satz 1. Dies entspricht dem bisherigen § 13 Abs. 2 HausrVO. Die dort zusätzlich angesprochene Pflicht des Gerichts, auf eine gütliche Einigung der Beteiligten hinzuwirken, steht jetzt in § 36 Abs. 1 Satz 2. 1

Mit den Beteiligten ist die Sache idR in einem **Termin** zu erörtern; dies gilt auch für die Beschwerdeinstanz. Dazu soll regelmäßig auch das persönliche Erscheinen der Ehegatten (§ 33) angeordnet werden, Satz 2. Die Folgen eines Ausbleibens des geladenen Beteiligten regelt § 33 Abs. 3. Über die wesentlichen Vorgänge des Termins und der persönlichen Anhörung ist ein Vermerk nach § 28 Abs. 4 zu fertigen. Dies gilt vor allem für einen Vergleich der Beteiligten (§ 36 Abs. 2), der nach den Vorschriften der ZPO über die Niederschrift eines Vergleichs (§§ 159 ff. ZPO) fest zu halten ist. Der Inhalt des Vergleichs kann sich auch auf andere Gegenstände und Ansprüche als Ehewohnung und Haushaltsgegenstände erstrecken. 2

Der Termin kann auch an Ort und Stelle in der früheren Ehewohnung stattfinden. 3

§ 208
Tod eines Ehegatten

Stirbt einer der Ehegatten vor Abschluss des Verfahrens, gilt dieses als in der Hauptsache erledigt.

A. Allgemeines

Die Vorschrift wiederholt die Regelung des § 131 in Ehesachen und entspricht inhaltlich dem früheren § 619 ZPO. Eine ähnliche Regelung sah die HausrVO bisher nicht 1

1 BT-Drucks. 16/6308, S. 250.
2 OLG Köln v. 1.3.1999 – 27 WF 25/99, FamRZ 2000, 305.

vor. Die neue Vorschrift soll zum Ausdruck bringen, dass der Streit um die Ehewohnung und die Haushaltsgegenstände als höchstpersönliche Angelegenheit angesehen wird und nicht von und mit den Erben fortgesetzt werden soll.

B. Erledigung der Hauptsache

2 Mit dem Tod eines Ehegatten tritt die **Erledigung der Hauptsache** von Gesetzes wegen ein. Es kann in unklaren Fällen geboten sein, dies durch Beschluss auszusprechen, wenn hieran ein rechtliches Interesse besteht.[1] Dies kann etwa der Fall sein, wenn die Witwe nach noch nicht rechtskräftiger Zuweisung der Ehewohnung an den Verstorbenen das Mietverhältnis als bisherige (Mit-)Mieterin fortsetzen will.

3 Das Verfahren bleibt trotz Erledigung der Hauptsache wegen der **Kostenentscheidung** rechtshängig.[2] Die Entscheidung sollte nur auf Antrag ergehen.[3] Beteiligte sind der überlebende Ehegatte und die Erben des Verstorbenen. Ist der überlebende Ehegatte zugleich Alleinerbe, so ergeht keine Kostenentscheidung, weil keine zwei Parteien mehr vorhanden sind.[4] Für die Kostenentscheidung selbst verweist jetzt § 83 Abs. 2 auf die Grundsätze des § 81. Danach kann das Gericht die Kosten des Verfahrens nach billigem Ermessen den Beteiligten ganz oder zum Teil auferlegen (§ 81 Abs. 1 Satz 1), insbesondere aus den Gründen des § 81 Abs. 2. Einem Dritten, etwa dem Vermieter,[5] können die Kosten auch auferlegt werden, aber nur, wenn er das Verfahren veranlasst hat und ihn ein grobes Verschulden trifft, § 81 Abs. 4.

§ 209
Durchführung der Entscheidung, Wirksamkeit

(1) Das Gericht soll mit der Endentscheidung die Anordnungen treffen, die zu ihrer Durchführung erforderlich sind.

(2) Die Endentscheidung in Ehewohnungs- und Haushaltssachen wird mit Rechtskraft wirksam. Das Gericht soll in Ehewohnungssachen nach § 200 Abs. 1 Nr. 1 die sofortige Wirksamkeit anordnen.

(3) Mit der Anordnung der sofortigen Wirksamkeit kann das Gericht auch die Zulässigkeit der Vollstreckung vor der Zustellung an den Antragsgegner anordnen. In diesem Fall tritt die Wirksamkeit in dem Zeitpunkt ein, in dem die Entscheidung der Geschäftsstelle des Gerichts zur Bekanntmachung übergeben wird. Dieser Zeitpunkt ist auf der Entscheidung zu vermerken.

A. Allgemeines

1 Die Vorschrift enthält ergänzende Regeln für die Durchführung und Vollstreckung von Endentscheidungen in Ehewohnungs- und Haushaltssachen. Sie setzt also bereits eine

1 Vgl. Zöller/*Philippi*, § 619 ZPO Rz. 5.
2 *Gottwald*, FamRZ 2006, 868.
3 OLG Naumburg v. 21.4.2005 – 14 WF 50/05, FamRZ 2006, 217.
4 Johannsen/Henrich/*Sedemund-Treiber*, § 619 ZPO Rz. 3.
5 Vgl. AG Detmold v. 24.1.1996 – 16 F 324/95, FamRZ 1996, 1292 (zu § 7 HausrVO).

Endentscheidung (§ 38 Abs. 1 Satz 1) voraus. Diese ergeht stets als Beschluss, nunmehr auch im Falle einer Folgesache (§ 137 Abs. 2 Nr. 3) im Verbund mit der Ehesache, § 116 Abs. 1. Der Beschluss ist zu begründen (§ 38 Abs. 3 Satz 1), es sei denn, dass nach Maßgabe von § 38 Abs. 4–6 davon abgesehen werden kann. Über die Kosten ist gem. § 81 zu entscheiden. Der Gegenstandswert ist nach § 48 FamGKG festzusetzen. Der Beschluss hat eine Rechtsmittelbelehrung nach § 39 zu enthalten. Er wird in Ehewohnungs- und Haushaltssachen erst **mit Rechtskraft wirksam**, Abs. 2 Satz 1. Die Rechtskraft tritt mit Ablauf der Rechtsmittelfrist (§ 63) ein, § 45. Eine rechtskräftige Endentscheidung ist nach Maßgabe von § 48 abänderbar.

Die Vollstreckung erfolgt nach den Regeln der §§ 86 ff., insbesondere § 95 (Anwendung der ZPO). Dies entspricht der bisherigen Verweisung in § 16 Abs. 3 HausrVO. Bei einstweiligen Anordnungen ist auch § 96 Abs. 2 zu beachten. Gegenüber dem Rechtszustand nach Einführung des GewSchG ergibt sich somit keine Veränderung. Für einstweilige Anordnungen ist nunmehr ausdrücklich klargestellt, dass sie idR keiner Klausel bedürfen, § 53 Abs. 1. 2

B. Entscheidung

I. Durchführungsanordnungen (Absatz 1)

Abs. 1 entspricht dem bisherigen § 15 HausrVO. Das Gericht soll also in der Beschlussformel nicht nur den herzustellenden Endzustand beschreiben, sondern den Parteien erforderlichenfalls auch den Weg dahin aufzeigen und hierzu Hilfestellungen geben. Diese dienen vor allem der Erleichterung und **Sicherung der Vollstreckung**, ohne dass es dazu eines besonderen Antrags bedarf. Die Anordnungen können sich auch gegen Dritte richten, etwa den Vermieter oder einen in der Ehewohnung lebenden Lebensgefährten. Die Anordnungen nach Abs. 1 sind hier zwar nur für Endentscheidungen vorgesehen, sind aber auch bei einstweiligen Anordnungen nach §§ 49 ff. sinnvoll und nützlich. 3

Bei Zuweisung der Ehewohnung ist an die Anordnung der **Räumung**, aber auch an die Einräumung einer Räumungsfrist zu denken. Die Frist ist nach billigem Ermessen zu bestimmen, wobei zu bedenken ist, dass eine Vollstreckung erst mit Rechtskraft der Endentscheidung (Abs. 2 Satz 1) erfolgen kann. Dem Ehegatten, dem die Wohnung zugewiesen wird, kann aufgegeben werden, die Umzugskosten des weichenden Ehegatten zu übernehmen, sofern dies billig erscheint. Weitere mögliche Anordnungen gegen den Antragsgegner: 4

- bei Auszug seine persönlichen Sachen mitzunehmen;
- der Antragstellerin den Zugang zur Wohnung zu gewähren und ihr sämtliche Schlüssel zu Wohnung, Haustür, Keller und Garage herauszugeben;
- sich der Wohnung nicht auf weniger als 50 m zu nähern;
- das Mietverhältnis an der Ehewohnung nicht zu kündigen oder in sonstiger Weise zu beenden.

Nicht möglich ist hingegen ein an den Alleineigentümer der Wohnung gerichtetes Veräußerungsverbot. Dies war zwar vom Gesetzgeber beabsichtigt,[1] doch fehlt es an einer besonderen gesetzlichen Grundlage.[2] Ein Veräußerungsverbot kann also nur er- 5

1 Vgl. BT-Drucks. 14/5429, S. 47 und 78.
2 *Götz/Brudermüller*, Die gemeinsame Wohnung, Rz. 317 mwN.

reicht werden, wenn der beabsichtigte Verkauf eine Verfügung über das Vermögen des Ehegatten im Ganzen iSv. § 1365 BGB darstellt. Zum Schutze des Partners, dem die Ehewohnung zugewiesen wird, sollte demnach – auf seinen Antrag – im Beschluss ein, ggf. befristetes, Mietverhältnis begründet werden, § 1568a Abs. 5 BGB.

6 Soweit Anordnungen nach Abs. 1 inhaltlich den nach § 1 GewSchG möglichen Anordnungen entsprechen, sollte ihre Vollstreckung entgegen dem engen Wortlaut auch nach § 96 Abs. 1 erfolgen können.

7 Bei Hausrat ist oft die **Herausgabe** der zugewiesenen Gegenstände anzuordnen oder auch die Rückgabe eigenmächtig entfernter Haushaltsgegenstände. Herauszugebende Gegenstände sind in „vollstreckbarer" Weise zu beschreiben.[1] Im Falle einer Ausgleichszahlung nach § 1568b Abs. 3 BGB können die Modalitäten (Raten, Zug-um-Zug) näher geregelt werden.

8 Weitere Anordnungen sind als vorläufige Maßnahme zur **Sicherung der Verhältnisse** recht häufig:

- das Verbot, den Ehegatten zu bedrohen, misshandeln oder zu belästigen;
- die Untersagung, Hausrat wegzuschaffen oder die Wohnung zu betreten;
- die Aufgabe, neu eingebaute Schlösser wieder zu entfernen oder einen Schlüssel zur Tür herzugeben.[2]

II. Wirksamkeit (Absatz 2)

9 Abs. 2 Satz 1 entspricht dem bisherigen § 16 Abs. 1 Satz 1 HausrVO. Die Entscheidung des Gerichts muss wirksam sein, um vollstreckbar zu sein, § 86 Abs. 2. Endentscheidungen in Ehewohnungs- und Haushaltssachen werden erst **mit Rechtskraft wirksam** und damit vollstreckbar, Abs. 2 Satz 1. Die Rechtskraft tritt mit Ablauf der Rechtsmittelfrist (§ 63) ein, § 45; der Fristablauf auch für weitere beschwerdeberechtigte Beteiligte wie den Vermieter (§ 59) oder das Jugendamt (§ 205 Abs. 2 Satz 2) ist zu beachten.

10 Während für Anordnungen nach dem GewSchG schon bisher ihre **sofortige Wirksamkeit** angeordnet werden konnte (§ 64b Abs. 2 Satz 2 FGG, jetzt § 216 Abs. 1 Satz 2), war dies bei Zuweisung einer Wohnung unter Ehegatten nach § 1361b BGB bislang nicht vorgesehen. Wegen der Vergleichbarkeit der Sachverhalte soll nun beides gleich behandelt werden. Das Gericht soll jetzt bei Zuweisung der Ehewohnung während des Getrenntlebens die sofortige Wirksamkeit der Endentscheidung anordnen, Abs. 2 Satz 2. Im Verfahren auf Erlass einer einstweiligen Anordnung kann das Gericht in Gewaltschutzsachen und vergleichbaren Fällen – die gemäß den Voraussetzungen des § 1361b BGB idR gegeben sein dürften – die Vollstreckung der einstweiligen Anordnung vor Zustellung an den Verpflichteten zulassen (§ 53 Abs. 2).

11 Eine spätere **Abänderung** der Endentscheidung wegen wesentlicher Veränderung der Umstände (bisher § 17 HausrVO) ist jetzt in § 48 geregelt. Das Gericht des ersten Rechtszuges kann danach eine rechtskräftige Entscheidung abändern oder aufheben,

1 BGH v. 3.12.1987 – IX ZR 228/86, FamRZ 1988, 255; OLG Köln v. 27.6.2000 – 14 UF 47/00, FamRZ 2001, 174.

2 Vgl. OLG Brandenburg v. 24.4.2003 – 10 WF 49/03, FamRZ 2004, 477; OLG Köln v. 12.9.2002 – 14 WF 171/02, FamRZ 2003, 319.

wenn sich die Sach- und Rechtslage nachträglich wesentlich geändert hat, § 48 Abs. 1 Satz 1. Die weitere Bedingung des früheren § 17 Abs. 1 Satz 1 HausrVO, dass die Änderung notwendig sein muss, um eine unbillige Härte zu vermeiden, ist jetzt in § 48 nicht mehr vorgegeben, sollte aber vor Durchbrechung der Rechtskraft weiterhin mit bedacht werden. Auch darf die alte Regel des § 17 Abs. 1 Satz 2 HausrVO, dass der Richter durch die Änderung der Entscheidung in die Rechte Dritter (Vermieter) nur eingreifen darf, wenn diese einverstanden sind, als selbstverständlich gelten. Soll lediglich eine Räumungsfrist – als Durchführungsanordnung nach Abs. 1 – nachträglich eingeräumt oder verlängert werden, sind jedoch keine strengen Anforderungen an eine wesentliche Änderung der Verhältnisse zu stellen.[1]

Abschnitt 7
Verfahren in Gewaltschutzsachen

§ 210
Gewaltschutzsachen

Gewaltschutzsachen sind Verfahren nach den §§ 1 und 2 des Gewaltschutzgesetzes.

A. Allgemeines

1 Die Vorschriften dieses Abschnitts ersetzen die besonderen Vorschriften für **Verfahren nach dem GewSchG (Gewaltschutzsachen)**, die sich bisher im Wesentlichen auf § 64b FGG beschränkten, soweit das Familiengericht für diese Verfahren zuständig war; war das Zivilgericht zuständig, galten ohnehin die allgemeinen Regeln der ZPO. Künftig ist jedoch das **Familiengericht** für alle Verfahren auf Grund der §§ 1 und 2 GewSchG zuständig. Die Unterscheidung danach, ob die Parteien einen gemeinsamen Haushalt führen oder zumindest in den letzten sechs Monaten geführt haben (vgl. §§ 23a Nr. 7, 23b Abs. 1 Satz 2 Nr. 8a GVG aF, §§ 620 Nr. 9, 621 Abs. 1 Nr. 13 ZPO aF), entfällt somit für die Frage der Zuständigkeit des Gerichts. Sie hat weiterhin Bedeutung für die Anwendbarkeit des § 2 GewSchG, wenn die Überlassung der gemeinsam genutzten Wohnung begehrt wird. Die alleinige Zuständigkeit des Familiengerichts für Anträge nach § 1 GewSchG führt dazu, dass es sich auch mit Angelegenheiten befassen muss, deren Parteien kein familienrechtliches oder auch nur familienähnliches Verhältnis verbindet (Stalking). Umgekehrt ist nunmehr klar, welches Gericht für alle Verfahren nach den §§ 1 und 2 GewSchG zuständig ist, so dass es insoweit zu keiner Verzögerung mehr in den oft eilbedürftigen Verfahren kommen kann. Auch sind die

1 So MüKo.BGB/*Müller-Gindullis*, § 17 HausrVO Rz. 5.

Anforderungen an die Antragsschrift (§ 23) geringer als im Klageverfahren, der Amtsermittlungsgrundsatz (§ 26) entlastet die antragstellende Partei und die Möglichkeit formloser Beweiserhebung (§ 29) beschleunigt das Verfahren.

B. Maßnahmen des Gerichts

I. Gewaltschutz, § 1 GewSchG

2 Gegenstand der Gewaltschutzsachen sind zum einen **gerichtliche Maßnahmen zum Schutz vor Gewalt und Nachstellungen** (§ 1 GewSchG). Die Vorschrift des § 1 GewSchG selbst ist dabei keine materiellrechtliche Grundlage für die Anordnungen des Gerichts, sie ist vielmehr als verfahrensrechtliche Norm konzipiert, die mögliche Schutzmaßnahmen aufzeigt. Ob materiellrechtlich ein Anspruch gegeben ist, richtet sich allein nach §§ 823 und 1004 BGB.[1] Für bestimmte vorsätzliche Verletzungshandlungen führt § 1 GewSchG die dann möglichen Abwehrmaßnahmen des Gerichts auf, mit denen es in die Rechtspositionen des Täters eingreift. Bei fahrlässigen Handlungen des Verletzers ist weiterhin auf die Ansprüche nach den §§ 823, 1004 BGB zurückzugreifen.[2] Eine verminderte Schuldfähigkeit, etwa infolge Alkoholgenusses, hindert die Sanktionen nach dem GewSchG nicht, § 1 Abs. 3 GewSchG.

3 Die Maßnahmen des Gerichts können erfolgen, wenn der Täter **vorsätzlich den Körper, die Gesundheit oder die Freiheit einer anderen Person verletzt** hat, § 1 Abs. 1 Satz 1 GewSchG. Dem steht gleich, wenn der Täter mit einer solchen Verletzungshandlung widerrechtlich **gedroht** hat (§ 1 Abs. 2 Satz 1 Nr. 1 GewSchG) oder in die Wohnung oder in das befriedete Besitztum einer anderen Person widerrechtlich und vorsätzlich **eingedrungen** ist (§ 1 Abs. 2 Satz 1 Nr. 2a GewSchG) oder eine andere Person unzumutbar belästigt hat durch wiederholtes **Nachstellen** oder die Nutzung von **Fernkommunikationsmitteln** (§ 1 Abs. 2 Satz 1 Nr. 2b GewSchG). Nachstellung oder ständige Kommunikation gelten dann nicht als Belästigung, wenn sie der Wahrnehmung berechtigter Interessen dienen, § 1 Abs. 2 Satz 2 GewSchG.

4 Auf Antrag der verletzten Person hat das Gericht die zur Abwendung weiterer Verletzungen **erforderlichen Maßnahmen** zu treffen, § 1 Abs. 1 Satz 1 aE GewSchG. Die Rechtfertigung dieser Maßnahmen erfordert eine **Wiederholungsgefahr**, die jedoch vom Gesetz vermutet wird.[3] Der Täter kann diese Vermutung zwar widerlegen, doch trifft ihn insoweit die Darlegungs- und Beweislast, an die im Interesse der verletzten Person hohe Anforderungen zu stellen sind.[4]

5 Die ua. („insbesondere") möglichen Maßnahmen sind in § 1 Abs. 1 Satz 3 GewSchG aufgeführt:

- Betretungsverbot,
- Näherungsverbot,
- Aufenthaltsverbot,
- Kontaktverbot und
- Abstandsgebot.

1 BT-Drucks. 14/5429, S. 40.
2 Bamberger/Roth/*Reinken*, BGB, § 1 GewSchG Rz. 16.
3 Bamberger/Roth/*Reinken*, BGB, § 1 GewSchG Rz. 19.
4 OLG Brandenburg v. 20.4.2005 – 9 UF 27/05, OLGReport 2005, 952 = MDR 2006, 157 = NJW-RR 2006, 220.

Auf berechtigte Interessen des Täters, etwa zur Durchführung des Umgangs mit gemeinsamen Kindern, kann das Gericht Rücksicht nehmen, § 1 Abs. 1 Satz 3 aE GewSchG. Die von dem Gericht angeordneten Maßnahmen sind **zu befristen**, § 1 Abs. 1 Satz 2 GewSchG. Dies gilt auch für einstweilige Anordnungen.[1] Deren Geltung kann ggf. zunächst bis zur Entscheidung in der Hauptsache oder auch nur bis zur mündlichen Verhandlung befristet werden. Die Frist kann, uU mehrmals, verlängert werden. Eine Höchstfrist ist nicht vorgesehen. Die Schwere der Verletzung oder eine mehrfache Wiederholung von Rechtsverletzungen können auch eine längere Dauer der Verbote und Gebote rechtfertigen. 6

II. Überlassung der Wohnung, § 2 GewSchG

Die Tat nach § 1 Abs. 1 Satz 1 GewSchG kann zum anderen zur Folge haben, dass der Täter der verletzten Person die **gemeinsam genutzte Wohnung überlassen** muss, § 2 Abs. 1 GewSchG. 7

Anders als die verfahrensrechtliche Norm des § 1 GewSchG gewährt die Regelung des § 2 GewSchG der verletzten Person einen materiellrechtlichen Anspruch auf Überlassung der gemeinsam genutzten Wohnung zum Schutz vor weiteren Gewalttaten.[2] Dazu müssen der Täter und die verletzte Person die Wohnung nicht nur gemeinsam nutzen, sondern auch einen **auf Dauer angelegten gemeinsamen Haushalt führen**, § 2 Abs. 1 GewSchG. Dies schließt eine bloße Wohngemeinschaft („WG") von dem Schutz der Vorschrift aus. Geschützt ist jede Form einer Lebensgemeinschaft, sofern sie auf Grund innerer Bindungen der Partner über eine reine Wohn- und Wirtschaftsgemeinschaft hinausgeht.[3] Dies entspricht der Regelung in § 563 Abs. 2 Satz 4 BGB (zum Eintrittsrecht des Partners nach Tod des Mieters). Der Schutz gilt natürlich auch und vor allem für Ehegatten und Lebenspartner. Umstritten ist aber, ob für diese die Regeln in § 1361 b BGB und § 14 LPartG vorgehen, sobald sie getrennt leben oder zumindest eine Trennungsabsicht besteht.[4] Es wird jedoch auch die Ansicht vertreten, dass Eheleute und Lebenspartner insoweit ein Wahlrecht haben.[5] IdR werden die Regelungen der §§ 1361b BGB, 14 LPartG für den Ehegatten/Lebenspartner günstiger, weil weitreichender sein. Lediglich der erleichterte Vollzug einer einstweiligen Anordnung durch eine von Amts wegen eingeleitete Zustellung lässt sich nach wie vor nur im Gewaltschutzverfahren erreichen (§ 214 Abs. 2 FamFG, früher § 64b Abs. 3 Satz 6 FGG). Die in der Wohnung lebenden **Kinder** führen in aller Regel nicht mit ihren Eltern einen gemeinsamen Haushalt, sondern sind nur Mitbewohner.[6] Dies trifft auch meist noch für die erwachsenen Kinder zu, solange sie in der Ausbildung oder Berufsanfänger sind. Denn eine gemeinsame Führung des Haushalts erfordert gemeinsame Verantwortung für den Haushalt in all seinen finanziellen, rechtlichen und tatsächlichen Angelegenheiten.[7] 8

1 OLG Naumburg v. 4.8.2004 – 14 WF 152/04, ZFE 2005, 35.
2 Palandt/*Brudermüller*, BGB, § 2 GewSchG Rz. 1.
3 BT-Drucks. 14/5429, S. 30.
4 So die hM, vgl. *Götz/Brudermüller*, Die gemeinsame Wohnung, Rz. 259.
5 Vgl. *Haußleiter/Schulz*, Vermögensauseinandersetzung bei Trennung und Scheidung, Kap. 10 Rz. 47 unter Bezugnahme auf *Schumacher*, FamRZ 2002, 645 (653); *Kemper*, Der Rechtsstreit um Wohnung und Hausrat, Rz. 197.
6 *Schulz*/Hauß, Familienrecht, GewSchG Rz. 27.
7 Vgl. *Schumacher*, FamRZ 2002, 645 (650).

9 Voraussetzung für einen Anspruch auf Überlassung der Wohnung nach § 2 GewSchG ist eine widerrechtliche **Verletzungshandlung** iSv. § 1 Abs. 1 GewSchG, also eine Verletzung des Körpers, der Gesundheit oder der Freiheit des Mitbewohners. Die Tat muss sich aber nicht in der Wohnung ereignet haben.[1] Hat der Täter mit einer solchen Handlung nur **gedroht**, so kann die Überlassung der Wohnung dann verlangt werden, wenn dies erforderlich ist, um eine **unbillige Härte** zu vermeiden, § 2 Abs. 6 Satz 1 GewSchG. Der Maßstab für die unbillige Härte ist der gleiche wie in § 1361b BGB.[2] Die berechtigte Annahme bevorstehender Gewalt indiziert dabei grundsätzlich eine unbillige Härte.[3] Eine unbillige Härte kann aber auch dann gegeben sein, wenn das Wohl von im Haushalt lebenden Kindern beeinträchtigt ist, § 2 Abs. 6 Satz 2 GewSchG. Es ist dabei gleich, wem die Kinder familiär verbunden sind. Ihre Gefährdung rechtfertigt auch die Überlassung der Wohnung gegenüber dem Eigentümer der Wohnung.[4] Gerade wenn ein Nachweis von Gewaltanwendung nicht gelingt, kann die Zuweisung der Wohnung im Interesse der Kinder geboten sein.[5]

10 Die Anordnung auf Überlassung der Wohnung an die verletzte Person zur alleinigen Benutzung ist zu befristen, § 2 Abs. 2 Satz 1 GewSchG. Eine Verlängerung der **Befristung** ist zwar nicht ausdrücklich vorgesehen, aber auch nicht – wenn sich dies nachträglich als dringend erforderlich erweist – ausgeschlossen.[6] Die Befristung darf sechs Monate nicht überschreiten, wenn der Täter allein oder mit einem Dritten an der Wohnung berechtigt ist, sei es dinglich oder auf Grund eines Mietvertrages, § 2 Abs. 2 Satz 2 GewSchG. Diese Frist kann um höchstens weitere sechs Monate verlängert werden, wenn die verletzte Person keinen anderen angemessenen Wohnraum beschaffen konnte, es sei denn, dem stehen überwiegende Belange des Täters (oder des berechtigten Dritten) entgegen, § 2 Abs. 2 Satz 3 GewSchG. Eine Befristung ist hingegen entbehrlich, wenn der Täter weder dinglich noch schuldrechtlich an der Wohnung berechtigt ist. Die Begründung einer nichtehelichen Lebensgemeinschaft lässt nicht in jedem Falle auf eine – stillschweigende – Begründung eines Mitmiet- oder auch nur eines Untermietverhältnisses schließen.[7] Die Überlassung der Wohnung an die hieran allein berechtigte verletzte Person ist somit nicht nur vorübergehend, sondern im Ergebnis sogar endgültig.[8]

11 Der Anspruch auf Überlassung der Wohnung ist jedoch gem. § 2 Abs. 3 GewSchG ausgeschlossen, wenn

- weitere Verletzungen nicht zu besorgen sind, es sei denn, dass der verletzten Person das weitere Zusammenleben mit dem Täter wegen der Schwere der Tat nicht zuzumuten ist,
- die verletzte Person nicht innerhalb von drei Monaten nach der Tat die Überlassung der Wohnung schriftlich vom Täter verlangt,
- der Überlassung der Wohnung an die verletzte Person besonders schwerwiegende Belange des Täters entgegenstehen.

---

1 Bamberger/Roth/*Reinken*, BGB, § 2 GewSchG Rz. 6.
2 BT-Drucks. 14/5429, S. 32.
3 Palandt/*Brudermüller*, BGB, § 2 GewSchG Rz. 14.
4 Vgl. OLG Stuttgart v. 27.11.2003 – 18 WF 190/03, FamRZ 2004, 876.
5 Vgl. OLG Celle v. 10.11.2005 – 10 UF 268/05, OLGReport 2006, 282 = FamRZ 2006, 1143 = NJW-RR 2006, 505.
6 *Schulz*/Hauß, Familienrecht, GewSchG Rz. 30.
7 Bamberger/Roth/*Reinken*, BGB, § 2 GewSchG Rz. 13.
8 *Schulz*/Hauß, Familienrecht, GewSchG Rz. 34.

Im Falle der Überlassung der Wohnung hat der Täter alles zu unterlassen, was geeignet ist, die Ausübung des Nutzungsrechts zu erschweren oder zu vereiteln, § 2 Abs. 4 GewSchG. Dies entspricht der Regelung in § 1361b Abs. 3 Satz 1 BGB. Das danach **gebotene Verhalten** kann das Gericht durch besondere Anordnungen präzisieren, sofern solche Anordnungen nicht schon nach § 1 GewSchG ergangen und ausreichend sind. Dies kann ein Verbot sein, die Wohnung wieder zu betreten[1] oder sich ihr auf eine bestimmte geringe Distanz zu nähern.[2] Auch kann ein Kündigungsverbot ausgesprochen werden.[3] Ein Veräußerungsverbot ist jedoch nicht möglich, da die Überlassung der Wohnung nur zur vorübergehenden Nutzung erfolgen darf, ohne dass in die Eigentumsverhältnisse eingegriffen werden kann.[4] 12

Der an der Wohnung (mit)berechtigte Täter kann von der verletzten Person eine **Nutzungsvergütung** verlangen, soweit dies der Billigkeit entspricht, § 2 Abs. 5 GewSchG. Dies entspricht der Regelung in § 1361 b Abs. 3 Satz 2 BGB. Die Nutzungsvergütung kann auch noch nach Erledigung der Hauptsache beansprucht werden.[5] Im Rahmen der Billigkeitsabwägung ist zu beachten, dass bei einer Wohnungsüberlassung nach § 2 GewSchG unter den nicht verheirateten bzw. verpartnerten Parteien in aller Regel kein Anspruch auf Unterhalt besteht, bei dessen Bemessung der Nutzwert der Wohnung schon hätte berücksichtigt werden können. Deshalb sollte die Mittellosigkeit der verletzten Person nicht dazu führen, dass allein deshalb von der Festsetzung einer Vergütung aus Billigkeitsgründen abgesehen wird, da dies mittelbar einen – auch vom Gewaltschutz nicht legitimierten – unterhaltsähnlichen Tatbestand bewirken würde.[6] Vielmehr sollte dann die Festsetzung der Nutzungsvergütung durch das Gericht die zuständige Sozialbehörde dazu bewegen, die Vergütung als Wohnkosten iSd. Sozialhilfe-Vorschriften zu übernehmen. 13

Sind **minderjährige Kinder** die Opfer von Gewalt, die von einer sorgeberechtigten Person ausgeht, so sind die nötigen Maßnahmen nach den §§ 1666, 1666a BGB zu treffen, § 3 Abs. 1 GewSchG. Dies kann zur Wegweisung des sorgeberechtigten Täters aus der Wohnung oder auch aus der Nähe des Kindes führen, vgl. § 1666 Abs. 3 Nr. 3 und 4 BGB. Sorgeberechtigt sind nicht nur die Eltern oder ein Pfleger oder Vormund, sondern auch der Ehegatte eines allein sorgeberechtigten Elternteils gem. § 1687b BGB („kleines Sorgerecht"). Geht hingegen die Gewalt von Dritten (etwa dem Lebensgefährten der Mutter) aus, so ist das GewSchG anwendbar. Gleiches gilt grundsätzlich, wenn Kinder gegen ihre Eltern oder andere Sorgeberechtigte Gewalt verüben. Doch sind dann Maßnahmen nach dem GewSchG nur möglich, wenn sie erforderlich sind, vgl. § 1 Abs. 1 Satz 1 GewSchG. Vorrangig sind zunächst alle Maßnahmen nach dem KJHG zur Unterstützung der betroffenen Eltern gegenüber ihrem gewalttätigen Kind. 14

Die Anordnungen des Gerichts nach § 1 Abs. 1 Satz 1 und 3, auch Abs. 2 Satz 1 GewSchG sind **strafbewehrt**, § 4 GewSchG. Voraussetzung der Strafbarkeit ist, dass der Beschluss des Gerichts dem Täter wirksam zugestellt wurde, so dass er von den Anordnungen Kenntnis hatte.[7] Zur allgemeinen Strafbarkeit des Stalkings vgl. § 238 StGB. 15

1 OLG Köln v. 12.9.2002 – 14 WF 171/02, FamRZ 2003, 319 = MDR 2003, 155.
2 OLG Stuttgart v. 27.11.2003 – 18 WF 190/03, OLGReport 2004, 133 = FamRZ 2004, 876 = MDR 2004, 213 = NJW-RR 2004, 434.
3 *Brudermüller*, FuR 2003, 433.
4 Vgl. *Weinreich*, FuR 2007, 145 (148).
5 OLG Hamm v. 23.6.2005 – 1 WF 135/05, OLGReport 2005, 634 = FamRZ 2006, 50 = NJW-RR 2006, 8 = FamRB 2006, 113 (*Müller*).
6 *Götz/Brudermüller*, Die gemeinsame Wohnung, Rz. 294.
7 BGH v. 15.3.2007 – 5 StR 536/06, BGHSt 51, 257 = FamRZ 2007, 812 = NJW 2007, 1605.

C. Verfahren

16 Ob ein Gewaltschutzverfahren oder im Falle der Wohnungsüberlassung an einen Ehegatten oder Lebenspartner eine Ehewohnungssache iSd. § 200 gewollt ist (s. Rz. 8), ist dem **Antrag** zu entnehmen. Die Notwendigkeit eines Antrags, die für Gewaltschutzsachen anders als bei Ehewohnungssachen (§ 203) hier nicht eigens formuliert ist, ergibt sich aus § 1 Abs. 1 Satz 1 GewSchG, nach dem die erforderlichen Maßnahmen von dem Gericht „auf Antrag der verletzten Person" zu treffen sind. Dieser verfahrenseinleitende Antrag nach § 23 ist ein reiner Verfahrensantrag, der das Familiengericht sachlich nicht bindet. Er soll die nach § 23 erforderlichen Mindestangaben enthalten. Die besonderen Anforderungen an die Antragsschrift gem. § 203 gelten hier nicht, doch kann die Angabe, ob Kinder im gemeinsamen Haushalt leben, für die Abwägung nach § 2 Abs. 6 Satz 2 GewSchG von Bedeutung sein. Der Antrag kann auch zu Protokoll der Geschäftsstelle gestellt werden, § 25. Es besteht kein Anwaltszwang in Gewaltschutzverfahren, vgl. § 114. Diese können nicht Folgesache eines Scheidungsverfahrens sein, vgl. § 137. Der Antrag kann auch auf Erlass einer (isolierten) **einstweiligen Anordnung** nach den §§ 49 ff. gerichtet werden. § 214 Abs. 1 wiederholt dies und konkretisiert für Gewaltschutzverfahren, wann idR ein dringendes Bedürfnis iSd. § 49 Abs. 1 anzunehmen ist.

17 Dem Gericht obliegt hinsichtlich der entscheidungserheblichen Tatsachen die **Ermittlung von Amts wegen**, § 26. Es wird sich oft auf einen Einsatzbericht der Polizei bzw. deren Wohnungsverweis stützen können (vgl. zB § 34a PolG-NW). Der Polizei sind umgekehrt die Anordnungen des Gerichts nach Maßgabe des § 216a mitzuteilen. Eine **mündliche Verhandlung** ist dem Gericht freigestellt, § 33 Abs. 1 Satz 1, erst recht im Verfahren auf Erlass einer einstweiligen Anordnung, § 51 Abs. 2 Satz 2. Vor Erlass einer einstweiligen Anordnung ist im Hinblick auf den Schutzzweck des Verfahrens eine vorherige **Anhörung** des Antragsgegners nicht in jedem Falle opportun. Im Zweifel soll der Opferschutz zunächst Vorrang vor dem Recht des Antragsgegners auf rechtliches Gehör haben. Nicht zuletzt deshalb wurde auch die – inzwischen weggefallene – Regelung des § 13 Abs. 2 HausrVO, dass der Richter auf eine gütliche Einigung der Parteien hinzuwirken habe, ausdrücklich nicht in das Gewaltschutzverfahren übernommen.[1]

18 Im Falle der Verhandlung kann das Gericht das **persönliche Erscheinen** der Beteiligten anordnen, § 33 Abs. 1 Satz 1. Doch sollte gerade in Gewaltschutzsachen die Möglichkeit einer getrennten Anhörung der Beteiligten erwogen werden, § 33 Abs. 1 Satz 2. Nach einer Gewalttat kann auch von einer persönlichen Anhörung des Opfers abzusehen sein, wenn davon erhebliche Nachteile für seine Gesundheit zu besorgen sind, § 34 Abs. 2.

19 Die Entscheidung ergeht durch **Beschluss**, § 38 Abs. 1 Satz 1, der zu begründen ist, § 38 Abs. 3 Satz 1, wenn nicht nach Maßgabe von § 38 Abs. 4 bis 6 davon abgesehen werden kann. Über die Kosten ist gem. § 81 zu entscheiden. Der Verfahrenswert ist nach § 49 FamGKG festzusetzen. Werden sowohl Anträge nach § 1 GewSchG als auch nach § 2 GewSchG gestellt, ist deren Wert jeweils gesondert festzustellen.[2] Der Beschluss hat eine Rechtsmittelbelehrung nach § 39 zu enthalten. Er wird auch in Gewaltschutzsachen grundsätzlich erst mit Rechtskraft wirksam, § 216 Abs. 1 Satz 1. Die Rechtskraft tritt mit Ablauf der Rechtsmittelfrist (§ 63) ein, § 45. Das Gericht soll

---

1 BT-Drucks. 14/5429, S. 35; vgl. jetzt § 36 Abs. 1 Satz 2.
2 OLG Dresden v. 21.10.2005 – 23 WF 775/05, FamRZ 2006, 803.

aber in Gewaltschutzverfahren regelmäßig die **sofortige Wirksamkeit** anordnen, § 216 Abs. 1 Satz 2, und kann zugleich die Zulässigkeit der Vollstreckung vor einer Zustellung an den Antragsgegner verfügen, § 216 Abs. 2. Eine rechtskräftige Entscheidung ist nach Maßgabe von § 48 abänderbar.

Die **Vollstreckung** erfolgt nach den Regeln der §§ 86 ff., insbesondere § 95 (Anwendung der ZPO). Dies entspricht der bisherigen Regelung in § 64 b Abs. 4 FGG. Bei Anordnungen nach § 1 GewSchG ist auch § 96 Abs. 1, bei Überlassung der Wohnung § 96 Abs. 2 zu beachten. Für einstweilige Anordnungen ist nunmehr ausdrücklich klargestellt, dass sie idR keiner Klausel bedürfen, § 53 Abs. 1.[1] 20

§ 211
Örtliche Zuständigkeit

Ausschließlich zuständig ist nach Wahl des Antragstellers

1. das Gericht, in dessen Bezirk die Tat begangen wurde,

2. das Gericht, in dessen Bezirk sich die gemeinsame Wohnung des Antragstellers und des Antragsgegners befindet oder

3. das Gericht, in dessen Bezirk der Antragsgegner seinen gewöhnlichen Aufenthalt hat.

A. Allgemeines

Die Vorschrift bestimmt das in Gewaltschutzsachen örtlich zuständige Familiengericht. Die (alleinige) **sachliche Zuständigkeit** des Familiengerichts ergibt sich aus §§ 23a Abs. 1 Nr. 1, 23b Abs. 1 GVG, nachdem Gewaltschutzsachen nunmehr uneingeschränkt als Familiensachen gelten, § 111 Nr. 6. Eine teilweise bzw. zeitweilige Zuständigkeit der Zivilgerichte in Gewaltschutzsachen (vgl. §§ 23a Nr. 7, 23b Abs. 1 Nr. 8a GVG aF) besteht nicht mehr, soweit eine Abwehr von Gewalt nach den §§ 1 und 2 GewSchG gem. den Vorschriften dieses Abschnitts möglich ist. Weiter gehende Abwehransprüche nach den §§ 823, 1004 BGB oder auch Schadensersatz sind hingegen weiterhin vor den Zivilgerichten geltend zu machen; für (ehemalige) Verlobte, Ehegatten und Lebenspartner ist dieser „Zivilstreit" als sonstige Familiensache (§ 266 Abs. 1) bzw. Lebenspartnerschaftssache (§ 269 Abs. 1) vor dem Familiengericht zu führen, § 112 Nr. 3.[2] 1

1 Anders noch OLG Karlsruhe v. 19.9.2007 – 20 WF 104/07, OLGReport 2008, 65 = FamRZ 2008, 291 = MDR 2007, 1453 = NJW 2008, 450 = FamRB 2008, 105 mit Anm. *Giers*; vgl. auch *Looff*, FamRZ 2008, 1391.

2 Vgl. *Kemper*, FamRB 2009, 53 (54).

B. Örtliche Zuständigkeit

2 Die Regelung der **örtlichen Zuständigkeit** ist ausschließlich. Sie entspricht im Wesentlichen dem bisherigen § 64b Abs. 1 FGG, ist aber deutlich lesbarer formuliert. Unter den nach den drei Anknüpfungspunkten zuständigen Gerichten hat der Antragsteller die freie **Wahl**. Er ist also nicht an die Reihenfolge der Aufzählung gebunden, wie dies etwa § 122 für Ehesachen vorgibt. Gleichwohl ist die Auswahl auf diese Aufzählung beschränkt, da sie ausschließlich gilt. Die Beteiligten können weder durch Vereinbarung noch durch rügeloses Verhandeln einen anderen Gerichtsstand begründen. Es gibt auch nicht den weiteren Gerichtsstand der rechtshängigen Ehesache, da eine dem § 202 vergleichbare Vorschrift über eine Abgabe an das Gericht der Ehesache fehlt. Das Wahlrecht entspricht somit in seinem Umfang dem Wahlrecht nach § 35 ZPO, auf das bisher § 64b Abs. 1 FGG verwiesen hat. Es wird durch die Stellung eines Antrags bei einem zuständigen Gericht ausgeübt. Wird der Antrag bei einem unzuständigen Gericht gestellt, kann das Wahlrecht noch im Rahmen eines Verweisungsantrags (§ 3) ausgeübt werden.[1] Das Wahlrecht wird nicht durch einen isolierten Antrag auf Erlass einer einstweiligen Anordnung verbraucht. Da das Verfahren der einstweiligen Anordnung, auch wenn eine Hauptsache anhängig ist, nunmehr ein selbständiges Verfahren ist (§ 51 Abs. 3 Satz 1), kann bei einer späteren Einleitung der Hauptsache (vgl. § 52) das Wahlrecht erneut ausgeübt werden.[2]

3 Das Wahlrecht wird nicht dadurch – etwa zur Kostenersparnis – eingeschränkt, dass der Antragsteller Verfahrenskostenhilfe (§ 76) in Anspruch nehmen will.[3]

C. Örtlich zuständige Gerichte

4 Der Antragsteller hat die Wahl, das (ausschließlich) örtlich zuständige Gericht zu wählen, in dessen Bezirk

- die Tat begangen wurde,
- sich die gemeinsame Wohnung des Antragstellers und des Antragsgegners befindet oder
- der Antragsgegner seinen gewöhnlichen Aufenthalt hat.

4a Das vom Antragsteller gewählte Gericht ist nicht darauf beschränkt, nur die seine Zuständigkeit begründenden Umstände zu prüfen; es hat vielmehr die Angelegenheit umfassend zu prüfen, § 17 Abs. 2 Satz 2 GVG.[4]

I. Gericht des Tatorts

5 Der Antragsteller kann sich an das Gericht am Tatort wenden, Nr. 1. Dies entspricht dem bisherigen Verweis in § 64b Abs. 1 FGG auf § 32 ZPO. **Tatort** ist jeder Ort, an dem auch nur eines der wesentlichen Tatbestandsmerkmale verwirklicht wurde. Dies kann sowohl der Handlungsort als auch der Erfolgsort sein.[5] Bei körperlicher Gewalt

---

1 Vgl. Zöller/*Vollkommer*, § 35 ZPO Rz. 3.
2 S. Zöller/*Vollkommer*, § 35 ZPO Rz. 2.
3 OLG Karlsruhe v. 21.7.2005 – 17 W 30/05, OLGReport 2005, 820 = Rpfleger 2006, 23 = NJW 2005, 2718.
4 Vgl. Zöller/*Vollkommer*, § 32 ZPO Rz. 20.
5 BGH v. 28.2.1996 – XII ZR 181/93, BGHZ 132, 105 (111) = FamRZ 1996, 601 = NJW 1996, 1413.

werden beide Orte idR identisch sein, doch tritt der Verletzungserfolg ebenso an anderer Stelle, insbesondere am Wohnort des Verletzten ein.[1] Damit eröffnet sich auch bei einer anderenorts begangenen Gewalttat mit Verletzungsfolgen für den Antragsteller der Gerichtsstand am eigenen Wohnort als Tatort. Im Falle von Nachstellungen iSv. § 1 Abs. 2 Satz 1 Nr. 2b GewSchG, insbesondere wenn sie unter Verwendung von Fernkommunikationsmitteln erfolgen, fallen Handlungsort und Erfolgsort regelmäßig auseinander.

II. Gericht der gemeinsamen Wohnung

Der Antragsteller kann sich weiter an das Gericht wenden, in dessen Bezirk sich die **gemeinsame Wohnung** des Antragstellers und des Antragsgegners befindet, Nr. 2. Dies entspricht dem bisherigen 2. Halbs. in § 64b Abs. 1 FGG. Damit ist der regelmäßig durch den Wohnsitz bestimmte allgemeine Gerichtsstand des § 12 ZPO auch ein möglicher Gerichtsstand im Gewaltschutzverfahren. Die gemeinsame Wohnung muss jedoch nicht auch der Wohnsitz des Antragstellers und/oder des Antragsgegners sein. Kommt es in der regelmäßig gemeinsam genutzten Ferienwohnung zu Gewalttaten, kann dies die Zuständigkeit des Gerichts am Ferienort begründen. Es wäre jedoch rechtsmissbräuchlich,[2] nach einem gewalttätigen Streit in der Hauptwohnung das Gericht am entfernt liegenden Ort der Ferienwohnung anzurufen. In der gemeinsamen Wohnung müssen die Parteien nicht in jedem Fall einen auf Dauer angelegten gemeinsamen Haushalt führen, wie dies § 2 GewSchG voraussetzt. Für Anträge nach § 1 GewSchG ist die Zuständigkeit wegen der gemeinsamen Wohnung schon dann gegeben, wenn eine abgeschlossene Wohneinheit regelmäßig von beiden Parteien zu Wohnzwecken genutzt wird. Dies ist auch bei einer bloßen Wohngemeinschaft gegeben. 6

III. Gericht des gewöhnlichen Aufenthalts

Der Antragsteller kann sich schließlich an das Gericht am gewöhnlichen Aufenthaltsort des Antragsgegners wenden, Nr. 3. Dies entspricht im Wesentlichen der bisherigen Verweisung auf den allgemeinen Gerichtsstand der §§ 12 ff. ZPO in § 64b Abs. 1 FGG. Analog zur Anknüpfung in Ehesachen (§ 122, bisher § 606 ZPO) wird jetzt zusammenfassend auf den **gewöhnlichen Aufenthalt** des Antragsgegners abgestellt. Bestimmend für den gewöhnlichen Aufenthalt einer Person ist, wo sie den Schwerpunkt ihrer Bindungen, ihren Daseinsmittelpunkt hat.[3] Dies ist regelmäßig am Ort der Wohnung. Es muss dort nicht zugleich ein Wohnsitz begründet sein.[4] Entscheidend ist die tatsächliche, auf eine gewisse Dauer angelegte Präsenz an einem Ort, und sei es nur, um dort wiederholt zu nächtigen.[5] Der gewöhnliche Aufenthalt muss entweder bereits von einer gewissen Dauer sein oder es muss zumindest eine gewisse Dauer beabsichtigt sein.[6] Einen gewöhnlichen Aufenthalt hat also die Person nicht, die bewusst 7

1 Vgl. BGH v. 14.12.1989 – 1 ARZ 700/89, NJW 1990, 1533; KG v. 1.6.2006 – 28 AR 28/06, NJW 2006, 2336.
2 Vgl. dazu Zöller/*Vollkommer*, § 35 ZPO Rz. 3.
3 St. Rspr., vgl. BGH v. 5.6.2002 – XII ZB 74/00, FamRZ 2002, 1182 (1183).
4 Zöller/*Philippi*, § 606 ZPO Rz. 30.
5 Zöller/*Philippi*, § 606 ZPO Rz. 23.
6 BGH v. 29.10.1980 – IVb ZB 586/80, BGHZ 78, 293 (300) = FamRZ 1981, 135 = NJW 1981, 520; vgl. Zöller/*Philippi*, § 606 ZPO Rz. 34.

immer nur vorübergehend an einem Ort lebt.[1] Lebt sie dagegen gleichmäßig wechselnd an verschiedenen Orten, ist ein gewöhnlicher Aufenthalt an mehreren Orten möglich.[2] Ein nur vorübergehender Aufenthaltswechsel lässt den gewöhnlichen Aufenthalt idR nicht entfallen.[3] Bei einem Wechsel in ein Frauenhaus kommt es deshalb darauf an, ob nur ein vorübergehender Aufenthalt gewollt ist oder ob er auf unbestimmte Dauer ohne Rückkehroption angelegt ist.[4] Zu den allgemeinen Grundsätzen sowie Einzelheiten bei der Bestimmung des gewöhnlichen Aufenthalts s.a. § 122 Rz. 2 ff.

D. Unzuständigkeit

8 Die örtliche Zuständigkeit ist von Amts wegen zu prüfen. Fehlt sie, so ist die Sache gem. § 3 Abs. 1 – nach Anhörung der Beteiligten – an das zuständige Gericht zu verweisen. Können, wie hier, mehrere Gerichte örtlich zuständig sein, so ist dem Antragsteller Gelegenheit zu geben, von seinem Wahlrecht Gebrauch zu machen, § 3 Abs. 2 Satz 1. Unterbleibt eine Wahl, so ist die Sache an das vom angerufenen Gericht bestimmte Gericht zu verweisen, § 3 Abs. 2 Satz 2.

9 Ein einmal zuständiges Gericht bleibt zuständig, auch wenn das vom Antragsteller gewählte zuständigkeitsbestimmende Merkmal später wegfällt, § 2 Abs. 2. Ein unzuständiges Gericht wird zuständig, wenn vor einer Verweisung der Sache der Zuständigkeitsmangel durch Veränderung der Umstände behoben wird.[5]

E. Internationale Zuständigkeit

10 Ist ein deutsches Gericht für das Gewaltschutzverfahren örtlich zuständig, so ist es gemäß § 105 auch international zuständig. Auf die Schutzanordnungen anlässlich einer Wohnungszuweisung ist deutsches Recht anzuwenden, Art. 17a EGBGB.

§ 212
Beteiligte

In Verfahren nach § 2 des Gewaltschutzgesetzes ist das Jugendamt auf seinen Antrag zu beteiligen, wenn ein Kind in dem Haushalt lebt.

A. Allgemeines

1 Die Vorschrift entspricht der fast gleich lautenden Regelung in § 204 Abs. 2.

1 OLG Stuttgart v. 10.4.1984 – 15 UF 39/81, FamRZ 1982, 84.
2 Zöller/*Philippi*, § 606 ZPO Rz. 29.
3 BGH v. 3.2.1993 – XII ZB 93/90, FamRZ 1993, 798 = MDR 1993, 875 = NJW 1993, 2047.
4 Zöller/*Philippi*, § 606 ZPO Rz. 24 mwN.
5 Vgl. Zöller/*Philippi*, § 606 ZPO Rz. 29.

B. Beteiligung Dritter

In Gewaltschutzsachen können über Antragsteller und Antragsgegner hinaus auch **Dritte zu beteiligen** sein, § 7. Es besteht jedoch keine Notwendigkeit, Vermieter oder Eigentümer der nach § 2 GewSchG zu überlassenden Wohnung gem. § 7 Abs. 2 Nr. 1 als rechtlich unmittelbar Betroffene zu beteiligen, da in den Verfahren auf Überlassung der von den Parteien gemeinsam genutzten Wohnung nur eine vorübergehende Regelung über die Nutzung der Wohnung getroffen wird, ohne in die rechtlichen Beziehungen zu Vermieter oder Eigentümer einzugreifen. Die Regelung des § 204 Abs. 1 ist deshalb an dieser Stelle nicht wiederholt. 2

Wegen der in Gewaltschutzsachen regelmäßig gegebenen Intimität der Beziehungen zwischen Antragsteller und Antragsgegner können Dritte nicht deshalb beteiligt werden, weil diese von der Gewalt oder der Bedrohung in gleicher Weise betroffen sind. Die oft jeweils sehr persönlichen Beziehungen zwischen Täter und Opfer sollen jeweils gesondert betrachtet werden. Die betroffene dritte Person muss vielmehr durch eigene Antragstellung klarstellen, ob und wie sie sich gegen die erfahrene Gewalt oder Bedrohung wehren will. Die Beeinträchtigungen von direkt oder indirekt betroffenen Kindern sind in Verfahren nach § 2 GewSchG ohnehin zu beachten. 3

C. Beteiligung des Jugendamts

Lebt ein **Kind im gemeinsamen Haushalt** von Antragsteller und Antragsgegner, so ist in Verfahren nach § 2 GewSchG auf Überlassung der gemeinsam genutzten Wohnung das **Jugendamt** nur **auf** seinen **Antrag** auch formell zu beteiligen. Dies entspricht der Regelung in Ehewohnungssachen (§ 204 Abs. 2) und allgemein in Kindschaftssachen (§ 162 Abs. 2). Zuvor ist das Jugendamt in diesen Sachen auf jeden Fall gem. § 213 Abs. 1 anzuhören, ohne dass es allein dadurch bereits Beteiligter wird (§ 7 Abs. 6). Das Jugendamt kann als Behörde auch nicht von Amts wegen gem. § 7 Abs. 3 als Beteiligter hinzugezogen werden.[1] 4

Dem nach § 213 Abs. 1 anzuhörenden Jugendamt ist die Entscheidung mitzuteilen, § 213 Abs. 2 Satz 1. Das Jugendamt ist unabhängig davon, ob es sich als Beteiligter bestellt hat, gem. § 213 Abs. 2 Satz 2 in jedem Falle zur Beschwerde befugt. 5

§ 213
Anhörung des Jugendamts

(1) In Verfahren nach § 2 des Gewaltschutzgesetzes soll das Gericht das Jugendamt anhören, wenn Kinder in dem Haushalt leben. Unterbleibt die Anhörung allein wegen Gefahr im Verzug, ist sie unverzüglich nachzuholen.

(2) Das Gericht hat in den Fällen des Absatzes 1 Satz 1 dem Jugendamt die Entscheidung mitzuteilen. Gegen den Beschluss steht dem Jugendamt die Beschwerde zu.

1 BT-Drucks. 16/6038, S. 179.

1 Unabhängig von seiner Stellung als Beteiligter, die nur auf Antrag eintritt (§ 212), ist das Jugendamt in Gewaltschutzsachen anzuhören, wenn es um die Überlassung der gemeinsam genutzten Wohnung nach § 2 GewSchG geht. Die **Anhörung des Jugendamts** ist notwendig, wenn Kinder in dem Haushalt leben, Abs. 1 Satz 1. Dieser Umstand sollte deshalb schon in der Antragsschrift angegeben werden (vgl. § 203 Abs. 3 in Ehewohnungssachen). Die Anhörung des Jugendamts ist nicht mehr davon abhängig, ob das Familiengericht die Absicht hat, einen Antrag auf Überlassung der Wohnung abzulehnen (so bisher § 49a Abs. 2 FGG). Diese Regelung wollte der Bundesrat beibehalten, da er sonst wegen der starken Belastung der Jugendämter eine erhebliche Verzögerung der idR eilbedürftigen Gewaltschutzsachen befürchtete.[1] Die jetzt geltende Vorschrift ist aber – anders als sonst in familiengerichtlichen Verfahren des 2. Buches[2] – nur als Soll-Vorschrift ausgestaltet, wie die Gesetzesbegründung ausdrücklich betont.[3] Demnach ist eine Anhörung des Jugendamts nicht in jedem Falle zwingend vorgeschrieben, vielmehr kann sie vor allem entfallen, wenn der Antrag auf Zuweisung der Ehewohnung ersichtlich unbegründet ist;[4] es wäre dann verfehlt, die Kinder durch das Auftreten des Jugendamts unnötig zu beunruhigen. Es kann aber durchaus ein Anlass bestehen, das Jugendamt dennoch einzuschalten, wenn ein Antrag unzureichend, weil nur aus der subjektiven Sicht des Antragstellers begründet worden ist, ohne die gem. § 2 Abs. 6 Satz 2 GewSchG durchaus beachtlichen Belange der betroffenen Kinder zu erwähnen. Eine unterlassene Anhörung des Jugendamts ist aber angesichts der Herabstufung zur Soll-Vorschrift nicht mehr in jedem Fall ein schwerer Verfahrensfehler, der stets zur Aufhebung der Entscheidung führt.[5] Wegen Gefahr im Verzug kann die gebotene Anhörung des Jugendamts zunächst unterbleiben, ist aber unverzüglich nachzuholen, Abs. 1 Satz 2 (so auch bisher schon § 49a Abs. 3 FGG iVm. § 49 Abs. 4 FGG).

2 Das Jugendamt ist seinerseits zur **Mitwirkung** verpflichtet, vgl. § 50 Abs. 1 Satz 2 SGB VIII. Das Familiengericht hat jedoch keine Befugnis, eine konkrete Mitwirkungshandlung des Jugendamts anzuordnen. Dem Jugendamt selbst obliegt allein die Entscheidungskompetenz über die Art und Weise seiner Mitwirkung.[6] Es kann sogar zu dem Entschluss kommen, im gerichtlichen Verfahren untätig bleiben zu wollen, sollte aber wenigstens diese Entscheidung dem Gericht nebst Gründen mitteilen. Anders als dem Sachverständigen in Kindschaftssachen (§ 163 Abs. 1) darf dem Jugendamt keine Frist gesetzt werden. Es kann in Gewaltschutzsachen auch nicht an das Beschleunigungsgebot des § 155 erinnert werden, da dieses nur für Kindschaftssachen gilt.

3 Gem. Abs. 2 Satz 1 ist die **Entscheidung** über die Wohnungssache, wenn Kinder in dem Haushalt leben, dem Jugendamt mitzuteilen, also unabhängig davon, ob das Jugendamt auf seinen Antrag Beteiligter des Verfahrens geworden ist (§ 212). Die Mitteilungspflicht gilt auch dann, wenn das Gericht in Eilfällen ohne Anhörung des Jugendamts entschieden hat, obwohl der Verweis in Abs. 2 Satz 1 die Vorschrift über die unterbliebene Anhörung in Abs. 1 Satz 2 ausspart. Die Begründung des Gesetzentwurfs[7] zur parallelen Vorschrift des § 205 lässt aber erkennen, dass die Gliederung der

---

1 BT-Drucks. 16/6308, S. 381.
2 Vgl. §§ 162 Abs. 1, 194 Abs. 1 Satz 1.
3 BT-Drucks. 16/6308, S. 251.
4 Vgl. BayObLG v. 5.9.1986 – 1 Z 41/86, FamRZ 1987, 87 (88).
5 So noch OLG Köln v. 31.3.1995 – 25 UF 53/95, FamRZ 1995, 1593 zu § 49a Abs. 1 FGG; ebenso zu § 49a Abs. 2 FGG Keidel/*Engelhardt*, § 49a Rz. 2.
6 FK-SGB VIII – *Münder* ua., vor § 50 Rz. 6–10.
7 BT-Drucks. 16/6308, S. 250.

dortigen Vorschrift ursprünglich einen eigenen Absatz für die Regelung in Abs. 1 Satz 2 vorsah. Die Verweisung in Abs. 2 Satz 1 will also erkennbar nur auf den Umstand „Kinder im Haushalt" Bezug nehmen.

Das Jugendamt ist in jedem Falle – auch ohne den Status als Beteiligter und ohne eigene Beschwer (§ 59) – zur **Beschwerde** gegen die Entscheidung berechtigt, Abs. 2 Satz 2. 4

§ 214
Einstweilige Anordnung

(1) Auf Antrag kann das Gericht durch einstweilige Anordnung eine vorläufige Regelung nach § 1 oder § 2 des Gewaltschutzgesetzes treffen. Ein dringendes Bedürfnis für ein sofortiges Tätigwerden liegt in der Regel vor, wenn eine Tat nach § 1 des Gewaltschutzgesetzes begangen wurde oder auf Grund konkreter Umstände mit einer Begehung zu rechnen ist.

(2) Der Antrag auf Erlass der einstweiligen Anordnung gilt im Fall des Erlasses ohne mündliche Erörterung zugleich als Auftrag zur Zustellung durch den Gerichtsvollzieher unter Vermittlung der Geschäftsstelle und als Auftrag zur Vollstreckung; auf Verlangen des Antragstellers darf die Zustellung nicht vor der Vollstreckung erfolgen.

A. Allgemeines

Die Vorschrift entspricht im Wesentlichen dem früheren § 64b Abs. 3 Satz 1 FGG. 1 Abs. 1 enthält die Möglichkeit, auf Antrag im Wege der einstweiligen Anordnung eine vorläufige Regelung nach den §§ 1 und 2 GewSchG zu erlassen. Ergänzend dazu wird konkretisiert, wann ein Bedürfnis für ein sofortiges Tätigwerden regelmäßig vorliegt. Abs. 2 wiederholt die Regelung des § 64b Abs. 3 Satz 6 FGG, dass der Antrag auf Erlass einer einstweiligen Anordnung zugleich als Auftrag zur Zustellung und Vollstreckung gilt, der von der Geschäftsstelle zu vermitteln ist.

B. Einstweilige Anordnung, Absatz 1

Abs. 1 Satz 1 wiederholt im Grunde nur, dass entsprechend den allgemeinen Regeln 2 der §§ 49 ff. das Gericht durch einstweilige Anordnung eine vorläufige Maßnahme treffen kann. Deshalb sah ihn auch der Bundesrat als entbehrlich an.[1] Abs. 1 Satz 1 stellt jedoch zumindest klar, dass die vorläufige Maßnahme nur **auf Antrag** getroffen werden soll. Aus dem Vergleich mit der früheren Vorschrift des § 64b Abs. 3 Satz 1 FGG ergibt sich auch, dass kein Verfahren zur Hauptsache anhängig oder zumindest ein Antrag auf Bewilligung von Verfahrenskostenhilfe für ein solches Verfahren eingereicht sein muss. Dies trägt dem Umstand Rechnung, dass nunmehr die Verfahren auf Erlass einer einstweiligen Anordnung als **selbständige Verfahren** geführt werden, selbst wenn eine Hauptsache anhängig ist, § 51 Abs. 3 Satz 1. Der Antrag auf Erlass

1 BT-Drucks. 16/6308, S. 382.

einer einstweiligen Anordnung ist gem. § 51 Abs. 1 Satz 2 zu begründen, und die Voraussetzungen für die Anordnung sind glaubhaft zu machen. Dazu genügt es in Gewaltschutzsachen oft, einen Polizeibericht und/oder ärztliche Atteste beizufügen.[1]

3 Das Verfahren auf Erlass einer einstweiligen Anordnung bestimmt sich nach den Vorschriften der §§ 49–57. Gem. § 49 Abs. 1 kann durch einstweilige Anordnung eine vorläufige Maßnahme getroffen werden, wenn für ein sofortiges Tätigwerden **ein dringendes Bedürfnis** besteht. Der Begriff des dringenden Bedürfnisses wird für die Gewaltschutzverfahren in Abs. 1 Satz 2 konkretisiert. Es liegt demnach idR vor, wenn eine **Tat nach § 1 GewSchG** (vgl. dazu § 210 Rz. 2) begangen wurde oder auf Grund konkreter Umstände mit einer Begehung zu rechnen ist. Wurde also bereits eine Tat nach § 1 GewSchG begangen, so indiziert dies regelmäßig das Bedürfnis für ein sofortiges Tätigwerden des Gerichts. Die alternative Voraussetzung, dass auf Grund konkreter Umstände **mit einer Begehung zu rechnen** ist, nimmt auf die Bedrohungssituationen iSv. § 1 Abs. 2 Satz 1 Nr. 1 GewSchG und auch § 2 Abs. 6 GewSchG Bezug. Gemeint ist damit, dass auch eine Androhung von Gewalt bereits den Erlass einer einstweiligen Anordnung rechtfertigen kann, wenn mit der Begehung der angedrohten Tat auch zu rechnen ist.[2]

4 Die Entwurfsbegründung will die Gesetzesformulierung hingegen so verstehen, dass der Erlass einer einstweiligen Anordnung in einer Gewaltschutzssache auch dann möglich sei, wenn auf Grund konkreter Umstände mit der Begehung einer Tat nach § 1 GewSchG zu rechnen ist. So solle eine Sicherungsanordnung im Wege der einstweiligen Anordnung auch dann möglich sein, wenn ein Antragsgegner **angekündigt** hat, am nächsten Tag in die Wohnung des Antragstellers einzudringen, und zu diesem Zweck bereits konkrete Vorbereitungen getroffen hat.[3] Damit könnte im Wege der einstweiligen Anordnung mehr verhindert werden als im Hauptsacheverfahren gem. § 1 Abs. 2 Satz 1 Nr. 2a GewSchG geahndet werden kann. Dies scheint mit dem Grundsatz, dass auf Grund einstweiliger Anordnung nicht mehr als zur Hauptsache erlangt werden kann, kaum vereinbar, da auch einstweilige Anordnungen einer materiellrechtlichen Grundlage bedürfen.[4]

5 Die vorbeugende **Schutzanordnung** lässt sich aber ggf. als Maßnahme nach § 49 Abs. 2 rechtfertigen. Schon dem bisherigen Recht waren in § 620 ZPO weiter gehende Regelungsbefugnisse, als sie das materielle Recht gewährte, nicht fremd.[5]

6 Ob über die in Abs. 1 Satz 2 genannten Indikatoren hinaus ein dringendes Bedürfnis für ein Tätigwerden besteht, ist nach den Umständen des Einzelfalles zu beurteilen. Nach Gewalttaten wird ein **Regelungsbedürfnis** sicher nur selten verneint werden können, etwa wenn eine Wiederholungsgefahr auf Grund besonderer Umstände mit einiger Sicherheit ausgeschlossen werden kann. Das dringende Bedürfnis entfällt jedoch regelmäßig, wenn die verletzte Person sich mit dem Täter wieder versöhnt. In Bedrohungssituationen ist entscheidend, wie ernst die Drohung genommen werden kann. Es müssen schon konkrete Umstände feststellbar sein, dass mit einer Begehung der angekündigten Tat zu rechnen ist.

7 Auch wenn bei der Prüfung des Bedürfnisses für den Erlass einer einstweiligen Anordnung an eine (drohende) Tat nach § 1 GewSchG angeknüpft wird, so ist damit nicht

1 Vgl. BT-Drucks. 14/5429, S. 36.
2 Vgl. die Stellungnahme des BR in BT-Drucks. 16/6308, S. 382.
3 Stellungnahme der BReg. in BT-Drucks. 16/6308, S. 418.
4 BVerfG v. 7.11.2005 – 1 BvR 1178/05, FamRZ 2006, 257 = NJW 2006, 1339.
5 Zöller/*Philippi*, § 620 ZPO Rz. 6.

nur eine Schutzanordnung nach § 1 GewSchG als vorläufige Regelung möglich, sondern auch eine einstweilige Anordnung auf Überlassung der gemeinsam genutzten **Wohnung** nach § 2 GewSchG, da auch diese schon materiellrechtlich entweder eine solche Tat nach § 1 Abs. 1 Satz 1 GewSchG (§ 2 Abs. 1 GewSchG) oder zumindest die Drohung nach § 1 Abs. 2 Satz 1 Nr. 1 GewSchG (§ 2 Abs. 6 GewSchG) voraussetzt.

Wenn das Gericht ein dringendes Bedürfnis für ein sofortiges Tätigwerden annimmt, 8
so hat es in gleicher Weise nach pflichtgemäßem Ermessen zu prüfen, ob auf Grund einer glaubhaft gemachten Gefahrenlage von einer **mündlichen Verhandlung** vor Erlass des Beschlusses abzusehen ist.[1] Die mündliche Verhandlung ist im Verfahren auf Erlass einer einstweiligen Anordnung dem Gericht freigestellt, § 51 Abs. 2 Satz 2. Eine Verhandlung kann zur Aufklärung des Sachverhalts notwendig sein, vgl. § 33 Abs. 1 Satz 1. Dann sollte aber auch erwogen werden, die Beteiligten getrennt anzuhören, § 33 Abs. 1 Satz 2. Nach schweren Verletzungen kann von der Anhörung des Opfers schon wegen zu besorgender erheblicher Nachteile für seine Gesundheit gem. § 34 Abs. 2 abzusehen sein.

C. Vollstreckungsauftrag, Absatz 2

Die einstweilige Anordnung wird gemäß § 40 Abs. 1 mit Bekanntgabe an den Antrags- 9
gegner wirksam und damit vollstreckbar. Sie bedarf keiner Vollstreckungsklausel, § 53 Abs. 1. Das Gericht kann die Vollstreckung schon vor Zustellung an den Verpflichteten zulassen, § 53 Abs. 2. Wie bisher schon nach § 64b Abs. 3 Satz 6 FGG gilt der Antrag auf Erlass einer einstweiligen Anordnung im Falle der Entscheidung ohne mündliche Verhandlung zugleich als **Antrag auf Zustellung und** ggf. auch **Vollstreckung** durch den Gerichtsvollzieher, den die Geschäftsstelle vermitteln soll. Dies erleichtert und beschleunigt die Vollziehung der Schutzanordnungen durch den oft unkundigen Antragsteller. Er kann auch verlangen, dass die Zustellung nicht vor der Vollstreckung erfolgen darf, § 214 Abs. 2, 2. Halbs. Es widerspricht dabei dem erklärten Ziel einer Beschleunigung der Abläufe, wenn als vermittelnde Geschäftsstelle die des Vollstreckungsgerichts (§ 753 Abs. 2 ZPO) angesehen wird, der die zu vollstreckende Entscheidung von der Geschäftsstelle des Familiengerichts in entsprechender Anwendung des § 129a Abs. 2 Satz 1 ZPO unverzüglich zur Weitergabe an den Gerichtsvollzieher zu übergeben sei.[2] Die Stellung der jetzigen Vorschrift im 7. Abschnitt des 2. Buchs über die Verfahren in Familiensachen sollte nunmehr deutlich machen, dass als die Vollstreckung **vermittelnde Geschäftsstelle die des Familiengerichts** gemeint ist.

D. Verfahren der einstweiligen Anordnung

Für das Verfahren auf Erlass einer einstweiligen Anordnung ist das Gericht der Haupt- 10
sache **zuständig**, § 50 Abs. 1, ggf. das Beschwerdegericht, § 50 Abs. 1 Satz 2, 2. Halbs. In besonders dringenden Fällen kann auch das Gericht am Ort des Bedürfnisses zuständig sein, wenn sich etwa das Opfer in einem Krankenhaus oder einer Reha-Klinik aufhält, § 50 Abs. 2. Ansonsten kann der Antragsteller eines der nach § 211 zuständigen Gerichte wählen.

---

1 BT-Drucks. 16/6308, S. 252.
2 So aber Keidel/*Weber*, § 64b FGG Rz. 32.

11 Der Antragsteller hat den **Antrag** zu begründen und die Voraussetzungen für die Anordnung glaubhaft zu machen, § 51 Abs. 1 Satz 2. Das Verfahren ist nach den Vorschriften für die Hauptsache durchzuführen mit Rücksicht auf die Besonderheiten des einstweiligen Rechtsschutzes, § 51 Abs. 2. Es ist ein **selbständiges Verfahren**, auch wenn die Hauptsache bereits anhängig ist, § 51 Abs. 3 Satz 1. Von einer mündlichen Verhandlung kann abgesehen werden, § 51 Abs. 2 Satz 2. Dazu dürfte in Gewaltschutzsachen regelmäßig Anlass bestehen, vgl. Rz. 8. Zugleich mit der Entscheidung durch Beschluss (§ 38) kann das Gericht die zu ihrer Durchführung erforderlichen Anordnungen treffen, § 49 Abs. 2 Satz 3 (vgl. auch § 215). Über die Kosten ist nach den allgemeinen Vorschriften (§§ 81, 83) zu entscheiden, § 51 Abs. 4. Der Verfahrenswert ist nach § 49 FamGKG iVm. § 41 FamGKG regelmäßig auf den halben Wert der Hauptsache festzusetzen.

12 War bei Erlass der einstweiligen Anordnung die **Hauptsache** noch nicht anhängig, so ist diese auf Antrag einzuleiten, § 52 Abs. 1 Satz 1. Das Gericht kann aber in der einstweiligen Anordnung eine Frist von bis zu drei Monaten bestimmen, vor deren Ablauf ein Antrag auf Einleitung des Hauptsacheverfahrens unzulässig ist, § 52 Abs. 1 Satz 2 und 3. Weiter kann das Gericht auf Antrag eine Frist von bis zu drei Monaten bestimmen, innerhalb derer der Antragsteller des Verfahrens auf Erlass der einstweiligen Anordnung einen Antrag zur Hauptsache oder zumindest einen Antrag auf Bewilligung von Verfahrenskostenhilfe für die Hauptsache stellen muss, § 52 Abs. 2. Lässt der Antragsteller diese Frist verstreichen, so ist die einstweilige Anordnung aufzuheben, § 52 Abs. 2 Satz 3.

13 Die einstweilige Anordnung ist wie eine Endentscheidung (§ 48) **abänderbar**, § 54 Abs. 1. War die einstweilige Anordnung im Gewaltschutzverfahren als Familiensache (§ 111 Nr. 6) ohne mündliche Verhandlung ergangen, so ist auf Antrag auf Grund mündlicher Verhandlung erneut zu entscheiden, § 54 Abs. 2. Ist das Verfahren der einstweiligen Anordnung bei dem Beschwerdegericht anhängig, ist eine Abänderung oder Aufhebung der angefochtenen Entscheidung durch das Familiengericht unzulässig, § 54 Abs. 4.

14 Die **Vollstreckung** der einstweiligen Anordnung kann das Gericht, auch das Rechtsmittelgericht, durch unanfechtbaren Beschluss aussetzen oder beschränken, § 55 Abs. 1. Die einstweilige Anordnung tritt mit Ablauf der in ihr bestimmten Frist oder bei Wirksamwerden einer anderweitigen Regelung, insbesondere einer Endentscheidung **außer Kraft**, § 56 Abs. 1. Zur Notwendigkeit einer Befristung der Anordnung vgl. §§ 1 Abs. 1 Satz 2, 2 Abs. 2 GewSchG. Da Gewaltschutzsachen nur auf Antrag eingeleitet werden (§ 1 Abs. 1 Satz 1 GewSchG), treten einstweilige Anordnungen in diesen Verfahren auch dann außer Kraft, wenn der Antrag zur Hauptsache zurückgenommen, rechtskräftig abgewiesen oder übereinstimmend für erledigt erklärt wird oder die Erledigung der Hauptsache anderweitig eingetreten ist, § 56 Abs. 2. Das Außerkrafttreten der einstweiligen Anordnung ist auf Antrag durch Beschluss auszusprechen, § 56 Abs. 3.

15 Einstweilige Anordnungen in Gewaltschutzsachen sind, wenn sie auf Grund mündlicher Verhandlung ergangen sind, **anfechtbar**, § 57 Nr. 4. War die einstweilige Anordnung ohne mündliche Verhandlung ergangen, so ist zunächst der Antrag nach § 54 Abs. 2 zu stellen.

§ 215
Durchführung der Endentscheidung

In Verfahren nach § 2 des Gewaltschutzgesetzes soll das Gericht in der Endentscheidung die zu ihrer Durchführung erforderlichen Anordnungen treffen.

A. Allgemeines

Die Vorschrift entspricht dem bisherigen § 15 HausrVO, der gem. § 64b Abs. 2 Satz 4 FGG auch in Gewaltschutzsachen nach § 2 GewSchG anzuwenden war. Sie setzt bereits eine **Endentscheidung** (§ 38 Abs. 1 Satz 1) voraus. Diese ergeht stets als Beschluss, § 116 Abs. 1, welcher zu begründen ist (§ 38 Abs. 3 Satz 1), es sei denn, dass nach Maßgabe von § 38 Abs. 4–6 davon abgesehen werden kann. Über die Kosten ist gem. § 81 zu entscheiden. Der Verfahrenswert ist nach § 49 FamGKG festzusetzen. Der Beschluss hat eine Rechtsmittelbelehrung nach § 39 zu enthalten. Er wird in Gewaltschutzsachen grundsätzlich erst **mit Rechtskraft wirksam**, § 216 Abs. 1 Satz 1. Die Rechtskraft tritt mit Ablauf der Rechtsmittelfrist (§ 63) ein, § 45. Eine rechtskräftige Endentscheidung ist nach Maßgabe von § 48 abänderbar. In Gewaltschutzsachen soll jedoch das Gericht regelmäßig die **sofortige Wirksamkeit** der Endentscheidung anordnen, § 216 Abs. 1 Satz 2. 1

Die **Vollstreckung** erfolgt nach den Regeln der §§ 86 ff., vor allem § 95 (Anwendung der ZPO). Dies entspricht der Verweisung im bisherigen § 64b Abs. 4 FGG, die insbesondere die §§ 885, 890, 891 und 892a ZPO erwähnte. Bei einstweiligen Anordnungen ist auch § 96 Abs. 2 zu beachten. Gegenüber dem Rechtszustand seit Einführung des GewSchG ergibt sich somit keine Veränderung. Für einstweilige Anordnungen ist nunmehr ausdrücklich klargestellt, dass sie idR keiner Klausel bedürfen, § 53 Abs. 1.[1] 2

B. Ergänzende Anordnungen

Nach § 215 soll das Gericht in Verfahren auf Überlassung der gemeinsam genutzten Wohnung in der Endentscheidung die zu ihrer Durchführung erforderlichen Anordnungen treffen. Das Gericht soll also in der Beschlussformel nicht nur den herzustellenden Endzustand beschreiben, sondern den Parteien erforderlichenfalls auch den Weg dorthin aufzeigen und hierzu Hilfestellungen geben. Diese dienen vor allem der Erleichterung und **Sicherung der Vollstreckung**, ohne dass es dazu eines besonderen Antrags bedarf. Die Anordnungen können sich auch gegen Dritte richten, etwa einen in der Wohnung lebenden weiteren Mitbewohner. Die Anordnungen sind hier zwar nur für Endentscheidungen vorgesehen, sind aber auch bei einstweiligen Anordnungen nach §§ 214, 49 ff. sinnvoll und nützlich. 3

Bei Überlassung der Wohnung ist an die Anordnung der (vorübergehenden) **Räumung**, aber auch an die Einräumung einer Räumungsfrist zu denken. Die Frist ist nach billigem Ermessen zu bestimmen, wobei zu bedenken ist, dass eine Vollstreckung grundsätzlich erst mit Rechtskraft der Endentscheidung (§ 216 Abs. 1 Satz 1) erfolgen kann. Regelmäßig soll aber das Gericht die sofortige Wirksamkeit anordnen, § 216 4

1 Anders noch OLG Karlsruhe v. 19.9.2007 – 20 WF 104/07, OLGReport 2008, 65 = FamRZ 2008, 291 = MDR 2007, 1453 = NJW 2008, 450 = FamRB 2008, 105 (*Giers*); vgl. auch *Looff*, FamRZ 2008, 1391.

Abs. 1 Satz 2; eine Räumungsfrist erübrigt sich dann, es sei denn, das Gericht bewilligt eine Räumungsfrist, die kürzer ist als die Beschwerdefrist nach § 63. Dem Antragsteller, dem die Wohnung zu überlassen ist, kann aufgegeben werden, die Umzugskosten des Weichenden zu übernehmen, sofern dies billig erscheint.

5 Weitere **mögliche Anordnungen** gegen den Antragsgegner:
- bei Auszug seine persönlichen Sachen mitzunehmen;
- der Antragstellerin den Zugang zur Wohnung zu gewähren und ihr sämtliche Schlüssel zu Wohnung, Haustür, Keller und Garage herauszugeben;
- sich der Wohnung nicht auf weniger als 50 m zu nähern;
- das Mietverhältnis an der gemeinsamen Wohnung nicht zu kündigen oder in sonstiger Weise zu beenden.

6 Soweit Anordnungen nach § 2 Abs. 1 GewSchG inhaltlich den nach § 1 GewSchG möglichen Anordnungen entsprechen, sollte ihre **Vollstreckung** entgegen dem engen Wortlaut auch nach § 96 Abs. 1 erfolgen können.

7 Nicht möglich ist es, bereits in der Endentscheidung den Gerichtsvollzieher zur Anwendung von Gewalt zu ermächtigen (§ 96 Abs. 1 FamFG; früher § 892a ZPO), da diese vollstreckungsrechtliche Maßnahme nicht im Erkenntnisverfahren getroffen werden kann.[1] Hierauf kann nur in den Gründen der Entscheidung hingewiesen werden, ebenso auf die Strafbarkeit einer Zuwiderhandlung (gegen Anordnungen nach § 1 GewSchG) nach § 4 GewSchG.

8 Weitere Anordnungen sind als vorläufige Maßnahme zur **Sicherung der Verhältnisse** (§ 49 Abs. 2) recht häufig:
- das Verbot, den Ehegatten zu bedrohen, zu misshandeln oder zu belästigen;
- die Untersagung, Haushaltsgegenstände wegzuschaffen oder die Wohnung zu betreten;
- die Aufgabe, neu eingebaute Schlösser wieder zu entfernen oder einen Schlüssel zur Tür herzugeben.[2]

9 In besonderen Fällen kann wegen der vorangegangenen bedrohlichen Situation zwischen Vater und Mutter die vorübergehende **Aussetzung des Umgangs** des Vaters mit den Kindern geboten sein.[3]

§ 216
Wirksamkeit; Vollstreckung vor Zustellung

(1) Die Endentscheidung in Gewaltschutzsachen wird mit Rechtskraft wirksam. Das Gericht soll die sofortige Wirksamkeit anordnen.

(2) Mit der Anordnung der sofortigen Wirksamkeit kann das Gericht auch die Zulässigkeit der Vollstreckung vor der Zustellung an den Antragsgegner anordnen. In diesem Fall tritt die Wirksamkeit in dem Zeitpunkt ein, in dem die Entscheidung der

1 OLG Naumburg v. 28.11.2006 – 3 UF 91/06, n.v.
2 Vgl. OLG Brandenburg v. 24.4.2003 – 10 WF 49/03, FamRZ 2004, 477; OLG Köln v. 12.9.2002 – 14 WF 171/02, FamRZ 2003, 319.
3 Vgl. AG Bremen v. 8.8.2008 – 63 F 2261/08, Streit 2008, 139.

Geschäftsstelle des Gerichts zur Bekanntmachung übergeben wird; dieser Zeitpunkt ist auf der Entscheidung zu vermerken.

A. Allgemeines

1 Die Vorschrift enthält die Verfahrensregeln, die bisher § 64b Abs. 2 FGG zu Gewaltschutzsachen vorsah, soweit sie nicht schon in § 215 übernommen worden sind.

B. Wirksamkeit

I. Rechtskraft

2 Abs. 1 entspricht weitgehend der Regelung in § 209 Abs. 2 zu Ehewohnungs- und Haushaltssachen. Abs. 1 Satz 1 entspricht dabei zugleich dem bisherigen § 16 Abs. 1 Satz 1 HausrVO.

2a Die Entscheidung des Gerichts muss wirksam sein, um vollstreckbar zu sein, § 86 Abs. 2. Endentscheidungen in Gewaltschutzsachen werden – insoweit abweichend von § 40 Abs. 1 – grundsätzlich erst **mit Rechtskraft wirksam** und damit vollstreckbar, Abs. 1 Satz 1. Die Rechtskraft tritt mit Ablauf der Rechtsmittelfrist (§ 63) ein, § 45; der Fristablauf auch für weitere beschwerdeberechtigte Beteiligte wie das Jugendamt (§ 213 Abs. 2 Satz 2) ist zu beachten.

II. Anordnung der sofortigen Wirksamkeit, Absatz 1

3 Für Entscheidungen nach dem GewSchG konnte schon bisher ihre **sofortige Wirksamkeit** angeordnet werden (§ 64b Abs. 2 Satz 2 FGG aF). Dies wird hier in Abs. 1 Satz 2 wiederholt, jedoch mit dem Unterschied, dass an Stelle der bisherigen Kann-Vorschrift die neue Regelung als Soll-Vorschrift formuliert ist.[1] Der Gesetzgeber geht davon aus, dass bei Entscheidungen, die dem Schutz vor weiterer Gewalt dienen sollen, die Anordnung der sofortigen Wirksamkeit regelmäßig indiziert ist. Dies wird jetzt in gleicher Weise auch bei der Zuweisung einer Wohnung unter Ehegatten nach § 1361b BGB so gesehen (§ 209 Abs. 2 Satz 2). Das Gericht soll also bei allen Anordnungen in Gewaltschutzsachen, sowohl in den Verfahren nach § 1 GewSchG als auch in denen nach § 2 GewSchG, regelmäßig die sofortige Wirksamkeit der Endentscheidung anordnen, Abs. 2 Satz 2.

4 Im Verfahren auf Erlass einer **einstweiligen Anordnung** wird die Entscheidung des Gerichts gem. dem Grundsatz des § 40 Abs. 1 mit Bekanntgabe an den Antragsgegner wirksam und damit vollstreckbar. Die einstweilige Anordnung bedarf regelmäßig keiner Vollstreckungsklausel, § 53 Abs. 1. In Gewaltschutzsachen kann das Gericht die

1 BT-Drucks. 16/6308, S. 252.

Vollstreckung der einstweiligen Anordnung außerdem schon vor Zustellung an den Verpflichteten zulassen (§ 53 Abs. 2).

III. Vollstreckung vor Zustellung, Absatz 2

5 Abs. 2 Satz 1 lässt es zu, dass auch Endentscheidungen in Gewaltschutzsachen vor ihrer Bekanntgabe an den Antragsgegner im Wege der Zustellung vollstreckt werden können. Das Gericht kann dazu die **Zulässigkeit einer Vollstreckung vor der Zustellung** anordnen, wie dies schon bisher § 64b Abs. 2 Satz 2, 2. Halbs. FGG vorsah. Das setzt jedoch voraus, dass zugleich die sofortige Wirksamkeit der Entscheidung gem. Abs. 1 Satz 2 angeordnet wird. Erst beide Anordnungen machen eine Vollstreckung vor der Bekanntgabe an den Antragsgegner möglich. Mit dieser Möglichkeit sollen zum Schutz der antragstellenden Partei Situationen vermieden werden, in denen der Antragsgegner die Bekanntgabe der Entscheidung zum Anlass nimmt für weitere Gewalttaten, Belästigungen oder Bedrohungen. Beide Anordnungen machen auch dann Sinn, wenn nach einer Wegweisung durch die Polizei der aktuelle Aufenthalt des Antragsgegners nicht bekannt ist, so dass die Entscheidung schon vor einer Bekanntgabe an den Antragsgegner wirksam und vollstreckbar ist. Für die vollstreckungserleichternden Anordnungen ist kein Antrag der schutzbedürftigen Partei erforderlich. Ihre entsprechende Anregung sollte das Gericht regelmäßig zu den Anordnungen nach Abs. 1 Satz 2 und Abs. 2 Satz 1 veranlassen. Wenn die Umstände für die Zeit bis zum Eintritt der Rechtskraft der Entscheidung eine weitere Verletzung der durch die §§ 1 und 2 GewSchG geschützten Rechtsgüter befürchten lassen, kann das Familiengericht die beiden Anordnungen auch von Amts wegen treffen.

6 Im Falle der Anordnung der sofortigen Wirksamkeit der Entscheidung wird diese bereits in dem Zeitpunkt der **Übergabe an die Geschäftstelle** des Gerichts zum Zwecke der Bekanntgabe wirksam, Abs. 2 Satz 2. Die Übergabe setzt voraus, dass die Entscheidung abgesetzt und vom Richter unterschrieben ist.[1] Mit der Übergabe muss vom Richter der Übergang der Entscheidung aus seinem Bereich in den Bereich der Geschäftsstelle gewollt sein.

7 Der **Zeitpunkt der Übergabe** muss auf der Entscheidung vermerkt werden, Abs. 2 Satz 2, 2. Halbs. Dies ist regelmäßig Aufgabe der Geschäftsstelle. Ist die Geschäftsstelle nicht besetzt, kann auch der Richter den Vermerk anbringen,[2] doch entfaltet die Entscheidung erst dann eine reale Wirkung, wenn sie den Beteiligten bekannt ist bzw. von ihnen tatsächlich vollzogen wird.

C. Vollstreckung

8 Die **Vollstreckung** von Gewaltschutzanordnungen erfolgt weiterhin nach der ZPO, §§ 95, 96. Dies entspricht der bisherigen Regelung des § 64b Abs. 4 FGG, die insbesondere auf die §§ 885, 890 und 891 ZPO verwies. Der Regelungsgehalt des § 892a ZPO findet sich jetzt in § 96 Abs. 1 wieder. Die Vollstreckung erfolgt grundsätzlich nach Zustellung und Rechtskraft der Entscheidung, es sei denn, ihre sofortige Wirksamkeit und Vollstreckbarkeit wurde angeordnet, Abs. 1 Satz 2 und Abs. 2. Eine mit der Überlassung der Wohnung angeordnete Räumung der gemeinsamen Wohnung wird nach

1 Vgl. Keidel/*Meyer-Holz*, vor §§ 8–18 FGG Rz. 19.
2 So für Betreuungs- und Unterbringungssachen *Rink*, FamRZ 1992, 1011 (1113).

§ 885 ZPO vollstreckt. Eine wiederholte Einweisung des Besitzes ist während der Geltungsdauer einer einstweiligen Anordnung nach § 2 GewSchG möglich, § 96 Abs. 2 (früher § 885 Abs. 1 Satz 3 und 4 ZPO), jedoch nicht mehr nach zwischenzeitlicher Versöhnung; der Titel sollte herausgegeben werden.[1]

9 Bei einer andauernden **Zuwiderhandlung** gegen Unterlassungsanordnungen kann der Berechtigte einen Gerichtsvollzieher hinzuziehen, § 96 Abs. 1 (früher § 892a ZPO), der notfalls Gewalt anwenden oder die Polizei hinzuziehen darf (§ 758 Abs. 3 ZPO). Daneben ist die Verhängung eines Ordnungsgeldes oder von Ordnungshaft gem. § 890 ZPO möglich. Die Anordnung von Erzwingungshaft nach § 888 ZPO kommt hingegen nicht in Betracht.[2] Die Verhängung der Ordnungsmittel muss zuvor durch gerichtliche Entscheidung angedroht worden sein, § 890 Abs. 2 ZPO. Eine Androhung im Vergleich der Parteien genügt nicht.[3] Die Festsetzung eines Ordnungsgeldes ist auch neben einer bereits verhängten Kriminalstrafe zulässig, doch ist bei der Höhe des Ordnungsgeldes die Strafe zu berücksichtigen.[4]

10 Wurde eine **einstweilige Anordnung** ohne mündliche Verhandlung erlassen, so gilt der Antrag auf Erlass der einstweiligen Anordnung zugleich bereits als **Auftrag** an den Gerichtsvollzieher zur Zustellung und ggf. auch Vollstreckung, der durch die Geschäftsstelle zu vermitteln ist, § 214 Abs. 2. Dies erleichtert und beschleunigt die Vollziehung der Schutzanordnungen durch den oft unkundigen Antragsteller. Er kann auch verlangen, dass die Zustellung nicht vor der Vollstreckung erfolgen darf, § 214 Abs. 2, 2. Halbs.

§ 216a
Mitteilung von Entscheidungen

Das Gericht teilt Anordnungen nach den §§ 1 und 2 des Gewaltschutzgesetzes sowie deren Änderung oder Aufhebung der zuständigen Polizeibehörde und anderen öffentlichen Stellen, die von der Durchführung der Anordnung betroffen sind, unverzüglich mit, soweit nicht schutzwürdige Interessen eines Beteiligten an dem Ausschluss der Übermittlung, das Schutzbedürfnis anderer Beteiligter oder das öffentliche Interesse an der Übermittlung überwiegen. Die Beteiligten sollen über die Mitteilung unterrichtet werden.

A. Allgemeines

1 Die Vorschrift wurde auf Anregung des Bundesrats in das FamFG aufgenommen.[5] Die Bundesregierung stimmte dem nur im Grundsatz zu, da die Regelung systematisch der Vorschrift des § 15 EGGVG über die Mitteilungen in Zivilsachen zuzuordnen sei.[6] Der

1 KG v. 2.5.2005 – 16 UF 53/05, KGReport 2005, 706 = FamRZ 2006, 49.
2 OLG Bremen v. 7.12.2006 – 4 WF 138/06, OLGReport 2007, 272 = FamRZ 2007, 1033 = NJW-RR 2007, 662.
3 OLG Frankfurt v. 6.3.2006 – 6 WF 33/06, NJW-RR 2006, 1441.
4 OLG Schleswig v. 17.7.2006 – 13 WF 118/06, NJW 2006, 3578.
5 BT-Drucks. 16/6308, S. 382, dort noch als § 216 Abs. 3.
6 BT-Drucks. 16/6308, S. 418.

Rechtsausschuss des Bundestages hielt ebenfalls eine bundeseinheitliche Rechtsgrundlage für eine Pflicht zur Mitteilung von Anordnungen nach dem Gewaltschutzgesetz an die Polizeibehörden und andere öffentliche Stellen (an dieser Stelle) für erforderlich.[1] Die Einordnung der Vorschrift in den Abschnitt über das Verfahren in Gewaltschutzsachen ist auch nicht systemwidrig, da die Mitteilungspflichten in Zivilsachen überwiegend nicht zentral im 2. Abschnitt des EGGVG (§§ 12 ff.) geregelt sind, sondern jeweils bereichsspezifisch,[2] wie dies § 13 Abs. 1 Nr. 1 EGGVG zulässt.

B. Mitteilungspflichten in Gewaltschutzsachen

2 Die Vorschrift begründet eine **Mitteilungspflicht** des Gerichts in Gewaltschutzsachen. Dies geht über den Vorschlag des Bundesrats hinaus, der nur die Zulässigkeit einer solchen Mitteilung vorsah.[3] Denn es war umstritten, ob § 17 EGGVG bereits eine ausreichende Rechtsgrundlage für die Übermittlung darstellt.[4] Einige Bundesländer hatten deshalb – teils nur eingeschränkte – Mitteilungspflichten für die Gerichte in ihre Polizeigesetze aufgenommen.[5] Der Rechtsausschuss sah es über die angestrebte Klarstellung der Zulässigkeit von Mitteilungen an die Polizei hinaus als notwendig an, nicht nur eine Pflicht zur Mitteilung an die Polizei, sondern auch an weitere öffentliche Stellen, die von der Durchführung der Anordnung betroffen sind, vorzusehen.[6]

3 Das Gericht hat **alle Entscheidungen** in Gewaltschutzsachen zumindest der zuständigen Polizeibehörde unverzüglich mitzuteilen. Dies betrifft sowohl Anordnungen nach § 1 GewSchG als auch die Anordnung der Wohnungsüberlassung nach § 2 GewSchG und gilt für Endentscheidungen ebenso wie für vorangehende einstweilige Anordnungen gem. § 214. Weiter sind auch alle späteren Änderungen und auch die Aufhebung der Gewaltschutzanordnung mitzuteilen. Dies alles soll die **Polizei** in die Lage versetzen, die Einhaltung der gerichtlichen Anordnungen im Rahmen der ihr obliegenden Gefahrenabwehr wie auch der Strafverfolgung zuverlässig überwachen zu können. Denn ein Verstoß gegen eine Anordnung nach § 1 GewSchG ist gem. § 4 GewSchG strafbewehrt. Ein Verstoß gegen die Anordnung der Wohnungsüberlassung kann als Hausfriedensbruch nach § 123 StGB zu ahnden sein. Dies alles kann die Polizei nur leisten, wenn sie zuverlässig und prompt darüber informiert ist, dass überhaupt eine wirksame gerichtliche Anordnung besteht und auch ob und in welchem Umfang sie noch in Kraft ist.

4 Das Gericht hat **unverzüglich** die Entscheidungen in Gewaltschutzsachen mitzuteilen. Hat das Gericht – wie regelmäßig – die sofortige Wirksamkeit und Vollstreckung der Anordnung gem. § 216 Abs. 2 oder eine sofort vollziehbare einstweilige Anordnung (§ 53 Abs. 2) erlassen, ist die Entscheidung bei Herausgabe an die Beteiligten auch zugleich an die Polizei zu übermitteln. Wird eine Endentscheidung in Gewaltschutzsachen erst mit Rechtskraft wirksam (§ 216 Abs. 1 Satz 1), ist die gerichtliche Anordnung erst dann mitzuteilen.

5 Die Entscheidungen in Gewaltschutzsachen sind auch **anderen öffentlichen Stellen** mitzuteilen, die von der Durchführung betroffen sind. Der Rechtsausschuss des Bun-

1 BT-Drucks. 16/9733, S. 296.
2 Zöller/*Lückemann*, vor §§ 12–22 EGGVG Rz. 3.
3 BT-Drucks. 16/6308, S. 382.
4 BT-Drucks. 16/6308, S. 383.
5 Vgl. zB § 34a Abs. 6 PolG-NW.
6 BT-Drucks. 16/9733, S. 296.

destages hat in der Begründung zu dieser Erweiterung der Mitteilungspflicht als in Betracht kommende andere öffentliche Stellen „insbesondere Schulen, Kindergärten und Jugendhilfeeinrichtungen in öffentlich-rechtlicher Trägerschaft" benannt. Diese Einrichtungen kommen als Empfänger der Mitteilungen vor allem dann in Betracht, wenn in der nach § 2 GewSchG zu überlassenden Wohnung auch Kinder leben, deren Wohl beeinträchtigt ist (§ 2 Abs. 6 Satz 2 GewSchG) und zu ihrem Schutz flankierende Schutzanordnungen gem. § 215 getroffen worden sind. Solche Schutzanordnungen können Näherungsverbote gegenüber den Kindern auch in Schule und Kindergarten sein oder Kontaktverbote während der Freizeit der Kinder. Den genannten Institutionen dürfen die Entscheidungen aber nur übermittelt werden, wenn sie sich in öffentlich-rechtlicher Trägerschaft befinden. Dies schließt vor allem die zahlreichen Einrichtungen in freier Trägerschaft aus. Als weitere andere öffentliche Stellen kommen vor allem die Ordnungsbehörden und andere Überwachungsstellen in Betracht.

Von einer Mitteilung **ist abzusehen**, wenn schutzwürdige Interessen eines Beteiligten 6
an dem Ausschluss der Übermittlung (das hier im Gesetzestext gesetzte Komma ist sinnentstellend) das Schutzbedürfnis anderer Beteiligter oder das öffentliche Interesse an der Übermittlung überwiegen, Satz 1, 2. Halbs. Von der Mitteilung an Polizei und andere öffentliche Stellen sollen idR die Beteiligten des Verfahrens unterrichtet werden. Davon soll wiederum im Einzelfall abgesehen werden, wenn etwa der Antragsgegner nicht den Aufenthaltsort des Antragstellers oder betroffener Kinder erfahren soll, er diesen aber durch die Kenntnis vom Empfänger der Mitteilung ausfindig machen könnte.[1]

Die konkrete Ausgestaltung der Datenübermittlung wurde einer genaueren Festlegung 7
in der Anordnung über Mitteilungen in Zivilsachen (MiZi) überlassen. Die Verfügung zur Ausführung der Übermittlung soll nach Ansicht des Bundesrates der Urkundsbeamte der Geschäftsstelle treffen.[2] Dies entspricht der allgemeinen Regel.[3] In Zweifelsfällen oder bei einem Absehen von der Übermittlung gemäß Satz 1 aE hat der Richter zu entscheiden.[4] Gleiches gilt, wenn von der Unterrichtung der Beteiligten über die Mitteilung (Satz 2) abgesehen werden soll.

Abschnitt 8
Verfahren in Versorgungsausgleichssachen

Literatur: *Bergner*, Der reformierte VA – Die wichtigsten materiellen Neuerungen, NJW 2009, 1169 f.; *Bergner*, Der reformierte VA – Verfahrensrecht, Übergangsrecht und anzuwendendes altes bzw. neues Recht, NJW 2009, 1233 f.; *Borth*, Versorgungsausgleich in anwaltlicher und familiengerichtlicher Praxis, 4. Aufl. Neuwied 2007; *Borth*, Der Regierungsentwurf für ein Gesetz zur Strukturreform des Versorgungsausgleichs, FamRZ 2008, 1797 f.; *Borth*, Das Gesetz zur Strukturreform des VA, FamRZ 2009, 562 f.; *Dörr*, Zur Abänderung von Versorgungsausgleichsentscheidungen nach § 10a VAHRG, NJW 1988, 97; *Hauß*, Versorgungsausgleich und Verfahren in der anwaltlichen Praxis, Köln 2004; *Wick*, Der Versorgungsausgleich, Berlin 2004.

1 BT-Drucks. 16/9733, S. 296.
2 BT-Drucks. 16/6308, S. 383.
3 Vgl. MiZi, Erster Teil, Nr. 3 Abs. 2.
4 Vgl. MiZi, Erster Teil, Nr. 2 Abs. 2.

Vorbemerkung

1 Das materielle Recht des Versorgungsausgleichs ist nahezu zeitgleich mit dem Familienverfahrensrecht grundlegend reformiert worden. Das Gesetz zur Strukturreform des Versorgungsausgleichs (VAStrRefG)[1] tritt wie das FGG-RG am 1. September 2009 in Kraft.

2 Durch die allgemeine Übergangsvorschrift des § 48 VersAusglG[2] wird im Zusammenspiel mit Art. 111 des FGG-RG ein Gleichlauf zwischen dem neuen materiellen Recht und den auf dieses neue Recht zugeschnittenen neuen verfahrensrechtlichen Bestimmungen geschaffen.

3 § 48 VersAusglG erfasst (Erst-)Verfahren über den „Wertausgleich bei der Scheidung" (§§ 9 bis 19 VersAusglG; nach altem Recht: öffentlich-rechtlicher Versorgungsausgleich) als Folgesache im Scheidungsverbund oder als isolierte Verfahren sowie Verfahren über den „Wertausgleich nach der Scheidung" (§§ 20 bis 26 VersAusglG; nach altem Recht: schuldrechtlicher Versorgungsausgleich, § 1587 ff. BGB und § 3a VAHRG).

4 Alle Verfahren, die nach dem 31. August 2009 eingeleitet werden, sind nach dem neuen materiellen Recht und dem neuen Verfahrensrecht zu entscheiden. Bei Verfahren, die vor dem 1. September 2009 eingeleitet werden, verbleibt es grundsätzlich bei der Anwendung des alten Rechts (§ 48 Abs. 1 VersAusglG). Das neue Recht kommt jedoch auch bei „Altverfahren" zur Anwendung, wenn

- ein Verfahren abgetrennt, ausgesetzt oder zum Ruhen gebracht wurde (§ 48 Abs. 2 Nr. 1 VersAusglG) oder nach dem 1. September 2009 abgetrennt, ausgesetzt oder zum Ruhen gebracht wird (§ 48 Abs. 2 Nr. 2 VersAusglG)

  oder
- in einem Verfahren bis zum 1. September 2010 noch keine erstinstanzliche Endentscheidung ergangen ist (§ 48 Abs. 3 VersAusglG).

5 Maßgeblich für den Zeitpunkt der Verfahrenseinleitung iSd. § 48 VersAusglG ist bei Versorgungsausgleichsverfahren, die im Scheidungsverbund amtswegig einzuleiten und zu entscheiden sind (§ 623 Abs. 1 Satz 3 ZPO aF bzw. § 137 Abs. 2 Satz 2 FamFG), der Eingang des Scheidungsantrags bei Gericht. Bei Versorgungsausgleichsverfahren,

---

1 V. 3.4.2009, BGBl. I, S. 700.

2 **§ 48 VersAusglG**
Allgemeine Übergangsvorschrift
(1) In Verfahren über den Versorgungsausgleich, die vor dem 1. September 2009 eingeleitet worden sind, ist das bis dahin geltende materielle Recht und Verfahrensrecht weiterhin anzuwenden.
(2) Abweichend von Absatz 1 ist das ab dem 1. September 2009 geltende materielle Recht und Verfahrensrecht anzuwenden in Verfahren, die
1. am 1. September 2009 abgetrennt oder ausgesetzt sind oder deren Ruhen angeordnet ist oder
2. nach dem 1. September 2009 abgetrennt oder ausgesetzt werden oder deren Ruhen angeordnet wird.
(3) Abweichend von Absatz 1 ist in Verfahren, in denen am 31. August 2010 im ersten Rechtszug noch keine Endentscheidung erlassen wurde, ab dem 1. September 2010 das ab dem 1. September 2009 geltende materielle Recht und Verfahrensrecht anzuwenden.

die auf Antrag durchgeführt werden,[1] beistimmt der Eingang des entsprechenden Antrags den Zeitpunkt der Verfahrenseinleitung.

„Abgetrennt" sind Verfahren, die (bis zum 31.8.2009) nach § 628 ZPO oder (seit dem 1.9.2009) nach § 140 Abs. 2 Nr. 1, 2, 4 oder 5 aus dem Scheidungsverbund abgetrennt wurden oder werden. 5a

„Ausgesetzt" werden konnte ein Verfahren über den VA bis zum 31.8.2009 beispielsweise nach § 53c FGG oder § 2 VAÜG. Im FamFG sind die Voraussetzungen für eine Aussetzung in §§ 21, 136 und 221 Abs. 2 und 3 geregelt. 5b

„Zum Ruhen gebracht" sind die nicht weiterbetriebenen und nach der Aktenordnung weggelegten Verfahren. 5c

Die Voraussetzungen für die Abänderung von Entscheidungen über den Versorgungsausgleich, die nach altem Recht ergangen sind, sind in §§ 51 und 52 VersAusglG geregelt. Diese Vorschriften werden im Anhang zu § 227 kommentiert. 6

Für Verfahren über die „Anpassung nach Rechtskraft" (§§ 32 bis 38 VersAusglG), nach altem Recht geregelt in §§ 4 bis 9 VAHRG, sieht § 49 VersAusglG[2] ausnahmslos die Anwendung des bisherigen Rechts vor, wenn der verfahrenseinleitende Antrag bis zum 31. August 2009 bei dem nach altem Recht allein zuständigem Versorgungsträger (§ 9 Abs. 1 VAHRG) gestellt wurde. Das alte Recht bleibt damit – abweichend von der allgemeinen Übergangsregelung des § 48 VersAusglG – auch dann anwendbar, wenn das Verfahren ausgesetzt ist (oder war) oder sich an das behördliche Verfahren ein gerichtliches Verfahren angeschlossen hat und dieses Verfahren noch beim Gericht anhängig ist.[3] 7

Betroffen von der Übergangsregelung des § 49 VersAusglG sind folgende Verfahren: 8

- Wegfall der Versorgungskürzung (§ 4 VAHRG) oder Rückerstattung eingezahlter Beiträge (§ 7 VAHRG[4]) bzw. Kapitalbeträge (§ 8 VAHRG[5]) wegen Vorversterbens des Ausgleichsberechtigten, der noch keine oder nur geringfügige Leistungen bezogen hat, im VersAusglG geregelt in § 37 und § 38;

---

1 ZB ein Verfahren ausländischer Staatsangehöriger, das nach einer Scheidung im Ausland eingeleitet wird (Art. 17 Abs. 3 EGBGB), oder der VA nach der Aufhebung einer Ehe.

2 **§ 49 VersAusglG**
Übergangsvorschrift für Auswirkungen des Versorgungsausgleichs in besonderen Fällen
Für Verfahren nach den §§ 4 bis 10 des Gesetzes zur Regelung von Härten im Versorgungsausgleich, in denen der Antrag beim Versorgungsträger vor dem 1. September 2009 eingegangen ist, ist das bis dahin geltende Recht weiterhin anzuwenden.

3 Die Fortgeltung des alten Rechts auch für ausgesetzte Verfahren hat der Gesetzgeber für sachgerecht erachtet, weil der Zuständigkeitswechsel für Anträge auf Versorgungsanpassung wegen Unterhalt (§ 33 f. VersAusglG, früher § 5 VAHRG) vom Versorgungsträger (§ 9 VAHRG) zum Familiengericht (§ 34 Abs. 1 VersAusglG) bei anhängigen Verfahren vermieden werden sollte (BT-Drucks. 16/10144, S. 87).

4 § 7 VAHRG regelte die Rückerstattung von Beiträgen, die auf Grund des VA zur Begr. von Anrechten – etwa nach § 3b Abs. 1 Nr. 2 VAHRG – in die gesetzliche Rentenversicherung eingezahlt worden sind, wenn aus den hierdurch begründeten Anrechten keine oder nur eine geringe Rente gezahlt wurde.

5 § 8 VAHRG regelte die Rückzahlung von Kapitalbeträgen, die zur Abwendung von Renten- oder Pensionskürzungen in die gesetzliche Rentenversicherung oder eine Beamtenversorgung eingezahlt wurden, wenn aus dem durch die Kürzung erworbenen Anrecht keine oder nur eine geringe Rente gezahlt wurde.

– Suspension bzw. Anpassung der Versorgungskürzung bei Bestehen einer Unterhaltsverpflichtung des Ausgleichspflichtigen gegenüber dem Ausgleichsberechtigten (§ 5 VersAusglG), im VersAusglG geregelt in § 33 und § 34.

9 Für die **Wiederaufnahme** ausgesetzter Verfahren ersetzt § 50 VersAusglG[1] die Bestimmungen des VAÜG, das zum 1. September 2009 außer Kraft getreten ist.[2] Inhaltlich entspricht § 50 VersAusglG weitgehend der Regelung des § 2 Abs. 2, 3 VAHRG. Geändert wurden der Zeitpunkt der Antragstellung (§ 50 Abs. 2 VersAusglG) und der Verpflichtung zur amtswegigen Wiederaufnahme des Verfahrens. Zudem ist die Antragsbefugnis der Hinterbliebenen entfallen.

10 Durch § 54 VersAusG wird die Fortgeltung von gesetzlichen Bestimmungen, die den VA betreffen und für Ehen, die vor dem 1. Juli 1977 geschlossen wurden, von Bedeutung sein können, bestimmt. Die betreffenden Normen sind als Fußnote abgedruckt.[3] Auf eine nähere Erläuterung wird in Anbetracht der äußerst geringen forensischen Bedeutung dieser Normen verzichtet.

---

1 **§ 50 VersAusglG**
Wiederaufnahme von ausgesetzten Verfahren nach dem Versorgungsausgleichs-Überleitungsgesetz)
(1) Ein nach § 2 Abs. 1 Satz 2 des Versorgungsausgleichs-Überleitungsgesetzes ausgesetzter Versorgungsausgleich
1. ist auf Antrag eines Ehegatten oder eines Versorgungsträgers wieder aufzunehmen, wenn aus einem im Versorgungsausgleich zu berücksichtigenden Anrecht Leistungen zu erbringen oder zu kürzen wären;
2. soll von Amts wegen spätestens bis zum [einsetzen: Angabe des Tages und Monats des Inkrafttretens dieses Gesetzes sowie der Jahreszahl des fünften auf das Inkrafttreten folgenden Jahres] wieder aufgenommen werden.
(2) Der Antrag nach Absatz 1 Nr. 1 ist frühestens sechs Monate vor dem Zeitpunkt zulässig, ab dem auf Grund des Versorgungsausgleichs voraussichtlich Leistungen zu erbringen oder zu kürzen wären.

2 Art. 22 VAStrRefG v. 3.4.2009, BGBl. I, S. 700.

3 **Artikel 12 Nr. 3 Satz 1, 4 und 5 EheRefG** v. 14.6.1976 (BGBl. I, S. 1421):
(Satz 1): Für die Scheidung der Ehe und die Folgen der Scheidung gelten die Vorschriften dieses Gesetzes auch dann, wenn die Ehe vor seinem Inkrafttreten geschlossen worden ist.
(Satz 4): Die §§ 1587 bis 1587p des Bürgerlichen Gesetzbuchs in der Fassung von Artikel 1 Nr. 20 sind auf Ehen, die nach den bisher geltenden Vorschriften geschieden worden sind, nicht anzuwenden.
(Satz 5): Das Gleiche gilt für Ehen, die nach dem Inkrafttreten dieses Gesetzes geschieden werden, wenn der Ehegatte, der nach den Vorschriften dieses Gesetzes einen Ausgleichsanspruch hätte, von dem anderen vor Inkrafttreten dieses Gesetzes durch Übertragung von Vermögensgegenständen für künftige Unterhaltsansprüche endgültig abgefunden worden ist oder wenn die nach den Vorschriften dieses Gesetzes auszugleichenden Anwartschaften oder Aussichten auf eine Versorgung Gegenstand eines vor Inkrafttreten dieses Gesetzes abgeschlossenen Vertrages sind.
Artikel 4 § 4 VersAusglMaßnG v. 8.12.1986 (BGBl. I, S. 2317):
Liegt das Ende der Ehezeit vor dem 1. Juli 1977, so ist für die Anwendung des § 3b Abs. 1 Nr. 1, der §§ 10a Abs. 2 Satz 2 und des § 10b des Gesetzes zur Regelung von Härten im Versorgungsausgleich als monatliche Bezugsgröße der Wert von 1850 Deutsche Mark zugrunde zu legen.

§ 217
Versorgungsausgleichssachen

Versorgungsausgleichssachen sind Verfahren, die den Versorgungsausgleich betreffen.

A. Allgemeines

„Versorgungsausgleichssachen" werden durch § 1 und § 111, die an die Stelle des bisherigen § 621 Abs. 1 Nr. 6 ZPO getreten sind, als Familiensachen, die nicht Familienstreitsachen (§ 112) sind, definiert und in den Anwendungsbereich des FamFG einbezogen. § 217 ergänzt die vorgenannten Normen um eine **Legaldefinition.** 1

Die Bestimmungen des FamFG nehmen zusammen mit § 23b GVG eine **Zuständigkeitsabgrenzung** innerhalb der **ordentlichen Gerichtsbarkeit** vor. Verfahren, die Sozial-, Verwaltungs- oder Arbeitsgerichten zugewiesen sind, werden somit von der Legaldefinition des § 217 nicht erfasst. 2

B. Inhalt der Vorschrift

Zu den Verfahren, die den Versorgungsausgleich betreffen, gehören insbesondere:[1] 3

- Verfahren zur Durchführung des **Wertausgleichs bei der Scheidung**,[2] der im Regelfall von Amts wegen im Scheidungsverbund (§ 137 Abs. 2 Satz 1 Nr. 1, Abs. 2 Satz 2) oder – etwa nach einer Scheidung im Ausland oder der Aufhebung einer Ehe – als ein der Scheidung nachgelagertes isoliertes Verfahren durchgeführt wird. Nach der Reform des VA durch das VAStrRefG[3] sind die **„interne Teilung"**[4] als Regelausgleichsform und die **„externe Teilung"**,[5] die als strukturelle Ausnahme nur unter bestimmten Voraussetzungen[6] vorgesehen ist, an die Stelle der früheren Ausgleichsformen[7] im „öffentlich-rechtlichen Versorgungsausgleich" getreten. Nicht in den Zuständigkeitsbereich des FamFG fallen Streitigkeiten zwischen dem Berechtigten und dem Versorgungsträger über die Höhe oder den Beginn einer Versorgung. 4
- Verfahren, durch die rechtskräftige Entscheidungen der vorgenannten Verfahren abgeändert werden. Ist die Entscheidung nach altem Recht über den „öffentlich-rechtlichen VA" ergangen, sind Zulässigkeit und Durchführung des Abänderungsverfahrens nach §§ 51, 52 VersAusglG[8] geregelt. Entscheidungen über den **„Wertausgleich** 5

1 Die folgende Aufzählung nennt die wichtigsten VA-Verfahren und erhebt keinen Anspruch auf Vollständigkeit.

2 Der in §§ 9 bis 19 VersAusglG geregelte „Wertausgleich bei der Scheidung" tritt an die Stelle des in §§ 1587a bis 1587e BGB geregelten „Wertausgleichs", der allgemein als öffentlich-rechtlicher Versorgungsausgleich bezeichnet wurde.

3 Gesetz zur Strukturreform des Versorgungsausgleichs vom 3.4.2009, BGBl. I, S. 700.

4 §§ 10 bis 13 VersAusglG: Zulasten des Anrechts der ausgleichspflichtigen Person wird bei demselben Versorgungsträger ein Anrecht für die ausgleichsberechtigte Person übertragen.

5 §§ 14 bis 17 VersAusglG: Zulasten des Anrechts der ausgleichspflichtigen Person wird bei einem anderen Versorgungsträger ein Anrecht für die ausgleichsberechtigte Person begründet.

6 §§ 14 Abs. 2, 16 und 17 VersAusglG.

7 Splitting und Quasisplitting (§ 1587b BGB), das analoge Quasisplitting (§ 1 Abs. 3 VAHRG), die Realteilung (§ 1 Abs. 2 VAHRG) und der erweiterte Ausgleich (§ 3b Abs. 1 VAHRG).

8 Kommentiert im Anhang zu § 225 bis 227.

bei der Scheidung" nach dem VersAusglG können nach Maßgabe der §§ 225, 226 abgeändert werden.

6 – Verfahren zur Regelung von **Ausgleichsansprüchen nach der Scheidung**,[1] die nur auf Antrag des Ausgleichsberechtigten durchgeführt werden (§ 223). Durch die Reform des VA hat sich die Bedeutung des Ausgleichs nach der Scheidung verringert, weil nun der vollständige Ausgleich aller Anrechte bereits bei der Scheidung in einer wesentlich größeren Anzahl der Verfahren möglich ist. Gleichwohl ist auch weiterhin ein vollständiger Ausgleich aller Anrechte nicht immer möglich.[2] Für diese Fälle sieht auch das VersAusglG nachgelagerte Ausgleichsmöglichkeiten vor, die an die Stelle des schuldrechtlichen VA und des verlängerten schuldrechtlichen VA getreten sind. Dies sind:

7 – Der Anspruch auf eine schuldrechtliche **Ausgleichsrente**[3] (§ 20 VersAusglG), deren Abfindung durch eine **Kapitalzahlung**[4] (§ 23 VersAusglG) und der Anspruch auf die **Abtretung des** gegenüber dem Versorgungsträger bestehenden **Rentenanspruchs**[5] (§ 21 VersAusglG).

8 – Der – neu geschaffene – Anspruch auf **Ausgleich von Kapitalzahlungen** (§ 22 VersAusglG). Da mit der Reform des VA auch auf eine Kapitalleistung gerichtete Anrechte iSd. BetrAVG oder des AltZertG nach dem VersAusglG auszugleichen sind (§ 2 Abs. 2 Nr. 3 VersAusglG), wurde für den Fall, dass ein vollständiger Ausgleich dieser auf eine Kapitalzahlung gerichteten Anrechte bei der Scheidung nicht möglich ist, mit § 22 VersAusglG ein schuldrechtlicher Ausgleichsanspruch geschaffen.

9 – Der nach altem Recht als „verlängerter schuldrechtlicher VA" bezeichnete Anspruch nach dem Tode des Ausgleichspflichtigen, der nun anschaulicher als „**Teilhabe an der Hinterbliebenenversorgung**" bezeichnet wird und in den §§ 25[6] und 26 VersAusglG[7] geregelt ist. Für Streitigkeiten zwischen der Witwe des Berechtigten und dem Versorgungsträger bleibt es allerdings bei der Zuständigkeit der Fachgerichte, denen das zugrunde liegende Versorgungsverhältnis unterliegt. Die dort betriebenen Verfahren sind jedoch auszusetzen, bis das FamG über den Umfang der Kürzung infolge des verlängerten VA entschieden hat.[8]

10 – Verfahren, die eine **Abänderung** von rechtskräftigen Entscheidungen über Ausgleichsansprüche nach der Scheidung bzw. den schuldrechtlichen VA zum Gegenstand haben. Hinsichtlich der prozessualen Voraussetzungen für diese Abänderungsverfahren verweist § 227 Abs. 1 auf die allgemeine Vorschrift des § 48 (s. § 227 Rz. 2 f.).

---

1 Geregelt in §§ 20 bis 26 VersAusglG.

2 Wichtigste Fälle, in denen nicht alle Anrechte in den Ausgleich bei der Scheidung einbezogen werden können, sind die Beteiligung ausländischer Versorgungsträger und die fehlende Ausgleichsreife einzelner Anrechte – zB eine noch verfallbare betriebliche Altersversorgung – zum Zeitpunkt der Erstentscheidung.

3 Bisher geregt in §§ 1587f und 1587g BGB.

4 Bisher geregelt in §§ 1587l bis 1587n BGB.

5 Bisher geregelt in § 1587i Abs. 1 BGB.

6 Der Anspruch gegen den Versorgungsträger, vormals geregelt in § 3a Abs. 1 VAHRG.

7 Der Anspruch gegen den Witwer oder die Witwe bei ausländischen Versorgungsträgern, bisher geregelt in § 3a Abs. 5 VAHRG.

8 So zutreffend zum alten Recht: *Wagenitz*, FamRZ 1987, 1 (8, Fn. 34). Da § 226 Abs. 5 VersAusglG der alten Regelung des § 3a Abs. 4 Satz 1 VAHRG entspricht, wird sich hieran nichts ändern.

- Anträge der Parteien, Hinterbliebenen und Versorgungsträger auf **Auskunft über Versorgungsanwartschaften**. Die materielle Auskunftspflicht, die jetzt in § 4 VersAusglG geregelt ist, kann im Rahmen eines der Scheidung vorgelagerten **isolierten Verfahrens** der vorbereitenden Sachaufklärung, der Vorbereitung einer Vereinbarung über den VA oder der Vorbereitung eines Ausgleichsanspruchs nach der Scheidung dienen. Ob für die **Geltendmachung des materiellen Auskunftsanspruchs im Scheidungsverbund** ein Rechtsschutzinteresse besteht, erscheint zweifelhaft. Dies wurde nach altem Recht unter Hinweis auf die erweiterte Vollstreckbarkeit des Auskunftsurteils bejaht.[1] Da jedoch nach der Reform des VA auch der verfahrensrechtliche Auskunftsanspruch nach § 220 durch die (ersatzweise) Verhängung von Zwangshaft durchsetzt werden kann (s. § 220 Rz. 4, § 35 Rz. 3 ff.), sind nun Gründe für die Geltendmachung des materiellen Auskunftsanspruchs im laufenden Scheidungsverfahren jedenfalls im Regelfall nicht mehr ersichtlich.[2] 11

- Neu in die Zuständigkeit des Familiengerichts fällt die Entscheidung über die **Anpassung von Versorgungskürzungen** nach Rechtskraft wegen Unterhaltszahlung (§§ 33, 34 VersAusglG). Da nunmehr eine Versorgungskürzung bei Unterhaltszahlung nicht mehr in voller Höhe ausgesetzt,[3] sondern nur noch iHd. bestehenden Unterhaltspflicht angepasst wird, wurde die Entscheidungszuständigkeit von dem Versorgungsträger[4] auf das Familiengericht verlagert. 12

- **Feststellungsansprüche** betreffend die **Wirksamkeit von Vereinbarungen** zum Versorgungsausgleich sowie Anträge über die **Abänderung** getroffener Vereinbarungen, deren Zulässigkeit und Verfahren sich gem. § 227 Abs. 2 nach den Vorschriften der §§ 225 und 226 richtet (s. § 227 Rz. 7 f.). 13

- **Bereicherungsrechtliche Ausgleichsansprüche** nach Endentscheidungen in Erstverfahren bei Leistungsbezug sowie nach Abänderungs-[5] oder Anpassungsentscheidungen[6] mit Rückwirkung, da hier der Versorgungsträger bis zum Ende des auf die Kenntnis der Rechtskraft folgenden Monats mit befreiender Wirkung an die bisher berechtigte Person in der bisherigen Höhe leisten kann. Der Ausgleich von ohne Rechtsgrund geleisteten Beträgen erfolgt nach Bereicherungsrecht (§ 30 Abs. 3 VersAusglG; s. § 226 Rz. 11). 14

---

1 OLG Hamm v. 25.6.2001 – 5 UF 150/01, FamRZ 2002, 103: die Entscheidung weist auf die Möglichkeit der Zwangshaftanordnung hin; aA OLG München v. 30.1.1997 – 16 WF 507/97, OLGR 1997, 129 = FamRZ 1998, 224.

2 So auch *Bergner*, NJW 2009, 1233 (1234).

3 So nach altem Recht gem. §§ 5 und 6 VAHRG.

4 Nach § 9 VAHRG.

5 ZB: Abänderungsentscheidungen nach § 225, 226, die bereits mit dem auf die Antragstellung folgenden Monat wirksam werden (§ 226 Abs. 4).

6 Verfahren auf Anpassung wegen Unterhalt, Invalidität und Tod der ausgleichsberechtigten Person, die mit dem auf die Antragstellung folgenden Monat wirksam werden (§§ 34 Abs. 3, 36 Abs. 3 und 38 Abs. 2 VersAusglG).

§ 218
Örtliche Zuständigkeit

Ausschließlich zuständig ist in dieser Rangfolge:

1. während der Anhängigkeit einer Ehesache das Gericht, bei dem die Ehesache im ersten Rechtszug anhängig ist oder war;

2. das Gericht, in dessen Bezirk die Ehegatten ihren gemeinsamen gewöhnlichen Aufenthalt haben oder zuletzt gehabt haben, wenn ein Ehegatte dort weiterhin seinen gewöhnlichen Aufenthalt hat;

3. das Gericht, in dessen Bezirk ein Antragsgegner seinen gewöhnlichen Aufenthalt oder Sitz hat;

4. das Gericht, in dessen Bezirk ein Antragsteller seinen gewöhnlichen Aufenthalt oder Sitz hat;

5. das Amtsgericht Schöneberg in Berlin.

A. Allgemeines

1 Die Zuständigkeitsregelung, die nach bisherigem Recht für VA-Folgesachen im Verbundverfahren in § 621 ZPO und für isolierte Verfahren in § 45 FGG geregelt war, wird nun in einer Norm zusammengefasst.

2 Durch § 218 Nr. 1 bis 5 wird eine **Rangfolge** von Gerichtsständen für Versorgungsausgleichssachen gesetzlich vorgeschrieben, die jeweils eine Zuständigkeit nur begründen, wenn die Voraussetzungen aller ranghöheren Nummern nicht erfüllt sind. Ein Wahlrecht zwischen den Gerichtsständen besteht nicht.

B. Inhalt der Vorschrift

I. Internationale Zuständigkeit

3 § 218 regelt die örtliche Zuständigkeit innerhalb der deutschen Gerichtsbarkeit. Die internationale Zuständigkeit der Deutschen Gerichtsbarkeit bestimmt sich für isolierte Versorgungsausgleichssachen nach § 102 (s. § 102 Rz. 7–12) und für Versorgungsausgleichssachen im Scheidungsverbund nach § 98 (s. § 98 Rz. 44).

II. Zuständigkeit des Gerichts der Ehesache (Nr. 1)

4 Durch Nr. 1 wird ab **Anhängigkeit** der **Ehesache** die Zuständigkeit des Gerichts der Ehesache für Versorgungsausgleichssachen begründet. Diese Zuständigkeitsbündelung entspricht der bisherigen gesetzlichen Regelung des § 621 Abs. 2 ZPO und betrifft in erster Linie Verfahren zur Durchführung des **Wertausgleichs bei der Scheidung**.[1] Dieser wird bei Anhängigkeit einer Ehesache im Regelfall amtswegig eingeleitet (§ 137 Abs. 2 Satz 2), sofern die Durchführung des VA nicht – beispielsweise bei ausländi-

1 Der in Kap. 2 Abschnitt 2 des VersAusglG geregelte „Wertausgleich bei der Scheidung" tritt an die Stelle des in §§ 1587a bis 1587e BGB geregelten „Wertausgleichs", der allgemein als öffentlich-rechtlicher VA bezeichnet wurde.

scher Staatsangehörigkeit beider Ehegatten – gem. Art. 17 Abs. 3 EGBGB unterbleibt oder nur auf Antrag erfolgt.

Auch für Anträge auf **Auskunft, Feststellung der Wirksamkeit** einer Vereinbarung nach §§ 6 ff. VersAusglG und auf **Ausgleichsansprüche nach der Scheidung**[1] ist bis zum rechtskräftigen Abschluss des Scheidungsverfahrens das erstinstanzlich mit der Ehesache befasste Gericht ausschließlich zuständig. 5

Die Ehesache wird mit der **Einreichung der Antragsschrift anhängig** (§ 124). Die Einreichung eines VKH-Antrags genügt nicht.[2] Die Anhängigkeit endet durch **Rücknahme** des Scheidungsantrags, mit dem **Tod** eines Ehegatten (§ 131) oder der **Rechtskraft** des Scheidungsausspruchs.[3] 6

Für Versorgungsausgleichssachen, die bereits bei **anderen Gerichten anhängig** sind, während eine Ehesache anhängig wird,[4] wird die **Abgabe** an das Gericht der Ehesache – anders als bei Kindschafts-, Ehewohnungs-, Unterhalts- und Güterrechtssachen sowie sonstigen Familiensachen[5] – nicht vorgeschrieben, kann jedoch nach allgemeinen Vorschriften (§ 4) erfolgen. 7

III. Nachrangige Zuständigkeitsregelungen (Nr. 2 bis 5)

Die **Nr. 2 bis 5** entsprechen der bisherigen Regelung in § 45 FGG. 8

Vorrangig zuständig ist das **Gericht des gemeinsamen gewöhnlichen Aufenthalts** der Ehegatten (Nr. 2).[6] Das ist im Gegensatz zum schlichten Aufenthalt der Ort, an dem sich tatsächlich jemand längere Zeit aufhält und den Schwerpunkt seiner sozialen, wirtschaftlichen und familiären Beziehungen hat; eine vorübergehende Abwesenheit ist unschädlich.[7] Nach einem Aufenthaltswechsel kann bereits nach kurzer Zeit am neuen Ort ein gewöhnlicher Aufenthaltsort begründet werden, wenn der Aufenthalt dort auf längere Dauer angelegt ist.[8] 9

Gemeinsam ist der Aufenthalt, wenn er den Mittelpunkt des ehelichen Lebens bildet. 10

---

1 Die „Ausgleichsansprüche nach der Scheidung", geregelt in §§ 20 bis 26 VersAusglG, treten an die Stelle des früheren „schuldrechtlichen VA" (s. § 217 Rz. 6 bis 9). Da diese Ansprüche nur unter besonderen Voraussetzungen geltend gemacht werden können (§ 20 Abs. 1 und 2 VersAusglG), werden sie nur in seltenen Ausnahmefällen bereits mit der Scheidung beantragt werden können, etwa bei Parteien im Rentenalter, die ausländische Anrechte erworben haben.

2 So Zöller/*Phillipi*, 621a ZPO Rz. 86a; Musielak/*Borth*, § 621 ZPO Rz. 12, jeweils zum alten Recht.

3 So BGH v. 29.1.1986 – IVb ARZ 56/85, FamRZ 1986, 454 (zum alten Recht).

4 Diese Konstellation ist sicher selten, da der VA erst mit der Scheidung durchgeführt werden kann. Vermutlich hat der Gesetzgeber aus diesem Grunde auf eine Abgabevorschrift verzichtet. Es ist jedoch denkbar, dass zur Vorbereitung einer Vereinbarung ein Auskunftsanspruch nach § 4 VersAusglG oder die Feststellung der Wirksamkeit oder Unwirksamkeit einer bereits geschlossenen Vereinbarung bereits vor Einleitung des Scheidungsverfahrens rechthängig gemacht wird.

5 §§ 153, 202, 233, 263 und 268.

6 Zum Begriff des „gewöhnlichen Aufenthalts" s. § 122 Rz. 4–14; zum Begriff des „gemeinsamen gewöhnlichen Aufenthalts" s. § 122 Rz. 27–29.

7 BGH v. 5.2.1975 – IV ZR 103/73 (st. Rspr.), FamRZ 1975, 272; BGH v. 29.10.1980 – IVb ZB 586/80, FamRZ 1981, 135 f.; BGH v. 5.6.2002 – XII ZB 74/00, FamRZ 2002, 1182 ff.; OLG Hamm v. 5.5.1989 – 1 WF 167/89.

8 BGH v. 29.10.1980 – IVb ZB 586/80, FamRZ 1981, 135 f.; OLG Saarbrücken v. 30.5.1990 – 9 WF 76/90 = FamRZ 1990, 1119 (Frauenhaus).

Haben die Ehegatten zwar den gleichen gewöhnlichen Aufenthaltsort, **leben** dort jedoch voneinander **getrennt**, wird ein gemeinsamer Aufenthalt nicht begründet.[1] Ein mehrfacher gewöhnlicher Aufenthalt ist denkbar mit der Folge, dass mehrere Gerichte örtlich zuständig sind. Die Zuständigkeit eines Gerichts bestimmt sich dann nach § 2 Abs. 1, wonach das zuerst mit der Sache befasste Gericht zuständig ist.

11 Fehlt ein gemeinsamer gewöhnlicher Aufenthalt, ist nach Nr. 2, 2. Alt. der **letzte gemeinsame Aufenthalt** im Inland maßgebend, wenn wenigstens einer der Ehegatten im Zeitpunkt der Befassung des Gerichts im Bezirk dieses Gerichts seinen gewöhnlichen Aufenthalt hat.

12 Hat im Zeitpunkt der Befassung des Gerichts keiner der Ehegatten seinen gewöhnlichen Aufenthalt im Bezirk des letzten gemeinsamen Aufenthaltsortes oder haben die Ehegatten seit der Heirat im Inland einen gemeinsamen gewöhnlichen Aufenthalt nicht gehabt, bestimmt sich die Zuständigkeit nach den Nr. 3 bis 5.

13 Danach ist zunächst das Gericht, in dessen Bezirk der **Antragsgegner seinen gewöhnlichen Aufenthalt oder Sitz** hat, zuständig (Nr. 3).

14 Hat auch der Antragsgegner keinen gewöhnlichen Aufenthalt oder Sitz im Inland, ist der **gewöhnliche Aufenthalt oder Sitz des Antragstellers** maßgebend (Nr. 4).

15 Sofern eine Zuständigkeit nach Nr. 2 bis 4 nicht begründet ist, ist das **Amtsgericht Schöneberg** in Berlin-Schöneberg zuständig (Nr. 5). Eine Abgabemöglichkeit wie in § 36 Abs. 2 Satz 2 FGG aF ist nicht vorgesehen.

§ 219
Beteiligte

Zu beteiligen sind

1. die Ehegatten,

2. die Versorgungsträger, bei denen ein auszugleichendes Anrecht besteht,

3. die Versorgungsträger, bei denen ein Anrecht zum Zweck des Ausgleichs begründet werden soll, und

4. die Hinterbliebenen und die Erben der Ehegatten.

A. Allgemeines

1 Durch § 219 wird die gesetzliche Regelung des § 7, der eine Legaldefinition des Beteiligtenbegriffs in Form einer Generalklausel enthält, für Versorgungsausgleichssachen näher ausgestaltet. Das in § 7 Abs. 2 Nr. 1 enthaltene Kriterium der Unmittelbarkeit (s. § 7 Rz. 24–28) wird durch § 219 für Versorgungsausgleichssachen dahin konkretisiert, dass nur diejenigen Versorgungsträger Beteiligte sind, bei denen Anrechte bestehen, auf die sich die gerichtliche Entscheidung auswirkt. Dies entspricht der Abgrenzung, die der BGH zum Beteiligtenbegriff nach dem früheren § 53b FGG entwickelt hat. Ein Versorgungsträger wurde nach der Rechtsprechung zum bisherigem Recht als materiell beteiligt angesehen, wenn die Entscheidung über den öffentlich-

1 Zöller/*Phillipi*, § 606 ZPO Rz. 31.

rechtlichen VA mit einem im Gesetz nicht vorgesehenen Eingriff in seine Rechtsstellung verbunden war, ohne dass es auf eine finanzielle Mehrbelastung ankam.[1] Das war idR dann der Fall, wenn bei ihm bestehende Anwartschaften auf ein Versicherungskonto des Ausgleichsberechtigten bei einem anderen Sozialversicherungsträger oder auch bei ihm selbst übertragen wurden,[2] aber auch, wenn bei ihm zugunsten des Ausgleichsberechtigten ein Sozialversicherungsverhältnis begründet oder ein bestehendes Verhältnis inhaltlich verändert wurde.[3] Soweit das bei einem Versorgungsträger bestehende Anrecht hingegen nur als Rechnungsposten in die Ausgleichsbilanz einfloss, ohne unmittelbar zur Durchführung des VA herangezogen zu werden, war dieser Versorgungsträger am Verfahren nicht materiell beteiligt[4] und konnte beispielsweise nicht rügen, dass das bei ihm bestehende Anrecht nicht im Wege des erweiterten Ausgleichs nach § 3b VAHRG ausgeglichen wurde.

Nach der Strukturreform des VA und der Abkehr vom Prinzip des Einmalausgleichs 2
der Wertdifferenz aller Anrechte der Parteien über die gesetzliche Rentenversicherung hat der Gesetzgeber den unmittelbaren Beteiligtenbegriff auf das neue Ausgleichssystem übertragen.

Neben den Ehegatten (Nr. 1) und ihren Hinterbliebenen (Nr. 4) sind nunmehr die Ver- 3
sorgungsträger unmittelbar beteiligt, bei denen Anrechte auszugleichen sind (Nr. 2) oder bei denen – im Wege der externen Teilung, §§ 14, 15 VersAusglG – ein Anrecht begründet werden soll (Nr. 3).

B. Inhalt der Vorschrift

I. Ehegatten und ihre Hinterbliebenen (Nr. 1 und 4)

Zu beteiligen an Versorgungsausgleichssachen sind zunächst die **Ehegatten**, deren 4
Rechtsstellung durch den VA sachnotwendig betroffen ist. Darüber hinaus kann auch die Rechtsstellung der **Hinterbliebenen** tangiert sein.

Betroffen sind zum einen die Fälle, in denen beim Tod des Ausgleichspflichtigen noch 5
nicht alle Anrechte ausgeglichen sind und zu Lebzeiten des ausgleichspflichtigen Ehegatten noch nach § 20 ff. VersAusglG ausgleichsfähige Ansprüche bestanden.[5] An die Stelle dieser Ausgleichsrente tritt nach dem Tod des Ausgleichspflichtigen ein Anspruch auf **Teilhabe an der Hinterbliebenenversorgung**[6] gegen den Versorgungsträger (§ 25 VersAusglG) oder gegen die Witwe oder den Witwer des Ausgleichspflichtigen (§ 26 VersAusglG). Bei der Geltendmachung dieser Ansprüche, die an die Stelle des **verlängerten schuldrechtlichen VA** nach § 3a VAHRG getreten sind, muss die Witwe oder der Witwer des Ausgleichspflichtigen am Verfahren beteiligt werden. Gleiches gilt für Verfahren zur Abänderung[7] von Entscheidungen über die Teilhabe an der Hinterbliebenenversorgung.

1 BGH v. 14.10.1981 – IVb ZB 593/80, FamRZ 1982, 36 = NJW 1982, 224; BGH v. 12.11.1980 – IVb ZB 712/80, FamRZ 1981, 132; OLG Zweibrücken v. 11.10.1984 – 6 UF 34/84, FamRZ 1985, 614.
2 Jetzt geregelt in § 219 Nr. 2.
3 Jetzt geregelt in § 219 Nr. 3.
4 BGH v. 18.1.1989 – IVb ZB 208/87, FamRZ 1989, 369.
5 Diese Ansprüche erlöschen mit dem Tod des Ausgleichspflichtigen.
6 Der Anspruch ist auf den Betrag beschränkt, den der Ausgleichsberechtigte als Hinterbliebenenversorgung erhalten hätte, wenn seine Ehe mit dem Ausgleichspflichtigen bis zu dessen Tode angedauert hätte.
7 Die Zulässigkeitsvoraussetzungen sind geregelt in § 227 Abs. 1 iVm. § 48 Abs. 1.

6 In **Abänderungsverfahren** des nach altem[1] oder nach neuem Recht[2] durchgeführten VA, die nach dem Tode eines Ehegatten durchgeführt werden, sind Rechtspositionen der Hinterbliebenen regelmäßig tangiert.

7 **Verstirbt der Ausgleichspflichtige nach Rechtskraft der Scheidung**, aber **vor Rechtskraft** der Entscheidung über den **Wertausgleich**, kann der Ausgleichsberechtigte seine Ansprüche nun nach Maßgabe des § 31 Abs. 2 VersAusglG gegen die die Erben des Ausgleichspflichtigen geltend machen (§ 31 Abs. 1 Satz 1 VersAusglG[3]). Hier sind die Hinterbliebenen des Ausgleichspflichtigen am Verfahren zu beteiligen.

8 In **Anpassungsverfahren nach dem Tod der ausgleichsberechtigten** Person (§§ 37, 38 VersAusglG) ist im Gegensatz zum alten Recht[4] ein Anpassungsanspruch der **Hinterbliebenen** des Ausgleichspflichtigen **nicht** mehr **vorgesehen**. Nach Auffassung des Gesetzgebers[5] besteht kein schutzwürdiges Interesse der Hinterbliebenen an der Rückgängigmachung einer Versorgungskürzung, die sich nicht oder nur für geringe Zeit für die ausgleichsberechtigte Person auswirkte. Ein **vom Ausgleichspflichtigen** geltend gemachter **Anpassungsspruch** wegen Unterhalt, Invalidität oder Tod des Ausgleichsberechtigten fällt jedoch in den Nachlass und geht somit auf die Erben über[6] und kann von diesen weiterverfolgt werden.

II. Versorgungsträger (Nr. 2 und 3)

9 Zu beteiligen sind nach Nr. 2 die Versorgungsträger, bei denen ein auszugleichendes Anrecht besteht. Der vorzunehmende Ausgleich kann im Wege der **internen** (§§ 10 ff. VersAusglG) oder der **externen Teilung** (§§ 14 ff. VersAusglG) erfolgen.

10 Darüber hinaus werden vom Wortlaut der Nr. 2 auch Verfahren über **Ausgleichsansprüche nach der Scheidung** erfasst (§§ 20 f. VersAusglG). Hier ist jedoch – in Anlehnung an den zum bisherigen Recht entwickelten unmittelbaren Beteiligungsbegriff – eine Beteiligung auf die Fälle zu **beschränkten**, in denen die **Rechtsstellung** des **Versorgungsträgers** durch die Ausgleichsanordnung **tangiert** werden kann. Dies dürfte nur der Fall sein, wenn ein Anspruch auf Teilhabe an der Hinterbliebenenversorgung gegen den Versorgungsträger geltend gemacht wird (§ 25 VersAusglG) (hierzu näher in § 217 Rz. 9 f.).

11 Versorgungsträger, bei denen zum Zwecke des Ausgleichs ein Anrecht begründet werden soll, sind nach Nr. 3 zu beteiligen. Betroffen sind hier die **Versorgungsträger**, die der **Berechtigte** bei Vorliegen der Voraussetzungen des § 14 VersAusglG **auswählt** (§ 15 Abs. 1 und 2 VersAusglG). Wird die **Wahl nicht** wirksam **ausgeübt** (§ 15 Abs. 3 VersAusglG) oder werden Anrechte aus einem **öffentlich-rechtlichen Dienstverhältnis** nach § 16 VersAusglG extern geteilt,[7] ist der zuständige Träger der **gesetzlichen Rentenversicherung** nach Nr. 3 zu beteiligen.

---

1 Die Zulässigkeitsvoraussetzungen sind geregelt in §§ 51 ff. VersAusglG, kommentiert im Anhang zu § 225 bis 227.

2 Die Zulässigkeitsvoraussetzungen sind geregelt in §§ 225, 226.

3 Bisher § 1587e Abs. 4 BGB.

4 Früher geregelt in § 4 Abs. 1 VAHRG.

5 BT-Drucks. 16/10144, S. 76, 77.

6 §§ 34 Abs. 4, 36 Abs. 3 und 38 Abs. 2 VersAusglG.

7 In § 16 VersAusglG wird eine gesetzlich vorgesehene Sonderform der externen Teilung geregelt, die obligatorisch über die gesetzliche Rentenversicherung durchgeführt wird und dem Quasisplitting nach bisherigem Recht vergleichbar ist. Der externe Ausgleich ist auf die beamtenrechtlichen Anrechte beschränkt, die (noch) nicht intern ausgeglichen werden können.

Da im reformierten VA grundsätzlich jedes Anrecht einzeln ausgeglichen wird, kommen zunächst **alle Träger**, bei denen die Ehegatten in der Ehezeit **Anrechte erwirtschaftet** haben, sowie alle **Träger möglicher Zielversorgungen** grundsätzlich als Beteiligte in Betracht. 12

Eine **Beteiligung erfolgt jedoch nicht**, soweit ein Ausgleich von Anrechten 13

- auf Grund einer Parteienvereinbarung (§ 6 VersAusglG),
- wegen **Geringfügigkeit der Wertdifferenz** zwischen den beiderseitigen **Anrechten gleicher Art** (§ 18 Abs. 1 VersAusglG) oder des **Ausgleichswerts** eines einzelnen Anrechts (§ 18 Abs. 2 VersAusglG),
- wegen **Unbilligkeit** infolge nicht ausgleichsfähiger ausländischer Anrechte auf der Gegenseite (§ 19 Abs. 3 VersAusglG) oder
- wegen grober Unbilligkeit (§ 27 VersAusglG)

nicht stattfindet.

Wird dagegen der **Ausgleich** eines Anrechts **lediglich nicht vollzogen**, weil es mit einem Anrecht gleicher Art der Gegenseite verrechnet wird (§ 10 Abs. 2 VersAusglG), **bleibt** der Versorgungsträger des zu verrechnenden Anrechts **verfahrensbeteiligt.** 14

Dies ist beispielsweise der Fall, wenn **beide Ehegatten** Anrechte bei Versorgungsträgern erworben haben, die eine **Vereinbarung** über die **Verrechnung** von wechselseitig erworbenen **Anrechten** im VA (iSd. § 10 Abs. 2 Satz 2 VersAusglG) geschlossen haben.[1] In diesem Fall wird der VA nach § 10 Abs. 2 VersAusglG durch **Verrechnung des wertniederen Anrechts** und durch Ausgleich des werthöheren Anrechts – wie nach altem Recht – nur iHd. hälftigen Wertdifferenz vollzogen. Gleichwohl bleibt auch der **Versorgungsträger**, dessen Anrecht **nur verrechnet** wird, weiter nach Nr. 2 **verfahrensbeteiligt.** 15

Der vorstehend beschriebene Ausgleich durch Verrechnung findet beispielsweise zwischen den Bundes-[2] oder Regionalträgern[3] der **gesetzlichen Rentenversicherung** statt.[4] 16

§ 220
Verfahrensrechtliche Auskunftspflicht

(1) Das Gericht kann über Grund und Höhe der Anrechte Auskünfte einholen bei den Personen und Versorgungsträgern, die nach § 219 zu beteiligen sind, sowie bei sonstigen Stellen, die Auskünfte geben können.

---

1 ZB bei verschiedenen Versorgungswerken.

2 § 125 Abs. 2 SGB VI: Deutsche Rentenversicherung Bund und Knappschaft-Bahn-See.

3 § 125 Abs. 1 SGB VI: Deutsche Rentenversicherung Baden-Württemberg, Berlin-Brandenburg, Braunschweig-Hannover, Oldenburg-Bremen, Hessen, Niederbayern-Oberpfalz, Unterfranken, Oberbayern, Oberfranken und Mittelfranken, Rheinland-Pfalz, Rheinland, Saarland, Mitteldeutschland, Nord, Schwaben, Westfalen.

4 Die bei verschiedenen Trägern der gesetzlichen Rentenversicherung bestehenden Anrechte gelten gem. § 120f SGB VI – mit Ausnahme von angleichungsdynamischen Anrechten und Anrechten und Anrechten der knappschaftlichen Rentenversicherung – als „Anrechte gleicher Art" iSd. § 10 Abs. 2 VersAusglG; der Ausgleich erfolgt durch interne Teilung, wobei das Ausgleichsanrecht bei dem Träger, begründet wird, bei dem das weniger werthaltige Anrecht besteht.

(2) Übersendet das Gericht ein Formular, ist dieses bei der Auskunft zu verwenden. Satz 1 gilt nicht für eine automatisiert erstellte Auskunft eines Versorgungsträgers.

(3) Das Gericht kann anordnen, dass die Ehegatten oder ihre Hinterbliebenen oder Erben gegenüber dem Versorgungsträger Mitwirkungshandlungen zu erbringen haben, die für die Feststellung der in den Versorgungsausgleich einzubeziehenden Anrechte erforderlich sind.

(4) Der Versorgungsträger ist verpflichtet, die nach § 5 des Versorgungsausgleichsgesetzes benötigten Werte einschließlich einer übersichtlichen und nachvollziehbaren Berechnung sowie der für die Teilung maßgeblichen Regelungen mitzuteilen. Das Gericht kann den Versorgungsträger von Amts wegen oder auf Antrag eines Beteiligten auffordern, die Einzelheiten der Wertermittlung zu erläutern.

(5) Die in dieser Vorschrift genannten Personen und Stellen sind verpflichtet, gerichtliche Ersuchen und Anordnungen zu befolgen.

A. Allgemeines

1 Die Vorschrift fasst die **verfahrensrechtliche Auskunftsverpflichtung** der Parteien, Versorgungsträger und sonstigen Stellen, die nach bisherigem Recht in § 11 Abs. 2 VAHRG und § 53b Abs. 2 Satz 2 FGG geregelt war, zusammen. Der Adressatenkreis ist gegenüber der bisherigen Regelung unverändert geblieben.

2 Abs. 1 enthält die Befugnis des Gerichts, Auskünfte einzuholen und nennt – durch Bezugnahme auf § 219 – die möglichen Adressaten gerichtlicher Auskunftsersuchen. Durch Abs. 2 und Abs. 4 werden die Anforderungen an Form und Inhalt der zu erteilenden Auskunft näher bestimmt. Abs. 3 erweitert die Auskunftsverpflichtung der Ehegatten und Hinterbliebenen zu einer Mitwirkungsverpflichtung. Abs. 5 schließlich verpflichtet die Personen und Stellen zur Erfüllung der gerichtlichen Anordnungen.

3 Die **Auskunft** des Trägers der Rentenversicherung stellt **keinen Verwaltungsakt** dar; sie ist vielmehr ein Unterfall der amtlichen Auskunft, die nach § 29 Abs. 1 eingeholt wird und die Zeugenvernehmung des in Betracht kommenden Sachbearbeiters über die tatsächlichen Grundlagen einer Versorgungsanwartschaft ersetzt; sie enthält weiterhin eine sachverständige Äußerung über die rentenrechtliche Bewertung der Anwartschaft. Ein Anspruch auf Entschädigung nach dem ZSEG besteht nicht.

B. Inhalt der Vorschrift

I. Auskunftspflichtige (Absatz 1)

4 Die gegenseitige Auskunftsverpflichtung der **Ehegatten** und **Hinterbliebenen** nach §§ 4 Abs. 1 VersAusglG,[1] wird durch § 220 um eine verfahrensrechtliche Auskunftsverpflichtung **gegenüber dem Gericht** ergänzt. Der **materielle Auskunftsanspruch** zwischen den Ehegatten nach § 4 VersAusglG, § 1605 Abs. 2, 3 BGB besteht grundsätzlich unabhängig von der verfahrensrechtlichen Verpflichtung nach § 220 und kann vorbereitend als Familienstreitsache (§ 112) im isolierten Verfahren geltend gemacht werden. Ob nach der Reform des VA weiter ein Rechtsschutzinteresse an der Geltendma-

1 So OLG Hamm v. 19.6.1978 – 5 WF 432/78, FamRZ 1978, 700 zur Auskunftsverpflichtung der Ehegatten nach altem Recht.

chung des materiellen Anspruchs **im Verbund** besteht, ist jedoch jedenfalls im Regelfall **zweifelhaft.**[1]

Die Auskunftsverpflichtung trifft die **Hinterbliebenen**, soweit nach dem Tod eines (oder beider) Ehegatten noch gerichtliche Regelungen zu den Versorgungsanrechten der (geschiedenen) Ehegatten zu treffen sind. 5

Betroffen sind im Wesentlichen Verfahren, in denen die geschiedene ausgleichsberechtigte Ehefrau Ansprüche gegen den Versorgungsträger oder die Witwe des Ausgleichspflichtigen Ansprüche auf **Teilhabe an der Hinterbliebenenversorgung** (s. § 219 Rz. 5) geltend macht (§ 25, 26 VersAusglG[2]), sowie Abänderungs-[3] und Anpassungsverfahren (s. § 219 Rz. 6–8) nach Rechtskraft der Entscheidung zum VA, die nach dem Tode eines Ehegatten durchgeführt werden (vgl. hierzu ausführlich § 219 Rz. 5–8). 6

Verstirbt der zum Ausgleich verpflichtete Ehegatte, nachdem ihm durch das Gericht die Auskunftserteilung aufgegeben wurde, tritt Erledigung der Hauptsache ein; das mögliche Auskunftsbegehren gegen den Erben betrifft einen anderen Verfahrensgegenstand.[4] 7

Neben den Parteien sind auch die nach § 219 zu beteiligenden **Versorgungsträger** auskunftspflichtig. Die Bezugnahme auf § 219, die erst durch das VAStrRefG[5] in das FamFG aufgenommen wurde, ist gesetzgeberisch verunglückt. Die **Auskunftsverpflichtung** der Versorgungsträger muss **weiter** gehen **als** deren **Verfahrensbeteiligung**. Ob ein Versorgungsträger am Verfahren zu beteiligen ist, kann oftmals erst geprüft und entschieden werden, wenn alle Auskünfte vorliegen.[6] Die Bezugnahme ist deshalb dahin auszulegen, dass alle **Versorgungsträger** und Personen, die nach § 219 als **Verfahrensbeteiligte in Betracht** kommen, auskunftspflichtig sind.[7] 8

Durch die Auskunftsverpflichtung der Versorgungsträger werden das nach **§ 109 SGB VI** bestehende **Informationsrecht des gesetzlich Versicherten über** alle **rentenrelevanten Daten** gegenüber der Deutschen Rentenversicherung und der – subsidiäre – **Auskunftsanspruch** der Ehegatten gegenüber den Versorgungsträgern der Gegenseite (§ 4 Abs. 2 VersAusglG) um eine verfahrensrechtliche **Auskunftspflicht aller Versorgungsträger gegenüber dem Gericht** erweitert. 9

1 OLG Hamm v. 25.6.2001 – 5 UF 150/01, FamRZ 2002, 203 hat das Rechtsschutzbedürfnis nach altem Recht mit der erweiterten Vollstreckbarkeit des Auskunftsurteils begründet. Nachdem jedoch nach der Reform des VA nun auch die verfahrensrechtliche Auskunftspflicht (ersatzweise) durch Zwangshaft durchgesetzt werden kann (s. § 35), ist dieses Argument entfallen (so auch *Bergner*, NJW 2009, 1233 [1234]).

2 Nach bisherigem Recht: verlängerter schuldrechtlicher VA, § 3a VAHRG.

3 Zulässigkeitsvoraussetzungen und Durchführungsbestimmungen sind für die Abänderung von Entscheidungen, die nach altem Recht ergangen sind, in §§ 51, 52 VersAusglG und für Entscheidungen, die nach dem Bestimmungen des VersAusglG ergangen sind, in §§ 225, 226 geregelt.

4 BGH v. 13.11.1985 – IVb ZB 112/82, NJW-RR 86, 369.

5 Gesetz zur Strukurreform des Versorgungsausgleichs v. 3.4.2009, BGBl. I, S. 700.

6 Wenn beispielsweise die Parteien den Ausschluss des VA vereinbart haben, wird das Gericht idR zur Durchführung der Inhaltskontrolle die Auskünfte aller Versorgungsträger einholen; sofern der Ausschluss wirksam ist und der VA nicht durchgeführt wird, sind die Versorgungsträger jedoch nicht am Verfahren zu beteiligen.

7 Diese Auslegung entspricht dem Willen des Gesetzgebers, der mit der durch das VAStrRefG v. 3.4.2009, BGBl. I, S. 700 in das Gesetz eingefügten Bezugnahme auf § 219 den ursprünglichen, weiter gefassten Normtext (BGBl. I 2008, S. 2626 f.) inhaltlich nicht verändern, sondern nur „straffen" wollte (BT-Drucks. 16/10144, S. 93).

10 **Sonstige Stellen,** die ebenfalls Auskunft über den Bestand oder die Höhe eines Anrechts erteilen können, sind beispielsweise **Arbeitgeber** oder die **Träger von Lohnersatzleistungen oder Arbeitslosengeld**, soweit diese zur Klärung des Versicherungsverlaufs in der gesetzlichen Rentenversicherung beitragen können, sowie die Verbindungsstellen der gesetzlichen Rentenversicherung, wenn ausländische Anrechte aufzuklären sind. Weiter können auch **Versorgungsträger**, die **nicht** als **Verfahrensbeteiligte** nach **§ 219** in Betracht kommen, jedenfalls als „sonstige Stelle" zur Auskunft verpflichtet sein. Das betrifft beispielsweise Unternehmen, bei denen eine auf Kapitalleistung gerichtete Lebensversicherung[1] unterhalten wird. Hier muss jedenfalls über die Vertragsdaten, die für die Zuordnung des Anrechts in den Zugewinn- oder den Versorgungsausgleich erheblich sind, Auskunft erteilt werden.

11 Allein durch die Auskunftsverpflichtung erlangen – wie nach bisherigem Recht[2] – weder die „sonstigen Stellen" noch die Versorgungsträger die Stellung eines Verfahrensbeteiligten (s. § 219 Rz. 9–16).

II. Form und Inhalt der Auskunftspflicht

1. Form der Auskunftserteilung (Absatz 2)

12 Durch Abs. 2 wird die **Form der Auskunftserteilung** geregelt. Alle Auskunftspflichtigen haben grundsätzlich die vom Gericht übersandten Formulare für die Auskunftserteilung zu verwenden. Diese Verpflichtung, die im bisherigen Recht nicht existierte, soll eine **vollständige** und EDV-gerechte **Erteilung** der Auskünfte **sicherstellen,** Nachfragen des Gerichts über nicht mitgeteilte, aber erhebliche Daten vermeiden und so die **Durchführung** des VA **beschleunigen** und erleichtern.

13 Eine **Ausnahme** von dieser Verpflichtung besteht nach Abs. 2 Satz 2 für große Versorgungsträger wie die **gesetzliche Rentenversicherung** oder **größere** betriebliche **Versorgungswerke**, die für die Erstellung ihrer Auskünfte **elektronische Datenverarbeitungssysteme** verwenden. Hier würde die Verpflichtung zur Verwendung der gerichtlichen Formulare einen zusätzlichen Verwaltungsaufwand bedeuten, dem kein Nutzen für das gerichtliche Verfahren gegenübersteht. Auch die **automatisiert** erstellten Auskünfte müssen **inhaltlich** den gesetzlichen **Anforderungen entsprechen** und alle Informationen enthalten, die das Gericht für das Verfahren benötigt.

2. Inhalt der Auskunft (Absatz 4)

14 Durch Abs. 4 wird der **Inhalt** der von den Versorgungsträgern zu erteilenden Auskunft näher bestimmt. Für die Berechnung und Durchführung des VA benötigt das Gericht die nach §§ 5 Abs. 1, 39 ff. VersAusglG zu berechnenden **Ehezeitanteile** aller Versorgungen sowie deren nach §§ 5 Abs. 3, 47 VersAusglG zu bestimmenden korrespondierenden **Kapitalwert** (s. Rz. 21 Fn. 4). Diese Werte müssen deshalb in der Auskunft enthalten sein. Zudem haben die Versorgungsträger dem Gericht einen Vorschlag für die Bestimmung des Ausgleichswerts zu unterbreiten (§ 5 Abs. 3 VersAusglG).

15 Weil die Auskunft des Versorgungsträgers das Gericht nicht von seiner Verpflichtung zur amtswegigen Prüfung entlastet, muss diese zudem eine **nachvollziehbare Berech-**

1 Eine auf Kapitalleistung gerichtete Lebensversicherung fällt nicht in den VA, soweit es sich nicht um ein Anrecht iSd. BetrAVG oder des AltZertG handelt (§ 2 Abs. 2 Nr. 3 VersAusglG).
2 RGRK/*Wick*, § 11 VAHRG Rz. 5.

nung für die obigen Werte enthalten (Abs. 4 Satz 1). Dazu gehört ua. die Benennung des angewandten **versicherungsmathematischen Berechnungsverfahrens** sowie der grundlegenden Annahmen der Berechnung, insbesondere Zinssatz und angewandte Sterbetafeln. Zur Offenlegung von Geschäftsgeheimnissen (etwa spezifische geschäftsinterne Kalkulationen) ist der Versorgungsträger nicht verpflichtet.

Zudem sind bei Lebensversicherungen und betrieblichen Altersversorgungen wie nach bisherigem Recht die **vertraglichen** oder **satzungsrechtlichen Grundlagen**[1] der Versorgung mitzuteilen, um dem Gericht die Prüfung der vorgenommenen Berechnung zu ermöglichen. Soweit diese Grundlagen nicht bereits aus anderen Verfahren gerichtsbekannt sind, genügt ein Verweis auf die bereits eingereichten Unterlagen. 16

Sofern der auskunftspflichtige Versorgungsträger mit anderen Versorgungsträgern Vereinbarungen über die gegenseitige Verrechnung von Anrechten[2] (§ 10 Abs. 2 Satz 2 VersAusglG; s. § 219 Rz. 14 f.) geschlossen hat, ist auch dies mitzuteilen. 17

Abs. 4 Satz 2 stellt klar, dass das Gericht in Zweifelsfällen oder bei unvollständig erteilten Auskünften befugt ist, den Versorgungsträger zu ergänzenden Auskünften aufzufordern. Dies wird regelmäßig erforderlich sein, wenn ein Beteiligter dies aus nachvollziehbaren Gründen beantragt.[3] 18

Die Ergänzung oder Erläuterung kann – nach Wahl des Gerichts – durch eine schriftliche Ergänzung bzw. Erläuterung oder eine mündliche Erläuterung durch einen zum Termin geladenen Vertreter des Versorgungsträgers erfolgen. 19

Im Interesse einer Verfahrensbescheunigung ist es zweckmäßig, dass sich der Versorgungsträger **bereits** mit seiner **Auskunft** über den Ehezeitanteil bzw. den Ausgleichswert auch dazu äußert, ob er von seinem **Recht** Gebrauch machen will, die **externe Teilung** eines Anrechts nach § 14 Abs. 2 Nr. 2 VersAusglG zu verlangen. Die Abgabe einer solchen **Erklärung** ist gesetzlich nicht zwingend vorgegeben. Das **Optionsrecht** muss jedoch innerhalb einer vom Gericht bestimmten Frist diesem gegenüber ausgeübt werden (s. § 222 Abs. 1). Mit der Abgabe der erforderlichen Erklärung bereits bei Auskunftserteilung kann der Versorgungsträger der gerichtlichen Fristsetzung zuvorkommen und zu einem schnelleren Ablauf des Verfahrens beitragen. 20

In der **forensischen Praxis** müssen nunmehr **alle** Versorgungsträger einen **Vorschlag** für die Bestimmung eines **Ausgleichswerts** (§ 5 Abs. 3 VersAusglG) sowie die Berechnung des **korrespondierenden Kapitalwertes**[4] in ihre Auskunft aufnehmen. Zudem ist 21

---

1 Die Mitteilungspflicht der „für die Teilung maßgeblichen Regelungen" wurde auf Empfehlung des Rechtsausschusses in den Gesetzestext aufgenommen (BT-Drucks. 16/11903, S. 48, 117).

2 Nach § 10 Abs. 2 Satz 2 VersAusglG kann die Teilung von wechselseitig bei verschiedenen Versorgungsträgern erworbenen Anrechten durch Verrechnung vollzogen werden, soweit entsprechende Vereinbarungen bestehen.

3 Die verfahrensrechtliche Auskunftspflicht besteht gleichwohl nur gegenüber dem Gericht.

4 Der korrespondierende Kapitalwert (§ 47 VersAusglG) ist der Betrag, der aufzubringen wäre, um ein Anrecht in Höhe des Ausgleichswerts (§ 5 Abs. 3 VersAusglG) für die berechtigte Person bei dem Versorgungsträger zu begründen. Er entspricht bei deckungskapitalbezogenen Anrechten dem hälftigen ehezeitlichen Deckungskapital; bei allen anderen Anrechten wurde er in den nach bisherigem Recht erteilten Auskünften nicht mitgeteilt. Der korrespondierende Kapitalwert ist für die Parteien als Kalkulationsgrundlage für Vereinbarungen zum VA von Bedeutung, da er den Vergleich unterschiedlicher Anrechte und den Vergleich von Versorgungsanrechten mit anderen, beispielsweise im Zugewinnausgleich auszugleichenden Vermögenspositionen ermöglicht. Dem Gericht dient der korrespondierende Kapitalwert als Basis für Billigkeitsabwägungen, beispielsweise bei der Prüfung einer Beschränkung oder eines Ausschlusses des VA nach § 19 Abs. 3 oder § 27 VersAusglG.

nach der Reform des VA auch die Angabe des **Ehezeitanteils** obligatorisch. Insbesondere im Bereich der betrieblichen Altersversorgung wurde nach der bisherigen Praxis der Ehezeitanteil überwiegend nicht mitgeteilt.

22 Wie sich im Umkehrschluss aus § 51 Abs. 2 VersAusglG ergibt, ist in der **gesetzlichen Rentenversicherung** – außer in Abänderungsverfahren von Altentscheidungen – die Mitteilung des **ehezeitlichen Rentenwerts** nicht mehr erforderlich, da die Übertragung von Anrechten im Wege der internen Teilung in Entgeltpunkten und die (theoretisch denkbare) Begründung von Anrechten im Wege der externen Teilung zulasten der DRV in Form eines Kapitalbetrags erfolgt. Die Beibehaltung der Angabe des Rentenwerts erscheint jedoch wünschenswert, weil sie die Auskunft für die Parteien verständlicher macht.

23 Für die Teilung von Anrechten aus einem öffentlich-rechtlichen Dienstverhältnis (**Beamtenversorgung**) wird weiterhin der **Betrag des Ehezeitanteils** benötigt, da dessen hälftiger Betrag (Ausgleichswert) – soweit dies gesetzlich vorgesehen ist[1] – durch interne Teilung übertragen und ansonsten im Wege der externen Teilung über die gesetzliche Rentenversicherung dort als Anrecht begründet und in Entgeltpunkte umgerechnet wird (§ 16 VersAusglG).

III. Mitwirkungsverpflichtung (Absatz 3)

24 Durch Abs. 3 wird die Auskunftsverpflichtung der Ehegatten und Hinterbliebenen zu einer **Mitwirkungsverpflichtung** erweitert,[2] die die amtswegige Sachverhaltsaufklärung in der forensischen Praxis erheblich erleichtern kann.

25 Insbesondere bei den gesetzlichen Rentenanwartschaften wird die Ermittlung des Ehezeitanteils für alle Beteiligten – das Gericht, die Versorgungsträger und die Parteien – effizienter gestaltet, wenn das Gericht nicht alle zur Kontenklärung erforderlichen Unterlagen[3] von den **Parteien** anfordert und dann an die Versorgungsträger weiterleitet, sondern die Parteien zur Abgabe aller Erklärungen und Vorlage aller Unterlagen **unmittelbar** beim **Versorgungsträger** auffordert. Während nach der bisherigen gesetzlichen Regelung Mitwirkungshandlungen der Parteien gegenüber dem Versorgungsträger nur angeregt, aber nicht angeordnet und zwangsweise durchgesetzt werden konnten, bietet Abs. 2 Satz 1 nun diese Möglichkeit. Anders als die in § 149 Abs. 4 SGB VI enthaltene Mitwirkungsverpflichtung des Versicherten bei der Klärung des Versicherungskontos besteht die **Verpflichtung** zu Mitwirkungshandlungen gegenüber dem Versorgungsträger im Rahmen des familiengerichtlichen Verfahrens **gegenüber** dem **Gericht** und kann nach § 35 zwangsweise durchgesetzt werden.

26 Die in Abs. 2 Satz 2 des ursprünglichen Normtextes[4] enthaltene nicht abschließende Aufzählung möglicher Auflagen wurde mit die Änderung der Norm durch das

1 Der Ausgleichswert ist der hälftige Ehezeitanteil.

2 Nach der obergerichtlichen Auslegung des § 11 Abs. 2 Satz 1 VAHRG begründete diese Norm keine Verpflichtung zu Mitwirkungshandlungen (nach OLG Brandenburg v. 25.3.1997 – 10 WF 21/97, FamRZ 1998, 681 f. bestand keine Verpflichtung, einen Kontenklärungsantrag auszufüllen).

3 ZB Antrag auf Anerkennung von Kindererziehungszeiten, Entgeltbescheinigung des Arbeitgebers, Kontenklärungsantrag etc.

4 BGBl. I 2008, 2626 f.

VAStrRefG[1] mit der Begründung gestrichen, dass der Versorgungsträger im Einzelfall mitteilen werde, welche Mitwirkungshandlungen der Parteien erforderlich seien und das Gericht dann entsprechende Anordnungen treffen könne.[2]

Die folgenden Mitwirkungshandlungen der Parteien **gegenüber dem Versorgungsträger** sind für die Klärung des Versicherungsverlaufs in der gesetzlichen Rentenversicherung von zentraler Bedeutung: 26a

- Angabe aller für die ehezeitliche Kontenklärung erheblichen Tatsachen (zB alle erforderlichen Angaben zum schulischen und beruflichen Werdegang);
- Vorlage von Urkunden und Beweismittel (zB Schulzeugnisse, Belege über Zeiten der Arbeitslosigkeit, Entgeltbescheinigung des Arbeitgebers für noch nicht gemeldete Versicherungszeiten etc.);
- Stellung von Anträgen (zB Antrag auf Anerkennung von Kindererziehungszeiten oder Antrag auf Kontenklärung).

IV. Durchsetzung (Absatz 5)

Durch Abs. 5 wird gegenüber den in Abs. 1 genannten Adressaten eine Auskunfts- und Mitwirkungsverpflichtung nach Maßgabe der Abs. 2 bis 4 begründet. Diese kann gem. § 35 Abs. 1 durch die Festsetzung eines Zwangsgeldes bis 25 000 Euro (§ 35 Abs. 3) oder Zwangshaft[3] durchgesetzt werden, worauf in der Auskunfts- bzw. Mitwirkungsanordnung hinzuweisen ist (§ 35 Abs. 2). 27

§ 221
Erörterung, Aussetzung

(1) Das Gericht soll die Angelegenheit mit den Ehegatten in einem Termin erörtern.

(2) Das Gericht hat das Verfahren auszusetzen, wenn ein Rechtsstreit über Bestand oder Höhe eines in den Versorgungsausgleich einzubeziehenden Anrechts anhängig ist.

(3) Besteht Streit über ein Anrecht, ohne dass die Voraussetzungen des Absatzes 2 erfüllt sind, kann das Gericht das Verfahren aussetzen und einem oder beiden Ehegatten eine Frist zur Erhebung der Klage setzen. Wird diese Klage nicht oder nicht rechtzeitig erhoben, kann das Gericht das Vorbringen unberücksichtigt lassen, das mit der Klage hätte geltend gemacht werden können.

A. Allgemeines

Abs. 1 ersetzt die Regelung des § 53b Abs. 1 FGG, **beschränkt** jedoch abweichend von der bisherigen Regelung die als **Soll-Bestimmung** vorgegebene mündliche Erörterung **auf die Ehegatten**. Ob auch die beteiligten Versorgungsträger zu der mündlichen Er- 1

1 Gesetz zur Strukturreform des Versorgungsausgleichs v. 3.4.2009, BGBl. I, S. 700.
2 S. BT-Drucks. 16/6308, S. 253.
3 Für den Fall, dass das Zwangsgeld nicht beigetrieben werden kann, § 35 Abs. 1.

örterung hinzugezogen werden, steht nach § 32 Abs. 1 im Ermessen des Gerichts. Durch diese Neuregelung wird der Tatsache, dass die beteiligten Versorgungsträger in der forensischen Praxis im Regelfall auf die Teilnahme an mündlichen Erörterungsterminen verzichten, Rechnung getragen.

2 Die in **Abs. 2 und 3** geregelte Aussetzung des Verfahrens tritt an die Stelle des § 53c FGG; die Regelung wurde klarstellend geändert, ohne dass damit eine Änderung des Regelungsinhalts verbunden ist.

B. Inhalt der Vorschrift

I. Erörterung (Absatz 1)

3 In der Mehrzahl der Verfahren – dem **Wertausgleich bei der Scheidung,**[1] der gem. § 137 Abs. 2 Satz 1 Nr. 1 im **Verbund** mit dem Scheidungsverfahren durchgeführt wird – hat § 221 im Hinblick auf die bereits für die Ehesache bestehende, weiter gehende Verpflichtung des Gerichts zur **persönlichen Anhörung** der Parteien (§ 128 Abs. 1) keine praktische Bedeutung. In den übrigen, isolierten Verfahren ist die Durchführung einer mündlichen Anhörung weiterhin **nicht zwingend** vorgeschrieben, sondern nur als Soll-Bestimmung vorgegeben. Das Unterlassen der mündlichen Verhandlung kann ein **Verfahrensverstoß** sein, **wenn** hierdurch die **Verpflichtung** zur **Amtsermittlung verletzt** wird.[2]

4 Mit dem reformierten materiellen Versorgungsausgleichsrecht wird das Erörterungsgebot bedeutsamer werden, denn die Spielräume für Ermessensentscheidungen des Gerichts und für Vereinbarungen der Eheleute werden erweitert. So kann das Gericht im Rahmen der **Erörterung** bei entsprechenden Anhaltspunkten auf die Möglichkeiten hinweisen, zweckmäßige Vereinbarungen zu schließen.[3] Auch bei **Ermessens- oder Billigkeitsentscheidungen**, etwa der Durchführung des Ausgleichs trotz geringer Werte nach § 18 Abs. 3 VersAusglG, dem Teilausschluss bei Beteiligung nicht ausgleichsfähiger ausländischer Anrechte (§ 19 Abs. 3 VersAusglG) oder einer **Härtefallprüfung** nach § 27 VersAusglG, ist die Erörterung aller maßgeblichen Gesichtspunkte mit den Beteiligten in der Regel angezeigt.

5 Gegen eine Entscheidung im schriftlichen Verfahren mit Zustimmung der Beteiligten wird jedoch – insbesondere in der Beschwerdeinstanz – weiterhin nichts einzuwenden sein, sofern alle für die Ermessens- und Billigkeitsentscheidungen des Gerichts maßgeblichen Gesichtspunkte bereits aktenkundig sind.

II. Aussetzung (Absätze 2 und 3)

6 Die Abs. 2 und 3 regeln die Frage einer Aussetzung des Verfahrens, wenn die Entscheidung über den VA von einer in einem anderen Verfahren zu treffenden Entscheidung abhängt. Sie soll voneinander **abweichende Ergebnisse vermeiden** und dem Familiengericht den Rückgriff auf die Entscheidung des für das jeweilige Anrecht zuständigen **Fachgerichts** ermöglichen.

1 Geregelt in §§ 9 bis 17 VersAusglG.
2 OLG Koblenz v. 7.6.1985 – 13 UF 1429/84, NJW-RR 1986, 306.
3 So auch *Bergner*, NJW 2009, 1233 (1234).

Problematisch ist die Frage der **Aussetzung bei einem Streit über die Höhe des Ehezeitanteils** eines Anrechts. Soweit der Streit seine Ursache in der vom Versorgungsträger vorgenommenen **Bewertung** des **Bestandes** oder der **Höhe** des Anrechts hat, liegt die Entscheidungszuständigkeit bei dem **Fachgericht**; das Verfahren vor dem Familiengericht ist nach Maßgabe der nachstehenden Ausführungen auszusetzen. Die vom Versorgungsträger vorgenommene Berechnung des **Kapitalwerts**, **Ausgleichswerts** und des **Ehezeitanteils** ist dagegen vom **Familiengericht** abschließend zu prüfen und zu entscheiden. Die Berechnungen des Versorgungsträgers sind für das Familiengericht nicht bindend, wie § 5 Abs. 3 VersAusglG für den Ausgleichswert und den Kapitalwert ausdrücklich klarstellt. 7

Wenn Streit über den Bestand oder die Höhe eines Anrechts besteht, hat das Gericht folgende Möglichkeiten: 8

Nach Abs. 2 ist eine **Aussetzung zwingend** vorgeschrieben, wenn ein **Verfahren** vor dem Spezialgericht **bereits anhängig** ist oder während des Verfahrens über den VA anhängig wird. Das Familiengericht ist an rechtskräftige Urteile der Sozialgerichte nur **gebunden**, wenn sie unter allen Beteiligten Wirkung entfalten.[1] 9

Solange ein Rechtsstreit über den Bestand des Anrechts **noch nicht anhängig** ist, eröffnet Abs. 3 Satz 1 dem Gericht die **Möglichkeit**, die betroffene Partei unter Fristsetzung zur gerichtlichen Klärung aufzufordern und das Verfahren zunächst bis zum Ablauf der Frist **auszusetzen**. Hierfür wird eine Klage vor einem Sozial-, Arbeits- oder Verwaltungsgericht in Betracht kommen. Wird die Klage innerhalb der Frist erhoben, ist das Verfahren nach Abs. 2 zwingend auszusetzen. Wird die Klage **nicht fristgemäß** erhoben, ist die Pflicht des Gerichts zur Amtsermittlung ist dahin eingeschränkt, dass das Vorbringen, das mit der Klage hätte geltend gemacht werden können, unberücksichtigt bleiben kann. 10

Es steht nach Abs. 3 Satz 2 **im Ermessen** des Gerichts, ob es das anderweitig gerichtlich klärbare Vorbringen nun unberücksichtigt lässt oder selbst den Versuch einer Aufklärung unternimmt. Wird die Klage **nach Ablauf der Frist**, aber **vor Abschluss des Verfahrens** noch erhoben, ist das Verfahren nach Abs. 2 bis zur fachgerichtlichen Entscheidung **auszusetzen**. 11

Neben § 221 Abs. 2, 3 bleiben die allgemeinen verfahrensrechtlichen Aussetzungsmöglichkeiten, beispielsweise nach den §§ 21 und 136 FamFG, unberührt. 12

§ 222
Durchführung der externen Teilung

(1) Die Wahlrechte nach § 14 Abs. 2 und § 15 Abs. 1 des Versorgungsausgleichsgesetzes sind in den vom Gericht zu setzenden Fristen auszuüben.

(2) Übt die ausgleichsberechtigte Person ihr Wahlrecht nach § 15 Abs. 1 des Versorgungsausgleichsgesetzes aus, so hat sie in der nach Absatz 1 gesetzten Frist zugleich nachzuweisen, dass der ausgewählte Versorgungsträger mit der vorgesehenen Teilung einverstanden ist.

1 Keidel/*Weber*, § 53c FGG Rz. 4.

(3) Das Gericht setzt in der Endentscheidung den nach § 14 Abs. 4 des Versorgungsausgleichsgesetzes zu zahlenden Kapitalbetrag fest.

(4) Bei einer externen Teilung nach § 16 des Versorgungsausgleichsgesetzes sind die Absätze 1 bis 3 nicht anzuwenden.

A. Allgemeines

1 Die Vorschrift steckt den verfahrensrechtlichen Rahmen für die Durchführung des VA in der Form der externen Teilung.

2 Durch die externe Teilung – geregelt in §§ 14 bis 17 VersAusglG – wird durch gerichtliche Entscheidung zulasten des auszugleichenden Anrechts ein **neues Anrecht** für den Ausgleichsberechtigten bei einem **anderen Versorgungsträger** begründet. Die externe Teilung ist im VersAusglG nur als **subsidiäre Ausgleichsform** vorgesehen, die nur unter bestimmten Voraussetzungen (§ 14 Abs. 2 und § 17 VersAusglG) durchzuführen ist, soweit sie nicht durch § 16 VersAusglG für **Beamtenversorgungen** kraft Gesetzes **angeordnet** ist. Zudem kann die berechtigte Person nach Maßgabe des § 15 VersAusglG den Träger der Zielversorgung bestimmen.

3 Diese Besonderheiten machen besondere verfahrensrechtliche Regelungen für die Durchführung der externen Teilung erforderlich, die in § 222 zusammengefasst wurden.

4 Die Vorschrift findet nur bei externen Teilungen nach § 14, 15 VersAusglG Anwendung. Der Ausgleich von Anrechten aus einem **öffentlich-rechtlichen** Dienst- oder Amtsverhältnis über die **gesetzliche Rentenversicherung** nach § 16 VersAusglG richtet sich als Sonderfall der externen Teilung wie im bisherigen Recht nach den Bestimmungen dieser Versorgungssysteme[1] (§ 16 Abs. 3 VersAusglG); **§ 222** findet hier **keine Anwendung**.

B. Inhalt der Vorschrift

I. Fristsetzung (Absatz 1)

5 Abs. 1 stellt klar, dass das Gericht für Erklärungen, mit denen Voraussetzungen für die externe Teilung eines Anrechts nach § 14 VersAusglG herbeigeführt oder der Träger der Zielversorgung nach § 15 VersAusglG bestimmt werden soll, **Fristen setzen kann**.

6 Die **Voraussetzungen** für die Durchführung der externen Teilung können einmal nach § 14 Abs. 2 **Nr. 1** VersAusglG durch eine **Vereinbarung** zwischen dem Versorgungsträger und der ausgleichspflichtigen Person geschaffen werden. In diesem Fall müssen die zum Abschluss der Vereinbarung erforderlichen **übereinstimmenden**, mit Bezug aufeinander abgegebenen **Erklärungen** innerhalb der vom Gericht gesetzten Frist vorliegen.

7 Bei Anrechten, deren Wert die in § 14 Abs. 2 **Nr. 2** VersAusglG genannten Höchstbeträge[2] nicht übersteigt, genügt eine – innerhalb der gesetzten Frist abgegebene – **ein-**

1 Dem Versicherungskonto des Berechtigten wird der in Entgeltpunkte umgerechnete Ausgleichsbetrag zugeschlagen (§§ 76, 264a SGB VI); die Versorgung des Ausgleichspflichtigen wird um den Nominalbetrag der begründeten Versorgungsanrechte gekürzt (§ 57 Abs. 1 BeamtVG).

2 Der Ausgleichswert darf bei Anrechten, bei denen der Rentenwert die maßgebliche Bezugsgröße ist, 2 % der Bezugsgröße und in allen anderen Fällen als Kapitalwert 240 % der Bezugsgröße nach § 18 Abs. 1 SGB VI – im Jahr 2009: 2.520 Euro – nicht überschreiten.

seitige Erklärung des Versorgungsträgers – das Teilungsverlangen –, um die Voraussetzungen für eine externe Teilung herbeizuführen.

In der Praxis ist damit zu rechnen, dass die Versorgungsträger, die eine externe Teilung der bei ihnen unterhaltenen Versorgungen wünschen, regelmäßig bereits in der von ihnen übermittelten Auskunft nach § 14 Abs. 2 Nr. 2 VersAusglG für die Durchführung der externen Teilung optieren oder ein Angebot zum Abschluss einer Vereinbarung nach § 14 Abs. 2 Nr. 1 VersAusglG abgeben. 8

Die **Wahl der Zielversorgung** erfolgt durch einseitige Erklärung der ausgleichsberechtigten Person (§ 15 Abs. 1 VersAusglG). 9

Die **zeitliche Begrenzung der Gestaltungsrechte**, die den Beteiligten bei der Durchführung der externen Teilung eingeräumt werden, dient der **Förderung des Verfahrens**. Alle Fristen sind **Ausschlussfristen**, deren Verlängerung (auf Antrag) im pflichtgemäßen Ermessen des Gerichts steht. Werden **Erklärungen** nach § 14 VersAusglG **nicht fristgemäß** abgegeben, ist die Durchführung der externen Teilung **ausgeschlossen**; das betreffende Anrecht wird dann intern geteilt (§§ 10 ff. VersAusglG). **Unterbleibt** die Benennung einer **Zielversorgung** (nebst der nach Abs. 2 erforderlichen Einverständniserklärung des Zielversorgungsträgers) nach § 15 Abs. 1 VersAusglG, erfolgt der externe Ausgleich nach § 15 Abs. 3 VersAusglG über die **gesetzliche Rentenversicherung**. 10

II. Einverständnis des Zielversorgungsträgers (Absatz 2)

Abs. 2 stellt klar, dass es der **ausgleichsberechtigten Person obliegt**, dem Gericht rechtzeitig die **Bereitschaft** des Versorgungsträgers der gewählten **Zielversorgung** zur Begründung oder zum Ausbau eines Anrechts **nachzuweisen**. Ist für die Abgabe der Erklärungen nach § 14 VersAusglG eine Frist nach Abs. 1 gesetzt, muss auch die Einverständniserklärung des Versorgungsträgers fristgemäß vorliegen. Ohne Fristsetzung genügt die Vorlage spätestens bis zur Entscheidung. 11

Zur **Ausübung des Wahlrechts** gehört die **Mitteilung** der einschlägigen **Daten des Zielversorgungsträgers**, die das Gericht zur hinreichend bestimmten Fassung des Tenors benötigt, wie zum Beispiel die genaue **Firmenbezeichnung des Versicherungsunternehmens** oder die **Tarifbezeichnung** und **Policennummer eines bereits bestehenden Vorsorgevertrags**, der ausgebaut werden soll. Es ist zu erwarten, dass die Versorgungsträger für diese Zwecke entsprechende Bestätigungsschreiben entwickeln, die an die ausgleichsberechtigte Person übersandt und von dieser dem Gericht vorgelegt werden können. 12

III. Durchführung der externen Teilung (Absatz 3)

Die externe Teilung erfolgt durch die Begründung eines Anrechts in Höhe des Ausgleichswerts[1] bei dem Zielversorgungsträger[2] (§ 14 Abs. 1 VersAusglG), also dem Transfer von Vorsorgevermögen zum Zielversorgungsträger. Abs. 3 ordnet an, dass das Gericht in seiner Entscheidung den **Betrag festsetzen** muss, den der Versorgungsträger 13

---

1 Regelmäßig der hälftige Wert des auszugleichenden Anrechts, soweit keine Kürzung vorzunehmen ist.

2 Die Zielversorgung wird – wie bei Rz. 8 ausgeführt – entweder bei dem vom Berechtigten nach § 15 Abs. 1 und 2 VersAusglG bestimmten Versorgungsträger oder bei der gesetzlichen Rentenversicherung (§ 15 Abs. 3 VersAusglG) begründet.

der ausgleichspflichtigen Person gem. § 14 Abs. 4 VersAusglG an den von der ausgleichsberechtigten Person benannten **Versorgungsträger zu zahlen** hat. Im Tenor anzugeben ist der **Kapitalwert des Ausgleichsbetrages**, der für alle Versorgungen in der Auskunft des Versorgungsträgers anzugeben ist.[1]

14 Die externe Teilung ist zum einen – wie die interne Teilung – ein **richterlicher Gestaltungsakt**, durch den der Wert des auszugleichenden Anrechts um den Ausgleichswert unmittelbar verringert und bei dem Zielversorgungsträger ein Anrecht für die ausgleichsberechtigte Person begründet oder erweitert wird.

15 Die Anrechte für die berechtigte Person werden grundsätzlich unabhängig von der Zahlung des Kapitalbetrags an den Träger der Zielversorgung begründet. Wird die externe Teilung jedoch über die GRV als „Auffangversorgung" durchgeführt, weil die berechtigte Person eine Zielversorgung nicht (wirksam) bestimmt hat (§ 15 Abs. 3 VersAusglG), werden die Anrechte erst mit Zahlungseingang erworben (§ 120g SGB VI).[2]

16 Die Festsetzung des Ausgleichsbetrages enthält jedoch **zudem** einen **Leistungsbefehl**, der zugunsten des Trägers der Zielversorgung bei dem Träger der Ausgleichsversorgung **vollstreckt** werden kann.[3] Dies gilt nicht für den Ausgleich von Beamtenversorgungen über die gesetzliche Rentenversicherung (s. Rz. 20).

IV. Externe Teilung von Anrechten aus öffentlich-rechtlichen Dienst- oder Amtsverhältnissen (§ 16 VersAusglG), Absatz 4

17 Durch Abs. 4 wird **klarstellend** zum Ausdruck gebracht, dass Abs. 1 bis 3 bei der externen Teilung von Anrechten aus einem öffentlich-rechtlichen Dienst- oder Amtsverhältnis nicht anwendbar sind.

18 Die externe Teilung der vorgenannten Anrechte richtet sich nach der Sonderregelung des § 16 VersAusglG. Eine interne Teilung dieser Anrechte erfolgt nur, soweit eine entsprechende gesetzliche Regelung besteht.[4] Andernfalls sind die Anrechte zwingend über die gesetzliche Rentenversicherung extern zu teilen.

19 Da die §§ 14 und 15 VersAusglG durch die Sonderregelung des § 16 VersAusglG verdrängt werden und keine Anwendung finden, sind auch die verfahrensrechtlichen Bestimmungen des § 222 Abs. 1 und 2, die die Ausübung der Wahlrechte nach §§ 14 und 15 VersAusglG regeln, nicht anzuwenden.

20 Auch einer Zahlungsanordnung nach § 14 Abs. 4 VersAusglG bedarf es nicht, weil die Erstattungspflicht an den Träger der gesetzlichen Rentenversicherung kraft Gesetzes (§ 225 SGB VI) besteht.

1 S. § 5 Abs. 1, § 47 VersAusglG; der Kapitalwert ist der Betrag, der zum Ende der Ehezeit zur Begr. eines Anrechts benötigt würde. Dieser ist bei gesetzlichen Renten und Beamtenversorgungen anhand der Rechengrößen der gesetzlichen Rentenversicherung zu ermitteln (EP x Umrechnungsfaktor EP in Beiträge). Bei kapitalgedeckten Versorgungen entspricht er der Höhe des Deckungskapitals; für atypische Versorgungen ist anhand der spezifischen Grundlagen des Versorgungssystems ein Barwert zu bilden.

2 Die Vorschrift des § 120g SGB VI dient dem Schutz des GRV, da das Anrecht für die berechtigte Person in den Fällen, in denen die GRV als „Auffangversorgung" dient, ohne das Einverständnis des Versorgungsträgers begründet werden kann.

3 BT-Drucks. 16/10144, S. 96.

4 Dies ist bisher nur für die Versorgungsansprüche von Bundesbeamten vorgesehen (Art. 5 des VAStrRefG).

Die Gestaltungswirkung der gerichtlichen Entscheidung entspricht der Wirkung des Quasisplittings nach altem Recht.[1] 21

§ 223
Antragserfordernis für Ausgleichsansprüche nach der Scheidung

Über Ausgleichsansprüche nach der Scheidung nach den §§ 20 bis 26 des Versorgungsausgleichsgesetzes entscheidet das Gericht nur auf Antrag.

A. Allgemeines

Das Verfahren über den „Wertausgleich bei der Scheidung" (s. § 217 Rz. 4) ist im Regelfall[2] im Zwangsverbund mit der Scheidung (§ 137 Abs. 1, Abs. 2 Nr. 1) von Amts wegen (§ 137 Abs. 2 Satz 2) einzuleiten, zu betreiben und zu entscheiden. 1

Abweichend hiervon normiert § 223 für „**Ausgleichsansprüche nach der Scheidung**", die an die Stelle des schuldrechtlichen VA nach § 1587f, 1587i und 1587l BGB und des verlängerten schuldrechtlichen VA nach § 3a VAHRG des bisherigen Rechts getreten sind, ein **Antragserfordernis**. 2

B. Inhalt der Vorschrift

Durch der Reform des VA kann ein wesentlich größerer Teil der ehezeitlichen Anrechte bereits mit der Scheidung vollständig geteilt werden, da die Höhe des Ausgleichs nicht mehr durch Höchstbeträge begrenzt ist.[3] 3

Gleichwohl ist ein **vollständiger Ausgleich** aller Anrechte auch nach der Reform des VA weiterhin **nicht immer möglich**.[4] Der **nachgelagerte** Ausgleich der bei der Scheidung noch nicht ausgeglichenen Anrechte wird nach der Reform des VA als „**Ausgleich nach der Scheidung**" bezeichnet und ist in §§ 20 bis 26 des VersAusglG geregelt. 4

Seine **Durchführung** ist wie nach bisherigem Recht an **besondere Voraussetzungen** geknüpft (§ 20 Abs. 1 und 2 VersAusglG)[5] und erfolgt weiterhin **nur auf Antrag** des Berechtigten, weil auch die zugrunde liegenden Ansprüche der Dispositionsbefugnis des Berechtigten unterliegen. Das Antragserfordernis besteht **auch dann**, wenn die 5

---

1 Dem Versicherungskonto des Berechtigten wird der in Entgeltpunkte umgerechnete Ausgleichsbetrag zu geschlagen (§§ 76, 264a SGB VI); die Versorgung des Ausgleichspflichtigen wird um den Nominalbetrag der begründeten Versorgungsanrechte gekürzt (§ 57 Abs. 1 BeamtVG).

2 Ausnahmen bestehen bei ausländischen Ehegatten, Art. 17 Abs. 3 EGBGB.

3 Sowohl die Höchstbetragsregelung des § 1587b Abs. 5 BGB, die die Übertragung und Begrenzung von Rentenanwartschaften beschränkte, als auch der Grenzbetrag des § 3b Abs. 1 Nr. 1 VAHRG, der den erweiterten Ausgleich eines Anrechts nur bis zu einem Höchstbetrag von 2 % der Bezugsgröße nach § 18 SGB IV zuließ, sind entfallen.

4 Der Ausgleich kann insbesondere bei fehlender Ausgleichsreife einzelner Anrechte (§ 19 VersAusglG) nicht vollständig durchgeführt werden.

5 Die ausgleichspflichtige Person muss aus der noch nicht ausgeglichenen Versorgung eine Rente und die ausgleichsberechtigte Person muss eine Versorgung beziehen oder die Voraussetzungen für einen Versorgungsbezug wegen Alter oder Invalidität erfüllen.

Voraussetzungen für die Durchführung des Ausgleichs nach der Scheidung **bereits** zum Zeitpunkt der **Scheidung vorliegen.**[1]

6 Der Ausgleich nach der Scheidung (s. zum Ausgleich nach der Scheidung § 217 Rz. 6–9) erfolgt in Form einer **Ausgleichsrente** (§ 20 VersAusglG, früher § 1587f bis h BGB), in deren Höhe auch die **Abtretung** des Versorgungsanspruchs gegen den Versorgungsträger verlangt werden kann (§ 21 VersAusglG, früher § 1587i BGB), oder durch eine **Kapitalabfindung** (§ 24 VersAusglG, früher § 1587l BGB). Nach dem Tod des Ausgleichspflichtigen setzen sich die vorstehenden Ansprüche in einem Anspruch auf **Teilhabe an der Hinterbliebenenversorgung**,[2] der im Regelfall gegen den Versorgungsträger (§ 25 VersAusglG, früher § 3a Abs. 1 VAHRG) und bei ausländischen Versorgungen gegen die Witwe zu richten ist (§ 26 VersAusglG, früher § 3a Abs. 5 VAHRG), fort.

7 Zudem fallen jetzt auch **auf Kapitalzahlung gerichtete Anrechte** nach dem BetrAVG und dem AltZertG in den VA (§ 2 Abs. 2 Nr. 3 VersAusglG). Durch § 23 VersAusglG wurde auch für diese Anrechte eine Möglichkeit des nachgelagerten Ausgleichs geschaffen, sofern ein (vollständiger) Ausgleich bei der Scheidung noch nicht erfolgen kann, etwa wegen fehlender Ausgleichsreife.

§ 224
Entscheidung über den Versorgungsausgleich

(1) Endentscheidungen, die den Versorgungsausgleich betreffen, werden erst mit Rechtskraft wirksam.

(2) Die Endentscheidung ist zu begründen.

(3) Soweit ein Wertausgleich bei der Scheidung nach § 3 Abs. 3, den §§ 6, § 18 Abs. 1 oder Abs. 2 oder § 27 des Versorgungsausgleichsgesetzes nicht stattfindet, stellt das Gericht dies in der Beschlussformel fest.

(4) Verbleiben nach dem Wertausgleich bei der Scheidung noch Anrechte für Ausgleichsansprüche nach der Scheidung, benennt das Gericht diese Anrechte in der Begründung.

A. Allgemeines

1 Die Regelung von Abs. 1, die dem bisherigen § 53g Abs. 1 FGG aF entspricht, bestimmt, dass **Endentscheidungen** über den VA abweichend vom Grundsatz des § 40 Abs. 1 erst **mit Rechtskraft wirksam** werden. Durch Abs. 2 wird abweichend von § 38 Abs. 4 eine **generelle Begründungspflicht** bestimmt. Durch Abs. 3 wird bestimmt, dass die Feststellung der Wirksamkeit eines (Teil-)**Ausschlusses** des VA – abweichend von

1 Eine Entscheidung über Ausgleichsansprüche nach der Scheidung nach §§ 20 bis 26 VersAusglG ist im Scheidungsverbund in der Mehrzahl der Fälle nicht möglich, weil der schuldrechtliche VA erst dann verlangt werden kann, wenn beide Ehegatten eine Versorgung erlangt haben oder wenn der ausgleichspflichtige Ehegatte eine Versorgung erlangt hat und der andere Ehegatte wegen Krankheit oder anderer Gebrechen oder Schwäche seiner körperlichen oder geistigen Kräfte auf nicht absehbare Zeit eine ihm nach Ausbildung und Fähigkeit zumutbare Erwerbstätigkeit nicht ausüben kann oder das 65. Lebensjahr vollendet hat.

2 Früher der sog. „verlängerte schuldrechtliche VA“.

der bisherigen Regelung des § 53d FGG – **in Rechtskraft erwächst.** Abs. 4 legt schließlich dem Gericht die Verpflichtung auf, alle bei dem Wertausgleich bei der Scheidung **nicht vollständig geteilten Anrechte** in den Gründen der Entscheidung zu **benennen**.

B. Inhalt der Vorschrift

I. Wirksamkeit (Absatz 1)

Die **Wirksamkeit**, also die Entfaltung der Rechtswirkungen, tritt nach **Abs. 1** bei **Endentscheidung, die den VA betreffen** erst mit **formeller Rechtskraft**[1] ein. Ein nach Maßgabe eines Teilausschlusses durch Scheidungsfolgenvereinbarung (§§ 6 bis 8 VersAusglG) durchgeführter VA wird unabhängig vom Bestand der zugrunde liegenden Vereinbarung rechtskräftig.[2] 2

Endentscheidungen sind die das Verfahren abschließenden Entscheidungen über den VA, **nicht** aber **Zwischenentscheidungen** in Angelegenheiten des VA, wie zB der Aussetzungsbeschluss nach § 221 Abs. 2 und 3, der nach allgemeinen Bestimmungen mit der Bekanntgabe wirksam wird (§ 40 Abs. 1). 3

Die Entscheidung muss **den VA**, also den Ausgleich der ehezeitlichen Anrechte, **betreffen**. Sonstige Entscheidungen **in Angelegenheiten des VA**, wie zB Entscheidungen über die Auskunftspflicht, fallen nicht in den Anwendungsbereich des Abs. 1. 4

Betroffen sind zudem nur Entscheidungen, die **nicht gleichzeitig** mit dem **Scheidungsausspruch** ergehen, weil etwa die Folgesache VA aus dem Scheidungsverbund abgetrennt (§ 140) oder die Versorgungsausgleichssachen als **isoliertes Verfahren** eingeleitet wurden. Letzteres ist denkbar nach einer Scheidung durch ein ausländisches Urteil, nach einer Eheaufhebung, bei Anträgen auf Durchführung des **Wertausgleichs nach der Scheidung**,[3] sowie bei **Änderungs-**[4] und **Anpassungsverfahren**. 5

Endentscheidungen über den VA, die nach § 137 Abs. 1 Satz 1, Abs. 2 Nr. 1 **als Folgesache** zusammen mit dem Scheidungsausspruch **im Scheidungsverbund** ergehen, werden erst **mit Rechtskraft des Scheidungsausspruchs** wirksam (§ 148; s. § 148 Rz. 1),[5] auch wenn – zB bei Teilanfechtung des Scheidungsausspruchs – die formellen Voraussetzungen bereits zu einem früheren Zeitpunkt vorliegen. Bei einer **Teilanfechtung anderer Folgesachen** kann der Eintritt der Rechtskraft in der Folgesache VA durch Rechtsmittelerweiterung und Anschlussrechtsmittel nach Maßgabe des § 145 (s. § 145 Rz. 1) gehemmt werden. 6

1 Die formelle Rechtskraft (§ 45) tritt ein, sobald die Endentscheidung über den VA mit (ordentlichen) Rechtsmitteln – Beschwerde (§ 58 ff.) und Rechtsbeschwerde (§ 70 ff.) – nicht mehr angefochten werden kann, frühestens nach Ablauf der Beschwerdefrist (§ 63).

2 BGH v. 31.7.2002 – XII ZB 102/00, MDR 2002, 1373 (nach altem Recht).

3 Eine Entscheidung über den Wertausgleich nach der Scheidung nach § 20 bis 26 VersAusglG ist im Scheidungsverbund in der Mehrzahl der Fälle nicht möglich, weil der schuldrechtliche VA erst dann verlangt werden kann, wenn beide Ehegatten eine Versorgung erlangt haben oder wenn der ausgleichspflichtige Ehegatte eine Versorgung erlangt hat und der andere Ehegatte wegen Krankheit oder anderer Gebrechen oder Schwäche seiner körperlichen oder geistigen Kräfte auf nicht absehbare Zeit eine ihm nach Ausbildung und Fähigkeit zumutbare Erwerbstätigkeit nicht ausüben kann oder das 65. Lebensjahr vollendet hat.

4 Zu den prozessualen Voraussetzungen für die Zulässigkeit und das Verfahren s. §§ 225, 226 sowie §§ 51, 52 VersAusglG (kommentiert im Anhang zu § 225–227).

5 § 148 ersetzt die Regelung des § 629d ZPO.

7 Auch für Abänderungsentscheidungen und Entscheidungen in Anpassungsverfahren ist die Wirksamkeit abweichend geregelt.[1]

II. Begründung der Entscheidung (Absatz 2)

8 Durch Abs. 2 wird die Möglichkeit, nach Maßgabe des § 38 Abs. 4 von der Begründung einer Endentscheidung abzusehen, ausgeschlossen. Die **Begründung** einer Endentscheidung in Versorgungsausgleichssachen ist also **auch dann erforderlich**, wenn die Entscheidung dem **übereinstimmenden Willen aller Beteiligten entspricht** (§ 38 Abs. 4 Nr. 2) und/oder die Beteiligten auf Rechtsmittel verzichtet haben (§ 38 Abs. 4 Nr. 3).

9 Die generelle **Begründungspflicht** nach Abs. 2 gilt nur für **Endentscheidungen**, die den **VA** betreffen. Entscheidungen in sonstigen Angelegenheiten des Versorgungsausgleichs (zB: die Entscheidung über die Auskunftspflicht) sind nur zu begründen, soweit die Begründung nicht nach Maßgabe des § 38 Abs. 4 verzichtbar ist.

10 Im **Tenor** der Entscheidung sind bei dem Wertausgleich bei der Scheidung der ausgleichspflichtige und der ausgleichsberechtigte **Ehegatte**, die beteiligten **Rentenversicherungsträger** (§ 219 Nr. 2 und 3) sowie die **Höhe** der übertragenen oder begründeten **Rentenanwartschaft** anzugeben. Bei Durchführung einer externen Teilung ist zudem die Höhe des an den Zielversorgungsträger zu zahlenden Betrages (§ 222 Abs. 3; s. § 222 Rz. 14 f.) in den Tenor aufzunehmen.

11 Ausgleichsansprüche nach der Scheidung (§§ 20 bis 26 VersAusglG) werden als **Zahlungsverpflichtungen** an den Berechtigten durch Leistungsbeschluss ausgesprochen.

III. Feststellende Entscheidung bei (Teil-)Ausschluss des VA (Absatz 3)

12 Durch die Regelung des Abs. 3 wird das Gericht verpflichtet, in der Entscheidung **festzustellen**, ob und inwieweit der **VA nicht stattfindet**. Ein Ausschluss oder Teilausschluss des Wertausgleichs bei der Scheidung kommt in den in der Norm **abschließend** aufgeführten Fällen, also

- wegen einer kurzen Ehezeit (§ 3 Abs. 3 VersAusglG),
- auf Grund einer wirksamen Vereinbarung der Eheleute über den VA (§§ 6 bis 8 VersAusglG),
- wegen geringfügiger Wertunterschiede oder Ausgleichswerte (§ 18 Abs. 1 oder Abs. 2 VersAusglG) oder
- wegen grober Unbilligkeit (§ 27 VersAusglG)

in Betracht.

13 Die Vorschrift ersetzt die Regelung des § 53d Satz 1 FGG und passt diese an das neue materielle Versorgungsausgleichsrecht an. Nach der Reform des VA entfällt zum einen das Genehmigungserfordernis für Scheidungsfolgenvereinbarungen (früher § 1587o Abs. 2 BGB). Wie bisher sind jedoch die formellen und materiellen Wirksamkeitsvoraussetzungen, jetzt geregelt in §§ 7 und 8 VersAusglG, von Amts wegen zu prüfen.

---

1 Zur Wirksamkeit von Abänderungsverfahren s. § 226 Abs. 4, dort Rz. 9 und § 52 VersAusglG (Anhang zu § 226 und 227, dort Rz. 19), zur Wirksamkeit von Entscheidungen in Anpassungsverfahren s. § 34 Abs. 3, § 36 Abs. 3 und § 38 Abs. 2 VersAusglG.

Da die bisherige Regelung des § 53d FGG aF nur feststellte, dass der VA im Umfang eines wirksamen Ausschlusses nicht stattfindet, wurde die entsprechende Feststellung in einer gerichtlichen Entscheidung **nur** als **deklaratorischer Hinweis** auf die Rechtsfolge des § 53d Satz 1 FGG aF angesehen, der nicht in Rechtskraft erwächst und einer Fortsetzung des Verfahrens nicht entgegenstand, sofern sich die Nichtigkeit der Vereinbarung zu einem späteren Zeitpunkt herausstellte.[1] 14

Die Regelung des Abs. 3 stellt nunmehr klar, dass der gerichtlichen Entscheidung, die einen vollständigen oder teilweisen Ausschluss des VA feststellt, immer eine **materielle Prüfung** vorausgeht. Die Entscheidung nach Abs. 3 **erwächst** also in jedem Fall in **Rechtskraft**. 15

Der **Tenor** der Entscheidung kann lauten: „Der Versorgungsausgleich findet nicht statt", bei einem Teilausschluss: „Im Übrigen findet ein Wertausgleich nicht statt". 16

IV. Begründungspflicht bei nicht vollständiger Ausgleichsreife (Absatz 4)

Abs. 4 konkretisiert den **Umfang** der **Begründungspflicht** des Gerichts für den Fall, dass ein **vollständiger Ausgleich** aller Versorgungsanrechte mit der Scheidung **nicht möglich** (oder nicht wirtschaftlich) ist. Dies ist (gem. § 19 VersAusglG) der Fall bei 17

- betrieblichen Anwartschaften, die zum Zeitpunkt der Entscheidung über den Wertausgleich bei der Scheidung noch verfallbar sind,
- degressiven Bestandteilen einer Versorgung,
- Anrechten, deren Teilung für den Berechtigten nicht wirtschaftlich wäre und
- ausländischen Anwartschaften.

Hier ist das Gericht verpflichtet, diejenigen Anrechte, deren Ausgleich beim Wertausgleich bei der Scheidung nicht (oder nicht vollständig) möglich ist, in der Begründung der Endentscheidung ausdrücklich zu benennen. 18

Dies soll zum einen die Ehegatten und ihre Bevollmächtigten darauf hinweisen, dass ein vollständiger Ausgleich noch nicht stattgefunden hat und ein Anspruch des Berechtigten auf Ausgleich nach der Scheidung (§ 19 Abs. 4, §§ 20 bis 26 VersAusglG) in Betracht kommt und beantragt werden kann (§ 223), sobald die besonderen Voraussetzungen[2] hierfür erfüllt sind. 19

Zudem erleichtert die Benennung der nicht vollständig ausgeglichenen Anrechte in Folgeverfahren die Feststellung, in welchem Umfang ein VA bereits stattgefunden hat. 20

Das erkennende Gericht ist im Verfahren über Ausgleichsansprüche nach der Scheidung an die Feststellungen über den nicht vollständigen Ausgleich im Ausgleichsverfahren bei der Scheidung zwar nicht gebunden, wird jedoch idR die Ursprungsentscheidung zur Sachverhaltsaufklärung heranziehen. 21

1 BGH v. 20.2.1991 – XII ZB 125/88, FamRZ 1991, 679; BGH v. 6.3.1991 – XII ZB 88/90, FamRZ 1991, 681; BGH v. 27.10.1993 – XII ZB 158/91, FamRZ 1994, 96 f.; BGH v. 17.1.2007 – XII ZB 134/03, FamRZ 2007, 202; nur wenn der Feststellung eine materiellrechtliche Prüfung vorausging, kann sie in Rechtskraft erwachsen, BGH v. 22.10.2008 – XII ZB 110/06, FamRZ 2009, 215.

2 Ein Ausgleich nach der Scheidung kann gem. § 20 Abs. 1 und 2 VersAusglG beantragt werden, sobald die antragsberechtigte Person eine laufende Versorgung bezieht oder die Bezugsvoraussetzungen wegen Alters oder Invalidität erfüllt und die ausgleichspflichtige Person eine Versorgung aus dem auszugleichendem Anrecht bezieht.

22 Obwohl gesetzlich nicht vorgeschrieben, erscheint es zweckmäßig, den Vorbehalt von Ausgleichsansprüchen nach der Scheidung **auch im Tenor** zum Ausdruck zu bringen, etwa durch den Zusatz: „Im Übrigen findet ein Wertausgleich bei der Scheidung nicht statt" oder „Im Übrigen bleiben Ausgleichsansprüche nach der Scheidung vorbehalten".

Vorbemerkungen zu § 225 und § 226

1 Die Vorschriften des § 225 und des § 226 bilden den verfahrensrechtlichen Rahmen für Abänderungsentscheidungen des nach neuem Recht durchgeführten **Wertausgleichs bei der Scheidung**. Für Entscheidungen zum VA, die nach altem Recht ergangen sind, sind die Zulässigkeitsvoraussetzungen für eine Abänderung in den Übergangsvorschriften des VersAusglG (§§ 51, 52 VersAusglG, kommentiert im Anhang zu § 225 bis § 227) geregelt.

2 Nach dem Grundprinzip des VA nach altem Recht – Bildung einer Gesamtausgleichsbilanz und Ausgleich der hälftigen Differenz über die gesetzliche Rentenversicherung – bestand in einer Vielzahl von Fällen das Bedürfnis nach einer nachträglichen Korrektur der Entscheidung. Wenn Anrechte zum Zeitpunkt der Entscheidung nicht oder nicht mit ihrem tatsächlichen Wert in die Ausgleichsbilanz einflossen, hatte das (häufig) Auswirkungen auf die Höhe des (Gesamt-)Ausgleichsbetrages. Zudem konnte ein vollständiger Ausgleich oft nicht vorgenommen werden, weil die Höhe des zulässigen Ausgleichs beschränkt war.[1]

3 Durch § 10a VAHRG wurde deshalb die nachträgliche **Abänderung** von Entscheidungen in einem **weiten Umfang** zugelassen. Die Abänderung einer Entscheidung über den Wertausgleich war nach § 10a Abs. 1 Nr. 1 VAHRG[2] möglich, wenn ein zum Zeitpunkt der Abänderungsentscheidung ermittelter Wertunterschied von dem in der abzuändernden Entscheidung zugrunde gelegten Wertunterschied abwich. Des Weiteren war die Abänderung möglich, wenn ein als verfallbar behandeltes Anrecht unverfallbar geworden war[3] oder nachträglich ein öffentlich-rechtlicher VA möglich wurde.[4] Im Abänderungsverfahren wurden sämtliche Ehezeitanteile neu berechnet und danach erneut saldiert. Es kam zur sog. **Totalrevision**. Nicht ausreichend für eine Korrektur nach bisherigem Recht war lediglich die Geltendmachung von Härtegründen iSd. § 1587c BGB, die auf bereits im Erstverfahren abgeschlossenen Tatbeständen beruhten.[5]

4 Das Erfordernis einer nachträglichen Änderung ist mit der Reform des VA im großen Umfang entfallen, da nun jedes Anrecht grundsätzlich **einzeln** durch **interne** oder **externe Teilung**[6] ausgeglichen wird. Dieses Teilungsprinzip bewirkt, dass jeder Ehe-

---

1 Der Höchstbetrag nach § 1587a Abs. 5 BGB begrenzte den durch Splitting und Quasisplitting zulässigen Ausgleich. Durch § 3b Abs. 1 Nr. 1 VAHRG wurde der erweiterte Ausgleich zusätzlich auf 2 % der Bezugsgröße nach § 18 SGB IV begrenzt.

2 § 10a Abs. 1 Nr. 1 VAHRG bildete die wichtigste Fallgruppe der Abänderungsverfahren, die praktisch „sämtliche denkbaren Gründe" erfasste (so MüKo-BGB/*Dörr*, § 10a VAHRG Rz. 16).

3 Nach § 10a Abs. 1 Nr. 2 VAHRG.

4 Nach § 10a Abs. 1 Nr. 3 VAHRG.

5 BGH v. 11.10.2006 – XII ZB 39/03, FamRZ 2007, 360.

6 „Teilung" iSd. VersAusglG ist die Begr. eines eigenständig gesicherten Versorgungsanrechts mit vergleichbarer Wertentwicklung und vergleichbarem Risikoschutz für den Berechtigten bei dem gleichen (= interne Teilung) oder einem anderen (= externe Teilung) Versorgungsträger, s. §§ 10 bis 17 VersAusglG.

gatte an der **nachehelichen Wertentwicklung** der geteilten Anrechte grundsätzlich **in gleicher** (oder nahezu gleicher) **Weise partizipiert**;[1] das Erfordernis einer Abänderung bei unterschiedlicher Wertentwicklung der einbezogenen Anrechte entfällt damit. Das Prinzip des **Einzelausgleichs** macht zudem eine **Neuberechnung des gesamten VA entbehrlich**, wenn sich nur der Wert einzelner Anrechte nachträglich geändert hat. Auch bei **fehlender Ausgleichsreife** einzelner Anrechte reicht es nunmehr aus, **nur die Teilung** der **nicht ausgeglichenen Anrechte** schuldrechtlich **nachzuholen**[2] (§§ 20 bis 26 VersAusglG). Der bisherige Abänderungsgrund des § 10a Abs. 1 Nr. 2 VAHRG (nachträgliche Unverfallbarkeit eines Anrechts) kann deshalb entfallen. Auch der Abänderungsgrund des § 10a Abs. 1 Nr. 3 VAHRG (nachträglicher öffentlich-rechtlicher Ausgleich eines Anrechts) ist jetzt entbehrlich, weil im reformierten VA alle teilungsreifen Anrechte in voller Höhe[3] ausgeglichen werden können.

Die übersichtlichere Gestaltung der nun auf zwei Normen aufgeteilten Regelung des Abänderungsverfahrens nach § 225 und § 226 konnte deshalb mit einer **inhaltlichen Änderung** verbunden werden, die die **Änderungsvoraussetzungen** im Hinblick auf das reformierte materielle Recht des VA **einschränkt**. Durch die Beschränkung der nachträglichen Abänderungsmöglichkeit auf **tatsächliche** oder **rechtliche Änderungen**, die den Ehezeitanteil **rückwirkend wesentlich beeinflussen**, werden die Abänderungsvoraussetzungen an die Voraussetzungen des § 323 ZPO sowie an § 238 FamFG (Abänderung von gerichtlichen Entscheidungen in Unterhaltssachen, s. § 238 Rz. 65 f.) angenähert. Die hiernach weiter bestehenden Möglichkeiten der Abänderung tragen andererseits der in besonderem Maße kraft Verfassung bestehenden Verpflichtung des Gesetzgebers Rechnung, die **Möglichkeit einer Korrektur** für die Fälle zu eröffnen, in denen sich herausstellt, dass die mit dem VA verteilten Anrechte **nicht** oder nicht in voller Höhe **entstanden** oder dass tatsächlich entstandene **Anrechte** des Ausgleichsberechtigten **unberücksichtigt geblieben** sind.[4] 5

Die **Abkehr** von der „**Totalrevision**" bedeutet allerdings nicht, dass Fehler bei der Durchführung des Ausgleichs oder der Berechnung des Ehezeitanteils in der Erstentscheidung beibehalten werden müssen. Hier kann – wie nach bislang geltendem Recht – im Rahmen der Abänderung eine **Fehlerkorrektur** erfolgen, die jetzt allerdings auf das Anrecht, dessen Wert sich wesentlich geändert hat, **beschränkt** ist. 6

Eine Übersicht über die Änderungen im Abänderungsverfahren enthält die nachfolgende Übersicht:[5] 7

1 Die gleiche Teilhabe an der Versorgungsdynamik ist zwar nur bei der – als Regelfall vorgesehenen – internen Teilung sicher gewährleistet. Die Unterschiede in der Dynamik, die eine externe Teilung mit sich bringen kann, ist von den Parteien – nach dem Willen des Gesetzgebers (BT-Drucks. 16/10144, S. 97) – jedoch hinzunehmen, weil sie entweder die externen Teilung durch eine entsprechende Vereinbarung akzeptiert haben (§ 14 Abs. 2 Nr. 1 VersAusglG) oder der Wert des externen Anrechts gering ist (§ 14 Abs. 2 Nr. 2 VersAusglG).

2 Die Durchführung des schuldrechtlichen VA war auch nach altem Recht ausreichend, wenn auf Seiten des Ausgleichspflichtigen verfallbare Anrechte vorhanden waren. Wenn dagegen Anrechte des Ausgleichsberechtigten zum Zeitpunkt der Erstentscheidung noch verfallbar waren, führte dies zu einer nachträglichen Verringerung des Ausgleichsbetrags, die in einem Abänderungsverfahren geltend gemacht werden musste.

3 Die Höchstbeträge nach § 1587a Abs. 5 BGB und § 3b Abs. 1 Nr. 1 VAHRG, die einem vollständigen Ausgleich oftmals nicht zuließen, sind ersatzlos entfallen.

4 BVerfG v. 16.11.1992 – 1 BvL 17/89, FamRZ 1993, 161.

5 *Bergner*, NRW 2009, 1233 (1234 f.).

§§ 225, 226 FamFG	§ 10a VAHRG
Antragsberechtigung	
Ehegatten, Hinterbliebene, Versorgungsträger (§ 226 Abs. 1 FamFG)	entsprechend (§ 10a Abs. 4 VAHRG)
Zulässigkeit der Antragstellung	
frühestens sechs Monate vor dem (gegebenenfalls erst auf Grund der Abänderung zu erwartenden) Bezug einer laufenden Versorgung (§ 226 Abs. 2 FamFG)	Vollendung des 55. Lebensjahres oder Versorgungsbezug (§ 10a Abs. 5 VAHRG)
Abänderungsvoraussetzungen	
Abänderung nur für Anrechte der Regelsicherung iS § 32 VersAusglG zulässig (§ 225 I FamFG)	keine Einschränkung
rechtliche/tatsächliche Veränderungen *nach* Ehezeitende mit Auswirkung auf den Ausgleichswert eines Anrechts, die zu einer wesentlichen Wertänderung führen (§ 225 Abs. 2 FamFG)	Berücksichtigung aller ehezeitbezogenen Änderungen einschließlich der Berichtigung von Fehlern der Erstentscheidung (§ 10a Abs. 1 VAHRG) bei wesentlicher Abweichung (Totalrevision)
wesentliche Wertänderung muss mindestens *5 %* des bisherigen Ausgleichswertes betragen und *1 %* der monatlichen Bezugsgröße nach § 18 Abs. 1 SGB IV am Ehezeitende bei Rentenbetrag als Bezugsgröße, sonst 120 % der monatlichen Bezugsgröße übersteigen (§ 225 Abs. 3 FamFG)	wesentliche Abweichung muss *10 %* der durch die Erstentscheidung insgesamt übertragenen/begründeten Anrechte übersteigen, mindestens jedoch *0,5 %* der monatlichen Bezugsgröße nach § 18 Abs. 1 SGB IV (§ 10a Abs. 2 VAHRG)
Härteklausel	
§ 226 Abs. 3 FamFG iVm. § 27 VersAusglG	entsprechend (§ 10a Abs. 3 VAHRG)
Abänderung	
Abänderung des einzelnen veränderten Anrechts (§ 225 Abs. 2 FamFG)	Totalrevision mit neuem Ausgleichsbetrag unter Berücksichtigung aller Änderungen (§ 10a Abs. 1, 2 VAHRG)
Wirkung der Abänderungsentscheidung	
ab Monatsbeginn nach Antragstellung (§ 226 Abs. 4 FamFG)	entsprechend (§ 10a Abs. 7 Satz 1 VAHRG)

§ 225
Zulässigkeit einer Abänderung des Wertausgleichs bei der Scheidung

(1) Eine Abänderung des Wertausgleichs bei der Scheidung ist nur für Anrechte im Sinne des § 32 des Versorgungsausgleichsgesetzes zulässig.

(2) Bei rechtlichen oder tatsächlichen Veränderungen nach dem Ende der Ehezeit, die auf den Ausgleichswert eines Anrechts zurückwirken und zu einer wesentlichen Wertänderung führen, ändert das Gericht auf Antrag die Entscheidung in Bezug auf dieses Anrecht ab.

(3) Die Wertänderung nach Absatz 2 ist wesentlich, wenn sie mindestens 5 Prozent des bisherigen Ausgleichswerts des Anrechts beträgt und bei einem Rentenbetrag als maßgeblicher Bezugsgröße 1 Prozent, in allen anderen Fällen als Kapitalwert 120 Prozent der am Ende der Ehezeit maßgeblichen monatlichen Bezugsgröße nach § 18 Abs. 1 des Vierten Buches Sozialgesetzbuch übersteigt.

(4) Eine Abänderung ist auch dann zulässig, wenn durch sie eine für die Versorgung der ausgleichsberechtigten Person maßgebende Wartezeit erfüllt wird.

(5) Die Abänderung muss sich zugunsten eines Ehegatten oder seiner Hinterbliebenen auswirken.

A. Allgemeines

Durch § 225 werden die prozessualen Voraussetzungen für die Durchführung eines Abänderungsverfahrens bestimmt. Die Möglichkeit der Abänderung wird auf einen bestimmten Kreis von Anrechten beschränkt (Abs. 1), bei denen tatsächliche Veränderungen mit Rückwirkung (Abs. 2) zu einer als wesentlich anzusehenden Änderung des Ehezeitanteils geführt haben (Abs. 3, 4). Zudem muss sich die Abänderung zugunsten eines Ehegatten oder dessen Hinterbliebenen auswirken. 1

B. Inhalt der Vorschrift

I. Abänderungsfähige Anrechte (Absatz 1)

Durch Abs. 1 wird bestimmt, dass nur Anrechte aus den „**Regelsicherungssystemen**" (§ 32 VersAusglG), also 2

- der gesetzlichen Rentenversicherung,
- der Beamtenversorgung,
- der berufsständischen Versorgung oder vergleichbare Versorgungssysteme,[1]
- der Alterssicherung der Landwirte und
- der Versorgungssysteme der Abgeordneten

für eine nachträgliche Anpassung in Betracht kommen. Für alle Anrechte, die nicht zu diesen Versorgungssystemen gehören, sieht der Gesetzgeber kein Bedürfnis für eine

1 Der berufsständischen Versorgung stehen Versorgungen gleich, die zu einer Befreiung von der gesetzlichen Sozialversicherungspflicht führen können.

nachträgliche Änderung, weil bei kapitalgedeckten Anrechten eine nachträgliche, auf die Ehezeit zurückwirkende Änderung nicht vorstellbar ist. Bei anderen Anrechten sei eine Änderung des – quotal zu bestimmenden – Ehezeitanteils nur zugunsten des ausgleichsberechtigten Ehegatten möglich und könne über den „Ausgleich nach der Scheidung"[1] ausgeglichen werden.[2]

II. Nachträgliche Änderungen mit Rückwirkung auf die Ehezeit (Absatz 2)

3 Eine Entscheidung[3] über die Teilung eines Anrechts der obigen Versorgungen ist gem. Abs. 2 dann abänderbar, wenn sich **nachträglich rechtliche oder tatsächliche Umstände** geändert haben, die für die **Bewertung** des **Ausgleichswerts** eines Anrechts **maßgeblich** sind. Zu denken ist an Rechtsänderungen wie neue rentenrechtliche Bestimmungen oder Neuregelungen im Beamtenversorgungsrecht oder **tatsächliche Änderungen** wie eine nachträgliche Zuerkennung von Kindererziehungszeiten oder eine Dienstunfähigkeit vor Erreichen der Regelaltersgrenze, was bei einer Beamtenversorgung wegen der Verringerung der Gesamtdienstzeit zu einer Erhöhung des zeitratierlich zu ermittelnden Ehezeitanteils (§§ 40, 44 VersAusglG) führt. Wie im bisherigen Recht muss ein **Bezug zur Ehezeit** gegeben sein. Das Stichtagsprinzip[4] gilt fort.

4 Bei der externen Teilung eines Anrechts stellt eine **unterschiedliche Wertentwicklung** der auszugleichenden Versorgung und der Zielversorgung **keinen Abänderungsgrund** dar.

III. Wesentlichkeit der Änderung (Absatz 3)

5 Abs. 3, der an die Stelle von § 10a Abs. 2 Satz 2 VAHRG tritt, enthält wie die bisherige Regelung eine absolute und eine relative Wesentlichkeitsgrenze, die für eine Abänderung grundsätzlich kumulativ überschritten werden müssen. Die wesentliche Änderung muss

- mindestens 5 % des bisherigen Ausgleichswerts – bezogen auf den Ausgleichswert des abzuändernden Anrechts – betragen und
- 1 % der Bezugsgröße nach § 18 Abs. 1 SGB IV[5] (bei Renten, bei denen der Rentenwert die Bezugsgröße bildet[6]) oder 120 % der Bezugsgröße nach § 18 SGB IV (bei Renten, bei denen der Kapitalwert die maßgebliche Bezugsgröße bildet)

überschreiten. Da sich die Abänderung jetzt auf das wertverändernde Anrecht beschränkt, beziehen sich auch die **Wesentlichkeitsgrenzen** nicht mehr auf den Gesamt-

1 §§ 20 bis 26 VersAusglG.
2 So BT-Drucks. 16/10144, S. 98.
3 Erfasst werden nur Entscheidungen nach dem VersAusglG; die Abänderung von Entscheidungen, die nach altem Recht ergangen sind, ist in §§ 51, 52 VersAusglG geregelt. Diese Vorschriften werden im Anhang zu § 225 bis 227 kommentiert.
4 Alle für die Höhe der Versorgung maßgeblichen Daten werden zum Ende der Ehezeit festgeschrieben (§ 5 Abs. 2 Satz 1 VersAusglG). Zum alten Recht s. BGH v. 1.7.1981 – IVb ZB 659/80, FamRZ 1981, 856 f.; BGH v. 14.7.1982 – IVb ZB 865/81, FamRZ 1982, 1005 f.; BGH v. 13.5.1987 – IVb ZB 118/82, FamRZ 1987, 918 f.
5 Im Jahr 2009 beträgt die Bezugsgröße nach § 18 SGB IV im Jahr 2009: 2520 Euro monatlich; 1 % der Bezugsgröße entspricht somit 25,20 Euro; 120 % der Bezugsgröße entspricht 3042 Euro.
6 Dies sind gesetzliche Renten, Beamtenversorgungen und vergleichbare Versorgungssysteme (§ 5 Abs. 1 VersAusglG).

ausgleichsbetrag, sondern auf die Änderung des Ausgleichswerts des einzelnen Anrechts. Die Grenzwerte wurden gegenüber der bisherigen Regelung (§ 10a Abs. 1 Satz 2 VAHRG) verändert; die relative Wesentlichkeitsgrenze wurde von 10 % auf 5 % abgesenkt und die absolute Wesentlichkeitsgrenze von 0,5 % auf 1 % der Bezugsgröße angehoben.

IV. Abänderung unabhängig von der Wesentlichkeitsgrenze (Absatz 4)

Abs. 4, der § 10a Abs. 2 Nr. 2 VAHRG entspricht, eröffnet wie die bisherige Regelung 6
die Möglichkeit der Abänderung unabhängig von der Wesentlichkeitsgrenze, wenn die Änderung zur Erfüllung einer Wartezeit, beispielsweise nach den §§ 50 bis 52 und § 243b SGB VI, führt.

V. Sonstige Abänderungsvoraussetzungen (Absatz 5)

Abs. 5 entspricht dem bisherigen § 10a Abs. 2 Nr. 3 VAHRG. Die Regelung soll ver- 7
hindern, dass von einem **Versorgungsträger** ein Abänderungsantrag gestellt wird, der sich **nur zu dessen Gunsten** auswirkte.[1] Dieses Begünstigungserfordernis ist auch erfüllt, wenn der Berechtigte mit der Geltendmachung eines Ausgleichs nach der Scheidung (§ 20 VersAusglG) eine vergleichbare Verbesserung erreichen könnte.

§ 226
Durchführung einer Abänderung des Wertausgleichs bei der Scheidung

(1) Antragsberechtigt sind die Ehegatten, ihre Hinterbliebenen und die von der Abänderung betroffenen Versorgungsträger.

(2) Der Antrag ist frühestens sechs Monate vor dem Zeitpunkt zulässig, ab dem ein Ehegatte voraussichtlich eine laufende Versorgung aus dem abzuändernden Anrecht bezieht oder dies auf Grund der Abänderung zu erwarten ist.

(3) § 27 des Versorgungsausgleichsgesetzes gilt entsprechend.

(4) Die Abänderung wirkt ab dem ersten Tag des Monats, der auf den Monat der Antragstellung folgt.

(5) Stirbt der Ehegatte, der den Abänderungsantrag gestellt hat, vor Rechtskraft der Endentscheidung, hat das Gericht die übrigen antragsberechtigten Beteiligten darauf hinzuweisen, dass das Verfahren nur fortgesetzt wird, wenn ein antragsberechtigter Beteiligter innerhalb einer Frist von einem Monat dies durch Erklärung gegenüber dem Gericht verlangt. Verlangt kein antragsberechtigter Beteiligter innerhalb der Frist die Fortsetzung des Verfahrens, gilt dieses als in der Hauptsache erledigt. Stirbt der andere Ehegatte, wird das Verfahren gegen dessen Erben fortgesetzt.

1 Zur bisherigen Regelung gleichen Inhalts: BT-Drucks. 10/5447, S. 19.

A. Allgemeines

1 § 226 enthält besondere Regelungen für die Durchführung des Abänderungsverfahrens. Abs. 1 regelt die Antragsberechtigung und entspricht § 10a Abs. 4 VAHRG. Abs. 2 ersetzt die Regelung des § 10a Abs. 5 VAHRG und regelt die zeitliche Beschränkung für die Beantragung einer Abänderungsentscheidung. Durch Abs. 3 wird der Anwendungsbereich der Härtefallregelung des § 27 VersAusglG auf Abänderungsverfahren erweitert. Durch Abs. 4 wird schließlich – entsprechend der bisherigen Regelung des § 10a Abs. 7 Satz 1 VAHRG – die Wirksamkeit von Abänderungsentscheidungen geregelt. Abs. 5 ersetzt die bisherige Regelung des § 10a Abs. 10 VAHRG und trifft Regelungen über den Fortgang des Verfahrens nach dem Tod eines Beteiligten.

B. Inhalt der Vorschrift

I. Antragsberechtigung (Absatz 1)

2 Zur Einleitung eines Abänderungsverfahrens ist stets ein Antrag erforderlich. Neben den **Ehegatten** haben auch deren **Hinterbliebene** (dh. sowohl die des Verpflichteten als auch die des Berechtigten)[1] ein Antragsrecht. Das ist dann von Bedeutung, wenn der Ehegatte selbst vor dem zulässigen Antragszeitpunkt (Abs. 2) verstirbt.

3 Das außerdem den **Versorgungsträgern** eingeräumte Antragsrecht soll nach der Vorstellung des Gesetzgebers zur inhaltsgleichen gesetzlichen Regelung des § 10a Abs. 4 VAHRG[2] Manipulationen der Ehegatten zulasten der Versorgungsträger verhindern, etwa bei einer nachträglichen Erhöhung des Ausgleichsbetrags in einem Zeitpunkt vor Eintritt des Berechtigten in das Rentenalter, aber nach Beginn des Bezugs von Rente oder Pension durch den Verpflichteten. Die nach altem Recht bestehenden Zweifel am Sinngehalt dieser Regelung[3] dürften sich erledigt haben, nachdem mit der Reform des VA die Besitzstandsregelungen des § 101 Abs. 3 SGB VI und des § 57 Abs. 1 Satz 2 BeamtVG (Rentnerprivileg und Pensionärsprivileg) entfallen sind.

II. Antragszeitpunkt (Absatz 2)

4 Abs. 2 regelt, ab welchem Zeitpunkt ein Antrag auf Abänderung nach § 226 zulässig ist. Gegenüber der bisherigen Regelung in § 10a Abs. 5 VAHRG ist die Möglichkeit, bereits nach Vollendung des 55. Lebensjahres eines Ehegatten die Abänderung zu beantragen, entfallen. Gleichzeitig wird die Antragstellung bereits **sechs Monate vor** dem erwarteten **Rentenbeginn** gestattet. Die mit dieser Neugestaltung beabsichtigte Verschiebung von Abänderungsverfahren auf einen kurz vor dem Leistungsanfall gelegenen Zeitpunkt soll eine konzentrierte **Berücksichtigung sämtlicher Änderungen** bis zum Renteneintritt in **einem Verfahren** ermöglichen[4] und die Durchführung unnötiger

1 BT-Drucks. 10/6369, S. 22 für die inhaltsgleiche Regelung des § 10a Abs. 4 VAHRG.
2 BT-Drucks. 10/5447, S. 19.
3 Hierzu eingehend Staudinger/*Rehme*, § 10a VAHRG, Rz. 96, Soergel/*Hohloch*, § 10a VAHRG, Rz. 27.
4 Die Regelung folgt einer Empfehlung des 15. Familiengerichtstages.

weiterer Abänderungsverfahren vermeiden. Der Zeitpunkt entspricht zudem der Regelung in § 50 Abs. 2 VersAusglG[1] und § 120d SGB VI.[2]

Leistungsbeginn ist entweder der erstmalige Leistungsbezug eines Ehegatten aus dem Anrecht, dessen Ausgleichswert abgeändert werden soll, oder der Zeitpunkt, zu dem die antragstellende Person durch die Abänderung die Erfüllung der entsprechenden Leistungsvoraussetzungen erwarten kann, beispielsweise die Erfüllung der Wartezeit infolge der Erhöhung des Ausgleichsanspruchs und der daraus folgenden Wartezeitgutschrift gem. § 52 SGB VI. 5

III. Härtefallregelung (Absatz 3)

Den Verweis in Abs. 3 auf die Härtefallregelung des § 27 VersAusglG, die den Ausschluss des VA bei grober Unbilligkeit ermöglicht, ersetzt die Billigkeitsregelung des § 10a Abs. 3 VAHRG und ermöglicht es dem Gericht, die Billigkeit der zu treffenden Abänderungsentscheidung zu prüfen und so im Einzelfall von einer schematischen Abänderung abzusehen. § 27 VersAusglG hat folgenden Wortlaut: 6

„Ein Versorgungsausgleich findet ausnahmsweise nicht statt, soweit er grob unbillig wäre. Dies ist nur der Fall, wenn die gesamten Umstände des Einzelfalls es rechtfertigen, von der Halbteilung abzuweichen."

Bei der vorzunehmenden Gesamtschau der beiderseitigen Verhältnisse der Ehegatten hat das Gericht im Einzelfall „ein dem Zweck des Versorgungsausgleichs und den Verfassungsnormen, insbesondere den Art. 6 Abs. 1, Art. 3 Abs. 2 GG entsprechendes Ergebnis zu erzielen, das ungerechte Schematisierungen vermeidet".[3] 7

Bei der Härtefallprüfung im Rahmen von Abänderungsentscheidungen sind insbesondere der nacheheliche Erwerb von Anrechten, die jeweilige Bedürftigkeit und die Gründe für die Veränderung des Ehezeitanteils und damit des Ausgleichswerts zu berücksichtigen. Dabei sind nur solche Umstände berücksichtigungsfähig, die nachträglich entstanden sind. Die bereits bei der Erstentscheidung vorliegenden, aber nicht geltend gemachten bzw. nicht berücksichtigten Umstände im Abänderungsverfahren bleiben außer Betracht. 8

IV. Wirksamkeit (Absatz 4)

Abs. 4 entspricht der bisherigen Regelung des § 10a Abs. 7 Satz 1 VAHRG. Wie in den Anpassungsverfahren nach § 34 Abs. 3, § 36 Abs. 3 und § 38 Abs. 2 VersAusglG wird der Zeitpunkt der Wirksamkeit auf den ersten Tag des Monats, der auf den Monat der Antragstellung folgt, gelegt. Die Vorschrift normiert damit eine Ausnahme von dem Grundsatz des § 224 Abs. 1, nach dem Endentscheidungen, die den VA betreffen, erst mit ihrer Rechtskraft wirksam werden (s. § 224 Rz. 1–7). 9

Die Vorschriften zum Schutz des Versorgungsträgers vor Doppelleistungen, die infolge der Rückwirkung in der Zeit zwischen Antragstellung und Rechtskraft der Abände- 10

1 § 50 Abs. 2 VersAusglG regelt die Antragsbefugnis zur Wiederaufnahme eines nach dem VAÜG ausgesetzten Verfahrens.
2 § 120c und § 120d SGB VI (idF ab 1.1.2008) regeln die Antragsbefugnis zur Abänderung des Rentensplittings gegenüber dem Versorgungsträger.
3 So BGH v. 21.3.1979 – IV ZB 142/78, FamRZ 1979, 477 zu § 1587c BGB.

rungsentscheidung eintreten können und bisher in § 10a Abs. 7 Satz 2 VAHRG geregelt waren, sind nun in § 30 VersAusglG enthalten.

11 Der Versorgungsträger kann danach bis zum Ende des auf seine Kenntnis von der Rechtskraft der Abänderungsentscheidung folgenden Monats, mit befreiender Wirkung Leistungen an die bisher berechtigte Person erbringen (§ 30 Abs. 2 VersAusglG). Die infolge der (rückwirkenden) Abänderung ohne Rechtsgrund erbrachten Leistungen sind nach den Grundsätzen des Bereicherungsrechts zwischen den Ehegatten bzw. Hinterbliebenen auszugleichen (§ 30 Abs. 3 VersAusglG).

V. Tod des Antragstellers oder Antragsgegners (Absatz 5)

12 Die Regelung in Abs. 5 entspricht inhaltlich § 10a Abs. 10 VAHRG, wurde jedoch an die Systematik des FFG-RG angepasst, das in verschiedenen Verfahren im Fall des Todes eines Beteiligten bestimmt, dass das Verfahren als erledigt gilt (§§ 131, 181, 208 FamFG).

13 Die Vorschrift differenziert zunächst, ob der **antragstellende** Ehegatte (Abs. 5 Satz 1 und 2) oder der Ehegatte, **gegen den sich der Antrag richtet** (Abs. 5 Satz 3) verstirbt. Im ersteren Fall können **Hinterbliebene** das Verfahren **weiterführen**. Stirbt der Antragsgegner bzw. die Antragsgegnerin, so ist das Verfahren **gegen** die **Erben** als Prozessstandschafter **fortzusetzen**, denn die begehrte Änderung kann sich für die antragstellende Person künftig noch auswirken.

14 Gegenüber der bisherigen Regelung wurde die **Frist für das Fortsetzungsverlangen** eines antragsberechtigten Beteiligten von drei Monaten auf **einen Monat** verkürzt. Die Verkürzung der Frist rechtfertigt sich durch die neu in die gesetzliche Regelung aufgenommene Benachrichtigungspflicht des Gerichts. Die Frist beginnt für einen Beteiligten erst zu laufen, wenn ihm der gerichtliche Hinweis zugeht.

15 Nach **Versäumung** der Frist können die antragsberechtigten **Hinterbliebenen** des Antragstellers ggf. ein **eigenständiges** Verfahren einleiten, wobei sich die Rückwirkung (nach Abs. 4) dann jedoch nach der Antragstellung im neuen Verfahren bestimmt.

§ 227
Sonstige Abänderungen

(1) Für die Abänderung einer Entscheidung über Ausgleichsansprüche nach der Scheidung nach den §§ 20 bis 26 des Versorgungsausgleichsgesetzes ist § 48 Abs. 1 anzuwenden.

(2) Auf eine Vereinbarung der Ehegatten über den Versorgungsausgleich sind die §§ 225 und 226 entsprechend anzuwenden, wenn die Abänderung nicht ausgeschlossen worden ist.

A. Allgemeines

1 Abs. 1 bestimmt die – bisher im materiellen Recht des VA verstreut geregelten – Abänderungsvoraussetzungen für Entscheidungen über Ausgleichsansprüche nach der Scheidung, dem früheren „schuldrechtlichen VA". In Abs. 2 sind die bisher in § 10a

Abs. 9 VAHRG geregelten Abänderungsvoraussetzungen für Vereinbarungen über den VA geregelt (Abs. 2).

B. Inhalt der Vorschrift

I. Abänderung von Entscheidungen über Ausgleichsansprüche nach der Scheidung (Absatz 1)

Die Abänderung einer Entscheidung über **Ausgleichsansprüche nach der Scheidung** ist nach der allgemeinen Vorschrift des § 48 Abs. 1 möglich. Dort ist geregelt, dass rechtskräftige Endentscheidungen mit Dauerwirkung wegen **wesentlicher nachträglicher Veränderungen** bei Tatsachen- oder Rechtsgrundlagen aufgehoben oder geändert werden können (s. § 48 Rz. 4–9). 2

Danach fallen die Entscheidungen, die nicht die Zahlung einer Rente, sondern eines **Kapitalbetrags** anordnen, wegen fehlender Dauerwirkung nicht in den Regelungsbereich des § 227 Abs. 1. Betroffen sind Ansprüche 3

- auf Ausgleich von Kapitalzahlungen (§ 23 VersAusglG) aus nicht ausgeglichenen Anrechten nach dem BetrAVG oder dem AltZertG, die auf eine Kapitalzahlung gerichtet sind und nach der Reform nicht mehr im Zugewinnausgleich, sondern im VA ausgeglichen werden,[1]
- auf Abfindung einer Rente (bisher §§ 1587l bis 1587n BGB, jetzt § 24 VersAusglG).

Nach der bisherigen Gesetzeslage waren die Abänderungsvoraussetzungen für Entscheidungen über den schuldrechtlichen VA oder den verlängerten schuldrechtlichen VA im materiellen Versorgungsausgleichsrecht geregelt.[2] Von den früheren Fallkonstellationen verbleiben nach der Reform des VA folgende Entscheidungen mit Dauerwirkung als möglicher Gegenstand eines Abänderungsverfahrens: 4

- Entscheidungen über eine **schuldrechtliche Ausgleichsrente** (bisher § 1587g BGB, jetzt § 20 VersAusglG) und die **Abtretung** der gegen den Versorgungsträger bestehenden Ansprüche (bisher § 1587i BGB, jetzt § 21 VersAusglG) und
- Entscheidungen über die **Teilhabe an der Hinterbliebenenversorgung** (§§ 25 und 26 VersAusglG), dem früheren „verlängerten schuldrechtlichen VA" (§ 3a VAHRG)

Anordnungen des Familiengerichts, die das Ruhen der Verpflichtung zur Beitragszahlung (bisher § 1587d BGB) und die Einzahlung von Beiträgen für die ausgleichsberechtigte Person durch die ausgleichspflichtige Person (bisher § 3b Abs. 1 Nr. 2 Satz 2 VAHRG) betreffen, gibt es im neuen Teilungssystem hingegen nicht mehr. 5

Im Anwendungsbereich des § 227 kommen als wesentliche nachträgliche Änderungen alle **tatsächlichen** und **rechtlichen** Veränderungen, die **Auswirkungen** auf die **Höhe** der schuldrechtlich geteilten Rente haben, in Betracht. Für die Bestimmung der **Wesentlichkeitsgrenze** kann § 225 Abs. 3 analog herangezogen werden.[3] 6

1 § 2 Abs. 2 Nr. 3 VersAusglG.

2 Abänderungsvoraussetzungen waren geregelt in § 1587d Abs. 2 BGB und § 3b Abs. 1 Nr. 2 Satz 2 VAHRG (für Entscheidungen über das Ruhen einer Einzahlungsverpflichtung), § 1587g Abs. 3 BGB (für Entscheidungen über eine schuldrechtliche Ausgleichsrente), § 1587i Abs. 3 BGB (für Entscheidungen über die Abtretung von Ansprüchen gegen den Versorgungsträger), § 3a Abs. 6 VAHRG (für Entscheidungen über den verlängerten schuldrechtlichen VA).

3 Danach wäre eine Änderung von 5 % des bisherigen Ausgleichswerts, mindestens jedoch 1 % der Bezugsgröße nach § 18 Abs. 1 SGB IV (= derzeit 25,20 Euro) als wesentlich anzusehen.

II. Abänderung von Vereinbarungen über den VA (Absatz 2)

7 Die Zulässigkeit und das Verfahren für die Abänderung von Vereinbarungen über den VA bestimmen sich nach §§ 225 und 226 FamFG, Abänderungsmaßstab nach bisherigem Recht waren die entsprechend anwendbaren Vorschriften des § 10a Abs. 1 bis 8 VAHRG.[1]

8 Die Abänderung ist bei Vereinbarungen möglich, soweit sie nicht vertraglich ausgeschlossen ist. Auf der Grundlage der Vereinbarung muss sich feststellen lassen, welche Leistung zur Erfüllung des Anspruchs auf VA vereinbart wurde, damit diese ggf. angepasst werden kann. Weitere Voraussetzung für eine entsprechende Anwendung von §§ 225, 226 ist, dass der Vereinbarung ein Rechenwerk zugrunde lag, welches eine Quantifizierung der eingetretenen Veränderung erlaubt. Lag der Vereinbarung nur eine **grobe Schätzung** zugrunde, so wird eine Abänderung nur dann in Betracht kommen, wenn diese Schätzung sich als gänzlich falsch erweist, weil geringere Abweichungen nach § 225 Abs. 3 hinzunehmen sind.

9 Die Zulässigkeitsvoraussetzungen nach §§ 225, 226 gehen als **Spezialregelungen** den allgemeinen Regeln zur Vertragsanpassung wegen Fehlens oder Wegfalls der Geschäftsgrundlage vor.[2]

Anhang zu §§ 225 bis 227
Übergangsbestimmungen für die Abänderung von Entscheidungen, die nach altem Recht ergangen sind

§ 51 VersAusglG
Zulässigkeit einer Abänderung des öffentlich-rechtlichen Versorgungsausgleichs

(1) Eine Entscheidung über einen öffentlich-rechtlichen Versorgungsausgleich, die nach dem Recht getroffen worden ist, das bis zum 31. August 2009 gegolten hat, ändert das Gericht bei einer wesentlichen Wertänderung auf Antrag ab, indem es die in den Ausgleich einbezogenen Anrechte nach den §§ 9 bis 19 teilt.

(2) Die Wertänderung ist wesentlich, wenn die Voraussetzungen des § 225 Abs. 2 und 3 des Gesetzes über das Verfahren in Familiensachen und in den Angelegenheiten der freiwilligen Gerichtsbarkeit vorliegen, wobei es genügt, dass sich der Ausgleichswert nur eines Anrechts geändert hat.

(3) Eine Abänderung nach Absatz 1 ist auch dann zulässig, wenn sich bei Anrechten der berufsständischen, betrieblichen oder privaten Altersvorsorge (§ 1587a Abs. 3 oder 4 des Bürgerlichen Gesetzbuchs in der bis zum 31. August 2009 geltenden Fassung) der vor der Umrechnung ermittelte Wert des Ehezeitanteils wesentlich von dem dynamisierten und aktualisierten Wert unterscheidet. Die Aktualisierung erfolgt mithilfe der aktuellen Rentenwerte der gesetzlichen Rentenversicherung. Der Wertunterschied nach Satz 1 ist wesentlich, wenn er mindestens 2 Prozent der zum Zeitpunkt der Antragstellung maßgeblichen monatlichen Bezugsgröße nach § 18 Abs. 1 des Vierten Buches Sozialgesetzbuch beträgt.

(4) Eine Abänderung nach Absatz 3 ist ausgeschlossen, wenn für das Anrecht nach einem Teilausgleich gemäß § 3b Abs. 1 Nr. 1 des Gesetzes zur Regelung von Härten im Versorgungsausgleich noch Ausgleichsansprüche nach der Scheidung gemäß den §§ 20 bis 26 geltend gemacht werden können.

1 Entsprechend anwendbar gem. § 10a Abs. 9 VAHRG.
2 Johannsen/Henrich/*Hahne*, § 10a VAHRG Rz. 52 (zum alten Recht).

(5) § 225 Abs. 4 und 5 des Gesetzes über das Verfahren in Familiensachen und in den Angelegenheiten der freiwilligen Gerichtsbarkeit gilt entsprechend.

A. Vorbemerkung

Der verfahrensrechtliche Rahmen für die Abänderung von Entscheidungen über den öffentlich-rechtlichen Versorgungsausgleich, die nach altem Recht ergangen sind, erfordert eine besondere gesetzliche Regelung. Auf Grund der großen strukturellen Veränderungen, die die Reform des VA mit sich gebracht hat, sind die auf das neue Recht zugeschnittenen Vorschriften über die Abänderung von Entscheidungen (§§ 225 und 226 FamFG) auf die Abänderung von Altentscheidungen nicht anwendbar. Auch die weitere Anwendung der bisherigen Abänderungsbestimmung (§ 10a VAHRG) wäre nicht praktikabel gewesen, weil dies die Fortgeltung des alten Rechts in Abänderungsverfahren noch über Jahrzehnte festgeschrieben hätte, was weder für die Verfahrensbeteiligten noch für Anwaltschaft und die Gerichtsbarkeit zumutbar gewesen wäre. 1

Da eine Abänderungsmöglichkeit für Altentscheidungen schon aus verfassungsrechtlichen Gründen eröffnet werden muss,[1] hat der Gesetzgeber mit §§ 51 und 52 VersAusglG Abänderungsbestimmungen für Altentscheidungen geschaffen und diese nicht in das FamFG eingegliedert, sondern als Übergangsvorschriften in das VersAusglG aufgenommen. 2

B. Inhalt der Vorschrift

I. Zulässigkeit der Abänderung

Eine Altentscheidung wird bei einer **wesentlichen Wertänderung** auf Antrag (Abs. 1) abgeändert, wobei die Wertänderung auf einer das Anrecht betreffenden nachträglichen Änderung (Abs. 2) oder auf Wertverzerrungen durch die Dynamisierung eines der betroffenen Anrechte (Abs. 3) beruhen kann. 3

Die Wertänderung muss grundsätzlich die **Wesentlichkeitsgrenzen** nach Abs. 2 oder Abs. 3 übersteigen. Dies ist nach **Abs. 5** iVm. **§ 225 Abs. 4 FamFG ausnahmsweise** nicht erforderlich, wenn die Abänderung dazu führt, dass eine **Wartezeit**, beispielsweise nach den §§ 50 bis 52 und 243b SGB VI, erfüllt wird. 4

Da nach den Strukturprinzipien des neuen Versorgungsausgleichs nicht mehr ein Einmalausgleich aller Anrechte stattfindet, sondern alle einzubeziehenden Anrechte gesondert geteilt werden, ist auch für die Zulässigkeit der Abänderung abweichend von dem bislang geltenden § 10a Abs. 1 und 2 VAHRG nun allein entscheidend, ob sich der Ausgleichswert (**mindestens**) **eines Anrechts wesentlich geändert** hat. Ob sich der gesamte Wertunterschied nach Saldierung der Ehezeitanteile geändert hat, ist dagegen für die Zulässigkeit des Abänderungsverfahrens nicht entscheidungserheblich. 5

---

1 So die Rspr. des BVerfG zur Erforderlichkeit von nachträglichen Abänderungsmöglichkeiten im Rahmen des bislang geltenden Rechts (BVerfG v. 16.11.1992, 1 BvL 17/89 = FamRZ 1993, 161).

II. Wertänderung durch die nachträgliche Änderung eines Anrechts (Absatz 2)

6 Abs. 2 definiert den Begriff der wesentlichen Wertänderung durch Verweisung auf § 225 Abs. 2 und 3 FamFG als eine über die Wesentlichkeitsgrenzen des § 225 Abs. 3 FamFG hinausgehende **nachträgliche Änderung rechtlicher** oder **tatsächlicher Umstände**, die für die Bewertung des Ausgleichswerts eines Anrechts maßgeblich sind (zur näheren Erläuterung s. Vorbemerkung zu §§ 225 und 226 Rz. 5 sowie § 225 Rz. 3 f.).

7 Die **absolute** Wesentlichkeitsgrenze (1 % der Bezugsgröße nach § 18 Abs. 1 SGB IV) und die **relative Wesentlichkeitsgrenze** des § 225 Abs. 3 FamFG (mindestens 5 % des bisherigen Ausgleichswerts des jeweils abzuändernden Anrechts), müssen **kumulativ** überschritten werden (s. § 225 Rz. 5).

III. Wertänderung durch Wertverzerrungen bei der Dynamisierung eines Anrechts (Absätze 3 und 4)

8 Eine zur Abänderung berechtigende Wertänderung kann nach Abs. 3 auch auf der **Wertverzerrung** durch die **Dynamisierung**,[1] also der nach altem Recht erfolgten Umbewertung[2] eines nicht volldynamischen Anrechts,[3] beruhen. Diese Wertverzerrung stellt nach Abs. 3 eine wesentliche Wertänderung dar, wenn der ehezeitliche Nominalwert des Anrechts von dessen dynamisierten Wert, der im Umfang der Steigerung des aktuellen Rentenwerts seit Ehezeitende erhöht (= aktualisiert) wurde, wesentlich abweicht.

9 Vergleichsmaßstab für die Wesentlichkeit der Wertänderung sind damit

- der zum Zeitpunkt der abzuändernden Entscheidung vom Versorgungsträger mitgeteilte bzw. vom Gericht ermittelte (nicht dynamisierte) Nominalwert des Ehezeitanteils des Anrechts und
- der Wert, der sich ergibt, wenn der dynamisierte Wert des Ehezeitanteils durch den aktuellen Rentenwert bei Ehezeitende dividiert und mit dem heutigen aktuellen Rentenwert multipliziert wird.

10 Für die Zulässigkeitsprüfung wird dabei fingiert, dass sich der Nominalwert des Anrechts nicht geändert hat. Das FamG muss deshalb **für die Zulässigkeitsprüfung keine neuen Auskünfte** einholen. Diese werden erst dann benötigt, wenn die Zulässigkeit des Antrags festgestellt ist und der Versorgungsausgleich neu berechnet werden muss.

11 Der Wertunterschied ist **wesentlich** iS des Abs. 1, wenn der Nominalwert den dynamisierten und aktualisierten Wert des Anrechts um einen Betrag von mindestens **2 Prozent** der bei Antragstellung maßgeblichen monatlichen **Bezugsgröße nach § 18 Abs. 1 SGB IV**[4] übersteigt. Diese Abweichung entspricht wirtschaftlich der absolu-

1 Zur Dynamisierung eingehend: *Rahm/Künkel*, Handbuch des Familienverfahrensrechts, Kap. V, Rz. 281 ff.

2 Die Umbewertung erfolgte in der Form, dass das in der Ehezeit angesparte Deckungskapital oder der mit Hilfe der BarwertVO ermittelte Barwert eines Anrechts wird fiktiv in die gesetzliche RV eingezahlt wird. Der Rentenbetrag, der sich durch die Einzahlung des Deckungskapitals oder Barwerts ergäbe, floss in die Ausgleichsbilanz ein.

3 Anrechte, deren Wert (im Anwartschaft- oder Leistungsstadium) nicht in gleicher oder nahezu gleicher Weise stieg wie der Wert der „Referenzanrechte" aus der gesetzlichen Rentenversicherung und Beamtenversorgung (§ 1587a Abs. 4 BGB).

4 Aktueller Wert (2009): 50,40 Euro.

ten Wesentlichkeitsgrenze des § 225 Abs. 3 FamFG von einem Prozent der Bezugsgröße, weil sich der Ausgleichswert nur um die Hälfte des Wertunterschieds verändert.

Beispiel:

Ehezeitende	Februar 2002
Alter der ausgleichspflichtigen Person bei Ehezeitende	56 Jahre
Ehezeitanteil des leistungsdynamischen Anrechts auf betriebliche Altersversorgung	**120 Euro**
Barwert: 7,4 × 150 %[1] × 120 Euro × 12 =	16 632 Euro
Dynamisierter Rentenwert: 16 632 Euro × 0,0001835894 × 25,86 =	78,96 Euro
Aktualisierter dynamisierter Rentenwert: 78,96 Euro/25,86 × 26,56 =	**81,10 Euro.**

Der Wertunterschied zwischen dem im Ursprungsverfahren mitgeteilten Nominalwert des Ehezeitanteils der Versorgung und dem aktualisierten dynamischen Rentenwert liegt mit

120 Euro – 81,10 Euro = 38,90 Euro

unterhalb der maßgeblichen Wesentlichkeitsgrenze von 2 % der Bezugsgröße nach § 18 Abs. 1 SGB IV, so dass eine Abänderung nicht zulässig ist.

Abs. 4 schließt die nach Abs. 3 zulässige Abänderung für Anrechte aus, für die noch ein „Wertausgleich nach der Scheidung"[2] geltend gemacht werden kann, weil sie im Wege des erweiterten Wertausgleichs nach § 3a Abs. 1 Nr. 1 VAHRG nur teilweise – bis zur Höhe des Höchstbetrages (2 % der Bezugsgröße nach § 18 SGB IV) – ausgeglichen und im Übrigen auf den Ausgleich nach der Scheidung verwiesen wurden. 12

Betroffen sind meist Anrechte auf betriebliche Altersversorgung, da deren hälftiger Wert den Höchstbetrag nach § 3a Abs. 1 Nr. 1 VAHRG oftmals überschritten hat. 13

Auf die dynamisierungsbedingte Wertverzerrung eines nur teilweise ausgeglichenen Anrechts kann die Zulässigkeit eines Abänderungsverfahrens nicht gestützt werden. 14

Die Einschränkung des Abs. 4 wurde in die gesetzliche Regelung aufgenommen, weil der „Wertausgleich nach der Scheidung" nach Einschätzung des Gesetzgebers gegenüber einem Abänderungsverfahren mit einem wesentlich geringerem Aufwand verbunden ist. Das Abänderungsverfahren mache eine vollständige Neuberechnung des Versorgungsausgleichs erforderlich, während der „Wertausgleich nach der Scheidung" sich auf das nicht vollständig ausgeglichene Anrecht beschränke und dabei den nach altem Recht erfolgten Teilausgleich seiner tatsächlichen Wertentwicklung entsprechend[3] berücksichtige.[4] 15

IV. Berechnung der Abänderung (Absatz 1)

Soweit die Abänderungsvoraussetzungen vorliegen, ist der Versorgungsausgleich **nach** Bestimmungen des **neuen Rechts** – also durch die gesonderte Teilung aller einzubeziehenden Anrechte nach §§ 9 bis 19 VersAusglG – **durchzuführen**. Diese „Totalrevision" entspricht dem Konzept des bislang geltenden § 10a VAHRG, wobei abweichend von der bisherigen Regelung **nur** die **Anrechte** in den Versorgungsausgleich einbezogen 16

1 Tabelle 1 der BarwertVO, erhöht um 50 % gem. § 2 Abs. 2 Satz 4 BarwertVO.

2 § 20–26 VersAusglG, nach altem Recht der „schuldrechtliche Versorgungsausgleich" nach §§ 1587f BGB ff.

3 Nach § 53 VersAusglG ist der ausgeglichene Teilbetrag nach Maßgabe der Wertentwicklung des aktuellen Rentenwerts zu aktualisierten.

4 BT-Drucks. 16/10144, S. 90.

werden, die **bereits** in die Ausgleichsbilanz der **Ursprungsentscheidung** eingeflossen sind.

17 Anrechte, die in der Ursprungsentscheidung rechtsfehlerhaft unberücksichtigt geblieben sind, können somit auch im Abänderungsverfahren nicht mehr in den Versorgungsausgleich einbezogen werden. Das Gleiche gilt für Anrechte, deren Einbeziehung das neue Recht erst ermöglicht, wie etwa Kapitalleistungen aus der betrieblichen Altersversorgung (s. § 1 Abs. 2 Nr. 3, 2. Halbs. VersAusglG). Diese hätten zum Zeitpunkt der Ursprungsentscheidung noch über den Zugewinnausgleich ausgeglichen werden müssen. Soweit dies auch geschehen ist, würde eine erneute Einbeziehung eines Anrechts in den Versorgungsausgleich zu einer Doppelberücksichtigung führen. Wurde das Anrecht nicht güterrechtlich ausgeglichen, würde durch eine Berücksichtigung im Abänderungsverfahren die Verjährungsfrist für Ansprüche auf Zugewinnausgleich oder die Rechtskraft einer ergangenen Entscheidung zum Zugewinnausgleich, die das Anrecht unberücksichtigt gelassen hat, ausgehöhlt.

V. Ausschluss der Abänderung (Absatz 5)

18 Nach Abs. 5 iVm. § 225 Abs. 5 FamFG unterbleibt eine Abänderung, die sich nicht **zu Gunsten** eines **Ehegatten** oder seiner **Hinterbliebenen auswirkt**. Das ist beispielsweise denkbar, wenn sich die Änderungen bei der Teilung der einzelnen Anrechte in ihrer Gesamtheit zum wirtschaftlich selben Ergebnis führen würden wie die Ursprungsentscheidung.

§ 52 VersAusglG
Durchführung einer Abänderung des öffentlich-rechtlichen Versorgungsausgleichs

(1) Für die Durchführung des Abänderungsverfahrens nach § 51 ist § 226 des Gesetzes über das Verfahren in Familiensachen und in den Angelegenheiten der freiwilligen Gerichtsbarkeit anzuwenden.

(2) Der Versorgungsträger berechnet in den Fällen des § 51 Abs. 2 den Ehezeitanteil zusätzlich als Rentenbetrag.

(3) Beiträge zur Begründung von Anrechten zu Gunsten der ausgleichsberechtigten Person sind unter Anrechnung der gewährten Leistungen zurückzuzahlen.

I. Durchführungsbestimmungen des § 226 FamFG (Absatz 1)

19 Die Verweisung von Abs. 1 auf die Durchführungsbestimmungen des § 226 FamFG betrifft

- die Antragsberechtigung[1] (§ 226 Abs. 1 FamFG),
- den frühest zulässigen Antragszeitpunkt[2] (§ 226 Abs. 2 FamFG),

  wobei die Voraussetzung des baldigen Rentenbezugs nur für eines der im Abänderungsverfahren einzubeziehenden Anrechte erfüllt sein muss,
- die Anwendung der Härtefallbestimmung des § 27 VersAusglG (§ 226 Abs. 3 FamFG),

1 Antragsberechtigt sind Ehegatten, Hinterbliebene und Versorgungsträger.
2 Der Antrag kann frühestens sechs Monate vor dem voraussichtlichen Leistungsbeginn gestellt werden.

- den Zeitpunkt der Wirksamkeit der Abänderung[1] (§ 226 Abs. 4 FamFG) sowie
- die Regelungen für den Fall, dass einer der Ehegatten während des Abänderungsverfahrens stirbt[2] (§ 226 Abs. 5 FamFG).

Zur näheren Erläuterung wird auf die Kommentierung des § 226 FamFG verwiesen.

II. Auskunftspflicht des Versorgungsträgers (Absatz 2)

Durch Abs. 2 wird die **allgemeine Auskunftspflicht** des Versorgungsträgers (§ 220 FamFG) im Abänderungsverfahren nach § 51 VersAusglG **erweitert**. Hier hat der Versorgungsträger – über die nach § 5 VersAusglG und § 220 FamFG fortbestehende Auskunftsverpflichtung hinaus – den Ehezeitanteil des abzuändernden Anrechts **auch als Rentenbetrag** mitzuteilen. Dieser ist nach den veränderten rechtlichen bzw. tatsächlichen Bedingungen, aber zum Stichtag Ehezeitende zu ermitteln. Nachehezeitliche Bestandteile, Karrieresprünge etc. sind also nicht zu berücksichtigen. 20

Durch den mitgeteilten Rentenbetrag wird den Parteien die Prüfung, ob und in welchem Umfang sich der Wert der einbezogenen Anrechte (bezogen auf die Ehezeit) verändert hat, wesentlich erleichtert, weil die abzuändernde Entscheidung den auszugleichenden Betrag nach altem Recht auf der Grundlage von Rentenbeträgen ermittelt hat. 21

Neben dem als Rentenbetrag angegebenen Ehezeitanteil werden jedoch auch die nach § 220 Abs. 4 FamFG iVm. § 5 VersAusglG mitzuteilenden Werte im Abänderungsverfahren benötigt, da das Gericht die Abänderung nach neuem Recht durchzuführen hat. 22

Die Auskunft wird im vorstehend beschriebenen Umfang erst für die Durchführung der Abänderung benötigt. Für die Prüfung der Zulässigkeit nach § 51 Abs. 3 VersAusglG ist keine neue Auskunft des Versorgungsträgers erforderlich, da die Höhe der Wertverzerrung auf der Grundlage der im Ursprungsverfahren vorliegenden Auskünfte errechnet werden kann (s. Rz. 8). 23

III. Erstattung von Beitragseinzahlungen (Absatz 3)

Abs. 3, der die Regelung des § 10a Abs. 8 VAHRG ersetzt,[3] regelt die **Erstattung** von **Beitragszahlungen**, die zur Begründung von Anrechten geleistet worden sind. Diese Zahlungen, die der Verpflichtete auf Grund einer Entscheidung des FamG – etwa gem. § 3b Abs. 1 Nr. 2 VAHRG – geleistet hat, sind im Falle einer Abänderung nach § 51 VersAusglG zurückzugewähren, da der reformierte Versorgungsausgleich den Ausgleich durch Beitragseinzahlung nicht mehr vorsieht. 24

Anders als nach der alten gesetzlichen Regelung ist künftig eine gerichtliche Anordnung der Rückerstattung nicht mehr erforderlich, da diese **Verpflichtung** nun als unmittelbare Rechtsfolge der Abänderung **kraft Gesetzes** besteht. Alle Leistungen, die der Versorgungsträger aus dem durch Beitragseinzahlung begründeten Anrecht erbracht hat, sind auf den zu erstattenden Betrag anzurechnen. 25

1 Die Abänderung ist ab dem ersten Tag des auf die Antragstellung folgenden Monats wirksam.
2 Beim Tod der antragstellenden Partei: Option auf Verfahrensfortführung für die übrigen Beteiligten; beim Tod der Gegenseite: Verfahrensfortsetzung gegen die Erben.
3 Zur alten gesetzlichen Regelung: *Dörr*, NJW 1988, 97 (103).

§ 228
Zulässigkeit der Beschwerde

In Versorgungsausgleichssachen gilt § 61 nur für die Anfechtung einer Kostenentscheidung.

A. Allgemeines

1 Die Vorschrift entspricht der bisherigen Regelung des § 621e ZPO, die eine Mindestbeschwer in Versorgungsausgleichssachen ebenfalls nicht vorsah.

B. Inhalt der Vorschrift

2 Abweichend von der Regelung des § 61, nach der in vermögensrechtlichen Angelegenheiten die Beschwerde nur zulässig ist, wenn der Wert des Beschwerdegegenstandes 600 Euro übersteigt oder das Gericht des ersten Rechtszuges die Beschwerde zugelassen hat, ist in Versorgungsausgleichssachen die Beschwerde gegen die Hauptsacheentscheidung ohne Beschränkung durch eine Mindestbeschwer zulässig.

3 Innere Rechtfertigung für die wertunabhängige Zulassung der Beschwerde in VA-Sachen ist zum einen die Erwägung, dass den Versorgungsträgern die Wahrnehmung der Interessen der Versichertengemeinschaft im Beschwerdeverfahren auch weiterhin unabhängig von der Höhe der Beschwer möglich bleiben soll. Zudem lässt sich die Höhe der Beschwer oftmals nach Abschluss des erstinstanzlichen Verfahrens nicht quantifizieren. Wenn beispielsweise einer der Versorgungsträger seine Auskunft auf der Grundlage eines falschen Ehezeitendes erteilt hat, kann die Höhe der Fehlberechnung erst bestimmt werden, wenn im Beschwerdeverfahren eine korrigierte Auskunft eingeholt worden ist. Es wäre unbillig, das Zulässigkeitsrisiko bei derart gelagerten Sachverhalten dem Beschwerdeführer aufzubürden.[1]

§ 229
Elektronischer Rechtsverkehr zwischen den Familiengerichten und den Versorgungsträgern

(1) Die nachfolgenden Bestimmungen sind anzuwenden, soweit das Gericht und der nach § 219 Nr. 2 oder 3 beteiligte Versorgungsträger an einem zur elektronischen Übermittlung eingesetzten Verfahren (Übermittlungsverfahren) teilnehmen, um die im Versorgungsausgleich erforderlichen Daten auszutauschen. Mit der elektronischen Übermittlung können Dritte beauftragt werden.

(2) Das Übermittlungsverfahren muss

1. bundeseinheitlich sein,

2. Authentizität und Integrität der Daten gewährleisten und

1 So BT-Drucks. 16/6308, S. 254.

3. bei Nutzung allgemein zugänglicher Netze ein Verschlüsselungsverfahren anwenden, das die Vertraulichkeit der übermittelten Daten sicherstellt.

(3) Das Gericht soll dem Versorgungsträger Auskunftsersuchen nach § 220, der Versorgungsträger soll dem Gericht Auskünfte nach § 220 und Erklärungen nach § 222 Abs. 1 im Übermittlungsverfahren übermitteln. Einer Verordnung nach § 14 Abs. 4 bedarf es insoweit nicht.

(4) Entscheidungen des Gerichts in Versorgungsausgleichssachen sollen dem Versorgungsträger im Übermittlungsverfahren zugestellt werden.

(5) Zum Nachweis der Zustellung einer Entscheidung an den Versorgungsträger genügt die elektronische Übermittlung einer automatisch erzeugten Eingangsbestätigung an das Gericht. Maßgeblich für den Zeitpunkt der Zustellung ist der in dieser Eingangsbestätigung genannte Zeitpunkt.

A. Allgemeines

Die Vorschrift, die auf Vorschlag des Bundesrats[1] und des Rechtsausschusses[2] in das FamFG aufgenommen wurde, enthält die rechtlichen Grundlagen für den elektronischen Rechtsverkehr zwischen denn Familiengerichten und den Versorgungsträgern. 1

Im Bezirk des Oberlandesgerichts Düsseldorf wurde der elektronische Datenaustausch mit der Deutschen Rentenversicherung Bund bereits seit April 2008 von einzelnen Amtsgerichten erfolgreich getestet und ist seit Februar 2009 auf alle Amtsgerichte des Bezirks ausgeweitet worden. 2

B. Inhalt der Vorschrift

Abs. 1 eröffnet die Möglichkeit zu der **Nutzung eines elektronischen Übermittlungsverfahrens**, dessen Ausführung auch einem Dritten als beliehenen Unternehmer übertragen werden darf. 3

Abs. 2 legt die **Anforderungen** fest, die ein Übermittlungsverfahren erfüllen muss. Der nach Nr. 1 geforderte bundeseinheitliche Standard wird beispielsweise durch das elektronische Gerichts- und Verwaltungspostfach (EGVP)[3] erfüllt. Nach Nr. 2 muss die Authentizität und Integrität der Daten gewährleistet sein, was nach den RL des EGVP ebenfalls gewährleistet ist. Nach Nr. 3 sind die Daten schließlich bei der Nutzung allgemein zugänglicher Netze zu verschlüsseln. 4

Auf das Erfordernis einer Verordnungsermächtigung wurde – anders als bei der Einführung elektronischer Akten und Dokumente nach § 14 – für die Einführung eines elektronischen Übermittlungssystems verzichtet (Abs. 3 Satz 2), weil der Nutzerkreis des Übermittlungssystems überschaubar ist und die technischen Einzelheiten zwischen den Nutzern und dem Betreiber einvernehmlich festgelegt werden können. 5

1 BT-Drucks. 16/10144, S. 120 ff.
2 BT-Drucks. 16/11903, S. 53, 118 f.
3 Dies ist eine spezielle Übertragungssoftware, die vom Bund kostenlos zur Verfügung gestellt wird (www.egvp.de). In das EGVP ist eine spezielle, besonders sichere Verschlüsselungssoftware integriert, die die übermittelten Daten automatisch vor unbefugter Kenntnisnahme während des Transports schützt.

6 Sofern ein elektronisches Übermittlungssystem verfügbar ist, besteht nach Abs. 3 für die teilnehmenden Versorgungsträger und Gerichte eine grundsätzliche **Verpflichtung** zur Nutzung dieses Übertragungsweges, durch die das gerichtliche Ermessen eingeschränkt wird. Die Nutzungsverpflichtung erstreckt sich nicht nur auf die Übermittlung des gerichtlichen Auskunftsersuchens, sondern auch auf die Übermittlung der Auskunft durch den Versorgungsträger (Abs. 3).

7 Auch die Bekanntgabe der gerichtlichen Entscheidung an den Versorgungsträger hat grundsätzlich über das elektronische Übermittlungssystems zu erfolgen (Abs. 4). Das Ermessen der Geschäftsstelle bei der Wahl der Zustellungsform wird somit für die Zustellung von Entscheidungen in Versorgungsausgleichssachen an die Versorgungsträger eingeschränkt. Die elektronische Übermittlung ist eine förmliche Zustellung, die die Anforderungen des § 41 Abs. 1 Satz 2[1] erfüllt.

8 Wird der elektronische Übermittlungsweg unter Verstoß gegen Abs. 3 Satz 1 nicht genutzt, führt dies nicht zur Unwirksamkeit der Auskunftsersuchen, Erklärungen und Auskünfte, da Abs. 3 Satz 1 nur eine Ordnungsvorschrift ist.

9 Auch wenn gerichtliche Entscheidungen dem Versorgungsträger unter Verstoß gegen Abs. 4 nicht über das elektronische Übermittlungssystem bekannt gegeben werden, führt dies nicht zur Unwirksamkeit der Zustellung.

10 Abs. 5 erleichtert den Nachweis der Zustellung von Entscheidungen an Versorgungsträger. Zum förmlichen Nachweis des Zugangs genügt die automatisch erzeugte Eingangsbestätigung des elektronischen Postfachs des Versorgungsträgern, während nach den allgemeinen Vorschriften (§ 15 Abs. 1 FamFG iVm. § 174 Abs. 3 Satz 2 ZPO) ein mit qualifizierter elektronischer Signatur versehenes elektronisches Empfangsbekenntnis erforderlich ist (s. § 15, dort Rz. 44).

§ 230
(aufgehoben)[2]

Abschnitt 9
Verfahren in Unterhaltssachen

Literatur: *Bergschneider*, Was bringt die FGG-Reform?, Vortrag zum 17. DFGT 2007, www.dfgt.de; *Borth*, Die Reform des Verfahrens in Familiensachen, FamRZ 2007, 1925; *Borth*, Einführung in das Gesetz zur Reform des Verfahrens in Familiensachen und in den Angelegenheiten der freiwilligen Gerichtsbarkeit v. 17.12.2008 (FGG-ReformG); *Brudermüller*, Zur Abänderbarkeit von DDR-Unterhaltstiteln, FamRZ 1995, 915; *Büte*, Die Rückforderung überzahlten Unterhalts, FuR 2006, 193; *Büte*, Das Gesetz zur Reform des Verfahrens Familiensachen und in den Angelegenheiten der freiwilligen Gerichtsbarkeit (FamFG), FuR 2008, 537 und FuR 2008, 583; *Büte*, Verfahrenskostenhilfe, Anwaltszwang und Ausnahmen, FPR 2009, 14; *Bundesrechts-*

1 § 41 Abs. 1 ordnet die förmliche Zustellung an, wenn ein anfechtbarer Beschl. dem Willen des Adressaten nicht entspricht.
2 Durch Art. 2 Nr. 6 des VAStrRefG v. 3.4.2009, BGBl. I, S. 700.

anwaltskammer, Stellungnahme zum Referentenentwurf eines Gesetzes zur Reform des Verfahrens in Familiensachen und in den Angelegenheiten der freiwilligen Gerichtsbarkeit (FGG-Reformgesetz), FPR, Beilage zu Heft 11/2006; *Ehinger/Griesche/Rasch*, Handbuch Unterhaltsrecht, 5. Aufl. 2008; *Ernst*, Europäischer Vollstreckungstitel für unbestrittene Forderungen, JurBüro 2005, 568; *Eschenbruch/Klinkhammer*, Der Unterhaltsprozess, 5. Aufl. 2008; *Giers*, Die Vollstreckung familienrechtlicher Entscheidungen nach dem FamFG, FPR 2006, 438; *Giers*, Die Vollstreckung in Familiensachen ab dem 1.9.2009, FamRB 2009, 87; *Göppinger/Wax*, Unterhaltsrecht, 9. Aufl. 2008; *Götsche/Viefhues*, Einstweilige Anordnungen nach dem FamFG, ZFE 2009, 124; *Graba*, Die Abänderung von Unterhaltstiteln, 3. Aufl. 2004; *Graba*, Zur Abänderung der Jugendamtsurkunde, FamRZ 2005, 678; *Groß*, Systematik der Kostenregelungen für Familiensachen im FamFG, Verfahrenskostenhilfe, Anwaltszwang, FPR 2006, 430; *Gutjahr*, Reform des Verfahrensrechts in Familiensachen durch das FamFG – Rechtsmittel in Familiensachen, FPR 2006, 433; *Hamm*, Strategien im Unterhaltsrecht, 2008; *Jacoby*, Der Regierungsentwurf für ein FamFG, FamRZ 2007, 1703; *Kalthoener/Büttner/Niepmann*, Die Rechtsprechung zur Höhe des Unterhalts, 10. Aufl. 2008; *Kemper*, FamFG, FGG, ZPO, Kommentierte Synopse, 1. Aufl. 2009; *Kemper*, Das Verfahren in der ersten Instanz nach dem FamFG, FamRB 2008, 345; *Kemper*, Die allgemeinen Vorschriften für das Verfahren in Familiensachen – Übersicht über die Regelungen des ersten Abschnitts des zweiten Buchs des FamFG, FamRB 2009, 53; *Kindermann*, Die Abänderung von Unterhaltstiteln, FF-FamFG spezial, 2009, 18; *Klein*, Reform des einstweiligen Rechtsschutzes, FuR 2009, 241, *Luthin*, Handbuch des Unterhaltsrechts, 11. Aufl. 2008; *Maass*, Freiwillige Gerichtsbarkeit – Der Entwurf für ein „Gesetz zur Reform des Verfahrens in Familiensachen und in den Angelegenheiten der freiwilligen Gerichtsbarkeit" – ein gelungener Versuch einer umfassenden Verfahrensreform?, ZNotP 2006, 282; *Maurer*, Die Rechtsmittel in Familiensachen nach dem FamFG, FamRZ 2009, 465; *Menne/Grundmann*, Das neue Unterhaltsrecht: Einführung, Gesetzgebungsverfahren, Materialien, 2008; *Rasch*, Verfahren in Unterhaltssachen, FPR 2006, 426; *Rausch*, Vereinfachte Unterhaltsvollstreckung in der EU mit dem neuen Europäischen Vollstreckungstitel, FuR 2005, 437; *Rellermeyer*, Europäische Vollstreckungstitel für unbestrittene Forderungen, Rpfleger 2005, 389; *Riegner*, Probleme der internationalen Zuständigkeit und des anwendbaren Rechts bei der Abänderung deutscher Unterhaltstitel nach dem Wegzug des Unterhaltsberechtigten ins EU-Ausland, FamRZ 2005, 1799; *Roessink*, Das Verfahren in Unterhaltssachen nach dem FamFG, FamRB 2009, 117; *Roßmann*, Das neue Unterhaltsverfahren nach dem FamFG, ZFE 2008, 245; *Schael*, Die Statthaftigkeit von Beschwerde und sofortiger Beschwerde nach dem neuen FamFG, FPR 2009, 11; *Schael*, Das FamFG und die Beschwerde gegen Endentscheidungen, FPR 2009, 195; *Schürmann*, Die einstweilige Anordnung nach dem FamFG, FamRB 2008, 375; *Schürmann*, Die Rechtsmittel nach dem FamFG, FamRB 2009, 24; *Schürmann*, Die Verfahrenskostenhilfe nach dem FamFG, FamRB 2009, 58; *Schürmann*, Das FamFG-Verfahren in Unterhaltssachen, FuR 2009, 130; *Schumacher/Grün*, Das neue Unterhaltsrecht minderjähriger Kinder, FamRZ 1998, 778; *Soyka*, Die Abänderungsklage im Unterhaltsrecht, 2. Aufl. 2005; *van Els*, Übergang ins streitige Verfahren nach Teilfeststellung von Unterhaltsansprüchen, FamRZ 2007, 1659; *Viefhues*, Praxisprobleme bei tituliertem Minderjährigenunterhalt und Eintritt der Volljährigkeit des Kindes, FF 2008, 294; *Viefhues/Mleczko*, Das neue Unterhaltsrecht, 2. Aufl. 2008; *Vorwerk*, Einstweilige Anordnung, Beschluss, Rechtsmittel und Rechtsmittelbelehrung nach dem FGG-RG, FPR 2009, 8; *Vossenkämper*, Der Kindesunterhalt nach neuem Recht ab 1.1.2008, FamRZ 2008, 201; *Winkler*, Beurkundungsgesetz, 16. Aufl. 2008; *Wendl/Staudigl*, Das Unterhaltsrecht in der familienrichterlichen Praxis, 7. Aufl. 2008; *Wolfsteiner*, Die vollstreckbare Urkunde, 2. Aufl. 2006.

A. Überblick zu Abschnitt 9

I. Systematik

Das Gesetz zur Reform des Verfahrens in Familiensachen und in den Angelegenheiten der freiwilligen Gerichtsbarkeit (FGG-RG) enthält in Art. 1 das Gesetz über das Verfahren in Familiensachen und in den Angelegenheiten der freiwilligen Gerichtsbarkeit (FamFG). Das FamFG beinhaltet eine vollständige Neukodifizierung des Rechts der freiwilligen Gerichtsbarkeit und des familiengerichtlichen Verfahrens. 1

2 Der Allgemeine Teil des FamFG (Buch 1) tritt an die Stelle der §§ 1 bis 34 FGG aF. Er gilt nicht nur für die weiteren Bücher des FamFG, sondern gem. § 1 für alle Angelegenheiten, die durch Bundes- oder Landesgesetz den Gerichten der **freiwilligen Gerichtsbarkeit** übertragen sind. Die Bücher 2 bis 6 des FamFG erfassen den bisher im FGG geregelten Kernbereich der freiwilligen Gerichtsbarkeit. Buch 3 des FamFG enthält das Verfahren in Betreuungs- und Unterbringungssachen, Buch 4 das Verfahren in Nachlasssachen und Teilungssachen, Buch 5 das Verfahren in Registersachen sowie unternehmensrechtlichen Verfahren (früher: Handelssachen). In Buch 6 wird das Verfahren in weiteren Angelegenheiten der freiwilligen Gerichtsbarkeit geregelt. Das bisher in einem eigenen Gesetz kodifizierte Verfahren in Freiheitsentziehungssachen ist nun in Buch 7 neu aufgenommen worden. Buch 8 enthält das Aufgebotsverfahren, das bisher in Buch 9 der ZPO geregelt war. Buch 9 beinhaltet Schlussvorschriften.

3 Das **Buch 2** (§§ 111 bis 270) enthält das **Verfahren in Familiensachen**. Die Vorschriften über das Verfahren in Familiensachen, die bisher in Buch 6 der ZPO enthalten waren, sind durch Art. 29 Nr. 15 FGG-RG ersatzlos aufgehoben worden. Das FamFG fasst die Vorschriften aus dem 6. Buch der ZPO, einige weitere spezifisch familienverfahrensrechtliche Vorschriften aus der ZPO und darüber hinaus insbesondere die im FGG, der Hausratsverordnung und in sonstigen Gesetzen enthaltenen Vorschriften über das familiengerichtliche Verfahren unter Berücksichtigung der in der höchstrichterlichen Rechtsprechung entwickelten Grundsätze neu in einem Gesetz zusammen. Die Grundstruktur des familiengerichtlichen Verfahrens mit dem Verbundprinzip (§ 137, Verbund von Scheidungs- und Folgesachen) bleibt erhalten.[1]

4 Das FamFG enthält in § 111 Nr. 1 bis 11 eine Aufzählung der einzelnen **Familiensachen**. Dazu zählen Ehesachen, Kindschaftssachen, Abstammungssachen, Adoptionssachen, Ehewohnungs- und Haushaltssachen, Gewaltschutzsachen, Versorgungsausgleichsverfahren, **Unterhaltssachen**, Güterrechtssachen, sonstige Familiensachen und Lebenspartnerschaftssachen. Gegenüber den ersetzten Katalogen in § 23b Abs. 1 Satz 2 GVG aF und in dem früheren § 621 Abs. 1 ZPO[2] hat sich inhaltlich insbesondere durch die Einführung des **Großen Familiengerichts** und die damit verbundene Abschaffung des Vormundschaftsgerichts eine Erweiterung des Kreises der Familiensachen um die Adoptionssachen und im Bereich der sonstigen Familiensachen ergeben. Zu den sonstigen Familiensachen zählen gem. § 266 nunmehr auch die Zivilrechtsstreitigkeiten, die wie die Ansprüche unter verheirateten oder ehemals verheirateten Personen und aus dem Eltern-Kind-Verhältnis eine besondere Nähe zu familienrechtlich geregelten Rechtsverhältnissen aufweisen.[3] Die sonstigen Familiensachen umfassen nun die in der Praxis häufig vorkommenden Auseinandersetzungen zwischen den Ehegatten außerhalb des Güterrechts, insbesondere Streitigkeiten um ehebedingte Zuwendungen, Auseinandersetzung einer Miteigentumsgemeinschaft, Auflösung einer Innengesellschaft, Gesamtschuldnerausgleich, Ansprüche auf Mitwirkung bei der gemeinsamen steuerlichen Veranlagung, Aufteilung von Steuerguthaben sowie Auseinandersetzungen zwischen einem Ehegatten und dessen Eltern oder den Eltern des anderen Ehegatten, zB um die Rückabwicklung von Zuwendungen der Schwiegereltern.

5 Neu eingeführt worden ist in § 112 Nr. 1 bis 3 der Begriff der **Familienstreitsachen**. Hierunter fällt ein Großteil der bisherigen ZPO-Familiensachen, nämlich bestimmte

1 Begr. RegE, BT-Drucks. 16/6308, S. 163; *Borth*, FamRZ 2007, 1925 (1926); *Jacoby*, FamRZ 2007, 1703 (1704).
2 Vgl. Art. 22 Nr. 8 und Art. 29 Nr. 15 FGG-RG.
3 *Jacoby*, FamRZ 2007, 1703 (1704); *Kemper*, FamRB 2009, 53.

Unterhaltssachen, Güterrechtssachen und sonstige Familiensachen. Die Definitionsnormen für Unterhaltssachen (§ 231), Güterrechtssachen (§ 261) und sonstige Familiensachen (§ 266) sind jeweils zweigeteilt. In deren Abs. 1 sind die Verfahren genannt, die zu der Kategorie der **Familienstreitsachen** gehören. In Abs. 2 der jeweiligen Vorschrift sind die Verfahren aufgeführt, die zu den Verfahren der **freiwilligen Gerichtsbarkeit** gehören. Die Reform hat die schon aus der alten Rechtslage bekannte Unterscheidung zwischen ZPO- und FGG-Familiensachen beibehalten. Das Verfahren in den ehemaligen ZPO-Familiensachen, die nunmehr als Familienstreitsachen bezeichnet werden, richtet sich auch weiterhin überwiegend nach den Vorschriften der ZPO.

Für jede einzelne **Art der Familiensache** aus dem Katalog des § 111 Nr. 1 bis 11 hat das FamFG einen entsprechenden **Abschnitt** kodifiziert. Die für die verschiedenen Familiensachen verwendeten Bezeichnungen werden jeweils in der ersten Vorschrift des entsprechenden Abschnitts näher definiert. 6

Abschnitt 1 (§§ 111 bis 120) in Buch 2 enthält allgemeine Vorschriften für die Familiensachen. Abschnitt 2 (§§ 121 bis 150) regelt Verfahren in Ehesachen und Verfahren in Scheidungssachen und Folgesachen, Abschnitt 3 (§§ 151 bis 168a) Verfahren in Kindschaftssachen, Abschnitt 4 (§§ 169 bis 185) Verfahren in Abstammungssachen, Abschnitt 5 (§§ 186 bis 199) Verfahren in Adoptionssachen, Abschnitt 6 (§§ 200 bis 209) Verfahren in Ehewohnungs- und Haushaltssachen, Abschnitt 7 (§§ 210 bis 216a) Verfahren in Gewaltschutzsachen, Abschnitt 8 (§§ 217 bis 230) Verfahren in Versorgungsausgleichssachen, **Abschnitt 9 (§§ 231 bis 260) Verfahren in Unterhaltssachen**, Abschnitt 10 (§§ 261 bis 265) Verfahren in Güterrechtssachen, Abschnitt 11 (§§ 266 bis 268) Verfahren in sonstigen Familiensachen und Abschnitt 12 (§§ 269 bis 270) Verfahren im Lebenspartnerschaftssachen. 7

Abschnitt 9 gilt für **selbständige Unterhaltssachen und Folgesachen**. Wenn Unterhalt gem. § 137 Abs. 2 Nr. 2 im Scheidungsverbund geltend gemacht wird, sind – wie nach altem Recht – die Vorschriften über Verfahren in Ehesachen, Verfahren in Scheidungssachen und Folgesachen, die nun in Abschnitt 2 (§§ 121 bis 150) enthalten sind, zusätzlich zu beachten. 8

Für den Bereich der **Familienstreitsachen**, also auch für die **Unterhaltssachen** des § 231 Abs. 1, ist das Ziel des Reformgesetzgebers, durch eine Zusammenfassung aller familienrechtlichen Verfahrensvorschriften, eine formale Ordnung und eine Vereinfachung derselben gerade das unübersichtliche Nebeneinander verschiedener Verfahrensordnungen zu beseitigen,[1] nicht erreicht worden.[2] Das Ineinandergreifen von mehreren Teilen des Verfahrensrechts, nämlich des Allgemeinen Teils des FamFG, der allgemeinen Vorschriften für das Verfahren in Familienstreitsachen mit Verweisungen auf die ZPO und auf die besonderen Vorschriften der §§ 231 ff. für die Unterhaltssachen, die wiederum Ausnahmen hinsichtlich der aus der ZPO anzuwendenden Vorschriften enthalten, wird Fehlern bei der Rechtsanwendung Vorschub leisten.[3] 9

1 Begr. RegE, BT-Drucks. 16/6308, S. 162.

2 *Maass*, ZNotP 2006, 282 (284); *Bergschneider*, Veröffentlichungen des 17. DFGT 2007, www.dfgt.de, S. 12.

3 *Rasch*, FPR 2006, 426 (427).

II. Normzweck

10 Der Abschnitt 9 enthält spezielle Verfahrensvorschriften für Unterhaltssachen.

In **Unterabschnitt 1** sind in den **§§ 231 bis 245** insbesondere die örtliche Zuständigkeit des Gerichts, die Vertretung eines Kindes durch einen Beistand, die verfahrensrechtlichen Auskunftspflichten der Beteiligten und Dritter, die Abänderung von Unterhaltstiteln, die verschärfte Haftung, die einstweilige Einstellung der Vollstreckung, die Kostenentscheidung, die Einwendungen bei Volljährigkeit des Kindes sowie die Vollstreckung von Titeln im Ausland geregelt.

Die **§§ 246 bis 248 im Unterabschnitt 2** enthalten besondere Vorschriften für die einstweilige Anordnung.

Das in **Unterabschnitt 3 in den §§ 249 bis 260** geregelte vereinfachte Verfahren über den Unterhalt Minderjähriger entspricht den Regelungen der früheren §§ 645 ff. ZPO idF des Gesetzes zur Änderung des Unterhaltsrechts.[1]

B. Anwendbare Verfahrensvorschriften

11 Für die überwiegende Zahl der betroffenen Unterhaltssachen richtet sich das Verfahren wie nach der alten Rechtslage nach den Vorschriften der ZPO. So sind gem. § 113 Abs. 1 in Unterhaltssachen nach § 231 Abs. 1 an Stelle der §§ 2 bis 37, 40 bis 45, 46 Satz 1 und 2 sowie §§ 47 und 48 sowie der §§ 76 bis 96 die allgemeinen Vorschriften der Zivilprozessordnung (§§ 1 bis 252 ZPO) und die Vorschriften über das Verfahren vor den Landgerichten (§§ 253 bis 494a ZPO) anzuwenden. Nach § 113 Abs. 2 gelten in Familienstreitsachen die Vorschriften der Zivilprozessordnung über den Urkunden- und Wechselprozess und über das Mahnverfahren (§§ 592 bis 605a und § 688 bis 703d) entsprechend. § 227 Abs. 3 ZPO ist in Familienstreitsachen nicht anzuwenden, § 113 Abs. 3. Vor der Anwendung der Vorschriften der ZPO ist aber stets zu prüfen, ob sich in Abschnitt 9 eine speziellere Norm zu der jeweiligen Materie findet.

12 **Beispiel:**

Nach § 113 Abs. 1 gelten in Familienstreitsachen, also auch in selbständigen Unterhaltssachen nach § 231 Abs. 1, bezüglich der **Kostentragungspflicht** nicht die Regelungen des Allgemeinen Teils des FamFG in Buch 1, dh. die §§ 80 bis 85, sondern die allgemeinen Vorschriften der Zivilprozessordnung, mithin die §§ 91 ff. ZPO. Diese Vorschriften sind gleichwohl nicht anzuwenden, denn § 243 enthält für Unterhaltssachen eine spezielle Kostenregelung nach billigem Ermessen.[2] Wenn Unterhalt im Scheidungsverbund als Folgesache geltend gemacht wird, ist die Kostenregelung des § 150, die § 93a ZPO aF nachgebildet ist, als Spezialregelung zu §§ 91 ff. ZPO und zu § 243 FamFG einschlägig.[3]

Hinsichtlich der Einzelheiten s. die Kommentierung zu den jeweiligen Vorschriften dieses Abschnitts.

13 Für die Familienstreitsachen des § 231 Abs. 1 ergeben sich durch das FamFG im Verhältnis zu den Vorschriften der ZPO insbesondere dadurch **Modifikationen**, dass das Urteil durch die Entscheidungsform des Beschlusses ersetzt worden ist und dass an die Stelle der Rechtsmittel der Zivilprozessordnung diejenigen des FamFG treten, nämlich die Beschwerde und die Rechtsbeschwerde. Eine wesentliche Veränderung für das Ver-

1 Gesetz v. 21.12.2007, BGBl. I, S. 3189.
2 Begr. RegE, BT-Drucks. 16/6308, S. 259.
3 Begr. RegE, BT-Drucks. 16/6308, S. 233.

fahren stellt auch die Verpflichtung der Gerichte dar, künftig unter bestimmten Voraussetzungen die für die Unterhaltsberechnung erforderlichen Auskünfte vom Gegner und ggf. von Dritten selbst einzuholen. Der Abschnitt 9 enthält ferner spezielle Vorschriften für die Abänderung von Entscheidungen und sonstigen Titeln in Unterhaltssachen. Die Vorschriften orientieren sich an der früheren Fassung des § 323 ZPO unter Einbeziehung der speziellen Bedürfnisse der Praxis und der Rechtsprechung des BGH.[1]

Unterabschnitt 1
Besondere Verfahrensvorschriften

§ 231
Unterhaltssachen

(1) Unterhaltssachen sind Verfahren, die

1. die durch Verwandtschaft begründete gesetzliche Unterhaltspflicht,

2. die durch Ehe begründete gesetzliche Unterhaltspflicht,

3. die Ansprüche nach § 1615l oder § 1615m des Bürgerlichen Gesetzbuchs betreffen.

(2) Unterhaltssachen sind auch Verfahren nach § 3 Abs. 2 Satz 3 des Bundeskindergeldgesetzes und § 64 Abs. 2 Satz 3 des Einkommensteuergesetzes. Die §§ 235 bis 245 sind nicht anzuwenden.

A. Allgemeines

I. Entstehung

§ 231 Abs. 1 Nr. 1 entspricht dem bisherigen § 621 Abs. 1 Nr. 4 ZPO. 1

§ 231 Abs. 1 Nr. 2 entspricht dem bisherigen § 621 Abs. 1 Nr. 5 ZPO.

§ 231 Abs. 1 Nr. 3 entspricht dem bisherigen § 621 Abs. 1 Nr. 11 ZPO.

§ 231 Abs. 2 hat keine Entsprechung im alten Recht. Die Vorschrift modifiziert § 64 Abs. 2 Satz 3 EStG aF und § 3 Abs. 2 Satz 3 BKGG aF.

II. Systematik

Diese erste Vorschrift des Abschnitts 9 zählt enumerativ die Verfahren auf, die unter den Begriff **Unterhaltssachen** fallen. 2

III. Normzweck

Die Vorschrift führt die Bezeichnung **Unterhaltssachen** als Gesetzesbegriff ein. Der Begriff der Unterhaltssachen umfasst nicht nur die Unterhaltssachen im bisherigen 3

1 Begr. RegE, BT-Drucks. 16/6308, S. 254.

Sinne, sondern nunmehr auch das Verfahren zur Bestimmung der für das Kindergeld bezugsberechtigten Person. Wegen evtl. mit den Unterhaltssachen materiell zusammenhängender Streitigkeiten vgl. § 111 Rz. 10 ff.

B. Familienstreitsachen, Absatz 1

4 Die in Abs. 1 genannten Verfahren gehören zur Kategorie der Familienstreitsachen iSd. § 112.

I. Unterhaltspflicht unter Verwandten

5 § 231 Abs. 1 Nr. 1 betrifft die durch Verwandtschaft begründete gesetzliche Unterhaltspflicht und entspricht dem früheren § 621 Abs. 1 Nr. 4 ZPO. Umfasst ist die gesetzliche Unterhaltspflicht zwischen Verwandten in auf- und absteigender Linie (§§ 1601 ff. BGB). Dies gilt auch, wenn die gesetzliche Unterhaltspflicht für ein Kind vertraglich – zB in einem Scheidungsfolgenvertrag anlässlich der Scheidung der Eltern – geregelt ist und der Vertrag lediglich in Konkretisierung der gesetzlichen Vorschriften erfolgt.[1] Zu dieser Kategorie gehört auch der Ausgleichsanspruch eines Elternteils gegen den anderen wegen erbrachter, dem anderen obliegender gesetzlicher Unterhaltsleistungen sowie Freistellung hiervon.[2] Die Abänderung einer Unterhaltsbestimmung, die nach § 1612 Abs. 2 Satz 2 BGB aF in einem gesonderten Verfahren zu erfolgen hatte, ist nach der Streichung der Vorschrift durch das Gesetz zur Neuregelung des Unterhaltsrechts ab dem 1.1.2008 als Vorfrage in dem Verfahren auf Zahlung von Barunterhalt für ein Kind geltend zu machen. Unterhaltssachen iSd. § 231 Abs. 1 Nr. 1 sind auch Verfahren, in denen Ansprüche von einem Elternteil gegen den anderen in gesetzlicher Verfahrensstandschaft gem. § 1629 Abs. 3 BGB (zu den Einzelheiten der gesetzlichen Vertretung der Kinder und der Verfahrensstandschaft [früher: Prozessstandschaft] s. § 249 Rz. 5) für das Kind geltend gemacht werden, und solche von Rechtsnachfolgern der ursprünglichen Unterhaltsberechtigten bei übergegangenen oder übergeleiteten Unterhaltsansprüchen (zB § 1607 Abs. 2 Satz 2 BGB, § 37 BaföG, § 94 SGB XII, § 7 UVG) sowie Anträge (früher: Klagen) gegen Rechtsnachfolger von Unterhaltsverpflichteten (zB §§ 1361 Abs. 4 Satz 4, 1360a Abs. 3, 1586b, 1615 Abs. 1 BGB).[3] Ob zur Unterhaltspflicht auch der Kostenerstattungsanspruch des Scheinvaters für den geleisteten Unterhalt und das Ehelichkeitsanfechtungsverfahren gegen den Erzeuger gehört, ist streitig.[4] Nicht anwendbar ist die Vorschrift für einen Antrag des Jugendamtes auf Herausgabe des Kindesunterhaltstitels gegen die Mutter wegen eines Anspruchsübergangs nach § 7 Abs. 1 UVG.[5]

II. Durch die Ehe begründete Unterhaltspflicht

6 § 231 Abs. 1 Nr. 2 regelt die durch Ehe begründete gesetzliche Unterhaltspflicht und entspricht dem alten § 621 Abs. 1 Nr. 5 ZPO. Der Ehegattenunterhalt betrifft die ge-

1 BGH v. 29.1.1997 – XII ZR 221/95, FamRZ 1997, 545.
2 BGH v. 30.8.1978 – IV ARZ 45/78, NJW 1978, 2297 und BGH v. 29.11.1979 – IV ARZ 99/78, NJW 1979, 552 zu § 621 Nr. 4 ZPO.
3 Zöller/*Philippi*, § 621 ZPO Rz. 39b; Thomas/Putzo/*Hüßtege*, § 621 ZPO Rz. 26.
4 Dafür OLG Koblenz v. 8.1.1999 – 15 SmA 1/99, FamRZ 1999, 658; aA BGH v. 20.12.1978 – IV ARZ 106/78, NJW 1979, 660; OLG Jena v. 22.11.2002 – 12 SA 10/02, FamRZ 2003, 1125.
5 OLG Celle v. 5.2.2002 – 17 AR 4/02, JAmt 2002, 272.

setzliche Unterhaltspflicht bei Zusammenleben (§§ 1360 bis 1360b BGB, bei Getrenntleben (§ 1361 ff. BGB) und nach der Auflösung der Ehe (§§ 1569 bis 1586b BGB, §§ 58 ff. EheG iVm. Art. 12 Nr. 3 Abs. 2 1. EheRG). Umfasst sind auch Ansprüche auf Freistellung von der Unterhaltspflicht, ferner auf Schuldbefreiung, Schadensersatz und Bereicherungsausgleich, wenn ihre Wurzel im unterhaltsrechtlichen Verhältnis zu suchen ist,[1] Ansprüche auf Zahlung[2] und Rückzahlung[3] eines Verfahrenskostenvorschusses gem. §§ 1360a Abs. 4, 1361 Abs. 4 Satz 4 BGB, auf Erstattung außergerichtlicher Kosten für geltend gemachte Unterhaltsansprüche,[4] Schadensersatzansprüche wegen Verletzung der Unterhaltspflicht,[5] ferner aus Unterhaltsvergleichen,[6] auf Ausgleich von geleistetem Unterhalt, den der andere Elternteil hätte leisten müssen,[7] ferner Ansprüche auf Feststellung, dass kein Anspruch auf nachehelichen Unterhalt besteht.[8] Erfasst von der Vorschrift sind auch der Anspruch eines Ehegatten auf Zustimmung des anderen Ehegatten zur Durchführung des begrenzten Realsplittings (§ 10 Abs. 1 Nr. 1 EStG)[9] und Streitigkeiten wegen Verweigerung der Zustimmung sowie aus Vereinbarungen über die Erstattung der Mehrbelastung;[10] schließlich auch Ansprüche aus Krankenversicherungsleistungen für den unterhaltsberechtigten Ehegatten.[11] Unter Nr. 2 fallen auch Streitigkeiten um die Zahlung einer Morgengabe nach ausländischem Recht.[12] Erfasst sind auch Auskunfts- und Beleganspruche und übergegangene Unterhaltsansprüche (zB § 33 SGB II, § 94 SGB XII, § 1584 Satz 2 BGB). **Nicht** zum Ehegattenunterhalt gehören rein vertraglich begründete Unterhaltsvereinbarungen, die nicht die gesetzliche Unterhaltspflicht konkretisieren.[13] Auch Streitigkeiten hinsichtlich der Übertragung eines Kfz-Schadensfreiheitsrabatts gehören nicht zum Ehegattenunterhalt.[14]

III. Unterhaltsansprüche der nichtehelichen Mutter

Die in Abs. 1 Nr. 3 aufgeführten Unterhaltsansprüche der nichtehelichen Mutter oder 7
des nichtehelichen Vaters nach § 1615l BGB und die Ansprüche der Erben der nichtehelichen Mutter nach § 1615m BGB waren in dem früheren § 621 Abs. 1 Nr. 11 ZPO normiert. Es handelt sich um Ansprüche anlässlich der Geburt eines Kindes auf Unterhalt (§ 1615l BGB) und auf Ersatz der Beerdigungskosten für die Mutter, wenn die Erben der Mutter sie nicht bezahlen können (§ 1615m BGB).

1 BGH v. 9.2.1994 – XII ARZ 1/94, NJW 1994, 1416.
2 OLG Koblenz v. 26.10.1981 – 13 UF 679/81, FamRZ 1982, 402.
3 OLG Stuttgart v. 15.7.1980 – 18 UF 106/0, FamRZ 1981, 1036.
4 OLG Braunschweig v. 17.4.1979 – 1 W 3/79, FamRZ 1979, 719.
5 AG Charlottenburg v. 14.1.1993 – 142 F 3551/91, FamRZ 1993, 714.
6 BGH v. 3.5.1978 – IV ARZ 26/78, BGHZ 71, 264.
7 BGH v. 30.8.1978 – IV ARZ 45/78, NJW 1978, 2297.
8 OLG Hamm v. 4.3.1982 – 3 UF 390/81, FamRZ 1982, 721.
9 OLG Hamm v. 14.5.1986 – 10 UF 717/85, FamRZ 1987, 489; BGH v. 17.10.2007 – XII ZR 146/05, FamRZ 2008, 40; anders aber bei sonstigen Ansprüchen auf Abgabe steuerrechtlicher Erklärungen, vgl. OLG Rostock v. 10.9.2003 – 10 WF 142/03, FamRZ 2004, 957.
10 OLG Köln v. 7.8.1986 – 14 UF 55/86, NJW-RR 1987, 456; BGH v. 29.1.1997 – XII ZR 22/95, FamRZ 1997, 544.
11 BGH v. 9.2.1994 – XII ZR 221/95, FamRZ 1994, 626.
12 OLG Düsseldorf v. 3.1.1997 – 1 UF 111/96, FamRZ 1998, 623; KG v. 11.9.1987 – 3 WF 5304/87, FamRZ 1988, 296.
13 OLG Hamm v. 20.8.1990 – 29 W 101/89, FamRZ 1991, 443.
14 OLG Köln v. 16.7.2002 – 14 WF 113/02, FamRZ 2003, 622.

IV. Anwendbare Vorschriften

8 In den hier geregelten Familienstreitsachen sind für das Verfahren teilweise die Vorschriften der ZPO und teilweise die Vorschriften des FamFG anzuwenden. Zur Feststellung, welche Vorschrift für welche Verfahrensfrage im Einzelnen einschlägig ist, empfiehlt es sich, zunächst die besonderen Verfahrensvorschriften des Abschnitts 9 zu prüfen. Wenn die dortigen Vorschriften keine Regelung zu der gesuchten Problematik enthalten, ist auf § 113 zu rekurrieren.

9 § 113 Abs. 1 ordnet für Ehesachen und **Familienstreitsachen** die entsprechende Anwendung der allgemeinen Vorschriften der ZPO (§§ 1 bis 252 ZPO) und der Vorschriften der ZPO über das Verfahren vor den Landgerichten (§§ 253 bis 494a ZPO) an. Diese Vorschriften treten an die Stelle der entsprechenden, ausdrücklich genannten Vorschriften aus dem Allgemeinen Teil des FamFG (Buch 1). Gem. § 113 Abs. 1 **sind in Familienstreitsachen** die **§§ 2 bis 37, 40 bis 45, 46 Satz 1 und 2, §§ 47 und 48 sowie 76 bis 96**[1] **nicht** anzuwenden. Für die Familienstreitsachen ist damit ein Großteil der Verfahrensvorschriften des Allgemeinen Teils des FamFG ausgeschlossen. Dies gilt zunächst für die Abschnitte 1 und 2 aus dem Allgemeinen Teil von Buch 1. Es handelt sich insbesondere um die Vorschriften über die örtliche Zuständigkeit, die Beteiligten, die Aktenführung, die Vorschriften über die Bekanntgabe von Entscheidungen, die Wiedereinsetzung, die Vorschriften über den Verfahrensbeginn, die Beweisaufnahme und die Verfahrensbeendigung durch Vergleich. Die örtliche Zuständigkeit für Unterhaltssachen bestimmt sich nach § 232. Hinsichtlich der einzelnen in den weiteren genannten Materien anzuwendenden Verfahrensvorschriften wird auf die Kommentierung zu den §§ 113 bis 120 verwiesen.

10 Nicht anzuwenden in Verfahren in Unterhaltssachen sind ferner die **§§ 40 bis 45, 46 Satz 1 und 2 sowie §§ 47 und 48**, dh. die Vorschriften über die Bekanntgabe und die Rechtskraft von Beschlüssen sowie die Gehörsrüge. Hier sind die entsprechenden Vorschriften der ZPO anzuwenden, insbesondere §§ 319, 321, 321a, 329, 578 bis 591, 705, 706 ZPO.

11 Ausgeschlossen ist auch eine Anwendung der **§§ 76 bis 96**, dh. auch der Vorschriften des FamFG über die Verfahrenskostenhilfe. Für die Familienstreitsachen, also auch für Unterhaltssachen iSd. § 231 Abs. 1, gelten die Vorschriften der ZPO über die **Prozesskostenhilfe** (§§ 114 ff. ZPO) kraft der Generalverweisung in § 113 Abs. 1 uneingeschränkt.[2] Wegen § 113 Abs. 5 Nr. 1 ist bei der Anwendung der Vorschriften der ZPO jedoch der Terminus **Verfahrenskostenhilfe** zu verwenden.[3]

12 Eine wichtige Neuerung für das Verfahren in Unterhaltssachen ist die Einführung des **Anwaltszwangs** für **selbständige Familienstreitsachen**, dh. auch für isolierte Unterhaltssachen vor dem Familiengericht, § 114 Abs. 1.[4] Die Vorschrift, die sich im Übrigen an § 78 ZPO aF anlehnt, hat den **Anwaltszwang auf erstinstanzliche Unterhaltsstreitigkeiten erstreckt**. Dieser galt bisher nur für Ehesachen und Folgesachen in allen Instanzen, für isolierte Güterrechtsverfahren sowie für die dritte Instanz bei isolierten Familiensachen, deren Verfahren sich ausschließlich nach dem FGG richtete (§ 78

1 Die unterlassene Erwähnung von § 96a dürfte auf einem Redaktionsfehler beruhen, vgl. auch *Fölsch*, Familienstreitsachen – Ehesachen – fG-Familiensachen, FF-FamFG spezial 2009, 2 (4).

2 Begr. RegE, BT-Drucks. 16/6308, S. 214.

3 Wie hier *Roessink*, FamRB 2009, 117 (119); *Schürmann*, FuR 2009, 130 (132); *Schürmann*, FamRB 2009, 58; aA *Schael*, FPR 2009, 11; *Borth*, FamRZ 2009, 157 (162).

4 *Kemper*, FamRB 2008, 345 (347).

Abs. 2, 3 ZPO aF, § 29 Abs. 1 FGG aF).[1] Ungeachtet der Tatsache, dass schon im Jahr 2005 in 64,8 % aller Verwandtenunterhaltssachen und in 86,0 % aller Ehegattenunterhaltssachen beide Parteien anwaltlich vertreten waren, ist die Einführung des Anwaltszwangs bereits für das erstinstanzliche Verfahren in selbständigen Unterhaltssachen zu begrüßen, denn das Unterhaltsverfahren hat für die Beteiligten häufig erhebliche Auswirkungen oder sogar existenzielle Folgen. Die anwaltliche Vertretung dient insbesondere dem Schutz des Unterhaltsberechtigten und gewährleistet zudem Waffengleichheit der Beteiligten untereinander.[2]

Ausgenommen vom **erstinstanzlichen Anwaltszwang** in Ehesachen und Folgesachen und in Familienstreitsachen sind die in § 114 Abs. 3 und 4 genannten Fälle und Verfahren. § 114 Abs. 3 enthält das Behördenprivileg. Der Vertretung durch einen Rechtsanwalt bedarf es gem. § 114 Abs. 4 Nr. 1 nicht in Verfahren der einstweiligen Anordnung,[3] ferner nicht, wenn ein Beteiligter durch das Jugendamt als Beistand (§ 1712 BGB) vertreten ist (Nr. 2), für die Zustimmung zur Scheidung, zur Rücknahme des Scheidungsantrags und für den Widerruf der Zustimmung zur Scheidung (Nr. 3), für einen Antrag auf Abtrennung einer Folgesache von der Scheidung (Nr. 4), im Verfahren über die Verfahrenskostenhilfe (Nr. 5) sowie in den Fällen des § 78 Abs. 3 ZPO, dh. in Verfahren vor einem beauftragten oder ersuchten Richter und für Verfahrenshandlungen, die zu Protokoll der Geschäftsstelle erklärt werden können (Nr. 6). Für das vereinfachte Verfahren über den Unterhalt Minderjähriger gilt § 257 Satz 1. Danach können im vereinfachten Verfahren die Anträge und Erklärungen ohne Anwalt vor dem Urkundsbeamten der Geschäftsstelle abgegeben werden. 13

Aus Buch 1 des FamFG sind für das Verfahren in Unterhaltssachen die **§§ 38 und 39 anwendbar**. Diese Vorschriften aus dem Allgemeinen Teil des FamFG sind jedoch nur heranzuziehen, soweit sich aus den allgemeinen Vorschriften (§§ 111 bis 120) des Buches 2 – Verfahren in Familiensachen – keine Abweichungen ergeben. Nach § 116 Abs. 1 iVm. § 38 Abs. 3 hat das Gericht in Familiensachen stets durch einen grundsätzlich zu begründenden **Beschluss** zu entscheiden. Der Beschluss tritt an Stelle des früheren Urteils. **Urteile** gibt es nach neuem Recht weder in Ehe- noch in Familienstreitsachen. Hinsichtlich der **Form und des Inhalts des Beschlusses** gilt **§ 38**. Er unterliegt nicht den strikten Erfordernissen an den Inhalt des Urteils nach den § 313 ff. ZPO. Nach **§ 39** ist dem Beschluss eine **Rechtsbehelfsbelehrung** beizufügen. Diese muss das statthafte Rechtsmittel, das zuständige Gericht, dessen Sitz sowie die einzuhaltende Form und Frist enthalten. 14

Endentscheidungen in **Familienstreitsachen** werden gem. § 116 Abs. 3 mit **Rechtskraft** wirksam. Das Gericht kann die **sofortige Wirksamkeit** anordnen. Soweit die Endentscheidung eine Verpflichtung zur Leistung von Unterhalt enthält, soll das Gericht die sofortige Wirksamkeit mit der Folge einer sofortigen Vollstreckbarkeit nach § 120 Abs. 2 anordnen. Mit § 116 Abs. 3 Satz 3 wird die Bedeutung des Unterhalts zur Sicherung des Lebensbedarfs zum Ausdruck gebracht. Durch die Neuregelung ist das Rechtsinstitut der vorläufigen Vollstreckbarkeit in Familienstreitsachen entbehrlich geworden.[4] 15

---

1 *Groß*, FPR 2006, 430.

2 Begr. RegE, BT-Drucks. 16/6308, S. 224; ablehnend *Häußermann*, Stellungnahme zum FGG-RG, http://www.bundestag.de/ausschuesse/a06/anhoerungen/29_FGG_Teil_1/04_Stellungnahmen/index.html.

3 Kritisch hierzu *Rakete-Dombek*, Stellungnahme zum FGG-RG, Teil II: familiengerichtliches Verfahren, ebenso *Bergschneider*, Stellungnahme zum FGG-RG, beide http://www.bundestag.de/ausschuesse/a06/anhoerungen/29_FGG_Teil_1/04_Stellungnahmen/index.html.

4 Begr. RegE, BT-Drucks. 16/6308, S. 224.

16 Die **Vollstreckung** in Familienstreitsachen erfolgt nicht nach den Vorschriften in Buch 1 des FamFG, sondern gem. § 120 Abs. 1 entsprechend den Vorschriften der ZPO über die Zwangsvollstreckung (§§ 704 bis 915h ZPO) mit den sich aus § 120 Abs. 2 Satz 2 ergebenden Abweichungen.[1] Bei der Vollstreckung von Beschlüssen sind aus dem 8. Buch der ZPO die **§§ 708 bis 713 nicht anwendbar**, die §§ 714 bis 720a ZPO nur eingeschränkt.[2]

17 Die Frage, welche **Rechtsmittel gegen Endentscheidungen** des Gerichts statthaft sind, regeln im Allgemeinen Teil des FamFG (Buch 1) die **§§ 58 bis 75**. Das allgemeine Beschwerdeverfahren ist in §§ 58 bis 69, die Rechtsbeschwerde in §§ 70 bis 75 geregelt. Für die Rechtsmittel in Ehe- und Familienstreitsachen gelten diese Vorschriften nur, soweit sich aus § 117 keine besonderen Bestimmungen ergeben. Die Regeln über die Anhörungsrüge sind erstinstanzlich als auch im Beschwerdeverfahren anzuwenden (§ 113 Abs. 1 FamFG, § 321a ZPO).[3]

18 Gegenüber der ZPO, die die Berufung, die Revision, die sofortige Beschwerde, die befristete Beschwerde und die Rechtsbeschwerde kennt, stellen die Vorschriften des FamFG eine Vereinfachung des Rechtsmittelrechts dar. Die in den §§ 58 bis 69 FamFG neu konzipierte **Beschwerde** erfüllt nach der Einbeziehung der Familienstreitsachen in das Rechtsmittelrecht des FamFG **die Funktion der** früher nach der ZPO zulässigen **Berufung**. Die Beschwerde ist gem. § 58 Abs. 1 nunmehr das einheitliche **Hauptsacherechtsmittel** auch gegen erstinstanzliche Endentscheidungen in Ehesachen und in Familienstreitsachen.[4]

19 **Zwischen- und Nebenentscheidungen** sind **grundsätzlich nicht selbständig anfechtbar**. Dies entspricht der alten Rechtslage. Solche Entscheidungen sind entweder überhaupt nicht oder aber nur zusammen mit der Hauptsacheentscheidung anfechtbar. Abweichend von diesem Grundsatz sieht das FamFG an verschiedenen Stellen die **sofortige Beschwerde** in entsprechender Anwendung der §§ 567 bis 572 ZPO vor. Das Verfahren sieht idR eine 14-tägige Beschwerdefrist, den originären Einzelrichter sowie im Übrigen ein weitgehend entformalisiertes Rechtsmittelverfahren vor, in dem neue Tatsachen und Beweismittel zu berücksichtigen sind. Welche nichtinstanzbeendenden Beschlüsse mit der sofortigen Beschwerde anfechtbar sind, ergibt sich aus der jeweiligen Bezugnahme des FamFG auf die ZPO (zB Verfahrenskostenhilfebeschlüsse, § 113 Abs. 1 FamFG, § 127 Abs. 2 ZPO).[5]

20 Aus **§ 117** ergeben sich **Besonderheiten für das Beschwerdeverfahren** in Ehe- und Familienstreitsachen, die sich an die Vorschriften für die Berufung des allgemeinen Zivilprozessrechts anlehnen und die allgemeinen Vorschriften für das Beschwerdeverfahren in den §§ 58 bis 69 modifizieren.

21 Nach **§ 58 Abs. 2** können grundsätzlich auch die Entscheidungen, die einer Endentscheidung vorausgegangen sind, im Beschwerderechtszug überprüft werden. Die Vorschrift lehnt sich an § 512 ZPO idF des Gesetzes zur Reform des Zivilprozesses v. 27.7.2001[6] an. Anfechtbar mit der Endentscheidung sind Beweis-, Verbindungs- und Trennungsbeschlüsse.[7] Ausgenommen von der Überprüfung mit der Endentscheidung

1 Begr. RegE, BT-Drucks. 16/6308, S. 226; *Giers*, FPR 2006, 438 und FamRB 2009, 87.
2 Begr. RegE, BT-Drucks. 16/6308, S. 226.
3 *Maurer*, FamRZ 2009, 465 (479).
4 Begr. RegE, BT-Drucks. 16/6308, S. 203.
5 Begr. RegE, BT-Drucks. 16/6308, S. 203.
6 BGBl. I, S. 1887.
7 Begr. RegE, BT-Drucks. 16/6308, S. 204.

sind solche Entscheidungen, die nicht anfechtbar oder mit der sofortigen Beschwerde anfechtbar sind. Dies betrifft zB die Entscheidungen über die Ablehnung einer Gerichtsperson, die Zuständigkeit des angegangenen Gerichts oder die Übertragung auf den Einzelrichter.[1]

Gem. **§ 61**, der der Regelung des § 511 Abs. 2 Nr. 1 ZPO für die Statthaftigkeit der Berufung entspricht, ist eine Beschwerde mit vermögensrechtlichen Verfahrensgegenständen, also auch in Unterhaltssachen, nur zulässig, wenn der **Wert des Beschwerdegegenstandes 600 Euro** übersteigt. 22

Dieser Wert gilt auch für die **Anfechtbarkeit von Kosten- und Auslagenentscheidungen**. Die Angleichung ist nach der Begründung des Reformgesetzgebers erfolgt, weil es keinen wesentlichen Unterschied für die Beschwer eines Beteiligten ausmachen soll, ob er sich gegen eine Kosten- oder Auslagenentscheidung oder gegen eine ihn wirtschaftlich belastende Entscheidung in der Hauptsache wendet.[2] 23

§ 61 Abs. 2 und 3 eröffnen für den Bereich der vermögensrechtlichen FamFG-Sachen die Möglichkeit einer **Zulassungsbeschwerde** unter bestimmten Voraussetzungen. Die Vorschrift entspricht inhaltlich dem § 511 Abs. 4 ZPO. Gem. Abs. 3 Nr. 1 hat das erstinstanzliche Gericht die Beschwerde zuzulassen, wenn die Rechtssache grundsätzliche Bedeutung hat oder die Fortbildung des Rechts oder die Sicherung einer einheitlichen Rechtsprechung eine Entscheidung des Beschwerdegerichts erfordert. Die Anfechtbarkeit einer Entscheidung ist hiernach nur zulässig, wenn dem Rechtsstreit eine über den Einzelfall hinausgehende Bedeutung zukommt oder wenn das Gericht des ersten Rechtszugs in einer Rechtsfrage von einer obergerichtlichen Entscheidung abweicht bzw. eine obergerichtliche Entscheidung der Rechtsfrage noch nicht erfolgt ist und Anlass besteht, diese Rechtsfrage einer Klärung zugänglich zu machen. Nach Abs. 3 Nr. 2 ist klargestellt, dass eine Zulassung nur in Betracht kommt, wenn eine Wertbeschwerde nicht statthaft ist. Die Zulassung ist für das Beschwerdegericht bindend. Die Nichtzulassung der Beschwerde ist nicht anfechtbar. Bei Entscheidungen des Rechtspflegers über die Nichtzulassung ist die Erinnerung nach § 11 RPflG gegeben.[3] 24

Nach **§ 62** ist unter bestimmten Voraussetzungen – schwerwiegende Grundrechtseingriffe, Wiederholungsgefahr – eine Entscheidung in FamFG-Sachen auch dann noch mit der **Beschwerde** anfechtbar, wenn sich der **Verfahrensgegenstand** nach Erlass der Entscheidung **erledigt** hat. 25

§ 63 Abs. 1 bestimmt, dass die **Beschwerde** gegen eine erstinstanzliche Entscheidung binnen einer **Frist** von **einem Monat** zu erheben ist.[4] Nach § 63 Abs. 2 verkürzt sich die Frist auf zwei Wochen, wenn sich die Beschwerde gegen eine einstweilige Anord- 26

---

1 Begr. RegE, BT-Drucks. 16/6308, S. 204.

2 Begr. RegE, BT-Drucks. 16/6308, S. 204; vgl. hierzu *Schael*, FPR 2009, 195 (196): Wegen der Verweisung in § 113 Abs. 1 Satz 2 und der damit verbundenen Anwendung der §§ 91a Abs. 2, 99 Abs. 2, 269 Abs. 5 ZPO soll bei isolierter Anfechtung von Kosten- und Auslagenentscheidungen das statthafte Rechtsmittel die sofortige Beschwerde mit einem Mindestbeschwerdewert von 200,01 Euro (§ 567 Abs. 2 ZPO) sein. Nach *Maurer*, FamRZ 2009, 465 (472) stellt § 61 die Anfechtbarkeit der Kostenentscheidung (nur) unter die Bedingung, dass die Beschwer in der Hauptsache 600 Euro übersteigt. Die Mindestbeschwer liegt gem. § 567 Abs. 2 ZPO ebenso wie bei § 57 Abs. 2 FamGKG bei 200,01 Euro.

3 Begr. RegE, BT-Drucks. 16/6308, S. 205.

4 Zustimmend *Schnitzler*, Stellungnahme zum FGG-RG, http://www.bundestag.de/ausschuesse/a06/anhoerungen/29_FGG_Teil_1/04_Stellungnahmen/index.html; ablehnend *Bohnert*, Stellungnahme zum FGG-RG, http://www.bundestag.de/ausschuesse/a06/anhoerungen/29_FGG_Teil_1/04_Stellungnahmen/index.html.

nung oder einen Beschluss, der die Genehmigung eines Rechtsgeschäfts zum Gegenstand hat, richtet. Die Frist beginnt nach § 63 Abs. 3 jeweils mit der schriftlichen Bekanntgabe des Beschlusses an die Beteiligten, spätestens mit Ablauf von fünf Monaten nach Erlass des Beschlusses. Die Regelung dient der Harmonisierung der Prozessordnungen und lehnt sich inhaltlich an § 517 1. Halbs. ZPO an, der für den Fristbeginn auf die Zustellung der Entscheidung abstellt.[1]

27 Eine wichtige Neuerung stellt **§ 64 Abs. 1** dar. Die **Beschwerde** kann wirksam **nur noch** bei dem Gericht eingelegt werden, dessen Entscheidung angefochten wird **(judex a quo)**. Die **Möglichkeit**, auch bei dem Beschwerdegericht **(judex ad quem)** Beschwerde einzulegen, **ist entfallen**. Durch die Einführung einer allgemeinen Rechtsmittelbelehrung gem. § 39 wird sichergestellt, dass der Beschwerdeführer ausreichend darüber informiert wird, bei welchem Gericht er sich gegen die erstinstanzliche Entscheidung wenden kann.[2] Der ablehnenden Auffassung, die das Gericht der ersten Instanz nur noch auf die Funktion als Transporteur der Beschwerde reduziert sieht,[3] ist entgegenzuhalten, dass die neue Verfahrensweise der Beschleunigung des Beschwerdeverfahrens dient, denn die nach früherer Rechtslage erforderliche Anforderung der Akten seitens des Beschwerdegerichts vom Gericht der ersten Instanz (die Einlegung der Beschwerde erfolgte in den weitaus überwiegenden Fällen beim Beschwerdegericht) ist entfallen, weil das Amtsgericht die Akten nunmehr sogleich mit der Beschwerdeschrift an das Beschwerdegericht versendet.

28 In Familienstreitsachen ist der **Beschwerdeführer** nach **§ 117 Abs. 1** abweichend von der allgemeinen Regel („soll") des § 65 Abs. 1 **verpflichtet**, einen bestimmten **Sachantrag zu stellen** und sein **Rechtsmittel** fristgemäß, dh. zwei Monate nach der schriftlichen Bekanntgabe des Beschlusses bzw. spätestens fünf Monate nach Erlass des Beschlusses, **zu begründen**. Die Begründung ist beim Beschwerdegericht einzureichen. Wenn sich die Beschwerde gegen eine Endentscheidung in einer Ehesache oder einer Familienstreitsache richtet, ist die Einlegung zur Niederschrift der Geschäftsstelle ausgeschlossen. Durch § 64 Abs. 2 Satz 2 wird sichergestellt, dass der Anwaltszwang in Familienstreitsachen sich auch auf die Einlegung der Beschwerde bezieht.

29 Bei **Versäumung der Frist** zur Einlegung und Begründung der Beschwerde und der Rechtsbeschwerde sind nach **§ 117 Abs. 5 die §§ 233 und 234 Abs. 1 Satz 2 ZPO** entsprechend anzuwenden.[4] Die Monatsfrist des § 234 Abs. 1 Satz 2 ZPO zur Nachholung der Beschwerdebegründung beginnt, wenn einem Beschwerdeführer nach Bewilligung von Verfahrenskostenhilfe Wiedereinsetzung in den vorigen Stand wegen der Versäumung der Beschwerdefrist gewährt wird, nach der Rechtsprechung des 11. Zivilsenats des BGH erst mit der Mitteilung der Wiedereinsetzungsentscheidung. Denn Ursache für die Verhinderung ist nicht die Mittellosigkeit der Partei, sondern die fehlende Entscheidung über die Wiedereinsetzung in den vorigen Stand wegen der Versäumung der Beschwerdefrist.[5]

---

1 Begr. RegE, BT-Drucks. 16/6308, S. 206.

2 Begr. RegE, BT-Drucks. 16/6308, S. 206.

3 *Schnitzler* und *Bergschneider*, Stellungnahmen zum FGG-RG, http://www.bundestag.de/ausschuesse/a06/anhoerungen/29_FGG_Teil_1/04_Stellungnahmen/index.html.

4 Nach dem zunächst verabschiedeten Wortlaut des Gesetzes bezog sich die Verweisung auf die Monatsfrist des § 234 Abs. 1 Satz 2 ZPO auch auf die Fälle der Versäumung einer Frist zur Einlegung der Beschwerde, obwohl in diesen Fällen nach § 234 Abs. 1 Satz 1 ZPO eine zweiwöchige Frist gilt. Diesen Fehler hat der Gesetzgeber durch das sog. FGG-RG-Reparaturgesetz v. 30.7.2009, BGBl. I, S. 2449, beseitigt.

5 BGH v. 19.6.2007 – XI ZB 40/06, FamRZ 2007, 1640; aA BGH v. 6.5.2008 – VI ZB 16/07, FamRZ 2008, 1520.

§ 66 regelt die **Anschlussbeschwerde**, **§ 67** den **Verzicht** und die **Rücknahme** der Beschwerde. Die Anschlussbeschwerde kann in Unterhaltssachen unbefristet eingelegt werden. Sie ist nicht auf bestimmte Verfahrensgegenstände beschränkt.[1] Damit ist die nach alter Rechtslage bestehende Streitfrage, ob in Unterhaltssachen wegen § 524 Abs. 2 Satz 3 ZPO eine Anschlussberufung in allen Fällen ohne Beachtung einer Frist eingelegt werden kann[2] oder ob dies nur bei einer Veränderung der Verhältnisse während der Berufungsinstanz möglich ist,[3] iSd. ersten Auffassung entschieden worden. 30

Eine **Abhilfemöglichkeit** hat das Gericht, dessen Beschluss angefochten wird, in Familiensachen gem. **§ 68 Abs. 1 Satz 2 nicht**, denn dieser entspricht inhaltlich den alten Regelungen über die befristete Beschwerde, dh. § 621e Abs. 3, § 318 ZPO.[4] 31

Das Oberlandesgericht als **Beschwerdegericht** entscheidet grundsätzlich durch den mit drei Richtern besetzten Senat.[5] Die Entscheidung kann aber gem. § 68 Abs. 4 dem **Einzelrichter** übertragen werden, wobei die Voraussetzungen des § 526 ZPO entsprechend gelten. Dies betrifft sowohl Beschwerden gegen Endentscheidungen als auch gegen Neben- oder Zwischenentscheidungen. Die Regelung erfasst den fakultativen Einzelrichtereinsatz. Der obligatorische Einzelrichter nach § 568 ZPO, der zum 1.1.2002 durch die ZPO-Reform eingeführt wurde, dürfte danach nur noch in den Fällen zum Einsatz kommen, in denen das FamFG direkt oder indirekt auf die Vorschriften der ZPO über die **sofortige Beschwerde** (§§ 567 bis 572 ZPO) verweist. Für das Verfahrenskostenhilfeverfahren in Familienstreitsachen erklärt § 113 Abs. 1 die Vorschriften der §§ 114 ff. ZPO für uneingeschränkt anwendbar. Nach § 127 Abs. 2 Satz 2 ZPO ist gegen Entscheidungen über die Verfahrenskostenhilfe die sofortige Beschwerde statthaft, wenn der Streitwert in der Hauptsache 600 Euro übersteigt und das Gericht nicht ausschließlich die persönlichen oder wirtschaftlichen Voraussetzungen für die Verfahrenskostenhilfe verneint hat. Für das Beschwerdeverfahren gelten die §§ 567 ff. ZPO, mithin auch die Vorschrift des § 568 ZPO über den originären Einzelrichter. 32

Nach **§ 117 Abs. 1 Satz 4, § 522 Abs. 1 Satz 1** ZPO hat das Beschwerdegericht zunächst stets die **Zulässigkeit der Beschwerde** zu prüfen. Das Beschwerdegericht kann die Beschwerde gem. § 117 Abs. 1 Satz 4 in entsprechender Anwendung des § 522 Abs. 1 Satz 2 ZPO als unzulässig verwerfen, wenn sie nicht in der gesetzlichen Form und Frist eingelegt und/oder nicht form- und fristgerecht begründet wurde. Diese Entscheidung kann mit der Rechtsbeschwerde angefochten werden, ohne dass diese zugelassen werden muss, § 117 Abs. 1 Satz 4, § 522 Abs. 1 Satz 4 ZPO. 33

Nach **§ 117 Abs. 2 Satz 2** bedarf es **keiner Güteverhandlung** in Beschwerdeverfahren. Das **Beschwerdegericht** hat in Familienstreitsachen gem. **§§ 117 Abs. 3, 68 Abs. 3 Satz 2** die Möglichkeit, nach vorherigem Hinweis **von der Durchführung eines Termins**, einer mündlichen Verhandlung oder einzelnen Verfahrenshandlungen **abzusehen**, wenn diese bereits im ersten Rechtszug vorgenommen wurden und von einer neuen Vornahme keine zusätzlichen Erkenntnisse zu erwarten sind. Dies ist insbesondere dann der Fall, wenn die Beschwerde bereits nach dem schriftsätzlichen Vorbringen des Beschwerdeführers aussichtslos erscheint. Die Beschwerde kann dann zurück- 34

1 Begr. RegE, BT-Drucks. 16/6308, S. 206.
2 *Klinkhammer*, FF 2006, 95; Eschenbruch/*Klinkhammer*, Teil 5 Rz. 156; BGH v. 28.1.2009 – XII ZR 119/07, FamRZ 2009, 579.
3 *Born*, NJW 2005, 3038 (3040).
4 Begr. RegE, BT-Drucks. 16/6308, S. 207.
5 *Maurer*, FamRZ 2009, 465 (476).

gewiesen werden. Nach dem Willen des Reformgebers soll dieses Verfahren im Ergebnis dem Verfahren gem. § 522 Abs. 2 ZPO entsprechen und ebenso wie dieses auf eine einfachere Erledigung von vornherein aussichtsloser Beschwerden abzielen.[1] Nach der Fassung des § 68 Abs. 3 Satz 2 ist das Beschwerdegericht jedoch nicht wie bei § 522 Abs. 2 ZPO auf die Zurückweisung der Beschwerde beschränkt, sondern kann dem Rechtsmittel ganz oder teilweise stattgeben. Ein einstimmiger Beschluss ist hierbei nicht erforderlich. Der Kritik, die Verweisung auf § 68 Abs. 3 Satz 2 in § 117 Abs. 3 stehe im Widerspruch zu dem Grundsatz, dass das Beschwerdeverfahren in Familienstreitsachen als volle Tatsacheninstanz ausgestaltet sei,[2] ist nicht zuzustimmen. Die mündliche Verhandlung in zweiter Instanz stellt keinen Selbstzweck dar. Ein unmittelbarer Dialog zwischen den Beteiligten und dem Gericht ist nicht in jedem Fall erforderlich, wenn das Beschwerdegericht eine von der Entscheidung der ersten Instanz abweichende rechtliche Auffassung vertritt.

35 Die **Zurückweisung von Angriffs- und Verteidigungsmitteln** richtet sich nach **§ 115**. Dieser entspricht inhaltlich den früher in §§ 615, 621d ZPO enthaltenen Grundsätzen, die weniger streng als § 296 Abs. 1, 4 ZPO sind. Der Reformgesetzgeber war der Auffassung, dass einige Vorschriften der ZPO über die Berufung, insbesondere die grundsätzliche Bindung des Gerichts an erstinstanzliche Feststellungen (§ 529 Abs. 1 ZPO), die Pflicht des Gerichts zur Zurückweisung verspäteten Vorbringens (§ 531 Abs. 2 ZPO), die Einschränkung der Anschlussberufung (§ 524 Abs. 2 ZPO) und der weit gehende Ausschluss von Klageänderung, Aufrechnung und Widerklage (§ 533 ZPO) den Bedürfnissen des familiengerichtlichen Verfahrens nicht gerecht werden. Da die genannten Vorschriften davon ausgehen, dass im Zivilprozess über einen abgeschlossenen Lebenssachverhalt gestritten wird, passen sie nicht auf das familiengerichtliche Verfahren, das häufigen Veränderungen des Sachverhalts, insbesondere bei den Einkommens- und Vermögensverhältnissen in Unterhaltssachen, unterliegt. Nach der Intention des Reformgesetzgebers sind solche Änderungen bereits im Rechtsmittelverfahren und nicht erst in einem neuen Verfahren zu berücksichtigen. Aus diesem Grund ist die Rechtsmittelinstanz in Familienstreitsachen als **volle zweite Tatsacheninstanz** ausgestaltet.[3] Angriffs- und Verteidigungsmittel sind abweichend von den allgemeinen Vorschriften zuzulassen. Dies bezieht sich auch auf die Zulassung verspäteten Vorbringens in der zweiten Instanz, so dass die strengeren Präklusionsvorschriften der §§ 530, 531 Abs. 1, 2 ZPO – wie ehemals bei §§ 615, 621d ZPO – nicht anwendbar sind. Das Beschwerdeverfahren in Familienstreitsachen bleibt gleichwohl ein Streitverfahren, für das der **Beibringungsgrundsatz** gilt, denn gem. § 68 Abs. 3 Satz 1, § 113 Abs. 1 finden auf das weitere Verfahren in der Beschwerdeinstanz die Vorschriften über das erstinstanzliche Verfahren vor den Landgerichten Anwendung.[4]

36 Gem. § **117 Abs. 2 gelten die §§ 514, 516 Abs. 3, 521 Abs. 2, 524 Abs. 2 Satz 2 und 3, 528, 538 Abs. 2** und **539 ZPO** entsprechend. Danach kann eine Versäumnisentscheidung ergehen. Bei einer Verurteilung zu künftig wiederkehrenden Leistungen gilt die Frist des § 524 Abs. 2 Satz 2 ZPO für die Erhebung der Anschlussbeschwerde nicht. Das Beschwerdegericht ist an die Beschwerdeanträge gebunden. Die erstinstanzliche Entscheidung darf nur insoweit abgeändert werden, als eine Abänderung beantragt ist. Damit gilt auch das Verbot der Schlechterstellung. Eine Aufhebung des Beschlusses

---

1 Gegenäußerung der BReg., BT-Drucks. 16/6308, S. 412.

2 *Rasch*, FPR 2006, 426 (427) zu § 71 Abs. 3 S. 2 FamFG-RefE; kritisch auch *Maurer*, FamRZ 2009, 465 (476).

3 Begr. RegE, BT-Drucks. 16/6308, S. 224.

4 Begr. RegE, BT-Drucks. 16/6308, S. 207, 225.

und des Verfahrens und Zurückverweisung der Sache an das Gericht des ersten Rechtszuges darf nur in bestimmten Fällen und idR nur auf Antrag erfolgen. Im Übrigen entscheidet das Beschwerdegericht durch Beschluss, der gem. § 69 Abs. 2 begründet werden muss.

Wegen der weiteren Einzelheiten des Beschwerdeverfahrens wird auf die Kommentierungen zu § 117 und § 69 verwiesen.

Hinsichtlich des **Rechtsbeschwerdeverfahrens** ist mangels einer Sonderregelung in §§ 111 auf die **§§ 70 bis 74**, für die **Sprungrechtsbeschwerde** auf **§ 75** abzustellen. Nach § 70 Abs. 1 ist die Rechtsbeschwerde nur dann statthaft, wenn sie das Beschwerdegericht oder das Oberlandesgericht im ersten Rechtszug in dem Beschluss zugelassen hat.[1] Über die Zulassung hat das Beschwerdegericht von Amts wegen zu entscheiden.[2] § 70 Abs. 2 regelt die Fälle, in denen eine Rechtsbeschwerde zuzulassen ist. In § 70 Abs. 3 Nr. 1 bis 3 sind die Fälle genannt, in denen eine Rechtsbeschwerde ohne Zulassung statthaft ist. Ausgeschlossen ist eine Rechtsbeschwerde gegen einen Beschluss im Verfahren über die Anordnung, Abänderung oder Aufhebung einer einstweiligen Anordnung oder eines Arrests, § 70 Abs. 4. Eine **Nichtzulassungsbeschwerde** iSd. § 543 Abs. 1 Nr. 2 ZPO **ist nicht vorgesehen**. Für Verfahren nach altem Recht (vgl. Art. 111 FGG-RG) ist die Nichtzulassungsbeschwerde gem. § 26 Nr. 9 EGZPO ohnehin bis zum 1. Januar 2020 ausgeschlossen. Dieser Rechtszustand ist durch die ersatzlose Streichung des § 26 Nr. 9 EGZPO durch Art. 28 Nr. 3 FGG-RG Dauerrecht geworden.[3] Dies steht mit der Verfassung in Einklang.[4] Das Rechtsbeschwerdegericht ist nach § 70 Abs. 2 Satz 2 ebenso wie das Beschwerdegericht (§ 61 Abs. 3 Satz 2) an die Zulassung gebunden. 37

Die Vorschriften des Abschnitts 4 in den **§§ 49 bis 57** über die **einstweilige Anordnung** sind gem. § 119 auch in Familienstreitverfahren über Unterhalt nach § 231 Abs. 1 anzuwenden, soweit in den besonderen Vorschriften der §§ 246 bis 248 keine abweichenden vorrangigen Regelungen enthalten sind. Hinsichtlich der Einzelheiten wird auf die Kommentierung zu § 246 verwiesen. 38

§ 113 Abs. 2 ordnet in **Familienstreitsachen** die Geltung der **Vorschriften der ZPO** (§§ 688 bis 703d) über den **Urkunden- und den Wechselprozess** und über das **Mahnverfahren** an. Danach können Zahlungsansprüche auch in Familienstreitsachen nach den Vorschriften der ZPO über das Mahnverfahren geltend gemacht werden. In diesen Verfahren ist gem. § 690 Abs. 1 Nr. 5 ZPO das Amtsgericht – Familiengericht – als das für das streitige Verfahren zuständige Gericht anzugeben, um insbesondere in güterrechtlichen Streitigkeiten und in sonstigen bürgerlichen Rechtsstreitigkeiten, die künftig den Familiengerichten zugewiesen sind, deutlich zu machen, dass eine Zuständigkeit des Amtsgerichts gegeben ist, obwohl der Streitwert die Grenze für die allgemeine sachliche Zuständigkeit des Amtsgerichts (5000 Euro) übersteigt. 39

1 Ablehnend zum Erfordernis der Zulassung vgl. BRAK, Stellungnahme zum RefE, Beilage zu FPR Heft 11/2006, S. 16; *Schnitzler, Flügge* und *Bohnert*, Stellungnahmen zum FGG-RG, http://www.bundestag.de/ausschuesse/a06/anhoerungen/29_FGG_Teil_1/04_Stellungnahmen/index.html; zustimmend *Vorwerk*, Stellungnahme zum FGG-RG, Allgemeines Verfahrensrecht, http://www.bundestag.de/ausschuesse/a06/anhoerungen/29_FGG_Teil_1/04_Stellungnahmen/index.html.

2 Begr. RegE, BT-Drucks. 16/6308, S. 209.

3 Zustimmend *Borth*, Stellungnahme zum FGG-RG, http://www.bundestag.de/ausschuesse/a06/anhoerungen/29_FGG_Teil_1/04_Stellungnahmen/index.html.

4 BGH v. 31.8.2005 – XII ZR 14/03, FamRZ 2005, 1902; *Gutjahr*, FPR 2006, 433.

40 Nach **§ 113 Abs. 3** ist in Ehesachen und Familienstreitsachen § 227 Abs. 3 ZPO nicht anzuwenden. Das bedeutet, dass nach der Abschaffung der Gerichtsferien für Termine in der Zeit v. 1. Juli bis 31. August eines jeden Jahres **kein Anspruch auf Terminsverlegung** besteht. Der Gesetzgeber geht wie auch nach altem Recht (§ 227 Abs. 3 Nr. 3 ZPO) davon aus, dass Ehesachen und Familienstreitsachen (bisheriger Begriff: Familiensachen) einem Beschleunigungsbedürfnis unterliegen.[1]

41 **§ 113 Abs. 5** ordnet an, dass an die Stelle bestimmter zivilprozessualer Bezeichnungen die entsprechenden **Bezeichnungen des FamFG-Verfahrens** treten. Eine solche Vorschrift gab es bisher in § 621 Abs. 3 ZPO lediglich für Ehesachen. Der Reformgesetzgeber will mit dieser Vorschrift die Begrifflichkeit innerhalb des neuen Gesetzes vereinheitlichen. An die Stelle der Bezeichnungen Prozess oder Rechtsstreit tritt nach § 113 Abs. 5 Nr. 1 die Bezeichnung **Verfahren.** An die Stelle der Bezeichnung Klage tritt nach Nr. 2 die Bezeichnung **Antrag**, ferner nach Nr. 3 die Bezeichnung **Antragsteller** statt Kläger. Der Beklagte wird nach Nr. 4 als **Antragsgegner** bezeichnet und die Partei gem. Nr. 5 als **Beteiligter**.

C. Unterhaltssachen der freiwilligen Gerichtsbarkeit, Absatz 2

I. Definition

42 **§ 231 Abs. 2 modifiziert § 64 Abs. 2 Satz 3 EStG aF und § 3 Abs. 2 Satz 3 BKGG aF.** Danach waren Streitigkeiten über die Bestimmung des Bezugsberechtigten für das Kindergeld vom Vormundschaftsgericht zu entscheiden. Nunmehr sind die nach dem Bundeskindergeldgesetz und dem Einkommensteuergesetz vorgesehenen Verfahren zur Bestimmung der für das Kindergeld bezugsberechtigten Person gem. § 231 Abs. 2 Satz 1 ebenfalls Unterhaltssachen. Maßgebend hierfür ist der enge tatsächliche und rechtliche Zusammenhang mit Verfahren, die den Unterhalt des Kindes betreffen. Nach § 1612b BGB haben das Kindergeld und damit auch die Frage, wer hierfür bezugsberechtigt ist, unmittelbaren Einfluss auf die Höhe des geschuldeten Unterhalts.[2] Das zuständige Gericht für diese Verfahren ist jetzt das Familiengericht.

II. Anwendbare Vorschriften

43 Die in **§ 231 Abs. 2** genannten Angelegenheiten sind keine **Familienstreitsachen**, sondern wie bisher **Verfahren der freiwilligen Gerichtsbarkeit** (jetzt Familiensachen der freiwilligen Gerichtsbarkeit genannt). Die §§ 235 bis 245 sind gem. § 231 Abs. 2 Satz 2 auf diese Verfahren nicht anwendbar, weil sie Regelungen enthalten, die für ein streitiges Verfahren typisch sind. Das Verfahren in Unterhaltssachen nach § 231 Abs. 2 richtet sich in erster Linie nach den Vorschriften des Buches 1 (§§ 1 bis 110).

44 Aus den besonderen Verfahrensvorschriften für Verfahren in Unterhaltssachen sind nur die **§§ 232 bis 234** anwendbar.[3] Es handelt sich um die örtliche Zuständigkeit (§ 232), die Abgabe an das Gericht der Ehesache (§ 233) sowie die Vertretung eines Kindes durch einen Beistand (§ 234). Die Unterabschnitte 2 (§§ 246 bis 248) und 3

1 Zöller/*Stöber*, § 227 ZPO Rz. 14.
2 Begr. RegE, BT-Drucks. 16/6308, S. 255.
3 Begr. RegE, BT-Drucks. 16/6308, S. 255.

(§§ 249 bis 260) aus dem Abschnitt 9 – Verfahren in Unterhaltssachen – sind nicht anwendbar, weil die genannten Vorschriften andere Streitgegenstände regeln.

In den Verfahren nach **§ 231 Abs. 2** sind die Vorschriften über die Entscheidung des Gerichts durch **Beschluss** in § 38 unmittelbar anwendbar. Anders als der in den Verfahren in Familienstreitsachen ergehende Beschluss (§ 116 Abs. 3) wird der **Beschluss** über die Frage des Bezugsberechtigten für das Kindergeld gem. § 40 Abs. 1 nicht erst mit Rechtskraft, sondern schon **mit** der **Bekanntgabe** an den Beteiligten, für den er seinem wesentlichen Inhalt nach bestimmt ist, **wirksam**. 45

Zuständig für die Verfahren nach § 231 Abs. 2 sind die Familiengerichte, nicht mehr die Finanzgerichte.[1] Bei den Familiengerichten sind gem. § 25 Nr. 2a RPflG die **Rechtspfleger** funktionell zuständig, soweit nicht ein Verfahren nach § 231 Abs. 1 anhängig ist. 46

Hinsichtlich der **Rechtsmittel** sind die **§§ 58 bis 75** unmittelbar anzuwenden. 47

Ebenfalls anzuwenden sind die **Vorschriften über die Verfahrenskostenhilfe**, dh. die **§§ 76 bis 78**. Hinsichtlich der Voraussetzungen verweist § 76 Abs. 1 auf die entsprechenden Bestimmungen der §§ 114 ff. ZPO. Die Bewilligung von Verfahrenskostenhilfe ist in § 77, die Beiordnung eines Rechtsanwalts in § 78 geregelt. Beschlüsse im Verfahrenskostenhilfeverfahren sind mit der **sofortigen Beschwerde** anfechtbar. Für die Beschwerde gelten gem. § 76 Abs. 2 die Vorschriften der §§ 567 bis 572, 127 Abs. 2 bis 4 ZPO entsprechend. Sie ist binnen eines Monats einzulegen und nur zulässig, wenn gegen einen Beschluss in der Hauptsache die Beschwerde wegen Überschreitens der Beschwerdesumme von 600 Euro zulässig wäre oder wenn das Gericht lediglich, dh. ohne Prüfung der Erfolgsaussicht, die persönlichen oder wirtschaftlichen Voraussetzungen für die Prozesskostenhilfe ganz oder teilweise verneint hat. 48

§ 232
Örtliche Zuständigkeit

(1) Ausschließlich zuständig ist

1. für Unterhaltssachen, die die Unterhaltspflicht für ein gemeinschaftliches Kind der Ehegatten betreffen, mit Ausnahme des vereinfachten Verfahrens über den Unterhalt Minderjähriger, oder die die durch die Ehe begründete Unterhaltspflicht betreffen, während der Anhängigkeit einer Ehesache das Gericht, bei dem die Ehesache im ersten Rechtszug anhängig ist oder war;

2. für Unterhaltssachen, die die Unterhaltspflicht für ein minderjähriges Kind oder ein nach § 1603 Abs. 2 Satz 2 des Bürgerlichen Gesetzbuchs gleichgestelltes Kind betreffen, das Gericht, in dessen Bezirk das Kind oder der Elternteil, der auf Seiten des minderjährigen Kindes zu handeln befugt ist, seinen gewöhnlichen Aufenthalt hat; dies gilt nicht, wenn das Kind oder ein Elternteil seinen gewöhnlichen Aufenthalt im Ausland hat.

(2) Eine Zuständigkeit nach Absatz 1 geht der ausschließlichen Zuständigkeit eines anderen Gerichts vor.

1 *Kemper*, Synopse, S. 14.

(3) Sofern eine Zuständigkeit nach Absatz 1 nicht besteht, bestimmt sich die Zuständigkeit nach den Vorschriften der Zivilprozessordnung mit der Maßgabe, dass in den Vorschriften über den allgemeinen Gerichtsstand an die Stelle des Wohnsitzes der gewöhnliche Aufenthalt tritt. Nach Wahl des Antragstellers ist auch zuständig

1. **für den Antrag eines Elternteils gegen den anderen Elternteil wegen eines Anspruchs, der die durch Ehe begründete gesetzliche Unterhaltspflicht betrifft, oder wegen eines Anspruchs nach § 1615l des Bürgerlichen Gesetzbuchs das Gericht, bei dem ein Verfahren über den Unterhalt des Kindes im ersten Rechtszug anhängig ist;**
2. **für den Antrag eines Kindes, durch den beide Eltern auf Erfüllung der Unterhaltspflicht in Anspruch genommen werden, das Gericht, das für den Antrag gegen einen Elternteil zuständig ist;**
3. **das Gericht, bei dem der Antragsteller seinen gewöhnlichen Aufenthalt hat, wenn der Antragsgegner im Inland keinen Gerichtsstand hat.**

A. Allgemeines

I. Entstehung

1 § 232 Abs. 1 Nr. 1 entspricht weitgehend dem bisherigen § 621 Abs. 2 Satz 1 Nr. 4 ZPO.

§ 232 Abs. 3 Satz 2 Nr. 1 entspricht dem bisherigen § 642 Abs. 3 ZPO.

§ 232 Abs. 3 Satz 2 Nr. 2 entspricht dem bisherigen § 35a ZPO.

§ 232 Abs. 3 Satz 2 Nr. 3 entspricht dem bisherigen § 23a ZPO.

II. Systematik

2 Die Vorschrift regelt im Unterschied zum früheren § 621 ZPO nur die **örtliche Zuständigkeit** der Gerichte für Unterhaltssachen. Zur **internationalen Zuständigkeit** wird auf die Kommentierung zu § 105 sowie unten auf Rz. 12 verwiesen. Zur Verbindung von Unterhaltssachen mit anderen Familiensachen iSd. § 111 und zur Aufrechnung vgl. § 111 Rz. 29.

III. Normzweck

3 Die in § 232 geregelte Zuständigkeit bezieht sich nunmehr auch auf privilegierte volljährige Kinder iSd. § 1603 Abs. 2 Satz 2 BGB, die minderjährigen Kindern gleichgestellt sind. Sie enthält zudem eine Klarstellung mehrerer unter dem früheren § 642 ZPO streitiger Fragen. Der Zweck dieser umfassenden Zuständigkeitsregelung liegt darin, alle rechtlichen Angelegenheiten einer Familie bei einem Gericht zu konzentrieren, damit die Verfahren mit der größtmöglichen Sachkenntnis und mit geringem verfahrensmäßigem Aufwand erledigt werden können.

B. Arten der Gerichtsstände

I. Gerichtsstand während der Anhängigkeit einer Ehesache, Abs. 1 Nr. 1

4 Abs. 1 Nr. 1 enthält einen **ausschließlichen** Gerichtsstand für Unterhaltssachen, die die Unterhaltspflicht für ein gemeinschaftliches Kind der Ehegatten betreffen, sowie

für Unterhaltssachen, die die durch die Ehe begründete Unterhaltspflicht betreffen.[1] Der nacheheliche Unterhalt und der Kindesunterhalt können für den Fall der Scheidung geltend gemacht werden. Diese Angelegenheiten gehen dann gem. § 137 Abs. 2 in den Scheidungsverbund. Der Trennungsunterhalt nach § 1361 BGB ist nicht verbundfähig. Das Verfahren wird aber ebenfalls vom Gericht der Ehesache entschieden. Während der Anhängigkeit einer Ehesache ist das Gericht, bei dem die Ehesache im ersten Rechtszug anhängig ist oder war, zuständig. Die Anhängigkeit einer Ehesache beginnt mit der Einreichung einer Antragsschrift, § 124. Sie endet mit der Rücknahme des Antrags, § 141 Satz 1, bei übereinstimmenden Erledigungserklärungen und mit rechtskräftigem Abschluss des Verfahrens. Die Vorschrift entspricht inhaltlich weitgehend dem bisherigen Recht. Endet die Ehesache, bevor das Unterhaltsverfahren entschieden ist, verbleibt es nach dem Grundsatz der perpetuatio fori bei der Zuständigkeit des § 232 Abs. 1 Nr. 1, wenn das Verfahren fortgeführt werden soll, vgl. § 141 Satz 2.

Ausgenommen von dieser Zuständigkeitsregelung sind die vereinfachten Verfahren 5
über den Unterhalt Minderjähriger. Soweit die bisherige Zuständigkeitsregelung in § 621 Abs. 2 Satz 1 Nr. 4 ZPO „Verfahren zur Abänderung von Unterhaltstiteln" ausgenommen hatte, handelte es sich um ein Redaktionsversehen. Gemeint waren vereinfache Verfahren über den Unterhalt Minderjähriger.[2] Für diese Verfahren ist gem. § 232 Abs. 1 Nr. 2 das Gericht zuständig, in dessen Bezirk das Kind oder der Elternteil, der auf Seiten des minderjährigen Kindes zu handeln befugt ist, seinen gewöhnlichen Aufenthalt (zur Definition des gewöhnlichen Aufenthalts s. die Kommentierung zu § 122) hat oder ein Amtsgericht, dessen Zuständigkeit gem. § 260 Abs. 1 durch die jeweilige Landesregierung bestimmt worden ist.

II. Gerichtsstand für Verfahren auf Zahlung von Kindesunterhalt ohne Anhängigkeit einer Ehesache, Abs. 1 Nr. 2

Abs. 1 Nr. 2 sieht für Verfahren, die den Kindesunterhalt betreffen und hinsichtlich 6
derer eine Zuständigkeit nach Nr. 1 nicht gegeben ist, wie bisher die Zuständigkeit des Gerichts vor, in dessen Bezirk das Kind oder der zuständige Elternteil seinen gewöhnlichen Aufenthalt hat.[3] Die Regelung verdrängt den allgemeinen Gerichtsstand des oder – bei beidseitiger Barunterhaltspflicht der Eltern – der Unterhaltspflichtigen. Neu ist die einem praktischen Bedürfnis folgende **Einbeziehung der privilegierten volljährigen Kinder** iSd. § 1603 Abs. 2 Satz 2 BGB, die minderjährigen Kindern gleichgestellt sind. Die Erweiterung der örtlichen Zuständigkeit auf privilegierte Volljährige wurde bisher in einem großen Teil der Fälle schon dadurch praktiziert, dass in Fällen der Streitgenossenschaft von minderjährigen Kindern und privilegierten Volljährigen eine Annexzuständigkeit nach § 642 Abs. 3 ZPO angenommen wurde und der Rechtsstreit in vielen Fällen den einheitlichen Unterhalt für die Zeit vor und nach Eintritt der Volljährigkeit zum Inhalt hatte.[4] Die Regelung stellt bei der Bezeichnung des Elternteils, der für das Kind handelt, nicht mehr auf die gesetzliche Vertretung, sondern allgemein auf die Handlungsbefugnis in der Unterhaltsangelegenheit ab. Auf diese Weise werden

1 Hierzu vgl. die Kommentierung zu § 231.
2 Begr. RegE, BT-Drucks. 16/6308, S. 255; Johannsen/Henrich, Eherecht, 2003, § 621 ZPO Rz. 4.
3 Begr. RegE, BT-Drucks. 16/6308, S. 255.
4 OLG Oldenburg v. 5.4.2005 – 2 WF 70/05, OLGReport 2005, 348; OLG Hamm v. 29.1.2003 – 8 WF 1/03, FamRZ 2003, 1126; *Klinkhammer*, Stellungnahme zum FamFG-E, Buch 2, www.bundestag.de/ausschuesse/a06/anhoerungen/29_FGG_Teil_1/04 Stellungnahmen/index.html.

nicht nur die Fälle des § 1629 Abs. 2 Satz 2 BGB, die das Alleinvertretungsrecht des Elternteils festlegt, in dessen Obhut sich das Kind befindet, sondern auch die Fälle der Prozessstandschaft (nach neuer Terminologie Verfahrensstandschaft) nach § 1629 Abs. 3 Satz 1 BGB mit umfasst.[1]

III. Vorrangige Zuständigkeit, Absatz 2

7 § 232 Abs. 2 ordnet den Vorrang der in Abs. 1 vorgesehenen ausschließlichen Zuständigkeit gegenüber anderen ausschließlichen Gerichtsständen an. Die Kollision mehrerer ausschließlicher Gerichtsstände hatte in der Vergangenheit, insbesondere bei Vollstreckungsgegenklagen, zu Streitigkeiten geführt. Für den Fall der **Vollstreckungsgegenklage** wurde bislang ein Vorrang des nach §§ 767 Abs. 1, 802 ZPO ausschließlich zuständigen Gerichts des ersten Rechtszugs angenommen.[2] Mit der Neuregelung räumt das Gesetz den nach Abs. 1 Nr. 1 und 2 maßgeblichen Anknüpfungskriterien und der hierauf gegründeten ausschließlichen Zuständigkeit den Vorrang ein. Der Reformgesetzgeber ist zu Recht der Auffassung, dass die Fallkenntnis des Gerichts des Vorprozesses insbesondere nach Ablauf einer längeren Zeitspanne oder im Fall eines Richterwechsels nicht mehr von ausschlaggebender Bedeutung ist. Soweit die nach Abs. 1 nunmehr zuständigen anderen Gerichte auf die Kenntnis des Inhalts der Akten des Vorprozesses angewiesen sind, können sie sich diese durch Beiziehung der Akten von den Gerichten des Vorprozesses verschaffen.[3]

IV. Weitere Gerichtsstände, Abs. 3 Satz 1

8 § 232 Abs. 3 Satz 1 verweist für den Fall, dass eine Zuständigkeit nach Abs. 1 nicht gegeben ist, auf die Vorschriften der ZPO zur örtlichen Zuständigkeit (§§ 12 bis 34 ZPO). Aus Gründen der Vereinheitlichung ist in den Vorschriften über den allgemeinen Gerichtsstand der gewöhnliche Aufenthalt (vgl. insbes. §§ 12 bis 16 ZPO) an die Stelle des Wohnsitzes getreten.

V. Wahlmöglichkeiten des Antragstellers

9 Nach § 232 Abs. 3 Satz 2 Nr. 1 bis 3 hat der Antragsteller eine Wahlmöglichkeit zwischen den allgemeinen Gerichtsständen der ZPO und den dort geregelten zusätzlichen Gerichtsständen. § 232 Abs. 3 Satz 2 Nr. 1 entspricht inhaltlich dem früheren § 642 Abs. 3 ZPO. Danach ist für einen Antrag eines Elternteils gegen den anderen Elternteil wegen eines Anspruchs, der die durch Ehe begründete gesetzliche Unterhaltspflicht betrifft, oder wegen eines Anspruchs nach § 1615l BGB auch das Gericht zuständig, bei dem ein Verfahren über den Unterhalt des Kindes im ersten Rechtszug anhängig ist. Sinn dieser Vorschrift ist die Vermeidung einander widersprechender Entscheidungen, wenn die Höhe eines Unterhaltsanspruchs von derjenigen eines anderen Unterhaltsanspruchs abhängt und ein Gericht über den einen und ein anderes über den anderen Anspruch entscheidet. Soweit der Antrag auf ehelichen oder nachehelichen

1 Begr. RegE, BT-Drucks. 16/6308, S. 255; kritisch zu dieser Begrifflichkeit *Klinkhammer*, www.bundestag.de/ausschuesse/a06/anhoerungen/29_FGG_Teil_1/04_Stellungnahmen/index.html.
2 BGH v. 22.8.2001 – XII ARZ 3/01, FamRZ 2001, 1705.
3 Begr. RegE, BT-Drucks. 16/6308, S. 255.

Unterhalt oder Unterhalt der nichtehelichen Mutter oder des nichtehelichen Vaters bei dem Gericht erhoben wird, bei dem der Antrag auf Kindesunterhalt anhängig ist, kann durch die Regelung des Abs. 3 Satz 1 Nr. 1 eine Verbindung der Verfahren (§ 147 ZPO) erfolgen. Die Anhängigkeit beginnt mit dem Eingang der Antragsschrift bei Gericht. Das Erstverfahren muss noch nicht zugestellt sein. Für das vereinfachte Verfahren nach §§ 249 ff. gilt dies gem. § 255 Abs. 2 ab dem Zeitpunkt, in dem dieses in ein streitiges Verfahren übergeht.[1]

Die frühere Streitfrage, ob § 642 Abs. 3 ZPO auch gilt, wenn sowohl minderjährige als auch **volljährige privilegierte** Geschwister unter 21 Jahren auf Unterhalt antragen, hat keine Bedeutung mehr, weil privilegiert volljährige Kinder gem. § 232 Abs. 1 nunmehr ausdrücklich einbezogen worden sind. Die Zuständigkeitsbestimmung gilt jedoch nicht für unterhaltsberechtigte **volljährige nicht privilegierte** Kinder. In diesen Fällen ist idR nach den §§ 12 und 13 ZPO der gewöhnliche Aufenthalt des Unterhaltsschuldners maßgeblich. Eine Möglichkeit, diese Verfahren mit Verfahren über den Unterhalt minderjähriger Kinder zu verbinden, besteht nicht. Der Anregung der Praxis, eine einheitliche örtliche Zuständigkeit für die Unterhaltsansprüche mehrerer Kinder gegen einen Unterhaltsschuldner zu schaffen, wenn minderjährige bzw. volljährige privilegierte und volljährige nicht privilegierte Kinder als Unterhaltsgläubiger in Betracht kommen, oder eine Abgabe des Verfahrens des volljährigen Kindes an das ausschließlich zuständige Gericht, bei dem ein Verfahren zur Regelung des Unterhalts eines minderjährigen oder volljährigen privilegierten Kindes anhängig ist, vorzusehen,[2] ist der Reformgesetzgeber nicht gefolgt. Eine solche Regelung wurde angesichts des Nachrangs der Unterhaltsansprüche von volljährigen nicht privilegierten Kindern und der Möglichkeit, durch eine erzwungene Zuständigkeitskonzentration volljährige Kinder, die aus einer früheren anderen Beziehung des Unterhaltsgläubigers stammen („Patchwork-Familie"), zu benachteiligen, für nicht tunlich erachtet.[3] 10

§ 232 Abs. 3 Satz 2 Nr. 2 begründet einen **Wahlgerichtsstand** für den Antrag eines Kindes, durch den beide Eltern auf Erfüllung der Unterhaltspflicht in Anspruch genommen werden. Beide Elternteile müssen gemeinschaftlich (§ 113 Abs. 1 FamFG, § 59 ZPO), aber nicht notwendig gleichzeitig in Anspruch genommen werden. Der Antrag kann auch an das Gericht, das für den Antrag gegen einen Elternteil zuständig ist, gerichtet werden. Die Vorschrift entspricht dem früheren § 35a ZPO. Sie begründet für einen Elternteil einen zuständigen Gerichtsstand. Für das Kind wird die Rechtsverfolgung dadurch einfacher und günstiger. Das Ausscheiden eines Antragsgegners nach Rechtshängigkeit ist, auch wenn dies der zuständigkeitsbegründende Elternteil war, unerheblich, § 113 Abs. 1 FamFG, § 261 Abs. 3 Nr. 2 ZPO. 11

VI. Sachliche und internationale Zuständigkeit

Für den Bereich der **Europäischen Union** ist hinsichtlich der **internationalen Zuständigkeit** vorrangig Art. 5 Nr. 2 EuGVVO zu beachten. 12

§ 232 Abs. 3 Satz 2 Nr. 3 entspricht inhaltlich dem bisherigen § 23a ZPO. Danach ist für Anträge nach Wahl des Antragstellers das Gericht, bei dem er selbst seinen ge- 13

1 Thomas/Putzo/*Hüßtege*, § 660 ZPO Rz. 3.
2 Stellungnahme des Bundesrates, BT-Drucks. 16/6308, S. 382; zustimmend *Klinkhammer*, www.bundestag.de/ausschuesse/a06/anhoerungen/29_FGG_Teil_1/04_Stellungnahmen.
3 Gegenäußerung der BReg., BT-Drucks. 16/6308, S. 418.

wöhnlichen Aufenthalt hat, zuständig, wenn der Antragsgegner im Inland keinen Gerichtsstand hat und **keine vorrangige Zuständigkeit nach Art. 5 Nr. 2 EuGVVO**[1] **vorliegt.**[2] Die Vorschrift gilt für gesetzliche und vertragliche Unterhaltsansprüche und grundsätzlich für Anträge aller Art, dh. auch **Abänderungsanträge** nach §§ 238, 239. Hinsichtlich der Einzelheiten für Verfahren mit Auslandsbezug s. Anhang zu § 245.

14 Die **sachliche Zuständigkeit** der Gerichte für Familiensachen ergibt sich aus §§ 23a Abs. 1 Nr. 1 GVG. Danach sind für die Bearbeitung von Familiensachen die Amtsgerichte zuständig. Der Sammelbegriff der Familiensachen ist in § 111 definiert. Innerhalb der Amtsgerichte sind nach § 23b GVG die Abteilungen für Familiensachen funktional zuständig. § 23b GVG enthält keine abschließende Regelung der funktionalen Zuständigkeit. So werden insbesondere anderweitige Regelungen der funktionalen Zuständigkeit wie zB im Internationalen Familienrechtsverfahrensgesetz (IntFamRVG) nicht ausgeschlossen.[3]

---

1 Art. 5 EuGVVO („Brüssel I") lautet auszugsweise:
„Eine Person, die ihren Wohnsitz im Hoheitsgebiet eines Mitgliedstaats hat, kann in einem anderen Mitgliedstaat verklagt werden: ... 2. wenn es sich um eine Unterhaltssache handelt, vor dem Gericht des Ortes, an dem der Unterhaltsberechtigte seinen Wohnsitz oder seinen gewöhnlichen Aufenthalt hat, oder im Falle einer Unterhaltssache, über die im Zusammenhang mit einem Verfahren in Bezug auf den Personenstand zu entscheiden ist, vor dem nach seinem Recht für dieses Verfahren zuständigen Gerichts, es sei denn, diese Zuständigkeit beruht lediglich auf der Staatsangehörigkeit einer der Parteien; ..."
Danach hat in Unterhaltssachen der Unterhaltsberechtigte eine Wahlmöglichkeit dahingehend, dass er eine von ihm zu erhebende Klage auch an seinem Wohnsitz oder am Sitz seines gewöhnlichen Aufenthalts erheben kann. Für den Unterhaltsverpflichteten besteht ein derartiges Wahlrecht jedoch nicht. Unterhaltsansprüche werden weder von der Verordnung (EG) Nr. 1347/2000 v. 29.5.2000 über die Zuständigkeit und die Anerkennung und Vollstreckung von Entscheidungen in Ehesachen und in Verfahren betreffend die elterliche Verantwortung für die gemeinsamen Kinder der Ehegatten – EuEheVO („Brüssel II") – noch von der seit dem 1.3.2005 in Kraft getretenen Verordnung (EG) Nr. 2201/2003 v. 27.11.2003 über die Zuständigkeit und die Anerkennung und Vollstreckung von Entscheidungen in Ehesachen und in Verfahren betreffend die elterliche Verantwortung und zur Aufhebung der Verordnung (EG) Nr. 1347/2000 („Brüssel IIa"), vgl. dort ausdrücklich Art. 1 Abs. 2e), erfasst.
Durch die Zuständigkeit nach Art. 2 Abs. 1 EuGVVO wurde § 23a ZPO aF verdrängt, vgl. Zöller/*Vollkommer*, § 23a ZPO Rz. 2; Baumbach/*Hartmann*, § 23a ZPO Rz. 1; Thomas/Putzo/*Hüßtege*, § 23a ZPO Rz. 1. Gleiches gilt für die Zuständigkeit nach § 232 Abs. 3 S. 2 Nr. 3.
Von Art. 5 Nr. 2 EuGVVO werden Ansprüche sowohl des Unterhaltsberechtigten als auch des Unterhaltsverpflichteten erfasst. Dies gilt für den Trennungsunterhalt und den nachehelichen Unterhalt, den Kindesunterhalt sowie für Abänderungsklagen, weil für diese nicht automatisch die Zuständigkeit des Erstgerichts gilt, vgl. OLG Nürnberg v. 11.1.2005 – 7 WF 3827/04, FamRZ 2005, 1691 sowie *Riegner*, FamRZ 2005, 1799. Die Zuständigkeitsregelung gilt auch für den Prozesskostenvorschuss gem. § 1360a Abs. 4 BGB, vertragliche und deliktische Unterhaltsansprüche, nicht aber Regressprozesse der öffentlichen Hand, auf die der Unterhaltsanspruch übergegangen ist (str.) oder Regressansprüche wegen zu viel gezahlten Unterhalts, Vollstreckungsabwehrklagen und die Zustimmung zur Durchführung des begrenzten Realsplittings, vgl. Thomas/Putzo/*Hüßtege*, Art. 5 EuGVVO Rz. 13 mwN; im Einzelnen vgl. auch die Kommentierung zu § 105 sowie Anhang nach § 245.

2 Vgl. zu § 23a ZPO Zöller/*Vollkommer*, § 23a ZPO Rz. 2.

3 Begr. RegE, BT-Drucks. 16/6308, S. 319.

§ 233
Abgabe an das Gericht der Ehesache

Wird eine Ehesache rechtshängig, während eine Unterhaltssache nach § 232 Abs. 1 Nr. 1 bei einem anderen Gericht im ersten Rechtszug anhängig ist, ist diese von Amts wegen an das Gericht der Ehesache abzugeben. § 281 Abs. 2 und 3 Satz 1 der Zivilprozessordnung gilt entsprechend.

A. Allgemeines

I. Entstehung

§ 233 entspricht dem bisherigen § 621 Abs. 3 ZPO. 1

II. Systematik

Die Vorschrift gehört zu den Zuständigkeitsvorschriften für Unterhaltssachen. Vgl. 2
auch die parallelen Regelungen in § 153 (für Kindschaftssachen), § 202 (für Wohnungszuweisungssachen), § 263 (für Güterrechtssachen) und in § 268 (für sonstige Familiensachen).

III. Normzweck

Geregelt wird die verpflichtende Abgabe von Unterhaltssachen nach § 232 Abs. 1 Nr. 1 3
an ein anderes Gericht zur Ermöglichung einer Entscheidungskonzentration.

B. Abgabe und Bindungswirkung

I. Abgabe der Unterhaltssache, Satz 1

Wenn eine Ehesache bei einem deutschen Gericht rechtshängig wird, während eine 4
Unterhaltssache nach § 232 Abs. 1 Nr. 1 (dh. betreffend die Unterhaltspflicht für ein gemeinschaftliches Kind und die durch die Ehe begründete gesetzliche Unterhaltspflicht) bei einem anderen deutschen Gericht im 1. Rechtszug anhängig ist, erfolgt von Amts wegen eine **Abgabe** der Unterhaltssache an das Gericht der Ehesache. Zwischen ausländischen und deutschen Gerichten findet keine Abgabe statt. Eine Verweisung, wie sie in § 621 Abs. 3 ZPO für die ZPO-Verfahren geregelt war, sieht der neue Gesetzestext nicht mehr vor.

1. Voraussetzungen

Voraussetzung für eine Abgabe ist die Rechtshängigkeit der Ehesache, dh. die Antrags- 5
schrift muss zugestellt worden sein (§§ 261 Abs. 1, 253 Abs. 1 ZPO). Es reicht nicht aus, wenn im VKH-Verfahren dem Antragsgegner der Entwurf einer Antragsschrift nur zur Stellungnahme übersandt worden ist.[1] Die überzuleitende Unterhaltssache

1 BGH v. 10.10.1952 – V ZR 159/51, BGHZ 7, 268.

braucht nur anhängig zu sein. Die Anhängigkeit[1] beginnt mit Einreichung der Antragsschrift (wegen der Begrifflichkeit vgl. § 113 Abs. 5 Nr. 1 bis 5: Die Begriffe Prozess oder Rechtsstreit, Klage, Kläger, Beklagter, Partei sind durch die Bezeichnungen Verfahren, Antrag, Antragsteller, Antragsgegner und Beteiligter ersetzt worden). Das Gericht, bei dem die Unterhaltssache anhängig ist, hat dann von Amts wegen das Verfahren an dasjenige Gericht abzugeben, bei dem die Ehesache rechtshängig ist. Die Abgabe kann ohne mündliche Verhandlung erfolgen; den Beteiligten ist jedoch zuvor rechtliches Gehör zu gewähren.[2] Damit das Gericht der Ehesache von der Unterhaltssache Kenntnis erlangt, hat der Antragsteller des Scheidungsverfahrens gem. § 133 Abs. 1 Nr. 3 Angaben zu anderweitig anhängigen Familiensachen zu machen. Diese Regelung bezweckt eine Konzentration der Entscheidungen bei einem Gericht. Dies dient der Beschleunigung der Verfahren und soll einander widersprechende Entscheidungen verhindern.

2. Verfahrensstand

6 Abgegeben wird nur eine Unterhaltssache, die in erster Instanz anhängig ist. Nicht übergeleitet werden in der Rechtsmittelinstanz anhängige Familiensachen, denn der fortgeschrittene Verfahrensstand verbietet einen Wechsel der Zuständigkeit. Anderes gilt nur, wenn die Rechtsmittelinstanz die Sache an das Familiengericht zurückverweist. Dann muss zugleich eine Abgabe an das Gericht der Ehesache erfolgen.[3] Wenn das Familiengericht eine sofortige Beschwerde (zB eine Verfahrenskostenhilfebeschwerde) dem Beschwerdegericht vorlegt, obwohl bereits eine Ehesache bei einem anderen Gericht rechtshängig geworden ist, hebt das Beschwerdegericht die Entscheidung des Familiengerichts über die Vorlegung der Beschwerde auf und gibt das Verfahren an das Gericht der Ehesache ab.[4] Wenn in einer Unterhaltssache, die an ein anderes Familiengericht abzugeben ist, vor Rechtshängigkeit der Ehesache eine sofortige Beschwerde beim OLG eingeht, ist die Beschwerdesache in der Rechtsmittelinstanz anhängig geworden, so dass das OLG über die Beschwerde zu entscheiden und erst danach eine Abgabe der Sache durch das Familiengericht zu erfolgen hat.[5]

3. Folgen

7 Die abgegebene Unterhaltssache gelangt in den Scheidungsverbund und wird gem. § 137 Abs. 2 Nr. 2 iVm. Abs. 4 automatisch zu einer Folgesache, wenn die Voraussetzungen des § 137 Abs. 2 erfüllt sind, dh. wenn eine Entscheidung für den Fall der Scheidung zu treffen ist. Das ist nur der Fall, wenn der Antragsteller der übergeleiteten Sache erklärt, dass er eine Entscheidung nur für den Fall der Scheidung begehrt. Ansonsten bleibt das abgegebene Unterhaltsverfahren ein selbständiges Verfahren bei dem Gericht der Ehesache. Die Regelung des § 137 Abs. 2 entspricht im Wesentlichen dem bisherigen § 623 Abs. 1 Satz 1 ZPO, die des § 137 Abs. 4 dem bisherigen § 623 Abs. 5 ZPO.[6] Hinsichtlich der Einzelheiten s. die Kommentierung zu § 137.

1 Zu Beginn und Ende der Anhängigkeit vgl. die Kommentierung zu § 124.
2 Zöller/*Philippi*, § 621 ZPO Rz. 96.
3 OLG Hamburg v. 2.3.1993 – 7 UF 88/92, NJW-RR 1993, 1286; BGH v. 7.3.2001 – XII ARZ 2/01, NJW 2001, 1499.
4 Zöller/*Philippi*, § 621 ZPO Rz. 94.
5 BGH v. 7.3.2001 – XII ARZ 2/01, FamRZ 2001, 618.
6 Begr. RegE, BT-Drucks. 16/6308, S. 230.

II. Bindungswirkung der Abgabe, Satz 2

1. Bindungswirkung der Abgabe bei nachfolgender Ehesache

Nach § 281 Abs. 2 ZPO können Anträge und Erklärungen zur Zuständigkeit des Gerichts vor dem Urkundsbeamten der Geschäftsstelle abgegeben werden. Der Beschluss über die Abgabe ist wie ein Beschluss über eine Verweisung unanfechtbar. Die Unterhaltssache wird bei dem im Beschluss bezeichneten Gericht mit Eingang der Akten anhängig. Der Abgabebeschluss ist für dieses Gericht bindend. Streitig war nach der alten Rechtslage, ob dies auch gilt, wenn das Gericht der Ehesache zuvor eine Familiensache (jetzt: Unterhaltssache) fehlerhaft an ein anderes Familiengericht verwiesen hatte. Wegen des Vorrangs des § 621 Abs. 3 ZPO, jetzt § 232 Abs. 2, sollte § 281 Abs. 2 Satz 4 ZPO trotz des eindeutigen Wortlauts nicht bindend sein.[1] Die Gegenauffassung verneinte eine Bindungswirkung nur dann, wenn eine Familiensache (jetzt: Unterhaltssache) zunächst bindend verwiesen und dann erst eine Ehesache bei dem verweisenden Gericht rechtshängig wurde. Nur in solchen Fällen sollte die verwiesene Sache zurückverwiesen werden dürfen.[2] Der erstgenannten Auffassung ist zu folgen, weil § 232 Abs. 2 eine ausschließliche Zuständigkeit regelt und dieser der Vorrang vor der Bindungswirkung einer fehlerhaften Verweisung eingeräumt werden sollte. 8

2. Bindungswirkung der Abgabe bei bereits anhängiger Ehesache

Wenn eine Unterhaltssache unter Verletzung der ausschließlichen Zuständigkeit des § 232 Abs. 1 vor einem deshalb unzuständigen Gericht anhängig gemacht wird, ist die weitere Verfahrensweise streitig. Zum Teil wird vertreten, die Sache sei von Amts wegen an das Gericht der Ehesache abzugeben, weil § 621 Abs. 3 ZPO, jetzt § 233 Satz 1, entsprechend gelte.[3] Nach anderer Auffassung[4] ist ein solcher Antrag als unzulässig abzuweisen oder nur auf Antrag des Antragstellers an das zuständige Gericht zu verweisen. Einigkeit besteht aber darüber, dass in einem solchen Fall nach der Abgabe dem Antragsteller gem. § 281 Abs. 3 Satz 2 ZPO die Mehrkosten auferlegt werden dürfen, weil er ein Verfahren vor einem unzuständigen Gericht eingeleitet hatte.[5] Da der Gesetzgeber diesen Sachverhalt in Kenntnis des Streits nicht in § 233 geregelt hat, dürfte der zweiten Auffassung zu folgen sein. 9

3. Bindungswirkung der Abgabe bei Fehlen einer Ehesache

Wenn ein Familiengericht irrtümlich eine Unterhaltssache an ein anderes Familiengericht abgibt, bei dem keine Ehesache rechtshängig ist, bindet dies nicht; die Sache kann zurückgegeben werden.[6] 10

4. Kosten

Die bis zur Abgabe entstandenen Kosten werden in entsprechender Anwendung des § 281 Abs. 3 Satz 1 ZPO als Teil der Kosten beim Gericht der Ehesache behandelt. 11

1 Thomas/Putzo/*Hüßtege*, § 621 ZPO Rz. 44; unter Verweisung auf OLG Hamm v. 10.8.1999 – 2 UF 266/99, FamRZ 2000, 841; aA Zöller/*Philippi*, § 621 ZPO Rz. 99.
2 Zöller/*Philippi*, § 621 ZPO Rz. 99.
3 Thomas/Putzo/*Hüßtege*, § 621 ZPO Rz. 45.
4 Zöller/*Philippi*, § 621 ZPO Rz. 87; KG v. 12.11.1979 – 3 WF 3982/79, FamRZ 1980, 470.
5 Thomas/Putzo/*Hüßtege*, § 621 ZPO Rz. 45; Zöller/*Philippi*, § 621 ZPO Rz. 87.
6 BGH v. 27.3.1996 – XII ARZ 1/96, NJW-RR 1996, 897.

Dem Antragsteller sollen keine zusätzlichen Kosten entstehen, denn die Abgabe von Amts wegen aus Gründen des Sachzusammenhangs ist von der Anrufung eines unzuständigen Gerichts iSd. § 281 Abs. 3 Satz 2 ZPO (Rz. 9) zu unterscheiden.

§ 234
Vertretung des Kindes durch einen Beistand

Wird das Kind durch das Jugendamt als Beistand vertreten, ist die Vertretung durch den sorgeberechtigten Elternteil ausgeschlossen.

A. Allgemeines

I. Entstehung

1 § 234 entspricht dem bisherigen § 53a ZPO.

II. Systematik

2 Die prozessuale Vorschrift enthält eine Sonderregelung zur gesetzlichen Vertretung des Kindes in Unterhaltssachen. § 12 ist gem. § 113 Abs. 1 Satz 1 nicht anwendbar. Eine gleich lautende Vorschrift für Verfahren in Abstammungssachen enthält § 173.

III. Normzweck

3 Die Vorschrift schließt die gesetzliche Vertretung des sorgeberechtigten Elternteils zu Gunsten der alleinigen Vertretung des Kindes durch das Jugendamt als Beistand aus.

B. Inhalt der Vorschrift

I. Rechtsstellung der Beteiligten

4 § 234 ist nur anwendbar, solange eine Beistandschaft des Jugendamtes (§ 1712 BGB) besteht. Eine solche kann von dem alleinsorgeberechtigte Elternteil und von dem Elternteil beantragt werden, in dessen Obhut sich das Kind befindet (§ 1713 Abs. 1 BGB), und bezieht sich nach § 1712 Abs. 1 Nr. 1 und 2 BGB auf die Feststellung der Vaterschaft und die Geltendmachung von Unterhaltsansprüchen. Beteiligter (früher: Partei) in dem Unterhaltsverfahren ist das verfahrensunfähige Kind (§ 52 ZPO). Der sorgeberechtigte Elternteil ist in diesem Verfahren Dritter.[1] Das Jugendamt als Beistand hat insoweit die Stellung als alleiniger gesetzlicher Vertreter des Kindes. Durch die Beistandschaft wird die elterliche Sorge nicht eingeschränkt, § 1716 Satz 1 BGB. Es erfolgt lediglich aus verfahrensrechtlichen Gründen eine Konzentration der Verfahrensführung beim Beistand (Jugendamt) als alleinigem Vertreter des Kindes im Interesse einer

1 Zöller/*Vollkommer*, § 53a ZPO Rz. 2.

widerspruchsfreien Verfahrensführung.[1] Im Verfahren haben – wenn es zu einander widersprechenden Handlungen des Jugendamtes und des antragstellenden Elternteils kommen sollte – die Verfahrenshandlungen des Beistands Vorrang (§§ 1716 Satz 2, 1915 Abs. 1 BGB).[2] Eine Benachteiligung des antragstellenden Elternteils ist damit nicht verbunden, denn dieser kann nach § 1715 Abs. 1 BGB die Beistandschaft durch einfache schriftliche Erklärung beenden.

Während des Getrenntlebens von Eltern und/oder der Anhängigkeit einer Ehesache 5 besteht gem. § 1629 Abs. 3 Satz 1 BGB eine gesetzliche Verfahrensstandschaft eines Elternteils zur Durchsetzung von Kindesunterhalt. Damit soll vermieden werden, dass das Kind eine eigene Beteiligtenstellung erhält, solange die Eltern noch miteinander verheiratet sind. In solchen Fällen kann eine Geltendmachung von Unterhaltsansprüchen weder im Verbundverfahren noch außerhalb des Scheidungsverfahrens durch einen Beistand erfolgen, denn sonst hätte das Kind entgegen der gesetzlichen Regelung des § 1629 Abs. 3 BGB doch eine eigene Beteiligtenstellung.[3]

II. Rechtsfolgen

Wenn das Jugendamt im Rahmen der Beistandschaft für das Kind einen Antrag stellt, 6 sind alle Zustellungen dorthin ist zu richten. War das Verfahren von einem Elternteil als gesetzlicher Vertreter eingeleitet worden, findet bei einem Eintritt des Jugendamtes in das Verfahren ein Wechsel in der Person des gesetzlichen Vertreters statt. Der Eintritt erfolgt durch einen zuzustellenden Schriftsatz, § 113 Abs. 1 FamFG, § 250 ZPO. Nach Beendigung der Beistandschaft und damit der gesetzlichen Vertretung des Jugendamtes durch eine Erklärung des Elternteils gem. § 1715 BGB ist der sorgeberechtigte Elternteil alleiniger gesetzlicher Vertreter. Bei Eintritt der Volljährigkeit endet die Beistandschaft automatisch.[4] Das volljährige Kind erlangt die volle Verfahrensfähigkeit iSd. § 52 ZPO; dieser Umstand ist vom Gericht von Amts wegen zu berücksichtigen, § 56 ZPO.

§ 235
Verfahrensrechtliche Auskunftspflicht der Beteiligten

(1) Das Gericht kann anordnen, dass der Antragsteller und der Antragsgegner Auskunft über ihre Einkünfte, ihr Vermögen und ihre persönlichen und wirtschaftlichen Verhältnisse erteilen sowie bestimmte Belege vorlegen, soweit dies für die Bemessung des Unterhalts von Bedeutung ist. Das Gericht kann anordnen, dass der Antragsteller und der Antragsgegner schriftlich versichern, dass die Auskunft wahrheitsgemäß und vollständig ist; die Versicherung kann nicht durch einen Vertreter erfolgen. Mit der Anordnung nach Satz 1 oder Satz 2 soll das Gericht eine angemessene Frist setzen. Zugleich hat es auf die Verpflichtung nach Absatz 3 und auf die nach den §§ 236 und 243 Satz 2 Nr. 3 möglichen Folgen hinzuweisen.

1 Begr. RegE, BT-Drucks. 13/892, S. 47.
2 OLG Naumburg v. 27.9.2005 – 3 WF 172/05, FamRZ 2006, 1223.
3 Zöller/*Vollkommer*, § 53a ZPO Rz. 2.
4 OLG Karlsruhe v. 8.8.2000 – 2 WF 99/00, JAmt 2001, 302 = OLGReport 2001, 150.

(2) Das Gericht hat nach Absatz 1 vorzugehen, wenn ein Beteiligter dies beantragt und der andere Beteiligte vor Beginn des Verfahrens einer nach den Vorschriften des bürgerlichen Rechts bestehenden Auskunftspflicht entgegen einer Aufforderung innerhalb angemessener Frist nicht nachgekommen ist.

(3) Antragsteller und Antragsgegner sind verpflichtet, dem Gericht ohne Aufforderung mitzuteilen, wenn sich während des Verfahrens Umstände, die Gegenstand der Anordnung nach Absatz 1 waren, wesentlich verändert haben.

(4) Die Anordnungen des Gerichts nach dieser Vorschrift sind nicht selbständig anfechtbar und nicht mit Zwangsmitteln durchsetzbar.

A. Allgemeines

I. Entstehung

1 § 235 Abs. 1 Satz 1 entspricht inhaltlich im Wesentlichen dem bisherigen § 643 Abs. 1 ZPO.

§ 235 Abs. 1 Satz 4 erweitert die Hinweispflicht des früheren § 643 Abs. 2 Satz 2 ZPO.

II. Systematik

2 Die Vorschrift beinhaltet die verfahrensrechtliche Auskunftspflicht der Beteiligten, die sich aus dem Verfahrensrechtsverhältnis der Beteiligten zum Gericht ableitet.

III. Normzweck

3 In Unterhaltsverfahren erfordert eine **zutreffende Unterhaltsberechnung** eine ausreichende Kenntnis des Gerichts über die Einkommens- und Vermögensverhältnisse der Beteiligten. Zur Beschleunigung und Förderung des Verfahrens kann das Familiengericht effiziente konkrete Maßnahmen ergreifen, um den Unterhalt richtig bemessen zu können. Zugleich kann sich durch die von Amts wegen angeforderten Unterlagen die Qualität der richterlichen Entscheidung verbessern. Die in § 235 Abs. 2 geregelte Pflicht des Gerichts, unter bestimmten Voraussetzungen bei den Beteiligten Auskünfte über das Einkommen und das Vermögen einzuholen, soll zum einen den Zweck verfolgen, die materielle Richtigkeit der zu treffenden Unterhaltsentscheidung sicherzustellen, und zum anderen, Stufenklagen weitestgehend entbehrlich zu machen und damit das Unterhaltsverfahren zu straffen.[1]

4 Angesichts der Bedeutung von Unterhaltsleistungen für den Berechtigten und angesichts dessen, dass ungenügende Unterhaltszahlungen zu einem erhöhten Bedarf an öffentlichen Leistungen führen können, besteht nach der Intention des Gesetzgebers über das private Interesse des Unterhaltsgläubigers hinaus ein öffentliches Interesse an einer sachlich richtigen Entscheidung in Unterhaltsverfahren. Dieses Interesse gebiete es, den **Beibringungsgrundsatz teilweise einzuschränken**, wenn der Verpflichtete sich seiner materiellrechtlichen Auskunftspflicht gegenüber dem Berechtigten zu entziehen versuche. Die durch das Gericht angeordnete Verpflichtung zur Auskunftsertei-

1 Musielak/*Borth*, § 643 ZPO Rz. 1.

lung soll regelmäßig eine sowohl für den Beteiligten als auch für das Gericht aufwändige Stufenklage entbehrlich machen. Denn während eine Stufenklage idR zwei Termine erfordert (Auskunft und Zahlung), verlangt die Anordnung der Auskunft nicht zwingend eine mündliche Verhandlung.[1] Die verfahrensrechtlichen Auskunftspflichten nach §§ 235, 236 geben dem Unterhaltsgläubiger nur zusätzliche Möglichkeiten; sie beseitigen nicht sein Rechtsschutzinteresse an einem Auskunftsantrag nach §§ 1580, 1605 BGB und ggf. einer Stufenklage.

Nach dem Wortlaut der Begründung besteht nunmehr, anders als nach altem Recht, eine **Pflicht der Gerichte zur Amtsermittlung**, wenn ein Beteiligter einen Antrag nach § 235 Abs. 2 stellt. Die Bundesregierung und ihr folgend der Bundestag gehen dabei anders als der Bundesrat, einige Sachverständige[2] und die Richterschaft[3] davon aus, dass die Ermittlungspflicht des Gerichts nach § 235 Abs. 2 (und nach § 236 Abs. 2) nicht zu einer Mehrbelastung der Gerichte führen wird.[4] Ob sich die Erwartung der Bundesregierung erfüllen wird, ist fraglich. Den Gerichten obliegt es nämlich nicht nur, die Auskunft anzufordern. Sie sind auch gezwungen, die Unterlagen zu überprüfen, fehlende Belege nachzufordern und auf Lücken in der Auskunft hinzuweisen.[5] Die **Regelung in § 235 Abs. 2** erscheint auch deshalb **unpraktikabel**, weil das Gericht in diesem Rahmen Feststellungen darüber treffen muss, ob vorgerichtlich ausreichend Auskunft erteilt worden ist, was im Einzelfall durchaus schwierig sein kann. Es besteht hierbei die Gefahr, dass die Beteiligten sich damit begnügen, bei Gericht veraltete Unterlagen einzureichen, irgendeinen Unterhaltsbetrag geltend machen und das Gericht im Übrigen auf die Amtsermittlungspflicht verweisen. Die Vermischung von Beweislastregeln nach der ZPO mit der Amtsermittlungspflicht hinsichtlich der Auskunft widerspricht dem grundsätzlich auch in Unterhaltssachen weiterhin geltenden Beibringungsgrundsatz.[6] Zudem kann es durchaus sein, dass das Gericht sich in der Lage sieht, das Verfahren ohne zusätzliche Auskünfte zu entscheiden. In diesem Falle führt ein Antrag des Antragstellers nach § 235 Abs. 2 zu zusätzlicher Verzögerung. 5

B. Regelungsbereich der Vorschrift

I. Anwendbarkeit der Vorschrift

Die Vorschrift regelt die Auskunftspflicht in Unterhaltsstreitigkeiten der Beteiligten gegenüber dem Gericht, soweit in diesen ein **gesetzlicher Unterhaltsanspruch** in einem Familienstreitverfahren (§ 231 Abs. 1 Nr. 1 bis 3) geltend gemacht wird.[7] Sie gilt aber auch bei **Bereicherungsverfahren** auf Rückzahlung von zu viel gezahltem Unter- 6

1 Begr. RegE, BT-Drucks. 16/6308, S. 255.
2 *Ohr* und *Klinkhammer*, Stellungnahmen zum FGG-RG, Teil II: familiengerichtliches Verfahren, beide http://www.bundestag.de/ausschuesse/a06/anhoerungen/29_FGG_Teil_1/04_Stellungnahmen/index.html.
3 Stellungnahme des Deutschen Richterbundes zum Referentenentwurf eines Gesetzes zur Reform des Verfahrens in Familiensachen und den Angelegenheiten der freiwilligen Gerichtsbarkeit von Juni 2006 (dort zu §§ 246, 247 des Entwurfs), www.drb.de/cms/Index.php?id=145&L=0&0=; *Borth*, FamRZ 2007, 1925.
4 Begr. RegE, BT-Drucks. 16/6308, S. 418.
5 Zu § 235 Abs. 2 vgl. die Stellungnahme des Bundesrates, BT-Drucks. 16/6308, S. 383.
6 Stellungnahme des BR, BT-Drucks. 16/6308, S. 384; *Rakete-Dombek*, Stellungnahme zum FGG-RG, Teil II: familiengerichtliches Verfahren, http://www.bundestag.de/ausschuesse/a06/anhoerungen/29_FGG_Teil_1/04_Stellungnahmen/index.html.
7 Baumbach/*Hartmann*, § 235 FamFG Rz. 3.

halt, bei **Abänderungsverfahren** (§§ 238 bis 240) und **Anträgen aus übergeleitetem Recht** (§§ 33 SGB II, 94 SGB XII, 7 UntVorschG, 37 BAföG).[1] Im Verfahren der **einstweiligen Anordnung** ist die Vorschrift entsprechend ihrer Zielsetzung, nämlich Beschleunigung des Verfahrens, anwendbar. Dies gilt insbesondere vor dem Hintergrund, dass das neue einstweilige Anordnungsverfahren (§§ 246 bis 248 iVm. §§ 49 ff.) nach der Vorstellung des Gesetzgebers ein Hauptsacheverfahren in vielen Fällen überflüssig machen soll.[2]

7 **Nicht anwendbar** ist § 235 im **vereinfachten Verfahren**. Dies ergibt sich, anders als nach früherem Recht, nicht unmittelbar aus dem Gesetz. Das vereinfachte Verfahren enthält jedoch Spezialregelungen hinsichtlich der Auskunftsverpflichtung des Unterhaltspflichtigen (vgl. § 252 Abs. 2). Zudem wäre es mit dessen Ziel einer schnellen Titelschaffung nicht vereinbar, zunächst Auskünfte einzuholen, zumal das antragstellende Kind im vereinfachten Verfahren das 1,2-fache des Mindestunterhalts seiner Altersstufe verlangen kann, ohne das Einkommen des Unterhaltspflichtigen im Einzelnen darlegen zu müssen.[3]

8 **Unanwendbar** ist § 235 in den Fällen, in denen das **Bestehen einer Auskunftspflicht als solcher** nach §§ 1605, 1580 BGB zwischen den Beteiligten **in Streit** ist (zB: Der Unterhaltsverpflichtete ist unstreitig unbeschränkt leistungsfähig; die Beteiligten streiten über das Bestehen einer Unterhaltsverpflichtung dem Grunde nach wegen einer behaupteten vollständigen Verwirkung des Unterhaltsanspruchs oder anderer Gründe), denn in solchen Fällen geht es nicht um die Höhe des Unterhalts. Das Gericht kann Auskunft und die Vorlage von Belegen in jedem Fall nur insoweit verlangen, als dies für die **Bemessung** des Unterhalts von Bedeutung ist.[4]

II. Auskunftspflicht, Vorlage von Belegen, Absatz 1

1. Art und Umfang der Auskunft

9 Die sich aus § 235 Abs. 1 Satz 1 ergebende prozessuale Pflicht zur Erteilung einer Auskunft entspricht dem Umfang nach einer Auskunftserteilung nach § 1605 Abs. 1 BGB. Sie bezieht sich auf alle Einkommensquellen und sämtliches Vermögen sowohl des Unterhaltspflichtigen als auch des Unterhaltsberechtigten. Geschuldet wird entsprechend §§ 259 Abs. 1, 260 Abs. 1 BGB eine **systematische Zusammenstellung** von Einkünften iSv. § 1603 BGB und Vermögen.[5] Nicht ausreichend ist eine Erteilung der relevanten Auskünfte in verschiedenen, über ein Dreivierteljahr verteilten Schriftsätzen.[6] Auskunft ist auch zu erteilen über die persönlichen und wirtschaftlichen Verhältnisse, soweit dies für die Bemessung des Unterhalts von Bedeutung ist. Anzugeben sind daher auch der Familienstand, das Bestehen einer nichtehelichen Partnerschaft, das Vorhandensein eines Eigenheims und sonstige unterhaltsrelevante Umstände.[7]

---

1 Zöller/*Philippi*, § 643 ZPO Rz. 1; Musielak/*Borth*, § 643 ZPO Rz. 1; Thomas/Putzo/*Hüßtege*, § 643 ZPO Rz. 3.
2 Begr. RegE, BT-Drucks. 16/6308, S. 201.
3 RegE des KindUG, BT-Drucks. 13/7338, S. 35 (zu § 643 ZPO); vgl. auch die Kommentierung zu §§ 249 ff.
4 Begr. RegE, BT-Drucks. 16/6308, S. 255.
5 OLG Köln v. 7.5.2002 – 4 WF 59/02, FamRZ 2003, 235; Palandt/*Diederichsen*, § 1605 BGB Rz. 10 mwN.
6 OLG Hamm v. 28.10.2005 – 11 WF 328/05, FamRZ 2006, 865.
7 Palandt/*Diederichsen*, § 1605 BGB Rz. 7 mwN.

2. Vorlage von Belegen

10 Die Pflicht zur Vorlage bestimmter Belege wie der monatlichen Lohn-, Verdienst- bzw. Gehaltsbescheinigungen (mit Angabe der Brutto- und Nettobeträge einschließlich aller Zuschläge), Lohnsteuerkarten, Lohnsteuerbescheinigungen, ggf. Arbeitsverträge, Steuerbescheide, Bescheide über Sozialleistungen (Arbeitslosengeld, Krankengeld, Sozialhilfe, Leistungen nach den Aus- und Fortbildungsfördergesetzen, Rentenbescheide oder Ähnliches), Zinsbescheinigungen, Bescheinigungen über sonstige Kapitaleinkünfte, Bescheinigungen über Einkünfte aus Vermietung und Verpachtung, Bilanzen, Gewinn- und Verlustrechnungen, Einnahmen-Überschussrechnungen, Bestandsverzeichnisse über Vermögensgegenstände usw.[1] beinhaltet nur die Vorlage vorhandener Belege, nicht jedoch die Pflicht zur Erstellung von Belegen.[2]

3. Abgabe einer Versicherung

11 § 235 Abs. 1 Satz 2 ermöglicht es dem Gericht, von dem Antragsteller oder dem Antragsgegner eine schriftliche Versicherung anzufordern, dass er die Auskunft wahrheitsgemäß und vollständig erteilt hat. Die Versicherung muss durch den Beteiligten selbst abgegeben werden; insbesondere kann er sich hierzu nicht eines Vertreters, auch nicht eines Verfahrensbevollmächtigten, bedienen. Die Möglichkeit, von einem Beteiligten eine ausdrückliche eigenhändige Versicherung über die Richtigkeit der Auskunft zu verlangen, gab es im früheren Recht nicht. Mit der Neuregelung der Auskunftspflichten will der Gesetzgeber die nach seiner Auffassung zeitintensiven Stufenklagen in möglichst weitergehendem Umfang entbehrlich machen. Die neu eingeführte Pflicht zur Versicherung soll zum Teil die Funktion der zweiten Stufe einer Stufenklage, dh. die einer Versicherung an Eides statt, erfüllen. Weil nach der Einschätzung des Gesetzgebers die zweite Stufe in Unterhaltssachen oftmals nicht beschritten wird, erachtet er es trotz der Kritik aus der Praxis[3] als ausreichend, dass das Gericht zunächst eine schriftliche Versicherung verlangen kann, die von dem Verpflichteten selbst abgegeben werden muss.[4] Offen geblieben ist das Verhältnis der schriftlichen Versicherung zur eidesstattlichen Versicherung. Da das Gericht nach der Gesetzesbegründung „zunächst" eine schriftliche Versicherung einfordern kann, muss es auch die Abgabe einer eidesstattlichen Versicherung unter den Voraussetzungen des § 259 BGB verlangen können.

4. Procedere des Gerichts

12 Das Gericht entscheidet nach seinem pflichtgemäßem Ermessen über die Frage, welche konkreten Maßnahmen zur Förderung des Verfahrens erforderlich sind, mithin, welche Auskünfte zu erteilen und welche Belege von den Beteiligten vorzulegen sind. Ein Antrag eines Beteiligten ist hierzu nicht erforderlich. Der Umfang der Auskunft sollte in der Aufforderung durch das Gericht möglichst konkret bestimmt sein. Arbeitnehmer müssen regelmäßig Auskunft über die Einkommensverhältnisse des letzten

1 Vgl. hierzu im Einzelnen Palandt/*Diederichsen*, § 1605 BGB Rz. 10; Ehinger/Griesche/*Rasch*, Rz. 557 ff.

2 Musielak/*Borth*, § 643 ZPO Rz. 3.

3 *Ohr* und *Vorwerk*, Stellungnahmen zum FGG-RG, Teil II: familiengerichtliches Verfahren, beide http://www.bundestag.de/ausschuesse/a06/anhoerungen/29_FGG_Teil_1/04_Stellungnahmen/index.html.

4 Begr. RegE, BT-Drucks. 16/6308, S. 255.

Jahres vor Klageerhebung erteilen. Dabei wird auf das zuletzt abgelaufene Kalenderjahr oder auf die dem Unterhaltszeitraum vorausgehenden 12 Monate abgestellt.[1] Bei Selbständigen hat sich die Auskunft wegen der oft erheblichen Schwankungen des Gewinns über einen längeren Zeitraum zu erstrecken. Dabei werden üblicherweise die letzten drei Jahre vor Klagezustellung zugrunde gelegt; möglich ist aber auch ein längerer Zeitraum, zB fünf Jahre.[2]

13 Mit einer Anordnung zur Auskunftserteilung und/oder Vorlage bestimmter Belege sowie zur Abgabe einer Versicherung soll das Gericht nach § 235 Abs. 1 Satz 3 den Beteiligten eine angemessene Frist zur Erfüllung setzen. Von der Fristsetzung kann im Ausnahmefall abgesehen werden, etwa wenn feststeht, dass der Beteiligte, an den sich die Auflage richtet, bestimmte Informationen oder Belege ohne eigenes Verschulden nicht kurzfristig erlangen kann.[3] Die Aufforderung zur Auskunft sollte in Schriftform erfolgen und zugestellt werden (§ 113 Abs. 1 FamFG iVm. § 329 Abs. 2 ZPO).[4]

14 Das Gericht ist nach § 235 Abs. 1 Satz 4 verpflichtet, auf die Pflicht zur ungefragten Information nach Abs. 4 sowie auf die nach § 236 möglichen Folgen einer Nichterfüllung der gerichtlichen Auflagen hinzuweisen. Die Hinweispflicht ist wegen der geänderten Struktur der Vorschriften über die Auskunftspflicht gegenüber der früheren Regelung des § 643 Abs. 2 Satz 2 ZPO erweitert worden.[5]

15 Die Anordnung des Gerichts zur Auskunftserteilung und zur Versicherung der Richtigkeit ist als Zwischenentscheidung nicht selbständig anfechtbar, § 235 Abs. 4. Kommt der Beteiligte der Aufforderung nicht nach, hat das Gericht ebenso wie nach früherem Recht (§ 643 ZPO) keine Möglichkeit, Zwangsmittel einzusetzen. Es verbleiben lediglich die Druckmittel nach §§ 236 und 243 Satz 2 Nr. 3. Danach kann das Gericht die Auskünfte selbst von den in § 236 Abs. 1 genannten Dritten (Arbeitgebern, Sozialleistungsträgern, Rentenversicherungsträgern, Versicherungsunternehmen, Finanzämtern) einholen. Den Ungehorsam des oder der Beteiligten kann es zudem mit der Kostenfolge des § 243 Satz 2 Nr. 3 ahnden.

16 Eine gerichtliche Aufforderung[6] könnte wie folgt lauten:

Muster:

In der Familiensache – A gegen B

hat die 3. Abteilung des Amtsgerichts – Familiengericht – XY

am 1. Oktober 2009 beschlossen:

I.

Dem Beteiligten A wird gem. § 235 Abs. 1 FamFG aufgegeben,

1.

Auskunft zu geben über die Höhe seiner **Einkünfte aus nichtselbständiger Arbeit**

für die Zeit vom ... bis ...

---

1 Ehinger/Griesche/*Rasch*, Rz. 568; OLG Dresden v. 9.12.2004 – 21 UF 486/04, FamRZ 2005, 1195.

2 BGH v. 30.1.1985 – IVb ZR 70/83, FamRZ 1985, 471; Wendl/*Dose*, § 1 Rz. 672; Rahm/Künkel/*Stollenwerk*, IV Rz. 684.1.

3 Begr. RegE, BT-Drucks. 16/6308, S. 256.

4 Zöller/*Philippi*, § 643 ZPO Rz. 6.

5 Begr. RegE, BT-Drucks. 16/6308, S. 256.

6 Die umfassende Aufforderung für die verschiedenen Einkommensquellen kann gekürzt werden, soweit eine oder mehrere Einkommensarten (zB Einkünfte aus selbständiger Arbeit oder Gewerbe) unstreitig ausscheiden.

durch Vorlage einer systematischen Aufstellung

und die erteilte Auskunft zu belegen durch

- sämtliche Lohn- bzw. Gehaltsabrechnungen für die Monate ... bis ..., aus denen sich das Brutto- und Nettoeinkommen einschließlich aller Ab- und Zuschläge wie 13. und 14. Gehalt, Urlaubsgeld, Weihnachtsgeld, Arbeitnehmersparzulage, vermögenswirksame Leistungen, Gratifikationen, Provisionen, Spesen, Fahrtkostenerstattungen, sonstige geldwerte Leistungen des Arbeitgebers, Sachbezüge (zB Kost, freie Logis, Firmenfahrzeug, Energiedeputate) usw. ergeben
- die Lohnsteuerkarte(n) für das Jahr .../die Jahre ...
- die Lohnsteuerbescheinigung(en) für das Jahr .../die Jahre
- sämtliche Steuerbescheide, die in den Jahren ... bis ... ergangen sind
- sämtliche Bescheide über öffentliche Leistungen wie Arbeitslosengeld, Krankengeld, Sozialhilfe, Elterngeld, Leistungen nach den Aus- und Fortbildungsfördergesetzen, Rentenbescheide, Rentenanpassungsbescheide oder Ähnliches

2.

Auskunft zu geben über **Kapitaleinkünfte**

für die Zeit vom ... bis ...

durch Vorlage eines spezifizierten und nach Jahren systematisch geordneten Verzeichnisses

und die erteilte Auskunft zu belegen durch

- Jahresbescheinigungen über Kapitalerträge und Veräußerungsgewinne (zB aus Sparguthaben, Pfandbriefen, Bundesschatzbriefen, Festgeldguthaben)
- Bescheinigungen über sonstige Kapitaleinkünfte (zB aus Beteiligungen an Gesellschaften) und Einkommensteuererklärungen

3.

Auskunft zu geben über **Einkünfte aus Vermietung und Verpachtung**

für die Zeit vom ... bis ...

durch Vorlage eines spezifizierten und nach Jahren und einzelnen Mietobjekten systematisch geordneten Verzeichnisses

und die erteilte Auskunft zu belegen durch

- Bescheinigungen oder Journale über Einnahmen und Ausgaben
- Anlagen V und evtl. Erläuterungen zu den Einkommensteuererklärungen

4.

Auskunft zu geben über **das Einkommen aus selbständiger Arbeit, Gewerbe und/oder Land- und Forstwirtschaft**

für die Zeit vom ... bis ...

durch Vorlage eines spezifizierten und nach Jahren systematisch geordneten Verzeichnisses

und die erteilte Auskunft zu belegen durch

- vollständige Bilanzen, Gewinn- und Verlustrechnungen für die Jahre ...
- Einnahmen-Überschussrechnungen für die Jahre ...
- Betriebswirtschaftliche Auswertungen für die Jahre ...
- Bestandsverzeichnisse über das betriebliche Anlagevermögen und dessen steuerliche Abschreibung
- sämtliche Steuerbescheide, die in den Jahren ... bis ... ergangen sind (sofern noch nicht vorliegend: Steueranmeldungen oder Steuervorauszahlungsbescheide)

5.

Auskunft zu geben über **sein Vermögen**

für die Zeit vom ... bis ...

durch Vorlage eines spezifizierten Verzeichnisses

und die erteilte Auskunft zu belegen durch

- Bestandsverzeichnisse über alle aktiven und passiven Vermögenswerte im In- und Ausland, soweit nicht durch **Nr. 4** erfasst

6.

Auskunft zu geben über **seine persönlichen und wirtschaftlichen Verhältnisse**, insbesondere

- Familienstand
- das Bestehen einer nichtehelichen Partnerschaft
- die Selbstnutzung einer mietfreien Wohnung oder eines Eigenheims
- sonstige unterhaltsrelevante Umstände.

für die Zeit vom ... bis ...

II.

Frist: Zwei Wochen nach Zugang dieses Beschlusses.

III.

Sofern der Antragsgegner dieser Aufforderung nicht fristgem. nachkommen sollte, wird das Familiengericht die erforderlichen Auskünfte über die Höhe der Einkünfte bei den in § 236 FamFG genannten Stellen einholen. Der Antragsgegner wird darauf hingewiesen, dass eine nicht oder nicht vollständige Befolgung dieser Aufforderung bei der nach Abschluss des Verfahrens zu treffenden **Kostenentscheidung** gem. § 243 Satz 2 Nr. 3 FamFG **zu seinem Nachteil berücksichtigt** werden kann.

II. Obligatorische Auskunftsbeschaffung durch das Gericht, Absatz 2

17 Nach Abs. 2 ist das **Gericht** zur **Einholung einer Auskunft** und einer schriftlichen Versicherung **verpflichtet**, wenn ein Beteiligter dies beantragt und der andere Beteiligte vor Beginn des Verfahrens einer nach den Vorschriften des bürgerlichen Rechts bestehenden Auskunftspflicht entgegen einer Aufforderung des Unterhaltsberechtigten innerhalb einer angemessenen Frist nicht nachgekommen ist. Durch die Vorschrift soll für den **Auskunftsberechtigten** ein zusätzlicher **Anreiz** geschaffen werden, sich die benötigten **Informationen** von der Gegenseite zunächst **außergerichtlich** zu **beschaffen.**[1]

18 Eine dem Abs. 2 entsprechende Verpflichtung zur Beschaffung der Auskünfte existierte im früheren Recht nicht. Maßgebend für die Schaffung dieser Vorschrift war für den Gesetzgeber das Bestreben, ein Stufenverfahren **weitgehend entbehrlich** zu machen. Aus der Sicht des Beteiligten, der zur Berechnung des Unterhalts Informationen von der Gegenseite benötigt, soll ein effektiver Mechanismus vorgehalten werden. Angesichts der oftmals existenziellen Bedeutung von Unterhaltsleistungen für den Berechtigten und angesichts dessen, dass ungenügende Unterhaltszahlungen zu einem erhöhten Bedarf an öffentlichen Leistungen führen können, besteht nach Auffassung des Gesetzgebers über das private Interesse des Unterhaltsgläubigers hinaus auch ein öffentliches Interesse an einer sachlich richtigen Entscheidung in Unterhaltsangelegenheiten.[2]

19 Ob sich die Vorschrift in der Praxis bewähren wird, bleibt abzuwarten. Wenn sich der Unterhaltspflichtige nachhaltig weigert, Auskünfte zu erteilen sowie Belege vorzulegen, das Gericht mangels Kenntnis der näheren Verhältnisse (zB Einkünfte aus Schwarzarbeit, Depot in der Schweiz, Bargeld im Kleiderschrank) die Auskünfte auch nicht gem. § 236 selbst einholen kann, bleibt dem Unterhaltsberechtigten zur Beschaf-

1 Begr. RegE, BT-Drucks. 16/6308, S. 256.
2 Begr. RegE, BT-Drucks. 16/6308, S. 256.

fung der erforderlichen Informationen nur der Weg über eine Stufenklage verbunden mit der Drohung, einen Antrag auf Abgabe einer strafbewehrten eidesstattlichen Versicherung zu stellen.[1]

Insbesondere muss geklärt werden, wie die gerade in Familienstreitsachen häufig vorkommenden Verfahrenskostenhilfeanträge beschieden werden können. Denn wenn der Unterhaltsberechtigte und sein Verfahrensbevollmächtigter das Einkommen der Gegenseite nicht kennen, können sie nicht ins Blaue hinein[2] irgendeinen bezifferten Antrag stellen. Für einen solchen Antrag, der ohne Unterlagen nicht sinnvoll begründet werden kann, müsste nach einer gem. § 114 ZPO durchzuführenden Prüfung der Erfolgsaussichten für die Rechtsverfolgung die Verfahrenskostenhilfe mangels Vorliegens der Voraussetzungen verweigert werden. Es bietet sich daher für den Unterhaltsberechtigten an, zunächst die Voraussetzungen des § 235 Abs. 2 darzulegen und einen Antrag auf Verfahrenskostenhilfe für diesen Antrag und für einen später noch genau zu beziffernden Unterhalt zu stellen.[3] 20

III. Verpflichtung zur ungefragten Information, Absatz 3

Der Adressat einer Auflage nach Abs. 1 ist nach Abs. 3 verpflichtet, das Gericht über wesentliche Veränderungen derjenigen Umstände unaufgefordert zu informieren, die Gegenstand der Auflage waren. 21

Diese Verpflichtung zu einer ungefragten Information gab es im früheren Verfahrensrecht nicht. Sie konnte sich nur aus den jeweiligen materiellen Unterhaltsvorschriften iVm. dem Grundsatz von Treu und Glauben (§ 242 BGB) ergeben.[4] Die hier geregelte prozessuale Verpflichtung ist dem Umfang nach durch die inhaltliche Anknüpfung an den Gegenstand einer gegenüber den Beteiligten bereits ergangenen Auflage begrenzt. Sie soll der Beschleunigung des Verfahrens dienen.[5] 22

Eine generelle Informationspflicht außerhalb des laufenden Verfahrens ist dagegen im Gesetz nicht enthalten. Der BGH hat eine solche in Ausnahmefällen vor allem aus vorangegangenem Tun bejaht.[6] Eine Einschränkung dieser Rechtsprechung durch § 235 Abs. 3 ist nicht anzunehmen.[7] 23

IV. Unanfechtbarkeit von Entscheidungen, Absatz 4

Die Anordnungen des Gerichts zur Auskunftserteilung sind nicht selbständig anfechtbar. Wie das Gericht vorzugehen hat, wenn es die Voraussetzungen des § 235 Abs. 2 als nicht gegeben ansieht, ist nicht ausdrücklich geregelt. Eine – ggf. nach einem entsprechenden Hinweis auf Mängel der Antragstellung – erfolgte ablehnende Ent- 24

---

1 So zutreffend *Ohr* und *Vorwerk*, Stellungnahmen zum FGG-RG, Teil II: familiengerichtliches Verfahren, beide http://www.bundestag.de/ausschuesse/a06/anhoerungen/29_FGG_Teil_1/04_Stellungnahmen/index.html.

2 AA offenbar *Rossmann*, ZFE 2008, 245, 247.

3 Vgl. auch *Borth*, FamRZ 2007, 1925 (1934).

4 BGH v. 16.4.2008 – XII ZR 107/06, FamRZ 2008, 1325; BGH v. 19.5.1999 – XII ZR 210/97, FamRZ 2000, 153; Wendl/*Pauling*, § 6 Rz. 602.

5 Begr. RegE, BT-Drucks. 16/6308, S. 256.

6 BGH v. 25.11.1987 – IVb ZR 96/86, NJW 1988, 1965.

7 *Borth*, FamRZ 2007, 1925 (1934).

scheidung ist als Zwischenentscheidung nicht selbständig anfechtbar. Im Beschwerdeverfahren kann die unberechtigte Ablehnung eines Antrags nach § 235 Abs. 2 als Verfahrensfehler gerügt und eine Aufhebung der Endentscheidung und Zurückweisung des Verfahrens an das Gericht des ersten Rechtszuges gemäß § 69 Abs. 1 Satz 2 beantragt werden.

§ 236
Verfahrensrechtliche Auskunftspflicht Dritter

(1) Kommt ein Beteiligter innerhalb der hierfür gesetzten Frist einer Verpflichtung nach § 235 Abs. 1 nicht oder nicht vollständig nach, kann das Gericht, soweit dies für die Bemessung des Unterhalts von Bedeutung ist, über die Höhe der Einkünfte Auskunft und bestimmte Belege anfordern bei

1. Arbeitgebern,

2. Sozialleistungsträgern sowie der Künstlersozialkasse,

3. sonstigen Personen oder Stellen, die Leistungen zur Versorgung im Alter und bei verminderter Erwerbsfähigkeit sowie Leistungen zur Entschädigung und zum Nachteilsausgleich zahlen,

4. Versicherungsunternehmen oder

5. Finanzämtern.

(2) Das Gericht hat nach Absatz 1 vorzugehen, wenn dessen Voraussetzungen vorliegen und der andere Beteiligte dies beantragt.

(3) Die Anordnung nach Absatz 1 ist den Beteiligten mitzuteilen.

(4) Die in Absatz 1 bezeichneten Personen und Stellen sind verpflichtet, der gerichtlichen Anordnung Folge zu leisten. § 390 der Zivilprozessordnung gilt entsprechend, wenn nicht eine Behörde betroffen ist.

(5) Die Anordnungen des Gerichts nach dieser Vorschrift sind für die Beteiligten nicht selbständig anfechtbar.

A. Allgemeines

I. Entstehung

1 § 236 Abs. 1 entspricht im Ausgangspunkt dem früheren § 643 Abs. 2 Satz 1 ZPO, weist jedoch einige Veränderungen auf. Die in § 236 zu den Nr. 1 bis 5 genannten Personen und Stellen entsprechen den im bisherigen § 643 Abs. 2 Satz 1 Nr. 1 und 3 ZPO genannten Dritten.

§ 236 Abs. 4 entspricht dem früheren § 643 Abs. 3 ZPO.

II. Systematik

2 Die Vorschrift beinhaltet die verfahrensrechtliche Auskunftspflicht Dritter.

III. Normzweck

Die Bestimmung regelt die Befugnisse, die das Gericht hat, wenn ein Beteiligter die gem. § 235 Abs. 1 verlangte Auskunft nicht oder nicht vollständig erteilt oder die angeforderten Belege nicht vorlegt. Zum Anwendungsbereich s. § 235 Rz. 6. Das Gericht kann dann selbst Auskunft einholen über die Höhe der Einkünfte bei den in Nr. 1 bis 5 erwähnten Personen und Stellen. Durch die gesetzliche Regelung wird insbesondere den datenschutzrechtlichen Bestimmungen Rechnung getragen. Das Familiengericht wird idR auf die ausdrückliche gesetzliche Regelung dieser Vorschrift hinweisen müssen, weil der Auskunftspflichtige sich ansonsten auf die einschlägigen datenschutzrechtlichen Bestimmungen des jeweiligen Bundeslandes oder der Bundesrepublik berufen könnte.[1] 3

B. Voraussetzungen, Auskunftspflichtige, Inhalt der Auskunft

I. Voraussetzungen, Absatz 1

Wenn ein Beteiligter innerhalb der gem. § 235 Abs. 1 hierfür gesetzten Frist der Anordnung zur Erteilung von Auskünften und Vorlage von Belegen nicht oder nicht vollständig nachkommt, kann das Familiengericht bestimmte Auskünfte und Belege bei Dritten anfordern. Die Formulierung des einleitenden Satzteils entspricht zT der Formulierung in § 235 Abs. 1 Satz 1. Es ergibt sich jedoch eine Abweichung insoweit, als das **Vermögen** und die **persönlichen und wirtschaftlichen Verhältnisse nicht vom Auskunftsrecht des Gerichts** gegenüber Dritten **umfasst** sind. Die Beschränkung des Auskunftsrechts auf die **Einkünfte** eines Beteiligten soll, auch vor dem Hintergrund des Antragsrechts nach Abs. 2, nach der Begründung des Gesetzgebers eine Ausforschung verhindern und den Umfang der Inanspruchnahme der an dem Verfahren nicht beteiligten Dritten begrenzen. Dabei wird davon ausgegangen, dass der Bestand des Vermögens zu einem bestimmten Stichtag für die Berechnung des Unterhalts nur eine untergeordnete Rolle spielt und Erträge des Vermögens, wie zB Zinsen, von dem Begriff der Einkünfte umfasst sind.[2] 4

Voraussetzung für die Einholung von Auskünften durch das Gericht ist ferner, dass das Familiengericht den Beteiligten zum Schutz seiner Persönlichkeitssphäre[3] mit der Aufforderung zur Erfüllung der Auskunfts- und Belegpflicht nach § 235 Abs. 1 darauf hingewiesen hat, dass es bei Nichterfüllung innerhalb der gesetzten Frist die notwendigen Auskünfte selbst einholen kann (im Einzelnen vgl. die Kommentierung zu § 235). Denn dem Beteiligten soll durch die **Pflicht zur Belehrung** die **Möglichkeit** gegeben werden, die **Auskunft freiwillig** zu erteilen. Dadurch kann er verhindern, dass der Dritte durch die Anordnung des Gerichts Kenntnis davon erhält, dass der Beteiligte in eine gerichtliche Auseinandersetzung um Unterhalt involviert ist.[4] 5

Ebenso wie bei § 235 darf die Auskunft nicht selbst in Streit stehen oder entbehrlich sein. Eine Auskunft ist entbehrlich, wenn sie den Unterhaltsanspruch nicht beeinflussen kann. Das ist der Fall, wenn die Leistungsfähigkeit des Unterhaltsverpflichteten nicht streitig ist oder der Unterhaltsanspruch aus sonstigen Gründen (zB Ausschluss durch notariellen Vertrag, Verwirkung) nicht besteht. 6

1 MAH Familienrecht/*Friederici*, § 5 Rz. 53.
2 Begr. RegE, BT-Drucks. 16/6308, S. 256.
3 Musielak/*Borth*, § 643 ZPO Rz. 6.
4 RegE des KindUG, BT-Drucks. 13/7338, S. 36 (zu § 643 ZPO).

II. Auskunftspflichtige Personen und Stellen, Abs. 1 Nr. 1 bis 5

7 Der in den Nr. 1 bis 5 aufgeführte Katalog der verfahrensrechtlich zur Auskunft verpflichteten Dritten ist vollzählig und abschließend. Dem Gericht ist es verwehrt, von anderen als den genannten Auskunftsgebern Informationen einzuholen.[1]

Nach der Neuregelung gibt es keine dem bisherigen § 643 Abs. 2 Satz 1 Nr. 2 ZPO entsprechende Vorschrift mehr. Die Auskunftsmöglichkeit hinsichtlich des zuständigen Rentenversicherungsträgers sowie der Versicherungsnummer eines Beteiligten gegenüber der Datenstelle der Rentenversicherungsträger, die vom Verband der Deutschen Rentenversicherungsträger verwaltet wird, ist entfallen, weil der Gesetzgeber hierfür kein nennenswertes praktisches Bedürfnis mehr gesehen hat.[2]

1. Arbeitgeber, Abs. 1 Nr. 1

8 Arbeitgeber im Sinne dieser Vorschrift sind nicht nur zivilrechtliche Arbeitgeber nach § 2 ArbGG, sondern auch die öffentlich-rechtlichen Dienstherren, weil der Begriff funktional zu verstehen ist.[3] Im Einzelfall können sich Abgrenzungsschwierigkeiten ergeben, wenn die für ein Arbeitsverhältnis typische Weisungsbefugnis nicht besteht (zB bei Handelsvertretern).[4]

2. Sozialleistungsträger, Künstlersozialkasse, Abs. 1 Nr. 2

9 Auskunftspflichtig sind auch die Sozialleistungsträger iSd. § 12 SGB I sowie die Künstlersozialkasse, §§ 37 ff. KSVG. Das Auskunftsersuchen kann sich dabei sowohl auf die Sozialleistung als auch auf einzelne Berechnungselemente der (künftigen) Sozialleistung oder ihr zugrunde liegende tatsächliche Verhältnisse (vornehmlich Arbeitsentgelt oder -einkommen) beziehen, soweit diese für die Bemessung eines Unterhaltsanspruchs von Bedeutung sind. Die ausdrückliche Erwähnung der Künstlersozialkasse ist im Interesse der Normenklarheit und der Abstimmung mit dem Sozialdatenschutz (§ 35 Abs. 1 Satz 4 SGB I) erfolgt. Nicht erwähnt als Auskunftsadressat ist der Postrentendienst der Deutschen Post AG (früher: Deutsche Bundespost), weil dieser Auskünfte nur in einem maschinellen Verfahren erteilt und die Gerichte die hierfür erforderlichen technischen Voraussetzungen nicht erfüllen. Rechtsgrundlage für die Übermittlung von Sozialdaten ist § 74 Nr. 1a SGB X.[5]

3. Sonstige Personen oder Stellen, Abs. 1 Nr. 3

10 In Nr. 3 werden weitere auskunftspflichtige Stellen in Abhängigkeit von der Funktion der Leistungen, die sie erbringen, aufgeführt. Hierbei handelt es sich im Wesentlichen um die in § 69 Abs. 2 Nr. 1, 2 SGB X genannten Einrichtungen, deren Leistungen der Alters- und Erwerbsminderungsversorgung, der Entschädigung für eine besondere Opferlage oder dem Nachteilsausgleich dienen. Erfasst werden unabhängig von der Organisationsform der auskunftsfähigen Stelle auch private, betriebliche oder berufsständische Träger der Alters- und Erwerbsminderungsversorgung.[6] Solche Träger sind die Versor-

---

1 Thomas/Putzo/*Hüßtege*, § 643 ZPO, Rz. 10; Musielak/*Borth*, § 643 ZPO Rz. 8.
2 Begr. RegE, BT-Drucks. 16/6308, S. 256.
3 Baumbach/*Hartmann*, § 236 FamFG Rz. 7; RegE des KindUG, BT-Drucks. 13/7338, S. 35 (zu § 643 ZPO).
4 MüKo.ZPO/*Coester-Waltjen*, § 643 ZPO Rz. 14.
5 RegE des KindUG, BT-Drucks. 13/7338, S. 35 (zu § 643 ZPO).
6 RegE des KindUG, BT-Drucks. 13/7338, S. 36 (zu § 643 ZPO).

gungseinrichtungen der Selbständigen (Rechtsanwälte, Steuerberater, Wirtschaftsprüfer, Architekten, Ärzte usw.), ebenso die Träger der privaten betrieblichen Altersversorgungen nach dem betrieblichen Altersvorsorgegesetz, zB die Träger der Zusatzversorgung des öffentlichen Dienstes und sonstige Unterstützungskassen. Erfasst werden auch die Träger einer privaten Rentenversicherungsleistung aus einer Lebensversicherung.[1]

4. Versicherungsunternehmen, Abs. 1 Nr. 4

Auskunftspflichtig sind auch privatrechtlich organisierte Versicherungsunternehmen, soweit sie Leistungen gewähren, die unterhaltsrechtlich beachtlich sind, jedoch keine Versorgung iSv. Nr. 3 darstellen, dh. nicht als laufende wiederkehrende Rente, sondern in Form einer Kapitalleistung aus einer Kapitallebensversicherung gezahlt werden.[2] 11

5. Finanzämter, Abs. 1 Nr. 5

Anders als nach früherem Recht (§ 643 Abs. 2 Nr. 3 ZPO) ist die Auskunftsverpflichtung der Finanzbehörden nicht mehr auf Rechtsstreitigkeiten, die den Unterhaltsanspruch minderjähriger Kinder betreffen, beschränkt. Nach der amtlichen Begründung des Gesetzes ist der Steuerpflichtige idR auf Grund materiellen Rechts zur Auskunftserteilung über seine Einkünfte gegenüber dem Gegner verpflichtet. Wird die Auskunft nicht erteilt, verhält er sich pflichtwidrig und ist daher in geringerem Maße schutzwürdig. Durch die unbeschränkte Auskunftspflicht wird das öffentliche Interesse daran, dass der Steuerpflichtige gegenüber den Finanzbehörden alle für die Besteuerung erheblichen Umstände wahrheitsgemäß und umfassend offenbart, damit keine Steuerausfälle eintreten, nicht stärker beeinträchtigt als nach der bisherigen Rechtslage, weil der Pflichtige auch seinerzeit damit rechnen musste, dass das Finanzamt Auskünfte erteilt. Der Wegfall der Begrenzung der Auskunftsverpflichtung rechtfertigt sich auch deshalb, weil Unterhaltsansprüche der Mutter oftmals mit denen minderjähriger Kinder im selben Verfahren geltend gemacht werden und die Mutter darüber hinaus in Unterhaltsprozessen des Kindes in Vertretung des Kindes oder in Prozessstandschaft für dieses handelt und dadurch von dem Ergebnis einer Anfrage an das Finanzamt ohnehin regelmäßig Kenntnis erlangt.[3] 12

Es ist zu begrüßen, dass der Gesetzgeber die Bedenken, die er hinsichtlich der Wahrung des Steuergeheimnisses noch bei der Schaffung des Kindesunterhaltsgesetzes hatte,[4] nunmehr aufgegeben hat. **Bedauerlich** ist jedoch, dass sich die **Auskunftspflicht der Finanzämter** und sonstiger Dritter **nur** auf die **Einkünfte** und **nicht** auch auf das **Vermögen** und die sonstigen **persönlichen und wirtschaftlichen Verhältnisse** eines Beteiligten bezieht. Denn nur durch eine umfassende Informationspflicht des Dritten kann dem öffentlichen Interesse an einer sachlich richtigen Entscheidung in Unterhaltsangelegenheiten wirkungsvoll Rechnung getragen werden.

Für die Rechtsstreitigkeiten, die den Unterhaltsanspruch eines minderjährigen Kindes betreffen, stellt die **Neuregelung** sogar eine **Verschlechterung**[5] dar, denn nach dem

1 Musielak/*Borth*, § 643 ZPO Rz. 8.
2 RegE des KindUG, BT-Drucks. 13/7338, S. 36 (zu § 643 ZPO).
3 Begr. RegE, BT-Drucks. 16/6308, S. 256.
4 Beschlussempfehlung und Bericht, BT-Drucks. 13/9596, S. 51.
5 *Klinkhammer*, Stellungnahme zum FGG-RG, Teil II: familiengerichtliches Verfahren, http://www.bundestag.de/ausschuesse/a06/anhoerungen/29_FGG_Teil_1/04_Stellungnahmen/index.html.

aufgehobenen § 643 Abs. 2 Nr. 3 ZPO erstreckte sich die Auskunft nicht nur auf die Einkünfte, sondern auch auf das Vermögen. Es wäre auch insoweit wünschenswert gewesen, eine umfassende verfahrensrechtliche Auskunftspflicht Dritter zu normieren. Dies gilt insbesondere vor dem Hintergrund, dass die Aufforderung zur Auskunftserteilung nach § 235 Abs. 1 an die Beteiligten nicht mit Zwangsmitteln durchsetzbar ist, § 235 Abs. 4, und der Unterhaltsberechtigte dadurch gezwungen sein kann, zur Beschaffung von Informationen hinsichtlich des Vermögens und der persönlichen Verhältnisse doch noch eine Stufenklage gegen den Unterhaltspflichtigen zu erheben.

III. Inhalt der Auskunft, Auskunftspflicht

1. Art der Auskunft

13 Das Familiengericht kann die jeweiligen auskunftspflichtigen Dritten auffordern, die benötigten Auskünfte über die Höhe der Einkünfte eines Beteiligten zu erteilen und hierzu die entsprechenden Belege vorzulegen. Bei Arbeitnehmern wird der Arbeitgeber idR aufgefordert werden, eine **systematische Zusammenstellung** über das gesamte Einkommen seines Arbeitnehmers einschließlich aller Zuschläge und Abzüge in den letzten 12 Monaten, die dem Unterhaltszeitraum vorangehen, oder dem letzten Kalenderjahr, vorzulegen. Bei Selbständigen wird das Gericht insbesondere von den Finanzämtern die Bilanzen, die Einnahmen-Überschuss-Rechnungen, die Einkommensteuererklärungen sowie eventuelle Steuerbescheide für einen dem Unterhaltszeitraum vorangehenden Dreijahres- oder Fünfjahreszeitraum anfordern. Zur Formulierung einer Aufforderung im Einzelnen wird auf das Muster in der Kommentierung zu § 235 verwiesen.

2. Pflicht der Personen und Stellen zur Auskunft, Absatz 4

14 Die in § 236 Abs. 1 genannten Personen und Stellen sind verpflichtet, der gerichtlichen Anordnung Folge zu leisten. Sie müssen die verlangte Auskunft erteilen und können sich wegen des Vorrangs des Unterhaltsinteresses[1] dem Gericht gegenüber nicht auf ihr Zeugnisverweigerungsrecht, ihre Verschwiegenheitspflicht, das Steuergeheimnis oder den Datenschutz berufen. Nach § 236 Abs. 4 Satz 2 FamFG iVm. § 390 ZPO sind die für Zeugen geltenden Vorschriften über die Folgen einer unberechtigten Verweigerung des Zeugnisses – Kostenauferlegung, Verhängung von Ordnungsgeld, ersatzweise Ordnungshaft, sowie Anordnung von Zwangshaft – entsprechend anzuwenden.[2] Der Betroffene kann die Beschlüsse des Gerichts über die Anordnung der Kostentragung, der Verhängung von Ordnungsgeld usw. mit der sofortigen Beschwerde überprüfen lassen, § 390 Abs. 3 ZPO.

15 Ausgenommen von der Anwendung des § 390 ZPO sind **Behörden**, weil bei diesen davon auszugehen ist, dass sie ihrer gesetzlichen Auskunftsverpflichtung, soweit rechtlich und tatsächlich möglich, nachkommen werden.[3] Bei einer Weigerung der Behörde kann sich das Gericht nur im Wege einer Dienstaufsichtsbeschwerde an die übergeordnete Stelle wenden.[4]

1 BGH v. 10.8.2005 – XII ZB 63/05, FamRZ 2005, 1987.
2 RegE des KindUG, BT-Drucks. 13/7338, S. 36 (zu § 643 ZPO); Begr. RegE, BT-Drucks. 16/6308, S. 257.
3 RegE des KindUG, BT-Drucks. 13/7338, S. 36 (zu § 643 ZPO); Begr. RegE, BT-Drucks. 16/6308, S. 257.
4 Baumbach/*Hartmann*, § 643 ZPO Rz. 13.

IV. Procedere des Gerichts, Absätze 2 und 3

Das Gericht entscheidet nach seinem **pflichtgemäßen Ermessen** über die Frage, ob ein Beteiligter seiner Verpflichtung nach § 235 Abs. 1 nicht oder nicht vollständig nachgekommen ist, ob ein Vorgehen nach § 236 Abs. 1 in Betracht kommt, welche Auskünfte einzuholen und welche Belege von dem Dritten vorzulegen sind. 16

Nach § 236 Abs. 2 ist das **Gericht verpflichtet**, bestimmte Auskünfte bei Dritten anzufordern, sofern die Voraussetzungen des Abs. 1 erfüllt sind und der andere Beteiligte des Unterhaltsverfahrens einen entsprechenden Antrag stellt. Es handelt sich hierbei um eine Parallelregelung zu § 235 Abs. 2. Auf die diesbezügliche Kommentierung wird verwiesen. 17

Die Aufforderung zur Auskunft sollte in Schriftform erfolgen und bei einer etwaigen Fristsetzung zugestellt werden (§ 113 Abs. 1 FamFG iVm. § 329 Abs. 2 ZPO).[1] 18

Die **Anordnung** zur Einholung von Auskünften und Belegen bei Dritten hat das Gericht – entsprechend der Verfahrensweise nach dem Erlass eines Beweisbeschlusses – **den Beteiligten** nach § 236 Abs. 3 **mitzuteilen**. Die Vorschrift dient der Information der Beteiligten, damit diese über den Stand des Verfahrens Kenntnis haben.[2] 19

Die **Anordnungen des Gerichts** an Dritte zur Auskunftserteilung und Vorlage von Belegen ist **für die Beteiligten** ebenso wie eine Anordnung nach § 235 Abs. 1 als Zwischenentscheidung **nicht selbständig anfechtbar**, § 236 Abs. 5. Der **Ausschluss der Anfechtbarkeit gilt** jedoch nach dem Willen des Gesetzgebers[3] ausdrücklich **nicht** für die nicht am Verfahren beteiligten auskunftspflichtigen **Dritten**, weil sie nicht wie die Beteiligten die Möglichkeit haben, die Rechtmäßigkeit einer Anordnung nach Abs. 1 inzident im Rechtsmittelzug überprüfen zu lassen. Welcher Rechtsbehelf den Dritten zur Verfügung steht, ergibt sich aus § 236 nicht. Sofern man eine Anordnung nach § 236 Abs. 1 für den betroffenen Dritten als Endentscheidung iSd. § 38 Abs. 1 auffasst, kommt eine Beschwerde nach § 58 in Betracht. Qualifiziert man sie jedoch – wie gegenüber den Beteiligten des Verfahrens – als Zwischenentscheidung, wäre eine sofortige Beschwerde der zutreffende Rechtsbehelf. Zur Annahme der Statthaftigkeit der sofortigen Beschwerde fehlt es jedoch an einer Bezugnahme des FamFG auf die ZPO.[4] Aus § 113 Abs. 1 FamFG iVm. § 567 ZPO kann die Statthaftigkeit nicht hergeleitet werden, denn § 567 Abs. 1 ZPO verweist insoweit seinerseits auf eine ausdrückliche Bestimmung im Gesetz. Da nach der Begründung des Gesetzgebers die Anordnung anfechtbar sein soll, dürfte es sich um eine Gesetzeslücke handeln. Daher wird vorgeschlagen, entsprechend der Regelung in § 390 Abs. 3 ZPO die sofortige Beschwerde als den statthaften Rechtsbehelf anzunehmen. 20

---

1 Zöller/*Philippi*, § 643 ZPO Rz. 6.
2 Begr. RegE, BT-Drucks. 16/6308, S. 256.
3 Begr. RegE, BT-Drucks. 16/6308, S. 257.
4 Vgl. die Ausführungen zu den einzelnen Rechtsbehelfen in Begr. RegE, BT-Drucks. 16/6308, S. 203.

§ 237
Unterhalt bei Feststellung der Vaterschaft

(1) Ein Antrag, durch den ein Mann auf Zahlung von Unterhalt für ein Kind in Anspruch genommen wird, ist, wenn die Vaterschaft des Mannes nach § 1592 Nr. 1 und 2 oder § 1593 des Bürgerlichen Gesetzbuchs nicht besteht, nur zulässig, wenn das Kind minderjährig und ein Verfahren auf Feststellung der Vaterschaft nach § 1600d des Bürgerlichen Gesetzbuchs anhängig ist.

(2) Ausschließlich zuständig ist das Gericht, bei dem das Verfahren auf Feststellung der Vaterschaft im ersten Rechtszug anhängig ist.

(3) Im Fall des Absatzes 1 kann Unterhalt lediglich in Höhe des Mindestunterhalts und gemäß den Altersstufen nach § 1612a Abs. 1 Satz 3 des Bürgerlichen Gesetzbuchs und unter Berücksichtigung der Leistungen nach § 1612b oder § 1612c des Bürgerlichen Gesetzbuchs beantragt werden. Das Kind kann einen geringeren Unterhalt verlangen. Im Übrigen kann in diesem Verfahren eine Herabsetzung oder Erhöhung des Unterhalts nicht verlangt werden.

(4) Vor Rechtskraft des Beschlusses, der die Vaterschaft feststellt, oder vor Wirksamwerden der Anerkennung der Vaterschaft durch den Mann wird der Ausspruch, der die Verpflichtung zur Leistung des Unterhalts betrifft, nicht wirksam.

A. Allgemeines

I. Entstehung

1 § 237 tritt an die Stelle des bisherigen § 653 ZPO.

II. Systematik

2 Die Vorschrift gehört zu den speziellen Regelungen für bestimmte Unterhaltssachen.

III. Normzweck

3 § 237 ermöglicht es einem Kind, bereits vor Feststellung der Vaterschaft einen Antrag auf Zahlung von Unterhalt zu stellen. Anders als nach dem aufgehobenen § 653 ZPO ist das Verfahren nach § 237 nicht mehr notwendigerweise Teil des auf Feststellung der Vaterschaft gerichteten Abstammungsverfahrens, sondern ein **selbständiges Verfahren**. Dieses kann gem. § 179 Abs. 1 Satz 2 mit dem Verfahren auf Feststellung der Vaterschaft verbunden werden. Es bleibt jedoch anders als nach altem Recht auch in diesem Fall eine **Unterhaltssache**, auf die die hierfür geltenden Verfahrensvorschriften anzuwenden sind und nicht etwa diejenigen des Abstammungsverfahrens (§§ 169 ff.).[1]

---

1 Begr. RegE, BT-Drucks. 16/6308, S. 257.

B. Voraussetzungen

I. Zulässigkeit des Verfahrens, Absatz 1

Abs. 1 regelt die Zulässigkeit eines auf Unterhaltszahlung gerichteten Hauptsacheantrags für den Fall, dass die Vaterschaft des in Anspruch genommenen Mannes nach § 1592 Nr. 1 BGB (Ehemann der Mutter) und § 1592 Nr. 2 BGB (Vaterschaft anerkannt) oder § 1593 BGB (Vaterschaftsvermutung bei bestimmter Empfängniszeit) nicht besteht. Damit ist gemeint, dass die Vaterschaft nach diesen Vorschriften (noch) nicht feststeht. Der **Antrag** auf Zahlung von Unterhalt ist in diesem Fall nur **zulässig**, wenn zugleich ein **Verfahren auf Feststellung der Vaterschaft anhängig** ist. Durch die von der Vorgängervorschrift abweichende Formulierung will der Gesetzgeber deutlicher als bisher zum Ausdruck bringen, dass es sich bei dem Verfahren nach § 237, ähnlich wie bei der einstweiligen Anordnung nach § 248, um eine Durchbrechung des Grundsatzes des § 1600d Abs. 4 BGB handelt, wonach die Rechtswirkungen der Vaterschaft grundsätzlich erst von dem Zeitpunkt an geltend gemacht werden können, an dem diese rechtskräftig festgestellt sind.[1] 4

II. Zuständiges Gericht, Absatz 2

Für die Unterhaltssache ist das Gericht ausschließlich zuständig (§ 170), bei dem das Verfahren auf Feststellung der Vaterschaft im ersten Rechtszug anhängig ist. Diese Regelung soll sicherstellen, dass eine Verbindung beider Verfahren nach § 179 Abs. 1 Satz 2 erfolgen kann.[2] 5

III. Umfang der Unterhaltsfestsetzung, Absatz 3

§ 237 Abs. 3 Satz 1 entspricht im Wesentlichen dem aufgehobenen § 653 Abs. 1 Satz 1 ZPO. Die Regelung ermöglicht eine **Festsetzung des Unterhalts** für ein minderjähriges Kind maximal in Höhe des **Mindestunterhalts** entsprechend den Altersstufen nach § 1612a Abs. 1 Satz 3 BGB iVm. § 36 Nr. 4 EGZPO und unter Berücksichtigung der kindbezogenen Leistungen nach den §§ 1612b oder 1612c BGB. Nach dem eindeutigen Wortlaut ist es für das Kind nicht möglich, wie im vereinfachten Verfahren (§ 249 ff.) das 1,2-fache des Mindestunterhalts festsetzen zu lassen. Mit der Beschränkung soll wie nach altem Recht eine Mehrbelastung der Gerichte durch Ermittlungen zur Höhe des Unterhalts vermieden werden.[3] 6

Nach § 237 Abs. 3 Satz 2 kann auch ein **geringerer Unterhalt** als der jeweilige Mindestunterhaltsbetrag verlangt werden. Hierdurch soll vermieden werden, dass das Kind nach einem erfolgreichen Abänderungsverfahren des Vaters mit vermeidbaren Kosten belastet wird.[4] 7

Im Übrigen kann nach § 237 Abs. 2 Satz 3, der dem aufgehobenen § 653 Abs. 1 Satz 3 ZPO entspricht, eine Herabsetzung oder Erhöhung des Unterhalts nicht verlangt werden, weil eine gerichtliche Auseinandersetzung über den individuellen Unterhalt solan- 8

1 Begr. RegE, BT-Drucks. 16/6308, S. 257.
2 Begr. RegE, BT-Drucks. 16/6308, S. 257.
3 Musielak/*Borth*, § 653 ZPO Rz. 1.
4 Thomas/Putzo/*Hüßtege*, § 653 ZPO Rz. 4.

ge nicht möglich ist, wie die Vaterschaft nicht rechtskräftig festgestellt ist.[1] Der potentielle Vater ist daher mit dem Einwand mangelnder oder eingeschränkter Leistungsfähigkeit ausgeschlossen.[2] Gleiches gilt für den Einwand, der Unterhaltsanspruch sei verjährt, verwirkt oder erfüllt.[3] Ob der **Einwendungsausschluss** gleichermaßen für die Fälle gilt, in denen die Leistungsunfähigkeit des potentiellen Vaters oder die Erfüllung des Unterhaltsanspruchs feststeht oder unstreitig ist,[4] ist fraglich. In solchen Fällen sollte das Rechtsschutzbedürfnis für den Antrag des Kindes nach § 237 wegen missbräuchlicher Ausnutzung des gesetzlichen Einwendungsausschlusses verneint werden.[5]

IV. Entscheidung

9 Die Entscheidung ergeht durch Beschluss. Das Familiengericht beschließt, dass der Vater Unterhalt in Höhe des Mindestunterhalts entsprechend dem Alter des Kindes (§ 1612a Abs. 1 BGB), vermindert oder erhöht um die nach §§ 1612b, 1612c BGB anzurechnenden Leistungen, zu zahlen hat. Der Vater hat den Unterhalt gem. § 1613 Abs. 2 Nr. 2a BGB vom Tag der Geburt des Kindes an zu zahlen. Danach kann Unterhalt für die Vergangenheit auch für den Zeitraum verlangt werden, in dem der Unterhaltspflichtige aus rechtlichen Gründen an der Geltendmachung des Unterhaltsanspruchs gehindert war. Eine solche Verhinderung ergibt sich aus § 1600d Abs. 4 BGB für die Zeit zwischen dem Tag der Geburt und der rechtskräftigen Feststellung der Vaterschaft.[6]

V. Vollstreckbarkeit, Wirksamkeit der Unterhaltsfestsetzung, Absatz 4

10 Vor der Rechtskraft des Beschlusses, der die Vaterschaft feststellt, wird der Ausspruch, der die Verpflichtung zur Leistung des Unterhalts betrifft, nicht wirksam. Dieses Kriterium entspricht dem bisherigen § 653 Abs. 2 ZPO. Hinzugekommen ist zusätzlich das Kriterium des Wirksamwerdens der Anerkennung der Vaterschaft. Auch in diesem Fall steht die Vaterschaft in rechtlicher Hinsicht fest, so dass der Eintritt der Wirksamkeit der Unterhaltsverpflichtung gerechtfertigt ist.[7]

11 Der **Beschluss** ermöglicht ab Rechtskraft unmittelbar die **Vollstreckung** iHd. Mindestunterhalts. Eine Anordnung der sofortigen Wirksamkeit des Beschlusses (§§ 116 Abs. 3 Satz 3, 120 Abs. 2 Satz 1) scheidet aus.[8] Die früher umstrittene Frage, ob der Beschluss zur Festsetzung des Unterhalts vom Tage der Rechtskraft der Vaterschaftsfeststellung an vorläufig vollstreckbar zu erklären war, soweit der Antragsgegner zu Unterhaltszahlungen verurteilt worden war,[9] stellt sich nicht mehr, weil durch die Vorschrift des

1 BT-Drucks. 13/7338, S. 42.
2 BGH v. 2.10.2002 – XII ZR 346/00, FamRZ 2003, 304; OLG Brandenburg v. 29.9.2004 – 9 UF 119/04, FamRZ 2005, 1844; Thomas/Putzo, § 653 ZPO Rz. 6; Zöller/*Philippi*, § 653 ZPO Rz. 3.
3 BGH v. 2.10.2002 – XII ZR 346/00, FamRZ 2003, 304; OLG Dresden v. 24.6.2002 – 22 UF 250/02, FamRZ 2003, 161; OLG Brandenburg v. 29.9.2004 – 9 UF 119/04, FamRZ 2005, 1844.
4 So OLG Dresden v. 24.6.2002 – 22 UF 250/02, FamRZ 2003, 161.
5 Baumbach/*Hartmann*, § 653 ZPO Rz. 3.
6 BT-Drucks. 13/7338, S. 31.
7 Begr. RegE, BT-Drucks. 16/6308, S. 257.
8 Zur Anordnung der vorläufigen Vollstreckbarkeit nach altem Recht vgl. Musielak/*Borth*, § 653 ZPO Rz. 2; Thomas/Putzo/*Hüßtege*, § 653 ZPO Rz. 7.
9 Zöller/*Philippi*, § 653 ZPO Rz. 6; OLG Brandenburg v. 21.11.2002 – 9 UF 27/02, FamRZ 2003, 617.

§ 116 das Rechtsinstitut der vorläufigen Vollstreckbarkeit in Familienstreitsachen entbehrlich geworden ist.[1] Das Kind kann nach **§ 248** im Wege der **einstweiligen Anordnung** bis zum rechtskräftigen Abschluss des Verfahrens eine **vorläufige Regelung des Unterhalts** beantragen.

VI. Abänderung einer Entscheidung über Unterhalt bei Feststellung der Vaterschaft

Die **Abänderbarkeit** einer rechtskräftigen Endentscheidung nach § 237 richtet sich für die Beteiligten nach **§ 240**. Abs. 1 dieser Vorschrift entspricht inhaltlich dem aufgehobenen § 654 Abs. 1 ZPO (Abänderungsklage, Korrekturklage).[2] Hinsichtlich der Einzelheiten s. die Kommentierung zu § 240. 12

§ 238
Abänderung gerichtlicher Entscheidungen

(1) Enthält eine in der Hauptsache ergangene Endentscheidung des Gerichts eine Verpflichtung zu künftig fällig werdenden wiederkehrenden Leistungen, kann jeder Teil die Abänderung beantragen. Der Antrag ist zulässig, sofern der Antragsteller Tatsachen vorträgt, aus denen sich eine wesentliche Veränderung der der Entscheidung zugrunde liegenden tatsächlichen oder rechtlichen Verhältnisse ergibt.

(2) Der Antrag kann nur auf Gründe gestützt werden, die nach Schluss der Tatsachenverhandlung des vorausgegangenen Verfahrens entstanden sind und deren Geltendmachung durch Einspruch nicht möglich ist oder war.

(3) Die Abänderung ist zulässig für die Zeit ab Rechtshängigkeit des Antrags. Ist der Antrag auf Erhöhung des Unterhalts gerichtet, ist er auch zulässig für die Zeit, für die nach den Vorschriften des bürgerlichen Rechts Unterhalt für die Vergangenheit verlangt werden kann. Ist der Antrag auf Herabsetzung des Unterhalts gerichtet, ist er auch zulässig für die Zeit ab dem Ersten des auf ein entsprechendes Auskunfts- oder Verzichtsverlangen des Antragstellers folgenden Monats. Für eine mehr als ein Jahr vor Rechtshängigkeit liegende Zeit kann eine Herabsetzung nicht verlangt werden.

(4) Liegt eine wesentliche Veränderung der tatsächlichen oder rechtlichen Verhältnisse vor, ist die Entscheidung unter Wahrung ihrer Grundlagen anzupassen.

1 Begr. RegE, BT-Drucks. 16/6308, S. 224.
2 Begr. RegE, BT-Drucks. 16/6308, S. 258.

Literatur: *Brudermüller*, Zur Abänderbarkeit von DDR-Unterhaltstiteln, FamRZ 1995, 915; *Graba*, Die Abänderung von Unterhaltstiteln, 3. Aufl. 2004; *Dose*, Ausgewählte Fragen der Unterhaltsrechtsreform, FamRZ 2007, 1289; *Soyka*, Die Abänderungsklage im Unterhaltsrecht, 2. Aufl. 2005; *Riegner*, Probleme der internationalen Zuständigkeit und des anwendbaren Rechts bei der Abänderung deutscher Unterhaltstitel nach dem Wegzug des Unterhaltsberechtigten ins EU-Ausland, FamRZ 2005, 1799.

A. Allgemeines

I. Entstehung

1 § 238 basiert auf der Grundstruktur des § 323 ZPO in der vor dem 1.9.2009 gültigen Fassung.

II. Systematik

2 Anders als nach früherem Recht (§ 323 Abs. 1 bis 4 ZPO aF) sind die prozessualen Voraussetzungen für eine Abänderung eines Unterhaltstitels nun in mehreren Vorschriften, unterschieden jeweils nach der Art des Unterhaltstitels, geregelt. § 238 enthält eine Spezialregelung für die Abänderung gerichtlicher Entscheidungen in Unterhaltssachen, § 239 für Vergleiche und Urkunden und schließlich § 240 für Unterhaltstitel bei Feststellung der Vaterschaft nach § 237 sowie im vereinfachten Verfahren

nach § 253. Mit der Aufteilung auf mehrere Vorschriften wollte der Gesetzgeber nicht die Rechtslage verändern, sondern erreichen, dass sich diese stärker als bisher aus dem Gesetzeswortlaut ergibt.[1]

Die Vorschrift des § 238 ist in vier Absätze gegliedert. Abs. 1 und Abs. 3 betreffen die Zulässigkeit des Abänderungsantrags, Abs. 2 die Tatsachenpräklusion für den Antragsteller und Abs. 4 die Begründetheit des Antrags.[2]

III. Normzweck

Beim Unterhalt handelt es sich um eine wiederkehrende Leistung (vgl. § 258 ZPO). Mit einem Antrag auf Zahlung von Unterhalt kann der Antragsteller Ansprüche geltend machen, die noch nicht im Zeitpunkt der Einleitung des Verfahrens, sondern erst in einem in der Zukunft liegenden Zeitpunkt erfüllt werden müssen. Die Endentscheidung, die dem Antrag stattgibt, bezieht sich auf eine künftige Rechtslage, so dass das Gericht die Entwicklung der Verhältnisse für die ganze Wirkungsdauer der Entscheidung vorausschauend beurteilen muss.[3] Da sich die persönlichen und wirtschaftlichen Verhältnisse der Beteiligten abweichend von der richterlichen Prognose entwickeln können und es aus Gründen der Gerechtigkeit den Beteiligten gestattet sein muss, eine notwendige Korrektur der Ursprungsentscheidung zu fordern, hat die Frage der Abänderbarkeit getroffener gerichtlicher Entscheidungen und auch sonstiger Unterhaltstitel eine zentrale Bedeutung für das Unterhaltsverfahrensrecht. Welches prozessuale Mittel für eine Abänderung einzusetzen ist, richtet sich nach der Art des Titels und den Abänderungsgründen. § 238 bietet einen geeigneten Rechtsbehelf für die Abänderung gerichtlicher Entscheidungen. Die Vorschrift ist ebenso wie § 323 ZPO ein prozessualer Anwendungsfall des in § 313 BGB normierten allgemeinen Rechtsgedankens der clausula rebus sic stantibus.[4] Sie stellt keine materielle Anspruchsgrundlage dar.[5] 3

IV. Rechtsnatur

Der Abänderungsantrag nach § 238 ist ein **verfahrensrechtlicher Gestaltungsantrag** zur Beseitigung der innerverfahrensrechtlichen Bindung. Er ermöglicht die Durchbrechung der materiellen Rechtskraft und eine Anpassung des Unterhaltstitels an die veränderte Rechtslage.[6] Soweit mit dem Antrag eine Neufestsetzung der Leistungspflicht erstrebt wird, handelt es sich auch um einen **Leistungsantrag**.[7] Wenn der Antragsteller eine gänzliche Beseitigung der durch den abzuändernden Unterhaltstitel ausgesprochenen Leistungspflicht begehrt, ist der Antrag zugleich als **negativer Feststellungsantrag** (§ 256 ZPO) aufzufassen. Ein positiver Feststellungsantrag kann nicht mit einem Abänderungsantrag verbunden werden, weil dadurch eine Abänderung des Titels nicht erlangt werden kann und deshalb das Rechtschutzinteresse für einen Feststellungsantrag fehlt.[8] 4

1 Begr. RegE, BT-Drucks. 16/6308, S. 257.
2 Begr. RegE, BT-Drucks. 16/6308, S. 257.
3 BGH v. 8.1.1981 – VI ZR 128/79, NJW 1981, 819 zur Abänderungsklage nach § 323 ZPO aF.
4 BGH v. 21.2.2001 – XII ZR 276/98, FamRZ 2001, 1364 zur Abänderungsklage nach § 323 ZPO aF.
5 Thomas/Putzo/*Hüßtege*, § 323 ZPO Rz. 1.
6 BGH v. 8.6.2005 – XII ZR 294/02, FamRZ 2005, 1479 zur Abänderungsklage nach § 323 ZPO aF.
7 BGH v. 3.5.2001 – XII ZR 62/99, FamRZ 2001, 1140 zur Abänderungsklage nach § 323 ZPO aF.
8 BGH v. 3.5.2001 – XII ZR 62/99, FamRZ 2001, 1140 zur Abänderungsklage nach § 323 ZPO aF; Zöller/*Vollkommer*, § 323 ZPO Rz. 2; Musielak/*Borth*, § 323 ZPO Rz. 2.

B. Anwendungsbereich

I. Gerichtliche Entscheidungen in der Hauptsache

5 **§ 238** trifft für den **Bereich des Unterhalts**[1] eine **Sonderregelung** für die Fälle, in denen der Antragsgegner durch eine **gerichtliche Entscheidung** verpflichtet wurde, künftig wiederkehrende Leistungen zu erbringen. In Abs. 1 Satz 1 sind diejenigen gerichtlichen Entscheidungen bezeichnet, die einer Abänderung zugänglich sind. An die Stelle des **Urteils** ist der Begriff der **Endentscheidung** getreten. Die Legaldefinition hierfür findet sich in § 38 Abs. 1. Danach liegt eine Endentscheidung vor, soweit durch die Entscheidung eines Gerichts der Verfahrensgegenstand ganz oder teilweise erledigt wird. Endentscheidungen sind, sofern das ab dem 1.9.2009 geltende neue Recht anzuwenden ist (s. dazu Rz. 6), nach § 38 Abs. 1 nicht mehr durch Urteil, sondern durch Beschluss zu treffen.

6 Nach der **Übergangsvorschrift** in Art. 111 Satz 2 FGG-RG, die für alle mit dem FGG-RG in Kraft tretenden Vorschriften gilt, sind die neuen Vorschriften des FamFG auf Abänderungs-, Verlängerungs- und Aufhebungsverfahren anzuwenden, die **nach** dem **Inkrafttreten des FamFG** am 1.9.2009 **eingeleitet** worden sind. Die **vor** dem Inkrafttreten des FamFG geltenden Vorschriften für die Abänderung von Unterhaltstiteln (§ 323 ZPO aF) sind noch auf die Verfahren anzuwenden, die am 1. September 2009 bereits eingeleitet waren oder deren Einleitung beantragt war. Die **Übergangsregelung** erstreckt sich einheitlich auf die Durchführung des Verfahrens **in allen Instanzen** gleichermaßen. Ist das Verfahren in erster Instanz noch nach dem bisherigen Recht eingeleitet worden, so erfolgt auch die Durchführung des Rechtsmittelverfahrens nach dem bisher geltenden Recht. Dies betrifft auch den nach bisherigem Recht geltenden Instanzenzug.[2]

7 Als **neue Verfahren** iSd. § 111 FGG-RG sind auch Verfahren zur Abänderung eines Titels in Unterhaltssachen anzusehen. Wird also ein Verfahren zur **Abänderung eines Unterhaltstitels, der noch nach altem Recht erlassen wurde**, nach Inkrafttreten des FGG-RG eingeleitet bzw. wird dessen Einleitung beantragt, richten sich die prozessualen Voraussetzungen für eine Abänderung nach den §§ 238 bis 240.[3] Nach früherem Recht erlassene **Urteile** über wiederkehrende Leistungen sind daher, wenn das **Abänderungsverfahren nach dem 1.9.2009 eingeleitet** wird, unter den Voraussetzungen des § 238 abänderbar.

8 Nach § 238 abänderbar sind nach früherem Recht ergangene **Leistungsurteile**, **Anerkenntnisurteile**,[4] **Versäumnisurteile nach Schluss der Einspruchsfrist**[5] und **DDR-Urteile**.[6] Unter § 238 fallen auch **Abänderungsurteile** nach § 323 ZPO aF, selbst wenn darin eine früher erkannte Unterhaltsrente gestrichen worden ist.[7]

1 Für sonstige wiederkehrende Leistungen außerhalb des Unterhalts (zB Schadensersatzrenten) sind die §§ 323, 323a und 323b ZPO anzuwenden.

2 Begr. RegE, BT-Drucks. 16/6308, S. 359.

3 Begr. RegE, BT-Drucks. 16/6308, S. 359.

4 BGH v. 31.10.2001 – XII ZR 292/99, FamRZ 2002, 88.

5 OLG Hamm v. 24.6.1992 – 5 UF 237/90, FamRZ 1992, 1201; OLG Hamm v. 25.9.1996 – 12 WF 381/96, FamRZ 1997, 433; Zöller/*Vollkommer*, § 323 ZPO Rz. 3a; Thomas/Putzo/*Hüßtege*, § 323 ZPO Rz. 8 Musielak/*Borth*, § 323 ZPO Rz. 4; Eschenbruch/*Klinkhammer*, Teil 5 Rz. 364; Ehinger/Griesche/*Rasch*, Rz. 720.

6 BGH v. 25.1.1995 – XII ZR 247/93, FamRZ 1995, 544; OLG Brandenburg v. 15.10.1996 – 10 WF 103/96, FamRZ 1997, 1342; *Brudermüller*, FamRZ 1995, 915.

7 BGH v. 28.3.2007 – XII ZR 163/04, FamRZ 2007, 983; BGH v. 3.11.2004 – XII ZR 120/02, FamRZ 2005, 101; OLG Hamm v. 14.12.2006 – 1 WF 312/06, FamRZ 2007, 1032.

Ein **ausländisches Urteil** über Unterhalt kann in einem Abänderungsverfahren nach § 238 abgeändert werden, wenn der Titel im Inland anzuerkennen ist[1] und die deutschen Gerichte international zuständig sind. Zur internationalen Zuständigkeit s. die Kommentierungen zu § 232 und § 105 sowie Anhang nach § 245. Fehlt dem Titel die Wirksamkeit, muss statt eines Abänderungsantrags ein Leistungsantrag oder ggf. ein Feststellungsantrag gestellt werden.[2] 9

Eine Anwendung des § 238 auf ausländische Urteile setzt voraus, dass das Recht des ausländischen Urteilsstaats eine Anpassung von wiederkehrenden Leistungen an veränderte Verhältnisse geregelt hat.[3] Die **prozessualen Voraussetzungen** der Abänderbarkeit eines ausländischen Urteils richten sich nach § 238.[4] Hinsichtlich der inhaltlichen Abänderung, dh. hinsichtlich der Höhe der Anpassung des Unterhalts, ist das jeweilige materielle Recht anzuwenden. Das ergibt sich aus **Art. 18 EGBGB**.[5] Zu beachten sind eventuelle Änderungen des anzuwendenden Rechts durch Statutenwechsel. So kann zB bei einem Aufenthaltswechsel eines minderjährigen Kindes ein Statutenwechsel eintreten mit der Folge, dass abweichend von dem der abzuändernden Entscheidung zugrunde liegenden Unterhaltsstatut deutsches Recht anzuwenden ist, Art. 18 Abs. 5, 6 EGBGB.[6] 10

II. Abänderung sonstiger Unterhaltstitel

Anders als nach früherem Recht (§ 323 Abs. 1 bis 4 ZPO aF) ist die Abänderbarkeit von Unterhaltstiteln nicht mehr nur in einer Vorschrift geregelt, sondern in den **§§ 238 bis 240.** 11

1 Eschenbruch/*Klinkhammer*, Teil 5 Rz. 365; zu den Rechtsquellen hinsichtlich der Anerkennung vgl. Anhang nach § 245.

2 Eschenbruch/*Klinkhammer*, Teil 5 Rz. 365.

3 OLG Köln v. 20.7.2004 – 25 UF 24/04, FamRZ 2005, 534; offen gelassen BGH v. 29.4.1992 – XII ZR 40/91, FamRZ 1992, 1062.

4 BGH v. 6.11.1991 – XII ZR 240/90, FamRZ 1992, 298; OLG Köln v. 20.7.2004 – 25 UF 24/04, FamRZ 2005, 534; Rahm/Künkel/*Breuer*, Hdb. des Familiengerichtsverfahrens, Teil VIII, Rz. 6 f., 244, 248, jeweils zu § 323 ZPO aF.

5 In Art. 18 EGBGB sind die Regelungen des vorrangigen Haager Übereinkommens über das auf Unterhaltspflichten anzuwendende Recht v. 2.10.1973 – HUÜ – übernommen worden. Zur Abänderung von Entscheidungen über nachehelichen Unterhalt ist Art. 18 Abs. 4 EGBGB anzuwenden. Für den Kindes- und den Ehegattentrennungsunterhalt ist nach Art. 18 Abs. 1 EGBGB grundsätzlich das am jeweiligen, also aktuellen gewöhnlichen Aufenthalt des Unterhaltsberechtigten geltende Recht anzuwenden. Diese Regelung entspricht Art. 4 HUÜ, der in seinem Abs. 1 das am gewöhnlichen Aufenthalt des Unterhaltsberechtigten geltende innerstaatliche Recht für maßgebend erklärt und in Abs. 2 ausdrücklich anordnet, dass bei einem Aufenthaltswechsel von dessen Zeitpunkt an das Recht des neuen gewöhnlichen Aufenthalts des Berechtigten anzuwenden ist, also ein Statutenwechsel stattfindet. Aus deutscher Sicht ist allerdings Art. 18 Abs. 5 EGBGB gegenüber Art. 18 Abs. 1 und 4 EGBGB vorrangig. Danach ist immer deutsches Recht anzuwenden, wenn sowohl der Berechtigte als auch der Verpflichtete Deutsche sind und der Verpflichtete seinen gewöhnlichen Aufenthalt in Deutschland hat. Denn mit Art. 18 Abs. 1 EGBGB hat Deutschland von einem den Vertragsparteien in Art. 15 HUÜ eingeräumten Vorbehalt Gebrauch gemacht, bei der beschriebenen Fallkonstellation ihr innerstaatliches Recht anzuwenden. Dabei ist aus deutscher Sicht zusätzlich Art. 5 Abs. 1 Satz 2 EGBGB zu beachten, wonach die Anwendung deutschen Rechts nach Art. 18 Abs. 5 EGBGB bereits dann zum Tragen kommt, wenn beide Parteien – neben einer evtl. ausländischen – zumindest auch die deutsche Staatsangehörigkeit haben, vgl. *Riegner*, FamRZ 2005, 1799, 1801 mwN.

6 Zöller/*Vollkommer*, § 323 ZPO Rz. 12; Thomas/Putzo/*Hüßtege*, § 323 ZPO Rz. 12; Musielak/*Borth*, § 323 ZPO Rz. 4.

1. Vergleiche

12 Für die Abänderung von **Vergleichen** nach § 794 Abs. 1 Nr. 1 ZPO ist nicht § 238, sondern **§ 239** maßgebend. Gleiches gilt für vollstreckbar erklärte Anwaltsvergleiche und vollstreckbar erklärte Schiedssprüche, wenn es sich um Unterhaltstitel, dh. um wiederkehrende Leistungen, handelt.[1]

13 **Privatschriftliche Unterhaltsvereinbarungen** und **außergerichtliche Vergleiche** der Parteien schaffen keinen Vollstreckungstitel.[2] Sie können grundsätzlich **nicht** im Wege eines Abänderungsverfahrens nach § 238 oder § 239 abgeändert werden.[3] Im Einzelnen s. Rz. 19 sowie die Kommentierung zu § 239.

2. Vollstreckbare Urkunden

14 Die Abänderung vollstreckbarer Urkunden gem. § 794 Abs. 1 Nr. 5 ZPO, dh. **notarieller Urkunden** und nach §§ 60, 59 Abs. 1 Satz 1 Nr. 3 SGB VIII errichteter **Jugendamtsurkunden**, richtet sich nach **§ 239**.

3. Unterhaltsfestsetzungsbeschlüsse im vereinfachten Verfahren

15 Unterhaltsfestsetzungsbeschlüsse, die im vereinfachten Verfahren über den Unterhalt Minderjähriger (§§ 249 ff.) nach § 253 ergehen, sind unter den Voraussetzungen des **§ 240** abänderbar. S. hierzu die Kommentierung zu § 240.

4. Beschlüsse über Unterhalt bei Feststellung der Vaterschaft

16 Nach § 240 richtet sich auch die Abänderbarkeit von Unterhaltsbeschlüssen, die nach § 237 während eines Verfahrens auf Feststellung der Vaterschaft ergangen sind. Hinsichtlich der Einzelheiten wird auf die Kommentierung zu § 240 verwiesen.

5. Einstweilige Anordnungen

17 Nach § 238 abänderbar ist nur eine **Endentscheidung über Unterhalt**, die **in einer Hauptsache** ergangen ist. Dadurch wird ausdrücklich klargestellt, dass **Entscheidungen in einstweiligen Anordnungsverfahren** über Unterhalt (§§ 49 ff., 246 bis 248) **nicht** der Abänderung nach § 238 unterliegen. Die Abänderbarkeit derartiger Entscheidungen richtet sich nach **§ 54 Abs. 1**.[4]

18 Die bisherige Unselbständigkeit der einstweiligen Anordnung wirkt sich auch auf das **nach der Übergangsregelung anzuwendende Recht** aus. Wenn in einem Verfahren nach bisherigem Recht ein einstweiliges Anordnungsverfahren gleichzeitig mit der Hauptsache eingeleitet oder dessen Einleitung beantragt wird und das Hauptsacheverfahren sodann erst nach Inkrafttreten des FGG-RG betrieben wird, so ist gleichwohl auf das Hauptsacheverfahren nicht das neue Recht anzuwenden. Für die Anwendung des Rechts ist vielmehr allein darauf abzustellen, dass es sich bei einstweiliger Anordnung und Hauptsache nach bisherigem Recht um **ein Verfahren** handelt, so dass **auf die**

---

1 Baumbach/*Hartmann*, § 238 FamFG Rz. 1, § 323a ZPO Rz. 2.

2 BGH v. 21.4.1982 – IVb ZR 741/80, FamRZ 1982, 684 und BGH v. 19.5.1982 – IVb ZR 705/80, FamRZ 1982, 782.

3 Streitig, vgl. FA-FamR/*Gerhardt*, Kap. 6 Rz. 643.

4 Begr. RegE, BT-Drucks. 16/6308, S. 257.

einstweilige Anordnung und die Hauptsache einheitlich das noch bisher geltende Recht anzuwenden ist.[1] Die Abänderung einer einstweiligen Anordnung über Unterhalt richtete sich im früheren Recht nach §§ 620b, 644 ZPO.

III. Abänderung nicht titulierter Unterhaltsvereinbarungen

19 Wenn eine Unterhaltsleistung auf einer Vereinbarung der Beteiligten beruht und ein Titel hierüber nicht errichtet worden ist, kann eine Abänderung des nach der Vereinbarung geschuldeten Unterhalts durch den Unterhaltsgläubiger grundsätzlich **nicht im Wege eines Abänderungsverfahrens nach § 323 Abs. 4 ZPO aF, § 238 oder § 239**, sondern nur durch einen **Leistungsantrag** geltend gemacht werden. Eine Ausnahme soll nur dann gelten, wenn die Vereinbarung vertraglich der Regelung über die Abänderung von Unterhaltstiteln unterstellt worden ist oder bei längerer Bindung der Beteiligten an die Vereinbarung,[2] wenn ein beabsichtigter Verfahrensvergleich (früher: Prozessvergleich) nur aus formellen Gründen nicht zu Stande gekommen ist.[3] Nicht anwendbar sind die §§ 238, 239, wenn der Unterhaltsschuldner seine Zahlungen reduziert oder einstellt.[4] Der Unterhalt Begehrende muss in diesen Fällen einen Leistungsantrag stellen. Solange dies noch nicht geschehen ist, kann der Unterhaltsschuldner gegen ein Berühmen des Unterhaltsgläubigers mit einem negativen Feststellungsantrag vorgehen.[5]

C. Verhältnis zu anderen Rechtsbehelfen

20 Die Abgrenzung zwischen den einzelnen Rechtsbehelfen, mit denen ein Unterhaltstitel beseitigt oder abgeändert werden kann, bereitet in vielen Fällen Schwierigkeiten. So können zB in einem zulässig gestellten Abänderungsantrag aus prozessökonomischen Gründen auch Einwendungen nach § 120 FamFG, § 767 ZPO berücksichtigt werden, wenn das Gericht auch für einen Vollstreckungsabwehrantrag zuständig wäre.[6] Die Rechtsprechung zu den Abgrenzungsfällen ist uneinheitlich. Da die Vorschriften des Verfahrensrechts nur der Wahrung der materiellen Rechte der Prozesparteien dienen[7] und die Gerichte nach § 113 FamFG, § 139 ZPO verpflichtet sind, in jeder Lage des Verfahrens auf sachdienliche Anträge hinzuwirken,[8] werden unklare oder unzutreffende Anträge in der Praxis anhand der Antragsbegründung **ausgelegt** bzw. **umgedeutet**.[9] Möglich ist zB eine Umdeutung eines Leistungsantrags in einen Abänderungsantrag,[10] eines Abänderungsantrags in einen negativen Feststellungs-

1 Begr. RegE, BT-Drucks. 16/6308, S. 359.
2 BGH v. 27.10.1959 – VI ZR 157/58, FamRZ 1960, 60; OLG Koblenz v. 25.3.1996 – 13 UF 975/95, FamRZ 1997, 24.
3 OLG Köln v. 2.6.1986 – 21 UF 157/85, FamRZ 1986, 1018; Zöller/*Vollkommer*, § 323 ZPO Rz. 9, 43; Thomas/Putzo/*Hüßtege*, § 323 ZPO Rz. 16; Musielak/*Borth*, § 323 ZPO Rz. 47.
4 BGH v. 19.5.1982 – IVb ZR 705/80, FamRZ 1982, 782; Soyka, Rz. 146, jeweils zu § 323 Abs. 4 ZPO aF.
5 BGH v. 7.7.1994 – I ZR 30/92, NJW 1994, 3107; OLG Köln v. 21.6.1988 – 27 UF 38/88, FamRZ 1988, 1185; Wendl/*Schmitz*, § 10 Rz. 143a; Ehinger/Griesche/*Rasch*, Rz. 721.
6 BGH v. 29.11.2000 – XII ZR 165/98, FamRZ 2001, 282.
7 BGH v. 2.7.2004 – V ZR 290/03, FamRZ 2004, 1712.
8 BGH v 7.12.2005 – XII ZR 94/03, FamRZ 2006, 261.
9 BGH v. 2.10.2002 – XII ZR 346/00, FamRZ 2003, 304; FA-FamR/*Gerhardt*, Kap. 6, Rz. 609 f.
10 BGH v. 29.11.2000 – XII ZR 165/98, FamRZ 2004, 1712.

antrag[1] oder eines Vollstreckungsabwehrantrags (§ 767 ZPO) in einen Abänderungsantrag.[2]

21 Hat ein Gericht trotz der Hinweispflicht einen Leistungsantrag auf Unterhalt zurückgewiesen, weil es einen Abänderungsantrag als den richtigen Rechtsbehelf angesehen hat, so ist das gegen die Entscheidung eingelegte Rechtsmittel nicht deshalb unzulässig, weil der Rechtsmittelführer sein Ziel nunmehr mit einem Abänderungsantrag verfolgt.[3]

22 Dem Antragsteller ist zu empfehlen, in jedem unklaren Fall einen **Hilfsantrag** in der jeweils zusätzlich in Betracht kommenden Antragsform (zB Abänderungsantrag, hilfsweise Leistungsantrag) zu stellen.[4]

I. Abgrenzung zum Leistungsantrag

23 Für die Abgrenzung zwischen Abänderungs- und Leistungsantrag kommt es maßgeblich auf die **Rechtskraftwirkung** der vorausgegangenen Entscheidung über künftig fällig werdende wiederkehrende Leistungen an.[5] Ein weiteres Abgrenzungskriterium ist die Frage, ob bei einer neuen Entscheidung die Notwendigkeit besteht, in die frühere Entscheidung einzugreifen.[6] Die Abgrenzung zwischen Abänderungs- und Leistungsantrag ist in Unterhaltsfällen bedeutsam, weil es für einen **Leistungsantrag** weder eine **Bindungswirkung an frühere Feststellungen noch eine Präklusion** gibt.[7]

24 Abgrenzungsprobleme zwischen Abänderungs- und Unterhaltsantrag ergeben sich, wenn ein erstmaliger Leistungsantrag **voll abgewiesen** oder einem negativen Feststellungsantrag voll stattgegeben wurde. In diesen Fällen ist für die Zukunft erneut ein Leistungsantrag nach § 113 Abs. 1 FamFG iVm. § 258 ZPO zu erheben, weil es an einer Verurteilung zu künftig fällig werdenden Leistungen gem. § 238 Abs. 1 fehlt und der Entscheidung keine Prognose der künftigen Entwicklung zugrunde liegt. Das Urteil hat keine in die Zukunft reichende Rechtskraftwirkung.[8]

25 Nach einer **Teilabweisung** eines Unterhaltsantrags ist der Abänderungsantrag die richtige Antragsform, weil hier eine Verpflichtung zur Zahlung wiederkehrender Leistungen vorliegt. Dies gilt auch, wenn der Antrag **nur für die Zukunft abgewiesen** wurde, obwohl es an einer Verpflichtung hinsichtlich künftig fälliger Leistungen fehlt.[9] Das Gleiche gilt, wenn im Rahmen eines **Abänderungsantrags** ein Unterhaltsanspruch auf null reduziert wurde. Auch hier fehlt es an einer Verpflichtung zu künftig fällig werdenden Leistungen. Ob hier[10] der abweisende Teil eine richterliche Prognose dahingehend enthält, dass der Anspruch zu einem bestimmten künftigen Zeitpunkt nicht mehr bestehe, ist fraglich.[11]

1 OLG Brandenburg v. 12.7.2001 – 10 WF 45/01, FamRZ 2002, 1497.
2 BGH v. 6.11.1991 – XII ZR 240/90, FamRZ 1992, 298.
3 BGH v. 3.5.2001 – XII ZR 62/99, FamRZ 2001, 1140 zur Berufung.
4 Eschenbruch/*Klinkhammer*, Teil 5 Rz. 345.
5 BGH v 3.11.2004 – XII ZR 120/02, FamRZ 2005, 101.
6 Eschenbruch/*Klinkhammer*, Teil 5 Rz. 345.
7 BGH v. v. 28.3.2007 – XII ZR 163/04, FamRZ 2007, 983.
8 BGH v. 3.11.2004 – XII ZR 120/02, FamRZ 2005, 101.
9 BGH v. 26.1.1983 – IVb ZR 347/81, FamRZ 1984, 353; BGH v. 3.11.2004 – XII ZR 120/02, FamRZ 2005, 101; BGH v. 28.3.2007 – XII ZR 163/04, FamRZ 2007, 983.
10 FA-FamR/*Gerhardt*, Kap. 6 Rz. 641a; Johannsen/Henrich, § 323 ZPO Rz. 55.
11 Vgl. Eschenbruch/*Klinkhammer*, Teil 5 Rz. 349.

Wenn in einem Abänderungsverfahren der Abänderungsantrag abgewiesen wurde, soll dies nach der Rechtsprechung des BGH ebenfalls eine **Prognosewirkung** für die Zukunft erzeugen.[1] Wenn nun ein neuer Abänderungsantrag erhoben wird, ist der letzte Titel, mit dem eine Unterhaltsrente zugesprochen wurde, der Titel, der abgeändert werden muss. Davon zu unterscheiden ist die letzte antragzurückweisende Entscheidung. Sie ist maßgebend für die Bindungswirkung und die Präklusion nach § 238 Abs. 2.[2] 26

Ein **neuer Leistungsantrag** ist auch dann zulässig, wenn sich die für die frühere Entscheidung maßgebenden Verhältnisse nicht mehr feststellen lassen.[3] 27

II. Abgrenzung zum Antrag auf Nachforderung

Wenn Unterhalt nur im Wege einer **Teilklage** für einen Spitzenbetrag geltend gemacht und tituliert wurde, weil ein freiwilliger **Sockelbetrag** gezahlt worden war,[4] muss der Unterhaltsberechtigte, wenn diese freiwilligen Zahlungen ausbleiben, nunmehr einen **Nachforderungsantrag** (§ 113 Abs. 1 FamFG, § 258 ZPO) stellen.[5] Ein solcher Antrag ist auch dann zu stellen, wenn der Unterhaltsberechtigte **nicht nur** den Sockelbetrag titulieren lassen will, sondern über die Summe von Sockel- und Spitzenbetrag hinaus weitere Unterhaltsbeträge geltend macht.[6] Der hinsichtlich der Erhöhung des Spitzenbetrages an sich richtige Abänderungsantrag tritt in diesen Fällen zu Gunsten des im Übrigen statthaften Nachforderungs(oder Zusatz-)antrags zurück. 28

Der Unterhaltsverpflichtete kann eine Veränderung der Verhältnisse im Wege eines **Abänderungsantrags** geltend machen, wenn die erstrebte Herabsetzung der Unterhaltsrente den freiwillig geleisteten Sockelbetrag übersteigt.[7] Gleiches gilt, wenn der Unterhaltsgläubiger eine Erhöhung des Titels über den Spitzenbetrag erreichen will. 29

In den sonstigen Fällen eines **offenen Teilantrags**, zB bei Geltendmachung nur des Mindestunterhalts für ein minderjähriges Kind mit dem Vorbehalt der Nachforderung im Anschluss an die geschuldete Erteilung einer Auskunft über die Einkommens- und Vermögensverhältnisse, ist der Nachforderungsantrag der richtige Rechtsbehelf, weil es sich um einen anderen Verfahrensgegenstand handelt und nicht in die Rechtskraft der Entscheidung eingegriffen wird. Bei einem **verdeckten Teilantrag** ist der restliche Unterhalt nur mit einem Abänderungsantrag geltend zu machen.[8] 30

Ob es sich um einen **Teilantrag** handelt, ist vom Gericht durch **Auslegung** zu ermitteln.[9] Im Zweifel spricht eine Vermutung dafür, dass im Vorverfahren der Unterhalt in voller Höhe geltend gemacht worden ist.[10] 31

---

1 BGH v. 20.2.2008 – XII ZR 101/05, FamRZ 2008, 872; BGH v. 28.3.2007 – XII ZR 163/04, FamRZ 2007, 983.
2 FA-FamR/*Gerhardt*, Kap. 6 Rz. 641b.
3 OLG Hamm v. 10.12.1993 – 5 UF 25/93, FamRZ 1994, 763; Thomas/Putzo/*Hüßtege*, § 323 Rz. 46.
4 BGH v. 7.12.1994 – XII ZB 112/94, FamRZ 1995, 729.
5 BGH v. 7.11.1990 – XII ZR 9/90, FamRZ 1991, 320.
6 BDH v. 7.11.1990 – XII ZR 9/90, FamRZ 1991, 320.
7 BGH v. 7.12.1994 – XII ZB 112/94, FamRZ 1995, 729.
8 Johannsen/Henrich, § 323 ZPO Rz. 17; Wendl/*Schmitz*, § 10 Rz. 151.
9 OLG Köln v. 30.3.1995 – 10 UF 204/94, FamRZ 1996, 354.
10 BGH v. 15.10.1986 – IVb ZR 78/85, FamRZ 1987, 259.

32 Wird nachträglich **Vorsorgeunterhalt** gefordert, so ist dies nur mit einem Abänderungsantrag zulässig, weil es sich um einen Teil des Gesamtunterhalts handelt und die Höhe des Vorsorgeunterhalts von der Höhe des Elementarunterhalts abhängt.[1] **Sonderbedarf** muss mit einem Nachforderungsantrag geltend gemacht werden.[2]

III. Abgrenzung zu Rechtsmittel

33 Da die Rechtskraft einer abzuändernden Entscheidung in der Hauptsache nicht Zulässigkeitsvoraussetzung für einen Abänderungsantrag ist, kann der Antrag auch erhoben werden, wenn die Möglichkeit besteht, die erstrebte Änderung durch Einlegung eines Rechtsmittels zu erreichen. Gegen Entscheidungen, auf die das neue Recht anzuwenden ist (s. oben Rz. 6), kann nach §§ 58 ff., 117 Beschwerde eingelegt werden. Dies gilt jedoch nur solange, wie eine Beschwerde noch nicht anhängig ist. Ein Abänderungsantrag neben einem laufenden Rechtsmittelverfahren ist nicht zulässig.[3] Während des laufenden Rechtsmittelverfahrens kann auch durch Erweiterung des Antrags oder durch einen Gegenantrag ein höherer Unterhalt verlangt werden. Der Gesetzgeber hat die Rechtsmittelinstanz in Familienstreitsachen als volle zweite Tatsacheninstanz ausgestaltet, damit gerade in Unterhaltssachen die veränderten Einkommens- und Vermögensverhältnisse bereits im Rechtsmittelverfahren berücksichtigt werden können und ein neues Verfahren entbehrlich machen.[4]

34 Wenn der Gegner Beschwerde eingelegt hat, muss der Abänderungsberechtigte die veränderten Verhältnisse durch eine (unselbständige) **Anschlussbeschwerde**, notfalls mit einer Antragserweiterung, geltend machen.[5] Nach § 117 Abs. 2 FamFG iVm. § 524 Abs. 2 Satz 2 und 3 ZPO gilt bei Unterhaltstiteln auf künftig fällig werdende wiederkehrende Leistungen für die Anschlussbeschwerde **keine Befristung**.

35 Wenn sich die Umstände **nach Rechtskraft einer Teilentscheidung** während des Rechtsmittelverfahrens über den Rest ändern, so hat der Rechtsmittelgegner die Wahl, eine Abänderung der rechtskräftigen Teilentscheidung mittels eines Abänderungsgegenantrags[6] (früher: Abänderungswiderklage) oder durch einen selbständigen Abänderungsantrag herbeizuführen.[7]

36 Bei einer **Versäumnisentscheidung** geht wegen § 238 Abs. 2 der Einspruch vor.

IV. Abgrenzung zum Vollstreckungsabwehrantrag

37 Ein Abänderungsantrag nach § 238 ist ein Gestaltungsantrag, der sowohl vom Unterhaltsschuldner als auch vom Unterhaltsgläubiger gestellt werden kann und den Unterhaltstitel (Entscheidung in der Hauptsache, dh. Beschluss; nach früherem Recht Urteil) unter Durchbrechung seiner materiellen Rechtskraft an die stets wandelbaren

1 BGH v. 3.4.1985 – IVb ZR 19/84, FamRZ 1985, 690.
2 OLG Düsseldorf v. 29.8.1980 – 3 WF 191/80, FamRZ 1981, 76.
3 BGH v. 6.11.1985 – IVb ZR 74/84, FamRZ 1986, 43; OLG Köln v. 29.11.1996 – 26 WF 130/96, FamRZ 1997, 507.
4 Begr. RegE, BT-Drucks. 16/6308, S. 225.
5 BGH v. 16.3.1988 – IVb ZR 36/87, FamRZ 1988, 601.
6 Zur Terminologie vgl. auch § 113 Rz. 25.
7 BGH v. 10.3.1993 – XII ZR 191/91, FamRZ 1993, 941; OLG Hamm v. 14.2.1997 – 12 UF 271/96, FamRZ 1997, 890.

wirtschaftlichen Verhältnisse anpassen soll. Er verlangt eine wesentliche Änderung der Verhältnisse. Der Vollstreckungsabwehrantrag gem. § 120 FamFG, § 767 ZPO, der nur von dem Unterhaltsschuldner gestellt werden kann, dient der Beseitigung der Vollstreckbarkeit des früheren Titels, ohne in die Grundlagen der Unterhaltsbemessung einzugreifen. Es geht allein um die Frage, ob die Zwangsvollstreckung aus dem Titel wegen der nunmehr vorgebrachten materiellrechtlichen Einwendungen unzulässig (geworden) ist.[1] Der Antrag richtet sich gegen die Vollstreckbarkeit des Titels schlechthin, nicht nur gegen die Zulässigkeit einzelner Vollstreckungsmaßnahmen.[2] Grundsätzlich ist ein Vollstreckungsabwehrantrag zu stellen bei rechtsvernichtenden Einwendungen wie Aufrechnung, Erfüllung, Erfüllungssurrogaten, Erlass sowie bei Einreden wie Stundung, Verjährung und Verwirkung. Wegen der unterschiedlichen Zielrichtung schließen sich der Vollstreckungsgegenantrag und der Abänderungsantrag für den gleichen Verfahrensgegenstand grundsätzlich gegenseitig aus.[3] Aus diesem Grund hat der Unterhaltsschuldner keine Wahlmöglichkeit zwischen beiden Rechtsbehelfen, sondern muss sein Rechtsschutzbegehren auf die Antragsart stützen, die dem Ziel seines Begehrens für den entsprechenden Unterhaltszeitraum am besten entspricht.[4] Eine **Umdeutung** eines Vollstreckungsabwehrantrags in einen Abänderungsantrag und umgekehrt **ist möglich** (s. Rz. 20),[5] ebenso eine Verbindung beider Antragsarten im Eventualverhältnis, sofern für alle Ansprüche die Zuständigkeit des gleichen Gerichts besteht.[6] Der nach früherem Recht bestehende Vorrang der ausschließlichen Zuständigkeit des Gerichts des ersten Rechtszugs für die Vollstreckungsabwehrklage (§§ 767 Abs. 1, 802 ZPO) ist in § 232 Abs. 2 für die Unterhaltssachen aufgegeben worden. Nunmehr haben die in § 232 Abs. 1 Nr. 1 und 2 aufgeführten ausschließlichen Zuständigkeiten Vorrang vor der ausschließlichen Zuständigkeit nach den §§ 767 Abs. 1, 802 ZPO.

Ein **Vollstreckungsabwehrantrag** ist statthaft, wenn 38

- ein **Unterhaltstitel** (zB wegen einer unbestimmten Anrechnungsklausel von erbrachten Leistungen) **zu unbestimmt** und damit nicht vollstreckungsfähig ist,[7]
- ein Unterhaltsanspruch **zeitlich beschränkt** war und über die Zeitgrenzen hinaus weiter vollstreckt wird,[8]
- nach Eintritt der **Volljährigkeit des Kindes** und des damit verbundenen Wegfalls der gesetzlichen Vertretung von dem Elternteil aus dem Titel über Kindesunterhalt weiter vollstreckt wird; dies gilt auch für den Unterhaltsrückstand,[9]
- der Unterhaltsanspruch wegen **Begründung einer Lebenspartnerschaft** oder **Tod des Unterhaltsberechtigten** entfällt, § 1586 Abs. 1 BGB,
- der Unterhaltsanspruch wegen **Wiederverheiratung** des Unterhaltsberechtigten entfällt, § 1586 Abs. 1 BGB;[10] dies gilt jedoch nicht, wenn eine Abfindung für künftigen

---

1 BGH v. 8.6.2005 – XII ZR 294/02, FamRZ 2005, 1479.
2 BGH v. 23.5.1989 – IX ZR 57/88, NJW-RR 1990, 48.
3 Anders noch BGH v. 19.10.1988 – IVb ZR 97/87, FamRZ 1989, 159.
4 BGH v. 8.6.2005 – XII ZR 294/02, FamRZ 2005, 1479; BGH v. 13.7.1988 – IVb ZR 85/87, FamRZ 1988, 1156.
5 BGH v. 27.3.1991 – XII ZR 96/90, NJW-RR 1991, 899.
6 Zöller/*Vollkommer*, § 323 ZPO Rz. 16.
7 BGH v. 7.12.2005 – XII ZR 94/03, FamRZ 2006, 261.
8 Wendl/*Schmitz*, § 10 Rz. 146.
9 OLG München v. 2.5.1997 – 16 UF 822/97, FamRZ 1997, 1493; OLG Köln v. 16.8.1994 – 25 WF 172/94, FamRZ 1995, 308; OLG Hamm v. 17.1.1992 – 5 UF 264/91, FamRZ 1992, 843.
10 OLG Naumburg v. 24.8.2005 – 14 WF 126/05, FamRZ 2006, 1402.

Unterhalt gezahlt wurde und der Bedürftige kurze Zeit später eine neue Ehe eingeht,[1]

- **nach Rechtskraft der Scheidung** aus einem **Titel auf Trennungsunterhalt** weiter vollstreckt wird, denn der Anspruch auf Trennungsunterhalt ist mit der Scheidung beendet; für den nachehelichen Unterhalt ist wegen der Verschiedenheit der Verfahrensgegenstände ein neuer Titel erforderlich,[2]
- **Verwirkung** des Unterhaltsanspruchs nach § 1579 BGB oder § 1611 BGB geltend gemacht wird;[3] möglich ist auch eine Abänderungsklage, s. Rz. 39,
- die Beteiligten nach Erlass der Entscheidung in der Hauptsache einen **Unterhaltsverzicht** oder einen **Vollstreckungsverzicht** vereinbart haben,[4]
- **Erfüllung** oder **Erfüllungssurrogate** (zB Leistung von Naturalunterhalt durch den barunterhaltspflichtigen Elternteil während der Ferienzeiten[5] oder während des Aufenthalts des Kindes bei abwechselnder Kinderbetreuung[6]) vorgetragen werden,
- bei einem bestehenden **Unterhaltsrückstand der** Unterhaltsschuldner **Erlass, Verjährung, Verwirkung** des Rückstandes **oder Stundung** vorträgt,[7]
- mit dem Unterhalt **aufgerechnet** wird; hiervon ist die häufig in laufenden Verfahren vorgenommene Verrechnung von Überzahlungen und Nachzahlungen zu unterscheiden, weil es sich hier um eine Saldierung handelt.[8]

39 Ein Abänderungsantrag kann gestellt werden, wenn

- der Unterhaltsgläubiger eine **Rente** aus dem Versorgungsausgleich bezieht,[9]
- **Verwirkung** des Unterhaltsanspruchs nach § 1579 BGB oder § 1611 BGB geltend gemacht wird,[10]
- eine **Begrenzung des Unterhalts** der Höhe nach oder in zeitlicher Hinsicht gem. § 1578b BGB erstrebt wird,[11]
- der Unterhaltsverpflichtete dem Berechtigten Einkünfte aus der Erbringung von **Versorgungsleistungen** zurechnen will.[12]

Zu weiteren Abänderungsgründen s. Rz. 69.

V. Abgrenzung zum negativen Feststellungsantrag

40 Die Änderungsanträge nach §§ 238, 239 und 240 dienen der Anpassung der in diesen Vorschriften genannten Unterhaltstitel, dh. gerichtlicher Entscheidungen in der

1 BGH v. 10.8.2005 – XII ZR 73/05, FamRZ 2005, 1662; vgl. Anm. *Bömelburg*, FF 2005, 323.
2 BGH v. 14.1.1981 – IVb ZR 575/80, FamRZ 1981, 242.
3 BGH v. 29.5.1991 – XII ZR 157/90, FamRZ 1991, 1175.
4 Wendl/*Schmitz*, § 10 Rz. 146; FA-FamR/*Gerhardt*, Kap. 6 Rz. 622.
5 BGH v. 8.2.1984 – IVb ZR 52/82, FamRZ 1984, 470; eine Erfüllung wird hier nicht angenommen, so dass ein entsprechender Antrag unbegründet ist.
6 BGH v. 21.12.2005 – XII ZR 126/03, FamRZ 2006, 1015.
7 FA-FamR/*Gerhardt*, Kap. 6 Rz. 622.
8 FA-FamR/*Gerhardt*, Kap. 6 Rz. 622 und Rz. 18.
9 BGH v. 8.6.2005 – XII ZR 294/02, FamRZ 2005, 1479; anders noch BGH v. 19.10.1988 – IVb ZR 97/87, FamRZ 1989, 159: Vollstreckungsabwehrklage; *Soyka*, FuR 2006, 529 (530).
10 BGH v. 12.3.1997 – XII ZR 153/95, FamRZ 1997.
11 BGH v. 5.7.2000 – XII ZR 104/98, FamRZ 2001, 905 zu §§ 1573 Abs. 5, 1578 Abs. 1 S. 2 BGB aF.
12 Wendl/*Schmitz*, § 10 Rz. 145a; OLG Bamberg v. 2.12.1998 – 2 UF 203/98, OLGReport 1999, 141.

Hauptsache, Vergleichen, Urkunden und Titeln im vereinfachten Verfahren. Im Anwendungsbereich dieser Vorschriften besteht kein Rechtsschutzbedürfnis für einen negativen Feststellungsantrag.[1] Nach dem bis zum 31. August 2009 geltenden Recht hatte der Unterhaltsverpflichtete die Möglichkeit, eine nicht der materiellen Rechtskraft fähige einstweilige Anordnung nach § 620 Nr. 4, 6 ZPO aF mit einer negativen Feststellungsklage abändern zu lassen.[2] Mit ihr konnte der Unterhaltspflichtige den Bestand des Unterhaltsanspruchs abklären lassen. Gleiches galt für einen Vergleich, der nur eine vorläufige Regelung darstellte. Mit der Abänderungsklage konnte ein in einem einstweiligen Anordnungsverfahren abgeschlossener Vergleich nur dann abgeändert werden, wenn er eine endgültige und über den Umfang des einstweiligen Anordnungsverfahrens hinausgehende Regelung darstellte.[3]

Seit Inkrafttreten dieses Gesetzes können **einstweilige Anordnungen** nach §§ 246 ff. 41
iVm. §§ 49 ff. **unabhängig von einem Hauptsacheverfahren** erwirkt werden. Wenn alle Beteiligten mit der Regelung zufrieden sind, wird ein Hauptsacheverfahren entbehrlich. Eine Abänderung oder Aufhebung von Entscheidungen im einstweiligen Anordnungsverfahren kann nach § 54 erfolgen. Dieser entspricht inhaltlich weitgehend dem früheren § 620b ZPO. Vorbehaltlich einer anders lautenden Bestimmung durch das Gericht führt die Rechtskraft der Ehescheidung nicht zu einem Außerkrafttreten der einstweiligen Anordnung, § 56.[4] Nach § 56 Abs. 1 Satz 2 iVm. Satz 1 kann die einstweilige Anordnung mit Eintritt der Rechtskraft einer Endentscheidung außer Kraft treten. Um welche Endentscheidungen es sich hier handeln kann, hat der Gesetzgeber nicht näher dargelegt.[5] Es ist daher davon auszugehen, dass die einstweilige Anordnung nach §§ 246 ff. iVm. §§ 49 ff. nicht nur durch eine Abänderungsentscheidung nach § 54 oder eine Hauptsachenentscheidung nach § 52 abgeändert werden kann, sondern auch durch eine Entscheidung über einen negativen Feststellungsantrag.[6]

D. Zulässigkeit des Abänderungsantrags

I. Allgemeine Verfahrensvoraussetzungen

1. Sachliche, örtliche und internationale Zuständigkeit des Gerichts

Die Zuständigkeit richtet sich nach den allgemeinen Regeln (§§ 232, 233 FamFG, 42
§§ 12 ff. ZPO).

Die **sachliche Zuständigkeit** der Gerichte für Familiensachen ergibt sich aus §§ 23a 43
Abs. 1 Nr. 1 GVG. Danach sind die Amtsgerichte für die Bearbeitung der Familiensachen zuständig. Der Sammelbegriff der Familiensachen ist in § 111 FamFG definiert. Innerhalb der Amtsgerichte sind nach § 23b GVG die Abteilungen für Familiensachen **funktional** zuständig. § 23b GVG enthält keine abschließende Regelung der funktionalen Zuständigkeit. So werden insbesondere anderweitige Regelungen der funktionalen

1 Wendl/*Schmitz*, § 10 Rz. 150 zu § 323 ZPO aF.
2 OLG Brandenburg v. 12.7.2001 – 10 WF 45/01, FamRZ 2002, 1497.
3 OLG Brandenburg v. 2.11.1999 – 9 WF 225/99, FamRZ 2000, 1377.
4 Begr. RegE, BT-Drucks. 16/6308, S. 202.
5 Begr. RegE, BT-Drucks. 16/6308, S. 201 bis 203.
6 Zur vergleichbaren Situation bei Arrest vgl. Thomas/Putzo/*Reichold*, § 926 ZPO Rz. 20: Nach Erlass eines Arrestbefehls kann der Schuldner auch negative Feststellungsklage erheben und nach einem obsiegenden Urteil Aufhebung des Arrestbefehls nach § 927 ZPO verlangen.

Zuständigkeit wie zB im Internationalen Familienrechtsverfahrensgesetz (IntFamRVG) nicht ausgeschlossen.[1] Vgl. auch die Kommentierung zu § 111 Rz. 10.

44 § 232 Abs. 1 Nr. 1 enthält einen **ausschließlichen örtlichen** Gerichtsstand für Unterhaltssachen, die die **Unterhaltspflicht für ein gemeinschaftliches Kind** der Ehegatten betreffen sowie für Unterhaltssachen, die die durch die **Ehe begründete Unterhaltspflicht** betreffen. Während der Anhängigkeit einer Ehesache ist das Gericht, bei dem die Ehesache im ersten Rechtszug anhängig ist oder war, zuständig.

45 Für Verfahren, die den **Kindesunterhalt** betreffen und hinsichtlich derer eine Zuständigkeit nach § 232 Abs. 1 Nr. 1 nicht gegeben ist, sieht § 232 Abs. 1 Nr. 2 die Zuständigkeit des Gerichts vor, in dessen Bezirk das Kind oder der zuständige Elternteil seinen **gewöhnlichen Aufenthalt** hat. Neu ist die einem praktischen Bedürfnis folgende Einbeziehung der **privilegierten volljährigen Kinder** iSd. § 1603 Abs. 2 Satz 2 BGB, die minderjährigen Kindern gleichgestellt sind. Die Regelung stellt bei der Bezeichnung des Elternteils, der für das Kind handelt, nicht mehr auf die gesetzliche Vertretung, sondern allgemein auf die Handlungsbefugnis in der Unterhaltsangelegenheit ab. Auf diese Weise werden auch die Fälle der Verfahrensstandschaft nach § 1629 Abs. 3 Satz 1 BGB mit umfasst.[2]

46 Die in **§ 232 Abs. 1** vorgesehenen ausschließlichen Zuständigkeiten haben nach § 232 Abs. 2 **Vorrang** gegenüber anderen ausschließlichen Gerichtsständen. Die Kollision mehrerer ausschließlicher Gerichtsstände hatte in der Vergangenheit, insbesondere bei Vollstreckungsgegenklagen, für die nach früherem Recht ein Vorrang des nach §§ 767 Abs. 1, 802 ZPO ausschließlich zuständigen Gerichts des ersten Rechtszugs angenommen worden war,[3] zu Streitigkeiten geführt. Mit der Neuregelung ist dieser Streit beendet worden.

47 Für den Fall, dass eine Zuständigkeit nach § 232 Abs. 1 nicht gegeben ist, verweist § 232 Abs. 3 Satz 1 auf die Vorschriften der **ZPO zur örtlichen Zuständigkeit** (§§ 12 bis 34 ZPO). Aus Gründen der Vereinheitlichung ist in den Vorschriften über den allgemeinen Gerichtsstand der **gewöhnliche Aufenthalt** (vgl. insbes. §§ 12 bis 16 ZPO und die Kommentierung zu § 122 FamFG) an die Stelle des Wohnsitzes getreten.[4] Sofern es bei den allgemeinen Zuständigkeitsregeln bleibt, ist eine Prorogation unter den Voraussetzungen des § 38 Abs. 3 ZPO zulässig. Hier kann eine Zuständigkeit auch durch Verlust des Rügerechts (§§ 39, 504 ZPO) eintreten.

48 Nach § 232 Abs. 3 Satz 2 Nr. 1 bis 3 hat der Antragsteller eine **Wahlmöglichkeit** zwischen den allgemeinen Gerichtsständen der ZPO und den dort geregelten zusätzlichen Gerichtsständen. § 232 Abs. 3 Satz 2 Nr. 1 entspricht inhaltlich dem früheren § 642 Abs. 3 ZPO. Für den Antrag eines Kindes, durch den beide Eltern auf Erfüllung der Unterhaltspflicht in Anspruch genommen werden, begründet § 232 Abs. 3 Satz 2 Nr. 2 einen Wahlgerichtsstand. Der Antrag kann auch an das Gericht, das für den Antrag gegen einen Elternteil zuständig ist, gerichtet werden. Die Vorschrift entspricht dem § 35a ZPO aF. Im Übrigen wird auf die Kommentierung zu § 232 verwiesen.

49 Deutsche Gerichte müssen in Sachverhalten mit Auslandsbezug (zumindest einer der Beteiligten ist Ausländer oder staatenlos oder hat den Wohnsitz oder Aufenthalt im

1 Begr. RegE, BT-Drucks. 16/6308, S. 319.
2 Begr. RegE, BT-Drucks. 16/6308, S. 255; kritisch zu dieser Begrifflichkeit *Klinkhammer*, www.bundestag.de/ausschuesse/a06/anhoerungen/29_FGG_Teil_1/04_Stellungnahmen.
3 BGH v. 22.8.2001 – XII ARZ 3/01, FamRZ 2001, 1705.
4 Begr. RegE, BT-Drucks. 16/6308, S. 255.

Ausland) die internationale Entscheidungszuständigkeit haben. Hier ist festzustellen, ob durch Gesetz eine Beschränkung der inländischen Gerichtsbarkeit zu Gunsten der Gerichtsbarkeit ausländischer Staaten vorgesehen ist. Die Regeln der internationalen Entscheidungszuständigkeit sind nationales deutsches Recht. Sie sind zum Teil autonomes deutsches Recht oder in multinationalen Staatsverträgen, in Verordnungen des Rates der EU usw. enthalten. Diese Rechtsgrundlagen beinhalten die Kriterien für die Zulässigkeit des Tätigwerdens der inländischen Gerichte. Außerhalb von Spezialregelungen ist das autonome deutsche Zivilverfahrensrecht noch von dem Grundsatz beherrscht, dass die internationale Entscheidungszuständigkeit aus einer mittelbaren stillschweigende Verweisung auf die Vorschriften über die örtliche Zuständigkeit (§§ 12 ff. ZPO) herzuleiten ist; diese sollen als doppelfunktionale Regelungen grundsätzlich sowohl die internationale als auch die örtliche Zuständigkeit begründen.[1] Für die Staaten der **Europäischen Union**[2] ist für den Bereich des Unterhalts hinsichtlich der **internationalen Zuständigkeit** vorrangig Art. 5 Nr. 2 EuGVVO zu beachten.[3] Zur internationalen Zuständigkeit im Einzelnen s. die Kommentierung zu § 105 sowie Anhang nach § 245.

2. Keine anderweitige Rechtshängigkeit

Soweit Abänderungsverfahren mit gegenläufigem Ziel nicht nacheinander, sondern gleichzeitig bei verschiedenen Gerichten eingeleitet werden, steht dem zeitlich späteren Verfahren gem. § 261 Abs. 3 Nr. 1 ZPO der Einwand der Rechtshängigkeit des Erstverfahrens entgegen. Im Erstverfahren muss daher ein Abänderungsgegen(oder: -wider)antrag[4] gestellt werden.[5] 50

3. Rechtsschutzbedürfnis

Das Rechtsschutzbedürfnis für einen Abänderungsantrag des Unterhaltsgläubigers entfällt nicht schon, wenn der Unterhaltsschuldner freiwillig einen über den titulierten Betrag hinaus verlangten Unterhalt leistet.[6] Es fehlt jedoch, wenn lediglich ein über einen freiwillig bezahlten Teil hinausgehender Unterhalt tituliert ist und der Veränderung durch Einschränkung der freiwilligen Leistungen Rechnung getragen werden kann.[7] 51

Wenn und soweit sich die für die Bemessung des Unterhalts maßgeblichen Umstände zwar nach dem Schluss der mündlichen Verhandlung, aber zu einem Zeitpunkt geändert haben, in dem der Beteiligte diese Änderung im Rahmen eines von ihm eingelegten **Rechtsmittels** oder mit einem **Anschlussrechtsmittel** geltend machen kann, fehlt 52

1 Rahm/Künkel/*Breuer*, Hdb. Des Familiengerichtsverfahrens, Teil VIII, Rz. 6.2 ff.

2 Das EuGVVO (Verordnung [EG] Nr. 44/2001 des Rates über die gerichtliche Zuständigkeit und die Anerkennung und Vollstreckung von Entscheidungen in Zivil- und Handelssachen v. 22.12.2000, „Brüssel I") hat das EuGVÜ (Brüsseler Übereinkommen über die gerichtliche Zuständigkeit und die Vollstreckung gerichtlicher Entscheidungen in Zivil- und Handelssachen v. 9.10.1978) seit dem 1.3.2002 ersetzt, Art. 68 EuGVVO. Hinsichtlich des Rechtszustandes bzgl. Dänemark vgl. Thomas/Putzo/*Hüßtege*, Vorbem. zu Art. 1 EuGVVO, Rz. 2.

3 S. hierzu die Kommentierung zu § 232 und § 105.

4 Zur Terminologie vgl. auch § 113 Rz. 25.

5 BGH v. 23.10.1996 – XII ARZ 13/96, FamRZ 1997, 488; BGH v. 1.10.1997 – XII ZR 49/96, FamRZ 1998, 99.

6 OLG Zweibrücken v. 12.8.1996 – 5 WF 42/96, FamRZ 1997, 620.

7 BGH v. 31.3.1993 – XII ZR 234/91, MDR 1993, 651.

das Rechtsschutzinteresse für einen Abänderungsantrag; denn insoweit ist das Rechtsmittel vorrangig.[1]

53 Gibt der Unterhaltsgläubiger den Titel zurück oder erklärt er in einer Konstellation, in der er den Titel noch zur Vollstreckung von Ansprüchen wegen rückständigen Unterhalts benötigt, er werde von einem bestimmten Zeitpunkt an nicht mehr vollstrecken, dann entfällt ein Rechtsschutzinteresse des Unterhaltsschuldners an einer Abänderung des Titels.[2] Bei einem außergerichtlich erklärten teilweisen **Vollstreckungsverzicht** (Beispiel: Unterhaltstitel über 500 Euro, Vollstreckungsverzicht des Unterhaltsgläubigers iHv. 200 Euro wegen eigenen Einkommens) besteht ein Rechtsschutzbedürfnis für einen Abänderungsantrag lediglich in Höhe von 300 Euro, nicht jedoch iHd. insgesamt titulierten Forderung von 500 Euro. Der eine Abänderung begehrende Antragsteller muss dies bereits in seinem Abänderungsantrag berücksichtigen.[3]

54 **Formulierungsvorschlag:**

Der Beschluss des Amtsgerichts – Familiengericht – xy vom 1.9.2009 (Aktenzeichen: ...) wird unter Berücksichtigung des von dem Antragsgegner am 1.11.2009 erklärten außergerichtlichen Unterhaltsverzichts in Höhe von 200 Euro dahingehend abgeändert, dass der Antragsteller ab dem 1.12.2009 keinen Unterhalt mehr schuldet.

4. Verfahrensführungsbefugnis, Beteiligte

55 Die Frage der Verfahrensführungsbefugnis ist mit der Frage, ob der richtige Beteiligte als Antragsgegner in Anspruch genommen wurde, eng verknüpft.[4] Da die Identität der Beteiligten eine besondere Verfahrensvoraussetzung für den Abänderungsantrag ist, wird dieser Komplex zusammenfassend unter Nr. II 2. (s. Rz. 59 ff.) behandelt.

II. Besondere Verfahrensvoraussetzungen

56 Als besondere Verfahrensvoraussetzungen verlangt ein Abänderungsantrag nach § 238 eine in der Hauptsache ergangene Endentscheidung des Gerichts über eine Verpflichtung zu künftig fällig werdenden wiederkehrenden Leistungen, die Identität des Abänderungsgegenstandes, die Identität der Beteiligten und die Behauptung einer wesentlichen Veränderung der Verhältnisse eines fortbestehenden Titels nach Schluss der mündlichen Verhandlung.

1. Abzuändernder Titel

57 Ein Abänderungsantrag nach § 238 muss sich gegen eine in der Hauptsache ergangene Endentscheidung des Gerichts über eine Verpflichtung zu künftig fällig werdenden wiederkehrenden Leistungen richten. Mit wiederkehrenden Leistungen sind nur Unterhaltsleistungen gemeint. Andere Titel über wiederkehrende Leistungen außerhalb des Unterhaltsrechts können mit **§ 323 ZPO** abgeändert werden. Titel iSd. § 238 sind

1 OLG Koblenz v. 17.11.1987 – 11 UF 1546/86, FamRZ 1988, 302; OLG Köln v. 29.11.1996 – 26 WF 130/96, FamRZ 1997, 507.
2 OLG München v. 3.12.1998 – 12 WF 1327/98, FamRZ 1999, 942; OLG Köln v. 25.7.2005 – 4 WF 104/05, FamRZ 2006, 718; OLG Hamm v. 31.1.2006 – 2 WF 12/06, FamRZ 2006, 1855, vgl. auch OLG Brandenburg v. 1.9.2004 – 9 UF 176/04, FamRZ 2005, 536.
3 FA-FamR/*Gerhardt*, Kap. 6 Rz. 638.
4 BGH v. 17.3.1982 – IV ZR 646/80, NJW 1983, 684.

auch die nach früherem Recht ergangenen **Leistungsurteile**, **Anerkenntnisurteile**,[1] **Versäumnisurteile nach Schluss der Einspruchsfrist**[2] und **DDR-Urteile**[3]. Unter § 238 fallen auch **Abänderungsurteile** nach § 323 ZPO aF, selbst wenn darin eine früher erkannte Unterhaltsrente gestrichen worden ist.[4] Hinsichtlich der Abänderbarkeit sonstiger Titel (einstweilige Anordnung, Vergleich, notarielle Urkunde, Jugendamtsurkunde) s. Rz. 11 ff.

Wenn ein Ursprungstitel bereits einmal oder mehrfach abgeändert wurde, kann es zweifelhaft sein, welcher Titel abgeändert wird, dh. nur der letzte Titel oder nur der Ausgangstitel oder auch alle anderen Titel. Nach der Rechtsprechung soll grundsätzlich bei mehrfacher Abänderung eines früheren Titels nicht die erste, sondern die letzte Entscheidung Gegenstand des neuen Verfahrens sein.[5] Gleichwohl können Unklarheiten dadurch vermieden werden, dass in dem Abänderungsantrag eine Abänderung sämtlicher vorausgegangener Titel und Abänderungsentscheidungen begehrt wird. 58

2. Identität des Verfahrensgegenstandes und der Beteiligten

a) Identität des Verfahrensgegenstandes

Ein zulässiger Abänderungsantrag setzt eine Identität des Verfahrensgegenstandes zwischen Vorverfahren und Abänderungsverfahren voraus.[6] Sie bezieht sich auf das jeweilige Rechtsverhältnis, aus dem der Unterhaltsberechtigte die Verpflichtung des Unterhaltsschuldners zur Erbringung wiederkehrender Leistungen abgeleitet. Daher haben auch gegenläufige Abänderungsanträge den gleichen Verfahrensgegenstand.[7] 59

Zwischen **Trennungs- und nachehelichem Ehegattenunterhalt** besteht keine Identität. Ein Titel über Trennungsunterhalt kann nicht in einen Titel auf nachehelichen Unterhalt abgeändert werden. Für den nachehelichen Unterhalt muss sich der Unterhaltsberechtigte im Wege eines neuen Leistungsantrags einen Titel verschaffen.[8] Nach Rechtskraft der Ehescheidung kann sich der Unterhaltsschuldner, wenn weiterhin aus dem Titel auf Trennungsunterhalt vollstreckt wird, mit einem Vollstreckungsgegenantrag (§ 120 FamFG, § 767 ZPO) wehren. 60

Identität des Verfahrensgegenstandes besteht zwischen dem **Unterhaltsanspruch eines Kindes** gegen seine Eltern vor und nach Eintritt der Volljährigkeit[9] und unabhängig davon, ob die Eltern zunächst noch getrennt lebten und später geschieden wurden. Zur Verfahrensführungsbefugnis vgl. die Ausführungen unter Rz. 62 ff. 61

---

1 BGH v. 31.10.2001 – XII ZR 292/99, FamRZ 2002, 88.
2 OLG Hamm v. 24.6.1992 – 5 UF 237/90, FamRZ 1992, 1201; OLG Hamm v. 25.9.1996 – 12 WF 381/96, FamRZ 1997, 433; Zöller/*Vollkommer*, § 323 ZPO Rz. 3a; Thomas/Putzo/*Hüßtege*, § 323 ZPO Rz. 8; Musielak/*Borth*, § 323 ZPO Rz. 4; Eschenbruch/*Klinkhammer*, Teil 5 Rz. 364; Ehinger/Griesche/*Rasch*, Rz. 720.
3 BGH v. 25.1.1995 – XII ZR 247/93, FamRZ 1995, 544; OLG Brandenburg v. 15.10.1996 – 10 WF 103/96, FamRZ 1997, 1342; *Brudermüller*, FamRZ 1995, 936.
4 BGH v. 28.3.2007 – XII ZR 163/04, FamRZ 2007, 983; BGH v. 3.11.2004 – XII ZR 120/02, FamRZ 2005, 101; OLG Hamm v. 14.12.2006 – 1 WF 312/06, FamRZ 2007, 1032.
5 BGH v. 28.2.2007 – XII ZR 37/05, FamRZ 2007, 793.
6 OLG Düsseldorf v. 26.4.1994 – 1 UF 195/93, FamRZ 1994, 1535; Wendl/*Schmitz*, § 10 Rz. 155; Zöller/*Vollkommer*, § 323 ZPO Rz. 30.
7 BGH v. 23.10.1996 – XII AZR 13/96, FamRZ 1997, 488.
8 BGH v. 30.1.1985 – IVb ZR 67/83, FamRZ 1985, 371.
9 BGH v. 21.3.1984 – IVb ZR 72/82, FamRZ 1984, 682.

b) Identität der Beteiligten

62 Richtige Beteiligte eines Abänderungsantrags sind die Beteiligten des Vorverfahrens oder die, auf die sich die Rechtskraftwirkung erstreckt.[1] Neben den Beteiligten des Vorverfahrens können infolge eines gesetzlichen Forderungsübergangs auch deren Rechtsnachfolger Antragsteller oder Antragsgegner eines Abänderungsantrags sein.

63 Wenn ein Titel auf Kindesunterhalt von einem Elternteil während des Getrenntlebens bzw. während der Anhängigkeit einer Ehesache im Rahmen der gesetzlichen Prozessstandschaft nach § 1629 Abs. 3 BGB (Antrag im eigenen Namen des Elternteils) erwirkt wurde, und die Prozessstandschaft nach der Volljährigkeit des Kindes oder der Scheidung der Eltern weggefallen ist, ist nur das Kind Beteiligter des Abänderungsverfahrens, unabhängig davon, ob es sich um einen Antrag des Kindes oder einen gegen das Kind gerichteten Antrag handelt. Wenn es noch minderjährig ist, wird es durch den sorgeberechtigten Elternteil vertreten.[2]

64 Ist ein Unterhaltsanspruch nach Schaffung des letzten Titels durch gesetzlichen Forderungsübergang auf einen anderen Beteiligten übergegangen, zB nach § 33 Abs. 1 SGB II auf die Arbeitsagentur oder gem. § 94 Abs. 1 Satz 1 SGB XII auf den Sozialhilfeträger, ist dieser bis zur Höhe des übergegangenen Anspruchs Beteiligter für ein Abänderungsverfahren, soweit sich die Rechtskraft eines Urteils zwischen den ursprünglichen Beteiligten nicht auf den Rechtsnachfolger erstrecken würde. Ein Abänderungsantrag ist gegen ihn zu richten. Wenn der Sozialhilfeträger auch den zukünftigen Unterhalt geltend macht (§ 33 Abs. 3 Satz 2 SGB II, § 94 Abs. 4 Satz 2 SGB XII), ist er bei veränderten Verhältnissen für einen Antrag nach § 238 verfahrensbefugt und aktivlegitimiert, solange er die Ansprüche nicht zurückabgetreten hat, § 33 Abs. 4 Satz 1 SGB II, § 94 Abs. 5 SGB XII.[3] Neben dem Sozialhilfeträger kann auch der Unterhaltsgläubiger als Träger des materiellen Rechts einen Abänderungsantrag stellen.[4] Begehrt in Fällen des Rechtsübergangs der Unterhaltspflichtige eine Abänderung der Entscheidung, muss er den Antrag gegen den Unterhaltsberechtigten als Inhaber des Titels und gegen den öffentlichen Leistungsträger erheben.[5] Dies gilt auch, wenn nur ein Teil des Unterhaltsanspruchs von dem Rechtsübergang auf den öffentlichen Träger erfasst wird.[6]

3. Behauptete nachträgliche wesentliche Veränderung

65 Ein Abänderungsantrag ist zulässig, wenn der Antragsteller **behauptet**, es liege eine wesentliche Veränderung der Verhältnisse eines fortbestehenden Titels vor. § 238 Abs. 1 Satz 2 enthält mit leichten sprachlichen Modifizierungen die aus § 323 Abs. 1 ZPO aF bekannte Wesentlichkeitsschwelle. Das Wesentlichkeitskriterium ist in § 238 Abs. 1 Satz 2 jedoch lediglich **Voraussetzung für die Zulässigkeit** des Abänderungsantrags. Danach ist ein Abänderungsantrag nur zulässig, wenn der Antragsteller **Tatsachen vorträgt**, aus denen sich eine wesentliche Veränderung der für die Leistungs-

1 BGH v. 17.3.1982 – IVb ZR 646/80, FamRZ 1982, 588; BGH v. 11.12.1985 – IVb ZR 80/84, FamRZ 1986, 254; Wendl/*Schmitz*, § 10 Rz. 156; Zöller/*Vollkommer*, § 323 ZPO Rz. 30; Thomas/Putzo/*Hüßtege*, § 323 ZPO Rz. 33; Musielak/*Borth*, § 323 ZPO Rz. 23.

2 BGH v. 1.6.1983 – IVb ZR 386/81, NJW 1983, 1976; OLG Hamm v. 17.8.1990 – 13 WF 253/90, FamRZ 1990, 1375; OLG Naumburg v. 22.2.2007 – 8 UF 185/06, FamRZ 2007, 1335.

3 BGH v. 1.3.1992 – XII ZR 1/91, FamRZ 1992, 797; OLG Karlsruhe v. 21.12.2004 – 2 UF 103/04, FamRZ 2005, 1756; Musielak/*Borth*, § 323 ZPO Rz. 25.

4 BGH v. 18.3.1992 – XII ZR 1/91, FamRZ 1992, 797.

5 OLG Brandenburg v. 19.5.2008 – 1 WF 414/07, FamRZ 2004, 552.

6 OLG Karlsruhe v. 21.12.2004 – 2 UF 103/04, FamRZ 2005, 1756.

pflicht maßgeblichen Verhältnisse nach Schluss der mündlichen Verhandlung ergibt.[1] Ob eine solche Veränderung wirklich vorliegt, ist eine Frage der **Begründetheit**. Ein Abänderungsantrag ist unbegründet, wenn die Abänderung unwesentlich oder nicht nachweisbar ist.[2] Bei der Prüfung der Begründetheit ist § 238 Abs. 4 zu beachten. Dort sind das Kriterium der wesentlichen Veränderung erneut genannt und die bei der Begründetheit des Antrags zu beachtenden Parameter für eine Abänderung der Entscheidung geregelt.[3]

Durch die Formulierung, dass „Tatsachen" vorzutragen sind, kann es zu Missverständnissen kommen. Denn für die Zulässigkeit einer Abänderungsklage nach dem vor dem 1.9.2009 geltenden Recht reichte es aus, dass sich bei gleich bleibenden Tatsachen lediglich die höchstrichterliche Rechtsprechung, zB zur Anrechnungs-/Differenzmethode, oder die Rechtslage geändert hatte. So konnten Rangänderungen auf Grund der am 1.1.2008 in Kraft getretenen Unterhaltsrechtsreform in zulässiger Weise geltend gemacht werden, auch wenn in diesen Fällen lediglich Alttatsachen vorgetragen worden. Bei der Prüfung war in materieller Hinsicht lediglich das in § 36 Nr. 1 EGZPO normierte Zumutbarkeitskriterium zu prüfen. Der Gesetzgeber wollte mit der Neufassung des Gesetzestextes in § 238 die Zulässigkeitsvoraussetzungen für einen Abänderungsantrag nicht verändern, sondern klarstellen, dass auch eine Veränderung der zugrunde liegenden rechtlichen Verhältnisse, wie etwa der höchstrichterlichen Rechtsprechung, ausreicht.[4] Die **vorzutragende „Tatsache"** kann daher auch **lediglich beinhalten**, es habe sich die höchstrichterliche Rechtsprechung oder die **Rechtslage** geändert.[5] 66

E. Begründetheit des Abänderungsantrags

I. Wesentliche Veränderung der unterhaltsrelevanten Verhältnisse

Für die Begründetheit eines Abänderungsantrags ist es erforderlich, dass eine wesentliche Veränderung der tatsächlichen oder rechtlichen Verhältnisse wirklich vorliegt. In § 238 Abs. 4 wird der Gesichtspunkt der Bindungswirkung, der bislang in § 323 Abs. 1 ZPO aF in der Formulierung „eine entsprechende Abänderung" enthalten war, deutlicher zum Ausdruck gebracht. Mit der Neuformulierung hat der Gesetzgeber keine Veränderung der Rechtslage verbunden.[6] 67

Für die Beurteilung, ob sich die **Verhältnisse wesentlich geändert** haben, kommt es nicht auf das Ausmaß einzelner veränderter Umstände an, sondern darauf, ob sich die **gesamten** für die Unterhaltsbemessung maßgeblichen Verhältnisse wesentlich geändert haben.[7] Die Wesentlichkeit einer Änderung wird bejaht, wenn sie in einer nicht unerheblichen Weise zu einer anderen Beurteilung des Bestehens, der Höhe oder der Dauer des Anspruchs führt.[8] Eine Änderung von etwa **10 % des Unterhaltsanspruchs** 68

1 Begr. RegE, BT-Drucks. 16/6308, S. 257.
2 BGH v. 5.9.2001 – XII ZR 108/00, FamRZ 2001, 1687; Thomas/Putzo/*Hüßtege*, § 323 ZPO Rz. 24; Wendl/*Schmitz*, § 10 Rz. 157.
3 Begr. RegE, BT-Drucks. 16/6308, S. 257.
4 Begr. RegE, BT-Drucks. 16/6308, S. 257.
5 Vgl. *Klinkhammer*, www.bundestag.de/ausschuesse/a06/anhoerungen/29_FGG_Teil_1/04_Stellungnahmen.
6 Begr. RegE, BT-Drucks. 16/6308, S. 258.
7 BGH v. 10.10.1984 – IVb ZR 12/83, FamRZ 1985, 53.
8 BGH v. 26.1.1983 – IVb ZR 347/81, FamRZ 1984, 353.

wird idR als wesentlich angesehen. Der Prozentsatz kann aber bei beengten wirtschaftlichen Verhältnissen auch darunter liegen.[1]

68a Anders als § 323 Abs. 1 ZPO aF unterscheidet § 238 Abs. 1 Satz 2 bei den veränderten Verhältnissen zwischen **tatsächlichen** und **rechtlichen** Verhältnissen.

1. Änderung der tatsächlichen Verhältnisse

69 Häufige Abänderungsgründe sind:

- **Absinken des Einkommens** des Unterhaltspflichtigen mit der Folge des Übergangs von der konkreten Bedarfsermittlung auf eine Quotenberechnung,[2]
- **Änderung der Tabellensätze, RL, Verteilungsschlüssel, Berechnungsmethoden**, denn in der Berufung hierauf liegt die Behauptung, die allgemeinen wirtschaftlichen Verhältnisse hätten sich in einem der Änderung entsprechenden Maße geändert,[3]
- **Änderungen der Altersstufe**, dh. Erreichen der nächsten Lebensaltersstufe beim Kindesunterhalt,[4]
- **Arbeitslosigkeit**, die nicht nur vorübergehend ist,[5]
- Ausschluss- oder Herabsetzungsgründe nach § 1579 BGB (zB wegen einer verfestigten **nichtehelichen Lebensgemeinschaft**),
- anteilige Barunterhaltspflicht (§ 1606 Abs. 3 BGB) beider Elternteile bei Eintritt der **Volljährigkeit** eines Kindes,[6]
- Bedarfsveränderung wegen **Alters**,[7]
- **Erhöhung des Einkommens** des Unterhaltspflichtigen,
- Fehlgehen einer **Prognose**, zB über die Entwicklung der Einkünfte des Unterhaltsschuldners,[8] oder die Entwicklung einer Erkrankung,[9]
- **Hinzutreten weiterer Unterhaltsberechtigter**,
- Überholende Kausalität bei **Einkommensfiktion**, zB, wenn der Unterhaltspflichtige, der seine Arbeitsstelle mutwillig aufgegeben hat, geltend macht, er hätte den Arbeitsplatz ohnehin aus betriebsbedingten Gründen verloren,[10]
- **Vaterschaftsanfechtung** durch den Verpflichteten,[11]
- **Wiederzusammenleben** getrennter Ehegatten,[12]
- **Wiederverheiratung** des Unterhaltspflichtigen.

---

1 BGH v. 29.1.1992 – XII ZR 239/90, FamRZ 1992, 539.
2 BGH v. 5.2.2003 – XII ZR 29/00, FamRZ 2003, 849.
3 BGH v. 2.2.2005 – XII ZR 114/03, FamRZ 2005, 608; OLG Hamm v. 30.4.2004 – 11 WF 76/04, FamRZ 2004, 1885; OLG Karlsruhe v. 15.10.2003 – 16 WF 119/03, FamRZ 2004, 1052; vgl. auch BGH v. 23.11.1994 – XII ZR 168/93, FamRZ 1995, 221.
4 OLG Karlsruhe v. 15.10.2003 – 16 WF 119/03, FamRZ 2004, 1052.
5 OLG Brandenburg v. 12.1.1995 – 9 UF 90/94, FamRZ 1995, 1220; OLG Dresden v. 25.11.1997 – 10 WF 455/97, FamRZ 1998, 767; Wendl/*Schmitz*, § 10 Rz. 158a.
6 OLG Koblenz v. 9.11.2006 – 7 WF 1042/06, FamRZ 2007, 653.
7 BGH v. 23.11.1994 – XII ZR 168/93, FamRZ 1995, 221.
8 OLG Koblenz v. 24.1.2001 – 9 UF 458/00, FamRZ 2002, 471; OLG Hamm v. 25.6.2008 – 10 UF 12/08.
9 FA-FamR/*Gerhardt*, Kap. 6 Rz. 651.
10 BGH v. 20.2.2008 – XII ZR 101/05, FamRZ 2008, 872.
11 OLG Nürnberg v. 18.1.1996 – 11 WF 24/96, FamRZ 1996, 1090.
12 OLG Hamm v. 10.3.1998 – 10 WF 280/97, FamRZ 1999, 30.

2. Änderung der rechtlichen Verhältnisse

70 Eine **Änderung der Gesetzeslage** war in der Rechtsprechung auch für § 323 ZPO aF anerkannt.[1] Sie ist nunmehr durch den Wortlaut des § 238 ausdrücklich erfasst. Gleichzusetzen mit einer Gesetzesänderung ist der Fall einer verfassungskonformen Auslegung einer Norm durch das BVerfG.[2]

71 Ein Abänderungsgrund ist auch eine **Änderung einer gefestigten höchstrichterlichen Rechtsprechung**, wenn sie eine andere Rechtslage schafft und in ihren Auswirkungen einer Gesetzesänderung nahekommt. Dies ist insbesondere für die geänderte Rechtsprechung des BGH zur Bedarfsbemessung eines früher im Haushalt tätigen Ehegatten (Übergang von der Anrechnungs- zur Differenzmethode, sog. Surrogatsrechtsprechung)[3] und zur trennungs- oder scheidungsbedingten Veräußerung des Familienheims[4] zu bejahen.[5] Wie bei einer Gesetzesänderung kann eine Änderung der höchstrichterlichen Rechtsprechung erst für die Unterhaltszeiträume Berücksichtigung finden, die auf die Verkündung der die höchstrichterliche Rechtsprechung ändernden Entscheidung folgen.[6]

72 **Neue Beweismöglichkeiten** oder eine neue abweichende rechtliche Bewertung gleich gebliebener Umstände sind keine Abänderungsgründe.[7]

II. Nachträgliche Veränderung, Präklusion von Abänderungsgründen, Absatz 2

73 Abs. 2 enthält die aus § 323 Abs. 2 ZPO aF bekannte **Tatsachenpräklusion** für den Antragsteller. Der Gesetzgeber hat auf die alte Formulierung „die Klage ist nur insoweit zulässig ..." verzichtet, um dies ausdrücklich klarzustellen. Er hat sich hierbei auf die Parallelvorschrift des § 767 Abs. 2 ZPO bezogen, die von der Zulässigkeit von Einwendungen und nicht von der Zulässigkeit der Klage ausgeht.[8] Das Abgrenzungskriterium für die präkludierten Alttatsachen entspricht inhaltlich § 323 Abs. 2 ZPO aF. Mit der etwas veränderten Formulierung sollte lediglich eine Präzisierung und Klarstellung erreicht werden.[9]

74 Das bedeutet, dass ebenso wie bei § 323 Abs. 2 ZPO aF ein Abänderungsantrag nach § 238 Abs. 2 nur zulässig ist, wenn die Gründe, auf die er gestützt wird, erst **nach** der letzten Tatsachenverhandlung im vorausgegangenen Verfahren entstanden sind und durch Einspruch nicht mehr geltend gemacht werden können.[10] Wenn es sich bei der Entscheidung im Erstverfahren um eine **Versäumnisentscheidung** gegen den Antragsgegner handelt, basiert die Entscheidung auf dem tatsächlichen Vorbringen des Antragstellers, das als zugestanden gilt (§ 331 Abs. 1 Satz 1 ZPO). Bezugspunkt für ein

1 Wendl/*Schmitz*, § 10 Rz. 158d.
2 BGH v. 12.7.1990 – XII ZR 85/89, FamRZ 1990, 1091.
3 BGH v. 13.6.2001 – XII ZR 343/99, FamRZ 2001, 986.
4 BGH v. 31.10.2001 – XII ZR 292/99, FamRZ 2002, 88.
5 Hinsichtlich weiterer Beispiele zum alten Unterhaltsrecht vgl. FA-FamR/*Gerhardt*, Kap. 6 Rz. 650a.
6 BGH v. 28.3.2007 – XII ZR 163/04, FamRZ 2007, 983; BGH v. 14.3.2007 – XII ZR 158/04, FamRZ 2007, 882; BGH v. 28.2.2007 – XII ZR 161/04, FamRZ 2007, 707.
7 Ehinger/Griesche/*Rasch*, Rz. 723.
8 Begr. RegE, BT-Drucks. 16/6308, S. 257.
9 Begr. RegE, BT-Drucks. 16/6308, S. 257.
10 BGH v. 20.2.2008 – XII ZR 101/05, FamRZ 2008, 872.

Abänderungsbegehren ist dieser Vortrag und nicht die sich davon unterscheidenden, eventuell abweichenden tatsächlichen Verhältnisse.[1] Der Abänderungskläger muss daher Tatsachen vortragen, die in einem Zeitpunkt eingetreten sind, in dem ein Einspruch gegen die Versäumnisentscheidung nicht mehr erhoben werden konnte. Bei einer Versäumnisentscheidung gegen den Antragsteller kann dieser seinen Anspruch nur auf Tatsachen stützen, die neu nach Rechtskraft der Entscheidung eingetreten sind. Da von dem Zeitpunkt, in dem ein Einspruch nicht mehr möglich war, davon auszugehen ist, dass der Anspruch nicht bestanden hatte, muss der Anspruch mit einem **neuen Leistungsantrag** und nicht mit einem Abänderungsantrag verfolgt werden.[2]

75 Soll mit einem Antrag nach § 238 eine **Anerkenntnisentscheidung** (Beschluss nach § 38 Abs. 1 FamFG oder Anerkenntnisurteil nach früherem Recht, § 307 ZPO) abgeändert werden, kommt es auf die der Entscheidung zugrunde liegenden tatsächlichen Umstände, nicht auf die subjektiven Vorstellungen des den Anspruch anerkennenden Unterhaltspflichtigen an.[3] Ein Anerkenntnis ist nicht anfechtbar; es kann jedoch widerrufen werden, wenn ein Abänderungs- oder Restitutionsgrund vorliegt.[4] Wenn die Anerkenntnisentscheidung ohne Tatbestand und Entscheidungsgründe ergangen ist (§ 38 Abs. 4 Nr. 1 FamFG, § 313b ZPO) und sich aus den Akten des Vorverfahrens nicht mehr klären lässt, welche tatsächlichen Verhältnisse der Entscheidung zugrunde lagen, muss ein Abänderungsantrag wie ein Erstantrag behandelt werden.[5]

76 Bei **mehreren aufeinander folgenden Abänderungsverfahren** kommt es nur auf eine Änderung der maßgeblichen Verhältnisse seit Schluss der Tatsachenverhandlung des letzten Verfahrens an, und zwar unabhängig von der Parteistellung oder Zielrichtung des Vorverfahrens. Hat es der Gegner eines früheren, auf Unterhaltserhöhung gerichteten Abänderungsverfahrens versäumt, die bereits bestehenden, für eine Herabsetzung sprechenden Gründe geltend zu machen, kann er auf diese Gründe keinen neuen Abänderungsantrag stützen. § 238 Abs. 2 stellt damit ebenso wie § 323 Abs. 2 ZPO aF sicher, dass nicht gesonderte Abänderungsverfahren für Erhöhungs- und Herabsetzungsverlangen zur Verfügung stehen, sondern dass der Einfluss veränderter Umstände auf den titulierten Unterhaltsanspruch in einem einheitlichen Verfahren nach beiden Seiten hin geklärt werden muss. Bei einer Aufeinanderfolge von Abänderungsverfahren mit entgegengesetzter Zielrichtung wird dadurch vermieden, dass in jedem Verfahren eine andere Zeitschranke für die Berücksichtigung von Tatsachen gilt und dass es zu einer unzweckmäßigen Verdoppelung von Verfahren über den gleichen Lebenssachverhalt kommt, mit der damit verbundenen Gefahr einander widersprechender gerichtlicher Entscheidungen. Die Beteiligten eines Abänderungsverfahrens können sich nicht auf eine teilweise Geltendmachung von Abänderungsgründen beschränken und die übrigen Gründe einem Nachtragsabänderungsverfahren vorbehalten, denn § 238 Abs. 2 unterliegt nicht der Parteidisposition.[6] Hinsichtlich des Verhältnisses von Abänderungsantrag zur Beschwerde (früher: Berufung) s. oben Rz. 33.

---

1 BGH v. 5.2.2003 – XII ZR 29/00, FamRZ 2003, 848; BGH v. 9.10.1991 – XII ZR 170/90, FamRZ 1992, 162; OLG Köln v. 18.9.2001 – 14 WF 100/01, FamRZ 2002, 471.
2 Musielak/*Borth*, § 323 ZPO Rz. 29.
3 BGH v. 4.7.2007 – XII ZR 251/04,FamRZ 2007, 1459; BGH v. 31.10.2001 – XII ZR 292/99, FamRZ 2002, 88.
4 BGH v. 31.10.2001 – XII ZR 292/99, FamRZ 2002, 88.
5 BGH v. 4.7.2007 – XII ZR 251/04, FamRZ 2007, 1459.
6 BGH v. 1.10.1997 – XII ZR 49/96, FamRZ 1998, 99; BGH v. 17.5.2000 – XII ZR 88/98, FamRZ 2000, 1499.

Für die **Präklusionswirkung** des § 238 Abs. 2 kommt es allein darauf an, ob die Gründe, auf die ein Abänderungsantrag gestützt wird, vor oder nach dem Schluss der letzten mündlichen Verhandlung in der Tatsacheninstanz entstanden sind. Für die **zeitliche Zäsur** ist maßgeblich, wann die wesentliche Veränderung eingetreten ist, **nicht** ein eventuell früherer Zeitpunkt, von dem ab eine **Änderung voraussehbar** war (zB Wegfall von Verbindlichkeiten, Veränderung von Steuerklassen, Eintritt in eine andere Altersstufe beim Kindesunterhalt). Nach dem eindeutigen Wortlaut in § 238 Abs. 2 kommt es darauf an, wann die wesentliche **Veränderung** tatsächlich, dh. **objektiv,** eingetreten ist, nicht darauf, ob der maßgebliche Umstand erst später bekannt geworden ist.[1] Es ist auch nicht von Bedeutung, ob die vor der letzten mündlichen Verhandlung bereits vorliegenden Gründe schon Gegenstand der richterlichen Beurteilung waren. Eine „Korrektur" der früheren Entscheidung herbeizuführen, ist dem Abänderungsantragsteller verschlossen.[2] 77

Wenn eine Änderung des Anspruchs auf Kindesunterhalt auf Grund des Eintritts in eine **höhere Altersstufe** unmittelbar bevorsteht, kann dieser Umstand ab dem Zeitpunkt des voraussichtlichen Eintritts in die Erstentscheidung aufgenommen werden, denn es handelt sich nicht um einen bedingten Antrag, sondern um einen Antrag auf künftige (höhere) Leistungen, der gem. § 258 ZPO, § 113 Abs. 1 FamFG zulässig ist.[3] 78

Die **Präklusion** ist insbesondere bei Umständen, die im Erstverfahren **nicht vorgetragen** wurden, von Bedeutung. 79

Eine Präklusion nach § 238 Abs. 2 ist beim Abänderungsantragsteller zB zu bejahen, wenn in dem abzuändernden Titel bestimmte **Einkommensarten** (Wohnvorteil, Kapitaleinkünfte, Einkünfte aus Vermietung und Verpachtung) nicht berücksichtigt oder wenn schon im Vorverfahren tatsächlich bestehende höhere **Fahrtkosten** (zB nach einem Umzug) mangels Mitteilung nicht in vollem Umfang angesetzt wurden.[4] 80

Eine **Begrenzung des Aufstockungsunterhalts** aus Billigkeitsgründen nach § 1573 Abs. 5 BGB aF setzt allerdings nicht zwingend voraus, dass der Zeitpunkt, ab dem der Unterhaltsanspruch entfällt, bereits erreicht ist. Wenn die dafür ausschlaggebenden Umstände bereits eingetreten oder zuverlässig voraussehbar sind, ist eine Entscheidung über eine Begrenzung nicht einem späteren Abänderungsverfahren vorzubehalten, sondern schon im Ausgangsverfahren zu treffen.[5] Ob die für eine Begrenzung ausschlaggebenden Umstände bereits im Ausgangsverfahren zuverlässig vorhersehbar sind, lässt sich nur unter Berücksichtigung aller Umstände des Einzelfalles beantworten.[6] Seit **Inkrafttreten** des **neuen Unterhaltsrechts am 1. Januar 2008** besteht Streit darüber, ob eine bestehende Unterhaltsregelung im Wege eines Abänderungsantrags an das neue Unterhaltsrecht angepasst, dh. begrenzt werden kann, oder ob eine Präklusion zu bejahen ist, wenn eine Befristung des Aufstockungsunterhalts schon nach dem bis zum 31.12.2007 geltenden Recht möglich war. Eine Präklusion wird bei Vorliegen der Möglichkeit einer sicheren Prognose (zB kinderlose Ehe) zT für die Zeit nach der Entscheidung des BGH v. 12.4.2006[7] mit der Begründung bejaht, der BGH habe in 81

1 BGH v. 31.10.2001 – XII ZR 292/99, FamRZ 2002, 88; OLG Karlsruhe v. 15.10.2003 – 16 WF 119/03, FamRZ 2004, 1052 zu § 323 Abs. 2 ZPO aF.
2 BGH v. 15.10.1986 – IVb ZR 78/85, FamRZ 1987, 259.
3 Wendl/*Schmitz*, § 10 Rz. 160.
4 BGH v. 14.3.2007 – XII ZR 158/04, FamRZ 2007, 882.
5 BGH v. 5.7.2000 – XII ZR 104/98, FamRZ 2001, 905.
6 BGH v. 26.9.2007 – XII ZR 11/05, FamRZ 2007, 2049.
7 BGH v. 12.4.2006 – XII ZR 31/04, FamRZ 2006, 1010.

dieser Entscheidung seine Rechtsprechung zur Anwendung der Begrenzungsbestimmungen nach §§ 1573 Abs. 5, 1578 Abs. 1 Satz 2 BGB aF erheblich ausgeweitet.[1] Nach der überwiegenden Auffassung soll eine Präklusion nicht eingetreten sein, weil die früheren Regelungen[2] Kann-Vorschriften waren, während § 1578b BGB nF zwingendes Recht beinhaltet. Insbesondere beim Betreuungsunterhalt dürfte eine Begrenzung im Erstverfahren bereits daran scheitern, dass eine sichere Prognose nicht möglich sein dürfte.[3]

82 Wenn im Vorverfahren **vorgetragene Umstände** keine Bedeutung erlangt haben, weil das Gericht hierauf nicht abgestellt hat, kann der Beteiligte im Abänderungsverfahren mit allen bereits vorgetragenen Tatsachen erneut gehört werden, soweit sie die Rechtskraft der Ausgangsentscheidung nicht tangieren. Dies ist nur dann der Fall, wenn der Beteiligte im Vorverfahren in vollem Umfang obsiegt hat. Der Unterhaltsgläubiger kann dann gestützt auf Alttatsachen seinen vollen Unterhalt geltend machen.[4] Wenn der Unterhaltspflichtige im Vorverfahren mit einer Zurückweisung des Unterhaltsbegehrens voll durchgedrungen ist, kann er in einem weiteren, aus anderen Gründen zulässigen Abänderungsverfahren die Alttatsachen anführen, um eine Herabsetzung des titulierten Unterhalts zu erreichen, denn durch die Berücksichtigung dieser Umstände muss keine Rechtskraftwirkung beseitigt werden.[5]

83 Die in § 238 Abs. 2 für den Antragsteller eines Abänderungsverfahrens angeordnete Präklusion von Abänderungsgründen gilt nicht uneingeschränkt auch für den Gegner dieses Verfahrens. Der **Abänderungsgegner** kann zur **Rechtsverteidigung** gegen den Abänderungsantrag des Antragstellers auch Tatsachen vortragen, die beim Erstverfahren bereits vorlagen, dort aber **nicht vorgetragen** (verschwiegen) wurden oder unberücksichtigt blieben, weil sie auf die Entscheidung keinen Einfluss hatten,[6] vgl. auch Rz. 82. Dies gilt aber nur, soweit der Abänderungsgegner die Erstentscheidung verteidigen will, hingegen nicht, wenn er mit einem Abänderungsgegen(-wider)antrag eine Verbesserung erreichen will.[7] Eine Präklusion wird bejaht, wenn der Abänderungsgegner in einem früheren auf Erhöhung gerichteten Verfahren Gründe, die für eine Herabsetzung des Titels sprachen, nicht mit einem Abänderungsgegen(-wider)antrag, sondern erst in einem neuen Verfahren geltend gemacht hatte.[8]

84 **Ausnahmen** von der Präklusionswirkung hat die Rechtsprechung aus **Billigkeitsgründen** zugelassen. Wenn es sich um tatsächliche Vorgänge handelt, die schon **vor dem Schluss der mündlichen Verhandlung** des Vorverfahrens vorhanden waren, jedoch nach Schluss der mündlichen Verhandlung andauern und **fortwirken**, ist der Antragsteller im Abänderungsverfahren nicht durch § 238 Abs. 2 präkludiert. Dies ist bei **betrügerischem Verhalten** des **Unterhaltsberechtigten** der Fall, zB wenn er vor und nach der mündlichen Verhandlung **wesentliche Veränderungen nicht mitteilt** oder **vorhandenes Einkommen und/oder Vermögen verschleiert** hat. Bei einem solchen Verhalten genügt der Abänderungsantragsteller seiner Darlegungslast, wenn er das

1 OLG Bremen v. 24.6.2008 – 4 WF 68/08, FPR 2008, 587; OLG Dresden v. 4.7.2008 – 20 WF 574/08, MDR 2008, 1279; *Dose*, FamRZ 2007, 1289 (1296).
2 Zum Streitstand vgl. *Viefhues*, Anm. zu OLG Bremen v. 20.6.2008 – 4 WF 68/08, ZFE 2008, 430 mwN.
3 FA-FamR/*Gerhardt*, Kap. 6, Rz. 654a.
4 BGH v. 3.4.1985 – IVb ZR 19/84, FamRZ 1985, 690.
5 BGH v. 1.10.1997 – XII ZR 49/96, FamRZ 1998, 99.
6 BGH v. 28.2.2007 – XII ZR 37/05, FamRZ 2007, 793.
7 BGH v. 28.2.2007 – XII ZR 37/05, FamRZ 2007, 793.
8 BGH v. 1.10.1997 – XII ZR 49/96, FamRZ 1998, 99.

ihm in zumutbarer Weise Erkennbare vorträgt.[1] Umgekehrt kann sich der Unterhaltspflichtige, der im Erstverfahren sein wirkliches Einkommen verschleiert hat, im Abänderungsverfahren für sein tatsächliches Einkommen nicht auf die Präklusion als Alttatsache berufen.[2] Diese Rechtsprechung sollte ursprünglich durch die Einführung einer Härteklausel in § 238 am Ende von Abs. 2 normiert werden. Nachdem insbesondere der Bundesrat[3] hiergegen erhebliche Bedenken erhoben hatte, weil er in der Ausweitung der Ausnahmefälle eine Einladung an die Verfahrensbeteiligten sah, auch hinsichtlich präkludierter Tatsachen eine Argumentation im Sinne einer groben Unbilligkeit vorzutragen, hat der Gesetzgeber hierauf verzichtet.

III. Darlegungs- und Beweislast

Die Darlegungs- und Beweislast für eine wesentliche Veränderung der Verhältnisse iSd. § 238 trägt der Abänderungsantragsteller. Er hat nicht nur die geänderten Umstände, sondern auch die gesamten wesentlichen Umstände, die für die erste Titulierung maßgebend waren, darzulegen und zu beweisen.[4] 85

Wenn eine wesentliche Änderung der Verhältnisse feststeht, muss der Abänderungsantragsgegner Tatsachen vortragen und beweisen, die eine Aufrechterhaltung des Titels, zB auf Grund eines anderen Unterhaltstatbestandes, rechtfertigen.[5] Den Abänderungsantragsgegner trifft eine Substantiierungspflicht für Änderungen in seiner Sphäre. So muss der Unterhaltspflichtige bei einem auf eine wesentliche Einkommenssteigerung gestützten Erhöhungsbegehren hierauf substantiiert erwidern. Da es nur ihm möglich ist, seine Einkommens- und Vermögensverhältnisse zutreffend darzulegen, kann er sich nicht auf ein bloßes Bestreiten der gegnerischen Behauptungen beschränken.[6] 86

In einem Abänderungsverfahren gegen das volljährig gewordene Kind trägt dieses die Darlegungs- und Beweislast für die Umstände, die den Fortbestand des Titels rechtfertigen. Wenn der frühere Titel den Unterhalt des minderjährigen Kindes regelte und im Abänderungsverfahren nun erstmals die Haftungsquote der Eltern darzulegen und nachzuweisen ist, ist trotz der Identität der Unterhaltsansprüche des minderjährigen und des volljährigen Kindes das Kind hierfür darlegungs- und beweispflichtig.[7] Der eine Abänderung beantragende Elternteil muss den Haftungsanteil des anderen Elternteils darlegen und beweisen, wenn schon der abzuändernde Titel den Unterhalt des volljährigen Kindes und damit auch die jetzt neu zu bestimmende Haftungsquote regelte.[8] In einem Verfahren, in dem ein Ehemann den titulierten Unterhalt für seine Ehefrau wegen einer anteiligen Mithaftung des nichtehelichen Vaters eines Kindes 87

1 BGH v. 30.5.1990 – XII ZR 57/89, FamRZ 1990, 1095; OLG Koblenz v. 31.7.1997 – 11 UF 337/96, FamRZ 1998, 565.
2 BGH v. 27.6.1984 – IVb ZR 21/83, FamRZ 1984, 997.
3 Stellungnahme des Bundesrates zum RegE, BT-Drucks. 16/6308, S. 384.
4 BGH v. 25.10.2006 – XII ZR 190/03, FamRZ 2007, 200; Wendl/*Schmitz*, § 10 Rz. 166.
5 BGH v. 6.2.2002 – XII ZR 20/00, FamRZ 2002, 536; BGH v. 31.1.1990 – XII ZR 36/89, FamRZ 1990, 496.
6 BGH v 31.1.1990 – XII ZR 36/89, FamRZ 1990, 496.
7 OLG Brandenburg v. 14.1.2003 – 10 UF 302/01, FamRZ 2004, 553; OLG Köln v. 16.6.1999 – 27 UF 243/98, FamRZ 2000, 1043; OLG Hamm v. 25.2.2000 – 11 UF 264/99 FamRZ 2000, 904; Wendl/*Schmitz*, § 10 Rz. 166 und § 6 Rz. 726; aA OLG Zweibrücken v. 15.12.1999 – 5 UF 114/99, FamRZ 2001, 249; FA-FamR/*Gerhardt*, Kap. 6 Rz. 658.
8 OLG Zweibrücken v. 15.12.1999 – 5 UF 114/99, FamRZ 2001, 249.

(§ 1606 Abs. 3 BGB analog) herabsetzen lassen will, trägt die Abänderungsgegnerin die Darlegungs- und Beweislast für die jeweiligen Haftungsquoten, mithin auch für die Einkommensverhältnisse des nichtehelichen Vaters.[1]

F. Entscheidung über den Abänderungsantrag

I. Prüfungsumfang, Bindung an die abzuändernde Entscheidung

88 Wenn eine wesentliche Veränderung der tatsächlichen oder rechtlichen Verhältnisse vorliegt, ist die abzuändernde Entscheidung nach § 238 Abs. 4 unter Wahrung ihrer Grundlagen anzupassen. Mit dem gegenüber § 323 Abs. 1 ZPO aF veränderten Wortlaut wollte der Gesetzgeber den Gesichtspunkt der Bindungswirkung, der bisher in der Formulierung „eine entsprechende Abänderung" in § 323 Abs. 1 ZPO aF enthalten war, deutlicher zum Ausdruck bringen. Eine Veränderung der Rechtslage ist mit der Neuformulierung nicht verbunden.[2]

89 Die Abänderungsentscheidung ermöglicht nur eine **Anpassung des Unterhalts an die geänderten Verhältnisse unter Wahrung der Grundlagen des abzuändernden Titels**. Die Abänderungsentscheidung hat nicht nur die neuen, nach Schluss der mündlichen Verhandlung veränderten Umstände zu berücksichtigen, sondern auch die in der Erstentscheidung festgestellten und unverändert gebliebenen Verhältnisse (Alttatsachen) einschließlich ihrer rechtlichen Bewertung.[3] Eine freie, von der bisherigen Höhe unabhängige Neufestsetzung des Unterhalts ist nicht möglich. Es besteht eine Bindungswirkung an die unverändert gebliebenen Tatsachen, und zwar auch dann, wenn die frühere Tatsachenfeststellung unzutreffend war.[4] Eine Korrektur des titulierten Anspruchs darf nur insoweit erfolgen, als dies durch die veränderten Verhältnisse gerechtfertigt ist. Denn das Abänderungsverfahren dient nur zur Korrektur von Prognoseentscheidungen, nicht jedoch zur Behebung von Fehlern der Erstentscheidung.[5] Soweit die Feststellungen der abzuändernden Entscheidung nicht von den Änderungen betroffen sind, bleiben sie für das über den Abänderungsantrag zu befindende Gericht bindend. Die **Rechtskraft der Erstentscheidung** wird auch hinsichtlich **fehlerhafter Feststellungen** durch die Präklusionswirkung des § 238 Abs. 2 sichergestellt. Die Berufung auf die Präklusion steht unter dem Vorbehalt von Treu und Glauben (§ 242 BGB), s. oben Rz. 84. Es ist dem Gericht ferner verwehrt, einen alten Sachverhalt neu **zu bewerten**.[6]

90 Die **rechtliche Bindung** des Abänderungsrichters an die Grundlagen der Erstentscheidung **erfasst** aber nur solche unverändert gebliebenen tatsächlichen Verhältnisse, die der Richter im früheren Verfahren festgestellt und denen er Bedeutung für die Unterhaltsbemessung beigelegt hat. Die Bindung kann sich danach ua. erstrecken auf die **Ermittlung der Einkommensverhältnisse**, die **Einbeziehung fiktiver Einkünfte oder besonderer Belastungen**, auf den **Pauschalabzug berufsbedingter Aufwendungen**,[7] auf einen **konkret ermittelten Lebensbedarf**[8] oder die Anrechnung oder Nichtanrechnung

1 Wendl/*Schmitz*, § 10 Rz. 166.
2 Begr. RegE, BT-Drucks. 16/6308, S. 258.
3 BGH v. 28.2.2007 – XII ZR 37/05, FamRZ 2007, 793.
4 BGH v. 5.7.2000 – XII ZR 104/98, FamRZ 2001, 905.
5 Wendl/*Schmitz*, § 10 Rz. 162a.
6 BGH v. 21.2.2001 – XII ZR 276/98, FamRZ 2001, 1364.
7 BGH v. 14.3.2007 – XII ZR 158/04, FamRZ 2007, 882.
8 BGH v. 15.11.1989 – IVb ZR 95/88, FamRZ 1990, 280.

von bestimmten Einkommensanteilen, zB Zinsen, Wohnwert[1] oder den Kinderzuschuss zur Rente.[2]

Keine Bindung besteht **an** Feststellungen in der Erstentscheidung, die aufgrund richterlicher Hilfsmittel oder allgemeiner unterhaltsrechtlicher Bewertungskriterien in die Entscheidung eingeflossen sind. Dazu gehören die von der unterhaltsrechtlichen Praxis entwickelten **Unterhaltsrichtlinien, Tabellen, Verteilungsschlüssel oder sonstigen Berechnungsmethoden** (zB Höhe des Erwerbstätigenbonus 1/7 bzw. 1/10 oder Unterhaltsquoten 3/7 bzw. 1/2 nach Abzug des Bonus[3]). Diese dienen nur zur Ausfüllung der unbestimmten Rechtsbegriffe „angemessener Unterhalt" oder „Unterhalt nach den ehelichen Lebensverhältnissen".[4] Art und Höhe der Besteuerung des in der ersten Entscheidung zugrunde gelegten Nettoeinkommens entfalten ebenfalls keine Bindungswirkung.[5] Gleiches gilt für den Berechnungsansatz für die Ermittlung eines Wohnvorteils bei mietfreiem Wohnen im eigenen Haus.[6] 91

Wenn ein Abänderungsantragsteller, der in dem ersten Unterhaltsverfahren voll erfolgreich war, dort nicht seinen gesamten Unterhaltsbedarf eingefordert hatte, ist er nicht gehindert, mit einem Abänderungsverfahren seinen vollen Unterhalt zu verlangen, wenn die Voraussetzungen für einen Abänderungsantrag aus anderen Gründen vorliegen. So kann zusätzlich zu dem bisherigen Elementarunterhalt ein bisher nicht geforderter Vorsorgebedarf geltend gemacht werden.[7] 92

Keine Bindungswirkung besteht ferner für Umstände, die bei der Erstentscheidung zwar voraussehbar, aber vor Schluss der mündlichen Verhandlung noch nicht eingetreten waren und deshalb nicht berücksichtigt wurden, zB der Eintritt des Kindes in eine höhere Altersstufe, vgl. Rz. 77, 78. 93

II. Anpassungsmaßstab

Ebenso wie § 323 Abs. 1 ZPO aF sieht auch § 238 Abs. 4 eine entsprechende **Anpassung** unter **Wahrung der Grundlagen der Erstentscheidung** und der in ihr zu Tage tretenden Zielrichtung vor. Die Abänderung hat grundsätzlich proportional zu erfolgen, wobei jedoch bei steigenden Einkünften auch eine nur verhältnismäßige Anpassung zu Verzerrungen führen kann.[8] Dies ist der Fall, wenn ein Teil des Einkommens des Unterhaltspflichtigen nicht zur Deckung des Lebensbedarfs, sondern zur Bildung von Rücklagen verwendet wird. Eine rein schematische Erhöhung des Unterhaltsanspruchs würde dann den tatsächlichen Verhältnissen nicht mehr entsprechen.[9] 94

1 BGH v. 28.2.2007 – XII ZR 37/05, FamRZ 2007, 793.
2 BGH v. 29.6.1994 – XII ZR 79/93, FamRZ 1994, 1100.
3 BGH v. 14.2.1990 – XII ZR 51/89, FamRZ 1990, 981.
4 BGH v. 29.6.1994 – XII ZR 79/93, FamRZ 1994, 1100; BGH v. 11.1.1984 – IVb ZR 10/82, FamRZ 1984, 374.
5 BGH v. 14.2.1990 – XII ZR 51/89, FamRZ 1990, 981.
6 BGH v. 29.6.1994 – XII ZR 79/93, FamRZ 1994, 1100.
7 BGH v. 11.1.1984 – IVb ZR 10/82, FamRZ 1984, 374; BGH v. 15.10.1986 – IVb ZR 78/85, FamRZ 1987, 259.
8 BGH v. 27.6.1984 – IVb ZR 21/83, FamRZ 1984, 997.
9 Wendl/*Schmitz*, § 10 Rz. 165.

III. Rückwirkende Abänderung

95 Nach dem vor dem 1.9.2009 geltenden § 323 Abs. 3 Satz 1 ZPO aF durften Unterhalts**urteile** (nicht die in § 323 Abs. 4 ZPO aF genannten Titel), mit denen eine **Herabsetzung** des Unterhalts ausgesprochen wurde, **nur für die Zeit nach Erhebung der Klage** abgeändert werden. Es kam hier auf den Tag der Klagezustellung, dh. auf die Rechtshängigkeit, an.[1] Auch ein vorgeschaltetes Prozesskostenhilfeverfahren durchbrach die Zeitschranke nicht; es konnte daher nicht auf den Zugang des Gesuchs oder die Mitteilung der Klage abgestellt werden.[2] Um Verzögerungen zu vermeiden, musste der Antragsteller trotz Armut den Gerichtskostenvorschuss einzahlen oder um sofortige Zustellung der Klage nach § 14 Nr. 3 GKG nachsuchen.

96 Die **Zeitschranke** des § 323 Abs. 3 Satz 1 ZPO aF galt nicht für eine **Klage auf Erhöhung** der in § 323 Abs. 3 Satz 2 ZPO aF genannten Unterhaltsansprüche unter Ehegatten und Verwandten. Eine rückwirkende Abänderung von Unterhaltstiteln konnte nach altem Recht für die Fälle verlangt werden, in denen nach den genannten materiellrechtlichen Vorschriften Unterhalt auch für die Vergangenheit verlangt werden konnte. Das war insbesondere dann möglich, wenn der Unterhaltsberechtigte den Unterhaltsverpflichteten (zB nach § 1613 BGB) aufgefordert hatte, über seine Einkünfte oder sein Vermögen zum Zwecke der Unterhaltsberechnung Auskunft zu erteilen. Gleiches galt, wenn der Unterhaltsverpflichtete mit der erhöhten Unterhaltszahlung in Verzug gesetzt worden war.[3]

97 Gegenüber § 323 Abs. 3 ZPO aF enthält **§ 238 Abs. 3**, der ebenfalls die Zeitgrenze, bis zu der eine rückwirkende Abänderung möglich ist, regelt, **mehrere Veränderungen**. Grundsätzlich ist ein Abänderungsantrag gem. § 238 Abs. 3 Satz 1 hinsichtlich des vor dem maßgeblichen Zeitpunkt (Rechtshängigkeit) liegenden Teils unzulässig. Maßgeblich ist die Zustellung des Antrags an den Gegner. Auch nach neuem Recht genügt weder die Einreichung eines entsprechenden Verfahrenskostenhilfegesuchs noch die bloße Einreichung des Abänderungsantrags bei Gericht.[4]

98 Wenn der **Abänderungsantrag** auf eine **Erhöhung des Unterhalts** gerichtet ist, ist der **Antrag aber auch zulässig** für die Zeit, für die nach den Vorschriften des bürgerlichen Rechts Unterhalt für die Vergangenheit verlangt werden kann. In Betracht kommen hierbei insbesondere § 1613 Abs. 1 BGB und die hierauf verweisenden sonstigen Vorschriften des materiellen Unterhaltsrechts (§ 1360a Abs. 3 BGB für den Familienunterhalt, § 1361 Abs. 4 Satz 4 BGB für den Getrenntlebensunterhalt, § 1585b Abs. 2 BGB für den nachehelichen Unterhalt). § 238 Abs. 3 Satz 2 entspricht in der Sache daher § 323 Abs. 3 Satz 2 ZPO aF. Anstelle des Verweises auf zahlreiche Gesetzesbestimmungen enthält § 238 Abs. 3 Satz 2 nunmehr eine zusammenfassende Formulierung.

99 Ist ein Antrag auf Abänderung bereits im Rahmen eines Beschwerdeverfahrens durch eine unselbständige Anschließung geltend gemacht und durch Rücknahme der Hauptbeschwerde gem. § 66 Satz 2 unwirksam geworden, dann ist für einen danach erhobenen Abänderungsantrag der Zeitpunkt der Anschließung maßgebend, dh. die Wirkung

1 BGH v. 19.12.1989 – IVb ZR 9/89, NJW 1990, 709.
2 BGH v. 20.1.1982 – IVb ZR 651/80, NJW 1982, 1050; aA Zöller/*Vollkommer*, § 323 ZPO Rz. 35 mwN.
3 Ehinger/Griesche/*Rasch*, Rz. 727.
4 Begr. RegE, BT-Drucks. 16/6308, S. 258.

der Antragstellung in dem neuen Verfahren ist auf den Zeitpunkt der Anschließung im Beschwerdeverfahren zurückzubeziehen.[1]

Ist der Antrag zur Abänderung einer Endentscheidung in der Hauptsache auf **Herabsetzung des Unterhalts** gerichtet, ist er gem. § 238 Abs. 3 Satz 2 **auch zulässig** für die Zeit ab dem Ersten des auf ein entsprechendes Auskunfts- oder Verzichtsverlangen (sog. negative Mahnung) des Antragstellers folgenden Monats. Dies ist eine **zu begrüßende Neuerung**, die im bisherigen Recht keine Entsprechung hatte. Durch die Neufassung wird die Gleichbehandlung von Gläubiger und Schuldner erreicht. Der Gesetzgeber hat damit einer insbesondere in der Literatur[2] verbreitet erhobenen Forderung Rechnung getragen. Das auf eine Herabsetzung gerichtete Verlangen unterliegt spiegelbildlich den Voraussetzungen, für die nach den Vorschriften des bürgerlichen Rechts (§§ 1360a Abs. 3, 1361 Abs. 4 Satz 4, 1585b Abs. 2 BGB) Unterhalt für die Vergangenheit verlangt werden kann. Diese Voraussetzungen ergeben sich nach der Neufassung des § 1585b Abs. 2 BGB durch das Gesetz zur Änderung des Unterhaltsrechts[3] einheitlich aus § 1613 Abs. 1 BGB. 100

Erforderlich ist daher entweder ein **Auskunftsverlangen** mit dem Ziel der Herabsetzung des Unterhalts gegenüber dem Unterhaltsgläubiger oder eine **„negative Mahnung“**,[4] also eine **Aufforderung** an den Unterhaltsgläubiger, teilweise oder vollständig **auf den titulierten Unterhalt zu verzichten**. Ein entsprechendes Verlangen muss dem Unterhaltsgläubiger zugegangen sein.[5] 101

Für eine **mehr als ein Jahr vor Rechtshängigkeit** liegende Zeit kann eine **Herabsetzung nicht verlangt** werden. § 238 Abs. 3 Satz 4 ist § 1585b Abs. 3 BGB nachgebildet und enthält eine zeitliche Einschränkung für die Geltendmachung eines rückwirkenden Herabsetzungsverlangens. Der Gesetzgeber hat es aus Gründen der Rechtssicherheit für erforderlich gehalten, das Herabsetzungsverlangen zeitlich zu begrenzen. Denn nach seiner Auffassung ist das **Herabsetzungsverlangen rein verfahrensrechtlich** ausgestaltet, während sich die rückwirkende Erhöhung des Unterhalts nach § 238 Abs. 3 Satz 2 nach dem materiellen Recht richte. Bei einer Herabsetzung könne sich die Frage der Verjährung nicht stellen. Eine Verwirkung des Herabsetzungsverlangens komme nur unter den engen, für die Verwirkung eines prozessualen Rechts geltenden Voraussetzungen in Betracht.[6] 102

Überzahlten Unterhalt kann der Unterhaltsschuldner zurückfordern; ab Rechtshängigkeit ist dies nunmehr unter erleichterten Voraussetzungen möglich. Denn nach § 241 haftet der zur Rückzahlung Verpflichtete ab Rechtshängigkeit eines auf Herabsetzung gerichteten Abänderungsantrags nach § 818 Abs. 4 BGB verschärft. Er kann sich dann nicht mehr auf den in den meisten Fällen durchgreifenden Entreicherungseinwand nach § 818 Abs. 3 BGB berufen. Hinsichtlich der Einzelheiten wird auf die Kommentierung zu § 241 verwiesen. 103

Bei unschlüssigen oder unzulässigen Abänderungsanträgen wird vertreten, dass für den Umfang der Abänderung der Zeitpunkt maßgebend sein soll, in dem der Mangel 104

1 BGH v. 16.3.1988 – IVb ZR 36/87, FamRZ 1988, 601.
2 Vgl. 15. Deutscher Familiengerichtstag (DFGT), Arbeitskreis 5, Brühler Schriften zum Familienrecht, Bd. 13, S. 79.
3 Gesetz v. 21.12.2007, BGBl. I, S. 3189.
4 MüKo.BGB/*Maurer*, § 1585b BGB Rz. 21.
5 Begr. RegE, BT-Drucks. 16/6308, S. 258.
6 Begr. RegE, BT-Drucks. 16/6308, S. 258; BVerfGE 32, 305 ff.; MüKo.BGB/*Roth*, § 242 BGB Rz. 90.

beseitigt wird.[1] Wenn eine Abänderung durch Antragserweiterung oder Abänderungsgegen(-wider)antrag begehrt wird, ist für die Abänderung der in § 261 Abs. 2 ZPO genannte Zeitpunkt maßgebend.[2]

IV. Inhalt der Abänderungsentscheidung

105 Die Abänderungsentscheidung lautet, wenn eine wesentliche Abänderung nicht vorliegt oder nicht erwiesen ist, auf Zurückweisung des Antrags. Der stattgebende Beschluss spricht ab Rechtshängigkeit oder dem oben genannten früheren Zeitpunkt (Aufforderung zur Auskunft, negative Mahnung) unter Abänderung der früheren Entscheidung ab diesem Zeitpunkt einen weiteren Anspruch zu. Es kann wie folgt tituliert werden:

106 **Formulierungsvorschlag:**

Der Antragsgegner wird verpflichtet, in Abänderung des Beschlusses des Amtsgerichts – Familiengericht – (bei alten Titeln: des Urteils ...) vom ... ab ... dem ... folgenden monatlichen (Trennungs-; nachehelichen; Kindes-)Unterhalt zu zahlen: ...

107 Sofern Antragsteller als auch Antragsgegner gegenläufige Ansprüche geltend machen (der Antragsteller auf Erhöhung des Unterhalts, der Antragsgegner auf Herabsetzung), sind diese Anträge zu verbinden und in Form von Antrag und Gegen(-wider)antrag zu führen (vgl. § 33 ZPO). Es ist eine einheitliche Entscheidung zu treffen, weil beide Antragsbegehren in einem einheitlichen Zusammenhang stehen und sich gegenseitig bedingen.[3] Eine **Teilentscheidung** kann allenfalls über einen zeitlich befristeten Unterhaltszeitraum ergehen, weil in diesem Umfang Antrag und Gegenantrag durch Endentscheidung abschließend geregelt sind.[4]

108 Für die **Kostenentscheidung** gilt § 243.

109 **Endentscheidungen** werden nach § 120 Abs. 2 mit Wirksamwerden **vollstreckbar**. Nach § 116 Abs. 3 Satz 1 werden Endentscheidungen in Familienstreitsachen, also auch in Unterhaltssachen, mit Rechtskraft wirksam. Das Gericht kann die sofortige Wirksamkeit anordnen. Soweit die Endentscheidung eine Verpflichtung zur Leistung von Unterhalt enthält, soll das Gericht gem. § 116 Abs. 3 Satz 3 die sofortige Wirksamkeit anordnen. Durch diese Vorschrift ist das Rechtsinstitut der vorläufigen Vollstreckbarkeit in Familienstreitsachen entbehrlich geworden.[5] Die §§ 708 bis 713 ZPO sind bei der Vollstreckung von Beschlüssen in FamFG-Sachen nicht anwendbar.[6] Hinsichtlich der Einstellung oder Beschränkung der Vollstreckung s. § 120 Abs. 2 Satz 2 und 3.

110 **Gebühren:** Für den Verfahrenswert gelten die §§ 51, 40 FamGKG (vgl. §§ 42, 49 GKG aF). Der Verfahrenswert eines Abänderungsantrags bestimmt sich nach § 51 FamGKG aus dem Jahresbetrag der geforderten Veränderung zuzüglich verlangter Rückstände vor Anhängigkeit des Verfahrens; der Monat der Anhängigkeit zählt zu den Rückständen, § 51 Abs. 2. Der Einreichung eines Antrags steht die Einreichung eines Antrags

1 Wendl/*Schmitz*, § 10 Rz. 165; Musielak/*Borth*, § 323 ZPO Rz. 43.
2 Wendl/*Schmitz*, § 10 Rz. 165; Musielak/*Borth*, § 323 ZPO Rz. 43.
3 BGH v. 29.10.1986 – IVb ZR 88/85, FamRZ 1987, 151.
4 OLG Zweibrücken v. 29.11.1994 – 5 UF 25/94, FamRZ 1995, 891; Wendl/*Schmitz*, § 10 Rz. 167.
5 Begr. RegE, BT-Drucks. 16/6308, S. 224.
6 Begr. RegE, BT-Drucks. 16/6308, S. 226.

auf Bewilligung von Verfahrenskostenhilfe gleich. Im Rechtsmittelverfahren bestimmt sich gem. § 40 Abs. 1 FamGKG der Verfahrenswert nach den Anträgen des Rechtsmittelführers.

§ 239
Abänderung von Vergleichen und Urkunden

(1) Enthält ein Vergleich nach § 794 Abs. 1 Nr. 1 der Zivilprozessordnung oder eine vollstreckbare Urkunde eine Verpflichtung zu künftig fällig werdenden wiederkehrenden Leistungen, kann jeder Teil die Abänderung beantragen. Der Antrag ist zulässig, sofern der Antragsteller Tatsachen vorträgt, die die Abänderung rechtfertigen.

(2) Die weiteren Voraussetzungen und der Umfang der Abänderung richten sich nach den Vorschriften des bürgerlichen Rechts.

Literatur: *Graba*, Zur Abänderung der Jugendamtsurkunde, FamRZ 2005, 678

A. Allgemeines

I. Entstehung

§ 239 entspricht zum Teil dem bisherigen § 323 Abs. 4 ZPO. 1

II. Systematik

Die Vorschrift enthält eine Spezialregelung für die Abänderung von Vergleichen und Urkunden. 2

III. Normzweck

Bei der Abänderung von Vollstreckungstiteln mit Bindungswirkung (Vergleiche, Urkunden) stellen sich ähnliche Fragen wie bei der Abänderung von Entscheidungen in der Hauptsache. Bisher richtete sich die Abänderung von Vergleichen und Urkunden nach § 323 Abs. 4 ZPO aF. Wegen der Besonderheiten für eine Abänderung dieser Titel hat der Gesetzgeber eine spezielle Vorschrift geschaffen. Die Rechtslage soll sich stärker als bisher unmittelbar aus dem Gesetzeswortlaut selbst ergeben. Durch die Aufteilung der Abänderungsvorschriften auf mehrere Normen sollte die Übersichtlichkeit hinsichtlich der Abänderbarkeit von Titeln erhöht werden.[1] 3

B. Inhalt der Vorschrift

I. Abzuändernde Titel, Abs. 1 Satz 1

Prozessvergleiche (nach neuer Terminologie: Verfahrensvergleiche) nach § 794 Abs. 1 Nr. 1 ZPO und vollstreckbare Urkunden unterliegen ebenfalls der Abänderung, sofern 4

1 Begr. RegE, BT-Drucks. 16/6308, S. 257.

sie eine Verpflichtung zu künftig fällig werdenden wiederkehrenden Leistungen enthalten. Gleiches gilt für Anwaltsvergleiche (§§ 796a bis 796c ZPO) und Jugendamtsurkunden nach §§ 59, 60 SGB VIII. Da diese Titel keine materielle Rechtskraftwirkung wie eine Endentscheidung in der Hauptsache (jetzt Beschluss, früher Urteil) entfalten, gelten für eine Abänderung andere Voraussetzungen. Zur Abänderung von Titeln im vereinfachten Verfahren s. § 240.

1. Vergleich

5 Nach dem eindeutigen Wortlaut des § 794 Abs. 1 Nr. 1 ZPO fallen unter diese Vorschrift nur wirksame **Prozessvergleiche** und für vollstreckbar erklärte **Anwaltsvergleiche** iSd. §§ 796a bis 796c ZPO. Letzteres ergibt sich zwar nicht aus dem Wortlaut des § 239; der Gesetzgeber hat hier eine gebotene Klarstellung unterlassen. Da aber mit der Neufassung des § 239 keine Änderung der materiellen Rechtslage verbunden ist, gelten die zu § 323 Abs. 4 ZPO aF entwickelten Grundsätze[1] weiter.

6 Es muss sich um einen Vergleich handeln, der eine Verpflichtung zu künftig fällig werdenden **wiederkehrenden Leistungen** enthält. Dies ist nicht der Fall, wenn die Parteien einen zeitlich befristeten **Pauschalunterhalt** vereinbart hatten. In einem solchen Fall ist bei materiellrechtlichen Einwendungen nur ein **Vollstreckungsabwehrantrag** nach § 767 ZPO zulässig.[2]

7 Nach der Rechtsprechung des BGH zu **§ 323 ZPO aF** war eine Abänderungsklage statthaft, wenn ein Unterhaltsgläubiger, der einen Titel in Form eines **Urteils** über seinen Unterhalt erlangt hatte, und dessen Unterhaltsrente jedoch später im Wege der Abänderungsklage aberkannt worden ist, in der Folgezeit erneut Unterhalt verlangte. Denn das abändernde Urteil beruhte sowohl im Falle der Reduzierung als auch bei völliger Streichung der Unterhaltsrente weiterhin auf einer Prognose der zukünftigen Entwicklung und stellte den Rechtszustand auch für die Zukunft fest. Diese Rechtsprechung war jedoch auf den Fall des durch **Prozessvergleich** titulierten **Unterhalts**, der nur für einen **bestimmten Zeitraum** vereinbart wurde, für die Zukunft indessen nach der Auffassung der Prozessparteien mangels Bedürftigkeit nicht bestand, nicht übertragbar. Denn die Vereinbarung der Parteien beschränkte sich auf den materiellen Anspruch; sein Nichtbestehen war nicht rechtskräftig festgestellt. Das hatte zur Folge, dass ein weiterer Unterhaltsanspruch des Berechtigten durch **Leistungsklage** (§ 258 ZPO) geltend zu machen war.[3] Da der Gesetzgeber in § 239 keine von dem früheren Recht (§ 323 Abs. 4 ZPO aF) abweichende Rechtslage schaffen wollte,[4] ist diese Rechtsprechung des BGH auch im Geltungsbereich des § 239 zu beachten.

8 Wenn ein **Prozessvergleich** nach § 779 BGB **unwirksam** ist, kann er **nicht nach § 239 abgeändert** werden; das alte Verfahren ist fortzusetzen.[5] Wenn ein titulierter Unterhaltsanspruch durch einen Vergleich in einem Abänderungsverfahren „aberkannt" wurde, ist der Unterhaltsanspruch mit einem Leistungsantrag und nicht mit einem Abänderungsantrag weiter zu verfolgen.[6] Ein Abänderungsantrag soll jedoch die richti-

1 Zöller/*Vollkommer*, § 323 ZPO Rz. 43.
2 OLG Zweibrücken v. 15.9.1998 – 5 UF 86/97, FamRZ 2000, 681.
3 BGH v. 28.3.2007 – XII ZR 163/04, FamRZ 2007, 983.
4 Begr. RegE, BT-Drucks. 16/6308, S. 258.
5 OLG Köln v. 11.8.1998 – 4 UF 44/98, FamRZ 1999, 943.
6 OLG Hamm v. 23.4.1999 – 5 UF 429/98, FamRZ 2000, 907.

ge Antragsart sein, wenn die Beteiligten bei Abschluss des Vergleichs erkennbar von einer Prognose ausgegangen waren und sich diese später als Fehleinschätzung herausgestellt hat.[1]

Privatschriftliche Unterhaltsvereinbarungen und **außergerichtliche Vergleiche** der Parteien schaffen keinen Vollstreckungstitel.[2] Sie können **nicht**[3] im Wege eines Abänderungsverfahrens **nach § 239 abgeändert** werden. Ein Unterhaltsvergleich, der ohne beiderseitige anwaltliche Vertretung der Beteiligten im Rahmen einer Scheidungsvereinbarung abgeschlossen wird, ist wegen der notwendigen anwaltlichen Vertretung nur als außergerichtlicher Vergleich anzusehen. Vor Rechtskraft der Scheidung abgeschlossene Vergleiche zum nachehelichen Unterhalt sind seit dem 1. Januar 2008 formbedürftig, § 1585c BGB. 9

Wenn eine Unterhaltsleistung auf einer **Vereinbarung der Parteien** beruht und ein Titel hierüber nicht errichtet worden ist, kann eine Abänderung des nach der Vereinbarung geschuldeten Unterhalts durch den Unterhaltsgläubiger grundsätzlich **nicht** im Wege eines Abänderungsverfahrens nach § 323 Abs. 4 ZPO aF, **§ 238 oder § 239**, sondern nur durch einen **Leistungsantrag** geltend gemacht werden. Eine Ausnahme soll nur dann gelten, wenn die Vereinbarung vertraglich der Regelung über die Abänderung von Unterhaltstiteln unterstellt worden ist oder bei längerer Bindung der Beteiligten an die Vereinbarung,[4] wenn ein beabsichtigter Prozessvergleich aus formellen Gründen nicht zu Stande gekommen ist.[5] Nicht anwendbar sind die §§ 238, 239, wenn der Unterhaltsschuldner seine Zahlungen reduziert oder einstellt.[6] Der Unterhalt Begehrende muss in diesen Fällen einen Leistungsantrag stellen. Solange dies noch nicht geschehen ist, kann der Unterhaltsschuldner gegen ein Berühmen des Unterhaltsgläubigers mit einem negativen Feststellungsantrag vorgehen.[7] 10

2. Urkunden

Eine notarielle Urkunde nach § 794 Abs. 1 Nr. 5 ZPO stellt einen Vollstreckungstitel dar und unterliegt damit dem Abänderungsverfahren nach § 239, wenn sich der Unterhaltsschuldner der sofortigen Zwangsvollstreckung unterworfen hat. 11

Nach § 239 abzuändern sind auch **Urkunden des Jugendamts** nach §§ 59, 60 SGB VIII, mit denen ein kostenloser Unterhaltstitel für minderjährige und volljährige Kinder bis 21 Jahren geschaffen wurde.[8] Ein Abänderungsantrag ist unabhängig davon zulässig, ob der Jugendamtsurkunde eine vertragliche Einigung zwischen den Beteiligten über die titulierte Forderung zugrundeliegt oder ob die Übernahme der Unterhaltspflicht durch 12

1 Wendl/*Schmitz*, § 10 Rz. 169.

2 BGH v. 21.4.1982 – IVb ZR 741/80, FamRZ 1982, 684; BGH v. 19.5.1982 – IVb ZR 705/80, FamRZ 1982, 782.

3 Streitig, vgl. FA-FamR/*Gerhardt*, Kap. 6, Rz. 925.

4 BGH v. 27.10.1959 – VI ZR 157/58, FamRZ 1960, 60; OLG Koblenz v. 25.3.1996 – 13 UF 975/95, FamRZ 1997, 24.

5 OLG Köln v. 2.6.1986 – 21 UF 157/85, FamRZ 1986, 1018; Zöller/*Vollkommer*, § 323 ZPO Rz. 9, 43; Thomas/Putzo/*Hüßtege*, § 323 ZPO Rz. 16; Musielak/*Borth*, § 323 ZPO Rz. 47.

6 BGH v. 19.5.1982 – IVb ZR 705/80, FamRZ 1982, 782; *Soyka*, Rz. 146, jeweils zu § 323 Abs. 4 ZPO aF.

7 BGH v. 7.7.1994 – I ZR 30/92, NJW 1994, 3107; OLG Köln v. 21.6.1988 – 27 UF 38/88, FamRZ 1988, 1185.

8 BGH v. 29.10.2003 – XII ZR 115/01, FamRZ 2004, 24; OLG Frankfurt v. 30.3.2006 – 3 WF 78/06, OLGReport 2006, 977.

einseitige Verpflichtungserklärung des Unterhaltsschuldners erfolgte. Denn der Wortlaut des § 323 Abs. 4 ZPO aF, zu dem die Entscheidung des BGH[1] ergangen war, differenzierte nicht danach, ob der Ausgangstitel streng einseitig errichtet worden oder ob ihm eine verbindliche Vereinbarung vorausgegangen war. Gleiches gilt für § 239; auch er enthält eine solche Differenzierung nicht.

13 **Notarielle Urkunden** und **Jugendamtsurkunden**, die aus der Zeit der Minderjährigkeit des Unterhaltsberechtigten stammen, wirken auch über die Volljährigkeit hinaus fort, es sei denn, es liegt nur eine zeitlich befristete Teiltitulierung vor. Eine Erhöhung des Unterhalts muss das berechtigte Kind im Wege eines Abänderungsantrags geltend machen.[2]

II. Voraussetzung für die Abänderung von Vergleichen und vollstreckbaren Urkunden

1. Zulässigkeit eines Abänderungsantrags, Abs. 1 Satz 2

14 Hinsichtlich der **örtlichen und sachlichen Zuständigkeit** und der Frage der **richtigen Beteiligten** wird auf die Kommentierung zu § 238 verwiesen.

15 Die **Anforderungen** an die **Zulässigkeit eines Abänderungsantrags** entsprechen hinsichtlich der Darlegungslast den Voraussetzungen für den gegen eine Endentscheidung in der Hauptsache gerichteten Abänderungsantrag, denn § 239 Abs. 1 Satz 2 entspricht § 238 Abs. 1 Satz 2. Auch bei der Abänderung eines Vergleichs oder einer vollstreckbaren Urkunde muss der Antragsteller **Tatsachen vortragen, die** – ihre Richtigkeit unterstellt – **die Abänderung des Titels tragen**. Ansonsten ist der Abänderungsantrag unzulässig.[3] **Abweichend** von § 238 Abs. 1 Satz 2 bestimmen sich die Abänderungsvoraussetzungen jedoch nicht wie bei Endentscheidungen nach der Wesentlichkeitsschwelle, sondern allein nach dem materiellen Recht; somit primär danach, welche Voraussetzungen die Parteien für eine Abänderung vereinbart haben, und im Übrigen nach den Regeln über die Störung bzw. den Wegfall der Geschäftsgrundlage (§ 313 BGB).[4]

16 Eine der Präklusionsvorschrift des § 238 Abs. 2 entsprechende Regelung gibt es für Vergleiche und notarielle Urkunden nicht. Einer rückwirkenden Abänderung können nur materiellrechtliche Gründe entgegenstehen. Es genügt daher der Vortrag einer Änderung; sie muss nicht nach Schluss der Tatsachenverhandlung des vorausgegangenen Verfahrens entstanden sein.

2. Begründetheit eines Abänderungsantrags, Absatz 2

17 Die für die Begründetheit eines Abänderungsantrags erforderliche Beurteilung einer Änderung und dem daraus folgenden Umfang der Anpassung des Unterhaltstitels richtet sich nicht nach der Wesentlichkeitsschwelle, sondern allein nach den Regeln des

1 BGH v. 29.10.2003 – XII ZR 115/01, FamRZ 2004, 24; vgl. auch BGH v. 3.12.2008 – XII ZR 182/06, FamRZ 2009, 314; differenzierend Graba, FamRZ 2005, 678 (679).

2 OLG Köln v. 21.3.2001 – 27 UF 36/00, FamRZ 2001, 1716; OLG Düsseldorf v. 18.4.2006 – II – 4 UF 18/06, 4 UF 18/06, FamRZ 2006, 1212; aA OLG Hamm v. 17.11.1999 – 5 UF 96/99, FamRZ 2000, 908: Zusatzklage.

3 Begr. RegE, BT-Drucks. 16/6308, S. 258; vgl. OLG Köln v. 18.7.2008 – 4 WF 82/08, ZFE 2009, 76.

4 Begr. RegE, BT-Drucks. 16/6308, S. 258; BGH v. 3.12.2008 – XII ZR 182/06, FamRZ 2009, 314.

bürgerlichen Rechts. Gerechtfertigt ist eine Änderung zB bei Fehlen, Veränderung oder dem Wegfall der Geschäftsgrundlage, § 313 BGB.[1]

a) Vergleich

Veränderte Umstände iSd. § 239 sind ebenso wie bei § 238 Einkommenserhöhungen, Einkommensreduzierungen, Bedarfsänderungen, Wegfall von Verbindlichkeiten, Hinzutreten neuer Unterhaltsberechtigter usw. 18

Eine Anpassung des abzuändernden Vergleichs sowie einer notariellen Vereinbarung an veränderte Umstände kann erfolgen, wenn es einem Beteiligten nach Treu und Glauben nicht mehr zugemutet werden kann, an der bisherigen Regelung festgehalten zu werden. Für die Prüfung sind zunächst die **Grundlagen**, die für die Schaffung des abzuändernden Titels maßgebend waren, sorgfältig zu **ermitteln**. Dann ist festzustellen, welche Änderungen eingetreten sind und welche Auswirkungen sich daraus für die Höhe des Unterhalts ergeben.[2] Der in dem ursprünglichen Titel dokumentierte Wille der Beteiligten ist maßgebend für die Art und den Umfang einer Anpassung des Titels. Aus ihm ergibt sich auch, wie die Parteien die der Einigung zugrunde liegenden Verhältnisse bewertet haben.[3] 19

Um die Grundlagen eines Vergleichs bzw. einer notariellen Vereinbarung später ohne Schwierigkeiten feststellen zu können, ist es unbedingt zu empfehlen, in jeder Vereinbarung die **Grundlagen** möglichst **genau fest zu halten**. Da bei einer Abänderung eines Vergleichs keine freie, vom bisherigen Titel unabhängige Neufestsetzung des Unterhalts erfolgt,[4] sollten insbesondere die Einkommen der Beteiligten, die bestehenden Verbindlichkeiten nach Grund und Höhe, die berufsbedingten Aufwendungen, Art und Höhe anderweitiger Unterhaltsverpflichtungen und die Anrechnung von kinderbezogenen Leistungen (Kindergeld etc.) aufgenommen werden. Gleiches gilt, wenn bei der Berechnung des Unterhalts von der Rechtslage abweichende Berechnungsmethoden oder Verteilungsschlüssel verwendet werden und Einkommen des Verpflichteten unberücksichtigt oder Einkommen des Berechtigten anrechnungsfrei bleibt. Aufzuführen sind auch Vereinbarungen über die Abänderbarkeit eines Vergleichs. 20

Die Vereinbarungen der Parteien zur Behandlung bestimmter Einkommensarten und zur Anwendung spezieller Berechnungsmethoden bleiben für eine neue Berechnung des Unterhalts maßgebend.[5] Nur wenn sich die Umstände derartig entwickelt haben, dass dem hierdurch benachteiligten Beteiligten ein Festhalten an dem Vertrag schlechterdings nicht mehr zugemutet werden kann, muss eine Korrektur zugelassen werden. So kann ein anrechnungsfrei gebliebenes Einkommen der Unterhaltsberechtigten anzurechnen sein, wenn das der ursprünglichen Vereinbarung zugrunde liegende Einkommen des Unterhaltsverpflichteten nicht vorwerfbar erheblich abgesunken ist.[6] 21

Wenn eine durch einen Abänderungsantrag angegriffene notarielle Vereinbarung oder ein Vergleich **keine Grundlagen** enthält, muss im Wege der **Auslegung** ermittelt werden, welche Verhältnisse die Beteiligten seinerzeit als wesentlich angesehen und zur Grundlage ihrer Vereinbarung gemacht haben. Hilfsmittel hierbei können die Akten 22

1 BGH v. 5.9.2001 – XII ZR 108/00, FamRZ 2001, 1687.
2 BGH v. 5.9.2001 – XII ZR 108/00, FamRZ 2001, 1687.
3 *Kalthoener/Büttner*, NJW 1998, 2012 (2021).
4 FA-FamR/*Gerhardt*, Kap. 6 Rz. 661; Wendl/*Schmitz*, § 10 Rz. 169.
5 KG v. 18.12.2003 – 19 UF 258/03, FamRZ 2005, 621.
6 Wendl/*Schmitz*, § 10 Rz. 169.

des früheren Verfahrens, Schriftsätze früherer Verfahrensbeteiligter, außergerichtliche Schreiben der Beteiligten, Akten des Jugendamtes sowie Notarakten sein. Erst danach sind ein Vergleich mit den aktuellen Verhältnissen und eine Beurteilung, welche Auswirkungen den Umständen zukommen sollen, die sich entgegen den Erwartungen der Beteiligten entwickelt haben, vorzunehmen.[1] Nicht zulässig ist es, unter Hinweis auf das Fehlen der Grundlagen der früheren Vereinbarung den Unterhaltsanspruch anhand der aktuellen Einkünfte der Beteiligten neu zu berechnen. Denn dann wäre die für einen Abänderungsantrag notwendige Voraussetzung einer wesentlichen Änderung der Geschäftsgrundlage nicht festgestellt. Der Abänderungsantragsteller, der sich auf den Fortfall der Geschäftsgrundlage beruft, trägt hierfür die Darlegungs- und Beweislast. Haben sich diese Grundlagen allerdings so tief greifend geändert, dass dem Parteiwillen für die vorzunehmende Änderung kein hinreichender Anhaltspunkt mehr zu entnehmen ist, kann in Betracht kommen, die Abänderung ausnahmsweise ohne fortwirkende Bindung an die (unbrauchbar gewordenen) Grundlagen des abzuändernden Vergleichs vorzunehmen und – im Falle einer Unterhaltsregelung – den Unterhalt wie bei einer Erstfestsetzung nach den gesetzlichen Vorschriften zu bemessen.[2] Dies gilt auch, wenn die Beteiligten bei Abschluss ihrer Vereinbarung bestimmt haben, dass eine Abänderung nach Ablauf einer bestimmten Frist nur durch Neufestsetzung des Unterhalts ohne Bindung an die Grundlagen verlangt werden kann (zB Neuberechnung bei Veräußerung eines Grundstücks oder bei unsicherer Prognose).[3]

23 Eine Änderung der Geschäftsgrundlage ist auch bei einer **Änderung der Gesetzeslage** oder **der Rechtsprechung** nach einer Entscheidung des BVerfG zu bejahen.[4] Gleiches gilt für eine grundlegende Änderung der höchstrichterlichen Rechtsprechung, namentlich des BGH, nicht aber der Rechtsprechung der Oberlandesgerichte.[5] Ein Abänderungsgrund liegt jedoch erst ab dem Zeitpunkt der entsprechenden Entscheidung vor. Bei der Änderung der Rechtsprechung des BGH zur Haushaltsführung und Aufnahme einer Erwerbstätigkeit nach der Trennung/Scheidung (Surrogatsrechtsprechung) ist ein Abänderungsgrund erst ab dem 13.6.2001 zu bejahen.[6] Im Falle einer Änderung der Rechtsprechung kann eine **Anpassung** nur dann erfolgen, wenn dies beiden Beteiligten **zumutbar** ist. Abzuwägen sind die Interessen des Unterhaltsberechtigten an einer Neubewertung und des Unterhaltspflichtigen an einer Beibehaltung der bisherigen Grundlagen.[7] Bei der Prüfung ist zu beachten, ob die im Vergleich getroffenen Regelungen, insbesondere bei umfassenden Scheidungsfolgenvereinbarungen (Unterhalt, Zugewinn, Vermögensauseinandersetzung), noch in einem ausgewogenen Verhältnis zueinander stehen.[8] Eine geänderte Rechtsprechung wird daher bei einer Gesamtvereinbarung idR keinen Abänderungsgrund darstellen.[9]

23a Ein Abänderungsgrund liegt nicht vor, wenn zwischen den Beteiligten eine **Unterhaltsabfindung** vereinbart wurde und die Unterhaltsberechtigte anschließend wieder heira-

1 BGH v. 15.3.1995 – XII ZR 257/93, FamRZ 1995, 665; Wendl/*Schmitz*, § 10 Rz. 169.
2 BGH v. 3.5.2001 – XII ZR 62/99, FamRZ 2001, 1140; Musielak/*Borth*, § 323 ZPO Rz. 48.
3 OLG Zweibrücken v. 15.9.1998 – 5 UF 86/97, FamRZ 2000, 681.
4 BGH v. 28.2.2007 – XII ZR 37/05, FamRZ 2007, 793; BGH v.14.3.2007 – XII ZR 158/07, FamRZ 2007, 882.
5 BGH v. 28.2.2007 – XII ZR 37/05, FamRZ 2007, 793; BVerfG v. 7.10.2003 – 1 BvR 246/93, FamRZ 2003, 1821; BGH v. 5.9.2001 – XII ZR 108/00, FamRZ 2001, 1687.
6 BGH v. 13.6.2001 – XII ZR 343/99, FamRZ 2001, 986.
7 BGH v. 9.6.2004 – XII ZR 308/01, FamRZ 2004, 1357.
8 BGH v. 5.9.2001 – XII ZR 108/00, FamRZ 2001, 1687.
9 FA-FamR/*Gerhardt*, Kap. 6 Rz. 661a.

tet. Die Vereinbarung einer Abfindung an Stelle einer monatlichen Zahlung beinhaltet stets das (Prognose-)risiko, dass die Unterhaltsverpflichtung früher enden kann. Dies gilt unabhängig davon, ob für die Abfindung Ratenzahlung vereinbart wurde und der Zahlungszeitraum zum Zeitpunkt der Wiederverheiratung noch nicht abgelaufen war.[1]

Wenn sich aus dem Wortlaut des Vergleichs oder der notariellen Urkunde ergibt, dass die **Vereinbarung unabänderbar** sein soll, entfällt eine Anpassung. Dies ist noch nicht der Fall, wenn der Vergleich lediglich einen Festbetrag für den Unterhalt ohne nähere Erläuterung enthält.[2] 24

Die Abänderbarkeit eines Vergleichs unterliegt nicht einer zeitlichen Beschränkung. Die Vertragspartner eines Vergleichs können die Kriterien der Abänderbarkeit autonom bestimmen. Einer **rückwirkenden Abänderung** können nur materiellrechtliche Gründe entgegenstehen. Wird eine Erhöhung des Unterhaltsanspruchs geltend gemacht, ist dies unter den Voraussetzungen der §§ 1613 Abs. 1, 1585b BGB möglich. Es genügt die an den Unterhaltspflichtigen gerichtete Aufforderung, Auskunft über seine Einkünfte und sein Vermögen zu erteilen. 25

Wenn ein **erster Abänderungsantrag** gegen einen Vergleich als unbegründet zurückgewiesen wurde, bleibt der alte Vergleich weiterhin Abänderungsgrundlage.[3] Wird ein Abänderungsantrag, mit dem eine Reduzierung der Unterhaltsverpflichtung erstrebt wurde, zurückgewiesen, hat der Abänderungsantragsteller bei einem erneuten Abänderungsantrag § 238 Abs. 2 zu beachten.[4] Wenn die Parteien einen durch Beschluss (früher Urteil) titulierten Unterhaltsanspruch durch einen Vergleich ausdrücklich aufrechterhalten („Es verbleibt bei der Unterhaltsfestsetzung im Beschluss/Urteil vom ...), ist Grundlage für eine spätere Abänderung der Beschluss (früher Urteil), für dessen Abänderung § 238 maßgebend ist.[5] 26

Eine Abänderung nach den Grundsätzen der Änderung der Geschäftsgrundlage (§ 313 BGB) kann auch bei Vergleichen erfolgen, die ein **einstweiliges Anordnungsverfahren** endgültig, dh. wie eine Endentscheidung, regeln wollen.[6] 27

b) Urkunde

Die Kriterien für die Abänderung von Vergleichen sind auch für **vollstreckbare Urkunden** maßgebend. Dies gilt jedoch nur, wenn der **Unterhaltstitel** auf einem **übereinstimmenden Parteiwillen** beruht, mithin vertraglich zu Stande gekommen ist. Das ist der Fall, wenn die Beteiligten die Höhe des Unterhalts, zu dessen Zahlung sich der Unterhaltsverpflichtete in einer Jugendamtsurkunde verpflichtet hat, vorweg vereinbart hatten. In solchen Fällen besteht eine Bindung beider Parteien.[7] Handelt es sich bei der Urkunde um eine **einseitige Unterwerfungserklärung des Unterhaltspflichtigen**, die nicht auf einer Parteivereinbarung beruht, besteht keine gemeinsame Geschäftsgrundlage. Die Anpassung richtet sich dann nur nach den derzeitigen Verhält- 28

1 BGH v. 10.8.2005 – XII ZR 7 FamRZ 2005, 1662; vgl. auch Anm. *Bömelburg*, FF 2005, 321.
2 OLG Koblenz v. 19.7.2005 – 7 WF 338/05, FamRZ 2006, 1147.
3 OLG Karlsruhe v. 10.9.2004 – 2 WF 171/04, FamRZ 2005, 816.
4 OLG Koblenz v. 6.8.1999 – 11 UF 415/99, FamRZ 2000, 907.
5 BGH v. 19.12.1989 – IVb ZR 9/89, FamRZ 1990, 269.
6 Wendl/*Schmitz*, § 10 Rz. 173.
7 BGH v. 3.12.2008 – XII ZR 182/06, FamRZ 2009, 314; BGH v. 2.10.2002 – XII ZR 346/00, FamRZ 2003, 304; *Graba*, FamRZ 2005, 678 (681).

nissen und der geltenden Rechtslage.[1] Im Rahmen des Abänderungsantrags muss jedoch der Unterhaltspflichtige, der eine Herabsetzung des Titels begehrt, neben seinen aktuellen Einkommensverhältnissen auch darlegen, wie seine Verhältnisse im Zeitpunkt der Titulierung waren und weshalb er einen Einkommensrückgang erlitten hat.[2] Denn der Unterhaltsschuldner will mit einer Jugendamtsurkunde nicht nur einen Vollstreckungstitel schaffen, sondern sich mit der Verpflichtung zur Zahlung auch künftig fällig werdenden Unterhalts auch vertraglich verpflichten. Diese Verpflichtungserklärung enthält ein unbefristetes Angebot zum Abschluss eines nur den Schuldner einseitig verpflichtenden bestätigenden Schuldversprechens- oder Schuldanerkenntnisvertrags. An diesen ist er, nicht jedoch der Unterhaltsgläubiger, materiellrechtlich gebunden, so dass er sich davon nur in entsprechender Anwendung der Regeln über den Wegfall der Geschäftsgrundlage (§ 313 BGB) lösen kann.[3] Das bedeutet, dass der Abänderungsantrag des Schuldners nur dann Erfolg haben wird, wenn er nachweisen kann, dass sich die Einkommensverhältnisse nach Abschluss des Schuldanerkenntnisvertrags geändert haben.

29 Für die **Kostenentscheidung** gilt § 243.

§ 240
Abänderung von Entscheidungen nach den §§ 237 und 253

(1) Enthält eine rechtskräftige Endentscheidung nach § 237 oder § 253 eine Verpflichtung zu künftig fällig werdenden wiederkehrenden Leistungen, kann jeder Teil die Abänderung beantragen, sofern nicht bereits ein Antrag auf Durchführung des streitigen Verfahrens nach § 255 gestellt worden ist.

(2) Wird ein Antrag auf Herabsetzung des Unterhalts nicht innerhalb eines Monats nach Rechtskraft gestellt, so ist die Abänderung nur zulässig für die Zeit ab Rechtshängigkeit des Antrags. Ist innerhalb der Monatsfrist ein Antrag des anderen Beteiligten auf Erhöhung des Unterhalts anhängig geworden, läuft die Frist nicht vor Beendigung dieses Verfahrens ab. Der nach Ablauf der Frist gestellte Antrag auf Herabsetzung ist auch zulässig für die Zeit ab dem Ersten des auf ein entsprechendes Auskunfts- oder Verzichtsverlangen des Antragstellers folgenden Monats. § 238 Abs. 3 Satz 4 gilt entsprechend.

A. Allgemeines

I. Entstehung

1 § 240 Abs. 1 entspricht inhaltlich dem bisherigen § 654 Abs. 1 ZPO (Korrekturklage), jedoch mit der Einschränkung, dass ein streitiges Verfahren nach § 255 vorgeht.[4]

1 BGH v. 3.12.2008 – XII ZR 182/06, FamRZ 2009, 314; BGH v. 29.10.2003 – XII ZR 115/01, FamRZ 2004, 24; OLG Hamm v. 11.12.2007 – 2 WF 227/07, OLGReport 2008, 350.

2 OLG München v. 8.4.2002 – 16 WF 553/02, FamRZ 2002, 1271; *Borth*, FamRZ 2007, 1925 (1935).

3 *Graba*, FamRZ 2005, 678 (681, 683).

4 Begr. RegE, BT-Drucks. 16/6308, S. 258.

§ 240 Abs. 2 Satz 1 entspricht inhaltlich dem bisherigen § 654 Abs. 2 Satz 1 ZPO.

§ 240 Abs. 2 Satz 2 entspricht inhaltlich dem bisherigen § 654 Abs. 2 Satz 2 ZPO.

§ 240 Abs. 2 Satz 3 hat keine Entsprechung im früheren Recht.

II. Systematik

Die Vorschrift regelt einen Sonderfall des Abänderungsverfahrens für Entscheidungen 2 im Falle der Unterhaltsfestsetzung im vereinfachten Verfahren über den Unterhalt Minderjähriger (§ 253 – Festsetzungsbeschluss, früher § 649 ZPO) sowie im Falle des mit dem Statusprozess verbundenen Unterhaltsantrags nach § 237 (Unterhalt bei Feststellung der Vaterschaft, früher § 653 ZPO).

Der Regelungsgehalt der **früheren §§ 655** (Abänderung des Titels bei wiederkehrenden 3 Unterhaltsleistungen) und **656 ZPO** (Klage gegen Abänderungsbeschluss) wurde **nicht in das neue Recht übernommen**. Der Gesetzgeber war der Auffassung, dass die Anordnung der Kindergeldverrechnung bei der Tenorierung zunehmend in dynamischer Form erfolge, wodurch sich das Bedürfnis für entsprechende Sondervorschriften verringert habe. Soweit sich im Falle einer Erhöhung des Kindergeldes eine Reduktion des Zahlbetrags für den Unterhalt ergebe, sei es dem Verpflichteten zuzumuten, diesen Umstand bei Überschreitung der Wesentlichkeitsschwelle im Wege eines regulären Abänderungsverfahrens geltend zu machen.[1]

III. Normzweck

Beschlüsse zur Festsetzung des Unterhalts im vereinfachten Verfahren und Unter- 4 haltsentscheidungen im Vaterschaftsprozess regeln den Unterhalt für das Kind nur pauschal. Sie ergehen oft ohne konkrete Kenntnis der wirtschaftlichen Verhältnisse des Unterhaltspflichtigen und entsprechen nicht der materiellen Rechtslage. Sowohl der Unterhaltsberechtigte als auch der Unterhaltsverpflichtete müssen eine Möglichkeit haben, den Pauschalunterhalt in einem Nachverfahren den konkreten Gegebenheiten des Einzelfalls anzupassen, mithin eine Korrektur zu erreichen. Das Verfahren nach § 240 gibt einerseits dem Unterhaltsschuldner die Möglichkeit, den Unterhalt auf den Betrag herabsetzen zu lassen, der dem Kind nach den individuellen Verhältnissen zusteht, und erlaubt andererseits auch dem Kind die Heraufsetzung des Unterhalts. Ziel des Abänderungsverfahrens nach § 240 ist es auch, die im vereinfachten Verfahren und im Verfahren nach § 237 erfolgte Festsetzung des Unterhalts mit den Einwendungen anzugreifen, die dort nicht zulässig waren (§ 252, § 237 Abs. 3).[2]

Sofern im vereinfachten Verfahren über den Unterhalt Minderjähriger bereits ein An- 5 trag auf Durchführung des streitigen Verfahrens nach § 255 gestellt worden ist, ist dieses vorrangig. In dem streitigen Verfahren sollen dann auch die Abänderungsgründe mit abgehandelt werden. In diesem Sinne ist der Gesetzgeber, der die Bedeutung der Vorschrift nicht konkret begründet hat, zu verstehen.

1 Begr. RegE, BT-Drucks. 16/6308, S. 261.
2 BGH v. 2.10.2002 – XII ZR 346/00, FamRZ 2003, 304.

B. Voraussetzungen

I. Zuständiges Gericht, Anträge

6 Die **örtliche Zuständigkeit** des Gerichts für das Abänderungsverfahren richtet sich mangels gesonderter Bestimmungen nach der Zuständigkeit für die jeweiligen Ausgangsverfahren. Für vereinfachte Verfahren über den Unterhalt Minderjähriger[1] ist gem. § 232 Abs. 1 Nr. 2 das Gericht **örtlich zuständig**, in dessen Bezirk das Kind oder der Elternteil, der auf Seiten des minderjährigen Kindes zu handeln befugt ist, seinen gewöhnlichen Aufenthalt hat oder ein Amtsgericht, dessen Zuständigkeit gem. § 260 Abs. 1 durch die jeweilige Landesregierung bestimmt worden ist. Für Verfahren nach § 237 gilt die ausschließliche Zuständigkeit nach § 237 Abs. 2. Danach ist für die Unterhaltssache das Gericht, bei dem das Verfahren auf Feststellung der Vaterschaft im ersten Rechtszug anhängig ist, ausschließlich zuständig. Die örtliche Zuständigkeit für das Vaterschaftsfeststellungsverfahren richtet sich nach § 170. Das Abstammungsverfahren kann nach § 179 Abs. 1 mit dem Unterhaltsverfahren nach § 237 verbunden werden.

7 Für den Geltungsbereich des früheren § 654 ZPO war die besondere Verfahrensvorschrift des früheren § 657 ZPO ausgeschlossen. Im Rahmen der Korrekturklage konnten Anträge und Erklärungen nicht vor dem Urkundsbeamten der Geschäftsstelle abgegeben werden.[2] Da § 257 dem bisherigen § 657 ZPO entspricht,[3] können auch nach neuem Recht Anträge und Erklärungen im Verfahren nach § 240 nicht vor dem Urkundsbeamten der Geschäftsstelle abgegeben werden.

8 Für das Verfahren nach § 654 ZPO bestand gem. § 78 Abs. 2 ZPO aF kein Anwaltszwang.[4] Die Regelung des **Anwaltszwangs** in Familiensachen erfolgt seit dem 1. September 2009 nicht mehr durch § 78 ZPO, sondern in dem neuen § 114 FamFG.[5] Nach § 114 Abs. 1 besteht für die Beteiligten in selbständigen Familienstreitsachen Anwaltszwang vor dem Familiengericht und dem Oberlandesgericht, sofern nicht eine der Ausnahmen des § 114 Abs. 4 Nr. 1 bis 6 vorliegt.

II. Regelungsbereich, Absatz 1

9 Die Abänderungsmöglichkeit bezieht sich auf die im **vereinfachten Verfahren** nach **§ 253** erfolgte Festsetzung des Unterhalts. Hinsichtlich der Anwendbarkeit des Verfahrens auf alte Titel nach § 641l ff. ZPO idF bis zum 30.6.1998 vgl. die Rspr. des BGH zum früheren § 654 ZPO.[6]

10 § 240 bezieht sich auch auf die im Zusammenhang mit dem Prozess zur Feststellung der Vaterschaft getroffene **Unterhaltsregelung nach § 237**. Letztere erfolgt auf Antrag des Kindes in Höhe des Mindestunterhalts und gem. den Altersstufen nach § 1612a Abs. 1 Satz 3 BGB unter Berücksichtigung der kinderbezogenen Leistungen oder über einen geringeren Betrag. Da diese Unterhaltsfestsetzung idR ohne Berücksichtigung der tatsächlichen wirtschaftlichen Verhältnisse erfolgt, können sowohl das unterhalts-

---

1 Begr. RegE, BT-Drucks. 16/6308, S. 255; Johannsen/Henrich, Eherecht, § 621 ZPO Rz. 4.
2 Baumbach/*Hartmann*, § 657 ZPO Rz. 1.
3 Begr. RegE, BT-Drucks. 16/6308, S. 261.
4 Baumbach/*Hartmann*, § 654 ZPO Rz. 6.
5 Begr. RegE, BT-Drucks. 16/6308, S. 325.
6 BGH v. 2.10.2002 – XII ZR 346/00, FamRZ 2003, 304.

berechtigte Kind als auch der Unterhaltspflichtige eine Erhöhung bzw. Herabsetzung der jeweiligen Beträge auf der Grundlage der tatsächlichen Verhältnisse verlangen.

Die Vorschrift ist nur anwendbar, wenn die Unterhaltsfestsetzung nach § 237 oder § 253 in Form einer rechtskräftigen Endentscheidung ergangen ist. Wenn die Parteien in einem Verfahren nach § 240 (oder dem früheren § 654 ZPO) einen **Vergleich** geschlossen haben, kann **nicht ein weiteres Abänderungsverfahren nach dieser Vorschrift** angestrengt werden. Da die Beteiligten in dem Vergleich die individuellen Verhältnisse berücksichtigen konnten, kann eine erneute Abänderung nur in einem Verfahren nach § 239 (früher § 323 ZPO aF) erfolgen.[1] 11

Wenn der Unterhaltspflichtige zur Vermeidung oder Erledigung eines Verfahrens auf Feststellung der Vaterschaft die Vaterschaft anerkannt und sich ohne Mitwirkung des Kindes durch eine **vollstreckbare Urkunde** verpflichtet hat, Unterhalt in Höhe des Mindestunterhalts zu zahlen, kann er sich von dem hierin liegenden Anerkenntnis nicht durch ein Abänderungsverfahren nach § 240 lösen. Es fehlt bereits an einer rechtskräftigen Endentscheidung. Darüber hinaus widerspräche sein Verhalten der vorangegangenen Urkundenerrichtung und verstieße gegen den Grundsatz von Treu und Glauben.[2] Verfahrensrechtlich kann der Unterhaltspflichtige nur nach § 239 vorgehen. 12

Der Abänderungsantrag nach § 240 entspricht seinem Charakter nach einem **Erstantrag** auf Festsetzung des Unterhalts. Ebenso wie das Verfahren nach dem früheren § 654 ZPO enthält § 240 **keine** dem § 238 Abs. 2 entsprechende **Präklusionsregelung**.[3] Eine Anpassung der Unterhaltsrente ist auch nicht davon abhängig, dass sich die Verhältnisse seit der Festsetzung im vereinfachten Verfahren bzw. in dem Verfahren zur Festsetzung des Unterhalts bei Feststellung der Vaterschaft wesentlich geändert haben.[4] Anders als bei dem Abänderungsverfahren nach § 238 muss der Antragsteller nicht darlegen, dass der im vereinfachten Verfahren festgesetzte Pauschalunterhalt nicht den individuellen Verhältnissen der Beteiligten entspricht. Die Darlegungs- und Beweislast ist wie in einem normalen Unterhaltsverfahren verteilt.[5] Das Kind muss seine Bedürftigkeit beweisen, der Unterhaltsverpflichtete seine mangelnde Leistungsfähigkeit. 13

III. Frist für den Herabsetzungsantrag, Absatz 2

§ 240 Abs. 2 Satz 1 entspricht dem bisherigen § 654 Abs. 2 Satz 1 ZPO. Wenn der Unterhaltspflichtige eine **Herabsetzung** für einen bereits zurückliegenden Zeitraum der Unterhaltsfestsetzung nach § 237 oder § 253 erreichen will, muss er seinen Antrag **innerhalb eines Monats nach Rechtskraft der Unterhaltsfestsetzung** einreichen. Es kommt nach dem jetzt eindeutigen Wortlaut des Gesetzes auf den Zeitpunkt der **Rechtshängigkeit** des Abänderungsantrags an. Die Einreichung eines Verfahrenskostenhilfegesuchs des künftigen Antragstellers reicht nicht aus. Nach Ablauf der Monatsfrist, die nach § 113 Abs. 1 FamFG, § 222 ZPO zu berechnen ist, kann die Herabsetzung nur für die Zeit ab Rechtshängigkeit erfolgen. 14

1 OLG Naumburg v. 8.2.2005 – 8 WF 25/05, FamRZ 2006, 211.
2 OLG Stuttgart v. 28.11.2000 – 17 UF 246/00, FamRZ 2001, 767.
3 OLG Naumburg v. 27.2.2006 – 8 WF 25/06, FamRZ 2006, 1395.
4 BGH v. 2.10.2002 – XII ZR 346/00, FamRZ 2003, 304; OLG Hamm v. 28.11.2003 – 11 UF 72/03, FamRZ 2004, 1588; Zöller/*Philippi*, § 654 ZPO Rz. 2; Ehinger/Griesche/*Rasch*, Rz. 766a.
5 OLG Karlsruhe v. 21.2.2003 – 20 UF 24/01, FamRZ 2003, 1672.

15 Die **Zeitschranke** des § 240 Abs. 2 Satz 1 wird jedoch durch die Regelung in § 240 Abs. 2 Satz 3 **modifiziert**. Danach ist ein nach Ablauf der Monatsfrist gestellter Antrag auf Herabsetzung auch **zulässig** für die Zeit **ab dem Ersten des auf ein entsprechendes Auskunfts- oder Verzichtsverlangen des Antragstellers folgenden Monats**. Wie bei § 238 Abs. 3 Satz 3 soll eine Gleichbehandlung von Gläubiger und Schuldner erreicht werden. Das auf eine Herabsetzung gerichtete Verlangen unterliegt spiegelbildlich den Voraussetzungen, für die nach § 1613 Abs. 1 BGB Unterhalt für die Vergangenheit verlangt werden kann. Erforderlich für eine rückwirkende Herabsetzung des Unterhalts, die nach Ablauf der Monatsfrist geltend gemacht wird, ist ein Auskunftsverlangen mit dem Ziel der Herabsetzung des Unterhalts gegenüber dem Unterhaltsgläubiger oder eine „negative Mahnung", dh. die Aufforderung an den Unterhaltsgläubiger, teilweise oder vollständig auf den titulierten Unterhalt zu verzichten.[1]

16 § 240 Abs. 2 Satz 2 entspricht inhaltlich dem bisherigen § 654 Abs. 2 Satz 2 ZPO. Der Gesetzeswortlaut wurde jedoch zur besseren Verständlichkeit sprachlich modifiziert. Wenn innerhalb der Monatsfrist ein Antrag des Kindes auf Erhöhung des Unterhalts anhängig geworden ist, läuft die Monatsfrist für die Einreichung eines Herabsetzungsantrages für den Unterhaltsverpflichteten nicht vor Beendigung des Verfahrens über den Antrag des Kindes ab. Diese Regelung soll den Unterhaltspflichtigen, der im Interesse des Rechtsfriedens zunächst davon abgesehen hat, seinerseits Rechte mit einem Abänderungsantrag geltend zu machen, schützen.[2]

17 § 240 Abs. 2 Satz 4 enthält eine § 238 Abs. 3 Satz 4 entsprechende Begrenzung. Danach kann für eine mehr als ein Jahr vor Rechtshängigkeit liegende Zeit eine Herabsetzung nicht verlangt werden. Vgl. hierzu die Kommentierung zu § 238 Rz. 102. Eine Ausnahme von der zeitlichen Beschränkung kann sich in Fällen des betrügerischen Verhaltens des Antragsgegners im Vorverfahren ergeben.[3]

18 Ebenso wie der frühere § 654 ZPO sieht § 240 **keine Frist** für den **Antrag des Kindes auf Erhöhung des Unterhalts** vor. Wenn das unterhaltsberechtigte Kind mit einem Abänderungsantrag nach § 240 eine Heraufsetzung des nach § 237 oder § 253 festgesetzten Unterhalts begehrt, ist für die Frage der rückwirkenden Heraufsetzung allein § 1613 BGB maßgebend; es wird nur geprüft, ob die materiellrechtlichen Voraussetzungen (zB Auskunftsverlangen) für ein rückwirkendes Erhöhungsverlangen vorliegen.[4]

19 Anders als der frühere § 654 Abs. 3 ZPO enthält § 240 keine Regelung, nach der gegenläufige Begehren auf Abänderung der Unterhaltsfestsetzung, dh. Abänderungsanträge beider Parteien, zum Zwecke gleichzeitiger Verhandlung und Entscheidung zu verbinden sind. Ob es sich um ein gesetzgeberisches Versehen handelt oder eine sachliche Änderung gewollt war, erschließt sich aus der amtlichen Begründung zum FamFG nicht. Um die Gefahr widersprechender Entscheidungen zu vermeiden, sollte eine Verbindung der Verfahren nach § 113 Abs. 1 FamFG iVm. § 147 ZPO erfolgen.

20 Für die **Kostenentscheidung** gilt § 243.

1 Begr. RegE, BT-Drucks. 16/6308, S. 258 f.
2 Begr. RegE zum KindUG, BT-Drucks. 13/7338, S. 43 f.
3 Vgl. OLG Koblenz v. 31.7.1997 – 11 UF 337/96, FamRZ 1998, 565; siehe auch § 238 Rz. 84.
4 Zöller/*Philippi*, § 654 ZPO Rz. 4; Musielak/*Borth*, § 654 ZPO Rz. 5.

§ 241
Verschärfte Haftung

Die Rechtshängigkeit eines auf Herabsetzung gerichteten Abänderungsantrags steht bei der Anwendung des § 818 Abs. 4 des Bürgerlichen Gesetzbuchs der Rechtshängigkeit einer Klage auf Rückzahlung der geleisteten Beträge gleich.

A. Allgemeines

I. Entstehung

§ 241 hat keine Entsprechung im bisherigen Recht. 1

II. Systematik

Die Vorschrift enthält eine materiellrechtliche Regelung zum Zeitpunkt des Eintritts der verschärften Bereicherungshaftung. 2

III. Normzweck

Durch die Neuregelung wird zur Herbeiführung der verschärften Haftung der bei einem Abänderungsantrag nach bisherigem Recht erforderliche zusätzliche Leistungsantrag auf Rückzahlung überzahlten Unterhalts entbehrlich. 3

B. Rückforderung zu viel gezahlten Unterhalts

I. Überblick

Bei der Rückforderung von überzahltem Unterhalt geht es um die Fälle, in denen der Unterhaltspflichtige unfreiwillig zu viel gezahlt hat, weil der Anspruch zu hoch tituliert war. Freiwillige Mehrleistungen können beim Familien- und Trennungsunterhalt gem. § 1361 Abs. 4 Satz 4 BGB, 1360b BGB, beim nachehelichen Unterhalt und beim Verwandtenunterhalt nach § 814 BGB nicht zurückverlangt werden.[1] Die Frage der Rückforderung stellt sich insbesondere dann, wenn ein vorhandener Titel (Beschluss, Urteil nach bisherigem Recht, Vergleich oder vollstreckbare Urkunde) rückwirkend abgeändert wurde, weil er wegen der Veränderung der zugrunde liegenden Umstände nicht mehr der Rechtslage entsprach. 4

Die Rückzahlung überzahlten Unterhalts richtet sich in erster Linie nach den Ansprüchen aus ungerechtfertigter Bereicherung gem. § 812 BGB. Daneben können Schadensersatzansprüche aus dem Vollstreckungsrecht (zB § 248 Abs. 5 Satz 2, der dem bisherigen § 641g ZPO entspricht, § 120 Abs. 1 FamFG iVm. § 717 Abs. 2 ZPO), aus unerlaubter Handlung wegen Prozessbetrugs (§ 823 Abs. 2 BGB iVm. § 263 StGB) bzw. vorsätzlicher sittenwidriger Ausnutzung eines unrichtig gewordenen Vollstre- 5

1 Zu den Voraussetzungen im Einzelnen s. Wendl/*Gerhardt*, § 6 Rz. 200; *Büte*, FuR 2006, 193.

ckungstitels (§ 826 BGB) bestehen, bei denen der Entreicherungseinwand wegen der Einordnung des Rückforderungsanspruchs als Schadensersatzanspruch keine Rolle spielt.[1] Erstattungsansprüche aus § 242 BGB können sich auch wegen nachträglicher Bewilligung einer Rente für einen Zeitraum, in dem Unterhalt gezahlt wurde,[2] und aus § 1360a Abs. 4 BGB hinsichtlich eines gezahlten Prozesskostenvorschusses ergeben.[3]

II. Rückforderungsansprüche aus ungerechtfertigter Bereicherung

1. Beschluss oder Urteil über Unterhalt

6 Wenn Unterhalt auf Grund eines rechtskräftigen Beschlusses (oder Urteils nach altem Recht) gezahlt wurde, scheidet eine Rückforderung nach Bereicherungsrecht aus, weil die Zahlung auf Grund des Titels mit Rechtsgrund erfolgt ist.[4] Wenn der Titel rückwirkend nach § 238 (früher nach § 323 ZPO aF) abgeändert wird, entfällt nachträglich die Rechtsgrundlage für den bisher geleisteten Unterhalt, § 812 Abs. 1 Satz 2 BGB. Nach § 812 Abs. 1 BGB kann der Unterhaltsschuldner bei ungerechtfertigter Bereicherung Herausgabe des Erlangten bzw. nach § 818 Abs. 2 BGB Wertersatz verlangen. Der Empfänger der Unterhaltsleistung kann jedoch gem. § 818 Abs. 3 BGB einwenden, er sei nicht mehr bereichert. Diese Vorschrift schützt den gutgläubig Bereicherten, der das rechtsgrundlos Empfangene im Vertrauen auf das Fortbestehen des Rechtsgrundes verbraucht hat und daher nicht über den Betrag der bestehen gebliebenen Bereicherung hinaus zur Herausgabe oder zum Wertersatz verpflichtet werden soll. Bei der Überzahlung von Unterhalt kommt es darauf an, ob der Empfänger die Beträge restlos für den Lebensbedarf verbraucht oder sich noch in seinem Vermögen vorhandene Werte – auch in Form anderweitiger Ersparnisse, Anschaffungen oder Tilgung eigener Schulden – verschafft hat.[5] Der **Einwand** des **Wegfalls der Bereicherung** ist für den Unterhaltsgläubiger **idR erfolgversprechend**, denn die Rechtsprechung hat für ihn zum Nachweis der Entreicherung Beweiserleichterungen geschaffen. Nach der Lebenserfahrung spricht bei unteren und mittleren Einkommen eine tatsächliche Vermutung dafür, dass das Erhaltene für eine Verbesserung des Lebensstandards ausgegeben wurde. Ein besonderer Verwendungsnachweis ist insoweit entbehrlich.[6]

7 Auf den Einwand nach § 818 Abs. 3 BGB kann sich der Unterhaltsberechtigte aber nicht berufen, wenn eine verschärfte Haftung nach §§ 818 Abs. 4, 819 Abs. 1 BGB eingreift. Nach § 818 Abs. 4 BGB kann sich der Empfänger einer rechtsgrundlosen Leistung vom Eintritt der Rechtshängigkeit an nicht mehr auf den Wegfall der Bereicherung stützen.[7] Nach bisherigem Recht war für die Rechtshängigkeit iSd. § 818 Abs. 4 BGB die Rechtshängigkeit einer negativen Feststellungsklage oder Abänderungsklage nicht ausreichend. Um die **verschärfte Haftung** des § 818 Abs. 4 BGB herbeizuführen, **musste zusätzlich zum Abänderungsantrag** ein auf Rückzahlung gerich-

1 Wendl/*Gerhardt*, § 6 Rz. 226 ff.; Eschenbruch/*Klinkhammer*, Teil 5 Rz. 404 ff.
2 BGH v. 19.12.1989 – IVb ZR 9/89, FamRZ 1990, 269; BGH v. 8.6.2005 – XII ZR 294/02, FamRZ 2005, 1479.
3 BGH v. 7.9.2005 – XII ZR 209/02, FamRZ 2005, 1974.
4 BGH v. 19.12.1984 – IVb ZR 51/83, FamRZ 1985, 368.
5 BGH v. 6.2.2008 – XII ZR 15/06, FamRZ 2008, 968; BGH v. 27.10.1999 – XII ZR 239/97, FamRZ 2000, 751; BGH v. 17.6.1992 – XII ZR 119/91, FamRZ 1992, 1152; Wendl/*Gerhardt*, § 6 Rz. 207.
6 BGH v. 17.6.1992 – XII ZR 119/91, FamRZ 1992, 1152.
7 BGH v. 6.2.2008 – XII ZR 15/06, FamRZ 2008, 968 mwN.

teter **gesonderter Leistungsantrag erhoben** werden.[1] Für die Bösgläubigkeit nach § 819 Abs. 1 BGB hinsichtlich des überzahlten Unterhalts reichte die Erhebung einer Abänderungsklage idR nicht aus,[2] sondern erst die Entscheidung des Gerichts im Abänderungsverfahren. Denn die positive Kenntnis der Rechtsgrundlosigkeit muss sich nicht nur auf die Tatsachen, auf denen das Fehlen des Rechtsgrundes beruht, beziehen, sondern auch auf die sich daraus ergebenden Rechtsfolgen, dh. auf eine rechtlich richtige Würdigung.[3] Eine verschärfte Haftung nach § 820 BGB scheidet aus, weil die Vorschrift auf Überzahlungen von Unterhalt weder direkt noch analog anwendbar ist.[4]

Das Erfordernis des zweigleisigen Vorgehens brachte mehrere Nachteile mit sich. Der zusätzlich erforderliche Leistungsantrag wirkte kostenerhöhend. Da sich der zurückzufordernde Betrag mit jedem weiteren Monat, in dem Überzahlungen erfolgten, erhöhte, war eine ständige Anpassung des Rückzahlungsantrags erforderlich. Das Erfordernis eines zusätzlichen Leistungsantrags wurde zudem auch von erfahrenen Praktikern des Familienrechts nicht selten übersehen. 8

Da das Rechtsschutzziel des auf Herabsetzung antragenden Unterhaltsschuldners im Fall bereits bezahlter Beträge regelmäßig dahin geht, diese auch zurückzuerlangen, hielt der Gesetzgeber die Anordnung der verschärften Haftung mit Rechtshängigkeit des auf Herabsetzung gerichteten Abänderungsantrag für gerechtfertigt. Eine Benachteiligung für den Unterhaltsgläubiger hat er darin nicht gesehen, weil der Erfolg der verschärften Haftung auch nach alter Rechtslage durch einen Leistungsantrag in jedem Fall herbeigeführt werden konnte. Nach der Vorstellung des Gesetzgebers soll die Vorschrift zur Vereinfachung beitragen. Zudem soll sie den Justizhaushalten in Fällen der Verfahrenskostenhilfegewährung die Kosten einsparen, die früher für einen zusätzlichen Leistungsantrag anfielen.[5] Ein solcher wird sich aber auch nach neuem Recht nicht vermeiden lassen, wenn der zu viel geleistete Unterhalt nicht freiwillig zurückgezahlt wird. Da auch ein begründeter Rückzahlungsanspruch des Unterhaltspflichtigen an einer faktischen Mittellosigkeit des Gegners scheitern kann, sollte der Unterhaltspflichtige versuchen, eine Einstellung der Zwangsvollstreckung gem. § 242 iVm. § 769 ZPO zu erreichen.[6] 8a

Die **Anordnung der verschärften Haftung ab Rechtshängigkeit des Herabsetzungsverlangens** des Verpflichteten hat für den Unterhaltsgläubiger nicht nur zur Folge, dass von diesem Zeitpunkt an hinsichtlich der überzahlten Unterhaltsleistungen das Aufrechnungsverbot des § 394 BGB, wonach gegen eine unpfändbare Forderung grundsätzlich nicht aufgerechnet werden kann, nicht mehr eingreift. Darüber hinaus hat die neue Regelung **für den Unterhaltsberechtigten** die **praktische Konsequenz**, dass er in den Fällen, in denen der Unterhaltspflichtige trotz Einleitung eines Abänderungsverfahrens den Unterhalt in der bisherigen Höhe weiterzahlt, diesen in Höhe des angegriffenen Betrages nicht mehr für seinen Unterhalt verwenden darf, sondern für ein 9

1 BGH v. 30.7.2008 – XII ZR 177/06, FamRZ 2008, 1911; BGH v. 27.10.1999 – XII ZR 239/97, FamRZ 2000, 751; BGH v. 22.4.1998 – XII ZR 221/96, FamRZ 1998, 951; Begr. RegE, BT-Drucks. 16/6308, S. 259.
2 BGH v. BGH v. 22.4.1998 – XII ZR 221/96, FamRZ 1998, 951; BGH v. 17.6.1992 – XII ZR 119/91, FamRZ 1992, 1152.
3 BGH v. 22.4.1998 – XII ZR 221/96, FamRZ 1998, 951; BGH v. 17.6.1992 – XII ZR 119/91, FamRZ 1992, 1152.
4 BGH v. 22.4.1998 – XII ZR 221/96, FamRZ 1998, 951.
5 Begr. RegE, BT-Drucks. 16/6308, S. 259.
6 *Schürmann*, FuR 2009, 130 (134).

eventuelles Rückzahlungsverlangen bereithalten (dh. **sparen**) muss. Hier wird es in vielen Fällen zu einer Inanspruchnahme der öffentlichen Leistungsträger kommen, wobei fraglich ist, ob diese leisten werden, wenn der Unterhaltsberechtigte mit dem ihm verbleibenden Unterhalt (dh. dem unstreitigen Betrag) oder sogar ganz (wenn der Unterhaltspflichtige meint, nichts mehr zu schulden) sozialhilfebedürftig wird, bis das Verfahren entschieden ist und feststeht, welcher Unterhaltsbetrag tatsächlich geschuldet war.[1]

2. Vergleiche und vollstreckbare Urkunden

10 Vergleiche nach § 794 Abs. 1 Nr. 1 ZPO und vollstreckbare Urkunden (§ 794 Abs. 1 Nr. 5 ZPO), zu denen auch die Urkunden des Jugendamtes (§§ 59, 60 SGB VIII) zählen, stellen ebenfalls eine Rechtsgrundlage für die Unterhaltszahlung dar. Auch sie müssen in einem Verfahren nach § 239 förmlich abgeändert werden, damit eine Rückforderung nach § 812 Abs. 1 Satz 2 BGB erfolgen kann.[2] Ob eine rückwirkende Abänderung erfolgen kann, richtet sich gem. § 239 Abs. 2 nach materiellem Recht, dh. nach den Regelungen des BGB, hier in erster Linie nach den Grundsätzen über die Störung bzw. den Wegfall der Geschäftsgrundlage und die Grundsätze über das Schuldanerkenntnis.[3]

3. Einstweilige Anordnungen

11 Nach § 246 Abs. 1 kann das Gericht durch einstweilige Anordnung die Verpflichtung zur Zahlung von Unterhalt regeln. Anders als nach früherem Recht ist die Anhängigkeit eines Hauptsacheverfahrens, dh. einer Ehesache, eines isolierten Unterhaltsverfahrens oder die Einreichung eines entsprechenden Antrags auf Bewilligung von Prozesskostenhilfe nicht mehr Voraussetzung für das einstweilige Anordnungsverfahren. Die Einleitung des Hauptsacheverfahrens erfolgt auf Antrag des Anordnungsgegners, idR des Unterhaltsverpflichteten, § 52 Abs. 2. Das Verfahren richtet sich gem. § 119 Abs. 1 nach den §§ 49 ff. mit den Modifikationen des § 246. Es entspricht im Übrigen den alten Regelungen der §§ 620 ff. ZPO. Ebenso wie bei den aufgehobenen Vorschriften fehlen in den neuen Vorschriften über die einstweilige Anordnung Regelungen, die den §§ 248 Abs. 5 Satz 2 FamFG, 717 Abs. 2, 945 ZPO entsprechen, so dass mangels analoger Anwendbarkeit dieser Regelungen[4] Schadensersatzansprüche aus dem Vollstreckungsrecht ausscheiden.[5] Der Gesetzgeber hat auch bei der Schaffung des neuen FamFG das Risiko des Ehegatten, der eine einstweilige Anordnung erwirkt und aus ihr vollstreckt, bewusst klein halten und den einstweiligen Rechtsschutz erleichtern wollen. Deshalb hat er in § 119 Abs. 1 Satz 2 eine **entsprechende Anwendung des § 945 ZPO in Unterhaltssachen** bewusst ausgeschlossen.[6]

12 In Betracht kommen aber Ansprüche aus **Bereicherungsrecht**. Eine zunächst notwendige Abänderung einer Entscheidung im einstweiligen Anordnungsverfahren kann allerdings nicht mit einem Abänderungsverfahren nach § 238 erreicht werden, denn ausweislich der Begründung des Gesetzgebers richtet sich die Abänderbarkeit derarti-

---

1 Vgl. *Rasch*, FPR 2006, 426 (429) zu § 252 RefE.

2 BGH v. 17.6.1992 – XII ZR 119/91, FamRZ 1992, 1152; Wendl/*Gerhardt*, § 6 Rz. 205; Eschenbruch/*Klinkhammer*, Teil 5 Rz. 411.

3 Begr. RegE, BT-Drucks. 16/6308, S. 258.

4 Begr. RegE, BT-Drucks. 16/6308, S. 226; zu § 620 ff. ZPO BGH v. 27.10.1999 – XII ZR 239/97, FamRZ 2000, 751.

5 Für eine analoge Anwendbarkeit des § 945 ZPO vgl. *Roßmann*, ZFE 2008, 245 (251).

6 Vgl. zur alten Rechtslage BGH v. 27.10.1999 – XII ZR 239/97, FamRZ 2000, 751.

ger Entscheidungen nach § 54 Abs. 1.[1] Möglich ist auch ein Antrag auf Einleitung des Hauptsacheverfahrens nach § 52. Ob der Eintritt der verschärften Haftung nach § 241 allein für auf Herabsetzung gerichtete Änderungsanträge nach §§ 238, 239 gilt[2] oder auch bei Herabsetzungsanträgen in anderen Abänderungsverfahren, zB nach § 240 oder nach § 54, eingreift, ist unklar. Wegen der vergleichbaren Interessenlage sollte die Vorschrift zumindest analog anwendbar sein.[3] Denn ansonsten wäre der Unterhaltsschuldner wie nach bisherigem Recht gezwungen, zur Herbeiführung der verschärften Haftung entweder im Abänderungsverfahren nach § 54 Abs. 1 hinsichtlich der Entscheidung im einstweiligen Anordnungsverfahren hilfsweise einen Antrag auf Rückzahlung zu stellen oder einen isolierten Rückforderungsantrag zu stellen und in diesem Verfahren die Wirkung einer einstweiligen Anordnung zu beseitigen, denn auch ein auf einen Bereicherungsantrag ergehender Beschluss stellt eine anderweitige Regelung iSd. § 56 Abs. 1 dar. Das Kriterium der anderweitigen Regelung wurde aus dem früheren § 620f Abs. 1 Satz 1 ZPO in das neue Recht übernommen.[4] Ohne eine direkte oder analoge Anwendung von § 241 bei Abänderungsverfahren nach § 54 tritt die verschärfte Haftung nach § 818 Abs. 4 BGB erst mit der Rechtshängigkeit des Rückforderungsantrags ein.

§ 242
Einstweilige Einstellung der Vollstreckung

Ist ein Abänderungsantrag auf Herabsetzung anhängig oder hierfür ein Antrag auf Bewilligung von Verfahrenskostenhilfe eingereicht, gilt § 769 der Zivilprozessordnung entsprechend. Der Beschluss ist nicht anfechtbar.

A. Allgemeines

I. Entstehung

§ 242 hat keine ausdrückliche gesetzliche Entsprechung im bisherigen Prozessrecht. 1
Es wurde § 769 ZPO analog angewendet.

II. Systematik

Die Vorschrift gehört zu den Vollstreckungsregelungen für Unterhaltssachen. 2

III. Normzweck

Der Gesetzgeber hat durch diese Vorschrift eine bereits seit längerem bestehende 3
Rechtsprechung des BGH zur Frage der einstweiligen Einstellung der Zwangsvollstre-

1 Begr. RegE, BT-Drucks. 16/6308, S. 257.
2 So *Roßmann*, ZFE 2008, 245 (250).
3 Ebenso *Klein*, FuR 2009, 241 (249); *Götsche/Viefhues*, ZFE 2009, 124 (134); aA *Kindermann*, FF-FamFG spezial 2009, 18.
4 Begr. RegE, BT-Drucks. 16/6308, S. 202.

ckung und zur Anfechtbarkeit[1] von Entscheidungen derartiger Beschlüsse gesetzlich normiert.[2]

B. Einstweilige Einstellung der Zwangsvollstreckung bei Abänderungsanträgen

I. Voraussetzungen, Satz 1

4 Im Fall der Anhängigkeit eines auf Herabsetzung gerichteten Abänderungsantrags oder der Einreichung eines diesbezüglichen Antrags auf Bewilligung von Verfahrenskostenhilfe **gilt § 769 ZPO entsprechend**. Nach § 769 Abs. 1 Satz 1 ZPO kann das Prozessgericht auf Antrag anordnen, dass bis zum Erlass des Urteils über die in §§ 767, 768 ZPO bezeichneten Einwendungen die Zwangsvollstreckung gegen oder ohne Sicherheitsleistung eingestellt oder nur gegen Sicherheitsleistung fortgesetzt werde und dass Vollstreckungsmaßregeln gegen Sicherheitsleistung aufzuheben seien. Die Vorschrift über den Erlass von einstweiligen Anordnungen zur Einstellung der Zwangsvollstreckung gilt in den Fällen der §§ 767, 768, 771, 785, 786, 805 ZPO und bei anderen Titeln als Urteilen, soweit auf die §§ 724 bis 793 ZPO verwiesen wird. Die Anwendung von § 769 ZPO, dh. die einstweilige Einstellung der Zwangsvollstreckung durch Erlass einer einstweiligen Anordnung, wurde nach bisheriger Rechtslage auch für Abänderungsklagen iSd. § 323 ZPO aF (nunmehr §§ 323 bis 323b ZPO), der auch Verfahren in Unterhaltssachen erfasste, für zulässig erachtet.[3]

5 Da für Verfahren in Unterhaltssachen hinsichtlich der Abänderung von Titeln über eine Verpflichtung zu künftig fällig werdenden wiederkehrenden Unterhaltsleistungen jetzt nicht mehr die §§ 323 ff. ZPO, sondern die §§ 238 bis 240 gelten,[4] ist § 769 ZPO für die auf Herabsetzung der Verpflichtung zur Leistung von Unterhalt gerichteten Verfahren entsprechend anzuwenden.[5] **Neu**[6] ist nunmehr **gesetzlich geregelt**, dass eine einstweilige Anordnung zur Einstellung der Zwangsvollstreckung schon dann ergehen kann, wenn noch kein Antrag (früher: Klage) auf Herabsetzung eingereicht ist, sondern lediglich ein Antrag auf Bewilligung von Verfahrenskostenhilfe für einen solchen Antrag.

II. Verfahren, Entscheidung durch Beschluss, Satz 1

6 Die Entscheidung über den Erlass einer einstweiligen Anordnung ergeht gem. § 769 Abs. 3 ZPO nach Gewährung **rechtlichen Gehörs** für den Gegner durch **Beschluss**. Der Beschluss soll begründet werden.[7] Die Entscheidung nach § 769 ZPO ist in das pflichtgemäße Ermessen des Gerichts gestellt. Bei der Entscheidung sind insbesondere die **Aussichten des Abänderungsantrags** zu prüfen, weil eine Aussicht auf Erfolg des Ver-

1 BGH v. 17.10.2005 – II ZB 4/05, NJW-RR 2006, 286.
2 Begr. RegE, BT-Drucks. 16/6308, S. 259.
3 Zöller/*Herget*, § 769 ZPO Rz. 1.
4 Begr. RegE, BT-Drucks. 16/6308, S. 325.
5 Begr. RegE, BT-Drucks. 16/6308, S. 326.
6 Vgl. zur alten Rechtslage OLG Naumburg v. 29.2.2000 – 14 WF 28/00, FamRZ 2001, 839; Zöller/*Herget*, § 769 ZPO Rz. 4.
7 OLG Frankfurt v. 22.10.1998 – 24 W 58/98, MDR 1999, 504; Zöller/*Herget*, § 769 ZPO Rz. 6; Thomas/Putzo/*Hüßtege*, § 761 ZPO Rz. 10.

fahrens Einstellungsvoraussetzung ist.[1] Das Gericht kann die Zwangsvollstreckung gegen oder ohne Sicherheitsleistung einstellen, die Fortsetzung der Zwangsvollstreckung von einer Sicherheitsleistung abhängig machen und die Aufhebung der Zwangsvollstreckung gegen Sicherheit anordnen.

Tenorierung:

Die Zwangsvollstreckung gegen den Antragsteller aus dem (*Titel genau bezeichnen*, zB Beschluss des Amtsgerichts – Familiengericht – XY vom ...) wird ohne (*oder:* gegen Sicherheitsleistung in Höhe von ... Euro; *die Höhe ist nach dem Schaden zu bemessen, der dem Gläubiger entstehen kann*) bis zum Erlass des Beschlusses eingestellt.

7 Zuständig ist das **Verfahrensgericht**, (früher: Prozessgericht) des ersten Rechtszuges bzw. das Rechtsmittelgericht,[2] bei dem der Abänderungsantrag anhängig oder ein Verfahrenskostenhilfeantrag zur Einleitung eines Abänderungsverfahrens eingereicht worden ist. Zur örtlichen Zuständigkeit s. § 232.

8 Die Anordnung des Verfahrensgerichts wirkt, wenn sie nicht befristet ist, bis zur Verkündung des Beschlusses über den Abänderungsantrag.[3] Einer besonderen Aufhebung der Anordnung nach Erlass des Beschlusses bedarf es nicht; zur Vermeidung einer missbräuchlichen Verwendung des Einstellungsbeschlusses ist sie jedoch zu empfehlen.[4]

9 Eine **Aufhebung oder Abänderung** des erlassenen Beschlusses wegen einer Veränderung der tatsächlichen Voraussetzungen, zB neuer Erkenntnisse in der Hauptsache, Aufstockung einer Sicherheit etc., ist auf Antrag jederzeit möglich.[5]

10 Nach § 769 Abs. 2 Satz 1 ZPO kann in dringenden Fällen das **Vollstreckungsgericht** eine einstweilige Anordnung zur Einstellung der Zwangsvollstreckung erlassen. Ein dringender Fall ist anzunehmen, wenn das Verfahrensgericht nicht mehr rechtzeitig entscheiden kann, bevor eine Vollstreckungsmaßnahme durchgeführt wird, die nicht mehr rückgängig gemacht werden kann. Das Gericht hat in dem zu begründenden Beschluss eine Frist zu setzen, innerhalb der die Entscheidung des Verfahrensgerichts beizubringen ist. Die Frist wird erst mit der Entscheidung des Verfahrensgerichts, nicht bereits durch die Antragstellung beim Verfahrensgericht gewahrt.[6] Mit der Entscheidung des Verfahrensgerichts, spätestens jedoch mit dem Ablauf der Frist, tritt die Anordnung des Vollstreckungsgerichts außer Kraft.[7]

III. Rechtsmittel, Satz 2

11 Der **Beschluss** des **Verfahrensgerichts** ist **unanfechtbar**.[8] Dies gilt auch, wenn der Erlass einer einstweiligen Anordnung zur Einstellung der Zwangsvollstreckung abge-

1 OLG Zweibrücken v. 19.11.2001 – 2 WF 91/01, FamRZ 2002, 556 mwN.
2 Musielak/*Lackmann*, § 769 ZPO Rz. 2; Baumbach/*Hartmann*, § 242 FamFG Rz. 1, § 769 ZPO Rz. 4; Zöller/*Herget*, § 769 ZPO Rz. 3; Thomas/Putzo/*Hüßtege*, § 769 ZPO Rz. 3. Zu Anträgen nach §§ 719, 712 ZPO vgl. BGH v. 23.10.2007 – XI ZR 449/06, WuM 2008, 50; BGH v. 4.6.2008 – XII ZR 55/08, NJW-RR 2008, 1038.
3 Baumbach/*Hartmann*, § 242 FamFG Rz. 1, § 769 ZPO Rz. 7.
4 Zöller/*Herget*, § 769 ZPO Rz. 9.
5 Thomas/Putzo/*Hüßtege*, § 769 ZPO Rz. 16.
6 Musielak/*Lackmann*, § 769 ZPO Rz. 5.
7 Thomas/Putzo/*Hüßtege*, § 769 ZPO Rz. 14.
8 BGH v. 17.10.2005 – II ZB 4/05, NJW-RR 2006, 286.

lehnt wird.[1] Auch eine außerordentliche Beschwerde wegen greifbarer Gesetzwidrigkeit findet nicht statt.[2]

12 Sofern in dringenden Fällen das Vollstreckungsgericht durch den **Rechtspfleger** entschieden hat (§ 769 Abs. 2 ZPO, § 20 Nr. 17 RPflG), findet die befristete Erinnerung nach § 11 Abs. 2 Satz 1 RPflG statt. Diese ist nach der Neufassung des § 11 Abs. 2 Satz 1 RPflG in Verfahren nach dem FamFG innerhalb der für die Beschwerde, im Übrigen innerhalb der für die sofortige Beschwerde geltenden Frist einzulegen. Über die Beschwerde hat der Richter abschließend zu entscheiden, denn gegen eine Entscheidung des Richters wäre ein Rechtsmittel nicht statthaft gewesen.[3]

IV. Kosten, Gegenstandswert, Gebühren

13 Der Beschluss über die einstweilige Einstellung der Zwangsvollstreckung enthält keine Kostenentscheidung. Die Kosten sind solche des anhängigen Verfahrens. Für dieses gilt § 243. Falls nach einer Entscheidung des Vollstreckungsgerichts nach § 769 Abs. 2 ZPO ein Abänderungs- oder Herabsetzungsverfahren bei dem Verfahrensgericht nicht stattfindet, handelt es sich um Kosten der Zwangsvollstreckung, § 788 Abs. 1 Satz 1 ZPO.[4]

§ 243
Kostenentscheidung

Abweichend von den Vorschriften der Zivilprozessordnung über die Kostenverteilung entscheidet das Gericht in Unterhaltssachen nach billigem Ermessen über die Verteilung der Kosten des Verfahrens auf die Beteiligten. Es hat hierbei insbesondere zu berücksichtigen:

1. **das Verhältnis von Obsiegen und Unterliegen der Beteiligten, einschließlich der Dauer der Unterhaltsverpflichtung,**
2. **den Umstand, dass ein Beteiligter vor Beginn des Verfahrens einer Aufforderung des Gegners zur Erteilung der Auskunft und Vorlage von Belegen über das Einkommen nicht oder nicht vollständig nachgekommen ist, es sei denn, dass eine Verpflichtung hierzu nicht bestand,**
3. **den Umstand, dass ein Beteiligter einer Aufforderung des Gerichts nach § 235 Abs. 1 innerhalb der gesetzten Frist nicht oder nicht vollständig nachgekommen ist, sowie**
4. **ein sofortiges Anerkenntnis nach § 93 der Zivilprozessordnung.**

---

1 OLG Naumburg v. 31.1.2006 – 14 WF 10/06, FamRZ 2006, 1289; OLG Naumburg v. 28.2.2008 – 4 WF 15/08 (zit. nach juris); OLG Bremen v. 31.5.2005 – 2 W 39/05, MDR 2006, 229.

2 BGH v. 11.5.2005 – XII ZB 189/03, MDR 2005, 927; BGH v. 21.4.2004 – XII ZB 279/03, FamRZ 2004, 1191.

3 Musielak/*Lackmann*, § 769 ZPO Rz. 6.

4 Thomas/Putzo/*Hüßtege*, § 769 ZPO Rz. 21.

A. Allgemeines

I. Entstehung

§ 243 hat keine direkte Entsprechung im bisherigen Recht. 1

II. Systematik

Die Vorschrift enthält eine Sonderregelung[1] über die Kostenverteilung in Unterhaltssachen. Sie kodifiziert wesentliche Gesichtspunkte verschiedener ZPO-Kostenvorschriften und ersetzt insbesondere den durch Art. 29 Nr. 4 FGG-RG aufgehobenen § 93d ZPO.[2] Wenn Unterhalt als Folgesache (§ 137) geltend gemacht ist, wird § 243 durch § 150 (Kosten in Scheidungssachen und Folgesachen) verdrängt.[3] 2

III. Normzweck

Hinsichtlich der **Kosten in Unterhaltsverfahren** waren nach altem Recht die §§ 91 bis 93a und die Sondervorschrift des § 93d ZPO anzuwenden. In einem Verfahren über einmalige Leistungen konnte und kann das Verhältnis des Obsiegens und Unterliegens anhand des Streitwertes relativ zuverlässig ermittelt werden. In Unterhaltssachen war dies nicht der Fall. Dem Dauercharakter der Verpflichtung konnte bei der Streitwertermittlung nur begrenzt Rechnung getragen werden, weil der Streitwert idR auf das 12-fache des verlangten monatlichen Unterhalts begrenzt war (vgl. zB §§ 42, 47 GKG). Da der Gesetzgeber mit den neuen Wertvorschriften für die Unterhaltssachen und das Rechtsmittelverfahren (§§ 51, 40 FamGKG) die alten Regelungen des Gerichtskostengesetzes im Wesentlichen übernommen hat, kann auch nach geltender Rechtslage eine lediglich an der Streitwertbemessung orientierte Verteilung der Kosten häufig nicht zu einem angemessenen Ergebnis führen. Um dieser Problematik Rechnung zu tragen und den Gerichten die Handhabung der Kostenentscheidung in Unterhaltssachen flexibler und weniger formal zu ermöglichen, hat der Gesetzgeber § 243 geschaffen. 3

B. Unanwendbarkeit der ZPO-Kostenvorschriften, Satz 1

Die Vorschriften der Zivilprozessordnung über die Kostenverteilung (§§ 91 ff. ZPO) sind in Unterhaltssachen nicht anzuwenden Es gilt ausschließlich § 243, nach dem die Gerichte über die Kosten in Unterhaltssachen nach billigem Ermessen zu entscheiden haben. **Jede Kostenentscheidung** in Unterhaltsverfahren **wird** damit zu einer **individuellen Einzelfallentscheidung**.[4] Welche Gesichtspunkte bei der Billigkeitsentscheidung zu berücksichtigen sind, ergibt sich aus § 243 Satz 2 Nr. 1 bis 4. Durch das Wort „insbesondere" wird aber klargestellt, dass die in den Nr. 1 bis 4 aufgezählten Gesichtspunkte nicht abschließend sind und andere, hier nicht erfasste Gesichtspunkte der ZPO-Kostenvorschriften bei der Billigkeitsabwägung berücksichtigt wer- 4

1 Kritisch zu der Systematik der Kostenregelungen *Schürmann*, FuR 2009, 130 (135).
2 Begr. RegE, BT-Drucks. 16/6308, S. 325.
3 Begr. RegE, BT-Drucks. 16/6308, S. 233.
4 Kritisch hierzu wegen der zu erwartenden Mehrbelastung der Gerichte vgl. die Stellungnahme des Deutschen Richterbundes vom Juni 2006 (zu § 254 des RefE des FamFG-RG, der wörtlich § 243 entspricht), www.drb.de.

den können. So kann zB in der Rechtsmittelinstanz auch der Rechtsgedanke des § 97 Abs. 2 ZPO, nach dem der obsiegenden Partei die Kosten des Rechtsmittelverfahrens ganz oder teilweise aufzuerlegen sind, wenn sie auf Grund eines neuen Vorbringens obsiegt, das sie in einem früheren Rechtszug geltend zu machen imstande war, in die Kostenentscheidung einfließen.[1]

C. Kriterien für die Kostenentscheidung, Satz 2

I. Verhältnis von Obsiegen und Unterliegen, Satz 2 Nr. 1

5 Zu berücksichtigen ist das Verhältnis von Obsiegen und Unterliegen der Beteiligten, einschließlich der Dauer[2] der Unterhaltsverpflichtung. Das Verhältnis von Obsiegen und Unterliegen bestimmt sich zunächst nach dem Begehren des Antragstellers, dh. seinen Anträgen, und der Höhe der Verurteilung des Antragsgegners.

Beispiel:

Wenn bei einem unbegrenzt verlangten Unterhalt von 500 Euro lediglich 250 Euro zugesprochen werden, liegt ein hälftiges Obsiegen/Unterliegen vor. Bei einer unbegrenzten Dauer der Unterhaltsverpflichtung wäre von jedem Beteiligten die Hälfte der Kosten zu tragen. Wenn die Unterhaltsverpflichtung jedoch, wie es nach dem seit dem 1.1.2008 geltenden § 1578b BGB für den nachehelichen Unterhalt häufig erfolgt, auf einige Jahre begrenzt wird, muss dies kostenrechtlich berücksichtigt werden, wobei die für die Begrenzung anzusetzende Quote von der Dauer der Unterhaltsverpflichtung abhängt. Sie ist umso niedriger, je länger Unterhalt gezahlt werden muss.

II. Vorprozessuales Verhalten eines Beteiligten, Satz 2 Nr. 2

6 Nr. 2 ist § 93d ZPO aF nachgebildet und bewertet das vorprozessuale Verhalten des Verpflichteten. Dieser soll angehalten werden, **vor Beginn des Verfahrens** bereitwillig und umfassend (zB auch über Abzüge und Belastungen[3]) Auskunft zu erteilen, wenn grundsätzlich eine Auskunfts- und Unterhaltspflicht besteht, damit Unterhaltsansprüche bereits außergerichtlich geklärt und festgelegt werden können.[4] Kommt der Verpflichtete dieser Auskunftspflicht durch Nichterteilung oder unvollständige oder falsche Erteilung der Auskunft in den Fällen der §§ 1361 Abs. 4 Satz 4, 1580 und 1605 BGB nicht nach und kann er diese Unterlassung nicht hinreichend entschuldigen, hat er die Kosten zu tragen, weil er es zu verantworten hat, dass ein Verfahren eingeleitet werden musste.[5] Eine Verpflichtung zur Kostentragung besteht auch dann, wenn die im Verfahren erteilte Auskunft dazu führt, dass der Antrag auf Zahlung von Unterhalt zurückgenommen wird. Dies ist adäquat, denn es kommt nach dieser Vorschrift nicht auf das Ergebnis des Verfahrens, sondern das vorprozessuale Verhalten des Antragsgegners an. Die **unterlassene** oder **ungenügende Auskunftserteilung wird** stärker als bisher **kostenrechtlich sanktioniert**.[6]

---

1 Begr. RegE, BT-Drucks. 16/6308, S. 259.
2 Diese hat keinen Einfluss auf die Höhe des Streitwerts, vgl. § 51 FamGKG; *Schürmann*, FuR 2009, 130 (136).
3 OLG Köln v. 12.4.1999 – 27 WF 37/98, FamRZ 2000, 622.
4 OLG Brandenburg v. 10.7.2002 – 9 WF 74/02, FamRZ 2003, 239; AG Ludwigslust v. 26.10.2004 – 5 F 48/03, FamRZ 2005, 643; Zöller/*Herget*, § 93d ZPO Rz. 1.
5 Begr. RegE, BT-Drucks. 16/6308, S. 259; Thomas/Putzo/*Hüßtege*, § 93d ZPO Rz. 4; Zöller/*Herget*, § 93d ZPO Rz. 2.
6 Begr. RegE, BT-Drucks. 16/6308, S. 259.

III. Nichtbefolgung von gerichtlichen Anordnungen, Satz 2 Nr. 3

Diese Regelung stellt eine kostenrechtliche Sanktion für die Nichtbefolgung oder nicht fristgerechte Befolgung der **im Verfahren** von dem Familiegericht getroffenen Anordnung hinsichtlich der Erteilung einer Auskunft über Einkünfte, Vermögen, persönliche und wirtschaftliche Verhältnisse sowie der Verpflichtung zur Vorlage von Belegen und der schriftlichen Versicherung über die Wahrheitsgemäßheit und Vollständigkeit der Auskunft nach § 235 Abs. 1 Satz 1 und 2 dar. Die Pflicht zur Tragung der Kosten ist quasi ein Substitut für die fehlende Durchsetzbarkeit der Verpflichtung nach § 235. Ähnliche Regelungen finden sich in § 156 Abs. 1 Satz 5 iVm. § 81 Abs. 2 Nr. 5 und in § 135 Abs. 1 Satz 1 iVm. § 150 Abs. 4 Satz 2. 7

IV. Sofortiges Anerkenntnis, Satz 2 Nr. 4

Wenn der Antragsgegner ein sofortiges Anerkenntnis iSd. § 93 ZPO abgibt, muss der Antragsteller dennoch die Kosten tragen, wenn der Antragsgegner nicht durch sein Verhalten zur Einleitung des Verfahrens Veranlassung gegeben hat. Damit schützt die Regelung leistungswillige Antragsgegner vor den Kosten. 8

Veranlassung zur Einleitung des Verfahrens hat der **Antragsgegner** gegeben, wenn er sich so verhalten hat, dass der Antragsteller annehmen musste, nur durch ein Verfahren sein Ziel erreichen zu können.[1] Ein Unterhaltsschuldner, der den Unterhalt regelmäßig zahlt, gibt Anlass zu einem Verfahren nur dann, wenn er sich weigert, an einer für ihn kostenlosen Errichtung eines Titels mitzuwirken.[2] Umstritten ist, ob der Unterhaltsverpflichtete Anlass zu einem Verfahren auf den vollen Unterhalt gibt, wenn er nur den Spitzenbetrag nicht zahlt, mithin nur Teilleistungen erbringt.[3] Veranlassung für ein Verfahren auf höheren Unterhalt gibt der Verpflichtete dann, wenn er schon den bereits titulierten Unterhalt nicht zahlt.[4] 8a

Umgekehrt gibt ein **Unterhaltsberechtigter Veranlassung** für ein Abänderungsverfahren, wenn er weiß, dass er nicht mehr unterhaltsbedürftig ist und gleichwohl vollstreckt.[5] Gleiches gilt, wenn ein Unterhaltsgläubiger erklärt, aus einem abzuändernden Titel nur noch in eingeschränkter Höhe zu vollstrecken, aber nicht bereit ist, den abzuändernden Titel an den Unterhaltsschuldner herauszugeben und sich an dessen Stelle eine weitere vollstreckbare Ausfertigung mit einer eingeschränkten Vollstreckungsklausel erteilen zu lassen.[6] 9

Ein **sofortiges Anerkenntnis** muss bereits **in** der **Antragserwiderung** erfolgen, nicht erst in der ersten mündlichen Verhandlung, an der der Antragsgegner teilnimmt.[7] Im schriftlichen Verfahren muss das Anerkenntnis im ersten Schriftsatz, im schriftlichen Vorverfahren (§ 276 ZPO) bis zum Ablauf der Antragserwiderungsfrist, wenn die Verteidigungsanzeige keinen auf eine Abweisung des Antrags gerichteten Sach- 10

1 BGH v. 28.9.2006 – IX ZB 232/04, ZIP 2007, 95.
2 OLG Oldenburg v. 23.1.2003 – 2 WF 4/03, FamRZ 2003, 1575.
3 OLG Oldenburg v. 23.1.2003 – 2 WF 4/03, FamRZ 2003, 1575; aA OLG Zweibrücken v. 4.2.2002 – 2 WF 8/02, FamRZ 2002, 1130; Zöller/*Herget*, § 93 ZPO Rz. 6 „Unterhaltssachen".
4 OLG Brandenburg v. 28.2.2003 – 9 WF 7/03, FamRZ 2003, 1577.
5 OLG Frankfurt v. 4.8.2000 – 1 WF 136/00, FamRZ 2001, 502.
6 OLG Karlsruhe v. 20.9.2005 – 16 WF 115/05, FamRZ 2006, 630.
7 BGH v. 30.5.2006 – VI ZB 64/05, FamRZ 2006, 1189

antrag enthält, erfolgen.[1] Ob die Regelung anwendbar ist, wenn der Antragsgegner in einem vorangehenden Verfahrenskostenhilfeverfahren keine Stellungnahme abgibt, ist streitig.[2] Die Beweislast für ein sofortiges Anerkenntnis hat nach hM der Antragsgegner.[3]

11 Die Kostenentscheidung ist mangels einer ausdrücklichen Regelung in § 243 mit dem in Unterhaltsverfahren jeweils statthaften Rechtsmittel angreifbar, § 113 Abs. 1 FamFG iVm. § 99 ZPO.[4]

§ 244
Unzulässiger Einwand der Volljährigkeit

Wenn der Verpflichtete dem Kind nach Vollendung des 18. Lebensjahres Unterhalt zu gewähren hat, kann gegen die Vollstreckung eines in einem Beschluss oder in einem sonstigen Titel nach § 794 der Zivilprozessordnung festgestellten Anspruchs auf Unterhalt nach Maßgabe des § 1612a des Bürgerlichen Gesetzbuchs nicht eingewandt werden, dass die Minderjährigkeit nicht mehr besteht.

A. Allgemeines

I. Entstehung

1 § 244 entspricht dem bisherigen § 798a ZPO.

II. Systematik

2 Die Vorschrift gehört zu den Vollstreckungsregelungen für Unterhaltssachen.

III. Normzweck

3 Dem Kind soll die Zwangsvollstreckung aus einem Unterhaltstitel über den Eintritt der Volljährigkeit hinaus ermöglicht werden, bis der Titel durch ein Abänderungsverfahren (§§ 238 bis 240) korrigiert worden ist. Durch die sprachliche Neufassung wird klargestellt, dass die Regelung nur Einwände gegen die Vollstreckung aus einem entsprechenden Titel ausschließen will, nicht aber gegen den Anspruch als solchen.

---

1 BGH v. 30.5.2006 – VI ZB 64/05, FamRZ 2006, 1189.
2 Für eine Anwendung vgl. zu § 93 ZPO OLG Hamm v. 5.9.2003 – 10 WF 170/03, FamRZ 2004, 466; dagegen OLG Karlsruhe v. 22.7.2003 – 16 WF 74/03, FamRZ 2004, 1659.
3 OLG Hamm v. 7.4.2004 – 7 WF 49/04, MDR 2004, 1078.
4 Baumbach/*Hartmann*, § 243 FamFG Rz. 9.

B. Regelungsinhalt der Vorschrift

I. Anwendungsbereich

Die Vorschrift ist anwendbar auf **Vollstreckungstitel** wie Beschlüsse nach dem FamFG (zB Festsetzungsbeschlüsse im vereinfachten Verfahren nach § 253) und Titel iSd. § 794 ZPO (insbesondere Vergleiche iSd. § 794 Abs. 1 Nr. 1 ZPO, vollstreckbare Urkunden iSd. § 794 Abs. 1 Nr. 5 ZPO), die die Unterhaltszahlung an ein minderjähriges Kind als Prozentsatz des Mindestunterhalts für die jeweilige Altersstufe bemessen, **sog. dynamische Titel** (vor dem 1.1.2008: Unterhalt als Vomhundertsatz eines oder des jeweiligen Regelbetrags nach der Regelbetrag-Verordnung, § 1612a BGB aF; Gleiches gilt für Titel, die gem. Art. 5 § 1 KindU auf das seit 1.7.1998 geltende Recht umgestellt worden sind[1]). 4

Streitig ist, ob die Vorschrift auch auf **nicht dynamische** unbefristete Titel (Titel über Individualunterhalt) angewendet werden kann.[2] Dies entspricht der Intention des Gesetzgebers[3] und ist im Interesse der Einheitlichkeit der Rechtsanwendung zu bejahen. 5

II. Voraussetzungen und Rechtsfolgen

Das Kind muss von dem Schuldner als Elternteil auch nach Vollendung des 18. Lebensjahres (Eintritt der Volljährigkeit) Unterhalt gem. §§ 1601 ff. BGB verlangen können. In diesem Fall kann der Unterhalt in der in dem Titel festgesetzten Höhe weiter vollstreckt werden. Dem Schuldner steht es frei, wegen einer Änderung der Verhältnisse, zB der Mithaftung des anderen Elternteils, oder des vermeintlichen Wegfalls des Unterhaltsanspruchs (§ 1602 BGB) ein Abänderungsverfahren nach §§ 238 ff. durchzuführen. Beteiligter des Abänderungsverfahrens ist nunmehr das volljährige Kind, auch wenn der Unterhaltstitel in der Zeit der Minderjährigkeit von dem betreuenden Elternteil in Verfahrensstandschaft gem. § 1629 Abs. 3 BGB erwirkt wurde.[4] Eine Vollstreckungsabwehrklage (§§ 767, 795, 797 Abs. 3, 4 ZPO) mit der Einwendung, der Titel sei unwirksam, weil die Minderjährigkeit nicht mehr bestehe, ist unzulässig. Aus dem gleichen Grund ist der Erlass einer einstweiligen Anordnung zur Einstellung der Zwangsvollstreckung (§ 242 FamFG iVm. § 769 ZPO) ausgeschlossen.[5] 6

§ 245
Bezifferung dynamisierter Unterhaltstitel zur Zwangsvollstreckung im Ausland

(1) Soll ein Unterhaltstitel, der den Unterhalt nach § 1612a des Bürgerlichen Gesetzbuchs als Prozentsatz des Mindestunterhalts festsetzt, im Ausland vollstreckt werden, ist auf Antrag der geschuldete Unterhalt auf dem Titel zu beziffern.

1 BGH v. 4.10.2005 – VII ZB 21/05, NJW-RR 2006, 217.

2 Für eine Anwendung AG Halberstadt v. 3.4.2006 – 9 F 82/06, FamRZ 2006, 1049; Thomas/Putzo/*Hüßtege*, § 798a ZPO Rz. 2; *Stollenwerk*, FamRZ 2006, 873 (874); *Pütz*, FamRZ 2006, 1558 (1559); *Viefhues*, FF 2008, 294 (295); dagegen OLG Hamm v. 31.5.2005 – 9 WF 67/05, FamRZ 2006, 48 mit zustimmender Anm. *Otten*; Zöller/*Stöber*, § 798a ZPO Rz. 3.

3 Vgl. Gesetzesmaterialien zu § 798a ZPO, BT-Drucks. 13/7338, S. 45.

4 OLG Saarbrücken v. 9.3.2007 – 9 WF 19/07, FamRZ 2007, 1829; Wendl/*Scholz*, § 2 Rz. 18, 19.

5 Zöller/*Stöber*, § 798a ZPO Rz. 2.

(2) Für die Bezifferung sind die Gerichte, Behörden oder Notare zuständig, denen die Erteilung einer vollstreckbaren Ausfertigung des Titels obliegt.

(3) Auf die Anfechtung der Entscheidung über die Bezifferung sind die Vorschriften über die Anfechtung der Entscheidung über die Erteilung einer Vollstreckungsklausel entsprechend anzuwenden.

A. Allgemeines

I. Entstehung

1 § 245 entspricht dem bisherigen § 790 ZPO idF des Gesetzes zur Änderung des Unterhaltsrechts.[1] Dessen Vorgängervorschrift war durch Art. 1 Nr. 6 des EG-Vollstreckungstitel-Durchführungsgesetzes v. 18.8.2005[2] mit Wirkung v. 21.10.2005 eingeführt worden.

II. Systematik

2 Die Vorschrift gehört zu den speziellen Regelungen für die Zwangsvollstreckung von Unterhaltstiteln im Ausland.

III. Normzweck

3 Sie will eine Vollstreckung von Unterhaltstiteln im Ausland ermöglichen und trägt insbesondere der sich aus Art. 4 Nr. 2 der EG-Vollstreckungstitel-VO[3] ergebenden Voraussetzung Rechnung, nach der sich ein europäischer Vollstreckungstitel auf eine Forderung zur Zahlung einer bestimmten Geldsumme beziehen muss. Da es zweifelhaft ist, ob dynamisierte Unterhaltstitel in diesem Sinne hinreichend bestimmt sind,[4] weil in ihnen der Unterhalt nicht als konkreter Betrag, sondern als Prozentsatz des Mindestunterhalts aufgeführt ist und sich der Zahlbetrag nur unter Zuhilfenahme deutscher Vorschriften ermittelt lässt,[5] könnten sich ohne Bezifferung Schwierigkeiten bei der Klärung des Anspruchsumfangs und damit verbunden Probleme bei der Vollstreckung ergeben. Einzelheiten zur EG-Vollstreckungstitel-VO s. im Anhang zu § 245.

B. Unterhaltstitel, zuständige Stellen, Absätze 1 und 2

I. Anwendbarkeit

4 Die Vorschrift ist nur auf dynamisierte Unterhaltstitel nach § 1612a BGB anwendbar, wenn sie im Ausland vollstreckt werden sollen. Dies sind insbesondere gerichtliche

1 Gesetz v. 21.12.2007, BGBl. I, S. 3189.

2 BGBl. I 2005, S. 2477.

3 Verordnung (EG) Nr. 805/2004 des Europäischen Parlaments und des Rates zur Einführung eines europäischen Vollstreckungstitels für unbestrittene Forderungen v. 31.4.2004, ABl. L 143, S. 15, geändert durch VO Nr. 1869/2005 v. 16.11.2005, ABl. L 300, S. 6.

4 Baumbach/*Hartmann*, § 790 ZPO Rz. 1; Musielak/*Lackmann*, § 790 ZPO Rz. 1.

5 BR-Drucks. 88/05, S. 21.

Entscheidungen und Vergleiche, Titel, die im vereinfachten Verfahren nach §§ 249 ff. erwirkt wurden, Urkunden des Jugendamtes nach §§ 59, 60 SGB VIII, konsularische oder notarielle Urkunden nach § 794 Abs. 1 Nr. 5 ZPO. Erfasst werden nicht nur die Titel, für die die EG-Vollstreckungstitel-VO[1] gilt, sondern sämtliche Unterhaltstitel, wenn sie im Ausland vollstreckt werden sollen.[2] Die Vorschrift soll auch auf die dynamisierte Kindergeldanrechnung nach § 1612b BGB anwendbar sein.[3]

II. Verfahren

Die Stelle, die für die Klauselerteilung zuständig wäre, hat auch die Bezifferung vorzunehmen. Beim Familiengericht ist der **Rechtspfleger** gem. § 25 Nr. 2 b RPflG funktionell zuständig, bei vollstreckbaren Urkunden das Jugendamt oder der Notar (§ 797 Abs. 2 ZPO, § 60 Satz 3 Nr. 1 SGB VIII), bei konsularischen Urkunden das Amtsgericht Berlin-Schöneberg (§ 10 Abs. 3 Nr. 5 Satz 2 KonsularG). 5

Die **Bezifferung** des geschuldeten Unterhalts erfolgt nur **auf Antrag**. Der Antrag selbst muss nicht beziffert sein.[4] Wenn Unterhalt auch für die Vergangenheit vollstreckt werden soll und mehrfache Anpassungen des Mindestunterhalts erfolgt sind, empfiehlt es sich jedoch, die einzelnen Zeiträume getrennt nach den jeweiligen Unterhaltsbeträgen aufzuführen. Im Antrag muss ferner angegeben werden, dass es sich um einen dynamischen Titel handelt und dass dieser im Ausland vollstreckt werden soll.[5] 6

Vor einer Entscheidung ist wegen Art. 103 GG der **Schuldner anzuhören**.[6] Damit der Anschein eines weiteren Vollstreckungstitels vermieden wird, ist die Bezifferung auf dem Titel oder auf einem mit diesem fest verbundenen Dokument vorzunehmen.[7] 7

III. Rechtsmittel, Absatz 3

Der Unterhaltsgläubiger kann gegen eine abgelehnte oder zu niedrige Bezifferung durch den Rechtspfleger (der Sache nach ein Beschluss) mit der sofortigen Beschwerde (§§ 567 ff. ZPO, § 11 Abs. 2 RPflG), in den übrigen Fällen mit einer befristeten Erinnerung gem. § 11 Abs. 2 RPflG vorgehen.[8] Gegen Entscheidungen des Notars, die eine notarielle Amtshandlung darstellen, hat der Gläubiger ein Beschwerderecht nach § 54 BeurkG.[9] Streitig ist die Form des Rechtsbehelfs, wenn das Jugendamt entschieden 8

1 Die Verordnung führt nach Art. 1 einen europäischen Vollstreckungstitel für unbestrittene Forderungen ein, um durch die Festlegung von Mindestvorschriften den freien Verkehr von Entscheidungen, gerichtlichen Vergleichen und öffentlichen Urkunden in allen Mitgliedstaaten zu ermöglichen, ohne dass im Vollstreckungsmitgliedstaat ein Zwischenverfahren angestrengt werden muss.

2 Musielak/*Lackmann*, § 790 ZPO Rz. 2; Thomas/Putzo/*Hüßtege*, § 790 ZPO Rz. 3; Zöller/*Geimer*, § 790 ZPO Rz. 1; *Rausch*, FuR 2005, 437 (438).

3 *Enst*, JurBüro 2005, 568 (573); Thomas/Putzo/*Hüßtege*, § 790 ZPO Rz. 3.

4 Zöller/*Geimer*, § 790 ZPO Rz. 5.

5 MüKo.ZPO/*Schmidt*, § 790 ZPO Rz. 6.

6 Musielak/*Lackmann*, § 790 ZPO Rz. 3; MüKo.ZPO/*Schmidt*, § 790 ZPO Rz. 6.

7 Begr., BT-Drucks. 15/5222, S. 12.

8 Baumbach/*Hartmann*, § 790 ZPO Rz. 5 und § 724 ZPO Rz. 13; Zöller/*Geimer*, § 790 ZPO Rz. 7; Musielak/*Lackmann*, § 790 ZPO Rz. 3; aA Thomas/Putzo/*Hüßtege*, § 790 ZPO Rz. 3: Klage gem. § 731 ZPO.

9 Zöller/*Geimer*, § 790 ZPO Rz. 7; Musielak/*Lackmann*, § 790 ZPO Rz. 3; *Wolfsteiner*, Rz. 47.8; Thomas/Putzo/*Hüßtege*, § 790 ZPO Rz. 3: daneben wahlweise Klage nach § 731 ZPO.

hat. Da die Entscheidung dem Wesen nach ein Verwaltungsakt ist, soll lediglich die Anfechtungsklage nach § 40 ff. VwGO zulässig sein.[1] Nach der Gegenmeinung findet gem. § 1 Abs. 2 BeurkG unmittelbar die Beschwerde nach § 54 BeurkG statt.[2] Eine dritte Auffassung hält daneben eine Klage nach § 731 ZPO für statthaft.[3] Nach der Begründung des Gesetzgebers zu § 54 BeurkG[4] bestimmt sich die Anfechtung nach der VwGO, weil durch § 1 Abs. 2 iVm. § 54 BeurkG der Rechtsweg zu den ordentlichen Gerichten nicht ausdrücklich eröffnet wird, wie dies nach § 40 Abs. 1 VwGO erforderlich wäre. Im Interesse einer Vereinheitlichung des Rechtsweges sollte jedoch auch der Gläubiger die Möglichkeit haben, eine Klage nach § 731 ZPO vor dem Amtsgericht zu erheben.

9 Der Schuldner kann gegen die Bezifferung als solche oder gegen ihre Höhe gem. § 732 ZPO **Erinnerung** einlegen.[5] Bei Urkunden des Notars oder des Jugendamts entscheidet hierüber das für den jeweiligen Sitz zuständige Amtsgericht, § 797 Abs. 3 ZPO, § 60 Satz 3 Nr. 2 SGB VIII.[6]

Anhang nach § 245
Verfahren in Unterhaltssachen mit Auslandsbezug

1 *Winkler*, § 54 BeurkG Rz. 1; *Jansen*, § 54 BeurkG Rz. 3; KG v. 20.11.1973 – 1 WF 120/73, NJW 1974, 910; *Weber*, DRiZ 1970, 45 (49).
2 *Wolfsteiner*, Rz. 47.24; Zöller/*Geimer*, § 790 ZPO Rz. 7; *Rellermeyer*, Rpfleger 2005, 389 (400).
3 Thomas/Putzo/*Hüßtege*, § 790 ZPO Rz. 3; MüKo.ZPO/*Schmidt*, § 790 ZPO Rz. 9.
4 BT-Drucks. V, 3282, S. 41.
5 Zöller/*Geimer*, § 790 ZPO Rz. 6; Musielak/*Borth*, § 790 ZPO Rz. 3; *Rellermeyer*, Rpfleger 2005, 389 (403); aA Thomas/Putzo/*Hüßtege*, § 790 ZPO Rz. 3; MüKo.ZPO/*Schmidt*, § 790 ZPO Rz. 10: daneben soll auch eine Klage nach § 768 ZPO möglich sein.
6 MüKo.ZPO/*Wolfsteiner*, § 797 ZPO Rz. 30; Zöller/*Geimer*, § 790 ZPO Rz. 6; Musielak/*Lackmann*, § 797 ZPO Rz. 9.

Literatur: s. § 97 vor Rz. 1.

A. Internationale Zuständigkeit

I. Überblick

1. Rechtsquellen

1 Für Unterhaltssachen iSv. § 231 enthält das FamFG mit § 98 Abs. 2 und § 103 Abs. 2 zwei ausdrückliche, aber punktuelle Regelungen der internationalen Entscheidungszuständigkeit deutscher Gerichte im Scheidungs- bzw. Aufhebungsverbund. Im Übrigen

bleibt es gem. § 105 bei der sog. Doppelfunktionalität der Regelung zur örtlichen Zuständigkeit: Sieht das Gesetz einen örtlichen Gerichtsstand im Inland vor, so sollen die deutschen Gerichte auch international zuständig sein (Rz. 38). Freilich ist auf diese Regeln des autonomen Rechts, wie § 97 Abs. 1 klarstellt, nur vorbehaltlich vorrangiger gemeinschafts- oder völkerrechtlicher Bestimmungen zurückzugreifen. Solange die EuUntVO (s. Rz. 172 ff. – Text: Anhang 6 zu § 97) noch nicht in Kraft ist, bleibt dabei vor allem an die Brüssel I-VO (Rz. 5 ff.) und das LugÜ (Rz. 35 f.) zu denken. Als Faustregel kann gelten, dass die Brüssel I-VO und das LugÜ das deutsche Recht verdrängen, sofern der Antragsgegner seinen Wohnsitz in Deutschland oder einem anderen Mitglied- bzw. Vertragsstaat hat.

2 Die Zuständigkeitsvorschriften der Brüssel IIa-VO betreffen Unterhaltssachen nicht (Art. 1 Abs. 3 Buchst. e; s. Anhang 2 zu § 97); Entsprechendes gilt für das HErwSÜ (Art. 4 Abs. 1 Buchst. a; s. Anhang 7 zu § 97). Art. 3 HUntVÜ 1958 und Art. 7 HUntVÜ 1973 (Text: Rz. 125) enthalten zwar Vorgaben zur sog. internationalen Anerkennungszuständigkeit, nicht aber zur hier interessierenden internationalen Entscheidungszuständigkeit (zum Unterschied s. vor §§ 98–106 Rz. 2).[1] Entsprechendes wird für das noch nicht in Kraft getretene HUntVÜ 2007 gelten (Rz. 177).

2. Verhältnis zum Kollisionsrecht

3 Gilt es im Einzelfall zu bestimmen, welche Gerichte international zur Entscheidung in einer Unterhaltssache berufen sind, so ist dabei die kollisionsrechtliche Frage ohne Belang, welches Recht in der Sache zur Anwendung gelangt.[2] Es gibt keinen automatischen Gleichlauf, so dass weder vom anwendbaren Recht auf die internationale Zuständigkeit noch in die umgekehrte Richtung geschlossen werden darf (näher vor §§ 98–106 Rz. 36). Freilich ist es durchaus ein sinnvolles gesetzgeberisches Anliegen, die Zuständigkeitsgründe nach Möglichkeit so festzulegen, dass das zuständige Gericht das im Forumstaat geltende Sachrecht anwenden kann.[3] Im Falle konkurrierend eröffneter Gerichtsstände wird der gut beratene Rechtsuchende seine Wahl nicht zuletzt von dem im jeweiligen Forum maßgeblichen Kollisionsrecht abhängig machen.[4] Im Vordergrund sollte freilich stets die Frage stehen, ob der zu erwirkende Titel möglichst bereits im Gerichtsstaat vollstreckt werden kann, notfalls wenigstens in anderen Staaten, die den Titel anerkennen.

3. Vergleiche und Urkunden

4 Nach bislang herrschender Meinung setzt das Beurkunden eines Prozessvergleichs durch ein deutsches Gericht die internationale Entscheidungszuständigkeit deutscher Gerichte nicht voraus.[5] Ebenso wenig wird das Errichten einer vollstreckbaren Urkunde durch einen deutschen Notar (oder eines Anwaltsvergleichs) in Fällen mit Aus-

---

1 Richtig etwa *Henrich*, Rz. 179; Staudinger/*Kropholler*, Anh. III zu Art. 18 EGBGB Rz. 98 und 177. Verkannt etwa von BGH v. 27.6.1984 – IVb ZR 2/83, NJW 1985, 552.

2 Klarstellend OLG Nürnberg v. 11.1.2005 – 7 WF 3827/04, NJW 2005, 1054.

3 Vgl. etwa Rauscher/*Leible*, Art. 5 Brüssel I-VO Rz. 61.

4 Näher zu solchen aus Anwaltssicht gebotenen prozesstaktischen Überlegungen in grenzüberschreitenden Unterhaltsangelegenheiten etwa Garbe/Ullrich/*Andrae*, § 12 Rz. 112 ff.; Rahm/Künkel/*Breuer*, VIII, Rz. 217 ff.; *Hau*, Forum shopping, S. 103 ff.

5 Statt vieler: *Geimer*, Rz. 1215, 1854b. Abweichend – mit bedenkenswerten Argumenten – *Renna*, Jura 2009, 119; Rauscher/*Staudinger*, Art. 58 Brüssel I-VO Rz. 5.

landsbezug anhand der Regeln über die internationale Entscheidungszuständigkeit überprüft.[1]

II. Brüssel I-VO

1. Grundlagen

Die sog. Brüssel I-VO Nr. 44/2001[2] hat die Regeln zur internationalen Entscheidungszuständigkeit in Zivil- und Handelssachen innerhalb der EU vereinheitlicht. 5

Oberstes **Auslegungsziel** ist die einheitliche Anwendung der Brüssel I-VO in allen Mitgliedstaaten; die Rechtsanwendung muss sich am Grundsatz der Einheitlichkeit der Rechte und Pflichten der betroffenen Personen orientieren. Der EuGH, dem nach Maßgabe von Art. 68, 234 **EG** die Interpretationsprärogative zusteht (zum Vorabentscheidungsverfahren s. § 97 Rz. 12), plädiert nach Möglichkeit für eine verordnungsautonome Auslegung; nur ausnahmsweise ist demnach auf das im Forum geltende Recht (die lex fori) oder das in der Sache anwendbare Recht (die lex causae) zurückzugreifen. Die bereits zur Vorgängerregelung, dem **EuGVÜ**,[3] ergangene Rechtsprechung kann grundsätzlich auf die Brüssel I-VO übertragen werden.[4] 6

2. Anwendungsbereich

Die Zuständigkeitsregeln der Brüssel I-VO finden Anwendung auf Verfahren, die nach dem 1.3.2002 eingeleitet worden sind (Art. 66 Abs. 1, 76 Brüssel I-VO).[5] 7

a) Sachlicher Anwendungsbereich

Den sachlichen Anwendungsbereich umschreibt Art. 1 Brüssel I-VO. Unterhaltssachen werden, im Gegensatz zu sonstigen Familiensachen (Art. 1 Abs. 2 Buchst. a), erfasst (arg.: Art. 5 Nr. 2 Brüssel I-VO).[6] Dem steht die Verbindung der Unterhaltsstreitigkeit mit einer Statusklage in Ehe- oder Kindschaftssachen nicht entgegen. Erfasst werden namentlich Unterhaltsansprüche von Verwandten, (gegenwärtigen oder früheren) Ehegatten oder Lebenspartnern,[7] unverheirateten Müttern. 8

Der Begriff des Unterhalts ist weit zu verstehen und betrifft auch Fragen, die zwar auf das familienrechtliche Band gestützt sind, aus deutscher Sicht aber eher dem ehelichen Güterrecht zuzuordnen wären.[8] Der Unterhaltsanspruch muss nicht auf laufende 9

---

1 *Geimer*, Rz. 1216, 1854c.

2 Verordnung Nr. 44/2001 v. 22.12.2000 über die gerichtliche Zuständigkeit und die Anerkennung und Vollstreckung von Entscheidungen in Zivil- und Handelssachen, ABl. EG 2001 Nr. L 12/1; weitere geläufige Abkürzungen sind EuGVO und EuGVVO.

3 Brüsseler Übereinkommen v. 27.9.1968 über die gerichtliche Zuständigkeit und die Vollstreckung gerichtlicher Entscheidungen in Zivil- und Handelssachen (konsolidierte Fassung in ABl. EG 1998 Nr. C 27/1).

4 S. nur BGH v. 21.12.2006 – IX ZB 150/05, NJW-RR 2007, 1573.

5 Zur Anwendung des EuGVÜ auf Altfälle vgl. BGH v. 28.9.2005 – XII ZR 17/03, NJW-RR 2005, 1593. Zum maßgeblichen Zeitpunkt im Falle neu zur EU beigetretener Mitgliedstaaten s. OLG Dresden v. 11.4.2007 – 8 U 1939/06, NJW-RR 2007, 1145 (Malta).

6 Grundlegend EuGH v. 6.3.1980 – Rs. C-120/79 (Cavel), EuGHE 1980, 731; vgl. auch BGH v. 17.10.2007 – XII ZR 146/05, NJW-RR 2008, 156.

7 Klarstellend etwa Hausmann/Hohloch/*Martiny*, Kap. 12 Rz. 119.

8 Näher BGH v. 17.10.2007 – XII ZR 146/05, NJW-RR 2008, 156; *Andrae*, § 3 Rz. 3 ff.

Zahlungen gerichtet sein. Als Unterhaltssache von der Brüssel I-VO erfasst wird daher auch der Anspruch auf Prozesskostenvorschuss (§§ 1360a Abs. 4, 1361 Abs. 4 Satz 4 BGB)[1] oder die Klage des Unterhaltsberechtigten gegen seinen geschiedenen oder dauernd getrennt lebenden Ehegatten auf Erstattung der ihm durch das begrenzte Realsplitting entstandenen Nachteile.[2] Auch eine im Rahmen eines Scheidungsverfahrens ergangene Entscheidung, welche die Zahlung eines Pauschalbetrages und die Übertragung des Eigentums an bestimmten Gegenständen von einem ehemaligen Ehegatten auf den anderen anordnet, kann Unterhaltspflichten betreffen und daher in den Anwendungsbereich fallen.[3] Für die Abgrenzung zur güterrechtlichen Auseinandersetzung oder zu Schadensersatzansprüchen ist im Zweifel auf den überwiegenden Zweck der Verpflichtung abzustellen: Die Unterhaltsfunktion tritt zurück, wenn Vermögensauseinandersetzung oder Schadensersatz im Vordergrund steht.[4] Als güterrechtlich zu qualifizieren (und damit aus dem Anwendungsbereich der Brüssel I-VO ausgeklammert) sind Streitigkeiten über die Zuweisung von Ehewohnung und Hausrat im Falle von Getrenntleben und der Scheidung sowie der Versorgungsausgleich.[5] Wegen Art. 1 Abs. 2 Buchst. a Brüssel I-VO bleiben erbrechtliche Ansprüche, namentlich auf den Dreißigsten (§ 1969 BGB), ungeachtet ihres Versorgungszwecks ausgeklammert.

10 Als Zivilsache iSv. Art. 1 Abs. 1 Brüssel I-VO begreift die hM auch eine **Rückgriffsklage**, mit der eine **öffentliche Stelle** gegenüber einer Privatperson die Rückzahlung von Beträgen verfolgt, die sie als Sozialhilfe an den geschiedenen Ehegatten oder an ein Kind dieser Person gezahlt hat; vorausgesetzt wird dabei allerdings, dass die allgemeinen Vorschriften über Unterhaltsverpflichtungen für die Grundlage der Rückgriffsklage und die Modalitäten ihrer Erhebung gelten.[6] Keine Zivilsache liegt demnach vor, wenn der Regress auf Bestimmungen gestützt ist, mit denen der nationale Gesetzgeber der öffentlichen Stelle eine eigene, besondere Befugnis verleiht, namentlich also, wenn die betreffenden Bestimmungen es der öffentlichen Stelle ermöglichen, eine zwischen (ehemaligen) Ehegatten getroffene Vereinbarung unberücksichtigt zu lassen. Speziell zum Rechtsübergang gem. § 37 BAföG hat der EuGH die Anwendbarkeit der Brüssel I-VO bejaht;[7] Entsprechendes dürfte für § 94 SGB XII gelten.[8]

b) Räumlich-persönlicher Anwendungsbereich

11 Der räumlich-persönliche Anwendungsbereich der Brüssel I-VO ergibt sich aus dem Zusammenspiel ihrer Art. 2–4. Daraus folgt, dass Beklagte mit Wohnsitz im Hoheitsgebiet eines Mitgliedstaats nach den Zuständigkeitsregeln der Brüssel I-VO – und nur nach diesen (vgl. Art. 3 Abs. 1 Brüssel I-VO) – verklagt werden können. Grundsätzlich wird der räumlich-persönliche Anwendungsbereich der VO also durch den Wohnsitz des Beklagten bestimmt; unerheblich sind hingegen der gewöhnliche Aufenthalt oder die Staatsangehörigkeit einer der Parteien oder der Wohnsitz des Klägers.

1 Str.; wie hier etwa *Geimer/Schütze*, Art. 5 EuGVVO Rz. 184.
2 BGH v. 17.10.2007 – XII ZR 146/05, NJW-RR 2008, 156.
3 EuGH v. 27.2.1997 – Rs. C-220/95 (van den Boogaard/Laumen), EuGHE 1997, I-01147 = IPRax 1999, 35.
4 MüKo.ZPO/*Gottwald*, Art. 5 EuGVO Rz. 42; Rauscher/*Leible*, Art. 5 Brüssel I-VO Rz. 62.
5 Näher etwa *Andrae*, § 3 Rz. 7 f.; Bamberger/Roth/*Heiderhoff*, Art. 17a EGBGB Rz. 26; Rauscher/*Mankowski*, Art. 1 Brüssel I-VO Rz. 12; *Wagner*, Versorgungsausgleich Rz. 3 ff.
6 EuGH v. 14.11.2002 – Rs. C-271/00 (Steenbergen/Baten), EuGHE 2002, I-10489 = IPRax 2004, 237.
7 EuGH v. 15.1.2004 – Rs. C-433/01 (Freistaat Bayern/Blijdenstein), EuGHE 2004, I-981 = NJW 2004, 1439.
8 Ebenso etwa Thomas/Putzo/*Hüßtege*, Art. 1 EuGVVO Rz. 2.

Der **Wohnsitz** natürlicher Personen richtet sich nicht etwa nach verordnungsautonomen Kriterien; vielmehr verweist Art. 59 Brüssel I-VO auf das Recht des Staates, in dem sich der Wohnsitz befinden soll. Soweit es also zu klären gilt, ob ein Wohnsitz in Deutschland besteht, sind §§ 7 ff. BGB heranzuziehen. Wohnsitz beschreibt danach den räumlichen Mittelpunkt des gesamten Lebens einer Person, mithin den räumlichen Schwerpunkt ihrer Lebensverhältnisse, was die zumindest aus den Umständen ersichtliche subjektive Absicht voraussetzt, sich an dem betreffenden Ort niederzulassen und diese Niederlassung auch dauerhaft beizubehalten.[1] 12

Der Beklagtenwohnsitz muss sich in einem der **Mitgliedstaaten** der Brüssel I-VO befinden. Dies sind im Ergebnis alle EU-Staaten (Art. 299 EG), und zwar einschließlich des Vereinigten Königreichs und Irlands (vgl. Erwägungsgrund Nr. 20). Die Brüssel I-VO galt zunächst nicht im Verhältnis zu Dänemark (Art. 1 Abs. 3 Brüssel I-VO), das sich nicht an Projekten der justiziellen Zusammenarbeit in Zivilsachen beteiligt. Inzwischen wurde die Brüssel I-VO jedoch – mit Wirkung zum 1.7.2007 – durch ein besonderes Abkommen auf Dänemark erstreckt;[2] damit ist das EuGVÜ (Rz. 6) für Zuständigkeitsfragen weitestgehend bedeutungslos geworden. 13

c) Verhältnis zum autonomen deutschen Zuständigkeitsrecht

Im Verhältnis zu **Beklagten ohne Wohnsitz in einem Mitgliedstaat** finden die Zuständigkeitsregeln der Brüssel I-VO (mit Ausnahme der Art. 22, 23) keine Anwendung. Vielmehr beurteilt sich die internationale Zuständigkeit nach der lex fori des angerufenen Gerichts (Art. 4 Abs. 1 Brüssel I-VO). Dabei kann zur Begründung der internationalen Zuständigkeit auch auf jene exorbitanten Gerichtsstände des nationalen Rechts zurückgegriffen werden, deren Anwendung zu Lasten von Beklagten mit Wohnsitz in einem Mitgliedstaat durch Art. 3 Abs. 1 Brüssel I-VO innerhalb des Anwendungsbereichs der Brüssel I-VO ausgeschlossen ist (sog. schwarze Liste: Art. 3 Abs. 2 Brüssel I-VO und dazu Anhang I zur Brüssel I-VO). 14

Fraglich ist die Abgrenzung des Anwendungsbereichs der Brüssel I-VO im Verhältnis zu den Zuständigkeitsregeln im nationalen Recht der einzelnen Mitgliedstaaten. Insbesondere ist umstritten, ob die Zuständigkeitsvorschriften der VO nur dann gelten, wenn der Sachverhalt einen Bezug zu mehreren Mitgliedstaaten aufweist. Führen alle zuständigkeitsrelevanten Tatsachen zum Recht eines einzigen Mitgliedstaats, so liegt ein reiner Inlandssachverhalt vor; die Brüssel I-VO ist also ohnehin nicht entscheidungserheblich. Problematischer erscheinen Sachverhalte, die neben Beziehungen zu einem oder mehreren Drittstaaten Verbindungen nur zu einem Mitgliedstaat aufweisen. Der EuGH[3] hat klargestellt, dass **kein Binnenmarktbezug** erforderlich ist: Es sei mit dem Justizgewährungsanspruch, der aus dem Brüssel I-System folgt, unvereinbar, eine nach diesem eröffnete Zuständigkeit mit der Begründung zu verneinen, das angerufene Gericht sei nicht hinreichend sachnah (**forum non conveniens**), vielmehr seien die Gerichte eines Drittstaats geeigneter, um den betreffenden Rechtsstreit zu entscheiden. Und dieser Justizgewährungsanspruch sei auch dann zu befriedigen, wenn keine Zuständigkeit eines Gerichts eines anderen Mitgliedstaats in Betracht kommt oder das Verfahren keine Anknüpfungspunkte zu einem anderen Mitgliedstaat auf- 15

1 Vgl. etwa OLG Hamm v. 2.5.2001 – 8 WF 27/01, FamRZ 2002, 54, dort zur Beibehaltung des Wohnsitzes trotz mehrjährigen Studienaufenthalts im Ausland und zur Abgrenzung zum Begriff des gewöhnlichen Aufenthalts.

2 ABl. EU 2005 Nr. L 299/62, 2006 Nr. L 120/22.

3 EuGH v. 1.3.2005 – Rs. C-281/02 (Owusu/Jackson), EuGHE 2005, I-1383 = RIW 2005, 292.

weist. Demnach bestimmt sich die internationale Zuständigkeit beispielsweise nach der Brüssel I-VO, nicht etwa nach dem autonomen deutschen Zuständigkeitsrecht, wenn ein in einem Drittstaat (bspw. den USA) Ansässiger in Deutschland einen hier Wohnhaften auf Unterhaltszahlungen in Anspruch nimmt.[1]

3. Allgemeiner Gerichtsstand

16 Gem. Art. 2 Abs. 1 Brüssel I-VO eröffnet diese – im Einklang mit dem Grundsatz **actor sequitur forum rei** – einen allgemeinen Gerichtsstand am Wohnsitz (zu dessen Bestimmung s. Rz. 12) des Beklagten. Die Vorschrift regelt nur die internationale, nicht zugleich die örtliche Zuständigkeit; insoweit bleibt es vielmehr bei den nationalen Vorschriften (wie § 232 FamFG).

17 Für das Vorhandensein des Wohnsitzes als zuständigkeitsbegründende (und zugleich den Anwendungsbereich der Brüssel I-VO eröffnende) Tatsache kommt es nach allgemeinen Regeln auf den Zeitpunkt der letzten mündlichen Verhandlung in der letzten Tatsacheninstanz an. Allerdings wird es überwiegend als ausreichend erachtet, wenn der Zuständigkeitsgrund in dem von Art. 30 Brüssel I-VO umschriebenen Zeitpunkt gegeben ist (**perpetuatio fori**; s. vor §§ 98–106 Rz. 9 ff.); denn ein späterer Wegzug des Beklagten aus dem Gerichtsstaat soll sich nicht zu Lasten des Klägers auswirken.[2]

18 Eine Erstreckung des allgemeinen Beklagtengerichtsstands auf eine weitere Person, die ihren Wohnsitz im Hoheitsgebiet eines anderen Mitgliedstaats hat, erlaubt Art. 6 Nr. 1 Brüssel I-VO (**Gerichtsstand der Streitgenossenschaft**): Danach kann, wenn mehrere Personen zusammen verklagt werden, vor dem Gericht des Ortes geklagt werden, an dem einer der Beklagten seinen Wohnsitz hat, sofern zwischen den Klagen eine so enge Beziehung gegeben ist, dass eine gemeinsame Verhandlung und Entscheidung geboten erscheint, um zu vermeiden, dass in getrennten Verfahren widersprechende Entscheidungen ergehen könnten.[3] Dies entspricht dem Rechtsgedanken des § 232 Abs. 3 Satz 2 Nr. 2 FamFG.

4. Besonderer Gerichtsstand für Unterhaltssachen

19 Als praktisch bedeutsame Erleichterung der Rechtsverfolgung in Unterhaltssachen erweist sich der besondere Gerichtsstand des **Art. 5 Nr. 2 Brüssel I-VO**.[4] Die Vorschrift lautet: „Eine Person, die ihren Wohnsitz im Hoheitsgebiet eines Mitgliedstaats hat, kann in einem anderen Mitgliedstaat verklagt werden: (...) wenn es sich um eine Unterhaltssache handelt, vor dem Gericht des Ortes, an dem der Unterhaltsberechtigte seinen Wohnsitz oder seinen gewöhnlichen Aufenthalt hat, oder im Falle einer Unterhaltssache, über die im Zusammenhang mit einem Verfahren in Bezug auf den Personenstand zu entscheiden ist, vor dem nach seinem Recht für dieses Verfahren zuständigen Gericht, es sei denn, diese Zuständigkeit beruht lediglich auf der Staatsangehörigkeit einer der Parteien; (...)."

1 Klarstellend, unter Abkehr von seiner früheren Rspr., BGH v. 28.9.2005 – XII ZR 17/03, NJW-RR 2005, 1593; übersehen von *Höbbel/Möller*, Rz. 75.

2 Statt vieler: Thomas/Putzo/*Hüßtege*, Art. 1 EuGVVO Rz. 8; MüKo.ZPO/*Gottwald*, Art. 2 EuGVO Rz. 19 f.; Rauscher/*Mankowski*, Art. 2 Brüssel I-VO Rz. 3.

3 Näher zu diesem Konnexitätskriterium etwa MüKo.ZPO/*Gottwald*, Art. 6 EuGVO Rz. 6; Rauscher/*Leible*, Art. 6 Brüssel I-VO Rz. 8. Speziell für Unterhaltssachen Eschenbruch/Klinkhammer/*Dörner*, Kap. 8 Rz. 21; Wendl/Staudigl/*Dose*, § 9 Rz. 229; Göppinger/Wax/*Linke*, Rz. 3219.

4 Zum Gesetzeszweck beachte BGH v. 17.10.2007 – XII ZR 146/05, NJW-RR 2008, 156.

Ausweislich seines Wortlauts („Gericht des Ortes") regelt Art. 5 Nr. 2 (anders als Art. 2) Brüssel I-VO sowohl die **internationale** als auch die **örtliche Zuständigkeit**,[1] verdrängt also auch insoweit nationale Vorschriften wie § 232 FamFG. Wie bei Art. 2 Brüssel I-VO kommt eine **perpetuatio fori** in Betracht (Rz. 17). Eine Erstreckung des Unterhaltsgerichtsstands auf eine weitere Person gestattet Art. 6 Nr. 1 Brüssel I-VO nicht. 20

Zum vertragsautonom auszufüllenden **Begriff der Unterhaltssache** vgl. das oben zu Art. 1 Brüssel I-VO Ausgeführte (Rz. 9). Erfasst werden auch **vertraglich konkretisierte Unterhaltsansprüche**, sofern sie dem Grunde nach auf dem familienrechtlichen Status beruhen (anderenfalls fällt die Klage regelmäßig in den Anwendungsbereich von Art. 5 Nr. 1 Brüssel I-VO).[2] Ist demnach Art. 5 Nr. 2 Brüssel I-VO einschlägig, ist diese Regelung spezieller und verdrängt die Erfüllungsortzuständigkeit gem. Art. 5 Nr. 1 Brüssel I-VO.[3] 21

Bei Art. 5 Nr. 2 Brüssel I-VO handelt es sich um eine **konkurrierende Zuständigkeit**; dem Unterhaltsberechtigten bleibt die Klagemöglichkeit im Allgemeinen Gerichtsstand (Rz. 16 ff.) also unbenommen. Begründen die Anknüpfungspunkte des Art. 5 Nr. 2 Brüssel I-VO die internationale Zuständigkeit der Gerichte verschiedener Mitgliedstaaten, so hat der Kläger auch zwischen diesen die Wahl. 22

Das Abstellen auf die **Unterhaltsberechtigung** besagt nach allgemeiner Auffassung nicht, dass diese bereits geklärt sein müsste; vielmehr kann sich auch auf Art. 5 Nr. 2 Brüssel I-VO stützen, wer seinen vermeintlichen Unterhaltsanspruch erstmals gerichtlich geltend macht.[4] Stellt sich heraus, dass dem Antragsteller kein Unterhalt zusteht, so erweist sich sein Antrag nicht etwa als mangels internationaler Zuständigkeit unzulässig, sondern als unbegründet.[5] Kein Unterhaltsberechtigter iSv. Art. 5 Nr. 2 Brüssel I-VO ist derjenige, der vom Unterhaltsberechtigten Rückzahlung angeblich zu viel geleisteten Unterhalts fordert. 23

Der EuGH hat klargestellt, dass Art. 5 Nr. 2 Var. 1 Brüssel I-VO nicht für die **Regressklage einer öffentlichen Einrichtung** gegen den Unterhaltsverpflichteten eröffnet ist (zur Einordnung als Zivilsache Rz. 10). Da der Unterhaltsberechtigte im Falle einer solchen cessio legis von der nunmehr klagenden Behörde die beanspruchte Förderung bereits erhalten habe, bestehe kein Anlass mehr, dem Unterhaltsverpflichteten den ihm durch Art. 2 Brüssel I-VO zukommenden Schutz zu nehmen, zumal das Gericht am Wohnsitz des Beklagten dessen finanzielle Mittel am besten beurteilen könne.[6] Im Einzelfall bleibt dann freilich zu klären, ob sich die Rückübertragung zur Geltendmachung auf den Unterhaltsberechtigten empfiehlt, um die Titulierung im Inland zu ermöglichen.[7] Erfasst wird von Art. 5 Nr. 2 Var. 1 Brüssel I-VO richtigerweise jedoch 24

1 Unzutreffend OLG Hamm v. 2.5.2001 – 8 WF 27/01, FamRZ 2002, 54.

2 MüKo.ZPO/*Gottwald*, Art. 5 EuGVO Rz. 42; Rauscher/*Leible*, Art. 5 Brüssel I-VO Rz. 63. Noch weitergehend, namentlich also für Anwendbarkeit von Art. 5 Nr. 2 Brüssel I-VO auf Fälle der Stiefkind- oder Geschwisterversorgung ohne gesetzliche Grundlage, etwa *Geimer/Schütze*, Art. 5 EuGVVO Rz. 171.

3 Anders offenbar *Andrae*, § 8 Rz. 16.

4 Klarstellend EuGH v. 20.3.1997 – Rs. C-295/95 (Farrell/Long), EuGHE 1997, I-1683 = IPRax 1998, 354.

5 Richtig etwa *Geimer/Schütze*, Art. 5 EuGVVO Rz. 155.

6 EuGH v. 15.1.2004 – Rs. C-433/01 (Freistaat Bayern/Blijdenstein), EuGHE 2004, I-981 = NJW 2004, 1439. Ebenso OLG Dresden v. 28.9.2006 – 21 UF 381/06, NJW 2007, 446. Kritisch *Martiny*, IPRax 2004, 195 (203 ff.).

7 Dies empfehlen etwa *Streicher/Köblitz*, § 4 Rz. 11; beachte auch *Harten/Jäger-Maillet*, JAmt 2008, 413 (415).

der **Regressprozess eines Privaten**, namentlich eines nachrangigen Verwandten oder des Ehemanns der Mutter, der Unterhalt geleistet hat und nunmehr den nach Maßgabe der lex causae auf ihn übergegangenen Unterhaltsanspruch gegen den vorrangig Unterhaltsverpflichteten einklagt.[1] Für unternehmerisch tätige **Inkassozessionare** sollte aber wiederum dasselbe wie für öffentliche Einrichtungen gelten.

25 Der Unterhaltsgerichtsstand ist sowohl für Leistungs- als auch für (positive oder negative) Feststellungsanträge eröffnet. Die Behandlung von **Verfahren gegen den (vermeintlich) Unterhaltsberechtigten** ist allerdings umstritten: Weil Art. 5 Nr. 2 Brüssel I-VO nicht nach Parteirollen differenziert, steht es entgegen verbreiteter Auffassung auch dem (vermeintlich) Unterhaltsverpflichteten frei, den (vermeintlich) Unterhaltsberechtigten, abweichend von Art. 2 Abs. 1 Brüssel I-VO, in dem Mitgliedstaat zu verklagen, in dem sich der Unterhaltsberechtigte (nur) gewöhnlich aufhält (Art. 5 Nr. 2 Var. 2) oder in dem ein Statusverfahren ausgetragen wird (Var. 3).[2] Zu Abänderungsklagen Rz. 146.

26 Art. 5 Nr. 2 Brüssel I-VO eröffnet eine Klagemöglichkeit in dem Mitgliedstaat, in dem der Unterhaltsberechtigte seinen **Wohnsitz** (Var. 1; zum Wohnsitzbegriff Rz. 12) oder wenigstens seinen **gewöhnlichen Aufenthalt** (Var. 2) hat. Das Verlegen von Wohnsitz oder Aufenthalt in einen Mitgliedstaat, um sich einen besonders günstigen Gerichtsstand zu schaffen, erweist sich nicht etwa als unbeachtliche Zuständigkeitserschleichung, sondern als zulässiges *forum shopping*.[3] Nach herkömmlicher Auffassung ist der gewöhnliche Aufenthalt (abweichend von Art. 59 Brüssel I-VO) anhand verordnungsautonomer Kriterien zu bestimmen, und zwar in Anlehnung an die Grundsätze, die für die Haager Unterhaltsübereinkommen entwickelt wurden.[4] Im Lichte der Brüssel IIa-VO, die ebenfalls auf den gewöhnlichen Aufenthalt abstellt (dazu vor §§ 98–106 Rz. 22 f.), liegt es heute freilich näher, diesen Begriff vorrangig in Übereinstimmung mit den dazu maßgeblichen Grundsätzen auszufüllen.

27 Da sich in den Fällen des Art. 3 Abs. 1 Buchst. a Brüssel IIa-VO zumindest eine der Parteien gewöhnlich im Forum aufhält, erlaubt das Zusammenspiel von Brüssel I-VO und Brüssel IIa-VO dem – wie meist – als Antragsteller auftretenden Unterhaltsberechtigten in den praktisch wichtigsten Konstellationen, hinsichtlich der internationalen Zuständigkeit einen **Gleichlauf für Status- und Unterhaltssache** zu erzielen.

28 Allerdings helfen Art. 2 und Art. 5 Nr. 2 Var. 1 bzw. 2 Brüssel I-VO nicht weiter, wenn die Statussache unter den Voraussetzungen des Art. 3 Abs. 1 Buchst. b Brüssel IIa-VO in einem Mitgliedstaat ausgetragen wird, in dem keine der Parteien lebt.[5] Zu denken ist dann an die **Annexzuständigkeit gem. Art. 5 Nr. 2 Var. 3 Brüssel I-VO**. Dem steht nicht bereits das dort am Ende genannte Diskriminierungsverbot entgegen, da Art. 3

---

1 Wie hier MüKo.ZPO/*Gottwald*, Art. 5 EuGVO Rz. 50; *Geimer/Schütze*, Art. 5 EuGVVO Rz. 162. Zu eng *Andrae*, § 8 Rz. 14; Eschenbruch/Klinkhammer/*Dörner*, Kap. 8 Rz. 15; *Kropholler*, EuZPR, Art. 5 EuGVO Rz. 65; Rauscher/*Leible*, Art. 5 Brüssel I-VO Rz. 67a.

2 Wie hier etwa *Geimer/Schütze*, Art. 5 EuGVVO Rz. 193; MüKo.ZPO/*Gottwald*, Art. 5 EuGVO Rz. 49. Anders etwa *Andrae*, § 8 Rz. 14 (mit irreführender Berufung auf den EuGH); Rahm/Künkel/*Breuer*, VIII, Rz. 232.1; *Henrich*, Rz. 109; *Kropholler*, EuZPR, Art. 5 EuGVO Rz. 64; Rauscher/*Leible*, Art. 5 Brüssel I-VO Rz. 65.

3 Ähnlich *Geimer/Schütze*, Art. 5 EuGVVO Rz. 156.

4 So etwa Göppinger/Wax/*Linke*, Rz. 3214; MüKo.ZPO/*Gottwald*, Art. 5 EuGVO Rz. 44 (Schwerpunkt der Bindungen der betreffenden Person, ihr Daseinsmittelpunkt, Bestimmung anhand tatsächlicher Umstände; Faustregel: Aufenthalt von sechs Monaten).

5 Zum Folgenden bereits *Hau*, FamRZ 2000, 1333 (1338).

Abs. 1 Buchst. b Brüssel IIa-VO nicht ausschließlich auf der Staatsangehörigkeit nur eines Ehegatten beruht.[1] Die Annexzuständigkeit setzt aber voraus, dass das zur Statusentscheidung berufene Gericht „nach seinem Recht" auch über den Unterhaltsanspruch befinden kann. Die Brüssel IIa-VO, auf die sich die Zuständigkeit in der Ehesache gründet, trifft keine dahingehende Aussage. Geht man indes davon aus, dass Art. 3 Abs. 1 Buchst. b Brüssel IIa-VO umgekehrt den Verbund auch nicht unterbinden will, die Entscheidung darüber folglich dem nationalen Recht überlässt, wird man das Vorliegen dieser Voraussetzung zumindest aus Sicht des deutschen Rechts bejahen können. Über § 137 FamFG hinaus, sollte die Verbundmöglichkeit dann aber konsequent für alle in Art. 3 Brüssel IIa-VO geregelten Statussachen angenommen werden, also auch für die Trennung ohne Auflösung der Ehe, zumal sich diese – wie nicht zuletzt Art. 5 Brüssel IIa-VO belegt – im Regelfall als bloße Vorstufe zur Scheidung erweist. Teleologische Überlegungen erscheinen für die Zwecke der internationalen Entscheidungszuständigkeit also eher ausschlaggebend als eine formale Anwendung des § 137 FamFG.[2]

Für die Annexzuständigkeit gem. Art. 5 Nr. 2 Var. 3 Brüssel I-VO bleibt wegen des dort 29
am Ende genannten **Diskriminierungsverbots** kein Raum, wenn sich die internationale Zuständigkeit für die Statussache nach dem autonomen (deutschen) Recht bestimmt und dieses die Staatsangehörigkeit allein einer Partei als zuständigkeitsbegründend genügen lässt (so § 98 Abs. 1 Nr. 1, § 100 Nr. 1, § 103 Abs. 1 Nr. 1 FamFG). Der Verbund muss in diesen Fällen durchbrochen, die Unterhaltssache mithin herausgelöst werden. Überwiegend wird allerdings vertreten, dass die Annexzuständigkeit doch eröffnet sein soll, wenn in casu beide Beteiligten die Staatsangehörigkeit des Forumstaats haben.[3]

5. Gerichtsstandsvereinbarungen und rügelose Einlassung

Im Anwendungsbereich der Brüssel I-VO kann die internationale Zuständigkeit auch 30
mittels **Gerichtsstandsvereinbarung** festgelegt werden.[4] Der räumlich-persönliche Geltungsanspruch des einschlägigen Art. 23 Brüssel I-VO ist eröffnet, wenn zum einen der Wohnsitz mindestens einer Partei (abweichend von Art. 2 Brüssel I-VO aber nicht zwingend der Wohnsitz des später Beklagten) in einem Mitgliedstaat liegt und zum anderen die Prorogation auf ein Gericht (oder die Gerichte) eines Mitgliedstaats erfolgt. Praktische Bedeutung kommt Art. 23 Brüssel I-VO in Unterhaltssachen – soweit ersichtlich – kaum zu.[5] Sinnvoll erscheint aber immerhin, im Titulierungsverfahren die Zuständigkeit des titulierenden Gerichts für Abänderungsverfahren zu vereinbaren (Rz. 144).[6]

Bleibt der Beklagte dem Verfahren fern, gilt Art. 26 Brüssel I-VO: Die Notwendigkeit 31
amtswegiger Prüfung der internationalen Entscheidungszuständigkeit reduziert die

---

1 Eschenbruch/Klinkhammer/*Dörner*, Kap. 8 Rz. 17. Falsch *Dötsch*, S. 55.

2 So – noch zu § 623 ZPO – auch diejenigen, die als „Unterhaltssache, über die im Zusammenhang mit einem Verfahren in Bezug auf den Personenstand zu entscheiden ist" (Art. 5 Nr. 2 Var. 3 Brüssel I-VO) nicht nur den Scheidungs-, sondern bereits den Trennungsunterhalt qualifizieren. Dafür etwa *G. Schulze*, IPRax 1999, 21 (22 f.); MüKo.ZPO/*Gottwald*, Art. 5 EuGVO Rz. 47; Eschenbruch/Klinkhammer/*Dörner*, Kap. 8 Rz. 19. Anders noch KG v. 17.11.1997 – 3 WF 8280/97, NJW-RR 1998, 579.

3 *Henrich*, Rz. 108; MüKo.ZPO/*Gottwald*, Art. 5 EuGVO Rz. 46; Eschenbruch/Klinkhammer/*Dörner*, Kap. 8 Rz. 20.

4 Näher Rahm/Künkel/*Breuer*, VIII, Rz. 236 ff.

5 So auch *Andrae*, § 8 Rz. 17; *Streicher/Köblitz*, § 4 Rz. 14.

6 Näher *Riegner*, FamRZ 2005, 1799 (1800).

Last des Beklagten, sich vor einem unzuständigen Gericht zu verantworten. Entscheidet dieses allerdings zu Unrecht zur Sache, so begründet alleine dieser Umstand kein Anerkennungshindernis in anderen Mitgliedstaaten (s. Rz. 110). Nimmt der Beklagte hingegen an dem Verfahren teil, so stellt sich die Frage, unter welchen Voraussetzungen die internationale Zuständigkeit des angerufenen Gerichts kraft **rügeloser Einlassung** begründet werden kann. Art. 24 Brüssel I-VO erfordert – anders als § 39 ZPO – eine Einlassung, dies freilich weder in der mündlichen Verhandlung noch zur Hauptsache; abweichend von §§ 39 Satz 2, 504 ZPO hängt die Zuständigkeitsbegründung auch nicht von einer richterlichen Belehrung des Beklagten ab. Anerkanntermaßen nicht zuständigkeitsbegründend ist indes, über den engen Wortlaut des Art. 24 Satz 2 Var. 1 Brüssel I-VO hinaus, die nur hilfsweise Einlassung zur Sache nach ausdrücklicher Zuständigkeitsrüge. Dabei soll in der Rüge der örtlichen Unzuständigkeit im Zweifel auch die Rüge der internationalen Unzuständigkeit enthalten sein.[1]

6. Einstweiliger Rechtsschutz

32 Art. 2 ff. Brüssel I-VO regeln die internationale Zuständigkeit nicht nur für Hauptsacheverfahren, sondern auch für Maßnahmen des einstweiligen Rechtsschutzes (also etwa für einstweilige Anordnungen in Unterhaltssachen iSv. §§ 49 ff., 246 ff. FamFG). Dies gilt unabhängig davon, ob die Hauptsache bereits anhängig ist oder nicht.

33 Soweit sich aus Art. 2 ff. Brüssel I-VO kein Zuständigkeitsgrund ergibt, kann gem. Art. 31 Brüssel I-VO grundsätzlich auf nationales Zuständigkeitsrecht (wie §§ 50, 232, 105 FamFG) zurückgegriffen werden. Der EuGH beschränkt diese Möglichkeit aber weitgehend: Er verlangt zum einen eine „reale Verknüpfung" zwischen dem Gegenstand der Maßnahme und dem Gebiet des fraglichen Mitgliedstaats, zum anderen Vorsorge für den Fall, dass der Antragsteller in der Hauptsache unterliegt.[2] In Unterhaltssachen wird man den Rückgriff auf das nationale Zuständigkeitsrecht indes nicht von einer Sicherheitsleistung des Unterhaltsberechtigten abhängig machen dürfen.[3]

34 Soll die Vollstreckbarkeit der einstweiligen Anordnungen in anderen Mitgliedstaaten sichergestellt werden, muss der Gegenpartei vorheriges rechtliches Gehör gewährt werden.[4] Dies sieht § 246 Abs. 2 FamFG ohnehin als Regelfall vor.[5]

III. LugÜ

35 Eine Art. 2 und 5 Nr. 2 Brüssel I-VO entsprechende Regelung gilt auf Grund des Luganer (Parallel-)Übereinkommens v. 16.9.1988 (LugÜ),[6] wenn der Beklagte seinen

1 BGH v. 17.10.2007 – XII ZR 146/05, NJW-RR 2008, 156.

2 EuGH v. 17.11.1998 – Rs. C-391/95 (Van Uden Maritime), EuGHE 1998, I-7091 = IPRax 1999, 240; EuGH v. 27.4.1999 – Rs. C-99/96 (Mietz/Intership Yachting), EuGHE 1999, I-2277 = IPRax 2000, 411.

3 Überzeugend etwa Garbe/Ullrich/*Andrae*, § 12 Rz. 142; Rauscher/*Leible*, Art. 31 Brüssel I-VO Rz. 12; *Nademleinsky/Neumayr*, Rz. 10.25.

4 BGH v. 21.12.2006 – IX ZB 150/05, NJW-RR 2007, 1573 mwN; ebenso schon zur alten Rechtslage (Art. 27 Nr. 2, 46 Nr. 2 EuGVÜ) EuGH v. 21.5.1980 – Rs. C-125/79 (Bernard Denilauler), EuGHE 1980, 1553.

5 Vgl. *Kroiß/Seiler*, § 3 Rz. 137: „normalerweise".

6 Übereinkommen über die gerichtliche Zuständigkeit und die Vollstreckung gerichtlicher Entscheidungen in Zivil- und Handelssachen, BGBl. II 1994, 2660. Vertragsstaaten: BGBl. II 2008, Fundstellennachw. 741.

Wohnsitz nicht in einem Mitgliedstaat der Brüssel I-VO, sondern in **Island**, **Norwegen** oder der **Schweiz** hat.[1] Auf die Ausführungen zur Brüssel I-VO sei verwiesen.

Noch nicht in Kraft getreten ist das **revidierte Luganer Übereinkommen** v. 30.10.2007[2] (LugÜ II), das ua. eine etwas übersichtlichere Fassung des Gerichtsstands für Unterhaltssachen vorsieht. 36

IV. Autonomes deutsches Zuständigkeitsrecht

1. Grundlagen

Hat der Antragsgegner seinen Wohnsitz in Deutschland oder einem anderen EU- oder LugÜ-Staat, so kommt ein Rückgriff auf autonomes deutsches Zuständigkeitsrecht wegen des **Vorrangs des Gemeinschafts- bzw. Völkervertragsrechts** nicht in Betracht (klarstellend § 97 Abs. 1 FamFG); die Zuständigkeit bestimmt sich dann ausschließlich nach den in Rz. 5 ff. dargestellten Regeln. Unschädlich für die Anwendbarkeit des autonomen deutschen Zuständigkeitsrechts ist es hingegen, wenn der Antragsgegner nur seinen schlichten oder gewöhnlichen Aufenthalt in Deutschland, einem EU- oder LugÜ-Staat hat; ebenso wenig kommt es auf die Staatsangehörigkeit an, da diese für das Brüssel I/LugÜ-Zuständigkeitssystem irrelevant ist. 37

Im Anwendungsbereich des deutschen Rechts finden sich für Unterhaltssachen mit § 98 Abs. 2 und § 103 Abs. 2 zwei **ausdrückliche Regelungen** der internationalen Entscheidungszuständigkeit deutscher Gerichte, und zwar im Scheidungs- bzw. Aufhebungsverbund. Im Übrigen bleibt es gem. § 105 bei der sog. **Doppelfunktionalität** der Regelung zur örtlichen Zuständigkeit:[3] Sieht das Gesetz (namentlich: § 232) einen örtlichen Gerichtsstand im Inland vor, so sollen die deutschen Gerichte auch international zuständig sein (s. § 105 Rz. 1).[4] 38

Aus den beiden ausdrücklichen sowie den weiteren aus § 105 ableitbaren Regelungen des FamFG ergeben sich die nachfolgend im Einzelnen darzustellenden Gerichtsstände. Zu beachten bleibt dabei stets § 106, wonach Deutschland **keine Ausschließlichkeit** der Zuständigkeit der eigenen Gerichte beansprucht (vgl. im bisherigen Recht § 621 Abs. 2 Satz 1 ZPO: „unter den deutschen Gerichten"). Nach allgemeinen Regeln kommt eine **perpetuatio fori** in Betracht (s. vor §§ 98–106 Rz. 9 ff.).[5] Dies ergibt sich in Unterhaltssachen nicht etwa aus § 2 Abs. 2 FamFG, sondern aus einer doppelfunktionalen Anwendung von §§ 112 Nr. 1, 113 Abs. 1 FamFG, § 261 Abs. 3 Nr. 2 ZPO. 39

2. Annexzuständigkeit zur Ehesache

Entsprechend der schon zum früheren Recht (in doppelfunktionaler Anwendung von § 623 ZPO)[6] vertretenen **internationalen Verbundzuständigkeit** erstreckt § 98 Abs. 2 40

1 Zu den Einzelheiten s. Dasser/Oberhammer/*Oberhammer*, Art. 5 LugÜ Rz. 100 ff.

2 Text in ABl. EU 2007 Nr. L 339/3. Zum geplanten deutschen Durchführungsgesetz s. BT-Drucks. 16/10119 und *Mansel/Thorn/Wagner*, IPRax 2009, 1 (10).

3 Falsch Baumbach/*Hartmann*, § 105 FamFG Rz. 1: die Norm regele nur frühere FGG-Sachen.

4 Gleichsinnig zum früheren Recht etwa BGH v. 13.12.2000 – XII ZR 278/98, FamRZ 2001, 41; BGH v. 28.9.2005 – XII ZR 17/03, NJW-RR 2005, 1593.

5 Ebenso zum früheren Recht – statt vieler – etwa Rahm/Künkel/*Breuer*, VIII, Rz. 13.

6 Zum Streitstand etwa Göppinger/Wax/*Linke*, Rz. 3221 ff.; Staudinger/*Spellenberg*, § 606a ZPO Rz. 242 ff.

FamFG die Zuständigkeit für die Scheidungssache im Falle des Verbunds auf die Folgesachen. Zu diesen wiederum gehören gem. § 137 Abs. 2 Satz 1 Nr. 2 auch Unterhaltssachen betreffend die Unterhaltspflicht gegenüber einem gemeinsamen Kind sowie die durch Ehe begründete gesetzliche Unterhaltspflicht. Trotz der missglückten Formulierung des § 98 Abs. 2 besteht die Verbundzuständigkeit nicht nur, soweit die internationale Zuständigkeit deutscher Gerichte für die Scheidungssache auf § 98 Abs. 1 beruht, sondern auch in den weitaus häufigeren Fällen, in denen sich diese aus der Brüssel IIa-VO ergibt (s. § 98 Rz. 40).

41 Festzuhalten bleibt, wiederum in Fortführung der bisherigen Rechtslage, daran, dass es **keine internationale Verbundunzuständigkeit** deutscher Gerichte gibt: Ist für die Unterhaltssache ein Gerichtsstand im Inland eröffnet, so steht dem nicht entgegen, dass die Statussache Gegenstand eines ausländischen Verfahrens ist.[1] Auch eine Abgabe gem. § 233 an das ausländische Gericht kommt nicht in Betracht. Damit nicht zu verwechseln ist die Frage, ob sich die frühere ausländische Rechtshängigkeit der Unterhaltssache als Verfahrenshindernis im Inland erweist (s. Rz. 58 ff.).

42 Über die Verbundzuständigkeit gem. § 98 Abs. 2 hinaus, eröffnet §§ 105, 232 Abs. 1 Nr. 1 eine **allgemeine Annexzuständigkeit in Ehesachen** für Unterhaltssachen betreffend die Unterhaltspflicht gegenüber einem gemeinsamen Kind sowie die durch Ehe begründete gesetzliche Unterhaltspflicht (entsprechend der bisherigen doppelfunktionalen Anwendung von § 621 Abs. 2 ZPO). Diese Annexzuständigkeit greift auch ein, wenn die Unterhaltssache abgetrennt wurde oder wenn in Deutschland keine Scheidungs-, sondern eine andere Ehesache anhängig ist oder war. Zum Vorrang von Art. 2 ff. Brüssel I-VO/LugÜ s. Rz. 13 f.

3. Annexzuständigkeit zur Lebenspartnerschaftssache

43 Eine § 98 Abs. 2 FamFG entsprechende, wiederum dem früheren Recht (§ 661 Abs. 2 ZPO) bereits bekannte **internationale Verbundzuständigkeit** eröffnet das Gesetz im Falle der Aufhebung einer Lebenspartnerschaft: §§ 103 Abs. 2, 269 Abs. 1 Nr. 8 und 9, 270 Abs. 1 Satz 2, 111 Nr. 8, 137 Abs. 2 Satz 1 Nr. 2 (näher § 103 Rz. 11 ff.).

44 Auch in Lebenspartnerschaftssachen besteht neben der Verbund- eine **allgemeine Annexzuständigkeit**, und zwar gem. §§ 269 Abs. 1 Nr. 8 und 9, 270 Abs. 1 Satz 2, 111 Nr. 8, 232 Abs. 1 Nr. 1, 105. Diese greift auch ein, wenn die Unterhaltssache abgetrennt wurde oder wenn in Deutschland keine Aufhebungs-, sondern eine andere Lebenspartnerschaftssache anhängig ist oder war. Zum Vorrang von Art. 2 ff. Brüssel I-VO/LugÜ s. Rz. 13 f.

4. Annexzuständigkeit zur Abstammungssache

45 Eine weitere internationale Annexzuständigkeit eröffnet §§ 105, 237 Abs. 2, 100 FamFG, und zwar, um den **Mindestunterhalt im Vaterschaftsfeststellungsverfahren** geltend machen zu können (bislang: doppelfunktionale Anwendung von § 653 Abs. 1 ZPO).[2] Zum Vorrang von Art. 2 ff. Brüssel I-VO/LugÜ s. Rz. 13 f.

---

1 Richtig etwa OLG Köln v. 17.10.2002 – 14 UF 78/02, FamRZ 2003, 544; Staudinger/*Spellenberg*, Anh. zu § 606a ZPO Rz. 34 ff. Beachte auch schon *Hau*, FamRZ 2000, 1333 (1337); *Henrich*, Rz. 118.

2 Dazu etwa MüKo.ZPO/*Coester-Waltjen*, § 653 Rz. 6; AG Leverkusen v. 14.6.2007 – 33 F 229/06, FamRZ 2007, 2087 m. Anm. *Henrich*, 2088.

5. Annexzuständigkeit zu sonstigen Unterhaltssachen

Ist im Inland ein Verfahren über den Unterhalt eines Kindes anhängig, so besteht eine internationale Annexzuständigkeit gem. §§ 105, 232 Abs. 3 Satz 2 Nr. 1 FamFG (bislang: doppelfunktionale Anwendung von § 642 Abs. 3 ZPO) für den **Antrag eines Elternteils** gegen den anderen Elternteil wegen eines Anspruchs, der die durch Ehe begründete gesetzliche Unterhaltspflicht betrifft. Zum Vorrang von Art. 2 ff. Brüssel I-VO/LugÜ s. Rz. 13 f. 46

Die Erstreckung der internationalen Entscheidungszuständigkeit auf einen **Streitgenossen** regelt für den Fall, dass ein Kind beide Elternteile in Anspruch nimmt, §§ 105, 232 Abs. 3 Satz 2 Nr. 2 FamFG (bislang: doppelfunktionale Anwendung von § 35a ZPO).[1] Zum Vorrang von Art. 2 ff. Brüssel I-VO/LugÜ s. Rz. 13 f. 47

6. Minderjährige und dem gleichgestellte Kinder

Bei unbefangener Gesetzeslektüre dürfte §§ 105, 232 Abs. 1 Nr. 2 zu Gunsten von minderjährigen oder diesen gleichgestellten Kindern einen weiteren Gerichtsstand eröffnen, wenn sich der gewöhnliche Aufenthalt des Kindes oder des handlungsbefugten Elternteils im Inland befindet. Allerdings war schon zu § 642 Abs. 1 ZPO zweifelhaft, ob diese Vorschrift einen Schluss auf die internationale Zuständigkeit zulassen soll.[2] Dieses Problem wird zwar durch § 232 Abs. 1 Nr. 2 FamFG perpetuiert; dies wiegt freilich nicht allzu schwer, weil auch §§ 105, 232 Abs. 3 Satz 2 Nr. 3 einen subsidiären Aufenthaltsgerichtsstand bietet. Zum Vorrang von Brüssel I-VO/LugÜ s. Rz. 13 f. 48

7. ZPO-Gerichtsstände

Auch der Verweis in § 232 Abs. 3 Satz 1 FamFG auf die Gerichtsstandsregeln der ZPO wirkt sich mittels § 105 FamFG auf die Reichweite der internationalen Entscheidungszuständigkeit deutscher Gerichte aus. Allerdings wurden die bislang speziell für Unterhaltssachen in der ZPO geregelten Gerichtsstände (§§ 23a, 35a ZPO) ohnehin in das FamFG überführt (§ 232 Abs. 3 Satz 2 Nr. 2 und 3 FamFG; dazu Rz. 47 und 53). 49

Hinsichtlich des **allgemeinen Gerichtsstands** (§§ 12, 13 ZPO) ist zu beachten, dass es laut § 232 Abs. 3 Satz 1 Halbs. 2 FamFG nicht auf den Wohnsitz-, sondern den gewöhnlichen Aufenthaltsstaat des Antragsgegners ankommt. Hat der Antragsgegner seinen Wohnsitz in Deutschland, geht die Brüssel I-VO ohnehin vor.[3] Ein Anwendungsfall von §§ 105, 232 Abs. 3 Satz 1 FamFG, §§ 12, 13 ZPO ist hingegen die Konstellation, dass sich der Antragsgegner zwar gewöhnlich im Inland aufhält, jedoch seinen Wohnsitz in einem Drittstaat hat oder wohnsitzlos ist. Wer weder einen gewöhnlichen Aufenthalt noch einen Wohnsitz im In- oder Ausland hat, sich aber im Inland aufhält, ist hier gem. §§ 105, 232 Abs. 3 Satz 1 FamFG, §§ 12, 16 ZPO gerichtspflichtig. 50

Zu denken bleibt auch an die Begründung internationaler Zuständigkeit gem. §§ 105, 232 Abs. 3 Satz 1 FamFG, § 39 ZPO durch **rügelose Einlassung**, sofern nicht der Anwendungsbereich des weiter gehenden Art. 24 Brüssel I-VO eröffnet ist (Rz. 31). 51

---

1 Dazu etwa Staudinger/*Kropholler*, Anh. III zu Art. 18 EGBGB Rz. 4.

2 Näher zu den unklaren Gesetzgebungsmaterialien und zum Meinungsstand etwa MüKo.ZPO/*Coester-Waltjen*, § 642 Rz. 30.

3 Richtig bereits BGH v. 28.9.2005 – XII ZR 17/03, NJW-RR 2005, 1593, dort zum Vorrang des EuGVÜ gegenüber §§ 12, 13 ZPO in doppelfunktionaler Anwendung. Verkannt von *Martiny*, FamRZ 2008, 1681 (1683).

52 Als besonders bedeutsam erweist sich §§ 105, 232 Abs. 3 Satz 1 FamFG dadurch, dass der in § 23 Satz 1 Var. 1 ZPO geregelte **Vermögensgerichtsstand** einbezogen wird. Demgemäß kann im Inland belegenes Vermögen des Antragsgegners – etwa ein Guthaben bei einer inländischen Bank (vgl. § 23 Satz 2 ZPO) – dessen Gerichtspflichtigkeit für ein Unterhaltsverfahren auslösen. Das gilt wegen Art. 3 Abs. 1 Brüssel I-VO/LugÜ allerdings nur für Antragsgegner ohne Wohnsitz in einem EU- oder LugÜ-Staat. Überwiegend wird die Vereinbarkeit von § 23 Satz 1 Var. 1 ZPO mit dem Verfassungs- und Völkerrecht zwar bejaht,[1] zugleich jedoch auf die Notwendigkeit einer engen Auslegung hingewiesen. Das Schrifttum hat verschiedene Möglichkeiten einer Restriktion erörtert; insbesondere wurde vorgeschlagen, die geltend gemachte Klageforderung dürfe den Wert des inländischen Vermögens nicht (wesentlich) überschreiten. Die deutsche Rechtsprechung lehnt eine solche teleologische Reduktion des Vermögensbegriffs überwiegend ab. Vielmehr möchte der BGH die Exorbitanz des Gerichtsstands einschränken, indem er – fragwürdigerweise – aus dem Normzweck das Erfordernis eines über die bloße Vermögensbelegenheit hinausgehenden hinreichenden Inlandsbezugs des Rechtsstreits ableitet.[2] Ungeklärt ist allerdings, welche Umstände im Einzelnen einen solchen Inlandsbezug begründen können. Allemal dürfte es nicht angehen, diesen bereits aus der bloßen deutschen Staatsangehörigkeit des Antragstellers abzuleiten.[3] Diskutieren mag man hingegen, ob der gewöhnliche Aufenthalt des Antragstellers im Inland genügt; wer dies verneint, kann freilich auf §§ 105, 232 Abs. 3 Satz 2 Nr. 3 FamFG (Rz. 53) zurückgreifen.

8. Forum actoris

53 Eine besonders antragstellerfreundliche Zuständigkeit bietet schließlich §§ 105, 232 Abs. 3 Satz 2 Nr. 3 FamFG (zum Vorrang von Art. 2 ff. Brüssel I-VO/LugÜ s. Rz. 13 f.). Dieser **Hilfsgerichtsstand**[4] entspricht der bislang hM, die ohne weiteres von der Doppelfunktionalität der Regelung zur örtlichen Zuständigkeit (hier: § 23a ZPO) ausging. Abweichend von § 23a ZPO muss der Antragsteller gem. §§ 105, 232 Abs. 3 Satz 2 Nr. 3 FamFG im Inland keinen Wohnsitz haben, vielmehr genügt bereits sein gewöhnlicher Aufenthalt. Im Übrigen sollte aber an den zu § 23a ZPO entwickelten Grundsätzen festgehalten werden. Demnach greift §§ 105, 232 Abs. 3 Satz 2 Nr. 3 FamFG nur ein, wenn im Inland kein sonstiger Gerichtsstand (auch nicht gem. §§ 105, 232 Abs. 3 Satz 1 FamFG, § 23 Satz 1 Var. 1 ZPO oder §§ 105, 232 Abs. 3 Satz 2 Nr. 2 FamFG[5]) eröffnet ist.[6] Zudem sollte ausweislich des Normtextes nicht nach Beteiligtenrollen unterschieden werden, so dass §§ 105, 232 Abs. 3 Satz 2 Nr. 3 auch dem (vermeintlich) Unterhaltsverpflichteten für Anträge gegen den (vermeintlich) Unterhaltsberechtigten zugute kommt.[7] Strittig ist, ob der Gerichtsstand auch im Falle der Rechtsnachfolge passt;[8] insoweit sollten dieselben Grundsätze wie zu Art. 5 Nr. 2 Brüssel I-VO gelten (dazu Rz. 24).

---

1 Ausdrücklich *Schack*, IZVR, Rz. 330; *Geimer*, IZPR, Rz. 1348.

2 Grundlegend BGH v. 2.7.1991 – XI ZR 206/90, BGHZ 115, 90 = NJW 1991, 3092.

3 So aber etwa *Andrae*, § 8 Rz. 27.

4 So BGH v. 27.3.1991 – XII ZR 113/90, NJW 1991, 2212.

5 Zum (strittigen) Vorrang von § 35a ZPO gegenüber § 23a ZPO nach früherem Recht vgl. *Schack*, Rz. 357.

6 Vgl. zum früheren Recht BT-Drucks. 3/2584, S. 12; Staudinger/*Kropholler*, Anh. III zu Art. 18 EGBGB Rz. 3.

7 BGH v. 1.4.1987 – IVb ZR 41/86, NJW-RR 1987, 1474; Staudinger/*Kropholler*, Anh. III zu Art. 18 EGBGB Rz. 3.

8 Bejahend etwa *Andrae*, § 8 Rz. 27 (also abweichend von ihrer Stellungnahme zur Parallelfrage zu Art. 5 Nr. 2 Brüssel I-VO, ebenda Rz. 14).

9. Einstweiliger Rechtsschutz

Die internationale Zuständigkeit für einstweilige Anordnungen in Unterhaltssachen (§§ 49 ff., 246 ff. FamFG) folgt, wie schon nach früherem Recht,[1] derjenigen zur Hauptsache (§§ 50, 232, 105 FamFG). 54

B. Besonderheiten deutscher Unterhaltssachen mit Auslandsbezug

I. Reichweite der lex fori

Auch in Fällen mit Auslandsbezug wendet das Gericht grundsätzlich ohne weiteres die deutschen verfahrensrechtlichen Regelungen an (sog. **Lex-fori-Prinzip**, näher vor §§ 98–106 Rz. 37 ff.), während es die anwendbaren materiellrechtlichen Regelungen erst anhand von Art. 18 EGBGB ermitteln muss. Für die somit gebotene Abgrenzung zwischen Verfahrensrecht und materiellem Recht können nicht etwa äußere Kriterien (wie der Standort einer Vorschrift im FamFG oder im BGB) den Ausschlag geben, sondern nur funktionelle Kriterien. 55

Beispiele: Ein in einer internationalen Unterhaltssache zur Entscheidung berufenes deutsches Gericht wird die Bestimmungen des FamFG zur Vertretung (§ 234), zu den Rechtsmitteln, Kosten (§ 243) und einstweiligen Anordnungen (§§ 246 ff.) ohne weiteres zugrunde legen. Zudem kann das vereinfachte Verfahren über den Unterhalt Minderjähriger (§§ 249 ff.) auch durchgeführt werden, um einen auf ausländischem Sachrecht beruhenden Unterhaltsanspruch durchzusetzen.[2] Entsprechendes dürfte für die verfahrensrechtlichen Auskunftspflichten gem. §§ 235, 236 gelten.[3] 56

Gegenbeispiele: Nur nach Maßgabe des Unterhaltsstatuts anzuwenden sind hingegen materiellrechtliche Auskunftspflichten des Unterhaltsberechtigten oder -verpflichteten, die in § 241 vorgesehene Haftungsverschärfung, zudem die Klagbarkeit und Verjährung von Ansprüchen, Prozessführungsbefugnis und Klagefristen (arg. jeweils Art. 18 Abs. 6 Nr. 2 EGBGB), Aufrechnung, Beweislastfragen sowie Währungsfragen.[4] 57

II. Rechtshängigkeit im Ausland

Was die Beachtlichkeit eines im Ausland geführten Parallelverfahrens angeht,[5] ist danach zu unterscheiden, ob der Kompetenzkonflikt mit einem Mitgliedstaat der Brüssel I-VO, mit einem sonstigen Vertragsstaat des LugÜ oder mit einem Drittstaat besteht. 58

1. Brüssel I-VO

Wie Erwägungsgrund Nr. 15 zur Brüssel I-VO hervorhebt, müssen Parallelverfahren im Interesse einer abgestimmten Rechtspflege so weit wie möglich vermieden werden. Dem trägt Art. 27 Brüssel I-VO Rechnung: Werden bei Gerichten verschiedener Mit- 59

1 S. nur Staudinger/*Kropholler*, Anh. III zu Art. 18 EGBGB Rz. 7; *Streicher/Köblitz*, § 4 Rz. 17.
2 Näher OLG Karlsruhe v. 2.5.2006 – 20 WF 45/06, NJW-RR 2006, 1587; zustimmend Bamberger/Roth/*Heiderhoff*, Art. 18 EGBGB Rz. 74.
3 Vgl. auch *Nagel/Gottwald*, § 9 Rz. 139 ff.
4 Dazu *Schack*, Rz. 48; *Streicher/Köblitz*, § 4 Rz. 138; ausführlich *Geimer*, Rz. 333 ff.
5 Einzelheiten bei Rahm/Künkel/*Breuer*, VIII, Rz. 20 ff., 242 ff.; *Breuer*, Rz. 285, 291 ff.; *Hau*, Positive Kompetenzkonflikte, S. 112 ff.; Göppinger/Wax/*Linke*, Rz. 3229 ff.

gliedstaaten zwischen denselben Parteien „Klagen wegen desselben Anspruchs" anhängig gemacht, so hat das später angerufene Gericht das Verfahren von Amts wegen auszusetzen, bis die Zuständigkeit des zuerst angerufenen Gerichts feststeht; sobald dies der Fall ist, muss sich das später angerufene Gericht für unzuständig erklären. Die hM weist dieser **Rechtshängigkeitssperre** einen recht weiten Anwendungsbereich zu, der deutlich über die in § 261 Abs. 3 Nr. 1 ZPO geforderte Streitgegenstandsidentität hinausgeht.[1] Zudem sollen Feststellungsklagen mit Rücksicht auf die zuständigkeitsrechtliche Waffengleichheit nicht schlechter als Leistungsklagen behandelt werden: Klagt A gegen B in Frankreich auf Feststellung, diesem keinen Unterhalt zu schulden, so kann sich dieses Verfahren gegenüber dem später von B in Deutschland gegen A erhobenen Antrag auf Zahlung des fraglichen Unterhalts durchsetzen; letztlich wäre B also darauf verwiesen, den angeblichen Unterhaltsanspruch widerklagend in Frankreich zu verfolgen.

60 Eine ergänzende **Konnexitätssperre** sieht Art. 28 Abs. 1 Brüssel I-VO vor: Sind bei Gerichten verschiedener Mitgliedstaaten Klagen anhängig, die „im Zusammenhang stehen", so kann das später angerufene Gericht das Verfahren aussetzen. Der dafür erforderliche Zusammenhang liegt vor, wenn zwischen den Klagen eine so enge Beziehung gegeben ist, dass eine gemeinsame Verhandlung und Entscheidung geboten erscheint, um zu vermeiden, dass in getrennten Verfahren widersprechende Entscheidungen ergehen könnten (Art. 28 Abs. 3 Brüssel I-VO).

61 Die in Art. 30 Brüssel I-VO vorgesehene verordnungsautonome Bestimmung des für Art. 27 und 28 Brüssel I-VO **maßgeblichen Zeitpunkts** der Anrufung eines Gerichts soll für eine faire und von den Zufälligkeiten des internationalen Zustellungsrechts losgelöste Anwendung des Prioritätsprinzips sorgen.

62 Art. 27 und 28 Brüssel I-VO setzen **keine positive Anerkennungsprognose** voraus: Das später angerufene Gericht darf die Berücksichtigung des im Ausland früher eingeleiteten Verfahrens nicht von einer Kontrolle anhand der in Art. 34 Brüssel I-VO genannten Anerkennungshindernisse abhängig machen.[2]

2. LugÜ

63 Für den Fall, dass das ausländische Parallelverfahren in Island, Norwegen oder der Schweiz ausgetragen wird, enthalten Art. 21–23 LugÜ (Rz. 35) Regelungen, die Art. 27 ff. Brüssel I-VO weitgehend entsprechen; allerdings fehlt eine Art. 30 Brüssel I-VO vergleichbare autonome Bestimmung des maßgeblichen (Anrufungs-)Zeitpunkts.[3] Eine vollständige Angleichung wird das LugÜ II (Rz. 36) herbeiführen.[4]

1 Näher dazu und zum Folgenden etwa *Kropholler*, EuZPR, Art. 21 EuGVO Rz. 6 ff.; MüKo.ZPO/*Gottwald*, Art. 27 EuGVO Rz. 6 ff.; Rauscher/*Leible*, Art. 21 Brüssel I-VO Rz. 8 ff.

2 EuGH v. 9.12.2003 – Rs. C-116/02 (Gasser/MISAT), EuGHE 2003, I-14693 = IPRax 2004, 243; dort auch zur Frage, ob Ausnahmen zu dem in Art. 27 Brüssel I-VO verankerten Prioritätsprinzip anzuerkennen sind, wenn das Verfahren im Erststaat über Gebühr verzögert wird. Dazu auch BGH v. 6.2.2002 – VIII ZR 106/01, NJW 2002, 2795. Zu den Einzelheiten vgl. Rauscher/*Leible*, Art. 21 Brüssel I-VO Rz. 16 ff.

3 Zu den misslichen Konsequenzen s. Dasser/Oberhammer/*Dasser*, Art. 21 LugÜ Rz. 42 ff.

4 Einen „Vorgriff" auf die revidierte Fassung hält Eschenbruch/Klinkhammer/*Dörner*, Kap. 8 Rz. 41, bereits de lege lata für möglich.

3. Autonomes deutsches Recht

Parallelverfahren, die bereits in Drittstaaten (also solchen, für die weder die Brüssel I-VO noch das LugÜ gilt) eingeleitet wurden und die denselben Streitgegenstand betreffen,[1] sind im Inland nach Maßgabe von §§ 112 Nr. 1, 113 Abs. 1 Satz 2 FamFG, § 261 Abs. 3 Nr. 1 ZPO beachtlich. Zu den Besonderheiten, die sich bei der Anwendung der letztgenannten Vorschrift im Falle früherer ausländischer Rechtshängigkeit ergeben, s. vor §§ 98–106 Rz. 53. 64

III. Erkenntnisverfahren im Inland trotz Auslandstitels?

Eine ausländische Entscheidung, die nach den jeweils einschlägigen Regeln (dazu Rz. 77) nicht anerkennungsfähig ist, entfaltet im Inland keine Rechtskraftwirkung und kann hier daher einem neuen Unterhaltsverfahren von vornherein nicht entgegenstehen. 65

Davon zu unterscheiden ist die Frage, inwieweit eine **anerkennungsfähige ausländische Entscheidung** ein weiteres Erkenntnisverfahren im Inland sperrt (s. auch § 108 Rz. 25). Für die Brüssel I-VO und das LugÜ herrscht Einvernehmen, dass der Anerkennung und Vollstreckbarerklärung Vorrang zukommt, der Titelgläubiger also nicht wahlweise im Anerkennungsstaat ein neues Titulierungsverfahren einleiten darf.[2] Dies soll selbst dann gelten, wenn Letzteres (ausnahmsweise) kostengünstiger wäre als die Vollstreckbarerklärung. Ob ein solcher Vorrang auch den Exequaturverfahren nach dem HUntVÜ 1958 bzw. HUntVÜ 1973 zukommt, wird unterschiedlich beurteilt. Nach verbreiteter – allerdings zweifelhafter – Ansicht soll im Inland ein neues Titulierungsverfahren eingeleitet werden können; stellt sich in diesem heraus, dass die ausländische Entscheidung anerkennungsfähig ist, so soll den deutschen Gerichten nur eine davon abweichende Sachentscheidung verwehrt sein.[3] Im Anwendungsbereich von §§ 722, 723 ZPO wird ein solches Wahlrecht des Titelgläubigers zwischen Vollstreckungsklage und neuem Titulierungsverfahren sogar überwiegend vertreten.[4] Diese Auffassung ist zwar wiederum fragwürdig, weil sie die Rechtskraftwirkung der ausländischen Entscheidung unzulässigerweise nur als Inhaltsbindung, nicht als Wiederholungsverbot (ne bis in idem) deutet und zu einer unerwünschten Titelverdopplung führt;[5] sie dürfte von ihren Vertretern aber konsequenterweise auch auf § 10 AUG und § 110 FamFG übertragen werden. 66

---

1 Daran fehlte es etwa im Fall OLG Köln v. 17.10.2002 – 14 UF 78/02, FamRZ 2003, 544: keine Identität von Auskunftsanspruch und Unterhaltsanspruch. Beachte auch *Nagel/Gottwald*, § 5 Rz. 95; *Henrich*, Rz. 121 (Rechtshängigkeit des ausländischen Scheidungsverfahrens hindert kein inländisches Verfahren über andere, im Ausland nicht verfahrensgegenständliche Familiensachen); Staudinger/*Spellenberg*, Anh. zu § 606a ZPO Rz. 34 ff.

2 Dazu und zum Folgenden etwa MüKo.ZPO/*Gottwald*, Art. 32 EuGVO Rz. 6; *Kropholler*, EuZPR, Art. 32 EuGVO Rz. 7; Rauscher/*Leible*, Art. 32 Brüssel I-VO Rz. 4; Dasser/Oberhammer/*Walther*, Art. 26 LugÜ Rz. 8 f.

3 So etwa Bamberger/Roth/*Heiderhoff*, Art. 18 EGBGB Rz. 93; Staudinger/*Kropholler*, Anh. III zu Art. 18 EGBGB Rz. 108. Für Vorrang etwa Göppinger/Wax/*Linke*, Rz. 3296. Im Ergebnis ebenso, das Rechtsschutzbedürfnis leugnend, Rahm/Künkel/*Breuer*, VIII, Rz. 295 f.; Zöller/*Geimer*, § 722 Rz. 97; MüKo.ZPO/*Gottwald*, § 722 Rz. 43.

4 Statt vieler: BGH v. 26.11.1986 – IVb ZR 90/85, NJW 1987, 1146; OLG München v. 24.7.1996 – 7 U 2651/96, NJW-RR 1997, 571; Garbe/Ullrich/*Andrae*, § 12 Rz. 504; MüKo.ZPO/*Gottwald*, § 722 Rz. 43; *Schack*, Rz. 887.

5 Näher *Hau*, Positive Kompetenzkonflikte, S. 107 f.; Göppinger/Wax/*Linke*, Rz. 3296.

IV. Internationales Zustellungs- und Beweisrecht

67 Für Unterhaltssachen verweisen §§ 112 Nr. 1, 113 Abs. 1 Satz 2 FamFG auf die Vorschriften der ZPO. Dies betrifft auch die internationalverfahrensrechtlichen Regelungen zur Zustellung (§§ 183, 1067 ff. ZPO) und zur Beweisaufnahme (§§ 363, 1072 ff. ZPO) sowie die einschlägigen Verordnungen (s. § 97 Rz. 31 f.). Sucht sich der Unterhaltsverpflichtete durch häufige Wohnsitzwechsel seiner Verpflichtung zu entziehen, ist an die Möglichkeit einer öffentlichen Zustellung zu denken.[1]

V. Bestätigung als Europäischer Vollstreckungstitel

68 Nicht für das Verfahren in Deutschland, wohl aber im Hinblick auf eine später womöglich notwendige Durchsetzung des Titels im EU-Ausland (ohne Dänemark) ist von Belang, den in Deutschland erwirkten Titel gem. der EuVTVO (iVm. § 113 Abs. 1 Satz 2 FamFG, §§ 1079 ff. ZPO) als Europäischen Vollstreckungstitel bestätigen zu lassen. S. dazu Rz. 156 ff. und zur Vollstreckung ausländischer Europäischer Vollstreckungstitel Rz. 99 ff.

VI. Europäisches Bagatellverfahren

69 Das sog. Europäische Bagatellverfahren gem. der Verordnung Nr. 861/2007 v. 11.7.2007 zur Einführung eines europäischen Verfahrens für geringfügige Forderungen[2] (deutsche Ausführungsbestimmungen: §§ 1097 ff. ZPO) ist gem. Art. 2 Abs. 2 Buchst. b dieser Verordnung in Unterhaltssachen nicht eröffnet.[3]

VII. Mahnverfahren

70 Die Verordnung Nr. 1896/2006 v. 12.12.2006 zur Einführung eines **Europäischen Mahnverfahrens**[4] (sog. EuMahnVO; deutsche Ausführungsbestimmungen: §§ 1087 ff. ZPO) erfasst gem. ihrem Art. 2 Abs. 2 Buchst. d außervertragliche Schuldverhältnisse, also auch Unterhaltsansprüche, nur ausnahmsweise, nämlich dann, wenn sie „Gegenstand einer Vereinbarung zwischen den Parteien oder eines Schuldanerkenntnisses sind".[5] Ist dies der Fall, kann die grenzüberschreitende Rechtsverfolgung durch Einleitung des Europäischen Mahnverfahrens je nach Lage der Dinge wesentlich effizienter sein als im Wege einer klassischen Klage.[6]

71 Unberührt lässt die EuMahnVO gem. ihrem Art. 1 Abs. 2 die Möglichkeit der Rechtsverfolgung auf Grund mitgliedstaatlicher Mahnverfahren. Für Deutschland betrifft dies das **deutsche Auslandsmahnverfahren** nach § 113 Abs. 2 FamFG, §§ 688 ff. ZPO,

---

1 Vgl. etwa *Schack*, Rz. 379, 596.

2 ABl. EU 2007 Nr. L 199/1.

3 Verkannt von *Breuer*, Rz. 348.

4 ABl. EU 2006 Nr. L 399/1.

5 Zumindest ungenau *Martiny*, FamRZ 2008, 1681 (1685, bei und in Fußn. 63), der nur auf den Ausschlussgrund gem. Art. 2 Abs. 2 Buchst. a EuMahnVO (Ehegüterrecht) verweist und daraus die Anwendbarkeit der Verordnung in Unterhaltssachen ableitet.

6 Einführend etwa *Sujecki*, NJW 2007, 1622; *Einhaus*, IPRax 2008, 323; *Hess/Bittmann*, IPRax 2008, 304; *Leible/Freitag*, Rz. 222 ff.; *Röthel/Sparmann*, WM 2007, 1101.

§ 32 AVAG, das im grenzüberschreitenden Rechtsverkehr aber von praktisch untergeordneter Bedeutung ist.[1]

VIII. Rechtsverfolgung durch das Bundesamt für Justiz

Das Bundesamt für Justiz[2] unternimmt als Empfangsstelle nach dem UNUntÜ im Rahmen der ihr von dem auslandsansässigen Berechtigten erteilten Ermächtigung und in dessen Vertretung alle geeigneten Schritte, um die Leistung von Unterhalt herbeizuführen. Dazu gehört insbesondere eine Regelung des Anspruchs im Wege des Vergleichs und, falls erforderlich, die Erhebung und Verfolgung einer Unterhaltsklage sowie die Vollstreckung einer Entscheidung oder eines anderen gerichtlichen Titels auf Zahlung von Unterhalt (Art. 6 Abs. 1 UNUntÜ; Text: Rz. 166). Entsprechendes gilt gem. § 8 Abs. 2 AUG für die ebenfalls dem Bundesamt für Justiz (§ 2 Abs. 2 AUG[3]) obliegende Unterstützung von Unterhaltsberechtigten aus den USA, Kanada oder Südafrika.[4] 72

IX. Immunität

Zu völkerrechtlichen Grenzen der deutschen Gerichtsbarkeit s. vor §§ 98–106 Rz. 32 f. 73

X. Verfahrenskostenhilfe und Verfahrenskostensicherheit

Zu Fragen der Verfahrenskostenhilfe und Verfahrenskostensicherheit in Fällen mit Auslandsbezug s. vor §§ 98–106 Rz. 61 ff. § 9 AUG regelt speziell die Unterstützung von Unterhaltsberechtigten mit Wohnsitz in den **USA, Kanada oder Südafrika**, die Ansprüche in Deutschland verfolgen (s. Rz. 133 ff.).[5] Vgl. zu Kostenfragen bei der Vollstreckbarerklärung ausländischer Titel Rz. 97 f. und bei der Rechtsverfolgung im Ausland Rz. 169 ff. 74

XI. Exkurs: Mediation in grenzüberschreitenden Konflikten

Vorgaben für die Ausgestaltung von Mediationsverfahren in grenzüberschreitenden Streitigkeiten regelt die RL 2008/52/EG v. 21.5.2008 über bestimmte Aspekte der Mediation in Zivil- und Handelssachen.[6] Die RL ist bis 21.5.2011 in nationales Recht umzusetzen (Art. 12 Abs. 1). Sie erfasst ausweislich ihres Art. 1 Abs. 2 auch Unterhaltssachen. 75

---

1 Näher etwa *Leible/Freitag*, Rz. 263 ff.; *Schack*, Rz. 334 ff.
2 BGBl. II 2008, 278. Bislang: das Bundesverwaltungsamt.
3 Geändert durch Art. 4 Abs. 8 und 10 des Gesetzes v. 17.12.2006, BGBl. I 2006, 3171 (3173). Zuvor war der Generalbundesanwalt beim BGH zuständig.
4 Einzelheiten bei *Wicke*, FPR 2006, 240 (243).
5 Dazu *Motzer*, FamRBint 2008, 16 (20).
6 ABl. EU 2008 Nr. L 136/3. Einführend etwa *Eidenmüller/Prause*, NJW 2008, 2737; *Wagner/Thole*, ZKM 2008, 36. Zu daran anschließenden Vorhaben der Haager Konferenz vgl. *Mansel/Thorn/Wagner*, IPRax 2009, 1 (22).

C. Ausländische Unterhaltstitel

I. Überblick

1. Anerkennung und Vollstreckbarerklärung

76 Zu Begriff und Wirkungsweise der Anerkennung ausländischer Entscheidungen s. § 108 Rz. 3 ff. In Unterhaltssachen bedeutsame anerkennungsfähige Entscheidungswirkungen sind die **materielle Rechtskraft** und eine etwaige Interventionswirkung. Anerkennungsfähig ist gleichermaßen die Verurteilung zu Unterhaltszahlungen wie die rechtskräftige Feststellung, keinen Unterhalt zu schulden. Während Entscheidungswirkungen grundsätzlich ipso iure anerkannt werden (vgl. etwa Art. 33 Abs. 1 Brüssel I-VO und § 108 Abs. 1 FamFG), gilt eine Ausnahme für die Vollstreckbarkeit, die für das Inland durch einen besonderen Akt – die sog. **Vollstreckbarerklärung bzw. das Exequatur** – verliehen wird (vgl. etwa Art. 38 Abs. 1 Brüssel I-VO und § 110 Abs. 2 FamFG). Im Gemeinschaftsrecht wird auch für Unterhaltssachen auf ein solches Verfahren freilich immer häufiger verzichtet (s. Rz. 99 ff.).

2. Rechtsquellen

77 Verpflichtungen zur Anerkennung und zur Vollstreckbarerklärung (bzw. Bestimmungen über die Entbehrlichkeit einer solchen) sind im Gemeinschaftsrecht vorgesehen, zudem im multi- und bilateralen Konventionsrecht. In Unterhaltssachen sind derzeit zu nennen:

- **EuVTVO:** Verordnung Nr. 805/2004 v. 21.4.2004 zur Einführung eines europäischen Vollstreckungstitels für unbestrittene Forderungen (Rz. 99 ff.). – Durchführungsbestimmungen: §§ 1079–1086 ZPO;
- **EuMahnVO:** Verordnung Nr. 1896/2006 v. 12.12.2006 zur Einführung eines Europäischen Mahnverfahrens (Rz. 102). – Durchführungsbestimmungen: §§ 1087–1986 ZPO;
- **Brüssel I-VO:** Verordnung Nr. 44/2001 v. 22.12.2000 über die gerichtliche Zuständigkeit und die Anerkennung und Vollstreckung von Entscheidungen in Zivil- und Handelssachen (Rz. 103 ff.). – Durchführungsgesetz: Gesetz zur Ausführung zwischenstaatlicher Verträge und zur Durchführung von Verordnungen und Abkommen der Europäischen Gemeinschaft auf dem Gebiet der Anerkennung und Vollstreckung in Zivil- und Handelssachen v. 19.2.2001 (**AVAG**);[1]
- **EuGVÜ:** Brüsseler Übereinkommen v. 27.9.1968 über die gerichtliche Zuständigkeit und die Vollstreckung gerichtlicher Entscheidungen in Zivil- und Handelssachen (Rz. 115 ff.). – Ausführungsgesetz: AVAG;
- **LugÜ:** Luganer Europäisches Übereinkommen v. 16.9.1988 über die gerichtliche Zuständigkeit und die Vollstreckung gerichtlicher Entscheidungen in Zivil- und Handelssachen (Rz. 115 ff.). – Ausführungsgesetz: AVAG;
- **HUntVÜ 1973:** Haager Übereinkommen v. 2.10.1973 über die Anerkennung und Vollstreckung von Unterhaltsentscheidungen (Rz. 119 ff.). – Ausführungsgesetz: AVAG;

1 BGBl. I 2001, 288, berichtigt 436; zuletzt geändert durch Art. 44 FGG-RG und Art. 4 G. v. 10.12.2008 (BGBl. I 2008, 2399). Text: *Geimer/Schütze*, Int. Rechtsverkehr Nr. 708; *Jayme/Hausmann*, Nr. 160a.

- **HUntVÜ 1958:** Haager Übereinkommen v. 15.4.1958 über die Anerkennung und Vollstreckung von Entscheidungen auf dem Gebiet der Unterhaltspflicht gegenüber Kindern (Rz. 126 ff.). – Ausführungsgesetz v. 18.7.1961;
- **Deutsch-tunesischer Vertrag** v. 19.7.1966 über Rechtsschutz und Rechtshilfe, die Anerkennung und Vollstreckung gerichtlicher Entscheidungen in Zivil- und Handelssachen sowie über die Handelsschiedsgerichtsbarkeit (Rz. 131). – Ausführungsgesetz v. 29.4.1969;
- **Deutsch-israelischer Vertrag** v. 20.7.1977 über die gegenseitige Anerkennung und Vollstreckung gerichtlicher Entscheidungen in Zivil- und Handelssachen (Rz. 132). – Ausführungsgesetz: AVAG.

Die Anerkennungsvorschriften der Brüssel IIa-VO (dazu § 107 Rz. 11 ff.) gelten nicht für Unterhaltssachen (Art. 1 Abs. 3 Buchst. e Brüssel IIa-VO).[1] Das UNUntÜ regelt nicht die Anerkennung und Vollstreckbarerklärung ausländischer Unterhaltstitel, wohl aber die diesbezügliche Rechtshilfe (s. Rz. 164 ff.).[2] 78

Außerhalb des Gemeinschafts- und Konventionsrechts steht es jedem Staat frei, nach freiem Ermessen in seinem **autonomen Recht** die Voraussetzungen festzulegen, unter denen ausländischen Hoheitsakten auf seinem Staatsgebiet Wirkungen zukommen sollen. Einschlägig in Unterhaltssachen sind dabei aus deutscher Sicht zum einen das Gesetz zur Geltendmachung von Unterhaltsansprüchen im Verkehr mit ausländischen Staaten v. 19.12.1986 (AUG, s. Rz. 133 ff.), zum anderen §§ 108–110 FamFG (Rz. 139 f.). 79

Neue Instrumente sollen die bislang für Gerichte wie Rechtsuchende gleichermaßen unübersichtliche und damit unbefriedigende Rechtsquellenlage[3] erheblich verbessern. Von überragender Bedeutung wird im europäischen Rechtsverkehr künftig die **EuUntVO** (s. Rz. 172 ff. – Text: Anhang 6 zu § 97) sein, die auch vereinfachte Regeln zur Anerkennung und Vollstreckung von Unterhaltstiteln aus anderen EU-Staaten vorsieht. Eine potentiell weltweit relevante Konvention hat zudem die Haager Konferenz mit dem **HUntVÜ 2007** vorgelegt (Rz. 177 ff.). 80

3. Günstigkeitsprinzip

Das Gemeinschafts- und das Konventionsrecht wollen die Freizügigkeit von Vollstreckungstiteln grundsätzlich nicht etwa erschweren, sondern möglichst erhöhen. Bedeutung hat dies, wenn in casu der Anwendungsbereich mehrerer Instrumente eröffnet ist: Dann gilt für die Anerkennung und Vollstreckbarerklärung ausländischer Unterhaltstitel, anders als im Recht der internationalen Entscheidungszuständigkeit, keine strikte Rangordnung der Instrumente (Vorrangprinzip), sondern im Grundsatz das **Günstigkeitsprinzip**. In diesem Sinne sind namentlich Art. 71 Brüssel I-VO, Art. 57 EuGVÜ/LugÜ, Art. 11 HUntVÜ 1958 sowie Art. 23 HUntVÜ 1973 zu verstehen. 81

Überwiegend wird das Günstigkeitsprinzip dahingehend gedeutet, dass dem Anerkennungsinteressenten die Auswahl überlassen bleibt, auf welches Instrument er sich 82

---

1 Verkannt von AG Leverkusen v. 16.5.2002 – 34 F 150/01, FamRZ 2003, 627 m. krit. Anm. *Henrich*, 629.

2 Wiederum verkannt von AG Leverkusen v. 16.5.2002 – 34 F 150/01, FamRZ 2003, 627 m. krit. Anm. *Henrich*, 629.

3 Zur Kritik an dieser – seither weiter verschlimmerten – Situation etwa *Mankowski*, IPRax 2000, 188 („Dschungel"), und *Kropholler/Blobel*, FS Sonnenberger, S. 452 ff.

stützt;[1] weitergehend wird bisweilen behauptet, der Anerkennungsrichter habe, soweit er nach mehreren Instrumenten zuständig ist, von Amts wegen das günstigste zu ermitteln und zugrunde zu legen.[2] Einvernehmen dürfte herrschen, dass grundsätzlich nur die Instrumente in toto zur Wahl stehen: Eine **Kombination** günstiger Anerkennungsvoraussetzungen oder Verfahrensregeln aus verschiedenen Instrumenten ist normalerweise nicht statthaft.[3] Aber selbst dieser Satz gilt nicht uneingeschränkt; denn sowohl Art. 71 Abs. 2 Buchst. b Unterabs. 2 Brüssel I-VO als auch Art. 57 Abs. 2 Buchst. b Unterabs. 2 EuGVÜ/Art. 57 Abs. 5 LugÜ stellen es dem Interessenten frei, einen Vollstreckungstitel, der nach den Bestimmungen eines Übereinkommens (namentlich des HUntVÜ 1958/1973) anerkennungsfähig ist, im vorteilhafter ausgestalteten Exequaturverfahren gem. der Brüssel I-VO bzw. dem EuGVÜ/LugÜ für vollstreckbar erklären zu lassen. Die praktische Bedeutung dieser Kombinationsmöglichkeit, wie überhaupt des Günstigkeitsprinzips, ist – jedenfalls nach Inkrafttreten der Brüssel I-VO – nicht allzu groß,[4] sollte aber auch nicht unterschätzt werden.[5]

83 Um die Unübersichtlichkeit nicht überhand nehmen zu lassen, gibt es aber auch verschiedene **Konkurrenzregeln**. So verdrängen das EuGVÜ/LugÜ sowie die Brüssel I-VO, anders als die Haager Übereinkommen (Art. 11 HUntVÜ 1958, Art. 23 HUntVÜ 1973), zwischen ihren Mitglied- bzw. Vertragsstaaten geschlossene bilaterale Abkommen (Art. 55 EuGVÜ/LugÜ, Art. 69 Brüssel I-VO), die Brüssel I-VO verdrängt das EuGVÜ (Art. 68 Brüssel I-VO), und das HUntVÜ 1973 verdrängt das HUntVÜ 1958 (Art. 29 HUntVÜ 1973).

84 Das Günstigkeitsprinzip lässt sich zumindest nicht unbesehen auf das **Verhältnis zwischen Gemeinschafts- bzw. Konventionsrecht und autonomem nationalen Anerkennungsrecht** übertragen. Während Art. 11 HUntVÜ 1958 und Art. 23 HUntVÜ 1973 die Geltung des Prinzips auch insoweit anordnen, dürfte aus Art. 71 Brüssel I-VO im Umkehrschluss zu folgern sein, dass im Anwendungsbereich des Verordnungsrechts kein Raum für einen Rückgriff auf nationales Recht – sei es günstiger oder ungünstiger – bleibt.[6]

85 Zum Verhältnis von Vollstreckbarerklärung und neuem Titulierungsverfahren im Inland s. Rz. 66.

4. Annexunterhaltsentscheidungen

86 Gewisse Schwierigkeiten ergeben sich, wenn Unterhaltsansprüche im Ausland im Rahmen einer **Statusentscheidung** (namentlich einer Ehescheidung) tituliert worden

---

1 *Wagner*, FS Sonnenberger, S. 727 (734 f.); BGH v. 25.2.2009 – XII ZB 224/06, FamRZ 2009, 858.

2 In diesem Sinne etwa Göppinger/Wax/*Linke*, Rz. 3266; OLG Hamm v. 8.7.2003 – 29 W 34/02, IPRax 2004, 437 f. m. Anm. *Geimer*, 419 (420).

3 *Nagel/Gottwald*, § 11 Rz. 105 („Vermischungsverbot"); Göppinger/Wax/*Linke*, Rz. 3266; *Wagner*, FS Sonnenberger, S. 727 (735).

4 Treffend *Kropholler/Blobel*, FS Sonnenberger, S. 452 (475 f.); *Looschelders/Boos*, FamRZ 2006, 374 (381).

5 Zur Kombination von LugÜ und HUntVÜ 1973 vgl. BGH v. 28.11.2007 – XII ZB 217/05, NJW 2008, 1531. Zum Wahlrecht zwischen Brüssel I-VO und HUntVÜ 1973 vgl. BGH v. 14.3.2007 – XII ZB 174/04, BGHZ 171, 310 = NJW 2007, 3433; ferner etwa OLG Brandenburg v. 4.12.2007 – 7 W 93/07, FamRZ 2008, 1762.

6 Wie hier etwa *Breuer*, Rz. 341; Rauscher/*Leible*, Art. 32 Brüssel I-VO Rz. 3; *Schack*, Rz. 808; *Schlosser*, Art. 34–36 EuGVVO Rz. 1. Für Geltung des Günstigkeitsprinzips aber etwa MüKo. ZPO/*Gottwald*, Art. 32 EuGVO Rz. 6; *Linke*, Rz. 339.

sind.[1] Bedenken rühren dann daher, dass § 107 Abs. 1 FamFG (bislang: Art. 7 § 1 Abs. 1 FamRÄndG) in Ehesachen ein **Anerkennungsmonopol der Landesjustizverwaltungen** verankert. Dieses Monopol erfasst zwar – was heute unstreitig sein dürfte – nicht den Ausspruch zur Unterhaltspflicht als solchen;[2] doch fraglich kann immerhin sein, ob dessen Anerkennung und Vollstreckbarerklärung im Inland nur in Abhängigkeit von der Anerkennung der Statusentscheidung erfolgen darf. Bei näherer Betrachtung stellt sich dieses Problem freilich nur selten.

Erstens ist bereits der **Anwendungsbereich von § 107 Abs. 1 FamFG** begrenzt: zum einen durch dessen Satz 2, zum anderen – und vor allem – dadurch, dass die Brüssel IIa-VO kein obligatorisches Anerkennungsverfahren hinsichtlich Ehesachen kennt und in ihrem Anwendungsbereich § 107 Abs. 1 FamFG verdrängt (s. § 107 Rz. 5 ff.).[3] 87

Zweitens kann das Anerkennungsmonopol der Landesjustizverwaltungen von vornherein kein Anerkennungshindernis hinsichtlich einer Unterhaltsentscheidung auslösen, sofern Deutschland kraft **Gemeinschafts- oder Konventionsrechts** zur Anerkennung und Vollstreckbarerklärung verpflichtet ist, ohne dass die entsprechenden Regelungen Rücksicht auf die Statusfrage nehmen. Dies gilt für die Brüssel I-VO, richtigerweise aber auch für das HUntVÜ 1973 und das HUntVÜ 1958.[4] Von Bedeutung ist dies auch im Hinblick auf andere Statusentscheidungen als Ehesachen: Eine Entscheidung, die Kindesunterhalt zuspricht, ist nach Maßgabe der genannten Instrumente für vollstreckbar zu erklären, ohne dass das deutsche Exequaturgericht dem entgegensetzen könnte, dass die ausländische Vaterschaftsfeststellung nicht anerkennungsfähig sei.[5] 88

Drittens kommt selbst in den Restfällen, in denen einerseits § 107 Abs. 1 FamFG einschlägig ist und andererseits das Gemeinschafts- oder Konventionsrecht nicht die vorbehaltslose Anerkennung und Vollstreckbarerklärung der Unterhaltsentscheidung gebietet, eine Abhängigkeit von der Anerkennung der Statusentscheidung dann nicht in Betracht, wenn auf dieser die ausländische Unterhaltsentscheidung überhaupt nicht beruht. So verhält es sich namentlich, wenn **Kindesunterhalt** anlässlich einer Ehescheidung tituliert wird; denn die Vollstreckbarkeit des Titels über den Kindesunterhalt berührt nicht das Anliegen von § 107, einander widersprechende Entscheidungen über die Wirksamkeit einer ausländischen Ehescheidung im Inland zu vermeiden.[6] Demgegenüber kann die Vollstreckung einer Entscheidung, die **Geschiedenenunterhalt** zuspricht und nicht in den Anwendungsbereich gemeinschafts- oder konventionsrechtlicher Anerkennungsgebote fällt, im Inland erst erfolgen, sobald die Anerkennung der Ehescheidung feststeht.[7] 89

---

1 Ausführlich zu solchen Fragen nunmehr *Lippke*, Der Status im Europäischen Zivilverfahrensrecht, passim.

2 Klarstellend BGH v. 14.2.2007 – XII ZR 163/05, NJW-RR 2007, 722 = FamRBint 2007, 62 (*Finger*).

3 Richtig etwa *Hohloch*, FPR 2004, 315 (322).

4 Wie hier etwa Eschenbruch/Klinkhammer/*Dörner*, Kap. 8 Rz. 61, 92; *Henrich*, Rz. 237 f.; Staudinger/*Kropholler*, Anh. III zu Art. 18 EGBGB Rz. 20, 156; *Martiny*, FamRZ 2008, 1681 (1686). AA aber etwa noch Göppinger/Wax/*Linke*, Rz. 3286.

5 AA – unter Berufung auf eine angebliche Kompetenz zur Inzidentprüfung – OLG Hamm v. 8.7.2003 – 29 W 34/02, IPRax 2004, 437 f. m. Anm. *Geimer*, 419 (420 f.); OLG Hamm v. 26.4.2005 – 29 W 18/04, NJW-RR 2006, 293; OLG Dresden v. 9.11.2005 – 21 UF 670/05, FamRZ 2006, 563 (unter Berufung auf den ordre public). Im Ergebnis wie hier hingegen OLG München v. 1.7.2002 – 25 W 1526/02, IPRax 2004, 120.

6 Richtig BGH v. 14.2.2007 – XII ZR 163/05, NJW-RR 2007, 722 = FamRBint 2007, 62 (*Finger*).

7 Statt vieler: *Henrich*, Rz. 235.

90 Von alledem zu trennen ist die Frage, ob sich diejenigen Bedenken, die gegen die Anerkennung der Statusentscheidung ins Feld geführt werden (vgl. § 109), nach Lage der Dinge auch gegen die Unterhaltsentscheidung als solche richten (**Fehleridentität**).

5. Einwendungen im Exequaturverfahren

91 Soweit die Vollstreckung eines ausländischen Titels dessen Vollstreckbarerklärung durch inländische Gerichte voraussetzt, ist inzident die **Anerkennungsfähigkeit** zu prüfen (vgl. § 110 Abs. 1).[1] Freilich unterscheiden sich die Instrumente des Gemeinschafts- und des Konventionsrechts beträchtlich hinsichtlich der verfahrensrechtlichen Ausgestaltung dieser Prüfung (vgl. etwa einerseits Rz. 112 zur Brüssel I-VO, andererseits Rz. 118 zum EuGVÜ/LugÜ).

92 Ein Vollstreckungstitel, der aus Sicht des Ursprungsstaats (etwa mangels hinreichender Bestimmtheit) **nicht vollstreckungsfähig** oder dort **bereits aufgehoben** worden ist, kann auch in anderen Staaten keine Wirkung entfalten.[2] Dies gilt unabhängig davon, ob man die Anerkennung als Wirkungserstreckung oder als Gleichstellung deutet (s. § 108 Rz. 10). Es dürfte Einvernehmen herrschen, dass der Vortrag, der Vollstreckungstitel habe vor dem Abschluss des Exequaturverfahrens seine Vollstreckbarkeit verloren oder sei weggefallen, von dem damit befassten Gericht zu beachten ist,[3] vom Titelschuldner also nicht etwa gesondert (mittels § 767 ZPO) geltend gemacht werden muss.

93 Einwendungen können sich auch auf den im Ausland **titulierten Unterhaltsanspruch** beziehen. Diesbezüglich wird heute zumindest überwiegend vertreten, dass sich der Schuldner im Exequaturverfahren nicht auf solche Einwendungen berufen kann, die aus deutscher Sicht im Rahmen eines gesonderten Abänderungsverfahrens zu klären sind (näher dazu Rz. 155).[4] Zur damit häufig zusammenhängenden Problematik mangelnder Bestimmtheit des Vollstreckungstitels s. Rz. 149.

94 Höchst kontrovers wird die weitere Frage diskutiert, ob **sonstige materiellrechtliche Einwendungen** im Exequaturverfahren beachtlich sein können. Die Problematik stellt sich insbesondere – aber keineswegs ausschließlich – im Anwendungsbereich von Art. 45 Abs. 1 Brüssel I-VO. Dessen Wortlaut legt es nahe, dass dort abschließend die im Exequaturverfahren beachtlichen Einwendungen benannt sind. Dann wäre es dem Anerkennungsgericht – entgegen § 12 AVAG[5] – verwehrt, die Vollstreckbarerklärung wenigstens wegen solcher Umstände zu verweigern, die im ursprungsstaatlichen Erkenntnisverfahren nicht mehr berücksichtigt werden konnten. Vielmehr wäre der

1 Vgl. etwa Göppinger/Wax/*Linke*, Rz. 3258.

2 Vgl. etwa BGH v. 7.4.2004 – XII ZB 51/02, FamRZ 2004, 1023. Beachte auch EuGH v. 28.4.2009 – Rs. 420/07 (Apostolides), EuGRZ 2009, 210.

3 Klarstellend – und insoweit unproblematisch – BGH v. 14.3.2007 – XII ZB 174/04, BGHZ 171, 310 = NJW 2007, 3433, und zwar gleichermaßen gemünzt auf die Brüssel I-VO, das EuGVÜ und die HUntVÜ 1973.

4 Auch dies klarstellend BGH v. 14.3.2007 – XII ZB 174/04, BGHZ 171, 310 = NJW 2007, 3433.

5 Die Vorschrift lautet: „(1) Der Verpflichtete kann mit der Beschwerde, die sich gegen die Zulassung der Zwangsvollstreckung aus einer Entscheidung richtet, auch Einwendungen gegen den Anspruch selbst insoweit geltend machen, als die Gründe, auf denen sie beruhen, erst nach dem Erlass der Entscheidung entstanden sind. (2) Mit der Beschwerde, die sich gegen die Zulassung der Zwangsvollstreckung aus einem gerichtlichen Vergleich oder einer öffentlichen Urkunde richtet, kann der Verpflichtete die Einwendungen gegen den Anspruch selbst ungeachtet der in Absatz 1 enthaltenen Beschränkung geltend machen."

Schuldner auf eine gesonderte Vollstreckungsabwehrklage verwiesen, wobei wiederum streitig ist, ob diese im Vollstreckungs- oder im Urteilsstaat zu erheben wäre. Der BGH bekennt sich inzwischen zu einer vermittelnden Ansicht, wonach der Schuldner bereits im Exequaturverfahren einwenden darf, dass die titulierte Forderung nachträglich ganz oder teilweise erfüllt worden sei, und zwar jedenfalls dann, wenn dieser Einwand unstreitig bleibt.[1] Geht man davon aus, wäre § 12 AVAG verordnungskonform. Eine abschließende, auch schwierigere Konstellationen einbeziehende Stellungnahme des EuGH steht freilich noch aus.[2]

6. Rechtshilfe bei der Inlandsvollstreckung

95 Art. 5 und 6 UNUntÜ sichern dem auslandsansässigen Unterhaltsberechtigten Rechtshilfe bei der Vollstreckbarerklärung und Vollstreckung eines bereits im Ausland erwirkten Titels (zur Bedeutung des UNUntÜ für die Durchsetzung untitulierter Ansprüche in Deutschland s. Rz. 164 ff.). Zuständig hierfür ist das Bundesamt für Justiz.[3] An die Stelle des UNUntÜ sollen künftig die im HUntVÜ 2007 enthaltenen Rechtshilfebestimmungen treten (Art. 49 HUntVÜ 2007).

96 Als Rechtshilfeinstrument ergänzend zum EuGVÜ – bzw. nunmehr zur Brüssel I-VO – war das Römische EG-Übereinkommen v. 6.11.1990 über die Vereinfachung der Verfahren zur Geltendmachung von Unterhaltsansprüchen gedacht,[4] das aber voraussichtlich nicht mehr in Kraft treten wird.[5] Diese Funktion soll künftig die EuUntVO übernehmen (s. Rz. 172 ff. – Text: Anhang 6 zu § 97).

7. Kostenfragen

97 Der **Verfahrenswert** für die Vollstreckbarerklärung bestimmt sich nach den allgemeinen Regeln. Nach Auffassung des BGH sind dem Verfahrenswert Rückstände aus der Zeit nach Erlass des ausländischen Unterhaltstitels nicht hinzuzurechnen.[6]

98 Hinsichtlich der **Prozess- bzw. Verfahrenskosten** sind Art. 50 Brüssel I-VO, Art. 44 EuGVÜ/LugÜ, Art. 9 HUntVÜ 1958, Art. 15 HUntVÜ 1973 sowie Art. 12 dt.-israel. Vertrag zu beachten. Diese sog. Meistbegünstigungsklauseln stellen sicher, dass ein Titelgläubiger, dem bereits im ausländischen Titulierungsverfahren PKH/VKH gewährt worden war, auch im deutschen Exequaturverfahren unterstützt wird, und zwar ohne neues Bewilligungsverfahren.[7]

1 BGH v. 14.3.2007 – XII ZB 174/04, BGHZ 171, 310 = NJW 2007, 3433; diesen Aspekt greifen die dazu vorgelegten Anmerkungen auf: vgl. *Finger*, FamRBint 2007, 88; *Gottwald*, FamRZ 2007, 993; *Hess*, IPRax 2008, 25; *Looschelders*, JR 2008, 112; *Roth*, JZ 2007, 898; *Geimer*, LMK 2007, 228821. Vgl. auch BGH v. 25.2.2009 – XII ZB 224/06, FamRZ 2009, 858.

2 Eine Verletzung der Vorlagepflicht durch den BGH moniert richtigerweise etwa *Hess*, IPRax 2008, 25 (30).

3 BGBl. II 2008, 278. Kontaktdaten unter www.bundesjustizamt.de.

4 Text und Einführung bei Staudinger/*Kropholler*, Anh. III zu Art. 18 EGBGB Rz. 278 ff.; *Strothmann*, S. 107 ff., 157 ff.

5 Skeptisch bereits *Kropholler/Blobel*, FS Sonnenberger, S. 452 (461 f.).

6 BGH v. 19.11.2008 – XII ZB 195/07, FamRZ 2009, 222.

7 HM; vgl. etwa MüKo.ZPO/*Gottwald*, Art. 50 EuGVO Rz. 5; Staudinger/*Kropholler*, Anh. III zu Art. 18 EGBGB Rz. 198. AA *Linke*, Rz. 252.

II. Gemeinschaftsrecht

1. Europäische Vollstreckungstitel

99 Die EuVTVO[1] erlaubt eine besonders effiziente Vollstreckung aus Titeln, die in anderen EU-Staaten (Ausnahme: Dänemark, Art. 2 Abs. 3 EuVTVO) erwirkt wurden. Da ihr sachlicher **Anwendungsbereich** (Art. 2 EuVTVO) demjenigen der Brüssel I-VO entspricht (s. Rz. 8 ff.), werden auch Unterhaltsansprüche erfasst. Entscheidungen, Vergleiche und vollstreckbare Urkunden, die seit dem 21.10.2005 erwirkt (vgl. Art. 26, 33 Abs. 2 EuVTVO) und in ihrem Ursprungsstaat nach Maßgabe der EuVTVO als Europäische Vollstreckungstitel bestätigt wurden (s. Rz. 156 ff.), sind in Deutschland gem. Art. 20 Abs. 1 Satz 2, Art. 24 Abs. 2, Art. 25 Abs. 2 EuVTVO zu vollstrecken, und zwar unter den gleichen Bedingungen wie deutsche Titel. Dazu bedarf es weder einer Vollstreckbarerklärung (Art. 5 EuVTVO) noch einer Vollstreckungsklausel (§ 1082 ZPO). Allerdings lässt es die EuVTVO dem Gläubiger unbenommen, das Exequaturverfahren nach Art. 32 ff. Brüssel I-VO (Rz. 111 ff.) zu betreiben (Art. 27 EuVTVO).

100 Die vom Gläubiger **beizubringenden Unterlagen** nennt Art. 20 Abs. 2 EuVTVO; soweit dort vorgesehen, sind fremdsprachige Unterlagen in beglaubigter Übersetzung ins Deutsche vorzulegen (§ 1083 ZPO). Das eigentliche Vollstreckungsverfahren richtet sich nach deutschem Recht (Art. 20 Abs. 1 Satz 1 EuVTVO), in Unterhaltssachen also nach den ZPO-Regeln (§ 95 Abs. 1 Nr. 1 FamFG).

101 Im Vollstreckungsstaat ist nur eine **höchst eingeschränkte Prüfung** vorgesehen, nämlich dahingehend, ob eine Entscheidungskollision iSv. Art. 21 Abs. 1 EuVTVO droht. Art. 21 Abs. 2 EuVTVO verbietet den Vollstreckungsorganen ausdrücklich eine révision au fond, und auf einen Ordre-public-Vorbehalt (wie ihn etwa Art. 34 Nr. 1 Brüssel I-VO kennt) wurde bei Schaffung der EuVTVO bewusst verzichtet.[2] Vielmehr muss der Schuldner, soweit ihm dies überhaupt noch möglich ist, im Ursprungsstaat gegen den Titel vorgehen. Tut er dies, so kann die Vollstreckung im Vollstreckungsstaat gem. Art. 23 EuVTVO ausgesetzt oder beschränkt werden (dazu: §§ 1084 f. ZPO). Umstritten ist, ob die in § 1086 ZPO vorgesehene Möglichkeit, im Inland Einwendungen gegen den im Ausland titulierten Anspruch mittels **Vollstreckungsabwehrklage** geltend zu machen, mit den Vorgaben der EuVTVO vereinbar ist.[3] Allemal verordnungswidrig wäre es, würde man es dem Schuldner zugestehen, der Vollstreckung mittels § 1086 ZPO auch den Einwand der Ordre-public-Widrigkeit entgegenzusetzen.[4]

2. Europäische Zahlungsbefehle

102 Die EuMahnVO erfasst gesetzliche Unterhaltsansprüche nur dann, wenn sie zum Gegenstand einer Parteivereinbarung gemacht worden sind (s. Rz. 70). Daher dürfte die Vollstreckung aus Europäischen Zahlungsbefehlen, die nach Maßgabe der EuMahnVO in anderen EU-Staaten (Ausnahme: Dänemark, Art. 2 Abs. 3 EuMahnVO) erwirkt und

1 Verordnung Nr. 805/2004 v. 21.4.2004 zur Einführung eines europäischen Vollstreckungstitels für unbestrittene Forderungen, ABl. EU 2004 Nr. L 143/15. Einführend dazu, jeweils speziell im Hinblick auf die Durchsetzung von Unterhaltsansprüchen, etwa *Gebauer*, FPR 2006, 252; *Hohloch*, FPR 2006, 244; *Rausch*, FuR 2005, 437; *Rausch*, FamRBint 2005, 79; *Schmidt*, JAmt 2005, 445.

2 Zur Verfassungs- und Primärrechtskonformität dieser Entscheidung MüKo.ZPO/*Adolphsen*, vor §§ 1079 ff. Rz. 13 ff.; *Bach*, S. 362 ff.

3 Überblick zum Streitstand etwa bei Zöller/*Geimer*, § 1086 Rz. 1; ausführlich *Bach*, S. 203 ff.

4 Dies erwägt indes Göppinger/Wax/*Linke*, Rz. 3257, jedenfalls sofern die Rechtsstaatsgarantien der EMRK tangiert sind.

für vollstreckbar erklärt wurden, in Unterhaltssachen von geringer praktischer Bedeutung bleiben. Die Vollstreckungsvoraussetzungen und die im Vollstreckungsstaat bestehenden Rechtsbehelfsmöglichkeiten sind in Anlehnung an die Regelungen der EuVTVO gefasst (Rz. 99 ff.): Die Vollstreckung des Europäischen Zahlungsbefehls erfolgt unter den gleichen Bedingungen wie diejenige eines inländischen Titels (Art. 21 Abs. 1 Satz 2 EuMahnVO); sie setzt weder eine Vollstreckbarerklärung (Art. 19 EuMahnVO) noch eine Vollstreckungsklausel (§ 1093 ZPO) voraus. Die vom Gläubiger beizubringenden Unterlagen nennt Art. 21 Abs. 2 EuMahnVO; soweit dort vorgesehen, sind fremdsprachige Unterlagen in beglaubigter Übersetzung ins Deutsche vorzulegen (§ 1094 ZPO). Zur ausnahmsweise bestehenden Möglichkeit der Verweigerung, Aussetzung oder Beschränkung der Vollstreckung s. Art. 22, 23 EuMahnVO und § 1096 ZPO.

3. Brüssel I-VO

a) Anwendungsbereich

Zur Einschlägigkeit der Brüssel I-VO in Unterhaltssachen vgl. Rz. 8 ff. Ihr **zeitlicher** 103
Anwendungsbereich bestimmt sich nach Art. 66 Abs. 1, 76 Brüssel I-VO; bemerkenswert ist die erweiterte Anwendbarkeit gem. Art. 66 Abs. 2 Buchst. a Brüssel I-VO.[1]

Den **räumlich-persönlichen Anwendungsbereich** der Brüssel I-Regeln zur Anerken- 104
nung und Vollstreckbarerklärung bestimmt Art. 32 Brüssel I-VO: Es kommt nur darauf an, ob die Entscheidung aus einem der Mitgliedstaaten stammt (zu diesen und zur Erstreckung auf Dänemark s. Rz. 13); irrelevant ist demnach der Beklagtenwohnsitz (abweichend vom Anwendungsbereich der Zuständigkeitsvorschriften; s. Rz. 11 f.). Ob das Gericht des Brüssel I-Staats seine Entscheidungszuständigkeit auf das vereinheitlichte oder auf sein eigenes nationales Zuständigkeitsrecht gestützt hat, ist für die Anwendbarkeit der Brüssel I-VO unerheblich, und zwar unabhängig davon, ob der Rückgriff auf nationales Recht in Einklang mit Art. 2 ff. Brüssel I-VO stand oder nicht.

Zugleich definiert Art. 32 Brüssel I-VO den – denkbar weit zu fassenden – Kreis **aner-** 105
kennungsfähiger Entscheidungen. Rechtskraft ist nicht zu fordern (arg. Art. 46 Abs. 1 Brüssel I-VO). Die Möglichkeit, auch **öffentliche Urkunden** und **Prozessvergleiche** für vollstreckbar zu erklären, folgt aus Art. 57 und 58 Brüssel I-VO.

b) Anerkennungshindernisse

Die Anerkennungshindernisse nennt Art. 34 Brüssel I-VO; zu ihrer Prüfung im Exe- 106
quaturverfahren s. Rz. 112 f. Sowohl Art. 36 als auch Art. 45 Abs. 2 Brüssel I-VO untersagen eine **révision au fond**. Zur Möglichkeit, wegen des Günstigkeitsprinzips im Exequaturverfahren der Brüssel I-VO nur die Anerkennungsvoraussetzungen des HUntVÜ 1973 anzuwenden vgl. Rz. 82.

Der **Ordre-public-Vorbehalt** (Art. 34 Nr. 1 Brüssel I-VO) wird von Schuldnern häufig 107
bemüht, führt in der Praxis – zumal in Unterhaltssachen – aber nur selten zum Erfolg.[2] Ein Verstoß liegt nicht etwa schon dann vor, wenn deutsche Gerichte auf Grund

1 Dazu BGH v. 14.3.2007 – XII ZB 174/04, BGHZ 171, 310 = NJW 2007, 3433; OLG Brandenburg v. 4.12.2007 – 7 W 93/07, FamRZ 2008, 1762.

2 Näher dazu *Hohloch*, FS Kropholler, S. 809 ff. Vgl. zur gebotenen engen Auslegung zuletzt EuGH v. 24.4.2009 – Rs. C-420/07 (Apostolides), EuGRZ 2009, 210.

zwingenden deutschen Rechts in der Sache zu einem anderen Ergebnis gelangt wären; vielmehr kommt es darauf an, ob die Anerkennung im Einzelfall in einem solchen Maße den Grundgedanken des deutschen Rechts und unseren Gerechtigkeitsvorstellungen widerspräche, dass sie schlechterdings untragbar erschiene. Dementsprechend stehen verfahrensrechtliche Unregelmäßigkeiten der Anerkennung erst dann entgegen, wenn das erststaatliche Verfahren mit grundlegenden Verfahrensmaximen des deutschen Prozessrechts unvereinbar erscheint.[1] Näher zum deutschen ordre public bei § 109 Rz. 43 ff. Zur Frage der Bestimmtheit des ausländischen Titels s. Rz. 149, zur Problematik von Annexunterhaltsentscheidungen s. Rz. 86 ff.

108 Das praktisch wichtigste Anerkennungshindernis bilden **Gehörsverletzungen** iSv. Art. 34 Nr. 2 Brüssel I-VO, und zwar vor allem im Zusammenhang mit fehlerhaften Zustellungen.[2] Hierher gehört auch der Satz, dass Entscheidungen des einstweiligen Rechtsschutzes nicht anerkennungsfähig sind, wenn der Gegenpartei kein vorheriges rechtliches Gehör gewährt worden ist.[3]

109 Eine wiederum eher geringe Bedeutung spielen die **Unvereinbarkeitsregeln** gem. Art. 34 Nr. 3 und 4 Brüssel I-VO.

110 Bemerkenswert ist, dass der mit der Anerkennung befasste deutsche Richter gem. Art. 35 Abs. 1 Brüssel I-VO, abweichend vom HUntVÜ 1958/1973 und von § 109 Abs. 1 Nr. 1 FamFG, grundsätzlich nicht zu prüfen hat, ob die Gerichte des Urteilsstaats zum Erlass der fraglichen Entscheidung international zuständig waren. Die Ausnahmen vom Verbot einer Kontrolle der sog. **Anerkennungszuständigkeit** sind in Art. 35 Abs. 1 Brüssel I-VO abschließend aufgeführt. Im Übrigen hebt Art. 35 Abs. 3 Brüssel I-VO eigens hervor, dass das Verbot auch nicht unter Rückgriff auf den Ordre-public-Vorbehalt (Art. 34 Nr. 1 Brüssel I-VO) umgangen werden darf. Unerheblich ist dabei, ob das Gericht seine internationale Zuständigkeit aus den vereinheitlichten Zuständigkeitsregeln oder aber – bei Beklagten mit Wohnsitz in Drittstaaten – aus dem nationalen Kompetenzrecht abgeleitet hat (arg.: Umkehrschluss aus Art. 35 Abs. 1, 72 Brüssel I-VO). Dies gilt selbst dann, wenn sich das Gericht zu Unrecht – also entgegen Art. 3 Brüssel I-VO – auf nationales Recht gestützt hat; auch eine dahingehende Kontrolle durch den Anerkennungsrichter scheidet folglich aus. Daraus folgt eine erhebliche Verteidigungslast im Urteilsstaat, die eben auch dann besteht, wenn der Beklagte die dortigen Gerichte für unzuständig hält, sich aber nicht sicher sein kann, dass diese die Zuständigkeitsfrage ebenso beurteilen werden.[4]

c) Vollstreckbarerklärungsverfahren

111 Das Exequaturverfahren wird eingeleitet, indem der Titelgläubiger gem. Art. 38 Abs. 1 Brüssel I-VO die Vollstreckbarerklärung beantragt. Gem. Art. 40 Abs. 3 Brüssel I-VO sind dem Antrag die in Art. 53 Brüssel I-VO genannten Urkunden beizufügen; Einzelheiten sind in Art. 53–56 Brüssel I-VO geregelt. In Deutschland wird der Antrag an den Vorsitzenden einer Kammer des Landgerichts gerichtet; verfügt der Schuldner nicht

---

1 Im Ausgangspunkt zutreffend etwa OLG Dresden v. 9.11.2005 – 21 UF 670/05, FamRZ 2006, 563 (dazu *Gottwald*, FamRZ 2006, 565, sowie *Klinkhammer*, FamRBint 2006, 26), das dann freilich vorschnell einen ordre-public-Verstoß bejaht.

2 Dazu etwa BGH v. 12.12.2007 – XII ZB 240/05, NJW-RR 2008, 586.

3 Dazu BGH v. 21.12.2006 – IX ZB 150/05, NJW-RR 2007, 1573 mwN; ebenso schon zur alten Rechtslage (Art. 27 Nr. 2, 46 Nr. 2 EuGVÜ) EuGH v. 21.5.1980 – Rs. C-125/79 (Bernard Denilauler), EuGHE 1980, 1553.

4 Vgl. etwa Garbe/Ullrich/*Andrae*, § 12 Rz. 117.

über einen Wohnsitz im Vollstreckungsstaat, so ist das Gericht örtlich zuständig, in dessen Bezirk die Zwangsvollstreckung durchgeführt werden soll. Dies folgt aus Art. 39 Abs. 1 (mit Anhang II) und Abs. 2 Brüssel I-VO, die den gleichsinnigen § 3 AVAG verdrängen (vgl. § 55 Abs. 1 AVAG).

Sind die formellen Voraussetzungen erfüllt und ist die vom Gläubiger im Urteilsstaat erstrittene Entscheidung nach dortigen Regeln vollstreckbar, wird das Anerkennungsgericht die ausländische Entscheidung – abweichend von Art. 31, 34 Abs. 2 EuGVÜ/LugÜ (s. Rz. 118) – nicht etwa anhand der nunmehr in Art. 34, 35 Brüssel I-VO aufgeführten Versagungsgründe überprüfen: Eine derartige Kontrolle ist ausweislich Art. 41 Satz 1 Brüssel I-VO nicht Voraussetzung der Vollstreckbarerklärung; selbst der ordre public des Anerkennungsstaats hat in diesem Verfahrensabschnitt außer Betracht zu bleiben. Vielmehr muss das zuständige Anerkennungsgericht, wenn die genannten formellen Voraussetzungen erfüllt sind, die Vollstreckbarkeit herbeiführen, und zwar ohne Anhörung des Schuldners (Art. 41 Satz 2 Brüssel I-VO). In Deutschland erfolgt dies durch den Beschluss des Vorsitzenden, das ausländische Urteil mit der Vollstreckungsklausel zu versehen (§ 8 Abs. 1, § 9 AVAG). Diese Entscheidung wird dem Gläubiger sowie dem Schuldner nach Maßgabe von Art. 42 Brüssel I-VO und § 10 AVAG zugestellt. Zur Beachtlichkeit materiellrechtlicher Einwendungen im Exequaturverfahren s. Rz. 94. 112

Eine Kontrolle von Anerkennungsversagungsgründen kann erst und nur stattfinden, wenn der Schuldner daraufhin fristgerecht das gegen die Vollstreckbarerklärung vorgesehene Rechtsbehelfsverfahren einleitet. Statthaft ist in Deutschland gem. Art. 43 Abs. 2 (mit Anhang III) und Abs. 3 Brüssel I-VO iVm. §§ 11 ff., 55 Abs. 1 AVAG die Beschwerde zum OLG. Diese ist innerhalb eines Monats einzulegen, nachdem die Entscheidung des Vorsitzenden dem Schuldner zugestellt wurde (Art. 43 Abs. 5 Satz 1 Brüssel I-VO); nur wenn der Schuldner in einem Drittstaat lebt, kann die Frist wegen weiter Entfernung verlängert werden (arg. e Art. 43 Abs. 5 Satz 2 und 3 Brüssel I-VO). Der Beginn der Rechtsbehelfsfrist setzt eine ordnungsgemäße Zustellung der Entscheidung über die Zulassung der Zwangsvollstreckung unter Beachtung der Verfahrensvorschriften des Vollstreckungsstaats voraus.[1] 113

Geht beim OLG bis zum Ablauf der dem Schuldner gesetzten Frist keine Beschwerdeschrift ein, darf der Gläubiger die Vollstreckung aus dem ausländischen Urteil über die bereits bis dahin zulässigen Sicherungsmaßnahmen hinaus fortsetzen (Art. 47 Brüssel I-VO). Legt der Schuldner hingegen fristgerecht Beschwerde ein, darf das damit befasste OLG die vom Gläubiger erwirkte Vollstreckbarerklärung gem. Art. 45 Brüssel I-VO nur unter Berufung auf einen der in Art. 34 und 35 Brüssel I-VO genannten Anerkennungsversagungsgründe aufheben. Auch im Falle einer Aussetzung des Verfahrens oder einer Anordnung, dass die Zwangsvollstreckung nicht über Maßregeln zur Sicherung hinausgehen darf, kann der Schuldner bereits zur Abgabe der eidesstattlichen Versicherung verpflichtet sein, wenn der Gläubiger einen entsprechenden Auftrag erteilt.[2] 114

1 Dazu EuGH v. 16.2.2006 – Rs. C-3/05 (Verdoliva), EuGHE 2006, I-1579 = NJW 2006, 1114; dort noch zu Art. 36 EuGVÜ.

2 BGH v. 2.3.2006 – IX ZB 23/06, NJW-RR 2006, 996.

III. Konventionsrecht

1. EuGVÜ und LugÜ

a) Anwendungsbereich

115 Nach Inkrafttreten der Brüssel I-VO haben die Regeln des **EuGVÜ**[1] zur Anerkennung und Vollstreckbarerklärung vorerst noch eine gewisse Restbedeutung für Alttitel (Entscheidungen, öffentliche Urkunden und Prozessvergleiche), die zwar in EU-Staaten erwirkt wurden, aber gem. Art. 66 Abs. 1, 76 Brüssel I-VO noch nicht in den zeitlichen Anwendungsbereich der Verordnung fallen.[2]

116 Dem EuGVÜ entsprechende Regeln sieht das **LugÜ**[3] für isländische, norwegische und schweizerische Vollstreckungstitel vor. Einschlägig ist das LugÜ auch für Alttitel aus Polen, das dem LugÜ bereits vor seinem Beitritt zur EU angehört hat. Das noch nicht in Kraft getretene LugÜ II (s. Rz. 36) lehnt sich inhaltlich an die Brüssel I-VO an.

b) Anerkennungshindernisse

117 Die in Art. 27 Nr. 1 und 2 EuGVÜ/LugÜ aufgezählten Anerkennungshindernisse (ordre public und rechtliches Gehör[4]) sind weniger anerkennungsfreundlich formuliert als Art. 34 Nr. 1 und 2 Brüssel I-VO.[5] Der weitere, freilich ohnehin nicht allzu bedeutsame Versagungsgrund in Art. 27 Nr. 4 EuGVÜ/LugÜ (Kollisionsrechtsdivergenz) ist in der Brüssel I-VO ersatzlos entfallen. Insgesamt dürften die Unterschiede, was die Anerkennung in Unterhaltssachen angeht, praktisch kaum ins Gewicht fallen.[6] Sollte Art. 27 Nr. 4 EuGVÜ/LugÜ gleichwohl einmal ein Anerkennungshindernis darstellen, bleibt daran zu denken, ob sich der nach dem Günstigkeitsprinzip (s. Rz. 81 ff.) mögliche Rückgriff auf das HUntVÜ 1973 als zielführend erweist.[7] Nach Lage der Dinge mag es für den Titelgläubiger im Einzelfall auch erwägenswert sein, das Exequaturverfahren nach Art. 31 ff. EuGVÜ/LugÜ mit den Anerkennungsvoraussetzungen des HUntVÜ 1973 zu kombinieren (Art. 57 Abs. 2 Buchst. b Unterabs. 2 EuGVÜ/Art. 57 Abs. 5 LugÜ; s. Rz. 82).

c) Vollstreckbarerklärungsverfahren

118 Das Verfahren der Vollstreckbarerklärung ist in Art. 31 ff. EuGVÜ/LugÜ geregelt, ergänzend gelten §§ 2 ff., 35 f. (nicht: 55 f.) AVAG. Der wesentliche Unterschied zu den Brüssel I-Regeln besteht darin, dass bereits der mit der Vollstreckbarerklärung in erster Instanz befasste Richter von Amts wegen die Anerkennungshindernisse zu beachten hat (vgl. Art. 34 Abs. 2 EuGVÜ/LugÜ); diese werden also nicht erst auf die Beschwerde des Schuldners hin geprüft (so Art. 41 Satz 1, 45 Abs. 1 Brüssel I-VO).

---

1 Brüsseler Übereinkommen v. 27.9.1968 über die gerichtliche Zuständigkeit und die Vollstreckung gerichtlicher Entscheidungen in Zivil- und Handelssachen (konsolidierte Fassung in ABl. EG 1998 Nr. C 27/1).

2 Dazu BGH v. 8.12.2005 – IX ZB 28/04, NJW-RR 2006, 1290; BGH v. 25.2.2009 – XII ZB 224/06, FamRZ 2009, 858.

3 Übereinkommen v. 16.9.1988 über die gerichtliche Zuständigkeit und die Vollstreckung gerichtlicher Entscheidungen in Zivil- und Handelssachen, BGBl. II 1994, 2660.

4 Dazu BGH v. 28.11.2007 – XII ZB 217/05, NJW 2008, 1531 (fiktive Zustellung).

5 Vgl. zum Unterschied zwischen Art. 27 Nr. 2 EuGVÜ und Art. 34 Nr. 2 Brüssel I-VO etwa BGH v. 12.12.2007 – XII ZB 240/05, NJW-RR 2008, 586.

6 Ebenso etwa Eschenbruch/Klinkhammer/*Dörner*, Kap. 8 Rz. 66; *Hohloch*, FPR 2004, 315 (320); Göppinger/Wax/*Linke*, Rz. 3282.

7 Vgl. *Kropholler/Blobel*, FS Sonnenberger, S. 452 (469).

2. HUntVÜ 1973

a) Anwendungsbereich

Das Haager Übereinkommen über die Anerkennung und Vollstreckung von Unterhaltsentscheidungen v. 2.10.1973[1] (HUntVÜ 1973[2]) ergänzt das Haager Übereinkommen über das auf Unterhaltspflichten anzuwendende Recht v. 2.10.1973.[3] Gleichermaßen verbindlich sind die englische und die französische Sprachfassung (Art. 37 HUntVÜ 1973). 119

Das HUntVÜ 1973 ist für Deutschland am 1.4.1987 in Kraft getreten (deutsche Ausführungsbestimmungen: § 1 Abs. 1 Nr. 1 Buchst. c, §§ 3 ff., §§ 37 ff. AVAG). Es gilt heute für eine ganze Reihe von Staaten, im Verhältnis zu denen ohnehin die Brüssel I-VO bzw. das EuGVÜ/LugÜ Anwendung finden (zum Günstigkeitsprinzip s. Rz. 81 ff.), nämlich: Dänemark, Estland, Finnland, Frankreich, Griechenland, Italien, Litauen, Luxemburg, Niederlande, Norwegen, Polen, Portugal, Schweden, Schweiz, Slowakei, Spanien, Tschechien, Vereinigtes Königreich (einschließlich Jersey). Weitere **Vertragsstaaten** sind Australien, die Türkei und die Ukraine.[4] Das HUntVÜ 2007 wird das HUntVÜ 1973 im Verhältnis zwischen den Vertragsstaaten ersetzen (Art. 48 HUntVÜ 2007). 120

Die Anwendbarkeit in zeitlicher Hinsicht ergibt sich aus Art. 24, den sachlichen **Anwendungsbereich** definieren – denkbar weit gefasst – Art. 1–3 HUntVÜ 1973. Gegen die dort vorgesehene Erstreckung auf Entscheidungen in Unterhaltssachen zwischen Verwandten in der Seitenlinie und zwischen Verschwägerten hat Deutschland einen Vorbehalt eingelegt (Art. 26 Abs. 1 Nr. 2 HUntVÜ 1973, § 37 Abs. 2 AVAG). Vorläufig vollstreckbare Entscheidungen und einstweilige Maßnahmen werden nach Maßgabe von Art. 4 Abs. 2 HUntVÜ 1973 erfasst. Anerkanntermaßen erstreckt sich die Anerkennungs- und Vollstreckungspflicht auch auf die Kostenentscheidung.[5] Das HUntVÜ 1973 gilt ausweislich Art. 1 Abs. 2 und Art. 21 auch für **Vergleiche**, die vor „Behörden" (was neben Gerichten auch mit der Unterhaltsfestsetzung befasste Verwaltungsstellen einschließt[6]) geschlossen worden sind. In anderen Vertragsstaaten errichtete **öffentliche Urkunden** werden in Deutschland nur anerkannt und vollstreckt, wenn der Vertragsstaat eine entsprechende Erklärung nach Art. 25 HUntVÜ 1973 abgegeben hat (§ 37 Abs. 1 AVAG); bedeutsam ist dies im Rechtsverkehr mit der Ukraine (für die Brüssel I- und EuGVÜ/LugÜ-Staaten gelten ohnehin Art. 57 f. Brüssel I-VO, Art. 50 f. EuGVÜ/LugÜ). Das HUntVÜ 1973 ist gem. seinem Art. 1 Abs. 1 Nr. 2 anwendbar auf **Regressansprüche öffentlicher Einrichtungen**; allerdings gelten dann strengere Anerkennungsvoraussetzungen (s. Art. 18–20 HUntVÜ 1973). 121

---

1 BGBl. II 1986, 826. Beachte dazu den offiziellen *Verwilghen*-Bericht, BT-Drucks. 10/258.

2 Weitere gängige Abkürzungen: HUAVÜ, HUVÜ 1973, UVÜ, HUVollstrÜ.

3 BGBl. II 1986, 837. Für Deutschland beachte Art. 18 EGBGB.

4 S. BGBl. II 2008, Fundstellennachw. 614. Ausführliche Informationen zu Vertragsstaaten, Materialien, Rechtsprechungs- und Literaturnachweisen unter www.hcch.net (dort unter „Conventions").

5 Vgl. etwa MüKo.ZPO/*Gottwald*, Art. 3 HUVÜ 1973 Rz. 2.

6 Klarstellend etwa *Kropholler/Blobel*, FS Sonnenberger, S. 452 (464 f.). Vgl. KG v. 29.5.2000 – 3 W 876/00, IPRspr 2000, 356 (anwendbar auf privatrechtlichen Unterhaltsvertrag nach finnischem Recht, den die Parteien zur Streitbeendigung geschlossen haben und der auf Grund seiner behördlichen Genehmigung nach finnischem Recht einen Vollstreckungstitel darstellt).

b) Anerkennungsvoraussetzungen

122 Die Voraussetzungen der Anerkennung ausländischer Unterhaltstitel sowie der Anerkennung entgegenstehende Hindernisse sind in Art. 4–12 HUntVÜ 1973 geregelt.[1] Eine révision au fond verbietet Art. 12 HUntVÜ 1973.

123 Im Unterschied zur Brüssel I-VO und zum EuGVÜ/LugÜ (dazu Rz. 110) ist gem. Art. 4 Abs. 1 Nr. 1, Art. 7 f. HUntVÜ 1973 die Anerkennungszuständigkeit der ausländischen Behörde zu prüfen. Als bedenklich weitgehend erweist sich die Anknüpfung an die bloße Staatsangehörigkeit einer Partei in Art. 7 Nr. 2 HUntVÜ 1973; hinnehmbar dürfte dies nur sein, weil die Vorschrift eben keine Entscheidungszuständigkeit begründet, sondern lediglich regelt, was genügen soll, um einen im Ausland ohnehin bereits ergangenen Titel im Interesse der internationalen Entscheidungsfreizügigkeit anzuerkennen. Bemerkenswert ist aus deutscher Sicht ferner, dass Vermögensbelegenheit iSv. § 23 ZPO keine Anerkennungszuständigkeit auslöst (was bedeutsam ist, wenn das im Inland vorhandene Vermögen nicht ausreicht, um den Unterhaltsgläubiger zu befriedigen, und dieser erwägt, in anderen HUntVÜ-Staaten zu vollstrecken).

124 Die weiteren in Art. 5 und 6 HUntVÜ 1973 aufgezählten Hindernisse ähneln Art. 34 Brüssel I-VO.[2] Näher zum deutschen ordre public bei § 109 Rz. 43 ff. Zur Frage der Bestimmtheit des ausländischen Titels s. Rz. 149, zur Problematik von Annexunterhaltsentscheidungen s. Rz. 86 ff.

c) Vollstreckbarerklärungsverfahren

125 Anders als die Brüssel I-VO und das EuGVÜ/LugÜ enthalten Art. 14 ff. HUntVÜ 1973 hinsichtlich des Anerkennungs- und Exequaturverfahrens nur einige punktuelle Regelungen. Im Übrigen überlässt Art. 13 HUntVÜ 1973 die Ausgestaltung des Verfahrens dem Recht des Vollstreckungsstaats. Deutschland eröffnet das Klauselerteilungsverfahren gem. §§ 3 ff. AVAG. Im Übrigen besteht die Möglichkeit, auf das Exequaturverfahren nach Brüssel I-VO bzw. EuGVÜ/LugÜ zurückzugreifen (s. Rz. 82). Zur Beachtlichkeit materiellrechtlicher Einwendungen im Exequaturverfahren s. Rz. 94.

Haager Übereinkommen vom 2.10.1973 über die Anerkennung und Vollstreckung von Unterhaltsentscheidungen[3]

Die Unterzeichnerstaaten dieses Übereinkommens – in dem Wunsch, gemeinsame Bestimmungen zur Regelung der gegenseitigen Anerkennung und Vollstreckung von Entscheidungen über die Unterhaltspflicht gegenüber Erwachsenen aufzustellen, in dem Wunsch, diese Bestimmungen an die des Übereinkommens vom 15. April 1958 über die Anerkennung und Vollstreckung von Entscheidungen auf dem Gebiet der Unterhaltspflicht gegenüber Kindern anzupassen – haben beschlossen, zu diesem Zweck ein Übereinkommen zu schließen, und haben die folgenden Bestimmungen vereinbart:

Kapitel I
Anwendungsbereich des Übereinkommens

Art. 1

(1) Dieses Übereinkommen ist anzuwenden auf Entscheidungen über Unterhaltspflichten aus Beziehungen der Familie, Verwandtschaft, Ehe oder Schwägerschaft, einschließlich der Unter-

1 Aufschlussreicher Vergleich mit den Brüssel I-Regeln bei *Kropholler/Blobel*, FS Sonnenberger, S. 453 (466 ff.).
2 Zur Gewährung rechtlichen Gehörs vgl. BGH v. 28.11.2007 – XII ZB 217/05, NJW 2008, 1531 (fiktive Zustellung); OLG Zweibrücken v. 4.8.2004 – 2 WF 48/04, FamRZ 2005, 997.
3 BGBl. II 1986, 825.

haltspflicht gegenüber einem nichtehelichen Kind, die von Gerichten oder Verwaltungsbehörden eines Vertragsstaats erlassen worden sind entweder

1. zwischen einem Unterhaltsberechtigten und einem Unterhaltsverpflichteten oder

2. zwischen einem Unterhaltsverpflichteten und einer öffentliche Aufgaben wahrnehmenden Einrichtung, die die Erstattung der einem Unterhaltsberechtigten erbrachten Leistung verlangt.

(2) Es ist auch anzuwenden auf Vergleiche auf diesem Gebiet, die vor diesen Behörden und zwischen diesen Personen geschlossen worden sind.

Art. 2

(1) Das Übereinkommen ist auf Entscheidungen und Vergleiche ohne Rücksicht auf ihre Bezeichnung anzuwenden.

(2) Es ist auch auf Entscheidungen oder Vergleiche anzuwenden, durch die eine frühere Entscheidung oder ein früherer Vergleich geändert worden ist, selbst wenn diese Entscheidung oder dieser Vergleich aus einem Nichtvertragsstaat stammt.

(3) Es ist ohne Rücksicht darauf, ob der Unterhaltsanspruch international oder innerstaatlich ist, und unabhängig von der Staatsangehörigkeit oder dem gewöhnlichen Aufenthalt der Parteien anzuwenden.

Art. 3

Betrifft die Entscheidung oder der Vergleich nicht nur die Unterhaltspflicht, so bleibt die Wirkung des Übereinkommens auf die Unterhaltspflicht beschränkt.

Kapitel II

Voraussetzungen der Anerkennung und Vollstreckung von Entscheidungen

Art. 4

(1) Die in einem Vertragsstaat ergangene Entscheidung ist in einem anderen Vertragsstaat anzuerkennen oder für vollstreckbar zu erklären/zu vollstrecken,

1. wenn sie von einer Behörde erlassen worden ist, die nach Artikel 7 oder 8 als zuständig anzusehen ist, und

2. wenn gegen sie im Ursprungsstaat kein ordentliches Rechtsmittel mehr zulässig ist.

(2) Vorläufig vollstreckbare Entscheidungen und einstweilige Maßnahmen sind, obwohl gegen sie ein ordentliches Rechtsmittel zulässig ist, im Vollstreckungsstaat anzuerkennen oder für vollstreckbar zu erklären/zu vollstrecken, wenn dort gleichartige Entscheidungen erlassen und vollstreckt werden können.

Art. 5

Die Anerkennung oder Vollstreckung der Entscheidung darf jedoch versagt werden,

1. wenn die Anerkennung oder Vollstreckung mit der öffentlichen Ordnung des Vollstreckungsstaates offensichtlich unvereinbar ist oder

2. wenn die Entscheidung das Ergebnis betrügerischer Machenschaften im Verfahren ist oder

3. wenn ein denselben Gegenstand betreffendes Verfahren zwischen denselben Parteien vor einer Behörde des Vollstreckungsstaats anhängig und als Erstes eingeleitet worden ist oder

4. wenn die Entscheidung unvereinbar ist mit einer Entscheidung, die zwischen denselben Parteien über denselben Gegenstand entweder in dem Vollstreckungsstaat oder in einem anderen Staat ergangen ist, im letztgenannten Fall jedoch nur, sofern diese Entscheidung die für die Anerkennung und Vollstreckung im Vollstreckungsstaat erforderlichen Voraussetzungen erfüllt.

Art. 6

Eine Versäumnisentscheidung wird nur anerkannt oder für vollstreckbar erklärt/vollstreckt, wenn das das Verfahren einleitende Schriftstück mit den wesentlichen Klagegründen der säumigen Partei nach dem Recht des Ursprungsstaats zugestellt worden ist und wenn diese Partei eine nach den Umständen ausreichende Frist zu ihrer Verteidigung hatte; Artikel 5 bleibt unberührt.

Art. 7

Eine Behörde des Ursprungsstaats ist als zuständig im Sinn des Übereinkommens anzusehen,

1. wenn der Unterhaltsverpflichtete oder der Unterhaltsberechtigte zurzeit der Einleitung des Verfahrens seinen gewöhnlichen Aufenthalt im Ursprungsstaat hatte oder

2. wenn der Unterhaltsverpflichtete und der Unterhaltsberechtigte zurzeit der Einleitung des Verfahrens Staatsangehörige des Ursprungsstaats waren oder

3. wenn sich der Beklagte der Zuständigkeit dieser Behörde entweder ausdrücklich oder dadurch unterworfen hat, dass er sich, ohne die Unzuständigkeit geltend zu machen, auf das Verfahren in der Sache selbst eingelassen hat.

Art. 8

Die Behörden eines Vertragsstaats, die über eine Unterhaltsklage entschieden haben, sind als zuständig im Sinn des Übereinkommens anzusehen, wenn der Unterhalt infolge einer von einer Behörde dieses Staates ausgesprochenen Scheidung, Trennung ohne Auflösung des Ehebandes, Nichtigkeit oder Ungültigkeit der Ehe geschuldet und wenn die diesbezügliche Zuständigkeit der Behörde nach dem Recht des Vollstreckungsstaats anerkannt wird, Artikel 7 bleibt unberührt.

Art. 9

Die Behörde des Vollstreckungsstaats ist an die tatsächlichen Feststellungen gebunden, auf die die Behörde des Ursprungsstaats ihre Zuständigkeit gestützt hat.

Art. 10

Betrifft die Entscheidung mehrere Ansprüche in einer Unterhaltsklage und kann die Anerkennung oder Vollstreckung nicht für alle Ansprüche bewilligt werden, so hat die Behörde des Vollstreckungsstaats das Übereinkommen auf denjenigen Teil der Entscheidung anzuwenden, der anerkannt oder für vollstreckbar erklärt/vollstreckt werden kann.

Art. 11

Ist in der Entscheidung die Unterhaltsleistung durch regelmäßig wiederkehrende Zahlungen angeordnet, so ist die Vollstreckung sowohl für die bereits fälligen als auch für die künftig fällig werdenden Zahlungen zu bewilligen.

Art. 12

Die Behörde des Vollstreckungsstaats darf die Entscheidung auf ihre Gesetzmäßigkeit nicht nachprüfen, sofern das Übereinkommen nicht etwas anderes bestimmt.

Kapitel III

Verfahren der Anerkennung und Vollstreckung von Entscheidungen

Art. 13

Das Verfahren der Anerkennung oder Vollstreckung der Entscheidung richtet sich nach dem Recht des Vollstreckungsstaats, sofern das Übereinkommen nicht etwas anderes bestimmt.

Art. 14

Es kann auch die teilweise Anerkennung oder Vollstreckung einer Entscheidung beantragt werden.

Art. 15

Der Unterhaltsberechtigte, der im Ursprungsstaat ganz oder teilweise Prozesskostenhilfe oder Befreiung von Verfahrenskosten genossen hat, genießt in jedem Anerkennungs- oder Vollstreckungsverfahren die günstigste Prozesskostenhilfe oder die weitestgehende Befreiung, die im Recht des Vollstreckungsstaats vorgesehen ist.

Art. 16

In den durch das Übereinkommen erfassten Verfahren braucht für die Zahlung der Verfahrenskosten keine Sicherheit oder Hinterlegung, unter welcher Bezeichnung auch immer, geleistet zu werden.

Art. 17

(1) Die Partei, die die Anerkennung einer Entscheidung geltend macht oder ihre Vollstreckung beantragt, hat folgende Unterlagen beizubringen:

1. eine vollständige, mit der Urschrift übereinstimmende Ausfertigung der Entscheidung;

2. die Urkunden, aus denen sich ergibt, dass gegen die Entscheidung im Ursprungsstaat kein ordentliches Rechtsmittel mehr zulässig ist und, gegebenenfalls, dass die Entscheidung dort vollstreckbar ist;

3. wenn es sich um eine Versäumnisentscheidung handelt, die Urschrift oder eine beglaubigte Abschrift der Urkunde, aus der sich ergibt, dass das das Verfahren einleitende Schriftstück mit den wesentlichen Klagegründen der säumigen Partei nach dem Recht des Ursprungsstaats ordnungsgemäß zugestellt worden ist;

4. gegebenenfalls jedes Schriftstück, aus dem sich ergibt, dass die Partei im Ursprungsstaat Prozesskostenhilfe oder Befreiung von Verfahrenskosten erhalten hat;

5. eine beglaubigte Übersetzung der genannten Urkunden, wenn die Behörde des Vollstreckungsstaates nicht darauf verzichtet.

(2) Werden die genannten Urkunden nicht vorgelegt oder ermöglicht es der Inhalt der Entscheidung der Behörde des Vollstreckungsstaats nicht, nachzuprüfen, ob die Voraussetzungen dieses Übereinkommens erfüllt sind, so setzt sie eine Frist für die Vorlegung aller erforderlichen Urkunden.

(3) Eine Legalisation oder ähnliche Förmlichkeit darf nicht verlangt werden.

Kapitel IV
Ergänzende Bestimmungen über öffentliche Aufgaben wahrnehmende Einrichtungen

Art. 18

Ist die Entscheidung gegen einen Unterhaltsverpflichteten auf Antrag einer öffentliche Aufgaben wahrnehmenden Einrichtung ergangen, welche die Erstattung der einem Unterhaltsberechtigten erbrachten Leistungen verlangt, so ist diese Entscheidung nach dem Übereinkommen anzuerkennen und für vollstreckbar zu erklären/zu vollstrecken,

1. wenn die Einrichtung nach dem Recht, dem sie untersteht, die Erstattung verlangen kann;

2. wenn das nach dem Internationalen Privatrecht des Vollstreckungsstaats anzuwendende innerstaatliche Recht eine Unterhaltspflicht zwischen dem Unterhaltsberechtigten und dem Unterhaltsverpflichteten vorsieht.

Art. 19

Eine öffentliche Aufgaben wahrnehmende Einrichtung darf, soweit sie dem Unterhaltsberechtigten Leistungen erbracht hat, die Anerkennung oder Vollstreckung einer zwischen dem Unterhaltsberechtigten und dem Unterhaltsverpflichteten ergangenen Entscheidung verlangen, wenn sie nach dem Recht, dem sie untersteht, kraft Gesetzes berechtigt ist, an Stelle des Unterhaltsberechtigten die Anerkennung der Entscheidung geltend zu machen oder ihre Vollstreckung zu beantragen.

Art. 20

Die öffentliche Aufgaben wahrnehmende Einrichtung, welche die Anerkennung geltend macht oder die Vollstreckung beantragt, hat die Urkunden vorzulegen, aus denen sich ergibt, dass sie die in Artikel 18 Nummer 1 oder Artikel 19 genannten Voraussetzungen erfüllt und dass die Leistungen dem Unterhaltsberechtigten erbracht worden sind; Artikel 17 bleibt unberührt.

Kapitel V
Vergleiche

Art. 21

Die im Ursprungsstaat vollstreckbaren Vergleiche sind unter denselben Voraussetzungen wie Entscheidungen anzuerkennen und für vollstreckbar zu erklären/zu vollstrecken, soweit diese Voraussetzungen auf sie anwendbar sind.

Kapitel VI
Verschiedene Bestimmungen

Art. 22

Bestehen nach dem Recht eines Vertragsstaats Beschränkungen für die Überweisung von Geldbeträgen, so hat dieser Vertragsstaat der Überweisung von Geldbeträgen, die zur Erfüllung von

Unterhaltssprüchen oder zur Deckung von Kosten für Verfahren nach diesem Übereinkommen bestimmt sind, den größtmöglichen Vorrang zu gewähren.

Art. 23

Dieses Übereinkommen schließt nicht aus, dass eine andere internationale Übereinkunft zwischen dem Ursprungsstaat und dem Vollstreckungsstaat oder das nichtvertragliche Recht des Vollstreckungsstaats angewendet wird, um die Anerkennung oder Vollstreckung einer Entscheidung oder eines Vergleichs zu erwirken.

Art. 24

(1) Dieses Übereinkommen ist unabhängig von dem Zeitpunkt anzuwenden, in dem die Entscheidung ergangen ist.

(2) Ist die Entscheidung ergangen, bevor dieses Übereinkommen zwischen dem Ursprungsstaat und dem Vollstreckungsstaat in Kraft getreten ist, so ist im letztgenannten Staat nur hinsichtlich der nach diesem Inkrafttreten fällig werdenden Zahlungen für vollstreckbar zu erklären/zu vollstrecken.

Art. 25

Jeder Vertragsstaat kann jederzeit erklären, dass er in seinen Beziehungen zu den Staaten, die dieselbe Erklärung abgegeben haben, alle vor einer Behörde oder einer Urkundsperson errichteten öffentlichen Urkunden, die im Ursprungsstaat aufgenommen und vollstreckbar sind, in das Übereinkommen einbezieht, soweit sich dessen Bestimmungen auf solche Urkunden anwenden lassen.

Art. 26

(1) Jeder Vertragsstaat kann sich nach Artikel 34 das Recht vorbehalten, weder anzuerkennen noch für vollstreckbar zu erklären/zu vollstrecken:

1. Entscheidungen und Vergleiche über Unterhaltsleistungen, die ein Unterhaltsverpflichteter, der nicht der Ehegatte oder der frühere Ehegatte des Unterhaltsberechtigten ist, für die Zeit nach der Eheschließung oder nach dem vollendeten einundzwanzigsten Lebensjahr des Unterhaltsberechtigten schuldet;

2. Entscheidungen und Vergleiche in Unterhaltssachen

a) zwischen Verwandten in der Seitenlinie;

b) zwischen Verschwägerten;

3. Entscheidungen und Vergleiche, die die Unterhaltsleistung nicht durch regelmäßig wiederkehrende Zahlungen vorsehen.

(2) Ein Vertragsstaat, der einen Vorbehalt gemacht hat, kann nicht verlangen, dass das Übereinkommen auf Entscheidungen und Vergleiche angewendet wird, die er durch seinen Vorbehalt ausgeschlossen hat.

Art. 27

Sieht das Recht eines Vertragsstaats in Unterhaltssachen zwei oder mehr Rechtsordnungen vor, die für verschiedene Personenkreise gelten, so ist eine Verweisung auf das Recht dieses Staates als Verweisung auf die Rechtsordnung zu verstehen, die nach dem Recht dieses Staates für einen bestimmten Personenkreis gilt.

Art. 28

(1) Besteht ein Vertragsstaat aus zwei oder mehr Gebietseinheiten, in denen verschiedene Rechtsordnungen für die Anerkennung und Vollstreckung von Unterhaltsentscheidungen gelten, so ist

1. eine Verweisung auf das Recht, das Verfahren oder die Behörde des Ursprungsstaats als Verweisung auf das Recht, das Verfahren oder die Behörde der Gebietseinheit zu verstehen, in der die Entscheidung ergangen ist;

2. eine Verweisung auf das Recht, das Verfahren oder die Behörde des Vollstreckungsstaats als Verweisung auf das Recht, das Verfahren oder die Behörde der Gebietseinheit zu verstehen, in der die Anerkennung oder Vollstreckung beantragt wird;

3. eine Verweisung nach den Nummern 1 und 2 auf das Recht oder das Verfahren des Ursprungsstaats oder des Vollstreckungsstaats in dem Sinn zu verstehen, dass auch auf die einschlägigen

Rechtsvorschriften und Grundsätze des Vertragsstaats, die für dessen Gebietseinheiten gelten, verwiesen ist;

4. eine Verweisung auf den gewöhnlichen Aufenthalt des Unterhaltsberechtigten oder des Unterhaltsverpflichteten im Ursprungsstaat als Verweisung auf den gewöhnlichen Aufenthalt in der Gebietseinheit zu verstehen, in der die Entscheidung ergangen ist.

(2) Jeder Vertragsstaat kann jederzeit erklären, dass er eine oder mehrere dieser Vorschriften auf eine oder mehrere Bestimmungen dieses Übereinkommens nicht anwenden wird.

Art. 29

Dieses Übereinkommen ersetzt in den Beziehungen zwischen den Staaten, die Vertragsparteien sind, das Haager Übereinkommen vom 15. April 1958 über die Anerkennung und Vollstreckung von Entscheidungen auf dem Gebiet der Unterhaltspflicht gegenüber Kindern.

Kapitel VII
Schlussbestimmungen

Art. 30–37
(vom Abdruck wurde abgesehen)[1]

Anerkennungs- und Vollstreckungsausführungsgesetz (AVAG) vom 21.2.2001[2]

Abschnitt 2
Haager Übereinkommen vom 2. Oktober 1973 über die Anerkennung und Vollstreckung von Unterhaltsentscheidungen

§ 37
Einschränkungen der Anerkennung und Vollstreckung

(1) Die Anerkennung und Vollstreckung von öffentlichen Urkunden aus einem anderen Vertragsstaat findet nur statt, wenn der andere Vertragsstaat die Erklärung nach Artikel 25 des Übereinkommens abgegeben hat.

(2) Die Anerkennung und Vollstreckung von Entscheidungen aus einem anderen Vertragsstaat in Unterhaltssachen zwischen Verwandten in der Seitenlinie und zwischen Verschwägerten ist auf Verlangen des Verpflichteten zu versagen, wenn nach den Sachvorschriften des Rechts des Staates, dem der Verpflichtete und der Berechtigte angehören, eine Unterhaltspflicht nicht besteht; dasselbe gilt, wenn sie keine gemeinsame Staatsangehörigkeit haben und nach dem am gewöhnlichen Aufenthaltsort des Verpflichteten geltenden Recht eine Unterhaltspflicht nicht besteht.

§ 38
Sonderregelungen für das Beschwerdeverfahren

(1) Die Frist für die Beschwerde des Verpflichteten gegen die Zulassung der Zwangsvollstreckung beträgt zwei Monate, wenn die Zustellung an den Verpflichteten im Ausland erfolgen muss.

(2) § 10 Abs. 2 Satz 1 ist nur auf die Zustellung durch öffentliche Bekanntmachung anzuwenden.

(3) Die Vorschriften über die Aussetzung des Verfahrens vor dem Oberlandesgericht und die Zulassung der Zwangsvollstreckung gegen Sicherheitsleistung (§ 36 Abs. 1) sind entsprechend anzuwenden.

§ 39
Weitere Sonderregelungen

Die Vorschriften über die Feststellung der Anerkennung einer Entscheidung (§§ 25 und 26), über die Aufhebung oder Änderung dieser Feststellung (§ 29 in Verbindung mit § 27) sowie über das Mahnverfahren (§ 32) finden keine Anwendung.

1 Vollständiger Text etwa bei Staudinger/*Kropholler*, Anh. III zu Art. 18 EGBGB Rz. 133 ff.; *Geimer/Schütze*, Internationaler Rechtsverkehr, E 6 (samt dem offiziellen *Verwilghen*-Bericht sowie einer Kommentierung von *Baumann*).

2 BGBl. I 2001, 288 (berichtigt 438).

3. HUntVÜ 1958

126 Das Haager Übereinkommen über die Anerkennung und Vollstreckung von Entscheidungen auf dem Gebiet der Unterhaltspflicht gegenüber Kindern v. 15.4.1958[1] (HUntVÜ 1958[2]) war geschaffen worden, um das Haager Übereinkommen über das auf Unterhaltsverpflichtungen gegenüber Kindern anzuwendende Recht v. 24.10.1956[3] zu ergänzen.

127 Von seinem einstigen Erfolg[4] ist nicht viel geblieben: Heute gilt es gem. Art. 29 HUntVÜ 1973 nur noch im Verhältnis zu solchen **Vertragsstaaten**, die diesem nicht beigetreten sind, nämlich Belgien, Liechtenstein, Österreich, Surinam und Ungarn, ferner für die französischen Departements und Überseegebiete.[5] Eine weitere Bedeutungseinbuße zu Lasten des HUntVÜ 1958 ergibt sich für Neufälle[6] im Verhältnis zu Belgien, Österreich und Ungarn aus der Brüssel I-VO: Diese beansprucht wegen des Günstigkeitsprinzips zwar keinen strikten Vorrang (Art. 71 Abs. 1 Brüssel I-VO, s. Rz. 81 ff.),[7] bietet dem Titelgläubiger aber ohnehin einen weiteren sachlichen Anwendungsbereich sowie ein effizienteres Exequaturverfahren. Und vollends überflüssig wird ein solches, wiederum im Hinblick auf die genannten EU-Staaten, durch die EuVTVO (Rz. 99 ff.). Das HUntVÜ 2007 wird das HUntVÜ 1958 im Verhältnis zwischen den Vertragsstaaten ersetzen (Art. 48 HUntVÜ 2007).

128 Auch der **sachliche Anwendungsbereich** des HUntVÜ 1958 ist eng begrenzt: Erfasst werden gem. Art. 1 Abs. 1 HUntVÜ 1958 zum einen nur Unterhaltsansprüche von Kindern, solange sie unverheiratet sind und das 21. Lebensjahr noch nicht vollendet haben, zum anderen nur gerichtliche Entscheidungen (also weder vollstreckbare Urkunden noch Vergleiche; arg. e Art. 1 Abs. 2 HUntVÜ 1973).[8] Auf einen Abdruck des HUntVÜ 1958 wird hier nach alledem verzichtet.[9]

129 **Anerkennungsvoraussetzungen** nennt Art. 2 HUntVÜ 1958 (wobei Nr. 4 etwas anerkennungsfreundlicher gefasst ist als Art. 5 Nr. 4 HUntVÜ 1973).[10] Art. 5 HUntVÜ 1958 verbietet sinngemäß eine révision au fond. Die **Vollstreckbarerklärung** gem. dem HUntVÜ 1958 erfolgt in Deutschland im sog. fakultativen Beschlussverfahren (§ 2 Abs. 1 AusfG, §§ 1063 Abs. 1, 1064 Abs. 2 ZPO).[11] Zuständig ist, abweichend von § 3 AVAG, das Amtsgericht (§ 1 Abs. 1 AusfG), und zwar als Familiengericht.[12]

---

1 BGBl. II 1961, 1006; beachte dazu die Dt. Denkschrift, BT-Drucks. 3/2583. AusfG v. 18.7.1961, BGBl. I 1961, 1033, zuletzt geändert durch Art. 25 des Gesetzes v. 27.7.2001, BGBl. I 2001, 1887 (1913). Unzutreffend *Hohloch*, FPR 2004, 315 (320): einschlägig sei das AVAG.

2 Weitere gängige Abkürzungen: HUAVÜK, HUVÜ 1958, KiUVÜ, HKUVollstrÜ.

3 BGBl. II 1961, 1013.

4 *Kropholler/Blobel*, FS Sonnenberger, S. 452 (458 f.).

5 BGBl. II 2008, Fundstellennachw. 470. Ausführliche Informationen zu Vertragsstaaten, Materialien, Rechtsprechungs- und Literaturnachweisen unter www.hcch.net (dort unter „Conventions").

6 Zur Relevanz für Altfälle vgl. zu Österreich OLG Rostock v. 9.11.1998 – 1 W 142/98, IPRax 2000, 214 m. Anm. *Mankowski*, 188 (189 f.); zu Ungarn OLG Dresden v. 9.11.2005 – 21 UF 670/05, FamRZ 2006, 563.

7 Vgl. *Heiderhoff*, IPRax 2004, 99 (101).

8 Näher Staudinger/*Kropholler*, Anh. III zu Art. 18 EGBGB Rz. 42 f.

9 Abdruck ua. bei *Jayme/Hausmann*, Nr. 180, sowie *Wieczorek/Schütze*, 3)c)gg) (dort samt Denkschrift). Kommentierungen bei Staudinger/*Kropholler*, Anh. III zu Art. 18 EGBGB Rz. 31 ff., und MüKo.ZPO/*Gottwald*, HUVÜ 1958 (jeweils samt AusfG).

10 Dazu OLG München v. 1.7.2002 – 25 W 1526/02, IPRax 2004, 120 m. Anm. *Heiderhoff*, 99.

11 Vgl. MüKo.ZPO/*Gottwald*, § 722 Rz. 9.

12 OLG Rostock v. 9.11.1998 – 1 W 142/98, IPRax 2000, 214 m. Anm. *Mankowski*, 188 (190 ff.).

4. Bilaterale Abkommen

Die von Deutschland abgeschlossenen Anerkennungs- und Vollstreckungsverträge (s. § 97 Rz. 27 f.), früher ein wichtiges Instrument zur Erleichterung des grenzüberschreitenden Rechtsverkehrs, sind in den letzten Jahrzehnten zunehmend von multilateralen Übereinkommen und vor allem vom Gemeinschaftsrecht verdrängt worden (vgl. Art. 55 EuGVÜ/LugÜ, Art. 69 Brüssel I-VO). Eine gewisse Bedeutung haben sie in Unterhaltssachen heute noch für Altfälle[1] sowie für den Rechtsverkehr mit Staaten, die weder der EU/EFTA angehören noch den Haager Übereinkommen beigetreten sind.[2] 130

Der Vertrag zwischen der Bundesrepublik Deutschland und der **tunesischen Republik** v. 19.7.1966 über Rechtsschutz und Rechtshilfe, die Anerkennung und Vollstreckung gerichtlicher Entscheidungen in Zivil- und Handelssachen sowie über die Handelsschiedsgerichtsbarkeit[3] erfasst in Unterhaltssachen rechtskräftige gerichtliche Entscheidungen (Art. 27, 28 Abs. 1), einschließlich einstweiliger Anordnungen, zudem gerichtliche Vergleiche und öffentliche Urkunden (Art. 42 f.). Die Vollstreckbarerklärung erfolgt in Deutschland im sog. fakultativen Beschlussverfahren (§ 5 Abs. 1 AusfG, §§ 1063 Abs. 1, 1064 Abs. 2 ZPO).[4] Zuständig ist das Landgericht am Wohnsitz des Schuldners bzw. am Ort der Vollstreckung (Art. 37 Abs. 1 Nr. 1, Abs. 2 des Vertrags). 131

Der Vertrag zwischen der Bundesrepublik Deutschland und dem Staat **Israel** v. 20.7.1977 über die gegenseitige Anerkennung und Vollstreckung gerichtlicher Entscheidungen in Zivil- und Handelssachen[5] (deutsche Ausführungsbestimmungen: §§ 45–49 AVAG) betrifft gerichtliche Entscheidungen und Vergleiche; in Unterhaltssachen wird Rechtskraft nicht vorausgesetzt (Art. 20). Zuständig für die Vollstreckbarerklärung ist das Landgericht am Wohnsitz des Schuldners, bei Fehlen eines Wohnsitzes am Ort der Vermögensbelegenheit oder der Vollstreckung (Art. 14 Abs. 1 Nr. 1, Abs. 2). 132

IV. Autonomes deutsches Recht

1. AUG

Das Gesetz zur Geltendmachung von Unterhaltsansprüchen im Verkehr mit ausländischen Staaten (AUG)[6] v. 19.12.1986 dient in erster Linie der Rechtshilfe bei der Durchsetzung von Unterhaltsansprüchen, und zwar im Verhältnis zu Staaten, die dem UNUntÜ nicht beigetreten sind, mit denen aber die **Verbürgung der Gegenseitigkeit** förmlich festgestellt ist (§ 1 Abs. 2 AUG). Dies betrifft derzeit die meisten US-Bundes- 133

1 Vgl. etwa OLG Düsseldorf v. 22.12.2006 – I-3 W 196/06, FamRZ 2007, 841 = IPRax 2007, 463 m. Anm. *Henrich*, dort zum Dt.-österr. Vertrag v. 6.6.1959 (BGBl. II 1960, 1245).

2 Die praktische Bedeutung in Unterhaltssachen schätzen etwa *Kropholler/Blobel*, FS Sonnenberger, S. 452 (462), als insgesamt gering ein.

3 BGBl. II 1969, 889; beachte dazu die Dt. Denkschrift, BT-Drucks. 5/3167. AusfG v. 29.4.1969, BGBl. I 1969, 333 (geändert durch Art. 28 des Gesetzes v. 27.7.2001, BGBl. I 2001, 1887 (1913 f.). Abgedruckt ist der Titel zur Anerkennung und Vollstreckung (Art. 27 ff.) ua. bei MüKo.ZPO/*Gottwald*, dt.-tun. Vertr., sowie *Wieczorek/Schütze*, 3)d)aa) (dort samt Denkschrift und AusfG).

4 Vgl. MüKo.ZPO/*Gottwald*, § 722 Rz. 9.

5 BGBl. II 1980, 925; in Kraft getreten am 1.1.1981, BGBl. II 1980, 1531; beachte dazu die Dt. Denkschrift, BT-Drucks. 8/3866. Abgedruckt ist der Vertrag in *Jayme/Hausmann*, Nr. 189, MüKo.ZPO/*Gottwald*, dt.-israel. Vertr., sowie *Wieczorek/Schütze*, 3)d)bb) (dort samt Denkschrift).

6 BGBl. I 1986, 2563.

staaten, die Provinzen Kanadas (mit Ausnahme von Quebec) sowie Südafrika (Einzelheiten: Rz. 167).

134 Anders als das UNUntÜ regelt § 10 AUG auch die **Anerkennung und Vollstreckbarerklärung** von gerichtlichen Unterhaltsentscheidungen, die in einem der genannten Staaten erwirkt wurden.[1] Weil § 10 Abs. 1 Satz 1 AUG nicht auf § 723 Abs. 2 Satz 1 ZPO verweist, muss die ausländische Entscheidung nicht rechtskräftig sein. Allerdings kommt im Falle rechtskräftiger Entscheidungen eine vereinfachte Abänderung im Rahmen der Vollstreckbarerklärung nur nach Maßgabe von § 323 ZPO in Betracht (§ 10 Abs. 2 Satz 2 AUG).[2]

135 Besonderheiten gelten für ausländische **Ex-parte-Entscheidungen**, also solchen, die ohne Anhörung des Schuldners vorläufig und vorbehaltlich der Bestätigung durch das ersuchte Gericht ergangen sind: Diese werden in Deutschland nicht anerkannt und für vollstreckbar erklärt; vielmehr wird ein ausländisches Gesuch, das sich auf eine solche Entscheidung stützt, gem. § 11 AUG als normales Rechtshilfegesuch – also wie im Falle eines untitulierten Anspruchs – iSv. § 7 AUG verstanden und entsprechend §§ 8 f. AUG behandelt (s. Rz. 168). Eine inhaltliche Bindung des deutschen Gerichts besteht dann nicht.[3]

136 Was die **Anerkennungshindernisse** angeht, verweist § 10 Abs. 1 Satz 2 AUG auf § 328 Abs. 1 Nr. 1–4 ZPO; dessen Nr. 5 spielt keine Rolle, weil die Verbürgung der Gegenseitigkeit Anwendungsvoraussetzung des AUG ist. Eine révision au fond ist ausgeschlossen (§ 10 Abs. 1 Satz 1 AUG, § 723 Abs. 1 ZPO).

137 Für das **Vollstreckbarerklärungsverfahren** eröffnet § 10 Abs. 1 Satz 1 AUG nur die ebenso schwerfällige wie kostenträchtige Vollstreckungsklage gem. §§ 722 Abs. 1, 723 Abs. 1 ZPO.[4] § 10 Abs. 3 AUG sieht eine Sonderregelung für die örtliche und sachliche Zuständigkeit vor. Funktionell zuständig ist nach allgemeinen Regeln das Familiengericht.[5] Schwierigkeiten bereitet die Relevanz von Vollstreckungsvereinbarungen.[6]

138 Nach Inkrafttreten des FamFG erweist sich der Verweis auf §§ 328, 722 f. ZPO als systemwidrig: Es bleibt unerfindlich, warum das FGG-RG keine Anpassung des AUG dahingehend vorgenommen hat, dass sich die Anerkennung und Vollstreckbarerklärung fortan nach §§ 108–110 (ohne § 109 Abs. 4 und § 110 Abs. 3 Satz 2) FamFG bestimmt.

§ 10 AUG

(1) Gerichtliche Unterhaltsentscheidungen aus Staaten, mit denen die Gegenseitigkeit gemäß § 1 verbürgt ist, werden entsprechend § 722 Abs. 1 und § 723 Abs. 1 der Zivilprozessordnung für vollstreckbar erklärt. Das Vollstreckungsurteil ist nicht zu erlassen, wenn die Anerkennung der ausländischen Entscheidung nach § 328 Abs. 1 Nr. 1 bis 4 der Zivilprozessordnung ausgeschlossen ist.

(2) Ist die ausländische Entscheidung für vollstreckbar zu erklären, so kann das Gericht auf Antrag einer Partei in dem Vollstreckungsurteil den in der ausländischen Entscheidung festge-

1 Ausführlich *Sich*, S. 73 ff.
2 Zu den strittigen Einzelheiten vgl. *Wicke*, FPR 2006, 240 (243 f.).
3 MüKo.ZPO/*Gottwald*, § 11 AUG Rz. 1.
4 Zur Natur des Verfahrens gem. § 722 ZPO (ordentlicher Zivilprozess, nicht Verfahren der Zwangsvollstreckung) und zum Streitgegenstand (nicht der dem ausländischen Titel zugrunde liegende Anspruch des Klägers, sondern die Herstellung der Vollstreckbarkeit der ausländischen Entscheidung im Inland durch rechtsgestaltendes Urt.) vgl. BGH v. 17.7.2008 – IX ZR 150/05, FamRZ 2008, 1749.
5 Ebenso MüKo.ZPO/*Gottwald*, § 10 AUG Rz. 2.
6 Vgl. OLG Celle v. 21.4.2004 – 15 UF 6/04, IPRspr 2004, 389.

setzten Unterhaltsbetrag hinsichtlich der Höhe und der Dauer der zu leistenden Zahlungen abändern. Ist die ausländische Entscheidung rechtskräftig, so ist eine Abänderung nur nach Maßgabe des § 323 der Zivilprozessordnung zulässig.

(3) Für die Klage auf Erlass des Vollstreckungsurteils ist ausschließlich das Amtsgericht zuständig, bei dem der Schuldner seinen allgemeinen Gerichtsstand hat und, beim Fehlen eines solchen im Inland, das Gericht, in dessen Bezirk sich Vermögen des Schuldners befindet.

§ 11 AUG

Eine ausländische Entscheidung, die ohne Anhörung des Schuldners, vorläufig und vorbehaltlich der Bestätigung durch das ersuchte Gericht ergangen ist, gilt als Gesuch im Sinne des § 7. Die §§ 8 und 9 sind entsprechend anzuwenden.

2. §§ 108–110 FamFG

Im Rechtsverkehr mit **Drittstaaten**, die weder der EU noch einem multilateralen Übereinkommen beigetreten sind, mit denen nicht die Gegenseitigkeit iSd. AUG verbürgt ist und mit denen auch kein bilaterales Abkommen geschlossen wurde, richtet sich die Anerkennung und Vollstreckbarerklärung ausländischer Entscheidungen in Unterhaltssachen nach §§ 108–110 (Einzelheiten s. dort). Das FamFG beharrt ausweislich §§ 109 Abs. 4 Nr. 1, 112 Nr. 1 darauf, dass die **Gegenseitigkeit** im Verhältnis zum Ursprungsstaat verbürgt sein muss;[1] diese rechtspolitisch ohnehin höchst fragwürdige und im Einzelfall kaum mit Gewissheit zu klärende Anerkennungsvoraussetzung erschwert die Arbeit der Exequaturgerichte und trifft gerade Unterhaltsgläubiger übermäßig hart.[2] 139

§§ 108–110 gelten auch, wenn der Anwendungsbereich eines an sich einschlägigen Instruments des Gemeinschafts- oder Konventionsrechts im maßgeblichen Zeitpunkt noch nicht eröffnet war.[3] Zudem kommt wegen des **Günstigkeitsprinzips** der Rückgriff auf §§ 108–110 in Betracht, wenn die Regeln des autonomen Rechts aus Sicht der die Anerkennung bzw. Vollstreckbarerklärung betreibenden Partei vorteilhafter sind als die gemeinschafts- oder konventionsrechtlichen Regeln (s. Rz. 81 ff.). Dies dürfte freilich allenfalls sehr selten der Fall sein:[4] zum einen, weil das Günstigkeitsprinzip im Verhältnis von Brüssel I-VO und den autonomen mitgliedstaatlichen Regeln gerade nicht gelten soll (s. Rz. 84). Zum anderen ist jedenfalls das autonome deutsche Recht ohnehin kaum einmal günstiger; vielmehr überwiegen meist dessen Nachteile. So setzt die Vollstreckbarerklärung gem. § 110 Abs. 3 Satz 2 die Rechtskraft der ausländischen Entscheidung voraus. Zudem erfassen §§ 108 ff. FamFG, entsprechend der bereits zu §§ 328, 722 f. ZPO vorherrschenden Ansicht,[5] weder (Prozess-)Vergleiche noch vollstreckbare Urkunden (s. § 110 Rz. 17).[6] 140

1 Länderberichte speziell zu Unterhaltssachen, die freilich nie mehr als erste Anhaltspunkte bieten können, etwa bei Rahm/Künkel/*Breuer*, VIII, Rz. 268.1 f.

2 Berechtigte Kritik etwa bei *Kropholler/Blobel*, FS Sonnenberger, S. 452 (463); *Schack*, Rz. 872 ff.; *Geimer*, Rz. 35a („Das Gegenseitigkeitsprinzip ... trifft immer den Falschen").

3 Vgl. etwa BGH v. 14.2.2007 – XII ZR 163/05, NJW-RR 2007, 722 = FamRBint 2007, 62 (*Finger*) (slowenische Altentscheidung).

4 Ebenso im Ergebnis etwa *Kropholler/Blobel*, FS Sonnenberger, S. 452 (477).

5 Statt vieler: Garbe/Ullrich/*Andrae*, § 12 Rz. 500; Eschenbruch/Klinkhammer/*Dörner*, Kap. 8 Rz. 122; MüKo.ZPO/*Gottwald*, § 328 Rz. 59 und § 722 Rz. 13; *Hohloch*, FPR 2006, 315 (321); Schuschke/Walker/*Jennissen*, § 722 Rz. 1; Göppinger/Wax/*Linke*, Rz. 3302; *Schack*, Rz. 816. Für Vollstreckbarerklärung, aber gegen Anerkennung hingegen Zöller/*Geimer*, § 328 Rz. 79. Noch weitergehend Rahm/Künkel/*Breuer*, VIII, Rz. 255.

6 Beachte aber BGH v. 14.2.2007 – XII ZR 163/05, NJW-RR 2007, 722 = FamRBint 2007, 62 (*Finger*): Vollstreckbarerklärung eines dynamisierten slowenischen Urt. samt der Benachrichtigung des slowenischen Zentrums für Sozialarbeit, wonach die festgelegten Unterhaltsbeträge

D. Ergänzung und Abänderung von Unterhaltstiteln

I. Inländische Unterhaltstitel

1. Ergänzung

141 a) Die Möglichkeit einer **Bezifferung dynamisierter deutscher Unterhaltstitel**, die im Ausland vollstreckt werden sollen, ergibt sich nunmehr – entsprechend dem bisherigen § 790 ZPO – aus § 245 FamFG (vgl. dort sowie unten Rz. 157).

142 b) Ist von vornherein zu erwarten, dass die deutsche Unterhaltsentscheidung im Ausland geltend gemacht werden muss, so bedarf die Entscheidung, abweichend von § 38 Abs. 4, einer Begründung (§ 38 Abs. 5 Nr. 4). Zeigt sich die Begründungsbedürftigkeit erst im Nachhinein, ergibt sich die Möglichkeit einer **nachträglichen Vervollständigung** aus § 38 Abs. 6 FamFG, § 30 AVAG. Entsprechendes gilt für einstweilige Anordnungen (§§ 51 Abs. 2 Satz 1, 38 Abs. 6 FamFG).

143 c) Zur Bestätigung inländischer Titel als **Europäische Vollstreckungstitel** s. Rz. 156 ff.

2. Abänderung

144 Es besteht **keine Annexkompetenz** deutscher Gerichte zur Abänderung eines im Inland erwirkten Vollstreckungstitels, und zwar weder im Anwendungsbereich der Brüssel I-VO[1] bzw. des LugÜ[2] noch nach autonomem deutschen Recht.[3] Vielmehr sind auf das Abänderungsverfahren die oben Rz. 1 ff. erörterten Zuständigkeitsregeln anzuwenden, und anhand dessen ist die **Zuständigkeit neu zu bestimmen**; Art. 22 Nr. 5 Brüssel I-VO ist nicht einschlägig.[4] Das Fehlen einer Annexkompetenz ist de lege lata hinzunehmen, wenngleich rechtspolitisch zu bedauern.[5] Eine Zuständigkeit des titulierenden Gerichts für Abänderungsverfahren lässt sich allerdings durch den Abschluss einer dahingehenden Gerichtsstandsvereinbarung im Titulierungsverfahren sichern.[6]

145 Hat der Beklagte, anders als noch im Zeitpunkt des Titulierungsverfahrens, seinen Wohnsitz nicht mehr in einem Brüssel I- bzw. LugÜ-Staat, so ist auf die Abänderung das autonome deutsche Zuständigkeitsrecht anzuwenden; verlegt er seinen Wohnsitz nach der Titulierung in einen solchen Staat, sind nunmehr die Brüssel I- bzw. LugÜ-Regeln heranzuziehen.

146 Da die besonderen Zuständigkeitsgründe in Unterhaltssachen nach zutreffender Auffassung unabhängig von der **Parteirolle** eingreifen (s. Rz. 25), darf sich auch der Unterhaltsverpflichtete darauf berufen. Demnach kann er ein Abänderungsverfahren in Deutschland einleiten, wenn sich der Unterhaltsberechtigte hier gewöhnlich aufhält

---

entsprechend der Wandlung der Lebenshaltungskosten und der persönlichen Einkommen angepasst werden.

1 MüKo.ZPO/*Gottwald*, Art. 5 EuGVO Rz. 51; *Kropholler*, EuZPR, Art. 5 EuGVO Rz. 66 ff.; Rauscher/*Leible*, Art. 5 Brüssel I-VO Rz. 68. Aus der Rspr.: OLG Jena v. 20.5.1999 – 1 WF 241/98, FamRZ 2000, 681; OLG Nürnberg v. 11.1.2005 – 7 WF 3827/04, NJW 2005, 1054.

2 Dasser/Oberhammer/*Oberhammer*, Art. 5 LugÜ Rz. 122.

3 Ebenso etwa Staudinger/*Kropholler*, Anh. III zu Art. 18 EGBGB Rz. 8; Göppinger/Wax/*Linke*, Rz. 3225 f.; *Schack*, Rz. 346 (in extremen Ausnahmefällen sei dem Abänderungsinteressenten mit einer Notzuständigkeit zu helfen). Anders aber *Geimer*, Rz. 956, 1572.

4 Klarstellend BGH v. 14.3.2007 – XII ZB 174/04, BGHZ 171, 310 = NJW 2007, 3433.

5 Vgl. zur örtlichen Zuständigkeit etwa *Hau*, ZZP 119 (2006), 113 (118).

6 Näher *Riegner*, FamRZ 2005, 1799 (1800).

(Art. 5 Nr. 2 Var. 2 Brüssel I-VO) oder auch, im Falle eines drittstaatenansässigen Unterhaltsberechtigten, wenn er sich selbst hier gewöhnlich aufhält (§§ 105, 232 Abs. 3 Satz 2 Nr. 3 FamFG).[1]

Ist die internationale Zuständigkeit deutscher Gerichte für das Abänderungsverfahren gegeben, so sind die **verfahrensrechtlichen Voraussetzungen** (wie Abänderungszeitpunkt und -schwelle) anhand der deutschen lex fori (§§ 238 ff.) zu beurteilen,[2] nicht etwa nach Maßgabe der womöglich ausländischen lex causae. 147

Es ist völkerrechtlich unbedenklich, dass im Inland erwirkte Vollstreckungstitel durch ausländische Gerichte abgeändert werden.[3] Unterstützung für die Durchführung eines **ausländischen Abänderungsverfahrens** kann der inlandsansässige Abänderungsinteressent (sei es der Unterhaltsberechtigte, sei es der -verpflichtete[4]) gem. Art. 8 UNUntÜ erhalten (Text: Rz. 166). Wird ein deutscher Titel im Ausland abgeändert, so kann die Abänderungsentscheidung nach Maßgabe der allgemeinen Regeln im Inland anerkannt und – soweit erforderlich – für vollstreckbar erklärt werden (ausdrücklich: Art. 8 HUntVÜ 1958, Art. 2 Abs. 2 HUntVÜ 1973).[5] 148

II. Ausländische Unterhaltstitel

1. Ergänzung

Ausländische Vollstreckungstitel, die einen **unbestimmten Inhalt** haben oder von einer Bedingung mit unbestimmtem Inhalt abhängen, können im Inland nicht ohne weiteres für vollstreckbar erklärt bzw. – soweit ein Exequaturverfahren entbehrlich ist – vollstreckt werden. Begründet wird dies entweder unter Berufung auf den deutschen ordre public[6] oder auf ein ungeschriebenes, auch im Anwendungsbereich des Gemeinschafts- und Konventionsrechts beachtliches Vollstreckungserfordernis.[7] Unbestimmte (namentlich indexierte) ausländische Titel können allerdings im Inland noch nachträglich konkretisiert werden, sofern sich die Kriterien, nach denen sich die titulierte Leistungspflicht bestimmt, entweder aus den dieser zugrunde liegenden ausländischen Vorschriften ergibt oder aus im Inland zugänglichen und sicher feststellbaren Umständen (wie Lebenshaltungsindices oder Diskontsätzen ausländischer Notenbanken).[8] Unter 149

1 Vgl. zu § 23a ZPO nur BGH v. 1.4.1987 – IVb ZR 41/86, NJW-RR 1987, 1474; Staudinger/*Kropholler*, Anh. III zu Art. 18 EGBGB Rz. 3.

2 Statt vieler: *Streicher/Köblitz*, § 4 Rz. 102.

3 *Hohloch*, DEuFamR 2000, 193 (196); *Schack*, Rz. 1004.

4 Ebenso Staudinger/*Kropholler*, Anh. III zu Art. 18 EGBGB Rz. 267; MüKo.ZPO/*Gottwald*, Art. 8 UNUÜ Rz. 1. AA *Katsanou*, FPR 2006, 255 (257).

5 *Schack*, Rz. 1005; näher Zöller/*Geimer*, § 722 Rz. 15 sowie zu den HUntVÜ-Regeln Staudinger/*Kropholler*, Anh. III zu Art. 18 EGBGB Rz. 111 ff. und 152 f.

6 Deutlich etwa OLG Karlsruhe v. 8.1.2002 – 9 W 51/01, FamRZ 2002, 1420.

7 So *Wagner*, FS Sonnenberger, S. 727 (736 f.).

8 Grundlegend BGH v. 6.11.1985 – IVb ZR 73/84, FamRZ 1986, 45; seither etwa OLG Düsseldorf v. 23.11.2007 – I-3 W 125/07, 3 W 125/07, FamRZ 2008, 904 (französische Wertsicherungsklausel). Nach Lage der Dinge wurde die Konkretisierungsmöglichkeit noch bejaht von OLG Zweibrücken v. 10.3.2005 – 5 WF 36/05, OLGReport 2005, 534, dazu *Block*, FamRBint 2005, 76 (Verurteilung zur Zahlung von 25 % des monatlichen Nettoeinkommens). – Verneint wurde sie hingegen von AG Wiesbaden v. 2.5.2005 – 536 F 147/04, FamRZ 2006, 562 (Verurteilung zur Zahlung eines Viertels der „Gesamteinkünfte"); OLG Karlsruhe v. 8.1.2002 – 9 W 51/01, FamRZ 2002, 1420 (Schweizer Urt. über Unterhalt abhängig von „ernsthaftem zielstrebigen Studium").

ebendiesen Voraussetzungen lässt sich auch noch die Bezeichnung der Parteien nachträglich konkretisieren.[1]

150 Die gebotene Konkretisierung hat grundsätzlich im **Exequaturverfahren** zu erfolgen, ist also nicht etwa erst den deutschen Vollstreckungsorganen zu überantworten.[2] Letzteres mag allenfalls in Betracht kommen, wenn es allein darum geht, einfache Fremdwährungsverbindlichkeiten in inländische Währung umzurechnen.[3]

2. Abänderung

151 Nach heute wohl einhelliger Auffassung bestehen im Grundsatz **keine völkerrechtlichen Bedenken** dagegen, dass inländische Gerichte im Ausland erwirkte Vollstreckungstitel abändern.[4] Davon zu unterscheiden ist die – bislang ungeklärte – Frage, ob es speziell mit der EuVTVO vereinbar ist, auch Titel, die im EU-Ausland als **Europäische Vollstreckungstitel** bestätigt wurden, im Inland abzuändern.[5]

152 Die **internationale Zuständigkeit** deutscher Gerichte für das Abänderungsverfahren ist nach Maßgabe der allgemeinen Regeln zu bestimmen (s. Rz. 1 ff.; vgl. auch Rz. 144 ff. zur Abänderung inländischer Titel). Ist die internationale Zuständigkeit deutscher Gerichte gegeben, so unterstehen das Abänderungsverfahren sowie die verfahrensrechtlichen Abänderungsvoraussetzungen (wie Abänderungszeitpunkt und -schwelle) der deutschen lex fori (§§ 238 ff.).[6] Unerheblich ist, ob auch die lex fori des ausländischen Titulierungsstaats die Abänderung zulässt.[7] Unterstützung für die Durchführung des Abänderungsverfahrens kann der auslandsansässige Abänderungsinteressent (sei es der Unterhaltsberechtigte, sei es der -verpflichtete) gem. Art. 8 UNUntÜ erhalten (s. Rz. 166).

153 Abänderbar sind im Inland nur solche ausländischen Vollstreckungstitel, die hier überhaupt **anerkennungsfähig** sind. Diese Frage ist anhand der jeweils einschlägigen Anerkennungsregeln (Rz. 77 ff.), und zwar grundsätzlich inzident im Abänderungsverfahren zu klären.[8] Zu der auch hierbei relevanten Frage, inwieweit der ausländische Ausspruch zum Unterhaltsanspruch dem Anerkennungsmonopol der Landesjustizverwaltung unterliegt,[9] s. Rz. 86 ff. Abänderbar sind aber auch im Ausland geschlossene **(Prozess-)Vergleiche** und errichtete **Urkunden**, sofern sie in Deutschland für vollstreckbar erklärt werden können (namentlich also im Anwendungsbereich der Brüssel I-VO, nicht hingegen im Anwendungsbereich des autonomen deutschen Rechts; s. Rz. 140).[10]

---

1 OLG Hamburg v. 18.6.1993 – 6 W 21/93, 6 W 57/92, RIW 1994, 424.

2 Wie hier etwa *Schack*, Rz. 939; anders Bamberger/Roth/*Heiderhoff*, Art. 18 EGBGB Rz. 89.

3 *Geimer/Schütze*, Art. 38 EuGVVO Rz. 14 ff.; Rauscher/*Mankowski*, Art. 38 Brüssel I-VO Rz. 27a.

4 S. etwa BGH v. 1.6.1983 – IVb ZR 386/81, NJW 1983, 1976; OLG Köln v. 20.7.2004 – 25 UF 24/04, NJW-RR 2005, 876; *Hohloch*, DEuFamR 2000, 193 (196); *Schack*, Rz. 1004.

5 Ohne Problembewusstsein *Strasser*, FPR 2007, 451 (454): „selbstverständlich".

6 Sehr streitig ist, welches Recht die sachrechtlichen Voraussetzungen (Maßstäbe der Änderung und neuer Inhalt) beherrscht; dazu etwa Bamberger/Roth/*Heiderhoff*, Art. 18 EGBGB Rz. 92; *Hohloch*, DEuFamR 2000, 193 (198 ff.); *Streicher/Köblitz*, § 4 Rz. 97 ff.

7 Wie hier etwa Bamberger/Roth/*Heiderhoff*, Art. 18 EGBGB Rz. 91; *Schack*, Rz. 1009. Offen gelassen von BGH v. 1.6.1983 – IVb ZR 386/81, NJW 1983, 1976; OLG Köln v. 20.7.2004 – 25 UF 24/04, NJW-RR 2005, 876. Für praktisch irrelevant hält die Frage etwa *Henrich*, Rz. 243.

8 Staudinger/*Kropholler*, Anh. III zu Art. 18 EGBGB Rz. 9.

9 Vgl. dazu im Hinblick auf Abänderungsverfahren – jeweils noch zu Art. 7 § 1 FamRÄndG – etwa *Streicher/Köblitz*, § 4 Rz. 96; *Hohloch*, DEuFamR 2000, 193 (195).

10 Wie hier Garbe/Ullrich/*Andrae*, § 12 Rz. 313; Eschenbruch/Klinkhammer/*Dörner*, Kap. 8 Rz. 123; Göppinger/Wax/*Linke*, Rz. 3305. AA Wendl/Staudigl/*Dose*, § 9 Rz. 257.

Beteiligte des Abänderungsverfahrens sind grundsätzlich diejenigen des Titulierungsverfahrens. Besonderheiten können sich ergeben, wenn den abzuändernden Vollstreckungstitel ein Elternteil im Wege gesetzlicher Prozessstandschaft für das Kind erstritten hat, das nunmehr selbständig am Abänderungsverfahren teilnimmt.[1] 154

Sachliche Einwendungen gegen einen titulierten Unterhaltsanspruch, die im Wege einer Abänderungsklage geltend zu machen wären, können der Vollstreckbarerklärung (namentlich gem. Art. 43 Brüssel I-VO oder widerklagend) nicht entgegengehalten werden; denn dies liefe zum einen auf eine nicht statthafte révision au fond durch den Exequaturrichter hinaus und zum anderen dem Erfordernis internationaler Zuständigkeit für die Abänderungsentscheidung entgegen.[2] Besonderheiten gelten aber für nicht rechtskräftige Entscheidungen ausländischer Gerichte, die in den Anwendungsbereich von § 10 Abs. 2 Satz 1 AUG fallen (Text: Rz. 138).[3] 155

E. Verfolgung von Unterhaltsansprüchen im Ausland

I. Im Inland titulierte Ansprüche

1. Bestätigung als Europäische Vollstreckungstitel

Soll der im Inland erwirkte Vollstreckungstitel im EU-Ausland – mit Ausnahme Dänemarks (vgl. Art. 2 Abs. 3 EuVTVO) – vollstreckt werden, so bietet sich eine Bestätigung als Europäischer Vollstreckungstitel (EuVT) nach Maßgabe der **EuVTVO** an. Dies kommt auch für Unterhaltsansprüche (vgl. Art. 2 EuVTVO) in Betracht und erweist sich als vorteilhaft, weil ein Exequaturverfahren im Vollstreckungsstaat entbehrlich wird (näher Rz. 99 ff.). 156

Der Bestätigung als EuVT zugänglich sind nach deutschem Recht vollstreckungsfähige Entscheidungen (Art. 4 Nr. 1 EuVTVO; einschließlich Kostenfestsetzungsbeschlüssen und Vollstreckungsbescheiden), gerichtliche Vergleiche und öffentliche Urkunden (Art. 4 Nr. 3 EuVTVO; einschließlich notarieller Urkunden und Anwaltsvergleiche, beachte auch § 60 SGB VIII). Der Titel muss sich auf eine **bestimmte Geldforderung** beziehen (Art. 4 Nr. 2 EuVTVO). In diesem Zusammenhang ist von Bedeutung, dass **dynamisierte deutsche Unterhaltstitel**, die im Ausland vollstreckt werden sollen, gem. § 245 FamFG beziffert werden können, was die Bestätigung als EuVT ermöglicht. 157

Die titulierte Forderung muss zudem **unbestritten** iSv. Art. 3 Abs. 1 Satz 2 EuVTVO sein. Dies ist der Fall, wenn der Schuldner der Forderung im gerichtlichen Verfahren ausdrücklich durch Anerkenntnis oder im Wege des Vergleichsschlusses zugestimmt hat, wenn er ihr im gerichtlichen Verfahren zu keiner Zeit widersprochen hat (Vollstreckungsbescheid), wenn gegen ihn ein Versäumnisurteil ergangen ist oder wenn er die Forderung ausdrücklich in einer öffentlichen Urkunde anerkannt hat. Der missverständliche Art. 3 Abs. 2 EuVTVO erstreckt den Anwendungsbereich auf „nicht 158

1 Zu solchen Fällen BGH v. 29.4.1992 – XII ZR 40/91, NJW-RR 1993, 5; *Hohloch*, DEuFamR 2000, 193 (205); *Streicher/Köblitz*, § 4 Rz. 94 mwN.

2 Näher BGH v. 14.3.2007 – XII ZB 174/04, BGHZ 171, 310 = NJW 2007, 3433 mwN; ebenso schon BGH v. 31.1.1990 – XII ZR 38/89, FamRZ 1990, 504; OLG Düsseldorf v. 6.3.2002 – 3 W 276/01, FamRZ 2002, 1422. Zustimmend etwa MüKo.ZPO/*Gottwald*, Art. 43 EuGVO Rz. 8; *Hohloch*, DEuFamR 2000, 193 (205 f.); *Kropholler*, EuZPR, Art. 43 EuGVO Rz. 28; Göppinger/Wax/*Linke*, Rz. 3305. AA Zöller/*Geimer*, § 722 Rz. 107 f.

3 Richtig Göppinger/Wax/*Linke*, Rz. 3305; ausführlich *Sich*, S. 99 ff.

mehr unbestrittene Forderungen", wenn bereits zuvor eine Bestätigung als EuVT erfolgt war.

159 Die Bestätigung setzt einen Antrag des Gläubigers voraus, der nicht fristgebunden ist (zu Alttiteln vgl. Art. 26, 33 EuVTVO) und bereits zu Beginn des Titulierungsverfahrens gestellt werden kann. Die weiteren Bestätigungsvoraussetzungen sowie das **Bestätigungsverfahren** bestimmen sich für gerichtliche Entscheidungen nach Art. 6 ff. EuVTVO, für gerichtliche Vergleiche und öffentliche Urkunden nach Art. 24 f. EuVTVO (Ausführungsbestimmungen: § 113 Abs. 1 Satz 2 FamFG, §§ 1079–1081 ZPO).

2. Sonstiges Gemeinschafts- und Konventionsrecht

160 Die Vollstreckbarerklärung sonstiger deutscher Titel im EU-Ausland sowie in den Staaten, die sich völkerrechtlich – sei es multi- oder bilateral – zur Vollstreckung deutscher Unterhaltstitel verpflichtet haben, erfolgt spiegelbildlich nach den oben Rz. 99 ff. dargestellten Regeln des Gemeinschafts- oder Konventionsrechts.[1]

161 Art. 5 UNUntÜ schreibt den Vertragsstaaten nicht die Anerkennung und Vollstreckbarerklärung deutscher Titel vor, sichert dem Unterhaltsberechtigten aber Rechtshilfe bei der Vollstreckbarerklärung und Vollstreckung im Ausland (zur Bedeutung des UNUntÜ für die Durchsetzung untitulierter Ansprüche s. Rz. 164 ff.). Dies gilt allerdings nur für „gerichtliche Titel", also nicht etwa für vollstreckbare Urkunden.[2]

3. AUG

162 Die Durchsetzung im Inland bereits erwirkter Titel in den **USA, Kanada und Südafrika** erleichtert § 6 AUG, wonach das Bundesamt für Justiz Gesuche auf Registrierung im Vollstreckungsstaat an die dort zuständigen Stellen weiterleitet. Erfasst werden nach dem Normtext zwar nur gerichtliche Entscheidungen oder sonstige gerichtliche Schuldtitel, doch zumindest in den USA werden auch Jugendamtsurkunden und vollstreckbare Urkunden registriert.[3] Für das Verfahren nach § 6 AUG gilt Entsprechendes wie für sonstige ausgehende Ersuchen nach dem AUG betreffend untitulierte Ansprüche (s. Rz. 167 f.).[4]

II. Untitulierte Ansprüche

1. Überblick

163 Inlandsansässige Unterhaltsberechtigte, die mangels inländischen Schuldnervermögens von vornherein vom Versuch einer Titulierung im Inland absehen und stattdessen versuchen, ihre Ansprüche im Ausland durchzusetzen, stehen vor erheblichen praktischen Problemen (nicht selten bereits beginnend mit der Ermittlung der Adresse des Verpflichteten[5]) und sind regelmäßig auf **Rechtshilfe** angewiesen. Diese bieten derzeit zum einen das UNUntÜ (Rz. 164), zum anderen das AUG (Rz. 167). Unterstützung deutscher Jugendämter bei der Durchsetzung übergeleiteter Unterhaltsansprüche

1 Vgl. etwa die knappe Übersicht zu Italien, Spanien, Frankreich, Belgien, Österreich, Großbritannien, Irland, Polen, Schweiz und Türkei bei *Hohloch*, FPR 2006, 244 (246 ff.).
2 Unzutreffend Rahm/Künkel/*Breuer*, VIII, Rz. 225.
3 *Wicke*, FPR 2006, 240 (242).
4 Einzelheiten bei *Sich*, S. 32 ff.; *Wicke*, FPR 2006, 240 (242).
5 Vgl. zu Suchstrategien in solchen Fällen *Lohse*, ZKJ 2007, 142 f.

im Ausland gewährt das Deutsche Institut für Jugendhilfe und Familienrecht, eine nichtstaatliche Organisation mit Sitz in Heidelberg.[1] Allgemeine sowie länderspezifische Informationen zum internationalen Rechtsverkehr sind beispielsweise im Europäischen Gerichtsatlas für Zivilsachen[2] sowie im online-Angebot des Justizministeriums NRW[3] zugänglich.

2. UNUntÜ

Das New Yorker UN-Übereinkommen v. 20.6.1956 über die Geltendmachung von Unterhaltsansprüchen[4] (UNUntÜ[5]) gilt derzeit für 66 Vertragsstaaten.[6] Verbindlich sind die chinesische, englische, französische, russische und spanische Fassung (Art. 21 UNUntÜ). In der Praxis wird das Verfahren nach dem UNUntÜ als eher schwerfällig und ineffizient beschrieben.[7] Abhilfe versprechen künftig für den innereuropäischen Rechtsverkehr die EuUntVO sowie darüber hinaus das HUntVÜ 2007 (s. Rz. 172 ff.). 164

Das UNUntÜ soll die Geltendmachung und internationale Durchsetzung von gesetzlichen[8] Unterhaltsansprüchen erleichtern. Günstigere nationale oder internationale Regelungen werden nicht verdrängt (Art. 1 Abs. 2 UNUntÜ). Unterstützt werden Personen, die sich im Hoheitsgebiet eines Vertragsstaats befinden (Art. 1 Abs. 1 UNUntÜ). Maßgeblich ist grundsätzlich der gewöhnliche Aufenthalt; die Staatsangehörigkeit ist irrelevant. Ob das UNUntÜ auch Regressgläubigern zugute kommt, wird unterschiedlich gehandhabt;[9] ein Umkehrschluss aus Art. 1 Abs. 5 des (nie in Kraft getretenen) Römischen EG-Übereinkommens v. 6.11.1990 über die Vereinfachung der Verfahren zur Geltendmachung von Unterhaltsansprüchen[10] spricht gegen eine solche Erweiterung. Der Verfahrensgegner muss sich nicht gewöhnlich in einem Vertragsstaat aufhalten; denn Art. 1 Abs. 1 Satz 1 UNUntÜ lässt es eben genügen, dass er der „Gerichtsbarkeit einer anderen Vertragspartei untersteht", was beispielsweise auch der Fall ist, wenn er dort (entsprechend § 23 Satz 1 Var. 1 ZPO) kraft Vermögensbelegenheit gerichtspflichtig ist.[11] 165

Die Aufgaben der Übermittlungs- und Empfangsstelle nach dem UNUntÜ übernimmt in Deutschland nunmehr das Bundesamt für Justiz.[12] Der Berechtigte kann sein Ersuchen, mit dem ein Anspruch auf Gewährung von Unterhalt in dem Gebiet einer anderen Vertragspartei geltend gemacht werden soll, bei dem Amtsgericht einreichen, in 166

1 Dazu *Faetan/Schmidt*, FPR 2006, 258. Kontaktdaten unter www.dijuf.de.
2 Unter http://ec.europa.eu/justice_home/judicialatlascivil/html/index_de.htm.
3 Unter www.datenbanken.justiz.nrw.de (dann „Internationaler Rechtsverkehr in Zivilsachen").
4 BGBl. II 1959, 150. AusfG v. 26.2.1959 (BGBl. II 1959, 149) idF v. 4.3.1971 (BGBl. II 1971, 105).
5 Weitere gängige Abkürzungen: UhAnsprAuslÜbk., aber auch – völlig konturlos – UNUÜ oder UNÜ.
6 Aktuelle Übersicht in BGBl. II 2008, Fundstellennachw. 407, sowie unter www.bundesjustizamt.de (dort unter „Auslandsunterhalt").
7 Vgl. etwa *Katsanou*, FPR 2006, 255 (255 f., 258). Beachte aber auch EuGMR v. 2.3.2006 – 49935/99, BeckRS 2008, 06628 (trotz langer Verfahrensdauer nach Lage der Dinge kein Verstoß gegen Art. 6 EMRK).
8 Staudinger/*Kropholler*, Anh. III zu Art. 18 EGBGB Rz. 235; *Katsanou*, FPR 2006, 255 (256).
9 Dazu *Harten/Jäger-Maillet*, JAmt 2008, 413 (414); *Katsanou*, FPR 2006, 255 (256). Verneinend OLG Stuttgart v. 29.10.2003 – 19 VA 6/03, FamRZ 2004, 894.
10 Text und Einführung bei Staudinger/*Kropholler*, Anh. III zu Art. 18 EGBGB Rz. 278 ff.
11 Rahm/Künkel/*Breuer*, VIII, Rz. 223.
12 BGBl. II 2008, 278. Kontaktdaten unter www.bundesjustizamt.de. Bislang waren Übermittlungsstellen die von den Regierungen der Bundesländer bestimmten Stellen, Empfangsstelle war das Bundesverwaltungsamt.

dessen Bezirk er seinen gewöhnlichen Aufenthalt hat (Art. 3 Abs. 1 Satz 1 AusfG zum UNUntÜ). Gebühren werden dafür nicht erhoben (Art. 3 Abs. 2 AusfG zum UNUntÜ). Für die Entgegennahme von Ersuchen ist der Rechtspfleger zuständig (§ 29 RPflG).

New Yorker UN-Übereinkommen über die Geltendmachung von Unterhaltsansprüchen im Ausland vom 20.6.1956[1]

Art. 1
Gegenstand des Übereinkommens

(1) Dieses Übereinkommen hat den Zweck, die Geltendmachung eines Unterhaltsanspruches zu erleichtern, den eine Person (im Folgenden als Berechtigter bezeichnet), die sich im Hoheitsgebiet einer Vertragspartei befindet, gegen eine andere Person (im Folgenden als Verpflichteter bezeichnet), die der Gerichtsbarkeit einer anderen Vertragspartei untersteht, erheben zu können glaubt. Dieser Zweck wird mit Hilfe von Stellen verwirklicht, die im Folgenden als Übermittlungs- und Empfangsstellen bezeichnet werden.

(2) Die in diesem Übereinkommen vorgesehenen Möglichkeiten des Rechtsschutzes treten zu den Möglichkeiten, die nach nationalem oder internationalem Recht bestehen, hinzu; sie treten nicht an deren Stelle.

Art. 2
Bestimmung der Stellen

(1) Jede Vertragspartei bestimmt in dem Zeitpunkt, an dem sie ihre Ratifikations- oder Beitrittsurkunde hinterlegt, eine oder mehrere Gerichts- oder Verwaltungsbehörden, die in ihrem Hoheitsgebiet als Übermittlungsstellen tätig werden.

(2) Jede Vertragspartei bestimmt in dem Zeitpunkt, an dem sie ihre Ratifikations- oder Beitrittsurkunde hinterlegt, eine öffentliche oder private Stelle, die in ihrem Hoheitsgebiet als Empfangsstelle tätig wird.

(3) Jede Vertragspartei unterrichtet den Generalsekretär der Vereinten Nationen unverzüglich über die Bestimmungen, die sie gemäß den Absätzen 1 und 2 getroffen hat, und über die Änderungen, die nachträglich in dieser Hinsicht eintreten.

(4) Die Übermittlungs- und Empfangsstellen dürfen mit den Übermittlungs- und Empfangsstellen anderer Vertragsparteien unmittelbar verkehren.

Art. 3
Einreichung von Gesuchen bei der Übermittlungsstelle

(1) Befindet sich ein Berechtigter in dem Hoheitsgebiet einer Vertragspartei (im Folgenden als Staat des Berechtigten bezeichnet) und untersteht der Verpflichtete der Gerichtsbarkeit einer anderen Vertragspartei (im Folgenden als Staat des Verpflichteten bezeichnet), so kann der Berechtigte bei einer Übermittlungsstelle des Staates, in dem er sich befindet, ein Gesuch einreichen, mit dem er den Anspruch auf Gewährung des Unterhalts gegen den Verpflichteten geltend macht.

(2) Jede Vertragspartei teilt dem Generalsekretär mit, welche Beweise nach dem Recht des Staates der Empfangsstelle für den Nachweis von Unterhaltsansprüchen in der Regel erforderlich sind, wie diese Beweise beigebracht und welche anderen Erfordernisse nach diesem Recht erfüllt werden müssen.

(3) Dem Gesuch sind alle erheblichen Urkunden beizufügen einschließlich einer etwa erforderlichen Vollmacht, welche die Empfangsstelle ermächtigt, in Vertretung des Berechtigten tätig zu werden oder eine andere Person hierfür zu bestellen. Ferner ist ein Lichtbild des Berechtigten und, falls verfügbar, auch ein Lichtbild des Verpflichteten beizufügen.

(4) Die Übermittlungsstelle übernimmt alle geeigneten Schritte, um sicherzustellen, dass die Erfordernisse des in dem Staate der Empfangsstelle geltenden Rechts erfüllt werden; das Gesuch muss unter Berücksichtigung dieses Rechts mindestens Folgendes enthalten:

a) den Namen und die Vornamen, die Anschrift, das Geburtsdatum, die Staatsangehörigkeit und den Beruf oder die Beschäftigung des Berechtigten sowie gegebenenfalls den Namen und die Anschrift seines gesetzlichen Vertreters;

1 BGBl. II 1959, 150.

b) den Namen und die Vornamen des Verpflichteten; ferner, soweit der Berechtigte hiervon Kenntnis hat, die Anschriften des Verpflichteten in den letzten fünf Jahren, sein Geburtsdatum, seine Staatsangehörigkeit und seinen Beruf oder seine Beschäftigung;

c) nähere Angaben über die Gründe, auf die der Anspruch gestützt wird, und über Art und Höhe des geforderten Unterhalts und sonstige erhebliche Angaben, wie zum Beispiel über die finanziellen und familiären Verhältnisse des Berechtigten und des Verpflichteten.

Art. 4
Übersendung der Vorgänge

(1) Die Übermittlungsstelle übersendet die Vorgänge der Empfangsstelle des Staates des Verpflichteten, es sei denn, dass sie zu der Überzeugung gelangt, das Gesuch sei mutwillig gestellt.

(2) Bevor die Übermittlungsstelle die Vorgänge übersendet, überzeugt sie sich davon, dass die Schriftstücke in der Form dem Recht des Staates des Berechtigten entsprechen.

(3) Die Übermittlungsstelle kann für die Empfangsstelle eine Äußerung darüber beifügen, ob sie den Anspruch sachlich für begründet hält; sie kann auch empfehlen, dem Berechtigten das Armenrecht und die Befreiung von Kosten zu gewähren.

Art. 5
Übersendung von Urteilen und anderen gerichtlichen Titeln

(1) Die Übermittlungsstelle übersendet gemäß Artikel 4 auf Antrag des Berechtigten endgültige oder vorläufige Entscheidungen und andere gerichtliche Titel, die der Berechtigte bei einem zuständigen Gericht einer Vertragspartei wegen der Leistung von Unterhalt erwirkt hat, und, falls notwendig und möglich, die Akten des Verfahrens, in dem die Entscheidung ergangen ist.

(2) Die in Absatz 1 erwähnten Entscheidungen und gerichtlichen Titel können an Stelle oder in Ergänzung der in Artikel 3 genannten Urkunden übersandt werden.

(3) Die in Artikel 6 vorgesehenen Verfahren können entsprechend dem Recht des Staates des Verpflichteten entweder Verfahren zum Zwecke der Vollstreckbarerklärung (Exequatur oder Registrierung) oder eine Klage umfassen, die auf einen gemäß Absatz 1 übersandten Titel gestützt wird.

Art. 6
Aufgaben der Empfangsstelle

(1) Die Empfangsstelle unternimmt im Rahmen der ihr von dem Berechtigten erteilten Ermächtigung und in seiner Vertretung alle geeigneten Schritte, um die Leistung von Unterhalt herbeizuführen; dazu gehört insbesondere eine Regelung des Anspruchs im Wege des Vergleichs und, falls erforderlich, die Erhebung und Verfolgung einer Unterhaltsklage sowie die Vollstreckung einer Entscheidung oder eines anderen gerichtlichen Titels auf Zahlung von Unterhalt.

(2) Die Empfangsstelle unterrichtet laufend die Übermittlungsstelle. Kann sie nicht tätig werden, so teilt sie der Übermittlungsstelle die Gründe hierfür mit und sendet die Vorgänge zurück.

(3) Ungeachtet der Vorschriften dieses Übereinkommens ist bei der Entscheidung aller Fragen, die sich bei einer Klage oder in einem Verfahren wegen Gewährung von Unterhalt ergeben, das Recht des Staates des Verpflichteten einschließlich des internationalen Privatrechts dieses Staates anzuwenden.

Art. 7
Rechtshilfeersuchen

Kann nach dem Recht der beiden in Betracht kommenden Vertragsparteien um Rechtshilfe ersucht werden, so gilt Folgendes:

a) Ein Gericht, bei dem eine Unterhaltsklage anhängig ist, kann Ersuchen um Erhebung weiterer Beweise, sei es durch Urkunden oder durch andere Beweismittel, entweder an das zuständige Gericht der anderen Vertragspartei oder an jede andere Behörde oder Stelle richten, welche die andere Vertragspartei, in deren Hoheitsgebiet das Ersuchen erledigt werden soll, bestimmt hat.

b) Um den Parteien die Anwesenheit oder Vertretung in dem Beweistermin zu ermöglichen, teilt die ersuchte Behörde der beteiligten Empfangs- und Übermittlungsstelle sowie dem Verpflichteten den Zeitpunkt und den Ort der Durchführung des Rechtshilfeersuchens mit.

c) Rechtshilfeersuchen werden mit möglichster Beschleunigung erledigt; ist ein Ersuchen nicht innerhalb von vier Monaten nach Eingang bei der ersuchten Behörde erledigt, so werden der ersuchenden Behörde die Gründe für die Nichterledigung oder Verzögerung mitgeteilt.

d) Für die Erledigung von Rechtshilfeersuchen werden Gebühren oder Kosten irgendwelcher Art nicht erstattet.

e) Die Erledigung eines Rechtshilfeersuchens darf nur abgelehnt werden:

1. wenn die Echtheit des Ersuchens nicht feststeht;

2. wenn die Vertragspartei, in deren Hoheitsgebiet das Ersuchen erledigt werden soll, dessen Ausführung für geeignet hält, ihre Hoheitsrechte oder ihre Sicherheit zu gefährden.

Art. 8
Änderung von Entscheidungen

Dieses Übereinkommen gilt auch für Gesuche, mit denen eine Änderung von Unterhaltsentscheidungen begehrt wird.

Art. 9
Befreiungen und Erleichterungen

(1) In Verfahren, die auf Grund dieses Übereinkommens durchgeführt werden, genießen die Berechtigten die gleiche Behandlung und dieselben Befreiungen von der Zahlung von Gebühren und Auslagen wie die Bewohner oder Staatsangehörigen des Staates, in dem das Verfahren anhängig ist.

(2) Die Berechtigten sind nicht verpflichtet, wegen ihrer Eigenschaft als Ausländer oder wegen Fehlens eines inländischen Aufenthalts als Sicherheit für die Prozesskosten oder andere Zwecke eine Garantieerklärung beizubringen oder Zahlungen oder Hinterlegungen vorzunehmen.

(3) Die Übermittlungs- und Empfangsstellen erheben für ihre Tätigkeit, die sie auf Grund dieses Übereinkommens leisten, keine Gebühren.

Art. 10
Überweisung von Geldbeträgen

Bestehen nach dem Recht einer Vertragspartei Beschränkungen für die Überweisung von Geldbeträgen in das Ausland, so gewährt diese Vertragspartei der Überweisung von Geldbeträgen, die zur Erfüllung von Unterhaltsansprüchen oder zur Deckung von Ausgaben für Verfahren nach diesem Übereinkommen bestimmt sind, den größtmöglichen Vorrang.

Art. 11–21
(vom Abdruck wurde abgesehen)[1]

3. Auslandsunterhaltsgesetz

167 Das Gesetz zur Geltendmachung von Unterhaltsansprüchen im Verkehr mit ausländischen Staaten (AUG)[2] v. 19.12.1986 ist am 1.1.1987 in Kraft getreten (§ 15 AUG). Es soll zu Gunsten inlandsansässiger Berechtigter die Durchsetzung von Unterhaltsansprüchen im Verhältnis zu solchen Staaten erleichtern, die dem UNUntÜ zwar nicht beigetreten sind, mit denen aber gleichwohl die Verbürgung der Gegenseitigkeit förmlich festgestellt ist (§ 1 Abs. 2 AUG). Dies betrifft derzeit die USA, Kanada und Südafrika. Maßgeblich für die Verbürgung der Gegenseitigkeit ist nicht etwa das Völkerrechtssubjekt (also etwa die USA), sondern der Bundesstaat (bzw. die Provinz), in dem der Verfahrensgegner seinen gewöhnlichen Aufenthalt hat (vgl. § 1 Abs. 1 und 3 AUG). Nicht verbürgt ist sie im Verhältnis zu den US-Bundesstaaten Alabama, District of Columbia und Mississippi sowie zur kanadischen Provinz Quebec; zu einigen weiteren US-Bundesstaaten besteht Gegenseitigkeit nur hinsichtlich des Kindesunterhalts.[3]

168 Das AUG regelt in Anlehnung an das UNUntÜ die Zusammenarbeit mit ausländischen Gerichten und Behörden, aber auch – insoweit abweichend vom UNUntÜ – die

1 Vollständiger Text etwa bei Staudinger/*Kropholler*, Anh. III zu Art. 18 EGBGB Rz. 224 ff.; *Geimer/Schütze*, Internationaler Rechtsverkehr, E 5 (mit Einführung von *Mecke*).
2 BGBl. I 1986, 2563.
3 Genaue Angaben unter www.bundesjustizamt.de (dort unter „Auslandsunterhalt", dann „AUG").

Anerkennung und Vollstreckbarkeit (s. Rz. 133 ff.).[1] Das Verfahren beginnt, indem der Unterhaltsberechtigte ein Gesuch an das Amtsgericht (dort an den Rechtspfleger, vgl. § 29 RPflG) richtet, in dessen Bezirk er seinen gewöhnlichen Aufenthalt hat (§ 3 Abs. 1 AUG). Der Inhalt des Gesuchs bestimmt sich nach § 3 Abs. 2 und 3 AUG; empfehlenswert ist es, die zweisprachigen Formulare zu verwenden, die nebst ausführlichen Hinweisen auf den Internetseiten des Bundesamts für Justiz verfügbar sind. Dieses wird für Deutschland als Zentrale Behörde tätig (§ 2 Abs. 2 AUG).[2] Zur Aufgabenverteilung zwischen Amtsgericht und Zentraler Behörde bei der Prüfung und Bearbeitung der Gesuche vgl. §§ 4, 5 AUG.[3] Für das Verfahren werden keine Gebühren erhoben, die Erstattung von Auslagen wird nicht verlangt (§ 12 AUG).

Gesetz zur Geltendmachung von Unterhaltsansprüchen im Verkehr mit ausländischen Staaten (Auslandsunterhaltsgesetz – AUG) vom 19.12.1986

Erster Teil
Allgemeines

§ 1

(1) Unterhaltsansprüche, die auf gesetzlicher Grundlage beruhen, können nach dem in diesem Gesetz vorgesehenen Verfahren geltend gemacht werden, wenn eine Partei im Geltungsbereich dieses Gesetzes und die andere Partei in einem Staat ihren gewöhnlichen Aufenthalt hat, mit dem die Gegenseitigkeit verbürgt ist.

(2) Mit Staaten, in denen ein diesem Gesetz entsprechendes Gesetz in Kraft ist, ist die Gegenseitigkeit im Sinne dieses Gesetzes verbürgt, wenn der Bundesminister der Justiz dies festgestellt und im Bundesgesetzblatt bekannt gemacht hat.

(3) Staaten im Sinne dieses Gesetzes sind auch Teilstaaten und Provinzen von Bundesstaaten.

§ 2

(1) Die gerichtliche und außergerichtliche Geltendmachung der Unterhaltsansprüche erfolgt über die Zentrale Behörde als Empfangs- und Übermittlungsbehörde. Die Zentrale Behörde verkehrt unmittelbar mit den im Ausland dafür bestimmten Stellen und mit den im Geltungsbereich dieses Gesetzes zuständigen Behörden.

(2) Die Aufgaben der Zentralen Behörde nimmt das Bundesamt für Justiz wahr.[4]

Zweiter Teil
Ausgehende Gesuche

§ 3

(1) Für die Entgegennahme und Prüfung von Gesuchen unterhaltsberechtigter Personen ist das Amtsgericht als Justizverwaltungsbehörde zuständig, in dessen Bezirk der Berechtigte seinen gewöhnlichen Aufenthalt hat.

(2) Das Gesuch soll alle Angaben enthalten, die für die Geltendmachung des Anspruchs von Bedeutung sein können. Hierzu gehören:

1. der Familienname und die Vornamen, die Anschrift, der Tag der Geburt, die Staatsangehörigkeit und der Beruf oder die Beschäftigung des Berechtigten sowie gegebenenfalls der Name und die Anschrift seines gesetzlichen Vertreters,

2. der Familienname und die Vornamen des Verpflichteten; ferner, soweit der Berechtigte hiervon Kenntnis hat, die Anschriften des Verpflichteten in den letzten fünf Jahren, den Tag seiner Geburt, seine Staatsangehörigkeit und sein Beruf oder seine Beschäftigung,

1 Einzelheiten bei *Wicke*, FPR 2006, 240 ff.

2 Geändert durch Art. 4 Abs. 8 und 10 des Gesetzes v. 17.12.2006, BGBl. I 2006, 3171 (3173). Kontaktdaten unter www.bundesjustizamt.de.

3 Einzelheiten bei *Wicke*, FPR 2006, 240 (241 f.).

4 IdF v. Art. 4 Abs. 8 und 10 des Gesetzes v. 17.12.2006, BGBl. I 2006, 3171 (3173). Zuvor war der Generalbundesanwalt beim BGH zuständig.

3. nähere Angaben über die Gründe, auf die der Anspruch gestützt wird, über die Art und Höhe des geforderten Unterhalts und über die finanziellen und familiären Verhältnisse des Berechtigten und, soweit möglich, des Verpflichteten.

Die zugehörigen Personenstandsurkunden und anderen sachdienlichen Schriftstücke sollen beigefügt werden. Das Gericht kann von Amts wegen alle erforderlichen Ermittlungen anstellen.

(3) Das Gesuch ist vom Antragsteller, von dessen gesetzlichem Vertreter oder von einem Rechtsanwalt unter Beifügung einer Vollmacht zu unterschreiben; die Richtigkeit der Angaben ist vom Antragsteller oder von dessen gesetzlichem Vertreter eidesstattlich zu versichern. Dem Gesuch nebst Anlagen sind von einem beeidigten Übersetzer beglaubigte Übersetzungen in die Sprache des zu ersuchenden Staates beizufügen. Besonderen Anforderungen des zu ersuchenden Staates an Form und Inhalt des Gesuchs ist Rechnung zu tragen, soweit nicht zwingende Vorschriften des deutschen Rechts entgegenstehen.

§ 4

(1) Der Leiter des Amtsgerichts oder der im Rahmen der Verteilung der Justizverwaltungsgeschäfte bestimmte Richter prüft, ob die Rechtsverfolgung nach deutschem innerstaatlichen Recht hinreichende Aussicht auf Erfolg bieten würde.

(2) Bejaht er die Erfolgsaussicht, so stellt er hierüber eine Bescheinigung aus, veranlasst deren Übersetzung in die Sprache des zu ersuchenden Staates und übersendet die Bescheinigung sowie das Gesuch nebst Anlagen und Übersetzungen mit je drei beglaubigten Abschriften unmittelbar an die Zentrale Behörde. Andernfalls lehnt er das Gesuch ab. Die ablehnende Entscheidung ist zu begründen und dem Antragsteller mit einer Rechtsmittelbelehrung zuzustellen; sie ist nach § 23 des Einführungsgesetzes zum Gerichtsverfassungsgesetz anfechtbar.

§ 5

(1) Die Zentrale Behörde prüft, ob das Gesuch den förmlichen Anforderungen des einzuleitenden ausländischen Verfahrens genügt. Sind diese erfüllt, so leitet sie das Gesuch zusammen mit einer Übersetzung des Auslandsunterhaltsgesetzes an die dafür im Ausland bestimmte Stelle weiter. § 4 Abs. 2 Satz 2 und 3 ist entsprechend anzuwenden.

(2) Die Zentrale Behörde verfolgt die ordnungsmäßige Erledigung des Gesuchs.

§ 6

Liegt über den Unterhaltsanspruch bereits eine inländische gerichtliche Entscheidung oder ein sonstiger gerichtlicher Schuldtitel vor, so kann der Unterhaltsberechtigte unbeschadet des Gesuchs nach § 3 ein Gesuch auf Registrierung der Entscheidung im Ausland stellen. Die §§ 3, 4 und 5 sind entsprechend anzuwenden; eine Prüfung der Gesetzmäßigkeit des vorgelegten inländischen gerichtlichen Schuldtitels findet nicht statt.

§§ 7–9
(vom Abdruck wurde abgesehen; zu eingehendem Ersuchen [§§ 7 ff. AUG] s. Rz. 74 und 133 ff.)

§§ 10–11
(Text: Rz. 138)

§§ 12–15
(vom Abdruck wurde abgesehen)[1]

III. Verfahrenskostenhilfe

169 Für ein im Ausland zu führendes Verfahren kann ein deutsches Gericht keine PKH/VKH bewilligen (zur Gewährung an Auslandsansässige für Verfahren in Deutschland s. Vor §§ 98–106 Rz. 63 f.).[2] Daran ändern auch § 1077 ZPO, § 76 Abs. 1 FamFG nichts,

1 Vollständiger Text etwa bei Staudinger/*Kropholler*, Anh. III zu Art. 18 EGBGB Rz. 273 ff. Zu eingehenden Ersuchen (§§ 7 ff. AUG) s. Rz. 74 und 133 ff.

2 Klarstellend etwa KG v. 7.7.2005 – 16 VA 11/05, FamRZ 2006, 1210; Rahm/Künkel/*Breuer*, VIII, Rz. 226.

wonach die deutschen Amtsgerichte als Übermittlungsstellen iSv. Art. 14 Abs. 1 PKH-RL dazu berufen sind, die in den Anwendungsbereich der PKH-RL fallenden Anträge inlandsansässiger natürlicher Personen entgegenzunehmen und an die Empfangsstellen des jeweiligen EU-Verfahrensmitgliedstaats zu übermitteln. Das für den Antragsteller maßgebliche „Formular für Anträge auf Prozesskostenhilfe in einem anderen Mitgliedstaat der EU" ist in der EG-PKHVV v. 21.12.2004 enthalten;[1] es kann als Textdatei im Internet heruntergeladen werden.[2] Dem inlandsansässigen Rechtsuchenden bleibt es, wie Art. 13 Abs. 1 PKH-RL klarstellt, unbenommen, sich unmittelbar an das Gericht des anderen Mitgliedstaats zu wenden und bei diesem nach allgemeinen Regeln um PKH/VKH nachzusuchen – dies ist freilich kaum sinnvoll, weil sich ein Vorgehen gem. § 1077 ZPO als vorteilhafter erweist.[3] So kann die bedürftige Partei den Antrag, unabhängig von der Gerichtssprache im ausländischen Verfahrensstaat, in Deutschland in deutscher Sprache stellen (arg.: § 184 GVG).

Einem inlandsansässigen Unterhaltsberechtigten, der seinen Anspruch in einem anderen Vertragsstaat des UNUntÜ verfolgt, kommt dort Art. 9 UNUntÜ zugute (Text: Rz. 166). Ob für das vorbereitende Verfahren nach dem UNUntÜ bzw. dem AUG in Deutschland PKH/VKH oder nur Beratungshilfe gewährt werden kann, ist streitig.[4] 170

Im Gemeinschafts- und Konventionsrecht zur Anerkennung und Vollstreckbarerklärung sind sog. Meistbegünstigungsklauseln vorgesehen: Art. 50 Brüssel I-VO, Art. 44 EuGVÜ/LugÜ, Art. 9 HUntVÜ 1958, Art. 15 HUntVÜ 1973 sowie Art. 12 dt.-israel. Vertrag. Diese stellen sicher, dass ein Titelgläubiger, dem bereits im (deutschen) Titulierungsverfahren PKH/VKH gewährt worden war, auch im ausländischen Vollstreckbarerklärungsverfahren unterstützt wird, und zwar ohne neues Bewilligungsverfahren.[5] 171

F. Ausblick

I. Europäische Unterhaltsverordnung

Am 18.12.2008 wurde die Verordnung Nr. 4/2009 über die Zuständigkeit, das anwendbare Recht, die Anerkennung und Vollstreckung von Entscheidungen und die Zusammenarbeit in Unterhaltssachen (EuUntVO – Text: Anhang 6 zu § 97) verabschiedet.[6] 172

---

1 BGBl. I 2004, 3538.

2 S. www.datenbanken.justiz.nrw.de/ir_htm/pkh-richtlinie_antragsformular.doc.

3 *Nagel/Gottwald*, § 4 Rz. 114, 116.

4 Für Letzteres etwa *Streicher/Köblitz*, § 4 Rz. 108; zum AUG gegen die Möglichkeit der PKH-Bewilligung KG v. 7.7.2005 – 16 VA 11/05, FamRZ 2006, 1210. Befürwortend hingegen Göppinger/Wax/*Linke*, Rz. 3253.

5 HM; vgl. etwa MüKo.ZPO/*Gottwald*, Art. 50 EuGVO Rz. 5; Staudinger/*Kropholler*, Anh. III zu Art. 18 EGBGB Rz. 198. AA *Linke*, Rz. 252.

6 ABl. EU 2008 Nr. L 7/1. Vorarbeiten: Grünbuch Unterhaltspflichten der Kommission v. 15.4.2004 (KOM [2004] 254), Kommissionsvorschlag v. 15.12.2005 (KOM [2005] 649, abgedruckt in *Jayme/Hausmann*, Nr. 161) samt Erläuterndem Bericht (KOM [2006] 206). Lit.: *Andrae*, FPR 2008, 196; *Hirsch*, FamRBint 2008, 70; *Janzen*, FPR 2008, 218; *Dörner*, IPRax 2006, 550; *Gottwald*, FS Lindacher, S. 13; *Hess*, IPRax 2008, 25 (29 f.); *Hess/Mack*, JAmt 2007, 229; *Looschelders/Boos*, FamRZ 2006, 374; *Mansel/Thorn/Wagner*, IPRax 2009, 1 (8); *Martiny*, FamRZ 2008, 1681 (1689 f.); *Rauscher*, EG-UnterhaltsVO-E; *Linke*, FPR 2006, 237; *R. Wagner*, FamRZ 2006, 979.

Sie wird umfassend sämtliche verfahrensrechtlichen Aspekte des internationalen Unterhaltsrechts regeln. Verzichtet wurde hingegen – anders als ursprünglich geplant[1] – auf die Aufnahme harmonisierter Kollisionsregeln in die EuUntVO; vielmehr verweist Art. 15 EuUntVO diesbezüglich auf das Haager Protokoll über das auf Unterhaltsverpflichtungen anzuwendende Recht v. 23.11.2007 (HUntP 2007; s. Rz. 179).

173 Die wesentlichen Verfahrensregeln der EuUntVO werden, abhängig vom Inkrafttreten des HUntP 2007 in der EG, frühestens ab 18.6.2011 anwendbar sein (Art. 75 Unterabs. 3 EuUntVO). Irland hat bereits erklärt, sich an der Verordnung zu beteiligen (vgl. Erwägungsgrund 46), das Vereinigte Königreich hat dies zumindest in Aussicht gestellt (vgl. Erwägungsgrund 47); außen vor bleibt wiederum Dänemark (vgl. Erwägungsgrund 48).

174 Was die internationale Entscheidungszuständigkeit sowie die Anerkennung und Vollstreckbarerklärung in Unterhaltssachen angeht, tritt die EuUntVO nach Maßgabe ihres Art. 68 Abs. 1 und 2 an die Stelle der Brüssel I-VO und der EuVTVO. Die EuUntVO enthält in Kapitel II ausführliche Regelungen zur Entscheidungszuständigkeit.[2] Hauptanknüpfungsmoment ist fortan, abweichend von der Brüssel I-VO, nicht mehr der Wohnsitz, sondern der gewöhnliche Aufenthalt. Gerichtsstandsvereinbarungen sind nur unter besonderen Umständen beachtlich (Art. 4 EuUntVO). Der Rückgriff auf das autonome mitgliedstaatliche Zuständigkeitsrecht wird grundsätzlich verwehrt und soll nur noch eröffnet sein, um Rechtsverweigerung zu vermeiden (vgl. Art. 6, 7 EuUntVO).

175 Die Regelungen zur Anerkennung und Vollstreckbarerklärung von Entscheidungen (sowie von gerichtlichen Vergleichen und öffentlichen Urkunden, Art. 48) finden sich in Kapitel IV. Dieses unterscheidet danach, ob der Ursprungsmitgliedstaat durch das HUntP 2007 gebunden ist (dann: Art. 17 ff. EuUntVO) oder nicht (dann: Art. 23 ff. EuUntVO); dies ist bedeutsam, weil es im letztgenannten Fall beim Erfordernis der Vollstreckbarerklärung im Vollstreckungsstaat bleibt. Die von der Kommission ursprünglich vorgeschlagenen – und viel kritisierten[3] – harmonisierten Regeln zur Lohn- und Kontenpfändung wurden nicht in die EuUntVO übernommen.

176 Ein wichtiger Regelungsschwerpunkt der EuUntVO ist die Verbesserung der Zusammenarbeit zentraler Behörden (dazu Kapitel VII), wobei insbesondere die sehr weit reichenden Vorschriften zur Informationsbeschaffung und -weiterleitung für Effizienz der Rechtsverfolgung sorgen sollen. Ein weiteres Anliegen sind kostenrechtliche Erleichterungen für Unterhaltsgläubiger; die in Kapitel V vorgesehenen Vergünstigungen gehen deutlich über die Vorgaben der PKH-RL hinaus.

II. Haager Unterhaltsvollstreckungsübereinkommen 2007

177 Das Haager Übereinkommen über die Durchsetzung von Kindesunterhalt und anderer Formen des Familienunterhalts v. 23.11.2007 (HUntVÜ 2007)[4] ist noch nicht in Kraft getreten. Bislang wurde es nur von den USA sowie Burkina Faso gezeichnet.

1 Zur Kritik an diesen Plänen *Andrae*, FPR 2008, 196 (198 ff.).
2 Kritisch dazu *Gottwald*, FS Lindacher, S. 13 (14 ff.).
3 S. etwa *Gottwald*, FS Lindacher, S. 13 (21 ff.).
4 Text und Materialien: www.hcch.net (unter „Conventions"). Lit.: *Andrae*, FPR 2008, 196; *Hirsch*, FamRBint 2008, 70; *Janzen*, FPR 2008, 218; *Martiny*, FamRZ 2008, 1681 (1689); *Wagner*, ZKJ 2008, 353 (358 f.).

Das HUntVÜ 2007 regelt verfahrensrechtliche Fragen des Internationalen Unterhaltsrechts. Im Vordergrund stehen Fragen der Kooperation nationaler Behörden bei der Durchsetzung von Unterhaltsansprüchen (Kapitel II, III) sowie der Anerkennung, Vollstreckbarerklärung und Vollstreckung von Unterhaltstiteln (Kapitel V, VI). Innerhalb seines Anwendungsbereichs wird es sowohl das HUntVÜ 1958 und das HUntVÜ 1973 als auch das UNUntÜ ersetzen (Art. 48 f. HUntVÜ 2007). Hinsichtlich der internationalen Entscheidungszuständigkeit konnte man – bedauerlicherweise – keine Verständigung über harmonisierte Regeln erzielen.[1] 178

Das HUntVÜ 2007 wird ergänzt durch das Haager Protokoll über das auf Unterhaltsverpflichtungen anzuwendende Recht v. 23.11.2007 (HUntP 2007).[2] Die Rechtsanwendung dürfte nicht unerheblich dadurch erschwert werden, dass der sachliche Anwendungsbereich des HUntP 2007 (dort Art. 2) weiter ist als derjenige des HUntVÜ 2007 (dort Art. 1).[3] 179

Unterabschnitt 2
Einstweilige Anordnung

§ 246
Besondere Vorschriften für die einstweilige Anordnung

(1) Das Gericht kann durch einstweilige Anordnung abweichend von § 49 auf Antrag die Verpflichtung zur Zahlung von Unterhalt oder zur Zahlung eines Kostenvorschusses für ein gerichtliches Verfahren regeln.

(2) Die Entscheidung ergeht auf Grund mündlicher Verhandlung, wenn dies zur Aufklärung des Sachverhalts oder für eine gütliche Beilegung des Verfahrens geboten erscheint.

1 Zum Hintergrund *Janzen*, FPR 2008, 218 (220); *Mansel/Thorn/Wagner*, IPRax 2009, 1 (8).
2 Text und Materialien: www.hcch.net (unter „Conventions").
3 Dazu *Janzen*, FPR 2008, 218 f.

Literatur: *Schürmann*, Die einstweilige Anordnung nach dem FamFG, FamRB 2008, 375; *Vorwerk*, Einstweilige Anordnung, Abschluss, Rechtsmittel und Rechtsmittelbelehrung nach dem FGG-RG, FPR 2009, 8.

A. Allgemeines

I. Entstehung

1 § 246 hat keine direkte Entsprechung im früheren Recht. Die wesentlichen Regelungsgehalte der durch Art. 29 Nr. 7 und Nr. 15 FGG-RG aufgehobenen § 620 Satz 1 Nr. 4 und 6 ZPO (Unterhalt für minderjährige Kinder und Ehegatten), § 644 ZPO (Unterhalt für Verwandte, Ehegatten, nichteheliche Mutter), § 620 Satz 1 Nr. 10 ZPO (Kostenvorschuss für die Ehesache und die Folgesachen) sowie § 127a ZPO (Prozesskostenvorschuss in einer Unterhaltssache) sind in § 246 enthalten.[1]

II. Systematik

2 Die Vorschrift enthält besondere und damit vorrangig zu beachtende Vorschriften für die einstweilige Anordnung in Unterhaltssachen iSd. § 231 Abs. 1.[2]

III. Normzweck

3 § 246 modifiziert gegenüber § 49 die Voraussetzungen für den Erlass einer einstweiligen Anordnung.

B. Überblick

I. Anwendbare Vorschriften

4 Nach **§ 119 Abs. 1 Satz 1**, der sich in Buch 2, Abschnitt 1, somit in den allgemeinen Vorschriften für das Verfahren in Familiensachen befindet, sind in Familienstreitsachen die Vorschriften des FamFG über die einstweilige Anordnung, dh. die in Buch 1 – Allgemeiner Teil – Abschnitt 4 enthaltenen **§§ 49 ff.**, anzuwenden. Insofern ist der vorläufige Rechtsschutz für alle Verfahrensgegenstände des Familienrechts einheitlich ausgestaltet.[3] Der Erlass einer **einstweiligen Verfügung** nach den Vorschriften der ZPO (§§ 935 bis 942 ZPO) ist im gesamten Anwendungsbereich des FamFG, dh. auch in Unterhaltssachen, **ausgeschlossen**, weil das FamFG an keiner Stelle auf diese Vorschriften verweist.[4] Angeordnet ist in § 119 Abs. 1 Satz 2 lediglich eine entsprechende Geltung des § 945 ZPO in den Familienstreitsachen nach § 112 Nr. 2 (Güterrechtssachen) und Nr. 3 (sonstige Familiensachen), nicht aber in Unterhaltssachen. § 119 Abs. 2 Satz 1 sieht – wie im früheren Recht[5] – vor, dass in Familienstreitsachen neben

1 Begr. RegE, BT-Drucks. 16/6308, S. 325.
2 Begr. RegE, BT-Drucks. 16/6308, S. 255; aA Baumbach/*Hartmann*, § 246 FamFG Rz. 3, wonach § 246 auch für Verfahren nach § 231 Abs. 2 FamFG gelten soll.
3 Begr. RegE, BT-Drucks. 16/6308, S. 225.
4 Begr. RegE, BT-Drucks. 16/6308, S. 226.
5 Vgl. Zöller/*Vollkommer*, § 916 ZPO Rz. 8.

der einstweiligen Anordnung auch der persönliche oder der **dingliche Arrest** des Schuldners **möglich** ist. Die Geltung der diesbezüglichen Vorschriften der ZPO ordnet § 119 Abs. 2 Satz 2 ausdrücklich an.[1]

In **Unterhaltssachen** sind neben den allgemeinen Vorschriften im FamFG (§§ 49 ff.) die **Sondervorschriften** der **§§ 246 ff.** über die einstweilige Anordnung zu beachten. Anders als nach den aufgehobenen Vorschriften des 6. Buches der ZPO über die einstweilige Anordnung (vgl. insb. §§ 620 bis 620g, 621g, 644 ZPO aF) ist die Anhängigkeit einer Ehesache, eines isolierten Unterhaltsverfahrens oder die Einreichung eines entsprechenden Antrags auf Bewilligung von Prozesskostenhilfe nicht mehr Voraussetzung für das einstweilige Anordnungsverfahren.[2] Das **Verfahren der einstweiligen Anordnung** ist selbst dann ein **selbständiges Verfahren**, wenn gleichzeitig das Hauptsacheverfahren anhängig ist, § 51 Abs. 3 Satz 1 FamFG. Die verfahrensmäßige Trennung von Hauptsache und einstweiliger Anordnung entspricht der Situation bei Arrest und einstweiliger Verfügung nach den §§ 916 ff. ZPO. Durch die Beseitigung der Hauptsacheabhängigkeit der einstweiligen Anordnung im früheren Familienverfahrensrecht werden die Verfahrensordnungen harmonisiert. Mit der Neukonzeption wollte der Gesetzgeber das Institut der einstweiligen Anordnung stärken. Es vereint die Vorteile eines vereinfachten und eines beschleunigten Verfahrens.[3] Sofern weder ein Beteiligter noch das Gericht von Amts wegen ein Hauptsacheverfahren einleiten, fallen die diesbezüglichen Kosten nicht mehr an. Zudem sind die formalen Hürden für die Erlangung von einstweiligem Rechtsschutz verringert worden. Die Wahlmöglichkeit bezüglich der Einleitung einer Hauptsache in Antragsachen stärkt die Verfahrensautonomie der Beteiligten. Die Ermöglichung einer von der Hauptsache unabhängigen einstweiligen Anordnung bedeutet keine Verringerung des Rechtsschutzes. Denn in Antragsverfahren steht den Beteiligten die Einleitung eines Hauptsacheverfahrens frei; in Amtsverfahren hat das Gericht die Pflicht zu überprüfen, ob die Einleitung eines Hauptsacheverfahrens von Amts wegen erforderlich ist.[4] 5

II. Kein Anwaltszwang

Für das einstweilige Anordnungsverfahren verweist § 119 Abs. 1 Satz 1 iVm. § 51 Abs. 2 Satz 1 auf die für die Hauptsache geltenden Verfahrensvorschriften. Nach § 114 Abs. 1 müssen sich die Ehegatten in Ehesachen und Folgesachen und die Beteiligten in selbständigen Familiensachen vor dem Familiengericht und dem Oberlandesgericht durch einen Rechtsanwalt vertreten lassen. Eine Ausnahme vom Anwaltszwang regelt **§ 114 Abs. 4 Nr. 1** für das Verfahren der einstweiligen Anordnung. Hier bedarf es **nicht** der **Vertretung durch einen Rechtsanwalt**. Die Regelung entspricht dem früheren § 620a Abs. 2 Satz 2 ZPO[5] iVm. dem bisherigen § 78 Abs. 5 ZPO.[6] Nach der Trennung des einstweiligen Anordnungsverfahrens vom Hauptsacheverfahren sind jedoch, anders als nach früherem Recht,[7] nicht nur das schriftliche Verfahren, sondern alle Ver- 6

1 Begr. RegE, BT-Drucks. 16/6308, S. 226.
2 Begr. RegE, BT-Drucks. 16/6308, S. 259.
3 AA *Vorwerk*, FPR 2009, 8, 9 wegen der mangelnden Rechtskraftfähigkeit der einstweiligen Anordnung; kritisch auch *Schürmann*, FuR 2009, 130 (139).
4 Begr. RegE, BT-Drucks. 16/6308, S. 199.
5 Dieser lautete: Der Antrag kann zu Protokoll der Geschäftsstelle erklärt werden.
6 Jetzt: § 78 Abs. 3 ZPO; Begr. RegE, BT-Drucks. 16/6308, S. 224.
7 Zöller/*Philippi*, § 620a ZPO, Rz. 9, 9a; aA MüKo.ZPO/*Finger*, § 620a ZPO Rz. 11.

fahrensabschnitte, mithin auch der Antrag auf mündliche Verhandlung und diese selbst vom Anwaltszwang ausgenommen.[1]

C. Voraussetzungen, Verfahren

I. Voraussetzungen für den Erlass einer einstweiligen Anordnung

7 § 246 Abs. 1 enthält die Befugnis des Gerichts, durch einstweilige Anordnung die Verpflichtung zur Zahlung von Unterhalt oder zur Zahlung eines Kostenvorschusses für ein gerichtliches Verfahren (zB § 1360a Abs. 4 iVm. § 1361 Abs. 4 Satz 4 BGB) zu regeln. Die Vorschrift modifiziert gegenüber § 49 die Voraussetzungen für den Erlass einer einstweiligen Anordnung. Anders als nach § 49 Abs. 1 ist ein **dringendes Bedürfnis** für ein sofortiges Tätigwerden **nicht erforderlich**. Der nach § 49 erforderliche Verfügungsgrund für den Erlass einer einstweiligen Anordnung, nämlich die Unzumutbarkeit des Zuwartens bis zu einer Entscheidung in einer etwaigen Hauptsache wegen der zu erwartenden erheblichen Nachteile, muss nicht vorliegen. Voraussetzung ist aber wie bei dem aufgehobenen § 620 ZPO ein **Regelungsbedürfnis**.[2] Ein solches fehlt zB, wenn eine vorherige Zahlungsaufforderung an den Verpflichteten nicht erfolgt ist, ein Unterhaltstitel bereits vorliegt, der Verpflichtete den Unterhalt freiwillig zahlt und eine Zahlungseinstellung nicht angekündigt oder wenn Unterhalt für die Vergangenheit geltend gemacht wird.[3]

II. Inhalt der einstweiligen Anordnung

8 Anders als § 49 Abs. 1, der für die einstweilige Anordnung auf der Rechtsfolgenseite eine Begrenzung auf vorläufige Maßnahmen vorsieht, enthält § 246 eine solche Einschränkung nicht. In Unterhaltssachen oder Angelegenheiten zur Zahlung eines Kostenvorschusses für ein gerichtliches Verfahren kann das Gericht die **Zahlung anordnen**. Wie nach früherem Recht kann daher durch eine einstweilige Anordnung der volle laufende Unterhalt ab Antragseingang, nicht für die Vergangenheit, ohne zeitliche Begrenzung zuerkannt werden, soweit die Voraussetzungen dafür glaubhaft gemacht worden sind.[4] Die Interessen des Unterhaltsschuldners werden durch die Möglichkeit zur Erzwingung eines Hauptsacheverfahrens nach § 52 Abs. 2 und durch den Antrag auf Aufhebung oder Änderung der Entscheidung nach § 54 gewahrt. Eine Befristung ist aber nicht ausgeschlossen, vgl. § 56 Abs. 1 Satz 1.

III. Zuständiges Gericht

9 Die Zuständigkeit für den Erlass einer einstweiligen Anordnung richtet sich nach § 50. Danach ist, wenn eine Hauptsache nicht anhängig ist, in erster Linie das **Gericht** zuständig, das für die **Hauptsache** in erster Instanz zuständig wäre, **§ 50 Abs. 1 Satz 1**. In Unterhaltssachen ist das **zuständige Gericht** nach **§§ 232, 233** zu bestimmen. Dieser Gleichlauf mit der Hauptsache ist aus verfahrensökonomischen Gründen sinnvoll

1 *Schürmann*, FamRB 2008, 375 (377); *Büte*, FPR 2009, 14 (15).
2 *Borth*, FamRZ 2007, 1925 (1929); *Büte*, FuR 2008, 537 (539).
3 Zöller/*Philippi*, § 620 ZPO Rz. 5 mwN, Rz. 56, 57.
4 Zöller/*Philippi*, § 620 ZPO Rz. 59 mwN; Begr. RegE, BT-Drucks. 16/6308, S. 260.

und geboten. **§ 50 Abs. 1 Satz 2** betrifft den Fall, dass eine Hauptsache anhängig ist. Grundsätzlich ist in dieser Konstellation für die einstweilige Anordnung das Gericht zuständig, bei dem die Hauptsache im ersten Rechtszug anhängig ist oder war. Für den Zeitraum zwischen Beginn und Ende der Anhängigkeit der Hauptsache beim Beschwerdegericht ist Letzteres auch für das einstweilige Anordnungsverfahren zuständig. Während der Anhängigkeit der Hauptsache beim Rechtsbeschwerdegericht ist das Gericht erster Instanz für das einstweilige Anordnungsverfahren zuständig.[1] Aus **§ 50 Abs. 2** ergibt sich in Anlehnung an § 942 Abs. 1 ZPO die grundsätzlich gegebene **Eilzuständigkeit** für besonders dringende Fälle und die Verpflichtung des angegangenen Gerichts, das Verfahren unverzüglich an das nach Abs. 1 zuständige Gericht abzugeben. Damit die nach § 50 Abs. 1 maßgebliche Zuständigkeitsregelung nicht unterlaufen wird, sind an die Fälle, für die die Eilzuständigkeit eröffnet wird, tatbestandlich erhöhte Voraussetzungen zu stellen. Die Eilzuständigkeit ist daher nur in besonders dringenden Fällen und stets bei einem Amtsgericht gegeben, da dort flächendeckend ein Bereitschaftsdienst eingerichtet ist.[2]

IV. Verfahren

In **Antragsverfahren**, zu denen auch Unterhaltsverfahren zählen, kann eine einstweilige Anordnung nach **§ 51 Abs. 1 Satz 1** nur auf Antrag ergehen.[3] Der Antragsteller hat den Antrag zu begründen und die Voraussetzungen für die Anordnung glaubhaft zu machen, § 51 Abs. 1 Satz 2. Die für die **Glaubhaftmachung** zulässigen Beweismittel bestimmen sich in Familienstreitsachen nach **§ 113 Abs. 1 FamFG iVm. § 294 ZPO**.[4] Die Glaubhaftmachung ist eine Beweisführung, die dem Richter einen geringeren Grad von Wahrscheinlichkeit vermitteln soll. Die Erhebung ist nicht an die Formen der ZPO gebunden, muss aber sofort möglich sein, dh. im Zeitpunkt der Entscheidung über das Gesuch. Es gibt grundsätzlich (Ausnahmen: §§ 273 und 118 Abs. 2 Satz 3 ZPO) keine Ladung von Zeugen, Beiziehung von Urkunden oder Einholung von Auskünften. Alle Beweismittel müssen von den Beteiligten zur Stelle gebracht sein. Außer den üblichen Beweismitteln sind Versicherung an Eides statt des Beteiligten oder Dritter mit eigener Darstellung der glaubhaft zu machenden Tatsachen,[5] anwaltliche Versicherung des Verfahrensbevollmächtigten über Vorgänge, die er während seiner Tätigkeit wahrgenommen hat, und die Vorlage unbeglaubigter Kopien von Schriftstücken zulässig. Das Gericht prüft den Beweiswert der vorgelegten Beweismittel frei, wobei eine Behauptung allerdings schon dann glaubhaft gemacht ist, wenn eine überwiegende Wahrscheinlichkeit dafür besteht, dass sie zutrifft.[6] Welche Anforderungen an die Begründung eines Antrags genau zu stellen sind, kann nur im Einzelfall bestimmt werden. Bei der Prüfung ist zu berücksichtigen, dass es sich um ein summarisches Eilverfahren handelt.[7] 10

Nach **§ 51 Abs. 2 Satz 1** richtet sich das **Verfahren nach den Vorschriften**, die für eine entsprechende **Hauptsache** gelten, soweit sich nicht aus den Besonderheiten des einstweiligen Rechtsschutzes etwas anderes ergibt. Zu diesen Besonderheiten gehören typi- 11

1 Begr. RegE, BT-Drucks. 16/6308, S. 200.
2 Begr. RegE, BT-Drucks. 16/6308, S. 200.
3 Begr. RegE, BT-Drucks. 16/6308, S. 200.
4 Begr. RegE, BT-Drucks. 16/6308, S. 200.
5 BGH v. 11.9.2003 – IX ZB 37/03, NJW 2003, 3558.
6 BGH v. 11.9.2003 – IX ZB 37/03, NJW 2003, 3558.
7 Begr. RegE, BT-Drucks. 16/6308, S. 200.

scherweise die Eilbedürftigkeit des Verfahrens und dessen summarischer Zuschnitt. Aus diesem Grunde kommen die Anordnung des Ruhens des Verfahrens oder die Einholung eines schriftlichen Sachverständigengutachtens im Regelfall nicht in Betracht.[1]

12 Das Gericht kann nach **§ 51 Abs. 2 Satz 2** ohne **mündliche Verhandlung** durch grundsätzlich zu begründenden Beschluss (§§ 119, 51 Abs. 2 Satz 1, 116, 38, 39) entscheiden. Die Entscheidung, ob eine mündliche Verhandlung durchgeführt wird, steht im Ermessen des Gerichts. In **Unterhaltssachen** ergeht die **Entscheidung** über einen Antrag auf Erlass einer einstweiligen Anordnung nach **§ 246 Abs. 2 auf Grund mündlicher Verhandlung**, wenn dies zur Aufklärung des Sachverhalts oder für eine gütliche Beilegung des Verfahrens geboten erscheint. Die Vorschrift betont die Bedeutung der mündlichen Verhandlung im Verfahren der einstweiligen Anordnung in Unterhaltssachen und trägt damit dem Umstand Rechnung, dass das Ziel einer Verfahrensbeschleunigung in Unterhaltssachen nicht in der Weise im Vordergrund steht wie in anderen Bereichen des einstweiligen Rechtsschutzes. In der mündlichen Verhandlung können nach Auffassung des Gesetzgebers offen gebliebene Gesichtspunkte geklärt und die in Unterhaltssachen nicht selten vorkommenden Rechts- und Einschätzungsfragen erörtert werden. Darüber hinaus erleichtert die Verhandlungssituation das Zustandekommen von Vereinbarungen. Eine Entscheidung ohne mündliche Verhandlung kommt daher nur in einfach gelagerten oder besonders eilbedürftigen Fällen in Betracht.[2]

13 Wenn das Gericht ohne mündliche Verhandlung entschieden hat, ist auf Antrag auf Grund mündlicher Verhandlung erneut zu entscheiden, § 54 Abs. 2. Ein solcher Antrag kommt insbesondere dann in Betracht, wenn ein Antrag auf Erlass einer einstweiligen Anordnung im schriftlichen Verfahren zurückgewiesen wurde oder nur einen Teilerfolg hatte. Das Verhältnis zwischen einem Antrag auf Abänderung nach § 54 Abs. 1 und einem Antrag nach § 54 Abs. 2 ist ebenso wie in der Vorgängervorschrift des § 620b ZPO unklar. Wie nach früherem Recht sind aber Änderungsanträge nach § 54 Abs. 1 jedenfalls dann unzulässig, wenn das ursprüngliche Anordnungsverfahren noch nicht abgeschlossen ist. Dies ist der Fall, wenn ein Antrag nach § 54 Abs. 1 anhängig ist.[3]

14 Nach **§ 51 Abs. 3 Satz 2** können die im einstweiligen Anordnungsverfahren gewonnenen **Verfahrensergebnisse** in einem Hauptsacheverfahren **verwertet** werden. Einzelne Verfahrenshandlungen müssen nicht wiederholt werden, wenn von deren erneuter Vornahme keine zusätzlichen Erkenntnisse zu erwarten sind. Die Vorschrift dient der Verfahrensökonomie. So muss eine zwingende persönliche Anhörung, wenn eine solche im Anordnungsverfahren bereits stattgefunden hat, im Hauptsacheverfahren nicht wiederholt werden, sofern der Anzuhörende nach Überzeugung des Gerichts den Sachverhalt bereits umfassend dargelegt hat. Nicht verzichtet werden soll jedoch nach dem Willen des Gesetzgebers auf einen Termin zur mündlichen Verhandlung in dem Hauptsacheverfahren.[4]

15 Die Entscheidung über den Antrag auf Erlass einer einstweiligen Anordnung ergeht durch **Beschluss**. Da es sich um eine Endentscheidung iSd. § 38 Abs. 1 handelt, muss der Beschluss den formalen Voraussetzungen des § 38 genügen. Er ist zu begründen

1 Begr. RegE, BT-Drucks. 16/6308, S. 200.
2 Begr. RegE, BT-Drucks. 16/6308, S. 260.
3 Zöller/*Philippi*, § 620b ZPO Rz. 2a.
4 Begr. RegE, BT-Drucks. 16/6308, S. 200.

und mit einer Rechtsbehelfsbelehrung zu versehen, § 39. Die Entscheidung ergeht auf der Grundlage aller dem Familiengericht zur Verfügung stehenden Erkenntnisse. Eine Versäumnisentscheidung ist ausgeschlossen, **§ 51 Abs. 2 Satz 3**. Damit der Antragsgegner nicht durch seine Säumnis die Entscheidung verhindern kann, erlässt das Gericht die Anordnung auf der Grundlage der vorliegenden Unterlagen, dh. nach Aktenlage.[1]

Nach **§ 51 Abs. 4** gelten für die **Kosten des Verfahrens** der einstweiligen Anordnung die allgemeinen Vorschriften. Anzuwenden sind die für die verschiedenen Verfahren des FamFG jeweils geltenden Vorschriften über die Kostengrundentscheidung.[2] Die Kostenentscheidung in Unterhaltssachen richtet sich nach **§ 243**. Nach früherem Recht waren die Kosten der einstweiligen Anordnung idR Teil der Kosten der Hauptsache (vgl. § 620g ZPO). Durch die verfahrensrechtliche Selbständigkeit des einstweiligen Anordnungsverfahrens ist nunmehr eine Kostenentscheidung notwendig, soweit nicht in einer entsprechenden Hauptsache von einer Kostenentscheidung abgesehen werden kann. Die von der Hauptsache getrennte kostenrechtliche Behandlung des einstweiligen Anordnungsverfahrens hat den Vorteil, dass die diesbezüglichen Kosten sogleich nach Beendigung dieses Verfahrens abgerechnet werden können.[3] 16

V. Vollstreckung

Die Vollstreckung einer Entscheidung im einstweiligen Anordnungsverfahren richtet sich nach **§§ 119, 120, 53, 55**. Eine Vollstreckungsklausel ist grundsätzlich nicht erforderlich. 17

VI. Aufhebung oder Änderung der Entscheidung

Die einstweilige Anordnung schafft nur einen **Vollstreckungstitel**, ohne das diesem zugrunde liegende Rechtsverhältnis zwischen den Parteien verbindlich zu gestalten. Der Rechtszustand wird nur vorläufig geregelt. Die getroffenen Regelungen erlangen daher keine materielle Rechtskraft.[4] Die Entscheidung über die einstweilige Anordnung wird jedoch formell rechtskräftig und bildet für die Zeit ihrer Geltung einen Vollstreckungstitel. Dies hindert nicht die **rückwirkende Aufhebung oder Änderung** der einstweiligen Anordnung. Der Beschluss hat somit eine geringere Bestandskraft als eine in der Hauptsache ergangene Endentscheidung.[5] 18

Die **Überprüfung** sowie die Aufhebung oder Änderung von Entscheidungen im einstweiligen Anordnungsverfahren richtet sich nach **§ 54**. Dieser entspricht inhaltlich weitgehend dem früheren § 620b ZPO. Die **weit reichende Abänderungsmöglichkeit** ist in Familiensachen der **Ersatz für** die regelmäßig **nicht gegebene Anfechtbarkeit** (s. Rz. 30).[6] Wenn ein entsprechendes Hauptsacheverfahren nur auf Antrag eingeleitet werden kann, ist das Gericht befugt, auf Antrag die Entscheidung in der einstweiligen Anordnungssache aufzuheben oder zu ändern, § 54 Abs. 1 Satz 1 und 2. Ausnahmsweise ist nach § 54 Abs. 1 Satz 3 kein Abänderungsantrag erforderlich, wenn die Ent-

1 *Klein*, FuR 2009, 241 (246); *Götsche/Viefhues*, ZFE 2009, 124 (127).
2 Begr. RegE, BT-Drucks. 16/6308, S. 201.
3 Begr. RegE, BT-Drucks. 16/6308, S. 201.
4 Vgl. zum bisherigen Recht *Dose*, Rz. 42.
5 Zöller/*Philippi*, § 620b ZPO Rz. 2.
6 Begr. RegE, BT-Drucks. 16/6308, S. 201.

scheidung ohne vorherige Durchführung einer notwendigen Anhörung ergangen ist; in diesem Fall kann das Gericht die Entscheidung ebenfalls von Amts wegen aufheben oder ändern. Sie soll sicherstellen, dass das Ergebnis der Anhörung in jedem Fall, also auch wenn kein Antrag gestellt ist, umgesetzt werden kann. Zugleich wird die Bedeutung der Anhörung damit hervorgehoben.[1] Zum Verhältnis von § 54 Abs. 1 und § 54 Abs. 2 s. Rz. 15. Die Abänderungsmöglichkeit des § 54 Abs. 1 ist nachrangig gegenüber einem Antrag auf Durchführung einer mündlichen Verhandlung gem. § 54 Abs. 2, wenn zuvor keine mündliche Verhandlung stattgefunden hat. Zwischen § 54 und dem Antrag auf Einleitung des Verfahrens zur Hauptsache nach § 52 besteht Gleichrang.

19 Für die Abänderung ist das **erlassende Gericht zuständig**, es sei denn, die Sache wurde vorher an ein anderes Gericht abgegeben oder verwiesen; dann ist dieses zuständig, **§ 54 Abs. 3**. Diese Regelung weicht von der des früheren § 620b Abs. 3 ZPO iVm. § 620a Abs. 4 ZPO ab, weil nunmehr das einstweilige Anordnungsverfahren unabhängig von einer Ehesache ist.[2] Die Zuständigkeit bleibt auch dann bestehen, wenn sich zwischenzeitlich die sie begründenden Umstände geändert haben.[3] Während der Anhängigkeit der einstweiligen Anordnungssache beim Beschwerdegericht ist eine Aufhebung oder Änderung der angefochtenen Entscheidung durch das erstinstanzliche Gericht unzulässig, § 54 Abs. 4, denn während der Anhängigkeit der Sache beim Beschwerdegericht ist **nur Letzteres** zur Abänderung befugt.

20 Eine Abänderung kommt nur in Betracht, wenn sich nach Erlass der einstweiligen Anordnung neue Tatsachen ergeben haben. Für eine neue Entscheidung auf der Grundlage unveränderter Tatsachen dürfte das Rechtsschutzbedürfnis fehlen.[4]

21 Bei Anhängigkeit eines Abänderungsantrags kann das Gericht die **Vollstreckung aussetzen**, § 55 Abs. 1. Die Aussetzung oder Beschränkung der Vollstreckung kann wie nach bisherigem Recht auch von Amts wegen erfolgen und von Bedingungen oder Auflagen abhängig gemacht werden, insbesondere auch von einer Sicherheitsleistung. Über einen Antrag auf Aussetzung der Vollziehung ist vorab zu entscheiden, § 55 Abs. 2. Die Entscheidung über die Aussetzung der Vollstreckung ist nicht anfechtbar.

VII. Einleitung des Hauptsacheverfahrens

22 Nach der Abschaffung der nach früherem Recht bestehenden Abhängigkeit des Verfahrens der einstweiligen Anordnung vom Hauptsacheverfahren erfolgt die Einleitung des Letzteren nach § 52 nur noch **auf Antrag** eines Beteiligten. Wenn alle Beteiligten mit der einstweiligen Regelung zufrieden sind, ist ein Hauptsacheverfahren überflüssig. In Verfahren, die nur auf Antrag eingeleitet werden, mithin in Unterhaltsverfahren, hat das Gericht nach § 52 Abs. 2 Satz 1 auf Antrag eines Beteiligten, der durch die einstweilige Anordnung in seinen Rechten beeinträchtigt ist, gegenüber demjenigen, der die einstweilige Anordnung erwirkt hat, anzuordnen, dass er die Einleitung des Hauptsacheverfahrens oder die Gewährung von Verfahrenskostenhilfe hierfür beantragt. Dieser Antrag kann erst nach der gerichtlichen Entscheidung über den Erlass der einstweiligen Anordnung und nicht bereits mit der Antragserwiderung im Anordnungsver-

1 Begr. RegE, BT-Drucks. 16/6308, S. 202.
2 Begr. RegE, BT-Drucks. 16/6308, S. 202.
3 Begr. RegE, BT-Drucks. 16/6308, S. 202.
4 Zöller/*Philippi*, § 620b ZPO Rz. 2; *Schürmann*, FamRB 2008, 375 (380); *Götsche/Viefhues*, ZFE 2009, 124 (130); aA Baumbach/*Hartmann*, § 54 FamFG Rz. 4.

fahren gestellt werden, weil nach dem Wortlaut des Gesetzes die gerichtliche Maßnahme „erlassen“ sein muss. Ein verfrühter Antrag soll als unzulässig zu verwerfen sein.[1] Der Antrag nach § 52 stellt keinen Rechtsbehelf dar, denn die einstweilige Anordnung beinhaltet keine endgültige Entscheidung in der Sache, sondern schafft einen Vollstreckungstitel. Der Antrag nach § 52 ist darauf gerichtet, eine Sachentscheidung herbeizuführen. Aus diesem Grunde müssen die Beteiligten eines einstweiligen Anordnungsverfahrens über das Antragsrecht gem. § 39 belehrt werden.[2] Das Gericht hat zur Stellung des Antrags eine Frist zu bestimmen, die sich an den Umständen des Einzelfalles zu orientieren hat, jedoch höchstens drei Monate betragen darf.

Wenn der Antragsteller den Antrag fristgemäß stellt, jedoch die Verfahrensgebühr nicht einzahlt, bleibt das Hauptsacheverfahren in einem Schwebezustand, weil § 14 Abs. 1 FamGKG eine Zustellung der Antragsschrift erst nach der Zahlung der Gebühren vorsieht. Daher sollte zum Schutze des Antragsgegners gefordert werden, dass auch der Vorschuss innerhalb der vom Gericht gesetzten Frist eingezahlt werden muss. 23

Der fruchtlose Ablauf der Frist hat nach § 52 Abs. 2 Satz 3 zwingend die Aufhebung der einstweiligen Anordnung zur Folge. Dies hat das Gericht durch **unanfechtbaren Beschluss** auszusprechen.[3] Dieser hat zur Folge, dass die Grundlage für alle beigetriebenen Zahlungen rückwirkend entfällt.[4] Dem Unterhaltsschuldner steht in diesem Fall ein Bereicherungsanspruch zu.[5] 24

Das Gesetz enthält keine Regelung, wer im Fall der Aufhebung der einstweiligen Anordnung die **Kosten** zu tragen hat. Ein Beschluss, der die Aufhebung einer einstweiligen Anordnung ausspricht, ist als Teil des Verfahrens der einstweiligen Anordnung anzusehen. Da § 51 Abs. 4 für das Verfahren der einstweiligen Anordnung eine eigene Kostenentscheidung unter Anwendung der allgemeinen Vorschriften, mithin der jeweiligen Vorschriften über die Kostengrundentscheidung in den einzelnen Abschnitten, vorschreibt,[6] ist für Unterhaltsverfahren, mithin auch für einstweilige Anordnungen, die spezielle Regelung des § 243 anzuwenden. Bei der nach billigem Ermessen zu treffenden Abwägung könnte dann der Rechtsgedanke des § 926 ZPO[7] einfließen, nach dem der Antragsteller die Kosten des Arrestverfahrens zu tragen hat, wenn er keinen Hauptsacheantrag stellt. 25

VIII. Außerkrafttreten der einstweiligen Anordnung

Das **Außerkrafttreten** der einstweiligen Anordnung hinsichtlich der Verpflichtung zur Zahlung von Unterhalt oder zur Zahlung eines Kostenvorschusses für ein gerichtliches Verfahren bestimmt sich nach **§ 56**.[8] Danach gilt eine einstweilige Anordnung grundsätzlich unbefristet, wenn das Gericht nicht ausdrücklich ihre Wirksamkeit nur 26

1 *Götsche/Viefhues*, ZFE 2009, 124 (129); aA *Schürmann*, FamRB 2008, 375 (380).
2 Begr. RegE, BT-Drucks. 16/6308, S. 201.
3 Begr. RegE, BT-Drucks. 16/6308, S. 201.
4 BGH v. 22.3.1989 – IVb ZA 2/89, FamRZ 1989, 850.
5 BGH v. 27.10.1999 – XII ZR 239/97, FamRZ 2000, 751.
6 Begr. RegE, BT-Drucks. 16/6308, S. 201.
7 Vgl. *Klinkhammer*, Stellungnahme zum FGG-RG, Teil II: familiengerichtliches Verfahren, http://www.bundestag.de/ausschuesse/a06/anhoerungen/29_FGG_Teil_1/04_Stellungnahmen/index.html.
8 Begr. RegE, BT-Drucks. 16/6308, S. 260.

für eine bestimmte Zeit anordnet. Bei einer Befristung tritt die einstweilige Anordnung nur durch den Zeitablauf außer Kraft. In den anderen Fällen bleibt sie solange in Kraft, bis eine anderweitige Regelung wirksam wird, § 56 Abs. 1. Anders als nach dem früheren § 620f ZPO tritt die einstweilige Anordnung nicht mehr bei Rücknahme, Abweisung oder Erledigung einer zwischen den Beteiligten geführten Ehesache außer Kraft. Dies hat seinen Grund in der Unabhängigkeit des einstweiligen Anordnungsverfahrens von einer Ehesache oder Hauptsache. Aus demselben Grund führt auch, vorbehaltlich einer anders lautenden Bestimmung durch das Gericht, die Rechtskraft der Ehescheidung nicht zu einem Außerkrafttreten der einstweiligen Anordnung.[1]

27 Nach **§ 56 Abs. 1 Satz 1** wird für das Außerkrafttreten einer einstweiligen Anordnung auf das **Wirksamwerden einer anderweitigen Regelung** abgestellt. Im Falle eines gerichtlich festgesetzten früheren Zeitpunkts ist dieser für das Außerkrafttreten maßgeblich. Wenn es sich bei der anderweitigen Regelung um eine Endentscheidung in einer Familienstreitsache handelt, tritt die einstweilige Anordnung mit Eintritt der **Rechtskraft der Endentscheidung** außer Kraft, **§ 56 Abs. 1 Satz 2.**[2] Eine Einschränkung ergibt sich für die Fälle, in denen die Wirksamkeit bei Endentscheidungen in einer Familienstreitsache erst zu einem späteren Zeitpunkt eintritt, wie dies etwa in § 148 für Entscheidungen in Folgesachen vorgesehen ist. In solchen Fällen ist auf den Zeitpunkt des Wirksamwerdens der Endentscheidung abzustellen.[3] Wenn das Gericht nach § 116 Abs. 3 Satz 2 die sofortige Wirksamkeit einer Hauptsacheentscheidung angeordnet hat, bestehen für die Zeit bis zum Eintritt der Rechtskraft zwei selbständige Vollstreckungstitel, so dass eine doppelte Vollstreckung droht.[4]

28 In Antragsverfahren tritt die einstweilige Anordnung nach § 56 Abs. 2 Nr. 1 bis 4 auch dann außer Kraft, wenn der **Antrag in der Hauptsache zurückgenommen** oder **rechtskräftig abgewiesen** wird, die Hauptsache übereinstimmend für **erledigt** erklärt oder die Erledigung der Hauptsache anderweitig eingetreten ist.

29 Das Gericht hat auf Antrag das **Außerkrafttreten durch Beschluss** auszusprechen. In dem Beschluss sollte im Hinblick auf mögliche Vollstreckungsmaßnahmen der genaue Zeitpunkt angegeben werden, an dem die einstweilige Anordnung wirkungslos geworden ist.[5] Der Beschluss ist mit der Beschwerde anfechtbar, § 56 Abs. 3. Ob für die Einlegung der Beschwerde die Monatsfrist des § 63 Abs. 1[6] oder die zweiwöchige Frist des § 63 Abs. 2 Nr. 1 gilt, ist unklar. Nach der Begründung des Gesetzgebers zu § 57[7] legt § 63 Abs. 2 Nr. 1 die Beschwerdefrist für den Fall der Anfechtung einer im einstweiligen Anordnungsverfahren ergangenen Entscheidung auf zwei Wochen fest. Da die Vorschrift unabhängig davon gilt, welcher Art die angefochtene Entscheidung ist, liegt es nahe, für Beschwerden nach § 56 Abs. 3 auch die kürzere Frist anzuwenden.

30 Das Gesetz enthält keine ausdrückliche Regelung, wer im Fall des **Außerkrafttretens der einstweiligen Anordnung** die **Kosten** zu tragen hat. Einer entsprechenden Anregung,[8] im Hauptsacheverfahren nach § 56 neben der Kostenregelung für das Haupt-

---

1 Begr. RegE, BT-Drucks. 16/6308, S. 202.
2 BGH v. 27.10.1999 – XII ZR 239/97, FamRZ 2000, 751 zu § 620f ZPO.
3 Begr. RegE, BT-Drucks. 16/6308, S. 202.
4 *Gießler*, FPR 2006, 422 (426); *Schürmann*, FamRB 2008, 375 (381).
5 Begr. RegE, BT-Drucks. 16/6308, S. 202.
6 Vgl. *Schürmann*, FamRB 2008, 375 (382).
7 Begr. RegE, BT-Drucks. 16/6308, S. 203.
8 *Klinkhammer*, Stellungnahme zum FGG-RG, Teil II: familiengerichtliches Verfahren, http://www.bundestag.de/ausschuesse/a06/anhoerungen/29_FGG_Teil_1/04_Stellungnahmen/index.html.

sacheverfahren auf Antrag auch die Kostenentscheidung im Verfahren auf einstweilige Anordnung nachträglich zu ändern, ist der Gesetzgeber nicht gefolgt. Daraus könnte man schließen, dass es nach seinem Willen[1] – wegen der neuen verfahrensrechtlichen Selbständigkeit der einstweiligen Anordnung von der Hauptsache – bei der Kostenregelung in der einstweiligen Anordnung verbleiben soll, auch wenn dies in Einzelfällen zu unbilligen Ergebnissen führen kann, zB wenn ein Hauptsacheantrag abgewiesen wird, weil die Unterhaltsbedürftigkeit von Vornherein nicht bestanden hatte, oder wenn der Antragsteller seinen Antrag in der Hauptsache zurückgenommen hat.

Zu erwägen ist eine **entsprechende Anwendung von § 243 Nr. 1**. Denn § 51 Abs. 4 schreibt für das Verfahren der einstweiligen Anordnung eine eigene Kostenentscheidung vor. Anzuwenden sind die allgemeinen Vorschriften. Damit sind die jeweiligen Vorschriften über die Kostengrundentscheidung in den einzelnen Abschnitten gemeint.[2] Für Unterhaltsverfahren, mithin auch für einstweilige Anordnungen, gilt die spezielle Regelung des § 243. Ein Beschluss, der das Außerkrafttreten einer einstweiligen Anordnung ausspricht, sollte dem Verfahren der einstweiligen Anordnung zugeordnet werden. Dann könnte in den oben genannten Fällen eine Kostenentscheidung in dem feststellenden Beschluss unter Berücksichtigung des Rechtsgedankens des § 243 Nr. 1 erfolgen. 31

IX. Einleitung sonstiger Verfahren

Einstweilige Anordnungen können nicht nach § 238 Abs. 1 abgeändert werden, weil diese Vorschrift nur die Abänderung von **in der Hauptsache** ergangenen Endentscheidungen vorsieht. 32

Ob der Unterhaltsberechtigte neben §§ 52, 54 einen Unterhaltsantrag nach §§ 253, 258 ZPO stellen kann, um gegenüber der einstweiligen Anordnung eine Verbesserung zu erreichen, ist nach der Begründung des Gesetzgebers ebenso unklar wie die Frage, ob die §§ 52, 54 dem Unterhaltsschuldner weiter gestatten, sich gegen eine einstweilige Anordnung mit einer negativen Feststellungsklage zu wehren, wenn sich die Verhältnisse, die der Festsetzung des Unterhalts zur Zeit des Erlasses der einstweiligen Anordnung zugrunde lagen, geändert haben.[3] Da nicht davon auszugehen ist, dass der Gesetzgeber die Rechtsschutzmöglichkeiten der Beteiligten einschränken wollte und § 56 Abs. 1 Satz 1 für das Außerkrafttreten einer einstweiligen Anordnung auf das aus dem früheren § 620f Abs. 1 Satz 1 ZPO übernommene Kriterium einer anderweitigen Regelung abstellt,[4] spricht vieles dafür, die genannten Rechtsbehelfe weiterhin für zulässig zu erachten. 33

Weiter zulässig sein dürfte auch die Vollstreckungsabwehrklage nach § 767 ZPO gegen eine einstweilige Anordnung in einer Unterhaltssache, wenn der Unterhaltsverpflichtete Einwendungen gegen den Titel (zB Erfüllung) hat. 34

1 Begr. RegE, BT-Drucks. 16/6308, S. 201.
2 Begr. RegE, BT-Drucks. 16/6308, S. 201.
3 Für den Vorrang der §§ 52, 54 vgl. *Roßmann*, ZFE 2008, 245 (248); *Götsche/Viefhues*, ZFE 2009, 124 (130).
4 Begr. RegE, BT-Drucks. 16/6308, S. 202.

X. Rechtsmittel gegen eine einstweilige Anordnung

35 **Entscheidungen** im Verfahren der **einstweiligen Anordnung** nach § 246 sind **nicht anfechtbar**, denn im Katalog des § 57 ist eine Anfechtbarkeit nicht vorgesehen. Die begrenzte Anfechtbarkeit von Entscheidungen im Verfahren der einstweiligen Anordnung entspricht im Wesentlichen der früheren Rechtslage, die in § 620c ZPO geregelt war.[1]

XI. Schadensersatzansprüche

36 In Unterhaltssachen ist die Anwendung des § 945 ZPO nach Aufhebung einer einstweiligen Anordnung gem. § 119 Abs. 1 Satz 2 FamFG nicht vorgesehen. Der Unterhaltsschuldner hat gegen den Unterhaltsgläubiger keinen Schadensersatzanspruch aus dem Vollstreckungsrecht. Der Gesetzgeber hat sich bei der Schaffung des FamFG an der Rechtsprechung des BGH[2] orientiert, der eine entsprechende Anwendung des § 945 ZPO im Geltungsbereich der früheren §§ 644, 620 ff. ZPO abgelehnt hat.[3] Wegen eventueller sonstiger Ansprüche, insbesondere Rückzahlungsansprüche wegen überzahlten Unterhalts, des Unterhaltsschuldners vgl. die Kommentierung zu § 241, dort Rz. 12.

§ 247
Einstweilige Anordnung vor Geburt des Kindes

(1) Im Wege der einstweiligen Anordnung kann bereits vor der Geburt des Kindes die Verpflichtung zur Zahlung des für die ersten drei Monate dem Kind zu gewährenden Unterhalts sowie des der Mutter nach § 1615l Abs. 1 des Bürgerlichen Gesetzbuchs zustehenden Betrags geregelt werden.

(2) Hinsichtlich des Unterhalts für das Kind kann der Antrag auch durch die Mutter gestellt werden. § 1600d Abs. 2 und 3 des Bürgerlichen Gesetzbuchs gilt entsprechend. In den Fällen des Absatzes 1 kann auch angeordnet werden, dass der Betrag zu einem bestimmten Zeitpunkt vor der Geburt des Kindes zu hinterlegen ist.

A. Allgemeines

I. Entstehung

1 § 247 hat keine direkte Entsprechung im früheren Recht. Die Vorschrift übernimmt den verfahrensrechtlichen Gehalt des durch Art. 50 Nr. 25 FGG-RG aufgehobenen § 1615o BGB.

II. Systematik

2 Die Vorschrift enthält besondere Vorschriften für die Geltendmachung von Unterhalt für das Kind und die Mutter vor Geburt des Kindes. § 247 ist nachrangig gegenüber § 248, sobald dessen Voraussetzungen vorliegen.[4]

1 Begr. RegE, BT-Drucks. 16/6308, S. 202.
2 BGH v. 27.10.1999 – XII ZR 239/97, FamRZ 2000, 751.
3 Begr. RegE, BT-Drucks. 16/6308, S. 226.
4 Zöller/*Philippi*, § 641d ZPO Rz. 3.

III. Normzweck

Ebenso wie nach dem früheren § 1615o BGB soll mit § 247 im Interesse der Mutter und des Kindes die Zahlung von Unterhalt in der besonderen Situation kurz vor und nach der Geburt in einem beschleunigten und möglichst einfach zu betreibenden Verfahren vorläufig sichergestellt werden.[1] 3

B. Voraussetzungen

I. Anwendungsbereich, Absatz 1

Die Regelung legt ausdrücklich fest, dass der **Kindesunterhalt** für die ersten drei Lebensmonate sowie der **Unterhaltsanspruch der Mutter** nach § 1615l BGB, der in seinem Tatbestand eine zeitliche Begrenzung enthält, auch vor der Geburt des Kindes geltend gemacht und zugesprochen werden können. Von dem in Anspruch genommenen Mann kann daher nicht eingewandt werden, das unterhaltsberechtigte Kind sei noch nicht geboren. 4

Anders als nach früherem Recht erfolgt eine Sicherung des Unterhalts für die Mutter und das Kind nicht mehr durch eine einstweilige Verfügung, sondern durch eine einstweilige Anordnung. 4a

Der Antrag auf Erlass einer einstweiligen Anordnung für den **Kindesunterhalt** ist regelmäßig auf den **Mindestunterhalt** der ersten Altersstufe gem. § 1612a Abs. 1 Satz 3 Nr. 1 BGB zu richten. Er kann auch einen voraussichtlich entstehenden **Mehr- oder Sonderbedarf** (§ 1613 Abs. 2 BGB) umfassen, zB eine Säuglingsausstattung oder notwendige Aufwendungen bei einem bereits festgestellten Embryonalschaden.[2] Das Maß des zu gewährenden **Unterhalts für die Mutter** bestimmt sich nach ihrer **Lebensstellung** und richtet sich grundsätzlich nach dem Einkommen, das sie ohne die Geburt des Kindes zur Verfügung hätte, §§ 1615l Abs. 3 Satz 1, 1610 Abs. 1 BGB. Dabei wird jedoch ihre Lebensstellung und damit ihr Unterhaltsbedarf durch den Halbteilungsgrundsatz begrenzt.[3] Die Dauer des Unterhaltsanspruchs der Mutter richtet sich nach § 1615l Abs. 1 BGB; sie beträgt 14 Wochen. Der Grund für die zeitliche Beschränkung liegt darin, dass erst nach der Geburt ein Vaterschaftsfeststellungsverfahren anhängig gemacht werden kann. Das Gericht, bei dem das Verfahren auf Feststellung der Vaterschaft anhängig ist, erlässt auf Antrag gem. § 248 eine zeitlich unbegrenzte einstweilige Anordnung zur Sicherstellung des Unterhalts. 5

II. Antragsberechtigte, Absatz 2

Nach **Satz 1** kann der **Antrag** hinsichtlich des Unterhalts für das Kind auch **durch** die **Mutter** gestellt werden. Dadurch wird die Handlungsbefugnis der Mutter für das einstweilige Anordnungsverfahren auf den Zeitraum vor der Geburt des Kindes erweitert. Da die elterliche Sorge erst mit der Geburt beginnt, wäre für den davor liegenden Zeitraum ohne diese Regelung die Bestellung eines Pflegers erforderlich.[4] **Antragsteller** kann auch das **Jugendamt** als Beistand sein, § 1712 Abs. 1 Nr. 2 BGB. 6

1 Begr. RegE, BT-Drucks. 16/6308, S. 260.
2 Palandt/*Diederichsen*, § 1615o BGB Rz. 2 mwN.
3 BGH v. 15.12.2004 – XII ZR 121/03, FamRZ 2005, 442.
4 Begr. RegE, BT-Drucks. 16/6308, S. 260.

7 Die **Vaterschaft** des in Anspruch Genommenen muss nach **Satz 2** nicht rechtskräftig feststehen; die Geltung der abstammungsrechtlichen Vaterschaftsvermutung wird für die Unterhaltssache ausdrücklich angeordnet. Zur Sicherung einer baldigen Unterhaltszahlung genügt daher Glaubhaftmachung der Schwangerschaft und des Zeitpunkts der Geburt, die Anerkennung des in Anspruch genommenen Mannes bzw. die Vaterschaftsvermutung des § 1600d Abs. 2 BGB.[1] Die Regelung ist notwendig, weil § 248 und damit auch dessen Abs. 3 nicht eingreifen. Ein Vaterschaftsfeststellungsverfahren nach § 248 kann erst nach der Geburt des Kindes durchgeführt werden.

III. Verfahren

8 Eine Gefährdung des Unterhaltsanspruchs muss nicht glaubhaft gemacht werden, wohl aber die Bedürftigkeit des Kindes bzw. der Mutter. Daran fehlt es, wenn die Mutter oder mütterliche Verwandte den Unterhalt aufbringen können.[2] Sozialhilfeleistungen und Leistungen nach dem UVG lassen das Bedürfnis nicht entfallen.[3]

9 Zuständig ist – mangels einer konkreten Regelung – wie bisher das Gericht, bei dem das Verfahren auf Feststellung der Vaterschaft anhängig zu machen ist, vgl. § 248 Abs. 2. Eine mündliche Verhandlung ist nach Maßgabe des § 246 Abs. 2 erforderlich.

10 Die Entscheidung ergeht durch nicht anfechtbaren Beschluss, §§ 119 Abs. 1, 51 Abs. 2, 38 Abs. 1, der grundsätzlich zu begründen und bekannt zu geben ist. Das Gericht setzt den zu zahlenden Unterhalt fest, vgl. § 248 Rz. 14. Die Kostenentscheidung richtet sich nach § 243.

11 Nach **§ 247 Abs. 2 Satz 3** kann das Gericht anordnen, dass der Betrag zu einem bestimmten Zeitpunkt vor der Geburt des Kindes zu **hinterlegen** ist. Diese Möglichkeit war bereits im bisherigen § 1615o Abs. 1, 2 BGB vorgesehen. Angesichts des Regelungszwecks der Norm, nämlich der kurzfristigen Sicherung des Unterhalts, sollte die Hinterlegung die Ausnahme und die Anordnung der Zahlung der Regelfall sein.[4]

§ 248
Einstweilige Anordnung bei Feststellung der Vaterschaft

(1) Ein Antrag auf Erlass einer einstweiligen Anordnung, durch den ein Mann auf Zahlung von Unterhalt für ein Kind oder dessen Mutter in Anspruch genommen wird, ist, wenn die Vaterschaft des Mannes nach § 1592 Nr. 1 und 2 oder § 1593 des Bürgerlichen Gesetzbuchs nicht besteht, nur zulässig, wenn ein Verfahren auf Feststellung der Vaterschaft nach § 1600d des Bürgerlichen Gesetzbuchs anhängig ist.

(2) Im Fall des Absatzes 1 ist das Gericht zuständig, bei dem das Verfahren auf Feststellung der Vaterschaft im ersten Rechtszug anhängig ist; während der Anhängigkeit beim Beschwerdegericht ist dieses zuständig.

1 Palandt/*Diederichsen*, § 1615o BGB Rz. 1.
2 HM, vgl. OLG Koblenz v. 5.4.2006 – 13 WF 261/06, FamRZ 2006, 1137 mwN.
3 Thomas/Putzo/*Hüßtege*, § 641d ZPO Rz. 7.
4 Begr. RegE, BT-Drucks. 16/6308, S. 260.

(3) § 1600d Abs. 2 und 3 des Bürgerlichen Gesetzbuchs gilt entsprechend.

(4) Das Gericht kann auch anordnen, dass der Mann für den Unterhalt Sicherheit in bestimmter Höhe zu leisten hat.

(5) Die einstweilige Anordnung tritt auch außer Kraft, wenn der Antrag auf Feststellung der Vaterschaft zurückgenommen oder rechtskräftig zurückgewiesen worden ist. In diesem Fall hat derjenige, der die einstweilige Anordnung erwirkt hat, dem Mann den Schaden zu ersetzen, der ihm aus der Vollziehung der einstweiligen Anordnung entstanden ist.

A. Allgemeines

I. Entstehung

§ 248 hat keine direkte Entsprechung im früheren Recht. Es werden zum Teil Regelungen der durch Art. 29 Nr. 15 FGG-RG aufgehobenen §§ 641d, 641f und 641g ZPO übernommen. 1

II. Systematik

Die Vorschrift gehört zu den Spezialvorschriften für den Erlass einer einstweiligen Anordnung in Unterhaltssachen. Abs. 1 ergänzt § 246 durch die Einführung einer zusätzlichen Zulässigkeitsvoraussetzung für bestimmte Fälle von einstweiligen Anordnungen, die den Unterhalt betreffen.[1] 2

III. Normzweck

Die Vorschrift durchbricht die Sperrwirkung des § 1600d Abs. 4 BGB, wonach die Rechtswirkungen der Vaterschaft grundsätzlich erst vom Zeitpunkt der rechtskräftigen Feststellung an geltend gemacht werden können.[2] 3

B. Zulässigkeit des Antrags, Absätze 1 und 3

I. Anwendungsbereich

Wenn die Vaterschaft eines Mannes nicht nach § 1592 Nr. 1 BGB (Ehemann der Kindesmutter), § 1592 Nr. 2 BGB (Vaterschaft anerkannt) oder § 1593 BGB (Geburt des Kindes innerhalb von 300 Tagen nach Auflösung der Ehe durch Tod) feststeht, ist ein Antrag auf Erlass einer einstweiligen Anordnung zur Sicherung des Unterhalts für das Kind oder dessen Mutter nur zulässig, wenn ein **Verfahren auf Feststellung der Vaterschaft** nach § 1600d BGB anhängig ist. Trotz des Wortlautes ändert die Regelung des Abs. 1 nichts an der **Selbständigkeit beider Verfahren**. Anders als nach früherem Recht (§ 641d ZPO), ist das einstweilige Anordnungsverfahren nicht Teil des Verfahrens auf Feststellung der Vaterschaft. 4

1 Begr. RegE, BT-Drucks. 16/6308, S. 260.
2 Begr. RegE, BT-Drucks. 16/6308, S. 260.

5 Anders als nach § 641d ZPO aF ist in Abs. 1 nur die **Anhängigkeit** eines Verfahrens auf Feststellung der Vaterschaft erwähnt, nicht jedoch der Fall, dass zunächst lediglich ein Antrag auf Bewilligung von Verfahrenskostenhilfe für ein solches Verfahren eingereicht ist. Da nicht davon auszugehen ist, dass der Gesetzgeber mit der Neuregelung die Rechtsposition der Mutter und des Kindes verschlechtern wollte, dürfte es sich um ein Redaktionsversehen handeln, so dass die Einreichung eines Verfahrenskostenhilfeantrages zur Erfüllung der Zulässigkeitsvoraussetzung für das einstweilige Anordnungsverfahren genügen muss (vgl. auch § 52 Abs. 2). Nach Eintritt der Rechtskraft des Beschlusses im Vaterschaftsfeststellungsverfahren oder bei anderweitigem Ende des Verfahrens ist der Antrag nicht mehr zulässig. Über einen zuvor eingereichten Antrag kann jedoch vorbehaltlich § 248 Abs. 4 nach Eintritt der Rechtskraft entschieden werden.

6 Ebenso wie bei § 641d ZPO aF hat der Gesetzgeber keine Regelung dazu getroffen, ob die Vorschrift auch bei einer Anfechtung der Vaterschaft, bei einer Anerkennung der Vaterschaft durch den Vater oder bei einem negativen Feststellungsgegenantrag anwendbar ist. Die wohl hM[1] zur alten Rechtslage lehnte eine entsprechende Anwendung des früheren § 641d ZPO auf die genannten Verfahren ab. Da dem Gesetzgeber die Streitfrage bekannt gewesen sein dürfte und eine ausdrückliche Regelung auch im FamFG fehlt, ist davon auszugehen, dass sich der **Anwendungsbereich des § 248 nur** auf einen **positiven Feststellungsantrag** oder einen Feststellungsgegenantrag auf Bestehen der Vaterschaft bezieht.

II. Antrag

7 Voraussetzung für eine einstweilige Anordnung ist ein **Antrag des Kindes oder der Mutter** (vgl. § 1600e Abs. 1 BGB). Der Antrag auf Erlass einer einstweiligen Anordnung ist also nicht nur durch die Beteiligten des Verfahrens zur Feststellung der Vaterschaft möglich. Die Kindesmutter kann den Antrag für sich selbst erst für die Zeit nach der Geburt des Kindes stellen.[2] Für das Kind kann sie ihn zugleich als gesetzliche Vertreterin (§ 1626a Abs. 2 BGB) stellen. Anwaltszwang besteht nicht, § 114 Abs. 4 Nr. 1. Der Antrag kann auch zu Protokoll der Geschäftsstelle erklärt werden, § 113 Abs. 1 FamFG iVm. § 129 Abs. 2 ZPO.[3]

III. Antragsvoraussetzungen, Vaterschaftsvermutung

8 Da § 248 eine Ergänzung zu § 246 darstellt und diese Vorschrift wiederum die in § 49 geregelten allgemeinen Voraussetzungen für den Erlass einer einstweiligen Anordnung modifiziert, ist ein dringendes Bedürfnis für ein sofortiges Tätigwerden in der Unterhaltssache nicht erforderlich. Der Antragsteller muss in seiner Antragsbegründung die Beiwohnung in der Empfängniszeit darlegen und glaubhaft machen (§ 51 Abs. 1). Nach der in § 248 Abs. 3 angeordneten entsprechenden Geltung der Vorschriften des § 1600d Abs. 2 und 3 BGB wird dann entsprechend der Regelung für das Verfahren auf gerichtliche Feststellung der **Vaterschaft** der Antragsgegner als der Vater **vermutet**. Die ausdrückliche Erwähnung der Vorschriften des § 1600d Abs. 2 und

1 Zum Streitstand vgl. Musielak/*Borth*, § 641d ZPO Rz. 1 mwN.
2 *Büttner*, FamRZ 2000, 781 (785).
3 Zöller/*Greger*, § 129a ZPO Rz. 1.

3 BGB ist erforderlich, weil anders als nach bisherigem Recht das einstweilige Anordnungsverfahren über den Unterhalt nunmehr nicht mehr Teil des Hauptsacheverfahrens auf Feststellung der Vaterschaft ist und der bisherige Rechtszustand aufrecht erhalten werden soll.[1]

Ein **Mehrverkehrseinwand** des Antragsgegners reicht zur Entkräftung der Vaterschaftsvermutung aus, wenn das Kind nicht andere Umstände glaubhaft macht, die für die Vaterschaft des Gegners sprechen, zB der Nachweis durch ein medizinisches Gutachten, dass ein anderer potentieller Vater ausscheidet.[2] Wenn im Vaterschaftsfeststellungsverfahren eine Beweiserhebung angeordnet ist, kann es zur Vermeidung von Nachteilen für den Antragsteller, dh. einer Abweisung, geboten sein, die Entscheidung über den Antrag auf den Erlass einer einstweiligen Anordnung zunächst zurückzustellen, bis das Ergebnis der Beweisaufnahme vorliegt.[3] Sofern der Antragsteller auf einer sofortigen Entscheidung über den Antrag auf Erlass einer einstweiligen Anordnung besteht und die **Vaterschaft wenig glaubhaft** erscheint, kann das Gericht statt auf Zahlung nur auf **Leistung einer Sicherheit** erkennen.[4] 9

Auch wenn das Kriterium der Notwendigkeit des Erlasses einer einstweiligen Anordnung im Gegensatz zum früheren Recht nicht mehr ausdrücklich erwähnt wird, muss der Antragsteller die **Voraussetzungen für** einen **Unterhaltsanspruch**, insbesondere seine Bedürftigkeit, **dartun** und **glaubhaft** machen. Diese Kriterien betreffen die materielle Berechtigung eines Unterhaltsanspruchs und dürfen nicht mit dem nur nach dem Recht der einstweiligen Verfügung (§§ 935 ff. ZPO) notwendigen Verfügungsgrund[5] verwechselt werden. Die Voraussetzungen für einen Unterhaltsanspruch nach §§ 1601, 1615l BGB liegen nicht vor, wenn die Mutter oder das Kind über eigenes Vermögen oder Einkommen verfügen.[6] Die Bedürftigkeit der Unterhaltsberechtigten entfällt nicht durch den Bezug von Sozialhilfeleistungen, denn diese sind subsidiär gegenüber einem Unterhaltsanspruch.[7] Bei einem Übergang der Unterhaltsansprüche auf Dritte (zB Sozialamt) bleiben die Mutter und das Kind antragsberechtigt, denn sie allein haben die Sachlegitimation.[8] 10

Hinsichtlich der **Höhe des Unterhaltsanspruchs** bedarf es keiner Glaubhaftmachung, wenn lediglich Kindesunterhalt in Höhe des Mindestunterhalts nach § 1612a Abs. 1 BGB und kein Mehr- oder Sonderbedarf (§ 1613 Abs. 2 BGB) geltend gemacht wird. Wenn die Kindesmutter für sich selbst Unterhalt begehrt, so ist für ihren Bedarf gem. §§ 1615l Abs. 3 Satz 1, 1610 Abs. 1 BGB ihre Lebensstellung maßgebend. Dabei kommt es darauf an, in welchen wirtschaftlichen Verhältnissen sie bisher gelebt hat.[9] War sie vor der Geburt des Kindes erwerbstätig, wurde ihre Lebensstellung durch das erzielte Einkommen geprägt. Auch bei früherer nichtehelicher Lebensgemeinschaft zwischen den Eltern kommt grundsätzlich keine Teilhabe an der Lebensstellung des unterhaltspflichtigen anderen Elternteils in Betracht, sofern nicht – ausnahmsweise – ein nachhaltiges Unterhalten durch den Kindesvater vorgelegen hat.[10] Wenn eine verheiratete 11

1 Begr. RegE, BT-Drucks. 16/6308, S. 260.
2 Baumbach/*Hartmann*, § 641d ZPO Rz. 8; Musielak/*Borth*, § 641d ZPO Rz. 6.
3 Zöller/*Philippi*, § 641d ZPO Rz. 9a.
4 Musielak/*Borth*, § 641d ZPO Rz. 6.
5 Begr. RegE, BT-Drucks. 16/6308, S. 199.
6 OLG Koblenz v. 5.4.2006 – 13 WF 261/06, FamRZ 2006, 1137; *Büttner*, FamRZ 2000, 785.
7 OLG Düsseldorf v. 25.6.1993 – 3 W 243/93, FamRZ 1994, 111.
8 Zöller/*Philippi*, § 641d ZPO Rz. 16.
9 BGH v. 17.1.2007 – XII ZR 104/03, FamRZ 2007, 1303.
10 OLG Bremen v. 20.2.2008 – 4 WF 175/07, NJW 2008, 1745.

oder geschiedene Mutter zusätzlich zu ehelichen Kindern ein nichteheliches Kind betreut, wird ihre Lebensstellung nach Maßgabe der ehelichen Lebensverhältnisse bestimmt, selbst wenn diese unter den Mindestbedarfsätzen liegen.[1] Die den Bedarf bestimmenden Kriterien sind von der Kindesmutter darzulegen und glaubhaft zu machen.

IV. Zuständiges Gericht, Absatz 2; Verfahren

12 Zuständig für die Entscheidung über den Antrag auf Erlass einer einstweiligen Anordnung in den Fällen des Abs. 1 ist aus verfahrensökonomischen Gründen das Gericht, bei dem das Verfahren auf Feststellung der Vaterschaft anhängig ist. Während der Anhängigkeit beim Beschwerdegericht ist dieses zuständig.

13 Eine **mündliche Verhandlung** ist anders als nach früherem Recht nicht mehr zwingend erforderlich. Nach § 246 Abs. 2 soll eine Entscheidung in einem einstweiligen Anordnungsverfahren in Unterhaltssachen jedoch auf Grund mündlicher Verhandlung ergehen, wenn dies zur Aufklärung des Sachverhalts oder für eine gütliche Beilegung des Verfahrens geboten erscheint. Da der Gesetzgeber mit dieser Vorschrift die Bedeutung der mündlichen Verhandlung betonen und die Möglichkeit des Zustandekommens von Vereinbarungen erleichtern wollte,[2] sollte eine Entscheidung ohne mündliche Verhandlung nur in einfach gelagerten oder besonders eilbedürftigen Fällen erfolgen.

14 Die Entscheidung ergeht durch **Beschluss**, §§ 119 Abs. 1, 51 Abs. 2, 38 Abs. 1, der grundsätzlich zu begründen und bekannt zu geben ist, § 38 Abs. 3 und 4. Das Gericht setzt den Unterhalt und ggf. einen Verfahrenskostenvorschuss[3] oder eine Sicherheitsleistung fest. Die Parteien können auch einen **Vergleich** abschließen.

V. Sicherheitsleistung, Absatz 4; Kosten des Verfahrens

15 Das Gericht hat die Möglichkeit, für den Unterhalt eine Sicherheitsleistung in Höhe eines bestimmten Betrages anzuordnen. Diese Vorschrift ist dem früheren § 641d Abs. 1 Satz 2 ZPO nachgebildet.[4] Die Anordnung einer Sicherheitsleistung statt einer Zahlung kommt in Betracht, wenn der Lebensunterhalt der Mutter oder des Kindes durch die Mutter oder mütterliche Verwandte gewährleistet ist oder Unterhaltsvorschussleistungen bezogen werden und nicht auszuschließen ist, dass eine spätere Durchsetzung der rückständigen Unterhaltsansprüche nicht gesichert ist.[5] Sicherheitsleistungen erfolgen idR durch Bankbürgschaft[6] oder Einzahlung auf ein Sperrkonto des Jugendamtes oder des Kindes.[7]

16 Die wegen der Selbständigkeit des Verfahrens zu treffende **Kostenentscheidung** richtet sich nach **§§ 51 Abs. 4, 243**.

1 BGH v. 17.1.2007 – XII ZR 104/03, FamRZ 2007, 1303.
2 Begr. RegE, BT-Drucks. 16/6308, S. 260.
3 OLG Düsseldorf v. 20.2.1995 – 3 W 580/94, FamRZ 1995, 1426; vgl. § 246 Abs. 1.
4 Begr. RegE, BT-Drucks. 16/6308, S. 260.
5 OLG Düsseldorf v. 25.6.1993 – 3 W 243/93, FamRZ 1994, 111.
6 Thomas/Putzo/*Hüßtege*, § 641d ZPO Rz. 12.
7 OLG Düsseldorf v. 25.6.1993 – 3 W 243/93, FamRZ 1994, 111.

VI. Rechtsmittel, Abänderung, Außerkrafttreten, Abs. 5 Satz 1

Die nach früherem Recht (§ 641d Abs. 3 ZPO) bestehende Möglichkeit, gegen eine vom Amtsgericht erlassene einstweilige Anordnung sofortige Beschwerde einzulegen, ist entfallen. **Entscheidungen in Verfahren der einstweiligen Anordnung** in Familiensachen sind gem. der allgemeinen Regelung in § 57 Satz 1, die mangels einer Spezialregelung in Buch 2 (Verfahren in Familiensachen), Abschnitt 1 (Allgemeine Vorschriften, § 119 Abs. 1) und Abschnitt 9 (Verfahren in Unterhaltssachen, §§ 231 bis 260) anzuwenden ist, **nicht anfechtbar**. Eine der in § 57 Satz 2 Nr. 1 bis 5 geregelten Ausnahmen liegt nicht vor. 17

Die **Abänderung** der einstweiligen Anordnung richtet sich nach **§ 54**. S. hierzu die Kommentierung dort und zu § 246. 18

Das **Außerkrafttreten** der **einstweiligen Anordnung** bestimmt sich nach **§ 56**.[1] Ergänzt wird die dortige Regelung durch **§ 248 Abs. 5 Satz 1**, der zwei zusätzliche Fälle des Außerkrafttretens der einstweiligen Anordnung in Unterhaltssachen enthält. Danach tritt eine einstweilige Anordnung auch außer Kraft, wenn der Antrag auf Feststellung der Vaterschaft zurückgenommen oder rechtskräftig zurückgewiesen worden ist. Beide Konstellationen haben ihren Grund in der Koppelung der einstweiligen Anordnung an das Abstammungsverfahren. Die Vorschrift entspricht inhaltlich, bis auf das neue Erfordernis der Rechtskraft im Fall der Abweisung, dem aufgehobenen § 641f ZPO.[2] Der Gesetzgeber hat das Erfordernis der Rechtskraft einer abweisenden Entscheidung über den Antrag auf Vaterschaftsfeststellung aufgenommen, weil es sich bei der Verknüpfung des einstweiligen Anordnungsverfahrens mit dem Abstammungsverfahren in erster Linie um einen formalen Gesichtspunkt handelt. Die Frage, ob das Bestehen der Vaterschaft auch nach Erlass einer abweisenden Entscheidung in der Abstammungssache noch als hinreichend wahrscheinlich angesehen werden kann, ist im einstweiligen Anordnungsverfahren eigenständig auf der Grundlage des dort maßgeblichen Verfahrensstoffs zu beurteilen.[3] 19

VII. Schadensersatz, Abs. 5 Satz 2

In Unterhaltssachen ist die Anwendung des § 945 ZPO nach Aufhebung einer einstweiligen Anordnung gem. § 119 Abs. 1 Satz 2 FamFG nicht vorgesehen. Der Unterhaltsschuldner hat gegen den Unterhaltsgläubiger grundsätzlich keinen Schadensersatzanspruch aus dem Vollstreckungsrecht. Eine **Ausnahme** stellt **§ 248 Abs. 5 Satz 2** dar; er entspricht inhaltlich dem aufgehobenen § 641g ZPO. Nach einer Rücknahme oder rechtskräftigen Zurückweisung des Vaterschaftsfeststellungsantrags hat derjenige, der die einstweilige Anordnung erwirkt hat, dem Mann den Schaden zu ersetzen, der diesem aus der Vollziehung der einstweiligen Anordnung oder einer Sicherheitsleistung[4] entstanden ist. Eine analoge Anwendung dieser Vorschrift wird bejaht, wenn der Unterhalt durch eine die Anordnung ersetzende Vereinbarung festgelegt wurde oder wenn nach dem Tod einer Partei das Gericht nach § 1600e Abs. 2 BGB den Antrag auf Feststellung der Vaterschaft abweist,[5] nicht aber, wenn eine Erledigung der Haupt- 20

1 Vgl. die Kommentierung zu § 56.
2 Begr. RegE, BT-Drucks. 16/6308, S. 260.
3 Begr. RegE, BT-Drucks. 16/6308, S. 261.
4 Zöller/*Philippi*, § 641g ZPO Rz. 1.
5 Zöller/*Philippi*, § 641g ZPO Rz. 2; Musielak/*Borth*, § 641g ZPO Rz. 1.

sache durch ein Vaterschaftsanerkenntnis erfolgt ist.[1] Der Schadensersatzanspruch wird nicht durch die Möglichkeit des Rückgriffs des Mannes gegen den tatsächlichen Erzeuger des Kindes nach § 1607 Abs. 3 BGB eingeschränkt. Soweit der Mann vom wirklichen Vater Ersatz für geleistete Unterhaltszahlungen erhält,[2] verringert sich sein Schaden und damit die Ersatzpflicht des Kindes. Das Kind kann, wenn es Schadensersatz leistet, die Rückübertragung des nach § 1607 Abs. 3 BGB übergegangenen Unterhaltsanspruchs im Wege des Vorteilsausgleichs verlangen und dann gegen den Erzeuger selbst vorgehen.[3]

Unterabschnitt 3
Vereinfachtes Verfahren über den Unterhalt Minderjähriger

Vorbemerkungen

A. Rechtsentwicklung

1 Die Regelungen der bisherigen §§ 645 bis 660 ZPO über das vereinfachte Verfahren über den Unterhalt Minderjähriger, das durch Art. 3 Nr. 9 KindUG ab dem 1.7.1998 eingeführt worden war, betrafen Unterhaltsansprüche minderjähriger Kinder, die mit dem in Anspruch genommenen Elternteil nicht in einem Haushalt leben. Die §§ 249 ff. entsprechen inhaltlich den bisherigen §§ 645 ff. ZPO mit Ausnahme der bisherigen §§ 655 und 656 ZPO, die nicht übernommen wurden, und der §§ 653, 654 ZPO, die außerhalb dieses Unterabschnittes in §§ 237 und 240 geregelt sind. Der bisherige § 655 ZPO sah vor, dass auf wiederkehrende Unterhaltsleistungen gerichtete Vollstreckungstitel, in denen Kindergeldleistungen zu berücksichtigen waren, auf Antrag im vereinfachten Verfahren durch Beschluss abgeändert werden konnten, wenn sich ein für die Berechnung dieses Betrages maßgeblicher Umstand geändert hatte. Nach dem bisherigen § 656 ZPO konnte im Wege der Klage eine entsprechende Abänderung des nach § 655 ZPO ergangenen Beschlusses verlangt werden. Der Gesetzgeber hat den Regelungsgehalt dieser Vorschriften nicht in das FamFG übernommen, weil die Anordnung der Kindergeldverrechnung bei der Tenorierung zunehmend in dynamisierter Form erfolgt und sich dadurch das Bedürfnis für entsprechende Sondervorschriften verringert hat. Im Fall einer Erhöhung des Kindergeldes ergibt sich in der überwiegenden Zahl der Fälle zudem eine Reduktion des Zahlbetrages für den Unterhalt. Nach Auffassung des Gesetzgebers ist es dem Verpflichteten zuzumuten, diesen Umstand bei Überschreitung der Wesentlichkeitsschwelle im Wege des regulären Abänderungsverfahrens geltend zu machen. Eine Übernahme der genannten Regelungen in das FamFG hat der Gesetzgeber auch wegen der Komplexität der Regelungen und des aufwändigen Mechanismus der Abänderungsverfahren nach den bisherigen §§ 656 und 323 Abs. 5 ZPO abgelehnt.[4]

1 Baumbach/*Hartmann*, § 641g ZPO Rz. 1; Zöller/*Philippi*, § 641g ZPO Rz. 2.
2 Der Scheinvater kann im Regressprozess gegen den mutmaßlichen Erzeuger des Kindes die Vaterschaft des Beklagten unter Durchbrechung der Rechtsausübungssperre des § 1600d Abs. 4 BGB inzident feststellen lassen, BGH v. 16.4.2008 – XII ZR 144/06, FamRZ 2008, 1424.
3 Zöller/*Philippi*, § 641g ZPO Rz. 1.
4 Begr. RegE, BT-Drucks. 16/6308, S. 261.

Im Laufe des Gesetzgebungsverfahrens hatte der Bundesrat vorgeschlagen, an Stelle des vereinfachten Unterhaltsverfahrens ein Verfahren einzuführen, das weitgehend den Vorschriften des Mahnverfahrens entspricht und eine automatisierte Bearbeitung ermöglicht. Grundlage für diesen Vorschlag war ein Eckpunktepapier des Justizministeriums Baden-Württemberg. Dieses sah eine Öffnung des vereinfachten Unterhaltsverfahrens für alle familienrechtlichen Unterhaltsansprüche, eine Streichung der betragsmäßigen Begrenzung, einen weit gehenden Verweis auf die Zuständigkeits- und Verfahrensvorschriften des Mahnverfahrens, den Erlass eines Vollstreckungsbescheids an Stelle des Festsetzungsbeschlusses, eine erleichterte Abänderbarkeit des Vollstreckungsbescheids in einem Korrekturverfahren, einen Wegfall der Beschränkung der Einwendungen des Antragsgegners und die Möglichkeit zur Einlegung eines Widerspruchs/Einspruchs, eine vollständige maschinelle Bearbeitung an Stelle einer individuellen Prüfung des Antrags durch den Rechtspfleger und eine Beschränkung der manuellen Vorprüfung auf Prozesskostenhilfeanträge vor.[1] Die Bundesregierung nahm diese Anregung des Bundesrates auf, hielt es jedoch nicht für angezeigt, diese grundlegende Änderung des Verfahrens in das laufende Gesetzgebungsverfahren einzubeziehen.[2] Diese Ablehnung der Bundesregierung ist nicht nachvollziehbar. Da das neue FamFG zahlreiche grundlegende Änderungen enthält und die Anwaltschaft das Verfahren scheut, weil es zu umständlich ist,[3] hätte es sich geradezu angeboten, auch das Verfahren über den Unterhalt Minderjähriger zu reformieren. Dieses Verfahren, das nur in rund 20 % aller Unterhaltsverfahren genutzt wird, wäre effizienter, wenn die Bearbeitung der Anträge an das Mahnverfahren gekoppelt und somit eine flächendeckende maschinelle Bearbeitung ermöglicht würde. Mit einer Neuregelung hätte auch eine erhebliche Verschlankung der entsprechenden Vorschriften erreicht werden können.[4] 2

B. Verhältnis zu anderen Verfahren

Der Unterhaltsanspruch des minderjährigen Kindes kann nach Wahl im vereinfachten Verfahren oder durch einen Leistungsantrag geltend gemacht werden.[5] Da die Art der zu erwartenden Einwendungen des Antragsgegners idR nicht vorhersehbar ist und das vereinfachte Verfahren in ein streitiges Verfahren nach § 255 übergehen kann, fehlt einem Leistungsantrag nicht das Rechtsschutzbedürfnis. Ein Antrag auf Gewährung von Verfahrenskostenhilfe (§ 113 FamFG iVm. § 114 ZPO) für dieses Verfahren ist aus den gleichen Gründen nicht mutwillig.[6] 3

Sofern über den Unterhaltsanspruch des minderjährigen Kindes bereits ein Gericht entschieden hat, ein gerichtliches Verfahren anhängig ist oder ein zur Zwangsvollstreckung geeigneter Titel vorliegt (§ 249 Abs. 2), ist das vereinfachte Verfahren nicht 4

1 Stellungnahme des Bundesrates v. 6.7.2007, BT-Drucks. 16/6308, S. 384.
2 Gegenäußerung der BReg. zur Stellungnahme des Bundesrates, Begr. RegE, BT-Drucks. 16/6308, S. 419.
3 *Hamm*, Kap. 6 Rz. 48.
4 Stellungnahme des Bundesrates v. 6.7.2007, BT-Drucks. 16/6308, S. 384.
5 BT-Drucks. 13/7338, S. 37.
6 OLG Naumburg v. 25.3.1999 – 3 WF 92/99, FamRZ 1999, 1670; OLG Köln v. 5.11.2001 – 21 WF 208/01, OLGReport 2002, 58; Musielak/*Borth*, vor § 645 ZPO Rz. 4; Thomas/Putzo/*Hüßtege*, vor § 645 ZPO Rz. 8; aA OLG Hamm v. 9.2.1999 – 2 WF 17/99, FamRZ 1999, 995; offen lassend für den Fall, dass der Unterhaltsschuldner mangelnde Leistungsfähigkeit einwendet OLG Rostock v. 30.5.2006 – 10 WF 239/05, FamRZ 2006, 1394.

statthaft. Die Abänderung von Unterhaltstiteln minderjähriger Kinder – gleich welcher Art – über wiederkehrende Leistungen bei Veränderungen der Kindergeldleistungen kann abweichend von dem bis zum Inkrafttreten des FamFG geltenden Recht nach dem Wegfall der Regelungen der §§ 655 und 656 ZPO (s. oben unter A. nicht mehr durch ein vereinfachtes Verfahren erfolgen, sondern nur noch – ebenso wie bei Veränderungen sonstiger Umstände (zB der Leistungsfähigkeit des Unterhaltsverpflichteten) – durch Abänderungsverfahren nach den §§ 238 bis 240.

§ 249
Statthaftigkeit des vereinfachten Verfahrens

(1) Auf Antrag wird der Unterhalt eines minderjährigen Kindes, das mit dem in Anspruch genommenen Elternteil nicht in einem Haushalt lebt, im vereinfachten Verfahren festgesetzt, soweit der Unterhalt vor Berücksichtigung der Leistungen nach § 1612b oder § 1612c des Bürgerlichen Gesetzbuchs das 1,2-fache des Mindestunterhalts nach § 1612a Abs. 1 des Bürgerlichen Gesetzbuchs nicht übersteigt.

(2) Das vereinfachte Verfahren ist nicht statthaft, wenn zum Zeitpunkt, in dem der Antrag oder eine Mitteilung über seinen Inhalt dem Antragsgegner zugestellt wird, über den Unterhaltsanspruch des Kindes entweder ein Gericht entschieden hat, ein gerichtliches Verfahren anhängig ist oder ein zur Zwangsvollstreckung geeigneter Schuldtitel errichtet worden ist.

A. Allgemeines

I. Entstehung

1 § 249 entspricht inhaltlich dem bisherigen § 645 ZPO.

II. Systematik

2 Die Vorschrift gehört zu den speziellen Regelungen für vereinfachte Unterhaltsverfahren. Das vereinfachte Verfahren über den Unterhalt Minderjähriger kann nicht Folgesache im Verbund eines Scheidungsverfahrens sein, § 137 Abs. 2 Nr. 2.

III. Normzweck

3 Das Verfahren soll unterhaltsberechtigten ehelichen und nichtehelichen minderjährigen Kindern ermöglichen, ihren Unterhaltsanspruch in dynamisierter Form im Beschlussweg ohne Anwaltszwang in einem einfachen Verfahren festsetzen zu lassen. Es handelt sich um ein schematisiertes Verfahren, das in 1. Instanz von dem Rechtspfleger bearbeitet wird (§ 25 Nr. 2c RPflG = § 20 Nr. 10 RPflG aF).

B. Voraussetzungen des vereinfachten Verfahrens, Absatz 1

I. Gegenstand

4 **Gegenstand** des vereinfachten Unterhaltsverfahrens ist der **Unterhaltsanspruch eines minderjährigen Kindes**, das mit dem in Anspruch genommenen Elternteil nicht im Haushalt zusammenlebt (§ 1612a BGB). Geltend gemacht werden können Unterhaltsansprüche, soweit sie vor dem Vorwegabzug des Kindergelds das 1,2-fache (120 %) des Mindestunterhalts[1] nach § 1612a Abs. 1 BGB nicht übersteigen. Diese vor Anrechnung des Kindergelds zu ermittelnden Höchstbeträge belaufen sich für die Zeit ab 1.1.2008 gem. §§ 1612a BGB, 36 Nr. 4 EGZPO in der 1. Altersstufe auf 335 Euro, in der 2. Altersstufe auf 387 Euro und in der 3. Altersstufe auf 438 Euro. In dem vereinfachten Verfahren können auch rückständige Unterhaltsbeträge festgesetzt werden sowie gesetzliche Verzugszinsen (§ 288 Abs. 1 BGB – fünf Prozentpunkte über dem Basiszinssatz) ab dem Zeitpunkt der Zustellung des Festsetzungsantrages (als verzugsbegründender Vorgang, §§ 251 Abs. 1, 286 Abs. 1 Satz 2 BGB) bezogen auf den zu dieser Zeit rückständigen Unterhalt. Die Festsetzung rückständiger Verzugszinsen und Nebenkosten, zB Mahnkosten, ist ausgeschlossen, weil in diesem auf größtmögliche Beschleunigung angelegten Verfahren kein Raum für eine materielle Verzugsprüfung ist.[2] Das vereinfachte Verfahren ist eine Alternative zum normalen Antragsverfahren, denn in dem vereinfachten Unterhaltsverfahren kann das Kind seinen Bedarf bis zum 1,2-fachen des Mindestunterhalts durch Beschluss festsetzen lassen, ohne den Antrag begründen und das Einkommen des Unterhaltspflichtigen darlegen und beweisen zu müssen.[3] Zudem ist dem Antragsgegner im vereinfachten Verfahren die Berufung auf eine mangelnde Leistungsfähigkeit durch das vorgeschriebene Formular für seine Einwendungen (§ 252), mit dem er eine umfassende Auskunft über seine persönlichen und wirtschaftlichen Verhältnisse erteilen muss, sehr erschwert.[4] Obwohl das vereinfachte Verfahren nur für den Unterhaltsanspruch minderjähriger Kinder anwendbar ist, muss ein nach §§ 249 ff. geschaffener Titel nicht bis zur Vollendung des 18. Lebensjahres begrenzt werden, weil auch im vereinfachten Verfahren ein Individualanspruch festgesetzt wird, der über das 18. Lebensjahr hinaus bestehen kann, vgl. § 244.[5]

II. Antragsteller

5 Antragsteller in dem Verfahren ist entweder der **alleinsorgeberechtigte Elternteil** oder, im Falle gemeinsamer elterlicher Sorge, der Elternteil, in dessen **Obhut** sich das Kind befindet, dh. in dessen Haushalt es lebt (§ 1629 Abs. 2 Satz 2 BGB). Wenn die Eltern des minderjährigen Kindes miteinander verheiratet sind, kann der Elternteil, solange die Eltern getrennt leben oder eine Ehesache zwischen ihnen anhängig ist, den Antrag nur im eigenen Namen als Verfahrensstandschafter stellen (§ 1629 Abs. 3 BGB). Sind die Eltern nicht miteinander verheiratet, muss der Elternteil, in dessen Obhut das Kind lebt, den Antrag im Namen des Kindes als dessen gesetzlicher Vertreter stellen (§ 1629 Abs. 2 Satz 2 BGB). Wenn die elterliche Sorge während des Verfahrens auf den

1 Zur Umrechnung der vor dem 1.1.2008 geltenden Regelbeträge vgl. *Viefhues/Mleczko*, Rz. 550 ff.; *Menne/Grundmann*, S. 148 ff.; *Kalthoener/Büttner/Niepmann*, Rz. 207.
2 BGH v. 28.5.2008 – XII ZB 34/05, FamRZ 2008, 1428; OLG Koblenz v. 3.2.2005 – 7 UF 985/04, FamRZ 2005, 2000.
3 BGH v. 6.2.2002 – XII ZR 20/00, FamRZ 2002, 536; *Vossenkämper*, FamRZ 2008, 201 (209).
4 Ehinger/Griesche/*Rasch*, Rz. 753.
5 OLG Brandenburg v. 26.7.2006 – 9 UF 118/06, FamRZ 2007, 484.

Antragsgegner übertragen wird, wird das vereinfachte Verfahren unzulässig.[1] Gleiches gilt, wenn das minderjährige Kind während des Verfahrens dauerhaft in den Haushalt des anderen Elternteils wechselt. Unterhaltsansprüche für die Zeit bis zu dem Wechsel des Aufenthalts kann der andere Elternteil dann nur noch geltend machen, wenn er das alleinige Sorgerecht hat.[2] Das Verfahren bleibt dagegen statthaft, wenn das Kind zwischen Antragstellung und Entscheidung volljährig wird.[3] In diesem Fall endet die Verfahrensstandschaft oder die gesetzliche Vertretung des betreuenden Elternteils. Das Kind muss dem Verfahren beitreten und nun sich selbst vertreten.[4] Antragsberechtigt sind auch Personen, auf die der Unterhaltsanspruch des Kindes übergegangen ist (§ 33 SGB II, § 94 SGB XII, § 1607 BGB, § 7 UVG).

III. Antragsgegner

6 Antragsgegner ist der Elternteil, mit dem das Kind nicht in einem Haushalt lebt. Dies ist dann der Fall, wenn das Kind seinen Lebensmittelpunkt im Haushalt des anderen Elternteils hat. Nicht im Haushalt des Antragsgegners lebt das Kind, wenn es sich zB im Einverständnis mit der sorgeberechtigten Mutter zum Zwecke des Umgangs regelmäßig am Wochenende beim Vater aufhält, denn ein bloßer Umgangsaufenthalt verlagert den Lebensmittelpunkt des Kindes nicht.[5] Wenn die Eltern ein echtes Wechselmodell praktizieren, dh. das Kind in etwa gleich langen Zeiträumen abwechselnd in den jeweiligen Haushalten eines Elternteils lebt, sind die Voraussetzungen des § 249 nicht erfüllt.[6] Das vereinfachte Verfahren gilt auch für Dritte, auf die der Unterhaltsanspruch übergegangen ist (zB nach § 33 SGB II, § 94 SGB XII, § 1607 BGB, § 7 UVG), nicht jedoch für Ansprüche gegen Dritte (zB ersatzweise Haftende nach § 1607 BGB).[7]

C. Keine anderweitige Anhängigkeit eines Unterhaltsverfahrens, Absatz 2

7 Das vereinfachte Verfahren ist nur für eine **erstmalige Titulierung von Unterhaltsansprüchen** vorgesehen.[8] Es darf zum Zeitpunkt, in dem der Antrag oder eine Mitteilung über seinen Inhalt dem Antragsgegner zugestellt wird, kein gerichtliches Verfahren anhängig sein oder eine gerichtliche Entscheidung oder ein sonstiger Vollstreckungstitel (Prozessvergleich, § 794 Abs. 1 Nr. 1 ZPO, notarielle Urkunde, § 794 Abs. 1 Nr. 5 ZPO) existieren. Denn das sehr schematisierte vereinfachte Verfahren, das Einwendungen des Unterhaltsschuldners nur in eng begrenztem Umfang zulässt, ist nicht dazu geeignet, Urteile oder bestehende Unterhaltstitel zu überprüfen. Deshalb findet das vereinfachte Verfahren auch dann nicht statt, wenn zuvor ein Unterhaltsantrag als unbegründet – nicht als unzulässig[9] – abgewiesen worden ist.[10] Eine Entscheidung iSv.

1 OLG Karlsruhe v. 25.4.2000 – 2 WF 30/00, FamRZ 2001, 767.
2 Luthin/*Seidel*, Rz. 7324; aA Zöller/*Philippi*, § 645 ZPO Rz. 1b; OLG Brandenburg v. 27.1.2003 – 10 UF 259/02, FamRZ 2004, 273.
3 BGH v. 21.12.2005 – XII ZB 258/03, FamRB 2006, 143; aA Musielak/*Borth*, vor § 645 ZPO Rz. 3.
4 OLG Köln v. 29.9.1999 – 27 UF 189/99, FamRZ 2000, 678.
5 OLG Hamm v. 26.2.1993 – 7 UF 429/92, FamRZ 1994, 529.
6 OLG Celle v. 11.2.2003 – 15 WF 20/03, JAmt 2003, 321 = FamRZ 2003, 1475.
7 Palandt/*Diederichsen*, § 1607 BGB Rz. 5; Eschenbruch/*Klinkhammer*, Teil 5 Rz. 278.
8 OLG Naumburg v. 5.11.2001 – 8 WF 233/01, FamRZ 2002, 1045.
9 Zöller/*Philippi*, § 645 ZPO Rz. 5.
10 Zöller/*Philippi*, § 645 ZPO Rz. 5, Eschenbruch/*Klinkhammer*, Teil 5 Rz. 281; Ehinger/Griesche/*Rasch*, Rz. 757; aA FamRefK/*Bäumel* Rz. 11.

§ 249 Abs. 2 ist auch ein (Teil-)Anerkenntnisurteil, selbst wenn der Unterhaltsberechtigte danach auf seine Rechte aus diesem Titel wirksam verzichtet hat.[1] Ein als unzulässig zurückgewiesener Antrag im vereinfachten Verfahren (§ 250 Abs. 2) stellt kein Verfahrenshindernis dar, denn der Antrag kann neu gestellt werden.[2] Auch eine abgewiesene Auskunftsklage (§ 1605 BGB) macht das Verfahren nicht unzulässig.[3] Ob ein vorangegangenes oder noch anhängiges Verfahren auf Erlass einer einstweiligen Anordnung (§ 246) oder Verfügung zur vorläufigen Regelung des Unterhalts der Statthaftigkeit des vereinfachten Verfahrens entgegensteht, ist streitig.[4] Der zustimmenden Auffassung ist der Vorzug zu geben. Zwar stellen vorläufige und endgültige Regelungen unterschiedliche Verfahrensgegenstände dar. Da aber nach Inkrafttreten des FamFG die Anhängigkeit eines isolierten Unterhaltsverfahrens im Gegensatz zum bisherigen Recht nicht mehr Voraussetzung für das einstweilige Anordnungsverfahren ist, erhält dieses einen neuen Stellenwert. Es wird voraussichtlich weniger Hauptsacheverfahren geben, wenn der Unterhaltsschuldner keinen entsprechenden Antrag (§ 52 Abs. 2 Satz 1) und auch keinen Abänderungsantrag (§ 54) stellt. Die einstweilige Anordnung tritt in solchen Fällen nicht außer Kraft (§ 56) und wird ein vereinfachtes Unterhaltsverfahren häufig überflüssig machen.

Wenn der Unterhaltspflichtige nach der Einleitung des Verfahrens einen Unterhaltstitel, zB eine Jugendamtsurkunde, errichten lässt, kann der Antragsteller das Verfahren für ganz oder teilweise erledigt erklären, wenn der verlangte Unterhaltsbetrag bzw. ein geringerer Unterhalt tituliert wurde.[5] 8

§ 250
Antrag

(1) Der Antrag muss enthalten:

1. die Bezeichnung der Beteiligten, ihrer gesetzlichen Vertreter und der Verfahrensbevollmächtigten;

2. die Bezeichnung des Gerichts, bei dem der Antrag gestellt wird;

3. die Angabe des Geburtsdatums des Kindes;

4. die Angabe, ab welchem Zeitpunkt Unterhalt verlangt wird;

5. für den Fall, dass Unterhalt für die Vergangenheit verlangt wird, die Angabe, wann die Voraussetzungen des § 1613 Abs. 1 oder Abs. 2 Nr. 2 des Bürgerlichen Gesetzbuchs eingetreten sind;

6. die Angabe der Höhe des verlangten Unterhalts;

7. die Angaben über Kindergeld und andere zu berücksichtigende Leistungen (§ 1612b oder § 1612c des Bürgerlichen Gesetzbuchs);

1 OLG München v. 17.9.1998 – 12 WF 1142/98, FamRZ 1999, 450.
2 Zöller/*Philippi*, § 645 ZPO Rz. 5.
3 Begr. RegE des KindUG, BT-Drucks. 13/7338, S. 38.
4 Verneinend OLG München v. 22.5.2000 – 12 WF 754/00, FamRZ 2000, 1580; Zöller/*Philippi*, § 645 ZPO Rz. 5; bejahend *Gießler*, FamRZ 2001, 1269 (1271); FA-FamR/*Gerhardt*, Kap. 6 Rz. 202c.
5 Zöller/*Philippi*, § 650 ZPO Rz. 3; Eschenbruch/*Klinkhammer*, Teil 5 Rz. 281; MAH Familienrecht/*Bömelburg*, § 6 Rz. 150; OLG München v. 30.10.2000 – 12 WF 1318/00, FamRZ 2001, 1076.

8. die Erklärung, dass zwischen dem Kind und dem Antragsgegner ein Eltern-Kind-Verhältnis nach den §§ 1591 bis 1593 des Bürgerlichen Gesetzbuchs besteht;

9. die Erklärung, dass das Kind nicht mit dem Antragsgegner in einem Haushalt lebt;

10. die Angabe der Höhe des Kindeseinkommens;

11. eine Erklärung darüber, ob der Anspruch aus eigenem, aus übergegangenem oder rückabgetretenem Recht geltend gemacht wird;

12. die Erklärung, dass Unterhalt nicht für Zeiträume verlangt wird, für die das Kind Hilfe nach dem Zwölften Buch Sozialgesetzbuch, Sozialgeld nach dem Zweiten Buch Sozialgesetzbuch, Hilfe zur Erziehung oder Eingliederungshilfe nach dem Achten Buch Sozialgesetzbuch, Leistungen nach dem Unterhaltsvorschussgesetz oder Unterhalt nach § 1607 Abs. 2 oder Abs. 3 des Bürgerlichen Gesetzbuchs erhalten hat, oder, soweit Unterhalt aus übergegangenem Recht oder nach § 94 Abs. 4 Satz 2 des Zwölften Buches Sozialgesetzbuch, § 33 Abs. 2 Satz 4 des Zweiten Buches Sozialgesetzbuch oder § 7 Abs. 4 Satz 1 des Unterhaltsvorschussgesetzes verlangt wird, die Erklärung, dass der beantragte Unterhalt die Leistung an oder für das Kind nicht übersteigt;

13. die Erklärung, dass die Festsetzung im vereinfachten Verfahren nicht nach § 249 Abs. 2 ausgeschlossen ist.

(2) Entspricht der Antrag nicht den in Absatz 1 und den in § 249 bezeichneten Voraussetzungen, ist er zurückzuweisen. Vor der Zurückweisung ist der Antragsteller zu hören. Die Zurückweisung ist nicht anfechtbar.

(3) Sind vereinfachte Verfahren anderer Kinder des Antragsgegners bei dem Gericht anhängig, hat es die Verfahren zum Zweck gleichzeitiger Entscheidung zu verbinden.

Für den Antrag muss das vom Bundesministerium der Justiz eingeführte **Antragsformular** verwendet werden, vgl. hierzu § 259 Abs. 2 und die dortigen Anmerkungen. Dieses ist im Internet abrufbar unter http://www.bmj.bund.de/enid/Unterhaltsrecht/Formulare_fuer_die_Festsetzung_des_Kindesunterhalts_im_vereinfachten_Verfahren_nach_1fl.html. Die Vierte Veränderung zur Änderung der Kindesunterhalt-Formularverordnung vom 17.7.2009 (BGBl. I, S. 2134) ist am 1.9.2009 in Kraft getreten.

An das
Amtsgericht-Familiengericht
① PLZ, Ort

Raum für Geschäftsnummer des Gerichts

② Antragsgegner/in

– Bitte beachten Sie die Hinweise in dem Merkblatt zu diesem Formular –

③ ☐ **Antrag auf Festsetzung von Unterhalt**

Es sind ____ Ergänzungsblätter beigefügt

☐ **Ergänzungsblatt zum Antrag auf Festsetzung von Unterhalt**

für ein weiteres Kind
– Bitte ausfüllen erst ab Zeile 5 (Name des Kindes) –

A **Antragsteller/in:** ☐ **Elternteil,** im eigenen Namen

☐ **Kind,** vertreten durch: ☐ Elternteil ☐ Beistand

④ Vorname, Name, Anschrift des Elternteils, in dessen Obhut das Kind lebt

⑤ Vorname, Name, PLZ, Wohnort des minderjährigen Kindes | geboren am

⑥ Beistand/Verfahrensbevollmächtigter

Es wird beantragt, den Unterhalt, den der/die Antragsgegner/in an das Kind zu zahlen hat, im vereinfachten Verfahren wie folgt festzusetzen:

⑦ Unterhalt nach § 1612a Abs. 1 des Bürgerlichen Gesetzbuches **veränderlich**	Unterhalt **gleichbleibend**		Soweit unter „beginnend ab" Unterhalt für die Vergangenheit verlangt wird, liegen die Voraussetzungen, unter denen **Unterhalt für die Vergangenheit** geltend gemacht werden kann, seither vor.
beginnend ab	beginnend ab	€ mtl.	Auf diesen Unterhalt sind seit dem unter „beginnend ab" bezeichneten Zeitpunkt bis heute gezahlt:
in Höhe von ___,__ **Prozent**	beginnend ab	€ mtl.	€
des Mindestunterhalts der jeweiligen Altersstufe	beginnend ab	€ mtl.	

☐ Es werden zusätzlich gesetzliche Verzugszinsen ab Zustellung des Festsetzungsantrags in Höhe von 5 Prozentpunkten über dem Basiszinssatz aus einem rückständigen Unterhaltsbetrag von ____ € beantragt.

⑧ Das Kind hat ein monatliches Bruttoeinkommen von: ____ €. Belege sind beigefügt

⑨ Die kindbezogenen Leistungen (z.B. Kindergeld) erhält: ☐ die Mutter ☐ der Vater | andere Person (Bezeichnung)

Die kindbezogenen Leistungen (z.B. Kindergeld) betragen: ab ____ € mtl. ab ____ € mtl.
Es handelt sich um das ____ gemeinschaftliche Kind.

⑩ ☐ Für das Verfahren wird Verfahrenskostenhilfe beantragt. Eine Erklärung zu den Voraussetzungen ihrer Bewilligung ist beigefügt. | Die Beiordnung von Rechtsanwalt/Rechtsanwältin ____ wird beantragt.

⑪ ☐ Der/Die Antagsgegner/in wurde zur Erteilung der Auskunft über Einkünfte und Vermögen aufgefordert am:
Er/Sie ist dieser Verpflichtung nicht oder nur unvollständig nachgekommen.

☐ Der/Die Antagsgegner/in wurde zur Unterhaltszahlung aufgefordert am:

Es wird beantragt, die von dem/der Antragsgegner/in an den/die Antragsteller/in zu erstattenden Kosten laut zweifach beiliegender Aufstellung (zuzüglich Zinsen) festzusetzen auf: €

⑫ Zwischen Kind und Antagsgegner/in besteht ein Eltern-Kind-Verhältnis.
Das Kind lebt mit dem auf Unterhaltsleistung in Anspruch genommenen Elternteil nicht in einem Haushalt und hat für Zeiträume, für die der Unterhalt festgesetzt werden soll, weder Leistungen nach dem Zweiten, Achten oder Zwölften Buch Sozialgesetzbuch oder dem Unterhaltsvorschussgesetz noch Unterhalt von einer verwandten oder dritten Person im Sinne des § 1607 Abs. 2 oder 3 BGB erhalten. Soweit solche Leistungen erbracht worden sind, sind gesetzlich übergegangene Ansprüche auf das Kind treuhänderisch rückübertragen.
Über den Unterhaltsanspruch hat bisher weder ein Gericht entschieden noch ist über ihn ein gerichtliches Verfahren anhängig oder ein Vollstreckungstitel (z.B. Beschluss über Unterhalt, Vergleich, notarielle Urkunde, Urkunde vor dem Jugendamt) errichtet worden.

Ort, Datum	Unterschrift Antragst. / gesetzl. Vertreter / Prozessbevollm.	Aufgenommen von (Dienststelle, Name, Unterschrift)

Blatt 1: Antrag nach § 249 FamFG

Amtsgericht-Familiengericht

Seite 1

Geschäftsnummer des Gerichts
Bei Schreiben an das Gericht bitte stets angeben

Sehr geehrte/r

Das **Amtsgericht-Familiengericht** übermittelt Ihnen hiermit
- die Abschrift eines Antrages, mit dem Sie als **Antragsgegner bzw. Antragsgegnerin** des Kindes im vereinfachten Verfahren auf Zahlung von Unterhalt in Anspruch genommen werden,
- beiliegend ein Erklärungsformular (3fach), auf dem Sie bei dem Gericht Einwendungen erheben können.

Das Gericht teilt Ihnen auf der folgenden Seite 2 mit, in welcher Höhe nach dem Antrag der Unterhalt festgesetzt werden kann und was Sie in dem Verfahren beachten müssen. →

☐ **Antrag auf Festsetzung von Unterhalt**

Es sind ______ Ergänzungsblätter beigefügt

– Abschrift –

☐ **Ergänzungsblatt zum Antrag auf Festsetzung von Unterhalt**
für ein weiteres Kind
– Bitte ausfüllen erst ab Zeile 5 (Name des Kindes) –

Zutreffendes ist angekreuzt ✕ bzw. ausgefüllt

A **Antragsteller/in:** ☐ **Elternteil,** im eigenen Namen

☐ **Kind,** vertreten durch: ☐ Elternteil ☐ Beistand

Vorname, Name, Anschrift des Elternteils, in dessen Obhut das Kind lebt

Vorname, Name, PLZ, Wohnort des minderjährigen Kindes | geboren am

Beistand/Verfahrensbevollmächtigter

Es wird beantragt, den Unterhalt, den der/die Antragsgegner/in an das Kind zu zahlen hat, im vereinfachten Verfahren wie folgt festzusetzen:

Unterhalt nach § 1612a Abs. 1 des Bürgerlichen Gesetzbuches **veränderlich**	Unterhalt **gleichbleibend**		Soweit unter „beginnend ab" Unterhalt für die Vergangenheit verlangt wird, liegen die Voraussetzungen, unter denen **Unterhalt für die Vergangenheit** geltend gemacht werden kann, seither vor. Auf diesen Unterhalt sind seit dem unter „beginnend ab" bezeichneten Zeitpunkt bis heute gezahlt: €
beginnend ab	beginnend ab	€ mtl.	
in Höhe von ___,__ **Prozent**	beginnend ab	€ mtl.	
des Mindestunterhalts der jeweiligen Altersstufe	beginnend ab	€ mtl.	

☐ Es werden zusätzlich gesetzliche Verzugszinsen ab Zustellung des Festsetzungsantrags in Höhe von 5 Prozentpunkten über dem Basiszinssatz aus einem rückständigen Unterhaltsbetrag von € beantragt.

Das Kind hat ein monatliches Bruttoeinkommen von: €. Belege sind beigefügt

Die kindbezogenen Leistungen (z.B. Kindergeld) erhält:	☐ die Mutter	☐ der Vater	andere Person (Bezeichnung)	
Die kindbezogenen Leistungen (z.B. Kindergeld) betragen:	ab	€ mtl.	ab	€ mtl.

☐ Für das Verfahren wird Verfahrenskostenhilfe beantragt. Eine Erklärung zu den Voraussetzungen ihrer Bewilligung ist beigefügt. | Die Beiordnung von Rechtsanwalt/Rechtsanwältin wird beantragt.

☐ Der/Die Antagsgegner/in wurde zur Erteilung der Auskunft über Einkünfte und Vermögen aufgefordert am:
Er/Sie ist dieser Verpflichtung nicht oder nur unvollständig nachgekommen.

☐ Der/Die Antagsgegner/in wurde zur Unterhaltszahlung aufgefordert am:

Es wird beantragt, die von dem/der Antragsgegner/in an den/die Antragsteller/in zu erstattenden Kosten laut zweifach beiliegender Aufstellung (zuzüglich Zinsen) festzusetzen auf: €

Zwischen Kind und Antagsgegner/in besteht ein Eltern-Kind-Verhältnis.

Das Kind lebt mit dem auf Unterhaltsleistung in Anspruch genommenen Elternteil nicht in einem Haushalt und hat für Zeiträume, für die der Unterhalt festgesetzt werden soll, weder Leistungen nach dem Zweiten, Achten oder Zwölften Buch Sozialgesetzbuch oder dem Unterhaltsvorschussgesetz noch Unterhalt von einer verwandten oder dritten Person im Sinne des § 1607 Abs. 2 oder 3 BGB erhalten. Soweit solche Leistungen erbracht worden sind, sind gesetzlich übergegangene Ansprüche auf das Kind treuhänderisch rückübertragen.

Über den Unterhaltsanspruch hat bisher weder ein Gericht entschieden noch ist über ihn ein gerichtliches Verfahren anhängig oder ein Vollstreckungstitel (z. B. Beschluss über Unterhalt, Vergleich, notarielle Urkunde, Urkunde vor dem Jugendamt) errichtet worden.

Ort, Datum	Unterschrift Antragst. / gesetzl. Vertreter / Prozessbevollm.	Aufgenommen von (Dienststelle, Name, Unterschrift)

Blatt 2: Abschrift für Antragsgegner/in nach § 251 FamFG

Seite 2

Nach dem Bürgerlichen Gesetzbuch hat ein Kind Anspruch auf **angemessenen**, seiner Lebensstellung entsprechenden Unterhalt. Der Unterhalt umfasst den gesamten Lebensbedarf des Kindes einschließlich der Kosten einer angemessenen Vorbildung zu einem Beruf. Er ist monatlich im Voraus zu zahlen.

Von einem Elternteil, mit dem es nicht in einem Haushalt lebt, kann ein minderjähriges Kind den angemessenen Unterhalt nach seiner Wahl *entweder* in Höhe eines – vorbehaltlich späterer Änderung – **gleichbleibenden Monatsbeitrages** *oder* **veränderlich als Prozentsatz** des jeweiligen Mindesunterhalts nach § 1612a Abs. 1 des Bürgerlichen Gesetzbuchs verlangen. Der festgelegte Mindesunterhalt ändert sich in regelmäßigen Zeitabständen. Der Mindestunterhalt ist nach dem Alter des Kindes gestaffelt, und zwar für die Zeit bis zur Vollendung des sechsten Lebensjahres (**erste Altersstufe**), die Zeit vom siebten bis zur Vollendung des zwölften Lebensjahres (**zweite Altersstufe**) und für die Zeit vom dreizehnten Lebensjahr an (**dritte Altersstufe**). Er beträgt:

vom	bis	1. Altersstufe, €	2. Altersstufe, €	3. Altersstufe, €

Der Mindestunterhalt deckt im Allgemeinen den bei einfacher Lebenshaltung erforderlichen Bedarf des Kindes. Im vereinfachten Verfahren ist die Festsetzung des Unterhalts bis zur Höhe des 1,2fachen (120%) des Mindesunterhalts nach § 1612a Abs. 1 des Bürgerlichen Gesetzbuchs zulässig.

Auf den Ihnen in Abschrift mitgeteilten Antrag kann der Unterhalt wie folgt festgesetzt werden:

Der zum Ersten jeden Monats zu zahlende Unterhalt kann festgesetzt werden:

Vorname des Kindes	für die Zeit	Veränderlich gemäß dem Mindestunterhalt nach § 1612a Abs. 1 des Bürgerlichen Gesetzbuchs		gleichbleibend
	ab	auf	% des Mindestunterhalts der **ersten** Altersstufe	auf € mtl.
	ab	auf	% des Mindestunterhalts der **zweiten** Altersstufe	auf € mtl.
	ab	auf	% des Mindestunterhalts der **dritten** Altersstufe	auf € mtl.

Berücksichtigung kindbezogener Leistungen

Gleichbleibend:
Der für das Kind festgesetzte Unterhalt **vermindert** sich (Betrag mit Minuszeichen)/ **erhöht** sich (Betrag mit Pluszeichen) um anteilige kindbezogene Leistungen wie folgt:

ab	um € mtl.	
		X
ab	um € mtl.	X
ab	um € mtl.	X

Veränderlich: (nur bei Kindergeld)

☐ a) Der für das Kind festzusetzende Unterhalt vermindert sich um zu berücksichtigendes Kindergeld für ein 1./2./3./4. oder weiteres Kind. Zu berücksichtigen ist das hälftige/volle Kindergeld, derzeit: €

☐ b) Der für das Kind festzusetzende Unterhalt erhöht sich um das hälftige/volle Kindergeld für ein 1./2./3./4. oder weiteres Kind, derzeit: €

Der rückständige Unterhalt kann festgesetzt werden für die Zeit	vom	bis	auf €

☐ Es werden zusätzlich gesetzliche Verzugszinsen ab Zustellung des Festsetzungsantrags aus einem rückständigen Unterhaltsbetrag von € festgesetzt.

Das Gericht hat nicht geprüft, ob angegebenes Kindeseinkommen schon berücksichtigt ist oder bedarfsmindernd zu berücksichtigen ist.

Wenn Sie innerhalb eines Monats nach der Zustellung dieser Mitteilung Einwendungen in der vorgeschriebenen Form nicht erheben, kann über den Unterhalt in der angegebenen Höhe ein Festsetzungsbeschluss ergehen, aus dem die Zwangsvollstreckung betrieben werden kann.

Einwendungen können Sie erheben **gegen** die Zulässigkeit des vereinfachten Verfahrens, **gegen** den Zeitpunkt des Beginns der Unterhaltszahlung, **gegen** die vorstehend angekündigte Festsetzung des Unterhalts, soweit Sie geltend machen können, dass die in darin mitgeteilten Zeiträume oder Beträge nicht dem Antrag entsprechend berechnet sind, dass der Unterhalt nicht höher als beantragt festgesetzt werden darf oder dass kindbezogene Leistungen nicht oder nicht richtig berücksichtigt worden sind, **gegen** die Auferlegung der Kosten, wenn Sie zur Einleitung des Verfahrens keinen Anlass gegeben haben und dem Gericht mitteilen, dass Sie sich zur Zahlung des Unterhalts in der beantragten Höhe verpflichten.

Andere Einwendungen sind nur zulässig, wenn Sie dem Gericht mitteilen, inwieweit Sie zur Unterhaltsleistung bereit sind und dass Sie sich insoweit zur Erfüllung des Unterhaltsanspruchs verpflichten. Den Einwand eingeschränkter oder fehlender Leistungsfähigkeit kann das Gericht nur zulassen, wenn Sie außerdem die nach dem beigefügten Formular verlangten **Auskünfte über Ihre persönlichen und wirtschaftlichen Verhältnisse erteilen und Belege über Ihre Einkünfte vorlegen.**

Die Einwendungen müssen dem Gericht auf einem Formular der beigefügten Art zweifach – mit einer Abschrift für den/die Antragsteller/in – mitgeteilt werden. Das Formular ist bei jedem Amtsgericht erhältlich.

Hilfe beim Ausfüllen des Formulars leisten Angehörige der rechtsberatenden Berufe, jedes Amtsgericht und gegebenenfalls das Jugendamt. Beim Jugendamt oder Amtsgericht wird das Formular nach Ihren Angaben **kostenlos** für Sie ausgefüllt. **Bringen Sie dazu bitte unbedingt die notwendigen Unterlagen und Belege mit.**

Mit freundlichen Grüßen

Rechtspfleger/in

Datum dieser Mitteilung	Telefon
Anschrift des Gerichts	

Blatt 2: Abschrift für Antragsgegner/in nach § 251 FamFG

A. Allgemeines

I. Entstehung

1 § 250 entspricht dem bisherigen § 646 ZPO idF des Gesetzes zur Änderung des Unterhaltsrechts.[1]

II. Systematik

2 Die Vorschrift gehört zu den Regelungen für das vereinfachte Verfahren über den Unterhalt Minderjähriger.

III. Normzweck, Verfahrenskostenhilfe

3 Das vereinfachte Verfahren über den Unterhalt Minderjähriger wird nur auf Antrag eingeleitet, § 249 Abs. 1. Es unterliegt nicht dem Anwaltszwang (§§ 114 Abs. 4 Nr. 6, 257 FamFG iVm. § 78 Abs. 3 ZPO). **Antragsberechtigt** sind das minderjährige Kind, der Elternteil, in dessen Obhut es lebt, als dessen Prozessstandschafter, oder ein Dritter, auf den der Unterhaltsanspruch übergegangen ist (zB ein Verwandter oder ein Land oder eine Kommune). Der Antrag ist ein bestimmender Schriftsatz und muss daher unterschrieben werden.[2] Er kann ohne Zustimmung des Antragsgegners zurückgenommen werden, solange der Festsetzungsbeschluss gem. § 253 noch nicht ergangen ist.[3] In Abs. 1 werden unter den Nr. 1 bis 13 die Angaben aufgeführt, die in dem Festsetzungsantrag enthalten sein müssen. Abs. 2 regelt die Zurückweisung des Antrags, Abs. 3 die Verbindung mehrerer Verfahren.

4 Da das vereinfachte Verfahren insbesondere für juristische Laien nicht so einfach ist, wie sein Name vermuten lässt, besteht bei einer Verfahrenskostenhilfebewilligung sowohl für den Antragsteller als auch für den Antragsgegner regelmäßig ein Anspruch auf die Beiordnung eines Rechtsanwalts gem. § 121 Abs. 2 ZPO.[4] Denn der Antragsteller dürfte weder in der Lage sein, das unterhaltsrechtlich zu berücksichtigende Einkommen des Antragsgegners zu schätzen noch den zutreffenden Mindestunterhalt bis zur Grenze des § 249 Abs. 1 zu ermitteln. Für den Antragsgegner stellt das Ausfüllen des Einwendungsvordrucks höhere Anforderungen als ein Antragserwiderungsschriftsatz. Diese können idR auch nicht mit Hilfe der Geschäftsstelle des Familiengerichts oder der Rechtsantragsstelle bewältigt werden.[5] Der Antragsteller kann den

1 Gesetz v. 21.12.2007, BGBl. I, S. 3189.
2 OLG Düsseldorf v. 5.7.2001 – 6 UF 62/01, FamRZ 2002, 547.
3 Zöller/*Philippi*, § 646 ZPO Rz. 1 in Analogie zu § 696 Abs. 4 ZPO.
4 OLG Hamm v. 30.5.2000 – 2 WF 155/00, FamRZ 2001, 1155; OLG v. 14.3.2001 – 10 WF 858/01, FamRZ 2001, 1715; OLG Brandenburg v. 21.2.2002 – 10 WF 149/01, FamRZ 2002, 1199; OLG Naumburg 27.8.2001 – 14 WF 125/01, FamRZ 2002, 892; OLG Zweibrücken v. 7.3.2005 – 6 WF 175/04, FamRZ 2006, 212; Zöller/*Philippi*, § 646 ZPO Rz. 1; Thomas/Putzo/*Reichold*, § 121 ZPO Rz. 5; Eschenbruch/*Klinkhammer*, Teil 5 Rz. 287; Ehinger/Griesche/*Rasch*, Rz. 758; aA OLG München v. 3.11.1999 – 16 WF 1249/98, FamRZ 1999, 1355.
5 So zutreffend Eschenbruch/*Klinkhammer*, Teil 5 Rz. 287.

Antrag auf Bewilligung von Verfahrenskostenhilfe zugleich mit dem Antrag auf Festsetzung von Unterhalt stellen (vgl. Rz. 10 des Formulars).

B. Inhalt des Antrags, Absatz 1

I. Namen, Adressen, Abs. 1 Nr. 1 (Rz. 2 bis 6 des Formulars)

Anzugeben sind die genauen Namen und Vornamen von Antragsteller und Antragsgegner sowie ihre Anschriften. Ohne Anschrift des Antragstellers ist der Antrag unzulässig.[1] Wenn das Kind selbst Antragsteller ist, müssen auch Name und Anschrift des gesetzlichen Vertreters angegeben werden. Eventuelle Verfahrensbevollmächtigte sind ebenfalls zu bezeichnen. 5

II. Amtsgericht, Abs. 1 Nr. 2 (Rz. 1 des Formulars)

Der Festsetzungsantrag ist gem. § 232 Abs. 1 Nr. 2 an das Amtsgericht – Familiengericht – zu richten, in dessen Bezirk das Kind oder der Elternteil, der auf Seiten des minderjährigen Kindes zu handeln befugt ist, seinen gewöhnlichen Aufenthalt hat, oder an ein Amtsgericht, dessen Zuständigkeit gem. § 260 Abs. 1 durch die jeweilige Landesregierung bestimmt worden ist. Diese Zuständigkeit besteht ohne Rücksicht auf die Anhängigkeit einer Ehesache, denn § 232 Abs. 1 Nr. 1 schließt die Verfahren über den Unterhalt Minderjähriger ausdrücklich aus.[2] 6

III. Geburtsdatum des Kindes, Abs. 1 Nr. 3 (Rz. 5 des Formulars)

Die Angabe des Geburtsdatums soll die Festsetzung des Mindestunterhalts nach der zutreffenden Altersstufe iSd. § 1612a Abs. 1 Satz 3 Nr. 1 bis 3 BGB ermöglichen. 7

IV. Beginn der Unterhaltszahlung, Abs. 1 Nr. 4 und 5 (Rz. 7 des Formulars)

Der Antragsteller muss angeben, von welchem Tag an er Unterhalt verlangt. Gem. § 1613 Abs. 1 Satz 2 BGB wird der Unterhalt ab dem Ersten des Monats geschuldet, in dem der Berechtigte, um seinen Unterhaltsanspruch geltend zu machen, den Verpflichteten aufgefordert hat, Auskunft über sein Einkommen und Vermögen zu geben, in dem der Verpflichtete in Verzug gekommen oder der Unterhaltsanspruch rechtshängig geworden ist. Da der Schuldner idR zur Auskunft aufgefordert und/oder gemahnt wurde, besteht zurzeit der Antragstellung ein Anspruch auf Zahlung von rückständigem Unterhalt. Diese Rückstände sind nachvollziehbar zu erläutern, zB durch die Angabe, wann die Aufforderung zur Auskunftserteilung oder Mahnung dem Schuldner zugegangen ist. Wenn der Antragsteller lediglich Unterhalt für die Zukunft verlangt, genügt es, wenn er beantragt, ihm Unterhalt vom Ersten des Monats an zuzusprechen, an dem der eingereichte Antrag dem Antragsgegner zugestellt werden 8

1 OLG Hamm v. 3.5.2000 – 3 UF 54/00, FamRZ 2001, 107.
2 Begr. RegE, BT-Drucks. 16/6308, S. 255.

wird. Die Angabe eines Datums ist dann entbehrlich.[1] Wenn der Antragsteller **nur** rückständigen Unterhalt geltend machen will, kann er dieses Ziel nicht mit dem vereinfachten Verfahren, sondern nur im Wege einer Klage verfolgen.[2]

9 Rückständige Verzugszinsen aus der Zeit vor der Zustellung des Festsetzungsantrags können im vereinfachten Verfahren nicht geltend gemacht werden.[3] Die gesetzlichen Verzugszinsen können aber ab dem Zeitpunkt der Zustellung des Festsetzungsantrags auf den zu dieser Zeit rückständigen Unterhalt festgesetzt werden, § 251 Abs. 1 (früher: § 647 Abs. 1 ZPO). Die Festsetzung künftiger Verzugszinsen auf noch nicht fällige Unterhaltsraten ist nicht möglich. Das ergibt sich daraus, dass Verzugszinsen, die verlangt werden können, wenn wiederkehrende Leistungen nicht erbracht werden, vom zukünftigen Zahlungsverhalten des Gläubigers abhängen und deshalb in ihrer Entstehung ungewiss sind. Die Verzugszinsen sind daher keine wiederkehrenden Leistungen iSv. § 258 ZPO, so dass sie nur bei Besorgnis der Leistungsverweigerung nach § 259 ZPO zugesprochen werden können. Solche Fragen können aber im vereinfachten Verfahren nicht geklärt werden.[4]

V. Höhe des verlangten Unterhalts, Abs. 1 Nr. 6 (Rz. 7 des Formulars)

10 Das Antragsformular unterscheidet in Spalten 1 und 2 zwischen dem dynamisierten, dh. gem. den Altersstufen nach § 1612a Abs. 1 Satz 3 Nr. 1 bis 3 BGB veränderlichen Unterhalt, und einem gleich bleibenden (statischen) Unterhaltsbetrag. Falls der Schuldner in der Vergangenheit gleich bleibend oder sporadisch Zahlungen erbracht hat, sollte der künftige Unterhalt nach den amtlichen Empfehlungen zum Ausfüllen des Formulars[5] als dynamisierter Unterhalt nach den Altersstufen iSd. § 1612a BGB verlangt werden (Spalte 1 des Vordrucks). Der rückständige Unterhalt kann dann betragsmäßig vor Anrechnung des Kindergelds als statischer Unterhalt in Spalte 2 eingetragen werden.

VI. Zu berücksichtigende Leistungen, Abs. 1 Nr. 7 (Rz. 9 des Formulars)

11 Die gem. §§ 1612b und 1612c BGB zu berücksichtigenden Leistungen müssen nach Grund und Betrag genannt werden. Wenn es sich um Kindergeld handelt, muss die Bezugsberechtigung angegeben werden. Auch bzgl. dieser Leistung ist nach dem Vordruck die Angabe der vollen Beträge und nicht nur des zu berücksichtigenden Anteils erforderlich.[6]

VII. Eltern-Kind-Verhältnis, Abs. 1 Nr. 8 (Rz. 12 des Formulars)

12 Die Erklärung betrifft die Abstammung des Kindes. Ein Eltern-Kind-Verhältnis besteht immer zwischen dem Kind und der Frau, die es geboren hat, § 1591 BGB. Zwischen

1 OLG Brandenburg v. 14.8.2001 – 10 UF 133/01, FamRZ 2002, 1263.
2 Zöller/*Philippi*, § 646 ZPO Rz. 3; Thomas/Putzo/*Hüßtege*, § 646 ZPO Rz. 2.
3 BGH v. 28.5.2008 – XII ZB 34/05, FamRZ 2008, 1428; OLG Koblenz v. 3.2.2005 – 7 UF 985/04, FamRZ 2005, 2000; Zöller/*Philippi*, § 646 ZPO Rz. 3; aA Thomas/Putzo/*Hüßtege*, § 646 ZPO Rz. 2.
4 BGH v. 28.5.2008 – XII ZB 34/05, FamRZ 2008, 1428.
5 Vgl. Nr. 7 der amtlichen Ausfüllhinweise.
6 AA Thomas/Putzo/*Hüßtege*, § 646 ZPO Rz. 2.

dem Kind und seinem Vater besteht es, wenn der Vater bei der Geburt des Kindes mit der Mutter verheiratet war, die Vaterschaft anerkannt hat oder wenn diese gerichtlich festgestellt ist, § 1592 BGB. Die Art der Vaterschaft, zB ein Anerkenntnis mit Datum und Ort der Beurkundung, muss im Antrag angegeben werden. Vor einem Anerkenntnis oder einer gerichtlichen Feststellung können die Rechtswirkungen der Vaterschaft noch nicht geltend gemacht werden, § 1600d Abs. 4 BGB; das vereinfachte Verfahren ist dann noch nicht statthaft.[1]

VIII. Haushalt, Abs. 1 Nr. 9 (Rz. 12 des Formulars)

Diese Erklärung ist notwendig zum Nachweis der Statthaftigkeit des vereinfachten 13
Verfahrens, § 249 Abs. 1 Satz 1 FamFG iVm. § 1612a Abs. 1 Satz 1 BGB. Zu den Folgen, wenn das Kind und der Antragsgegner während des vereinfachten Verfahrens zusammenziehen, s. § 249 Rz. 5.

IX. Einkommen des Kindes, Abs. 1 Nr. 10 (Rz. 8 des Formulars)

Der Antragsteller muss das Bruttoeinkommen des Kindes angeben und dieses bei der 14
Berechnung der Unterhaltshöhe berücksichtigen.[2] Der Unterhaltsschuldner kann anhand dieser Angabe überprüfen, ob er dem Kind Unterhalt in der beantragten Höhe schuldet und entscheiden, ob er insoweit Einwendungen iSd. § 252 erheben will.

X. Anspruchsart, Abs. 1 Nr. 11 (Rz. 12 des Formulars)

Diese Erklärung dient zum Nachweis der Aktivlegitimation[3] des Antragstellers. Wenn 15
Unterhaltsleistungen nach §§ 7 UVG, 94 SGB XII, 33 SGB II gewährt wurden, können die Träger die Forderung im vereinfachten Verfahren geltend machen und auch aus übergegangenem Recht Unterhalt für die Zukunft verlangen.[4] So ist zB das Jugendamt, das dem Kind Unterhaltsvorschussleistungen gezahlt hat, antragsberechtigt.[5]

XI. Erklärung über Sozialhilfeleistungen, Abs. 1 Nr. 12 (Rz. 12 des Formulars)

Durch diese Angabe soll vermieden werden, dass Unterhalt geltend gemacht wird, der 16
bereits auf Dritte (Sozialhilfeträger, Verwandte) übergegangen ist, ferner, dass der Dritte nicht mehr erhält, als er geleistet hat.[6] Der Träger der Sozialhilfeleistungen muss für jeden Monat gesondert prüfen, ob der Unterhalt seine Leistungen nicht übersteigt. Er kann für die Vergangenheit und für die Zukunft bis zur Höhe der bisherigen monatlichen Aufwendungen Kindesunterhalt verlangen und muss dann erklären, dass der beantragte Unterhalt künftig die Leistungen nicht übersteigen wird, die er dem Kind bisher gewährt hat, § 94 Abs. 4 Satz 2 SGB XII.

1 Zöller/*Philippi*, § 646 ZPO Rz. 5.
2 BT-Drucks. 14/7349, S. 25.
3 Begr. Rechtsausschuss, BT-Drucks. 14/7349, S. 25.
4 OLG Zweibrücken v. 18.7.2003 – 6 WF 26/03, FamRZ 2004, 1796.
5 OLG Köln v. 12.9.2005 – 14 UF 114/05, FamRZ 2006, 431.
6 Thomas/Putzo/*Hüßtege*, § 646 ZPO Rz. 2.

XII. Statthaftigkeit des vereinfachten Verfahrens, Abs. 1 Nr. 13 (Rz. 12 des Formulars)

17 Der Antragsteller muss erklären, dass über den Unterhaltsanspruch des Kindes noch kein gerichtliches Verfahren stattgefunden hat, noch kein zur Zwangsvollstreckung geeigneter Schuldtitel errichtet worden und kein Verfahren über den Unterhalt anhängig ist, § 249 Abs. 2.

C. Zurückweisung des Antrags, Absatz 2

18 Der Rechtspfleger, der gem. § 25 Nr. 2c RPflG funktionell zuständig ist, prüft vor der Anhörung des Antragsgegners, ob das vereinfachte Verfahren zulässig ist, dh. die Voraussetzungen des Abs. 1 Nr. 1 bis 11 vorliegen. Entspricht der Antrag nicht den in §§ 249, 250 bezeichneten gesetzlichen Voraussetzungen, weist der Rechtspfleger ihn zurück.

Beispiele:

Die Leistung, die das Kind fordert, betrifft nicht den Unterhalt. Der geforderte Unterhalt übersteigt das 1,2-fache des Mindestunterhalts. Das Kind lebt im Haushalt des Antragsgegners. Kein Hindernis ist die Vollendung des 18. Lebensjahres durch das Kind während des Verfahrens; dieses bleibt statthaft und die Unterhaltsfestsetzung ist nicht auf die Zeit bis zur Volljährigkeit zu beschränken.[1]

19 Die Zurückweisung des Antrags ist nicht anfechtbar. Bei behebbaren Mängeln wird der Antrag jedoch erst zurückgewiesen, wenn die Mängel trotz eines Hinweises nicht behoben wurden, § 250 Abs. 2 Satz 2. Wenn das angerufene Gericht örtlich unzuständig ist, hat der Rechtspfleger eine Abgabe an das zuständige Gericht anzuregen. Der zurückweisende Beschluss ist zu begründen, damit der Antragsteller eine befristete Erinnerung an den Richter (§ 11 Abs. 2 Satz 1 RPflG) erheben kann. Erst der Beschluss des Richters ist unanfechtbar. Der Antragsteller kann jedoch statt einer Erinnerung oder nach Zurückweisung durch den Richter einen neuen, nachgebesserten Antrag stellen. § 249 Abs. 2 steht dem nicht entgegen (vgl. § 249 Rz. 7).

20 Wenn nur eine Teilzurückweisung des Antrags vorliegt, ist die Beschwerde nach § 256 zulässig.[2] Der Antragsteller kann aber nur die Beschwerdegründe des § 256 geltend machen.

D. Verfahren mehrerer Kinder, Absatz 3

21 Wenn bei demselben Gericht im ersten Rechtszug gleichzeitig vereinfachte Verfahren mehrerer Kinder desselben Antragsgegners anhängig sind, sind sie zwingend[3] zum Zwecke gleichzeitiger Entscheidung zu verbinden. Gleiches gilt für Verfahren, die zur selben Zeit in der Beschwerdeinstanz anhängig sind. Es ist nicht erforderlich, dass die Kinder aus einer Verbindung stammen.[4]

---

1 BGH v. 21.12.2005 – XII ZB 258/03, FamRZ 2006, 402; Zöller/*Philippi*, § 646 ZPO Rz. 11.
2 BGH v. 28.5.2008 – XII ZB 34/05, FamRZ 2008, 1428.
3 Thomas/Putzo/*Hüßtege*, § 646 ZPO Rz. 7; MüKo.ZPO/*Coester-Waltjen*, § 646 ZPO Rz. 12.
4 Musielak/*Borth*, § 646 ZPO Rz. 4.

§ 251
Maßnahmen des Gerichts

(1) Erscheint nach dem Vorbringen des Antragstellers das vereinfachte Verfahren zulässig, verfügt das Gericht die Zustellung des Antrags oder einer Mitteilung über seinen Inhalt an den Antragsgegner. Zugleich weist es ihn darauf hin,

1. ab welchem Zeitpunkt und in welcher Höhe der Unterhalt festgesetzt werden kann; hierbei sind zu bezeichnen:

a) die Zeiträume nach dem Alter des Kindes, für das die Festsetzung des Unterhalts nach dem Mindestunterhalt der ersten, zweiten und dritten Altersstufe in Betracht kommt;

b) im Fall des § 1612a des Bürgerlichen Gesetzbuchs auch der Prozentsatz des jeweiligen Mindestunterhalts;

c) die nach § 1612b oder § 1612c des Bürgerlichen Gesetzbuchs zu berücksichtigenden Leistungen;

2. dass das Gericht nicht geprüft hat, ob der verlangte Unterhalt das im Antrag angegebene Kindeseinkommen berücksichtigt;

3. dass über den Unterhalt ein Festsetzungsbeschluss ergehen kann, aus dem der Antragsteller die Zwangsvollstreckung betreiben kann, wenn er nicht innerhalb eines Monats Einwendungen in der vorgeschriebenen Form erhebt;

4. welche Einwendungen nach § 252 Abs. 1 und 2 erhoben werden können, insbesondere, dass der Einwand eingeschränkter oder fehlender Leistungsfähigkeit nur erhoben werden kann, wenn die Auskunft nach § 252 Abs. 2 Satz 3 in Form eines vollständig ausgefüllten Formulars erteilt wird und Belege über die Einkünfte beigefügt werden;

5. dass die Einwendungen, wenn Formulare eingeführt sind, mit einem Formular der beigefügten Art erhoben werden müssen, das auch bei jedem Amtsgericht erhältlich ist.

Ist der Antrag im Ausland zuzustellen, bestimmt das Gericht die Frist nach Satz 2 Nr. 3.

(2) § 167 der Zivilprozessordnung gilt entsprechend.

A. Allgemeines

I. Entstehung

§ 251 entspricht dem bisherigen § 647 ZPO idF des Gesetzes zur Änderung des Unterhaltsrechts.[1] 1

II. Systematik

Die Vorschrift gehört zu den Durchführungsbestimmungen für das vereinfachte Verfahren über den Unterhalt Minderjähriger. 2

1 Gesetz v. 21.12.2007, BGBl. I, S. 3189.

III. Normzweck

3 Der Rechtspfleger, der bei dem Familiengericht für die Bearbeitung des vereinfachten Verfahrens zuständig ist (§ 25 Nr. 2c RPflG), hat den Antrag auf Festsetzung des Unterhalts nach Prüfung der Zulässigkeit des vereinfachten Verfahrens (§ 250 Abs. 2) dem Antragsgegner zur Wahrung des rechtlichen Gehörs zur Kenntnis zu bringen und ihm zugleich verschiedene Hinweise zu erteilen.

B. Verfahren des Gerichts, Absatz 1

I. Zustellung des Antrags, Abs. 1 Satz 1

4 Dem Antragsgegner ist eine Abschrift oder eine Mitteilung über den Inhalt des Antrags (insbesondere bei Berichtigung oder Ergänzung des Antrags) zuzustellen. Gleichzeitig sind ihm die in Abs. 1 Satz 2 Nr. 1 bis 5 aufgeführten Hinweise zu erteilen. Die Zustellung setzt die Äußerungsfristen nach Abs. 1 Satz 2 Nr. 3 und Satz 3 in Lauf. Die genannten Fristen sind keine Ausschlussfristen. Der Rechtspfleger hat gem. § 252 Abs. 3 die Einwendungen des Antragsgegners zu berücksichtigen, solange der Festsetzungsbeschluss nicht verfügt ist. Vgl. hierzu § 252 Rz. 15.

II. Hinweise, Abs. 1 Satz 2

5 Der Rechtspfleger unterrichtet den Antragsgegner unter Beifügung eines Vordrucks (§ 259) über den Inhalt und die Folgen eines Festsetzungsbeschlusses (§ 253) sowie über die Art der möglichen Einwendungen und die hierfür bestimmte Form.

6 Nach **§ 251 Abs. 1 Satz 2 Nr. 1** sind der Beginn der Unterhaltszahlung und ihre Höhe anzugeben. Dabei müssen nach **Buchst. a** die Zeiträume nach dem Alter des Kindes, für die eine Festsetzung des Unterhalts nach dem Mindestunterhalt der ersten, zweiten und dritten Altersstufe in Frage kommt, bezeichnet werden. Im Fall des § 1612a Abs. 1 BGB muss nach **Buchst. b** neben dem konkreten Unterhaltsbetrag auch der entsprechende Prozentsatz des jeweiligen Mindestunterhalts dargelegt werden. Nach **Buchst. c** ist der Antragsgegner darauf hinzuweisen, dass das Kindergeld und die sonstigen regelmäßig wiederkehrenden kindbezogenen Leistungen iSd. §§ 1612b, 1612c BGB zu berücksichtigen sind. Ermöglicht wird eine dynamische Tenorierung dergestalt, dass die genannten Leistungen nicht mit einem festen Betrag, sondern mit dem jeweils gültigen Satz von dem Unterhalt abgezogen werden.[1]

7 Mit **§ 251 Abs. 1 Satz 2 Nr. 2** wird der Antragsgegner darüber unterrichtet, dass der Rechtspfleger nicht geprüft hat, ob das gem. § 250 Abs. 1 Nr. 10 im Antrag anzugebende Einkommen des Kindes bei der Unterhaltsberechnung von dem Antragsteller berücksichtigt wurde.

8 Nach **§ 251 Abs. 1 Satz 2 Nr. 3** erfährt der Unterhaltspflichtige, dass ein Festsetzungsbeschluss gem. § 253 ergehen kann, der einen Vollstreckungstitel iSd. §§ 116, 120[2] darstellt, wenn er nicht innerhalb eines Monats ab Zustellung des Antrags Einwendungen erhebt. Bei der Frist, die nach § 222 ZPO zu berechnen ist, handelt es sich nicht um

1 BT-Drucks. 14/7349, S. 26; Musielak/*Borth*, § 647 ZPO Rz. 2.
2 § 794 Abs. 1 Nr. 2a ZPO ist aufgehoben worden durch Art. 29 Nr. 20 FGG-RG.

eine Ausschlussfrist, weil das Gericht Einwendungen gem. § 252 Abs. 3 auch nach Fristablauf zu berücksichtigen hat, solange der Festsetzungsbeschluss noch nicht verfügt, dh. vom Familiengericht noch nicht zur Kenntnis der Parteien herausgegangen ist.[1]

Die Hinweispflicht bezieht sich nach **§ 251 Abs. 1 Satz 2 Nr. 4** auch auf die Art der nach § 252 Abs. 1 und 2 zulässigen Einwendungen. Dabei muss dem Antragsgegner deutlich vor Augen geführt werden, dass er seine fehlende oder eingeschränkte Leistungsfähigkeit nur dann wirksam geltend machen kann, wenn er die von ihm nach § 252 Abs. 2 Satz 3 geschuldete Auskunft über seine Einkünfte, sein Vermögen und seine persönlichen und wirtschaftlichen Verhältnisse im Übrigen unter Verwendung des vorgeschriebenen Formulars (§ 259) erteilt und zugleich über seine Einkünfte Belege, wie zB Lohnabrechnungen, Einkommensteuerbescheide oä., vorlegt. Dieser Hinweis hat besondere Bedeutung, denn wegen des Novenverbots hinsichtlich der Einwendungen nach § 252 Abs. 2 ZPO können Versäumnisse bei der Ausfüllung des amtlichen Formulars im Beschwerdeverfahren nicht mehr repariert werden.[2] 9

In **§ 251 Abs. 1 Satz 2 Nr. 5** wird klargestellt, dass bei eingeführtem Formularzwang die Einwendungen nur mittels des beigefügten Formulars erhoben werden können und dass sich der Antragsgegner ggf. weitere Exemplare bei jedem Amtsgericht beschaffen kann.[3] 10

III. Auslandszustellung, Abs. 1 Satz 3

Wenn der Antragsgegner im Ausland wohnt, gelten die §§ 183 ff. ZPO, soweit nicht die EuZVO[4] Verordnung anzuwenden ist. Die in Satz 3 vorgesehene Äußerungsfrist, die nach Satz 2 Nr. 3 mindestens einen Monat beträgt, kann je nach den Gegebenheiten in dem zuzustellenden Land verlängert werden, vgl. § 184 Abs. 2 Satz 2 ZPO. Wenn der Antragsgegner nicht entsprechend § 184 Abs. 1 ZPO innerhalb der vom Gericht bestimmten Frist einen Zustellungsbevollmächtigten benennt, können spätere Zustellungen nach § 184 Abs. 1 ZPO durch Aufgabe zur Post erfolgen; im Übrigen gelten die Zustellungserleichterungen des § 183 Abs. 1 ZPO. 11

C. Anwendung der ZPO, Absatz 2

Die Verjährung des Unterhaltsanspruchs wird entsprechend § 167 ZPO durch die Einreichung des Festsetzungsantrags, dh. durch den Eingang des Antrags in der gesetzlich vorgeschriebenen Form (§ 259 Abs. 2) oder der Erklärung zu Protokoll (§ 257) unterbrochen, wenn seine Zustellung demnächst erfolgt. 12

1 HM, OLG Karlsruhe v. 27.8.1999 – 2 WF 52/99, FamRZ 2000, 1159; OLG Frankfurt v. 4.8.2000 – 5 WF 112/99, FamRZ 2001, 109; OLG Hamm v. 18.10.2004 – 4 UF 217/04, FamRZ 2006, 44; KG v. 8.11.2005 – 19 UF 101/05, FamRZ 2006, 1209; OLG Hamm v. 29.9.2006 – 11 UF 198/06, FamRZ 2007, 836; Zöller/*Philippi*, § 648 ZPO Rz. 12; aA OLG Brandenburg v. 12.3.2001 – 9 UF 26/01, FamRZ 2001, 1078: Unterzeichnung durch den Rechtspfleger reicht.

2 MAH Familienrecht/*Bömelburg*, § 6 Rz. 157; Ehinger/Griesche/*Rasch*, Rz. 764.

3 Thomas/Putzo/*Hüßtege*, § 647 ZPO Rz. 7.

4 Zum Text der Verordnung vgl. Thomas/Putzo/*Hüßtege*, Anhang zu § 1071 ZPO; Geltung der EuZVO in der Bundesrepublik Deutschland ab dem 31.5.2001, Art. 25.

§ 252
Einwendungen des Antragsgegners

(1) Der Antragsgegner kann Einwendungen geltend machen gegen

1. die Zulässigkeit des vereinfachten Verfahrens;

2. den Zeitpunkt, von dem an Unterhalt gezahlt werden soll;

3. die Höhe des Unterhalts, soweit er geltend macht, dass

a) die nach dem Alter des Kindes zu bestimmenden Zeiträume, für die der Unterhalt nach dem Mindestunterhalt der ersten, zweiten und dritten Altersstufe festgesetzt werden soll, oder der angegebene Mindestunterhalt nicht richtig berechnet sind,

b) der Unterhalt nicht höher als beantragt festgesetzt werden darf,

c) Leistungen der in § 1612b oder § 1612c des Bürgerlichen Gesetzbuchs bezeichneten Art nicht oder nicht richtig berücksichtigt worden sind.

Ferner kann er, wenn er sich sofort zur Erfüllung des Unterhaltsanspruchs verpflichtet, hinsichtlich der Verfahrenskosten geltend machen, dass er keinen Anlass zur Stellung des Antrags gegeben hat. Nicht begründete Einwendungen nach Satz 1 Nr. 1 und 3 weist das Gericht mit dem Festsetzungsbeschluss zurück, ebenso eine Einwendung nach Satz 1 Nr. 2, wenn ihm diese nicht begründet erscheint.

(2) Andere Einwendungen kann der Antragsgegner nur erheben, wenn er zugleich erklärt, inwieweit er zur Unterhaltsleistung bereit ist und dass er sich insoweit zur Erfüllung des Unterhaltsanspruchs verpflichtet. Den Einwand der Erfüllung kann der Antragsgegner nur erheben, wenn er zugleich erklärt, inwieweit er geleistet hat und dass er sich verpflichtet, einen darüber hinausgehenden Unterhaltsrückstand zu begleichen. Den Einwand eingeschränkter oder fehlender Leistungsfähigkeit kann der Antragsgegner nur erheben, wenn er zugleich unter Verwendung des eingeführten Formulars Auskunft über

1. seine Einkünfte,

2. sein Vermögen und

3. seine persönlichen und wirtschaftlichen Verhältnisse im Übrigen

erteilt und über seine Einkünfte Belege vorlegt.

(3) Die Einwendungen sind nur zu berücksichtigen, solange der Festsetzungsbeschluss nicht verfügt ist.

A. Allgemeines

I. Entstehung

1 § 252 entspricht dem bisherigen § 648 ZPO idF des Gesetzes zur Änderung des Unterhaltsrechts.[1]

1 Gesetz v. 21.12.2007, BGBl. I, S. 3189.

II. Systematik

Die Vorschrift hat als Spezialvorschrift Vorrang vor allgemeineren prozessualen Grundsätzen. Sie regelt Art und Umfang der Einwendungen des Unterhaltsschuldners. 2

III. Normzweck

Das vereinfachte Verfahren ist geschaffen worden, um dem Unterhaltsgläubiger auf schnellem Weg einen Titel zu verschaffen. Um dem Vereinfachungs- und Beschleunigungsgrundsatz des Verfahrens Rechnung zu tragen, darf der Antragsgegner im vereinfachten Verfahren nur bestimmte Einwendungen erheben.[1] 3

B. Überblick, Einwendungsform

Es besteht keine Möglichkeit für den Antragsgegner, die Einwendungen iSv. § 252 zu umgehen und sogleich die Durchführung des streitigen Verfahrens nach § 255 zu beantragen. Denn § 255 Abs. 1 Satz 1 verweist ausdrücklich auf § 254. Danach ist der Übergang zum streitigen Verfahren nur eröffnet, wenn und soweit der Antragsgegner beachtliche Einwendungen erhoben, die mit diesen Einwänden verbundenen Auskünfte erteilt und die erforderlichen Verpflichtungserklärungen abgegeben hat.[2] 4

Es ist zwischen **zwei Arten von Einwendungen** zu unterscheiden. Wenn der Antragsgegner die in Abs. 1 aufgezählten Einwendungen erhebt, hat das Gericht deren Zulässigkeit und Begründetheit zu prüfen, bei Einwendungen nach Abs. 2 nur ihre Zulässigkeit. Die Erklärungen des Antragsgegners, die auch durch den Urkundsbeamten der Geschäftsstelle (§ 257) und im Falle des Abs. 2 auch durch das Jugendamt (§ 59 Abs. 1 Nr. 9 SGB VIII) oder einen Notar (§ 62 Abs. 1 Nr. 2 BeurkG) aufgenommen werden können, müssen schriftlich und bei Formularzwang gem. § 259 unter Verwendung des amtlichen Formulars erfolgen.[3] Eine eigenhändige Unterschrift des Unterhaltspflichtigen in dem Formular ist nicht erforderlich, wenn sein Bevollmächtigter es einem Schriftsatz beigefügt.[4] Nicht ausreichend zur Einhaltung des Formularzwangs ist jedoch ein Schriftsatz mit einer Bezugnahme auf Belege als Anlagen.[5] Anderes gilt nur bei einem vollständig ausgefüllten Formular mit unvollständig beigefügten Belegen[6] oder bei bloßen Ausfüllungsfehlern. In solchen Fällen hat der Rechtspfleger einen Hinweis nach § 139 ZPO zu erteilen und dem Antragsgegner Gelegenheit zur Nachbesserung zu geben.[7] 5

C. Art der Einwendungen, Absatz 1

Der Antragsgegner kann im vereinfachten Verfahren nur die in Abs. 1 abschließend aufgeführten Einwendungen uneingeschränkt geltend machen. 6

1 OLG Brandenburg v. 29.9.2004 – 9 UF 119/04, FamRZ 2005, 1844.
2 Ehinger/Griesche/*Rasch*, Rz. 760; Thomas/Putzo/*Hüßtege*, § 649 ZPO Rz. 9.
3 OLG Nürnberg v. 20.10.2003 – 11 WF 2581/03, FamRZ 2004, 475; OLG Karlsruhe v. 16.2.2000 – 2 WF 132/99, FamRZ 2001, 107; OLG Koblenz v. 28.7.2000 – 13 UF 417/00, FamRZ 2001, 1079.
4 OLG Hamm v. 29.4.2005 – 11 UF 73/05, FamRZ 2006, 211.
5 OLG Nürnberg v. 20.10.2003 – 11 WF 2581/03, FamRZ 2004, 475.
6 AA OLG Brandenburg v. 15.12.2003 – 9 UF 209/03, FamRZ 2004, 1587.
7 OLG Karlsruhe v. 21.6.2006 – 2 WF 77/06, FamRZ 2006, 1548.

I. Zulässigkeit des vereinfachten Verfahrens, Abs. 1 Satz 1 Nr. 1

7 Mit dieser Einwendung kann der Antragsgegner das Fehlen allgemeiner Verfahrensvoraussetzungen (s. Allgemeine Vorschriften der ZPO, § 113 Abs. 1 FamFG, §§ 1 ff. ZPO) und den Mangel einer besonderen Voraussetzung des vereinfachten Verfahrens nach §§ 249, 250 rügen, zB, wenn bereits ein Unterhaltstitel existiert. Möglich ist auch die Behauptung, nicht Vater des Kindes zu sein.[1] Die Errichtung eines Titels, zB einer Jugendamtsurkunde gem. § 59 Abs. 1 Nr. 3 SGB VIII, **nach Zustellung** des Antrags fällt nicht unter Nr. 1, denn das Verfahren bleibt statthaft. In einem solchen Fall hat der Rechtspfleger den Antragsteller zu befragen, ob er sein Begehren in Höhe des titulierten Betrages für erledigt erklärt (s. § 249 Rz. 7).[2] Der Unterhalt ist dann in Höhe des Betrages festzusetzen, der nach Abzug des erledigten Betrages übrig bleibt.[3] Wenn das Kind während des Verfahrens volljährig wird, bleibt ein während der Minderjährigkeit begonnenes Verfahren statthaft.[4]

II. Verzug, Abs. 1 Satz 1 Nr. 2

8 Sie betrifft den Fall, dass Unterhalt gem. § 1613 BGB für die Vergangenheit erst von einem späteren Zeitpunkt an verlangt werden kann, mithin die Voraussetzungen des Verzuges. Die Rüge einer unterlassenen zeitlichen Begrenzung auf das 18. Lebensjahr fällt nicht hierunter.[5]

III. Höhe des Unterhalts, Anrechnung kindbezogener Leistungen, Abs. 1 Satz 1 Nr. 3a bis c

9 Einwendungen zur Höhe des Unterhalts können nur in den in Satz 1 Nr. 3a bis c aufgeführten Fällen erhoben werden, denn die Aufzählung ist abschließend.[6] Nach **Buchst. a** kann der Antragsgegner einwenden, der Unterhalt sei nach einer unzutreffenden Altersstufe (zB bei falscher Angabe des Geburtsdatums des Kindes) festgesetzt oder in Abweichung vom Mindestunterhalt berechnet worden. **Buchst. b** betrifft sonstige Berechnungsfehler des Rechtspflegers, die zu einer höheren Festsetzung als beantragt führen könnten (Grundsatz der ne ultra petita). Nach **Buchst. c** kann eingewendet werden, das Kindergeld oder andere kindbezogene Leistungen seien in zu geringem Maße auf die Unterhaltsrente angerechnet worden. Nicht unter Nr. 3 c fällt der Einwand, eine von dem Festsetzungsantrag des Unterhaltsgläubigers abweichende außergerichtliche Vereinbarung getroffen zu haben.[7]

---

1 OLG Brandenburg v. 20.8.2001 – 9 UF 128/01, FamRZ 2002, 545.

2 Zöller/*Philippi*, § 650 ZPO Rz. 3; Eschenbruch/*Klinkhammer*, Teil 5 Rz. 281; MAH Familienrecht/*Bömelburg*, § 6 Rz. 150; OLG Dresden v. 19.5.1999 – 20 WF 97/99, FamRZ 2000, 679; OLG München v. 30.10.2000 – 12 WF 1318/00, FamRZ 2001, 1076; aA OLG Karlsruhe v. 27.8.1999 – 2 WF 52/99, FamRZ 2000, 1159.

3 OLG Karlsruhe v. 21.6.2006 – 2 WF 77/06, FamRZ 2006, 1548.

4 BGH v. 21.12.2005 – XII ZB 258/03, FamRZ 2006, 402.

5 OLG Stuttgart v. 24.2.2000 – 18 UF 83/00, FamRZ 2000, 1161 (Erinnerung gem. § 11 RPflG).

6 OLG Zweibrücken v. 16.11.1999 – 6 WF 152/99, JAmt 2001, 91.

7 OLG Naumburg v. 15.3.1999 – 3 WF 15/99, FamRZ 2000, 360.

IV. Verfahrenskosten, Abs. 1 Satz 2

Wenn der Antragsgegner sich nach Erhalt des Festsetzungsantrages sofort zur Erfüllung des Unterhaltsanspruchs verpflichtet, kann er hinsichtlich der Verfahrenskosten geltend machen, dass er keinen Anlass zur Stellung des Antrags gegeben habe. Die Voraussetzungen für eine Kostenentscheidung nach § 243 Satz 2 Nr. 4 zu Lasten des Antragstellers, die idR in dem Festsetzungsbeschluss (§ 253) erfolgt, liegen vor, wenn dieser den Antragsgegner vor Beginn des Verfahrens nicht zu freiwilliger Zahlung des geschuldeten Mindestunterhalts und zur Schaffung eines entsprechenden Unterhaltstitels aufgefordert hatte. Die Darlegungs- und Beweislast hierfür trägt der Unterhaltsschuldner.[1] 10

V. Verfahren, Abs. 1 Satz 3

Wenn das Gericht eine Einwendung für zulässig hält, ist dem Antragsteller Gelegenheit zur Stellungnahme und ggf. zur Nachbesserung des Antrags zu geben. Sodann hat der Rechtspfleger zu prüfen, ob die vorgetragenen Tatsachen begründet sind. Die Durchführung einer mündlichen Verhandlung ist freigestellt, wird jedoch wegen des Beschleunigungsgrundsatzes nur in seltenen Fällen erfolgen. Bei der Beurteilung hat er in den Fällen des Satz 1 Nr. 1 und 3 kein Ermessen. Wenn die Einwendungen unbegründet sind, hat er sie mit dem Festsetzungsbeschluss (§ 253) zurückzuweisen. Sind die Einwendungen begründet, ergeht kein Festsetzungsbeschluss. Der Antragsteller ist nach § 254 hierauf hinzuweisen. Beide Parteien haben die Möglichkeit, einen Antrag auf Durchführung des streitigen Verfahrens zu stellen, § 255 Abs. 1.[2] Bei den Einwendungen betreffend den rückständigen Unterhalt, insbesondere hinsichtlich des Verzugs des Unterhaltsschuldners (Satz 1 Nr. 2), hat der Rechtspfleger einen Beurteilungsspielraum. Wenn der Unterhaltsschuldner zB den Zugang einer Mahnung bestreitet, kann er diesen Einwand auf der Grundlage des Parteivorbringens und etwaiger präsenter Beweismittel ohne weitere Beweisaufnahme zurückweisen und den Festsetzungsbeschluss antragsgemäß erlassen, wenn er es für unwahrscheinlich hält, dass das von dem Antragsteller vorzulegende Mahnschreiben mit der Angabe des Zeitpunkts der Mahnung gem. § 250 Abs. 1 Nr. 5 nicht zugegangen ist.[3] **Gegen** den **Festsetzungsbeschluss** kann der Antragsgegner gem. § 256 **Beschwerde** einlegen. 11

D. Andere Einwendungen, Absatz 2

I. Überblick

Abs. 2 erfasst **materiellrechtliche Einwendungen**, die gegen den Unterhaltsanspruch bestehen können. Sie betreffen insbesondere die fehlende oder geringere eigene Leistungsfähigkeit des Antragsgegners (Satz 3) oder die Erfüllung (Satz 2). Daneben kann der Antragsgegner aber noch andere Einwendungen (Satz 1) geltend machen, zB die fehlende Bedürftigkeit des Kindes wegen des Vorhandenseins von eigenen Einkünften 12

1 OLG Brandenburg v. 17.2.2000 – 10 UF 27/00, FamRZ 2000, 1159.

2 AA Thomas/Putzo/*Hüßtege*, § 649 ZPO Rz. 10: Begründete Einwendungen gegen die Zulässigkeit des vereinfachten Verfahrens nach Abs. 1 S. 1 Nr. 1 sollen zur Zurückweisung des Antrags führen. Hiergegen soll wegen § 250 Abs. 2 S. 3 die befristete Rechtspflegererinnerung statthaft sein; ebenso Baumbach/*Hartmann*, § 252 FamFG Rz. 13.

3 Begr. des RegE KindUG, BT-Drucks. 13/7338, S. 55 und 58.

oder Vermögen (§ 1602 Abs. 2 BGB) oder die vorrangige Haftung eines anderen Unterhaltsschuldners, zB des anderen Elternteils, anderer Verwandter oder des aktuellen oder früheren Ehegatten des verheirateten minderjährigen Kindes. Durch die Vorschrift soll dem Unterhaltsschuldner ein nachfolgendes Abänderungsverfahren erspart werden. Zudem soll ein streitiges Verfahren nach § 255 verhindert werden und, falls dies nicht möglich ist, der Streitstoff für ein solches weitgehend vorgeklärt werden.[1] Über die Einwendungen wird im vereinfachten Verfahren nicht entschieden; es erfolgt lediglich eine Prüfung, ob sie in **zulässiger Form** erhoben wurden.[2] Unzulässig erhobene Einwendungen (Rz. 6 ff.) stehen dem Erlass des Festsetzungsbeschlusses (§ 253) nicht entgegen und werden mit ihm ausdrücklich zurückgewiesen.[3] Sind die Einwendungen zulässig erhoben, ist der Antragsteller gem. § 254 Satz 1 und 3 hierüber und nach § 255 Abs. 1 Satz 2 über die Möglichkeit der Einleitung des streitigen Verfahrens zu informieren. Der Erlass eines Festsetzungsbeschlusses kann ganz oder teilweise abgelehnt werden. Das weitere Verfahren richtet sich nach §§ 254 Satz 2, 255.

II. Zulässigkeitsvoraussetzungen für die Einwendungen

13 Mit der Erhebung der Einwendungen nach Abs. 2 muss der Antragsgegner zugleich erklären, inwieweit, dh. in welcher Höhe, er zu einer Unterhaltsleistung bereit ist. Er hat hierzu eine entsprechende Verpflichtungserklärung abzugeben.[4] Der Unterhaltsschuldner soll sich zu diesem Zeitpunkt ggf. rechtlich beraten lassen, um Klarheit über seine Verpflichtungen zu erlangen.[5] Wenn der Antragsgegner darlegt, er sei, zB wegen des unverschuldeten Wegfalls seines Einkommens, gänzlich leistungsunfähig, ist darin auch die stillschweigende Erklärung zu sehen, keinen Unterhalt zu zahlen.[6] Voraussetzung für die Annahme einer konkludenten Erklärung bei **unzureichender oder fehlender Leistungsfähigkeit** nach Satz 3 ist aber eine konkrete Darlegung der Einkünfte, der Vermögensverhältnisse und der persönlichen und wirtschaftlichen Verhältnisse des Antragsgegners. **Die Auskunft muss durch das vollständig ausgefüllte amtliche Formular** nebst Belegen in deutscher Sprache oder bei einem im Ausland lebenden Unterhaltspflichtigen auf Verlangen des Gerichts in übersetzter Form[7] (§ 142 Abs. 3 ZPO) **erfolgen**. Bei der Erteilung der Auskunft muss der Antragsgegner größtmögliche Sorgfalt walten lassen. Der bloße Hinweis auf die Eröffnung eines Verbraucherinsolvenzverfahrens reicht nicht aus.[8] Die gem. den Anforderungen in dem Formular „Einwendungen gegen die Unterhaltsfestsetzung" vorgesehenen beizufügenden Belege über die Einkünfte des aktuellen Jahres und des Vorjahres[9] müssen vollständig

1 BT-Drucks. 13/7338, S. 40.
2 BT-Drucks. 13/7338, S. 40.
3 Thomas/Putzo/*Hüßtege*, § 648 ZPO Rz. 11; MüKo.ZPO/*Coester Waltjen*, § 648 ZPO Rz. 2; aA: stillschweigende Zurückweisung: Musielak/*Borth*, § 648 ZPO Rz. 6.
4 OLG Brandenburg v. 28.4.2003 – 10 UF 78/03, FamRZ 2004, 475; OLG Köln v. 12.9.2005 – 14 UF 114/05, FamRZ 2006, 432.
5 BT-Drucks. 13/7338, S. 41.
6 OLG Brandenburg v. 15.12.2003 – 9 UF 209/03, FamRZ 2004, 1587; OLG Koblenz v. 29.11.2004 – 7 UF 900/04, FamRZ 2005, 915; OLG Hamm v. 29.4.2005 – 11 UF 73/05, FamRZ 2006, 211; Thomas/Putzo/*Hüßtege*, § 648 ZPO Rz. 9.
7 OLG München v. 30.6.2004 – 16 WF 1157/04, FamRZ 2005, 381; OLG Nürnberg v. 20.10.2003 – 11 WF 2581/03, FamRZ 2004, 475.
8 OLG Koblenz v. 29.11.2004 – 7 UF 900/04, FamRZ 2005, 915.
9 Hierzu kritisch, wenn Unterhalt nur für das laufende Jahr verlangt wird, *Gottwald*, Anm. zu OLG Brandenburg v. 15.4.2003 – 10 UF 77/03, FamRZ 2004, 273, FamRZ 2004, 274.

und lesbar sein. Die Beifügung teilweise geschwärzter Kontoauszüge ist nicht ausreichend.[1] Belege über Werbungskosten sind entbehrlich.[2] Ggf. hat das Gericht den Antragsgegner gem. § 139 ZPO auf eine unvollständig ausgefüllte Erklärung hinzuweisen und ihm Gelegenheit zu geben, diese zu ergänzen.[3]

Macht der Antragsgegner **Erfüllung** geltend (Satz 2), muss er für jedes Kind getrennt 14
darlegen, welche monatlichen Beträge er für welche Zeiträume gezahlt hat. Verbleiben in der Vergangenheit noch Zeiträume, für die nicht gezahlt wurde und/oder eine Differenz zwischen dem geleisteten und dem von dem Antragsteller geforderten Unterhalt, muss der Antragsgegner sich verpflichten, die Unterhaltsrückstände zu zahlen oder den Einwand des Fehlens einer weiter gehenden Leistungsfähigkeit nach Satz 3 mit entsprechenden Belegen oder ggf. eine fehlende Bedürftigkeit des Kindes nach Satz 1 geltend machen.[4] Ist die Einwendung in zulässiger Form erhoben worden und bestreitet der Antragsteller die Zahlung, schließt sich das Verfahren nach § 254 an. Eine Beweisaufnahme erfolgt nicht, weil über die Begründetheit dieser Einwendung nicht entschieden wird.[5]

E. Zeitliche Befristung der Einwendungen, Absatz 3

Die Frist zur Erhebung von Einwendungen, die nach § 251 Abs. 1 Satz 2 Nr. 3 einen 15
Monat und bei einer Zustellung im Ausland gem. § 251 Abs. 1 Satz 3 je nach Festsetzung durch das Gericht länger läuft, ist keine Ausschlussfrist. Das Gericht hat die Einwendungen des Antragsgegners auch nach Fristablauf zu berücksichtigen, solange der Festsetzungsbeschluss noch nicht verfügt (Abvermerk der Kanzlei), dh. vom Familiengericht noch nicht zur Kenntnis der Parteien aus dem inneren Geschäftsbetrieb des Gerichts herausgegangen ist.[6] Mit der hM ist die Vorschrift in diesem Sinne auszulegen, weil nach der Intention des Gesetzgebers ein aufwändiges Abänderungsverfahren gem. § 240 vermieden werden soll.[7] Der Antragsgegner hat die Darlegungs- und Beweislast für einen rechtzeitigen Eingang seiner Einwendungen vor der Herausgabe des Festsetzungsbeschlusses; jegliche Zweifel gehen zu seinen Lasten.[8]

Versäumt der Antragsgegner die Erhebung von Einwendungen nach § 252 Abs. 2 (zB zu 16
seiner beschränkten oder fehlenden Leistungsfähigkeit oder zur Erfüllung) in der ersten Instanz, ist er hiermit auch für die Beschwerdeinstanz **präkludiert**. Soweit die Beschwerde auch auf neue Tatsachen gestützt werden kann, gilt dies nicht für die Einwendungen nach § 252 Abs. 2.

1 OLG Brandenburg v. 15.12.2003 – 9 UF 209/03, FamRZ 2004, 1587.
2 Zöller/*Philippi*, § 648 ZPO Rz. 11a; aA Baumbach/*Hartmann*, § 252 FamFG Rz. 9.
3 OLG Karlsruhe v. 21.6.2006 – 2 WF 77/06, FamRZ 2006, 1548; Musielak/*Borth*, § 648 ZPO Rz. 6; Thomas/Putzo/*Hüßtege*, § 648 ZPO Rz. 9.
4 MüKo.ZPO/*Coester-Waltjen*, § 648 ZPO Rz. 2.
5 BT-Drucks. 13/7338, S. 40.
6 HM, OLG Karlsruhe v. 27.8.1999 – 2 WF 52/99, FamRZ 2000, 1159; OLG Frankfurt v. 4.8.2000 – 5 WF 112/99, FamRZ 2001, 109; OLG Hamm v. 18.10.2004 – 4 UF 217/04, FamRZ 2006, 44; KG v. 8.11.2005 – 19 UF 101/05, FamRZ 2006, 1209; OLG Hamm v. 29.9.2006 – 11 UF 198/06, FamRZ 2007, 836; Zöller/*Philippi*, § 648 ZPO Rz. 12; aA OLG Brandenburg v. 12.3.2001 – 9 UF 26/01, FamRZ 2001, 1078: Unterzeichnung durch den Rechtspfleger reicht.
7 OLG Hamm v. 18.10.2004 – 4 UF 217/04, FamRZ 2006, 44.
8 OLG Hamm v. 18.10.2004 – 4 UF 217/04, FamRZ 2006, 44.

§ 253
Festsetzungsbeschluss

(1) Werden keine oder lediglich nach § 252 Abs. 1 Satz 3 zurückzuweisende oder nach § 252 Abs. 2 unzulässige Einwendungen erhoben, wird der Unterhalt nach Ablauf der in § 251 Abs. 1 Satz 2 Nr. 3 bezeichneten Frist durch Beschluss festgesetzt. In dem Beschluss ist auszusprechen, dass der Antragsgegner den festgesetzten Unterhalt an den Unterhaltsberechtigten zu zahlen hat. In dem Beschluss sind auch die bis dahin entstandenen erstattungsfähigen Kosten des Verfahrens festzusetzen, soweit sie ohne weiteres ermittelt werden können; es genügt, wenn der Antragsteller die zu ihrer Berechnung notwendigen Angaben dem Gericht mitteilt.

(2) In dem Beschluss ist darauf hinzuweisen, welche Einwendungen mit der Beschwerde geltend gemacht werden können und unter welchen Voraussetzungen eine Abänderung verlangt werden kann.

A. Allgemeines

I. Entstehung

1 § 253 entspricht zum Teil dem bisherigen § 649 ZPO.

II. Systematik

2 Die Vorschrift gehört zu den Verfahrensregelungen für das vereinfachte Verfahren über den Unterhalt Minderjähriger.

III. Normzweck

3 Geregelt werden die Voraussetzungen für den Erlass eines Festsetzungsbeschlusses.

B. Voraussetzungen des Festsetzungsbeschlusses

I. Absatz 1

1. Wartefrist

4 Nach der Zustellung des Antrags hat der Rechtspfleger zunächst die Monatsfrist des § 251 Abs. 1 Satz 2 Nr. 3 abzuwarten. Dies gilt auch dann, wenn der Antragsgegner vor Ablauf der Frist Einwendungen erhebt, die nach § 252 Abs. 2 unzulässig oder die nach § 252 Abs. 1 Satz 3 iVm. Satz 1 Nr. 1 bis 3 zwar zulässig, aber nicht begründet sind. Denn der Unterhaltspflichtige kann innerhalb der Frist weitere erhebliche Einwendungen nachreichen.[1] Wenn eine Rüge der Zulässigkeit des vereinfachten Verfahrens zutreffend ist, muss dem Antragsteller Gelegenheit gegeben werden, diese Einwendung durch Berichtigung oder Ergänzung seines Antrags zu entkräften.[2] Die Festsetzung des

1 Zöller/*Philippi*, § 649 ZPO Rz. 1.
2 Musielak/*Borth*, § 649 ZPO Rz. 1.

Unterhalts unterbleibt, wenn der Rechtspfleger eine Einwendung für beachtlich hält. Es ist dann nach §§ 254, 255 zu verfahren. Sofern der Antragsteller nicht innerhalb von sechs Monaten die Durchführung des streitigen Verfahrens beantragt, gilt sein Antrag gem. § 255 Abs. 6 als zurückgenommen.

2. Verfahren

Der Festsetzungsbeschluss kann ohne mündliche Verhandlung ergehen, weil diese dem Rechtspfleger freigestellt ist, § 113 Abs. 1 FamFG iVm. § 128 Abs. 4 ZPO. Da das Ziel des vereinfachten Verfahrens eine rasche Festsetzung des Unterhalts ist, sollte eine mündliche Verhandlung nur in Fällen stattfinden, in denen zu erwarten ist, dass der Antragsteller auf einen erheblichen Einwand des Antragsgegners seinen Antrag berichtigt und der Einwand dann gegenstandslos wird.[1] In einer mündlichen Verhandlung kann ein Anerkenntnis[2] abgegeben und ein Vergleich[3] geschlossen werden. Die Einigung kann auch über einen höheren Betrag als das 1,2-fache des Mindestunterhalts erfolgen.[4] 5

3. Inhalt des Festsetzungsbeschlusses

Nach § 253 Abs. 1 Satz 2 ist in dem Beschluss ein Zahlungsausspruch erforderlich, weil er Vollstreckungstitel ist. Neben den formellen Angaben (Bezeichnung der Parteien, ihrer gesetzlichen Vertreter und Prozessbevollmächtigten, Bezeichnung des Gerichts, des Rechtspflegers, des Datums des Erlasses oder des Verkündungstermins) muss er die Unterhaltsbeträge, die Zeiträume und die Fälligkeitsdaten enthalten, ferner die Anrechnung des Kindergeldes und sonstiger kindbezogener Leistungen. 6

Eine **dynamische Tenorierung** kann zB wie folgt erfolgen:

Der Antragsgegner hat an dem am 7.2.2005 geborenen Antragsteller zu Händen der Kindesmutter zum 1. eines jeden Monats im Voraus eine Unterhaltsrente

- ab dem 1.1.2009 iHv. 100 % des Mindestunterhalts der Altersstufe 1,
- ab dem 1.2.2011 iHv. 100 % des Mindestunterhalts der Altersstufe 2,
- ab dem 1.2.2017 iHv. 100 % des Mindestunterhalts der Altersstufe 3

gem. § 1612a Abs. 1 BGB abzüglich der Hälfte des jeweiligen gesetzlichen Kindergeldes für ein erstes Kind zu zahlen.[5]

Auch im **Mangelfall** kann das minderjährige Kind verlangen, dass sein Unterhalt gem. § 1612a Abs. 1 BGB als Prozentsatz vom Mindestunterhalt der jeweiligen Altersstufe festgesetzt wird.[6] Eine Befristung des Titels auf den Zeitpunkt der Vollendung des 18. Lebensjahres des minderjährigen Kindes ist nicht vorzunehmen.[7] Erfolgt sie gleichwohl, kann sie nicht mit der Beschwerde nach § 256, sondern nur mit der Erinnerung nach § 11 Abs. 2 Satz 1 RPflG angegriffen werden.[8] 7

1 Begr. RegE KindUG, BT-Drucks. 13/7338, S. 41.
2 OLG Brandenburg v. 5.12.2006 – 9 UF 183/06, FamRZ 2007, 837.
3 Zöller/*Philippi*, § 649 ZPO Rz. 2; Thomas/Putzo/*Hüßtege*, § 649 ZPO Rz. 1; Musielak/*Borth*, § 649 ZPO Rz. 2.
4 Zöller/*Philippi*, § 649 ZPO Rz. 2.
5 Zu den verschiedenen Klageanträgen vgl. MAH Familienrecht/*Bömelburg*, § 6 Rz. 73.
6 OLG Hamm v. 13.2.2004 – 11 WF 197/03, FamRZ 2004, 1587.
7 OLG Brandenburg v. 26.7.2006 – 9 UF 118/06, FamRZ 2007, 484.
8 BGH v. 28.5.2008 – XII ZB 104/06, FamRZ 2008, 1433.

8 In dem Festsetzungsbeschluss ist nach § 253 Abs. 1 Satz 3 eine **Kostenentscheidung** zu treffen. Die Kosten sind dem Grunde nach unter Berücksichtigung der in § 243 erwähnten Kriterien zu verteilen. Die Kostenentscheidung kann auch die Höhe der erstattungsfähigen Kosten (Gerichtskosten, Rechtsanwaltsgebühren, Auslagen der Partei) des Verfahrens festsetzen, wenn diese ohne weiteres ermittelt werden können, weil der Antragsteller die hierfür notwendigen Angaben gemacht und der Antragsgegner sie nicht bestritten hat. Ansonsten erfolgt ein gesondertes Kostenfestsetzungsverfahren (§ 113 Abs. 1 FamFG iVm. §§ 103 ff. ZPO).

II. Hinweispflichten, Absatz 2

9 Dem Festsetzungsbeschluss, der beiden Parteien zuzustellen ist (§ 113 Abs. 1 FamFG iVm. § 329 Abs. 3 ZPO), ist eine Rechtsmittelbelehrung beizufügen. Es ist darauf hinzuweisen, welche Einwendungen nach § 252 Abs. 1 und 2 im Beschwerdeverfahren vorgebracht werden können. Der Hinweis auf die zulässigen Einwendungen muss ausreichend spezifiziert sein und sollte deshalb den Wortlaut des § 252 Abs. 1 und 2 beinhalten.[1] Die Parteien sind ferner auf die Möglichkeit und die Voraussetzungen einer Abänderung des Festsetzungsbeschlusses nach § 240 Abs. 1 und 2[2] hinzuweisen. Die Belehrungspflicht umfasst auch die isolierte Anfechtbarkeit der Kostenfestsetzung nach Grund und Höhe oder iVm. Einwendungen gegen den sachlichen Inhalt des Festsetzungsbeschlusses.[3] Ob eine unterbliebene Rechtsmittelbelehrung folgenlos bleibt[4] oder der Beschluss vom Beschwerdegericht wegen eines Verfahrensfehlers aufgehoben und zurückverwiesen werden sollte,[5] ist umstritten. Dem Betroffenen ist aber bei Versäumung der Beschwerdefrist Wiedereinsetzung in den vorigen Stand zu gewähren (§ 113 Abs. 1 FamFG iVm. § 233 ZPO).

10 Der Festsetzungsbeschluss ist abweichend von der vor Inkrafttreten des FamFG geltenden Rechtslage[6] nicht bereits automatisch vor Eintritt der Rechtskraft **vollstreckbar**. Denn nach § 120 Abs. 2 sind Endentscheidungen mit Wirksamwerden vollstreckbar. Die Wirksamkeit tritt nach § 116 Abs. 3 Satz 1 aber erst mit der Rechtskraft ein. Eine Vollstreckung aus dem Festsetzungsbeschluss kann daher erst erfolgen, wenn das Gericht nach § 116 Abs. 3 Satz 2 seine sofortige Wirksamkeit angeordnet hat. Diese Anordnung hat idR zu erfolgen, weil der Beschluss eine Verpflichtung zur Leistung von Unterhalt enthält, § 116 Abs. 3 Satz 3. Wegen der eigenständigen Vollstreckungsregelung im FamFG bedarf es einer gesonderten Erwähnung dieser Beschlüsse in § 794 Abs. 1 ZPO nicht mehr; der frühere § 794 Abs. 1 Nr. 2a ZPO ist ersatzlos entfallen.[7]

1 Zutreffend Thomas/Putzo/*Hüßtege*, § 649 ZPO Rz. 7.
2 Frühere Korrekturklage nach § 654 ZPO.
3 Thomas/Putzo/*Hüßtege*, § 649 ZPO Rz. 7.
4 Thomas/Putzo/*Hüßtege*, § 643 ZPO Rz. 7.
5 OLG Naumburg v. 22.2.2001 – 14 WF 189/00, FamRZ 2001, 1464.
6 § 794 Abs. 1 Nr. 2a ZPO ist aufgehoben worden durch Art. 29 Nr. 20 FGG-RG.
7 Begr. RegE, BT-Drucks. 16/6308, S. 326.

§ 254
Mitteilungen über Einwendungen

Sind Einwendungen erhoben worden, die nach § 252 Abs. 1 Satz 3 nicht zurückzuweisen oder die nach § 252 Abs. 2 zulässig sind, teilt das Gericht dem Antragsteller dies mit. Es setzt auf seinen Antrag den Unterhalt durch Beschluss fest, soweit sich der Antragsgegner nach § 252 Abs. 2 Satz 1 und 2 zur Zahlung von Unterhalt verpflichtet hat. In der Mitteilung nach Satz 1 ist darauf hinzuweisen.

A. Allgemeines

I. Entstehung

§ 254 entspricht dem bisherigen § 650 ZPO. 1

II. Systematik

Die Vorschrift gehört zu den Durchführungsbestimmungen für das vereinfachte Verfahren über den Unterhalt Minderjähriger. 2

III. Normzweck

§ 254 regelt das weitere Verfahren des Gerichts, wenn kein Festsetzungsbeschluss ergangen ist, weil Einwendungen erhoben wurden, die nicht nach § 252 Abs. 1 Satz 3 zurückzuweisen sind oder die nach § 252 Abs. 2 zulässig sind. Bei Fehlen von Einwendungen oder bei unzulässigen Einwendungen richtet sich das Verfahren nach § 253 Abs. 1. 3

B. Zulässige Einwendungen, Sätze 1 und 3

Das Gericht teilt dem Antragsteller mit, welche Einwendungen der Antragsgegner erhoben hat und dass diese nicht nach § 252 Abs. 1 Satz 3 zurückzuweisen sind oder nach § 252 Abs. 2 zulässig sind. Einwendungen, die nach § 252 Abs. 1 Satz 3 nicht zurückzuweisen sind, sind solche nach § 252 Abs. 1 Satz 1 Nr. 1 bis 3 (s. dort). Einwendungen, die nach § 252 Abs. 2 zulässig sind, betreffen den Einwand eingeschränkter oder fehlender Leistungsfähigkeit. Die Mitteilung setzt nach § 255 Abs. 6 die Frist für einen Antrag auf Durchführung des streitigen Verfahrens in Lauf und sollte deshalb zugestellt werden.[1] Die Prüfung des Rechtspflegers bezieht sich nur auf die Frage, ob die Einwendungen in der zulässigen Form (§ 252) erhoben wurden; eine Entscheidung über die Begründetheit der Einwendungen erfolgt nicht.[2] 4

---

1 Thomas/Putzo/*Hüßtege*, § 650 ZPO Rz. 2; Musielak/*Borth*, § 650 ZPO Rz. 2; *Göppinger/Wax*, Rz. 2201; aA Zöller/*Philippi*, § 650 ZPO Rz. 6; BGH v. 1.12.1976 – IV ZB 43/76, NJW 1977, 717 zur vergleichbaren Problematik bei § 620 ZPO (bzw. danach § 614 ZPO) und BGH v. 5.11.1984 – II ZB 3/84, VersR 1985, 69 zu § 234 ZPO.

2 OLG Brandenburg v. 5.12.2006 – 9 UF 189/06, FamRZ 2007, 837; Musielak/*Borth*, § 650 ZPO Rz. 2; Zöller/*Philippi*, § 650 ZPO Rz. 5; aA MüKo.ZPO/*Coester-Waltjen*, § 648 ZPO Rz. 2.

5 Wenn der **Antragsgegner** den geltend gemachten Unterhalt **teilweise anerkannt** und sich insoweit zur Zahlung verpflichtet hat, muss der Antragsteller darauf hingewiesen werden, dass der Unterhalt auf Antrag in dieser Höhe festgesetzt werden kann. Weiter ist der Antragsteller auf die Möglichkeit des Übergangs ins streitige Verfahren hinsichtlich des nicht anerkannten Teils hinzuweisen, § 255 Abs. 1 Satz 2.[1]

C. Festsetzung des Unterhalts, Satz 2

6 Wenn der Antragsteller es – ggf. nach einem Hinweis – beantragt, setzt das Gericht den anerkannten Teil des Unterhalts fest (Teilbeschluss). Wird kein Antrag gestellt, wird die Akte nach sechs Monaten weggelegt. Bei einer Festsetzung ist in dem Beschluss keine Kostenentscheidung zu treffen, denn ebenso wie bei einem Teilurteil wird über die Kosten im anschließenden streitigen Verfahren entschieden, § 255 Abs. 5.[2] Anderes gilt nur, wenn ein solches nicht stattfindet, weil der Antragsteller seinen über die Teilfestsetzung hinausgehenden Antrag zurückgenommen hat. Dann werden die Kosten gequotelt, § 243 Satz 2 Nr. 1.[3]

§ 255
Streitiges Verfahren

(1) Im Fall des § 254 wird auf Antrag eines Beteiligten das streitige Verfahren durchgeführt. Darauf ist in der Mitteilung nach § 254 Satz 1 hinzuweisen.

(2) Beantragt ein Beteiligter die Durchführung des streitigen Verfahrens, ist wie nach Eingang eines Antrags in einer Unterhaltssache weiter zu verfahren. Einwendungen nach § 252 gelten als Erwiderung.

(3) Das Verfahren gilt als mit der Zustellung des Festsetzungsantrags (§ 251 Abs. 1 Satz 1) rechtshängig geworden.

(4) Ist ein Festsetzungsbeschluss nach § 254 Satz 2 vorausgegangen, soll für zukünftige wiederkehrende Leistungen der Unterhalt in einem Gesamtbetrag bestimmt und der Festsetzungsbeschluss insoweit aufgehoben werden.

(5) Die Kosten des vereinfachten Verfahrens werden als Teil der Kosten des streitigen Verfahrens behandelt.

(6) Wird der Antrag auf Durchführung des streitigen Verfahrens nicht vor Ablauf von sechs Monaten nach Zugang der Mitteilung nach § 254 Satz 1 gestellt, gilt der über den Festsetzungsbeschluss nach § 254 Satz 2 oder die Verpflichtungserklärung des Antragsgegners nach § 252 Abs. 2 Satz 1 und 2 hinausgehende Festsetzungsantrag als zurückgenommen.

1 *van Els*, FamRZ 2007, 1659.

2 Zöller/*Philippi*, § 650 ZPO Rz. 7; Thomas/Putzo/*Hüßtege*, § 650 ZPO Rz. 4; *Schumacher/Grün*, FamRZ 1998, 778; Luthin/*Seidel*, Rz. 7346, FA-FamR/*Gerhardt*, Kap. 6 Rz. 204a.

3 Vgl. zu den früher anzuwendenden Kostengrundsätzen der §§ 91 ff. ZPO Zöller/*Philippi*, § 650 ZPO Rz. 7.

A. Allgemeines

I. Entstehung

§ 255 entspricht dem bisherigen § 651 ZPO. 1

II. Systematik

Die Vorschrift regelt ähnlich wie § 696 ZPO für das Mahnverfahren bei rechtzeitigem Widerspruch den Übergang vom vereinfachten Unterhaltsverfahren in das streitige Verfahren. 2

III. Normzweck

Die Vorschrift bezweckt eine möglichst einfache und rasche Abwicklung des Übergangs vom vereinfachten Verfahren in das streitige Verfahren und dessen Durchführung. 3

B. Voraussetzungen, Absatz 1

§ 255 setzt voraus, dass der Antragsgegner Einwendungen erhoben hat, die nach § 252 Abs. 1 Satz 3 nicht zurückzuweisen oder die nach § 252 Abs. 2 zulässig sind. Erst wenn diese Voraussetzungen erfüllt sind, können beide Beteiligten beantragen, dass das streitige Verfahren durchgeführt wird. Den Beteiligten soll Gelegenheit gegeben werden, sich außergerichtlich zu einigen. Ein vorher gestellter Antrag ist nicht zulässig. Insbesondere ist es dem Antragsgegner verwehrt, statt Einwendungen iSd. § 252 zu erheben sogleich die Durchführung des streitigen Verfahrens zu beantragen.[1] Bei einem gleichwohl gestellten Antrag wird der Unterhalt in der beantragten Höhe festgesetzt.[2] Der Antragsteller ist zusammen mit der Mitteilung über die erhobenen Einwendungen auf das Antragsrecht hinsichtlich des streitigen Verfahrens hinzuweisen (Abs. 1 Satz 2). 4

C. Verfahrensweise, Absatz 2

Der Antrag auf Übergang in das streitige Verfahren ist unter **Verwendung** des vorgesehenen **Formulars** schriftlich zu stellen. Er kann gem. § 257 vor dem Urkundsbeamten der Geschäftsstelle abgegeben werden, dh. es besteht insoweit kein Anwaltszwang. Nach Eingang des Antrags ist vom Gericht wie nach dem Eingang eines Antrags in einer Unterhaltssache weiter zu verfahren. Zunächst ist die Sache mit dem Antrag auf ein streitiges Verfahren von dem Rechtspfleger an die zuständige Abteilung des Familiengerichts abzugeben. Der Antrag auf Unterhaltsfeststellung im vereinfachten Verfahren gilt für das streitige Verfahren als Antragsschrift, die Einwendungen des Antragsgegners gelten als Antragserwiderung (Abs. 2 Satz 2). Der Antragsteller kann jetzt auch höheren Unterhalt als 120 % des Mindestunterhalts verlangen, weil § 249 Abs. 1 nicht mehr gilt. Da der Antrag auf ein streitiges Verfahren keine Antragsschrift dar- 5

1 BT-Drucks. 14/7349, S. 26; MüKo.ZPO/*Coester-Waltjen*, § 651 ZPO Rz. 1.
2 Zöller/*Philippi*, § 651 ZPO Rz. 1.

stellt, ist er nicht zuzustellen, sondern formlos mitzuteilen.[1] Jeder Beteiligte kann den von ihm gestellten Antrag bis zur ersten mündlichen Verhandlung zurücknehmen. Der Familienrichter bestimmt nunmehr die weitere Vorgehensweise. Wenn durch die weit gehenden Darlegungspflichtigen des Antragsgegners im Rahmen seiner Einwendungen schon im vereinfachten Verfahren eine Klärung des Streitstoffes erfolgt ist, wird sogleich ein Termin zur mündlichen Verhandlung bestimmt. Andernfalls erfolgen zunächst verfahrensleitende Anordnungen.

D. Eintritt der Rechtshängigkeit, Absatz 3

6 Abs. 3 sieht eine rückwirkende Rechtshängigkeit ab Antragstellung im vereinfachten Verfahren vor, soweit es um identische Ansprüche geht.[2] Wenn der Antrag nach Abs. 1 nicht vor dem Ablauf von sechs Monaten nach dem Zugang der Mitteilung nach § 254 erfolgt, greift die in Abs. 6 geregelte Ausschlussfrist ein.[3] Ein nach Ablauf der Frist von sechs Monaten eingegangener Antrag führt nur dann zu einer rückwirkenden Rechtshängigkeit, wenn in der Mitteilung nach Abs. 1 der Hinweis auf das streitige Verfahren unterblieben oder die Mitteilung nicht zugegangen ist.[4]

E. Einbeziehung eines Teilfestsetzungsbeschlusses, Absatz 4

7 Wenn der Antragsgegner nach § 252 Abs. 2 Satz 1 den im vereinfachten Verfahren geltend gemachten Unterhalt teilweise anerkannt hat und dieser insoweit durch Beschluss festgesetzt wurde, soll das Familiengericht nach Abs. 4 bei darüber hinausgehenden Unterhaltsleistungen den Unterhalt in einem Gesamtbetrag zusammenfassen. Wegen des Erfordernisses der Titelklarheit ist der Teilfestsetzungsbeschluss insoweit aufzuheben. Dies gilt jedoch nur für zukünftige Unterhaltsansprüche. Für Teilfestsetzungsbeschlüsse nach § 254 Satz 2, die einen anderen Zeitabschnitt erfassen, zB nur rückständigen Unterhalt, gilt dies nicht. Hier besteht nicht das Erfordernis der Schaffung eines einheitlichen Unterhaltstitels zur Erleichterung der Zwangsvollstreckung.[5]

F. Kosten, Absatz 5

8 Nach einem Übergang in das streitige Verfahren sind die Kosten des vereinfachten Verfahrens als Teil der Kosten des streitigen Verfahrens zu behandeln (vgl. §§ 281 Abs. 3 Satz 1, 696 Abs. 1 Satz 5 ZPO). Für die Kostenentscheidung gilt im Übrigen § 243.

G. Ausschlussfrist, Rücknahmefiktion, Absatz 6

9 Nach Ablauf von sechs Monaten nach Zugang der Mitteilung nach § 254 fingiert das Gesetz die Zurücknahme eines über die Unterhaltsfestsetzung hinausgehenden Antrags. Mit der relativ langen Frist soll den Beteiligten ermöglicht werden, eine außer-

---

1 Zöller/*Philippi*, § 651 ZPO Rz. 2.
2 MüKo.ZPO/*Coester-Waltjen*, § 651 ZPO Rz. 5; Thomas/Putzo/*Hüßtege*, § 651 ZPO Rz. 9.
3 BT-Drucks. 14/7349, S. 26.
4 Baumbach/*Hartmann*, § 255 FamFG Rz. 4.
5 BT-Drucks. 13/7338, S. 42; Thomas/Putzo, § 651 ZPO Rz. 9; Zöller/*Philippi*, § 651 ZPO Rz. 4.

gerichtliche Einigung zu erzielen, ehe der Antrag auf Übergang in das streitige Verfahren gestellt wird.[1] Wenn in der Mitteilung nach Abs. 1 der Hinweis auf das streitige Verfahren unterblieben oder die Mitteilung nicht zugegangen ist, läuft die Frist nicht. Gleiches gilt, wenn weder ein Festsetzungsbeschluss ergangen noch eine Verpflichtungserklärung nach § 252 Abs. 2 abgegeben worden ist. Der Antrag auf ein streitiges Verfahren kann in diesen Fällen auch später gestellt werden.[2]

§ 256
Beschwerde

Mit der Beschwerde können nur die in § 252 Abs. 1 bezeichneten Einwendungen, die Zulässigkeit von Einwendungen nach § 252 Abs. 2 sowie die Unrichtigkeit der Kostenentscheidung oder Kostenfestsetzung, sofern sie nach allgemeinen Grundsätzen anfechtbar sind, geltend gemacht werden. Auf Einwendungen nach § 252 Abs. 2, die nicht erhoben waren, bevor der Festsetzungsbeschluss verfügt war, kann die Beschwerde nicht gestützt werden.

A. Allgemeines

I. Entstehung

§ 256 entspricht dem bisherigen § 652 Abs. 2 ZPO; der frühere § 652 Abs. 1 ZPO ist entfallen. 1

II. Systematik

Die Vorschrift gehört zu den Verfahrensbestimmungen für das vereinfachte Verfahren über den Unterhalt Minderjähriger. 2

III. Normzweck

Geregelt wird der gegen den Festsetzungsbeschluss statthafte Rechtsbehelf. 3

B. Beschwerde, Erinnerung

Gegen Festsetzungsbeschlüsse nach § 253 und Teilfestsetzungsbeschlüsse nach § 254 Satz 2 ist anders als nach früherem Recht (sofortige Beschwerde, § 567 ZPO) nun die Beschwerde (§§ 58 ff., 117) in beschränkter Form statthaft. Die Beschwerde richtet sich gegen die Entscheidung des Rechtspflegers (§ 25 Nr. 2c RPflG). 4

Hat der Rechtspfleger den Antrag auf Erlass eines Festsetzungsbeschlusses vollständig zurückgewiesen, ist dies nicht mit der Beschwerde anfechtbar, § 250 Abs. 2 Satz 3. Es 5

1 Musielak/*Borth*, § 651 ZPO Rz. 3.
2 MüKo.ZPO/*Coester-Waltjen*, § 651 ZPO Rz. 8.

findet nur die **Rechtspflegererinnerung** statt, § 11 Abs. 2 RPflG.[1] Der Beschluss des Familienrichters ist unanfechtbar.[2] Es besteht jedoch die Möglichkeit eines Abänderungsantrags nach § 240. Gegen eine nur teilweise Zurückweisung des Antrags auf Erlass eines Festsetzungsbeschlusses wird die Beschwerde für zulässig gehalten.[3]

6 Ist die **Beschwerde** nach den allgemeinen verfahrensrechtlichen Vorschriften nicht zulässig, zB weil der Beschwerdewert von 600 Euro (§ 61) nicht erreicht ist, findet die **Erinnerung** nach § 11 Abs. 2 RPflG statt, die innerhalb der Frist für die Beschwerde einzulegen ist. Der Beschwerdewert des § 61 gilt auch für die Anfechtbarkeit von Kosten- und Auslagenentscheidungen.[4]

7 Die Beschwerde ist innerhalb einer Frist von einem Monat zu erheben, § 63 Abs. 1 (früher: innerhalb von zwei Wochen). Die Beschwerde kann gem. § 64 Abs. 1 wirksam nur noch bei dem Gericht eingelegt werden, dessen Entscheidung angefochten wird, mithin beim Familiengericht. Die Möglichkeit, auch bei dem Beschwerdegericht Beschwerde einzulegen, ist entfallen. Zu beachten sind die besonderen Verfahrensvorschriften in § 257. Danach können Anträge und Erklärungen im vereinfachten Verfahren vor dem Urkundsbeamten der Geschäftsstelle abgegeben werden. Ein Anwaltszwang besteht nicht, §§ 114 Abs. 4 Nr. 6 FamFG iVm. § 78 Abs. 3 ZPO. § 64 Abs. 2 Satz 2 FamFG gilt nur in Verfahren, die dem Anwaltszwang unterliegen.[5]

8 Eine Abhilfemöglichkeit besteht nicht, § 68 Abs. 1 Satz 2.[6] Beschwerdegericht ist das OLG, § 119 Abs. 1 Nr. 1a GVG. Nach § 70 Abs. 1 ist die Rechtsbeschwerde nur dann statthaft, wenn das Beschwerdegericht sie zugelassen hat.

C. Zulässige Beschwerdegründe

9 § 256 regelt die im Beschwerdeverfahren zulässigen Einwendungen abschließend. Mit der Beschwerde kann nur die Unzulässigkeit des vereinfachten Festsetzungsverfahrens (§ 252 Abs. 1 Satz 1 Nr. 1), eine unrichtige Berechnung des Unterhalts nach Zeitraum und Höhe (§ 252 Abs. 1 Satz 1 Nr. 2 und 3) und eine Unrichtigkeit der Kostengrundentscheidung (§ 252 Abs. 1 Satz 2) oder Kostenfestsetzung geltend gemacht werden. Ferner kann der Beschwerdeführer rügen, dass das Amtsgericht die Zulässigkeit von Einwendungen nach § 252 Abs. 2 unrichtig beurteilt habe. Hierzu gehört auch die Geltendmachung der Rechtzeitigkeit des Zugangs der Einwendungen vor Erlass des Festsetzungsbeschlusses.[7] Wird eine Beschwerde nicht auf diese Anfechtungsgründe gestützt, ist sie **unzulässig**.[8]

1 OLG Koblenz v. 3.2.2005 – 7 UF 985/04, FamRZ 2005, 2000.
2 Thomas/Putzo/*Hüßtege*, § 646 ZPO Rz. 6.
3 OLG Zweibrücken v. 18.7.2003 – 6 WF 26/03, FamRZ 2004, 1796; aA OLG Koblenz v. 3.2.2005 – 7 UF 985/04, FamRZ 2005, 2000.
4 Begr. RegE, BT-Drucks. 16/6308, S. 204, vgl. hierzu § 231 Rz. 23.
5 Gesetz zur Modernisierung von Verfahren im anwaltlichen und notariellen Berufsrecht, zur Errichtung einer Schlichtungsstelle der Rechtsanwaltschaft sowie zur Änderung sonstiger Vorschriften, sog. FGG-RG-Reparaturgesetz v. 30.7.2009, BGBl. I, S. 2449 (s. auch BT-Drucks. 16/12717 [eVF], S. 69).
6 § 68 Abs. 1 Satz 2 entspricht inhaltlich den aufgehobenen Regelungen über die befristete Beschwerde, dh. §§ 621e Abs. 3, 318 ZPO aF, vgl. Begr. RegE, BT-Drucks. 16/6308, S. 207.
7 OLG Köln v. 2.11.2000 – 27 UF 236/00, FamRZ 2001, 1464.
8 BGH v. 28.5.2008 – XII ZB 104/06, FamRZ 2008, 1433; Zöller/*Philippi*, § 652 ZPO Rz. 2; Thomas/Putzo/*Hüßtege*, § 652 ZPO Rz. 2; Musielak/*Borth*, § 652 ZPO Rz. 2.

Die Einschränkungen nach § 256 gelten nach ganz überwiegender Auffassung in Rechtsprechung und Literatur gleichermaßen für die Beschwerde des Antragsgegners und des Antragstellers.[1] Dem steht nicht entgegen, dass es sich bei den in § 256 genannten Einwendungen gem. § 252 ZPO um solche handelt, die im Vorverfahren nur von dem Antragsgegner geltend gemacht werden können, denn insoweit sind sowohl der Wortlaut der Vorschrift als auch die Begründung des Gesetzgebers[2] eindeutig.[3] So kann ein Festsetzungsbeschluss, der eine Bestimmung zur Bedingung und Befristung des Unterhaltsanspruchs enthält, die als Teilzurückweisung des Festsetzungsantrages anzusehen ist, von dem Antragsteller nicht mit der Beschwerde angegriffen werden. Da solche Beschwerdegründe in § 256 nicht aufgeführt sind, ist nur die Erinnerung nach § 11 Abs. 2 RPflG statthaft. Über diese entscheidet dann – im Falle der Nichtabhilfe durch den Rechtspfleger – gem. § 11 Abs. 2 Satz 3 RPflG der Familienrichter. Gegen dessen Entscheidung ist kein Rechtsmittelzug mehr eröffnet. Bei einer mit der Beschwerde nicht anfechtbaren Befristung des Unterhaltsanspruchs im Festsetzungsbeschluss kann der Antragsteller seinen Unterhaltsanspruch für den Zeitraum nach Fristende mit einem Leistungsantrag weiter verfolgen.[4] Das Rechtsmittel der Beschwerde steht dem Antragsteller auch zu, wenn er geltend macht, der Unterhalt sei abweichend von seinem Antrag zu niedrig festgesetzt worden.[5] Mit der Beschwerde kann der Antragsteller seinen Antrag aber nicht erweitern, zB erstmals einen Unterhaltsrückstand einfordern.[6] 10

Mit der Beschwerde können nur formelle Fehler des Rechtspflegers gerügt werden, denn eine materielle Überprüfung des Unterhaltsanspruchs findet über § 256 nicht statt. Hierfür ist das Abänderungsverfahren nach § 240 (früher: Korrekturklage nach § 654 ZPO) vorgesehen.[7] 11

Der Antragsgegner kann rügen, er habe kein Kind mit diesem Geburtsdatum, denn dies betrifft die Zulässigkeit des vereinfachten Verfahrens.[8] Geltend gemacht werden können auch eine fehlerhafte Berechnung des Unterhalts nach Zeitraum und Höhe oder eine unzutreffende Anrechnung des Kindergeldes.[9] Zulässig ist auch die Einwendung, der Antragsgegner habe ein dem Festsetzungsbeschluss zugrunde liegendes Anerkenntnis nicht wirksam abgegeben.[10] 12

Nicht zulässig ist der Einwand des Antragsgegners, er sei im Festsetzungsbeschluss nicht mit seiner zutreffenden Anschrift aufgeführt. Gleiches gilt für die Einwendung, das Kind wohne an einem anderen Ort als in dem Festsetzungsbeschluss angegeben.[11] 13

1 BGH v. 28.5.2008 – XII ZB 104/06, FamRZ 2008, 1433; Zöller/*Philippi*, § 652 ZPO Rz. 4; Thomas/Putzo/*Hüßtege*, § 652 ZPO Rz. 1; Musielak/*Borth*, § 652 ZPO Rz. 2; Baumbach/*Hartmann*, § 256 FamFG Rz. 5; Johannsen/Henrich, § 652 ZPO Rz. 2; Wendl/*Schmitz*, § 10 Rz. 341; Luthin/*Seidel*, Rz. 7350.

2 BT-Drucks. 13/7338, S. 42.

3 BGH v. 28.5.2008 – XII ZB 104/06, FamRZ 2008, 1433.

4 BGH v. 28.5.2008 – XII ZB 104/06, FamRZ 2008, 1433.

5 BGH v. 28.5.2008 – XII ZB 104/06, FamRZ 2008, 1433; OLG München v. 24.9.2001 – 12 WF 1217/01, FamRZ 2002, 547; Thomas/Putzo/*Hüßtege*, § 652 ZPO Rz. 1; aA OLG Naumburg v. 10.7.2002 – 3 WF 98/02, FamRZ 2003, 690.

6 OLG Brandenburg v. 14.8.2001 – 10 UF 133/01, FamRZ 2002, 1264.

7 Wendl/*Schmitz*, § 10 Rz. 343 zum früheren § 652 ZPO.

8 OLG Brandenburg v. 1.2.2001 – 10 UF 11/01, FamRZ 2002, 1345.

9 OLG Brandenburg v. 31.8.2001 – 10 UF 10/00, FamRZ 2002, 1263.

10 OLG Brandenburg v. 31.8.2001 – 10 UF 10/00, FamRZ 2002, 1263; OLG Stuttgart v. 16.1.2001 – 16 UF 445/00, FamRZ 2002, 329; OLG Brandenburg v. 5.12.2006 – 9 UF 189/06, FamRZ 2007, 838; Baumbach/*Hartmann*, § 256 FamFG Rz. 5; Musielak/*Borth*, § 652 ZPO Rz. 2.

11 OLG Brandenburg v. 1.2.2001 – 10 UF 11/01, FamRZ 2002, 1345; Wendl/*Schmitz*, § 10 Rz. 343 zum früheren § 652 ZPO.

14 Die Beschwerde kann auf **neue Tatsachen** gestützt werden. Der Beschwerdeführer kann die in § 252 Abs. 1 aufgeführten Einwendungen auch dann rügen, wenn er im Anhörungsverfahren keine entsprechenden Einwendungen erhoben hatte.[1]

15 Nach § 256 Satz 2 ist der Antragsgegner mit der erstmaligen Geltendmachung von **Einwendungen nach § 252 Abs. 2** im Beschwerdeverfahren **präkludiert**. Er kann also seine Beschwerde **nicht** erstmals darauf stützen, er sei nicht oder nur beschränkt leistungsfähig. Gleiches gilt für den Einwand der teilweisen oder vollständigen Erfüllung des Unterhaltsanspruchs.

16 Wenn der Antragsgegner den Einwand der fehlenden oder eingeschränkte Leistungsfähigkeit oder der Erfüllung bereits im Anhörungsverfahren vor dem Familiengericht geltend gemacht hatte, kann er mit der Beschwerde nur rügen, der Rechtspfleger habe diese Einwendungen zu Unrecht, zB wegen einer vermeintlich unvollständigen Ausfüllung des vorgeschriebenen Formulars oder einer unzureichenden Erklärung, inwieweit er künftig zu Unterhaltsleistung bereit sei, als unzulässig zurückgewiesen. Nicht zulässig ist es, Auskünfte und Belege zur fehlenden Leistungsfähigkeit im Beschwerdeverfahren nachzureichen.[2] Hatte der Antragsgegner in erster Instanz Erfüllung eingewandt, ist die Beschwerde nur zulässig, wenn er erklärt hatte, inwieweit er künftig zu Unterhaltsleistung bereit sei, wenn er sich insoweit zur Erfüllung des Unterhaltsanspruchs verpflichtet hatte, wenn er seine Zahlungen dargelegt und sich verpflichtet hatte, einen darüber hinausgehenden Unterhaltsrückstand zu begleichen.[3] In der Beschwerdeinstanz wird insoweit nur geprüft, ob die von dem Unterhaltspflichtigen rechtzeitig erhobenen Einwendungen vom Rechtspfleger zutreffend behandelt wurden.[4]

17 Mit der **Beschwerde** können beide Parteien die **Kostenentscheidung anfechten** oder geltend machen, die Kosten seien unrichtig festgesetzt worden. Wenn der Beschwerdewert (s. Rz. 6) nicht erreicht wird, ist statt der Beschwerde die Erinnerung gem. § 11 Abs. 2 RPflG statthaft.

18 Die **Beschwerdeentscheidung** ergeht durch **Beschluss**. Die Entscheidung kann gem. § 68 Abs. 4 auf den Einzelrichter übertragen werden. Sind keine zulässigen Einwendungen geltend gemacht worden, ist die Beschwerde in vollem Umfang unzulässig und wird ebenso wie bei nicht fristgerechter Einlegung verworfen. Wenn die Beschwerde sowohl unzulässige als auch zulässige Beschwerdegründe enthält, ergeht über die zulässigen Einwendungen eine Sachentscheidung. Hinsichtlich der unzulässigen Einwendungen soll der Ausspruch, dass sie nach § 256 Satz 2 nicht vorgebracht werden können, ausreichen.[5] Um Unklarheiten zu vermeiden, wird jedoch eine ausdrückliche Verwerfung der Beschwerde im Übrigen empfohlen. Eine unbegründete Beschwerde ist zurückzuweisen. Das Beschwerdegericht kann bei einer begründeten Beschwerde den Festsetzungsbeschluss unter den Voraussetzungen des § 117 Abs. 2 FamFG iVm. § 538 Abs. 2 ZPO aufheben und die erneute Entscheidung dem Rechtspfleger übertragen.

1 Zöller/*Philippi*, § 652 ZPO Rz. 3; Musielak/*Borth*, § 652 ZPO Rz. 2.
2 Thomas/Putzo/*Hüßtege*, § 652 ZPO Rz. 2.
3 OLG Köln v. 3.4.2001 – 25 UF 34/00, FamRZ 2002, 33.
4 OLG Koblenz v. 28.3.2003 – 13 UF 169/03, JAmt 2003, 502.
5 Zöller/*Philippi*, § 652 ZPO Rz. 13.

§ 257
Besondere Verfahrensvorschriften

In vereinfachten Verfahren können die Anträge und Erklärungen vor dem Urkundsbeamten der Geschäftsstelle abgegeben werden. Soweit Formulare eingeführt sind, werden diese ausgefüllt; der Urkundsbeamte vermerkt unter Angabe des Gerichts und des Datums, dass er den Antrag oder die Erklärung aufgenommen hat.

A. Allgemeines

I. Entstehung

§ 257 entspricht dem bisherigen § 657 ZPO. 1

II. Systematik

Die Vorschrift gehört zu den Durchführungsbestimmungen für das vereinfachte Verfahren über den Unterhalt Minderjähriger. 2

III. Normzweck

Für die Beteiligten, dh. insbesondere den Antragsteller und den Antragsgegner, wird durch das Absehen vom Anwaltszwang (§ 114 Abs. 4 Nr. 6 FamFG iVm. § 78 Abs. 3 ZPO) eine Erleichterung für die Beteiligung an dem Verfahren geschaffen. 3

B. Kein Anwaltszwang, Satz 1

Die Vorschrift gilt für alle Anträge und sonstigen Erklärungen, die im vereinfachten Verfahren erstinstanzlich und im Beschwerdeverfahren (§ 252)[1] abgegeben werden. Erklärungen und Anträge können durch Schriftsatz (§ 129 ZPO) oder mündlich vor dem Urkundsbeamten der Geschäftsstelle des zuständigen Familiengerichts oder eines jeden Amtsgerichts (§ 129a ZPO) abgegeben werden. Die Urkundsperson beim Jugendamt ist gem. § 59 Abs. 1 Nr. 9 SGB VIII befugt, eine Erklärung des auf Unterhalt in Anspruch genommenen Elternteils nach § 252 (früher § 648 ZPO) aufzunehmen. Die Regelung des § 257 Satz 1 gilt auch für den Antrag auf Durchführung des streitigen Verfahrens gem. § 255 Abs. 1, nicht jedoch für das streitige Verfahren selbst, § 255 Abs. 2, und für Abänderungsanträge gem. § 240 (früher: Korrekturklagen, § 654 ZPO).[2] 4

1 § 64 Abs. 2 wird insoweit verdrängt, vgl. hierzu die Beschlussempfehlung des Rechtsausschusses zu dem sog. FGG-RG-Reparaturgesetz (BT-Drucks. 16/12717 [eVF], S. 69).
2 Thomas/Putzo/*Hüßtege*, § 657 ZPO Rz. 2.

C. Formulare, Satz 2

5 Wenn nach § 259 Abs. 2 **Formularzwang** besteht, müssen die Formulare von den Beteiligten verwendet werden. Der Urkundsbeamte der Geschäftsstelle füllt die Formulare aus und vermerkt nach Unterschrift des Antragstellers unter Angabe des Datums und des Gerichts, dass er den Antrag bzw. die Erklärung aufgenommen hat. Soweit für Anträge und Erklärungen keine Formulare eingeführt sind, nimmt der Urkundsbeamte der Geschäftsstelle sie zu Protokoll.[1]

§ 258
Sonderregelungen für maschinelle Bearbeitung

(1) In vereinfachten Verfahren ist eine maschinelle Bearbeitung zulässig. § 690 Abs. 3 der Zivilprozessordnung gilt entsprechend.

(2) Bei maschineller Bearbeitung werden Beschlüsse, Verfügungen und Ausfertigungen mit dem Gerichtssiegel versehen; einer Unterschrift bedarf es nicht.

A. Allgemeines

I. Entstehung

1 § 258 entspricht im Wesentlichen dem bisherigen § 658 ZPO.

II. Systematik

2 Die Vorschrift gehört zu den Durchführungsbestimmungen für das vereinfachte Verfahren über den Unterhalt Minderjähriger.

III. Normzweck

3 Durch eine maschinelle Bearbeitung soll das Verfahren vereinfacht und beschleunigt werden.

B. Maschinelle Bearbeitung, Absatz 1

4 Die Vorschrift entspricht dem § 689 Abs. 1 Satz 2 ZPO für das Mahnverfahren. Die Einführung einer maschinellen Bearbeitung steht den Landesjustizverwaltungen frei.

5 § 258 Abs. 1 Satz 2 verweist auf **§ 690 Abs. 3 ZPO**. Dieser lautet in der seit dem 1.12.2008 geltenden Fassung:[2]

1 Zöller/*Philippi*, § 657 ZPO Rz. 2.

2 Art. 10 Nr. 8 des 2. JuMoG v. 22.12.2006, BGBl. I 2006, 3416 und Art. 8a und b RBerNG v. 12.12.2007, BGBl. I 2007, 2840.

„Der Antrag kann in einer nur maschinell lesbaren Form übermittelt werden, wenn diese dem Gericht für seine maschinelle Bearbeitung geeignet erscheint. Wird der Antrag von einem Rechtsanwalt oder einer registrierten Person nach § 10 Abs. 1 Satz 1 Nr. 1 des Rechtsdienstleistungsgesetzes gestellt, ist nur diese Form der Antragstellung zulässig. Der handschriftlichen Unterzeichnung bedarf es nicht, wenn in anderer Weise gewährleistet ist, dass der Antrag nicht ohne den Willen des Antragstellers übermittelt wird."

Nach dieser Vorschrift sind Rechtsanwälte und Personen, die Inkassodienstleistungen erbringen,[1] seit dem 1.12.2008 verpflichtet, die Antragstellung in einer maschinell lesbaren Form vorzunehmen. Die maschinell lesbare Form betrifft Datenträger, insbesondere Disketten, CD-ROM etc. Der Datenträger kann dem Gericht übergeben werden. Möglich ist auch eine datenträgerlose Übermittlung der Antragsdaten, sofern die Art der Aufzeichnung mit den Empfangsmöglichkeiten des zuständigen Gerichts korrespondiert. Der handschriftlichen Unterzeichnung bedarf es bei der maschinellen Bearbeitung nicht.

C. Gerichtssiegel, Absatz 2

Die für Entscheidungen und ihre Ausfertigungen notwendigen Unterschriften (vgl. § 329 iVm. § 317 Abs. 3 ZPO) werden durch ein Gerichtssiegel, das aufgedruckt wird, ersetzt.[2] 6

§ 259
Formulare

(1) Das Bundesministerium der Justiz wird ermächtigt, zur Vereinfachung und Vereinheitlichung der Verfahren durch Rechtsverordnung mit Zustimmung des Bundesrates Formulare für das vereinfachte Verfahren einzuführen. Für Gerichte, die die Verfahren maschinell bearbeiten, und für Gerichte, die die Verfahren nicht maschinell bearbeiten, können unterschiedliche Formulare eingeführt werden.

(2) Soweit nach Absatz 1 Formulare für Anträge und Erklärungen der Beteiligten eingeführt sind, müssen sich die Beteiligten ihrer bedienen.

A. Allgemeines

I. Entstehung

§ 259 entspricht dem bisherigen § 659 ZPO. 1

---

1 Zöller/*Vollkommer*, § 690 ZPO Rz. 22.
2 Thomas/Putzo/*Hüßtege*, § 658 ZPO Rz. 3.

II. Systematik

2 Die Vorschrift gehört zu den Durchführungsbestimmungen für das vereinfachte Verfahren über den Unterhalt Minderjähriger.

III. Normzweck

3 Die Verwendung von einheitlichen Vordrucken dient der Vereinfachung und Vereinheitlichung des Verfahrens sowohl bei der maschinellen als auch bei der herkömmlichen Bearbeitungsweise.

B. Formulare, Absatz 1

4 Für den Antrag auf Festsetzung von Unterhalt nach den §§ 249, 250 und für die Einwendungen des § 252 gegen diesen Antrag wurden durch Art. 1 der KindUVV v. 19.6.1998[1] zu den Vorgängervorschriften (§§ 645, 646 und 648 ZPO) Formulare (s. Abdruck bei § 250) eingeführt. Seit 1.9.2009 gilt die Vierte Verordnung zur Änderung der Kindesunterhalt-Formularverordnung vom 17.7.2009.[2] Das Antragsformular, das Einwendungsformular und das Merkblatt können von der Homepage des Bundesministeriums der Justiz[3] kostenfrei heruntergeladen werden.

C. Formularzwang, Absatz 2

5 Die Verwendung der eingeführten Formulare steht den Beteiligten nicht frei; sehen sie von der Verwendung ab, kann ihr Vortrag nicht verwertet werden.[4] Der Formularzwang gilt nach § 1 Abs. 2 KindUFV nicht, wenn die Sozialämter, die Unterhaltsvorschussstellen und die in § 1607 Abs. 2, 3 BGB genannten Verwandten die auf sie übergegangenen Unterhaltsansprüche im vereinfachten Verfahren geltend machen.[5]

Ein ohne Formular eingereichter Antrag auf Unterhaltsfestsetzung ist nach § 256 als unzulässig zurückzuweisen, wenn der Antragsteller trotz Beanstandung durch das Gericht seinen Antrag nicht auf einem Formular wiederholt, § 250 Abs. 2 Satz 2, 3. Auch der Antragsgegner muss für seine Einwendungen das Formular benutzen. Versäumt er dies, kann er auch im Beschwerdeverfahren mit dem qualifizierten Einwand der Leistungsunfähigkeit nicht mehr durchdringen, § 256.[6]

---

1 BGBl. I 1998, S. 1364, Kindesunterhalt-Vordruckverordnung.

2 BGBl. I 2009, S. 2134, Kindesunterhalt-Formularverordnung.

3 www.bmj.de, unter Themen, Zivilrecht, Familienrecht, Unterhaltsrecht, Formulare für die Festsetzung des Kindesunterhalts im vereinfachten Verfahren, Festsetzung von Unterhalt, Formulare.

4 BT-Drucks. 13/7338, S. 49.

5 *Vossenkämper*, FamRZ 2008, 201 (209).

6 OLG Karlsruhe v. 16.2.2000 – 2 WF 132/99, FamRZ 2001, 107; OLG Nürnberg v. 20.10.2003 – 11 WF 2581/03, FamRZ 2004, 475; Zöller/*Philippi*, § 648 ZPO Rz. 11.

§ 260
Bestimmung des Amtsgerichts

(1) Die Landesregierungen werden ermächtigt, die vereinfachten Verfahren über den Unterhalt Minderjähriger durch Rechtsverordnung einem Amtsgericht für die Bezirke mehrerer Amtsgerichte zuzuweisen, wenn dies ihrer schnelleren und kostengünstigeren Erledigung dient. Die Landesregierungen können die Ermächtigung durch Rechtsverordnung auf die Landesjustizverwaltungen übertragen.

(2) Bei dem Amtsgericht, das zuständig wäre, wenn die Landesregierung oder die Landesjustizverwaltung das Verfahren nach Absatz 1 nicht einem anderen Amtsgericht zugewiesen hätte, kann das Kind Anträge und Erklärungen mit der gleichen Wirkung einreichen oder anbringen wie bei dem anderen Amtsgericht.

A. Allgemeines

I. Entstehung

§ 260 entspricht dem bisherigen § 660 ZPO. 1

II. Systematik

Die Vorschrift gehört zu den Zuständigkeitsvorschriften für Unterhaltssachen. 2

III. Normzweck

Da im vereinfachten Verfahren nach § 258 eine maschinelle Bearbeitung zulässig ist, 3 hat der Gesetzgeber die Möglichkeit vorgesehen, die örtliche Zuständigkeit bei wenigen Amtsgerichten zu konzentrieren. § 260 schafft hierfür die Grundlage.

B. Zuständiges Gericht

I. Amtsgericht, Absatz 1

Das von einer Landesregierung oder einer Landesjustizverwaltung bestimmte Gericht 4 ist auch für die anderen Amtsgerichtsbezirke das für die Bearbeitung der vereinfachten Verfahren zuständige Gericht iSd. § 232. Die hier bestimmte Zuständigkeit gilt nur für das vereinfachte Verfahren. Für das streitige Verfahren des § 255 ist das in § 232 Abs. 1 Nr. 2, Abs. 3 bestimmte Gericht zuständig, so dass das Verfahren ggf. an dieses abzugeben ist.[1]

II. Empfangszuständigkeit, Absatz 2

Nach Abs. 2 besteht eine Empfangszuständigkeit des eigentlich gem. § 232 zuständi- 5 gen Amtsgerichts für Anträge und Erklärungen des Kindes. Denn durch die Verlage-

1 Thomas/Putzo/*Hüßtege*, § 660 ZPO Rz. 3.

rung der Zuständigkeit auf ein möglicherweise weit entferntes Gericht soll dem Kind im vereinfachten Verfahren kein Nachteil entstehen. Nach dem Wortlaut tritt die fristwahrende Wirkung einer Verfahrenshandlung nur für das Kind ein. Zum alten Recht wurde gefordert, diese Regelung zu Gunsten eines Elternteils, der in Prozessstandschaft für das Kind handelt, sowie auch auf den Gegner des Kindes analog anzuwenden.[1] Der Gesetzgeber hat diese Anregung nicht aufgegriffen. Aus Gründen der Chancengleichheit wird die Analogie befürwortet, so dass eine Ergänzung der Vorschrift erfolgen sollte.

Abschnitt 10
Verfahren in Güterrechtssachen

§ 261
Güterrechtssachen

(1) Güterrechtssachen sind Verfahren, die Ansprüche aus dem ehelichen Güterrecht betreffen, auch wenn Dritte an dem Verfahren beteiligt sind.

(2) Güterrechtssachen sind auch Verfahren nach § 1365 Abs. 2, § 1369 Abs. 2 und den §§ 1382, 1383, 1426, 1430 und 1452 des Bürgerlichen Gesetzbuchs.

A. Allgemeines

I. Entstehung

1 Die Vorschrift entspricht **§ 621 Abs. 1 Nr. 8[2] und 9 ZPO aF**, sie bezieht darüber hinaus aber auch Verfahren nach § 1365 Abs. 2, § 1369 Abs. 2 sowie nach §§ 1426, 1430 und

1 Zöller/*Philippi*, § 660 ZPO Rz. 2. ff.

2 Zur Gesetzgebungsgeschichte dieser nunmehr aufgehobenen Norm bleibt bemerkenswert, dass der RegE zum 1. EheRG auch „sonstige vermögensrechtliche Ansprüche der Ehegatten gegeneinander" einbezogen hatte (BT-Drucks. 7/650, S. 23), eine Erweiterung, die der damalige Ge-

1452 BGB, für die bislang die Vormundschaftsgerichte zuständig waren, in den Kreis der Güterrechtssachen ein.

Im RefE (2005) umfasste die Definitionsnorm[1] zusätzlich noch die entsprechenden Verfahrensgegenstände aus dem lebenspartnerschaftlichen Güterrecht, was seit dem RefE (2006) nicht mehr der Fall ist (zum Begriff der Lebenspartnerschaftssachen im RefE [2005] vgl. die Erläuterungen zu § 269 Rz. 2). Im Übrigen ist die Vorschrift im **Gesetzgebungsverfahren** unverändert geblieben. 2

II. Systematik

Die Norm unterscheidet **zwei Gruppen von Verfahren**, wobei die Aufteilung aus § 621 Abs. 1 Nr. 8 und 9 ZPO aF bekannt ist: Abs. 1 nennt diejenigen Güterrechtssachen, die der Kategorie der Familienstreitsachen angehören, Abs. 2 enthält eine Aufzählung der Güterrechtssachen, die vollständig dem Verfahrensrecht des Buches 1 des FamFG unterliegen und damit zur Kategorie der Familiensachen der freiwilligen Gerichtsbarkeit[2] gehören. Die Regelungstechnik des Abs. 2 („sind auch") wurde aus § 623 Abs. 2, 3 ZPO aF übernommen. 3

Neu ist der **gemeinsame Oberbegriff** der Güterrechtssachen. Durch derartige, weitgehend aus sich selbst heraus verständliche Begriffe soll die Lesbarkeit des Gesetzes verbessert und die diesbezügliche Unzulänglichkeit des bisherigen Rechtszustands[3] beseitigt werden. Der Oberbegriff als ein sowohl Familienstreitsachen als auch Familiensachen der freiwilligen Gerichtsbarkeit umfassendes Element ist darüber hinaus ein Zeichen der – äußeren – Vereinheitlichung des Familienverfahrensrechts.[4] 4

§ 261 steht an der Spitze des Abschnitts 10, der in Ergänzung des Buches 1 und des Abschnitts 1 des Buches 2[5] einige spezielle Verfahrensregeln für Güterrechtssachen enthält. Dieser **Standort** wurde im Interesse einer einheitlichen Gestaltung der einzelnen Abschnitte des Buches 2 gewählt, auch sollte eine Aneinanderreihung von Begriffsbestimmungen an einer Stelle in den allgemeinen Vorschriften vermieden werden. Der Standort hat allerdings zur Folge, dass der Begriff Güterrechtssachen bereits an vor der Definition liegenden Stellen im FamFG verwendet wird.[6] 5

---

setzgeber, dem Votum des Rechtsausschusses des Deutschen Bundestages (BT-Drucks. 7/4361, S. 59) folgend, dann aber nicht übernommen hatte. Vgl. heute § 266 Abs. 1.

1 § 272 FamFG idF des RefE (2005).

2 Familiensachen der freiwilligen Gerichtsbarkeit sind Familiensachen, auf die der Allgemeine Teil (Buch 1) des FamFG in vollem Umfang anwendbar ist; nicht darunter fallen nach § 113 Abs. 1 Ehesachen – und die korrespondierenden Lebenspartnerschaftssachen – (§ 121, § 269 Abs. 1 Nr. 1, 2) sowie Familienstreitsachen (§ 112). Der Begriff findet sich etwa in der Überschrift zu Hauptabschnitt 3 des KV (Anlage 1) zum FamGKG; vgl. auch § 14 Nr. 2 IntFamRVG.

3 Vgl. *Bosch*, FamRZ 1980, 1 (8): „ärgerniserregende Lektüre".

4 Vgl. *Meyer-Seitz/Kröger/Heiter*, FamRZ 2005, 1430 (1433) unter Nennung weiterer gemeinsamer Elemente.

5 Das FamFG selbst kennt zwar die Bezeichnung „Allgemeiner Teil" für das Buch 1, nicht aber das Gegenstück „Besonderer Teil".

6 Vgl. §§ 112 Nr. 2, 137 Abs. 2 Nr. 4, § 140 Abs. 1, Abs. 2 Nr. 1.

III. Normzweck

6 Die Vorschrift definiert den Begriff der **Güterrechtssache**. Die Norm dient damit der Abgrenzung

- der Güterrechtssachen von den Nichtfamiliensachen,
- der Güterrechtssachen von anderen Familiensachen (vgl. § 111) und
- der Güterrechtssachen, die Familienstreitsachen sind (§ 112 Nr. 2), von den Güterrechtssachen, die Familiensachen der freiwilligen Gerichtsbarkeit sind.

6a Die Einordnung eines Verfahrens in diese Kategorien ist von Bedeutung für die Bestimmung des Rechtswegs (§ 13 GVG), für die sachliche Zuständigkeit des Gerichts (§ 23a Abs. 1 Nr. 1 GVG), für die Zuständigkeit des Rechtspflegers (§§ 3, 25 RPflG), für die Anwendbarkeit des FamFG (§ 1), zahlreicher einzelner Verfahrensvorschriften aus dem FamFG[1] oder aus anderen Gesetzen und für die Anwendung des neuen Kostenrechts (§ 1 FamGKG).

B. Inhalt der Vorschrift

I. Güterrechtssachen nach Absatz 1

1. Auslegung

7 Der Wortlaut des § 261 Abs. 1 ist praktisch identisch mit dem des § 621 Abs. 1 Nr. 8 ZPO aF. Selbst der nicht mehr erforderliche Zusatz „auch wenn Dritte an dem Verfahren beteiligt sind" wurde bewusst beibehalten, um nicht zu dem Rückschluss Anlass zu geben, es sei eine Änderung des Kreises der betroffenen Verfahren beabsichtigt. Bei der Auslegung des Abs. 1 kann also **im Ausgangspunkt** auf die **zu § 621 Abs. 1 Nr. 8 ZPO aF ergangenen Entscheidungen** zurückgegriffen werden,[2] etwa für die Frage, in welchen Fällen eine Güterrechtssache kraft Sachzusammenhangs vorliegt.

8 Die einzelnen Bestimmungen des § 621 Abs. 1 ZPO aF wurden oftmals weit ausgelegt, um im Ergebnis zur der für sachgerecht gehaltenen Zuständigkeit des Familiengerichts zu gelangen.[3] Mit der Einführung des großen Familiengerichts, insbesondere der sonstigen Familiensachen nach § 266 Abs. 1, ist gerade **im Bereich der Güterrechtssachen** das so begründete Bedürfnis für eine extensive Auslegung der Definitionsnorm entfallen. Dies spricht für eine **behutsame Korrektur**, zwar nicht hinsichtlich der allgemeinen Regeln, die sich für die Zuordnung herausgebildet haben, aber insoweit, als bislang in Einzelfällen das Vorliegen einer güterrechtlichen Streitigkeit in besonders weit gehendem Umfang angenommen wurde.

2. Bestimmung der Güterrechtssachen nach Absatz 1

a) Bedeutung der zutreffenden Einordnung

9 Der Frage, ob eine Güterrechtssache vorliegt oder nicht, kommt weiterhin **Bedeutung** zu, da bei Nichtvorliegen der Voraussetzungen des § 261 das Verfahren nicht unbe-

1 Vgl. etwa §§ 112 Nr. 2, 137 Abs. 2 Nr. 4, 140 Abs. 1, Abs. 2 Nr. 1 sowie §§ 261 ff.
2 Vgl. allg. *Meyer-Seitz/Kröger/Heiter*, FamRZ 2005, 1430 (1432).
3 Vgl. Stein/Jonas/*Schlosser*, § 621 ZPO Rz. 33: „Man sollte die einschlägigen Normen soweit wie irgend möglich zu Gunsten der Zuständigkeit des Familiengerichts interpretieren."

dingt eine Familiensache nach anderen Vorschriften sein muss, so dass die Einordnung auch über die Zuständigkeit der Familiengerichte entscheidet. Zwar sind für Güterrechtssachen nach § 261 Abs. 1 und für die oft alternativ in Betracht kommenden sonstigen Familiensachen nach § 266 Abs. 1 gleichermaßen die Familiengerichte zuständig und weitgehend dieselben Verfahrensregelungen anzuwenden. Jedoch bestehen auch Unterschiede, so können sonstige Familiensachen, anders als Güterrechtssachen, nicht Folgesache sein und damit nicht in den Scheidungsverbund einbezogen werden.

b) Einzelfragen

Wegen der allgemeinen, alle Familiensachen betreffenden **Fragen der Zuordnung**, etwa dazu, in welchen Fällen eine Familiensache kraft Sachzusammenhangs vorliegt, wird auf die Erläuterungen zu § 111 verwiesen. Die nachfolgenden Ausführungen und die hierzu angeführten Entscheidungen betreffen die für die Abgrenzung der Güterrechtssachen nach Abs. 1 bedeutsamen Gesichtspunkte. 10

Welche **Art von Verfahren** als Güterrechtssachen nach Abs. 1 in Betracht kommen, muss dem Gesamtzusammenhang der gerichtsverfassungsrechtlichen und verfahrensrechtlichen Regelungen entnommen werden. Zunächst muss das Verfahren **Zivilsache** iSd. § 13 GVG sein, es darf also **kein anderer Rechtsweg** als derjenige zu den ordentlichen Gerichten – und damit zu den Familiengerichten – gegeben sein. Weiter darf es sich **nicht um ein Verfahren der freiwilligen Gerichtsbarkeit iSd. § 23a Abs. 2 GVG** handeln. Diese Verfahren bilden, wie sich aus §§ 13 und 23a Abs. 1 GVG ergibt, nunmehr eine eigenständige, von den Familiensachen abgegrenzte Gruppe. **Familiensachen der freiwilligen Gerichtsbarkeit** (zu diesem Begriff vgl. Rz. 3 Fn. 2) können, auch wenn sie in Abs. 2 nicht genannt sind, aber dennoch Bezug zum Güterrecht haben, ebenfalls keine Güterrechtssache nach Abs. 1 sein, was sich aus der Systematik des § 261 und der Einordnung der Verfahren nach § 261 Abs. 1 als Familienstreitsachen ergibt (§ 112 Nr. 2, § 113 Abs. 1). 11

Für die Einordnung ist die **Rechtschutzform nicht entscheidend**. Daher sind Güterrechtssachen nicht nur Hauptsacheverfahren, einschließlich des Wiederaufnahmeverfahrens (§ 118), sondern auch Verfahren des einstweiligen Rechtschutzes, wie etwa Arrestverfahren (§ 119 Abs. 2). Wie Güterrechtssachen zu behandeln sind auch Angelegenheiten der Verfahrenskostenhilfe (§ 113 Abs. 1 FamFG iVm. §§ 114 ff. ZPO)[1] in Bezug auf eine Güterrechtssache. Zur Einordnung von Zwischenverfahren, vollstreckungsrechtlichen Verfahren, Verfahren über die Verfahrenswertfestsetzung, Kostenfestsetzungs- und sonstigen kostenrechtlichen Nebenverfahren, selbständigen Beweisverfahren und Verfahren der Rechtshilfe vgl. die Erläuterungen zu § 111. 12

Ob ein Verfahren Güterrechtssache nach Abs. 1 ist, bestimmt sich allein nach der Begründung des geltend gemachten Anspruchs[2] durch den **Antragsteller**,[3] genauer: nach dem Tatsachenvortrag[4] des Antragstellers. Auf das Verteidigungsvorbringen des Antragsgegners kommt es nicht an.[5] 13

1 Die §§ 76 bis 78 finden nach § 113 Abs. 1 Satz 1 in Familienstreitsachen keine Anwendung.
2 BGH v. 15.11.2006 – XII ZR 97/04, FamRZ 2007, 124; BGH v. 9.7.1980 – IVb ARZ 527/80, FamRZ 1980, 988.
3 Zur Terminologie vgl. § 113 Abs. 5 Nr. 3, 4.
4 BayObLG v. 26.3.1981 – Allg. Reg. 26/81, FamRZ 1981, 688; Stein/Jonas/*Schlosser*, § 621 ZPO Rz. 6.
5 OLG Köln v. 29.1.2004 – 14 W 1/04, FamRZ 2004, 1584.

14 Kann der Anspruch auf **mehrere Anspruchsgrundlagen** gestützt werden, wird wie folgt zu unterscheiden sein: Kommt neben der Einordnung als Güterrechtssache auch die Annahme einer Nichtfamiliensache oder einer sonstigen Familiensache nach § 266 Abs. 1 in Betracht, wird das Verfahren **im Zweifel als Güterrechtssache** anzusehen sein. Dies folgt im ersten Fall aus der diesbezüglichen Rechtsprechung des BGH,[1] im letzteren Fall aus der Subsidiaritätsklausel des § 266 Abs. 1 aE. Kommt jedoch neben der Einordnung als Güterrechtssache das Vorliegen einer anderen, nicht von § 266 Abs. 1 umfassten Familiensache in Betracht, wird der **Schwerpunkt** den Ausschlag geben.

15 Die **Aufrechnung** mit einem güterrechtlichen Anspruch in einem Verfahren vor dem allgemeinen Zivilgericht ist zulässig.[2] Grundsätzlich ebenso zulässig ist die in einem güterrechtlichen Verfahren erklärte Aufrechnung mit einer nicht-familienrechtlichen Gegenforderung.[3] Das Familiengericht kann über die zur Aufrechnung gestellte nicht-familienrechtliche Gegenforderung selbst entscheiden[4] oder nach § 148 ZPO vorgehen.

16 Eine Familiensache und eine Nicht-Familiensache können **nicht miteinander verbunden** werden.[5] In einer Familiensache ist ein **Widerklageantrag** über einen nicht-familienrechtlichen Anspruch unzulässig.[6] Gleiches gilt in einer allgemeinen Zivilsache von einer Widerklage, die einen als Familiensache einzuordnenden Anspruch zum Gegenstand hat.[7] Folge ist die Abtrennung und – auf Antrag – Verweisung an das zuständige Gericht; ein erstmals im Rechtsmittelverfahren erhobener nicht-familienrechtlicher Widerklageantrag ist als unzulässig abzuweisen.[8]

17 Werden eine Familiensache und eine Nichtfamiliensache im Wege von **Haupt- und Hilfsantrag** geltend gemacht, so ist zunächst das Gericht zuständig, das zur Entscheidung über den Hauptantrag berufen ist. Eine Verweisung oder Abgabe wegen des Hilfsanspruchs kann erst nach abweisender Entscheidung über den Hauptantrag erfolgen.[9]

18 Wird **Schadensersatz** für die Verletzung einer güterrechtlich einzuordnenden Verpflichtung oder **Rückgewähr** der auf einen güterrechtlichen Anspruch erbrachten Leistung[10] gefordert, so ist auch das diesbezügliche Verfahren Güterrechtssache.

19 **Vollstreckungsabwehranträge**[11] nach § 767 ZPO sind Güterrechtssachen, wenn der angegriffene Titel aus einer Güterrechtssache stammt.[12] Gleiches gilt für einen auf § 826 BGB gestützten Klageantrag gegen einen güterrechtlichen Vollstreckungstitel.[13]

20 Im Fall des **Drittwiderspruchsantrags** nach § 771 ZPO kommt es demgegenüber nicht darauf an, ob der Titel, gegen den sich der Antrag richtet, aus einer Familiensache (Güterrechtssache) stammt, sondern darauf, ob das mit dem Verfahren geltend ge-

1 BGH v. 10.11.1982 – IVb ARZ 44/82, FamRZ 1983, 155 = NJW 1983, 1913.
2 BGH v. 19.10.1988 – IVb ZR 70/87, FamRZ 1989, 166.
3 OLG Köln v. 18.12.1991 – 26 UF 78/91, FamRZ 1992, 450.
4 BGH v. 19.10.1988 – IVb ZR 70/87, FamRZ 1989, 166.
5 BGH v. 8.11.1978 – IV ARZ 73/78, FamRZ 1979, 215.
6 BGH v. 8.11.1978 – IV ARZ 73/78, FamRZ 1979, 215; BGH v. 29.1.1986 – IVb ZR 8/85, FamRZ 1986, 347.
7 BGH v. 8.11.1978 – IV ARZ 73/78, FamRZ 1979, 215; *Walter*, FamRZ 1983, 363.
8 OLG Düsseldorf v. 22.12.1981 – 6 UF 54/81, FamRZ 1982, 511.
9 BGH v. 5.3.1980 – IV ARZ 5/80, FamRZ 1980, 554; BGH v. 8.7.1981 – IVb ARZ 532/81, FamRZ 1981, 1047.
10 OLG Hamm v. 17.10.1979 – 5 WF 484/79, FamRZ 1979, 1036.
11 Zur Terminologie vgl. § 113 Abs. 5 Nr. 2.
12 BGH v. 15.10.1980 – IVb ZR 503/80, FamRZ 1981, 19.
13 OLG Karlsruhe v. 8.12.1981 – 16 WF 181/81, FamRZ 1982, 400.

machte „die Veräußerung hindernde Recht" im Familienrecht bzw. im Güterrecht wurzelt.[1] Eine solche Rechtsposition, die etwa einer Teilungsversteigerung des Familienheims entgegengesetzt werden kann, kann sich im Fall der Zugewinngemeinschaft aus § 1365 BGB ergeben. Entgegen einer früher teilweise vertretenen Ansicht[2] ist das Verfahren nach § 771 ZPO in diesem Fall als Güterrechtssache anzusehen.[3]

c) Beteiligung Dritter

Dass Dritte, also andere Personen als die Ehegatten, **gleich in welcher Weise**, etwa als Beteiligter iSd. § 113 Abs. 5 Nr. 5,[4] als Nebenintervenient oder als Streitgenosse,[5] an dem Verfahren beteiligt sind, steht nach dem Gesetzeswortlaut der Einordnung als Güterrechtssache nach § 261 Abs. 1 nicht entgegen. Diese Klarstellung ist der Sache nach entbehrlich, da das FamFG, wie sich bei Betrachtung der neu hinzugekommenen Verfahrensgegenstände[6] ohne weiteres ergibt, keinen Grundsatz enthält, wonach Familiensachen vorbehaltlich besonderer Regelungen nur Verfahren zwischen Ehegatten und ihren Kindern sein könnten.[7] Die diesbezüglichen Überlegungen zum bisherigen Recht, die ohnehin bereits eine Vielzahl von Ausnahmen vorsahen, sind mit der Reform gegenstandslos geworden. 21

Der Gesetzeswortlaut betrifft die Beteiligung Dritter **an dem Verfahren** und nicht, wie in den Fällen des § 266 Abs. 1 Nr. 1 und 3, an dem zu Grunde liegenden materiell-rechtlichen Rechtsverhältnis. Eine Drittbeteiligung insoweit ist im vorliegenden Zusammenhang stets unschädlich. Eine Verfahrensbeteiligung Dritter in Güterrechtssachen kann sich beispielsweise ergeben als Folge der (vorwiegend materiell-rechtlichen) Regelungen der §§ 1368, 1369 Abs. 3, 1390 BGB, der §§ 1437 Abs. 2, 1459 Abs. 2, 1480, 1495 BGB oder auf Grund einer güterrechtlich zu qualifizierenden Vereinbarung, durch die Ansprüche Dritter begründet werden.[8] 22

d) Ansprüche aus dem ehelichen Güterrecht

Ausgangspunkt für die Zuordnung eines Anspruchs ist nicht eine abstrakte Definition des Begriffs Güterrecht, sondern die konkrete Einordnung der Regelungen im materiellen Recht. Ansprüche aus dem ehelichen Güterrecht sind daher grundsätzlich nur solche, die aus den **§§ 1363 bis 1563 BGB** hergeleitet werden (vgl. jedoch auch Rz. 29 ff., 50 ff.). 23

Hierzu gehören aus dem Recht des **gesetzlichen Güterstandes** etwa Ansprüche auf Unterlassung einer Verfügung über das Vermögen im Ganzen (§ 1365 BGB[9]), auf Feststellung der Unwirksamkeit einer entsprechenden Verfügung,[10] auf Herausgabe eines 24

1 BGH v. 5.6.1985 – IVb ZR 34/84, FamRZ 1985, 903 (zum Übernahmerecht nach § 1477 Abs. 2 BGB).
2 OLG Stuttgart v. 10.12.1981 – 18 WF 374/81, FamRZ 1982, 401; Sudhof, FamRZ 1994, 1152.
3 OLG Hamburg v. 9.3.2000 – 2 WF 23/00, FamRZ 2000, 1290; OLG München v. 4.8.1999 – 3 W 2133/99, FamRZ 2000, 365 (LS); OLG Köln v. 7.1.2000 – 25 UF 194/99, FamRZ 2000, 1167 (LS); OLG Bamberg v. 8.12.1999 – 2 WF 159/99, FamRZ 2000, 1167 (LS).
4 Vgl. BGH v. 24.6.1981 – IVb ARZ 523/81, FamRZ 1981, 1045.
5 Vgl. BGH v. 12.3.1980 – IV ZR 102/78, FamRZ 1980, 551.
6 Vgl. etwa Gewaltschutzsachen nach § 210 und die sonstigen Familiensachen nach § 266.
7 Vgl. aber noch BGH v. 20.12.1978 – IV ARZ 106/78, FamRZ 1979, 218.
8 BGH v. 16.12.1982 – IX ZR 88/81, FamRZ 1983, 156.
9 Vgl. die Nachweise zu Rz. 20; OLG Frankfurt v. 19.12.1985 – 3 UF 358/85; FamRZ 1986, 275.
10 BGH v. 24.6.1981 – IVb ARZ 523/81, FamRZ 1981, 1045; OLG Hamm v. 10.8.2000 – 22 W 38/00, MDR 2001, 219.

auf Grund der unwirksamen Verfügung erlangten Gegenstandes durch Dritte (§ 1368 BGB[1]), auf Zugewinnausgleich (§ 1378 BGB), auf Auskunft (§ 1379, § 242 BGB[2]), einschließlich der Ansprüche auf Vorlage bestimmter Belege und auf Wertermittlung, der Anspruch auf vorzeitigen Zugewinnausgleich (§§ 1385, 1386 BGB) und der Anspruch auf Herausgabe durch Dritte (§ 1390 BGB).

25 Aus dem Recht der **Gütergemeinschaft** sind als Güterrechtssachen nach § 261 Abs. 1 anzusehen[3] beispielsweise Verfahren, durch die der Gläubiger eines Ehegatten den anderen auf Grund der Vorschriften über die Haftung im Rahmen der Gütergemeinschaft in Anspruch nimmt,[4] Verfahren über Ansprüche auf Nutzungsentschädigung für eine in das Gesamtgut eingebrachte Wohnung,[5] Ansprüche auf Mitwirkung an der Verwaltung oder der Auseinandersetzung des Gesamtgutes, Ansprüche auf Übernahme von in das Gesamtgut eingebrachten Gegenständen (§ 1477 Abs. 2 BGB) oder auf Erstattung des Werts dieser Gegenstände (§ 1478 BGB) oder Ansprüche im Rahmen der Auseinandersetzung der nach dem Tod eines Ehegatten mit den Erben des verstorbenen Ehegatten bestehenden Liquidationsgemeinschaft.[6]

26 Ansprüche im Zusammenhang mit der Beendigung der Eigentums- und Vermögensgemeinschaft nach **§§ 39 bis 41 FGB-DDR** sind güterrechtlicher Natur.[7]

27 Ansprüche aus dem ehelichen Güterrecht sind darüber hinaus solche, die ihre Grundlage in **Vereinbarungen** haben, durch die

(1) güterrechtliche Verhältnisse geregelt,

(2) güterrechtliche Ansprüche modifiziert oder

(3) güterrechtliche Beziehungen auseinandergesetzt[8] werden.[9]

27a Der Streit über die Erfüllung, die Wirksamkeit[10] oder die Auslegung einer Vereinbarung der genannten Art ist Güterrechtssache. Dies gilt auch, wenn in der Vereinbarung Ansprüche zu Gunsten Dritter begründet oder geregelt werden.[11] Im Fall (1) muss die Vereinbarung Rechtsfolgen auslösen, die nur durch eine Änderung des bestehenden Güterstandes herbeigeführt werden können, auch wenn sie sich nur auf einen einzelnen Gegenstand beziehen.[12] Ein Fall nach (2) oder (3) ist etwa gegeben, wenn zur Abgeltung güterrechtlicher Ansprüche, beispielsweise als Gegenleistung für den Ausschluss des Zugewinnausgleichs, andere Leistungen versprochen werden.[13] Im Fall der

1 BGH v. 24.6.1981 – IVb ARZ 523/81, FamRZ 1981, 1045.
2 BGH v. 29.10.1981 – IX ZR 92/80, FamRZ 1982, 27.
3 Vgl. auch MüKo.ZPO/*Bernreuther*, § 621 ZPO Rz. 104 f.
4 BGH v. 12.3.1980 – IV ZR 102/78, FamRZ 1980, 551.
5 OLG Köln v. 14.12.1992 – 16 W 62/92, FamRZ 1993, 713.
6 BGH v. 26.11.1997 – XII ARZ 34/97, FamRZ 1999, 501.
7 BGH v. 20.3.1991 – XII ZR 202/90, FamRZ 1991, 794; BGH v. 12.6.1991 – XII ZR 241/90, FamRZ 1991, 1174; KG v. 30.1.1992 – 16 UF 5325/91, FamRZ 1992, 566; *Dörr*, NJW 1992, 952.
8 BGH v. 25.6.1980 – IVb ARZ 505/80, FamRZ 1980, 878.
9 BGH v. 28.6.1978 – IV ARZ 47/78, NJW 1978, 1923; BGH v. 5.3.1980 – IV ARZ 5/80, FamRZ 1980, 554; BGH v. 13.1.1982 – IVb ARZ 571/81, FamRZ 1982, 262; BGH v. 29.9.1983 – IX ZR 107/82, FamRZ 1984, 35.
10 BGH v. 26.9.1979 – IV ARZ 11/79, NJW 1980, 193; BGH v. 9.7.1980 – IVb ARZ 536/80, FamRZ 80, 989.
11 BGH v. 16.12.1982 – IX ZR 88/81, FamRZ 1983, 156.
12 BGH v. 28.6.1978 – IV ARZ 47/78, NJW 1978, 1923.
13 BGH v. 13.1.1982 – IVb ARZ 571/81, FamRZ 1982, 262; BGH v. 15.10.1980 – IVb ZR 503/80, FamRZ 1981, 19; BGH v. 24.9.1980 – IVb ZR 501/80, FamRZ 1980, 1106; BGH v. FamRZ 1983, 156; BGH v. 25.6.1980 – IVb ARZ 505/80, FamRZ 1980, 878.

Gütertrennung bestehen hingegen keine derartigen güterrechtlichen Ansprüche oder Beziehungen.[1]

Nach der Rechtsprechung des BGH zum bisherigen Recht war ein Verfahren über eine Vereinbarung zur Auseinandersetzung sowohl der güterrechtlichen als auch der allgemein-vermögensrechtlichen Beziehungen der Ehegatten Familiensache (güterrechtlicher Art, § 621 Abs. 1 Nr. 8 ZPO aF), wenn sich die **Regelungen nicht trennen lassen**.[2] Zwar sind die letztgenannten Ansprüche zwischen den Ehegatten im Zusammenhang mit der Beendigung der Ehe nun ebenfalls Familiensachen (vgl. § 266 Abs. 1 Nr. 3), jedoch ändert sich dadurch für die Zuordnung eines Verfahrens über eine „gemischte" Vereinbarung wenig; der Vorrang der güterrechtlichen Zuordnung ergibt sich nun aus der Subsidiaritätsklausel am Ende des § 266 Abs. 1. 28

3. Keine Güterrechtssachen nach Absatz 1

Ansprüche, die ihre Grundlage im Recht der **allgemeinen Ehewirkungen** (§§ 1353 bis 1362 BGB) haben, also in Vorschriften, die unabhängig von dem jeweiligen Güterstand gelten, sind keine Güterrechtssachen. Vgl. auch die Erläuterungen zu § 266 Abs. 1 Nr. 2. 29

Streitigkeiten über den **erhöhten Erbteil nach § 1371 Abs. 1 BGB** oder um neben dem Zugewinnausgleich bestehende **Pflichtteilsansprüche** nach § 1371 Abs. 2 oder 3 BGB sind trotz des Standorts der Regelungen im Recht des Zugewinnausgleichs nicht als Güterrechtssachen anzusehen.[3] Eine Verbindung von Klageanträgen auf Zahlung des Zugewinnausgleichs und auf Zahlung des Pflichtteils ist nicht möglich.[4] 30

Dass der Streitgegenstand, etwa das Bestehen eines Aktiv- oder Passivanspruchs, **Auswirkungen auf die Zugewinnausgleichsforderung** hat, weil er zum Anfangs- oder Endvermögen gehört, macht das Verfahren nicht zur Güterrechtssache.[5] Der Streit über eine Zuwendung wird nicht deshalb zur Güterrechtssache, weil eine Anrechnungsbestimmung nach § 1380 BGB getroffen wurde.[6] 31

Leben die Ehegatten im Güterstand der **Gütertrennung**, bestehen keine spezifisch güterrechtlichen Ansprüche (zu Vereinbarungen, durch die der gesetzliche Güterstand aufgehoben wird, vgl. Rz. 27).[7] 32

Güterrechtsregisterverfahren sind keine Güterrechtssachen, sondern Registersachen (vgl. § 374 Nr. 5), und damit Angelegenheiten der freiwilligen Gerichtsbarkeit und keine Familiensachen (vgl. § 23a Abs. 2 Nr. 3 GVG). Verfahren auf Auseinandersetzung einer Gütergemeinschaft nach § 373 sind ebenfalls keine Familiensachen (vgl. § 23a Abs. 2 Nr. 2 GVG). 33

Verfahren über schuldrechtliche, sachenrechtliche oder erbrechtliche Ansprüche, die den **Güterstand unberührt** lassen, sind keine Güterrechtssachen.[8] Dies gilt etwa für 34

1 OLG Frankfurt v. 29.1.1996 – 1 UF 206/95, FamRZ 1996, 949.
2 Vgl. BGH v. 25.6.1980 – IVb ARZ 505/80, FamRZ 1980, 878; BGH v. 15.10.1980 – IVb ZR 503/80, FamRZ 1981, 19.
3 BayObLG v. 17.4.2003 – 1 Z AR 33/03, FamRZ 2003, 1569; Soergel/*Lange*, § 1371 BGB Rz. 36.
4 BayObLG v. 17.4.2003 – 1 Z AR 33/03, FamRZ 2003, 1569.
5 OLG Hamm v. 15.2.2002 – 10 UF 216/01, FamRZ 2003, 97; OLG Köln v. 29.1.2004 – 14 W 1/04, FamRZ 2004, 1584.
6 BayObLG v. 21.10.1982 – Allg. Reg. 39/82, FamRZ 1983, 198.
7 OLG Hamm v. FamRZ 1993, 211; OLG Stuttgart v. 6.5.2003 – 16 AR 2/03, OLGReport 2003, 409; BayObLG v. 26.3.1981 – Allg. Reg. 26/81, FamRZ 1981, 688.
8 Vgl. BGH v. 28.6.1978 – IV ZB 82/78, FamRZ 1978, 674; BGH v. 28.6.1978 – IV ARZ 47/78, NJW 1978, 1923.

die Auseinandersetzung einer Gesellschaft[1] oder einer Miteigentumsgemeinschaft[2] zwischen den Ehegatten oder sonstiger beiderseitiger Beteiligungen an einzelnen Vermögensgegenständen oder für Streitigkeiten über ein dem anderen Ehegatten gewährtes Darlehen.[3]

35 Auch der Streit aus einer Vereinbarung, die nicht die in Rz. 27 genannten Anforderungen erfüllt, ist keine Güterrechtssache.[4] Dasselbe gilt, wenn in einer Vereinbarung zwar güterrechtliche Bestimmungen getroffen werden, die aber von weiteren Regelungen in derselben **Vereinbarung abtrennbar** sind; der Streit über diese weiteren Regelungen ist keine Güterrechtssache.[5]

36 Verfahren, die dem **Vollstreckungsgericht** zugewiesen sind, sind keine Familiensachen (vgl. die Erläuterungen zu § 111 Rz. 40 mwN).[6] Dies gilt für die Zuständigkeiten des Vollstreckungsgerichts nach den Vorschriften der ZPO, muss entsprechend aber auch für Verfahren nach dem ZVG gelten,[7] also etwa für das Verfahren der Teilungsversteigerung.

37 Keine Güterrechtssache ist die **Honorarklage** eines Anwalts für ein güterrechtliches Mandat, auch dann nicht, wenn der Anspruch im Gerichtstand des Hauptprozesses (§ 34 ZPO) geltend gemacht wird.[8]

38 Soweit ein Verfahren im konkreten Fall nicht zu den Güterrechtssachen nach § 261 Abs. 1 zählt, ist weiter zu prüfen, ob eine **sonstige Familiensache nach § 266 Abs. 1** vorliegt.

4. Güterrechtssachen nach Absatz 1 bei Anwendung ausländischen Rechts

39 Ob ein Verfahren über nach ausländischem Sachrecht zu beurteilende Ansprüche Güterrechtssache ist, beurteilt sich nach der **lex fori**.[9] Maßgeblich ist daher im Ausgangspunkt das Verständnis des inländischen Rechts.[10] Problematisch ist insbesondere die Einordnung von Rechtsinstituten, die dem deutschen Recht unbekannt sind. Der bisweilen anzutreffende Satz, dass Ansprüche nach ausländischem Recht auch dann ehegüterrechtlich einzuordnen sein können, wenn es der vergleichbare Sachverhalt im deutschen Recht nicht ist, enthält kein inhaltliches Kriterium und führt nicht weiter.[11] Streitig ist, ob der Auslegungsgesichtspunkt der systematischen Einordnung in der Rechtsordnung des ausländischen Staates Berücksichtigung finden kann.[12] Letzt-

1 OLG Stuttgart v. 26.9.1984 – 4 U 60/84, FamRZ 1985, 83.
2 OLG Stuttgart v. 6.5.2003 – 16 AR 2/03, OLGReport 2003, 409.
3 BGH v. 15.10.1980 – IVb ZR 503/80, FamRZ 1981, 19.
4 OLG Hamm v. 7.11.2000 – 2 UF 447/00, FamRZ 2001, 1002.
5 BGH v. 26.3.1980 – IV ARZ 14/80, FamRZ 1980, 671; BGH v. 15.10.1980 – IVb ZR 503/80, FamRZ 1981, 19; BGH v. 3.12.1980 – IVb ZR 628/80, FamRZ 1981, 247.
6 BGH v. 31.1.1979 – IV ARZ 111/78, FamRZ 1979, 421.
7 Vgl. § 1 ZVG.
8 BGH v. 29.1.1986 – IVb ZR 8/85, FamRZ 1986, 347.
9 OLG Frankfurt v. 14.3.1988 – UFH 4/86, FamRZ 1989, 75; OLG Hamm v. 25.5.1992 – 8 WF 160/92, FamRZ 1993, 211.
10 Wieczorek/Schütze/*Kemper*, § 621 ZPO Rz. 94.
11 Palandt/*Heldrich*, Einl. v. EGBGB Art. 3 Rz. 27 stellt bei der Qualifikation im IPR darauf ab, in welchem systematischen Zusammenhang das deutsche materielle Recht die betreffende Frage regeln würde.
12 Palandt/*Heldrich*, Einl. v. Art. 3 EGBGB Rz. 27 (verneinend); Stein/Jonas/*Schlosser*, § 621 ZPO Rz. 33; OLG Hamm v. 25.5.1992 – 8 WF 160/92, FamRZ 1993, 211 (bejahend).

lich wird es entscheidend darauf ankommen, ob die ausländische Anspruchsnorm eine den entsprechenden inländischen Normen **vergleichbare Funktion** hat.[1]

Auch wenn der Wortlaut des § 261 Abs. 1 auf das materielle Recht Bezug nimmt, geht es bei der Frage, ob eine Güterrechtssache vorliegt, um die Ermittlung von Inhalt und Reichweite einer dem **Verfahrensrecht** angehörenden Norm mit dem Ziel, eine sachgerechte Bestimmung der anwendbaren (deutschen) Verfahrensvorschriften zu treffen.[2] Demgegenüber sind die Kollisionsnormen des IPR eigenständig auszulegen, schon weil sich andere Abgrenzungsfragen zu jeweils benachbarten Vorschriften ergeben.[3] Dass ein auf ausländische Normen gestützter Anspruch in den Anwendungsbereich des Art. 15 EGBGB fällt, ist daher weder eine notwendige noch eine hinreichende Bedingung dafür, dass das Verfahren eine Güterrechtssache ist.[4] 40

Bei der Prüfung, ob die Funktion der Normen vergleichbar ist, wird im deutschen Recht neben dem materiellen Güterrecht **auch die verfahrensrechtliche Funktion** des Begriffs der Güterrechtssachen, insbesondere im Rahmen des neu gestalteten Gefüges der Familiensachen, mit zu berücksichtigen sein. Erweist sich die ausländische Regelung als mit einem der Fälle funktional vergleichbar, in denen nach deutschem Recht keine Güterrechtssache vorliegt (vgl. Rz. 29 ff.), so spricht dies gegen das Vorliegen einer Güterrechtssache.[5] 41

Bei Heranziehung der in diesem Bereich bislang ergangenen Entscheidungen ist besonders darauf zu achten, **welches Sachrecht** in dem konkreten Fall zur Anwendung berufen war und ob die insoweit zugrunde gelegte Rechts- und Gesetzeslage weiterhin unverändert besteht. 42

In der Praxis hat sich als problematisch erwiesen, ob Verfahren auf **Rückgängigmachung von Zuwendungen** oder **Herausgabe einzelner Gegenstände nach türkischem Recht** als güterrechtliche Angelegenheiten anzusehen sind.[6] Die Frage tritt insbesondere auf in Bezug auf die Aussteuer,[7] persönliche Gegenstände eines Ehegatten,[8] Haushaltsgegenstände,[9] Geldzuwendungen oder Verlobungs- oder Hochzeitsgeschenke des anderen Ehegatten oder seiner Familie.[10] Das Vorliegen einer güterrechtlichen Streitigkeit wird in diesen Fällen überwiegend verneint.[11] 43

Dem Institut der **Mitgift nach griechischem Recht** soll güterrechtliche Funktion zukommen,[12] so dass danach ein Verfahren auf Rückgewähr entsprechender Leistungen Güterrechtssache wäre. 44

---

1 MüKo.BGB/*Sonnenberger*, Einl. IPR Rz. 512 ff., 517; *Geimer*, Internationales Zivilprozessrecht, Rz. 313; *Nagel/Gottwald*, Internationales Zivilprozessrecht, § 5 Rz. 88.
2 Vgl. MüKo.BGB/*Sonnenberger*, Einl. IPR Rz. 456.
3 Vgl. im Verfahrensrecht die Abgrenzung von § 261 Abs. 1 zu § 266 Abs. 1.
4 Auf Art. 15 EGBGB abstellend jedoch OLG Hamm v. 10.4.1992 – 4 WF 47/92, FamRZ 1992, 963.
5 Vgl. etwa OLG Frankfurt v. 19.11.1985 – 3 UF 294/84, IPRax 1986, 239.
6 Grundlegend: OLG Hamm (4. FamS) v. 10.4.1992 – 4 WF 47/92, FamRZ 1992, 963; OLG Hamm (4. FamS) v. 14.4.1994 – 4 UF 109/93, FamRZ 1994, 1259 (jeweils bejahend) sowie demgegenüber OLG Hamm (8. FamS) v. 25.5.1992 – 8 WF 160/92, FamRZ 1993, 211; OLG Stuttgart v. 19.3.1996 – 17 AR 5/96, FamRZ 1997, 1085 (jeweils verneinend).
7 OLG Köln v. 29.6.1994 – 26 WF 84/94, FamRZ 1994, 1476 (verneinend).
8 OLG Frankfurt v. 14.3.1988 – UFH 4/86, FamRZ 1989, 75 (verneinend).
9 OLG Köln v. 29.6.1994 – 26 WF 84/94, FamRZ 1994, 1476 (verneinend).
10 OLG Köln v. 18.2.1994 – 27 W 2/94, FamRZ 1995, 236 (verneinend); vgl. auch LG Tübingen v. 4.2.1992 – 3 O 476/89, FamRZ 1992, 1437.
11 Vgl. die og. Entscheidungen sowie Wieczorek/Schütze/*Kemper*, § 621 ZPO Rz. 94.
12 OLG Karlsruhe v. 4.2.1987 – 16 WF 52/86, IPRax 1988, 294.

45 Streitig, aber auch von den Umständen des Einzelfalls abhängig, ist die Einordnung der **Morgengabe** islamischen Rechts. Diese wird teils unterhaltsrechtlich,[1] teils güterrechtlich qualifiziert.[2] Der BGH hat die Frage der Einordnung bislang offen gelassen.[3]

5. Das Verfahren in Güterrechtssachen nach Absatz 1

46 Güterrechtssachen nach Abs. 1 sind **Familienstreitsachen** (§ 112 Nr. 2).[4] §§ 113 ff. regeln, welche Vorschriften aus Buch 1 (Allgemeiner Teil) des FamFG und welche Vorschriften der ZPO Anwendung finden.

47 Die in Buch 1 enthaltenen allgemeinen Vorschriften des FamFG, die nach § 1 im Ausgangspunkt für alle Familiensachen Geltung beanspruchen, sind nach § 113 Abs. 1 Satz 1 für Familienstreitsachen zu erheblichen Teilen nicht anwendbar. **Anwendbar aus Buch 1 des FamFG** sind noch die Vorschriften über die Entscheidung durch Beschluss und die Rechtsbehelfsbelehrung (§§ 38, 39), über die einstweilige Anordnung (§§ 49 bis 57), über die Rechtsmittel (§§ 58 bis 75)[5] sowie über Verfahren mit Auslandsbezug (§§ 97 bis 110). Diese Normen werden für Familienstreitsachen durch einige Spezialregelungen modifiziert. So regelt § 116 Abs. 3, dass Endentscheidungen in Familienstreitsachen erst mit Rechtskraft wirksam werden, wenn nicht das Gericht die sofortige Wirksamkeit anordnet, § 117 modifiziert das Rechtsmittelverfahren in Familienstreitsachen in einigen Punkten und § 119 ordnet insbesondere die zusätzliche Geltung der Vorschriften über den Arrest an.

48 Nach § 113 Abs. 1 Satz 2 gelten in Familienstreitsachen die allgemeinen Vorschriften der ZPO und die **Vorschriften der ZPO** über das Verfahren vor den Landgerichten entsprechend. Auch in weiteren Teilbereichen wird auf Vorschriften der ZPO verwiesen (vgl. § 113 Abs. 2, § 118, § 119 und § 120). Die danach anwendbaren ZPO-Vorschriften werden wiederum durch einige Sonderregelungen modifiziert. So bestimmt § 113 Abs. 3, dass kein Anspruch auf Terminsverlegung nach § 227 Abs. 3 ZPO besteht, § 113 Abs. 5 erstreckt die aus dem Recht der freiwilligen Gerichtsbarkeit bekannte Terminologie auf die anwendbaren ZPO-Vorschriften, § 114 bestimmt, dass sich die Beteiligten in selbständigen Familienstreitsachen, von wenigen Ausnahmen abgesehen, vor dem Familiengericht und vor dem Oberlandesgericht durch einen Rechtsanwalt vertreten lassen müssen und § 115 ermöglicht die Zurückweisung von Angriffs- und Verteidigungsmitteln nur, wenn das Verfahren verzögert wird und die Verspätung auf grober Nachlässigkeit beruht. Schließlich sind §§ 262 und 263 als spezielle Zuständigkeitsvorschriften für Güterrechtssachen zu beachten.

49 Zusammengefasst ergibt sich damit folgendes Bild: Das Verfahren in Familienstreitsachen und damit auch in Güterrechtssachen nach § 261 Abs. 1 folgt im Wesentlichen **zivilprozessualen Grundsätzen**. Im erstinstanzlichen Verfahren sind bis zur Endentscheidung ganz überwiegend ZPO-Vorschriften anzuwenden. Das Rechtsmittelverfahren richtet sich zwar primär nach den diesbezüglichen Vorschriften in Buch 1 (Beschwerde, Rechtsbeschwerde), ergänzend kommen aber auch hier die Vorschriften über das Verfahren im ersten Rechtszug zur Anwendung (§ 68 Abs. 3 Satz 1).

---

1 KG v. 12.11.1979 – 3 WF 3982/79, FamRZ 1980, 470; KG v. 11.9.1987 – 3 WF 5304/87, FamRZ 1988, 296; OLG Celle v. 17.1.1997 – 22 W 107/96, FamRZ 1998, 374.

2 OLG Köln v. 29.10.1981 – 14 UF 13/81, IPRax 1983, 73; OLG Bremen v. 9.8.1979 – 5 III AR 9/79 b, FamRZ 1980, 606.

3 BGH v. 14.10.1998 – XII ZR 66/97, FamRZ 1999, 217; BGH v. 28.1.1987 – IVb ZR 10/86, FamRZ 1987, 463 mwN.

4 Zum Verfahren in Familenstreitsachen allg. vgl. *Hütter/Kodal*, FamRZ 2009, 917 ff.

5 Vgl. *Maurer*, FamRZ 2009, 465.

II. Güterrechtssachen nach Absatz 2

1. Allgemeines

§ 261 Abs. 2 enthält, anders als Abs. 1, keine Definition, sondern eine **Aufzählung** einzelner Verfahren. Diese ist nicht etwa deshalb überflüssig, weil die Vorschriften über die genannten Verfahren ihren Standort ohnehin im Titel über das eheliche Güterrecht des Buches 4 des BGB haben. Dies ist auch in Verfahren nach §§ 1411, 1491 Abs. 3, 1492 Abs. 3 und 1493 Abs. 2 BGB der Fall, und dennoch handelt es sich dabei nicht um Güterrechtssachen, sondern je nach Fallgestaltung um Kindschaftssachen oder um Betreuungssachen.[1] Zu Güterrechtsregisterverfahren vgl. Rz. 33. 50

Das **Verfahren** in Güterrechtssachen nach § 261 Abs. 2 richtet sich nach dem Allgemeinen Teil (Buch 1) des FamFG (vgl. § 1). Die speziellen Regelungen des § 262 zur örtlichen Zuständigkeit und des § 263 zur Abgabe an das Gericht der Ehesache sind auch auf Verfahren nach § 261 Abs. 2 anzuwenden. Anwaltszwang besteht nach § 114 Abs. 1 vor dem Familiengericht und dem Oberlandesgericht nur für die Ehegatten, wenn das Verfahren Folgesache ist; Ausnahmen regelt § 114 Abs. 4. 51

Güterrechtssachen nach § 261 Abs. 2 können gem. § 137 Abs. 2 Nr. 4 auch **Folgesachen** sein und damit in den Verbund einbezogen werden. In der Praxis wird dies, mit Ausnahme der Verfahren nach §§ 1382, 1383 BGB, jedoch kaum vorkommen. 52

Nach § 25 Nr. 3 RPflG[2] ist der **Rechtspfleger** in Güterrechtssachen zuständig für Entscheidungen nach §§ 1382, 1383 BGB, mit Ausnahme derjenigen nach §§ 1382 Abs. 5 und 1383 Abs. 3 BGB, sowie für die Ersetzung der Zustimmung nach § 1452 BGB.[3] Für die übrigen Güterrechtssachen ist der Richter zuständig. 53

Diese Aufspaltung der Zuständigkeit ist nicht sachgerecht und die Auswahl der übertragenen Verfahren ist nicht überzeugend. Es hätte sich angeboten, gerade im Rahmen der Reform, durch die das große Familiengericht eingeführt wurde, an Stelle einer Fortschreibung des bisherigen Zustands eine Bereinigung vorzunehmen und die punktuellen Zuweisungen aufzugeben zu Gunsten einer einheitlichen Zuständigkeit des Familienrichters, jedenfalls für die in § 261 Abs. 2 aufgezählten Verfahren. Eine **Konzentration auch der funktionalen Zuständigkeit** würde sich vorteilhaft auswirken, da Zuständigkeitszweifel und Abgaben (§ 5 Abs. 1 Nr. 2, Abs. 3, § 6 RPflG) vermieden werden könnten und da der Richter die Beteiligten und deren Verhältnisse oft bereits aus weiteren Familienverfahren kennt, was die Bearbeitung insgesamt und die Erzielung verfahrensübergreifender Gesamtlösungen erleichtert. 54

2. Güterrechtssachen nach Absatz 2 im Einzelnen

Verfahren nach § 1365 Abs. 2 BGB haben die Ersetzung der nach § 1365 Abs. 1 BGB erforderlichen Zustimmung des anderen Ehegatten zu einem Rechtsgeschäft über das Vermögen im Ganzen zum Gegenstand. Entsprechendes gilt in den Fällen des § 1369 Abs. 2 BGB bei Rechtsgeschäften über Haushaltsgegenstände. Der Beschluss, durch den die Zustimmung ersetzt wird, wird nach § 40 Abs. 3 Satz 1 grundsätzlich, also sofern das Gericht nicht wegen Gefahr im Verzug ausnahmsweise die sofortige Wirk- 55

1 Vgl. hierzu die Begr. des RegE, BT-Drucks. 16/6308, S. 261.
2 Vgl. die Begr. des RegE zu § 25 RPflG, BT-Drucks. 16/6308, S. 323.
3 Vgl. bislang § 14 Nr. 2 und Nr. 6 RPflG.

samkeit anordnet, abweichend von der Regel des § 40 Abs. 1 erst mit Rechtskraft wirksam.

56 Ebenfalls zum Recht des gesetzlichen Güterstandes gehören Verfahren nach §§ 1382, 1383 BGB über die Stundung der Ausgleichsforderung bzw. die Übertragung von Vermögensgegenständen. Vgl. hierzu auch die Erläuterungen zu §§ 264, 265.

57 Verfahren nach §§ 1426, 1430 und 1452 BGB aus dem Recht der Gütergemeinschaft haben die Ersetzung einer erforderlichen Zustimmung des anderen Ehegatten zu einem Rechtsgeschäft über das Gesamtgut im Ganzen, über zum Gesamtgut gehörende Grundstücke usw. oder zu einem Rechtsgeschäft, das zur ordnungsgemäßen Besorgung der persönlichen Angelegenheiten eines Ehegatten oder zur ordnungsgemäßen Verwaltung des Gesamtguts erforderlich ist, zum Gegenstand. Zur Wirksamkeit des in dem Verfahren ergangenen Beschlusses vgl. § 40 Abs. 3.

§ 262
Örtliche Zuständigkeit

(1) Während der Anhängigkeit einer Ehesache ist das Gericht ausschließlich zuständig, bei dem die Ehesache im ersten Rechtszug anhängig ist oder war. Diese Zuständigkeit geht der ausschließlichen Zuständigkeit eines anderen Gerichts vor.

(2) Im Übrigen bestimmt sich die Zuständigkeit nach der Zivilprozessordnung mit der Maßgabe, dass in den Vorschriften über den allgemeinen Gerichtsstand an die Stelle des Wohnsitzes der gewöhnliche Aufenthalt tritt.

A. Allgemeines

1 Die Vorschrift regelt die **örtliche Zuständigkeit** für alle Güterrechtssachen nach § 261 Abs. 1 und 2.[1] Sie entspricht für die in § 621 Abs. 1 Nr. 8 und 9 ZPO aF genannten Angelegenheiten der Regelung des § 621 Abs. 2 ZPO aF, mit Ausnahme der sich aus § 262 Abs. 1 Satz 2 und Abs. 2, 2. Halbs. ergebenden Modifikationen. Für die Verfahren nach § 261 Abs. 2, soweit sie nicht von § 621 Abs. 1 Nr. 9 ZPO aF erfasst waren, können sich gegenüber dem bislang anzuwendenden § 45 FGG aF im Einzelfall Abweichungen ergeben.

2 Zweck des § 262 Abs. 1 ist die **Konzentration aller Güterrechtssachen** bei dem Gericht der Ehesache (Zuständigkeitskonzentration). Der Gesetzgeber hat diesen Gedanken noch verstärkt durch die Einführung des Abs. 1 Satz 2, wonach die Zuständigkeit des Gerichts der Ehesache auch der ausschließlichen Zuständigkeit eines anderen Gerichts vorgeht.

3 Mit § 262, der nicht zwischen Güterrechtssachen, die Familienstreitsachen sind, und Güterrechtssachen der freiwilligen Gerichtsbarkeit unterscheidet, sollen die Regelungen über die örtliche Zuständigkeit **vereinheitlicht** werden. Zudem wird, wie auch in anderen Vorschriften des neuen Familienverfahrensrechts über die örtliche Zuständigkeit, der mit Problemfragen belastete Rechtsbegriff des Wohnsitzes durch das Kriterium des gewöhnlichen Aufenthalts ersetzt.

1 Vgl. Begr. des RegE, BT-Drucks. 16/6308, S. 262.

Daran, dass Regelungen zur örtlichen Zuständigkeit in völkerrechtlichen Vereinbarungen oder in Rechtsakten der Europäischen Gemeinschaft **vorrangig** zu beachten sind, erinnert § 97. 4

B. Inhalt der Vorschrift

I. Örtliche Zuständigkeit während der Anhängigkeit einer Ehesache (Absatz 1)

Die **Anhängigkeit** der Ehesache setzt nach allgemeinen ZPO-Grundsätzen die Einreichung einer Antragsschrift bei Gericht voraus (vgl. § 124). Die Anhängigkeit muss bei einem inländischen Gericht bestehen und darf noch nicht beendet sein, etwa durch Rücknahme des (Scheidungs-)Antrags oder durch Eintritt der Rechtskraft der in der Sache getroffenen Endentscheidung. Ein Ruhen des Eheverfahrens oder das Weglegen der Akten nach der AktO lässt die Anhängigkeit nicht entfallen.[1] 5

Bei der **Ehesache** kann es sich um eine Scheidungssache oder um eine andere Ehesache nach § 121 handeln; ob in der Ehesache inländisches oder ausländisches Sachrecht zur Anwendung kommt, ist gleichgültig. Die Ehesache muss nur dieselbe Ehe betreffen, auf die sich auch das güterrechtliche Verfahren bezieht. Bei mehreren Ehesachen ist § 123 zu beachten. Eine nach Rechtskraft der Scheidung infolge einer Abtrennung noch anhängige Folgesache allein kann die Zuständigkeit nicht begründen.[2] Die Einreichung eines Verfahrenskostenhilfeantrags für eine Ehesache allein genügt ebenfalls nicht.[3] 6

Ist die Ehesache in erster Instanz anhängig, ist dasselbe **Familiengericht** auch für die Güterrechtssache örtlich zuständig. Ist die Ehesache in einer höheren Instanz anhängig, ist nach Abs. 1 Satz 1 das Familiengericht zuständig, bei dem die Ehesache **in erster Instanz anhängig** war. Darauf, ob das Gericht hierfür auch zuständig ist oder war, kommt es nicht an.[4] 7

Es handelt sich nach dem Gesetz um eine **ausschließliche Zuständigkeit**, mit der Folge, dass die Vereinbarung eines abweichenden Gerichtsstandes unwirksam ist (§ 40 Abs. 2 ZPO). Die ausschließliche Zuständigkeit ist eine solche höheren Ranges, da sie der ausschließlichen Zuständigkeit eines anderen Gerichts vorgeht (Abs. 1 Satz 2). Mit dieser Regelung korrigiert der Gesetzgeber eine entgegenstehende, nicht für sachgerecht[5] gehaltene Rechtsprechung des BGH.[6] 8

Eine sogleich beim Gericht der Scheidungssache anhängig gemachte Güterrechtssache wird in den Fällen des § 137 Abs. 2 ohne weiteres zur **Folgesache** und damit in den Verbund einbezogen. Wird eine zunächst bei einem anderen Gericht anhängig gewesene Güterrechtsache an das Gericht der Scheidungssache verwiesen oder abgegeben, wird sie mit Anhängigkeit beim Gericht der Scheidungssache zur Folgesache, § 137 Abs. 4. 9

1 BGH v. 24.3.1993 – XII ARZ 3/93, NJW-RR 1993, 898.
2 BGH v. 7.10.1981 – IVb ZR ARZ 556/81, FamRZ 1982, 43.
3 OLG Köln v. 8.6.1998 – 14 WF 80/98, FamRZ 1999, 29.
4 Zöller/*Philippi*, § 621 ZPO Rz. 86b.
5 Vgl. die Begr. des RegE zu der vergleichbaren Regelung des § 232 Abs. 2, BT-Drucks. 16/6308, S. 255.
6 BGH v. 6.2.1980 – IV ARZ 84/79, FamRZ 1980, 346.

II. Örtliche Zuständigkeit im Übrigen (Absatz 2)

10 Im Übrigen, also soweit eine Ehesache nicht anhängig ist, bestimmt sich die örtliche Zuständigkeit in allen Güterrechtssachen (§ 261 Abs. 1 und 2) nach den **Vorschriften der ZPO**. Dies betrifft nicht nur die in der ZPO – auch außerhalb der §§ 12 bis 40 ZPO – geregelten allgemeinen und besonderen ausschließlichen und nicht ausschließlichen Gerichtstände,[1] sondern auch andere Vorschriften, die die örtliche Zuständigkeit betreffen, wie etwa § 35 ZPO zum Wahlrecht des Antragstellers, §§ 36, 37 ZPO über die gerichtliche Bestimmung der Zuständigkeit, §§ 38 bis 40 ZPO über Vereinbarungen zur örtlichen Zuständigkeit und § 281 ZPO über die Verweisung. In Verfahren nach § 261 Abs. 2 werden jedenfalls die Regelungen der §§ 2 und 3 FamFG durch die vorgenannten Normen iVm. der **spezielleren Regelung des § 262 Abs. 2** verdrängt. Auch der Grundsatz der perpetuatio fori wird daher im Bereich der freiwilligen Gerichtsbarkeit nicht bereits ab dem Zeitpunkt der Anhängigkeit,[2] sondern erst ab Rechtshängigkeit gelten (§ 261 Abs. 3 Nr. 2 ZPO).

11 Vorschriften außerhalb der ZPO sind von der Verweisung des Abs. 2 zwar nicht erfasst, sie können dennoch zur Anwendung kommen, sofern sie im konkreten Fall inhaltlich einschlägig sind. § 262 Abs. 2 enthält **keine abschließende Regelung**.

12 In Güterrechtssachen nach § 261 Abs. 1 wirkt § 262 Abs. 2 wegen § 113 Abs. 1 Satz 2 im Wesentlichen nur **deklaratorisch**. Bei Güterrechtssachen der freiwilligen Gerichtsbarkeit (§ 261 Abs. 2) hat § 262 Abs. 2 hingegen konstitutive Wirkung. Es bedarf dabei einer **entsprechenden** Anwendung der oben genannten ZPO-Vorschriften über die örtliche Zuständigkeit.

13 Bei der Anwendung der §§ 13, 15 Abs. 1 und 16 ZPO tritt an die Stelle des Wohnsitzes der **gewöhnliche Aufenthalt**.[3] In anderen Zuständigkeitsvorschriften, die nicht den allgemeinen Gerichtsstand betreffen, bleibt es hingegen beim Begriff des Wohnsitzes.

14 In der Praxis wird die größte Bedeutung dem **allgemeinen Gerichtsstand** nach § 13 ZPO zukommen. Entscheidend ist danach, dass der gewöhnlichen Aufenthalt des Antragsgegners im Bezirk des angerufenen Gerichts liegt.

15 Die umstrittene Frage, ob der **Gerichtsstand des Erfüllungsorts** nach § 29 ZPO auch bei Streitigkeiten über Verträge anzuwenden ist, die familienrechtliche Rechtsverhältnisse betreffen bzw. gesetzliche Ansprüche aus dem Bereich des Familienrechts ausgestalten, wird zu verneinen sein.[4] Der BGH hat eine Anwendung des § 29 ZPO „jedenfalls" für das Verlöbnis abgelehnt.[5]

III. Veränderung zuständigkeitsrelevanter Umstände

16 Die Regelung des § 261 Abs. 3 Nr. 2 ZPO (**perpetuatio fori**) ist nach § 262 Abs. 2 in allen Güterrechtssachen anzuwenden. Eine Durchbrechung dieses Grundsatzes ent-

1 Die §§ 23a und 35a ZPO wurden durch Art. 29 Nr. 2 FGG-RG aufgehoben.
2 BGH v. 29.1.1986 – IVb ARZ 56/85, FamRZ 1986, 454.
3 Vgl. die Erläuterungen zu § 122.
4 Ebenso OLG Dresden v. 21.4.1999 – 20 UF 715/98, FamRZ 2000, 543; Zöller/*Vollkommer*, § 29 ZPO Rz. 10; *Mankowski*, IPRax 1997, 173 mwN; aA Stein/Jonas/*Roth*, § 29 ZPO Rz. 8, Wieczorek/Schütze/*Hausmann*, § 29 ZPO Rz. 10.
5 BGH v. 28.2.1996 – XII ZR 181/03, FamRZ 1996, 601.

hält § 263. Ein zunächst unzuständiges Gericht kann durch nachträgliche Veränderung der die Zuständigkeit bestimmenden Umstände zuständig werden.

Sind Güterrechtssache und **Ehesache** bei verschiedenen Gerichten **anhängig**, so gilt für die Güterrechtssache Folgendes: Tritt die Anhängigkeit der Ehesache **vor Rechtshängigkeit** der Güterrechtssache ein, wird nach § 262 Abs. 1 das Gericht der Ehesache für die Güterrechtssache örtlich ausschließlich zuständig, und die Güterrechtssache ist dorthin abzugeben, oder, falls sie inzwischen rechtshängig geworden ist, nach § 281 ZPO zu verweisen. Tritt die Anhängigkeit der Ehesache hingegen **nach Rechtshängigkeit** der Güterrechtssache ein, so gilt zunächst § 261 Abs. 3 Nr. 2 ZPO. Wird die Ehesache danach auch rechtshängig, ist die Güterrechtssache unter den Voraussetzungen des § 263 von Amts wegen an das Gericht der Ehesache abzugeben. 17

Endet die Anhängigkeit der Ehesache, so gilt für die weiterhin anhängige Güterrechtssache Folgendes: Endet die Anhängigkeit der Ehesache **vor Rechtshängigkeit** der der Güterrechtssache, richtet sich die örtliche Zuständigkeit für die Güterrechtssache fortan nicht mehr nach § 262 Abs. 1, sondern nach Abs. 2.[1] Sofern sich danach die Zuständigkeit eines anderen Gerichts ergibt, ist die Güterrechtssache dorthin abzugeben, oder, falls die Güterrechtssache inzwischen rechtshängig geworden ist, nach § 281 ZPO zu verweisen. Endet die Anhängigkeit der Ehesache **nach Rechtshängigkeit** der Güterrechtssache, hat dies auf die örtliche Zuständigkeit des Gerichts, bei dem die Güterrechtssache rechtshängig ist, nach § 261 Abs. 3 Nr. 2 ZPO keinen Einfluss mehr.[2] 18

IV. Internationale Zuständigkeit

Die **internationale Zuständigkeit** für Güterrechtssachen folgt grundsätzlich der örtliche Zuständigkeit (§ 105); ist die Güterrechtssache Folgesache, ist § 98 maßgeblich. Auf die Erläuterungen zu diesen Vorschriften wird verwiesen. 19

§ 263
Abgabe an das Gericht der Ehesache

Wird eine Ehesache rechtshängig, während eine Güterrechtssache bei einem anderen Gericht im ersten Rechtszug anhängig ist, ist diese von Amts wegen an das Gericht der Ehesache abzugeben. § 281 Abs. 2 und 3 Satz 1 der Zivilprozessordnung gilt entsprechend.

A. Allgemeines

Die Vorschrift ordnet die **Abgabe einer Güterrechtssache** an das Gericht der Ehesache an. § 263 entspricht weitgehend § 621 Abs. 3 ZPO aF und § 64 Abs. 2 FGG aF, jedoch enthält das FamFG statt einer zentralen Regelung mehrere gleich lautende Normen „vor Ort", im Verfahrensrecht derjenigen Familiensachen, in denen die Abgabe zu 1

1 Vgl. BGH v. 17.9.1980 – IVb ARZ 550/80, FamRZ 1981, 23.
2 Vgl. BGH v. 4.2.1998 – XII ARZ 35/97, FamRZ 1998, 609 mwN.

veranlassen ist. Vor dem Hintergrund des § 262 Abs. 1 ist § 263 für die Zeit ab Rechtshängigkeit der Güterrechtssache als Durchbrechung des Grundsatzes der perpetuatio fori anzusehen.

2 Der **Zweck** des § 263 ist in seinem Anwendungsbereich derselbe wie der der Vorgängervorschriften: Alle Verfahren der genannten Art sollen beim Gericht der Ehesache **konzentriert** werden,[1] auch wenn die Ehesache erst nachträglich rechtshängig wird und unabhängig davon, ob im Fall der Ehescheidung das abzugebende Verfahren in den Verbund einbezogen wird oder nicht. Dieser Grundgedanke, der mit der Schaffung des großen Familiengerichts auch im Bereich weiterer Verfahren umgesetzt[2] und damit bekräftigt wurde, erfordert eine großzügige, also „abgabefreundliche" Auslegung der Vorschrift.

B. Inhalt der Vorschrift

I. Voraussetzungen

1. Anhängigkeit einer Güterrechtssache

3 Zunächst muss eine Güterrechtssache nach § 261 Abs. 1 oder 2 **anhängig** sein. In Verfahren nach § 261 Abs. 1 ist hierfür nach allgemeinen ZPO-Grundsätzen die Einreichung einer Antragsschrift[3] bei Gericht maßgeblich. In Verfahren nach § 261 Abs. 2, auf die der Allgemeine Teil des FamFG in vollem Umfang anzuwenden ist, wird nach dem Normzweck ebenfalls von einem möglichst frühen Zeitpunkt der Anhängigkeit auszugehen sein, also dem Eingang des Antrags (§ 23 Abs. 1) oder einer Anregung (§ 24 Abs. 1) bei Gericht oder der Vornahme der ersten verfahrensbezogenen Handlung durch das Gericht.

4 **a)** Auf die **Zuständigkeit** des Gerichts, bei dem die Güterrechtssache zuerst anhängig ist, und auf die diesbezüglichen näheren Umstände **kommt es nicht an**, zumal § 263 insoweit keine Vorgaben enthält und Güterrechtssachen nach dem Zweck der Norm soweit wie möglich beim Gericht der Ehesache konzentriert werden sollen.

5 Dass das Gericht der Güterrechtssache für diese zunächst örtlich **ausschließlich** zuständig war (etwa nach § 767 Abs. 1 iVm. § 802 ZPO), steht einer Abgabe an das Gericht der Ehesache daher nicht entgegen;[4] für diese Sichtweise spricht nunmehr besonders die neu eingeführte Regelung des § 262 Abs. 1 Satz 2.

6 Auch dass die Güterrechtssache zunächst an das Gericht **verwiesen** worden war, bei dem sie nun, zum Zeitpunkt des Eintritts der Rechtshängigkeit der Ehesache, anhängig ist, ändert an der Verpflichtung zur Abgabe an das Gericht der Ehesache nichts, selbst dann nicht, wenn die anfängliche Verweisung durch dasselbe Gericht erfolgt war, bei dem später die Ehesache rechtshängig geworden ist;[5] die speziellere Regelung über die Abgabe (§ 263) setzt sich gegenüber der Bindungswirkung einer früheren Ver-

---

1 Vgl. BGH v. 22.5.1985 – IVb ARZ 15/85, FamRZ 1985, 800 sowie BGH v. 7.3.2001 – XII ARZ 2/01, FamRZ 2001, 618.

2 Vgl. § 268.

3 Zur Terminologie vgl. § 113 Abs. 5 Nr. 2.

4 AA zum bisherigen Recht BGH v. 6.2.1980 – IV ARZ 84/79, FamRZ 1980, 346; MüKo.ZPO/*Bernreuther*, § 621 ZPO Rz. 171; Wieczorek/Schütze/*Kemper*, § 621 ZPO Rz. 132.

5 OLG Hamm v. 10.8.1999 – 2 UF 266/99, FamRZ 2000, 841; Zöller/*Philippi*, § 621 ZPO Rz. 99; aA noch Wieczorek/Schütze/*Kemper*, § 621 ZPO Rz. 132.

weisung durch. Dies sollte auch im Fall einer § 263 widersprechenden Verweisung der Güterrechtssache an ein anderes Gericht als das der Ehesache gelten.[1]

War das Gericht, bei dem die Güterrechtssache anhängig ist, bereits vor Eintritt der Rechtshängigkeit der Ehesache örtlich **unzuständig**, hat ab diesem Zeitpunkt sogleich die Abgabe von Amts wegen an das Gericht der Ehesache nach der spezielleren Vorschrift des § 263 zu erfolgen und nicht etwa eine Verweisung nach § 281 ZPO.[2] Die ursprüngliche Verfehlung der Zuständigkeit ist durch die eingetretene Rechtshängigkeit der Ehesache nunmehr überholt, die Kostenfolge des § 281 Abs. 3 Satz 2 ZPO ist in diesem Fall nicht mehr gerechtfertigt, ebenso wenig eine Abweisung bei unterlassener Stellung eines Verweisungsantrags. 7

b) Die Güterrechtssache muss nach dem Wortlaut des § 263 Satz 1 noch **im ersten Rechtszug anhängig** sein, ist sie im Rechtsmittelzug anhängig, ist eine Abgabe nicht mehr zulässig.[3] Im Fall einer Aufhebung und Zurückverweisung hat das Oberlandesgericht das Verfahren sogleich an das Familiengericht der Ehesache überzuleiten.[4] In jedem Fall darf eine abschließende Entscheidung in der Güterrechtssache noch nicht ergangen sein.[5] 8

2. Rechtshängigkeit einer Ehesache

Weiter muss **eine Ehesache rechtshängig** sein. Dabei kann es sich um eine Scheidungssache oder um eine andere Ehesache nach § 121 handeln; ob auf das Verfahren inländisches oder ausländisches Sachrecht zur Anwendung kommt, ist gleichgültig. Die Ehesache muss nur dieselbe Ehe betreffen, auf die sich auch das güterrechtliche Verfahren bezieht. Bei mehreren Ehesachen ist § 123 zu beachten. Die Rechtshängigkeit (§ 113 Abs. 1 Satz 2 iVm. § 261 Abs. 1 ZPO) muss bei einem inländischen Gericht bestehen und darf noch nicht beendet sein. Darauf, ob das Gericht, bei dem die Ehesache rechtshängig ist, für diese auch zuständig ist, kommt es nicht an,[6] zumal der Wortlaut des § 263 keine diesbezügliche Einschränkung enthält und der Zweck der Vorschrift gegen eine solche spricht. 9

Das Gericht der Ehesache sollte das Gericht, bei dem die Güterrechtssache anhängig ist, möglichst frühzeitig von der Rechtshängigkeit der Ehesache **informieren**.[7] Entsprechendes gilt für die Verfahrensbeteiligten. 10

1 OLG Frankfurt v. 10.11.1987 – 1 UFH 22/87, FamRZ 1988, 184; aA Zöller/*Philippi*, § 621 ZPO Rz. 99 mwN.

2 Im letztgenannten Sinne aber Johannsen/Henrich/*Sedemund-Treiber*, § 621 ZPO Rz. 8, Wieczorek/Schütze/*Kemper*, § 621 ZPO Rz. 128.

3 Vgl. BGH v. 22.5.1985 – IVb ARZ 15/85, FamRZ 1985, 800; zum Fall der Beschwerde, die sich nicht gegen eine Endentscheidung richtet, vgl. jedoch BGH v. 7.3.2001 – XII ARZ 2/01, FamRZ 2001, 618.

4 Vgl. BGH v. 27.2.1980 – IV ZR 198/78, FamRZ 1980, 444.

5 Vgl. BGH v. 22.5.1985 – IVb ARZ 15/85, FamRZ 1985, 800.

6 Vgl. OLG Karlsruhe v. 14.12.2006 – 16 UF 155/06, FamRZ 2007, 740; OLG Hamm v. 10.8.1999 – 2 UF 266/99, FamRZ 2000, 841.

7 Da eine Abgabe bei Rechtshängigkeit jeder Ehesache zu erfolgen hat, wäre die Regelung des § 133 Abs. 1 Nr. 3 besser in § 124 aufgenommen worden.

II. Rechtsfolgen

11 Das Gericht, bei dem die Güterrechtssache anhängig ist, hat das Verfahren von Amts wegen, ohne dass es eines Antrags bedürfte, **an das Gericht der Ehesache abzugeben**. Ein Ermessensspielraum besteht nicht. Der Begriff der Abgabe wird dabei in Güterrechtssachen nach § 261 Abs. 1 ebenso verwendet wie in den Verfahren der freiwilligen Gerichtsbarkeit nach § 261 Abs. 2. Auch in derartigen Verfahren kommen nach § 263 Satz 2 die Vorschriften des § 281 Abs. 2 und Abs. 3 Satz 1 ZPO über die Verweisung zur Anwendung, und nicht etwa die entsprechenden Bestimmungen des § 3. Die Abgabe erfolgt stets durch Beschluss. Den Beteiligten ist rechtliches Gehör zu geben, einer mündlichen Verhandlung bedarf es nicht.[1] Für Anträge und Erklärungen zur Frage der Abgabe besteht kein Anwaltszwang.[2] Der Beschluss, in dem die Abgabe ausgesprochen wird, ist nicht anfechtbar.[3] Für den Fall der Ablehnung einer von einem Beteiligten erstrebten Abgabe[4] wird dasselbe gelten; dieses Verständnis entspricht dem Bestreben des Gesetzgebers, eine verfahrensverzögernde isolierte Anfechtung von Zwischenentscheidungen im FamFG im Regelfall nicht mehr zuzulassen.

12 Das Verfahren vor und nach der Abgabe bildet ebenso wie im Fall des § 281 ZPO eine **Einheit**; Verfahrenshandlungen vor dem früher befassten Gericht wirken auch nach der Abgabe fort, frühere gerichtliche Entscheidungen bleiben wirksam. Die in der Güterrechtssache vor der Abgabe entstandenen Kosten sind Teil der Kosten des Gerichts der Ehesache.[5] § 281 Abs. 3 Satz 2 ZPO ist nicht anzuwenden.

13 Handelt es sich bei der Ehesache um eine Scheidungssache, wird das abgegebene Verfahren nach § 137 Abs. 4 ohne weiteres **in den Verbund einbezogen**, sofern die Voraussetzungen des § 137 Abs. 2 erfüllt sind.

14 Die Abgabe der Güterrechtssache ist für das Gericht der Ehesache zwar grundsätzlich bindend, eine **weitere Überleitung** ist aber nicht ausgeschlossen, etwa wenn die Ehesache ihrerseits an ein anderes Gericht verwiesen werden muss.

15 Mit der Abgabe an das Gericht der Ehesache wird das diesem übergeordnete OLG für die Entscheidung über eine zuvor in der Güterrechtssache eingelegte, nicht die Endentscheidung betreffende **Beschwerde** zuständig.[6]

§ 264
Verfahren nach den §§ 1382 und 1383 des Bürgerlichen Gesetzbuchs

(1) In den Verfahren nach den §§ 1382 und 1383 des Bürgerlichen Gesetzbuchs wird die Entscheidung des Gerichts erst mit der Rechtskraft wirksam. Eine Abänderung oder Wiederaufnahme ist ausgeschlossen.

1 Dies folgt für Familienstreitsachen aus § 113 Abs. 1 Satz 2 FamFG iVm. § 128 Abs. 4 ZPO.
2 Vgl. § 263 Satz 2 FamFG iVm. § 281 Abs. 2 Satz 1 ZPO sowie § 114 Abs. 4 Nr. 6 FamFG iVm. § 78 Abs. 3 ZPO.
3 Vgl. § 263 Satz 2 FamFG iVm. § 281 Abs. 2 Satz 2 ZPO.
4 Vgl. BGH v. 27.1.2004 – VI ZB 33/03, MDR 2004, 698; vgl. nunmehr § 17a Abs. 6 GVG: die Verweisung an eine andere Abteilung erfolgt durch Beschluss, gegen den die (sofortige) Beschwerde zulässig ist.
5 Vgl. § 263 Satz 2 FamFG iVm. § 281 Abs. 3 Satz 1 ZPO.
6 BGH v. 7.3.2001 – XII ARZ 2/01, FamRZ 2001, 618.

(2) In dem Beschluss, in dem über den Antrag auf Stundung der Ausgleichsforderung entschieden wird, kann das Gericht auf Antrag des Gläubigers auch die Verpflichtung des Schuldners zur Zahlung der Ausgleichsforderung aussprechen.

A. Allgemeines

§ 264 ist die Nachfolgeregelung zu **§ 53a Abs. 2 FGG aF**. § 264 Abs. 1 Satz 1 entspricht im Wesentlichen § 53a Abs. 2 Satz 1 FGG aF. § 264 Abs. 1 Satz 2 enthält einen bislang nicht ausdrücklich geregelten Ausschluss der Abänderung und der Wiederaufnahme des Verfahrens. § 264 Abs. 2 übernimmt den Regelungsgehalt des § 53a Abs. 2 Satz 2 FGG aF. Nicht übernommen wurden die Sonderregelungen des § 53a Abs. 1, 3 und 4 FGG aF, da das FamFG zu den dort behandelten Fragen nunmehr allgemeine Verfahrensvorschriften enthält. 1

Der **Normtext** des § 264 Abs. 1 Satz 1 und Abs. 2 ist seit dem RefE (2005) im Gesetzgebungsverfahren des FGG-RG unverändert geblieben. Die Regelung des § 264 Abs. 1 Satz 2 lautete als § 275 Abs. 1 Satz 2 RefE (2006) [bzw. RefE (2005)] noch wie folgt: „Die [Vorschriften der] §§ 48 bis 52 sind nicht anzuwenden". Erst im RegE erhielt die Vorschrift den heutigen Wortlaut. 2

§ 264 beinhaltet spezielle, die Vorschriften des Buches 1 und der §§ 261 bis 263 ergänzende Regelungen für Verfahren nach §§ 1382, 1383 BGB. Es handelt sich dabei um Güterrechtssachen nach § 261 Abs. 2 und damit um **Familiensachen der freiwilligen Gerichtsbarkeit**; die für Familienstreitsachen geltenden Vorschriften sind nicht anzuwenden. 3

Die §§ 1382, 1383 BGB wurden geschaffen, um Unbilligkeiten des Zugewinnausgleichs für den Schuldner im Hinblick auf den Zeitpunkt der Fälligkeit der Ausgleichsforderung und für den Gläubiger im Hinblick auf deren Natur als bloße Geldforderung abmildern zu können.[1] Mit den §§ 264, 265 sollte in Bezug auf die dort geregelten verfahrensrechtlichen Fragen – vorbehaltlich erforderlich werdender Anpassungen an die Systematik des FamFG – die **bisherige Rechtslage beibehalten** werden, so dass auf die Erkenntnisse zu den Vorgängervorschriften weiterhin zurückgegriffen werden kann. 4

B. Inhalt der Vorschrift

I. Verfahrensrechtliche Konstellationen

1. § 1382 BGB

a) Wenn ein **Verfahren über die Ausgleichsforderung nicht anhängig ist**, muss unterschieden werden: 5

aa) Ist die Ausgleichsforderung ausdrücklich oder nach dem Verhalten des Schuldners **bestritten**, so ist ein Antrag nach § 1382 BGB unzulässig,[2] jedenfalls ist eine Stundungsentscheidung ausgeschlossen.[3] 6

---

1 BT-Drucks. 2/3409, S. 13.

2 Jansen/*Wick*, § 53a FGG Rz. 5; Staudinger/*Thiele*, Bearbeitung 2007, § 1382 BGB Rz. 36.

3 Dass die Forderung unbestritten ist, wird teilweise nicht als Zulässigkeitsvoraussetzung sondern als Voraussetzung einer Sachentscheidung angesehen, so Jansen/*Wick*, § 53a FGG Rz. 8.

7 **bb)** Ist die Ausgleichsforderung **unbestritten**, kann ein Verfahren nach § 1382 Abs. 1 BGB durchgeführt werden. Als unbestritten anzusehen ist die Forderung auch dann, wenn über sie, etwa nach Abschluss eines diesbezüglichen Verfahrens, ein rechtskräftiger Titel vorliegt.[1] Zuständig ist grundsätzlich der **Rechtspfleger** (§ 25 Nr. 3b RPflG). Das Gericht kann nach § 264 Abs. 2 auf Antrag des Gläubigers auch die Verpflichtung zur Zahlung der Ausgleichsforderung aussprechen. Ist die Ausgleichsforderung hinsichtlich eines **Teilbetrags** unbestritten, kann insoweit eine Entscheidung über den Stundungsantrag ergehen, der darüber hinaus gehende Antrag wäre mangels Anhängigkeit eines Verfahrens über die Ausgleichsforderung unzulässig.[2]

8 Das Verfahren über den Stundungsantrag kann entweder unabhängig von einer Scheidungssache („isoliert") oder unter den Voraussetzungen des § 137 als **Folgesache** im Verbund geführt werden. Im letzteren Fall kann es naturgemäß nicht bei der in § 25 Nr. 3b RPflG bestimmten Zuständigkeit des Rechtspflegers bleiben.[3] Geht man von einer originären Zuständigkeit des Rechtpflegers aus, so müsste dieser das Verfahren erst dem Richter vorlegen (Pflicht zur Vorlage nach §§ 5, 6 RPflG), bevor es in den Verbund einbezogen werden kann.[4] Den Vorzug verdient die Auffassung, dass in Folgesachen wegen der Einheitlichkeit des Verbundverfahrens dessen speziellere Regelungen den allgemeinen Vorschriften über die Zuständigkeitsverteilung vorgehen, so dass von Anfang an allein die **Zuständigkeit des Richters** gegeben ist.[5]

9 **cc) Bestreitet** der Schuldner die bei Einleitung des Verfahrens auf Stundung noch unstreitige Ausgleichsforderung **nachträglich**, kann die von ihm begehrte Stundungsentscheidung in diesem Verfahren, soweit nicht noch ein Verfahren über die Ausgleichsforderung eingeleitet wird, zulässigerweise nicht mehr ergehen.[6] Zur Vermeidung einer Abweisung wird der Schuldner seinen Stundungsantrag zurücknehmen müssen.[7]

10 **b)** Ist ein **Verfahren über die Ausgleichsforderung anhängig**, so kann der Antrag auf Stundung nur in diesem Verfahren gestellt werden (§ 1382 Abs. 5 BGB). Beide Angelegenheiten bleiben verfahrensmäßig selbständig, die Entscheidung erfolgt jedoch in demselben Beschluss (§ 265). Die Verfahren über die Ausgleichsforderung und den Stundungsantrag können entweder unabhängig von einer Scheidungssache („isoliert") oder unter den Voraussetzungen des § 137 als Folgesache im Verbund geführt werden. Zuständig ist in jedem Fall der **Richter** (arg. § 25 Nr. 3b RPflG). Ist über einen **Teilbetrag** der Ausgleichsforderung ein Verfahren anhängig, während der andere Teil unstreitig ist, wird über die Stundung einheitlich in dem Verfahren über die Forderung zu entscheiden sein.[8]

11 **c) Wird nach Einleitung des Stundungsverfahrens** nach § 1382 Abs. 1 BGB **ein Verfahren über die Ausgleichsforderung anhängig**, kann eine Stundungsentscheidung zulässi-

---

1 Jansen/*Wick*, § 53a FGG Rz. 9; in diesem Fall müssen sich die den Antrag rechtfertigenden Gründe erst nachträglich ergeben haben, vgl. Staudinger/*Thiele*, Bearbeitung 2007, § 1382 BGB Rz. 45.
2 Keidel/*Weber*, § 53a FGG Rz. 5.
3 An dieser Konstellation zeigt sich, dass die Zuständigkeitsverteilung zwischen Richter und Rechtspfleger in einigen Bereichen nicht sachgerecht geregelt ist; vgl. auch die Erläuterungen zu § 261 Rz. 54.
4 Vgl. Keidel/*Weber*, § 53a FGG Rz. 3 mwN.
5 Ebenso im Ergebnis Jansen/*Wick*, § 53a FGG Rz. 4 mwN.
6 Jansen/*Wick*, § 53a FGG Rz. 4, 8.
7 Keidel/*Weber*, § 53a FGG Rz. 5 mwN; Staudinger/*Thiele*, Bearbeitung 2007, § 1382 BGB Rz. 11.
8 Jansen/*Wick*, § 53a FGG Rz. 4; Staudinger/*Thiele*, Bearbeitung 2007, § 1382 BGB Rz. 36.

gerweise ebenfalls nicht mehr ergehen. Das Stundungsverfahren wird auf Antrag an das Gericht des Verfahrens über die Ausgleichsforderung abzugeben sein.[1]

2. § 1383 BGB

Ist ein **Verfahren über die Ausgleichsforderung nicht anhängig**, kann ein Verfahren nach § 1383 Abs. 1 BGB durchgeführt werden. Darauf, ob die Ausgleichsforderung unbestritten ist oder nicht, kommt es für die Zulässigkeit des Antrags nach § 1383 Abs. 1 BGB zwar nicht an; jedoch muss die Forderung jedenfalls in der Höhe feststehen, die dem für den zu übertragenden Gegenstand anzurechnenden Betrag entspricht, andernfalls ist der Übertragungsantrag des Gläubigers als unbegründet zurückzuweisen.[2] Für das Verfahren ist der **Rechtspfleger** zuständig (§ 25 Nr. 3b RPflG), sofern es keine Folgesache ist. Im Übrigen gilt das zu Rz. 5 ff. Gesagte entsprechend. 12

Ist ein **Verfahren über die Ausgleichsforderung anhängig**, so kann der Antrag auf Übertragung nur in diesem Verfahren gestellt werden (§ 1383 Abs. 3 iVm. § 1382 Abs. 5 BGB). Im Übrigen gilt das zu Rz. 10 f. Gesagte entsprechend. 13

II. Grundzüge des Verfahrens

1. Das Verfahren im Allgemeinen

Die **örtliche Zuständigkeit** ergibt sich für Verfahren nach §§ 1382, 1383 BGB aus §§ 262, 263. Dieselben Regelungen sind auch für Verfahren über die Ausgleichsforderung maßgeblich, was besonders im Hinblick auf § 1382 Abs. 5 BGB, auch iVm. § 1383 Abs. 3 BGB, sachgerecht ist. Ggf. ist das Verfahren über den Stundungs- bzw. Übertragungsantrag an das Gericht des nachträglich eingeleiteten Verfahrens über die Ausgleichsforderung abzugeben.[3] 14

Die Anforderungen an den verfahrenseinleitenden **Antrag** ergeben sich zunächst aus § 23 (Sollvorschrift). In den Fällen des § 1382 BGB ist ein bestimmter Sachantrag nicht erforderlich, aber möglich; der Antrag kann auf einen Teil der Ausgleichsforderung beschränkt werden. Im Verfahren nach § 1383 BGB muss der Gläubiger hingegen die Gegenstände, deren Übertragung er begehrt, in dem Antrag bezeichnen (§ 1383 Abs. 2 BGB). Stets kann der Antrag nach § 22 Abs. 1 bis zur Rechtskraft der Endentscheidung zurückgenommen werden. Anträge nach § 1382 und § 1383 BGB sind nebeneinander möglich, die diesbezüglichen Verfahren können verbunden werden. Ist der Streit über die Ausgleichsforderung als Folgesache in der Beschwerdeinstanz anhängig, können Anträge nach §§ 1382, 1383 BGB dort noch erstmals gestellt werden.[4] 15

Für Verfahren nach §§ 1382, 1383 BGB besteht nach § 114 Abs. 1 vor dem Familiengericht und dem Oberlandesgericht grundsätzlich **kein Anwaltszwang**. Ist das Verfahren nach §§ 1382, 1383 BGB jedoch **Folgesache**, müssen sich die Ehegatten mit Ausnahme der in § 114 Abs. 4 genannten Fälle **durch einen Rechtsanwalt vertreten lassen**. 16

---

1 *Bassenge*/Roth, § 53a FGG Rz. 2.
2 Staudinger/*Thiele*, Bearbeitung 2007, § 1383 BGB Rz. 18.
3 Jansen/*Wick*, § 53a FGG Rz. 3 „so folgt die örtliche Zuständigkeit selbstverständlich derjenigen für den Rechtsstreit".
4 Zöller/*Philippi*, § 623 ZPO Rz. 29d.

17 In Verfahren nach §§ 1382, 1383 BGB ist das Gericht zur **Amtsermittlung** und sind die Beteiligten **zur Mitwirkung verpflichtet** (§§ 26, 27). Wer als **Beteiligter** hinzuzuziehen ist, ergibt sich aus § 7.

2. Entscheidung

18 In den Fällen des § 1382 BGB entscheidet das Gericht über die **Stundung** der Forderung, wobei es die Stundung insgesamt ablehnen, nur einen Teilbetrag stunden, bestimmte Zahlungstermine festsetzen und eine Verfallklausel aufnehmen kann. Das Gericht entscheidet zudem nach billigem Ermessen über Höhe und Fälligkeit der Zinsen (§ 1382 Abs. 2 BGB) sowie auf Antrag über eine Sicherheitsleistung (§ 1382 Abs. 3 BGB).

19 Nach § 264 Abs. 2 kann das Gericht im Fall des § 1382 BGB auf Antrag des Gläubigers der unbestrittenen Ausgleichsforderung in die Entscheidung auch den **Ausspruch über die Verpflichtung zur Zahlung** aufnehmen, und ihm damit einen Vollstreckungstitel verschaffen. Ob dabei die Stundung bewilligt oder abgelehnt wird, ist gleichgültig, solange die Entscheidung nicht in einer Abweisung des Antrags als unzulässig besteht.[1]

20 In den Fällen des § 1383 BGB spricht das Gericht, sofern es den Antrag nicht ablehnt, die Verpflichtung des Schuldners aus, bestimmte **Gegenstände** (Sachen, Rechte) auf den Gläubiger zu übertragen. Es ist dabei an die vom Antragsteller bezeichneten Gegenstände gebunden und darf nicht die Übertragung anderer Sachen anordnen. Zugleich ist von Amts wegen der **Betrag** festzusetzen, der auf die Ausgleichsforderung anzurechnen ist, wobei keine Bindung an insoweit etwa gestellte Anträge besteht.[2] Eine § 264 Abs. 2 entsprechende Möglichkeit der Titulierung der unstreitigen (Teil-) Forderung besteht in den Fällen des § 1383 BGB nicht.

21 Mit der Endentscheidung in den Fällen der §§ 1382, 1383 BGB trifft das Gericht auch eine **Kostenentscheidung**, in isolierten Verfahren nach §§ 80 ff. Der Beschluss ist zu **begründen** und mit einer **Rechtsbehelfsbelehrung** zu versehen, §§ 38, 39. Die **Bekanntgabe** des Beschlusses richtet sich in isolierten Verfahren nach § 41.

22 Die Entscheidung in den Fällen der §§ 1382, 1383 BGB, gemeint ist die Endentscheidung,[3] wird nach § 264 Abs. 1 Satz 1, abweichend von § 40 Abs. 1, erst **mit Rechtskraft wirksam**. Eine Anordnung der sofortigen Wirksamkeit ist nicht vorgesehen. Handelt es sich um eine Folgesache, ist bezüglich des Zeitpunkts der Wirksamkeit zudem § 148 zu beachten.

3. Rechtsmittel

23 Gegen Endentscheidungen in Verfahren nach §§ 1382, 1383 BGB, auch in den Fällen des § 137 und des § 265, und unabhängig davon, ob der Richter oder der Rechtspfleger entschieden hat, ist die **Beschwerde nach § 58 ff.** gegeben, sowie die Rechtsbeschwerde nach §§ 70 ff. Das weitere Rechtsmittel zum BGH ist also, anders als bisher,[4] auch in Verfahren nach §§ 1382, 1383 BGB eröffnet; der Gesetzgeber folgt nicht länger der

1 Jansen/*Wick*, § 53a FGG Rz. 24 mwN.
2 Jansen/*Wick*, § 53a FGG Rz. 28.
3 Keidel/*Weber*, § 53a FGG Rz. 16.
4 Vgl. § 629a Abs. 1 ZPO sowie § 621e Abs. 2 Satz 1 ZPO, auch iVm. § 629a Abs. 2 ZPO.

Überlegung, dass Rechtsmittel in als weniger bedeutsam angesehenen Materien vom BGH fern gehalten werden sollten.[1] Eine **Abhilfe** durch das Gericht, das den angefochtenen Beschluss erlassen hat, ist nach § 68 Abs. 1 Satz 2 **ausgeschlossen**.

4. Abänderung, Wiederaufnahme

Eine **Abänderung** gem. § 48 Abs. 1 ist in den Fällen der §§ 1382, 1383 BGB nach § 264 Abs. 1 Satz 2 ausgeschlossen. Dem umfassenden Wortlaut der Norm zufolge müsste darüber hinaus jede Abänderung ausgeschlossen sein. Aus der Begründung des RegE[2] wird aber deutlich, dass eine Abänderung nach § 1382 Abs. 6 BGB[3] möglich sein soll. Eine entsprechende Abänderungsregelung besteht in den Fällen des § 1383 BGB nicht. 24

§ 264 Abs. 1 Satz 2 enthält weiter einen **Ausschluss der Wiederaufnahme** des Verfahrens. In der Begründung des RegE ist ausgeführt, die Norm stehe in Übereinstimmung mit der bisherigen Rechtslage.[4] Ob dies zutrifft, ist fraglich.[5] Der Ausschluss war bereits in den beiden Referentenentwürfen enthalten (vgl. Rz. 2). Er war damals erforderlich, da unter der Überschrift „Wiederaufnahme" zunächst eine Bestimmung vorgesehen war, nach der der Bestand einer Entscheidung unter erleichterten Voraussetzungen in Frage gestellt werden konnte.[6] Mit dem Wegfall dieser Vorschrift und der – sachgerechten – Rückkehr zu den Wiederaufnahmeregeln der ZPO im RegE ist die Notwendigkeit eines Ausschlusses der „Wiederaufnahme" entfallen, eine Anpassung des § 264 Abs. 1 Satz 2, etwa durch Streichung der Worte „oder Wiederaufnahme", unterblieb. Angesichts dessen erscheint es vertretbar, in den Fällen der §§ 1382, 1383 BGB trotz des scheinbar eindeutigen Wortlauts die Wiederaufnahme nach § 48 Abs. 2 zuzulassen. 25

5. Einstweiliger Rechtschutz

Für das Verfahren der einstweiligen Anordnung gelten auch in den Fällen der §§ 1382, 1383 BGB die **allgemeinen Vorschriften** der §§ 49 ff. Insbesondere ist ein solches Verfahren unabhängig von der Anhängigkeit einer Hauptsache möglich. Möglich ist in den Fällen des § 1382 BGB etwa ein vorläufiger Zahlungsaufschub, ggf. iVm. einer Regelung über Verzinsung und Sicherheitsleistung. In den Fällen des § 1383 BGB kommt etwa ein Verfügungsverbot hinsichtlich des Gegenstandes, dessen Übertragung der Gläubiger begehrt, oder die Anordnung der Hinterlegung in Betracht. In beiden genannten Fällen kann die Zwangsvollstreckung aus einem Zahlungstitel des Gläubigers der Ausgleichsforderung vorläufig eingestellt werden.[7] 26

---

1 Zöller/*Philippi*, § 621a ZPO Rz. 51.

2 BT-Drucks. 16/6308, S. 262.

3 Eingehend zu diesem Verfahren Jansen/*Wick*, § 53a FGG Rz. 37 ff. sowie Keidel/*Weber*, § 53a FGG Rz. 18 f.

4 BT-Drucks. 16/6308, S. 262.

5 Keidel/*Weber*, § 53a FGG Rz. 20.

6 Vgl. § 51 RefE (2005) und § 51 RefE (2006); uU hätte danach bereits die Beibringung eines „neuen", iSd. Antragstellers aussagenden Zeugen für eine Wiederaufnahme ausreichen können.

7 Zum möglichen Inhalt einer einstweiligen Anordnung vgl. Jansen/*Wick*, § 53a FGG Rz. 16 sowie Keidel/*Weber*, § 53a FGG Rz. 10.

§ 265
Einheitliche Entscheidung

Wird in einem Verfahren über eine güterrechtliche Ausgleichsforderung ein Antrag nach § 1382 Abs. 5 oder § 1383 Abs. 3 des Bürgerlichen Gesetzbuchs gestellt, ergeht die Entscheidung durch einheitlichen Beschluss.

A. Allgemeines

1 § 265 entspricht inhaltlich **§ 621a Abs. 2 Satz 1 ZPO aF**, die Veränderungen beschränken sich auf eine Anpassung an die Begrifflichkeit und Entscheidungsformen des FamFG. Eine § 621a Abs. 2 Satz 2 iVm. § 629a Abs. 2 ZPO aF entsprechende Bestimmung zur Statthaftigkeit der befristeten Beschwerde bei isolierter Anfechtung des in der einheitlichen Entscheidung enthaltenen Ausspruchs nach §§ 1382, 1383 BGB konnte mit der Vereinheitlichung des Rechtsmittelrechts in Familiensachen entfallen.

2 Der Normtext des § 265 ist seit dem RefE (2005) im **Gesetzgebungsverfahren** des FGG-RG unverändert geblieben. Wegen des inhaltlichen Zusammenhangs wäre eine Zusammenfassung von § 264 und § 265 zu einem Paragrafen denkbar gewesen.

3 Das Verfahren („Rechtstreit"[1]) über die güterrechtliche Ausgleichsforderung (§ 1382 Abs. 5 auch iVm. § 1383 Abs. 3 BGB) ist nach § 112 Nr. 2 stets Familienstreitsache. Die in § 265 enthaltene Anordnung einer einheitlichen Entscheidung macht Verfahren nach § 1382 oder § 1383 BGB nicht zu Familienstreitsachen, sie bleiben verfahrensrechtlich eigenständige Familiensachen der freiwilligen Gerichtsbarkeit.[2]

B. Inhalt der Vorschrift

4 Zwar ergeht die Endentscheidung sowohl in Familienstreitsachen als auch in Familiensachen der freiwilligen Gerichtsbarkeit durch **einheitlichen Beschluss**, wobei die Vorschriften über die Begründung (§ 38 Abs. 2 bis 6) und die Rechtsbehelfsbelehrung (§ 39) auch in beiden Kategorien von Verfahren anzuwenden sind. Jedoch können bezüglich des Beschlusses zu weiteren Fragen **unterschiedliche Regelungen** bestehen. So sind etwa die §§ 40 und 41 in Familienstreitsachen nicht anzuwenden (§ 113 Abs. 1 Satz 1), an ihre Stelle treten die entsprechend anzuwendenden Vorschriften der ZPO, etwa über das Erfordernis der **Verkündung** usw. In Familienstreitsachen kann das Gericht nach § 116 Abs. 3 die **sofortige Wirksamkeit** des Beschlusses anordnen, für die Verfahren der freiwilligen Gerichtsbarkeit nach §§ 1382, 1383 BGB sieht § 264 Abs. 1 Satz 1 diese Möglichkeit hingegen nicht vor. Soweit für den einheitlichen Beschluss nach § 265 unterschiedliche Vorschriften gelten, die sich nicht auf einen Teil des Beschlusses beschränken lassen, wird insgesamt diejenige Regelung anzuwenden sein, die die **weiter gehenden formalen Anforderungen** enthält.

5 Der Beschluss nach § 265 enthält eine einheitliche, die Kosten beider Verfahren umfassende **Kostenentscheidung**.[3]

1 Die Ersetzung des Begriffs „Rechtsstreit" durch „Verfahren" in § 1382 Abs. 5 BGB wäre ebenfalls denkbar gewesen.
2 Vgl. Staudinger/*Thiele*, Bearbeitung 2007, § 1382 BGB Rz. 37; MüKo.ZPO/*Bernreuther*, § 621a ZPO Rz. 19.
3 Vgl. Jansen/*Wick*, § 53a FGG Rz. 32.

Gegen den einheitlichen Beschluss nach § 265 ist ebenfalls die **Beschwerde** nach §§ 58 ff. statthaft, sowie die Rechtsbeschwerde unter den Voraussetzungen der §§ 70 ff. Dies gilt jeweils unabhängig davon, ob der Beschluss insgesamt oder nur der Ausspruch nach §§ 1382, 1383 BGB angefochten werden soll. 6

Im Übrigen wird zum Verfahren in Güterrechtssachen, insbesondere in Angelegenheiten nach §§ 1382, 1383 BGB, auf die Erläuterungen zu §§ 261 bis 264 verwiesen. 7

Fraglich ist, ob neues Recht (§ 265) oder altes Recht (§ 621a Abs. 2 ZPO aF) anzuwenden ist, wenn eines der beiden in der einheitlichen Entscheidung zusammengeführten Verfahren vor dem 1.9.2009 und das andere danach eingeleitet wurde (vgl. die **Übergangsvorschrift** des Art. 111 Abs. 1 FGG-RG). Das Vorbild des § 621a Abs. 2 ZPO aF („Urteil") und die auf das „Hauptverfahren" ausgerichtete Funktion der Verfahren nach § 1382 Abs. 5, § 1383 Abs. 3 BGB sprechen dafür, jedenfalls auf die einheitliche Entscheidung und ein nachfolgendes Rechtsmittelverfahren unabhängig vom Zeitpunkt der Einleitung, stets das für das Verfahren über die Ausgleichsforderung geltende (alte oder neue) Recht anzuwenden. 8

Abschnitt 11
Verfahren in sonstigen Familiensachen

§ 266
Sonstige Familiensachen

(1) Sonstige Familiensachen sind Verfahren, die

1. Ansprüche zwischen miteinander verlobten oder ehemals verlobten Personen im Zusammenhang mit der Beendigung des Verlöbnisses sowie in den Fällen der §§ 1298 und 1299 des Bürgerlichen Gesetzbuchs zwischen einer solchen und einer dritten Person,

2. aus der Ehe herrührende Ansprüche,

3. Ansprüche zwischen miteinander verheirateten oder ehemals miteinander verheirateten Personen oder zwischen einer solchen und einem Elternteil im Zusammenhang mit Trennung oder Scheidung oder Aufhebung der Ehe,

4. aus dem Eltern-Kind-Verhältnis herrührende Ansprüche oder

5. aus dem Umgangsrecht herrührende Ansprüche

betreffen, sofern nicht die Zuständigkeit der Arbeitsgerichte gegeben ist oder das Verfahren eines der in § 348 Abs. 1 Satz 2 Nr. 2 Buchstabe a bis k der Zivilprozessordnung genannten Sachgebiete, das Wohnungseigentumsrecht oder das Erbrecht betrifft und sofern es sich nicht bereits nach anderen Vorschriften um eine Familiensache handelt.

(2) Sonstige Familiensachen sind auch Verfahren über einen Antrag nach § 1357 Abs. 2 Satz 1 des Bürgerlichen Gesetzbuchs.

A. Allgemeines

I. Entstehung

1 § 266 enthält die Definition einer **neuen Gruppe von Familiensachen** und führt so zu einer Erweiterung der Zuständigkeit des Familiengerichts. Die Bestimmung ist ein wesentliches Element des nunmehr verwirklichten **großen Familiengerichts**.[1]

2 Die Struktur der Vorschrift und die Fassung der Ausschlussgründe sind seit dem RefE (2005) unverändert geblieben. Im Gesetzgebungsverfahren hat der Normtext im ersten Teil der Vorschrift nur **geringfügige Veränderungen** erfahren.

II. Systematik

1. Überblick[2]

3 Sonstige Familiensachen nach § 266 Abs. 1 sind Familienstreitsachen (§ 112 Nr. 3), das in § 266 Abs. 2 genannte Verfahren ist Familiensache der freiwilligen Gerichtsbarkeit

1 Die Einführung des großen Familiengerichts entsprach einer weit verbreiteten Forderung, vgl. hierzu die Begr. des RegE, BT-Drucks. 16/6308, S. 168 f.; *Meyer-Seitz/Kröger/Heiter*, FamRZ 2005, 1430 (1432 f.); *Hahne*, FamRZ 2002, 921; *Kahl*, FGPrax 2004, 160 (162); *Wever*, FamRZ 2001, 268 und FF 2008, 399. Kritisch äußerte sich der Deutsche Verein für öffentliche und private Fürsorge e.V. in seiner Stellungnahme v. 7.12.2005; er sieht die Gefahr, dass die Familiengerichte überfrachtet werden. Vgl. auch die krit. Ausf. von *Linke* und *Lüke*, ZZP 117 (2004), 445, 446.

2 Vgl. zu zahlreichen Einzelfragen *Burger*, FamRZ 2009, 1017 ff.

(zu diesem Begriff vgl. die Erl. zu § 261 Rz. 3 Fn. 2). Dieselbe Grundstruktur findet sich auch in den Definitionsnormen §§ 231 und 261. Die Gruppe der sonstigen Familiensachen nach **§ 266 Abs. 1 hat Auffangfunktion**; gegenüber den übrigen Familiensachen ist sie subsidiär. Abs. 2 hat keine Auffangfunktion. Die spezielleren Vorschriften über sonstige Lebenspartnerschaftssachen nach § 269 Abs. 2 und 3 gehen § 266 vor.

Alle sonstigen Familiensachen nach § 266 Abs. 1 und 2 fallen in die Zuständigkeit des **Richters**, eine Zuständigkeit des Rechtspflegers ist nicht vorgesehen, auch nicht in den Fällen des Abs. 2.[1] 4

2. Sonstige Familiensachen und Verbund

Verfahren nach § 266 Abs. 1 und 2 sind in § 137 nicht erwähnt und können daher von vornherein **nicht Folgesache** sein, also nicht in den Verbund mit einer Scheidungssache einbezogen werden.[2] 5

Die von § 266 umfassten Ansprüche werden zwar, anders als die in § 137 Abs. 2 genannten Ausgleichsmechanismen, häufig nicht tatbestandlich an die Scheidung der Ehe anknüpfen, jedoch sind auch im Anwendungsbereich des § 266 Abs. 1 Nr. 3 „für den Fall der Scheidung" bestehende Ansprüche, etwa auf vertraglicher Grundlage, denkbar. Allgemein-vermögensrechtliche Ansprüche können für einen Ehegatten mit den in § 137 Abs. 2 Nr. 1 bis 4 genannten Ansprüchen mindestens gleich bedeutend sein, etwa wenn letztere vertraglich ausgeschlossen sind. Dem hätte durch die Schaffung einer auf die Fälle des § 266 Abs. 1 Nr. 3 bei Ansprüchen nur zwischen den Ehegatten im Fall der Scheidung begrenzten, **flexiblen Einbeziehungsregelung** nach dem Vorbild des § 137 Abs. 3, die neben dem rechtzeitigen Antrag eines Ehegatten auch eine gerichtliche Überprüfung der Einbeziehungsfrage vorsieht, Rechnung getragen werden können. Dies wäre auch kein Verstoß gegen die Systematik des § 137, da auch Folgesachen nach § 137 Abs. 3 nicht voraussetzen, dass eine Entscheidung gerade für den Fall der Scheidung zu treffen ist. 6

3. Regelungstechnik

Der Gesetzgeber hat in § 266 Abs. 1 auf eine Aneinanderreihung einzelner Verfahrensgegenstände verzichtet; eine solche wäre zu umfangreich ausgefallen und die Gefahr, wesentliche Fallgestaltungen zu übersehen und damit erneut „zu kurz zu springen", wäre zu groß gewesen. Die Norm enthält auch keine Definition in Form einer Generalklausel. Damit folgt der Gesetzgeber der Erkenntnis, dass sich der Begriff der Familiensachen durch eine solche nicht sachgerecht bestimmen lässt. Insbesondere stellen weder die familienrechtliche Natur des streitigen Rechtsverhältnisses noch der Kreis der durch dieses Rechtsverhältnis betroffenen Personen oder die Einordnung als vermögensrechtlicher Anspruch für sich genommen ein ausreichendes Abgrenzungskriterium dar;[3] auch der unscharfe Begriff des Nebengüterrechts hilft nicht weiter. Daher wurde in Abs. 1 stattdessen eine **kombinierte** Regelungstechnik gewählt: 7

1 Vgl. §§ 3, 25 RPflG idF des Art. 23 FGG-RG.

2 Der RegE nennt als Grund für die Nichtaufnahme der sonstigen Familiensachen in den Kreis der möglichen Folgesachen eine „denkbare Überfrachtung des Verbundverfahrens", BT-Drucks. 16/6308, S. 230.

3 Vgl. aber noch BGH v. 20.12.1978 – IV ARZ 106/78, FamRZ 1979, 218 (219).

8 Abs. 1 enthält in seinem ersten Teil **fünf abstrakt beschriebene Gruppen**, wobei die Definition entweder an die spezifisch familienrechtliche Natur des streitigen Rechtsverhältnisses (Nr. 2, 4 und 5) oder an den Zusammenhang mit der Beendigung eines familienrechtlich geregelten Rechtsverhältnisses anknüpft (Nr. 1 und 3). Nur in den letztgenannten Fällen erfolgt eine Einschränkung nach den auf der Aktiv- oder Passivseite des Rechtsverhältnisses (nicht: des Verfahrens) stehenden Personen.

9 In seinem zweiten Teil enthält Abs. 1 **Ausschlussgründe** in Form eines Katalogs spezieller Sachgebiete. Gehört das Verfahren zu einem dieser Bereiche, ist es keine sonstige Familiensache nach Abs. 1. Die Handhabung der umfangreichen Regelung könnte erleichtert werden, wenn Abs. 1 in zwei Sätze aufgeteilt würde.

III. Normzweck

10 § 266 bestimmt den Begriff der **sonstigen Familiensache**. Die Norm dient damit der Abgrenzung

- der sonstigen Familiensachen von den Nichtfamiliensachen,
- der sonstigen Familiensachen von anderen Familiensachen (vgl. § 111) und
- der sonstigen Familiensachen, die Familienstreitsachen sind (vgl. § 112 Nr. 3), von den sonstigen Familiensachen, die Familiensachen der freiwilligen Gerichtsbarkeit sind.

Die Einordnung eines Verfahrens in diese Kategorien ist von Bedeutung für die Bestimmung des Rechtswegs (§ 13 GVG), für die sachliche Zuständigkeit des Gerichts (§ 23a Abs. 1 Nr. 1 GVG), für die Anwendbarkeit des FamFG (§ 1), zahlreicher einzelner Verfahrensvorschriften aus dem FamFG oder aus anderen Gesetzen und für die Anwendung des neuen Kostenrechts (§ 1 FamGKG).

11 Mit den Kriterien des § 266 Abs. 1 hat sich der Gesetzgeber bewusst an den Regelungen im **materiellen Familienrecht** orientiert: Einbezogen sind nur Ansprüche, die ihren Grund unmittelbar in einem familienrechtlich geregelten Rechtsverhältnis haben, und Ansprüche, die mit der Beendigung eines familienrechtlich geregelten Rechtsverhältnisses in Zusammenhang stehen.[1]

12 Diese Grundentscheidung ist auch bei der Auslegung der Vorschrift und bei der Behandlung von Zweifelsfällen zu berücksichtigen; eine **analoge Anwendung des § 266 Abs. 1 auf andere Gemeinschaften ist daher nicht möglich**. Dies gilt auch, wenn zwischen den Beteiligten eine „sozial-familiäre Beziehung" oder ein „personaler Grundkonflikt" besteht oder bestand; beides ist nach Wortlaut und Zweck des Gesetzes für das Vorliegen oder Nichtvorliegen einer sonstigen Familiensache ohne Bedeutung. Ansprüche zwischen Personen, die in einer **nichtehelichen Lebensgemeinschaft** zusammenleben oder -gelebt haben, ohne dass eine familienrechtliche Sonderbeziehung vorliegt, erfüllen die Voraussetzungen des § 266 nicht.

1 Vgl. die Begr. des RegE, BT-Drucks. 16/6308, S. 262 („Regelungsgegenstände des Familienrechts").

B. Inhalt der Vorschrift

I. Sonstige Familiensachen nach Absatz 1

1. Allgemeine Fragen

a) In Betracht kommende Verfahren; Prüfungsreihenfolge

Welche Verfahren als sonstige Familiensachen nach § 266 Abs. 1 grundsätzlich in Betracht kommen, ist dem Gesamtzusammenhang der gerichtsverfassungsrechtlichen und verfahrensrechtlichen Regelungen zu entnehmen. Zunächst muss das Verfahren „Zivilsache" iSd. § 13 GVG sein, es darf also **kein anderer Rechtsweg** als der zu den ordentlichen Gerichten – und damit zu den Familiengerichten – gegeben sein. Somit scheiden bereits an dieser Stelle Verfahren aus, für die der Rechtsweg zu den Verfassungs-, Verwaltungs-, Sozial-, Finanz- oder Arbeitsgerichten gegeben ist. 13

Weiter darf es sich **nicht um ein Verfahren der freiwilligen Gerichtsbarkeit iSd. § 23a Abs. 2 GVG** handeln. Diese Verfahren bilden, wie sich aus §§ 13 und 23a Abs. 1 GVG ergibt, nunmehr eine eigenständige Gruppe und können von vornherein keine Familiensachen sein. 14

Aus der Systematik des § 266 iVm. § 112 Nr. 3 ergibt sich, dass für Abs. 1 von vornherein **alle Familiensachen der freiwilligen Gerichtsbarkeit** (zu diesem Begriff vgl. die Erl. zu § 261 Rz. 3 Fn. 2) **ausscheiden**. Dieser Aspekt überschneidet sich mit einem weiteren Ausschlusskriterium, das aus der Subsidiaritätsregelung des § 266 Abs. 1 folgt: Das zu prüfende Verfahren darf **nicht bereits nach anderen Vorschriften Familiensache** (gleich welcher Art) sein.[1] Sind alle diese Bedingungen erfüllt, kann § 266 Abs. 1 zur Anwendung kommen. Sind die Voraussetzungen dieser Vorschrift dann auch erfüllt, ist das Verfahren eine **sonstige Familiensache nach § 266 Abs. 1**. 15

b) Bestimmung der sonstigen Familiensachen

Auch im Bereich der neu geschaffenen Gruppe der sonstigen Familiensachen kann auf die **allgemeinen Grundsätze über die Bestimmung von Familiensachen** zurückgegriffen werden, die sich auf der Grundlage des bisherigen Rechts herausgebildet haben.[2] Dies gilt etwa für die Kriterien, nach denen eine Familiensache kraft Sachzusammenhangs vorliegt. Am ehesten vergleichbar sind dabei die **Güterrechtssachen** (nach § 261 Abs. 1). Dass sich durch die weite Fassung der Voraussetzungen des § 266 Abs. 1 Nr. 1 und 3 („im Zusammenhang mit") einige bei anderen Familiensachen auftretende Abgrenzungsprobleme nicht in derselben Weise stellen, ändert daran nichts. Auf die Erläuterungen zu § 111 und zu § 261 wird verwiesen. Folgenden allgemeinen Gesichtspunkten kommt besondere Bedeutung zu: 16

Ob es sich bei einem Verfahren um eine sonstige Familiensache nach § 266 Abs. 1 handelt, bestimmt sich allein nach der **Begründung des geltend gemachten Anspruchs**, genauer: nach dem diesbezüglichen Tatsachenvortrag des Antragstellers. Auf das Verteidigungsvorbringen der Antragsgegnerseite kommt es nicht an. 17

Kann derselbe Anspruch im prozessualen Sinne auf **mehrere Anspruchsgrundlagen** gestützt werden, von denen nur eine unter § 266 Abs. 1 fällt, oder liegt sonst ein Zwei- 18

---

1 Also § 111 Nr. 1 bis 9 oder 11, § 266 Abs. 2.

2 § 266 Abs. 1 verwendet, wie bislang § 621 Abs. 1 ZPO und wie andere Definitionsnormen des FamFG, das eine weite Auslegung ermöglichende Wort „betreffen".

felsfall bei der Zuordnung vor, wird wie folgt zu unterscheiden sein: Kommt neben der Einordnung als sonstige Familiensache das Vorliegen einer **anderen Familiensache** nach § 111 in Betracht, geht diese Zuordnung vor, da § 266 Abs. 1 subsidiär ist. Kommt neben einer sonstigen Familiensache auch die Annahme einer Nichtfamiliensache in Betracht, wird das Verfahren **im Zweifel als sonstige Familiensache** anzusehen sein.[1]

19 Eine Familiensache und eine Nichtfamiliensache können **nicht miteinander verbunden oder im Wege der Klagenhäufung** im selben Verfahren geführt werden. Dies gilt auch im Bereich der sonstigen Familiensachen. In einer Familiensache ist daher auch ein **Widerklageantrag** über einen nicht-familienrechtlichen Anspruch unzulässig. Die Nichtfamiliensache ist abzutrennen und an das zuständige Gericht bzw. die zuständige Abteilung zu verweisen; ein erstmals im Rechtsmittelverfahren erhobener nicht-familienrechtlicher Widerklageantrag ist als unzulässig abzuweisen.

20 Werden eine Familiensache nach § 266 Abs. 1 und eine Nichtfamiliensache im Wege von **Haupt- und Hilfsantrag** geltend gemacht, so ist zunächst das Gericht zuständig, das zur Entscheidung über den Hauptantrag berufen ist. Eine Verweisung oder Abgabe wegen des Hilfsanspruchs kann erst erfolgen, wenn der Hauptantrag rechtskräftig abgewiesen ist.

21 Die in einem familiengerichtlichen Verfahren, etwa in einer sonstigen Familiensache, erklärte **Aufrechnung** mit einer nicht-familienrechtlichen Gegenforderung ist zulässig und ändert, da es sich um ein Verteidigungsmittel der Antragsgegnerseite handelt, nichts an der Einordnung als Familiensache. Das Familiengericht kann über die zur Aufrechnung gestellte nicht-familienrechtliche Gegenforderung selbst entscheiden oder nach § 148 ZPO vorgehen.

22 Bei **Vollstreckungsabwehranträgen** nach § 767 ZPO wird auf den angegriffenen Titel, bei **Drittwiderspruchsanträgen** nach § 771 ZPO auf das „die Veräußerung hindernde Recht" abzustellen sein.

23 Die dem **Vollstreckungsgericht** zugewiesenen Verfahren sind keine Familiensachen,[2] auch keine sonstigen Familiensachen nach § 266 Abs. 1. Dies gilt für die Zuständigkeiten des Vollstreckungsgerichts nach den Vorschriften der ZPO und nach dem ZVG,[3] also etwa auch für das Verfahren der Teilungsversteigerung.

24 Für die Einordnung ist die **Rechtschutzform nicht entscheidend**. Als sonstige Familiensachen nach § 266 Abs. 1 kommen neben Hauptsacheverfahren auch Verfahren des einstweiligen Rechtschutzes in Betracht.

c) Zuständigkeitsfragen

25 Den mit der Zuständigkeit verschiedener Gerichte oder Abteilungen zusammenhängenden Problemen kommt im Bereich der sonstigen Familiensachen nach § 266 Abs. 1 besondere Bedeutung zu, zumal die Abgrenzung zu den allgemeinen Zivilsachen oft nicht einfach zu bewerkstelligen ist. Im Hinblick auf den Normzweck empfiehlt es sich, ein Gesuch usw. **im Zweifel an das Familiengericht** zu richten. Die Handhabung innerhalb der Gerichte sollte aus demselben Grund dahin gehen, dass ein eingehendes

1 Vgl. für Güterrechtssachen BGH v. 10.11.1982 – IVb ARZ 44/82, FamRZ 1983, 155.
2 BGH v. 31.1.1979 – IV AZR 111/78, FamRZ 1979, 421.
3 Vgl. Zöller/*Stöber*, § 869 ZPO Rz. 1.

Gesuch in dazu Anlass gebenden Zweifelsfällen zunächst dem Familiengericht vorgelegt wird.

Dass die **sachliche Zuständigkeit der Amtsgerichte** für Familiensachen (§ 23a Abs. 1 Nr. 1 GVG) eine **ausschließliche Zuständigkeit** ist, wird im FamFG und im neu gefassten GVG nicht mehr ausdrücklich bestimmt.[1] Nach den §§ 38 bis 40 ZPO, die auch auf die sachliche Zuständigkeit anwendbar sind, ist letztere grundsätzlich der **Prorogation** zugänglich.[2] Die Beteiligten könnten danach unter den dort genannten Voraussetzungen trotz sachlicher Zuständigkeit des Amtsgerichts eine Familiensache, etwa eine solche nach § 266 Abs. 1, vor dem Landgericht führen. Dass dies vom Gesetzgeber beabsichtigt war, ist nicht anzunehmen. Der Zweck des großen Familiengerichts, Familienverfahren, auch solche der in § 266 Abs. 1 genannten Art, beim Familiengericht zu konzentrieren, erfordert weiterhin eine ausschließliche sachliche Zuständigkeit. Dieses Ergebnis könnte zunächst etwa durch eine entsprechende (vgl. § 113 Abs. 1) oder analoge Anwendung der die Prorogation ausschließenden Vorschriften des § 40 Abs. 2 ZPO erreicht werden. 26

Die Frage, ob **innerhalb des Amtsgerichts** das Familiengericht oder eine andere Abteilung zuständig ist, ist eine der (gesetzlich geregelten) Geschäftsverteilung bzw. der funktionalen Zuständigkeit. Insoweit kann eine der gesetzlichen Regelung widersprechende Zuständigkeit des Familiengerichts oder der Zivilabteilung von vornherein weder durch Vereinbarung der Parteien noch durch rügelose Einlassung begründet werden.[3] 27

Ein beim Familiengericht anhängiges Verfahren, für das die allgemeine Zivilabteilung zuständig ist, oder ein dort anhängiges Verfahren, das vor das Familiengericht gehört, ist innerhalb desselben Gerichts nach § 17a Abs. 6 GVG iVm. § 17a Abs. 2 und 4 GVG nach Anhörung der Beteiligten von Amts wegen **durch Beschluss an die zuständige Abteilung zu verweisen**; für diese ist der Beschluss bindend. Die bisherige Praxis der formlosen Abgabe gehört insoweit der Vergangenheit an. Die Beteiligten können den Beschluss mit der sofortigen Beschwerde nach den Vorschriften der jeweils anzuwendenden Verfahrensordnung anfechten. Für die Familienabteilungen eines Amtsgerichts untereinander gilt die Neuregelung des § 17a Abs. 6 GVG nicht.[4] Insoweit bestimmt § 23b Abs. 2 Satz 2 GVG, dass im Fall der nachträglichen Rechtshängigkeit einer Ehesache Familiensachen, die denselben Personenkreis oder ein gemeinschaftliches Kind der Ehegatten betreffen, an die Abteilung abzugeben sind, bei der die Ehesache rechtshängig geworden ist. 28

d) Die von Absatz 1 umfassten Ansprüche

Der Begriff **Ansprüche** in § 266 Abs. 1 Nr. 1 bis 5 entspricht nicht dem Anspruchsbegriff des Bürgerlichen Gesetzbuchs (vgl. § 194 Abs. 1 BGB). Eine Beschränkung auf schuldrechtliche Rechtspositionen wäre mit dem Ziel, ein großes Familiengericht für Streitigkeiten aller Art[5] zu schaffen, nicht vereinbar. Der Begriff ist daher weit auszulegen, er muss **jedes Rechtsverhältnis und jede materiell-rechtliche Rechtsposition** umfassen, auch dingliche oder sonstige absolute Rechte sowie Gestaltungsrechte. 29

1 Nach dem aufgehobenen § 621 Abs. 1 ZPO aF war das Familiengericht für die dort aufgezählten Materien ausschließlich zuständig; diese Aussage betraf die sachliche Zuständigkeit, vgl. Zöller/*Philippi*, § 621 ZPO Rz. 68.

2 Zöller/*Vollkommer*, § 38 ZPO Rz. 3.

3 Zöller/*Vollkommer*, § 38 ZPO Rz. 3; Zöller/*Philippi*, § 621 ZPO Rz. 72.

4 Vgl. die Begr. des RegE, BT-Drucks. 16/6308, S. 318.

5 Im Rahmen der tatbestandlichen Voraussetzungen des § 266.

30 Darauf, ob der Anspruch vermögensrechtlicher Natur ist, kommt es nicht an.[1] Die Neuregelung umfasst bewusst nicht nur die Vermögensauseinandersetzung der Ehegatten außerhalb des Güterrechts, sondern es können gerade **auch nichtvermögensrechtliche Angelegenheiten** sonstige Familiensachen nach § 266 Abs. 1 sein. Die Begründung des RegE nennt diesbezüglich etwa Streitigkeiten zwischen Ehegatten wegen Beleidigungen oder wegen der Herausgabe höchstpersönlicher Gegenstände wie Fotografien oder Tagebücher.[2]

e) Die Ausschlussklausel des Absatz 1

31 Als erster der im zweiten Teil des § 266 Abs. 1 aufgeführten Ausschlussgründe ist bestimmt, dass für das Verfahren nicht die **Arbeitsgerichte** zuständig sein dürfen. Im Fall der Zuständigkeit der Arbeitsgerichte ist bereits der Rechtsweg zu den ordentlichen Gerichten nicht gegeben,[3] so dass von vornherein keine Familiensache vorliegen kann (vgl. Rz. 13). Mit der Formulierung wird also lediglich an die **vorrangige Prüfung des Rechtswegs** erinnert. Dies erschien wegen der praktischen Relevanz der Frage angezeigt.

32 Das Verfahren darf weiterhin nicht eines der in **§ 348 Abs. 1 Satz 2 Nr. 2 Buchst. a bis k ZPO genannten Sachgebiete, das Wohnungseigentumsrecht oder das Erbrecht** betreffen. Dies gilt auch dann, wenn im Einzelfall für die Bearbeitung des Falles spezielle Kenntnisse[4] in den genannten Rechtsbereichen nicht erforderlich sind. Bei der Prüfung, ob ein Verfahren einem dieser Rechtsgebiete zuzurechnen ist, ist ein **großzügiger Maßstab** anzulegen. Dies ergibt sich bereits aus der Verwendung des Begriffes „betrifft", der im FamFG, verglichen mit den Formulierungen „... zum Gegenstand hat" oder „Verfahren nach ...", die geringsten Anforderungen an den Zusammenhang mit der jeweils genannten Materie stellt. Es bietet sich an, die Grundsätze, nach denen sich bestimmt, ob eine Familiensache „kraft Sachzusammenhangs" vorliegt, spiegelbildlich auch auf die Frage der Zugehörigkeit zu einem der oben genannten speziellen zivilrechtlichen Rechtsgebiete anzuwenden.

33 Das Verhältnis zu anderen Familiensachen ist im Sinne eines Vorrangs derselben durch die **Subsidiaritätsklausel** am Ende des § 266 Abs. 1 geregelt. Der Vorrang besteht auch dann, wenn es sich um eine andere Familiensache kraft Sachzusammenhangs handelt. § 269 enthält Spezialregelungen für den Fall der Lebenspartnerschaft, die gegenüber § 266 Abs. 1 ohnehin vorrangig sind.

2. Sonstige Familiensachen im Einzelnen

a) Ansprüche im Zusammenhang mit der Beendigung des Verlöbnisses

aa) Voraussetzungen

34 **§ 266 Abs. 1 Nr. 1** nennt Verfahren, die Ansprüche im Zusammenhang mit der Beendigung des Verlöbnisses betreffen. Dazu, welche Verfahren hierbei grundsätzlich in Betracht kommen und zum Begriff der Ansprüche vgl. die Erl. zu Rz. 13 ff., 29 f.

1 Anders noch die in einer frühen Phase der Entwurfsarbeiten angestellten Überlegungen, vgl. die Rede der Bundesjustizministerin v. 17.9.2003 vor dem 15. Deutschen Familiengerichtstag („Familienvermögenssachen", „alle vermögensrechtlichen Rechtsstreitigkeiten, deren Ergebnis für den Unterhalts- oder Güterrechtsprozess von Bedeutung sein kann").

2 BT-Drucks. 16/6308, S. 262.

3 Vgl. §§ 2, 48 ArbGG sowie BGH v. 19.12.1996 – III ZB 105/96, NJW 1998, 909. Vgl. auch die Erl. zu Rz. 13.

4 Diesen Gesichtspunkt nennt die Begr. des RegE; BT-Drucks. 16/6308, S. 263.

Ein Verlöbnis kann auf verschiedene Weise beendet werden, etwa durch nachfolgende Eheschließung, Tod eines Verlobten, Rücktritt, Aufhebungsvertrag, Eintritt einer auflösenden Bedingung oder nachträgliche Unmöglichkeit. Nr. 1 umfasst, anders als Nr. 3, **alle Fälle der Beendigung**, auch wenn sie typischerweise nicht mit einem Konflikt zwischen den betroffenen Personen einhergehen. Zu dem in allen Fällen der Nr. 1 bestehenden Erfordernis des **Zusammenhangs** mit der Beendigung des Verlöbnisses wird auf die Erl. zu Rz. 47 verwiesen. 35

Nr. 1 enthält eine Einschränkung auf die miteinander verlobten oder ehemals miteinander[1] verlobten **Personen**; nur in den Fällen der §§ 1298, 1299 BGB reicht es aus, dass der Anspruch zwischen einem ehemals Verlobten und einer dort genannten dritten Person bestand. Das **materiell-rechtliche Rechtsverhältnis** muss zwischen den genannten Personen zum **Zeitpunkt seiner Entstehung**[2] bestanden haben. Darauf, wer an dem gerichtlichen Verfahren beteiligt ist, kommt es nicht an. Insbesondere ist es unschädlich, dass der einmal zwischen den genannten Personen entstandene Anspruch auf Aktiv- oder Passivseite auf Dritte übergegangen ist oder im Verfahren von Dritten geltend gemacht wird. 36

bb) Beispiele für Verfahren nach Nr. 1

Die Begründung des RegE nennt neben **Schadensersatzansprüchen** nach §§ 1298, 1299 BGB Ansprüche auf **Rückgewähr** von Geschenken oder sonstigen Zuwendungen. Denkbar sind auch Ansprüche mit dem Ziel der Auflösung bereits bestehender gemeinsamer Berechtigungen oder Verpflichtungen der (ehemals) Verlobten, Ansprüche auf Grund von unerlaubten Handlungen anlässlich der Beendigung des Verlöbnisses oder nichtvermögensrechtliche Ansprüche (vgl. Rz. 30). 37

Von Nr. 1 können auch Verfahren auf **Feststellung** des Bestehens oder Nichtbestehens eines Verlöbnisses erfasst sein, sofern ein inhaltlicher Zusammenhang mit der Beendigung des Verlöbnisses (etwa Streit um die Wirksamkeit des zur Beendigung führenden Rechtsakts) und ein zeitlicher Zusammenhang in dem Rz. 47 genannten Sinne bestehen. 38

Zur **Ausschlussklausel** des § 266 Abs. 1 vgl. die Erläuterungen zu Rz. 31 ff. Das Verfahren ist danach keine sonstige Familiensache, wenn eine Miterbengemeinschaft oder eine Handelsgesellschaft zwischen den Verlobten aufgelöst werden soll. 39

b) Ansprüche aus der Ehe

aa) Voraussetzungen

§ 266 Abs. 1 Nr. 2 umfasst lediglich **unmittelbar aus der Ehe** herrührende[3] Ansprüche. Dazu, welche Verfahren hierbei grundsätzlich in Betracht kommen, und zum Begriff der Ansprüche vgl. die Erl. zu Rz. 13 ff., 29 f. Insbesondere fallen Ehesachen nach § 121 und ehebezogene Familiensachen der freiwilligen Gerichtsbarkeit (vgl. § 266 Abs. 2) nicht unter Nr. 2. Unterhaltsrechtliche oder güterrechtliche Ansprüche beruhen, wie die meisten Scheidungsfolgen, auf besonderen Anspruchsgrundlagen und folgen nicht „unmittelbar" aus der Ehe, abgesehen davon, dass im Fall einer diesbezüglichen Familiensache der subsidiäre § 266 Abs. 1 ohnehin nicht zur Anwendung kommt. Ein- 40

1 Dieses Wort fehlt im Gesetzestext.
2 Vgl. die Begr. des RegE, BT-Drucks. 16/6308, S. 262.
3 Vgl. zu diesem Begriff *Burger*, FamRZ 2009, 1017 (1018).

schränkungen in persönlicher Hinsicht bestehen bei Nr. 2 nicht. Insbesondere ist es gleichgültig, gegen wen der geltend gemachte Anspruch gerichtet ist.[1]

bb) Beispiele für Verfahren nach Nr. 2

41 In Betracht kommen für Nr. 2 insbesondere aus **§ 1353 BGB** hergeleitete Ansprüche persönlicher oder vermögensrechtlicher Art sowie Schadenersatzansprüche im Fall der Verletzung von Ehepflichten, die nicht dem höchstpersönlichen Bereich zuzuordnen sind (zum Sorgfaltsmaßstab vgl. § 1359 BGB).

42 Zu nennen sind etwa der Anspruch auf Mitwirkung bei der gemeinsamen steuerlichen Veranlagung[2] und der Schadenersatzanspruch bei Verletzung dieser Pflicht. Sofern einer Teilungsversteigerung des im Miteigentum beider Ehegatten stehenden Familienheims unter Berufung auf § 1353 BGB[3] (nicht etwa § 1365 BGB, vgl. hierzu § 261 Rz. 22) widersprochen wird, kann ebenfalls ein Fall der Nr. 2 gegeben sein.

43 Weiter gehören hierzu Ansprüche, durch die der Schutz des **räumlich-gegenständlichen Bereichs der Ehe** gegenüber dem anderen Ehegatten oder gegenüber Dritten verwirklicht werden soll (§ 823 Abs. 1, § 1004 BGB; Ehestörungsklagen) sowie diesbezügliche Schadensersatzansprüche.[4]

44 Auch der auf § 1353 BGB gestützte Anspruch auf **Herstellung des ehelichen Lebens** sowie der als „negative Herstellungsklage" anzusehende Antrag auf Feststellung des Rechts zum Getrenntleben sind Verfahren nach Nr. 2.[5] Entsprechende Verfahren haben nur noch eine geringe Bedeutung. Diese hing auch mit dem Zugang zum Mittel der einstweiligen Anordnung zusammen (vgl. § 620 Nr. 5 ZPO aF), ein Aspekt, der mit der Einführung des hauptsacheunabhängigen einstweiligen Rechtschutzes durch das FamFG entfallen ist. Durch die Reform werden die Verfahren nicht abgeschafft,[6] sie sind aber keine Ehesachen mehr. Dies hat zur Folge, dass die diesbezüglichen verfahrensrechtlichen Besonderheiten nicht mehr maßgeblich sind, dies gilt insbesondere für den Grundsatz der Amtsermittlung.[7] Es gelten nunmehr die allgemeinen Verfahrensregeln für Familienstreitsachen (§§ 113 ff.), einschließlich des zivilprozessualen Beibringungsgrundsatzes. Zum Ausschluss der Vollstreckung vgl. § 120 Abs. 3.

45 In den vorgenannten Fällen werden die Voraussetzungen der **Ausschlussklausel** des Abs. 1 idR nicht erfüllt sein.

c) Ansprüche im Zusammenhang mit der Beendigung der Ehe

aa) In Betracht kommende Verfahren

46 **§ 266 Abs. 1 Nr. 3**, der in praktischer Hinsicht bedeutsamste Fall des § 266 Abs. 1, nennt Verfahren, die Ansprüche **im Zusammenhang** mit Trennung, Scheidung oder Aufhebung der Ehe betreffen. Dazu, welche Verfahren hierbei grundsätzlich in Betracht kommen und zum Begriff der Ansprüche vgl. Erl. zu Rz. 13 ff., 29 f. Fällt ein

1 Vgl. die Begr. des RegE, BT-Drucks. 16/6308, S. 262.
2 Palandt/*Brudermüller*, § 1353 Rz. 12 mwN.
3 Vgl. hierzu *Brudermüller*, FamRZ 1996, 1516.
4 Vgl. Palandt/*Brudermüller*, Einf. vor § 1353 BGB Rz. 5, 6; Palandt/*Sprau*, § 823 BGB Rz. 17.
5 Vgl. die Begr. des RegE, BT-Drucks. 16/6308, S. 226.
6 Die Kritik an den genannten Verfahren halten für unberechtigt *Bergerfurth/Rogner*, Der Ehescheidungsprozess, Rz. 501 ff.
7 Vgl. die Begr. des RegE, BT-Drucks. 16/6308, S. 226.

Anspruch bereits unter die spezielleren und damit vorrangigen Vorschriften des § 266 Abs. 1 Nr. 2, 4 oder 5, kommt es auf die Voraussetzungen der Nr. 3, insbesondere auf das Kriterium des Zusammenhangs nicht mehr an.

bb) Zusammenhang

Der Begriff des Zusammenhangs hat, wie sich aus der Begründung des RegE eindeutig ergibt, eine **inhaltliche und eine zeitliche Komponente**.[1] Beide müssen **kumulativ** erfüllt[2] sein, was schon daraus folgt, dass andernfalls, also wenn nur einer der beiden Aspekte genügen würde, auch die zeitliche Komponente allein ausreichend wäre, was zu einer wohl unstreitig zu weit gehenden Ausdehnung des Anwendungsbereichs der Vorschrift führen würde. Das zusätzliche Erfordernis eines zeitlichen Zusammenhangs hat seinen Grund auch in dem mit der Schaffung des großen Familiengerichts verfolgten **Zweck**, der § 266 Abs. 1 Nr. 3 prägt und begrenzt: Mehrere zusammenhängende Verfahren sollen bei einem Spruchkörper konzentriert, Kenntnisse des Gerichts aus anderen Verfahren sollen nutzbar gemacht und verfahrensübergreifende Gesamtlösungen sollen erleichtert werden. Diese Gesichtspunkte sind in aller Regel bei einem einzelnen Verfahren, das Jahre nach Abschluss der anlässlich der Beendigung der Ehe erfolgenden Auseinandersetzung der Ehegatten anhängig gemacht wird, nicht mehr einschlägig und können daher die von den allgemeinen Regeln abweichende Zuweisung an das Familiengericht nicht mehr rechtfertigen. Den zeitlichen und den inhaltlichen Zusammenhang vollständig gleichzusetzen, widerspräche dem Zweck der Regelung und der Intention des Gesetzgebers, der das einschränkende Kriterium des Zusammenhangs bewusst nicht auf die inhaltliche Komponente beschränken, sondern auch unter dem eigenständigen zeitlichen Aspekt betrachtet wissen wollte. 47

Der erforderliche **inhaltliche Zusammenhang** kann rechtlicher oder wirtschaftlicher Art sein. Bei nahe liegenden und häufig vorkommenden Folgen oder Begleiterscheinungen der Beendigung einer Ehe wird er idR erfüllt sein. 48

Ein inhaltlicher Zusammenhang wird besonders in folgenden Fällen gegeben sein:[3] 49

- Aufteilung gemeinsamer Rechte oder Pflichten in Einzelberechtigungen oder Einzelverpflichtungen
- Geltendmachung von sonstigen Folgen der Trennung, Scheidung oder Aufhebung der Ehe, beispielsweise im Hinblick auf frühere Dispositionen
- Ansprüche aus Vorgängen anlässlich der Trennung, Scheidung oder Aufhebung der Ehe.

Ein **zeitlicher Zusammenhang** ist gegeben, wenn nicht seit der Beendigung ein längerer Zeitraum verstrichen ist. Solange die **Ehe besteht**, kann nach dem Gesetzeswortlaut, der auch die Scheidung erwähnt, der Zusammenhang in zeitlicher Hinsicht nicht fehlen, auch nicht bei mit wirtschaftlicher Entflechtung verbundenem langem Getrenntleben der Ehegatten. Nach Rechtskraft der Entscheidung, die die Scheidung oder Aufhebung der Ehe ausspricht, ist es eine Frage des **Einzelfalls**, nach welcher Zeit ein Zusammenhang nicht mehr besteht. Solange noch weitere gerichtliche Verfahren zwi- 50

1 BT-Drucks. 16/6308, S. 262; zutr. *Burger*, FamRZ 2009, 1017 (1019).
2 *Meyer-Seitz/Kröger/Heiter*, FamRZ 2005, 1430 (1437). Die zeitliche Komponente wird kritisiert von *Wever*, FF 2008, 399, 401.
3 *Meyer-Seitz/Kröger/Heiter*, FamRZ 2005, 1430 (1437).

schen den Ehegatten in Bezug auf die Scheidungsfolgen anhängig sind, wird ein Zusammenhang idR weiterhin bestehen, auch wenn die Beendigung der Ehe bereits längere Zeit zurückliegt. Anders wird es dann liegen, wenn nach einem längeren, mehrjährigen Zeitraum nach Abschluss der vermögensmäßigen Auseinandersetzung der Ehegatten wieder ein Verfahren eingeleitet wird.

51 Das Kriterium des Zusammenhangs bezieht sich auf **sämtliche** unter Nr. 3 fallenden Ansprüche, nicht nur auf die unmittelbar vor diesem Kriterium genannten Ansprüche zwischen einem (früheren) Ehegatten und einem Elternteil.[1]

cc) Umfasster Personenkreis

52 Nr. 3 erfasst Ansprüche zwischen miteinander verheirateten oder ehemals miteinander verheirateten Personen, gleich ob die Ehe im Inland oder im Ausland geschlossen und ggf. geschieden oder aufgehoben wurde. Der Begriff **Elternteil** umfasst sowohl den eigenen Elternteil eines Ehegatten als auch den Elternteil des anderen Ehegatten.[2] Dass **beide Elternteile** derselben Person betroffen sind, ist unschädlich.

53 Der Anspruch, also das **materiell-rechtliche Rechtsverhältnis**, muss zwischen den in Rz. 52 genannten Personen zum **Zeitpunkt seiner Entstehung**[3] bestanden haben. Darauf, wer an dem gerichtlichen Verfahren beteiligt ist, kommt es nicht an. Insbesondere ist es unschädlich, dass der einmal zwischen den genannten Personen entstandene Anspruch auf Aktiv- oder Passivseite auf Dritte übergegangen ist oder im Verfahren von Dritten geltend gemacht wird.

dd) Beispiele für Verfahren nach Nr. 3

54 Unter § 266 Abs. 1 Nr. 3 können insbesondere Verfahren fallen, die die nachfolgend aufgeführten Ansprüche[4] betreffen. Auch bei typischen Fallkonstellationen muss aber jeweils geprüft werden, ob die Voraussetzungen der Nr. 3 im Einzelfall tatsächlich erfüllt sind.

55
- Anspruch auf Zustimmung zu einer bestimmten (Neu-)Regelung der Verwaltung und Benutzung eines im Miteigentum der Ehegatten stehenden Gegenstandes
- Anspruch auf Zahlung von Nutzungsentgelt bei im Alleineigentum eines Ehegatten oder im Miteigentum beider Ehegatten stehenden Gegenständen
- Anspruch auf Auflösung von Miteigentum der Ehegatten durch Teilung in Natur
- Anspruch auf Zustimmung zur Auszahlung des hinterlegten Erlöses aus der Versteigerung einer gemeinsamen Immobilie
- Ansprüche wegen Auseinandersetzung von Gesamtschulden der Ehegatten, etwa nach § 426 BGB, oder Freistellungsansprüche
- Ansprüche auf Rückgewähr oder Ausgleich ehebedingter Zuwendungen
- Ansprüche auf Ausgleich von Arbeitsleistungen eines Ehegatten etwa im Betrieb des anderen, soweit nicht die Zuständigkeit der Arbeitsgerichte gegeben ist

1 Vgl. die Begr. des RegE, BT-Drucks. 16/6308, S. 263.
2 Vgl. die Begr. des RegE, BT-Drucks. 16/6308, S. 263.
3 Vgl. die Begr. des RegE, BT-Drucks. 16/6308, S. 262.
4 Zum materiellen Recht vgl. die umfassende und mit zahlreichen Nachweisen versehene Darstellung bei *Wever*, Vermögensauseinandersetzung der Ehegatten außerhalb des Güterrechts, 4. Aufl.; vgl. auch *Burger*, FamRZ 2009, 1017 (1019) mwN.

- Ansprüche zwischen den Ehegatten wegen Auflösung einer zwischen ihnen bestehenden Gesellschaft bürgerlichen Rechts, nicht aber im Fall einer Handelsgesellschaft
- Ansprüche zwischen den Ehegatten aus einer Ehegatteninnengesellschaft, insbesondere auch im Zusammenhang mit deren Auflösung
- Ansprüche wegen der Aufteilung von Guthaben auf gemeinsamen Konten oder Depots oder von Steuerguthaben oder sonstigen Forderungen der Ehegatten
- Ausgleichs- oder Schadensersatzansprüche wegen unerlaubter Kontoverfügungen oder wegen Überschreitung einer Kontovollmacht
- Schadensersatzansprüche zwischen Ehegatten, etwa wegen unerlaubter Handlung, bei Straftaten, sittenwidriger Schädigung oder Körperverletzung, auch dann, wenn Schadenersatzansprüche aus Verlust oder Zerstörung von Haushaltsgegenständen herrühren, jeweils sofern ein Zusammenhang mit der Beendigung der Ehe besteht
- Schadensersatzansprüche wegen Unterschieben eines Kindes, etwa aus § 826 BGB oder § 823 Abs. 2 BGB iVm. § 263 StGB
- Schadensersatz wegen verweigerter Zustimmung zur gemeinsamen Veranlagung zur Einkommensteuer
- Anspruch auf Zustimmung zur Übertragung eines Pkw-Schadensfreiheitsrabatts
- Anspruch auf Mitwirkung beim Abschluss eines (neuen) Darlehensvertrages
- Mietrechtliche Ansprüche zwischen den Ehegatten
- Mit den vorgenannten Fällen vergleichbare Ansprüche nach ausländischem Recht
- Ansprüche aus Vereinbarungen über die vorgenannten Fragen.

d) Ansprüche aus dem Eltern-Kind-Verhältnis

§ 266 Abs. 1 Nr. 4 nennt Verfahren, die aus dem Eltern-Kind-Verhältnis herrührende Ansprüche betreffen. Dazu, welche Verfahren hierbei grundsätzlich in Betracht kommen, und zum Begriff der Ansprüche vgl. die Erl. zu Rz. 13 ff., 29 f. Insbesondere fallen Familiensachen der freiwilligen Gerichtsbarkeit, wie etwa Kindschaftssachen nach § 151, Abstammungssachen nach § 169 oder Adoptionssachen nach § 186 von vornherein nicht unter § 266 Abs. 1, ohne dass es hierzu eines Rückgriffs auf die Subsidiaritätsregelung am Ende des § 266 Abs. 1 bedürfte. 56

Ansprüche nach Nr. 3 setzen nicht voraus, dass das Kind zur Zeit der Entstehung des Anspruchs minderjährig ist. Einschränkungen in persönlicher Hinsicht bestehen bei Nr. 3 nicht, es kommen also nicht nur Ansprüche zwischen den Eltern und dem Kind in Frage. Aus dem Eltern-Kind-Verhältnis können sich Ansprüche des Kindes auf **Schadenersatz nach § 1664 BGB** ergeben,[1] etwa im Fall der missbräuchlichen, auch nicht von § 1649 BGB gedeckten Verwendung von Kindesvermögen, oder wegen Verletzung der Aufsichtspflicht. Auch der Anspruch auf **Herausgabe des Kindesvermögens und Rechnungslegung nach § 1698 BGB** fällt unter Nr. 4. In Betracht kommen auch Ansprüche auf Schadenersatz wegen Verletzung des absoluten Rechts (§ 823 Abs. 1 BGB) der **elterlichen Sorge**, wie etwa Detektivkosten, die von einem Elternteil zur Auffindung eines ihm von dem anderen Elternteil entzogenen Kindes aufgewandt wurden.[2] Auch ein Verfahren wegen der Herausgabe persönlicher Gegenstände des Kindes oÄ kann unter Nr. 4 fallen.[3] 57

1 Vgl. die Begr. des RegE, BT-Drucks. 16/6308, S. 263.
2 BGH v. 24.4.1990 – IV ZR 110/89, FamRZ 1990, 966.
3 Vgl. OLG Frankfurt v. 8.10.2008 – 6 UF 120/08, ZKJ 2009, 129 mit Anm. von *Stockmann*, jurisPR-FamR 8/2009 Anm. 2 („unter § 266 Abs. 1 Nr. 4 FamFG einzuordnen").

e) Ansprüche aus dem Umgangsrecht

58 **§ 266 Abs. 1 Nr. 5** nennt Verfahren, die aus dem Umgangsrecht herrührende Ansprüche betreffen. Dazu, welche Verfahren hierbei grundsätzlich in Betracht kommen, und zum Begriff der Ansprüche vgl. die Erl. zu Rz. 13 ff., 29 f. Insbesondere fallen Familiensachen der freiwilligen Gerichtsbarkeit, wie etwa Kindschaftssachen nach § 151 Nr. 2 von vornherein nicht unter § 266 Abs. 1, ohne dass es hierzu eines Rückgriffs auf die Subsidiaritätsregelung am Ende des § 266 Abs. 1 bedürfte.

59 Für Nr. 5 kommt insbesondere der Anspruch auf **Schadensersatz wegen Vereitelung des Umgangsrechts**[1] in Betracht.[2] Der Gesetzgeber hat damit die bisherige entgegenstehende Rechtsprechung zur Zuständigkeitsfrage korrigiert. Vor dem Hintergrund der Verpflichtung nach § 1684 Abs. 2 BGB kann nun auch ein Anspruch auf **Schmerzensgeld wegen der unwahren Behauptung**, der andere Elternteil habe beim Abholen des Kindes zum Zweck des Umgangs randaliert und Gegenstände beschädigt, worauf durch die hinzugerufenen Polizeibeamten ein Strafverfahren eingeleitet wurde,[3] unter Nr. 5 fallen. In den genannten Fällen wird die **Ausschlussklausel** am Ende des Abs. 1 (vgl. hierzu die Erl. bei Rz. 31 ff.) idR nicht eingreifen.

II. Sonstige Familiensachen nach Absatz 2

1. Verfahren nach § 1357 Abs. 2 Satz 1 BGB

60 § 266 Abs. 2 nennt nur das Verfahren über einen Antrag nach **§ 1357 Abs. 2 Satz 1 BGB**. Für dieses war bislang das Vormundschaftsgericht zuständig. Das Verfahren ist keine Familienstreitsache, so dass die Vorschriften des Buches 1 in vollem Umfang zur Anwendung kommen, ergänzt durch §§ 267, 268. Da kein Fall des § 9 vorliegt, sind Minderjährige im ersten Rechtszug nicht selbst verfahrensfähig,[4] sie handeln durch ihren gesetzlichen Vertreter.

61 Mangels einer die Übertragung auf den Rechtspfleger anordnenden Vorschrift[5] entscheidet der **Richter**. Das Gericht kann die Bestimmung des anderen Ehegatten ganz oder teilweise aufheben. Der aufhebende Beschluss wird nach § 40 Abs. 3 Satz 1 grundsätzlich erst mit Rechtskraft wirksam; ordnet das Gericht nach § 40 Abs. 3 Satz 2 wegen Gefahr im Verzug die sofortige **Wirksamkeit** an, wird der Beschluss mit Bekanntgabe an den Antragsteller wirksam.

2. Einbeziehung weiterer Verfahren?

62 § 266 Abs. 2 nennt lediglich ein konkretes Verfahren und hat damit, anders als Abs. 1, seinem Wortlaut nach keine Auffangfunktion. Jedoch ist eine Erweiterung im Wege der **Analogie nicht ausgeschlossen**. Hierzu muss eine planwidrige „Lücke" im Gesetz vorliegen. Ist dies der Fall, wird eine Einbeziehung weiterer Verfahren in den Kreis der sonstigen Familiensachen nach § 266 Abs. 2 insbesondere dann in Betracht kommen,

---

1 BGH v. 19.6.2002 – XII ZR 173/00, FamRZ 2002, 1099. Eingehend *Bernau*, FamRZ 2007, 248 mwN.

2 Ebenso die Begr. des RegE, BT-Drucks. 16/6308, S. 263.

3 LG Essen v. 17.12.2007 – 3 O 442/07, FamRZ 2008, 2032.

4 *Heiter*, FamRZ 2009, 85 Fn. 8; die Vorschrift des § 60 FamFG betrifft lediglich das Rechtsmittelverfahren.

5 Bereits bislang war das Verfahren dem Richter vorbehalten, § 14 Abs. 1 Nr. 1 RPflG aF.

wenn ein Verfahren, für das das Familiengericht zuständig sein soll und das weder Ehesache noch Familienstreitsache ist, keiner der übrigen Gruppen von Familiensachen sachgerecht zugeordnet werden kann.

§ 267
Örtliche Zuständigkeit

(1) Während der Anhängigkeit einer Ehesache ist das Gericht ausschließlich zuständig, bei dem die Ehesache im ersten Rechtszug anhängig ist oder war. Diese Zuständigkeit geht der ausschließlichen Zuständigkeit eines anderen Gerichts vor.

(2) Im Übrigen bestimmt sich die Zuständigkeit nach der Zivilprozessordnung mit der Maßgabe, dass in den Vorschriften über den allgemeinen Gerichtsstand an die Stelle des Wohnsitzes der gewöhnliche Aufenthalt tritt.

Es wird auf die Erläuterungen zu § 262 verwiesen.

§ 268
Abgabe an das Gericht der Ehesache

Wird eine Ehesache rechtshängig, während eine sonstige Familiensache bei einem anderen Gericht im ersten Rechtszug anhängig ist, ist diese von Amts wegen an das Gericht der Ehesache abzugeben. § 281 Abs. 2 und 3 Satz 1 der Zivilprozessordnung gilt entsprechend.

Es wird auf die Erläuterungen zu § 263 verwiesen.

Abschnitt 12
Verfahren in Lebenspartnerschaftssachen

§ 269
Lebenspartnerschaftssachen

(1) Lebenspartnerschaftssachen sind Verfahren, welche zum Gegenstand haben:

1. die Aufhebung der Lebenspartnerschaft auf Grund des Lebenspartnerschaftsgesetzes,

2. die Feststellung des Bestehens oder Nichtbestehens einer Lebenspartnerschaft,

3. die elterliche Sorge, das Umgangsrecht oder die Herausgabe in Bezug auf ein gemeinschaftliches Kind,

4. die Annahme als Kind und die Ersetzung der Einwilligung zur Annahme als Kind,

5. Wohnungszuweisungssachen nach § 14 oder § 17 des Lebenspartnerschaftsgesetzes,

6. Haushaltssachen nach § 13 oder § 17 des Lebenspartnerschaftsgesetzes,

7. den Versorgungsausgleich der Lebenspartner,

8. die gesetzliche Unterhaltspflicht für ein gemeinschaftliches minderjähriges Kind der Lebenspartner,

9. die durch die Lebenspartnerschaft begründete gesetzliche Unterhaltspflicht,

10. Ansprüche aus dem lebenspartnerschaftlichen Güterrecht, auch wenn Dritte an dem Verfahren beteiligt sind,

11. Entscheidungen nach § 6 des Lebenspartnerschaftsgesetzes in Verbindung mit § 1365 Abs. 2, § 1369 Abs. 2 und den §§ 1382 und 1383 des Bürgerlichen Gesetzbuchs,

12. Entscheidungen nach § 7 des Lebenspartnerschaftsgesetzes in Verbindung mit den §§ 1426, 1430 und 1452 des Bürgerlichen Gesetzbuchs.

(2) Sonstige Lebenspartnerschaftssachen sind Verfahren, welche zum Gegenstand haben:

1. Ansprüche nach § 1 Abs. 4 Satz 2 des Lebenspartnerschaftsgesetzes in Verbindung mit den §§ 1298 bis 1301 des Bürgerlichen Gesetzbuchs,

2. Ansprüche aus der Lebenspartnerschaft,

3. Ansprüche zwischen Personen, die miteinander eine Lebenspartnerschaft führen oder geführt haben, oder zwischen einer solchen Person und einem Elternteil im Zusammenhang mit der Trennung oder Aufhebung der Lebenspartnerschaft,

sofern nicht die Zuständigkeit der Arbeitsgerichte gegeben ist oder das Verfahren eines der in § 348 Abs. 1 Satz 2 Nr. 2 Buchstabe a bis k der Zivilprozessordnung genannten Sachgebiete, das Wohnungseigentumsrecht oder das Erbrecht betrifft und sofern es sich nicht bereits nach anderen Vorschriften um eine Lebenspartnerschaftssache handelt.

(3) Sonstige Lebenspartnerschaftssachen sind auch Verfahren über einen Antrag nach § 8 Abs. 2 des Lebenspartnerschaftsgesetzes in Verbindung mit § 1357 Abs. 2 Satz 1 des Bürgerlichen Gesetzbuchs.

A. Allgemeines

I. Entstehung

1 § 269 enthält eine Aufzählung derjenigen Gegenstände, die als Lebenspartnerschaftssachen bezeichnet werden und ebenfalls zu den Familiensachen gehören.[1] Die Norm **entspricht § 661 Abs. 1 ZPO aF**, jedenfalls im Ausgangspunkt. Der Kreis der Lebenspartnerschaftssachen wurde im Zuge der Schaffung des großen Familiengerichts durch Einbeziehung von Materien erweitert, für die bislang die allgemeinen Zivilgerichte[2] oder die Vormundschaftsgerichte[3] zuständig waren. Nicht mehr ausdrücklich aufgeführt sind die in § 661 Abs. 1 Nr. 3 ZPO aF genannten Verfahren über die Verpflich-

1 § 111 Nr. 11.
2 § 269 Abs. 2.
3 Vgl. § 269 Abs. 1 Nr. 4, 11 (teilweise) und 12 sowie Abs. 3.

tung zur Fürsorge und Unterstützung in der partnerschaftlichen Lebensgemeinschaft; diese sind nunmehr von der Regelung über die sonstigen Lebenspartnerschaftssachen nach § 269 Abs. 2 Nr. 2 umfasst.

Im **Gesetzgebungsverfahren** waren die verfahrensrechtlichen Bestimmungen für Lebenspartnerschaftssachen insgesamt erheblichen **Veränderungen** unterworfen: Zunächst, im RefE (2005), umfasste der Begriff der Lebenspartnerschaftssachen nur Verfahren auf Aufhebung der Lebenspartnerschaft und auf Feststellung des Bestehens oder Nichtbestehens einer Lebenspartnerschaft,[1] er konnte damit als Gegenstück zum Begriff der Ehesachen angesehen werden.[2] Die übrigen, heute von § 269 umfassten Verfahren wurden im RefE (2005) nicht als Lebenspartnerschaftssachen bezeichnet, sondern gehörten zu der jeweils inhaltlich entsprechenden Art von Familiensachen (zB Unterhaltssachen, Versorgungsausgleichssachen); sie waren von der Definitionsnorm am Beginn des jeweiligen Abschnitts des Buches 2 ausdrücklich mit umfasst, und die letzte Vorschrift eines jeden betreffenden Abschnitts[3] ordnete die entsprechende Anwendung der einschlägigen Verfahrensvorschriften an. Auf einen Katalog der Verfahren konnte damit – wie in den übrigen Familiensachen – verzichtet werden. Diese allein aus gesetzessystematischen Gründen erfolgte weit gehende Eingliederung und Angleichung wurde mit dem – nach dem Wechsel der politischen Mehrheiten in der 16. Legislaturperiode veröffentlichten – RefE (2006) wieder zurückgenommen. Der neue Entwurf konzentrierte die Regelungen für Lebenspartnerschaftssachen auf zwei Normen[4] im letzten Abschnitt des Buches 2 mit der aus § 661 ZPO aF bekannten verdichteten Regelungstechnik. Der RegE übernahm diese Fassung mit geringfügigen sprachlichen Änderungen.[5] Aufgrund der Beratungen im Rechtsausschuss des Deutschen Bundestages wurde noch eine weitere Gruppe von Lebenspartnerschaftssachen („die Annahme als Kind und die Ersetzung der Einwilligung zur Annahme als Kind", § 269 Abs. 1 Nr. 4) eingefügt.[6] 2

II. Systematik

Die grundsätzliche **Dreiteilung** des Verfahrensrechts in Familiensachen[7] erfasst auch den Bereich der Lebenspartnerschaftssachen: Die in § 112 aufgeführten Lebenspartnerschaftssachen sind **Familienstreitsachen**; in diesen Fällen werden die Vorschriften des Buches 1 nach Maßgabe der §§ 113 ff. zum großen Teil durch Regelungen der ZPO ersetzt. In Lebenspartnerschaftssachen nach § 269 Abs. 1 Nr. 1 und 2 sind gem. § 270 Abs. 1 Satz 1 die für **Ehesachen** nach § 121 Nr. 1 und 3 geltenden Vorschriften entsprechend anzuwenden; das bedeutet, dass grundsätzlich der Verfahrensrahmen der ZPO maßgeblich ist, der aber durch Sondervorschriften, etwa über die Amtsermittlung oder den Verbund, modifiziert wird. Die übrigen Lebenspartnerschaftssachen sind **Familiensachen der freiwilligen Gerichtsbarkeit** (zu diesem Begriff vgl. § 261 Rz. 3 Fn. 2); für sie gelten umfassend die Vorschriften des Buches 1. 3

1 § 159 RefE (2005).
2 *Meyer-Seitz/Kröger/Heiter*, FamRZ 2005, 1430 (1435).
3 §§ 175, 218, 242, 256, 277, 282 FamFG idF des RefE (2005).
4 §§ 281, 282 RefE (2006).
5 §§ 269, 270 RegE (BT-Drucks. 16/6308).
6 BT-Drucks. 16/9733, S. 107, 296.
7 *Meyer-Seitz/Kröger/Heiter*, FamRZ 2005, 1430 (1433), noch auf der Grundlage des RefE (2005) und des dargestellten anderen Verständnisses des Begriffs Lebenspartnerschaftssachen.

4 Die in § 269 Abs. 1 bis 3 **abschließend** aufgezählten Fallgruppen schließen einander aus, ein Verfahren kann also **nicht zugleich mehreren Nummern oder Absätzen** zugeordnet werden. Die sonstigen Lebenspartnerschaftssachen nach § 269 Abs. 2 sind dabei nur gegenüber den anderen Lebenspartnerschaftssachen **subsidiär**.

5 Die in § 269 Abs. 1 genannten **Lebenspartnerschaftssachen können nicht zusätzlich mit den Begriffen des § 111 Nr. 1 bis 10 bezeichnet werden**. So sind etwa Lebenspartnerschaftssachen nach § 269 Abs. 1 Nr. 9 nicht zugleich auch Unterhaltssachen. Zwar könnten vereinzelte sprachliche Ungenauigkeiten, wie etwa die Verwendung des Begriffs Haushaltssachen[1] in § 269 Abs. 1 Nr. 6 zu Zweifeln Anlass geben. Jedoch entspricht die Erstreckung der Begriffe des § 111 Nr. 1 bis 10 auf die Fälle der Lebenspartnerschaft nicht dem Willen des Gesetzgebers, wie das Schicksal der diesbezüglichen Regelungen des RefE (2005) (vgl. Rz. 2) zeigt. Daher ist etwa in §§ 3 Nr. 2a, 14 Abs. 1 sowie 25 RPflG nach der Bezeichnung der einzelnen Familiensachen auch konsequent von „entsprechenden Lebenspartnerschaftssachen" die Rede. Im FamFG lässt die Vorschrift des § 111 erkennen, dass die Bezeichnung Lebenspartnerschaftssachen mit den übrigen Bezeichnungen auf derselben Stufe steht und sich die Begriffe gegenseitig ausschließen. Nur die Gruppe der „sonstigen Lebenspartnerschaftssachen" nach § 269 Abs. 2 und 3 hat im Gesetz eine eigene Bezeichnung erhalten.

III. Normzweck

6 § 269 definiert den Begriff der **Lebenspartnerschaftssache**. Die Norm dient damit der Abgrenzung

- der Lebenspartnerschaftssachen von den Nichtfamiliensachen,
- der Lebenspartnerschaftssachen von anderen Familiensachen (§ 111) und
- der Lebenspartnerschaftssachen, die Familienstreitsachen sind (vgl. § 112), von den Lebenspartnerschaftssachen, die Familiensachen der freiwilligen Gerichtsbarkeit sind.

6a Die Einordnung eines Verfahrens in diese Kategorien ist von Bedeutung für die Bestimmung des Rechtswegs (§ 13 GVG), für die sachliche Zuständigkeit des Gerichts (§ 23a Abs. 1 Nr. 1 GVG), für die Zuständigkeit des Rechtspflegers (§§ 3, 14, 25 RPflG), für die Anwendbarkeit des FamFG (§ 1), zahlreicher einzelner Verfahrensvorschriften aus dem FamFG oder aus anderen Gesetzen und für die Anwendung des neuen Kostenrechts (§§ 1, 5 FamGKG).

7 Die Bestimmung lässt, wie die Vorgängerregelung, das Bemühen des Gesetzgebers um eine weit gehende formale **Gleichbehandlung** von Ehe und Lebenspartnerschaft im Verfahrensrecht erkennen. Jedoch bestehen im Wortlaut der Definitionen der einzelnen Lebenspartnerschaftssachen im Vergleich zu den Definitionen der entsprechenden Familiensachen nach § 111 Nr. 1 bis 10 deutliche **Unterschiede**, denen nach der im Rahmen der Reform erfolgten Überarbeitung der Vorschriften eine größere Bedeutung zukommen wird als dies nach bisherigem Recht der Fall war.[2]

---

1 Die Legaldefinition in § 200 Abs. 2 umfasst Verfahren nach §§ 13 und 17 LPartG gerade nicht; anders noch § 208 RefE (2005).

2 Zu letzterem Gesichtspunkt vgl. *Brudermüller*, in: Was gehen den Staat Ehe und Partnerschaft an? 35. Rheinhäuser Juristengespräche im Gedenken an Karl Michaelis, 2002, S. 101.

B. Inhalt der Vorschrift

I. Die einzelnen Lebenspartnerschaftssachen

1. Lebenspartnerschaftssachen nach Absatz 1

a) Aufhebung der Lebenspartnerschaft

§ 269 Abs. 1 Nr. 1 ist wortgleich mit § 661 Abs. 1 Nr. 1 ZPO aF. Bei der Aufhebung einer Lebenspartnerschaft handelt es sich um ein **gemischtes Rechtsinstitut**. Es entspricht zwar teilweise der Ehescheidung, wie ein Vergleich des § 15 Abs. 2 Satz 1 LPartG mit den Regelungen über die Ehescheidung zeigt, jedoch sieht § 15 Abs. 2 Satz 2 LPartG auch einige Aufhebungsgründe vor, die den Eheaufhebungsgründen entsprechen. Die Formulierung „nach dem Lebenspartnerschaftsgesetz" bedeutet nicht, dass Verfahren auf Auflösung vergleichbarer Rechtsinstitute nach ausländischem Recht[1] von der Anwendung des § 269 Abs. 1 Nr. 1 ausgeschlossen wären. Zu den in den Fällen des § 269 Abs. 1 Nr. 1 anwendbaren Verfahrensvorschriften vgl. § 270 Abs. 1 Satz 1. 8

b) Feststellung des Bestehens oder Nichtbestehens einer Lebenspartnerschaft

§ 269 Abs. 1 Nr. 2 ist wortgleich mit § 661 Abs. 1 Nr. 2 ZPO aF. Im Gegensatz zu § 121 Nr. 3 wird dem Wortlaut nach nicht vorausgesetzt, dass das **Feststellungsverfahren** eine Lebenspartnerschaft „zwischen den Beteiligten" betrifft. Im Übrigen kann auf die Erläuterungen zu § 121 Nr. 3 verwiesen werden. Das Verfahren ermöglicht eine Klärung des Status der betreffenden Personen, zumal die Frage des Bestehens, nicht anders als im Fall der Ehe,[2] häufig Vorfrage für weitere Rechtsverhältnisse ist. Diese Frage kann aber auch in anderen Verfahren inzident geklärt werden.[3] Zu den in den Fällen des § 269 Abs. 1 Nr. 2 anwendbaren Verfahrensvorschriften vgl. § 270 Abs. 1 Satz 1. 9

c) Elterliche Sorge, Umgangsrecht, Kindesherausgabe

§ 269 Abs. 1 Nr. 3 bezeichnet die Verfahrensgegenstände elterliche Sorge, Umgangsrecht oder Herausgabe in Bezug auf ein **gemeinschaftliches Kind**. Die Vorschrift entspricht inhaltlich § 661 Abs. 1 Nr. 3a bis 3c ZPO aF. Um ein „gemeinschaftliches Kind" der Lebenspartner handelt es sich, wenn das Kind eines Lebenspartners durch den anderen Lebenspartner adoptiert wurde (§ 9 Abs. 7 LPartG).[4] 10

Im Übrigen entsprechen die **Rechtsbegriffe** des § 269 Abs. 1 Nr. 3 (elterliche Sorge, Umgangsrecht, Herausgabe) denen des § 151 Nr. 1 bis 3, sie sind daher im Ausgangspunkt in gleicher Weise auszulegen. Auf die Erläuterungen zu § 151 wird verwiesen. Die Regelungen des § 9 Abs. 1, 3 LPartG über die Befugnis zur Mitentscheidung betreffen Kinder „eines" Lebenspartners, diesbezügliche Verfahren sind daher nicht umfasst. Unter § 269 Abs. 1 Nr. 3 fallen hingegen Verfahren, die die Feststellung des 11

---

1 Registrierte Partnerschaften zwischen zwei Personen gleichen Geschlechts; vgl. auch Art. 17b Abs. 1 Satz 1, Abs. 4 EGBGB. Zu kollisionsrechtlichen Fragen vgl. *Wagner*, IPrax 2001, 281 ff.; *Henrich*, FamRZ 2002, 137 ff.

2 Eingehend zur Klage auf Feststellung des Bestehens oder Nichtbestehens einer Ehe *Habscheid/Habscheid*, FamRZ 1999, 480 ff.; vgl. auch OLG Hamm v. 7.1.1980 – 8 U 196/79, FamRZ 1980, 706.

3 *Bruns/Kemper*, Lebenspartnerschaftsrecht, § 661 ZPO Rz. 14.

4 *Bruns/Kemper*, Lebenspartnerschaftsrecht, § 661 ZPO Rz. 23.

Bestehens oder Nichtbestehens der (gemeinsamen oder alleinigen) elterlichen Sorge zum Gegenstand haben,[1] sofern ein gemeinschaftliches Kind der Lebenspartner betroffen ist.

12 Die **in § 151 Nr. 4 bis 8 genannten Materien**, also die Vormundschaft, die Pflegschaft, die Unterbringung und die Aufgaben nach dem JGG, sind in § 269 nicht erwähnt und daher **keine Lebenspartnerschaftssachen**. Auch wenn ein diesbezügliches Verfahren ein gemeinschaftliches Kind der Lebenspartner betrifft, handelt es sich um eine Kindschaftssache, nicht um eine Lebenspartnerschaftssache. Dass nach § 270 Abs. 1 Satz 2 die in Kindschaftssachen jeweils geltenden Vorschriften entsprechend anzuwenden sind, ändert daran nichts, da die Norm voraussetzt, dass eine der in § 269 Abs. 1 Nr. 3 bis 12 genannten Lebenspartnerschaftssachen vorliegt.

13 **Verfahren** über die elterliche Sorge, das Umgangsrecht oder die Kindesherausgabe, die ein **nicht-gemeinschaftliches Kind** betreffen, sind ebenfalls **nicht von § 269 Abs. 1 Nr. 3** erfasst, auch dann nicht, wenn das Kind im Haushalt von Lebenspartnern lebt, ein Elternteil eine Lebenspartnerschaft führt,[2] oder ein Lebenspartner als Antragsteller oder in sonstiger Weise am Verfahren beteiligt ist. Es handelt sich auch hier um Kindschaftssachen nach § 151.

d) Annahme als Kind und Ersetzung der Einwilligung zur Annahme

14 § 269 Abs. 1 Nr. 4 nennt die Annahme als Kind und die Ersetzung der Einwilligung zur Annahme als Kind. Eine entsprechende Vorschrift war in § 661 Abs. 1 ZPO aF nicht enthalten, da die Verfahren bislang in die Zuständigkeit des Vormundschaftsgerichts fielen. Die Vorschrift, von deren Wortlaut für sich genommen auch Verfahren erfasst wären, an denen kein Lebenspartner beteiligt ist, ist einschränkend dahin auszulegen, dass **nur die Fälle des § 9 Abs. 6 und 7 LPartG** umfasst sind. Dies ergibt sich aus den materiell-rechtlichen Regelungen des LPartG und dem Erfordernis der Abgrenzung zu § 186 Nr. 1 und 2. Zudem erwähnt die Begründung des Rechtsausschusses nur „Regelungen zur Adoption durch Lebenspartner gem. § 9 Abs. 6 LPartG".[3] Verfahren auf **Ersetzung der Einwilligung** zur Annahme als Kind sind solche nach §§ 1748 und 1749 Abs. 1 Satz 2 BGB[4] iVm. den Regelungen des LPartG.

15 Die Rechtsbegriffe des § 269 Abs. 1 Nr. 4 entsprechen denen des § 186 Nr. 1 und 2 und sind wie diese auszulegen. Auf die Erläuterungen zu § 186 Nr. 1 und 2 wird verwiesen. Die **in § 186 Nr. 3 und 4 genannten Materien**, insbesondere die Aufhebung des Annahmeverhältnisses, sind in § 269 nicht erwähnt und daher **keine Lebenspartnerschaftssachen**, auch nicht in den Fällen des § 9 Abs. 6 und 7 LPartG; vielmehr handelt es sich um Adoptionssachen.

e) Wohnung, Haushaltsgegenstände

16 § 269 Abs. 1 Nr. 5 und 6 nennen Verfahren nach §§ 14 oder 17 LPartG in Bezug auf die **Wohnung der Lebenspartner** und Verfahren nach § 13 oder 17 LPartG in Bezug auf **Haushaltsgegenstände** der Lebenspartner. § 269 Abs. 1 Nr. 5 und 6 entspricht inhaltlich § 661 Abs. 1 Nr. 5 ZPO aF und ist das Gegenstück zu § 200. Ergänzend wird auf die Erläuterungen zu dieser Vorschrift verwiesen.

---

1 OLG Stuttgart v. 7.11.2007 – 16 WF 181/07, FamRZ 2008, 539.
2 Vgl. MüKo.ZPO/*Coester-Waltjen*, § 661 ZPO Rz. 5.
3 BT-Drucks.16/9733, S. 296.
4 Zur Parallelregelung § 186 Nr. 2 vgl. Begr. RegE, BT-Drucks. 16/6308, S. 247.

Keine Lebenspartnerschaftssachen sind Verfahren über Ansprüche aus dem **Gewaltschutzgesetz**, auch wenn ein diesbezüglicher Anspruch von einem Lebenspartner gegen den anderen geltend gemacht wird. 17

f) Versorgungsausgleich

§ 269 Abs. 1 Nr. 7 nennt den **Versorgungsausgleich der Lebenspartner** (vgl. § 20 LPartG). Die Vorschrift ist wortgleich mit § 661 Abs. 1 Nr. 4a ZPO aF und entspricht für die Fälle der Lebenspartnerschaft der Bestimmung des § 217. Auf die Erläuterungen zu dieser Vorschrift wird verwiesen. Ergänzend ist zu berücksichtigen, dass in § 269 Abs. 1 die gegenüber § 217 („Verfahren, die ... betreffen") engere Formulierung „Verfahren, welche zum Gegenstand haben" verwendet wird. 18

g) Kindesunterhalt, Unterhalt der Lebenspartner

§ 269 Abs. 1 Nr. 8 nennt die gesetzliche Unterhaltspflicht für ein **gemeinschaftliches** (vgl. Rz. 10) **minderjähriges Kind der Lebenspartner**. Die Vorschrift entspricht § 661 Abs. 1 Nr. 3d ZPO aF, wobei zur Klarstellung die Worte „der Lebenspartner" hinzugefügt wurden. § 269 Abs. 1 Nr. 9 erfasst **die durch die Lebenspartnerschaft begründete** gesetzliche Unterhaltspflicht (vgl. §§ 5, 12, 16 LPartG) und ist wortgleich mit § 661 Abs. 1 Nr. 4 ZPO aF. Einbezogen sind jeweils auch die zugehörigen Verfahren kraft Sachzusammenhangs nach allgemeinen Regeln. 19

Keine Lebenspartnerschaftssachen sind Verfahren, die die Unterhaltspflicht für ein **volljähriges** gemeinschaftliches Kind der Lebenspartner zum Gegenstand haben. Wird das minderjährige gemeinschaftliche Kind während des Verfahrens volljährig, dürfte das Verfahren seine Eigenschaft als Lebenspartnerschaftssache nicht verlieren, zumal auch der Streitgegenstand derselbe bleibt. 20

Die in § 231 Abs. 2 genannten Verfahren[1] über die **Bestimmung des Berechtigten, an den das Kindergeld auszuzahlen ist**, sind von § 269 Abs. 1 Nr. 8 nicht umfasst und damit **keine Lebenspartnerschaftssachen**, auch dann nicht, wenn es um den Bezug des Kindergeldes für ein gemeinschaftliches Kind der Lebenspartner geht. Dies folgt aus der Begründung des RegE, wonach § 269 Abs. 1 Nr. 8[2] dem § 661 Abs. 1 Nr. 3d ZPO aF entspricht;[3] die Vorgängervorschrift umfasste jedoch nicht die Bestimmung des Kindergeldbezugsberechtigten, zumal für diese Verfahren bislang das Vormundschaftsgericht zuständig war.[4] Auch sind nach § 112 Nr. 1 alle unter § 269 Abs. 1 Nr. 8 fallenden Angelegenheiten **Familienstreitsachen**, eine Zuordnung, mit der die Einbeziehung der Verfahren nach § 231 Abs. 2 unvereinbar wäre. 21

Zu den in den Fällen des § 269 Abs. 1 Nr. 8 und 9 anwendbaren Verfahrensvorschriften vgl. § 270 Abs. 1 Satz 2. Die Verfahren sind ausnahmslos **Familienstreitsachen** nach § 112 Nr. 1. 22

h) Güterrecht

§ 269 Abs. 1 Nr. 10 nennt Ansprüche aus dem **lebenspartnerschaftlichen Güterrecht** (vgl. §§ 6, 7 LPartG). Die Vorschrift ist wortgleich mit § 661 Abs. 1 Nr. 6 ZPO aF und 23

1 Verfahren nach § 3 Abs. 2 Satz 3 BKGG und § 64 Abs. 2 Satz 3 EStG.
2 Entspricht § 269 Abs. 1 Nr. 7 idF des RegE.
3 BT-Drucks. 16/6308, S. 264.
4 Die diesbezüglichen Änderungen im BKGG und EStG sind enthalten in Artt. 90 und 104 FGG-RG.

das Gegenstück zu § 261 Abs. 1. § 269 Abs. 1 Nr. 11 und 12 erweitern die frühere Regelung des § 661 Abs. 1 Nr. 7 ZPO aF und umfassen die in § 261 Abs. 2 aufgeführten Verfahrensgegenstände. Auf die Erläuterungen zu § 261 wird verwiesen. Bei der Anwendung von Erkenntnissen zu § 261 Abs. 1 ist zu berücksichtigen, dass demgegenüber in § 269 Abs. 1 die engere Formulierung „Verfahren, welche zum Gegenstand haben" verwendet wird.

24 Zu den in den Fällen des § 269 Abs. 1 Nr. 10 bis 12 anwendbaren Verfahrensvorschriften vgl. § 270 Abs. 1 Satz 2. Verfahren nach § 269 Abs. 1 Nr. 10 sind **Familienstreitsachen**, was sich aus § 112 Nr. 2 ergibt. Verfahren nach § 269 Abs. 1 Nr. 11 und 12 sind **Familiensachen der freiwilligen Gerichtsbarkeit**.

2. Verfahren nach den Absätzen 2 und 3 (sonstige Lebenspartnerschaftssachen)

25 **§ 269 Abs. 2** hat keinen Vorläufer im bisherigen Familienverfahrensrecht, die Vorschrift ist den Regelungen des § 266 Abs. 1 Nr. 1 bis 3 nachgebildet, wenn auch gewisse Unterschiede im Wortlaut bestehen. Auf die Erläuterungen zu § 266 kann ergänzend verwiesen werden. Einbezogen sind auch die bislang in § 661 Abs. 1 Nr. 3 ZPO aF angesprochenen Verfahren über die Verpflichtung zur Fürsorge und Unterstützung in der partnerschaftlichen Lebensgemeinschaft.[1] In § 109 Abs. 4 Nr. 2 sind diese Verfahren noch ausdrücklich erwähnt, obwohl sie als Familienstreitsachen (vgl. § 112 Nr. 3) bereits unter § 109 Abs. 4 Nr. 1 fallen.

26 Verfahren über Ansprüche aus dem Eltern-Kind-Verhältnis oder aus dem Umgangsrecht (vgl. § 266 Abs. 1 Nr. 4 und 5) sind in § 269 Abs. 2 nicht erwähnt und damit **keine Lebenspartnerschaftssachen**, auch wenn sie sich auf ein gemeinschaftliches Kind der Lebenspartner beziehen. Die Verfahren sind § 266 Abs. 1 zuzuordnen.

27 Verfahren nach § 269 Abs. 2 sind **Familienstreitsachen** (§ 112 Nr. 3). Zu den anwendbaren Verfahrensvorschriften vgl. § 270 Abs. 2.

28 Die ebenfalls mit der Reform neu eingeführte Vorschrift des **§ 269 Abs. 3** ist § 266 Abs. 2 nachempfunden. Auf die Erläuterungen hierzu wird verwiesen. Zu den anwendbaren Verfahrensvorschriften vgl. § 270 Abs. 2. Die Verfahren sind **Familiensachen der freiwilligen Gerichtsbarkeit**.

§ 270
Anwendbare Vorschriften

(1) In Lebenspartnerschaftssachen nach § 269 Abs. 1 Nr. 1 sind die für Verfahren auf Scheidung geltenden Vorschriften, in Lebenspartnerschaftssachen nach § 269 Abs. 1 Nr. 2 die für Verfahren auf Feststellung des Bestehens oder Nichtbestehens einer Ehe zwischen den Beteiligten geltenden Vorschriften entsprechend anzuwenden. In den Lebenspartnerschaftssachen nach § 269 Abs. 1 Nr. 3 bis 12 sind die in Familiensachen nach § 111 Nr. 2, 4, 5 und 7 bis 9 jeweils geltenden Vorschriften entsprechend anzuwenden.

1 Vgl. die Begr. des RegE, BT-Drucks. 16/6308, S. 263.

(2) In sonstigen Lebenspartnerschaftssachen nach § 269 Abs. 2 und 3 sind die in sonstigen Familiensachen nach § 111 Nr. 10 geltenden Vorschriften entsprechend anzuwenden.

A. Allgemeines

§ 270 ordnet für alle Lebenspartnerschaftssachen die entsprechende Anwendung der in den jeweils vergleichbaren Familiensachen nach § 111 Nr. 1–10 geltenden Vorschriften an. Die Norm **entspricht in ihrer Funktion § 661 Abs. 2 ZPO aF**. Zu den Veränderungen im Gesetzgebungsverfahren vgl. die Erläuterungen zu § 269 Rz. 2. § 270 besteht nicht aus einer Generalklausel, sondern ist in drei Einzelregelungen aufgeteilt, die jeweils an bestimmte Gruppen von Verfahren nach § 269 anknüpfen. Als spezielle Regelung für Lebenspartnerschaftssachen verdrängt § 270 vollständig den allgemeineren § 1, der für Familiensachen grundsätzlich die direkte Anwendung der Vorschriften des FamFG vorsieht. 1

B. Inhalt der Vorschrift

I. Verfahren in Lebenspartnerschaftssachen im Allgemeinen

1. Entsprechend anwendbare Vorschriften

§ 270 ordnet für Lebenspartnerschaftssachen die (entsprechende) Anwendung von Vorschriften an, die für bestimmte andere Verfahren gelten. Aus dem Zusammenhang der Regelungen und der Überschrift des Abschnitts 12 ergibt sich, dass von der Bestimmung nur **verfahrensrechtliche Vorschriften** umfasst sind. Gemeint sind grundsätzlich alle in den genannten Familiensachen anwendbaren Verfahrensvorschriften, **unabhängig von ihrem Standort**, also ohne Rücksicht darauf, ob es sich um Vorschriften des FamFG oder anderer Gesetze handelt.[1] Trotz dieses umfassenden Anwendungsbereichs des § 270 wurde in einigen Normen[2] die Anwendung für Lebenspartnerschaftssachen ausdrücklich angeordnet. Soweit § 270 die in einer Gruppe von Verfahren (zB Kindschaftssachen nach §§ 111 Nr. 2, 151) maßgeblichen Vorschriften zur Anwendung beruft, bezieht sich dies lediglich auf Vorschriften, die für die jeweils einschlägige Untergruppierung (zB Verfahren auf Kindesherausgabe, § 151 Nr. 3) gelten. 2

Verfahrensregelungen des **überstaatlichen Rechts**, also etwa in völkerrechtlichen Vereinbarungen oder in Rechtsakten der Europäischen Gemeinschaft, sind nach den besonderen für sie maßgeblichen Grundsätzen auszulegen. Allein danach richtet sich, ob für den Fall der Ehe geschaffene Rechtssätze auf die Lebenspartnerschaft (entsprechend) anwendbar sind. Ist dies nicht der Fall, kann die einzelstaatliche Vorschrift des § 270 eine entsprechende Anwendbarkeit nicht bewirken. 3

Die Rechtsfolge des § 270 ist ausgeschlossen, soweit im Verfahrensrecht zu einem Regelungsbereich oder zur Frage der Anwendung einer Vorschrift bereits eine abschließende, **speziellere Regelung** existiert. Hiervon ist auszugehen, wenn die Aus- 4

1 Vgl. die Begr. des RegE, BT-Drucks. 16/6308, S. 264.

2 § 3 Nr. 2a, § 14 Abs. 1, § 25 RPflG idF des Art. 23 FGG-RG erwähnen nun jeweils ausdrücklich „entsprechende Lebenspartnerschaftssachen"; zu § 25 RPflG vgl. auch BT-Drucks. 16/9733, S. 225, 301. Vgl. im Übrigen auch § 103, § 112.

legung einer Vorschrift ergibt, dass der Fall der Lebenspartnerschaft mit geregelt ist, etwa weil er ausdrücklich erwähnt ist. Dies gilt beispielsweise für die unter Rz. 13 ff. aufgeführten Vorschriften und Bereiche. Hier ist der Geltungsbereich für die Fälle der Lebenspartnerschaft bereits festgelegt, eine auf § 270 gestützte darüber hinausgehende Übertragung ehebezogener Regelungen auf die Lebenspartnerschaft ist nicht möglich.

2. Entsprechende Anwendung

5 § 270 ordnet die **entsprechende** Anwendung bestimmter Verfahrensvorschriften an. Bei diesem Vorgang muss ein Grundproblem des Verfahrensrechts in Lebenspartnerschaftssachen behoben werden, das darin liegt, dass der Gesetzgeber, statt an die spezifischen rechtlichen Rahmenbedingungen und an die Situation der Lebenspartner angepasste Einzelregelungen bereitzustellen, sich auf eine **pauschale Verweisung** auf die vorhandenen, ursprünglich ohne Berücksichtigung der Fälle der Lebenspartnerschaft geschaffenen Regelungen beschränkt hat. Das Recht betrachtet Lebenspartner nicht von deren Standpunkt aus, sondern aus dem Blickwinkel der Ehe.[1] Allen rechtlichen oder tatsächlichen Besonderheiten[2] muss somit im Rahmen der entsprechenden Anwendung Rechnung getragen werden. Angesichts dessen ist bei der entsprechenden Anwendung von einem **weiten Spielraum** auszugehen.

6 Die entsprechende Anwendung geschieht in einem ersten Schritt dadurch, dass bei der entsprechend anzuwendenden Norm die besonderen **Rechtsinstitute und Begriffe des Lebenspartnerschaftsrechts** an die Stelle der in der Sache vergleichbaren Rechtsinstitute und Begriffe gesetzt werden.[3] Für die erforderliche Anpassung der Norm an den neuen Anwendungsbereich reicht diese formale Ersetzung jedoch nicht aus. Daher ist in einem zweiten Schritt der Inhalt der Norm nach allgemeinen Auslegungsgrundsätzen zu ermitteln, und zwar in dem konkreten, neuen Regelungszusammenhang. Bei diesem Vorgang können auch die im Fall der Lebenspartnerschaft bestehenden speziellen Gesichtspunkte Berücksichtigung finden. Die Norm kann – je nach dem Ergebnis dieses Vorgangs im konkreten Fall – auch anders zu verstehen sein, als in ihrem originären Anwendungsbereich.

II. Besonderheiten bei einzelnen Lebenspartnerschaftssachen

1. Aufhebung der Lebenspartnerschaft

7 In Lebenspartnerschaftssachen nach § 269 Abs. 1 Nr. 1 (Aufhebung der Lebenspartnerschaft) sind die für Verfahren auf **Scheidung der Ehe** geltenden Vorschriften entsprechend anzuwenden (§ 270 Abs. 1 Satz 1). Über Lebenspartnerschaftssachen nach § 269 Abs. 1 Nr. 1 und Folgesachen ist also im **Verbund** zusammen zu verhandeln und zu entscheiden. Folgesachen können von vornherein nur Lebenspartnerschaftssachen

1 *Kaiser*, JZ 2001, 617.

2 Zum Verfassungsrecht vgl. insbes. Art. 6 Abs. 1 GG, vgl. BVerfG v. 17.7.2002 – 1 BvF 1/01, 1 BvF 2/01, FamRZ 2002, 1169 = NJW 2002, 2543; BVerfG v. 20.9.2007 – 2 BvR 855/06, FamRZ 2007, 1869; BGH v. 14.2.2007 – IV ZR 267/04, FamRZ 2007, 805; BFH v. 26.1.2006 – III R 51/05, FamRZ 2006, 781; zu weiteren Besonderheiten in rechtlicher Hinsicht vgl. den Überblick bei Palandt/*Brudermüller*, Einl. LPartG Rz. 2, zur rechtstatsächlichen Seite vgl. *Muscheler*, Das Recht der Eingetragenen Lebenspartnerschaft.

3 Ein Beispiel für diesen Vorgang – in anderem Zusammenhang – ist § 113 Abs. 5.

sein, nicht hingegen andere Familiensachen nach § 111 Nr. 1 bis 10;[1] im Übrigen sind die entsprechend angewandten Kriterien des § 137 maßgeblich.

Obwohl es sich bei der Aufhebung der Lebenspartnerschaft um ein gemischtes Rechtsinstitut handelt (vgl. § 269 Rz. 8), sind die speziellen Vorschriften für den Fall der Aufhebung einer Ehe, wie §§ 129 und 132, nach § 270 Abs. 1 Satz 1 nicht zur Anwendung berufen. 8

§ 15 Abs. 2 Satz 2 LPartG ermöglicht die Aufhebung der Lebenspartnerschaft auch in Fällen, die zur Aufhebung einer Ehe führen. Nach dem Wortlaut des § 270 Abs. 1 Satz 1 wäre auch insoweit der Verbund oder eine Aussetzung des Verfahrens zum Zweck der Inanspruchnahme einer Beratung[2] denkbar. Diese über das Eherecht hinausgehende Erschwerung der Auflösung der Lebenspartnerschaft wird vom Zweck des § 270 jedoch nicht gefordert. Liegt also **ausschließlich der Aufhebungsgrund des § 15 Abs. 2 Satz 2 LPartG** vor, wird das Gericht im Wege der teleologischen Reduktion des § 270 Abs. 1 Satz 1 auch von der Anwendung der besonderen Vorschriften über das Verfahren in Scheidungssachen (§§ 133 ff.) absehen können. 9

2. Feststellung des Bestehens oder Nichtbestehens einer Lebenspartnerschaft

Nach § 270 Abs. 1 Satz 1 sind in Verfahren auf **Feststellung des Bestehens oder Nichtbestehens einer Lebenspartnerschaft** die für Verfahren nach § 121 Nr. 3 geltenden Vorschriften entsprechend anzuwenden. Dies betrifft insbesondere die für Ehesachen allgemein geltenden Bestimmungen, nicht hingegen Vorschriften für Scheidungssachen oder Verfahren auf Aufhebung der Ehe. Die Sonderregelung des § 129 Abs. 2 Satz 3 ist nicht anzuwenden, da nach § 15 Abs. 1 LPartG nur die Lebenspartner, nicht aber die Verwaltungsbehörde oder eine dritte Person einen Antrag auf Aufhebung der Lebenspartnerschaft stellen können.[3] 10

Im Feststellungsverfahren gilt der **uneingeschränkte Amtsermittlungsgrundsatz** nach § 127 Abs. 1, da die in § 127 Abs. 2 und 3 enthaltenen Einschränkungen in den Feststellungsverfahren nicht anwendbar sind. Lässt sich trotz Ausschöpfung aller Ermittlungsansätze nicht mit hinreichender Sicherheit aufklären, ob eine Lebenspartnerschaft besteht oder nicht, gelten auch im Fall des negativen Feststellungsantrags die diesbezüglichen Beweislastregeln.[4] Die hiervon abweichende, aus Art. 6 Abs. 1 GG abgeleitete Regel, dass ein Antrag auf Feststellung des Nichtbestehens einer Ehe bei verbleibender Unklarheit über den Bestand der Ehe abzuweisen ist,[5] gilt im entsprechenden Fall der Lebenspartnerschaft nicht.[6] 11

Feststellungsverfahren können nach § 126 Abs. 1 auch mit Verfahren auf Aufhebung der Lebenspartnerschaft verbunden werden, auch im Wege des Widerklageantrags. Die Konstellation des § 126 Abs. 3 kann im Fall der Lebenspartnerschaft nicht entstehen. 12

1 *Bruns/Kemper*, § 661 ZPO Rz. 188 ff.; *Weber*, ZFE 2003, 78, 81.
2 Vgl. § 136, bislang § 614 ZPO aF.
3 Palandt/*Brudermüller*, § 15 LPartG Rz. 10.
4 Zöller/*Greger*, § 256 ZPO Rz. 18.
5 Wieczorek/Schütze/*Kemper*, § 638 ZPO Rz. 6.
6 *Bruns/Kemper*, § 661 ZPO Rz. 369.

III. Spezialregelungen

13 Die **internationale Zuständigkeit** für Lebenspartnerschaftssachen hat in § 103 eine eigene Regelung gefunden. Auf die Erläuterungen zu dieser Vorschrift wird verwiesen.

14 Dazu, ob das Verfahren nach § 107[1] zur **Anerkennung ausländischer Entscheidungen** in Ehesachen auf ausländische Entscheidungen über die Aufhebung einer Lebenspartnerschaft oder über die Feststellung des Bestehens oder Nichtbestehens einer Lebenspartnerschaft entsprechend anzuwenden ist, vgl. die Erläuterungen zu § 107.

15 In § 112 Nr. 1 bis 3 ist explizit geregelt, welche Lebenspartnerschaftssachen **Familienstreitsachen** sind.

16 In den Vorschriften des **RPflG** über die Aufgabenverteilung zwischen Richter und Rechtspfleger sind die davon mit umfassten Lebenspartnerschaftssachen ausdrücklich erwähnt (vgl. Rz. 2 Fn. 2).

17 Zur entsprechenden Anwendung von kostenrechtlichen Vorschriften in Lebenspartnerschaftssachen vgl. § 5 **FamGKG**.[2]

---

1 Vgl. bislang Art. 7 § 1 FamRÄndG.

2 § 5 Nr. 3 FamGKG in der BGBl. I, v. 22.12.2008 S. 2586 ff. veröffentlichten Fassung berücksichtigt versehentlich bei der Bezeichnung der einzelnen Verfahren noch nicht die Einfügung des neuen § 269 Abs. 1 Nr. 4.

Buch 3
Verfahren in Betreuungs- und Unterbringungssachen

Vorbemerkungen zu §§ 271 bis 341

Literatur: *Bork*, Die Prozessfähigkeit nach neuem Recht, MDR 1991, 97; *Bruckner*, Vereinfacht das MDK-Gutachten das Verfahren?, BtMan 2006, 195; *Deinert/Lütgens*, Die Verfügung des Betreuers, Handbuch der Vergütungs- und Aufwendungsregelungen, 5. Aufl. 2008; *Formella*, Das Einführungsgespräch, BtPrax 1995, 198; *Fröschle*, Betreuungsrecht 2005, Systematische Darstellung der Änderungen nach dem 2. BtÄndG mit Praxishinweisen, 2005; Heidelberger Kommentar zum Betreuungs- und Unterbringungsrecht, Stand 67. Aktualisierung Februar 2009 (zit.: HK-BUR/*Bearbeiter*); *Helms*, Der Widerruf und die Anfechtung wechselbezüglicher Verfügungen bei Geschäfts- und Testierunfähigkeit, DNotZ 2003, 104; *Höfling/Rixen*, Vormundschaftsgerichtliche Sterbeherrschaft?, JZ 2003, 884; *Knittel*, Betreuungsgesetz, Kommentar und Rechtssammlung, Loseblatt; *Oberloskamp*, Die Qualifikation des Sachverständigen gemäß § 68b FGG, BtPrax 1998, 18; *Paßmann*, Wahlrecht und Betreuungsbedürftigkeit, BtPrax 1998, 6; *Roesenow*, Honorarvereinbarung und Ermessensvergütung bei vermögenden Betreuten, BtMan 2005, 212; *Stackmann*, Keine richterliche Anordnung von Sterbehilfe, NJW 2003, 1568; *Vennemann*, Der Betreuungsrichter an der (zu) kurzen Leine – zur Verhältnismäßigkeit im (Betreuungs-)verfahrensrecht, BtPrax 1994, 93; *Walther*, Betreuungsbehörde und Verfahrenspflegschaften, BtPrax 2004, 225; *Zimmermann*, Das Wahlrecht des Betreuten, FamRZ 1996, 79.

Das dritte Buch des FamFG befasst sich mit allen Verfahren, für die nach § 23c Abs. 1 GVG die **Betreuungsgerichte** zuständig sind. Es handelt sich dabei ausnahmslos nicht um Familiensachen, sondern solche der **freiwilligen Gerichtsbarkeit**, auch wenn überwiegend materielles Familienrecht zur Anwendung kommt. 1

Die **Dreigliederung** in Betreuungssachen, Unterbringungssachen und betreuungsgerichtliche Zuweisungssachen spiegelt die alte Dreigliederung des zweiten Abschnitts des FGG in Vormundschafts- und Familiensachen, Betreuungssachen und Unterbringungssachen wider. Vormundschaften sind freilich keine Angelegenheiten der freiwilligen Gerichtsbarkeit mehr, sondern gehören im System des FamFG zu den Kindschaftssachen (§ 151 Nr. 4). Übrig geblieben sind Pflegschaftssachen, die durch § 1915 Abs. 1 Satz 3 BGB dem Betreuungsgericht zugewiesen werden, falls sie weder Minderjährige noch eine Leibesfrucht[1] betreffen (s. auch §§ 151 Nr. 5, 340 Nr. 1). 2

§§ 271 und 340 regeln die Konkurrenz der drei Abschnitte dahin, dass der mittlere über Unterbringungssachen der **speziellste** ist, die Vorschriften über Betreuungssachen ihm gegenüber subsidiär sind. Der Abschnitt über betreuungsgerichtliche Zuweisungssachen stellt ohnehin nur eine **Auffangregelung** dar (s. § 340 Rz. 2). 3

In einer Vielzahl von Normen wird auf **die zuständige Behörde** verwiesen. Ihr werden teils Verfahrensrechte eingeräumt, teils werden Mitteilungspflichten des Gerichts ihr gegenüber begründet, und teils wird sie als Vollstreckungsorgan für gerichtliche Verfügungen bezeichnet. Die Aufgaben dieser Behörde sind im **Betreuungsbehördengesetz** wie folgt beschrieben: 4

---

1 Nur die Pflegschaft für noch ungeborene, aber schon gezeugte Kinder ist Familiensache. Sofern – zB wegen §§ 2113, 2120 BGB – ein noch nicht gezeugtes Kind der Vertretung bedarf, ist das Pflegschaft für einen unbekannten Beteiligten nach § 1913 BGB und dem Betreuungsgericht zugewiesen.

§ 1

Welche Behörde auf örtlicher Ebene in Betreuungsangelegenheiten zuständig ist, bestimmt sich nach Landesrecht. Diese Behörde ist auch in Unterbringungsangelegenheiten im Sinne des § 312 Nr. 1 und 2 des Gesetzes über das Verfahren in Familiensachen und in den Angelegenheiten der freiwilligen Gerichtsbarkeit zuständig.

§ 2

Zur Durchführung überörtlicher Aufgaben oder zur Erfüllung einzelner Aufgaben der örtlichen Behörde können nach Landesrecht weitere Behörden vorgesehen werden.

§ 3

(1) Örtlich zuständig ist diejenige Behörde, in deren Bezirk der Betroffene seinen gewöhnlichen Aufenthalt hat. Hat der Betroffene im Geltungsbereich dieses Gesetzes keinen gewöhnlichen Aufenthalt, ist ein solcher nicht feststellbar oder betrifft die Maßnahme keine Einzelperson, so ist die Behörde zuständig, in deren Bezirk das Bedürfnis für die Maßnahme hervortritt. Gleiches gilt, wenn mit dem Aufschub einer Maßnahme Gefahr verbunden ist.

(2) Ändern sich die für die örtliche Zuständigkeit nach Absatz 1 maßgebenden Umstände im Laufe eines gerichtlichen Betreuungs- oder Unterbringungsverfahrens, so bleibt für dieses Verfahren die zuletzt angehörte Behörde allein zuständig, bis die nunmehr zuständige Behörde dem Gericht den Wechsel schriftlich anzeigt.

§ 4

Die Behörde berät und unterstützt Betreuer und Bevollmächtigte auf ihren Wunsch bei der Wahrnehmung ihrer Aufgaben, die Betreuer insbesondere auch bei der Erstellung des Betreuungsplans.

§ 5

Die Behörde sorgt dafür, dass in ihrem Bezirk ein ausreichendes Angebot zur Einführung der Betreuer in ihre Aufgaben und zu ihrer Fortbildung vorhanden ist.

§ 6

(1) Zu den Aufgaben der Behörde gehört es auch, die Tätigkeit einzelner Personen sowie von gemeinnützigen und freien Organisationen zu Gunsten Betreuungsbedürftiger anzuregen und zu fördern. Weiterhin fördert sie die Aufklärung und Beratung über Vollmachten und Betreuungsverfügungen.

(2) Die Urkundsperson bei der Betreuungsbehörde ist befugt, Unterschriften oder Handzeichen auf Vorsorgevollmachten oder Betreuungsverfügungen zu beglaubigen. Dies gilt nicht für Unterschriften oder Handzeichen ohne dazugehörigen Text. Die Zuständigkeit der Notare, anderer Personen oder sonstiger Stellen für öffentliche Beurkundungen und Beglaubigungen bleibt unberührt.

(3) Die Urkundsperson soll eine Beglaubigung nicht vornehmen, wenn ihr in der betreffenden Angelegenheit die Vertretung eines Beteiligten obliegt.

(4) Die Betreuungsbehörde hat geeignete Beamte und Angestellte zur Wahrnehmung der Aufgaben nach Absatz 2 zu ermächtigen. Die Länder können Näheres hinsichtlich der fachlichen Anforderungen an diese Personen regeln.

(5) Für jede Beglaubigung nach Absatz 2 wird eine Gebühr von 10 Euro erhoben; Auslagen werden gesondert nicht erhoben. Aus Gründen der Billigkeit kann von der Erhebung der Gebühr im Einzelfall abgesehen werden.

(6) Die Landesregierungen werden ermächtigt, durch Rechtsverordnung die Gebühren und Auslagen für die Beratung und Beglaubigung abweichend von Absatz 5 zu regeln. Die Landesregierungen können die Ermächtigung nach Satz 1 durch Rechtsverordnung auf die Landesjustizverwaltungen übertragen.

§ 7

(1) Die Behörde kann dem Betreuungsgericht Umstände mitteilen, die die Bestellung eines Betreuers oder eine andere Maßnahme in Betreuungssachen erforderlich machen, soweit dies unter

Beachtung berechtigter Interessen des Betroffenen nach den Erkenntnissen der Behörde erforderlich ist, um eine erhebliche Gefahr für das Wohl des Betroffenen abzuwenden.

(2) Der Inhalt der Mitteilung, die Art und Weise ihrer Übermittlung und der Empfänger sind aktenkundig zu machen.

(3) (weggefallen)

§ 8

Die Behörde unterstützt das Betreuungsgericht. Dies gilt insbesondere für die Feststellung des Sachverhalts, den das Gericht für aufklärungsbedürftig hält, und für die Gewinnung geeigneter Betreuer. Wenn die Behörde vom Betreuungsgericht dazu aufgefordert wird, schlägt sie eine Person vor, die sich im Einzelfall zum Betreuer oder Verfahrenspfleger eignet. Die Behörde teilt dem Betreuungsgericht den Umfang der berufsmäßig geführten Betreuungen mit.

§ 9

Die Aufgaben, die der Behörde nach anderen Vorschriften obliegen, bleiben unberührt. Zuständige Behörde im Sinne dieser Vorschriften ist die örtliche Behörde.

Landesrecht weist die Aufgaben der Betreuungsbehörde überwiegend **kommunalen Gebietskörperschaften** zu.[1] 5

Bundesgesetzlich nicht geregelt ist, welche Behörde in den Unterbringungssachen des § 312 Nr. 3 und in betreuungsgerichtlichen Zuweisungssachen die zuständige ist. Für die **Unterbringungssachen** des § 312 Nr. 3 ist das die durch Landesrecht bestimmte Unterbringungsbehörde.[2] Falls in **betreuungsgerichtlichen Zuweisungssachen** die Mitwirkung einer Behörde in Frage kommt, sollte man davon ausgehen, dass auch dort die Betreuungsbehörde – und nicht etwa wegen § 53 SGB VIII das Jugendamt – zuständig ist. Einerseits ist das Jugendamt nach dem Wortlaut der Neufassung nur noch dem Familiengericht gegenüber zur Mitwirkung verpflichtet. Andererseits lässt die Öffnungsklausel in § 9 Satz 1 BtBG den Spielraum, auch in den in § 340 genannten Verfahren eine Mitwirkungspflicht der Betreuungsbehörde anzunehmen. 6

A. Betreuungssachen

Der Abschnitt über Betreuungssachen umfasst die §§ 271 bis 311, die eine nicht durch Zwischenüberschriften verdeutlichte **Binnengliederung** aufweisen: 7

§§ 271 bis 277 sind **allgemeine Vorschriften**, die für alle Betreuungssachen gelten, soweit nicht einzelne Vorschriften darin (wie zB § 274 Abs. 3 und 4) Einschränkungen enthalten. 8

1 Nämlich den (Land-)kreisen oder Stadtkreisen/kreisfreien Städten, teils auch kreisangehörigen Städten oder Gemeinden. In Berlin sind die Bezirksämter zuständig, in Hamburg die Behörde für Arbeit, Gesundheit und Soziales, eine übersichtliche Zusammenstellung findet sich bei BtKomm/*Dodegge*, J Rz. 56 ff.

2 Auch das sind überwiegend die Stadt- und Landkreise, teils auch kreisangehörige Gemeinden (in Hessen: alle über 7500 Einwohner), jedoch mit mehr Ausnahmen: In Brandenburg, Hamburg und Thüringen ist der Sozialpsychiatrische Dienst zuständig, in Bremen, Mecklenburg-Vorpommern und Nordrhein-Westfalen die Ordnungsbehörde (Ortspolizeibehörde). In Berlin sind auch hierfür die Bezirksämter zuständig, vgl. *Fröschle*, § 70g FGG Rz. 9. Soweit in Baden-Württemberg außerdem das Zentrum für Psychiatrie einen Antrag zur Unterbringung stellen kann, wird es dadurch wohl nicht zur zuständigen Behörde, OLG Karlsruhe v. 12.8.1994 – 11 Wx 48/94, BtPrax 1994, 213.

9 Die darauf folgenden §§ 278 bis 285 betreffen dagegen nur:

- das Verfahren zur Betreuerbestellung, und zwar das **Einheitsverfahren** nach §§ 1896 bis 1900 BGB, in dem die Anordnung der Betreuung und die Bestellung des (ersten) Betreuers zusammenfallen,
- das Verfahren zur **Anordnung eines Einwilligungsvorbehalts**.

In anderen Verfahren sind sie nur anwendbar, soweit auf sie verwiesen wird.

10 § 19 Abs. 1 Satz 1 Nr. 1 RPflG gibt dem Landesgesetzgeber die Möglichkeit, das Einheitsverfahren **aufzuspalten**. Geschieht dies, so gelten die §§ 278 bis 285 nach § 19 Abs. 3 RPflG für das Anordnungsverfahren. Für das anschließende isolierte Betreuerbestellungsverfahren passen diese Vorschriften dagegen nicht. Dort sollte § 296 Abs. 2 analog angewendet werden.[1]

11 Die §§ 286 bis 288 beziehen sich auf die **Endentscheidung** in Betreuungssachen und enthalten Modifikationen der §§ 38 bis 41. Der Anwendungsbereich dieser Normen ist uneinheitlich. Teilweise gelten sie unmittelbar für alle, teilweise nur für besonders aufgezählte Betreuungssachen, wobei hierauf dann teilweise woanders wieder verwiesen wird.

12 Die §§ 289 und 290 betreffen **Verrichtungen des Betreuungsgerichts**, die nach Abschluss eines Bestellungsverfahrens und teilweise auch anderer Verfahren erforderlich werden können.

13 Die §§ 291 bis 299 regeln das Verfahren in **bestimmten anderen Betreuungssachen**, zum Teil durch eigenständige Verfahrensregeln, zum Teil durch Verweisungen auf die für die Erstbestellung geltenden Vorschriften.

14 Für **alle übrigen Betreuungssachen** gelten für den ersten Rechtszug demnach nur die §§ 272 bis 277, teilweise auch § 288 und ansonsten die Vorschriften des ersten Buches FamFG. Ob die **persönliche Anhörung** des Betroffenen zur Wahrung rechtlichen Gehörs notwendig ist, ist dann nach § 34 Abs. 1 Nr. 1 zu entscheiden. Ob er **ärztlich** untersucht oder sogar begutachtet werden muss, entscheidet sich nach §§ 26, 29, 30. Wer wozu sonst **anzuhören** ist, bestimmt sich nach Art. 103 Abs. 1 GG und nach § 37 Abs. 2.

15 Ungeregelt ist insbesondere das Verfahren über die **Herausgabe** des Betreuten an den Betreuer und den **Umgang** von Dritten mit dem Betreuten nach §§ 1908i Abs. 1 Satz 1, 1632 Abs. 1 und 2 BGB. Dass der Betroffene dabei zur Gewährung rechtlichen Gehörs aber **regelmäßig persönlich angehört** werden muss, folgt aus der Schwere des Eingriffs in seinen persönlichen Lebensbereich.[2]

16 Die §§ 300 bis 302 treffen Bestimmungen über **einstweilige Anordnungen** zu bestimmten Verfahrensgegenständen. Sie sind nicht als abschließend anzusehen. Soweit sie nicht greifen, kommt der Erlass von einstweiligen Anordnungen grundsätzlich auch nach allgemeinen Vorschriften (§§ 49 ff.) in Frage, falls das der entsprechende Verfahrensgegenstand zulässt (s. § 300 Rz. 8 f.).

17 Ungeregelt ist das Verfahren zum Erlass **vorläufiger Maßnahmen** nach §§ 1908i Abs. 1 Satz 1, 1846 BGB (s. dazu § 300 Rz. 10 ff.). Aus § 334 folgt allerdings, dass auch solche vorläufigen Maßnahmen Unterbringungssachen sind, soweit sie eine Freiheitsentzie-

---

1 *Fröschle*, Betreuungsrecht 2005, Rz. 890; Jurgeleit/*Bučić*, § 65 FGG Rz. 17.
2 OLG Frankfurt v. 23.1.2003 – 20 W 479/02, FGPrax 2003, 81.

hung beinhalten. Dementsprechend ist das Verfahren nach § 298 zu beachten, wenn sich die vorläufige Maßnahme auf eine der in § 1904 BGB genannten Entscheidungen bezieht (s. im Übrigen § 298 Rz. 4). Es handelt sich nicht um einstweilige Anordnungen iSv. § 49, weil es an einer dazugehörigen Hauptsache fehlt.

Die §§ 303 bis 306 betreffen **Rechtsmittel** in Betreuungssachen, sie ergänzen und modifizieren die allgemeine Regeln in §§ 58 ff. 18

§ 307 ermöglicht unter bestimmten Voraussetzungen die **Kostenübernahme** (auch der Auslagen des Betroffenen) auf die Staatskasse und ergänzt dadurch § 81 Abs. 1 Satz 2. 19

Die §§ 308 bis 311 schließlich regeln **Mitteilungen** des Betreuungsgerichts an Behörden oder andere Gerichte. Für Mitteilungen an das Betreuungsgericht gilt § 22a. Mitteilungen von einem Betreuungsgericht an ein anderes oder vom Betreuungs- an das Familiengericht können sowohl § 308 als auch § 22a unterfallen (s. § 308 Rz. 5). 20

B. Geltung für betreuungsgerichtliche Zuweisungssachen

Ob und inwieweit die §§ 272 bis 311 (auf § 271 wird in § 341 verwiesen) auch in **betreuungsgerichtlichen Zuweisungssachen** anzuwenden sind, entzieht sich einer einheitlichen Antwort. 21

Zum Teil wird das (zB in § 16 Abs. 4 VwVfG) **spezialgesetzlich angeordnet.** 22

§ 298 ist auch für das Verfahren über die Genehmigung einer **Erklärung des Bevollmächtigten** nach § 1904 BGB anwendbar, da die Vorschrift dies ausdrücklich bestimmt. 23

Es wäre nicht sinnvoll, über die **Entschädigung eines Pflegers** in einem anderen Verfahren als demjenigen über die des Vormunds oder des Betreuers (also entsprechend §§ 292, 168) zu entscheiden (s. § 292 Rz. 3). Daher ist § 292 Abs. 1 für die Entschädigung eines Pflegers entsprechend anzuwenden.[1] Ob § 292 Abs. 2 dem Landesgesetzgeber das Recht gibt, auch für Pfleger einen Formularzwang einzuführen, ist dagegen zweifelhaft. 24

Für die Pflegschaften nach §§ 1910, 1912 und 1913 BGB können aber im Übrigen die Vorschriften über Betreuungssachen vielfach von vornherein nicht angewendet werden. Dass zB weder § 275 noch § 278 oder § 280 passen, ja wohl noch nicht einmal § 274 Abs. 1 Nr. 1 Sinn ergibt, ist klar, und auch die Nützlichkeit eines Verfahrenspflegers ist ziemlich zweifelhaft. Von den in Rz. 22 bis 24 genannten Fällen abgesehen, sollte man daher davon ausgehen, dass in betreuungserichtlichen Zuweisungssachen die §§ 272 bis 311 **grundsätzlich nicht gelten**, sondern sich das Verfahren im Übrigen ganz nach dem ersten Buch des FamFG richtet. 25

1 Hierfür spricht auch, dass er auf alle Absätze des § 168, einschließlich des Abs. 5 verweist.

Abschnitt 1
Verfahren in Betreuungssachen

§ 271
Betreuungssachen

Betreuungssachen sind

1. Verfahren zur Bestellung eines Betreuers und zur Aufhebung der Betreuung,

2. Verfahren zur Anordnung eines Einwilligungsvorbehalts sowie

3. sonstige Verfahren, die die rechtliche Betreuung eines Volljährigen (§§ 1896 bis 1908i des Bürgerlichen Gesetzbuchs) betreffen, soweit es sich nicht um eine Unterbringungssache handelt.

A. Allgemeines

I. Bedeutung

1 Die Norm enthält eine **Definition der Betreuungssachen**. Ihre praktische Bedeutung ist gering. Im Betreuungsverfahren ist es nach wie vor das materielle Recht, das die funktionale Zuständigkeit der Zivilabteilung von derjenigen des Betreuungsgerichts abgrenzt (s. v.a. Rz. 19 ff.). Die Norm ist in Aufbau und Formulierung verunglückt. Die beiden ersten Nummern sind obsolet. Die Verwendung von Plural im Haupt-, dagegen Singular im Nebensatz in Nr. 3 ist schlechter Sprachstil und die „rechtliche Betreuung von Volljährigen" ist tautologisch, da es eine rechtliche Betreuung von Minderjährigen nicht gibt.

II. Normgeschichte

2 Betreuungssachen waren im früheren § 65 Abs. 1 FGG – sprachlich besser – als „Verrichtungen, die die Betreuung betreffen" klassifiziert. Mit der Neufassung soll die Bedeutung der in Nr. 1 und 2 genannten Verfahren besonders betont werden.[1]

B. Inhalt der Vorschrift

I. Explizit genannte Verfahren (Nr. 1 und 2)

3 In Nr. 1 wird das Verfahren zur Bestellung eines Betreuers genannt. Gemeint sind damit sowohl die **Erstbestellung eines Betreuers** – die zugleich die Anordnung der Betreuung enthält – als auch die **Neubestellung** nach Tod oder Entlassung des Vorgängers (§ 1908c BGB), die (spätere) Bestellung eines zusätzlichen Betreuers nach § 1899 BGB oder eines Gegenbetreuers (§§ 1908i Abs. 1 Satz 1, 1792 BGB).

1 BT-Drucks. 16/6308, S. 164.

Eines der zentralen Anliegen des BtG war es, die aus dem Vormundschaftsrecht überkommene Spaltung des Verfahrens in eines zur Anordnung der Vormundschaft (§ 1774 BGB) und ein zweites zur Auswahl und Bestellung des Vormunds (§§ 1775 ff. BGB) zu beenden.[1] Es war schon unter dem bisherigen Recht streitig, ob Verfahren zur **isolierten Anordnung einer Betreuung** denkbar sind. Anzudeuten scheinen dies § 15 Abs. 1 Nr. 5 und 6 RPflG, indem sie die Anordnung einer Betreuung in bestimmten Fällen dem Richter vorbehalten, ohne für diese Fälle auch die Betreuerbestellung mit zu erwähnen.[2] 4

Nr. 2 nennt das Verfahren zur **Anordnung eines Einwilligungsvorbehalts**, das § 1903 Abs. 1 Satz 1 BGB dem Betreuungsgericht zuweist. Es ist ein eigenständiges Verfahren, das nach § 20 mit demjenigen zur Betreuerbestellung verbunden, aber auch isoliert geführt werden kann, vor allem, wenn die Notwendigkeit zur Anordnung eines Einwilligungsvorbehalts erst nach der Betreuerbestellung bekannt wird. 5

II. Andere Betreuungssachen (Nr. 3)

Nr. 3 schließlich definiert als Betreuungssachen auch alle anderen die rechtliche Betreuung betreffenden Verfahren und verweist dazu auf den Gesetzesabschnitt über die Rechtliche Betreuung im BGB (§§ 1896 bis 1908i). Darunter fallen zunächst alle in diesem Abschnitt des BGB **explizit dem Betreuungsgericht zugewiesenen Aufgaben** (soweit sie nicht schon in Nr. 1 und 2 aufgezählt werden), nämlich 6

- die Genehmigung einer Entscheidung des Betreuers über medizinische Behandlungen (§ 1904 Abs. 1 Satz 1 und Abs. 2 BGB),
- die Genehmigung der Einwilligung des Betreuers in die Sterilisation des Betreuten (§ 1905 Abs. 3 Satz 1 BGB),
- die Genehmigung der Kündigung oder rechtsgeschäftlichen Aufhebung des Mietvertrags über die Wohnung des Betreuten (§ 1907 Abs. 1 BGB),
- die Genehmigung eines den Betreuten langfristig bindenden Dauerschuldverhältnisses sowie der Vermietung von Wohnraum (§ 1907 Abs. 3 BGB),
- die Genehmigung einer Ausstattung aus dem Vermögen des Betreuten (§ 1908 BGB),
- die Aufhebung der Betreuung (§ 1908d Abs. 1 Satz 1, Abs. 2 Satz 1 BGB),
- die Einschränkung der Aufgabenkreise des Betreuers (§ 1908d Abs. 1 Satz 2, Abs. 2 Satz 3 BGB),
- die Erweiterung der Aufgabenkreise des Betreuers (§ 1908d Abs. 3 BGB),
- die Einschränkung oder Erweiterung eines Einwilligungsvorbehalts (§ 1908d Abs. 4 BGB),
- die Einschränkung der den nächsten Angehörigen und dem Vereins- und Behördenbetreuer nach §§ 1857a, 1852 Abs. 2, 1853, 1854 BGB zustehenden Befreiungen (§ 1908i Abs. 2 Satz 2 BGB).

1 BT-Drucks. 11/4528, S. 91.

2 Für die Möglichkeit der isolierten Anordnung der Betreuung in diesem Spezialfall: *Fröschle*, Anh. zu § 1 FGG Rz. 36; anders die hM: Bassenge/*Roth*, § 14 RPflG Rz. 20; Jürgens/*Klüsener*, § 14 RPflG Rz. 13; HK-BUR/*Rink*, § 14 RPflG Rz. 3.

7 Obwohl das Gesetz dort nur „das Gericht" nennt, ohne dies näher zu spezifizieren, gehört auch ohne Zweifel hierher noch:
- die Anordnung der Erstellung eines Betreuungsplans (§ 1901 Abs. 4 Satz 2 BGB).

8 Genehmigungen nach § 1904 Abs. 5 BGB sind betreuungsgerichtliche Zuweisungssachen, Genehmigungen nach § 1906 BGB Unterbringungssachen.

9 Soweit § 1908i Abs. 1 Satz 1 BGB zahllose Vorschriften außerhalb des Abschnitts über die rechtliche Betreuung für entsprechend anwendbar erklärt und diese Vorschriften Angelegenheiten **dem Familiengericht** zuweisen, ist das dahin zu lesen, dass sie bei entsprechender Anwendung im Betreuungsrecht ebenfalls dem Betreuungsgericht zugewiesen sein sollen. Es fehlt zwar ein dies klarstellender Zusatz, wie § 1915 Abs. 1 Satz 3 BGB ihn für das Pflegschaftsrecht enthält. Ein entsprechender Wille des Gesetzgebers ergibt sich aber erstens aus § 299, und zweitens ist dies für die in § 1632 BGB genannten Angelegenheiten, die schon seit dem 1.7.1998 dem Familiengericht zugewiesen waren, auch bisher allgemeine Meinung gewesen.[1] Demnach sind **Aufgaben des Betreuungsgerichts ferner**
- Streitigkeiten über die Herausgabe des Betreuten an den Betreuer (§ 1632 Abs. 1 BGB),
- Streitigkeiten zwischen dem Betreuer und einem Dritten über den Umgang des Dritten mit dem Betreuten (§ 1632 Abs. 2 BGB),
- die Entziehung der Vertretungsmacht (§ 1796 BGB),
- die Entscheidung von Meinungsverschiedenheiten zwischen mehreren Betreuern (§§ 1797 Abs. 1 Satz 2, 1798 BGB),
- die Überwachung und Entgegennahme des Vermögensverzeichnisses und ggf. die Anordnung, es von dritter Seite erstellen zu lassen (§ 1802 Abs. 1 und 3 BGB),
- die Genehmigung der Abweichung von einer Anordnung desjenigen, der dem Betreuten Vermögen unentgeltlich zugewendet hat, oder die Ersetzung von dessen Zustimmung zu einer solchen Abweichung (§ 1803 Abs. 2 und Abs. 3 Satz 2),
- die Genehmigung einer mündelsicheren und die Gestattung einer andersartigen Geldanlage (§§ 1810, 1811 BGB), soweit dafür das Gericht und nicht der Gegenbetreuer zuständig ist,
- die Genehmigung der Verfügung über Forderungen und Wertpapiere (§ 1812 Abs. 2 und 3 BGB),
- die Befreiung von den in §§ 1806 bis 1811 BGB genannten Verpflichtungen (§ 1817 BGB),
- die Anordnung der Hinterlegung von Wertsachen (§ 1818 BGB),
- die Genehmigung von Rechtsgeschäften der in §§ 1819, 1820, 1821, 1822 Nr. 1 bis 4 und Nr. 5 bis 13 BGB genannten Art,
- die Genehmigung des Beginns eines Erwerbsgeschäfts auf den Namen des Betreuten durch den Betreuer (§ 1823 BGB),
- die Genehmigung der Überlassung von Gegenständen an den Betreuten zu seiner freien Verfügung, über die der Betreuer seinerseits nur mit Genehmigung des Betreuungsgerichtes verfügen dürfte (§ 1824 BGB),

1 OLG Frankfurt v. 23.1.2003 – 20 W 479/02, FamRZ 2003, 964; Erman/*Roth*, § 1908i BGB Rz. 3; HK-BUR/*Bauer*, § 1632 BGB Rz. 5; Jürgens/*Klüsener*, § 1632 BGB Rz. 2; *Fröschle*, § 35 FGG Rz. 4; *Bienwald*, § 1908i BGB Rz. 23.

- die Erteilung einer allgemeinen Ermächtigung des Betreuers zur Vornahme der in §§ 1812, 1822 Nr. 8 bis 10 BGB genannten Geschäfte (§ 1825 BGB),
- die Beratung des Betreuers und die Aufsicht über ihn (§§ 1837 Abs. 1 bis 3, 1839 BGB),
- die Entgegennahme und Prüfung des Jahresberichts und der jährlichen Rechnungslegung (§ 1840 bis 1843 BGB),
- die Anordnung von einstweiligen Maßnahmen an Stelle eines verhinderten oder noch nicht bestellten Betreuers (§ 1846 BGB), soweit sie nicht mit Freiheitsentziehung verbunden sind,[1]
- die Prüfung der Schlussrechnung (§ 1892 Abs. 2 BGB),
- die Rückforderung der Bestellungsurkunde (§ 290) nach Ende der Betreuung (§ 1893 Abs. 2 Satz 1 BGB).

Dasselbe dürfte für diejenigen Angelegenheiten gelten, die in den Vorschriften, auf die in § 1903 Abs. 1 Satz 2 BGB verwiesen wird, dem Familiengericht zugewiesen sind, nämlich 10

- die Genehmigung der Ermächtigung des Betreuten, trotz Einwilligungsvorbehalts ein Erwerbsgeschäft selbständig zu führen (§ 112 Abs. 1 BGB) und die Genehmigung der Rücknahme einer solchen Ermächtigung (§ 112 Abs. 2 BGB),
- die Ersetzung der Ermächtigung des Betreuten, trotz Einwilligungsvorbehalts Rechtsgeschäfte in Bezug auf ein Dienst- oder Arbeitsverhältnis selbständig vorzunehmen (§ 113 Abs. 2 BGB).

Im FamFG selbst werden dem Betreuungsgericht zugewiesen: 11

- die Genehmigung des Antrags des Betreuers auf Scheidung oder Aufhebung der Ehe (§ 125 Abs. 2 Satz 2),
- die Entscheidung über einen Antrag des Betreuten gegen den zum Betreuer bestellten Betreuungsverein oder die zum Betreuer bestellte Betreuungsbehörde, mit der Erledigung seiner Angelegenheiten eine andere als die bisher damit betraute Person zu beauftragen (§ 291).

Schließlich sind auch **alle weiteren Verfahren**, die **an anderer Stelle** des BGB oder in Spezialgesetzen **dem Betreuungsgericht** zugewiesen werden, Betreuungssachen iSv. § 271 Nr. 3, wenn sie eine rechtliche Betreuung betreffen. Ist dies nicht der Fall, sind sie betreuungsgerichtliche Zuweisungssachen iSv. § 340. Beispiele hierfür sind 12

- einige Genehmigungen im Ehegüterrecht nach §§ 1411 Abs. 2 Satz 2 Halbs. 2, 1484 Abs. 2 Satz 3, 1491 Abs. 3 Satz 2, 1492 Abs. 3 Satz 2 BGB sowie eine Gestattung nach § 1493 Abs. 2 Satz 3 BGB,
- die Genehmigung von Erklärungen des Betreuers im Rahmen eines Vaterschaftsanerkenntnisses (§ 1596 Abs. 1 Satz 3 Halbs. 2 BGB),
- einige Genehmigungen im Erbrecht nach §§ 2282 Abs. 2 Halbs. 2, 2290 Abs. 3 Satz 2, 2347 Abs. 1 Satz 2 BGB.

Die Zuweisung an das **Familiengericht in manchen Spezialgesetzen** kann ebenfalls als eine solche an das Betreuungsgericht gelesen werden, soweit das Verfahren einen Volljährigen betrifft. Dass zB § 3 Abs. 2 Satz 1 TSG so zu verstehen ist, folgt schon aus 13

---

1 Sonst handelt es sich um eine Unterbringungssache, vgl. § 334.

§ 15 Nr. 9 RPflG, in dem die Genehmigung zur Namens- oder Geschlechtsänderung nach dem TSG als Angelegenheit bezeichnet wird, die dem Betreuungsgericht zugewiesen sein kann, obwohl § 3 Abs. 2 Satz 1 TSG nur das Familiengericht erwähnt. Weitere Versehen dieser Art des Gesetzgebers sind nicht ausgeschlossen.

14 Ganz übersehen habe dürfte der Gesetzgeber Verfahren zu Ersetzung des Antrags des Betreuten zu seiner **Annahme als Kind**. Dass eine solche Ersetzung möglich sein muss, folgt daraus, dass § 1768 Abs. 1 Satz 2 BGB nur § 1746 Abs. 1 und 2 BGB, nicht aber auch dessen Abs. 3 von der Generalverweisung in § 1768 Abs. 1 Satz 1 BGB ausnimmt. Da für die Annahme eines Volljährigen aber nicht die Einwilligung des Kindes, sondern dessen Antrag erforderlich ist, kann § 1746 Abs. 3 BGB nur dahin gelesen werden, dass dieser Antrag vom Gericht ersetzt werden kann.[1] Welches Gericht dafür zuständig ist, ist aber jetzt fraglich geworden. Bisher war dies keine Frage, weil im Adoptionsverfahren stets das Vormundschaftsgericht zuständig war. Logisch stimmig erscheint es, hier nun eine **Zuständigkeit des Familiengerichts** anzunehmen, und zwar eine Adoptionssache entsprechend § 186 Nr. 2, denn aus dieser Norm geht hervor, dass nach der Absicht des Gesetzgebers das Familiengericht nicht nur über die Adoption selbst, sondern auch über die Schaffung ihrer Voraussetzungen entscheiden können soll.

15 Verfahren, die **den Aufwendungsersatz und die Vergütung** des Betreuers betreffen, werden im BGB nicht ganz eindeutig dem Betreuungsgericht zugewiesen. Das Familiengericht erwähnen § 1835 Abs. 1a BGB und §§ 1, 2 VBVG, das Betreuungsgericht erwähnt überhaupt nur § 10 Abs. 3 VBVG. Dass es sich aber jedenfalls bei

- der Festsetzung der vom Betreuten, seinen Erben oder der Staatskasse an den Betreuer zu leistenden Zahlungen (§§ 1835, 1835a, 1836 BGB iVm. §§ 1, 4 bis 10 VBVG) und
- der Festsetzung von Zahlungen des Betreuten oder seiner Erben an die Staatskasse wegen der von dieser übernommenen Entschädigungen (§ 1836e BGB)

um Betreuungssachen handelt,[2] folgt aus § 292. Dass außerdem

- die Feststellung der Berufsmäßigkeit der Betreuung (§ 1836 Abs. 1 Satz 3 BGB iVm. § 1 Abs. 1 VBVG)

ebenfalls dem Betreuungsgericht obliegt, folgt schon daraus, dass sie – jedenfalls grundsätzlich – „bei der Bestellung" zum Betreuer zu erfolgen hat.[3]

16 Umstritten ist, ob die Geltendmachung eines solchen Entschädigungsanspruchs auch dann noch Betreuungssache ist, wenn eine **Rechtsnachfolge** auf Seiten des Betreuers eingetreten ist.[4] Das hängt davon ab, ob man den Grund für die Zuweisung dieser Angelegenheiten an die freiwillige Gerichtsbarkeit in der Natur des Anspruchs sehen will oder in der besonderen Art von Rechtsverhältnis, das zwischen Betreuer und Betreutem besteht. Für die erstgenannte Betrachtungsweise spricht, dass die Festsetzung dem Betreuungsgericht auch nach Eintritt eines Erbfalls auf Seiten des Betreuten noch obliegen soll.[5] Die Fachkompetenz des Betreuungsgerichts für die besonderen in

1 Allg.M., s. MüKo.BGB/*Maurer*, § 1768 Rz. 4 mwN.
2 Zur Einordnung als Betreuungssache nach dem FGG: OLG Karlsruhe v. 4.11.2002 – 11 Wx 52/02, FamRZ 2003, 405.
3 *Fröschle*, § 65 FGG Rz. 4.
4 Dafür: *Fröschle*, Anh. zu § 69e FGG Rz. 46; dagegen: *Deinert/Lütgens*, 4. Aufl. Rz. 1318. (In der 5. Aufl. nehmen sie in Rz. 1502 die Unabtretbarkeit der Ansprüche gem. § 134 BGB iVm. § 203 StGB an, übersehend, dass selbst wenn das richtig sein sollte, die Abtretung mit Zustimmung des Betreuten, die Pfändung und auch die Vererbung des Anspruchs möglich bliebe.)
5 BayObLG v. 14.3.2001 – 3 Z BR 28/01, FamRZ 2001, 866.

§§ 1835 bis 1836e BGB und §§ 1 bis 9 VBVG geregelten Entschädigungsansprüche scheint also der entscheidende Zuweisungsgrund zu sein. Dann aber ändert eine Rechtsnachfolge – auf welcher Seite auch immer sie eintritt – hieran nichts.

17 Unklar ist ferner, ob das Betreuungsgericht auch **auf anderer Rechtsgrundlage** – zB auf Grund eines zwischen Betreuer und Betreutem abgeschlossenen Honorarvertrags[1] oder auf Grundlage einer Geschäftsführung ohne Auftrag des Betreuers (§§ 683 Satz 1, 670 BGB) – Zahlungen festsetzen kann oder ob diese im Zivilprozess geltend zu machen sind. Wenn man, wie hier vertreten wird, davon ausgeht, dass es die besondere Fachkompetenz des Betreuungsgerichts ist, die Grund für die Zuweisung ist, muss man ihre Erstreckung auf solche Verfahren verneinen.[2] Für die Prüfung der Wirksamkeit und die Auslegung eines Honorarvertrages ist das Betreuungsgericht ebenso wenig besonders fachlich kompetent wie für die Feststellung der Voraussetzungen einer berechtigten Geschäftsführung ohne Auftrag. Wären auch Ansprüche aus anderen Anspruchsgrundlagen dem Betreuungsgericht zugewiesen, wäre es im Übrigen auch inkonsequent, die Prüfung von Einwendungen gegen den Anspruch im Vergütungsverfahren vor dem Betreuungsgericht einzuschränken.

18 Für die Festsetzung von **Zinsen** auf die Ersatzansprüche ist jedoch das Betreuungsgericht zuständig, und zwar unabhängig davon, ob die Zinsen mit der Hauptforderung oder isoliert geltend gemacht werden.[3]

19 **Andere Ansprüche** im Verhältnis zwischen Betreuer und Betreutem sind keine dem Betreuungsgericht zugewiesenen Angelegenheiten – und zwar auch dann nicht, wenn sich die Anspruchsgrundlage im Betreuungsrecht bzw. im entsprechend anwendbaren Vormundschaftsrecht findet. Der Wortlaut von § 271 ist in dieser Beziehung zwar nicht eindeutig, vor allem wenn man ihn mit § 151 vergleicht, der von vorneherein klarstellt, dass er keine Zuweisung an das Familiengericht vornimmt, sondern sie vielmehr voraussetzt. Der denklogisch mögliche Umkehrschluss, dass § 271 Zuweisungsnorm ist, würde aber in Widersprüche führen, was die Intentionen des Gesetzgebers angeht. Dessen Ziel war es, mit dem FGG-RG ein „Großes" Familiengericht[4] zu bilden. Dass dabei auch ein „großes Betreuungsgericht" beabsichtigt war, sagt der Entwurf nicht.[5] Keinesfalls aber kann dem Gesetzgeber ein Betreuungsgericht vorgeschwebt haben, das noch „größer" als das Familiengericht ist. Es widerspräche daher den dem Gesetz zu Grunde liegenden Intentionen, § 271 anders auszulegen als § 151.

20 **Gewöhnliche Zivilsachen** sind daher Ansprüche auf:

- Schadensersatz wegen verzögerter bzw. verweigerter Betreuungsübernahme (§§ 1908i Abs. 1 Satz 1, 1787 Abs. 1 BGB) oder pflichtwidrigen Verhaltens (§§ 1908i Abs. 1 Satz 1, 1833 BGB),

---

1 Zur Abdingbarkeit der §§ 1908i Abs. 1 Satz 1, 1836 Abs. 1 Satz 3 iVm. §§ 1 ff. VBVG: AG Hildesheim v. 14.11.2005 – 72 XVII F 383, BtMan 2005, 233 und *Rosenow*, BtMan 2005, 212 (217 f.); in Ausnahmefällen zulassen will solche Vereinbarungen OLG München v. 22.2.2008 – 33 Wx 34/08, FamRZ 2008, 1560.

2 Für vereinbartes Honorar: *Fröschle/Locher*, Anh. zu § 69e FGG Rz. 77, für Ansprüche aus Geschäftsführung ohne Auftrag: OLG Hamm v. 16.3.2006 – 15 W 355/05, FGPrax 2006, 161; *Deinert/Lütgens*, Rz. 1510.

3 OLG Hamm v. 12.11.2002 – 15 W 150/02, BtPrax 2003, 81; *Fröschle*, Anh. zu § 69e FGG Rz. 39; aA: OLG Celle v. 11.3.2002 – 10 W 1/02, FamRZ 2002, 1431.

4 BT-Drucks. 16/6308, S. 168.

5 Nach BT-Drucks. 16/6308, S. 170 ist vielmehr „keine grundlegende Neuausrichtung" des Betreuungsverfahrens beabsichtigt gewesen.

– Zinsen wegen Verwendung von Betreutenvermögen für eigene Zwecke (§§ 1908i Abs. 1 Satz 1, 1834 BGB),

– Herausgabe des vom Betreuer verwalteten Vermögens nach Ende der Betreuung (§§ 1908i Abs. 1 Satz 1, 1890 Satz 1 Teil 2 BGB).

21 Die **Schlussrechnung** (§§ 1908i Abs. 1 Satz 1 1890 Satz 1 Teil 1 BGB) ist zwar dem Vormundschaftsgericht gegenüber zu erbringen (§ 1892 Abs. 1 BGB). § 1892 Abs. 2 BGB beschränkt dessen Tätigkeit aber auf die Prüfung und Feststellung der rechnerischen und sachlichen Richtigkeit. Daraus folgt, dass der Anspruch des Betreuten auf Erteilung der Schlussrechnung, wenn sein genauer Inhalt streitig bleibt, ebenfalls als Zivilsache verhandelt werden muss. Der Betreute, der eine Ergänzung oder Berichtigung verlangt, muss daher eine Zivilklage erheben.[1]

22 Der aus § 1901 Abs. 2 bis 4 BGB folgende Anspruch des Betreuten, dass der Betreuer die Betreuung **seinem Wohl und seinen Wünschen entsprechend** führt, ist auch nicht dem Betreuungsgericht zugewiesen. Wegen der Möglichkeit zur Anregung eines Aufsichtsverfahrens (§§ 1908i Abs. 1 Satz 1, 1837 Abs. 2 BGB) fehlt dem Betreuten jedoch das Rechtsschutzinteresse an einer diesen Anspruch betreffenden Zivilklage.

C. Anhang: Zuständigkeiten des Rechtspflegers in Betreuungssachen

23 Drei verschiedene Vorschriften bestimmen über die Verteilung der Zuständigkeit in Betreuungssachen zwischen Richter und Rechtspfleger:

§ 3 Nr. 2b RPflG – Übertragene Geschäfte

Dem Rechtspfleger werden folgende Geschäfte übertragen:

...

2. vorbehaltlich der in den §§ 14 bis 19b dieses Gesetzes aufgeführten Ausnahmen die nach den gesetzlichen Vorschriften vom Richter wahrzunehmenden Geschäfte des Amtsgerichts in

...

b) Betreuungssachen sowie betreuungsgerichtlichen Zuweisungssachen nach den §§ 271 und 340 des Gesetzes über das Verfahren in Familiensachen und in den Angelegenheiten der freiwilligen Gerichtsbarkeit

§ 15 RPflG – Betreuungssachen und betreuungsgerichtliche Zuweisungssachen

Von den Angelegenheiten, die dem Betreuungsgericht übertragen sind, bleiben dem Richter vorbehalten:

1. Verrichtungen auf Grund der §§ 1896 bis 1900, 1908a und 1908b Abs. 1, 2 und 5 des Bürgerlichen Gesetzbuchs sowie die anschließende Bestellung eines neuen Betreuers;

2. die Bestellung eines neuen Betreuers im Fall des Todes des Betreuers nach § 1908c des Bürgerlichen Gesetzbuchs;

3. Verrichtungen auf Grund des § 1908d des Bürgerlichen Gesetzbuchs, des § 291 des Gesetzes über das Verfahren in Familiensachen und in den Angelegenheiten der freiwilligen Gerichtsbarkeit, wenn die genannten Verrichtungen nicht nur eine Betreuung nach § 1896 Abs. 3 des Bürgerlichen Gesetzbuchs betreffen;

4. Verrichtungen auf Grund der §§ 1903 bis 1905 des Bürgerlichen Gesetzbuchs;

5. die Anordnung einer Betreuung oder Pflegschaft über einen Angehörigen eines fremden Staates einschließlich der vorläufigen Maßregeln nach Artikel 24 des Einführungsgesetzes zum Bürgerlichen Gesetzbuche;

---

1 OLG Stuttgart v. 4.10.2000 – 8 W 470/99, BtPrax 2001, 79; MüKo.BGB/*Wagenitz* § 1890 BGB Rz. 9.

6. die Anordnung einer Betreuung oder Pflegschaft auf Grund dienstrechtlicher Vorschriften;

7. die Entscheidungen nach § 1908i Abs. 1 Satz 1 in Verbindung mit § 1632 Abs. 1 bis 3, § 1797 Abs. 1 Satz 2 und § 1798 des Bürgerlichen Gesetzbuchs;

8. die Genehmigung nach § 6 des Gesetzes über die freiwillige Kastration und andere Behandlungsmethoden;

9. die Genehmigung nach § 3 Abs. 1 Satz 2 sowie nach § 6 Abs. 2 Satz 1, § 7 Abs. 3 Satz 2 und § 9 Abs. 3 Satz 1, jeweils in Verbindung mit § 3 Abs. 1 Satz 2 des Gesetzes über die Änderung der Vornamen und die Feststellung der Geschlechtszugehörigkeit in besonderen Fällen.

§ 19 – Aufhebung von Richtervorbehalten

(1) Die Landesregierungen werden ermächtigt, durch Rechtsverordnung die in den vorstehenden Vorschriften bestimmten Richtervorbehalte ganz oder teilweise aufzuheben, soweit sie folgende Angelegenheiten betreffen:

1. die Geschäfte nach § 14 Abs. 1 Nr. 8 und § 15, soweit sie nicht die Entscheidung über die Anordnung einer Betreuung und die Festlegung des Aufgabenkreises des Betreuers auf Grund der §§ 1896 und 1908a des Bürgerlichen Gesetzbuchs sowie die Verrichtungen auf Grund der §§ 1903 bis § 1905 und 1908d des Bürgerlichen Gesetzbuchs und von § 278 Abs. 5 und § 283 des Gesetzes über das Verfahren in Familiensachen und in den Angelegenheiten der freiwilligen Gerichtsbarkeit betreffen;

...

(3) Soweit von der Ermächtigung nach Absatz 1 Nr. 1 hinsichtlich der Auswahl und Bestellung eines Betreuers Gebrauch gemacht wird, sind die Vorschriften des Gesetzes über das Verfahren in Familiensachen und in den Angelegenheiten der freiwilligen Gerichtsbarkeit über die Bestellung eines Betreuers auch für die Anordnung einer Betreuung und Festlegung des Aufgabenkreises des Betreuers nach § 1896 des Bürgerlichen Gesetzbuchs anzuwenden.

§ 3 Nr. 2 b RPflG weist Betreuungssachen dem Rechtspfleger zu. § 15 RPflG enthält Richtervorbehalte. § 19 Abs. 1 Satz 1 Nr. 1 RPflG gestattet dem Landesgesetzgeber, von den Richtervorbehalten des § 15 RPflG teilweise abzuweichen. 24

Man muss daher zwischen **drei verschiedenen Verfahrensarten** unterscheiden: denjenigen, die – nach der Grundregel – dem Rechtspfleger obliegen (Rechtspflegersachen), denjenigen, die ohne Abweichungsmöglichkeit dem Richter vorbehalten sind (zwingende Richtersachen) und denjenigen, die zwar nach Bundesrecht dem Richter vorbehalten sind, die Landesrecht aber dem Rechtspfleger zuweisen kann (fakultative Richtersachen). 25

Zwingende Richtersachen sind: 26

- die Anordnung der Betreuung inklusive der Festlegung der Aufgabenkreise,
- alle den Bestand dieser Anordnung betreffenden Verfahren (Überprüfung und Verlängerung der Betreuung, Einschränkung oder Erweiterung der Aufgabenkreise),
- alle die Anordnung, den Umfang oder den Bestand eines Einwilligungsvorbehalts betreffenden Verfahren (Anordnung, Überprüfung, Verlängerung, Einschränkung, Erweiterung),
- die Genehmigung einer Erklärung des Betreuers zu medizinischen Behandlungen.

Dass das Gesetz außerdem die zwangsweise Vorführung des Betreuten im Betreuungsverfahren zwingend dem Richter zuweist, dient lediglich der Klarstellung. Solche Maßnahmen haben freiheitsentziehenden Charakter iSv. § 4 Abs. 2 Nr. 2 RPflG und obliegen daher unter keinen Umständen dem Rechtspfleger.[1] Deshalb erwähnt § 15 RPflG sie auch nicht. 27

1 HK-BUR/*Rink*, § 14 RPflG Rz. 15; Bassenge/*Roth*, § 4 RPflG Rz. 17.

28 **Fakultative Richtersachen** sind

- die Erstbestellung und Auswahl sowie die Entlassung und Neubestellung des Betreuers nach § 1908b Abs. 1, 2 und 5 BGB (§ 15 Nr. 1 RPflG) und die Neubestellung eines Betreuers nach dem Tod des Vorgängers (§ 15 Nr. 2 RPflG), jeweils einschließlich der Feststellung der Berufsmäßigkeit des bestellten Betreuers,[1]
- Streitigkeiten, die die Herausgabe des Betreuten oder den Umgang mit ihm betreffen, und Verfahren über die Entscheidung von Meinungsverschiedenheiten zwischen mehreren Betreuern (§ 15 Nr. 7 RPflG),
- Genehmigungen nach dem TSG und dem KastrG (§ 15 Nr. 8 und 9 RPflG).

29 Die Bundesländer machen von der in § 19 Abs. 1 Satz 1 Nr. 1 RPflG erteilten Ermächtigung nur vorsichtigen Gebrauch. In **Bayern** ist der Rechtspfleger für die Bestellung eines weiteren Betreuers wegen rechtlicher Verhinderung des ersten Betreuers und für die Neubestellung eines Betreuers nach dem Tod des Vorgängers zuständig.[2]

30 Von den in § 15 Nr. 1 bis 3 RPflG genannten, teils zwingenden, teils fakultativen Richterzuständigkeiten galt bisher **die Ausnahme**, dass der Rechtspfleger zuständig ist, wenn das Verfahren nur den in § 1896 Abs. 3 BGB genannten Aufgabenkreis erfasste (sog. Kontroll- oder Vollmachtsbetreuung). Diese vor dem FGG-RG in einem Halbsatz von § 14 Nr. 4 RPflG enthaltene Ausnahme wurde bisher als auf all diese Zuständigkeiten bezogen betrachtet. Nun ist der Halbsatz an § 15 Nr. 3 RPflG angefügt und scheint daher auch nur die in Nr. 3 genannten Verfahren zu betreffen, also lediglich die Aufhebung der Kontrollbetreuung und die Erweiterung oder Einschränkung einer bestehenden Betreuung um den Aufgabenkreis des § 1896 Abs. 3 BGB, ferner das Verfahren zur gerichtlichen Entscheidung über die Person, die die Kontrollbetreuung für den Verein oder die Behörde führt (§ 291). Dabei dürfte es sich aber um ein gesetzgeberisches Versehen handeln, denn nichts deutet darauf hin, dass diese Einschränkung der Ausnahme absichtlich erfolgt ist. Im Gegenteil: Der Gesetzgeber wollte mit dem FGG-RG ausdrücklich nichts an der Zuständigkeitsverteilung zwischen Richter und Rechtspfleger ändern.[3]

31 Keine Klarheit bringt das Gesetz zu der bisher schon streitigen Frage, ob für die **Bestellung eines Gegenbetreuers** nach §§ 1908i Abs. 1 Satz 1, 1792 BGB der Richter oder Rechtspfleger zuständig ist, wenn sie nicht zusammen mit der Betreuerbestellung erfolgt. Richtigerweise ist Zuständigkeit des Rechtspflegers anzunehmen.[4] Das entspricht dem Wortlaut des Gesetzes und ist im Hinblick darauf, dass der Gegenbetreuer in die Aufsicht des Betreuers eingeschaltet wird, die ja ebenfalls dem Rechtspfleger obliegt, konsequent.

32 Alle anderen Betreuungssachen sind **Rechtspflegersachen**. Das hindert allerdings den Richter nicht, sie nach § 6 RPflG an sich zu ziehen und mit einer Richtersache verbinden, wenn ein ausreichend enger Zusammenhang mit einer solchen besteht.

---

1 BayObLG v. 3.5.2001 – 3 Z BR 85/01, BtPrax 2001, 204; Jurgeleit/*Bučić*, § 65 FGG Rz. 23.

2 VO v. 15.3.2006, BayGVBl. 2006, 170.

3 BT-Drucks. 16/6308, S. 322.

4 LG Bonn v. 29.12.1992 – 5 T 207/92, Rpfleger 1993, 233, *Fröschle*, Anh. zu § 1 FGG Rz. 34; für Richterzuständigkeit in allen Fällen: HK-BUR/*Rink*, § 14 RPflG Rz. 3; Jurgeleit/*Bučić*, § 65 FGG Rz. 11; Bassenge/*Roth*, § 14 RPflG Rz. 21; Jürgens/*Klüsener*, § 14 RPflG Rz. 15.

§ 272
Örtliche Zuständigkeit

(1) Ausschließlich zuständig ist in dieser Rangfolge:

1. das Gericht, bei dem die Betreuung anhängig ist, wenn bereits ein Betreuer bestellt ist;

2. das Gericht, in dessen Bezirk der Betroffene seinen gewöhnlichen Aufenthalt hat;

3. das Gericht, in dessen Bezirk das Bedürfnis der Fürsorge hervortritt;

4. das Amtsgericht Schöneberg in Berlin, wenn der Betroffene Deutscher ist.

(2) Für einstweilige Anordnungen nach § 300 oder vorläufige Maßregeln ist auch das Gericht zuständig, in dessen Bezirk das Bedürfnis der Fürsorge bekannt wird. Es soll die angeordneten Maßregeln dem nach Absatz 1 Nr. 1, 2 oder Nr. 4 zuständigen Gericht mitteilen.

A. Allgemeines

I. Örtliche Zuständigkeit

§ 272 regelt die **örtliche Zuständigkeit** für Betreuungssachen. Vorgängernorm und mit ihr inhaltlich weitgehend identisch war § 65 Abs. 1 bis 5 FGG. 1

II. Sachliche und funktionale Zuständigkeit

Die **sachliche Zuständigkeit** der Amtsgerichte für Betreuungssachen erster Instanz folgt aus § 23a Abs. 2 Nr. 1 GVG. Nach § 23c GVG besteht die Pflicht, beim Amtsgericht Betreuungsgerichte als besondere Abteilungen einzurichten. Für **Beschwerden** gegen Entscheidungen der Betreuungsgerichte ist die Zivilkammer des Landgerichts zuständig (§ 72 Abs. 1 GVG), für **Rechtsbeschwerden** gegen Entscheidungen in Betreuungssachen der Bundesgerichtshof (§ 133 GVG). Der Rechtszug unterscheidet sich damit von dem der Familiengerichte, in dem das Oberlandesgericht die mittlere Instanz bildet. Außer für Betreuungssachen und betreuungsgerichtliche Zuweisungssachen gilt der Rechtszug über das Landgericht auch noch für Unterbringungs- und Freiheitsentziehungssachen. Der Gesetzgeber wollte durch die Zuständigkeit der Landgerichte dafür sorgen, dass Betreute einen einfacheren Zugang zur Beschwerde – nämlich ein Gericht in größerer Nähe zu ihrem Wohnort – behalten.[1] Inwiefern dies ausgerechnet für Betreuungs- und Unterbringungssachen besonders relevant sein soll, ist jedoch nicht klar, vor allem nicht, warum volljährige Untergebrachte hier anders (besser?) behandelt werden sollen als minderjährige. Wegen der **Besonderheiten für Württemberg** s. Rz. 23 ff. 2

Zur **Zuständigkeit der Gerichtsperson** enthielt das bisherige § 65 Abs. 6 FGG die Regel, dass in Betreuungssachen kein **Proberichter im ersten Jahr** tätig sein darf. Diese Regel ist nun in § 23c Abs. 2 Satz 2 GVG dahin geändert[2] worden, dass eine Verwen- 3

1 BT-Drucks. 16/6308, S. 319.
2 BT-Drucks. 16/6308, S. 319 spricht dafür, dass dem Gesetzgeber die inhaltliche Änderung, die er vornahm, nur zum Teil bewusst war.

dung von solchen Richtern beim Betreuungsgericht nicht mehr zulässig ist. Das ist einerseits weiter, denn es schließt Unterbringungssachen ein, in denen Berufsanfänger bisher tätig sein konnten. Es ist andererseits aber auch enger, denn bisher galt dies für Betreuungssachen in allen Instanzen,[1] künftig nur noch für das erstinstanzliche Verfahren.[2] Zu den Zuständigkeiten des **Rechtspflegers** s. § 271 Rz. 23 ff.

III. Internationale Zuständigkeit

4 Die **internationale Zuständigkeit** für Betreuungssachen ist vorrangig im Haager Erwachsenenschutzübereinkommen und im Übrigen in § 104 geregelt (zu den Einzelheiten s. dort).

B. Inhalt der Vorschrift

5 Die Norm begründet in Abs. 1 eine Regelzuständigkeit für Betreuungsverfahren aller Art und in Abs. 2 für bestimmte eilige Maßnahmen eine nicht ausschließliche Sonderzuständigkeit (Eilzuständigkeit).

I. Regelzuständigkeit (Absatz 1)

6 Nach dem Wortlaut von Abs. 1 wird die Regelzuständigkeit auf vier verschiedene Arten bestimmt, die in einem Rangverhältnis zueinander stehen. Tatsächlich aber betrifft Abs. 1 Nr. 1 gar nicht alle Arten von Betreuungsverfahren. Man unterscheidet daher besser zwischen der **originären Zuständigkeit** für das die Betreuung begründende **Erstverfahren** (Abs. 1 Nr. 2 bis 4) und der **akzessorischen Zuständigkeit** für alle späteren, dieselbe Betreuung betreffenden **Folgeverfahren** (Abs. 1 Nr. 1).

1. Originäre Zuständigkeit (Abs. 1 Nr. 2 bis 4)

7 **a)** Für das Verfahren zur Einrichtung einer Betreuung, nämlich der ersten Betreuerbestellung, die zugleich die Anordnung der Betreuung enthält, ist nach Abs. 1 Nr. 2 das Betreuungsgericht örtlich zuständig, in dessen Bezirk der Betroffene seinen **gewöhnlichen Aufenthalt** hat. Darunter versteht man den tatsächlichen Lebensmittelpunkt. Mit dem Wohnsitz braucht er nicht identisch zu sein (s. zu den weiteren Einzelheiten § 122 Rz. 4 ff.).

8 **b)** Hat der Betroffene keinen gewöhnlichen Aufenthalt im Inland, ist nach Abs. 1 Nr. 3 das Gericht am **Ort des Fürsorgebedürfnisses** zuständig. Wo das ist, ist davon abhängig, wofür der Betreuer sorgen soll, also welche Angelegenheiten für den Betreuten zu besorgen sein werden. Ist ein Betreuer für persönliche Angelegenheiten notwendig, entsteht das Fürsorgebedürfnis idR an dem Ort, an dem der Betroffene sich tatsächlich aufhält. Ist es ein bestimmter Vermögensgegenstand, den der Betroffene nicht verwalten kann, entsteht es dort, wo der Gegenstand belegen ist.[3] Ist es eine

1 *Fröschle*, § 65 FGG Rz. 36.
2 Im Beschwerdeverfahren kann ein Proberichter allerdings auch weiterhin nicht Einzelrichter sein (s. § 68 Rz. 31).
3 *Knittel*, § 65 FGG Rz. 11.

einzelne Angelegenheit, die der Betroffene nicht wahrnehmen kann, kommt es darauf an, wo diese Angelegenheit vorgenommen werden muss.

Das Fürsorgebedürfnis ist hier **doppelrelevante Tatsache**. Für die Zuständigkeitsbestimmung nach Abs. 1 Nr. 3 genügt es daher, dass das Bestehen eines Fürsorgebedürfnisses möglich ist und im Betreuungsverfahren geprüft werden soll. Ob es tatsächlich besteht, ist erst in dem Verfahren zu prüfen. 9

Maßgeblicher Zeitpunkt für die Bestimmung der Zuständigkeit nach Abs. 1 Nr. 3 ist der des „Hervortretens" des Fürsorgebedürfnisses.[1] Damit ist der Zeitpunkt gemeint, zu dem der Regelungsbedarf dem Gericht bekannt wird. 10

Entstehen Fürsorgebedürfnisse verschiedener Art **an mehreren Orten**, sind alle davon betroffenen Gerichte nach Abs. 1 Nr. 3 zuständig. Ihre Zuständigkeit ist jeweils umfassend. Sie beschränkt sich nicht auf das örtlich vorhandene Fürsorgebedürfnis.[2] Welchem der Gerichte der Vorrang zukommt, bestimmt sich nach § 2 Abs. 1 und, wenn ein drittes Gericht mit der Sache zuerst befasst ist, nach § 3 Abs. 2. 11

c) Besteht weder ein gewöhnlicher Aufenthalt noch ein Fürsorgebedürfnis im Inland, wird es oft schon am Rechtsschutzinteresse für die Betreuerbestellung fehlen. Besteht ein solches ausnahmsweise, ist das **Amtsgericht Schöneberg in Berlin** örtlich zuständig, wenn der Betroffene Deutscher ist (Abs. 1 Nr. 4). Für Betroffene, die keine Deutschen sind, besteht in diesem Fall schon gar keine internationale Zuständigkeit im Inland (s. § 104 Rz. 12 ff.). 12

Deutscher iSv. Abs. 1 Nr. 4 ist nicht nur, wer die deutsche Staatsangehörigkeit besitzt. Statusbesitz iSv. Art. 116 GG genügt. Für Staatenlose gilt ansonsten Art. 5 Abs. 2 EGBGB, der eine Zuständigkeitsbegründung über Abs. 1 Nr. 4 ausschließt. 13

2. Akzessorische Zuständigkeit (Abs. 1 Nr. 1)

Für alle weiteren Verfahren, die dieselbe Betreuung betreffen (Folgeverfahren) ist nach Abs. 1 Nr. 1 das Gericht örtlich zuständig, bei dem **die Betreuung anhängig** ist. Anhängig sein muss die Betreuung als solche, nicht das Erstverfahren. Abs. 1 Nr. 1 will alle Tätigkeiten, die dieselbe Betreuung betreffen, bei einem Gericht bündeln. Dieses Ziel würde nicht erreicht, würde Abs. 1 Nr. 1 nur Verfahren betreffen, die vor dem rechtskräftigen Abschluss des Erstverfahrens anhängig werden. 14

Die Anwendung von Abs. 1 Nr. 1 erfordert außerdem, dass ein Betreuer **bereits bestellt** ist. Dafür soll nach hM der Erlass der Entscheidung ausreichen, Wirksamkeit nicht erforderlich sein.[3] Ob das Gericht des Erstverfahrens seine Zuständigkeit zu Recht oder zu Unrecht angenommen hat, ist für Abs. 1 Nr. 1 ohne Bedeutung.[4] 15

Nach Einrichtung einer Betreuung gilt Abs. 1 Nr. 1 für alle Folgeverfahren, die **dieselbe Betreuung** betreffen. Das gilt auch noch, wenn die Betreuung als solche schon beendet ist (zB für das Verfahren zur Prüfung der Schlussrechnung oder zur Festsetzung noch 16

1 Zwischen „hervortreten" in Abs. 1 Nr. 3 und „bekannt werden" in Abs. 2 Satz 1 soll nach BT-Drucks. 16/9733, S. 371 kein inhaltlicher Unterschied bestehen.
2 *Fröschle*, § 65 FGG Rz. 19.
3 HK-BUR/*Bauer*, § 65 FGG Rz. 17; *Knittel*, § 65 FGG Rz. 14; Keidel/*Kayser*, § 65 Rz. 7; *Fröschle*, § 65 FGG Rz. 9; *Bassenge*/Roth, § 65 FGG Rz. 7; Jürgens/*Mertens*, § 65 FGG Rz. 7; Jurgeleit/*Bučić*, § 65 FGG Rz. 7; aA: Jansen/*Sonnenfeld*, § 65 Rz. 13.
4 OLG München v. 17.7.2007 – 33 AR 007/07, FamRZ 2008, 76.

ausstehender Entschädigungsansprüche des Betreuers). Wird **nach der Aufhebung der Betreuung** später eine Neueinrichtung geprüft, ist dies aber ein neues Erstverfahren, für das Abs. 1 Nr. 2 bis 4 gilt.

17 Das Verfahren zum Erlass einer **einstweiligen Anordnung** nach § 300 kann seinerseits Folge- oder Erstverfahren sein. Ist schon ein Betreuer bestellt, gilt Abs. 1 Nr. 1 neben Abs. 2. Sonst gilt Abs. 1 Nr. 2 bis 4 und, soweit nicht schon Abs. 1 Nr. 3 eingreift, ebenfalls Abs. 2.

18 Früher waren einstweilige Anordnungen innerhalb eines anhängigen Hauptsacheverfahrens zu erlassen.[1] Heute braucht ein Hauptsacheverfahren nicht mehr zwingend stattzufinden (s. § 52). Ist ein vorläufiger Betreuer durch einstweilige Anordnung bestellt, stellt sich daher nun die Frage, welches Gericht für die **Einleitung des Hauptsacheverfahrens** zuständig ist. Dies bestimmt sich nach Abs. 1 Nr. 2 bis 4 und nicht nach Abs. 1 Nr. 1. Im Eilverfahren kann nicht die Zuständigkeit für die Hauptsache vorweggenommen werden. So lange kein Hauptsacheverfahren anhängig ist, gilt für Folgeverfahren, die die vorläufige Betreuung betreffen, aber Abs. 1 Nr. 1.

II. Eilzuständigkeit (Absatz 2)

19 Eine nicht ausschließliche Sonderzuständigkeit am **Ort des Fürsorgebedürfnisses** begründet Abs. 2 Satz 1 für

- einstweilige Anordnungen nach § 300,
- vorläufige Maßregeln.

20 Damit sind jedenfalls diejenigen einstweiligen Maßregeln **nach §§ 1908i Abs. 1 Satz 1, 1846 BGB** gemeint, die das Gesetz früher ausdrücklich erwähnte. Soweit § 65 Abs. 5 FGG aF und auch die Begründung zum RegE[2] unter vorläufigen Maßregeln auch solche „nach Art. 24 Abs. 3 EGBGB" zählen wollen, wird dabei verkannt, dass dies nur eine Kollisionsnorm ist, die auf deutsches Recht verweist,[3] und keine Rechtsgrundlage zum Erlass von Entscheidungen darstellt, die sich vielmehr auch in diesem Fall sachrechtlich nur auf §§ 1908i Abs. 1 Satz 1, 1846 BGB stützen können. Nicht völlig klar ist, ob Abs. 2 auch für **andere einstweilige Anordnungen** des Betreuungsgerichts, also solche, die direkt auf § 49 gestützt sind, gilt (s. hierzu § 300 Rz. 9). Dem Zweck der Norm würde eine solche weite Auslegung des Begriffs der „vorläufigen Maßregeln" jedenfalls gerecht.[4]

21 Für die **Auslegung von Abs. 2** gilt – trotz geringfügig anderer Formulierung – das schon zu Abs. 1 Nr. 3 (Rz. 8) Geschriebene. Dass zwischen „Hervortreten" und „Bekanntwerden" kein Unterschied besteht, folgt aus Abs. 2 Satz 2.

22 Zum ähnlich formulierten § 65 Abs. 5 Satz 2 FGG aF ist angenommen worden, dass die Eilzuständigkeit nur den Erlass der Eilmaßnahme als solchen betreffe und das Gericht das Verfahren anschließend an das regelzuständige Gericht abzugeben habe.[5]

---

1 OLG Hamm v. 2.2.1995 – 15 W 195/94, FamRZ 1995, 1595.

2 BT-Drucks. 16/6308, S. 264.

3 *Knittel*, § 65 FGG Rz. 19.

4 Der Gesetzgeber selbst hat sich nach BT-Drucks. 16/6308, S. 264 nicht vorgestellt, durch die abstraktere Formulierung den Tatbestand der Norm erweitert zu haben, für entsprechende Anwendung schon von § 65 Abs. 5 FGG auf solche Verfahren: *Fröschle*, § 65 FGG Rz. 22.

5 BayObLG v. 15.6.2000 – 3 Z AR 23/00, FamRZ 2000, 1442; OLG Hamm v. 12.10.2006 – 15 Sbd 13/06, NJW-RR 2007, 157.

Das kann nun so nicht mehr angenommen werden. Eilverfahren sind **selbständige Verfahren**, die nach ihrem Abschluss nicht mehr abgegeben werden können. Das Eilgericht ist für die Einleitung des Hauptsacheverfahrens nicht zuständig und kann es daher auch nicht abgeben. Von der Eilmaßnahme muss das Eilgericht das regelzuständige Gericht lediglich **unterrichten** (Abs. 2 Satz 2). Dieses muss dann in eigener Zuständigkeit prüfen, ob es ein Hauptsacheverfahren einleitet. Eine Verpflichtung dazu besteht nur auf Antrag eines Beteiligten (vgl. § 52 Abs. 1).

C. Sachliche und örtliche Zuständigkeit in Württemberg

Baden-Württemberg hat von der in Art. 147 EGBGB enthaltenen Ermächtigung, die dem Betreuungsgericht zugewiesenen Verfahren anderen als gerichtlichen Behörden zuzuweisen, dahin Gebrauch gemacht, dass im **württembergischen Landesteil**[1] neben den Amtsgerichten beamtete Notare im Landesdienst (Bezirksnotare) als Betreuungsgerichte tätig sind (§ 36 Satz 1 LFGG). Die **Notariate** sind grundsätzlich sachlich zuständig (§ 36 Satz 2 LFGG). 23

Nur bestimmte Verfahren und Entscheidungen in **Betreuungssachen** sind durch § 37 LFGG **den Amtsgerichten** zugewiesen, nämlich 24

- die Zwangsvorführung vor den Gutachter oder den Bezirksnotar und die Unterbringung zur Untersuchung nach §§ 278 Abs. 5, 283, 284,
- Verfahren, die Streitigkeiten über die Herausgabe von oder den Umgang mit einem Betreuten betreffen,
- alle einen Einwilligungsvorbehalt betreffenden Entscheidungen,
- die Bestellung eines Betreuers für dienstrechtliche Angelegenheiten,
- die Erteilung einer Genehmigung nach §§ 1596 Abs. 1 Satz 3 Halbs. 2, 1904 oder 1905 BGB,
- den Erlass von einstweiligen Maßregeln an Stelle des verhinderten oder noch nicht bestellten Betreuers (§§ 1908i Abs. 1 Satz 1, 1846 BGB), wenn davon eine ärztliche Maßnahme betroffen ist.

Die örtliche Zuständigkeit der Notariate wie der Amtsgerichte richtet sich jeweils nach § 272. Für die **akzessorische Zuständigkeit** (Abs. 1 Nr. 1) gilt zusätzlich Folgendes: Für das Erstverfahren zur Betreuerbestellung ist in aller Regel das Notariat zuständig. Abs. 1 Nr. 1 ist in Württemberg dann so zu lesen, dass sich die akzessorische Zuständigkeit des Amtsgerichts für ihm vorbehaltene Folgeverfahren nach dem Sitz des Notariats richtet, bei dem die Betreuung anhängig ist.[2] Ist die Betreuung, weil sie dienstrechtliche Angelegenheiten umfasst, bei einem Amtsgericht anhängig, ist Abs. 1 Nr. 1 dahin zu lesen, dass sie auch die sachliche Zuständigkeit erfasst. Folgeverfahren, die diese Betreuung betreffen, sind bei demselben Amtsgericht zu führen. 25

1 Das sind die Bezirke des OLG Stuttgart, des AG Maulbronn und des Bezirksnotariats Schwenningen.

2 *Fröschle*, § 65 FGG Rz. 11

§ 273
Abgabe bei Änderung des gewöhnlichen Aufenthalts

Als wichtiger Grund für eine Abgabe im Sinne des § 4 Satz 1 ist es in der Regel anzusehen, wenn sich der gewöhnliche Aufenthalt des Betroffenen geändert hat und die Aufgaben des Betreuers im Wesentlichen am neuen Aufenthaltsort des Betroffenen zu erfüllen sind. Der Änderung des gewöhnlichen Aufenthalts steht ein tatsächlicher Aufenthalt von mehr als einem Jahr an einem anderen Ort gleich.

A. Allgemeines

1 § 273 entspricht dem bisherigen § 65a Abs. 1 Satz 2 FGG und § 285 Abs. 1 RefE. In § 285 Abs. 2 RefE war noch die früher in § 65a Abs. 1 Satz 3 FGG geregelte Teilabgabe einer Betreuung enthalten. § 65a Abs. 1 Satz 1 FGG hielt der Gesetzgeber für überflüssig, weil nun in § 4 geregelt. Dazu, dass das möglicherweise so nicht richtig ist, s. Rz. 5 f.

2 Die Norm hat, was die **Abgabe eines anhängigen Verfahrens** angeht, keinen eigenständigen Charakter. Sie ergänzt nur § 4 um zwei Regelbeispiele für das Vorliegen eines wichtigen Grundes für die Abgabe.

B. Inhalt der Vorschrift

I. Verhältnis zu § 4

3 Ein anhängiges Verfahren kann nach § 4 Satz 1 vom örtlich zuständigen Gericht (abgebendes Gericht) an ein anderes Gericht (Abgabegericht) abgegeben werden. Einzige Voraussetzung hierfür ist ein **wichtiger Grund** für die Abgabe.[1] Das Fehlen der weiter in § 4 Satz 1 genannten Voraussetzung (Übernahmebereitschaft des Abgabegerichts) kann durch Entscheidung eines übergeordneten Gerichts nach § 5 Nr. 5 überwunden werden. Wegen der Einzelheiten hierzu s. die Kommentierung zu §§ 4, 5.

4 Der wichtige Grund ist ein unbestimmter Rechtsbegriff, der der Ausfüllung im Einzelfall bedarf. § 273 gibt hierfür eine Auslegungshilfe in Form von **Regelbeispielen**. Liegen sie vor, ist ein wichtiger Grund idR anzunehmen, braucht also nicht mehr besonders begründet zu werden. Umgekehrt ist aber auch bei Erfüllung eines der Regelbeispiele nicht zwingend abzugeben, sondern kann aus anderen Gründen ausnahmsweise dennoch davon abgesehen werden.

II. Gegenstand der Abgabe

5 § 4 Satz 1 lässt die Abgabe „der Sache" zu. Damit ist für gewöhnlich ein bestimmtes Verfahren gemeint (s. § 4 Rz. 5), was für ein **anhängiges Erstverfahren** nicht weiter problematisch ist. Nach § 65 Abs. 1 Satz 1 FGG iVm. § 46 Abs. 1 Satz 1 FGG aF war

1 *Prütting* (§ 4 Rz. 7) verlangt zudem, dass das Abgabegericht für die Sache ebenfalls zuständig sein soll. Das ist zu § 65a FGG nicht so gesehen worden, zudem auch mit Satz 2 kaum zu vereinbaren.

jedoch nicht die Abgabe nur eines anhängigen Betreuungsverfahrens, sondern **der Betreuung als solcher** möglich, gerade also auch, nachdem das Erstverfahren abgeschlossen war. Dagegen ließ das alte Recht die **isolierte Abgabe eines Folgeverfahrens** nur für den Sonderfall zu, dass es sich hierbei um eine Unterbringungssache handelte (§ 70 Abs. 3 FGG).

6 Legte man den Begriff der „Sache" in § 4 Satz 1 eng aus, könnte nun nur das noch anhängige Erstverfahren abgegeben werden. Nach seinem Abschluss wäre dies nicht mehr möglich, das Gericht des Erstverfahrens bliebe schon wegen § 272 Abs. 1 Nr. 1 für alle Folgeverfahren zuständig, soweit nicht jedes davon einzeln abgegeben würde. Das ist weder praktikabel noch vom Gesetzgeber so gewollt. Dieser ist vielmehr davon ausgegangen, dass aus § 4 dieselbe Möglichkeit zur Abgabe geschaffen wird, wie sie vorher in § 65a Abs. 1 Satz 1 FGG enthalten war.[1] Zumindest im Betreuungsverfahren kann „Sache" iSv. § 4 Satz 1 daher auch die (anhängige) **Betreuung als solche** sein.

III. Regelbeispiele

7 Das Regelbeispiel des Satzes 1 ist erfüllt, wenn zwei Voraussetzungen kumulativ vorliegen. Die erste davon ist dahin formuliert, dass sich der gewöhnliche Aufenthalt des Betroffenen „geändert" haben muss. Das ist missverständlich, denn es kann keinen Unterschied machen, ob er sich vorher in einem anderen Gerichtsbezirk, im Ausland oder überhaupt nirgends gewöhnlich aufgehalten hat. Allein entscheidend ist, dass der Betroffene im Zeitpunkt der Abgabe seinen **gewöhnlichen Aufenthalt** im Bezirk des Abgabegerichts hat.[2]

8 Die zweite Voraussetzung ist, dass die **Aufgaben des Betreuers** im Wesentlichen – also weit überwiegend – an diesem (neuen) Aufenthaltsort des Betreuten zu erfüllen sind oder – nach seiner Bestellung – voraussichtlich sein werden. Daran fehlt es zB, wenn der Betreuer noch im Bezirk des abgebenden Gerichts seinen Sitz hat und die Betreuung keinen häufigen persönlichen Kontakt zum Betreuten voraussetzt. Gerade in Vermögensbetreuungen werden oft auch nach einem Umzug des Betreuten in einen anderen Bezirk noch viele Tätigkeiten am früheren Wohnort anfallen.

9 Sind **mehrere Betreuer** bestellt, die überwiegend in verschiedenen Bezirken tätig werden müssen, kommt es darauf an, wo insgesamt der Schwerpunkt ihrer Aufgaben liegt. Die für diesen Fall früher vorgesehene **Teilabgabe** der Betreuung (§ 65a Abs. 1 Satz 3 FGG) ist nicht mehr möglich. Es ist von ihr zu Recht so gut wie kein Gebrauch gemacht worden, da sie komplexe Folgefragen nach sich zog.[3]

10 Oft wird der Aufenthaltswechsel auch einen **Betreuerwechsel** erforderlich machen. Ist die Behörde oder ein Behördenbetreuer bestellt, ist dies wegen der dann wechselnden örtlichen Zuständigkeit der Betreuungsbehörde (vgl. § 3 BtBG) sogar zwingend der Fall. In diesem Fall dürfte die Abgabe erst nach dem Betreuerwechsel zulässig sein, weil nicht der alte, sondern erst der neue Betreuer das Erfordernis des Satzes 1 erfüllt.[4]

1 BT-Drucks. 16/6308, S. 264.

2 An einen bestimmten Ort in diesem Bezirk braucht das nicht geknüpft zu sein: OLG Köln v. 3.4.2006 – 16 Wx 52/06, FGPrax 2006, 162 (für einen Obdachlosen).

3 Dazu *Fröschle*, § 65a FGG Rz. 18. Der Gesetzgeber sah hier vor allem die Gefahr „widerstreitender Entscheidungen", BT-Drucks. 16/6308, S. 264. Ob das wirklich drohte, ist allerdings zweifelhaft.

4 OLG Schleswig v. 20.3.1992 – 2 W 20/92, MDR 1992, 584.

11 Der Begründung eines gewöhnlichen Aufenthalts steht es nach Satz 2 gleich, wenn der Betreute sich für länger als **ein Jahr tatsächlich** an einem bestimmten Ort aufhält. Das soll Unklarheiten darüber vermeiden, ob dort schon ein gewöhnlicher Aufenthalt begründet ist.[1] Auch dieses zweite Regelbeispiel ist nur erfüllt, wenn außerdem die Betreuertätigkeiten an diesem Aufenthaltsort zu erfüllen sind.[2]

12 **Trotz Erfüllung** eines Regelbeispiels unterbleibt die Abgabe, wenn ihr andere bedeutsame Gründe entgegenstehen. Das ist zB für den Fall angenommen worden, dass der persönliche schwierige Betreute zu dem bisher zuständigen Richter besonderes Vertrauen gefasst hat.[3] Auch kann der Abgabe entgegenstehen, dass die Betreuung seit dem Aufenthaltswechsel über Jahre hinweg ohne Probleme beim bisherigen Gericht weitergeführt wurde.[4] Der Abgabe kann ferner entgegenstehen, dass der Betreuer ihr mit beachtenswerten Gründen widerspricht.[5]

13 **Unerledigte Amtshandlungen** sind kein grundsätzliches Abgabehindernis.[6] Es muss jedoch in einer Gesamtabwägung geprüft werden, ob mehr für oder gegen die Abgabe spricht. Dabei geben Zweckmäßigkeitsüberlegungen den Ausschlag.[7]

IV. Folgen der Abgabe

14 Die Abgabe der Betreuung bewirkt, dass danach für alle **Folgeverfahren** die akzessorische Zuständigkeit aus § 272 Abs. 1 Nr. 1 beim Abgabegericht besteht, diejenige beim abgebenden Gericht erlischt. Alle **später anhängig werdenden** Folgeverfahren sind demnach beim Abgabegericht zu führen. Folgeverfahren, die zum Zeitpunkt der Abgabe schon **anhängig sind**, können wegen § 2 Abs. 2 jedoch vom abgebenden Gericht zu Ende geführt oder ihrerseits nach §§ 4, 273 mit abgegeben werden.[8] Ein noch unerledigtes Folgeverfahren steht demnach der Abgabe auch dann nicht mehr entgegen, wenn seine Fortführung durch das Abgabegericht untunlich wäre. Es kann dann beim abgebenden Gericht isoliert zu Ende geführt werden.

C. Verfahren

15 Die Abgabe eines **anhängigen Verfahrens** ist Zwischenentscheidung. Für sie ist der Rechtspfleger zuständig, wenn er für die Durchführung des abgegebenen Verfahrens zuständig ist. Im alten Recht war umstritten, wer für die **Abgabe der Betreuung** als solcher zuständig ist. Zum Teil wurde die Auffassung vertreten, dies sei allgemein Richtergeschäft,[9] weil ja die Zuständigkeit auch für alle etwaigen Richtergeschäfte

1 Jürgens/*Mertens*, § 65a FGG Rz. 5.
2 OLG Schleswig v. 11.10.2005 – 2 W 192/05, BtPrax 2006, 37.
3 BayObLG v. 18.8.1999 – 3 Z AR 23/99, FamRZ 2000, 1299.
4 LG Lüneburg v. 13.8.2007 – 8 T 59/07, n.v.
5 LG Berlin v. 8.2.2007 – 84 AR 4/07, NJOZ 2007, 4174.
6 Anders allerdings OLG Brandenburg v. 31.3.2000 – 9 AR 9/00, NJW-FER 2000, 322.
7 BayObLG v. 10.11.2001 – 3 Z AR 50/01; BayObLG v. 21.8.1996 – 3 Z AR 59/96, FamRZ 1997, 439; Keidel/*Kayser*, § 65a Rz. 9.
8 Nach alter Rechtslage waren sie mit übergegangen: BayObLG v. 27.11.1996 – 3 Z AR 89/96, BtPrax 1997, 114, dem dürfte nun aber § 2 Abs. 2 entgegenstehen, der für jedes anhängige Verfahren gilt.
9 OLG Zweibrücken v. 25.4.2008 – 2 AR 7/08, FGPrax 2008, 210; OLG Frankfurt v. 22.1.2007 – 20 W 24/07, FGPrax 2007, 119; KG v. 29.8.1995 – I AR 44/95, BtPrax 1996, 107; BayObLG v. 26.11.1992 – 3 Z AR 135/92, FamRZ 1993, 445; Keidel/*Kayser*, § 65a Rz. 9; *Bassenge*/Roth, § 65a FGG Rz. 1.

damit wechselte. Die Gegenauffassung[1] hielt den Richter nur für zuständig, wenn tatsächlich ein anhängiges Richtergeschäft von der Abgabe mit erfasst wurde.

Der letztgenannten Auffassung war der Vorzug zu geben, da die Abgabe als solche nun einmal nicht zu den dem Richter vorbehaltenen Entscheidungen gehört und Betreuungssachen grundsätzlich dem Rechtspfleger übertragen sind. Die Abgabe der Betreuung als solche obliegt also **grundsätzlich dem Rechtspfleger**. Anhängige Folgesachen kann der Rechtspfleger aber nur mit abgeben, wenn sie ebenfalls ihm obliegen, andernfalls ist hierfür der Richter zuständig. Soll die Betreuung zusammen mit solchen Folgesachen abgegeben werden, kann dies wegen Sachzusammenhangs nach § 6 RPflG auch insgesamt der Richter tun. 16

Für die **Erklärung der Übernahmebereitschaft** beim Abgabegericht muss dann dasselbe gelten.[2] 17

Zu dem bei der Abgabe zu beachtenden **Verfahren** s. im Übrigen § 4 Rz. 23 ff. 18

§ 274
Beteiligte

(1) Zu beteiligen sind

1. der Betroffene,

2. der Betreuer, sofern sein Aufgabenkreis betroffen ist,

3. der Bevollmächtigte im Sinne des § 1896 Abs. 2 Satz 2 des Bürgerlichen Gesetzbuchs, sofern sein Aufgabenkreis betroffen ist.

(2) Der Verfahrenspfleger wird durch seine Bestellung als Beteiligter zum Verfahren hinzugezogen.

(3) Die zuständige Behörde ist auf ihren Antrag als Beteiligte in Verfahren über

1. die Bestellung eines Betreuers oder die Anordnung eines Einwilligungsvorbehalts,

2. Umfang, Inhalt oder Bestand von Entscheidungen der in Nummer 1 genannten Art

hinzuzuziehen.

(4) Beteiligt werden können

1. in den in Absatz 3 genannten Verfahren im Interesse des Betroffenen dessen Ehegatte oder Lebenspartner, wenn die Ehegatten oder Lebenspartner nicht dauernd getrennt leben, sowie dessen Eltern, Pflegeeltern, Großeltern, Abkömmlinge, Geschwister und eine Person seines Vertrauens,

2. der Vertreter der Staatskasse, soweit das Interesse der Staatskasse durch den Ausgang des Verfahrens betroffen sein kann.

---

1 OLG Köln v. 4.1.2006 – 16 Wx 1/06, FGPrax 2006, 72; OLG Hamm v. 7.10.1993 – 15 Sbd 70/93, BtPrax 1994, 36 (LS); HK-BUR/*Bauer*, § 65a FGG Rz. 3; *Bassenge*/Roth, § 14 RPflG Rz. 37; *Fröschle*, Anh. zu § 1 FGG Rz. 46.

2 Für Anwendung derselben Regeln auf die Erklärung der Übernahmebereitschaft (konsequenterweise allerdings Richterzuständigkeit angenommen): OLG München v. 28.11.2007 – 33 AR 22/07, FGPrax 2008, 67.

A. Allgemeines

1 Die Norm ist neu. Die Beteiligung am Verfahren war im FGG nicht gesetzlich geregelt. Die Kernsätze, die Lehre und Rechtsprechung dazu entwickelt haben, dürften aber den Charakter von Gewohnheitsrecht gewonnen haben.

2 Das FamFG nimmt in § 7 Abs. 1 bis 3 den Kern der alten gewohnheitsrechtlichen Regelung auf und ergänzt dies um einige neue Bestimmungen (wegen der näheren Einzelheiten s. die Kommentierung zu § 7).

3 § 274 Abs. 1 bis 3 stimmt mit § 286 RefE überein. In Abs. 4 Nr. 1 hat der RegE die Großeltern und Vertrauenspersonen hinzugefügt, in Abs. 4 Nr. 2 die Möglichkeit der Beteiligung des Vertreters der Staatskasse eingeschränkt.

4 § 274 stellt **keine abschließende Spezialregelung** dar, sondern ergänzt § 7 für Betreuungssachen.[1]

5 Abs. 1 und 2 gelten für **alle Betreuungssachen**, Abs. 3 und 4 sind nur in den dort erwähnten Verfahren anwendbar. Entscheidend ist dort der **Verfahrensgegenstand**, auf das Verfahrensergebnis kommt es nicht an.

B. Beteiligte in Betreuungssachen

6 Wer in einer Betreuungssache beteiligt oder zu beteiligen ist (zum Verfahren bei der Hinzuziehung als Beteiligte und zu ihrer Form s. § 7 Rz. 62), richtet sich **grundsätzlich nach § 7**. Es ist dies daher zunächst nach § 7 Abs. 1 und Abs. 2 Nr. 1 zu bestimmen. § 274 Abs. 1 und 3 stellen Ausfüllungsnormen zu § 7 Abs. 2 Nr. 2 dar. § 274 Abs. 4 enthält eine Ausfüllungsnorm zu § 7 Abs. 3. § 274 Abs. 2 regelt die Verfahrensstellung des Verfahrenspflegers und wäre in § 276 besser aufgehoben.

I. Antragsteller

7 In Betreuungssachen, die auf Antrag eingeleitet werden, ist nach § 7 Abs. 1 der **Antragsteller** Beteiligter kraft Gesetzes, ohne dass es seiner Hinzuziehung durch das Gericht bedarf. Antragsverfahren sind oder können sein

(1) das Verfahren zur Einrichtung einer Betreuung (§ 1896 Abs. 1 BGB),

(2) die Überprüfung der Auswahlentscheidung des institutionellen Betreuers nach § 291,

(3) die Entlassung des Betreuers wegen Unzumutbarkeit der Weiterführung (§ 1908b Abs. 2 BGB),

1 BT-Drucks. 16/6308, S. 179.

(4) die Entlassung eines Vereins- oder Behördenbetreuers (§ 1908b Abs. 4 BGB),
(5) die Herausgabe des Betreuten durch und die Regelung des Umgangs des Betreuten mit einem Dritten (§§ 1908i Abs. 1 Satz 1, 1632 Abs. 1 bis 3 BGB),
(6) die Erteilung der in §§ 1908i Abs. 1 Satz 1, 1817 BGB vorgesehenen Befreiungen,
(7) die Festsetzung von Entschädigungszahlungen an den Betreuer (§§ 292 Abs. 1, 168 Abs. 1 Satz 1).

Antragsbefugt ist in einem Antragsverfahren nach (1) und (2) der Betroffene, nach (3), (5) und (6) der Betreuer, nach (4) der Betreuungsverein oder die Betreuungsbehörde und einen Antrag nach (7) können der Betreuer, der Gegenbetreuer und der Betreute stellen. 8

Die Verfahren zur Beschwerde und zur Rechtsbeschwerde sind ebenfalls Antragsverfahren. Für den **Beschwerdeführer** bzw. Rechtsbeschwerdeführer gilt daher ebenfalls § 7 Abs. 1. 9

Alle anderen Betreuungssachen sind **reine Amtsverfahren**, in denen verfahrenseinleitende Anträge unzulässig und ggf. in Anregungen nach § 24 umzudeuten sind (s. dazu § 24 Rz. 1). Das gilt insbesondere auch für Verfahren zur Genehmigung von Handlungen des Betreuers. Sie setzen zwar voraus, dass dieser die Vornahme einer solchen Handlung wenigstens beabsichtigt, nicht aber, dass er die Genehmigung beantragt. Sie kann ihm auch ohne Antrag erteilt werden, wenn er sie zB selbst gar nicht für erforderlich hält und deshalb das Gericht nicht angerufen hat (s. auch § 299 Rz. 9). 10

II. Betroffener (Abs. 1 Nr. 1)

Nach dem Willen des Gesetzgebers soll Abs. 1 Nr. 1 neben § 7 Abs. 2 Nr. 1 anwendbar sein.[1] Indes ergibt sich aus dem Begriff des „Betroffenen", dass die Normen deckungsgleich sind, Abs. 1 Nr. 1 also nur **deklaratorischen Charakter** hat. Ist der Betreute von einem Verfahren nicht in seinen Rechten betroffen, so ist er auch nicht „Betroffener" iSv. Abs. 1 Nr. 1. Er muss daher zB auch weiterhin in einem Verfahren zur Entschädigung des Betreuers aus der Staatskasse nicht beteiligt werden, falls nicht zugleich über einen Regress gegen ihn nach §§ 1908i Abs. 1 Satz 1, 1836e BGB entschieden werden soll.[2] 11

III. Andere unmittelbar in ihren Rechten betroffene Personen

Auch **andere Personen** können iSv. § 7 Abs. 2 Nr. 1 in ihren Rechten betroffen sein und sind dann zu beteiligen.[3] Betroffen ist, in wessen Rechte die vom Gericht in dem Verfahren geprüfte Maßnahme oder ihr Unterlassen unmittelbar eingreift, wer also im Falle einer falschen Entscheidung einen unmittelbaren Rechtsverlust erleiden würde. 12

Das ist zB der Dritte, wenn eine Betreuung **im unmittelbaren Drittinteresse** notwendig ist,[4] etwa weil ein Gläubiger des Betroffenen andernfalls durch dessen Prozessunfähigkeit an der Verwirklichung seiner Forderung gehindert wäre, oder wenn jemand, 13

1 BT-Drucks. 16/6308, S. 264.
2 Keidel/*Engelhardt*, § 56g Rz. 10; Jansen/*Sonnenfeld*, § 56g Rz. 36; *Fröschle/Locher* in Anh. zu § 69e FGG Rz. 52.
3 BT-Drucks. 16/6308, S. 264.
4 Nur mittelbare Betroffenheit reicht nicht: KG v. 10.9.2002 – 1 W 244/02, OLGReport 2003, 320.

der in einer Rechtsbeziehung zum Betroffenen steht, ihm zustehende Gestaltungsrechte (Anfechtung, Rücktritt, Widerruf, Kündigung) wegen dessen Geschäftsunfähigkeit ohne Betreuerbestellung nicht wirksam ausüben kann.[1] Ist dergleichen dem Gericht bekannt, muss es einen solchen Dritten nach § 7 Abs. 2 Nr. 1 als Beteiligten zum Verfahren hinzuziehen. In einem Verfahren zur **Genehmigung eines Vertrags** ist der andere Vertragspartner nicht unmittelbar in seinen Rechten betroffen,[2] ebenso wenig der Ehegatte des Betreuten im Verfahren zur Genehmigung des Scheidungsantrags nach § 125 Abs. 2 Satz 2.[3]

14 Die **nächsten Angehörigen** des Betreuten können durch das Verfahren in ihrem Grundrecht aus Art. 6 Abs. 1 oder 2 GG betroffen sein. Wann das genau der Fall ist, ist wenig klar. Jedenfalls folgt aus Art. 6 Abs. 2 Satz 1 GG ein Recht der Eltern, vorrangig als Betreuer ihres volljährigen Kindes in Betracht gezogen zu werden.[4] Ehegatten und Kindern dürfte dasselbe Vorrecht aus Art. 6 Abs. 1 GG zustehen, anderen Personen dagegen nicht, denn entferntere Verwandte, Lebenspartner und außereheliche Lebensgefährten gehören nicht zur von Art. 6 Abs. 1 GG geschützten Familie.[5] **Eltern, Ehegatten und Kinder** des Betreuten sind daher – unabhängig von Abs. 4 Nr. 1 – nach § 7 Abs. 2 Nr. 1 an einem Verfahren zur Betreuerbestellung zu beteiligen, wenn und soweit feststeht, dass ein Betreuer zu bestellen ist und sie selbst ihre Ernennung zum Betreuer anstreben.

15 Die **indirekte Betroffenheit** eines Grundrechts reicht aber nicht. Am Verfahren zur Erweiterung des Aufgabenkreises auf die Umgangsbestimmung sind die Angehörigen daher noch nicht zu beteiligen, denn die Einrichtung des Aufgabenkreises schränkt ihren Umgang mit dem Betroffenen noch nicht ein und gegen unberechtigte Eingriffe des Betreuers können sie sich noch in einem späteren Verfahren (nach §§ 1908i Abs. 1 Satz 1., 1632 Abs. 2 bzw. 1837 Abs. 2 BGB) wehren.[6]

IV. Betreuer (Abs. 1 Nr. 2)

16 Nach Abs. 1 Nr. 2 ist der Betreuer als Beteiligter hinzuzuziehen, wenn das Verfahren seinen **Aufgabenkreis** betrifft. Dies gilt sowohl für Verfahren, die den Aufgabenkreis als solchen betreffen, also zB eines zur Erweiterung oder Einschränkung des Aufgabenkreises,[7] als auch für Verfahren, die eine Angelegenheit zum Gegenstand haben, die zum Aufgabenkreis gehört. Auch die Anordnung eines Einwilligungsvorbehalts für Angelegenheiten, die zum Aufgabenkreis gehören, betrifft diesen Aufgabenkreis.

17 In praktisch allen Verfahren, in denen ein Betreuer schon bestellt ist, wird der Aufgabenkreis des Betreuers in irgendeiner Weise betroffen sein. Der Betreuer ist daher regelmäßig nach Abs. 1 Nr. 2 hinzuzuziehen. Wenn **mehrere Betreuer** mit unterschiedlichen Aufgabenkreisen (Nebenbetreuer) bestellt sind, ist nur jeweils derjenige

1 BayObLG v. 13.2.1998 – 4 Z BR 14/98, FamRZ 1998, 922; BayObLG v. 25.9.1997 – 3 Z BR 343/97, NJW-RR 1998, 1459; BayObLG v. 27.2.1996 – 3 Z BR 337/95, BtPrax 1996, 106.
2 OLG Rostock v. 17.5.2006 – 3 W 137/05, NJW-RR 2006, 1229.
3 OLG München v. 13.9.2006 – 33 Wx 138/06, FGPrax 2006, 266; KG v. 27.9.2005 – 1 W 169/04, FGPrax 2006, 18.
4 BVerfG v. 20.3.2006 – 1 BvR 1702/01, BtPrax 2006, 228 = NJW-RR 2006, 1009.
5 S. zum Schutzbereich von Art. 6 Abs. 1 GG zB BVerfG v. 18.4.1989 – 2 BvR 1169/84, NJW 1989, 2195.
6 Vgl. BayObLG v. 26.2.2003 – 3 Z BR 243/02, BtPrax 2003, 178.
7 BT-Drucks. 16/6308, S. 265.

zu beteiligen, dessen Aufgabenkreis das Verfahren betrifft.[1] Im Verfahren zur Genehmigung einer Geldanlage nach §§ 1908i Abs. 1 Satz 1, 1810 BGB ist zB nur der Vermögensbetreuer zu beteiligen, nicht auch derjenige, der für die Gesundheitsangelegenheiten zuständig ist.

18 Die **Bestellung** und die **Entlassung** des Betreuers betreffen ihn in eigenen Rechten, weswegen er an Verfahren mit diesem Ziel schon nach § 7 Abs. 2 Nr. 1 zu beteiligen ist. Im Bestellungsverfahren gilt dies ab dem Zeitpunkt, zu dem sich die Auswahlentscheidung **auf seine Person konkretisiert.**[2] Das ist spätestens der Fall, wenn er nach seiner Übernahmebereitschaft iSv. § 1898 Abs. 2 BGB gefragt wird, denn daraus ist zu schließen, dass das Gericht seine Bestellung ernsthaft in Erwägung zieht.

19 Die **Aufhebung der Betreuung** berührt den Betreuer nicht in eigenen Rechten, wohl aber betrifft sie seinen Aufgabenkreis als solchen, weshalb er an einem Verfahren der Überprüfung mit dem Ziel der Aufhebung oder Verlängerung der Betreuung (§§ 294 Abs. 3, 295 Abs. 2) ebenfalls nach Abs. 1 Nr. 2 zu beteiligen ist.

20 Abs. 1 Nr. 2 spielt keine Rolle in Verfahren, in denen der Betreuer schon **als Antragsteller** ohne Hinzuziehung Beteiligter ist (s. dazu Rz. 8).

21 Auch die Beteiligung des **Gegenbetreuers** kann nach Abs. 1 Nr. 2 notwendig sein. Einen eigenständigen, vom Gericht festzusetzenden „Aufgabenkreis" hat er zwar nicht, wohl aber hat er Aufgaben, vor allem diejenige, die Ordnungsmäßigkeit der Vermögensverwaltung des Betreuers zu überwachen (vgl. §§ 1908i Abs. 1 Satz 1, 1799, 1842 BGB). Jedenfalls ist er zu beteiligen, wenn seine Genehmigung zu einem Geschäft des Betreuers nach §§ 1908i Abs. 1 Satz 1, 1810 Satz 1 Halbs. 2, 1812 Abs. 2 BGB ersetzt werden soll. Aus Abs. 1 Nr. 2 folgt nun auch eine Pflicht zur Beteiligung des Gegenbetreuers in Verfahren, in denen er nach materiellem Recht anzuhören ist (§§ 1908i Abs. 1 Satz 1, 1826 BGB), da auch dies seinen Aufgabenkreis betrifft.

V. Bevollmächtigter (Abs. 1 Nr. 3)

22 Nach Abs. 1 Nr. 3 ist ein „Bevollmächtigter im Sinne des § 1896 Abs. 2 Satz 2 BGB" zu beteiligen, soweit sein „Aufgabenkreis" betroffen ist.

23 **Bevollmächtigter** iSv. § 1896 Abs. 2 Satz 2 BGB ist, wessen Vollmacht eine Betreuung ganz oder teilweise entbehrlich macht. Um eine echte Vorsorgevollmacht, von der erst im Betreuungsfall Gebrauch gemacht werden kann oder darf, muss es sich nicht handeln. Auch eine sofort wirksame Generalvollmacht kann die Betreuung entbehrlich machen. Oft wird erst in dem Verfahren geklärt werden, ob die Vollmacht die Betreuung wirklich entbehrlich macht. Dann genügt für die Beteiligung des Bevollmächtigten, dass dies – als doppelrelevante Tatsache – möglich ist.

24 Der Begriff des **Aufgabenkreises** ist dem Betreuungsrecht entnommen und dem Recht der Stellvertretung (§§ 164 ff. BGB) ebenso fremd wie dem Auftragsrecht (§§ 662 ff. BGB), das meistens das Kausalverhältnis der Vollmacht beherrscht. Gemeint sein könnte damit zweierlei, nämlich

– dass der Bevollmächtigte zu beteiligen ist, wenn der Verfahrensgegenstand von seiner Vollmacht umfasst ist oder

1 BT-Drucks. 16/6308, S. 265.
2 BT-Drucks. 16/6308, S. 265.

– dass der Bevollmächtigte zu beteiligen ist, wenn der Verfahrensgegenstand zu den Angelegenheiten gehört, die der Bevollmächtigte nach dem der Vollmacht zugrunde liegenden Rechtsverhältnis zu erledigen berufen ist.

25 Da nur ersteres für das Gericht einfach festzustellen ist, ist die Auslegung im erstgenannten Sinne vorzuziehen. Betrifft das Verfahren irgendeine der Angelegenheiten, für die die Vollmacht **Vertretungsmacht** begründet, ist der Bevollmächtigte zu beteiligen.

26 Der Gesetzgeber war offenbar der Meinung, der Bevollmächtigte könne im Betreuungsverfahren **in eigenen Rechten** betroffen sein, wenn das Betreuungsverfahren das Ziel der Bestellung eines Überwachungsbetreuers oder gar eines Betreuers zum Widerruf der Vollmacht hat.[1] Das ist jedoch nicht so.[2] Durch die Bestellung eines Überwachungsbetreuers oder eines Betreuers zum Widerruf der Vollmacht wird die Rechtsstellung des Bevollmächtigten nicht verändert.[3] Es wird nur für diejenigen Rechte gegenüber dem Bevollmächtigten, für die bisher der Vollmachtgeber zuständig war, ein Betreuer bestellt. Das greift in Rechte des Vollmachtgebers,[4] nicht des Bevollmächtigten, ein.

27 Nach Abs. 1 Nr. 3 ist nun in solchen Verfahren jedenfalls der Bevollmächtigte selbst zu beteiligen. Ob er daneben, wie dies bisher für möglich gehalten wurde,[5] auch noch **den Vollmachtgeber vertreten** kann, klärt die Norm nicht. Die Vertretung eines Beteiligten durch einen der anderen Beteiligten ist im Allgemeinen möglich, würde aber hier praktisch stets zu einer **doppelten Verfahrensstellung** des Bevollmächtigten führen. Möglicherweise ist Abs. 1 Nr. 3 daher so gemeint, dass der Bevollmächtigter nur selbst Beteiligter sein soll und den Betroffenen nicht vertreten kann.

VI. Verfahrenspfleger (Absatz 2)

28 Nach Abs. 2 wird der Verfahrenspfleger durch seine Bestellung – wohl also mit Wirksamwerden seiner Bestellung (§ 40 Abs. 1: Bekanntgabe an den Verfahrenspfleger) – **Beteiligter**. Einer gesonderten Hinzuziehung bedarf es nicht.[6] Die Hinzuziehung ist in seiner Bestellung zu sehen.

29 Nach altem Recht war der Verfahrenspfleger nicht als Verfahrensbeteiligter gesehen worden, sondern als **Vertreter** des Betroffenen im Verfahren[7] („Vertreter eigener Art").

1 BT-Drucks. 16/6308, S. 265.

2 BayObLG v. 9.4.2003 – 3 Z BR 242/02, FGPrax 2003, 171; OLG Stuttgart v. 1.8.1994 – 8 W 260/94, FamRZ 1995, 427; HK-BUR/Bauer § 69g FGG Rz. 62; Fröschle/*Guckes*, § 69g FGG Rz. 12; Jurgeleit/*Klier*, § 69g FGG Rz. 70; *Bassenge*/Roth, § 69g FGG Rz. 3; **aA**: OLG Zweibrücken v. 30.8.2002 – 3 W 152/02, FGPrax 2002, 260.

3 BayObLG v. 9.4.2003 – 3 Z BR 242/02, FGPrax 2003, 171; BayObLG v. 15.9.2000 – 1 Z BR 75/00, FamRZ 2001, 453.

4 Vgl. BVerfG v. 10.10.2008 – 1 BvR 1415/08, BtPrax 2009, 27.

5 BayObLG v. 9.4.2003 – 3 Z BR 242/02, FGPrax 2003, 171.

6 BT-Drucks. 16/6308, S. 265.

7 BVerfG v. 7.6.2000 – 1 BvR 23/00, FamRZ 2000, 1280; Jansen/*Sonnenfeld*, § 67 Rz. 54; *Knittel*, § 67 FGG Rz. 2; Keidel/*Kayser*, § 67 FGG Rz. 15; BtKomm/*Roth*, A Rz. 130; *Fröschle*, § 67 FGG Rz. 27, 29; Jurgeleit/*Meier*, § 67 FGG Rz. 13; Jürgens/*Mertens*, § 67 FGG Rz. 12; **aA**: HK-BUR/*Bauer*, § 97 FGG Rz. 97 f., der den Verfahrenspfleger nicht als Vertreter des Betroffenen, wohl aber auch nicht als Beteiligten behandeln will. Der Gesetzgeber verkennt dies offenbar völlig. Er meint, die Rechtsstellung des Verfahrenspflegers im FamFG entspreche derjenigen im FGG, vgl. BT-Drucks. 16/6308, S. 265.

Das ist er nun nicht mehr. Er soll nun als Beteiligter fremde Interessen – nämlich die des Betroffenen – im eigenen Namen wahrnehmen. Damit gibt ihm Abs. 2 letztlich die Stellung eines **Beteiligten kraft Amtes**, nicht etwa die eines Verfahrensstandschafters, der zwar ebenfalls fremde Rechte im eigenen Namen geltend machen, dabei aber auch eigene Interessen verfolgen kann. Zu den möglichen weiteren Konsequenzen dieser Änderung der Rechtsstellung s. § 276 Rz. 13.

VII. Betreuungsbehörde (Absatz 3)

Die Betreuungsbehörde ist **auf ihren Antrag** in den in Abs. 3 genannten Verfahren als Beteiligte hinzuzuziehen. Die Aufzählung soll nach der Gesetzesbegründung einerseits an § 69g Abs. 1 FGG, andererseits an § 69i Abs. 3, 5 und 8 FGG angelehnt sein,[1] doch geht sie offensichtlich darüber hinaus. Ihre exakte Reichweite ist nicht ganz leicht einzugrenzen: 30

Zunächst fallen Verfahren über die **Bestellung eines Betreuers** darunter (Abs. 3 Nr. 1, Alt. 1). Gemeint ist damit nach der Gesetzesbegründung nur die Erstbestellung.[2] Sachgerecht ist diese enge Auslegung jedoch nicht, denn der Sinn der Beteiligung der Behörde besteht hier auch in ihrem Einfluss auf die Betreuerauswahl. Jede Bestellung eines Betreuers, auch die eines Gegenbetreuers, sollte daher unter Abs. 3 Nr. 1, Alt. 1 subsumiert werden. 31

Als nächstes nennt das Gesetz Verfahren über die **Anordnung eines Einwilligungsvorbehalts** (Abs. 3 Nr. 1, Alt. 2). 32

Der **Bestand der Betreuerbestellung** (Abs. 3 Nr. 2, Alt. 3) ist spiegelbildlich zu Abs. 3 Nr. 1 Alt. 1 sowohl im Bestand der Betreuung als solcher als auch im Bestand des Betreueramts zu sehen, so dass hierunter Verfahren fallen über[3] 33

- die Überprüfung der Betreuung mit dem Ziel ihrer Aufhebung oder Verlängerung,
- die Entlassung des Betreuers.

Der **Bestand eines Einwilligungsvorbehalts** ist ebenfalls bei seiner Überprüfung mit dem Ziel der Aufhebung oder Verlängerung Verfahrensgegenstand. 34

Der **Umfang** der Betreuung oder des Einwilligungsvorbehalts (Abs. 3 Nr. 2, Alt. 1) ist der Gegenstand von Verfahren zur Erweiterung oder Einschränkung der Aufgabenkreise eines Betreuers oder des Kreises der einwilligungsbedürftigen Willenserklärungen.[4] 35

Rätsel gibt auf, welche Verfahren den **Inhalt einer Betreuung** (Abs. 3 Nr. 2, Alt. 2) betreffen. Will man nicht annehmen, dass Umfang und Inhalt hier einfach Synonyme sein sollen, kann das am ehesten noch für Verfahren angenommen werden, durch die ohne Änderung der Aufgabenkreise oder der Person die Art der Betreuerbestellung geändert wird, nämlich 36

- Verfahren zur Weiterführung einer Vereins- oder Behördenbetreuung als Privatperson (sog. Umwandlungsbeschluss, § 1908b Abs. 4 Satz 2 und 3 BGB) und

---

1 BT-Drucks. 16/6308, S. 265.
2 Nach BT-Drucks. 16/6308, S. 265 sollen die meisten Fälle einer isolierten Betreuerbestellung unter Abs. 3 Nr. 2 fallen, nicht jedoch zB die Bestellung eines weiteren Betreuers nach § 1899 BGB ohne Erweiterung des Aufgabenkreises.
3 BT-Drucks. 16/6308, S. 265.
4 BT-Drucks. 16/6308, S. 265.

- Verfahren zur nachträglichen Feststellung der Berufsmäßigkeit der Betreuung oder deren Aufhebung mit Wirkung für die Zukunft (§§ 1908i Abs. 1 Satz 1, 1836 Abs. 1 Satz 3 BGB iVm. § 1 Abs. 1 VBVG).

37 Der **Inhalt eines Einwilligungsvorbehalts** kann sich nicht ändern. Er ist gesetzlich festgelegt. Nur sein Umfang unterliegt der Disposition des Gerichts.

38 Wenn die Betreuungsbehörde in einem solchen Verfahren ihre Hinzuziehung **beantragt**, so ist sie hinzuzuziehen. Beantragt sie dies nicht, darf sie nicht hinzugezogen werden. Die Behörde soll – auch im Hinblick auf eine mögliche Kostenfolge[1] – das Recht haben, über ihre Beteiligung selbst zu entscheiden. Daraus folgt, dass sie ihren Beteiligungsantrag auch in jeder Lage des Verfahrens **zurücknehmen** und dadurch aus dem Verfahren wieder ausscheiden kann.

39 Nach § 7 Abs. 4 muss die Behörde wegen ihres Beteiligungsrechts über die Einleitung eines jeden unter Abs. 3 fallenden Verfahrens **unterrichtet** und – bei einer Fachbehörde sinnloserweise – über ihr Antragsrecht belehrt werden.

40 Der Antrag der Behörde ist kein verfahrenseinleitender Antrag und unterliegt daher nicht der Form des § 23. Das kann zu der Frage führen, ob Erklärungen einer Behörde **als Antrag auszulegen** sind. Dafür kann der Rechtsgedanke des § 7 Abs. 6 mit umgekehrter Richtung herangezogen werden: Daraus, dass die Behörde in der Sache eine Stellungnahme abgibt oder einen Entscheidungsvorschlag unterbreitet, folgt noch nicht, dass sie ihre Hinzuziehung als Beteiligte beantragt. Nur wenn die Behörde deutlich macht, dass sie ihre Stellungnahme nicht nur als Vorschlag an das Gericht, sondern als **behördliche Willensäußerung** verstanden wissen will, kann darin zugleich ein Beteiligungsantrag gesehen werden.

VIII. Nahestehende Personen (Abs. 4 Nr. 1)

41 In den in Abs. 3 genannten Verfahren (s. dazu Rz. 31 ff.) kann das Gericht **auf ihren Antrag oder von Amts wegen** (vgl. § 7 Abs. 3) als Beteiligte ferner hinzuziehen:

- den Ehegatten oder Lebenspartner des Betroffenen, soweit beide nicht dauernd getrennt leben,
- seine Eltern, Pflegeeltern, Großeltern, Abkömmlinge und Geschwister und
- eine Person seines Vertrauens.

42 Der **Personenkreis** ist an den Kreis der ohne eigene Betroffenheit Beschwerdeberechtigten im bisherigen § 69g Abs. 1 FGG angelehnt. Das ist insofern konsequent, als nach dem alten Recht aus dem Beschwerderecht auch ein Beteiligungsrecht in der ersten Instanz zu folgern war.[2] Der Personenkreis ist zum Teil **enger** als früher. § 69g Abs. 1 FGG zählte auch die im dritten Grad in der Seitenlinie Verwandten noch dazu, außerdem alle in gerader Linie Verwandten (also auch Urgroßeltern) und jeden, der im selben Grad mit dem Betroffenen verschwägert war. Entgegen der Gesetzesbegründung[3] ist der Personenkreis zum Teil aber auch **weiter**, denn er schließt nunmehr Pflegeeltern und eine Person des Vertrauens des Betroffenen ein. Das entspricht zum Teil dem Personenkreis, der nach § 68a FGG aF anzuhören war (zu dem aber wiede-

1 Vgl. BT-Drucks. 16/6308, S. 179.
2 *Fröschle*, § 13 FGG Rz. 4 mwN.
3 BT-Drucks. 16/6308, S. 266.

rum Geschwister, Großeltern und fernere Abkömmling als Kinder nicht gehörten). Es war klar, dass aus einer solchen Anhörungspflicht kein Beteiligungsrecht folgte.[1]

Ehegatten, **Eltern** und **Kinder** des Betroffenen können uU auch schon nach § 7 Abs. 2 Nr. 1 von Amts wegen zu beteiligen sein (s. Rz. 14). Dann findet Abs. 4 auf sie keine Anwendung. 43

Pflegeeltern sind Personen, die ein fremdes Kind in familienähnlicher Weise im eigenen Haushalt betreuen und erziehen.[2] Es spielt keine Rolle, ob dies im Rahmen einer Leistung der Jugendhilfe (nach §§ 27, 33, 35a oder 41 SGB VIII), auf Grund eines Vertrags oder auch nur tatsächlich geschieht.[3] Unklar ist, ob das Pflegeverhältnis noch bestehen muss.[4] Wenn maßgeblicher Grund für die Erwähnung der Pflegeeltern deren „Nähe zum Betroffenen" ist,[5] dürfte es genügen, dass ein solches Pflegeverhältnis bis zum Eintritt der Volljährigkeit bestanden hat. Zur Zulässigkeit eines Beteiligungsantrags genügt die Behauptung eines Pflegeverhältnisses. Sein tatsächlicher Bestand ist ggf. im Zwischenverfahren des § 7 Abs. 5 zu klären. 44

Schwierigkeiten bereitet die Bestimmung, wer als **Person des Vertrauens** des Betroffenen gelten kann und wie das Gericht dies feststellen soll. In § 68a Satz 3 FGG war dies deshalb unproblematisch, weil eine Anhörung von Vertrauenspersonen ein **Verlangen des Betroffenen** voraussetzte. Es spricht viel dafür, dies als ungeschriebenes Tatbestandsmerkmal auch künftig vorauszusetzen. Andernfalls könnte jeder mit der Behauptung, der Betroffene vertraue ihm, zumindest das Zwischenverfahren des § 7 Abs. 5 einleiten. Person des Vertrauens ist daher nur, wen der Betroffene im Betreuungsverfahren als solche benennt. Benennt er mehrere, entscheidet das Gericht nach seinem Ermessen, wie viele und wen es beteiligt.[6] 45

Die Beteiligung darf nur erfolgen, wenn sie **im Interesse des Betroffenen** liegt. Kann er sich zu ihr äußern, ist er dazu anzuhören. Es ist jedoch – außer bei der Vertrauensperson (s. Rz. 45) – zulässig, eine der genannten Personen auch gegen seinen Willen zu beteiligen, wenn erkennbar ist, dass dieser Wille seinen objektiven Interessen widerspricht.[7] Umgekehrt braucht dem Wunsch des Betroffenen, eine Person zu beteiligen, nicht notwendigerweise gefolgt zu werden, vor allem dann nicht, wenn dies zu erheblichen Verfahrensverzögerungen führen würde oder diese Person erkennbar nicht die Interessen des Betroffenen verfolgt. 46

Der in Abs. 4 Nr. 1 genannte Personenkreis ist nach § 7 Abs. 4 über die Einleitung eines jeden der in Abs. 3 genannten Verfahren **zu unterrichten** und über das Recht zu belehren, die Beteiligung zu beantragen. Das ist auf Personen beschränkt, die dem Gericht bekannt sind. Die Mitteilungspflicht dürfte aber auch dann entstehen, wenn dem Gericht während des Verfahrens, zB durch den Sozialbericht der Betreuungsbehörde, solche Personen bekannt werden. 47

---

1 HK-BUR/*Bauer*, § 68a FGG Rz. 22.
2 Zum Begriff der Familienpflege s. ausführlich MüKo.BGB/*Huber*, § 1630 BGB Rz. 18.
3 BGH v. 4.7.2001 – XII ZB 161/98, NJW 2001, 3337.
4 Dafür: Jansen/*Sonnenfeld*, § 68a Rz. 15.
5 So BT-Drucks. 11/4528, S. 174 zur § 68a FGG.
6 Bisher war streitig, ob § 68a Satz 4 FGG die Benennung mehrerer Vertrauenspersonen zuließ; dafür: HK-BUR/*Bauer*, § 68a FGG Rz. 62; Fröschle/*Locher*, § 68a FGG Rz. 7; dagegen: *Bassenge*/Roth, § 68a FGG Rz. 8; Jürgens/*Mertens*, § 68a FGG Rz. 8, allerdings ohne einen Vorschlag zu machen, wie die Auswahl zu treffen sei.
7 BT-Drucks. 16/6308, S. 266.

48 Die Beteiligung der in Abs. 4 genannten Personen liegt auch bei Vorliegen aller Voraussetzungen **im pflichtgemäßen Ermessen** des Gerichts. Das Beschwerdegericht kann sie nur auf Ermessensfehler prüfen.

IX. Vertreter der Staatskasse (Abs. 4 Nr. 2)

49 In allen Verfahren, deren Ausgang die **Interessen der Staatskasse** betrifft, kann das Gericht nach Abs. 4 Nr. 2 den Vertreter der Staatskasse als Beteiligten hinzuziehen. Das geht außerordentlich weit, denn es betrifft alle Verfahren, deren Ergebnis zu Zahlungsansprüchen gegen die Staatskasse aus §§ 1835 Abs. 4, 1835a Abs. 3 BGB oder § 1 Abs. 2 VBVG führen kann oder auch zum Wegfall, der Verringerung oder Erhöhung solcher Ansprüche, zB also Verfahren über

- die Einrichtung oder Aufhebung einer Betreuung,
- die Bestellung oder Entlassung eines Betreuers, so weit nicht lediglich der Wechsel von einem berufsmäßigen Betreuer zu einem anderen in derselben Vergütungsstufe erfolgen soll,
- die nachträgliche Feststellung der Berufsmäßigkeit oder die Aufhebung derselben.

50 Selbst von einer Erweiterung oder Einschränkung des Aufgabenkreises wird das Interesse der Staatskasse berührt, falls der Betreuer nicht nach §§ 4, 5 VBVG pauschal entschädigt wird.

51 Ausnahmsweise **kein fiskalisches Interesse** besteht in diesen Verfahren nur, wenn der Betroffene finanziell so gut gestellt ist, dass eine Inanspruchnahme der Staatskasse für die gesamte voraussichtliche Dauer des nach § 286 Abs. 3 festgelegten Zeitraums von vorneherein ausscheidet. Interessen der Staatskasse scheiden wegen §§ 1835 Abs. 5, 1836 Abs. 3 BGB und § 8 VBVG außerdem auch aus, wenn Betreuer ein Betreuungsverein, die Betreuungsbehörde oder ein Behördenbetreuer ist.

52 Die in dem Verfahren entstehenden **Kosten** begründen kein Interesse iSv. Abs. 4 Nr. 2, weil die Staatskasse sonst an schlechtweg jedem Verfahren beteiligt werden könnte, was der Gesetzgeber dann auch so formuliert hätte.

53 Auch der Vertreter der Staatskasse ist nach § 7 Abs. 4 von der Einleitung eines der genannten Verfahren zu **unterrichten** und über das Recht, seine Beteiligung zu beantragen, zu belehren.

54 Die Beteiligung des Vertreters der Staatskasse liegt **im pflichtgemäßen Ermessen** des Gerichts, das nach der Gesetzesbegründung durch das Erfordernis, fiskalische Interessen im Verfahren zu berücksichtigen, „konkretisiert" wird.[1] Das läuft darauf hinaus, ihn zu beteiligen, wenn die Entscheidung von der Anwendung einer Norm mit abhängt, die – zumindest auch – den Schutz der Staatskasse vor unnötigen Ausgaben bezweckt. Solche Normen dürften zB §§ 1908i Abs. 1 Satz 1, 1836 Abs. 1 Satz 2 BGB, § 1897 Abs. 6 Satz 1 BGB und § 1908b Abs. 1 Satz 3 BGB, vor allem aber §§ 1 ff. VBVG sein.

55 Abs. 4 regelt die Beteiligung des Vertreters der Staatskasse in erster Instanz **abschließend**. § 7 Abs. 2 Nr. 1 ist nicht auf ihn anwendbar, denn eigene „Rechte" hat die Staatskasse nicht.[2] Hat der Vertreter der Staatskasse **Beschwerde** eingelegt (zu seiner

1 BT-Drucks. 16/6308, S. 266.
2 OLG Hamm v. 28.8.2000 – 15 W 57/00, BtPrax 2000, 265.

Beschwerdebefugnis s. § 304 Abs. 1), ist er jedoch im Beschwerdeverfahren Beteiligter nach § 7 Abs. 1. Auch für Verfahren über die Anordnung von Zahlungen aus der Staatskasse bleibt es daher bei dem gerichtlichen Ermessen.

§ 275
Verfahrensfähigkeit

In Betreuungssachen ist der Betroffene ohne Rücksicht auf seine Geschäftsfähigkeit verfahrensfähig.

A. Allgemeines

Die Norm entspricht dem früheren § 66 FGG. Im Erstverfahren zur Betreuerbestellung enthält sie eine Selbstverständlichkeit. In einem Verfahren, das die Handlungsfähigkeit eines Beteiligten zum Gegenstand hat, muss dieser Beteiligte als verfahrensfähig behandelt werden. Die eigentliche Bedeutung der Norm ist daher, dass sie **alle Betreuungssachen** iSv. § 271 erfasst, einschließlich aller damit zusammenhängenden Nebenverfahren.[1] 1

Methodisch gesehen handelt es sich um eine **Fiktion**.[2] Wer nicht geschäftsfähig – und daher nach § 9 auch nicht verfahrensfähig – ist, wird im Betreuungsverfahren so behandelt, als wäre er zur freien Willensbestimmung fähig. 2

Das Verhältnis zu § 1896 Abs. 1 Satz 2 BGB ist unklar. Da der verfahrenseinleitende Antrag des Betroffenen Verfahrenshandlung, nicht materiellrechtliche Erklärung, ist, erfasst § 275 auch diesen Antrag. Der Unterschied könnte freilich in der Rechtsfolge liegen: Nach § 1896 Abs. 1 Satz 2 BGB ist die Antragstellung ohne Rücksicht auf Geschäftsunfähigkeit wirksam. Hierbei handelt es sich um eine Ausnahme von der allgemeinen Regel, also um eine Verfahrensfähigkeit herstellende Norm iSv. § 9 Abs. 1 Nr. 4. Daher gilt: 3

- Im Antragsverfahren zur Bestellung eines Betreuers ist der Antragsteller nach § 9 Abs. 1 Nr. 4 FamFG iVm. § 1896 Abs. 1 Satz 2 BGB verfahrensfähig.
- In allen anderen Betreuungssachen gilt er nach § 275 als verfahrensfähig.

Praktische Unterschiede folgen hieraus aber – soweit ersichtlich – nicht.

B. Inhalt der Vorschrift

I. Anwendungsbereich

§ 275 ordnet zunächst an, dass **Geschäftsunfähigkeit** des Betroffenen iSv. § 104 Nr. 2 BGB in Betreuungssachen generell unbeachtet bleibt. 4

Es scheint allgemeine Meinung zu sein, dass die Vorschrift in gleicher Weise die Behandlung eines **Minderjährigen** als volljährig anordnet, also auch für den Betroffenen 5

1 BayObLG v. 11.7.2001 – 3 Z BR 203/01, FamRZ 2002, 764; s. zur Rechtslage vor Inkrafttreten des BtG Jansen/*Sonnenfeld*, § 66 Rz. 1.
2 *Fröschle*, § 66 FGG Rz. 2.

in einem Verfahren gilt, das nach § 1908a BGB zur vorsorglichen Betreuerbestellung vor Vollendung des 18. Lebensjahres führen soll.[1] So selbstverständlich ist das freilich nicht. Minderjährigkeit und die in § 104 Nr. 2 BGB genannten Beeinträchtigungen sind prinzipiell unterschiedliche Gründe, die volle Teilnahme am Rechtsverkehr nicht zuzulassen. Sie enthalten keine Abstufung. Ein argumentum a maiore ad minus dahin, dass die Fiktion einem beschränkt Geschäftsfähigen erst recht zugebilligt werden muss,[2] ist daher nicht zwingend.

6 Dennoch spricht viel dafür, auch die Beschränkung der Geschäftsfähigkeit **unbeachtet** zu lassen. Die Norm soll sicherstellen, dass kein Volljähriger einen Betreuer hat, ohne Gelegenheit gehabt zu haben, aktiv am Verfahren teilzunehmen.[3] Da auch im Verfahren nach § 1908a BGB die Wirkung der Entscheidung beim volljährigen Betroffenen eintreten wird, muss er dann aber auch dieses Verfahren selbst aktiv beeinflussen können. Aus diesem Grunde ist auch Minderjährigkeit entsprechend § 275 unbeachtlich.

II. Rechtsfolgen

7 Als echte Fiktion ordnet § 275 an, den Betroffenen in jeder Hinsicht als verfahrensfähig zu behandeln. Daraus folgt:

8 **Verfahrenshandlungen** des Betroffenen[4] sind stets **wirksam** und nicht allein deshalb unzulässig, weil sie seinem freien Willen nicht entsprechen. Die Gefahr, dass der Betroffene selbstschädigende Verfahrenshandlungen vornimmt, nimmt das Gesetz in Kauf. Handelt er gegen seine eigenen Interessen, kann das allenfalls Anlass sein, einen Verfahrenspfleger zu bestellen.

9 Der Betroffene kann auf disponible Verfahrensrechte auch wirksam **verzichten**.[5] Er kann daher sowohl auf Rechtsmittel verzichten als auch einen gestellten Antrag zurücknehmen. Eben deshalb hat der Gesetzgeber einige wichtige Rechte des Betroffenen als nicht disponibel ausgestaltet. So folgt zB aus § 281 Abs. 1 Nr. 1, dass er auf die **Einholung eines Sachverständigengutachtens** nur eingeschränkt und auf die Einholung eines ärztlichen Zeugnisses an dessen Stelle gar nicht verzichten kann. Auch auf die in § 278 Abs. 1 genannten Verfahrenshandlungen kann der Betroffene nicht wirksam verzichten. Die Unverzichtbarkeit der **Bestellung eines Verfahrenspflegers** folgt schließlich aus deren Zweck, die durch § 275 geschaffene Gefahr der Selbstschädigung auszugleichen (s. § 276 Rz. 7).[6]

10 Das Gericht bleibt jedoch zu der Prüfung berechtigt und verpflichtet, ob eine vom **natürlichen Willen** des Betroffenen getragene Verfahrenshandlung überhaupt vorliegt.[7]

---

1 HK-BUR/*Bauer*, § 66 FGG Rz. 3; Jansen/*Sonnenfeld*, § 66 Rz. 14; BtKomm/*Roth*, A Rz. 123.

2 So allerdings noch *Fröschle*, § 66 FGG Rz. 2.

3 BT-Drucks. 11/4528, S. 170.

4 Verfahrensanleitende Anträge, Betreuervorschläge, Befangenheitsanträge, Rechtsmittel usw., *Knittel*, § 66 FGG Rz. 2.

5 HK-BUR/*Bauer*, § 66 FGG Rz. 8; Keidel/*Kayser*, § 66 Rz. 4; BtKomm/*Roth*, A Rz. 122; *Fröschle*, § 66 FGG Rz. 6; Jürgens/*Mertens*, § 66 FGG Rz. 3; **aA**: *Knittel*, § 66 FGG Rz. 3; Jurgeleit/*Meier*, § 66 Rz. 5, die „nachteilige" Verfahrenshandlungen wegen der Schutzfunktion des § 275 nicht gelten lassen wollen. Das verkennt aber, dass Verfahrenshandlungen nicht ohne weiteres in vorteilhaft oder nachteilig sortiert werden können. Das Einlegen eines unbegründeten Rechtsmittels kann wesentlich nachteiliger sein als der Verzicht darauf.

6 HK-BUR/*Bauer*, § 66 FGG Rz. 8.

7 BayObLG v. 3.3.2004 – 3 Z BR 268/03, NJOZ 2004, 2915; OLG Saarbrücken v. 9.2.1999 – 5 W 397/98, BtPrax 1999, 153; HK-BUR/*Bauer*, § 66 FGG Rz. 7a.

Dafür ist es unwichtig, ob der Betroffene sich der Tragweite und Folgen seines Handelns bewusst war.[1] Es ist aber sehr wohl erforderlich, dass er eine Verfahrenshandlung dieser Art vornehmen wollte, also dass er mindestens erkennen konnte, was er tat. Die Gegenansicht,[2] die eine solche Prüfung ausschließen will, verkennt, dass es dabei nicht um die von § 275 entschiedene Frage der Wirksamkeit einer Rechtshandlung geht, sondern darum, ob eine Rechtshandlung überhaupt vorgenommen wurde.

Auch die Erteilung einer **Verfahrensvollmacht** ist Verfahrenshandlung und unterfällt § 275.[3] Sie ist wirksam und berechtigt den Bevollmächtigten zur Vertretung des Betroffenen, auch wenn der Betroffene die Folgen einer solchen Bevollmächtigung nicht erkennen konnte. Sie ist jedoch unwirksam, wenn der Betroffene nicht wenigstens den natürlichen Willen bilden konnte, von dem Bevollmächtigten vertreten zu werden, weil er nur unter ein ihm in keiner Weise verständlich gemachtes Dokument eine Unterschrift geleistet hat. Auch ob der Verfahrensbevollmächtigte tatsächlich die Interessen des Betroffenen vertritt, ist hierbei zunächst irrelevant. Allenfalls kann das Gegenteil bedeuten, dass trotz des Auftretens eines Bevollmächtigten ein Verfahrenspfleger zu bestellen ist (s. § 276 Rz. 53). 11

Da die Fiktion des § 275 nur Verfahrenshandlungen erfasst, gilt sie eigentlich nur für die Verfahrensvollmacht als solche, nicht für das ihr zugrunde liegende **Kausalgeschäft**. Der Bevollmächtigte wäre, bliebe man bei diesem Ergebnis stehen, als Geschäftsführer ohne Auftrag anzusehen, soweit er von der Vollmacht Gebrauch macht. Damit aber wäre dem Betroffenen im Zweifel wenig gedient. Deshalb ist anzunehmen, dass die Fiktion des § 275 nicht nur die Verfahrensvollmacht umfasst, sondern auch den dem Bevollmächtigten erteilten **Auftrag** zur Vertretung im Verfahren bzw., wenn er einen Anwalt oder Notar einschaltet, den **Geschäftsbesorgungsvertrag**.[4] Auch die Wirksamkeit dieses Vertrages als solche bleibt daher von Geschäftsunfähigkeit oder Minderjährigkeit unberührt. 12

Man sollte diese Fiktion jedoch nicht weiter reichen lassen, als für eine zweckentsprechende Vertretung erforderlich. **Honorarvereinbarungen** werden von ihr daher nicht erfasst.[5] Sie sind bei Geschäftsunfähigkeit des Betroffenen nach § 105 Abs. 1 BGB, bei Minderjährigkeit nach § 108 BGB zu beurteilen, ggf. mit der Folge, dass stattdessen das gesetzliche Honorar bzw. die übliche Vergütung (§ 612 Abs. 2 BGB) geschuldet wird. 13

Auch **Vorbereitungshandlungen** für ein noch nicht eingeleitetes Verfahren müssen als von § 275 erfasst angesehen werden, denn sonst würde das Recht des Betroffenen, in Betreuungssachen aktiv zu werden, ebenfalls entscheidend verkürzt.[6] Er kann daher auch wirksam Verfahrenskostenhilfe beantragen oder Beratungshilfe in einer Betreuungssache in Anspruch nehmen und einem Anwalt den Auftrag erteilen, einen Antrag an das Betreuungsgericht zu prüfen. 14

1 OLG Köln v. 16.10.2000 – 1 Wx 141/00, n.v.
2 OLG Schleswig v. 7.11.2006 – 2 W 162/06, FGPrax 2007, 130.
3 BayObLG v. 27.1.2003 – 3 Z BR 217/02, n.v.
4 HK-BUR/*Bauer*, § 66 FGG Rz. 7; *Knittel*, § 66 FGG Rz. 2; Jansen/*Sonnenfeld*, § 66 Rz. 16; *Fröschle*, § 66 FGG Rz. 5; zweifelnd BtKomm/*Roth*, A Rz. 122a.
5 *Fröschle*, § 66 FGG Rz. 5; aA HK-BUR/*Bauer*, § 66 FGG Rz. 7, der hier notfalls Nichtigkeit der Honorarvereinbarung nach § 138 BGB annehmen will.
6 *Fröschle*, § 66 Rz. 5.

15 § 275 erfasst schließlich die **Inempfangnahme** von Bekanntmachungen aller Art.[1] Ist dem Betroffenen ein Schriftstück übermittelt worden, so ist es ihm ohne Rücksicht darauf ordnungsgemäß bekannt gegeben, ob er es verstanden hat oder verstehen konnte.

16 Auch **Zustellungen** an den Betroffenen sind trotz Geschäftsunfähigkeit stets wirksam.[2] Das dürfte nach neuem Recht auch gelten, soweit die Zustellung nach § 95 Abs. 1 Nr. 1 FamFG iVm. § 750 Abs. 1 ZPO allgemeine Voraussetzung der **Zwangsvollstreckung** gegen ihn ist.[3] Die Zustellung an den Verfahrenspfleger statt an den Betroffenen kommt jedenfalls nicht mehr in Frage, da der Verfahrenspfleger kein Vertreter des Betroffenen ist, die Zustellung an ihn also dem § 170 Abs. 1 Satz 1 ZPO gar nicht mehr genügen würde. Will man nicht verlangen, dass dem geschäftsunfähigen Betreuten ein zweiter Betreuer einzig zu dem Zweck bestellt werden muss, seinem ersten Betreuer die Vollstreckung wegen seiner Vergütungsforderung zu ermöglichen, sollte man nunmehr annehmen, dass auch noch im Zwangsvollstreckungsverfahren aus dem Beschluss in einer Betreuungssache § 275 die Anwendung von § 170 Abs. 1 Satz 2 ZPO hindert.

§ 276
Verfahrenspfleger

(1) Das Gericht hat dem Betroffenen einen Verfahrenspfleger zu bestellen, wenn dies zur Wahrnehmung der Interessen des Betroffenen erforderlich ist. Die Bestellung ist in der Regel erforderlich, wenn

1. von der persönlichen Anhörung des Betroffenen nach § 278 Abs. 4 in Verbindung mit § 34 Abs. 2 abgesehen werden soll oder

2. Gegenstand des Verfahrens die Bestellung eines Betreuers zur Besorgung aller Angelegenheiten des Betroffenen oder die Erweiterung des Aufgabenkreises hierauf ist; dies gilt auch, wenn der Gegenstand des Verfahrens die in § 1896 Abs. 4 und § 1905 des Bürgerlichen Gesetzbuchs bezeichneten Angelegenheiten nicht erfasst.

(2) Von der Bestellung kann in den Fällen des Absatzes 1 Satz 2 abgesehen werden, wenn ein Interesse des Betroffenen an der Bestellung des Verfahrenspflegers offensichtlich nicht besteht. Die Nichtbestellung ist zu begründen.

(3) Wer Verfahrenspflegschaften im Rahmen seiner Berufsausübung führt, soll nur dann zum Verfahrenspfleger bestellt werden, wenn keine andere geeignete Person zur Verfügung steht, die zur ehrenamtlichen Führung der Verfahrenspflegschaft bereit ist.

(4) Die Bestellung eines Verfahrenspflegers soll unterbleiben oder aufgehoben werden, wenn die Interessen des Betroffenen von einem Rechtsanwalt oder einem anderen geeigneten Verfahrensbevollmächtigten vertreten werden.

(5) Die Bestellung endet, sofern sie nicht vorher aufgehoben wird, mit der Rechtskraft der Endentscheidung oder mit dem sonstigen Abschluss des Verfahrens.

---

1 *Bassenge*/Roth, § 66 FGG Rz. 2.

2 BayObLG v. 8.12.1999 – 3 Z BR 353/99, NJW-RR 2001, 724; HK-BUR/*Bauer*, § 66 FGG Rz. 5; Jansen/*Sonnenfeld*, § 66 FGG Rz. 10.

3 AA zur früheren Rechtslage *Fröschle*, § 66 FGG Rz. 8.

(6) Die Bestellung eines Verfahrenspflegers oder deren Aufhebung sowie die Ablehnung einer derartigen Maßnahme sind nicht selbständig anfechtbar.

(7) Dem Verfahrenspfleger sind keine Kosten aufzuerlegen.

A. Allgemeines

1 Die Norm geht auf § 67 FGG aF zurück. Sie entspricht in wesentlichen Teilen dessen Fassung nach dem 2. BtÄndG ab 1. Juli 2005. Damals wurde der Vorrang der Ehrenamtlichkeit eingefügt (§ 67 Abs. 1 Satz 6 FGG, jetzt § 276 Abs. 3 FamFG) und die Regelung der Entschädigung in eine eigenständige Vorschrift (§ 67a FGG, jetzt § 277 FamFG) ausgegliedert. Gegenüber der Vorgängernorm geändert oder neu sind nur die Abs. 5 bis 7. Die gravierendste Änderung im Recht der Verfahrenspflegschaft folgt allerdings aus § 274 Abs. 2 (s. § 274 Rz. 29).

2 **Anwendungsbereich** der Norm sind **alle Betreuungssachen** mit Ausnahme der Verfahren zur Genehmigung der Sterilisation, für die eine Sondervorschrift (§ 297 Abs. 5) gilt. Es kommt für die Anwendung der Grundregel im Übrigen weder auf den Verfahrensgegenstand noch auf das Verfahrensergebnis an (zum Anwendungsbereich der Regelbeispiele des Abs. 1 Satz 2 s. Rz. 31 und 37 ff.).

B. Inhalt der Vorschrift

3 Der Verfahrenspfleger ist, wie aus § 274 Abs. 2 folgt, **Beteiligter kraft Amtes** mit **allen Rechten und Pflichten** eines Beteiligten,[1] die er zwar im Interesse des Betroffenen, aber nicht in dessen Namen, sondern im eigenen Namen auszuüben hat (s. im Einzelnen § 274 Rz. 29). Diese Neuausrichtung der verfahrensrechtlichen Stellung zwingt zum Überdenken des Norminhalts auch von § 276, selbst wo er seinem Wortlaut nach mit § 67 FGG aF übereinstimmt.

4 Vor allem muss diese neue Konstruktion mit dem Anspruch des Betroffenen auf Gewährung **rechtlichen Gehörs** in Einklang gebracht werden: Ging man bisher davon

1 Und zwar inklusive der Verfahrensförderpflicht des § 27; BT-Drucks. 16/6308, S. 265.

aus, dass rechtliches Gehör dem Verfahrenspfleger **stellvertretend** für den Betroffenen zu gewähren war, wann immer es dem Betroffenen selbst nicht gewährt werden konnte,[1] geht das Gesetz nun offenbar davon aus, dass es dem Verfahrenspfleger **an Stelle** des Betroffenen gewährt werden kann. Es fragt sich dann aber, ob es überhaupt gerechtfertigt ist, dies nur beim Verfahrenspfleger anzunehmen (dazu näher Rz. 13 ff.).

5 Da der Verfahrenspfleger die Interessen des Betroffenen wahrnimmt, ist er zu allen Fragen – spätestens vor Erlass der Endentscheidung (§ 37 Abs. 2) – **anzuhören**, zu denen auch dem Betroffenen rechtliches Gehör gewährt werden muss; in welcher Form, bestimmt das Gericht. Alle Verfahrenshandlungen nimmt er **im eigenen Namen** vor. Das lässt das Recht des Betroffenen, selbst zu handeln, unberührt. Der Verfahrenspfleger kann ein Recht, auf das der Betroffene verzichtet hat, ausüben und umgekehrt. Rechte, die das Gesetz erkennbar dem Betroffenen selbst reserviert (wie das Vorschlagsrecht aus § 1897 Abs. 4 BGB),[2] kann der Verfahrenspfleger nicht ausüben.

I. Pflicht zur Bestellung eines Verfahrenspflegers (Absätze 1 und 2)

1. Grundregel (Abs. 1 Satz 1)

6 Das Betreuungsgericht ist nach der stets anwendbaren Grundregel aus Abs. 1 Satz 1 zur Bestellung eines Verfahrenspflegers immer verpflichtet, wenn dies zur Wahrnehmung der Interessen des Betroffenen **erforderlich** ist.[3] Es darf keinen Verfahrenspfleger bestellen, wenn der Betroffene zur Wahrnehmung seiner Interessen eines solchen nicht bedarf.[4]

7 Der Verfahrenspfleger ist – notwendiges – **Ausgleichsinstrument** zur Fiktion des § 275: Eine auf Grund Krankheit oder Behinderung bestehende tatsächliche Unfähigkeit des Betroffenen, seine Interessen wahrzunehmen, wird ignoriert. Zum Ausgleich dafür stellt das Gericht sicher, dass ein anderer die Interessen des Betroffenen im Verfahren wahrnimmt.[5] Ähnlich wie der Betreuer zur Verwirklichung des Gleichheitsgebots im Rechtsverkehr dient, dient der Verfahrenspfleger zur Verwirklichung des Gleichheitsgebots im betreuungsgerichtlichen Verfahren. Wer in seiner Handlungsfähigkeit tatsächlich eingeschränkt ist, hat Anspruch auf die Einrichtung einer Handlungsorganisation, die ihn mit demjenigen, der solchen Einschränkungen nicht unterliegt, so weit, wie das überhaupt möglich ist, gleichstellt.[6] Dabei dürfte der Gestaltungsspielraum des Gesetzgebers ausreichen, um vorzusehen, dass dies nicht durch einen Vertreter, sondern einen Beteiligten kraft Amtes geschieht.

8 Den **Zeitpunkt der Bestellung** legt das Gesetz nicht fest. Ein Verfahrenspfleger ist unverzüglich zu bestellen, wenn feststeht, dass die Voraussetzungen von Abs. 1 Satz 1 vorliegen.[7] Er darf aber nicht vorsorglich oder gar routinemäßig bestellt werden, bevor das Gericht dies überhaupt geprüft hat. Er muss jedenfalls vor Erlass der Endentscheidung bestellt werden und dies – wegen § 37 Abs. 2 – so rechtzeitig, dass er zu allen bis

1 Vgl. *Knittel*, § 67 FGG Rz. 2.
2 OLG Hamm v. 30.5.1996 – 15 W 122/96, BtPrax 1996, 189.
3 Keidel/*Kayser*, § 67 Rz. 12; aA (Ermessen eröffnet) Jurgeleit/*Meier*, § 67 FGG Rz. 6.
4 LG Berlin v. 15.9.2006 – 82 T 336/06, NJOZ 2007, 445.
5 BT-Drucks. 15/2494, S. 40; *Fröschle*, § 67 FGG Rz. 1; dazu, dass dies nach Art. 103 Abs. 1 GG sogar grundsätzlich geboten ist: HK-BUR/*Bauer*, § 67 FGG Rz. 82.
6 *Lipp*, Freiheit und Fürsorge, S. 141 ff.
7 Jurgeleit/*Meier*, § 67 FGG Rz. 8.

dahin gesammelten Ermittlungsergebnissen gehört werden kann.[1] Das Prinzip der Gewährung rechtlichen Gehörs kann es uU erfordern, eine förmliche Zeugen- oder Sachverständigenvernehmung im Beisein des Verfahrenspflegers zu wiederholen, wenn sie vor seiner Bestellung stattgefunden hat.

a) Interessenwahrnehmung durch den Betroffenen selbst

Ein Verfahrenspfleger ist nicht erforderlich, wenn der Betroffene nicht nur rechtlich, sondern auch tatsächlich in der Lage ist, seine eigenen Interessen **selbst wahrzunehmen**. Das ist er, wenn er den Verfahrensgegenstand und dessen Bedeutung für seine Rechte erfassen, dazu einen freien Willen bilden und diesen in verständlicher Weise äußern kann.[2] Es genügt, wenn das Gericht ihn durch entsprechende Erläuterung der Sache hierzu in die Lage versetzt. Es reicht nicht, wenn er sich zwar vordergründig äußern, aber nicht verständlich machen kann.[3] 9

Der Betroffene kann seine Interessen jedenfalls nicht ausreichend wahrnehmen, wenn und soweit sein **rechtliches Gehör verkürzt** wird,[4] auch und gerade, wenn das Gesetz dies ausnahmsweise zulässt, so zB, wenn das Gericht nach § 288 Abs. 1 davon absieht bzw. absehen will, ihm die Entscheidungsgründe bekannt zu geben.[5] 10

Von diesen klaren Situationen abgesehen muss das Gericht anhand des konkreten Verfahrensgegenstandes und des Zustands des Betroffenen **im Einzelfall** prüfen,[6] ob er zur Wahrnehmung seiner Interessen in dem Verfahren in der Lage ist. Bei einem Behinderten kann das zB von der Komplexität des Verfahrensgegenstandes abhängen, bei einem Wahnkranken davon, ob sein Wahnsystem den Verfahrensgegenstand erfasst. Je bedeutender der Verfahrensgegenstand ist und je gravierender die Einschränkungen des Betroffenen sind, desto eher wird der Verfahrenspfleger erforderlich sein.[7] 11

Keinen Verfahrenspfleger braucht der Betreute, soweit er nach der Sondervorschrift des § 303 Abs. 4 im Beschwerdeverfahren von seinem **Betreuer** oder **Bevollmächtigten vertreten wird**. 12

b) Interessenwahrnehmung durch anderen Verfahrensbeteiligten

Da auch der Verfahrenspfleger die Interessen des Betroffenen nicht in dessen Namen, sondern im eigenen Namen zu vertreten berufen ist, ist davon auszugehen, dass es nun auch genügt, wenn **ein anderer Verfahrensbeteiligter** die Interessen des Betroffenen wahrnimmt.[8] Dazu genügt dessen Anhörung freilich nicht. Er muss zum Verfahren iSv. § 7 Abs. 2 oder 3 als Beteiligter hinzugezogen worden sein. 13

1 So schon zum alten Recht: HK-BUR/*Bauer*, § 67 FGG Rz. 17; Jansen/*Sonnenfeld*, § 67 Rz. 33; Keidel/*Kayser*, § 67 Rz. 13; Jürgens/*Mertens*, § 67 FGG Rz. 10.

2 OLG Köln v. 16.1.2002 – 16 Wx 274/01, FamRZ 2003, 171.

3 *Knittel*, § 67 Rz. 5.

4 KG v. 16.9.2008 – 1 W 259/08, OLGReport KG 2008, 983; OLG München v. 27.6.2006 – 33 Wx 89/06, BtMan 2006, 206; OLG München v. 17.10.2005 – 33 Wx 043/05, BtPrax 2006, 35; *Fröschle*, § 67 FGG Rz. 15; HK-BUR/*Bauer*, § 67 FGG Rz. 78 ff. und *Bassenge*/Roth, § 67 FGG Rz. 2 für weitere Beispiele.

5 Jansen/*Sonnenfeld*, § 67 Rz. 21; BtKomm/*Roth*, A Rz. 126.

6 Keidel/*Kayser*, § 67 Rz. 4.

7 OLG Hamm v. 21.1.1993 – 15 W 139/93, BtPrax 1993, 135; HK-BUR/*Bauer*, § 67 FGG Rz. 63; Jansen/*Sonnenfeld*, § 67 Rz. 11; BtKomm/*Roth*, A Rz. 124.

8 Nach BayObLG v. 7.10.1993 – 3 Z BR 222/93, FamRZ 1994, 320 sollte es bisher schon ausreichen, dass eine nach § 68a FGG anzuhörende Person die Interessen des Betroffenen ausrei-

14 Personen, die auf Grund ihrer **Betroffenheit in eigenen Rechten** (nach § 7 Abs. 2 Nr. 1) Verfahrensbeteiligte sind, dürften ausscheiden, soweit nicht die Übereinstimmung ihrer Interessen mit denen des Betroffenen positiv feststeht.

15 Ob eine förmliche Beteiligung der **Betreuungsbehörde** genügt, ist ebenfalls sehr zweifelhaft, da diese zumindest von Gesetzes wegen nicht den Interessen des Betroffenen verpflichtet ist, sondern, wenn sie sich beteiligt, damit öffentliche Interessen verfolgen kann und darf. Immerhin scheint das Gesetz aber davon auszugehen, dass ein Interessengegensatz nicht zwingend besteht, andernfalls es die Bestellung der Betreuungsbehörde zum Verfahrenspfleger nicht in § 277 Abs. 1 Satz 3 als Option erwähnen würde. Das Gericht kann die Betreuungsbehörde aber ohnehin nicht von Amts wegen beteiligen (s. § 274 Rz. 38). Stellt sie selbst einen Antrag, muss ggf. ihrem Antrag entnommen werden, ob sie damit Interessen des Betroffenen verfolgen will oder andere.

16 Am ehesten kann daher die Beteiligung von **Angehörigen** oder einer vom Betroffenen selbst benannten **Vertrauensperson** in Anwendung von § 274 Abs. 4 Nr. 1 die Bestellung eines Verfahrenspflegers entbehrlich machen, vor allem deshalb, weil diese Personen ohnehin nur als Beteiligte herangezogen werden dürfen, wenn sie Interessen des Betroffenen verfolgen (s. § 274 Rz. 46). Stellt sich später heraus, dass sie dies nicht tun, ist die Bestellung eines Verfahrenspflegers ggf. nachzuholen.

17 Auch die Beteiligung des **Gegenbetreuers** (dazu § 274 Rz. 21) kann die Bestellung eines Verfahrenspflegers entbehrlich machen, wenn das Verfahren nicht die Gegenbetreuung selbst betrifft, also vor allem in den in §§ 1908i Abs. 1 Satz 1, 1826 BGB erwähnten Verfahren.

c) Interessenwahrnehmung nicht erforderlich

18 Schließlich sind Situationen denkbar, in denen die Interessen des Betroffenen zwar weder von ihm selbst noch von einem anderen Beteiligten gewahrt werden können, dies aber auch **nicht erforderlich** ist. Das ist zB früher allgemein für das Verfahren der weiteren Beschwerde angenommen worden, weil dort nur Rechtsfragen entschieden werden und es daher auf die Mitteilung oder den Vortrag von Tatsachen nicht mehr ankommt.[1] Da die Verfahrenspflegschaft nach Abs. 5 nun aber ohnehin durch alle Instanzen wirksam bleibt, ist dies nicht mehr von Bedeutung.

19 Kein Verfahrenspfleger soll ferner erforderlich sein, wenn das **Verfahrensergebnis von vorneherein feststeht** und von ihm nicht beeinflusst werden könnte. Das ist einmal (ebenfalls wegen Abs. 5 nicht mehr relevant) für das Verfahren über eine offensichtlich begründete Beschwerde des Betreuten angenommen worden[2] und ein andermal für ein Verfahren zur Entlassung eines Betreuers, der wegen Pflichtwidrigkeiten offensichtlich zu entlassen war.[3] Das zweite Beispiel kommt zweifelhaft vor, womöglich aber trifft es für eine Entlassung nach § 1908b Abs. 1 Satz 2 BGB zu, wenn der Abrechnungsbetrug – zB durch ein Strafurteil – bereits feststeht. Auch bei der Festsetzung einer **Entschädigungspauschale** nach § 1835a BGB oder §§ 4, 5 VBVG kann das Ergebnis feststehen, zB wenn der Betreute offensichtlich nicht mittellos und Heimbewohner ist.

chend wahrnimmt. Die Bedenken, die *Knittel*, § 67 FGG Rz. 16 dazu äußert (nämlich die fehlender Verfahrensrechte), können nun durch die förmliche Beteiligung nach Abs. 4 Nr. 1 überwunden werden.

1 OLG Köln v. 28.7.1999 – 16 Wx 81/99, n.v.

2 BayObLG v. 27.1.1994 – 3 Z BR 303/93, BtPrax 1994, 108 (LS).

3 BayObLG v. 18.12.2002 – 3 Z BR 200/02, NJOZ 2003, 631.

Wenn in einer vermögensrechtlichen Angelegenheit die Kosten der Verfahrenspflegschaft den Wert des Verfahrensgegenstandes übersteigen, ist die Verfahrenspflegschaft **aus wirtschaftlichen Gründen** nicht erforderlich.[1] Der Betroffene könnte dann durch die Bestellung eines Verfahrenspfleger ja immer nur Geld verlieren. 20

2. Regelbestellung (Abs. 1 Satz 2, Abs. 2)

In den in Abs. 1 Satz 2 genannten Situationen macht das Gesetz die Bestellung eines Verfahrenspflegers **zur Regel**. Zugleich bestimmt Abs. 2 Satz 1, unter welchen Voraussetzungen die Regel eine **Ausnahme** duldet: Das Gericht ist zur Bestellung eines Verfahrenspflegers nicht verpflichtet, wenn sie zur Wahrnehmung der Interessen des Betroffenen offensichtlich nicht erforderlich ist. Sie darf nur unterbleiben, wenn eindeutig und von vorneherein feststeht, dass eine der unter Rz. 9 bis 20 beschriebenen Situationen vorliegt. Das Gericht darf dies nicht erst untersuchen. Nur wenn von Anfang an ohne jeden Zweifel klar ist, dass die Interessen des Betroffenen auch ohne Verfahrenspfleger ausreichend gewahrt sind, kann hier die Bestellung unterbleiben. 21

Damit ist der **Zeitpunkt der Bestellung** hier auch ein anderer: Der Verfahrenspfleger ist sofort zu bestellen, wenn die Voraussetzungen von Abs. 1 Satz 2 vorliegen und nicht Abs. 2 Satz 1 greift.[2] 22

Das Gericht steht ferner unter **Begründungszwang**. Es muss die Nichtbestellung eines Verfahrenspflegers in seiner Endentscheidung begründen (Abs. 2 Satz 2). Ein Umkehrschluss dahin, dass die Entscheidung über die Verfahrenspflegerbestellung ansonsten nicht begründet werden muss, ist nicht zulässig (s. dazu Rz. 78). 23

Mit den beiden Regelfällen in Abs. 1 Satz 2 ist **kein einheitlicher Regelungszweck** verbunden. Nr. 1 ist ein Anwendungsfall des schon unter Rz. 10 genannten Gedankens: Ein Betroffener, dem rechtliches Gehör nicht gewährt werden kann, kann schon deshalb seine Interessen nicht in ausreichendem Umfang selbst wahrnehmen.[3] Nr. 2 soll dagegen sicherstellen, dass die Interessen des Betroffenen in Verfahren gewahrt sind, die für ihn von herausragender Bedeutung sind.[4] 24

a) Absehen von persönlicher Anhörung (Abs. 1 Satz 2 Nr. 1)

Der erste in Abs. 1 Satz 2 genannte Regelfall entsteht, wenn das Gericht „nach § 278 Abs. 4 iVm. § 34 Abs. 2" von der **persönlichen Anhörung** des Betroffenen absehen will. 25

Nach § 34 Abs. 1 ist die persönliche Anhörung eines Beteiligten erforderlich, wenn 26

- rechtliches Gehör anders nicht ausreichend gewährt wird (§ 34 Abs. 1 Nr. 1) oder
- eine Spezialvorschrift sie vorschreibt (§ 34 Abs. 1 Nr. 2).

Im Betreuungsrecht existieren **mehrere Spezialvorschriften**, die die persönliche Anhörung des Betroffenen vorschreiben, nämlich 27

- § 278 Abs. 1 Satz 1 für den Fall, dass ein Betreuer (erstmals) bestellt oder ein Einwilligungsvorbehalt angeordnet wird,
- § 296 Abs. 2 Satz 1 für den Fall der Neubestellung eines Betreuers nach Tod oder Entlassung des Vorgängers,

---

1 *Fröschle*, § 67 FGG Rz. 19; ähnlich Jansen/*Sonnenfeld*, § 67 Rz. 14.
2 HK-BUR/*Bauer*, § 67 FGG Rz. 18.
3 Jansen/*Sonnenfeld*, § 67 Rz. 20.
4 BT-Drucks. 11/4528, S. 171.

- § 297 Abs. 1 Satz 1 vor der Genehmigung einer Sterilisation,
- § 298 Abs. 1 Satz 1 vor der Genehmigung einer gefährlichen Heilbehandlung,
- § 299 Satz 2 vor der Erteilung einer Genehmigung nach § 1907 Abs. 1 oder 3 BGB,
- § 300 Abs. 1 Satz 1 Nr. 4 vor dem Erlass einer einstweiligen Anordnung.

28 § 278 Abs. 1 Satz 1 gilt außerdem in Verfahren über die Erweiterung der Betreuung oder des Einwilligungsvorbehalts und über die Verlängerung einer Betreuung oder des Einwilligungsvorbehalts entsprechend (vgl. §§ 293 Abs. 1, 295 Abs. 1).

29 Das Gesetz kennt eine ganze Reihe von Gründen, aus denen die sonst vorgeschriebene persönliche Anhörung unterbleiben kann. Zwei davon erwähnt § 34 Abs. 2, auf einen dieser beiden Gründe wird wiederum in § 278 Abs. 4 Bezug genommen. Bei **enger, wortlautgetreuer Auslegung** ist also nur das Unterbleiben der persönlichen Anhörung aus diesem einen Grund ein Regelfall nach Abs. 1 Satz 2 Nr. 1, nämlich die durch ein Sachverständigengutachten untermauerte Feststellung, dass die persönliche Anhörung für den Betroffenen mit der Gefahr von Nachteilen für seine Gesundheit verbunden wäre.

30 Der erklärten **Absicht des Gesetzgebers** entspricht dies freilich nicht. Er ist vielmehr davon ausgegangen, dass § 278 Abs. 4 iVm. § 34 Abs. 2 inhaltlich § 68 Abs. 2 FGG aF entspricht, folglich auch beide in § 34 Abs. 2 genannten Gründe für ein Absehen von der persönlichen Anhörung als Regelfall gelten sollten. Es spricht daher viel dafür, dass Abs. 1 Satz 2 Nr. 1 denselben Anwendungsbereich wie § 67 Abs. 1 Satz 2 Nr. 1 FGG aF haben soll:[1] Regelfall ist deshalb das Absehen von der durch § 278 Abs. 1 Satz 1 vorgeschriebenen persönlichen Anhörung aus **einem der in § 34 Abs. 2 genannten Gründe**.

31 Das bedeutet: Wie vorher auch **liegt ein Regelfall nur vor**, wenn § 278 Abs. 1 Satz 1 die Anhörung vorschreibt, also nur vor
- der Erstbestellung eines Betreuers,
- der Anordnung eines Einwilligungsvorbehalts,
- der Erweiterung der Betreuung oder des Einwilligungsvorbehalts und
- der Verlängerung der Betreuung oder des Einwilligungsvorbehalts.

32 Ferner ist Regelfall nur das Absehen aus einem der in § 34 Abs. 2 genannten Gründe, nämlich
- wegen offensichtlicher Unfähigkeit des Betroffenen, sich zu äußeren oder
- wegen gesundheitlicher Nachteile der Anhörung für den Betroffenen.

33 Sieht das Gericht dagegen aus einem anderen Grund, zB nach § 293 Abs. 2 oder – soweit dies zulässig ist (s. dazu § 278 Rz. 33 f.) – nach § 34 Abs. 3 von der persönlichen Anhörung ab, ist die Notwendigkeit der Verfahrenspflegerbestellung nach Abs. 1 Satz 1 zu beurteilen.[2]

34 Im Verfahren zur Erteilung von **Genehmigungen nach §§ 1904 Abs. 1, 1907 BGB** ist ein Verfahrenspfleger immer zu bestellen, ohne Rücksicht auf die Erforderlichkeit (s. auch § 297 Rz. 24 und § 298 Rz. 30a). In Verfahren zur Erteilung von **Genehmigun-**

1 Nach BT-Drucks. 16/6308, S. 266 sollen Abs. 1 und 2 denselben Inhalt wie § 67 Abs. 1 Satz 1 bis 4 FGG aF haben.

2 Wird freilich auch dann aus dem unter Rz. 10 genannten Gedanken heraus regelmäßig zu bejahen sein, OLG Brandenburg v. 5.4.2007 – 11 Wx 4/07, FamRZ 2007, 1688; OLG Frankfurt v. 18.3.1997 – 20 W 342/96, BtPrax 1997, 201.

gen nach §§ 1904 Abs. 2, 1907 BGB richtet sich die Verfahrenspflegerbestellung dagegen ausschließlich nach Abs. 1 Satz 1. Für die in § 299 Satz 1 genannten Verfahren ist die persönliche Anhörung schon gar nicht zwingend vorgeschrieben, sondern in das gelenkte Ermessen des Gerichts gestellt (vgl. § 299 Rz. 14).

Fraglich ist die Situation in Verfahren über **einstweilige Anordnungen**. ME sind die dortigen Vorschriften über Anhörungen nur als Modifikation, nicht als abschließende Sondervorschriften zu den für den jeweiligen Verfahrensgegenstand geltenden allgemeinen Regeln zu lesen (s. § 300 Rz. 28). Auch dort ist daher Abs. 1 Satz 2 Nr. 1 einschlägig, wenn aus einem der in § 34 Abs. 2 genannten Gründe von der persönlichen Anhörung des Betroffenen abgesehen wird. Geschieht dies zunächst wegen Gefahr im Verzug nicht (§ 301 Abs. 1), kommt es darauf an, ob auch von der Nachholung abgesehen werden soll. 35

Abs. 1 Satz 2 Nr. 1 greift nicht, wenn die Bestellung eines Verfahrenspflegers zur Wahrnehmung der Interessen des Betroffenen **offensichtlich nicht erforderlich** ist (Abs. 2 Satz 1). Das ist, wenn er nicht angehört wird, nur in zwei Fällen denkbar:[1] 36

- Der Betroffene kann seine Interessen **in einer anderen Form** der Anhörung (zum Beispiel in schriftlicher Form) ausreichend selbst wahrnehmen.
- Die Interessen des Betroffenen werden in ausreichender Weise von einem **anderen Verfahrensbeteiligten** wahrgenommen (oben Rz. 13 ff.).

b) Bestellung eines Betreuers für alle Angelegenheiten (Abs. 1 Satz 2 Nr. 2)

Der zweite Regelfall, den Abs. 1 Satz 2 nennt, ist die Bestellung eines Betreuers **für alle Angelegenheiten**. Es genügt, dass dies **Verfahrensgegenstand** ist, also eine Betreuung für alle Angelegenheiten geprüft, zB ein entsprechend weiter Gutachtensauftrag erteilt wird.[2] Eine Betreuung für alle Angelegenheiten liegt nicht nur vor, wenn der Aufgabenkreis so bezeichnet wird. Es reicht, wenn die im Aufgabenkreis aufgezählten Angelegenheiten alle sind, die für den Betroffenen überhaupt zu erledigen sind,[3] er also iSv. § 1896 Abs. 2 Satz 1 BGB für umfassend unfähig gehalten wird, eigene Angelegenheiten zu besorgen. 37

Abs. 1 Satz 2 Nr. 2 gilt schon nach seinem eigenen Wortlaut ferner für Verfahren zur **Erweiterung des Aufgabenkreises** des Betreuers auf allen Angelegenheiten. Im Übrigen ist er nach seiner ratio legis (s. Rz. 24) entsprechend anzuwenden, wenn das Verfahren die (isolierte) Anordnung eines **Einwilligungsvorbehalts** oder dessen (isolierte) Erweiterung auf alle Angelegenheiten betrifft.[4] Aufgrund der Verweisung in § 295 Abs. 1 Satz 1 gilt er auch für das Überprüfungsverfahren mit dem Ziel der **Verlängerung** einer entsprechenden Maßnahme. 38

Diese ratio legis erfordert allerdings auch eine Einschränkung: Die **Neubestellung** eines Betreuers nach § 1908c BGB bei unverändertem, umfassendem Aufgabenkreis 39

1 Keine Ausnahme wollen zulassen: Jansen/*Sonnenfeld*, § 67 Rz. 27; in Keidel/*Kayser*, § 67 Rz. 5; Jürgens/*Mertens*, § 67 FGG Rz. 4, die beiden Letzteren halten Abs. 2 wegen Verstoßes gegen Art. 103 Abs. 1 GG für verfassungswidrig. Die von mir gegebenen Beispiele zeigen aber, dass es Fälle geben kann, in denen das Recht auf rechtliches Gehör auch ohne Verfahrenspfleger gewahrt bleibt.

2 OLG Zweibrücken v. 6.2.2003 – 3 W 144/02, FamRZ 2003, 1126.

3 OLG München v. 23.3.2005 – 33 Wx 14/05, Rpfleger 2005, 429; VG Neustadt v. 10.6.99 – 3 L 1535/99, FamRZ 2000, 1049; LG Zweibrücken v. 20.7.1999 – 4 T 167/99, BtPrax 1999, 244; HK-BUR/*Bauer*, § 67 FGG Rz. 75; *Fröschle*, § 67 FGG Rz. 8; aA Jansen/*Sonnenfeld*, § 67 Rz. 23.

4 HK-BUR/*Bauer*, § 67 FGG Rz. 77.

fällt nicht unter Abs. 1 Satz 2 Nr. 2, wenn sie nicht mit einem anderen Verfahrensgegenstand (zB zur Verlängerung der Betreuung) verbunden wird.

40 Es ist behauptet worden, im Falle von Abs. 1 Satz 2 Nr. 2 laufe die **Ausnahme** in Abs. 2 Satz 1 praktisch leer, denn in einem solchen Verfahren könne in Anbetracht der Schwere des drohenden Eingriffs niemals feststehen, dass die Interessenwahrnehmung durch einen Verfahrenspfleger offensichtlich nicht erforderlich ist.[1] Daran ist richtig, dass der Betroffene, der für – mindestens möglicherweise – unfähig gehalten wird, irgendeine seiner Angelegenheiten zu besorgen, wohl kaum in der Lage ist, seine eigenen Interessen im Verfahren zu vertreten. Die Einleitung eines Verfahrens von Amts wegen setzt aber voraus, dass das Gericht dies immerhin für möglich hält. Es bleiben aber dennoch zwei Fallkonstellationen, in denen auch bei einem Regelfall nach Abs. 1 Satz 2 Nr. 2 ausnahmsweise kein Verfahrenspfleger erforderlich ist, nämlich

- wenn die Interessen des Betroffenen offensichtlich durch einen **anderen Verfahrensbeteiligten** ausreichend wahrgenommen werden (dazu Rz. 13 ff.),
- wenn der Betroffene einen **offensichtlich unbegründeten Antrag** mit dem Ziel seiner Betreuung in allen Angelegenheiten gestellt hat.

II. Eignung zum Verfahrenspfleger (Absatz 3)

41 Das Gesetz trifft keine Bestimmung dazu, unter welchen Voraussetzungen sich jemand zum Verfahrenspfleger eignet. Auch bestimmt das Gesetz nicht, wer überhaupt **fähig** ist, Verfahrenspfleger zu sein. Geht man davon aus, dass § 277 die Entschädigung vollständig regeln will, kommen alle dort genannten Konstellationen, aber auch nur diese, in Frage.[2] Das wären dann diejenigen, die auch für die Betreuerbestellung gelten, nämlich

- eine natürliche Person, die die Verfahrenspflegschaft ehrenamtlich (§ 277 Abs. 1 Satz 1) oder im Rahmen ihrer Berufsausübung (§ 277 Abs. 1 Satz 1, Abs. 2, Abs. 3) führt,
- die Betreuungsbehörde[3] (§ 277 Abs. 1 Satz 2),
- ein anerkannter Betreuungsverein (§ 277 Abs. 1 Satz 2),
- der Mitarbeiter eines anerkannten Betreuungsvereines als Vereinsverfahrenspfleger (§ 277 Abs. 4 Satz 1),
- ein Bediensteter der Betreuungsbehörde als Behördenverfahrenspfleger (§ 277 Abs. 4 Satz 2).

42 Verfahrenspfleger kann nur sein, wer selbst **verfahrensfähig** ist. Das folgt nun schon daraus, dass der Verfahrenspfleger Beteiligter ist. Ob hierzu **Volljährigkeit** erforderlich ist, ist nicht einfach zu entscheiden. § 9 Nr. 3 greift zwar nicht, da das Verfahren ja nicht die Person des Verfahrenspflegers betrifft. § 9 Nr. 2 könnte aber greifen, denn da der Verfahrensgegenstand den Verfahrenspfleger nicht selbst betrifft, würde er nach

---

1 So zB Jürgens/*Mertens*, § 67 Rz. 5.

2 So auch Keidel/*Budde*, § 67a Rz. 1.

3 Soweit dies früher streitig war (vgl. dazu *Walter*, BtPrax 2004, 225 mwN), ist dem schon seit dem 2. BtÄndG durch § 67a Abs. 1 Satz 3 FGG der Boden entzogen gewesen, LG Ingolstadt v. 2.4.2007 – 12 T 565/07, FamRZ 2007, 1365; Jansen/*Sonnenfeld*, § 67a Rz. 25; aA aber anscheinend nach wie vor HK-BUR/*Bauer*, § 67 FGG Rz. 28a.

§ 107 BGB darüber ohne Zustimmung seiner Eltern disponieren können. Auf die Entscheidung dieser verfahrensrechtlichen Frage kommt es aber womöglich gar nicht an.

Mangels irgendwelcher im Gesetz genannten Eignungskriterien ist nämlich im Übrigen auf das **allgemeine Pflegschaftsrecht** zurückzugreifen, so dass sich die Eignung letztlich nach den für den Vormund genannten Kriterien (§§ 1915 Abs. 1 Satz 1, 1779 Abs. 2, 1780, 1781, 1784 BGB) richtet. Nicht bestellt werden darf demnach, wer 43

- minderjährig oder geschäftsunfähig ist (§§ 1780, 1781 Nr. 1 BGB),
- einen Betreuer hat (§ 1781 Nr. 2 BGB),
- als Beamter oder Religionsdiener nicht über eine eventuell erforderliche Nebentätigkeitsgenehmigung verfügt (§ 1784 BGB).

Im Übrigen ist eine Person auszuwählen, die sich nach ihren persönlichen Verhältnissen und den **Umständen des Falles** zum Verfahrenspfleger **eignet** (§ 1779 Abs. 2 Satz 1 BGB), wobei auf die Bindungen des Betroffenen Rücksicht zu nehmen ist (§ 1779 Abs. 2 Satz 2 BGB). 44

Worin die **Eignung zum Verfahrenspfleger** besteht, ergibt sich aus der Interpretation seiner **Aufgaben**. Richtigerweise ist die Aufgabe des Verfahrenspflegers wiederum aus dem Grund abzuleiten, aus dem er bestellt wird: weil der Betroffene zwar rechtlich, aber nicht auch tatsächlich in der Lage ist, seine Interessen selbst wahrzunehmen. Der Verfahrenspfleger dient dem Ausgleich eines krankheits- oder behinderungsbedingten Defizits. Damit muss er im Grundsatz nicht mehr können als so zu handeln, wie der Betroffene es tun würde, wenn er in seinen Fähigkeiten nicht eingeschränkt wäre (s. zum diesbezüglichen Streitstand ausführlich § 277 Rz. 13 ff.). Aus Abs. 3 folgt jedenfalls, dass ein Laie ohne besondere juristische Fachkenntnisse immerhin theoretisch in der Lage sein muss, Verfahrenspfleger zu sein, was die Anforderungen an die Eignung einigermaßen eingrenzt. 45

Er braucht daher zunächst **keine besonderen Rechtskenntnisse** zu besitzen,[1] sondern nur diejenigen eines interessierten Bürgers. Nur wenn die Rechtslage so komplex ist, dass ein juristischer Laie damit überfordert wäre und seinerseits einen Rechtsanwalt einschalten würde, ist es erforderlich, von vorneherein einen Rechtsanwalt oder jedenfalls einen Volljuristen zum Verfahrenspfleger zu bestellen.[2] 46

Der Verfahrenspfleger muss allerdings in der Lage sein, die subjektiven Interessen des Betroffenen zu erkennen. Das setzt die Fähigkeit zur **Kommunikation mit dem Betroffenen** voraus. Auch das wird für gewöhnlich ein interessierter Bürger leisten können, doch können Krankheit oder Behinderung die Kommunikation so erschweren, dass dazu Fachkenntnisse in Psychiatrie oder Psychologie erforderlich sein können. 47

Im Einzelfall können somit **besondere Fachkenntnisse** erforderlich sein, im Allgemeinen sind sie es aber nicht,[3] so dass sich jeder volljährige interessierte Bürger grundsätzlich auch zum Verfahrenspfleger eignet. 48

Fehlende Eignung kann sich vor allem aus **Interessenkollisionen** ergeben. Wer ein eigenes Interesse am Ausgang des Verfahrens hat, darf nicht zum Verfahrenspfleger 49

1 Jurgeleit/*Meier*, § 67 FGG Rz. 9; konsequenterweise aA: HK-BUR/*Bauer*, § 67 FGG Rz. 20; Jansen/*Sonnenfeld*, § 67 Rz. 37 f.
2 BVerfG v. 7.6.2000 – 1 BvR 111/00, BtPrax 2000, 254; BtKomm/*Roth*, A Rz. 128.
3 So auch die Begr. zum 2. BtÄndG: BT-Drucks. 15/2494, S. 41.

bestellt werden.[1] Die abstrakte Möglichkeit abweichender Interessen genügt dafür allerdings nicht.[2] Auch der schon bestellte Betreuer eignet sich nicht zum Verfahrenspfleger.[3] Die Bestellung des bisherigen Verfahrenspflegers zum Betreuer ist zumindest problematisch.[4]

50 Die Bestellung einer natürlichen Person genießt **Vorrang** vor derjenigen der Betreuungsbehörde oder eines Betreuungsvereines. Die Bestellung eines ehrenamtlichen Verfahrenspfleger hat Vorrang vor derjenigen einer Person, die die Verfahrenspflegschaft berufsmäßig führt (Abs. 3). Nur wenn **keine geeignete ehrenamtliche Einzelperson** zur Verfügung steht, darf ein Berufsverfahrenspfleger (dazu, was das ist s. § 277 Rz. 29 ff.) bestellt werden. Das Gericht muss dazu feststellen, dass entweder kein ehrenamtlicher Verfahrenspfleger zur Übernahme bereit ist oder sich die dazu allenfalls bereiten Personen in dem konkreten Fall nicht zum Verfahrenspfleger eignen.[5]

51 Die **Betreuungsbehörde** ist auf Anforderung des Gerichts zum Vorschlag eines geeigneten Verfahrenspflegers verpflichtet (§ 8 Satz 3 BtBG). Kann sie keinen Vorschlag machen, wird sie selbst bestellt.

52 **Übernahmebereitschaft** ist – außer bei der Betreuungsbehörde – erforderlich. Das steht nicht ausdrücklich im Gesetz, folgt aber aus der Formulierung von Abs. 3 a.E. Eine Pflicht zur Übernahme besteht nicht.[6] Verfahrenspflegschaften erfordern eine zu spezielle Tätigkeit, als dass § 1787 BGB nach § 1915 Abs. 1 Satz 1 BGB darauf entsprechend angewendet werden könnte. Dass ein Mitarbeiter der Betreuungsbehörde oder eines Betreuungsvereins nicht ohne Zustimmung der Institution bestellt werden kann, folgt schon aus deren Personalhoheit, ohne dass es einer Verweisung auf § 1897 Abs. 2 BGB bedarf.[7]

III. Vertretung durch einen Bevollmächtigten (Absatz 4)

53 Nach Abs. 4 Satz 1 ist kein Verfahrenspfleger erforderlich, wenn der Betroffene durch einen Rechtsanwalt oder anderen geeigneten Verfahrensbevollmächtigten vertreten wird. Die Bestellung „soll" dann unterbleiben. Eine schon erfolgte Bestellung „soll" aufgehoben werden. Das ist nicht dahin zu lesen, dass dem Gericht ein **Ermessensspielraum** verbleibt.[8] Auch im Verfahren genießt die Privatautonomie Vorrang vor der Rechtsfürsorge durch das Gericht. Das Gericht darf – und muss – aber prüfen, ob die Interessen des Betroffenen durch den Bevollmächtigten in seinem Namen auch **tatsächlich ausreichend wahrgenommen** werden. Ist das nicht der Fall[9] oder nimmt er gar die Interessen eines Dritten wahr,[10] bleibt es bei dem in Abs. 1 Satz 1 normierten Erfordernis einer Verfahrenspflegschaft.

1 *Fröschle*, § 67 FGG Rz. 46.
2 LG Ingolstadt v. 2.4.2007 – 12 T 565/07, FamRZ 2007, 1365.
3 BayObLG v. 27.1.1994 – 3 Z BR 303/93, BtPrax 1994, 108 (LS).
4 Nach *Knittel*, § 67 FGG Rz. 21 soll das möglich sein, wirft aber die Frage auf, wie er dann die Einlegung eines Rechtsmittels gegen die Bestellung ohne Interessenkonflikt prüfen können soll.
5 *Knittel*, § 67 FGG Rz. 20.
6 Jansen/*Sonnenfeld*, § 67 Rz. 42; *Knittel*, § 67 FGG Rz. 22.
7 So iE auch Jansen/*Sonnenfeld*, § 67 Rz. 44.
8 So aber die hM: Jansen/*Sonnenfeld*, § 67 Rz. 29; *Knittel*, § 67 FGG Rz. 18; Keidel/*Kayser*, § 67 Rz. 16.
9 OLG Hamm v. 30.8.1994 – 15 W 237/94, BtPrax 1995, 70.
10 KG v. 6.2.2004 – 1 W 33/04, FGPrax 2004, 117.

54 Ob sich jemand **zum Bevollmächtigten eignet**, bestimmt sich nach § 10. Die Eignung der dort genannten Personen ist zu unterstellen, so lange sie nicht nach § 10 Abs. 3 Satz 3 von der Vertretung ausgeschlossen worden sind. Die Bestellung nur eines **Beistands** iSv. § 12 genügt für die Anwendung von Abs. 4 nicht. Es ist aber im Rahmen der Anwendung von Abs. 1 Satz 1 zu prüfen, ob der Beistand den Betroffenen in die Lage versetzt, seine Interessen ausreichend selbst wahrzunehmen.

55 Der **Betroffene** kann eine **Verfahrensvollmacht** in jeder Lage des Verfahrens selbst erteilen (s. § 275 Rz. 11). Er muss allerdings in der Lage sein, den *natürlichen* Willen zur Bevollmächtigung eines anderen zu bilden (s. § 275 Rz. 10). Aus dem **Schriftformerfordernis** (§ 11 Satz 1) folgt nichts anderes. Ggf. ist die dem Betroffenen nicht mögliche Unterschrift durch eine der in § 126 Abs. 1, 3 und 4 BGB genannten Alternativen zu ersetzen.

56 Ein **gesetzlicher Vertreter** des Betroffenen kann ebenfalls in seinem Namen eine Verfahrensvollmacht erteilen.[1]

IV. Beendigung der Verfahrenspflegschaft (Absatz 5)

57 Die Verfahrenspflegschaft kann **aufgehoben** werden. Grund für die Aufhebung kann – außer dem in Abs. 4 gesondert geregelten Fall – nur sein, dass die Voraussetzungen von Abs. 1 Satz 1 nicht mehr vorliegen, das Gericht also nachträglich feststellt, dass ein Verfahrenspfleger für die Wahrnehmung der Interessen des Betroffenen **nicht erforderlich** ist. Stellt sich dies heraus, ist die Aufhebung der Verfahrenspflegschaft in jeder Lage des Verfahrens möglich.[2]

58 Der Verfahrenspfleger kann auch **entlassen** werden, wenn sich seine mangelnde Eignung herausstellt.[3] In diesem Fall ist entsprechend § 1908c BGB ein neuer Verfahrenspfleger an seiner Stelle zu bestellen.

59 Die Verfahrenspflegschaft endet mit **Rechtskraft der Endentscheidung** (§ 45) oder jeder anderen Beendigung des Verfahrens. Letztere kann – je nach Verfahrensgegenstand – durch Antragsrücknahme (§ 22 Abs. 1), Beendigungserklärung (§ 22 Abs. 3) oder Vergleich (§ 36) eintreten. Der **Tod des Betroffenen** beendet alle Verfahren, in denen danach eine Endentscheidung nicht mehr möglich ist. Nur soweit die Erben in die verfahrensgegenständliche Rechtsposition des Betroffenen einrücken (zB im Verfahren über die Entschädigung des Betreuers), ist es durch den Tod lediglich unterbrochen und kann später fortgesetzt werden.

60 Der Verfahrenspfleger kann also – anders als im alten Recht – eine Beschwerde gegen die Endentscheidung nicht nur einlegen und durchführen, seine Bestellung gilt vielmehr uneingeschränkt auch für das Verfahren über die **Beschwerde und Rechtsbeschwerde**. Daher kommt die Verfahrenspflegerbestellung durch das Beschwerdegericht nur noch in Ausnahmekonstellationen (dazu Rz. 64) in Frage.

---

1 Zu § 50 FGG in diesem Sinne: Keidel/*Engelhardt*, § 50 Rz. 31.

2 HK-BUR/*Bauer*, § 67 FGG Rz. 43; Jansen/*Sonnenfeld*, § 67 Rz. 60; BtKomm/*Roth*, A Rz. 129; *Fröschle*, § 67 FGG Rz. 35; auch die Aufhebung wird mit Bekanntmachung an den Verfahrenspfleger wirksam: OLG Brandenburg v. 11.9.2007 – 10 WF 201/07, FamRZ 2008, 78; *Bassenge*/Roth, § 67 FGG Rz. 17.

3 Nicht jedoch wegen pflichtwidrigen Verhaltens, denn das Gericht überwacht seine Tätigkeit nicht; BT-Drucks. 11/4528, S. 171; HK-BUR/*Bauer*, vor § 67 FGG Rz. 17; § 67 FGG Rz. 97a; *Knittel*, § 67 FGG Rz. 4; BtKomm/*Roth*, A Rz. 131; aA Jansen/*Sonnenfeld*, § 67 Rz. 61.

61 Nur in Ausnahmefällen kann der Betroffene **Verfahrenskostenhilfe** beantragen und die Beiordnung eines Rechtsanwalts verlangen. Im Regelfall wird dies durch die Möglichkeit der Verfahrenspflegerbestellung ausgeschlossen (s. dazu § 78 Rz. 3).

V. Anfechtbarkeit (Absatz 6)

62 Früher war die Frage streitig, ob die Verfahrensbeteiligten die Entscheidung über die Verfahrenspflegerbestellung **isoliert anfechten** können. Der BGH hatte dies zuletzt verneint.[1] Nunmehr wird sowohl die Bestellung als auch die Nichtbestellung in Abs. 6 ausdrücklich für nicht isoliert anfechtbar erklärt. Für die Aufhebung der Verfahrenspflegschaft bzw. die Ablehnung ihrer Aufhebung kann nichts anderes gelten.[2]

63 Ein **Rechtsmittel gegen die Endentscheidung** kann jedoch darauf gestützt werden, dass die Entscheidung über die Verfahrenspflegerbestellung falsch war (§ 58 Abs. 2), da Abs. 6 sie nicht für unanfechtbar erklärt.

64 Ist die Bestellung eines Verfahrenspflegers **zu Unrecht unterblieben**, so kann – und muss – sie in zweiter Instanz nachgeholt werden, denn sonst ist das rechtliche Gehör des Betroffenen verletzt.[3] Es genügt auch, wenn er im Beschwerdeverfahren von einem Verfahrensbevollmächtigten vertreten wird, erst im Rechtsbeschwerdeverfahren reicht das nicht mehr.[4] Ausnahmsweise dürfte auch eine Zurückverweisung an die erste Instanz nach § 69 Abs. 1 Satz 2 möglich sein, falls das Gericht sonst förmliche Beweisaufnahmen unter Hinzuziehung des Verfahrenspflegers wiederholen müsste.

65 Für das **Rechtsbeschwerdeverfahren** als solches braucht der Betroffene zwar wegen dessen Eigenart als reine Rechtsinstanz keinen Verfahrenspfleger (s. Rz. 18). Dagegen kann das Rechtsbeschwerdegericht wohl kaum je ausschließen, dass die angegriffene Entscheidung auf der Nichtbestellung des Verfahrenspflegers beruht, es wird diese folglich aufheben und die Sache zurückverweisen – womöglich sogar an das Amtsgericht (§ 74 Abs. 6 Satz 2).

66 Ist die Endentscheidung unanfechtbar, kann die Notwendigkeit der Verfahrenspflegerbestellung auch mit der **Gehörsrüge** (§ 44) geltend gemacht werden.

67 Ist ein Verfahrenspfleger dagegen **zu Unrecht bestellt** worden, so ergibt sich hieraus ein unschädliches „Zuviel" an rechtlichem Gehör, auf dem die Entscheidung inhaltlich nicht beruhen kann.[5] Der mit der Bestellung verbundene – dann unrechtmäßige – Einblick einer weiteren Person in die persönlichen Daten des Betroffenen ist ohnehin irreparabel. Allerdings darf das Gericht die durch die Verfahrenspflegschaft entstandenen **Gerichtskosten nicht erheben** (§ 16 KostO).[6]

68 Unklar ist, ob **der Verfahrenspfleger** seine Bestellung oder die Ablehnung seines Antrags auf Entlassung anfechten kann. Jedenfalls dem Wortlaut nach scheint Abs. 6 auch dies auszuschließen. Gegen eine Bestellung, zu der er gar nicht gehört wurde, steht ihm jedenfalls die Gehörsrüge (§ 44) zu. Ansonsten ist die Unanfechtbarkeit der

1 BGH v. 12.6.2003 – XII ZB 169/99, BtPrax 2003, 266.

2 BT-Drucks. 16/6308, S. 266; zum früheren Recht OLG Hamburg v. 15.10.1996 – 2 Wx 100/96, FamRZ 1997, 1293.

3 BayObLG v. 2.4.2004 – 3 Z BR 43/04, FGPrax 2004, 124.

4 *Knittel*, § 67 FGG Rz. 28, weil keine Tatsacheninstanz mehr.

5 *Fröschle*, § 67 FGG Rz. 24.

6 LG Berlin v. 15.9.2006 – 82 T 336/06, NJOZ 2007, 445; *Fröschle*, Anh. zu § 13a FGG Rz. 40.

Bestellung für ihn wohl schon deshalb erträglich, weil er weder zum Tätigwerden gezwungen noch mit Kosten belastet werden kann (s. Rz. 71 ff.).

Auch für die Entscheidung über die **Auswahl** des Verfahrenspflegers oder die **Entlassung und Bestellung** eines anderen Verfahrenspflegers gilt Abs. 6: Dass die vom Gericht ausgewählte Person ungeeignet war, kann nur mit einem Rechtsmittel gegen die Endentscheidung geltend gemacht werden. 69

Ob die Verfahrenspflegerbestellung **durch den Rechtspfleger** mit der befristeten Erinnerung nach § 11 Abs. 2 RPflG angegriffen werden kann,[1] ist zweifelhaft. Abs. 6 macht sie nicht zu einer unanfechtbaren Entscheidung im Sinne dieser Vorschrift, schließt vielmehr nur die selbständige Anfechtung aus. § 11 Abs. 2 RPflG soll nur verhindern, dass Entscheidungen des Rechtspflegers keiner richterlichen Kontrolle mehr unterliegen. Dazu ist die selbständige Anfechtbarkeit von Zwischenentscheidungen aber nicht notwendig.[2] 70

VI. Kostenfreiheit (Absatz 7)

Nach Abs. 7 dürfen dem Verfahrenspfleger **keine Kosten auferlegt** werden. Das nimmt vom Wortlaut her auf die Kostenentscheidung (§ 81) Bezug. In § 288 RefE lautete Abs. 7 auch nur dahin, dass diese Norm (dort noch § 83) keine Anwendung finde. Durch die Neufassung wird deutlich, dass auch § 83 Abs. 2 und § 84 keine Kostenentscheidung gegen den Verfahrenspfleger rechtfertigen können. 71

Entgegen der Gesetzesbegründung[3] sollte man es jedoch für zulässig halten, dem Verfahrenspfleger Kosten aufzuerlegen, die nach § 81 Abs. 4 auch **einem Dritten** auferlegt werden könnten, denn es besteht kein Grund, ihn besser zu behandeln als einen am Verfahren gar nicht Beteiligten. 72

Damit ist freilich noch nicht entschieden, ob der Verfahrenspfleger auch als Primärkostenschuldner nach § 2 Nr. 1 KostO kostenfrei gestellt werden soll. Im reinen Antragsverfahren trägt der Antragsteller die Kosten nämlich auch ohne dass sie ihm auferlegt werden. Das betrifft den Verfahrenspfleger, der gegen eine Entscheidung Beschwerde oder Rechtsbeschwerde eingelegt hat. Mit dem Zweck der Regelung ist dies allerdings kaum zu vereinbaren. Er soll ohne eigene Kostenpflicht bleiben, weil er ja auch keine eigenen Interessen wahrnimmt.[4] Das erfordert es, Abs. 7 dahin zu lesen, dass Kosten gegen den Verfahrenspfleger auch **nicht angesetzt** werden dürfen, wenn er sie eigentlich kraft Gesetzes zu tragen hätte. 73

Auch dann bleibt noch eine Unklarheit: Der Verfahrenspfleger kann zwar die ihm entstandenen Kosten erstattet verlangen (§ 277 Abs. 1 Satz 1). Er kann darauf aber keinen Vorschuss fordern (§ 277 Abs. 1 Satz 2). Wenn er zu Gunsten des Betroffenen **Rechtsbeschwerde** einlegen will, muss er aber einen beim BGH zugelassenen Anwalt beauftragen (vgl. § 10 Abs. 4). Man wird dem Verfahrenspfleger kaum zumuten können, dessen Vorschuss aus eigenem Vermögen auszulegen. Dieses Dilemma lässt sich 74

1 So zum alten Recht: BayObLG v. 30.8.2002 – 3 Z BR 163/02, FamRZ 2003, 189; *Knittel*, § 67 FGG Rz. 27a; *Fröschle*, § 67 FGG Rz. 26; Jürgens/*Mertens*, § 67 FGG Rz. 14.

2 Und zwar auch nicht, wie *Knittel*, § 67 FGG Rz. 27a meint, wegen der Kostenbelastung, denn dieses Problem löst § 16 KostO.

3 Nach BT-Drucks. 16/6308, S. 266 soll einzig mögliche Sanktion gegen einen unsinnige Kosten produzierenden Verfahrenspfleger seine Entlassung sein.

4 BT-Drucks. 16/6308, S. 266.

allerdings dadurch lösen, dass man dem Verfahrenspfleger **Verfahrenskostenhilfe** für das Rechtsbeschwerdeverfahren ohne Rücksicht auf seine eigenen Einkommens- und Vermögensverhältnisse gewährt. Auf die Einkommens- und Vermögensverhältnisse des Betroffenen kann es allerdings ebenso wenig ankommen, da er auf dessen Vermögen keinen Zugriff hat.

C. Verfahren

75 Das Gesetz regelt die Zuständigkeit für die Bestellung des Verfahrenspflegers nicht gesondert. Aus Abs. 6 wird jedoch deutlich, dass sie eine Zwischenentscheidung ist, für die sich die Zuständigkeit **nach der Hauptsache** richtet. Für die Verfahrenspflegerbestellung ist in Verfahren, die vor dem Rechtspfleger geführt werden, dieser zuständig, sonst der Richter.[1]

76 **Sachlich** zuständig ist für die Bestellung wie für die Entlassung des Verfahrenspflegers die Instanz, in der die Sache anhängig ist. Auch beim Landgericht ist dafür „das Gericht" zuständig, also die Kammer oder im Falle des § 68 Abs. 4 der Einzelrichter, nicht der Vorsitzende.[2]

77 Vor der Bestellung ist der Betroffene **anzuhören**,[3] falls die Unmöglichkeit seiner Anhörung nicht gerade Grund für die Verfahrenspflegerbestellung ist.[4] Ob das Gericht einen Hinweis auf Abs. 4 erteilen muss,[5] ist sehr zweifelhaft. Aus § 28 folgt eine solche Pflicht jedenfalls nicht.

78 Die Bestellung erfolgt durch Beschluss, der nach § 40 Abs. 1 mit der Bekanntgabe an den Verfahrenspfleger **wirksam** wird.[6] Als unanfechtbare Zwischenentscheidung braucht der Beschluss eine **Begründung** nicht zu enthalten. Wird kein Verfahrenspfleger bestellt, obwohl dies in Frage gekommen wäre, ist dies jedoch – unabhängig von Abs. 2 Satz 2 – in der Endentscheidung zu begründen.[7]

§ 277
Vergütung und Aufwendungsersatz des Verfahrenspflegers

(1) Der Verfahrenspfleger erhält Ersatz seiner Aufwendungen nach § 1835 Abs. 1 bis 2 des Bürgerlichen Gesetzbuchs. Vorschuss kann nicht verlangt werden. Eine Behörde oder ein Verein erhält als Verfahrenspfleger keinen Aufwendungsersatz.

(2) § 1836 Abs. 1 und 3 des Bürgerlichen Gesetzbuchs gilt entsprechend. Wird die Verfahrenspflegschaft ausnahmsweise berufsmäßig geführt, erhält der Verfahrenspfleger

1 Allg.M., vgl. nur HK-BUR/*Bauer*, § 67 FGG Rz. 7 f.; Jansen/*Sonnenfeld*, § 67 Rz. 46; *Knittel*, § 67 FGG Rz. 24; *Fröschle*, § 67 FGG Rz. 26; Jurgeleit/*Meier*, § 67 FGG Rz. 3.
2 BayObLG v. 14.10.1993 – 3 Z BR 207/93, BtPrax 1994, 30: Bestellung durch den Vorsitzenden ist unwirksam.
3 HK-BUR/*Bauer*, § 67 FGG Rz. 13; Jurgeleit/*Meier*, § 67 FGG Rz. 9.
4 Jansen/*Sonnenfeld*, § 67 Rz. 48; *Knittel*, § 67 FGG Rz. 25.
5 So zum bisherigen Recht: Jansen/*Sonnenfeld*, § 67 Rz. 48; Jurgeleit/*Meier*, § 67 FGG Rz. 9.
6 HK-BUR/*Bauer*, § 67 FGG Rz. 34; Jansen/*Sonnenfeld*, § 67 Rz. 52; *Knittel*, § 67 FGG Rz. 26.
7 OLG Karlsruhe v. 4.11.2003 – 11 Wx 52/02, FGPrax 2003, 30; BayObLG v. 3.7.1998 – 4 Z BR 81/98, FamRZ 1999, 873; Jansen/*Sonnenfeld*, § 67 Rz. 53; *Fröschle*, § 67 FGG Rz. 25.

neben den Aufwendungen nach Absatz 1 eine Vergütung in entsprechender Anwendung der §§ 1, 2 und 3 Abs. 1 und 2 des Vormünder- und Betreuervergütungsgesetzes.

(3) Anstelle des Aufwendungsersatzes und der Vergütung nach den Absätzen 1 und 2 kann das Gericht dem Verfahrenspfleger einen festen Geldbetrag zubilligen, wenn die für die Führung der Pflegschaftsgeschäfte erforderliche Zeit vorhersehbar und ihre Ausschöpfung durch den Verfahrenspfleger gewährleistet ist. Bei der Bemessung des Geldbetrags ist die voraussichtlich erforderliche Zeit mit den in § 3 Abs. 1 des Vormünder- und Betreuervergütungsgesetzes bestimmten Stundensätzen zuzüglich einer Aufwandspauschale von 3 Euro je veranschlagter Stunde zu vergüten. In diesem Fall braucht der Verfahrenspfleger die von ihm aufgewandte Zeit und eingesetzten Mittel nicht nachzuweisen; weiter gehende Aufwendungsersatz- und Vergütungsansprüche stehen ihm nicht zu.

(4) Ist ein Mitarbeiter eines anerkannten Betreuungsvereins als Verfahrenspfleger bestellt, stehen der Aufwendungsersatz und die Vergütung nach den Absätzen 1 bis 3 dem Verein zu. § 7 Abs. 1 Satz 2 und Abs. 3 des Vormünder- und Betreuervergütungsgesetzes sowie § 1835 Abs. 5 Satz 2 des Bürgerlichen Gesetzbuchs gelten entsprechend. Ist ein Bediensteter der Betreuungsbehörde als Verfahrenspfleger für das Verfahren bestellt, erhält die Betreuungsbehörde keinen Aufwendungsersatz und keine Vergütung.

(5) Der Aufwendungsersatz und die Vergütung des Verfahrenspflegers sind stets aus der Staatskasse zu zahlen. Im Übrigen gilt § 168 Abs. 1 entsprechend.

A. Allgemeines

I. Ursprung und Prinzipien

§ 277 regelt die Entschädigung des Verfahrenspflegers und entspricht im Wesentlichen[1] § 67a FGG, der mit Wirkung v. 1. Juli 2005 die Vorfassung (§ 67 Abs. 3 FGG) ersetzt und erweitert hatte. 1

Die Prinzipien, denen die Norm folgt, sind, dass der Verfahrenspfleger grundsätzlich **wie ein Vormund** zu entschädigen ist und dass dadurch **Gerichtskosten** entstehen (vgl. § 137 Abs. 1 Nr. 16 KostO). Daraus folgt: 2

- Schuldner der Entschädigungsansprüche des Verfahrenspflegers ist stets **die Staatskasse**.

1 BT-Drucks. 16/6308, S. 266: Der einzig bedeutsame Unterschied liegt bei den Rechtsmitteln.

– Das Entschädigungsverfahren ist **kostenrechtlicher Natur**, auch wenn es zum Teil im FamFG geregelt ist.

– Der Betroffene – oder auch andere Beteiligte – schulden für die an den Verfahrenspfleger gezahlten Beträge **Kostenersatz** nur nach Maßgabe der KostO.

3 Die Behandlung der Entschädigungsansprüche des Verfahrenspflegers als Gerichtskosten findet ihren Widerpart in § 276 Abs. 7, der – konsequenterweise – den Verfahrenspfleger **von Kosten freistellt** (s. § 276 Rz. 75 ff.).

II. Übersicht

4 § 277 unterscheidet nicht weniger als fünf verschiedene Typen von Verfahrenspflegern, für die er unterschiedliche Regelungen bereithält. Hinzu kommt ein sechster Typus, den das BVerfG am Wortlaut schon an § 67 Abs. 3 FGG vorbei entwickelt hat (vgl. Rz. 58). Diese Rechtsprechung hat ihre Grundlage weder durch das 2. BtÄndG noch durch das FGG-RG verloren, so dass weiterhin **sechs Typen von Verfahrenspflegern** zu unterscheiden sind.

5 Das Gesetz unterscheidet im Übrigen zwischen **Aufwendungsersatz**, das ist der Ersatz barer oder geldwerter Aufwendungen unter Ausschluss der Arbeitszeit, und **Vergütung** als der Entschädigung des Arbeitseinsatzes. § 1835 Abs. 3 BGB, der diese Unterscheidung im Vormundschaftsrecht zT verschwimmen lässt, wird in § 277 nicht in Bezug genommen.

6 Die folgende Tabelle gibt einen **Überblick über die unterschiedlichen Typen von Verfahrenspflegern** und den Ort, an dem die jeweilige Entschädigungsregelung zu finden ist:

Typus	**Aufwendungsersatz**	**Vergütung**
Betreuungsbehörde oder Betreuungsverein als Verfahrenspfleger	nein (Abs. 1 Satz 3)	nein (Abs. 2 Satz 1 iVm. § 1836 Abs. 3 BGB)
Behördenbediensteter als Verfahrenspfleger	nein[1] (Abs. 4 Satz 3)	
Vereinsmitarbeiter als Vereinsverfahrenspfleger	wie beim Berufsverfahrenspfleger (Abs. 4 Satz 1), jedoch steht der Anspruch dem Verein zu (Abs. 4 Satz 2 iVm. § 7 Abs. 1 Satz 2 VBVG)	
berufsmäßiger Verfahrenspfleger	nach konkretem Aufwand (Abs. 1 Satz 1 iVm. § 1835 Abs. 1 BGB)	nach konkretem Aufwand (Abs. 1 Satz 1 iVm. § 1836 Abs. 1 BGB und §§ 1 bis 3 VBVG)
	als Pauschale (Abs. 3 Satz 2)	als Pauschale (Abs. 3 Satz 1)
Rechtsanwalt als Verfahrenspfleger bei anwaltstypischer Tätigkeit	nach dem RVG	nach dem RVG
nicht berufsmäßiger Verfahrenspfleger	nach konkretem Aufwand (Abs. 1 Satz 1)	nein (Abs. 2 Satz 1 iVm. § 1836 Abs. 1 Satz 1 BGB)

1 Obwohl § 8 Abs. 3 VBVG nicht in Bezug genommen wird, ist anzunehmen, dass auch der Mitarbeiter selbst keine Ansprüche hat, Jansen/*Sonnenfeld*, § 67a Rz. 28; *Knittel*, § 67a FGG Rz. 20; *Bassenge*/Roth, § 67a FGG Rz. 5.

B. Inhalt der Norm

I. Aufwendungsersatz in konkreter Form (Absatz 1)

Abs. 1 Satz 1 verweist wegen des Aufwendungsersatzes auf § 1835 BGB, wonach Ersatz für konkret angefallene **geldwerte Aufwendungen** verlangt werden kann. Die Norm gilt für 7

- nicht berufsmäßige Verfahrenspfleger,
- Berufsverfahrenspfleger, soweit sie nicht pauschal (dazu Rz. 45 ff.) oder nach dem RVG (dazu Rz. 58 ff.) zu entschädigen sind,
- Vereinsverfahrenspfleger (s. Abs. 4 Satz 1), für die außerdem § 1835 Abs. 5 Satz 2 BGB gilt (Abs. 4 Satz 2).

Kein Aufwendungsersatz wird gezahlt, wenn ein Betreuungsverein, die Betreuungsbehörde oder ein Behördenverfahrenspfleger bestellt wurde. 8

Die in Bezug genommenen Abschnitte von § 1835 BGB lauten: 9

§ 1835 BGB – Aufwendungsersatz

(1) Macht der Vormund zum Zwecke der Führung der Vormundschaft Aufwendungen, so kann er nach den für den Auftrag geltenden Vorschriften der §§ 669, 670 von dem Mündel Vorschuss oder Ersatz verlangen; für den Ersatz von Fahrtkosten gilt die in § 5 des Justizvergütungs- und -entschädigungsgesetzes für Sachverständige getroffene Regelung entsprechend. Das gleiche Recht steht dem Gegenvormund zu. Ersatzansprüche erlöschen, wenn sie nicht binnen 15 Monaten nach ihrer Entstehung gerichtlich geltend gemacht werden; die Geltendmachung des Anspruchs beim Vormundschaftsgericht gilt dabei auch als Geltendmachung gegenüber dem Mündel.

(1a) Das Vormundschaftsgericht kann eine von Absatz 1 Satz 3 abweichende Frist von mindestens zwei Monaten bestimmen. In der Fristbestimmung ist über die Folgen der Versäumung der Frist zu belehren. Die Frist kann auf Antrag vom Vormundschaftsgericht verlängert werden. Der Anspruch erlischt, soweit er nicht innerhalb der Frist beziffert wird.

(2) Aufwendungen sind auch die Kosten einer angemessenen Versicherung gegen Schäden, die dem Mündel durch den Vormund oder Gegenvormund zugefügt werden können oder die dem Vormund oder Gegenvormund dadurch entstehen können, dass er einem Dritten zum Ersatz eines durch die Führung der Vormundschaft verursachten Schadens verpflichtet ist; dies gilt nicht für die Kosten der Haftpflichtversicherung des Halters eines Kraftfahrzeugs. Satz 1 ist nicht anzuwenden, wenn der Vormund oder Gegenvormund eine Vergütung nach § 1836 Abs. 1 Satz 2 in Verbindung mit dem Vormünder- und Betreuervergütungsgesetz erhält.

...

(5) Das Jugendamt oder ein Verein kann als Vormund oder Gegenvormund für Aufwendungen keinen Vorschuss und Ersatz nur insoweit verlangen, als das einzusetzende Einkommen und Vermögen des Mündels ausreicht. Allgemeine Verwaltungskosten einschließlich der Kosten nach Abs. 2 werden nicht ersetzt.

Abs. 1 Satz 2 schließt das Verlangen eines **Vorschusses** aus. 10

Ersetzt werden nach Abs. 1 Satz 1 iVm. §§ 1835 Abs. 1 Satz 1 Halbs. 1, 670 BGB alle Aufwendungen, die „ein sorgfältig arbeitender, gewissenhafter Verfahrenspfleger zur Wahrnehmung seiner Aufgaben als notwendig" angesehen hätte.[1] Entscheidend ist eine ex-ante-Betrachtung.[2] Stellt sich nachträglich die Sinnlosigkeit eines Aufwandes heraus, schließt das den Anspruch nicht aus. 11

---

1 OLG Brandenburg v. 9.6.2008 – 9 WF 81/08, FGPrax 2008, 239.

2 Ein „weites Ermessen", wie HK-BUR/*Bauer*, § 67a FGG Rz. 52 annehmen will, folgt daraus aber mE nicht.

12 Welche Tätigkeiten für die Führung der Verfahrenspflegschaft erforderlich sind, hängt stark davon ob, worin man die **Aufgabe des Verfahrenspflegers** sieht.

13 Im Betreuungsverfahren überwiegt die Ansicht, der Verfahrenspfleger sei in erster Linie Vertreter der **objektiven Interessen** des Betroffenen[1] und habe allenfalls außerdem eine Mittlerrolle.[2] Sieht man das so, muss man dem Verfahrenspfleger auch eigene Ermittlungstätigkeit zugestehen.

14 Für den Verfahrenspfleger des alten § 50 FGG dagegen ging die Rechtsprechung zuletzt eindeutig dahin, dass er die **subjektiven Interessen** des Kindes zu vertreten habe und als dessen „Sprachrohr" dem Gericht gegenüber fungiere.[3] Nicht anders sehen das für den Verfahrenspfleger auch im Betreuungsverfahren im Übrigen die Begründung zum 2. BtÄndG und das BVerfG.[4] Das engt die Aufgaben entsprechend ein.

15 Was die Rechtsprechung zu § 50 FGG aF annimmt, ist auch für den Verfahrenspfleger im Betreuungsverfahren richtig. Zweck der Verfahrenspflegschaft ist nicht die Bereitstellung eines neutralen Wächters über das Verfahren, sondern die des Ausgleichs von tatsächlichen Defiziten des Betroffenen in der Wahrnehmung seiner Verfahrensrechte. Dazu genügt es aber vollauf, wenn der Verfahrenspfleger in das Verfahren das einbringt, was aus der subjektiven Sicht des Betroffenen seinem Wohl entspricht.[5] Die Entscheidung, ob das auch seinem objektiven Interessen entspricht und ob seine Wünsche hinter seinem objektiv verstandenen Wohl ausnahmsweise zurücktreten müssen, obliegt dem Gericht und, soweit schon ein Betreuer bestellt ist, diesem. Hierzu ist ein weiterer Interessenvertreter nicht erforderlich.

16 Damit ist – neben der Teilnahme an Gerichtsterminen und Beweisaufnahmen – „erforderlich" im Regelfall nicht mehr und nicht weniger als die **Gesprächsführung** mit dem Betreuten und die **Information** über den Sach- und Streitstand, wie er dem Gericht vorliegt. Weitere Aufgaben hat der Verfahrenspfleger nicht und kann das Gericht ihm (anders als beim Verfahrensbeistand, s. § 158 Rz. 22 f.) auch nicht übertragen.

17 Das Betreuungsgericht verfügt über einen gewissen **Beurteilungsspielraum** bei der Frage, welche Tätigkeiten der Verfahrenspfleger für erforderlich halten durfte, es darf dabei nicht „kleinlich" vorgehen.[6] Der Verfahrenspfleger muss daher mit seinem Entschädigungsantrag die einzelnen Tätigkeiten so genau bezeichnen, dass das Gericht diesen Spielraum ausschöpfen kann.[7]

18 Hat das Betreuungsgericht den Verfahrenspfleger ausdrücklich mit etwas beauftragt, was eigentlich nicht zu seinen Pflichten gehört, ist es im Entschädigungsverfahren unter dem Gesichtspunkt des **Verbots widersprüchlichen Verhaltens** daran gehin-

1 BGH v. 25.6.2003 – XII ZB 169/99, BtPrax 2003, 166; HK-BUR/*Bauer*, § 67 FGG Rz. 107; *Knittel*, § 67 FGG Rz. 2; Keidel/*Kayser*, § 67 FGG Rz. 15; BtKomm/*Roth*, A Rz. 128; Jurgeleit/*Meier*, § 67 FGG Rz. 2; Jürgens/*Mertens*, § 67 FGG Rz. 12.

2 Vgl. *Knittel*, § 67 FGG Rz. 3.

3 OLG Brandenburg v. 9.6.2008 – 9 WF 81/08, FGPrax 2008, 239; OLG Dresden v. 12.2.2003 – 22 WF 641/01, FamRZ 2003, 877.

4 BT-Drucks. 15/2494, S. 107; BVerfG v. 9.3.2004 – 1 BvR 455/02, FamRZ 2004, 1267, ähnlich auch schon die Begr. zum 1. BtÄnd: vgl. BT-Drucks. 13/7158, S. 36, dort allerdings mit der problematischen Ansicht, wenn der Betroffene sich überhaupt nicht äußern könne, brauche ihm rechtliches Gehör auch durch einen Verfahrenspfleger nicht gewährt zu werden.

5 So *Fröschle*, § 67 FGG Rz. 39.

6 OLG Brandenburg v. 9.6.2008 – 9 WF 81/08, FGPrax 2008, 239.

7 *Knittel*, § 67a FGG Rz. 12.

dert, sich auf Letzteres zu berufen. Es muss den Verfahrenspfleger dann auch für diese Tätigkeiten aus der Staatskasse entschädigen[1] und die dadurch entstehenden zusätzlichen Gerichtskosten wegen falscher Sachbehandlung niederschlagen (§ 16 KostO).

Aufwendungen sind so genau wie möglich anzugeben und zu belegen. Lediglich für die **Verwendung des eigenen Pkw** lässt § 1835 Abs. 1 Satz 1 Halbs. 2 BGB die auch für Sachverständige geltende Pauschalregelung zu: Hierfür können 0,30 Euro je gefahrenem Kilometer abgerechnet werden. Im Übrigen ist § 287 ZPO entsprechend anzuwenden: Kann der Verfahrenspfleger seine Kosten nicht in allen Details belegen, kann das Gericht sie auf der Grundlage der von ihm mitgeteilten Daten **schätzen**, falls sich aus diesen eine ausreichende Schätzgrundlage ergibt. 19

Der Anspruch aus Abs. 1 Satz 1 unterliegt einer **materiellrechtlichen Ausschlussfrist** von 15 Monaten (§ 1835 Abs. 1 Satz 3 BGB). Das Gericht kann eine abweichende (= längere oder kürzere) Frist bestimmen, die nicht unter zwei Monaten liegen darf (§ 1835 Abs. 1a Satz 1 BGB). Wird ein Antrag auf Aufwendungsersatz nicht innerhalb der Frist gestellt, erlischt der Anspruch.[2] 20

Die Frist hat keinen prozessualen Charakter. **Wiedereinsetzung** in den vorigen Stand ist bei Fristversäumung daher nicht möglich.[3] Nur wenn das Gericht selbst die Fristversäumung durch sein Verhalten provoziert hat, kann es unzulässige Rechtsausübung sein, sich auf sie zu berufen. Hierbei ist zu beachten, dass das Gericht auf die Folgen der Fristversäumnis nur hinweisen muss, wenn es eine abweichende Frist festsetzt (§ 1835 Abs. 1a Satz 2 BGB), nicht aber, wenn es – wie in der Praxis meist – bei der gesetzlichen Frist verbleibt. 21

Fristwahrend ist nur ein **schlüssig bezifferter Antrag** (§ 1835 Abs. 1a Satz 4 BGB). Solange die Frist nicht abgelaufen ist, kann das Gericht sie auch nachträglich noch **verlängern** (§ 1835 Abs. 1a Satz 3 BGB). Hierfür genügt es, wenn ein Verlängerungsantrag innerhalb der Frist eingegangen ist.[4] Die Frist ist dann bis zur Entscheidung über diesen Verlängerungsantrag entsprechend § 206 BGB als gehemmt anzusehen, falls dem Verlängerungsantrag später stattgegeben wird. Wird er abgelehnt, verbleibt es beim Erlöschen des Anspruchs wegen Fristversäumung. Über die Verlängerung ist nach **pflichtgemäßem Ermessen** zu entscheiden. 22

Die **Frist beginnt** für jede einzelne Aufwendung gesondert mit dem Ende des Tages zu laufen, an dem die Aufwendungen entstanden sind.[5] § 193 BGB ist anwendbar. Die Abrechnung kann jederzeit erfolgen. Üblicherweise wird damit allerdings bis zum Verfahrensabschluss gewartet. 23

Der Anspruch auf Aufwendungsersatz ist nach §§ 256 Satz 1, 246 BGB vom Tag der Aufwendungen an mit 4 % zu **verzinsen**.[6] 24

1 OLG Brandenburg v. 15.11.2007 – 9 WF 139/07, FamRZ 2008, 641.
2 *Fröschle*, § 67a FGG Rz. 2.
3 OLG Frankfurt v. 9.7.2001 – 20 W 522/00, BtPrax 2001, 257.
4 MüKo.BGB/*Wagenitz*, § 1835 BGB Rz. 30.
5 HK-BUR/*Bauer*, § 67a FGG Rz. 83; *Fröschle*, § 67a FGG Rz. 2.
6 BayObLG v. 18.10.2000 – 3 Z BR 314/00, BtPrax 2001, 39.

II. Vergütung des berufsmäßigen Verfahrenspflegers

1. Vergütung nach Aufwand (Absatz 2)

25 Für die Vergütung des Verfahrenspflegers gelten nach Abs. 2 Satz 1 eine Reihe von Vorschriften aus dem **Vormundschaftsrecht** entsprechend. Diese lauten:

§ 1836 BGB – Vergütung des Vormunds

(1) [1]Die Vormundschaft wird unentgeltlich geführt. [2]Sie wird ausnahmsweise entgeltlich geführt, wenn das Gericht bei der Bestellung des Vormunds feststellt, dass der Vormund die Vormundschaft berufsmäßig führt. [3]Das Nähere regelt das Vormünder- und Betreuervergütungsgesetz.

...

(3) Dem Jugendamt oder einem Verein kann keine Vergütung bewilligt werden.

§ 1 VBVG – Feststellung der Berufsmäßigkeit und Vergütungsbewilligung

(1) Das Familiengericht hat die Feststellung der Berufsmäßigkeit gemäß § 1836 Abs. 1 Satz 2 des Bürgerlichen Gesetzbuchs zu treffen, wenn dem Vormund in einem solchen Umfang Vormundschaften übertragen sind, dass er sie nur im Rahmen seiner Berufsausübung führen kann, oder wenn zu erwarten ist, dass dem Vormund in absehbarer Zeit Vormundschaften in diesem Umfang übertragen sein werden. Berufsmäßigkeit liegt im Regelfall vor, wenn

1. der Vormund mehr als zehn Vormundschaften führt oder

2. die für die Führung der Vormundschaften erforderliche Zeit voraussichtlich 20 Wochenstunden nicht unterschreitet.

(2) Trifft das Familiengericht die Feststellung nach Absatz 1 Satz 1, so hat es dem Vormund oder Gegenvormund eine Vergütung zu bewilligen. Ist der Mündel mittellos im Sinne des § 1836d des Bürgerlichen Gesetzbuchs so kann der Vormund die nach Satz 1 zu bewilligende Vergütung aus der Staatskasse verlangen.

§ 2 VBVG – Erlöschen der Ansprüche

Der Vergütungsanspruch erlischt, wenn er nicht binnen 15 Monaten nach seiner Entstehung beim Familiengericht geltend gemacht wird; die Geltendmachung des Anspruchs gegenüber dem Vormundschaftsgericht gilt dabei auch als Geltendmachung gegenüber dem Mündel. § 1835 Abs. 1a des Bürgerlichen Gesetzbuchs gilt entsprechend.

§ 3 VBVG – Stundensatz des Vormunds

(1) Die dem Vormund nach § 1 Abs. 2 zu bewilligende Vergütung beträgt für jede Stunde der für die Führung der Vormundschaft aufgewandten und erforderlichen Zeit 19,50 Euro. Verfügt der Vormund über besondere Kenntnisse, die für die Führung der Vormundschaft nutzbar sind, so erhöht sich der Stundensatz

1. auf 25 Euro, wenn diese Kenntnisse durch eine abgeschlossene Lehre oder eine vergleichbare abgeschlossene Ausbildung erworben sind;

2. auf 33,50 Euro, wenn diese Kenntnisse durch eine abgeschlossene Ausbildung an einer Hochschule oder durch eine vergleichbare abgeschlossene Ausbildung erworben sind.

Eine auf die Vergütung anfallende Umsatzsteuer wird, soweit sie nicht nach § 19 Abs. 1 des Umsatzsteuergesetzes unerhoben bleibt, zusätzlich ersetzt.

(2) Bestellt das Familiengericht einen Vormund, der über besondere Kenntnisse verfügt, die für die Führung der Vormundschaft allgemein nutzbar und durch eine Ausbildung im Sinne des Absatzes 1 Satz 2 erworben sind, so wird vermutet, dass diese Kenntnisse auch für die Führung der dem Vormund übertragenen Vormundschaft nutzbar sind. Dies gilt nicht, wenn das Familiengericht aus besonderen Gründen bei der Bestellung des Vormundes etwas anderes bestimmt.

a) Berufsmäßige Führung von Verfahrenspflegschaften

Die in Bezug genommenen Normen enthalten zunächst den **Grundsatz der Unentgeltlichkeit** (§ 1836 Abs. 1 Satz 1 BGB). Vergütung wird nur gewährt, wenn das Betreuungsgericht feststellt, dass der Verfahrenspfleger sein Amt ausnahmsweise **berufsmäßig** führt (§ 1836 Abs. 1 Satz 2 BGB). Sobald diese Feststellung getroffen wurde, steht nach § 1 Abs. 2 Satz 1 VBVG dem Verfahrenspfleger ein **Anspruch** auf die gesetzliche Vergütung zu. Der Anspruch richtet sich nach Abs. 5 Satz 1 stets **gegen die Staatskasse** (§ 1 Abs. 2 Satz 2 VBVG ist nicht anwendbar). Daher ist konsequenterweise[1] auch eine Erhöhung der Stundensätze ausgeschlossen[2] (auf § 3 Abs. 3 VBVG verweist Abs. 2 Satz 1 nicht). 26

Nach dem Wortlaut von § 1836 Abs. 1 Satz 2 BGB muss die Feststellung der Berufsmäßigkeit **bei der Bestellung** des Verfahrenspflegers, also spätestens mit dem Wirksamwerden des Beschlusses über seine Bestellung getroffen werden.[3] Nach der Rechtsprechung soll allerdings auch eine nachträgliche Feststellung im Verfahren nach Abs. 5 iVm. § 168 genügen, um den Vergütungsanspruch zu begründen.[4] Das ist zwar im Hinblick auf den Gesetzeswortlaut zweifelhaft,[5] jedoch verfahrensökonomisch sinnvoll, da andernfalls ein Zwischenstreit über die Feststellung der Berufsmäßigkeit das Verfahren verzögern könnte. Konsequenterweise muss dann angenommen werden, dass auch für die Feststellung der Berufsmäßigkeit § 276 Abs. 6 gilt. Sie ist **nicht selbständig anfechtbar**, sondern nur zusammen mit der Entscheidung über die Bewilligung der Vergütung.[6] 27

Die **Feststellung der Berufsmäßigkeit** steht nicht im Ermessen des Gerichts. Sie ist vielmehr immer zu treffen, wenn die Übernahme der Verfahrenspflegschaft zu einem selbständig ausgeübten Beruf des Verfahrenspflegers gehört. Das kann unter mehreren Gesichtspunkten[7] der Fall sein: 28

aa) Berufsmäßiger Verfahrenspfleger ist jedenfalls jeder, der gerade wegen des Berufs, den er ausübt, zum Verfahrenspfleger bestellt wird.[8] Das kann von einem **Rechtsanwalt** grundsätzlich angenommen werden.[9] Es gilt jedoch auch, wenn zB ein niedergelassener Psychologe zum Verfahrenspfleger bestellt wird, weil man von ihm erwartet, dass er die Kommunikation mit einem besonders schwierigen Betroffenen besser 29

---

1 BtKomm/*Dodegge*, F Rz. 233 Fn. 573 hält das nicht für ganz logisch, weil der Betroffene für die Beträge in Anspruch genommen werden könne, wenn er vermögend ist; erstens ist das wegen § 96 KostO gar nicht sicher und zweitens existiert die Regressmöglichkeit auch beim Vormund (§ 1836e BGB), ohne dass sich dort aus ihr die Möglichkeit zur Erhöhung der Stundensätze ergäbe.

2 Keidel/*Budde*, § 67a FGG Rz. 6; Jurgeleit/*Maier*, § 67a FGG Rz. 16.

3 Keidel/*Budde*, § 67a Rz. 5.

4 OLG Brandenburg v. 6.1.2004 – 10 WF 251/03, n.v.; OLG Dresden v. 28.6.2002 – 10 WF 269/02, OLG-NL 2002, 239; OLG Köln v. 13.6.2001 – 27 WF 70/01, n.v.

5 HK-BUR/*Bauer*, § 67a FGG Rz. 36 will daher die nachträgliche Feststellung auch nur im Wege der Beschwerde gegen den Bestellungsbeschluss ermöglichen; Jansen/*Sonnenfeld*, § 67a Rz. 14, BtKomm/*Dodegge*, F Rz. 233 will sie zulassen, wenn sie versehentlich unterblieben ist. Auch dann sei dies Teil des Bestellungsverfahrens, Jansen/*Sonnenfeld*, § 67a Rz. 14.

6 Das ist zum alten Recht zT anders gesehen worden: Keidel/*Budde*, § 67a Rz. 5; *Bassenge*/Roth, § 67a FGG Rz. 6 (Anfechtungsrecht für Verfahrenspfleger und Betroffenen); für Unanfechtbarkeit schon damals: *Knittel*, § 67a FGG Rz. 11.

7 *Fröschle*, § 67a FGG Rz. 4.

8 HK-BUR/*Bauer*, § 67a FGG Rz. 41; Jurgeleit/*Maier*, § 67a FGG Rz. 14.

9 OLG Hamm v. 11.5.2006 – 15 W 472/05, BtPrax 2006, 187 (für Betreuungen); HK-BUR/*Bauer*, § 67a Rz. 42.

bewältigen wird. In diesem Fall kommt es auf den Umfang der von dem entsprechenden Berufsträger geführten Verfahrenspflegschaften nicht an. Auch wer nur eine einzige Verfahrenspflegschaft führt, kann diese berufsmäßig führen.

30 **bb)** Nach § 1 Abs. 1 Satz 1 VBVG ist berufsmäßiger Verfahrenspfleger außerdem jeder, der Verfahrenspflegschaften in einem **Umfang** führt, wie er regelmäßig nur im Rahmen einer Berufsausübung bewältigt werden kann. § 1 Abs. 1 Satz 2 VBVG gibt hierfür zwei **Regelbeispiele**, nämlich

- die Führung von mehr als zehn Verfahrenspflegschaften (gleichzeitig) und
- den regelmäßigen Einsatz von mehr als 20 Wochenarbeitsstunden.

31 Ist eines dieser Regelbeispiele erfüllt, muss das Gericht grundsätzlich davon ausgehen, dass der Umfang der Tätigkeit die Kriterien des § 1 Abs. 1 Satz 1 VBVG erfüllt. Es genügt auch, wenn das Gericht annehmen kann, der Verfahrenspfleger werde diese Kriterien „in absehbarer Zeit" erfüllen. Berufseinsteiger sind demnach auch schon als berufsmäßige Verfahrenspfleger anzusehen, falls anzunehmen ist, dass ihnen der Berufseinstieg gelingen wird. „Absehbar" soll in etwa der Zeitraum eines Jahres sein.[1]

32 **cc)** Verfahrenspflegschaften, andere Pflegschaften, Verfahrensbeistandschaften, Vormundschaften und Rechtliche Betreuungen sind außerdem als **einander verwandte Tätigkeiten** anzusehen. Deshalb reicht es auch, wenn sie in einem **Gesamtumfang** übernommen werden, der die Kriterien des § 1 Abs. 1 VBVG erfüllt.[2] Wer Betreuungen oder Vormundschaften berufsmäßig führt, übernimmt daher eine Verfahrenspflegschaft ebenfalls ohne weiteres berufsmäßig.

b) Höhe der Vergütung

33 Die **Höhe der Vergütung** bestimmt sich nach § 3 Abs. 1 und 2 VBVG. Für jede Stunde des Tätigwerdens, die der Verfahrenspfleger für erforderlich halten durfte (s. dazu Rz. 11 ff.) kann er einen **festen Stundensatz** verlangen, der von seinem Ausbildungsstand abhängt.

34 Der **höchste Stundensatz** von 33,50 Euro gilt für Verfahrenspfleger, die über eine abgeschlossene Hochschul- oder vergleichbare Ausbildung verfügen (§ 3 Abs. 1 Satz 2 Nr. 2 VBVG).

35 Ein **mittlerer Stundensatz** von 25 Euro gilt für Verfahrenspfleger, die über eine abgeschlossene Berufs- oder vergleichbare Ausbildung verfügen (§ 3 Abs. 1 Satz 2 Nr. 1 VBVG).

36 Der **niedrigste Stundensatz** von 19,50 Euro gilt für alle Verfahrenspfleger ohne eine solche Ausbildung (§ 3 Abs. 1 Satz 1 VBVG).

37 Eine Ausbildung wird nur berücksichtigt, wenn sie **nutzbare Fachkenntnisse** vermittelt. Das sind Fachkenntnisse, die für die Führung von Verfahrenspflegschaften nützlich sind. Es ist nicht nötig, dass sie erforderlich sind, um die Verfahrenspflegschaft sachgerecht führen zu können. Es genügt, dass sie den Verfahrenspfleger in die Lage versetzen, seine Aufgaben besser oder effektiver zu bewältigen, als er das ohne diese Fachkenntnisse könnte.[3]

1 BtKomm/*Dodegge*, F Rz. 79.
2 HK-BUR/*Bauer*, § 67a FGG Rz. 48; *Fröschle*, § 67a FGG Rz. 4.
3 BayObLG v. 19.2.2003 – 3 Z BR 211/02, BtPrax 2003, 135; OLG Saarbrücken v. 7.10.2002 – 5 W 238/02, BtPrax 2003, 228; OLG Hamm v. 20.9.2001 – 15 W 210/00, BtPrax 2002, 42.

Die Fachkenntnisse müssen zum **Kernstoff** der entsprechenden Ausbildung gehören.[1] Es genügt nicht, wenn sie im Rahmen der Ausbildung nur gestreift, aber nicht vertieft werden. Juristische Kenntnisse sind zB kein Kernstoff einer Ausbildung, wenn dort lediglich die Kenntnis von Gesetzesinhalten vermittelt wird, aber nicht die Methoden der Rechtsanwendung durch Subsumtion des Sachverhalts unter eine Norm und die Auslegung von Normen.[2] 38

Verfügt der Verfahrenspfleger über Fachkenntnisse, die im Allgemeinen für Verfahrenspflegschaften nutzbar sein werden, so wird vermutet, dass sie dies auch für die konkrete Verfahrenspflegschaft sind (§ 3 Abs. 2 Satz 1 VBVG). Das Gericht kann nach § 3 Abs. 2 Satz 2 VBVG bei der Bestellung des Verfahrenspflegers (nicht später) „aus besonderen Gründen etwas anderes" feststellen. Solche Beschlüsse kommen in der Praxis kaum vor. Ihre Bedeutung ist auch nur die, dass dadurch die Vermutung des § 3 Abs. 2 Satz 1 VBVG außer Kraft gesetzt wird. Dem Verfahrenspfleger bleibt die Möglichkeit, die Nützlichkeit seiner Fachkenntnisse dennoch nachzuweisen. In der Praxis hat § 3 Abs. 2 VBVG insgesamt nur eine geringe Bedeutung, denn idR unterliegt die Frage der Nützlichkeit von Fachkenntnissen für die konkrete Verfahrenspflegschaft keinem Zweifel. 39

Es genügt, dass der Verfahrenspfleger dies Fachkenntnisse hat. Es ist nicht erforderlich, dass er gerade mit Rücksicht auf sie ausgewählt wurde. Letzteres kann allerdings die Berufsmäßigkeit als solche begründen (s. Rz. 29). 40

Eine **Differenzierung nach einzelnen Tätigkeiten** ist unzulässig. Sind die Fachkenntnisse des Verfahrenspflegers auch nur für manche seiner im Rahmen der konkreten Verfahrenspflegschaft anfallenden Aufgaben nützlich, kann er den erhöhten Stundensatz für seine gesamte Tätigkeit verlangen. 41

Eine ausdifferenzierte Kasuistik dazu, **welche Fachkenntnisse für die Führung von Verfahrenspflegschaften** allgemein nützlich sind, existiert nicht. Auch zu § 3 Abs. 1 VBVG existiert eine solche Rechtsprechung nicht. Die zu § 4 Abs. 1 VBVG ergangene Rechtsprechung[3] weist Grundlinien auf, die vorsichtig herangezogen werden können, doch muss der andere Schwerpunkt der Tätigkeit hierbei berücksichtigt werden. Verglichen mit einem Betreuer hat der Verfahrenspfleger ja nur eine sehr eingeschränkte Fürsorgeaufgabe. Er soll lediglich dafür sorgen, dass der Betroffene in dem Verfahren Gehör findet und eine seinem Wohl entsprechende Endentscheidung getroffen wird. Hierzu sind jedenfalls **Rechtskenntnisse** nützlich, daneben wohl auch Fachkenntnisse auf dem Gebiet der Gesprächsführung mit Erwachsenen, wie sie in Ausbildungen auf dem Gebiet der **Pädagogik** und der **Sozialen Arbeit**, wohl auch der **Psychologie** und der **Theologie**[4] vermittelt werden. Ökonomische Kenntnisse, wie sie bei Betreuungen sicher allgemein nutzbar sind,[5] können bei Verfahrenspflegschaften dagegen nur bei bestimmten Verfahrensgegenständen (vor allem in vormundschaftsgerichtlichen Genehmigungsverfahren nach §§ 1907, 1908i Abs. 1 Satz 1 iVm. 1812, 1819 bis 1824 BGB) zur Erhöhung des Stundensatzes führen. Für medizinische oder pflegerische Kenntnisse dürfte Ähnliches gelten. 42

Ist die Tätigkeit für den Verfahrenspfleger umsatzsteuerpflichtig, so erhöht sich die Vergütung um die auf sie zu entrichtende **Umsatzsteuer** (§ 3 Abs. 1 Satz 3 VBVG). Das 43

1 BayObLG v. 19.6.2002 – 3 Z BR 108/02, BtPrax 2002, 216.
2 BayObLG v. 19.2.2003 – 3 Z BR 211/02, BtPrax 2003, 135.
3 Am ausführlichsten dargestellt bei *Deinert/Lütgens*, ab Rz. 517.
4 OLG Köln v. 25.2.2004 – 16 Wx 27/04, FamRZ 2004, 1604 m. abl. Anm. *Bienwald*.
5 S. dazu ausführlich MüKo.BGB/*Fröschle*, § 4 VBVG Rz. 20; *Deinert/Lütgens*, Rz. 525, 575 ff.

Gesetz trifft keine klare Regelung dazu, ob das auch für die Umsatzsteuer gilt, die der Verfahrenspfleger auf den Aufwendungsersatz nach Abs. 1 zu zahlen hat. Bei der Umsatzsteuer handelt es sich aber letztlich um eine Aufwendung, die nach Abs. 1 Satz 1 zu ersetzen ist.[1] § 3 Abs. 1 Satz 3 VBVG sollte dies – da es früher umstritten war[2] – nur klarstellen. Ein Umkehrschluss aus dieser Norm ist daher nicht möglich.

c) Ausschlussfrist

44 Auch für den Vergütungsanspruch aus Abs. 2 gilt eine **Ausschlussfrist** von 15 Monaten, hier entsprechend § 2 VBVG. Wegen deren genauer Bedeutung kann auf die Ausschlussfrist für den Aufwendungsersatz (Rz. 20 ff.) verwiesen werden. Die Regelungen unterscheiden sich vom Inhalt her nicht.

2. Pauschalentschädigung (Absatz 3)

45 Dem iSv. Abs. 2 berufsmäßig tätigen Verfahrenspfleger kann das Gericht **an Stelle** von Aufwendungsersatz und Vergütung eine Pauschalentschädigung gewähren. Das setzt die Feststellung der Berufsmäßigkeit voraus. Die Pauschalierung nur des Aufwendungsersatzes ist nicht möglich.

46 Die Gewährung der Pauschale liegt **im Ermessen des Gerichts**. Den Zeitpunkt der Entscheidung setzt das Gesetz nicht fest, da jedoch die Pauschale eine prognostische Schätzung voraussetzt, kommt ihre Festsetzung nicht mehr in Frage, wenn die Tätigkeit des Verfahrenspflegers abgeschlossen ist.[3] Im Übrigen wird es meist auch **ermessensfehlerhaft** sein, von einer dem Verfahrenspfleger zu Anfang in Aussicht gestellten Art der Entschädigung später abzuweichen.[4]

47 Die Entscheidung, eine Pauschale zu gewähren, erfolgt **durch Zwischenentscheidung**, die mit der Bestellung zum Verfahrenspfleger und der Feststellung seiner Berufsmäßigkeit verbunden werden kann. Nur „das Gericht" kann eine Pauschale bewilligen, also nicht der Kostenbeamte im Verwaltungsverfahren. Dieser entscheidet jedoch nach Verfahrensabschluss über die Auszahlung der Pauschale. Eine erneute – zweite – Festsetzung findet nicht mehr statt. Deshalb ist der Beschluss über die Pauschalierung auch **gesondert anfechtbar**. Er ist, was die Vergütung betrifft, Endentscheidung.

48 Die Pauschale ist auf Grund einer Schätzung des **voraussichtlichen Zeitaufwandes** des Verfahrenspflegers zu berechnen. Daraus folgt zweierlei:

- Die Pauschalentschädigung ist nicht zulässig, wenn und solange dieser Zeitaufwand nicht absehbar ist.
- Das Gericht hat den Zeitaufwand anhand des konkreten Verfahrensgegenstandes zu schätzen. Die Einführung von allgemeinen „Fallpauschalen" mit dem Ziel einer „Mischkalkulation" erlaubt Abs. 3 nicht.

49 Es ist jedoch zulässig, allgemeine Erfahrungswerte zum üblichen Zeitaufwand in gleichartigen Verfahren der Schätzung zugrunde zu legen.[5]

1 Inzw. auch einhellige Rspr., MüKo.BGB/*Wagenitz*, § 1835 BGB Rz. 25 mit zahlreichen Nachweisen.

2 Zum Streitstand ausführlich *Deinert/Lütgens*, Rz. 257 ff.

3 OLG Frankfurt v. 7.2.2008 – 20 W 438/07, FGPrax 2008, 152; Jansen/*Sonnenfeld*, § 67a Rz. 22; *Knittel*, § 67a FGG Rz. 17.

4 Der Verfahrenspfleger muss wissen, ob er die Tätigkeit im Einzelnen dokumentieren muss oder nicht, *Deinert/Lütgens*, Rz. 877.

5 BtKomm/*Dodegge*, F Rz. 238; Jurgeleit/*Maier*, § 67a FGG Rz. 19.

Die Pauschale ist **Abgeltungspauschale** (Abs. 3 Satz 3). Der Nachweis eines höheren Zeitaufwandes ist dem Verfahrenspfleger ebenso abgeschnitten wie der Staatskasse der Nachweis, dass der Verfahrenspfleger den geschätzten Zeitrahmen nicht ausgeschöpft hat. Dasselbe gilt für die Aufwendungen, die nach Abs. 3 Satz 2 in die Pauschale einbezogen sind. Das Gericht darf jedoch keine Pauschale festsetzen, wenn es sich nicht sicher sein kann, dass der Verfahrenspfleger auch tatsächlich im erforderlichen Umfang tätig werden wird. 50

Die Pauschale kann **abgeändert** werden, wenn sich seit ihrer Festsetzung die Verhältnisse wesentlich verändert haben. Mit Blick auf Abs. 3 Satz 3 genügt es dafür allerdings nicht, dass der Zeitaufwand sich anders als erwartet entwickelt hat.[1] Es müssen sich vielmehr die der Schätzung zu Grunde liegenden Umstände wesentlich verändert haben, zB dadurch, dass der Verfahrensgegenstand später erheblich ausgedehnt oder die Verfahrenspflegerbestellung vorzeitig aufgehoben wird. 51

Eine offene Frage ist, ob die Pauschale einmal für das gesamte Verfahren oder für jede Instanz gesondert festzusetzen ist. Der Gesetzeswortlaut scheint Ersteres nahe zu legen. Indessen wäre dann die Vorgabe des Gesetzes, die Pauschale am geschätzten Aufwand zu orientieren, gar nicht zu erfüllen. Kein Gericht kann im Voraus einschätzen, ob gegen seine Endentscheidung ein Rechtsmittel eingelegt werden und welchen Aufwand die Durchführung des Rechtsmittelverfahrens erfordern wird. Deshalb ist eine gesonderte Entscheidung **für jede Instanz** zu fordern.[2] Eine vom Betreuungsgericht festgesetzte Pauschale gilt nur die erstinstanzliche Tätigkeit des Verfahrenspflegers ab.[3] Über die Tätigkeit in den Rechtsmittelinstanzen kann er nach Abs. 1 und Abs. 2 abrechnen, falls nicht dafür ebenfalls eine Pauschale festgesetzt wird. Da der Zeitaufwand nur von dem mit der Sache befassten Gericht geschätzt werden kann, ist die Pauschale für die höheren Instanzen vom jeweiligen **Rechtsmittelgericht** festzusetzen. Dafür spricht auch, dass Abs. 3 die Festsetzung durch „das Gericht", nicht durch das Betreuungsgericht anordnet. 52

Der geschätzte Zeitaufwand ist nach Abs. 3 Satz 1 mit dem für den Verfahrenspfleger nach § 3 Abs. 1 VBVG maßgeblichen **Stundensatz** zu multiplizieren. Dieser wird nach Abs. 3 Satz 2 um 3 Euro für die anfallenden **Aufwendungen** erhöht, es gelten demnach die folgenden Sätze: 53

- 36,50 Euro für Verfahrenspfleger mit nutzbarer Hochschulausbildung,
- 28 Euro für Verfahrenspfleger mit nutzbarer Berufsausbildung und
- 22,50 Euro für alle anderen Verfahrenspfleger.

Die Verweisung ist dahin zu lesen, dass auch hier die anfallende **Umsatzsteuer** zusätzlich zu erstatten ist. 54

Ein Diplom-Sozialarbeiter als Verfahrenspfleger würde bei einem geschätzten Zeitaufwand von drei Stunden folglich 3 × 36,50 Euro zuzüglich 19 % Mehrwertsteuer = 130,31 Euro erhalten. 55

Ob auch für die Pauschalentschädigung eine **Ausschlussfrist** gilt, ist streitig.[4] Eine eindeutige Verweisung auf § 2 VBVG enthält Abs. 3 nicht. Wenn überhaupt, dann folgt 56

1 So aber anscheinend HK-BUR/*Bauer*, § 67a FGG Rz. 81.
2 So für die Pauschale des berufsmäßigen Verfahrensbeistandes ausdrücklich § 158 Abs. 7 Satz 2.
3 *Fröschle*, § 70b FGG Rz. 20, das war zu § 67a FGG kein Problem, da dort auch die Bestellung, auf die Instanz beschränkt war.
4 Dagegen: *Fröschle*, § 67a FGG Rz. 15; dafür: Jurgeleit/*Maier*, § 67a FGG Rz. 27.

eine entsprechende Anwendung von § 1835 Abs. 1 Satz 3 BGB und § 2 VBVG allenfalls daraus, dass die Pauschale „an Stelle" der dort genannten Ansprüche gezahlt werden soll. Klar ist allerdings, dass **nach Ablauf** der Ausschlussfrist des § 2 VBVG die Festsetzung einer Vergütung ganz unzulässig ist, auch eine Pauschale kann danach nicht mehr festgesetzt werden. Ist eine Pauschale aber vorher festgesetzt worden, kann § 2 VBVG nicht mehr angewendet werden, denn dann steht fest, was die Staatskasse zu zahlen haben wird, so dass auch ein Bedürfnis für die Ausschlussfrist nicht mehr besteht. Im Übrigen wäre auch unklar, wann denn die Frist beginnen sollte, denn auf einzelne Tätigkeiten kommt es für die Pauschale ja gerade nicht an.

57 Der Anspruch unterliegt nach seiner Festsetzung demnach nur noch der **Verjährung**. Die Verjährungsfrist beträgt jedenfalls drei Jahre. Sie dürfte entsprechend § 2 Abs. 3 JVEG mit dem Ende des Jahres beginnen, in dem die „Hinzuziehung" des Verfahrenspflegers – also sein Amt – endet[1] (s. dazu § 276 Rz. 57 ff.).

3. Entschädigung nach dem RVG

58 Wird ein Rechtsanwalt zum Verfahrenspfleger bestellt, so ist er für **anwaltsspezifische Tätigkeiten** unter Anwendung des RVG zu entschädigen. Das folgt nach einer Entscheidung des BVerfG direkt aus § 1 Abs. 2 Satz 2 RVG iVm. § 1835 Abs. 3 BGB.[2] Die Verfahrenspflegschaft soll dabei nicht an sich schon anwaltsspezifisch sein. Entscheidendes Kriterium ist vielmehr, ob die Rechtslage so komplex ist, dass ein vernünftig denkender juristischer Laie in der Lage des Verfahrenspflegers **einen Rechtsanwalt eingeschaltet** hätte.[3] Das dürfte in Unterbringungssachen häufiger als in Betreuungssachen der Fall sein,[4] ist aber auch in Ersteren nicht die Regel und muss in einer Einzelfallprüfung festgestellt werden.[5] Die Prüfung der Wirksamkeit einer Einwilligung des Betroffenen ist keine anwaltsspezifische Tätigkeit,[6] die Prüfung eines notariellen Kaufvertrags kann dagegen eine sein.[7]

59 Erfüllt der Betroffene die finanziellen Voraussetzungen für die Gewährung von **Verfahrenskostenhilfe**, ist die Entschädigung aus § 1835 Abs. 3 BGB auf die hierfür geltenden Gebührensätze beschränkt.[8]

60 Ist dem anwaltlichen Verfahrenspfleger die Entschädigung seiner Tätigkeit nach dem RVG vom Gericht **zugesichert** worden, ist das Gericht hieran später gebunden.[9] Gegen

1 *Fröschle*, § 67a FGG Rz. 15; die hM hält dagegen §§ 195, 199 BGB für anwendbar, HK-BUR/*Bauer*, § 67a FGG Rz. 86.
2 BVerfG v. 7.6.2000 – 1 BvR 111/00, BtPrax 2000, 254.
3 Std. Rspr., OLG München v. 24.6.2008 – 33 Wx 127/08, FGPrax 2008, 207; OLG Düsseldorf v. 28.2.2007 – 25 Wx 53/06, FamRZ 2008, 76; BayObLG v. 30.11.2004 – 3 Z BR 125/04, FGPrax 2005, 21; OLG Düsseldorf v. 29.1.2002 – 75 Wx 75/01, FGPrax 2003, 427; BayObLG v. 16.1.2002 – 3 Z BR 300/01, BtPrax 2002, 121.
4 BtKomm/*Dodegge*, F Rz. 231.
5 OLG Zweibrücken v. 23.8.2001 – 3 W 114/01, BtPrax 2002, 41.
6 OLG München v. 24.6.2008 – 33 Wx 127/08, FGPrax 2008, 207.
7 OLG Düsseldorf v. 28.2.2007 – 25 Wx 53/06, FamRZ 2008, 76.
8 BGH v. 20.12.2006 – XII ZB 118/03, NJW 2007, 844.
9 OLG Schleswig v. 24.7.2008 – 15 WF 172/08, NJW-RR 2009, 79; OLG Stuttgart v. 10.1.2003 – 8 W 537/01, NJW-RR 2004, 424; BayObLG v. 16.1.2002 – 3 Z BR 300/01, FGPrax 2002, 68 verlangt dafür allerdings, dass das Gericht eine nachvollziehbare Begr. für die Zusicherung gegeben hat; nach OLG Köln v. 11.5.2001 – 16 Wx 77/01, NJW-FER 2001, 290 genügt dagegen schon die Bestellung zum Verfahrenspfleger „als Rechtsanwalt".

die Zusicherung kann der Vertreter der Staatskasse **Beschwerde** einlegen.[1] Es kommt dann nicht darauf an, ob er tatsächlich anwaltsspezifische Tätigkeiten entfaltet hat. Sonst ist das für jede einzelne seiner Tätigkeiten im Vergütungsfestsetzungsverfahren gesondert zu prüfen.

Der Sache nach bleibt auch eine nach dem RVG berechnete Entschädigung Aufwendungsersatz, der im Verfahren nach Abs. 5 iVm. § 168 geltend zu machen ist.[2] Es gilt die **Ausschlussfrist** von 15 Monaten aus § 1835 Abs. 1 Satz 3 BGB.[3] 61

Abs. 1 verweist nicht auf § 1835 Abs. 3 BGB, so dass dies für **andere Berufsgruppen** nicht gilt. Ihnen bleibt immer nur die Abrechnung nach Abs. 1 bis 3. 62

III. Mitarbeiter von Vereinen und Behörden (Absatz 4)

Die Entschädigung von anerkannten **Betreuungsvereinen**, die als solche zum Verfahrenspfleger bestellt worden sind, ist ausgeschlossen. Abs. 1 Satz 3 bestimmt, dass ihnen kein Aufwendungsersatz zusteht. Nach Abs. 2 Satz 1 iVm. § 1836 Abs. 3 BGB steht ihnen auch keine Vergütung zu. 63

Ist jedoch ein **Mitarbeiter des Vereins** persönlich zum Betreuer bestellt worden, steht dem Verein hierfür Aufwendungsersatz nach Abs. 1 Satz 1 und Vergütung nach Abs. 2 zu (Abs. 4 Satz 1). Hiervon ausgenommen ist nach Abs. 4 Satz 2 iVm. § 1835 Abs. 5 Satz 2 BGB der (anteilige) allgemeine **Verwaltungsaufwand** einschließlich der (anteiligen) Kosten für die Haftpflichtversicherung des Mitarbeiters. 64

Stattdessen kann das Gericht auch dem Verein für die Tätigkeit des Mitarbeiters eine **Pauschalentschädigung** nach Abs. 3 gewähren. Die in Abs. 4 Satz 2 weiterhin für anwendbar erklärten Bestimmungen aus dem Betreuungsrecht lauten: 65

§ 7 VBVG – Vergütung und Aufwendungsersatz für Betreuungsvereine

(1) [1]... [2]§ 1 Abs. 1 sowie § 1835 Abs. 3 des Bürgerlichen Gesetzbuchs finden keine Anwendung

...

(3) Der Vereinsbetreuer selbst kann keine Vergütung und keinen Aufwendungsersatz nach diesem Gesetz oder nach den §§ 1835 bis 1836 des Bürgerlichen Gesetzbuchs geltend machen.

§ 1835 Abs. 3 BGB gilt für den Verfahrenspfleger ohnehin nicht. Dieser Teil von § 7 Abs. 1 Satz 2 VBVG ist bedeutungslos. Die Nichtgeltung von § 1 Abs. 1 VBVG besagt, dass die Feststellung der Berufsmäßigkeit nicht erforderlich ist, vielmehr der hauptamtliche Mitarbeiter eines anerkannten Betreuungsvereins in jedem Fall als **berufsmäßiger Verfahrenpfleger** behandelt werden muss.[4] § 7 Abs. 3 VBVG schließt **eigene Ansprüche** des Verfahrenspflegers aus. 66

Die Ansprüche des Vereins decken sich ansonsten mit denen, die ein selbständiger berufsmäßiger Betreuer aus Abs. 1 bis 3 ebenfalls hat. Es kann dazu auf die obigen Ausführungen verwiesen werden. 67

---

1 OLG Köln v. 11.5.2001 – 16 Wx 77/01, NJW-FER 2001, 290; *Bassenge*/Herbst, § 67a Rz. 4; Jürgens/*Mertens*, § 67a FGG Rz. 3; aA: Jansen/*Sonnenfeld*, § 67a Rz. 8; Keidel/*Budde*, § 67a FGG Rz. 10.

2 *Fröschle*, § 67a FGG Rz. 21.

3 OLG Frankfurt v. 3.9.2003 – 20 W 125/03, NJW 2003, 3642; BayObLG v. 21.5.2003 – 3 Z BR 92/03, FGPrax 2003, 177; OLG Schleswig v. 5.2.2003 – 2 W 198/02, FGPrax 2003, 127.

4 *Fröschle*, § 67a FGG Rz. 24.

68 Der **Betreuungsbehörde** stehen Entschädigungsansprüche unter keinen Umständen zu. Wird sie als Institution zum Verfahrenspfleger bestellt, ist dies wie beim Verein durch Abs. 1 Satz 3 und Abs. 2 Satz 1 iVm. § 1836 Abs. 3 BGB ausgeschlossen. Ist ein **Bediensteter** der Behörde persönlich zum Verfahrenspfleger bestellt, schließt Abs. 4 Satz 3 Ansprüche der Behörde aus. Dass in diesem Falle auch der Verfahrenspfleger selbst nichts geltend machen kann, folgt schon daraus, dass er im dienstlichen Auftrag handelt, seine Aufwendungen und sein Zeitaufwand also durch die Dienstbezüge abgegolten sind.

IV. Schuldner und Geltendmachung (Absatz 5)

69 Schuldner der in Abs. 1 bis 4 geregelten Ansprüche ist ohne Rücksicht auf die Vermögensverhältnisse des Betroffenen stets die **Staatskasse** (Abs. 5 Satz 1). Soweit sie den Anspruch befriedigt, entstehen dadurch (und erst dadurch) **gerichtliche Auslagen** (§ 137 Abs. 1 Nr. 16 KostO). Für diese haftet **der Betroffene** als Kostenschuldner nur in dem durch §§ 93a Abs. 2, 128b Satz 2 KostO gesteckten Rahmen: nämlich nach Maßgabe von § 1836c BGB, also nur mit dem Teil seines Einkommens und Vermögens, den er auch für eine Betreuervergütung einzusetzen hätte. Für eventuelle **andere Kostenschuldner** gilt dieses Haftungsprivileg nicht.[1] § 93a Abs. 2 KostO geht § 92 Abs. 1 Satz 1 KostO als Spezialregelung vor. Die allgemeine Kostenfreiheit des „armen" Betroffenen gilt für die Verfahrenspflegerentschädigung nicht. Sind Auslagen nach § 96 KostO vom Betroffenen nicht zu erheben, gilt das aber auch hierfür.[2]

70 Für das **Verfahren** gilt § 168 Abs. 1 entsprechend (Abs. 5 Satz 2). Der Verfahrenspfleger hat daher die Wahl, ob er seine Ansprüche mit einem Antrag auf **Festsetzung** der Vergütung durch Gerichtsbeschluss (§ 168 Abs. 1 Satz 1) oder einem Antrag auf **Zahlbarmachung** im Verwaltungsverfahren (§ 168 Abs. 1 Satz 4) geltend machen will. Die übrigen Sätze des § 168 Abs. 1 sind obsolet, weil es ein besonderes Regressverfahren gegen den Betroffenen hier nicht gibt,[3] sondern die gezahlten Beträge ohne weiteres Gerichtskosten sind (s. Rz. 69). Hat das Gericht durch Beschluss schon eine **bestimmte Pauschalentschädigung** nach Abs. 3 festgesetzt, kommt ein erneuter Gerichtsbeschluss darüber nicht mehr in Frage (s. auch Rz. 47). Nach Ende des Verfahrens ist die Pauschale vielmehr vom Kostenbeamten einfach zur Zahlung anzuweisen.

71 **Örtlich zuständig** ist das Gericht, bei dem der Verfahrenspfleger zuletzt tätig war, nach einer Abgabe der Sache also das übernehmende Gericht. Die **sachliche** Zuständigkeit liegt bei dem Gericht, das den Verfahrenspfleger bestellt hat.[4] Das wird für gewöhnlich das Betreuungsgericht sein. Ist der Verfahrenspfleger erst in der Beschwerdeinstanz bestellt worden, entscheidet aber auch über seine Entschädigung das Landgericht. **Funktional** ist – auch bei Festsetzung durch Beschluss – der **Rechtspfleger** zuständig. denn die Entschädigung des Verfahrenspflegers gehört noch zum Betreuungsverfahren und unterfällt keinem der in § 15 RPflG enthaltenen Richtervor-

1 BtKomm/*Dodegge*, I Rz. 36; *Fröschle*, Anh. zu § 13a FGG Rz. 76 f.
2 Jürgens/*Mertens*, § 67a FGG Rz. 1.
3 Vielmehr erfolgt der Regress im Wege des Kostenansatzes nach § 14 KostO, vgl. AG Sinzig v. 29.12.2006 – 2 XVII 1697/00, BeckRS 2007 Nr. 02712; *Knittel*, § 67a Rz. 22; aA: Jansen/*Sonnenfeld*, § 67a Rz. 30, die aus der Verweisung auch auf Satz 2 und 3 den Schluss ziehen will, die vom Betroffenen zu erstattenden Auslagen seien durch Beschl. des Betreuungsgerichts festzusetzen.
4 BayObLG v. 24.6.1993 – 3 Z BR 118/93, BtPrax 2003, 180 (LS).

behalte.[1] Auch beim Landgericht braucht weder die Kammer noch der Einzelrichter zu entscheiden, weil es sich insoweit um eine erstinstanzliche Entscheidung handelt, für die auch dort der Rechtspfleger zuständig ist.

Die **Anfechtung** von Entscheidungen über die Entschädigung des Verfahrenspflegers folgt nun ganz den allgemeinen Vorschriften:[2] Die **Beschwerde** ist ab einem Gegenstandswert von mehr als 600 Euro oder bei Zulassung eröffnet (§ 61). Hat das **Landgericht** über die Entschädigung des erst im Beschwerdeverfahren bestellten Verfahrenspflegers entschieden, ist dies Erstentscheidung, gegen die nach § 119 Abs. 1 Nr. 2 GVG die Beschwerde zum Oberlandesgericht stattfindet. Anders als früher[3] kann das Oberlandesgericht nun die Rechtsbeschwerde zum Bundesgerichtshof zulassen. 72

§ 278
Anhörung des Betroffenen

(1) Das Gericht hat den Betroffenen vor der Bestellung eines Betreuers oder der Anordnung eines Einwilligungsvorbehalts persönlich anzuhören. Es hat sich einen persönlichen Eindruck von dem Betroffenen zu verschaffen. Diesen persönlichen Eindruck soll sich das Gericht in dessen üblicher Umgebung verschaffen, wenn es der Betroffene verlangt oder wenn es der Sachaufklärung dient und der Betroffene nicht widerspricht.

(2) Das Gericht unterrichtet den Betroffenen über den möglichen Verlauf des Verfahrens. In geeigneten Fällen hat es den Betroffenen auf die Möglichkeit der Vorsorgevollmacht, deren Inhalt sowie auf die Möglichkeit ihrer Registrierung bei dem zentralen Vorsorgeregister nach § 78a Abs. 1 der Bundesnotarordnung hinzuweisen. Das Gericht hat den Umfang des Aufgabenkreises und die Frage, welche Person oder Stelle als Betreuer in Betracht kommt, mit dem Betroffenen zu erörtern.

(3) Verfahrenshandlungen nach Absatz 1 dürfen nur dann im Wege der Rechtshilfe erfolgen, wenn anzunehmen ist, dass die Entscheidung ohne eigenen Eindruck von dem Betroffenen getroffen werden kann.

(4) Soll eine persönliche Anhörung nach § 34 Abs. 2 unterbleiben, weil hiervon erhebliche Nachteile für die Gesundheit des Betroffenen zu besorgen sind, darf diese Entscheidung nur auf Grundlage eines ärztlichen Gutachtens getroffen werden.

(5) Das Gericht kann den Betroffenen durch die zuständige Behörde vorführen lassen, wenn er sich weigert, an Verfahrenshandlungen nach Absatz 1 mitzuwirken.

A. Allgemeines

I. Normgeschichte

Aus der Vorgängernorm § 68 FGG ist zunächst entfallen, was sich nach Ansicht des Gesetzgebers nunmehr schon aus Vorschriften des Allgemeinen Teiles (insbesondere 1

1 *Fröschle*, § 67a FGG Rz. 22.
2 BT-Drucks. 16/6308, S. 266.
3 BGH v. 20.6.2007 – XII ZB 220/04, NJW-RR 2007, 373; *Fröschle*, § 67a FGG Rz. 23.

§§ 34, 37) ergibt.[1] Außerdem ist die – ohnehin schwach ausgestaltete und in der Praxis weitgehend ignorierte – Anweisung an das Gericht, ein sog. Schlussgespräch durchzuführen (§ 68 Abs. 5 FGG aF), entfallen. Ein Teil des dortigen Regelungsgehalts findet sich allerdings in § 278 Abs. 2 wieder.

II. Anwendungsbereich

2 § 278 gilt **nicht für alle** Betreuungssachen. Er gilt unmittelbar nur für Verfahren
- die zur **Erstbestellung eines Betreuers** oder
- zur **Anordnung eines Einwilligungsvorbehalts** führen.

3 Entscheidend ist das **Verfahrensergebnis**, nicht das Verfahrensziel. Endet das Verfahren mit der Ablehnung einer solchen Maßnahme, so braucht § 278 nicht beachtet worden zu sein.[2] Für die Anhörung des Betroffenen bleibt es dann bei §§ 34 und 37 Abs. 2.

4 § 278 gilt in uneingeschränktem Umfang kraft Verweisung in § 295 Abs. 1 Satz 1 in Verfahren, die zur **Verlängerung** der Betreuung oder des Einwilligungsvorbehalts führen.

5 Mit mehr oder minder großen **Modifikationen** ist die persönliche Anhörung ferner vorgeschrieben nach
- § 293 für die Erweiterung der Betreuung oder des Einwilligungsvorbehalts,
- § 296 Abs. 1 für die Entlassung des Betreuers gegen den Willen des Betreuten,
- § 296 Abs. 2 für die Neubestellung eines Betreuers nach § 1908c BGB,
- § 297 Abs. 1 für die Genehmigung einer Sterilisation,
- § 298 Abs. 1 Satz 1 für die Genehmigung einer Heilbehandlung,
- § 299 Satz 2 für die Genehmigung der Auflösung eines Mietverhältnisses oder der Begründung eines langfristig bindenden Dauerschuldverhältnisses,
- § 299 Satz 1 für einige andere Genehmigungen im Bereich der Vermögenssorge,
- §§ 300 Abs. 1 Satz 1 Nr. 4, 301 Abs. 1 für einstweilige Anordnungen.

6 Zur Bestellung eines **weiteren Betreuers** ohne Erweiterung der Betreuung s. § 293 Rz. 28. Im Falle der Bestellung lediglich eines **Gegenbetreuers** gilt § 278 nicht.[3]

B. Inhalt der Vorschrift

7 Die Norm regelt **dreierlei**: Sie konkretisiert zum einen den Anspruch des Betroffenen auf **rechtliches Gehör**[4] und ergänzt hierdurch vor allem § 34. Schon aus Abs. 1 Satz 3 folgt, dass sie auch **Beweisvorschrift** sein und dem Gericht einen Teil der durchzuführenden Ermittlungen vorschreiben will.[5] Es soll nämlich den Betroffenen zur Sachver-

---

1 BT-Drucks. 16/6308, S. 267.

2 Jansen/*Sonnenfeld*, § 68 Rz. 3; *Knittel*, § 68 FGG Rz. 4; *Bassenge*/Roth, § 68 FGG Rz. 1.

3 BayObLG v. 26.3.2001 – 3 Z BR 5/01, NJOZ 2001, 1482; BayObLG v. 28.10.1993 – 3 Z BR 220/93, FamRZ 1994, 325; HK-BUR/*Bauer*, § 68 FGG Rz. 19; Jurgeleit/*Bučić*, § 68 FGG Rz. 2.

4 Jansen/*Sonnenfeld*, § 68 Rz. 6; Keidel/*Kayser*, § 68 Rz. 1; Fröschle/*Locher*, § 68 FGG Rz. 5.

5 HK-BUR/*Bauer*, § 68 FGG Rz. 26; Keidel/*Kayser*, § 68 FGG Rz. 2; BT-Drucks. 16/6303, S. 267 bezeichnet das euphemistisch als „Konkretisierung" der Amtsermittlungspflicht des § 26.

haltsaufklärung befragen und einen „persönlichen Eindruck" von ihm gewinnen. Der Betroffene ist dadurch (im untechnischen Sinne) sowohl **Auskunftsperson** als auch **Augenscheinsobjekt**.[1]

I. Persönliche Anhörung (Abs. 1 Satz 1)

Abs. 1 Satz 1 ist Ausfüllungsnorm zu § 34 Abs. 1 Nr. 2. **Rechtliches Gehör** ist dem Betroffenen im Betreuungsverfahren in der Form der persönlichen Anhörung zu gewähren. Dies muss im Verfahren **mindestens einmal** geschehen. Muss dem Betroffenen danach – wegen der Notwendigkeit der Verwertung späterer Erkenntnisse – erneut rechtliches Gehör gewährt werden (vgl. § 37 Abs. 2), so bestimmt sich die Frage, ob hierfür eine neuerliche persönliche Anhörung notwendig ist, nach § 34 Abs. 1 Nr. 1. 8

Die persönliche Anhörung dient zugleich der **Sachverhaltsermittlung**, ist also auch **Ermittlungstätigkeit**. Es gelten § 27 Abs. 2 und § 28 Abs. 1. Das Gericht ist verpflichtet, darauf hinzuwirken, dass der Betroffene sich vollständig und wahrheitsgemäß zum Sachverhalt äußert. Erzwingen kann es dies nicht. Eine Belehrung darüber, dass er sich nicht zu äußern brauche, ist aber entbehrlich, weil sie der Rechtslage nicht entspricht. 9

Das Gericht ist nicht daran gehindert, den Betroffenen nach § 30 FamFG iVm. § 445 ff. ZPO **förmlich als Beteiligten** zu vernehmen. In diesem – und nur in diesem Fall – ist er auf sein Recht zur Aussageverweigerung (§§ 446, 453 Abs. 2 ZPO) hinzuweisen. 10

II. Verschaffung eines persönlichen Eindrucks (Abs. 1 Satz 2)

Das Gericht ist außerdem verpflichtet, sich von dem Betroffenen einen persönlichen Eindruck zu verschaffen. Es handelt sich dabei der Sache nach um eine **Augenscheinseinnahme**.[2] Das Gericht muss den Betroffenen unmittelbar sinnlich wahrnehmen, also sehen und hören können. Durch eine Trennscheibe ist dies (zB bei Ansteckungsgefahren) möglich. Die Übertragung durch Medien (Kamera und Mikrofon) genügt jedoch nicht, da es sich dann nicht um einen unmittelbaren Eindruck handeln würde. 11

Auch für die Eindruckverschaffung gilt § 29. Es ist daher – entgegen verbreiteter Ansicht – durchaus zulässig, den Betroffenen **ohne sein Wissen** zu beobachten, um sich einen Eindruck von ihm zu verschaffen. Die Gegenansicht[3] verkennt, dass der Grundsatz der Parteiöffentlichkeit (richtig: Beteiligtenöffentlichkeit) nur für die förmliche Beweisaufnahme (§ 30) gilt, nicht für die Gewinnung von Erkenntnissen im Freibeweisverfahren.[4] Freilich müssen der Betroffene selbst und die anderen Verfahrensbeteiligten schon wegen § 37 Abs. 2 nachträglich über die heimliche Beobachtung und die hierbei gewonnenen Erkenntnisse informiert werden. Die Pflicht zur persönlichen Anhörung wird durch heimliche Beobachtung im Übrigen natürlich nicht erfüllt. 12

Der unmittelbare Eindruck muss **im Verfahren gewonnen** worden sein. Es genügt nicht, dass der Richter aus einem anderen Verfahren schon einen persönlichen Eindruck von dem Betroffenen hat.[5] 13

1 Ähnlich HK-BUR/*Bauer*, § 68 FGG Rz. 43.
2 BtKomm/*Roth*, A Rz. 139; Fröschle/*Locher*, § 68 FGG Rz. 2; Jurgeleit/*Bučić*, § 68 FGG Rz. 10.
3 HK-BUR/*Bauer*, § 68 FGG Rz. 114; Fröschle/*Locher*, § 68 FGG Rz. 9.
4 Keidel/*Schmidt*, § 15 FGG Rz. 13.
5 OLG Köln v. 30.3.2007 – 16 Wx 70/07, BtMan 2007, 157 (LS).

14 Das Gericht ist auch hier nicht gehindert, eine **förmliche Beweisaufnahme** nach § 30 anzuordnen. Es gelten dann die §§ 371 ff. ZPO.

III. Durchführung

1. Öffentlichkeit

15 Verfahrenshandlungen des Gerichts nach Abs. 1 sind **nicht öffentlich** (§ 170 Abs. 1 Satz 1 GVG), falls das Gericht nicht nach § 170 Abs. 1 Satz 2 GVG etwas anderes bestimmt. Der Betroffene kann verlangen, dass eine **Person seines Vertrauens** dabei anwesend ist (§ 170 Abs. 1 Satz 3 GVG). Das gilt unabhängig von dem Recht aus § 12, zur Anhörung mit einem Beistand oder Verfahrensbevollmächtigten zu erscheinen (s. § 12 Rz. 3). Die Person des Vertrauens iSv. § 170 Abs. 1 Satz 3 GVG muss die Anforderungen des § 12 nicht erfüllen. **Beteiligte** haben kein generelles Anwesenheitsrecht,[1] das Gericht kann sie jedoch ohne weiteres zulassen. Der Betroffene kann – wie die anderen Beteiligten auch – der Herstellung der Öffentlichkeit widersprechen (vgl. § 170 Abs. 1 Satz 2 GVG), nicht jedoch der Anwesenheit der Beteiligten.

2. Ort

16 Abs. 1 Satz 3 schreibt vor, dass die Anhörung und Eindruckverschaffung in der üblichen Umgebung des Betroffenen stattfinden soll, wenn

- der Betroffene dies verlangt oder
- es der Sachaufklärung dient und der Betroffene nicht widerspricht.

17 **Übliche Umgebung** ist der Ort, an dem der Betroffene seinen Lebensmittelpunkt hat. Der Begriff deckt sich mit dem des gewöhnlichen Aufenthalts[2] (dazu ausf. § 122 Rz. 4 ff.). Fehlt es an einem solchen Ort, weil der Betroffene keinen Lebensmittelpunkt hat, geht Abs. 1 Satz 3 ins Leere. Dasselbe gilt, wenn der Betroffene zwar über eine solche übliche Umgebung verfügt, sich zurzeit des Verfahrens dort aber nicht aufhält. Ist die Anhörung in dieser üblichen Umgebung nicht möglich, kann sie an jedem anderen Ort durchgeführt werden. Das Verfahren braucht nicht ausgesetzt zu werden, bis dies wieder möglich ist.

18 Dem **Verlangen** des Betroffenen, ihn in seiner gewohnten Umgebung anzuhören, soll entsprochen werden. Seinem Verlangen, an einem anderen Ort, zB dem seines nur vorübergehenden Aufenthalts oder an einem „neutralen" Ort, angehört zu werden, braucht das Gericht dagegen nicht zu folgen. Möglich ist freilich auch dies, solange die Vorschriften über die Nichtöffentlichkeit des Verfahrens dabei eingehalten werden können.[3] Dem Gericht bleibt ein gewisser **Ermessensspielraum**, dem Verlangen nicht zu folgen.[4] Das kommt vor allem in Frage, wenn durch die Anhö-

---

1 Ob das – wie früher zu § 68 Abs. 1 Satz 3 FGG – für den Verfahrenspfleger anders zu sehen ist, vgl. Jurgeleit/*Bučić*, § 68 FGG Rz. 45, *Bassenge*/Roth, § 68 FGG Rz. 15, ist mE zweifelhaft. Nach dem Gesetz ist er Verfahrensbeteiligter, dessen Anwesenheit bei der Anhörung im Ermessen des Gerichts liegt.

2 Fröschle/*Locher*, § 68 Rz. 4.

3 Daher zB keine Anhörung am Arbeitsplatz im Beisein von Kollegen, BtKomm/*Roth*, A Rz. 141.

4 OLG Düsseldorf v. 12.6.1996 – 25 Wx 8/96, FGPrax 1996, 184; *Knittel*, § 68 FGG Rz. 6; Fröschle/*Locher*, § 68 Rz. 3; Jürgens/*Mertens*, § 68 Rz. 3; aA (Abweichung nur bei missbräuchlichem Verlangen) Jansen/*Sonnenfeld*, § 68 Rz. 18; noch strenger: HK-BUR/*Bauer*, § 68 FGG Rz. 46, der das Gericht für verpflichtet hält, selbst eine zulässigerweise an anderem Ort durchgeführte Anhörung auf Verlangen des Betroffenen in dessen üblicher Umgebung fortzusetzen.

rung am Ort der üblichen Umgebung eine unangemessene Verfahrensverzögerung entstünde.

19 Der Betroffene kann der Durchführung der Anhörung und Eindruckverschaffung in seiner gewöhnlichen Umgebung auch **widersprechen**. Dann darf sie dort nicht geschehen. Der Betroffene ist stattdessen ins Gerichtsgebäude zu laden, notfalls dorthin vorzuführen (s. dazu Rz. 37 ff.). Den Widerspruch kann der Betroffene jederzeit, auch noch kurz vor Beginn der Anhörung, erklären.

20 Hat der Betroffene die Durchführung der Anhörung und Eindruckverschaffung in seiner üblichen Umgebung weder verlangt noch ihr widersprochen, führt das Gericht sie dort durch, wenn es **der Sachaufklärung dient**. Zum Teil wird dazu behauptet, das sei stets der Fall, weil sich aus der Umgebung des Betroffenen stets wichtige Erkenntnisse für das Verfahren werden gewinnen lassen.[1] Das verkennt jedoch den rechtlichen Maßstab für die Frage, ob etwas der Sachaufklärung dient. Das Gericht hat nämlich nur die **entscheidungserheblichen** Tatsachen aufzuklären (§ 26). Was die Endentscheidung nicht beeinflusst, braucht es nicht zu wissen, und es dient nicht der Sachaufklärung, es festzustellen. Entscheidend ist daher, ob das Gericht in der Lage ist, die Betreuungsbedürftigkeit und ggf. ihr Ausmaß ohne Kenntnis von der persönlichen Umgebung des Betroffenen festzustellen. Kann es dies, braucht es sie nicht aufzusuchen.

21 Ist der Betroffene **nicht transportfähig**, kommt es auf Abs. 1 Satz 3 nicht an. Er ist dann stets dort aufzusuchen, wo er sich befindet, gleichgültig, ob es sich um seine übliche oder eine andere Umgebung handelt. Im Rahmen der allgemeinen Sachaufklärungspflicht des § 26 kann das Gericht freilich verpflichtet sein, den Ort, an dem der Betroffene lebt, dennoch (dann ohne den Betroffenen) in Augenschein zu nehmen.

IV. Inhalt der Anhörung (Absatz 2)

22 Abs. 2 ergänzt die allgemeinen Normen über die Gewährung rechtlichen Gehörs (hier vor allem § 28 Abs. 1). Der Betroffene ist über den **möglichen Verlauf** des Verfahrens aufzuklären (Abs. 2 Satz 1), und es sind mit ihm zu **erörtern** (Abs. 2 Satz 3)

- der Umfang des Aufgabenkreises (bzw. des Kreises der einwilligungsbedürftigen Geschäfte) und
- die als Betreuer (konkret) in Frage kommenden Personen und Stellen.

23 Die beiden Sätze entstammen dem früheren § 68 Abs. 5 FGG. Dort waren sie als Inhalt des damals dem Gericht noch – wenn auch mit Ermessensvorbehalt – vorgeschriebenen Schlussgesprächs vorgesehen. Die genaue Bedeutung, die sie jetzt haben, ist unklar, da ein solches Schlussgespräch ja nicht mehr vorgesehen ist.

24 Aus der systematischen Stellung in § 278 könnte folgen, dass Abs. 2 sich nunmehr auf den **Inhalt der persönlichen Anhörung** nach Abs. 1 Satz 1 bezieht. Das führt jedoch in einen Widerspruch: Über den „möglichen Verlauf des Verfahrens" kann das Gericht den Betroffenen nur in einem frühen Verfahrensstadium aufklären, soll dies überhaupt sinnvoll sein.[2] Die in Abs. 2 Satz 3 beschriebenen Fragen können aber erst am Verfahrensende – vor allem nicht vor Einholung des Gutachtens – sinnvoll erörtert werden.

1 HK-BUR/*Bauer*, § 68 FGG Rz. 75 ff.; Jansen/*Sonnenfeld*, § 68 Rz. 33; Jurgeleit/*Bučić*, § 68 FGG Rz. 11.
2 *Knittel*, § 68 FGG Rz. 17.

Somit ist Abs. 2 von Abs. 1 unabhängig zu lesen:[1] Die in Abs. 2 Satz 1 genannten Hinweise sind in geeigneter Form **zu Verfahrensbeginn** zu geben. Die in Abs. 2 Satz 3 vorgeschriebene Erörterung ist **vor Verfahrensabschluss** durchzuführen. Ob beides eine persönliche Anhörung erfordert oder nicht, bestimmt sich nach § 34 Abs. 1 Nr. 1, und nur, wenn bis dahin noch keine persönliche Anhörung iSv. Abs. 1 Satz 1 stattgefunden hat, ist das nunmehr zu deren Inhalt zu machen.

25 In „geeigneten Fällen" ist der Betroffene außerdem auf die Möglichkeiten zur Errichtung und Registrierung einer **Vorsorgevollmacht** hinzuweisen (Abs. 2 Satz 2). Geeignet sind dafür nur Fälle unzweifelhaft bestehender Geschäftsfähigkeit des Betroffenen, denn schon wenn die Geschäftsfähigkeit zurzeit der Vollmachtserrichtung zweifelhaft ist, wird dies die Vollmacht im Rechtsverkehr so stark entwerten, dass eine Betreuerbestellung durch sie nicht entbehrlich wird. Die **Registrierung** der Vollmacht bei der Notarkammer ist in diesem Zusammenhang kaum noch sinnvoll. Sie soll ja nur sicherstellen, dass das Gericht von der Vollmacht erfährt, wenn es ein Betreuungsverfahren einleitet. Hier ist das Verfahren schon eingeleitet und wird zur Betreuerbestellung führen, falls der Betroffene sich nicht innerhalb des laufenden Verfahrens zur Errichtung der Vollmacht entschließt. Sinnvoll ist dieser Hinweis nur, wenn das laufende Verfahren voraussichtlich nicht zur Betreuerbestellung führen wird. Dann gilt § 278 aber gar nicht (s. Rz. 3).

V. Rechtshilfe (Absatz 3)

26 Abs. 3 regelt die Durchführung der in Abs. 1 genannten Verfahrenshandlungen durch den **ersuchten Richter** (§§ 156 ff. GVG). Sie ist zulässig, wenn anzunehmen ist, dass das Gericht eine Entscheidung in der Sache auch ohne eigenen unmittelbaren Eindruck von dem Betroffenen wird treffen können. Die Entscheidung hierüber obliegt dem ersuchenden Gericht. Das ersuchte Gericht darf sie nicht treffen und die Rechtshilfe mit der Begründung ablehnen, die Voraussetzungen des Abs. 3 lägen nicht vor.[2]

27 Die **Vorgängernorm** (§ 68 Abs. 1 Satz 4 FGG) war strenger.[3] Sie verlangte als Voraussetzung der Rechtshilfe, dass von vorneherein[4] anzunehmen war, dass das Gericht die Feststellungen des Rechtshilfegerichts auch ohne eigenen Eindruck würde würdigen können. Die Neufassung stellt klar, dass dies nur noch von Bedeutung ist, wenn es für die Endentscheidung auf eine solche Beweiswürdigung auch ankommt. Soweit nach altem Recht angenommen wurde, Rechtshilfe komme für die Verfahrenshandlungen des Abs. 1 nur ganz ausnahmsweise in eindeutigen[5] oder auch atypischen[6] Fällen in

---

1 Hierauf deutet auch die zu Abs. 2 in BT-Drucks. 16/6308, S. 267 gegebene Begr. hin. Die Vorgängernorm (§ 68 Abs. 1 Satz 3 FGG) ist ebenso verstanden worden, vgl. HK-BUR/*Bauer*, § 68 FGG Rz. 69; Keidel/*Kayser*, § 68 Rz. 8; BtKomm/*Roth*, A Rz. 141; Jurgeleit/*Bučić*, § 68 FGG Rz. 13.

2 OLG München v. 29.7.2005 – 33 AR 24/05, BtPrax 1005, 199 (LS); OLG Köln v. 2.5.2003 – 16 Wx 107/03, FamRZ 2004, 818, etwas anderes gilt nur bei rechtsmissbräuchlichem Ersuchen, das nicht nur evident unrichtig ist, sondern erkennbar mit Wiederholungswillen gestellt wird, OLG Schleswig v. 22.3.1995 – 2 W 29/95, BtPrax 1995, 145.

3 Dem Gesetzgeber war dies anscheinend nicht bewusst, vgl. BT-Drucks. 16/6308, S. 267.

4 Was nach hM im Sinne von Offensichtlichkeit zu verstehen war, Jansen/*Sonnenfeld*, § 68 Rz. 51; Keidel/*Kayser*, § 68 Rz. 10; Jurgeleit/*Bučić*, § 68 FGG Rz. 14; anders HK-BUR/*Bauer*, § 68 FGG Rz. 87 („Beweisprognose").

5 OLG Hamm v. 30.5.1996 – 15 W 122/96, BtPrax 1996, 189.

6 Jürgens/*Mertens*, § 68 FGG Rz. 7.

Frage, wird man dies nun jedenfalls nicht mehr annehmen können. Kann das Gericht auf Grund der protokollierten Feststellungen des ersuchten Richters eine Endentscheidung treffen, braucht es nicht selbst tätig zu werden.

Liegen die Voraussetzungen des Abs. 3 nicht vor, muss das Gericht entweder die Verfahrenshandlungen nach Abs. 1 selbst durchführen oder – zB bei besonders großer Entfernung – die Sache nach § 4 an ein ortsnäheres Gericht **abgeben**. Die Notwendigkeit der persönlichen Anhörung im Bezirk des Abgabegerichts kann ein wichtiger Grund für die Abgabe sein.[1] 28

§ 69g Abs. 5 Satz 2 FGG enthielt eine gleich lautende Einschränkung für Handlungen des **beauftragten Richters**. Diese ist nunmehr entfallen. Die Zivilkammer kann die Durchführung von Verfahrenshandlungen nach Abs. 1 ohne weiteres einem Mitglied der Kammer übertragen. Das ist logisch, denn sie kann ja auch das gesamte Verfahren einem ihrer Mitglieder als Einzelrichter übertragen (vgl. § 68 Rz. 31). 29

§ 68 Abs. 1 Satz 5 FGG enthielt noch eine Sonderregelung für die **internationale Rechtshilfe**. Diese ist jedoch entbehrlich, denn dass Abs. 3 nur für Rechtshilfe innerhalb Deutschlands gelten kann, versteht sich von selbst. Im Ausland vorzunehmende Verfahrenshandlungen unterliegen immer den dafür geltenden besonderen Vorschriften. 30

VI. Verzicht auf die persönliche Anhörung (Absatz 4)

Wann die persönliche Anhörung **ausnahmsweise entbehrlich** ist, ist in § 34 geregelt. Abs. 4 enthält nur eine Einschränkung von § 34 Abs. 2, die dahin geht, dass das Gericht die Feststellung der Gesundheitsgefährdung durch die Anhörung nur auf Grund eines **Sachverständigengutachtens** treffen darf. Der Sachverständige muss den Voraussetzungen des § 280 Abs. 1 Satz 2 genügen. Die Begutachtung braucht nicht im Wege der förmlichen Beweisaufnahme erfolgt zu sein (§ 30). Formlose Anhörung des Sachverständigen (§ 29) genügt. Das Absehen von der persönlichen Anhörung setzt andernfalls drohende **schwere gesundheitliche Nachteile** voraus[2] und ist ultima ratio. Kann sie unter besonderen Vorkehrungen ohne erhebliche Gesundheitsgefahr durchgeführt werden,[3] geht dies vor. 31

Die persönliche Anhörung des Betroffenen kann ferner unterbleiben, wenn der Betroffene offensichtlich nicht in der Lage ist, **seinen Willen zu äußern** (§ 34 Abs. 2 Alt. 2). Gemeint ist damit sein natürlicher Wille. § 34 Abs. 2 Alt. 2 greift nicht schon, wenn der Betroffene nichts Sinnvolles zur Sache äußeren kann, sondern erst, wenn er entweder überhaupt nichts oder jedenfalls nichts irgendwie auf die Sache Bezogenes zu äußern imstande ist.[4] So verstanden, handelt es sich im Grunde um eine Selbstverständlichkeit.[5] Jemanden „anzuhören", der nichts zur Sache sagen kann, ist evident unsinnig. Nach altem Recht (§ 68 Abs. 2 Nr. 2 FGG) war vorgeschrieben, dass das Gericht dies auf Grund seines unmittelbaren Eindrucks von dem Betroffenen feststellt. Dies schreibt die Neufassung nun streng genommen nicht mehr vor.[6] In der 32

1 OLG Stuttgart v. 3.7.1996 – 8 AR 29/96, BtPrax 1996, 191; HK-BUR/*Bauer*, § 68 FGG Rz. 13.
2 OLG Karlsruhe v. 16.10.1998 – 11 Wx 98/98, FamRZ 1999, 670.
3 ZB durch Gabe von Medikamenten: OLG Karlsruhe v. 16.10.1998 – 11 Wx 98/98, FamRZ 1999, 670.
4 HK-BUR/*Bauer*, § 68 FGG Rz. 119 ff.
5 Fröschle/*Locher*, § 68 Rz. 12.
6 Obwohl der Gesetzgeber selbst dies anzunehmen scheint, vgl. BT-Drucks. 16/6308, S. 192.

Sache ändert sich dadurch aber nicht viel, denn Unfähigkeit zur Willensäußerung wird sich gerade bei der Verschaffung eines unmittelbaren Eindrucks von dem Betroffenen erweisen. Bei nur **vorübergehender Verständigungsunfähigkeit** ist die persönliche Anhörung nicht entbehrlich.[1] Ggf. muss inzwischen eine beschleunigte einstweilige Anordnung (§ 301) erlassen werden.

33 Ganz neu ist, dass die persönliche Anhörung auch entfallen kann, wenn der Betroffene einem dazu anberaumten Termin **unentschuldigt ferngeblieben** ist (§ 34 Abs. 3). Er muss mit der Ladung auf diese mögliche Rechtsfolge seines Ausbleibens hingewiesen worden sein (vgl. zu den Einzelheiten § 34 Rz. 32 f.).

34 In all diesen Fällen ist jedoch nur die persönliche Anhörung (Abs. 1 Satz 1) entbehrlich. Das Gericht bleibt verpflichtet, sich einen **persöhnlichen Eindruck** von dem Betroffenen zu verschaffen[2] (Abs. 1 Satz 2). § 34 Abs. 2 Alt. 2 und Abs. 3 gewinnen ihre Hauptbedeutung daher erst für die Frage, ob eine weitere persönliche Anhörung des Betroffenen notwendig ist, nachdem eine erste Kontaktaufnahme durch das Gericht schon stattgefunden und das Gericht dabei einen persönlichen Eindruck von dem Betroffenen bereits gewonnen hat.

35 Fraglich ist allerdings, ob § 34 Abs. 2 Alt. 1 iVm. § 278 Abs. 4 nicht **entsprechend angewendet** werden muss, wenn schon von der Konfrontation mit dem Gericht eine gesundheitliche Gefahr für den Betroffenen ausgeht, selbst wenn er dabei nicht befragt wird.[3] Dafür spricht, dass auch in anderen Zusammenhängen Gesundheitsgefahren für den Betroffenen ein Grund sein können, auf Verfahrensschritte zu verzichten. Ein solcher Schluss ist im Wege der **Rechtsanalogie** grundsätzlich zulässig. Die Einhaltung von Verfahrensnormen muss dem Schutz höherwertiger Rechtsgüter des Betroffenen weichen, wenn diese es erfordern. Es müssen dazu aber alle dem Gesetz entsprechenden Alternativen ausscheiden. Hier kommt zB die Einrichtung zunächst nur einer vorläufigen Betreuung durch einstweilige Anordnung in Frage, denn § 300 Abs. 1 Satz 1 Nr. 4 schreibt nur die persönliche Anhörung vor, nicht auch die Verschaffung eines persönlichen Eindrucks von dem Betroffenen (s. auch § 300 Rz. 29).

36 Wird von der persönlichen Anhörung nach § 34 Abs. 2 abgesehen, bedeutet dies eine **Verkürzung des rechtlichen Gehörs**, die die Bestellung eines Verfahrenspflegers notwendig macht (vgl. § 276 Rz. 9). Für § 34 Abs. 3 kann das nicht angenommen werden, da demjenigen, der Gelegenheit hatte, sich zu äußern, rechtliches Gehör damit auch gewährt worden ist.

VII. Vorführung des Betroffenen (Absatz 5)

37 Abs. 5 enthält die Ermächtigung des Gerichts, die Vorführung des Betroffenen durch die zuständige Behörde anzuordnen, wenn die Durchführung der nach Abs. 1 Satz 1 und 2 vorgeschriebenen Verfahrenshandlungen an seiner **Weigerung** scheitert. Das kann aus einer entsprechenden Äußerung von ihm folgen, aber auch daraus, dass er mehrfach zu Anhörungen nicht erscheint. Anders als in § 33 Abs. 3 ist das mehrfache unentschuldigte Ausbleiben aber keine notwendige Voraussetzung der Vorführung, erforderlich ist, dass das Gericht aus seinem Verhalten schließen kann, er werde frei-

1 Fröschle/*Locher*, § 68 Rz. 12.
2 Jansen/*Sonnenfeld*, § 68 Rz. 24.
3 Dafür: HK-BUR/*Bauer*, § 68 FGG Rz. 114; *Knittel*, § 68 FGG Rz. 26; Fröschle/*Locher*, § 68 Rz. 9; dagegen: Jansen/*Sonnenfeld*, § 68 Rz. 24.

willig zu keiner Anhörung erscheinen.[1] Abs. 5 ist gegenüber § 33 **abschließende Spezialregelung.**[2] Das Erscheinen des Betroffenen darf mit anderen Mitteln nicht erzwungen werden.

Der Grundsatz der **Verhältnismäßigkeit** ist zu beachten. Steht der Eingriff in die Rechte des Betroffenen, den die Vorführung beinhaltet, außer Verhältnis zum Verfahrensgegenstand, darf sie nicht angeordnet werden.[3] 38

Die Vorführung geschieht – wie bisher auch – durch die **Betreuungsbehörde.**[4] Damit soll sichergestellt werden, dass im Umgang mit kranken und behinderten Menschen geschultes Fachpersonal sie durchführt.[5] 39

Abs. 5 enthält – im Gegensatz zu § 283 – keine Regelung zu der Frage, ob die Betreuungsbehörde bei der Vorführung zur **Gewaltanwendung** und zum **Betreten der Wohnung** des Betreuten ermächtigt werden muss oder kann. Zum alten Recht ist zT vertreten worden, das Gericht könne solche Anordnungen auf § 33 Abs. 2 Satz 1 FGG stützen,[6] zT, diese Möglichkeit folge unmittelbar aus der Möglichkeit, die Vorführung anzuordnen.[7] Nunmehr hat der Gesetzgeber jedoch in § 283 Abs. 2 und 3 klar zum Ausdruck gebracht, dass er beides nur mit besonderer richterlicher Ermächtigung für zulässig hält. Da Abs. 5 das Gericht nicht zu einer solchen Entscheidung befugt, scheidet die Anwendung von Gewalt oder das zwangsweise Öffnen und Betreten der Wohnung zum Zwecke der Vorführung aus. Kann die Betreuungsbehörde den Betroffenen nicht zum Erscheinen bei Gericht bewegen, unterbleibt die Vorführung. 40

Wäre die Vorführung unverhältnismäßig[8] oder scheitert sie an der fehlenden Befugnis zur Gewaltanwendung, kann das Gericht in Anwendung des Rechtsgedankens des § 34 Abs. 3 Satz 1 ausnahmsweise ohne die nach Abs. 1 vorgeschriebenen Verfahrenshandlungen entscheiden. Entsprechend § 34 Abs. 3 Satz 2 ist der Betroffene hierauf vorher hinzuweisen. 41

Das Gesetz regelt die **Anfechtbarkeit** der Vorführungsanordnung nicht. Die Lücke ist durch entsprechende Anwendung von § 33 Abs. 3 Satz 4 zu füllen. Es ist folglich die **sofortige Beschwerde** dagegen statthaft, s. § 33 Rz. 41. 42

Die Vorführung kann nur **der Richter** anordnen, auch wenn für das Verfahren im Übrigen der Rechtspfleger zuständig ist und sie vor den Rechtspfleger erfolgen soll. Das folgt aus § 4 Abs. 2 Nr. 2 RPflG und – indirekt – auch aus § 19 Abs. 1 Satz 1 Nr. 1 RPflG. Eine vorherige **Androhung** der Vorführung sieht das Gesetz – anders als früher § 33 Abs. 3 Satz 6 FGG – nicht mehr vor. 43

1 BayObLG v. 16.7.1997 – 3 Z BR 272/97, NJW-RR 1998, 437.
2 BT-Drucks. 16/6308, S. 191.
3 OLG Stuttgart v. 20.6.2006 – 8 W 140/06, FGPrax 2007, 47; HK-BUR/*Bauer*, § 68 FGG Rz. 139; Jürgens/*Mertens*, § 68 FGG Rz. 10.
4 Entgegen HK-BUR/*Bauer*, § 68 FGG Rz. 147 ist die Betreuungsbehörde, nicht das Jugendamt, auch für die Vorführung Minderjähriger in Betreuungssachen zuständig. Das folgt nun schon daraus, dass eine Unterstützung des Betreuungsgerichts durch das Jugendamt in § 50 Abs. 1 SGB VIII gar nicht vorgesehen ist.
5 BT-Drucks. 11/4528, S. 172 f.
6 BayObLG v. 20.1.1994 – 3 Z BR 316/93, FamRZ 1994, 1190; Fröschle/*Locher*, § 68 FGG Rz. 14; wohl auch HK-BUR/*Bauer*, § 68 FGG Rz. 131 ff.; nur Gewaltanwendung, nicht Wohnungsöffnung: Jurgeleit/*Bučić*, § 68 FGG Rz. 24.
7 KG v. 20.6.1996 – 15 W 143/96, BtPrax 1996, 195 (LS).
8 ZB weil von **dieser** erhebliche Gesundheitsgefahren ausgehen, Fröschle/*Locher*, § 68 FGG Rz. 10.

44 Da die Vorführung auf Anordnung des Gerichts erfolgt und die Betreuungsbehörde hier als Vollstreckungsorgan tätig wird, gehören die **Kosten der Vorführung** zu den Gerichtskosten und sind der Betreuungsbehörde aus der Gerichtskasse zu erstatten.[1] Sie sind gerichtliche Auslagen iSv. § 137 Nr. 10 KostO.

§ 279
Anhörung der sonstigen Beteiligten, der Betreuungsbehörde und des gesetzlichen Vertreters

(1) Das Gericht hat die sonstigen Beteiligten vor der Bestellung eines Betreuers oder der Anordnung eines Einwilligungsvorbehalts anzuhören.

(2) Das Gericht hat die zuständige Behörde vor der Bestellung eines Betreuers oder der Anordnung eines Einwilligungsvorbehalts anzuhören, wenn es der Betroffene verlangt oder es der Sachaufklärung dient.

(3) Auf Verlangen des Betroffenen hat das Gericht eine ihm nahe stehende Person anzuhören, wenn dies ohne erhebliche Verzögerung möglich ist.

(4) Das Gericht hat im Fall einer Betreuerbestellung oder der Anordnung eines Einwilligungsvorbehalts für einen Minderjährigen (§ 1908a des Bürgerlichen Gesetzbuchs) den gesetzlichen Vertreter des Betroffenen anzuhören.

A. Allgemeines

1 § 279 ist an die Stelle von § 68a FGG getreten. Dort war die Pflicht zur Anhörung der Betreuungsbehörde und anderer Personen geregelt. Die jetzige Fassung enthält nur in Abs. 1 eine sachliche Änderung zum bisher geltenden Recht.

2 Die Anhörung nach Abs. 1 betrifft **Verfahrensbeteiligte**. Ansonsten gilt, was in § 7 Abs. 6 zum Ausdruck kommt: Dass das Gesetz die Anhörung von bestimmten Personen vorsieht, bedeutet nicht, dass sie als Verfahrensbeteiligte hinzuzuziehen sind. Ebenso wenig ist aus der erfolgten Anhörung zu schließen, dass sie als Verfahrensbeteiligte hinzugezogen werden sollten, falls die Anhörung erkennbar nur der **Sachaufklärung** dient. Nur wenn das Gericht deutlich macht, dass es von jemandem eine Stellungnahme als Verfahrenssubjekt anfordert, ist in der Anhörung zugleich eine Hinzuziehung als Beteiligter zu sehen.

3 **Unmittelbar anzuwenden** ist § 279 (wie § 278) nur im Falle der Erstbestellung eines Betreuers und der Anordnung eines Einwilligungsvorbehalts. Bei unbefangenem Lesen scheint dies zwar nur für die Abs. 1, 2 und 4 zu gelten. Es dürfte jedoch ein Versehen sein, dass Abs. 3 eine entsprechende Einschränkung nicht enthält. Schon die Vorgängernorm (§ 68a FGG) enthielt sie und der Gesetzesbegründung ist nichts dafür zu entnehmen, dass der Gesetzgeber den Anwendungsbereich erweitern wollte.[2] Außer-

1 Str., wie hier OLG Köln v. 26.7.2004 – 16 Wx 119/04, BtMan 2005, 105; Fröschle/*Locher*, § 68 FGG Rz. 14; aA LG Limburg v. 1.12.1997 – 7 T 225/97, BtPrax 1998, 116; Jurgeleit/*Bučić*, § 68 FGG Rz. 28.

2 Vgl. BT-Drucks. 16/6308, S. 267 f.

dem wären dann die Verweisungen auf den **ganzen** § 279 in anderen Vorschriften (§§ 294 Abs. 1, 296 Abs. 1 Satz 3) zum Teil überflüssig.

Kraft **Verweisung** gilt § 279 außerdem für 4

- die Erweiterung der Betreuung oder des Einwilligungsvorbehalts (§ 293 Abs. 1),
- die Aufhebung oder Einschränkung der Betreuung oder des Einwilligungsvorbehalts (§ 294 Abs. 1),
- die Verlängerung der Betreuung oder des Einwilligungsvorbehalts (§ 295 Abs. 1) und
- die Neubestellung eines Betreuers nach Tod oder Entlassung des Vorgängers (§ 296 Abs. 2 Satz 3).

Für das Verfahren über die Genehmigung einer Sterilisation und einer medizinischen Entscheidung existieren **eigenständige Regelungen** (§§ 297 Abs. 2 und 3, 298 Abs. 1 Satz 2 und 3, Abs. 2). 5

Genau wie bei § 278 ist für die Anwendung das **Verfahrensergebnis**, nicht das Verfahrensziel entscheidend. Endet das Verfahren mit der **Ablehnung** der Erstbestellung eines Betreuers oder auch der beantragten Aufhebung der Betreuung, braucht § 279 nicht beachtet worden zu sein. Lediglich im Überprüfungsverfahren bei Fristablauf ist er stets zu beachten, weil er bei jedem Verfahrensergebnis – entweder über § 295 Abs. 1 oder über § 294 Abs. 1 – zur Anwendung kommt. 6

B. Inhalt der Vorschrift

I. Anhörung der sonstigen Verfahrensbeteiligten (Absatz 1)

Die Anhörung des Betroffenen regelt § 278. Dass alle anderen Verfahrensbeteiligten ebenfalls anzuhören sind, ergibt sich schon aus ihrem Anspruch auf die **Gewährung rechtlichen Gehörs**[1] (Art. 103 Abs. 1 GG). Abs. 1 fehlt daher neben §§ 33, 34, 37 Abs. 2 ein eigenständiger Regelungsgehalt. Er stellt lediglich klar, dass das Gericht die Angehörigen des Betroffenen entgegen der bisherigen Rechtslage nicht anzuhören braucht, wenn es sie nicht als Beteiligte hinzugezogen hat und der Betroffene sie auch nicht als Vertrauenspersonen iSv. Abs. 3 benennt. 7

Abs. 1 schreibt die **Form der Anhörung** nicht vor. Sie steht im pflichtgemäßen Ermessen des Gerichts,[2] Gelegenheit zur schriftlichen[3] oder telefonischen[4] Äußerung genügt grundsätzlich. Die Pflicht, auch andere Verfahrensbeteiligte als den Betroffenen persönlich anzuhören, kann sich allerdings aus § 34 Abs. 1 Nr. 1 ergeben. 8

Sollen Verfahrensbeteiligte zugleich **zur Sachaufklärung** angehört werden, ist § 33 anzuwenden. Ob das erforderlich ist, entscheidet das Gericht nach seinem Ermessen im Rahmen der Amtsermittlungspflicht des § 26. Erzwungen werden kann allerdings nur die Anwesenheit (§ 33 Abs. 2), nicht auch die Aussage.[5] 9

Verfahrensbeteiligte können nicht förmlich als Zeugen vernommen werden. Hält das Gericht ihre förmliche Vernehmung für erforderlich, kommt nur eine **Beteiligtenver-** 10

1 BT-Drucks. 16/6308, S. 267.
2 BtKomm/*Roth*, A Rz. 132; Fröschle/*Locher*, § 68a FGG Rz. 3.
3 KG v. 26.1.1992 – 1 W 7060/94, BtPrax 1995, 106.
4 Jansen/*Sonnenfeld*, § 68a FGG Rz. 23; *Bassenge*/Roth, § 68a FGG Rz. 9.
5 Schon zum alten Recht allg.M.: Fröschle/*Locher*, § 68a FGG Rz. 3.

nehmung nach § 30 FamFG iVm. § 445 ff. ZPO in Frage. Auch dann steht ihnen ein Aussageverweigerungsrecht zu (s. § 446 ZPO).

II. Anhörung der Betreuungsbehörde (Absatz 2)

11 Abs. 2 regelt die Anhörung der Betreuungsbehörde für den Fall, dass sie ihre Beteiligung nicht beantragt. Sie ist dann dennoch zur Sachaufklärung anzuhören, wenn

- der Betroffene es verlangt oder
- es der Sachaufklärung dient.

12 Hat die Betreuungsbehörde ihre Hinzuziehung als **Verfahrensbeteiligte** beantragt (§ 274 Abs. 2), gilt nicht Abs. 2, sondern Abs. 1. Sie ist dann in jedem Fall anzuhören. Das Gericht kann die Betreuungsbehörde allerdings nicht von Amts wegen am Verfahren beteiligen (s. § 274 Rz. 38). Verfahrensbeteiligte ist die Betreuungsbehörde außerdem als **Antragstellerin** in einem Verfahren nach § 1908b Abs. 4 Satz 3 BGB und in allen Verfahren, in denen sie als **Betreuerin** zu beteiligen ist (§ 274 Abs. 1 Nr. 2).

13 Unabhängig von § 279 kann sich eine Pflicht zur Anhörung der Betreuungsbehörde schließlich auch noch aus § 1897 Abs. 7 BGB ergeben, wenn das Gericht bei einem Betreuer erstmals in seinem Bezirk **die Berufsmäßigkeit** des zu bestellenden Betreuers feststellen will.

14 Die Anwendung von § 33 oder § 34 Abs. 1 Nr. 1 auf die Betreuungsbehörde scheidet aus, und zwar schon, weil sie als Institution anzuhören ist, so dass die Pflicht einer bestimmten Person zum Erscheinen nicht begründet werden kann. Über die Form der Beteiligung entscheidet das Gericht vielmehr nach pflichtgemäßem Ermessen.

15 Wird die Betreuungsbehörde nach Abs. 2 angehört, ist dies (formlose) **Beweiserhebung**, gleichgültig, ob das Gericht es von Amts wegen oder auf Verlangen des Betroffenen anordnet. Es gilt § 29. Das Gericht kann der Behörde aufgeben, bestimmte Ermittlungen zur Feststellung des Sachverhalts durchzuführen. Die Behörde ist nach § 8 BtBG auf Anforderung des Gerichts dazu verpflichtet,[1]

- es bei der Sachverhaltsaufklärung zu unterstützen,
- einen geeigneten Betreuer vorzuschlagen.

16 Die Pflicht reicht nicht weiter als die Erkenntnismittel der Betreuungsbehörde. So ist zB niemand zur Erteilung von Auskünften an die Betreuungsbehörde verpflichtet. Nur das Gericht kann im Wege der förmlichen Zeugenvernehmung (§ 30 FamFG iVm. §§ 373 ff. ZPO) Aussagen erzwingen.

17 Die Betreuungsbehörde als solche kann nicht in der Rolle des **Sachverständigen** gehört werden, da Sachverstand nur personenbezogen festgestellt werden kann und Institutionen als solchen nicht zukommt (s. auch § 280 Rz. 17), jedoch kommt sowohl die formlose Anhörung als auch die förmliche Vernehmung eines bestimmten, sachverständigen Mitarbeiters der Behörde in Frage, und zwar sowohl als Sachverständiger als auch als sachverständiger Zeuge.

18 Der **Sachaufklärung** dient die Anhörung der Betreuungsbehörde, wenn das Gericht bei der Behörde vorhandene oder von ihr zu ermittelnde Erkenntnisse für die Endentschei-

1 HK-BUR/*Bauer*, § 68a FGG Rz. 15 f.

dung benötigt. Vor allem kann die Behörde oft besser als das Gericht selbst oder der medizinische Sachverständige beurteilen, ob die Krankheit oder Behinderung des Betroffenen zur Unfähigkeit führt, eigene Angelegenheiten zu besorgen, oder zu der Gefahr, dass er selbstschädigende Willenserklärungen abgibt. Das Gesetz schreibt dem Gericht jedoch – mit guten Gründen – nicht zwingend vor, hierzu eine Stellungnahme der Behörde einzuholen, da sich dies durchaus auch schon aus dem medizinischen Gutachten und den vom Gericht selbst getroffenen Feststellungen mit hinreichender Sicherheit ergeben kann.[1] Auch dass die Anhörung der Behörde nach Abs. 2 der Regelfall zu sein hat,[2] ist zweifelhaft.[3]

Die Behörde ist nach § 7 Abs. 4 Satz 1 über jedes eingeleitete Verfahren der in § 274 Abs. 3 genannten Art zu **unterrichten**. Sie kann dies nicht nur dazu nutzen, ihre Beteiligung zu beantragen, sondern ggf. auch dazu, von sich aus eine Stellungnahme zur Sache abzugeben. 19

Die Behörde ist – außer, falls das Gericht es verlangt, zur Person des Betreuers – nicht verpflichtet, einen **Entscheidungsvorschlag** zu unterbreiten. Unterbreitet sie einen, soll sie deutlich machen, ob es sich dabei nur um einen Vorschlag handelt oder ob sie damit ihren Willen deutlich machen will, eine bestimmte Entscheidung herbeizuführen, was als Beteiligungsantrag zu werten wäre (vgl. § 274 Rz. 40). 20

III. Anhörung einer Vertrauensperson (Absatz 3)

Der Betroffene kann eine Person seines Vertrauens benennen, die das Gericht grundsätzlich anzuhören hat. Wie schon zum alten Recht sollte angenommen werden, dass der Betroffene auch mehrere Personen mit derselben Rechtsfolge benennen kann.[4] Dazu, dass auch dies – trotz des unterschiedlichen Wortlauts von Abs. 3 – nicht für alle Betreuungssachen gilt, s. Rz. 3. Es kommt nicht darauf an, ob das Gericht die Vernehmung dieser Person für sachdienlich hält. Ebenso wenig darf es prüfen, ob zwischen dem Betroffenen und der benannten Person tatsächlich eine Vertrauensbeziehung besteht.[5] 21

Das Verlangen bindet das Gericht nur, wenn die ladungsfähige **Anschrift** der Person ohne weiteres festzustellen ist. Das Gericht braucht keine Ermittlungen dazu anzustellen.[6] 22

Das Gericht kann eine von dem Betroffenen benannte Vertrauensperson auch als **Beteiligten** zum Verfahren hinzuziehen (§ 274 Abs. 4 Nr. 1). Ist dies geschehen, gilt Abs. 1, nicht Abs. 3. Die Anhörung hat dann auch zu geschehen, wenn sie zu einer erheblichen Verzögerung des Verfahrens führt. Ggf. muss zunächst durch einstweilige Anordnung eine vorläufige Maßnahme getroffen werden. 23

1 Fröschle/*Locher*, § 68a FGG Rz. 4.
2 So die hM HK-BUR/*Bauer*, § 68a FGG Rz. 36; *Knittel*, § 68a FGG Rz. 2; BtKomm/*Roth*, A Rz. 133; Jurgeleit/*Bučić*, § 68a FGG Rz. 4; Jürgens/*Mertens*, § 68a FGG Rz. 3.
3 Richtiger: Jansen/*Sonnenfeld*, § 68a Rz. 7: „in vielen Fällen".
4 Str., wie hier Jansen/*Sonnenfeld*, § 68a Rz. 21; *Knittel*, § 68a FGG Rz. 14; Fröschle/*Locher*, § 68a FGG Rz. 7; wohl auch HK-BUR/*Bauer*, § 68a FGG Rz. 56, 61; aA Jurgeleit/*Bučić*, § 68a FGG Rz. 9; *Bassenge*/Herbst, § 68a FGG Rz. 8; Jürgens/*Mertens*, § 68a FGG Rz. 6 ohne einen Hinweis darauf, wie das Gericht unter mehreren Benannten auswählen soll.
5 HK-BUR/*Bauer*, § 68a FGG Rz. 61; Fröschle/*Locher*, § 68a FGG Rz. 7.
6 Jansen/*Sonnenfeld*, § 68a Rz. 21; *Knittel*, § 68a FGG Rz. 15.

24 Die Pflicht zur Anhörung der Vertrauensperson entfällt ansonsten, wenn sie das Verfahren **erheblich verzögern** würde.[1] Das soll verhindern, dass der Betroffene durch Benennung von kaum oder nur schwer erreichbaren Vertrauenspersonen eine Endentscheidung verhindert.[2] Es erlaubt dem Gericht auch, von der Anhörung abzusehen, wenn der Betroffene die Vertrauensperson ohne zureichenden Grund verspätet benennt. Eine Verzögerung wird das Gericht nicht feststellen können, wenn die Sache nicht ohne die verlangte Anhörung **entscheidungsreif** ist.[3] Ansonsten aber kommt es auf den Zeitpunkt des Verlangens nicht an. Es ist stets zu beachten, solange die Endentscheidung nicht erlassen wurde.

25 Unabhängig von Abs. 3 kann der Betroffene die Anhörung von Personen **zu Beweiszwecken** beantragen. Das Gericht hat dann im Rahmen der Amtsermittlungspflicht des § 26 nach pflichtgemäßem Ermessen zu entscheiden, ob die Anhörung erforderlich ist. Ist sie es, ist sie auch dann durchzuführen, wenn dies das Verfahren erheblich verzögert. Ggf. muss dann der Erlass einer einstweiligen Anordnung geprüft werden. Bleibt unklar, ob der Betroffene eine Person als Vertrauensperson oder als Beweisperson benennt, sollte das Gericht im Zweifel davon ausgehen, dass er beides beabsichtigt.

26 Abs. 3 schreibt die **Form der Anhörung** nicht vor. Es genügt daher, wenn das Gericht der benannten Person die Gelegenheit zu einer schriftlichen Stellungnahme einräumt. §§ 33, 34 finden keine Anwendung, da sie nur für Beteiligte gelten. Hält das Gericht die Anhörung der vom Betroffenen benannten Person zur Sachaufklärung für erforderlich, kann es eine Aussage, zumindest die Anwesenheit, ggf. durch förmliche Zeugenvernehmung (§ 30 FamFG iVm. §§ 373 ff. ZPO) erzwingen.[4]

IV. Anhörung des gesetzlichen Vertreters (Absatz 4)

27 Ist der Betroffene noch **minderjährig**, ist nach Abs. 4 zudem sein gesetzlicher Vertreter anzuhören. Das sind die Eltern, sofern ihnen die elterliche Sorge zusteht, sonst der Vormund. Ein Pfleger ist anzuhören, wenn sein Wirkungskreis sich mit dem voraussichtlichen Aufgabenkreis des Betreuers bzw. dem Kreis der einwilligungsbedürftigen Angelegenheiten überschneidet.[5]

28 Eltern, die ihre eigene Ernennung zum Betreuer anstreben, sind in eigenen Rechten (aus Art. 6 Abs. 2 Satz 1 GG) betroffen und daher als Beteiligte zum Verfahren hinzuziehen (s. § 274 Rz. 14). In diesem Fall ergibt sich die Pflicht zu ihrer Anhörung schon aus Abs. 1.

29 Da § 1908a BGB die gesetzliche Vertretung nicht einschränkt, ist die Anhörung des gesetzlichen Vertreters eines minderjährigen Betroffenen zugleich zur **Gewährung rechtlichen Gehörs** an den Minderjährigen erforderlich.[6] Die Anhörung auch des Minderjährigen selbst folgt § 278.

1 „Erheblich" bedeutet: um mehrere Wochen, HK-BUR/*Bauer*, § 68a FGG Rz. 59; Fröschle/*Locher*, § 68a FGG Rz. 7; Jurgeleit/*Bučić*, § 68a FGG Rz. 9.
2 BT-Drucks. 11/4528, S. 174.
3 Fröschle/*Locher*, § 68a FGG Rz. 7; Jurgeleit/*Bučić*, § 68a FGG Rz. 9.
4 *Bassenge*/Roth, § 68a FGG Rz. 4.
5 Jansen/*Sonnenfeld*, § 68a Rz. 12 für den Aufenthaltsbestimmungspfleger, die dort genannte Ansicht, der Inhaber nur der Personensorge sei auch zu hören, wenn lediglich eine Betreuer für Vermögensangelegenheiten bestellt wird, geht mE zu weit.
6 HK-BUR/*Bauer*, § 68a FGG Rz. 43; Jansen/*Sonnenfeld*, § 68a Rz. 11; Fröschle/*Locher*, § 68a FGG Rz. 6; Jurgeleit/*Bučić*, § 68a FGG Rz. 1.

Der gesetzliche Vertreter des Betroffenen ist beweisrechtlich **als Beteiligter** zu behandeln (§ 455 ZPO). Für die Anhörung nach Abs. 4 gelten daher die §§ 33, 34. Eine Zeugenvernehmung kommt nicht in Betracht, ggf. aber die förmliche Beteiligtenvernehmung nach § 30 FamFG iVm. §§ 445 ff. ZPO. 30

C. Rechtshilfe

Die Durchführung von Verfahrenshandlungen nach § 279 im Wege der Rechtshilfe ist ohne die für die persönliche Anhörung des Betroffenen geltenden Einschränkungen **zulässig**. Hängt die Entscheidung allerdings entscheidend von der Glaubwürdigkeit der Angaben einer anzuhörenden Person ab, kann aus § 26 folgen, dass die Vernehmung vom erkennenden Gericht durchzuführen ist. 31

§ 280
Einholung eines Gutachtens

(1) Vor der Bestellung eines Betreuers oder der Anordnung eines Einwilligungsvorbehalts hat eine förmliche Beweisaufnahme durch Einholung eines Gutachtens über die Notwendigkeit der Maßnahme stattzufinden. Der Sachverständige soll Arzt für Psychiatrie oder Arzt mit Erfahrung auf dem Gebiet der Psychiatrie sein.

(2) Der Sachverständige hat den Betroffenen vor der Erstattung des Gutachtens persönlich zu untersuchen oder zu befragen.

(3) Das Gutachten hat sich auf folgende Bereiche zu erstrecken:

1. das Krankheitsbild einschließlich der Krankheitsentwicklung,

2. die durchgeführten Untersuchungen und die diesen zugrunde gelegten Forschungserkenntnisse,

3. den körperlichen und psychiatrischen Zustand des Betroffenen,

4. den Umfang des Aufgabenkreises und

5. die voraussichtliche Dauer der Maßnahme.

A. Allgemeines

I. Entstehungsgeschichte

Die §§ 280 bis 284 enthalten den Regelungsgehalt des alten § 68b FGG. Sie regeln die Einholung eines **ärztlichen Sachverständigengutachtens** in Betreuungssachen und machen sie in bestimmten Fällen zur Pflicht. Dies soll verhindern, dass Gerichte das Vorliegen der Voraussetzungen des § 1896 Abs. 1 BGB bzw. § 1903 Abs. 1 BGB allzu bereitwillig und ohne nähere Prüfung annehmen. Vor Inkrafttreten des BtG war ein Sachverständigengutachten zwar im Entmündigungsverfahren zwingend vorgeschrieben (§ 655 ZPO), nicht aber vor der Anordnung einer Gebrechlichkeitspflegschaft. 1

Der Zwang zur Einholung eines Gutachtens ging von Anfang an zu weit. Es ist ureigene Aufgabe des Gerichts, zu beurteilen, der Einholung welcher Beweise es zur 2 hinreichenden Aufklärung der gesetzlichen Tatbestandsmerkmale der anzuwendenden Norm bedarf. Ob er dazu eines Gutachtens bedarf, sollte der Richter im Rahmen pflichtgemäßen Ermessens selbst entscheiden können.[1] Zwingende Beweisvorschriften sind dem deutschen Recht sonst fast völlig fremd und das mit gutem Grund. § 280 kann den Richter dazu zwingen, eine Begutachtung des Betroffenen gegen dessen Widerstand womöglich durch geschlossene Unterbringung (§ 284) zu erzwingen, obwohl er das Gutachten zur Sachaufklärung überhaupt nicht für erforderlich hält, weil – zB – die psychische Krankheit durch Vernehmung des behandelnden Arztes als sachverständigen Zeugen schon zur Überzeugung des Gerichts nachgewiesen ist.

3 Der Gesetzgeber hat denn auch sowohl mit dem 1.BtÄndG mit Wirkung v. 1.1.1999 als auch mit dem 2. BtÄndG mit Wirkung v. 1.7.2005 die Pflicht zur Einholung eines Gutachtens beschränkt: Am 1.1.1999 wurde der Anwendungsbereich durch Einfügung von § 69i Abs. 1 Satz 2 FGG aF (jetzt § 293 Abs. 2 FamFG) eingeschränkt. Am 1.7.2005 wurde mit § 68b Abs. 1a FGG aF (jetzt § 282 FamFG) eine zusätzliche Ausnahme eingeführt, nachdem sowohl dort[2] als auch in den Beratungen zum FGG-RG[3] eine sehr viel weiter gehende Ausnahme diskutiert worden war. Das Grundproblem ist jedoch nicht beseitigt, was sich vor allem dadurch zeigt, dass der Betroffene es in der Hand hat, ein reguläres Verfahren ganz unmöglich zu machen, braucht er doch nur die Beantwortung jeglicher Fragen des Sachverständigen zu verweigern, damit ein der Vorschrift des § 280 Abs. 2 genügendes Gutachten nicht zu Stande kommen kann.

4 § 280 enthält den Regelungsgehalt des bisherigen § 68b Abs. 1 Satz 1, 4 und 5 und Abs. 2 FGG aF. § 280 RegE stimmte auch inhaltlich noch weitgehend mit der Vorgängernorm überein. Erst im Rechtsausschuss ist Abs. 1 Satz 2 hinzugefügt worden, der einen Literaturstreit über die erforderliche Qualifikation des Sachverständigen beendet, und sind die inhaltlichen Anforderungen an das Gutachten in einem eigenen Abs. 3 umfassender geregelt worden.

II. Anwendungsbereich

5 § 280 gilt **unmittelbar** für den Fall der **Bestellung eines Betreuers** und den der **Anordnung eines Einwilligungsvorbehalts**. Entgegen dem Wortlaut ist er nur auf Betreuerbestellungen anzuwenden, die die Anordnung der Betreuung mitbetreffen.[4] Die Neubestellung eines Betreuers nach Tod oder Entlassung des Vorgängers und die Bestellung eines weiteren Betreuers bei unverändertem Aufgabenkreis wirft nämlich keine der Fragen auf, zu denen das Gutachten nach Abs. 3 Stellung nehmen soll. Es ist daher im Umkehrschluss zu § 293 Abs. 3 bzw. § 296 Abs. 2 davon auszugehen, dass vor solchen Betreuerbestellungen kein Gutachten erforderlich ist (s. auch § 293 Rz. 28 und § 296 Rz. 23).

---

1 Kritisch dazu auch *Vennemann*, BtPrax 1994, 93; Jansen/*Sonnenfeld*, § 68b Rz. 4.

2 Die Bund-Länder-Arbeitsgruppe zur Vorbereitung des 2. BtÄndG erwog zunächst, die Begutachtungspflicht bei Altersdemenz nicht mehr greifen zu lassen, rückte hiervon aber in ihrem Schlussbericht wieder ab. Der Gesetzgeber selbst wollte dann die Verwertung von Gutachten aus anderen Verfahren allgemein zulassen, wovon am Ende nur der jetzige § 282 übrig blieb, s. zu all dem ausführlich *Fröschle*, Betreuungsrecht 2005 Rz. 991 ff.

3 Hier hatte der BR vorgeschlagen, von einer Begutachtung abzusehen, wenn die Krankheit oder Behinderung angeboren und unveränderlich und dies durch zwei ärztliche Zeugnisse belegt ist, s. BT-Drucks. 16/6303, S. 386.

4 Vgl. BayObLG v. 14.6.1995 – 3 Z BR 51/95, BtPrax 1995, 182 zur Unanwendbarkeit von § 68b Abs. 3 FGG beim Betreuerwechsel.

Wie bei §§ 278, 279 kommt es auch hier nicht auf den Verfahrensgegenstand, sondern ausschließlich auf das **Verfahrensergebnis** an. Will das Gericht die Betreuerbestellung oder die Anordnung eines Einwilligungsvorbehalts ablehnen, darf es dies grundsätzlich ohne Gutachten tun, selbst wenn es seine Entscheidung auf das Fehlen einer psychischen Krankheit stützt. Die Notwendigkeit, ein förmliches Gutachten einzuholen, kann sich dann nur aus §§ 26, 30 ergeben.[1] 6

§ 280 gilt ferner **kraft Verweisung** – jeweils mit Modifikationen – für 7

- die **Erweiterung** der Betreuung oder des Einwilligungsvorbehalts (§ 293 Abs. 1),
- die **Verlängerung** der Betreuung oder des Einwilligungsvorbehalts (§ 295 Abs. 1).

Eigenständige Vorschriften zur Gutachteneinholung gelten für 7a

- die Genehmigung der Sterilisation (§ 297 Abs. 6) und
- die Genehmigung medizinischer Entscheidungen (§ 298 Abs. 4).

B. Inhalt der Vorschrift

I. Förmlicher Sachverständigenbeweis (Abs. 1 Satz 1)

§ 280 Abs. 1 Satz 1 konkretisiert § 30 Abs. 2: Bevor es (erstmals) einen Betreuer bestellt oder einen Einwilligungsvorbehalt anordnet, hat das Gericht ein Sachverständigengutachten einzuholen, und zwar als förmliche Beweisaufnahme nach den Vorschriften der ZPO über den **Sachverständigenbeweis** (§§ 402 ff. ZPO).[2] Das ist schon zum alten Recht so gesehen worden[3] und wird nunmehr im Gesetz klargestellt.[4] 8

In welcher **Form** das Gericht den Sachverständigenbeweis erhebt, liegt innerhalb der von der ZPO eröffneten Möglichkeiten in seinem pflichtgemäßen Ermessen.[5] Es kann daher nach der Zweckmäßigkeit im Einzelfall entscheiden, ob es 9

- ein schriftliches Gutachten (§ 411 ZPO) einholt oder
- den Sachverständigen in einem Termin iSv. § 32 vernimmt.

Auch die Vernehmung des Sachverständigen durch ein anderes Gericht im Wege der Rechtshilfe ist uneingeschränkt zulässig.

Wird der Sachverständige vernommen, muss das Gericht den Grundsatz der **Beweisöffentlichkeit** wahren. Alle Beteiligten, insbesondere der Betroffene[6] und sein Verfahrenspfleger, sind zum Termin zu laden und müssen Gelegenheit haben, den Sachver- 10

---

1 Jürgens/*Mertens*, § 68b FGG Rz. 1.

2 Die an die Besonderheiten des FG-Verfahrens anzupassen sind, BT-Drucks. 16/6308, S. 268.

3 HK-BUR/*Rink*, § 68b FGG Rz. 19; *Knittel*, § 68b FGG Rz. 12; *Bienwald*/Sonnenfeld/Hoffmann, § 68b FGG Rz. 15; Fröschle/*Locher*, § 68b FGG Rz. 5; Jurgeleit/*Bučić*, § 68b FGG Rz. 6.

4 BT-Drucks. 16/6308, S. 268.

5 OLG Brandenburg v. 31.3.2000 – 9 AR 9/00, NJW-FER 2000, 322; *Knittel*, § 68b FGG Rz. 11b; BtKomm/*Roth*, A Rz. 152; Jurgeleit/*Bučić*, § 68b FGG Rz. 15; *Bassenge*/Roth, § 68b FGG Rz. 8; aA (schriftliches Gutachten die Regel): HK-BUR/*Rink*, § 68b FGG Rz. 43 ff. (unter Hinweis auf eine Reihe von seiner Ansicht nach möglichen Ausnahmefällen); Jansen/*Sonnenfeld*, § 68b Rz. 22; *Bienwald*/Sonnenfeld/Hoffmann, § 68b FGG Rz. 42; Jürgens/*Mertens*, § 68b FGG Rz. 5; Fröschle/*Locher*, § 68b FGG Rz. 9. Auch BT-Drucks. 16/6308, S. 268 geht davon aus, dass die „mündliche Erörterung" des Gutachtens für das Betreuungsverfahren „nicht ohne weiteres" passe, ohne dies freilich irgendwie zu begründen.

6 OLG Schleswig v. 18.7.2007 – 2 W 93/07, BtPrax 2008, 43.

ständigen zu befragen und zu seinen Ausführungen Stellung zu nehmen. Der Betroffene ist gem. § 34 Abs. 3 zu belehren. Das **Terminsprotokoll** bzw. der Vermerk über den Termin muss das Gutachten mit dem vollen, nach Abs. 3 vorgeschriebenen Inhalt wiedergeben.[1] Es dürfte zweckmäßig sein, es den Sachverständigen selbst diktieren zu lassen, damit Missverständnisse vermieden werden.

11 Wird ein **schriftliches Gutachten** eingeholt, ist es allen Beteiligten vollständig mit Gelegenheit zur Stellungnahme zuzuleiten.[2] Ist davon auszugehen, dass der Betroffene es nicht verstehen wird, ist er nach § 34 Abs. 1 Nr. 1 zu einem **Anhörungstermin** über das Gutachten zu laden, wobei dies mit der Anhörung des Betroffenen zur Sache selbst verbunden werden kann.

12 Ein im betreuungsrechtlichen Schrifttum bisher völlig unbeachtet gebliebener Umstand ist, dass seit dem 2. JuMoG nach § 411a ZPO die schriftliche Begutachtung durch die **Verwertung eines Gutachtens** ersetzt werden kann, das von einem Gericht oder einer Staatsanwaltschaft **in einem anderen Verfahren** eingeholt worden ist. Da auch das förmlicher Sachverständigenbeweis nach den Vorschriften der ZPO bleibt, ist es grundsätzlich auch im Betreuungsverfahren möglich. Das andere Gutachten wird zwar kaum je alle der in § 280 Abs. 3 genannten Fragen beantworten, doch kann das ggf. durch eine Ergänzung des Gutachtens nach §§ 411 Abs. 3, 412 Abs. 1 ZPO bereinigt werden.[3] Nicht ausreichend sind – vom Fall des § 282 abgesehen – aber Privatgutachten und von Verwaltungsbehörden verfasste oder in Auftrag gegebene gutachtliche Stellungnahmen.[4]

13 Stets ist darauf zu achten, dass der Betroffene **ausreichend Zeit** hat, um sich zum Gutachten zu äußern. Das kann er nur, wenn ihm ein schriftliches Gutachten rechtzeitig vor dem Anhörungstermin übermittelt worden ist. Bei einem mündlich erteilten Gutachten kann es notwendig sein, ihm eine Frist zur schriftsätzlichen Stellungnahme – nach Zuleitung des Protokolls – einzuräumen, wenn er sich ad hoc zu dem Gutachten nicht äußern kann oder will.[5]

14 Von der Zuleitung des Gutachtens an den Betroffenen kann **ausnahmsweise abgesehen** werden, wenn und soweit nach der Aussage des Sachverständigen die Gefahr besteht, dass er hierdurch (s. auch § 288 Rz. 7)[6] einen gesundheitlichen Schaden erleidet.[7] Dann ist das Gutachten aber in jedem Fall an Stelle des Betroffenen einem anderen Verfah-

---

1 KG v. 28.11.2006 – 1 W 446/05, BtPrax 2007, 86; OLG Brandenburg v. 8.5.2000 – 9 AR 8/00, FamRZ 2001, 38.

2 OLG Düsseldorf v. 25.3.1996 – 25 Wx 58/95, BtPrax 1996, 188; BayObLG v. 22.7.1993 – 3 Z BR 83/93, BtPrax 1993, 208.

3 Im Ergebnis – ohne Bezugnahme auf § 411a ZPO – ebenso OLG Rostock v. 15.8.2006 – 3 W 58/06, FamRZ 2007, 1767: Ein Jahr altes Gutachten aus früherem Verfahren reicht, wenn mehrere aktuelle ärztliche Stellungnahmen zusätzlich vorliegen.

4 KG v. 27.6.2006 – 1 W 177/06, FGPrax 2006, 260 (Stellungnahme des sozialpsychiatrischen Dienstes).

5 HK-BUR/*Rink*, § 68b FGG Rz. 44.

6 Nach KG v. 28.3.2006 – 1 W 71/06, FGPrax 2006, 159, soll auch ein mittelbarer Schaden genügen, der dadurch eintritt, dass der paranoide Betroffene auf Grund der Kenntnis des Gutachtens den Kontakt zu seiner letzten Vertrauensperson abbricht; dort hat das freilich keine Rolle mehr gespielt, weil der Schaden zurzeit der Entscheidung schon eingetreten war, das Gutachten daher in jedem Fall hätte bekannt gegeben werden müssen; für die Nichtbekanntgabe der Entscheidungsgründe soll nach OLG Frankfurt v. 20.5.2003 – 20 W 161/03, BtPrax 2003, 222 eine nur mittelbare Gefährdung dagegen nicht ausreichen.

7 OLG München v. 22.9.2005 – 33 Wx 159/05, BtPrax 2005, 231.

rensbeteiligten, der seine Interessen vertritt, zuzuleiten. Aus dem gleichen Grund kann davon abgesehen werden, den Betroffenen zum Termin zur mündlichen Erstattung oder Erörterung des Gutachtens zu laden.[1] Notfalls muss das Gericht nunmehr einen Verfahrenspfleger bestellen und ihn statt des Betroffenen entsprechend beteiligen (s. § 276 Rz. 9).

Äußert ein Beteiligter Bedenken gegen das schriftliche Gutachten, die es nicht selbst ausräumen kann, hat das Gericht im Rahmen seiner Amtsaufklärungspflicht (§ 26) 15

- einen Termin zur **mündlichen Erörterung** des Gutachtens durch den Sachverständigen zu bestimmen (§ 411 Abs. 3 ZPO) oder
- eine **ergänzende Begutachtung** durch denselben oder einen anderen Sachverständigen anzuordnen (§ 412 Abs. 1 ZPO).

II. Person des Sachverständigen (Abs. 1 Satz 2)

Beweisthema des Gutachtens ist die „Notwendigkeit" der Betreuung bzw. des Einwilligungsvorbehalts, damit das Vorliegen der Voraussetzungen des § 1896 Abs. 1 Satz 1 BGB bzw. des § 1903 Abs. 1 Satz 1 BGB. Beide Vorschriften enthalten jedoch mehrere Voraussetzungen, nämlich jeweils die des Vorliegens einer Krankheit oder Behinderung und die der Auswirkungen dieser Krankheit oder Behinderung auf die sozialen Fähigkeiten des Betroffenen. Es ist zum alten Recht streitig gewesen, ob dies zwingend von einem ärztlichen Sachverständigen begutachtet werden musste[2] oder ob nicht die Einholung eines **Sozialgutachtens** den Anforderungen an § 68b Abs. 1 Satz 1 FGG ebenfalls gerecht werden konnte.[3] Der Gesetzgeber hat nun – mit der bisherigen Rspr. – den Streit dahin geklärt, dass das zwingende förmliche Gutachten des § 280 ein **ärztliches Gutachten** sein muss. Ob dazu noch weitere Gutachten – wie etwa ein Sozialgutachten – erforderlich sind, hat das Gericht allein nach § 26 zu entscheiden.[4] 16

Die ZPO lässt es nicht zu, den Gutachtensauftrag einer **Institution** zu erteilen, Sachverständiger kann nur eine natürliche Person sein.[5] 17

Der Gutachter soll **Arzt für Psychiatrie** sein oder zumindest Erfahrungen auf dem Gebiet der Psychiatrie besitzen. Die abgeschlossene Facharztausbildung verlangt das Gesetz nicht, doch wird man – wie früher[6] – verlangen müssen, dass bei einem Assistenzarzt oder Arzt in der Ausbildung zum Facharzt die Fachkenntnisse besonders belegt sein müssen. **Erfahrungen auf dem Gebiet der Psychiatrie** müssen, falls sie nicht (zB wegen langjähriger Tätigkeit in einer psychiatrischen Klinik) evident sind, dokumentiert werden, sich also aus dem schriftlichen Gutachten bzw. den Aussagen des Gutachters ergeben. 18

---

1 OLG Schleswig v. 18.7.2007 – 2 W 93/07, BtPrax 2008, 43.

2 So die st. Rspr., zB BayObLG v. 28.3.2001 – 3 Z BR 71/01, BtPrax 2001, 166; ferner *Knittel*, § 68b FGG Rz. 12; Fröschle/*Locher*, § 68b FGG Rz. 2.

3 So *Oberloskamp*, BtPrax 1998, 18; Jansen/*Sonnenfeld*, § 68b Rz. 14; für bestimmte Fälle auch HK-BUR/*Rink*, § 68b FGG Rz. 98; in Verlängerungs- oder Erweiterungsverfahren wollte das Jurgeleit/*Bučić*, § 68b FGG Rz. 5 zulassen; wieder anders *Bienwald*/Sonnenfeld/Hoffmann, § 68b FGG Rz. 15; Jürgens/*Mertens*, § 68b FGG Rz. 4: bei Betreuerbestellung wegen einer Behinderung könne ein Pädagoge oder Psychologe zu bestellen sein.

4 Fröschle/*Locher*, § 68b Rz. 2.

5 OLG Düsseldorf v. 30.11.1988 – 3 WF 220/88, FamRZ 1989, 1101; Zöller/*Greger*, § 402 ZPO Rz. 6; HK-BUR/*Rink*, § 68b FGG Rz. 22; Jansen/*Sonnenfeld*, § 68b Rz. 18.

6 BayObLG v. 8.10.1992 – 3 Z BR 105/92, BtPrax 1993, 30.

19 Das „Soll" in Abs. 1 Satz 2 ist dahin zu lesen, dass auch **ein anderer Arzt** Gutachter sein kann, wenn er die zur Beurteilung des konkreten Falles erforderliche Sachkunde unzweifelhaft besitzt. Das wird man – wie schon nach früherem Recht – von den bayerischen Landgerichtsärzten[1] annehmen können. Außerdem passt Abs. 1 Satz 2 von vorneherein nicht, wenn die Betreuung auf Grund einer **Behinderung** angeordnet werden soll.[2] Es ist dann stattdessen ein Arzt zu beauftragen, der Erfahrung mit der entsprechenden Art von Behinderungen besitzt,[3] zB bei geistigen bzw. seelischen Behinderungen ein **Neurologe.**[4] Die Beauftragung eines Gutachters, der nicht die Voraussetzungen von Abs. 1 Satz 2 erfüllt, ist als Ausnahme in der Endentscheidung besonders **zu begründen**.

20 Der Gutachter kann von jedem Beteiligten unter den in §§ 406 Abs. 1, 41, 42 ZPO genannten Voraussetzungen **abgelehnt** werden[5] und zwar – wie aus § 412 Abs. 2 ZPO folgt – auch noch nach Erstattung des Gutachtens. Es gilt das dafür in § 406 Abs. 2 bis 5 ZPO beschriebene Verfahren.

21 **Vorbefassung** mit dem Patienten ist – anders als nach § 329 Abs. 2 Satz 2 – kein Ausschluss- oder Ablehnungsgrund. Allerdings ist zu beachten, dass der Arzt, der den Betroffenen zu anderen Zwecken als zu seiner Begutachtung untersucht hat, wegen der dabei getroffenen Feststellungen der ärztlichen **Schweigepflicht** unterliegt und sie nur mit einer wirksamen[6] Einwilligung des Patienten oder dessen gesetzlichen Vertreters für das Gutachten verwerten darf.[7]

III. Untersuchung durch den Gutachter (Absatz 2)

22 Der Sachverständige muss den Betroffenen **in eigener Person** zeitnah[8] eingehend[9] untersucht und befragt haben, und zwar zum Zwecke der Gutachtenserstattung, nicht irgendwann vorher.[10] Er darf sein Gutachten weder allein auf die Aktenlage noch auf Untersuchungen und Befragungen durch Dritte stützen.[11] Der Betroffene ist – wohl

1 So zum alten Recht: BayObLG – 3 Z BR 343/96, NJW-RR 1997, 1501.

2 So Jürgens/*Mertens* § 68b FGG Rz. 4 zur alten Rspr., wobei aber die dort vorgeschlagene Bestellung eines Pädagogen oder Psychologen nun wohl nicht mehr in Frage kommen kann.

3 So auch BT-Drucks. 16/9733, S. 371, wobei der Gesetzgeber es allerdings versäumt hat, das irgendwie im Gesetzestext selbst zum Ausdruck zu bringen; für Unanwendbarkeit der alten Rspr. auf die Betreuung wegen körperlicher Behinderung: *Bassenge*/Roth, § 68b FGG Rz. 6.

4 Früher hat das der Rspr. auch für die Feststellung einer psychischen Krankheit genügt, vgl. BayObLG – 3 Z BR 343/96, NJW-RR 1997, 1501; BayObLG v. 8.10.1992 – 3 Z BR 105/92, BtPrax 1993, 30, doch dürfte dem nun der Boden entzogen sein.

5 OLG München v. 12.12.2005 – 33 Wx 144/05, FamRZ 2006, 557.

6 Daher keine Bestellung des behandelnden Arztes beim einwilligungsunfähigen Betroffenen: Jansen/*Sonnenfeld*, § 68b Rz. 18; *Knittel*, § 68b FGG Rz. 14.

7 KG v. 28.11.2006 – 1 W 279/06, BtPrax 2007, 137; die Einwilligung des Verfahrenspflegers genügt nicht, *Knittel*, § 68b FGG Rz. 14; BtKomm/*Roth*, A Rz. 154.

8 OLG Brandenburg v. 8.5.2000 – 9 Wx 7/00, FamRZ 2001, 40; BayObLG v. 23.4.1999 – 3 Z BR 73/99, BtPrax 1999, 195.

9 Eine Kurzexploration am Fenster genügt nicht: OLG Köln v. 23.2.2000 – 16 Wx 33/00, FamRZ 2001, 310.

10 BayObLG v. 23.4.1999 – 3 Z BR 73/99, BtPrax 1999, 195; OLG Köln v. 16.9.1998 – 16 Wx 121/98, NJW-FER 1999, 90.

11 Hilfskräfte kann er aber darin einbeziehen, wenn er für deren Tätigkeit die Verantwortung übernimmt: OLG Brandenburg v. 8.5.2000 – 9 Wx 7/00, FamRZ 2001, 40.

anders als früher[1] – nach § 27 Abs. 1 **zur Mitwirkung verpflichtet.**[2] Er kann mit den in §§ 283, 284 geregelten Mitteln dazu gezwungen werden, die Untersuchung passiv zu dulden.[3] Ist das ausnahmsweise unverhältnismäßig (s. dazu § 283 Rz. 10) oder ist auch auf diesem Wege eine der Vorschrift entsprechende Begutachtung unmöglich (zB weil der Betroffene sich nicht befragen lässt[4] oder schon auf Grund seines Zustands gar nicht befragt werden kann), genügt ausnahmsweise auch ein Gutachten, das sich auf **die sonst zugänglichen Befunde** stützt.

Abs. 2 schließt die zusätzliche Befragung oder Untersuchung durch andere Personen nicht aus. Vor allem, wo die Kompetenz des Gutachters nicht genügt, kann das Gericht ihm die Einholung eines **Untergutachtens** (zB durch einen Psychologen) gestatten,[5] wenn er andernfalls die gestellten Beweisfragen nicht ausreichend beantworten zu können angibt. Es ist jedoch nicht zulässig, den gesamten Auftrag „weiterzureichen", zB indem der Chefarzt einer Klinik die Begutachtung ganz einem seiner Oberärzte überträgt. In jedem Fall muss in dem Gutachten klargestellt werden, welche Feststellungen der Sachverständige selbst getroffen hat und welche er durch Dritte hat treffen lassen (§ 407a Abs. 2 ZPO). 23

Das Recht, sich im Verfahren eines **Beistands** zu bedienen (§ 12), gilt auch für die Begutachtung. Der Betroffene kann darauf bestehen, in Anwesenheit seines Beistands untersucht zu werden.[6] 24

IV. Inhalt des Gutachtens (Absatz 3)

Die Begutachtung soll dazu dienen, die **Notwendigkeit** der Betreuung oder des Einwilligungsvorbehalts festzustellen (Abs. 1 Satz 1). Sie muss sich daher auf alle Voraussetzungen der §§ 1896 Abs. 1 Satz 1, 1903 Abs. 1 Satz 1 BGB beziehen, zu denen ein Arzt überhaupt fachkundige Ausführungen machen kann. Fragen, die nicht zu den medizinischen gehören, hat das Gericht dagegen – ggf. nach Durchführung weiterer Beweisaufnahmen – selbst zu beantworten. Abs. 3 regelt daher den **Mindestinhalt des Gutachtens.**[7] 25

Lehnt der Betroffene die Betreuerbestellung ab, muss sich das Gutachten auch zu den Voraussetzungen des § 1896 Abs. 1a BGB verhalten, also darlegen, inwieweit der Betroffene zur **freien Willensbestimmung** zu dieser Frage fähig ist.[8] Dagegen spielt die allgemeine **Geschäftsfähigkeit** iSv. § 104 BGB regelmäßig keine Rolle.[9] 26

1 Vgl. Jansen/*Sonnenfeld*, § 68b Rz. 49; Jurgeleit/*Bučić*, § 68b FGG Rz. 48.

2 Das schließt es mE aus, zwischen einer Gutachtensanordnung, die den Betroffenen bindet, und einem schlichten Gutachtensauftrag, der ihn zu nichts verpflichten soll, noch zu unterscheiden; letzterer soll laut BGH v. 23.1.2008 – XII ZB 209/06, BtPrax 2008, 120 stets unanfechtbar sein. Die – dort wohl letztlich vermisste – Außenwirkung ergibt sich nun aus § 27 Abs. 1.

3 Körperliche Eingriffe braucht er nicht zu dulden: HK-BUR/*Rink*, § 68b FGG Rz. 67; *Knittel*, § 68b FGG Rz. 31; Jurgeleit/*Bučić*, § 68b FGG Rz. 12; Jürgens/*Mertens*, § 68b FGG Rz. 8; *Bassenge*/Roth, § 68b FGG Rz. 10.

4 OLG München v. 2.6.2005 – 33 Wx 47/05, BtPrax 2005, 154.

5 *Bassenge*/Roth, § 68b FGG Rz. 9.

6 OLG Zweibrücken v. 2.3.2000, FGPrax 2000, 109.

7 Und zwar nach erklärter Absicht des Gesetzgebers nicht im Sinne neuer Anforderungen, sondern nur im Sinne der vorher schon herrschenden Rspr., vgl. BT-Drucks. 16/9733, S. 371 f.

8 OLG Hamm v. 13.7.1999 – 15 W 145/99, BtPrax 1999, 238; Jansen/*Sonnenfeld*, § 68b FGG Rz. 11.

9 Jürgens/*Mertens*, § 68b FGG Rz. 7; soweit *Knittel*, § 68b FGG Rz. 9 den Gutachter auch hierzu regelmäßig befragen will, um dem Betreuer später den Beweis zu erleichtern, ist das zwar

1. Diagnose und Prognose (Abs. 3 Nr. 1)

27 Das Gutachten soll zum Krankheitsbild und der – bisherigen wie weiteren – Krankheitsentwicklung Stellung nehmen (Abs. 3 Nr. 1), also zunächst eine ärztliche **Diagnose** und **Prognose** enthalten. Das ist nur wörtlich zu nehmen, wenn die Betreuung oder der Einwilligungsvorbehalt auf Grund einer psychischen Krankheit angeordnet werden soll. Andernfalls hat der Arzt stattdessen Art und Ausmaß der **Behinderung** des Betroffenen und Rehabilitationsmöglichkeiten darzulegen.

2. Erkenntnisgrundlagen (Abs. 3 Nr. 2)

28 Abs. 3 Nr. 2 ordnet eine Selbstverständlichkeit[1] an, nämlich dass das Gutachten die **Erkenntnisgrundlagen**, auf denen es beruht, nennen muss. Dies gilt für alle Sachverständigengutachten. Auch Sachverständigenbeweise muss das Gericht würdigen, dh. sie einer kritischen Prüfung auf ihren wahrscheinlichen Wahrheitsgehalt unterziehen. Hierzu muss es wissen, auf welchen tatsächlichen Feststellungen das Gutachten beruht und welche wissenschaftlichen Erkenntnisse der Sachverständige auf diese Feststellungen angewendet hat.

3. Angabe des Krankheitszustands (Abs. 3 Nr. 3)

29 Wenig klar ist, was Abs. 3 Nr. 3 meint. Die **erhobenen Befunde** muss der Gutachter schon nach Abs. 3 Nr. 2 mitteilen, die Diagnose nach Abs. 3 Nr. 1. Was aber – außer den Befunden und der Diagnose – noch unter den Begriff des „psychiatrischen Zustands" fallen soll, ist nicht klar, womöglich nur die genaue Angabe des derzeitigen Krankheitszustands innerhalb des – ebenfalls nach Abs. 3 Nr. 1 schon insgesamt darzustellenden – Krankheitsverlaufs. Inwieweit schließlich der „körperliche Zustand" des Betroffenen für die Betreuungsentscheidung überhaupt generell von Bedeutung sein soll, ist noch weniger klar. Soll die Untersuchung nicht völlig unverhältnismäßig sein, darf das Gericht **körperliche Befunde** überhaupt nur erheben lassen, soweit sie für die Feststellung der Voraussetzungen von § 1896 Abs. 1 Satz 1 BGB bzw. § 1903 Abs. 1 Satz 1 BGB von Bedeutung sind. Kommt von vorneherein nur eine Vermögensbetreuung in Frage, ist der körperliche Gesundheitszustand des Betroffenen normalerweise irrelevant. Vermutlich ist Abs. 3 Nr. 3 daher nur dahin auszulegen, dass der Sachverständige die von ihm **festgestellten** körperlichen Befunde in dem Gutachten mitteilen muss, was aber wiederum schon aus Abs. 3 Nr. 2 folgen dürfte.

4. Umfang und Dauer der Betreuung (Abs. 3 Nr. 4 und 5)

30 Soweit das Gutachten zum notwendigen **Umfang** und zur notwendigen **Dauer** der Betreuung bzw. des Einwilligungsvorbehalts Stellung nehmen soll (Abs. 3 Nr. 4 und 5), ist das so zu lesen, dass dies für die **medizinischen Aspekte** gilt, die für diese Fragen von Bedeutung sind. Ein Arzt ist in der Frage der sozialen Auswirkungen einer Krankheit oder Behinderung nur eingeschränkt fachkundig. Das Gutachten muss daher nur

---

praktisch gedacht, doch macht es die Frage deshalb im Verfahren nicht aufklärungsbedürftig. Auch im Amtsermittlungsverfahren dürfen sich die Ermittlungen aber eben nur auf die aufklärungsbedürftigen Tatsachen erstrecken.

1 Alles andere wäre kein Gutachten, sondern nur eine ärztliche Stellungnahme: BayObLG v. 28.3.2001 – 3 Z BR 71/01, BtPrax 2001, 166; OLG Brandenburg v. 31.3.2000 – 9 AR 9/00, NJW-FER 2000, 322.

mitteilen, welche Bereiche des Denkens oder der Willensbildung von der Krankheit beeinflusst werden und inwiefern und in welchem Zeitraum eine Besserung des Krankheitszustands erwartet werden kann.[1] Die Schlussfolgerung hieraus, wie lange und wie weitgehend die Maßnahme nach §§ 1896 Abs. 1 Satz 1, 1903 Abs. 1 Satz 1 BGB zu sein hat, ist vom Gericht zu ziehen, ggf. nach Einholung weiterer Beweise.[2] Betreuung und Einwilligungsvorbehalt sind keine ärztlichen Therapieformen, bei denen Dosis und Behandlungsdauer Gegenstand ärztlicher Sachkunde wären.

Angesichts der seltenen Ausnahmefälle, in denen das in Frage kommt, sollte der Gutachter **nicht routinemäßig** danach gefragt werden, ob die Voraussetzungen des § 34 Abs. 2 Alt. 1 oder des § 288 Abs. 1 vorliegen.[3] 31

V. Bedeutung des Gutachtens für die Endentscheidung

§ 280 schreibt nur eine bestimmte Beweiserhebung vor, ändert aber nichts daran, dass das Gericht in **freier Beweiswürdigung** aller gewonnenen und verwertbaren Erkenntnisse darüber entscheidet, welche Endentscheidung zu treffen ist, und das Gutachten – wie alle anderen Beweise – einer kritischen Würdigung unterziehen muss.[4] Es ist weder an ein positives Gutachtensergebnis gebunden noch durch ein indezisives Gutachten daran gehindert, auf seiner Grundlage eine positive Sachentscheidung zu treffen. Es darf dabei lediglich Denkgesetze nicht verletzen und sich keine überlegene Sachkunde anmaßen. Will es die ermittelten Tatsachen medizinisch anders beurteilen als der Sachverständige, darf es dies allerdings nicht tun, ohne von den Möglichkeiten der §§ 411 Abs. 3, 412 Abs. 1 ZPO Gebrauch gemacht zu haben.[5] Hat das Gericht aber zB außer dem Sachverständigen auch noch einen sachverständigen Zeugen gehört, darf es durchaus auch diesem an Stelle des Sachverständigen folgen. 32

C. Verfahrensfragen

Die Anordnung der Begutachtung ist keine nach § 58 Abs. 1 anfechtbare Endentscheidung.[6] Zum alten Recht hat der BGH zwar einmal angenommen, schon die schlichte, nicht mit der Androhung von Zwangsmitteln verbundene Anordnung der Begutachtung könne bei **greifbarer Gesetzwidrigkeit** ausnahmsweise anfechtbar sein,[7] doch ist das noch zum FGG geschehen, in dem Zwischenverfügungen nicht allgemein der Anfechtung entzogen waren. Die Rechtslage hat sich durch die jetzige Rechtsmittelsystematik erheblich verändert. Die Anordnung der Begutachtung an sich ist **unanfechtbar**. Der **sofortigen Beschwerde** unterliegen allerdings Unterbringungsbeschlüsse nach § 284 (§ 284 Abs. 3 Satz 2) und mE auch Anordnungen nach § 283 (s. zur Begründung § 283 Rz. 22). 33

1 *Jürgens/Kröger/Marschner/Winterstein*, Rz. 387.
2 Kritisch zu dieser Vorgabe auch *Bienwald*/Sonnenfeld/Hoffmann, § 68b FGG Rz. 32.
3 Anders aber die hM: HK-BUR/*Rink*, § 68b FGG Rz. 29; Jansen/*Sonnenfeld*, § 68b Rz. 12; Jurgeleit/*Bučić*, § 68b FGG Rz. 9; Jürgens/*Mertens*, § 68b FGG Rz. 6.
4 OLG Zweibrücken v. 8.4.2004 – 3 W 26/04, FamRZ 2004, 1897; BayObLG v. 22.7.1993 – 3 Z BR 83/93, BtPrax 1993, 208.
5 BGH v. 27.3.2001 – VI ZR 18/00, NJW 2001, 2791; BayObLG v. 25.11.1993 – 3 Z BR 190/93, BtPrax 1994, 59.
6 So zum alten Recht zB OLG Stuttgart v. 8.11.2002 – 8 W 427/02, FGPrax 2003, 72 mwN.
7 BGH v. 23.1.2008 – XII ZB 209/06, BtPrax 2008, 120.

§ 281
Ärztliches Zeugnis; Entbehrlichkeit eines Gutachtens

(1) Anstelle der Einholung eines Sachverständigengutachtens nach § 280 genügt ein ärztliches Zeugnis, wenn

1. der Betroffene die Bestellung eines Betreuers beantragt und auf die Begutachtung verzichtet hat und die Einholung des Gutachtens insbesondere im Hinblick auf den Umfang des Aufgabenkreises des Betreuers unverhältnismäßig wäre oder

2. ein Betreuer nur zur Geltendmachung von Rechten des Betroffenen gegenüber seinem Bevollmächtigten bestellt wird.

(2) § 280 Abs. 2 gilt entsprechend.

A. Allgemeines

1 § 281 regelt die **Ersetzbarkeit** des nach § 280 Abs. 1 Satz 1 vorgeschriebenen Gutachtens durch ein ärztliches Zeugnis. Er entspricht den früheren § 68b Abs. 1 Satz 2 und 3 FGG ohne inhaltliche Änderungen.[1]

2 **Anwendbar** ist § 281 in allen Verfahren, in denen § 280 direkt oder kraft Verweisung anzuwenden ist (vgl. § 280 Rz. 5 ff.). Er betrifft aber nur die **Betreuerbestellung**, denn Abs. 1 Nr. 2 betrifft schon seinem Wortlaut nach nur die Bestellung des Kontrollbetreuers, nicht auch die – theoretisch mögliche – Anordnung eines Einwilligungsvorbehalts für die das Innenverhältnis des Betroffenen zum Bevollmächtigten betreffenden Willenserklärungen, und Abs. 1 Nr. 1 setzt einen Antrag des Betroffenen voraus, ein Einwilligungsvorbehalt kann aber nur von Amts wegen angeordnet werden. Das vor der Anordnung eines **Einwilligungsvorbehalts** einzuholende Gutachten kann daher niemals durch ein ärztliches Zeugnis ersetzt werden[2] (wohl aber uU vor seiner Erweiterung oder Verlängerung, s. § 293 Rz. 7 ff. und § 295 Rz. 8 ff.).

B. Inhalt der Vorschrift

I. Ersetzbarkeit des Gutachtens (Absatz 1)

1. Verzicht des Betroffenen (Abs. 1 Nr. 1)

3 Der Betroffene kann auf die Einholung eines Sachverständigengutachtens **verzichten**, wenn er die Betreuung – mindestens in dem tatsächlich angeordneten Umfang – selbst beantragt hat. Beides setzt wegen § 1896 Abs. 1 Satz 2 BGB und § 275 FamFG Geschäftsfähigkeit nicht voraus.

4 **a)** Der **Antrag** ist verfahrenseinleitender Antrag und soll daher den **Formerfordernissen** des § 23 genügen. Auch wenn bereits ein Betreuungsverfahren von Amts wegen eingeleitet wurde, muss erst die Überleitung ins Antragsverfahren bewirkt werden, damit

1 BT-Drucks. 16/6308, S. 268.

2 In der früheren Gesetzesfassung kam dies klarer zum Ausdruck, da die Begutachtungspflicht vor Anordnung eines Einwilligungsvorbehalts in § 68b Abs. 2 FGG durch Verweisung nur auf § 68b Abs. 1 Satz 1, 4 und 5 FGG, nicht auch auf § 68b Abs. 1 Satz 2 und 3 FGG geregelt war.

Abs. 1 Nr. 1 greifen kann. Die Rechtslage unterscheidet sich durch die Einführung von § 23 von der früheren, nach der auch ein vom Betreuten geäußerter Wunsch, rechtlich betreut zu werden, als formloser Antrag genügte.[1] Formlose Anträge sind zwar auch weiterhin nicht wirkungslos (vgl. § 23 Rz. 9 f.), doch darf das Gericht nun nicht mehr unterstellen, eine schlichte Willensäußerung, die der Form des § 23 nicht entspricht, sei dennoch ein Antrag.

b) Der **Verzicht** auf das Gutachten ist dagegen schlichte Verfahrenshandlung und kann **in jeder Form** geäußert werden. Auch in der Weigerung, sich begutachten zu lassen, kann ein konkludenter Verzicht auf das Gutachten liegen. Der Antrag wie auch der Verzicht auf die Begutachtung können vom Betroffenen bis zur Entscheidung wieder **zurückgenommen** werden. Der **Verfahrenspfleger** kann den Verzicht für den Betroffenen weder erklären[2] noch zurücknehmen. Sein **Verfahrensbevollmächtigter** kann dies jedoch in seinem Namen tun.[3] 5

Aus Abs. 1 Nr. 1 folgt im Umkehrschluss, dass der Betroffene, der die Betreuung nicht beantragt hat, auf das Gutachten **nicht verzichten** kann. Aus dem Zusammenhang des Abs. 1 Nr. 1 folgt außerdem, dass der Betroffene auf die Einholung eines **ärztlichen Zeugnisses** ebenfalls nicht wirksam verzichten kann.[4] 6

c) Dritte Voraussetzung ist, dass die Einholung eines Gutachtens **unverhältnismäßig** wäre. Das vom Gesetz gegebene **Regelbeispiel** („insbesondere") stellt dies in einen Zusammenhang mit dem Umfang des Aufgabenkreises, für das die Betreuung erforderlich ist.[5] Bei einem geringfügigen Aufgabenkreis wird daher die Unverhältnismäßigkeit idR gegeben sein.[6] Sonst kann sie sich auch aus dem Eingriff in die Rechte des Betroffenen ergeben, der in der Begutachtung liegt.[7] Schließlich spielt für die Abwägung im Rahmen der Verhältnismäßigkeit eine Rolle, ob der Betroffene die Bedeutung seines Antrags auf Betreuerbestellung und des Verzichts auf das Gutachten überhaupt in vollem Umfang verstanden hat.[8] 7

Soweit die Literatur meint, das Gericht sei an den Verzicht nicht **gebunden**,[9] ist das nicht völlig stichhaltig. Denn das hieße ja, dass das Gericht den Betroffenen gegen seinen Willen einer unverhältnismäßigen Begutachtung unterziehen darf. Hier wird Ermessen mit der Auslegung des unbestimmten Rechtsbegriffs der Unverhältnismäßigkeit verwechselt. 8

Ist der Sachverhalt nicht hinreichend aufgeklärt, kann ein Gutachten außerdem nach § 26 erforderlich bleiben. 9

1 OLG Hamm v. 7.6.2001 – 15 W 52/01, BtPrax 2001, 213.
2 HK-BUR/*Rink/Walther*, § 68b FGG Rz. 54; Fröschle/*Locher*, § 68b FGG Rz. 20.
3 HK-BUR/*Rink/Walther*, § 68b FGG Rz. 53.
4 *Bassenge*/Roth, § 68b FGG Rz. 12.
5 Allein auf den Aufgabenkreis wollen Keidel/*Kayser*, § 68b Rz. 11 und Jürgens/*Mertens*, § 68b FGG Rz. 20 abstellen.
6 Für eine Orientierung an § 293 Abs. 2 Satz 2 dafür, was nicht mehr geringfügig ist: HK-BUR/*Rink*, § 68b FGG Rz. 58.
7 Jansen/*Sonnenfeld*, § 68b FGG Rz. 33; weil nämlich schon der Umstand der psychiatrischen Begutachtung zu gesellschaftlichem Ansehensverlust führen kann, s. BGH v. 23.1.2008 – XII ZB 209/06, BtPrax 2008, 120; die hierduch gegebene „Belastung" des Betroffenen gegen den Aufgabenkreis abwägen will Jurgeleit/*Bučić*, § 68b FGG Rz. 17.
8 Jansen/*Sonnenfeld*, § 68b FGG Rz. 32.
9 So Fröschle/*Locher*, § 68b FGG Rz. 20; BtKomm/*Roth*, A Rz. 156.

2. Bestellung eines Vollmachtsbetreuers (Abs. 1 Nr. 2)

10 Auch ohne Antrag des Betroffenen und Verzicht auf das Gutachten ist es durch ein ärztliches Zeugnis ersetzbar, wenn **ausschließlich** ein Betreuer mit dem in § 1896 Abs. 3 BGB beschriebenen Aufgabenkreis (sog. Kontroll- oder Vollmachtsbetreuer) bestellt wird. Ein solcher Betreuer kann den Betroffenen während laufender Vollmacht lediglich gegenüber seinem Bevollmächtigten vertreten, insbesondere:

- diesem Weisungen erteilen (§ 665 BGB),
- von ihm Auskunft und Rechnungslegung verlangen (§ 666 BGB).

Zu den genannten Rechten gehört grundsätzlich auch das zum Widerruf des der Vollmacht zu Grunde liegenden Auftrags (§ 671 Abs. 1 BGB) oder auch der Vollmacht selbst (§ 168 Abs. 2 BGB). Hieran wird sich dann aber regelmäßig die Anordnung einer umfassenden Betreuung anschließen, für die das Gutachten nachzuholen ist.

11 Die Ausnahme in Abs. 1 Nr. 2 rechtfertigt sich aus der **relativen Geringfügigkeit** des Aufgabenkreises, nicht jedoch daraus, dass eine solche Vollmachtsbetreuung nicht in Rechte des Betroffenen eingreifen würde,[1] denn auch die oben genannten Kontrollrechte stehen dem Betroffenen zu, und es ist ein Eingriff in seine Entscheidungsfreiheit, wenn sie einem Betreuer neben ihm zustehen.[2]

II. Ärztliches Zeugnis

12 Anstelle des nach Abs. 1 entbehrlichen Gutachtens ist ein ärztliches Zeugnis einzuholen. Zur **Qualität** dieses Zeugnisses schweigt das Gesetz weitgehend. Abs. 2 stellt lediglich klar, was schon zu § 68b Abs. 1 Satz 2 und 3 FGG aF vertreten wurde,[3] nämlich dass auch das ärztliche Zeugnis auf einer zeitnahen[4] Befragung und Untersuchung des Betroffenen beruhen muss, die der Arzt **in eigener Person** vorgenommen hat. Nicht erforderlich ist, dass dies eigens zum Zweck der Erstellung des Zeugnisses geschehen ist.

13 Da das ärztliche Zeugnis nach Abs. 1 an die Stelle des Gutachtens tritt, muss es dieses **funktional ersetzen** können. Es muss daher zur **Notwendigkeit** der Betreuung Aufschlüsse liefern. Es braucht nicht so ausführlich zu sein wie ein Gutachten, muss sich aber zu den in § 280 Abs. 3 Nr. 1, 4 und 5 genannten Umständen des Falles verhalten und die erhobenen Befunde, auf denen die Einschätzung des Arztes beruht, jedenfalls grob schildern.[5] Keineswegs genügt ein Zeugnis, das nur Diagnose und Betreuungsbedürftigkeit behauptet, ohne dafür eine Tatsachengrundlage anzugeben.[6]

14 Auch die **Qualifikation des Arztes** wird im Gesetz nicht präzisiert. Sie muss jedenfalls von einer Art sein, die den Aussagen des Arztes **Beweiswert** für die Frage der Notwendigkeit der Betreuung verleiht.[7] Dafür ist eine Facharztausbildung nicht notwendig,

1 So aber BT-Drucks. 11/4528, S. 174; Keidel/*Kayser*, § 68b FGG Rz. 12; *Jürgens/Kröger/Marschner/Winterstein*, Rz. 393.

2 Und nicht nur, wie Jansen/*Sonnenfeld*, § 68b FGG Rz. 35 anscheinend meint, wegen des Widerrufsrechts, s. auch BVerfG v. 10.10.2008 – 1 BvR 1415/08, BtPrax 2009, 27.

3 OLG Frankfurt v. 30.7.2004 – 20 W 299/04, FGPrax 2005, 23; OLG Hamm v. 13.7.1999 – 15 W 145/99, BtPrax 1999, 238.

4 OLG Köln v. 17.6.2006 – 16 Wx 95/06, FGPrax 2006, 232.

5 BT-Drucks. 11/4528, S. 174.

6 OLG Hamm v. 13.7.1999 – 15 W 145/99, BtPrax 1999, 238.

7 Was in Anwendung von § 26 zu entscheiden ist, Jurgeleit/*Bučić*, § 68b FGG Rz. 22; *Bassenge*/Roth, § 68b FGG Rz. 14.

wohl aber eine Tätigkeit, aus der eine gewisse Erfahrung mit entsprechenden Krankheitsbildern oder Behinderungen folgt. Das Zeugnis eines Allgemeinarztes wird dem idR genügen, das eines Facharztes für entferntere Bereiche der Medizin, zB eines Orthopäden,[1] dagegen nicht.

Genügt das Zeugnis diesen Voraussetzungen, ist die förmliche Begutachtung entbehrlich, und zwar auch dann, wenn das Gericht sich auf Grund des Zeugnisses noch keine abschließende Überzeugung bilden kann. Das Gericht bleibt dann zwar nach § 26 zu **weiteren Ermittlungen** verpflichtet, kann diese aber nach § 29 in jeder zweckmäßigen Form durchführen, soweit nicht ein Fall des § 30 Abs. 2 vorliegt. 15

Beigebracht werden kann das Zeugnis von jedem Verfahrensbeteiligten, ggf. auch von einem Nichtbeteiligten, der die Betreuung anregt, etwa der Betreuungsbehörde.[2] Nur der Betroffene kann den Arzt aber von seiner **Schweigepflicht** entbinden. Auch das Gericht kann ein ärztliches Zeugnis anfordern,[3] den Betroffenen aber nicht zur Mitwirkung zwingen. **Weigert** dieser sich, an der Erstellung eines ärztlichen Zeugnisses mitzuwirken, bleibt die Einholung eines förmlichen Sachverständigengutachtens nach § 280 erforderlich. 16

Die Literatur geht unausgesprochen davon aus, dass das Zeugnis **in schriftlicher Form** vorliegen muss. Das ist dem Gesetz so nicht zu entnehmen. Für das ärztliche Zeugnis gilt vielmehr § 29,[4] es kann auch in der Form der formlosen Anhörung eines Arztes oder – erst recht – im Wege der förmlichen Vernehmung des Arztes als sachverständiger Zeuge (§ 30 FamFG iVm. § 414 ZPO) eingeholt werden. In jedem Fall müssen die Verfahrensbeteiligten **Gelegenheit zur Stellungnahme** gehabt haben (§ 37 Abs. 2). Dazu muss ihnen das Zeugnis übersandt worden sein. Die Nichtbekanntgabe an den Betroffenen wegen Gesundheitsgefahr dürfte auch hier nur in Frage kommen, wenn diese von einem Sachverständigen festgestellt worden ist (vgl. § 280 Rz. 14). 17

§ 282
Vorhandene Gutachten des Medizinischen Dienstes der Krankenversicherung

(1) Das Gericht kann im Verfahren zur Bestellung eines Betreuers von der Einholung eines Gutachtens nach § 280 Abs. 1 absehen, soweit durch die Verwendung eines bestehenden ärztlichen Gutachtens des Medizinischen Dienstes der Krankenversicherung nach § 18 des Elften Buches Sozialgesetzbuch festgestellt werden kann, inwieweit bei dem Betroffenen infolge einer psychischen Krankheit oder einer geistigen oder seelischen Behinderung die Voraussetzungen für die Bestellung eines Betreuers vorliegen.

(2) Das Gericht darf dieses Gutachten einschließlich dazu vorhandener Befunde zur Vermeidung weiterer Gutachten bei der Pflegekasse anfordern. Das Gericht hat in

1 OLG Zweibrücken v. 5.6.2002 – 3 W 89/02, BtPrax 2003, 80.

2 *Knittel*, § 68b FGG Rz. 15; Fröschle/*Locher*, § 68b FGG Rz. 24; Jurgeleit/*Bučić*, § 68b FGG Rz. 21.

3 HK-BUR/*Rink*, § 68b Rz. 15; Fröschle/*Locher*, § 68b FGG Rz. 24; Jurgeleit/*Bučić*, § 68b FGG Rz. 21; *Bassenge*/Roth, § 68b FGG Rz. 13; aA: *Bienwald*/Sonnenfeld/Hoffmann, § 68b FGG Rz. 23; BtKomm/*Roth*, A Rz. 157.

4 *Bienwald*/Sonnenfeld/Hoffmann, § 68b FGG Rz. 20.

seiner Anforderung anzugeben, für welchen Zweck das Gutachten und die Befunde verwandt werden sollen. Das Gericht hat übermittelte Daten unverzüglich zu löschen, wenn es feststellt, dass diese für den Verwendungszweck nicht geeignet sind.

(3) Kommt das Gericht zu der Überzeugung, dass das eingeholte Gutachten und die Befunde im Verfahren zur Bestellung eines Betreuers geeignet sind, eine weitere Begutachtung ganz oder teilweise zu ersetzen, hat es vor einer weiteren Verwendung die Einwilligung des Betroffenen oder des Pflegers für das Verfahren einzuholen. Wird die Einwilligung nicht erteilt, hat das Gericht die übermittelten Daten unverzüglich zu löschen.

(4) Das Gericht kann unter den Voraussetzungen der Absätze 1 bis 3 von der Einholung eines Gutachtens nach § 280 insgesamt absehen, wenn die sonstigen Voraussetzungen für die Bestellung eines Betreuers zur Überzeugung des Gerichts feststehen.

A. Allgemeines

1 § 282 entspricht dem bisherigen § 68b Abs. 1a FGG,[1] der mit dem 2. BtÄndG eingefügt wurde. Er regelt die Entbehrlichkeit des nach § 280 vorgeschriebenen Gutachtens für den Fall, dass das Gericht ein **Pflegegutachten** des MDK verwerten kann. Es handelt sich dabei um eine Kompromisslösung, nachdem im Gesetzgebungsverfahren eine sehr viel weiter gehende Einschränkung der Begutachtungspflicht diskutiert worden war (s. § 280 Rz. 3).

2 Als Ausnahme zu § 280 teilt er dessen **Anwendungsbereich** (s. dazu § 280 Rz. 5 ff.), jedoch beschränkt auf Verfahren, die die **Betreuerbestellung** betreffen. Wie bei § 281 ist auch hier anzunehmen, dass er Anwendung findet, soweit über die Erweiterung (§ 293 Abs. 1) oder Verlängerung (§ 295 Abs. 1) der Betreuung zu entscheiden ist, auch dort freilich nicht, wenn es zugleich um einen Einwilligungsvorbehalt geht. § 282 gilt nicht, soweit andere Vorschriften eigenständige Begutachtungspflichten enthalten.

3 Wird die Bestellung eines Betreuers wegen nur **körperlicher Behinderung** erwogen, greift § 282 nach seinem Wortlaut nicht.[2] Ganz logisch ist das nicht, denn gerade eine solche Behinderung wird sich aus dem Pflegegutachten klar ergeben können.

B. Inhalt der Vorschrift

4 Genau wie § 281 lässt es auch § 282 unter bestimmten Voraussetzungen (dazu II.) zu, dass das Gericht **kein förmliches Sachverständigengutachten** in Auftrag gibt. Es bleibt im Rahmen des § 26 zur vollständigen Aufklärung des Sachverhalts verpflichtet, doch ist es hinsichtlich der Form der Sachverhaltsaufklärung dann frei.

5 Das Gericht muss ein **bestimmtes Verfahren** (dazu I.) beachten, wenn es von der in § 282 eröffneten Möglichkeit Gebrauch machen will. Eine Verpflichtung hierzu besteht nicht, zumal das Verfahren umständlich ist und die Endentscheidung verzögern kann. In der Praxis spielte § 68b Abs. 1a FGG aF daher auch keine große Rolle.

1 Änderungen sind nur sprachlicher Natur, BT-Drucks. 16/6308, S. 268.

2 Man kann nicht, wie *Bienwald*/Sonnenfeld/Hoffmann, § 68b FGG Rz. 6 unterstellen, dass dann regelmäßig die Voraussetzungen des § 281 Abs. 1 Nr. 1 vorliegen werden, abgesehen davon, dass das Verfahren nach § 282 ja auch ein ärztliches Zeugnis entbehrlich machen kann.

I. Verfahren (Absätze 2 und 3)

Will das Gericht die Anwendung von § 282 in Erwägung ziehen, hat es dafür zunächst bei der Pflegekasse das dort vorhandene Gutachten **anzufordern** (Abs. 2 Satz 1) Die Anforderung hat unter Hinweis auf den Verwendungszweck („Betreuungsverfahren für ...") zu geschehen (Abs. 2 Satz 2). Die Pflegekasse ist nach §§ 94 Abs. 2 SGB XI, 76 Abs. 2 Nr. 3 SGB X zur Übersendung des Gutachtens verpflichtet. 6

Der nächste Schritt besteht in der **Eignungsprüfung** durch das Gericht (Abs. 2 Satz 3, Abs. 3 Satz 1). Diese ist darauf gerichtet, festzustellen, ob das Gutachten wenigstens teilweise diejenigen Feststellungen trifft, die in einem Gutachten nach § 280 Abs. 3 zu treffen wären. Nur wenn es dazu führt, dass das Gericht kein (vollständiges) Gutachten nach § 280 mehr einholen muss, um seiner Aufklärungspflicht zu genügen, ist es verwertbar. 7

Ist das Gutachten **unverwertbar**, ist es aus der Akte zu tilgen (Abs. 2 Satz 3). Dazu muss es nicht notwendigerweise „gelöscht", sondern kann auch einfach an die Pflegekasse zurückgesandt werden.[1] Entgegen dem Gesetzeswortlaut sollte es jedoch in den Akten verbleiben, wenn das Gericht die **Ablehnung** der Betreuung darauf gestützt hat.[2] 8

Ist das Gutachten in dem genannten Sinne verwertbar, ist im dritten Schritt die **Zustimmung des Betroffenen** zur Verwertung einzuholen (Abs. 3 Satz 1). Die Reihenfolge ist zwingend.[3] Das Gericht kann zwar schon von der Anforderung absehen, wenn der Betroffene und sein Verfahrenspfleger klarstellen, dass sie einer Verwertung unter keinen Umständen zustimmen werden. Eine im Voraus erteilte Zustimmung genügt den Anforderungen des Abs. 3 Satz 1 aber nicht. Der Betroffene muss nach Übersendung und Bekanntgabe des Gutachtens prüfen können, ob er der Verwertung zustimmt. Deswegen ist ihm[4] und auch dem Verfahrenspfleger[5] **Einsichtnahme** in das übersandte Gutachten zu gewähren, wenn sie es vor der Entscheidung über die Zustimmung verlangen. 9

Statt der Zustimmung des Betroffenen genügt nach dem Gesetz auch die des **Verfahrenspflegers**. Umstritten ist, unter welchen Umständen dies der Fall ist. Der Gesetzgeber selbst ist davon ausgegangen, dass das von der Einwilligungsfähigkeit des Betroffenen – also dessen natürlicher Einsichtsfähigkeit in die Bedeutung der Zustimmung – abhängt.[6] Es ist jedoch fraglich, ob das Gericht hierzu ohne ein Gutachten überhaupt etwas feststellen kann. Es sollte daher – wortlautgetreu – davon ausgegangen werden, dass die Zustimmung des Verfahrenspflegers die des Betroffenen stets ersetzen kann,[7] nicht etwa nur, wenn der Betroffene sich nicht äußern kann[8] oder will. 10

1 BT-Drucks. 15/4874, S. 29.
2 Keidel/*Budde*, Nachtrag zu § 68b FGG Rz. 4.
3 AA Fröschle/*Locher*, § 68b FGG Rz. 13.
4 BT-Drucks. 15/4874, S. 29.
5 *Knittel*, § 68b FGG Rz. 26; *Jürgens/Kröger/Marschner/Winterstein*, Rz. 389a.
6 BT-Drucks. 15/4874, S. 29; dem folgend *Bienwald*/Sonnenfeld/Hoffmann, § 68b FGG Rz. 6; Jürgens/*Mertens*, § 68b FGG Rz. 16; *Fröschle*, Betreuungsrecht 2005, Rz. 1003; noch strenger *Brucker*, BtMan 2006, 195, 205, der bei Einwilligungsfähigkeit die Zustimmung des Betroffenen und des Verfahrenspflegers für erforderlich hält.
7 Jansen/*Sonnenfeld*, § 68b FGG Rz. 42; wohl auch Keidel/*Budde*, Nachtrag zu § 68b FGG Rz. 3, letzterer allerdings mit erheblichen Bedenken gegen die Regelung und auch mit dem – richtigen – Hinweis, ein Verfahrenspfleger werde wohl kaum pflichtgemäß handeln, wenn er sich über den erklärten Widerstand des Betroffenen hinweggesetzt.
8 So aber Fröschle/*Locher*, § 68b FGG Rz. 15; wieder anders *Bassenge*/Roth, § 68b FGG Rz. 24, § 15 Rz. 21: nur bei Einwilligungsunfähigkeit kann Verfahrenspfleger zustimmen, Widerspruch des Betroffenen bleibt aber beachtlich.

11 Wird die **Zustimmung nicht erteilt**, muss das Gutachten wiederum aus den Akten getilgt werden (Abs. 3 Satz 2).

II. Entbehrlichkeit der förmlichen Begutachtung (Absätze 1 und 4)

1. Inhaltliche Anforderungen an ein verwertbares Pflegegutachten

12 Das Pflegegutachten ist **verwertbar**, wenn es geeignet ist, das Gericht vom Vorliegen der Voraussetzungen für die Betreuerbestellung – oder vom Gegenteil[1] – ganz oder zumindest teilweise zu überzeugen (Abs. 1). Das kann sich – wie aus Abs. 3 Satz 1 folgt – sowohl auf die im Gutachten gezogenen sachverständigen Schlussfolgerungen als auch auf die dort wiedergegebenen Befunde beziehen, aus denen das Gericht – in den Grenzen der Denkgesetze – demnach auch eigene Schlussfolgerungen ziehen darf.

13 Es muss sich nach dem klaren Gesetzeswortlaut um ein **ärztliches Gutachten** handeln. Von vorneherein nicht verwertbar sind Gutachten, die ausschließlich von Pflegesachverständigen erstattet wurden, die in der Praxis weit überwiegen.[2]

14 Wie aus Abs. 4 folgt, muss das Gericht hierbei das Vorliegen zumindest der psychischen Krankheit oder der Behinderung **aus dem Gutachten heraus** feststellen können.[3] Es kann sich wegen der übrigen Voraussetzungen der Betreuerbestellung seine Überzeugung dann auch aus den anderen Ermittlungsergebnissen (zB der Anhörung des Betroffenen) bilden. Nur wenn das Gutachten zu keiner der Voraussetzungen des § 1896 Abs. 1 Satz 1 BGB dezisiv ist, ist es insgesamt unverwertbar.

15 **Weitere Anforderungen** enthält das Gesetz nicht. Sie zu machen entspricht auch nicht dem Ziel, mit dem § 68b Abs. 1a FGG aF eingeführt worden war.

16 Das gilt zunächst für das **Alter** des Gutachtens. § 293 Abs. 2 Satz 1 Nr. 1 dient anderen Zwecken und kann hier nicht entsprechend angewendet werden.[4] Bei einer länger zurückliegenden Begutachtung ist zwar Vorsicht geboten. Sie lässt auf den jetzigen Zustand nicht immer Schlussfolgerungen zu. Auch aus einem mehr als sechs Monate alten Pflegegutachten können sich aber zB Art und Ausmaß einer Behinderung noch immer zweifelsfrei ergeben.

17 Eine **persönliche Untersuchung und Befragung** ist auch bei Pflegegutachten üblich. Dass sie sich nicht auf die Voraussetzungen des § 1896 Abs. 1 Satz 1 BGB bezogen haben kann, folgt aus der Natur der Sache und ist daher unschädlich.

18 Auch der **Inhalt** des Gutachtens muss § 280 Abs. 3 nicht entsprechen, weil es mit einer ganz anderen Zielsetzung erstellt worden ist. Das Gutachten soll das Ausmaß der Pflegebedürftigkeit feststellen, mehr nicht. Nur, aber auch immer, wenn hieraus ohne Verstoß gegen Denkgesetze Rückschlüsse auf die Betreuungsbedürftigkeit zulässig sind, ist es verwertbar.

19 Ist das Pflegegutachten verwertbar, kann das Gericht von der Einholung eines förmlichen Sachverständigengutachtens **absehen** (Abs. 1). Es kann hiervon ganz absehen,

---

1 *Bassenge*/Roth, § 68b FGG Rz. 25.
2 S. *Brucker*, BtMan 2006, 195, 198.
3 Keidel/*Budde*, Nachtrag zu § 68b FGG Rz. 3; mehr wird wegen des anderen Erstellungszwecks in aller Regel auch gar nicht möglich sein, Jansen/*Sonnenfeld*, § 68b FGG Rz. 45; Jurgeleit/*Bučić*, § 68b FGG Rz. 24.
4 AA Fröschle/*Locher*, § 68b FGG Rz. 18; Jurgeleit/*Bučić*, § 68b FGG Rz. 25.

auch wenn das Pflegegutachten nur Teilaufschlüsse liefert, vorausgesetzt, die übrigen Feststellungen sind – auf anderem Wege – ebenfalls zur Überzeugung des Gerichts getroffen (Abs. 4). Hierfür gelten §§ 26, 29, 30, nicht § 280. Das Gericht ist nicht gehindert, ein förmliches Ergänzungsgutachten einzuholen, muss dies aber nur unter den Voraussetzungen des § 30 Abs. 3, also wenn ein Beteiligter bestreitet, dass diejenigen Voraussetzungen der Betreuerbestellung, zu denen das Pflegegutachten keine Aufschlüsse liefert, vorliegen.

§ 283
Vorführung zur Untersuchung

(1) Das Gericht kann anordnen, dass der Betroffene zur Vorbereitung eines Gutachtens untersucht und durch die zuständige Behörde zu einer Untersuchung vorgeführt wird. Der Betroffene soll vorher persönlich angehört werden.

(2) Gewalt darf die Behörde nur anwenden, wenn das Gericht dies auf Grund einer ausdrücklichen Entscheidung angeordnet hat. Die zuständige Behörde ist befugt, erforderlichenfalls die Unterstützung der polizeilichen Vollzugsorgane nachzusuchen.

(3) Die Wohnung des Betroffenen darf ohne dessen Einwilligung nur betreten werden, wenn das Gericht dies auf Grund einer ausdrücklichen Entscheidung angeordnet hat. Bei Gefahr im Verzug findet Satz 1 keine Anwendung.

A. Allgemeines

Vorgängernorm ist § 68b Abs. 3 FGG aF. Dessen Satz 1 lautete wie jetzt Abs. 1 Satz 1. 1
In § 68b Abs. 3 Satz 2 FGG aF war die Unanfechtbarkeit der Anordnung geregelt. § 295 RefE sah dann zunächst die unveränderte Übernahme von § 68b Abs. 3 FGG aF vor. Mit dem RegE wurden der jetzige Abs. 1 Satz 2 und Abs. 2 angefügt. Auf Vorschlag des Bundesrats ist der Satz über die Unanfechtbarkeit aus Abs. 1 gestrichen und Abs. 3 eingefügt worden.

Die Norm bezieht sich auf das **nach § 280** zwingend einzuholende Gutachten. Sie gilt 2
auf Grund der Verweisungen in § 293 Abs. 1 und § 295 Abs. 1 auch für die dort genannten Verfahren. Nicht anwendbar ist sie in anderen Fällen, in denen für Betreuungssachen eine Begutachtung vorgeschrieben wird. § 283 kann auf die in § 297 Abs. 6 und § 298 Abs. 4 vorgeschriebenen Gutachten **auch nicht entsprechend** angewendet werden. Die Gutachten des § 297 Abs. 6 haben andere Qualität. Außerdem darf die Sterilisation ohnehin nicht erzwungen werden, so dass Ausübung von Zwang zur Begutachtung keinen Sinn ergibt (s. auch § 297 Rz. 28). § 298 Abs. 4 wiederum setzt nicht zwingend voraus, dass der Sachverständige den Betroffenen persönlich untersucht und befragt, so dass dort ein Gutachten nach Aktenlage möglich ist (s. auch § 298 Rz. 15).

§§ 283, 284 gelten für das nach § 321 in **Unterbringungssachen** einzuholende Gutach- 3
ten entsprechend (§ 322).

B. Inhalt der Vorschrift

I. Vorführung vor den Sachverständigen (Absatz 1)

4 Unter „Vorführung" wird klassischerweise das **zwangsweise Verbringen** einer Person an einen anderen Ort verstanden. Das impliziert an und für sich schon die Gewaltanwendung, wie sie nun aber nach Abs. 2 erst besonders angeordnet werden soll. Der Gesetzgeber wollte dadurch die – seiner Ansicht nach bestehende – Unlogik beseitigen, dass die Gewaltanwendung in § 70g Abs. 5 Satz 2 FGG aF (jetzt § 326 Abs. 2) richterlich angeordnet werden musste, hier dagegen ohne Weiteres erlaubt war.[1] Indessen ist auch früher vertreten worden, die Ermächtigung zur Gewaltanwendung sei auf der allgemeinen, in § 33 Abs. 2 FGG aF dafür gegebenen Rechtsgrundlage gesondert auszusprechen.[2] Auch dann ist Abs. 2 nun nötig, denn die §§ 33, 35 sehen eine solche Gewaltermächtigung nicht mehr vor.

5 Es muss daher davon ausgegangen werden, dass der Begriff der „Vorführung" hier ein anderer als der übliche und mit dem der „Zuführung" in § 326 Abs. 2 identisch ist,[3] also nicht mehr beinhaltet als die **Organisation des Transports**. Ohne Ermächtigung nach Abs. 2 begründet die Anordnung der Vorführung daher lediglich die Pflicht der Betreuungsbehörde, den Betroffenen zum Zwecke der Untersuchung zu Hause abzuholen und zum Sachverständigen zu bringen. Sie kann nur vollzogen werden, wenn der Betroffene der Aufforderung der Behörde, mitzukommen, freiwillig folgt.

6 Die Anordnung ist **erledigt**, sobald der Betroffene beim Sachverständigen eingetroffen ist. Lässt er sich dort nicht untersuchen oder befragen, kann dies nicht erzwungen werden (zu seiner davon unabhängig bestehenden Mitwirkungspflicht s. § 280 Rz. 22).[4] Es ist dann vielmehr zu prüfen, ob eine Unterbringung zur Beobachtung nach § 284 nötig ist.

7 **Zuständig für die Vorführung** ist die **Betreuungsbehörde**, in deren Bezirk der Betroffene im Zeitpunkt der Einleitung des Verfahrens seinen gewöhnlichen bzw. tatsächlichen Aufenthalt hatte (§ 3 Abs. 2 BtBG). Die Betreuungsbehörde wird hier an Stelle des Gerichtsvollziehers als staatliches Vollzugsorgan tätig, weil sie (jedenfalls im Idealfall[5]) über im Umgang mit kranken und behinderten Menschen geschultes Personal verfügt.[6]

8 Zu den **Voraussetzungen der Vorführungsanordnung** schweigt das Gesetz. § 278 Abs. 5 ist hier entsprechend heranzuziehen: Sie ist nur zulässig, wenn der Betroffene sich weigert, an einer Untersuchung mitzuwirken. Das wird in der Regel daraus folgen, dass er zu einem Untersuchungstermin nicht erschienen ist oder den Sachverständigen nicht in die Wohnung gelassen hat. Zwingende Voraussetzung ist ein solcher vergeblicher Untersuchungsversuch aber nicht, wenn auf seine voraussichtliche Vergeblichkeit aus anderen Umständen geschlossen werden kann.[7]

1 BT-Drucks. 16/6808, S. 268.

2 In diesem Sinne etwa: Fröschle/*Locher*, § 68b FGG Rz. 28.

3 So ist wohl auch BT-Drucks. 16/6808, S. 268 zu verstehen.

4 BT-Drucks. 16/6808, S. 268; dass § 283 Abs. 1 Satz 1 nur die Untersuchung, nicht die Befragung nennt, bedeutet im Übrigen aber nicht, dass er mangels Notwendigkeit der Erhebung körperlicher Befunde nicht vorgeführt werden dürfte, HK-BUR/*Rink*, § 68b FGG Rz. 69.

5 Im Unterschied zu § 72 SGB VIII enthalten weder das BtBG noch die dazu erlassenen Ausführungsgesetze der Länder eine Vorschrift zur Ausstattung der Betreuungsbehörden mit Fachpersonal.

6 BT-Drucks. 11/4528, S. 175; BT-Drucks. 16/6308, S. 268.

7 AA: Jurgeleit/*Bučić*, § 68b FGG Rz. 36; Fröschle/*Locher*, § 68b FGG Rz. 26.

Die Vorführung ist nur zulässig, wenn eine dem Gesetz entsprechende Begutachtung nicht auch **auf andere Weise** sichergestellt werden kann, zB durch Befragung des Betroffenen durch den Sachverständigen im Anhörungstermin.[1] 9

Die Vorführung darf außerdem nur angeordnet werden, wenn sie **verhältnismäßig** ist. Das ist sie nicht, wenn keine ausreichenden tatsächlichen Anhaltspunkte für die Betreuungsbedürftigkeit des Betroffenen bestehen,[2] die Einrichtung einer Betreuung nur für einen vergleichsweise unbedeutenden Aufgabenkreis geprüft wird[3] oder nur noch ein Obergutachten eingeholt werden soll.[4] In den beiden letzten Fällen darf dann das Gericht seine Entscheidung ausnahmsweise auf die Erkenntnisse stützen, die der Sachverständige aus den Akten und durch die Teilnahme an einem Anhörungstermin gewonnen hat. Im erstgenannten Fall ist die Einrichtung einer Betreuung ohne Begutachtung abzulehnen. 10

Der Betroffene soll vor der Anordnung der Vorführung dazu **persönlich angehört** werden (Abs. 1 Satz 2). Das wird das Gericht zweckmäßigerweise mit seiner persönlichen Anhörung zur Sache selbst verbinden, da es ja sein kann, dass es ihn auch hierzu vorführen lassen muss. Ganz zwingend ist die Anhörung nicht. Sie kann unterbleiben, wenn zu befürchten ist, dass der Betroffene sich der Vorführung entzieht, falls er zuvor davon erfährt. 11

Eine besondere **Androhung** der Vorführung ist vom Gesetz nicht vorgesehen. Früher konnte ihre regelmäßige Notwendigkeit möglicherweise aus § 33 Abs. 3 Satz 5 FGG aF abgeleitet werden,[5] doch ist diese Norm ersatzlos weggefallen. Weder § 33 Abs. 3 noch § 278 Abs. 5 enthalten eine Androhungspflicht. 12

II. Gewaltanwendung (Absatz 2)

Die Behörde kann vom Gericht zur **Gewaltanwendung** ermächtigt werden. Dies liegt im Ermessen des Gerichts. Es wird davon Gebrauch machen, wenn zu erwarten ist, dass der Betroffene sich von der Überredungskunst der Betreuungsbehörde allein nicht zum Erscheinen beim Sachverständigen bewegen lassen wird. 13

Die Betreuungsbehörde kann **polizeiliche Vollzugshilfe** in Anspruch nehmen (Abs. 2 Satz 2). Ob sie diese benötigt, entscheidet sie selbst. Hierzu ist eine richterliche Ermächtigung nicht erforderlich. Abs. 2 Satz 2 enthält jedoch keine Ermächtigung für polizeiliches Handeln. Die Voraussetzungen hierfür ergeben sich vielmehr aus den landesrechtlichen Bestimmungen über die Vollzugshilfe der Polizei bei der Anwendung **Unmittelbaren Zwanges** (zB in §§ 47 ff. PolG-NRW). Voraussetzung ist dabei stets, dass die ersuchende Behörde über keine ausreichenden Dienstkräfte für den Vollzug der Maßnahme verfügt. Das wiederum ist eine Frage der Ausstattung der 14

1 Fröschle/*Locher*, § 68b FGG Rz. 27.

2 Jürgens/*Mertens*, § 68b FGG Rz. 22.

3 OLG Stuttgart v. 30.6.2006 – 8 W 140/06, FGPrax 2007, 47 (Betreuer zu Vertretung in anwaltsgerichtlichem Verfahren), allerdings auch mit der Überlegung, dass die fehlende Möglichkeit, in einem anderen Verfahren eine Begutachtung zu erzwingen, nicht über ein Betreuungsverfahren umgangen werden dürfe.

4 LG München I v. 17.4.2007 – 22 T 23305/05, FamRZ 2007, 2008.

5 Nach HK-BUR/*Rink*, § 68b FGG Rz. 66 sollte sie allerdings aus der Unanfechtbarkeit der Vorführungsanordnung folgen. Folgt man hierzu der hier Rz. 22 vertretenen Auffassung, ist auch das kein gültiges Argument mehr.

Betreuungsbehörden, ggf. auch von deren Recht abhängig, sich der Hilfe eines kommunalen Vollzugsdienstes zu bedienen. Gehen von dem Betroffenen besondere Gefahren aus, ist er zB bewaffnet, ist die Polizei stets zur Vollzugshilfe verpflichtet. In jedem Fall ist die Unterstützung durch die Polizei Ultima Ratio[1] und kommt nur in Frage, wenn die Vorführung anders nicht vollzogen werden kann.

III. Durchsuchung (Absatz 3)

15 Die Öffnung und Durchsuchung der Wohnung des Betroffenen muss vom Gericht **ausdrücklich angeordnet** worden sein. Das ist früher auch ohne ausdrückliche Erwähnung im Gesetz von den Gerichten angenommen worden,[2] wohl auf etwas zweifelhafter Grundlage.[3] Nun schafft das Gesetz Klarheit.[4]

16 **Ohne Durchsuchungsbeschluss** darf der Betroffene in seiner Wohnung nur ergriffen werden, wenn er oder ein anderer Wohnungsinhaber sie freiwillig geöffnet hat. Es wird freilich weder dem Betroffenen noch der Betreuungsbehörde zugemutet werden können, die Wohnung zu belagern, bis der Betroffene sie verlässt. Daher sollte die Durchsuchungsanordnung regelmäßig mit der Ermächtigung zur Gewaltanwendung verbunden sein, es sei denn, der Betroffene hält sich ohnehin nicht in seiner Wohnung auf.

17 Hat die Betreuungsbehörde Anhaltspunkte dafür, dass der Betroffene nach Einholen eines Durchsuchungsbeschlusses nicht mehr anzutreffen sein wird und ist die Sache auch sonst eilbedürftig, so besteht **Gefahr im Verzug** und die Betreuungsbehörde darf die Wohnung des Betroffenen nach Abs. 3 Satz 2 auch ohne entsprechenden Beschluss öffnen und durchsuchen. Hierüber kann sie in eigener Zuständigkeit entscheiden. Die verfassungsrechtlichen Vorgaben an die Annahme von Gefahr im Verzug sind allerdings streng.[5]

18 Die Durchsuchung der **Wohnung eines Dritten** kann das Gericht nicht anordnen. Hält der Betroffene sich als bloßer Gast in der Wohnung eines Dritten auf, der nicht bereit ist, ihn zum Zwecke der Vorführung herauszugeben, muss zuerst eine **Herausgabeverfügung** gegen diesen Dritten auf der Grundlage von §§ 1908i Abs. 1 Satz 1, 1632 Abs. 1 BGB erlassen werden. Ist noch kein Betreuer bestellt, kann das Betreuungsgericht sie auf §§ 1908i Abs. 1 Satz 1, 1846 BGB stützen. Da es sich dabei um eine Endentscheidung handelt, richtet sich die Zulässigkeit der Wohnungsdurchsuchung dann nach § 91 Abs. 1.

C. Verfahrensfragen

I. Anhörung

19 Der Betroffene soll zur Vorführung vorher persönlich angehört werden (s. Rz. 11). Das gilt aber nur für die Vorführung als solche. Zur **Gewaltanwendung** und **Wohnungs-**

1 BT-Drucks. 16/6308, S. 268.

2 KG v. 14.5.1996 – 1 W 2379/96, NJW 1997, 400; OLG Hamm v. 20.6.1996 – 15 W 143/96, FamRZ 1997, 440; Jansen/*Sonnenfeld*, § 68b FGG Rz. 47.

3 Keine ausreichende Grundlage für eine Wohnungsdurchsuchung hielt Jurgeleit/*Bučić*, § 68b FGG Rz. 37, § 68 Rz. 25 für gegeben.

4 BT-Drucks. 16/6803, S. 386.

5 S. dazu zB BVerfG v. 20.2.2001 – 2 BvR 1444/00, BVerfGE 103, 142 = NJW 2001, 1121.

öffnung braucht er nicht gesondert angehört zu werden, weil er damit rechnen muss, dass das Gericht eine Vorführung auch mit den geeigneten Mitteln vollziehen wird.

Auch die Anhörung der **Betreuungsbehörde** ist entbehrlich, da sie hier als staatliches Vollzugsorgan tätig werden soll. 20

II. Wirksamkeit und Anfechtung

Beschlüsse nach § 283 werden gem. § 40 Abs. 1 mit der **Bekanntgabe an den Betroffenen wirksam**.[1] 21

Die Frage der **Anfechtbarkeit** der in § 283 enthaltenen Anordnungen lässt das Gesetz ungeregelt. Da es sich ausnahmslos um Zwischenverfügungen, nicht um Endentscheidungen handelt, soll daraus auch weiterhin ihre **Unanfechtbarkeit** folgen (vgl. § 58 Rz. 17), wie sie bisher in § 68b Abs. 3 Satz 2 FGG aF auch ausdrücklich angeordnet war.[2] Die Frage ist dennoch offen. Der BGH hat zur Vorgängernorm bezweifelt, ob es verfassungsgemäß ist, dass ein an sich gegebenes Rechtsmittel systemwidrig ausgeschlossen wird, obwohl ein schwerwiegender Grundrechtseingriff vorliegt.[3] Das ist hier aber erneut der Fall, denn der Allgemeine Teil eröffnet in §§ 33 Abs. 3 Satz 5, 35 Abs. 5 gegen auf Zwischenverfügungen beruhende Zwangsmaßnahmen ja gerade ein Rechtsmittel, das nun wieder hier ausnahmsweise nicht gegeben ist. Daher ist eine **verfassungskonforme Korrektur** des Gesetzes dahin geboten, dass der Betroffene die Zwangsmaßnahmen des § 283 entsprechend §§ 33 Abs. 3 Satz 5, 35 Abs. 5 mit der **sofortigen Beschwerde** anfechten kann.[4] Zumindest muss es dabei bleiben, dass eine **außerordentliche Beschwerde** wegen greifbarer Gesetzwidrigkeit statthaft ist, wenn das Gericht ein Gutachten erzwingen will, obwohl tatsächliche Anhaltspunkte für die Betreuungsbedürftigkeit des Betroffenen gar nicht vorliegen[5] oder § 283 Abs. 3 in einem Verfahren angewendet wird, für das er gar nicht gilt.[6] 22

III. Keine Zuständigkeit des Rechtspflegers

Ein erzwungener Ortswechsel ist Freiheitsentziehung iSv. § 4 Abs. 2 Nr. 2 RPflG und kann daher nur vom **Richter** angeordnet werden, auch wenn der Rechtspfleger (ausnahmsweise) für das Verfahren sonst zuständig ist.[7] Das gilt – wie sich aus § 19 Abs. 1 Nr. 1 RPflG ergibt[8] – für alle nach § 283 zu treffenden Entscheidungen, also auch für die schlichte (gewaltfreie) Vorführung und auch schon für eine eventuelle Androhung der Gewaltanwendung. 23

1 BT-Drucks. 16/6803, S. 269.
2 BT-Drucks. 16/6808, S. 387, 420.
3 BGH v. 23.1.2008 – XII ZB 209/06, BtPrax 2008, 120.
4 Jedenfalls eine Durchsuchungsanordnung hielt Jansen/*Sonnenfeld*, § 68b FGG Rz. 51 zum alten Recht mit guten Argumenten für anfechtbar, mE kann hier aber nun nicht mehr differenziert werden.
5 BGH v. 23.1.2008 – XII ZB 209/06, BtPrax 2008, 120; LG Saarbrücken v. 7.1.2009 – 5 T 596/08, BtPrax 2009, 143.
6 BayObLG v. 14.6.1995 – 3 Z BR 51/95, BtPrax 1995, 182.
7 Die gegenteilige Auffassung von HK-BUR/*Rink*, § 68b FGG Rz. 17 übersieht, dass der Begriff der „Freiheitsentziehung" in § 4 Abs. 2 Nr. 2 RPflG nicht mit dem des Art. 104 Abs. 1 GG identisch ist, sie ist aber auch spätestens durch § 19 Abs. 1 Nr. 1 RPflG überholt.
8 Jurgeleit/*Bučić*, § 68b FGG Rz. 34.

IV. Kosten

24 Die bei der Betreuungsbehörde entstehenden Kosten (zB für einen Schlüsseldienst) sind **gerichtliche Auslagen** iSv. § 137 Abs. 1 Nr. 10 KostO, da die Betreuungsbehörde hier nur als gerichtliches Vollzugsorgan tätig wird[1] (s. auch § 278 Rz. 44).

§ 284
Unterbringung zur Begutachtung

(1) Das Gericht kann nach Anhörung eines Sachverständigen beschließen, dass der Betroffene auf bestimmte Dauer untergebracht und beobachtet wird, soweit dies zur Vorbereitung des Gutachtens erforderlich ist. Der Betroffene ist vorher persönlich anzuhören.

(2) Die Unterbringung darf die Dauer von sechs Wochen nicht überschreiten. Reicht dieser Zeitraum nicht aus, um die erforderlichen Erkenntnisse für das Gutachten zu erlangen, kann die Unterbringung durch gerichtlichen Beschluss bis zu einer Gesamtdauer von drei Monaten verlängert werden.

(3) § 283 Abs. 2 und 3 gilt entsprechend. Gegen Beschlüsse nach den Absätzen 1 und 2 findet die sofortige Beschwerde nach den §§ 567 bis 572 der Zivilprozessordnung statt.

A. Allgemeines

1 § 284 entspricht inhaltlich dem früheren § 68b Abs. 4 FGG.[2] Hinzugekommen ist die – auf Vorschlag des Bundesrats eingefügte – Regelung über die Anfechtbarkeit der Unterbringungsanordnung (Abs. 3 Satz 2), die im alten Recht nicht erforderlich war.[3]

2 Der **Anwendungsbereich** des § 284 deckt sich mit demjenigen des § 283 (s. dort Rz. 2 f.). § 284 erlaubt die Unterbringung des Betroffenen zur Beobachtung als **Hilfsmittel** für die nach § 280 Abs. 1 oder § 321 Abs. 1 vorgeschriebene Begutachtung.

B. Inhalt der Vorschrift

I. Voraussetzungen der Unterbringung (Absatz 1)

3 Die Unterbringung setzt voraus, dass sie erforderlich ist, weil ansonsten **kein aussagekräftiges Gutachten** erstattet werden könnte, ein solches aber nach § 280 Abs. 1 oder § 321 Abs. 1 zwingend vorgeschrieben ist. Dafür kommen zwei Arten von Sachverhalten in Frage:

- Der Gutachter vermag auf Grund der Befragung und Untersuchung **keine ausreichenden Erkenntnisse** zu gewinnen, zB weil der Betroffene an der Befragung nicht mitwirkt oder eine eingehende Untersuchung verweigert oder weil sich aus dieser Untersuchung noch kein deutliches Bild über das Vorliegen einer Krankheit ergibt.

1 *Knittel*, § 68b FGG Rz. 30.
2 BT-Drucks. 16/6308, S. 268.
3 S. BT-Drucks. 16/6308, S. 387.

– Die Befragung und Untersuchung ist ohne vorherige Unterbringung nicht **möglich**, zB weil der Betroffene nur in einem zu stark alkoholisierten Zustand vorgefunden werden kann.

Eine Unterbringung darf jedoch auch in solchen Fällen nicht angeordnet werden, wenn der Betroffene **freiwillig** bereit ist, sich zur Beobachtung in ein Krankenhaus zu begeben.

Auch die Unterbringung muss **verhältnismäßig** sein, damit sie angeordnet werden 4
darf. Das ist sie nicht, wenn keine konkreten Anhaltspunkte für die Notwendigkeit der Betreuung oder des Einwilligungsvorbehalts bestehen[1] oder das Gericht nicht die anderen Möglichkeiten, zu einer verwertbaren ärztlichen Stellungnahme zu gelangen, wenigstens versucht hat.[2] Auch kann sie außer Verhältnis zum Verfahrensgegenstand als solchem stehen (vgl. auch § 283 Rz. 10).

Die Notwendigkeit der Unterbringung muss durch die **Äußerung eines Sachverständigen** (§ 29) belegt sein. Das braucht nicht der Gutachter zu sein. Die Qualifikation zum Gutachter nach § 280 Abs. 1 Satz 2 muss er aber besitzen.[3] Eine Äußerung nach Aktenlage genügt.[4] Sie muss nachvollziehbar darlegen, weshalb der Sachverständige ohne die Unterbringung kein Gutachten wird erstellen können.[5] 5

Abs. 1 Satz 2 schreibt vor, dass der Betroffene zur Frage seiner Unterbringung **persönlich anzuhören** ist. Das kann – muss aber nicht – mit der persönlichen Anhörung zum Verfahrensgegenstand (§ 278) verbunden werden. § 34 Abs. 2 und 3 sind anwendbar.[6] Erscheint der Betroffene zum Anhörungstermin nicht und ist er vorher über diese Folge belehrt worden, kann die Unterbringung daher ohne persönliche Anhörung angeordnet werden. 6

Hat der Betroffene einen **Verfahrenspfleger**, ist auch dieser anzuhören. Dasselbe gilt für Personen, die das Gericht nach § 274 Abs. 4 Nr. 1 im Interesse des Betroffenen als Verfahrensbeteiligte hinzugezogen hat. Andere Verfahrensbeteiligte brauchen nur angehört zu werden, wenn sie durch die Unterbringung in eigenen Rechten betroffen sind, was beim nicht getrennt lebenden Ehegatten der Fall ist, denn die Unterbringung greift in die eheliche Lebensgemeinschaft (§ 1353 Abs. 1 Satz 2 BGB) ein. 7

§ 284 Abs. 1 ermächtigt nur zur **Freiheitsentziehung** und **Beobachtung** des Betroffenen. Er darf in der Unterbringungseinrichtung ohne seine wirksame Einwilligung weder behandelt noch über den Gutachtensauftrag hinaus untersucht werden. 8

Über den **Unterbringungsort** hat das Gericht zu entscheiden, es kann die Entscheidung nicht dem Sachverständigen überlassen.[7] 9

1 OLG Saarbrücken v. 28.9.2004 – 5 W 236/04, BeckRS 2005 Nr. 01473.

2 BayObLG v. 18.3.2004 – 3 Z BR 253/03, FGPrax 2004, 250.

3 HK-BUR/*Rink*, § 68b FGG Rz. 81; Jansen/*Sonnenfeld*, § 68b FGG Rz. 55; *Knittel*, § 68b FGG Rz. 37; Fröschle/*Locher*, § 68b FGG Rz. 30; Jurgeleit/*Bučić*, § 68b FGG Rz. 43.

4 *Knittel*, § 68b FGG Rz. 37; Fröschle/*Locher*, § 68b FGG Rz. 30; aA: Jurgeleit/*Bučić*, § 68b Rz. 43, der verlangt, dass sich der Gutachter zumindest einen persönlichen Eindruck von dem Betroffenen verschafft haben muss.

5 OLG Saarbrücken v. 28.9.2004 – 5 W 236/04, BeckRS 2005 Nr. 01473.

6 AA Jurgeleit/*Bučić*, § 68b FGG Rz. 43: Der Betroffene ist entsprechend § 278 Abs. 5 zur Anhörung vorzuführen.

7 Fröschle/*Locher*, § 68b FGG Rz. 31.

II. Dauer der Unterbringung (Absatz 2)

10 Die Unterbringung hat auf **bestimmte Dauer** zu erfolgen, die in dem Beschluss anzugeben ist. Gemeint ist hier die Dauer der Unterbringung, gerechnet vom Tag der Aufnahme in die Unterbringungseinrichtung bis zur Entlassung. Auf das Beschlussdatum kommt es nicht an. Ein Beschluss, der die Unterbringungsdauer nicht bestimmt, ist unvollständig und kann erst nach einer Ergänzung durch das Gericht vollzogen werden.

11 Die Höchstdauer, bis zu der eine Unterbringung angeordnet werden darf, beträgt **sechs Wochen** (Abs. 2 Satz 1). Das wird wohl kaum jemals erforderlich sein, um die notwendigen Feststellungen zu treffen.[1] Wenn sich das Gegenteil während der Unterbringung herausstellt, kann das Gericht sie durch eine zweite, gesonderte Entscheidung auf bis zu insgesamt **drei Monate** verlängern. Innerhalb dieser Grenze dürfte auch die mehrfache Verlängerung und mehrfache Unterbringung theoretisch möglich sein. Für das Verlängerungsverfahren sind wiederum die oben (Rz. 5 ff.) genannten Verfahrenshandlungen erforderlich.[2]

12 Die Unterbringung darf aber auf keinen Fall länger als notwendig **vollzogen** werden.[3] Sobald der Sachverständige alle notwendigen Erkenntnisse gewonnen hat, hat er die Entlassung des Betroffenen zu veranlassen. Einer gerichtlichen Entscheidung bedarf es nicht. Wird dem Gericht bekannt, dass die Unterbringung nicht weiter notwendig ist, hat es in entsprechender Anwendung von § 330 Satz 1 seinen Beschluss aufzuheben.

III. Vorführung zur Unterbringung (Abs. 3 Satz 1)

13 Für die Vorführung des Betroffenen zum Vollzug der Unterbringung gilt § 283 Abs. 2 und 3 entsprechend. Es ist dafür die **Betreuungsbehörde** zuständig. Sie darf **Gewalt** nur auf Grund besonderer richterlicher Ermächtigung anwenden. Die Durchsuchung der Wohnung des Betroffenen muss ebenfalls ausdrücklich angeordnet werden, damit sie zulässig ist (s. zu all dem § 283 Rz. 13 ff.).

14 Auf § 283 Abs. 1 Satz 2 wird nicht verwiesen. Zur den mit der Vorführung verbundenen Maßnahmen braucht der Betroffene daher nicht gesondert angehört zu werden. Die Ermächtigungen nach Abs. 3 Satz 1 iVm. § 283 Abs. 2 und 3 können daher auch schon im Unterbringungsbeschluss enthalten sein.

IV. Anfechtbarkeit (Abs. 3 Satz 2)

15 Gegen den Unterbringungsbeschluss – und gegen einen Verlängerungsbeschluss – findet die **sofortige Beschwerde** zum Landgericht nach §§ 567 ff. ZPO statt. Die Frist hierfür beträgt zwei Wochen ab Zustellung (§ 569 ZPO). Wer beschwerdeberechtigt ist, richtet sich nach § 59. Es ist dies der Betroffene, ggf. auch sein Ehegatte[4] (s. Rz. 7). Ein

---

1 Regelmäßig werden zwei Wochen reichen, HK-BUR/*Rink*, § 68b FGG Rz. 89.

2 AA Jansen/*Sonnenfeld*, § 68b Rz. 59; *Knittel*, § 68b FGG Rz. 39: erneute Anhörung nicht zwingend vorgeschrieben.

3 BayObLG v. 18.3.2004 – 3 Z BR 253/03, FGPrax 2004, 250: Eine Klarstellung im Beschl. ist möglich, aber wohl nicht nötig.

4 Jurgeleit/*Bučić*, § 68b FGG Rz. 56; HK-BUR/*Rink*, § 68b FGG Rz. 93; nach Jansen/*Sonnenfeld*, § 68b FGG Rz. 61 auch der Lebenspartner; so klar erscheint das indes nicht, denn dessen

schon bestellter Betreuer wird nicht in eigenen Rechten berührt, kann aber wegen § 303 Abs. 4 im Namen des Betroffenen Beschwerde einlegen, wenn sein Aufgabenkreis die Aufenthaltsbestimmung umfasst.

Die Beschwerde hat grundsätzlich **keine aufschiebende Wirkung** (§ 570 Abs. 1 ZPO). 16
Das Betreuungsgericht und das Landgericht können jedoch den Vollzug bis zur Beschwerdeentscheidung aussetzen. Der Vollzug der Unterbringung nimmt der Beschwerde nicht das **Rechtsschutzinteresse**, sie kann mit dem Ziel der Feststellung der Rechtswidrigkeit durchgeführt werden.[1] Anders ist das aber, wenn sie nicht vollzogen wurde und der Betroffene sich zwischenzeitlich **freiwillig** hat **untersuchen** lassen.[2]

Gegen die Beschwerdeentscheidung findet **Rechtsbeschwerde** zum Bundesgerichtshof 17
statt. Das wird nicht etwa durch § 70 Abs. 4 ausgeschlossen, denn die Unterbringung nach § 284 hat keinen nur vorläufigen Charakter. Ihr Zweck ist vielmehr erst mit der Begutachtung endgültig erreicht. Die Rechtsbeschwerde ist nach § 574 Abs. 1 Nr. 1 ZPO iVm. § 70 Abs. 3 Nr. 1 (nicht etwa Nr. 2) FamFG **zulassungsfrei**, denn in anderen als den dort genannten Betreuungssachen kommt eine Unterbringung gar nicht in Frage.

Den auf Abs. 3 Satz 1 iVm. § 283 Abs. 2 und 3 gestützten Ermächtigungen zur **Gewaltanwendung** und zur **Wohnungsdurchsuchung** fehlt der selbständige Charakter, sie 18
sind nur Nebenentscheidungen zum Unterbringungsbeschluss. Sie können daher nicht selbständig angefochten werden, sondern nur zusammen mit dem Unterbringungsbeschluss.

C. Weitere Verfahrensfragen

Der **Rechtspfleger** kann eine Unterbringung wegen § 4 Abs. 2 Nr. 2 RPflG nicht anordnen. 19
In einem Verfahren, für das der Rechtspfleger zuständig ist, wird die Unterbringung aber auch in aller Regel gar nicht verhältnismäßig sein.

Die **Kosten** einer Unterbringung nach § 284 und auch einer für die Begutachtung 20
nötigen freiwilligen Unterbringung gehören zu den besonderen Kosten des Sachverständigen iSv. § 12 Abs. 1 Nr. 1 JVEG. Das Gericht hat sie zunächst zu übernehmen, soweit nicht § 1 Abs. 2 JVEG greift. Eine Finanzierung über die Krankenversicherung scheidet schon deshalb aus, weil eine Behandlung oder Untersuchung des Betroffenen gar nicht durch die Anordnung gedeckt ist (s. Rz. 8). Hat allerdings zugleich auch eine Behandlung stattgefunden, bleibt die Krankenkasse zur Zahlung verpflichtet.[3] Ist ein Kostenschuldner vorhanden, hat er die Unterbringungskosten nach § 137 Abs. 1 Nr. 6 KostO zu tragen.

Rechtsposition ist sowohl einfachrechtlich (vgl. § 2 LPartG mit § 1353 Abs. 1 Satz 2 BGB) als auch verfassungsrechtlich (Art. 2 Abs. 1 GG gegenüber Art. 6 Abs. 1 GG) deutlich schwächer.

1 BayObLG v. 18.3.2004 – 3 Z BR 253/03, FGPrax 2004, 250.
2 BVerfG v. 14.6.1998 – 2 BvR 2227/96, NJW 1998, 2813.
3 OLG Frankfurt v. 20.8.2008 – 20 W 145/08, FGPrax 2008, 275.

§ 285
Herausgabe einer Betreuungsverfügung oder der Abschrift einer Vorsorgevollmacht

In den Fällen des § 1901a des Bürgerlichen Gesetzbuchs erfolgt die Anordnung der Ablieferung oder Vorlage der dort genannten Schriftstücke durch Beschluss.

A. Allgemeines

1 § 285 ersetzt § 69e Abs. 1 Satz 2 FGG. Die in § 69e Abs. 1 Satz 3 FGG enthaltene Verweisung auf § 83 Abs. 2 FGG aF (der seinerseits in § 358 nicht mehr enthalten ist) ist entfallen.

B. Bedeutung der Vorschrift

2 Nach § 1901c BGB ist derjenige, der eine **Betreuungsverfügung** besitzt, verpflichtet, sie dem Betreuungsgericht abzuliefern, sobald dort ein Verfahren zur Betreuerbestellung anhängig ist. Wer im Besitz einer **Vorsorgevollmacht** ist, muss (auf seine Kosten) eine Abschrift herstellen und abgeben.

3 § 285 bestimmt, dass über das Bestehen dieser Pflicht im Betreuungsverfahren eine **Zwischenentscheidung** ergehen kann. Der Dritte, gegen den sich eine Entscheidung nach § 285 richtet, wird hierdurch nicht zum Verfahrensbeteiligten. Zuständig ist der **Rechtspfleger** hierfür nur, wenn er es auch für die Endentscheidung ist,[1] beim Landgericht die Kammer oder der Einzelrichter, nicht der Vorsitzende.

4 Da die in § 1901c BGB geregelten Pflichten nicht eingeschränkt sind, findet vor dem Erlass eines Beschlusses nach § 285 **keine Verhältnismäßigkeitsprüfung** statt,[2] wohl aber im Rahmen der Vollstreckung.

4a Auf **Notare und Behörden** findet die Norm keine Anwendung.[3]

5 Die **Vollstreckung** richtet sich, weil es sich nicht um eine Endentscheidung handelt, nach § 35.[4] Das Gericht kann **Zwangsgeld** androhen, auch schon in dem Beschluss,[5] und verhängen (§ 35 Abs. 1), oder stattdessen den **Gerichtsvollzieher** mit der Wegnahme beauftragen (§ 35 Abs. 4). Wird die Vorsorgevollmacht nicht vorgefunden, kann von dem Verpflichteten eine **eidesstattliche Versicherung** über ihren Verbleib verlangt werden (§ 35 Abs. 4 FamFG iVm. § 883 Abs. 2 ZPO). Eine Betreuungsverfügung bleibt bei den Akten. Von einer Vorsorgevollmacht hat der Gerichtsvollzieher auf Kosten des Verpflichteten eine Kopie zu fertigen (§ 35 Abs. 4 FamFG iVm. § 887 ZPO) und das Original zurückzugeben. Gegen Vollstreckungsmaßnahmen steht dem Verpflichteten die **sofortige Beschwerde** zu (§ 35 Abs. 5).

---

1 Bienwald/*Sonnenfeld*/Hoffmann, § 69e FGG Rz. 46; Fröschle/*Locher*, § 69e FGG Rz. 5; aA *Knittel*, § 69e FGG Rz. 24.

2 AA Bienwald/*Sonnenfeld*/Hoffmann, § 69e FGG Rz. 43.

3 HK-BUR/*Bauer*, § 69e FGG Rz. 20; Jansen/*Müller-Lukoschek*, § 83 FGG Rz. 8; Fröschle/*Locher*, § 693 FGG Rz. 6.

4 BT-Drucks. 16/6308, S. 268.

5 *Knittel*, § 69e FGG Rz. 21.

Dass der Dritte ein Dokument der genannten Art besitzt, muss zur Überzeugung des Gerichts **feststehen.**[1] Hat das Gericht nur **Gründe für die Annahme**, es sei so, konnte es ihn bisher zu einer eidesstattlichen Versicherung zwingen (§§ 69e Abs. 1 Satz 2, 83 Abs. 2 Halbs. 1 FGG). Das geht nun nicht mehr.[2] Es kann ihn nur noch im Wege der **förmlichen Zeugenvernehmung** (§ 30 FamFG iVm. §§ 373 ff. ZPO) zur Aussage zwingen, falls ihm nicht – zB als Angehörigem des Betroffenen – ein Zeugnisverweigerungsrecht zusteht. 6

Vor Erlass eines Beschlusses nach § 285 ist derjenige **anzuhören**, der zur Herausgabe verpflichtet werden soll. 7

Als Zwischenentscheidung ist die Ablieferungsanordnung mangels einer besonderen Regelung **unanfechtbar**. Ihre Rechtswidrigkeit kann allerdings auch nicht nach § 58 Abs. 2 mit einem Rechtsmittel gegen die Endentscheidung geltendgemacht werden, da ein rechtswidriger Herausgabebeschluss die Verfahrensbeteiligten nicht berührt und dem Dritten gegen die Endentscheidung kein Rechtsmittel zusteht. Der Dritte kann die Rechtswidrigkeit des Herausgabebeschlusses aber **im Vollstreckungsverfahren** (dazu Rz. 5) einwenden. Er kann daher die sofortige Beschwerde gegen eine Zwangsmaßnahme (§ 35 Abs. 5) darauf stützen, dass schon die Herausgabe nicht hätte angeordnet werden dürfen. 8

Lehnt das Gericht den Erlass eines Beschlusses nach § 285 zu Unrecht ab, ist dies gleichfalls **nicht anfechtbar**, kann aber nach § 58 Abs. 2 ein Rechtsmittel gegen die Endentscheidung begründen, wenn sie darauf beruht, dass dem Gericht die Betreuungsverfügung oder die Vorsorgevollmacht nicht vorgelegen hat. 9

§ 286
Inhalt der Beschlussformel

(1) Die Beschlussformel enthält im Fall der Bestellung eines Betreuers auch

1. die Bezeichnung des Aufgabenkreises des Betreuers;

2. bei Bestellung eines Vereinsbetreuers die Bezeichnung als Vereinsbetreuer und die des Vereins;

3. bei Bestellung eines Behördenbetreuers die Bezeichnung als Behördenbetreuer und die der Behörde;

4. bei Bestellung eines Berufsbetreuers die Bezeichnung als Berufsbetreuer.

(2) Die Beschlussformel enthält im Fall der Anordnung eines Einwilligungsvorbehalts die Bezeichnung des Kreises der einwilligungsbedürftigen Willenserklärungen.

(3) Der Zeitpunkt, bis zu dem das Gericht über die Aufhebung oder Verlängerung einer Maßnahme nach Absatz 1 oder Absatz 2 zu entscheiden hat, ist in der Beschlussformel zu bezeichnen.

1 Fröschle/*Locher*, § 69e FGG Rz. 3.
2 Der Gesetzgeber war sich der Änderung allerdings nicht bewusst, wie aus der Begr. zu § 358, BT-Drucks. 16/6308, S. 282 folgt.

A. Allgemeines

I. Entstehungsgeschichte

1 **Vorgängernorm** ist § 69 FGG aF. Abs. 1 Nr. 1 bis 3 entsprechen inhaltlich § 69 Abs. 1 Nr. 2b und 3 FGG aF, Abs. 2 entspricht § 69 Abs. 1 Nr. 4 FGG aF und Abs. 3 entspricht § 69 Abs. 1 Nr. 5 Halbs. 1 FGG aF. Der Inhalt von § 69 Abs. 1 Nr. 5 Halbs. 2 FGG ist nun an zwei verschiedenen Stellen, in §§ 294 Abs. 3 und 295 Abs. 2, zu finden. § 69 Abs. 1 Nr. 1, 2a, 6 und Abs. 2 FGG sind durch Vorschriften im Allgemeinen Teil (§ 38 Abs. 2 Nr. 1, Abs. 3 und § 39) überflüssig geworden.[1] Neu ist nur Abs. 1 Nr. 4. Nach §§ 1908i Abs. 1 Satz 1, 1836 Abs. 1 Satz 2 BGB musste die Berufsmäßigkeit des Betreuers zwar auch bisher schon bei der Bestellung zum Betreuer festgestellt werden, eine Verfahrensvorschrift, wonach dies im Bestellungsbeschluss selbst zu erfolgen hatte, fehlte jedoch.

2 Die Norm enthält zusätzliche, über den auch in Betreuungssachen anwendbaren § 38 hinausgehende Vorschriften zum **zwingenden Inhalt einer Endentscheidung**. Sie verdrängt §§ 38, 39 nicht, sondern **ergänzt** sie nur.

II. Anwendungsbereich

3 Abs. 1 gilt **unmittelbar** für Beschlüsse über jede, nicht nur die erste Bestellung eines Betreuers (s. § 296 Rz. 24), Abs. 2 für die Anordnung eines Einwilligungsvorbehaltes, Abs. 3 für letztere und die Erstbestellung eines Betreuers. Kraft Verweisung gelten Abs. 1 bis 3 ferner für die **Erweiterung** (§ 293 Abs. 1) und die **Verlängerung** (§ 295 Abs. 1) einer der genannten Maßnahmen. Entscheidend ist jeweils das Verfahrensergebnis, nicht der Gegenstand. Für alle anderen Endentscheidungen in Betreuungssachen bleibt es, was ihren Inhalt angeht, bei §§ 38, 39.

4 Für **einstweilige Anordnungen** mit dem entsprechenden Inhalt gilt § 286 ebenfalls.

5 Im **Beschwerdeverfahren** gilt § 286, wenn das Beschwerdegericht auf die Beschwerde hin eine der genannten Entscheidungen trifft, nicht aber, wenn es nur eine dagegen gerichtete Beschwerde zurückweist.

B. Inhalt der Vorschrift

6 Die **Bedeutung** der Norm neben § 38 ist zweifelhaft. Eine Endentscheidung muss – anders als im FGG – ihren wesentlichen Inhalt nunmehr stets schon in der Entscheidungsformel enthalten (vgl. § 38 Rz. 14). Es hätte daher auch gut auf die ersten beiden Absätze ganz verzichtet werden können. Die unreflektierte Übernahme einer noch auf das FGG zugeschnittenen Norm führt zu Seltsamkeiten: Für die Einschränkung eines Einwilligungsvorbehalts gilt Abs. 2 zB nicht. Hier folgt der Tenor ganz § 38 und muss daher wohl nur angeben, welches diejenigen Willenserklärungen sind, die ihm nicht mehr unterliegen. Wird der Einwilligungsvorbehalt dagegen ohne Veränderungen verlängert, ist nach Abs. 2 iVm. § 295 Abs. 1 noch einmal sein vollständiger Inhalt in die Entscheidungsformel aufzunehmen. Das ergibt keinen Sinn.

---

1 BT-Drucks. 16/6308, S. 268 f.

I. Mindestinhalt bei Betreuerbestellung (Absatz 1)

1. Bezeichnung des Aufgabenkreises (Nr. 1)

Wegen weiterer damit verknüpfter Rechtsfolgen (vgl. § 309 Rz. 2, 7) ist es sinnvoll, dass das Gericht eine Betreuung für **alle Angelegenheiten** des Betroffenen auch in der Entscheidungsformel als solche bezeichnet.[1] Der Aufgabenkreis muss in der Entscheidungsformel so genau beschrieben sein, dass über den Umfang der Vertretungsmacht des Betreuers **im Rechtsverkehr** möglichst keine Zweifel entstehen können. Dazu reichen Konkretisierungen in den Entscheidungsgründen nicht, weil sie in die Bestellungsurkunde (§ 290) nicht aufgenommen werden.[2] 7

Ist **kein Aufgabenkreis** genannt, so ist eine Betreuung nicht wirksam angeordnet.[3] Der Beschluss ist ohne Weiteres wirkungslos, das Verfahren nicht beendet. Fehlt es an der Angabe eines Betreuers, dürfte dagegen die Anordnung der Betreuung als Teilentscheidung wirksam sein. 8

Werden **mehrere Betreuer** bestellt, ist der jeweilige Aufgabenkreis anzugeben, inklusive einer von § 1899 Abs. 3 BGB abweichenden Bestimmung, falls eine solche getroffen wird.[4] 9

2. Besondere Eigenschaften des Betreuers (Nr. 2 bis 4)

Ist der Betreuer unter den Voraussetzungen des § 1897 Abs. 2 Satz 1 BGB zum **Vereinsbetreuer** bestellt worden, muss er nach Abs. 1 Nr. 2 in der Beschlussformel so bezeichnet werden („... wird als Mitarbeiter des ... e.V. zum Vereinsbetreuer für ... bestellt"). Dasselbe gilt nach Abs. 1 Nr. 3, wenn jemand unter den Voraussetzungen des § 1897 Abs. 2 Satz 2 BGB zum **Behördenbetreuer** bestellt wird. 10

Neu ist, dass der Betreuer, dessen Berufsmäßigkeit das Gericht bei seiner Bestellung feststellt (§§ 1908i Abs. 1 Satz 1, 1836 Abs. 1 Satz 2 BGB), nunmehr nach Abs. 1 Nr. 4 auch ausdrücklich in der Entscheidungsformel als **Berufsbetreuer** bezeichnet werden muss. 11

Ist dies geschehen, hat das konstitutive Wirkung.[5] Selbst wenn dem Verein, bei dem der als Vereinsbetreuer bezeichnete Betreuer angestellt ist, die Anerkennung als Betreuungsverein fehlt, entstehen Vergütungsansprüche des Vereins aus § 7 VBVG.[6] Mit der Bezeichnung als Berufsbetreuer hat das Gericht zugleich die Feststellung nach §§ 1908i Abs. 1 Satz 1, 1836 Abs. 1 Satz 2 BGB bindend getroffen. Sie kann allenfalls mit Wirkung für die Zukunft wieder aufgehoben werden[7] (§ 48). 12

1 Eine nachträgliche Feststellung, das sei so gemeint, ist unzulässig, BayObLG v. 22.10.1996 – 3 Z 178/96, NJW-RR 1997, 834.
2 BayObLG v. 17.3.1994 – 3 Z BR 293/93, FamRZ 1994, 1059.
3 HK-BUR/*Rink*, § 69 FGG Rz. 17; *Knittel*, § 69 FGG Rz. 5; Bienwald/*Sonnenfeld*/Hoffmann, § 69 FGG Rz. 38; *Fröschle*, § 69 FGG Rz. 10.
4 Jansen/*Sonnenfeld*, § 69 FGG Rz. 8.
5 Jurgeleit/*Bučić*, § 69 FGG Rz. 3; aA *Bassenge*/Roth, § 69 FGG Rz. 7.
6 KG v. 24.1.2006 – 1 W 172/05, BtPrax 2006, 188 (LS) = BeckRS 2006 Nr. 02218 (Volltext); LG Koblenz v. 23.6.2000 – 2 T 306/00, FamRZ 2001, 303.
7 BayObLG v. 29.9.1999 – 3 Z BR 237/99, NJW-RR 2001, 580.

13 Die versehentlich unterlassene Bezeichnung als Vereins-, Behörden- oder Berufsbetreuer soll nach bisheriger Ansicht in Literatur[1] und Rechtsprechung[2] später mit rückwirkender Kraft **nachgeholt** werden können. Das dürfte nun nur noch in Anwendung von § 42 als **Berichtigung** des Beschlusses zulässig sein.[3] Es muss sich dazu offensichtlich um ein Versehen gehandelt haben, was sich aus den Entscheidungsgründen, aber auch aus anderen, für jedermann offenkundigen Umständen ergeben kann (s. § 42 Rz. 13). Andernfalls ist eine nachträgliche Feststellung der Berufsmäßigkeit und auch die nachträgliche Bestellung als Vereins- oder Behördenbetreuer nur noch unter den Voraussetzungen des § 48 mit Wirkung für die Zukunft möglich. Bis dahin haben die Bestellten als (ehrenamtliche) Einzelbetreuer zu gelten. Eine Vergütung kann nur nach §§ 1908i Abs. 1 Satz 1, 1836 Abs. 2 BGB gewährt werden.

14 **Weitere Bezeichnungen**, zB des nach § 1899 Abs. 4 BGB bestellten als „Verhinderungsbetreuer" oder des nach §§ 1908i Abs. 1 Satz 1, 1792 Abs. 1 BGB bestellten als „Gegenbetreuer" sind nicht in § 286 vorgeschrieben, doch muss sich auch in einem solchen Falle aus der Urteilsformel der entsprechende Wille des Gerichts zweifelsfrei ergeben, daher ist ihre Verwendung zumindest empfehlenswert.

II. Mindestinhalt bei Anordnung eines Einwilligungsvorbehalts (Absatz 2)

15 Auch die Anordnung eines Einwilligungsvorbehalts ist ohne die ausreichende Bezeichnung der Arten von Rechtsgeschäften, auf die er sich bezieht, unwirksam.[4] Die Rechtsgeschäfte müssen abstrakt so **genau beschrieben** sein, dass sie im Rechtsverkehr allein nach der Entscheidungsformel bestimmbar sind. Die Bezugnahme auf den Aufgabenkreis des Betreuers genügt, wenn der Einwilligungsvorbehalt alle darunter fallenden Geschäfte erfassen soll.

16 Ein Einwilligungsvorbehalt kann sich nur auf Geschäfte beziehen, die **zum Aufgabenkreis** des Betreuers gehören. Reicht er nach der Entscheidungsformel weiter, ist das ohne Weiteres wirkungslos. Mit der Einschränkung der Aufgabenkreise des Betreuers kann daher automatisch auch eine Einschränkung des Einwilligungsvorbehalts verbunden sein, auch wenn das in der Entscheidungsformel nicht zu Ausdruck kommt.

III. Überprüfungsfrist (Absatz 3)

17 Jede der genannten Entscheidungen muss den Zeitpunkt angeben, zu dem die getroffene Maßnahme spätestens überprüft werden wird. Anzugeben ist ein **konkreter Zeitpunkt**, der aus der Entscheidungsformel entweder direkt hervorgeht („bis zum 15. Mai 2012") oder aus ihr errechnet werden kann („bis spätestens fünf Jahre nach Erlass dieser Entscheidung").

---

1 *Knittel*, § 69 FGG Rz. 4, die Begr., die Bezeichnung sei im Verhältnis zum Betroffenen bedeutungslos, trägt allerdings nicht, denn an der Eigenschaft hängt die Frage, wem Entschädigungsansprüche gegen den Betroffenen zustehen.

2 OLG Frankfurt v. 28.4.2003 – 20 W 422/02, BtPrax 2003, 181, die bewusst unterlassene jedoch auch früher nicht: BayObLG v. 1.2.2001 – 3 Z BR 34/01, NJW-RR 2001, 943.

3 Nach BT-Drucks. 16/6308, S. 268 f. soll Abs. 1 Nr. 4 verfahrensrechtlich sicherstellen, dass die Feststellung tatsächlich schon mit der Betreuerbestellung getroffen wird, damit über die Vergütungsansprüche Klarheit herrscht.

4 HK-BUR/*Rink*, § 69 FGG Rz. 19; *Fröschle*, § 69 FGG Rz. 15.

Der **spätmöglichste Zeitpunkt**, den das Gericht hierzu festsetzen kann, liegt gem. § 294 Abs. 3 bzw. § 295 Abs. 2 sieben Jahre nach Erlass (nicht: Wirksamwerden) der Entscheidung (zum Unterschied s. § 40 Rz. 7). Nennt der Beschluss einen späteren Zeitpunkt, dürfte seine Berichtigung nach § 42 in Frage kommen, denn die Absicht, einen unzulässig späten Überprüfungszeitpunkt anzuordnen, wird man dem Gericht kaum unterstellen können. Fehlt der Überprüfungszeitpunkt ganz, so ist eine gesetzlich vorgeschriebene Nebenentscheidung nicht getroffen worden, und der Beschluss kann analog § 43 um den Überprüfungszeitpunkt ergänzt werden.[1] 18

Das Gericht wird sich an der auch an den Sachverständigen zu stellenden Frage orientieren, **für welchen Zeitraum die Maßnahme voraussichtlich erforderlich** ist,[2] bei einer Betreuung, die nur eine einzelne Angelegenheit betrifft, auch daran, bis wann diese voraussichtlich erledigt worden sein kann.[3] Der bisherige Krankheitsverlauf ist zu berücksichtigen.[4] Eine Vollmachtsbetreuung wird meist erforderlich sein, so lange die Vollmacht besteht.[5] 19

Die Überprüfungszeitpunkte für die Betreuung und den Einwilligungsvorbehalt brauchen sich **nicht zu decken**.[6] Der letztere kann sowohl vor als auch nach dem ersteren liegen.[7] Mit der Aufhebung der Betreuung fällt der Einwilligungsvorbehalt allerdings weg und seine (spätere) Überprüfung erledigt sich dadurch. Sonst ist eine **Teilung der Fristsetzung** – etwa nach unterschiedlichen Aufgabenkreisen – nicht zulässig,[8] weil § 294 Abs. 3 – anders als § 294 Abs. 1 – nur die Aufhebung, nicht auch die Einschränkung der Maßnahmen erwähnt. 20

In **einstweiligen Anordnungen** ist statt des Überprüfungszeitpunkts derjenige anzugeben, zu dem sie nach § 302 außer Kraft treten soll.[9] 21

C. Kostenentscheidung

Eine Kostenentscheidung ergeht – wie in allen FG-Sachen (vgl. § 81 Abs. 1 Satz 3) – nur, wenn sie **veranlasst** ist. Der Anlass dazu kann sich aus § 307 ergeben, aber auch, weil die Auferlegung der Kosten auf einen Beteiligten der Billigkeit entspricht oder dies zumindest zu prüfen nahe liegt (s. dazu im Einzelnen § 81 Rz. 11 ff.). 22

1 Ähnlich zum alten Recht schon *Knittel*, § 69 FGG Rz. 7; anders HK-BUR/*Rink*, § 69 FGG Rz. 23: Endentscheidung anfechtbar.
2 *Knittel*, § 69 FGG Rz. 7.
3 BayObLG v. 2.3.1995 – 3 Z BR 309/94, BtPrax 1995, 143; LG Berlin v. 20.10.1992 – 83 T 494/92, BtPrax 1993, 34.
4 BayObLG v. 16.12.1994 – 3 Z BR 343/94, BtPrax 1994, 68.
5 Bienwald/*Sonnenfeld*/Hoffmann, § 69 FGG Rz. 25.
6 HK-BUR/*Rink*, § 69 FGG Rz. 21.
7 *Fröschle*, § 69 FGG Rz. 21.
8 AA HK-BUR/*Rink*, § 69 FGG Rz. 21; Bienwald/*Sonnenfeld*/Hoffmann, § 69 FGG Rz. 23; Jurgeleit/*Bučić*, § 69 FGG Rz. 6.
9 *Fröschle*, § 69 FGG Rz. 23.

§ 287
Wirksamwerden von Beschlüssen

(1) Beschlüsse über Umfang, Inhalt oder Bestand der Bestellung eines Betreuers, über die Anordnung eines Einwilligungsvorbehalts oder über den Erlass einer einstweiligen Anordnung nach § 300 werden mit der Bekanntgabe an den Betreuer wirksam.

(2) Ist die Bekanntgabe an den Betreuer nicht möglich oder ist Gefahr im Verzug, kann das Gericht die sofortige Wirksamkeit des Beschlusses anordnen. In diesem Fall wird er wirksam, wenn der Beschluss und die Anordnung seiner sofortigen Wirksamkeit

1. dem Betroffenen oder dem Verfahrenspfleger bekannt gegeben werden oder

2. der Geschäftsstelle zum Zweck der Bekanntgabe nach Nummer 1 übergeben werden.

Der Zeitpunkt der sofortigen Wirksamkeit ist auf dem Beschluss zu vermerken.

(3) Ein Beschluss, der die Genehmigung nach § 1904 Absatz 2 des Bürgerlichen Gesetzbuchs zum Gegenstand hat, wird erst zwei Wochen nach Bekanntgabe an den Betreuer oder Bevollmächtigten sowie an den Verfahrenspfleger wirksam.

A. Allgemeines

1 Die Norm regelt das **Wirksamwerden** von bestimmten Endentscheidungen in Betreuungssachen in ähnlicher Weise, wie das zuvor in § 69a Abs. 3 FGG geregelt war, jedoch nur noch mit eingeschränktem Anwendungsbereich.

2 Die Norm ist **Spezialvorschrift** zu § 40 Abs. 1 und geht, so weit sie reicht, diesem vor, auch wenn § 40 Abs. 1 in den meisten Fällen zu keinem anderen Ergebnis führen würde. § 297 Abs. 7 enthält eine weitere Spezialvorschrift zu § 40. Soweit weder § 287 noch § 297 Abs. 7 greift, richtet sich auch in Betreuungssachen die Wirksamkeit von Entscheidungen nach § 40.[1]

3 Der **Anwendungsbereich** des § 287 Abs. 1 und 2 wird in Abs. 1 auf folgende Endentscheidungen eingegrenzt:

- Beschlüsse über „Umfang, Inhalt oder Bestand" einer Betreuerbestellung,
- die Anordnung eines Einwilligungsvorbehalts und
- einstweilige Anordnungen nach § 300.

4 Entscheidungen über den **Bestand** einer Betreuerbestellung sind solche, durch die ein Betreuer erstmals bestellt (§ 1896 Abs. 1 Satz 1 BGB), ein neuer oder zusätzlicher Betreuer bestellt (§§ 1908c, 1899 BGB), ein Betreuer entlassen[2] (§ 1908b BGB), die Betreuung aufgehoben[3] (§ 1908d Abs. 1 Satz 1, Abs. 2 BGB) oder verlängert wird.

4a Zu § 287 Abs. 3 s. § 298 Rz. 3 ff.

5 Der **Umfang** einer Betreuerbestellung ist von Entscheidungen betroffen, durch die die Aufgabenkreise des Betreuers erweitert (§ 1908d Abs. 3 BGB) oder eingeschränkt (§ 1908d Abs. 1 Satz 2 BGB) werden.

---

1 BT-Drucks. 16/6308, S. 269.
2 BayObLG v. 2.8.1995 – 3 Z BR 112/95, FamRZ 1996, 58.
3 OLG Köln v. 23.10.2006 – 16 Wx 218/06, OLGReport 2007, 410.

Was mit dem **Inhalt** einer Betreuerbestellung gemeint ist, kann hier nur wie zu § 274 Abs. 3 dahin beantwortet werden, dass dies allenfalls die Qualität des Betreuers betreffen kann, daher fallen darunter Beschlüsse 6

- über die Fortführung der Betreuung durch den bisherigen Vereins- oder Behördenbetreuer als Privatperson (sog. Umwandlungsbeschlüsse, § 1908b Abs. 4 Satz 2 und 3 BGB) und
- Beschlüsse über die nachträgliche Feststellung der Berufsmäßigkeit bzw. die Aufhebung dieser Feststellung für die Zukunft (§§ 1908i Abs. 1 Satz 1, 1836 Abs. 1 Satz 2 BGB).

Merkwürdigerweise ist bei Verfahren, die einen Einwilligungsvorbehalt betreffen, nur die Anordnung erwähnt, nicht auch Entscheidungen über „Bestand und Inhalt" (vgl. im Unterschied hierzu die Formulierung in § 274 Abs. 3). Hier ist jedoch von einem **Versehen des Gesetzgebers** auszugehen (vgl. § 294 Rz. 11), so dass sich der Anwendungsbereich des § 287 mit dem des § 274 Abs. 3 insgesamt decken dürfte. 7

Für **einstweilige Anordnungen** nach § 300 gelten mangels einer Sonderregelung ohnehin die gleichen Normen wie für inhaltlich gleiche Hauptsacheentscheidungen. Die Klarstellung erfolgt, weil § 69f Abs. 4 FGG aF eine solche Sonderregelung noch enthielt. Auch bei einstweiligen Anordnungen ist die Wirksamkeit demnach nun von der Bekanntgabe an den Betreuer abhängig, falls das Gericht nicht von der Möglichkeit des Abs. 2 Gebrauch macht. 8

Bei **negativen** Entscheidungen ist zu differenzieren: Die Ablehnung der Betreuerbestellung oder der Anordnung eines Einwilligungsvorbehalts fällt nicht unter Abs. 1.[1] Ist aber eine solche Maßnahme erst einmal angeordnet, fällt jede weitere Entscheidung darunter, auch eine negative, denn auch diese betrifft den **Bestand** der Maßnahme. 9

B. Inhalt der Vorschrift

I. Bekanntgabe an den Betreuer (Absatz 1)

Soweit § 287 gilt, erübrigen sich Überlegungen zu der Frage, an wen sich die Endentscheidung „ihrem wesentlichen Inhalt nach" richtet. Die genannten Beschlüsse werden mit der Bekanntgabe an den Betreuer wirksam. Wird **im Hauptsacheverfahren** ein anderer als der zuvor schon bestellte vorläufige Betreuer bestellt, kommt es auf den endgültigen Betreuer an.[2] Sie bewirkt das Ende des Amts des vorläufigen Betreuers auch ohne dessen Entlassung (§ 56 Abs. 1 Satz 1). 10

Die **Form** der Bekanntgabe folgt § 41. Der Beschluss ist entweder **schriftlich vollständig** (§ 41 Abs. 1 Satz 1) oder mündlich **durch Verkündung der Entscheidungsformel** (§ 41 Abs. 2 Satz 1) bekannzugeben. Die formlose Bekanntgabe (zB durch telefonische Übermittlung) genügt – anders als bisher[3] – nicht mehr (muss also ggf. durch die Anordnung der sofortigen Wirksamkeit nach Abs. 2 „flankiert" werden). Wird mündlich durch Verkündung bekannt gegeben, ist dies für die Wirksamkeit entscheidend, 11

1 So zum alten Recht HK-BUR/*Hoffmann*, § 69a FGG Rz. 30; damals aA Jurgeleit/*Bučić*, § 69a FGG Rz. 2.

2 So schon zum alten Recht, als es sich nicht um selbständige Verfahren handelte: HK-BUR/*Hoffmann*, § 69a FGG Rz. 28; *Bassenge*/Roth, § 69a FGG Rz. 9.

3 OLG München v. 24.9.2008 – 33 Wx 179/08, FGPrax 2008, 248.

falls der Betreuer bei der Verkündung anwesend ist. Ist er es nicht, kommt es auch hier auf die – ohnehin nachzuholende (§ 41 Abs. 2 Satz 3) – schriftliche Bekanntgabe an. Wegen der weiteren Einzelheiten wird auf die Kommentierung zu § 41 verwiesen.

12 Erfolgt die Bekanntgabe nicht durch Verkündung in Anwesenheit des Betreuers, ist demzufolge der **Eingang des** schriftlich übersandten oder – im Fall des § 41 Abs. 1 Satz 2 – zugestellten **Beschlusses beim Betreuer** der für die Wirksamkeit entscheidende Zeitpunkt. Die Postzugangsfiktion des § 15 Abs. 2 Satz 2 ist anwendbar.

13 Die **weiteren** nach § 288 vorgeschriebenen **Bekanntgaben** haben auf die Wirksamkeit der Entscheidung keinen Einfluss.

14 Nicht ganz klar ist es, wie es sich mit Entscheidungen verhält, die die Bestellung oder Entlassung eines **Gegenbetreuers** betreffen. Sinnvoll ist es hier, wenn diese mit der Bekanntgabe an den Gegenbetreuer wirksam werden. Ob das aus einer entsprechenden Anwendung von § 287 Abs. 1 auf die Gegenbetreuung folgt oder aus der direkten Anwendung von § 40 Abs. 1, kann offen bleiben, weil die Anordnung der sofortigen Wirksamkeit hier kaum in Frage kommen dürfte. Die direkte Anwendung von § 287 Abs. 1 – mit der Folge, dass die Bekanntgabe an den Betreuer entscheidend wäre – scheitert jedenfalls daran, dass die Bestellung eines Gegenbetreuers weder Bestand noch Umfang oder Inhalt der Betreuung betrifft.

II. Anordnung der sofortigen Wirksamkeit (Absatz 2)

15 Nur soweit Abs. 1 die Wirksamkeit bestimmt, kann das Gericht nach Abs. 2 die sofortige Wirksamkeit der Entscheidung anordnen. Richtet sich die Wirksamkeit nach § 40 Abs. 1 oder Abs. 2, ist das nicht möglich.[1] Lediglich § 40 Abs. 3 sieht eine ähnliche Möglichkeit vor (s. dazu § 40 Rz. 16 ff.). Er findet zB Anwendung, wenn das Gericht die Einwilligung des Gegenbetreuers zu einem Rechtsgeschäft ersetzt (zB nach §§ 1908 Abs. 1 Satz 1, 1812 Abs. 2 BGB).

16 Das Gericht hat die die sofortige Wirksamkeit anordnen,[2] wenn:

- eine Bekanntgabe an den Betreuer **nicht möglich** ist, zB weil sein Aufenthalt unbekannt ist,[3] oder
- **Gefahr im Verzug** besteht.

17 Für die erste Variante dürfte es genügen, wenn die Bekanntgabe an den Betreuer auf **außergewöhnliche Schwierigkeiten** stößt, denn theoretisch kann die Bekanntgabe an den Betreuer immer jedenfalls im Wege der öffentlichen Zustellung (§ 15 Abs. 1 FamFG iVm. § 185 ff. ZPO) bewirkt werden. **Gefahr im Verzug** setzt die Feststellung voraus, dass durch die mit der Bekanntgabe an den Betreuer verbundene zeitliche Verzögerung dem Betroffenen[4] oder – bei einer Betreuerbestellung allein im Drittinteresse – dem Dritten ein Schaden droht.

18 Die Anordnung bedarf – wie aus Abs. 2 Satz 1 Nr. 2 folgt – der **schriftlichen Form** (nur ein Schriftstück kann „übergeben" werden). Sie kann in der Entscheidungsformel des

---

1 Für analoge Anwendung von Abs. 3 Satz 2 in den Fällen des Abs. 2 aber *Abramenko*, § 40 Rz. 14.
2 Ein Ermessensspielraum besteht nicht, *Knittel*, § 69a FGG Rz. 13.
3 Jansen/*Sonnenfeld*, § 69a FGG Rz. 18; Jurgeleit/*Bučić*, § 69a FGG Rz. 10.
4 *Fröschle*, § 69a FGG Rz. 15, eine „Gefahr für das Wohl des Betroffenen" verlangt das Gesetz mE nicht, so aber HK-BUR/*Hoffmann*, § 69a FGG Rz. 35.

bekannt zu gebenden Beschlusses enthalten sein, aber auch in einem gesonderten Beschluss erlassen werden.[1]

Die sofortige Wirksamkeit muss **vom Gericht** angeordnet werden. Das ist beim Betreuungsgericht der Richter oder Rechtspfleger, der die bekannt zu gebende Entscheidung erlassen hat, beim Landgericht die Kammer oder der Einzelrichter, nicht aber der Vorsitzende. Die Anordnung ist nicht anfechtbar.[2] Allenfalls kann das Beschwerdegericht nach § 64 Abs. 3 verfahren.[3] Auch § 58 Abs. 2 ist nicht anzuwenden. Vielmehr unterliegt die Anordnung gar keiner Kontrolle durch die nächste Instanz. Ihre Wirksamkeit ist vom Vorliegen der Voraussetzungen des Abs. 2 Satz 1 nicht abhängig.[4] 19

Die **Bekanntgabe der Anordnung** hat in gleicher Weise zu erfolgen wie die des bekannt zu gebenden Beschlusses. Wird sie nicht zusammen mit dem Beschluss bekannt gegeben, ist sie **wirkungslos**. Es bleibt dann bei Abs. 1. 20

Abs. 1 bleibt daneben anwendbar. Ist der Beschluss dem Betreuer bekannt gegeben worden, bevor eine der in Abs. 2 genannten Alternativen stattgefunden hat, ist er dennoch damit wirksam geworden. 21

Ist die sofortige Wirksamkeit der Endentscheidung angeordnet, wird diese außerdem **wirksam** durch 22

- die Bekanntgabe an den Betroffenen,
- die Bekanntgabe an seinen Verfahrenspfleger und
- die Übergabe des Beschlusses an die Geschäftsstelle des Gerichts zum Zwecke der Bekanntgabe an den Betroffenen oder seinen Verfahrenspfleger (nicht: an den Betreuer).

Entscheidend ist, was davon **zuerst** geschieht.[5] Das bedeutet im Ergebnis, dass die beiden ersten Varianten nur im Falle der Verkündung von Bedeutung sind. Die **Verkündung** bewirkt dann die Wirksamkeit, wenn entweder der Betroffene oder sein Verfahrenspfleger (oder wegen Abs. 1 der Betreuer) dabei anwesend ist. Sonst kommt es immer auf die Übergabe an die Geschäftsstelle an. Anwesend im Rechtssinne ist der Betroffene nicht, wenn er die Entscheidungsformel nicht verstehen kann, weil er nicht hören kann oder sie in einer für ihn unverständlichen Sprache verlesen wird. Auf seine Fähigkeit zur rationalen Verarbeitung des rein sprachlich Verstandenen kommt es wegen § 275 allerdings nicht an.[6] 23

1 HK-BUR/*Hoffmann*, § 69a FGG Rz. 34; Jansen/*Sonnenfeld*, § 69a FGG Rz. 23.

2 Jansen/*Sonnenfeld*, § 69a FGG Rz. 26; *Knittel*, § 69a FGG Rz. 13; Keidel/*Kayser*, § 69a FGG Rz. 11; ob gegen die Anordnung der sofortigen Wirksamkeit durch den Rechtspfleger die befristete Erinnerung nach § 11 Abs. 2 RPflG statthaft ist (so Jansen/*Sonnenfeld*, § 69a FGG Rz. 26), ist mE ebenfalls zweifelhaft, da sie keine Sachentscheidung enthält, sondern nur die Modalitäten des Wirksamwerdens einer anderen Entscheidung betrifft. Jedenfalls ist sie mangels eines Rechtsschutzinteresses nicht mehr zulässig, nachdem die Endentscheidung auch nach Maßgabe von Abs. 1 wirksam geworden wäre, denn auch die erfolgreiche Erinnerung könnte wegen § 47 allenfalls zur Wiederbeseitigung der Wirksamkeit der Hauptsacheentscheidung ex nunc führen.

3 HK-BUR/*Hoffmann*, § 69a FGG Rz. 42.

4 Jurgeleit/*Bučić*, § 69a FGG Rz. 10.

5 *Fröschle*, § 69a FGG Rz. 17; anders HK-BUR/*Hoffmann*, § 69a FGG Rz. 40, die zwischen den drei Varianten des Abs. 2 Satz 1 ein Stufenverhältnis annehmen will, so dass die Übergabe an die Geschäftsstelle nur genügt, wenn weder eine Bekanntgabe an den Betroffenen noch an den Verfahrenspfleger rechtzeitig möglich wäre.

6 LG Nürnberg-Fürth v. 21.12.2006 – 13 T 1059/06, FamRZ 2007, 1269 (LS) = BeckRS 2007 Nr. 12632 (vollständig); Jurgeleit/*Bučić*, § 69a FGG Rz. 11; Jürgens/*Mertens*, § 69a FGG Rz. 11; aA: Jansen/*Sonnenfeld*, § 69a FGG Rz. 22; zweifelnd Keidel/*Kayser*, § 69a FGG Rz. 13.

24 Der **Geschäftsstelle übergeben** ist die Entscheidung, wenn sie vollständig mit Gründen und unterschrieben[1] zusammen mit der Verfügung, sie bekannt zu geben, mit dem Willen des Richters oder Rechtspflegers in den Einflussbereich des Urkundsbeamten der Geschäftsstelle gelangt. Damit Zweifel über den Wirksamkeitszeitpunkt später ausgeschlossen sind, hat der Urkundsbeamte den Zeitpunkt, zu dem die Entscheidung nach Abs. 2 wirksam geworden ist, auf dem Originalbeschluss **zu vermerken** (Abs. 2 Satz 2). Der Vermerk erbringt den vollen Beweis, dass zu dieser Zeit die Wirksamkeit eingetreten ist (vgl. § 418 Abs. 1). Der Gegenbeweis ist möglich, wird aber schwer zu führen sein.

25 Bei anderen als den in Abs. 1 aufgezählten Endentscheidungen ist die Anordnung der sofortigen Wirksamkeit **nicht möglich**. Wird hier ein besonderes Eilbedürfnis gesehen, kann allenfalls eine einstweilige Anordnung nach den allgemeinen Vorschriften (§§ 49 ff.) in Betracht kommen und deren sofortige Vollstreckung mit der Folge der Wirksamkeit ab Erlass (§ 53 Abs. 2 Satz 2) angeordnet werden. Das kann zB in Verfahren über die Herausgabe des Betreuten an den Betreuer (§§ 1908i Abs. 1 Satz 1, 1632 Abs. 1 BGB) von Bedeutung sein (s. auch § 300 Rz. 6).

III. Wirksamwerden in besonderen Fällen

25a Wegen des Wirksamwerdens von Genehmigungen nach § 1905 Abs. 2 Satz 1 BGB s. § 297 Rz. 34 ff. und wegen des Wirksamwerdens von Genehmigungen nach § 1904 Abs. 2 BGB (Abs. 3) s. im Einzelnen § 298 Rz. 36.

C. Rechtsfolgen der Wirksamkeit

26 Die in Abs. 1 genannten Verfahren enden – außer im Fall der Ablehnung – mit einer **Gestaltungsentscheidung**. Mit der Wirksamkeit tritt die rechtsgestaltende Wirkung ex nunc ein. Eine **Rückwirkung** kann nicht angeordnet werden.[2] Deshalb beginnt beim Berufsbetreuer der Zeitraum, für den er vergütet wird, auch mit dem Tag, der auf die **Wirksamkeit** der Bestellung folgt. Das Gericht kann auch nicht beschließen, dass seine Entscheidung erst mit Rechtskraft wirksam werden soll (s. § 40 Rz. 9). Ausnahmsweise **mit Verzögerung** tritt die Wirkung im Fall des § 1908a Satz 2 BGB ein, nämlich am 18. Geburtstag des Betroffenen um 0.00 Uhr.

27 Zur Wirkung einer Aufhebung der Entscheidung s. §§ 47, 306.

§ 288
Bekanntgabe

(1) Von der Bekanntgabe der Gründe eines Beschlusses an den Betroffenen kann abgesehen werden, wenn dies nach ärztlichem Zeugnis erforderlich ist, um erhebliche Nachteile für seine Gesundheit zu vermeiden.

1 HK-BUR/*Hoffmann*, § 69a FGG Rz. 41; Jurgeleit/*Bučić*, § 69a FGG Rz. 12; Jürgens/*Mertens*, § 69a FGG Rz. 10.
2 OLG Hamm v. 16.3.2006 – 15 W 355/05, FGPrax 2006, 161.

(2) Das Gericht hat der zuständigen Behörde den Beschluss über die Bestellung eines Betreuers oder die Anordnung eines Einwilligungsvorbehalts oder Beschlüsse über Umfang, Inhalt oder Bestand einer solchen Maßnahme stets bekannt zu geben. Andere Beschlüsse sind der zuständigen Behörde bekannt zu geben, wenn sie vor deren Erlass angehört wurde.

A. Allgemeines

§ 288 ersetzt § 69a Abs. 1 und 2 FGG aF und befasst sich mit der Bekanntgabe der Endentscheidung an den Betroffenen (Abs. 1) und an die Betreuungsbehörde (Abs. 2). Er ist inhaltlich unverändert aus § 300 RefE hervorgegangen. 1

Die **Anwendungsbereiche** der beiden Absätze sind verschieden: 2
- Abs. 1 betrifft alle Entscheidungen in Betreuungssachen.
- Abs. 2 betrifft Entscheidungen in Verfahren der in § 274 Abs. 3 genannten Art. Das ist weiter als bei der Vorgängernorm,[1] was vermutlich der Grund für die in § 294 Abs. 1 enthaltene überflüssige Verweisung ist (vgl. § 294 Rz. 10).

Das Verfahrensergebnis ist nicht entscheidend. Auch **ablehnende** Entscheidungen werden von § 288 erfasst.[2] 3

B. Inhalt der Vorschrift

I. Bekanntgabe an den Betroffenen (Absatz 1)

§ 69a Abs. 1 Satz 1 FGG aF bestimmte, dass einige Endentscheidungen in Betreuungssachen dem Betroffenen stets selbst bekannt zu machen waren. Das hielt der Gesetzgeber für entbehrlich, weil dem Betroffenen ja als Verfahrensbeteiligtem schon nach § 41 alle Entscheidungen bekannt gemacht werden müssen.[3] Indessen war das auch vorher schon so.[4] Hauptbedeutung von § 69a Abs. 1 Satz 1 FGG aF war, dass er die Bekanntmachung an einen Stellvertreter (Verfahrenspfleger, Verfahrensbevollmächtigten, Zustellungsbevollmächtigten oder gesetzlichen Vertreter) ausschloss.[5] Entscheidungen, für die § 69a Abs. 1 Satz 1 FGG aF galt, mussten dem Betroffenen stets **persönlich** bekannt gemacht werden. 4

Das gilt nun **nicht mehr**. Die Bekanntgabe an den Betroffenen kann, soweit er im Verfahren vertreten wird, wie bei jedem anderen Beteiligten auch an den Vertreter geschehen. Hat er einen **Verfahrensbevollmächtigten**, ist dies für die **Zustellung** durch § 15 Abs. 1 FamFG iVm. § 170 Abs. 1 ZPO sogar **vorgeschrieben**. Die Bekanntgabe an den **Verfahrenspfleger** ersetzt diejenige an den Betroffenen dagegen nach wie vor nicht, 5

1 BT-Drucks. 16/6308, S. 269.
2 So zur Vorgängernorm HK-BUR/*Hoffmann*, § 69a FGG Rz. 5.
3 BT-Drucks. 16/6308, S. 269, übersehend, dass § 41 Abs. 1 Satz 1 nur die Bekanntgabe an die Beteiligten und gerade nicht an sie „selbst" vorschreibt.
4 *Fröschle*, § 69a FGG Rz. 3.
5 OLG München v. 16.5.2007 – 33 Wx 25/07, NJOZ 2007, 3155 (zum gesetzlichen Vertreter); BayObLG v. 8.7.1999 – 3 Z BR 186/99, NJW-RR 2001, 583; Jansen/*Sonnenfeld*, § 69a FGG Rz. 2; HK-BUR/*Hoffmann*, § 69a FGG Rz. 13 (zum Verfahrensbevollmächtigten); Keidel/*Kayser*, § 69a FGG Rz. 2; *Fröschle*, § 69a FGG Rz. 4; Jurgeleit/*Bučić*, § 69a FGG Rz. 4; Jürgens/*Mertens*, § 69a FGG Rz. 2.

weil er den Betroffenen nicht mehr vertreten kann (vgl. § 274 Rz. 29). Wegen der weiteren Einzelheiten zur Bekanntgabe wird im Übrigen auf die Kommentierung zu § 15 verwiesen.

6 Abs. 1 erlaubt – wie zuvor § 69a Abs. 1 Satz 2 FGG aF –, von der **Bekanntgabe der Entscheidungsgründe** an den Betroffenen abzusehen, wenn durch ein ärztliches Zeugnis feststeht, dass dies seiner Gesundheit abträglich wäre.

7 Die Anwendung von Abs. 1 setzt die eindeutige Prognose[1] voraus, dass für den Fall, dass der Betroffene von den Entscheidungsgründen erfährt, eine **erhebliche Gefahr** für seine Gesundheit droht.[2] Das Gericht hat eine Güterabwägung zwischen der Gesundheit des Betroffenen und seinem Anspruch auf rechtliches Gehör vorzunehmen.[3] Lediglich mittelbare Beeinträchtigungen, die zB dadurch entstehen, dass der Betroffene den Kontakt zu einer Vertrauensperson abbrechen könnte, genügen nicht.[4] Früher ist vertreten worden, dass ein Absehen von der Bekanntgabe der Gründe nicht in Frage kommt, wenn sie dem Betroffenen in anderer geeigneter Form ohne Gefahr bekannt gegeben werden können.[5] Das mag zwar nach wie vor möglich sein, erfordert nun aber gleichwohl einen Beschluss nach Abs. 1, denn das Gesetz schreibt die schriftliche Bekanntgabe nun in jedem Fall – auch nach vorausgegangener Verkündung – zwingend vor (vgl. § 41 Abs. 2 Satz 4).

8 Die Gesundheitsgefahr muss durch ein **ärztliches Zeugnis** (§ 281 Rz. 12 ff.) belegt sein.

9 Abgesehen werden kann nur von der Bekanntgabe der Gründe. Die **Entscheidungsformel** ist dem Betroffenen in jedem Fall bekannt zu geben.[6]

10 Die Anwendung von Abs. 1 führt zu einer **Verkürzung des rechtlichen Gehörs**. Die Entscheidungsgründe sind statt dem Betroffenen einem Beteiligten bekannt zu geben, der seine Interessen wahrnimmt (vgl. § 276 Rz. 9). Existiert ein solcher nicht, muss das Gericht einen **Verfahrenspfleger** bestellen, um diesem die Gründe bekannt zu geben.[7]

11 Wird der Betroffene im Verfahren durch einen **Verfahrensbevollmächtigten** oder, wo dies zulässig ist, **gesetzlich vertreten**, kommt – aus den unter Rz. 5 erwähnten Gründen – eine Anwendung von Abs. 1 nicht mehr in Frage. Es ist dann Sache des Vertreters, zu entscheiden, ob und wie er den Betroffenen über die Entscheidungsgründe informiert.

12 Das Gericht[8] entscheidet über die Nichtbekanntgabe der Entscheidungsgründe durch **Beschluss**, der in der Endentscheidung enthalten sein kann. Der **Beschwerde** unterliegt er, da keine Endentscheidung, nicht. Soweit er früher für anfechtbar gehalten

1 Im Zweifel sind ihm die Gründe bekannt zu geben, Jansen/*Sonnenfeld*, § 69a FGG Rz. 5.

2 Die gewöhnlich mit der Bekanntgabe einer Gerichtsentscheidung verbundenen, nervositätsbedingten gesundheitlichen Beeinträchtigungen genügen nicht, BayObLG v. 8.7.1999 – 3 Z BR 186/99, NJW-RR 2001, 583.

3 BayObLG v. 8.7.1999 – 3 Z BR 186/99, NJW-RR 2001, 583.

4 OLG Frankfurt v. 20.5.2003 – 20 W 161/03, BtPrax 2003, 222; s. aber KG v. 28.3.2006 – 1 W 71/06, FGPrax 2006, 159, dem das für eine Nichtbekanntgabe des Gutachtens ausreichen würde.

5 HK-BUR/*Hoffmann*, § 69a FGG Rz. 9; Keidel/*Kayser*, § 69a FGG Rz. 3; *Fröschle*, § 69a FGG Rz. 7.

6 Keidel/*Kayser*, § 69a FGG Rz. 2; Jansen/*Sonnenfeld*, § 69a FGG Rz. 7; *Jürgens/Kröger/Marschner/Winterstein*, Rz. 407; BtKomm/*Roth*, A Rz. 163; Jurgeleit/*Bučić*, § 69a FGG Rz. 7.

7 *Fröschle*, § 69a FGG Rz. 9; § 37 Abs. 2 muss in Bezug auf den Verfahrenspfleger in diesem Spezialfall wohl nicht beachtet werden.

8 Nicht der Vorsitzende, HK-BUR/*Hoffmann*, § 69a FGG Rz. 10; *Bassenge*/Roth, § 69a FGG Rz. 2.

wurde,[1] ist das überholt. Hat das Gericht die Nichtbekanntgabe der Gründe zu Unrecht beschlossen, ist dies vielmehr – als Verstoß gegen Art. 103 Abs. 1 GG – mit der **Anhörungsrüge** (§ 44) geltend zu machen.

II. Bekanntgabe an die Betreuungsbehörde (Absatz 2)

Ist die Betreuungsbehörde nach § 274 Abs. 3 auf ihren Antrag als **Verfahrensbeteiligte** zum Verfahren hinzugezogen worden, gilt § 41 für die Bekanntgabe auch an sie. Abs. 2 regelt die Bekanntgabe von Endentscheidungen an die Behörde in Verfahren, an denen sie **nicht beteiligt** worden ist. 13

Der Betreuungsbehörde ist die Endentscheidung in allen Betreuungssachen bekannt zu geben (nicht lediglich mitzuteilen), wenn sie im Verfahren **angehört** worden ist (Abs. 2 Satz 2). Es spielt dafür keine Rolle, ob die Anhörung der Behörde vorgeschrieben war (vgl. dazu § 279 Rz. 11 ff.), auch ob die Behörde ein Interesse an der Endentscheidung gezeigt hat, ist nicht entscheidend. Für die Bekanntgabe gilt nur § 15, nicht § 41, denn der betrifft nur Beteiligte. 14

Auch wenn die Behörde weder angehört noch beteiligt wurde, sind ihr nach Abs. 2 Satz 1 Endentscheidungen bekannt zu geben, die **Bestand, Umfang oder Inhalt** der Betreuerbestellung oder des Einwilligungsvorbehalts betreffen. Das sind die Endentscheidungen in allen Verfahren, an denen die Betreuungsbehörde nach § 274 Abs. 3 **hätte beteiligt werden können** (s. dazu im Einzelnen § 274 Rz. 31 ff.). Auf den Ausgang des Verfahrens kommt es nicht an. Auch ein Beschluss, durch den die Entlassung des Betreuers oder die Aufhebung des Einwilligungsvorbehalts **abgelehnt** wird, ist der Betreuungsbehörde daher stets bekannt zu geben. 15

Abs. 2 stellt damit zugleich sicher, dass der Betreuungsbehörde jede Entscheidung bekannt gegeben wird, gegen die ihr nach § 303 Abs. 1 die **Beschwerde** zusteht.[2] 16

Eine **weitere Pflicht** zur Bekanntgabe an die Betreuungsbehörde enthält § 297 Abs. 3 Satz 3. 17

III. Sonstige Bekanntgaben

Für die Bekanntgabe an **Verfahrensbeteiligte** gilt § 41 Abs. 1. Danach sind Entscheidungen ihnen immer bekannt zu geben, früher angestellte Überlegungen, ob das die Geheimhaltungsinteressen des Betroffenen verletzen könnte,[3] erübrigen sich nun. 18

Außer an die Verfahrensbeteiligten und im Falle des Abs. 2 an die Betreuungsbehörde erfolgt jedoch **keine Bekanntgabe**. Auch die (formlose) **Mitteilung** der Entscheidung an Dritte ist nur zulässig, soweit §§ 308 bis 311 sie vorsehen. 19

1 BayObLG v. 8.7.1999 – 3 Z BR 186/99, NJW-RR 2001, 583.
2 BT-Drucks. 16/6308, S. 269.
3 S. dazu zB Bienwald/*Sonnenfeld*/Hoffmann, § 69a FGG Rz. 22; Jürgens/*Mertens*, § 69a FGG Rz. 6.

§ 289
Verpflichtung des Betreuers

(1) Der Betreuer wird mündlich verpflichtet und über seine Aufgaben unterrichtet. Das gilt nicht für Vereinsbetreuer, Behördenbetreuer, Vereine, die zuständige Behörde und Personen, die die Betreuung im Rahmen ihrer Berufsausübung führen, sowie nicht für ehrenamtliche Betreuer, die mehr als eine Betreuung führen oder in den letzten zwei Jahren geführt haben.

(2) In geeigneten Fällen führt das Gericht mit dem Betreuer und dem Betroffenen ein Einführungsgespräch.

A. Allgemeines

1 § 289 ist an die Stelle von § 69b Abs. 1 und Abs. 3 FGG aF getreten. Abs. 1 Satz 1 und Abs. 3 enthalten gegenüber dem FGG keine Änderungen. Der Kreis der Betreuer, die mündlich verpflichtet werden, ist jedoch **erheblich eingeschränkt** worden. Nach § 301 Abs. 1 Satz 2 RefE sollten, einer alten Forderung der Literatur[1] folgend, die Berufsbetreuer davon ausgenommen werden. Der RegE hat das dann noch auf andere erfahrene Einzelbetreuer ausgedehnt.

2 Die mündliche Verpflichtung hat damit weiter **an Bedeutung verloren**, nachdem sie schon durch das BtG ihren konstitutiven Charakter eingebüßt hatte.

3 Anwendbar ist § 289 nach **jeder Bestellung** eines Betreuers, gleichgültig, ob es sich um die Erstbestellung, die Bestellung eines weiteren Betreuers oder die Neubestellung bei einem Betreuerwechsel handelt.[2] Unklar ist, inwieweit die Norm bei der Bestellung eines **Gegenbetreuers** anwendbar ist.[3] Abs. 2 ist es jedenfalls nicht, denn zwischen Betreutem und Gegenbetreuer braucht keine Kommunikation hergestellt zu werden.[4]

4 **Nicht anwendbar** ist § 289 bei allen Entscheidungen, durch die sich die Person des Betreuers nicht ändert, also bei Erweiterung,[5] Einschränkung oder Verlängerung[6] der Betreuung und auch nicht, wenn eine vorläufige Betreuerbestellung durch Hauptsacheentscheidung bestätigt wird.

---

1 Bienwald/*Sonnenfeld*/Hoffmann, § 69b FGG Rz. 11.

2 HK-BUR/*Bauer*, § 69b FGG Rz. 17; BtKomm/*Dodegge*, B Rz. 130; *Fröschle*, § 69b FGG Rz. 2; Jurgeleit/*Bučić*, § 69b FGG Rz. 2.

3 Dafür: BtKomm/*Dodegge*, B Rz. 130.

4 Bienwald/*Sonnenfeld*/Hoffmann, § 69b FGG Rz. 25. Ob der Gegenbetreuer zum Einführungsgespräch zugezogen werden kann, wie ich in *Fröschle*, § 69b FGG Rz. 10 noch angenommen habe, erscheint mir inzwischen zweifelhaft, wenn, dann allenfalls auf – für ihn – freiwilliger Basis.

5 Str., wie hier: Jurgeleit/*Bučić*, § 69b FGG Rz. 2; *Bassenge*/Roth, § 69b FGG Rz. 1; aA Jansen/*Sonnenfeld*, § 69b FGG Rz. 2, 3 (bei jeder Erweiterung); *Fröschle*, § 69b FGG Rz. 6 (im Ermessen des Rechtspflegers); *Formella*, BtPrax 1995, 198, 201 (nur bei gravierenden Änderungen); HK-BUR/*Bauer*, § 69b FGG Rz. 12, 18 und BtKomm/*Dodegge*, B Rz. 130 (bei nicht nur unwesentlichen Änderungen).

6 HK-BUR/*Bauer*, § 69b FGG Rz. 19; *Fröschle*, § 69b FGG Rz. 6; BtKomm/*Dodegge*, B Rz. 130; Jurgeleit/*Bučić*, § 69b FGG Rz. 2; *Bassenge*/Roth, § 69b FGG Rz. 1.

B. Inhalt der Vorschrift

I. Mündliche Verpflichtung (Absatz 1)

Ein neu bestellter Betreuer ist vom Vormundschaftsgericht mündlich zu verpflichten und auf seine Aufgaben hinzuweisen (Abs. 1 Satz 1). Das gilt aber nach Abs. 1 Satz 2 nicht[1] für 5

- institutionelle Betreuer (Verein oder Behörde, § 1900 BGB),
- Vereinsbetreuer iSv. § 1897 Abs. 2 Satz 1 BGB,
- Behördenbetreuer iSv. § 1897 Abs. 2 Satz 2 BGB,
- Einzelbetreuer, bei denen zugleich nach §§ 1908i Abs. 1 Satz 1, 1836 Abs. 1 Satz 2 BGB die Berufsmäßigkeit festgestellt wird und
- andere Einzelbetreuer, die in den letzten zwei Jahren mehr als eine Betreuung geführt haben.

Letzteres setzt voraus, dass dem Betreuer vorher schon **zwei andere Betreuungen** übertragen waren, von denen keine über zwei Jahre vor der jetzigen Bestellung geendet hat. Maßgeblich dürfte dafür der Zeitpunkt der Wirksamkeit der jetzigen Bestellung sein. 6

Die Ausnahme der **dritten Betreuung** setzt ebenso wenig wie diejenige für Berufsbetreuer voraus, dass in einer vorangegangenen Betreuung eine mündliche Verpflichtung stattgefunden hat. Beim Berufsbetreuer leuchtet das ein. Seiner ersten Bestellung geht nach § 1897 Abs. 7 BGB eine besondere Eignungsprüfung voraus, in deren Rahmen die Betreuungsbehörde prüfen wird, ob er die Betreuerpflichten kennt. Bei demjenigen, der innerhalb von zwei Jahren die insgesamt dritte Betreuung annimmt, wird diese Kenntnis vom Gesetz nun unterstellt.[2] Hat das Gericht hieran Zweifel, kann es ein Einführungsgespräch nach Abs. 3 führen. 7

Anders als beim Vormund oder Pfleger hat die mündliche Verpflichtung **keine konstitutive Bedeutung**. Die Wirksamkeit der Bestellung folgt allein § 287. 8

Die Verpflichtung hat mündlich im direkten Gespräch zu erfolgen. Die persönliche[3] **Anwesenheit** des Betreuers ist dazu erforderlich. Eine telefonische Verpflichtung genügt nicht.[4] Ggf. kann das Gericht aber die Bestellung im Wege der Rechtshilfe durch ein anderes Gericht vornehmen lassen.[5] Der Betreuer ist unter Anordnung des persönlichen Erscheinens zur mündlichen Verpflichtung zu **laden**. Erscheint er nicht, kann das Gericht nach § 33 Abs. 3 vorgehen,[6] falls es ihn nicht entlässt, weil die Weigerung, zur Verpflichtung zu erscheinen, Zweifel an seiner Eignung begründet.[7] 9

1 Bei der materiellrechtlichen Pflicht, sie in ihre Aufgaben einzuführen (§§ 1908i Abs. 1 Satz 1, 1837 Abs. 1 Satz 2 BGB), bleibt es auch für diese Betreuer, vgl. *Formella*, BtPrax 1995, 198, nur ist sie an keine besonderen Formalien geknüpft.

2 Und zwar allein auf Grund der Erfahrung, die er mit Betreuungen schon besitzt, BT-Drucks. 16/6308, S. 269. Dass diese auch im Gedächtnis haften bleibt, scheint der Gesetzgeber aber nicht annehmen zu wollen.

3 HK-BUR/*Bauer*, § 69b FGG Rz. 10; *Knittel*, § 69b FGG Rz. 1; Keidel/*Kayser*, § 69b FGG Rz. 3; Bienwald/*Sonnenfeld*/Hoffmann, § 69b FGG Rz. 6.

4 KG v. 2.8.1994 – 1 W 1905/93, FamRZ 1994, 1600; *Knittel*, § 69b FGG Rz. 1; Jürgens/*Mertens*, § 69b FGG Rz. 2; *Bassenge*/Roth, § 69b FGG Rz. 2; aA Jansen/*Sonnenfeld*, § 69b FGG Rz. 5.

5 HK-BUR/*Bauer*, § 69b FGG Rz. 11; *Fröschle*, § 69b FGG Rz. 3; BtKomm/*Dodegge*, B Rz. 135.

6 HK-BUR/*Bauer*, § 69b FGG Rz. 14.

7 HK-BUR/*Bauer*, § 69b FGG Rz. 15.

10 In der Literatur werden die verschiedensten Thesen dazu vertreten, was den **Inhalt** des Hinweises des Gerichts auf die Aufgaben des Betreuers betrifft. Jedenfalls gehört hierzu der Hinweis auf die Inhalte der §§ 1901, 1902 BGB,[1] auf die Grenzen der gesetzlichen Vertretungsmacht (§§ 1908i Abs. 1 Satz 1, 1795, 181 BGB), auf die Genehmigungserfordernisse bei bestimmten wichtigen Geschäften und anderen Handlungen,[2] auf die Pflicht zum jährlichen Bericht über die persönlichen Verhältnisse und, falls die Vermögenssorge zum Aufgabenkreis gehört, auf die Pflicht zur Erstellung eines Vermögensverzeichnisses und zur jährlichen Rechnungslegung.[3] Das Gericht kann sich darauf beschränken, allgemeine Hinweise zu geben und im Übrigen auf ein von ihm ausgehändigtes **Merkblatt** verweisen.[4]

11 Weist die Betreuung **außergewöhnliche Schwierigkeiten** auf, mit denen der Betreuer nicht unbedingt rechnen muss, ist der Betreuer bei der Verpflichtung auch hierauf hinzuweisen.[5] Ansonsten aber braucht das Gericht auf die psychosoziale Seite der Betreuertätigkeit nicht weiter einzugehen,[6] weil ihm dazu schon die Kompetenz fehlt. Es weist den Betreuer ggf. auf die diesbezügliche Beratungs- und Unterstützungspflicht der Betreuungsbehörde aus § 4 Satz 1 BtBG hin.

II. Einführungsgespräch (Absatz 2)

12 Das als **Dreiergespräch** zwischen Rechtspfleger, Betreuer und Betroffenem ausgestaltete Einführungsgespräch des Abs. 2 sollte nach der Vorstellung des Gesetzgebers des BtG dazu dienen, ein Vertrauensverhältnis zwischen Betreuer und Betroffenem begründen zu helfen.[7] Ob es dazu wirklich geeignet ist, ist jedoch zweifelhaft. Ob eine Kommunikation zwischen beiden überhaupt möglich ist, sollte das Gericht schon bei der Auswahl des Betreuers geprüft haben. So ist denn mehr als unklar, wann ein iSv. Abs. 2 „geeigneter" Fall vorliegt.[8] Der Rechtspfleger dürfte hierfür einen weiten Beurteilungsspielraum besitzen.[9] Auch die Ansichten, wie oft ein Einführungsgespräch geführt werden muss, gehen sehr weit auseinander.[10]

1 Jansen/*Sonnenfeld*, § 69b FGG Rz. 9.

2 Bienwald/*Sonnenfeld*/Hoffmann, § 69b FGG Rz. 8; *Jürgens/Kröger/Marschner/Winterstein*, Rz. 414.

3 *Fröschle*, § 69b FGG Rz. 4; Jurgeleit/*Bučić*, § 69b FGG Rz. 5.

4 *Knittel*, § 69b FGG Rz. 4; *Fröschle*, § 69b FGG Rz. 4; Jurgeleit/*Bučić*, § 69b FGG Rz. 6; aA HK-BUR/*Bauer*, § 69b FGG Rz. 43; BtKomm/*Dodegge*, B Rz. 133; Jürgens/*Mertens*, § 69b FGG Rz. 2.

5 BayObLG v. 22.1.2003 – 3 Z BR 185/02, FamRZ 2003, 783; KG v. 2.8.1994 – 1 W 1905/93, FamRZ 1994, 1600.

6 So aber Jansen/*Sonnenfeld*, § 69b FGG Rz. 8.

7 BT-Drucks. 11/4528, S. 176.

8 Vertreten wird: immer, wenn eine Verständigung mit dem Betroffenen möglich ist (*Formella*, BtPrax 1995, 198 f.; Bienwald/*Sonnenfeld*/Hoffmann, § 69b FGG Rz. 25); wenn er seinen Willen kundtun kann (Jansen/*Sonnenfeld*, § 69b FGG Rz. 21); wenn eine Verständigung mit dem Betroffenen möglich ist und der Betreuer „bedeutsame Aufgaben" zu erfüllen hat (Jurgeleit/*Bučić*, § 69b FGG Rz. 10; Jürgens/*Mertens*, § 69b FGG Rz. 5; iE ähnlich auch HK-BUR/*Bauer*, § 69b FGG Rz. 71 ff.); wenn eine umfangreiche Vermögensverwaltung zu leisten oder ein Einwilligungsvorbehalt angeordnet ist (Keidel/*Kayser*, § 69b Rz. 9).

9 *Knittel*, § 69b FGG Rz. 9. Dagegen sehen Keidel/*Kayser*, § 69b Rz. 9; *Fröschle*, § 69b FGG Rz. 9; BtKomm/*Dodegge*, B Rz. 140 und Jürgens/*Mertens*, § 69b FGG Rz. 5 ein Ermessen als eröffnet an; das findet aber im Gesetz keine Stütze, so zu Recht HK-BUR/*Bauer*, § 69b FGG Rz. 63.

10 *Lantzerath*, BtPrax 1996, 66 f. geht davon aus, dass es viel mehr „geeigneter Fälle" als tatsächlich geführte Einführungsgespräche gibt und schlägt einen Begründungszwang für das Absehen vom Einführungsgespräch vor. *Knittel*, § 69b FGG Rz. 9 meint dagegen, dass es „in der Regel entbehrlich" sei.

Abs. 2 enthält **keine Einschränkungen**. Ein Einführungsgespräch kann für alle Arten von Betreuungen angeordnet werden. Ist die Behörde oder ein Verein als Institution zum Betreuer bestellt, wird es mit der Person geführt, der die Institution die Führung der Betreuung nach § 1900 Abs. 2, Abs. 4 Satz 2 BGB übertragen hat. 13

Hat das Gericht ein Einführungsgespräch angeordnet, ist **der Betreuer** zum Erscheinen verpflichtet. Das Gericht kann sein persönliches Erscheinen nach § 33 Abs. 1 anordnen und mit den **Ordnungsmitteln** des § 33 Abs. 3 erzwingen,[1] soweit nicht §§ 1908i Abs. 1 Satz 1, 1837 Abs. 3 BGB oder § 1908g Abs. 1 BGB entgegenstehen. Ob der **Betroffene** zum Erscheinen verpflichtet ist, ist zweifelhaft, kann allerdings wohl nun[2] aus § 27 Abs. 1 folgen. Jedenfalls aber kann § 33 gegen ihn nicht angewendet werden (vgl. § 296 Rz. 9). 14

Zum **Inhalt** des Einführungsgesprächs gibt das Gesetz keinen Hinweis. Es soll dazu dienen, zu einer vertrauensvollen Beziehung zwischen Betreuer und Betreutem beizutragen. Dazu wird es sich empfehlen, über die Rolle des Betreuers, seine Aufgabenkreise und die schon absehbaren Perspektiven für seine Tätigkeit zu sprechen,[3] doch liegt die Gestaltung des Gesprächs im Ermessen des Gerichts. 15

C. Verfahrensfragen

Mündliche Verpflichtung und Einführungsgespräch gehören nicht mehr zum Bestellungsverfahren, sondern schon zur **Überwachung** des bestellten Betreuers. Sie setzen die **Wirksamkeit** der Betreuerbestellung voraus, nicht aber deren Rechtskraft. Zur Zuständigkeit für die in § 289 genannten Verfahrenshandlungen s. § 290 Rz. 15 ff. 16

Die Anordnung des Rechtspflegers, eine mündliche Verpflichtung oder ein Einführungsgespräch durchzuführen, ist für den Betreuer nach § 57 Abs. 1 mit der Beschwerde **anfechtbar**, weil sie unmittelbar eine durchsetzbare Pflicht zum Erscheinen begründet. Sie geht auch keiner anderen Entscheidung voraus und ist damit **Endentscheidung** iSv. § 38. Ansonsten kann weder die Entscheidung, eine Handlung nach § 289 durchzuführen, noch sie nicht durchzuführen, angefochten werden, weil dadurch niemand in eigenen Rechten verletzt wird. 17

§ 290
Bestellungsurkunde

Der Betreuer erhält eine Urkunde über seine Bestellung. Die Urkunde soll enthalten:

1. die Bezeichnung des Betroffenen und des Betreuers;

2. bei Bestellung eines Vereinsbetreuers oder Behördenbetreuers diese Bezeichnung und die Bezeichnung des Vereins oder der Behörde;

3. den Aufgabenkreis des Betreuers;

1 HK-BUR/*Bauer*, § 69b FGG Rz. 66; Jurgeleit/*Bučić*, § 69b FGG Rz. 9.

2 Zum alten Recht ist es verneint worden: HK-BUR/*Bauer*, § 69b FGG Rz. 68; Bienwald/*Sonnenfeld*/Hoffmann, § 69b FGG Rz. 25.

3 *Formella*, BtPrax 1995, 198 (199).

4. bei Anordnung eines Einwilligungsvorbehalts die Bezeichnung des Kreises der einwilligungsbedürftigen Willenserklärungen;

5. bei der Bestellung eines vorläufigen Betreuers durch einstweilige Anordnung das Ende der einstweiligen Maßnahme.

A. Allgemeines

1 Die Norm entspricht im Wesentlichen § 69b Abs. 2 FGG aF. Sie war als § 302 im RefE noch mit dem alten Inhalt enthalten. Die ersten vier Nummern entsprechen der Vorgängernorm, Nr. 5 ist mit dem RegE angefügt worden.

B. Inhalt der Vorschrift

I. Zweck und Inhalt der Bestellungsurkunde

2 Die in der Praxis meist als „Betreuerausweis" bezeichnete Bestellungsurkunde dient dem Nachweis der Betreuung und des Einwilligungsvorbehalts im Rechtsverkehr.[1] ihr notwendiger Inhalt ist daher an die **Erfordernisse des Rechtsverkehrs** anzupassen. Was ein Dritter, der mit dem Betreuer – oder dem Betreuten – zu tun hat, über die Betreuung wissen muss, ist in die Bestellungsurkunde aufzunehmen. Die Aufzählung im Gesetz ist schon zur Vorgängernorm nicht als abschließend begriffen worden.[2]

3 Die Bezeichnung der **Person** des Betreuers und des Betreuten (Nr. 1) muss für eine eindeutige Identifizierung genügen. Es gilt hier nichts anderes als zur Bezeichnung der Beteiligten im Beschlusseingang (s. dazu § 38 Rz. 8 ff.).

4 Wird ein **Vereins- oder Behördenbetreuer** bestellt, muss der Ausweis nach Nr. 2 darüber Auskunft geben, welche Institution hinter dem Betreuer steht. Wozu das vorgeschrieben ist, ist nicht völlig klar, denn es ist für den Rechtsverkehr eigentlich ohne Belang. Wird **die Institution** nach § 1900 BGB als solche zum Betreuer bestellt, enthält die Bestellungsurkunde nur deren Bezeichnung. Wer für die Institution tatsächlich tätig wird, bestimmt die Institution. Es ist dann auch ihre Sache, ein entsprechendes Dokument auszustellen. Die Aushändigung der der Behörde erteilten Bestellungsurkunde an einen Mitarbeiter oder ein Mitglied dürfte im Übrigen eine konkludente Aufgabenübertragung enthalten, so dass der Rechtsverkehr sich letztlich nur den der Institution erteilten Ausweis vorlegen zu lassen braucht.

5 Die Bestellungsurkunde muss ferner den **Aufgabenkreis** des Betreuers angeben (Nr. 3), da sich daraus nach § 1902 BGB der für den Rechtsverkehr entscheidende **Umfang seiner Vertretungsmacht** ergibt. Hat das Gericht die Vertretungsmacht des Betreuers durch eine Entscheidung nach §§ 1908i Abs. 1 Satz 1, 1796 BGB **eingeschränkt**, ist das daher ebenfalls anzugeben.[3] Nichts anderes gilt, wenn das Gericht die gesetzliche Befreiung von einem Genehmigungserfordernis zurückgenommen (nämlich nach § 1908i Abs. 2 Satz 2 BGB „etwas anderes angeordnet") hat.[4] Die Idee, dem Betreuer

1 *Knittel*, § 69b FGG Rz. 6; Bienwald/*Sonnenfeld*/Hoffmann, § 69b FGG Rz. 12; *Fröschle*, § 69b FGG Rz. 12.

2 Bienwald/*Sonnenfeld*/Hoffmann, § 69b FGG Rz. 14; BtKomm/*Dodegge*, B Rz. 138.

3 *Fröschle*, § 69b FGG Rz. 12.

4 Die Befreiung selbst ist entgegen Bienwald/*Sonnenfeld*/Hoffmann, § 69b FGG Rz. 23 nicht aufzunehmen, da sie sich ohne Schwierigkeiten aus dem Gesetz ableiten lässt.

mehrere Ausweise für Teilbereiche der Betreuung auszuhändigen,[1] findet im Gesetz keine Stütze.

6 Ist ein **Einwilligungsvorbehalt** angeordnet, so ist er inklusive seines in der Beschlussformel festgelegten Umfangs in die Bestellungsurkunde aufzunehmen (Nr. 4). Das dient dem Nachweis der in den §§ 108 ff. BGB genannten Beschränkungen der Geschäftsfähigkeit des Betreuten.

7 Ist der Betreuer lediglich durch **einstweilige Anordnung** bestellt – und noch keine Hauptsacheentscheidung ergangen – muss die Bestellungsurkunde schließlich auch noch den Zeitpunkt angeben, zu dem die einstweilige Anordnung nach § 302 außer Kraft tritt (Nr. 5). Das steht zwar neu im Gesetz, ist von der Literatur jedoch vorher schon angenommen worden.[2] Der Überprüfungszeitpunkt nach §§ 294 Abs. 3, 295 Abs. 2 BGB ist dagegen nicht aufzunehmen. Da er keine konstitutive Bedeutung hat (s. § 295 Rz. 3), ist er für den Rechtsverkehr uninteressant.

II. Bestellung mehrerer Betreuer

8 Sind mehrere Betreuer bestellt, erhält grundsätzlich jeder von ihnen eine **eigene Bestellungsurkunde**.[3] Über den durch das Gesetz festgelegten Inhalt hinaus muss sich daraus ergeben, inwiefern die Bestellung mehrerer Betreuer die Vertretungsmacht des einzelnen einschränkt. Überschneiden sich die Aufgabenkreise ganz oder teilweise, muss daher jede Bestellungsurkunde den Hinweis enthalten, dass für den entsprechenden Aufgabenkreis **ein weiterer Betreuer** bestellt ist,[4] es sei denn, das Gericht hat – abweichend von §§ 1908i Abs. 1 Satz 1, 1797 Abs. 1 BGB – dem Betreuer Alleinvertretungsmacht verliehen.

9 Bei der Bestellung eines **Verhinderungsbetreuers** iSv. § 1899 Abs. 4 BGB ist zu unterscheiden: Wird er wegen einer bereits **bestehenden Verhinderung** bestellt, kann er – so lange diese andauert – uneingeschränkt amtieren. Ihm ist daher eine Bestellungsurkunde ohne besondere Einschränkungen zu erteilen,[5] die er bei Beendigung der Verhinderung zurückzugeben hat, da dadurch sein Amt – auch ohne Entlassung – ohne Weiteres endet.[6] Wird der Betreuer dagegen wegen einer **bevorstehenden Verhinderung** vorsorglich bestellt, muss sich aus der Bestellungsurkunde ergeben, dass der Betreuer nur für den Fall dieser Verhinderung bestellt wird.[7] Das führt zwar zu erheblichen Schwierigkeiten in der Praxis, die jedoch lösbar sind. Die früher vertretene Auffassung, dem Haupt- und dem Ersatzbetreuer sei dann nur eine Urkunde zu erteilen, die der Haupt- dem Ersatzbetreuer auszuhändigen habe,[8] bietet keine Lösung mehr, seit mit

1 Bienwald/*Sonnenfeld*/Hoffmann, § 69b FGG Rz. 17; Jurgeleit/*Bučić*, § 69b FGG Rz. 8; *Jürgens/Kröger/Marschner/Winterstein*, Rz. 417.

2 HK-BUR/*Bauer*, § 69b FGG Rz. 59; Bienwald/*Sonnenfeld*/Hoffmann, § 69b FGG Rz. 21; BtKomm/*Dodegge*, B Rz. 138; *Fröschle*, § 69b FGG Rz. 12; Jurgeleit/*Bučić*, § 69b FGG Rz. 8.

3 *Fröschle*, § 69b FGG Rz. 13.

4 HK-BUR/*Bauer*, § 69b FGG Rz. 51; Bienwald/*Sonnenfeld*/Hoffmann, § 69b FGG Rz. 14; BtKomm/*Dodegge*, B Rz. 138; *Fröschle*, § 69b FGG Rz. 13.

5 AA Jurgeleit/*Bučić*, § 69b FGG Rz. 8 (Verhinderungsgrund mit anzugeben).

6 *Fröschle*, § 69b FGG Rz. 15.

7 LG Stuttgart v. 15.4.1999 – 2 T 71/99, BtPrax 1999, 200; BtKomm/*Dodegge*, B Rz. 139 wollen aufnehmen, dass die Urkunde nur zusammen mit einer Bescheinigung des Hauptbetreuers über seine Verhinderung wirksam ist, doch kann er an der Ausstellung einer solchen ja gerade verhindert sein.

8 HK-BUR/*Bauer*, § 69b FGG Rz. 52.

dem Inkrafttreten des 2. BtÄndG ein Auftrag des Hauptbetreuers nicht mehr ausreicht, damit der Ersatzbetreuer tätig werden kann.

10 Auch der **Gegenbetreuer** erhält eine Bestellungsurkunde[1] (§§ 1908i Abs. 1 Satz 1, 1792 Abs. 4 BGB). Sie dient dem Nachweis seiner Fähigkeit, bestimmte Rechtsgeschäfte des Betreuers zu genehmigen (vgl. zB §§ 1908i Abs. 1 Satz 1, 1812 Abs. 1 BGB). Die Angabe eines Aufgabenkreises (Nr. 3) entfällt jedoch, da der Gegenbetreuer den Betroffenen nicht vertritt. Auch ein Einwilligungsvorbehalt braucht sich aus der Bestellungsurkunde des Gegenbetreuers nicht zu ergeben.

III. Rückgabe, Abänderung

11 Endet das Amt des Betreuers, muss er die Bestellungsurkunde **zurückgeben**[2] (§§ 1908i Abs. 1 Satz 1, 1893 Abs. 2 Satz 1 BGB). Das Gericht hat ihn hierzu unter Anwendung von §§ 1908i Abs. 1 Satz 1, 1837 Abs. 2 Satz 1 aufzufordern und die Rückgabe ggf. nach § 35 Abs. 1, 3 zu **erzwingen**, soweit dem nicht §§ 1908i Abs. 1 Satz 1, 1837 Abs. 3 Satz 2 BGB oder § 1908g Abs. 1 BGB entgegenstehen.[3]

12 Ändert sich einer der Umstände, die in die Bestellungsurkunde einzutragen sind, ist sie ebenfalls zurückzufordern und entsprechend **abzuändern** oder eine neue Bestellungsurkunde mit verändertem Inhalt auszustellen.[4] Dasselbe soll gelten, wenn die Gerichtszuständigkeit sich geändert hat,[5] also die Betreuung nach §§ 4, 273 an ein anderes Gericht abgegeben wurde. Da dies indessen den Rechtsverkehr nicht weiter betrifft, erscheint es zweifelhaft.

IV. Wirkung

13 Die Bestellungsurkunde genießt weder **öffentlichen Glauben** noch vermag sie sonst einen Rechtsschein zu begründen.[6] Die §§ 172 bis 176 BGB sind auf sie nicht, auch nicht entsprechend, anwendbar.[7] Damit ist zugleich eine entscheidende Schwäche aufgezeigt: Der Rechtsverkehr kann sich auf den Bestand der mit der Bestellungsurkunde dokumentierten Vertretungsmacht nicht verlassen.[8] Jedenfalls bei wichtigeren Vertragschlüssen wird sich ein Dritter daher die Bestellungsurkunde jedes Mal vorlegen lassen, obwohl ihn auch dies nicht davor schützt, dass ihm eine inhaltlich falsche oder nicht mehr gültige Bestellungsurkunde vorgelegt wird.

14 Hat das Gericht schuldhaft eine unrichtige Bestellungsurkunde ausgestellt oder es unterlassen, sie nach Beendigung des Amts des Betreuers zurückzufordern, kann hie-

1 Jansen/*Sonnenfeld*, § 69b FGG Rz. 15; aA *Fröschle*, § 69b FGG Rz. 14: Gegenbetreuer ist in der Bestellungsurkunde des Betreuers anzugeben.
2 HK-BUR/*Bauer*, § 69b FGG Rz. 50; Bienwald/*Sonnenfeld*/Hoffmann, § 69b FGG Rz. 13; BtKomm/*Dodegge*, B Rz. 139; *Bassenge*/Roth, § 69b FGG Rz. 3.
3 HK-BUR/*Bauer*, § 1893 BGB Rz. 5.
4 Bienwald/*Sonnenfeld*/Hoffmann, § 69b FGG Rz. 17; Jurgeleit/*Bučić*, § 69b FGG Rz. 2.
5 Bienwald/*Sonnenfeld*/Hoffmann, § 69b FGG Rz. 23.
6 *Knittel* § 69b FGG 6; Jürgens/*Mertens*, § 69b FGG Rz. 4; Jurgeleit/*Bučić*, § 69b FGG Rz. 18.
7 HK-BUR/*Bauer*, § 69b FGG Rz. 55; Bienwald/*Sonnenfeld*/Hoffmann, § 69b FGG Rz. 12; Keidel/*Kayser*, § 69b FGG Rz. 7; *Fröschle*, § 69b FGG Rz. 16; *Bassenge*/Roth, § 69b FGG Rz. 3.
8 BtKomm/*Dodegge*, B Rz. 137 meint, das sei im Rechtsverkehr weitgehend nicht bekannt.

raus allerdings ein **Amtshaftungsanspruch** erwachsen, soweit der Betreute oder ein Dritter dadurch geschädigt wird.[1]

C. Verfahren

Für die in §§ 289, 290 genannten Verrichtungen ist der **Rechtspfleger beim Betreuungsgericht** zuständig,[2] gleichgültig, ob sie auf Grund einer Entscheidung des Betreuungsgerichts oder einer übergeordneten Instanz erforderlich werden. Die Verhängung von Zwangshaft oder Ersatzzwangshaft (§ 35 Abs. 1), die Anordnung der Vorführung (§ 33 Abs. 3 Satz 5) oder der Durchsuchung von Räumen des Betreuers (§ 33 Abs. 3 FamFG iVm. §§ 883, 758, 758a ZPO) ist **dem Richter** vorbehalten. 15

In **Württemberg** ist die Lage komplex. Hat das Amtsgericht die Betreuung eingerichtet (nämlich, weil sie dienstrechtliche Angelegenheiten betrifft, vgl. § 272 Rz. 24), ist auch dort der Rechtspfleger beim Betreuungsgericht zuständig. Andernfalls aber ist es stets der **Bezirksnotar**, auch wenn die Verrichtung auf Grund einer Entscheidung des Amtsgerichts (zB der Anordnung eines Einwilligungsvorbehalts) erforderlich wird. Haft oder eine Durchsuchung kann aber auch hier nur das Amtsgericht – und dort der Richter – anordnen. 16

Für die **örtliche Zuständigkeit** gilt § 272. Das **Gericht der einstweiligen Anordnung** ist für die Verrichtungen nach §§ 289, 290 zuständig, so lange kein Hauptsacheverfahren eingeleitet ist.[3] Erst mit der Einleitung des Hauptsacheverfahrens verliert es seine Sonderzuständigkeit (s. auch § 272 Rz. 18). 17

§ 291
Überprüfung der Betreuerauswahl

Der Betroffene kann verlangen, dass die Auswahl der Person, der ein Verein oder eine Behörde die Wahrnehmung der Betreuung übertragen hat, durch gerichtliche Entscheidung überprüft wird. Das Gericht kann dem Verein oder der Behörde aufgeben, eine andere Person auszuwählen, wenn einem Vorschlag des Betroffenen, dem keine wichtigen Gründe entgegenstehen, nicht entsprochen wurde oder die bisherige Auswahl dem Wohl des Betroffenen zuwiderläuft. § 35 ist nicht anzuwenden.

A. Allgemeines

Die Norm übernimmt den Inhalt von § 69c FGG ohne Änderungen. Anwendbar ist sie nur, wenn ein Betreuungsverein nach § 1900 Abs. 1 BGB oder die Betreuungsbehörde nach § 1900 Abs. 4 Satz 1 BGB als Institution zum Betreuer bestellt worden ist. Ihr 1

1 *Knittel*, § 69b FGG Rz. 6; freilich wegen § 839 Abs. 1 Satz 2 BGB nur, wenn der Betreuer nicht in Anspruch genommen werden kann.

2 *Knittel*, § 69b FGG Rz. 1; Jansen/*Sonnenfeld*, § 69b FGG Rz. 13; Jürgens/*Mertens*, § 69b FGG Rz. 1.

3 Auch nach altem Recht war das eilzuständige Gericht noch für die Verrichtungen nach §§ 289, 290 zuständig, OLG Frankfurt v. 19.8.2004 – 20 W 315/04, FGPrax 2004, 287.

Zweck besteht darin, auch bei Bestellung eines solchen institutionellen Betreuers den Einfluss des Betroffenen darauf sicherzustellen, von welcher natürlichen Person seine Angelegenheiten letztlich besorgt werden.[1]

2 Hintergrund der Norm ist § 1900 Abs. 2 und Abs. 4 Satz 2 BGB, wonach die Institution die Führung der Betreuung einer Einzelperson (oder auch mehreren) überträgt. Die Person wird dann für die Institution tätig, die ihrerseits (hierdurch) die Betreuung führt. Das Gesetz legt nicht fest, in welchem Verhältnis die Person zu der Institution stehen muss. Das Innenverhältnis kann ein Arbeitsverhältnis, ein öffentlich-rechtliches oder sonstiges privatrechtliches Dienstverhältnis oder ein Auftrag iSv. §§ 662 ff. BGB sein.

3 Die praktische Bedeutung der Norm ist gering, denn Betreuerbestellungen nach § 1900 Abs. 1, Abs. 4 Satz 1 BGB sind überaus selten.[2]

B. Inhalt der Vorschrift

4 § 291 beschreibt ein eigenständiges, zu den Betreuungssachen gehörendes **reines Antragsverfahren**. Antragsbefugt ist nur der Betroffene. Der Verfahrenspfleger im Betreuerbestellungsverfahren kann den Antrag weder im eigenen Namen noch im Namen des Betroffenen stellen, und zwar auch nicht, wenn seine Bestellung noch nicht durch Rechtskraft der Betreuerbestellung erloschen ist,[3] denn es handelt sich dabei um ein neues Verfahren, in dem er nur amtiert, wenn er dort wiederum bestellt wird. Bevor das Verfahren durch einen Antrag eingeleitet worden ist, kann er aber gar nicht bestellt werden. Von einem **Verfahrensbevollmächtigten** kann der Betroffene nach den üblichen Regeln vertreten sein. Ob dafür eine neue Verfahrensvollmacht erforderlich ist, hängt von ihrer Formulierung ab.

5 Der **Antrag** muss den Anforderungen des § 23 genügen. Er ist **zulässig**, wenn er darauf gerichtet ist, die Entscheidung der Institution über die Auswahl der die Betreuung führenden Person zu revidieren. Er muss nicht darauf gerichtet sein, eine bestimmte andere Person zu beauftragen. Nach hM soll er sich nur gegen eine **schon getroffene Auswahlentscheidung**, nicht gegen eine lediglich angekündigte richten können.[4] Das erscheint nicht zwingend. Ein vorbeugender Unterlassungsantrag müsste unter den gleichen Voraussetzungen zulässig sein, unter denen es eine entsprechende Klage im Zivilprozess ebenfalls wäre. Der Antrag ist an **keine Frist** gebunden. Ist er rechtskräftig zurückgewiesen, kann er erneut nur gestellt werden, wenn er auf sich auf neue Gründe stützt.

6 Das Gericht hat über den Antrag durch **Endentscheidung** (§ 38) zu beschließen. §§ 272 bis 277 sind anwendbar. § 296 gilt nicht, denn das Verfahren lässt die Bestellung der Institution zum Betreuer unberührt.[5]

---

1 BT-Drucks. 11/4528, S. 176.

2 Von 231.949 im Jahr 2007 neu eingerichteten Betreuungen waren 299 solche nach § 1900 Abs. 1 BGB, 622 solche nach § 1900 Abs. 4 Satz 1 BGB (HK-BUR/*Deinert*, § 1897 BGB Rz. 117, Tab. 10b). In nur 0,5 % aller neuen Betreuungen wäre demnach ein Antrag nach § 291 denkbar gewesen.

3 AA Jansen/*Sonnenfeld*, § 67c FGG Rz. 5; *Knittel*, § 69c FGG Rz. 2; Fröschle/*Locher*, § 69c FGG Rz. 2; BtKomm/*Dodegge*, B Rz. 152; Jürgens/*Mertens*, § 69c FGG Rz. 4.

4 HK-BUR/*Hoffmann*, § 69c FGG Rz. 4; *Knittel*, § 69c FGG Rz. 2.

5 HK-BUR/*Hoffmann*, § 69c FGG Rz. 11; Jansen/*Sonnenfeld*, § 69c Rz. 10; Keidel/*Kayser*, § 69c FGG Rz. 4; Jurgeleit/*Bučić*, § 69c FGG Rz. 4; *Bassenge*/Roth, § 69c FGG Rz. 3.

Beteiligt ist der Betroffene als Antragsteller schon nach § 7 Abs. 1. Außerdem ist nach § 7 Abs. 2 Nr. 1 **die Institution** zu beteiligen, die zum Betreuer bestellt ist. Sie ist schon deshalb in eigenen Rechten betroffen, weil ihre Verpflichtung zur Vornahme einer Handlung beantragt wird. Die von der Institution mit der Betreuung beauftragte Person ist nicht zu beteiligen, weil sie nicht unmittelbar von der Entscheidung betroffen ist.[1] § 274 Abs. 3 und 4 dürften nicht greifen. Zum Inhalt der Betreuung gehört zwar die Personalentscheidung nach § 1900 Abs. 2 BGB. § 274 Abs. 3 würde aber nur greifen, wenn sie zum Inhalt der Bestellung zum Betreuer gehören würde, und das ist nicht der Fall. Die Bestellung betrifft allein die Institution. 7

Die Bestellung eines **Verfahrenspflegers** richtet sich nach § 276 Abs. 1 Satz 1. Der Verfahrenspfleger muss, wenn er erforderlich ist, neu bestellt werden, denn es handelt sich um ein eigenständiges Verfahren (s. auch Rz. 4). 8

Der Antrag ist nach Satz 1 **begründet**, wenn der institutionelle Betreuer – entgegen § 1900 Abs. 2 Satz 2 BGB – einen Wunsch des Betroffenen ohne wichtigen Grund übergangen hat oder wenn seine Übertragungsentscheidung dem Wohl des Betroffenen zuwiderläuft. Das wiederum ist anzunehmen, wenn die ausgewählte Person, wäre sie selbst Betreuer, nach § 1908b Abs. 1 Satz 1 BGB aus wichtigem Grund entlassen werden müsste.[2] 9

Ist der Antrag **begründet**, lautet die **Entscheidungsformel** dahin, dass der institutionelle Betreuer verpflichtet wird, eine andere Person auszuwählen.[3] Die hM hält es für unzulässig, dass das Gericht ihn zur Auswahl einer bestimmten Person verpflichtet.[4] Das kann aber nicht richtig sein, wenn das Gericht zu dem Ergebnis kommt, der Wunsch des Betreuten sei zu Unrecht übergangen worden. Damit steht ja zugleich fest, dass jede andere Auswahl als die des Gewünschten wiederum rechtswidrig wäre. In diesem Fall kann das Gericht darum auch die Verpflichtung aussprechen, diese Person zu beauftragen. Ist der Antrag **unbegründet**, wird er schlicht zurückgewiesen.[5] 10

Eine **Vollstreckung** aus der Endentscheidung ist nach Satz 3 nicht möglich. Das entspricht der bisherigen Rechtslage, § 69c Abs. 1 Satz 3 FGG erklärte § 33 FGG für unanwendbar. Der Hinweis auf die Nichtanwendung von § 35 ist wohl ein Redaktionsversehen, denn da es sich um eine Endentscheidung handelt, wären §§ 88 ff. einschlägig. Weigert sich ein Verein, der Verpflichtung nachzukommen, kann das Gericht allerdings prüfen, ob dies einen wichtigen Grund für seine Entlassung nach § 1908b Abs. 1 Satz 1 BGB bildet.[6] 11

---

1 Jansen/*Sonnenfeld*, § 69c Rz. 10; Keidel/*Kayser*, § 69c FGG Rz. 2; Fröschle/*Locher*, § 69c FGG Rz. 2; Jurgeleit/*Bučić*, § 69c FGG Rz. 4; *Bassenge*/Roth, § 69c FGG Rz. 3.

2 Fröschle/*Locher*, § 69c FGG Rz. 3.

3 HK-BUR/*Hoffmann*, § 69c FGG Rz. 9.

4 HK-BUR/*Hoffmann*, § 69c FGG Rz. 10; Jansen/*Sonnenfeld*, § 69c Rz. 9; *Knittel*, § 69c FGG Rz. 4; Fröschle/*Locher*, § 69c FGG Rz. 4.

5 AA Jansen/*Sonnenfeld*, § 69c Rz. 9; *Knittel*, § 69c FGG Rz. 4: die Auswahlentscheidung sei dann durch Beschl. zu „bestätigen".

6 Dagegen kann man hieraus mE nicht mit HK-BUR/*Hoffmann*, § 69c FGG Rz. 12 und *Knittel*, § 69c FGG Rz. 6 auf die Ungeeignetheit des Vereins zum Betreuer schließen, denn über die Geeignetheit eines Vereins zum Betreuer wird im Verfahren über dessen Anerkennung nach § 1908f BGB entschieden. Ungeeignetheit müsste nicht nur zur Entlassung, sondern darüber hinaus auch zum Entzug der Anerkennung führen. Die Behörde kann nicht nach § 1908b Abs. 1 BGB entlassen werden, schließlich ist sie schon nach § 1908b Abs. 5 BGB zu entlassen, wenn ein anderer Betreuer zur Verfügung steht. Steht kein anderer zur Verfügung, kann aber ja nur die Behörde Betreuer sein, so zu Recht Jansen/*Sonnenfeld*, § 69c FGG Rz. 12.

12 **Von Amts wegen** kann das Gericht zwar kein Verfahren nach § 291 einleiten. Es ist ihm aber unbenommen, die Auswahlentscheidung des institutionellen Betreuers (über die es nach § 1900 Abs. 2 Satz 3 BGB informiert werden muss) zum Gegenstand eines **Aufsichtsverfahrens** nach §§ 1908i Abs. 1 Satz 1, 1837 Abs. 2 BGB zu machen und der Institution aufzugeben, eine pflichtwidrige Auswahlentscheidung zu revidieren. Die Vollstreckung durch Zwangsmittel scheidet wegen §§ 1908i Abs. 1 Satz 1, 1837 Abs. 3 Satz 2 auch dann aus. Bei pflichtwidriger Weigerung, dem Gebot nachzukommen, bleibt auch hier nur die Entlassung des Vereins aus der Betreuung aus wichtigem Grund (§ 1908b Abs. 1 Satz 1 BGB).

C. Weitere Verfahrensfragen

13 Zuständig ist beim Betreuungsgericht nach § 15 Nr. 3 RPflG **der Richter**, falls die Institution nicht lediglich zum Vollmachtsbetreuer bestellt ist. Wird die Auswahlentscheidung im Aufsichtswege geprüft, ist hierfür dagegen **der Rechtspfleger** zuständig.

14 Die Entscheidung über den Antrag ist Endentscheidung, daher mit der **Beschwerde** anfechtbar. Wird der Antrag abgelehnt, kann hiergegen wegen § 59 Abs. 2 (reines Antragsverfahren) nur der Betroffene Beschwerde einlegen. Gegen die dem Antrag stattgebende Entscheidung steht die Beschwerde nach § 59 Abs. 1 dem institutionellen Betreuer zu, weil sie in seine Personalhoheit bzw. Vertragsfreiheit eingreift. Die **Rechtsbeschwerde** ist zulassungsgebunden.

15 Das Verfahren nach § 291 ist **gebührenfrei** (§ 91 Satz 1 KostO). Wegen der Auslagen des Gerichts und der Beteiligten kann eine Kostenentscheidung nach § 82 ergehen. Ansonsten trägt der Betroffene die gerichtlichen Auslagen als Antragsschuldner nach § 2 Nr. 1 KostO, falls er hiervon nicht wegen § 92 Abs. 1 Satz 1 KostO befreit ist.

§ 292
Zahlungen an den Betreuer

(1) In Betreuungsverfahren gilt § 168 entsprechend.

(2) Die Landesregierungen werden ermächtigt, durch Rechtsverordnung für Anträge und Erklärungen auf Ersatz von Aufwendungen und Bewilligung von Vergütung Formulare einzuführen. Soweit Formulare eingeführt sind, müssen sich Personen, die die Betreuung im Rahmen der Berufsausübung führen, ihrer bedienen und sie als elektronisches Dokument einreichen, wenn dieses für die automatische Bearbeitung durch das Gericht geeignet ist. Andernfalls liegt keine ordnungsgemäße Geltendmachung im Sinne von § 1836 Abs. 1 Satz 2 des Bürgerlichen Gesetzbuchs in Verbindung mit § 1 des Vormünder- und Betreuungsvergütungsgesetzes vor. Die Landesregierungen können die Ermächtigung nach Satz 1 durch Rechtsverordnung auf die Landesjustizverwaltungen übertragen.

A. Allgemeines

Abs. 1 enthält die früher in § 69e Abs. 1 Satz 1 FGG enthaltene Verweisung auf das Entschädigungsverfahren in Vormundschaftssachen (früher § 56g FGG). Die übrigen in § 69e Abs. 1 Satz 1 FGG enthaltenen Verweisungen sind durch Vorschriften im Ersten Buch obsolet geworden. An die Stelle von § 69e Abs. 1 Satz 2 FGG ist § 285 getreten. § 69e Abs. 1 Satz 3 FGG ist ersatzlos entfallen. Abs. 2 übernimmt § 69e Abs. 2 FGG mit fast wortgleichem Inhalt. 1

Die Norm bestimmt das Verfahren in **Betreuungssachen**, die 2

- die **Entschädigung des Betreuers** aus dem Vermögen des Betreuten oder der Staatskasse (§§ 1908i Abs. 1 Satz 1, 1835 bis 1836 BGB iVm. §§ 1, 2, 4 ff. VBVG) und
- die **Ansprüche der Staatskasse gegen den Betreuten** oder seine Erben wegen der an den Betreuer gezahlten Entschädigungen (§§ 1908i Abs. 1 Satz 1, 1836e BGB)

betreffen. Sie gilt nur, soweit es sich hierbei überhaupt um Betreuungssachen handelt (s. dazu § 271 Rz. 15 ff.).

Mangels Alternativen ist anzunehmen, dass § 168 auch auf die **Entschädigung eines Pflegers** anzuwenden ist, soweit dafür nach § 1915 Abs. 1 Satz 3 BGB das Betreuungsgericht zuständig ist. Ein solches Verfahren gehört zu den **betreuungsgerichtlichen Zuweisungssachen** nach § 340 Nr. 1. Dafür spricht im Übrigen auch, dass Abs. 1 auf den ganzen § 168, nicht nur auf § 168 Abs. 1 bis 4 verweist. 3

B. Inhalt der Vorschrift

I. Entsprechende Geltung des § 168 (Absatz 1)

Das Verfahren folgt denselben Regeln, wie sie § 168 für das familiengerichtliche Verfahren über die Entschädigung des Vormunds und den Regress der Staatskasse gegen den Mündel aufstellt (s. dazu im Einzelnen die dortige Kommentierung). Die Verweisung betrifft den **Verfahrensinhalt**. Das Verfahren ist dennoch eines des **Betreuungsgerichts**, so dass sich der **Rechtsmittelzug** nach §§ 72 Abs. 1, 133 GVG richtet. Über Beschwerden entscheidet das Landgericht. Die **Kosten** folgen der KostO, nicht dem FamGKG. 4

Die allgemeinen Vorschriften der §§ 272 bis 277 sind anwendbar, soweit § 168 keine Sonderbestimmungen enthält. Die Erforderlichkeit eines **Verfahrenspflegers** richtet sich nach § 276 Abs. 1 Satz 1. Er ist auch im Vergütungsverfahren regelmäßig notwendig, wenn dem Betroffenen selbst auf Grund seines Zustands kein rechtliches Gehör gewährt werden kann.[1] 5

Die **Staatskasse** wird niemals in eigenen Rechten, sondern allenfalls in ihren Interessen betroffen. Daher ist sie auch an Verfahren, in denen sie zur Zahlung verpflichtet oder eine Zahlung an sie angeordnet werden soll, nicht zwingend zu beteiligen. Der Vertreter der Staatskasse kann aber nach § 274 Abs. 4 Nr. 2 beteiligt werden. Verlangt der Betreuer ausschließlich Zahlung vom Betreuten, betrifft dies die Staatskasse nicht einmal mittelbar, so dass auch § 274 Abs. 4 Nr. 2 nicht gilt. Der **Betreuer** ist nach § 7 Abs. 2 Nr. 1 zu beteiligen, wenn über seine Ansprüche von Amts wegen oder auf 6

1 OLG Karlsruhe v. 16.5.1995 – 18 Wx 6/95, Rpfleger 1996, 27.

Antrag des Gegenbetreuers oder des Betreuten entschieden wird. Zur Beteiligung **des Betreuten** s. § 274 Rz. 11. Im Fall des § 168 Abs. 3 ist **der Erbe des Betreuten** Beteiligter (vgl. auch § 168 Abs. 4 Satz 2). Ist er unbekannt, wird er von einem **Nachlasspfleger**[1] wirksam vertreten.

7 Die Entschädigung aus der Staatskasse kann auch **im Verwaltungsverfahren** erfolgen (§ 168 Abs. 1 Satz 4). Das Verfahren soll dem JVEG folgen, doch ist keine der dortigen Normen wirklich einschlägig. Vielmehr folgt hieraus nur, dass die Entscheidung durch **Justizverwaltungsakt** ergeht.[2]

II. Ermächtigung zur Einführung von Formularen (Absatz 2)

8 Nach Abs. 2 Satz 1 und 2 können die Länder durch Rechtsverordnung einen **elektronischen Formularzwang** einführen. Soweit dies geschieht, ist der Antrag „als elektronisches Dokument" einzureichen. Dieses Dokument muss nunmehr § 126a BGB genügen, also mit einer **zertifizierten Signatur** versehen sein, weil es die Schriftform des § 23 Abs. 1 Satz 4 ersetzt.[3]

9 Ein **nicht in dieser Form** gestellter Antrag ist **unzulässig**. Abs. 2 Satz 3 soll wohl bedeuten, dass er auch die Ausschlussfristen des § 1835 Abs. 1 Satz 3 BGB und § 2 VBVG nicht wahrt;[4] das war in der Vorgängernorm auch schon unglücklich ausgedrückt. Der Formularzwang gilt außerdem nur für den Betreuer selbst. Beantragt der Betroffene oder der Gegenbetreuer eine Entscheidung über die Entschädigung des Betreuers, gilt hierfür § 23.

10 Der Formularzwang kann nur für **berufsmäßige Betreuer** eingeführt werden. Dazu zählen jedenfalls alle Betreuer, deren Berufsmäßigkeit nach §§ 1908i Abs. 1 Satz 1, 1836 Abs. 1 Satz 2 BGB vom Gericht festgestellt wurde. Auf Entschädigungsansprüche von Betreuungsvereinen kann er sich ebenfalls erstrecken, soweit sie auf der Tätigkeit eines **Vereinsbetreuers** iSv. § 1897 Abs. 2 Satz 1 BGB gründen, da der Verein für diese auf die gleiche Weise entschädigt wird wie ein Berufsbetreuer[5] (vgl. § 7 VBVG). Für andere Betreuer können die Länder zwar nach Abs. 2 Satz 1 Formulare einführen, aber keinen Verwendungszwang.

11 Bis jetzt hat noch **kein Bundesland** von der in Abs. 2 Satz 1 und 2 enthaltenen Ermächtigung Gebrauch gemacht. Eine entsprechende Software befindet sich jedoch in Nordrhein-Westfalen im Erprobungsstadium.[6]

---

1 OLG Stuttgart v. 29.6.2007 – 8 W 245/07, FGPrax 2007, 270; OLG Jena v. 9.1.2006 – 9 W 664/05, FGPrax 2006, 70.

2 Fröschle/*Locher*, Anh. zu § 69e FGG Rz. 58; *Deinert/Lütgens*, Rz. 1478.

3 Zum alten Recht aA Fröschle/*Locher*, § 69e FGG Rz. 9; *Deinert/Lütgens*, Rz. 1518. Damals gab es aber für verfahrenseinleitende Anträge auch noch kein Schriftformerfordernis.

4 § 69e Abs. 2 Satz 3 FGG hatte nur die Ausschlussfrist in § 1836 Abs. 2 Satz 4 BGB in Bezug genommen, die seit dem 2. BtÄndG in § 2 VBVG enthalten war. Die hM (Fröschle/*Locher*, § 69e FGG Rz. 9; Jurgeleit/*Bučić*, § 69e FGG Rz. 13; *Bassenge*/Roth, § 69e FGG Rz. 10) zog daraus den Schluss, dass die Ausschlussfrist des § 1835 Abs. 1 Satz 3 BGB auch nicht davon erfasst werde. Sie spielt wegen § 4 Abs. 2 VBVG allerdings ohnehin eine untergordnete Rolle.

5 Keidel/*Budde*, Nachtrag zur 15. Aufl. § 69e.

6 *Deinert/Lütgens*, Rz. 1521.

C. Verfahrensfragen

Das Entschädigungsverfahren ist eigenständige Betreuungssache, für die mangels Richtervorbehalts stets der **Rechtspfleger** zuständig ist, im Fall des § 168 Abs. 1 Satz 4 der **Kostenbeamte**. 12

Ein Gerichtsbeschluss über die Entschädigung ist Endentscheidung und mit der **Beschwerde** nach §§ 57 ff. anfechtbar. Da das Verfahren kein reines Antragsverfahren ist, steht die Beschwerde jedem zu, der durch sie materiell beschwert ist, dem Betreuer also auch dann, wenn das Gericht seinem Entschädigungsantrag voll entsprochen hat und er die Entschädigung (nun) dennoch für zu niedrig hält. Meist wird die Zulässigkeit der Beschwerde von der **Zulassung** abhängen, denn die Beschwerdesumme wird bei Betreuerentschädigungen selten erreicht sein. Lässt der Rechtspfleger die Beschwerde nicht zu, ist dagegen **Erinnerung** nach § 11 Abs. 2 RPflG möglich. Der Richter und auch der Rechtspfleger können der Erinnerung auch dadurch abhelfen, dass sie die Beschwerde zulassen.[1] Die **Rechtsbeschwerde** ist bei Zulassung ebenfalls statthaft. 13

Gegen die Entscheidung des Kostenbeamten im Verwaltungsverfahren ist **kein Rechtsbehelf** statthaft. Missfällt sie dem Betreuer, kann er aber nach § 168 Abs. 1 Satz 1 eine Entscheidung durch Beschluss beantragen. 14

Das Entschädigungsverfahren löst beim Betreuungsgericht **keine Gebühren** aus (§ 91 Satz 1 Halbs. 2 KostO). Gerichtliche Auslagen trägt nicht nach § 2 Nr. 1 KostO der Antragsteller, da die Entscheidung auch von Amts wegen ergehen kann. Wird keine Kostenentscheidung getroffen, fallen sie vielmehr nach § 2 Nr. 2 KostO dem Betreuten zur Last. 15

§ 293
Erweiterung der Betreuung oder des Einwilligungsvorbehalts

(1) Für die Erweiterung des Aufgabenkreises des Betreuers und die Erweiterung des Kreises der einwilligungsbedürftigen Willenserklärungen gelten die Vorschriften über die Anordnung dieser Maßnahmen entsprechend.

(2) Einer persönlichen Anhörung nach § 278 Abs. 1 sowie der Einholung eines Gutachtens oder ärztlichen Zeugnisses (§§ 280 und 281) bedarf es nicht,

1. wenn diese Verfahrenshandlungen nicht länger als sechs Monate zurückliegen oder

2. die beabsichtigte Erweiterung nach Absatz 1 nicht wesentlich ist.

Eine wesentliche Erweiterung des Aufgabenkreises des Betreuers liegt insbesondere vor, wenn erstmals ganz oder teilweise die Personensorge oder eine der in § 1896 Abs. 4 oder den §§ 1904 bis 1906 des Bürgerlichen Gesetzbuchs genannten Aufgaben einbezogen wird.

(3) Ist mit der Bestellung eines weiteren Betreuers nach § 1899 des Bürgerlichen Gesetzbuchs eine Erweiterung des Aufgabenkreises verbunden, gelten die Absätze 1 und 2 entsprechend.

---

1 BayObLG v. 15.10.2003 – 3 Z BR 132/03, FamRZ 2004, 304; OLG Hamm v. 3.2.2000 – 15 W 477/99, BtPrax 2000, 129.

A. Allgemeines

1 § 293 trifft Regelungen für das Verfahren vor Endentscheidungen, durch die die Betreuung oder der Einwilligungsvorbehalt erweitert wird. Er übernimmt hierzu ohne inhaltliche Änderungen die in § 69i Abs. 1, 2 und 5 Halbs. 1 FGG getroffenen Regelungen. In Abs. 1 findet sich die früher in § 69i Abs. 1 Satz 1 enthaltene Generalverweisung. Abs. 2 enthält die Modifikation zu § 278 und § 280, die früher § 69i Abs. 1 Satz 2 und 3 FGG enthielt. Abs. 3 übernimmt § 69i Abs. 5 Halbs. 1 FGG.

2 Der **Anwendungsbereich** der Norm ist an sich schon eröffnet, wenn eine der in Abs. 1 genannten Maßnahmen Verfahrensgegenstand ist. Die Normen, für die die Verweisung greift, setzen ihrerseits aber alle voraus, dass die Anordnung einer Betreuung oder eines Einwilligungsvorbehalts **Verfahrensergebnis** ist. Daher ist auch § 293 nur dann von Bedeutung.

3 § 293 kann neben § 295 anwendbar sein, wenn die Betreuung zugleich erweitert und verlängert wird. Gegenüber § 294 Abs. 1 besteht wegen der ausschließlich breiteren Rechtsfolge Anwendungsvorrang.

B. Inhalt der Vorschrift

I. Generalverweisung auf das Betreuerbestellungsverfahren (Absatz 1)

4 § 293 Abs. 1 erklärt im Wege der **Generalverweisung** bei einer Erweiterung der Betreuung oder des Einwilligungsvorbehalts alle Normen für entsprechend anwendbar, die auch im Falle der Anordnung der Betreuung oder des Einwilligungsvorbehalts gelten. Mit „Anordnung der Betreuung" ist die erste Bestellung eines Betreuers gemeint (s. zu diesem Begriff auch § 271 Rz. 4).

5 Das ist **unbedeutend** für all diejenigen Normen, die nach ihrem Inhalt ohnehin schon für alle Betreuungssachen oder für die Erweiterung der Betreuung oder des Einwilligungsvorbehalts gelten, nämlich §§ 272 bis 277 und § 288. **Kraft der Verweisung** in Abs. 1 gelten außerdem **die §§ 278 bis 286**. Bei § 287 ist die Lage seltsam: Für die Erweiterung der Betreuung gilt er unmittelbar, denn sie betrifft den „Umfang" der Betreuung, für die Erweiterung des Einwilligungsvorbehalts gilt er dagegen kraft der Verweisung in Abs. 1, denn in § 287 wird nur dessen Anordnung erwähnt, anders als in §§ 274 Abs. 3 (s. dort Rz. 34 ff.) und 288 Abs. 2 Satz 1 aber nicht auch Entscheidungen über seinen Umfang oder Inhalt. Das macht zwar hier keinen Unterschied, möglicherweise aber bei § 294 (s. dort Rz. 11).

6 Für die wichtigsten der in Betreuungssachen gegebenen Verfahrensgarantien gilt daher Folgendes:

- Die Pflicht, einen **Verfahrenspfleger** zu bestellen, folgt unmittelbar § 277.
- Die Pflicht zur **persönlichen Anhörung des Betroffenen** und zur Verschaffung eines persönlichen Eindrucks von ihm folgt §§ 34, 278 mit den in Abs. 2 geregelten Modifikationen.
- Die Pflicht zur **Anhörung von anderen Personen und Stellen** folgt § 279 ohne Modifikationen.
- Die Pflicht zur Einholung eines **Sachverständigengutachtens** folgt §§ 280 bis 284 mit den in Abs. 2 geregelten Modifikationen.

II. Absehen von Verfahrenshandlungen (Absatz 2)

7 Abs. 2 schafft eine zusätzliche Möglichkeit, von den in § 278 und § 280 vorgeschriebenen Verfahrenshandlungen abzusehen. Liegen die Voraussetzungen von Abs. 2 Satz 1 vor, entfällt die **unbedingte Pflicht**, diese Verfahrenshandlungen vorzunehmen. Das heißt nicht notwendigerweise, dass damit auch diese Verfahrenshandlungen unterbleiben können. Vielmehr beurteilt sich ihre Notwendigkeit dann ausschließlich nach § 26 und § 34. Ob das Gericht trotz Vorliegens der Voraussetzungen des Abs. 2 eine ärztliche Stellungnahme einholt oder sich einen (erneuten) persönlichen Eindruck von dem Betroffenen verschafft, entscheidet es nach **pflichtgemäßem Ermessen**.[1]

8 Von der Einhaltung des § 279 Abs. 2 bis 4 wird das Gericht **nicht befreit**.[2] Für eine Analogie[3] ist kein Raum, weil die Sachlage nicht vergleichbar ist. Die nach § 279 vorgesehenen Anhörungen erfordern bei weitem nicht den Aufwand, der dem Gericht durch §§ 278, 280 auferlegt wird.

9 Abs. 2 Satz 1 suspendiert das Gericht auch nicht von der **Gewährung rechtlichen Gehörs** an den Betroffenen[4] und alle anderen Beteiligten. Das war in § 69i Abs. 1 Satz 2 Halbs. 2 FGG für den Betroffenen überflüssigerweise noch ausdrücklich so bestimmt. Erfordert die Gewährung rechtlichen Gehörs die persönliche Anhörung des Betroffenen, muss das Gericht sie nach § 34 Abs. 1 Nr. 1 durchführen, auch wenn § 278 Abs. 1 wegen Abs. 2 Satz 1 nicht greift. Entbehrlich ist dann allerdings die Verschaffung des unmittelbaren Eindrucks, so dass § 34 Abs. 3 zur Anwendung kommen kann.

10 Abs. 2 Satz 1 befreit von der Pflicht der Einholung eines Gutachtens oder eines **ärztlichen Zeugnisses**, je nachdem welche gegeben ist, dh. es ist dann im Ergebnis weder das eine noch das andere erforderlich.[5]

1. Keine Wiederholung innerhalb von sechs Monaten (Abs. 2 Satz 1 Nr. 1)

11 Verfahrenshandlungen, die weniger als sechs Monate zuvor stattgefunden haben, brauchen nach Abs. 2 Satz 1 Nr. 1 vor einer Erweiterung der Betreuung oder des Einwilligungsvorbehalts nicht wiederholt zu werden. Das ist vom **Tag des Erlasses der neuen Entscheidung** aus zu betrachten. Es kommt nicht darauf an, ob die früheren Verfahrenshandlungen sich schon mit auf den jetzigen Verfahrensgegenstand bezogen haben.[6] Für eine solche, Abs. 2 Satz 1 Nr. 1 weitgehend entwertende, einschränkende Interpretation besteht kein Bedürfnis. Auch wenn die Erweiterung des Aufgabenkreises wegen einer Verschlimmerung der schon gutachtlich festgestellten Erkrankung notwendig ist, kann sich dies aus der früheren Begutachtung im Zusammenhang mit anderen Erkenntnisquellen zweifelsfrei ergeben.

12 Hat das Gericht den Betroffenen schon mehrfach persönlich angehört, kommt es darauf an, wann das **zuletzt** geschehen ist.

1 Jansen/*Sonnenfeld*, § 69i FGG Rz. 13; Fröschle/*Locher*, § 69i FGG Rz. 2.
2 *Knittel*, § 69i FGG Rz. 16 und 19; Fröschle/*Locher*, § 69i FGG Rz. 3; BtKomm/*Roth*, A Rz. 169; *Bassenge*/Roth, § 69i FGG Rz. 3.
3 Hierfür: HK-BUR/*Hoffmann*, § 69i FGG Rz. 12; Jurgeleit/*Bučić*, § 69i FGG Rz. 5.
4 *Knittel*, § 69i FGG Rz. 19.
5 Fröschle/*Locher*, § 69i FGG Rz. 3; aA Jurgeleit/*Bučić*, § 69i FGG Rz. 8 (Attest auch bei unwesentlicher Erweiterung nötig).
6 So aber wohl HK-BUR/*Hoffmann*, § 69i FGG Rz. 12 und Keidel/*Kayser*, § 69i FGG Rz. 4; Fröschle/*Locher*, § 69i FGG Rz. 8; Jurgeleit/*Bučić*, § 69i FGG Rz. 9.

13 Nicht völlig klar ist, wie die Frist bei der **Begutachtung** zu berechnen ist. Dem Zweck von Abs. 2 Satz 1 Nr. 1, die zeitnahe Wiederholung von Maßnahmen zur Erkenntnisgewinnung zu vermeiden, wird es am ehesten gerecht, für den Fristbeginn auf den Tag der (letzten) Untersuchung des Betroffenen durch den Sachverständigen abzustellen.[1] Aber auch das Abstellen auf den Tag der Ablieferung des Gutachtens[2] wird in der Literatur vertreten.

14 Ist in dem früheren Verfahren in Anwendung von § 281 an Stelle eines Gutachtens ein **ärztliches Zeugnis** eingeholt worden, kommt es zunächst darauf an, ob auch in dem neuen Verfahren die Voraussetzungen von § 281 vorliegen, andernfalls nunmehr ein Gutachten eingeholt werden muss, so zB wenn damals wegen § 281 Abs. 1 Nr. 1 ein ärztliches Zeugnis genügte und die Aufgabenkreiserweiterung nun von Amts wegen erfolgt. Genügt auch jetzt ein ärztliches Zeugnis, dürfte für die Sechsmonatsfrist auf die **Abgabe** des früheren Zeugnisses (Eingang bei Gericht) abzustellen sein, denn eine besondere Untersuchung zum Zwecke der Erstattung dieses Zeugnisses ist – anders als bei der Begutachtung – im Gesetz nicht vorgesehen (s. § 281 Rz. 12).

15 Abs. 2 Satz 1 erwähnt die **Verwertung eines MDK-Gutachtens** nicht. Daraus folgt, dass Abs. 2 Satz 1 Nr. 1 nicht greift, wenn in dem früheren Verfahren auf Grund der Verwertbarkeit eines MDK-Gutachtens von der Begutachtung abgesehen worden ist. Vielmehr ist im neuen Verfahren **eigenständig** nach § 282 zu prüfen, ob das MDK-Gutachten auch für die sich jetzt stellende Frage verwertbar ist,[3] und es darf nur verwertet werden, wenn der Betroffene oder der Verfahrenspfleger der Verwertung auch in dem neuen Verfahren zustimmt.

16 Das Absehen von einer Begutachtung steht selbständig neben der aus §§ 280 Abs. 1, 30 Abs. 1 FamFG iVm. § 411a ZPO folgenden Möglichkeit, ein **früheres Gutachten zu verwerten** (s. dazu § 280 Rz. 12).

17 In **welchem Verfahren** die Verfahrenshandlung stattgefunden hat, ist irrelevant, auch, ob sie dort nach § 278 oder § 280 vorgeschrieben war oder vom Gericht ohne eine solche zwingende Bestimmung durchgeführt wurde. Es muss sich jedoch um eine dieselbe Betreuung betreffende **Betreuungssache** gehandelt haben. Dass der erkennende Richter aus einem ganz anderen Verfahren einen persönlichen Eindruck von dem Betroffenen gewonnen hat, genügt auch hier nicht (s. § 278 Rz. 13).

2. Unwesentliche Erweiterung (Abs. 2 Satz 1 Nr. 2, Satz 2)

18 Die in Abs. 2 Satz 1 genannten Verfahrenshandlungen können ferner vor einer unwesentlichen Erweiterung der Betreuung oder des Einwilligungsvorbehalts unterbleiben. Anders als bei Abs. 2 Satz 1 Nr. 1 kommt es dann auch nicht darauf an, ob diese Verfahrenshandlungen **früher stattgefunden** haben. Auch wenn die Betreuung nach § 281 Abs. 1 Nr. 1 auf Antrag des Betroffenen ohne Gutachten eingerichtet wurde, kann sie ohne Begutachtung von Amts wegen unwesentlich erweitert werden.

19 Abs. 2 Satz 2 enthält eine **Teildefinition**,[4] wonach als wesentliche Erweiterungen der Betreuung stets die erstmalige Einbeziehung einer der dort genannten Aufgaben in den Aufgabenkreis des Betreuers anzusehen ist. Wesentlich sind danach:

1 Jansen/*Sonnenfeld*/Hoffmann, § 69i FGG Rz. 12.

2 Bienwald/*Sonnenfeld*, § 69i FGG Rz. 15; Fröschle/*Locher*, § 69i FGG Rz. 9.

3 Jansen/*Sonnenfeld*, § 69i FGG Rz. 12.

4 Nämlich Beispiele (BtKomm/*Roth*, A Rz. 170), keine „Regelbeispiele" (so aber BT-Drucks. 11/4528, S. 180). Der Unterschied liegt darin, dass bei Regelbeispielen im Einzelfall auch eine

- Erweiterungen auf persönliche Angelegenheiten irgendwelcher Art, wenn bisher eine reine Vermögensbetreuung bestand,
- die Erweiterung auf Post- oder Fernmeldekontrolle, wenn zuvor keines von beidem zum Aufgabenkreis gehört hat,
- die Erweiterung auf die Gesundheitssorge, wenn sie das Recht zu Entscheidungen der in § 1904 BGB beschriebenen Art beinhaltet,
- jede Erweiterung, die erstmals die Befugnis des Betreuers zu freiheitsentziehenden Maßnahmen iSv. § 1906 Abs. 1 oder 4 BGB begründet.

Nicht unter Satz 2 entfällt die Erweiterung der Betreuung innerhalb dieser Bereiche. 20
Hier muss die Wesentlichkeit eigens geprüft werden.

Soweit Abs. 2 Satz 2 auch die **Einwilligung in die Sterilisation** des Betreuten erwähnt, 21
ist das nur im Rahmen der Verweisung des Abs. 3 von Bedeutung, denn wie sich aus § 1899 Abs. 2 BGB ergibt, kann der Aufgabenkreis des Betreuers hierauf gar nicht erweitert werden, sondern ist dafür stets ein besonderer Betreuer zu bestellen.[1]

Dem Wortlaut nach gilt Abs. 2 Satz 2 nur für die Erweiterung des Aufgabenkreises und 22
– wegen der Verweisung in Abs. 3 – für die Bestellung eines zusätzlichen Betreuers mit neuem Aufgabenkreis, nicht aber für die Erweiterung des **Einwilligungsvorbehalts**. Das dürfte indes ein gesetzgeberisches Versehen sein. In der Vorgängernorm (§ 69i Abs. 1 FGG) war überhaupt nur die Erweiterung der Betreuung geregelt. Für die Erweiterung des Einwilligungsvorbehalts galt nach § 69i Abs. 2 FGG der ganze Abs. 1 entsprechend, inklusive des § 69i Abs. 1 Satz 3 FGG, der § 293 Abs. 2 Satz 2 entspricht. Das dürfte dem Gesetzgeber schlicht entgangen sein.[2] Abs. 2 Satz 2 ist daher auch[3] anzuwenden, wenn zwar nicht der Aufgabenkreis, wohl aber ein schon bestehender Einwilligungsvorbehalt im genannten Sinne erweitert wird.

Soweit Abs. 2 Satz 2 nicht greift, hat das Gericht anhand der **Qualität** und der **Quantität** der Erweiterung abzuwägen, ob sie wesentlich ist. 23

Die Wesentlichkeit kann aus der **Bedeutung** der übertragenen Angelegenheiten folgen, 24
was von der Rechtsprechung zB für die Einbeziehung der Bestimmung des Umgangs des Betreuten in den Aufgabenkreis angenommen wurde.[4] Ähnliches dürfte gelten, wenn zur Post- die Fernmeldekontrolle hinzukommt oder umgekehrt.

Die Wesentlichkeit kann aber auch aus dem **Umfang** der zusätzlich übertragenen 25
Angelegenheiten folgen, so zB wenn die Betreuung auf die gesamte Vermögenssorge – oder ein Großteil davon – erweitert wird.[5] Als Beispiel für eine unwesentliche Erweiterung wird zuweilen diejenige auf die Geltendmachung eines einzelnen Anspruchs

---

unwesentliche Änderung angenommen werden könnte, obwohl Abs. 2 Satz 2 zutrifft. Das hatte der Gesetzgeber aber erkennbar nicht im Sinn.

1 Fröschle/*Locher*, § 69i FGG Rz. 6. Lt. Bienwald/*Sonnenfeld*/Hoffmann, § 69i FGG Rz. 30 sollen für dieses Verfahren die Vorschriften über die Erstbestellung eines Betreuers unmittelbar gelten. Das ist mit dem Wortlaut von Abs. 2 Satz 2 aber schwerlich in Einklang zu bringen.

2 BT-Drucks. 16/6308, S. 269 enthält keinen Hinweis auf eine Änderungsabsicht.

3 Genau genommen sogar erst recht, denn der Einwilligungsvorbehalt greift stärker in die Rechte des Betroffenen ein als die Betreuung, so zu recht HK-BUR/*Hoffmann*, § 69i FGG Rz. 22.

4 BayObLG v. 23.10.2002 – 3 Z BR 180/02, BtPrax 2003, 38.

5 HK-BUR/*Hoffmann*, § 69i FGG Rz. 6; Jansen/*Sonnenfeld*, § 69i Rz. 10; Jürgens/*Mertens*, § 69i FGG Rz. 3; anders, wenn sie sie schon vorher weitgehend umfasste, BtKomm/*Roth*, A Rz. 170.

genannt.[1] Das ist jedoch schief, denn auch da kann sich aus der **Höhe** dieses Anspruchs durchaus die Wesentlichkeit der Angelegenheit ergeben.

26 Die Wesentlichkeit der Erweiterung kann sich außerdem aus der **Kostenfolge** ergeben, die die Umwandlung einer nur die Personensorge betreffenden Betreuung in eine, die auch die Vermögenssorge betrifft, beinhaltet, denn dadurch fällt die Deckelung der Jahresgebühr nach § 92 Abs. 1 Satz 4 KostO weg.

III. Bestellung eines weiteren Betreuers (Absatz 3)

27 Da Abs. 1 jede Erweiterung der Anordnung der Betreuung erwähnt, ist Abs. 3 im Grunde genommen überflüssig, denn die Bestellung eines zusätzlichen Betreuers mit einem neuen, dem bisherigen Betreuer nicht übertragenen Aufgabenkreis, enthält eine Erweiterung dieser Anordnung. Zur **Klarstellung** bestimmt Abs. 3, dass hierauf Abs. 1 und 2 ebenfalls anzuwenden sind. Das ist unproblematisch.

28 Die eigentliche Bedeutung von Abs. 3 liegt daher darin, dass er einen **Umkehrschluss** zulässt: Auf die Bestellung eines weiteren Betreuers ohne Erweiterung des Aufgabenkreises sind die Vorschriften, auf die Abs. 1 verweist, **nicht anzuwenden**. Dabei ist zu unterscheiden:

- Wird der weitere Betreuer mit einem Aufgabenkreis betraut, der zugleich dem bisherigen Betreuer entzogen wird, so enthält dies zugleich eine **Teilentlassung** des bisherigen Betreuers und es gilt § 296 Abs. 1.[2]
- Tritt der weitere Betreuer dagegen als **reiner Mitbetreuer** neben den mit unverändertem Aufgabenkreis weiter amtierenden ersten Betreuer, so sind überhaupt nur die für alle Betreuungssachen geltenden Vorschriften zu beachten. Die Frage, ob auch diejenigen Vorschriften anzuwenden sind, die ihrem Wortlaut nach bei der „Bestellung eines Betreuers" zu beachten sind, ist nicht einheitlich zu beantworten. Jedenfalls gelten §§ 278 bis 280 nicht.[3] §§ 274 Abs. 3 und Abs. 4 Nr. 1, 286 Abs. 1, 287, 288 Abs. 2 Satz 1, 289 und 290 dürften dagegen aus den gleichen Gründen wie bei der Neubestellung eines Betreuers (s. dazu § 296 Rz. 20 ff.) anwendbar sein.

29 Zu dem bei Bestellung eines **Gegenbetreuers** zu beachtenden Verfahren schweigt das Gesetz völlig. Sie dürfte aber keinen anderen Regeln folgen als die Bestellung eines zusätzlichen Betreuers ohne Erweiterung des Aufgabenkreises,[4] weil der Gegenbetreuer zwar Aufgaben (§ 1799 BGB), aber keinen Aufgabenkreis hat. Jedenfalls ist die persönliche Anhörung des Betroffenen nicht zwingend erforderlich.[5]

---

1 Bienwald/*Sonnenfeld*/Hoffmann, § 69i FGG Rz. 11; Fröschle/*Locher*, § 69i FGG Rz. 7; Jurgeleit/*Bučić*, § 69i FGG Rz. 6.

2 BayObLG v. 17.2.2002 – 3 Z BR 135/02, FamRZ 2002, 1656; OLG Zweibrücken v. 6.2.1998 – 3 W 5/98, FGPrax 1998, 57.

3 BayObLG v. 1.10.1997 – 3 Z BR 352/97, BtPrax 1998, 32 (zur persönlichen Anhörung).

4 HK-BUR/*Hoffmann*, § 69i FGG Rz. 65; Keidel/*Kayser*, § 69i FGG Rz. 12; *Knittel*, § 69i FGG Rz. 38; Fröschle/*Locher*, § 69i FGG Rz. 17; Jurgeleit/*Bučić*, § 69i FGG Rz. 23; iE wohl auch Jansen/*Sonnenfeld*, § 69i FGG Rz. 29, die auf „allgemeine rechtssaatliche Grundsätze" zurückgreifen will; aA Jürgens/*Mertens*, § 69i FGG Rz. 16 (grundsätzlich wie Erstbestellung zu behandeln, wobei auf die Besonderheiten Rücksicht zu nehmen sei).

5 BayObLG v. 21.4.2004 – 3 Z BR 51/04, FamRZ 2004, 1922; BayObLG v. 28.10.1993 – 3 Z BR 220/93, FamRZ 1994, 325.

§ 294
Aufhebung und Einschränkung der Betreuung oder des Einwilligungsvorbehalts

(1) Für die Aufhebung der Betreuung oder der Anordnung eines Einwilligungsvorbehalts und für die Einschränkung des Aufgabenkreises des Betreuers oder des Kreises der einwilligungsbedürftigen Willenserklärungen gelten die §§ 279 und 288 Abs. 2 Satz 1 entsprechend.

(2) Hat das Gericht nach § 281 Abs. 1 Nr. 1 von der Einholung eines Gutachtens abgesehen, ist dies nachzuholen, wenn ein Antrag des Betroffenen auf Aufhebung der Betreuung oder Einschränkung des Aufgabenkreises erstmals abgelehnt werden soll.

(3) Über die Aufhebung der Betreuung oder des Einwilligungsvorbehalts hat das Gericht spätestens sieben Jahre nach der Anordnung dieser Maßnahmen zu entscheiden.

A. Allgemeines

1 Die Norm enthält in den ersten beiden Absätzen den Regelungsgehalt des bisherigen § 69i Abs. 3 und 4 FGG ohne inhaltliche Änderungen. Sie bestimmt, welche – außer den allgemein geltenden – Verfahrensvorschriften das Gericht zu beachten hat, wenn es die Betreuung oder den Einwilligungsvorbehalt aufhebt oder einschränkt oder einen Antrag des Betreuten auf Aufhebung oder Einschränkung der Betreuung ablehnt. Abs. 3 gibt mit § 295 Abs. 2 zusammen § 69 Abs. 1 Nr. 5 Halbs. 2 FGG wieder.

2 Eine **getrennte Anwendung** von Abs. 3 und § 295 Abs. 2 kommt nicht in Frage, denn das Verfahren zur Verlängerung der Betreuung hat auch zwangsläufig deren Aufhebung – als kontradiktorisches Gegenteil – zum Gegenstand. Es endet stets entweder mit der Verlängerung oder mit der Aufhebung der Betreuung oder mit der teilweisen Verlängerung und Einschränkung im Übrigen. Nichts anderes gilt für den Einwilligungsvorbehalt. Der Aufbau des Gesetzes ist hier verunglückt. Es wäre sinnvoll gewesen, den Inhalt von § 294 und § 295 in einer Vorschrift zusammenzufassen (s. dazu noch näher Rz. 21).

B. Inhalt der Vorschrift

3 Die **Aufhebung der Betreuung** hat nach § 1908d Abs. 1 Satz 1 BGB jederzeit **von Amts wegen** zu erfolgen, wenn die Voraussetzungen des § 1896 BGB wegfallen. Die Betreuung ist außerdem nach § 1908d Abs. 2 Satz 1 BGB **auf Antrag** des Betreuten aufzuheben, wenn sie auf seinen Antrag eingerichtet worden war und nicht die Voraussetzungen für ihre Anordnung von Amts wegen vorliegen. Dasselbe gilt jeweils für die Einschränkung des Aufgabenkreises (§ 1908d Abs. 1 Satz 2, Abs. 2 Satz 3 BGB).

4 Die **Aufhebung des Einwilligungsvorbehalts** hat ebenfalls von Amts wegen zu erfolgen, wenn die Voraussetzungen für seine Anordnung (§ 1903 Abs. 1 BGB) nicht mehr bestehen, und er ist einzuschränken, wenn sie teilweise weggefallen sind.

5 Daraus folgt, dass das Gericht **jederzeit** ein Verfahren zur Überprüfung der Betreuung und ihres Umfangs **einleiten kann**. Anlass hierfür kann eine Anregung des Betroffenen oder auch eines anderen Beteiligten sein.[1] Aus Abs. 3 folgt außerdem, dass es ein

1 BayObLG v. 24.11.2004 – 3 Z BR 227/04, BtPrax 2005, 69.

solches Verfahren vor Ablauf einer vom Gericht hierfür vorher festgesetzten Frist, die höchstens sieben Jahre betragen darf, **einleiten muss.**

6 Daher sind drei Arten von Verfahren zur Überprüfung der Betreuung und des Einwilligungsvorbehalts zu unterscheiden:

- das Verfahren zur **Regelüberprüfung**, für das Abs. 1 und § 295 Abs. 1 von Bedeutung sind,
- das Verfahren zur **Anlassüberprüfung** von Amts wegen, für das nur Abs. 1 bedeutsam werden kann und
- das **Antragsverfahren** zur Überprüfung der Betreuung, für das Abs. 1 und Abs. 2 einschlägig sein können.

7 Einen **Vorrang des Regelüberprüfungsverfahrens** kennt das Gesetz nicht. Das LG muss über eine Beschwerde gegen die Ablehnung der Aufhebung der Betreuung daher auch dann noch inhaltlich entscheiden, wenn das Regelüberprüfungsverfahren bereits eingeleitet ist.[1]

I. Aufhebung oder Einschränkung der Betreuung oder des Einwilligungsvorbehalts (Absatz 1)

8 Der **Anwendungsbereich** von Abs. 1 beschränkt sich auf Verfahren, die zu einer Aufhebung oder Einschränkung der Betreuung oder des Einwilligungsvorbehalts führen. Entscheidend ist das **Verfahrensergebnis**, nicht das Verfahrensziel. Im Falle der Ablehnung – ohne gleichzeitige Verlängerung – sind daher nur die allgemein geltenden Vorschriften (§§ 272 bis 277) zu beachten.[2]

9 **Bedeutsam** ist hier nur die **Verweisung auf § 279**. Dass vor einer Entscheidung die Verfahrensbeteiligten anzuhören sind (§ 279 Abs. 1), ist allerdings ohnehin selbstverständlich. Die **Beteiligung** von **Angehörigen** und der **Betreuungsbehörde** kommt im Überprüfungsverfahren nach § 274 Abs. 4 Nr. 1 in Frage, da es den Bestand oder den Umfang der Betreuung bzw. des Einwilligungsvorbehalts betrifft. Im Übrigen ist die Betreuungsbehörde auch ohne Beteiligung **anzuhören**, wenn die Voraussetzungen des § 279 Abs. 2 vorliegen, und sind Vertrauenspersonen des Betroffenen unter den Voraussetzungen des § 279 Abs. 3 anzuhören. Der Betreuer ist nach § 274 Abs. 1 Nr. 2 Verfahrensbeteiligter, wenn das Überprüfungsverfahren seinen Aufgabenkreis betrifft, fällt also unter § 279 Abs. 1, weswegen § 279 Abs. 4 hier keine Bedeutung haben dürfte.[3]

10 § 288 Abs. 2 Satz 1, auf den Abs. 1 ebenfalls verweist, gilt für die Entscheidungen über Bestand und Umfang der Betreuung oder des Einwilligungsvorbehalts schon unmittelbar, so dass es sich hier nur um eine Rechtsgrundverweisung handeln dürfte.

11 Seltsam ist, dass nicht auf § 287 verwiesen wird. Auch diese Norm gilt zwar unmittelbar, wenn die **Betreuung** als solche aufgehoben oder eingeschränkt wird, nicht jedoch,

1 OLG München v. 24.6.2008 – 33 Wx 118/08, FGPrax 2008, 206.

2 BayObLG v. 26.2.1997 – 3 Z BR 55/97, FamRZ 1998, 323; BayObLG v. 21.7.1994 – 3 Z BR 170/94, FGPrax 1995, 52.

3 Es bleibt die – theoretische – Möglichkeit, dass eine nach § 1908a BGB angeordnete Maßnahme noch vor Eintritt der Volljährigkeit aufgehoben oder eingeschränkt werden soll, vgl. Jansen/*Sonnenfeld*, § 69i FGG Rz. 20.

wenn dies bei einem **Einwilligungsvorbehalt** geschieht. („Bestand" und „Umfang" des Einwilligungsvorbehalts finden in § 287 Abs. 1 keine Erwähnung.) Das dürfte ein Versehen des Gesetzgebers sein. Es gibt keinen denkbaren sinnvollen Grund, aus dem bei einem Einwilligungsvorbehalt die Aufhebung oder Einschränkung mit sofortiger Wirkung ausgeschlossen sein sollte. Genau das wäre aber die Folge, wäre § 287 hierauf nicht anwendbar (s. auch dort Rz. 7).

Die §§ 272 bis 277 gelten für **alle Betreuungssachen**, darum sind sie auch hier zu beachten. Vor allem die Bestellung eines **Verfahrenspflegers** kann daher in jedem Überprüfungsverfahren notwendig sein.[1] 12

Die §§ 278 und 280 bis 284 gelten dagegen nicht. Die **Anhörung des Betroffenen** richtet sich nach § 34 (nicht auch nach § 33, vgl. § 296 Rz. 9). Rechtliches Gehör muss ihm jedenfalls gewährt werden,[2] es sei denn, das Gericht gibt seinem Antrag auf Aufhebung der Betreuung ohne Weiteres statt.[3] 13

Soweit ein **Sachverständigengutachten** nicht nach Abs. 2 einzuholen ist, ist die Erforderlichkeit eines solchen ebenso wie die der Gewinnung eines **unmittelbaren Eindrucks** von dem Betroffenen nach § 26 zu beurteilen und liegt somit im pflichtgemäßen Ermessen des Gerichts.[4] Zwangsmaßnahmen sind weder nach § 278 Abs. 5,[5] noch nach §§ 283, 284[6] oder § 33 (s. § 296 Rz. 9) zulässig. 14

II. Ablehnung der beantragten Aufhebung (Absatz 2)

Abs. 2 gilt nur für das **Antragsverfahren** des § 1908d Abs. 2 BGB. Er betrifft den in § 1908d Abs. 2 Satz 1 Halbs. 2 BGB geregelten Fall, dass das Gericht einen solchen Antrag des Betroffenen zurückweist, weil die Voraussetzungen für die Anordnung einer Betreuung von Amts wegen vorliegen. 15

Auch Abs. 2 ist nur bei einem bestimmten **Verfahrensergebnis** anzuwenden, nämlich wenn der Antrag abgelehnt wird. Wird ihm stattgegeben, ist jedoch Abs. 1 zu beachten.[7] Wird er teilweise abgelehnt und wird ihm teilweise stattgegeben, so müssen sowohl Abs. 1 als auch Abs. 2 beachtet worden sein. 16

Ein **Antrag des Betroffenen** auf Aufhebung der Betreuung ist nur **statthaft**, wenn auch die Betreuung auf seinen Antrag eingerichtet wurde. Ist schon die Betreuung von Amts wegen eingerichtet worden, kann er ihre Aufhebung **nur anregen**, nicht beantragen. 17

---

1 HK-BUR/*Hoffmann*, § 69i FGG Rz. 34.

2 BtKomm/*Roth*, A Rz. 171; missverständlich BT-Drucks. 16/6308, S. 270: keine Anhörung des Betroffenen nötig; gemeint ist dort eindeutig: keine persönliche Anhörung; aA Jurgeleit/*Bučić*, § 69i FGG Rz. 18, weil mit der Aufhebung der Betreuung lediglich ein Eingriff in die Rechte des Betreuten beendet werde. Das ist aber falsch, weil der Betreute ein Recht auf die Betreuung hat, wenn sie notwendig ist, er folglich auch durch die Aufhebung einer Betreuung einen Rechtseingriff erfährt, vgl. OLG München v. 20.12.2006 – 33 Wx 248/06, BtPrax 2007, 81.

3 OLG Karlsruhe v. 11.10.1993 – 11 AR 20/93, FamRZ 1994, 449.

4 OLG München v. 22.12.2005 – 33 Wx 176/05, NJW-RR 2006, 512; aA (regelmäßig erforderlich, falls „Antrag" – gemeint Anregung – des Betreuten weder querulatorisch noch offensichtlich begründet) OLG Zweibrücken v. 10.3.1998 – 3 W 46/98, BtPrax 1998, 150.

5 Jansen/*Sonnenfeld*, § 69i FGG Rz. 19.

6 HK-BUR/*Hoffmann*, § 69i FGG Rz. 33; Fröschle/*Locher*, § 69i FGG Rz. 13; aA anscheinend OLG Frankfurt v. 13.3.1992 – 20 W 83/92, NJW 1992, 1395.

7 Fröschle/*Locher*, § 69i FGG Rz. 14.

Abs. 2 findet dann keine Anwendung.[1] Beharrt er auf einem formellen Antrag, ist dieser als unzulässig zurückzuweisen, ohne dass Abs. 2 dabei beachtet worden sein muss.

18 Der Antrag ist, wie § 1908d Abs. 2 Satz 2 BGB klarstellt, aber auch aus § 275 folgt, ohne Rücksicht auf die Geschäftsfähigkeit des Betreuten zulässig. Ein Verfahrensbevollmächtigter kann ihn für ihn stellen, nicht jedoch der Verfahrenspfleger, da sein Amt mit der Beendigung des Betreuerbestellungsverfahrens beendet ist.

19 Abs. 2 gilt außerdem nach dem Gesetzeswortlaut nur für **den ersten abgelehnten Antrag**. Durch ihn verwandelt sich die Betreuung in eine von Amts wegen angeordnete, so dass ein Zweitantrag nicht mehr statthaft und in eine Anregung umzudeuten ist.

20 Hat der Betroffene in dem Verfahren zur Einrichtung der Betreuung auf die **Einholung eines Sachverständigengutachtens verzichtet** und ist es in Anwendung von § 281 Abs. 1 Nr. 1 tatsächlich nicht eingeholt worden, so ist „dies nachzuholen". Damit ist gemeint, dass das Gericht die § 280 bis § 284 vor der Ablehnung des Antrags zu beachten hat.[2] Es muss ein Sachverständigengutachten einholen, soweit das nicht wegen § 281 Abs. 1 Nr. 2 oder § 282 auch im Amtsverfahren unterbleiben kann.[3] Dasselbe kann gelten, wenn bei der Betreuerbestellung – trotz Antrags – ein Gutachten **eingeholt** wurde, das zurzeit des Aufhebungsantrags nicht mehr aktuell genug ist.[4]

III. Regelüberprüfung (Absatz 3)

21 Abs. 3 ist zusammen mit § 286 Abs. 3 und § 295 Abs. 2 zu lesen. Das Gericht ist verpflichtet, jede Betreuung und jeden Einwilligungsvorbehalt einer **Regelüberprüfung** zu unterziehen. Das hat bis zu dem in dem Beschluss über die Anordnung der Maßnahme festgelegten Zeitpunkt zu geschehen, andernfalls wird die Betreuung bzw. der Einwilligungsvorbehalt **formell rechtswidrig** und muss schon deshalb aufgehoben werden, was einer **Neuanordnung** bei Vorliegen der materiellen Voraussetzungen freilich nicht entgegensteht.[5]

22 Das Regelüberprüfungsverfahren muss daher so **rechtzeitig eingeleitet** werden, dass es bis zum Überprüfungszeitpunkt abgeschlossen sein kann. Verzögert es sich unvorhergesehen, kann die Betreuung ggf. durch einstweilige Anordnung **vorläufig verlängert** worden (str., s. § 295 Rz. 6).

23 Das Regelüberprüfungsverfahren kann zum Ergebnis haben:

- die **Aufhebung** der Betreuung oder des Einwilligungsvorbehalts; es ist dann Abs. 1 zu beachten,
- die **Verlängerung** der Betreuung oder des Einwilligungsvorbehalts; dann ist § 295 Abs. 1 zu beachten.

1 AA KG v. 27.6.2006 – 1 W 177/06, FGPrax 2006, 260, wonach ein bloßes „Einverständnis" des Betroffenen im Ausgangsverfahren ausreichen soll. Das macht jedoch schon im Ausgangsverfahren das Gutachten nicht entbehrlich, so dass es jedenfalls an der zweiten Voraussetzung des Abs. 2 fehlen müsste. Der mitgeteilte Sachverhalt ist hierzu wenig ergiebig. Möglicherweise ist die Begutachtung auch schon im Ausgangsverfahren (dann dort verfahrensrechtswidrig) unterlassen worden. Dann dürfte das KG im Ergebnis recht haben.

2 Es kann also auch von den Zwangsmaßnahmen der §§ 283, 284 Gebrauch machen, HK-BUR/*Hoffmann*, § 69i FGG Rz. 47.

3 HK-BUR/*Hoffmann*, § 69i FGG Rz. 43.

4 OLG München v. 22.12.2005 – 33 Wx 176/05, NJW-RR 2006, 512 (1$^1/_2$ Jahre alt).

5 LG Frankfurt a.M. v. 7.2.2002 – 2/28 T 128/01, FamRZ 2003, 185.

Führt das Regelüberprüfungsverfahren zur **Einschränkung** der Betreuung oder des Einwilligungsvorbehalts, so enthält auch dies eine Verlängerung, so dass § 295 Abs. 1 gilt, der wegen seiner ausschließlich weiteren Rechtsfolgen § 294 Abs. 1 verdrängt. 24

Überprüfungszeitpunkt ist in erster Linie der vom Gericht in der Ausgangsentscheidung dafür festgesetzte. Der in Abs. 3 genannte **späteste Zeitpunkt** kommt nur zum Tragen, wenn das Gericht eine Festsetzung entgegen § 286 Abs. 3 ganz unterlassen oder einen Zeitpunkt festgesetzt hat, der später liegt. Die Regelüberprüfung hat in diesem Fall **sieben Jahre nach Erlass** (s. dazu § 38 Abs. 3) der Ausgangsentscheidung abgeschlossen zu sein. 25

§ 295
Verlängerung der Betreuung oder des Einwilligungsvorbehalts

(1) Für die Verlängerung der Bestellung eines Betreuers oder der Anordnung eines Einwilligungsvorbehalts gelten die Vorschriften über die erstmalige Anordnung dieser Maßnahmen entsprechend. Von der erneuten Einholung eines Gutachtens kann abgesehen werden, wenn sich aus der persönlichen Anhörung des Betroffenen und einem ärztlichen Zeugnis ergibt, dass sich der Umfang der Betreuungsbedürftigkeit offensichtlich nicht verringert hat.

(2) Über die Verlängerung der Betreuung oder des Einwilligungsvorbehalts hat das Gericht spätestens sieben Jahre nach der Anordnung dieser Maßnahmen zu entscheiden.

A. Allgemeines

Abs. 1 übernimmt § 69i Abs. 6 FGG ohne Änderungen. Abs. 2 ist, wie aus § 286 Abs. 3 folgt, mit § 294 Abs. 3 zusammen zu lesen und bestimmt, bis wann spätestens ein Verfahren zur Überprüfung der Betreuung bzw. des Einwilligungsvorbehalts mit dem Ziel der Aufhebung oder Verlängerung durchzuführen ist. Abs. 2 und § 294 Abs. 3 enthalten damit den Regelungsgehalt des alten § 69 Abs. 1 Nr. 5 Halbs. 2 FGG. Die dort genannte Höchstfrist für die Überprüfung hatte ursprünglich fünf Jahre betragen und wurde durch das 2. BtÄndG ab dem 1.7.2005 auf sieben Jahre verlängert. 1

Anwendbar ist Abs. 1 nur, wenn die Betreuung oder der Einwilligungsvorbehalt tatsächlich verlängert wird, dann allerdings auch, wenn eine Erweiterung oder Einschränkung damit verbunden ist. Im Falle der **gleichzeitigen Erweiterung** gelten Abs. 1 und § 293 Abs. 1 nebeneinander.[1] Von der Einholung eines Gutachtens kann nur abgesehen werden, wenn das sowohl nach Abs. 1 Satz 2 als auch nach § 293 Abs. 2 (oder aber nach §§ 281, 282) zulässig ist. Bei einer **gleichzeitigen Einschränkung** gilt nur Abs. 1, denn er ordnet die gegenüber § 294 Abs. 1 weiter reichenden Rechtsfolgen an.[2] 2

1 HK-BUR/*Hoffmann*, § 69i FGG Rz. 73; *Bassenge*/Roth, § 69i FGG Rz. 21.
2 So wohl auch HK-BUR/*Hoffmann*, § 69i FGG Rz. 28.

B. Inhalt der Vorschrift

I. Verlängerung der Betreuung und des Einwilligungsvorbehalts (Abs. 1 Satz 1)

3 Betreuung und Einwilligungsvorbehalt werden nicht auf bestimmte Zeit angeordnet, insofern ist der Begriff der „Verlängerung" missverständlich. Nach materiellem Recht bestehen Betreuung und Einwilligungsvorbehalt, bis sie aufgehoben werden. Die Verlängerung hat rein **prozessualen Charakter**. Sie bewirkt, dass im Regelüberprüfungsverfahren (s. zu diesem Begriff § 294 Rz. 6) nicht lediglich eine negative Entscheidung ergehen kann, sondern in jedem Fall **positiv** entweder die Aufhebung der Maßnahme oder ihr Weitergelten anzuordnen ist. Das sind kontradiktorische Gegensätze. Die schlichte Nichtverlängerung ohne Aufhebung oder Nichtaufhebung ohne Verlängerung gibt es nicht. Einen positiven Inhalt hat die Verlängerungsentscheidung insofern, als sie – nach Abs. 1 iVm. § 286 Abs. 3 – eine **Neufestsetzung des Überprüfungszeitpunkts** enthalten muss. Dies ist es auch, was den Begriff „Verlängerung" letztlich rechtfertigt.

4 Abs. 1 bestimmt in Form einer **Generalverweisung**, dass für die Verlängerung der Betreuung oder des Einwilligungsvorbehalts die gleichen Regeln gelten wie für die erstmalige Anordnung dieser Maßnahmen. Das ist nicht von Bedeutung für Normen, die ohnehin in allen Betreuungssachen anzuwenden sind oder jedenfalls in denen, die den „Bestand" der Betreuung oder des Einwilligungsvorbehalts betreffen, also für §§ 272 bis 277 und §§ 287, 288. Aus Abs. 1 folgt, dass darüber hinaus bei einer Verlängerung der Betreuung auch **§§ 278 bis 286** entsprechend gelten. §§ 289 und 290 gelten bei einer unveränderten Verlängerung nicht.

5 Die Gleichstellung der Verlängerung mit der Erstbestellung bedeutet auch, dass sie kein reines Amtsverfahren ist, vielmehr auch **auf Antrag des Betroffenen** erfolgen kann. Ob § 282 Abs. 2 Nr. 1 greifen kann, hängt nicht davon ab, ob der Betroffene ursprünglich die Betreuung beantragt hat, sondern ob er jetzt ihre Verlängerung beantragt. Die von Amts wegen angeordnete Betreuung kann auf Antrag, die auf Antrag angeordnete von Amts wegen verlängert werden.

6 Aus der Generalverweisung folgt außerdem, dass das Gericht die Verlängerung auch vorläufig durch **einstweilige Anordnung** nach § 300 aussprechen kann, wenn es eine Hauptsacheentscheidung vor dem Überprüfungszeitpunkt nicht treffen kann und die in § 300 genannten Voraussetzungen vorliegen.[1] Soweit die Literatur das verneint, weil ein praktisches Bedürfnis fehle,[2] wird dabei übersehen, dass die vorläufige Verlängerung notwendig sein kann, um der Betreuung die sonst mit Verstreichen des Überprüfungszeitpunkts eintretende formelle Rechtswidrigkeit[3] zu nehmen.

7 Nach der Rechtsprechung ist Abs. 1 Satz 1 außerdem dahin erweiternd auszulegen, dass er auch die **materiellrechtliche Prüfung** beeinflusst. Die Frage eines **Betreuerwechsels** ist daher nach § 1897 BGB zu prüfen, nicht nach § 1908b BGB,[4] was vor

1 *Fröschle*, § 69 FGG Rz. 19; HK-BUR/*Hoffmann*, § 69i FGG Rz. 77.

2 HK-BUR/*Hoffmann*, § 69i FGG Rz. 77; *Bassenge*/Roth, § 69i FGG Rz. 22.

3 S. LG Frankfurt a.M. v. 7.2.2002 – 2/28 T 128/01, FamRZ 2003, 185.

4 OLG Frankfurt v. 13.2.2006 – 20 W 484/05, OLGReport 2006, 777; BayObLG v. 18.3.2002 – 3 Z BR 22/02, FGPrax 2002, 117; BayObLG v. 2.8.2000 – 3 Z BR 180/00, NJW-FER 2001, 75; OLG Zweibrücken v. 20.12.2001 – 3 W 276/01, FGPrax 2002, 112; OLG Hamm v. 29.5.2000 – 15 W 158/00, NJW-RR 2001, 797.

allem für einen diesbezüglichen Wunsch des Betroffenen Bedeutung hat: Er ist nach § 1897 Abs. 4 BGB grundsätzlich verbindlich und eröffnet nicht nur nach § 1908b Abs. 3 BGB ein gerichtliches Ermessen.

II. Kein Gutachten bei offensichtlich unverändertem Betreuungsbedarf (Abs. 1 Satz 2)

Die Pflicht zur Einholung eines Sachverständigengutachtens wird in Abs. 1 Satz 2 dahin modifiziert, dass außer in den in § 281 genannten beiden Fällen auch dann ein ärztliches Zeugnis genügt, wenn sich aus ihm und der persönlichen Anhörung des Betroffenen insgesamt ergibt, dass sich der Betreuungsbedarf **offensichtlich nicht verringert** hat. 8

Das setzt dreierlei voraus: 9

- Dem Gericht muss ein **ärztliches Zeugnis** vorliegen. Die Anforderungen an ein solches entsprechen denen des § 281[1] (s. dort Rz. 12 ff.). Auch hier muss eine zeitnahe persönliche Untersuchung vorausgegangen sein.[2]
- Das Gericht muss den Betroffenen **persönlich angehört** haben. Es ist daher nicht zulässig, von der persönlichen Anhörung und von der Begutachtung abzusehen. Freilich sollte man hiervon eine Ausnahme machen, wenn das Gericht sich von dem Betroffenen nach § 278 Abs. 1 Satz 2 einen unmittelbaren Eindruck verschafft hat und sich hierbei seine Anhörungsunfähigkeit erwiesen hat, denn gerade das kann den unveränderten Betreuungsbedarf offensichtlich machen.
- Aufgrund dieser Verfahrenshandlungen muss der unveränderte Betreuungsbedarf **ohne jeden Zweifel** vorliegen.[3]

Abs. 1 Satz 2 macht es sinnvoll, im Regelüberprüfungsverfahren **zuerst ein ärztliches Zeugnis** einzuholen. Die gängige Praxis, den Betreuer zur Vorlage eines solchen Zeugnisses aufzufordern, ist allerdings inhaltlich wie kostenrechtlich problematisch. Sie berücksichtigt nicht, dass der Betreuer im Überprüfungsverfahren eigenständiger Beteiligter mit möglicherweise anderen Interessen ist. Das Gericht wird daher nicht ausschließen können, dass er ein Zeugnis im eigenen Interesse in Auftrag gegeben hat. Außerdem ist das Honorar des Arztes dann vom Betreuer zu tragen, was auch nicht zumutbar sein dürfte. 10

Der Betreuungsbedarf muss gegenüber dem derzeitigen Umfang der Betreuung – nicht: gegenüber dem Inhalt eines früheren Gutachtens – **unverändert** sein. Hat er sich **verringert**, so ist für die Verlängerung ein Gutachten erforderlich, selbst wenn auch dies offensichtlich sein sollte. Das ist einigermaßen seltsam, weil das Gericht ja kein Gutachten bräuchte, um die Betreuung ohne gleichzeitige Verlängerung einzuschränken und auch keines, um sie dann nach einer Einschränkung wieder zu verlängern. 11

Hat sich der Betreuungsbedarf **vergrößert**, scheint Abs. 1 Satz 2 das Absehen von der Begutachtung zwar zu ermöglichen, doch ist dann ja die Betreuung zu erweitern, so dass § 293 Abs. 1 eingreift. Theoretisch möglich bleibt ohne Begutachtung eine Verlängerung der Betreuung unter gleichzeitiger **unwesentlicher Erweiterung**, denn dann greifen die Ausnahmen in Abs. 1 Satz 2 und § 293 Abs. 2 Satz 1 Nr. 2 kumulativ. 12

1 HK-BUR/*Hoffmann*, § 69i FGG Rz. 79; Keidel/*Kayser*, § 69i FGG Rz. 13.
2 OLG Hamm v. 13.7.1999 – 15 W 145/99, BtPrax 1999, 238.
3 Näheres zu dieser Voraussetzung in BayObLG v. 14.4.2004 – 3 Z BR 63/04, BtPrax 2004, 148.

13 Soweit Abs. 1 Satz 2 reicht, sind §§ 280 bis 284 unanwendbar. Die Notwendigkeit einer Begutachtung kann **auch aus § 26 nicht** folgen, denn dann wäre der unveränderte Bedarf ja nicht offensichtlich. Das ärztliche Zeugnis genügt dann vielmehr im Zusammenhang mit der Anhörung des Betroffenen als Erkenntnisquelle.

14 Greift Abs. 1 Satz 2 nicht, gelten die §§ 280 bis 284 **ohne Einschränkungen**. Das Gutachten kann dann auch noch nach § 281 oder § 282 entbehrlich sein,[1] zB wenn der Betroffene **die Verlängerung beantragt** und auf die Begutachtung verzichtet.

III. Überprüfungsfrist (Absatz 3)

15 Zur Festlegung und Berechnung der Überprüfungsfrist gilt das zu § 286 Abs. 3 und § 294 Abs. 3 Ausgeführte (s. § 286 Rz. 18 und § 294 Rz. 25).

16 Trifft das Gericht bis zum Überprüfungszeitpunkt **keine Entscheidung**, wird die Betreuung formell rechtswidrig. Sie besteht zwar auch dann fort, muss aber schon deshalb aufgehoben und ggf. neu eingerichtet werden, jedenfalls, wenn die Überschreitung des Zeitpunkts nicht lediglich unbedeutend ist.[2]

17 Wie aus dem Wort „spätestens" in Abs. 2 folgt, ist auch eine **vorzeitige Verlängerung** der jeweiligen Maßnahme möglich, zB anlässlich eines Betreuerwechsels oder einer vorgenommenen Erweiterung. Auch dafür muss Abs. 1 beachtet worden sein.

18 Eine spätere **Vorverlegung** des ursprünglich festgesetzten Überprüfungszeitpunkts (also eine Verkürzung der Betreuung) sieht das Gesetz nicht vor, so dass dem die Rechtskraft der Ausgangsentscheidung entgegenstehen dürfte. Es besteht dafür aber auch kein praktisches Bedürfnis, da ja die Betreuung jederzeit aufgehoben oder verlängert werden kann, auch schon deutlich vor dem festgelegten Zeitpunkt.

§ 296
Entlassung des Betreuers und Bestellung eines neuen Betreuers

(1) Das Gericht hat den Betroffenen und den Betreuer persönlich anzuhören, wenn der Betroffene einer Entlassung des Betreuers (§ 1908b des Bürgerlichen Gesetzbuchs) widerspricht.

(2) Vor der Bestellung eines neuen Betreuers (§ 1908c des Bürgerlichen Gesetzbuchs) hat das Gericht den Betroffenen persönlich anzuhören. Das gilt nicht, wenn der Betroffene sein Einverständnis mit dem Betreuerwechsel erklärt hat. § 279 gilt entsprechend.

A. Allgemeines

1 Die Norm entspricht im Wesentlichen dem früheren § 69i Abs. 7 und 8 FGG. Sie regelt das **Verfahren beim Betreuerwechsel**. Von der Vorgängernorm sind nur die Ver-

---

1 *Bassenge*/Roth, § 69i FGG Rz. 22.
2 LG Frankfurt a.M. v. 7.2.2002 – 2/28 T 128/01, FamRZ 2003, 185.

weisungen auf §§ 69d Abs. 1 Satz 3, 69g Abs. 1 FGG entfallen. Erstere ist überflüssig, weil sich ihr Inhalt nun direkt aus § 34 Abs. 2 ergibt, zweitere, weil die Beschwerdeberechtigung in Betreuungssachen in § 303 eine Neuregelung erfährt, die auch die hier in Rede stehenden Verfahren mitbetrifft.[1] Abs. 1 ist inhaltlich mit § 69i Abs. 7, Abs. 2 mit § 69i Abs. 8 FGG identisch.

Anwendungsbereich des § 296 sind Verfahren über 2
- die Entlassung des Betreuers nach § 1908b BGB (dazu Abs. 1) und
- die Neubestellung eines Betreuers nach § 1908c BGB (dazu Abs. 2).

Ihnen ist gemein, dass sie nur das Amt des Betreuers betreffen, die **Anordnung der Betreuung** aber nicht berühren, so dass die §§ 293 bis 295 keine Anwendung finden. Bei einigen Vorschriften, die ihrem Wortlaut nach für die „Bestellung eines Betreuers" oder den „Bestand" einer solchen Bestellung gelten, ist zweifelhaft, ob damit nur die Anordnung der Betreuung oder auch das jeweilige Betreueramt gemeint sein soll. Das kann nur unter Heranziehung des Zwecks der jeweiligen Norm entschieden werden (s. dazu Rz. 19 ff.). 3

Wird anlässlich einer **Betreuerneubestellung** die Betreuung **erweitert**, gilt ausschließlich der weiter gehende § 293, wird sie **eingeschränkt**, ist § 294 Abs. 1 neben § 296 Abs. 2 zu beachten. Wird die Betreuung gleichzeitig **verlängert**, gilt ausschließlich § 295. 4

B. Inhalt der Vorschrift

Die Entlassung des Betreuers und die Neubestellung eines Nachfolgers werden zwar oft zusammenfallen, sind aber im Kern **selbständige Verfahren**, die dann lediglich zur gemeinsamen Entscheidung verbunden sind. Beides folgt daher auch jeweils eigenen Verfahrensregeln. 5

Die Norm ist **lückenhaft**, sie regelt lediglich manche Verfahrensaspekte und lässt andere offen. Die Lücke kann aber durch Auslegung des Tatbestands der in Frage kommenden Normen geschlossen werden. 6

I. Entlassung des Betreuers (Absatz 1)

Wird der Betreuer entlassen, schreibt Abs. 1 die **persönliche Anhörung** sowohl des Betreuten als auch des zu entlassenden Betreuers vor, falls der Betreute (nicht: der Betreuer[2]) der Entlassung widerspricht. Es handelt sich um eine **eigenständige Ausfüllungsnorm** zu § 34 Abs. 1 Nr. 2, so dass § 278 keine Anwendung findet, insbesondere ist der Ort der Anhörung nicht festgelegt. Im Wesentlichen entspricht die Pflicht derjenigen, die sich früher aus § 69i Abs. 7 iVm. § 69d Abs. 1 Satz 3 FGG ergeben hat. Neu ist die durch § 34 Abs. 3 eröffnete Möglichkeit, von der persönlichen Anhörung abzusehen, wenn der Anzuhörende zu einem dazu bestimmten Termin **unentschuldigt nicht erschienen** ist und vorher hierüber belehrt wurde.[3] 7

1 BT-Drucks. 16/6308, S. 270.
2 HK-BUR/*Hoffmann*, § 69i FGG Rz. 82.
3 Zum ähnlichen Ergebnis kommt zum alten Recht Jurgeleit/*Bučić*, § 69i FGG Rz. 37, in dem er – etwas kühn – im Nichterscheinen zum Anhörungstermin eine Rücknahme des Widerspruchs sehen will.

8 Abs. 1 gilt für jede Entlassung eines **Einzelbetreuers**, auch im Verfahren nach § 1908b Abs. 4 BGB.[1] Für die Entlassung des Betreuungsvereins oder der Betreuungsbehörde **als Institution** passt er dagegen nicht.

9 Es stellt sich die Frage, ob das Gericht nach § 33 Abs. 1 das **persönliche Erscheinen des Betreuten** anordnen und dann mit den in § 33 Abs. 3 genannten Ordnungsmitteln gegen ihn vorgehen kann.[2] Das erscheint jedoch nicht sachgerecht, denn es würde die persönliche Anhörung für den Betroffenen gegenüber derjenigen des § 278 ja sogar verschärfen, da ihm dann auch Ordnungsgeld drohen würde. § 278 Abs. 5 ist deshalb als **abschließende Sonderregel** zu begreifen, die, so weit es den Betroffenen betrifft, die Anwendung von § 33 in Betreuungssachen ausschließt. Auf den Betreuer und alle anderen Beteiligten kann § 33 dagegen auch in Betreuungssachen angewendet werden.

10 Weshalb auch **der Betreuer** persönlich angehört werden muss, ist nicht recht nachvollziehbar. Das kann problematisch werden, wenn er entlassen werden soll, weil er unauffindbar ist, und der Betreute dennoch seiner Entlassung widerspricht. Er muss dann korrekterweise **per öffentlicher Zustellung** zu einem Anhörungstermin geladen und über die Folgen des Ausbleibens iSv. § 34 Abs. 3 belehrt werden, bevor das Gericht eine Endentscheidung treffen kann. Immerhin bleibt in solchen Fällen die Möglichkeit seiner vorläufigen Entlassung durch **einstweilige Anordnung** nach § 300 Abs. 2.

11 Die Anhörungspflicht entsteht erst mit dem **Widerspruch des Betreuten** gegen die Entlassung des Betreuers. Solange der Betreute sich dazu überhaupt nicht äußert, braucht er zur Betreuerentlassung nicht nach Abs. 1 persönlich angehört zu werden.[3] Der Widerspruch des Betreuten ist wegen § 275 unabhängig von seinem Zustand beachtlich. Er ist dem Betreuten persönlich vorbehalten. Der Widerspruch des Verfahrenspflegers löst die Pflicht des Abs. 1 nicht aus, denn der Zweck der Norm besteht darin, dass das Gericht aufklärt, weshalb der Betreute den Betreuer behalten will. Dazu muss er dies selbst wollen.

12 Der Widerspruch muss **während** des Verfahrens erklärt worden sein. § 296 Abs. 1 will, trotz nicht ganz klaren Wortlauts, den Verfahrensablauf regeln und keine von einem Verfahren losgelöste Anhörungspflicht begründen. Er ist daher nach Verfahrensabschluss nicht mehr beachtlich.[4] Den Widerspruch kann der Betreute auch noch **im Beschwerdeverfahren** erklären, dann mit der Folge, dass die persönlichen Anhörungen vom LG durchgeführt werden müssen.[5] Wird der Widerspruch erst im Verfahren über die Rechtsbeschwerde erklärt, dürfte er dagegen unbeachtlich sein.

13 **Rechtliches Gehör** ist sowohl dem Betreuten wie auch dem Betreuer – und anderen Beteiligten – stets zu gewähren, doch ist das Gericht außer im Falle des Abs. 1 hinsichtlich der Form, in der es dies gewährt, grundsätzlich frei.[6] Nur wenn es anders

1 HK-BUR/*Hoffmann*, § 69i FGG Rz. 88.

2 Zum alten Recht war dies bereits streitig; **kein Zwang** möglich: BayObLG v. 14.6.1995 – 3 Z BR 51/95, BtPrax 1995, 182; Jansen/*Sonnenfeld*, § 69i FGG Rz. 40; *Knittel*, § 69i FGG Rz. 51; *Bassenge*/Roth, § 69i FGG Rz. 32; für **entsprechende Anwendung von § 68 Abs. 3 FGG**: BayObLG v. 14.4.1994 – 3 Z BR 39/94, BtPrax 1994, 171; HK-BUR/*Hoffmann*, § 69i FGG Rz. 84; für ein **Ausweichen auf § 33 Abs. 2 FGG**: Fröschle/*Locher*, § 69i FGG Rz. 24; Jurgeleit/*Bučić*, § 69i FGG Rz. 39 (s. aber Fn. 3 zu Rz. 7). Zu beachten ist freilich, dass das alte Recht keine § 34 Abs. 3 entsprechende Möglichkeit enthielt, ohne die Anhörung zur Entscheidungsreife zu gelangen.

3 BayObLG v. 14.3.2001 – 3 Z BR 43/01, BtPrax 2001, 163.

4 *Knittel*, § 69i FGG Rz. 46.

5 BayObLG v. 22.9.2000 – 3 Z BR 220/00, BtPrax 2001, 37.

6 BayObLG v. 21.5.1993 – 3 Z BR 54/93, BtPrax 1993, 171.

nicht effektiv gewährt werden kann, ist auch sonst eine persönliche Anhörung notwendig (§ 34 Abs. 1 Nr. 1).

II. Neubestellung des Betreuers (Absatz 2)

14 Zur Bestellung des neuen Betreuers muss der Betroffene persönlich angehört werden, wenn er ihr nicht in anderer Form bereits **zugestimmt** hat, und zwar nicht nur dem Betreuerwechsel als solchem, sondern auch der Person des neuen Betreuers.[1] Anders als in Abs. 1 genügt hier ein fehlender Widerspruch nicht. Die Wirksamkeit der Zustimmung ist wegen § 275 vom Zustand des Betroffenen nicht abhängig.[2] Die Zustimmung des Verfahrenspflegers genügt nicht. Die Norm soll den persönlichen Einfluss des Betroffenen auf die Betreuerauswahl sicherstellen. Es genügt daher auch nicht, wenn der Verfahrensbevollmächtigte der Bestellung in seinem Namen zustimmt. Da die Zustimmung **an keine Form gebunden** ist, genügt es aber, wenn der Verfahrensbevollmächtigte oder ein Verfahrensbeteiligter die von dem Betroffenen selbst erklärte Zustimmung in dessen Auftrag dem Gericht übermittelt.[3] Das Gericht muss eine solche Behauptung freilich auf ihre Glaubhaftigkeit prüfen.

15 Der Betreute kann den Betreuerwechsel auch unter Vorschlag eines Nachfolgers **verlangen** (§ 1908b Abs. 3 BGB). Das ist kein Antrag iSv. § 23, auch dann sind Entlassung und Neubestellung Amtsverfahren. In dem – daher ebenfalls formlosen – Verlangen ist denklogisch die Zustimmung zum Betreuerwechsel enthalten, so dass in einem solchen Fall die persönliche Anhörung ebenfalls entbehrlich ist.

16 Auch hier ist **§ 278 nicht anwendbar.**[4] Die persönliche Anhörung folgt § 34. Das Gericht kann nach § 34 Abs. 3 von ihr absehen, wenn der Betroffene zum Anhörungstermin unentschuldigt nicht erscheint und in der Ladung hierauf hingewiesen wurde.

17 Nach Abs. 2 Satz 2 ist vor der Neubestellung eines Betreuers **außerdem § 279 zu beachten**. Die Pflicht des Gerichts, alle Beteiligten anzuhören (§ 279 Abs. 1), folgt allerdings ohnehin aus allgemeinen Grundsätzen (s. § 279 Rz. 7). Die Norm bedeutet auch hier nur, dass Angehörige nicht angehört werden müssen, wenn sie nicht als Beteiligte hinzugezogen werden oder der Betroffene ihre Anhörung nach § 279 Abs. 3 verlangt.

18 Die Anhörung der **Betreuungsbehörde** ist nach Maßgabe von § 279 Abs. 2, diejenige von Vertrauenspersonen des Betreuten nach Maßgabe von § 279 Abs. 3 erforderlich. § 279 Abs. 4 ist hier nicht von Bedeutung.

III. Anwendbarkeit anderer Vorschriften

19 Die Bestellung eines **Verfahrenspflegers** folgt – wie in allen Betreuungssachen – § 276 Abs. 1 Satz 1.[5] Ein Regelfall nach § 276 Abs. 1 Satz 2 kann nicht eintreten. Auch wenn der Betreuer für alle Angelegenheiten neu bestellt wird, entspricht das doch nicht dem vom Gesetzgeber dort vorausgesetzten Fall eines tief greifenden Eingriffs in Rechte des

1 OLG Schleswig v. 14.2.2007 – 2 W 18/07, FGPrax 2007, 269.
2 Jansen/*Sonnenfeld*, § 69i FGG Rz. 46.
3 BT-Drucks. 13/7158, S. 40.
4 HK-BUR/*Hoffmann*, § 69i FGG Rz. 101.
5 OLG Zweibrücken v. 6.2.1998 – 3 W 5/98, FGPrax 1998, 57; BayObLG v. 9.10.1996 – 3 Z BR 241/96, BtPrax 1997, 37; OLG Hamm v. 21.1.1993 – 15 W 139/93, BtPrax 1993, 135.

Betreuten, denn dieser liegt ja in der Betreuung an sich und nicht in der Person des Betreuers begründet.

20 Auch **§ 272 bis § 275** sind unproblematisch anwendbar. Dazu, dass **§ 274 Abs. 3 und Abs. 4 Nr. 1** den Fall der Betreuerneubestellung ebenfalls umfasst, s. § 274 Rz. 31. Dann aber muss auch die Entlassung des Betreuers als eine Entscheidung begriffen werden, die den „Bestand" der Betreuung betrifft, so dass § 274 Abs. 3 und Abs. 4 Nr. 1 auch hierfür gelten (s. § 274 Rz. 33).

21 Die **Unanwendbarkeit von § 278** folgt direkt daraus, dass Abs. 1 und 2 abweichende Regelungen treffen. Dass weder § 278 Abs. 5 noch § 33 anwendbar sind (dazu Rz. 9), ist unschädlich, denn das Gericht kann über § 34 Abs. 3 stets zu einer Endentscheidung gelangen.

22 Da Abs. 2 die Anwendung von § 279 ausdrücklich anordnet, Abs. 1 dazu aber schweigt, ist klar, dass die **Anhörung der Betreuungsbehörde** und von **Vertrauenspersonen** nur zur Person des neuen Betreuers, nicht auch zur Entlassung des alten vorgeschrieben ist,[1] wenn beides ausnahmsweise nicht im selben Verfahren zusammenfällt.

23 Die **Unanwendbarkeit von §§ 280 bis 284** folgt eindeutig aus zwei Umständen: Die §§ 278 bis 284 bilden insofern einen zusammenhängenden Abschnitt des Gesetzes, als sie alle denselben unmittelbaren Anwendungsbereich haben. Dass § 296 die in § 278 und § 279 geregelten Pflichten erwähnt, zu § 280 aber ganz schweigt, legt daher einen Umkehrschluss nahe.[2] Wäre mit „Bestellung eines Betreuers" auch in §§ 278 bis 280 jede Betreuerbestellung gemeint, würde § 296 (wie § 293 Abs. 2 und § 295 Abs. 1 Satz 2) Ausnahmen formulieren anstatt die entsprechenden Verfahrenshandlungen anzuordnen. Zudem ergibt die Einholung eines Sachverständigengutachtens vor der Neubestellung des Betreuers auch inhaltlich keinen Sinn, weil sich dabei keine der Fragen stellt, die das Gutachten nach § 280 Abs. 3 beantworten soll.

24 Die **Entscheidungsformel** muss § 286 Abs. 1 entsprechen, Abs. 2 und 3 dieser Norm sind jedoch nicht einschlägig.

25 **§§ 287 und 288 Abs. 2** dürften anwendbar sein. Wenn die Entlassung des Betreuers sogar im Wege der einstweiligen Anordnung möglich ist (vgl. § 300 Abs. 2), muss auch die Anordnung der sofortigen Wirksamkeit nach § 287 Abs. 2 möglich sein. Die Betreuungsbehörde wiederum ist gerade in die Auswahlentscheidung des Betreuers eingebunden. Die Mitteilungen nach § 288 Abs. 2 flankieren insofern ihr Beteiligungsrecht aus § 274 Abs. 3 und ihr Beschwerderecht aus § 303 Abs. 1.

26 Dass bei der Betreuerneubestellung ferner auch **§§ 289 und 290** greifen, versteht sich von selbst.

IV. Keine Anwendung auf Umwandlungsbeschlüsse

27 Für einen Beschluss nach § 1908b Abs. 4 Satz 2 Satz BGB dahin, dass der bisherige Vereins- oder Behördenbetreuer die Betreuung als Privatperson weiterführt (sog. Umwandlungsbeschluss), sieht das Gesetz **keine besonderen Verfahrensregeln** vor. Es bleibt daher allein bei den §§ 272 bis 277. § 296 Abs. 1 und 2 sind nicht entsprechend anwendbar.[3]

1 *Knittel*, § 69i FGG Rz. 50.
2 So zum alten Recht HK-BUR/*Hoffmann*, § 69i FGG Rz. 97.
3 *Knittel*, § 69i FGG Rz. 56; *Bassenge*/Roth, § 69i FGG Rz. 39.

§ 297
Sterilisation

(1) Das Gericht hat den Betroffenen vor der Genehmigung einer Einwilligung des Betreuers in eine Sterilisation (§ 1905 Abs. 2 des Bürgerlichen Gesetzbuchs) persönlich anzuhören und sich einen persönlichen Eindruck von ihm zu verschaffen. Es hat den Betroffenen über den möglichen Verlauf des Verfahrens zu unterrichten.

(2) Das Gericht hat die zuständige Behörde anzuhören, wenn es der Betroffene verlangt oder es der Sachaufklärung dient.

(3) Das Gericht hat die sonstigen Beteiligten anzuhören. Auf Verlangen des Betroffenen hat das Gericht eine ihm nahe stehende Person anzuhören, wenn dies ohne erhebliche Verzögerung möglich ist.

(4) Verfahrenshandlungen nach den Absätzen 1 bis 3 können nicht durch den ersuchten Richter vorgenommen werden.

(5) Die Bestellung eines Verfahrenspflegers ist stets erforderlich, sofern sich der Betroffene nicht von einem Rechtsanwalt oder einem anderen geeigneten Verfahrensbevollmächtigten vertreten lässt.

(6) Die Genehmigung darf erst erteilt werden, nachdem durch förmliche Beweisaufnahme Gutachten von Sachverständigen eingeholt sind, die sich auf die medizinischen, psychologischen, sozialen, sonderpädagogischen und sexualpädagogischen Gesichtspunkte erstrecken. Die Sachverständigen haben den Betroffenen vor Erstattung des Gutachtens persönlich zu untersuchen oder zu befragen. Sachverständiger und ausführender Arzt dürfen nicht personengleich sein.

(7) Die Genehmigung wird wirksam mit der Bekanntgabe an den für die Entscheidung über die Einwilligung in die Sterilisation bestellten Betreuer und

1. an den Verfahrenspfleger oder

2. den Verfahrensbevollmächtigten, wenn ein Verfahrenspfleger nicht bestellt wurde.

(8) Die Entscheidung über die Genehmigung ist dem Betroffenen stets selbst bekannt zu machen. Von der Bekanntgabe der Gründe an den Betroffenen kann nicht abgesehen werden. Der zuständigen Behörde ist die Entscheidung stets bekannt zu geben.

A. Allgemeines

Die Norm fasst alle Sondervorschriften zusammen, die der Gesetzgeber für das Verfahren zur Genehmigung der Einwilligung des Betreuers in die **Sterilisation** des Betreuten nach § 1905 Abs. 2 Satz 1 BGB für erforderlich hält und die im FGG auf verschiedene Normen verteilt war. Größere inhaltliche Änderungen sind damit nicht beabsichtigt gewesen.[1] Die Abs. 1 bis 4, 6 und 8 geben den Inhalt des früheren § 69d Abs. 3 FGG wieder, kommen aber ohne Verweisungen aus. Abs. 5 entspricht § 67 Abs. 1 Satz 5 FGG und Abs. 7 entspricht § 69a Abs. 4 FGG. 1

Anwendbar ist § 297 nur im **Genehmigungsverfahren**. Der Einwilligung in eine Sterilisation muss stets ein darauf abzielendes Betreuerbestellungsverfahren vorausgehen, weil nach § 1899 Abs. 2 BGB nur ein besonderer, eigens hierfür bestellter Betreuer sie 2

1 BT-Drucks. 16/6308, S. 270.

erteilen kann. Für dieses Verfahren gilt § 297 nicht. Es richtet sich vielmehr nach § 293 Abs. 3, denn es handelt sich der Sache nach immer um die Bestellung eines weiteren Betreuers mit zusätzlichem Aufgabenkreis (str., s. § 293 Rz. 21). Aus § 1899 Abs. 2 BGB folgt zugleich, dass ein Betreuer mit dem Aufgabenkreis der Gesundheitsfürsorge oder allgemeinen Personensorge nicht in die Sterilisation einwilligen kann. Denkbar ist allerdings, dass dem Betreuten überhaupt nur für die Entscheidung über seine Sterilisation ein Betreuer bestellt wird. Dann ist das ein Erstbestellungsverfahren, für das die §§ 278 bis 285 gelten. Das Gericht kann Verfahrenshandlungen für beide Verfahren zugleich vornehmen,[1] auch die Verfahren überhaupt verbinden, muss dann allerdings § 293 Abs. 3 und § 297 beachten.

B. Inhalt der Vorschrift

3 Soweit § 297 keine Sonderregeln enthält, gelten auch hier die für Betreuungssachen sonst allgemein geltenden Vorschriften, insbesondere sind die §§ 272 bis 275 anwendbar. Die §§ 278 bis 284 gelten dagegen nicht. Bei den in § 297 enthaltenen Vorschriften stellt sich jeweils die Frage, ob sie allgemein geltende Normen **modifizieren** oder insgesamt **verdrängen**. Das kann aber für die einzelnen Absätze nicht einheitlich beantwortet werden.

4 Zu **beteiligen** sind nach § 7 Abs. 2 Nr. 1, 2 und § 274 Abs. 1 Nr. 1, 2 jedenfalls der **Betroffene** und der **besondere Betreuer**, außerdem, soweit bestellt, nach § 274 Abs. 2 der **Verfahrenspfleger**. Soll die Sterilisation der Abwendung einer dem Betroffenen selbst dienenden Gesundheitsgefahr dienen, ist auch der für die **Gesundheitsfürsorge** zuständige Betreuer nach § 274 Abs. 1 Nr. 2 zu beteiligen, da dann auch sein Aufgabenkreis mitbetroffen ist.[2] Bei Betreuern mit anderen Aufgabenkreisen dürfte das aber nicht in Frage kommen.

5 Soll ein Mann sterilisiert werden, weil die Schwangerschaft **seiner Sexualpartnerin** droht,[3] ist auch diese in eigenen Rechten betroffen, da ja im Fall der Ablehnung der Genehmigung die Bedrohung für sie nicht ausgeräumt werden kann. Sie ist daher nach § 7 Abs. 2 Nr. 1 zu beteiligen. Hat sie ihrerseits einen **Betreuer** für Gesundheitsangelegenheiten, ist dieser nicht nach § 274 Abs. 1 Nr. 2 zu beteiligen, denn das Verfahren betrifft ja nicht diese Betreuung. Er kann sie aber in dem Verfahren gesetzlich vertreten. Auch § 275 gilt für die Partnerin nicht. Ist sie nach den allgemeinen Regeln nicht verfahrensfähig, muss sie nach § 9 Abs. 2 gesetzlich vertreten sein. Da das Verfahren nicht ihre Person betrifft, ist eine minderjährige Partnerin nicht verfahrensfähig.

6 Ferner ist bei Sterilisation eines Verheirateten nach § 7 Abs. 2 Nr. 1 **sein Ehegatte** zu beteiligen, weil die Sterilisation in die eheliche Lebensgemeinschaft eingreift. Andere Angehörige oder Vertrauenspersonen – auch die Betreuungsbehörde – können nicht beteiligt werden, da das Verfahren nicht zu den in § 274 Abs. 3 erwähnten gehört.

7 Die **praktische Bedeutung** von § 297 ist minimal. Das Verfahren ist so aufwendig gestaltet und die materiellrechtlichen Hürden des § 1905 Abs. 1 BGB sind so hoch,

1 OLG Hamm v. 28.2.2000 – 15 W 50/00, NJW 2001, 1800; *Knittel*, § 69d FGG Rz. 19; aA BtKomm/*Roth*, F Rz. 139; *Hoffmann*, BtPrax 2000, 235 (237).
2 AA *Knittel*, § 69d FGG Rz. 24.
3 Ob das überhaupt zulässig ist, ist umstritten, dafür: MüKo.BGB/*Schwab*, § 1905 BGB Rz. 24; Bamberger/Roth/*Müller*, § 1905 Rz. 6; HK-BUR/*Hoffmann*, § 1905 BGB Rz. 71; *Bienwald*/Sonnenfeld/Hoffmann, § 1905 BGB Rz. 35; dagegen: Erman/*Roth*, § 1905 Rz. 24; Jurgeleit/*Meier*, § 1905 BGB Rz. 16.

dass Sterilisationen mit Einwilligung des Betreuers praktisch nicht vorgenommen werden.[1] Es dürfte zu vermuten sein, dass die Praxis das Verfahren umgeht, indem sie in einer dafür in Frage kommenden Situation die **Einwilligungsfähigkeit** des Betreuten unterstellt und ihn mit seiner Einwilligung statt der eines Betreuers sterilisiert, zumal Sterilisationen gegen den erklärten, auch nur natürlichen Willen des Betroffenen durch § 1905 Abs. 1 Satz 1 Nr. 1 BGB ja ganz verboten werden.

I. Persönliche Anhörung und Eindruckverschaffung (Absatz 1)

8 Abs. 1 Satz 1 verlangt, dass das Gericht vor Erteilung der Genehmigung den Betroffenen persönlich anhört und sich einen persönlichen Eindruck von ihm verschafft. Das entspricht im Kern den in § 278 Abs. 1 Satz 1 und 2 auch für das Betreuerbestellungsverfahren normierten Verfahrenshandlungen. Wie dort gilt Abs. 1 in Abhängigkeit vom **Verfahrensergebnis**. Wird die Genehmigung abgelehnt, richtet sich die Gewährung rechtlichen Gehörs nach §§ 34, 37.

9 Die **Eindruckverschaffung** ist ein Mittel der Erkenntnisgewinnung, der Sache (nicht auch der Form) nach eine Augenscheinseinnahme am Betreuten (s. dazu ausführlich § 278 Rz. 11). Nicht vorgeschrieben ist in Abs. 1 Satz 1 der Ort, an dem sie zu geschehen hat. Das Gericht ist – anders als bei § 278 – hier frei, so dass die Eindruckverschaffung idR im Gerichtsgebäude geschehen kann und wird.

10 Die **persönliche Anhörung** dient zugleich dem Erkenntnisgewinn und der Gewährung rechtlichen Gehörs. Auch hier ist das eine eigenständige, von derjenigen zur Eindruckverschaffung gedanklich zu trennende Verfahrenshandlung, auch wenn beides idR zusammenfallen wird. Aus schon an anderer Stelle (§ 296 Rz. 9) genannten Gründen ist § 33 jedenfalls nicht anwendbar.

11 Fraglich ist allerdings das **Verhältnis von Abs. 1 zu § 34**. Ohne Hinzuziehung der Genese der Norm müsste Abs. 1 Satz 1 eigentlich – genau wie § 278 – als Ausfüllungsnorm zu § 34 Abs. 1 Nr. 2 zu lesen sein: Rechtliches Gehör ist in der Form der persönlichen Anhörung zu gewähren. Wann sie ausnahmsweise unterbleiben kann, folgt dann aus § 34 Abs. 2 und 3. Hiergegen spricht aber, dass in der Vorgängernorm (§ 69d Abs. 3 Satz 1 FGG) lediglich auf § 68 Abs. 1 Satz 1 und 3 FGG, aber nicht auf § 68 Abs. 2 FGG verwiesen wurde, der früher die jetzt in § 34 Abs. 2 bestimmten Ausnahmen enthielt. Damit war früher klar, dass es Ausnahmen nicht gab und der Betroffene immer persönlich angehört worden sein musste.[2] Da der Gesetzgeber hieran nichts ändern wollte,[3] ist davon auszugehen, dass Abs. 1 Satz 1 **abschließende Sondervorschrift** zu §§ 33, 34 sein soll, die daher insgesamt unanwendbar sind.

12 Das Gericht muss den Betroffenen daher **in jedem Fall persönlich** zu Gesicht bekommen und befragt haben. Ob der Betroffene Fragen beantworten konnte oder wollte, ist freilich irrelevant. Auch wenn § 34 Abs. 2 Nr. 2 nicht gilt, kann das Gesetz doch dem Gericht nicht mehr als einen Anhörungsversuch auferlegen,[4] zumal nach § 1905

---

1 Die Zahl der jährlich nach § 1905 BGB genehmigten Sterilisationen belief sich – bis auf zwei „Ausreißerjahre" (1996: 203, 2005: 262) – auf zwischen 50 und 150. Im Jahre 1987 wurden bei 1.219.447 anhängigen Betreuungen 55 Sterilisationen genehmigt, das entspricht einem Anteil von 0,0045 %; zu den Zahlen: HK-BUR/*Hoffmann*, § 1905 BGB Rz. 104a ff.

2 Jansen/*Sonnenfeld*, § 69d FGG Rz. 32; Fröschle/*Locher*, § 69d FGG Rz. 17; Jurgeleit/*Bučić*, § 69d FGG Rz. 39.

3 BT-Drucks. 16/6308, S. 270.

4 Jansen/*Sonnenfeld*, § 69d FGG Rz. 32.

Abs. 1 Satz 1 Nr. 1 BGB die positiv erklärte Zustimmung des Betroffenen zur Sterilisation nicht erforderlich ist.

13 **Zwangsmaßnahmen** zur Herbeiführung der Verfahrenshandlungen des Abs. 1 Satz 1 sind unzulässig. Das ist konsequent, da die Sterilisation als solche ja ebenfalls nicht gegen den natürlichen Willen des Betreuten zulässig ist. Verweigert er die Mitwirkung im Genehmigungsverfahren, kann man daraus auf einen der Sterilisation entgegenstehenden Willen schließen.

14 Der **Inhalt der Anhörung** ist auf die Tatbestandsvoraussetzungen des § 1905 Abs. 1 BGB zu richten, deren Vorliegen das Gericht feststellen muss. Vor allem muss es erfragen, ob der Betroffene mit seiner Sterilisation **einverstanden** ist. Auch hier ist statt der Anhörung die **förmliche Beteiligtenvernehmung** nach § 30 Abs. 1 FamFG iVm. §§ 445 ff. ZPO möglich.[1]

15 Abs. 1 Satz 2 bestimmt, dass das Gericht den Betroffenen über den möglichen **Verlauf des Verfahrens** aufzuklären hat. Das ist, wie die entsprechende Bestimmung in § 278 Abs. 2 Satz 1, als eigenständige Pflicht zu verstehen, nicht als eine über den Inhalt der persönlichen Anhörung. Der Hinweis kann daher in der persönlichen Anhörung oder außerhalb gegeben werden. Jedenfalls ist er zu Beginn des Verfahrens zu geben.

II. Anhörung der Betreuungsbehörde (Absatz 2)

16 Die Betreuungsbehörde hat kein Recht, beteiligt zu werden, braucht also auch nicht nach § 7 Abs. 4 von dem Genehmigungsverfahren in Kenntnis gesetzt zu werden. Das Gericht muss sie aber nach Abs. 2 anhören, wenn es der Betroffene **verlangt** oder es **der Sachaufklärung dient**. Das entspricht der in § 279 Abs. 2 geregelten Anhörungspflicht im Betreuerbestellungsverfahren. Auf die die dortigen Ausführungen (§ 279 Rz. 14 ff.) kann verwiesen werden. Da das Gericht durch Abs. 6 Satz 1 freilich ohnedies zur Einholung eines **Sozialgutachtens** verpflichtet ist, wird es auf die Erkenntnisse der Betreuungsbehörde hier eher als dort verzichten können.

17 Obwohl Abs. 2 es nicht ausdrücklich vorsieht, ist auch hier anzunehmen, dass er nur für den Fall gilt, dass das Gericht die Genehmigung **erteilt**, nicht, wenn es sie ablehnt. Das folgt aus der Genese der Norm: Sie ist früher als Verweisung auf § 68a FGG ausgestaltet gewesen und es ist nicht ersichtlich, dass der Gesetzgeber die Anhörungspflichten gegenüber der damaligen Rechtslage verschärfen wollte.[2]

III. Anhörung weiterer Personen (Absatz 3)

18 Abs. 3 Satz 1 normiert – wie § 279 Abs. 1 – die auch schon aus allgemeinen Verfahrensgrundsätzen folgende Pflicht des Gerichts, alle **Beteiligten** (dazu Rz. 4 ff.) anzuhören. Auch Abs. 3 Satz 1 schreibt die **Form** der Anhörung nicht vor. Aus § 34 Abs. 1 Nr. 1 kann sich allerdings die Pflicht ergeben, eine persönliche Anhörung durchzuführen.

19 Nach Abs. 3 Satz 2 muss das Gericht ferner vom Betreuten benannte **Vertrauenspersonen** anhören, falls das ohne erhebliche Verzögerung des Verfahrens möglich ist. Das

1 BT-Drucks. 16/6308, S. 270, nichts anderes kann mit der dort genannten „Anhörung" im „Strengbeweisverfahren" gemeint sein, denn die Anhörung der Parteien gehört im Zivilprozess nicht zu den Beweismitteln.

2 Vgl. BT-Drucks. 16/6308, S. 270.

entspricht § 279 Abs. 3. Auf die dortigen Ausführungen (§ 279 Rz. 21 ff.) kann verwiesen werden. Nicht möglich ist allerdings die förmliche Beteiligung der Vertrauensperson (s. Rz. 6).

Auch Abs. 3 Satz 2 gilt, aus den gleichen Gründen wie bei Abs. 2 (s. Rz. 17), in Abhängigkeit vom **Verfahrensergebnis**. Wird die Genehmigung abgelehnt, brauchen keine Vertrauenspersonen dazu angehört worden zu sein. Die Anhörung der Beteiligten ist jedoch nach allgemeinen Grundsätzen (§§ 34, 37 Abs. 2 FamFG und Art. 103 Abs. 1 GG) auch dann erforderlich. 20

IV. Ausschluss des ersuchten Richters (Absatz 4)

Abs. 4 verbietet die Einschaltung eines ersuchten Richters. Dass das nur für die **Rechtshilfe im Inland** gelten kann, ergibt sich aus der fehlenden Zuständigkeit deutscher Gerichte für Diensthandlungen im Ausland, falls nicht ausnahmsweise ein Rechtshilfeabkommen sie zulässt, wogegen ein deutsches Gericht im Inland auch außerhalb seines Bezirks jede Amtshandlung selbst vornehmen kann. 21

Verboten ist die Rechtshilfe für „Verfahrenshandlungen nach den Absätzen 1 bis 3". Das ist sogar etwas großzügiger als der Wortlaut des § 69d Abs. 3 Satz 2 FGG, der jegliche Verfahrenshandlungen im Rechtshilfewege ausschloss,[1] mutet aber willkürlich an. Einleuchtend ist nur, dass das erkennende Gericht die **persönliche Anhörung** des Betroffenen und die Verschaffung eines persönlichen Eindrucks von ihm nicht delegieren können soll. Warum aber die Anhörung der Beteiligten, einer Vertrauensperson und der Betreuungsbehörde zwar in jeder sonstigen Form, nicht aber in der der Rechtshilfevernehmung erfolgen dürfen, ist wenig verständlich. Noch unverständlicher ist im Zusammenhang damit, dass das Verbot offenbar die Einholung der in Abs. 6 vorgeschriebenen Gutachten im Rechtshilfewege nicht ausschließt. Praktische Bedeutung hat das alles freilich nicht. Das Gericht wird bei entsprechender Entfernung der anderen Beteiligten eine schriftliche Anhörung durchführen. 22

Ist bei **weiter Entfernung** des Betroffenen vom Sitz des Gerichts die persönliche Anhörung untunlich, kann das ein wichtiger Grund sein, das Genehmigungsverfahren nach § 4 an ein ortsnäheres Gericht **abzugeben**. Anders als nach der früheren Rechtslage kann nun auch ein bestimmtes einzelnes Verfahren abgegeben werden, nicht mehr nur die Betreuung als solche (s. § 273 Rz. 5 f.). 23

V. Bestellung eines Verfahrenspflegers (Absatz 5)

Im Genehmigungsverfahren ist dem Betroffenen ein Verfahrenspfleger zu bestellen, wenn er nicht von einem **Verfahrensbevollmächtigten** vertreten wird. Die Voraussetzungen, unter denen das Auftreten eines Verfahrensbevollmächtigten die Verfahrenspflegschaft entbehrlich macht, dürften – trotz geringfügig anderer Formulierung – denen entsprechen, die auch für § 276 Abs. 4 gelten (s. dort § 276 Rz. 53 ff.). Die jetzt in Abs. 5 stehende Verpflichtung zur Verfahrenspflegerbestellung ist früher in § 67 Abs. 1 FGG mit enthalten gewesen und es ist nicht ersichtlich, dass der Gesetzgeber 24

1 BT-Drucks. 16/6308, S. 270; ob das so auszulegen war, war freilich umstritten, die Anhörung von Angehörigen wollte HK-BUR/*Hoffmann*, § 69d FGG Rz. 39 zB im Rechtshilfewege zulassen, dagegen Jansen/*Sonnenfeld*, § 69d FGG Rz. 36.

am Verhältnis der Verfahrenspflegschaft zur Vertretung durch einen Verfahrensbevollmächtigten etwas ändern wollte.[1] Der Hinweis in Abs. 5 ist daher dahin zu lesen, dass er die Geltung von § 276 Abs. 4 anordnet.

25 Abs. 5 **verdrängt** § 276 Abs. 1 und 2. Der Verfahrenspfleger ist ohne Rücksicht auf die Fähigkeit des Betroffenen, seine Interessen selbst zu vertreten, erforderlich. Im Übrigen folgt die Verfahrenspflegschaft aber den **allgemeinen Regeln**. Es gelten daher sowohl § 276 Abs. 3 bis 7 als auch § 277 auch für den Verfahrenspfleger im Genehmigungsverfahren. Auf die dortigen Ausführungen kann verwiesen werden.

26 Da der Verfahrenspfleger ohne Weiteres erforderlich ist, ist er **sofort bei Verfahrensbeginn** zu bestellen. Abs. 5 stellt, anders als Abs. 1 bis 3 und 6, nicht auf das Verfahrensergebnis ab. Auch die Ablehnung der Genehmigung ist ohne Beteiligung eines Verfahrenspflegers verfahrensfehlerhaft. Wird der Betroffene später von einem Verfahrensbevollmächtigten vertreten, ist die Verfahrenspflegschaft ggf. wieder **aufzuheben**.

VI. Begutachtung (Absatz 6)

27 Das Gericht hat nach Abs. 6 Satz 1 **Sachverständigengutachten** unterschiedlicher Fachrichtungen einzuholen. **Ausnahmen** hiervon sind nicht vorgesehen. Allerdings kann das Gericht die Genehmigung ohne Begutachtung **ablehnen**, wenn der Sachverhalt ihm hierfür ausreichend aufgeklärt erscheint, insbesondere, wenn sich schon aus einem der Gutachten zweifelsfrei ergibt, dass die Voraussetzungen des § 1905 Abs. 1 BGB nicht vorliegen (zB weil nach sexualpädagogischen Erkenntnissen keine Schwangerschaft droht oder alternative Methoden der Empfängnisverhütung möglich sind oder weil nach psychiatrischer Erkenntnis der Betroffene nicht dauernd einwilligungsunfähig ist).

28 Alle Sachverständigen müssen den Betroffenen **persönlich untersuchen** oder befragen (Abs. 6 Satz 2). Soweit die Sterilisation wegen einer der Partnerin des Betroffenen drohenden Schwangerschaft erwogen wird, wird man wohl annehmen müssen, dass diejenigen Gutachter, die zu den Gefahren, die dieser Frau drohen, Stellung nehmen sollen, statt des Betroffenen die Frau untersuchen und befragen müssen. Die Mitwirkung des Betroffenen bei der Begutachtung kann nicht erzwungen werden.[2] Scheitert auch nur bei einem der Sachverständigen die persönliche Untersuchung oder Befragung des Betroffenen, ist das Verfahren insgesamt gescheitert. Die Genehmigung kann dann nicht erteilt werden. Für die Partnerin des Betroffenen dagegen gilt § 33. Ihr Erscheinen in einer gerichtlichen Anhörung, an der auch der Sachverständige teilnimmt, kann ggf. erzwungen werden.

29 Vorgeschrieben sind Gutachten zu den medizinischen, psychologischen, sozialen, sonderpädagogischen und sexualpädagogischen „Gesichtspunkten" des Falles, womit letztlich nur die Tatbestandsmerkmale des § 1905 Abs. 1 BGB gemeint sein können, nämlich:

- dauernde Einwilligungsunfähigkeit des Betroffenen,
- eine (nicht notwendigerweise dem Betroffenen selbst) drohende Schwangerschaft,

1 BT-Drucks. 16/6308, S. 270 spricht von nur „sprachlichen" Änderungen.

2 Jansen/*Sonnenfeld*, § 69d FGG Rz. 39; aA HK-BUR/*Hoffmann*, § 69d FGG Rz. 44: zwar keine Zwang nach §§ 283, 284 zulässig, wohl aber persönliches Erscheinen in einem Gerichtstermin analog § 68 Abs. 3 FGG (jetzt § 278 Abs. 5) erzwingbar.

- die fehlende Möglichkeit, diese Schwangerschaft in anderer, zumutbarer Weise zu verhindern und
- die von der Schwangerschaft für die Frau, der sie droht, ausgehende Gefahr einer schwerwiegenden Beeinträchtigung ihrer körperlichen oder seelischen Gesundheit.

Wegen § 1905 Abs. 2 Satz 2 BGB ist außerdem aufzuklären, welches die schonendste Sterilisationsmethode ist.[1]

Die Gutachten müssen im Wege der **förmlichen Beweisaufnahme** nach §§ 402 ff. ZPO eingeholt werden. Das beinhaltet auch hier die durch § 411a ZPO geschaffene Möglichkeit, Gutachten aus anderen Verfahren, zB dem zur Bestellung des besonderen Betreuers nach § 1899 Abs. 2 BGB, zu verwerten (vgl. § 280 Rz. 12). 30

Zahl und Qualifikation der Sachverständigen legt Abs. 6 Satz 1 nicht zwingend fest,[2] jedoch darf keiner der Gutachter die Sterilisation durchführen (Abs. 6 Satz 3). Jedenfalls müssen die Sachverständigen für den entsprechenden Bereich fachkundig sein. Es können mehrere medizinische Gutachten (zB ein gynäkologisches zur Frage der Fertilität und ein psychiatrisches zu der der dauernden Einwilligungsunfähigkeit) notwendig sein. Ebenso ist denkbar, dass ein Sachverständiger Mehrfachkompetenzen aufweist, die es ihm erlauben, zu mehreren der genannten Aspekte (zB den sozialen und den sonderpädagogischen) Stellung zu nehmen. 31

Die Einholung der Gutachten ist ohne Rücksicht darauf vorgeschrieben, ob das Gericht glaubt, entsprechende Erkenntnisse für die Entscheidung der durch § 1905 Abs. 1 BGB aufgeworfenen Fragen zu benötigen. Ggf. muss es die Beweisfrage entsprechend allgemein formulieren („Welche sonderpädagogischen Fragen wirft der Fall auf? Wie sind sie zu beantworten?"). 32

Sind alle vorgeschriebenen Gutachten eingeholt, hat das Gericht sie in **freier Beweiswürdigung** unter Einbeziehung der sonst gewonnenen Erkenntnisse zu prüfen und für die Entscheidung zu verwerten. Bleiben Fragen offen, können die ergänzende Befragung des Sachverständigen (§ 411 Abs. 3 ZPO) und die Einholung eines weiteren Gutachtens (§ 412 Abs. 1 ZPO) nötig sein. 33

VII. Wirksamwerden der Genehmigung (Absatz 7)

Zur Wirksamkeit der Genehmigung ist – abweichend von § 40 – die Bekanntgabe an den besonderen Betreuer und den Verfahrenspfleger oder Verfahrensbevollmächtigten des Betroffenen erforderlich. Erfolgt dies zu verschiedenen Zeitpunkten, ist der **spätere** maßgeblich.[3] Wann die Entscheidung dem Betroffenen bekannt gegeben wurde, beeinflusst die Wirksamkeit nicht. 34

Rechtskraft der Entscheidung ist nicht erforderlich. Die Sterilisation darf allerdings **frühestens zwei Wochen** nach Wirksamwerden der Genehmigung **durchgeführt** werden (§ 1905 Abs. 2 Satz 2 BGB). Die Frist ist materiellrechtlicher Natur und daher nach §§ 187 ff. BGB zu berechnen. Ihre Länge entsprach früher der Beschwerdefrist für den Betreuer und den Verfahrenspfleger, ist aber mit dem FGG-RG nicht geändert worden, 35

1 HK-BUR/*Hoffmann*, § 69d FGG Rz. 41.

2 Weniger als zwei dürften aus tatsächlichen Gründen nicht in Frage kommen, BT-Drucks. 11/4528, S. 177.

3 OLG Düsseldorf v. 19.9.1995 – 25 Wx 25/95, FamRZ 1996, 375.

obwohl diese nun einen Monat beträgt. Indessen war dadurch auch damals nicht sichergestellt, dass die Sterilisation erst nach Rechtkraft durchgeführt wird, weil ja die Frist für andere Beteiligte auch damals noch offen sein konnte. Es ist daher keine planwidrige Gesetzeslücke anzunehmen, die zwingen würde, auch hier nun gegen den Gesetzeswortlaut von einer Monatsfrist auszugehen.

36 Die Durchführung der Sterilisation setzt auch **nach erteilter Genehmigung** voraus, dass die materiellrechtlichen Voraussetzungen des § 1905 Abs. 1 BGB vorliegen, darf daher nicht mehr durchgeführt werden, wenn der Betroffene ihr später widerspricht. Ein solcher Widerspruch ist in der **Beschwerdeeinlegung** durch den Betroffenen zu sehen. Sonst aber hindert das Einlegen einer Beschwerde die Durchführung der Sterilisation nicht. Ist sie durchgeführt, erledigt sich dadurch die Beschwerde in der Hauptsache, denn nach der Durchführung einer medizinischen Behandlung kann die Einwilligung in sie nicht mehr wirksam zurückgenommen werden.

VIII. Bekanntgabe (Absatz 8)

37 Für die Bekanntgabe der Entscheidung gilt zunächst § 41, der durch Abs. 8 **lediglich ergänzt** wird. Sie ist allen Beteiligten bekannt zu geben (§ 41 Abs. 1 Satz 1) und denjenigen von ihnen, deren erklärtem Willen sie widerspricht, förmlich zuzustellen (§ 41 Abs. 1 Satz 2).

38 Abs. 8 Satz 1 ordnet an, dass die Entscheidung außerdem stets **dem Betroffenen selbst** bekannt zu geben ist. Das ist nur von Bedeutung, wenn er von einem Verfahrensbevollmächtigen vertreten wird. Die – für die Wirksamkeit ebenfalls erforderliche – Bekanntgabe an den Verfahrensbevollmächtigten ersetzt hier (anders als sonst, s. § 288 Rz. 5) die Bekanntgabe an den Betroffenen nicht. Aus Abs. 8 Satz 2 folgt die **Unanwendbarkeit von § 288 Abs. 1**.

39 Außerdem ist die Entscheidung nach Abs. 8 Satz 3 der **Betreuungsbehörde** bekannt zu geben, auch wenn sie nicht nach Abs. 2 angehört wurde. Das war früher anders. § 69d Abs. 3 Satz 1 FGG verwies nur auf § 69a Abs. 2 Satz 2 FGG, der dem jetzigen § 288 Abs. 2 Satz 2 entspricht.

40 Abs. 8 gilt für die Entscheidung „über" die Genehmigung, also unabhängig davon, ob die Genehmigung durch die Endentscheidung **erteilt oder abgelehnt** wird.

C. Weiteres zum Verfahren

41 Das Verfahren ist **dem Richter** vorbehalten (§ 15 Nr. 4 RPflG), in Württemberg dem Amtsgericht. Das gilt auch, wenn das Gericht die Einwilligung nicht genehmigt, sondern nach §§ 1908i Abs. 1 Satz 1, 1846 BGB erteilt.

42 Die Einwilligung in eine Sterilisation ist kein Rechtsgeschäft. Die **Beschwerdefrist** für die Anfechtung der Genehmigung beträgt daher nach § 63 Abs. 1 **einen Monat**, nicht nach § 63 Abs. 2 Nr. 2 zwei Wochen. Die Beschwerdebefugnis folgt aus § 59 Abs. 1.

43 Das Verfahren ist **gebührenfrei** (§ 91 Abs. 1 Satz 1 KostO). Die Auslagen können erhoben werden, und zwar mangels Kostenentscheidung vom **Betroffenen** (§ 2 Nr. 2 KostO), falls dem nicht § 92 Abs. 1 Satz 1 KostO entgegensteht.

§ 298
Verfahren in Fällen des § 1904 des Bürgerlichen Gesetzbuchs

(1) Das Gericht darf die Einwilligung eines Betreuers oder eines Bevollmächtigten in eine Untersuchung des Gesundheitszustandes, eine Heilbehandlung oder einen ärztlichen Eingriff (§ 1904 Absatz 1 des Bürgerlichen Gesetzbuchs) nur genehmigen, wenn es den Betroffenen zuvor persönlich angehört hat. Das Gericht soll die sonstigen Beteiligten anhören. Auf Verlangen des Betroffenen hat das Gericht eine ihm nahestehende Person anzuhören, wenn dies ohne erhebliche Verzögerung möglich ist.

(2) Das Gericht soll vor der Genehmigung nach § 1904 Absatz 2 des Bürgerlichen Gesetzbuchs die sonstigen Beteiligten anhören.

(3) Die Bestellung eines Verfahrenspflegers ist stets erforderlich, wenn Gegenstand des Verfahrens eine Genehmigung nach § 1904 Absatz 2 des Bürgerlichen Gesetzbuchs ist.

(4) Vor der Genehmigung ist ein Sachverständigengutachten einzuholen. Der Sachverständige soll nicht auch der behandelnde Arzt sein.

A. Allgemeines

Die Norm regelt das Verfahren für die Genehmigungen von Entscheidungen des Betreuers oder des Bevollmächtigten **über medizinische Maßnahmen**. Im FGG existierten dazu in § 69d Abs. 1 und 3 FGG Regelungen.[1] 1

Abs. 1 betrifft die Genehmigung der Einwilligung in **gefährliche Heilbehandlungen** (§ 1904 Abs. 1 BGB), Abs. 2 und 3 diejenige in **die Nichtvornahme lebenserhaltender Maßnahmen** (§ 1904 Abs. 2 BGB). Abs. 4 gilt für beide Arten von Verfahren. 2

Abs. 1, 2 und 4 gelten nur, wenn die Genehmigung erteilt wird.[2] Abs. 3 ist unabhängig vom **Verfahrensergebnis** zu beachten. 3

§ 298 ist **entsprechend anzuwenden**, wenn das Gericht die Einwilligung in eine gefährliche Heilbehandlung nach §§ 1908i Abs. 1 Satz 1, 1846 BGB selbst erteilt. 4

B. Genehmigung gefährlicher Heilbehandlungen (Absätze 1 und 4)

Die Norm regelt das Genehmigungsverfahren **nicht abschließend**. Die für alle Betreuungssachen geltenden Vorschriften (§§ 272 bis 277) gelangen auch hier zur Anwendung. **Zu beteiligen** sind nach §§ 7 Abs. 2 Nr. 1, 274 Abs. 1 Nr. 1 der Betroffene und nach § 274 Abs. 1 Nr. 2 bzw. Nr. 3 der **Betreuer** bzw. **Bevollmächtigte**, dessen Einwilligung genehmigt werden soll. Die Beteiligung der Betreuungsbehörde und von Angehörigen oder Vertrauenspersonen des Betroffenen ist nicht möglich, da § 274 Abs. 3 das Genehmigungsverfahren nicht erwähnt. Die Erforderlichkeit der Bestellung eines **Verfahrenspflegers** richtet sich nach § 276 Abs. 1 Satz 1. 5

1 BT-Drucks. 16/6308, S. 270.

2 HK-BUR/*Hoffmann*, § 69d FGG Rz. 27; Jansen/*Sonnenfeld*, § 69d FGG Rz. 23 (für die Begutachtung); für die persönliche Anhörung aA *Knittel*, § 69d Rz. 8.

I. Persönliche Anhörung des Betroffenen (Abs. 1 Satz 1)

6 Abs. 1 Satz 1 schreibt die **persönliche Anhörung** des Betroffenen vor, nicht jedoch die Verschaffung eines unmittelbaren Eindrucks. Das ist, nicht anders als § 278 Abs. 1 Satz 1, nur **Ausfüllungsnorm** zu § 34 Abs. 1 Nr. 2, das Gericht kann daher unter den in § 34 Abs. 2 und 3 genannten Voraussetzungen die Genehmigung auch ohne persönliche Anhörung erteilen. § 33 ist auf den Betroffenen auch hier nicht anzuwenden (s. zur Begründung § 296 Rz. 9).

7 Der **Ort der Anhörung** ist nicht vorgeschrieben, oft wird der Betroffene aber nicht transportfähig sein und muss dann zwangsläufig an seinem Aufenthaltsort angehört werden. Die Anhörung kann uneingeschränkt auch durch den **ersuchten Richter** erfolgen.

8 Auch zum **Inhalt** der Anhörung macht das Gesetz keine näheren Vorgaben. Soweit sie außer zur Gewährung rechtlichen Gehörs auch der Sachaufklärung dient, ist sie vor allem darauf zu richten, die Wünsche und Vorstellungen des Betroffenen nach § 1901a BGB zu ermitteln, und zwar unabhängig vom Ergebnis des Arztgesprächs nach § 1901b BGB.

II. Weitere Anhörungen (Abs. 1 Satz 2 und 3)

9 Nach Abs. 1 Satz 2 „sollen" die **sonstigen Beteiligten** angehört werden. Das gibt mehrere Rätsel auf:

10 Zum einen ist schon wenig klar, wer diese sonstigen Beteiligten sein sollen. Für den **Verfahrenspfleger** kann die Anhörungspflicht nicht abgeschwächt werden, da sonst das rechtliche Gehör des Betroffenen verkürzt wird. In die Rechte irgendeines Dritten kann die Genehmigung nicht eingreifen, § 274 Abs. 3 und Abs. 4 greifen nicht und der **Betreuer** oder der **Bevollmächtigte** müssen sich iSd. Notwendigkeit der Behandlung irgendwie geäußert haben, damit das Verfahren überhaupt eingeleitet werden kann (vgl. dazu § 299 Rz. 9). Denkbar ist allenfalls noch, dass die Heilbehandlung den Aufgabenkreis eines Betreuers berührt, der für die Erteilung der Einwilligung zuständig ist, zB wenn dem Bevollmächtigten ein **Vollmachtsbetreuer** zur Seite gestellt ist. Ein solcher Betreuer wäre nach § 274 Abs. 2 Nr. 1 zu beteiligen.

11 Zum andern ist auch die Bedeutung des „Sollens" hier fraglich. Einen Ermessensspielraum kann es kaum eröffnen, denn Art. 103 Abs. 1 GG lässt es nicht zu, die Gewährung rechtlichen Gehörs in das Ermessen des Gerichts zu stellen, so dass, wer auch nur formell Verfahrensbeteiligter ist, in irgendeiner Form immer gehört werden muss.

12 Nach Abs. 1 Satz 3 sind außerdem diejenigen anzuhören, die der Betroffene **als Vertrauenspersonen** benennt. Das entspricht § 279 Abs. 3. Auf die dortigen Ausführungen (§ 279 Rz. 21 ff.) kann verwiesen werden. Die **förmliche Beteiligung** der Vertrauensperson ist im Unterschied zu dort jedoch nicht möglich (s. Rz. 5).

III. Begutachtung (Absatz 4)

13 Das Gericht hat ein **Sachverständigengutachten** einzuholen (Abs. 4 Satz 1). Im Umkehrschluss aus § 280 Abs. 1 Satz 1 und § 297 Abs. 6 Satz 1 ist zu folgern, dass das hier nicht durch förmliche Beweisaufnahme geschehen muss, sondern nach § 29 in jeder

dem Gericht geeignet erscheinenden Form geschehen kann,[1] also auch durch **formlose Anhörung eines Sachverständigen**, soweit nicht § 30 Abs. 3 eingreift. In jedem Fall ist aber den Beteiligten **Gelegenheit zur Stellungnahme** zu den Ausführungen des Sachverständigen zu geben (§ 37 Abs. 2).

Das Gutachten muss auf die Fragen eingehen, die die Genehmigungspflicht aufwirft, sich insbesondere zu der **Gefährlichkeit** der Heilbehandlung iSv. § 1904 BGB äußern, wegen § 1904 Abs. 1 Satz 2 BGB ggf. auch dazu, ob aus medizinischer Sicht **Gefahr im Verzug** besteht. Damit das Gericht die nach §§ 1901 Abs. 2 bis 4, 1901a BGB erforderlichen Abwägungen treffen kann, muss das Gutachten außerdem auf die Folgen eingehen, die dem Betroffenen drohen, wenn er nicht behandelt wird. Ist die **Einwilligungsfähigkeit** des Betroffenen zweifelhaft, sollte das Gutachten sich auch hierzu äußern,[2] denn ist er einwilligungsfähig, kommt § 1904 von vornherein nicht zur Anwendung. Der einwilligungsfähige Betreute kann in eine medizinische Behandlung nur selbst einwilligen. 14

Abs. 2 Satz 1 schreibt nicht vor, dass der Gutachter den Betroffenen persönlich untersucht und befragt. Das Gutachten kann, wenn dies für die notwendigen Feststellungen ausreicht, auch **nach Aktenlage** erstattet werden.[3] Die Einsichtnahme in die Behandlungsunterlagen wird dazu allerdings mindestens erforderlich sein. Die Untersuchung des Betroffenen durch den Arzt kann im Übrigen auch nicht erzwungen werden.[4] 15

Die **Qualifikation des Gutachters** ist gesetzlich nicht geregelt. Er muss jedenfalls **Arzt** sein, was schon aus Abs. 4 Satz 2, aber auch aus der Natur der Sache folgt.[5] Außerdem muss er für die Behandlung, die genehmigt werden soll, **ausreichende Fachkunde** besitzen.[6] 16

Nach Abs. 4 Satz 2 soll der Gutachter **nicht der behandelnde Arzt** sein. Hier ist das Gesetz strenger als § 69d Abs. 2 Satz 2 FGG, in dem es noch „soll in der Regel" hieß. Ausnahmen bleiben zwar auch weiterhin möglich, sind aber auf besonders gelagerte Einzelfälle zu beschränken, zB weil die Behandlung eine solche ist, bei der überhaupt nur ganz wenige Spezialisten die Fachkunde besitzen, sie durchzuführen oder ein Gutachten darüber zu erstatten.[7] Das Gericht muss es besonders begründen, warum es ausnahmsweise ein Gutachten des behandelnden Arztes eingeholt hat.[8] 17

1 So auch BT-Drucks. 16/6308, S. 270.

2 HK-BUR/*Hoffmann*, § 69d FGG Rz. 24, Jansen/*Sonnenfeld*, § 69d FGG Rz. 21; ggf. ist dazu freilich der Gutachter nicht kompetent und es muss ein weiteres Gutachten eingeholt werden, Fröschle/*Locher*, § 69d FGG Rz. 13 Jurgeleit/*Bučić*, § 69d FGG Rz. 23; kein Gutachten hierzu hält *Knittel*, § 69d FGG Rz. 12 für erforderlich.

3 Fröschle/*Locher*, § 69d FGG Rz. 14; aA Jansen/*Sonnenfeld*, § 69d FGG Rz. 23; Jurgeleit/*Bučić*, § 69d FGG Rz. 25.

4 HK-BUR/*Hoffmann*, § 69d FGG Rz. 26; nach Jansen/*Sonnenfeld*, § 69d FGG Rz. 27; Fröschle/*Locher*, § 69d FGG Rz. 14 soll aber das Erscheinen zu einem Termin, an dem auch der Sachverständige teilnimmt, über § 33 FGG (jetzt § 33 Abs. 3) erzwungen werden können. Das geht mE aus den unter § 296 Rz. 9 dargelegten Gründen nicht.

5 HK-BUR/*Hoffmann*, § 69d FGG Rz. 23.

6 *Knittel*, § 69d FGG Rz. 13; Jurgeleit/*Bučić*, § 69d FGG Rz. 21.

7 Für enge Interpretation schon der alten Regelung: HK-BUR/*Hoffmann*, § 69d FGG Rz. 31; *Knittel*, § 69d FGG Rz. 14 und Jurgeleit/*Bučić*, § 69d FGG Rz. 22 wollen Personengleichheit nur in Eilfällen zulassen, wenn andernfalls wegen § 1904 Abs. 1 Satz 2 BGB gar kein Verfahren stattfände.

8 OLG Zweibrücken v. 16.11.1999 – 3 W 223/99, NJW 2000, 2750.

IV. Weitere Fragen

18 Genehmigungsverfahren nach § 298 sind **dem Richter** vorbehalten (§ 15 Nr. 4 RPflG), in Württemberg dem Amtsgericht. Das dürfte auch für die Erteilung der Einwilligung durch das Betreuungsgericht nach §§ 1908i Abs. 1 Satz 1, 1846 BGB gelten.

19 § 1904 Abs. 1 Satz 2 BGB bestimmt, dass bei **Gefahr im Verzug** die Genehmigung schon materiellrechtlich nicht erforderlich ist. Das schließt den Erlass von **Eilentscheidungen** aus. Wenn die Behandlung nicht mehr erfolgreich sein kann, nachdem das Genehmigungsverfahren in der Hauptsache abgeschlossen ist, ist Gefahr im Verzug iSv. § 1904 Abs. 1 Satz 2 BGB gegeben. Dieser Zusammenhang dürfte auch der Grund sein,[1] aus dem Genehmigungsverfahren nach § 1904 Abs. 1 BGB in der Praxis eher selten sind.[2]

20 Die Einwilligung in eine Heilbehandlung ist **kein Rechtsgeschäft**. Die **Wirksamkeit** der Genehmigung folgt daher § 40 Abs. 1, nicht Abs. 2. Das bedeutet, dass sie mit der **Bekanntgabe an den Betreuer** bzw. Bevollmächtigten wirksam wird, denn da es deren Handlung ist, die genehmigt wird, ist sie ihrem wesentlichen Inhalt nach auch an sie gerichtet.[3] Die vom Gericht nach §§ 1908i Abs. 1 Satz 1, 1846 BGB erteilte Einwilligung wird mit Bekanntgabe an den durchführenden Arzt wirksam.

21 Weitere Konsequenz ist, dass für die **Beschwerde** die **Monatsfrist** des § 63 Abs. 1, nicht die Zweiwochenfrist aus § 63 Abs. 2 Nr. 1 gilt. Eine Beschwerde ist aber nur zulässig, solange die genehmigte Behandlung nicht durchgeführt wurde. Rückwirkend kann die wirksame Einwilligung in eine Behandlung nicht beseitigt werden.

22 Die **Ablehnung** der Genehmigung kann im Übrigen vom Betreuer bzw. Bevollmächtigten, Verfahrenspfleger und Betroffenen angefochten werden, ihre **Erteilung** dagegen nur vom Betroffenen und seinem Verfahrenspfleger. Dem Betreuer oder Bevollmächtigten fehlt für die Beschwerde das Rechtsschutzinteresse, da sie nicht verpflichtet sind, von der Genehmigung auch Gebrauch zu machen.

23 In **Betreuungssachen** ist das Verfahren **gebührenfrei** (§ 91 Satz 1 Halbs. 2 KostO), gerichtliche Auslagen, vor allem für das Gutachten, können jedoch erhoben werden, soweit nicht § 92 Abs. 1 Satz 1 KostO greift. In **betreuungsgerichtlichen Zuweisungssachen** fällt außerdem nach § 97 Abs. 1 KostO **eine volle Gebühr** an, normalerweise aus dem Regelwert von 3000 Euro, sie beträgt dann 26 Euro. Mangels einer Kostenentscheidung ist Kostenschuldner **der Betroffene** (§ 2 Nr. 2 KostO), da es sich nicht um ein Antragsverfahren handelt.

C. Genehmigung der Nichtvornahme lebenserhaltender Eingriffe

24 Der BGH hat festgestellt, dass der Betreuer zwar grundsätzlich berechtigt sein kann, den **Abbruch** oder die **Nichtaufnahme** einer medizinischen Behandlung zu veranlassen, dafür aber die **Genehmigung des Betreuungsgerichts** als erforderlich angesehen.[4]

1 Jansen/*Sonnenfeld*, § 69d FGG Rz. 27.
2 Im Jahre 2007 kamen auf 1.219.447 anhängige Betreuungen nur 3.513 Genehmigungen nach § 1904 BGB, das entspricht 0,29 %, vgl. HK-BUR/*Deinert*, § 1904 BGB Rz. 37.
3 Jansen/*Sonnenfeld*, § 69d FGG Rz. 38.
4 BGH v. 13.9.1994 – 1 StR 357/94, BGHSt 40, 257; BGH v. 17.3.2002 – XII ZB 2/03, BGHZ 154, 205 = NJW 2003, 1588.

Hierzu hat der BGH eigene Verfahrensregeln in Modifikation von § 69d Abs. 1 und 2 FGG entwickelt.[1]

Der **Gesetzgeber** des FGG-RG hat sich mit der Problematik nicht befasst, weil zugleich im Bundestag mehrere Entwürfe eines Spezialgesetzes beraten wurden, mit dem diese Genehmigungspflicht und die Frage der Verbindlichkeit von Patientenverfügungen geregelt werden sollten.[2] Am 18.6.2009 ist der Bundestag schließlich in dritter Lesung einer der drei Beschlussempfehlungen des Rechtsausschusses gefolgt und hat ein Patientenverfügungsgesetz als 3. BtÄndG beschlossen.[3] Das Gesetz erklärt die Genehmigung für grundsätzlich erforderlich (§ 1904 Abs. 2 BGB), jedoch für entbehrlich, wenn zwischen Arzt und Betreuer Einvernehmen über die verbindlich erklärten (§ 1901a Abs. 1 BGB) oder mutmaßlichen (§ 1901a Abs. 2 BGB) Wünsche des Betroffenen erzielt wird (§ 1904 Abs. 4 BGB). 25

Geklärt ist damit nun auch die vorher höchst streitige[4] Frage, ob dies alles auch für die entsprechende Entscheidung eines **Bevollmächtigten** gilt. 26

I. Gang des Verfahrens

Für das **Genehmigungsverfahren** gelten die Abs. 2 bis 4, ergänzend die allgemeinen Vorschriften über Betreuungssachen (§§ 272 bis 277); das Wirksamwerden der Genehmigung regelt – an systemwidriger Stelle – § 287 Abs. 3. 27

Die Literatur hatte zum Teil befürwortet, das Verfahren an § 297 anzulehnen.[5] Dem ist der Gesetzgeber – zu Recht – nicht gefolgt. Anders als dort kommt es hier nämlich auch auf eine **schnelle Entscheidung** an. Während des Genehmigungsverfahrens muss der Betreute ja unter Umständen vorläufig eine Behandlung hinnehmen, die seinem wirklichen oder mutmaßlichen Willen widerspricht. Das ist ein Zustand, der so knapp wie möglich bemessen sein sollte, was die Verfahrensgestaltung beeinflusst. Er erlaubt weder die Einholung aller Beweise im förmlichen Beweisverfahren[6] noch die Einholung eines förmlichen, ausführlichen Sachverständigengutachtens. Die Gefahr, dass Gerichte die Genehmigung **vorschnell erteilen**, ist im Übrigen eher gering. Eher schon besteht die Gefahr, dass sie eine Entscheidung scheuen und das Verfahren in die Länge ziehen, damit sich der Fall womöglich durch den Tod des Betroffenen noch ohne Entscheidung erledigt. 28

Das Verfahren ist gemäß § 15 Nr. 4 RPflG dem **Richter** vorbehalten,[7] in Württemberg dem Amtsgericht. 29

Der **Kreis der Beteiligten** entspricht dem unter Rz. 10 Ausgeführten, wobei zu überlegen ist, ob der Ehegatte oder Lebenspartner hier nicht in eigenen Rechten betroffen 30

---

1 BGH v. 17.3.2002 – XII ZB 2/03, BGHZ 154, 205 = NJW 2003, 1588, 1593.

2 BT-Drucks. 16/8442; 16/11360; 16/11493.

3 3. BtÄndG v. 29.7.2009, BGBl. I, S. 2286.

4 Dafür: LG Ellwangen v. 7.5.2003 – 1 T 33/03, FamRZ 2004, 732; MüKo.BGB/*Schwab*, § 1904 BGB Rz. 85; Bamberger/Roth/*Müller*, § 1904 Rz. 30; dagegen: *Verrel*, NJW 2003, 449, 450; *Höfling/Rixen*, JZ 2003, 884, 392 f.

5 Fröschle/*Locher*, § 69d FGG Rz. 23.

6 So aber Fröschle/*Locher*, § 69d FGG Rz. 23; Jurgeleit/*Bučić*, § 69d FGG Rz. 32.

7 So schon zum gesetzlich nicht geregelten früheren Verfahren: BGH v. 17.3.2002 – XII ZB 2/03, BGHZ 154, 205 = NJW 2003, 1588, 1593.

ist und daher nach § 7 Abs. 2 Nr. 1 beteiligt werden muss, denn schließlich wird durch den Tod des Betroffenen ja zugleich die Ehe oder Lebenspartnerschaft beendet.

30a Ein **Verfahrenspfleger** ist nach Abs. 2 stets zu bestellen. Ausnahmen lässt Abs. 2 – anders als § 297 Abs. 5 – keine zu, so dass das sogar für den Fall gilt, dass der Betroffene von einem Verfahrensbevollmächtigten vertreten wird.

31 Das Gesetz sieht nach seinem Wortlaut weder die **Anhörung des Betroffenen** vor noch die Verschaffung eines unmittelbaren Eindrucks von ihm durch das Gericht. Das ist allerdings wohl ein gesetzgeberisches Versehen. Nach der ursprünglich geplanten Änderung des FGG wäre der Betroffene auf Grund des direkt anwendbaren § 69d Abs. 1 Satz 3 FGG persönlich anzuhören gewesen. Die endgültige Fassung sollte lediglich eine Anpassung an das FamFG ohne inhaltliche Änderung darstellen.[1] Es bleibt daher dabei, dass das Gericht den Betroffenen anhören, sich **mindestens einen unmittelbaren Eindruck** von ihm verschaffen muss, falls er nicht anhörungsfähig sein sollte.[2] Dies folgt angesichts der Bedeutung der Sache unmittelbar aus §§ 26, 34 Abs. 1 Nr. 1.

32 Die Anhörung **Angehöriger** ist, da sie nicht nach § 274 Abs. 4 beteiligt werden können, nicht nach Abs. 1 Satz 2 vorgeschrieben, doch muss das Gericht sie nach § 26 zur Sachaufklärung anhören, wenn das nötig ist, um den mutmaßlichen Willen des Betroffenen zu ermitteln. Für die – ebenfalls anscheinend nicht vorgesehene – Anhörung einer vom Betroffenen benannten **Vertrauenspersonen** ist aus dem gleichen Grund von einem Versehen des Gesetzgebers auszugehen. Es gilt daher das zu Rz. 12 Ausgeführte.

33 Die Einholung eines **Sachverständigengutachtens** ist nach Abs. 4 stets erforderlich. Ein ärztliches Zeugnis genügt nicht mehr.[3] Im Übrigen gelten dazu die unter Rz. 13 ff. gemachten Ausführungen.

34 Wird die Entscheidung auf eine Patientenverfügung iSv. § 1901a Abs. 1 BGB oder den im Rahmen von § 1901a Abs. 2 BGB beachtlichen, in anderer Weise **früher erklärten Willen** des Betroffenen gestützt, so muss das Gericht diesen aufklären. Das Gericht muss darüber förmlich Beweis erheben, wenn ein Beteiligter eine solche Erklärung bestreitet (§ 30 Abs. 3), ansonsten liegt dies im pflichtgemäßen Ermessen des Gerichts. Eine **Patientenverfügung** wird es sich jedenfalls vorlegen lassen.

II. Entscheidung und Wirksamkeit

35 Die Entscheidung hat in jedem Fall positiven Inhalt: Während des Verfahrens muss die Behandlung, in die der Betreuer nicht einwilligen will, nämlich zunächst einmal begonnen oder fortgesetzt werden. Sie ist in dieser Zeit durch das Verfahren gerechtfertigt. Wird die Genehmigung **erteilt**, so wird die Weiterbehandlung rechtswidrig und muss beendet werden. Wird die Genehmigung **verweigert**, so wird dadurch zugleich die Einwilligung des Betreuers zur Weiterbehandlung **ersetzt**.[4] Das sollte zur Klarstellung in die **Entscheidungsformel** aufgenommen werden.

1 BT-Drucks. 16/13314, S. 21.
2 BGH v. 17.3.2002 – XII ZB 2/03, BGHZ 154, 205 = NJW 2003, 1588, 1593.
3 Siehe zur vorigen Rechtslage: BGH v. 17.3.2002 – XII ZB 2/03, BGHZ 154, 205 = NJW 2003, 1588, 1593.
4 BGH v. 17.3.2002 – XII ZB 2/03, BGHZ 154, 205 = NJW 2003, 1588, 1593.

Die Genehmigung soll nach § 287 Abs. 3 erst zwei Wochen nach ihrer Bekanntgabe an 36
- den Betreuer oder Vorsorgebevollmächtigten und
- den Verfahrenspfleger

wirksam werden. Das ist **verfassungswidrig**, weil es den Betroffenen in seinem Grundrecht auf körperliche Unversehrtheit (Art. 2 Abs. 2 Satz 2 GG) verletzt. Nachdem durch die Genehmigung auch richterlich festgestellt ist, dass die lebenserhaltende Maßnahme seinem Willen widerspricht, ist es unverhältnismäßig, sie ihm weitere zwei Wochen zuzumuten.[1] Stattdessen gilt § 40 Abs. 1: Mit der Bekanntgabe an den Betreuer ist die Genehmigung wirksam und die – vorübergehende – Behandlung gegen den Willen des Betroffenen zu beenden.

Zur **Anfechtung** der Entscheidung und zu den **Kosten** gilt das oben Rz. 21 ff. Ausgeführte. Zum alten Recht ist eine Beschwerdebefugnis der Betreuungsbehörde angenommen worden.[2] Das scheitert nun schon am Gesetzeswortlaut und war im Übrigen auch nicht sachgerecht. Die Betreuungsbehörde ist in die Überwachung der Betreuer, zu der die Genehmigungserfordernisse gehören – im Unterschied zum Jugendamt beim Vormund (vgl. § 53 Abs. 3 SGB VIII) – gerade nicht eingebunden. 37

§ 299
Verfahren in anderen Entscheidungen

Das Gericht soll den Betroffenen vor einer Entscheidung nach § 1908i Abs. 1 Satz 1 in Verbindung mit den §§ 1821, 1822 Nr. 1 bis 4, 6 bis 13 sowie den §§ 1823 und 1825 des Bürgerlichen Gesetzbuchs persönlich anhören. Vor einer Entscheidung nach § 1907 Abs. 1 und 3 des Bürgerlichen Gesetzbuchs hat das Gericht den Betroffenen persönlich anzuhören.

A. Allgemeines

Die Vorschrift regelt das Verfahren bei der Erteilung der **betreuungsgerichtlichen Genehmigung** zu einer Rechtshandlung, die der Betreuer im Namen des Betreuten vorzunehmen beabsichtigt, oder einem Vertrag, den er schon in dessen Namen abgeschlossen hat. Sie entspricht inhaltlich dem früheren § 69d Abs. 1 Satz 1 und 2 FGG. Der Regelungsgehalt des § 69d Abs. 1 Satz 3 FGG ist nun im Allgemeinen Teil (§ 34 Abs. 2) enthalten. Eine inhaltliche Änderung gegenüber der vorher geltenden Rechtslage bewirkt allerdings § 34 Abs. 3. 1

1 Erstaunlicherweise wollte ihm das die Literatur allerdings schon vorher zumuten: Bienwald/*Hoffmann*, § 1904 BGB Rz. 211; *Jürgens/Kröger/Marschner/Winterstein*, Rz. 425; noch strenger: Jansen/*Sonnenfeld*, § 69d FGG Rz. 45 (erst mit Rechtskraft wirksam), ebenso AG Frankfurt v. 18.12.2003 – XII OST 1178/01; den Vorschlag, erst einen Vorbescheid zu erlassen, machte *Stackmann*, NJW 2003, 1568, 1569.

2 LG Hamburg v. 11.4.2005 – 301 T 153/05, FamRZ 2006, 145.

B. Inhalt der Vorschrift

I. Anwendungsbereich

2 Der **Anwendungsbereich** der Norm ist begrenzt auf die aufgezählten Verfahren.[1]

Satz 1 betrifft

- die Genehmigung von Verfügungs- oder Verpflichtungsgeschäften, die **Grundstücke** betreffen, nach §§ 1908i Abs. 1 Satz 1, 1821 BGB,
- die Genehmigung der verschiedenen in §§ 1908i Abs. 1 Satz 1, 1822 Nr. 1 bis 4 und 6 bis 13 BGB aufgezählten **Geschäfte** (auf § 1822 Nr. 5 BGB verweist das Betreuungsrecht nicht, an seine Stelle tritt § 1907 Abs. 3 Alt. 1 BGB),
- die Genehmigung des Beginns oder der Auflösung eines **Erwerbsgeschäfts** des Betreuten nach §§ 1908i Abs. 1 Satz 1, 1823 BGB und
- die Erteilung einer **allgemeinen Ermächtigung** für die in §§ 1812, 1822 Nr. 8 bis 10 BGB genannten Geschäfte nach §§ 1908i Abs. 1 Satz 1, 1825 BGB; durch die allgemeine Ermächtigung entfällt dann das Erfordernis, die darunter fallenden Einzelgeschäfte zu genehmigen.

3 Satz 2 betrifft

- die Genehmigung der Kündigung der Mietwohnung des Betreuten oder die vertragliche **Beendigung des Mietverhältnisses** (§ 1907 Abs. 1 BGB),
- die Genehmigung von **Dauerschuldverhältnissen**, die den Betreuten über einen längeren Zeitraum als vier Jahre zu wiederkehrenden Leistungen verpflichten (§ 1907 Abs. 3 Alt. 1 BGB) und
- die Genehmigung des **Abschlusses eines Mietverhältnisses** über den Wohnraum des Betreuten auf Vermieterseite (§ 1907 Abs. 3 Alt. 2 BGB).

4 § 1907 Abs. 1 BGB betrifft nur Wohnraum, den der Betreute **selbst bewohnt** oder zuletzt selbst bewohnt hat. Die hM nimmt das auch für § 1907 Abs. 3 Alt. 2 BGB an,[2] doch wird die Vermietung von Wohnraum wegen des Ausschlusses einer grundlosen Kündigung meist ohnehin auch unter § 1907 Abs. 3 Alt. 1 BGB fallen.[3]

5 Obwohl der Wortlaut es nicht eindeutig ergibt, ist davon auszugehen, dass auch § 299 nur beachtet werden muss, wenn das Gericht die Genehmigung oder Ermächtigung **erteilt**. Lehnt es sie ab, bleibt es ganz bei den für alle Betreuungssachen geltenden Vorschriften.[4]

6 Auch für die Erteilung eines sog. **Negativattestes** gelten nur die allgemeinen Vorschriften. Hierunter versteht man einen Beschluss, durch den das Gericht feststellt, dass ein

1 BT-Drucks. 16/6308, S. 270 will anscheinend von einer offenen Aufzählung ausgehen, doch gibt der Gesetzeswortlaut dazu keine Anhaltspunkte. Der Verweis der Materialien auf BT-Drucks. 11/4528, S. 176 gibt dazu im Übrigen auch nichts her. Im Gegenteil wird dort vielmehr gerade ausgeführt, dass für andere als die aufgezählten Genehmigungen § 12 FGG gelten solle, jetzt demnach §§ 26, 34.

2 LG Münster v. 7.12.1993 – 5 T 908/93, BtPrax 1994, 67; Erman/*Roth*, § 1907 BGB Rz. 7; HK-BUR/*Rink*, § 1907 BGB Rz. 21; *Bienwald*/Sonnenfeld/Hoffmann, § 1907 BGB Rz. 34; Jurgeleit/*Meyer*, § 1907 BGB Rz. 9; aA aber MüKo.BGB/*Schwab*, § 1907 BGB Rz. 23.

3 LG Wuppertal v. 18.1.2007 – 6 T 38/07, BtPrax 2008, 91.

4 So jedenfalls iE Jansen/*Sonnenfeld*, § 69d FGG Rz. 8; aA *Knittel*, § 69d FGG Rz. 8.

von dem Betreuer beabsichtigtes Geschäft keiner Genehmigung bedarf.[1] Die Zulässigkeit der Ausstellung solcher Negativatteste ergibt sich nicht ohne Weiteres aus dem Gesetz. Sie sind aber letztlich als **Zwischenfeststellungsentscheidungen** iSv. § 256 Abs. 2 ZPO zu qualifizieren und daher auch im Verfahren der freiwilligen Gerichtsbarkeit als zulässig anzusehen. Wird eine Genehmigung nicht erteilt, weil das Gericht das Geschäft gar nicht für genehmigungspflichtig hält, haben die Beteiligten ein Interesse daran, dass dies gesondert festgestellt wird. Die **Rechtskraftwirkung** des Negativattestes beschränkt sich allerdings auf die Verfahrensbeteiligten. Im Verhältnis zu dem an dem Geschäft beteiligten Dritten kann die Wirksamkeit des Geschäfts wegen der fehlenden Genehmigung weiterhin bestritten werden.[2] Will der Dritte die Wirksamkeit des Geschäfts auch ohne Genehmigung verbindlich festgestellt wissen, ist das in einem **Zivilprozess** zu klären.

Im **Umkehrschluss** folgt aus § 299 ferner, dass in allen anderen Fällen der Genehmigung eines Rechtsgeschäfts oder einer sonstigen Rechtshandlung des Betreuers (soweit nicht §§ 297, 298 oder 312 ff. einschlägig sind) überhaupt **nur die allgemeinen Vorschriften** gelten. Die Anhörung des Betroffenen richtet sich dann nach §§ 26, 34. 7

II. Genehmigungsverfahren

1. Allgemeine Verfahrensregeln

Es gelten in **allen Genehmigungsverfahren** die §§ 272 bis 277. 8

Alle Genehmigungsverfahren sind **reine Amtsverfahren**.[3] Ein förmlicher Antrag iSv. § 23 ist nicht erforderlich, der Genehmigungs„antrag" des Betreuers ist nur Anregung iSv. § 24.[4] Die Einleitung des Verfahrens ist allerdings davon abhängig, dass es überhaupt etwas zu genehmigen gibt. Dazu ist es notwendig, dass der Betreuer in irgendeiner Form bekundet, das Geschäft **vornehmen** zu wollen oder, falls er es schon schwebend unwirksam vorgenommen hat, ihm **Wirksamkeit** verleihen zu wollen. Auf Anregung eines Außenstehenden kann das Verfahren daher grundsätzlich nicht eingeleitet werden. Eine Ausnahme dürfte gelten, wenn der Betreuer einen Vertrag schließt, den er selbst erklärtermaßen für genehmigungsfrei hält, denn daraus folgt sein unbedingter Wille zum wirksamen Vertragschluss. 9

Zu **beteiligen** ist nach §§ 7 Abs. 2 Nr. 1, 274 Abs. 1 Nr. 1 der Betreute und nach § 274 Abs. 1 Nr. 2 der **Betreuer**, dem die Genehmigung oder Ermächtigung erteilt werden soll. Der **Dritte**, mit dem oder dem gegenüber der Betreuer das Rechtsgeschäft vornehmen will oder vorgenommen hat, ist nicht zu beteiligen, denn er ist nicht unmittelbar in eigenen Rechten betroffen,[5] ebenso wenig sind es die Erben des Betreuten, dessen Grundstück veräußert werden soll.[6] Eine Beteiligung von **Angehörigen**, **Vertrauens-** 10

1 Jansen/*Sonnenfeld*, § 55 FGG Rz. 13; Keidel/*Engelhardt*, § 55 Rz. 14; Jurgeleit/*Bučić*, § 69d FGG Rz. 15, für ein Beispiel in Betreuungssachen: LG Münster v. 7.12.1993 – 5 T 908/93, BtPrax 1994, 67.

2 BGH v. 30.11.1965 – V ZR 58/63, BGHZ 44, 325.

3 AA anscheinend BtKomm/*Roth*, E Rz. 135.

4 Jurgeleit/*Bučić*, § 69d FGG Rz. 1.

5 BayObLG v. 6.7.1995 – 1 Z BR 52/95, FGPrax 1995, 196.

6 OLG Saarbrücken v. 13.10.2000 – 5 W 259/00-95, FGPrax 2001, 70; auch keine Personen, denen ein durch Vormerkung gesicherter Anspruch auf Übertragung des Eigentums an dem Grundstück zusteht, dessen Veräußerung genehmigt werden soll, BayObLG v. 14.5.2003 – 3 Z BR 94/03, BtPrax 2003, 220.

personen, der **Staatskasse** oder der **Betreuungsbehörde** nach § 274 Abs. 3 und 4 kommt nicht in Frage. Es ist aber entsprechend § 274 Abs. 1 Nr. 2 der **Gegenbetreuer** zu beteiligen (vgl. § 274 Rz. 21).

11 Die Bestellung eines **Verfahrenspflegers** folgt § 276 Abs. 1 Satz 1.[1]

2. Anhörung des Betroffenen

12 Für die **persönliche Anhörung** des Betroffenen nimmt § 299 eine im Ergebnis dreifache Abstufung vor:

- In den in Satz 2 genannten Verfahren (Rz. 3) **muss** er persönlich angehört werden.
- In den in Satz 1 genannten Verfahren (Rz. 2) **soll** er persönlich angehört werden.
- In allen anderen Verfahren ist er nur persönlich anzuhören, wenn ihm rechtliches Gehör auf anderem Wege nicht hinreichend gewährt werden kann (§ 34 Abs. 1 Nr. 1).

13 Die Verschaffung eines **unmittelbaren Eindrucks** ist in keinem Fall vorgeschrieben.

14 **Satz 2 ist Ausfüllungsnorm** zu § 34 Abs. 1 Nr. 2. Für die **in Satz 1 genannten Verfahren** wird nur das Regel-Ausnahmeverhältnis des § 34 Abs. 1 Nr. 1 umgekehrt. Die Erforderlichkeit der persönlichen Anhörung für die Gewährung rechtlichen Gehörs wird unterstellt. Das Gegenteil bedarf der besonderen Begründung im Einzelfall.[2] § 34 Abs. 2 und 3 finden Anwendung. Das Gericht kann daher von der persönlichen Anhörung wie bisher schon nach § 69d Abs. 1 Satz 3 FGG **absehen**, wenn sie mit **gesundheitlichen Nachteilen** für ihn verbunden wäre oder wenn er offensichtlich **nicht anhörungsfähig** ist. Neu ist, dass es nach § 34 Abs. 3 auch von ihr absehen kann, wenn es den Betroffenen zu einem Anhörungstermin **vergeblich geladen** und dabei darauf hingewiesen hat, dass bei Nichterscheinen auch ohne seine Anhörung eine Endentscheidung getroffen werden kann.

15 § 278 gilt für die Anhörung nicht. Rechtshilfe ist daher uneingeschränkt zulässig.[3] Das Erscheinen des Betroffenen kann nicht erzwungen werden.[4]

16 Im Fall des § 34 Abs. 3 ist dem Betroffenen **rechtliches Gehör** gewährt worden. Sonst muss es ihm ggf. in anderer Form gewährt werden[5] oder es ist ein Verfahrenspfleger zu bestellen, falls das Gericht davon nicht absieht, weil eine Interessenvertretung ausnahmsweise aus anderen Gründen nicht erforderlich ist (vgl. dazu § 276 Rz. 13 ff.).

---

1 BayObLG v. 14.5.2003 – 3 Z BR 94/03, BtPrax 2003, 220.

2 So iE schon zum alten Recht HK-BUR/*Hoffmann*, § 69d FGG Rz. 12; Jansen/*Sonnenfeld*, § 69d Rz. 7; Jürgens/*Mertens*. § 69d FGG Rz. 3; anders *Knittel*, § 69d FGG Rz. 4; BtKomm/*Roth*, F Rz. 140 (Anhörung als solche zwar zwingend, aber Form nicht vorgeschrieben); wieder anders Jurgeleit/*Bučić*, § 69d FGG Rz. 5 (persönliche Anhörung unterbleibt außer aus den in § 34 Abs. 2 genannten Gründen, wenn der Betreute offensichtlich nichts zur Sachaufklärung oder Entscheidungsfindung beitragen kann).

3 OLG Karlsruhe v. 4.11.1993 – 11 AR 28/93, OLGZ 1994, 345 = FamRZ 1994, 638.

4 AA HK-BUR/*Hoffmann*, § 69d FGG Rz. 15a; Jansen/*Sonnenfeld*, § 69d FGG Rz. 11; Keidel/*Kayser*, § 69d FGG Rz. 4; Fröschle/*Locher*, § 69d FGG Rz. 6 (über § 33 FGG, jetzt also § 33 Abs. 3), mE geht das aus den gleichen Gründen wie bei § 296 nicht, s. dort Rz. 9.

5 Fröschle/*Locher*, § 69d FGG Rz. 2.

3. Anhörung anderer Personen

Obwohl § 299 es nicht erwähnt, gilt auch hier, dass auch den **anderen Verfahrensbeteiligten** in jedem Fall rechtliches Gehör gewährt werden muss. Das Gericht kann sie auch persönlich anhören, wofür §§ 33, 34 gelten. Folgt man nicht der hier vertretenen Auffassung, dass der **Gegenbetreuer** nach § 274 Abs. 1 Nr. 2 beteiligt werden muss, so ist er doch jedenfalls nach §§ 1908i Abs. 1 Satz 1, 1826 BGB anzuhören. 17

4. Weitere Ermittlungen

In Verfahren zur Genehmigung der Wohnraumkündigung nach § 1907 Abs. 1 BGB hat das Gericht ein **Sachverständigengutachten** einzuholen, wenn Zweifel daran bestehen, ob der Betroffene in die Wohnung wird zurückkehren können.[1] Das kann freilich nur gelten, wenn die Entscheidung hiervon auch abhängt. Muss die Wohnung aus zwingenden finanziellen Gründen aufgegeben werden oder will der Betroffene erklärtermaßen nicht mehr in sie zurückkehren, wird das Gericht über die Genehmigung ohne Gutachten entscheiden können. 18

C. Bekanntgabe und Wirksamwerden

Die Bekanntgabe der Entscheidung und ihr Wirksamwerden richten sich nach den **allgemeinen Vorschriften** der §§ 40, 41 (zu den Einzelheiten s. dort). Zuständig ist für alle Genehmigungen außer den in §§ 297, 298 und 312 ff. genannten **der Rechtspfleger**. 19

Die Genehmigung für ein einzelnes **Rechtsgeschäft** wird mit Rechtskraft wirksam (§ 40 Abs. 2). Die Genehmigung für eine **tatsächliche Handlung** (wie die Gründung eines Erwerbsgeschäfts) wird dagegen nach § 40 Abs. 1 mit der Bekanntgabe an den Betreuer wirksam. Nicht ganz klar ist, wie es sich mit der **allgemeinen Ermächtigung** des §§ 1908i Abs. 1 Satz 1, 1825 BGB verhält. Da § 40 Abs. 2 nur die Genehmigung „eines" Rechtsgeschäfts erwähnt und als echte Ausnahmevorschrift wohl auch eng auszulegen ist, dürfte es auch hier bei der Grundregel des § 40 Abs. 1 bleiben. Die allgemeine Ermächtigung ist wirksam, sobald sie dem Betreuer bekannt gegeben wurde. 20

Man beachte, dass § 40 Abs. 3 statt § 40 Abs. 2 gilt, wenn das Gericht eine **Genehmigung des Gegenbetreuers** ersetzt, denn auch die Genehmigung des Gegenbetreuers ist ein Rechtsgeschäft. 21

Das Wirksamwerden der Genehmigung ist vom **Wirksamwerden des genehmigten Geschäfts** zu unterscheiden. Hier gilt: 22

- Wird das Geschäft erst vorgenommen, nachdem die Genehmigung wirksam geworden ist, wird es **sofort** wirksam. Ob dem an dem Geschäft beteiligten Dritten die Genehmigung vorgelegt wird, ist nur relevant, wenn es sich um ein einseitiges Geschäft handelt und er es wegen Nichtvorlage der Genehmigung – oder wegen Fehlens eines Rechtskraft- bzw. Notfristzeugnisses[2] – zurückweist (§§ 1908i Abs. 1 Satz 1, 1831 Satz 2 BGB).

1 OLG Frankfurt v. 17.11.2005 – 20 W 231/05, FamRZ 2006, 1875; OLG Oldenburg v. 5.7.2002 – 5 W 113/02, NJW-RR 2003, 587.

2 BT-Drucks. 16/6308, S. 347.

– Wird das Geschäft dagegen vor Wirksamkeit der Genehmigung vorgenommen, wird es erst wirksam, wenn der Betreuer dem anderen Vertragspartner den Genehmigungsbeschluss mit Rechtskraft- oder Notfristzeugnis **vorlegt** (§§ 1908i Abs. 1 Satz 1, 1829 Abs. 1 Satz 2 BGB).

23 Die Endentscheidung unterliegt der **Beschwerde**. Soweit § 40 Abs. 2 greift, beträgt die Beschwerdefrist **zwei Wochen** (§ 63 Abs. 2 Nr. 1), sonst wie üblich **einen Monat**, insbesondere immer, wenn die Genehmigung **abgelehnt** worden ist.

24 Das Genehmigungsverfahren ist in erster Instanz **gebührenfrei**. Die gerichtlichen Auslagen trägt, da es sich um ein Amtsverfahren handelt, mangels einer Kostenentscheidung nach § 2 Nr. 2 KostO der **Betroffene**, falls ihn nicht § 92 Abs. 1 Satz 1 KostO ganz von Kosten freistellt.

§ 300
Einstweilige Anordnung

(1) Das Gericht kann durch einstweilige Anordnung einen vorläufigen Betreuer bestellen oder einen vorläufigen Einwilligungsvorbehalt anordnen, wenn

1. dringende Gründe für die Annahme bestehen, dass die Voraussetzungen für die Bestellung eines Betreuers oder die Anordnung eines Einwilligungsvorbehalts gegeben sind und ein dringendes Bedürfnis für ein sofortiges Tätigwerden besteht,

2. ein ärztliches Zeugnis über den Zustand des Betroffenen vorliegt,

3. im Fall des § 276 ein Verfahrenspfleger bestellt und angehört worden ist und

4. der Betroffene persönlich angehört worden ist.

Eine Anhörung des Betroffenen im Wege der Rechtshilfe ist abweichend von § 278 Abs. 3 zulässig.

(2) Das Gericht kann durch einstweilige Anordnung einen Betreuer entlassen, wenn dringende Gründe für die Annahme bestehen, dass die Voraussetzungen für die Entlassung vorliegen und ein dringendes Bedürfnis für ein sofortiges Tätigwerden besteht.

A. Allgemeines

I. Genese der Norm

Die §§ 300 bis 302 **übernehmen** im Wesentlichen die bislang in § 69f FGG enthaltenen Regelungen. § 300 Abs. 1 entspricht dabei § 69f Abs. 1 Satz 1 und 2 FGG, § 300 Abs. 2 entspricht § 69f Abs. 3 FGG. § 301 enthält, was bisher in § 69f Abs. 1 Satz 4 und 5 FGG geregelt war, § 302 die Regelung aus § 69f Abs. 2 FGG. § 69f Abs. 1 Satz 3 FGG ist durch Regelungen im Allgemeinen Teil (§ 34 Abs. 2 und 3 FamFG) überflüssig geworden. § 69f Abs. 4 FGG hat keine Entsprechung im neuen Recht gefunden. 1

Gegenüber der Vorgängernorm ist vor allem die **Systematik des Gesetzes** nun eine andere. Während das FGG keine allgemeine Regelung über Eilentscheidungen enthielt, so dass § 69f FGG als singuläre Sonderregelung zu verstehen war, sind im FamFG nun mit §§ 49 ff. **allgemeine Regeln** enthalten, die auch für die einstweiligen Anordnungen des § 300 gelten, soweit dort keine abweichenden Bestimmungen getroffen sind.[1] Außerdem ist die **Binnenstruktur** verändert worden. Die §§ 301 und 302 beziehen sich auf alle Anordnungen der in § 300 genannten Art, während ihre Vorgängerbestimmungen nur auf die jetzt in § 300 Abs. 1 genannten einstweiligen Anordnungen bezogen waren. 2

Die wichtigste Änderung folgt aus dem Allgemeinen Teil, nämlich aus § 51 Abs. 3 Satz 1, wonach Eilverfahren nun **selbständige Verfahren** sind, die weder die Anhängigkeit der Hauptsache voraussetzen noch notwendigerweise bedingen.[2] 3

Die **inhaltlichen Änderungen** sind gering. Die Voraussetzungen des Anordnungsgrundes sind umformuliert worden. Die Absicht, die Pflicht zur Bestellung und Anhörung eines Verfahrenspflegers zu verschärfen (§ 313 Abs. 1 Satz 1 Nr. 3 und 5 RefE), ist wieder aufgegeben worden. Der jetzige Text entspricht inhaltlich der alten Fassung des FFG,[3] nur dass jetzt klargestellt wird, dass der Verfahrenspfleger ggf. nicht nur bestellt, sondern auch gehört werden muss.[4] Entfallen ist die in § 69f Abs. 4 FGG enthaltene Bestimmung, dass einstweilige Anordnungen immer auch mit der Übergabe an die Geschäftsstelle wirksam werden. Soll das noch so sein, bedarf es nunmehr der Anordnung der sofortigen Wirksamkeit (§ 287 Abs. 2). 4

II. Gegenstand einstweiliger Anordnungen

Unmittelbar auf § 300 können einstweilige Anordnungen gestützt werden, durch die 5

- ein Betreuer bestellt
- der Betreuer (auch teilweise[5]) entlassen oder
- ein Einwilligungsvorbehalt angeordnet wird.

1 BT-Drucks. 16/6308, S. 271.
2 BT-Drucks. 16/6308, S. 271.
3 BT-Drucks. 16/6308, S. 271.
4 § 69f Abs. 1 Satz 1 Nr. 4 FGG enthielt ursprünglich die Pflicht, den Betroffenen und den Verfahrenspfleger persönlich anzuhören. Das war, was den Verfahrenspfleger angeht, strenger als im Hauptsacheverfahren. Mit dem 1.BtÄndG ist der Verfahrenspfleger darum aus § 69f Abs. 1 Satz 1 Nr. 4 gestrichen worden. Damit sollte aber nicht die Pflicht entfallen, ihn überhaupt anzuhören, vgl. BT-Drucks. 13/7158, S. 39.
5 *Jansen/Sonnenfeld*, § 69f FGG Rz. 19; *Knittel*, § 69f FGG Rz. 17.

6 Mit Betreuerbestellung ist hier sowohl die **Erstbestellung** nach §§ 1896, 1897 BGB als auch die **Neubestellung** nach § 1908c BGB gemeint.[1] Das folgt zumindest daraus, dass diese auf die Entlassung unmittelbar zu folgen hat. Es spricht nichts dagegen, § 300 Abs. 1 dann auch auf die Bestellung eines **weiteren Betreuers**[2] oder eines **Gegenbetreuers** anzuwenden, mithin auf jede Betreuerbestellung, auch wenn in den beiden zuletzt genannten Fällen ein Anordnungsgrund selten sein dürfte.

7 Die **Generalverweisungen** in §§ 293 Abs. 1 und 295 Abs. 1 schließen § 300 mit ein. Demzufolge kann durch einstweilige Anordnung auch

- der Aufgabenkreis des Betreuers erweitert,[3]
- der Einwilligungsvorbehalt erweitert[4] und
- die Betreuung verlängert werden (str., s. § 295 Rz. 6).

8 Unklar ist, ob auch in **anderen Betreuungssachen** einstweilige Anordnungen möglich sind. Das hängt davon ab, ob man § 300 als gegenüber § 49 abschließende Regelung begreift. Den Gesetzesmaterialien lässt sich dazu nichts entnehmen. Jedoch entstünde eine in manchen Fällen nur schwer erträgliche Gesetzeslücke, ließe man den Rückgriff auf § 49 nicht zu, so zB in Verfahren die die **Herausgabe** des Betreuten an den Betreuer (§§ 1908i Abs. 1 Satz 1, 1632 Abs. 1 BGB) betreffen. Auch früher wurde – ganz ohne gesetzliche Regelung – der Erlass einer Eilentscheidung in anderen Betreuungssachen für möglich gehalten.[5]

9 Es ist daher anzunehmen, dass Verfahrensgegenstände, die nicht unter § 300 fallen, grundsätzlich **ebenfalls** der Regelung durch einstweilige Anordnung zugänglich sind, falls das nicht – wie zB bei den Genehmigungen der §§ 298, 299 – schon ihrer Natur nach nicht in Frage kommt. §§ 300 bis 302 gelten für solche anderen einstweiligen Anordnungen nicht. Sie folgen ganz §§ 49 bis 56.

10 Keine einstweiligen Anordnungen[6] – sondern wiederum eigenständige Verfahren – sind **vorläufige Maßregeln**, die das Betreuungsgericht in Anwendung von §§ 1908i Abs. 1 Satz 1, 1846 BGB an Stelle des verhinderten oder noch nicht bestellten Betreuers trifft. Sie sind nur insofern vorläufig, als sie unter dem Vorbehalt einer endgültigen Regelung durch den Betreuer, nicht aber durch das Gericht, stehen,[7] daher in

1 HK-BUR/*Hoffmann*, § 69i FGG Rz. 98; Jansen/*Sonnenfeld*, § 69i FGG Rz. 49; *Knittel*, § 69i FGG Rz. 57; Fröschle/*Locher*, § 69f FGG Rz. 1; aA *Bassenge*/Roth, § 69f FGG Rz. 3 (dort nur einstweilige Anordnung nach allgemeinen Grundsätzen, jetzt § 49, möglich).

2 Jansen/*Sonnenfeld*, § 69f FGG Rz. 3; Fröschle/*Locher*, § 69f FGG Rz. 1; aA Jurgeleit/*Bučić*, § 69i FGG Rz. 24, der hier einen mE insofern nicht zwingenden Umkehrschluss aus der fehlenden Verweisung in § 293 Abs. 3 ziehen will.

3 HK-BUR/*Hoffmann*, § 69i FGG Rz. 17; *Knittel*, § 69i FGG Rz. 14.

4 Jansen/*Sonnenfeld*, § 69f FGG Rz. 3; *Knittel*, § 69f FGG Rz. 1.

5 OLG Frankfurt v. 23.1.2003 – 20 W 479/02, FGPrax 2003, 81; Fröschle/*Locher*, § 69f FGG Rz. 2; *Bassenge*/Roth, § 69f FGG Rz. 1.

6 Keidel/*Kayser*, § 69f FGG Rz. 26; *Knittel*, § 69f FGG Rz. 28; Jürgens/*Mertens*, § 69f FGG Rz. 14 nennen auch Entscheidungen nach §§ 1908i Abs. 1 Satz 1, 1846 BGB „einstweilige Anordnung", jedoch gehen auch sie davon aus, dass sich das Verfahren früher nicht nach § 69f FGG richtete. ME passen auch die §§ 49 bis 56 nicht, denn ein zu einer solchen vorläufigen Maßregel gehörendes Hauptsacheverfahren gibt es nicht.

7 Daher kein Rechtsschutzinteresse mehr an einem Rechtsmittel gegen ihre Aufhebung, nachdem ein Betreuer bestellt ist, OLG Zweibrücken v. 26.2.2003 – 3 W 17/03, FGPrax 2003, 128. In dem genannten Verfahren ist die Maßnahme nach Bestellung des Betreuers durch Beschwerde noch aufgehoben worden, doch schon das dürfte nur deklaratorischen Charakter haben, denn wie sich aus dem mitgeteilten Sachverhalt ergibt, hatte der Betreuer die Anordnung bereits

Bezug auf die gerichtliche Tätigkeit Hauptsacheentscheidungen sind. Weder §§ 300 bis 302 noch §§ 49 ff. sind auf sie anzuwenden.

Die **örtliche Zuständigkeit** für vorläufige Maßregeln ist sowohl bei dem nach § 272 Abs. 1 zuständigen als auch beim Eilgericht des § 272 Abs. 2 gegeben. **Sachlich** ist dagegen stets das Betreuungsgericht zuständig. Funktional ist grundsätzlich **der Rechtspfleger** zuständig, falls nicht eine Maßnahme beschlossen wird, die nur vom Richter genehmigt werden könnte (zB eine Heilbehandlung iSv. § 1904 BGB), oder der Betroffene ausländischer Staatsangehöriger ist (§ 15 Nr. 5 RPflG). 11

Wird die vorläufige Maßregel noch vor Bestellung eines Betreuers getroffen, ist ein Verfahren zur **Betreuerbestellung** – notfalls auch eines nach Abs. 1 – unverzüglich einzuleiten, es sei denn, das ist infolge des Vollzugs der Maßnahme nicht mehr erforderlich.[1] Ansonsten aber muss alsbald ein Betreuer in der Lage sein, die vom Gericht vorweggenommene Entscheidung auf Zweckmäßigkeit zu prüfen und ggf. zu revidieren.[2] 12

B. Inhalt der Vorschrift

Abs. 1 regelt den Erlass von einstweiligen Anordnungen zur Betreuerbestellung und zur Anordnung eines Einwilligungsvorbehalts. Er beschreibt in Satz 1 Nr. 1 deren **materielle Voraussetzungen** und enthält in Satz 1 Nr. 2 bis 4 und Satz 2 **Vorschriften zum Verfahren**. Abs. 2 beschreibt lediglich die materiellen Voraussetzungen für die Entlassung des Betreuers durch einstweilige Anordnung. Besondere Verfahrensvorschriften fehlen hier. 13

I. Materielle Voraussetzungen

Die einstweiligen Anordnungen des § 300 setzen **dringende Gründe** für die Annahme voraus, dass die vorläufig getroffene Regelung sich auch materiell als rechtmäßig erweist (Anordnungsanspruch). Das Gericht muss die Voraussetzungen der jeweils einschlägigen materiellrechtlichen Normen (§§ 1896 bis 1900, 1903, 1908b bis 1908d BGB) prüfen (zu einer Ausnahme s. § 301 Rz. 9). Zur vollen Überzeugung des Gerichts brauchen sie aber nicht vorzuliegen.[3] Ein Anordnungsanspruch ist gegeben, wenn konkrete Umstände die erhebliche Wahrscheinlichkeit begründen,[4] dass sie vorliegen.[5] § 300 ist in diesem Punkt doch strenger als § 49 Abs. 1, der nur verlangt, dass das Tätigwerden „gerechtfertigt" sein muss (s. dazu iE § 49 Rz. 5). 14

---

aufgehoben. Damit war sie entfallen und schon die Erstbeschwerde hätte als unzulässig verworfen werden müssen.

1 BayObLG v. 15.5.2002 – 3 Z BR 163/00, NJW-RR 2002, 1446.

2 BGH v. 13.2.2002 – XII ZB 191/00, NJW 2002, 1801 (für Unterbringungsanordnung); Fröschle/*Locher*, § 69f FGG Rz. 2.

3 BayObLG v. 9.4.1997 – 3 Z BR 75/97, BtPrax 1997, 197.

4 BayObLG v. 21.5.1999 – 3 Z BR 125/99, NJW-FER 1999, 297 = FamRZ 1999, 1611; Jansen/*Sonnenfeld*, § 69f Rz. 8; Fröschle/*Locher*, § 69f FGG Rz. 4; Jürgens/*Mertens*, § 69f FGG Rz. 3; „hohe" Wahrscheinlichkeit verlangen dagegen HK-BUR/*Rink*, § 69f FGG Rz. 20; Jurgeleit/*Bučić*, § 69f FGG Rz. 6; BtKomm/*Roth*, A Rz. 166.

5 Und zwar alle, daher keine vorläufige Betreuerbestellung, wenn zwar die psychische Krankheit feststeht, aber keine ausreichenden Anhaltspunkte für eine Unfähigkeit zur Besorgung eigener Angelegenheiten gegeben sind, OLG Köln v. 13.2.1995 – 16 Wx 26/95, FamRZ 1995, 1083.

15 Weitere Voraussetzung ist ein **Anordnungsgrund**, den das Gesetz dahin beschreibt, dass ein dringendes Bedürfnis für das sofortige Tätigwerden bestehen muss. Das entspricht der in § 49 Abs. 1 zum Anordnungsgrund getroffenen Bestimmung. Es kann daher zu diesem Punkt im Wesentlichen auf die Ausführungen zu § 49 verwiesen werden. Früher verlangten § 69f Abs. 1 Satz 1 und Abs. 3 FGG, dass mit dem Aufschub Gefahr verbunden war. Das dürfte nichts wesentlich anderes beschreiben.[1] Auch der Anordnungsgrund muss nur **glaubhaft gemacht**, nicht erwiesen sein.

16 Die Literatur verlangt für die Annahme eines Anordnungsgrundes die Prognose, dass durch den mit der Hauptsacheentscheidung verbundenen Aufschub dem Betroffenen **erhebliche Nachteile** entstünden.[2] Das ist zwar richtig, aber dahin zu ergänzen, dass es auch genügt, wenn solche Nachteile einem anderen entstünden, falls das Gericht eine Entscheidung ausnahmsweise in dessen Interesse zu fällen hat, so zB bei der Entlassung des Betreuers auf eigenen Antrag wegen Unzumutbarkeit der weiteren Amtsführung oder bei der Betreuerbestellung im reinen Drittinteresse.[3] Weder Wortlaut noch Zweck des Abs. 1 Satz 1 Nr. 1 zwingen zu einer engeren Auslegung.[4]

17 Die Dringlichkeit der Betreuerbestellung wird sich dabei idR aus einem **dringenden Regelungsbedürfnis** für eine Angelegenheit des Betreuten ergeben,[5] die Dringlichkeit des **Einwilligungsvorbehalts** daraus, dass selbstschädigende Rechtshandlungen des Betreuten entweder konkret unmittelbar bevorstehen oder wahrscheinlich sind und jederzeit ohne Vorankündigung drohen. Die **Entlassung** des Betreuers kann dringlich sein, wenn er den Betreuten durch pflichtwidriges Verhalten zu schädigen droht,[6] aber auch, weil er nicht mehr tätig werden kann oder will, aber eine Angelegenheit dringend zu regeln ist.[7] Ohne Entlassung des Betreuers ist der Weg für die dringliche Neubestellung sonst nicht frei. Der Erlass einer einstweiligen Anordnung muss aber stets ein zur Abwendung der bestehenden Gefahren **verhältnismäßiges** Mittel darstellen.[8]

18 Anordnungsgrund und Anordnungsanspruch müssen **kumulativ** vorliegen.[9] Die Dringlichkeit der Gefahr beeinflusst die Menge der vorzunehmenden Ermittlungs- und sonstigen Verfahrenshandlungen (s. dazu Rz. 20 und § 301), verringert aber nicht das Maß der Wahrscheinlichkeit, das zur Feststellung des Anordnungsanspruchs notwendig ist.

19 Der Erlass einer einstweiligen Anordnung setzt außerdem stets voraus, dass **die Hauptsache nicht entscheidungsreif** ist, dort also irgendwelche weiteren Verfahrenshandlungen notwendig sind, die nicht abgewartet werden können. Mit der Endentscheidung im Hauptsacheverfahren ist das Verfahren über den Erlass der einstweiligen Anordnung **erledigt**[10] (z. Beschwerdeverfahren s. Rz. 45).

1 Lt. BT-Drucks. 16/6308, S. 271 soll mit der Umformulierung keine „inhaltliche Neuausrichtung" verbunden sein.
2 Jansen/*Sonnenfeld*, § 69f FGG Rz. 8; Keidel/*Kayser*, § 69f FGG Rz. 5; Fröschle/*Locher*, § 69f FGG Rz. 5; *Knittel*, § 69f FGG Rz. 3.
3 Zur Zulässigkeit einer solchen: BayObLG v. 27.2.1996 – 3 Z BR 337/95, BtPrax 1996, 106.
4 Wie hier: *Bork*, MDR 1991, 97, 99; Erman/*Roth*, § 1896 BGB Rz. 54; aA Bienwald/*Sonnenfeld*, § 69f FGG Rz. 36 (es gehe „offensichtlich" um eine Gefahr für den Betroffenen).
5 ZB: Abschluss eines Mietvertrages, BayObLG v. 9.4.1997 – 3 Z BR 75/97, BtPrax 1997, 197.
6 Keidel/*Kayser*, § 69f FGG Rz. 17.
7 Fröschle/*Locher*, § 69f FGG Rz. 17.
8 Jansen/*Sonnenfeld*, § 69f FGG Rz. 8; Jürgens/*Mertens*, § 69f FGG Rz. 3.
9 Bienwald/*Sonnenfeld*, § 69f FGG Rz. 15.
10 BayObLG v. 18.2.1993 – 3 Z BR 127/92, FamRZ 1993, 720.

II. Verfahren

Verfahrensregeln sind zum Teil in Abs. 1 enthalten. Ansonsten gelten nach § 51 Abs. 2 Satz 1 die für das Hauptsacheverfahren geltenden Vorschriften entsprechend, die letzteren allerdings nur, soweit sich „aus den Besonderheiten des einstweiligen Rechtsschutzes" nichts anderes egibt. Das wiederum ist eine Frage der **Dringlichkeit**, die bei der Gestaltung des Verfahrens berücksichtigt werden muss: 20

- Die in Abs. 1 vorgeschriebenen Verfahrensschritte können nur nach Maßgabe von § 301 Abs. 1 entfallen oder nachgeholt werden.
- Alle anderen Verfahrenshandlungen stehen jedoch unter dem Vorbehalt ihrer Vereinbarkeit mit dem konkret festgestellten Eilbedürfnis (s. § 51 Rz. 8). Das gilt insbesondere für die Gewährung rechtlichen Gehörs, die im Eilverfahren entfallen kann, wenn andernfalls eine Entscheidung nicht rechtzeitig gefällt werden könnte.

Der allgemeine Grundsatz **des rechtlichen Gehörs** (Art. 103 Abs. 1 GG und § 37 Abs. 2) darf daher außer Acht gelassen werden, soweit das Eilbedürfnis es erfordert (s. § 51 Rz. 10). Die **besonderen Vorschriften** über die Anhörung des Betroffenen in § 300 Abs. 1 Satz 1 Nr. 4 müssen aber eingehalten werden, soweit nicht § 301 davon dispensiert. 21

1. Zuständigkeit

Die **sachliche** und die **örtliche** Zuständigkeit folgen zunächst § 50 Abs. 1. Es ist das **Gericht der Hauptsache** zuständig, wenn diese bereits anhängig ist. Ist sie es nicht, ist es jedes Gericht, das für die Einleitung der Hauptsache zuständig wäre. 22

Sachlich ist somit grundsätzlich das **Amtsgericht** als Betreuungsgericht zuständig. Ausnahmsweise ist das **Landgericht** zuständig, wenn das Hauptsacheverfahren dort in der Beschwerdeinstanz anhängig ist. Da das einstweilige Anordnungsverfahren auch dann ein selbständiges Verfahren ist (vgl. § 51 Abs. 3 Satz 1), entscheidet das Landgericht insoweit **in erster Instanz**. 23

Für die **örtliche Zuständigkeit** gilt bei nicht anhängiger Hauptsache § 272 Abs. 1, außerdem stets § 272 Abs. 2, der gegenüber § 50 Abs. 2 Spezialvorschrift ist. Es ist – ohne Rücksicht auf das Maß der Dringlichkeit – stets auch das Gericht am Ort des Fürsorgebedürfnisses zuständig (vgl. § 272 Rz. 19 ff.). Die Abgabe des einstweiligen Anordnungsverfahrens an das nach § 50 Abs. 1 zuständige Gericht ist nicht erforderlich. Eine Mitteilung über die getroffene Maßnahme genügt (§ 272 Abs. 2, s. auch § 272 Rz. 22). 24

In **Württemberg** richtet sich die sachliche Zuständigkeit nach dem Verfahrensgegenstand. Das **Notariat** ist für einstweilige Anordnungen über die Bestellung und Entlassung eines Betreuers (außer bei einer Betreuung für dienstrechtliche Angelegenheiten) zuständig, das **Amtsgericht** für die einstweilige Anordnung eines Einwilligungsvorbehalts. Dabei ist zu beachten, dass dieser wegen seiner Akzessorietät nicht vor der Betreuerbestellung möglich ist. Ggf. müssen sich Notariat und Amtsgericht abstimmen, um einigermaßen zeitgleich einstweilige Anordnungen erlassen zu können. 25

Für die **funktionale Zuständigkeit** gilt nichts Besonderes. Der Rechtspfleger ist zuständig, wenn er auch für eine gleich lautende Hauptsacheentscheidung zuständig wäre. 26

2. Beteiligte

27 Für die Beteiligung am einstweiligen Anordnungsverfahren gelten §§ 7, 274. Bei den **Mussbeteiligten** kann nur von ihrer Anhörung (§ 279 Abs. 1) abgesehen werden, nicht jedoch von der Beteiligung als solcher, die in diesem Fall in der **Bekanntgabe der einstweiligen Anordnung** liegt. Ähnliches gilt für die **Betreuungsbehörde**, wenn sie ihre Beteiligung beantragt hat. Für die **Kannbeteiligten** des § 273 Abs. 4 gilt auch hier § 7 Abs. 5, doch braucht das Gericht die Rechtskraft der Zwischenentscheidung nicht abzuwarten, wenn es einen Beteiligungsantrag ablehnt und das Abwarten mit dem Eilbedürfnis nicht zu vereinbaren wäre. Über die sofortige Beschwerde gegen die Zwischenentscheidung ist wegen § 52 Abs. 1 Satz 1 und § 303 Abs. 2 auch noch nach Abschluss des Eilverfahrens zu entscheiden.

28 Was die Bestellung eines **Verfahrenspflegers** betrifft, verweist Abs. 1 Satz 1 Nr. 3 auf § 276. Das ist als **Rechtsgrundverweisung** zu verstehen.[1] Ein Verfahrenspfleger ist zu bestellen, wenn er nach § 276 Abs. 1 und 2 erforderlich ist. Auch die Regelbeispiele des § 276 Abs. 1 Satz 2 gelten. Ein Umkehrschluss aus Abs. 1 Satz 1 Nr. 3 dahin, dass im Verfahren nach Abs. 2 kein Verfahrenspfleger notwendig ist, ist nicht zulässig. Abs. 2 will das Verfahren vielmehr überhaupt nicht regeln. Auch dort gilt ohne Verweisung § 276 Abs. 1 Satz 1.[2] Zur Nachholung bei Gefahr im Verzug s. § 301.

3. Anhörung des Betroffenen

29 Abs. 1 Satz 1 Nr. 4 schreibt die **persönliche Anhörung des Betroffenen** vor. Aus Abs. 1 Satz 2 folgt, dass er keine abschließende Spezialregelung zu § 278 enthält, sondern diesen **modifiziert**. Das grundsätzliche Verbot der Rechtshilfeanhörung gilt nicht (Satz 2). § 278 Abs. 2, 3 und 5 bleiben aber anwendbar.[3] Der Betroffene kann daher auch im Eilverfahren **vorgeführt** werden,[4] falls das mit dem Eilbedürfnis zu vereinbaren ist. Nicht notwendig ist, dass das Gericht sich von dem Betroffenen einen unmittelbaren Eindruck verschafft.[5]

30 Von der persönlichen Anhörung kann nicht wegen des Eilbedürfnisses **abgesehen** werden. Auch § 301 Abs. 1 lässt das nicht zu, s. dort Rz. 7. Sie kann aber unter Anwendung von § 34 Abs. 2 oder 3 unterbleiben, wobei eine Gesundheitsgefährdung in modifizierter Anwendung von § 278 Abs. 4 durch ein **ärztliches Zeugnis** nachgewiesen sein muss.

31 Da das Eilverfahren dem Gericht nicht mehr Ermittlungstätigkeit auferlegen kann als das entsprechende Hauptsacheverfahren, kann von der persönlichen Anhörung des Betroffenen schließlich auch in den Fällen abgesehen werden, in denen sie **im Hauptsacheverfahren** gleichfalls nicht erforderlich ist, also bei der vorläufigen **Neubestellung** eines Betreuers nach § 296 Abs. 2 und bei der vorläufigen Erweiterung der Betreuung oder des Einwilligungsvorbehalts nach § 293 Abs. 2.[6]

---

1 Jansen/*Sonnenfeld*, § 69f FGG Rz. 10; Keidel/*Kayser*, § 69f FGG Rz. 7.

2 *Bassenge*/Roth, § 69f FGG Rz. 21.

3 Keidel/*Kayser*, § 69f FGG Rz. 14; aA Fröschle/*Locher*, § 69f FGG Rz. 7, übersehend, dass Abs. 1 Satz 2 überflüssig wäre, würde § 278 insgesamt keine Anwendung finden.

4 HK-BUR/*Rink*, § 69f FGG Rz. 32; Jansen/*Sonnenfeld*, § 69f FGG Rz. 11.

5 Fröschle/*Locher*, § 69f FGG Rz. 7; aA Keidel/*Kayser*, § 69f FGG Rz. 14, übersehend, dass § 278 Abs. 1 zwei unterschiedliche Verfahrenshandlungen beschreibt (auch wenn sie regelmäßig zusammenfallen werden), von denen Abs. 1 Satz 1 Nr. 3 nur eine erwähnt.

6 BtKomm/*Roth*, A Rz. 168.

Das Verfahren zur **Entlassung** eines Betreuers richtet sich auch im Eilverfahren nach § 50 Abs. 2 iVm. § 296 Abs. 1. § 301 Abs. 1 dürfte nunmehr auch hierfür gelten. Die Anhörung kann wegen der Dringlichkeit zunächst unterbleiben, ist dann aber nachzuholen; widerspricht der Betroffene der Entlassung, ist seine Anhörung in persönlicher Form nachzuholen.[1] 32

4. Anhörung anderer Beteiligter

Zur Anhörung anderer Beteiligter als des Betroffenen enthalten weder Abs. 1 noch Abs. 2 Sonderregeln. Sie folgt daher §§ 37 Abs. 2, 279 Abs. 1, § 296 Abs. 2. 33

Ist ein **Verfahrenspfleger** bestellt, muss er angehört werden (Abs. 1 Satz 1 Nr. 3), ggf. nachträglich (s. § 301 Rz. 7). Die Form der Anhörung ist dem Gericht hier stets freigestellt. 34

Im Übrigen aber gilt, dass Beteiligte nur angehört werden müssen, soweit dies mit dem **Eilbedürfnis zu vereinbaren** ist. Andernfalls unterbleibt ihre Anhörung ganz. Sie braucht auch nicht nachgeholt zu werden. Die einstweilige Anordnung ist ihnen jedoch bekannt zu geben. 35

5. Ermittlungen

Abs. 1 Satz 1 Nr. 2 schreibt vor, dass dem Gericht ein **ärztliches Zeugnis** vorliegen muss, ehe es per einstweiliger Anordnung 36

- einen Betreuer bestellt oder
- einen Einwilligungsvorbehalt anordnet.

Die Norm **modifiziert §§ 280 bis 284** dahin, dass ein ärztliches Zeugnis das Gutachten stets ersetzen kann, nicht nur in den in § 281 geregelten Fällen. 37

Zur **Qualität** des ärztlichen Zeugnisses verhält sich Abs. 1 Satz 1 Nr. 2 nicht. Nach dem Wortlaut braucht es lediglich den **Zustand** des Betroffenen wiederzugeben. Die hM nimmt an, dass es von gleicher Qualität sein muss wie ein Zeugnis, das nach § 281 das Gutachten ersetzt[2] (s. dazu § 281 Rz. 12 ff.). Das ist mit der Einschränkung richtig, dass das ärztliche Zeugnis hier nicht den vollen Beweis der Notwendigkeit der Maßnahme zu erbringen braucht, sondern die Begründung einer **hohen Wahrscheinlichkeit** genügt (s. Rz. 14). Keineswegs genügt aber eines, das nur den „Zustand" des Betroffenen beschreibt.[3] Jedenfalls muss auch hier die Fachkunde des Arztes offenbar sein und sein Zeugnis auf einer persönlichen Untersuchung des Betroffenen beruhen.[4] 38

Für die **Neubestellung eines Betreuers** gilt Abs. 1 Satz 1 Nr. 2 nicht, denn für sie ist auch im Hauptsacheverfahren weder ein Gutachten noch ein ärztliches Zeugnis vorgeschrieben (s. § 296 Rz. 23). Das Eilverfahren kann auch in diesem Punkt nicht stren- 39

---

1 AA zum früheren Recht: Jurgeleit/*Bučić*, § 69f FGG Rz. 19, der aus dem Schweigen des § 69f Abs. 3 FGG den Schluss gezogen hat, das Verfahren folge ganz den allgemeinen Regeln. Das kann nun aber wegen § 51 Abs. 2 nicht mehr angenommen werden.

2 HK-BUR/*Rink*, § 69f FGG Rz. 25 ff.; Keidel/*Kayser*,§ 69f Rz. 6; in „seltenen Fällen" geringere Anforderungen will Jürgens/*Mertens*,§ 69f FGG Rz. 4 genügen lassen.

3 *Knittel*,§ 69f FGG Rz. 4.

4 OLG Frankfurt v. 30.7.2004 – 20 W 299/04, FGPrax 2005, 23; BayObLG v. 21.5.1999 – 3 Z BR 125/99, NJW FER 1999, 297 = FamRZ 1999, 1611.

ger sein als ein entsprechendes Hauptsacheverfahren. Aus demselben Grund ist das Attest unter den Voraussetzungen des § 293 Abs. 2 vor einer **vorläufigen Erweiterung** der Betreuung oder des Einwilligungsvorbehalts entbehrlich.[1]

40 Ob und welche **weiteren Ermittlungen** das Gericht anstellt, liegt in seinem pflichtgemäßen Ermessen (§§ 26, 29, 30 Abs. 1). § 30 Abs. 3 gilt nicht. Auch ausdrücklich bestrittene Tatsachen kann das Gericht im **Freibeweisverfahren** (§ 29) aufklären.[2] Einfache, ohne zeitlichen Aufschub mögliche Ermittlungen darf es auch im Eilverfahren nicht unterlassen.[3] Nach § 31 Abs. 1 dürfen auch **eidesstattliche Versicherungen** entgegengenommen und verwertet werden (vgl. § 51 Rz. 5).

III. Bekanntgabe und Wirksamkeit

41 Die Bekanntgabe von einstweiligen Anordnungen richtet sich nach § 41, wirksam werden sie nach § 287 Abs. 1 mit der **Bekanntgabe an den Betreuer**. Das Gericht kann nach § 287 Abs. 2 die **sofortige Wirksamkeit** mit den dort beschriebenen Folgen anordnen. Für die Anwendung von § 53 Abs. 2 dürfte daneben kein Raum sein, zumal es sich hier ausnahmslos um Gestaltungsentscheidungen handelt, die keinen vollstreckbaren Inhalt haben.

IV. Abänderung, Anfechtung

42 Einstweilige Anordnungen können nach § 54 **jederzeit von Amts wegen** mit Wirkung für die Zukunft aufgehoben oder abgeändert werden, gleichgültig, ob sie formell rechtskräftig sind oder nicht (s. zu den Einzelheiten bei § 54). Zuständig ist, solange die Hauptsache nicht anhängig ist, das Gericht, das die einstweilige Anordnung erlassen hat, von da an das Gericht der Hauptsache.

43 Im Übrigen ist gegen einstweilige Anordnungen des **Betreuungsgerichts** wie gegen deren Ablehnung stets die **Beschwerde** zum Landgericht eröffnet, denn § 57 Abs. 1 Satz 1 schließt sie nur für Familiensachen aus (s. auch § 57 Rz. 14). Bei einstweiligen Anordnungen des **Landgerichts** ist zu unterscheiden:

- Gegen **Beschwerdeentscheidungen** des Landgerichts im einstweiligen Anordnungsverfahren findet kein Rechtsmittel statt, auch nicht, wenn mit ihnen die einstweilige Anordnung erstmals erlassen wird.
- Entscheidet das Landgericht im einstweiligen Anordnungsverfahren jedoch **als erste Instanz**, weil die Hauptsache bei ihm anhängig ist (s. Rz. 23), so findet nach dem eindeutigen Wortlaut des § 58 Abs. 1 hiergegen die Beschwerde statt. Über sie entscheidet das **Oberlandesgericht** (§ 119 Abs. 1 Nr. 2 GVG).

44 Die **Rechtsbeschwerde** ist in jedem Fall ausgeschlossen (§ 70 Abs. 4). Sie kann auch nicht zugelassen werden.

45 Die Beschwerde ist grundsätzlich unzulässig, sobald eine sie **überholende Entscheidung** getroffen wird, gleichgültig, ob es sich um eine Hauptsacheentscheidung[4] oder

---

1 Fröschle/*Locher*, § 69i FGG Rz. 5.
2 BayObLG v. 5.4.2004 – 3 Z BR 255/03, FamRZ 2004, 1899; HK-BUR/*Rink*, § 69f FGG Rz. 24.
3 BVerfG v. 23.3.1998 – 2 BvR 2270/96, NJW 1998, 1774.
4 BayObLG v. 18.2.1993 – 3 Z BR 127/92, FamRZ 1993, 720.

weitere einstweilige Anordnung[1] iSv. § 302 Abs. 2 handelt. Geschieht dies erst während ihrer Anhängigkeit, ist sie dadurch erledigt. Die Beschwerde kann jedoch unter den Voraussetzungen des § 62 mit dem Ziel der **Feststellung der Rechtswidrigkeit** zulässig bleiben. Wegen § 306 gilt dies alles nicht für Beschwerden gegen die Anordnung eines Einwilligungsvorbehalts (s. § 306 Rz. 18). Sie bleiben auch nach dessen Aufhebung zulässig.[2]

C. Einleitung und Durchführung des Hauptsacheverfahrens

Eilverfahren sind **selbständige Verfahren** (§ 51 Abs. 3 Satz 1), auch wenn die Hauptsache anhängig ist. **Gleichartige Verfahrenshandlungen** können bei paralleler Anhängigkeit im Eil- und Hauptsacheverfahren verbunden werden. Im Eilverfahren durchgeführte Verfahrenshandlungen können ferner in den durch § 51 Abs. 3 Satz 2 gezogenen Grenzen (s. dazu § 51 Rz. 19) in einem später erst anhängig werdenden Hauptsacheverfahren **verwertet** werden. Die Selbständigkeit bedingt daher nicht notwendigerweise eine mehrfache **persönliche Anhörung des Betroffenen**. Er kann vielmehr im Verfahren der einstweiligen Anordnung zugleich zur Hauptsache angehört werden, auch wenn diese noch nicht anhängig ist. 46

Die Einleitung des Hauptsacheverfahrens hat auf **Antrag eines Beteiligten** zu geschehen (§ 52 Abs. 1 Satz 1, s. § 52 Rz. 2). Die Anordnung einer Sperrfrist (§ 52 Abs. 1 Satz 2) dürfte in Betreuungssachen kaum in Betracht kommen. Der Antrag ist Verfahrens-, nicht Sachantrag und muss daher § 23 nicht genügen. 47

Im Übrigen liegt die Einleitung eines Hauptsacheverfahrens im **pflichtgemäßen Ermessen** des Gerichts. Es kann es auch bei der einstweiligen Anordnung belassen, wenn dem Fürsorgebedürfnis damit schon vollständig Rechnung getragen ist, also insbesondere, wenn die durch einstweilige Anordnung angeordnete Maßnahme nicht länger als bis zu ihrem Außerkrafttreten nach § 302 erforderlich ist. 48

§ 301
Einstweilige Anordnung bei gesteigerter Dringlichkeit

(1) Bei Gefahr im Verzug kann das Gericht eine einstweilige Anordnung nach § 300 bereits vor Anhörung des Betroffenen sowie vor Anhörung und Bestellung des Verfahrenspflegers erlassen. Diese Verfahrenshandlungen sind unverzüglich nachzuholen.

(2) Das Gericht ist bei Gefahr im Verzug bei der Auswahl des Betreuers nicht an § 1897 Abs. 4 und 5 des Bürgerlichen Gesetzbuchs gebunden.

A. Allgemeines

Die Norm übernimmt inhaltlich die früher in § 69f Abs. 1 Satz 4 und 5 FGG enthaltene Regelung, allerdings mit geänderter Systematik. Sie gilt nun, wie aus Abs. 1 Satz 1 1

1 BayObLG v. 3.1.1994 – 3 Z BR 259/93, BtPrax 1994, 98.
2 BayObLG v. 16.5.1997 – 3 Z BR 53/97, BtPrax 1997, 198; Jürgens/*Mertens*, § 69f FGG Rz. 8.

folgt, für alle einstweiligen Anordnungen des § 300, nicht – wie früher – nur für diejenigen des § 300 Abs. 1[1] (s. auch § 300 Rz. 2). Abs. 2 betrifft freilich nur die Bestellung eines Betreuers.

2 § 301 modifiziert die Regeln des § 300 für den Fall, dass Gefahr im Verzug besteht. Die Praxis hat sich angewöhnt, hier von einer **eiligen einstweiligen Anordnung** zu reden.[2] Das ist aber kein grundsätzlich anderer Typus der Eilentscheidung,[3] sondern lediglich eine Konkretisierung des in § 51 Abs. 2 Satz 1 normierten Prinzips, dass das jeweilige Eilbedürfnis das Verfahren bestimmt (s. Rz. 20). Eine besondere Regelung ist dafür notwendig, weil § 300 einige Verfahrensschnitte zwingend vorschreibt, ohne dies einer Einschränkung zu unterwerfen.

3 Abs. 1 enthält Modifikationen zu den **Verfahrensvorschriften** in § 300 Abs. 1 Satz 1 Nr. 3 und 4. Abs. 2 enthält Modifikationen zum **Anordnungsanspruch**.

B. Inhalt der Vorschrift

4 Voraussetzung für die Anwendung von Abs. 1 wie Abs. 2 ist, dass nicht nur ein dringendes Bedürfnis zum sofortigen Tätigwerden, sondern **Gefahr im Verzug** besteht. Das ist der Fall, wenn auch schon das Verfahren nach § 300 nicht durchgeführt werden kann, ohne dass dem Betroffenen durch die Verzögerung erhebliche Nachteile drohen würden. Der Entscheidungsmaßstab zum Anordnungsgrund deckt sich daher mit § 300, das Anknüpfungsmoment ist jedoch ein anderes. Dort ist es das Hauptsacheverfahren, hier das gewöhnliche Eilverfahren.[4] Wie auch bei § 300 muss der Anordnungsgrund **glaubhaft gemacht**, nicht bewiesen sein. „Gefahr im Verzug" beschreibt keine erhöhte Gefahrenlage,[5] sondern lediglich ein gesteigertes Eilbedürfnis.[6]

5 § 301 beschreibt im Übrigen – entgegen der Ansicht des Gesetzgebers – keinen eigenständigen Typus von einstweiligen Anordnungen (s. Rz. 2). Gefahr im Verzug muss vielmehr für jede der nach Abs. 1 oder Abs. 2 möglichen Erleichterungen **einzeln** vorliegen, andernfalls sie jeweils nicht gelten.[7]

I. Verfahrenserleichterungen (Absatz 1)

6 Abs. 1 Satz 1 lässt den Erlass einer einstweiligen Anordnung zu, bevor

- die Anhörung des Betroffenen (§ 300 Abs. 1 Satz 1 Nr. 4),
- die Bestellung eines Verfahrenspflegers (§ 300 Abs. 1 Satz 1 Nr. 3 iVm. § 276) und
- die Anhörung des Verfahrenspflegers (§ 300 Abs. 1 Satz 1 Nr. 3 iVm. § 279 Abs. 1)

stattgefunden hat. Das ist **einzeln** möglich. Der Verfahrenspfleger kann daher zwar noch vor Erlass der einstweiligen Anhörung bestellt, aber erst danach angehört werden.

---

1 Für analoge Anwendung von § 69f Abs. 1 Satz 4 FGG auf die Betreuerentlassung schon damals: HK-BUR/*Rink*, § 69f FGG Rz. 50.
2 Jansen/*Sonnenfeld*, § 69f FGG Rz. 1; *Knittel*, § 69f FGG Rz. 2; BtKomm/*Roth*, A Rz. 168; Jürgens/*Mertens*, § 69f FGG Rz. 2.
3 *Knittel*, § 69f FGG Rz. 2; anders aber anscheinend BT-Drucks. 16/6308, S. 271.
4 Fröschle/*Locher*, § 69f FGG Rz. 10; BtKomm/*Roth*, A Rz. 168.
5 So aber wohl Jansen/*Sonnenfeld*, § 69f FGG Rz. 12 („höherer Gefährdungsgrad").
6 BTDrucks. 16/6308, S. 271; HK-BUR/*Rink*, § 69f FGG Rz. 22.
7 HK-BUR/*Rink*, § 69f FGG Rz. 36; *Knittel*, § 69f FGG Rz. 9.

Unterbleiben solche Verfahrenshandlung nach Abs. 1 Satz 1, sind sie **unverzüglich nachzuholen** (Abs. 1 Satz 2). Sie können nicht etwa entfallen. Soll davon ganz abgesehen – also auch auf die Nachholung verzichtet – werden, muss das nach den allgemeinen Vorschriften (§§ 34 Abs. 2 oder 3, 293 Abs. 2, 296 Abs. 2 Satz 2) möglich sein. Werden die Verfahrenshandlungen nicht nachgeholt, wird die einstweilige Anordnung nachträglich rechtswidrig und ist auf Beschwerde hin aufzuheben.[1] Der Fehler ist aber jederzeit heilbar.[2] 7

Abs. 1 Satz 1 erwähnt § 300 Abs. 1 Satz 1 Nr. 2 nicht. Daraus folgt, dass ohne Vorlage eines **ärztlichen Zeugnisses** auch bei Gefahr im Verzug keine einstweilige Anordnung möglich ist, wenn überhaupt eines erforderlich ist (s. dazu § 300 Rz. 39). 8

II. Vereinfachte Betreuerauswahl (Absatz 2)

Für die Betreuerauswahl gilt im Verfahren der einstweiligen Anordnung der Maßstab des § 300 Abs. 1 Nr. 1. § 1897 BGB ist dabei zu beachten.[3] Die summarische Prüfung muss ergeben, dass auch in einem Hauptsacheverfahren wahrscheinlich derselbe Betreuer zu bestellen wäre. Dazu muss vor allem auch seine Geeignetheit entsprechend wahrscheinlich sein. Grundsätzlich ist auch § 1897 Abs. 4 und 5 BGB zu beachten. Da das aber Ermittlungen über die Wünsche, Bindungen und sonstigen Beziehungen des Betreuten voraussetzt, lässt Abs. 2 es zu, § 1897 Abs. 4 und 5 BGB bei Gefahr im Verzug **außer Acht** zu lassen. Das Gericht kann dann 9

- einen Wunsch des Betreuten übergehen, auch ohne festgestellt zu haben, dass die Bestellung des Vorgeschlagenen dem Wohl des Betreuten widerspräche,
- davon absehen, aufzuklären, zu wem der Betreute besondere Bindungen unterhält und ob solche Personen zur Übernahme der Betreuung bereit wären, oder
- einen Betreuer bestellen ohne aufzuklären, ob Interessenkollisionen bestehen.

Immer ist aber erforderlich, dass dazu überhaupt **besondere Ermittlungen erforderlich** wären. Andernfalls besteht keine Gefahr im Verzug, weil die Beachtung von § 1897 Abs. 4 und 5 BGB das Verfahren nicht verzögern würde.[4] 10

Eine **Nachholungspflicht** gibt es hier nicht.[5] Im Falle eines unter Missachtung von § 1897 Abs. 4 oder 5 BGB ausgewählten Betreuers braucht das Gericht die einstweilige Anordnung nicht nach § 54 abzuändern, wenn es die notwendigen Ermittlungen nachholen kann oder inzwischen nachgeholt hat. Im **Hauptsacheverfahren** sind § 1897 Abs. 4 und 5 BGB dann jedoch wieder zu beachten.[6] 11

1 OLG Zweibrücken v. 5.6.2002 – 3 W 89/02, BtPrax 2003, 80; Jansen/*Sonnenfeld*, § 69f FGG Rz. 13; in Keidel/*Kayser*, § 69f FGG Rz. 13.
2 LG Frankfurt v. 10.2.1992 – 2/9 T 110/92, NJW 1992, 986.
3 BayObLG v. 22.9.2000 – 3 Z BR 220/00, BtPrax 2001, 37.
4 Jansen/*Sonnenfeld*, § 69f Rz. 14.
5 BayObLG v. 28.1.2004 – 3 Z BR 257/03, BtPrax 2004, 111; *Bassenge*/Roth, § 69f FGG Rz. 12.
6 BayObLG v. 2.8.2000 – 3 Z BR 180/00, NJW-FER 2001, 75 = FamRZ 2001, 252.

§ 302
Dauer der einstweiligen Anordnung

Eine einstweilige Anordnung tritt, sofern das Gericht keinen früheren Zeitpunkt bestimmt, nach sechs Monaten außer Kraft. Sie kann jeweils nach Anhörung eines Sachverständigen durch weitere einstweilige Anordnungen bis zu einer Gesamtdauer von einem Jahr verlängert werden.

A. Allgemeines

1 Die Norm ist an § 69f Abs. 2 FGG angelehnt. ihr **Anwendungsbereich** ist jedoch weiter, denn sie betrifft nun **alle einstweilige Anordnungen** des § 300, nicht mehr nur, wie vorher, solche nach § 300 Abs. 1.

2 Auch **inhaltlich** hat die Vorschrift geringfügige Änderungen erfahren:

- In Satz 1 ist die Sechsmonatsfrist nun als **Regelfrist** normiert, die gilt, wenn das Gericht nichts anderes bestimmt. § 69f Abs. 2 Halbs. 1 FGG verpflichtete das Gericht in jedem Fall zur Bestimmung einer Frist, die höchstens sechs Monate betragen durfte.
- In Satz 2 ist nun vorgeschrieben, dass bei jeder Verlängerung der in Satz 1 bezeichneten Frist die **Anhörung eines Sachverständigen** erforderlich ist. Auch das war früher anders (s. Rz. 13).

B. Inhalt der Vorschrift

I. Frist für das Außerkrafttreten (Satz 1)

3 § 302 regelt das Außerkrafttreten von einstweiligen Anordnungen durch **Fristablauf**. Die Norm ergänzt § 56, der das Außerkrafttreten von einstweiligen Anordnungen allgemein regelt und auch in Betreuungssachen gilt. Für die in § 300 genannten einstweiligen Anordnungen sind davon jedoch nur § 56 Abs. 1 und Abs. 3 einschlägig.

4 Auch eine einstweilige Anordnung nach § 300 tritt daher **mit jeder Hauptsacheentscheidung** außer Kraft (§ 56 Abs. 1 Satz 1), gleichgültig, ob diese die einstweilige Anordnung bestätigt oder die einstweilen angeordnete Maßnahme in der Hauptsache ablehnt. Auf **Antrag eines Beteiligten** stellt das Gericht der einstweiligen Anordnung (nicht: das Hauptsachegericht!) dies durch Beschluss fest (§ 56 Abs. 3 Satz 1). Der Beschluss unterliegt der **Beschwerde** (§ 56 Abs. 3 Satz 2), die **Beschwerdefrist** beträgt wegen § 63 Abs. 2 Nr. 1 **zwei Wochen**. Endet das Hauptsacheverfahren ohne Endentscheidung, bleibt die einstweilige Anordnung in Kraft, falls sie nicht nach § 54 aufgehoben wird.

5 Die einstweilige Anordnung tritt ferner zu dem Zeitpunkt außer Kraft, **den das Gericht bestimmt** hat (Satz 1 und § 56 Abs. 1 Satz 1). Eine Eilentscheidung soll nicht länger wirksam sein, als das Eilbedürfnis es rechtfertigt. Ist abzusehen, dass durch die Tätigkeit eines vorläufigen Betreuers die Dringlichkeit für die endgültige Betreuerbestellung entfallen wird, muss das Gericht diese Maßnahme **zeitlich begrenzen**. Der abweichende Zeitpunkt muss im Beschluss bestimmt oder jedenfalls bestimmbar („vier Wochen nach Wirksamwerden") sein, sonst gilt die Sechsmonatsfrist.

Anders als bisher ist eine solche zeitliche Begrenzung **nicht mehr zwingend vorgeschrieben**. Vielmehr folgt aus § 300 Satz 1 nun, dass eine einstweilige Anordnung **nach sechs Monaten** außer Kraft tritt, wenn das Gericht **keine zeitliche Begrenzung** angeordnet hat. Anders als früher ist ein Beschluss, der keine Zeitgrenze enthält, daher nicht unvollständig und bedarf keiner Ergänzung. 6

Die Sechsmonatsfrist beginnt mit der **Wirksamkeit**, nicht schon mit dem Erlass der einstweiligen Anordnung.[1] Die Fristberechnung folgt § 16 Abs. 2. 7

Tritt eine einstweilige Anordnung außer Kraft, ohne dass eine Hauptsacheentscheidung getroffen wird, führt das zur **Wiederherstellung des Rechtszustandes**, der vor ihrem Wirksamwerden bestand. Ein bestellter Betreuer verliert sein Amt, ein vorläufig angeordneter Einwilligungsvorbehalt tritt außer Kraft. Der vorläufig entlassene Betreuer amtiert wieder. Diese Wirkungen treten **ohne Rückwirkung**, nur für die Zukunft ein. 8

In die **Bestellungsurkunde** des Betreuers muss bei einer vorläufigen Betreuung der Zeitpunkt eingetragen werden, zu dem die Bestellung nach § 302 Satz 1 endet, dh. entweder der vom Gericht festgesetzte Zeitpunkt oder derjenige, zu dem die Sechsmonatsfrist endet (s. auch § 290 Rz. 7). 9

II. Verlängerung (Satz 2)

Das Gericht kann nach Satz 2 sowohl den gesetzlichen als auch den selbst festgesetzten Zeitpunkt **hinausschieben**. Hierbei ist ein neuer Zeitpunkt für das Außerkrafttreten zu bestimmen. Bei der Verlängerung kann das Gericht diesen Zeitpunkt **nicht offen lassen**. Fehlt er, ist die Verlängerung unwirksam, wenn sie nicht ergänzt wird. Der Zeitpunkt des Außerkrafttretens darf nicht länger hinausgeschoben werden als **ein Jahr** nach Wirksamwerden der ersten einstweiligen Anordnung. 10

Die Verlängerung geschieht in der Form der (weiteren) **einstweiligen Anordnung**. Die Voraussetzungen des § 300 Abs. 1 oder Abs. 2 müssen dafür vorliegen. Die entsprechenden Verfahrensbestimmungen (s. § 300 Rz. 20 ff.) sind einzuhalten. 11

Zusätzlich schreibt Satz 2 die **Anhörung eines Sachverständigen** vor. Hierfür gilt § 29, nicht § 30.[2] Der Sachverständige muss aber die Qualifikation des § 280 Abs. 1 Satz 2 haben, er muss zu den in § 282 Abs. 2 genannten Punkten Stellung nehmen. Ein Sachverständigengutachten ist **nicht erforderlich**, wenn für den Verfahrensgegenstand der einstweiligen Anordnung im Hauptsacheverfahren keines vorgeschrieben ist, denn auch die Verlängerung einer einstweiligen Anordnung kann keinen strengeren Bestimmungen unterworfen sein als die Hauptsache (s. dazu § 300 Rz. 39). 12

Anders als früher ist der Sachverständige nicht erst bei Überschreiten der Sechsmonatsfrist erforderlich, sondern bei **jeder Verlängerung**, gleichgültig wann sie geschieht und ob durch sie die Gesamtdauer von sechs Monaten überschritten wird oder nicht. 13

Fraglich ist, ob Satz 2 auch gilt, wenn die erste einstweilige Anordnung außer Kraft getreten ist und später – also nach Unterbrechung – **erneut** eine solche erlassen werden soll. Der Wortlaut legt das nicht nahe. Zweck des § 302 ist aber, die Wirksam- 14

1 Jürgens/*Mertens*, § 69f FGG Rz. 8; *Bassenge*/Roth, § 69f FGG Rz. 13.
2 Jansen/*Sonnenfeld*, § 69f FGG Rz. 17

keitsdauer von Eilentscheidungen insgesamt zu begrenzen. Der Betroffene hat ein Recht darauf, dass innerhalb angemessener Frist in der Hauptsache entschieden wird. Daher ist auf **jede weitere einstweilige Anordnung** mit demselben Gegenstand Satz 2 anzuwenden, wenn nicht zwischenzeitlich eine Hauptpsacheentscheidung ergangen war.

§ 303
Ergänzende Vorschriften über die Beschwerde

(1) Das Recht der Beschwerde steht der zuständigen Behörde gegen Entscheidungen über

1. die Bestellung eines Betreuers oder die Anordnung eines Einwilligungsvorbehalts,

2. Umfang, Inhalt oder Bestand einer in Nummer 1 genannten Maßnahme

zu.

(2) Das Recht der Beschwerde gegen eine von Amts wegen ergangene Entscheidung steht im Interesse des Betroffenen

1. dessen Ehegatten oder Lebenspartner, wenn die Ehegatten oder Lebenspartner nicht dauernd getrennt leben, sowie den Eltern, Großeltern, Pflegeeltern, Abkömmlingen und Geschwistern des Betroffenen sowie

2. einer Person seines Vertrauens zu, wenn sie im ersten Rechtszug beteiligt worden sind.

(3) Das Recht der Beschwerde steht dem Verfahrenspfleger zu.

(4) Der Betreuer oder der Vorsorgebevollmächtigte kann gegen eine Entscheidung, die seinen Aufgabenkreis betrifft, auch im Namen des Betroffenen Beschwerde einlegen. Führen mehrere Betreuer oder Vorsorgebevollmächtigte ihr Amt gemeinschaftlich, kann jeder von ihnen für den Betroffenen selbständig Beschwerde einlegen.

A. Allgemeines

1 Die §§ 303 bis 305 lösen § 69g Abs. 1 bis 3 FGG ab. § 303 Abs. 1 und 2 regeln, was vorher in § 69g Abs. 1 Satz 1 FGG geregelt war. § 303 Abs. 3 ist neu, Abs. 4 löst § 69g Abs. 2 FGG ab. An die Stelle von § 69g Abs. 1 Satz 2 FGG tritt § 304, § 305 entspricht § 69g Abs. 3 FGG. § 69g Abs. 4 FGG enthielt Bestimmungen dazu, wann Entscheidungen in Betreuungssachen der sofortigen Beschwerde nach § 22 FGG unterliegen, und

ist durch deren Abschaffung obsolet geworden. Der Inhalt von § 69g Abs. 5 FGG ist teils in § 68 Abs. 3 FamFG zur allgemeinen Regel gemacht worden, teils ebenfalls entfallen.

Im Gesetzgebungsverfahren ist § 303 zweimal inhaltlich verändert worden. In § 316 RefE war die Bestimmung über das Recht des Betreuers, Beschwerde im Namen des Betreuten einzulegen, zunächst nicht mehr enthalten. Sie taucht erst in § 303 Abs. 4 RegE wieder auf. Erst im Rechtsausschuss ist in Abs. 4 dann die Vertretungsbefugnis des Vorsorgebevollmächtigten mit aufgenommen worden, nachdem der Bundesrat vorgeschlagen hatte, ein eigenes Beschwerderecht des Bevollmächtigten in Abs. 3 zu verankern.[1] 2

§ 303 gilt – bis auf Abs. 1 – grundsätzlich für **alle Betreuungssachen**. Abs. 2 betrifft jedoch die dort genannten Personen nur, soweit sie schon in erster Instanz Verfahrensbeteiligte waren (s. Rz. 20). 3

B. Inhalt der Vorschrift

§ 303 Abs. 1 bis 3 ergänzt die Vorschriften des § 59 zur **Beschwerdebefugnis** gegen Endentscheidungen des Betreuungsgerichts. Abs. 4 regelt die Vertretung des Betroffenen im Beschwerdeverfahren. Ob sie darüber hinaus auch eine eigene Beschwerdebefugnis begründet, ist dagegen, wie schon bei der Vorgängernorm, nicht völlig klar[2] (dazu Rz. 41). 4

Die Norm stellt **keine abschließende Sonderregelung** dar. § 59 bleibt ebenso anwendbar wie die allgemeinen Normen über die Vertretung des Betroffenen, insbesondere schließt der Umstand, dass er nach Abs. 4 vertreten wird, keineswegs aus, dass der Betroffene auch persönlich Beschwerde einlegt oder dafür Verfahrensvollmacht erteilt (s. Rz. 40). 5

Personen, die in §§ 303, 304 nicht genannt werden, können ein Beschwerderecht nur aus der allgemeinen Bestimmung des § 59 Abs. 1 ableiten. Dazu muss die Entscheidung sie **in eigenen Rechten** verletzen. Beispiele hierfür sind selten. So sind zB entferntere Angehörige, auch außereheliche Lebensgefährten[3] durch Betreuungsmaßnahmen nicht in eigenen Rechten betroffen. Die Verweigerung einer **betreuungsgerichtlichen Genehmigung** betrifft den an dem nicht genehmigten Geschäft beteiligten Dritten ebenfalls nicht, denn er hat kein Recht darauf, dass das Betreuungsgericht das Geschäft genehmigt. Hat er einen Anspruch auf die Vornahme des Geschäfts, mag er den Betreuten darauf verklagen. Die Fiktion des § 894 ZPO erfasst auch eine eventuell erforderliche betreuungsgerichtliche Genehmigung. 6

Die **Nichtbestellung eines Betreuers** ist ausnahmsweise für denjenigen anfechtbar, der wegen der Geschäftsunfähigkeit des Betroffenen ein Recht nur ausüben[4] oder durch- 7

---

1 BT-Drucks. 16/6308, S. 387. Dem Rechtsausschuss scheint der Unterschied nach der in BT-Drucks. 16/9733, S. 297 gegebenen Begr. allerdings gar nicht bewusst gewesen zu sein.

2 Nach BT-Drucks. 16/6308, S. 271 soll die ganze Norm nur die Beschwerdebefugnis in Ergänzung zu § 59 Abs. 1 regeln. Man kann sich beim Lesen der Gesetzesbegründung allerdings des Eindrucks nicht erwehren, dass dem Gesetzgeber der Unterschied zwischen einem Beteiligten und dem Vertreter eines Beteiligten nicht stets präsent war, s. auch § 274 Rz. 27, 29.

3 OLG Schleswig v. 30.1.2002 – 2 W 5/02, FGPrax 2002, 114; BayObLG v. 22.1.1998 – 4 Z BR 1/98, NJW 1998, 1567.

4 *Helms*, DNotZ 2003, 104, 107 (Widerruf eines gemeinschaftlichen Testaments).

setzen kann, wenn diesem ein gesetzlicher Vertreter bestellt wird, so zB ein **kündigungswilliger Vermieter.**[1] Fehlende Klagemöglichkeit wegen einer Forderung kann auch genügen,[2] falls sie nicht über § 57 ZPO überwunden werden kann.[3] Die Beschwerde ist in solchen Fällen aber nur zulässig, wenn der Beschwerdeführer schlüssig behauptet, der Betroffene sei geschäftsunfähig.[4]

8 Das **Unterlassen von Aufsichtsmaßnahmen** nach §§ 1908i Abs. 1 Satz 1, 1837 Abs. 2 BGB gegen den Betreuer ist nur für den Betreuten anfechtbar,[5] da solche nur in dessen Interesse getroffen werden.

I. Beschwerdebefugnis der Betreuungsbehörde (Absatz 1)

9 Mit Abs. 1 ist dem Gesetzgeber eine **echte Verbesserung** gegenüber der Vorgängernorm gelungen. Sie schafft nun, zusammen mit § 7 Abs. 4, § 274 Abs. 3 und § 288 Abs. 2 Satz 1 ein in sich stimmiges System der Beteiligung der Betreuungsbehörde an Betreuungssachen.

10 Trotz geringfügig anderer Formulierung ist davon auszugehen, dass die Kataloge von Betreuungssachen in § 274 Abs. 3 und § 288 Abs. 2 Satz 1 mit demjenigen des Abs. 1 übereinstimmen. Dann gilt für **alle diese Betreuungssachen** einheitlich:

- Die Behörde ist von der Einleitung eines Verfahrens unter Hinweis auf ihr Beteiligungsrecht zu benachrichtigen (§ 7 Abs. 4).
- Sie ist auf ihren Antrag – und nur auf ihren Antrag – am erstinstanzlichen Verfahren zu beteiligen (§ 274 Abs. 3).
- ihr ist, auch wenn sie sich nicht beteiligt hat, die Endentscheidung bekannt zu geben (§ 288 Abs. 2 Satz 1).
- Sie kann nach Abs. 1 schließlich, auch wenn sie am erstinstanzlichen Verfahren nicht beteiligt war, die Endentscheidung **mit der Beschwerde anfechten** (Abs. 1).

11 Die Beschwerdebefugnis der Behörde aus Abs. 1 ist vom **Ausgang des Verfahrens** unabhängig. Sie kann demnach **jede Endentscheidung** in Verfahren anfechten, die

- die Bestellung eines Betreuers,
- die Anordnung eines Einwilligungsvorbehalts,
- den Bestand, Umfang oder Inhalt der Betreuerbestellung oder
- den Bestand oder Umfang des Einwilligungsvorbehalts (dazu, dass über dessen „Inhalt" keine Entscheidungen möglich sind: § 274 Rz. 37)

betreffen; zu den Einzelheiten s. § 274 Rz. 31 ff.

12 Eine **Beschwer** ist nicht erforderlich. Weder braucht die Behörde mit ihrer Beschwerde ein bestimmtes Interesse zu verfolgen[6] noch muss sie dies offen legen. Es genügt, dass

---

1 BayObLG v. 27.2.1996 – 3 Z BR 337/95, BtPrax 1996, 106.

2 BayObLG v. 25.9.1997 – 3 Z BR 343/94, NJW-RR 1998, 1459.

3 Bamberger/Roth/*Müller*, § 1896 BGB Rz. 36; das hilft dem Vermieter aber zB erst bei der Räumungsklage, nicht schon bei dem materiellrechtlichen Problem des Zugangs der Kündigung.

4 BayObLG v. 25.9.1997 – 3 Z BR 343/94, NJW-RR 1998, 1459 (dort war die Beschwerde mangels einer solchen Behauptung unzulässig); BayObLG v. 27.2.1996 – 3 Z BR 337/95, BtPrax 1996, 106.

5 OLG Zweibrücken v. 17.2.2003 – 3 W 23/03, NJW-RR 2003, 870.

6 S. OLG Hamm v. 11.5.2006 – 15 W 472/05, BtPrax 2006, 187 zur Zulässigkeit einer Beschwerde der Behörde mit dem Ziel, eine Tätigkeit des in erster Instanz ausgewählten Betreuers als

sie geltend macht, die angefochtene Entscheidung widerspreche der wirklichen Rechtslage. Die Behörde kann nicht dazu verpflichtet werden, von ihrem Beschwerderecht im Interesse eines bei der Auswahl übergangenen Berufsbetreuers Gebrauch zu machen.[1]

Die Beschwerde der Behörde ist auch nicht mehr (wie noch in § 69g Abs. 1 Satz 1 FGG) auf Entscheidungen **im Amtsverfahren** begrenzt. Die Behörde kann grundsätzlich auch eine **auf Antrag** des Betroffenen ergangene Endentscheidung anfechten.[2] Hat der Betroffene die Betreuung selbst beantragt, kann die Behörde auch die **Ablehnung seines Antrags** anfechten. § 59 Abs. 2 steht nur im Falle des § 1896 Abs. 1 Satz 3 BGB entgegen, da die Entscheidung dann nicht von Amts wegen ergehen kann. Legt gegen die Ablehnung eines Antrags nur die Behörde Beschwerde ein, gilt im Beschwerdeverfahren § 281 Abs. 1 Nr. 1 nicht mehr. 13

Das neue Recht stellt nicht eindeutig klar, ob eine Beschwerde gegen die Entscheidung möglich ist, durch die das Gericht einer **Anregung** der Behörde zur Betreuerbestellung nicht folgt. Jedenfalls dürfte die Behörde stets ein berechtigtes Interesse an der Mitteilung der Entscheidung iSv § 24 Abs. 2 haben. M.E. muss sie die Entscheidung auch mit der Beschwerde anfechten können, da sie die gleiche Wirkung hat wie eine ablehnende Entscheidung in der Sache.[3] 14

Die Behörde ist ferner **unabhängig von ihrer Beteiligung** in der Vorinstanz beschwerdeberechtigt. Das gilt nicht nur für die Beschwerde selbst. Die Behörde kann die Beschwerdeentscheidung auch anfechten, wenn sie weder in erster, noch in zweiter Instanz ihre Beteiligung beantragt hat und wenn nicht § 59 Abs. 2 entgegensteht. Fraglich kann das allerdings sein, wenn der Beteiligungsantrag der Behörde im **Zwischenverfahren** nach § 7 Abs. 5 **rechtskräftig zurückgewiesen** wurde. Da das nämlich nur darauf gestützt werden kann, dass das Verfahren keines der in § 274 Abs. 3 bezeichneten Art ist, dürfte damit zugleich rechtskräftig feststehen, dass der Behörde kein Beschwerderecht zusteht. 15

Ein Beschwerderecht der Betreuungsbehörde kann sich auch aus der **Betroffenheit in eigenen Rechten** (§ 59 Abs. 1) ergeben (s. § 59 Rz. 24). Vor allem dürften Entscheidungen in Frage kommen, die die Behörde in gleicher Weise betreffen wie einen Betreuer oder Betreuungsverein, zB wegen einer ihr möglicherweise zu gewährenden Aufwandsentschädigung oder Vergütung.[4] Kein Beschwerderecht steht ihr zu, soweit sie als staatliches Vollzugsorgan Anordnungen des Gerichts nach §§ 278 Abs. 5, 283, 284 Abs. 3 ausführt. 16

Die **Beschwerdesumme** spielt in den in Abs. 1 genannten Verfahren keine Rolle, denn sie sind niemals reine Vermögensangelegenheiten. Ansonsten gilt § 61 aber auch für die Beschwerde der Behörde. 17

Für die **Rechtsbeschwerde**, einschließlich der Anschluss- und Sprungrechtsbeschwerde, gilt Abs. 1 entsprechend. Sie ist in den in § 70 Abs. 3 Nr. 1 genannten Betreuungs- 18

Berufsbetreuer zu verhindern; aA *Knittel*, § 69g FGG Rz. 8 (Behörde nur im Interesse des Betroffenen beschwerdebefugt), freilich zur alten Gesetzesfassung, nach der die Behörde auf Antrag des Betroffenen ergangene Entscheidungen nicht anfechten konnte.

1 OVG Lüneburg v. 11.9.2000 – 11 L 1446/00, NJW-FER 2001, 43.

2 Nach BT-Drucks. 16/6308, S. 271 soll das vor allem verhindern helfen, dass die Gerichte auf Drängen Betroffener unnötige Betreuungen einrichten.

3 Anders aber wohl *Ahn-Roth*, § 24 Rz. 11.

4 Jurgeleit/*Klier*, § 69g FGG Rz. 73.

sachen auch für die Behörde nicht an eine Zulassung gebunden. Die Behörde muss im Rechtsbeschwerdeverfahren **nicht von einem Anwalt** vertreten sein, sondern kann sich durch einen der in § 10 Abs. 4 Satz 2 genannten Volljuristen vertreten lassen.

II. Beschwerdebefugnis dem Betreuten nahe stehender Personen (Absatz 2)

19 Gegenüber dem alten Recht **drastisch eingeschränkt** ist die Beschwerdebefugnis von Personen, die dem Betreuten nahe stehen. Allerdings ist dem Gesetzgeber zuzugeben, dass er auch hier ein etwas überschaubareres und in sich stimmigeres System geschaffen hat als das alte Recht. So stimmt nun **der Personenkreis**, der nach § 274 Abs. 4 Nr. 1 beteiligt werden kann, mit demjenigen überein, dessen Anhörung nach § 279 Abs. 2 und 3 geboten und der nach § 303 Abs. 2 beschwerdeberechtigt sein kann, während die fraglichen Personenkreise früher jeweils verschieden abgegrenzt waren (vgl. § 274 Rz. 42). Wer im Einzelnen dazugehört, ist in der Kommentierung zu § 274 (dort Rz. 41 ff.) nachzulesen. Die Grenze ist zum Teil enger, zum Teil aber auch weiter gezogen[1] als nach § 69g Abs. 1 Satz 1 FGG.

20 Die gegenüber dem alten Recht neue, entscheidende Einschränkung besteht darin, dass diese Personen ein Beschwerderecht nur haben, wenn sie schon in der Vorinstanz **am Verfahren beteiligt** worden sind, und zwar entweder in einer auf ihren Antrag ergangenen **Zwischenentscheidung** nach § 7 Abs. 5 oder **formlos** von Amts wegen (s. dazu im Einzelnen § 7 Rz. 62). Dazu genügt es nicht, dass sie zur Sache **angehört** wurden (vgl. § 7 Abs. 6). Wollen Angehörige des Betreuten ihr Beschwerderecht wahren, müssen sie demnach einen **Beteiligungsantrag** stellen und die Ablehnung ihrer Beteiligung ggf. mit der sofortigen Beschwerde anfechten.

21 Da die Beteiligung in erster Instanz zu den Zulässigkeitsvoraussetzungen gehört, muss sie vom Beschwerdeführer **schlüssig dargetan** werden.

22 Die Beteiligung der in Abs. 2 genannten Personen ist nach § 274 Abs. 4 Nr. 1 nur in den Verfahren zulässig, an denen auch nach § 274 Abs. 3 die Behörde beteiligt werden kann. Indessen stellt Abs. 2 nur auf die Beteiligung als solche ab, nicht zugleich auch auf die Verfahrensart. Daher ist anzunehmen, dass den in Abs. 2 genannten Personen ein Beschwerderecht auch zusteht, wenn das Gericht sie nach § 7 Abs. 2 Nr. 1 oder auch gänzlich zu Unrecht als Verfahrensbeteiligte hinzugezogen hat.

23 Das Beschwerderecht hängt zudem – wie früher – davon ab, dass die angegriffene Entscheidung **von Amts wegen** ergangen ist. Hat der Betroffene die Bestellung eines Betreuers nach § 1896 Abs. 1 Satz 1 BGB (oder deren Verlängerung[2]) oder die Aufhebung der Betreuung nach § 1908d Abs. 2 Satz 1 BGB beantragt, steht den in Abs. 2 genannten Personen weder gegen die Stattgabe noch gegen die Zurückweisung des Antrags die Beschwerde zu. Das gilt auch, wenn die Voraussetzungen für eine Entscheidung von Amts wegen ebenfalls vorlagen.[3] Auch die Betreuerauswahl kann nicht nach Abs. 2 angegriffen werden, wenn die Betreuung auf Antrag des Betroffenen an-

1 Nach BT-Drucks. 16/6308, S. 272 f. soll er nur enger sein, dabei übersieht der Gesetzgeber aber, dass § 69g Abs. 1 Satz 1 FGG Pflegeeltern nicht erwähnte.

2 OLG München v. 23.4.2008 – 33 Wx 56/08, FGPrax 2008, 157.

3 BayObLG v. 20.3.1998 – 4 Z BR 16/98, BtPrax 1998, 148; OLG Düsseldorf v. 7.10.1997 – 25 Wx 55/97, FamRZ 1998, 510; HK-BUR/*Bauer*, § 69g FGG Rz. 36a; aA Jansen/*Sonnenfeld*, § 69g FGG Rz. 18 (im Zweifel sei dann von einer von Amts wegen ergangenen Entscheidung auszugehen); *Knittel*, § 69g FGG Rz. 4 (Antrag eines Geschäftsunfähigen hier unbeachtlich).

geordnet worden ist.[1] Das formlos erklärte Einverständnis des Betroffenen kann wegen § 23 nicht mehr ohne Weiteres als Antrag gedeutet werden.[2] Die Beschwerde gegen eine später von Amts wegen getroffene Folgeentscheidung (zB einen Betreuerwechsel) ist nicht ausgeschlossen. Ein vom Betroffenen nach § 1908b Abs. 3 BGB initiierter Betreuerwechsel soll aber einer auf Antrag ergangenen Entscheidung gleichstehen.[3]

Auf den **Verfahrensausgang** kommt es nicht an. Die Ablehnung einer Maßnahme kann unter den gleichen Voraussetzungen angefochten werden wie die Maßnahme selbst. 24

Eine eigene Beschwer setzt Abs. 2 sowenig wie Abs. 1 voraus. Die in Abs. 2 genannten Personen müssen jedoch auch mit der Beschwerde die **Interessen des Betroffenen** verfolgen, da sie nur dann am Verfahren beteiligt werden dürfen. Daraus folgt, dass sie eine Entscheidung nicht anfechten können, die den Betroffenen nicht beschwert. Die subjektiven Vorstellungen des Betroffenen sind hierfür freilich irrelevant. Die Beschwerde ist zulässig, wenn der Beschwerdeführer **schlüssig behauptet**, dass die angegriffene Entscheidung den Betroffenen in seinen Rechten verletzt (s. dazu noch näher Rz. 32). 25

Abs. 2 trifft **keine abschließende Regelung**. Einem Angehörigen kann ein Beschwerderecht auch aus § 59 Abs. 1 zustehen,[4] wenn er schlüssig behauptet, dass die angegriffene Entscheidung ihn **in eigenen Rechten** verletzt. Es ist dann auch nicht erforderlich, dass er schon im erstinstanzlichen Verfahren als Beteiligter hinzugezogen wurde. Das wäre zwar nach § 7 Abs. 2 Nr. 1 dann eigentlich notwendig gewesen, doch knüpft § 59 Abs. 1 das Beschwerderecht gerade nicht an die formelle Beteiligung. Die aus § 59 Abs. 1 folgende Beschwerdebefugnis ist nicht auf **Amtsverfahren** beschränkt. In reinen Antragsverfahren greift jedoch die Beschränkung aus § 59 Abs. 2. 26

In eigenen Rechten kann insbesondere der **Ehegatte des Betroffenen** verletzt sein, wenn die Entscheidung in die eheliche Lebensgemeinschaft eingreift.[5] Das setzt zunächst einmal voraus, dass eine solche besteht, die Eheleute also nicht iSv. § 1567 BGB getrennt leben. Wann eine Entscheidung unmittelbar in die eheliche Lebensgemeinschaft eingreift, ist im Übrigen nicht leicht zu entscheiden. Beispiele dafür sind 27

- die Bestellung eines Betreuers, dem die Aufenthaltsbestimmung übertragen ist oder die Aufgabenkreiserweiterung hierauf,
- die Genehmigung der Sterilisation des Betreuten,
- die Genehmigung der Kündigung oder Veräußerung der Ehewohnung.

Vor allem aber werden nahe Angehörige in eigenen Rechten verletzt, wenn sie trotz Eignung und Übernahmebereitschaft **bei der Betreuerauswahl übergangen** werden, da ihnen aus Art. 6 Abs. 1 und 2 GG ein Recht zusteht, bestellt zu werden[6] (s. dazu näher § 274 Rz. 14). 28

1 OLG Jena v. 28.4.2003 – 6 W 136/03, BeckRS 2003 Nr. 30316703.
2 So aber zur früheren Rechtslage: OLG München v. 23.4.2008 – 33 Wx 56/08, FGPrax 2008, 157; OLG Hamm v. 7.6.2001 – 15 W 52/01, BtPrax 2001, 213.
3 OLG Jena v. 28.4.2003 – 6 W 136/03, BeckRS 2003 Nr. 30316703.
4 BT-Drucks. 16/6308, S. 271.
5 Keidel/*Kayser*, § 69g FGG Rz. 23.
6 BVerfG v. 20.3.2006 – 1 BvR 1702/01, BtPrax 2006,,228; HK-BUR/*Bauer*, § 69g FGG Rz. 58; tendenziell in diese Richtung auch BGH v. 4.10.1996 – XII ZB 7/96, BtPrax 1997, 28. Nach OLG Düsseldorf v. 7.10.1997 – 25 Wx 55/97, FamRZ 1998, 510 soll ein solches Recht allerdings dann nicht bestehen, wenn der Betroffene einen Betreuer vorgeschlagen hat.

29 Für **Form und Frist** der Beschwerde gelten die allgemeinen Bestimmungen (zum Fristbeginn für einen nach § 59 Abs. 1 Beschwerdeberechtigten, der in erster Instanz nicht beteiligt worden ist, s. § 63 Rz. 7). Soweit es sich überhaupt um eine vermögensrechtliche Angelegenheit handeln kann, muss auch die Beschwerdesumme erreicht oder die Beschwerde zugelassen sein.

30 Abs. 2 gilt für die **Rechtsbeschwerde** entsprechend. Sie ist zulässig, wenn die genannten Personen in der Beschwerdeinstanz Verfahrensbeteiligte waren. Die in erster Instanz unterlassene Beteiligung nach § 274 Abs. 4 Nr. 1 kann auch noch in zweiter Instanz nachgeholt werden (§ 68 Abs. 3), freilich nur, wenn die Beschwerde zulässig ist, also von einem anderen Verfahrensbeteiligten eingelegt wurde, und wenn nicht die Rechtskraft einer Zwischenentscheidung nach § 7 Abs. 5 entgegensteht.

III. Beschwerdebefugnis des Verfahrenspflegers (Absatz 3)

31 Dem Verfahrenspfleger stand im FGG kein eigenes Beschwerderecht zu.[1] Er konnte jedoch im Namen des Betroffenen unabhängig von diesem Beschwerde einlegen. Abs. 3 verleiht ihm – seiner neuen Stellung als Beteiligtem kraft Amtes (s. § 274 Rz. 29) entsprechend – das Recht, **im eigenen Namen** Beschwerde einzulegen. Die Beschwerde ist von einer eigenen Beschwer des Betroffenen unabhängig, setzt aber – aus den gleichen Gründen wie in Abs. 2 (Rz. 25) – voraus, dass die angefochtene Entscheidung den Betroffenen beschwert.

32 Die **subjektive Sicht** des Betroffenen ist nicht maßgeblich. Er wird insbesondere durch ein Zuwenig an **Betreuung** ebenso in seinen Rechten verletzt wie durch ein Zuviel,[2] gleichgültig, ob er die Betreuung selbst gewollt hat oder nicht.[3] Eine zu weit gehende Betreuung greift unzulässig in seine Privatautonomie ein, eine nicht weit genug gehende Betreuung enthält ihm die Rechtsfürsorge vor, auf die er nach § 1896 BGB auch bei einem entgegenstehenden natürlichen Willen Anspruch hat.[4] Nichts anderes gilt für den **Einwilligungsvorbehalt**. Geht er nicht weit genug, enthält er dem Betreuten den Schutz vor Selbstschädigung vor, auf den er nach § 1903 BGB Anspruch hat.[5] Durch die **Auswahl** eines ungeeigneten Betreuers schließlich ist der Betroffene selbst dann beschwert, wenn sie auf seinen eigenen Wunsch (§ 1897 Abs. 4 BGB) zurückgeht.[6] Der Verfahrenspfleger kann all diese Entscheidungen daher unabhängig davon anfechten, ob sie dem Willen des Betreuten entsprechen oder nicht.

33 Fälle, in denen eine Beschwer des Betroffenen nicht gegeben ist, sind nicht häufig. Zu nennen wären Verfahren über die Entschädigung des Betreuers aus der Staatskasse[7] – an denen er mE schon gar nicht zu beteiligen ist (s. § 274 Rz. 11) – oder ein Umwandlungsbeschluss iSv. § 1908b Abs. 4 Satz 2 BGB.[8]

---

1 BayObLG v. 13.3.2002 – 3 Z BR 45/02, BtPrax 2002, 165.
2 HK-BUR/*Bauer*, § 69g FGG Rz. 16.
3 Daher auch gegen eine auf Antrag eingerichtete Betreuung Beschwerde des Betroffenen möglich: OLG Hamm v. 28.3.1995 – 15 W 9/95, BtPrax 1995, 221.
4 OLG München v. 20.12.2006 – 33 Wx 248/06, BtPrax 2007, 81; BayObLG v. 7.9.2000 – 3 Z BR 210/00, MDR 2001, 94.
5 BayObLG v. 1.12.1999 – 3 Z BR 304/99, NJW-FER 2000, 152.
6 HK-BUR/*Bauer*, § 69g FGG Rz. 41.
7 BayObLG v. 25.7.2003 – 3 Z BR 106/03, FamRZ 2004, 138; BayObLG v. 5.7.2000 – 3 Z BR 149/00, BtPrax 2000, 259.
8 BayObLG v. 12.10.2001 – 3 Z BR 294/01, FamRZ 2002, 767.

Der Beschwerde des Verfahrenspflegers kann § 59 Abs. 2 entgegenstehen. Gegen die Zurückweisung einer Beschwerde des Betreuten steht daher dem Verfahrenspfleger kein Rechtsmittel zu, wenn er sich der Beschwerde nicht mindestens angeschlossen hat, und umgekehrt.[1] 34

Abs. 3 gilt für alle Betreuungssachen, in denen von der Vorinstanz ein Verfahrenspfleger bestellt wurde. Da § 276 Abs. 1 Satz 1 wiederum in allen Betreuungssachen Anwendung findet, kommt dafür jedes Verfahren in Frage, das überhaupt nach § 271 zu den Betreuungssachen gehört (s. dort Rz. 3 ff.). 35

Soweit die Entscheidung den Verfahrenspfleger **in eigenen Rechten** verletzt, kann er sie nach § 59 Abs. 1 anfechten.[2] Denkbar ist das vor allem bei Entscheidungen, die seine Entschädigung nach § 277 betreffen.[3] 36

IV. Vertretung des Betroffenen im Beschwerdeverfahren (Absatz 4)

1. Vertretungsmacht des Betreuers

Abs. 4 betrifft Betreuungssachen, in denen der Betreuer nach § 274 Abs. 1 Nr. 2 als **Beteiligter** zum Verfahren hinzugezogen werden muss, nämlich Entscheidungen, über den Aufgabenkreis des Betreuers als solchen,[4] einen ihn betreffenen Einwilligungsvorbehalt[5] oder die Tätigkeit des Betreuers innerhalb des Aufgabenkreises,[6] insbesondere vormundschaftsgerichtliche Genehmigungen[7] (s. auch § 274 Rz. 16 ff.). Auf den Inhalt der Endentscheidung kommt es nicht an. Die Entscheidung über eine Erweiterung des Aufgabenkreises „betrifft" diesen auch dann, wenn sie abgelehnt wird. Abs. 4 Satz 1 stellt klar, dass der Betreuer ungeachtet etwaiger Eigeninteressen im Namen des Betreuten gegen die Endentscheidung **Beschwerde** einlegen kann.[8] 37

Voraussetzung ist allerdings, dass die Betreuung **andauert**, weil andernfalls seine Vertretungsmacht geendet hat. Gegen seine vollständige[9] Entlassung oder die vollständige Aufhebung der Betreuung kann der Betreuer daher nicht mehr im Namen des Betreuten Beschwerde einlegen, nachdem die Entscheidung wirksam geworden ist.[10] Nichts anderes würde für ein aus Abs. 4 folgendes eigenes Beschwerderecht des Betreuers (dazu Rz. 41) gelten.[11] 38

---

1 OLG Hamm v. 13.3.2006 – 15 W 53/06, BtPrax 2006, 190.
2 BT-Drucks. 16/6308, S. 272.
3 HK-BUR/*Bauer*, § 69g FGG Rz. 17.
4 BayObLG v. 12.3.1997 – 3 Z BR 47/97, NJW-RR 1997, 967.
5 Jurgeleit/*Klier*, § 69g FGG Rz. 60.
6 Keidel/*Kayser*, § 69g FGG Rz. 18.
7 Nach BayObLG v. 8.10.1997 – 3 Z BR 192/92, BtPrax 1998, 72 auch, wenn ein Ergänzungsbetreuer für die Vornahme des zu genehmigenden Geschäfts bestellt wurde, da das nur die Vertretungsmacht, aber nicht den Aufgabenkreis des Betreuers einschränkt.
8 BT-Drucks. 16/6308, S. 272.
9 Bei nur teilweiser Entlassung besteht die Betreuung weiter und demnach bleibt es bei der Geltung von Abs. 4, BayObLG v. 30.7.2003 – 3 Z BR 148/03, BtPrax 2004, 35; aA Jansen/*Sonnenfeld*, § 69g FGG Rz. 35.
10 OLG Düsseldorf v. 6.11.1997 – 25 Wx 80/97, BtPrax 1998, 80; OLG Köln v. 7.10.1996 – 16 Wx 202/96, NJW-RR 1997, 708; BayObLG v. 2.8.1995 – 3 Z BR 112/95, FamRZ 1996, 58; HK-BUR/*Bauer*, § 69g FGG Rz. 87, 96; Jurgeleit/*Klier*, § 69g FGG Rz. 58.
11 Keidel/*Kayser*, § 69g FGG Rz. 20; Jurgeleit/*Klier*, § 69g FGG Rz. 58.

39 Abs. 4 begründet keine Beschwerdebefugnis des Betreuten, die sich vielmehr aus § 59 Abs. 1 ergeben muss.[1] Aus Abs. 4 folgt nur das Recht, des Betreuers, den Betroffenen insoweit gesetzlich[2] zu vertreten. Die Beschwerde des Betreuers ist daher von einer **Beschwer des Betreuten** (s. dazu Rz. 32) abhängig und muss auch sonst als Beschwerde des Betreuten zulässig sein. Da der Betreute die gesetzliche Vertretungsmacht des Betreuers nicht einschränken kann, ist sie aber von eigenen **Verfahrenshandlungen** des Betreuten unabhängig. Der Betreuer kann nach Abs. 4 Beschwerde also auch dann einlegen, wenn der Betreute auf Rechtsmittel verzichtet hat.

40 Eine Beschwerde, die der Betreuer im Namen des Betreuten einlegt, müsste eigentlich nach § 9 Abs. 5 FamFG iVm. § 53 ZPO dazu führen, dass der Betreute im Beschwerdeverfahren als verfahrensunfähig gilt. Zugleich folgt aber aus §§ 68 Abs. 3 Satz 1, 275, dass er als verfahrensfähig zu gelten hat. Letzteres geht als speziellere – weil nur für Betreuungssachen geltende – Norm vor. Der Betroffene bleibt **verfahrensfähig**, kann daher neben der in seinem Namen eingelegten Beschwerde auch im eigenen Namen Beschwerde einlegen oder sich ihr nach § 66 im eigenen Namen anschließen. Auch das ist nicht von Verfahrenshandlungen des Betreuers abhängig. Der Betreuer kann die Beschwerde des Betreuten nur zurücknehmen, soweit er sie in dessen Namen eingelegt hat, und ein Rechtsmittelverzicht des Betreuers im Namen des Betreuten hindert nur die Beschwerdeeinlegung nach Abs. 4, nicht die durch den Betroffenen selbst.

41 Zu erheblichen Zweifelsfragen gibt das Wort „auch" in Abs. 4 Satz 1 Anlass. Die Rechtsprechung dazu ist uneinheitlich. Teils interpretiert sie es dahin, dass der Betreuer damit zugleich eine **eigene Beschwerdebefugnis** in den in Abs. 4 Satz 1 genannten Verfahren erhält,[3] er also stets die Wahl hat, die Beschwerde im Namen des Betreuten, im eigenen Namen oder sogar in beider Namen zugleich einzulegen.[4] Die Gegenansicht[5] interpretiert dies lediglich als Hinweis dahin, dass eine eigene Beschwerdebefugnis des Betreuers aus § 59 Abs. 1 die Vertretung des Betroffenen nicht ausschließt.[6] Diese Ansicht ist vorzuziehen. Es gibt keinen sinnvollen Grund, dem Betreuer die Wahl zu lassen, ob er die Interessen des Betreuten in dessen Namen oder – als **Verfahrensstandschafter** – im eigenen Namen verfolgen will.

42 Ob der Betreuer zugleich auch **im eigenen Namen und Interesse** Beschwerde einlegen kann, richtet sich daher ganz nach § 59 Abs. 1. Er muss dazu geltend machen, dass die Endentscheidung ihn **in eigenen Rechten** verletzt. Das kann zunächst daraus folgen, dass die Entscheidung ihm **Pflichten** auferlegt (Betreuerbestellung,[7] Erweiterung des Aufgabenkreises,[8] Verlängerung der Betreuung, Aufsichtsmaßnahmen nach §§ 1908i

1 Keidel/*Kayser*, § 69g FGG Rz. 17; Jurgeleit/*Klier*, § 69g FGG Rz. 56.

2 BayObLG v. 30.7.2003 – 3 Z BR 148/03, BtPrax 2004, 35.

3 OLG Schleswig v. 20.4.2005 – 2 W 250/04, FGPrax 2005, 214; OLG Hamm v. 10.7.2000 – 15 W 229/00, FGPrax 2000, 228; Keidel/*Kayser*, § 69g Rz. 20; Fröschle/*Guckes*, § 69g FGG Rz. 17; Jurgeleit/*Klier*, § 69g FGG Rz. 57; *Bassenge*/Roth, § 69g FGG Rz. 12.

4 Vgl. HK-BUR/*Bauer*, § 69g FGG Rz. 85.

5 OLG Stuttgart v. 25.6.2001 – 8 W 494/99, BtPrax 2001, 255; Jansen/*Sonnenfeld*, § 69g FGG Rz. 34; *Knittel*, § 69g FGG Rz. 9.

6 Seltsam differenzierend: HK-BUR/*Bauer*, § 69g FGG Rz. 89a ff. (eigenes Beschwerderecht des Betreuers aus Abs. 4 bei Verfahren zum Einwilligungsvorbehalt und in Genehmigungsverfahren nach §§ 1904, 1905 und 1907 BGB, dagegen keines in anderen Genehmigungsverfahren), hiergegen zu Recht: Jurgeleit/*Klier*, § 69g FGG Rz. 62.

7 Der Betreuer hat aber nur wegen seiner Bestellung ein Beschwerderecht, nicht wegen der Bestellung eines Betreuers überhaupt, *Bassenge*/Roth, § 69g FGG Rz. 13, kann Beschwerde also nur mit dem Ziel der Bestellung eines anderen Betreuers einlegen.

8 Keidel/*Kayser*, § 69g FGG Rz. 21.

Abs. 1 Satz 1, 1837 Abs. 2 BGB[1]). Ferner ist er durch Entscheidungen beschwert, die ihm **Rechte** entziehen oder vorenthalten, die er durch die Betreuerbestellung erworben hat (vollständige[2] oder teilweise[3] Entlassung, Entzug von Vertretungsmacht, Nichtfeststellung der Berufsmäßigkeit[4]). Ausnahmsweise nicht anfechtbar soll die Entlassung des Nachfolgebetreuers sein, wenn sie deshalb erfolgt ist, weil die Beschwerde des Vorgängers gegen dessen Entlassung Erfolg hatte.[5] Die Verweigerung der **Genehmigung** für eine Rechtshandlung, die er im Namen des Betreuten vornehmen will, kann der Betreuer im eigenen Namen nicht anfechten, weil er kein eigenes Interesse an der Vornahme der Rechtshandlung hat.[6]

Der Betreuer hat kein eigenes Recht am **Bestand der Betreuung** als solcher, kann folglich weder die Aufhebung der Betreuung noch die Einschränkung des Aufgabenkreises anfechten.[7] Etwas anderes kann gelten, wenn die Aufhebung der Betreuung nur erfolgt, weil der Betreuer zu entlassen ist und die Bestellung eines anderen Betreuers daran scheitert, dass der Betreute dies ablehnt, denn dann geht der Aufhebung der Betreuung die Entlassung voraus, auch wenn sich das im Tenor der angefochtenen Entscheidung nicht niederschlägt.[8] 43

Als Verletzung in einem eigenen Recht genügt diejenige in einem **Verfahrensrecht** grundsätzlich nicht. Notwendig ist stets eine **materielle Beschwer**. Ausnahmsweise gilt etwas anderes, wenn der Anspruch auf rechtliches Gehör verletzt wurde.[9] Daher kann der Betreuer die Aufhebung der Betreuung anfechten, wenn er zu ihr nicht gehört worden ist.[10] 44

Eigene Rechte am Bestand oder Umfang eines **Einwilligungsvorbehalts** hat der Betreuer ebenfalls nicht,[11] er kann folglich weder die Anordnung noch die Aufhebung, Verlängerung, Erweiterung oder Einschränkung eines Einwilligungsvorbehalts oder die Ablehnung einer solchen Entscheidung im eigenen Namen anfechten. 45

Steht dem Betreuer sowohl ein eigenes Beschwerderecht aus § 59 Abs. 1 als auch das Recht zu, nach Abs. 4 im Namen des Betreuten Beschwerde einzulegen, kann er dies 46

1 Fröschle/*Guckes*, § 69g FGG Rz. 17; Jurgeleit/*Klier*, § 69g FGG Rz. 59.
2 Jurgeleit/*Klier*, § 69g FGG Rz. 59; auch wenn die Betreuung nur mit ganz anderem Aufgabenkreis (zB als Vollmachtsbetreuung) fortdauert, KG v. 27.9.2005 – 1 W 169/05, BtPrax 2006, 39.
3 BayObLG v. 30.7.2003 – 3 Z BR 148/03, BtPrax 2004, 35.
4 BayObLG v. 1.2.2001 – 3 Z BR 34/01 – BtPrax 2001, 124; OLG Frankfurt v. 8.1.2001 – 20 W 243/00, FGPrax 2001, 76.
5 OLG Köln v. 13.10.1997 – 16 Wx 242/94, FamRZ 1998, 841; OLG Stuttgart v. 7.7.1995 – 8 W 88/95, FamRZ 1996, 420; aA BayObLG v. 2.8.1995 – 3 Z BR 112/95, FamRZ 1996, 58; *Knittel*, § 69g FGG Rz. 7 (Beschwerde zwar zulässig, aber stets unbegründet, da Entlassung des Nachfolgers zwingend geboten).
6 OLG Stuttgart v. 25.6.2001 – 8 W 494/99, BtPrax 2001, 255; v. 6.5.1997 – 8 W 196/97, BWNotZ 1997, 147; BayObLG v. 24.5.1996 – 3Z BR 104/96, BtPrax 1996, 183; HK-BUR/*Bauer*, § 69g FGG Rz. 85; aA OLG Köln v. 30.11.1998 – 14 Wx 22/98, NJW-RR 1999, 877.
7 OLG München v. 9.11.2005 – 33 Wx 218/05, BtPrax 2006, 33; OLG Köln v. 7.10.1996 – 16 Wx 202/96, NJW-RR 1997, 708; HK-BUR/*Bauer*, § 69g FGG Rz. 87; *Knittel*, § 69g FGG Rz. 7; Jurgeleit/*Klier*, § 69g FGG Rz. 67.
8 OLG München v. 24.8.2006 – 33 Wx 222/05, FGPrax 2006, 264; zur Einschränkung des Aufgabenkreises aA Keidel/*Kayser*, § 69g FGG Rz. 21.
9 Jurgeleit/*Klier*, § 69g FGG Rz. 40.
10 OLG Düsseldorf v. 6.11.1997 – 25 Wx 80/97, BtPrax 1998, 80; aA HK-BUR/*Bauer*, § 69g FGG Rz. 97, der dagegen die Anhörungsrüge (§ 44) für statthaft hält. Die Anhörungsrüge ist gegenüber der Beschwerde aber subsidiär.
11 HK-BUR/*Bauer*, § 69g FGG Rz. 89a; aA Keidel/*Kayser*, § 69g FGG Rz. 21.

auch **gleichzeitig** nebeneinander tun. Die Stellung des Vertreters eines Beteiligten schließt die gleichzeitige eigene Verfahrensbeteiligung nicht aus. Es handelt sich dabei dann um **zwei Beschwerden**, über die das Gericht unabhängig voneinander zu entscheiden hat,[1] falls nicht eine davon nur hilfsweise eingelegt wurde.

47 Hat der Betroffene **mehrere Betreuer** und betrifft die Entscheidung den Aufgabenkreis eines jeden von ihnen, so kann auch jeder von ihnen – ohne Mitwirkung des anderen – im Namen des Betroffenen Beschwerde einlegen. Abs. 1 Satz 2 verleiht ihnen hierzu – entgegen der sonst geltenden Regel – **Alleinvertretungsmacht**. Das betrifft nur den Fall echter Mitbetreuung nach § 1899 Abs. 3 BGB und gilt nicht in anderen Fällen der Bestellung mehrerer Betreuer[2] (§§ 1899 Abs. 1 Satz 2, Abs. 2 oder Abs. 4 BGB).

2. Vertretungsmacht des Bevollmächtigten

48 Da § 274 Abs. 1 Nr. 3 die verfahrensrechtliche Stellung eines Bevollmächtigten iSv. § 1896 Abs. 2 BGB (zur Abgrenzung: § 274 Rz. 23) derjenigen des Betreuers annähert, erscheint es auf den ersten Blick konsequent, auch seine Befugnis, im Namen des Vollmachtgebers Beschwerde einzulegen, derjenigen des Betreuers anzunähern. In Wirklichkeit ist das aber **verfehlt**, weil es – anders als beim Betreuer – die Vollmacht und nicht das Gesetz ist, die den Umfang der Vertretungsmacht festlegt.

49 Die genaue Bedeutung von Abs. 4 Satz 1 ist, was den Bevollmächtigten angeht, daher unklar. Dass die Vollmacht die Vertretung des Bevollmächtigten im Beschwerdeverfahren umfassen kann, war auch vorher anerkannt.[3] Völlig systemwidrig und ein nicht gerechtfertigter Eingriff in die Privatautonomie des Vollmachtgebers wäre die Annahme, dass sie eine Art von gesetzlicher Vertretungsmacht des Bevollmächtigten begründen soll. Der Vollmachtgeber muss berechtigt bleiben zu bestimmen, wobei ihn der Bevollmächtigte vertreten kann und wobei nicht. Abs. 4 Satz 1 ist daher als **Auslegungsregel** zu begreifen. Der Bevollmächtigte ist berechtigt, im Namen des Bevollmächtigten Beschwerde einzulegen, soweit die Vollmacht dies nicht eindeutig ausschließt. Abs. 4 Satz 1 stellt zudem klar, dass § 10 Abs. 2 auf den Vorsorgebevollmächtigten nicht anzuwenden ist.

50 Entsprechend ist Abs. 4 Satz 2 zu deuten. Auch er bedeutet nur, dass der Betroffene, der mehrere Bevollmächtigte ernennt, ihnen **im Zweifel** für die Beschwerdeeinlegung **Alleinvertretungsmacht** verleiht. Bestimmt die Vollmacht dagegen eindeutig, dass sie nur gemeinsam Beschwerde einzulegen berechtigt sein sollen, geht das vor.

51 Zur Frage, was der **„Aufgabenkreis"** eines Bevollmächtigten ist – das Stellvertretungsrecht kennt den Begriff ebenso wenig wie das Auftragsrecht – gilt hier das auch schon zu § 274 Abs. 2 Nr. 3 Ausgeführte (vgl. § 274 Rz. 24).

52 Der Bevollmächtigte kann im Übrigen nach Abs. 4 Beschwerde nur einlegen, soweit es **der Betroffene selbst** auch kann. Die beim Betreuer hier zu machenden Einschränkungen (oben Rz. 39 aE) gelten nicht, denn die Vertretungsmacht des Bevollmächtigten ist nicht vom Vollmachtgeber unabhängig. Hat der Vollmachtgeber auf Rechtsmittel verzichtet, schließt das folglich die Beschwerde des Bevollmächtigten nach Abs. 4 aus.

1 Jurgeleit/*Klier*, § 69g FGG Rz. 61.
2 OLG Hamm v. 28.2.2000 – 15 W 50/00, NJW 2001, 1800.
3 KG v. 27.9.2005 – 1 W 169/05, BtPrax 2006, 39; BayObLG v. 9.4.2003 – 3 Z BR 242/02, FGPrax 2003, 171.

Offen lässt das Gesetz, ob – und ggf. wogegen – der Bevollmächtigte nach § 59 Abs. 1 **im eigenen Namen** Beschwerde einlegen kann. Dass das Wort „auch" in Satz 1 hier anders zu interpretieren wäre als beim Betreuer, wird man schwerlich annehmen können.[1] Wenn es ihn – entgegen der hier vertretenen Auffassung – zur Verfahrensstandschaft befugt, kann aber auch das nicht weiter reichen als vom Vollmachtgeber vorgegeben. 53

Es hat sich im Übrigen nichts daran geändert, dass der Bevollmächtigte aus der Vollmacht selbst keine Rechte hat, in die eingegriffen werden kann, und dass das Betreuungsgericht auch in das Kausalverhältnis nicht unmittelbar eingreift, wenn es einen Kontrollbetreuer bestellt.[2] Er kann Entscheidungen des Betreuungsgerichts daher unter keinen Umständen im **eigenem Namen** anfechten. 54

Außerdem fragt sich, welche Auswirkungen ein **Widerruf der Vollmacht** auf die in Abs. 4 geregelte Vertretungsbefugnis hat. Gegen die Bestellung eines Vollmachtsbetreuers, der die Vollmacht dann widerruft, muss nach einer Entscheidung des BVerfG effektiver Rechtsschutz möglich sein.[3] Auf welchem Wege das zu erreichen ist, legt das BVerfG nicht fest. Auch aus den Vorschriften des FamFG ergibt sich keine Lösung. 55

Soll ein solcher effektiver Rechtsschutz gegeben sein, darf der Vollmachtswiderruf jedenfalls die Vertretungsmacht nach Abs. 4 **nicht beseitigen**.[4] Das Recht des Betroffenen, die Beschwerde im eigenen Namen einzulegen, genügt dazu nicht, denn der Betroffene hat ja durch die Vollmacht gerade für den Fall Vorsorge treffen wollen, dass er seine Rechte nicht mehr selbst wahrnehmen kann. Der Rechtsschutz ist daher nicht effektiv, wenn er nicht über den Bevollmächtigten erreicht werden kann. 56

Auch darf die Beschwerde nicht schon deshalb als unzulässig behandelt werden, weil das Amt des Vollmachtsbetreuers mit dem Widerruf der Vollmacht beendet ist.[5] 57

Nichts anderes kann gelten, wenn der Betreuer nicht die Vollmacht, sondern – mit der Wirkung des § 168 Abs. 1 BGB – nach § 671 Abs. 1 BGB das **Kausalverhältnis** widerruft. 58

Das allein genügt aber nicht, denn grundsätzlich bleiben Rechtshandlungen eines Betreuers auch dann wirksam, wenn die Beschwerde gegen seine Bestellung Erfolg hat (vgl. § 47). Es ist daher außerdem eine **verfassungskonforme Reduktion** des § 47 für diesen Fall anzunehmen: Wird die Bestellung des Vollmachtsbetreuers auf Beschwerde hin aufgehoben, ist ein zwischenzeitlich von ihm erklärter **Widerruf der Vollmacht unwirksam**. 59

Widerruft der geschäftsfähige **Betroffene** die Vollmacht, endet dagegen die Vertretungsmacht des Bevollmächtigten insgesamt und damit auch nach Abs. 4. Eine danach vom 60

1 Nach BT-Drucks. 16/9733, S. 297 soll vielmehr „Gleichlauf" zwischen Bevollmächtigtem und Betreuer herrschen.

2 BayObLG v. 9.4.2003 – 3 Z BR 242/02, FGPrax 2003, 171; BayObLG v. 15.9.2000 – 1 Z BR 75/00, NJW-RR 2001, 297; HK-BUR/*Bauer*, § 69g FGG Rz. 16a; Jansen/*Sonnenfeld*, § 69g FGG Rz. 20; *Knittel*, § 69g FGG Rz. 7; Fröschle/*Guckes*, § 69g FGG Rz. 12; Jurgeleit/*Klier*, § 69g FGG Rz. 70; BtKomm/*Roth*, A Rz. 186a; aA OLG Zweibrücken v. 30.8.2002 – 3 W 152/02, FGPrax 2002, 260.

3 BVerfG v. 10.10.2008 – 1 BvR 1415/08, BtPrax 2009, 27.

4 So auch BT-Drucks. 16/6308, S. 420, freilich hat die dort genannte Absicht, dies „sicherzustellen", keinen textlichen Niederschlag in Abs. 4 gefunden. Man wird Abs. 4 jedoch in diesem Sinne verfassungskonform auslegen müssen.

5 BVerfG v. 10.10.2008 – 1 BvR 1415/08, BtPrax 2009, 27.

Bevollmächtigten im Namen des Betroffenen eingelegte Beschwerde ist unzulässig. Eine zuvor von ihm eingelegte bleibt zwar zulässig, kann aber nur noch vom Betroffenen selbst weiterbetrieben werden. Wegen § 275 ist anzunehmen, dass auch der geschäftsunfähige Betroffene die Vollmacht insoweit widerrufen kann, als sie verfahrensrechtliche Wirkungen hat. Außerdem kann der Betroffene die vom Bevollmächtigten in seinem Namen eingelegte Beschwerde zurücknehmen.

C. Weitere Fragen

61 Abs. 1 bis 4 gelten auch für die **Rechtsbeschwerde** und im Verfahren der **einstweiligen Anordnung.**[1] Die Beschwerde ist dort jedoch in verkürzter Frist (§ 63 Abs. 2 Nr. 1) einzulegen, und die Rechtsbeschwerde ist ganz ausgeschlossen (§ 70 Abs. 4).

62 Für das **Beschwerdeverfahren** gilt § 68. Das Betreuungsgericht kann der Beschwerde **abhelfen** (§ 68 Abs. 1). Tut es dies nicht, prüft das Beschwerdegericht zunächst die Zulässigkeit der Beschwerde (§ 68 Abs. 2). Ist sie **zulässig**, gelten für das Verfahren nach § 68 Abs. 3 grundsätzlich dieselben Vorschriften wie in erster Instanz, also §§ 273 bis 277, 286 bis 288 und – je nach Verfahrensgegenstand – ggf. auch §§ 278 bis 285, 293 bis 299 und 307. Für Folgeverrichtungen zu einer Betreuerbestellung ist das Betreuungsgericht auch zuständig, wenn das Landgericht die Betreuung erst auf Beschwerde hin eingerichtet hat (vgl. § 290 Rz. 15).

63 Was die Ermittlungstätigkeit angeht, ist das Beschwerdeverfahren **zweite Erstinstanz**, es muss Tatsachen grundsätzlich selbst feststellen und die dazu erforderlichen oder gesetzlich vorgeschriebenen Ermittlungen selbst durchführen, gleichgültig, ob es die Maßnahme, vor deren Erlass eine solche Handlung vorgeschrieben ist, auf die Beschwerde hin erstmals anordnen oder nur die Beschwerde dagegen zurückweisen will. Auch das Beschwerdegericht muss daher zB den Betroffenen grundsätzlich **persönlich anhören** und sich einen unmittelbaren Eindruck von ihm verschaffen, bevor es einen Betreuer bestellt (§§ 68 Abs. 3 Satz 1, 278 Abs. 1). Ausnahmsweise darf es nach § 68 Abs. 3 Satz 2 von einer Wiederholung von Verfahrenshandlungen absehen, die das Betreuungsgericht vorgenommen hat, wenn von der Wiederholung zusätzliche Erkenntnisse nicht zu erwarten sind. Dies muss in der Entscheidung begründet werden.[2] Zum etwa gleich lautenden § 69g Abs. 5 Satz 3 FGG gab es eine reichhaltige Kasuistik dazu, wann das nicht angenommen werden kann.[3] Man wird annehmen können, dass das nunmehr in etwa der Maßstab für die Wiederholung von Verfahrenshandlungen überhaupt ist (s. im Einzelnen dazu auch § 68 Rz. 27 ff.).

64 Die – zuletzt mit dem 1.BtÄndG abgeschwächte – Einschränkung der Vornahme bestimmter Verfahrenshandlungen durch den **beauftragten Richter** (§ 69g Abs. 5 Satz 2 FGG) ist jetzt entfallen. Sie ist auch schon im alten Recht durch den mit dem ZPO-RG ab 1.1.2002 eingefügten § 30 Abs. 1 Satz 3 FGG (jetzt § 68 Abs. 5 FamFG) unlogisch geworden.[4] Wenn die Kammer einem Mitglied die ganze Entscheidung übertragen kann, sollte sie ihm auch Ermittlungshandlungen übertragen können.

1 BayObLG v. 28.1.2004 – 3 Z BR 257/03, BtPrax 2004, 111.

2 OLG Zweibrücken v. 28.9.2001 – 3 W 213/01, NJW-RR 2002, 292; OLG Hamm v. 13.7.1999 – 15 W 145/99, BtPrax 1999, 238.

3 Übersichtliche Darstellung zB bei Jurgeleit/*Klier*, § 69g FGG Rz. 128, 130.

4 Jurgeleit/*Klier*, § 69g FGG Rz. 126. Das hat zu einem kurzen Streit darüber geführt, ob § 30 Abs. 1 Satz 3 FGG auf Betreuungssachen überhaupt anzuwenden war, was durch BGH v. 16.4.2008 – XII ZB 37/08, NJW-RR 2008, 1241 aber bestätigt wurde.

§ 304
Beschwerde der Staatskasse

(1) Das Recht der Beschwerde steht dem Vertreter der Staatskasse zu, soweit die Interessen der Staatskasse durch den Beschluss betroffen sind. Hat der Vertreter der Staatskasse geltend gemacht, der Betreuer habe eine Abrechnung falsch erteilt oder der Betreute könne an Stelle eines nach § 1897 Abs. 6 des Bürgerlichen Gesetzbuchs bestellten Betreuers durch eine oder mehrere andere geeignete Personen außerhalb einer Berufsausübung betreut werden, steht ihm gegen einen die Entlassung des Betreuers ablehnenden Beschluss die Beschwerde zu.

(2) Die Frist zur Einlegung der Beschwerde durch den Vertreter der Staatskasse beträgt drei Monate und beginnt mit der formlosen Mitteilung (§ 15 Abs. 3) an ihn.

A. Allgemeines

Die Norm löst § 69g Abs. 1 Satz 2 FGG ab, dessen seit dem 1.7.2005 geltende letzte Fassung nun in Abs. 1 Satz 2 enthalten ist. Abs. 1 Satz 1 und Abs. 2 sind neu. Abs. 2 entspricht in etwa § 317 RefE, doch war dort noch eine fünfmonatige Frist vorgesehen. Abs. 1 Satz 1 ist erst mit dem RegE vorgeschlagen worden § 316 Abs. 4 RefE enthielt nur Abs. 1 Satz 2. 1

Das Beschwerderecht der Staatskasse erfährt durch Abs. 1 eine **Verstärkung**. § 69g Abs. 1 Satz 2 FGG, der mit dem 1.BtÄndG eingefügt und mit dem 2.BtÄndG erweitert wurde, enthielt eine **Enumeration** der Entscheidungen, gegen die eine Beschwerde des Vertreters der Staatskasse zulässig war. Die Aufzählung ist zwar nun in Abs. 1 Satz 2 erhalten geblieben, wird aber in Abs. 1 Satz 1 durch eine Generalklausel ergänzt, so dass sie nur noch **Beispielcharakter** hat. 2

Abs. 2 ist wegen der Abschaffung der einfachen, unbefristeten Beschwerde nötig und enthält mit der verlängerten Frist ein Zugeständnis an fiskalische Interessen.[1] Er kann im Einzelfall zu einem **beträchtlichen Aufschub der Rechtskraft** führen (dazu auch Rz. 18), zumal jeder andere Beschwerdebefugte sich einer Beschwerde der Staatskasse immer noch nach § 66 anschließen kann. Indessen dürfte fehlende Rechtskraft bei den meisten Endentscheidungen in Betreuungssachen schon deshalb nicht allzu problematisch zu sein, weil ihre Wirksamkeit davon nicht abhängt und das FGG vielfach ganz ohne Rechtskraft ausgekommen ist. 3

B. Inhalt der Vorschrift

Abs. 1 regelt die Beschwerdebefugnis des Vertreters der Staatskasse gegen Entscheidungen in Betreuungssachen. Abs. 2 bestimmt dazu eine von § 63 abweichende Beschwerdefrist. 4

1 Nach BT-Drucks. 16/6308, S. 272 soll damit den Bezirksrevisoren ermöglicht werden, ihre bisherige Praxis beizubehalten, sich die Akten in regelmäßigen Abständen vorlegen zu lassen und dann erst zu entscheiden, ob sie gegen Entscheidungen vorgehen wollen. Das erklärt aber höchstens den abweichenden Fristbeginn, nicht die lange Frist.

I. Beschwerdebefugnis des Vertreters der Staatskasse (Absatz 1)

5 Abs. 1 enthält in Satz 1 eine **Generalklausel**, die in Satz 2 durch zwei konkret aufgelistete Beispiele für die nach Satz 1 gegebene Beschwerdebefugnis ergänzt wird.[1]

1. Beschwerde gegen Nichtentlassung eines Betreuers (Abs. 1 Satz 2)

6 Der Vertreter der Staatskasse kann gegen eine **Endentscheidung**, mit der das Betreuungsgericht die Entlassung eines Betreuers ablehnt, Beschwerde einlegen, wenn er mit der Beschwerde geltend macht:

- der Betreuer sei nach § 1908b Abs. 1 Satz 2 BGB zu entlassen, weil er sich einer vorsätzlichen Pflichtverletzung im Rahmen der Abrechnung seiner Vergütung schuldig gemacht habe oder
- der Betreuer sei nach § 1908b Abs. 1 Satz 3 BGB zu entlassen, weil er die Betreuung berufsmäßig führe und sie von einem oder mehreren geeigneten ehrenamtlichen Betreuern geführt werden könne.

7 Für die **Zulässigkeit** der Beschwerde genügt es, wenn der Vertreter der Staatskasse dies **schlüssig behauptet**.[2] Das ist der – nunmehr vorgeschriebenen (§ 65 Abs. 1) – Beschwerdebegründung zu entnehmen. Ob der Betreuer tatsächlich nach einer dieser Normen zu entlassen ist, ist eine Frage der Begründetheit.

8 Ist die Beschwerde zulässig, muss das Gericht die angefochtene Entscheidung aber **in vollem Umfang** überprüfen, also auch dahin, ob der Betreuer ggf. aus anderen Gründen zu entlassen ist. Es genügt, wenn die Entlassungsgründe bis zum Erlass der Beschwerdeentscheidung vorliegen (§ 65 Abs. 3).

9 Abs. 1 Satz 2 verleiht dem Vertreter der Staatskasse **kein Antragsrecht** für das Verfahren erster Instanz. Die Entlassung des Betreuers nach § 1908b Abs. 1 BGB ist reines Amtsverfahren. Der Vertreter der Staatskasse kann die Entlassung jedoch nach § 24 anregen und, wenn das Gericht der Anregung nicht folgt, die **Nichteinleitung des Verfahrens** gleichfalls mit der Beschwerde anfechten, denn die Verfügung, mit der das Gericht der Anregung keine Folge gibt, ist Endentscheidung iSv. § 38 (s. auch § 303 Rz. 14).

10 Früher ist gelegentlich argumentiert worden, der Vertreter der Staatskasse sollte aus verfahrensökonomischen Gründen schon **die Bestellung des Betreuers** anfechten können, wenn sie gegen § 1897 Abs. 6 BGB verstößt. Ob das – gegen das Gesetz – angenommen werden konnte,[3] kann nun dahinstehen, weil sich diese Befugnis jetzt aus der Generalklausel des Satzes 1 ergibt (s. Rz. 15).

11 Die Beschwerde setzt außerdem auch bei Abs. 1 Satz 2 eine **Beschwer der Staatskasse** voraus,[4] die zB fehlt, wenn der nach § 1908b Abs. 1 Satz 2 BGB zu entlassende Betreuer

---

1 Nach BT-Drucks. 16/6308, S. 272 soll ihnen wohl auch selbständige Bedeutung zukommen, so womöglich, wenn der Abrechnungsbetrug zu Lasten des Betreuten begangen wurde, s. dazu aber Rz. 11.

2 Dazu muss er im Falle des § 1908b Abs. 1 Satz 3 BGB einen konkreten Vorschlag dazu unterbreiten, wer als ehrenamtlicher Betreuer bestellt werden soll, OLG Hamm v. 28.8.2000 – 15 W 57/00, BtPrax 2000, 265; HK-BUR/*Bauer*, § 69g FGG Rz. 75c; Jurgeleit/*Klier*, § 69g FGG Rz. 54; einschränkend *Knittel*, § 69g FGG Rz. 8a.

3 *Bassenge*/Roth § 69g FGG Rz. 8; dagegen allerdings OLG Schleswig v. 24.3.1999 – 2 W 47/99, BtPrax 1999, 155 und die übrige Literatur.

4 BtKomm/*Roth*, A Rz. 192.

nicht zu Lasten der Staatskasse, sondern zu Lasten des Betreuten falsch abgerechnet hat.[1]

2. Beschwerde in anderen Fällen (Abs. 1 Satz 1)

Nach Satz 1 kann der Vertreter der Staatskasse außerdem jede andere Entscheidung in Betreuungssachen anfechten, die **Interessen der Staatskasse betrifft**. An Verfahren, in denen dies möglich ist, kann der Vertreter der Staatskasse nach § 274 Abs. 4 Nr. 2 auch schon in erster Instanz förmlich beteiligt werden[2] (s. § 274 Rz. 54). 12

Das ist im Lichte von Satz 2 auszulegen. Interessen der Staatskasse sind immer – aber auch nur dann – betroffen, wenn das Gericht eine Norm anwendet, die (zumindest auch) den **Schutz der fiskalischen Interessen** des Staates bezweckt. Dass die Entscheidung lediglich Auswirkungen auf die Staatskasse hat, sei es, dass sie Ausgaben auslöst, sei es, dass sie Einnahmen verhindert, genügt nicht. 13

Die Staatskasse muss durch die Entscheidung überdies **beschwert** sein. Der Vertreter der Staatskasse kann keine Beschwerde zu Gunsten eines anderen Beteiligten einlegen. 14

Eine auf Satz 1 gestützte Beschwerde ist damit **zulässig**, wenn der Vertreter der Staatskasse schlüssig behauptet, das Gericht habe eine dem Schutz der Staatskasse dienende Norm zu deren Ungunsten falsch angewendet. Außer den beiden in Satz 2 erwähnten Normen dürften solche Schutznormen für die Staatskasse sein: 15

- § 1897 Abs. 6 Satz 1 BGB,
- § 1899 Abs. 1 Satz 3 BGB,
- §§ 1908i Abs. 1 Satz 1, 1836 Abs. 1 Satz 2 BGB.

Außerdem ist der Vertreter der Staatskasse gegen jede Entscheidung beschwerdebefugt, die die Staatskasse **unmittelbar zu Zahlungen verpflichtet** oder durch die festgestellt wird, dass ihr **ein Zahlungsanspruch nicht zusteht**. Das betrifft in erster Linie das Entschädigungsverfahren nach §§ 292, 168. Ob es schon aus § 59 Abs. 1 folgt oder – wegen § 59 Abs. 3 – doch aus Abs. 1 Satz 1 abgeleitet werden muss, kann in Betreuungssachen letztlich dahinstehen. 16

II. Beschwerdefrist (Absatz 2)

Abweichend von § 63 Abs. 1 beträgt die Beschwerdefrist für den Vertreter der Staatskasse **drei Monate**. 17

Abweichend von § 63 Abs. 3 beginnt diese Frist mit der **formlosen Mitteilung** der Entscheidung an den Vertreter der Staatskasse. Abs. 2 verweist dazu auf § 15 Abs. 3. Jede Form der Mitteilung ist daher ausreichend, zB auch, dass dem Vertreter der Staatskasse die Akte zur routinemäßigen Überprüfung vorgelegt wird. Sie muss aber auf einer willentlichen Handlung des Gerichts beruhen. Die Frist wird nicht schon 18

1 HK-BUR/*Bauer*, § 69g FGG Rz. 78; Jansen/*Sonnenfeld*, § 69g FGG Rz. 32; *Fröschle*, Betreuungsrecht 2005, Rz. 488.

2 Die Beschwerdebefugnis aus Abs. 1 Satz 1 ist nach BT-Drucks. 16/6308, S. 272 „Gegenstück" zur Beteiligungsmöglichkeit aus § 274 Abs. 4 Nr. 2.

dadurch ausgelöst, dass der Vertreter der Staatskasse von der Entscheidung von dritter Seite erfährt.[1] Im Übrigen ist zu unterscheiden:

- Ist der Vertreter der Staatskasse am Verfahren nach § 274 Abs. 4 Nr. 2 beteiligt worden, so ist ihm die Endentscheidung nach § 41 Abs. 1 **bekannt zu geben**. Abs. 2 kann dann allenfalls bewirken, dass die Beschwerdefrist schon vor der Bekanntgabe zu laufen beginnt, wenn sie ihm vorher schon formlos mitgeteilt wird.
- Ist der Vertreter der Staatskasse nicht beteiligt worden, braucht ihm die Endentscheidung weder bekannt gegeben noch sonst mitgeteilt zu werden. Die Frist beginnt dann aber auch **nicht zu laufen**. § 63 Abs. 3 Satz 2 kann auf den Vertreter der Staatskasse schon deshalb nicht angewendet werden, weil es stets möglich ist, ihm eine Entscheidung mitzuteilen. Will das Gericht **Rechtskraft** herbeiführen, muss es daher jede Entscheidung, bei der nach dem oben Gesagten eine Beschwerde der Staatskasse in Frage kommt, dem Vertreter der Staatskasse mitteilen. Zwingend notwendig ist dies allerdings nicht, denn in den wenigen Fällen, in denen die Wirksamkeit nach § 40 Abs. 2 von der Rechtskraft abhängt, kommt eine Beschwerde der Staatskasse ohnehin nicht in Frage.

C. Weitere Fragen

19 Mangels einer ausdrücklichen Einschränkung gilt Abs. 1 auch für **einstweilige Anordnungen** mit entsprechendem Inhalt. Die Beschwerdefrist dürfte auch dann § 304 Abs. 2, nicht § 63 Abs. 2 Nr. 1 folgen, da § 304 Abs. 2 die speziellere Regelung ist. Da einstweilige Anordnungen ohnehin jederzeit abgeändert oder aufgehoben werden können (s. § 300 Rz. 42), stellt das Nichteintreten der formellen Rechtskraft dort eher noch ein geringeres Problem dar.

20 § 304 ist, wie schon die Vorgängernorm, auf die **Rechtsbeschwerde** entsprechend anzuwenden. In den Fällen des § 70 Abs. 3 Nr. 1 ist die Beschwerde auch für den Vertreter der Staatskasse zulassungsfrei. Allerdings gilt § 59 Abs. 2. Die Zurückweisung der Beschwerde kann auch der Vertreter der Staatskasse nicht anfechten, wenn er nicht Beschwerdeführer war.

§ 305
Beschwerde des Untergebrachten

Ist der Betroffene untergebracht, kann er Beschwerde auch bei dem Amtsgericht einlegen, in dessen Bezirk er untergebracht ist.

A. Allgemeines

1 § 305 übernimmt § 69g Abs. 3 FGG ohne inhaltliche Änderung. Anwendbar ist er in allen Betreuungssachen.

1 Anders BT-Drucks. 16/6308, S. 272, wo ausgeführt wird, die Frist beginne mit der „tatsächlichen Kenntnisnahme". Das steht aber gerade nicht im Gesetz.

B. Inhalt der Vorschrift

§ 305 enthält eine **Ergänzung** zu § 64 Abs. 1 und 2 und zu § 25 Abs. 2 und 3. Die Beschwerde ist auch in Betreuungssachen grundsätzlich **beim Ausgangsgericht** einzulegen. Wird sie bei einem anderen Gericht eingelegt, ist dieses zur Weiterleitung verpflichtet, doch ist die Frist nur gewahrt, wenn die Beschwerde noch vor ihrem Ablauf beim richtigen Gericht eingeht (s. § 64 Rz. 3). Für den **untergebrachten Betroffenen** macht § 305 hiervon eine Ausnahme. Die Beschwerdefrist wahrt er auch, wenn er die Beschwerde bei dem Amtsgericht einlegt, in dessen Bezirk er untergebracht ist. 2

Die Norm berücksichtigt, dass ein Untergebrachter Schwierigkeiten haben kann, ein auswärtiges Gericht zu erreichen. Ob das tatsächlich noch häufig so ist, ist freilich fraglich. Die Postlaufzeiten im Inland sind kaum noch entfernungsabhängig. Immerhin bleibt die Möglichkeit, einen Ausgang zu nutzen, um die Beschwerde zur Niederschrift der Geschäftsstelle einzulegen oder persönlich einzuwerfen, wenn dies beim örtlichen Gericht geschehen kann. 3

§ 305 gilt ausschließlich für den Betroffenen. Für andere untergebrachte Beschwerdeberechtigte bleibt es bei § 64 Abs. 1. Seinem Zweck nach ist die Vorschrift außerdem auf den Fall der **persönlichen Beschwerdeerhebung** durch den Betroffenen beschränkt. Wird dieser durch den Betreuer, einen Bevollmächtigten oder einen Verfahrensbevollmächtigten vertreten, gilt auch nur § 64 Abs. 1.[1] Auch für den **Verfahrenspfleger** gilt § 305 nicht.[2] 4

Untergebracht iSv. § 305 soll nur sein, wem auf Grund einer Entscheidung des Betreuungsgerichts die Freiheit entzogen wird, wer also nach §§ 312 ff. oder § 284 untergebracht ist.[3] Weder Wortlaut noch Zweck der Norm zwingen zu einer solch engen Auslegung. Dem Zweck der Norm wird man sogar besser gerecht, wenn man sie auf alle freiheitsentziehend Untergebrachten anwendet, mithin zB auch auf Strafgefangene und Untersuchungshäftlinge. 5

Für den **Antrag auf Verfahrenskostenhilfe** für das Beschwerdeverfahren gilt § 305 entsprechend. 6

C. Weitere Fragen

I. Rechtsbeschwerde

Die Vorgängernorm galt auch für die weitere Beschwerde.[4] Für die Rechtsbeschwerde passt § 305 dagegen nicht, weil diese – anders als früher die weitere Beschwerde – überhaupt nur noch beim Rechtsbeschwerdegericht eingelegt werden kann und dem Anwaltszwang unterliegt. Fraglich kann allenfalls sein, ob nach § 305 der **Antrag auf Verfahrenskostenhilfe** für eine Rechtsbeschwerde beim örtlichen Amtsgericht gestellt 7

---

1 Fröschle/*Guckes*, § 69g FGG Rz. 19; Jurgeleit/*Klier*, § 69g FGG Rz. 93; aA HK-BUR/*Bauer*, § 69g FGG Rz. 103; Keidel/*Kayser*, § 69g FGG Rz. 24; *Bassenge*/Roth, § 69g FGG Rz. 14.

2 Jansen/*Sonnenfeld*, § 69g FGG Rz. 39; Fröschle/*Guckes*, § 69g FGG Rz. 19; *Knittel*, § 69g FGG Rz. 12; Jurgeleit/*Klier*, § 69g FGG Rz. 93; aA HK-BUR/*Bauer*, § 69g FGG Rz. 103; Keidel/*Kayser*, § 69g Rz. 24; *Bassenge*/Roth, § 69g FGG Rz. 14.

3 Allg.M.: HK-BUR/*Bauer*, § 69g FGG Rz. 104; Jansen/*Sonnenfeld*, § 69g FGG Rz. 39; *Knittel*, § 69g FGG Rz. 13; Jurgeleit/*Klier*, § 69g FGG Rz. 92.

4 HK-BUR/*Bauer*, § 69g FGG Rz. 11, 105; Jansen/*Sonnenfeld*, § 69g FGG Rz. 39; *Knittel*, § 69g FGG Rz. 12; Keidel/*Kayser*, § 69g FGG Rz. 24; Jurgeleit/*Klier*, § 69g FGG Rz. 157.

werden kann. Dafür besteht aber kein Bedürfnis. Der Antrag wahrt die Beschwerdefrist ohnehin nicht, und auf seiner Unterbringung beruhende Übermittlungsschwierigkeiten kann der Betroffene nach Bewilligung der VKH mit dem Wiedereinsetzungsantrag geltendmachen.

II. Unterbringung in Württemberg

8 Befindet sich der Untergebrachte in Württemberg (zu dessen Grenzen s. § 272 Rz. 23 Fn. 1), wird § 305 wohl dahin zu lesen sein, dass die Beschwerde **stets beim örtlichen Amtsgericht** eingelegt werden kann, auch wenn die angefochtene Entscheidung von einem Notariat stammt. Man sollte aber § 305 zudem seinem Zweck entsprechend dahin anwenden, dass die Beschwerde fristwahrend **auch beim örtlichen Notariat** eingereicht werden kann, falls die Entscheidung von einem (anderen) Notariat erlassen wurde oder, wäre sie in Württemberg erlassen worden, von einem Notariat hätte erlassen werden können.

§ 306
Aufhebung des Einwilligungsvorbehalts

Wird ein Beschluss, durch den ein Einwilligungsvorbehalt angeordnet worden ist, als ungerechtfertigt aufgehoben, bleibt die Wirksamkeit der von oder gegenüber dem Betroffenen vorgenommenen Rechtsgeschäfte unberührt.

A. Allgemeines

1 Die Norm entspricht dem bisherigen § 69h FGG. Sie betrifft die **materiellrechtlichen Folgen** der Aufhebung eines Einwilligungsvorbehalts und ordnet insoweit – anders als § 47 für die Betreuerbestellung als solche – Rückwirkung an.

B. Inhalt der Vorschrift

I. Tatbestandsvoraussetzungen

1. Aufhebung der Anordnung

2 § 306 kommt zur Anwendung, wenn der Beschluss über die Anordnung eines Einwilligungsvorbehalts ganz oder teilweise[1] aufgehoben wird, weil die Voraussetzungen für seinen Erlass schon im Zeitpunkt des Erlasses nicht bestanden haben.

3 Die **Aufhebung** oder Einschränkung des Einwilligungsvorbehalts nach § 1908d Abs. 4, Abs. 1 BGB fällt von vornherein nicht darunter.[2] Ein solches Verfahren hat den Ein-

1 HK-BUR/*Hoffmann*, § 69h FGG Rz. 8; Jansen/*Sonnenfeld*, § 69h FGG Rz. 2; Keidel/*Kayser*, § 69h FGG Rz. 5; Fröschle/*Guckes*, § 69h FGG Rz. 1; *Bassenge*/Roth, § 69h FGG Rz. 1.

2 HK-BUR/*Hoffmann*, § 69h FGG Rz. 6; Jansen/*Sonnenfeld*, § 69h FGG Rz. 6; Fröschle/*Guckes*, § 69h FGG Rz. 2; *Bassenge*/Roth, § 69h FGG Rz. 4; Jürgens/*Mertens*, § 69h FGG Rz. 4.

willigungsvorbehalt zum Gegenstand, nicht den ihn anordnenden Beschluss. Das Gericht ist nicht befugt, dessen Rechtswidrigkeit festzustellen.

Der Beschluss über die Anordnung eines Einwilligungsvorbehalts kann **aufgehoben** werden: 4

- im Wege der **Abhilfe** nach § 68 Abs. 1,
- durch **Beschwerdeentscheidung** (§§ 69, 74),
- im einem **Wiederaufnahmeverfahren** nach § 48 Abs. 2.

Ist der Einwilligungsvorbehalt durch **einstweilige Anordnung** nach § 300 Abs. 1 Satz 1 5
angeordnet worden, kommt ferner die Aufhebung nach § 54 Abs. 1 Satz 1 dafür in Frage, denn anders als § 48 Abs. 1 setzt sie keine geänderte Sachlage voraus. Das Gericht kann eine einstweilige Anordnung vielmehr von Amts wegen auch aufheben, weil es sie nachträglich als von Anfang an ungerechtfertigt ansieht.

Nicht ganz klar ist, ob es auch unter § 306 fällt, wenn die einstweilige Anordnung 6
durch eine **abweichende Hauptsacheentscheidung** wirkungslos wird. Bei wörtlicher Auslegung ist das nicht der Fall, denn die Hauptsacheentscheidung beinhaltet die Aufhebung der einstweiligen Anordnung nicht, deren Wirkungen entfallen vielmehr kraft Gesetzes (§ 56 Abs. 1). Dennoch sollte der Fall nicht anders behandelt werden, da die Interessenlage dieselbe ist.[1] Voraussetzung ist freilich auch hier, dass die Hauptsacheentscheidung zur Rechtswidrigkeit der einstweiligen Anordnung eine Feststellung enthält.

Wird **die Betreuung aufgehoben**, entfällt der Einwilligungsvorbehalt infolge seiner 7
Akzessorietät, ohne dass er ebenfalls aufgehoben werden muss. Das fällt unter § 306, wenn die Betreuung als von Anfang an ungerechtfertigt aufgehoben wird, denn damit steht zugleich fest, dass auch nie ein Einwilligungsvorbehalt gerechtfertigt gewesen sein kann.[2]

2. Feststellung der ursprünglichen Rechtswidrigkeit

Die Wirkung des § 306 tritt nur bei einer Entscheidung ein, die die Ausgangsentschei- 8
dung als von Anfang an ungerechtfertigt aufhebt, die folglich die Feststellung enthält, dass sie **zum Zeitpunkt ihres Erlasses rechtswidrig** war. Diese Feststellung braucht nicht in der Entscheidungsformel enthalten zu sein. Sie muss sich dann aber aus den **tragenden Gründen** der Entscheidung ergeben. Eine Feststellung *obiter dictum* genügt nicht, also zB, dass das Gericht den Einwilligungsvorbehalt aufhebt, weil er jedenfalls jetzt nicht erforderlich ist und dann Hilfserwägungen dazu anstellt, dass er es womöglich von Anfang an nicht war.

Erfolgt die Aufhebung wegen **geänderter Verhältnisse**, tritt die Wirkung des § 306 9
nicht ein.

Erfolgt sie wegen **Verfahrensfehlern** soll nach der hM § 306 auch nicht greifen.[3] Das ist 10
ungenau. Ohne Entscheidung in der Sache allein auf Grund eines Verfahrensfehlers

1 Im Entmündigungsrecht war das in § 115 Abs. 2 BGB aF auch noch ausdrücklich so geregelt.

2 BayObLG v. 2.6.2004 – 3 Z BR 65/04, FamRZ 2004, 1814; aA Jansen/*Sonnenfeld*, § 69h FGG Rz. 7.

3 HK-BUR/*Hoffmann*, § 69h FGG Rz. 5; Jansen/*Sonnenfeld*, § 69h FGG Rz. 6; Keidel/*Kayser*, § 69h FGG Rz. 3; Fröschle/*Guckes*, § 69h FGG Rz. 2; Jurgeleit/*Bučić*, § 69h FGG Rz. 4; Jürgens/*Mertens*, § 69h FGG Rz. 2.

der Vorinstanz kann das Rechtsmittelgericht gar keine abschließende Entscheidung treffen. Hebt es die Entscheidung auf, ohne die Sache zurückzuverweisen, muss es dies vielmehr auf Sachgründe stützen. Nach diesen richtet sich dann auch die Anwendung von § 306. **Verweist** es die Sache aber zurück, muss das Ausgangsgericht erst noch endgültig über den Einwilligungsvorbehalt entscheiden. Kommt es dabei zum Ergebnis, dass er von Anfang an nicht gerechtfertigt war, sollte § 306 angewendet werden. Bestätigt es ihn oder lehnt es ihn wegen inzwischen geänderter Verhältnisse ab, dürfte er wohl allerdings iSd. hM bis zur Entscheidung des Rechtsmittelgerichts wirksam geblieben sein.

II. Rechtsfolge

1. Rechtshandlungen des Betreuten

11 § 306 ordnet mit seiner etwas undeutlichen Formulierung, die Wirksamkeit von Rechtsgeschäften bleibe „unberührt", nichts anderes an als die **materielle Rückwirkung** der Aufhebungsentscheidung. Der Einwilligungsvorbehalt hat infolge von § 306 **zu keiner Zeit Wirkungen** entfaltet. Rechtsgeschäfte, an denen der Betreute persönlich beteiligt war, sind damit

- nicht nach §§ 1903 Abs. 1 Satz 2, 108 Abs. 1 BGB schwebend unwirksam,
- nicht nach §§ 1903 Abs. 1 Satz 2, 108 Abs. 2, 109, 111 BGB nichtig,
- nicht wegen §§ 1903 Abs. 1 Satz 2, 131 Abs. 2 BGB noch nicht wirksam geworden.

12 Ihre Unwirksamkeit kann sich freilich trotzdem noch aus §§ 105 Abs. 1 oder 2, 105a Satz 2 oder § 131 Abs. 1 BGB ergeben.

13 Soweit die Auffassung vertreten wird, § 306 sei auf Prozesshandlungen entsprechend anzuwenden,[1] ist dem entgegenzuhalten, dass sich Rückwirkung schlecht mit der in einem Prozess notwendigen Rechtssicherheit verträgt. Außerdem sind Prozesshandlungen des Prozessunfähigen nicht nichtig, sondern lediglich **unzulässig**. Meist genügt es, wenn die Zulässigkeit zum Zeitpunkt der letzten mündlichen Verhandlung gegeben ist. Eine vom Betreuten selbst erhobene Klage wird daher zB zulässig, wenn der Einwilligungsvorbehalt noch vor der letzten mündlichen Verhandlung aufgehoben wird. Das hat mit § 306 aber nichts zu tun.

2. Rechtshandlungen des Betreuers

14 Geschäfte, die **der Betreuer** im Namen des Betroffenen vorgenommen hat oder die gegenüber dem Betreuer vorgenommen wurden, bleiben nach § 47 wirksam, auch wenn mit dem Einwilligungsvorbehalt zugleich die Betreuung aufgehoben wird.

15 Das kann zur **Mehrfachverpflichtung** des Betreuten führen. Kann er davon nur eine erfüllen, wird er von der anderen nach § 275 Abs. 1 BGB frei. Die Literatur meint, dies könne zu Schadensersatzansprüchen führen.[2] Das dürfte aber regelmäßig nicht der Fall sein. Der Betreute verhält sich nicht **schuldhaft**, wenn er einen rechtswidrigen Einwilligungsvorbehalt ignoriert. Zwar wird ihm wegen § 278 Satz 1 BGB auch ein even-

1 Jansen/*Sonnenfeld*, § 69h FGG Rz. 4.
2 HK-BUR/*Hoffmann*, § 69h FGG Rz. 11; Jansen/*Sonnenfeld*, § 69h FGG Rz. 9; Fröschle/*Guckes*, § 69h FGG Rz. 4; Jürgens/*Mertens*, § 69h FGG Rz. 4.

tuelles **Verschulden des Betreuers** zugerechnet. Doch wird sich meist auch der Betreuer nicht schuldhaft verhalten, wenn er sich auf einen wirksam angeordneten Einwilligungsvorbehalt beruft, nur weil dieser noch nicht rechtskräftig ist, es sei denn, die Rechtswidrigkeit der Entscheidung lag klar zutage. Dann haftet der Betreute dem Vertragspartner, doch muss der Betreuer ihn im Innenverhältnissen von diesen Ansprüchen freistellen (§§ 1908i Abs. 1 Satz 1, 1833 BGB). Für einen Amtshaftungsanspruch (§ 839 Abs. 1 Satz 1 BGB, Art. 34 Satz 1 GG) ist wegen § 839 Abs. 1 Satz 2 BGB nur Raum, wenn der Betreuer insolvent ist oder wenn der Betreute ein Verschulden des Betreuers weder beweisen noch widerlegen kann.

Haben der Betreuer und der Betreute beide über **dasselbe Rechtsobjekt verfügt**, wird davon idR die frühere Verfügung wirksam sein, die spätere ins Leere gehen.[1] Etwas anderes kann sich aber aus den Vorschriften über den **gutgläubigen Erwerb vom Nichtberechtigten** ergeben. Hat zB der Betreuer eine vom Betreuten veräußerte bewegliche Sache unter Berufung auf den Einwilligungsvorbehalt zurückgefordert und anschließend erneut veräußert, ist der zweite Erwerb nach §§ 929 Satz 1, 932 BGB wirksam. Der Betreuer handelt ja nicht in eigenem Namen, sondern auf Grund von (tatsächlich bestehender) Vertretungsmacht. Auch eine Übergabe durch den Betreuten hat stattgefunden, denn der Betreuer besitzt für ihn. 16

Auch Rechtshandlungen des Betreuers in Bezug auf **die von § 306 erfassten Geschäfte** muss der Betreute sich wegen § 47 als eigene zurechnen lassen. Die Erfüllungsverweigerung des Betreuers unter Berufung auf den Einwilligungsvorbehalt berechtigt daher bei einem gegenseitigen Vertrag den anderen Vertragspartner zum Rücktritt (§ 323 Abs. 1, Abs. 2 Nr. 1 BGB), während Schadensersatzansprüche auch hier idR am fehlenden Verschulden scheitern werden. Ist der Vertrag auf Grund eines Verlangens des Betreuers **rückabgewickelt** worden, kann ein erneutes Erfüllungsverlangen des Betreuten am Einwand widersprüchlichen Verhaltens (§ 242 BGB) scheitern. 17

C. Besonderes Rechtsschutzbedürfnis

§ 306 begründet ein vom Bestand des Einwilligungsvorbehalts unabhängiges Rechtsschutzbedürfnis an der Aufhebung der ihn anordnenden Entscheidung. Eine **Beschwerde** gegen die Anordnung des Einwilligungsvorbehalts ist folglich nicht deshalb unzulässig, weil 18

- der Einwilligungsvorbehalt inzwischen nach § 1908d Abs. 4, Abs. 1 Satz 1 BGB aufgehoben oder nach § 295 verlängert[2] wurde,
- seine Anordnung per einstweiliger Anordnung inzwischen durch bestätigende Hauptsacheentscheidung[3] oder verlängernde weitere einstweilige Anordnung überholt ist.

Sie kann noch eingelegt werden, nachdem dies geschehen ist und sie erledigt sich hierdurch auch nicht in der Hauptsache. Ebenso wenig erledigt sich die Hauptsache 19

1 HK-BUR/*Hoffmann*, § 69h FGG Rz. 11; Keidel/*Kayser*, § 69h FGG Rz. 7; Fröschle/*Guckes*, § 69h FGG Rz. 4; Jürgens/*Mertens*, § 69g FGG Rz. 4.

2 BayObLG v. 10.8.1999 – 3 Z BR 232/99, FamRZ 1999, 1692; BayObLG v. 16.5.1997 – 3 Z BR 53/97, BtPrax 1997, 198.

3 BayObLG v. 2.6.2004 – 3 Z BR 65/04, FamRZ 2004, 1814; OLG Hamm v. 9.12.1992 – 15 W 270/92, FamRZ 1993, 722.

durch Aufhebung der Betreuung nach § 1908d Abs. 1 BGB oder durch den Tod des Betroffenen.

20 Zweifelhaft ist allerdings, ob sich für den Betroffenen eine Beschwer allein daraus ergibt, dass das Beschwerdegericht seiner Beschwerde wegen veränderter Umstände stattgibt. Konsequent wäre dies zwar, es fehlt in einem solchen Fall aber an der **formellen Beschwer**, die § 59 Abs. 2 fordert. Ggf. muss der Betroffene die **Feststellung der Rechtswidrigkeit** gesondert beantragen.[1]

§ 307
Kosten in Betreuungssachen

In Betreuungssachen kann das Gericht die Auslagen des Betroffenen, soweit sie zur zweckentsprechenden Rechtsverfolgung notwendig waren, ganz oder teilweise der Staatskasse auferlegen, wenn eine Betreuungsmaßnahme nach den §§ 1896 bis 1908i des Bürgerlichen Gesetzbuchs abgelehnt, als ungerechtfertigt aufgehoben, eingeschränkt oder das Verfahren ohne Entscheidung über eine solche Maßnahme beendet wird.

A. Allgemeines

1 Die Norm entspricht dem früheren § 13a Abs. 2 Satz 1 FGG, soweit dieser Betreuungssachen betraf. Soweit er auch Unterbringungssachen betraf, trifft nun § 337 Abs. 1 eine Parallelregelung. Die früher in § 13a Abs. 2 Satz 2 FGG ebenfalls nur für Betreuungs- und Unterbringungssachen eröffnete Möglichkeit, die Kosten des Verfahrens einem kostenverursachenden Nichtbeteiligten aufzuerlegen, hat der Gesetzgeber in § 81 Abs. 4 zur allgemeinen Norm erhoben.

2 Inhaltlich unterscheidet sich § 307 von der Vorgängernorm nicht. Der Anwendungsbereich ist mit „Betreuungsmaßnahmen nach §§ 1896 bis 1908i BGB" einigermaßen undeutlich beschrieben. Eine „Maßnahme" des Gerichts liegt jedenfalls nur vor, wenn die Entscheidung **positive Rechtswirkungen** entfaltet, nicht, wenn sie lediglich die Rechtswirkung früherer Entscheidungen aufhebt oder einschränkt. Daher fallen zwar die Bestellung eines Betreuers und die Erweiterung seines Aufgabenkreises darunter, nicht aber die Aufhebung der Betreuung, die Entlassung des Betreuers oder die Einschränkung seines Aufgabenkreises. Ähnliches gilt für den Einwilligungsvorbehalt.[2]

3 Positive Rechtswirkungen entfalten auch **betreuungsgerichtliche Genehmigungen**. Zur Vorgängernorm hat sich diesbezüglich allerdings die Auffassung durchgesetzt, die Kostenauferlegung auf die Staatskasse komme nicht in Betracht, wenn der Verfahrensgegenstand nicht die persönlichen Rechte des Betroffenen in qualifizierter Weise be-

1 OLG München v. 28.7.2008 – 33 Wx 164/08, FGPrax 2008, 209 lässt offen, unter welchen Voraussetzungen ein solch gesonderter Antrag zusätzlich zum eigentlichen Beschwerdeantrag zulässig ist, weil er dort nicht gestellt war und es auch an einem Rechtsschutzinteresse fehlte, da das Beschwerdegericht die Ausgangsentscheidung als von Anfang an fehlerhaft aufhob. Beim Einwilligungsvorbehalt kann es wegen § 306 aber nicht verneint werden.

2 BayObLG v. 24.3.1999 – 3 Z BR 81/99, FamRZ 2000, 1523.

treffe,[1] daher sei sie zwar auf Genehmigungsverfahren nach §§ 1904, 1905 BGB anwendbar,[2] nicht aber auf solche nach §§ 1908i Abs. 1 Satz 1, 1821, 1822 BGB.[3] Gegen eine solch enge Auslegung spricht freilich schon der Wortlaut, der § 1908i Abs. 1 Satz 1 BGB zitiert. Es besteht für sie auch kein Bedürfnis. Ob das Verfahren wegen der Grundrechtsbetroffenheit dem Betreuten gesteigerten Anlass gab, Anstrengungen zu seiner Rechtsverteidigung zu unternehmen, kann wesentlich besser und wortlautkonform im Rahmen des Ermessens berücksichtigt werden, das die Norm eröffnet.

Nichts anderes kann auch für die **Bestellung eines Ergänzungsbetreuers** gelten.[4] Auch sie ist „Maßnahme" des Betreuungsgerichts. § 307 ist anwendbar. Ihre relativ geringe Bedeutung für die Rechte des Betroffenen ist im Rahmen des durch § 307 eröffneten Ermessens zu berücksichtigen. 4

B. Inhalt der Vorschrift

Die Norm betrifft nur die **notwendigen Auslagen** des Betroffenen (s. zu deren Umfang § 80 Rz. 3 ff.). Die **Gerichtskosten** fallen ohnehin bei der Staatskasse an. Das Gericht kann – auch ohne dass die Voraussetzungen des § 307 vorliegen – in allen Verfahren nach seinem Ermessen anordnen, dass sie auch bei der Staatskasse verbleiben (§ 81 Abs. 1 Satz 2). Sie verbleiben ferner bei der Staatskasse, wenn sie wegen § 92 Abs. 1 Satz 1 KostO gegen den Betroffenen nicht angesetzt werden dürfen und das Gericht sie auch keinem anderen Beteiligten auferlegt hat. Der Staatskasse können schließlich die gesamten Kosten nach § 81 Abs. 1 Satz 1 auferlegt werden, wenn der Vertreter der Staatskasse am Verfahren **beteiligt** worden ist. 5

Das Gericht kann nur die **Auslagen des Betroffenen** der Staatskasse auferlegen, nicht diejenigen anderer Beteiligter, auch nicht, wenn sie die Interessen des Betroffenen wahrgenommen haben. Die Auslagen des Verfahrenspflegers gehören zu den Gerichtskosten (s. § 277 Rz. 69). 6

Ist dem Betroffenen **Verfahrenskostenhilfe ohne Raten** bewilligt worden, hat er kein schutzwürdiges Interesse an einer Kostenauferlegung auf die Staatskasse, da diese seine Auslagen dann ohnehin endgültig trägt.[5] 7

Ein Verfahren muss **stattgefunden** haben. Folgt das Gericht einer Anregung zur Verfahrenseinleitung nicht, so hat dies keinerlei Kostenfolge.[6] Der Betroffene ist wegen der Kosten seiner – dann noch als außergerichtlich zu betrachtenden – Rechtsverteidigung auf mögliche materiellrechtliche Ansprüche beschränkt, die im Zivilprozess geltend zu machen sind. 8

§ 307 gilt nun[7] uneingeschränkt auch für **einstweilige Anordnungen**, da sie selbständige Verfahren sind und daher auch über die Kosten selbständig zu entscheiden ist. 9

1 Jürgens/*Mertens*, § 13a FGG Rz. 8; Sog. „Grundentscheidungen", HK-BUR/*Hoffmann*, § 13a FGG Rz. 31; Jansen/*v. König*, § 13a FGG Rz. 30.
2 BtKomm/*Dodegge*, I Rz. 48; *Bassenge*/Roth, § 13a FGG Rz. 16.
3 OLG Schleswig v. 10.5.1994 – 2 W 8/94, BtPrax 1994, 142; Jurgeleit/*Bučić*, vor § 65 ff. FGG Rz. 24.
4 AA OLG Karlsruhe v. 24.6.1997 – 11 Wx 74/96, NJW-RR 1998, 224.
5 OLG München v. 30.5.2006 – 33 Wx 77/06, FamRZ 2006, 1461.
6 *Fröschle*, § 13a FGG Rz. 17.
7 Zur früher anderen Rechtslage: HK-BUR/*Hoffmann*, § 13a FGG Rz. 14.

10 Die Kostenauferlegung nach § 307 kommt zunächst in Betracht, wenn das Gericht eine Betreuungsmaßnahme ablehnt, also durch **negative Endentscheidung** bestimmt, dass sie nicht getroffen wird. Die Maßnahme muss ganz abgelehnt sein. Es genügt nicht, dass sie in einem geringeren Umfang als zunächst erwogen getroffen wird.

11 Weiter ist § 307 anwendbar, wenn das Gericht eine Betreuungsmaßnahme als von Anfang an ungerechtfertigt **aufhebt**. Das ist nur der Fall, wenn die Aufhebungsentscheidung die Feststellung beinhaltet, dass die die Maßnahme anordnende Entscheidung rechtswidrig war (s. dazu im Einzelnen § 306 Rz. 8 ff.), wobei auch die Aufhebung wegen Verfahrensfehlern genügt.[1] Auch genügt es, wenn die Maßnahme **teilweise** aufgehoben wird.[2] Im Rahmen des eröffneten Ermessens kann das Gericht dann die Kosten ganz oder teilweise der Staatskasse auferlegen.

12 Schließlich ist § 307 anwendbar, wenn das Verfahren über die Anordnung einer Maßnahme **ohne Endentscheidung in der Sache** beendet wird, also zB dadurch, dass der Tod des Betroffenen es beendet oder das Gericht lediglich die Erledigung der Hauptsache feststellt. Es muss dies aber das Anordnungsverfahren sein. Endet das **Beschwerdeverfahren** ohne Endentscheidung, kommt die Anwendung von § 307 grundsätzlich nicht in Betracht.[3] Anders ist das, wenn ein Rechtsmittel mit dem Ziel der Feststellung der Rechtswidrigkeit der Ausgangsentscheidung Erfolg hat. Das steht der Aufhebung der Ausgangsentscheidung gleich.[4]

13 Über die Kostenauferlegung auf die Staatskasse entscheidet das Gericht nach **pflichtgemäßem Ermessen**.[5] Entscheidend ist, ob es unter Abwägung aller Umstände des Einzelfalles (inklusive des wirklichen oder mutmaßlichen Verfahrensausgangs) dem Betroffenen zugemutet werden kann, seine Auslagen selbst zu tragen.[6] Das wird umso eher der Fall sein, je mehr der Betroffene dazu beigetragen hat, dass ein Betreuungsverfahren stattfand und je weniger er Anlass zu der Sorge hatte, das Gericht werde eine in seine Freiheitsrechte eingreifende Maßnahme treffen.

14 Die Norm gilt **in allen Instanzen**, ist dabei aber auf die einzelnen Rechtszüge getrennt anzuwenden. Das Beschwerdegericht muss daher jeweils **getrennt prüfen**, ob die Übernahme auf die Staatskasse für die Kosten des Betroffenen aus der ersten Instanz und für seine im Beschwerdeverfahren entstandenen Kosten nach § 307 möglich ist und wenn ja, ob sie pflichtgemäßem Ermessen entspricht.

---

1 OLG Zweibrücken v. 6.2.2003 – 3 W 144/02, FamRZ 2003, 1126.

2 OLG Düsseldorf v. 12.2.1998 – 25 Wx 88/97, FamRZ 2000, 248 (Aufhebung der Betreuerauswahl).

3 KG v. 14.3.2006 – 1 W 298/04, FGPrax 2006, 182; aA BayObLG v. 22.1.2003 – 3 Z BR 185/02, FamRZ 2003, 783; BayObLG v. 22.8.2001 – 3 Z BR 200/01, NJW-RR 2002, 514.

4 Ebenso bei einer Beschränkung auf die Kosten nach Erledigung der Hauptsache: OLG München v. 23.1.2008 – 33 Wx 196/07, NJW-RR 2008, 810.

5 AA *Knittel*, § 13a FGG Rz. 16; Jürgens/*Mertens*, § 13a FGG Rz. 10 (kein Ermessen, wenn die Maßnahme abgelehnt oder aufgehoben wird). Den Staat quasi als „Gegner" des Betroffenen im Verfahren zu betrachten (so *Knittel*, § 13a FGG Rz. 16) wird der Bedeutung der Betreuung auch als Rechtsfürsorge, auf die der Betroffene bei Vorliegen der Voraussetzungen einen Anspruch hat, nicht gerecht.

6 *Fröschle*, § 13a FGG Rz. 19; anders: Jurgeleit/*Bučić*, vor § 65 ff. FGG Rz. 27; *Bassenge*/Roth, § 13a FGG Rz. 19 (Erstattung regelmäßig anzuordnen); ähnlich HK-BUR/*Hoffmann*, § 13a FGG Rz. 40 (geringer Ermessensspielraum bei Ablehnung oder vollständiger Aufhebung).

C. Verfahrensfragen

Es gilt § 82. Auch über die Kostentragung durch die Staatskasse ist in der Endentscheidung mitzuentscheiden. Das wird am besten in der **Entscheidungsformel** klargestellt. Notwendig ist das aber nur, wenn die Kostentragung angeordnet wird. Ordnet das Gericht sie nicht an, genügt es, darauf in den Gründen einzugehen. 15

Es ist auch sinnvoll, die Entscheidung nach § 81 Abs. 1 Satz 2 von derjenigen nach § 307 getrennt zu treffen, zumindest sollte die Entscheidungsformel eindeutig zu erkennen geben, dass die Staatskasse die Kosten des Betroffenen und die Gerichtskosten trägt („Kosten werden nicht erhoben. Die notwendigen Auslagen des Betroffenen trägt die Staatskasse."). 16

Da Kostenentscheidungen in Verfahren der freiwilligen Gerichtsbarkeit nicht getroffen werden müssen, kommt die Anwendung von § 43 Abs. 1 auf sie nicht ohne Weiteres in Frage. Nur wenn eine Kostenübernahme nach § 307 nahe lag und weder im Tenor noch in den Gründen der Entscheidung abgelehnt wird, kann sie nach § 43 Abs. 1 im Wege der Ergänzung **nachträglich** angeordnet werden. 17

§ 308
Mitteilung von Entscheidungen

(1) Entscheidungen teilt das Gericht anderen Gerichten, Behörden oder sonstigen öffentlichen Stellen mit, soweit dies unter Beachtung berechtigter Interessen des Betroffenen erforderlich ist, um eine erhebliche Gefahr für das Wohl des Betroffenen, für Dritte oder für die öffentliche Sicherheit abzuwenden.

(2) Ergeben sich im Verlauf eines gerichtlichen Verfahrens Erkenntnisse, die eine Mitteilung nach Absatz 1 vor Abschluss des Verfahrens erfordern, hat diese Mitteilung über die bereits gewonnenen Erkenntnisse unverzüglich zu erfolgen.

(3) Das Gericht unterrichtet zugleich mit der Mitteilung den Betroffenen, seinen Verfahrenspfleger und seinen Betreuer über Inhalt und Empfänger der Mitteilung. Die Unterrichtung des Betroffenen unterbleibt, wenn

1. der Zweck des Verfahrens oder der Zweck der Mitteilung durch die Unterrichtung gefährdet würde,

2. nach ärztlichem Zeugnis hiervon erhebliche Nachteile für die Gesundheit des Betroffenen zu besorgen sind oder

3. der Betroffene nach dem unmittelbaren Eindruck des Gerichts offensichtlich nicht in der Lage ist, den Inhalt der Unterrichtung zu verstehen.

Sobald die Gründe nach Satz 2 entfallen, ist die Unterrichtung nachzuholen.

(4) Der Inhalt der Mitteilung, die Art und Weise ihrer Übermittlung, ihr Empfänger, die Unterrichtung des Betroffenen oder im Fall ihres Unterbleibens deren Gründe sowie die Unterrichtung des Verfahrenspflegers und des Betreuers sind aktenkundig zu machen.

A. Allgemeines

1 Die Norm übernimmt ohne inhaltliche Änderungen § 69k FGG. Sie reglementiert die Übermittlung von in Betreuungssachen gewonnenen Daten zur Gefahrenabwehr. Weitere Übermittlungspflichten sind in §§ 309 und 310 geregelt, wegen des Verhältnisses zu den allgemeinen Datenschutzvorschriften im EGGVG s. § 311 Rz. 8.

2 § 308 gilt für **alle Betreuungssachen**. Abs. 1 regelt die Übermittlung von **Endentscheidungen**, Abs. 2 die Übermittlung von Erkenntnissen des Gerichts im noch **laufenden Verfahren**. Abs. 3 und 4 enthalten Vorschriften über das dabei **zu beachtende Verfahren**.

B. Inhalt der Vorschrift

I. Übermittlung der Endentscheidung (Absatz 1)

3 Die **Endentscheidung** ist vom Gericht an die jeweils zuständige öffentliche Stelle zu übersenden, wenn dies unter Beachtung berechtigter Interessen des Betroffenen zur **Gefahrenabwehr** geboten ist.

4 Die Übermittlung nach Abs. 1 erfordert eine erhebliche **Gefahr** für

- das Wohl des Betroffenen,
- Dritte oder
- die öffentliche Sicherheit.

Eine Gefahr für die öffentliche Sicherheit besteht, wenn der Verstoß gegen ein Verbotsgesetz oder die Verletzung der geschützten Rechtsgüter eines Bürgers droht. Die zweite Variante dürfte daher letztlich in der dritten aufgehen.[1] Die Gefahr für den Betroffenen braucht jedoch keine für seine Rechtsgüter zu sein. Hier genügt es, dass sein Wohl iSv. § 1901 Abs. 2 BGB bedroht ist.

5 Bei Mitteilungen an das **Familiengericht** ist zu unterscheiden: Das Betreuungsgericht kann dazu nach § 308 verpflichtet sein, weil eine Gefahr für Minderjährige besteht[2] oder nach § 22a Abs. 1 auch ohne eine solche Gefahr, zB weil der Betreute infolge der Betreuerbestellung als Vormund zu entlassen ist (§§ 1886, 1781 Nr. 2 BGB). Aber auch wenn keine Mitteilungspflicht besteht, kann die Mitteilung immer noch nach § 22a Abs. 2 im Ermessen des Betreuungsgerichts liegen. § 22a kommt ferner als Übermittlungstatbestand für die Übermittlung von Daten an ein anderes **Betreuungsgericht** in Frage.

6 Die Gefahr muss **erheblich** sein. Das erfordert eine einigermaßen große Wahrscheinlichkeit für den Schadenseintritt.[3] Dringend oder gegenwärtig braucht die Gefahr aber nicht zu sein, eine latente Gefahr genügt.

7 Außerdem muss die Übermittlung der Endentscheidung **geboten** sein, um die Gefahr abzuwenden. Hier verlangt das Gesetz nicht lediglich (voraussichtliche) Kausalität, sondern außerdem eine **Interessenabwägung**. Das Interesse des Betroffenen, des Drit-

1 Vgl. die in BT-Drucks. 11/4828, S. 182 zur Gefahr für Dritte gegebenen Beispiele, die sämtlich zugleich eine Gefahr für die öffentliche Sicherheit begründen.

2 Dann kommt freilich auch die Mitteilung an das Jugendamt infrage, LG Rostock v. 2.4.2003 – 2 T 71/02, BtPrax 2003, 233.

3 In etwa wie hier: Jurgeleit/*Bučić*, § 69k FGG Rz. 11 („erheblich wahrscheinlich"); aA *Bassenge*/Roth, § 69k FGG Rz. 2 („Wahrscheinlichkeit eines bedeutsamen Schadens").

ten oder der Allgemeinheit an der Abwendung der Gefahr[1] muss das Interesse des Betroffenen an der Geheimhaltung der Endentscheidung überwiegen.[2] Dabei ist zu berücksichtigen, dass eine Endentscheidung in Betreuungssachen Umstände offenbart, an deren Geheimhaltung vor allem der davon Betroffene ein erhebliches Interesse haben kann. Die abzuwendende Gefahr muss daher **einiges Gewicht** haben, damit die Übermittlung der Endentscheidung nach § 308 in Frage kommt.

Abs. 1 eröffnet **keinen Ermessensspielraum**. Liegen seine Voraussetzungen vor, ist die 8
Übermittlung geboten.[3] Zu übermitteln ist jedenfalls die **Entscheidungsformel**, meist wird die empfangende Stelle aber auch die Gründe benötigen, um die Gefahr einzuschätzen. Soweit zusätzliche Informationen nötig sind, um die Gefahr abzuwenden, dürfen diese ebenfalls übermittelt werden. Das folgt aus Abs. 2: Wenn das bei Erforderlichkeit schon während des Verfahrens erlaubt ist, muss es bei Verfahrensabschluss erst recht möglich sein.

Die **Form** der Übermittlung ist nicht vorgeschrieben. **Adressat** kann jede öffentliche 9
Stelle sein,[4] nicht jedoch eine Privatperson.[5] Ist eine solche gefährdet, kann das Gericht ihr die Endentscheidung daher nicht unmittelbar mitteilen. Es wird sie in diesem Falle der zuständigen Polizeidienststelle übermitteln.

II. Übermittlung von Erkenntnissen aus dem laufenden Verfahren

Unter den gleichen Voraussetzungen wie die Endentscheidung hat das Gericht nach 10
Abs. 2 auch während des Verfahrens gewonnene Erkenntnisse zu übermitteln. Das ist an die **zusätzliche Voraussetzung** geknüpft, dass eine Übermittlung der Endentscheidung voraussichtlich zu spät käme, um die Gefahr abzuwenden.[6] Im Übrigen gilt das unter Rz. 6 ff. Ausgeführte auch hier.

Übermittelt werden die **Erkenntnisse**, die der Adressat benötigt, um die Gefahr abzu- 11
wenden. Es kann sich dabei um Aktenbestandteile jeder Art handeln wie Anhörungsprotokolle, Aktenvermerke oder Gutachten. Das Gericht kann aber auch eine Mitteilung über die ihm vorliegenden Erkenntnisse eigens formulieren. Soweit verlangt wird, es müsse sich um „gesicherte" Erkenntnisse handeln,[7] rechtfertigt der Wortlaut der Norm das nicht. Auch ein dringender Verdacht kann die erhebliche Wahrscheinlichkeit einer Gefahr begründen.[8]

---

1 Keidel/*Kayser*, § 69k FGG Rz. 10 und Jürgens/*Mertens*, § 69k FGG Rz. 6 wollen statt dessen gegen das öffentliche Interesse des Adressaten an der Erfüllung seiner jeweiligen Aufgabe abwägen. Das dürfte aber im praktischen Ergebnis auf nichts anderes hinauslaufen. Ungenau jedoch HK-BUR/*Hoffmann*, § 69k FGG Rz. 11 (Abwägung öffentlicher Interessen gegen private Interessen des Betroffenen), denn das zu schützende Interesse kann auch ein privates – sogar des Betroffenen selbst – sein.

2 Jansen/*Sonnenfeld*, § 69k FGG Rz. 7; Fröschle/*Locher* § 69k FGG Rz. 4.

3 Jurgeleit/*Bučić*, § 69k FGG Rz. 4.

4 Sparkassen sind nur der Rechtsform nach öffentlich-rechtliche Körperschaften, ihre Tätigkeit ist nicht hoheitlich, sie scheiden daher als Mitteilungsempfänger aus, HK-BUR/*Hoffmann*, § 69k FGG Rz. 12; BtKomm/*Roth*, A Rz. 176.

5 BT-Drucks. 11/4528, S. 181.

6 Fröschle/*Locher*, § 69k FGG Rz. 5; Jurgeleit/*Bučić*, § 69k FGG Rz. 12.

7 So Jansen/*Sonnenfeld*, § 69k Rz. 12; BtKomm/*Roth*, A Rz. 178.

8 Vielmehr ist der Umstand, dass es sich um nicht abschließend bewertete Erkenntnisse handelt, bei der Interessenabwägung mit zu berücksichtigen, HK-BUR/*Hoffmann*, § 69k FGG Rz. 16; Fröschle/*Locher*, § 69k FGG Rz. 5

12 Nach Abs. 2 dürfen **nur die erforderlichen** Erkenntnisse übermittelt werden. Daten, deren Kenntnis für den Adressaten nicht relevant ist, muss das Gericht entfernen oder in den übermittelten Schriftstücken schwärzen.

III. Mitteilungspflichten (Absatz 3)

13 Abs. 3 Satz 1 verpflichtet das Gericht, von einer nach Abs. 1 oder Abs. 2 erfolgten Datenübermittlung

- den Betroffenen,
- den Verfahrenspfleger und
- den Betreuer

zu unterrichten.

14 **Betreuer** und **Verfahrenspfleger** muss es nur unterrichten, wenn sie bestellt sind. Die Bestellung eines Verfahrenspflegers ist nicht allein deshalb erforderlich, weil eine Übermittlung nach Abs. 1 oder 2 erfolgt, wohl aber, wenn nach Abs. 3 Satz 2 von der Unterrichtung des Betroffenen endgültig abgesehen wird.

15 Die Unterrichtung hat **zugleich mit der Mitteilung** zu erfolgen. Werden ein Betreuer oder ein Verfahrenspfleger erst später bestellt, sind sie zugleich mit ihrer Bestellung zu unterrichten.

16 Von der Unterrichtung des Betroffenen kann nach Abs. 3 Satz 2 unter vier Voraussetzungen abgesehen werden, nämlich wenn

- sie den Zweck des anhängigen **Betreuungsverfahrens** vereiteln würde (Abs. 3 Satz 2 Nr. 1 Alt. 1), zB weil zu befürchten ist, dass der Betroffene anschließend nicht mehr bereit wäre, sich von einem Sachverständigen befragen zu lassen,
- sie den Zweck der **Mitteilung** vereiteln würde (Abs. 3 Satz 2 Nr. 1 Alt. 2), nämlich weil der Empfänger die Gefahr nicht mehr abwenden kann, sobald der Betroffene von der Mitteilung weiß,
- nach ärztlichem Zeugnis anzunehmen ist, dass der Betroffene durch die Mitteilung einen **erheblichen Gesundheitsschaden** erleidet (Abs. 3 Satz 2 Nr. 2) oder
- das Gericht auf Grund des unmittelbaren Eindrucks, den es von dem Betroffenen bereits gewonnen hat, ohne Zweifel feststellen kann, dass er eine solche Mitteilung **nicht verstehen** würde (Abs. 3 Satz 2 Nr. 3).

17 Unterbleibt die Mitteilung nach Satz 2, so ist sie **nachzuholen**, sobald die Gründe dafür wegfallen (Abs. 3 Satz 3). Das ist bei Abs. 3 Satz 2 Nr. 1 stets irgendwann der Fall und ansonsten möglich. Bestehen die Gründe auf Dauer oder zumindest auf längere Sicht, ist dem Betroffenen ein **Verfahrenspfleger** zu bestellen.

18 Abs. 3 Satz 2 gilt nur für die Mitteilung an den Betroffenen selbst. Die Mitteilung an den Betreuer und den Verfahrenspfleger kann selbst dann nicht unterbleiben, wenn sie das Betreuungsverfahren oder den Zweck der Mitteilung gefährden kann.

19 Hat der Betroffene einen **Verfahrensbevollmächtigten**, so ist die Mitteilung grundsätzlich an ihn zu richten (s. § 288 Rz. 5). Ein Absehen von ihr nach Abs. 3 Satz 2 Nr. 2 und 3 kommt dann nicht in Betracht, wohl aber ein Absehen nach Abs. 3 Satz 2 Nr. 1.

IV. Aktenkundigkeit (Absatz 4)

Das Gericht muss die Mitteilung, die Form, in der sie geschehen ist, und den Empfänger aktenkundig machen. Dasselbe gilt für die nach Abs. 3 Satz 1 und Satz 3 vorgeschriebenen Unterrichtungen. Ist die Unterrichtung des Betroffenen nach Abs. 3 Satz 2 unterblieben, muss sowohl dies als auch der Grund dafür aktenkundig gemacht werden. 20

Die Form ist nicht vorgeschrieben. Ein einfacher **Aktenvermerk** genügt. 21

C. Verfahren

Die Datenübermittlung nach §§ 308 bis 310 ist **Justizverwaltungstätigkeit**.[1] Das Gericht hat daher die dazu erlassenen Verwaltungsvorschriften (Kap. XV Nr. 3 MiZi) zu beachten. Danach sind die Mitteilungen nach Abs. 1 und 2 **vom Richter** zu veranlassen (Kap XV Nr. 3 Abs. 2 MiZi). Ist der **Rechtspfleger** für das Verfahren zuständig, veranlasst er auch die Mitteilungen (Kap. I Nr. 3 Abs. 3 Satz 2 MiZi). Die Erledigung kann der Geschäftsstelle überlassen werden. 22

Das weitere Verfahren richtet sich im Übrigen nach §§ 19 ff. EGGVG, vor allem kann sich aus § 20 EGGVG die Pflicht zu **Folgemitteilungen** ergeben. 23

Ob ein und ggf. welcher **Rechtsbehelf** den Beteiligten gegen die Übermittlung ihrer Daten zusteht, ist wenig klar. Ein **Antrag auf gerichtliche Entscheidung** nach §§ 23 ff. EGGVG scheitert daran, dass § 22 Abs. 1 Satz 1 EGGVG ihn ausdrücklich nicht zulässt, wenn die Übermittlungsnorm sich in dem Gesetzesabschnitt befindet, der das betreffende Verfahren regelt. Die einfache **Beschwerde** hielten manche früher für allgemein,[2] manche nur ausnahmsweise bei einer „inhaltlich falschen" Mitteilung[3] für statthaft. Nunmehr dürfte sie es in keinem Falle mehr sein, denn die Mitteilung erfolgt weder in einem eigenen Verfahren noch erledigt sie den Verfahrensstoff ganz oder teilweise, ist folglich keine nach § 57 anfechtbare Endentscheidung. Die Entscheidung über die Mitteilung ist folglich **unanfechtbar**. Hat der Rechtspfleger die Übermittlung angeordnet, findet hiergegen allerdings die **Erinnerung** nach § 11 Abs. 2 RPflG statt. 24

§ 309
Besondere Mitteilungen

(1) Wird beschlossen, einem Betroffenen zur Besorgung aller seiner Angelegenheiten einen Betreuer zu bestellen oder den Aufgabenkreis hierauf zu erweitern, so hat das Gericht dies der für die Führung des Wählerverzeichnisses zuständigen Behörde mitzuteilen. Das gilt auch, wenn die Entscheidung die in § 1896 Abs. 4 und § 1905 des Bürgerlichen Gesetzbuchs bezeichneten Angelegenheiten nicht erfasst. Eine Mitteilung hat auch dann zu erfolgen, wenn eine Betreuung nach den Sätzen 1 und 2 auf

1 AA Jansen/*Sonnenfeld* § 69k FGG Rz. 1; Jurgeleit/*Bučić*, § 69k FGG Rz. 3; Keidel/*Kayser* § 69k FGG Rz. 2.
2 Jurgeleit/*Bučić*, § 69k FGG Rz. 3 jedoch nur bis zur Ausführung der Mitteilung.
3 LG Zweibrücken v. 20.7.1999 – 4 T 167/99, BtPrax 1999, 244; Jansen/*Sonnenfeld*, § 69k FGG Rz. 19; Fröschle/*Locher* § 69k FGG Rz. 6.

andere Weise als durch den Tod des Betroffenen endet oder wenn sie eingeschränkt wird.

(2) Wird ein Einwilligungsvorbehalt angeordnet, der sich auf die Aufenthaltsbestimmung des Betroffenen erstreckt, so hat das Gericht dies der Meldebehörde unter Angabe des Betreuers mitzuteilen. Eine Mitteilung hat auch zu erfolgen, wenn der Einwilligungsvorbehalt nach Satz 1 aufgehoben wird oder ein Wechsel in der Person des Betreuers eintritt.

A. Allgemeines

1 Die Norm entspricht dem bisherigen § 69l FGG mit lediglich sprachlichen Änderungen. Sie regelt zwei Fälle von Mitteilungen des Betreuungsgerichts an **Verwaltungsbehörden**, die diese zum Zwecke der Erfüllung ihrer gesetzlichen Aufgaben benötigen.

B. Inhalt der Norm

I. Betreuung für alle Angelegenheiten (Absatz 1)

2 Wird jemandem ein Betreuer für alle Angelegenheiten bestellt, so verliert er dadurch das aktive und passive **Wahlrecht** im Bund (§§ 13 Nr. 2, 15 Abs. 2 Nr. 1 BWahlG) und nach Maßgabe der insoweit gleich lautenden Landeswahlgesetze auch in den Ländern. Um die Teilnahme von nicht mehr wahlberechtigten Bürgern an Wahlen nach Möglichkeit auszuschließen, hat das Gericht daher sowohl die **Einrichtung** einer solchen Betreuung (Abs. 1 Satz 1) als auch deren **Aufhebung** (Abs. 1 Satz 3) der für die Führung des Wählerverzeichnisses zuständigen Stelle mitzuteilen. Welche das ist, richtet sich nach Landesrecht. Dasselbe gilt für die **Erweiterung** des Aufgabenkreises auf alle Angelegenheiten oder für eine **Einschränkung** des Aufgabenkreises, der zuvor alle Angelegenheiten umfasst hat.

3 Mitzuteilen ist ferner ein Wegfall der Betreuung, der weder durch Tod noch durch Aufhebung eintritt. Der einzig praktische Fall dieser Art ist der der Abgabe der Betreuung an **eine ausländische Behörde** nach §§ 104 Abs. 2, 99 Abs. 3.

4 Die Person des Betreuers ist für das Wahlrecht irrelevant. **Entlassung** und **Neubestellung** des Betreuers bei unverändertem Aufgabenkreis brauchen daher nicht mitgeteilt zu werden.

5 Nach Abs. 1 Satz 2 bleiben die in § 1896 Abs. 4 BGB (Post- und Fernmeldekontrolle) und § 1905 BGB (Sterilisation) genannten Aufgabenkreise außer Betracht. Entscheidungen, die diese betreffen, sind nicht mitzuteilen. Das entspricht der auch in § 13 Nr. 2 BWahlG enthaltenen Einschränkung.

6 Aus dem **Zweck der Norm** folgt, dass die Mitteilung nur bei **Deutschen** und **EU-Ausländern** erforderlich ist, da andere Betreute ohnehin nicht wahlberechtigt sind.[1] Außerdem braucht das Gericht es nicht mitzuteilen, wenn die Einrichtung der Betreuung oder die Erweiterung des Aufgabenkreises durch **einstweilige Anordnung** geschieht, denn dadurch entfällt das Wahlrecht noch nicht[2] (s. § 13 Nr. 2 BWahlG).

1 Fröschle/*Locher*, § 69l FGG Rz. 1.

2 HK-BUR/*Hoffmann*, § 69l FGG Rz. 10; Fröschle/*Locher*, § 69l FGG Rz. 1; Jurgeleit/*Bučić*, § 69l FGG Rz. 3; *Bassenge*/Roth, § 69l FGG Rz. 2.

Die Betreuung muss eine **in allen Angelegenheiten** sein. Es herrscht Streit darüber, ob sich dies explizit aus der Entscheidungsformel ergeben muss[1] oder ob es auch genügt, wenn aus den Entscheidungsgründen folgt, dass die Betreuung alle Angelegenheiten erfasst, die für den Betreuten überhaupt zur Erledigung in Frage kommen,[2] ob also eine Einzelaufzählung von Aufgabenkreisen genügen kann. Das sollte man so sehen. Die Gegenauffassung verkennt, dass nicht das Betreuungsgericht über den Verlust des Wahlrechts entscheidet, sondern dieser vielmehr kraft Gesetzes infolge der angeordneten Betreuung eintritt. Im Zweifelsfall hat die Wahlbehörde, nicht das Betreuungsgericht die Kompetenz, hierüber zu befinden.[3] Das Betreuungsgericht hat auch kein Recht, die Interpretation seiner Entscheidung verbindlich festzulegen.[4] Es genügt für die Mitteilungspflicht nach Abs. 1 Satz 1 und 3 daher, dass **aus den Entscheidungsgründen** folgt, dass es sich um eine Betreuung in allen Angelegenheiten handelt. 7

II. Einwilligungsvorbehalt für die Aufenthaltsbestimmung (Absatz 2)

Der **Meldebehörde** ist es mitzuteilen, wenn das Gericht einen Einwilligungsvorbehalt anordnet, der die Aufenthaltsbestimmung erfasst (Abs. 2 Satz 1). Auch hier gilt das entsprechend, wenn ein schon bestehender Einwilligungsvorbehalt hierauf **erweitert** wird.[5] Zu melden ist auch die **Aufhebung** des Einwilligungsvorbehalts (Abs. 2 Satz 2) oder seine entsprechende **Einschränkung**. 8

Aus der Mitteilung muss sich die **Person des Betreuers** ergeben. Gemeint ist damit der Betreuer mit dem Aufgabenkreis der Aufenthaltsbestimmung. Dementsprechend ist auch ein **Betreuerwechsel** mitzuteilen, solange der entsprechende Einwilligungsvorbehalt besteht (Abs. 2 Satz 2). 9

Der **Regelungsgrund** für Abs. 2 ist umstritten. Der Gesetzgeber selbst begründete die Norm damit, dass die Meldebehörde prüfen können müsse, ob die An- oder Abmeldung durch den Betreuten „rechtmäßig" sei.[6] Das ist teilweise dahin missverstanden worden, es gehe dabei um die Fähigkeit zur Begründung oder Aufhebung eines Wohnsitzes[7] (§§ 7, 8 BGB). Das ist jedoch durchaus zweifelhaft, weil es sich dabei nicht um Willenserklärungen, sondern um geschäftsähnliche Handlungen handelt.[8] Andere meinen daher, die Aufenthaltsbestimmung als Teil der tatsächlichen Personensorge könne überhaupt keinem Einwilligungsvorbehalt unterliegen.[9] Das ist aber ebenso wenig richtig, denn es widerspricht erstens schon dem Gesetz[10] und zweitens sind im 10

1 So die hM in der Literatur: *Hellmann*, BtPrax 1999, 229; *Paßmann*, BtPrax 1998, 6, 7; HK-BUR/*Hoffmann*, § 69l FGG Rz. 8; Jansen/*Sonnenfeld*, § 69l FGG Rz. 4; Fröschle/*Locher*, § 69l FGG Rz. 2; Jurgeleit/*Bučić*, § 69l FGG Rz. 3; *Bassenge*/Roth, § 69l FGG Rz. 2.

2 So v.a. die Rspr.: VG Neustadt/Weinstraße v. 10.6.1999 – 3 L 1535/99, FamRZ 2000, 1049; LG Zweibrücken v. 20.7.1999 – 4 T 167/99, BtPrax 1999, 244; ferner: *Zimmermann*, FamRZ 1996, 79; Keidel/*Kayser*, § 69l FGG Rz. 3.

3 *Zimmermann*, FamRZ 1996, 79.

4 BayObLG v. 22.10.1996 – 3 Z BR 178/96, BtPrax 1997, 72.

5 Jurgeleit/*Bučić*, § 69l FGG Rz. 6.

6 BT-Drucks. 11/4528, S. 182.

7 *Klüsener/Rausch* NJW 1993, 617, 620; HK-BUR/*Hoffmann*, § 69l FGG Rz. 13.

8 Für die Möglichkeit der Erstreckung des Einwilligungsvorbehalts hierauf: OLG Hamm v. 30.8.1994 – 15 W 237/94, BtPrax 1995, 70; Erman/*Roth*, § 1903 BGB Rz. 38.

9 LG Hildesheim v. 29.5.1996 – 5 T 279/96, BtPrax 1996, 230; LG Köln v. 21.4.1992 – 1 T 51/92, BtPrax 1992, 109; Jansen/*Sonnenfeld*, § 69l FGG Rz. 9.

10 *Bienwald*/Sonnenfeld/Hoffmann, § 1903 BGB Rz. 19.

Rahmen der Aufenthaltsbestimmung durchaus auch Rechtshandlungen möglich, bei denen der Einwilligungsvorbehalt Wirkungen entfaltet,[1] nämlich vor allem Verfahrenshandlungen innerhalb von Verwaltungsverfahren. Soweit ein Einwilligungsvorbehalt reicht, bewirkt er nämlich die Handlungsunfähigkeit des Betreuten im Verwaltungsverfahren.[2] Grund für die Mitteilung nach Abs. 2 ist demnach, dass die Meldebehörde eine An- oder Abmeldung des Betroffenen wegen dessen **Handlungsunfähigkeit** zu ignorieren hat, wenn seine Aufenthaltsbestimmung einem Einwilligungsvorbehalt unterliegt.

11 Nicht harmonisiert ist Abs. 2 allerdings mit den Vorschriften der Landesmeldegesetze über die **Meldepflicht**, denn die Meldepflicht trifft den Betreuer an Stelle des Betreuten nicht erst, wenn ein Einwilligungsvorbehalt angeordnet wird, sondern schon dann, wenn ihm die Aufenthaltsbestimmung überhaupt übertragen wird (vgl. zB § 13 Abs. 3 Satz 3 MeldeG-NRW).

12 Abs. 2 betrifft jede Anordnung des Einwilligungsvorbehalts, auch durch **einstweilige Anordnung**,[3] weil auch diese schon zur Handlungsunfähigkeit des Betreuten führt. Der Meldebehörde muss es konsequenterweise auch mitgeteilt werden, wenn die einstweilige Anordnung verlängert wird oder nach § 56 Abs. 1 durch Hauptsacheentscheidung außer Kraft getreten ist.

III. Inhalt der Mitteilung

13 Mitzuteilen sind nur die nach Abs. 1 und 2 mitzuteilenden **Umstände**, nicht die komplette Entscheidung, falls das hierfür nicht erforderlich ist. IdR wird dafür die Mitteilung der Entscheidungsformel genügen, falls die Betreuung für alle Angelegenheiten nicht aus den Entscheidungsgründen folgt (s. Rz. 7).

C. Verfahren

14 Mitteilungen nach Abs. 1 und 2 veranlasst **der Richter** (Kap. XV Nr. 4 Abs. 3, Nr. 5 Abs. 2 MiZi), zur **Anfechtbarkeit** und zum weiteren Verfahren s. § 308 Rz. 23 f.

§ 310
Mitteilungen während einer Unterbringung

Während der Dauer einer Unterbringungsmaßnahme hat das Gericht dem Leiter der Einrichtung, in der der Betroffene untergebracht ist, die Bestellung eines Betreuers, die sich auf die Aufenthaltsbestimmung des Betroffenen erstreckt, die Aufhebung einer solchen Betreuung und jeden Wechsel in der Person des Betreuers mitzuteilen.

1 Beispiele bei MüKo.BGB/*Schwab*, § 1903 BGB Rz. 19; Fröschle/*Locher*, § 69l FGG Rz. 5.

2 Sämtliche Verwaltungsverfahrensgesetze enthalten eine § 12 Abs. 2 VwVfG entsprechende Regelung, s. zB §§ 11 Abs. 2 SGB X, 12 Abs. 2 VwVfG-NRW.

3 Fröschle/*Locher*, § 69l FGG Rz. 6.

A. Allgemeines

Die Norm entspricht § 69m FGG, zur systematischen Einordnung s. § 311 Rz. 8. Allerdings betrifft sie nicht notwendigerweise die Mitteilung an eine öffentliche Stelle. Zwar ist die Unterbringung in einer geschlossenen psychiatrischen Klinik stets öffentlich-rechtlicher Natur.[1] Ein geschlossenes Heim kann aber auch auf rein privatrechtlicher Basis geführt werden. Dann gelten die §§ 22 ff. EGGVG hierfür von vornherein nicht. 1

Auch § 310 betrifft nur **Betreuungssachen**. Für Unterbringungssachen gilt § 338. 2

B. Inhalt der Vorschrift

Von Unterbringungsmaßnahmen ist der Betreuer stets tangiert, wenn ihm die **Aufenthaltsbestimmung** des Betreuten obliegt,[2] denn nur dann kann ihm eine Genehmigung nach § 1906 Abs. 2, Abs. 4 BGB erteilt werden. Auch für Unterbringungsmaßnahmen der in § 312 Nr. 3 genannten Art ist die Kenntnis von der Person des Betreuers wichtig, da es dann auch auf seinen Willen für die Frage ankommt, ob die Unterbringungsmaßnahme infolge Freiwilligkeit entfallen kann. Die Landesgesetze betreffen nämlich nicht nur die Unterbringung des Betroffenen gegen dessen Willen, sondern auch diejenige gegen den Willen seines gesetzlichen Vertreters (s. zB § 10 Abs. 2 PsychKG-NRW). 3

Mitzuteilen sind nach dem Wortlaut der Norm daher: 4

- die **Einrichtung** einer Betreuung, die die Aufenthaltsbestimmung beinhaltet, inklusive der Person des bestellten Betreuers,
- die **Erweiterung** des Aufgabenkreises auf die Aufenthaltsbestimmung,[3]
- die **Aufhebung** der Betreuung,
- die **Einschränkung** des Aufgabenkreises, wenn dadurch die Aufenthaltsbestimmung entfällt, und
- jeder **Wechsel in der Person** des hierfür zuständigen Betreuers.

Es spielt keine Rolle, ob dergleichen durch Hauptsacheentscheidung oder im Wege der **einstweiligen Anordnung** geschehen ist.[4]

Aus dem Zweck der Norm folgt, dass auch ein **Wegfall der Betreuung** aus anderen Gründen mitzuteilen ist, zB wenn eine einstweilige Anordnung nach § 56 Abs. 1 außer Kraft tritt. Die Verlängerung der Betreuung braucht nicht mitgeteilt zu werden, wohl aber die **Verlängerung einer einstweiligen Anordnung**, weil diese mit Fristablauf wegfallen würde, jene nicht. 5

Mit der **Dauer der Unterbringungsmaßnahme** ist deren tatsächliche Dauer gemeint. Ist der Betroffene aus der Einrichtung entlassen, entfällt die Mitteilungspflicht, auch wenn der Unterbringungsbeschluss noch nicht aufgehoben ist. 6

1 BGH v. 31.1.2008 – III ZR 186/06, BtPrax 2008, 73.

2 Es genügt auch, wenn ihm nur die Entscheidung über Freiheitsentziehungen obliegt, denn das ist der hier entscheidende Teil der Aufenthaltsbestimmung, Fröschle/*Locher*, § 69m FGG Rz. 1.

3 Fröschle/*Locher*, § 69m FGG Rz. 1; Jurgeleit/*Bučić*, § 69m FGG Rz. 4; Jürgens/*Mertens*, § 69m FGG; *Bassenge*/Roth, § 69m FGG Rz. 2.

4 HK-BUR/*Hoffmann*, § 69m FGG Rz. 6; Jansen/*Sonnenfeld*, § 69m FGG Rz. 6; Fröschle/*Locher*, § 69m FGG Rz. 2.

7 Mitzuteilen sind nur die bei Rz. 4 genannten Umstände. Hierfür genügt stets die Übersendung der **Entscheidungsformel** ohne Gründe.[1] Die **Form** der Mitteilung schreibt das Gesetz jedoch nicht vor.

8 **Adressat** der Mitteilung ist der „Leiter" der Einrichtung, das ist derjenige, der gegenüber allen Mitarbeitern Weisungsbefugnis besitzt. Er kann die Zuständigkeit zur Empfangnahme von Mitteilungen nach § 310 delegieren.[2]

C. Verfahren

9 Mitteilungen nach § 310 veranlasst der **Urkundsbeamte der Geschäftsstelle**[3] (vgl. Kap. XV Nr. 6 Abs. 3 iVm. Kap. I Nr. 3 Abs. 2 MiZi). Ist der Empfänger eine öffentliche Stelle, gelten für das weitere Verfahren die §§ 19 ff. EGGVG.

10 Noch unklarer als bei § 308 ist hier die Frage der **Anfechtbarkeit** der Entscheidung über die Mitteilung. Man sollte hier ausnahmsweise, entgegen dem Wortlaut des § 22 EGGVG, den Antrag auf gerichtliche Entscheidung nach §§ 23 ff. EGGVG zulassen, andernfalls eine unanfechtbare Maßnahme des Urkundsbeamten anzunehmen wäre, was wegen Art. 19 Abs. 4 GG mit dem Grundgesetz nicht im Einklang stünde.

§ 311
Mitteilungen zur Strafverfolgung

Außer in den sonst in diesem Gesetz, in § 16 des Einführungsgesetzes zum Gerichtsverfassungsgesetz sowie in § 70 Satz 2 und 3 des Jugendgerichtsgesetzes genannten Fällen, darf das Gericht Entscheidungen oder Erkenntnisse aus dem Verfahren, aus denen die Person des Betroffenen erkennbar ist, von Amts wegen nur zur Verfolgung von Straftaten oder Ordnungswidrigkeiten anderen Gerichten oder Behörden mitteilen, soweit nicht schutzwürdige Interessen des Betroffenen an dem Ausschluss der Übermittlung überwiegen. § 308 Abs. 3 und 4 gilt entsprechend.

A. Allgemeines

1 Die Vorschrift entspricht inhaltlich dem bisherigen § 69n FGG. Sie enthält:
- eine Verweisung auf § 16 EGGVG
- eine Verweisung auf § 70 Satz 2 und 3 JGG und
- eine Übermittlungsbefugnis zur Strafverfolgung unter bestimmten Voraussetzungen.

2 Ihre Bedeutung hat sich allerdings insofern gewandelt, als durch die Änderung von § 2 EGGVG die §§ 12 bis 22 EGGVG für das Betreuungsgericht unmittelbar gelten. Ent-

1 HK-BUR/*Hoffmann*, § 69m FGG Rz. 2.
2 BT-Drucks. 11/4528, S. 184.
3 Fröschle/*Locher*, § 69m FGG Rz. 2; Jurgeleit/*Bučić*, § 69m FGG Rz. 1; aA (Richter zuständig): HK-BUR/*Hoffmann*, § 69m FGG Rz. 2; Jansen/*Sonnenfeld*, § 69m FGG Rz. 8.

hielt das „darf nur" früher eine Erlaubnis,[1] ist es nun als **Einschränkung** der gesetzlichen Übermittlungstatbestände zu lesen.

Aus § 311 folgt für das Verhältnis der §§ 308 bis 310 zu den **allgemeinen Datenschutzvorschriften** in §§ 13 bis 21 EGGVG daher Folgendes: 3

- Für die nach § 311 besonders geschützten Daten (s. Rz. 6 f.) kommen ausschließlich die in § 311 erwähnten Übermittlungstatbestände (s. Rz. 8) zum Tragen.
- Für andere Daten kann sich eine Übermittlungspflicht oder -befugnis daneben auch aus §§ 13, 17 EGGVG oder aus ganz anderen Vorschriften ergeben.

Ansonsten gelten die §§ 12 bis 22 EGGVG stets ergänzend, soweit in §§ 308 bis 311 etwas nicht geregelt ist, weil § 2 EGGVG den Anwendungsbereich nicht mehr auf die streitige Gerichtsbarkeit begrenzt.[2] Der früher in § 69o FGG enthaltenen Verweisung auf §§ 19 bis 21 EGGVG bedarf es nicht mehr. 4

Die durch Satz 1 in Bezug genommenen Normen lauten: 5

§ 16 EGGVG

Werden personenbezogene Daten an ausländische öffentliche Stellen oder an über- oder zwischenstaatliche Stellen nach den hierfür geltenden Rechtsvorschriften übermittelt, so ist eine Übermittlung dieser Daten auch zulässig

1. an das Bundesministerium der Justiz und das Auswärtige Amt,

2. ... *[betrifft Strafsachen]*

§ 70 JGG
Mitteilungen

Die Jugendgerichtshilfe, in geeigneten Fällen auch das Familiengericht und die Schule werden von der Einleitung und dem Ausgang des Verfahrens unterrichtet. Sie benachrichtigen den Staatsanwalt, wenn ihnen bekannt wird, dass gegen den Beschuldigten noch ein anderes Strafverfahren anhängig ist. Das Familiengericht teilt dem Staatsanwalt ferner familiengerichtliche Maßnahmen sowie ihre Änderung und Aufhebung mit, soweit nicht für das Familiengericht erkennbar ist, dass schutzwürdige Interessen des Beschuldigten oder des sonst von der Mitteilung Betroffenen an dem Ausschluss der Übermittlung überwiegen.

B. Inhalt der Vorschrift

I. Besonders geschützte Daten

§ 311 betrifft die **persönlichen Daten des Betroffenen.** Damit ist hier der Betroffene des Betreuungsverfahrens (also der Betreute oder derjenige, für den ein Betreuer bestellt werden sollte) gemeint, nicht der von der Datenübermittlung Betroffene, der in §§ 12 ff. EGGVG so bezeichnet wird. 6

Eingeschränkt wird durch § 311 nur die nicht anonymisierte[3] Übermittlung von persönlichen Daten des Betroffenen (besonders geschützte Daten) an öffentliche Stellen. Für **andere Daten** – nämlich all jene, aus denen auf die Person des Betroffenen nicht geschlossen werden kann – gilt § 311 nicht, auch nicht für personenbezogene Daten anderer Beteiligter; dort bleibt es bei der unmittelbaren Anwendung von §§ 13 ff. 7

1 Vgl. Fröschle/*Locher*, § 69n FGG Rz. 1.
2 BT-Drucks. 16/6308, S. 318.
3 *Bassenge*/Roth, § 69n FGG Rz. 1.

EGGVG. Die Datenübermittlung an **private Stellen** wird von der Vorschrift auch nicht berührt. Für diese bleibt es auch in Betreuungssachen bei § 13.

II. Eingeschränkte Übermittlung (Satz 1)

8 Die Übermittlung von besonders geschützten Daten ist in zweifacher Weise eingeschränkt. Sie ist **überhaupt nur zulässig**, wenn sie

- dem Betreuungsgericht zur Verfolgung einer Straftat oder Ordnungswidrigkeit erforderlich erscheint (§ 17 Nr. 1 EGGVG),
- sich auf §§ 16 EGGVG oder 70 Satz 2 und 3 JGG oder
- auf eine Norm des FamFG stützt, also auf § 22a[1] oder §§ 308 bis 310.

9 Andere gesetzliche Übermittlungsbefugnisse gelten ausnahmslos nicht. Doch dürfte die Datenübermittlung mit **Einwilligung** oder mutmaßlicher Einwilligung des Betroffenen nach allgemeinen Grundsätzen dennoch zulässig sein. Diese Einwilligung ist jedoch keine Verfahrenshandlung im Betreuungverfahren, so dass § 275 dafür nicht gilt.

10 § 16 Nr. 1 EGGVG erlaubt die Mitteilung von Daten an das Bundesministerium der Justiz und das Auswärtige Amt im Rahmen des **Rechtshilfeverkehrs mit dem Ausland**, soweit die jeweils maßgeblichen Vorschriften oder Abkommen dies vorsehen. Vor allem im vertragsfreien Rechtshilfeverkehr ist der diplomatische Dienstweg über die beiden Bundesministerien vorgeschrieben.

11 § 70 Satz 2 und 3 JGG sehen Mitteilungen des Betreuungsgerichts nicht mehr vor, so dass die Verweisung nur Sinn ergibt, wenn man annimmt, dass die dort für das Familiengericht geregelten Mitteilungspflichten für das Betreuungsgericht **entsprechend gelten**. Dabei ist allerdings zu beachten, dass § 70 JGG im Verfahren gegen Jugendliche, nicht gegen Heranwachsende gilt (vgl. § 109 Abs. 2 JGG). Der verbleibende Anwendungsbereich ist denn auch denkbar gering. Immerhin aber ist es möglich, dass in einem Jugendstrafverfahren gegen einen **zur Tatzeit Jugendlichen**, nunmehr Volljährigen, Betreuungsmaßnahmen eine Rolle spielen können, v.a. wenn ein Betreuer zur Wahrnehmung von Rechten im Strafverfahren bestellt wurde. Mitzuteilen sind:

- eine etwaige Kenntnis des Betreuungsgerichts von einem weiteren Ermittlungs- oder Strafverfahren gegen den Betroffenen (kaum praktisch) und
- Maßnahmen, die das Betreuungsgericht getroffen hat.

12 Die Übermittlung von persönlichen Daten des Betroffenen **zur Strafverfolgung** (also nach § 17 Nr. 1 EGGVG) wird durch § 311 außerdem dadurch eingeschränkt, dass sie nicht erfolgen darf, wenn schutzwürdige Interessen des Betroffenen am Unterbleiben der Mitteilung (und damit der Strafverfolgung) überwiegen. § 70 Satz 3 JGG enthält eine entsprechende Einschränkung, § 70 Satz 2 JGG nicht.

13 Das Interesse des Betroffenen, für eine von ihm begangene Tat nicht verfolgt zu werden, ist kein schutzwürdiges, wohl aber das Interesse daran, dass Aussagen, die er ohne Belehrung über ein Schweigerecht gemacht hat, geheim bleiben. **Schutzwürdige Interessen** können sich außerdem daraus ergeben, dass den Strafverfolgungsbehörden

1 Früher § 35a FGG, Fröschle/*Locher*, § 69n FGG Rz. 4; aA anscheinend Jürgens/*Mertens*, § 69n FGG Rz. 1, der nur §§ 69k bis 69l FGG erwähnt.

andere persönliche Umstände bekannt werden, die sie für die Strafverfolgung nicht benötigen und an deren Geheimhaltung der Betroffene interessiert ist. Schutzwürdig kann auch das Interesse des Betroffenen daran sein, dass ein Angehöriger, der eine gegen ihn gerichtete Tat begangen hat, dafür nicht verfolgt wird.

Bestehen solche schutzwürdigen Interessen, muss das Gericht eine **Interessenabwägung** zwischen diesen und dem Verfolgungsinteresse der Allgemeinheit[1] vornehmen. Letzteres ist umso größer, je gravierender die Tat ist. Eine eventuelle Wiederholungsgefahr ist dagegen nicht bei § 311 zu berücksichtigen, sondern kann allenfalls eine Mitteilungspflicht nach § 308 auslösen. 14

§ 311 eröffnet selbst **kein Ermessen**, da er keinen eigenständigen Übermittlungstatbestand mehr enthält. Die Übermittlungen nach § 70 Satz 2 und 3 JGG sind **gebundene Entscheidungen**. Die Übermittlung an das Auswärtige Amt oder das Bundesministerium der Justiz nach § 16 Nr. 1 EGGVG muss erfolgen, wenn die für das **jeweilige Rechtshilfeverfahren** maßgeblichen Vorschriften es vorsehen. Lediglich die Übermittlung zur Strafverfolgung nach § 17 Nr. 1 EGGVG liegt bei Vorliegen der Voraussetzungen im **pflichtgemäßen Ermessen** des Betreuungsgerichts.[2] 15

Inhalt und **Adressat** der Mitteilungen richten sich nach der jeweils anzuwendenden Norm. Mitzuteilen sind die jeweils maßgeblichen Umstände, die Form ist nicht vorgeschrieben. 16

III. Benachrichtigung, Aktenkundigkeit (Satz 2)

Satz 2 verweist auf § 308 Abs. 3 und 4, woraus sich ergibt dass 17

- der Betroffene und ggf. auch sein Betreuer und Verfahrenspfleger über die Mitteilung **zu benachrichtigen** ist, es sei denn, es liegt einer der Fälle des § 308 Abs. 3 Satz 2 vor (s. § 308 Rz. 16),
- das Gericht Form und Inhalt der Mitteilung **aktenkundig** zu machen hat (s. dazu § 308 Rz. 20 f.).

C. Verfahren

Über die Mitteilungen nach § 17 Nr. 1 EGGVG und § 70 Satz 2 und 3 JGG entscheidet **der Richter** (Kap. XV Nr. 7 Abs. 2 MiZi) bzw. **der Rechtspfleger** (Kap. I Nr. 3 Abs. 3 Satz 2 MiZi). 18

Die Anordnung der Übermittlung ist nach § 22 Abs. 1 EGGVG mit dem **Antrag auf gerichtliche Entscheidung** nach § 23 ff. EGGVG anfechtbar. Die Übermittlungsbefugnisse folgen hier nämlich nicht aus dem FamFG, sondern teils direkt aus dem EGGVG, teils aus dem JGG. § 311 schränkt sie lediglich ein. Stellt das Oberlandesgericht nachträglich die Rechtswidrigkeit der Datenübermittlung fest, führt dies zur **Unverwertbarkeit** der übermittelten Daten im Strafverfahren (§ 22 Abs. 3 Satz 2 und 3 EGGVG). 19

1 Jurgeleit/*Bučić*, § 69n FGG Rz. 2.
2 Das ist auch zu § 69n FGG nicht anders gesehen worden: HK-BUR/*Hoffmann*, § 69n FGG Rz. 7; Fröschle/*Locher*, § 69n FGG Rz. 2; *Bassenge*/Roth, § 69n FGG Rz. 2.

Abschnitt 2
Verfahren in Unterbringungssachen

§ 312
Unterbringungssachen

Unterbringungssachen sind Verfahren, die

1. die Genehmigung einer freiheitsentziehenden Unterbringung eines Betreuten (§ 1906 Abs. 1 bis 3 des Bürgerlichen Gesetzbuchs) oder einer Person, die einen Dritten zu ihrer freiheitsentziehenden Unterbringung bevollmächtigt hat (§ 1906 Abs. 5 des Bürgerlichen Gesetzbuchs),

2. die Genehmigung einer freiheitsentziehenden Maßnahme nach § 1906 Abs. 4 des Bürgerlichen Gesetzbuchs oder

3. eine freiheitsentziehende Unterbringung eines Volljährigen nach den Landesgesetzen über die Unterbringung psychisch Kranker

betreffen.

A. Allgemeines

1 Der Abschnitt über das Verfahren in Unterbringungssachen enthält einerseits Vorschriften mit speziell auf die Unterbringung zugeschnittenen Regelungen, zum anderen aber auch Normen, die fast gleichlauten wie die entsprechenden in den allgemeinen Betreuungssachen, sowie schließlich reine Verweisungen. Trotz dieser Differenzierungen regelt Abschnitt 2 das Verfahrensrecht in Unterbringungssachen nicht abschließend. Ergänzend sind sowohl der Allgemeine Teil des FamFG sowie die Vorschriften in allgemeinen Betreuungssachen (Abschnitt 1 des 3. Buches) heranzuziehen.

2 § 312 definiert wie der bisherige § 70 Abs. 1 Satz 2 FGG die **Unterbringungssachen**. Das sind **alle Verfahren**, die die Genehmigung einer freiheitsentziehenden Unterbringung oder unterbringungsähnlicher Maßnahmen betreffen. Bereits nach dem Wortlaut ist demnach etwa die ablehnende Entscheidung (iSd. bisherigen § 70g Abs. 3 FGG) mit erfasst. Dieses weite Verständnis entspricht der verbreiteten Auffassung, die sich schon zur Legaldefinition des § 70 Abs. 1 Satz 2 FGG herausgebildet hatte,[1] aber im bisherigen Gesetzeswortlaut („Unterbringungsmaßnahmen") keinen hinreichenden Ausdruck fand, so dass der Gesetzgeber sich im Zuge der Reform zur Klarstellung veranlasst sah.[2]

1 Vgl. etwa *Bassenge*/Roth, § 70 FGG Rz. 3; *Dodegge*/Roth, G Rz. 75; aA *Bienwald*/Sonnenfeld/Hoffmann, § 70 FGG Rz. 4.
2 BT-Drucks. 16/6308, S. 272.

B. Inhalt der Vorschrift

I. Zivilrechtliche Unterbringung

Nr. 1 nennt die zivilrechtliche Unterbringung Volljähriger, deren materiell-rechtliche Voraussetzungen sich in § 1906 Abs. 1–3 und 5 BGB finden. Inhaltlich entspricht die Vorschrift insoweit dem bisherigen § 70 Abs. 1 Satz 2 Nr. 1b) FGG. Zu den zivilrechtlichen Unterbringungssachen in diesem Sinne zählt zum einen die **mit** einer **Freiheitsentziehung verbundene Unterbringung** eines Betreuten, welche wider oder ohne den natürlichen Willen des Betroffenen erfolgt. Begibt sich der – einwilligungsfähige – Betreute freiwillig in ein Heim oder Krankenhaus, so fehlt es an der Freiheitsentziehung, und eine Unterbringungssache ist nicht gegeben. Auch die Unterbringungsgenehmigung einer Person, die einen Dritten zu ihrer mit Freiheitsentziehung verbundenen Unterbringung bevollmächtigt hat, fällt unter Nr. 1 (§ 1906 Abs. 5 BGB). Ob Maßnahmen gem. § 1846 BGB auch unter die Definition fallen,[1] kann dahinstehen, da sie gesondert in § 334 genannt sind. 3

Keiner Genehmigung bedarf hingegen die Unterbringung in einer offenen Pflege- bzw. Alteneinrichtung,[2] da sie nicht mit Freiheitsentziehung verbunden ist. Nicht unter Nr. 1 fällt die Unterbringung zum Zwecke der Untersuchung, um ein Gutachten zu erstellen. 4

II. Unterbringungsähnliche Maßnahmen

In **Nr. 2** werden die Verfahren über die Genehmigung freiheitsentziehender **unterbringungsähnlicher Maßnahmen** (§ 1906 Abs. 4 BGB) ebenfalls als Unterbringungssachen bezeichnet, was inhaltlich der Regelung des § 70 Abs. 1 Satz 2 Nr. 2 FGG aF entspricht. Es handelt sich hierbei um Fallgestaltungen, in denen einem Betreuten, der sich in einer Einrichtung aufhält, mittels körperlicher/mechanischer Hindernisse, medikamentös oder in sonstiger Weise für einen länger andauernden Zeitabschnitt (oder wiederkehrend) die Freiheit entzogen werden soll.[3] Solche unterbringungsähnlichen Maßnahmen liegen nach dem Wortlaut des § 1906 Abs. 4 BGB bei Betreuten vor, die sich in einer Einrichtung befinden, „ohne untergebracht zu sein", zB in einem Krankenhaus oder einer offenen Abteilung (einer anderen Einrichtung). Die Norm wird aber nach ganz überwiegender Auffassung auch angewandt auf **Personen, die bereits geschlossen untergebracht sind**, aber zusätzlich noch – etwa im Bett – fixiert werden sollen.[4] Die entsprechenden Maßnahmen fallen auch dann unter die Norm, wenn sie von einem Vorsorgebevollmächtigten beantragt werden (§ 1906 Abs. 5 BGB). 5

III. Öffentlich-rechtliche Unterbringung

Nr. 3 nennt schließlich die öffentlich-rechtliche Unterbringung Volljähriger (entsprechend dem bisherigen § 70 Abs. 1 Satz 2 Nr. 3 FGG). In das Verfahrensrecht der §§ 312 ff. wird somit auch die Unterbringung eines psychisch Kranken nach dem 6

1 Dafür *Fröschle*, § 70 FGG Rz. 13; aA *Bienwald*/Sonnenfeld/Hoffmann, § 70 FGG Rz. 5.
2 Erman/*Roth*, § 1906 BGB Rz. 10 mwN.
3 Vgl. Erman/*Roth*, § 1906 BGB Rz. 26 ff.
4 Nw. bei Erman/*Roth*, § 1906 BGB Rz. 26

jeweiligen Landesrecht integriert. Allerdings finden sich in Buch 7 einige Sonderregelungen für die öffentlich-rechtliche Unterbringung.

7 Im Gegensatz zu den Vorschriften des § 70 Abs. 1 Satz 2, Nr. 1a und 3 FGG aF trifft § 312 keine Aussage über die Unterbringung **Minderjähriger**. Sowohl die privatrechtliche als auch die öffentlich-rechtliche Unterbringung noch nicht Volljähriger wird nunmehr im Abschnitt über Kindschaftssachen (§ 151 Nr. 6 und 7, § 167) geregelt (Näheres dort).

§ 313
Örtliche Zuständigkeit

(1) Ausschließlich zuständig für Unterbringungssachen nach § 312 Nr. 1 und 2 ist in dieser Rangfolge:

1. das Gericht, bei dem ein Verfahren zur Bestellung eines Betreuers eingeleitet oder das Betreuungsverfahren anhängig ist;

2. das Gericht, in dessen Bezirk der Betroffene seinen gewöhnlichen Aufenthalt hat;

3. das Gericht, in dessen Bezirk das Bedürfnis für die Unterbringungsmaßnahme hervortritt;

4. das Amtsgericht Schöneberg in Berlin, wenn der Betroffene Deutscher ist.

(2) Für einstweilige Anordnungen oder einstweilige Maßregeln ist auch das Gericht zuständig, in dessen Bezirk das Bedürfnis für die Unterbringungsmaßnahme bekannt wird. In den Fällen einer einstweiligen Anordnung oder einstweiligen Maßregel soll es dem nach Absatz 1 Nr. 1 oder Nr. 2 zuständigen Gericht davon Mitteilung machen.

(3) Ausschließlich zuständig für Unterbringungen nach § 312 Nr. 3 ist das Gericht, in dessen Bezirk das Bedürfnis für die Unterbringungsmaßnahme hervortritt. Befindet sich der Betroffene bereits in einer Einrichtung zur freiheitsentziehenden Unterbringung, ist das Gericht ausschließlich zuständig, in dessen Bezirk die Einrichtung liegt.

(4) Ist für die Unterbringungssache ein anderes Gericht zuständig als dasjenige, bei dem ein die Unterbringung erfassendes Verfahren zur Bestellung eines Betreuers eingeleitet ist, teilt dieses Gericht dem für die Unterbringungssache zuständigen Gericht die Aufhebung der Betreuung, den Wegfall des Aufgabenbereiches Unterbringung und einen Wechsel in der Person des Betreuers mit. Das für die Unterbringungssache zuständige Gericht teilt dem anderen Gericht die Unterbringungsmaßnahme, ihre Änderung, Verlängerung und Aufhebung mit.

A. Allgemeines

1 **Abs. 1** trifft eine **abgestufte Regelung** zur ausschließlichen **örtlichen Zuständigkeit** bei zivilrechtlichen Unterbringungen. Sie entspricht im Wesentlichen dem bisherigen § 70 Abs. 2 FGG (iVm. § 65 FGG). Die einzelnen Vorschriften wurden größtenteils lediglich redaktionell/sprachlich überarbeitet, mit der entsprechenden Vorschrift des allgemeinen Betreuungsrechts (§ 272 Abs. 1) harmonisiert[1] und dem Allgemeinen Teil

1 BT-Drucks. 16/6308, S. 264.

angepasst. Nicht aufgenommen (weder in § 272 Abs. 1 noch in § 313 Abs. 1) wurde die Anknüpfung an eine Erstbefassung eines Gerichts bei örtlicher Zuständigkeit mehrerer Gerichte (iSd. bisherigen §§ 70 Abs. 2 Satz 2 iVm. 65 Abs. 1 FGG), da eine solche bereits in § 2 Abs. 1 enthalten ist (vgl. § 2 Rz. 16 ff.).

Abs. 2 normiert die örtliche Zuständigkeit in Eilsachen und Abs. 3 die für öffentlich-rechtliche Unterbringungen. Abs. 4 regelt die Kommunikation zwischen dem für die Betreuung und dem für die Unterbringung zuständigen Gericht. 2

Die sachliche Zuständigkeit ist in § 23a GVG geregelt. Funktional entscheidet in Unterbringungssachen der Richter.[1] Ein Proberichter im ersten Jahr darf in Betreuungssachen nicht tätig sein (§ 23c Abs. 2 Satz 2 GVG). 3

B. Inhalt der Vorschrift

I. Örtliche Zuständigkeit (Absatz 1)

Die Zuständigkeit bestimmt sich nach der numerischen Reihenfolge des Absatzes. 4

1. Einleitung des Verfahrens (Nr. 1)

Abs. 1 Nr. 1 schließt an den bisherigen § 70 Abs. 2 Satz 1 FGG an und stellt sprachlich jetzt ausdrücklich klar, dass die örtliche Zuständigkeit eines Gerichts bereits begründet ist, sobald bei diesem Gericht ein **Verfahren zur Betreuerbestellung eingeleitet ist**.[2] Diese akzessorische Zuständigkeit (Näheres: § 272 Rz. 14) soll der effizienten Behandlung von entsprechenden Betreuungs- und Unterbringungsverfahren dienen, denn Ermittlungen, die im Zusammenhang mit der Einrichtung der Betreuung vorgenommen wurden, werden idR zumindest teilweise auch verwertbare Erkenntnisse für das Unterbringungsverfahren liefern können. Die nach bisherigem Recht problematische Frage, ob die örtliche Zuständigkeit des Gerichts erst beginnt, wenn ein Betreuer bestellt wurde,[3] hat sich mit der insoweit eindeutigen Neufassung erledigt. In Amtsverfahren ist das Gericht mit der **Kenntniserlangung** von Tatsachen, die eventuell für ein Tätigwerden sprechen, „befasst", in Antragsverfahren mit **Stellung eines** entsprechenden **Antrags**. 5

2. Gewöhnlicher Aufenthalt (Nr. 2)

Ist ein Betreuungsverfahren (noch) nicht eingeleitet, so ist nach **Nr. 2**, die inhaltlich dem bisherigen § 70 Abs. 2 Satz 2 FGG entspricht, das Gericht zuständig, in dessen Bezirk der Betroffene zu der Zeit, zu der das Gericht mit der Sache befasst wird, seinen **gewöhnlichen Aufenthalt** hat, also dort, wo er sich tatsächlich und über einen längeren Zeitraum aufhält, wo er seinen Lebensmittelpunkt hat (vgl. zum Begriff § 122 Rz. 4 ff.). Eine lediglich vorübergehende Abwesenheit ist unschädlich. In Unterbringungssachen sind insbesondere Konstellationen zweifelhaft, in denen sich ein Betroffener eine Zeit lang in einer Klinik befindet.[4] Entscheidend dürfte der Gesichtspunkt sein, ob feststeht, dass der Betroffene wieder an seinen bisherigen Aufenthaltsort zu- 6

1 § 14 Abs. 1 Nr. 1 RPflG. Die Notwendigkeit ergibt sich aus Art. 104 Abs. 2 GG.
2 BT-Drucks. 16/6308, S. 272 f.
3 Für eine weite Auslegung schon bisher *Dodegge*/Roth, G Rz. 82 mwN über die Gegenansicht (zB *Bienwald*/Sonnenfeld/Hoffmann, § 70 FGG Rz. 9).
4 Vgl. OLG Stuttgart v. 26.11.1996 – 8 AR 56/96, BtPrax 1997, 161 (zu § 65 FGG).

rückkehren kann. Selbst bei einer längeren Abwesenheit bleibt es bei dem Ort, zu dem der Betroffene die stärksten sozialen Beziehungen hat, wenn er dorthin zurückkehren kann und will.[1] Bei dauerhafter Krankenhausunterbringung ist der Bezirk, in dem die Klinik liegt, der gewöhnliche Aufenthalt. Nicht maßgebend ist dagegen der Wohnsitz, weil sich dessen Bestimmung bei eventuellen Mängeln oder Unklarheiten in Bezug auf die Geschäftsfähigkeit des Betroffenen schwierig gestalten kann, wohingegen der gewöhnliche Aufenthaltsort Feststellungen nur tatsächlicher Art erfordert.[2]

3. Ort des Fürsorgebedürfnisses (Nr. 3)

7 Fehlt es an einem gewöhnlichen Aufenthaltsort im Inland oder ist dieser nicht feststellbar, so greift **Nr. 3**, deren Regelungsgehalt dem des § 70 Abs. 2 Satz 2 FGG iVm. § 65 Abs. 2 FGG aF inhaltlich entspricht. Es ist hiernach das Gericht zuständig, in dessen **Bezirk das Bedürfnis für die Unterbringungsmaßnahme hervortritt** (§ 272 Rz. 8 ff.). Dies kann zB der Ort sein, an dem der Betroffene einen Suizidversuch unternommen hat. Oder der Betroffene befindet sich (ohne untergebracht zu sein) in einem Krankenhaus und soll plötzlich nachts fixiert werden.

8 Diese Zuständigkeit besteht nur, wenn der gewöhnliche Aufenthalt nicht feststellbar ist; das ist nicht schon gegeben, wenn die Beurteilung rechtlich schwierig ist. Auf der anderen Seite genügt es, dass ein Bedürfnis möglicherweise gegeben ist; ob die Voraussetzungen tatsächlich vorliegen, hat das – zuständige – Gericht erst zu ermitteln.

4. Auffangzuständigkeit (Nr. 4)

9 Sofern der Betroffene Deutscher ist, aber keine Zuständigkeit nach Nr. 1–3 (kein Unterbringungsbedürfnis im Inland) gegeben ist, so ist nach der **Nr. 4** das Amtsgericht **Schöneberg** in Berlin zuständig. Die Vorschrift entspricht dem bisherigen § 70 Abs. 2 Satz 2 FGG iVm. § 65 Abs. 3 FGG. Von der Regelung erfasst sind im Wesentlichen Deutsche, die im Ausland leben.

II. Eilsachen (Absatz 2)

10 **Abs. 2** normiert eine Zuständigkeit in **Eilsachen**. Die Vorschrift entspricht inhaltlich dem bisherigen § 70 Abs. 2 Satz 3 iVm. § 65 Abs. 5 FGG; sie hat lediglich eine sprachliche Überarbeitung erfahren – Eilsachen werden nun abstrakt beschrieben – und wurde mit der entsprechenden betreuungsrechtlichen Vorschrift (§ 272 Abs. 2) harmonisiert (vgl. § 272 Rz. 20 ff.). Ist die Sache eilig, soll eine langwierige Prüfung der Zuständigkeit vermieden und ein rechtzeitiges Tätigwerden ermöglicht und sichergestellt werden.

11 **Vorläufige Maßregeln** nennt das Gesetz solche nach Art. 24 Abs. 3 EGBGB (für Ausländer), ferner Verfahren gem. § 1908i Abs. 1 Satz 1 BGB iVm. § 1846 BGB und die einstweilige Anordnung nach § 331.[3]

1 Vgl. OLG München v. 28.7.2006 – 33 Wx 75/06, 33 Wx 075/06, BtPrax 2006, 182; OLG Stuttgart v. 26.11.1996 – 8 AR 56/96, BtPrax 1997, 161.
2 Vgl. Dodegge/*Roth*, A Rz. 114.
3 Dafür spricht der eindeutige Wortlaut des § 313 Abs. 2, in dem ausdrücklich von „einstweiligen Anordnungen" die Rede ist.

12 Es besteht neben der Zuständigkeit nach Abs. 1 auch eine **örtliche Zuständigkeit** des Gerichts, in dessen Bezirk das **Unterbringungsbedürfnis bekannt** wird. Es geht um Fälle, in denen der Betroffene beispielsweise plötzlich unterbringungsbedürftig wird, weil er sich für eine kurze Therapie in einer entfernten Klinik aufhält. Sobald die dringliche Aufgabe erledigt, das Unterbringungsbedürfnis entfallen ist oder das nach § 313 Abs. 1 zuständige Gericht eine anders lautende Anordnung trifft, muss die Sache an das nach Abs. 1 zuständige Gericht **übersandt** werden. Es handelt sich dabei um eine rein tatsächliche Maßnahme, keine Abgabe im Rechtssinne. Satz 2 normiert eine **Mitteilungspflicht** des eilzuständigen Gerichts bezüglich der angeordneten Maßnahmen gegenüber dem nach Abs. 1 Nr. 1 oder 2 zuständigen Gericht. Denn Letzteres soll von Amts wegen tätig werden können.

III. Öffentlich-rechtliche Unterbringungen (Absatz 3)

13 In **Abs. 3** findet sich eine Regelung zur **örtlichen Zuständigkeit für öffentlich-rechtliche Unterbringungen** iSd. § 312 Nr. 3. Schon der Wortlaut stellt explizit klar, dass es sich um eine **ausschließliche** Zuständigkeit handelt. Diese ist gem. § 313 Abs. 3 Satz 1 bei dem Gericht gegeben, in dessen Bezirk das Bedürfnis für die Unterbringungsmaßnahme hervortritt, in dessen Bezirk also die Tatsachen zu finden sind, aus denen sich das Unterbringungsbedürfnis, etwa eine Gefahr für die öffentliche Sicherheit, ergibt. Entscheidend ist der Zeitpunkt, zu dem die öffentlich-rechtliche Unterbringung beantragt wurde.[1] Deshalb ist es unerheblich, wenn sich später herausstellt, dass die materiell-rechtlichen Voraussetzungen für eine öffentlich-rechtliche Unterbringung nachweislich nicht vorliegen.[2]

14 Ein Bedürfnis für die gesonderte Einrichtung einer Eilzuständigkeit besteht bei der öffentlich-rechtlichen Unterbringung nicht. Das wurde schon zum alten Recht so gesehen.[3] Für die Regelungen des FamFG ergibt sich dies aus einem Vergleich des Wortlauts des § 313 Abs. 2 Satz 1 (Eilzuständigkeit) mit dem des nahezu identisch lautenden Abs. 3 Satz 1: Beide Vorschriften enthalten eine Zuständigkeitsregelung, die sich auf ein Fürsorgebedürfnis stützt. Für öffentlich-rechtliche Unterbringungsmaßnahmen ist also ohnehin immer schon das Gericht zuständig, das im Rahmen der privatrechtlichen Unterbringung eine Eilzuständigkeit innehat.

15 Darüber hinaus statuiert § 313 Abs. 3 Satz 2 eine Sonderzuständigkeit für den Fall, dass sich der **Betroffene** im Zeitpunkt der Antragstellung bereits **in einer Einrichtung** zur freiheitsentziehenden Unterbringung **befindet**. In diesem Fall ist nur das Gericht zuständig, in dessen Bezirk die Einrichtung liegt. Schon nach dem hergebrachten Verständnis des § 70 Abs. 5 FGG aF handelte es sich hierbei um eine ausschließliche Zuständigkeitsregelung.[4]

16 Hat nach Antragstellung eine Unterbringung des Betroffenen im Bezirk des nach § 313 Abs. 3 Satz 1 zuständigen Gerichts stattgefunden, so bleibt es bei einer Zuständigkeit dieses Gerichts, selbst wenn der Betroffene später verlegt wird, etwa in eine Klinik am Heimatort. Eine **Abgabemöglichkeit** bei öffentlich-rechtlicher Unterbringung besteht wohl auch im Anwendungsbereich des neu geschaffenen § 314 **nicht**, da

1 So *Fröschle*, § 70 FGG Rz. 17; *Bassenge*/Roth, § 70 FGG Rz. 12.
2 BayObLG v. 1.12.2000 – 3Z AR 36/00, FamRZ 2001, 778 (zum bisherigen § 70 Abs. 5 FGG).
3 *Bassenge*/Roth, § 70 FGG Rz. 11.
4 *Dodegge*/Roth, G Rz. 83.

dieser dem bisherigen § 70 Abs. 3 Satz 1 Halbs. 1 FGG nach der Gesetzesbegründung inhaltlich entsprechen soll[1] und dort eine Möglichkeit der Abgabe gerade nicht vorgesehen war.[2] § 70 Abs. 3 Satz 1 FGG aF galt nämlich auf Grund seines Wortlautes und der systematischen Stellung nur für die zivilrechtliche Unterbringung, und § 46 FGG aF (auf den im § 70 Abs. 3 FGG verwiesen wurde) fand auf Unterbringungssachen ohnehin keine Anwendung. Im bisherigen § 70 Abs. 5 FGG, der nach der Rechtsprechung des BayObLG abschließend die örtliche Zuständigkeit für die öffentlich-rechtliche Unterbringung regelte,[3] war in der seit dem 1.1.1999 geltenden Neufassung ebenfalls keine Abgabemöglichkeit mehr vorgesehen.[4]

IV. Informationspflichten (Absatz 4)

17 Soweit es in **Abs. 4** um die Unterbringung Volljähriger geht, entspricht er dem bisherigen § 70 Abs. 7 FGG. Zur Unterbringung Minderjähriger finden sich die entsprechenden Vorschriften neuerdings im Abschnitt über die Kindschaftssachen (Buch 2 Abschnitt 3, § 167).

18 Geregelt sind in Abs. 4 die **Benachrichtigungs- und Mitteilungspflichten** zwischen demjenigen Gericht, bei dem eine Betreuungssache eingeleitet ist, und dem für Unterbringungssachen zuständigen Gericht, sofern unterschiedliche Zuständigkeiten bestehen. Solche Pflichten bestehen für die **Aufhebung** der Betreuung, den Wegfall des Aufgabenbereichs der „Unterbringung" sowie einen Betreuerwechsel (berichten muss das mit der Betreuungssache befasste Gericht), während das für die Unterbringungssache zuständige Gericht über die Unterbringungsmaßnahme, ihre Änderung, Verlängerung und Aufhebung informieren muss.

19 Die bisher in § 70 Abs. 6 FGG geregelte Ermächtigung der Landesregierungen, die Unterbringungssachen bei einem Amtsgericht zu konzentrieren, findet sich aus systematischen Gründen nunmehr in § 23d GVG.

V. Internationale Zuständigkeit

20 Für Unterbringungen (gem. § 1906 Abs. 1 BGB) oder unterbringungsähnliche Maßnahmen (gem. § 1906 Abs. 4 BGB) richtet sich die **internationale Zuständigkeit** nach § 104 (s. die Komm. dort). Die Zuständigkeit eines deutschen Gerichts bei einer öffentlich-rechtlichen Unterbringung (§ 312 Nr. 3) macht davon eine Ausnahme (§ 104 Abs. 3): Hier richtet sich die Zuständigkeit allein danach, wo das Bedürfnis für die Unterbringungsmaßnahme hervortritt bzw. wo der Betreute (bereits) untergebracht ist (§ 313 Abs. 3).

1 BT-Drucks. 16/6308, S. 273.

2 Zum bisherigen Recht aufschlussreich BayObLG v. 1.12.2000 – 3 Z AR 36/00, FamRZ 2001, 778; *Fröschle*, § 70 FGG Rz. 28.

3 BayObLG v. 1.12.2000 – 3 Z AR 36/00, FamRZ 2001, 778.

4 Eine solche – vormals existente – Abgaberegelung ist im Zuge der oben genannten Neufassung vielmehr gerade zum Wegfall gekommen. Für eine Analogie zu § 70 Abs. 3 Satz 1 FGG: *Sonnenfeld*, FamRZ 2005, 941 (947); *Dodegge*/Roth, G Rz. 83.

§ 314
Abgabe der Unterbringungssache

Das Gericht kann die Unterbringungssache abgeben, wenn der Betroffene sich im Bezirk des anderen Gerichts aufhält und die Unterbringungsmaßnahme dort vollzogen werden soll, sofern sich dieses zur Übernahme des Verfahrens bereit erklärt hat.

A. Allgemeines

Die Vorschrift schafft die Möglichkeit, eine Unterbringungssache an ein anderes Gericht abzugeben. Sie stellt eine Sonderregelung zu § 4 dar[1] und entspricht dem bisherigen § 70 Abs. 3 Satz 1 Halbs. 1 FGG. In § 327 RefE waren die Voraussetzungen einer Abgabe noch nicht geregelt. 1

B. Inhalt der Vorschrift

I. Voraussetzungen der Abgabe

Für zivilrechtliche Unterbringungssachen besteht die Möglichkeit, sie **isoliert aus wichtigem Grund abzugeben**, wenn der Betroffene sich im Bezirk eines anderen Gerichts aufhält und die Unterbringungsmaßnahme dort vollzogen werden soll.[2] Das kann zB der Fall sein, wenn der Betreute fern von seinem Aufenthaltsort akut erkrankt und untergebracht werden muss oder in einer Klinik, die in einem anderen Bezirk liegt, eine Fixierung notwendig wird.[3] Nach der Rechtsprechung des OLG München[4] zum bisherigen § 70 Abs. 3 Satz 1, 3 FGG ist die Abgabe unzulässig, wenn die Unterbringung eines Betroffenen beabsichtigt ist, der sich nicht im Bezirk des für den voraussichtlichen Unterbringungsort zuständigen Gerichts aufhält. Das entspricht dem Wortlaut der jetzigen Norm. Das Bedürfnis einer Abgabe auch für den Fall, dass der Betroffene nach der Unterbringungsanordnung in eine andere Klinik verlegt wird, hat der Gesetzgeber nicht anerkannt. 2

Zu der Frage, ob auch **bei beabsichtigter Verlängerung** der Unterbringung eine Abgabe möglich ist, geben weder die Motive noch die Literatur zum alten Recht Aufschluss. Der weit gefasste Wortlaut des § 314, in dem von „Unterbringungssachen" die Rede ist, spricht dafür. 3

Das Tatbestandsmerkmal des wichtigen Grundes taucht in der heutigen Fassung zwar nicht mehr auf; jedoch war dies auch bei § 70 Abs. 3 Satz 1 Halbs. 1 FGG aF zuletzt nicht mehr der Fall. Sinn und Zweck der Vorschrift, nämlich eine „Reiserichter"tätigkeit zu vermeiden, lassen eine Abgabe jedoch nach wie vor nur dann als sinnvoll erscheinen, wenn etwa die Anhörung des Betroffenen wesentlich erleichtert wird und/oder es sich um eine Unterbringungsmaßnahme von gewisser zeitlicher Intensität handelt, für die Folgeentscheidungen zu erwarten sind.[5] Das Gericht hat bei seiner Ermessensentscheidung eine **Abwägung** zu treffen zwischen dem Interesse, für die 4

1 Die Abgabe wegen Unzuständigkeit ist in § 4 abschließend geregelt.
2 Aber auch eine Abgabe eines akzessorischen Unterbringungsverfahrens ist möglich.
3 BT-Drucks. 14/2494, S. 43.
4 OLG München v. 22.1.2008 – 33 Wx 10/08, FamRZ 2008, 1117 (LS).
5 Vgl. *Bienwald*/Sonnenfeld/Hoffmann, § 70 FGG Rz. 14.

Unterbringung und die jeweilige andere Maßnahme eine **einheitliche Zuständigkeit** bei einem Gericht zu wahren,[1] und den **Interessen** insbesondere **des Betroffenen.**[2] Ein mögliches Kriterium kann die Notwendigkeit mehrfacher Unterbringung sein.

5 Voraussetzung für die Abgabe ist weiter, dass das Gericht, an das abgegeben werden soll, sich zur Übernahme des Verfahrens **bereit erklärt**. Diese Erklärung ist nicht formgebunden, kann also auch konkludent durch Fortführung des Verfahrens erfolgen.[3]

II. Rechtsfolge

6 Mit erfolgter Abgabe ist das übernehmende Gericht auch für alle Folgesachen und auch für eine eventuell notwendige Verlängerung zuständig. Die Zuständigkeit des abgebenden Gerichts erlischt.

7 Verweigert das Gericht die Übernahme, so bleibt es bei der bisherigen Zuständigkeit. Eine Möglichkeit, die Entscheidung des gemeinschaftlichen oberen Gerichts anzurufen, besteht nicht mehr.[4]

8 Die früher in § 70 Abs. 3 Satz 1 Halbs. 1 FGG enthaltenen Anhörungserfordernisse sind nunmehr gesondert in §§ 319, 320 geregelt.

§ 315
Beteiligte

(1) Zu beteiligen sind

1. der Betroffene,

2. der Betreuer,

3. der Bevollmächtigte im Sinne des § 1896 Abs. 2 Satz 2 des Bürgerlichen Gesetzbuchs.

(2) Der Verfahrenspfleger wird durch seine Bestellung als Beteiligter zum Verfahren hinzugezogen.

(3) Die zuständige Behörde ist auf ihren Antrag als Beteiligte hinzuzuziehen.

(4) Beteiligt werden können im Interesse des Betroffenen

1. dessen Ehegatte oder Lebenspartner, wenn die Ehegatten oder Lebenspartner nicht dauernd getrennt leben, sowie dessen Eltern und Kinder, wenn der Betroffene bei diesen lebt oder bei Einleitung des Verfahrens gelebt hat, sowie die Pflegeeltern,

2. eine von ihm benannte Person seines Vertrauens,

3. der Leiter der Einrichtung, in der der Betroffene lebt.

Das Landesrecht kann vorsehen, dass weitere Personen und Stellen beteiligt werden können.

---

1 BayObLG v. 5.2.1987, Allg. Reg 7/87, BayObLGZ 1987, 43.
2 Vgl. *Bienwald*/Sonnenfeld/Hoffmann, § 70 FGG Rz. 14.
3 *Fröschle*, § 70 FGG Rz. 26.
4 Dies war in § 70 Abs. 3 Satz 1 FGG aF enthalten.

A. Allgemeines

Die Vorschrift nennt die Personen, die im Unterbringungsverfahren **beteiligt** werden müssen und die beteiligt werden können. Hierbei wird an den Beteiligtenbegriff des § 7, der eine – neue – Legaldefinition enthält, angeknüpft (§ 7 Rz. 1 ff.).[1] Die Vorschrift enthält kleinere Änderungen zum bisherigen § 70d FGG, im RefE (§ 328) waren die Pflegeeltern noch nicht enthalten. 1

B. Inhalt der Vorschrift

I. Beteiligte Personen (Absatz 1)

Abs. 1 zählt die **Personen** auf, die immer **von Amts wegen zu beteiligen** sind (§ 7 Rz. 21 ff.). Der Personenkreis ist etwas kleiner als derjenige, der im Betreuungsverfahren nach § 274 Abs. 1 zu beteiligen ist (§ 274 Rz. 12 ff.). Es fehlen die Großeltern, Geschwister und die Abkömmlinge (außer den Abkömmlingen, bei denen der Betroffene lebt). Die Pflegeltern sind neu aufgenommen. Eine Abweichung zu § 274 Abs. 1 ergibt sich auch insoweit, als die Beteiligung des Betreuers und des Bevollmächtigten iSd. § 1896 Abs. 2 Satz 2 BGB nicht auf die Fälle beschränkt ist, in denen ihr Aufgabenkreis durch das Verfahren betroffen ist. Der Gesetzgeber geht davon aus, dass jeder Betreuer, egal welchen Aufgabenkreis er hat, von der Unterbringung des Betreuten betroffen wird.[2] Überdies sei eine Erfassung der Aufgabenkreise, die von einer Unterbringungsmaßnahme betroffen sein können, nicht möglich. 2

Zwingend Beteiligte sind demnach der **Betroffene** (Nr. 1), der **Betreuer** (Nr. 2) sowie der **Bevollmächtigte** iSd. § 1896 Abs. 2 Satz 2 BGB (Nr. 3). 3

Schon auf Grundlage des bisher geltenden Rechts ging man davon aus, dass der Betreuer[3] und der Vorsorgebevollmächtigte[4] durch eine Unterbringungsmaßnahme auch dann in ihren eigenen Rechten betroffen sind, wenn ihr Aufgabenkreis die Unterbringung nicht umfasst, weil sie als gesetzliche Vertreter stets Beschränkungen ihrer Tätigkeit erfahren, wenn eine Unterbringungsmaßnahme im Raum steht, unabhängig davon, welchen Aufgabenkreis sie haben.[5] Auch erscheint es kaum möglich, sämtliche Aufgabenkreise, die von einer Unterbringungsmaßnahme betroffen sein können, randscharf und abschließend zu erfassen.[6] 4

Die obligatorische Beteiligung nach § 7 Abs. 2 Nr. 1 bleibt von den Regelungen in Abs. 1 unberührt. Die Notwendigkeit einer Beteiligung kann sich also aus beiden Vorschriften ergeben.[7] 5

1 Zum Beteiligtenbegriff in § 7 vgl. auch: *Zimmermann*, FPR 2009, 5–8.

2 BT-Drucks. 16/6308, S. 273; dagegen die Stellungnahme des Bundesrats (BR-Drucks. 309/07, S. 67 f.) mit Gegenäußerung der Bundesregierung (BT-Drucks. 16/6308, S. 420).

3 Das war früher in § 70d Abs. 1 Nr. 3 FGG geregelt.

4 Dieser wurde in § 70d FGG nicht genannt, war aber gleichwohl zu beteiligen: *Bienwald*/Sonnenfeld/Hoffmann, § 70d Rz. 1.

5 Fröschle/*Locher*, § 70d FGG Rz. 2; Damrau/*Zimmermann*, § 70m FGG Rz. 18; HK-BUR/*Bauer*, § 70d FGG Rz. 25.

6 BT-Drucks. 16/6308, S. 273.

7 BT-Drucks. 16/6308, S. 264.

II. Verfahrenspfleger (Absatz 2)

6 **Abs. 2** stellt eine Sondervorschrift für die Beteiligung des **Verfahrenspflegers** in Unterbringungssachen dar. Der Pfleger ist zugleich Beteiligter, wenn er gem. § 276 Abs. 1 im Interesse des Betroffenen bestellt wird (vgl. § 276 Rz. 3 ff.). Schon aus dem Wortlaut des Abs. 2 ergibt sich, dass der Verfahrenspfleger bereits mit dem Akt seiner Bestellung zum Beteiligten wird, ohne dass es eines weiteren Hinzuziehungsaktes bedürfte. Ihm werden mit der Bestellung alle Rechte, zum Beispiel das Akteneinsichtsrecht nach § 13, eingeräumt, aber auch alle Pflichten auferlegt, so etwa die Mitwirkungspflicht iSd. § 27. Ihm ist Gelegenheit zu geben, sich zu allen Beweismitteln, insbesondere zum Sachverständigengutachten, zu äußern. Eine Pflicht zur Kostentragung besteht wegen §§ 276 Abs. 7, 317 Abs. 7 nicht.

7 Diese Konzeption der Vorschrift entspricht der Beteiligung des Verfahrenspflegers nach dem bisher geltenden Recht, wonach dessen Beteiligung an allen Verfahrenshandlungen notwendig war.[1] Der Verfahrenspfleger soll die Belange des Betroffenen im Verfahren wahren, hat dessen Willen zu beachten, ist gleichwohl nicht an seine Weisungen gebunden. Insoweit entspricht die Stellung des Verfahrenspflegers insgesamt der schon bisher im Rahmen des FGG geltenden.[2] Der Verfahrenspfleger ist ein Pfleger eigener Art.[3]

III. Betreuungsbehörde (Absatz 3)

8 **Abs. 3** behandelt die Hinzuziehung der zuständigen **Behörde**, ist mit der entsprechenden Vorschrift für Betreuungssachen (§ 274 Abs. 3) harmonisiert worden und ersetzt § 70d Abs. 1 Nr. 6 FGG (vgl. § 274 Rz. 30 ff.).

8a Die Beteiligung der Behörde erfolgt nicht von Amts wegen, sondern setzt einen **Antrag der Behörde** voraus. Nur in diesem Fall ist die Hinzuziehung obligatorisch. Das neu eingeführte Antragserfordernis bezweckt die Vermeidung unnötiger Beteiligungen sowie dadurch bedingter Zustellungen, Anhörungen oder sonstiger Verfahrenshandlungen. Unberührt bleibt freilich die im Rahmen der Amtsermittlung nach § 26 bestehende Pflicht, die zuständige Behörde anzuhören, sofern dies im Einzelfall geboten erscheint.[4]

9 **Zuständig** für Unterbringungsmaßnahmen nach § 312 Nr. 1 und Nr. 2 ist die Behörde nach dem BtBG bzw. den Landesgesetzen, in den Fällen des § 312 Nr. 3 die jeweilige Landesbehörde nach den Landesgesetzen über die Unterbringung psychisch Kranker. Bei Unterbringung durch einen Bevollmächtigten ist es die Behörde nach dem BtBG.

IV. Fakultative Beteiligte (Absatz 4)

10 **Abs. 4** enthält eine Aufzählung der **Personen**, die gem. § 7 Abs. 3 zu dem Unterbringungsverfahren **hinzugezogen werden können** (auch „Kann-Beteiligte" genannt[5]).

1 BT-Drucks. 16/6308, S. 265, mwN, s. auch *Bienwald*, Verfahrenspflegschaftsrecht 2002, Rz. 436 ff.; HK-BUR/*Bauer*, § 70d FGG Rz. 20.
2 Dazu Dodegge/*Roth*, A Rz. 129.
3 Vgl. zum Ganzen BT-Drucks. 16/6308, S. 265, mwN.
4 Sehr weitgehend: HK-BUR/*Bauer*, § 70d FGG Rz. 28.
5 *Zimmermann*, FPR 2009, 7.

1. Angehörige (Nr. 1)

11 Die Angehörigen des Betroffenen sind genannt, weil sie, so der Gesetzgeber, ein ideelles Interesse am Verfahren hätten, das besonders geschützt werden solle.[1] Die Aufzählung entspricht inhaltlich dem bisherigen § 70d Abs. 1 Nr. 1, 1a und 2 FGG, soweit es um die einzubeziehenden Angehörigen geht.

12 Erwähnt sind zunächst der **Ehegatte** und der **Lebenspartner** iSv. § 1 LPartG, die anzuhören sind, sofern kein dauerndes Getrenntleben gegeben ist. Freilich bewirkt die Trennung, die durch die Unterbringungsmaßnahme selbst bedingt ist, noch kein dauerndes Getrenntleben, da der rechtliche Trennungsbegriff der §§ 1565 ff. BGB maßgebend ist.[2] Verwertbar bleibt eine vor der Trennung erfolgte Beteiligung.[3]

13 Der Partner einer **nichtehelichen Lebensgemeinschaft** fällt nicht unter Nr. 1, er kann allenfalls gem. Nr. 2 beteiligt werden.[4]

14 Umstritten war zum alten Recht, ob das **Stiefkind** oder die **Stiefeltern** unter § 70d Abs. 1 Satz 1 Nr. 2 FGG zu fassen waren.[5] Durch die nunmehr erfolgte Hereinnahme der **Pflegeeltern** in die Aufzählung spricht mehr für einen weiteren Begriff der Beteiligtenfähigkeit. Andererseits kann man argumentieren, dass die Aufnahme der Pflegeeltern und das Weglassen der Stiefeltern eine bewusste Entscheidung gewesen sein könnte. Jedenfalls kann Abs. 4 Nr. 2 greifen. **Abkömmlinge** sind zu beteiligen, soweit sie **mit dem Betroffenen zusammenleben**. Das gilt nicht für minderjährige **Kinder** im Elternhaus, denn in diesem Fall leben die Eltern nicht „bei" ihnen[6] (sondern umgekehrt). Insoweit kommen nur volljährige Abkömmlinge in Betracht. „Zusammenleben" verlangt eine häusliche Gemeinschaft, die auch gegeben sein kann, wenn Kinder eine Einliegerwohnung im elterlichen Haus bewohnen.[7]

2. Person des Vertrauens (Nr. 2)

15 Im Interesse des Betroffenen kann eine bzw. nach Sinn und Zweck auch mehrere[8] von ihm benannte **Vertrauensperson(en)** am Verfahren beteiligt werden. Hierdurch ist es dem Gericht möglich, im Einzelfall etwa entferntere Verwandte, einen getrennt lebenden Ehegatten oder Lebenspartner oder sonstige Personen, die mit dem Betroffenen eng verbunden sind, einzubeziehen. Die Vertrauensperson muss vom Betroffenen als solche – ggf. konkludent[9] – benannt sein, wobei keine Nachforschungspflicht des Gerichts besteht.

16 Bei den Personen nach den Nr. 1 und 2 wird in aller Regel zwar keine Verletzung eigener Rechte vorliegen, doch soll durch die vorgesehene Beteiligung einem bestehenden ideellen Interessen dieses Personenkreises am Verfahren Rechnung getragen werden. Da es sich um eine altruistische Beteiligung (**„im Interesse des Betroffenen"**) handelt, kann ein Verwandter ohne eine eigene Rechtsbetroffenheit keinen Einfluss

1 BT-Drucks. 16/6308, S. 273.
2 HK-BUR/*Bauer*, § 70d FGG Rz. 22.
3 HM, vgl. HK-BUR/*Bauer*, § 70d FGG Rz. 22, mwN.
4 Vgl. *Bassenge*/Roth, § 70d FGG Rz. 3.
5 Dagegen zB *Bassenge*/Roth, § 70d FGG Rz. 4; HK-BUR/*Bauer*, § 70d FGG Rz. 24; dafür etwa LG Oldenburg v. 11.10.1995 – 8 T 967/95, FamRZ 1996, 500; *Dodegge*/Roth, G Rz. 120.
6 *Zimmermann*, FamRZ 1990, 1308; HK-BUR/*Bauer*, § 70d FGG Rz. 24.
7 *Bassenge*/Roth, § 70d FGG Rz. 4.
8 HK-BUR/*Bauer*, § 70d FGG Rz. 26.
9 HK-BUR/*Bauer*, § 70d FGG Rz. 26.

auf das Verfahren nehmen, wenn dies den Interessen des Betroffenen (aus dessen Sicht) widersprechen würde. Somit muss das Gericht bereits zum Zeitpunkt der Beteiligung von Verwandten die Belange und Wünsche des Betroffenen berücksichtigen. Widerspricht aber der subjektive Wille des Betroffenen seinen objektiven Interessen und sprechen Gründe für die Hinzuziehung der Verwandten, so kommt in Ausnahmefällen deren Beteiligung gegen den Willen des Betroffenen in Frage.

3. Leiter der Unterbringungseinrichtung (Nr. 3)

17 Ferner kann der **Leiter der Einrichtung**, in der der Betroffene lebt, beteiligt werden. Hinsichtlich der hinzuzuziehenden Person entspricht die Vorschrift inhaltlich dem bisherigen § 70d Abs. 1 Nr. 5 FGG. Sie hat lediglich redaktionelle Veränderungen erfahren, um deutlicher zum Ausdruck zu bringen, dass der Leiter der Einrichtung, in der sich der Betroffene üblicherweise aufhält, nicht jedoch der Leiter der Unterbringungsabteilung beteiligt werden kann, was dem Verständnis zum bisherigen Recht entspricht.[1] Der Leiter kann allerdings sein Beteiligungsrecht auf andere Bedienstete, die den Betroffenen besser kennen, delegieren.[2]

18 Das Gericht muss einem Antrag dieser Personen auf Hinzuziehung nicht entsprechen,[3] allerdings besteht die Möglichkeit der Erhebung der sofortigen Beschwerde gegen die Antragsablehnung nach § 7 Abs. 3 Satz 3.

19 Die Hinzuziehungsmöglichkeit nach Abs. 4 Satz 1 lässt eine Beteiligung wegen der möglichen Verletzung eigener Rechte unberührt.

4. Erweiterung durch Landesgesetzgeber (Abs. 4 Satz 2)

20 Der Satz ermöglicht es dem **Landesgesetzgeber** – sowohl im Rahmen der privatrechtlichen als auch der öffentlich-rechtlichen Unterbringung –, den Kreis der ggf. zu beteiligenden Personen zu erweitern. Die Vorschrift entspricht dem bisherigen § 70d Abs. 1 Satz 2 FGG. Einzelne Länder schreiben die Beteiligung des sozialpsychiatrischen Dienstes oder des behandelnden Arztes vor.[4]

§ 316
Verfahrensfähigkeit

In Unterbringungssachen ist der Betroffene ohne Rücksicht auf seine Geschäftsfähigkeit verfahrensfähig.

A. Allgemeines

1 Die Vorschrift (= § 329 RefE) regelt die **Verfahrensfähigkeit des Betroffenen in allen Unterbringungssachen**. Sie entspricht inhaltlich dem bislang geltenden § 70a FGG,

1 Vgl. BT-Drucks. 16/6308, S. 273; *Bassenge*/Roth, § 70d FGG Rz. 3.
2 BT-Drucks. 11/4528, S. 184; HK-BUR/*Bauer*, § 70d FGG Rz. 27.
3 BT-Drucks. 16/6308, S. 265.
4 Nw. bei Fröschle/*Locher*, § 70d FGG Rz. 3.

soweit es um die Unterbringung Volljähriger geht. Sie wurde redaktionell mit der Vorschrift über die Verfahrensfähigkeit in Betreuungssachen gem. § 275 (vgl. § 275 Rz. 4 ff.) in Einklang gebracht und ergänzt die allgemeine Regelung zur Verfahrensfähigkeit in § 9.

B. Inhalt der Vorschrift

Durch die Norm soll die Rechtsposition des Betroffenen gestärkt werden. Es besteht **volle Verfahrensfähigkeit**, ohne dass es auf die Geschäftsfähigkeit ankäme. Insoweit enthält die Vorschrift eine Fiktion. Auch ein Einwilligungsvorbehalt und die Bestellung eines Verfahrenspflegers[1] beeinträchtigen die Verfahrensfähigkeit nicht. Der Betroffene vermag somit alle Angriffs- und Verteidigungsmittel selbst vorzubringen und Rechtsmittel einzulegen bzw. von Ihnen Gebrauch zu machen. So kann etwa die Antragsstellung bzw. -rücknahme etc. vom Betroffenen selbst vorgenommen werden, auch wenn sich dies nachteilig auswirkt (§ 275 Rz. 8 f.).[2] Darin liegen nicht unerhebliche Risiken für den Betroffenen. Gefahren können sich zum Beispiel aus der Rücknahme von Rechtsmitteln ergeben.[3] Zu seinem Schutz ist daher ein Verfahrenspfleger zu bestellen. Auch Bekanntmachungen gegenüber dem Betroffenen sind unabhängig von seiner Geschäftsfähigkeit möglich. 2

Die Verfahrensfähigkeit enthält nach h.M. auch die Kompetenz zur Bestellung eines Verfahrensbevollmächtigten.[4] Die Auftragserteilung an den Rechtsanwalt durch den Betreuer setzt aber eine Willenserklärung des Vollmachtgebers (= Betreuten) voraus.[5] Das ist bei völliger Geschäftsunfähigkeit (trotz § 316) nicht möglich. Überlegt wird, die Verfahrensfähigkeit auch auf die Auftragserteilung gegenüber dem Rechtsanwalt zu erstrecken.[6] Dafür spreche, dass der Anwalt sonst ein Geschäftsführer ohne Auftrag wäre. Aus Sicht des Rechtsanwalts mag dieses Ergebnis unschön sein, ist aber auch sonst die Folge, wenn er mit einem Geschäftsunfähigen einen Vertrag schließt. Dies gilt unabhängig vom Betreuungsrecht unstreitig auch für alle Fälle außerprozessualer Vertretung. 3

Für den Betroffenen ist kein Grund ersichtlich, auf den Schutz der §§ 104 ff. BGB zu verzichten: Zweck der §§ 275, 316 ist es, dem Betroffenen unabhängig von seinem Geisteszustand zu ermöglichen, sich im Verfahren zu verteidigen. Die Nachteile, die er sich selbst durch unüberlegte Verfahrenshandlungen zufügt, können durch die Bestellung eines Verfahrenspflegers verhindert werden. Das gilt aber nicht für die Beauftragung eines Rechtsanwalts, mit der die Pflicht zur Bezahlung verbunden ist. Es ist nicht Sinn des FamFG, die Schutzvorschriften zugunsten Geschäftsunfähiger außer Kraft zu setzen. Daher muss es hier bei Anwendung der allgemeinen Normen bleiben. Anderenfalls würde man die verfahrensrechtlichen Normen weit über ihren Sinn hinaus zulasten des Betroffenen ausdehnen. 4

Rechtspolitisch problematisch ist die Verfahrensfähigkeit im Hinblick auf die Möglichkeit, eine sog. Freiwilligkeitserklärung abzugeben. Im Falle ihrer Wirksamkeit 5

---

1 HK-BUR/*Bauer*, § 70a FGG Rz. 9.

2 Für Unwirksamkeit (nach frrüherem Recht): Damrau/*Zimmermann*, § 66 FGG Rz. 4.

3 HK-BUR/*Bauer*, § 70a FGG Rz. 13.

4 So die hM: *Bassenge*/Roth, § 66 FGG Rz. 3; Keidel/*Kuntze*, § 66 FGG Rz. 4; HK-BUR/*Bauer*, § 70a FGG Rz. 12.

5 BayObLG v. 3.3.2004 – 3 Z BR 268/03, FamRZ 2004, 1323 (LS); aA *Fröschle*, § 275 Rz. 12.

6 *Fröschle*, § 275 Rz. 12.

kann schon nicht von einer Freiheitsentziehung gesprochen werden, so dass auch ein Unterbringungsverfahren nicht durchgeführt wird.[1] Die zum Schutz des Betroffenen vorgesehenen Normen greifen dann nicht ein. Durch die Ausgliederung Minderjähriger aus dem Anwendungsbereich von § 316 wurde dem Institut der Freiwilligkeitserklärung aber ein Großteil seiner Brisanz genommen.[2]

§ 317
Verfahrenspfleger

(1) Das Gericht hat dem Betroffenen einen Verfahrenspfleger zu bestellen, wenn dies zur Wahrnehmung der Interessen des Betroffenen erforderlich ist. Die Bestellung ist insbesondere erforderlich, wenn von einer Anhörung des Betroffenen abgesehen werden soll.

(2) Bestellt das Gericht dem Betroffenen keinen Verfahrenspfleger, ist dies in der Entscheidung, durch die eine Unterbringungsmaßnahme genehmigt oder angeordnet wird, zu begründen.

(3) Wer Verfahrenspflegschaften im Rahmen seiner Berufsausübung führt, soll nur dann zum Verfahrenspfleger bestellt werden, wenn keine andere geeignete Person zur Verfügung steht, die zur ehrenamtlichen Führung der Verfahrenspflegschaft bereit ist.

(4) Die Bestellung eines Verfahrenspflegers soll unterbleiben oder aufgehoben werden, wenn die Interessen des Betroffenen von einem Rechtsanwalt oder einem anderen geeigneten Verfahrensbevollmächtigten vertreten werden.

(5) Die Bestellung endet, sofern sie nicht vorher aufgehoben wird, mit der Rechtskraft der Endentscheidung oder mit dem sonstigen Abschluss des Verfahrens.

(6) Die Bestellung eines Verfahrenspflegers oder deren Aufhebung sowie die Ablehnung einer derartigen Maßnahme sind nicht selbständig anfechtbar.

(7) Dem Verfahrenspfleger sind keine Kosten aufzuerlegen.

A. Allgemeines

1 Die Vorschrift bestimmt, wann dem Betroffenen in Unterbringungssachen ein Verfahrenspfleger zu bestellen ist. Anwendbar ist sie für alle Unterbringungsentscheidungen.

2 Abs. 1 Satz 1 entspricht inhaltlich dem bisherigen § 70b Abs. 1 Satz 1 FGG. Es hat lediglich eine redaktionelle Neufassung gegeben, die vor allem einer Harmonisierung mit der entsprechenden Vorschrift über die Bestellung eines Verfahrenspflegers in Betreuungssachen (§ 276 Abs. 1 Satz 1 – vgl. § 276 Rz. 1 ff.) diente. Abs. 2 statuiert eine Begründungspflicht bei Absehen von der Pflegerbestellung, Abs. 3, der im RefE nicht enthalten war, den Vorrang des Ehrenamtes und Abs. 4 die Subsidiarität gegenüber einer gewillkürten Vertretung. Abs. 5 behandelt das Ende der Verfahrenspflegschaft, Abs. 6 die (fehlende) Anfechtbarkeit und Abs. 7 die Kosten.

1 Zur Problematik vgl. HK-BUR/*Bauer*, § 70a FGG Rz. 10.
2 HK-BUR/*Bauer*, § 70a FGG Rz. 17 ff.

B. Inhalt der Vorschrift

I. Erforderlichkeit (Absatz 1)

3 **1.** Die Pflegerbestellung (§ 276 Rz. 6 ff.) hat zu erfolgen, wenn dies zur **Wahrnehmung der Interessen des Betroffenen** erforderlich ist. Die Vorschrift dient auch der Verwirklichung des Gebots auf Wahrung rechtlichen Gehörs (Art. 103 GG).

4 **Erforderlichkeit** iSd. Vorschrift ist im Grundsatz immer dann anzunehmen, wenn es nach der allgemeinen Verfahrenssituation geboten erscheint, dass dem Betroffenen ein Dritter als Beistand zur Seite gestellt wird. Die Erforderlichkeit ist ein unbestimmter Rechtsbegriff, ein **Ermessen** des Gerichts **besteht nicht**.[1] Wenn – umgekehrt – die Interessenvertretung keines Pflegers bedarf, hat die Bestellung zu unterbleiben. Denn häufig ist bereits ein Betreuer bzw. Bevollmächtigter vorhanden, der die Rechte des Betroffenen wahrnimmt. Zu berücksichtigen ist allerdings, dass die Unterbringung stark in die Rechte des Betroffenen eingreift, so dass auf eine effektive Interessenvertretung zu achten ist.

5 Zum alten Recht wurde die Bestellung eines Verfahrenspflegers etwa für erforderlich gehalten, wenn eine Verständigung mit dem Betroffenen unmöglich ist,[2] wenn seine Sprachkenntnisse nicht ausreichen, um eine effektive Interessenwahrnehmung zu gewährleisten[3] oder wenn ein derart hoher Grad an Behinderung vorliegt, dass der Betroffene die ihm aus Art. 103 Abs. 1 GG erwachsenden Rechte nicht voll wahrzunehmen vermag.[4] Ferner kann ein Interessenkonflikt zwischen dem Betroffenen und seinem gesetzlichen Vertreter, etwa weil dieser die Unterbringung gegen den Willen des Betroffenen betreibt, die Bestellung eines Pflegers erforderlich machen. Auch aus der besonderen Intensität oder langen Dauer[5] der Unterbringungsmaßnahme wurde die Erforderlichkeit abgeleitet.[6] Schließlich ist die Bestellung erforderlich, wenn eine ärztliche Stellungnahme zur Notwendigkeit einer Unterbringung in Abwesenheit des Betroffenen abgegeben wird.[7] Grundsätzlich lässt sich festhalten, dass bei Unterbringungen die Bestellung der Regelfall ist, das Absehen davon die Ausnahme.[8] Das gilt auch für unterbringungsähnliche Maßnahmen wie etwa das Abschließen der Tür.[9]

6 Der Zeitpunkt der Bestellung steht im Ermessen des Gerichts, welches aber möglichst frühzeitig handeln sollte.

7 **2. Abs. 1 Satz 2** wurde im Hinblick auf den Allgemeinen Teil redaktionell überarbeitet. Er entspricht aber inhaltlich dem früheren § 70b Abs. 1 Satz 2 FGG. Der Bundesrat hatte sich für eine Streichung des Regelbeispiels ausgesprochen.[10] Die Bestellung eines **Verfahrenspflegers** ist hiernach **insbesondere** dann erforderlich, wenn von einer Anhö-

1 HK-BUR/*Bauer*, § 70b FGG Rz. 43.
2 BayObLG v. 21.1.1993 – 3 Z BR 169/92, BayObLGZ 1993, 14.
3 KG Berlin v. 11.7.2006 – 1 W 400/02, FamRZ 2008, 1116 (LS) für die öffentlich-rechtliche Unterbringung.
4 BayObLG v. 21.10.1993 – 3 Z BR 174/93, BayObLGZ 1993, 348.
5 HK-BUR/*Bauer*, § 70b FGG Rz. 56.
6 Vgl. zum Ganzen *Bumiller*/Winkler, § 70b FGG Rz. 1; *Bassenge*/Roth, § 70b FGG Rz. 2, jeweils mwN.
7 KG Berlin v. 11.7.2006 – 1 W 400/02, FamRZ 2008, 1116 (LS).
8 Wie hier: *Bienwald*/Sonnenfeld/Hoffmann, § 70b FGG Rz. 2; HK-BUR/*Bauer*, § 70b FGG Rz. 31 ff., 54; OLG Schleswig v. 29.12.1993 – 2 W 163/93, BtPrax 1994, 62.
9 AA Jürgens/*Mertens*, § 70b FGG Rz. 5.
10 BR-Drucks. 309/07, S. 69.

rung des Betroffenen abgesehen werden soll. Eine Anhörung kann unterbleiben, sofern die Voraussetzungen des § 34 Abs. 2 iVm. § 319 Abs. 3 vorliegen (§ 34 Rz. 22 ff.). Die Bestellung eines Verfahrenspflegers ist in diesem Falle **zwingend**, ohne dass dem Gericht ein Ermessensspielraum zustünde. Bei fehlender Anhörung geht das Gesetz unwiderleglich davon aus, dass eine effektive Interessenvertretung des Betroffenen eines Verfahrenspflegers bedarf.

8 Der Pfleger muss selbst vor der Anordnung einer auch nur vorläufigen Unterbringung persönlich angehört werden. Ist seine Anhörung wegen Gefahr im Verzuge ausnahmsweise unterblieben, so muss sie unverzüglich nachgeholt werden.[1] Deshalb ist er auch zeitlich vor einer solchen Anhörung zu bestellen.[2]

9 Darüber hinaus ist er an den anderen Verfahrenshandlungen zu beteiligen, vor allem muss er zu einer persönlichen Anhörung des Betroffenen geladen werden.[3]

II. Begründung (Absatz 2)

10 **Abs. 2** deckt sich inhaltlich mit § 70b Abs. 2 FGG aF und wurde nur redaktionell neu gefasst. Wird dem Betroffenen mangels Erforderlichkeit kein Verfahrenspfleger zur Seite gestellt, besteht eine **Begründungspflicht** seitens des Gerichts. Die Begründung hat in der Entscheidung, durch die eine Unterbringungsmaßnahme genehmigt oder angeordnet wird, zu erfolgen – und nicht etwa bereits in einer Zwischenentscheidung über die Ablehnung der Bestellung. Die Begründung muss auf den jeweiligen Einzelfall bezogen sein und soll nicht formelhaft erfolgen.[4]

11 Keiner Begründung bedarf es bei Zurückweisung des Antrags auf Genehmigung einer freiheitsentziehenden Maßnahme. Eine solche ist nach Sinn und Zweck nicht erforderlich, da es an einem Eingriff in die Freiheitsrechte des Betroffenen fehlt. Gleichwohl kann im Einzelfall eine Begründung zweckmäßig sein.

III. Ehrenamt (Absatz 3)

12 **Abs. 3** entspricht § 276 Abs. 3. In ihm wird der **Vorrang** der Bestellung eines **ehrenamtlichen Verfahrenspflegers** statuiert. Beide Vorschriften entsprechen – bis auf terminologische Unterschiede – wörtlich § 1897 Abs. 6 Satz 1 BGB.[5] Der Vorrang des Ehrenamts[6] beruht zum einen auf **Kostengründen**, es soll aber auch dem im **Betreuungsrecht vorherrschenden Grundsatz der persönlichen Betreuung** hierdurch zur Geltung verholfen werden.[7] Wichtig ist aber immer, dass die Person auch wirklich geeignet ist (zur Geeignetheit ausführlich: § 276 Rz. 41 ff.). Daran fehlt es etwa, wenn Angehörige die Pflegschaft nur sehr rudimentär ausüben können. Erfordert die Wahr-

1 LG Frankfurt a.M. v. 10.2.1992 – 2/9 T 110/92, NJW 1992, 986.
2 HK-BUR/*Bauer*, § 70b FGG Rz. 71 f.
3 BayObLG v. 20.8.2001 – 3Z BR 250/01, Rpfleger 2002, 24.
4 OLG Schleswig v. 29.12.1993 – 2 W 163/93, BtPrax 1994, 62; *Dodegge*/Roth, G Rz. 110; HK-BUR/*Bauer*, § 70b FGG Rz. 138 ff.
5 Dieser galt seit Inkrafttreten des Zweiten Gesetzes zur Änderung des Betreuungsrechts v. 21.4.2005 über die Verweisung in § 67 Abs. 1 Satz 6 FGG.
6 Vgl. BT-Drucks. 15/2494, S. 41.
7 Erman/*Roth*, § 1897 BGB Rz. 9 mwN.

nehmung der Interessen des Betroffenen besondere Rechtskunde, kann allerdings ein Rechtsanwalt in Frage kommen.[1]

IV. Subsidiarität (Absatz 4)

Inhaltlich entspricht **Abs. 4** dem bisherigen § 70b Abs. 3 FGG. Er wurde redaktionell neu gefasst und mit der entsprechenden Vorschrift für Betreuungssachen (§ 276 Abs. 4) harmonisiert. Die in dieser Vorschrift an sich enthaltene Anordnung der Aufhebung bzw. des Unterbleibens einer Bestellung für den Fall, dass die Interessen des Betroffenen von einem **Rechtsanwalt** oder einem anderen **geeigneten Verfahrensbevollmächtigten** vertreten werden, ist lediglich eine „Soll"-Vorschrift (die allerdings kein Ermessen eröffnet). Denn es sind Situationen denkbar, in denen der Betroffene den an seine Weisungen gebundenen Rechtsanwalt in nicht sachgerechter Weise lenkt, ihn behindert oder einengt. Gleiches gilt, wenn der Betroffene dazu neigt, den Bevollmächtigten ständig auszutauschen oder wenn der Bevollmächtigte nicht geeignet ist.[2] 13

V. Ende der Pflegschaft (Absatz 5)

Abs. 5 ersetzt den bisherigen § 70b Abs. 4 FGG, entspricht diesem inhaltlich und hat lediglich eine redaktionelle Neufassung erfahren. Mit Rechtskraft der Endentscheidung oder mit dem sonstigen Abschluss des Verfahrens, welches zum Beispiel beim Tod des Betroffenen oder bei Rücknahme des Antrags oder Erledigung in der Hauptsache (bspw. durch Entweichen des Untergebrachten) gegeben wäre, **endet** die Verfahrenspflegschaft (s. § 276 Rz. 57 ff.).[3] Eine solche Endentscheidung kann auch in einer isolierten Kostenentscheidung liegen.[4] Die Bestellung durch das Amtsgericht ist demnach nicht auf einen Rechtszug beschränkt.[5] Daneben ist die Verfahrenspflegschaft in begründeten Fällen durch das Gericht aufhebbar. 14

VI. Unanfechtbarkeit (Absatz 6)

Wie sich aus **Abs. 6** ergibt, sind die Entscheidungen im Zusammenhang mit der Bestellung eines Verfahrenspflegers (einschließlich deren Ablehnung) **nicht anfechtbar**. Dies entspricht jedenfalls im Hinblick auf die Bestellung eines Verfahrenspflegers der bisherigen höchstrichterlichen Rechtsprechung,[6] war allerdings umstritten.[7] 15

Aus der Gesetzesbegründung zum FamFG[8] lässt sich entnehmen, dass der Gesetzgeber inhaltlich zutreffend auch die Aufhebung oder die Ablehnung der Verfahrenspflegerbe- 16

1 Etwa 25 % der Verfahrenspfleger sind ehrenamtlich tätig (*Sellin/Engels*, S. 189). Ausführlich zum Meinungsstand für und wider den anwaltlichen Verfahrenspfleger HK-BUR/*Bauer*, § 67 FGG Rz. 22 ff.
2 HK-BUR/*Bauer*, § 70b FGG Rz. 146.
3 Vgl. zum FGG: *Bumiller*/Winkler, § 70b FGG Rz. 1.
4 *Bassenge*/Roth, § 70b FGG Rz. 7.
5 HK-BUR/*Bauer*, § 70b FGG Rz. 154.
6 Vgl. BGH v. 25.6.2003 – XII ZB 169/99, FamRZ 2003, 1275 ff.
7 Vgl. zum früheren Streitstand OLG Brandenburg v. 30.9.2003 – 9 WF 178/03, FGPrax 2004, 53; BGH v. 25.6.2003 – XII ZB 169/99, vorige Fn.; *Bumiller*/Winkler, § 70b FGG Rz. 3, § 19 FGG Rz. 6.
8 BT-Drucks. 16/6308, S. 266.

stellung als den Rechtszug nicht abschließende Zwischenentscheidungen ansieht, da sie – ebenso wenig wie die Bestellung eines Verfahrenspflegers – nicht in einem derartigen Maße in die Rechtssphäre des Betroffenen eingreifen, dass ihre selbständige Anfechtbarkeit notwendig wäre. Im Rechtsmittel gegen die Endentscheidung kann allerdings die unterbliebene Verfahrenspflegerbestellung gerügt werden.

VII. Kosten (Absatz 7)

17 In **Abs.** 7 wird in Übereinstimmung mit § 276 Abs. 7 festgelegt, dass der Verfahrenspfleger nicht mit **Verfahrenskosten** belegt werden kann. Dies ist interessengerecht, denn der Pfleger wird allein im Interesse des Betroffenen tätig und nimmt nicht seine eigenen Rechte, sondern vielmehr die des Betroffenen wahr. Daher ist er auch nicht Kostenschuldner iSd. § 2 Nr. 1 KostO (vgl. § 276 Rz. 71 ff.). Falls der Verfahrenspfleger im Einzelfall einmal nicht gerechtfertigte Kosten verursacht, kann das Gericht ihn als Reaktion hierauf als Pfleger entlassen.

§ 318
Vergütung und Aufwendungsersatz des Verfahrenspflegers

Für die Vergütung und den Aufwendungsersatz des Verfahrenspflegers gilt § 277 entsprechend.

A. Allgemeines

1 Die Vorschrift über die Vergütung und den Aufwendungsersatz zu Gunsten des Verfahrenspflegers (identisch mit § 331 RefE) entspricht inhaltlich dem bisherigen § 70b Abs. 1 Satz 3 FGG und verweist auf die entsprechende Regelung für Betreuungssachen (§ 277 – vgl. dort Rz. 7 ff.), die ihrerseits mit dem bisherigen § 67a FGG nahezu wortidentisch ist.

B. Inhalt der Vorschrift

2 Aufwendungsersatz kann sowohl der ehrenamtliche als auch der berufsmäßige Verfahrenspfleger verlangen, dagegen nicht eine Behörde oder ein Verein (§ 277 Abs. 1 Satz 3 – vgl. Tabelle dort Rz. 6). Es findet nach § 277 Abs. 1 Satz 1 eine Erstattung der in § 1835 Abs. 1 und 2 BGB genannten Aufwendungen statt. Ein Anspruch auf Leistung eines Vorschusses steht dem Verfahrenspfleger hingegen ebenso wenig zu (§ 277 Abs. 1 Satz 2) wie auf Ersatz der Kosten für eine angemessene Versicherung oder allgemeine Verwaltungskosten (§ 1835 Abs. 2 Satz 2 BGB). Grundsätzlich hat der Verfahrenspfleger auch nicht die Möglichkeit die Auslagenpauschale (§ 1835a BGB) geltend zu machen oder die übliche oder festgelegte Vergütung für gewerbliche oder berufliche Dienste zu beanspruchen. Berufliche Dienste werden grundsätzlich vielmehr nach § 1836 Abs. 1 und 3 BGB, §§ 1 bis 3 VBVG vergütet. Für weitere Einzelheiten hierzu vgl. § 277.

Nach § 277 Abs. 3 besteht die Möglichkeit einer Pauschalierung von Aufwendungsersatz und Vergütung im Wege der gerichtlichen Zubilligung eines festen Geldbetrages, sofern der erforderliche Zeitaufwand hinreichend sicher vorhersehbar ist und dieser durch den Verfahrenspfleger auch tatsächlich voll ausgeschöpft werden wird. 3

§ 319
Anhörung des Betroffenen

(1) Das Gericht hat den Betroffenen vor einer Unterbringungsmaßnahme persönlich anzuhören und sich einen persönlichen Eindruck von ihm zu verschaffen. Den persönlichen Eindruck verschafft sich das Gericht, soweit dies erforderlich ist, in der üblichen Umgebung des Betroffenen.

(2) Das Gericht unterrichtet den Betroffenen über den möglichen Verlauf des Verfahrens.

(3) Soll eine persönliche Anhörung nach § 34 Abs. 2 unterbleiben, weil hiervon erhebliche Nachteile für die Gesundheit des Betroffenen zu besorgen sind, darf diese Entscheidung nur auf Grundlage eines ärztlichen Gutachtens getroffen werden.

(4) Verfahrenshandlungen nach Absatz 1 sollen nicht im Wege der Rechtshilfe erfolgen.

(5) Das Gericht kann den Betroffenen durch die zuständige Behörde vorführen lassen, wenn er sich weigert, an Verfahrenshandlungen nach Absatz 1 mitzuwirken.

A. Allgemeines

1 Die Norm regelt die **Anhörung** des Betroffenen. **In Abs. 1** findet sich die redaktionell neu gefasste und sprachlich an die entsprechende Vorschrift in Betreuungsverfahren (§ 278 Abs. 1) angepasste Entsprechung zum bisherigen § 70c Satz 1 und Satz 2 FGG. Abs. 2 entspricht dem bisherigen § 70c Satz 3 FGG, Abs. 3 dem bisherigen § 70c Satz 5 iVm. § 68 Abs. 2 Nr. 1 FGG. Dieser Absatz wurde aus Gründen der Anpassung an den Allgemeinen Teil redaktionell neu gefasst, womit keine inhaltliche Neuausrichtung verbunden sein soll.[1] Abs. 4 entspricht dem bisherigen § 70c Satz 4 FGG, Abs. 5 dem bisherigen § 70c Satz 5 iVm. § 68 Abs. 3 FGG und ist wiederum gleich lautend mit der thematisch identisch gelagerten Vorschrift für Betreuungssachen (§ 278 Abs. 5); der RefE enthielt eine sprachlich leicht abgewandelte Fassung.

B. Inhalt der Vorschrift

I. Art und Weise der Anhörung (Absatz 1)

2 Die persönliche Anhörung hat mehrere Funktionen: Sie gewährt dem Betroffenen rechtliches Gehör, aber sie dient auch der Sachverhaltsermittlung, ist also Teil der Beweisaufnahme und dies in zweierlei Hinsicht: zum einen, indem der Unterzubrin-

1 BT-Drucks. 16/6308, S. 267.

gende als Subjekt angehört wird, zum anderen indem er Gegenstand des Augenscheins wird.

3 Das Gericht muss in jedem Fall anhören, also auch, falls es zum derzeitigen Zeitpunkt dazu tendiert, eine Unterbringungsmaßnahme abzulehnen.[1] Denn ihm obliegt eine Kontrollfunktion gegenüber Sachverständigen und Zeugen, der es in beide Richtungen nachkommen muss. Dies entspricht auch dem Verständnis des Begriffs der Unterbringungsmaßnahme, wie ihn § 312 meint, denn auch hier ist eine ablehnende Entscheidung unzweifelhaft erfasst (§ 312 Rz. 2).

4 Das Gesetz unterscheidet zwischen Anhörung und der Verschaffung eines **persönlichen** (vormals: „unmittelbaren") **Eindrucks**. Die Änderung soll nach der Gesetzesbegründung rein sprachlicher Natur sein.[2] Jedoch drücken die Formulierungen die beiden beschriebenen Funktionen aus: Die Verschaffung eines Eindrucks ist auf die Inaugenscheinseinnahme zugeschnitten, bei der der Betroffene eher Objekt ist, während die Anhörung ihn als Subjekt anspricht und den Grundsatz des rechtlichen Gehörs verwirklicht.

5 Durch die Vorschrift erfährt die Amtsermittlungspflicht des Gerichts nach § 26 eine Konkretisierung. Aus Anhörung und Verschaffung eines persönlichen Eindrucks ergeben sich für das Gericht eigene Erkenntnisquellen zur Sachaufklärung, die für eine sachgerechte Entscheidung wichtig sind und über die Pflicht zur Gewährung rechtlichen Gehörs hinausgehen. „Persönlich" bedeutet, dass eine mündliche Anhörung erfolgt.

6 Die Inaugenscheinseinnahme (dazu näher § 278 Rz. 11 f.) kann, sofern erforderlich, in der **üblichen Umgebung** des Betroffenen geschehen, also auch in der Einrichtung, in der der Betroffene untergebracht ist. Ein bloßer Treffpunkt unter freiem Himmel fällt nicht hierunter.[3] Ob der Betroffene ein Weigerungsrecht besitzt, in seiner üblichen Umgebung angehört zu werden, war zum FGG umstritten.[4] Nicht zulässig ist es jedenfalls, den Zutritt zur Wohnung des Betroffenen gewaltsam zu erzwingen.

7 Sinnvoll ist es, persönliche Anhörung und Inaugenscheinseinnahme zu verbinden. Inhalt und Verlauf der Anhörung sind zu protokollieren. Die Anhörung ist nicht öffentlich, der Verfahrenspfleger ist aber hinzuzuziehen.

II. Zwingender Inhalt (Absatz 2)

8 Das Gericht unterrichtet den Betroffenen, nicht zwingend einen etwa vorhandenen Verfahrenspfleger/Bevollmächtigten, **über den möglichen Verfahrensverlauf**. Am zweckmäßigsten geschieht dies mündlich bei der ersten Anhörung.[5] Hierdurch soll dem Beteiligten das Verfahren verständlich gemacht und er soll in die Lage versetzt werden, Argumente, die aus seiner Sicht gegen eine Unterbringung sprechen, vorzubringen.[6] Der Inhalt der Anhörung hat sich ferner zu beziehen auf die **Notwendigkeit**

1 HK-BUR/*Bauer*, § 70c FGG Rz. 3.
2 BT-Drucks. 16/6308, S. 267.
3 *Bassenge*/Roth, § 70c FGG Rz. 3; zum Ablauf der Anhörung vgl. HK-BUR/*Bauer*, § 70c FGG Rz. 26, 33 f., § 68 FGG Rz. 68 ff.
4 Dafür Jürgens/*Marschner*, § 70c FGG Rz. 10; HK-BUR/*Bauer*, § 70c FGG Rz. 36b; dagegen Fröschle/*Locher*, § 70c FGG Rz. 3; *Dodegge*/Roth, G Rz. 130.
5 *Bassenge*/Roth, § 68 FGG Rz. 7.
6 *Bumiller*/Winkler, § 70c FGG Rz. 6.

einer Unterbringung, mögliche Alternativen, eine Verfahrenspflegerbestellung und auf eventuell hinzuzuziehende Vertrauenspersonen des Betroffenen.

Bisher begründete die Nichtbeachtung im Beschwerdeverfahren idR nicht die weitere Beschwerde, was wohl auch weiterhin entsprechend gilt. 9

III. Absehen von Anhörung (Absatz 3)

Die Vorschrift ist wortidentisch mit der entsprechenden Vorschrift für allgemeine Betreuungssachen (§ 278 Abs. 4), die unter den gleichen Voraussetzungen in Ausnahmefällen das **Absehen von einer persönlichen Anhörung** regelt (s. § 278 Rz. 31 ff.). Die Voraussetzungen sind in § 34 geregelt, zusätzlich verlangt § 319 Abs. 3 ein ärztliches Gutachten. 10

Die Anhörung unterbleibt hiernach (zu den Einzelheiten vgl. § 34 Rz. 21 ff.), wenn hiervon **erhebliche gesundheitliche Nachteile** für den Betroffenen ausgehen, wobei diese Entscheidung nur auf Grundlage eines entsprechenden **ärztlichen Gutachtens** ergehen darf. Für das nach Abs. 3 einzuholende Gutachten gilt § 29. Kurzfristige Beeinträchtigungen des Wohlergehens genügen nicht, es muss sich vielmehr um schwerwiegende Nachteile für die Gesundheit handeln. Von der Anhörung selbst werden nur sehr selten gesundheitliche Gefahren ausgehen, eher schon von einer – zwangsweisen – Vorführung. 11

Die Anhörung unterbleibt ferner, wenn der Betroffene offensichtlich nicht in der Lage ist, seinen Willen kundzutun, womit der natürliche Wille gemeint ist. Entscheidend ist, dass er weder verbal noch nonverbal kommunizieren kann. Dagegen ist die Frage der Sinnhaftigkeit der Äußerungen unerheblich. Die Ausnahme ist nicht etwa schon dann gegeben, wenn eine Verständigung nicht ohne weiteres möglich ist oder der Betroffene seine Lage nicht selbständig zu beurteilen vermag. Denn diese Faktoren stellen gerade einen bedeutsamen Gesichtspunkt des Persönlichkeitsbildes und damit dessen, worüber sich das Gericht bei der Anhörung einen Eindruck verschaffen soll, dar. Entscheidend ist ferner, dass die fehlende Kommunikationsmöglichkeit nicht nur vorübergehender Natur ist. 12

Sofern die Voraussetzungen für ein Absehen von der Anhörung nicht vorgelegen haben, muss diese unverzüglich nachgeholt werden.[1] Ein Zeitraum von fünf Tagen ist hierfür jedenfalls zu lang.[2] Die Unterbleibensgründe müssen in der Endentscheidung dargelegt werden.[3] Abgesehen werden kann von der persönlichen Anhörung, nicht vom Verschaffen eines unmittelbaren Eindrucks. Doch wird auch letzteres für zulässig gehalten, wenn bereits durch den unmittelbaren Kontakt, etwa mit dem Richter, die beschriebenen gesundheitlichen Gefahren drohen (§ 278 Rz. 35).[4] 13

Ob die Anhörung auch unterbleiben darf (muss), wenn der Unterzubringende sich weigert (und eventuell zur Wehr setzt), wird im Rahmen der Vorführung behandelt (Rz. 17 f.). 14

1 Vgl. OLG Schleswig v. 29.12.1993 – 2 W 163/93, SchlHA 1994, 65; gegen eine Heilung HK-BUR/*Bauer*, § 70c FGG Rz. 40.

2 BayObLG v. 27.1.2000 – 3 ZBR 64/00, FamRZ 2001, 578.

3 *Bassenge*/Roth, § 68 FGG Rz. 8.

4 Fröschle/*Locher*, § 68 FGG Rz. 9.

IV. Rechtshilfe (Absatz 4)

15 Die Verfahrenshandlungen nach § 319 Abs. 1 sollen grundsätzlich („sollen" – kein striktes Verbot) nicht durch einen ersuchten Richter erfolgen, im Inland soll also von der **Rechtshilfe** kein Gebrauch gemacht werden. Die Zulassung von Ausnahmen soll im Rahmen einer verfassungskonformen Auslegung auf Grund der drohenden besonders schwerwiegenden Grundrechtseingriffe in beschränktem Maße erfolgen.[1] Sinn und Zweck der Anordnung ist es, sicherzustellen, dass mindestens ein Mitglied des erkennenden Gerichts an der Inaugenscheinseinnahme teilnimmt und sich den persönlichen Eindruck verschafft.

16 Im Rahmen des FGG wurde es für zulässig erachtet, dass das Rechtsmittelgericht einen beauftragten Richter einschaltet.[2] Das BVerfG[3] hielt eine erneute Anhörung durch das Rechtsmittelgericht jedenfalls dann unter grundgesetzlichen Gesichtspunkten für nicht erforderlich, wenn hiervon keine neuen Erkenntnisse zu erwarten sind. Dem wird man (bei hinreichender Dokumentation der Rechtshilfeanhörung) beipflichten können, wenn das Krankheitsbild eindeutig und die Kommunikationsfähigkeit des Betroffenen stark eingeschränkt ist, insbesondere bei Verlängerungen.[4]

V. Vorführung (Absatz 5)

17 Trotz etwaiger **Weigerung** des Betroffenen besteht die Pflicht des Gerichts, den Betroffenen anzuhören, fort. Das Gericht kann für diesen Fall der Weigerung seine **Vorführung** durch die nach § 1 BtBG **zuständige Behörde** anordnen (s. § 278 Rz. 39). Der Gerichtsvollzieher ist hierzu auf Grund des eindeutigen Gesetzeswortlautes nicht befugt, um den sachgerechten Umgang mit psychisch kranken oder behinderten Betroffenen sicherzustellen. Im Einzelfall muss die Vorführung verhältnismäßig sein.

18 Fraglich ist, ob die Vorführung auch den Einsatz von Zwang, etwa das Öffnen der Wohnung, rechtfertigt. Das ist in § 319 genauso wenig geregelt wie in § 278 (vgl. § 278 Rz. 40). Nach früherem Recht behalf man sich mit einer gerichtlichen Ermächtigung gem. § 33 Abs. 2 FGG, die dann mit Zwang durchgesetzt werden konnte. Die Nachfolgevorschriften passen jedoch nicht.[5] Die Tatsache, dass der Gesetzgeber diese Neuregelung der Vollstreckungsvorschriften bewusst vorgenommen hat, und der Umkehrschluss aus § 283 Abs. 2 lassen nur das Ergebnis zu, dass Gewalt im Rahmen der Vorführung nicht zulässig ist.[6] Damit kann die Vorführung nicht gegen den Widerstand des Betroffenen erfolgen, was die Regelung des Abs. 5 nicht gerade für die Praxis prädestiniert.[7] In diesen Fällen muss dann die Anhörung unterbleiben, die Anhörungspflicht besteht dann konsequenterweise nicht (vgl. § 278 Rz. 40).

---

1 HK-BUR/*Bauer*, § 70c FGG Rz. 28.

2 BayObLG v. 11.9.1981 – BReg. 3 Z 65/81, BayObLGZ 81, 306 ff.

3 BVerfG v. 29.11.1983 – 2 BvR 704/83, NJW 1984, 1025.

4 Keidel/*Kayser*, § 70c FGG Rz. 7; *Dodegge*/Roth, G Rz. 133; aA *Bienwald*/Sonnenfeld/Hoffmann, § 70c FGG Rz. 3; *Coeppicus*, FamRZ 1992, 16 (23).

5 § 35 setzt eine gerichtliche Anordnung zur Vornahme einer Handlung voraus, die § 319 nicht vorsieht. § 90 steht im Abschnitt über die Herausgabe von Personen.

6 AA *Grotkopp* in seiner Stellungnahme zum Entwurf der Bundesregierung, S. 15.

7 Auch der Vergleich mit §§ 283, 284, 326 zeigt die rechtspolitische Fragwürdigkeit dieser Lösung, die sich aber nicht im Wege bloßer Auslegung beseitigen lässt.

VI. Wirksamkeit/Folgen eines Verstoßes

Die Anordnung erlangt Wirksamkeit, sobald sie dem Betroffenen in einfacher Bekanntmachung zur Kenntnis gelangt. 19

Ein Verstoß gegen die Anhörungspflicht führt zur Rechtswidrigkeit der gleichwohl durchgeführten Unterbringung. Eine spätere Nachholung führt nicht zur Heilung dieses Mangels.[1] Scheitert die Anhörung am Widerstand des Betroffenen, muss allerdings eine Entscheidung gleichwohl möglich sein, da eine zwangsweise Durchsetzung der Anhörungspflicht nicht möglich ist. 20

Die Regelungen, die sich mit der Hinzuziehung von Sachverständigen bzw. von Vertrauenspersonen befassten,[2] haben keinen Eingang in die Neuregelung innerhalb des FamFG gefunden. Sie waren wegen § 280 Abs. 2 (persönliche Untersuchung durch Sachverständigen; es gilt Strengbeweisverfahren) und § 12 entbehrlich. Die früher in § 68 Abs. 4 Satz 3 FGG enthaltene Regelung zur Anwesenheit Dritter ist aus systematischen Gründen nunmehr in § 170 GVG zu finden.[3] 21

§ 320
Anhörung der sonstigen Beteiligten und der zuständigen Behörde

Das Gericht hat die sonstigen Beteiligten anzuhören. Es soll die zuständige Behörde anhören.

A. Allgemeines

§ 320 ordnet die **Anhörung der zum Verfahren hinzugezogenen Beteiligten** an, was an sich bereits aus den Erfordernissen des Art. 103 GG folgt,[4] zumindest sofern die Verletzung eigener Rechte im Raum steht. 1

Die Norm knüpft an den bisherigen § 70d Abs. 1 FGG an. Es fand eine redaktionelle Neufassung statt, um einen weit gehenden Gleichlauf mit der entsprechenden Vorschrift aus dem Betreuungsverfahren (§ 279 Abs. 1 und Abs. 2) sowie mit dem Allgemeinen Teil zu erzielen. Während § 70d FGG die anzuhörenden Personen konkret nannte, knüpft § 320 an ihre Beteiligung an, was durchaus sinnvoll ist. Gegenüber dem RefE wurde die zwingende Anhörung (§ 333) der Behörde in eine Sollvorschrift geändert. Der weiter gehende Vorschlag des Bundesrats, die Behörde nur auf Antrag zu beteiligen, wurde nicht Gesetz. 2

Da die Kindschaftssachen einschließlich der Unterbringung Minderjähriger nun einheitlich in einem eigenen Abschnitt geregelt sind, wurden die bisher nach § 70d Abs. 2 FGG notwendig gewesenen Anhörungen, sofern der Betroffene minderjährig war, nunmehr in § 167 Abs. 4 geregelt (s. dort). 3

1 OLG Hamm v. 10.9.2007 – 15 W 235/07, BtPrax 2008, 37; BayObLG v. 27.7.2000 – 3 Z BR 64/00, FamRZ 2001, 578 f.
2 § 68 Abs. 4 FGG aF.
3 Vgl. zum Ganzen BT-Drucks. 16/6308, S. 267.
4 So jedenfalls die Motive zum FamFG: BT-Drucks. 16/6308, S. 274.

B. Inhalt der Vorschrift

4 Bei § 70d Abs. 1 Satz 1 FGG handelte es sich um eine **zwingende**, der Sachaufklärung dienende Norm,[1] so dass davon auszugehen ist, dass § 320 Satz 1 ebenfalls nicht zur Disposition des Gerichts steht. In Bezug auf die Anhörung einer Behörde (s. § 279 Rz. 11 ff.) wurde in Kenntnis dieser bisher geltenden Rechtslage indes ausdrücklich eine „Soll"-Regelung getroffen, so dass in begründeten Ausnahmefällen von einer Anhörung abgesehen werden kann. Eine **Äußerungspflicht** bestand auch schon nach altem Recht **nicht**, da es sich bei den Angehörigen nicht um Zeugen handelt.[2] Gegenüber § 70d FGG ist der Umfang der Anhörungsnotwendigkeit leicht eingeschränkt.

5 Unterbleibt die Anhörung, so stellt der Verstoß gegen die zwingende[3] Vorschrift einen Verfahrensfehler dar, auf dem die Entscheidung beruhen kann.[4] Wegen des im Hinblick auf § 319 ähnlich gelagerten Schutzzwecks – die Vorschrift des § 320 dient nicht (vorwiegend) der Gewährung rechtlichen Gehörs,[5] sondern vielmehr der **Sachaufklärung** – erscheint es sachgerecht, die zur Anhörung des Betroffenen (nunmehr § 319) vorgenommene Wertung auch auf das Unterbleiben der Anhörung der sonstigen Beteiligten zu übertragen. Eine gleichwohl angeordnete Unterbringung ist rechtswidrig, denn ihr haftet der Makel einer Freiheitsentziehung ohne Einhaltung des notwendigen Verfahrens an.[6]

§ 321
Einholung eines Gutachtens

(1) Vor einer Unterbringungsmaßnahme hat eine förmliche Beweisaufnahme durch Einholung eines Gutachtens über die Notwendigkeit der Maßnahme stattzufinden. Der Sachverständige hat den Betroffenen vor der Erstattung des Gutachtens persönlich zu untersuchen oder zu befragen. Das Gutachten soll sich auch auf die voraussichtliche Dauer der Unterbringung erstrecken. Der Sachverständige soll Arzt für Psychiatrie sein; er muss Arzt mit Erfahrung auf dem Gebiet der Psychiatrie sein.

(2) Für eine Maßnahme nach § 312 Nr. 2 genügt ein ärztliches Zeugnis.

A. Allgemeines

1 Die Vorschrift regelt die **Einholung eines Gutachtens** in Unterbringungssachen. Sie knüpft an den früheren § 70e Abs. 1 FGG an und wurde an den Allgemeinen Teil des FamFG angepasst. Abs. 1 Satz 1 und 2 sind identisch mit § 280 Abs. 1, Abs. 2 Satz 1 (s. dort Rz. 5 ff.). Der RefE (§ 334) hatte keine Aussage zum Inhalt des Gutachtens enthalten.

1 Vgl. *Bassenge*/Roth, § 70d FGG Rz. 2.
2 *Bassenge*/Roth, § 70c FGG Rz. 2.
3 Zum alten Recht wurde teilweise eine analoge Anwendung von § 68a Satz 4 FGG (jetzt § 279 Abs. 3 FamFG) befürwortet, vgl. etwa Damrau/*Zimmermann*, § 70d FGG Rz. 16, mwN.
4 BayObLG v. 23.8.1995 – 3 Z BR 237/95, n.v.; vgl. auch BayObLG v. 6.5.1993 – 3 Z BR 79/93, BayObLGZ 1993, 208 (211).
5 *Bienwald*/Sonnenfeld/Hoffmann, § 70d FGG Rz. 14.
6 OLG Hamm v. 10.9.2007 – 15 W 235/07, BtPrax 2008, 37.

B. Inhalt der Vorschrift

I. Gutachten durch Facharzt (Absatz 1)

1. Vor einer Unterbringungsmaßnahme hat das Gericht ein Gutachten einzuholen. Dieses ist im Wege einer förmlichen Beweisaufnahme zu erstellen (vgl. § 280 Rz. 8 ff.).[1] Dafür hat der Gutachter den Betroffenen **persönlich zu untersuchen**. Ein Telefongespräch genügt nicht. Das Gutachten muss dann zeitnah zu dieser Untersuchung erstellt werden, so dass es nicht genügt, auf eine schon etwas länger zurückliegende Untersuchung zurückzugreifen.[2] Der persönliche Eindruck muss zum Zwecke der Begutachtung erfolgen, nicht bei Gelegenheit eines anderen Kennenlernens.[3] Eine Abfassung auf Grund der Aktenlage ist nicht ausreichend.[4] Die Hinzuziehung anderer Personen ist denkbar,[5] sollte dann aber im Gutachten deutlich gemacht werden. 2

2. Der Gutachter muss ein Arzt sein, möglichst **Facharzt für Psychiatrie**. Dies ist für Unterbringungssachen – anders als in allgemeinen Betreuungssachen – besonders hervorgehoben, weil die Schwere des Grundrechtseingriffs eine besonders sorgfältige Prüfung verlangt. Es ist allerdings auch ausreichend, wenn er Erfahrung auf psychiatrischem Gebiet hat. Im letzteren Fall muss seine besondere Sachkunde durch das Gericht nachgewiesen werden.[6] Dass die Ärzte der Gesundheitsämter diese Sachkunde auf jeden Fall mitbringen,[7] kann nicht generell bejaht werden.[8] Die Auswahl des Gutachters liegt im pflichtgemäßen Ermessen des Gerichts, das allerdings möglichst nicht den Arzt beauftragen sollte, der die Unterbringung angeregt hat. Im Gegensatz zur erstmaligen Betreuerbestellung genügen bereits eingeholte oder mitgereichte Gutachten (bspw. von den Behörden) den Erfordernissen nicht, weil es insoweit an einem Auftrag des Gerichts fehlt.[9] Beauftragt wird eine Einzelperson, nicht eine Institution (Klinik). 3

Als Gutachter (vgl. § 280 Rz. 16 ff.) kommen vor allem Neurologen, Psychiater und Ärzte, die in der Psychotherapie oder in der Geriatrie arbeiten, in Betracht.[10] Die Gerichte verlangen eine ca. sechsmonatige Tätigkeit in einer entsprechenden Einrichtung. 4

3. Der **Inhalt des Gutachtens** ist nur teilweise im Gesetz geregelt; dieses verlangt – im Gegensatz zum bisherigen Recht – nunmehr ausdrücklich ein Eingehen auf die **Dauer der Unterbringung**. Damit soll dem Gericht eine Entscheidungshilfe an die Hand gegeben werden, da es ja das Ende der Unterbringung in seinem Beschluss bestimmen muss.[11] Darüber hinaus haben eine Darstellung der Untersuchung zu erfolgen und 5

1 Zum Inhalt des Beweisbeschlusses: HK-BUR/*Rink*, § 70e Rz. 8.
2 BayObLG v. 23.4.1999 – 3 Z BR 73/99, BtPrax 1999, 195.
3 OLG Köln v. 16.9.1998 – 16 Wx 121/98, FamRZ 1999, 873; zweifelhaft sei „eine Exploration am Fenster" (OLG Köln v. 23.2.2000 – 16 Wx 33/00, FamRZ 2001, 310).
4 OLG Brandenburg v. 8.5.2000 – 9 Wx 7/00, FamRZ 2001, 40; BayObLG v. 23.4.1999 – 3 Z BR 73/99, BtPrax 1999, 195.
5 OLG Brandenburg v. 8.5.2000 – 9 Wx 7/00, FamRZ 2001, 40.
6 OLG Zweibrücken v. 18.2.2005 – 3 W 17/05, OLGReport 2005, 437.
7 So *Bienwald*/Sonnenfeld/Hoffmann, § 70e FGG Rz. 6.
8 Differenzierend: BayObLG v. 7.7.1997 – 3 Z BR 343/96, FamRZ 1997, 1565 und v. 13.11.1996 – 3 Z BR 278/96, FamRZ 1997, 901.
9 BayObLG v. 23.3.2001 – 3 Z BR 71/01, BtPrax 2001, 166.
10 Vgl. auch HK-BUR/*Rink*, § 70e FGG Rz. 13 ff.
11 BR-Drucks. 309/07, S. 616.

eine möglichst genaue **Beschreibung der Krankheit** einschließlich einer Aussage über die Unfähigkeit des Betroffenen, einen eigenen **freien Willen zu bilden.**[1] Auch über die Notwendigkeit der Maßnahmen sowie mögliche alternative Behandlungsmethoden sollte sich das Gutachten auslassen.

6 Das Gutachten wird sinnvollerweise schriftlich erstellt, kann aber dem Gericht auch mündlich vorgetragen werden.[2]

II. Ärztliches Zeugnis (Absatz 2)

7 Die nur leicht redaktionell bearbeitete Vorschrift lässt bei unterbringungsähnlichen Maßnahmen (gem. § 1906 Abs. 4 BGB) statt eines Gutachtens ein **ärztliches Zeugnis** genügen. Letzteres muss nicht im Wege einer förmlichen Beweisaufnahme erstattet werden. Gleichwohl ist auch hier eine entsprechende fachliche Kompetenz des Arztes gefragt (vgl. § 281 Rz. 12 ff.). IdR wird man eine persönliche ärztliche Untersuchung, die zeitnah erfolgt ist, verlangen können. Inhaltlich hat sich das Attest über ähnliche Kriterien wie das Gutachten zu äußern.

8 Die Auswahl des Gutachters durch das Gericht ist nicht im Wege der Beschwerde angreifbar. Einwände gegen den Inhalt des Gutachtens sind gegenüber dem Gericht zu äußern, das gehalten ist, das Gutachten kritisch zu würdigen. Ggf. kann das Gericht einen weiteren Gutachter beauftragen.

§ 322
Vorführung zur Untersuchung; Unterbringung zur Begutachtung

Für die Vorführung zur Untersuchung und die Unterbringung zur Begutachtung gelten die §§ 283 und 284 entsprechend.

A. Allgemeines

1 Die Vorschrift (= § 335 RefE) entspricht inhaltlich dem bisherigen § 70e Abs. 2 FGG und verweist auf §§ 283 und 284. Sie dient dem Ziel, faktische Schwierigkeiten bei der Erstellung des Gutachtens im Rahmen einer Unterbringung nach § 321 zu überwinden. So kann es zur Einholung eines Gutachtens bei Widerstand des Betroffenen nötig sein, diesen zur Untersuchung vorzuführen und/oder zur Begutachtung unterzubringen.

B. Inhalt der Vorschrift

I. Zwangsweise Vorführung zur Untersuchung

2 Die Vorführung zur Untersuchung im Rahmen einer Unterbringungsmaßnahme unterliegt durch den Verweis auf §§ 283, 284 den gleichen Regelungen wie im Fall der

1 OLG Hamm v. 11.5.2006 – 15 W 87/06, FGPrax 2006, 230.
2 OLG Brandenburg v. 31.3.2000 – 9 AR 8/00, FamRZ 2001, 38.

Erstellung eines Gutachtens zur Notwendigkeit einer Betreuung (zu den Einzelheiten vgl. Komm. dort). Es besteht daher auch in Unterbringungsfällen die Möglichkeit **zwangsweiser** Vorführung zur Untersuchung. Voraussetzung ist, dass das Gutachten nicht anders erstattet werden kann. Der Betroffene soll vorher angehört werden. Gewalt soll zur Schonung des Betroffenen grundsätzlich nur von entsprechend ausgebildetem Fachpersonal der Betreuungsbehörde angewandt werden. Als ultima ratio darf diese nach § 283 Abs. 2 Satz 2 aber auch polizeiliche Vollzugshilfe in Anspruch nehmen (§ 283 Rz. 14).

II. Kein Untersuchungszwang

3 Im Gegensatz zur Vorführung darf die **Untersuchung selbst nicht gegen den Willen** des Betroffenen erfolgen.[1] Jegliche Art körperlichen Eingriffs ist im Rahmen der Untersuchung unzulässig. Auch die Beantwortung von Fragen und die Teilnahme an Tests darf nicht erzwungen werden.[2] Insoweit ist der Gutachter auf die freiwillige Kooperation des Betroffenen angewiesen. Wegen dieser klaren Entscheidung des Gesetzgebers muss der Gutachter notfalls auf Grund eines äußeren Eindrucks sein Gutachten erstellen.

III. Zwangsweise Unterbringung zur Begutachtung

4 Ist es für die Erstellung des Gutachtens notwendig, kann der Betroffene unter Beachtung der Verhältnismäßigkeit für die Dauer von sechs Wochen untergebracht und beobachtet werden. Der Zeitraum kann auf eine Gesamtdauer von bis zu drei Monaten verlängert werden, wenn sechs Wochen zur Erkenntniserlangung nicht ausreichen. In Bezug auf die Anwendung von Gewalt gilt das zur Vorführung zur Untersuchung nach § 283 Ausgeführte hier auf Grund § 284 Abs. 3 entsprechend (§ 283 Rz. 13 f.). Die vorherige Anhörung des Betroffenen ist zwingend erforderlich, auch vor Verlängerung des Unterbringungszeitraums. Ebenso ist die Anhörung eines Sachverständigen (regelmäßig Facharzt für Psychiatrie) notwendig.

IV. Gerichtliche Anordnung

5 Die Anwendung von Gewalt durch die Behörde darf in beiden Fällen nur auf Grund ausdrücklicher gerichtlicher Anordnung erfolgen. Dies wird nunmehr – im Gegensatz zu § 68b Abs. 3 FGG aF – unzweifelhaft nach § 283 Abs. 2 sichergestellt (§ 283 Rz. 13). Damit sind Maßnahmen nach § 322 nun nur noch unter den gleichen Voraussetzungen wie nach § 326 Abs. 2 möglich.

V. Rechtsmittel

6 Sämtliche gerichtlichen Anordnungen nach § 283 sowie die Anordnung der Vorführung des Betroffenen zur zwangsweisen Unterbringung nach § 284 sind unanfechtbar. Die Anordnung der zwangsweisen Unterbringung selbst unterliegt dem Rechtsmittel der Beschwerde (§§ 58 ff.).

1 BT-Drucks. 16/6308, S. 268.
2 *Bassenge*/Roth, § 70e FGG Rz. 8; Keidel/*Kuntze*, § 68b FGG Rz. 12.

§ 323
Inhalt der Beschlussformel

Die Beschlussformel enthält im Fall der Genehmigung oder Anordnung einer Unterbringungsmaßnahme auch

1. die nähere Bezeichnung der Unterbringungsmaßnahme sowie

2. den Zeitpunkt, zu dem die Unterbringungsmaßnahme endet.

A. Allgemeines

1 Die Vorschrift (identisch mit § 336 RefE) entspricht dem bisherigen § 70f FGG und bestimmt den Inhalt der Beschlussformel bei Anordnung oder Genehmigung einer Unterbringungsmaßnahme (nicht bei Ablehnung einer solchen).

2 Da der grundsätzliche Inhalt eines Beschlusses nach dem FamFG bereits im Allgemeinen Teil in § 38 Abs. 2 geregelt ist, ergänzt § 323 die dort aufgestellten Erfordernisse (vgl. § 38 Rz. 8 ff.) nur noch um die Elemente, die die Anordnung einer Unterbringungsmaßnahme speziell erfordert. Daher ist zwar der Betroffene im Beschluss gesondert zu bezeichnen (wie vormals gem. § 70f Abs. 1 Nr. 1 FGG), doch eine Pflicht hierzu besteht bereits nach § 38 Abs. 2 Nr. 1 (und ist deshalb nicht in § 323 enthalten – vgl. § 38 Rz. 8). Aus dem gleichen Grund fiel das bisher in § 70f Abs. 1 Nr. 4 FGG vorgesehene Erfordernis einer Rechtsmittelbelehrung weg, denn diese ist bereits nach § 39 vorzunehmen. Auch eine besondere Begründung verlangt § 323 nicht mehr (bisher § 70f Abs. 2 FGG), ist eine solche doch bereits nach der allgemeinen Vorschrift des § 38 Abs. 3 vorzunehmen (§ 38 Rz. 16 ff.).

3 Letztlich bleibt nur noch das Erfordernis einer näheren **Bezeichnung der Unterbringungsmaßnahme** sowie des **Zeitpunkts**, zu dem diese endet. Damit entspricht Nr. 1 dem bisherigen § 70f Abs. 1 Nr. 2 FGG und Nr. 2 dem bisherigen § 70f Abs. 1 Nr. 3 Halbs. 1 FGG. § 70f Abs. 1 Nr. 3 Halbs. 2 FGG ist aus systematischen Erwägungen nun in § 329 Abs. 1 geregelt.

B. Inhalt der Vorschrift

I. Bezeichnung der Unterbringungsmaßnahme

4 Bei diesem Erfordernis ist zwischen den verschiedenen Unterbringungsarten des § 312 zu unterscheiden. In den Fällen des § 312 Nr. 1 und 3 ist die **Art der Unterbringungseinrichtung** anzugeben, zB psychiatrische Anstalt, Entziehungsklinik, Rehabilitationseinrichtung.[1] Die konkrete Auswahl der Einrichtung bleibt aber dem Betreuer oder der Behörde überlassen, hierüber muss der Beschluss keine Aussage treffen.[2] Wenn dies in der Praxis dennoch erfolgt, dann aus dem praktischen Aspekt, dass ohnehin keine reale Wahlmöglichkeit besteht, da die Krankenhausgesetze recht konkrete Vorgaben machen. Für die öffentlich-rechtliche Unterbringung gibt es zT landesrechtliche Rege-

1 OLG Köln v. 17.7.2006 – 16 Wx 142/06, OLGReport 2007, 148 f.
2 OLG Zweibrücken v. 25.2.2003 – 3 W 35/03, OLGReport 2003, 230 f.; *Bumiller*/Winkler, § 70f FGG Rz. 3.

lungen, die eine Auswahl begrenzen oder ganz ausschließen. Mit Angabe der Art der Einrichtung soll gewährleistet werden, dass der Betreute in eine für ihn geeignete Einrichtung aufgenommen wird.[1] Bei der Unterbringung zur Durchführung einer Heilbehandlung gem. § 312 Nr. 1 müssen darüber hinaus auch **Art, Inhalt und Dauer der Heilbehandlung** vom Gericht festgelegt werden, da der Zweck der Unterbringung mit Ende der Heilbehandlung entfällt.[2] Außerdem ist die Beschreibung notwendig, weil sie nur in der konkret beschriebenen Weise gegen den Willen des Betroffenen durchgeführt werden darf.[3]

Bei **unterbringungsähnlichen Maßnahmen** (nach § 312 Nr. 2) muss genau ausgeführt werden, welche Maßnahme konkret durchgeführt werden soll, zB Anbringen von Bettgittern, Fixierung, Absperren der Ausgangstür.[4] Eine ausdrückliche Erwähnung der Einrichtung ist nicht erforderlich, denn diese ergibt sich in diesem Fall bereits aus dem Aufenthaltsort des Betreuten. Auch sollte ein ungefährer zeitlicher Rahmen genannt sein, da dieser die Maßnahme charakterisiert (Beispiel: „zur Nachtzeit").[5] Auf der anderen Seite kann (ja muss unter Umständen) dem gesetzlichen Vertreter (bzw. dem Bevollmächtigten) auch ein gewisser Spielraum verbleiben.[6] 5

II. Endzeitpunkt der Unterbringungsmaßnahme

Es muss eindeutig festgelegt werden, wann die Unterbringungsmaßnahme endet. Kriterium ist der Zweck der Unterbringung unter Beachtung der Verhältnismäßigkeit.[7] Der Antrag des Betreuers ist nicht verbindlich. Die Bestimmung des Endzeitpunkts kann durch Angabe eines genauen Datums geschehen oder durch Nennung eines Zeitraums mit Anfangszeitpunkt. Fehlt ein solcher Anfangszeitpunkt, so ist Beginn der Erlass der Entscheidung.[8] Das Ende berechnet sich nach § 16. Gem. § 329 Abs. 1 ist zulässige **Höchstdauer** der Unterbringung **ein Jahr**, nur bei offensichtlich langer Unterbringungsbedürftigkeit ist unter erhöhten Anforderungen an gerichtliche Aufklärung, Anhörung und Begründung eine Ausweitung auf zwei Jahre möglich (§ 329 Rz. 6 f.).[9] Mit Ablauf der Frist endet die Maßnahme automatisch. 6

III. Fehlen der erforderlichen Angaben

Strittig ist, welche Folgen es hat, wenn die von § 323 geforderten Angaben im Beschluss fehlen. Es wird vertreten, dass in einem solchen Fall die Entscheidung fehlerhaft und anfechtbar, nicht aber unwirksam ist.[10] Man wird differenzieren müssen: Die **Angabe der konkreten Maßnahme ist nicht verzichtbar**. Sonst könnte gegenüber dem 7

---

1 *Bienwald*/Sonnenfeld/Hoffmann, § 70f FGG Rz. 6.
2 OLG Düsseldorf v. 29.7.1994 – 3 Wx 406/94, FamRZ 1995, 118; *Bienwald*/Sonnenfeld/Hoffmann, § 70f FGG Rz. 7.
3 *Fröschle*, § 70f FGG Rz. 7.
4 *Dodegge*/Roth, G, Rz. 155.
5 Eine genaue Uhrzeitangabe ist nicht erforderlich (*Fröschle*, § 70f FGG Rz. 9).
6 Vgl. *Dodegge*/Roth, G Rz. 155.
7 *Dodegge*/Roth, G Rz. 156.
8 BGH v. 9.3.1995 – V ZB 7/95, NJW 1995, 1898.
9 BayObLG v. 25.1.2005 – 3 Z BR 264/04, FamRZ 2005, 1278; OLG München v. 16.2.2005 – 33 Wx 6/05, BtPrax 2005, 113: Dies ist genau zu begründen.
10 Keidel/*Kuntze*, § 70f FGG Rz. 6; *Dodegge*/Roth, G, Rz. 158.

Betreuten eine Unterbringungsmaßnahme angeordnet werden, deren konkrete und genaue Auswirkungen er in Ermangelung erforderlicher und vom Gesetz geforderter Angaben nicht abschätzen kann. Das Gesetz fordert gerade die Anordnung einer ganz konkreten Maßnahme,[1] um die Belastung für den Betroffenen und insbesondere dessen Grundrechte gering zu halten und ihn über das Ausmaß der Unterbringungsmaßnahme nicht im Unklaren zu lassen. Es ist ihm daher zum Schutz seiner Grundrechte nicht zuzumuten, erst ein Anfechtungsverfahren einzuleiten, weshalb ein solcher Beschluss als von vornherein **unwirksam** anzusehen ist.[2] Fehlt dagegen nur die **Angabe der Dauer**, so ist der Beschluss **nicht nichtig**; eine entsprechende spätere Ergänzung ist zuzulassen.[3]

§ 324
Wirksamwerden von Beschlüssen

(1) Beschlüsse über die Genehmigung oder die Anordnung einer Unterbringungsmaßnahme werden mit Rechtskraft wirksam.

(2) Das Gericht kann die sofortige Wirksamkeit des Beschlusses anordnen. In diesem Fall wird er wirksam, wenn der Beschluss und die Anordnung seiner sofortigen Wirksamkeit

1. dem Betroffenen, dem Verfahrenspfleger, dem Betreuer oder dem Bevollmächtigten im Sinne des § 1896 Abs. 2 Satz 2 des Bürgerlichen Gesetzbuchs bekannt gegeben werden,

2. einem Dritten zum Zweck des Vollzugs des Beschlusses mitgeteilt werden oder

3. der Geschäftsstelle des Gerichts zum Zweck der Bekanntgabe übergeben werden.

Der Zeitpunkt der sofortigen Wirksamkeit ist auf dem Beschluss zu vermerken.

A. Allgemeines

1 § 324, seit dem RefE unverändert, regelt das **Wirksamwerden** von Genehmigungen oder Anordnungen einer Unterbringungsmaßnahme und ersetzt damit den bisherigen § 70g Abs. 3 FGG. § 324 Abs. 2 entspricht weitgehend § 287 Abs. 2.

B. Inhalt der Vorschrift

I. Grundsätzliche Wirksamkeit (Absatz 1)

2 Nach § 324 werden Beschlüsse über die Genehmigung oder Anordnung einer Unterbringungsmaßnahme (einschließlich der Ablehnung) erst mit (formeller) **Rechtskraft** wirksam, also mit Ablauf der Frist für die Einlegung der Beschwerde (für alle Be-

1 *Bassenge*/Roth, § 70f FGG Rz. 4.
2 *Fröschle*, § 70f FGG Rz. 12; *Bassenge*/Roth, § 70f FGG Rz. 4; *Bienwald*/Sonnenfeld/Hoffmann, § 70f FGG Rz. 19.
3 Wie hier *Fröschle*, § 70f FGG Rz. 18; *Dodegge*/Roth, G, Rz. 158.

schwerdeberechtigten) oder auf Grund eines Rechtsmittelverzichts. Hierin liegt eine wesentliche Abweichung von der allgemeinen Vorschrift des § 40 Abs. 1, wonach ein Beschluss nach dem FamFG im Zeitpunkt der Bekanntgabe an den Beteiligten wirksam wird. Die Vorschrift betrifft sämtliche Unterbringungsarten nach § 312. Nicht erfasst werden die Aufhebung oder die Ablehnung der Aufhebung einer Unterbringung,[1] wohl aber die Verlängerung.

Die Rechtsmittelfrist beginnt für jeden Beschwerdeberechtigten mit der schriftlichen Bekanntmachung an ihn (vgl. § 63 Rz. 5 f.).

II. Sofortige Wirksamkeit (Absatz 2)

1. Anordnung

3 Da bis zur Rechtskraft nach § 63 Abs. 1 bis zu einem Monat vergehen kann und dadurch die Gefahr besteht, dass Interessen und Rechtsgüter des Betroffenen oder Dritter gefährdet werden, sieht § 324 Abs. 2 in diesen Fällen die Möglichkeit der **Anordnung der sofortigen Wirksamkeit** vor (s. § 287 Rz. 15 ff.). Sie kann von Amts wegen oder auf Anregung der Beteiligten nach ausreichender Prüfung der Umstände durch das Gericht (auch stillschweigend[2]) erfolgen. Sie stellt in der Praxis die Regel dar,[3] insbesondere dann, wenn die Unterbringung bereits erfolgt ist oder eine einstweilige Unterbringung angeordnet ist oder angeordnet werden soll.[4]

2. Wirksamkeit

4 § 324 regelt in Abs. 2 nur die **Auswirkungen** auf die Wirksamkeit der Entscheidung. Mit Anordnung der sofortigen Wirksamkeit wird der Beschluss entweder dann wirksam, wenn er mit der Anordnung der sofortigen Wirksamkeit dem **Betroffenen**, dem **Verfahrenspfleger**, dem **Betreuer** oder dem **Bevollmächtigten** iSd. § 1896 Abs. 2 Satz 2 BGB **bekannt gegeben** wird (dies ist bei Anwesenden im Gegensatz zum früheren Recht nach § 41 Abs. 2 Satz 1 auch durch bloßes Verlesen der Beschlussformel möglich). Hierbei wurde im Rahmen der Gesetzesneuerung der Bevollmächtigte iSd. § 1896 Abs. 2 Satz 2 BGB klarstellend ergänzt. Strittig ist, ob die Bekanntgabe an den Betroffenen voraussetzt, dass er diese verstehen kann. Da die Bekanntmachung allein als Akt der Publizität wirkt, kommt es auf ein Verständnis wohl nicht an, da auch die anderen Formen eine Kenntnisnahme durch den Betroffenen nicht voraussetzen.[5]

5 Wirksamkeit tritt auch ein, wenn Beschluss und Anordnung seiner sofortigen Wirksamkeit **einem Dritten zum Zweck des Vollzugs** des Beschlusses **mitgeteilt** werden. Dritte iSd. Norm können die ausführende Behörde oder eine medizinische oder psychiatrische Einrichtung sein. Befindet sich der Betroffene in einem Heim, so genügt somit die Mitteilung an den Leiter der Einrichtung.

6 Als dritte Möglichkeit können Beschluss und Anordnung Wirksamkeit erlangen, wenn sie der **Geschäftsstelle des Gerichts** zum Zweck der Bekanntgabe **übergeben** werden. Es genügt die Niederlegung in der Geschäftsstelle.

1 Für diese gilt § 40: Wirksamwerden im Zeitpunkt der Bekanntgabe.
2 BayObLG v. 5.9.2001 – 3 Z BR 172/01, BtPrax 2002, 39 f.
3 Keidel/*Kuntze*, § 70g FGG Rz. 11; *Bienwald*/Sonnenfeld/Hoffmann, § 70g FGG Rz. 21.
4 *Dodegge*/Roth, G, Rz. 168.
5 Dafür: Jansen/*Sonnenfeld* § 70g Rz. 18; aA Fröschle/*Locher* § 70g FGG Rz. 8.

7 Alle drei Möglichkeiten kommen **alternativ**, nicht kumulativ in Betracht. Sind mehrere der Varianten erfüllt, ist auf den frühesten Zeitpunkt abzustellen. Der entsprechende Zeitpunkt ist auf der Entscheidung zu vermerken.

3. Voraussetzungen

8 Da die **Voraussetzungen** für die Anordnung der sofortigen Wirksamkeit vom Gesetz nicht vorgegeben werden, ist auf allgemeine Maßstäbe abzustellen (vgl. § 287 Rz. 16 f.). Der sofortige Vollzug muss **dringlich** sein, was immer dann der Fall ist, wenn er zum Wohl des Betroffenen[1] erforderlich ist und ein Abwarten bis zur Rechtskraft einen **erheblichen und unverhältnismäßigen Schaden an dessen Rechtsgütern** herbeiführen würde.[2] Bei konkreter Gefahr einer schweren Selbstschädigung oder einer Selbsttötung ist dies genauso gegeben wie bei einer akuten Behandlungsbedürftigkeit mittels einer Operation. Im Falle öffentlich-rechtlicher Unterbringung (§ 312 Nr. 3) ist die Dringlichkeit danach zu beurteilen, ob eine **erhebliche Gefährdung für die öffentliche Sicherheit** und Ordnung oder für Dritte besteht.[3] Liegen die Voraussetzungen vor, so besteht kein Ermessen.[4]

4. Rechtsmittel

9 Die Anordnung der sofortigen Wirksamkeit ist **nicht isoliert anfechtbar.**[5]

§ 325
Bekanntgabe

(1) Von der Bekanntgabe der Gründe eines Beschlusses an den Betroffenen kann abgesehen werden, wenn dies nach ärztlichem Zeugnis erforderlich ist, um erhebliche Nachteile für seine Gesundheit zu vermeiden.
(2) Der Beschluss, durch den eine Unterbringungsmaßnahme genehmigt oder angeordnet wird, ist auch dem Leiter der Einrichtung, in der der Betroffene untergebracht werden soll, bekannt zu geben. Das Gericht hat der zuständigen Behörde die Entscheidung, durch die eine Unterbringungsmaßnahme genehmigt, angeordnet oder aufgehoben wird, bekannt zu geben.

A. Allgemeines

1 § 325 Abs. 1 entspricht dem bisherigen § 70g Abs. 1 Satz 2 FGG und ist wortgleich mit § 288 Abs. 1, der sich auf die **Bekanntgabe** von Beschlüssen in Betreuungssachen bezieht (s. § 288 Rz. 1 ff.). Auf das generelle Erfordernis einer Bekanntmachung an den Betroffenen, das noch in § 70g Abs. 1 Satz 1 FGG enthalten war, konnte in § 325 auf

1 Fröschle/*Locher* § 70g FGG Rz. 7.
2 *Bienwald*/Sonnenfeld/Hoffmann, § 70g FGG Rz. 25.
3 *Bienwald*/Sonnenfeld/Hoffmann, § 70g FGG Rz. 26.
4 HK-BUR/*Hoffmann*, § 70g FGG Rz. 29; aA Keidel/*Kuntze*, § 69a FGG Rz. 10.
5 So schon bisher: *Dodegge*/Roth, G, Rz. 168; HK-BUR/*Hoffmann*, § 70g FGG Rz. 34.

Grund der allgemeinen Vorschrift des § 41 Abs. 1 Satz 1 verzichtet werden. § 325 Abs. 2 Satz 1 entspricht in wesentlichen Teilen dem bisherigen § 70g Abs. 2 Satz 1 FGG, wobei eine Fortschreibung der Bekanntgabe des Beschlusses an den bisher in § 70d FGG genannten Personenkreis im Hinblick auf die Regelungen des Beteiligtenbegriffs in § 315 nunmehr entbehrlich ist. Zur Änderung in § 325 Abs. 2 Satz 2 s. Rz. 10.

Die Vorschrift regelt die Bekanntgabe von Beschlüssen sowie die Ausnahmen davon. 2
Die Bekanntgabe ist wichtig **als Zeitpunkt für das Wirksamwerden** und als rechtsstaatliches Erfordernis für die Beteiligten, ua. wegen der Frage eines einzulegenden Rechtsmittels.

B. Inhalt der Vorschrift

I. Verzicht auf Bekanntgabe an den Betroffenen (Absatz 1)

Grundsätzlich ist nach § 41 Abs. 1 Satz 1 ein Beschluss dem Betroffenen in vollem 3
Umfang bekannt zu machen. § 325 Abs. 1 sieht hiervon eine **Ausnahme** vor, wonach von der **Bekanntgabe der Gründe** an den Betroffenen abgesehen werden kann, wenn dies nach ärztlichem Zeugnis erforderlich ist, um erhebliche Nachteile für seine Gesundheit zu vermeiden. Bei Anwendung von § 325 Abs. 1 beschränkt sich die Bekanntgabe gegenüber dem Betroffenen allein auf die Entscheidungsformel.

Die Voraussetzungen sind eng (s. § 288 Rz. 7 ff.)[1] und müssen durch ein detailliert 4
begründetes **ärztliches Zeugnis** bestätigt werden. In Zweifelsfällen hat eine vollständige Bekanntmachung zu erfolgen.[2] Denn es ist rechtsstaatliches Gebot, den Betroffenen über die Gründe der ihn betreffenden und belastenden Entscheidung zu informieren, um die Entscheidung nachvollziehbar und durchschaubar zu machen. Es ist daher für die Anwendung dieser Ausnahmevorschrift unerlässlich, dass es bei Bekanntmachung der Gründe voraussichtlich zu mehr als unerheblichen Beeinträchtigungen kommt, so dass bloßer Ärger oder zu befürchtende Wutausbrüche genauso wenig ausreichen[3] wie Befürchtungen, das Vertrauensverhältnis des Betreuten zum sozialpsychiatrischen Dienst oder anderen Vertrauenspersonen könne gestört werden.[4] Nur wenn wirkliche gesundheitliche Beeinträchtigungen von gewissem Gewicht zu befürchten sind, etwa die Gefahr einer Depression oder eines Nervenzusammenbruchs, darf auf die Bekanntgabe der Gründe verzichtet werden.

Der Verzicht muss auch **erforderlich** sein. Gibt es ein milderes Mittel, etwa in Form 5
der Hinzuziehung medizinischen Personals, eines Psychologen oder einer privaten Vertrauensperson zur Bekanntmachung[5] oder einer angemessenen Formulierung der Gründe,[6] muss hierauf zurückgegriffen werden.

Ob auf die Bekanntgabe verzichtet wird, steht dem Wortlaut nach im Ermessen des 6
Gerichts („kann"). Da die Maßnahme nach Abs. 1 aber ohnehin **Ultima Ratio** ist, wird bei ärztlich bestätigter, drohender schwerer Gesundheitsgefahr idR von einer Ermes-

1 Vgl. auch Jürgens/*Mertens*, § 69a FGG Rz. 3. Ein Gutachten ist nicht erforderlich.
2 Keidel/*Kuntze*, § 69a FGG Rz. 3.
3 Bienwald/*Sonnenfeld*/Hoffmann, § 69a FGG Rz. 14.
4 OLG Frankfurt v. 20.5.2003 – 20 W 161/03, BtPrax 2003, 222.
5 HK-BUR/*Hoffmann*, § 70g FGG Rz. 7.
6 Damrau/*Zimmermann*, § 69a FGG Rz. 7.

sensreduzierung auf null auszugehen sein. Das Gericht hat dann auf die Bekanntgabe der Gründe zu verzichten. Bei Zweifeln, ob eine Gesundheitsgefahr droht, sind die Gründe bekannt zu geben.

II. Bekanntgabe an Leiter der Einrichtung/zuständige Behörde (Absatz 2)

7 **1.** § 325 Abs. 2 Satz 1 stellt klar, dass ein Beschluss, in dem eine Unterbringungsmaßnahme genehmigt oder angeordnet wird, auch dem **Leiter der Einrichtung**, in der der Betroffene untergebracht werden soll, bekannt zu geben ist. Der Leiter soll frühzeitig mit den nötigen Informationen versorgt werden,[1] um die Aufnahme bestmöglich vorzubereiten. Daher gilt die Pflicht zur Bekanntgabe nach Abs. 2 Satz 1 auch nur für Entscheidungen, die die Anordnung oder Genehmigung einer Unterbringungsmaßnahme zum Gegenstand haben. Eine Bekanntgabe an den Leiter wird allerdings erst möglich sein, wenn sich der Betreuer für eine bestimmte Einrichtung entschieden hat, denn die konkrete Auswahl ist ihm überlassen (§ 323 Rz. 4). Anders ist dies bei unterbringungsähnlichen Maßnahmen nach § 312 Nr. 2, da sich der Betroffene in diesem Fall bereits in einer Einrichtung aufhält. Mit einer verfassungskonformen Auslegung wird begründet, dass die Bekanntgabe erst bei Vollstreckbarkeit erfolgen soll.[2]

8 Die frühere Unklarheit, wem Beschlüsse, die eine Unterbringungsmaßnahme ablehnen oder aufheben, bekannt zu geben sind,[3] ist durch § 41 Abs. 1 Satz 1 iVm. § 274 weitgehend beseitigt worden, geht doch hieraus eindeutig hervor, dass jeglicher Beschluss, gleich welchen Inhalts, allen Beteiligten bekannt zu geben ist. Darüber hinaus hat eine Bekanntgabe gegenüber jedem zu erfolgen, dem ein Beschwerderecht zustehen kann[4] (wobei es sich hierbei meist um Verfahrensbeteiligte handeln wird), denn dem Beschwerdeberechtigten muss auch die Möglichkeit zur Wahrnehmung seines Rechtes gegeben werden, was nur durch Bekanntgabe der Entscheidung gewährleistet wird.

9 **2.** Der **zuständigen Behörde** ist der Beschluss stets bekannt zu geben, wenn damit eine Unterbringungsmaßnahme genehmigt, angeordnet oder aufgehoben wird. Art und Weise der Bekanntgabe sind in § 41 geregelt (vgl. § 41 Rz. 3 f., 15 f.). Durch die Bekanntgabe soll gewährleistet werden, dass insbesondere in Fällen, in denen der Betroffene durch eine Unterbringungsmaßnahme belastet und in seiner Freiheit beschränkt wird, die zuständige Behörde von diesem Umstand Kenntnis erhält und überwachend und unterstützend tätig werden kann. Welche Behörde zuständig ist, richtet sich nach PsychKG bzw. den landesrechtlichen Regelungen zu § 1 Satz 2 BtBG.

10 Fraglich ist, ob das Gleiche auch für eine **ablehnende Entscheidung** gilt. § 325 Abs. 2 Satz 2 soll nach der Gesetzesbegründung inhaltlich dem bisherigen § 70g Abs. 2 Satz 2 FGG entsprechen und lediglich redaktionell neu gefasst sein. Hieran bestehen bei genauer Betrachtung der Vorschrift Zweifel. War § 70g Abs. 2 Satz 2 FGG allgemein gefasst und bezog sich auf Beschlüsse jeglicher Art, so hat der Gesetzgeber nun ausdrücklich die Beschlüsse konkret benannt, die an die zuständige Behörde bekannt gegeben werden sollen. Es sind Beschlüsse, die eine Unterbringungsmaßnahme geneh-

1 BT-Drucks. 11/4528, 185.
2 HK-BUR/*Hoffmann*, § 70g FGG Rz. 20; Saage/Göppinger § 70g FGG Rz. 6.
3 Vgl. Keidel/*Kuntze*, § 70g FGG Rz. 5.
4 *Dodegge*/Roth, G, Rz. 164; Keidel/*Kuntze*, § 70g FGG Rz. 5; aA Jürgens/*Marschner*, § 70g FGG Rz. 3.

migen, anordnen oder aufheben. Vom Wortlaut her fallen damit Entscheidungen, die eine Unterbringungsmaßnahme **ablehnen**, nicht unter diese Vorschrift. Der objektive Inhalt der neu gefassten Vorschrift stimmt daher nicht mit der Gesetzesbegründung überein. Er widerspricht auch den bisher angeführten Gründen für die Existenz des § 70g Abs. 2 Satz 2 FGG aF. Denn dieser wurde so verstanden, dass der Behörde durch diese Vorschrift auch bei ablehnenden Entscheidungen ein Informationsrecht zuerkannt wurde und eine Bekanntgabe stets zu erfolgen hatte, wenn sie zuvor im Verfahren angehört worden war.[1]

Es wird dem ausdrücklichen Gesetzeswortlaut der Vorzug zu geben sein, womit eine Bekanntgabe gegenüber der Behörde bei ablehnenden Entscheidungen nicht erfolgen muss, ganz gleich ob sie zuvor angehört wurde oder nicht. Hierfür besteht auch in den Fällen, in denen keine Anhörung stattfand, oftmals kein Bedürfnis, ist es doch gerade in zivilrechtlichen Unterbringungsverfahren Sache des Betreuers, im Anschluss an die ablehnende Entscheidung die notwendigen Maßnahmen zu treffen. Der Betreute ist nicht schützenswert, da seine Freiheit durch eine ablehnende Entscheidung nicht beeinträchtigt wird, weshalb es auch nicht notwendig ist, die Behörde als zusätzliches Überwachungsinstrument zu informieren und einzuschalten. Eine Information würde häufig lediglich unnötigen bürokratischen Aufwand ohne wirklichen Nutzen bedeuten. 11

Da die Behörde gem. § 320 in Unterbringungssachen immer angehört werden soll,[2] bleibt es in den Verfahren, in denen dies geschehen ist, dem Ermessen des Gerichts vorbehalten, ob es die Entscheidung auch der Behörde gegenüber bekannt gibt oder nicht. Wenn ein nachträgliches Handeln der Behörde erforderlich oder zumindest angebracht erscheint, ist eine Bekanntgabe geboten. 12

§ 326
Zuführung zur Unterbringung

(1) Die zuständige Behörde hat den Betreuer oder den Bevollmächtigten im Sinne des § 1896 Abs. 2 Satz 2 des Bürgerlichen Gesetzbuchs auf deren Wunsch bei der Zuführung zur Unterbringung nach § 312 Nr. 1 zu unterstützen.

(2) Gewalt darf die zuständige Behörde nur anwenden, wenn das Gericht dies auf Grund einer ausdrücklichen Entscheidung angeordnet hat. Die zuständige Behörde ist befugt, erforderlichenfalls die Unterstützung der polizeilichen Vollzugsorgane nachzusuchen.

(3) Die Wohnung des Betroffenen darf ohne dessen Einwilligung nur betreten werden, wenn das Gericht dies auf Grund einer ausdrücklichen Entscheidung angeordnet hat. Bei Gefahr im Verzug findet Satz 1 keine Anwendung.

1 Vgl. nur BT-Drucks. 11/4528, 185; Keidel/*Kuntze*, § 70g FGG Rz. 6; *Bumiller*/Winkler, § 70g FGG Rz. 3; Fröschle/*Locher*, § 70g FGG Rz. 6; HK-BUR/*Hoffmann*, § 70g FGG Rz. 14; dabei ist zu beachten, dass die Behörde bei ablehnenden Entscheidungen nicht zwingend nach § 70d Abs. 1 Nr. 6 FGG anzuhören war, da eine solche Pflicht nur bestand, wenn eine Unterbringungsmaßnahme auch *getroffen* wurde.

2 Die Einschränkung des früheren § 70g Abs. 2 Satz 2 FGG, dass eine Bekanntgabe nur dann erforderlich ist, wenn im Verfahren Gelegenheit zur Äußerung gegeben wurde, konnte damit wegfallen.

A. Allgemeines

1 Die seit dem RefE unveränderte Vorschrift regelt, wer mit welchem Mittel eine Unterbringungsmaßnahme tatsächlich durchführt. Sie entspricht weitgehend dem bisherigen § 70g Abs. 5 FGG. Ausgenommen ist die Zuführung Minderjähriger zur Unterbringung (nun geregelt in § 167), so dass § 326 FamFG nur bei Vollzug der Unterbringung Volljähriger Anwendung findet.

B. Inhalt der Vorschrift

I. Zuführung zur zivilrechtlichen Unterbringung

2 § 326 betrifft die Fälle einer freiheitsentziehenden Unterbringung gem. § 1906 Abs. 1 bis 3 BGB (s. § 312 Nr. 1 FamFG). Allein dem **Betreuer** obliegt die Zuführung zu einer solchen Unterbringung nach Privatrecht.[1] Der Begriff der Zuführung umfasst dabei alle Maßnahmen, die erforderlich sind, um den **Betroffenen in die** unterbringende **Einrichtung** zu **verbringen**. Maßnahmen innerhalb dieser Einrichtung sind vom Anwendungsbereich der Norm nicht mehr erfasst.[2] In erster Linie ist es der Betreuer, der eine Maßnahme vollzieht.

3 Da er aber oft aus tatsächlichen Gründen nicht in der Lage ist, den Betreuten allein in die vorgesehene Einrichtung zu verbringen, lässt § 326 ihm die nötige Unterstützung durch die **Betreuungsbehörde** als Anlaufstelle zukommen. Damit soll auch eine gewisse fachliche Kompetenz gesichert werden. Daher entscheidet die Behörde auch über die Art und Weise der Maßnahme. Die betreuungsbehördliche Hilfe bei der Zuführung zur Unterbringung ist nunmehr auch dem Bevollmächtigten iSd. § 1896 Abs. 2 Satz 2 BGB zu leisten, wodurch die bisher bestehende Regelungslücke[3] geschlossen wird. Die Initiative hat vom gesetzlichen Vertreter (oder Bevollmächtigten) auszugehen, nicht vom Gericht oder Dritten. Die Hilfe kann den Zutritt zur Wohnung betreffen oder den Transport ins Heim, eventuell die Suche nach dem – verschwundenen – Betroffenen.

II. Gewaltanwendung (Absatz 2)

4 Alle zur Durchführung der Zuführung zur Unterbringung erforderlichen Maßnahmen können auch durch Anwendung von Gewalt (**unmittelbarem Zwang**) erfolgen. § 326 Abs. 2 Satz 1 rechtfertigt gewaltsame Freiheitsbeschränkungen des Betreuten ebenso wie das Eindringen in dessen Wohnung. Die Gewalt wird bei der Zuführung nicht vom Betreuer, sondern zur Schonung des Betroffenen grundsätzlich nur von der Betreuungsbehörde selbst angewandt. Als **Ultima Ratio** darf diese nach § 326 Abs. 2 Satz 2 aber auch **polizeiliche Vollzugshilfe** in Anspruch nehmen, wobei auch die Polizei (abgesehen von polizeirechtlichen Befugnissen) nur dann Gewalt anwenden darf, wenn dies gerichtlich genehmigt worden ist. Der Betreuer selbst darf zwar keine Gewalt anwenden, dennoch ist er allein für die Ausübung von unmittelbarem Zwang im Rahmen der

1 HK-BUR/*Hoffmann*, § 70g FGG Rz. 39.
2 BT-Drucks. 11/6949, S. 83.
3 *Dodegge*/Roth, G Rz. 172; für eine Analogie nach früherem Recht: Fröschle/*Locher*, § 70g FGG Rz. 15 mwNw.

Zuführung zur Unterbringung zuständig und verantwortlich, die Behörde leistet ihm nur auf seinen Wunsch hin Hilfe (Zurverfügungstellung von Material, Fachpersonal und Fachkompetenz).[1] Die Entscheidung für die Notwendigkeit einer Zwangsanwendung obliegt also allein dem Betreuer. So muss die eingeschaltete Behörde zB auch dann tätig werden, wenn sie der Ansicht ist, die Voraussetzungen der Unterbringung lägen nicht vor, wenn der Betreuer auf deren Durchsetzung besteht.[2] Ebenso hat Gewaltanwendung zu unterbleiben, wenn der Betreuer sie untersagt, auch wenn die Behörde sie für erforderlich hält. Es handelt sich damit um eine der wenigen **originären gesetzlichen Zwangsbefugnisse des Betreuers** gegenüber dem Betreuten im deutschen Recht.

Eine analoge Anwendung von § 326 FamFG iVm. § 1906 Abs. 1 BGB auf die Fälle einer Zuführung zur ambulanten Zwangsbehandlung kommt nicht in Betracht, da diesbezüglich weder von einer unbeabsichtigten Regelungslücke noch von einer Vergleichbarkeit der Fälle auszugehen ist.[3] Zu denken wäre aber in Einzelfällen an eine Zulässigkeit der Zuführung zur ambulanten Zwangsbehandlung, wenn sie als das **mildere Mittel** gegenüber einer Zuführung zur stationären Zwangsbehandlung angesehen werden kann.[4] Überwiegend wird sie aber als aliud betrachtet,[5] vor allem, wenn es sich um eine wiederkehrende ambulante Maßnahme handelt. 5

III. Gerichtliche Genehmigung

Es ist zu unterscheiden zwischen dem Verfahren der Genehmigung der Zuführung und dem der Genehmigung der Gewaltanwendung, wobei eine Verbindung beider miteinander möglich und häufig sogar praktisch ist. 6

Für den ersten Fall erteilt das Gericht dem Betreuer auf seinen Antrag hin die erforderliche Genehmigung zur Zuführung. Der Beschluss muss den Betreuten gem. § 89 Abs. 2 auf die möglichen Folgen einer Zuwiderhandlung hinweisen und ist ihm gem. § 41 bekannt zu geben. Durch diesen Hinweis entfällt die bisher notwendige separate Androhung der Gewaltanwendung.[6] Ob der Betreuer von der Genehmigung Gebrauch macht, steht in seinem Ermessen. 7

Darüber hinaus darf **Gewalt** bei der Zuführung zur Unterbringung aber nur dann angewandt werden, wenn das Gericht dies in einem weiteren eigenständigen Verfahren **ausdrücklich angeordnet** hat.[7] Die Anordnung muss sich dabei auf eine konkrete Maßnahme beziehen.[8] Für diesen gesonderten Beschluss gelten die Vollstreckungsvorschriften des Allgemeinen Teils, dh. insbesondere, dass der Betreute gem. § 92 Abs. 1 Satz 2 vorher anzuhören ist. Einer gesonderten vorherigen Bekanntmachung der Anordnung der Gewaltanwendung bedarf es hingegen nicht.[9] Fraglich ist allerdings, ob 8

1 HK-BUR/*Hoffmann*, § 70g FGG Rz. 39.
2 HK-BUR/*Hoffmann*, § 70g FGG Rz. 39.
3 BGH v. 11.10.2000 – XII ZB 69/00, FamRZ 2001, 149 ff.
4 Vgl. BGH v. 11.10.2000 – XII ZB 69/00, FamRZ 2001, 149 (151); *Schweitzer*, FamRZ 1996, 1317 (1322 f.); Damrau/*Zimmermann*, § 1896 BGB Rz. 57.
5 Jürgens/*Marschner*, § 1904 BGB Rz. 11; *Marschner*/Volckart, § 1904 BGB Rz. 30; *Walther*, BtPrax 2001, 96 (98); vgl. auch Bienwald/Sonnenfeld/*Hoffmann*, § 1906 BGB Rz. 137.
6 BT-Drucks. 16/6308, S. 218.
7 Fröschle/*Locher*, § 70g FGG Rz. 20.
8 Jansen/*Sonnenfeld*, § 70g FGG Rz. 35 mwN.
9 Fröschle/*Locher*, § 70g FGG Rz. 21.

der Antrag zur Anordnung der Gewaltanwendung durch den Betreuer oder die Behörde zu stellen ist. Sinnvollerweise wird man beide für berechtigt halten. Die Anordnung der Gewaltanwendung unterliegt dem Rechtsmittel der Beschwerde (§§ 58 ff.).

IV. Kosten

9 Die bei der Zuführung entstehenden Kosten hat die Betreuungsbehörde selbst zu tragen, da es sich um eine Aufgabe handelt, die ihr zugewiesen ist.[1]

V. Öffentlich-rechtliche Unterbringung

10 § 326 betrifft nur die zivilrechtliche Unterbringung nach Betreuungsrecht. Eine ebenfalls mögliche Zuführung zu einer öffentlich-rechtlichen Unterbringung richtet sich ausschließlich nach den jeweiligen Unterbringungsgesetzen der Länder (Bsp.: § 11 PsychKG Rheinland-Pfalz, Art. 1 UnterbrG Bayern).

§ 327
Vollzugsangelegenheiten

(1) Gegen eine Maßnahme zur Regelung einzelner Angelegenheiten im Vollzug der Unterbringung nach § 312 Nr. 3 kann der Betroffene eine Entscheidung des Gerichts beantragen. Mit dem Antrag kann auch die Verpflichtung zum Erlass einer abgelehnten oder unterlassenen Maßnahme begehrt werden.

(2) Der Antrag ist nur zulässig, wenn der Betroffene geltend macht, durch die Maßnahme, ihre Ablehnung oder Unterlassung in seinen Rechten verletzt zu sein.

(3) Der Antrag hat keine aufschiebende Wirkung. Das Gericht kann die aufschiebende Wirkung anordnen.

(4) Der Beschluss ist nicht anfechtbar.

A. Allgemeines

1 § 327 (= § 340 RefE) entspricht dem bisherigen § 70l FGG. Veränderungen wurden ausschließlich in sprachlicher und redaktioneller Hinsicht vorgenommen.

2 Gemäß dem Verweis auf § 312 Nr. 3 bezieht sich die Vorschrift nur auf die **öffentlich-rechtliche Unterbringung** nach den Unterbringungsgesetzen der Länder. Für den Vollzug und einzelne Maßnahmen im Vollzug hält das Landesrecht die jeweiligen Regelungen bereit. § 327 betrifft nur **Einwendungen** und **Rechtsbehelfe** gegen Maßnahmen zur Regelung einzelner Angelegenheiten im Vollzug der Unterbringung als bundeseinheitliche Regelung.[2] Hiermit wird die Rechtsweggarantie des Art. 19 Abs. 4 GG im Bereich der öffentlich-rechtlichen Unterbringung gewährleistet. Für zivilrechtliche

1 Fröschle/*Locher*, §§ 70g FGG Rz. 24.
2 *Bienwald*/Sonnenfeld/Hoffmann, § 70l FGG Rz. 1.

Unterbringungsmaßnahmen ist eine solche Regelung nicht vorgesehen, da hier nicht eine Stelle öffentlicher Gewalt, sondern der privatrechtlich handelnde Betreuer[1] tätig wird und es keiner grundgesetzlichen Anforderungen entsprechenden Rechtsweggarantie bedarf.[2]

B. Inhalt der Vorschrift

I. Antrag auf gerichtliche Entscheidung (Absatz 1)

Der Betroffene kann sich gem. § 327 Abs. 1 Satz 1 gegen eine Maßnahme zur Regelung einzelner Angelegenheiten im Vollzug der Unterbringung nach § 312 Nr. 3 wehren, indem er eine **Entscheidung des Gerichts** hierüber **beantragt**. Der Antrag kann auf Aufhebung der Maßnahme oder auf Feststellung der Rechtswidrigkeit gerichtet sein. Er kann nach § 327 Abs. 1 Satz 2 auch die Verpflichtung zum Erlass einer abgelehnten oder unterlassenen Maßnahme begehren (etwa eine Beurlaubung). Ebenso kann vorbeugend gegen eine zu erwartende Maßnahme vorgegangen werden. Ob eine Regelung nach Abs. 1 die Rechte des Betroffenen verletzt, entscheidet das Gericht durch Beschluss nach Vornahme einer Zulässigkeits- und Begründetheitsprüfung. Zulässigkeits- und Verfahrensfragen werden dabei teilweise von § 327 geregelt. 3

Bei der Begründetheitsprüfung sind die gesetzlichen Regelungen der Landesunterbringungsgesetze zugrunde zu legen. Entscheidend ist, ob die Maßnahme den Betroffenen in seinen Rechten verletzt (verletzen würde). Im Fall der Rechtswidrigkeit der Vornahme oder des Unterlassens einer Maßnahme stellt das Gericht diese fest, hebt die Maßnahme auf, verpflichtet zu ihrer Durchführung oder untersagt eine solche. 4

Unter dem Begriff der „Regelung einzelner Angelegenheiten" ist die **rechtliche Gestaltung von Lebensverhältnissen mit rechtlicher Wirkung** zu verstehen.[3] Solche Maßnahmen können vom Einrichtungsleiter oder dessen Mitarbeitern ausgeübte oder veranlasste Verwaltungsakte, aber auch schlicht hoheitliches Handeln sein, zB ärztliche Behandlungen, Regelungen zum Postverkehr, zur Mobilfunknutzung oder zu Besuchen etc.[4] Keine Maßnahmen iSd. Vorschrift sind allgemeine Regelungen, wie zB Anstaltsordnungen.[5] Auch Meinungsäußerungen und Ermahnungen[6] fallen nicht hierunter, weil sie keine unmittelbaren Rechtswirkungen entfalten. 5

Die angegriffene Regelung muss **im Vollzug der Unterbringung** erfolgt sein, die Maßnahme muss also aus der Rechtsbeziehung zwischen der Anstalt und dem Untergebrachten auf Grund des Unterbringungsrechts herrühren.[7] Daran fehlt es etwa bei erkennungsdienstlicher Behandlung durch die strafrechtliche Ermittlungsbehörde. 6

Neben einem Antrag nach § 327 hat der Betroffene auch die Möglichkeit von Dienstaufsichtsbeschwerde, Strafanzeige oder zivilrechtlicher Unterlassungs- oder Schadensersatzklage.[8] 7

---

1 *Gernhuber/Coester-Waltjen*, Familienrecht, S. 972; *Lipp*, Freiheit und Fürsorge: Der Mensch als Rechtsperson, S. 120; kritisch HK-BUR/*Hoffmann*, § 70l FGG Rz. 7.
2 Keidel/*Kuntze*, § 70l FGG Rz. 1.
3 Keidel/*Kuntze*, § 70l FGG Rz. 2.
4 *Dodegge*/Roth, G, Rz. 263.
5 *Bassenge*/Roth, § 70l FGG Rz. 2.
6 Damrau/*Zimmermann*, § 70l FGG Rz. 5.
7 *Dodegge*/Roth, G Rz. 265.
8 Fröschle/*Locher*, § 70l Rz. 6.

II. Zulässigkeitsvoraussetzungen (Absatz 2)

8 Der Antrag unterliegt verschiedenen Zulässigkeitsvoraussetzungen, die nur zum Teil in § 327 Abs. 2 ausdrücklich Erwähnung finden.

1. Antragsberechtigte

9 Problematisch und **umstritten** ist die Frage, wer antragsberechtigt ist. Es gibt Stimmen, die davon ausgehen, dass einen Antrag iSd. Norm nur der Untergebrachte stellen kann, weil § 315 Abs. 1 Nr. 1 als Beteiligten nur den von einer Unterbringungsmaßnahme **unmittelbar** Betroffenen bezeichnet.[1] Gleiches könnte sich auch aus § 319 Abs. 1 ergeben, denn danach hat das Gericht den „Betroffenen" vor einer Unterbringungsmaßnahme persönlich anzuhören. Es ist aber angebracht, den Begriff des Betroffenen nicht allgemein zu definieren, sondern immer im Zusammenhang mit der jeweils konkreten Norm zu bestimmen. Deshalb ist nach § 327 derjenige als Betroffener anzusehen, der **von einer Maßnahme** zur Regelung einzelner Angelegenheiten im Vollzug der Unterbringung (auch nur **mittelbar**) **betroffen** ist, was nicht zwangsläufig nur der Untergebrachte sein muss (ansonsten hätte die Norm das Recht zur Anrufung des Gerichts nicht dem „Betroffenen", sondern eben dem „Untergebrachten" zugestehen müssen).[2] Diese Auslegung dient auch einem besseren Schutz des Untergebrachten vor unzulässigen Beschränkungen.[3] Als **betroffene Dritte** kommen zB Verwandte, Freunde oder Anwälte in Betracht, denen der Besuch verwehrt oder deren Post nicht an den Untergebrachten weitergeleitet wird.

2. Antragsgegner

10 Antragsgegner ist die in dem jeweiligen Land für öffentlich-rechtliche Unterbringungsangelegenheiten zuständige **Behörde**, wenn sie die Maßnahme selbst ausgeübt oder veranlasst hat.[4] Bei Maßnahmen innerhalb der **Anstalt oder Einrichtung**, sind diese oder deren **Träger** als Gegner anzusehen,[5] denn die Behörde kann nicht für eine Maßnahme verantwortlich gemacht werden, für die sie überhaupt kein Weisungsrecht besitzt.[6]

3. Antragsbefugnis/Form/Frist

11 Der Betroffene muss geltend machen, durch die Maßnahme, ihre Ablehnung oder Unterlassung **in seinen Rechten verletzt zu sein**, wobei hier keine tatsächliche Rechtsverletzung vorliegen muss, sondern es genügt, eine solche schlüssig vorzutragen. Hiermit soll, wie mit der Klagebefugnis im Verwaltungsverfahrensrecht gem. § 42 Abs. 2 VwGO, der Gefahr von Popularklagen entgegengewirkt werden. Entscheidend ist, dass ein Recht oder ein rechtliches Interesse iSd. Art. 19 Abs. 4 GG betroffen sein kann.

---

1 *Bassenge*/Roth, § 70l FGG Rz. 6.
2 Keidel/*Kuntze*, § 70l FGG Rz. 3; *Dodegge*/Roth, G, Rz. 266; Jürgens/*Marschner*, § 70l FGG Rz. 3; HK-BUR/*Hoffmann*, § 70l FGG Rz. 10.
3 Marschner/*Volckart*, § 70l FGG Rz. 34.
4 Damrau/*Zimmermann*, § 70l FGG Rz. 14.
5 *Dodegge*/Roth, G, Rz. 266; *Bassenge*/Roth, § 70l FGG Rz. 6.
6 Damrau/*Zimmermann*, § 70l FGG Rz. 14; HK-BUR/*Hoffmann*, § 70l FGG Rz. 18; aA *Bienwald*/Sonnenfeld/Hoffmann, § 70l FGG Rz. 12.

Für den Antrag bestehen **keine Form**- oder **Frist**vorschriften, um den Betroffenen bei Ausübung seiner Rechte nicht unnötig zu behindern. Zuständiges Gericht ist das Betreuungsgericht, das die Unterbringung angeordnet hat. 12

III. Wirkung des Antrags (Absatz 3)

Nach Abs. 3 Satz 1 hat der Antrag **keine aufschiebende Wirkung**. Es kommt aber die Anordnung der aufschiebenden Wirkung nach Abs. 3 Satz 2 durch das Gericht in Betracht, wenn die durch die Maßnahme zu erwartenden Folgen **im Nachhinein nicht mehr behebbar** wären und die Belastungen für den Betroffenen im Vergleich zu den Auswirkungen der Anordnung einer sofortigen Vollziehung unverhältnismäßig hoch wären. Geboten ist eine Anordnung nach Abs. 3 nach pflichtgemäßem Ermessen des Gerichts insbesondere bei Zwangs- oder disziplinarischen Maßnahmen. 13

IV. Kein Rechtsmittel (Absatz 4)

Nach Abs. 4 ist der **Beschluss unanfechtbar**, so dass nur bei Grundrechtsverletzungen eine Verfassungsbeschwerde in Betracht zu ziehen ist. Die Annahme, dass bei besonders schweren Verfahrensverstößen und darauf beruhenden Fehlentscheidungen eine Anfechtbarkeit mit einfacher Beschwerde möglich ist,[1] konterkariert die gesetzgeberische Entscheidung,[2] weshalb auch das Argument, Obergerichte akzeptierten erfahrungsgemäß derartige Beschränkungen ihrer Kompetenzen nicht, nicht zu überzeugen vermag.[3] Die Zulässigkeit eines Rechtsmittels wegen „greifbarer Rechtswidrigkeit" ist nur in sehr engen Grenzen zu befürworten, und zwar in Fällen, in denen rechtliches Gehör verweigert wurde. Diese Situation ist aber in § 44 (s. § 44 Rz. 3 ff.) geregelt. 14

§ 328
Aussetzung des Vollzugs

(1) Das Gericht kann die Vollziehung einer Unterbringung nach § 312 Nr. 3 aussetzen. Die Aussetzung kann mit Auflagen versehen werden. Die Aussetzung soll sechs Monate nicht überschreiten; sie kann bis zu einem Jahr verlängert werden.

(2) Das Gericht kann die Aussetzung widerrufen, wenn der Betroffene eine Auflage nicht erfüllt oder sein Zustand dies erfordert.

A. Allgemeines

§ 328 entspricht inhaltlich dem bisherigen § 70k Abs. 1 und 2 FGG und wurde lediglich redaktionell überarbeitet; er ist seit dem RefE (§ 341) unverändert. 1

---

1 Damrau/*Zimmermann*, § 70l FGG Rz. 26.
2 BT-Drucks. 11/4528, 187.
3 Von einer Unanfechtbarkeit geht etwa auch das BayObLG aus: BayObLG v. 10.11.2004 – 3 Z BR 231/04 (juris).

2 Eine Nachfolgevorschrift für § 70k Abs. 3 FGG, der die **Anhörung** der bisher in § 70d FGG bezeichneten Personen im Fall der Aussetzung der Vollziehung der Unterbringung sowie deren Widerruf regelte, ist im Hinblick auf den sehr weit gefassten Begriff der Unterbringungssachen nach § 312 sowie die Regelungen zum Beteiligtenbegriff nach § 315 entbehrlich.[1] Inhaltliche Änderungen des Aussetzungsverfahrens oder dessen Widerruf sollen hiermit nicht verbunden sein.

3 Die Vorschrift dient dem Zweck, einen flexiblen, den jeweiligen tatsächlichen Begebenheiten angepassten Vollzug zu garantieren.[2] Mit Hilfe der Aussetzung der Vollziehung kann durch eine **probeweise Entlassung** die endgültige Beendigung der Unterbringung vorbereitet werden.[3] Dem Gericht soll die Möglichkeit eröffnet werden, insbesondere mit Hilfe von Auflagen, ein kalkulierbares Risiko einzugehen.[4] Es ist nicht Zweck der Vorschrift, bei Ungewissheit über das Vorliegen der Unterbringungsvoraussetzungen Zeit zu gewinnen.

B. Inhalt der Vorschrift

I. Anwendungsbereich

4 Wie § 327 betrifft auch § 328 ausschließlich die Fälle **öffentlich-rechtlicher Unterbringungen** nach § 312 Nr. 3 und stellt diesbezüglich eine Sondervorschrift dar. Das Gericht kann danach die Vollziehung einer Unterbringung aussetzen. Zu beachten ist, dass hiernach nur die **Aussetzung der Vollziehung** einer bereits angeordneten Maßnahme möglich ist, nicht aber die Aussetzung des Unterbringungsverfahrens selbst.[5] Bewusst wurde die Möglichkeit der Aussetzung des Verfahrens nicht eröffnet, denn sobald die Sache entscheidungsreif ist, muss entschieden werden. Fehlt es an einer Voraussetzung, soll das Verfahren nicht ausgesetzt, sondern die Unterbringungsmaßnahme abgelehnt werden.[6]

5 Auf zivilrechtliche Unterbringungen ist die Norm nicht anwendbar, da es hier dem privatrechtlich handelnden Betreuer obliegt, die Vollziehung auszusetzen bzw. zu beenden.[7] „Herr des Verfahrens" ist der Betreuer, nicht das Gericht. Eine analoge Anwendung auf diese Fälle kommt wegen der eindeutigen Beschränkung des Gesetzgebers nicht in Betracht, wohl aber eine Orientierung hieran.[8]

II. Voraussetzungen

6 Inhaltliche Vorgaben für die Aussetzung der Vollziehung stellt § 328 nicht auf. Eine Entlassung auf Probe kommt aber immer dann in Betracht, wenn die Voraussetzungen für die Unterbringung zwar weiterhin vorliegen, der Zustand des Betroffenen sich aber so gebessert hat, dass (meist unter Auflagen) davon auszugehen ist, dass durch eine

1 BT-Drucks. 16/6308, S. 275.
2 BT-Drucks. 11/4528, 186.
3 Jürgens/*Marschner*, § 70k FGG Rz. 1.
4 *Dodegge*/Roth, G, Rz. 256.
5 Damrau/*Zimmermann*, § 70k FGG Rz. 2.
6 BT-Drucks. 11/4528, 186.
7 Keidel/*Kuntze*, § 70k FGG Rz. 1.
8 OLG Hamm v. 18.8.1999 – 15 W 233/99, FamRZ 2000, 1120.

Entlassung **keine Gefahr mehr für die öffentliche Sicherheit und Ordnung** besteht.[1] Um dies zu beurteilen, ist eine Prognoseentscheidung des Gerichts erforderlich. Die Anforderungen sind geringer als bei einer endgültigen Entlassung. Steht fest, dass die Voraussetzungen für die Unterbringung nicht mehr bestehen, ist die endgültige Entlassung zu betreiben.

Liegen die Voraussetzungen einer Aussetzung vor, so muss das Gericht sie **von Amts wegen** aussprechen. Ein Ermessen steht ihm, entgegen dem Wortlaut des Abs. 1 Satz 1, auf Grund des vorrangigen Zieles, Belastungen für den Betroffenen so schnell wie möglich zu mindern, nicht zu.[2] 7

III. Auflagen/Befristung

Nach Abs. 1 Satz 2 kann die Aussetzung mit **Auflagen** versehen werden, die die Lebensführung des Betroffenen außerhalb der Einrichtung berühren. Hierbei handelt es sich bspw. um die Verpflichtung zur Aufnahme einer ambulanten fachärztlichen Behandlung, die Einnahme von Medikamenten, regelmäßige Meldepflichten oder die Inanspruchnahme externer Hilfen von Sozialverbänden etc. Bei der Einnahme von Medikamenten muss der Betroffene einwilligen. 8

Die Aussetzung soll nach Abs. 1 Satz 3 **sechs Monate** nicht überschreiten, kann aber in Ausnahmefällen bis zu einem Jahr verlängert werden. Dies ist in dem Bestreben begründet, klare Verhältnisse zu schaffen und keine länger andauernden Schwebezustände zuzulassen.[3] Denn ist die Entlassung auf Probe erfolgreich, muss die Unterbringung beendet werden; ist sie es nicht, ist die Erprobung fehlgeschlagen und die Aussetzung zu widerrufen. 9

Die Entscheidung ergeht **von Amts wegen**, der Beschluss hat eventuelle Auflagen konkret zu benennen. Eine spätere Ergänzung ist allerdings möglich. 10

IV. Widerruf (Absatz 2)

Nach Abs. 2 kann das Gericht die Aussetzung **widerrufen**, wenn der Betroffene eine **Auflage nicht erfüllt** oder sein Zustand dies erfordert (zB bei Gesundheitsverschlechterungen). Hierbei kommt es nicht auf ein Verschulden des Betroffenen an, denn Zweck der öffentlich-rechtlichen Unterbringung ist der verschuldensunabhängige Schutz der öffentlichen Sicherheit und Ordnung. Aus diesem Grund ist der Widerruf bei Verstoß gegen eine Auflage oder Veränderung des Zustands auch nicht zwingend, denn die Voraussetzungen einer Aussetzung können dennoch weiterhin vorliegen (evtl. auch unter Abänderung oder Erweiterung der Auflagen).[4] Nur bei sehr schwerwiegenden Verstößen bzw. Zustandsveränderungen (Rückfall), die zu einer echten Gefahr für die öffentliche Sicherheit und Ordnung werden, kommt daher ein Widerruf in Betracht. Gegen den Widerruf ist die **Beschwerde** zulässig. 11

1 *Dodegge*/Roth, G, Rz. 256.
2 HK-BUR/*Hoffmann*, § 70k FGG Rz. 9; *Dodegge*/Roth, G, Rz. 259; aA *Bienwald*/Sonnenfeld/Hoffmann, § 70k FGG Rz. 9.
3 *Dodegge*/Roth, G, Rz. 258.
4 BayObLG v. 19.11.1993 – 3 Z BR 267/93, FamRZ 1995, 1001.

V. Verfahren

12 Ausdrückliche Verfahrensanordnungen enthält § 328 nicht. Durch die fehlende Übernahme der früheren Regelung des § 70k Abs. 3 und den dortigen Verweis auf § 70d sollten aber keine Änderungen des Verfahrens bewirkt werden. Es gelten daher die **allgemeinen Verfahrensgrundsätze.**[1] Anhörungspflichten ergeben sich nunmehr aus § 315. Ein Antrag ist nicht notwendig, da das Gericht von Amts wegen tätig werden muss. Es entscheidet durch Beschluss, gegen welchen die Beschwerde statthaft ist.

§ 329
Dauer und Verlängerung der Unterbringung

(1) Die Unterbringung endet spätestens mit Ablauf eines Jahres, bei offensichtlich langer Unterbringungsbedürftigkeit spätestens mit Ablauf von zwei Jahren, wenn sie nicht vorher verlängert wird.

(2) Für die Verlängerung der Genehmigung oder Anordnung einer Unterbringungsmaßnahme gelten die Vorschriften für die erstmalige Anordnung oder Genehmigung entsprechend. Bei Unterbringungen mit einer Gesamtdauer von mehr als vier Jahren soll das Gericht keinen Sachverständigen bestellen, der den Betroffenen bisher behandelt oder begutachtet hat oder in der Einrichtung tätig ist, in der der Betroffene untergebracht ist.

A. Allgemeines

1 § 329 Abs. 1 tritt an die Stelle des bisherigen § 70f Abs. 1 Nr. 3 Halbs. 2 FGG. § 329 Abs. 2 entspricht inhaltlich § 70i Abs. 2 FGG. Die Norm, die § 342 RefE entspricht, regelt die Dauer der Unterbringung, um Rechtssicherheit bei einer derart gravierenden grundrechtsbeeinträchtigenden Maßnahme zu schaffen.

B. Inhalt der Vorschrift

I. Unterbringungsdauer (Absatz 1)

1. Höchstgrenze

2 Abs. 1 bestimmt die zulässige Dauer einer Unterbringungsmaßnahme. Deren Ende muss danach grundsätzlich **höchstens ein Jahr**, nur bei offensichtlich langer Unterbringungsbedürftigkeit **zwei Jahre** nach Erlass der Entscheidung liegen. Zweck der Vorschrift ist es, sicherzustellen, dass die Maßnahme auf den voraussichtlich notwendigen Zeitraum begrenzt wird.[2]

3 Das Gericht muss bei Genehmigung einer Unterbringungsmaßnahme von mehr als einem Jahr besonders begründen, warum von der einjährigen Frist abgewichen werden

1 *Dodegge*/Roth, G, Rz. 261.
2 Keidel/*Kuntze*, § 70f FGG Rz. 4.

soll.[1] Ein möglicher Grund hierfür kann etwa eine besondere, auf einen längeren Zeitraum angelegte und speziell auf den Betroffenen ausgerichtete Therapie sein.

2. Einzelfallentscheidung

Die in Abs. 1 festgelegten Fristen sind keine Regelfristen, sondern legen nur die **absoluten Höchstgrenzen** fest.[2] Es muss vom Gericht für jeden Einzelfall individuell entschieden werden, welche Unterbringungsdauer angemessen ist,[3] wobei das Sachverständigengutachten hierfür konkrete Anhaltspunkte liefern wird. Entscheidend sind jeweils der Zweck der Unterbringung und die Prognose, ob er in dem Zeitraum erreicht werden kann. Daher kann die angeordnete Unterbringungsdauer auch deutlich unter einem Jahr liegen. Die Entscheidung über die Dauer steht aber **nicht im Ermessen** des Gerichts.[4] Vielmehr hat es anhand der vorliegenden Informationen und Tatsachen die erforderliche Frist festzustellen und darf diese weder über- noch unterschreiten. Es ist invoweit auch nicht an einen Antrag gebunden.[5] 4

3. Anfangs- und Endzeitpunkt

Es muss eindeutig festgelegt werden, **wann die Unterbringungsmaßnahme endet**. Dies kann durch Angabe eines genauen Datums geschehen oder durch Nennung eines Zeitraums mit Anfangszeitpunkt. Fehlt ein solcher Anfangszeitpunkt, so ist Beginn der Erlass der Entscheidung.[6] Das Ende berechnet sich bei Nennung eines Zeitraums nach § 16.[7] Fehlt im Beschluss das Fristende, so ist er fehlerhaft, es sei denn aus den Gründen lässt sich die Dauer eindeutig ermitteln; eine spätere Nachholung der Angabe heilt die Rechtswidrigkeit (§ 323 Rz. 7).[8] 5

4. Verlängerungsmöglichkeit

Die gesetzlich festgelegten Höchstgrenzen bedeuten nicht, dass eine Unterbringungsmaßnahme nie länger als **zwei Jahre** währen darf. Abs. 1 stellt an seinem Ende klar, dass eine Verlängerung jederzeit vorgenommen werden kann. Ohne eine solche Verlängerung endet die Unterbringungsmaßnahme automatisch mit Ablauf der festgelegten Frist. Unter welchen Voraussetzungen eine Verlängerung möglich ist, regelt Abs. 2. 6

II. Verfahren bei Verlängerung (Absatz 2)

1. Überblick

Es kann notwendig sein, eine bereits genehmigte oder angeordnete Unterbringungsmaßnahme vor Ablauf der bei erstmaliger Genehmigung oder Anordnung zwingend 7

1 BayObLG v. 20.8.2001 – 3 Z BR 250/01, FamRZ 2002, 629; BayObLG v. 25.1.2005 – 3 Z BR 264/04; FamRZ 2005, 1278.
2 *Bienwald*/Sonnenfeld/Hoffmann, § 70f FGG Rz. 9.
3 Fröschle/*Fröschle*, § 70f FGG Rz. 13.
4 *Bienwald*/Sonnenfeld/Hoffmann, § 70f FGG Rz. 10.
5 OLG Schleswig v. 25.3.2003 – 2 W 45/03, FamRZ 2003, 1499.
6 BGH v. 9.3.1995 – V ZB 7/95, NJW 1995, 1898.
7 *Dodegge*/Roth, G, Rz. 156 zum alten Recht (zu § 17 FGG).
8 Keidel/*Kuntze*, § 70f FGG Rz. 6; *Dodegge*/Roth, G, Rz. 158; Damrau/*Zimmermann*, § 70f FGG Rz. 6; diffferenzierend: *Bassenge*/Roth, § 70f FGG Rz. 5: im Zweifel ein Jahr; für Nichtigkeit: *Bienwald*/Sonnenfeld/Hoffmann, § 70f FGG Rz. 19.

festzulegenden Frist zu **verlängern**. Abs. 2 soll verhindern, dass bei einer solchen Verlängerung der Unterbringungsmaßnahme gerichtliche Routine aufkommt.[1] Der Beschluss über eine Verlängerung soll daher mit gleicher Intensität und Genauigkeit vorbereitet werden wie die erstmalige Genehmigung oder Anordnung. Dem Betroffenen sollen die gleichen Rechte gewährt werden und die Anforderungen an den Beschluss sind ebenso hoch anzusiedeln wie zuvor.[2]

8 Eine Verlängerung kommt nur dann in Betracht, wenn die Voraussetzungen für die Unterbringung zum Endzeitpunkt der erstmaligen Genehmigung oder Anordnung fortbestehen.[3]

2. Verfahren

9 Für die Verlängerung einer Unterbringungsmaßnahme gelten dieselben Verfahrensgarantien wie im Falle erstmaliger Genehmigung oder Anordnung. **Örtlich zuständig** ist regelmäßig das Gericht, welches die Maßnahme angeordnet oder genehmigt hat.[4] Es hat das Verfahren mit allen Anhörungen, Begutachtungen, Bekanntmachungen und Äußerungen zu wiederholen.[5]

3. Vierjahresfrist

10 Abs. 2 Satz 2 sieht als besonderen Schutz für den Betroffenen vor, dass bei einer Unterbringung von **mehr als vier Jahren** kein Sachverständiger bestellt werden soll, der den Betroffenen bisher behandelt hat oder der in der Einrichtung tätig ist, in der der Betroffene untergebracht ist. Hierdurch soll verhindert werden, dass die Unterbringungsmaßnahme auf Gutachten beruht, die von **Gutachtern** erstellt wurden, an deren **Objektivität** Zweifel bestehen könnten, insbesondere soll auch einem dementsprechenden Verdacht von dem Betroffenen oder dessen Bekannten oder Angehörigen entgegengewirkt werden.[6] Als Gutachter ausgeschlossen ist jeder, der den Betroffenen in den vergangenen Verfahren behandelt oder untersucht hat. Es kommt also dem Wortlaut nach nicht auf eine Behandlung oder Untersuchung innerhalb der letzten vier Jahre an. Bei sehr lange zurückliegenden Untersuchungen oder Behandlungen, etwa vor der Erstunterbringung, wird man nach Sinn und Zweck aber eine Begutachtung durch diesen Gutachter zulassen können.[7] Die Bestimmung ist nicht zwingend („kann"), von ihr darf aber nur in besonderen Ausnahmefällen abgewichen werden, zB bei schwerer Erreichbarkeit eines gleichermaßen qualifizierten Arztes.[8]

11 Die Gesamtdauer von vier Jahren berechnet sich ab Wirksamkeit der ersten Unterbringungsmaßnahme bis zum Endzeitpunkt der beabsichtigten Verlängerung.[9] War der

1 BT-Drucks. 11/4528, 186.
2 HK-BUR/*Hoffmann*, § 70i FGG Rz. 20.
3 *Bassenge*/Roth, § 70i FGG Rz. 7.
4 Fröschle/*Locher*, § 70i FGG Rz. 5; *Dodegge*/Roth G Rz. 212. Diese Ansicht wurde bisher mit dem Argument bestritten, dass es ansonsten des § 70 Abs. 3 Satz 4 FGG nicht bedurft hätte (vgl. *Bassenge*/Roth, § 70i FGG Rz. 8). Diese Regelung wurde allerdings nicht in das neue FamFG übernommen, so dass damit der Streit hinfällig geworden ist.
5 Damrau/*Zimmermann*, § 70i FGG Rz. 8; *Dodegge*/Roth G Rz. 212.
6 BT-Drucks. 11/4528, 186; Damrau/*Zimmermann*, § 70i FGG Rz. 9.
7 BayObLG v. 7.10.1993 – 3 Z BR 222/93, FamRZ 1994, 320 (321 f.).
8 *Dodegge*/Roth, G, Rz. 213; HK-BUR/*Hoffmann*, § 70i FGG Rz. 25.
9 *Bassenge*/Roth, § 70i FGG Rz. 10; Fröschle/*Locher*, § 70i FGG Rz. 8; aA Damrau/*Zimmermann*, § 70i FGG Rz. 9, der auf den Erlass der letzten tatrichterlichen Entscheidung als Endzeitpunkt abstellt.

Betroffene zwischendurch entlassen, so ist die Unterbringungszeit davor nicht in die Gesamtdauer von vier Jahren einzubeziehen, dies gilt aber nicht für bloß kurzzeitige Unterbrechungen (Entweichen, kurzer Freigang).[1]

§ 330
Aufhebung der Unterbringung

Die Genehmigung oder Anordnung der Unterbringungsmaßnahme ist aufzuheben, wenn ihre Voraussetzungen wegfallen. Vor der Aufhebung einer Unterbringungsmaßnahme nach § 312 Nr. 3 soll das Gericht die zuständige Behörde anhören, es sei denn, dass dies zu einer nicht nur geringen Verzögerung des Verfahrens führen würde.

A. Allgemeines

Die Norm regelt die **Aufhebung** der Unterbringungsmaßnahme. § 330 Satz 1 tritt an die Stelle des § 70i Abs. 1 Satz 1 FGG. § 330 Satz 2 entspricht dem bisherigen § 70i Abs. 1 Satz 2 FGG. Änderungen wurden nur in redaktioneller Hinsicht vorgenommen. Von der Schaffung einer Nachfolgevorschrift für § 70i Abs. 1 Satz 3 FGG konnte abgesehen werden, gilt doch für diese Fälle nun die Bekanntgabevorschrift des § 325 Abs. 2 Satz 2.[2] Der RefE (§ 343) wurde ergänzt um den letzten Halbsatz. 1

B. Inhalt der Vorschrift

I. Wegfall der Voraussetzungen (Satz 1)

Die Freiheit eines Betroffenen soll nicht länger als unbedingt nötig beeinträchtigt werden.[3] Deshalb stellt Satz 1 die Selbstverständlichkeit klar, dass jede Unterbringungsmaßnahme iSd. § 312 **von Amts wegen aufgehoben** werden muss, wenn ihre materiell-rechtlichen Voraussetzungen entfallen sind. Eine Aufhebung kommt damit nicht nur im Rahmen regelmäßig wiederkehrender Überprüfungen in Betracht, sondern **jederzeit**. Sie hat nach Bekanntwerden des **Wegfalls der Voraussetzungen** zum Schutze des Betroffenen **unverzüglich** zu geschehen.[4] Das Gericht ist aus Satz 1 auch dazu verpflichtet, die Unterbringungsmaßnahme dauerhaft zu beaufsichtigen, um deren Genehmigung oder Anordnung mit Zeitpunkt des Wegfalls der Voraussetzungen aufheben zu können; ihm obliegt hier eine Verfahrensbeobachtungspflicht.[5] Die Pflicht ist unabhängig vom Willen des Betreuers.[6] Die Aufhebung ist auch gegen den Willen des Betroffenen vorzunehmen, sobald die Voraussetzungen entfallen sind. Neben dem Gericht sind gleichzeitig auch der Betreuer (§ 1906 Abs. 3 Satz 1 BGB) und/ oder die für die Unterbringung verantwortliche Behörde dazu verpflichtet, die Unter- 2

1 *Bassenge*/Roth, § 70i FGG Rz. 10.
2 BT-Drucks. 16/6308, S. 275.
3 BT-Drucks. 11/4528, S. 186.
4 Keidel/*Kuntze*, § 70i FGG Rz. 2.
5 Damrau/*Zimmermann*, § 70i FGG Rz. 1.
6 Keidel/*Kuntze*, § 70i FGG Rz. 2.

bringung mit Wegfall der Voraussetzungen zu beenden. Auch die unterbringende Einrichtung hat das Vorliegen der Voraussetzungen regelmäßig zu prüfen und ggf. auf eine Aufhebung hinzuwirken.[1] Trotz Beendigung hat das Gericht seine Entscheidung aufzuheben, um den Rechtsschein, der von der Entscheidung immer noch ausgeht, zu beseitigen.[2]

II. Verfahren (Satz 2)

1. Allgemeine Verfahrensgrundsätze

3 Abgesehen von § 330 Satz 2 sieht ebenso wie das bisherige FGG auch das FamFG keine besonderen Verfahrensregelungen für die Aufhebung einer Unterbringungsmaßnahme vor. Aus diesem Grund gelten die **allgemeinen Verfahrensgrundsätze**, so dass sich etwa die Zuständigkeit für die Aufhebung nach der Zuständigkeit für das Anordnungsverfahren richtet.[3] Über die Notwendigkeit der Einholung von Sachverständigengutachten, Anhörungen oder der Beteiligung anderer Personen und Stellen hat das Gericht nach § 26 von Amts wegen zu befinden.[4] Es gilt allerdings zu bedenken, dass die Aufhebung für den Betroffenen regelmäßig eine entlastende Wirkung entfaltet, so dass die Anforderungen an das Verfahren weniger streng zu handhaben sind als im Falle der Anordnung oder Genehmigung einer Unterbringung.[5] Bei eindeutiger Sachlage ist das Gericht deshalb sogar dazu verpflichtet, Maßnahmen und Verfahrenshandlungen zu unterlassen, die eine Aufhebung der Unterbringung unnötig verzögern würden.[6]

4 Die Entscheidung über die Aufhebung der Unterbringungsmaßnahme oder deren Ablehnung erfolgt durch Beschluss. Bekanntgabe und Wirksamwerden richten sich nach den allgemeinen Vorschriften der §§ 40, 41. Die Bekanntgabe an die zuständige Behörde richtet sich nach § 325 Abs. 2 Satz 2 (dort Rz. 9 f.).

2. Anhörungspflicht der Behörde

5 Über diese allgemeinen Grundsätze hinaus stellt Satz 2 klar, dass vor der Aufhebung einer Unterbringungsmaßnahme iSd. § 312 Nr. 3 die zuständige Behörde anzuhören ist, es sei denn, dies würde zu einer nicht nur geringen Verzögerung des Verfahrens führen. Die Behörde erhält dadurch Gelegenheit, eventuelle **Bedenken** hinsichtlich zu erwartender Gefahren für die öffentliche Sicherheit und Ordnung, die durch Aufhebung der Unterbringung entstehen könnten, rechtzeitig zu äußern.[7] Sie wird dadurch auch in die Lage versetzt, erforderliche **Vorbereitungsmaßnahmen** zu treffen und die Möglichkeit der **Einlegung eines Rechtsmittels** zu prüfen.[8]

6 Satz 2 Halbs. 2 ist Ausdruck des Verhältnismäßigkeitsgrundsatzes. Bei größeren Verzögerungen hat die Anhörung zu unterbleiben, um den Betroffenen nicht länger seiner

1 Jürgens/*Marschner*, § 70i FGG Rz. 1 f.
2 BayObLG v. 30.3.1995 – 3 Z BR 349/94, BtPrax 1995, 144; Nach einer gewissen Dauer (mehrwöchige Verlegung auf die offene Station) ist eine Genehmigung „verbraucht“: OLG Hamm v. 18.8.1999 – 15 W 233/99, NJW-RR 2000, 669.
3 *Dodegge*/Roth, G, Rz. 208.
4 Vgl. Jürgens/*Marschner*, § 70i FGG Rz. 3.
5 *Bienwald*/Sonnenfeld/Hoffmann, § 70i FGG Rz. 4.
6 BT-Drucks. 11/4528, 186.
7 Keidel/*Kuntze*, § 70i FGG Rz. 5.
8 Keidel/*Kuntze*, § 70i FGG Rz. 5.

Freiheit zu berauben, bei nur geringen Verzögerungen stellt das Gesetz die Informationsinteressen der Behörde über das Freiheitsinteresse des Betroffenen, was im Hinblick auf den Schutz der öffentlichen Sicherheit und Ordnung angebracht und hinzunehmen ist.[1]

§ 331
Einstweilige Anordnung

Das Gericht kann durch einstweilige Anordnung eine vorläufige Unterbringungsmaßnahme anordnen oder genehmigen, wenn

1. dringende Gründe für die Annahme bestehen, dass die Voraussetzungen für die Genehmigung oder Anordnung einer Unterbringungsmaßnahme gegeben sind und ein dringendes Bedürfnis für ein sofortiges Tätigwerden besteht,

2. ein ärztliches Zeugnis über den Zustand des Betroffenen vorliegt,

3. im Fall des § 317 ein Verfahrenspfleger bestellt und angehört worden ist und

4. der Betroffene persönlich angehört worden ist.

Eine Anhörung des Betroffenen im Wege der Rechtshilfe ist abweichend von § 319 Abs. 4 zulässig.

A. Allgemeines

I. „Gewöhnliche einstweilige Anordnung"

Ebenso wie bisher das FGG kennt auch das FamFG nach wie vor zwei Arten der einstweiligen Anordnung. Die sog. gewöhnliche einstweilige Anordnung (vormals § 69f Abs. 1 Nr. 1 FGG) ist nun in § 331 (identisch mit § 344 RefE) geregelt, die sog. eilige einstweilige Anordnung unter der Bezeichnung „einstweilige Anordnung bei gesteigerter Dringlichkeit" in § 332. § 331 ersetzt den bisherigen § 70h Abs. 1 FGG iVm. § 69f Abs. 1 FGG und wurde neu strukturiert. Verwies § 70h Abs. 1 Satz 2 FGG 1

1 Kritisch hierzu: *Bienwald*/Sonnenfeld/Hoffmann, § 70i FGG Rz. 11.

lediglich auf die Voraussetzungen des § 69f Abs. 1 FGG, so nennt § 331 nunmehr sämtliche Voraussetzungen der einstweiligen Anordnung einer vorläufigen Unterbringungsmaßnahme selbst. Sie wurden mit den Voraussetzungen einer einstweiligen Anordnung in allgemeinen Betreuungssachen harmonisiert, dh. § 331 entspricht im Wesentlichen § 300 Abs. 1 (s. § 300 Rz. 14 ff., 20 ff.).

2 Während bisher mit dem Aufschub der Unterbringung Gefahr verbunden sein musste, wird die gewöhnliche Eilbedürftigkeit fortan mit einem dringenden Bedürfnis für ein sofortiges Tätigwerden beschrieben. Nach dem Willen des Gesetzgebers soll hiermit aber keine inhaltliche Neuausrichtung verbunden sein.[1] Der Begriff „Gefahr im Verzug" als die gesteigerte Dringlichkeitsform ist nunmehr in § 332 zu finden.

II. Eigenständiges Verfahren

3 Unterschiede zur bisherigen Rechtslage ergeben sich auch aus dem Allgemeinen Teil des FamFG. Denn danach ist – entgegen dem früheren Verständnis des FGG – das Verfahren der einstweiligen Anordnung nicht mehr hauptsacheabhängig ausgestaltet. Die einstweilige Anordnung gilt nicht mehr als vorläufige Regelung, die in einem von Amts wegen einzuleitenden Hauptsacheverfahren durch eine endgültige Maßnahme zu ersetzen ist.[2] Sie ist nun **auch bei Anhängigkeit des Hauptsacheverfahrens ein eigenständiges Verfahren** (§ 51 Abs. 3 Satz 1 – s. dort Rz. 18).[3]

III. Streichung des § 70h Abs. 1 Satz 3 FGG (Anhörung)

4 § 331 sieht eine dem § 70h Abs. 1 Satz 3 FGG entsprechende Verweisung auf die Anhörung Dritter nicht mehr vor. Die Gesetzesbegründung geht diesbezüglich davon aus, dass es „einer dem Verweis des bisherigen § 70h Abs. 1 *Satz 2* FGG auf § 70d FGG entsprechenden Vorschrift" nicht mehr bedürfe.[4] Denn rechtliches Gehör sei „den in dem bisherigen § 70d FGG Genannten dann zu gewähren, wenn sie als Beteiligte zum Verfahren hinzugezogen wurden".[5] Die Vorschrift berühre „diese Notwendigkeit der Gehörsgewährung nicht".[6] Hier ist von einem **Redaktionsversehen** auszugehen, denn nicht Satz 2 verwies auf § 70d FGG, sondern der nun vollständig gestrichene Satz 3. Rechtliches Gehör ist damit nach neuer Gesetzeslage gem. § 320 iVm. § 315 den am Verfahren Beteiligten zu gewähren, in dieser Hinsicht ist die Gesetzesbegründung korrekt. Allerdings wurde außerdem § 70d Satz 3 Halbs. 2 FGG gestrichen, wonach auf die Anhörung der in § 70d FGG Genannten verzichtet werden konnte, wenn Gefahr im Verzug war. Lediglich in der Begründung zu § 332 wird ausgeführt, dass diese Norm § 70h Abs. 1 Satz 3 Halbs. 2 FGG ersetzen solle. Die Möglichkeit eines Anhörungsverzichts der am Verfahren Beteiligten (bis auf die Anhörung des Betroffenen und des Verfahrenspflegers) ist aber auch in dieser Norm nicht zu finden (zu den Konsequenzen Rz. 4 f.).

---

1 BT-Drucks. 16/6308, S. 275 iVm. 271.
2 BT-Drucks. 16/6308, S. 275 iVm. 271.
3 *Vorwerk*, FPR 2009, 8.
4 BT-Drucks. 16/6308, S. 275.
5 BT-Drucks. 16/6308, S. 275.
6 BT-Drucks. 16/6308, S. 275.

IV. Streichung des § 70h Abs. 1 Satz 2 FGG

Ein Verweis auf die einstweilige Anordnung in Betreuungssachen (§ 70h Abs. 1 Satz 2 FGG aF) konnte nach der Gesetzesbegründung im Hinblick auf § 51 Abs. 2 unterbleiben.[1] Denn diese Norm bestimmt nun, dass sich das Verfahren im Grundsatz nach den Vorschriften des Hauptsacheverfahrens richtet.[2] Insbesondere in Bezug auf den Verweis auf 70g FGG aF ist dem zuzustimmen, regelte dieser doch Bekanntmachung und Wirksamkeit von Entscheidungen, deren Voraussetzungen nun aus den Vorschriften über das Hauptsacheverfahren entnommen werden können (§§ 324, 325). 5

B. Inhalt der Vorschrift

§ 331 Satz 1 enthält eine Aufzählung der Verfahrensschritte, die kumulativ zum Erlass einer einstweiligen Anordnung in Unterbringungssachen notwendig sind. 6

I. Eilbedürftigkeit (Satz 1 Nr. 1)

1. Vorliegen der Voraussetzungen einer Unterbringungsmaßnahme

Es müssen dringende Gründe für die Annahme bestehen, dass die Voraussetzungen für die Genehmigung oder Anordnung einer Unterbringungsmaßnahme gegeben sind. Die Voraussetzungen für die Anordnung oder Genehmigung einer Unterbringungsmaßnahme nach § 312 ergeben sich aus § 1906 BGB oder den entsprechenden Landesgesetzen über die Unterbringung psychisch Kranker.[3] Es bedarf also bei der privatrechtlichen Unterbringung der Gefahr der Selbsttötung oder einer erheblichen Gesundheitsgefährdung sowie der fehlenden Fähigkeit, den eigenen Willen frei zu bestimmen. Alternative Voraussetzungen sind die Notwendigkeit einer Heilbehandlung, die ohne Unterbringung nicht durchgeführt werden kann, und eine krankheitsbedingt fehlende Einsichtsfähigkeit des Betroffenen[4] (§ 1906 Abs. 1 BGB). Diese Voraussetzungen müssen nicht zweifelsfrei vorliegen, es genügt vielmehr, wenn **dringende Gründe** dafür sprechen. Es bedarf einer erheblichen Wahrscheinlichkeit,[5] bloße Mutmaßungen genügen nicht. 7

2. Dringendes Bedürfnis für sofortiges Tätigwerden

Wie ausgeführt (Rz. 2), wird der Begriff der Gefahr nicht mehr gebraucht ist und durch ein **„dringendes Bedürfnis für ein sofortiges Tätigwerden“** ersetzt worden, was nach der Gesetzesbegründung aber keine inhaltliche Änderung zur Folge haben soll.[6] Gefahr wurde in diesem Zusammenhang so verstanden, dass mit dem Aufschub der Eintritt 8

1 BT-Drucks. 16/6308, S. 275.

2 BT-Drucks. 16/6308, S. 275.

3 Bei zivilrechtlichen Unterbringungen ist zudem erforderlich, dass bereits ein Betreuer oder Pfleger für den Aufgabenkreis „Unterbringung“ bestellt ist, der den Antrag auf die vorläufige Unterbringungsmaßnahme stellt; das Gericht hat dann über die Genehmigung derselben zu entscheiden. Soll ein Betroffener nach zivilrechtlichen Vorschriften untergebracht werden und ist ein Betreuer noch nicht bestellt oder nicht erreichbar, so kommt eine Unterbringung auf Anordnung des Gerichts nicht nach § 331, sondern allenfalls nach § 334 iVm. § 1846 BGB in Betracht (§ 334 Rz. 2 f.).

4 Vgl. Erman/*Roth*, § 1906 BGB Rz. 13 f., 17 ff.

5 BayObLG v. 17.9.2004 – 3 Z BR 167/04, FamRZ 2005, 477.

6 BT Drucks. 16/6308, S. 275 iVm. 271

erheblicher Nachteile für den Betroffenen oder Dritte zu erwarten ist.[1] Man kann davon ausgehen, dass immer dann auch ein dringendes Bedürfnis für ein sofortiges Tätigwerden besteht. Fraglich ist, ob das dringende Bedürfnis auch bei geringeren Beeinträchtigungen (als bei einer Gefahr) gegeben sein kann. In Anbetracht des gesetzgeberischen Willens und der Intensität des mit einer sofortigen Anordnung in Unterbringungssachen verbundenen Eingriffs wird man aber weiterhin davon ausgehen müssen, dass diese Voraussetzung des § 331 Satz 1 Nr. 1 nur dann erfüllt ist, wenn eine gewisse Wahrscheinlichkeit dafür spricht, dass durch den Aufschub **erhebliche Nachteile an wichtigen Rechtsgütern** zu erwarten sind, die ein dringendes Bedürfnis für ein sofortiges Tätigwerden zur Folge haben. Hierfür genügt also – wie bisher – die Glaubhaftmachung dieser Umstände, dh. die volle richterliche Überzeugung muss nicht erfüllt sein.

3. Antrag auf Genehmigung einer endgültigen Unterbringungsmaßnahme nicht erforderlich

9 Da das einstweilige Anordnungsverfahren nunmehr ein vom Hauptsacheverfahren **unabhängiges selbständiges Verfahren** ist (Rz. 3), kommt es entgegen früherer Rechtslage nicht mehr darauf an, dass bereits ein Antrag auf Genehmigung einer endgültigen Unterbringungsmaßnahme gestellt wurde,[2] was sich so auch aus § 51 Abs. 3 Satz 1 und § 52 Abs. 1 Satz 1 ergibt. Allerdings muss die einstweilige Anordnung vom Betreuer oder Bevollmächtigten beantragt werden.

II. Ärztliches Zeugnis (Satz 1 Nr. 2)

10 Dem Gericht muss ein **ärztliches Zeugnis** über den Zustand des Betroffenen vorliegen. Das Gesetz verlangt weder ein Gutachten noch eine persönliche Untersuchung und Befragung des Betroffenen noch einen Arzt mit besonderen Fachkenntnissen auf dem Gebiet der Psychiatrie. In Anbetracht der Intensität des Eingriffs in die Freiheitsrechte des Betroffenen werden aber idR auf Grund des Amtsermittlungsgrundsatzes des § 26 genau diese Voraussetzungen erfüllt sein müssen.[3] Denn dem Gericht muss die Notwendigkeit einer einstweiligen Anordnung in Unterbringungssachen glaubhaft vorgebracht werden, was meist nur dann der Fall sein wird, wenn das ärztliche Zeugnis auf verlässlichen, eindeutigen und nachprüfbaren Grundlagen beruht. Mithin wird regelmäßig ein zumindest **gutachtenähnliches Zeugnis erforderlich** sein, welches auf einer **persönlichen Untersuchung** beruht.[4] Bei Unterbringung aus medizinischen Gründen wird das Zeugnis von einem Facharzt der Psychiatrie oder Neurologie stammen müssen.[5] Es muss zudem Angaben dazu enthalten, warum eine Unterbringung notwendig ist und welche Nachteile ohne eine solche zu erwarten sein werden, da dem Gericht ansonsten die für die Entscheidung erforderlichen Informationen fehlen.[6]

1 *Bassenge*/Roth, § 70h FGG Rz. 4.
2 Vgl. hierzu noch: *Bienwald*/Sonnenfeld/Hoffmann, § 70h FGG Rz. 3.
3 Damrau/*Zimmermann*, § 70h FGG Rz. 5.
4 HK-BUR/*Rink*, § 69f Rz. 26; Jürgens/*Marschner*, § 70h FGG Rz. 5; Fröschle/*Locher* § 70h FGG Rz. 4.
5 Keidel/*Kuntze*, § 70h Rz. 10; differenzierend *Bassenge*/Roth § 70h Rz. 5.
6 BayObLG v. 21.5.1999 – 3 Z BR 125/99, FamRZ 1999, 1611 (1612); Fröschle/*Locher*, § 70h FGG Rz. 4 mwN; aA *Bassenge*/Herbst/Roth, 10. Aufl., § 70h FGG Rz. 5 (aufgegeben in der 11. Aufl. Rz. 5).

III. Verfahrenspfleger (Satz 1 Nr. 3)

Bei Vorliegen der Voraussetzungen des § 317 (Verfahrenspflegerbestellung – § 317 Rz. 2 ff.) muss dem Betroffenen ein **Verfahrenspfleger** bestellt werden. Dieser ist entgegen der früheren Regelung des § 69f Abs. 1 Satz 1 Nr. 3 FGG[1] auch vom Gericht **anzuhören**. Bestellung und Anhörung können allenfalls nach § 332 unterbleiben (§ 332 Rz. 3). 11

IV. Anhörung (Satz 1 Nr. 4)

Der Betroffene ist **persönlich anzuhören**, damit das Gericht neben dem ärztlichen Attest und den Ausführungen des Verfahrenspflegers eine ausreichende Grundlage für den Erlass der Entscheidung hat. Die Anhörung kann auch, abweichend von § 319 Abs. 4, im Wege der Rechtshilfe durch den ersuchten Richter erfolgen (§ 331 Satz 2). Die Anhörung kann unterbleiben, wenn die Voraussetzungen des § 34 Abs. 2 (gesundheitliche Gefahr durch die Anhörung oder Unmöglichkeit der Verständigung) gegeben sind.[2] Fraglich ist, ob die gesundheitliche Gefahr, wie es § 319 Abs. 3 verlangt, durch ein Gutachten nachgewiesen werden muss. Dafür spricht, dass § 319 die Voraussetzungen für Unterbringungssachen gegenüber § 32 verschärft. Andererseits ist § 331 die noch speziellere Norm und erwähnt § 319 nicht. Das ist durchaus sinnvoll, da gerade bei einer einstweiligen Anordnung Eile geboten ist. Die Anhörung ist unverzüglich, dh. am nächsten Werktag, nachzuholen.[3] 12

Darüber hinaus kann auf die Anhörung des Betroffenen nur unter den Voraussetzungen des § 332 verzichtet werden. 13

V. Anhörung anderer Beteiligter

Die oben (Rz. 4) aufgezeigte Änderung eines fehlenden Verweises auf einen Anhörungsverzicht hat zur Konsequenz, dass jeder am Verfahren einer einstweiligen Anordnung Beteiligte zwingend vor Erlass der Entscheidung gem. § 320 angehört werden muss; ein Verzicht ist selbst bei Gefahr im Verzug vom Gesetzeswortlaut nicht gedeckt. Will das Gericht auf Anhörungen Beteiligter verzichten, so hat es nur die Möglichkeit, die betreffenden Personen erst gar nicht als Beteiligte zum Verfahren hinzuzuziehen. Ein solches Ermessen gesteht das Gesetz dem Gericht für die in § 315 Abs. 4 genannten Personen zu, während die in § 315 Abs. 1 bis 3 genannten Personen bei Vorliegen der dort genannten Voraussetzungen zwingend als Beteiligte zum Verfahren hinzuzuziehen sind; zudem ergibt sich eine Anhörungspflicht für den Verfahrenspfleger und den Betroffenen direkt aus § 331 Nr. 3 und 4. 14

Ein Verzicht auf Anhörungen ist nur noch gem. § 332 möglich, und zwar hinsichtlich des Betroffenen und des Verfahrenspflegers. Somit kann als Konsequenz aus der Streichung des § 70h Abs. 1 Satz 3 Halbs. 2 FGG auf eine **Anhörung des Betreuers oder des Bevollmächtigten und der zuständigen Behörde** (wenn sie die Hinzuziehung beantragt hat) nicht verzichtet werden. Es ist davon auszugehen, dass sich der Gesetzgeber dieser 15

1 Zur früheren Problematik: Damrau/*Zimmermann*, § 70h FGG Rz. 6.

2 Aufgrund dieser allgemeinen Regelung konnte der Verweis auf den bisherigen § 69d Abs. 1 Satz 3 FGG wegfallen; vgl. Komm. zu § 34 Rz. 22 ff.

3 BayObLG v. 27.7.2000 – 3Z BR 64/00, NJW-RR 2001, 654.

Konsequenzen bewusst war. Allein das falsche Gesetzeszitat in der Gesetzesbegründung zu § 331 (s. Rz. 5) kann nicht zu einer anderen inhaltlichen Auslegung führen. Denn in der Begründung zu § 331 wird eindeutig auf die Anhörungspflichten nach neuer Gesetzeslage verwiesen, in der Begründung zu § 332 wird ausgeführt, diese Norm ersetze den ehemaligen § 70h Abs. 1 Satz 3 Halbs. 2 FGG; sie soll also nunmehr regeln, wann auf eine Anhörung Beteiligter verzichtet werden kann und wann nicht. Ein solcher Verzicht kommt also nur bei den in § 332 genannten Personen in Betracht. Dieses Ergebnis ist im Grundsatz auch nachvollziehbar, können doch häufig gerade Betreuer (oder Bevollmächtigter) und Behörde in der Eile eines Verfahrens der einstweiligen Anordnung am schnellsten und objektivsten Auskunft über die Situation geben. Eine genauere Sachverhaltsaufklärung durch Anhörung des Betroffenen, des Ehegatten, der Eltern und Kinder etc. kann dagegen, da oftmals langwieriger, dem Hauptsacheverfahren vorbehalten bleiben. Es ist allerdings zu kritisieren, dass der Gesetzgeber diese grundsätzliche Änderung nicht deutlicher herausgestellt und begründet hat.[1]

VI. Verhältnismäßigkeit

16 Bei jeder einstweiligen Anordnung ist von Verfassungs wegen der Verhältnismäßigkeitsgrundsatz zu beachten.[2] Die Freiheit des Betroffenen darf nur aus wichtigem Grund beschränkt werden, der schwerer wiegt als die Rechtsbeeinträchtigung; auch darf es keine milderen Mittel geben, die den gleichen Erfolg herbeiführen würden.

VII. Erlass der einstweiligen Anordnung

17 Liegen die Voraussetzungen des § 331 Satz 1 vor, so hat das Gericht die einstweilige Anordnung zu erlassen. Entgegen dem Wortlaut der Norm („kann") steht dem Gericht hierbei **kein Ermessen** zu.[3]

18 Gegen die Entscheidung ist das **Rechtsmittel der Beschwerde** zulässig. **§§ 335, 336** ergänzen diesbezüglich die allgemeinen Voraussetzungen (vgl. Komm dort).

§ 332
Einstweilige Anordnung bei gesteigerter Dringlichkeit

Bei Gefahr im Verzug kann das Gericht eine einstweilige Anordnung nach § 331 bereits vor Anhörung des Betroffenen sowie vor Anhörung und Bestellung des Verfahrenspflegers erlassen. Diese Verfahrenshandlungen sind unverzüglich nachzuholen.

---

1 Der neuerliche Hinweis innerhalb der Begr., dass auf eine Nachfolgevorschrift für § 70h Abs. 1 Satz 3 Halbs. 1 FGG verzichtet werden konnte, weil § 51 Abs. 2 klarstelle, dass sich das Verfahren nach den Vorschriften eines entsprechenden Hauptsacheverfahrens richte (s. oben Rz. 4), bringt keine neuen Erkenntnisse. Letztlich wird damit nur nochmals zum Ausdruck gebracht, dass sich auch die Anhörung der Beteiligten nun nach den Vorschriften über das Hauptsacheverfahren richtet, also nach §§ 315, 320. Die erneute Nennung verwundert, wird aber wohl auf den Fehler zurückzuführen sein, dass zuvor statt § 70h Abs. 1 Satz 3 Halbs. 1 FGG fälschlich § 70h Abs. 1 Satz 2 FGG zitiert wurde.

2 *Dodegge*/Roth, G, Rz. 190.

3 Damrau/*Zimmermann*, § 70h FGG Rz. 10.

A. Allgemeines

1 Die seit dem RefE unveränderte Vorschrift regelt im Gegensatz zu § 331 („gewöhnliche" einstweilige Anordnung) die **„eilige" einstweilige Anordnung**, die in Fällen gesteigerter Dringlichkeit unter erleichterten Voraussetzungen erlassen werden kann. Sie ist wortgleich mit der Vorschrift über den Erlass einer einstweiligen Anordnung bei gesteigerter Dringlichkeit in Betreuungssachen (§ 301).

2 Nach der Gesetzesbegründung ersetzt die Vorschrift den bisherigen § 70h Abs. 1 Satz 3 Halbs. 2 FGG. Damit wurde die eilige einstweilige Anordnung einer Änderung unterzogen, denn es kann bei Gefahr im Verzug nur auf die Anhörung des Verfahrenspflegers und des Betroffenen verzichtet werden. Auf die Anhörung der am Verfahren Beteiligten (§§ 315, 320) kann hingegen trotz Gefahr im Verzug nicht mehr verzichtet werden. Das Gericht kann allenfalls auf die Beteiligung der in § 315 Abs. 4 Genannten von vornherein verzichten, um eine Anhörungspflicht zu vermeiden. Diese Möglichkeit besteht aber nicht für den zwingend zu beteiligenden Betreuer oder Bevollmächtigten (§ 315 Abs. 1 Nr. 2 und 3) und die zuständige Behörde (§ 315 Abs. 3 – vgl. § 331 Rz. 4 f.).

B. Inhalt der Vorschrift

I. Verzicht auf Anhörung (Satz 1)

3 Das Gericht kann nach § 332 Satz 1 auf die nach § 331 Satz 1 Nr. 3 und 4 erforderliche **Anhörung** (bzw. Bestellung) **des Verfahrenspflegers und des Betroffenen verzichten**, wenn Gefahr im Verzug anzunehmen ist. Die einstweilige Anordnung kann dann bereits vor Vornahme dieser Verfahrenshandlungen erlassen werden. Damit kann in besonders dringenden Fällen einer durch die Anhörung von Verfahrenspfleger und Betroffenem entstehenden Verzögerung entgegengewirkt werden. Die oben beschriebenen Voraussetzungen des § 331 Satz 1 Nr. 1 und 2 sowie der Verhältnismäßigkeitsgrundsatz sind aber auch für die Fälle der eiligen einstweiligen Anordnung unentbehrlich.

4 Gefahr im Verzug ist anzunehmen, wenn konkrete Gründe dafür vorliegen, dass bereits der durch die Anhörungen bedingte zeitliche Aufschub der Unterbringungsmaßnahme die **Gefahr erheblicher Nachteile für den Betroffenen oder Dritte** mit sich bringen würde.[1] Die Nachteile müssen also unmittelbar drohen.

II. Nachholung (Satz 2)

5 Der Verzicht gem. Satz 1 führt zu einem zeitlichen Aufschub der Anhörung. § 332 Satz 2 stellt klar, dass sie unverzüglich **nachzuholen** ist. Der Betroffene muss spätestens am darauf folgenden Tag persönlich angehört werden.[2] Beim Verfahrenspfleger wird eine Nachholung innerhalb der nächsten Tage zu erfolgen haben.[3] Eine genaue Frist nennt das Gesetz nicht, die Wortwahl „unverzüglich" hat aber zur Folge, dass die erforderlichen Verfahrenshandlungen ohne schuldhaftes Zögern nachzuholen sind.

1 Fröschle/*Locher*, § 70h FGG Rz. 8.
2 Fröschle/*Locher*, § 70h FGG Rz. 8; *Dodegge*/Roth, G, Rz. 191.
3 *Dodegge*/Roth, G, Rz. 191.

§ 333
Dauer der einstweiligen Anordnung

Die einstweilige Anordnung darf die Dauer von sechs Wochen nicht überschreiten. Reicht dieser Zeitraum nicht aus, kann sie nach Anhörung eines Sachverständigen durch eine weitere einstweilige Anordnung verlängert werden. Die mehrfache Verlängerung ist unter den Voraussetzungen der Sätze 1 und 2 zulässig. Sie darf die Gesamtdauer von drei Monaten nicht überschreiten. Eine Unterbringung zur Vorbereitung eines Gutachtens (§ 322) ist in diese Gesamtdauer einzubeziehen.

A. Allgemeines

1 In § 333 (identisch mit § 346 RefE) finden sich Regelungen über die **zeitliche Befristung** einer einstweiligen Anordnung in (allen) Unterbringungssachen. Satz 1 entspricht dem bisherigen § 70h Abs. 2 Satz 1 FGG. Satz 2 und Satz 4 entsprechen dem bisherigen § 70h Abs. 2 Satz 2 FGG und wurden lediglich redaktionell neu gefasst. Satz 5 entspricht inhaltlich dem bisherigen § 70h Abs. 2 Satz 3 FGG. Satz 3 enthält eine Klarstellung.

B. Inhalt der Vorschrift

I. Höchstdauer sechs Wochen (Satz 1)

2 Die Höchstfrist einer einstweiligen Anordnung beträgt grundsätzlich **sechs Wochen**. Die Frist beginnt mit Wirksamwerden der Entscheidung, was sich wiederum nach § 324 bestimmt. In der Entscheidung ist die genaue Frist zu nennen. Geschieht dies nicht, so gilt die gesetzlich vorgesehene Frist von sechs Wochen.[1] Auch wenn das Gericht die Möglichkeit hat, kürzere Fristen auszusprechen, so zeigt die Rechtspraxis, dass idR die Höchstfrist von sechs Wochen ausgesprochen wird.[2] Die einstweilige Anordnung verliert mit Ablauf der Frist ihre Wirksamkeit, ohne dass eine Aufhebung oÄ. erforderlich ist.[3] Sie endet auch, wenn eine Entscheidung in der Hauptsache wirksam wird.[4]

II. Einmalige Verlängerung (Satz 2)

3 Es besteht die Möglichkeit, dass diese Frist von sechs Wochen nicht ausreicht, so dass eine Verlängerung durch eine weitere einstweilige Anordnung in Betracht kommt. Die Dauer von sechs Wochen reicht etwa dann nicht aus, wenn gleichzeitig ein Hauptsacheverfahren anhängig ist und innerhalb dessen eine Entscheidung noch nicht getroffen werden kann, zB weil erforderliche Gutachten noch nicht zur Verfügung stehen.

1 *Dodegge*/Roth, G, Rz. 200.
2 Damrau/*Zimmermann*, § 70h FGG Rz. 15.
3 Fröschle/*Locher*, § 70h FGG Rz. 10.
4 KG v. 1.9.1992 – 1 W 4144/92, FamRZ 1993, 84. Geschieht dies nach Einlegung eines Rechtsmittels gegen die einstweilige Anordnung, so ist insoweit das Verfahren in der Hauptsache erledigt.

Eine Verlängerung ist nach Satz 2 möglich, erfordert aber die Erfüllung bestimmter Voraussetzungen. So muss nun ein **Sachverständiger** zu der Angelegenheit **angehört** werden, ein ärztliches Zeugnis allein reicht hier nicht mehr aus.[1] Gutachter muss ein Arzt sein, der die Qualifikationen des § 321 Abs. 1 Satz 4 aufweist. Dieser muss sich auch zur weiteren Erforderlichkeit der Unterbringung äußern. Darüber hinaus gelten dieselben Voraussetzungen wie für die erste einstweilige Anordnung, so dass insbesondere grundsätzlich der Betroffene erneut anzuhören ist.[2] Die verlängernde Anordnung kann wiederum als eilige einstweilige Anordnung nach § 332 ergehen, freilich wird nach bereits sechswöchiger Unterbringung nur noch selten von einer gesteigerten Dringlichkeit wegen Gefahr im Verzug auszugehen sein. 4

III. Mehrfache Verlängerung (Satz 3)

Satz 3 stellt klar, dass nicht nur eine einmalige, sondern auch eine **mehrfache Verlängerung** unter Beachtung der Voraussetzungen der Sätze 1 und 2 in Betracht kommt.[3] Das wurde auch bisher schon für zulässig gehalten.[4] Die erneute Anordnung darf wiederum die Höchstdauer von sechs Wochen nicht überschreiten und bedarf der vorherigen Anhörung eines Sachverständigen sowie der Beachtung sämtlicher für die Erstanordnung geltender Verfahrensgrundsätze. Die Verlängerung sollte allerdings die Ausnahme sein, da idR sechs Wochen ausreichen müssten. 5

IV. Gesamtdauer (Satz 4)

Gleichzeitig bestimmt Satz 4 aber, dass die Gesamtdauer der einstweiligen Anordnung einen **Zeitraum von drei Monaten** nicht überschreiten darf. Hierbei handelt es sich um die **maximale zeitliche Obergrenze** einer einstweiligen Anordnung in Unterbringungssachen, denn eine einstweilige Anordnung soll keine dauerhaften Zustände schaffen, sondern in kritischen Phasen ein schnelles kurzfristiges Handeln ermöglichen. Daher ist eine Verlängerung in derselben Angelegenheit über die Dauer von drei Monaten hinaus nicht möglich. Um dieselbe Angelegenheit handelt es sich etwa, wenn das die Unterbringung erfordernde Krankheitsbild des Betroffenen im Wesentlichen gleich geblieben ist.[5] Bei der Gesamtdauer werden die Zeiten zusammengerechnet, wenn der Betroffene zunächst öffentlich-rechtlich und anschließend in derselben Sache zivilrechtlich untergebracht wurde.[6] 6

V. Unterbringung zur Vorbereitung eines Gutachtens (Satz 5)

Nach § 322 kann der Betroffene vor der eigentlichen Unterbringung auch zur Vorbereitung eines Gutachtens in einer Unterbringungsangelegenheit untergebracht werden. Satz 5 stellt hierzu klar, dass eine solche Unterbringung mit in die nach § 333 zu berechnende Gesamtdauer einzubeziehen ist. Maßgeblich ist dabei nicht die im Be- 7

1 Keidel/*Kuntze*, § 70h FGG Rz. 12.
2 Fröschle/*Locher*, § 70h FGG Rz. 12.
3 BT-Drucks. 16/6308, S. 276.
4 *Dodegge*/Roth, G, Rz. 201.
5 Beispiele bei: Keidel/*Kuntze*, § 70h FGG Rz. 12.
6 Fröschle/*Locher*, § 70h FGG Rz. 11.

schluss des Gerichts vorgesehene, sondern die tatsächlich in der Unterbringung zugebrachte Zeit.[1]

§ 334
Einstweilige Maßregeln

Die §§ 331, 332 und 333 gelten entsprechend, wenn nach § 1846 des Bürgerlichen Gesetzbuchs eine Unterbringungsmaßnahme getroffen werden soll.

A. Allgemeines

1 Die Vorschrift entspricht inhaltlich dem bisherigen § 70h Abs. 3 FGG und ist identisch mit § 347 RefE. Sie ordnet an, dass gerichtliche einstweilige Maßregeln in zivilrechtlichen Unterbringungssachen nach **§ 1846 BGB** den Regeln der §§ 331, 332 und 333 unterliegen.

B. Inhalt der Vorschrift

I. Voraussetzungen des § 1846 BGB

2 § 1846 BGB gilt sowohl für die Vormundschaft als auch für die Betreuung (§ 1908i Abs. 1 Satz 1 BGB). Der Anwendungsbereich erstreckt sich **allein auf zivilrechtliche Unterbringungsmaßnahmen**; sind gleichzeitig die Voraussetzungen einer öffentlich-rechtlichen Unterbringung zu bejahen, geht diese vor.[2]

3 Auch wenn die Voraussetzungen einer öffentlich-rechtlichen Unterbringung nicht vorliegen, gibt es Situationen, in denen der Zustand des Betroffenen ein sofortiges Handeln erforderlich macht. Dann kann es vorkommen, dass ein Eingreifen des eigentlich zuständigen Vertreters nicht möglich ist, etwa weil in diesem Moment überhaupt noch **kein Vormund, Pfleger oder Betreuer bestellt** ist. Das Gericht hätte dann allerdings die Pflicht, diese Bestellung vorzunehmen, doch kann auch diese Alternative scheitern, etwa weil in der Kürze der Zeit **keine geeignete Person gefunden** werden kann. Schließlich kommt es vor, dass zwar ein Betreuer, Pfleger oder Vormund bestellt ist, dieser aber **nicht rechtzeitig erreicht** werden kann, weil er verhindert ist, zB wegen Urlaubs oder Krankheit.[3] Kein Fall der Verhinderung kann darin gesehen werden, dass sich der Betreuer weigert, eine bestimmte Maßnahme vorzunehmen, die das Gericht für erforderlich hält. Der Betreuerwille darf also nicht mit Hilfe des § 1846 BGB umgangen werden.[4] Auch die bloße Unkenntnis des Gerichts von der Anordnung einer Betreuung rechtfertigt keine Maßnahme nach § 1846 BGB, wenn dieser Umstand mit relativ geringem Aufwand hätte in Erfahrung gebracht werden können.[5] Nicht anzuwenden ist § 334, wenn der Betroffene einen Bevollmächtigten (mit einem Aufgaben-

1 *Bienwald*/Sonnenfeld/Hoffmann, § 70h FGG Rz. 10.
2 Marschner/*Volckart*, D, Rz. 14.
3 Vgl. BayObLG v. 25.7.2001 – 3 Z BR 102/01, FamRZ 2002, 419, 421.
4 BayObLG v. 15.9.1999 – 3 Z BR 221/99, FamRZ 2000, 566 f.
5 OLG Frankfurt a.M. v. 4.12.2006 – 20 W 425/06, FamRZ 2007, 673 (674).

kreis für Unterbringungsmaßnahmen) hat, der in der Lage ist, eine evtl. notwendige Unterbringung zu veranlassen. Ist er allerdings verhindert, ist das Gericht gem. § 1846 BGB zum Handeln befugt.[1]

Unter den genannten Voraussetzungen ermächtigt § 1846 BGB das zuständige Gericht zur eigenen Anordnung der notwendigen Maßregeln, um größeren Schaden von dem Betroffenen abzuwenden. Eine solche Maßnahme soll aber die **Ausnahme** bleiben, so dass nur in dringenden Fällen von dieser Möglichkeit Gebrauch gemacht werden darf.[2] Die Bestellung eines geeigneten vorläufigen Betreuers ist immer vorrangig. Wenn sie nicht möglich ist, hat das Gericht zumindest unverzüglich eine Betreuerbestellung einzuleiten. Die Anordnung einer Betreuerbestellung zusammen mit der einstweiligen Anordnung ist nach Ansicht des BGH nicht erforderlich, wohl aber die unverzügliche Einleitung der hierfür erforderlichen Maßnahmen,[3] etwa ein Ersuchen um einen Vorschlag einer geeigneten Person. 4

Ist ein gesetzlicher Vertreter weder vorhanden noch bestell- oder erreichbar, so kann das Gericht zunächst alle Maßnahmen treffen, die auch ein Betreuer, Vormund oder Pfleger mit dem entsprechenden Aufgabenkreis treffen könnte. Hierzu gehört auch die vorläufige Unterbringung des Betroffenen (§ 1906 Abs. 1 BGB) oder die Anordnung unterbringungsähnlicher Maßnahmen (§ 1906 Abs. 4 BGB). Nicht möglich ist es, ein pflichtwidriges Betreuerhandeln über § 1846 BGB zu sanktionieren.[4] 5

II. Voraussetzungen einer Unterbringungsmaßnahme nach § 334 iVm. § 1846 BGB

1. Gewöhnliche einstweilige Anordnung

Soll eine Unterbringungsmaßnahme nach § 1846 BGB angeordnet werden, so müssen die Voraussetzungen einer einstweiligen Anordnung gegeben sein.[5] Der Verweis auf §§ 331, 332, 333 bedeutet nicht, dass die Unterscheidung zwischen § 331 und § 332 aufgehoben ist, vielmehr ist auch im Fall des § 334 die **Abstufung** zwischen einer „gewöhnlichen" einstweiligen Anordnung (§ 331) und einer „eiligen" einstweiligen Anordnung (§ 332) vorzunehmen (§ 331 Rz. 1),[6] wobei überwiegend auch die strengeren Voraussetzungen des § 332 erfüllt sein werden.[7] Zunächst kommt aber immer eine „gewöhnliche" einstweilige Anordnung nach § 331 in Betracht, auch um die Rechte des Betroffenen so wenig wie möglich zu beeinträchtigen. Danach müssen im Einzelnen folgende Voraussetzungen vorliegen: 6

a. Es bedarf gem. § 1846 BGB einer irgendwie gearteten **Verhinderung** des gesetzlichen Vertreters. Keine Verhinderung ist gegeben, wenn dem Gericht die Bestellung eines Betreuers unbekannt ist.[8] 7

1 MüKo.BGB/*Schwab*, § 1906 BGB Rz. 134; Fröschle/*Locher* § 70h FGG Rz. 14.
2 BGH v. 13.2.2002 – XII ZB 191/00, FamRZ 2002, 744 (746); OLG Frankfurt a.M. v. 4.12.2006 – 20 W 425/06, FamRZ 2007, 673 (674).
3 BGH v. 13.2.2002 – XII ZB 191/00, FamRZ 2002, 744 ff.; vgl. zum früheren Streitstand: Dodegge/*Roth*, A, Rz. 99.
4 OLG Schleswig v. 16.5.2001 – 2 W 96/01, BtPrax 2001, 211.
5 *Bassenge*/Roth, § 70h FGG Rz. 14.
6 Damrau/*Zimmermann*, § 70h FGG Rz. 40; Erman/*Saar*, § 1846 BGB Rz. 8.
7 MüKo.BGB/*Schwab*, § 1906 BGB Rz. 102.
8 OLG Frankfurt v. 4.12.2006 – 20 W 425/06, FamRZ 2007, 673 ff.

8 **b.** Es müssen dringende Gründe für die Annahme bestehen, dass die **Voraussetzungen für die Genehmigung einer endgültigen Unterbringungsmaßnahme** gegeben sind. Dies ist der Fall, wenn eine erhebliche Wahrscheinlichkeit besteht, dass ein vorläufiger Betreuer, Vormund oder Pfleger zu bestellen sein wird, der dann auch eine Unterbringungsmaßnahme beantragen wird. Darüber hinaus müssen die materiell-rechtlichen Voraussetzungen der Unterbringungsmaßnahme gegeben sein (§ 1906 Abs. 1 oder 4 BGB).

9 **c.** Es muss ein **dringendes Bedürfnis für ein sofortiges Tätigwerden** bestehen. Eine Gefahr wird vom Gesetz zwar nicht mehr gefordert, dies hat allerdings keine inhaltlichen Änderungen zur Folge (vgl. § 331 Rz. 2). Nicht erforderlich ist „Gefahr im Verzug", denn hierauf kommt es nur an, wenn die Anordnung nach § 332 erfolgen soll.[1] Da § 334 aber auch auf § 331 verweist, kann bereits beim Vorliegen dringender Gründe sowie einem dringenden Bedürfnis für ein sofortiges Tätigwerden eine Unterbringung nach § 334 iVm. § 1846 BGB erfolgen. Nur wenn auf die Anhörung des Betroffenen und die Bestellung und Anhörung eines Verfahrenspflegers verzichtet werden soll, kommt es auf das Vorliegen von „Gefahr im Verzug" an.

10 **d.** Es muss ein **ärztliches Zeugnis** über den Zustand des Betroffenen vorliegen.

11 **e.** Dem Betroffenen ist ein **Verfahrenspfleger zu bestellen**, welcher auch angehört werden muss. Ebenso ist der **Betroffene anzuhören**.[2] Hierauf kann nur verzichtet werden, wenn Gefahr in Verzug ist (vgl. sogleich 2.).

2. Einstweilige Anordnung bei gestiegener Dringlichkeit

12 § 334 verweist auch auf § 332, weshalb neben § 331 auch die Möglichkeit einer „eiligen" einstweiligen Anordnung besteht. Es müssen dafür dieselben Voraussetzungen wie bei einer „gewöhnlichen" einstweiligen Anordnung bestehen. Statt eines bloß dringenden Bedürfnisses für ein sofortiges Tätigwerden ist erforderlich, dass **Gefahr im Verzug** vorliegt. Ist dies der Fall, kann auf Bestellung und Anhörung eines Verfahrenspflegers sowie auf die Anhörung des Betroffenen vorläufig verzichtet werden, wobei diese Maßnahmen unverzüglich nachzuholen sind.

3. Sonstige Verfahrensvorschriften

13 Die Dauer der einstweiligen Anordnung richtet sich im Grundsatz nach § 333, darf also bis zu sechs Wochen betragen. Allerdings soll eine Anordnung nach § 334 iVm. § 1846 BGB die absolute Ausnahme sein. Daher ist unverzüglich ein gesetzlicher Vertreter zu bestellen oder aufzufinden, der die Maßnahme überprüft[3] und daraufhin selbst über das weitere Vorgehen entscheidet. Deshalb hat die Anordnung einer vorläufigen Unterbringung nur so lange Bestand, bis ein Betreuer, Pfleger oder Vormund die erforderlichen Maßnahmen selbst treffen kann.[4] Die Dauer einer solchen Anordnung wird mithin durch diesen Umstand stark beschränkt, sie dürfte selten über **drei**

---

1 MüKo.BGB/*Schwab*, § 1906 BGB Rz. 102; Erman/*Saar*, § 1846 BGB Rz. 8; aA *Zimmermann*, FamRZ 1990, 1308 (1315), der für § 1846 BGB stets „Gefahr im Verzug" voraussetzt.

2 MüKo.BGB/*Schwab*, § 1906 BGB Rz. 102; aA *Bienwald*/Sonnenfeld/Hoffmann, § 70h FGG Rz. 26.

3 *Bienwald*/Sonnenfeld/Hoffmann, § 70h FGG Rz. 30.

4 MüKo.BGB/*Schwab*, § 1906 BGB Rz. 102; LG Berlin v. 27.3.1992 – 83 T 94/92, BtPrax 1992, 43 f.

Wochen hinausgehen.[1] Häufig wird verlangt, dem Betroffenen innerhalb weniger Tage einen Betreuer zur Seite zu stellen.[2]

Darüber hinaus sind dieselben rechtsstaatlichen Erfordernisse zu beachten wie im Falle einer einstweiligen Anordnung nach § 331 oder § 332, insbesondere auch der **Verhältnismäßigkeitsgrundsatz**. Die Frage, ob auf die Anhörung weiterer Beteiligter verzichtet werden kann, richtet sich ebenfalls nach diesen Normen (§ 331 Rz. 15). 14

Zuständig für Maßnahmen nach § 1846 BGB ist dasselbe Gericht, das für eine einstweilige Anordnung zuständig wäre.[3] Die Begründung der Maßnahme sollte auch Aufschluss darüber geben, warum kein Betreuer bestellt werden konnte und stattdessen das Gericht entscheiden musste.[4] Die Entscheidung unterliegt dem Rechtsmittel der Beschwerde. Ergänzende Vorschriften hierzu enthalten §§ 335, 336. Die Frage, ob der Betreuer verhindert ist, stellt eine voll überprüfbare Rechtsfrage dar.[5] 15

§ 335
Ergänzende Vorschriften über die Beschwerde

(1) Das Recht der Beschwerde steht im Interesse des Betroffenen

1. dessen Ehegatten oder Lebenspartner, wenn die Ehegatten oder Lebenspartner nicht dauernd getrennt leben, sowie dessen Eltern und Kindern, wenn der Betroffene bei diesen lebt oder bei Einleitung des Verfahrens gelebt hat, den Pflegeeltern,

2. einer von dem Betroffenen benannten Person seines Vertrauens sowie

3. dem Leiter der Einrichtung, in der der Betroffene lebt,

zu, wenn sie im ersten Rechtszug beteiligt worden sind.

(2) Das Recht der Beschwerde steht dem Verfahrenspfleger zu.

(3) Der Betreuer oder der Vorsorgebevollmächtigte kann gegen eine Entscheidung, die seinen Aufgabenkreis betrifft, auch im Namen des Betroffenen Beschwerde einlegen.

(4) Das Recht der Beschwerde steht der zuständigen Behörde zu.

A. Allgemeines

Die Vorschrift tritt an die Stelle des bisherigen § 70m Abs. 2 FGG und regelt die **Beschwerdeberechtigung** in Unterbringungssachen. In Abweichung von der bisherigen Rechtslage wurde der Kreis der beschwerdeberechtigten Personen verkleinert, dies auch im Verhältnis zur Beschwerde in allgemeinen Betreuungssachen (§ 303 Abs. 2). So fehlen als Beschwerdeberechtigte in Unterbringungssachen die Großeltern und die Geschwister des Betroffenen. Diese Beschränkung ist gewollt, damit der Betreute möglichst wenig durch ein Beschwerdeverfahren belastet wird.[6] Auf der anderen Seite 1

1 Vgl. hierzu Damrau/*Zimmermann*, § 70h FGG Rz. 39.
2 OLG München v. 28.7.2005 – 33 Wx 139/05, RuP 2006, 91 (93).
3 Damrau/*Zimmermann*, § 70h FGG Rz. 39.
4 Damrau/*Zimmermann*, § 70h FGG Rz. 39.
5 BayObLG v. 25.7.2001 – 3 Z BP 102/01, FamRZ 2001, 419 (421).
6 BT-Drucks. 16/6308, S. 276.

wurden die Pflegeltern, die im RefE (§ 348) noch nicht enthalten waren, aufgenommen. In Abs. 3 wurde auf Vorschlag des Bundesrats der Vorsorgebevollmächtigte aufgenommen.

B. Inhalt der Vorschrift

I. Beschwerderecht – Angehörige, Leiter der Einrichtung (Absatz 1)

1. Berechtigter Personenkreis

2 Abs. 1 gewährt den Personen ein Beschwerderecht, die auch im Verfahren bereits beteiligt wurden (vgl. § 303 Rz. 19 ff.). Es sind dies unter Nr. 1 der **Ehegatte** des Betroffenen oder sein **Lebenspartner** (iSd. LPartG), soweit das Paar nicht dauernd getrennt lebt; eine nur vorübergehende Trennung schadet nicht. Der Lebensgefährte einer sog. nichtehelichen Lebensgemeinschaft ist nicht erwähnt. Ferner sind genannt die Eltern oder Kinder des Betroffenen, wenn dieser bei ihnen lebt, wobei es genügt, wenn er zurzeit der Einleitung des Unterbringungsverfahrens bei ihnen gelebt hat. Nicht erfasst ist der umgekehrte Fall, dass minderjährige Kinder beim Betroffenen wohnen. Volljährige Kinder, die nicht mit dem Betroffenen zusammenleben, besitzen keine Beschwerdeberechtigung.

3 Ferner nennt das Gesetz eine vom Betroffenen benannte **Vertrauensperson** (Nr. 2); dabei muss es sich um eine natürliche Person und nicht um eine Organisation handeln. Es kommen auch mehrere Vertrauenspersonen in Betracht.[1] Die Person muss vom Betroffenen benannt werden, und er muss mit deren Beiziehung einverstanden sein. Schließlich ist erwähnt der **Leiter der Einrichtung**, in der der Betroffene lebt (Nr. 3). Wer dies ist, bestimmt sich nach der internen Heimorganisation, nicht nach einem festen Begriff. Der Betroffene muss sich mehr als nur kurzfristig in der Einrichtung aufhalten.

2. Beteiligung

4 Die genannten **Personen** müssen **im ersten Rechtszug beteiligt** gewesen sein. Damit soll vermieden werden, dass ein Angehöriger, der zunächst kein Interesse am Verfahren gezeigt hat, später ein Rechtsmittel einlegt. Auch derjenige, auf dessen Beteiligung rechtmäßig verzichtet wurde, besitzt nunmehr kein Beschwerderecht.[2] Anders ist es wohl, wenn eine der in Abs. 1 genannten Personen zu Unrecht in der ersten Instanz nicht beteiligt worden ist. Dann wird man dies – entgegen dem Wortlaut – wohl nicht zum Anlass nehmen dürfen, ihr das Beschwerderecht zu versagen, weil sonst die fehlerhafte Entscheidung über seine Nichtbeteiligung weitere Auswirkungen haben würde.

5 Das Gesetz sagt ausdrücklich, dass das Beschwerderecht nur **im Interesse des Betroffenen** besteht. Die Vorschrift gewährt also keine Geltendmachung eigener Rechte. Soweit eigene Rechte einer der in Abs. 1 genannten Personen betroffen sind, kann sich eine Beschwerdeberechtigung aus § 59 ergeben (vgl. § 59 Rz. 2 ff., 25).

6 Dass die Beschwerde nur gegen eine von Amts wegen erlassene Entscheidung zulässig ist, wird in § 335 (im Gegensatz zu § 303) nicht ausdrücklich erwähnt, da dies bei

---

1 HK-BUR/*Bauer*, § 70m FGG Rz. 56.

2 Anders nach dem bisher geltenden Recht, das unabhängig von jeglicher Beteiligung das Beschwerderecht gewährt: *Dodegge*/Roth, G, Rz. 232 aE.

einer Unterbringung immer der Fall ist: Eine mit Freiheitsentziehung verbundene Unterbringung liegt nämlich nicht vor, wenn sie freiwillig, dh. auf Antrag des Betroffen, erfolgt.[1] Das Beschwerderecht besteht für **alle** Unterbringungsentscheidungen, auch bei Ablehnung oder Aufhebung – im Gegensatz zum früheren Recht.[2]

II. Verfahrenspfleger (Absatz 2)

7 Abs. 2 gewährt dem **Verfahrenspfleger** ein Beschwerderecht im Interesse des Betroffenen. Das ist eine Änderung zum bisherigen Recht.[3]

III. Betreuer und Vorsorgebevollmächtigter (Absatz 3)

8 Abs. 3 gewährt dem **Betreuer** und dem **Vorsorgebevollmächtigten** ein Beschwerderecht, soweit ihr Aufgabenkreis betroffen ist. Der Vorsorgebevollmächtigte wurde noch durch den Rechtsausschuss in das Gesetz aufgenommen. Die Bezugnahme auf den Aufgabenkreis hat lediglich deklaratorischen Charakter, da eine Vertretungsmacht für den Betroffenen ohnehin nur im Aufgabenkreis besteht und die Geltendmachung eigener Rechte durch den Betreuer auch nur im Rahmen des bestehenden Aufgabenkreises möglich ist.

IV. Betreuungsbehörde (Absatz 4)

9 Gem. Abs. 4 besteht wie schon nach bisherigem Recht ein Beschwerderecht der zuständigen **Betreuungsbehörde**.

V. Das einzulegende Rechtsmittel

10 Die in Abs. 1 bis 3 genannte Beschwerde in Unterbringungssachen ist im Allgemeinen Teil geregelt. Anders als in anderen Familiensachen bleibt das **Landgericht** die Beschwerdeinstanz (§ 72 Abs. 1 Satz 2 GVG, vgl. § 58 Rz. 19),[4] was mit der geringeren räumlichen Entfernung des Landgerichts zum Untergebrachten begründet wird.[5] Dies ist gerechtfertigt, ua. auch, weil die Anhörung des Betroffenen in der üblichen Umgebung dafür spricht, dass ein ortsnahes Gericht zuständig ist. Die Rechtsbeschwerde geht zum BGH (§§ 119 Abs. 1 iVm. 133 GVG), und zwar in Unterbringungssachen ohne Zulassung (§ 70 Abs. 3 Nr. 2).[6]

11 Ein selbständiges Beschwerderecht bei gemeinsamen **Mitbetreuern** für jeden einzelnen Betreuer, wie es in § 303 Abs. 4 Satz 2 für Betreuungssachen grundsätzlich vorgesehen

1 Erman/*Roth*, § 1906 BGB Rz. 7.
2 § 70m Abs. 2 FGG (vgl. OLG Frankfurt a.M. BtPrax 2002, 43; HK-BUR/*Bauer*, § 70m FGG Rz. 33, 47 f.
3 *Bassenge*/Roth, § 70m FGG Rz. 3; Fröschle/*Guckes*, § 70m FGG Rz. 4; vgl. auch BayObLG v. 10.11.2004 – 3 Z BR 212/04, BtPrax 2005, 70; *Dodegge*/Roth, G, Rz. 230; BayObLG v. 13.3.2002 – 3 Z BR 45/02, BtPrax 2002, 165: Der Verfahrenspfleger war in § 70d FGG, auf den § 70m FGG verwies, nicht genannt (vgl. *Bienwald*/Sonnenfeld/Hoffmann, § 70m FGG Rz. 10), aber nach § 20 FGG beschwerdeberechtigt.
4 S. auch *Schael*, FPR 2009, 11 f.
5 BT-Drucks. 16/6308, S. 319; zustimmend *Knittel*, BtPrax 2008, 100.
6 Kritisch wegen des Wegfalls der weiteren Beschwerde zum OLG: *Knittel*, BtPrax 2009, 101.

ist,[1] hat der Gesetzgeber in Unterbringungssachen nicht mehr gewollt. Er begründet dies damit, dass „der Betroffene nach einer Entscheidung des Gerichts, insbesondere nach seiner Entlassung unbelastet soll weiterleben können".[2] Mehrere Beschwerden unterschiedlicher Betreuer sollen so vermieden werden.

12 Die Beschwerde in Unterbringungssachen entspricht der in allgemeinen Betreuungssachen: Es ist die Beschwerde mit einer Monatsfrist gegeben (s. § 63 Rz. 3). Die im bisherigen FGG nicht geregelte Fortsetzungsfeststellungsbeschwerde, die gerade bei Unterbringungen relativ häufig vorkommt, ist nunmehr im Allgemeinen Teil geregelt. Sie ist zulässig bei berechtigtem Interesse, das insbesondere bei einem schwerwiegenden Grundrechsteingriff vorliegt (§ 62 Abs. 2 Nr. 1. s. Komm. dort Rz. 7 ff.); dies wiederum dürfte bei einer Unterbringung der Fall sein. Neu ist die Abhilfemöglichkeit des Gerichts (§ 68 Rz. 2 ff.).

§ 336
Einlegung der Beschwerde durch den Betroffenen

Der Betroffene kann die Beschwerde auch bei dem Amtsgericht einlegen, in dessen Bezirk er untergebracht ist.

A. Allgemeines

1 Die Vorschrift (identisch mit § 349 RefE) normiert eine zusätzliche örtliche Zuständigkeit für das Einlegen der Beschwerde.

B. Inhalt der Vorschrift

2 Wie in den allgemeinen Betreuungsverfahren (und dem bisherigen Recht)[3] besteht in Unterbringungssachen eine **Wahlzuständigkeit** für das Gericht des **Ortes**, an dem der **Betreute untergebracht ist** (vgl. § 305 Rz. 3 ff.). Das soll der erleichterten Rechtsverfolgung dienen. Am dortigen Amtsgericht kann der Betroffene (oder sein Betreuer/Bevollmächtigter, nicht aber der Verfahrenspfleger) Beschwerde einlegen. Dies kann erfolgen zu Protokoll der Geschäftsstelle des Amtsgerichts oder schriftlich (§ 64 Abs. 1; s. Komm. dort Rz. 2 ff.). Im letzteren Fall muss der Verfasser klar erkennbar und im Gegensatz zum bisherigen Recht das Schreiben unterschrieben sein (§ 64 Rz. 11).[4] Es muss nicht mit Beschwerde überschrieben sein, aber erkennen lassen, dass eine bestimmte Entscheidung angegriffen wird. Zum Inhalt s. § 64 Rz. 15 ff.

3 Über die Beschwerde entscheidet das übergeordnete Landgericht des für die Hauptsache zuständigen Amtsgerichts, nicht das Landgericht des Unterbringungsortes. Ist die Angelegenheit aber an das Gericht des Unterbringungsortes abgegeben worden, so

1 So auch das bisherige Recht in § 69g Abs. 2 FGG.
2 BT-Drucks. 16/6308, S. 276; BT-Drucks. 11/4528, S. 187.
3 § 70m Abs. 3 iVm. § 69g Abs. 3 FGG.
4 BayObLG v. 3.11.2004 – 3 Z BR 190/04 ua., FamRZ 2005, 834.

entscheidet dessen übergeordnetes Landgericht. Allerdings besteht keine örtliche Zuständigkeit des Landgerichts für die Einlegung der Beschwerde.

Entscheiden kann auch ein Einzelrichter, dem durch Beschluss der Kammer die Entscheidung gem. § 68 Abs. 4 übertragen wurde (vgl. § 68 Rz. 31 ff.). Die gegenteilige Ansicht (zum alten Recht) hielt dies in Unterbringungssachen nicht für zulässig, weil die Anhörung gem. § 69g Abs. 5 FGG allenfalls in Ausnahmefällen auf den Einzelrichter übertragen werden könne.[1] Diese Auffassung verkennt, dass die Anhörung durch das gesamte Gericht erfolgt, wenn das Verfahren von vornherein auf den Einzelrichter übertragen wurde.[2] Dafür spricht auch die Gesetzesbegründung.[3] 4

§ 337
Kosten in Unterbringungssachen

(1) In Unterbringungssachen kann das Gericht die Auslagen des Betroffenen, soweit sie zur zweckentsprechenden Rechtsverfolgung notwendig waren, ganz oder teilweise der Staatskasse auferlegen, wenn eine Unterbringungsmaßnahme nach § 312 Nr. 1 und 2 abgelehnt, als ungerechtfertigt aufgehoben, eingeschränkt oder das Verfahren ohne Entscheidung über eine Maßnahme beendet wird.

(2) Wird ein Antrag auf eine Unterbringungsmaßnahme nach den Landesgesetzen über die Unterbringung psychisch Kranker nach § 312 Nr. 3 abgelehnt oder zurückgenommen und hat das Verfahren ergeben, dass für die zuständige Verwaltungsbehörde ein begründeter Anlass, den Unterbringungsantrag zu stellen, nicht vorgelegen hat, hat das Gericht die Auslagen des Betroffenen der Körperschaft aufzuerlegen, der die Verwaltungsbehörde angehört.

A. Allgemeines

Die Vorschrift betrifft die Auferlegung von **Kosten** für privatrechtliche (Abs. 1) und für öffentlich-rechtliche Unterbringungsmaßnahmen (Abs. 2). Sie entspricht dem bisherigen § 13a Abs. 2 Satz 1 und 3 FGG. Die Kostenverteilung in Betreuungssachen selbst ist nunmehr in § 307 geregelt. 1

B. Inhalt der Vorschrift

I. Privatrechtliche Unterbringung (Absatz 1)

Die Auferlegung der Auslagen des Betroffenen auf die **Staatskasse** setzt eine bestimmte Verfahrensbeendigung einer privatrechtlichen Unterbringungssache voraus: 2

---

1 OLG Rostock v. 30.7.2007 – 3 W 114/07, FamRZ 2007, 80.

2 Wie hier BGH v. 16.4.2008 – XII ZB 37/08, FamRZ 2008, 1341; KG Berlin v. 13.5.2008 – 1 W 91/08, FamRZ 2008, 1976.

3 Die bisherige Regelung der Übertragung auf den Einzelrichter wurde bewusst erweitert (BT-Drucks. 16/6308, S. 208), und eine Beschränkung für Unterbringungssachen wird an keiner Stelle erwähnt.

Entweder muss die Maßnahme als ungerechtfertigt **abgelehnt** worden sein oder die angeordnete Unterbringung muss **aufgehoben** bzw. **eingeschränkt** worden sein. Es muss sich jeweils um eine Endentscheidung handeln, eine nur vorläufige Maßnahme rechtfertigt noch keine Kostenerstattung. Es genügt, wenn die Unterbringungsmaßnahme im Rechtsmittelverfahren aufgehoben wurde.

3 Ebenfalls erfasst ist die Verfahrensbeendigung, ohne dass zuvor eine Entscheidung ergangen ist, etwa wenn der Betroffene mit Willen seines Betreuers aus der geschlossenen Abteilung entlassen wird. Stirbt der Betroffene vor Beendigung des Verfahrens, gilt das Gleiche. Anders ist es, wenn er nach Einlegung des Rechtsmittels stirbt, weil hier bereits eine Entscheidung in der ersten Instanz zu seinen Lasten erfolgt war.[1]

4 Die Rechtsfolge besteht darin, dass die **Auslagen des Betroffenen** der Staatskasse auferlegt werden können. Zu den ersetzbaren Auslagen gehören die **Gerichtskosten**, die Kosten für den **Verfahrenspfleger** sowie für den **Anwalt**, wenn dessen Hinzuziehung sinnvoll war.[2] Nicht ersetzbar sind die Unterbringungskosten.[3] Über die Erstattungsfähigkeit wird im gesonderten Festsetzungsverfahren entschieden, es sei denn, das Gericht hat ausdrücklich einen konkreten Teil der Kosten in seinem Beschluss als erstattungsfähig benannt.

5 Die Entscheidung liegt im **Ermessen** des Gerichts,[4] das hierbei auch das Verhalten des Betroffenen und seines Betreuers zu würdigen hat, zB inwieweit diesen ein Verschulden vorzuwerfen ist. Auf der anderen Seite sind eventuelle Fehler der Betreuungsbehörde bzw. des Gerichts zu bewerten. Das Gericht kann auch nur einen Teil der Kosten der Staatskasse auferlegen. Bei Aufhebung der Entscheidung wegen eines kleinen Verfahrensfehlers wird die Kostenerstattung eher nicht zu gewähren sein.[5]

II. Öffentlich-rechtliche Unterbringung (Absatz 2)

6 Bei öffentlich-rechtlicher Unterbringung sind zwei Fälle zu unterscheiden: Zum einen die **Ablehnung der Unterbringung** bzw. die Rücknahme des Antrags, zum anderen das Fehlen eines begründeten **Anlasses für einen Unterbringungsantrag**. Liegt eine dieser Varianten vor, hat die Körperschaft, zu der die Betreuungsbehörde gehört, die Kosten zu tragen. Körperschaft ist idR der Landkreis bzw. die kreisfreie Stadt. Die Entscheidung ist bei Vorliegen der Voraussetzung **zwingend**, ein Ermessen besteht hier nicht. Ob die Unterbringungsmaßnahme als unbegründet oder unzulässig abgelehnt worden ist, spielt keine Rolle; es genügt ein Verfahrensfehler.[6]

7 Die **Erledigung der Hauptsache** (beispielsweise durch Entlassung des Betroffenen) ist von diesem Absatz nach seinem Wortlaut nicht erfasst. Das könnte bedeuten, dass in diesem Fall keine Kostentragungspflicht der Körperschaft in Betracht kommt. Richtigerweise hat aber eine Kostenentscheidung nach billigem Ermessen gem. § 81 Abs. 1, 2 zu erfolgen, wobei § 337 Abs. 2 Satz 3 als Auslegungsmaßstab heranzuziehen ist.

1 So KG Berlin v. 14.3.2006 – 1 W 298/04, BtPrax 2006, 117.
2 OLG Zweibrücken v. 4.4.2003 – 3 W 56/03, FGPrax 2003, 220.
3 *Dodegge*/Roth, I, Rz. 51; *Bassenge*/Roth, § 13a FGG Rz. 20; aA Keidel/*Zimmermann*, § 13a FGG Rz. 51.
4 Jürgens/*Mertens* (§ 13a FGG Rz. 10) verneint ein Ermessen bei Ablehnung der Maßnahme oder Aufhebung als von Anfang an ungerechtfertigt.
5 OLG Hamm v. 29.5.2001 – 15 W 139/01, BtPrax 2001, 212.
6 OLG Zweibrücken v. 6.2.2003 – 3 W 144/02, FamRZ 2003, 1126.

Dieses Ergebnis entspricht der Auslegung zum (wortgleichen) bisherigen Recht (§ 13a Abs. 2 FGG).[1] Hätte der Gesetzgeber eine Änderung gewollt, hätte er den Fall der Erledigung der Hauptsache ausdrücklich geregelt.

Die Entscheidung über die Verfahrenskostenhilfe gehört nicht hierher.[2] 8

Bei der Frage, ob ein **begründeter Anlass** für die Unterbringung bestand, ist auf den 9 **Zeitpunkt der Antragstellung**, nicht den der gerichtlichen Entscheidung abzustellen. Kriterien sind, ob die Betreuungsbehörde alle Erkenntnisquellen ausgeschöpft, die erforderlichen Gutachten eingeholt und die Wahrscheinlichkeit des Vorliegens der Voraussetzungen zu Recht angenommen hat. Schwer abschätzbar ist diese Frage häufig bei Selbstmordversuchen, da die Ernsthaftigkeit und damit die Wiederholungsgefahr meistens sehr schwer zu beurteilen sind.[3] Hat die Behörde den Betroffenen nicht angehört, so fehlt es an einem begründeten Anlass für eine Unterbringung.

Auch hier gilt, dass die Aufhebung im Rechtsmittelverfahren genügt (vgl. Rz. 2). 10

III. Rechtsmittel

Gegen die Kostenentscheidung ist die sofortige Beschwerde gegeben (§ 85 FamFG, 11 § 104 Abs. 3 ZPO). Beschwerdeberechtigt ist nach einer Entscheidung gem. Abs. 1 die Staatskasse, nach Abs. 2 die Körperschaft, deren Betreuungsbehörde den Antrag auf die Unterbringungsmaßnahme gestellt hat. Bei einer ablehnenden Entscheidung ist der Betreute beschwerdebefugt.

§ 338
Mitteilung von Entscheidungen

Für Mitteilungen gelten die §§ 308 und 311 entsprechend. Die Aufhebung einer Unterbringungsmaßnahme nach § 330 Satz 1 und die Aussetzung der Unterbringung nach § 328 Abs. 1 Satz 1 sind dem Leiter der Einrichtung, in der der Betroffene lebt, mitzuteilen.

A. Allgemeines

Die Vorschrift (= § 351 RefE) bildet die gesetzliche Grundlage für Mitteilungen in 1 Unterbringungssachen und entspricht § 70n FGG aF, indem sie auf die entsprechenden Vorschriften in allgemeinen Betreuungssachen verweist (s. § 308 Rz. 3 ff. und § 311 Rz. 6 ff.). Im Gegensatz zu § 325 (Bekanntmachung) geht es hier nicht um eine Kommunikation zwischen den am Verfahren Beteiligten, sondern um eine Information anderer Gerichte oder Behörden.

1 Danach wurde § 13a Abs. 1 FGG auch angewandt, wenn die besonderen Verfahrensbeendigungsgründe gem. § 13a Abs. 2 Satz 3 FGG nicht gegeben waren (BayObLG v. 29.4.2003 – 3 Z BR 68/03, FamRZ 2003, 1777 (LS) = BayVBl 2004, 25; Keidel/*Zimmermann*, § 13a FGG Rz. 51).
2 OLG München v. 30.5.2006 – 33 Wx 77/06 ua., BtPrax 2006, 150.
3 Vgl. BayObLG v. 28.4.2004 – 3 Z BR 269/03, FamRZ 2004, 1899.

B. Inhalt der Vorschrift

I. Satz 1

2 Verwiesen wird konkret auf die §§ 308 und 311. Ersterer regelt die Mitteilung des Gerichts an andere Gerichte, Behörden oder sonstige öffentliche Stellen und entspricht dem bisherigen § 69k FGG. Zulässig und erwünscht sind solche Mitteilungen vor allem, um damit erhebliche Gefahr vom Betroffenen abzuwenden (zu den Einzelheiten: § 308 Rz. 3 ff.). § 311 regelt die Mitteilung zur Strafverfolgung (§ 311 Rz. 6 ff.). Auch hier besteht ein Ermessen des Gerichts.

3 Auf § 309 wurde nicht verwiesen, weil dort nur Fragen des allgemeinen Betreuungsrechts angesprochen sind, die Unterbringungssachen nicht betreffen. Auf § 310 wurde ebenfalls nicht verwiesen, weil die Vorschrift eine spezielle Situation erfasst, die ohnehin nur für Untergebrachte gilt.

4 Der Betroffene und sein Vertreter sind von der Mitteilung jeweils zu unterrichten.

II. Satz 2

5 Ausdrücklich sagt das Gesetz, dass der **Leiter der Einrichtung**, in der der Betroffene lebt, von der **Aufhebung** oder der **Aussetzung** einer Unterbringung zu unterrichten ist. Das gilt für die private und öffentlich-rechtliche Unterbringung gleichermaßen. Diese Information dient dem Schutz des Betroffenen, der so schnell wie möglich nach einer entsprechenden Entscheidung entlassen werden soll. Dies ist aber nur gewährleistet, wenn auch der Leiter der geschlossenen Abteilung Kenntnis von einem möglichen Aufhebungsbeschluss hat. Aus diesem Grund hat die Mitteilung auch unverzüglich zu erfolgen.[1]

6 Für die Mitteilungen ist funktional jeweils der Richter zuständig. Die konkrete Art der Übermittlung wird durch die Anordnung über Mitteilungen in Zivilsachen (MiZi) geregelt.

§ 339
Benachrichtigung von Angehörigen

Von der Anordnung oder Genehmigung der Unterbringung und deren Verlängerung hat das Gericht einen Angehörigen des Betroffenen oder eine Person seines Vertrauens unverzüglich zu benachrichtigen.

A. Allgemeines

1 Die Vorschrift ist neu (als § 351a in den RefE eingfügt) und ergänzt § 315 Abs. 4.

1 *Bienwald*/Sonnenfeld/Hoffmann, § 70n FGG Rz. 3; Jürgens/*Marschner*, § 70n FGG Rz. 1.

B. Inhalt der Vorschrift

Sie regelt die **Benachrichtigung von Angehörigen** und soll die Vorgabe des Art. 104 Abs. 4 GG erfüllen.[1] Sie übernimmt daher fast wörtlich den GG-Artikel: Danach hat das Gericht bei der Entscheidung über die Anordnung oder Fortdauer einer Freiheitsentziehung unverzüglich einen Angehörigen oder eine Vertrauensperson des Betroffenen zu benachrichtigen. Freiheitsentziehung ist in § 339 die Anordnung oder Genehmigung der Unterbringung sowie deren Verlängerung. Für die Benachrichtigung ist eine Form nicht vorgegeben, sie kann also auch etwa fernmündlich erfolgen. Unverzüglich heißt, dass das Gericht ohne schuldhaftes Verzögern tätig wird. Normalerweise sollte die Benachrichtigung am nächsten Tag erfolgen. Der Begriff des Angehörigen ist weit zu fassen: Neben dem Ehegatten/Lebenspartner (iSd. LPartG), den Kindern und Eltern kommen auch Partner einer nichtehelichen Lebensgemeinschaft sowie andere Vertrauenspersonen, etwa Freunde in Betracht. Die betreffenden Personen müssen nicht vom Betroffenen benannt werden. 2

In vielen Fällen wird in der Praxis die Benachrichtigung überflüssig sein, weil die entsprechenden Entscheidungen den Angehörigen bekannt wurden, da sie am Verfahren unmittelbar beteiligt waren (vgl. § 315 Abs. 4). Aber in den Fällen, in denen kein Angehöriger beteiligt wird, greift die Vorschrift ein. 3

Der Betroffene kann auf die Benachrichtigung nicht verzichten, was mit dem Druck, der auf einem Untergebrachten lastet, erklärt wird.[2] Ein Verstoß gegen die Benachrichtigungspflicht hat keine Auswirkung auf die Rechtmäßigkeit der Maßnahme. 4

Abschnitt 3
Verfahren in betreuungsgerichtlichen Zuweisungssachen

§ 340
Betreuungsgerichtliche Zuweisungssachen

Betreuungsgerichtliche Zuweisungssachen sind

1. Verfahren, die die Pflegschaft mit Ausnahme der Pflegschaft für Minderjährige oder für eine Leibesfrucht betreffen,

2. Verfahren, die die gerichtliche Bestellung eines sonstigen Vertreters für einen Volljährigen betreffen, sowie

3. sonstige dem Betreuungsgericht zugewiesene Verfahren,

soweit es sich nicht um Betreuungssachen oder Unterbringungssachen handelt.

1 BT-Drucks. 16/6308, S. 276.
2 Schmidt-Bleibtreu/*Schmahl*, GG, Art. 104 GG Rz. 27.

A. Allgemeines

1 Mit der Auflösung des VormG, an dessen Stelle das Betreuungsgericht tritt (§ 23c GVG), wurde es notwendig, auch solche Angelegenheiten, die nicht unmittelbar Betreuungssachen sind, aber der entsprechenden Abteilung (und nicht dem Familienrichter) übertragen werden sollen, nunmehr dem neuen Betreuungsgericht zuzuweisen. Daher wurde unter dem Sammelbegriff „Betreuungsrechtliche Zuweisungssachen" eine entsprechende Kategorie gebildet.

2 Die Vorschrift (= § 352 RefE) hat eine Auffangfunktion, eine bereits erfolgte Zuweisung als Betreuungs- oder Unterbringungssache in einer anderen Vorschrift geht vor.[1] Nr. 1 und Nr. 2 betreffen Pflegschaften, die nicht dem FamG zugewiesen sind (s. § 151 Nr. 5), Nr. 3 stellt eine Generalklausel auf.

B. Inhalt der Vorschrift

I. Pflegschaften (Nr. 1)

3 Während die Pflegschaften für Minderjährige (§ 1910 BGB) und für eine Leibesfrucht (§ 1912 BGB) dem FamG zugewiesen sind, ist für die übrigen Pflegschaften das Betreuungsgericht zuständig.

4 Dies gilt für den **Abwesenheitspfleger** gem. § 1911 BGB bei einer Person, deren Aufenthalt unbekannt oder die an der Rückkehr an ihren gewöhnlichen Aufenthalt gehindert ist. Eine bestimmte Zeit der Abwesenheit verlangt das Gesetz nicht. Ist eine Person zwar an der Rückkehr gehindert, kann aber vom Ausland aus einen Bevollmächtigten bestellen, so ist eine solche Pflegschaft nicht zulässig.[2]

5 Des Weiteren fällt hierunter die **Pflegschaft für unbekannte Beteiligte** (§ 1913 BGB), etwa in Nachlasssachen oder wenn bei einer Personengesellschaft einzelne Gesellschafter unbekannt sind.

6 Schließlich ist zu erwähnen die **Pflegschaft für ein Sammelvermögen** (§ 1914 BGB), die eine Sachpflegschaft darstellt, allerdings in der Praxis eher selten ist. Es muss sich nicht um Geld handeln, es können auch etwa Kleidung oder Lebensmittel sein.

7 Die Motive nennen darüber hinaus Pflegschaften für Grundstückseigentümer und Inhaber dinglicher Rechte nach § 17 SachenRBerG, soweit nicht feststeht, dass der Beteiligte minderjährig oder nicht geboren ist.[3]

II. Gerichtliche Vertreterbestellung (Nr. 2)

8 Ebenfalls dem Betreuungsgericht zugewiesen sind Verfahren, in denen einem Volljährigen ein **Vertreter gerichtlich bestellt** wird (der nicht Pfleger ist). Hierunter fallen verschiedene Regelungen vor allem des öffentlichen Rechts wie § 16 VwVerfG, § 62 VwGO, § 207 BauGB, § 15 SGB X, § 81 AO, § 19 FlurbG sowie § 3 BDG. Für das Strafverfahren gilt Ähnliches (§ 292 Abs. 2 StPO). Auch weitere Entscheidungen, die das Vertreterverhältnis betreffen, sind kraft Sachzusammenhangs von Nr. 2 mit erfasst.[4]

---

1 Begr. RegE, BT-Drucks. 16/6308, S. 276.
2 Erman/*Roth*, § 1911 BGB Rz. 2.
3 BT-Drucks. 16/6308, S. 276.
4 BT-Drucks. 16/6308, S. 276.

III. Gesetzliche Erweiterung (Nr. 3)

9 Die Zuweisung weiterer Aufgaben an das Betreuungsgericht ist möglich, soweit sich hierfür ein Bedürfnis ergibt. Insoweit ist eine gesetzliche Ermächtigung geschaffen, mit der **weitere Fälle** der Zuständigkeit (durch den Bundesgesetzgeber) zugewiesen werden können.

§ 341
Örtliche Zuständigkeit

Die Zuständigkeit des Gerichts bestimmt sich in betreuungsgerichtlichen Zuweisungssachen nach § 272.

1 Die Vorschrift (= § 353 RefE) regelt die **örtliche Zuständigkeit** für die betreuungsgerichtlichen Zuweisungssachen und verweist auf § 272. Nach dessen Abs. 1 Nr. 2 ist idR das Gericht des gewöhnlichen Aufenthalts zuständig. Dies stellt vom Wortlaut her eine Abweichung vom bisherigen Recht dar, wonach für die verschiedenen Pflegschaften spezielle Normen für die örtliche Zuständigkeit existierten (§§ 39, 41 und 42 FGG).

2 Beim **Abwesenheitspfleger** wurde bisher auf den Wohnsitz der abwesenden Person abgestellt. Dies ist auch sinnvoll, weil bei längerer Abwesenheit ein gewöhnlicher Aufenthalt nicht feststellbar ist. Allerdings stellt das Gesetz bei fehlendem gewöhnlichen Aufenthalt auf das Fürsorgebedürfnis ab (§ 272 Nr. 3), was häufig am Wohnsitz des Abwesenden auftreten wird.

3 Bei der **Sachpflegschaft** des § 1914 BGB war der Ort maßgeblich, an dem die Verwaltung des Sammelvermögens geführt wurde (§ 42 FGG aF), was auch der Ort sein konnte, wo das Sammelvermögen verwahrt wird.[1] Dies wird häufig der Ort sein, an dem das Fürsorgebedürfnis besteht (§ 272 Nr. 3), zwingend ist dies jedoch nicht.

4 Im Falle der Pflegschaft **für unbekannte Beteiligte** war es auch bisher schon so, dass auf den Ort abgestellt wurde, an dem das Bedürfnis der Fürsorge hervortritt (§ 41 FGG aF). Dem entspricht § 272 Abs. 1 Nr. 3.

5 Die sachliche Zuständigkeit des Amtsgerichts ergibt sich in allen diesen Fällen aus § 23a Abs. 1 Nr. 2 und Abs. 2 Nr. 1 GVG, die internationale Zuständigkeit aus § 104 (vgl. Komm. dort). Funktional zuständig ist der Betreuungsrichter (§ 23c Abs. 1, 2 GVG).

1 Staudinger/*Bienwald*, § 1914 BGB Rz. 11; MüKo.BGB/*Schwab*, § 1914 BGB Rz. 14.

Buch 4
Verfahren in Nachlass- und Teilungssachen

Literatur: *Ferid/Firsching/Dörner/Hausmann*, Internationales Erbrecht, Loseblatt, 2009; *Firsching/Graf*, Nachlassrecht, 9. Aufl. 2008; *Fröhler*, Das Verfahren in Nachlass- und Teilungssachen nach dem neu geschaffenen FamFG – Eine Bestandsaufnahme unter ergänzender Berücksichtigung des Personenstandsrechtsreformgesetzes, BWNotZ 2008, 183; *Heinemann*, Das neue Nachlassverfahrensrecht nach dem FamFG, ZEF 2009, 8; *Huhn/von Schuckmann*, Beurkundungsgesetz und ergänzende Vorschriften, 4. Aufl. 2004; *Kroiß*, Das neue Nachlassverfahrensrecht, ZErb 2008, 300; *Muscheler*, Die geplanten Änderungen im Erbrecht, Verjährungsrecht und Nachlassverfahrensrecht, ZEV 2008, 105; *Reimann/Bengel/Mayer*, Testament und Erbvertrag, 5. Aufl. 2006; *Richter/Hammel*, Baden-Württembergisches Landesgesetz über die freiwillige Gerichtsbarkeit, 4. Aufl. 1996; *Schotten/Schmellenkamp*, Das Internationale Privatrecht in der notariellen Praxis, 2. Aufl. 2007; *Winkler*, Beurkundungsgesetz, 16. Aufl. 2008; *Zimmermann*, Die Nachlasssachen in der FGG-Reform, FGPrax 2006, 189; *Zimmermann*, Das neue Nachlassverfahrensrecht nach dem FamFG, ZEV 2009, 53; *Zimmermann*, Erbschein und Erbscheinsverfahren, 2. Aufl. 2008.

Abschnitt 1
Begriffsbestimmung; örtliche Zuständigkeit

Literatur: *Behr*, Zwangsvollstreckung in den Nachlass, Rpfleger 2002, 2; *Bestelmeyer*, Erbfälle mit Nachlassgegenständen in der ehemaligen DDR, Rpfleger 1992, 229; *Bindseil*, Konsularisches Beurkundungswesen, DNotZ 1993, 5; *Edenfeld*, Der deutsche Erbschein nach ausländischem Erblasser, ZEV 2000, 482; *Fetsch*, Die Erbausschlagung bei Auslandsberührung, MittBayNot 2007, 285; *Fetsch*, Auslandsvermögen im Internationalen Erbrecht – Testamente und Erbverträge, Erbschein und Ausschlagung bei Auslandsvermögen –, RNotZ 2006, 1 (Teil 1) bzw. 77 (Teil 2); *Firsching*, Aktuelle Fragen des Erbscheinsrechtes, DNotZ 1960, 565; *Fröhler*, Das Vorausvermächtnis zugunsten des Vorerben und der Erbnachweis vor sowie ab Eintritt des Nacherbfalls, BWNotZ 2005, 1; *Fröhler*, Die erbrechtliche Stellung des längstlebenden Ehegatten in deutsch-schweizerischen Erbfällen, BWNotZ 2008; *Fröhler*, Erbrechtliche Grundzüge einschließlich zugehörigem Internationalen Privatrecht, in Wurm/Wagner/Zartmann, Das Rechtsformularbuch, 15. Aufl. 2007, Kap. 73; *Fröhler*, Nachlasssicherung und Haftungsbeschränkung, in Wurm/Wagner/Zartmann, Das Rechtsformularbuch, 15. Aufl. 2007, Kap. 84; *Frohn*, Feststellung des Fiskalerbrechts und „Erbenaufgebot", Rpfleger 1986, 37; *Geimer*, Konsularisches Notariat, DNotZ 1978, 3; *Heinemann*, Erbschaftsausschlagung: neue Zuständigkeiten durch das FamFG, ZErb 2008, 293; *Heldrich*, Fragen der internationalen Zuständigkeit der deutschen Nachlassgerichte, NJW 1967, 417; *Hermann*, Erbausschlagung bei Auslandsberührung, ZEV 2002, 259; *Johnen*, Die Behandlung von Erbscheinsanträgen mit Auslandsberührung in der notariellen Praxis, MittRhNotK 1986, 57; *Müller*, Abwesenheits-, Nachlasspflegschaft und Pflegschaft für unbekannte Beteiligte, NJW 1956, 652; *Pickernelle/Spreen*, Das internationale Nachlassverfahrensrecht, DNotZ 1967, 195; *Riering*, Internationales Nachlassverfahrensrecht, MittBayNot 1999, 519; *Rohlfing/Mittenzwei*, Der Erklärungsgegner bei der Anfechtung eines Erbvertrags oder gemeinschaftlichen Testaments, ZEV 2003, 49; *Sandweg*, Die von Amts wegen vorzunehmenden Tätigkeiten des Nachlassgerichts gemäß § 41 LFGG, BWNotZ 1979, 25; *Sandweg*, Nachlasssicherung und Erbenermittlung nach dem baden-württembergischen LFGG, BWNotZ 1986, 5; *Schaal*, Internationale Zuständigkeit deutscher Nachlassgerichte nach der geplanten FGG-Reform, BWNotZ 2007, 154; *Schäfer*, Das Überweisungszeugnis nach §§ 36, 37 GBO. Ein Überblick, NotBZ 1997, 94; *Schotten*, Probleme des Internationalen Privatrechts im Erbscheinsverfahren, Rpfleger 1991, 181; *Söbbecke*, Landwirtschaftserbrecht: Die Nordwestdeutsche HöfeO, ZEV 2006, 395; *Wagner*, Änderungsbedarf im autonomen deutschen internationalen Privatrecht auf Grund der Rom II-Verordnung?, IPRax 2008, 314.

§ 342
Begriffsbestimmung

(1) Nachlasssachen sind Verfahren, die

1. die besondere amtliche Verwahrung von Verfügungen von Todes wegen,

2. die Sicherung des Nachlasses einschließlich Nachlasspflegschaften,

3. die Eröffnung von Verfügungen von Todes wegen,

4. die Ermittlung der Erben,

5. die Entgegennahme von Erklärungen, die nach gesetzlicher Vorschrift dem Nachlassgericht gegenüber abzugeben sind,

6. Erbscheine, Testamentsvollstreckerzeugnisse und sonstige vom Nachlassgericht zu erteilende Zeugnisse,

7. die Testamentsvollstreckung,

8. die Nachlassverwaltung sowie

9. sonstige den Nachlassgerichten durch Gesetz zugewiesene Aufgaben

betreffen.

(2) Teilungssachen sind

1. die Aufgaben, die Gerichte nach diesem Buch bei der Auseinandersetzung eines Nachlasses und des Gesamtguts zu erledigen haben, nachdem eine eheliche, lebenspartnerschaftliche oder fortgesetzte Gütergemeinschaft beendet wurde, und

2. Verfahren betreffend Zeugnisse über die Auseinandersetzung des Gesamtguts einer ehelichen, lebenspartnerschaftlichen oder fortgesetzten Gütergemeinschaft nach den §§ 36 und 37 der Grundbuchordnung sowie nach den §§ 42 und 74 der Schiffsregisterordnung.

A. Überblick

I. Entstehung

1 Die Vorschrift ist gänzlich **neu** geschaffen worden. Das frühere FGG beinhaltete keine entsprechende Regelung, sondern setzte die jeweilige Begriffsbestimmung voraus.

II. Systematik

2 Die neue Regelung **definiert** als erste Vorschrift in Buch 4 ausdrücklich, welche gerichtlichen Aufgaben Nachlass- bzw. Teilungssachen sind und daher von den Verfahrensvorschriften des Buches 4, über § 1 iVm. der Legaldefinition der Angelegenheiten der freiwilligen Gerichtsbarkeit aus § 23a Abs. 2 Nr. 2 GVG von den Regelungen des Allgemeinen Teils in Buch 1 und von der sachlichen Zuständigkeit der Amtsgerichte nach § 23a Abs. 1 Nr. 2 iVm. Abs. 2 Nr. 2 GVG erfasst werden. Innerhalb der Nachlasssachen sind die nach Abs. 1 Nr. 9 genannten sonstigen Aufgaben Auffangtatbestand für alle von Abs. 1 Nr. 1 bis 8 nicht erfassten Nachlassangelegenheiten.

III. Normzweck

3 Die Vorschrift gestaltet den Gesetzesaufbau übersichtlich und damit gem. der allgemeinen Zielsetzung des FamFG auch für einen Laien **anwenderfreundlich**.[1] Entsprechende Begriffsbestimmungen sind in den übrigen Büchern – mit Ausnahme des Allgemeinen Teils aus Buch 1, das in § 1 auf den in § 23a Abs. 2 Nr. 2 GVG definierten Begriff der Angelegenheiten der freiwilligen Gerichtsbarkeit abstellt – enthalten.

B. Inhalt der Vorschrift

I. Nachlasssachen (Absatz 1)

1. Die besondere amtliche Verwahrung von Verfügungen von Todes wegen (Nr. 1)

4 Die besondere amtliche Verwahrung von Verfügungen von Todes wegen nach Nr. 1 betrifft das gerichtliche **Verfahren nach § 346** (vgl. dazu § 346 Rz. 10 ff.). Hiervon ist insbesondere die lediglich einfache Aktenweiterverwahrung von zuvor nicht in besonderer amtlicher Verwahrung befindlichen eigenhändigen gemeinschaftlichen Testamenten oder Erbverträgen nach § 27 Abs. 1 AktO[2] zu unterscheiden. § 349 Abs. 2 stellt nunmehr erstmals ausdrücklich klar, dass eine besondere amtliche Weiterverwahrung nach dem Tod des Erstversterbenden ohne Antrag des Längstlebenden nur bei bereits zuvor erfolgter besonderer amtlicher Verwahrung möglich ist.[3]

---

1 Begr. zum GesetzE der BReg. zum Allgemeinen Teil, BT-Drucks. 16/6308, S. 164.
2 Palandt/*Edenhofer*, § 2273 BGB Rz. 6.
3 *Fröhler*, BWNotZ 2008, 183 (189).

2. Die Sicherung des Nachlasses einschließlich Nachlasspflegschaften (Nr. 2)

Nach § 1960 Abs. 1 BGB hat das Nachlassgericht bis zur Annahme der Erbschaft im Rahmen eines dafür bestehenden Fürsorgebedürfnisses nach **pflichtgemäßem Ermessen**[1] für die Sicherung des Nachlasses iSd. Nr. 2 zu sorgen. 5

Dabei sind das Anlegen von Siegeln, die amtliche Inverwahrnahme, die Sperrung von Konten, die Aufnahme eines Nachlassverzeichnisses und die Anordnung einer Nachlasspflegschaft die in der Praxis häufigsten und wichtigsten **Sicherungsmittel**.[2] Die gesetzliche Aufzählung nach § 1960 Abs. 2 BGB hat ausschließlich exemplarischen Charakter und ist nicht abschließend.[3] 6

Eine Sicherungspflegschaft setzt insbesondere **Unklarheit** über den endgültigen Erben voraus. Neben oder an Stelle der Ungewissheit der Erbschaftsannahme kann sich dies daraus ergeben, dass der Erbe seiner Person nach unbekannt ist. 7

Das Verfahren bei einer **Nachlasspflegschaft** richtet sich nach dem Allgemeinen Teil sowie über § 340 nach den Vorschriften des Buches 3, die sachliche Zuständigkeit nach § 1962 BGB und die örtliche Zuständigkeit nach §§ 343, 344 Abs. 4.[4] 8

Hiervon ist der **unbekannte Aufenthalt** eines der Person nach bekannten Erben streng zu unterscheiden.[5] In derartigen Fällen ist nach § 1911 BGB ein Abwesenheitspfleger zu bestellen. Dafür ist jedoch nicht das Nachlass-, sondern nach § 340 das Betreuungsgericht zuständig. 9

3. Die Eröffnung von Verfügungen von Todes wegen (Nr. 3)

Hierbei handelt es sich um Verfahren nach den **§§ 348 bis 351** (vgl. dazu § 348 Rz. 12 ff., § 349 Rz. 10 ff., § 350 Rz. 9 ff. bzw. § 351 Rz. 9 ff.). Betroffen sind Einzeltestamente, gemeinschaftliche Testamente und Erbverträge. 10

4. Die Ermittlung der Erben (Nr. 4)

Mangels entsprechender bundesgesetzlicher Vorschriften besteht eine **allgemeine** nachlassgerichtliche Erbenermittlungspflicht nur dann, wenn und soweit sie landesgesetzlich vorgesehen ist.[6] Dies ist derzeit ausschließlich nach Art. 37 Abs. 1 bay. AGGVG in Bayern bzw. gem. § 41 Abs. 1 LFGG in Baden-Württemberg der Fall. Eine derartige Pflicht entfällt in Bayern jedoch zwingend bei Fehlen von Grundbesitz bzw. grundstücksgleichen Rechten und eines die Beerdigungskosten nicht übersteigenden Nachlasses bzw. in Baden-Württemberg nach Ermessensentscheidung bei unverhältnismäßigem Ermittlungsaufwand oder Geringfügigkeit des Nachlasses.[7] 11

Darüber hinaus ist das Nachlassgericht jedoch unabhängig von seiner Zugehörigkeit zu einem bestimmten Bundesland ausnahmsweise zur Ermittlung der Erben verpflichtet, wenn **besondere** bundesgesetzlich normierte Tatbestände erfüllt sind. 12

---

1 BayObLG v. 21.11.1917 – Reg. V Nr. 23/1917, BayObLGZ 1918, 123 (129); MüKo.BGB/*Leipold*, § 1960 BGB Rz. 23; Firsching/*Graf*, Rz. 4.560.
2 Firsching/*Graf*, Rz. 4.561; Wurm/Wagner/Zartmann/*Fröhler*, Kap. 84 Rz. 2.
3 OLG Celle v. 20.9.1958 – 10 Wx 9/58, FamRZ 1959, 33 (34).
4 Begr. zum GesetzE der BReg. zu § 362, BT-Drucks. 16/6308, S. 283.
5 Vgl. dazu *Müller*, NJW 1956, 652.
6 *Frohn*, Rpfleger 1986, 37 (38); *Zimmermann*, Erbschein und Erbscheinsverfahren, Rz. 237.
7 *Sandweg*, BWNotZ 1979, 25 (27); *Sandweg*, BWNotZ 1986, 5 (9); *Richter/Hammel*, § 41 LFGG Rz. 6.

13 Hierzu zählt insbesondere die auf die Reichweite des **Erbscheinsantrags** beschränkte Ermittlungspflicht zwecks Überprüfung eines behaupteten Erbrechts nach § 2358 Abs. 1 BGB iVm. § 26. In Bayern und Baden-Württemberg bleibt das Nachlassgericht nach den og. landesgesetzlichen Regelungen auch neben einem mit dem Wirkungskreis „Ermittlung der Erben" eingesetzten Nachlasspfleger zusätzlich allgemein und uneingeschränkt ermittlungspflichtig, in der Praxis vor allem dann, wenn der Nachlasspfleger seiner Ermittlungspflicht nicht nachkommt.[1]

14 Fällt Grundbesitz in den Nachlass, ergibt sich eine nachlassgerichtliche Erbenermittlungspflicht auf Grund **Ersuchens des Grundbuchamtes** nach § 82a Satz 2 GBO, um den Grundbuchberichtigungszwang nach § 82 GBO durchsetzen zu können. Verweigert sich das Nachlassgericht, kann analog § 159 GVG das OLG, zu dessen Bezirk das Nachlassgericht gehört, angerufen werden.[2] Lehnt das OLG eine Stattgabe aus anderen Gründen als dem ordnungsgemäßen Entsprechen des Ersuchens des Grundbuchamtes ab und unterstehen Grundbuchamt und Nachlassgericht nicht demselben Oberlandesgericht,[3] kommt eine Beschwerde zum BGH in Betracht, die dogmatisch einer in der ZPO nicht vorgesehenen weiteren Beschwerde und nicht einer Rechtsbeschwerde iSd. §§ 574 ff. ZPO entspricht.[4] Liegt einem Erbschein ausländisches Erbrecht zugrunde, ohne darin zugleich zu benennen, nach dem Erbrecht welchen Landes die Erbfolge bescheinigt ist, beschränkt sich das grundbuchamtliche Ersuchen auf die Ermittlung des maßgeblichen Sachrechts, ohne dass um Einziehung des unvollständigen Erbscheins ersucht werden könnte.[5]

15 Schließlich ist das Nachlassgericht vor Feststellung des **Fiskalerbrechts** nach § 1964 Abs. 1 BGB von Amts wegen[6] iSd. § 26 zur Ermittlung der Erben verpflichtet. Hierzu hat insbesondere nach § 1965 Abs. 1 BGB eine öffentliche Aufforderung zur Anmeldung der Erbrechte zu erfolgen.

5. Die Entgegennahme von Erklärungen (Nr. 5)

16 Die Regelung erfasst ausschließlich die Entgegennahme der nach **gesetzlicher** Vorschrift dem Nachlassgericht gegenüber abzugebenden Erklärungen. Hierzu zählen insbesondere folgende Vorgänge:

17 – die Ablehnung der **fortgesetzten Gütergemeinschaft** durch den überlebenden Ehegatten bzw. eingetragenen Lebenspartner nach § 1484 Abs. 2 BGB bzw. § 7 LPartG iVm. § 1945 Abs. 1 BGB, der Verzicht auf den Anteil am Gesamtgut der fortgesetzten Gütergemeinschaft durch einen anteilsberechtigten Abkömmling nach § 1491 Abs. 1 BGB, die Aufhebung der fortgesetzten Gütergemeinschaft durch den überlebenden Ehegatten bzw. eingetragenen Lebenspartner nach § 1492 Abs. 1 BGB bzw. § 7 LPartG iVm. § 1492 Abs. 1 BGB,

18 – die **Erbschaftsausschlagung** nach § 1945 Abs. 1 BGB, die Anfechtung der Erbschaftsausschlagung oder -annahme nach § 1955 Satz 1 BGB, die Anfechtung der speziellen Erbschaftsausschlagung des beschränkten bzw. beschwerten Pflichtteilsberechtigten

1 OLG Karlsruhe v. 25.11.1993 – 11 AR 23/93, Rpfleger 1994, 255 (256).
2 KG v. 14.11.1968 – 1 W 4092/68, Rpfleger 1969, 57.
3 Andernfalls ist eine Beschwerde jeweils nicht statthaft, vgl. RG v. 19.9.1894 – Beschw.Rep. I. 28/92, RGZ 33, 423 (426).
4 Dazu Zöller/*Lückemann*, § 159 GVG Rz. 5.
5 KG v. 22.4.1977 – 1 AR 10/77, Rpfleger 1977, 307 (308).
6 Erman/*Schlüter*, § 1964 BGB Rz. 2 bzw. § 1965 BGB Rz. 1.

nach § 2308 Abs. 1 iVm. 1955 Satz 1 BGB – nicht jedoch die nach §§ 2180 Abs. 2 Satz 1, 2308 Abs. 2 Satz 2 BGB gegenüber dem Beschwerten zu erklärende Vermächtnisausschlagung, Anfechtung derselben oder Anfechtung der Vermächtnisannahme –,

- die Bezugnahme des Erben auf ein bereits vorhandenes **Inventar** nach § 2004 iVm. § 1993 BGB, 19
- die **eidesstattliche Versicherung** des Erben auf Verlangen eines Nachlassgläubigers nach § 2006 Abs. 1 BGB, 20
- die **Anfechtung** von Einzeltestamenten sowie – insoweit ausschließlich durch andere Anfechtungsberechtigte als den Erblasser[1] – von gemeinschaftlichen Testamenten oder Erbverträgen nach § 2081 Abs. 1 BGB,[2] die Anfechtung von Erbverträgen durch einen Vertragspartner nach dem Tod des anderen Vertragspartners gem. § 2281 Abs. 2 BGB bzw. von gemeinschaftlichen Testamenten durch einen Testierer nach dem Tod des anderen Testierers analog § 2281 Abs. 2 BGB, 21
- die Anzeige des Vorerben, hilfsweise des Nacherben, über den Eintritt der **Nacherbfolge** nach § 2146 Abs. 1 BGB, 22
- die Annahme, Ablehnung oder Kündigung des **Testamentsvollstreckeramts** nach §§ 2202 Abs. 2 Satz 1, 2226 Satz 2 BGB sowie 23
- die Anzeige einer **Erbschaftsveräußerung** nach §§ 2384 Abs. 1, 2385 BGB. 24

6. Vom Nachlassgericht zu erteilende Zeugnisse (Nr. 6)

Die Regelung erfasst zunächst sämtliche Verfahren betreffend **Erbscheine**, somit insbesondere die Entscheidung über Erbscheinsanträge nach § 352 (vgl. dazu § 352 Rz. 11 ff.), die eigentliche Erbscheinserteilung und die Einziehung oder Kraftloserklärung von Erbscheinen nach § 353 (vgl. dazu § 353 Rz. 10 ff.). 25

Entsprechendes gilt für Verfahren hinsichtlich **Testamentsvollstreckerzeugnissen**, auf die nach § 354 die §§ 352, 353 Anwendung finden (vgl. dazu § 354 Rz. 3 ff.). 26

Darüber hinaus sind auch diejenigen Verfahren Nachlasssachen, die **sonstige** vom Nachlassgericht zu erteilende Zeugnisse betreffen. Hierzu gehören die von § 354 erfassten Zeugnisse. 27

So hat das Nachlassgericht nach § 1507 BGB dem überlebenden Ehegatten in entsprechender Anwendung der Vorschriften über den Erbschein auf Antrag ein Zeugnis über die **Fortsetzung der Gütergemeinschaft**[3] zu erteilen. 28

Darüber hinaus obliegt dem Nachlassgericht als Nachlasssache auf Antrag die Erteilung von **Überweisungszeugnissen**[4] für die Auseinandersetzung von Erbengemeinschaften gegenständlich beschränkt auf dazu gehörende Grundstücke, Wohnungs- und 29

---

1 Der künftige Erblasser muss die Anfechtung zu Lebzeiten des (Vertrags-)Partners vielmehr nach § 143 Abs. 2 BGB durch Erklärung diesem gegenüber in gem. § 2282 Abs. 3 BGB notariell beurkundeter Form anfechten, vgl. MüKo.BGB/*Leipold*, § 2081 BGB Rz. 5.

2 BayObLG v. 13.5.1983 – BReg. 1 Z 116/82, FamRZ 1983, 1275 (1277). Allgemein dazu *Rohlfing/Mittenzwei*, ZEV 2003, 49.

3 Musterformulierung bei Firsching/*Graf*, Rz. 4.368.

4 Vgl. dazu *Schäfer*, NotBZ 1997, 94. Musterformulierungen für Überweisungszeugnisse nach §§ 36, 37 GBO finden sich bei Firsching/*Graf*, Rz. 4.383 bis 4.386.

Teileigentumseinheiten[1] oder Erbbaurechte nach § 36 GBO, Hypotheken, Grundschulden oder Rentenschulden nach § 37 GBO, Schiffe oder Schiffshypotheken nach § 42 SchRegO bzw. Schiffsbauwerke oder Schiffsbauwerkshypotheken nach §§ 74, 42 SchRegO. Nach § 354 sind die Verfahrensvorschriften der §§ 352, 353 entsprechend anwendbar. Ein derartiges Überweisungszeugnis erleichtert die Auseinandersetzung, indem es auch ohne Erbschein die Erbfolge bzw. das Bestehen der Gütergemeinschaft und die für den Rechtsübergang erforderlichen Erklärungen nachweist. Es ist zudem regelmäßig kostengünstiger als ein Erbschein bzw. ein Testamentsvollstreckerzeugnis, da nach § 111 Abs. 1 KostO lediglich die Mindestgebühr maßgebend ist. Überweisungszeugnisse für die Auseinandersetzung des Gesamtguts einer Gütergemeinschaft unterfallen hingegen nicht der Nr. 6, sondern der speziellen Regelung nach Abs. 2 Nr. 2 (vgl. dazu Rz. 44).

30 Die frühere Regelung nach § 16 Reichsschuldbuchgesetz,[2] durch die nachlassgerichtliche **Bescheinigungen** zum Nachweis der Verfügungsberechtigung über die im Bundes- bzw. jeweiligen Landesschuldbuch eingetragenen, dem Staat gegenüber bestehenden Forderungen vorgesehen waren und insoweit Erbscheinen, Testamentsvollstrecker- und Fortsetzungszeugnissen gleichgestellt wurden, ist durch § 15 Nr. 6 Bundeswertpapierverwaltungsgesetz[3] mit Wirkung zum 1.1.2002 auf Bundesebene und schließlich durch Art. 1 § 9 Abs. 2 Bundesschuldenwesenmodernisierungsgesetz[4] – soweit landesgesetzlich keine frühere Änderung vorgenommen wurde[5] – mit Wirkung zum 1.1.2009 auch auf Länderebene[6] ersatzlos aufgehoben worden. Derartige Bescheinigungen waren zwar den Überweisungszeugnissen insoweit ähnlich, als sie wie diese einen Erbschein bzw. ein Zeugnis nach § 1507 BGB bei der Registereintragung ersetzten und keinen öffentlichen Glauben genossen.[7] Bereits aus der Terminologie „Bescheinigung" ergab sich jedoch eine gegenüber „Zeugnissen" geringfügigere Bedeutung. Insbesondere war anerkannt, dass die Erbscheinsvorschriften auf Bescheinigungen nach § 16 Reichsschuldbuchgesetz keine Anwendung fanden[8] und daher im Gegensatz zu einem Überweisungszeugnis[9] weder eine Einziehung noch eine Kraftloserklärung analog § 2361 BGB, sondern lediglich eine Berichtigung in Betracht kam.

7. Die Testamentsvollstreckung (Nr. 7)

31 Nr. 7 erfasst insbesondere **Verfahren nach § 355**. Hierzu gehören nachlassgerichtliche Maßnahmen durch Fristsetzung zur Ausübung des einem Dritten durch den Erblasser überlassenen Rechts zur Bestimmung der Person des Testamentsvollstreckers nach § 2198 Abs. 1 BGB (vgl. dazu § 355 Rz. 9 ff.) bzw. zur Annahme des Amtes durch den

1 Nach allgemeiner Ansicht erfasst die Formulierung „Grundstück" auch Wohnungs- und Teileigentum, vgl. *Demharter*, § 37 GBO Rz. 3; Hügel/*Zeiser*, § 36 GBO Rz. 1.
2 RGBl. I 1910, S. 840 (844) in der im Bundesgesetzblatt Teil III, Gliederungsnummer 651-1 veröffentlichten bereinigten Fassung, geändert durch Art. 66 des Gesetzes v. 5.10.1994, BGBl. I 1994, S. 2911.
3 BGBl. I 2001, S. 3519 (3524).
4 BGBl. I 2006, S. 1466 (1468 f.).
5 So aber bspw. in Bayern durch Art. 3 Abs. 1 Staatsschuldbuchgesetz v. 20.3.2003 (GVBl. 2003, 302), zuletzt geändert durch Art. 15 G v. 22.12.2006, GVBl. 2006, 1056.
6 So bspw. in Baden-Württemberg bezüglich § 3 des Landesschuldbuchgesetzes v. 11.5.1953 (GBl. 1953, 65) hinsichtlich der darin enthaltenen Verweisung auf § 16 Reichsschuldbuchgesetz.
7 KG v. 10.7.1913 – 1 X 253/13, KGJ 45, 154; Firsching/*Graf*, Rz. 4.374.
8 KG v. 10.7.1913 – 1 X 253/13, KGJ 45, 154; Firsching/*Graf*, Rz. 4.374.
9 Zur entsprechenden Anwendung des § 2361 BGB auf Überweisungszeugnisse nach §§ 36, 37 GBO vgl. KG v. 10.9.1936 – 1 Wr 376/36, JFG 14, 137 (138 ff.).

ernannten Testamentsvollstrecker nach § 2202 Abs. 3 BGB (vgl. dazu § 355 Rz. 11 ff.) und durch Entscheidung über Meinungsverschiedenheiten zwischen mehreren Testamentsvollstreckern über die Vornahme eines Rechtsgeschäfts nach § 2224 Abs. 1 Satz 1 Halbs. 2 BGB (vgl. dazu § 355 Rz. 15 ff.) bzw. über die Außerkraftsetzung von Anordnungen des Erblassers über die Verwaltung des Nachlasses nach § 2216 Abs. 2 Satz 2 BGB (vgl. dazu § 355 Rz. 23 ff.).

Darüber hinaus ist auch eine **Ernennung** des Testamentsvollstreckers durch das Nachlassgericht nach § 2200 Abs. 1 BGB erfasst. 32

Des Weiteren betrifft Nr. 7 ebenso wie Nr. 5 die **Entgegennahme** der Erklärungen über die Annahme, Ablehnung bzw. Kündigung des Testamentsvollstreckeramts nach §§ 2202 Abs. 2 Satz 1, 2226 Satz 2 BGB, ohne dass einer der beiden gleichermaßen erfüllten Tatbestände vorrangig einschlägig ist. Im Gegensatz dazu ist Nr. 6 für die Erteilung bzw. Einziehung von Testamentsvollstreckerzeugnissen wegen der dortigen ausdrücklichen Benennung sowohl des Testamentsvollstreckungzeugnisses als auch des Erteilungsvorgangs gegenüber Nr. 7 spezieller. 33

Von praktisch besonders wichtiger Bedeutung ist die nachlassgerichtliche Zuständigkeit für die **Entlassung** des Testamentsvollstreckers bei Vorliegen eines wichtigen Grundes nach § 2227 Abs. 1 BGB. 34

Schließlich erfasst Nr. 7 das Verfahren auf **Akteneinsicht** im Zusammenhang mit Testamentsvollstreckung betreffenden Vorgängen, wobei insbesondere die aus § 2228 BGB für die dort genannten Vorgänge maßgebenden erhöhten Anforderungen durch Glaubhaftmachen eines rechtlichen Interesses zu beachten sind. 35

8. Die Nachlassverwaltung (Nr. 8)

Die Regelung betrifft die Nachlassverwaltung als nach § 1975 BGB besondere Unterform der Nachlasspflegschaft. Sie dient der **Haftungsbeschränkung** auf den Nachlass und der **Befriedigung** der Nachlassgläubiger bei ausreichendem, jedoch unübersichtlichem Nachlass.[1] 36

9. Sonstige zugewiesene Aufgaben (Nr. 9)

Diese Regelung dient als **Auffangtatbestand** für alle diejenigen durch Gesetz zugewiesenen nachlassgerichtlichen Aufgaben, die nicht bereits als Nachlasssachen von den Nrn. 1 bis 8 erfasst werden und zudem keine Teilungssachen nach Abs. 2 sind. 37

Hierunter fallen insbesondere **Fristbestimmungen** zur Ausübung des Bestimmungsrechts bei Vermächtnissen und Auflagen nach § 2151 Abs. 3 Satz 2 BGB (Bestimmung eines von mehreren bedachten Vermächtnisnehmern), § 2153 Abs. 2 Satz 2 BGB (Anteilsbestimmung bei Vermächtnis), § 2154 Abs. 2 Satz 2 BGB (Wahlvermächtnis bei mehreren Gegenständen), § 2155 Abs. 2 BGB (Gattungsvermächtnis) bzw. §§ 2192, 2193 Abs. 3 Satz 3 BGB (Auflage). 38

Weiter wird die **Stundung des Pflichtteilsanspruchs** nach § 2331a BGB erfasst. Das diesbezügliche Verfahren richtet sich nach der Regelung des § 362, über die das Verfahren aus § 264 für die Stundung der Zugewinnausgleichsforderung nach § 1382 BGB entsprechend gilt (vgl. dazu § 362 Rz. 13 ff.). 39

1 Vgl. dazu Wurm/Wagner/Zartmann/*Fröhler*, Kap. 84 Rz. 14 bis 19 sowie M 84.3.

40 Nr. 9 betrifft zudem nachlassgerichtliche Aufgaben bei der **Inventarerrichtung** nach §§ 1993 ff. BGB,[1] insbesondere die Inventarfristbestimmung nach §§ 1994, 1996 BGB, Mitteilung an das Betreuungsgericht nach § 1999 BGB, amtliche Inventaraufnahme nach § 2003 BGB bzw. Protokollierung einer eidesstattlichen Versicherung nach § 361 FamFG iVm. § 2006 BGB (vgl. dazu § 361 Rz. 10 ff.).

41 Eine sonstige Aufgabe ist darüber hinaus der **weitere Umgang** mit einer entgegengenommenen Anzeige, insbesondere die Gestattung der Einsicht durch Dritte bei Glaubhaftmachung eines rechtlichen Interesses bezüglich der Anzeige des Vorerben über den Eintritt der Nacherbfolge nach § 2146 Abs. 2 BGB bzw. der Anzeige einer Erbschaftsveräußerung nach §§ 2384 Abs. 2, 2385 BGB. Die eigentliche Entgegennahme der jeweiligen Anzeige wird hingegen durch den spezielleren Tatbestand nach Nr. 5 erfasst (vgl. dazu Rz. 22 bzw. 24).

II. Teilungssachen (Absatz 2)

1. Nachlass- und Gütergemeinschaftsauseinandersetzung (Nr. 1)

42 Die Regelung erfasst sämtliche gerichtliche Aufgaben bei der Auseinandersetzung eines Nachlasses, die sich nach den **§§ 363 bis 372** aus Abschnitt 3 ergeben, somit insbesondere Verfahren über vorbereitende Vereinbarungen nach § 366 und Auseinandersetzungspläne nach § 368.

43 Entsprechendes gilt über § 373 Abs. 1 für die Auseinandersetzung ehelicher, lebenspartnerschaftlicher oder fortgesetzter **beendeter Gütergemeinschaften** (vgl. dazu § 373 Rz. 8 ff.).

2. Zeugnisse bei Gütergemeinschaftsauseinandersetzung (Nr. 2)

44 Darüber hinaus obliegt dem Nachlassgericht als Teilungssache auf Antrag die Erteilung von **Überweisungszeugnissen**[2] für die Auseinandersetzung des Gesamtguts einer ehelichen, lebenspartnerschaftlichen oder fortgesetzten Gütergemeinschaft gegenständlich beschränkt auf dazu gehörende Grundstücke, Wohnungs- und Teileigentumseinheiten[3] oder Erbbaurechte nach § 36 GBO, Hypotheken, Grundschulden oder Rentenschulden nach § 37 GBO, Schiffe oder Schiffshypotheken nach § 42 SchRegO bzw. Schiffsbauwerke oder Schiffsbauwerkshypotheken nach §§ 74, 42 SchRegO. Nach § 373 Abs. 2 sind die Verfahrensvorschriften des § 345 Abs. 1 über die Beteiligteneigenschaft sowie der §§ 352, 353 über Erbscheine und § 357 bezüglich Akteneinsicht entsprechend anwendbar. Zu Kostenvorteilen eines Überweisungszeugnisses vgl. Rz. 29.

1 Vgl. dazu Wurm/Wagner/Zartmann/*Fröhler*, Kap. 84 Rz. 24 bis 26 sowie M 84.5.
2 Vgl. dazu *Schäfer*, NotBZ 1997, 94. Musterformulierungen für Überweisungszeugnisse nach §§ 36, 37 GBO finden sich bei Firsching/*Graf*, Rz. 4.383 bis 4.386.
3 Nach allgemeiner Ansicht erfasst die Formulierung „Grundstück" auch Wohnungs- und Teileigentum, vgl. *Demharter*, § 37 GBO Rz. 3; Hügel/*Zeiser*, § 36 GBO Rz. 1.

§ 343
Örtliche Zuständigkeit

(1) Die örtliche Zuständigkeit bestimmt sich nach dem Wohnsitz, den der Erblasser zur Zeit des Erbfalls hatte; fehlt ein inländischer Wohnsitz, ist das Gericht zuständig, in dessen Bezirk der Erblasser zur Zeit des Erbfalls seinen Aufenthalt hatte.

(2) Ist der Erblasser Deutscher und hatte er zur Zeit des Erbfalls im Inland weder Wohnsitz noch Aufenthalt, ist das Amtsgericht Schöneberg in Berlin zuständig. Es kann die Sache aus wichtigen Gründen an ein anderes Gericht verweisen.

(3) Ist der Erblasser ein Ausländer und hatte er zur Zeit des Erbfalls im Inland weder Wohnsitz noch Aufenthalt, ist jedes Gericht, in dessen Bezirk sich Nachlassgegenstände befinden, für alle Nachlassgegenstände zuständig.

A. Überblick

I. Entstehung

1 Die Regelungen nach Abs. 1 und 2 **entsprechen** im Wesentlichen dem früheren § 73 Abs. 1 und 2 FGG, wurden jedoch sprachlich und systematisch an die Vorschriften des Allgemeinen Teils über Verweisung und Abgabe (§§ 3 und 4) angeglichen. Abs. 2 Satz 2 sieht nunmehr statt der früheren Abgabe nach § 73 Abs. 2 Satz 2 Halbs. 1 FGG die Möglichkeit der Verweisung vor, deren Bindungswirkung im Gegensatz zur früheren Regelung des § 73 Abs. 2 Satz 2 Halbs. 2 FGG aus § 3 Abs. 3 Satz 2 folgt.

2 Nach Abs. 3 wird die örtliche Zuständigkeit bei ausländischen Erblassern ohne Wohnsitz oder Aufenthalt im Inland zum Zeitpunkt des Erbfalls auf den gesamten, auch im Ausland befindlichen Nachlass **ausgedehnt**, wenn sich zumindest *ein* Nachlassgegenstand im Inland befindet. Abweichend von der früheren Regelung des § 73 Abs. 3 FGG ist die örtliche Zuständigkeit damit nicht mehr gegenständlich auf das im Inland belegene Nachlassvermögen beschränkt.[1]

II. Systematik

3 Die Vorschrift regelt die **allgemeine** örtliche Zuständigkeit in Nachlass- und Teilungssachen. Nach Abs. 1 wird unabhängig von der Staatsangehörigkeit des Erblassers auf dessen inländischen Wohnsitz, hilfsweise auf dessen inländischen Aufenthalt zum Zeitpunkt des Erbfalls abgestellt. Fehlt es an beidem, wird zwischen deutschen und ausländischen Erblassern differenziert. Bei deutscher Staatsangehörigkeit ist nach Abs. 2 das Amtsgericht Schöneberg mit Verweisungsmöglichkeit nach § 3, bei ausländischer Staatsangehörigkeit ist nach Abs. 3 jedes Gericht, in dessen Bezirk sich Nachlassgegenstände befinden, für den gesamten Nachlass örtlich zuständig.

4 Neben § 343 kann ergänzend eine **besondere** örtliche Zuständigkeit bestehen. Dies ist nach § 344 für die besondere amtliche Verwahrung von Verfügungen von Todes we-

1 *Fröhler*, BWNotZ 2008, 183 (185).

gen, die Sicherung des Nachlasses, die Auseinandersetzung des Gesamtguts einer Gütergemeinschaft bei Zugehörigkeit eines Anteils an dem Gesamtgut zu einem Nachlass und die Entgegennahme bzw. Protokollierung einer Erklärung über Erbausschlagung bzw. Anfechtung der Ausschlagung, Annahme oder Fristversäumung der Fall.

Trotz allgemeiner Geltung des § 343 auch für Teilungssachen wird die Auseinandersetzung einer **Gütergemeinschaft** iSd. § 373 Abs. 1 hiervon nicht erfasst. Gehört ein Anteil an dem Gesamtgut einer Gütergemeinschaft zu einem Nachlass, ist nach § 344 Abs. 5 Satz 1 das für die Nachlassauseinandersetzung zuständige Gericht auch für die Auseinandersetzung des Gesamtguts der Gütergemeinschaft örtlich zuständig, wobei gleichwohl zwei verschiedene Verfahren bestehen. Andernfalls bestimmt sich die örtliche Zuständigkeit nach den Regelungen für Ehesachen gem. § 122. 5

III. Normzweck

Die Vorschrift definiert unmittelbar, welches Gericht in Nachlass- und Teilungssachen örtlich allgemein zuständig ist. Die dabei vorgesehene gestufte Anknüpfung an den inländischen Wohnsitz bzw. Aufenthalt des Erblassers, hilfsweise die Zuständigkeit des Amtsgerichts Schöneberg bei deutschen Staatsangehörigen bzw. die Anknüpfung an die Belegenheit zumindest *eines* Nachlassgegenstandes bei ausländischen Staatsangehörigen verfolgt das Ziel möglichst großer örtlicher **Sachnähe.** 6

Zugleich wird mittelbar die **internationale** Zuständigkeit dadurch begründet, dass sich diese unter Aufgabe des Gleichlaufgrundsatzes nunmehr nach § 105 aus der örtlichen Zuständigkeit ableitet (vgl. dazu Rz. 148 ff.). 7

B. Inhalt der Vorschrift

I. Wohnsitz bzw. Aufenthalt des Erblassers im Inland (Absatz 1)

1. Allgemeines

Abs. 1 knüpft hinsichtlich der allgemeinen örtlichen Zuständigkeit **ungeachtet der Staatsangehörigkeit** des Erblassers an dessen inländischen Wohnsitz, hilfsweise inländischen Aufenthalt zur Zeit des Erbfalls an. Die Staatsangehörigkeit wird damit nur dann relevant, wenn der Erblasser iSd. Abs. 2 und 3 bei seinem Tod im Inland weder Wohnsitz noch Aufenthalt hat. 8

Ob ein Ausländer seinen Wohnsitz im Inland hat, richtet sich nach der lex fori, somit nach **deutschem** internationalem Privatrecht.[1] Gleiches gilt für den inländischen Aufenthalt. 9

Nicht ausreichend ist es insbesondere, alleine auf den *letzten* inländischen Wohnsitz bzw. Aufenthalt abzustellen, da es möglich ist, dass dieser wieder aufgegeben und durch einen ausländischen Wohnsitz bzw. Aufenthalt ersetzt wurde, bevor anschließend der Erbfall eingetreten ist. Entscheidend ist vielmehr der inländische Wohnsitz bzw. Aufenthalt **zur Zeit des Erbfalls.** 10

1 KG v. 16.2.1961 – 1 W 2644/60, FamRZ 1961, 383 (384).

2. Wohnsitz

a) Allgemeines

11 Der Wohnsitz des Erblassers bestimmt sich nach den Regelungen der §§ 7, 8, 9 und 11 BGB.[1] Maßgebend ist dabei grundsätzlich der **räumliche Schwerpunkt** (Mittelpunkt) der gesamten Lebensverhältnisse des Erblassers.[2]

12 Dabei wird zwischen dem selbständig gewählten Wohnsitz nach §§ 7 bzw. 8 BGB einerseits und dem abgeleiteten gesetzlichen Wohnsitz iSd. §§ 9 bzw. 11 BGB andererseits **unterschieden.**

b) Gewählter Wohnsitz

aa) Begründung

(1) Überblick

13 Der gewählte Wohnsitz wird kumulativ durch eine **objektive** und eine **subjektive** Komponente begründet.[3] Dies geschieht durch Niederlassung an einem Ort, der nach dem Willen des Erblassers dem ständigen Schwerpunkt seiner Lebensverhältnisse dienen soll.[4]

(2) Niederlassung

14 Die tatsächliche Niederlassung setzt dabei eine **selbst genutzte Unterkunft** voraus. Diese muss nicht notwendig in Gestalt einer eigenen Wohnung[5] oder eines für den Alleingebrauch bestimmten abgetrennten Zimmers[6] bestehen. Ausreichend ist bereits die Mitbenutzung eines Wohnraums neben anderen Personen.[7]

15 Dabei muss es sich um eine **ständige** Niederlassung handeln.[8] Ist ein Wohnort bereits objektiv nur für eine vorübergehende Zeit vorgesehen, wird kein Wohnsitz begründet. Ausreichend ist jedoch, den dauerhaft bestimmten Wohnort etappenweise zu realisieren, bspw. über anfangs zeitlich begrenzte Unterkünfte, etwa von verschiedenen nur durchgangsweise befristet bezogenen Wohnungsgemeinschaften zu einer unbefristet gemieteten ständigen Einzelwohnung.

16 Maßgebender **Ort des Wohnsitzes** ist dann der durch die Landesgesetzgebung bestimmte, rechtlich abgegrenzte, räumliche Bezirk, in dem sich die ständige Unterkunft des Erblassers befindet, regelmäßig die betroffene Gemeinde, bei Fehlen einer Gemeindezugehörigkeit auch selbständige kleine Ortseinheiten oder einzelne Grundstücke.[9]

17 Dies gilt uneingeschränkt auch für **Ordensangehörige**. Kirchenrechtliche Besonderheiten, wie bspw. eine Wohnsitzfiktion für Ordensschwestern am Sitz des Mutterhauses, sind unbeachtlich.[10]

---

1 BayObLG v. 17.12.1984 – 1 ZS AllgReg 94/84, Rpfleger 1985, 66.
2 BGH v. 14.2.1962 – IV ZR 192/61, LM Nr. 3 zu § 7 BGB; BayObLG v. 17.12.1984 – Allg.Reg. 94/84, BayObLGZ 1984, 289 (290); Palandt/*Ellenberger*, § 7 BGB Rz. 1.
3 BVerwG v. 9.11.1967 – VIII C 141/67, NJW 1968, 1059.
4 BayObLG v. 14.2.1962 – IV ZR 192/61, BayObLGZ 1985, 158 (161).
5 BayObLG v. 4.5.1905 – Az. ist n.v., OLGR 12, 238.
6 MüKo.BGB/*Schmitt*, § 7 BGB Rz. 20.
7 BVerwG v. 21.5.1985 – 1 C 52/82, NJW 1986, 674 (675).
8 MüKo.BGB/*Schmitt*, § 7 BGB Rz. 19.
9 RG v. 9.12.1907 – Rep. VI. 276/07, RGZ 67, 191 (194).
10 BayObLG v. 25.11.1960 – Allg.Reg. 71/60, BayObLGZ 1960, 455 (456).

Bei **dauernder Anstaltsunterbringung** iSv. § 1906 BGB wird der Wohnsitz am Ort der Anstalt begründet.[1] 18

An der objektiven Dauerhaftigkeit der Niederlassung fehlt es jedoch auf Grund der tatsächlichen zeitlichen Begrenzung des Aufenthaltes insbesondere bei **Wehrpflichtigen** hinsichtlich ihrer Stationierung am Truppenstandort während des befristeten Wehrdienstes.[2] Für Wehrpflichtige wird nach § 9 Abs. 2 BGB zudem kein gesetzlicher soldatischer Wohnsitz begründet. 19

Gleiches gilt für **Strafgefangene** unabhängig davon, ob eine Verurteilung zu zeitiger Freiheitsstrafe iSd. § 38 StGB[3] oder gar zu lebenslanger Freiheitsstrafe erfolgt ist.[4] Selbst bei lebenslanger Freiheitsstrafe besteht nach § 57a Abs. 1 StGB nach fünfzehnjähriger Verbüßung eine konkrete Aussicht auf Aussetzung des Strafrests zur Bewährung.[5] Ein Wohnsitz wird am Ort der Justizvollzugsanstalt daher ausnahmsweise nur dann begründet, wenn weitere Faktoren hinzutreten, insbesondere ein entsprechender Domizilwille des Strafgefangenen, der regelmäßig fehlen wird und auch – anders als in Fällen endgültiger Ausweisung aus dem Schutzgebiet deutscher Staatsgewalt[6] – durch hoheitlichen Zwang nicht ersetzt werden kann. 20

(3) Domizilwille

Die **Notwendigkeit** eines geschäftsähnlichen[7] Domizilwillens folgt mangels ausdrücklicher Erwähnung in § 7 Abs. 1 BGB zum einen aus einer Analogie zum Tatbestand der Wohnsitzaufhebung gem. § 7 Abs. 3 BGB, in dem diese subjektive Komponente explizit normiert ist, und zum anderen aus § 8 Abs. 1 BGB, nach dem die Wohnsitzbegründung Geschäftsfähigkeit voraussetzt.[8] 21

Ein derartiger Wille erfordert, dass am Ort der Niederlassung der Schwerpunkt der Lebensverhältnisse **dauerhaft** beibehalten werden soll.[9] Dies setzt keine ausdrückliche Erklärung voraus, sondern kann aus dem gesamten Verhalten und den sonstigen Umständen erschlossen werden.[10] Da ein diesbezüglicher Entschluss als innerer Vorgang einer unmittelbaren Erkenntnis Dritter entzogen ist, hat er sich nach außen jedoch durch äußere Umstände zu manifestieren, ohne dass ein endgültiger Verbleib beabsichtigt sein müsste.[11] 22

Indizien für den Willen zur dauerhaften Beibehaltung des Lebensmittelpunktes ergeben sich regelmäßig aus einer bereits fortgeschrittenen Dauer des tatsächlichen Auf- 23

1 OLG Rostock v. 16.6.1915 – Az. ist n.v., OLGR 33, 19; OLG Oldenburg v. 1.3.1899 – Az. ist n.v., SeuffA 55 Nr. 64; MüKo.BGB/*Schmitt*, § 7 BGB Rz. 49.
2 MüKo.BGB/*Schmitt*, § 7 BGB Rz. 28.
3 BGH v. 19.6.1996 – XII ARZ 5/96, NJW-RR 1996, 1217; BGH v. 21.1.1997 – X ARZ 1283/96, NJW 1997, 1154.
4 BayObLG v. 8.6.1900 – Beschw.Reg. III. 158/1900; Soergel/*Fahse*, § 7 BGB Rz. 13.
5 Nach Ablauf der fünfzehnjährigen Mindestverbüßungszeit ist der Täter selbst bei guter Führung nicht automatisch zu entlassen, vgl. BGH v. 22.12.1982 – 3 StR 437/82, BGHSt 31, 189 (192); *Fischer*, § 57 StGB Rz. 8 mwN.
6 Vgl. RG v. 31.7.1936 – VII 7/36, RGZ 152, 53 (60) bzw. OLG Hamm v. 1.12.1971 – 15a W 511/71, OLGZ 1972, 352 (354 f.).
7 BGH v. 14.7.1952 – IV ZB 21/52, BGHZ 7, 104 (109); aA Palandt/*Ellenberger*, § 7 BGB Rz. 7: Rechtsgeschäft.
8 MüKo.BGB/*Schmitt*, § 7 BGB Rz. 24.
9 BVerwG v. 21.5.1985 – 1 C 52/82, NJW 1986, 674.
10 BGH v. 14.7.1952 – IV ZB 21/52, BGHZ 7, 104 (109 f.).
11 BVerwG v. 9.11.1967 – VIII C 141/67, NJW 1968, 1059 (1060).

enthaltes bzw. aus dem Bemühen, an dem Wohnort bessere Wohnbedingungen zu finden, bspw. an Stelle einer bisher gemeinsam mit Dritten genutzten Unterkunft eine eigene Wohnung zu beziehen.[1] Grundsätzlich ist der unter Aufgabe der bisherigen Wohnung erfolgende Umzug in ein Hospiz als Sterbeort auf Dauer ausgerichtet.[2]

24 Der erforderliche Domizilwille **fehlt** jedoch, wenn die Niederlassung lediglich mit dem Ziel einer vorübergehenden Wohnungsnahme erfolgt. So begründet insbesondere ein Student am Universitätsort nur unter besonderen Umständen seinen Wohnsitz,[3] da sich die für den Willen zu einem ständigen Aufenthalt maßgebende berufliche Entwicklung regelmäßig erst nach Abschluss des Studiums absehen lässt. Entsprechendes gilt für den regelmäßig nicht auf Dauer, sondern lediglich zur vorübergehenden medizinischen Versorgung ausgerichteten Krankenhausaufenthalt eines Patienten.[4]

25 Die **polizeiliche Anmeldung** am neuen Wohnort und Abmeldung am früheren Wohnort kann nur gemeinsam mit weiteren Faktoren einen Domizilwillen manifestieren. Ausreichend ist insoweit etwa bei Umzug in ein Frauenhaus, jedenfalls bei größerer Entfernung vom bisherigen Wohnort, ein dort unbefristet angelegter Aufenthalt,[5] im Rahmen des Möglichen im Hinblick auf das Alter mitumziehender Kinder deren dortige Schulanmeldung,[6] während eine kurzzeitige, bspw. auf drei Wochen beschränkte Befristung nicht genügt.[7] Hierbei ist jeweils ohne Bedeutung, dass ein Frauenhaus üblicherweise nur dem vorübergehenden Aufenthalt dient, da bereits ein beabsichtigter anschließender Umzug in eine andere Unterkunft im gleichen Ort, bspw. eine Sozialwohnung, ausreicht.[8]

26 **Nicht voll Geschäftsfähige** können ihren Wohnsitz nach § 8 Abs. 1 BGB grundsätzlich nicht ohne den Willen des gesetzlichen Vertreters begründen oder aufheben. Von diesem Erfordernis ist ein verheirateter oder verheiratet gewesener Minderjähriger nach § 8 Abs. 2 BGB befreit. Über den Wortlaut des § 8 Abs. 1 BGB hinaus muss hierzu an Stelle der Zustimmung des gesetzlichen Vertreters die Willensausübung des durch den Geschäftsunfähigen bzw. beschränkt Geschäftsfähigen zurzeit eigener unbeschränkter Geschäftsfähigkeit rechtsgeschäftlich Bevollmächtigten genügen. Dies ergibt sich aus einem Erst-Recht-Schluss zu § 1906 Abs. 5 BGB, nach dem eine Vollmacht einer gesetzlichen Vertretung sogar bei freiheitsentziehender Unterbringung in einer geschlossenen Anstalt gleichsteht.

(4) Exterritoriale Deutsche

27 Nach der **früheren Regelung des § 3 FGG** wurde unter ausdrücklicher Verweisung auf § 15 ZPO eine örtliche Sonderzuständigkeit begründet, durch die deutsche Staatsangehörige, die im Ausland nach Völkerrecht exterritorial sind, und die im Ausland beschäftigten deutschen Angehörigen des öffentlichen Dienstes so behandelt wurden, als

1 BGH v. 30.11.1983 – IVb ARZ 50/83, NJW 1984, 971.
2 OLG Düsseldorf v. 7.1.2002 – 3 Sa 3/01, Rpfleger 2002, 314.
3 BVerfG v. 22.6.1990 – 2 BvR 116/90, NJW 1990, 2193 (2194); OLG Düsseldorf v. 6.11.1990 – 6 UF 195/90, FamRZ 1992, 103.
4 OLG Düsseldorf v. 7.1.2002 – 3 Sa 3/01, Rpfleger 2002, 314.
5 OLG Karlsruhe v. 10.2.1995 – 2 UF 290/94, NJW-RR 1995, 1220 bei Entfernung von 100 km.
6 OLG Nürnberg v. 8.9.1993 – 11 WF 1097/03, FamRZ 1994, 1104 (1105).
7 BGH v. 14.12.1994 – XII ARZ 33/94, NJW 1995, 1224 (1225).
8 OLG Karlsruhe v. 10.2.1995 – 2 UF 290/94, NJW-RR 1995, 1220; OLG Nürnberg v. 8.9.1993 – 11 WF 1097/03, FamRZ 1994, 1104 (1105).

hätten sie ihren **letzten Wohnsitz im Inland** beibehalten. Hilfsweise galt als Wohnsitz der Sitz der Bundesregierung. Von dieser Wohnsitzfiktion wurden als Exterritoriale deutsche Staatsangehörige erfasst, soweit sie Mitglieder einer diplomatischen Mission einschließlich ihres Gefolges bzw. deren im Haushalt lebende Familienangehörige[1] einerseits oder – insoweit ohne dienstliches Personal bzw. Angehörige – Konsularbeamte bzw. deren Bedienstete des Verwaltungs- und des technischen Personals[2] andererseits waren. Exterritorialität bedeutet gegenständliche Befreiung von der ausländischen Gerichtsbarkeit am dortigen ausländischen Dienstort nach Maßgabe des Wiener Übereinkommens über diplomatische Beziehungen v. 6.8.1964[3] bzw. des Wiener Übereinkommens über konsularische Beziehungen v. 24.4.1963.[4] Darüber hinaus waren als deutsche Angehörige des öffentlichen Dienstes Berufskonsuln, Beamte, Angestellte sowie Arbeiter des Bundes, eines Landes, einer Körperschaft bzw. einer Anstalt des öffentlichen Rechts betroffen.[5]

Diese Sonderzuständigkeit wurde durch das FGG-RG ohne Angabe von Gründen **ersatzlos aufgehoben**. Auch sieht das FamFG keine generelle Verweisung auf die Vorschriften der ZPO vor, sondern ordnet deren Anwendbarkeit lediglich im Einzelfall, wie bspw. in § 113 Abs. 1 Satz 2 für Ehe- und Familienstreitsachen, ausdrücklich an. 28

Ungeachtet der Frage, ob § 15 ZPO einen allgemeinen Grundsatz zur Bestimmung des Wohnsitzes iSd. § 7 BGB beinhaltet,[6] kommt **keine analoge Anwendung des § 15 ZPO** in Betracht, da dessen frühere ausdrückliche Geltung gezielt aufgehoben wurde.[7] Dies wird ergänzend dadurch untermauert, dass das FGG-RG alle bisher parallel zur früheren Regelung des § 73 Abs. 1 FGG vorhanden gewesenen Primäranknüpfungen an den inländischen Wohnsitz – § 36 Abs. 1 (Vormundschaft), § 36a (Vormundschaft vor der Geburt), §§ 37 iVm. 36 (Ergänzungspfleger), § 39 (Abwesenheitspfleger), §§ 43 iVm. 36 (Sonstige Verrichtungen des Vormundschaftsgerichts), § 43b FGG (Annahme eines Kindes) – durch andere Bezugsparameter, insbesondere den gewöhnlichen Aufenthalt unter teilweiser Hilfszuständigkeit des Amtsgerichts Schöneberg ersetzt hat. Zudem stellt Abs. 2 sicher, dass in Gestalt des Amtsgerichts Schöneberg jedenfalls ein deutsches Gericht örtlich zuständig ist, das ggf. durch Verweisung eine sachnähere örtliche Inlandszuständigkeit begründen kann. Durch die ersatzlose Aufhebung des § 3 FGG bleibt die örtliche Zuständigkeit in Nachlass- und Teilungssachen unter Aufgabe des bisherigen Gleichlaufs mit den Verfahren nach der ZPO zumindest hinsichtlich der Hilfszuständigkeit des Amtsgerichts Schöneberg an andere Verfahren nach dem FamFG angenähert. 29

§ 15 ZPO ist damit auf Abs. 1 nicht anwendbar. Ungeachtet dessen ist im jeweiligen Einzelfall **nach den allgemeinen Grundsätzen** des § 7 Abs. 3 BGB (vgl. dazu Rz. 31 ff.) zu klären, ob ein Angehöriger dieses Personenkreises seinen früheren inländischen Wohnsitz mit Domizilaufgabewillen auf Dauer ausgerichtet aufgehoben hat oder sich nur auf einen vorübergehenden Auslandsaufenthalt eingerichtet und damit seinen bisherigen inländischen Wohnsitz beibehalten hat.[8] 30

1 Zöller/*Lückemann*, § 18 GVG Rz. 1.
2 Zöller/*Lückemann*, § 19 GVG Rz. 1 und 2.
3 BGBl. II 1964, S. 957.
4 BGBl. II 1969, S. 1585.
5 Zöller/*Vollkommer*, § 15 ZPO Rz. 5.
6 Verneinend Soergel/*Fahse*, vor § 7 BGB Rz. 4; aA Palandt/*Ellenberger*, § 7 BGB Rz. 11: entsprechende Anwendung des § 15 Abs. 1 Satz 1 ZPO auf § 7 BGB.
7 Im Ergebnis ebenso *Heinemann*, ZErb 2008, 293 (295).
8 So für Exterritoriale grundsätzlich bejahend Soergel/*Fahse*, vor § 7 BGB Rz. 4.

bb) Aufhebung

31 Nach § 7 Abs. 3 BGB wird der Wohnsitz analog zu seiner Begründung **kumulativ** durch objektive tatsächliche Wohnsitzaufgabe und subjektiven Domizilaufgabewillen aufgehoben. Die vorstehenden Anmerkungen zur Wohnsitzbegründung gelten entsprechend, zumal der dortige subjektive Tatbestand erst aus § 7 Abs. 3 BGB abgeleitet wird (vgl. Rz. 21).

32 Ein **Domizilaufgabewille** ist im Falle einer Auswanderung ab dem tatsächlichen Verlassen des Staatsgebietes grundsätzlich zu unterstellen, soweit keine entgegenstehenden Anhaltspunkte vorhanden sind.[1]

33 Der nach § 7 Abs. 3 BGB erforderliche freie Domizilaufgabewille wird bei **zwangsweise** angeordneten und durchgeführten Maßnahmen, die infolge aufgenötigten Willens bei Ausweisung oder Vertreibung die dauerhafte Wohnsitzaufgabe herbeigeführt haben, vollumfänglich ersetzt.[2]

34 Der Domizilaufgabewille fehlt jedoch regelmäßig bei Verlassen des Wohnortes samt des Staatsgebietes aus Furcht vor künftigen Verfolgungsmaßnahmen in der Annahme, im Ausland lediglich **vorübergehend** Aufenthalt zu nehmen und anschließend wieder zurückzukehren, so bspw. anlässlich der Flucht rassisch Verfolgter ab 1938 aus dem Sudetenland[3] oder deutscher Staatsangehöriger in der Zeit bis Ende des Zweiten Weltkriegs aus den ostdeutschen Reichsgebieten.[4]

35 Als Wohnsitz eines **Verschollenen** iSd. Verschollenheitsgesetzes gilt bis zum Nachweis eines Domizilaufgabewillens der letzte bekannte Wohnsitz fort.[5]

36 Wird der bisherige Wohnsitz ohne Begründung eines neuen Wohnsitzes aufgehoben, entsteht ein Status der **Wohnungslosigkeit**.[6]

c) Gesetzlicher Wohnsitz

aa) Überblick

37 Der **abgeleitete** Wohnsitz wird unabhängig von der tatsächlichen ständigen Niederlassung und dem Bestehen eines etwaigen Domizilwillens des Betroffenen ausschließlich kraft gesetzlicher Anordnung begründet.

bb) Berufs- und Zeitsoldaten

38 So hat ein Berufs- oder Zeitsoldat nach § 9 Abs. 1 Satz 1 BGB seinen gesetzlichen Wohnsitz am **Standort** der regelmäßigen Unterkunft desjenigen Truppenteils, dem er angehört, bzw. nach § 9 Abs. 1 Satz 2 BGB bei einem aktuellen ausländischen Standort am letzten inländischen Standort.[7] Gehört ein Soldat keinem Truppenteil an, ist der Ort der militärischen Dienststelle maßgebend.[8] Wird ein Soldat längere Zeit an einen

1 MüKo.BGB/*Schmitt*, § 7 BGB Rz. 41.
2 RG v. 31.7.1936 – VII 7/36, RGZ 152, 53 (60) für eine 1919 erfolgte Ausweisung aus Südwestafrika nach Deutschland; OLG Hamm v. 1.12.1971 – 15a W 511/71, OLGZ 1972, 352 (354 f.) für deutsche Vertriebene in der Zeit nach Beendigung des Zweiten Weltkriegs aus den ostdeutschen Reichsgebieten.
3 OLG Hamm v. 1.12.1971 – 15a W 511/71, OLGZ 1972, 352 (354 f.).
4 BVerwG v. 29.4.1969 – III C 123/67, WM 1969, 1455 (1456).
5 Jansen/*Müller-Lukoschek*, § 73 FGG Rz. 6.
6 MüKo.BGB/*Schmitt*, § 9 BGB Rz. 44.
7 MüKo.BGB/*Schmitt*, § 9 BGB Rz. 7.
8 Palandt/*Ellenberger*, § 9 BGB Rz. 1.

anderen Truppenteil abkommandiert, ist dessen inländischer Standort gesetzlicher Wohnsitz.[1]

Zusätzlich kann der Berufs- bzw. Zeitsoldat nach § 7 Abs. 1 BGB an dem von ihm zu seinem dauerhaften Lebensmittelpunkt bestimmten Ort einen gewählten Wohnsitz begründen. Hierdurch entstehen zugleich Mehrfachwohnsitze.[2] 39

Nach § 9 Abs. 2 BGB unterliegen Soldaten, die den Wehrdienst ausschließlich auf Grund der **Wehrpflicht** leisten, sowie geschäftsunfähige oder beschränkt geschäftsfähige Soldaten iSv. § 8 Abs. 1 BGB keinem abgeleiteten soldatischen Wohnsitz iSd. § 9 Abs. 1 BGB. 40

cc) Minderjährige Kinder

Gem. § 11 BGB ist für ein minderjähriges Kind kraft Gesetzes der Wohnsitz seines **Personensorgeberechtigten** gesetzlicher Wohnsitz. 41

Sind **beide Elternteile** personensorgeberechtigt – dies ist bei verheirateten Eltern regelmäßig nach § 1626 Abs. 1 Satz 1 BGB bzw. § 1626a Abs. 1 Nr. 2 BGB, bei nicht verheirateten Eltern lediglich ausnahmsweise auf Grund einer Sorgeerklärung nach § 1626a Abs. 1 Nr. 1 BGB bzw. nach einer gerichtlichen Sorgerechtsübertragung iSv. § 1672 Abs. 2 BGB der Fall –, begründen sie mit ihrem gemeinsamen Wohnsitz zugleich den gesetzlichen Wohnsitz ihres minderjährigen Kindes. Haben gemeinsam personensorgeberechtigte Eltern unterschiedliche Wohnsitze, erhält das Kind – auch wenn es nach der Begründung getrennter Wohnsitze geboren ist[3] – bis zu einer eventuellen gerichtlichen Sorgerechtsübertragung iSv. § 1671 BGB einen entsprechenden gesetzlichen Doppelwohnsitz.[4] Die Eltern können dann jedoch gemeinschaftlich nach § 7 iVm. § 8 BGB einen davon abweichenden alleinigen Wohnsitz am Wohnort eines von ihnen[5] bzw. neben oder zusätzlich zu dem bisherigen einen neuen Wohnsitz, bspw. in einer Pflegefamilie,[6] begründen. 42

Ist – nach § 1626a Abs. 2 BGB (nicht verheiratete Mutter ohne Sorgeerklärung), § 1666 BGB (Entziehung des Sorgerechts), §§ 1671, 1672 BGB (Übertragung des Sorgerechts) bzw. §§ 1680, 1681 BGB (Tod bzw. Todeserklärung eines Elternteils; Entziehung des Sorgerechts) – **nur *ein* Elternteil** personensorgeberechtigt, wird nach § 11 Satz 1 Halbs. 2 BGB alleine dessen Wohn- bzw. Doppelwohnsitz gesetzlicher Wohnsitz des Kindes. Der alleine sorgeberechtigte Elternteil kann nach § 7 iVm. § 8 BGB neben oder zusätzlich zu dem bisherigen einen neuen Wohnsitz wählen, bspw. am Ort des durch das Kind ständig besuchten Internats.[7] 43

Steht das Personensorgerecht – nach § 1773 BGB (Vormund) bzw. nach § 1909 BGB (Pfleger) – einem **Dritten** zu, ist nach § 11 Satz 2 BGB dessen Wohnsitz maßgebend. Die vorstehenden Anmerkungen gelten dann entsprechend. 44

---

1 OLG Dresden v. 4.4.1913 – 2 S 24/13, SeuffA Nr. 69, 209; RG v. 18.11.1937 – IV 133/37, JW 1938, 234; Palandt/*Ellenberger*, § 9 BGB Rz. 1; aA MüKo.BGB/*Schmitt*, § 9 BGB Rz. 8: Standort desjenigen Truppenteils bleibt maßgeblich, dem der Soldat weiterhin angehört.
2 BVerwG v. 12.5.1960 – VIII C 120/59, MDR 1960, 1041.
3 KG v. 16.4.1964 – 2 W 564/64, NJW 1964, 1577 (1578).
4 BGH v. 30.11.1983 – IVb ARZ 50/83, NJW 1984, 971; OLG Brandenburg v. 21.3.2003 – 9 AR 9/02, FGPrax 2003, 129.
5 BGH v. 3.11.1993 – XII ARZ 27/93, NJW-RR 1994, 322.
6 OLG Köln v. 30.10.1995 – 16 Wx 186/95, FamRZ 1996, 859 (860).
7 BayObLG v. 14.11.1988 – AR 1 Z 75/88, NJW-RR 1989, 262 (263).

45 Wird der den gesetzlichen Wohnsitz begründende Vertreter des minderjährigen Kindes wohnsitzlos, wird auch das Kind wohnsitzlos,[1] wenn nicht daneben nach § 7 iVm. § 8 BGB ein gewählter Doppelwohnsitz besteht, der nunmehr zum alleinigen Wohnsitz wird.

46 Nach § 11 Satz 3 BGB **verliert** ein minderjähriges Kind seinen gesetzlichen Wohnsitz, soweit nicht ein anderer gesetzlicher Wohnsitz begründet wird (vgl. dazu Rz. 42 ff.), erst durch gewählte Aufhebung iSd. § 7 Abs. 3 BGB, die während der Minderjährigkeit durch den gesetzlichen Vertreter nach § 8 BGB bzw. nach Erreichen der Volljährigkeit durch das Kind selbst, dessen Bevollmächtigten oder den gesetzlichen Vertreter nach § 8 BGB ausgeübt wird. Wird das minderjährige Kind volljährig, verwandelt sich der gesetzliche in einen gewählten Wohnsitz und besteht bis zu dessen Aufgabe fort.[2]

d) Mehrfache Wohnsitze

47 Nach § 7 Abs. 2 BGB kann der **gewählte** Wohnsitz gleichzeitig an mehreren Orten bestehen. Dies setzt voraus, dass der jeweilige Wohnort beim jeweiligen Aufenthaltswechsel Schwerpunkt der Lebensverhältnisse ist.[3] Eine bloße Ausrichtung auf längere Besuche ist nicht ausreichend.[4]

48 Ein Doppelwohnsitz kann zudem insbesondere aus **gesetzlichem** Wohnsitz für das minderjährige Kind bei Trennung seiner gemeinsam personensorgeberechtigten Eltern seinerseits als gesetzlicher Wohnsitz (vgl. dazu Rz. 42) oder durch Wahl eines zusätzlichen gewillkürten Wohnsitzes (vgl. dazu Rz. 42) begründet werden.

49 Trotz Verstoßes gegen ein gesetzliches Verbot eines **Wohnsitzwechsels** wird der neue Wohnsitz gleichwohl begründet. Zugleich bleibt jedoch der bisherige Wohnsitz als Doppelwohnsitz bestehen.[5] Derartige gesetzliche Verbote sind ihrerseits nur dann wirksam, wenn sie mit höherrangigem Recht, insbesondere dem europarechtlichen Anspruch auf Freizügigkeit nach Art. 8a EGV und dem Grundrecht auf freie Wahl des Wohnsitzes nach Art. 11 Abs. 1 GG vereinbar sind.[6]

50 Bestehen mehrfache Wohnsitze, ist nach § 2 Abs. 1 unter mehreren örtlich zuständigen Gerichten das **zuerst** mit der Sache befasste Gericht zuständig (vgl. dazu § 2 Rz. 18 ff.).

3. Aufenthalt

51 Für einen Aufenthalt iSd. § 343 genügt jegliche faktische **Anwesenheit** an einem Ort, der zur Zuständigkeitsbegründung nach Abs. 1 Halbs. 2 im Inland belegen sein muss. Ausreichend ist bereits eine vorübergehende Anwesenheit, etwa bei Todeseintritt während einer Durchreise in einem nicht anhaltenden Verkehrsmittel,[7] ohne dass eine längere Verweildauer erforderlich wäre.[8] Insbesondere wird kein einem Wohnsitz ähnlicher ständiger oder gewöhnlicher Aufenthalt vorausgesetzt.[9]

---

1 Erman/*Westermann*, § 11 BGB Rz. 2; MüKo.BGB/*Schmitt*, § 11 BGB Rz. 13; Palandt/*Heinrichs*, § 11 BGB Rz. 6; aA Staudinger/*Habermann*/*Weick*, § 11 BGB Rz. 12.
2 MüKo.BGB/*Schmitt*, § 11 BGB Rz. 11.
3 PreußOVG v. 8.2.1916 – Az. ist n.v., OLGR 35, 26.
4 BVerwG v. 21.5.1985 – 1 C 52/82, NJW 1986, 674.
5 Palandt/*Ellenberger*, § 7 BGB Rz. 9.
6 MüKo.BGB/*Schmitt*, § 7 BGB Rz. 33.
7 KG v. 17.10.1972 – AR 54/72, Rpfleger 1973, 96.
8 BayObLG v. 17.1.1978 – Allg. Reg. 58/77, Rpfleger 1978, 180 (181).
9 BayObLG v. 8.11.2002 – 1 Z AR 152/02, Rpfleger 2003, 195.

Ausreichend ist ein bloßes **tatsächliches** Verweilen. Subjektive Voraussetzungen wie bspw. Bewusstsein, Wille oder Freiwilligkeit des Handelns bestehen nicht.[1] 52

Der Aufenthaltsort zum Zeitpunkt des Sterbefalls ist daher mit dem **Sterbeort** identisch.[2] Zum Nachweis genügt grundsätzlich die Sterbeurkunde.[3] 53

Ein **Wohnsitz im Ausland** schließt die Aufenthaltszuständigkeit im Inland nicht aus.[4] 54

4. Bezugsort

Die örtliche Zuständigkeitsbegründung nach Abs. 1 setzt voraus, dass der Wohnsitz bzw. der Aufenthalt des Erblassers zurzeit des Erbfalls im **Inland** liegt. Für den Wohnsitz ist dies in Abs. 1 ausdrücklich geregelt. Hinsichtlich des Aufenthaltes ergibt sich der Inlandsbezug sowohl aus der Verweisung auf den jeweiligen, ausschließlich deutsche Gerichte betreffenden Gerichtsbezirk in Abs. 1 als auch aus dem Wortlaut nach Abs. 2 und Abs. 3. 55

5. Zeitpunkt

Nach Abs. 1 muss der inländische Wohnsitz bzw. Aufenthalt des Erblassers zur Zeit des **Erbfalls** bestanden haben. Da Erblasser bei letztwillig angeordneter Vor- und Nacherbfolge nach Eintritt des Nacherbfalls nicht der Vorerbe, sondern der zunächst vom Vorerben beerbte Erblasser ist,[5] sind auch insoweit die Verhältnisse zur Zeit seines Todes maßgebend. 56

Der Todeszeitpunkt wird regelmäßig durch **Sterbeurkunde** nachgewiesen. 57

Für **Verschollene** iSd. § 1 Abs. 1 VerschG wird eine Sterbeurkunde durch Todeserklärung nach § 9 Abs. 1 Satz 1 VerschG oder Todeszeitfeststellung nach § 44 Abs. 1 VerschG ersetzt. Bei Auslandsbezug bestimmt sich das maßgebende Recht gem. Art. 9 Satz 1 EGBGB grundsätzlich nach der Staatsangehörigkeit des Verschollenen, soweit nicht unabhängig davon nach Satz 2 wegen berechtigten Interesses deutsches Recht anzuwenden ist. Ist danach deutsches Recht maßgebend, sieht § 12 Abs. 1 und 2 VerschG die internationale Zuständigkeit deutscher Gerichte für deutsche Staatsangehörige bei gewöhnlichem Aufenthalt im Inland oder berechtigtem Interesse vor, die nach § 12 Abs. 3 VerschG lediglich konkurrierend und nicht ausschließlich ist sowie einer Anerkennung ausländischer gerichtlicher Entscheidungen in Verschollenheitssachen nicht entgegensteht.[6] Nach § 13 VerschG ist ein Aufgebotsverfahren eine Angelegenheit der freiwilligen Gerichtsbarkeit. Eine ausländische Todeserklärung wird nach § 108 anerkannt, soweit kein Anerkennungshindernis iSv. § 109 besteht.[7] Liegen mehrere sich widersprechende Todeserklärungen vor, ist die zeitlich zuerst gefertigte Urkunde auch dann maßgeblich, wenn sie im Gegensatz zu einer später erfolgten deutschen Todeserklärung durch eine ausländische Behörde ausgestellt wurde und im Inland anzuerkennen ist.[8] 58

---

1 KG v. 13.5.1968 – 1 AR 37/68, Rpfleger 1968, 287 (288); Bumiller/*Winkler*, § 73 FGG Rz. 8.
2 BayObLG v. 17.1.1978 – Allg. Reg. 58/77, Rpfleger 1978, 180 (181).
3 *Hermann*, ZEV 2002, 259 (261); Keidel/*Winkler*, § 73 FGG Rz. 9.
4 BayObLG v. 8.11.2002 – 1 Z AR 152/02, Rpfleger 2003, 195.
5 Wurm/Wagner/Zartmann/*Fröhler*, Kap. 75 Rz. 2.
6 Palandt/*Heinrichs/Heldrich*, 50. Aufl. 1991, § 12 VerschG Rz. 4.
7 BGH v. 27.10.1993 – XII ZR 140/92, FamRZ 1994, 498.
8 BGH v. 8.1.1965 – BGHZ 43, 80 (83).

II. Deutscher Erblasser ohne Wohnsitz oder Aufenthalt im Inland (Absatz 2)

1. Überblick

59 § 343 sieht vor, dass für den Nachlass eines Erblassers mit deutscher Staatsangehörigkeit unabhängig davon, wo er zur Zeit des Erbfalls seinen Wohnsitz oder Aufenthalt hatte, immer ein deutsches Gericht zuständig ist. Hierdurch wird die von Art. 25 Abs. 1 EGBGB vorgegebene grundsätzliche Anwendung deutschen Erbrechts sichergestellt.[1] Abs. 2 statuiert dabei eine örtliche **Auffangzuständigkeit**, die gegenüber einer anderweitig begründeten örtlichen Zuständigkeit aus Abs. 1 bzw. § 344 subsidiär ist.

2. Deutscher Erblasser

60 Ob ein Erblasser bei seinem Tod Deutscher war, richtet sich nach den die deutsche Staatsangehörigkeit regelnden Gesetzen, insbesondere nach dem GG und dem StAG.[2] Danach ist Deutscher, wer die **deutsche Staatsangehörigkeit** besitzt oder anderweitig Deutscher iSv. Art. 116 GG ist. Nach § 3 StAG wird die deutsche Staatsangehörigkeit durch Geburt, Erklärung eines vor dem 1.7.1993 geborenen Kindes eines deutschen Vaters und einer ausländischen Mutter, Annahme als Kind, Ausstellung einer Bescheinigung nach § 15 Abs. 1 oder 2 Bundesvertriebenengesetz, Überleitung als Deutscher ohne deutsche Staatsangehörigkeit iSd. Art. 116 Abs. 1 GG bzw. Einbürgerung erworben.

61 Eine einmal erworbene deutsche Staatsangehörigkeit wird iSd. Abs. 2 solange als **fortbestehend** behandelt, bis ihr Verlust erwiesen ist.[3] Das Gericht hat die Staatsangehörigkeit des Erblassers jedoch von Amts wegen zu ermitteln und zu prüfen (vgl. dazu Rz. 104).[4]

62 § 2 der 11. VO zum Reichsbürgergesetz v. 25.11.1941[5] sah vor, dass jüdische Bürger die deutsche Staatsangehörigkeit bei gewöhnlichem Aufenthalt im Ausland verlieren. Diese Regelung ist jedoch auf Grund evidenten Verstoßes gegen das Willkürverbot als fundamentales Prinzip der Gerechtigkeit als von Anfang an **nichtig** anzusehen.[6] Ungeachtet dessen wird ein betroffener Verfolgter selbst dann, wenn er zwischenzeitlich keine andere Staatsangehörigkeit angenommen hat, durch den deutschen Staat nicht als Deutscher betrachtet, solange er sich nicht iSd. Art. 116 Abs. 2 Satz 2 GG auf die deutsche Staatsangehörigkeit beruft.[7]

63 Nach Art. 116 Abs. 2 Satz 2 GG gelten deutsche Staatsangehörige und ihre Abkömmlinge, denen die deutsche Staatsangehörigkeit zwischen dem 30.1.1933 und dem 8.5.1945 aus politischen, rassischen oder religiösen Gründen (unwirksam) entzogen worden ist, rückwirkend nur dann als nicht ausgebürgert, wenn sie keinen entgegengesetzten Willen zum Ausdruck gebracht und nach dem 8.5.1945 ihren Wohnsitz in Deutschland genommen haben. Auch ohne entsprechende Wohnsitzbegründung wird ein betroffener Verfolgter **als Deutscher betrachtet**, wenn er nicht die Möglichkeit

1 Jansen/*Müller-Lukoschek*, § 73 FGG Rz. 22.
2 Vom 22.7.1913 (RGBl. S. 583), in der im BGBl. III, Gliederungsnummer 102-1, veröffentlichten bereinigten Fassung, zuletzt geändert durch Gesetz v. 5.2.2009 (BGBl. I, S. 158).
3 BayObLG v. 18.2.1983 – AllgReg 81/82, Rpfleger 1983, 315 (316).
4 OLG Zweibrücken v. 27.9.2001 – 3 W 124/01, MittBayNot 2002, 203 (204).
5 RGBl. I 1941, S. 772.
6 BVerfG v. 14.2.1968 – 2 BvR 557/62, BVerfGE 23, 98 (106 ff.).
7 BVerfG v. 14.2.1968 – 2 BvR 557/62, BVerfGE 23, 98 (106 ff.).

hatte, seinen Willen für oder gegen die Beibehaltung der deutschen Staatsangehörigkeit nach außen zum Ausdruck zu bringen. Verfolgte, die vor dem 8.5.1945 verstorben sind, konnten diesen spezifischen Willen nicht mehr ausüben und werden daher als Deutsche betrachtet, soweit kein anderweitiger konkreter Aufgabewille nachgewiesen ist.[1] Gleiches gilt für Verfolgte, die zwischen dem 8.5.1945 und dem Inkrafttreten des GG mit Ablauf des 23.5.1949 verstorben sind.[2] Ein über den 23.5.1949 hinaus lebender Verfolgter, der nicht nach Art. 116 Abs. 2 Satz 2 GG in Deutschland Wohnsitz genommen hat, kann seiner rechtlich zu keinem Zeitpunkt verlorenen deutschen Staatsangehörigkeit damit lediglich mit Wirkung für die Zukunft durch Einbürgerung nach Art. 116 Abs. 2 Satz 1 GG zur Geltung verhelfen.

Ein Erblasser ist auch dann Deutscher iSv. Abs. 2, wenn er neben der deutschen Staatsangehörigkeit eine **zusätzliche ausländische** Staatsangehörigkeit besitzt.[3] 64

3. Weder Wohnsitz noch Aufenthalt des Erblassers im Inland bei Erbfall

Wegen der Eigenschaft von Abs. 2 als Auffangtatbestand darf der Erblasser zur Zeit des Erbfalls im Inland (vgl. dazu Rz. 55) weder Wohnsitz (vgl. dazu Rz. 11 ff.) noch Aufenthalt (vgl. dazu Rz. 51 ff.) iSv. Abs. 1 haben. Ausreichend ist dabei, dass ein derartiges Bestehen eines inländischen Wohnsitzes oder Aufenthaltes **nicht ermittelt** werden kann, das Nichtbestehen muss nicht nachgewiesen sein.[4] 65

4. Zuständiges Gericht

a) Grundsatz

Nach Abs. 2 Satz 1 ist alleine das **Amtsgericht Schöneberg** in Berlin als zentrales Gericht[5] örtlich zuständig, solange dieses nicht durch Verweisung die Zuständigkeit eines anderen Gerichts begründet. 66

b) Verweisung

Das Amtsgericht Schöneberg kann durch Verweisung nach Abs. 2 Satz 2 die örtliche Zuständigkeit eines **anderen Gerichts** begründen. 67

Funktionell ist zur Verweisung nach § 4 Abs. 1 RPflG der **Rechtspfleger** insoweit zuständig, als er nach § 3 Nr. 2 Buchst. c RPflG mangels Richtervorbehalts iSd. § 16 RPflG in der Sache selbst zuständig wäre. 68

Gegenstand der Verweisung ist ausschließlich die betroffene **selbständige einheitliche Sache.**[6] Das für zuständig erklärte Empfängergericht ist damit bspw. für die Erteilung des gegenüber dem Amtsgericht Schöneberg beantragten Erbscheins einschließlich einer späteren Erweiterungen bzw. Einziehung zuständig (vgl. zur Bestimmung einer einheitlichen selbständigen Sache Rz. 110). Die Verweisung bezieht sich damit nicht auf davon verschiedene weitere Verfahren. 69

---

1 BVerfG v. 14.2.1968 – 2 BvR 557/62, BVerfGE 23, 98 (106 ff.).
2 KG v. 24.11.1970 – 1 W 5191/70, OLGZ 1971, 215 (219 f.).
3 KG v. 24.3.1969 – 1 AR 11/69, OLGZ 1969, 285 (287).
4 Ähnlich Keidel/*Winkler*, § 73 FGG Rz. 35 bei Todeserklärung; die Konstellation entspricht der vergleichbaren Problematik in Abs. 3, vgl. dazu Rz. 79.
5 KG v. 3.2.1966 – 1 AR 9/66, OLGZ 1966, 127.
6 Jansen/*Müller-Lukoschek*, § 73 FGG Rz. 28.

70 Eine Verweisung nach Abs. 2 Satz 2 setzt voraus, dass das Amtsgericht Schöneberg als nach Abs. 2 Satz 1 zentrales Auffanggericht zuständig ist.[1] Daran fehlt es im Falle einer anderweitigen und damit **vorrangigen eigenen** Zuständigkeit, etwa bei Wohnsitz bzw. Aufenthalt eines deutschen Erblassers zur Zeit des Erbfalls innerhalb des allgemeinen Gerichtsbezirks des Amtsgerichts Berlin-Schöneberg nach Abs. 1 oder bei dortiger Belegenheit von Nachlassgegenständen eines ausländischen Erblassers nach Abs. 3.

71 Weiter müssen für die Verweisung **wichtige Gründe** bestehen. Abs. 2 Satz 2 ist insoweit lex specialis gegenüber der allgemeinen Regelung des § 3, die eine Verweisung ausschließlich bei eigener Unzuständigkeit des Gerichts vorsieht. Ob ein wichtiger Grund vorliegt, richtet sich – im früheren § 73 Abs. 2 Satz 2 FGG war statt der heutigen Verweisung eine Abgabe vorgesehen – nach dem verallgemeinerungsfähigen[2] Maßstab des § 4, der wiederum an die frühere Regelung des § 46 Abs. 1 FGG aus dem Vormundschaftsrecht anknüpft. In Nachlass- und Teilungssachen kommt ein wichtiger Grund insbesondere dann in Betracht, wenn das bestimmte Gericht dem Beteiligten bzw. dem Nachlass am nächsten steht oder aus anderen Gründen am ehesten zur Bearbeitung in der Lage ist,[3] was auch am Sitz desjenigen Notars der Fall sein kann, der den zu verbescheidenden Erbscheinsantrag beurkundet hat, mit dem die etwaige weitere Korrespondenz zu führen ist und dem die Ausfertigung des beantragten Erbscheins erteilt werden soll.[4]

72 Die Verweisungsbefugnis nach Abs. 2 Satz 2 besteht **in jeder Lage des Verfahrens**, nicht nur vor einem erstmaligen Tätigwerden des Amtsgerichts Schöneberg in der Sache oder nach Abschluss bestimmter Verfahrensabschnitte,[5] sondern auch noch zur Einziehung eines von ihm bereits erteilten Erbscheins.[6]

73 Anstelle von Abs. 2 Satz 2 ist eine allgemeine Verweisung nach § 3 Abs. 1 wegen örtlicher Unzuständigkeit möglich. Dies kommt insbesondere dann in Betracht, wenn das Amtsgericht Schöneberg im Rahmen seiner Ermittlungen feststellt, dass der Erblasser bei seinem Tod seinen Wohnsitz bzw. Aufenthalt im Inland außerhalb des allgemeinen Gerichtsbezirks des Amtsgerichts Schöneberg hatte oder Ausländer war, der im Inland außerhalb des allgemeinen Gerichtsbezirks des Amtsgerichts Schöneberg belegene Nachlassgegenstände hinterlässt, und daher eine vorrangige örtliche Zuständigkeit nach Abs. 1 bzw. Abs. 3 besteht.

74 Gem. § 3 Abs. 3 Satz 1 ist der Verweisungsbeschluss iSv. Abs. 2 bzw. iSd. § 3 Abs. 1 ausdrücklich **unanfechtbar**.[7] Nach § 3 Abs. 1 Satz 2 sind die Beteiligten jedoch vor der Verweisung anzuhören.

75 Nach § 3 Abs. 3 Satz 2 sind Verweisungsentscheidungen iSv. Abs. 2 bzw. iSd. § 3 Abs. 1 zum Zweck der Verfahrensbeschleunigung durch Vermeidung von Zwischenstreitigkeiten für das als zuständig bezeichnete Gericht **bindend**.[8] Dies gilt auch im Falle eines Rechtsirrtums oder Verfahrensfehlers, solange nicht auf Grund Fehlens

1 OLG Frankfurt v. 16.7.1997 – 2 W 240/97, Rpfleger 1998, 26 (27).
2 Begr. zum GesetzE der BReg. zu § 4, BT-Drucks. 16/6308, S. 175.
3 KG v. 2.6.1966 – 1 W 1042/66, OLGZ 1966, 499 (503).
4 KG v. 11.7.2000 – 1 AR 85/00, Rpfleger 2001, 33 (34).
5 KG v. 13.1.1969 – 1 AR 2/69, Rpfleger 1969, 133.
6 KG v. 3.2.1966 – 1 AR 9/66, OLGZ 1966, 127 (129).
7 *Heinemann*, ZErb 2008, 293 (295).
8 *Heinemann*, ZErb 2008, 293 (295).

jeglicher rechtlicher Grundlage von objektiver Willkür auszugehen ist.[1] Insoweit ersetzt für die Verweisung nach Abs. 2 Satz 2 die allgemeine Regelung des § 3 Abs. 3 Satz 2 die frühere spezielle Bindungsanordnung nach § 73 Abs. 2 Satz 2 Halbs. 2 FGG.

III. Ausländischer Erblasser ohne Wohnsitz bzw. Aufenthalt im Inland (Absatz 3)

1. Überblick

Abs. 3 sieht vor, dass für den Nachlass eines Ausländers, der bei seinem Tod im Inland weder Wohnsitz noch Aufenthalt hat, nur dann ein deutsches Gericht zuständig ist, wenn sich in dessen Bezirk Nachlassgegenstände befinden. Hierdurch wird eine örtliche **Auffangzuständigkeit** statuiert, die gegenüber einer anderweitig begründeten örtlichen Zuständigkeit aus Abs. 1 bzw. § 344 subsidiär ist. 76

2. Ausländischer Erblasser

Ein Erblasser gilt als Ausländer iSv. Abs. 3, wenn er bei seinem Tod nicht Deutscher ist (vgl. dazu Rz. 60 ff.). Neben Erblassern mit einer nicht deutschen Staatsangehörigkeit zählen hierzu auch **Staatenlose**, die sich während des Erbfalls im Ausland aufhalten.[2] Staatenlose mit letztem Aufenthalt in Deutschland unterliegen hingegen Abs. 1. 77

Besitzt der Erblasser bei seinem Tod neben der ausländischen **zusätzlich die deutsche Staatsangehörigkeit**, ist, wie sich aus der Wertung des Art. 5 Abs. 1 Satz 2 EGBGB ergibt, alleine die deutsche Staatsangehörigkeit maßgebend.[3] Anstelle von Abs. 3 ist dann, soweit beim Erbfall im Inland weder Wohnsitz noch Aufenthalt besteht, Abs. 2 einschlägig. 78

3. Weder Wohnsitz noch Aufenthalt des Erblassers im Inland bei Erbfall

Wegen der Eigenschaft von Abs. 3 als Auffangtatbestand darf der Erblasser zurzeit des Erbfalls im Inland (vgl. dazu Rz. 55) weder Wohnsitz (vgl. dazu Rz. 11 ff.) noch Aufenthalt (vgl. dazu Rz. 51 ff.) iSv. Abs. 1 haben. Ausreichend ist dabei, dass ein derartiges Bestehen eines inländischen Wohnsitzes oder Aufenthaltes **nicht ermittelt** werden kann, das Nichtbestehen muss nicht nachgewiesen sein.[4] 79

4. Nachlassbelegenheit im Inland

a) Allgemeines

Anknüpfungspunkt zur Begründung der örtlichen Zuständigkeit ist angesichts des Fehlens einer deutschen Staatsangehörigkeit und eines inländischen Wohnsitzes bzw. Aufenthaltes des Erblassers eine Nachlassbelegenheiten im Bezirk des betroffenen Gerichts. Trotz des Wortlauts von Abs. 3, nach dem sich dort „Nachlassgegenstände" befinden müssen, folgt aus dem Regelungszweck der Vorschrift, dass die Belegenheit 80

1 Begr. zum GesetzE der BReg. zu § 4, BT-Drucks. 16/6308, S. 175.
2 OLG Hamm v. 21.7.1954 – 15 W 204/54, NJW 1954, 1731 (1732); OLG Bamberg v. 22.3.1951 – AR 10/51, JZ 1951, 510 (511).
3 Im Ergebnis ebenso Jansen/*Müller-Lukoschek*, § 73 FGG Rz. 29.
4 Keidel/*Winkler*, § 73 FGG Rz. 37.

bereits **eines einzelnen** Nachlassgegenstandes ausreichend ist.[1] Auch nach der Begründung des der Vorschrift zu Grunde liegenden Gesetzesentwurfes genügt hierzu „ein Teil der Nachlassgegenstände", um daraus zunächst die örtliche Zuständigkeit zu rechtfertigen und aus dieser sodann nach § 105 die internationale Zuständigkeit abzuleiten.[2]

b) Faktische Inlandsbelegenheit

81 Für bewegliche oder unbewegliche Sachen ist der **tatsächliche Lageort** maßgebend, wenn sich dieser im Inland befindet. Die Belegenheitsfiktion des § 2369 Abs. 2 BGB ist demgegenüber subsidiär,[3] da sie primär einen gegenständlich beschränkten Erbschein nach § 2369 Abs. 1 BGB ermöglichen soll. Für inländische Grundstücke ist daher deren tatsächlicher Lageort und nicht der Sitz des dafür zuständigen Grundbuchamtes maßgebend.

82 Für **grundstücksgleiche Rechte** ist auf den tatsächlichen Lageort derjenigen Sache abzustellen, an der die Berechtigung besteht.[4] Ein Erbbaurecht befindet sich daher am Ort des belasteten Grundstücks.

83 Eine **Forderung** befindet sich iSv. Abs. 3 am Wohnsitz des Schuldners. Dies gilt auch dann, wenn die Forderung in Wertpapieren verbrieft ist, aber der Aufbewahrungsort der diesbezüglichen Urkunde und der Schuldnerwohnsitz nicht in demselben Gerichtsbezirk liegen.[5]

84 Hinsichtlich **Lastenausgleichsansprüchen** ist gem. § 229 Abs. 1 LAG nach dem Todeszeitpunkt des Erblassers zu unterscheiden: Ist der Erblasser vor dem 1.4.1952 verstorben, gelten die Ansprüche nach § 229 Abs. 1 LAG nicht als Nachlassbestandteile, sondern als unmittelbar in der Person der Erben entstandene persönliche Rechtspositionen, die nur dann Abs. 3 unterfallen, wenn der Erblasser noch zu seinen Lebzeiten geschädigt wurde und die Ansprüche darin ihre Wurzel haben.[6] Erfolgt die Vermögensschädigung erst nach dem Tod des Erblassers, fehlt es hingegen an einer für die Anwendbarkeit von Abs. 3 erforderlichen zumindest mittelbar vererblichen Schädigung.[7] Verstirbt der Erblasser am 1.4.1952 oder später, entstehen die Ansprüche nach § 229 Abs. 1 LAG noch in seiner Person und werden sie Nachlassbestandteil iSv. Abs. 3.[8] Soweit danach Lastenausgleichsansprüche Abs. 3 unterfallen, sind sie am Sitz des zuständigen Ausgleichsamtes belegen.[9]

85 Entsprechendes gilt für Ansprüche nach dem **Reparationsschädengesetz**[10] und dem **Häftlingshilfegesetz**.[11]

---

1 Im Ergebnis ebenso Jansen/*Müller-Lukoschek*, § 73 FGG Rz. 30; *Heinemann*, ZFE 2009, 8 (9).
2 Begr. zum GesetzE der BReg. zu § 343 Abs. 3, BT-Drucks. 16/6308, S. 277.
3 Im Ergebnis ebenso Jansen/*Müller-Lukoschek*, § 73 FGG Rz. 30.
4 Keidel/*Winkler*, § 73 FGG Rz. 38.
5 BGH v. 1.2.1952 – I ZR 123/50, BGHZ 5, 35 (38); KG v. 3.2.1961 – 2 W 760/58, NJW 1961, 1214 (1215).
6 BGH v. 20.5.1969 – III ZB 3/67, Rpfleger 1969, 292 (294); BayObLG v. 1.6.1992 – 1 Z AR 30/92, Rpfleger 1992, 486 (487); aA OLG Celle v. 29.4.1971 – 10 Gen 5/70, Rpfleger 1971, 318 (319): Zuständigkeit nach § 7 Abs. 1 Satz 1 ZustErgG.
7 BGH v. 2.2.1972 – IV ZB 73/70, Rpfleger 1972, 214.
8 BayObLG v. 26.2.1991 – AR 1 Z 24/91, FamRZ 1991, 992.
9 BayObLG v. 1.6.1992 – 1 Z AR 30/92, Rpfleger 1992, 486.
10 Jansen/*Müller-Lukoschek*, § 73 FGG Rz. 42.
11 BayObLG v. 2.10.1992 – 1 Z AR 118/92, FamRZ 1993, 368.

Rückerstattungsansprüche an feststellbaren Vermögensgegenständen, bspw. an Grundbesitz, gelten als am Belegenheitsort des entzogenen Gegenstandes befindlich.[1] Für entsprechende Schadensersatzansprüche ist auf den Entziehungsort abzustellen.[2] Aus diesem jeweiligen Ort begründet sich zudem die Zuständigkeit der jeweiligen Wiedergutmachungsbehörde.[3] 86

c) Belegenheitsfiktion

Abs. 3 sieht im Gegensatz zur früheren Regelung des § 73 Abs. 3 Satz 2 FGG **keinen ausdrücklichen Verweis** mehr auf die durch § 2369 Abs. 2 BGB angeordnete Inlandsbelegenheitsfiktion vor. Nach der Begründung des der Vorschrift zu Grunde liegenden Gesetzentwurfes habe diese Regelung nur noch für eine gegenständliche Beschränkung von Erbscheinen nach § 2369 Abs. 1 BGB, nicht jedoch für die Bestimmung der örtlichen Zuständigkeit eine Bedeutung, da die örtliche Zuständigkeit nicht mehr auf im Inland belegenen Nachlass beschränkt und über § 105 zugleich die internationale Zuständigkeit entsprechend ausgeweitet sei.[4] 87

Diese Prognose lässt jedoch außer Acht, dass es auch Nachlassfälle geben kann, in denen ein ausländischer Erblasser ohne inländischen Wohnsitz oder Aufenthalt keinen im og. Sinn im Inland belegenen, sondern einen tatsächlich im Ausland befindlichen, jedoch in einem deutschen Register eingetragenen Nachlassgegenstand hinterlässt, für den der Erbe einen durch ein deutsches Gericht erteilten Erbschein benötigt. Ohne die Belegenheitsfiktion des § 2369 Abs. 2 BGB wäre weder eine örtliche noch eine sich nach § 105 daraus ableitende internationale Zuständigkeit begründet, die wiederum für die Erteilung eines gegenständlich beschränkten Erbscheins nach § 2369 Abs. 1 BGB Voraussetzung ist. Da § 2369 Abs. 2 BGB in besonderem Maße die zur Registerfortführung benötigte Erbscheinserteilung ermöglichen soll[5] und insgesamt weit auszulegen ist,[6] **gilt die Belegenheitsfiktion** trotz des ersatzlosen Wegfalls einer ausdrücklichen Verweisung auch für die örtliche Zuständigkeit nach Abs. 3, zumal die Gesetzesbegründung die Fortgeltung nicht ausschließt, sondern eine Anwendung lediglich – zu Unrecht – für bedeutungslos hält.[7] 88

Diese Fiktion ist jedoch gegenüber demjenigen Ort, an dem sich eine zum Nachlass gehörende Sache tatsächlich befindet, **subsidiär**.[8] 89

Durch eine deutsche Behörde geführte **Bücher** oder **Register** iSv. § 2369 Abs. 2 Satz 1 BGB sind bspw. Grundbücher, Schiffsregister, Luftfahrzeugeregister, Patentrollen oder Handelsregister.[9] Der Nachlassgegenstand muss noch nicht in das Register oder Buch eingetragen sein. Ausreichend ist bereits die Eintragungsfähigkeit.[10] Die dergestalt registrierte bzw. registrierbare Sache gilt dann, soweit sie nicht selbst im Inland liegt und daher ihr tatsächlicher Lageort vorrangig maßgebend ist, als am Ort der buch- bzw. registerführenden Stelle belegen.[11] 90

1 KG v. 6.7.1961 – 1 AR 46/61, Rpfleger 1961, 439.
2 BayObLG v. 26.2.1961 – Allg.Reg. 3/61, BayObLGZ 1961, 79 (80).
3 *Firsching*, DNotZ 1960, 565 (568); KG v. 6.7.1961 – 1 AR 46/61, Rpfleger 1961, 439 (440).
4 Begr. zum GesetzE der BReg. zu § 343 Abs. 3, BT-Drucks. 16/6308, S. 277.
5 MüKo.BGB/*Mayer*, § 2369 BGB Rz. 17.
6 *Edenfeld*, ZEV 2000, 482 (483).
7 Begr. zum GesetzE der BReg. zu § 343 Abs. 3, BT-Drucks. 16/6308, S. 277.
8 Jansen/*Müller-Lukoschek*, § 73 FGG Rz. 38.
9 MüKo.BGB/*Mayer*, § 2369 BGB Rz. 17.
10 MüKo.BGB/*Mayer*, § 2369 BGB Rz. 17.
11 *Bassenge*/Roth, § 73 FGG Rz. 7.

91 **Ansprüche** iSv. § 2369 Abs. 2 Satz 2 BGB gelten bei Zuständigkeit eines deutschen Gerichts für die diesbezügliche Klage als im Inland belegen. Die Klagezuständigkeit deutscher Gerichte ergibt sich aus den §§ 13 ff. ZPO. Besondere Bedeutung kommt dabei dem sog. Ausländerforum[1] nach § 23 Satz 1 ZPO als Vermögensgerichtsstand gegen Schuldner zu, die im Inland keinen Wohnsitz haben. Ist für die Klage das Landgericht sachlich zuständig, bestimmt sich die Belegenheit iSv. Abs. 3 nach dem Ort der Kompetenztatsachen und ist im Bezirk desjenigen Amtsgerichts anzunehmen, das bei unterstellter eigener sachlicher Zuständigkeit örtlich zuständig wäre.[2]

d) Maßgebender Zeitpunkt

92 Ob sich ein Nachlassgegenstand iSv. Abs. 3 im Inland befindet, ist ausschließlich anhand der Umstände im Zeitpunkt des gerichtlichen **Befasstwerdens** zu prüfen. Insbesondere ist der Moment des Erbfalls insoweit irrelevant.[3] Das maßgebende Befasstwerden geschieht im Antragsverfahren mit Eingang des Antrags beim Gericht, in von Amts wegen durchzuführenden Verfahren mit gerichtlicher Kenntnisnahme der zur Verfahrenseinleitung verpflichtenden Umstände.[4]

5. Umfang der Zuständigkeit

93 Das Gericht, in dessen Bezirk sich zumindest *ein* Nachlassgegenstand befindet, ist für **alle Nachlassgegenstände** örtlich zuständig.

94 Die örtliche Zuständigkeit ist damit abweichend von der früheren Regelung des § 73 Abs. 3 Satz 1 FGG nicht auf die im Inland belegenen Gegenstände beschränkt, sondern erfasst auch den im **Ausland** befindlichen Nachlass. Dies korrespondiert mit der Ausweitung der internationalen Zuständigkeit durch ihre nach § 105 vorgesehene Ableitung aus der örtlichen Zuständigkeit (vgl. dazu Rz. 148 ff.). Nachlassgerichte werden daher nunmehr zunehmend ausländisches Recht anzuwenden haben. Um dadurch eintretende zeitliche Verzögerungen und Kosten[5] zu vermeiden, sieht § 2369 Abs. 1 BGB ua. die Möglichkeit eines auf die im Inland belegenen Nachlassgegenstände beschränkten Erbscheins vor (vgl. dazu Rz. 166 ff.). Dies kann insbesondere dann zu einer erheblichen Verfahrensvereinfachung führen, wenn auf die in Deutschland befindlichen Nachlassgegenstände anders als auf den im Ausland belegenen Nachlass deutsches Recht anwendbar ist (weitere Einzelheiten dazu unter Rz. 166 ff.).[6]

IV. Ersatzzuständigkeit bei Nichtausübung deutscher Gerichtsbarkeit

1. Ausgangsproblematik

95 Wird am Sitz des nach allgemeinen Vorschriften örtlich zuständigen Gerichts deutsche Gerichtsbarkeit nicht mehr ausgeübt, fehlt es nach Abs. 1 an einer Regelung der örtlichen Zuständigkeit, da die dort ursprünglich begründete örtliche Zuständigkeit, die sich aus dem inländischen Wohnsitz bzw. Aufenthalt des Erblassers zum alleine

1 Zöller/*Vollkommer*, § 23 ZPO Rz. 1.
2 KG v. 12.3.1971 – 1 AR 17/1, Rpfleger 1971, 256.
3 BayObLG v. 4.1.1991 – AR 1 Z 89/90, Rpfleger 1991, 316; *Bassenge*/Roth, § 73 FGG Rz. 6.
4 Begr. zum GesetzE der BReg. zu § 2 Abs. 1, BT-Drucks. 16/6308, S. 175.
5 Dazu *Zimmermann*, FGPrax 2006, 189 (191).
6 *Fröhler*, BWNotZ 2008, 183 (186 f.) mit Beispielen.

maßgebenden Zeitpunkt des Erbfalls bestimmt, nach dem nunmehr in § 2 Abs. 2 normierten Grundsatz der **perpetuatio fori** zwingend fortgilt (vgl. dazu Rz. 109 ff.).

Anders verhält es sich ausschließlich für den Nachlass eines Erblassers, der im Inland bei seinem Tod weder Wohnsitz hatte noch dort verstorben ist. Handelt es sich dabei um einen deutschen Erblasser, ist die allgemeine örtliche Zuständigkeit des Amtsgerichts Schöneberg nach Abs. 2 eröffnet. Hinsichtlich eines entsprechenden ausländischen Erblassers besteht nach Abs. 3 eine umfassende örtliche Zuständigkeit für den gesamten Nachlass – somit auch für Nachlassbestandteile, die in Gebieten belegen sind, die beim Erbfall zum Inland gehörten, bei Beantragung eines Erbscheins und dadurch ausgelöstem Befasstwerden eines inländischen Gerichts jedoch ausländisches Hoheitsgebiet sind (vgl. dazu Rz. 97) –, wenn sich im Bezirk eines inländischen Gerichts zum Zeitpunkt des gerichtlichen **Befasstwerdens** zumindest ein Teil des Nachlasses befindet. 96

2. Frühere Rechtslage

Das frühere **Zuständigkeitsergänzungsgesetz**[1] regelte die örtliche Zuständigkeit für Nachlassgerichte besonders, wenn am Sitz des nach allgemeinen Vorschriften örtlich zuständigen Gerichts deutsche Gerichtsbarkeit nicht mehr ausgeübt wurde. Derartige Gerichte waren nach § 1 ZustErgG diejenigen im Gebiet des Deutschen Reiches nach dem Gebietsstand v. 31.12.1937 östlich der Oder-Neiße-Linie, in Danzig, in den ehemaligen eingegliederten Ostgebieten, im Memelland, im Elsaß, in Lothringen, in Luxemburg, Eupen Malmedy, Moresnet, im ehemaligen sudetendeutschen Gebiet, im ehemaligen Protektorat Böhmen und Mähren, im ehemaligen Generalgouvernement und in den ehemaligen Reichskommissariaten Ostland und Ukraine. 97

Im **Zeitpunkt des Erbfalls** musste jedoch ein deutsches Gericht iSd. § 73 FGG örtlich zuständig gewesen sein.[2] Im Protektorat Böhmen und Mähren fehlte auf Grund der Verordnung v. 14.4.1939 in Nachlassangelegenheiten für Protektoratsangehörige ohne deutsche Staatsangehörigkeit eine derartige Zuständigkeit, so dass auf deren Tod daher keine entsprechende Ersatzzuständigkeit bestand.[3] 98

Nach der früheren Regelung des § 7 Abs. 1 Satz 1 ZustErgG war dann jedes Amtsgericht bzw. nach § 21 die nach Landesrecht zuständige nichtgerichtliche Behörde für den gesamten Nachlass ausschließlich örtlich zuständig, in dessen Bezirk sich Nachlassgegenstände **befanden**, ersatzweise bei einem deutschen Erblasser ohne Belegenheit von Nachlassgegenständen in Inland nach dem früheren § 7 Abs. 1 Satz 2 ZustErgG das Amtsgericht Schöneberg in Berlin, das die Sache analog der früheren Regelung des § 73 Abs. 2 Satz 2 FGG aus wichtigen Gründen an ein anderes Gericht verweisen konnte.[4] Bei ausländischen Erblassern ohne inländische Nachlassbelegenheit wurde hingegen keine örtliche Ersatzzuständigkeit begründet.[5] 99

Gem. § 7 Abs. 2 iVm. § 6 Abs. 2 des früheren ZustErgG durfte ein danach zuständiges Gericht erst nach eigener **Anzeige** an das Amtsgericht Schöneberg und dessen Rückmeldung über den Nichteingang weiterer dortiger Anzeigen tätig werden. 100

1 BGBl. I 1952, S. 407.
2 OLG Hamm v. 1.3.1973 – 15 W 125/72, Rpfleger 1973, 249.
3 RGBl. I 1939, S. 752.
4 BGH v. 21.4.1953 – V ARZ 5/53, BGHZ 9, 270 (271) – dort noch unter Anwendung des § 14 VO v. 31.5.1934, RGBl. I 1934, S. 472.
5 Keidel/*Winkler*, § 73 FGG Rz. 12.

101 Dieses Gesetz ist mit Wirkung zum 25.4.2006 hinsichtlich seiner Vorschriften über die nachlassgerichtlichen Ersatzzuständigkeiten außer Kraft getreten.[1]

3. Aktuelle Rechtslage

102 Auch nach dem Außerkrafttreten des Zuständigkeitsergänzungsgesetzes besteht ein **Bedarf** für eine inländische örtliche Zuständigkeit. Ist bspw. ein deutscher Staatsangehöriger mit letztem Wohnsitz im ehemaligen sudetendeutschen Gebiet verstorben, in dem beim Erbfall noch deutsche Gerichtsbarkeit ausgeübt wurde, und gehört zu dessen Nachlass im heutigen Inland belegener Grundbesitz, wird ein deutscher Erbschein benötigt, für dessen Erteilung keine örtliche Zuständigkeit geregelt ist.

103 In derartigen Fällen muss analog Abs. 2 eine Ersatzzuständigkeit des Amtsgerichts Schöneberg bejaht werden.[2]

V. Amtsermittlung

104 Das Gericht hat die örtliche Zuständigkeit nach § 26 von Amts wegen **in jeder Verfahrenssituation** sowie in jedem Rechtszug ohne Bindung an vorinstanzliche Feststellungen[3] vor der sich aus ihr nach § 105 ableitenden internationalen Zuständigkeit zu prüfen und dazu alle erforderlichen Ermittlungen durchzuführen. Hierzu gehören insbesondere die für den Wohnsitz und den Aufenthalt des Erblassers, dessen Staatsangehörigkeit sowie die Belegenheit von Nachlassgegenständen maßgebenden Umstände.

105 Für die **Einstufung** des Erblassers als Deutscher oder Ausländer iSd. § 343 ist es ohne Bedeutung, ob die in Rede stehende Erbfolge deutschem oder ausländischem Erbrecht unterliegt.[4]

VI. Mehrzahl an örtlich zuständigen Gerichten

106 Ein **Zuständigkeitskonflikt** unter mehreren örtlich zuständigen Gerichten kann insbesondere dadurch entstehen, dass ein Erblasser nach Abs. 1 bei seinem Tod mehrere inländische Wohnsitze hat (vgl. dazu Rz. 47 ff.) oder als Ausländer ohne inländischen Wohnsitz bzw. Aufenthalt nach Abs. 3 Nachlassgegenstände in verschiedenen inländischen Gerichtsbezirken hinterlässt.

107 Nach § 2 Abs. 1 ist unter mehreren örtlich zuständigen Gerichten das Gericht zuständig, das zuerst mit der Angelegenheit befasst ist. Die Regelung ersetzt damit aus Gründen der Klarheit und größeren Transparenz den nach dem früheren § 4 FGG maßgebenden Zeitpunkt des gerichtlichen Tätigwerdens (vgl. dazu § 2 Rz. 18 ff.). Das maßgebende **Befasstwerden** geschieht im Antragsverfahren mit Eingang des Antrags beim Gericht, in von Amts wegen durchzuführenden Verfahren mit gerichtlicher Kenntnisnahme der zur Verfahrenseinleitung verpflichtenden Umstände.[5]

1 Art. 48 des Ersten Gesetzes über die Bereinigung von Bundesrecht im Zuständigkeitsbereich des Bundesministeriums der Justiz, BGBl. I 2006, S. 866 (873).
2 *Zimmermann*, Das neue FamFG, Rz. 615; *Zimmermann*, ZEV 2009, 53 (55).
3 OLG Zweibrücken v. 27.9.2001 – 3 W 124/01, MittBayNot 2002, 203 (204).
4 KG v. 24.3.1969 – 1 AR 11/69, OLGZ 1969, 285 (287).
5 Begr. zum GesetzE der BReg. zu § 2 Abs. 1, BT-Drucks. 16/6308, S. 175.

Hilfsweise erfolgt eine **Zuständigkeitsbestimmung** nach § 5 durch das nächsthöhere gemeinsame Gericht. 108

VII. Veränderung zuständigkeitsbegründender Umstände

1. Grundsätzliche Kontinuität

a) Allgemeines

Nach § 2 Abs. 2 bleibt eine einmal begründete örtliche Zuständigkeit trotz späterer Veränderung der zugrunde liegenden Umstände erhalten, wenn sie dieselbe einheitliche Sache betrifft. Hiermit wird der Grundsatz der **perpetuatio fori** im Bereich der freiwilligen Gerichtsbarkeit erstmals ausdrücklich normiert. Die Regelung dient insbesondere der Förderung der Prozessökonomie.[1] 109

b) Verfahrensgegenstand

Die perpetuatio fori gilt jedoch ausschließlich für **dieselbe einheitliche Sache.**[2] Eine Sache in diesem Sinn ist eine Angelegenheit, die Gegenstand eines selbständigen und einheitlichen Verfahrens sein kann.[3] Wann dieselbe oder eine andere Sache betroffen ist, kann nunmehr mit Hilfe der neu geschaffenen Begriffsbestimmung nach § 342 bestimmt werden. Um dieselbe Sache handelt es sich etwa bei weiteren Anträgen zu einem bereits erteilten Erbschein innerhalb desselben Erbscheinsverfahrens, bspw. nach Eintritt der Nacherbfolge oder Wegfall der Testamentsvollstreckung.[4] Gleiches gilt für die Entscheidungen über die Erteilung und spätere Einziehung eines Erbscheins oder Testamentsvollstreckerzeugnisses.[5] Darüber hinaus bleibt ein Nachlassgericht, das einen Erbschein erteilt hat, auch nach zwischenzeitlichem Wegfall zuständigkeitsbegründender Umstände für eine Erweiterung derselben Erbrechtsbezeugung örtlich zuständig.[6] 110

Um **unterschiedliche** Verfahren handelt es sich jedoch bspw. bei der Aufnahme einer Erbscheinsverhandlung oder der Entgegennahme eines Erbscheinsantrages jeweils im Wege der Rechtshilfe einerseits und dem Erbscheinsverfahren nach späterer Abgabe durch das ursprünglich ersuchende an das von diesem ersuchte Gericht andererseits.[7] Gleiches gilt für die Entgegennahme der Sterbefallsanzeige, die Testamentseröffnung und das Erbscheinsverfahren.[8] 111

c) Maßgebender Zeitpunkt

aa) Überblick

Zur Bestimmung des für die Fortdauer der örtlichen Zuständigkeit maßgebenden Zeitpunktes muss zwischen den durch § 343 zwingend auf den Augenblick des Erbfalls 112

1 Zöller/*Greger*, § 261 ZPO Rz. 12.
2 BayObLG v. 8.12.1980 – 1 Z 96/80, Rpfleger 1981, 112 (113).
3 OLG Frankfurt v. 16.7.1997 – 2 W 240/97, Rpfleger 1998, 26 (27); BayObLG v. 8.12.1980 – 1 Z 96/80, Rpfleger 1981, 112 (113).
4 OLG Dresden v. 19.3.2001 – 7 AR 79/01, Rpfleger 2001, 352.
5 KG v. 29.2.2000 – 1 AR 14/00, Rpfleger 2000, 275 (276); BayObLG v. 8.12.1980 – 1 Z 96/80, Rpfleger 1981, 112 (113).
6 KG v. 28.7.1992 – 1 AR 24/92, Rpfleger 1993, 113.
7 BayObLG v. 8.12.1980 – 1 Z 96/80, Rpfleger 1981, 112 (113).
8 BayObLG v. 4.11.1994 – 1 Z AR 61/94, Rpfleger 1995, 254 (255); Keidel/*Winkler*, § 73 FGG Rz. 51.

fixierten Tatbestandsmerkmalen einerseits und sonstigen Umständen andererseits **differenziert** werden. Nur für zuletzt genannte sonstige Umstände kann auch eine erst nach dem Erbfall eintretende Veränderung relevant sein.

bb) Vorgaben aus § 343

113 Aus § 343 folgt, dass für die Bestimmung der örtlichen Zuständigkeit hinsichtlich des **Wohnsitzes** bzw. des **Aufenthaltes** des Erblassers alleine auf die Umstände zum Zeitpunkt des Erbfalls abzustellen ist. Die Regelung ordnet damit insoweit die Unbeachtlichkeit früherer Umstände an. Spätere diesbezügliche Veränderungen sind aus tatsächlichen Gründen ausgeschlossen.

114 Darüber hinaus ist für die erforderliche **Inlandsbelegenheit** (vgl. dazu Rz. 55) des so bestimmten Wohnsitzes bzw. Aufenthaltes nach dem Wortlaut des § 343 ebenfalls ausschließlich der Zeitpunkt des Erbfalls maßgebend. Liegt der Sterbeort des Erblassers beim Erbfall auf inländischem Staatsgebiet, ist dessen spätere Überführung in ausländisches Staatsgebiet daher insoweit unbeachtlich.[1] Hiervon ist jedoch der Umstand streng zu unterscheiden, dass zum Zeitpunkt des Erbfalls unter ausländischer Verwaltung stehende deutsche Gebiete als inländisch behandelt werden, weil sie während des Erbfalls trotz (vorübergehender) ausländischer Verwaltungshoheit deutsches Staatsgebiet geblieben sind.[2] In diesem Fall bestand die Inlandseigenschaft des Wohnsitzes bereits beim Erbfall. Verstarb bspw. 1955 ein Erblasser mit Wohnsitz im Saarland und wird erstmals am 1.9.2009 ein Verfahren eingeleitet, folgt die örtliche Zuständigkeit aus Abs. 1, da der Wohnsitz zurzeit des Erbfalls im Inland lag. Wäre bspw. das Saarland 1955 ausländisches Staatsgebiet gewesen und erst ab 1.1.1957 wieder deutsches Staatsgebiet geworden, könnte hingegen wegen der endgültigen gesetzlichen Fixierung auf die Verhältnisse während des Erbfalls keine örtliche Zuständigkeit aus Abs. 1 begründet werden.

115 Aus Abs. 1 folgt weiter, dass hinsichtlich des maßgebenden Gerichtsbezirks auf den Zeitpunkt des Erbfalls abzustellen ist. Für den inländischen Aufenthalt ergibt sich dies aus dem Wortlaut des Abs. 1 Halbs. 2, für den vorrangigen Wohnsitz im Wege des Erst-Recht-Schlusses. Wird die **Einteilung der Gerichtsbezirke** und damit die gerichtliche Zuständigkeit für den maßgebenden inländischen Wohnsitz bzw. Aufenthalt nach dem Erbfall **unmittelbar** geändert, gilt daher die ursprüngliche örtliche Zuständigkeit desjenigen Gerichts fort, das gem. der zum Zeitpunkt des Erbfalls gültig gewesenen Gerichtsbezirkseinteilung örtlich zuständig war.[3]

116 Wird hingegen die Gemeinde, auf deren Gebiet sich der maßgebende Wohnsitz bzw. Aufenthalt des Erblassers befindet, nach dem Erbfall einem anderen Landkreis, für den wiederum ein anderes Gericht zuständig ist, zugeordnet, ist nunmehr das unverändert für diesen jetzt relevanten Landkreis zuständig gebliebene Gericht örtlich zuständig, wenn die zugrunde liegende **Gebietsreform** vor dem Befasstwerden des Gerichts wirksam geworden ist.[4] Abs. 1 wird nicht verletzt, da die Gerichtsbezirkseinteilung unverändert bleibt, der Zuständigkeitswechsel nur **mittelbar** über eine Gebietsreform ein-

---

1 Im Ergebnis ebenso Keidel/*Winkler*, § 73 FGG Rz. 51; aA Jansen/*Müller-Lukoschek*, § 73 FGG Rz. 12.

2 OLG Düsseldorf v. 30.5.1968 – 3 W 348/67, OLGZ 1969, 80 (81): v. 23.4.1949 bis 31.7.1963 vorläufig niederländisch verwaltete deutsche Gemeinde Elten; BVerfG v. 21.3.1957 – 1 BvB 2/51, BVerfGE 6, 300 (301): das v. 7.5.1949 bis 31.12.1956 vorläufig französisch verwaltete deutsche Saarland.

3 OLG Dresden v. 19.3.2001 – 7 AR 79/01, Rpfleger 2001, 352.

4 BayObLG v. 30.10.2000 – 1 Z BR 2/00, Rpfleger 2001, 135.

tritt und die Landkreiszugehörigkeit der betroffenen Gemeinde nicht von dem zwingend auf die Zeit des Erbfalls fixierten Wohnsitzbegriff erfasst wird (vgl. dazu Rz. 113).

cc) Sonstige Umstände

Nach dem Erbfall eintretende Veränderungen wirken sich auf die örtliche Zuständigkeit nur dann aus, wenn sie den Belegenheitsort von Nachlassgegenständen iSv. Abs. 3 oder eine mittelbar gerichtsbezirksrelevante Gebietszugehörigkeit (vgl. dazu Rz. 116) betreffen. 117

Auch in diesen Fällen kann sich die örtliche Zuständigkeit ab dem Zeitpunkt nicht weiter verändern, in dem das Gericht mit der betroffenen Sache **befasst** wird.[1] Das maßgebende Befasstwerden geschieht im Antragsverfahren mit Eingang des Antrags beim Gericht, in von Amts wegen durchzuführenden Verfahren mit gerichtlicher Kenntnisnahme der zur Verfahrenseinleitung verpflichtenden Umstände.[2] Die örtliche und nach § 105 damit zugleich internationale Zuständigkeit eines deutschen Gerichts bleibt daher auch dann bestehen, wenn der ausländische Erblasser im Inland bei seinem Tod weder Wohnsitz noch Aufenthalt hatte und nach Eingang des Erbscheinsantrages sämtliche Nachlassgegenstände von Deutschland ins Ausland überführt werden. 118

2. Ausnahme frühere Notzuständigkeit

a) Allgemeines

Eine Perpetuierung der örtlichen Zuständigkeit **entfällt** jedoch ausnahmsweise dann, wenn das Gericht ausschließlich in Wahrnehmung einer Notzuständigkeit tätig geworden ist, zwischenzeitlich die Voraussetzungen für eine Notzuständigkeit entfallen sind und nunmehr ein anderes Gericht zuständig wäre. 119

b) Frühere interlokale deutsch-deutsche Zuständigkeit

Dies gilt insbesondere für Fälle, in denen ein deutscher Erblasser vor dem 3.10.1990 mit Wohnsitz im Gebiet der früheren DDR ohne Vermögen in den alten Bundesländern verstorben ist, ein im Westen lebender Erbe zur Geltendmachung von Lastenausgleichsansprüchen einen Erbschein benötigte, die zuständige Nachlassbehörde in der DDR auf Grund zentraler Anweisung keinen Erbschein erteilte, dieser beantragte Erbschein von dem durch das zunächst analog § 73 Abs. 2 FGG zuständige Amtsgericht Schöneberg mittels Abgabe bestimmten Nachlassgericht erteilt wurde[3] und nunmehr ein weiter gehender Erbschein beantragt wird. Eine ähnliche Konstellation besteht, wenn ein entsprechender Erblasser in den alten Bundesländern Grundbesitz hinterlassen hat, für den durch ein westdeutsches Nachlassgericht analog § 73 Abs. 3 FGG ein gegenständlich beschränkter Erbschein erteilt wurde[4] und nunmehr ein unbeschränkter Erbschein begehrt wird. Da die diesbezügliche Notzuständigkeit von vorneherein lediglich vorläufigen Charakter hatte und **nach Herstellung der deutschen Einheit** entfallen ist, findet der Kontinuitätsgrundsatz hier keine Anwendung.[5] Gleiches gilt für die Einziehung eines in früherer Notzuständigkeit erteilten Erbscheins.[6] 120

1 BayObLG v. 30.10.2000 – 1 Z BR 2/00, Rpfleger 2001, 135.
2 Begr. zum GesetzE der BReg. zu § 2 Abs. 1, BT-Drucks. 16/6308, S. 175.
3 BGH v. 3.12.1975 – IV ZB 20/75, BGHZ 65, 311 (318).
4 BGH v. 20.5.1969 – III ZB 3/67, BGHZ 52, 123 (139 f.).
5 KG v. 17.12.1991 – 1 AR 37/91, Rpfleger 1992, 160 (161).
6 KG v. 23.6.1992 – 1 AR 10/92, Rpfleger 1992, 487.

121 Gleichwohl bleibt in derartigen Fällen das ursprünglich notzuständige Gericht für die Erteilung **weiterer Erbscheinsausfertigungen** zuständig, da insoweit keine selbständige weitere gerichtliche Verrichtung erfolgt, sondern lediglich die frühere Verrichtung ergänzt wird.[1] Dies gilt jedoch dann nicht, wenn über die Erteilung von Ausfertigungen hinaus über die Notwendigkeit eines neuen Erbscheins zu entscheiden ist.[2]

122 Hat ein in der Zeit v. 1.1.1976 bis 2.10.1990 in den alten Bundesländern verstorbener Erblasser ua. im Gebiet der früheren DDR belegenen Grundbesitz hinterlassen, konnte eine darauf **gegenständlich beschränkte Ausschlagung** nach Art. 3 Abs. 3 EGBGB aF iVm. § 25 Abs. 2 DDR-RAG bis einschließlich 2.10.1990 nur gegenüber einem staatlichen Notariat in der früheren DDR wirksam erklärt werden, da nach Art. 236 § 1 EGBGB § 403 Abs. 2 DDR-ZGB anwendbar war.[3] Wurde jedoch vor dem 3.10.1990 gegenüber dem für den übrigen Nachlass zuständigen westdeutschen Nachlassgericht eine auch den in der früheren DDR belegenen abgespaltenen Grundbesitz erfassende Erbausschlagung abgegeben und lief die Ausschlagungsfrist erst nach dem 2.10.1990 ab, ist die Ausschlagung auch für den früheren DDR-Grundbesitz wirksam.[4]

123 Eine derartige durch Art. 3 Abs. 3 EGBGB aF bzw. Art. 3a Abs. 2 EGBGB iVm. § 25 Abs. 2 DDR-RAG ausgelöste **innerdeutsche Nachlassspaltung** besteht jedoch ausschließlich für Erbfälle, die während der Zeitspanne v. 1.1.1976 bis 2.10.1990 eintraten,[5] da das RAG-DDR gemeinsam mit dem ZGB am 1.1.1976 in und am 3.10.1990 außer Kraft trat, jedoch gem. Art. 235 § 1 und Art. 236 § 1 EGBGB für diesen Zeitraum auch bei einer Zeugniserteilung Geltung behält, die nach dem 2.10.1990 erfolgt.[6] Ausschließliche Rückübertragungs- oder Entschädigungsansprüche nach §§ 3 ff. VermG stellen jedoch keine „anderen Rechte an Grundstücken" iSd. § 25 Abs. 2 RAG-DDR dar und begründen daher keine entsprechende Nachlassspaltung.[7] Für Erbfälle vor dem 1.1.1976 gilt hingegen für den gesamten Nachlass bei einem westdeutschen Erblasser das BGB, bei einem ostdeutschen Erblasser das damals dort geltende Recht. Für Erbfälle nach dem 2.10.1990 gilt gem. Art. 230 EGBGB vorbehaltlich der in Art. 235 EGBGB vorgesehenen Ausnahmen für Verfügungen von Todes wegen und nichteheliche Kinder insgesamt das BGB.

124 Der Grundsatz der perpetuatio fori ist in einem einheitlichen deutsch-deutschen Nachlassverfahren, das während der deutschen Teilung eingeleitet und nach Herstellung der deutschen Einheit fortgeführt wird, jedoch dann anwendbar, wenn ein Erbschein während Bestehens der DDR durch ein westdeutsches Nachlassgericht **in originärer Zuständigkeit** bspw. nach § 73 Abs. 3 FGG wegen damaliger Belegenheit von Nachlassgegenständen in den alten Bundesländern – statt in Notzuständigkeit analog § 73 Abs. 2 FGG – erteilt worden ist und nach Herstellung der deutschen Einheit seine Erweiterung auf den in der ehemaligen DDR belegenen Grundbesitz begehrt wird.[8]

1 KG v. 17.11.1992 – 1 AR 44/92, Rpfleger 1993, 201.
2 OLG Köln v. 12.8.1996 – 2 Wx 29/96, Rpfleger 1997, 67 (68).
3 BayObLG v. 19.2.1991 – BReg. 1a Z 79/90, NJW 1991, 1237 (1238).
4 KG v. 12.3.1996 – 1 W 4/95, Rpfleger 1996, 456 (457).
5 *Bestelmeyer*, Rpfleger 1992, 229 (230).
6 OLG Zweibrücken v. 20.7.1992 – 3 W 172/91, Rpfleger 1993, 113 (114).
7 BGH v. 4.10.1995 – IV ZB 5/95, BGHZ 131, 22 (27 ff.); Wurm/Wagner/Zartmann/*Fröhler*, Kap. 82 Rz. 27.
8 KG v. 28.7.1992 – 1 AR 24/92, Rpfleger 1993, 113.

3. Weiterverwahrung gemeinschaftlicher Testamente bzw. Erbverträge

Die örtliche Zuständigkeit für eine durch § 2273 Abs. 2 Satz 2 bzw. §§ 2300 Abs. 1, 2273 Abs. 2 Satz 2 BGB aF angeordnete erneute amtliche Verwahrung eines bereits zuvor besonders amtlich verwahrten gemeinschaftlichen Testaments bzw. Erbvertrages ist nunmehr in § 344 Abs. 2 und 3 erstmals ausdrücklich geregelt (vgl. dazu § 344 Rz. 34 ff.). Danach ist das für den **Erstverstorbenen** zuständige Gericht auch für die Weiterverwahrung zuständig, soweit der Längstlebende die Verwahrung nicht bei einem anderen Gericht verlangt. 125

VIII. Rechtsfolge eines Verstoßes

Nach § 2 Abs. 3 sind gerichtliche Handlungen **nicht** deswegen **unwirksam**, weil sie von einem örtlich unzuständigen Gericht vorgenommen worden sind. Dies gilt bspw. für einen Erbschein, der inhaltlich entsprechend der materiellen Rechtslage durch ein örtlich unzuständiges Gericht erteilt wird. 126

Gleichwohl ist eine derartige gerichtliche Handlung trotz ihrer Wirksamkeit und inhaltlichen Richtigkeit wegen des förmlichen Verstoßes gegen die Regeln der örtlichen Zuständigkeit insgesamt **unrichtig**. Ein inhaltlich richtiger, aber durch ein örtlich unzuständiges Gericht erteilter Erbschein ist daher einzuziehen.[1] 127

Eine Erbscheinseinziehung ist bei ausschließlichem Verstoß gegen die Regelungen der örtlichen Zuständigkeit dann **ausnahmsweise ausgeschlossen**, wenn sich die örtliche Zuständigkeit des tätig gewordenen Gerichts nicht aus eindeutigen Vorschriften ergibt, bspw. ein deutscher Erblasser vor dem 3.10.1990 mit Wohnsitz im Gebiet der früheren DDR ohne Vermögen in den alten Bundesländern verstorben ist, ein im Westen lebender Erbe zur Geltendmachung von Lastenausgleichsansprüchen einen Erbschein benötigte, die zuständige Nachlassbehörde in der DDR auf Grund zentraler Anweisung keinen Erbschein erteilte und nunmehr analog § 73 Abs. 2 FGG das Amtsgericht Schöneberg örtlich zuständig wurde.[2] 128

IX. Sachliche Zuständigkeit

1. Allgemeines

Durch Art. 22 Nr. 7 FGG-RG[3] ist die Regelung der sachlichen Zuständigkeit in Angelegenheiten der freiwilligen Gerichtsbarkeit erstmals in den **Anwendungsbereich des GVG** einbezogen worden. Nach § 23a Abs. 1 Nr. 2 iVm. Abs. 2 Nr. 2 GVG sind die Amtsgerichte in Nachlass- und Teilungssachen sachlich zuständig. Die frühere diesbezügliche spezialgesetzliche Regelung des § 72 FGG ist damit hinfällig geworden. 129

1 OLG Zweibrücken v. 27.9.2001 – 3 W 124/01, MittBayNot 2002, 203 (204); BayObLG v. 30.4.1975 – 1 Z 118/74, Rpfleger 1975, 304.
2 BGH v. 16.1.1976 – IV ZB 26/74, Rpfleger 1976, 174 (175).
3 BGBl. I 2008, S. 2585.

2. Landesgesetzlicher Vorbehalt

a) Nichtgerichtliche Behörde

130 In Baden-Württemberg treten die **staatlichen Notariate** in Nachlass- und Teilungssachen nach Art. 147 EGBGB iVm. §§ 1 Abs. 1 und 2, 38 bad-württ. LFGG an die Stelle der Amtsgerichte. Nach § 342 Abs. 1 Nr. 1 ist nunmehr auch die noch zu Lebzeiten des späteren Erblassers erfolgende besondere amtliche Verwahrung von Verfügungen von Todes wegen Nachlasssache.[1] Daneben bestehen landesrechtliche Sonderzuständigkeiten der Gemeinden,[2] Gerichtsvollzieher,[3] Polizeibehörden,[4] Ortsgerichtsvorsteher[5] bzw. Notare[6] für die Nachlasssicherung (vgl. dazu § 344 Rz. 49).

b) Nichtbehördliche Zuständigkeit

131 Darüber hinaus bleiben gem. § 487 Abs. 1 Nr. 3 iVm. § 20 Abs. 5 BNotO die landesgesetzlichen Vorschriften unberührt, auf Grund derer die Nachlassauseinandersetzung statt durch Gerichte oder neben diesen durch **Notare** vermittelt wird, wobei diese Zuständigkeit im Gegensatz zu Art. 147 EGBGB[7] keine Behördeneigenschaft voraussetzt (vgl. dazu § 363 Rz. 4 ff.). Ergänzend regelt § 487 Abs. 1 Nr. 2 eine Erweiterung des landesgesetzlichen Vorbehalts für die Auseinandersetzung einer Gütergemeinschaft nach § 373 (vgl. dazu § 373 Rz. 4 ff.).[8]

3. Sonderzuständigkeiten

a) Landwirtschaftsgerichte

132 Nach § 18 HöfeO sind für die Entscheidung über alle Anträge und Streitigkeiten, die sich in Anwendung der Höfeordnung[9] ergeben, die **Landwirtschaftsgerichte** zuständig. Hof ist dabei nach § 1 Abs. 1 Satz 1 HöfeO eine im Gebiet der Länder Hamburg, Niedersachsen, Nordrhein-Westfalen und Schleswig-Holstein belegene land- oder forstwirtschaftliche Besitzung samt einer zur Bewirtschaftung geeigneten Hofstelle mit einem Wirtschaftswert von mindestens 10 000 Euro, hilfsweise von mindestens 5000 Euro nach § 1 Abs. 1 Satz 3 HöfeO bei Eintragung eines Hofvermerks im Grundbuch. Darüber hinaus können sich auf Grund landesgesetzlicher Regelungen in ande-

1 Zur früheren Regelung nach § 2258a Abs. 1 BGB bzw. 72 FGG, insbesondere während der Übergangsphase nach Inkrafttreten des PStRG zwischen dem 1.1.2009 und 31.8.2009 *Fröhler*, BWNotZ 2008, 183 (184 f.).

2 In Baden-Württemberg nach § 40 bad-württ. LFGG, in Bayern nach Art. 36 bay. AGBGB bzw. im Saarland nach § 54 Abs. 2 AGJusG.

3 In Brandenburg nach § 10 bbg. GerNeuOG, in Mecklenburg-Vorpommern nach § 10 meck-vorp. GOrgG bzw. in Thüringen nach § 13 thür. AGGVG.

4 In Bremen nach § 5 brem. AGFGG, in Hamburg nach § 3 hamb. FGG bzw. in Rheinland-Pfalz nach § 12 rheinl-pfälz. LFGG.

5 In Hessen nach §§ 15 f. hess. OrtsgerichtsG.

6 In Rheinland-Pfalz nach § 13 rheinl-pfälz. LFGG.

7 Nach der Begr. zum GesetzE der BReg. zu Art. 147 EGBGB, BT-Drucks. 16/6308, S. 344 sollte die Vorschrift lediglich dahin gehend geändert werden, dass der Vorbehalt bezüglich der früheren Vormundschaftssachen ausschließlich für die jetzigen Betreuungssachen – und damit nicht auch für die Familiensachen – gilt. Die Formulierung „andere Stelle als Gericht" dürfte daher unverändert keine Ermächtigung zur Zuständigkeitsbegründung für nichtbehördliche Institutionen enthalten.

8 Bumiller/*Winkler*, § 193 FGG Rz. 1.

9 BGBl. I 1976, S. 881, 885, BGBl. I 1977, S. 288, zuletzt geändert BGBl. I 2000, S. 897 und BGBl. I 2008, S. 2585. Zum diesbezüglichen Landwirtschaftserbrecht *Söbbecke*, ZEV 2006, 395.

ren Bundesländern entsprechende Zuständigkeiten ergeben.[1] Das gerichtliche Verfahren vor dem Landwirtschaftsgericht ist in § 1 Nr. 5 iVm. §§ 14 ff. LwVfG geregelt.

Die Zuständigkeit der Landwirtschaftsgerichte erfasst dabei insbesondere nach § 18 Abs. 2 HöfeO die Erteilung bzw. Einziehung eines **Hoffolgezeugnisses**, das den Charakter eines auf die Hoffolge beschränkten Erbscheins hat. 133

Darüber hinaus ist das Landwirtschaftsgericht auch für einen Erbschein über den **gesamten Nachlass** zuständig, wenn dazu ein Hof iSd. HöfeO gehört.[2] 134

Zudem erfasst § 18 Abs. 2 HöfeO auch die Zuständigkeit für einen alleine auf das **hoffreie Vermögen beschränkten Erbschein.**[3] 135

Weiter ist das Landwirtschaftsgericht analog § 18 Abs. 2 HöfeO auch für die Erteilung eines Zeugnisses über die **Fortsetzung der Gütergemeinschaft** zuständig, wenn zum Gesamthandsvermögen ein Hof gehört.[4] 136

Nach § 11 HöfeO ist das Landwirtschaftsgericht zur Entgegennahme einer auf den Anfall des Hofes **beschränkten Ausschlagung** zuständig, während eine auch das übrige Vermögen erfassende Ausschlagung insgesamt nur vor dem Nachlassgericht erklärt werden kann. 137

Für die Erteilung bzw. Einziehung eines **Testamentsvollstreckerzeugnisses** ist an Stelle des Landwirtschaftsgerichts das Nachlassgericht selbst dann zuständig, wenn ein Hof iSd. der Höfeordnung Nachlassbestandteil ist und daher über den Erbschein samt darin zu vermerkender Testamentsvollstreckungsanordnung das Landwirtschaftsgericht entscheidet.[5] 138

Ein **landwirtschaftsgerichtliches Zuweisungsverfahren** nach den §§ 13 bis 17, 33 GrdstVG (vgl. dazu § 363 Rz. 61 ff.) ist bei Vorhandensein eines Hoferben ausgeschlossen.[6] 139

b) Konsularbeamte

Verstirbt ein deutscher Erblasser im Ausland, sind deutsche Berufs- oder Honorarkonsularbeamte nach § 9 Abs. 2 und 3 KonsG in ihrem betroffenen Konsularbezirk zur **Nachlassfürsorge** berufen. 140

c) Kapitäne, Reeder und Seemannsämter

Nach § 76 iVm. § 52 Abs. 2 SeemG bestehen für den Kapitän, den Reeder und das Seemannsamt spezielle Sicherungspflichten für das Vermögen eines vermissten oder verstorbenen **Besatzungsmitglieds**. Der Kapitän hat die Sachen, bzw. der Reeder das Heuerguthaben dieses Besatzungsmitglieds dem zuständigen Seemannsamt zu übergeben bzw. überweisen, das diese Nachlassgegenstände wiederum den Erben zu übermitteln hat. 141

1 BGH v. 27.9.1994 – X ARZ 731/94, Rpfleger 1995, 151: Zuständigkeit des Landwirtschaftsgerichts für die Erteilung eines Hoffolgezeugnisses nach §§ 30, 31 rheinl-pfälz. HöfeO; Palandt/*Edenhofer*, § 2353 BGB Rz. 11.

2 BGH v. 8.6.1988 – 1 ARZ 388/88, NJW 1988, 2739 (2740).

3 BGH v. 8.6.1988 – 1 ARZ 388/88, NJW 1988, 2739 (2740).

4 BGH v. 28.1.1972 – V ZB 29/71, NJW 1972, 582.

5 BGH v. 28.1.1972 – V ZB 29/71, NJW 1972, 582.

6 Palandt/*Edenhofer*, § 2042 BGB Rz. 22.

X. Funktionelle Zuständigkeit

142 Nach § 3 Nr. 2 Buchst. c RPflG ist der Rechtspfleger im Wege einer allgemeinen **Vorbehaltsübertragung** grundsätzlich zur Erledigung der richterlichen Geschäfte funktionell zuständig, soweit nicht aus § 16 RPflG auf Grund dortiger enumerativer Aufzählung ausnahmsweise ein Richtervorbehalt resultiert, der wiederum nach § 16 Abs. 2 RPflG bei Maßgeblichkeit der gesetzlichen Erbfolge und Anwendung deutschen Erbrechts trotz Vorliegens einer Verfügung von Todes wegen durch bindende Übertragung oder nach § 19 Abs. 1 Satz 1 Nr. 5 RPflG auf Grund landesrechtlicher Rechtsverordnung eingeschränkt werden kann. Für Geschäfte bei der Annahme von Testamenten und Erbverträgen zur amtlichen Verwahrung iSd. §§ 346, 347 kann nach § 36b Abs. 1 Satz 1 Nr. 1 RPflG durch Übertragung kraft landesrechtlicher Rechtsverordnung an Stelle des Rechtspflegers der Urkundsbeamte der Geschäftsstelle funktionell zuständig sein.[1]

143 Gegenüber den Regelungen des RPflG vorrangig sind jedoch die nach den Vorbehalten aus Art. 147 EGBGB bzw. § 487 Abs. 1 Nr. 2 und 3 ergangenen **landesrechtlichen Zuständigkeitsregelungen**, insbesondere in Baden-Württemberg nach Art. 147 EGBGB iVm. §§ 1 Abs. 1 und 2, 38 bad-württ. LFGG für die staatlichen Notariate als Nachlassgericht.

144 Im **badischen** Rechtsgebiet Baden-Württembergs können den staatlichen Notariaten nach § 35 Abs. 1 bis 3 RPflG Rechtspfleger zugewiesen werden, wobei der an die Stelle des Richters tretende (Richter-)Notar neben dem Rechtspfleger für die diesem übertragenen Geschäfte zuständig bleibt.

145 Ein **Richtervorbehalt** besteht danach insbesondere nach § 16 Abs. 1 Nr. 1 iVm. § 14 Abs. 1 Nr. 4 und 5 RPflG für die Anordnung einer Nachlasspflegschaft oder Nachlassverwaltung bei einem ausländischen Erblasser[2] bzw. bei Meinungsverschiedenheiten mehrerer Nachlasspfleger oder Nachlassverwalter, nach § 16 Abs. 1 Nr. 2, 3, 4 und 5 RPflG für die Ernennung eines Testamentsvollstreckers, für die Entscheidung über die Außerkraftsetzung letztwillig getroffener Verwaltungsanordnungen iSv. § 2216 Abs. 2 Satz 2 BGB bzw. über Meinungsverschiedenheiten mehrerer Testamentsvollstrecker iSd. § 2224 BGB und für die Entlassung eines Testamentsvollstreckers nach § 2227 BGB, nach § 16 Abs. 1 Nr. 6 RPflG für die Erteilung von Erbscheinen bzw. Überweisungszeugnissen (vgl. dazu § 342 Rz. 29) bei Vorliegen einer Verfügung von Todes wegen oder bei möglicher Anwendbarkeit ausländischen Rechts und die Erteilung von Testamentsvollstreckerzeugnissen, nach § 16 Abs. 1 Nr. 7 RPflG für die Anordnung der Einziehung von Erbscheinen, Überweisungszeugnissen oder Zeugnissen über die Fortsetzung einer Gütergemeinschaft, soweit sie durch einen Richter erteilt wurden oder wegen einer Verfügung von Todes wegen einzuziehen sind, sowie jeglicher Testamentsvollstreckerzeugnisse, da diesen zwingend eine Verfügung von Todes zugrunde liegt und sie daher stets durch einen Richter erteilt werden. Die funktionelle Zuständigkeit des Richters beschränkt sich dabei nicht nur auf die abschließenden Entscheidungen, sondern erfasst zudem auch alle **vorbereitenden Maßnahmen**, für die dessen

1 So derzeit landesrechtlich umgesetzt in Bayern durch § 6 Abs. 1 Nr. 1 GeschStVO, GVBl. 2005, 40; in Bremen durch § 1 Nr. 1 RPflAÜVO, GBl. 2006, 193; in Hamburg durch § 1 Abs. 1 Nr. 1 RPflAÜVO, GVBl. 2005, 200; in Niedersachsen durch § 1 Nr. 1 RPflAÜVO, GVBl. 2005, 223; in Sachsen-Anhalt durch § 1 Abs. 1 Nr. 1 RPflAÜVO, GVBl. 2004, 724; in Thüringen durch § 1 Abs. 1 Nr. 1 RPflAÜVO, GVBl. 2003, 319.

2 OLG Hamm v. 21.11.1975 – 15 W 64/75, Rpfleger 1976, 94; Bassenge/*Roth*, § 16 RPflG Rz. 6; aA *Meyer-Stolte*, Rpfleger 1976, 94: kein Richtervorbehalt.

unmittelbarer persönlicher Eindruck maßgebend ist. Insbesondere darf im Falle einer Richterzuständigkeit der Rechtspfleger weder die Beteiligten persönlich anhören[1] noch – sei es durch Frei- oder durch Strengbeweis – die Beweisaufnahme durchführen.[2]

Nach § 3 Nr. 2 Buchst. c RPflG ist der Rechtspfleger im Rahmen der **Auseinandersetzungsvermittlung** funktionell uneingeschränkt zuständig. Mit Wirkung zum 1.4.2004 wurde zwischenzeitlich auch der Richtervorbehalt aus § 16 Abs. 1 Nr. 8 RPflG für die Erteilung von Genehmigungen nach § 87 Abs. 2 FGG (jetzt § 368 Abs. 3) aufgehoben.[3] Dieser Vorbehalt war insoweit seinerseits bereits durch die Streichung der Genehmigungstatbestände aus der maßgeblichen Bezugsnorm des § 14 Nr. 9 RPflG aF im Zuge des Betreuungsgesetzes v. 12.9.1990[4] gegenstandslos geworden. 146

Die Rechtsfolgen eines **Verstoßes gegen die funktionelle Zuständigkeit** richten sich nach § 8 RPflG. Gem. § 8 Abs. 1 RPflG sind durch den Richter wahrgenommene Geschäfte auch dann wirksam, wenn sie dem Rechtspfleger übertragen sind. Gleiches muss für Geschäfte gelten, die dem Urkundsbeamten der Geschäftsstelle übertragen sind, aber tatsächlich durch den Richter oder Rechtspfleger wahrgenommen werden. Wirksam ist nach § 8 Abs. 2 RPflG zudem ein durch den Rechtspfleger ausgeübtes, grundsätzlich auf ihn übertragbares Geschäft, selbst wenn es nicht konkret übertragen wurde oder im Einzelfall nicht übertragbar war. Nach § 8 Abs. 3 RPflG gilt Entsprechendes, wenn ein Geschäft dem Richter entgegen § 5 Abs. 1 RPflG nicht vorgelegt wurde. Derartige Geschäfte sind dann jedoch mit der Beschwerde anfechtbar, soweit sie ihrerseits nicht ausnahmsweise – wie zB der Kraftloserklärungsbeschluss iSd. § 353 Abs. 3 nach öffentlicher Bekanntmachung – unanfechtbar sind.[5] Nach § 8 Abs. 4 RPflG ist ein durch den Rechtspfleger vorgenommenes Geschäft des Richters hingegen unwirksam, wenn es nach dem RPflG weder übertragen ist noch übertragen werden kann. 147

XI. Internationale Zuständigkeit

1. Grundsatz

§ 105 regelt für andere Verfahren nach dem FamFG als diejenigen der §§ 98 bis 104, somit auch für Nachlass- und Teilungssachen aus Buch 4, die internationale Zuständigkeit dahingehend, dass diese **der örtlichen Zuständigkeit folgt** (vgl. dazu § 105 Rz. 24 f.). Damit ist der bisher kraft Richterrechts praktizierte ungeschriebene Gleichlaufgrundsatz, nach dem deutsche Gerichte für Nachlasssachen nur bei Anwendung deutschen Erbrechts (Sachrecht) zuständig seien[6] und der lediglich durch auf inländischen Nachlass beschränkte Fremdrechtszeugnisse nach §§ 2369 Abs. 1, 2368 Abs. 3 Halbs. 1 BGB aF durchbrochen wurde,[7] nicht mehr maßgebend. 148

Verstirbt ein ausländischer Erblasser mit letztem Wohnsitz bzw. letztem Aufenthalt in Deutschland oder hinterlässt er zumindest Nachlassvermögen in Deutschland, besteht eine internationale Zuständigkeit eines deutschen Gerichts nach den §§ 105, 343 Abs. 1 bzw. 3 für den gesamten Nachlass unabhängig davon, ob und inwieweit dieser 149

1 OLG München v. 21.2.1980 – 26 UF 1321/79, Rpfleger 1980, 479.
2 Keidel/*Winkler*, § 72 FGG Rz. 11c.
3 BGBl. I 2004, S. 2198.
4 BGBl. I 1990, S. 2002.
5 Bumiller/*Winkler*, § 7 FGG Rz. 16.
6 BayObLG v. 13.11.1986 – BReg. 1 Z 4/86, NJW 1987, 1148 (1149).
7 Zur früheren Rechtslage nach § 2369 Abs. 1 BGB aF für die Erteilung eines Fremdrechtserbscheins MüKo.BGB/*Mayer*, § 2369 BGB Rz. 21 ff.

einem **ausländischen Erbstatut** unterliegt und das Nachlassgericht daher ausländisches Recht anzuwenden hat. Entsprechendes gilt nach Art. 3a Abs. 2 EGBGB bei einem deutschen Erblasser mit Grundbesitz im Ausland, wenn die dortige Rechtsordnung dafür die Geltung des eigenen Erbrechts beansprucht (vgl. dazu das Beispiel Frankreich unter Rz. 167). Lassen sich dabei auftretende Schwierigkeiten im Erbscheins- bzw. Testamentsvollstreckerzeugnisverfahren durch die Möglichkeit einer Zeugnisbeschränkung auf den inländischen Nachlass nach §§ 2369 Abs. 1, 2368 Abs. 3[1] Halbs. 1 BGB bei entsprechendem Antrag ggf. kompensieren (vgl. dazu Rz. 167 f.), ist die Ermittlung ausländischen Erbrechts in anderen Verfahren unumgänglich.[2]

150 Das für das jeweilige **Nachlassverfahren** einschlägige Recht richtet sich stets nach der **lex fori**.[3] Ein deutsches Nachlassgericht hat daher im Erbscheinsverfahren die Regelungen der §§ 2353 ff. BGB selbst dann anzuwenden, wenn für die Erbfolge ausländisches Sachrecht maßgeblich ist.[4] Eine ausländische Rechtsfigur kann nur dann in einen deutschen Erbschein aufgenommen werden, wenn sie einem deutschen Rechtsinstitut entspricht und daher zuvor in ein solches übersetzbar ist.[5] Dieser allgemeine Grundsatz gilt auch nach der durch § 105 bewirkten Ausdehnung der internationalen Zuständigkeit in Nachlass- und Teilungssachen trotz Aufgabe des Gleichlaufprinzips unverändert fort.[6] Ob die für das materielle Erbrecht berufene ausländische Rechtsordnung ihrerseits überhaupt einen Erbschein bzw. eine entsprechende Zeugniserteilung kennt, ist dabei unerheblich.[7] Danach dürfen in einen durch ein deutsches Nachlassgericht ausgestellten Erbschein ausschließlich die nach den §§ 2353 ff. BGB vorgesehenen Angaben aufgenommen werden, die das Erbrecht einer Person bezeugen oder auf die sich die Vermutung des § 2365 BGB bzw. der Gutglaubensschutz der §§ 2366, 2367 BGB erstreckt.[8] Verfügungsbeschränkungen können im Erbschein – anders als nach den §§ 2368, 2208 Abs. 1 BGB im Testamentsvollstreckerzeugnis – gemäß §§ 2363, 2364 BGB ausschließlich bei Anordnung einer Nacherbfolge bzw. Testamentsvollstreckung vermerkt werden. Bei ausländischem Erbstatut darf in einen deutschen Erbschein weder ein Vindikationslegat noch ein Legalnießbrauch aufgenommen werden, da – selbst bei Belegenheit der davon erfassten Nachlassgegenstände in einem ausländischen Staat, dessen sachenrechtliches Einzelstatut im Gegensatz zum deutschen Recht eine unmittelbare dingliche Wirkung vorsieht[9] – der Begünstigte nicht

1 Durch Art. 50 Nr. 69 FGG-RG wird zwar § 2368 Abs. 2 BGB aufgehoben, eine Umbenennung des Abs. 3 in Abs. 2 unterblieb jedoch.

2 Vgl. *Zimmermann*, FGPrax 2006, 189 (190 f.): Verfahren über die Entlassung eines Testamentsvollstreckers.

3 Ferid/Firsching/Dörner/Hausmann/*Heusler*, Band II Deutschland, Grdz. C Rz. 231; Bamberger/Roth/*Lorenz*, Art. 25 EGBGB Rz. 70; Staudinger/*Dörner*, Art. 25 EGBGB Rz. 878; Staudinger/*Schilken*, § 2369 BGB Rz. 25; *Schotten/Schmellenkamp*, Rz. 344 Fn. 512.

4 OLG Köln v. 14.7.1982 – 2 Wx 10/82, NJW 1983, 525; BayObLG v. 26.10.1995 – 1 Z BR 163/94, Rpfleger 1996, 199 (202).

5 *Pinckernelle/Spreen*, DNotZ 1967, 195 (204).

6 *Schaal*, BWNotZ 2007, 154 (160). Dies deutet auch die Begr. zum GesetzE der BReg. zu § 105, BT-Drucks. 16/6308, S. 222 an, in der ausdrücklich auf eine möglicherweise abweichend erfolgende Beurteilung der Erbfolge durch den ausländischen Belegenheitsstaat eines Nachlassgegenstandes verwiesen wird.

7 Staudinger/*Dörner*, Art. 25 EGBGB Rz. 878; Firsching/*Graf*, Rz. 2.98.

8 OLG Köln v. 14.7.1982 – 2 Wx 10/82, NJW 1983, 525 (526); BayObLG v. 26.10.1995 – 1 Z BR 163/94, Rpfleger 1996, 199 (202).

9 Nach BayObLG v. 26.10.1995 – 1 Z BR 163/94, Rpfleger 1996, 199 (202) ergebe sich die Nichterwähnung eines Legalnießbrauchs nach belgischem Recht in einem Fremdrechtserbschein iSd. § 2369 Abs. 1 BGB aF hinsichtlich der in Deutschland belegenen Nachlassgegenstände daraus,

Erbe ist, keine dieser Belastungen eine den Erben beschwerende Nacherbfolge oder Testamentsvollstreckung darstellt, die Zugehörigkeit dieser betroffenen Gegenstände zu dem vom Erbrecht des Erben erfassten Nachlass nicht an der Schutzwirkung der §§ 2365 bis 2367 BGB[1] teilhat und selbst eine Sondererbfolge nicht verlautbart werden dürfte.[2] Wenn hingegen in einem Vorerbschein iSd. § 2363 BGB die dem Vorerben vorausvermächtnisweise zugewendeten Nachlassgegenstände als nach § 2110 Abs. 2 BGB von der Nacherbfolge nicht erfasst zu erwähnen sind,[3] beruht dies ausschließlich auf einer besonderen gesetzlichen Begrenzung der allgemeinen nach § 2363 BGB durch Nacherbfolge eintretenden Verfügungsbeschränkung des Vorerben und verkörpert damit gerade keine analogiefähige Begründung einer in den Erbschein aufnehmbaren ungeschriebenen Verfügungsbeschränkung für Vindikationslegate. Ein angloamerkanischer „executor" bzw. „trustee" kann nur dann als Testamentsvollstrecker iSd. § 2364 BGB in einen deutschen Erbschein aufgenommen werden, wenn er über die Begleichung der Nachlassverbindlichkeiten und die Verteilung des Nachlasses hinaus weitere Aufgaben hat und daher seine durch den Erblasser vorgesehene Rechtsstellung derjenigen eines deutschen Testamentsvollstreckers vergleichbar ist.[4] Sieht das maßgebliche ausländische Erbstatut an Stelle eines schuldrechtlichen Pflichtteilsrechts ein Noterbrecht vor, das erst durch Anerkenntnis der Erben bzw. Rechtskraft eines klageweise zu erstreitenden rechtsgestaltenden Herabsetzungsurteils entsteht, und ist dessen Entstehung zum Zeitpunkt der Erbscheinerteilung mangels Fristablauf noch unsicher, kommt in Anlehnung an die Konstellation bei bedingter Nacherbfolge ein Erbschein gemäß dem Inhalt der Verfügung von Todes wegen in Betracht, in dem hinsichtlich einer Nachlassquote in Höhe des nicht verfügbaren Nachlassteils unter Benennung der Noterbberechtigten auf die Möglichkeit der Geltendmachung von Noterbrechten hingewiesen wird.[5] Sobald endgültig feststeht, ob Noterbrechte bestehen, ist dieser Erbschein einzuziehen und auf entsprechenden Antrag durch einen neuen Erbschein – je nach Ergebnis mit oder ohne Noterbrechtsquoten – zu ersetzen.[6]

2. Erklärungen im Zusammenhang mit Erbausschlagungen

Gem. § 105 ist ein inländisches Gericht auch für die Protokollierung und Entgegennahme von Erbausschlagungen bzw. damit zusammenhängenden Anfechtungserklä- 151

dass die lex rei sitae (deutsches Recht) die vom ausländischen Erbrecht kraft Gesetzes vorgesehene Entstehung des Nießbrauchs sachenrechtlich nicht kenne und daher insoweit lediglich ein schuldrechtlicher Anspruch auf Nießbrauchsbestellung bestehe. Zum sachenrechtlichen Einzelstatut der lex rei sitae bei einem kolumbianischen Vindikationslegat BGH v. 28.9.1994 – IV ZR 95/93, Rpfleger 1995, 213 (214). Kritisch zur Heranziehung des sachenrechtlichen Einzelstatuts der lex rei sitae im Erbscheinsverfahren MüKo.BGB/*Birk*, Art. 25 EGBGB Rz. 343.

1 Palandt/*Edenhofer*, § 2365 BGB Rz. 1, § 2366 BGB Rz. 5.

2 OLG Köln v. 14.7.1982 – 2 Wx 10/82, NJW 1983, 525 (526): keine Aufnahme eines Vindikationslegats nach kolumbianischem Recht in den Erbschein; aA MüKo.BGB/*Birk*, Art. 25 EGBGB Rz. 343: Aufnahme eines Vindikationslegats als Verfügungsbeschränkung in den Erbschein. Zur Nichtverlautbarung einer Sondererbfolge Palandt/*Edenhofer*, § 2353 BGB Rz. 9.

3 KG v. 25.1.1940 – 1 Wr 867/39, JFG 21, 122 (125 f.). Dazu insgesamt *Fröhler*, BWNotZ 2005, 1.

4 Firsching/*Graf*, Rz. 2.103. Entsprechendes gilt für ein Testamentsvollstreckerzeugnis nach § 2368 BGB, vgl. OLG Brandenburg v. 2.4.2001 – 8 Wx 165/2000, FGPrax 2001, 206 (207).

5 *Johnen*, MittRhNotK 1986, 57 (69 f.); *Schotten/Schmellenkamp*, Rz. 346 mwN.; aA Bamberger/Roth/*Lorenz*, Art. 25 EGBGB Rz. 70: keine Erwähnung von Noterbrechten im Erbschein bis zu deren endgültigem Feststehen; Staudinger/*Dörner*, Art. 25 EGBGB Rz. 886: Erbschein unter Vorbehalt der Herabsetzungsklage; MüKo.BGB/*Birk*, Art. 25 EGBGB Rz. 346: Erwähnung von Noterbrechten im Erbschein bereits vor deren endgültigem Feststehen.

6 *Schotten/Schmellenkamp*, Rz. 346 mwN.

rungen selbst bei Anwendung ausländischen Sachrechts und Belegenheit von Nachlass im Ausland international zuständig, wenn eine örtliche Zuständigkeit besteht (vgl. dazu § 343 Rz. 148). § 344 Abs. 7 Satz 1 begründet eine derartige Zuständigkeit. Zwar wird im Text des § 344 Abs. 7 Satz 1 der Erbausschlagung der Zusatz „(§ 1945 Abs. 1 des Bürgerlichen Gesetzbuches)" bzw. der Ausschlagungsanfechtung der Zusatz „(§ 1955 des Bürgerlichen Gesetzbuches)" nachgestellt. Daraus folgt jedoch **keine Beschränkung** der Zuständigkeit auf die Entgegennahme von Erklärungen, die ausschließlich deutschem Sachrecht unterliegen.[1] Vielmehr dienen die jeweiligen Klammerzusätze lediglich der inhaltlichen Konkretisierung und erfassen auch dem Wesen nach entsprechende Erklärungen gemäß ausländischem Sachrecht,[2] da sich der Regelungszweck des Abs. 7 Satz 1 nach der amtlichen Begründung darauf beschränkt, gegenüber dem Gericht am Wohnsitz des Ausschlagenden auch ohne ausdrückliches Ersuchen eine wirksame und fristwahrende Erklärung zu ermöglichen,[3] und hierfür sowohl bei inländischem als auch bei ausländischem Erbstatut gleichermaßen ein Bedürfnis besteht. Wäre hingegen durch Abs. 7 Satz 1 eine Beschränkung auf die Anwendung deutschen Sachrechts und damit eine partielle Fortgeltung des Gleichlaufgrundsatzes beabsichtigt gewesen, obwohl dessen vollständige Außerkraftsetzung im Nachlassverfahren ein zentraler Reformbestandteil des FamFG ist, hätte dies in der Gesetzesbegründung ausdrücklich erwähnt und angesichts dann bestehender gravierender Widersprüche zur genannten gesetzgeberischen Zielsetzung hinsichtlich § 105 FamFG,[4] § 343 Abs. 3 FamFG[5] und § 2369 Abs. 1 BGB[6] erläutert werden müssen. Dies gilt insbesondere dann, wenn im Fall einer Nachlassspaltung demselben Ausschlagenden die Zuständigkeit nach Abs. 7 Satz 1 für den dem deutschen Sachrecht unterliegenden Spaltnachlass eröffnet, hinsichtlich des dem ausländischen Sachrecht unter-

1 So aber *Heinemann*, ZErb 2008, 293 (299).

2 Derartige lediglich inhaltlich konkretisierende Zusätze sind auch in anderen Normen üblich, ohne dass dadurch eine Anwendbarkeit auf entsprechende Regelungen nach ausländischem Recht ausgeschlossen wäre. Vgl. zu § 621 Abs. 1 Nr. 7 ZPO aF Zöller/*Philippi*, § 621 ZPO Rz. 48c: Zuständigkeit des Familiengerichts nach § 621 Abs. 1 Nr. 7 ZPO aF (Regelungen nach der früheren HausratsVO) unabhängig davon, ob ausländisches materielles Recht anzuwenden ist. Ebenso zu § 23b Abs. 1 Satz 2 Nr. 8 GVG aF (Regelungen nach der früheren HausratsVO) OLG Düsseldorf v. 19.4.1995 – 2 UFH 6/95, FamRZ 1995, 1280; aA OLG Köln v. 29.6.1994 – 26 WF 84/94, FamRZ 1994, 1476 zu § 23b Abs. 1 Satz 2 Nr. 8 GVG aF. Vgl. zu § 661 Abs. 1 Nr. 5 und Nr. 7 ZPO aF Zöller/*Geimer*, § 661 ZPO Rz. 28 bzw. § 606a ZPO Rz. 43: Allgemein kommt für die Tatbestände nach § 661 Abs. 1 ZPO aF, somit auch für Regelungen nach der früheren HausratsVO bzw. Entscheidungen nach § 6 Abs. 2 Satz 4 LPartG iVm. §§ 1382, 1383 BGB, eine internationale Zuständigkeit eines deutschen Gerichts trotz Anwendung ausländischen Sachrechts in Betracht.

3 Stellungnahme des BR zum GesetzE der BReg., Nr. 84 zu § 344, BR-Drucks. 309/07 (Beschl.), S. 71.

4 Begr. zum GesetzE der BReg. zu § 105, BT-Drucks. 16/6308, S. 221 (§ 344 Abs. 7 war zu diesem Zeitpunkt noch nicht Bestandteil des Entwurfs): „Auch die nicht anderweitig geregelte internationale Zuständigkeit in Nachlass- und Teilungssachen soll sich nach dem Entwurf gemäß § 105 aus der örtlichen Zuständigkeit nach den §§ 343, 344 ergeben. Damit wird der ungeschriebenen sog. Gleichlauftheorie, wonach die deutschen Gerichte nur bei Anwendung deutschen Sachrechts zuständig seien, eine Absage erteilt."

5 Begr. zum GesetzE der BReg. zu § 343 Abs. 3, BT-Drucks. 16/6308, S. 277: § 343 Abs. 3 „ist im Hinblick auf den Wegfall der Beschränkung der Tätigkeit des Nachlassgerichts auf im Inland belegene Gegenstände neu gefasst. Der Entfall dieser Einschränkung beruht auf der gemäß § 105 vorgenommenen Absage an die Gleichlauftheorie."

6 Begr. zum GesetzE der BReg. zu § 2369 Abs. 1 BGB, BT-Drucks. 16/6308, S. 349: „Die Gleichlauftheorie, wonach die deutschen Nachlassgerichte nur insoweit zuständig sind, als deutsches Sachrecht auf den Erbfall zur Anwendung kommt, soll abgelöst werden."

liegenden Spaltnachlasses jedoch verwehrt sein sollte, obschon die Ausschlagungen für beide Spaltnachlässe vor dem allgemein nach § 343 zuständigen Nachlassgericht bzw. dem förmlich ersuchten Gericht am Wohnsitz des Ausschlagenden erklärt werden könnten. Da entsprechende gesetzgeberische Hinweise fehlen, kann hier nicht von einer Beschränkung auf deutsches Sachrecht ausgegangen werden.

Die örtliche Zuständigkeitsregelung nach Abs. 7 Satz 1 bewirkt zudem eine Aufteilung des einheitlichen Ausschlagungsverfahrens in **zwei Verfahrensabschnitte**, in denen jeweils verschiedene Nachlassgerichte tätig werden. Gem. Abs. 7 Satz 1 ist das Nachlassgericht am Wohnsitz des Ausschlagenden zur Protokollierung bzw. Entgegennahme der Erklärung örtlich zuständig. Das iSv. Abs. 7 Satz 2 entgegennehmende deutsche Nachlassgericht ist für die Mitteilung iSd. § 1953 Abs. 3 Satz 1 BGB, die Einsichtsgewährung gem. § 1953 Abs. 3 Satz 2 BGB und die Aufbewahrung der Ausschlagungsurkunde bei den dort geführten Nachlassakten nach § 343 örtlich zuständig. Hätte der Gesetzgeber die internationale Zuständigkeit für den ersten Verfahrensabschnitt iSd. Abs. 7 Satz 1 ausschließen wollen, obschon sie für den zweiten auf die Übersendung iSd. Abs. 7 Satz 2 folgenden Verfahrensabschnitt nach § 105 iVm. § 343 eröffnet ist, wäre dazu ebenfalls eine ausdrückliche Begründung zu erwarten gewesen. Der Regelungszweck der Vorschrift, auch ohne ausdrückliches Ersuchen eine wirksame und fristwahrende Erklärung gegenüber dem Gericht am Wohnsitz des Ausschlagenden zu ermöglichen,[1] und die Übersendungspflicht nach Abs. 7 Satz 2 rücken das Nachlassgericht am Wohnsitz des Ausschlagenden in eine Position, die einem ausdrücklich ersuchten Gericht ähnlich ist. Es wird damit gleichsam zum verlängerten Arm des nach § 343 allgemein zuständigen Nachlassgerichts. 152

Die internationale Zuständigkeit des Gerichts am Wohnsitz des Ausschlagenden für Verrichtungen nach Abs. 7 Satz 1 ist jedoch nur dann eröffnet, wenn ein allgemein zuständiges deutsches Nachlassgericht vorhanden ist, das seinerseits nach § 105 iVm. § 343 international zuständig ist. Dies folgt aus der Regelung des Abs. 7 Satz 2, die hinsichtlich der Übersendungspflicht des nach Abs. 7 Satz 1 zuständigen Gerichts eine Empfangszuständigkeit eines allgemein zuständigen deutschen Nachlassgerichts voraussetzt. Abs. 7 Satz 1 begründet damit insbesondere über den Wohnsitz des Ausschlagenden **keine Ausdehnung der internationalen Zuständigkeit** auf Nachlassfälle, die einen ausländischen Erblasser betreffen, der im Inland weder verstorben ist noch dort bei seinem Tod den Wohnsitz hatte und dessen Nachlass sich bei Befasstwerden des Gerichts nicht wenigstens teilweise im Inland befindet.[2] 153

Sämtliche Zuständigkeitsvoraussetzungen einschließlich der erforderlichen internationalen Zuständigkeit des allgemein örtlich zuständigen deutschen Nachlassgerichts iSd. § 105 iVm. § 343 hat das nach Abs. 7 Satz 1 zuständige Gericht gemäß § 26 **von Amts wegen zu ermitteln**. Wäre entgegen der hier vertretenen Ansicht von einer Beschränkung auf die Anwendung deutschen Sachrechts auszugehen, müsste das Gericht bereits im Rahmen der Zuständigkeitsprüfung ermitteln, ob – insbesondere auf Grund Rechtswahl, Vorrangs des Belegenheitsstatuts nach Art. 3a Abs. 2 EGBGB oder auf Grund teilweiser Rück- bzw. Weiterverweisung[3] – ein Spaltnachlass vorhanden ist und daher die eigene Zuständigkeit insoweit teilweise beschränkt (so bei bei einem deutschen Erblasser, soweit ausländisches Sachrecht anwendbar ist) bzw. teilweise 154

1 Stellungnahme des BR zum GesetzE der BReg., Nr. 84 zu § 344, BR-Drucks. 309/07 (Beschl.), S. 71.

2 Im Ergebnis ebenso *Heinemann*, ZErb 2008, 293 (299).

3 *Fetsch*, MittBayNot 2007, 285 (287 f.).

erst eröffnet würde (so bei einem ausländischen Erblasser, soweit deutsches Sachrecht anwendbar ist).[1]

3. Ausnahmen

a) Wesensfremde ausländische Regelung

155 Ausländisches Recht ist jedoch dann **nicht anwendbar**, wenn und soweit einem deutschen Nachlassgericht eine dem inländischen Nachlassverfahrensrecht unbekannte und damit wesensfremde Tätigkeit abverlangt würde,[2] wie bspw. eine Einantwortung nach österreichischem Recht (§§ 797, 819 ABGB).[3] Als nicht wesensfremd gelten bspw. die Entgegennahme einer Erberklärung nach österreichischem Recht (§ 797 ABGB),[4] die Errichtung eines Inventars bei italienischem Erbstatut[5] bzw. die Entgegennahme einer unter Vorbehalt abgegebenen – ausschlagungsähnlichen[6] – Erklärung der Annahme der Erbschaft bei italienischem Erbstatut[7] und eine nach ausländischem Erbstatut obligatorische Auseinandersetzungsvermittlung,[8] da diese durch den landesrechtlichen Vorbehalt nach § 487 Abs. 1 Nr. 1 grundsätzlich akzeptiert ist (dazu § 363 Rz. 11), obschon das deutsche Verfahrensrecht auf Bundesebene dafür ein Antragsverfahren vorsieht und landesrechtlich derzeit keine abweichende Regelung besteht (vgl. dazu § 363 Rz. 34).

156 Vor einer Anwendungsverweigerung muss jedoch **jede Möglichkeit ausgeschöpft** werden, um das inländische Verfahren an die Erfordernisse der ausländischen fremden Sachnorm anzupassen.[9]

b) Inländische Rechtsinstitute unter ausländischem Recht

aa) Allgemeines

157 Ist auf ein gerichtliches Verfahren ausländisches Erbrecht anzuwenden, stellt sich spiegelbildlich zur Problematik der Anwendbarkeit wesensfremder ausländischer Vorgaben die Frage, ob ergänzend auf inländische Rechtsinstitute zurückgegriffen werden darf. Hierbei ist je **nach Einzelfall** zu unterscheiden:

bb) Inkompatibles inländisches Rechtsinstitut

158 Die Anordnung einer **Nachlassverwaltung** durch ein deutsches Gericht gilt dann als unzulässig, wenn sich dieses Rechtsinstitut von den Regelungen des maßgebenden

1 Vgl. dazu die Länderübersicht bei *Fetsch*, RNotZ 2006, 77 (91 ff.).

2 Nach der Begr. zum GesetzE der BReg. zu § 105, BT-Drucks. 16/6308, S. 221 f. gilt der Ausschluss wesensfremder Tätigkeiten auch nach Inkrafttreten des § 105 fort; ebenso *Schaal*, BWNotZ 2007, 154 (158).

3 BayObLG v. 2.2.1995 – 1 Z BR 159/94, MittRhNotK 1995, 105 (106); kritisch dazu *Schaal*, BWNotZ 2007, 154 (158) unter Hinweis auf den nachlassgerichtlichen Gestaltungsakt der Ernennung eines Testamentsvollstreckers nach § 2200 BGB iVm. §§ 2200 Abs. 2 BGB, 81 FGG.

4 *Schaal*, BWNotZ 2007, 154 (158).

5 BayObLG v. 2.12.1965 – BReg. 1b Z 67/65, BayObLGZ 1965, 423 (432 ff.).

6 MüKo.BGB/*Leipold*, § 1945 BGB Rz. 10.

7 BayObLG v. 2.12.1965 – BReg. 1b Z 67/65, BayObLGZ 1965, 423 (429).

8 *Pinckernelle/Spreen*, DNotZ 1965, 195 (213 Fn. 73) zur entsprechenden früheren nach § 192 FGG maßgeblich gewesenen landesgesetzlichen Regelung in Bayern. AA Staudinger/*Dörner*, Art. 25 EGBGB Rz. 852.

9 *Heldrich*, NJW 1967, 417 (421).

ausländischen Erbstatuts grundlegend unterscheidet,[1] oder staatsvertragliche Regelungen entgegenstehen (vgl. dazu Rz. 160).

cc) Kompatibles inländisches Rechtsinstitut

Ein deutsches Gericht kann jedoch nachlasssichernde Maßnahmen ergreifen,[2] insbesondere eine **Nachlasspflegschaft** zum Zweck der Nachlasssicherung selbst dann anordnen, wenn das berufene ausländische Erbrecht dieses Rechtsinstitut nicht kennt.[3] Es dürfen jedoch keine Staatsverträge entgegenstehen[4] (vgl. dazu Rz. 160). 159

dd) Bilaterale Staatsverträge

In verschiedenen bilateralen Staatsverträgen sind bindende Regelungen zur **Nachlasssicherung** und über diesbezügliche **Mitteilungspflichten** normiert. Hierbei handelt es sich insbesondere um Befugnisse des jeweiligen Konsuls desjenigen Staates, dem der ausländische Erblasser angehört.[5] 160

c) Nachlassinsolvenz

Nach § 315 InsO ist für ein Insolvenzverfahren über einen Nachlass **ohne Auslandsbezug** ausschließlich dasjenige Insolvenzgericht örtlich zuständig, in dessen Bezirk zur Zeit des Todes des Erblassers der Mittelpunkt seiner selbständigen Tätigkeit lag, andernfalls ist der Bezirk seines allgemeinen Gerichtsstandes maßgeblich. 161

Bei Auslandsbezug unterliegen das Insolvenzverfahren und seine Wirkungen nach § 335 InsO, soweit nichts anderes bestimmt ist, dem Recht des Staates, in dem das Verfahren eröffnet ist. Nach § 343 Abs. 1 InsO wird die Eröffnung eines ausländischen Insolvenzverfahrens anerkannt, soweit nicht nach deutschem Recht die Zuständigkeit für die Eröffnung im Ausland fehlt oder im Ergebnis wesentliche Grundsätze deutschen Rechts unbeachtet bleiben. 162

Nach Art. 3 Abs. 1 EuInsVO Nr. 1346/2000 des Rates v. 29.5.2000[6] sind die Gerichte desjenigen Mitgliedsstaats zur Eröffnung eines Insolvenzverfahrens **international zuständig**, in dessen Gebiet der Schuldner den Mittelpunkt seiner hauptsächlichen Interessen hat. Nach Art. 3 Abs. 2 EuInsVO sind die Gerichte eines anderen Mitgliedsstaats nur dann international zuständig, wenn der Schuldner dort eine Niederlassung 163

1 KG v. 4.3.1977 – 1 W 4073/76, OLGZ 1977, 309 (310 f.): Österreich.
2 *Pinckernelle/Spreen*, DNotZ 1967, 195 (200).
3 BGH v. 26.10.1967 – VII ZR 86/65, BGHZ 49, 1 (2).
4 *Pinckernelle/Spreen*, DNotZ 1967, 195 (200).
5 Artt. 11 bis 13 Konsular-Konvention mit Spanien v. 22.2.1870, Art. 1 Konsular-Konvention mit Spanien v. 12.1.1872, Art. 21 Freundschafts-, Handels- und Schifffahrtsvertrag mit Kolumbien v. 23.7.1892, Art. XXIV Freundschafts-, Handels- und Konsularvertrag mit den USA v. 8.12.1923, Art. 8 Abs. 3 Niederlassungsabkommen mit dem Iran v. 17.2.1929, Art. 20 mit Anlage Nachlassabkommen mit der Türkei v. 28.5.1929, Art. 22 Handels- und Schifffahrtsvertrag mit Irland v. 12.5.1930, Art. 18 Handels- und Schifffahrtsvertrag mit Siam (jetzt Thailand) v. 30.12.1937, Art. XXVIII Freundschafts-, Handels- und Schifffahrtsvertrag mit den USA v. 29.10.1954 über die Fortgeltung von Art. XXIV Freundschafts-, Handels- und Konsularvertrag mit den USA v. 8.12.1923, Artt. 21 bis 27 Konsularvertrag mit dem Vereinigten Königreich v. 8.12.1923 bzw. Artt. 25 bis 29 Konsularvertrag mit der Sowjetunion (jetzt Armenien, Aserbaidschan, Belarus, Georgien, Kasachstan, Kirgisistan, Moldau, Russische Förderation, Tadschikistan, Ukraine bzw. Usbekistan) v. 25.4.1958 – Texte jeweils bei Ferid/Firsching/Dörner/Hausmann/*Heusler*, Band II Deutschland, Texte Abschn. 1. A. II. 2. Nr. 1, 2, 3, 4, 8, 10, 11, 12, 13, 14, 15, 16 und 17.
6 ABl. L 160, S. 1, geänd. ABl. L 100/05, S. 1 und ABl. L 121/06, S. 1.

hat, wobei die Wirkungen des Verfahrens in einem derartigen Fall auf das in diesem Staat belegene Gebiet beschränkt sind. Die jeweilige örtliche Zuständigkeit folgt dann aus Art. 102 § 1 EGInsO.[1]

164 § 354 InsO lässt ein **Partikularverfahren** über das Inlandsvermögen zu, wenn die Zuständigkeit eines deutschen Gerichts zur Eröffnung eines Insolvenzverfahrens über das gesamte Vermögen des Schuldners nicht gegeben ist, der Schuldner jedoch im Inland eine Niederlassung oder sonstiges Vermögen hat.

d) Frühere Notzuständigkeit

165 Bereits vor Inkrafttreten des § 105 war unter dem Gleichlaufgrundsatz eine gerichtliche Notzuständigkeit anerkannt, wenn nach dem maßgeblichen ausländischen Recht ausschließlich deutsche Behörden zuständig waren, daher eine **Rechtsschutzverweigerung** drohte, das anzuwendende ausländische Recht mit dem deutschen Verfahrensrecht verträglich war und kein Staatsvertrag entgegenstand.[2]

XII. Zeugnisbeschränkung auf Inlandsnachlass

1. Ausgangsproblematik

166 Die **Abkehr von der Gleichlauftheorie** unter gleichzeitiger Ableitung der internationalen aus der örtlichen Zuständigkeit kann bei Belegenheit von Nachlassgegenständen im Ausland insbesondere in Erbscheins- oder Testamentsvollstreckerzeugnisverfahren vor einem deutschen Nachlassgericht grundsätzlich zu einer erweiterten Anwendung ausländischen Sachrechts (auch) auf im Ausland belegene Nachlassgegenstände führen.[3] Dies gilt sowohl für deutsche als auch für ausländische Erblasser.

2. Lösungsansätze

a) Deutscher Erblasser

167 Bei einem deutschen Erblasser, der bspw. Grundbesitz in Frankreich hinterlässt, untersteht dieser in Frankreich belegene Grundbesitz nach Art. 3a Abs. 2 EGBGB[4] wegen des diesbezüglichen **Vorrangs** des französischen **Einzelstatuts** französischem Erbrecht,[5] der übrige Nachlass nach Art. 25 Abs. 1 EGBGB deutschem Erbrecht.[6] Nach § 105 iVm. Abs. 1 bzw. Abs. 2 ist das deutsche Nachlassgericht auf Grund seiner örtlichen Zuständigkeit auch international uneingeschränkt zuständig und könnte daher – gäbe es keine gesetzliche Ausnahme – die Erbfolge bzw. das Testamentsvollstreckeramt nur vollständig und damit auch bezüglich des in Frankreich belegenen Grundbesitzes unter Berücksichtigung französischen Rechts bescheinigen. Hierfür wären zwei verschiedene Erbfolgen zu bescheinigen: zum einen nach deutschem Recht mit ausdrückli-

1 Neugefasst durch Art. 1 G v. 14.3.2003, BGBl. I 2003, S. 345.
2 Firsching/*Graf*, Rz. 2.57; *Riering*, MittBayNot 1999, 519 (520); BayObLG v. 2.12.1965 – BReg. 1b 67/65, BayObLGZ 1965, 423 (426 ff.).
3 Zu den diesbezüglichen Auswirkungen auf nachlassgerichtliche Verfahren mit Auslandsbezug ausführlich *Schaal*, BWNotZ 2007, 154 ff.
4 Zur Neufassung des Art. 3 EGBGB in Art. 3 und Art. 3a EGBGB durch das AnpassungsG *Wagner*, IPRax 2008, 314.
5 *Schotten/Schmellenkamp*, Rz. 20.
6 Wurm/Wagner/Zartmann/*Fröhler*, Kap. 73 Rz. 27.

chem Geltungsausschluss hinsichtlich des in Frankreich belegenen Grundbesitzes, zum anderen nach französischem Recht mit ausdrücklicher Geltungsbeschränkung auf den in Frankreich belegenen Grundbesitz, wobei beide Erbfolgen zweckmäßigerweise in derselben Urkunde zu bezeugen wären.[1] Um dadurch eintretende ungewollte zeitliche Verzögerungen[2] und Kosten[3] zu vermeiden, sieht § 2369 Abs. 1 BGB nunmehr vor, dass der Antragsteller an Stelle einer derartigen vollumfänglichen Bescheinigung ein auf die im Inland belegenen Nachlassgegenstände beschränktes Zeugnis beantragen kann.[4]

b) Ausländischer Erblasser

Entsprechendes kann für einen ausländischen Erblasser gelten, bspw. für einen schweizerischen Erblasser mit letztem Wohnsitz in der Schweiz, der Grundbesitz in Deutschland, für den nach Art. 25 Abs. 2 EGBGB abweichend von dem hier ansonsten maßgebenden schweizerischen Erbrecht[5] gegenständlich beschränkt deutsches Recht gewählt wurde, und den restlichen Nachlass in der Schweiz hinterlässt. Auch hier ist ein deutsches Nachlassgericht nach § 105 iVm. Abs. 1[6] bzw. Abs. 3[7] international uneingeschränkt zuständig. Nach § 2369 Abs. 1 BGB kann eine Zeugniserteilung nun auf den im Inland befindlichen Nachlass beschränkt werden, im Beispielsfall damit auf den in Deutschland befindlichen und durch **Rechtswahl** deutschem Erbrecht unterstellten Grundbesitz. Hinterlässt der schweizerische Erblasser daneben noch bewegliches Vermögen in Deutschland, gilt für dieses, da insoweit keine Rechtswahl möglich ist, schweizerisches Erbrecht. Dies steht der Erteilung eines auf den inländischen Grundbesitz beschränkten Zeugnisses nach § 2369 Abs. 1 BGB gleichwohl nicht entgegen. Zwar ergibt sich aus dem Wortlaut des § 2369 Abs. 1 BGB, dass eine Beschränkung lediglich für **die** (somit für sämtliche) im Inland befindlichen und damit anders als nach Art. 25 Abs. 2 EGBGB bzw. nach Art. 15 Abs. 2 Nr. 3 EGBGB nicht in offenerer Weise für (somit auch einzelne) im Inland befindliche Gegenstände möglich ist. Im Falle einer Inlandsnachlassspaltung[8] in jeweils einen dem deutschen Erbrecht und einen dem ausländischen Erbrecht unterstehenden Nachlassteil ist jedoch zur Ermöglichung einer raschen Zeugniserteilung[9] eine Beschränkung auf alle demselben inländischen Spaltnachlass unterliegenden Nachlassgegenstände zulässig.[10] Im abgewandelten Beispiel kann daher nach § 2369 Abs. 1 BGB ein auf den in Deutschland belegenen, durch Rechtswahl dem deutschen Erbrecht unterstellten Grundbesitz beschränkter Erbschein erteilt werden. Entspre- 168

1 *Schotten*, Rpfleger 1991, 181 (189).
2 *Kroiß*, ZErb 2008, 300 (303).
3 Dazu *Zimmermann*, FGPrax 2006, 189, 191.
4 *Fröhler*, BWNotZ 2008, 183 (187).
5 Hierzu und zu den sonstigen deutsch-schweizerischen Nachlasskonstellationen ausführlich *Fröhler*, BWNotZ 2008, 38 (42 ff.).
6 Wenn der schweizerische Erblasser mit letztem Wohnsitz in der Schweiz, aber letztem Aufenthalt in Deutschland verstirbt.
7 Wenn der schweizerische Erblasser mit letztem Wohnsitz in der Schweiz und letztem Aufenthalt außerhalb Deutschlands verstirbt.
8 Zum Begriff der Nachlassspaltung *Schotten/Schmellenkamp*, Rz. 269.
9 Nach der Begr. zum GesetzE der BReg. zu § 2369 Abs. 1 BGB, BT-Drucks. 16/6308, S. 349, soll insbesondere eine zügige Erteilung eines Erbscheins für den auf Grund Nachlassspaltung deutschem Erbrecht unterliegenden Nachlassteil ermöglicht werden.
10 *Schaal*, BWNotZ 2007, 154, (156 f.); *Fröhler*, BWNotZ 2008, 183 (187); ebenso zur früheren Rechtslage nach § 2369 Abs. 1 BGB aF für die Erteilung eines Fremdrechtserbscheins MüKo.BGB/*Mayer*, § 2369 BGB Rz. 23.

chendes gilt nach § 2368 Abs. 3[1] Halbs. 1 BGB für ein Testamentsvollstreckerzeugnis.[2] Weitere Varianten der Nachlassspaltung können insbesondere durch Beschränkung der Rechtswahl des Erbstatuts auf Teile des inländischen Grundbesitzes oder durch Rechtswahl des Güterrechtsstatuts nach Art. 15 Abs. 2 Nr. 3 EGBGB eintreten, soweit sich hierdurch Auswirkungen auf die Erbfolge bezüglich einzelner Nachlassgegenstände ergeben.[3]

3. Resümee

169 § 2369 Abs. 1 BGB ermöglicht daher nicht mehr lediglich ein Fremdrechts-, sondern auch ein entsprechendes **Eigenrechtszeugnis**, das jeweils auf den in Deutschland belegenen Nachlass beschränkt ist.

§ 344
Besondere örtliche Zuständigkeit

(1) Für die besondere amtliche Verwahrung von Testamenten ist zuständig,

1. wenn das Testament vor einem Notar errichtet ist, das Gericht, in dessen Bezirk der Notar seinen Amtssitz hat;

2. wenn das Testament vor dem Bürgermeister einer Gemeinde errichtet ist, das Gericht, zu dessen Bezirk die Gemeinde gehört;

3. wenn das Testament nach § 2247 des Bürgerlichen Gesetzbuchs errichtet ist, jedes Gericht.

Der Erblasser kann jederzeit die Verwahrung bei einem nach Satz 1 örtlich nicht zuständigen Gericht verlangen.

(2) Die erneute besondere amtliche Verwahrung eines gemeinschaftlichen Testaments nach § 349 Abs. 2 Satz 2 erfolgt bei dem für den Nachlass des Erstverstorbenen zuständigen Gericht, es sei denn, dass der überlebende Ehegatte oder Lebenspartner die Verwahrung bei einem anderen Amtsgericht verlangt.

(3) Die Absätze 1 und 2 gelten entsprechend für die besondere amtliche Verwahrung von Erbverträgen.

(4) Für die Sicherung des Nachlasses ist jedes Gericht zuständig, in dessen Bezirk das Bedürfnis für die Sicherung besteht.

(5) Für die Auseinandersetzung des Gesamtguts einer Gütergemeinschaft ist, falls ein Anteil an dem Gesamtgut zu einem Nachlass gehört, das Gericht zuständig, das für die Auseinandersetzung über den Nachlass zuständig ist. Im Übrigen bestimmt sich die Zuständigkeit nach § 122.

---

1 Durch Art. 50 Nr. 69 FGG-RG wird zwar § 2368 Abs. 2 BGB aufgehoben, eine Umbenennung des Abs. 3 in Abs. 2 unterblieb jedoch.

2 BayObLG v. 13.11.1986 – BReg. 1 Z 4/86, BayObLGZ 1986, 466 (470); Palandt/*Edenhofer*, § 2368 BGB Rz. 4.

3 *Fröhler*, BWNotZ 2008, 183 (187); zu den erbrechtlichen Auswirkungen einer derartigen Güterrechtswahl im Allgemeinen und zur Frage einer Erbteilserhöhung nach § 1371 Abs. 1 BGB bei einem im gesetzlichen Güterstand nach deutschem Recht verheirateten Erblasser mit schweizerischer Staatsangehörigkeit im Besonderen *Fröhler*, BWNotZ 2008, 38 (45 ff.).

(6) Hat ein anderes Gericht als das nach § 343 zuständige Gericht eine Verfügung von Todes wegen in amtlicher Verwahrung, ist dieses Gericht für die Eröffnung der Verfügung zuständig.

(7) Für die Entgegennahme einer Erklärung, mit der die Erbschaft ausgeschlagen (§ 1945 Abs. 1 des Bürgerlichen Gesetzbuchs) oder die Ausschlagung angefochten (§ 1955 des Bürgerlichen Gesetzbuchs) wird, ist auch das Nachlassgericht zuständig, in dessen Bezirk der Ausschlagende oder Anfechtende seinen Wohnsitz hat. Die Niederschrift über die Erklärung ist von diesem Gericht an das zuständige Nachlassgericht zu übersenden.

A. Überblick

I. Entstehung

1 Abs. 1 **entspricht** den Regelungen des früheren § 73 Abs. 4 und 5 FGG über die örtliche Zuständigkeit für die besondere amtliche Verwahrung von Testamenten, der seinerseits erst durch das PStRG[1] mit Wirkung zum 1.1.2009 unter Übernahme des Inhalts aus § 2258a Abs. 2 und 3 BGB entstanden ist. Die früher in § 2258a Abs. 1 BGB diesbezüglich normierte sachliche Zuständigkeit wurde durch das PStRG zum 1.1.2009 unter Hinweis auf § 72 FGG aufgehoben[2] und durch das FGG-RG zum 1.9.2009 erstmals

1 BGBl. I 2007, S. 122.

2 Dazu wegen des ursprünglichen Charakters als gerichtliche Maßnahme zu Lebzeiten des künftigen Erblassers einerseits und mangels ausdrücklicher gesetzlicher Benennung als Nachlass-

über § 342 Abs. 1 Nr. 1 ausdrücklich als Nachlasssache (vgl. dazu § 343 Rz. 130) in § 23a Abs. 1 Nr. 2 iVm. Abs. 2 Nr. 2 GVG geregelt.

2 Abs. 2 ist **neu** geschaffen worden, um die bisher unklare Rechtslage für die örtliche Zuständigkeit bei Weiterverwahrung eines gemeinschaftlichen Testaments nach dem Tod des Erstverstorbenen zu entscheiden.

3 Abs. 3 **entspricht** der Regelung des früheren § 82b Abs. 1 Satz 1 FGG über die diesbezügliche Anwendung der Vorschriften für Testamente auf Erbverträge, der seinerseits erst durch das PStRG mit Wirkung zum 1.1.2009 unter Übernahme des entsprechenden Inhalts aus § 2300 Abs. 1 BGB entstanden ist.

4 Abs. 4 **übernimmt** den Regelungsgehalt der früheren Vorschrift des § 74 Satz 1 FGG hinsichtlich der örtlichen Zuständigkeit zur Sicherung des Nachlasses. Die früher in § 74 Satz 2 FGG geregelte Mitteilungspflicht ist nunmehr in § 356 Abs. 2 enthalten.

5 Abs. 5 **entspricht** dem Inhalt des früheren § 99 Abs. 2 FGG für die Auseinandersetzung einer Gütergemeinschaft, wenn ein Anteil an dem Gesamtgut zu einem Nachlass gehört. Hinsichtlich der örtlichen Zuständigkeit für die Auseinandersetzung im Übrigen wird nunmehr auf die neue Regelung des § 122 verwiesen, die den früheren § 45 FGG ersetzt.

6 Abs. 6 **übernimmt** die Regelung des früheren § 2261 Satz 1 BGB über die Eröffnungszuständigkeit des vom Nachlassgericht verschiedenen Verwahrgerichts für sämtliche dort verwahrten Verfügungen von Todes wegen, somit auch für den Erbvertrag.

7 Abs. 7 ist **neu** geschaffen worden, um bisher bestehende Unsicherheiten hinsichtlich Zuständigkeit und Fristwahrung bei Erbausschlagungen bzw. damit zusammenhängenden Erklärungen vor dem vom Nachlassgericht verschiedenen Gericht am Wohnsitz des Ausschlagenden auszuschließen.

II. Systematik

8 Die Vorschrift statuiert eine **besondere**, neben § 343 bestehende örtliche Zuständigkeit für bestimmte Nachlass- und Teilungssachen. Dies sind die besondere amtliche Verwahrung einer Verfügung von Todes wegen, deren Eröffnung durch ein von dem nach § 343 zuständigen Gericht verschiedenes Verwahrgericht, die Sicherung des Nachlasses, die Auseinandersetzung des Gesamtguts einer Gütergemeinschaft bei Zugehörigkeit eines Anteils an dem Gesamtgut zu einem Nachlass und die Entgegennahme einer Erbausschlagung bzw. damit zusammenhängender Erklärungen.

9 Dabei werden die in Abs. 1 und 2 enthaltenen Zuständigkeitsregelungen für die besondere amtliche Verwahrung von Testamenten bzw. die besondere amtliche Weiterverwahrung eines gemeinschaftlichen Testaments nach dem Tod des Erstverstorbenen durch Abs. 3 für **Erbverträge** entsprechend für anwendbar erklärt.

10 Nach Abs. 1 Satz 2 bzw. Abs. 2 hat die Verwahrzuständigkeit ausdrücklich **keinen ausschließlichen Charakter**. In Abs. 5 wird zwischen Nachlasszugehörigkeit eines Gesamtgutsanteils mit der Folge der Anwendbarkeit des § 343 und sonstigen Auseinandersetzungen eines Gesamtsguts einer Gütergemeinschaft mit der Zuständigkeit

---

sache andererseits für die Übergangsphase v. 1.1. bis 31.8.2009 kritisch *Fröhler*, BWNotZ 2008, 183 (184 f.).

nach § 122 unterschieden. Abs. 6 setzt die Zuständigkeit eines nach der allgemeinen Regelung des § 343 örtlich unzuständigen Gerichts voraus. Die Zuständigkeit nach Abs. 7 ergänzt die allgemeine Zuständigkeit nach § 343.

III. Normzweck

Die Vorschrift bezweckt durch besondere örtliche Zuständigkeiten abweichend von der allgemeinen örtlichen Zuständigkeit nach § 343 eine größere **Sachnähe** (Abs. 1, 4, 5 und 6), die **Vermeidung von Verlustgefahren** aus andernfalls vielfach notwendiger Versendung der Nachlassakten samt Testamentsurschriften (Abs. 2) bzw. die **Beseitigung von Unsicherheiten** hinsichtlich Zuständigkeit und Fristwahrung bei Erbausschlagungen bzw. damit zusammenhängenden Erklärungen (Abs. 7). 11

B. Inhalt der Vorschrift

I. Zuständigkeit

Zur sachlichen Zuständigkeit, insbesondere der **Amtsgerichte** bzw. in Baden-Württemberg der staatlichen Notariate als Nachlassgericht vgl. § 343 Rz. 129 ff.; zur funktionellen Zuständigkeit vgl. § 343 Rz. 142 ff.; zur Ableitung der internationalen aus der örtlichen Zuständigkeit vgl. § 343 Rz. 148. Zur besonderen örtlichen Zuständigkeit sogleich unter Rz. 13 ff., zur allgemeinen örtlichen Zuständigkeit vgl. § 343 Rz. 8 ff. 12

II. Besondere amtliche Verwahrung von Testamenten (Absatz 1)

1. Allgemeines

Die Vorschrift regelt die örtliche Zuständigkeit für eine besondere amtliche Verwahrung von Testamenten nach § 346. Hierunter ist eine besonders qualifizierte strenge Verwahrung in einem **verschlossenen Umschlag** zu verstehen, durch die insbesondere ein Schutz vor äußeren Einwirkungen auf die Urkundensubstanz und vor Bekanntwerden des Inhalts gegenüber dazu nicht berechtigten Personen gewährleistet wird.[1] 13

Davon abzugrenzen ist die **gewöhnliche amtliche Aktenverwahrung**, bei der die Verfügung offen und unverschlossen bei den Gerichtsakten verbleibt, bspw. nach § 27 Abs. 11 iVm. § 28 Abs. 4a AktO[2] eine an das Nachlassgericht gem. § 2259 BGB abgelieferte Verfügung von Todes wegen bis zur Eröffnung bzw. ein an das Nachlassgericht gem. § 2259 BGB abgeliefertes gemeinschaftliches Testament nach der Eröffnung. 14

Die besondere amtliche Verwahrung von Testamenten galt zunächst nicht als Nachlassangelegenheit, da sie faktisch eine gerichtliche Maßnahme zu Lebzeiten des künftigen Erblassers verkörpert und gesetzessystematisch – jeweils vor Inkrafttreten des PStRG zum 1.1.2009 in § 2258a Abs. 1 BGB als notwendige Ergänzung zu § 72 FGG im Rahmen der sachlichen Zuständigkeit und innerhalb der §§ 3 Nr. 2 Buchst. c und 16 Abs. 1 RPflG als separater Regelungsgegenstand für die funktionelle Zuständigkeit – gesondert neben den den Nachlassgerichten obliegenden Verrichtungen aufgeführt 15

1 Mot V 296; KG v. 25.4.2007 – Az. ist n.v., OLGR 16, 53 (54).
2 Abgedruckt in der in Bayern geltenden Fassung v. 16.12.1998 bei Firsching/*Graf*, Anhang 4.

wurde.[1] Indem die besondere amtliche Verwahrung durch das PStRG in den Katalog der besonderen örtlichen Zuständigkeit für Nachlass- und Teilungssachen nach § 73 Abs. 4 und 5 FGG aufgenommen und zugleich als separater Regelungsgegenstand innerhalb der funktionellen Zuständigkeit aus den §§ 3 Nr. 2 Buchst. c und 16 Abs. 1 RPflG ersatzlos gestrichen wurde, ordnete sie der Gesetzgeber den Nachlasssachen wenigstens mittelbar zu.[2] Erst mit Inkrafttreten des FamFG zum 1.9.2009 wurde die besondere amtliche Verwahrung von Verfügungen von Todes wegen durch § 342 Abs. 1 Nr. 1 ausdrücklich als **Nachlasssache** definiert.

16 Als Testament gelten dabei nicht nur Einzeltestamente, sondern **auch gemeinschaftliche Testamente** iSd. § 2265 BGB und § 10 Abs. 4 Satz 1 LPartG. Zur örtlichen Zuständigkeit für Erbverträge vgl. Rz. 39; zur örtlichen Zuständigkeit für die Weiterverwahrung gemeinschaftlicher Testamente bzw. Erbverträge vgl. Rz. 34 ff. und 40.

17 Eine durch ein örtlich **unzuständiges Gericht** vorgenommene besondere amtliche Verwahrung ist nach § 2 Abs. 3 gleichwohl wirksam.

18 Nach § 23a Abs. 1 Nr. 2 iVm. Abs. 2 Nr. 2 GVG iVm. § 342 Abs. 1 Nr. 1 sind grundsätzlich die Amtsgerichte **sachlich** zuständig. Dazu und zu den landesrechtlichen Ausnahmen vgl. § 343 Rz. 129 ff.

19 Nach § 3 Nr. 2 Buchst. c RPflG ist der **Rechtspfleger** funktionell zuständig, soweit nicht über § 36b Abs. 1 Satz 1 Nr. 1 RPflG nach Landesrecht eine diesbezügliche Aufgabenübertragung an den Urkundsbeamten der Geschäftsstelle erfolgt ist (vgl. dazu § 343 Rz. 142).

2. Notarielles Testament

20 Die Testamentserrichtung erfolgt nach § 2232 BGB **zur Niederschrift** des Notars, indem der Erblasser dem Notar seinen letzten Willen erklärt oder ihm eine Schrift mit der Erklärung übergibt, dass die Schrift seinen letzten Willen enthalte. Nach § 2233 BGB gelten in den dort genannten Sonderfällen Einschränkungen.

21 Nach § 34 Abs. 1 Satz 4 BeurkG muss – der Wortlaut „soll" stellt lediglich klar, dass die Erfüllung dieser Pflicht für das Testament keine Wirksamkeitsvoraussetzung ist[3] – der Notar die **unverzügliche Verbringung** eines derartigen Testaments in die besondere amtliche Verwahrung veranlassen. Gegenteilige Anweisungen des Erblassers sind unbeachtlich.[4] Eine Ausnahme gilt jedoch im Fall eines Widerrufs vor Ablieferung des Testaments.[5]

22 Für die besondere amtliche Verwahrung ist das Amtsgericht örtlich zuständig, in dessen Bezirk der Notar seinen **Amtssitz** hat. Amtssitz ist der dem Notar nach § 10 Abs. 1 BNotO hierzu zugewiesene Ort. In Städten mit mehr als einhunderttausend Einwohnern kann dies ein bestimmter Stadtteil oder Amtsgerichtsbezirk sein.

1 MüKo.BGB/*Hagena*, § 2258a BGB Rz. 5; speziell zur daher nicht eröffneten örtlichen Zuständigkeit nach der damaligen Regelung des § 73 FGG OLG Hamburg v. 20.2.1985 – 2 W 5/85, Rpfleger 1985, 194 und Staudinger/*Baumann*, § 2258a BGB Rz. 5.
2 *Fröhler*, BWNotZ 2008, 183 (184 f.).
3 BGH v. 14.8.1989 – NotZ 14/88, DNotZ 1990, 436.
4 BGH v. 14.8.1989 – NotZ 14/88, DNotZ 1990, 436 (437).
5 *Winkler*, § 34 BeurkG Rz. 9.

3. Nottestament vor Bürgermeister

23 Für die besondere amtliche Verwahrung eines nach den §§ 2249, 2250 Abs. 1 BGB zur Niederschrift vor dem Bürgermeister einer Gemeinde errichteten (Einzel- oder nach § 2266 BGB gemeinschaftlichen) Nottestaments[1] ist das Amtsgericht örtlich zuständig, zu dessen Bezirk die **Gemeinde gehört.**

24 Nach § 2249 Abs. 1 Satz 4 BGB iVm. § 34 Abs. 1 Satz 4 BeurkG hat der Bürgermeister, der insoweit an die Stelle des Notars tritt, die **unverzügliche Verbringung** eines derartigen Testaments in die besondere amtliche Verwahrung zu veranlassen (vgl. Rz. 21).

4. Eigenhändiges Testament

25 Für die besondere amtliche Verwahrung eines durch eigenhändig ge- und unterschriebene Erklärung des (jeweiligen) Erblassers nach § 2247 BGB bzw. § 2267 BGB errichteten Einzel- bzw. gemeinschaftlichen Testaments ist **jedes Amtsgericht** örtlich zuständig. Sie erfolgt nach § 2248 BGB nur auf Verlangen des Erblassers bzw. beider Erblasser.[2]

5. Sonstige Nottestamente

26 Als weitere Nottestamente kommen das **Dreizeugennottestament** nach § 2250 BGB und das **Nottestament auf See** nach § 2251 BGB in Betracht. Sie haben im Gegensatz zum Bürgermeistertestament jedoch keinen öffentlichen, sondern einen privaten Charakter.

27 Aus diesem Grund findet § 34 Abs. 1 Satz 4 BeurkG keine Anwendung. Eine Verwahrung erfolgt analog § 2248 BGB **nur auf Verlangen** des Erblassers.[3] Auch sie können nach § 2266 BGB als gemeinschaftliches Testament errichtet werden.

28 Analog Abs. 2 Nr. 3 ist **jedes Amtsgericht** für die besondere amtliche Verwahrung örtlich zuständig.[4]

6. Konsulartestamente

29 Nach § 10 Abs. 2 KonsG stehen die vor einem Konsularbeamten aufgenommenen Urkunden[5] den von einem inländischen Notar aufgenommenen Urkunden gleich. Testamente gelten damit als **öffentlich**.

30 Gem. § 11 Abs. 2 KonsG iVm. § 34 Abs. 1 Satz 4 BeurkG hat der Konsularbeamte die **unverzügliche Verbringung** eines derartigen Testaments in die besondere amtliche Verwahrung zu veranlassen (vgl. Rz. 21).[6] Insbesondere findet die Ausnahmeregelung nach § 10 Abs. 3 Nr. 4 KonsG, wonach die Urschrift der Urkunde den Beteiligten

---

1 Zu den diesbezüglichen Voraussetzungen mit Musterformulierungen Wurm/Wagner/Zartmann/*Fröhler*, Kap. 73 Rz. 40 f. und M. 73.1.
2 MüKo.BGB/*Hagena*, § 2258a BGB Rz. 3.
3 Reimann/Bengel/Mayer/*Voit*, § 2258a BGB Rz. 3.
4 MüKo.BGB/*Hagena*, § 2258a BGB Rz. 2.
5 Vgl. dazu im Allgemeinen *Geimer*, DNotZ 1978, 3 ff.
6 Staudinger/*Baumann*, § 2258a BGB Rz. 10; Palandt/*Edenhofer*, § 2231 BGB Rz. 3; Soergel/*Mayer*, § 2258a BGB Rz. 3; Reimann/Bengel/Mayer/*Voit*, § 2258a BGB Rz. 3 iVm. § 2231 BGB Rz. 10; aA MüKo.BGB/*Hagena*, § 2258a BGB Rz. 10.

abweichend von den Regelungen des BeurkG ausgehändigt werden soll, wenn nicht einer von ihnen amtliche Verwahrung verlangt, keine Anwendung, da für Testamente die besondere amtliche Verwahrung an Stelle der dort geregelten einfachen amtlichen Verwahrung vorgeschrieben ist.[1] Erbverträge, deren besondere amtliche Verwahrung ausgeschlossen wird, verbleiben im Hinblick auf die Mitteilungspflichten nach § 347 Abs. 3 in der einfachen Aktenverwahrung des Konsularbeamten.[2] Dieser sollte die Parteien jedoch über die Risiken für den Urkundenbestand in der Auslandsvertretung im Falle von Unruhen bzw. Übergriffen im Gastland[3] und die Möglichkeit der sicheren besonderen amtlichen Verwahrung beim Amtsgericht Schöneberg belehren.

31 Die Zuständigkeitsregelung nach Abs. 1 findet auf derartige Testamente keine Anwendung. Örtlich zuständig ist nach § 11 Abs. 2 Satz 1 KonsG dann vielmehr das **Amtsgericht Schöneberg** in Berlin. Der Erblasser kann nach § 11 Abs. 2 Satz 2 KonsG jederzeit die Verwahrung bei einem anderen Amtsgericht verlangen.

7. Besonderes Erblasserverlangen

32 Der Erblasser kann nach Abs. 1 Satz 2 die Verwahrung bei einem nach Abs. 1 Satz 1 örtlich nicht zuständigen Gericht **jederzeit formfrei** und ohne Begründung verlangen, somit auch nach bereits bei einem anderen Gericht erfolgter besonderer amtlicher Verwahrung. Dies gilt für alle Testamentsformen, nach § 11 Abs. 2 Satz 2 KonsG auch bezüglich eines vor einem Konsularbeamten errichteten Testaments.

33 Solange beide Erblasser leben, können sie hinsichtlich eines gemeinschaftlichen Testaments die Verwahrung bei einem anderen Gericht nur **gemeinsam** verlangen. Zur örtlichen Zuständigkeit nach dem Tod des Erstversterbenden gem. Abs. 2 vgl. Rz. 34 ff.

III. Besondere amtliche Weiterverwahrung eines gemeinschaftlichen Testaments (Absatz 2)

1. Weiterverwahrung

34 Abs. 2 regelt **erstmals** die örtliche Zuständigkeit für eine nach § 349 Abs. 2 Satz 2 erforderliche Weiterverwahrung eines bereits zuvor besonders amtlich verwahrten gemeinschaftlichen Testaments nach dem Tod des Erstverstorbenen.

35 Vor Inkrafttreten dieser Regelung zum 1.9.2009 war die Zuständigkeit für die damals noch von § 2273 Abs. 2 Satz 2 BGB angeordnete Weiterverwahrung zwischen den Obergerichten **umstritten**. Auf der einen Seite wurde unter Berufung insbesondere auf den Wortlaut des früheren § 2273 Abs. 2 Satz 2 BGB, die Nichterwähnung eines Zuständigkeitswechsels in den früheren Regelungen nach § 2258a Abs. 2 BGB bzw. ab 1.1.2009 § 73 Abs. 4 FGG[4] und die Maßgeblichkeit des Bestimmungsrechts des Erblassers aus den früheren Regelungen nach § 2258a Abs. 3 BGB bzw. ab 1.1.2009 § 73 Abs. 5 FGG[5] die Fortdauer der Zuständigkeit des für die bisherige Verwahrung nach

1 *Winkler*, § 34 BeurkG Rz. 10.
2 Palandt/*Edenhofer*, 50. Aufl. 1991, § 34 BeurkG Rz. 9; aA Huhn/v. Schuckmann/*Armbrüster*, § 34 BeurkG Rz. 25: Aushändigung an Beteiligte oder auf Verlangen eines Beteiligten Übersendung an Amtsgericht Schöneberg zur einfachen amtlichen Verwahrung.
3 Dazu *Bindseil*, DNotZ 1993, 5 (15 f.).
4 BGBl. I 2007, S. 122, 140.
5 BGBl. I 2007, S. 122, 140.

dem früheren § 2258a BGB zuständigen Gerichts vertreten.[1] Die Gegenansicht hielt das für den Tod des erstverstorbenen Partners zuständige Nachlassgericht analog dem früheren § 2261 Satz 2 BGB aus Gründen der Praktikabilität zur Vermeidung einer andernfalls erforderlichen Versendung der Nachlassakten auch zur Weiterverwahrung für örtlich zuständig.[2]

Nach der amtlichen **Begründung** zum ursprünglichen Gesetzentwurf war für die örtliche Weiterverwahrungszuständigkeit des für den Nachlass des Erstverstorbenen zuständigen Nachlassgerichts iSd. Abs. 2 insbesondere dessen häufig engerer Bezug zum familiären Umfeld des Längstlebenden und die Vermeidung einer andernfalls unumgänglichen Aktenversendung samt damit verbundener Gefahr eines Verlusts beweiserheblicher Testamentsurschriften maßgebend.[3] 36

Die örtliche Zuständigkeit nach Abs. 2 Halbs. 1 ist nur auf solche gemeinschaftlichen Testamente anwendbar, die sich **bereits zuvor** in besonderer amtlicher Verwahrung befunden haben. Zuvor nicht besonders amtlich verwahrte gemeinschaftliche Testamente, die gem. § 2259 BGB abgeliefert werden, verbleiben nach Eröffnung auf den Tod des Erstverstorbenen gem. § 27 Abs. 11 iVm. § 28 Abs. 4a AktO[4] in einfacher Aktenverwahrung bei den diesbezüglichen Nachlassakten, solange nicht der Längstlebende die besondere amtliche Verwahrung beantragt.[5] 37

2. Abweichendes Verlangen des Längstlebenden

Der Längstlebende kann nach Abs. 2 Halbs. 2 jederzeit die besondere amtliche Verwahrung bei einem **anderen** Amtsgericht verlangen. Dies muss auch dann gelten, wenn das gemeinschaftliche Testament bis zum Tod des Erstverstorbenen nicht besonders amtlich verwahrt war, sondern dies nun erstmals auf Veranlassung des Längstlebenden geschieht. 38

IV. Besondere amtliche Verwahrung eines Erbvertrags (Absatz 3)

Für Erbverträge gelten gem. Abs. 3 die Regelungen nach Abs. 1 und Abs. 2 über die besondere amtliche Verwahrung bzw. Weiterverwahrung von gemeinschaftlichen Testamenten **entsprechend**. 39

Die Weiterverwahrungszuständigkeit des für den Erstversterbenden zuständigen Nachlassgerichts samt abweichendem Bestimmungsrecht des Längstlebenden nach Abs. 2 besteht bei Erbverträgen auch dann, wenn längstlebender Vertragspartner nicht 40

---

1 BayObLG v. 22.10.1994 – 1 Z AR 76/94, Rpfleger 1995, 300; OLG Saarbrücken v. 21.7.1988 – 5 W 122/88, Rpfleger 1988, 484; OLG Stuttgart Rpfleger v. 24.3.1988 – 8 AR 28/87, 1988, 189 (190); OLG Oldenburg v. 12.9.1986 – 5 AR 17/86, NJW-RR 1987, 265; KG v. 31.3.1981 – 1 AR 18/81, Rpfleger 1981, 304; OLG Köln v. 21.1.1975 – 2 W 88/74, Rpfleger 1975, 248 (249); Palandt/*Edenhofer*, § 2273 BGB Rz. 5.

2 OLG Zweibrücken v. 29.11.2007 – 2 AR 39/07, FGPrax 2008, 118; OLG Frankfurt v. 11.11.1994 – 20 W 534/94, NJW-RR 1995, 460 (461); OLG Hamm v. 26.3.1990 – 15 Sbd. 2/90, FamRZ 1990, 1161; OLG Karlsruhe v. 22.10.1987 – 5 AR 12/87, BWNotZ 1989, 63; OLG Celle v. 11.10.1978 – 10 Gen 4/78, Rpfleger 1979, 24; Staudinger/*Baumann*, § 2261 BGB Rz. 16; MüKo.BGB/*Hagena*, § 2261 BGB, Rz. 15.

3 Begr. zum GesetzE der BReg. zu § 344 Abs. 2, BT-Drucks. 16/6308, S. 278.

4 Abgedruckt in der in Bayern geltenden Fassung v. 16.12.1998 bei Firsching/*Graf*, Anhang 4.

5 Palandt/*Edenhofer*, § 2273 BGB Rz. 6.

ein ausdrücklich in Abs. 2 genannter Ehegatte oder Lebenspartner, sondern eine **andere Person**, bspw. der Partner aus einer nichtehelichen Lebensgemeinschaft oder ein Geschwisterteil ist.[1] Zum einen findet Abs. 2 mit seiner auf die für gemeinschaftliche Testamente ausgerichteten Terminologie über Abs. 3 ausdrücklich nicht wörtlich, sondern lediglich entsprechend Anwendung und darf daher an die besonderen Gestaltungsmöglichkeiten des Erbvertragsrechts, die über Ehe und eingetragene Lebenspartnerschaft hinausgehen, angepasst werden. Zum anderen spricht die Gesetzesbegründung anders als der Gesetzeswortlaut verallgemeinernd vom „überlebenden Erblasser".[2]

V. Nachlasssicherung (Absatz 4)

1. Allgemeine Zuständigkeit

41 Nach § 1960 Abs. 1 BGB hat das **Nachlassgericht** bis zur Annahme der Erbschaft im Rahmen eines dafür bestehenden Fürsorgebedürfnisses nach pflichtgemäßem Ermessen[3] für die Sicherung des Nachlasses zu sorgen. Als typische Sicherungsmittel kommen dabei insbesondere das Anlegen von Siegeln, die amtliche Inverwahrnahme, die Sperrung von Konten, die Aufnahme eines Nachlassverzeichnisses und die Anordnung einer Nachlasspflegschaft in Betracht.[4] Die gesetzliche Aufzählung nach § 1960 Abs. 2 BGB hat ausschließlich exemplarischen Charakter und ist nicht abschließend[5] (vgl. zu weiteren Einzelheiten § 342 Rz. 5 ff.).

2. Besondere Zuständigkeit

42 Nach Abs. 4 ist neben[6] dem gem. § 343 örtlich zuständigen Nachlassgericht **jedes Amtsgericht** zur Nachlassicherung örtlich zuständig, in dessen Bezirk ein Bedürfnis für die Sicherung besteht.

43 Ein danach zuständiges Gericht ist dann zu allen in diesem Bezirk erforderlichen Sicherungsmaßnahmen **verpflichtet**, ohne an das Nachlassgericht verweisen zu dürfen.[7]

44 Wegen ihrer primär dem Gläubigerinteresse dienenden Ausrichtung erfasst die Zuständigkeit nach Abs. 4 jedoch regelmäßig nicht die Anordnung einer **Klagepflegschaft** auf Antrag eines Gläubigers iSd. § 1961 BGB, wobei jeweils eine Einzelfallprüfung geboten ist.[8]

1 *Fröhler*, BWNotZ 2008, 183 (185).
2 Begr. zum GesetzE der BReg. zu § 344 Abs. 2, BT-Drucks. 16/6308, S. 278.
3 BayObLG v. 21.11.1917 – Reg. V Nr. 23/1917, BayObLGZ 1918, 123 (129); MüKo.BGB/*Leipold*, § 1960 BGB Rz. 23; Firsching/*Graf*, Rz. 4.560.
4 Firsching/*Graf*, Rz. 4.561; Wurm/Wagner/Zartmann/*Fröhler*, Kap. 84 Rz. 2.
5 OLG Celle v. 20.9.1958 – 10 Wx 9/58, FamRZ 1959, 33 (34).
6 Keidel/*Winkler*, § 74 FGG Rz. 2.
7 Keidel/*Winkler*, § 74 FGG Rz. 2.
8 OLG Frankfurt v. 3.8.1993 – 20 W 293/93, Rpfleger 1994, 67 (keine Zuständigkeit, wenn mit dem Nachlasspfleger lediglich über eine Dienstbarkeitsbestellung verhandelt werden soll); *Zimmermann*, Das neue FamFG, Rz. 626; ohne Einzelfallprüfung stets eine derartige Zuständigkeit verneinend OLG Rostock v. 15.1.1901 – Az. ist n.v., OLGR 2, 474; *Behr*, Rpfleger 2002, 2 (3); Keidel/*Winkler*, § 74 FGG Rz. 2; aA (Zuständigkeit bestehe ohne Einzelfallprüfung stets, da auch die Klagepflegschaft immer ausschließlich die Belange der Erben wahre und daher den Nachlass sichere) OLG Düsseldorf v. 15.12.1953 – 3 W 333/53, JMBl. NRW 1954, 83; MüKo.BGB/*Leipold*, § 1961 BGB Rz. 2.

Da das Gericht am Ort des Sicherungsbedüfnisses vorbehaltlich abweichender Maßnahmen des Nachlassgerichts tätig wird,[1] darf das allgemein zuständige Nachlassgericht von sich aus eingreifen und eingeleitete Sicherungsmaßnahmen **abändern**. 45

Um die jeweilige Vorgehensweise zu koordinieren, sieht § 356 Abs. 2 eine Verpflichtung des nach Abs. 4 zuständigen Fürsorgegerichts zur **Unterrichtung** des nach § 343 zuständigen Nachlassgerichts vor. 46

Angesichts der ortsbezogenen Begrenztheit der Zuständigkeit nach Abs. 4 muss der **räumliche Wirkungskreis** eines nach § 1960 bestellten Nachlasspflegers auf den betroffenen Gerichtsbezirk beschränkt werden.[2] 47

Werden mehrere nach Abs. 4 örtlich zuständige Gerichte in derselben Sache dergestalt tätig, dass ihre Sicherungsmaßnahmen nicht miteinander vereinbar sind, ist nach § 2 Abs. 1 das Gericht zuständig, das zuerst insoweit mit der Sache **befasst** (vgl. dazu § 2 Rz. 18 ff.) gewesen ist. 48

3. Sonderzuständigkeiten

Im Rahmen der Nachlasssicherung bestehen für vorläufige Maßnahmen, bspw. zur Anlegung von Siegeln, über Art. 147 EGBGB ergänzende **landesrechtliche** Sonderzuständigkeiten der Gemeinden,[3] Gerichtsvollzieher,[4] Polizeibehörden,[5] Ortsgerichtsvorsteher[6] bzw. Notare[7] bzw. zur Sicherung amtlicher Schriftstücke eines verstorbenen Beamten.[8] 49

Beim Tod eines **Notars** bestehen nach § 51 BNotO Sonderzuständigkeiten für die Verwahrung der dienstlichen Akten sowie die Vernichtung der Siegel und Stempel. 50

Zur Zuständigkeit von Kapitänen, Reedern bzw. Seemannsämtern beim Tod eines **Besatzungsmitglieds** vgl. § 343 Rz. 141. 51

Zur Zuständigkeit deutscher Konsularbeamten beim Tod eines deutschen Staatsangehörigen **im Ausland** vgl. § 343 Rz. 140. 52

4. Abwesenheitspfleger

Ist lediglich der Aufenthalt eines der Person nach bekannten Erben unbekannt, ohne dass eine Unklarheit über den endgültigen Erben besteht, muss nach § 1911 BGB ein **Abwesenheitspfleger** bestellt werden. Hierfür ist jedoch anders als bei der Bestellung eines Nachlasspflegers nicht das Nachlass-, sondern nach § 340 das Betreuungsgericht zuständig. 53

1 Jansen/*Müller-Lukoschek*, § 74 FGG Rz. 3.
2 *Bassenge*/Roth, § 74 FGG Rz. 1. Zur grundsätzlichen Beschränkbarkeit des Wirkungskreises eines Nachlasspflegers zudem KG v. 13.5.1965 – 1 W 1104/65, OLGZ 1965, 259 (260).
3 In Baden-Württemberg nach § 40 bad-württ. LFGG, in Bayern nach Art. 36 bay. AGBGB bzw. im Saarland nach § 54 Abs. 2 AGJusG.
4 In Brandenburg nach § 10 bbg. GerNeuOG, in Mecklenburg-Vorpommern nach § 10 meck-vorp. GOrgG bzw. in Thüringen nach § 13 thür. AGGVG.
5 In Bremen nach § 5 brem. AGFGG, in Hamburg nach § 3 hamb. FGG bzw. in Rheinland-Pfalz nach § 12 rheinl-pfälz. LFGG.
6 In Hessen nach §§ 15 f. hess. OrtsgerichtsG.
7 In Rheinland-Pfalz nach § 13 rheinl-pfälz. LFGG.
8 Bspw. in Hessen nach Art. 23 hess. FGG bzw. in Niedersachsen nach Art. 12 nieders. FGG.

5. Ausländischer Erblasser

54 Zur **internationalen** Zuständigkeit im Rahmen der Nachlasssicherung § 343 Rz. 159.

55 Zu **bilateralen Staatsverträgen** über Sicherungsbefugnisse ausländischer Konsularbeamter im Inland und Mitteilungspflichten beim Tod eines ausländischen Staatsangehörigen im Inland vgl. § 343 Rz. 160.

VI. Gesamtgutsauseinandersetzung bei einer Gütergemeinschaft (Absatz 5)

56 Abs. 5 regelt die örtliche Zuständigkeit für die Auseinandersetzung des Gesamtguts nach Beendigung einer allgemeinen oder fortgesetzten Gütergemeinschaft, die nur dann entsteht, wenn sie durch die Eheleute bzw. eingetragenen Lebenspartner zuvor durch entsprechenden notariell beurkundeten Ehevertrag nach § 1408 BGB bzw. Lebenspartnerschaftsvertrag gem. § 7 LPartG formgerecht **vereinbart** wurde. Zu den verschiedenen Beendigungstatbeständen vgl. § 373 Rz. 8 ff.

57 Gegenstand der Auseinandersetzung der Gütergemeinschaft ist ausschließlich das **Gesamtgut** nach den §§ 1416, 1415 BGB bzw. § 7 LPartG, sonstiges Vermögen selbst dann nicht, wenn es gemeinsam mit dem Gesamtgut auseinandergesetzt würde.[1] Ebenfalls erfasst ist auch der Erlös eines nach § 180 ZVG versteigerten Grundstücks.[2]

58 Für die Auseinandersetzung gelten die **materiell**-rechtlichen Regelungen der §§ 1471 bis 1481 BGB.

59 Gehört ein Anteil an dem Gesamtgut einer Gütergemeinschaft **zu einem Nachlass**, ist nach Abs. 5 Satz 1 für die Auseinandersetzung des Gesamtguts das für die Auseinandersetzung des Nachlasses nach § 343 zuständige Gericht (vgl. dazu § 363 Rz. 4 ff.) auch hierfür örtlich zuständig. Trotz identischer örtlicher Zuständigkeit des Nachlassgerichts nach § 344 Abs. 5 iVm. § 343 für das Gesamtgut der Gütergemeinschaft einerseits bzw. nach § 343 für die Nachlassauseinandersetzung andererseits handelt es sich um zwei gänzlich selbständige Verfahren, die dogmatisch streng voneinander zu trennen sind.[3] Gleichwohl ist eine Verbindung beider Verfahren vor demselben Gericht zulässig.[4]

60 **Fehlt** es an einer derartigen Nachlasszugehörigkeit, bestimmt sich die örtliche Zuständigkeit über Abs. 5 Satz 2 nach § 122.

VII. Eröffnung durch das vom Nachlassgericht verschiedene Verwahrgericht (Absatz 6)

1. Amtlich verwahrte Verfügungen

61 Abs. 6 betrifft die örtliche Eröffnungszuständigkeit für in amtlicher Verwahrung befindliche Verfügungen von Todes wegen. Die Regelung ist damit nicht auf besonders amtlich verwahrte Verfügungen beschränkt, sondern erfasst auch lediglich in **einfacher Aktenverwahrung** befindliche Dokumente,[5] bspw. ein nach dem Tod des Erst-

1 Keidel/*Winkler*, § 99 FGG Rz. 3.
2 BayObLG v. 23.10.1956 – 1 Z 121/56, NJW 1957, 386 (387).
3 OLG Hamm v. 18.2.1966 – 15 W 154/65, DNotZ 1966, 744 (746).
4 Firsching/*Graf*, Rz. 4.968.
5 Begr. zum GesetzE der BReg. zu § 344 Abs. 6, BT-Drucks. 16/6308, S. 278.

verstorbenen zu dessen Nachlassakten genommenes eigenhändiges gemeinschaftliches Testament, einen bei den Akten befindlichen nicht besonders amtlich verwahrten Erbvertrag bzw. ein bei einem anderen Amtsgericht ungeachtet dessen örtlicher Unzuständigkeit abgeliefertes eigenhändiges Testament.

2. Besondere Zuständigkeit

Nach Abs. 6 ist zur Eröffnung das von dem Nachlassgericht zu unterscheidende **Verwahrgericht** örtlich zuständig. Dieses wird nach § 347 über den Tod des betroffenen Erblassers benachrichtigt. 62

3. Weiteres Verfahren

Das Eröffnungsverfahren richtet sich nach § 350 (vgl. dazu § 350 Rz. 9 ff.). Danach ist unter Zurückhaltung einer beglaubigten Abschrift die Urschrift der eröffneten Verfügung mit einer beglaubigten Abschrift des Eröffnungsprotokolls an das Nachlassgericht zu **übersenden**. 63

VIII. Entgegennahmezuständigkeit bei Erbausschlagung (Absatz 7)

1. Allgemeines

Abs. 7 regelt **erstmals** für die Entgegennnahme einer Erklärung im Zusammenhang mit einer Erbschaftsausschlagung die ergänzende besondere örtliche Zuständigkeit auch desjenigen Nachlassgerichts, in dessen Bezirk der Erklärende seinen Wohnsitz hat. 64

Hierdurch werden **bisherige Unsicherheiten** hinsichtlich der Wirksamkeit bzw. Rechtzeitigkeit von entsprechenden Erklärungen gegenüber einem anderen als dem nach § 343 örtlich zuständigen Nachlassgericht ausgeräumt, die insbesondere dann bestanden, wenn eine derartige Erklärung gegenüber einem nicht nach §§ 156, 157 GVG von dem örtlich zuständigen Nachlassgericht ersuchten Gericht abgegeben und dem Erklärenden von diesem Gericht (an Stelle einer Weiterleitung an das örtlich zuständige Nachlassgericht) zurückgegeben wird.[1] Diese Zuständigkeitserweiterung wurde erst auf Grund einer entsprechenden Stellungnahme des Deutschen Bundesrates v. 6.7.2007[2] und einer darauf basierenden Beschlussempfehlung des Rechtsausschusses des Deutschen Bundestages v. 23.6.2008 in den Gesetzestext aufgenommen.[3] Kommt das nach Satz 1 zuständige Gericht seiner Übersendungspflicht aus Satz 2 nicht umgehend nach, besteht die Gefahr, dass das allgemein zuständige Nachlassgericht in Unkenntnis einer Ausschlagung einen unrichtigen Erbschein erteilt.[4] 65

2. Betroffene Erklärungen

Nach seinem **Wortlaut** erfasst Abs. 7 Satz 1 ausschließlich Erbausschlagungen iSd. § 1945 Abs. 1 BGB und deren Anfechtung iSd. § 1955 BGB. 66

1 Vgl. dazu MüKo.BGB/*Leipold*, § 1945 BGB Rz. 8 mwN.
2 Stellungnahme des BR zum GesetzE der BReg., BR-Drucks. 309/07 (Beschl.), S. 71.
3 Beschlussempfehlung und Bericht des Rechtsausschusses (6. Ausschuss) des BT zu dem GesetzE der BReg., BT-Drucks. 16/9733, S. 297.
4 *Zimmermann*, ZEV 2009, 53 (55).

67 Gleichwohl gilt die Vorschrift **darüber hinaus** auch für die Anfechtung der Erbschaftsannahme nach § 1955 Satz 1 Alt. 1 Satz 2 iVm. § 1945 BGB, die auf § 1955 BGB verweisende Anfechtung der Fristversäumnis nach § 1956 BGB und die sich ebenfalls nach § 1955 BGB richtende[1] Anfechtung der Ausschlagung des Pflichtteilsberechtigten nach § 2308 Abs. 1 BGB.[2] Dies ergibt sich zunächst aus dem klar und einschränkungslos formulierten Regelungsziel, dass „eine Niederschrift der Ausschlagungs- bzw. Anfechtungserklärung vor dem örtlich zuständigen Wohnsitzgericht auch ohne ausdrückliches Ersuchen wirksam" sein soll.[3] Zudem gilt die Anfechtung der Annahme nach § 1957 Abs. 1 BGB als Ausschlagung, die wiederum ausdrücklich von Abs. 7 Satz 1 erfasst wird. Wäre eine unterschiedliche Behandlung dieser beiden die gleiche Wirkung entfaltenden Rechtsinstitute gewollt gewesen, hätte es dazu einer ausdrücklichen Begründung bedurft, die jedoch unterblieben ist. Darüber hinaus deuten ein entsprechendes Redaktionsversehen[4] auch die unvollständige Zitierweise hinsichtlich § 1955 BGB, die vergleichsweise späte Aufnahme des Abs. 7 in den Gesetzestext und offensichtliche Gesetzeslücken bei der Formulierung der Entgegennahme bzw. Niederschrift der Erklärung (dazu vgl. Rz. 68) an.

3. Gerichtliche Aufgaben

68 Nach Abs. 7 Satz 1 ist das Gericht zur **Entgegennahme** der Erklärung zuständig. Daher können bei diesem Gericht die durch einen Notar öffentlich beglaubigten Erklärungen fristwahrend eingereicht werden.[5] Eine Verzögerung bei der Weiterleitung an das nach § 343 zuständige Nachlassgericht verhindert den bereits erfolgten Eintritt der Wirksamkeit der Erklärung nicht.

69 Obwohl der Wortlaut der Vorschrift alleine die Entgegennahme der Erklärung benennt, ist das Gericht nach Abs. 7 Satz 1 darüber hinaus auch für deren **Protokollierung** zuständig, da regelmäßig nur diese – anders als die grundsätzlich in öffentlich beglaubigter Form durch den Notar erstellte Erklärung – eine Niederschrift darstellt, deren Übersendung Abs. 7 Satz 2 ausdrücklich vorschreibt.[6] Die Niederschrift erfolgt für sämtliche hier maßgebenden Erklärungen nach § 1945 Abs. 2 BGB iVm. §§ 8 bis 16, 22 bis 26 BeurkG.

4. Übersendungspflicht

70 Nach dem Wortlaut des Abs. 7 Satz 2 ist das Gericht lediglich zur Übersendung der **Niederschrift** über die Erklärung an das zuständige Nachlassgericht verpflichtet. Da notarielle Ausschlagungs- bzw. Anfechtungserklärungen regelmäßig in öffentlich beglaubigter Form erstellt und nicht beurkundet werden, verkörpern sie anders als ein gerichtliches Protokoll keine Niederschrift.

71 Gleichwohl hat das Gericht auch eine **durch den Notar** in öffentlich beglaubigter Form erstellte und dort fristwahrend nach § 1945 Abs. 1 BGB abgegebene Erklärung an das zuständige Nachlassgericht weiterzuleiten. Andernfalls würde sich das Gericht der Gefahr einer Haftung aussetzen, da das für die Erbscheinerteilung allgemein zuständi-

---

1 Palandt/*Edenhofer*, § 2308 BGB Rz. 1.
2 *Heinemann*, ZErb 2008, 293 (295).
3 Stellungnahme des BR zum GesetzE der BReg., BR-Drucks. 309/07 (Beschl.), S. 71.
4 Im Ergebnis ebenso *Heinemann*, ZErb 2008, 293 (295).
5 *Zimmermann*, Das neue FamFG, Rz. 629.
6 *Heinemann*, ZErb 2008, 293 (295).

ge Nachlassgericht angesichts der Regelung nach Abs. 7 Satz 2 auf eine kurzfristige Vorlage vertrauen darf.[1] Als Belegexemplar und zur Nachweissicherung wird zweckmäßigerweise eine beglaubigte Abschrift zurückbehalten.

5. Zuständigkeit

a) Örtlich

Örtlich zuständig ist nach Abs. 7 Satz 1 das Nachlassgericht, in dessen Bezirk der Erklärende zurzeit der Erklärungsabgabe gegenüber diesem Gericht seinen **Wohnsitz** hat. Nicht ausreichend ist im Gegensatz zu § 343 Abs. 1 insbesondere der dortige bloße gewöhnliche Aufenthalt des Erklärenden. Hierbei sind die Tatbestandsvoraussetzungen des Wohnsitzbegriffs, insbesondere das Bestehen eines auf eine dauerhafte Niederlassung ausgerichteten Domizilwillens des Erklärenden (vgl. dazu jeweils § 343 Rz. 11 ff.) sorgfältig zu prüfen. 72

Diese Zuständigkeit ist **nicht ausschließlich**. Aus der Formulierung „auch" in Satz 1 und der Übersendungspflicht aus Satz 2 ergibt sich vielmehr, dass das nach § 343 allgemein zuständige Nachlassgericht daneben örtlich zuständig bleibt. § 2 Abs. 1 ist nicht anwendbar.[2] 73

b) Funktionell

Der **Rechtspfleger** ist nach § 3 Nr. 1 Buchst. f und 2 Buchst. c RPflG funktionell zuständig. 74

c) International

Gemäß § 105 ist ein inländisches Gericht auch für die Protokollierung und Entgegennahme von Erbausschlagungen bzw. damit zusammenhängenden Anfechtungserklärungen selbst bei Anwendung ausländischen Sachrechts und Belegenheit von Nachlass im Ausland international zuständig, wenn eine örtliche Zuständigkeit besteht (vgl. dazu § 343 Rz. 148). § 344 Abs. 7 Satz 1 begründet eine derartige Zuständigkeit. Zwar wird im Text des § 344 Abs. 7 Satz 1 der Erbausschlagung der Zusatz „(§ 1945 Abs. 1 des Bürgerlichen Gesetzbuches)" bzw. der Ausschlagungsanfechtung der Zusatz „(§ 1955 des Bürgerlichen Gesetzbuches)" nachgestellt. Daraus folgt jedoch **keine Beschränkung** der Zuständigkeit auf die Entgegennahme von Erklärungen, die ausschließlich deutschem Sachrecht unterliegen.[3] Vielmehr dienen die jeweiligen Klammerzusätze lediglich der inhaltlichen Konkretisierung und erfassen auch dem Wesen nach entsprechende Erklärungen gemäß ausländischem Sachrecht,[4] da sich der Rege- 75

1 *Heinemann*, ZErb 2008, 293 (296).
2 *Heinemann*, ZErb 2008, 293 (299).
3 So aber *Heinemann*, ZErb 2008, 293 (299).
4 Derartige lediglich inhaltlich konkretisierende Zusätze sind auch in anderen Normen üblich, ohne dass dadurch eine Anwendbarkeit auf entsprechende Regelungen nach ausländischem Recht ausgeschlossen wäre. Vgl. zu § 621 Abs. 1 Nr. 7 ZPO aF Zöller/*Philippi*, § 621 ZPO Rz. 48c: Zuständigkeit des Familiengerichts nach § 621 Abs. 1 Nr. 7 ZPO aF (Regelungen nach der früheren HausratsVO) unabhängig davon, ob ausländisches materielles Recht anzuwenden ist. Ebenso zu § 23b Abs. 1 Satz 2 Nr. 8 GVG aF (Regelungen nach der früheren HausratsVO) OLG Düsseldorf v. 19.4.1995 – 2 UFH 6/95, FamRZ 1995, 1280; aA OLG Köln v. 29.6.1994 – 26 WF 84/94, FamRZ 1994, 1476 zu § 23b Abs. 1 Satz 2 Nr. 8 GVG aF. Vgl. zu § 661 Abs. 1 Nr. 5 und Nr. 7 ZPO aF Zöller/*Geimer*, § 661 ZPO Rz. 28 bzw. § 606a ZPO Rz. 43: Allgemein kommt für die Tatbestände nach § 661 Abs. 1 ZPO aF, somit auch für Regelungen nach der früheren

lungszweck des Abs. 7 Satz 1 nach der amtlichen Begründung darauf beschränkt, gegenüber dem Gericht am Wohnsitz des Ausschlagenden auch ohne ausdrückliches Ersuchen eine wirksame und fristwahrende Erklärung zu ermöglichen,[1] und hierfür sowohl bei inländischem als auch bei ausländischem Erbstatut gleichermaßen ein Bedürfnis besteht. Wäre hingegen durch Abs. 7 Satz 1 eine Beschränkung auf die Anwendung deutschen Sachrechts und damit eine partielle Fortgeltung des Gleichlaufgrundsatzes beabsichtigt gewesen, obwohl dessen vollständige Außerkraftsetzung im Nachlassverfahren ein zentraler Reformbestandteil des FamFG ist, hätte dies in der Gesetzesbegründung ausdrücklich erwähnt und angesichts dann bestehender gravierender Widersprüche zur genannten gesetzgeberischen Zielsetzung hinsichtlich § 105 FamFG,[2] § 343 Abs. 3 FamFG[3] und § 2369 Abs. 1 BGB[4] erläutert werden müssen. Dies gilt insbesondere dann, wenn im Fall einer Nachlassspaltung demselben Ausschlagenden die Zuständigkeit nach Abs. 7 Satz 1 für den dem deutschen Sachrecht unterliegenden Spaltnachlass eröffnet, hinsichtlich des dem ausländischen Sachrecht unterliegenden Spaltnachlasses jedoch verwehrt sein sollte, obschon die Ausschlagungen für beide Spaltnachlässe vor dem allgemein nach § 343 zuständigen Nachlassgericht bzw. dem förmlich ersuchten Gericht am Wohnsitz des Ausschlagenden erklärt werden könnten. Da entsprechende gesetzgeberische Hinweise fehlen, kann hier nicht von einer Beschränkung auf deutsches Sachrecht ausgegangen werden.

76 Die örtliche Zuständigkeitsregelung nach Abs. 7 Satz 1 bewirkt zudem eine Aufteilung des einheitlichen Ausschlagungsverfahrens in **zwei Verfahrensabschnitte**, in denen jeweils verschiedene Nachlassgerichte tätig werden. Gemäß Abs. 7 Satz 1 ist das Nachlassgericht am Wohnsitz des Ausschlagenden zur Protokollierung bzw. Entgegennahme der Erklärung örtlich zuständig. Das iSv. Abs. 7 Satz 2 entgegennehmende deutsche Nachlassgericht ist für die Mitteilung iSd. § 1953 Abs. 3 Satz 1 BGB, die Einsichtsgewährung gemäß § 1953 Abs. 3 Satz 2 BGB und die Aufbewahrung der Ausschlagungsurkunde bei den dort geführten Nachlassakten nach § 343 örtlich zuständig. Hätte der Gesetzgeber die internationale Zuständigkeit für den ersten Verfahrensabschnitt iSd. Abs. 7 Satz 1 ausschließen wollen, obschon sie für den zweiten auf die Übersendung iSd. Abs. 7 Satz 2 folgenden Verfahrensabschnitt nach § 105 iVm. § 343 eröffnet ist, wäre dazu ebenfalls eine ausdrückliche Begründung zu erwarten gewesen. Der Regelungszweck der Vorschrift, auch ohne ausdrückliches Ersuchen eine wirksame und fristwahrende Erklärung gegenüber dem Gericht am Wohnsitz des Ausschla-

---

HausratsVO bzw. Entscheidungen nach § 6 Abs. 2 Satz 4 LPartG iVm. §§ 1382, 1383 BGB, eine internationale Zuständigkeit eines deutschen Gerichts trotz Anwendung ausländischen Sachrechts in Betracht.

1 Stellungnahme des BR zum GesetzE der BReg., Nr. 84 zu § 344, BR-Drucks. 309/07 (Beschl.), S. 71.

2 Begr. zum GesetzE der BReg. zu § 105, BT-Drucks. 16/6308, S. 221 (§ 344 Abs. 7 war zu diesem Zeitpunkt noch nicht Bestandteil des Entwurfs): „Auch die nicht anderweitig geregelte internationale Zuständigkeit in Nachlass- und Teilungssachen soll sich nach dem Entwurf gemäß § 105 aus der örtlichen Zuständigkeit nach den §§ 343, 344 ergeben. Damit wird der ungeschriebenen sog. Gleichlauftheorie, wonach die deutschen Gerichte nur bei Anwendung deutschen Sachrechts zuständig seien, eine Absage erteilt."

3 Begr. zum GesetzE der BReg. zu § 343 Abs. 3, BT-Drucks. 16/6308, S. 277: § 343 Abs. 3 „ist im Hinblick auf den Wegfall der Beschränkung der Tätigkeit des Nachlassgerichts auf im Inland belegene Gegenstände neu gefasst. Der Entfall dieser Einschränkung beruht auf der gemäß § 105 vorgenommenen Absage an die Gleichlauftheorie."

4 Begr. zum GesetzE der BReg. zu § 2369 Abs. 1 BGB, BT-Drucks. 16/6308, S. 349: „Die Gleichlauftheorie, wonach die deutschen Nachlassgerichte nur insoweit zuständig sind, als deutsches Sachrecht auf den Erbfall zur Anwendung kommt, soll abgelöst werden."

genden zu ermöglichen,[1] und die Übersendungspflicht nach Abs. 7 Satz 2 rücken das Nachlassgericht am Wohnsitz des Ausschlagenden in eine Position, die einem ausdrücklich ersuchten Gericht ähnlich ist. Es wird damit gleichsam zum verlängerten Arm des nach § 343 allgemein zuständigen Nachlassgerichts.

Die internationale Zuständigkeit des Gerichts am Wohnsitz des Ausschlagenden für Verrichtungen nach Abs. 7 Satz 1 ist jedoch nur dann eröffnet, wenn ein allgemein zuständiges deutsches Nachlassgericht vorhanden ist, das seinerseits nach § 105 iVm. § 343 international zuständig ist. Dies folgt aus der Regelung des Abs. 7 Satz 2, die hinsichtlich der Übersendungspflicht des nach Abs. 7 Satz 1 zuständigen Gerichts eine Empfangszuständigkeit eines allgemein zuständigen deutschen Nachlassgerichts voraussetzt. Abs. 7 Satz 1 begründet damit insbesondere über den Wohnsitz des Ausschlagenden **keine Ausdehnung der internationalen Zuständigkeit** auf Nachlassfälle, die einen ausländischen Erblasser betreffen, der im Inland weder verstorben ist noch dort bei seinem Tod den Wohnsitz hatte und dessen Nachlass sich bei Befasstwerden des Gerichts nicht wenigstens teilweise im Inland befindet.[2] 77

Sämtliche Zuständigkeitsvoraussetzungen einschließlich der erforderlichen internationalen Zuständigkeit des allgemein örtlich zuständigen deutschen Nachlassgerichts iSd. § 105 iVm. § 343 hat das nach Abs. 7 Satz 1 zuständige Gericht gemäß § 26 **von Amts wegen zu ermitteln**. Wäre entgegen der hier vertretenen Ansicht von einer Beschränkung auf die Anwendung deutschen Sachrechts auszugehen, müsste das Gericht bereits im Rahmen der Zuständigkeitsprüfung ermitteln, ob – insbesondere auf Grund Rechtswahl, Vorrangs des Belegenheitsstatuts nach Art. 3a Abs. 2 EGBGB oder auf Grund teilweiser Rück- bzw. Weiterverweisung[3] – ein Spaltnachlass vorhanden ist und daher die eigene Zuständigkeit insoweit teilweise beschränkt (so bei bei einem deutschen Erblasser, soweit ausländisches Sachrecht anwendbar ist) bzw. teilweise erst eröffnet würde (so bei bei einem ausländischen Erblasser, soweit deutsches Sachrecht anwendbar ist).[4] 78

6. Nachlassspaltung

Tritt Nachlassspaltung – insbesondere auf Grund Rechtswahl, Vorrangs des Belegenheitsstatuts nach Art. 3a Abs. 2 EGBGB oder teilweiser Rück- bzw. Weiterverweisung[5] – ein,[6] kann für jeden Spaltnachlass **gesondert** über eine eventuelle Erbausschlagung entschieden werden. Selbst wenn nur einer der beiden Spaltnachlässe überschuldet ist, muss jedoch angesichts der unsicheren Rechtslage bezüglich etwaiger nur auf einen Spaltnachlass fixierter Nachlassverbindlichkeiten gleichwohl mit einer Haftung beider Spaltnachlässe gerechnet werden.[7] 79

Zur Vermeidung von Auslegungsschwierigkeiten sollte daher **ausdrücklich** klargestellt werden, auf welchen Spaltnachlass sich die Ausschlagung bezieht. Weiß der Ausschlagende, dass Nachlassbestandteile im Ausland belegen sind, wird regelmäßig unterstellt werden, dass die Ausschlagung auch das Auslandsvermögen erfassen soll.[8] 80

1 Stellungnahme des BR zum GesetzE der BReg., Nr. 84 zu § 344, BR-Drucks. 309/07 (Beschl.), S. 71.
2 Im Ergebnis ebenso *Heinemann*, ZErb 2008, 293 (299).
3 *Fetsch*, MittBayNot 2007, 285 (287 f.).
4 Vgl. dazu die Länderübersicht bei *Fetsch*, RNotZ 2006, 77 (91 ff.).
5 *Fetsch*, MittBayNot 2007, 285 (287 f.).
6 Vgl. dazu die Länderübersicht bei *Fetsch*, RNotZ 2006, 77 (91 ff.).
7 *Fetsch*, RNotZ 2006, 1 (24).
8 BayObLG v. 18.2.1998 – 1 Z BR 155/97, ZEV 1998, 472 (473).

7. Entgegennahme durch ein unzuständiges Gericht

81 Wird eine Ausschlagungs- bzw. Anfechtungserklärung von einem **örtlich** unzuständigen Gericht entgegengenommen, gilt sie gleichwohl analog § 2 Abs. 3 als wirksam und fristgerecht beim zuständigen Gericht eingegangen,[1] es sei denn, das Gericht gibt die Erklärung wegen Unzuständigkeit an den Erklärenden zurück.[2]

82 Entsprechendes gilt analog § 2 Abs. 3, wenn die Entgegennahme durch ein **international** unzuständiges Gericht erfolgt.[3]

83 Dieser jeweils **ursprünglich** aus entsprechender Anwendung des § 7 FGG entwickelte Grundsatz bleibt auch nach Inkrafttreten des § 344 Abs. 7 FamFG relevant,[4] bspw. bei Einreichung einer durch einen Notar öffentlich beglaubigten Erklärung bei dem Gericht desjenigen Ortes, an dem der Ausschlagende zwar seinen gewöhnlichen Aufenthalt, nicht jedoch seinen in Satz 1 vorausgesetzten Wohnsitz (vgl. dazu § 343 Rz. 11 ff.) hat oder an dem bei ausländischem Erblasser und Maßgeblichkeit ausländischen Sachrechts zwar zur Zeit des Erbfalls, jedoch nicht mehr bei erstmaligem Befasstwerden des allgemein zuständigen Nachlassgerichts Nachlassgegenstände belegen waren.

Abschnitt 2
Verfahren in Nachlasssachen

Literatur: *Bornhofen*, Das Gesetz zur Reform des Personenstandsrechts, StAZ 2007, 33; *Bühler*, Das Geheimhaltungsinteresse des Überlebenden bei der erstmaligen Eröffnung gemeinschaftlicher Verfügungen von Todes wegen, ZRP 1988, 59; *Fahrenkamp*, Bis zu welchem Zeitpunkt kann der Erbe seinen Antrag auf Nachlassverwaltung zurücknehmen?, NJW 1975, 1637; *Fröhler*, Vor- und Nacherbschaft sowie Vor- und Nachvermächtnis, in Wurm/Wagner/Zartmann, Das Rechtsformularbuch, 15. Aufl. 2007, Kap. 75; *Gaaz*, Die Reform des Personenstandsrechts – Vision und Wirklichkeit, StAZ 2008, 198; *Haegele*, Einzelfragen zur Testaments-Eröffnung, Rpfleger 1968, 137; *Hilger*, Das Bestimmtheitserfordernis des Erbscheinsantrages, BWNotZ 1992, 113; *Jacoby*, Der Regierungsentwurf für ein FamFG, FamRZ 2007, 1703; *Keim*, Die Aufhebung von Erbverträgen durch Rücknahme aus amtlicher oder notarieller Verwahrung, ZEV 2003, 55; *Kuchinke*, Grundfragen des Erbscheinsverfahrens und des Verkehrsschutzes bei Verfügungen des Scheinerben über Erbschaftsgegenstände, Jura 1981, 281; *Schaal/Grigas*, Der Regierungsentwurf zur Änderung des Erb- und Verjährungsrechtes, BWNotZ 2008, 2; *Schopp*, Keine vorläufige Erbscheinseinziehung, Rpfleger 1983, 264; *van Venrooy*, Zum Sinn des Nachlassinventars, AcP 186, 356; *Walter*, Die Auswirkungen des Personenstandsrechtsreformgesetzes im Bereich des Nachlassrechts, Rpfleger 2008, 611; *Weimar*, Risiken bei der Inventarerrichtung für den Erben, MDR 1979, 726; *Weiß*, Zur Einziehung inkorrekt erteilter Erbscheine, Rpfleger 1984, 389; *Westphal*, Rechtliches Gehör in Nachlasssachen, Rpfleger 1983, 204; *Will*, Zweimalige Testamentseröffnung? – Zur Frage, ob das in Österreich kundgemachte Testament eines Deutschen in Deutschland abermals zu eröffnen sei –, DNotZ 1974, 273; *Zimmermann*, Die Beteiligten im neuen FamFG, FPR 2009, 5.

1 BayObLG v. 22.12.1997 – 1 Z BR 138/97, MittBayNot 1998, 192 (193).
2 Palandt/*Edenhofer*, § 1945 BGB Rz. 7 zu § 7 FGG.
3 BayObLG v. 11.3.1994 – 1 Z BR 109/93, NJW-RR 1994, 505 (507).
4 *Heinemann*, ZErb 2008, 293 (297).

Unterabschnitt 1
Allgemeine Bestimmungen

§ 345
Beteiligte

(1) In Verfahren auf Erteilung eines Erbscheins ist Beteiligter der Antragsteller. Ferner können als Beteiligte hinzugezogen werden:

1. die gesetzlichen Erben,

2. diejenigen, die nach dem Inhalt einer vorliegenden Verfügung von Todes wegen als Erben in Betracht kommen,

3. die Gegner des Antragstellers, wenn ein Rechtsstreit über das Erbrecht anhängig ist,

4. diejenigen, die im Fall der Unwirksamkeit der Verfügung von Todes wegen Erbe sein würden, sowie

5. alle Übrigen, deren Recht am Nachlass durch das Verfahren unmittelbar betroffen wird.

Auf ihren Antrag sind sie hinzuzuziehen.

(2) Absatz 1 gilt entsprechend für die Erteilung eines Zeugnisses nach § 1507 des Bürgerlichen Gesetzbuchs oder nach den §§ 36 und 37 der Grundbuchordnung sowie den §§ 42 und 74 der Schiffsregisterordnung.

(3) Im Verfahren zur Ernennung eines Testamentsvollstreckers und zur Erteilung eines Testamentsvollstreckerzeugnisses ist Beteiligter der Testamentsvollstrecker. Das Gericht kann als Beteiligte hinzuziehen:

1. die Erben,

2. den Mitvollstrecker.

Auf ihren Antrag sind sie hinzuzuziehen.

(4) In den sonstigen auf Antrag durchzuführenden Nachlassverfahren sind als Beteiligte hinzuzuziehen in Verfahren betreffend

1. eine Nachlasspflegschaft oder eine Nachlassverwaltung der Nachlasspfleger oder Nachlassverwalter;

2. die Entlassung eines Testamentsvollstreckers der Testamentsvollstrecker;

3. die Bestimmung erbrechtlicher Fristen derjenige, dem die Frist bestimmt wird;

4. die Bestimmung oder Verlängerung einer Inventarfrist der Erbe, dem die Frist bestimmt wird, sowie im Fall des § 2008 des Bürgerlichen Gesetzbuchs dessen Ehegatte oder Lebenspartner;

5. die Abnahme einer eidesstattlichen Versicherung derjenige, der die eidesstattliche Versicherung abzugeben hat, sowie im Fall des § 2008 des Bürgerlichen Gesetzbuchs dessen Ehegatte oder Lebenspartner.

Das Gericht kann alle Übrigen, deren Recht durch das Verfahren unmittelbar betroffen wird, als Beteiligte hinzuziehen. Auf ihren Antrag sind sie hinzuzuziehen.

A. Überblick

I. Entstehung

1 Die Vorschrift ist ebenso wie die korrespondierenden Regelungen in § 7 des Allgemeinen Teils und den übrigen Büchern gänzlich neu geschaffen worden. Damit sieht das normierte Verfahrensrecht der freiwilligen Gerichtsbarkeit **erstmals ausdrücklich** Regelungen zum Beteiligtenbegriff vor. Hierdurch wird die wohl bekannteste Lücke hinsichtlich ausdrücklich normierter rechtsstaatlicher Verfahrensgarantien im früheren FGG geschlossen. Die früher im materiellen Recht enthaltenen Beteiligtenrechte zur Anhörung des zu entlassenden Testamentsvollstreckers nach § 2227 Abs. 2 BGB bzw. des Gegners des Antragstellers bei einem anhängigen Rechtsstreit nach §§ 2360, 2368 Abs. 2 BGB werden durch § 345 Abs. 4 Nr. 2 bzw. Abs. 1 Nr. 3 und Abs. 3 iVm. § 7 Abs. 4 FamFG ersetzt.[1] Zur Entstehungsgeschichte des Beteiligtenbegriffs und der un-

1 Begr. zum GesetzE der BReg. zu Art. 50 Nr. 60 (§ 2227 Abs. 2 BGB) und Nr. 69 (§§ 2360, 2368 Abs. 2 BGB), BT-Drucks. 16/6308, S. 348.

ter Geltung des FGG praktizierten Unterscheidung zwischen formell und materiell Beteiligten vgl. § 7 Rz. 7 ff.

II. Systematik

Die Vorschrift regelt gemeinsam mit § 7 des Allgemeinen Teils die Beteiligteneigenschaft in **Nachlassverfahren**. Zur Beteiligteneigenschaft in Teilungssachen vgl. § 363 Rz. 13 ff. 2

Die Regelungssystematik lässt sich dabei nur aus einer gemeinsamen Betrachtung von § 7 und § 345 erschließen. § 345 ist **lex specialis** gegenüber der zum Allgemeinen Teil gehörenden Regelung des § 7. Dieser Vorrang gilt jedoch ausschließlich für die in § 345 genannten Nachlassverfahren, die allesamt **auf Antrag** durchzuführen sind. 3

Daher wird die Beteiligteneigenschaft in den **von Amts wegen** durchzuführenden Nachlassverfahren und hinsichtlich der in den Antragsnachlassverfahren nach Abs. 3 und Abs. 4 nicht ausdrücklich genannten Antragsteller mangels vorrangiger Spezialregelung ausschließlich durch § 7 bestimmt.[1] 4

Die Vorschrift regelt die Beteiligteneigenschaft für das jeweilige **Antragsverfahren** auf Erteilung eines Erbscheins (Abs. 1), auf Erteilung von Zeugnissen nach § 1507 BGB, §§ 36 und 37 GBO bzw. §§ 42 und 74 SchRegO (Abs. 2), zur Ernennung eines Testamentsvollstreckers bzw. zur Erteilung eines Testamentsvollstreckerzeugnisses (Abs. 3) bzw. in den von Abs. 4 erfassten sonstigen auf Antrag durchzuführenden Nachlassverfahren. Dabei wird jeweils zwischen einer Beteiligteneigenschaft unmittelbar kraft zwingender Anordnung durch Gesetz (Abs. 1 Satz 1, Abs. 2 iVm. Abs. 1 Satz 1 bzw. Abs. 3 Satz 1) und einer solchen kraft konstitutiver Hinzuziehung unterschieden, die ihrerseits zwingend auf gerichtlicher Anordnung (Abs. 4 Satz 1), frei auf gerichtlicher Ermessensentscheidung (Abs. 1 Satz 2, Abs. 2 iVm. Abs. 1 Satz 2, Abs. 3 Satz 2, Abs. 4 Satz 2) oder zwingend auf Antrag des Betroffenen (Abs. 1 Satz 3, Abs. 2 iVm. Abs. 1 Satz 3, Abs. 3 Satz 3, Abs. 4 Satz 3) beruhen kann. Sie wird durch eine kraft zwingender Anordnung durch Gesetz nach § 7 Abs. 1 begründete Beteiligteneigenschaft der Antragsteller aus den Verfahren nach § 345 Abs. 3 und Abs. 4 ergänzt. 5

III. Normzweck

Ein Beteiligter unterscheidet sich als **Verfahrenssubjekt** von anderen Personen insbesondere durch das Privileg, Inhaber besonderer Verfahrensrechte zu sein, bspw. auf Akteneinsicht, Stellen von Beweisanträgen, Empfangen gerichtlicher Hinweise und Abgabe von Stellungnahmen zu den Ergebnissen förmlicher Beweisaufnahme.[2] Daneben unterliegen Beteiligte besonderen Pflichten, insbesondere zum persönlichen Erscheinen auf Anordnung nach § 33 Abs. 1. 6

Die Vorschrift hat die Aufgabe, durch erstmalige ausdrückliche gesetzliche Normierung des Beteiligtenbegriffs **eindeutig** zu regeln, welchen Personen in Nachlassangelegenheiten auf Grund ihrer besonderen Stellung im Verfahren derartige Rechte zustehen. Hierdurch wird einerseits zu Gunsten der Beteiligten den Anforderungen aus dem Rechtsstaatsprinzip samt dem in Art. 103 Abs. 1 GG garantierten Anspruch 7

---

1 Begr. zum GesetzE der BReg. zu § 345 allg. und Abs. 3, BT-Drucks. 16/6308, S. 278.
2 *Jacoby*, FamRZ 2007, 1703 (1704); *Zimmermann*, FPR 2009, 5.

auf rechtliches Gehör entsprochen, andererseits im Interesse einer Verfahrensbeschleunigung der Kreis der Beteiligten begrenzt.

8 Als Ergebnis einer Abwägung der miteinander in Einklang zu bringenden Grundsätze des Anspruchs auf rechtliches Gehör einerseits und der Verfahrensökonomie andererseits werden die Mitwirkungsfunktionen der Beteiligten weniger als noch unter Geltung des FGG an der materiell-rechtlichen Betroffenheit als vielmehr an formellem Recht ausgerichtet.[1] Daher wird nach einer zwingend kraft Gesetzes (Abs. 1 Satz 1, Abs. 2 iVm. Abs. 1 Satz 1 bzw. Abs. 3 Satz 1), zwingend durch gerichtliche Hinzuziehung (Abs. 4 Satz 1), frei kraft gerichtlicher Hinzuziehung auf Grund Ermessensentscheidung (Abs. 1 Satz 2, Abs. 2 iVm. Abs. 1 Satz 2, Abs. 3 Satz 2, Abs. 4 Satz 2) bzw. zwingend kraft gerichtlicher Hinzuziehung auf Grund eigenen Antrags der Betroffenen (Abs. 1 Satz 3, Abs. 2 iVm. Abs. 1 Satz 3, Abs. 3 Satz 3, Abs. 4 Satz 3) begründeten Beteiligtenstellung differenziert.

B. Inhalt der Vorschrift

I. Allgemeines

1. Begrenzungsfunktion

9 Die Aufzählungen nach § 345 und § 7 definieren die Beteiligten in Nachlassverfahren im Interesse der Prozessökonomie **abschließend**.[2] Das Nachlassgericht darf daher von sich aus keine weiteren Beteiligten hinzuziehen. Demnach werden bspw. im Verfahren auf Erteilung eines Testamentsvollstreckerzeugnisses nach Abs. 3 **Vermächtnisnehmer** nicht beteiligt.

2. Hinzuziehung

10 Soweit die Beteiligteneigenschaft nicht in Antragsnachlassverfahren nach Abs. 1 Satz 1, Abs. 2 iVm. Abs. 1 Satz 1 bzw. Abs. 3 Satz 1 oder nach Abs. 4 iVm. § 7 Abs. 1 kraft Gesetzes von selbst zwingend entsteht, kann sie ausschließlich durch einen **konstitutiven** gerichtlichen Hinzuziehungsakt begründet werden.

11 Dabei hat das Nachlassgericht entweder (nach Abs. 1 Satz 2, Abs. 2 iVm. Abs. 1 Satz 2, Abs. 3 Satz 2, Abs. 4 Satz 2) einen **Ermessensspielraum** oder (antragsunabhängig nach Abs. 4 Satz 1 bzw. auf Antrag nach Abs. 1 Satz 3, Abs. 2 iVm. Abs. 1 Satz 3, Abs. 3 Satz 3, Abs. 4 Satz 3) die **Pflicht** zur Hinzuziehung.

12 Soweit ein Ermessensspielraum besteht, kann das **Unterlassen** der Hinzuziehung nicht angefochten werden.[3] Der Betroffene kann jedoch jederzeit einen Zuziehungsantrag stellen.

13 Auf einen **Zuziehungsantrag** nach Abs. 1 Satz 3, Abs. 2 iVm. Abs. 1 Satz 3, Abs. 3 Satz 3, Abs. 4 Satz 3, der auch noch im Beschwerdeverfahren gestellt werden kann,[4] muss die entsprechende Zuziehung erfolgen. Aus dem Umkehrschluss zu § 7 Abs. 5 Satz 1 ergibt sich, dass die Zuziehung keinen förmlichen Beschluss voraussetzt, son-

1 Begr. zum GesetzE der BReg. zu § 7, BT-Drucks. 16/6308, S. 178.
2 Begr. zum GesetzE der BReg. zu § 7, BT-Drucks. 16/6308, S. 179.
3 Begr. zum GesetzE der BReg. zu § 345 Abs. 2, BT-Drucks. 16/6308, S. 278.
4 *Zimmermann*, Das neue FamFG, Rz. 636.

dern auch konkludent durch Übersendung von Schriftstücken bzw. Terminsladungen erfolgen kann.[1]

14 Nach § 7 Abs. 4 sind diejenigen, die in Nachlassverfahren auf Antrag hinzugezogen werden müssen, von der Einleitung des Verfahrens zu benachrichtigen und über ihr Antragsrecht zu belehren. Nach § 7 Abs. 4 Satz 1 Halbs. 2 besteht jedoch in Durchbrechung des Amtsermittlungsgrundsatzes aus § 26 **keine Pflicht zur Ermittlung** der auf diese Weise zu Beteiligenden.[2]

15 Der Beschluss, durch den das Nachlassgericht die Zuziehung trotz Zuziehungsantrags ablehnt, ist nach § 7 Abs. 5 Satz 2 FamFG iVm. §§ 567 bis 572 ZPO analog abweichend von §§ 58, 63 binnen einer Frist von zwei Wochen mit **sofortiger Beschwerde** anfechtbar. Nach § 7 Abs. 5 Satz 1 kann auch ein von Amts wegen zu Beteiligender seine Zuziehung beantragen und gegen den Ablehnungsbeschluss sofortige Beschwerde einlegen.

II. Beteiligte in Antragsverfahren

1. Verfahren auf Erteilung eines Erbscheins (Absatz 1)

a) Zwingend Beteiligte kraft Gesetzes (Satz 1)

16 Nach Abs. 1 Satz 1 ist in Verfahren auf Erteilung eines Erbscheins der **Antragsteller** kraft Gesetzes Beteiligter, ohne dass es einer konstitutiven gerichtlichen Hinzuziehung bedarf. Beim Erbscheinsantrag treten die §§ 2354, 2355 BGB an die Stelle des § 23 Abs. 1.

17 Ebenso wie beim Testamentsvollstreckerzeugnis unterfällt auch die **Einziehung** bzw. Kraftloserklärung des Erbscheins nicht der Regelung des § 345, sondern § 7 Abs. 2 Nr. 1 (vgl. dazu Rz. 67 f.), da kein Antrags-, sondern ein von Amts wegen zu betreibendes Verfahren betroffen ist. Dies gilt auch dann, wenn die Einziehung bzw. Kraftloserklärung nach § 24 Abs. 1 angeregt wurde.

18 Maßgebend ist alleine die **tatsächliche Antragstellung**. Die Antragsberechtigung hat insoweit keine Bedeutung,[3] da hierüber erst im Laufe des Verfahrens entschieden wird. Daher fehlt einem Antragsberechtigten, der tatsächlich keinen Antrag stellt, die zwingende Beteiligteneigenschaft iSd. Abs. 1 Satz 1. Er kann jedoch unter den Voraussetzungen des Abs. 1 Satz 2 und Satz 3 Beteiligter sein. Umgekehrt ist ein Antragsteller auch dann zwingend Beteiligter, wenn er nicht antragsberechtigt ist.

b) Beteiligte kraft Hinzuziehung

aa) Gerichtliches Ermessen (Satz 2)

(1) Gesetzliche Erben (Nr. 1)

19 Als gesetzliche Erben können sowohl diejenigen, deren gesetzliches Erbrecht durch Verfügung von Todes wegen mittels Erhöhung der gesetzlichen Erbquote zu Gunsten eines Teils von ihnen oder zu Gunsten Dritter **übergangen** wurde, als auch diejenigen,

1 Begr. zum GesetzE der BReg. zur damaligen Fassung des § 7 Abs. 3 Satz 2, BT-Drucks. 16/6308, S. 179.

2 Begr. zum GesetzE der BReg. zur damaligen Fassung des § 7 Abs. 3 Satz 2, BT-Drucks. 16/6308, S. 179. Dazu kritisch *Zimmermann*, FPR 2009, 5 (7).

3 *Zimmermann*, Das neue FamFG, Rz. 632.

die kraft gesetzlicher Erbfolge oder auf Grund einer die gesetzliche Erbfolge bestätigenden Verfügung von Todes als Erben **berufen** sind, Beteiligte werden.

20 Ein **Erbteilserwerber** wird hingegen nicht von Nr. 1, sondern von Nr. 5 erfasst.[1]

21 Wer gesetzlicher Erbe ist, richtet sich, soweit **deutsches Sachrecht** berufen ist, bei Verwandten nach den §§ 1924 bis 1930 BGB,[2] bei verheirateten oder förmlich verpartnerten Erblassern nach den §§ 1931, 1933, 1371 BGB bzw. § 10 LPartG,[3] für den Fiskus nach § 1936 BGB. Besteht ein Auslandsbezug, müssen vorab die erb- und ggf. güterrechtlichen Regelungen nach dem Internationalen Privatrecht berücksichtigt werden, insbesondere die Artt. 3a, 4, 15 und 25 EGBGB (vgl. dazu § 343 Rz. 148 ff. bzw. 166 ff.).[4] Soweit der Erbscheinsantrag nach § 2369 Abs. 1 BGB auf den Inlandsnachlass beschränkt ist, kommt ggf. trotz Auslandsbezugs eine alleinige Anwendung deutschen Sachrechts in Betracht (vgl. dazu § 343 Rz. 166 ff.).

22 Gesetzliche Miterben kommen auch dann als Beteiligte iSv. Nr. 1 in Betracht, wenn der den Erbscheinsantrag stellende gesetzliche Miterbe statt eines gemeinschaftlichen Erbscheins lediglich einen **Teilerbschein** beantragt.[5] Andernfalls könnten die übrigen gesetzlichen Miterben nicht kontrollieren, dass die zu Gunsten des Antragstellers bescheinigte Teilerbquote die ihnen verbleibende Restquote nicht unter Verstoß gegen die Regelungen der gesetzliche Erbfolge ungerechtfertigt reduziert, bspw. auf Grund unrichtiger eidesstattlicher Versicherung bzw. Vorlage gefälschter Personenstandsurkunden.

(2) In Betracht kommende gewillkürte Erben (Nr. 2)

23 Beteiligter iSv. Nr. 2 ist zunächst der in einer Verfügung von Todes wegen **ausdrücklich** als Erbe Benannte.

24 Darüber hinaus erfasst Nr. 2 auch denjenigen letztwillig Begünstigten, dessen Erbenstellung sich erst im Wege der **Auslegung** – auch unter Anwendung einer gesetzlichen Auslegungsregel, bspw. nach § 2069 BGB bzw. § 2087 BGB – feststellen lässt. Dies ergibt sich aus der gesetzlichen Formulierung „in Betracht kommen".

25 Sind mehrere Verfügungen von Todes wegen vorhanden, kann auch derjenige Beteiligter sein, der in einer dieser Verfügungen zum Erben eingesetzt wurde, die anschließend durch eine der anderen Verfügungen ausdrücklich **aufgehoben** wurde. Dies folgt in Anlehnung an die zwischenzeitlich durch § 348 Abs. 3 ersetzte frühere Regelung des § 2262 BGB aus dem Bedürfnis des Betroffenen, die Wirksamkeit der aufhebenden Verfügung überprüfen können zu müssen.

26 Entsprechendes gilt, wenn keine ausdrückliche Aufhebung erfolgt ist, sondern die frühere Verfügung nach § 2258 BGB wegen **sachlicher Unvereinbarkeit** mit einer später errichteten Verfügung aufgehoben ist.

27 **Ersatzerben** können vor Eintritt des Ersatzerbfalls anders als Ersatznacherben vor Eintritt des Ersatznacherbfalls (vgl. dazu Rz. 36) nicht Beteiligte sein.

28 Die das Beteiligtenrecht auslösende Verfügung muss **vorliegen**. Hieraus folgt das Erfordernis, dass sich die Verfügung gegenständlich bei den Akten befindet. Die Verfü-

1 Zur Differenzierung zwischen Erbe und Erbteilserwerber bezüglich Abs. 4 Satz 2 vgl. Begr. zum GesetzE der BReg. zu § 345 Abs. 4, BT-Drucks. 16/6308, S. 279.
2 Vgl. dazu Wurm/Wagner/Zartmann/*Fröhler*, Kap. 73 Rz. 3 ff.
3 Vgl. dazu Wurm/Wagner/Zartmann/*Fröhler*, Kap. 73 Rz. 16 f.
4 Vgl. dazu *Fetsch*, RNotZ 2006, 1 ff.; *Fetsch*, RNotZ 2006, 77 ff.
5 AA *Zimmermann*, Das neue FamFG, Rz. 637.

gung muss jedoch weder in Urschrift noch in beglaubigter Abschrift vorliegen. Eine einfache Fotokopie ist ausreichend. Der Nachweis der Echtheit kann dem weiteren Verfahren vorbehalten bleiben. Das bloße Behaupten ihrer Existenz ist nach dem eindeutigen Wortlaut der Vorschrift, der sich insbesondere von der Terminologie des Vorhandenseins iSd. § 2354 Nr. 4 BGB unterscheidet, jedoch nicht ausreichend. Insoweit kann sich die Beteiligteneigenschaft jedoch aus Nr. 3 bzw. Nr. 5 ergeben.

(3) Gegner des Antragstellers (Nr. 3)

Als Beteiligter kommt auch die gegnerische Partei eines über das Erbrecht anhängigen **Rechtsstreits** in Betracht. 29

Ein derartiger Rechtsstreit setzt Klageerhebung zwischen den Erbprätendenten über das Erbrecht beim Prozessgericht voraus.[1] Die Klage muss **anhängig** sein. Ausreichend ist eine Klage aus § 2018 BGB,[2] eine Anfechtungsklage wegen Erbunwürdigkeit nach § 2342 BGB[3] oder eine Klage wegen einer für das Erbrecht relevanten Vorfrage, bspw. ein Ehescheidungsverfahren.[4] Der Rechtsstreit darf auch vor einem ausländischen Gericht anhängig sein.[5] Die Vorschrift knüpft an § 2354 Abs. 1 Nr. 5 BGB an, durch den dem Nachlassgericht je nach Ermittlungslage vor Erbscheinserteilung die Möglichkeit zur Aussetzung des Nachlassverfahrens bis zu einer Entscheidung im bereits anhängigen Verfahren eröffnet werden soll,[6] und ersetzt zugleich die frühere Regelung des § 2360 BGB. 30

(4) Erben bei Unwirksamkeit einer Verfügung von Todes wegen (Nr. 4)

Bei Unwirksamkeit einer Verfügung von Todes wegen sind Erben im Sinne dieser Vorschrift die **gesetzlichen Erben**,[7] wenn keine weitere letztwillige Verfügung vorhanden ist, die wirksam ist und die gesetzliche Erbfolge ändert. Insoweit tritt die Regelung neben den Tatbestand nach Nr. 1. 31

Zudem werden **gewillkürte Erben** erfasst, die auf Grund einer weiteren wirksamen letztwilligen Verfügung, die durch die unwirksame Verfügung verdrängt worden wäre, berufen sind. Insoweit tritt die Regelung neben den Tatbestand nach Nr. 2. 32

(5) Alle übrigen unmittelbar Betroffenen (Nr. 5)

Neben den in Nr. 1 bis 4 ausdrücklich genannten unmittelbar Betroffenen kommen nach dem Auffangtatbestand gem. Nr. 5 auch alle übrigen in ihren Rechten durch die beantragte Erbscheinserteilung unmittelbar Betroffenen als Beteiligte in Betracht. Dies sind insbesondere solche Personen, deren **Verfügungs- oder Anwartschaftsrechte** am Nachlass betroffen werden. 33

Dies ist bei **Nacherben**[8] der Fall, deren Nacherbanwartschaftsrechte, die insbesondere durch relative Verfügungsbeschränkungen hinsichtlich Grundbesitz und jeglicher Schenkung nach § 2113 BGB geschützt sind, durch Aufnahme von Befreiungsvermer- 34

1 OLG München v. 3.11.1936 – Wr. 236/36, JFG 14, 428 (430).
2 KG v. 17.1.1918 – Az. n.v., OLGR 40, 155 Fn. 1e.
3 MüKo.BGB/*Mayer*, § 2354 BGB Rz. 21 Fn. 40.
4 BayObLG v. 4.10.1928 – Reg. III Nr. 101/1928, BayObLGZ 1928, 614 (615).
5 KG v. 21.8.1967 – 1 W 959/67, FamRZ 1968, 219 (220).
6 KG v. 21.8.1967 – 1 W 959/67, FamRZ 1968, 219 (220); BayObLG v. 29.7.1969 – BReg. 1b Z 35/69, BayObLGZ 1969, 184 (185 f.).
7 *Zimmermann*, Das neue FamFG, Rz. 640.
8 *Zimmermann*, Das neue FamFG, Rz. 640.

ken iSd. § 2136 BGB oder Nichtaufnahme des Nacherbenvermerks gefährdet sein können.

35 Gleiches gilt für **weitere Nacherben**,[1] die nicht nur gegenüber dem ersten Nacherben, der gegenüber dem weiteren Nacherben insoweit gleichsam die Rolle eines Vorerben einnimmt, sondern auch gegenüber dem eigentlichen Vorerben entsprechend geschützt sind.

36 Zudem wird auch der **Ersatznacherbe** unmittelbar in seinen Rechten betroffen. Zwar ist für Verfügungen des nicht befreiten Vorerben über Grundbesitz neben der Mitwirkung des Nacherben keine Zustimmung des Ersatznacherben erforderlich.[2] Auch kann der alleinige Nacherbe ohne Zustimmung des Ersatznacherben durch Ausscheidungsvereinbarung Grundbesitz in das freie Vermögen des Vorerben übertragen.[3] Fällt der im Erbschein benannte Nacherbe jedoch zwischen Vor- und Nacherbfall weg, ist nur bei Aufnahme der Ersatznacherbenanordnung im Erbschein sichergestellt, dass nicht unzutreffenderweise auf einen Wegfall der gesamten Nacherbfolgenanordnung geschlossen wird[4] und der Vorerbe unter Vorlage einer Sterbeurkunde des Nacherben als Vollerbe legitimiert erscheint. Die Rechtsstellung des Ersatznacherben vor Eintritt des Nacherbfalls unterscheidet sich daher maßgebend von der des Ersatzerben vor Eintritt des Erbfalls (vgl. dazu Rz. 27).

37 Zu Nr. 5 zählt auch ein **Testamentsvollstrecker**, dessen aus § 2205 Satz 2 BGB abgeleitetes Verfügungsrecht das Verfügungsrecht der Erben nach § 2211 Abs. 1 BGB ausschließt. Seine Rechte würden unmittelbar betroffen, wenn die Testamentsvollstreckungsanordnung im beantragten Erbschein nicht vermerkt wäre und der Erbe daher nach § 2211 Abs. 2 BGB gegenüber gutgläubigen Dritten wirksam verfügen könnte. Demgegenüber betrifft das Verfahren zur Erteilung des Testamentsvollstreckerzeugnisses nach Abs. 3 alleine den Legitimationsnachweis des Testamentsvollstreckers für dessen eigenes Handeln, ohne unberechtigte Verfügungsmöglichkeiten der Erben zu unterbinden.

38 **Schuldrechtlich Berechtigte** kommen mangels unmittelbarer Betroffenheit nicht als Beteiligte in Betracht. Daher sind bspw. Vermächtnisnehmer und Pflichtteilsberechtigte nicht von Nr. 5 erfasst.

bb) Gerichtliche Pflicht nach Antrag (Satz 3)

39 Beantragt ein derartiger Optionsbegünstigter iSv. Satz 2 nach Satz 3 seine Hinzuziehung, **muss** das Gericht diese veranlassen. Es besteht dabei anders als ohne Antrag nach Satz 2 kein Ermessen.

2. Erteilung eines Fortsetzungs- bzw. Überweisungszeugnisses (Absatz 2)

40 Die Regelungen über das Erbscheinserteilungsverfahren gelten nach Abs. 2 **entsprechend** für die Erteilung eines Zeugnisses über die Fortsetzung der Gütergemeinschaft nach § 1507 BGB (vgl. dazu § 342 Rz. 28), dessen Satz 2 seinerseits die Vorschriften über den Erbschein für entsprechend anwendbar erklärt, und die Überweisungszeugnisse nach §§ 36, 37 GBO bzw. §§ 42, 74 SchRegO (vgl. dazu jeweils § 342 Rz. 29).

---

1 Vgl. dazu Wurm/Wagner/Zartmann/*Fröhler*, Kap. 75 Rz. 15 ff.
2 BGH v. 25.9.1963 – V ZR 130/61, BGHZ 40, 115 (119).
3 Wurm/Wagner/Zartmann/*Fröhler*, Kap. 75 Rz. 49 ff. mit Musterformular M. 75.9.
4 MüKo.BGB/*Mayer*, § 2363 BGB Rz. 13.

Auch hinsichtlich des **Fortsetzungszeugnisses** folgt die zwingende Beteiligteneigenschaft gem. Abs. 2 iVm. Abs. 1 Satz 1 alleine aus der tatsächlichen Antragstellung, ohne dass es insoweit auf eine Antragsberechtigung ankäme. Die Antragsberechtigten kommen jedoch als nach Abs. 2 iVm. Abs. 1 Satz 2 Nr. 5 sonstige unmittelbar Betroffene in Betracht. Während des Bestehens der fortgesetzten Gütergemeinschaft sind ausschließlich nach § 1507 Satz 1 BGB der längstlebende Ehegatte, nach §§ 792, 896 ZPO iVm. § 35 Abs. 2 GBO dessen mit vollstreckbarem Titel ausgestattete Gläubiger[1] und nach §§ 1485 Abs. 3, 1416 Abs. 3 BGB der die Grundbuchberichtigung betreibende Abkömmling[2] antragsberechtigt, nach deren Beendigung ist dies jeder am Gesamtgut Berechtigte.[3] 41

Die früheren nachlassgerichtlichen Bescheinigungen nach § 16 **Reichsschuldbuchgesetz**[4] zum Nachweis der Verfügungsberechtigung über die im Bundes- bzw. jeweiligen Landesschuldbuch eingetragenen, dem Staat gegenüber bestehenden Forderungen sind zum 1.1.2002 auf Bundes-[5] und – soweit landesgesetzlich keine frühere Änderung vorgenommen wurde[6] – zum 1.1.2009 auf Länderebene[7] ersatzlos aufgehoben worden. § 345 Abs. 3 sieht daher keine entsprechende Regelung vor. 42

3. Ernennungs- bzw. Zeugniserteilungsverfahren bei Testamentsvollstreckung (Absatz 3)

a) Testamentsvollstreckerernennung

Eine Testamentsvollstreckerernennung kann nach §§ 2197, 2299 BGB durch einseitige Verfügung des Erblassers in einem Einzeltestament, gemeinschaftlichen Testament bzw. Erbvertrag, nach § 2198 BGB durch Bestimmung durch einen Dritten in öffentlich beglaubigter Form gegenüber dem Nachlassgericht, nach §§ 2199, 2198 BGB durch Bestimmung durch den Testamentsvollstrecker im Wege der Mit- oder Nachfolgerernennung in öffentlich beglaubigter Form gegenüber dem Nachlassgericht oder nach § 2200 BGB durch Ernennung **durch das Nachlassgericht** erfolgen. 43

b) Testamentsvollstreckerzeugnis

Neben dem Testamentsvollstreckerzeugnis im engeren Sinn erfasst Abs. 3 auch das nachlassgerichtlich erteilte **Annahmezeugnis**,[8] das weitergehend als eine bloße Annahmebestätigung dem Nachweis der Rechtswirksamkeit der Testamentsvollstreckung über die Annahme dient und seinerseits Testamentsvollstreckerzeugnis im weiteren Sinne ist.[9] 44

Ebenso wie im Erbscheinseinziehungsverfahren unterfällt auch die **Einziehung** bzw. Kraftloserklärung des Testamentsvollstreckerzeugnisses nicht der Regelung des § 345, 45

1 Palandt/*Brudermüller*, § 1507 BGB Rz. 2.
2 Firsching/*Graf*, Rz. 4.365.
3 Firsching/*Graf*, Rz. 4.365: Auf den Tod des längstlebenden Ehegatten auch dessen jeweiliger Erbe.
4 RGBl. I 1910, S. 840 (844) in der im BGBl. Teil III, Gliederungsnummer 651 – 1 veröffentlichten bereinigten Fassung, geändert durch Art. 66 des Gesetzes v. 5.10.1994, BGBl. I 1994, S. 2911.
5 § 15 Nr. 6 Bundeswertpapierverwaltungsgesetz, BGBl. I 2001, S. 3519 (3524).
6 So aber bspw. in Bayern durch Art. 3 Abs. 1 Staatsschuldbuchgesetz v. 20.3.2003 (GVBl. 2003, 302), zuletzt geändert durch Art. 15 G. v. 22.12.2006, GVBl. 2006, 1056.
7 So bspw. in Baden-Württemberg bezüglich § 3 des Landesschuldbuchgesetzes v. 11.5.1953 (GBl. 1953, 65) hinsichtlich der darin enthaltenen Verweisung auf § 16 Reichsschuldbuchgesetz.
8 *Zimmermann*, Das neue FamFG, Rz. 662.
9 Firsching/*Graf*, Rz. 4.459: „seinem Wesen nach Testamentsvollstreckerzeugnis".

da kein Antrags-, sondern ein von Amts wegen zu betreibendes Verfahren betroffen ist. Dies gilt auch dann, wenn die Einziehung bzw. Kraftloserklärung nach § 24 Abs. 1 angeregt wurde. Insoweit richtet sich die Beteiligtenstellung nach § 7 (vgl. Rz. 67 f.).

c) Zwingend Beteiligte kraft Gesetzes

aa) Nach Satz 1

46 Nach Satz 1 ist in den beiden von Abs. 3 erfassten Verfahren zur Ernennung eines Testamentsvollstreckers und zur Erteilung eines Testamentsvollstreckerzeugnisses der **Testamentsvollstrecker** zwingend Beteiligter. Dies gilt im Zeugniserteilungsverfahren unabhängig davon, ob der Testamentsvollstrecker selbst Antragsteller ist, bspw. im Falle der Antragstellung durch einen Gläubiger.

47 Sind nach den §§ 2197 bis 2200 BGB **mehrere Testamentsvollstrecker** ernannt bzw. bestimmt, ist im Ernennungsverfahren, wie aus Satz 2 Nr. 2 ersichtlich, nur der zu ernennende Testamentsvollstrecker,[1] im Zeugniserteilungsverfahren jeder im Zeugnis aufzuführende Testamentsvollstrecker zwingend Beteiligter.

bb) Nach § 7 Abs. 1

48 Ebenfalls zwingend beteiligt ist nach der allgemeinen Regelung des § 7 Abs. 1, die mangels insoweit vorrangiger Spezialnorm anwendbar ist, jeder **Antragsteller** (vgl. dazu Rz. 5). Als Antragsteller kommt neben dem ohnehin nach Satz 1 zwingend beteiligten Testamentsvollstrecker insbesondere ein Gläubiger nach §§ 792, 896 ZPO in Betracht.[2]

d) Beteiligte kraft Hinzuziehung

aa) Gerichtliches Ermessen (Satz 2)

(1) Erben (Nr. 1)

49 Nach Nr. 1 kann das Gericht die Erben hinzuziehen. Ist während des Verfahrens noch kein Erbschein erteilt und bestehen Zweifel an der Erbenstellung, erfasst die Vorschrift diejenigen Personen, die als gesetzliche oder gewillkürte Erben **in Betracht** kommen.

50 Betrifft die Testamentsvollstreckung nur einzelne und **nicht alle Erbteile**, kommen im Zeugniserteilungsverfahren gleichwohl auch diejenigen Miterben, deren Erbteile durch die Testamentsvollstreckung nicht belastet sind, als Beteiligte in Betracht, wenn der Antrag bspw. mangels Erwähnung einer Einschränkung gleichwohl auch diese Erbteile miterfasst, damit diese Miterben im Verfahren überprüfen können, dass das Zeugnis die Testamentsvollstreckung nicht auch zu Lasten ihrer Erbteile ausweist. Im Ernennungsverfahren sind die durch die Testamentsvollstreckung nicht belasteten Miterben hingegen nicht beteiligt.

(2) Mitvollstrecker (Nr. 2)

51 Soweit nach den §§ 2197 bis 2200 BGB mehrere Testamentsvollstrecker zu ernennen bzw. bestimmen sind, kommt im **Ernennungsverfahren** nach Nr. 2 jeder von ihnen als Beteiligter in Betracht, soweit er nicht in diesem Verfahren ernannt wird und daher

1 *Zimmermann*, Das neue FamFG, Rz. 644.
2 Begr. zum GesetzE der BReg. zu § 345, BT-Drucks. 16/6308, S. 278.

bereits nach Satz 1 zwingend Beteiligter ist. Dies gilt, da Nr. 2 pauschal von einem „Mitvollstrecker" spricht, unabhängig davon, welche Anordnungen der Erblasser für die Amtsführung getroffen hat. In Betracht kommen dabei insbesondere das Einstimmigkeitsprinzip bei Gesamtvollstreckung nach § 2224 Abs. 1 BGB, das Mehrheitsprinzip mit Überstimmungsmöglichkeit und die Zuteilung eigenständiger Wirkungskreise.[1]

Im **Zeugniserteilungsverfahren** sind alle Testamentsvollstrecker vorrangig nach Satz 1 zwingend Beteiligte. 52

bb) Gerichtliche Pflicht nach Antrag (Satz 3)

Beantragt ein derartiger Optionsbegünstigter iSv. Satz 2 nach Satz 3 seine Hinzuziehung, **muss** das Gericht diese veranlassen. Es besteht dabei anders als ohne Antrag nach Satz 2 kein Ermessen. 53

4. Sonstige Antragsverfahren (Absatz 4)

a) Zwingend Beteiligte kraft Gesetzes

aa) Nach Satz 1

(1) Nachlasspflegschaft bzw. Nachlassverwaltung (Nr. 1)

Nach Satz 1 ist im Verfahren über eine Nachlasspflegschaft der Nachlasspfleger zwingend beteiligt. Da auch Abs. 4 ausschließlich für Antragsverfahren gilt, erfasst die Regelung nach Nr. 1 lediglich die **Klagepflegschaft** nach § 1961 BGB, da die Sicherungspflegschaft nach § 1960 BGB von Amts wegen anzuordnen ist[2] und selbst eine Anregung nach § 24 Abs. 1 das Erfordernis eines Antragsverfahrens nicht ersetzt. 54

Im Verfahren über eine Nachlassverwaltung ist der **Nachlassverwalter** zwingend beteiligt. Hierbei handelt es sich nach § 1981 BGB um ein Antragsverfahren. 55

(2) Entlassung des Testamentsvollstreckers (Nr. 2)

Nach Nr. 2 ist derjenige Testamentsvollstrecker, der gem. einem dem Nachlassgericht vorliegenden Antrag entlassen werden soll, zwingend beteiligt. Weitere Testamentsvollstrecker kommen ggf. nach Satz 2 als Beteiligte in Betracht. 56

(3) Bestimmung erbrechtlicher Fristen (Nr. 3)

In Verfahren betreffend die Bestimmung erbrechtlicher Fristen ist derjenige, **dem die Frist bestimmt wird**, zwingend beteiligt. Hierunter fallen insbesondere Fristbestimmungen zur Ausübung des Bestimmungsrechts bei Vermächtnissen und Auflagen nach §§ 2151 bis 2154 und §§ 2192, 2193 BGB (vgl. dazu § 342 Rz. 38), bspw. der nach Anordnung des Erblassers bestimmungsberechtigte Beschwerte bzw. Dritte iSd. § 2151 Abs. 1 BGB. 57

(4) Inventarfristbestimmung (Nr. 4)

Bei nachlassgerichtlicher Inventarfristbestimmung ist derjenige, **dem die Frist bestimmt** wird, zwingend beteiligt. Dies ist als Adressat der Fristbestimmung nach § 1994 Abs. 1 BGB der Erbe bzw. bei Zugehörigkeit der Erbschaft zum Gesamtgut der 58

1 Vgl. dazu Staudinger/*Reimann*, § 2224 BGB Rz. 5 ff.
2 Palandt/*Edenhofer*, § 1960 BGB Rz. 1.

Gütergemeinschaft des Erben zusätzlich nach § 2008 BGB dessen Ehegatte bzw. eingetragener Lebenspartner, wenn dieser das Gesamtgut alleine oder gemeinsam mit dem Erben verwaltet.

59 Nach seinem Wortlaut gilt Nr. 4 auch für die **Fristverlängerung** gem. § 1995 Abs. 3 BGB. Da die Verlängerung der Frist ausschließlich durch den Erben beantragt werden kann, stellt dies eine innerhalb des Abs. 4 besondere Regelung einer zwingenden Beteiligung kraft Antragstellung dar. Anders als in den anderen Fällen des Abs. 4 wird insoweit § 7 Abs. 1 verdrängt.

60 Nr. 4 erfasst zudem die wiederum durch den Erben zu beantragende Bestimmung einer **neuen Frist** nach § 1996 Abs. 1 BGB, da sie der Fristverlängerung sehr nahe kommt. Auch diese verkörpert eine gegenüber § 7 Abs. 1 vorrangige Anordnung einer zwingenden Beteiligung kraft Antragstellung.

(5) Eidesstattliche Versicherung (Nr. 5)

61 Bei Abnahme einer eidesstattlichen Versicherung durch das Nachlassgericht ist nach Nr. 5 derjenige zwingend beteiligt, der die eidesstattliche Versicherung **abzugeben** hat. Diese Regelung betrifft jedoch ausschließlich solche eidesstattlichen Versicherungen, die ein Nachlassverfahren darstellen und für die daher das Nachlassgericht zuständig ist. Hierzu gehört als Nachlasssache iSd. § 361 (vgl. dazu § 361 Rz. 9 ff.) das Verfahren über die Abgabe einer eidesstattlichen Versicherung durch den Erben auf Verlangen eines Nachlassgläubigers nach § 2006 Abs. 1 BGB. Danach ist der Erbe bzw. bei Zugehörigkeit der Erbschaft zum Gesamtgut der Gütergemeinschaft des Erben zusätzlich nach § 2008 BGB dessen Ehegatte bzw. eingetragener Lebenspartner zwingend beteiligt, wenn dieser das Gesamtgut alleine oder gemeinsam mit dem Erben verwaltet.

62 Sie erfasst jedoch nicht die Verfahren über **weitere Angelegenheiten** der freiwilligen Gerichtsbarkeit iSd. § 410 Nr. 1 nach den §§ 259, 260, 2028 bzw. 2057 BGB,[1] für die sich die Beteiligteneigenschaft nach § 412 Nr. 1 richtet.

bb) Nach § 7 Abs. 1

63 Soweit nicht der Erbe nach § 1995 Abs. 3 bzw. § 1996 Abs. 1 BGB bezüglich der Inventarfrist Fristverlängerung oder Bestimmung einer neuen Frist beantragt und daher nach Abs. 4 Nr. 4 zwingend beteiligt ist, ist in übrigen Verfahren nach Abs. 4 mangels insoweit vorrangiger Spezialnorm nach der allgemeinen Regelung des § 7 Abs. 1 jeder **Antragsteller** (vgl. dazu Rz. 5) zwingend zu beteiligen. Als Antragsteller kommen insbesondere der eine Klagepflegschaft nach § 1961 BGB beantragende Gläubiger, der eine Nachlasspflegschaft nach § 1981 Abs. 1 bzw. 2 Satz 1 BGB beantragende Erbe bzw. Gläubiger, der die Entlassung des Testamentsvollstreckers nach § 2227 BGB beantragende Erbe, der die Fristsetzung zur Abgabe einer Bestimmungserklärung nach § 2151 Abs. 3 Satz 2 BGB beantragende potentielle Vermächtnisnehmer und der die Inventarfristbestimmung nach § 1994 Abs. 1 BGB beantragende Nachlassgläubiger in Betracht. Mangels Antrages gegenüber dem Nachlassgericht gehört hierzu jedoch nicht der die Abgabe einer eidesstattlichen Versicherung verlangende Nachlassgläubiger.

1 Firsching/*Graf*, Rz. 4.753.

b) Beteiligte kraft Hinzuziehung

aa) Gerichtliches Ermessen (Satz 2)

Die Regelung betrifft nicht nur die in Satz 1 Nr. 1 bis 5 genannten, sondern auch **alle übrigen Antragsverfahren** in Nachlassangelegenheiten.[1] Dabei hat der Gesetzgeber angesichts der Vielzahl und Vielgestaltigkeit der betroffenen Verfahren im Gegensatz zu den Regelungen nach Abs. 1 bis 3 von einer ausdrücklichen Aufzählung der einzelnen Verfahren abgesehen.[2] 64

Eine Beteiligteneigenschaft kommt lediglich bei eigener **unmittelbarer Betroffenheit** in Betracht. Dies kann bspw. in Verfahren betreffend eine Klagenachlasspflegschaft der Erbe, Erbteilserwerber, Testamentsvollstrecker, Nachlassverwalter, Nachlassinsolvenzverwalter bzw. Nachlassgläubiger sein, in Verfahren über die Außerkraftsetzung von Anordnungen des Erblassers über die Verwaltung des Nachlasses der Testamentsvollstrecker, der Erbe und ggf. der durch die in Rede stehende Anordnung von dem Erben verschiedene unmittelbar Begünstigte oder in Verfahren zur Entscheidung von Meinungsverschiedenheiten zwischen mehreren gesamtvertretungsberechtigten Testamentsvollstreckern alleine die Testamentsvollstrecker.[3] 65

bb) Gerichtliche Pflicht nach Antrag (Satz 3)

Beantragt ein derartiger Optionsbegünstigter iSv. Satz 2 nach Satz 3 seine Hinzuziehung, **muss** das Gericht diese veranlassen. Es besteht dabei anders als ohne Antrag nach Satz 2 kein Ermessen. 66

III. Von Amts wegen durchzuführende Nachlassverfahren

1. Allgemeines

Da die spezialgesetzliche Vorschrift des § 345 ausschließlich Antragsnachlassverfahren erfasst, richtet sich die Beteiligteneigenschaft in von Amts wegen geführten Nachlassverfahren nach der **allgemeinen Regelung des § 7**. Hierzu gehören bspw. Verfahren über die Einziehung oder Kraftloserklärung von Erbscheinen, Testamentsvollstreckerzeugnissen, Fortsetzungszeugnissen bzw. Überweisungszeugnissen nach den §§ 353, 354. 67

2. Beteiligte kraft zwingender Hinzuziehung

Nach § 7 Abs. 2 Nr. 1 sind diejenigen, deren Recht durch das Verfahren **unmittelbar betroffen** wird (vgl. dazu § 7 Rz. 24), Beteiligte kraft zwingender Hinzuziehung. Hierzu gehören bspw. die im einzuziehenden Erbschein ausgewiesenen Erben sowie diejenigen, die an deren Stelle den Erbschein beantragt haben,[4] oder die im einzuziehenden Testamentsvollstreckerzeugnis ausgewiesenen Testamentsvollstrecker. 68

---

1 Begr. zum GesetzE der BReg. zu § 345 Abs. 4, BT-Drucks. 16/6308, S. 278 f.
2 Begr. zum GesetzE der BReg. zu § 345 Abs. 4, BT-Drucks. 16/6308, S. 279.
3 Begr. zum GesetzE der BReg. zu § 345 Abs. 4, BT-Drucks. 16/6308, S. 279.
4 Begr. zum GesetzE der BReg. zu § 345, BT-Drucks. 16/6308, S. 278.

Unterabschnitt 2
Verwahrung von Verfügungen von Todes wegen

§ 346
Verfahren bei besonderer amtlicher Verwahrung

(1) Die Annahme einer Verfügung von Todes wegen in besondere amtliche Verwahrung sowie deren Herausgabe ist von dem Richter anzuordnen und von ihm und dem Urkundsbeamten der Geschäftsstelle gemeinschaftlich zu bewirken.

(2) Die Verwahrung erfolgt unter gemeinschaftlichem Verschluss des Richters und des Urkundsbeamten der Geschäftsstelle.

(3) Dem Erblasser soll über die in Verwahrung genommene Verfügung von Todes wegen ein Hinterlegungsschein erteilt werden; bei einem gemeinschaftlichen Testament erhält jeder Erblasser einen eigenen Hinterlegungsschein, bei einem Erbvertrag jeder Vertragschließende.

A. Überblick

I. Entstehung

1 Die Vorschrift **entspricht** im Wesentlichen der Regelung nach § 82a FGG Abs. 1 bis 3, die ihrerseits erst durch das Personenstandsrechtsreformgesetz (PStRG)[1] mit Wirkung zum 1.1.2009 unter Übernahme des Inhalts aus § 2258b Abs. 1 bis 3 BGB entstanden ist. Zusätzlich übernimmt sie die ebenfalls erst durch das PStRG[2] mit Wirkung zum 1.1.2009 unter teilweiser Übernahme des § 2300 Abs. 1 BGB bzw. unter vollständiger Übernahme des § 2277 BGB entstandene Regelung des § 82b Abs. 1 FGG über die entsprechende Geltung für Erbverträge.

2 **Erstmals** ist ausdrücklich vorgesehen, dass bei einer besonderen amtlichen Verwahrung eines gemeinschaftlichen Testaments jeder Testierende einen eigenen Hinterlegungsschein erhält. Dies war für Erbverträge bereits im übernommenen § 82b Abs. 1 Satz 2 FGG geregelt.

1 BGBl. I 2007, S. 122.
2 BGBl. I 2007, S. 122.

II. Systematik

Die Vorschrift regelt das Verfahren bei der **besonderen** amtlichen Verwahrung einer Verfügung von Todes wegen. Abs. 1 beinhaltet die funktionelle Zuständigkeit für die Anordnung und Bewirkung der diesbezüglichen Annahme und Herausgabe, Abs. 2 für den Verwahrungsakt durch Verschluss, während die dienstrechtliche Ausführung jeweils aus § 27 AktO[1] folgt. Die eigentliche Herausgabe ist in den §§ 2256, 2300 Abs. 2 BGB geregelt. Die Sollvorschrift des Abs. 3 betrifft die Erteilung von Hinterlegungsscheinen. 3

III. Normzweck

Die Vorschrift schafft eine eindeutige Rechtsgrundlage für die besondere amtliche Verwahrung von Verfügungen von Todes wegen unter **sicherer Gewährleistung** der Interessen der öffentlichen Rechtspflege an einem geordneten Verwahrungsverfahren und des künftigen Erblassers an Schutz und Geheimhaltung seines letzten Willens.[2] 4

B. Inhalt der Vorschrift

I. Zuständigkeit

Zur **sachlichen** Zuständigkeit der Amtsgerichte bzw. in Baden-Württemberg der staatlichen Notariate als Nachlassgericht vgl. § 343 Rz. 129 ff. 5

Nach § 3 Nr. 2 Buchst. c RPflG ist an Stelle des Richters der Rechtspfleger **funktionell** zuständig, soweit nicht Abs. 1 und Abs. 2 die Zuständigkeit des Urkundsbeamten der Geschäftsstelle vorsehen oder über § 36b Abs. 1 Satz 1 Nr. 1 und Satz 2 RPflG nach Landesrecht (vgl. dazu § 343 Rz. 142) eine diesbezügliche Aufgabenübertragung an den Urkundsbeamten der Geschäftsstelle erfolgt ist. 6

Zur besonderen **örtlichen** Zuständigkeit nach § 344 Abs. 1 vgl. § 344 Rz. 13 ff. bzw. für vor einem Konsularbeamten errichtete Urkunden nach § 11 Abs. 2 KonsG vgl. § 344 Rz. 29 ff. 7

Zur **internationalen** Zuständigkeit vgl. § 343 Rz. 148 ff. 8

II. Beteiligteneigenschaft

Im Verfahren über die Annahme einer Verfügung von Todes wegen ist bei einem eigenhändigen Einzeltestament iSd. § 2247 BGB bzw. eigenhändigen gemeinschaftlichen Testament iSd. § 2265 BGB bzw. § 10 Abs. 4 Satz 1 LPartG der (jeweilige) künftige Erblasser als **Antragsteller** nach § 7 Abs. 1 zwingend kraft Gesetzes Beteiligter. Bei beurkundeten Einzel- oder gemeinschaftlichen Testamenten bzw. Erbverträgen ist die Urkundsperson, somit der Notar, Bürgermeister bzw. Konsul (vgl. dazu § 344 Rz. 29), als Antragsteller[3] nach § 7 Abs. 1 zwingend kraft Gesetzes Beteiligter, der künftige Erblasser nach § 345 Abs. 4 Satz 2 bzw. Satz 3 auf Grund unmittelbarer Betroffenheit 9

1 Abgedruckt in der in Bayern geltenden Fassung v. 16.12.1998 bei Firsching/*Graf*, Anhang 4.
2 Staudinger/*Baumann*, § 2258b BGB Rz. 6; MüKo.BGB/*Hagena*, § 2258b BGB Rz. 1.
3 KG v. 25.6.1900 – Az. n.v., OLGR 1, 294 (295).

in eigenen Rechten kraft gerichtlicher Hinzuziehung, die grundsätzlich im gerichtlichen Ermessen liegt, auf Zuziehungsantrag des Betroffenen jedoch zwingend ist (vgl. dazu § 345 Rz. 66).

III. Annahme bzw. Herausgabe (Absatz 1)

1. Regelungsgegenstand

10 Die Vorschrift regelt ausschließlich das Verfahren über die **besondere** amtliche Verwahrung von Verfügungen von Todes wegen. Hierunter ist eine besonders qualifizierte strenge Verwahrung in einem verschlossenen Umschlag zu verstehen, durch die insbesondere ein Schutz vor äußeren Einwirkungen auf die Urkundensubstanz und vor Bekanntwerden des Inhalts gegenüber dazu nicht berechtigten Personen gewährleistet wird.[1]

11 Davon abzugrenzen ist die **gewöhnliche amtliche Aktenverwahrung**, bei der die Verfügung offen und unverschlossen bei den Gerichtsakten verbleibt, bspw. nach § 27 Abs. 11 AktO[2] eine an das Nachlassgericht gem. § 2259 BGB abgelieferte Verfügung von Todes wegen bis zur Eröffnung bzw. ein an das Nachlassgericht gem. § 2259 BGB abgeliefertes gemeinschaftliches Testament nach der Eröffnung.

12 Die **Weiterverwahrung** eines in besonderer amtlicher Verwahrung gewesenen gemeinschaftlichen Testaments oder Erbvertrages nach dem Tod des erstverstorbenen Partners richtet sich nach § 349 Abs. 2 Satz 2.

2. Annahme

a) Anordnung

13 Die besondere amtliche Verwahrung wird durch gerichtliche Annahmeanordnung **eingeleitet**.[3] Nach Abs. 1 Halbs. 1 ist hierfür alleine der Richter zuständig (vgl. Rz. 6), funktionell an dessen Stelle der Rechtspfleger, soweit für diesen nicht auf Grund landesrechtlicher Delegation der Urkundsbeamte der Geschäftsstelle in eigener Zuständigkeit handelt (vgl. dazu § 343 Rz. 142).

14 Für **öffentliche**, durch Notare, Bürgermeister oder Konsularbeamte (vgl. dazu § 344 Rz. 29) errichtete Einzel- oder gemeinschaftliche Testamente hat die Urkundsperson nach § 34 Abs. 1 Satz 4 BeurkG unverzüglich die besondere amtliche Verwahrung zu veranlassen. Gegenteilige Anweisungen des Erblassers sind unbeachtlich.[4] Bei einem Erbvertrag erfolgt die besondere amtliche Verwahrung dann, wenn nicht beide Vertragspartner einvernehmlich die bloße einfache amtliche Verwahrung verlangen.[5]

15 Vorab hat das Gericht bei derartigen öffentlichen Verfügungen von Todes wegen die Beachtung der durch § 34 Abs. 1 Satz 1 bis 3 BeurkG vorgeschriebenen **Förmlichkeiten** zu überprüfen. Danach muss die Urkunde – ggf. unter Beifügung der in §§ 30, 32 BeurkG genannten Schriften – in einem Verwahrumschlag mit unbeschädigtem Prägesiegel verschlossen und dieser beschriftet und unterschrieben sein. Auf eventuelle

1 KG v. 25.4.1907 – Az. n.v., OLGR 16, 53 (54).
2 Abgedruckt in der in Bayern geltenden Fassung v. 16.12.1998 bei Firsching/*Graf*, Anhang 4.
3 MüKo.BGB/*Hagena*, § 2258b BGB Rz. 10.
4 BGH v. 14.8.1989 – NotZ 14/88, DNotZ 1990, 436 (437).
5 Staudinger/*Baumann*, § 2258b BGB Rz. 23.

Mängel hat das Gericht vor der Verwahrungsannahme unter konkreter Beanstandung mit der Aufforderung zur Behebung hinzuweisen. Werden die Mängel nicht beseitigt, hat gleichwohl die besondere amtliche Verwahrung zu erfolgen,[1] da § 34 Abs. 1 BeurkG lediglich Sollvorschriften enthält, deren Nichtbeachtung die Wirksamkeit der Verfügung nicht beeinträchtigen.[2] Nach § 27 Abs. 6 AktO[3] ist der Urkundsperson auf deren Verlangen der Empfang zu bescheinigen.

Eigenhändige (Einzel- oder gemeinschaftliche) Testamente sind nach § 2248 BGB nur auf Verlangen des Erblassers, das formfrei[4] ist und auch durch bloße postalische Übersendung[5] oder über einen gegenüber dem Nachlassgericht auftretenden Stellvertreter[6] erfolgen kann, in die besondere amtliche Verwahrung zu nehmen. Beim eigenhändigen gemeinschaftlichen Testament ist das Verlangen beider Erblasser erforderlich.[7] Die Annahme darf grundsätzlich nicht von einer Identitätsprüfung abhängig gemacht werden,[8] es sei denn, es liegen konkrete Anhaltspunkte für einen Missbrauchstatbestand vor.[9] Selbst wenn sich das Testament bei Vorlage nicht in einem privaten Umschlag befindet, hat das Nachlassgericht hinsichtlich Form und Inhalt weder Prüfungs- noch Belehrungspflichten.[10] Soweit gleichwohl bei offensichtlichen Formfehlern, insbesondere dem Fehlen der Unterschrift oder bei Abfassung des Textes in Drucker- bzw. Maschinenschrift, ein gerichtlicher Hinweis ergeht, muss dieser jedoch auch ohne Verpflichtung dazu zutreffend sein, um eine Amtspflichtverletzung zu vermeiden.[11] 16

b) Ausführung

Die Anordnung ist nach Abs. 2 iVm. § 27 Abs. 4 AktO[12] dadurch zu vollziehen, dass die Verfügung in dem mit Siegel verschlossenen Umschlag – öffentliche Urkunden werden bereits nach § 34 Abs. 1 Satz 1 bis 3 BeurkG in diesem Zustand an das Nachlassgericht übersandt (vgl. dazu Rz. 15), eigenhändige Testamente sind nach § 27 Abs. 3 AktO[13] mit dem Dienstsiegel zu verschließen und mit einer das Testament näher bezeichnenden Aufschrift zu versehen, die unterschriftlich zu vollziehen ist – unter dem gemeinschaftlichen Verschluss der beiden Verwahrungsbeamten an einem **feuersicheren Ort** in der Nummernfolge des Verwahrungsbuchs aufbewahrt wird. 17

Das Nachlassgericht führt nach § 27 Abs. 4 AktO[14] ein **besonderes Verwahrbuch**, ein Namensverzeichnis,[15] soweit nicht wie in Niedersachsen im alphabetischen Namensverzeichnis des Erbrechtsregisters die Nummer des Verwahrungsbuchs für Verfügun- 18

1 KG v. 25.4.1907 – Az. n.v., OLGR 16, 53 (55 f.).
2 BGH v. 14.8.1989 – NotZ 14/88, DNotZ 1990, 436.
3 Abgedruckt in der in Bayern geltenden Fassung v. 16.12.1998 bei Firsching/*Graf*, Anhang 4.
4 Staudinger/*Baumann*, § 2248 BGB Rz. 6.
5 KG v. 25.6.1900 – Az. n.v., OLGR 1, 294 (295).
6 MüKo.BGB/*Hagena*, § 2248 BGB Rz. 6.
7 Staudinger/*Baumann*, § 2258b BGB Rz. 23.
8 KG v. 15.10.1900 – Az. n.v., RJA 1, 146.
9 Staudinger/*Baumann*, § 2248 BGB Rz. 6.
10 Reimann/Bengel/Mayer/*Voit*, § 2248 BGB Rz. 6.
11 BGH v. 24.6.1993 – III ZR 43/92, NJW 1993, 3204 (3205).
12 Abgedruckt in der in Bayern geltenden Fassung v. 16.12.1998 bei Firsching/*Graf*, Anhang 4.
13 Abgedruckt in der in Bayern geltenden Fassung v. 16.12.1998 bei Firsching/*Graf*, Anhang 4.
14 Abgedruckt in der in Bayern geltenden Fassung v. 16.12.1998 bei Firsching/*Graf*, Anhang 4.
15 So nach § 27 Abs. 4a AktO in der in Bayern geltenden Fassung, abgedruckt bei Firsching/*Graf*, Anhang 4.

gen von Todes wegen angegeben wird,[1] und nach § 27 Abs. 10 AktO[2] ein Überwachungsverzeichnis hinsichtlich der durch § 351 vorgeschriebenen Eröffnungsfristen.

19 Nach § 27 Abs. 5 AktO[3] ist die tatsächliche Annahme zur Verwahrung auf der Annahmeanordnung zu **vermerken**.

20 Abs. 1 Halbs. 2 und Abs. 2 sehen im Gegensatz zu der zu Grunde liegenden Anordnung ein **gemeinschaftliches** Bewirken der Verwahrung durch den Richter und den Urkundsbeamten der Geschäftsstelle vor. Soweit landesrechtlich von der Ermächtigung nach § 36b Abs. 1 Satz 1 Nr. 1 RPflG Gebrauch gemacht wird und daher an Stelle des Rechtspflegers, der seinerseits an Stelle des Richters nach § 3 Nr. 2 Buchst. c RPflG zuständig ist, ebenfalls der Urkundsbeamte der Geschäftsstelle zuständig wird (vgl. dazu § 343 Rz. 142), müssen zur Wahrung des vorgeschriebenen Vieraugenprinzips zwei unterschiedliche Urkundsbeamte der Geschäftsstelle tätig werden.[4]

21 Die **Mitteilungspflichten** sind in § 347 geregelt (vgl. dazu § 347 Rz. 7 ff.).

3. Hinterlegungsschein

22 Nach Abs. 3 erhält der **Erblasser**, bei einem gemeinschaftlichen Testament jeder der beiden Erblasser, beim Erbvertrag jeder – somit auch der nicht selbst letztwillig verfügende, sondern lediglich die bindende Verfügung des anderen Partners annehmende[5] – Vertragsschließende einen eigenen Hinterlegungsschein.

23 Der Hinterlegungsschein besteht nach § 27 Abs. 5 AktO[6] aus einer wörtlichen Abschrift des Eintragungsvermerks in den Spalten 1 und 2 des Verwahrungsbuchs, bei Nottestamenten unter zusätzlichem Hinweis auf § 2252 BGB.

4. Herausgabe

24 Einzel- oder gemeinschaftliche **Testamente** können jederzeit nach § 2256 Abs. 2 und Abs. 3 BGB auf Verlangen des Erblassers aus der besonderen amtlichen Verwahrung ausschließlich nach Abs. 2 Satz 2 höchstpersönlich an diesen – bei gemeinschaftlichen Testamenten auf Verlangen beider Erblasser[7] gleichzeitig höchstpersönlich an diese gemeinschaftlich – zurückgegeben werden.

25 Für **Erbverträge** ist eine derartige Rückgabe nach § 2300 Abs. 2 BGB nur an alle Vertragsschließenden gleichzeitig[8] gemeinschaftlich und lediglich dann möglich, wenn sie ausschließlich Verfügungen von Todes wegen enthalten. Andernfalls – bspw. bei einem auf Grund der Kostenvorteile nach § 46 Abs. 3 KostO in derselben Urkunde zusammengefassten Ehe- und Erbvertrag – kommt lediglich unter Aufhebung des ur-

1 MüKo.BGB/*Hagena*, § 2258b BGB Rz. 8 und Fn. 13 unter Hinweis auf § 27 Abs. 13 AktO in der für Niedersachsen geltenden Fassung v. 1.12.1996.
2 Abgedruckt in der in Bayern geltenden Fassung v. 16.12.1998 bei Firsching/*Graf*, Anhang 4.
3 Abgedruckt in der in Bayern geltenden Fassung v. 16.12.1998 bei Firsching/*Graf*, Anhang 4.
4 Stellungnahme des BR zum GesetzE der BReg. Nr. 85 (§ 346 Abs. 1), BR-Drucks. 309/07 (Beschl.), S. 71 f.
5 MüKo.BGB/*Musielak*, § 2277 BGB Rz. 4. Diese von § 82b Abs. 1 Satz 2 FGG übernommene Regelung sollte durch § 346 nicht geändert werden, vgl. Begr. zum GesetzE der BReg. zu § 346, BT-Drucks. 16/6308, S. 279.
6 Abgedruckt in der in Bayern geltenden Fassung v. 16.12.1998 bei Firsching/*Graf*, Anhang 4.
7 MüKo.BGB/*Hagena*, § 2258b BGB Rz. 11.
8 Reimann/Bengel/*Mayer*, § 2300 BGB Rz. 35.

sprünglich erklärten besonderen amtlichen Verwahrungsverlangens[1] eine Rückgabe aus der besonderen amtlichen Verwahrung des Nachlassgerichts in die einfache amtliche Verwahrung des Notars in Betracht.[2] In beiden Konstellationen ist das einvernehmliche Verlangen aller Vertragsschließenden erforderlich. Trotz Fehlens einer ausdrücklichen Verweisung auf § 2256 Abs. 2 Satz 2 BGB darf die Rückgabe im Hinblick auf § 2290 Abs. 2 Satz 1 BGB auch beim Erbvertrag an einen Erblasser nur höchstpersönlich erfolgen,[3] während sich der nicht selbst letztwillig verfügende Vertragspartner vertreten lassen kann.[4]

Trotz Fehlens einer ausdrücklichen Verweisung gilt § 2256 BGB auch für durch **Konsularbeamte** beurkundete Verfügungen.[5] 26

Entsprechend der Annahme geht nach Abs. 1 der tatsächlichen Herausgabe ebenfalls eine **Anordnung** voraus. Zur jeweiligen Zuständigkeit vgl. Rz. 5 ff. Befindet sich ein Erbvertrag, der ausschließlich Verfügungen von Todes wegen enthält, in einfacher notarieller Verwahrung, ist der Notar persönlich[6] für die Rückgabe zuständig. 27

Nach § 2256 Abs. 1 Satz 1 BGB gilt ein öffentliches Einzel- bzw. gemeinschaftliches Testament bei Rückgabe aus der besonderen amtlichen Verwahrung als **widerrufen** bzw. iVm. § 2300 Abs. 2 Satz 3 BGB ein Erbvertrag, der ausschließlich Verfügungen von Todes wegen enthält, bei Rückgabe aus der besonderen amtlichen oder einfachen notariellen Verwahrung als aufgehoben. Voraussetzung ist auch hier, dass der Erblasser, beim gemeinschaftlichen Testament jeder der beiden Erblasser, beim Erbvertrag jeder Vertragsschließende die Rückgabe verlangt hat.[7] Für eigenhändige Testamente tritt nach § 2256 Abs. 3 Halbs. 2 BGB keine Widerrufswirkung ein. 28

Die für einen Erbvertrag, der ausschließlich Verfügungen von Todes wegen enthält, alleine mögliche Rückgabe aus der besonderen amtlichen **in die einfache notarielle Verwahrung** (vgl. dazu Rz. 25) entfaltet mangels Herausgabe an die Vertragsschließenden keine Aufhebungswirkung. 29

Nach §§ 2256 Abs. 1 Satz 2, 2300 Abs. 2 Satz 3 BGB soll die zurückgebende Stelle den bzw. jeden Erblasser bzw. jeden Vertragsschließenden über die Widerrufs- bzw. Aufhebungsfolge der Rückgabe **belehren**, dies auf der Urkunde vermerken und aktenkundig machen, dass beides geschehen ist. 30

Die **Vorlage** des Hinterlegungsscheins ist keine Voraussetzung für die Herausgabe iSv. Abs. 1 iVm. §§ 2256, 2300 Abs. 2 BGB.[8] 31

Wird zur Fertigung von Abschriften oder zur **Einsichtnahme** der Verfügung auf Veranlassung eines Erblassers bzw. Vertragsschließenden der Verwahrumschlag geöffnet und die Verfügung von Todes wegen daraus vorübergehend entnommen, stellt dies keine Rückgabe iSd. §§ 2256, 2300 Abs. 2 BGB mit Widerrufs- bzw. Aufhebungswirkung 32

1 MüKo.BGB/*Hagena*, § 2258b BGB Rz. 13.
2 KG v. 31.3.1938 – 1 Wr 117/38, JFG 17, 237 (239 f.); OLG Hamm v. 21.1.1974 – 15 W 196/72, DNotZ 1974, 460 (461).
3 MüKo.BGB/*Musielak*, § 2300 BGB Rz. 7.
4 *Keim*, ZEV 2003, 55 (56).
5 Palandt/*Edenhofer*, § 2256 BGB Rz. 3.
6 Reimann/Bengel/*Mayer*, § 2300 BGB Rz. 36.
7 MüKo.BGB/*Musielak*, § 2300 BGB Rz. 7.
8 Stellungnahme des BR zum GesetzE der BReg. Nr. 86 (§ 346 Abs. 3), BR-Drucks. 309/07 (Beschl.), S. 72. Beschlussempfehlung und Bericht des Rechtsausschusses (6. Ausschuss) des BT zu dem GesetzE der BReg. zu § 346, BT-Drucks. 16/9733, S. 297.

dar.[1] Anschließend erfolgt erneuter Verschluss unter Rückführung an den Verwahrungsort.[2] Bei einem gemeinschaftlichen Testament oder Erbvertrag ist jeder Partner unabhängig von einer eventuellen Zustimmung des anderen alleine einsichts- bzw. abschriftsberechtigt.[3] Dem Urkundsnotar steht hingegen kein eigener Anspruch auf Einsicht zu.[4]

5. Rechtsmittel

33 Gegen die Ablehnung der Verwahrung bzw. Herausgabe durch den **Rechtspfleger** ist nach §§ 58, 63 die befristete Beschwerde eröffnet.

34 Soweit die Entscheidung eines nach § 36b Abs. 1 Satz 1 Nr. 1, Satz 2 RPflG iVm. Landesrecht an Stelle des Rechtspflegers ermächtigten **Urkundsbeamten** der Geschäftsstelle angegriffen werden soll, geschieht dies durch eine gem. § 573 Abs. 1 ZPO binnen einer Notfrist von zwei Wochen zulässige sofortige Erinnerung zum Nachlassgericht,[5] ohne dass § 11 RPflG anwendbar ist.[6]

§ 347
Mitteilung über die Verwahrung

(1) Über jede in besondere amtliche Verwahrung genommene Verfügung von Todes wegen ist das für den Geburtsort des Erblassers zuständige Standesamt schriftlich zu unterrichten. Hat der Erblasser keinen inländischen Geburtsort, ist die Mitteilung an das Amtsgericht Schöneberg in Berlin zu richten. Bei den Standesämtern und beim Amtsgericht Schöneberg in Berlin werden Verzeichnisse über die in amtlicher Verwahrung befindlichen Verfügungen von Todes wegen geführt. Erhält die das Testamentsverzeichnis führende Stelle Nachricht vom Tod des Erblassers, teilt sie dies dem Gericht schriftlich mit, von dem die Mitteilung nach Satz 1 stammt. Die Mitteilungspflichten der Standesämter bestimmen sich nach dem Personenstandsgesetz.

(2) Absatz 1 gilt entsprechend für ein gemeinschaftliches Testament, das nicht in besondere amtliche Verwahrung genommen worden ist, wenn es nach dem Tod des Erstverstorbenen eröffnet worden ist und nicht ausschließlich Anordnungen enthält, die sich auf den mit dem Tod des verstorbenen Ehegatten oder des verstorbenen Lebenspartners eingetretenen Erbfall beziehen.

(3) Für Erbverträge, die nicht in besondere amtliche Verwahrung genommen worden sind, sowie für gerichtliche oder notariell beurkundete Erklärungen, nach denen die Erbfolge geändert worden ist, gilt Absatz 1 entsprechend; in diesen Fällen obliegt die Mitteilungspflicht der Stelle, die die Erklärungen beurkundet hat.

(4) Die Landesregierungen erlassen durch Rechtsverordnung Vorschriften über Art und Umfang der Mitteilungen nach den Absätzen 1 bis 3 sowie § 34a des Beurkun-

1 Staudinger/*Baumann*, § 2258b BGB Rz. 18.
2 MüKo.BGB/*Hagena*, § 2258b BGB Rz. 11.
3 MüKo.BGB/*Hagena*, § 2258b BGB Rz. 10.
4 KG v. 25.10.1906 – Az. n.v., RJA 8, 36 (37).
5 Nach § 342 Abs. 1 Nr. 1 ist die Verwahrung nunmehr Nachlasssache.
6 Reimann/Bengel/Mayer/*Voit*, § 2258b BGB Rz. 5.

dungsgesetzes, über den Inhalt der Testamentsverzeichnisse sowie die Löschung der in den Testamentsverzeichnissen gespeicherten Daten. Die Erhebung und Verwendung der Daten ist auf das für die Wiederauffindung der Verfügung von Todes wegen unumgänglich Notwendige zu beschränken. Der das Testamentsverzeichnis führenden Stelle dürfen nur die Identifizierungsdaten des Erblassers, die Art der Verfügung von Todes wegen sowie das Datum der Inverwahrnahme mitgeteilt werden. Die Fristen für die Löschung der Daten dürfen die Dauer von fünf Jahren seit dem Tod des Erblassers nicht überschreiten; ist der Erblasser für tot erklärt oder der Todeszeitpunkt gerichtlich festgelegt worden, sind die Daten spätestens nach 30 Jahren zu löschen.

(5) Die Mitteilungen nach den Absätzen 1 bis 3 sowie § 34a des Beurkundungsgesetzes können elektronisch erfolgen. Die Landesregierungen bestimmen durch Rechtsverordnung den Zeitpunkt, von dem an Mitteilungen in ihrem Bereich elektronisch erteilt und eingereicht werden können, sowie die für die Bearbeitung der Dokumente geeignete Form.

(6) Die Landesregierungen können die Ermächtigungen nach Absatz 4 Satz 1 und Absatz 5 Satz 2 durch Rechtsverordnung auf die Landesjustizverwaltungen übertragen.

A. Überblick

I. Entstehung

1 Die Vorschrift **entspricht** im Wesentlichen den Regelungen aus den §§ 82a Abs. 4 bis 8, 82b Abs. 2 FGG, die ihrerseits erst durch das Personenstandsrechtsreformgesetz (PStRG)[1] mit Wirkung zum 1.1.2009 entstanden sind. Dabei übernimmt Abs. 1 den Regelungsgehalt des § 82a Abs. 4 FGG, Abs. 2 den des § 82a Abs. 5 FGG, Abs. 3 den des § 82b Abs. 2 FGG und Abs. 4 bis 6 den von § 82a Abs. 6 bis 8 FGG. Da die Vorschrift nunmehr ausdrücklich alle in besondere amtliche Verwahrung zu nehmenden Verfügungen von Todes wegen erfasst, ist die frühere für Erbverträge bestehende Verweisungsnorm des § 82b Abs. 1 Satz 1 FGG entbehrlich geworden.

1 BGBl. I 2007, S. 122.

II. Systematik

2 Die Vorschrift regelt die Mitteilung über die Verwahrung von Verfügungen von Todes wegen an die jeweils zuständige Behörde. Abs. 1 erfasst dabei jede in **besondere amtliche Verwahrung** genommene Verfügung von Todes wegen.

3 Abs. 2 dehnt die Mitteilungspflichten nach dem Tod des Erstverstorbenen auf solche **gemeinschaftliche Testamente** aus, die nicht in besondere amtliche Verwahrung genommen wurden, nach dem Tod des Erstverstorbenen eröffnet worden sind und nicht ausschließlich Verfügungen auf den Tod des Erstverstorbenen beinhalten.

4 Abs. 3 betrifft **Erbverträge**, die nicht in besondere amtliche Verwahrung genommen sind, und sonstige gerichtliche oder notariell beurkundete Erklärungen, die die Erbfolge ändern.

5 Abs. 4 verpflichtet die Länder zur **Ausgestaltung** der in Abs. 1 bis 3 und § 34a BeurkG lediglich als Rahmen vorgegebenen Mitteilungspflichten durch Rechtsverordnung. Abs. 5 ermächtigt die Länder zur elektronischen Ausgestaltung des diesbezüglichen Mitteilungswesens durch Rechtsverordnung. Abs. 6 berechtigt die Landesregierungen zur Übertragung der in Abs. 4 und 5 vorgesehenen Verordnungsermächtigungen auf die Landesjustizverwaltungen.

III. Normzweck

6 Die Vorschrift verkörpert die verfassungsrechtlich zwingend erforderliche förmliche **Gesetzesgrundlage** für ein Registrierungs- und Mitteilungssystem über die Verwahrung von Verfügungen von Todes wegen. Zugleich wird ein in den wesentlichen Eckpunkten bundesweit einheitlicher Rahmen für ein Verwahrungsverfahren für Verfügungen von Todes wegen geschaffen, den jedes Bundesland durch Detailregelungen frei ausgestalten kann.

B. Inhalt der Vorschrift

I. Verfügung von Todes wegen in besonderer amtlicher Verwahrung (Absatz 1)

1. Unterrichtung durch das verwahrende Gericht

7 Nach Abs. 1 Satz 1 hat das verwahrende Gericht das für den **Geburtsort** des (jeweiligen) Erblassers zuständige Standesamt schriftlich über jede in besondere amtliche Verwahrung genommene Verfügung von Todes wegen (vgl. dazu § 344 Rz. 13 ff.) zu unterrichten.

8 In Ermangelung eines inländischen Geburtsortes ist nach Satz 2 das **Amtsgericht Schöneberg** in Berlin zu benachrichtigen.

9 Zur **Zuständigkeit** vgl. § 346 Rz. 5 ff.

10 Zur **Beteiligteneigenschaft** vgl. § 346 Rz. 9.

2. Testamentsverzeichnisse

Nach Abs. 1 Satz 3 werden bei den **Standesämtern** und beim Amtsgericht Schöneberg Verzeichnisse über die in amtlicher Verwahrung befindlichen Verfügungen von Todes wegen geführt. Davon werden die in besondere amtliche Verwahrung genommenen Verfügungen von Todes wegen nach Abs. 1 Satz 1 sowie die nicht in besonderer amtlicher Verwahrung befindlichen eigenhändigen gemeinschaftlichen Testamente nach Abs. 2 bzw. die sonstigen die Erbfolge ändernden Erklärungen nach Abs. 3 erfasst. 11

Abs. 1 Satz 3 verkörpert die erforderliche **förmliche gesetzliche Grundlage** für ein Registrierungs- und Meldesystem, das vor der am 1.1.2009 zwischenzeitlich in kraft getretenen Regelung des § 82a Abs. 4 Satz 3 FGG alleine auf der „Allgemeinen Verfügung (AV) der Länder über die Benachrichtigungen in Nachlasssachen"[1] beruhte, die lediglich einer zwischen den Ländern vereinbarten Verwaltungsvorschrift entspricht. Damit sind zugleich die durch das Grundrecht auf informationelle Selbstbestimmung aus Art. 2 Abs. 1 iVm. Art. 1 Abs. 1 GG[2] vorgegebenen verfassungsrechtlichen Anforderungen für die Verarbeitung personenbezogener Daten erfüllt.[3] 12

Entgegen einer entsprechenden Prüfbitte des Deutschen Bundesrates, die sich insbesondere auf die europäische Dimension einer zentralen Registrierung von Verfügungen von Todes wegen bezieht,[4] begründete § 82a Abs. 4 Satz 3 FGG, dessen Regelungen Abs. 1 Satz 3 übernommen hat, insbesondere wegen des andernfalls hohen Erfassungsaufwands[5] ausschließlich für die derzeit bereits bestehenden **dezentralen** Karteien eine Gesetzesgrundlage. Ob und bejahendenfalls in welcher Form eine zentrale Testamentsdatei eingeführt werden wird, bleibt offen.[6] Sollte die Führung der zentralen Hauptkartei für Testamente vom Amtsgericht Schöneberg durch die Bundesnotarkammer übernommen werden,[7] könnte hieraus ggf. eine umfassende zentrale Testamentskartei entstehen.[8] 13

3. Todesfallmitteilung an das verwahrende Gericht

Nach § 28 PStG muss dem Standesamt am Sterbeort der Tod eines Menschen zwecks Beurkundung des Sterbefalls iSd. § 31 PStG gemeldet werden. Gem. § 60 Abs. 1 Nr. 1 bzw. Nr. 6 PStV[9] hat das Standesamt, das den Sterbefall beurkundet, dies dem Standesamt, das den Geburtseintrag für den Verstorbenen führt, bzw. bei ausländischen Verstorbenen dem Amtsgericht Schöneberg mitzuteilen. Nach Abs. 1 Satz 4 **informiert** die das Verzeichnis nach Satz 3 führende Stelle dasjenige Gericht, von dem es über eine Verfügung von Todes wegen iSv. Abs. 1 bis 3 unterrichtet wurde, über den Todesfall 14

1 Abgedruckt bei *Schmitz/Bornhofen/Bockstette*, Gesetzsammlung für die Standesbeamten und ihre Aufsichtsbehörden, unter Nr. 12 a; vgl. exemplarisch für Baden-Württemberg dazu auch die Gemeinsame AV des Justizministeriums und des Innenministeriums v. 15.1.2001 (1432.A/0102;5 – 1023/3), Die Justiz 2001, S. 65, zuletzt geändert durch Gemeinsame VwV des Justizministeriums und des Innenministeriums v. 20.8.2007 (1432.A/0102;5 – 1023/3), StAZ 2008, 122 f.

2 BVerfG v. 15.12.1983 – 1 BvR 209, 269, 362, 420, 440, 484/83, BVerfGE 65, 1 (43).

3 *Walter*, Rpfleger 2008, 611 (613).

4 Stellungnahme des BR zum GesetzE der BReg., BT-Drucks. 16/1831, S. 70.

5 *Bornhofen*, StAZ 2007, 33 (43).

6 Gegenäußerung der BReg., BT-Drucks. 16/1831, S. 77 f.

7 Nach der Begr. zum GesetzE der BReg., BT-Drucks. 16/1831, S. 38 werde dies im Rahmen einer Bund-Länder-Arbeitsgruppe geprüft.

8 *Gaaz*, StAZ 2008, 198 (201).

9 Verordnung zur Ausführung des Personenstandsgesetzes, BGBl. I 2008, S. 2263.

des betroffenen Erblassers, damit nach §§ 348, 350 eine zeitnahe Eröffnung erfolgen kann. Die Mitteilungspflicht ergibt sich aus § 68 PStG.[1]

II. Nicht besonders amtlich verwahrte gemeinschaftliche Testamente (Absatz 2)

15 Nach Abs. 2 gelten die Regelungen aus Abs. 1 für ein gemeinschaftliches Testament nach § 2265 BGB bzw. § 10 Abs. 4 Satz 1 LPartG entsprechend, das nicht in besondere amtliche Verwahrung genommen ist, nach dem Tod des Erstverstorbenen eröffnet wurde und nicht ausschließlich Anordnungen enthält, die sich auf den Tod des erstverstorbenen Partners beziehen. Für die Anwendbarkeit der Regelungen des Abs. 1 reicht es bereits aus, wenn sich aus dem Testamentstext ohne ausdrückliche Anordnung im Wege der **Auslegung** eine Verfügung des Längstlebenden ergeben kann, bspw. aus einer beim Tod des Erstverstorbenen mangels Geltendmachung von Pflichtteilsansprüchen durch die Kinder nicht ausgelösten Pflichtteilsstrafklausel als ggf. stillschweigende Erbeinsetzung dieser Kinder. Bleiben Zweifel, ist Abs. 1 sicherheitshalber anzuwenden.

16 Vor dem Tod des Erstverstorbenen nicht in besondere amtliche Verwahrung genommene gemeinschaftliche Testamente, die gem. § 2259 BGB abgeliefert werden, verbleiben nach Eröffnung auf den Tod des Erstverstorbenen gem. § 27 Abs. 11 AktO in **einfacher Aktenverwahrung** bei den diesbezüglichen Nachlassakten, solange nicht der Längstlebende die besondere amtliche Verwahrung beantragt,[2] die dann unabhängig von Abs. 2 nach Abs. 1 mitzuteilen wäre. Bleibt es bei der einfachen Aktenverwahrung, hat das mit dem Erbfall des Erstverstorbenen befasste Nachlassgericht die Mitteilung nach Abs. 2 iVm. Abs. 1 vorzunehmen. Umgekehrt hat die das Testamentsverzeichnis führende Stelle dieses Gericht vom Tod des Längstlebenden zu unterrichten, damit es das Testament nach §§ 350, 344 Abs. 6 zeitnah eröffnen kann (vgl. dazu § 344 Rz. 62).

III. Nicht besonders amtlich verwahrte sonstige Verfügungen (Absatz 3)

1. Betroffene Verfügungen

17 Abs. 1 gilt für **Erbverträge** entsprechend, die nicht in besondere amtliche, sondern in einfache notarielle Verwahrung bzw. in einfache Verwahrung eines Konsularbeamten (vgl. dazu § 344 Rz. 30) genommen worden sind.

18 Gleiches sieht Abs. 3 für gerichtlich oder notariell beurkundete Erklärungen vor, nach denen die **Erbfolge geändert** worden ist, bspw. ein in einem gerichtlichen Vergleich nach den §§ 127a, 2274, 2276 BGB geschlossener Erbvertrag.[3]

2. Allgemeine Mitteilungspflichtigkeit

19 Nach Abs. 3 obliegt die Mitteilungspflicht der den Erbvertrag bzw. die sonstige Erklärung **beurkundenden Stelle**, die ihrerseits durch die das Testamentsverzeichnis füh-

1 *Zimmermann*, Das neue FamFG, Rz. 678.
2 Palandt/*Edenhofer*, § 2273 BGB Rz. 6; *Fröhler*, BWNotZ 2008, 183 (189).
3 OLG Düsseldorf v. 14.12.2006 – 8 U 724/05, NJW 2007, 1290 (1291).

rende Stelle vom Tod des Erblassers zu unterrichten ist, damit sodann eine unverzügliche Ablieferung bzw. Mitteilung an das zuständige Nachlassgericht erfolgen kann (vgl. dazu Rz. 14).

3. Besondere Pflichten des Notars nach § 34a BeurkG

Die **Mitteilungspflicht** von Notaren gegenüber dem Geburtsstandesamt bzw. Amtsgericht Schöneberg für nicht in besondere amtliche Verwahrung genommene Erbverträge bzw. sonstige Erklärungen mit erbrechtlichen Auswirkungen ist im Hinblick auf die beurkundungsrechtlichen Rahmenvorgaben und die notarielle Pflicht zur Verschwiegenheit nach § 18 BNotO seit dem 1.1.2009 ergänzend durch § 34a Abs. 1 BeurkG geregelt worden. 20

Darüber hinaus verpflichtet § 34a Abs. 2 BeurkG den jeweiligen Notar dazu, nach Eintritt des Erbfalls – wie bereits zuvor in § 34 Abs. 3 Satz 2 BeurkG aF – von ihm beurkundete nicht in besondere amtliche Verwahrung gegebene Erbverträge an das Nachlassgericht zur dortigen dauerhaften Verwahrung **abzuliefern** und sonstige Erklärungen mit erbrechtlichen Auswirkungen – dies wird dort erstmals **gesetzlich** geregelt, bisher bestand ausschließlich eine Verpflichtung nach § 20 Abs. 3 Satz 2 DONot – in beglaubigter Abschrift mitzuteilen.[1] 21

IV. Landesregelungen (Absätze 4 bis 6)

Nach Abs. 4 werden die Länder zur jeweiligen **Ausgestaltung** der in § 347 lediglich als Rahmenvorgabe enthaltenen Kriterien über Erhebung, Verwendung und Löschung der mit den Testamentsverzeichnissen in Zusammenhang stehenden Daten durch eigene Rechtsverordnungen verpflichtet.[2] Hierbei sind insbesondere das Grundrecht auf informationelle Selbstbestimmung aus Art. 2 Abs. 1 iVm. Art. 1 Abs. 1 GG[3] und der daran ausgerichteten Verhältnismäßigkeitsgrundsatz streng zu wahren.[4] Danach dürfen nur die Identifizierungsdaten des Erblassers, die Verfügungsart und das Datum der Inverwahrnahme mitgeteilt werden. Die Daten sind spätestens 5 Jahre nach dem Tod des Erblassers bzw. 30 Jahre nach dessen Toterklärung bzw. der gerichtlichen Festlegung des Todeszeitpunktes zu löschen. 22

Abs. 5 berechtigt die Länder zur Einführung einer **elektronischen** Übermittlung ohne Rahmenvorgaben für die Signaturqualität, den Zeitpunkt der Umstellung oder die für die Bearbeitung der Dokumente geeignete Form.[5] 23

Nach Abs. 6 werden die Landesregierungen zur **Übertragung** der in Abs. 4 und 5 vorgesehenen Verordnungsermächtigungen auf die Landesjustizverwaltungen berechtigt.[6] 24

---

1 *Fröhler*, BWNotZ 2008, 183 (189).
2 Vgl. zB bad-württ. Nachlassbenachrichtigungsverordnung v. 5.12.2008, GBl. 2008, S. 493.
3 BVerfG v. 15.12.1983 – 1 BvR 209, 269, 362, 420, 440, 484/83, BVerfGE 65, 1 (43).
4 Begr. zum GesetzE der BReg. zu § 82a Abs. 6 FGG, BT-Drucks. 16/1831, S. 56.
5 Begr. zum GesetzE der BReg. zu § 82a Abs. 7 FGG, BT-Drucks. 16/1831, S. 56.
6 Vgl. zB § 2 Nr. 9 bad-württ. Subdelegationsverordnung Justiz v. 7.9.1998, GBl. 1998, S. 561, zuletzt geändert am 11.3.2008, GBl. 2008, S. 101.

Unterabschnitt 3
Eröffnung von Verfügungen von Todes wegen

§ 348
Eröffnung von Verfügungen von Todes wegen durch das Nachlassgericht

(1) Sobald das Gericht vom Tod des Erblassers Kenntnis erlangt hat, hat es eine in seiner Verwahrung befindliche Verfügung von Todes wegen zu eröffnen. Über die Eröffnung ist eine Niederschrift aufzunehmen. War die Verfügung von Todes wegen verschlossen, ist in der Niederschrift festzustellen, ob der Verschluss unversehrt war.

(2) Das Gericht kann zur Eröffnung der Verfügung von Todes wegen einen Termin bestimmen und die gesetzlichen Erben sowie die sonstigen Beteiligten zum Termin laden. Den Erschienenen ist der Inhalt der Verfügung von Todes wegen mündlich bekannt zu geben. Sie kann den Erschienenen auch vorgelegt werden; auf Verlangen ist sie ihnen vorzulegen.

(3) Das Gericht hat den Beteiligten den sie betreffenden Inhalt der Verfügung von Todes wegen schriftlich bekannt zu geben. Dies gilt nicht für Beteiligte, die in einem Termin nach Absatz 2 anwesend waren.

A. Überblick

I. Entstehung

1 Die Vorschrift **übernimmt** den Regelungsgehalt der §§ 2260, 2262 BGB, statuiert nunmehr jedoch abweichend vom früheren gesetzlichen Regelfall der persönlichen Ladung die Gleichwertigkeit der schriftlichen Bekanntgabe.

II. Systematik

2 Die Vorschrift regelt die Eröffnung von Verfügungen von Todes wegen, soweit nicht § 349 für gemeinschaftliche Testamente und Erbverträge bzw. § 350 für eine Eröffnung durch das nach § 344 Abs. 6 besonders örtlich zuständige Gericht abweichende Rege-

lungen trifft. Abs. 1 sieht die **Eröffnungspflicht** des Nachlassgerichts für Verfügungen von Todes wegen vor. Abs. 2 regelt bezüglich des Verfahrens die Möglichkeit des Nachlassgerichts, hierzu einen Termin zu bestimmen und die gesetzlichen Erben sowie die sonstigen Beteiligten zu laden. Nach Abs. 3 ist das Nachlassgericht dazu verpflichtet, den Beteiligten den sie betreffenden Inhalt der Verfügung von Todes wegen schriftlich bekannt zu geben, wobei diese Verpflichtung nicht gegenüber Beteiligten besteht, die in einem Termin nach Abs. 2 anwesend waren. Damit ist die schriftliche Bekanntgabe eine gleichwertige Alternative zum Eröffnungstermin unter Anwesenheit der Beteiligten.

III. Normzweck

Die Vorschrift verfolgt den Zweck, die Beteiligten möglichst schnell über Form und Inhalt der Verfügungen des Erblassers zu **informieren**, damit sie diese überprüfen und daraus eventuelle Rechte geltend machen können. Zugleich dient die Eröffnung dem Rechtsfrieden, der Rechtssicherheit und der Nachlassabwicklung.[1] Die Aufwertung der schriftlichen Bekanntgabe zur gleichrangigen Alternative gegenüber einem Eröffnungstermin unter persönlicher Teilnahme der Beteiligten soll die Zweckmäßigkeit, Zuverlässigkeit und Zeitersparnis der stillen Eröffnung verdeutlichen.[2] 3

B. Inhalt der Vorschrift

I. Zuständigkeit

Zur **sachlichen** Zuständigkeit der Amtsgerichte bzw. in Baden-Württemberg der staatlichen Notariate als Nachlassgericht vgl. § 343 Rz. 129 ff. Ergänzend ist der deutsche Konsularbeamte nach § 11 Abs. 3 KonsG zuständig, wenn der Erblasser vor der zur besonderen amtlichen Verwahrung vorgesehenen Absendung der Verfügung an das Amtsgericht Schöneberg bzw. das nach § 11 Abs. 2 Satz 2 KonsG durch den Erblasser benannte andere Amtsgericht verstirbt. 4

Nach § 3 Nr. 2 Buchst. c RPflG ist an Stelle des Richters der Rechtspfleger **funktionell** zuständig. 5

Zur allgemeinen **örtlichen** Zuständigkeit nach § 343 vgl. § 343 Rz. 8 ff., zur besonderen örtlichen Zuständigkeit nach § 344 Abs. 6 vgl. § 344 Rz. 61 f. 6

Zur **internationalen** Zuständigkeit vgl. § 343 Rz. 148 ff. 7

II. Beteiligteneigenschaft

Die Eröffnung einer Verfügung von Todes wegen erfolgt nach Abs. 1 **von Amts wegen**. Daher ist die lediglich für Antragsverfahren geltende vorrangige Regelung des § 345 nicht anwendbar. Die Beteiligteneigenschaft richtet sich vielmehr nach § 7. 8

Nach § 7 Abs. 2 Nr. 1 sind auf Grund **unmittelbarer Betroffenheit** in ihren Rechten die in der jeweiligen Verfügung **genannten** Personen zwingend kraft Gesetzes Beteiligte, insbesondere Erben, Ersatzerben, Vor- und Nacherben, weitere Nacherben, Begünstigte bzw. 9

1 MüKo.BGB/*Hagena*, § 2260 BGB Rz. 1.
2 Begr. zum GesetzE der BReg. zu § 348 allg., BT-Drucks. 16/6308, S. 279 f.

Vollzugberechtigte aus Auflagen, Vermächtnisnehmer und Testamentsvollstrecker[1] sowie durch familienrechtliche Anordnungen – bspw. Vormundbenennung für minderjährige Kinder – Betroffene.[2] Abs. 2 Satz 1 benennt sie als sonstige Beteiligte. Zu den Besonderheiten bei gemeinschaftlichen Testamenten und Erbverträgen vgl. § 349 Rz. 10 ff.

10 Hierzu gehören auch die **gesetzlichen Erben** (vgl. dazu § 345 Rz. 19 ff.), die zudem auf Grund ausdrücklicher Benennung nach Abs. 2 Satz 1 iVm. § 7 Abs. 2 Nr. 2 Beteiligte sind. Maßgebend ist dabei, wer im konkreten Fall ohne eine Verfügung von Todes wegen Erbe wäre.[3] Daher ist bspw. ein Kind des Erblassers, das durch formwirksamen Erbverzichtsvertrag iSd. §§ 2346, 2349 BGB für sich und seine Abkömmlinge auf das gesetzliche Erbrecht verzichtet hat, samt seinen Abkömmlingen kein Beteiligter, wenn die zu eröffnende Verfügung keine andere Betroffenheit auslöst.

11 **Nachlassgläubiger** sind im Eröffnungsverfahren nicht beteiligt.[4] Dies gilt auch dann, wenn sie einen Erbteil gepfändet haben.[5]

III. Eröffnungspflicht (Absatz 1)

1. Eröffnungsgegenstand

12 Das Nachlassgericht muss und darf nur solche Verfügungen von Todes wegen eröffnen, die sich in **seiner Verwahrung** befinden. Dies sind die in seiner besonderen amtlichen Verwahrung und die in seiner einfachen amtlichen Verwahrung befindlichen Verfügungen. In einfacher amtlicher Verwahrung befinden sich bspw. die nach § 2259 BGB bei diesem Gericht abgelieferten Verfügungen bzw. nach § 349 Abs. 2 bei den Nachlassakten des Erstverstorbenen mangels vorheriger oder nach dessen Tod angeordneter besonderer amtlicher Verwahrung weiterverwahrte eigenhändige gemeinschaftliche Testamente oder Erbverträge.

13 Die Eröffnung erfolgt **von Amts wegen**. Sie kann durch den Erblasser nicht wirksam untersagt werden.[6]

14 Das Gericht muss **alle** bei ihm befindlichen Verfügungen von Todes wegen eröffnen. Dies gilt bei entsprechendem Inhalt auch bei untypischem äußeren Erscheinungsbild, bspw. einem Brief.[7] Ist unklar, ob der Erblasser Testierwillen hatte und ein Schriftstück daher eine letztwillige Verfügung enthält, darf zur Vermeidung überflüssiger Eröffnungen lediglich eine äußerst begrenzte summarische Vorprüfung erfolgen,[8] da die Eröffnung den Beteiligten die Prüfung der Wirksamkeit und des Inhalts der Verfügung erst ermöglichen soll.[9] Bereits die bloße, wenn auch entfernte Möglichkeit einer Testamentseigenschaft ist ausreichend. Im Zweifel muss eröffnet werden.[10] Ein Wider-

1 Reimann/Bengel/Mayer/*Voit*, § 2260 BGB Rz. 13; MüKo.BGB/*Hagena*, § 2260 BGB Rz. 25.
2 *Haegele*, Rpfleger 1968, 137.
3 MüKo.BGB/*Hagena*, § 2260 BGB Rz. 24.
4 Palandt/*Edenhofer*, § 2260 BGB Rz. 4.
5 MüKo.BGB/*Hagena*, § 2260 BGB Rz. 26.
6 KG v. 3.10.1907 – 1 X 1133/07, KGJ 35, A 103 (109); BayObLG v. 8.5.1951 – BeschwReg. Nr. II 37/50, BayObLGZ 1951, 383 (391); Reimann/Bengel/Mayer/*Voit*, § 2260 BGB Rz. 3.
7 KG v. 26.4.1977 – 1 W 650/1977, Rpfleger 1977, 256; BayObLG v. 10.11.1983 – 1 Z 71/83, Rpfleger 1984, 18 (19).
8 MüKo.BGB/*Hagena*, § 2260 BGB Rz. 11.
9 Staudinger/*Baumann*, § 2260 BGB Rz. 10.
10 OLG Hamm v. 24.2.1983 – 15 W 59/83, Rpfleger 1983, 252 (253).

ruf einer Verfügung steht ihrer Eröffnung nicht entgegen, da er seinerseits widerrufbar ist und unabhängig davon erst im späteren Erbscheinsverfahren über die jeweilige Wirksamkeit entschieden wird.[1] Gleiches gilt für die Aufhebung eines Erbvertrages. Daher sind auch offensichtlich formunwirksame Verfügungen, die einen Testierwillen enthalten, zu eröffnen.[2]

Grundsätzlich ist die **Urschrift**, bei Vorhandensein mehrerer gleich lautender Urschriften jede Urschrift einer Verfügung zu eröffnen.[3] Stattdessen darf eine Ausfertigung oder beglaubigte Abschrift eröffnet werden, wenn die Urschrift nicht herbeigeschafft werden kann.[4] Einfache Abschriften sind hingegen mangels sicherer vollständiger Wiedergabe des urschriftlich verfassten Schriftstücks trotz eventueller Verwertung im Erbscheinsverfahren keiner Eröffnung zugänglich.[5] 15

Soweit für die Erbfolge **ausländisches Sachrecht** maßgebend ist und das Recht dieses Staates keine Eröffnung vorsieht, ist auch im Inland keine Eröffnung erforderlich.[6] Ist die Verfügung im Ausland entsprechend der dortigen Ortsform eröffnet worden, bedarf es im Inland keiner erneuten Eröffnung.[7] 16

2. Kenntniserlangung vom Tod des Erblassers

Die Eröffnung setzt voraus, dass das Gericht vom Tod des Erblassers Kenntnis erlangt. Diese Kenntnis muss **zuverlässig** bestehen. Dies geschieht insbesondere durch Todesanzeige eines Standesamtes oder Vorlage einer Sterbeurkunde. Eine nicht amtliche Nachricht kann bei Vorliegen besonderer Umstände ausnahmsweise ausreichen.[8] 17

3. Eröffnungsvorgang

Eine Eröffnung iSd. Abs. 1 ist ein aus mehreren Teilakten bestehender **Gesamtvorgang**, der je nach Einzelfall und Ausgestaltung gem. Abs. 2 bzw. Abs. 3 eine Terminsbestimmung, Ladung der gesetzlichen Erben und sonstigen Beteiligten, ein Öffnen verschlossener Verfügungen, die Feststellung der Unversehrtheit des Verschlusses, Verkündung, Aufnahme der Niederschrift, das Setzen des Eröffnungsvermerks auf die Verfügung von Todes wegen und die Verfügung der Übersendung mit deren Ausführung erfassen kann.[9] 18

Nach **Ermessen** des Gerichts erfolgt die Eröffnung entweder nach Abs. 2 in einem Termin, zu dem die Beteiligten geladen werden, mit dortiger Bekanntgabe (vgl. dazu Rz. 24 ff.) oder ohne Anwesenheit der Beteiligten in stiller Form mit anschließender schriftlicher Bekanntgabe nach Abs. 3 (vgl. dazu Rz. 29 ff.). 19

---

1 BayObLG v. 31.7.1989 – 1a Z 43/88, Rpfleger 1989, 458 (459); KG v. 11.2.1937 – 1 Wr 52/37, JFG 15, 92 (94).

2 OLG München v. 4.12.1937 – Wx 345/36, DFG 1937, 43; KG v. 17.9.1936 – 1 Wr 340/36, JFG 14, 158 (160).

3 KG v. 17.5.1934 – 1 Gen VII 1, 34/2, JW 1937, 2563 (2564).

4 OLG Darmstadt v. 4.6.1915 – Az. n.v., OLGR 32, 67; Staudinger/*Baumann*, § 2260 BGB Rz. 10.

5 KG v. 6.3.1919 – IX 44 19/9, JW 1919, 586 (587); LG Berlin v. 6.2.1942 – 203 T 6356, 6435, 6436/41, DFG 1942, 88 (89).

6 KG v. 2.7.1925 – 1 X 213/25, JW 1925, 2142 (2143) für russisches Recht; Ferid/Firsching/Dörner/Hausmann/*Heusler*, Band II Deutschland, Grdz. C Rz. 839.

7 Reimann/Bengel/Mayer/*Voit*, § 2260 BGB Rz. 12; *Will*, DNotZ 1974, 273 (276 ff.).

8 OLG Darmstadt v. 4.6.1915 – Az. n.v., OLGR 32, 67 (68): Einfache Benachrichtigung durch Feldwebel der Kompanie des im Krieg verstorbenen Soldaten.

9 OLG Köln v. 26.5.2003 – 2 Wx 16/03, Rpfleger 2003, 503 (504); *Westphal*, Rpfleger 1983, 204.

20 Zunächst wird bei einer verschlossenen Verfügung der Verschluss auf seine Unversehrtheit überprüft. Sodann werden verschlossene Verfügungen mechanisch **geöffnet**. Dabei ist das Siegel möglichst schonend zu behandeln. Diese Verfügungen können nun erstmals summarisch darauf überprüft werden, ob – soweit sich Zweifel ergeben – sicher vom Fehlen eines Testierwillens des Erblassers auszugehen ist und daher keine Eröffnung erfolgen darf (vgl. dazu Rz. 14).

21 Anschließend erfolgt die **Verkündung** je nach eingangs getroffener Ermessensentscheidung (vgl. dazu Rz. 19). Zur Anfechtbarkeit vgl. § 349 Rz. 14).

22 Eröffnete Verfügungen dürfen nicht herausgegeben werden, sondern **verbleiben zwingend**, sofern bei gemeinschaftlichen Testamenten bzw. Erbverträgen nach dem Tod des Erstverstorbenen keine Weiterverwahrung nach § 349 Abs. 2 bzw. Abs. 4 erfolgt (vgl. dazu § 349 Rz. 17), zur Sicherstellung des letzten Willens des Erblassers und des Einsichtsrechts nach § 357 in einfacher Verwahrung bei den Nachlassakten.[1]

IV. Eröffnung in Anwesenheit der Beteiligten (Absatz 2)

1. Terminsbestimmung und Ladung

23 Das Nachlassgericht entscheidet nach **Ermessen**, ob es die Eröffnung nach Terminbestimmung iSv. Abs. 2 oder ohne Termin nach Abs. 3 durchführt.

24 Wird nach Abs. 2 verfahren, erfolgt die Terminsbestimmung ohne Verzögerung unmittelbar nach zuverlässiger Kenntniserlangung vom Tod des Erblassers (vgl. dazu Rz. 17) und Überprüfung des Namensverzeichnisses des Testamentsverwahrbuches. Sodann werden die gesetzlichen Erben und sonstigen Beteiligten (vgl. dazu Rz. 8 ff.) von Amts wegen ermittelt. Verschlossene Verfügungen dürfen zu diesem Zweck jedoch nicht geöffnet werden, da dies der erst im Rahmen der Eröffnung durchzuführenden Verschlussöffnung vorbehalten bleibt.[2] Das Gericht wird daher bei Vorhandensein einer verschlossenen Verfügung eher zur stillen Eröffnung nach Abs. 3 neigen.

25 Sodann werden die gesetzlichen Erben und sonstigen Beteiligten (vgl. dazu Rz. 8 ff.) unter **Bekanntgabe** der Terminsbestimmung nach § 15 geladen.

2. Eröffnungstermin und Verkündung

26 Im Eröffnungstermin wird zunächst das Todesdatum des Erblassers **festgestellt**. Sodann prüft der Rechtspfleger den Verschluss ggf. vorliegender verschlossener Verfügungen auf seine Unversehrtheit und trifft dazu die entsprechenden Feststellungen. Darauf folgt der eigentliche Eröffnungsvorgang (vgl. dazu Rz. 27).

27 Den erschienenen Beteiligten ist der Inhalt der jeweiligen Verfügung von Todes wegen **bekannt zu geben**. Dies geschieht nach Ermessen des Rechtspflegers durch wörtliches Vorlesen, genaue Schilderung des wesentlichen Inhalts oder Vorlage zur Durchsicht.[3] Nach Abs. 2 Satz 3 Halbs. 2 muss die Vorlage auf Verlangen erfolgen. Nicht erschienenen Beteiligten ist der sie betreffende Inhalt der jeweiligen Verfügung nach Abs. 3

---

1 BGH v. 5.4.1978 – IV ZB 56/77, NJW 1978, 1484; LG Rostock v. 4.2.1925 – 2 F 14/25, JW 1925, 2161.

2 Staudinger/*Baumann*, § 2260 BGB Rz. 29; Reimann/Bengel/Mayer/*Voit*, § 2260 BGB Rz. 14; aA *Zimmermann*, Das neue FamFG, Rz. 684.

3 Begr. zum GesetzE der BReg. zu § 348 Abs. 2, BT-Drucks. 16/6308, S. 280.

schriftlich bekannt zu geben. Erschienene Beteiligte, für die Abs. 3 Satz 2 eine schriftliche Bekanntgabe ausschließt, können über ihr Akteneinsichtsrecht nach § 13 Abs. 3 Satz 1 auf eigene Kosten Abschriften der Verfügungen anfordern.[1]

Der Eröffnungstermin ist nach § 170 Satz 1 GVG **nicht öffentlich.** 28

V. Stille Eröffnung (Absatz 3)

Abweichend von Abs. 2 kann das Nachlassgericht nach seinem Ermessen von einer Eröffnungsverhandlung absehen und statt dessen eine stille Eröffnung durchführen. Dabei werden in Abwesenheit der Beteiligten zunächst die entsprechenden Feststellungen getroffen (vgl. dazu Rz. 26), eventuell verschlossene Verfügungen geöffnet und den Beteiligten der sie betreffende Inhalt nach Abs. 3 Satz 1 **schriftlich** bekannt gegeben. 29

Die im Falle stiller Eröffnung oder gegenüber den in einem anberaumten Eröffnungstermin nicht erschienenen Beteiligten bestehende jeweilige schriftliche Bekanntgabeverpflichtung ist jeweils auf Grund des Geheimhaltungsinteresses des Erblassers auf diejenigen Passagen der betroffenen Verfügung **beschränkt**, die die Rechte bzw. Pflichten des zu benachrichtigenden Beteiligten erweitern oder einschränken können.[2] 30

Für nicht ermittelbare Beteiligte hat das Nachlassgericht sogar bei Testamentsvollstreckung die Bestellung eines **Pflegers** nach § 1913 BGB beim gem. § 340 zuständigen Betreuungsgericht zu veranlassen.[3] 31

VI. Niederschrift

Über die Eröffnung ist unabhängig davon, ob nach Abs. 2 oder nach Abs. 3 verfahren wird, nach Abs. 1 Satz 2 eine **Niederschrift** aufzunehmen, die nach Satz 3 bezüglich einer zuvor verschlossen gewesenen Verfügung eine Feststellung darüber zu enthalten hat, ob der Verschluss unversehrt war.[4] Zudem sind alle wesentlichen weiteren Tatsachen aufzunehmen, insbesondere Ort, Tag, Erblasserdaten, Gegenstand der Eröffnung und die Verkündung,[5] bei Eröffnung nach Abs. 2 ergänzend die Personalien der erschienenen Beteiligten, und eventuell erteilte Belehrungen. 32

Ergänzend empfiehlt sich ein **Eröffnungsvermerk** auf der eröffneten Urschrift der Verfügung.[6] 33

Nach § 35 Abs. 1 Satz 2 und Abs. 2 Halbs. 2 GBO wird die Vorlage eines Erbscheins zum Nachweis der Erbfolge bzw. eines Testamentsvollstreckerzeugnisses zum Nachweis der Testamentsvollstreckerernennung durch die Vorlage der öffentlichen Urkunde, in der die Erbfolge bzw. Ernennung des Testamentsvollstreckers verfügt wird, samt Niederschrift über die Eröffnung **ersetzt.**[7] 34

1 *Zimmermann*, Das neue FamFG, Rz. 684.
2 MüKo.BGB/*Hagena*, § 2262 BGB Rz. 18 mit Beispielen.
3 BayObLG v. 11.10.1979 – BReg. 1 Z 69/79, BayObLGZ 1979, 340 (343); Palandt/*Edenhofer*, § 2262 BGB, Rz. 2.
4 Vgl. dazu das Muster bei Firsching/*Graf*, Rz. 4.66.
5 MüKo.BGB/*Hagena*, § 2260 BGB Rz. 35.
6 Vgl. dazu das Muster bei Firsching/*Graf*, Rz. 4.65 aE.
7 Vgl. dazu *Demharter*, § 35 GBO Rz. 31 ff. und 63.

§ 349
Besonderheiten bei der Eröffnung von gemeinschaftlichen Testamenten und Erbverträgen

(1) Bei der Eröffnung eines gemeinschaftlichen Testaments sind die Verfügungen des überlebenden Ehegatten oder Lebenspartners, soweit sie sich trennen lassen, den Beteiligten nicht bekannt zu geben.

(2) Hat sich ein gemeinschaftliches Testament in besonderer amtlicher Verwahrung befunden, ist von den Verfügungen des verstorbenen Ehegatten oder Lebenspartners eine beglaubigte Abschrift anzufertigen. Das Testament ist wieder zu verschließen und bei dem nach § 344 Abs. 2 zuständigen Gericht erneut in besondere amtliche Verwahrung zurückzubringen.

(3) Absatz 2 gilt nicht, wenn das Testament nur Anordnungen enthält, die sich auf den Erbfall des erstversterbenden Ehegatten oder Lebenspartners beziehen, insbesondere wenn das Testament sich auf die Erklärung beschränkt, dass die Ehegatten oder Lebenspartner sich gegenseitig zu Erben einsetzen.

(4) Die Absätze 1 bis 3 sind auf Erbverträge entsprechend anzuwenden.

A. Überblick

I. Entstehung

1 Die Vorschrift **übernimmt** die früher in den §§ 2273, 2300 Abs. 1 BGB geregelten Besonderheiten bei der Verkündung von gemeinschaftlichen Testamenten und Erbverträgen innerhalb des Eröffnungsverfahrens. Abs. 2 stellt erstmals ausdrücklich klar, dass die Weiterverwahrung von Amts wegen nur dann in besonderer amtlicher Verwahrung erfolgt, wenn sich die Verfügung bereits vor Eröffnung auf den Tod des Erstverstorbenen in besonderer amtlicher Verwahrung befunden hat. Zudem wird in Abs. 2 Satz 2 auf die erstmals in § 344 Abs. 2 geregelte besondere örtliche Zuständigkeit des für das Nachlassverfahren des Erstverstorbenen zuständigen Gerichts für die Weiterverwahrung verwiesen.

II. Systematik

2 Abs. 1 knüpft an § 348 an und sieht abweichend davon vor, dass die Verfügungen des Längstlebenden bei Eröffnung eines gemeinschaftlichen Testaments auf den Tod des Erstverstorbenen den Beteiligten nicht bekannt gegeben werden dürfen, soweit sie sich

von den Verfügungen des Erstverstorbenen **trennen** lassen. Abs. 2 regelt die Anfertigung einer beglaubigten Abschrift von den Verfügungen des Erstverstorbenen, wenn sich ein gemeinschaftliches Testament in besonderer amtlicher Verwahrung befunden hat, sowie die Wiederverschließung und erneute Rückbringung in die besondere amtliche Verwahrung bei dem nach § 344 Abs. 2 zuständigen Gericht. Dies gilt nach Abs. 3 jedoch dann nicht, wenn das Testament nur Anordnungen enthält, die sich auf den Erbfall des Erstverstorbenen beziehen, insbesondere wenn ausschließlich eine gegenseitige Erbeinsetzung enthalten ist. Abs. 4 regelt die entsprechende Anwendung von Abs. 1 bis 3 auf Erbverträge.

III. Normzweck

Abs. 1 iVm. Abs. 4 dient dem Schutz des **Geheimhaltungsinteresses** des längstlebenden Erblassers hinsichtlich der von ihm auf seinen Tod getroffenen Verfügungen beim Tod des Erstverstorbenen. 3

Abs. 2 und 3 iVm. Abs. 4 bezwecken den **sicheren weiteren Verbleib** der zuvor dort befindlich gewesenen Verfügungen in besonderer amtlicher Verwahrung. Dieser Sicherungszweck entfällt aus Gründen der Verfahrensvereinfachung, wenn die Urkunde keine Verfügungen auf das Ableben des Längstlebenden enthält. 4

B. Inhalt der Vorschrift

I. Zuständigkeit

Zur **sachlichen** Zuständigkeit der Amtsgerichte bzw. in Baden-Württemberg der staatlichen Notariate als Nachlassgericht vgl. § 343 Rz. 129 ff. Ergänzend ist der deutsche Konsularbeamte nach § 11 Abs. 3 KonsG zuständig, wenn der Erblasser vor der zur besonderen amtlichen Verwahrung vorgesehenen Absendung der Verfügung an das Amtsgericht Schöneberg bzw. an das nach § 11 Abs. 2 Satz 2 KonsG durch den Erblasser benannte andere Amtsgericht verstirbt. 5

Nach § 3 Nr. 2 Buchst. c RPflG ist an Stelle des Richters der Rechtspfleger **funktionell** zuständig. 6

Zur allgemeinen **örtlichen** Zuständigkeit nach § 343 vgl. § 343 Rz. 8 ff., zur jeweiligen besonderen örtlichen Zuständigkeit nach § 344 Abs. 2 bzw. Abs. 6 vgl. § 344 Rz. 34 ff. bzw. Rz. 61 f. 7

Zur **internationalen** Zuständigkeit vgl. § 343 Rz. 148 ff. 8

II. Beteiligteneigenschaft

Zur Beteiligeneigenschaft vgl. § 348 Rz. 8 ff. Ergänzend ist bei gemeinschaftlichen Testamenten oder Erbverträgen der **Längstlebende** auf Grund seines Geheimhaltungsinteresses an den auf den eigenen Tod getroffenen Verfügungen beim Tod des Erstverstorbenen Beteiligter iSd. § 7 Abs. 2 Nr. 1. 9

III. Nichtbekanntgabe trennbarer Verfügungen des Längstlebenden (Absatz 1)

10 Abweichend von § 348 darf das Nachlassgericht nach Abs. 1 zum **Schutz** des längstlebenden Partners dessen von den Verfügungen des Erstverstorbenen trennbare Verfügungen aus dem gemeinschaftlichen Testament den Beteiligten nicht bekannt geben.[1]

11 Die Verfügungen beider Erblasser sind insbesondere dann nicht iSv. Abs. 1 von einander trennbar, wenn sie sprachlich in „Wir"-Form zusammengefasst sind[2] oder ausschließlich **anonyme Rollenbegriffe** wie bspw. „Erstversterbender" bzw. „Längstlebender" verwendet werden,[3] statt unter namentlicher Zuordnung jeweils hinsichtlich jedes Erblassers gesondert für den Fall des jeweiligen Erstversterbens bzw. für den Fall, dass jeder den jeweils anderen Partner überlebt, zu verfügen.[4] In diesen Fällen sind daher alle dem Erstverstorbenen zuzuordnenden Verfügungen zu eröffnen, selbst wenn dieser sie als potentiell Längstlebender getroffen hat und diese Verfügungen durch sein Vorversterben gegenstandslos geworden sind, um den Beteiligten insbesondere die Möglichkeit zu eröffnen, eventuelle Anfechtungsrechte bzw. Pflichtteilsansprüche zu prüfen.[5]

12 Die Eröffnung der von den Verfügungen des Erstverstorbenen nicht trennbaren Verfügungen des Längstlebenden kann in dem gemeinschaftlichen Testament bzw. Erbvertrag **nicht wirksam untersagt** werden.[6]

13 Obschon durch Abs. 1 alleine das Geheimhaltungsinteresse des längstlebenden Erblassers geschützt wird, kann dieser, selbst wenn seine Verfügungen von denen des Erstverstorbenen trennbar sind, durch einen Verzicht **keine vollständige Verkündung** erreichen.[7] Andernfalls könnte der Längstlebende das Nachlassgericht zudem dazu anweisen, seine trennbaren Verfügungen bestimmten Beteiligten in unterschiedlichem Umfang mitzuteilen.[8] Dies würde das Nachlassgericht nicht nur organisatorisch unverhältnismäßig hoch belasten, sondern bei den ungleich behandelten Beteiligten zugleich Zweifel an der nachlassgerichtlichen Neutralität aufkommen lassen. Dem Längstlebenden bleibt es jedoch unbenommen, Beteiligten selbst – statt über das Nachlassgericht – auch seine trennbaren Verfügungen zugänglich zu machen.

14 Gegen eine nachlassgerichtliche **Ankündigung** der vollständigen Eröffnung bzw. Mitteilung unter Einschluss der Verfügungen des Längstlebenden wurde unter Geltung des FGG eine Erinnerung bzw. Beschwerde nach §§ 11 RPflG, 19 FGG für zulässig erachtet,[9] obschon es sich bei den jeweiligen Teilakten des Eröffnungsverfahrens (vgl.

1 Zum Geheimhaltungsinteresse des Längstlebenden im Allgemeinen *Bühler*, ZRP 1988, 59; *Haegele*, Rpfleger 1968, 137 (139).

2 BayObLG v. 13.7.1982 – 1 Z 34/82, Rpfleger 1982, 424 (425): „Nach unserem Ableben! Universalerbe ist unser Sohn R. ..."; MüKo.BGB/*Musielak*, § 2273 BGB Rz. 2: „Wir setzen uns gegenseitig zu Erben ein."

3 BGH v. 11.4.1984 – IVa ZB 16/83, BGHZ 91, 105 (108 ff.); BayObLG v. 19.9.1989 – 1a Z 16/89, Rpfleger 1990, 22: „Der Überlebende von uns setzt unsere beiden Söhne ... zu gleichen Teilen zu seinen Erben ein"; Staudinger/*Kanzleiter*, § 2273 BGB Rz. 8; MüKo.BGB/*Musielak*, § 2273 BGB Rz. 3.

4 Vgl. dazu Staudinger/*Kanzleiter*, § 2273 BGB Rz. 8 mit Formulierungsvorschlag.

5 BGH v. 11.4.1984 – IVa ZB 16/83, BGHZ 91, 105 (108 ff.).

6 KG v. 28.11.1904 – Az. n.v., OLGR 11, 250; MüKo.BGB/*Musielak*, § 2273 BGB Rz. 2.

7 OLG München v. 25.4.1936 – Reg. IV Nr. 14/36, JFG 14, 73 (75); KG v. 3.10.1907 – 1 X 1133/07, KGJ 35, A 103 (109); Staudinger/*Kanzleiter*, § 2273 BGB Rz. 11; aA MüKo.BGB/*Musielak*, § 2273 BGB Rz. 4; Reimann/Bengel/*Mayer*, § 2273 BGB Rz. 11.

8 Reimann/Bengel/*Mayer*, § 2273 BGB Rz. 11.

9 OLG Köln v. 26.5.2003 – 2 Wx 16/03, Rpfleger 2003, 503 (504); BayObLG v. 31.7.1989 – 1a Z 43/88, Rpfleger 1989, 458 (459).

dazu § 348 Rz. 18) weder um Endentscheidungen noch um Zwischenverfügungen, sondern um den jeweiligen Erfolg unmittelbar herbeiführende gerichtliche Verrichtungen bzw. interne verfahrensleitende Verfügungen handelt.[1] Aus dem jeweiligen Verfahren nach Abs. 1, das sich auf die Bekanntgabe beschränkt, und § 350, das die schriftliche Bekanntgabe im stillen Eröffnungsverfahren bzw. bezüglich der in einem Eröffnungstermin nicht erschienenen Beteiligten nicht erfasst, sondern dem allgemein zuständigen Nachlassgericht isoliert überlässt (vgl. dazu § 350 Rz. 10), ergibt sich jedoch eine gewisse Verselbständigung des Bekanntgabeteilakts, die für eine darauf beschränkte Anfechtbarkeit spricht. Da der Gesetzgeber hinsichtlich des Eröffnungsverfahrens neben der Aufwertung der stillen Eröffnung gem. den die §§ 2260, 2262, 2273, 2300 Abs. 1 BGB ersetzenden §§ 348, 349 keine Einschränkung des Rechtsschutzes in diesem grundrechtsrelevanten Bereich beabsichtigt hat, wird man auch künftig eine entsprechende Anfechtung zulassen müssen. Anstelle der einfachen Beschwerde tritt dabei die befristete Beschwerde nach §§ 58, 63,[2] die auch für Entscheidungen über einen Teil der Hauptsache, insbesondere über einen einzelnen Verfahrensabschnitt eröffnet ist (vgl. dazu § 58 Rz. 2). Der Ankündigung kommt dabei ähnlich der Regelung des § 352 Abs. 1 gleichsam feststellende Wirkung zu.

Gegen eine **bereits vollzogene** Eröffnung bzw. Bekanntgabe ist lediglich unter den engen Voraussetzungen des § 62 Abs. 2 befristete Beschwerde zulässig (vgl. dazu § 62 Rz. 7 ff.). 15

Der **Eröffnungsausschluss** einzelner Verfügungen des gemeinschaftlichen Testaments kann mit der befristeten Beschwerde angefochten werden.[3] 16

IV. Weiterverwahrung

1. Grundsatz (Absatz 2)

Nach der anlässlich des Todes des Erstverstorbenen erfolgten Eröffnung eines gemeinschaftlichen Testaments, das sich zuvor in besonderer amtlicher Verwahrung befunden hat, wird vorbehaltlich der Ausnahme nach Abs. 3 (vgl. dazu Rz. 21 ff.) von den Verfügungen des Erstverstorbenen eine **beglaubigte Abschrift** gefertigt. Der Beglaubigungsvermerk muss hinreichend erkennen lassen, dass die beglaubigte Abschrift die Verfügungen des Erstverstorbenen vollständig wiedergibt.[4] Dies geschieht durch einen Zusatzvermerk dahingehend, dass das gemeinschaftliche Testament keine weiteren Verfügungen des Erstverstorbenen enthält.[5] Diese beglaubigte auszugsweise Abschrift verbleibt offen bei den Nachlassakten des Erstverstorbenen und tritt im Rechtsverkehr insoweit an die Stelle der Urschrift, bspw. gemeinsam mit der Eröffnungsniederschrift als Ersatz für einen Erbschein bzw. ein Testamentsvollstreckerzeugnis nach § 35 Abs. 1 Satz 2 bzw. Abs. 2 Halbs. 2 GBO.[6] 17

1 OLG Köln v. 26.5.2003 – 2 Wx 16/03, Rpfleger 2003, 503 (504); BayObLG v. 30.4.1986 – BReg. 1 Z 69/85, BayObLGZ 1986, 118 (124).
2 Im Ergebnis ebenso *Zimmermann*, Das neue FamFG, Rz. 695.
3 KG v. 3.10.1907 – 1 X 1133/07, KGJ, KGJ 35, A 103 (105); OLG Hamburg v. 8.2.1909 – Az. n.v., OLGR 18, 359; Staudinger/*Kanzleiter*, § 2273 BGB Rz. 11a.
4 KG v. 3.10.1907 – 1 X 1133/07, KGJ 35, A 103 (108); OLG Dresden v. 25.7.1905 – Az. n.v., ZBlFG 1906, 369 (370).
5 MüKo.BGB/*Musielak*, § 2273 BGB Rz. 6.
6 Staudinger/*Kanzleiter*, § 2273 BGB Rz. 15.

18 Die **Urschrift** des gemeinschaftlichen Testaments wird durch das Nachlassgericht in einen neuen Umschlag genommen und mit Siegel verschlossen. Im Rahmen der anschließenden Beschriftung ist auf dem Umschlag zudem der jeweilige Zeitpunkt der Teileröffnung und der Wiederverschließung zu vermerken.[1] Die besondere amtliche Weiterverwahrung erfolgt nach Abs. 2 Satz 2 iVm. § 344 Abs. 2 bei dem für den Nachlass des Erstversterbenden zuständigen Gericht.

19 Die bereits auf den Tod des Erstversterbenden erfolgte Gesamteröffnung der untrennbaren Verfügungen der Erblasser macht die Weiterverwahrung **nicht entbehrlich**, da die Verfügungen auf den Tod des Längstlebenden erneut eröffnet werden müssen, um bspw. die Ausschlagungsfrist nach § 1944 Abs. 2 Satz 2 BGB oder andere Rechtsfolgen der Eröffnung zu entfalten.[2] Dies gilt selbst dann, wenn Zweifel daran bestehen, ob sich die Verfügungen auch auf den zweiten Erbfall beziehen.[3]

20 Ist für das Nachlassverfahren auf den Tod des Längstlebenden nach § 343 ein anderes Gericht örtlich zuständig, folgt die besondere **Eröffnungszuständigkeit** des verwahrenden Nachlassgerichts des Erstverstorbenen für das dann nach § 350 maßgebende Verfahren aus § 344 Abs. 6.

2. Ausnahme (Absatz 3)

21 Abs. 2 findet jedoch keine Anwendung, wenn das gemeinschaftliche Testament ausschließlich sich **auf den Tod des Erstversterbenden** beziehende Anordnungen enthält. Dies gilt nach Abs. 3 Halbs. 2 insbesondere dann, wenn sich das gemeinschaftliche Testament auf die gegenseitige Erbeinsetzung der Erblasser beschränkt.

22 In diesen Fällen verbleibt das gemeinschaftliche Testament **offen** bei den Nachlassakten des Erstverstorbenen.

3. Bisherige einfache Verwahrung

23 Hat sich das gemeinschaftliche Testament bis zum Tod des Erstverstorbenen nicht in besonderer amtlicher Verwahrung befunden, verbleibt es nach § 27 Abs. 11 AktO[4] **offen** in einfacher Aktenverwahrung bei den Nachlassakten des Erstverstorbenen, wenn nicht der Längstlebende die besondere amtliche Verwahrung beantragt.[5]

V. Erbverträge (Absatz 4)

24 Nach Abs. 4 gelten die Regelungen der Abs. 1 bis 3 **entsprechend** für Erbverträge.

1 Staudinger/*Kanzleiter*, § 2273 BGB Rz. 15.
2 MüKo.BGB/*Musielak*, § 2273 BGB Rz. 10.
3 OLG Hamm v. 16.10.1974 – 15 Sbd 11/74, OLGZ 1972, 94 (96 f.).
4 Abgedruckt in der in Bayern geltenden Fassung v. 16.12.1998 bei Firsching/*Graf*, Anhang 4.
5 Palandt/*Edenhofer*, § 2273 BGB Rz. 6; *Fröhler*, BWNotZ 2008, 183 (189).

§ 350
Eröffnung der Verfügung von Todes wegen durch ein anderes Gericht

Hat ein nach § 344 Abs. 6 zuständiges Gericht die Verfügung von Todes wegen eröffnet, hat es diese und eine beglaubigte Abschrift der Eröffnungsniederschrift dem Nachlassgericht zu übersenden; eine beglaubigte Abschrift der Verfügung von Todes wegen ist zurückzubehalten.

A. Überblick

I. Entstehung

1 Die Vorschrift **übernimmt** den Regelungsgehalt der früheren §§ 2261 Satz 2, 2300 Abs. 1 BGB. Sie gilt einschränkungslos für Verfügungen von Todes wegen und erfasst damit auch Erbverträge unmittelbar.

II. Systematik

2 Die Vorschrift regelt den **Verbleib** der Verfügung von Todes wegen nach ihrer Eröffnung durch ein von dem Nachlassgericht verschiedenes Verwahrgericht. Unter Zurückbehaltung einer beglaubigten Abschrift bei den eigenen Akten hat das Verwahrgericht die Urschrift der von ihm eröffneten Urkunde gemeinsam mit einer beglaubigten Kopie der Eröffnungsniederschrift, deren Urschrift beim Verwahrgericht verbleibt, an das nach § 343 allgemein örtlich zuständige Nachlassgericht zu übersenden. Die besondere Eröffnungszuständigkeit des Verwahrgerichts folgt aus § 344 Abs. 6.

III. Normzweck

3 Die Vorschrift bezweckt in Ergänzung zu der in § 2259 BGB normierten Ablieferungspflicht eine **Beschleunigung** der Eröffnung letztwilliger Verfügungen, eine anschließende Konzentration aller Verfügungen von Todes wegen beim allgemein zuständigen Nachlassgericht und eine Sicherung bei Beschädigung oder Verlust während des Aktenversands durch Zurückbehalten einer beglaubigten Abschrift der Verfügungen samt Urschrift der Eröffnungsniederschrift.

B. Inhalt der Vorschrift

I. Zuständigkeit

4 Zur **sachlichen** Zuständigkeit der Amtsgerichte bzw. in Baden-Württemberg der staatlichen Notariate als Nachlassgericht vgl. § 343 Rz. 129 ff.

5 Nach § 3 Nr. 2 Buchst. c RPflG ist an Stelle des Richters der Rechtspfleger **funktionell** zuständig.

6 Zur besonderen **örtlichen** Zuständigkeit nach § 344 Abs. 6 vgl. § 344 Rz. 61 ff.

7 Zur **internationalen** Zuständigkeit vgl. § 343 Rz. 148 ff.

II. Beteiligteneigenschaft

8 Zur Beteiligteneigenschaft vgl. § 349 Rz. 9.

III. Eröffnung durch das Verwahrgericht

9 Die örtliche Zuständigkeit des Verwahrgerichts ist nach § 344 Abs. 6 auf die Eröffnung derjenigen Verfügungen von Todes wegen beschränkt, die das Verwahrgericht in **eigener amtlicher Verwahrung** hat. Die Regelung ist damit nicht auf die dort in besonderer amtlicher Verwahrung befindlichen Verfügungen reduziert, sondern erfasst auch dort lediglich in **einfacher Aktenverwahrung** befindliche Dokumente,[1] bspw. ein nach dem Tod des Erstverstorbenen zu dessen Nachlassakten genommenes eigenhändiges gemeinschaftliches Testament, ein bei den Akten befindlicher nicht besonders amtlich verwahrter Erbvertrag bzw. ein ungeachtet der dortigen Unzuständigkeit für die Verwahrung abgeliefertes eigenhändiges Testament. Dies folgt aus dem eindeutigen Wortlaut „in amtlicher Verwahrung" der Verweisnorm des § 344 Abs. 6 und der flankierenden Vorschrift des § 2259 Abs. 2 BGB.[2]

10 Von der Eröffnungszuständigkeit ist jedoch die schriftliche Bekanntgabe iSd. § 348 Abs. 3 Satz 1 **ausgeschlossen**, die alleine dem nach § 343 allgemein örtlich zuständigen Nachlassgericht, an das die eröffnete Verfügung nach Halbs. 1 zu übersenden ist, in einem neuen eigenständigen Verfahren obliegt.[3] Eine derartige von §§ 344 Abs. 6, 350 nicht erfasste schriftliche Bekanntgabe iSd. § 348 Abs. 3 Satz 1 erfolgt im stillen Eröffnungsverfahren gegenüber allen Beteiligten und im Eröffnungsverfahren mit Termin und Ladung gegenüber den nicht erschienenen Beteiligten (vgl. dazu § 348 Rz. 27). Im Übrigen ist das Eröffnungsverfahren gem. § 348 Abs. 1 und 2 (vgl. dazu § 348 Rz. 12 ff.) bzw. § 349 Abs. 1 (vgl. dazu § 349 Rz. 10 ff.) vollständig durch das Verwahrgericht durchzuführen.

11 Es liegt daher nahe, dass das Verwahrgericht zur Durchführung eines **stillen Eröffnungsverfahrens** tendiert, um die Bekanntgabe gegenüber allen Beteiligten insgesamt alleine dem allgemein zuständigen Nachlassgericht zu überlassen.

1 Begr. zum GesetzE der BReg. zu § 344 Abs. 6, BT-Drucks. 16/6308, S. 278.
2 BayObLG v. 12.5.1992 – 1 Z AR 22/92, Rpfleger 1992, 435; KG v. 13.2.1941 – IV 1 40/30, JFG 22, 199 (200 f.).
3 OLG Hamburg v. 20.2.1985 – 2 W 5/85, Rpfleger 1985, 194.

IV. Übersendung

Das Verwahrgericht hat nach Abschluss der ihm obliegenden Eröffnungsaufgaben eine **beglaubigte Abschrift** der von ihm eröffneten Verfügung von Todes wegen zu fertigen und diese gemeinsam mit der Urschrift der Eröffnungsniederschrift bei den eigenen Unterlagen zurückzubehalten. 12

Die **Urschrift** der von ihm eröffneten Verfügung von Todes wegen muss durch das Verwahrgericht gemeinsam mit einer beglaubigten Abschrift der Eröffnungsniederschrift an das nach § 343 allgemein örtlich zuständige Nachlassgericht übersandt werden. 13

Gegen die **Verweigerung** der Übersendung der eröffneten Verfügung von Todes wegen durch das Verwahrgericht ist das allgemein zuständige Nachlassgericht beschwerdeberechtigt, da es ohne diese Urkunde an der Erfüllung seiner amtlichen Aufgaben gehindert wird.[1] Dem allgemein zuständigen Nachlassgericht steht jedoch mangels Hinderung an der Wahrnehmung eigener Aufgaben weder gegen eine durch das Verwahrgericht durchgeführte nicht im Zuständigkeitsbereich des Nachlassgerichts liegende Testamentseröffnung noch gegen die vom Verwahrgericht unterlassene Weitergabe von Beteiligtendaten, deren Ermittlung vielmehr eigene Aufgabe des Nachlassgerichts ist, ein Beschwerderecht zu.[2] 14

Lehnt das allgemein zuständige Nachlassgericht die **Annahme** eines ihm durch das Verwahrgericht nach Eröffnung für die weitere Aufbewahrung übersandten Testaments ab, ist danach zu differenzieren, aus welchem Grund die Ablehnung erfolgt: Hält das allgemein zuständige Nachlassgericht das Verwahrgericht für das örtlich zuständige Nachlassgericht, tritt ein an sich bestehendes Beschwerderecht des Verwahrgerichts hinter das vorrangige Verfahren nach § 5 zurück. Ein Beschwerderecht des Verwahrgerichts besteht jedoch dann, wenn das allgemein zuständige Nachlassgericht das Verwahrgericht in dessen Funktion als Verwahrgericht für zuständig erachtet.[3] 15

V. Verfahren vor dem Empfängergericht

Das allgemein nach § 343 örtlich zuständige Nachlassgericht hat nach Eingang der Unterlagen – soweit das Verwahrgericht nicht einen Eröffnungstermin abgehalten hat, an dem alle Beteiligten teilgenommen haben – die noch ausstehende **schriftliche Bekanntgabe** nach § 348 Abs. 3 Satz 1 durchzuführen und ist zudem für die offene Aufbewahrung der Urkunden und die Einsichtsgewährung nach § 357 zuständig. 16

Da insoweit ein **eigenständiges** neues Verfahren beginnt, ist das allgemein zuständige Nachlassgericht nicht dazu berechtigt, die durch das Verwahrgericht durchgeführten Maßnahmen zu ändern bzw. einer diesbezüglichen Beschwerde der Beteiligten, hin- 17

1 BayObLG v. 30.4.1986 – 1 Z 69/85, Rpfleger 1986, 303 (305); KG v. 7.5.1976 – 1 AR 19/76, Rpfleger 1977, 100 (101); Staudinger/*Baumann*, § 2261 BGB Rz. 14; Reimann/Bengel/Mayer/*Voit*, § 2261 BGB Rz. 6.

2 BayObLG v. 30.4.1986 – 1 Z 69/85, Rpfleger 1986, 303 (305); Staudinger/*Baumann*, § 2261 BGB Rz. 14; Reimann/Bengel/Mayer/*Voit*, § 2261 BGB Rz. 6.

3 KG v. 7.5.1976 – 1 AR 19/76, Rpfleger 1977, 100 (101); KG v. 9.11.1971 – 1 AR 38/71, Rpfleger 1972, 405 (406). Entsprechendes gilt für einen positiven Kompetenzkonflikt vgl. OLG Brandenburg v. 2.11.2007 – 1 AR 53/07, FGPrax 2008, 70.

sichtlich derer sich die örtliche Zuständigkeit des Beschwerdegerichts nach dem Verwahrgericht richtet, abzuhelfen.[1]

18 Das allgemein zuständige Nachlassgericht ist in Ermangelung eines abweichenden Verlangens des Längstlebenden zudem nach §§ 344 Abs. 2, 349 Abs. 2 für die besondere amtliche **Weiterverwahrung** zuständig.

§ 351
Eröffnungsfrist für Verfügungen von Todes wegen

Befindet sich ein Testament, ein gemeinschaftliches Testament oder ein Erbvertrag seit mehr als 30 Jahren in amtlicher Verwahrung, soll die verwahrende Stelle von Amts wegen ermitteln, ob der Erblasser noch lebt. Kann die verwahrende Stelle nicht ermitteln, dass der Erblasser noch lebt, ist die Verfügung von Todes wegen zu eröffnen. Die §§ 348 bis 350 gelten entsprechend.

A. Überblick

I. Entstehung

1 Die Vorschrift **übernimmt** die bisher in den §§ 2263a, 2300a BGB enthaltene Ermittlungspflicht und Eröffnungsfrist in geänderter Weise. Abweichend von den beiden früheren getrennten Regelungen benennt § 351 FamFG nunmehr neben dem Testament und Erbvertrag auch das gemeinschaftliche Testament ausdrücklich, formuliert die durch den früheren Zusatz „soweit tunlich" bereits relativierte Ermittlungspflicht in eine Soll-Vorschrift um und reduziert die Eröffnungsfrist auch für den Erbvertrag von fünfzig auf dreißig Jahre, was zuvor bereits für das Testament und das gemeinschaftliche Testament galt. Im Gesetzentwurf der Bundesregierung war zwischenzeitlich vorgesehen, dass die Eröffnungsfrist für Erbverträge und gemeinschaftliche Testamente jeweils fünfzig Jahre beträgt und Ermittlungen zwingend zu erfolgen haben.[2] Auf Anregung des Bundesrates wurde die Ermittlungspflicht in eine Soll-Vorschrift verändert und die Eröffnungsfrist insgesamt auf dreißig Jahre vereinheitlicht, um zu vermeiden, dass die Erbenermittlung durch zu langes Zuwarten erschwert wird.[3]

1 OLG Hamburg v. 20.2.1985 – 2 W 5/85, Rpfleger 1985, 194 (195).
2 Begr. zum GesetzE der BReg. zu § 351, BT-Drucks. 16/6308, S. 68.
3 Stellungnahme des BR (Beschl.) zu Nr. 88 (§ 351 Satz 1), BR-Drucks. 309/07, S. 73 f.

II. Systematik

Die Vorschrift **verpflichtet** diejenige Stelle, in deren amtlicher Verwahrung sich eine Verfügung von Todes wegen befindet, die seit mehr als dreißig Jahren amtlich verwahrt ist, zu Ermittlungen darüber, ob der Erblasser noch lebt, und zur Eröffnung der Verfügung bzw. Notare oder Konsularbeamte zu deren Übersendung an das Nachlassgericht, wenn nicht festgestellt werden kann, dass der Erblasser noch lebt. Hinsichtlich der Eröffnung wird auf die Regelungen der §§ 348 bis 350 verwiesen. 2

III. Normzweck

Die Regelung soll eine Eröffnung amtlich verwahrter Verfügungen von Todes wegen **sicherstellen** und dadurch verhindern, dass der letzte Wille des Erblassers nicht wahrgenommen wird. 3

B. Inhalt der Vorschrift

I. Zuständigkeit

Zur **sachlichen** Zuständigkeit der Amtsgerichte bzw. in Baden-Württemberg der staatlichen Notariate als Nachlassgericht vgl. § 343 Rz. 129 ff. 4

Nach § 3 Nr. 2 Buchst. c RPflG ist an Stelle des Richters der Rechtspfleger **funktionell** zuständig. 5

Zur allgemeinen **örtlichen** Zuständigkeit nach § 343 vgl. § 343 Rz. 8 ff.; zur jeweiligen besonderen örtlichen Zuständigkeit nach § 344 Abs. 2 bzw. Abs. 6 vgl. § 344 Rz. 34 ff. bzw. Rz. 61 f. 6

Zur **internationalen** Zuständigkeit vgl. § 343 Rz. 148 ff. 7

II. Beteiligteneigenschaft

Zur Beteiligteneigenschaft vgl. § 349 Rz. 9. 8

III. Ermittlungspflicht

Abs. 1 statuiert eine Ermittlungspflicht von Amts wegen, die im Gegensatz zur Eröffnungspflicht als **Soll-Vorschrift** ausgestaltet ist. Sie gewährt der verwahrenden Stelle damit einen gewissen eingeschränkten Ermessensspielraum, von der Pflicht zur Amtsermittlung abzuweichen.[1] 9

Die Verfügung von Todes wegen muss sich seit **mehr als dreißig Jahren** in amtlicher Verwahrung befinden. Nicht erforderlich ist, dass sich diese Verwahrdauer auf dieselbe amtliche Verwahrstelle bezieht. Hat der Erblasser bspw. gem. § 344 Abs. 1 Satz 2 zwischenzeitlich die Verwahrung bei einem nach § 344 Abs. 1 Satz 1 unzuständigen Gericht verlangt, ist angesichts des Schutzzwecks der Norm gleichwohl die Gesamtverwahrdauer und nicht die auf die derzeitige Verwahrstelle entfallende anteilige Zeitspanne maßgebend. 10

1 Stellungnahme des BR (Beschl.) zu Nr. 88 (§ 351 Satz 1), BR-Drucks. 309/07, S. 74.

11 Bei gemeinschaftlichen Testamenten und ggf. bei Erbverträgen bezieht sich die Ermittlungspflicht auf beide bzw. **alle** Erblasser.

12 **Amtliche Verwahrung** ist damit nicht auf die in besonderer amtlicher Verwahrung befindlichen Urkunden reduziert, sondern erfasst auch lediglich in einfacher Aktenverwahrung befindliche Dokumente, bspw. ein nach dem Tod des Erstverstorbenen zu dessen Nachlassakten genommenes eigenhändiges gemeinschaftliches Testament, einen bei den Akten befindlichen nicht besonders amtlich verwahrten Erbvertrag, ein ungeachtet eventueller Unzuständigkeit für die Verwahrung abgeliefertes eigenhändiges Testament bzw. einen in einfacher notarieller bzw. konsularischer (vgl. dazu § 344 Rz. 30) Verwahrung befindlichen Erbvertrag.[1]

13 **Verwahrende Stelle** als Adressat der Ermittlungspflicht ist daher entweder ein Gericht, ein Notar oder ein Konsularbeamter.

14 Regelmäßig werden Informationen darüber, ob der Erblasser noch lebt, zunächst bei der **Meldestelle** des zuletzt bekannten Wohnsitzes des Erblassers und sodann ersatzweise beim Standesamt des Geburtsortes bzw. Staatsarchiv eingeholt.[2]

15 Ergeben die Ermittlungen, dass der Erblasser **lebt**, ist das Verfahren spätestens alle fünf Jahre zu wiederholen. Für Notare ergibt sich diese Pflicht aus § 20 Abs. 5 Satz 3 DONot.

IV. Eröffnungspflicht

16 Wird der Tod des Erblassers ermittelt oder kann die verwahrende Stelle nicht ermitteln, dass der Erblasser noch lebt, **muss** die Verfügung von Todes wegen nach Satz 2 eröffnet werden. Im Gegensatz zu Satz 1 besteht keinerlei Entscheidungsspielraum. Es gelten die §§ 348 bis 350 entsprechend. Zuständig ist daher entweder das nach § 343 allgemein zuständige Nachlassgericht oder das Verwahrgericht nach § 344 Abs. 6. Die eröffnete Verfügung verbleibt beim Nachlassgericht.[3]

17 Befindet sich ein Erbvertrag in einfacher notarieller Verwahrung, hat der Notar diesen nach § 20 Abs. 5 Satz 1 DONot an das Nachlassgericht uneröffnet **abzuliefern**, damit die Eröffnung dort erfolgen kann. Im Falle einer Eröffnungsverweigerung durch das Nachlassgericht ist der Notar beschwerdeberechtigt.[4] Entsprechendes muss jeweils für Konsularbeamte gelten.

V. Eröffnung zu Lebzeiten

18 Stellt sich erst während oder nach der Eröffnung heraus, dass der Erblasser lebt, bleibt die eröffnete Verfügung von Todes wegen **wirksam**.[5] Der Umstand des Fortlebens des Erblassers ist in der Niederschrift zu vermerken,[6] je nach Zeitpunkt der Kenntniserlangung ggf. durch einen Nachtragsvermerk.

1 Begr. zum GesetzE der BReg. zu § 351, BT-Drucks. 16/6308, S. 278.
2 Firsching/*Graf*, Rz. 4.38 ff. mit Anfragemuster.
3 Staudinger/*Baumann*, § 2263a BGB Rz. 10.
4 BayObLG v. 21.6.1983 – BReg. 1 Z 7-11/83, BayObLGZ 1983, 149 (150); Staudinger/*Kanzleiter*, § 2300a BGB Rz. 2.
5 Firsching/*Graf*, Rz. 4.42.
6 Reimann/Bengel/Mayer/*Voit*, § 2263a BGB Rz. 8.

Der Erblasser ist über die Eröffnung zu **informieren** und dazu zu befragen, ob seine Verfügung von Todes wegen erneut zu verschließen und zu verwahren ist oder abweichende Wünsche bestehen,[1] bspw. nach § 344 Abs. 1 Satz 2 eine Verwahrung bei einem anderen Gericht oder gar eine Rücknahme mit Widerrufs- bzw. Aufhebungswirkung nach §§ 2256, 2300 Abs. 2 BGB begehrt wird. 19

Unterabschnitt 4
Erbscheinsverfahren; Testamentsvollstreckung

§ 352
Entscheidung über Erbscheinsanträge

(1) Die Entscheidung, dass die zur Erteilung eines Erbscheins erforderlichen Tatsachen für festgestellt erachtet werden, ergeht durch Beschluss. Der Beschluss wird mit Erlass wirksam. Einer Bekanntgabe des Beschlusses bedarf es nicht.

(2) Widerspricht der Beschluss dem erklärten Willen eines Beteiligten, ist der Beschluss den Beteiligten bekannt zu geben. Das Gericht hat in diesem Fall die sofortige Wirksamkeit des Beschlusses auszusetzen und die Erteilung des Erbscheins bis zur Rechtskraft des Beschlusses zurückzustellen.

(3) Ist der Erbschein bereits erteilt, ist die Beschwerde gegen den Beschluss nur noch insoweit zulässig, als die Einziehung des Erbscheins beantragt wird.

A. Überblick

I. Entstehung

Die Vorschrift regelt in Abs. 1 **erstmals** das Verfahren für den Erlass eines feststellenden Anordnungsbeschlusses zur späteren Erteilung des beantragten Erbscheins. Abs. 2 schafft das bisher durch Richterrecht geformte ungeschriebene Institut des Vorbescheides[2] ab[3] 1

1 Staudinger/*Baumann*, § 2263a BGB Rz. 11.
2 BGH v. 18.4.1956 – IV ZB 18/56, BGHZ 20, 255 (258).
3 Hierzu kritisch *Zimmermann*, FGPrax 2006, 189 (193).

und ersetzt dieses durch die Aussetzung der sofortigen Wirksamkeit des Anordnungsbeschlusses.

II. Systematik

2 Nach Abs. 1 Satz 1 hat die Anordnungsentscheidung über die Feststellung der zur Erteilung eines Erbscheins erforderlichen Tatsachen durch Beschluss iSd. § 38 Abs. 1 Satz 1 zu ergehen, der nach Satz 2 grundsätzlich **mit Erlass wirksam** ist, abweichend von § 41 Abs. 1 keiner Bekanntgabe bedarf und nach § 38 Abs. 4 Nr. 2 dann, wenn er nicht dem erklärten Willen eines Beteiligten widerspricht, nicht begründet werden muss.

3 Als Ausnahme hiervon sieht Abs. 2 für das **streitige** Erbscheinsverfahren vor, dass der Anordnungsbeschluss unter Aussetzung der sofortigen Wirksamkeit und Zurückstellung der Erteilung des Erbscheins bis zur Rechtskraft des Anordnungsbeschlusses den Beteiligten bekannt zu geben ist. Nach § 38 Abs. 3 Satz 1 ist der Beschluss in derartigen Fällen zudem zu begründen, da keine Ausnahme iSd. § 38 Abs. 4 Nr. 2 vorliegt.

4 Abs. 3 reduziert die Zulässigkeit einer Beschwerde gegen einen Anordnungsbeschluss **nach Erteilung des Erbscheins** auf das Antragsziel der Erbscheinseinziehung.

III. Normzweck

5 Die Vorschrift hat die Aufgabe, das Erbscheinsverfahren grundlegend zu regeln und dabei **bedarfsorientiert** für unstreitige Verfahren verfahrensökonomisch eine zügige Abwicklung zu ermöglichen, für streitige Verfahren aus Gründen der Rechtssicherheit und des Rechtsfriedens hingegen eine ausführliche umfassende Aufklärung samt Überprüfbarkeit durch die nächsthöhere Instanz vor Erbscheinserteilung zu gewährleisten.

B. Inhalt der Vorschrift

I. Zuständigkeit

6 Zur **sachlichen** Zuständigkeit der Amtsgerichte bzw. in Baden-Württemberg der staatlichen Notariate als Nachlassgericht vgl. § 343 Rz. 129 ff. Die Regelungen nach § 23a Abs. 1 Nr. 2 iVm. Abs. 2 Nr. 2 GVG iVm. § 342 Abs. 1 Nr. 6 bzw. Art. 147 EGBGB iVm. §§ 1 Abs. 1 und 2, 38 bad-württ. LFGG werden insoweit durch § 2359 iVm. § 2353 BGB ergänzt.

7 Nach § 3 Nr. 2 Buchst. c RPflG ist der Rechtspfleger an Stelle des Richters **funktionell** zuständig, soweit nicht nach § 16 Abs. 1 Nr. 6 RPflG ein Richtervorbehalt besteht. Dies ist wiederum dann der Fall, wenn eine Verfügung von Todes wegen tatsächlich vorliegt bzw. ihr Vorhandensein ohne Urkundenvorlage behauptetet wird,[1] ohne dass das festzustellende Erbrecht darauf beruhen muss, oder die Anwendung ausländischen Rechts in Betracht kommt. Ob ein vorliegendes Schriftstück eine den Richtervorbehalt auslösende Verfügung von Todes wegen darstellt, hat als Vorfrage ebenfalls der Richter zu beurteilen.[2] Der Richtervorbehalt kann jedoch gem. § 19 Abs. 1 Satz 1 Nr. 5

1 BayObLG v. 22.3.1977 – 1 Z 166/77, Rpfleger 1977, 210 (211).
2 BayObLG v. 22.3.1977 – 1 Z 166/77, Rpfleger 1977, 210; MüKo.BGB/*Mayer*, § 2353 BGB Rz. 48; aA Firsching/*Graf*, Rz. 2.17: Rechtspflegerzuständigkeit im Rahmen des Eröffnungsverfahrens.

RPflG nach Landesrecht aufgehoben sein. Vgl. zur funktionellen Zuständigkeit im Allgemeinen § 343 Rz. 142 ff.

Zur **örtlichen** Zuständigkeit nach § 343 vgl. § 343 Rz. 8 ff. 8

Zur **internationalen** Zuständigkeit vgl. § 343 Rz. 148 ff. 9

II. Beteiligteneigenschaft

Zur **Beteiligteneigenschaft** vgl. § 345 Rz. 16 ff. 10

III. Anordnungsbeschluss (Abs. 1 Satz 1)

1. Allgemeines

Abs. 1 Satz 1 regelt das Verfahren für den Erlass eines **Anordnungsbeschlusses**[1] als von 11 § 2359 BGB vorausgesetzte Grundlage für eine spätere Erteilung des beantragten Erbscheins. Dieser Beschluss ist dogmatisch streng von der eigentlichen Erbscheinserteilung nach den §§ 2353 ff. BGB zu unterscheiden.

2. Erbscheinsantrag

Der Anordnungsbeschluss setzt einen statthaften, zulässigen und begründeten **Erbscheinsantrag** iSd. § 2353 BGB voraus. Insoweit unterscheidet sich das Erteilungs- insbesondere von dem von Amts wegen geführten Einziehungsverfahren (vgl. dazu § 353). 12

Der Antragsteller muss **antragsberechtigt** sein. Dies sind insbesondere Erben, jeder 13 Erbeserbe, dingliche Erbteilserwerber, Vorerben vor Eintritt des Nacherbfalls, Nacherben nach Eintritt des Nacherbfalls, Testamentsvollstrecker, Nachlassverwalter bzw. Nachlassinsolvenzverwalter.[2]

Ist ein Erbscheinsantrag zurückgewiesen worden, steht die diesbezügliche **formelle** 14 **Rechtskraft** einem neuen gleich lautenden Antrag in einem dadurch eingeleiteten neuen Verfahren selbst dann nicht entgegen, wenn der zugrunde liegende Sachverhalt unverändert fortbesteht, da dem Zurückweisungsbeschluss andernfalls eine hier gerade nicht vorhandene materielle Rechtskraftwirkung zukäme, während die formelle Rechtskraft lediglich die Fortsetzung des vorherigen Verfahrens samt einer förmlichen Abänderung der dort getroffenen Entscheidung verhindert und das vorherige Verfahren abschließt.[3]

Der erforderliche **Inhalt** des Antrags ergibt sich aus den Vorgaben der §§ 2354, 2355 15 und 2357 BGB. Insbesondere sind die jeweilige Person des Erblassers und der Erben sowie das genaue Erbrecht zu bezeichnen.[4] Da das Nachlassgericht auf Grund seiner

1 So die Terminologie laut Begr. zum GesetzE der BReg. zu § 352 Abs. 1 Satz 2, BT-Drucks. 16/6308, S. 281.

2 Palandt/*Edenhofer*, § 2353 BGB Rz. 5; Staudinger/*Schilken*, § 2353 BGB Rz. 38 ff. jeweils mit weiteren Beispielen.

3 KG v. 1.7.1999 – 1 W 6784/97, Rpfleger 1999, 227 (228), aA *Zimmermann*, Das neue FamFG, Rz. 700.

4 Staudinger/*Schilken*, § 2353 BGB Rz. 55. Zum Bestimmtheitserfordernis des Erbscheinsantrages *Hilger*, BWNotZ 1992, 113.

Bindung an den Erbscheinsantrag nur entweder den Erbschein mit dem beantragten Inhalt erteilen oder den Antrag zurückweisen darf, müssen sich Antrag und Erbschein decken.[1] Mehrere verschiedene Anträge dürfen als Haupt- und Hilfsantrag miteinander verbunden werden, wenn jeder Antrag für sich das mit ihm beanspruchte Erbrecht bestimmt bezeichnet und die Reihenfolge, in der die Anträge zu prüfen und zu bescheiden sind, vorgegeben ist.[2] Zur Beschränkung des Erbscheinsantrags auf den Inlandsnachlass bei Auslandsberührung vgl. § 343 Rz. 166 ff.

16 Der Antragsteller hat zudem die nach § 2356 BGB erforderlichen **Nachweise** für die Richtigkeit seiner Angaben zu erbringen. Neben der dort genannten Urkundenvorlage ist insbesondere die eidesstattliche Versicherung für entscheidungsrelevante negative Tatsachen, bspw. das Nichtvorhandensein (sonstiger) Verfügungen von Todes wegen, gem. § 2356 Abs. 2 BGB bedeutsam. Zusätzlich sollen nach § 23 Abs. 1 Satz 2 die Personen benannt werden, die als Beteiligte in Betracht kommen.

3. Antragsübersendung an Beteiligte

17 Das Nachlassgericht benachrichtigt die Beteiligten nach §§ 7 Abs. 4 Satz 1, 15 durch Übersendung einer Abschrift des Erbscheinsantrages und setzt zweckmäßigerweise unter Hinweis auf die Rechtsfolge aus Abs. 2 eine Frist zur Stellungnahme.

4. Ermittlungen

18 Nach § 26 iVm. § 2358 BGB hat das Nachlassgericht **von Amts wegen** die zur Feststellung der entscheidungserheblichen Tatsachen erforderlichen Ermittlungen ggf. unter Beweiserhebung iSd. §§ 29, 30 durchzuführen.

5. Zwischenverfügung

19 Das Nachlassgericht muss die Beteiligten nach § 28 Abs. 1 bzw. Abs. 2 auf eine ggf. gegenüber dem Antrag abweichende entscheidungserhebliche Rechtsauffassung **hinweisen** und auf entsprechende Erklärungen, Anträge, Urkundenvorlagen bzw. Formfehlerbeseitigungen hinwirken. Dies geschieht, soweit mit der Behebung des Mangels gerechnet werden kann, durch formlose Zwischenverfügung,[3] die im Gegensatz zu einer Endentscheidung iSd. §§ 38, 58 nicht anfechtbar ist.

6. Erlass des Anordnungsbeschlusses

20 Ist der Antrag zulässig und begründet, entscheidet das Nachlassgericht durch Anordnungsbeschluss nach Abs. 1 Satz 1, dass die zur Erteilung des beantragten Erbscheins erforderlichen Tatsachen für **festgestellt** erachtet werden. Zur Vermeidung einer missbräuchlichen Verwendung[4] muss sichergestellt sein, dass der Beschluss nicht als Erbschein angesehen werden kann. Dies kann trotz Wiedergabe des beantragten Erbscheinsinhalts in der Beschlusstenorierung bspw. durch einen Zusatz erreicht wer-

1 KG v. 21.6.1954 – 1 W 1948/54, DNotZ 1955, 408 (410).
2 RG v. 25.11.1937 – IV B 34/37, RGZ 156, 172 (180).
3 KG v. 21.6.1954 – 1 W 1948/54, DNotZ 1955, 408 (410).
4 Wegen diesbezüglicher Befürchtungen vgl. Begr. zum GesetzE der BReg. zu § 352 Abs. 1 Satz 2, BT-Drucks. 16/6308, S. 281; vgl. dazu auch OLG Stuttgart v. 14.1.1993 – 8 W 137/92, OLGZ 1993, 383 (384) mit jedoch unzutreffenden Schlussfolgerungen (vgl. Rz. 31).

den, der ausdrücklich besagt, dass dem Beschluss keine Erbscheinswirkung zukommt. Eine Begründung bzw. Bekanntgabe ist nur dann erforderlich, wenn der beantragte Erbschein dem erklärten Willen eines Beteiligten widerspricht (vgl. dazu Rz. 24 ff.).

7. Zurückweisung

Bleibt der Erbscheinsantrag trotz Zwischenverfügung bzw. weiterer Hinweise unstatthaft, unzulässig oder unbegründet und zeichnet sich eine diesbezügliche Mängelbehebung nicht ab, hat ein Zurückweisungsbeschluss zu ergehen, der nach § 38 Abs. 3 zu **begründen** ist und nach § 39 eine Rechtsmittelbelehrung enthalten muss. 21

IV. Unstreitiges Verfahren (Abs. 1 Satz 2 und 3)

Abs. 1 Satz 2 regelt den, wie der Umkehrschluss aus Abs. 2 zeigt, unterstellten praktischen Regelfall des unstreitigen Erbscheinsverfahrens.[1] Geht dem Gericht binnen der zweckmäßigerweise gesetzten Stellungnahmefrist keine dem Erbscheinsantrag widersprechende Erklärung eines Beteiligten zu, wird der nach Abs. 1 Satz 1 zu erteilende Anordnungsbeschluss (vgl. dazu Rz. 20) nach Abs. 1 Satz 2 mit seinem Erlass **sofort wirksam**, bedarf nach Abs. 1 Satz 3 abweichend von § 41 Abs. 1 keiner Bekanntgabe und muss nach § 38 Abs. 4 Nr. 2 nicht begründet werden. 22

Der beantragte **Erbschein** wird als gesonderte Urkunde erteilt. Dies geschieht im unstreitigen Verfahren regelmäßig zeitgleich mit dem Anordnungsbeschluss.[2] 23

V. Streitiges Verfahren (Absatz 2)

Geht dem Gericht binnen der zweckmäßigerweise gesetzten Stellungnahmefrist jedoch eine dem Erbscheinsantrag widersprechende Erklärung eines Beteiligten zu, muss der nach Abs. 1 Satz 1 zu erlassende Anordnungsbeschluss nach § 38 Abs. 3 Satz 1 begründet, nach § 39 mit einer Rechtsbehelfsbelehrung versehen, nach Abs. 2 Satz 1 zwecks zügiger einheitlicher Inlaufsetzung der Beschwerdefrist nach § 63 Abs. 3 den Beteiligten bekannt gegeben und dem widersprechenden Beteiligten nach § 41 Abs. 1 Satz 2 förmlich zugestellt werden. Zugleich hat das Gericht nach Abs. 2 Satz 2 die auf Grund § 40 Abs. 1 mit Bekanntgabe eintretende sofortige Wirksamkeit des Anordnungsbeschlusses **auszusetzen** und die Erteilung des Erbscheins bis zur Rechtskraft des Beschlusses zurückzustellen. Formelle Rechtskraft tritt nach erfolgloser Ausschöpfung des Rechtszuges oder durch Ablauf der Frist aus §§ 63 bzw. 71 ohne rechtzeitige Rechtsmitteleinlegung ein. Das Nachlassgericht kann nach § 68 Abs. 1 Satz 1 Halbs. 1 einer Beschwerde gegen den Anordnungsbeschluss abhelfen, diesen aufheben und – ggf. nach Zwischenverfügung – den Erbscheinsantrag zurückweisen. 24

Ein von Beteiligtenseite erklärter entgegenstehender Wille muss weder begründet werden noch sinnvoll erscheinen, sondern ist durch das Gericht **jedenfalls zwingend** iSd. Abs. 2 zu berücksichtigen. 25

Durch diese Regelung wird eine Überprüfung des beantragten Erbscheinsinhalts durch die nächsthöhere Instanz vor einer Erbscheinserteilung, die andernfalls mit Rechts- 26

1 Begr. zum GesetzE der BReg. zu § 352 Abs. 1 Satz 2, BT-Drucks. 16/6308, S. 280 f.
2 Begr. zum GesetzE der BReg. zu § 352 Abs. 1, BT-Drucks. 16/6308, S. 281.

scheinrisiken verbundenen wäre,[1] ermöglicht[2] und das bisher praktizierte durch Richterrecht geformte ungeschriebene Institut des **Vorbescheides**[3] vollumfänglich ersetzt.[4]

VI. Rechtsmittel (Absatz 3)

27 Gegen den **Anordnungsbeschluss** ist die befristete Beschwerde nach § 58 iVm. § 63 eröffnet, soweit nach § 61 der Wert des Beschwerdegegenstands 600 Euro übersteigt oder die Beschwerde zugelassen ist.

28 **Nach Erteilung des Erbscheins** ist nach Abs. 3 eine befristete Beschwerde nach § 58 iVm. § 63 gegen den Anordnungsbeschluss ausschließlich mit dem Antrag auf Einziehung des Erbscheins zulässig. Im Erfolgsfall weist das Beschwerdegericht das Nachlassgericht zur Einziehung an.[5] Der erteilte Erbschein ist als solcher nicht selbst anfechtbar.

29 Alternativ kann direkt beim Nachlassgericht entweder ausschließlich die **Einziehung** des erteilten Erbscheins angeregt oder zusätzlich dazu die Erteilung eines von dem erteilten Erbschein abweichenden Erbscheins beantragt werden und bei einem Scheitern gegen die zurückweisende Entscheidung befristete Beschwerde erhoben werden.[6]

30 Daneben kommt eine **Herausgabeklage** gegen den Besitzer eines unrichtigen Erbscheins nach § 2362 BGB in Betracht, die vor dem Prozessgericht zu erheben ist. Die tatsächliche Ablieferung beim Nachlassgericht bewirkt bereits unmittelbar die Einziehung, ohne dass das Nachlassgericht diese noch zusätzlich nach § 2361 BGB beschließen müsste.[7]

31 Der Erbschein ist erst mit Aushändigung (nicht jedoch bereits mit Unterzeichnung der diesbezüglichen gerichtsinternen Verfügung) seiner Urschrift oder Ausfertigung (nicht jedoch einer solchen des Anordnungsbeschlusses) an den Antragsteller, seinen Bevollmächtigten oder eine von ihm bestimmte Behörde – bspw. an das Grundbuchamt zur Grundbuchberichtigung (nicht jedoch als Mitteilung iSd. § 83 GBO) – **tatsächlich erteilt**.[8] Der Erbschein kann alleine durch das Nachlassgericht erteilt werden, während das Beschwerdegericht mangels eigener Erbscheinserteilungskompetenz das Nachlassgericht ausschließlich zur Erteilung anweisen darf.[9]

32 Gegen einen **Zurückweisungsbeschluss** ist ebenfalls die befristete Beschwerde nach § 58 iVm. § 63 unter den Voraussetzungen des § 61 eröffnet. Ebenso wie die nahezu wortlautgleiche Regelung des § 20 Abs. 2 FGG ist auch § 59 Abs. 2 dahingehend aus-

1 Dazu *Kuchinke*, Jura 1981, 281; *Muscheler*, ZEV 2008, 105 (111).
2 Begr. zum GesetzE der BReg. zu § 352 Abs. 2, BT-Drucks. 16/6308, S. 281.
3 BGH v. 18.4.1956 – IV ZB 18/56, BGHZ 20, 255 (258).
4 Begr. zum GesetzE der BReg. zu § 352 allg., BT-Drucks. 16/6308, S. 280; *Heinemann*, DNotZ 2009, 6 (29); *Zimmermann*, Das neue FamFG, Rz. 708; aA Firsching/*Graf*, Rz. 4.259: Weitere Anwendbarkeit des Vorbescheides auf Fälle unklarer Sach- und Rechtslage.
5 Begr. zum GesetzE der BReg. zu § 352 Abs. 3, BT-Drucks. 16/6308, S. 281.
6 Begr. zum GesetzE der BReg. zu § 352 Abs. 3, BT-Drucks. 16/6308, S. 281.
7 Palandt/*Edenhofer*, § 2362 BGB Rz. 1; Staudinger/*Schilken*, § 2362 BGB Rz. 4.
8 OLG Hamm v. 10.10.1993 – 15 W 194/93, Rpfleger 1994, 248 (249); BayObLG v. 10.5.1960 – BReg. 1 Z 212/59, NJW 1960, 1722 (1723); Palandt/*Edenhofer*, § 2359 BGB Rz. 21; aA OLG Stuttgart v. 14.1.1993 – 8 W 137/92, OLGZ 1993, 383 (384): Missverständlicher Anordnungsbeschluss ist ausreichend.
9 OLG Karlsruhe v. 12.2.1988 – 11 W 162/87, Rpfleger 1988, 315; Palandt/*Edenhofer*, § 2359 BGB Rz. 21.

zulegen, dass als Ausnahme vom grundsätzlichen Erfordernis der formellen Beschwer aus Gründen der Prozesswirtschaftlichkeit auch derjenige Antragsberechtigte beschwerdeberechtigt ist, der tatsächlich keinen Antrag gestellt hat, da andernfalls ein weiterer dem Inhalt nach bereits verbeschiedener Antrag gestellt werden müsste[1] (vgl. dazu § 59 Rz. 20).

§ 353
Einziehung oder Kraftloserklärung von Erbscheinen

(1) In Verfahren über die Einziehung oder Kraftloserklärung eines Erbscheins hat das Gericht über die Kosten des Verfahrens zu entscheiden. Die Kostenentscheidung soll zugleich mit der Endentscheidung ergehen.

(2) Ist der Erbschein bereits eingezogen, ist die Beschwerde gegen den Einziehungsbeschluss nur insoweit zulässig, als die Erteilung eines neuen gleich lautenden Erbscheins beantragt wird. Die Beschwerde gilt im Zweifel als Antrag auf Erteilung eines neuen gleich lautenden Erbscheins.

(3) Ein Beschluss, durch den ein Erbschein für kraftlos erklärt wird, ist nicht mehr anfechtbar, nachdem der Beschluss öffentlich bekannt gemacht ist (§ 2361 Abs. 2 Satz 2 des Bürgerlichen Gesetzbuchs).

A. Überblick

I. Entstehung

1 Die Vorschrift regelt **erstmals**, dass in Verfahren über die Einziehung bzw. Kraftloserklärung eines Erbscheins über die Kosten des Verfahrens zu entscheiden ist, dies zugleich mit der Endentscheidung geschehen soll[2] (Abs. 1), nach Vollzug einer Erbscheinseinziehung der Einziehungsbeschluss nur noch mit dem im Zweifel als entsprechend anzusehenden Antrag auf Neuerteilung eines gleich lautenden Erbscheins

1 BGH v. 19.6.1959 – V ZB 19/58, BGHZ 30, 220 (223 f.) zu § 20 Abs. 2 FGG.

2 Die im GesetzE der BReg. noch zwingend vorgesehen Gleichzeitigkeit von End- und Kostenentscheidung – GesetzE der BReg. zu § 353 Abs. 1, BT-Drucks. 16/6308, S. 281 – wurde auf Anregung des BR in eine Soll-Vorschrift verändert, vgl. Stellungnahme des BR (Beschl.) zu Nr. 90 (§ 353 Abs. 1), BR Drucks. 309/07, S. 75.

angefochten werden kann (Abs. 2) und ein Beschluss über die Kraftloserklärung eines Erbscheins anknüpfend an die teleologische Reduktion der früheren Regelung des § 84 Satz 1 FGG[1] erst nach seiner öffentlichen Bekanntmachung unanfechtbar ist.

II. Systematik

2 Die Vorschrift **basiert** auf der in § 2361 BGB vorgesehenen Anordnung der Einziehung bzw. Kraftloserklärung von Erbscheinen, deren Anfechtbarkeit in Abs. 2 bzw. 3 ausdrücklich beschränkt und gleichzeitig im Übrigen mittelbar zugelassen wird. Abs. 1 regelt als Annex eine Verpflichtung zur Mitentscheidung über die Kosten.

III. Normzweck

3 Die Vorschrift bezweckt nach Abs. 2 und 3 **Rechtssicherheit und Rechtsklarheit** durch ausdrückliche Normierung der bislang ungeschriebenen in der Rechtsprechung anerkannten Grundsätze über die Anfechtbarkeit von auf Erbscheine bezogenen Einziehungs- bzw. Kraftloserklärungsbeschlüssen. Abs. 1 soll hinsichtlich der Kostentragungspflicht die für die beiden hiesigen Verfahren nicht ausreichende Regelung des § 2 Nr. 2 KostO ergänzen.

B. Inhalt der Vorschrift

I. Zuständigkeit

4 **Sachlich, örtlich und international** zuständig ist nach § 2361 BGB ausschließlich dasjenige Nachlassgericht, das den betroffenen Erbschein erteilt hat.[2] Zu deutsch-deutschen Erbfällen vgl. § 343 Rz. 120 ff. Zur entsprechenden Zuständigkeit für die Erbscheinserteilung vgl. § 352 Rz. 6 ff.

5 Nach § 3 Nr. 2 Buchst. c RPflG ist der Rechtspfleger an Stelle des Richters **funktionell** zuständig, soweit nicht nach § 16 Abs. 1 Nr. 7 RPflG ein Richtervorbehalt besteht. Dies ist wiederum dann der Fall, wenn die Einziehung bzw. Kraftloserklärung einen durch einen Richter erteilten Erbschein betrifft oder wegen einer Verfügung von Todes wegen erfolgt. Der Richtervorbehalt kann jedoch gem. § 19 Abs. 1 Satz 1 Nr. 5 RPflG nach Landesrecht aufgehoben sein. Vgl. zur funktionellen Zuständigkeit allgemein § 343 Rz. 142 ff.

II. Beteiligteneigenschaft

6 Zur **Beteiligteneigenschaft** nach § 7 Abs. 2 Nr. 1 vgl. § 345 Rz. 68.

1 Vgl. Palandt/*Edenhofer*, § 2361 BGB Rz. 11.
2 OLG Frankfurt v. 29.7.1980 – 20 W 409/80, Rpfleger 1981, 21; KG v. 3.2.1966 – 1 AR 9/66, Rpfleger 1966, 208 (209), Palandt/*Edenhofer*, § 2361 BGB Rz. 7.

III. Kostenentscheidung (Absatz 1)

Nach Abs. 1 hat das Nachlassgericht auch über die Kosten zu entscheiden. Dies **soll zugleich** mit der Endentscheidung über die Einziehung bzw. Kraftloserklärung geschehen. Die Kostenentscheidung darf jedoch in Ausnahmefällen nachgeholt werden, insbesondere wenn die Endentscheidung unverzüglich erfolgt, für die Kostenentscheidung jedoch weitere Ermittlungen erforderlich sind.[1] 7

Da diese Verfahren nach § 2361 Abs. 3 BGB von Amts wegen geführt werden, war **bisher** § 2 Nr. 2 KostO zu beachten. Danach ist derjenige kostenpflichtig, dessen Interessen durch die Einziehung bzw. Kraftloserklärung wahrgenommen werden. Maßgebend ist dabei der vom Gesetzgeber durch das vorgeschriebene gerichtliche Tätigwerden beabsichtigte Interessenschutz.[2] Kostenpflichtig ist daher grundsätzlich der tatsächliche Erbe.[3] Bei der Einziehung eines dem Vorerben erteilten Erbscheins nach Eintritt des Nacherbfalls fehlt jedoch ein grundsätzliches Interesse des Nacherben, wenn dessen Nacherbenrechte im eingezogenen Erbschein gem. § 2363 BGB vermerkt waren.[4] Ein Indiz für ein betroffenes Interesse liegt jedoch regelmäßig in der Anregung des Verfahrens.[5] 8

Nunmehr eröffnet § 81 Abs. 1 Satz 1 die Möglichkeit, den Beteiligten die Kosten nach **billigem Ermessen** ganz oder teilweise aufzuerlegen (vgl. dazu § 81 Rz. 11 ff.). Hierbei dürfte insbesondere zu berücksichtigen sein, wessen Interesse durch die Entscheidung wahrgenommen wird, bzw. wer durch falsche oder unvollständige Angaben die Erteilung des eingezogenen Erbscheins veranlasst hat.[6] 9

IV. Anfechtbarkeit einer Einziehungsentscheidung (Absatz 2)

1. Allgemeines

Nach § 2361 Abs. 1 Satz 1 und Abs. 3 BGB iVm. § 26 hat das Nachlassgericht von Amts wegen einen Erbschein einzuziehen, wenn sich dessen **Unrichtigkeit** ergibt. Ein Erbschein hat keine materielle Rechtskraft. Er ist unrichtig, wenn die Voraussetzungen für die Erteilung fehlen, bspw. eine für die Erbfolge entscheidungserhebliche Verfügung von Todes wegen übersehen wurde. Aus einer Erbteilsübertragung folgt hingegen keine Unrichtigkeit des Erbscheins. Offensichtliche Schreibfehler erfordern keine Einziehung, sondern führen zu einer bloßen Berichtung des Erbscheins.[7] Gleiches gilt für die Beseitigung unzulässiger oder Aufnahme vorgeschriebener Zusätze, die den sachlichen Inhalt des Erbscheins unberührt lassen und an dem öffentlichen Glauben nicht teilnehmen[8] sowie die Ergänzung der erst nach Erteilung des Vorerbscheins bekannt gewordenen Namen der Nacherben.[9] 10

1 Stellungnahme des BR (Beschl.) zu Nr. 90 (§ 353 Abs. 1), BR-Drucks. 309/07, S. 75.
2 Rohs/Wedewer/*Belchhaus*, § 2 KostO Rz. 11.
3 *Hartmann*, § 108 KostO Rz. 7.
4 KG v. 7.11.1995 – 1 W 460/95, Rpfleger 1996, 247.
5 KG v. 7.11.1995 – 1 W 460/95, Rpfleger 1996, 247.
6 Stellungnahme des BR (Beschl.) zu Nr. 90 (§ 353 Abs. 1), BR-Drucks. 309/07, S. 75.
7 KG v. 10.11.1966 – 1 W 2516/66, Rpfleger 1967, 412 (413).
8 BayObLG v. 4.8.1989 – 1a Z 36/88, Rpfleger 1990, 74 (75); KG v. 10.11.1966 – 1 W 2516/66, Rpfleger 1967, 412 (413).
9 Palandt/*Edenhofer*, § 2363 BGB Rz. 4; Firsching/*Graf*, Rz. 4.295; aA *Köster*, Rpfleger 2000, 133 (139): Einziehung sei erforderlich.

11 Eine Einziehung ist auf Grund ihres endgültigen Charakters erst nach **abschließenden Ermittlungen** zulässig,[1] wobei dann jedoch ausreichend ist, dass die Überzeugung des Gerichts von der Richtigkeit des Erbscheins über einen bloßen Zweifel hinaus erschüttert ist. Ergänzend kommen vorläufige Sicherungsmaßnahmen wie bspw. die vorübergehende Aufbewahrung des Erbscheins bei den Nachlassakten in Betracht.[2]

12 Das Nachlassgericht ordnet die Einziehung nach § 38 Abs. 1 Satz 1 durch **Beschluss** an,[3] der nach § 38 Abs. 3 Satz 1 zu begründen, nach § 39 mit einer Rechtsbehelfsbelehrung zu versehen, den Beteiligten nach § 41 Abs. 1 Satz 1 bekannt zu geben und ggf. nach § 41 Abs. 1 Satz 2 zuzustellen ist. Ergänzend ist nach Abs. 1 möglichst zeitgleich auch über die Kosten zu entscheiden. Der Beschluss einer Einziehungsablehnung ergeht ausschließlich nach erfolgloser vorheriger Anregung.

13 Nach § 2361 Abs. 1 Satz 2 BGB wird der Erbschein mit seiner Einziehung **kraftlos**. Dies setzt wiederum die Ablieferung der Urschrift und aller Ausfertigungen beim Nachlassgericht voraus.[4]

2. Rechtsmittel

14 Gegen die **Einziehungsanordnung** ist die befristete Beschwerde nach § 58 iVm. § 63 eröffnet, soweit nach § 61 der Wert des Beschwerdegegenstands 600 Euro übersteigt oder die Beschwerde zugelassen ist. Beschwerdeberechtigt ist jeder, der für die Erteilung des Erbscheins antragsberechtigt ist, damit auch derjenige, der hinsichtlich des einzuziehenden Erbscheins tatsächlich keinen Erbscheinsantrag gestellt hat (vgl. dazu § 352 Rz. 32).[5] Nach § 64 Abs. 3 kann das Beschwerdegericht die Vollziehung der Einziehung vor der Beschwerdeentscheidung im Wege der einstweiligen Anordnung aussetzen.

15 **Nach Vollzug der Einziehung** ist nach Abs. 2 Satz 1 eine befristete Beschwerde nach § 58 iVm. § 63 gegen den Anordnungsbeschluss ausschließlich mit dem Antrag auf Erteilung eines neuen gleich lautenden Erbscheins zulässig, da die Kraftloswirkung bezüglich des alten Erbscheins nach § 2361 Abs. 1 Satz 2 BGB endgültig ist und daher nicht mehr rückgängig gemacht werden kann. Die Beschwerde gilt dann nach Abs. 2 Satz 2 als dementsprechender Antrag. Im Erfolgsfall weist das Beschwerdegericht das Nachlassgericht zur Erteilung eines neuen gleich lautenden Erbscheins an, da es keine eigene Erbscheinserteilungskompetenz hat.[6] Daneben kann beim Nachlassgericht Antrag auf Erteilung eines neuen gleich lautenden Erbscheins gestellt und im Falle einer Zurückweisung befristete Beschwerde eingelegt werden. Die vollzogene Einziehung ist als solche nicht selbst anfechtbar.

16 Gegen einen **Ablehnungsbeschluss** ist ebenfalls die befristete Beschwerde nach § 58 iVm. § 63 unter den Voraussetzungen des § 61 eröffnet. Beschwerdeberechtigt ist jeder, der auf Grund der von seinem tatsächlichen Erbrecht abweichenden Erbrechtsbescheinigung im betroffenen Erbschein in seinen Rechten beeinträchtigt wird, sowie der Testamentsvollstrecker, wenn der Erbschein trotz wirksamer Testamentsvollstre-

1 *Schopp*, Rpfleger 1983, 264.
2 BGH v. 5.7.1963 – V ZB 7/63, BGHZ 40, 54 (57 ff.).
3 Vgl. das diesbezügliche Muster bei Firsching/*Graf*, Rz. 4.502.
4 BayObLG v. 18.2.1980 – BReg. 1 Z 1/80, BayObLGZ 1980, 72 (73); BayObLG, Vorlagesache – Datum und Az. n.v., BayObLGZ 1966, 233 (235).
5 Keidel/*Winkler*, § 84 FGG Rz. 23.
6 BayObLG v. 12.3.1954 – BReg. 2 Z 245/53, BayObLGZ 1954, 71 (75).

ckungsanordnung keine solche ausweist. Der Erbschein kann jedoch alleine durch das Nachlassgericht eingezogen werden, während das Beschwerdegericht mangels eigener Einziehungskompetenz das Nachlassgericht ausschließlich zur Einziehung anweisen darf.[1]

V. Anfechtbarkeit einer Kraftloserklärungsentscheidung (Absatz 3)

1. Allgemeines

Werden die Urschrift und alle Ausfertigungen nicht sofort vollständig beim Nachlassgericht abgeliefert und tritt daher nach § 2361 Abs. 1 Satz 2 BGB keine Kraftloswirkung ein, **muss** das Nachlassgericht den betroffenen Erbschein nach § 2361 Abs. 2 BGB für kraftlos erklären. Dies gilt selbst dann, wenn bereits nach § 35 Zwangsmaßnahmen zur Durchsetzung der Rückgabeverpflichtung eingeleitet worden sind.[2] Eine sofortige Kraftloserklärung kann auch ohne vorherigen Einziehungsbeschluss ergehen, wenn feststeht, dass die Einziehungsverfügung nicht durchführbar ist.[3] 17

Das Nachlassgericht ordnet die Kraftloserklärung von Amts wegen nach § 38 Abs. 1 Satz 1 durch **Beschluss** an.[4] Ergänzend ist nach Abs. 1 möglichst zeitgleich auch über die Kosten zu entscheiden. Die Bekanntmachung erfolgt nach § 2361 Abs. 2 Satz 2 BGB nach den für die öffentliche Zustellung einer Ladung geltenden Vorschriften der ZPO. Nach §§ 186 Abs. 2, 187 ZPO erfolgt die öffentliche Zustellung durch Veröffentlichung im elektronischen Bundesanzeiger. Nach § 2361 Abs. 2 Satz 3 BGB wird die Kraftloserklärung abweichend von § 40 Abs. 1 mit dem Ablauf eines Monats nach der letzten Einrückung des Beschlusses in die öffentlichen Blätter wirksam. Der Beschluss ist ergänzend den Beteiligten bekannt zu geben, damit ggf. noch vor Ablauf des in Abs. 3 genannten Zeitpunkts Rechtsmittel eingelegt werden können. 18

2. Rechtsmittel

Gegen den **Kraftloserklärungsbeschluss** ist die befristete Beschwerde nach § 58 iVm. § 63 eröffnet, solange der Beschluss noch nicht iSd. § 2361 Abs. 2 Satz 2 BGB öffentlich bekannt gemacht ist und soweit zusätzlich nach § 61 der Wert des Beschwerdegegenstands 600 Euro übersteigt oder die Beschwerde zugelassen ist. Beschwerdeberechtigt ist jeder, der für die Erteilung des Erbscheins antragsberechtigt ist, damit auch derjenige, der hinsichtlich des für kraftlos zu erklärenden Erbscheins tatsächlich keinen Erbscheinsantrag gestellt hat (vgl. dazu § 352 Rz. 32).[5] Nach § 64 Abs. 3 kann das Beschwerdegericht die Vollziehung der Kraftloserklärung vor der Beschwerdeentscheidung im Wege der einstweiligen Anordnung durch Verhinderung der Einrückung des Beschlusses in die öffentlichen Blätter aussetzen. 19

Nach Wirksamwerden der Kraftloserklärung ist gem. Abs. 3 keine befristete Beschwerde nach § 58 iVm. § 63 mehr zulässig, da die Kraftloswirkung endgültig ist und daher nicht mehr rückgängig gemacht werden kann. Da Abs. 3 im Gegensatz zu Abs. 2 20

1 Firsching/*Graf*, Rz. 4.492.
2 Firsching/*Graf*, Rz. 4.511.
3 BayObLG v. 14.3.1919 – Reg. III Nr. 12/1919, BayObLGZ 1918/19, A 207 (209); Keidel/*Winkler*, § 84 FGG Rz. 16.
4 Vgl. das diesbezügliche Muster bei Firsching/*Graf*, Rz. 4.512.
5 Keidel/*Winkler*, § 84 FGG Rz. 23.

Satz 1 den Anordnungsbeschluss nach dessen Vollzug ohne Benennung eines zulässigen Antrages auf Erteilung eines neuen gleich lautenden Erbscheins kategorisch als unanfechtbar bezeichnet und im Gegensatz zu Abs. 2 Satz 2 keine Regelung enthält, nach der die Beschwerde im Zweifel als Antrag auf Erteilung eines neuen gleich lautenden Erbscheins gilt, ist ein solcher Antrag im Beschwerdeweg nicht statthaft. Statt dessen bleibt den Beschwerten die Möglichkeit, soweit diesbezüglich nicht die Beschwerdefrist abgelaufen oder die Anordnung der Kraftloserklärung ohne vorherigen Einziehungsbeschluss ergangen ist, gegen den Einziehungsbeschluss mit dem Antrag auf Erteilung eines neuen gleich lautenden Erbscheins nach Abs. 2 Satz 1 Beschwerde einzulegen.[1] Daneben kann beim Nachlassgericht die Erteilung eines neuen gleich lautenden Erbscheins beantragt und im Falle einer Zurückweisung befristete Beschwerde eingelegt werden. Die vollzogene Kraftloserklärung ist als solche nicht selbst anfechtbar.

21 Gegen einen **Ablehnungsbeschluss** ist ebenfalls die befristete Beschwerde nach § 58 iVm. § 63 unter den Voraussetzungen des § 61 eröffnet. Beschwerdeberechtigt ist jeder, der auf Grund der von seinem tatsächlichen Erbrecht abweichenden Erbrechtsbescheinigung im betroffenen Erbschein in seinen Rechten beeinträchtigt wird, sowie der Testamentsvollstrecker, wenn der Erbschein trotz wirksamer Testamentsvollstreckungsanordnung keine solche ausweist. Der Erbschein kann jedoch korrespondierend zur Einziehung alleine durch das Nachlassgericht für kraftlos erklärt werden, während das Beschwerdegericht mangels eigener Kraftloserklärungskompetenz das Nachlassgericht ausschließlich zur Kraftloserklärung anweisen darf.

§ 354
Sonstige Zeugnisse

Die §§ 352 und 353 gelten entsprechend für die Erteilung von Zeugnissen nach den §§ 1507 und 2368 des Bürgerlichen Gesetzbuchs, den §§ 36 und 37 der Grundbuchordnung sowie den §§ 42 und 74 der Schiffsregisterordnung.

A. Entstehung

1 Die Vorschrift knüpft **teilweise** an die frühere Regelung des § 84 Satz 2 FGG an, die bereits die Anfechtbarkeit des Kraftloserklärungsbeschlusses bezüglich bestimmter sonstiger Zeugnisse beschränkt (vgl. dazu § 353 Rz. 1) hatte, und sieht erstmals für diese sowie die übrigen in § 354 genannten sonstigen Zeugnisse eine entsprechende Anwendung sämtlicher Regelungen der §§ 352, 353 vor.

B. Systematik

2 Die Vorschrift regelt die entsprechende Anwendung der §§ 352, 353 für Verfahren betreffend die Zeugnisse über die Fortsetzung der Gütergemeinschaft nach § 1507

1 Ähnlich zur früheren Rechtslage unter Geltung des § 84 Satz 1 FGG Jansen/*Müller-Lukoschek*, § 84 FGG Rz. 35.

BGB, Testamentsvollstreckerzeugnisse nach § 2368 BGB und Überweisungszeugnisse nach den §§ 36, 37 GBO bzw. den §§ 42, 74 SchRegO.

C. Inhalt der Vorschrift

Zum **Zeugnis** über die Fortsetzung der Gütergemeinschaft vgl. § 342 Rz. 28, zum Testamentsvollstreckerzeugnis vgl. § 342 Rz. 26, zu den Überweisungszeugnissen nach GBO bzw. SchRegO vgl. § 342 Rz. 29. 3

Ein Testamentsvollstreckerzeugnis wird nach § 2368 Abs. 3[1] Halbs. 2 BGB mit – im Falle einer Testamentsvollstreckerentlassung nach § 2227 BGB rechtskräftig beschlossener[2] – Beendigung des Testamentsvollstreckeramts,[3] das Zeugnis über die Fortsetzung der Gütergemeinschaft wird mit Beendigung der fortgesetzten Gütergemeinschaft[4] jeweils **kraft Gesetzes kraftlos.** Damit entfallen die Vermutung der Richtigkeit und der öffentliche Glaube[5] dieser beiden Zeugnisarten iSd. §§ 2368 Abs. 3, 1507 Satz 2, 2365, 2366 BGB. Eine Einziehung bzw. Kraftloserklärung ist mangels Rechtsschutzbedürfnisses unzulässig,[6] eine Zurückforderung der Zeugnisse zu den Gerichtsakten jedoch zur Vermeidung möglicher Missbräuche möglich und empfehlenswert.[7] 4

Wegen Zuständigkeit, Beteiligtenfähigkeit und sonstigen inhaltlichen Voraussetzungen wird im Übrigen vollumfänglich auf die Anmerkungen zu § 352 bzw. § 353 **verwiesen.** 5

§ 355
Testamentsvollstreckung

(1) Ein Beschluss, durch den das Nachlassgericht einem Dritten eine Frist zur Erklärung nach § 2198 Abs. 2 des Bürgerlichen Gesetzbuchs oder einer zum Testamentsvollstrecker ernannten Person eine Frist zur Annahme des Amtes bestimmt, ist mit der sofortigen Beschwerde in entsprechender Anwendung der §§ 567 bis 572 der Zivilprozessordnung anfechtbar.

(2) Auf einen Beschluss, durch den das Gericht bei einer Meinungsverschiedenheit zwischen mehreren Testamentsvollstreckern über die Vornahme eines Rechtsgeschäfts entscheidet, ist § 40 Abs. 3 entsprechend anzuwenden; die Beschwerde ist binnen einer Frist von zwei Wochen einzulegen.

(3) Führen mehrere Testamentsvollstrecker das Amt gemeinschaftlich, steht die Beschwerde gegen einen Beschluss, durch den das Gericht Anordnungen des Erblassers

1 Durch Art. 53 Nr. 69 FGG-RG wird zwar § 2368 Abs. 2 BGB aufgehoben, eine Umbenennung des Abs. 3 in Abs. 2 unterblieb jedoch.
2 BayObLG v. 10.4.1959 – BReg. 1 Z 178/58, NJW 1959, 1920.
3 BayObLG v. 27.11.1953 – BReg. 2 Z 224/53, BayObLGZ 1953, 357 (361).
4 BayObLG v. 28.2.1967 – BReg. 1b Z 7/67, Rpfleger 1968, 21 (22).
5 Palandt/*Edenhofer*, § 2368 BGB Rz. 10.
6 KG v. 13.7.1964 – 1 W 1357/64, NJW 1964, 1905 (1906); OLG Köln v. 3.3.1986 – 2 Wx 47/85, Rpfleger 1986, 261.
7 KG v. 13.7.1964 – 1 W 1357/64, NJW 1964, 1905 (1906); OLG Köln v. 3.3.1986 – 2 Wx 47/85, Rpfleger 1986, 261.

für die Verwaltung des Nachlasses außer Kraft setzt, sowie gegen einen Beschluss, durch den das Gericht über Meinungsverschiedenheiten zwischen den Testamentsvollstreckern entscheidet, jedem Testamentsvollstrecker selbständig zu.

A. Überblick

I. Entstehung

1 Abs. 1 **modifiziert** für die Anfechtbarkeit einer Fristbestimmung nach § 2198 Abs. 2 bzw. § 2202 Abs. 3 BGB den diesbezüglichen Regelungsgehalt der früheren §§ 80, 81 FGG. Abs. 2 tritt an die Stelle des früheren § 82 Abs. 2 FGG und verweist nunmehr auf § 40 Abs. 3. Abs. 3 übernimmt den Inhalt des früheren § 82 Abs. 1 FGG.

II. Systematik

2 Die Vorschrift regelt die **Anfechtbarkeit** nachlassgerichtlicher Entscheidungen im Rahmen der Testamentsvollstreckung. Dabei ist nach Abs. 1 gegen die Fristbestimmung für die einem Dritten obliegende Bestimmung eines Testamentsvollstreckers nach § 2198 Abs. 2 BGB und zur Annahme des Testamentsvollstreckeramts nach § 2202 Abs. 3 BGB als Zwischenentscheidungen die sofortige Beschwerde nach ZPO eröffnet. Gegen die Endentscheidungen über Meinungsverschiedenheiten zwischen mehreren Testamentsvollstreckern über die Vornahme eines Rechtsgeschäfts iSd. § 2224 Abs. 1 Satz 1 Halbs. 2 BGB nach Abs. 2 bzw. gegen die Außerkraftsetzung von Anordnungen des Erblassers für die Verwaltung des Nachlasses iSd. § 2216 Abs. 2 Satz 2 BGB nach Abs. 3 kann hingegen befristete Beschwerde nach §§ 58, 63 eingelegt werden, für die jeder Testamentsvollstrecker selbständig beschwerdeberechtigt ist.

III. Normzweck

3 Die Vorschrift soll die das Bürgerliche Gesetzbuch ergänzenden Regelungen zur Anfechtbarkeit gerichtlicher Beschlüsse im Rahmen der Testamentsvollstreckung **zusammenfassen** und dabei differenziert nach Zwischen- bzw. Endentscheidungscharakter regeln.

B. Inhalt der Vorschrift

I. Zuständigkeit

Zur **sachlichen** Zuständigkeit der Amtsgerichte bzw. in Baden-Württemberg der staatlichen Notariate als Nachlassgericht vgl. § 343 Rz. 129 ff. Die Regelungen nach § 23a Abs. 1 Nr. 2 iVm. Abs. 2 Nr. 2 GVG iVm. § 342 Abs. 1 Nr. 7 bzw. Art. 147 EGBGB iVm. §§ 1 Abs. 1 und 2, 38 bad-württ. LFGG werden insoweit durch §§ 2198 Abs. 2, 2202 Abs. 3, 2224 Abs. 1 Satz 1 Halbs. 2, 2216 Abs. 2 Satz 2 BGB ergänzt. 4

Nach § 3 Nr. 2 Buchst. c RPflG ist der Rechtspfleger an Stelle des Richters für die Fristbestimmungen nach Abs. 1 **funktionell** zuständig, nach § 16 Abs. 1 Nr. 3 bzw. 4 RPflG der Richter für Entscheidungen über die Außerkraftsetzung von Erblasseranordnungen nach Abs. 3 bzw. über Meinungsverschiedenheiten nach Abs. 2. Vgl. zur funktionellen Zuständigkeit im Allgemeinen § 343 Rz. 142 ff. 5

Zur **örtlichen** Zuständigkeit nach § 343 vgl. § 343 Rz. 8 ff. 6

Zur **internationalen** Zuständigkeit vgl. § 343 Rz. 148 ff. 7

II. Beteiligteneigenschaft

Zur **Beteiligteneigenschaft** vgl. § 345 Rz. 57 bzw. 63 ff. 8

III. Fristbestimmungen (Absatz 1)

1. Allgemeines

a) Bestimmung der Person des Testamentsvollstreckers

Hat der Erblasser Testamentsvollstreckung angeordnet und die Bestimmung der Person des Testamentsvollstreckers einem Dritten überlassen, erfolgt diese nach § 2198 Abs. 1 Satz 2 BGB durch **Erklärung** gegenüber dem Nachlassgericht in öffentlich beglaubigter Form. 9

Auf Antrag eines der Beteiligten setzt das Nachlassgericht dem bestimmungsberechtigten Dritten nach § 2198 Abs. 2 BGB eine **Bestimmungsfrist** mit der Folge des Erlöschens des Bestimmungsrechts nach Fristablauf. Der Begriff des antragsberechtigten Beteiligten ist dabei weiter als die verfahrensrechtliche Beteiligteneigenschaft iSd. FamFG zu verstehen und erfasst denjenigen, der nicht nur ein ideelles, sondern ein rechtliches Interesse an der Testamentsvollstreckung hat.[1] Hierzu gehören insbesondere Erben,[2] Nacherben,[3] Vermächtnisnehmer,[4] Pflichtteilsberechtigte,[5] Auflagenberechtigte,[6] Mitvollstrecker[7] und Nachlassgläubiger.[8] 10

1 BGH v. 13.7.1961 – V ZB 9/61, BGHZ 35, 296 (299).
2 BGH v. 13.7.1961 – V ZB 9/61, BGHZ 35, 296 (299).
3 Staudinger/*Reimann*, § 2198 BGB Rz. 24; MüKo.BGB/*Zimmermann*, § 2198 BGB Rz. 12.
4 BGH v. 13.7.1961 – V ZB 9/61, BGHZ 35, 296 (299).
5 BGH v. 13.7.1961 – V ZB 9/61, BGHZ 35, 296 (299).
6 MüKo.BGB/*Zimmermann*, § 2198 BGB Rz. 12; Palandt/*Edenhofer*, § 2198 BGB Rz. 3.
7 Staudinger/*Reimann*, § 2198 BGB Rz. 24; MüKo.BGB/*Zimmermann*, § 2198 BGB Rz. 12.
8 BGH v. 13.7.1961 – V ZB 9/61, BGHZ 35, 296 (299).

b) Annahmeerklärung des Testamentsvollstreckers

11 Nach § 2202 Abs. 3 kann das Nachlassgericht dem zum Testamentsvollstrecker Ernannten auf Antrag eines Beteiligten (vgl. dazu Rz. 10) eine Frist zur Erklärung über die Annahme des Testamentsvollstreckeramts bestimmen, um möglichst rasch Klarheit über die nach § 2202 Abs. 1 BGB für den **Beginn des Amtes** maßgebende Amtsannahme herbeizuführen. Mit Fristablauf gilt das Amt nach § 2202 Abs. 3 Satz 2 BGB als abgelehnt, wenn die Annahme nicht vorher, dann aber erst nach dem Erbfall und ohne Bedingung oder Zeitbestimmung erklärt wird, wobei keine bestimmte Form vorgeschrieben ist.

c) Gerichtliche Entscheidung

12 Das Gericht entscheidet über die jeweilige Fristbestimmung durch **Beschluss**, der ggf. nach § 38 Abs. 3 Satz 1 begründet, nach § 39 mit einer Rechtsbehelfsbelehrung versehen und nach § 41 Abs. 1 Satz 1 den Beteiligten bekannt gegeben bzw. nach § 41 Abs. 1 Satz 2 förmlich zugestellt werden muss.

2. Rechtsmittel

13 Gegen den jeweiligen Fristbestimmungsbeschluss ist nach Abs. 1 die sofortige Beschwerde nach § 569 Abs. 1 ZPO binnen einer nach § 224 Abs. 1 ZPO nicht verkürzbaren **Notfrist** von zwei Wochen wahlweise beim Ausgangs- oder beim Beschwerdegericht einzulegen. Die Beschwerdefrist beginnt grundsätzlich mit der Zustellung der Entscheidung, spätestens mit Ablauf von fünf Monaten nach Verkündung des Beschlusses. Die Beschwerde wird nach § 569 Abs. 2 bzw. 3 ZPO durch Einreichung einer Beschwerdeschrift, hilfsweise zu Protokoll der Geschäftsstelle eingelegt und soll nach § 571 Abs. 1 ZPO begründet werden. Nach § 568 ZPO besteht eine originäre Einzelrichterzuständigkeit, wenn die angefochtene Entscheidung wie hier von einem Rechtspfleger oder einem Einzelrichter stammt.

14 Gegen die **Ablehnung** der Fristbestimmung ist mangels entsprechender Erstreckung der Regelung aus Abs. 1 hingegen die befristete Beschwerde nach §§ 58, 63 gegeben.[1]

IV. Entscheidung über Meinungsverschiedenheiten (Absatz 2)

1. Allgemeines

15 Nach § 2224 Abs. 1 Satz 1 und 3 BGB führen mehrere Testamentsvollstrecker das Testamentsvollstreckeramt **gemeinschaftlich**, soweit nicht der Erblasser etwas anderes angeordnet hat (zu den diesbezüglichen Varianten vgl. § 345 Rz. 51). Im Rahmen der gemeinschaftlichen Amtsführung entscheidet das Nachlassgericht nach § 2224 Abs. 1 Satz 1 Halbs. 2 BGB über zwischen den Testamentsvollstreckern bestehende Meinungsverschiedenheiten.

16 Eine derartige Entscheidung setzt einen **Antrag** eines der Testamentsvollstrecker oder eines sonstigen materiellen Beteiligten (vgl. dazu Rz. 10) voraus.[2]

---

1 *Zimmermann*, Das neue FamFG, Rz. 732; entsprechend war unter der Geltung des § 81 Abs. 1 FGG, der gegen die nachlassgerichtliche Ernennung eines Testamentsvollstreckers das Rechtsmittel der sofortigen Beschwerde vorsah, anerkannt, dass gegen die Ablehnung eines Antrags auf Ernennung die einfache Beschwerde nach § 19 FGG gegeben war, BayObLG v. 4.4.2001 – 1 Z BR 13/01, ZEV 2001, 284; vgl. Bumiller/*Winkler*, § 81 FGG Rz. 8.

2 Staudinger/*Reimann*, § 2224 BGB Rz. 25.

Abs. 2 erfasst ausschließlich Meinungsverschiedenheiten, die die **Vornahme eines Rechtsgeschäfts** betreffen, nicht jedoch bloße tatsächliche Verwaltungshandlungen. 17

Das Gericht entscheidet durch **Beschluss**, der ggf. nach § 38 Abs. 3 Satz 1 begründet, nach § 39 mit einer Rechtsbehelfsbelehrung versehen und nach § 41 Abs. 1 Satz 1 den Beteiligten bekannt gegeben bzw. nach § 41 Abs. 1 Satz 2 förmlich zugestellt werden muss. 18

Nach Abs. 2 Halbs. 1 findet § 40 Abs. 3 auf derartige Entscheidungen über die Vornahme eines unter den Testamentsvollstreckern umstrittenen Rechtsgeschäfts mit der Folge Anwendung, dass der Beschluss erst mit Eintritt seiner **Rechtskraft** wirksam wird, soweit das Nachlassgericht nicht nach § 40 Abs. 3 Satz 2 wegen Gefahr im Verzug dessen sofortige Wirksamkeit anordnet. Von Abs. 2 nicht erfasste Beschlüsse über weitere Meinungsverschiedenheiten werden nach § 40 Abs. 1 mit Bekanntgabe wirksam. 19

2. Rechtsmittel

Der Beschluss ist durch befristete Beschwerde nach §§ 58, 63 anfechtbar, wobei die Beschwerdefrist nach Abs. 2 Halbs. 2 als anderweitige Regelung iSd. § 63 Abs. 1 abweichend von der ansonsten geltenden Monatsfrist **zwei Wochen** beträgt. Für von Abs. 2 nicht erfasste Beschlüsse über weitere Meinungsverschiedenheiten gilt hingegen die Monatsfrist nach § 63 Abs. 1. 20

Nach Abs. 3 ist trotz gemeinschaftlicher Amtsführung jeder Testamentsvollstrecker gegen Beschlüsse zur Entscheidung von Meinungsverschiedenheiten jedweder Art iSd. § 2224 Abs. 1 BGB, somit nicht begrenzt auf die von Abs. 2 alleine geregelte Vornahme eines Rechtsgeschäfts, **selbständig** beschwerdeberechtigt. Dies gilt, anders als bei einer Außerkraftsetzung, auch im Falle der Antragsablehnung.[1] Ebenso wie die nahezu wortlautgleiche Regelung des § 20 Abs. 2 FGG ist auch § 59 Abs. 2 dahingehend auszulegen, dass als Ausnahme vom grundsätzlichen Erfordernis der formellen Beschwer aus Gründen der Prozesswirtschaftlichkeit auch derjenige Antragsberechtigte beschwerdeberechtigt ist, der tatsächlich keinen Antrag gestellt hat, da andernfalls ein weiterer dem Inhalt nach bereits verbeschiedener Antrag gestellt werden müsste[2] (vgl. dazu § 59 Rz. 20). 21

Hat der Erblasser nach § 2224 Abs. 1 Satz 3 BGB jedem Testamentsvollstrecker einen alleine wahrzunehmenden **Wirkungskreis** zugeteilt, ist der jeweilige Testamentsvollstrecker ausschließlich beschränkt auf seinen Wirkungskreis alleine beschwerdeberechtigt, ohne im Übrigen (mit-)beschwerdeberechtigt zu sein.[3] 22

V. Außerkraftsetzung von Verwaltungsanordnungen (Absatz 3)

1. Allgemeines

Nach § 2216 Abs. 2 Satz 2 BGB kann das Nachlassgericht auf Antrag des Testamentsvollstreckers oder eines anderen materiell Beteiligten (vgl. dazu Rz. 10) letztwillige Verwaltungsanordnungen des Erblassers außer Kraft setzen, wenn ihre Befolgung den Nachlass **erheblich gefährden** würde. Das Nachlassgericht darf keine eigene Verwal- 23

1 Keidel/*Winkler*, § 82 FGG Rz. 4.
2 BGH v. 19.6.1959 – V ZB 19/58, BGHZ 30, 220 (223 f.) zu § 20 Abs. 2 FGG.
3 Keidel/*Winkler*, § 82 FGG Rz. 8.

tungsanordnung treffen, jedoch auch einen selbständigen Teil einer Verwaltungsanweisung des Erblassers außer Kraft setzen.[1] Die Außerkraftsetzung derartiger Anordnungen ist selbst dann zulässig, wenn dadurch die Ausführung von Teilungsanordnungen unmöglich wird.[2]

24 Das Gericht entscheidet durch **Beschluss**, der ggf. nach § 38 Abs. 3 Satz 1 begründet, nach § 39 mit einer Rechtsbehelfsbelehrung versehen und nach § 41 Abs. 1 Satz 1 den Beteiligten bekannt gegeben bzw. nach § 41 Abs. 1 Satz 2 förmlich zugestellt werden muss.

2. Rechtsmittel

25 Sowohl der außerkraftsetzende als auch der ablehnende Beschluss ist durch befristete Beschwerde nach §§ 58, 63 anfechtbar. Abs. 3 gewährt nach seinem eindeutigen Wortlaut jedem Testamentsvollstrecker ausschließlich gegen den eine Außerkraftsetzung enthaltenden Beschluss eine **selbständige** Beschwerdeberechtigung, nicht jedoch im Falle einer ablehnenden Entscheidung. Hiergegen kann die befristete Beschwerde seitens der Testamentsvollstrecker ebenso wie die ursprüngliche Antragstellung nur gemeinschaftlich eingereicht werden.[3] Ebenso wie die nahezu wortlautgleiche Regelung des § 20 Abs. 2 FGG ist auch § 59 Abs. 2 dahingehend auszulegen, dass als Ausnahme vom grundsätzlichen Erfordernis der formellen Beschwer aus Gründen der Prozesswirtschaftlichkeit auch derjenige Antragsberechtigte beschwerdeberechtigt ist, der tatsächlich keinen Antrag gestellt hat, da andernfalls ein weiterer dem Inhalt nach bereits verbeschiedener Antrag gestellt werden müsste[4] (vgl. dazu § 59 Rz. 20).

26 Hat der Erblasser nach § 2224 Abs. 1 Satz 3 BGB jedem Testamentsvollstrecker einen alleine wahrzunehmenden Wirkungskreis zugeteilt, ist der jeweilige Testamentsvollstrecker ausschließlich beschränkt auf seinen Wirkungskreis alleine beschwerdeberechtigt, ohne im Übrigen (mit-)beschwerdeberechtigt zu sein.[5]

Unterabschnitt 5
Sonstige verfahrensrechtliche Regelungen

§ 356
Mitteilungspflichten

(1) Erhält das Gericht Kenntnis davon, dass ein Kind Vermögen von Todes wegen erworben hat, das nach § 1640 Abs. 1 Satz 1 und Abs. 2 des Bürgerlichen Gesetzbuchs zu verzeichnen ist, teilt es dem Familiengericht den Vermögenserwerb mit.

(2) Hat ein Gericht nach § 344 Abs. 4 Maßnahmen zur Sicherung des Nachlasses angeordnet, soll es das nach § 343 zuständige Gericht hiervon unterrichten.

---

1 KG v. 29.1.1971 – 1 W 11794/70, OLGZ 1971, 220 (221 ff.).
2 KG v. 18.8.1896 – 1 Wr 453/36, JFG 14, 154 (157 f.).
3 OLG München v. 7.6.1939 – 8 Wr 80/39, JFG 20, 121 (122 f.); Keidel/*Winkler*, § 82 FGG Rz. 2; Staudinger/*Reimann*, § 2216 BGB Rz. 34; aA Jansen/*Müller-Lukoschek*, § 82 FGG Rz. 3: Jeder Testamentsvollstrecker selbständig.
4 BGH v. 19.6.1959 – V ZB 19/58, BGHZ 30, 220 (223 f.) zu § 20 Abs. 2 FGG.
5 Keidel/*Winkler*, § 82 FGG Rz. 8.

A. Überblick

I. Entstehung

1 Die Vorschrift **übernimmt** die früheren Regelungen der §§ 74 Satz 2, 74a FGG und fasst die darin enthaltenen gerichtlichen Mitteilungspflichten zusammen.

II. Systematik

2 Die Vorschrift regelt **besondere Mitteilungspflichten** des Nachlassgerichts, nach Abs. 1 gegenüber dem Familiengericht für von Todes wegen erworbenes nach § 1640 BGB zu verzeichnendes Vermögen, nach Abs. 2 gegenüber dem gem. § 343 allgemein zuständigen Nachlassgericht für nach § 344 Abs. 4 getroffene Sicherungsmaßnahmen.

III. Normzweck

3 Die Mitteilungspflicht nach Abs. 1 dient der Sicherung der materiell-rechtlichen Inventarisierungspflicht nach § 1640 BGB und damit dem **Schutz** des Kindesvermögens, diejenige nach Abs. 2 bezweckt eine **Koordinierung** der Sicherungsmaßnahmen zwischen den verschiedenen für die Nachlasssicherung zuständigen Gerichten.

B. Inhalt der Vorschrift

I. Zuständigkeit

4 Zur **sachlichen** Zuständigkeit der Amtsgerichte bzw. in Baden-Württemberg der staatlichen Notariate als Nachlassgericht vgl. § 343 Rz. 129 ff.

5 Nach § 3 Nr. 2 Buchst. c RPflG ist der Rechtspfleger an Stelle des Richters **funktionell** zuständig, soweit nicht nach § 16 Abs. 1 RPflG ein Richtervorbehalt besteht, der seinerseits nicht nach § 19 Abs. 1 RPflG iVm. landesrechtlichen Regelungen aufgehoben worden ist. Vgl. zur funktionellen Zuständigkeit im Allgemeinen § 343 Rz. 142 ff.

6 Zur allgemeinen **örtlichen** Zuständigkeit nach § 343 vgl. § 343 Rz. 8 ff.; zur besonderen örtlichen Zuständigkeit nach § 344 Abs. 4 vgl. § 344 Rz. 41 ff.

7 Zur **internationalen** Zuständigkeit vgl. § 343 Rz. 148 ff.

II. Beteiligteneigenschaft

8 Zur **Beteiligteneigenschaft** vgl. § 345 Rz. 67 f.

III. Vermögenserwerb (Absatz 1)

9 Nach § 1640 Abs. 1 Satz 1 iVm. Abs. 2 BGB sind die Eltern zur Inventarisierung des ihrer Verwaltung im Rahmen der elterlichen Sorge unterliegenden Vermögens, das ihr Kind von Todes wegen erwirbt, verpflichtet, wenn der Erwerbswert **15 000 Euro übersteigt** und der Erblasser in der letztwilligen Verfügung bzw. der Zuwendende bei der Zuwendung keine abweichende Anordnung getroffen hat.

10 Erhält das Nachlassgericht von einem derartigen Vermögenserwerb **Kenntnis**, muss es diesen nach Abs. 1 dem zuständigen Familiengericht mitteilen. Im Falle einer Verletzung der Mitteilungspflicht drohen Schadensersatzansprüche aus Amtshaftung.[1]

11 Auf Grund des eindeutigen Wortlauts des Abs. 1 und des Umstandes, dass dieser auch in Kenntnis der diesbezüglichen Diskussion unverändert aus § 74a FGG übernommen wurde, statuiert die Vorschrift keine weiter gehende Mitteilungspflicht für einen **anderweitig** erfolgten Vermögenserwerb anlässlich des Sterbefalls, bspw. in Gestalt bestimmter Versicherungsleistungen bzw. Sparverträge, wobei gleichwohl eine entsprechende Mitteilung an das Familiengericht sinnvoll und empfehlenswert erscheint.[2]

IV. Nachlasssicherung (Absatz 2)

12 Nach Abs. 2 **soll** das iSd. § 344 Abs. 4 durch Anordnung von Sicherungsmaßnahmen tätig gewordene Gericht (vgl. dazu § 344 Rz. 41 ff.) das gem. § 343 allgemein zuständige Nachlassgericht hiervon unterrichten.

§ 357
Einsicht in eine eröffnete Verfügung von Todes wegen; Ausfertigung eines Erbscheins oder anderen Zeugnisses

(1) Wer ein rechtliches Interesse glaubhaft macht, ist berechtigt, eine eröffnete Verfügung von Todes wegen einzusehen.

(2) Wer ein rechtliches Interesse glaubhaft macht, kann verlangen, dass ihm von dem Gericht eine Ausfertigung des Erbscheins erteilt wird. Das Gleiche gilt für die nach § 354 erteilten gerichtlichen Zeugnisse sowie für die Beschlüsse, die sich auf die Ernennung oder die Entlassung eines Testamentsvollstreckers beziehen.

1 OLG München v. 6.6.2002 – 1 U 4182/00, Rpfleger 2003, 657 (658 f.).
2 *Bassenge*/Roth, § 74a FGG Rz. 1; Jansen/*Müller-Lukoschek*, § 74a FGG Rz. 7; aA Keidel/*Winkler*, § 74a FGG Rz. 2.

A. Überblick

I. Entstehung

1 Abs. 1 **übernimmt** die früheren Regelungen nach § 2264 BGB hinsichtlich des Einsichtsrechts in eröffnete Testamente bzw. nach § 78 FGG und erweitert sie zugleich auf alle Arten von Verfügungen von Todes wegen. Abs. 2 entspricht der früheren Regelung des § 85 FGG bezüglich der Erteilung von Zeugnisausfertigungen und zugehörigen Beschlüssen.

II. Systematik

2 Abs. 1 gewährt **jedermann** ein Einsichtsrecht in eine eröffnete Verfügung von Todes wegen, wenn ein rechtliches Interesse glaubhaft gemacht wird. Abs. 2 gewährt – insoweit als lex specialis unter Verdrängung der allgemeinen Regelung des § 13 Abs. 3[1] – unter den gleichen Voraussetzungen ebenfalls jedermann einen Anspruch auf Erteilung einer Ausfertigung eines Erbscheins, der in § 354 genannten weiteren Zeugnisse und der Beschlüsse über die Ernennung bzw. Entlassung eines Testamentsvollstreckers.

3 Ergänzend[2] dazu besteht ein den **gesamten Akteninhalt** erfassendes Einsichtsrecht nach § 13 Abs. 1 für Beteiligte, soweit nicht schutzwürdige Interessen eines Beteiligten oder eines Dritten entgegenstehen (vgl. dazu § 13 Rz. 20 f.), bzw. nach § 13 Abs. 2 – insoweit jedoch lediglich nach gerichtlichem Ermessen – für jedermann, wenn darüber hinaus ein berechtigtes Interesse glaubhaft gemacht und ein Fall des § 1758 BGB ausgeschlossen ist (vgl. dazu § 13 Rz. 23 ff.), und nach dem insoweit auflebenden § 13 Abs. 3 auf Erteilung von Abschriften[3] (vgl. dazu § 13 Rz. 37 f.).

4 Daneben bestehen bei Glaubhaftmachung eines rechtlichen Interesses diverse **materiell-rechtlich** geregelte Einsichtsrechte, bspw. nach §§ 1953 Abs. 3 Satz 2, 1957 Abs. 2 Satz 2, 2010, 2081 Abs. 2 Satz 2, 2146 Abs. 2, 2228, 2384 Abs. 2 BGB.[4]

III. Normzweck

5 Die Vorschrift verfolgt das Ziel, die bei Akteneinsicht und Ausfertigungserteilung miteinander kollidierenden verfassungsrechtlichen Positionen des Anspruchs auf rechtliches Gehör des Antragstellers nach Art. 103 Abs. 1 GG einerseits bzw. des Rechts auf informationelle Selbstbestimmung der von der Einsicht Betroffenen aus Art. 2 Abs. 1 iVm. Art. 1 Abs. 1 GG andererseits je nach Grad der Betroffenheit untereinander in **Ausgleich** zu bringen.

1 Begr. zum GesetzE der BReg. zu § 357 Abs. 2, BT-Drucks. 16/6308, S. 282.
2 Zur parallelen Anwendbarkeit der verschiedenen Einsichtsrechte unter den früheren entsprechenden Regelungen nach §§ 34, 78 FGG und § 2264 BGB Keidel/*Kahl*, § 34 FGG Rz. 3.
3 Begr. zum GesetzE der BReg. zu § 357 Abs. 1, BT-Drucks. 16/6308, S. 282.
4 Vgl. *Zimmermann*, Das neue FamFG, Rz. 710.

B. Inhalt der Vorschrift

I. Zuständigkeit

6 Zur **sachlichen** Zuständigkeit der Amtsgerichte bzw. in Baden-Württemberg der staatlichen Notariate als Nachlassgericht vgl. § 343 Rz. 129 ff.

7 Nach § 3 Nr. 2 Buchst. c RPflG ist der Rechtspfleger an Stelle des Richters **funktionell** zuständig. Vgl. zur funktionellen Zuständigkeit im Allgemeinen § 343 Rz. 142 ff.

8 Zur **örtlichen** Zuständigkeit vgl. § 343 Rz. 8 ff.

9 Zur **internationalen** Zuständigkeit vgl. § 343 Rz. 148 ff.

II. Beteiligteneigenschaft

10 Zur **Beteiligteneigenschaft** vgl. § 345 Rz. 64 ff.

III. Einsicht in eröffnete Verfügungen von Todes wegen (Absatz 1)

11 Nach Abs. 1 setzt ein Anspruch auf Einsicht in eine eröffnete Verfügung von Todes wegen ein **rechtliches Interesse** voraus. Dazu ist ein auf Rechtsnormen beruhendes oder durch solche geregeltes, gegenwärtiges bestehendes Verhältnis einer Person zu einer anderen Person oder zu einer Sache[1] bzw. ein Einwirken der eröffneten Verfügung auf die rechtlichen Beziehungen des Einsichtnehmenden[2] erforderlich. Dies ist insbesondere für die gesetzlichen Erben, Bedachten, Auflagenbegünstigten, durch familienrechtliche Auflagen Betroffenen, Testamentsvollstrecker, Nachlasspfleger, Nachlassverwalter und Nachlassgläubiger anzunehmen.[3] Bloße wirtschaftliche Interessen sind anders als für das nach § 13 Abs. 2 maßgebende berechtigte Interesse (vgl. dazu § 13 Rz. 23 ff.) nicht ausreichend.

12 Das rechtliche Interesse muss zudem **glaubhaft gemacht** werden. Hierzu kann sich der Antragsteller nach § 31 aller Beweismittel bedienen, auch der eidesstattlichen Versicherung.

13 In besonderer amtlicher Verwahrung befindliche, noch **nicht eröffnete** Verfügungen von Todes wegen sind mangels Zugehörigkeit zu den Gerichtsakten von dem Einsichtsrecht nicht erfasst.[4]

14 Das Einsichtsrecht besteht nach seinem eindeutigen Wortlaut und zum Zwecke einer jederzeitigen Überprüfbarkeit der eröffneten Verfügung von Todes wegen auf Wirksamkeit bzw. Anfechtbarkeit für jeden Berechtigten – bei gemeinschaftlichen Testamenten bzw. Erbverträgen jedoch ausschließlich im Rahmen der vorgenommenen Eröffnung, im Übrigen nur durch den Längstlebenden[5] – **uneingeschränkt** und ist insbesondere nicht auf die von dem rechtlichen Interesse unmittelbar betroffenen

1 BGH v. 22.1.1952 – IV ZB 82/51, BGHZ 4, 323 (325); RG v. 30.3.1936 – IV B 7/36, RGZ 151, 57 (63); KG v. 20.12.1977 – 1 W 1726/77, DNotZ 1978, 425 (426).
2 Staudinger/*Baumann*, § 2264 BGB Rz. 6; MüKo.BGB/*Hagena*, § 2264 BGB Rz. 5.
3 MüKo.BGB/*Hagena*, § 2264 BGB Rz. 5.
4 KG v. 28.3.1927 – 1b X 68/27, JFG 4, 159 (160).
5 OLG Jena v. 18.12.1997 – 6 W 172/97, Rpfleger 1998, 249.

Teile reduziert.[1] Stellvertretung ist zulässig.[2] Das Einsichtsrecht erfasst auch die zu der eröffneten Verfügung von Todes wegen gehörenden Anlagen samt der im Verwahrumschlag mitverwahrten Unterlagen, mangels Erwähnung im Gesetzeswortlaut jedoch nicht die Eröffnungsniederschrift, die lediglich unter den Voraussetzungen des § 13 (vgl. dazu Rz. 3) eingesehen werden darf.[3]

Abs. 1 erfasst anders als § 2264 BGB aF neben Einzel- und gemeinschaftlichen Testamenten auch **Erbverträge**. 15

IV. Erteilung von Ausfertigungen (Absatz 2)

Derjenige, der ein rechtliches Interesse (vgl. dazu Rz. 11) speziell am Erhalt einer Ausfertigung glaubhaft macht (vgl. dazu Rz. 17), hat einen **Anspruch** auf deren Erteilung hinsichtlich eines Erbscheins, der iSd. § 354 erteilten gerichtlichen Zeugnisse nach § 1507 BGB, § 2368 BGB, §§ 36, 37 GBO bzw. §§ 42, 74 SchRegO (vgl. dazu jeweils § 354 Rz. 3 ff.) und der sich auf die Ernennung oder die Entlassung eines Testamentsvollstreckers beziehenden Beschlüsse. Die letztgenannten Beschlüsse erfassen dabei Fristbestimmungen, Ernennung und Entlassung iSd. §§ 2198 Abs. 2, 2202 Abs. 3, 2200 Abs. 1 bzw. 2227 Abs. 1 BGB. 16

Das rechtliche Interesse muss sich dabei konkret auf das Erfordernis einer **Ausfertigung** beziehen. Es ist daher glaubhaft zu machen, dass eine bloße Abschrift nicht ausreicht. Bspw. wird eine Ausfertigung eines Erbscheins bzw. Testamentsvollstreckerzeugnisses an Stelle der Urschrift im Grundbuchverkehr nach § 35 Abs. 1 Satz 1 bzw. Abs. 2 Halbs. 1 GBO zum Nachweis der Erbfolge, der Testamentsvollstreckungsanordnung bzw. der Verfügungsbefugnis eines Testamentsvollstreckers benötigt. Ein derartiges rechtliches Interesse kommt dabei regelmäßig insbesondere bei Erben, Nachlassgläubigern mit vollstreckbarer Urkunde,[4] Nachlassschuldnern im Hinblick auf § 2367 BGB[5] und Erwerbern von Nachlassgrundstücken[6] in Betracht. 17

Benötigt der Berechtigte nicht nur eine einzige, sondern **mehrere** Ausfertigungen, genügt hinsichtlich der über die erste Ausfertigung hinausgehenden zusätzlichen Ausfertigungen ein einfaches Interesse, da Abs. 2 lediglich das Ob und nicht die Anzahl der Ausfertigungen regelt.[7] Werden nicht sofort mehrere, sondern erst später nach der 18

1 OLG Hamm v. 8.1.1974 – 15 W 160/73, Rpfleger 1974, 155 (156); KG v. 10.10.1907 – Az. n.v., RJA 9, 79 (80 ff.); LG Dresden v. 1.9.1900 – Az. n.v., ZBlFG 1, 405 (406 ff.); MüKo.BGB/*Hagena*, § 2264 BGB Rz. 12; Bamberger/Roth/*Litzenburger*, § 2264 BGB Rz. 7; aA Staudinger/*Baumann*, § 2264 BGB Rz. 6; Soergel/*Mayer*, § 2264 BGB Rz. 5: Beschränkung auf die eröffneten Teile der Verfügung, auf die sich das rechtliche Interesse bezieht; Reimann/Bengel/Mayer/*Voit*, § 2264 BGB Rz. 4: Durchbrechung dieser Beschränkung für testamentarisch Bedachte nur dann, wenn die Gültigkeit der sie betreffenden Verfügungen in Frage gestellt wird.

2 Palandt/*Edenhofer*, § 2264 BGB Rz. 1.

3 MüKo.BGB/*Hagena*, § 2264 BGB Rz. 11 und 15; Staudinger/*Baumann*, § 2264 BGB Rz. 8; Palandt/*Edenhofer*, § 2264 BGB Rz. 1; Reimann/Bengel/Mayer/*Voit*, § 2264 BGB Rz. 3; aA Bamberger/Roth/*Litzenburger*, § 2264 BGB Rz. 7.

4 KG v. 20.12.1977 – 1 W 1726/77, DNotZ 1978, 425 (426 f.).

5 *Bassenge*/Roth, § 85 FGG Rz. 2; kritisch Jansen/*Müller-Lukoschek*, § 85 FGG Rz. 8.

6 LG München v. 28.10.1949 – I T 831/49, DNotZ 1950, 33 (35).

7 OLG Schleswig v. 20.10.1959 – 2 W 152/59, SchlHA 1960, 58; Keidel/*Winkler*, § 85 FGG Rz. 5; aA LG Köln v. 21.4.1969 – 11 T 32/69, Rpfleger 1969, 350: Die zu erteilende Anzahl an Ausfertigungen liegt im Ermessen der antragstellenden Erben.

ursprünglichen Erteilung weitere Ausfertigungen benötigt, ist jedoch zusätzlich das Fortbestehen des rechtlichen Interesses glaubhaft zu machen. Das hinsichtlich der Anzahl der begehrten Ausfertigungen ausreichende einfache Interesse kann bspw. bei Verlust einer bereits erteilten Ausfertigung[1] oder bei Vorhandensein einer Vielzahl von Grundstücken, die bei verschiedenen Grundbuchämtern geführt werden und nach Erbfolge auf Eigentümerseite berichtigt werden müssen, bestehen.

§ 358
Zwang zur Ablieferung von Testamenten

In den Fällen des § 2259 Abs. 1 des Bürgerlichen Gesetzbuchs erfolgt die Anordnung der Ablieferung des Testaments durch Beschluss.

A. Überblick

I. Entstehung

1 Die Vorschrift **übernimmt** die frühere Regelung des § 83 Abs. 1 FGG, deren Abs. 2 durch Regelungen im Allgemeinen Teil ersetzt worden ist.

II. Systematik

2 Die Regelung beschränkt sich darauf, dem Nachlassgericht die Möglichkeit zur Anordnung der aus § 2259 Abs. 1 BGB folgenden Ablieferungspflicht durch **Beschluss** zu eröffnen, der dann seinerseits nach § 35 vollstreckt werden kann.

III. Normzweck

3 Die Vorschrift soll die **Voraussetzungen** für eine Erzwingung der zur Testamentseröffnung erforderlichen Testamentsablieferung schaffen. Sie dient damit mittelbar der Sicherung der Testamentseröffnung.

1 Keidel/*Winkler*, § 85 FGG Rz. 5; Bumiller/*Winkler*, § 85 FGG Rz. 7.

B. Inhalt der Vorschrift

I. Zuständigkeit

Zur **sachlichen** Zuständigkeit der Amtsgerichte bzw. in Baden-Württemberg der staatlichen Notariate als Nachlassgericht vgl. § 343 Rz. 129 ff. 4

Nach § 3 Nr. 2 Buchst. c RPflG ist der Rechtspfleger an Stelle des Richters **funktionell** zuständig, bei Haftanordnung im Rahmen der Vollstreckung muss jedoch nach § 4 Abs. 3 iVm. Abs. 2 Nr. 2 RPflG Vorlage an den Richter erfolgen. Vgl. zur funktionellen Zuständigkeit im Allgemeinen § 343 Rz. 142 ff. 5

Zur **örtlichen** Zuständigkeit vgl. § 343 Rz. 8 ff. 6

Zur **internationalen** Zuständigkeit vgl. § 343 Rz. 148 ff. 7

II. Beteiligteneigenschaft

Zur **Beteiligteneigenschaft** vgl. § 345 Rz. 67 f. 8

III. Beschluss über die Anordnung der Testamentsablieferung

1. Gesetzliche Ablieferungspflicht

Nach § 2259 Abs. 1 BGB ist jeder, der ein nicht in besondere amtliche Verwahrung gebrachtes Testament in Besitz hat, nach Kenntniserlangung vom Tod des Erblassers **unverzüglich** zur Ablieferung an das Nachlassgericht verpflichtet. Erfasst werden dabei ebenso wie bei der späteren Eröffnungspflicht alle Urkunden, die nach Form bzw. Inhalt Verfügung von Todes wegen sein können, unabhängig von ihrer Gültigkeit[1] (vgl. dazu ausführlich § 348 Rz. 14). 9

Diese materiell-rechtliche Verpflichtung erfasst auch eigenhändige gemeinschaftliche Testamente und gilt über § 2300 Abs. 1 BGB zudem für von Notaren bzw. Konsularbeamten beurkundete und bereits nach § 34a Abs. 2 Satz 1 BeurkG bzw. § 10 Abs. 3 KonsG iVm. § 34a Abs. 2 Satz 1 BeurkG an das Nachlassgericht abzuliefernde einfach verwahrte **Erbverträge**. 10

Das Nachlassgericht wird denjenigen, der das Testament in Besitz hat, zunächst **formlos** unter Hinweis auf den Todesfall und die gesetzliche Ablieferungspflicht zur unverzüglichen Ablieferung auffordern. 11

2. Förmlicher Anordnungsbeschluss

§ 358 ermöglicht eine förmliche Ablieferungsanordnung **ausschließlich** in den Fällen des § 2259 Abs. 1 BGB und lediglich zur Ablieferung eines Einzel- oder gemeinschaftlichen Testaments. Daher werden hiervon insbesondere die iSd. §§ 2259 Abs. 2, 2300 Abs. 1 BGB bei einer anderen Behörde als einem Gericht in amtlicher Verwahrung befindlichen Verfügungen von Todes wegen nicht erfasst, bspw. in einfacher Verwahrung eines Notars befindliche Erbverträge.[2] Insoweit veranlasst das Nachlassgericht 12

1 Staudinger/*Baumann*, § 2259 BGB Rz. 5 ff.; MüKo.BGB/*Hagena*, § 2259 BGB Rz. 5.
2 Jansen/*Müller-Lukoschek*, § 83 FGG Rz. 8; Keidel/*Winkler*, § 83 FGG Rz. 2.

nach § 2259 Abs. 2 Satz 2 BGB die Ablieferung formlos. Das iSd. § 2261 BGB vom Nachlassgericht verschiedene Verwahrgericht eröffnet die bei ihm amtlich verwahrten Verfügungen hingegen selbst.

13 Bleibt in den Fällen des § 2259 Abs. 1 BGB die formlose Aufforderung erfolglos, erlässt das Nachlassgericht einen **förmlichen** Anordnungsbeschluss, der nach § 35 Abs. 2 mit einem Hinweis auf die Folgen einer Zuwiderhandlung versehen, nach § 38 Abs. 3 Satz 1 begründet, nach § 39 mit einer Rechtsbehelfsbelehrung versehen und dem Testamentsbesitzer nach § 41 Abs. 1 Satz 2 förmlich zugestellt werden muss.

14 Der Beschluss ist durch befristete **Beschwerde** nach §§ 58, 63 anfechtbar.

3. Vollstreckung

15 Der förmliche Anordnungsbeschluss iSd. § 358 ermöglicht die **Erzwingung** der Ablieferung. Die in Betracht kommenden Zwangsmittel ergeben sich aus § 35. Insbesondere kann nach § 35 Abs. 1 Zwangsgeld festgesetzt, Ersatzzwangshaft bzw. originäre Zwangshaft angeordnet bzw. nach § 35 Abs. 4 iVm. § 883 Abs. 1 ZPO mittels Gerichtsvollzieher Herausgabevollstreckung durch Wegnahme betrieben werden. Wird der Besitz bzw. die Kenntnis von dem Verbleib des Testaments bestritten, ist nach § 35 Abs. 3 iVm. § 883 Abs. 2 ZPO eine entsprechende eidesstattliche Versicherung abzugeben. Vgl. zu den einzelnen Zwangsmitteln jeweils § 35 Rz. 3 ff.

§ 359
Nachlassverwaltung

(1) Der Beschluss, durch den dem Antrag des Erben, die Nachlassverwaltung anzuordnen, stattgegeben wird, ist nicht anfechtbar.

(2) Gegen den Beschluss, durch den dem Antrag eines Nachlassgläubigers, die Nachlassverwaltung anzuordnen, stattgegeben wird, steht die Beschwerde nur dem Erben, bei Miterben jedem Erben, sowie dem Testamentsvollstrecker zu, der zur Verwaltung des Nachlasses berechtigt ist.

A. Überblick

I. Entstehung

Die Vorschrift **übernimmt** weitgehend den Regelungsgehalt des früheren § 76 FGG, dessen Abs. 2 Satz 1 für die Anfechtbarkeit einer auf Antrag eines Nachlassgläubigers angeordneten Nachlassverwaltung im Hinblick auf die allgemeine Regelung nach §§ 58, 63 entbehrlich geworden ist. 1

II. Systematik

Die Regelung **beschränkt** die Anfechtbarkeit nachlassgerichtlicher Beschlüsse, durch die eine Nachlassverwaltung angeordnet wird. Nach Abs. 1 ist ein derartiger Beschluss unanfechtbar, wenn er auf Antrag des Erben ergangen ist. Nach Abs. 2 ist gegen einen derartigen auf Antrag eines Nachlassgläubigers ergangenen Beschluss ausschließlich der Erbe, bei Miterben jeder Miterbe, sowie der zur Verwaltung des Nachlasses berechtigte Testamentsvollstrecker beschwerdeberechtigt. 2

III. Normzweck

Die Begrenzung der Anfechtbarkeit dient angesichts der weit reichenden Wirkungen der Nachlassverwaltung in Gestalt der Beschränkung der Erbenhaftung nach § 1975 BGB bzw. des Verlusts der Verfügungsbefugnis des Erben nach § 1984 BGB der **Vermeidung von Rechtsunsicherheit**. 3

B. Inhalt der Vorschrift

I. Zuständigkeit

Zur **sachlichen** Zuständigkeit der Amtsgerichte bzw. in Baden-Württemberg der staatlichen Notariate als Nachlassgericht vgl. § 343 Rz. 129 ff. Die Regelungen nach § 23a Abs. 1 Nr. 2 iVm. Abs. 2 Nr. 2 GVG iVm. § 342 Abs. 1 Nr. 8 bzw. Art. 147 EGBGB iVm. §§ 1 Abs. 1 und 2, 38 bad-württ. LFGG werden insoweit durch § 1981 Abs. 1 und 2 BGB ergänzt. 4

Nach § 3 Nr. 2 Buchst. c RPflG ist der Rechtspfleger an Stelle des Richters **funktionell** zuständig. Vgl. zur funktionellen Zuständigkeit im Allgemeinen § 343 Rz. 142 ff. 5

Zur **örtlichen** Zuständigkeit vgl. § 343 Rz. 8 ff. 6

Zur **internationalen** Zuständigkeit vgl. § 343 Rz. 148 ff. 7

II. Beteiligteneigenschaft

Zur **Beteiligteneigenschaft** vgl. § 345 Rz. 55 bzw. 65 f. 8

III. Anordnung der Nachlassverwaltung

1. Wesen der Nachlassverwaltung

9 Die Nachlassverwaltung dient nach § 1975 BGB als Unterart der Nachlasspflegschaft[1] sowohl der **Befriedigung** der Nachlassgläubiger bei ausreichendem, jedoch unübersichtlichem Nachlass als auch der Haftungsbeschränkung der Erben für die Nachlassverbindlichkeiten auf den Nachlass. Sie erfolgt daher insbesondere im Interesse der Nachlassgläubiger und der Erben.[2] Nach Eröffnung des Nachlassinsolvenzverfahrens kann gem. § 1988 Abs. 1 BGB keine Nachlassverwaltung angeordnet werden. Nach § 1983 BGB hat das Nachlassgericht die Anordnung der Nachlassverwaltung durch Veröffentlichung bekannt zu machen. Gem. § 1984 Abs. 1 Satz 1 BGB verliert der Erbe mit der Anordnung der Nachlassverwaltung sein Verfügungs- und Verwaltungsrecht. Der Nachlassverwalter hat daher die Nachlassverwaltung im Grundbuch zur Vermeidung gutgläubigen Erwerbs eintragen zu lassen. Die Anordnung einer Nachlassverwaltung kann nach § 1982 BGB abgelehnt werden, wenn eine den Kosten entsprechende Masse nicht vorhanden ist.

2. Antragsberechtigung

10 Antragsberechtigt ist nach § 1981 Abs. 1 BGB der **Erbe** – mehrere Erben jedoch nach § 2062 BGB ausschließlich gemeinschaftlich und vor Teilung des Nachlasses –, ein Erbschaftserwerber iSd. §§ 2383, 2385 BGB analog § 330 Abs. 1 InsO neben dem analog § 330 Abs. 2 InsO antragsberechtigt bleibenden Erben,[3] der verwaltungsberechtigte Testamentsvollstrecker analog § 317 Abs. 1 InsO neben dem analog § 317 Abs. 1 InsO antragsberechtigt bleibenden Erben[4] bzw. bei Zugehörigkeit des Nachlasses zum Gesamtgut der bestehenden oder beendeten Gütergemeinschaft analog § 318 Abs. 1 InsO zusätzlich einzeln auch der Ehegatte bzw. eingetragene Lebenspartner, der nicht Erbe ist, aber das Gesamtgut zumindest mitverwaltet. Das Antragsrecht entfällt nach § 2013 Abs. 1 Satz 1 BGB, sobald auch nur *ein* Erbe wegen Versäumnis der Inventarfrist iSd. § 1994 Abs. 1 Satz 2 BGB oder Inventaruntreue iSd. § 2005 Abs. 1 BGB unbeschränkt haftet. Nach § 1981 Abs. 1 BGB besteht keine Antragsfrist. Der Antrag muss nicht begründet werden. Ein Nachlasspfleger ist nicht antragsberechtigt.[5]

11 Nach § 1981 Abs. 2 BGB ist ein **Nachlassgläubiger** antragsberechtigt, wenn Grund zu der Annahme besteht, dass die Befriedigung der Nachlassgläubiger aus dem Nachlass durch das Verhalten oder die Vermögenslage des Erben gefährdet wird, bspw. durch gleichgültiges Verhalten des Erben,[6] wobei bereits eine Gefährdung durch einen von mehreren Miterben ausreichend ist,[7] und seit einer etwaigen Annahme der Erbschaft noch keine zwei Jahre verstrichen sind. Der Nachlassgläubiger muss im Rahmen seiner Prozessförderungspflicht dem Nachlassgericht zumindest Anhaltspunkte für eine Gefährdung der Nachlassgläubiger mitteilen und ggf. glaubhaft

1 RG v. 4.1.1932 – IV 353/31, RGZ 135, 305 (307).
2 Palandt/*Edenhofer*, § 1975 BGB Rz. 2.
3 Staudinger/*Olshausen*, § 2383 BGB Rz. 24; MüKo.BGB/*Mayer*, § 2383 BGB Rz. 8.
4 Palandt/*Edenhofer*, § 1981 BGB Rz. 2.
5 Staudinger/*Marotzke*, § 1981 BGB Rz. 14.
6 BayObLG v. 13.3.2002 – 1 Z BR 57/01, NJW-RR 2002, 871 (872); Palandt/*Edenhofer*, § 1981 BGB Rz. 3.
7 BayObLG v. 15.2.1966 – BReg. 1b Z 133/65, BayObLGZ 1966, 75 (76); Jansen/*Müller-Lukoschek*, § 76 FGG Rz. 2.

machen, auf Grund derer das Nachlassgericht nach § 26 von Amts wegen ermitteln kann.[1]

3. Anordnungsbeschluss

Der die Nachlassverwaltung anordnende Beschluss ist nach § 38 Abs. 3 Satz 1 zu begründen, nach § 39 mit einer Rechtsbehelfsbelehrung zu versehen und nach § 41 Abs. 1 Satz 1 den Beteiligten bekannt zu geben bzw. nach § 41 Abs. 1 Satz 2 förmlich zuzustellen. 12

IV. Rechtsmittelbeschränkung nach Anordnung auf Antrag des Erben (Absatz 1)

Erfolgt die Anordnung auf Antrag des Erben, ist der Anordnungsbeschluss nach Abs. 1 **nicht anfechtbar**. Gleiches gilt für die Ablehnung einer Aufhebung einer bereits angeordneten Nachlassverwaltung, die darauf gestützt wird, dass von Beginn an die zur Deckung der Verfahrenskosten erforderliche Masse nicht vorhanden gewesen sei,[2] da dem Nachlassgericht in diesen Fällen nach § 1982 BGB ein Ermessen zusteht. Ein Erbe kann seinen Antrag auf Anordnung einer Nachlassverwaltung nicht mehr wirksam zurücknehmen, wenn dieser bereits zum Erlass des Anordnungsbeschlusses geführt hat, da dann auch Interessen der Nachlassgläubiger betroffen sind.[3] 13

Ausnahmsweise ist gegen den Anordnungsbeschluss gleichwohl **befristete Beschwerde** nach §§ 58, 63 eröffnet, wenn als zwingende Anordnungsvoraussetzung ein wirksamer Antrag fehlt und nicht nachgeholt wird,[4] bspw. trotz § 2062 Halbs. 1 BGB nur einer von mehreren Miterben einen Antrag gestellt hat.[5] Beschwerdeberechtigt ist dann jeder Miterbe und jeder Nachlassgläubiger.[6] 14

V. Rechtsmittelbeschränkung nach Anordnung auf Antrag des Nachlassgläubigers (Absatz 2)

Erfolgt die Anordnung auf Antrag des Nachlassgläubigers, ist befristete Beschwerde nach §§ 58, 63 eröffnet. Nach Abs. 2 ist jedoch nur der Erbe, bei Miterben jeder Erbe, sowie der verwaltungsberechtigte Testamentsvollstrecker, bei mehreren verwaltungsberechtigten Testamentsvollstreckern unter gemeinschaftlicher Amtsführung iSd. § 2224 Abs. 1 Satz 1 BGB sind nur alle gemeinschaftlich[7] **beschwerdeberechtigt**. Nachlassgläubiger sind daher insoweit nicht beschwerdeberechtigt.[8] 15

1 KG v. 28.9.2004 – 1 W 99/04, Rpfleger 2005, 87 (88); Staudinger/*Marotzke*, § 1981 BGB Rz. 24.
2 KG v. 26.5.1908 – Az. n.v., OLGR 17, 365.
3 KG v. 5.9.1940 – 1 Wr 420/40, JFG 22, 65 (67).
4 Palandt/*Edenhofer*, § 1981 BGB Rz. 1.
5 LG Aachen v. 22.9.1959 – 7 T 453/59, NJW 1960, 46 (48).
6 Keidel/*Winkler*, § 76 FGG Rz. 2; Jansen/*Müller-Lukoschek*, § 76 FGG Rz. 7.
7 Keidel/*Winkler*, § 76 FGG Rz. 5.
8 RG v. 30.3.1936 – IV B 7/36, RGZ 151, 57 (62).

VI. Rechtsmittel gegen Antragszurückweisung

16 Eine Antragszurückweisung ist durch befristete Beschwerde nach §§ 58, 63 anfechtbar. Ebenso wie die nahezu wortlautgleiche Regelung des § 20 Abs. 2 FGG ist § 59 Abs. 2 dahingehend auszulegen, dass als Ausnahme vom grundsätzlichen Erfordernis der formellen Beschwer aus Gründen der Prozesswirtschaftlichkeit auch derjenige Antragsberechtigte beschwerdeberechtigt ist, der tatsächlich keinen Antrag gestellt hat, da andernfalls ein weiterer dem Inhalt nach bereits verbeschiedener Antrag gestellt werden müsste[1] (vgl. dazu § 59 Rz. 20). Derjenige Nachlassgläubiger, der noch keinen Antrag gestellt hat, ist jedoch nur dann beschwerdeberechtigt, wenn für ihn die Zweijahresfrist nach § 1981 Abs. 2 Satz 2 BGB noch nicht abgelaufen und die Gefährdung iSd. § 1981 Abs. 2 Satz 1 BGB glaubhaft gemacht ist. Miterben sind im Hinblick auf § 2062 BGB nur **gemeinschaftlich** beschwerdeberechtigt.[2]

VII. Aufhebung von Amts wegen

17 Das Nachlassgericht kann die Anordnung der Nachlassverwaltung von Amts wegen auf Grund einer nachträglichen wesentlichen Veränderung der Rechtslage nach § 48 Abs. 1 Satz 2 nur auf **Antrag** des ursprünglichen Antragstellers[3] aufheben.

§ 360
Bestimmung einer Inventarfrist

(1) Die Frist zur Einlegung einer Beschwerde gegen den Beschluss, durch den dem Erben eine Inventarfrist bestimmt wird, beginnt für jeden Nachlassgläubiger mit dem Zeitpunkt, in dem der Beschluss dem Nachlassgläubiger bekannt gemacht wird, der den Antrag auf die Bestimmung der Inventarfrist gestellt hat.

(2) Absatz 1 gilt entsprechend für die Beschwerde gegen einen Beschluss, durch den über die Bestimmung einer neuen Inventarfrist oder über den Antrag des Erben, die Inventarfrist zu verlängern, entschieden wird.

1 BGH v. 19.6.1959 – V ZB 19/58, BGHZ 30, 220 (223 f.) zu § 20 Abs. 2 FGG.
2 OLG München v. 25.11.1935 – Reg Wr 67/36, JFG 14, 61 (63); LG Karlsruhe v. 20.5.1902 – Az. n.v., ZBlFG 4, 32; MüKo.BGB/*Siegmann*, § 1981 BGB Rz. 9.
3 Begr. zum GesetzE der BReg. zu § 48 Abs. 1 Satz 2, BT-Drucks. 16/6308, S. 198. Zur Zurücknahme des Antrags des Erben *Fahrenkamp*, NJW 1975, 1637.

A. Überblick

I. Entstehung

Die Vorschrift **übernimmt** den Regelungsgehalt des früheren § 77 Abs. 3 FGG für den Beginn der Beschwerdefrist im Rahmen der Anfechtung einer Inventarfristbestimmung bzw. -verlängerung. Die im früheren § 77 Abs. 1 und 2 FGG geregelte Anfechtbarkeit wird nunmehr von den §§ 58, 63 erfasst. 1

II. Systematik

Die Vorschrift erklärt als **lex specialis** bezüglich des Beginns der Beschwerdefrist bei Anfechtung einer Inventarfristbestimmung iSd. § 1994 Abs. 1 BGB (Abs. 1) und einer Verlängerung der Inventarfrist iSd. § 1995 Abs. 3 BGB bzw. einer Bestimmung einer neuen Inventarfrist iSd. § 1996 BGB (jeweils Abs. 2) abweichend von § 63 Abs. 3 für alle Nachlassgläubiger die Bekanntgabe[1] des anzufechtenden Beschlusses gegenüber dem antragstellenden Nachlassgläubiger für maßgebend. 2

III. Normzweck

Die Vorschrift dient damit der **Vermeidung von Rechtsunsicherheit**, da dem Nachlassgericht regelmäßig nicht alle Nachlassgläubiger bekannt sind. 3

B. Inhalt der Vorschrift

I. Zuständigkeit

Zur **sachlichen** Zuständigkeit der Amtsgerichte bzw. in Baden-Württemberg der staatlichen Notariate als Nachlassgericht vgl. § 343 Rz. 129 ff. Die Regelungen nach § 23a Abs. 1 Nr. 2 iVm. Abs. 2 Nr. 2 GVG iVm. § 342 Abs. 1 Nr. 9 bzw. Art. 147 EGBGB iVm. §§ 1 Abs. 1 und 2, 38 bad-württ. LFGG werden insoweit durch die §§ 1994 Abs. 1 Satz 1, 1995 Abs. 3, 1996 Abs. 1 bzw. 2005 Abs. 2 BGB ergänzt. 4

Nach § 3 Nr. 2 Buchst. c RPflG ist der Rechtspfleger an Stelle des Richters **funktionell** zuständig. Vgl. zur funktionellen Zuständigkeit im Allgemeinen § 343 Rz. 142 ff. 5

Zur **örtlichen** Zuständigkeit vgl. § 343 Rz. 8 ff. 6

Zur **internationalen** Zuständigkeit vgl. § 343 Rz. 148 ff. 7

II. Beteiligteneigenschaft

Zur **Beteiligteneigenschaft** vgl. § 345 Rz. 58 ff. 8

1 § 360 Abs. 1 verwendet insoweit auf Grund eines Redaktionsversehens noch die Terminologie „bekannt gemacht" des früheren § 77 Abs. 3 FGG, obschon nach §§ 15, 40 Abs. 1, 41 Abs. 1 Satz 1, 63 Abs. 3 nunmehr die Terminologie der „Bekanntgabe" maßgebend ist.

III. Anordnung der Inventarfrist

1. Wesen der Inventarfrist

9 Nach § 1994 Abs. 1 BGB muss das Nachlassgericht dem Erben auf Antrag eines seine Forderung glaubhaft machenden Nachlassgläubigers eine Frist zur Errichtung eines Inventars bestimmen, nach deren Ablauf der Erbe für die Nachlassverbindlichkeiten **unbeschränkt haftet**, wenn zuvor kein Inventar errichtet wird.[1] Einem Miterben, der zugleich Nachlassgläubiger ist, fehlt die Antragsbefugnis iSd. § 1994 Abs. 1 Satz 1 BGB.[2] Gem. § 1995 Abs. 1 BGB soll die Inventarfrist ab Zustellung des Anordnungsbeschlusses mindestens einen Monat und höchstens drei Monate betragen. Das Nachlassgericht ist im Falle des § 1994 Abs. 1 BGB an die Untergrenze, wegen der Verlängerungsmöglichkeit nach § 1995 Abs. 3 BGB jedoch nicht an die Obergrenze des § 1995 Abs. 1 BGB gebunden, wobei dem Erben vor Fristbestimmung auch zur Fristlänge rechtliches Gehör zu gewähren ist, ein Verstoß gegen die gesetzliche Rahmenvorgabe nicht zur Unwirksamkeit, sondern lediglich zur Anfechtbarkeit der Bestimmung führt und innerhalb dieses Rahmens ein gerichtliches Ermessen besteht.[3] Bei Vorhandensein mehrerer Erben muss die Frist nicht für alle Erben einheitlich zusammen bestimmt werden.[4]

10 Nach § 1995 Abs. 3 BGB kann die Inventarfrist auf Antrag des Erben nach Ermessen des Nachlassgerichts ohne Bindung an die in § 1995 Abs. 1 BGB genannte Obergrenze[5] **verlängert** werden. War der Erbe an einer derartigen Fristverlängerung vor Fristablauf unverschuldet gehindert, muss ihm gem. § 1996 Abs. 1 BGB auf seinen Antrag möglichst nach Anhörung des antragstellenden Nachlassgläubigers eine neue Frist bestimmt werden. Ist die Angabe der Nachlassgegenstände ohne Verwirklichung des Tatbestands der Inventaruntreue unvollständig, kann dem Erben auf Antrag des Nachlassgläubigers nach § 2005 Abs. 2 iVm. § 1994 Abs. 1 BGB eine neue Inventarfrist bestimmt werden.

2. Anordnungsbeschluss

11 Der die **Inventarfristbestimmung** nach § 1994 Abs. 1 bzw. § 2005 Abs. 2 iVm. § 1994 Abs. 1 BGB anordnende Beschluss ist nach § 38 Abs. 3 Satz 1 zu begründen, nach § 39 mit einer Rechtsbehelfsbelehrung zu versehen und nach § 41 Abs. 1 Satz 2 dem Erben förmlich zuzustellen bzw. den übrigen Beteiligten nach § 41 Abs. 1 Satz 1 formlos bekannt zu geben. Wird vom Antrag des antragstellenden Nachlassgläubigers abgewichen, ist der Beschluss auch diesem förmlich zuzustellen. Gleiches gilt bei Fristverlängerung nach § 1995 Abs. 3 BGB bzw. Neubestimmung nach vorherigem Fristablauf nach § 1996 Abs. 1 BGB, wenn sich der Nachlassgläubiger nicht mit der Neubestimmung einverstanden erklärt.

12 Gegen Anordnungs- bzw. Zurückweisungsbeschlüsse ist jeweils die befristete **Beschwerde** nach §§ 58, 63 eröffnet. Teilweise bestehen nach Abs. 1 und 2 jedoch Besonderheiten hinsichtlich der Beschwerdefrist.

---

1 Vgl. dazu *van Venrooy*, AcP 186 (1986), 356; *Weimar*, MDR 1979, 726.
2 KG v. 23.1.1979 – 1 W 2296/78, OLGZ 1979, 276.
3 Staudinger/*Marotzke*, § 1995 BGB Rz. 1.
4 MüKo.BGB/*Siegmann*, § 1994 BGB Rz. 6; Palandt/*Edenhofer*, § 1995 BGB Rz. 1.
5 KG v. 5.2.1985 – 1 W 3773/84, Rpfleger 1985, 193.

IV. Beschwerdefristbeginn

1. Für Nachlassgläubiger

Für die Beschwerde gegen die Inventarfristbestimmung nach § 1994 Abs. 1 BGB beginnt die Beschwerdefrist nach Abs. 1 zu Lasten jedes Nachlassgläubigers erst mit dem Zeitpunkt, in dem der anzufechtende Beschluss dem **antragstellenden** Nachlassgläubiger bekannt gegeben wird. Der antragstellende Nachlassgläubiger kann dabei durch die gerichtlich bestimmte Fristlänge, für die § 1995 Abs. 1 BGB lediglich eine bindende Untergrenze von einem Monat vorgibt, beschwert sein. Weitere Nachlassgläubiger müssen nunmehr ihre Forderung nach § 1994 Abs. 2 Satz 1 BGB glaubhaft machen, um beschwerdeberechtigt zu sein.[1] Entsprechendes gilt für eine gerichtlich auf Antrag des Erben nach § 1995 Abs. 3 BGB angeordnete Fristverlängerung bzw. Neubestimmung nach § 1996 Abs. 1 BGB, für die hinsichtlich des Beginns der Beschwerdefrist zu Lasten aller Nachlassgläubiger wiederum die Bekanntgabe an denjenigen Nachlassgläubiger maßgebend ist, der den ursprünglichen Antrag nach § 1994 Abs. 1 BGB bzw. den erneuten Antrag nach § 2005 Abs. 2 iVm. § 1994 Abs. 1 BGB gestellt hat. 13

Bei einer **neuen** Inventarfristbestimmung auf Antrag eines Nachlassgläubigers nach § 2005 Abs. 2 iVm. § 1994 Abs. 1 BGB kommt es für den Beginn der Beschwerdefrist auf die Bekanntgabe diesem gegenüber und nicht auf die Bekanntgabe gegenüber dem ursprünglichen Antragsteller an.[2] Den anderen beteiligten Nachlassgläubigern ist der Beschluss nach § 41 Abs. 1 bekannt zu geben. Diese können auch bei unverschuldeter Unkenntnis von der Zustellung an den antragstellenden Nachlassgläubiger keine Wiedereinsetzung iSd. § 17 Abs. 1 beantragen, da Abs. 1 zur Vermeidung von Rechtsunsicherheit ausdrücklich und ausschließlich auf die Bekanntgabe an den antragstellenden Nachlassgläubiger abstellt.[3] 14

Bei **Zurückweisungsbeschlüssen** ist § 360 nicht anwendbar. Vielmehr gilt § 63 Abs. 3 uneingeschränkt. 15

2. Für den Erben

Nach § 63 Abs. 3 Satz 1 beginnt die Beschwerdefrist für Rechtsmittel gegen stattgebende wie zurückweisende Beschlüsse im Rahmen der Inventarfristbestimmung für jeden Erben jeweils **gesondert** mit der jeweiligen Bekanntgabe an den jeweiligen Erben, somit nicht mit der Bekanntgabe an den antragstellenden Nachlassgläubiger. Gleiches gilt für den nach § 345 Abs. 4 Satz 1 Nr. 4 iVm. § 2008 BGB beteiligten Ehegatten bzw. eingetragenen Lebenspartner. 16

§ 361
Eidesstattliche Versicherung

Verlangt ein Nachlassgläubiger von dem Erben die Abgabe der in § 2006 des Bürgerlichen Gesetzbuchs vorgesehenen eidesstattlichen Versicherung, kann die Bestimmung des Termins zur Abgabe der eidesstattlichen Versicherung sowohl von dem

1 *Zimmermann*, Das neue FamFG, Rz. 756.
2 Keidel/*Winkler*, § 77 FGG Rz. 10.
3 Jansen/*Müller-Lukoschek*, § 77 FGG Rz. 9.

Nachlassgläubiger als auch von dem Erben beantragt werden. Zu dem Termin sind beide Teile zu laden. Die Anwesenheit des Gläubigers ist nicht erforderlich. Die §§ 478 bis 480 und 483 der Zivilprozessordnung gelten entsprechend.

A. Überblick

I. Entstehung

1 Die Vorschrift **übernimmt** die frühere Regelung aus § 79 FGG vollständig.

II. Systematik

2 Sie regelt ausschließlich das die Abgabe einer eidesstattlichen Versicherung durch den Erben auf Verlangen eines Nachlassgläubigers nach § 2006 Abs. 1 BGB betreffende **Nachlassverfahren** iSd. § 342 Abs. 1 Nr. 5. Voraussetzungen und Rechtsfolgen der eidesstattlichen Versicherung des Erben sind in § 2006 BGB geregelt, deren eigentliche Abgabe in § 2006 Abs. 1 BGB und den über Satz 4 für entsprechend anwendbar erklärten Regelungen der §§ 478 bis 480 und 483 ZPO. § 361 ist damit streng von sonstigen eidesstattlichen Versicherungen nach den §§ 259, 260, 2028 bzw. 2057 BGB in Verfahren über weitere Angelegenheiten der freiwilligen Gerichtsbarkeit iSd. § 410 Nr. 1 zu unterscheiden.[1]

III. Normzweck

3 Das Verfahren auf Abgabe der eidesstattlichen Versicherung iSd. § 2006 BGB soll dem Nachlassgläubiger als Bekräftigung im Hinblick auf die Vollständigkeits- und Richtigkeitsvermutung des Inventars nach § 2009 BGB eine **Sicherheit** geben.

B. Inhalt der Vorschrift

I. Zuständigkeit

4 Zur **sachlichen** Zuständigkeit der Amtsgerichte bzw. in Baden-Württemberg der staatlichen Notariate als Nachlassgericht vgl. § 343 Rz. 129 ff. Die Regelungen nach § 23a Abs. 1 Nr. 2 iVm. Abs. 2 Nr. 2 GVG iVm. § 342 Abs. 1 Nr. 5 bzw. Art. 147 EGBGB

1 Firsching/*Graf*, Rz. 4.753.

iVm. §§ 1 Abs. 1 und 2, 38 bad-württ. LFGG werden insoweit durch § 2006 Abs. 1 BGB ergänzt.

Nach § 3 Nr. 2 Buchst. c RPflG ist der Rechtspfleger an Stelle des Richters **funktionell** zuständig. Vgl. zur funktionellen Zuständigkeit im Allgemeinen § 343 Rz. 142 ff. 5

Zur **örtlichen** Zuständigkeit vgl. § 343 Rz. 8 ff. 6

Zur **internationalen** Zuständigkeit vgl. § 343 Rz. 148 ff. 7

II. Beteiligteneigenschaft

Zur **Beteiligteneigenschaft** vgl. § 345 Rz. 61. 8

III. Wesen der eidesstattlichen Versicherung

Nach § 2006 Abs. 1 BGB hat der Erbe, der entweder nach § 1993 BGB freiwillig oder nach § 1994 Abs. 1 Satz 1 BGB auf Antrag eines Nachlassgläubigers ein Inventar errichtet hat, auf Verlangen eines[1] Nachlassgläubigers – ggf. nach vorheriger Vervollständigung des Inventars iSd. § 2006 Abs. 2 BGB – an Eides statt die vollständige Angabe der ihm bei Abgabe der Versicherung bekannten **Aktivbestände**[2] des beim Erbfall vorhandenen Nachlasses zu versichern. Verweigert der Erbe die eidesstattliche Versicherung oder bleibt er sowohl im Erst- als auch in dem auf Antrag des Gläubigers anberaumten neuen Termin, in letzterem zudem unentschuldigt aus, haftet er dem Gläubiger nach § 2006 Abs. 3 BGB unbeschränkt. Kommt es auf Grund unverschuldeten Ausbleibens im zweiten Termin zu weiteren Folgeterminen (vgl. dazu Rz. 12), begründet ein erst dort nicht genügend entschuldigtes Nichterscheinen des Erben nach dem eindeutigen Wortlaut des § 2006 Abs. 3 Satz 1 BGB keine unbeschränkte Haftung.[3] 9

IV. Verfahren

1. Terminsbestimmung

Terminsbestimmung erfolgt nach Satz 1 ausschließlich auf formlosen Antrag und Verlangen der Abgabe der in § 2006 BGB vorgesehenen eidesstattlichen Versicherung. **Antragsberechtigt** sind nach Satz 1 sowohl der die Versicherung verlangende Nachlassgläubiger als auch derjenige Erbe, dem gegenüber das Verlangen geltend gemacht wird. Der Nachlassgläubiger muss zudem seine Forderung iSd. § 1994 Abs. 2 Satz 1 BGB – aus Gründen der Prozessökonomie und im Hinblick auf Satz 3 noch vor Terminsbestimmung[4] – glaubhaft machen,[5] nicht jedoch die Erbenstellung des Antragsgegners.[6] 10

1 Dies muss im Falle des § 1994 Abs. 1 BGB nicht notwendigerweise der dortige Antragsteller sein, vgl. Palandt/*Edenhofer*, § 2006 BGB Rz. 2.
2 MüKo.BGB/*Siegmann*, § 2006 BGB Rz. 3.
3 MüKo.BGB/*Siegmann*, § 2006 BGB Rz. 6.
4 Firsching/*Graf*, Rz. 4.752; aA Staudinger/*Marotzke*, § 2006 BGB Rz. 6: Nachholung im Termin ist möglich.
5 Keidel/*Winkler*, § 79 FGG Rz. 2; MüKo.BGB/*Siegmann*, § 2006 Rz. 2.
6 LG Krefeld v. 24.10.1969 – 4 T 149/69, MDR 1970, 766.

Nachlassgläubiger sind auch Vermächtnisnehmer[1] und Pflichtteilsberechtigte.[2] Es darf weder ein Nachlassinsolvenzverfahren eröffnet[3] noch eine Nachlassverwaltung angeordnet[4] oder die Erbschaft durch den von dem Verlangen betroffenen Erben ausgeschlagen sein.[5]

11 Nach Satz 2 ist sowohl der die eidesstattliche Versicherung verlangende Nachlassgläubiger als auch derjenige Erbe, dem gegenüber das Verlangen geltend gemacht wird, zu **laden**.

2. Abgabe der eidesstattlichen Versicherung

12 Nach § 2006 Abs. 3 Satz 2 BGB hat das Nachlassgericht auf Antrag des die eidesstattliche Versicherung verlangenden Nachlassgläubigers bei Nichterscheinen des Erben einen **zweiten Termin** zu bestimmen und dazu analog Satz 2 beide Teile zu laden. Bleibt der Erbe wiederum aus, hat das Nachlassgericht, wenn es das diesbezügliche Nichterscheinen des Erben für genügend entschuldigt hält, auf Antrag des Nachlassgläubigers nochmals einen weiteren Termin anzuberaumen, dazu zu laden und dort ggf. die eidesstattliche Versicherung entgegenzunehmen.[6] An diese Einschätzung des Nachlassgerichts ist das Prozessgericht bei der nur ihm obliegenden[7] Entscheidung über den Eintritt einer unbeschränkten Erbenhaftung aus § 2006 Abs. 3 Satz 2 BGB mangels gleichen Streitgegenstandes jedoch nicht gebunden.[8] Das jeweilige Nichterscheinen des Erben ist jeweils im Protokoll zu vermerken. Nach Satz 3 ist die Anwesenheit des die eidesstattliche Versicherung verlangenden Nachlassgläubigers im Termin keine Voraussetzung für die Abgabe der Versicherung durch den Erben. Der Nachlassgläubiger ist über das Nichterscheinen des Erben zu unterrichten, damit er ggf. Bestimmung eines neuen Termins beantragen kann. Die seitens des Erben verweigerte Abgabe einer eidesstattlichen Versicherung iSd. § 2006 BGB kann nicht zwangsweise durchgesetzt werden.[9]

13 Die Abgabe der eidesstattlichen Versicherung erfolgt nach § 2006 Abs. 1 BGB zu **Protokoll** des Nachlassgerichts. Nach Satz 4 gelten die §§ 478 bis 480 und 483 ZPO entsprechend.[10]

---

1 RG v. 23.6.1930 – IV 59/30, RGZ 129, 239 (241); KG v.27.6.1904 – Az. n.v., ZBlFG 5, 415 (416); Keidel/*Winkler*, § 79 FGG Rz. 2.

2 OLG München v. 9.2.1937 – Wr. 414/36, JFG 15, 118 (120); BayObLG v. 7.3.1923 – Reg. I Nr. 278/1922, BayObLGZ 1922/23, 188 (189); Keidel/*Winkler*, § 79 FGG Rz. 2.

3 Firsching/*Graf*, Rz. 4.752; Keidel/*Winkler*, § 79 FGG Rz. 3; Jansen/*Müller-Lukoschek*, § 79 FGG Rz. 3.

4 KG v.27.6.1904 – Az. n.v., ZBlFG 5, 415 (416); Firsching/*Graf*, Rz. 4.752; Keidel/*Winkler*, § 79 FGG Rz. 3; Jansen/*Müller-Lukoschek*, § 79 FGG Rz. 3.

5 KG v. 15.10.1900 – Az. n.v., KGJ 20, A 256 (257 f.); Keidel/*Winkler*, § 79 FGG Rz. 3; Jansen/*Müller-Lukoschek*, § 79 FGG Rz. 3.

6 OLG Hamm v. 28.9.1994 – 15 W 223/94, FGPrax 1995, 69 (70); Firsching/*Graf*, Rz. 4.763.

7 OLG Hamm v. 28.9.1994 – 15 W 223/94, FGPrax 1995, 69 (70) zur einfachen Beschwerde nach § 19 FGG.

8 OLG Hamm v. 28.9.1994 – 15 W 223/94, FGPrax 1995, 69 (70); OLG Rostock v. 5.11.1901 – Az. n.v., OLGR 4, 118; Staudinger/*Marotzke*, § 2006 BGB Rz. 21; Soergel/*Stein*, § 2006 BGB Rz. 7; Bamberger/Roth/*Lohmann*, § 2006 BGB Rz. 11; aA MüKo.BGB/*Siegmann*, § 2006 Rz. 6; Palandt/*Edenhofer*, § 2006 Rz. 3; Firsching/*Graf*, Rz. 4.763; Keidel/*Winkler*, § 79 FGG Rz. 4; Jansen/*Müller-Lukoschek*, § 79 FGG Rz. 10.

9 BayObLG v. 31.5.1912 – Re. III 47/1912, BayObLGZ 1913, 371 (373); Jansen/*Müller-Lukoschek*, § 79 FGG Rz. 5.

10 Vgl. Musterformel bei Firsching/*Graf*, Rz. 4.763.

V. Rechtsmittel

Die Ablehnung der Terminsbestimmung bzw. der Abnahme der eidesstattlichen Versicherung kann als **Sachentscheidung** mit befristeter Beschwerde nach §§ 58, 63 angefochten werden.[1] 14

Terminsbestimmung, Vertagung und Ladung sind als bloße verfahrensleitende **Zwischenentscheidungen** nicht anfechtbar.[2] 15

§ 362
Stundung des Pflichtteilsanspruchs

Für das Verfahren über die Stundung eines Pflichtteilsanspruchs (§ 2331a in Verbindung mit § 1382 des Bürgerlichen Gesetzbuchs) gilt § 264 entsprechend.

A. Überblick

I. Entstehung

Die Vorschrift **übernimmt** den Regelungsgehalt des früheren § 83a FGG. Die dabei für entsprechend anwendbar erklärte Regelung des § 264 ist gemeinsam mit den allgemeinen Vorschriften der §§ 36 bzw. 49 an die Stelle des früheren § 53a FGG getreten. 1

II. Systematik

Die Vorschrift gilt nach § 2331a Abs. 2 Satz 1 BGB ausschließlich für **unstreitige** Pflichtteilsansprüche. Für das Verfahren sind dann § 1382 Abs. 2 bis 6 BGB und § 264 entsprechend anwendbar, die gerichtliche Verpflichtung zur Hinwirkung auf eine gütliche Einigung nach § 36 und die Möglichkeit einer einstweiligen Anordnung nach § 49 gelten unmittelbar. Wird ein streitiger Pflichtteilsanspruch eingeklagt, ist nach § 2331a Abs. 2 Satz 2 Halbs. 1 iVm. § 1382 Abs. 5 BGB alleine das Prozessgericht zuständig, das durch Urteil entscheidet. 2

1 OLG Hamm v. 28.9.1994 – 15 W 223/94, FGPrax 1995, 69 (70) zur einfachen Beschwerde nach § 19 FGG.
2 OLG Hamm v. 28.9.1994 – 15 W 223/94, FGPrax 1995, 69 (70). BayObLG v. 27.3.1903 – Reg. III 26/1903, BayObLGZ 1904, 229 (231); Jansen/*Müller-Lukoschek*, § 79 FGG Rz. 7.

III. Normzweck

3 Die Vorschrift dient dem **Schutz** des seinerseits pflichtteilsberechtigten Erben vor unzumutbaren Belastungen bei der Erfüllung des gegen ihn gerichteten Pflichtteilsanspruchs. Sie verfolgt mittelbar den Zweck der Erhaltung von Familienbetrieben. Obschon entsprechende Verfahren selten vorkommen, wird der Vorschrift insoweit erhebliche Praxisrelevanz zugesprochen, als sie vielfach Grundlage für den Abschluss eines Vergleichs ist.[1]

B. Inhalt der Vorschrift

I. Zuständigkeit

4 Zur **sachlichen** Zuständigkeit der Amtsgerichte bzw. in Baden-Württemberg der staatlichen Notariate als Nachlassgericht vgl. § 343 Rz. 129 ff. Die Regelungen nach § 23a Abs. 1 Nr. 2 iVm. Abs. 2 Nr. 2 GVG iVm. § 342 Abs. 1 Nr. 9 bzw. Art. 147 EGBGB iVm. §§ 1 Abs. 1 und 2, 38 bad-württ. LFGG werden insoweit durch § 2331a Abs. 2 Satz 1 bzw. Satz 2 Halbs. 1 iVm. § 1382 BGB ergänzt. Das nachlassgerichtliche Verfahren ist nach § 2331a Abs. 2 Satz 1 BGB jedoch ausschließlich bei unbestrittenem Pflichtteilsanspruch eröffnet, während bei einem Rechtsstreit über das Pflichtteilsrecht nach § 2331a Abs. 2 Satz 2 Halbs. 1 iVm. § 1382 Abs. 5 BGB die Prozessgerichte zuständig sind.[2]

5 Nach § 3 Nr. 2 Buchst. c RPflG ist der Rechtspfleger an Stelle des Richters **funktionell** zuständig. Vgl. zur funktionellen Zuständigkeit im Allgemeinen § 343 Rz. 142 ff.

6 Zur **örtlichen** Zuständigkeit vgl. § 343 Rz. 8 ff.

7 Zur **internationalen** Zuständigkeit vgl. § 343 Rz. 148 ff.

II. Beteiligteneigenschaft

8 Zur **Beteiligteneigenschaft** vgl. § 345 Rz. 64 ff.

III. Voraussetzungen des Stundungsverlangens

9 Nach § 2331a Abs. 1 BGB kann ausschließlich derjenige Erbe die Stundung der gegen ihn gerichteten Pflichtteilsansprüche Dritter verlangen, der **seinerseits** nach § 2303 BGB pflichtteilsberechtigt wäre, ohne nach § 2309 BGB oder auf Grund formwirksamen Erbverzichts- bzw. Pflichtteilsverzichtsvertrages ausgeschlossen zu sein. Das Verlangen kann auch durch den Nachlasspfleger, Nachlassverwalter oder Nachlassinsolvenzverwalter ausgeübt werden,[3] wegen § 2213 Abs. 1 Satz 3 BGB jedoch nicht durch Testamentsvollstrecker.[4] Das Verlangen ist gegen denjenigen zu richten, dem der mit dem Erbfall nach § 2317 BGB entstehende und nach § 271 Abs. 1 BGB sofort fällige Pflichtteilsanspruch zusteht. Dies ist nach Eröffnung des Insolvenzverfahrens wegen

1 Staudinger/*Olshausen*, § 2331a BGB Rz. 4.
2 MüKo.BGB/*Lange*, § 2331a BGB Rz. 12.
3 Palandt/*Edenhofer*, § 2331a BGB Rz. 1.
4 MüKo.BGB/*Lange*, § 2331a BGB Rz. 2.

der familiären Verbundenheit zwischen Erblasser und Pflichtteilsberechtigtem nicht der Insolvenzverwalter, sondern alleine der Gemeinschuldner.[1] Bei mehreren Anspruchstellern sind jeweils gesonderte Stundungsverfahren möglich.[2] Hinsichtlich der Stundungsvorausetzungen erfolgt nach § 2331a Abs. 1 Satz 1 und Satz 2 BGB eine doppelte Billigkeitsprüfung.

Die sofortige Erfüllung des gesamten Pflichtteilsanspruchs muss den Erben wegen der Art der Nachlassgegenstände ungewöhnlich hart treffen. Dies setzt – auch für die in § 2331a Abs. 1 Satz 1 BGB genannten Beispiele – eine Illiquidität des Erben dergestalt voraus, dass die sofortige vollständige Pflichtteilserfüllung nur durch Veräußerung von Nachlassgegenständen möglich wäre, die die **wirtschaftliche Lebensgrundlage** des Pflichtteilsschuldners und seiner Familie verkörpern.[3] 10

Darüber hinaus ist nach § 2331a Abs. 1 Satz 2 BGB erforderlich, dass die Stundung dem pflichtteilsberechtigten Antragsgegner bei Abwägung der Interessen beider Teile **zugemutet** werden kann. Als Abwägungsergebnis können sich auch Ratenzahlungslösungen oder lediglich eine teilweise Stundung ergeben.[4] 11

Die Voraussetzungen der Stundung des Pflichtteilsanspruchs sollen zum 1.1.2010 im Zuge einer **Erbrechtsreform** maßvoll erleichtert werden. Nach Nr. 20 der Beschlussempfehlung des BT-Rechtsausschusses vom 17.6.2009 zu Nr. 26 des Gesetzesentwurfs der Bundesregierung zur Änderung des Erb- und Verjährungsrechts soll § 2331a Abs. 1 BGB dahingehend geändert werden, dass jeder – und damit nicht nur der seinerseits pflichtteilsberechtigte – Erbe stundungsberechtigt ist. Zugleich soll die Schwelle der Zumutbarkeit zu Gunsten des Erben maßvoll herabgesetzt werden, indem auf dessen Seite bereits eine „unbillige Härte" ausreicht und die Interessen des Pflichtteilsberechtigten „angemessen zu berücksichtigen" sind.[5] 12

IV. Nachlassgerichtliches Verfahren

1. Antragserfordernis

Das nachlassgerichtliche Verfahren setzt einen Antrag voraus. Dies ergibt sich trotz Nichtverweisung durch § 2331a Abs. 2 Satz 2 BGB auf § 1382 Abs. 1 BGB aus dem in § 2331a Abs. 1 Satz 1 BGB enthaltenen Tatbestandsmerkmal des Stundungs**verlangens**.[6] Antragsberechtigt ist der pflichtteilsberechtigte Erbe bzw. der Nachlasspfleger, Nachlassverwalter oder Nachlassinsolvenzverwalter (vgl. dazu Rz. 9). Antragsgegner ist der Pflichtteilsberechtigte (vgl. dazu Rz. 9). 13

2. Güteversuch

Nach § 36 Abs. 1 Satz 2 hat das Nachlassgericht auf eine gütliche **Einigung** der Beteiligten hinzuwirken. Über einen Vergleich ist nach § 36 Abs. 2 Satz 2 iVm. §§ 159 bis 163 ZPO eine Niederschrift anzufertigen. Nach § 36 Abs. 3 iVm. § 278 Abs. 6 ZPO kann der Vergleich auch schriftlich geschlossen werden. 14

1 BGH v. 6.5.1997 – IX ZR 147/96, DNotZ 1998, 827 (828).
2 Palandt/*Edenhofer*, § 2331a BGB Rz. 1.
3 Staudinger/*Olshausen*, § 2331a BGB Rz. 14 und 15.
4 MüKo.BGB/*Lange*, § 2331a BGB Rz. 7.
5 Vgl. BT-Drucks. 16/13543 sowie Begr. zum GesetzE der BReg. zu Nr. 26 (§ 2331a Abs. 1 BGB), BT-Drucks. 16/8954, S. 21 f. iVm. S. 6. Dazu *Schaal/Grigas*, BWNotZ 2008, 2 (15 f.).
6 Jansen/*Müller-Lukoschek*, § 83a FGG Rz. 5.

3. Entscheidung

15 Ist keine Einigung möglich, hat das Nachlassgericht nach Abschluss der gem. § 26 von Amts wegen durchzuführenden Ermittlungen über den Stundungsantrag durch **Beschluss** zu entscheiden. Je nach Sachlage kommen eine vollständige Stattgabe, vollständige Zurückweisung oder teilweise Stattgabe unter übriger Zurückweisung in Betracht. Der jeweilige Beschluss ist nach § 38 Abs. 3 Satz 1 zu begründen, nach § 39 mit einer Rechtsbehelfsbelehrung zu versehen und nach § 41 Abs. 1 Satz 2 bei Stattgabe dem pflichtteilsberechtigten Antragsgegner, bei Zurückweisung dem antragstellenden Erben bzw. bei teilweiser Stattgabe unter übriger Zurückweisung beiden förmlich zuzustellen bzw. den übrigen Beteiligten nach § 41 Abs. 1 Satz 1 formlos bekannt zu geben. Die Entscheidung wird nach § 264 Abs. 1 Satz 1 erst mit Rechtskraft wirksam.

16 Soweit dem Stundungsantrag stattgegeben wird, ist die Forderung nach § 2331a Abs. 2 Satz 2 Halbs. 1 iVm. § 1382 Abs. 2 und Abs. 4 BGB zu **verzinsen** und kann der Erbe durch Anordnung des Nachlassgerichts auf Antrag des Pflichtteilsberechtigten zur **Sicherheitsleistung** verpflichtet werden. Das Nachlassgericht hat gem. § 2331a Abs. 2 Satz 2 Halbs. 1 iVm. § 1382 Abs. 4 BGB nach billigem Ermessen über Höhe und Fälligkeit der Zinsen sowie im Falle der Anordnung von Sicherheitsleistungen über deren Art und Umfang zu entscheiden.

17 Nach § 264 Abs. 2 kann auf Antrag des Pflichtteilsberechtigten in dem Beschluss, durch den über den Stundungsantrag entschieden wird, auch die Verpflichtung des Erben zur Zahlung des Pflichtteilsanspruchs ausgesprochen und dadurch ein **Vollstreckungstitel** iSd. § 86 Abs. 1 Nr. 1 begründet werden.[1]

18 Nach § 264 Abs. 1 Satz 2 ist eine Abänderung oder Wiederaufnahme ausgeschlossen. Bei einer wesentlichen Veränderung der Verhältnisse nach der Entscheidung kann das Nachlassgericht jedoch gem. § 2331a Abs. 2 Satz 2 Halbs. 1 iVm. § 1382 Abs. 6 BGB den rechtskräftigen Beschluss auf Antrag aufheben oder **abändern** (vgl. dazu auch § 264 Rz. 26).[2] Dies gilt entsprechend für einen Vergleich.[3]

19 Bei einem dringenden Bedürfnis kann das Nachlassgericht im Wege der einstweiligen Anordnung nach § 49 – ggf. unabhängig von der Einleitung eines Hauptsacheverfahrens[4] – eine **vorläufige** Stundung bewilligen.

20 Zu weiteren Einzelheiten bezüglich des Verfahrens vgl. § 264 Rz. 5 ff.

IV. Rechtsmittel

21 Der jeweilige nachlassgerichtliche Beschluss ist durch befristete **Beschwerde** nach §§ 58, 63 anfechtbar.

22 Dies gilt auch für den Beschluss über **vorläufige** Stundung, bezüglich dessen jedoch die Beschwerdefrist nach § 63 Abs. 2 Nr. 1 auf zwei Wochen reduziert ist.

1 Keidel/*Winkler*, § 83a FGG Rz. 8; *Zimmermann*, Das neue FamFG, Rz. 764.
2 Nach der Begr. zum GesetzE der BReg. zu § 264 Abs. 1 Satz 2, BT-Drucks. 16/6308, S. 262 bleibt die Regelung nach § 1382 Abs. 6 unverändert anwendbar. Vgl. dazu § 264 Rz. 26.
3 Keidel/*Winkler*, § 83a FGG Rz. 9.
4 Begr. zum GesetzE der BReg. zu § 49, BT-Drucks. 16/6308, S. 199.

Abschnitt 3
Verfahren in Teilungssachen

Literatur: *Ann*, Die Erbengemeinschaft, 2001; *Bassenge*, Der Vergleich im Verfahren der freiwilligen Gerichtsbarkeit, Rpfleger 1972, 237; *Beck*, Das Rechtsschutzbedürfnis in der notariellen Praxis, DNotZ 1966, 259; *Bengel*, Zur Rechtsnatur des vom Erblasser verfügten Erbteilungsverbots, ZEV 1995, 178; *Bracker*, Die amtliche Vermittlung der Nachlassauseinandersetzung, MittBayNot 1984, 114; *Eberl-Borges*, Die Erbauseinandersetzung, 2000; *Firsching*, Widerspruch im Erbauseinandersetzungsverfahren, DNotZ 1952, 117; *Fröhler*, Erbauseinandersetzung, Abschichtungsvereinbarung und Vermächtniserfüllung, in Wurm/Wagner/Zartmann, Das Rechtsformularbuch, 15. Aufl. 2007, Kap. 85; *Fröhler*, § 181 BGB in der notariellen Praxis, BWNotZ 2006, 97; *Haegele*, Das neue land- und forstwirtschaftliche Grundstücksverkehrsrecht, Rpfleger 1961, 276; *Krenz*, Die Auseinandersetzung der Erbengemeinschaft – Dogmatische, rechtsvergleichende und rechtspolitische Aspekte –, AcP 195, 361; *Pickernelle/Spreen*, Das internationale Nachlassverfahrensrecht, DNotZ 1967, 195; *Riering*, Internationales Nachlassverfahrensrecht, MittBayNot 1999, 519; *Richter/Hammel*, Baden-Württembergisches Landesgesetz über die freiwillige Gerichtsbarkeit, 4. Aufl. 1996; *Rötelmann*, Die Zuweisung (§§ 13–17, 26, 33 GrdstVG), DNotZ 1964, 82; *Venjakob*, Die Untergemeinschaft innerhalb der Erbengemeinschaft, Rpfleger 1993, 2; *Westphal*, Vermittlung der Auseinandersetzung einer Erbengemeinschaft, RpflJB 1981, 345; *Zimmermann*, Zweifelsfragen zum Beurkundungsgesetz, Rpfleger 1970, 189.

§ 363
Antrag

(1) Bei mehreren Erben hat das Gericht auf Antrag die Auseinandersetzung des Nachlasses zwischen den Beteiligten zu vermitteln; das gilt nicht, wenn ein zur Auseinandersetzung berechtigter Testamentsvollstrecker vorhanden ist.

(2) Antragsberechtigt ist jeder Miterbe, der Erwerber eines Erbteils sowie derjenige, welchem ein Pfandrecht oder ein Nießbrauch an einem Erbteil zusteht.

(3) In dem Antrag sollen die Beteiligten und die Teilungsmasse bezeichnet werden.

A. Allgemeines

I. Entstehung

1 Die Vorschrift **übernimmt** den Regelungsgehalt der bisherigen §§ 86, 87 Abs. 1 FGG. Die bislang in § 87 Abs. 2 FGG vorgesehenen gerichtlichen Maßnahmen bei Unvollständigkeit des Antrages wurden in den Allgemeinen Teil ausgelagert und werden nunmehr insbesondere von den §§ 27 bis 29 erfasst.

II. Systematik

2 Die Vorschrift regelt in Abs. 1 die Verpflichtung des Nachlassgerichts zur **Vermittlung** der Erbauseinandersetzung auf Antrag, soweit kein zur Auseinandersetzung berechtigter Testamentsvollstrecker vorhanden ist.[1] In Abs. 2 ist die Antragsberechtigung jedes Miterben, des Erwerbers eines Erbteils sowie der Pfandrechts- und Nießbrauchsberechtigten an einem Erbteil normiert, während Abs. 3 als Sollbestandteil des Auseinandersetzungsantrages die Bezeichnung der Beteiligten und der Teilungsmasse vorgibt. Die materiell-rechtlichen Regelungen über die Auseinandersetzung einer Erbengemeinschaft finden sich in den §§ 2042 ff. BGB.

III. Normzweck

3 Die Vorschrift verfolgt das Ziel, bei Vorhandensein einer Erbengemeinschaft die Erben bzw. die an Erbteilen Berechtigten als juristische Laien auf deren Antrag durch vermittelnde **sachverständige Anleitung** bei der Herbeiführung einer einvernehmlichen Erbauseinandersetzung zu unterstützen, wenn sie eine freiwillige Einigung alleine nicht erzielen können, umgekehrt jedoch den Prozessweg scheuen.[2] Die Erben bzw. Berechtigten an Erbteilen bleiben dabei alleine Herr des Verfahrens. Ein von ihnen erzieltes Einigungsergebnis muss das Gericht auch dann beurkunden, wenn es dieses für unbillig oder unzweckmäßig hält,[3] wobei dann regelmäßig auf Bedenken hingewiesen werden wird. Wird keine Einigung erzielt, steht dem Gericht keinerlei Entscheidungsbefugnis zu.[4]

B. Inhalt der Vorschrift

I. Zuständigkeit

1. Sachlich

4 Nach § 23a Abs. 1 Nr. 2, Abs. 2 Nr. 2 GVG iVm. § 342 Abs. 2 Nr. 1 sind die **Amtsgerichte** sachlich zuständig.

---

1 Allgemein zur Erbauseinandersetzung *Ann*, S. 271 ff.; *Eberl-Borges*, S. 176 ff.; *Krenz*, AcP 195 (1995), 361. Zum Erbteilungsverbot *Bengel*, ZEV 1995, 178.
2 *Firsching*, DNotZ 1952, 117 (118).
3 Firsching/*Graf*, Rz. 4.895.
4 KG v. 18.3.1965 – 1 W 435/65, NJW 1965, 1538 (1539).

In Baden-Württemberg treten an deren Stelle nach Art. 147 EGBGB iVm. §§ 1 Abs. 1 und 2, 38, 40 Abs. 3 bis 6, 43 bad-württ. LFGG die **staatlichen Notariate** als Nachlassgerichte unter Mitwirkung der Gemeinden. 5

Darüber hinaus bleiben gem. § 487 Abs. 1 Nr. 3 iVm. § 20 Abs. 5 BNotO die landesgesetzlichen Vorschriften unberührt, auf Grund derer die Nachlassauseinandersetzung statt durch Gerichte oder neben diesen durch **Notare** vermittelt wird.[1] Diese Zuständigkeit setzt im Gegensatz zu Art. 147 EGBGB[2] keine Behördeneigenschaft voraus. Ein Notar ist dabei regelmäßig, soweit die landesrechtlichen Regelungen reichen, mit Ausnahme der Abwesenheitspflegschaftsführung nach § 364 und der gerichtlichen Genehmigungserteilung nach § 368 Abs. 3 vollumfänglich für die nach den §§ 363 bis 370 den Amtsgerichten obliegenden Aufgaben samt Festsetzung der einem Beteiligten zu erstattenden Kosten zuständig und nimmt im Rahmen der nach ZPO durchzuführenden Zustellungen die Aufgaben des Urkundsbeamten der Geschäftsstelle wahr.[3] Zuständig sind Notare danach in Bayern gem. Art. 38 bay. AGGVG mit Ausnahme der Befugnisse nach §§ 364, 368 Abs. 3 uneingeschränkt neben den Amtsgerichten auf Grund gerichtlicher Überweisung,[4] in Hessen nach Art. 24 hess. FGG in beschränktem Umfang insbesondere ohne die Befugnisse nach §§ 364, 366 Abs. 4 Halbs. 2, 367, 368 Abs. 2 und Abs. 3 neben den Amtsgerichten, in Niedersachsen nach Art. 14 und Art. 15 nieders. FGG in beschränktem Umfang insbesondere ohne die Befugnisse nach §§ 364, 367, 368 Abs. 3 neben den Amtsgerichten und im ehemaligen preußischen Rechtsgebiet Berlin, Nordrhein-Westfalen und Schleswig-Holstein nach Art. 21 preuß. FGG[5] ohne Befugnis zu Bestätigungen iSd. §§ 366 Abs. 2, 368 Abs. 1 Satz 3 neben den Amtsgerichten auf Grund gerichtlicher Überweisung. 6

2. Funktionell

Nach § 3 Nr. 2 Buchst. c RPflG ist der **Rechtspfleger** im Rahmen der Auseinandersetzungsvermittlung funktionell uneingeschränkt zuständig. Mit Wirkung zum 1.4.2004 wurde zwischenzeitlich auch der Richtervorbehalt aus § 16 Abs. 1 Nr. 8 RPflG aF für die Erteilung von Genehmigungen nach § 87 Abs. 2 FGG (jetzt § 368 Abs. 3) aufgehoben.[6] Dieser Vorbehalt war insoweit seinerseits bereits durch die Streichung der Genehmigungstatbestände aus der maßgeblichen Bezugsnorm des § 14 Nr. 9 RPflG aF im Zuge des Betreuungsgesetzes v. 12.9.1990[7] gegenstandslos geworden. 7

Im **badischen** Rechtsgebiet Baden-Württembergs können den staatlichen Notariaten nach § 35 Abs. 1 bis 3 RPflG Rechtspfleger zugewiesen werden, wobei der an die Stelle des Richters tretende Notar (Richternotar) neben dem Rechtspfleger für die diesem übertragenen Geschäfte zuständig bleibt. 8

---

1 Nach § 20 Abs. 5 BNotO richtet sich die Vermittlung der Nachlassauseinandersetzung nach den landesrechtlichen Vorschriften.

2 Nach der Begr. zum GesetzE der BReg. zu Art. 147 EGBGB, BT-Drucks. 16/6308, S. 344 sollte die Vorschrift lediglich dahingehend geändert werden, dass der Vorbehalt bezüglich der früheren Vormundschaftssachen ausschließlich für die jetzigen Betreuungssachen – und damit nicht auch für die Familiensachen – gilt. Die Formulierung „andere Stelle als Gericht" dürfte daher unverändert keine Ermächtigung zur Zuständigkeitsbegründung für nichtbehördliche Institutionen enthalten.

3 Firsching/*Graf*, Rz. 4.892.

4 Zum diesbezüglichen Verfahren Firsching/*Graf*, Rz. 4.960.

5 *Schlegelberger*, Art. 21 bis 28 preuß. FGG passim.

6 BGBl. I 2004, S. 2198.

7 BGBl. I 1990, S. 2002.

3. Örtlich

9 Die örtliche Zuständigkeit richtet sich nach der für Nachlass- und Teilungssachen **allgemeinen Regelung** des § 343 (vgl. § 343 Rz. 8 ff.).

4. International

10 Nach § 105 **folgt** die internationale Zuständigkeit für andere Verfahren nach dem FamFG als diejenigen der §§ 98 bis 104, somit auch für Teilungssachen aus Buch 4, **der örtlichen Zuständigkeit**. Damit wird die Anwendbarkeit des bisher in Nachlass- und Teilungsverfahren kraft Richterrechts praktizierten ungeschriebenen Gleichlaufgrundsatzes, nach dem deutsche Gerichte nur bei Anwendung deutschen Erbrechts (Sachrecht) zuständig seien,[1] ausdrücklich beendet (vgl. dazu § 105 Rz. 24 f.). Verstirbt ein ausländischer Erblasser mit letztem Wohnsitz bzw. letztem Aufenthalt in Deutschland oder hinterlässt er zumindest Nachlassvermögen in Deutschland, besteht eine internationale Zuständigkeit eines deutschen Gerichts nach den §§ 105, 343 Abs. 1 bzw. 3 für den gesamten Nachlass unabhängig davon, ob und inwieweit dieser mit der Folge einem ausländischem Erbstatut unterliegt, dass das Nachlassgericht (auch) ausländisches Recht anzuwenden hat.

11 Die Anwendbarkeit ausländischen Rechts scheidet jedoch dann aus, wenn und soweit einem deutschen Nachlassgericht eine dem inländischen Nachlassverfahrensrecht unbekannte und damit **wesensfremde** Tätigkeit abverlangt würde.[2] Als nicht wesensfremd muss angesichts der diesbezüglichen grundsätzlichen Akzeptanz in § 487 Abs. 1 Nr. 1 (dazu Rz. 2) eine nach ausländischem Erbstatut obligatorische Auseinandersetzungsvermittlung gelten.[3] Auch muss eine nach ausländischem Erbstatut vorgesehene Bindung der Beteiligten an einen nachlassgerichtlich aufgestellten Teilungsplan hinnehmbar sein.[4]

12 Droht eine Verweigerung des Rechtsschutzes, indem die ausländische Rechtsordnung ausschließlich deutsche Nachlassgerichte für zuständig erklärt, kann ein deutsches Nachlassgericht im Wege der **Notzuständigkeit** im Einzelfall trotz Zweifeln an der Wesensgleichheit der abverlangten Verrichtung gleichwohl zur Anwendung ausländischen Rechts verpflichtet sein,[5] wenn dieses mit dem deutschen Recht zumindest im weiteren Sinne verträglich ist und kein Staatsvertrag entgegensteht.[6]

II. Beteiligteneigenschaft

1. Allgemeines

13 Für das Verfahren in Teilungssachen ist im Gegensatz zur Regelung des § 345 in Nachlassangelegenheiten keine spezielle Beteiligtendefinition normiert. Daher richtet sich die Beteiligteneigenschaft nach § 7 im **Allgemeinen Teil**.[7]

1 So BayObLG v. 13.11.1986 – BReg. 1 Z 4/86, NJW 1987, 1148 (1149) noch zum damals geltenden FGG. Dazu *Riering*, MittBayNot 1999, 519 (520).
2 *Schaal*, BWNotZ 2007, 154 (158).
3 *Pinckernelle/Spreen*, DNotZ 1967, 195 (213 Fn. 73) zur entsprechenden früheren nach § 192 FGG maßgeblich gewesenen landesgesetzlichen Regelung in Bayern.
4 *Pinckernelle/Spreen*, DNotZ 1967, 195 (213 Fn. 73).
5 BayObLG v. 2.12.1965 – BReg. 1b 67/65, BayObLGZ 1965, 423 (426 ff.).
6 Firsching/*Graf*, Rz. 2.57; *Riering*, MittBayNot 1999, 519 (520).
7 *Fröhler*, BWNotZ 2008, 183 (188).

2. Antragsteller nach § 7 Abs. 1

Der Antragsteller ist nach § 7 Abs. 1 **originär** Beteiligter. Antragsteller ist derjenige, der tatsächlich eine verfahrenseinleitende Erklärung mit dem Mindestinhalt nach § 23 abgibt, unabhängig davon, ob er antragsberechtigt ist oder nicht.[1] Umgekehrt begründet eine bloße Antragsberechtigung ohne Antragstellung keine Beteiligteneigenschaft nach § 7 Abs. 1.[2] 14

3. Unmittelbar Betroffene nach § 7 Abs. 2 Nr. 1

Darüber hinaus sind nach § 7 Abs. 2 Nr. 1 kraft zwingender gerichtlicher **Hinzuziehung** diejenigen Beteiligte, deren Recht durch das Vermittlungsverfahren unmittelbar betroffen wird. 15

Dies erfordert zum einen eine Ausrichtung des Verfahrens auf eine entsprechende **Rechtsbeeinträchtigung**, ohne dass eine bestimmte Wahrscheinlichkeit für eine spätere tatsächliche Beeinträchtigung erforderlich ist.[3] 16

Zum zweiten muss von dieser Beeinträchtigungsausrichtung eine **Unmittelbarkeit** dergestalt ausgehen, dass materielle Rechtspositionen und nicht lediglich idelle, soziale oder wirtschaftliche Interessen betroffen sind.[4] 17

In diesem Sinne unmittelbar betroffen sind insbesondere Erben, Erbteilserwerber und Erbeserben sowie neben[5] diesen Beteiligten Pfandrechts-, Pfändungspfandrechts- oder Nießbrauchsberechtigte an Erbteilen, nicht jedoch Nießbrauchsberechtigte an einer Erbschaft iSd. § 1085 BGB. Zwingend hinzuzuziehende Beteiligte sind kraft unmittelbarer Betroffenheit darüber hinaus alle diejenigen, ohne die über die Rechte eines og. Beteiligten im Rahmen einer Erbauseinandersetzung nicht **wirksam verfügt** werden kann.[6] Dies sind insbesondere je nach Güterstand Ehegatten bzw. eingetragene Lebenspartner von og. Beteiligten, wenn der Erbteil bzw. die Berechtigung daran bei Zugewinngemeinschaft nach § 1365 BGB oder Gütergemeinschaft trotz Alleinverwaltungsbefugnis des og. Beteiligten nach § 1423 BGB dessen (zumindest nahezu) gesamtes Vermögen verkörpert oder bei Gütergemeinschaft nicht Vorbehaltsgut ist, sondern in das Gesamtgut fällt und entweder nach § 1424 BGB Grundbesitz betroffen ist oder der og. Beteiligte daran nicht gem. § 1422 BGB alleine verwaltungsbefugt ist. Gleiches gilt für Nacherben bzw. Nachnacherben bei nicht befreiter Vorerbschaft im Hinblick auf § 2113 BGB[7] und gesetzliche Vertreter – insbesondere Eltern, Betreuer, Pfleger oder Vormund – bzw. Verwalter fremden Vermögens – insbesondere Testamentsvollstrecker, Nachlasspfleger oder Nachlassverwalter an einem Erbteil sowie Insolvenzverwalter am Vermögen eines Miterben –, die jedoch wegen der Insichgeschäftsbeschränkung nach § 181 BGB, die sich auch durch eine (insoweit ins Leere gehende) gerichtliche Genehmigung nicht überwinden lässt,[8] weder für mehrere Be- 18

1 Begr. zum GesetzE der BReg., zu § 7 Abs. 1, Drucks. 16/6308, S. 178.
2 Begr. zum GesetzE der BReg., zu § 7 Abs. 1, Drucks. 16/6308, S. 178.
3 Begr. zum GesetzE der BReg., zu § 7 Abs. 2, Drucks. 16/6308, S. 178.
4 Begr. zum GesetzE der BReg., zu § 7 Abs. 2, Drucks. 16/6308, S. 178.
5 Keidel/*Winkler*, § 86 FGG Rz. 48.
6 BayObLG v. 22.4.1983 – BReg. 1 Z 22 und 23/83, BayObLGZ 1983, 101 (103).
7 KG v. 5.7.1906 – I Y 735/06, DJZ 1907, 299.
8 BGH v. 9.7.1956 – V BLw 11/56, BGHZ 21, 229 (234); RG v. 13.5.1909 – Rep. IV 248/08, RGZ 71, 162 (164).

teiligte noch zusätzlich für sich selbst wirksam handeln[1] bzw. nach § 1795 BGB ausgeschlossen sein können.

19 **Nachlassgläubiger** sind nur dann Beteiligte, wenn sie zusätzlich aus einem der vorstehend genannten Gründe heraus Beteiligteneigenschaft haben.[2]

20 Die Beteiligteneigenschaft iSd. § 7 Abs. 2 Nr. 1 wird dabei durch **keinen spezielleren Tatbestand** verdrängt. Insbesondere ordnet § 363 keine vorrangige Hinzuziehung iSd. § 7 Abs. 2 Nr. 2 (vgl. dazu § 7 Rz. 42 bis 47) an, sondern setzt seinerseits eine Beteiligteneigenschaft voraus.

III. Voraussetzungen

1. Vermittlung der Erbauseinandersetzung auf Antrag (Absatz 1)

a) Vorhandensein mehrerer Erben

21 Eine Erbauseinandersetzung ist lediglich dann möglich, wenn eine **Erbengemeinschaft** vorhanden ist, die mindestens aus zwei nebeneinander berufenen Miterben bestehen muss. Eine Vermittlung zwischen zeitlich hintereinander eingesetzten Vor- und Nacherben wird von § 363 nicht erfasst. Nach Übertragung des Erbteils des einen an den anderen von insgesamt zwei Miterben ist ein Auseinandersetzungsvermittlungsverfahren nicht mehr zulässig. Erbe kann dabei nach § 1923 Abs. 1 BGB jeder Mensch sein, der zurzeit des Erbfalls lebt. Darüber hinaus kommen als Erbe in Betracht ua. nach § 1923 Abs. 2 BGB die zurzeit des Erbfalls bereits erzeugte Leibesfrucht, die nach dem Erbfall lebend zur Welt kommt, jede juristische Person, soweit sie zum Zeitpunkt des Erbfalls rechtsfähig besteht, sonstige nichtrechtsfähige Personenvereinigungen, die einer juristischen Person besonders nahe kommen, wie insbesondere die OHG nach § 124 HGB, die KG nach §§ 161, 124 HGB bzw. der nichtrechtsfähige Verein als gesamthänderische Gemeinschaft der Gesellschafter sowie eine nach §§ 84, 1923 Abs. 2 BGB analog erst nach dem Erbfall genehmigte Stiftung.[3]

22 Verstirbt ein Erbe nach, wird er durch seine(n) Erben – bei mehreren Erbeserben entweder in **Untererbengemeinschaft**[4] oder nach diesbezüglicher Teilerbauseinandersetzung durch einzelne Erbeserben – ersetzt.

b) Fehlen von Ausschlussgründen

23 Ein gerichtliches Auseinandersetzungsverfahren ist allgemein **unzulässig**, wenn Umstände entgegenstehen, die durch eine Vermittlung nicht zu beseitigen sind,[5] und das Vermittlungsziel aus Rechtsgründen nicht erreicht werden kann.[6] Ausschlussgründe sind entweder ausdrücklich gesetzlich geregelt oder ergeben sich aus dem Gesamtzusammenhang.

24 Nach dem Wortlaut des § 363 Abs. 1 Halbs. 2 ist eine Auseinandersetzungsvermittlung mangels Schutzbedürfnisses ausgeschlossen, wenn ein gem. § 2204 BGB **auseinander-**

1 BayObLG v. 16.12.1958 – BReg. 1 Z 69/58, NJW 1959, 989; *Fröhler*, BWNotZ 2006, 97, (104, 109 sowie Fn. 119).
2 KG v. 26.6.1913 – 1 X 218/13, KGJ 45, 159 (161).
3 Palandt/*Edenhofer*, § 1923 BGB Rz. 7.
4 BayObLG v. 28.6.1990 – BReg. 2 Z 66/90, DNotZ 1991, 737; *Venjakob*, Rpfleger 1993, 2 (3).
5 *Bassenge*/Roth, § 86 FGG Rz. 5.
6 OLG Frankfurt v. 20.7.1993 – 20 W 232/93, Rpfleger 1993, 505.

setzungsberechtigter Testamentsvollstrecker vorhanden ist. Dies setzt voraus, dass für alle Erbteile und den gesamten Nachlass ein Testamentsvollstrecker ernannt wurde und dieser sein Amt nach § 2202 BGB wirksam angenommen hat. Das Nachlassgericht hat diese Umstände von Amts wegen zu ermitteln.[1] Ggf. hat es die Beteiligten durch Zwischenverfügung nach § 28 zur Beantragung einer klärenden Fristsetzung anzuhalten[2] und auf entsprechenden Antrag eines der Beteiligten bei einem Drittbestimmungsrecht nach § 2198 Abs. 2 BGB dem Dritten bzw. bezüglich der Annahme nach § 2202 Abs. 3 BGB dem Testamentsvollstrecker eine entsprechende Erklärungsfrist zu setzen, nach deren fruchtlosem Ablauf das Drittbestimmungsrecht erlischt bzw. das Testamentsvollstreckeramt als abgelehnt gilt. Steht dem Testamentsvollstrecker hingegen auf Grund letztwilliger Anordnung des Erblassers nach § 2208 BGB das Recht auf Auseinandersetzung nicht zu, ist ein gerichtliches Vermittlungsverfahren zulässig.

Sind mehrere Testamentsvollstrecker **gemeinschaftlich** eingesetzt und können diese 25 sich über die Auseinandersetzung nicht einigen, ist eine gerichtliche Auseinandersetzungsvermittlung bis zur Erzielung einer Einigung oder gerichtlichen Entscheidung nach § 2224 Abs. 1 Satz 1 Halbs. 2 BGB möglich. Das Nachlassgericht wird dabei vorab zu ermitteln haben, ob eine kurzfristige Einigung der Testamentsvollstrecker zu erwarten ist.

Ein gerichtliches Vermittlungsverfahren scheidet weiter dann aus, wenn der Nachlass 26 **bereits vollständig**[3] oder bis auf wenige Einzelgegenstände, die nach §§ 752 BGB in Natur zu teilen sind,[4] **auseinander gesetzt** ist. Davon strikt zu trennen sind Konstellationen, in denen lediglich einzelne Nachlassgegenstände durch Teilerbauseinandersetzung[5] ausgesondert wurden oder ein Teil der Miterben bezüglich des gesamten Nachlasses durch Abschichtungsvereinbarung[6] ausgeschieden ist, aber nach wie vor eine – wenn auch ggf. hinsichtlich der Anzahl der Miterben reduzierte – Erbengemeinschaft fortbesteht.

Ein Ausschlussgrund besteht zudem während des gesetzlichen **Aufschubs** der Ausein- 27 andersetzung wegen zwischenzeitlicher Unbestimmtheit von Erbteilen nach §§ 2043, 2045 BGB, insbesondere wegen einer noch zu erwartenden Geburt eines Miterben.

Gleiches gilt während Andauerns einer Streitigkeit über Bestehen und Umfang eines 28 Erbrechts eines Beteiligten[7] bzw. dessen Antragsberechtigung[8] oder über sonstige **streitige Rechtsfragen**, wie etwa darüber, für welchen Fall und unter welchen Erben eine nach der letztwilligen Verfügung eines Erblassers unklar zugeordnete Losentscheidung zu treffen ist.[9]

Ein Auseinandersetzungsverfahren ist außerdem während der Dauer eines **Nachlass-** 29 **insolvenzverfahrens** oder einer **Nachlassverwaltung** mangels Verfügungs- und Verwaltungsrechts der Erben über den Nachlass ausgeschlossen.[10]

---

1 OLG München v. 4.8.1936 – Wr. 166/36, JFG 14, 190 (192); LG Koblenz v. 17.7.1958 – 4 T 295/58, JZ 1959, 316 (317).
2 Ebenso Jansen/*Müller-Lukoschek*, § 86 FGG Rz. 15.
3 *Bassenge*/Roth, § 86 FGG Rz. 5.
4 Keidel/*Winkler*, § 86 FGG Rz. 30.
5 Dazu mit Formulierungsmuster Wurm/Wagner/Zartmann/*Fröhler*, Kap. 85 Rz. 6 u. M 85.3.
6 Dazu mit Formulierungsmuster Wurm/Wagner/Zartmann/*Fröhler*, Kap. 85 Rz. 3 u. M 85.1.
7 BayObLG v. 14.7.1997 – 1 Z BR 39/97, FGPrax 1997, 229.
8 Bumiller/*Winkler*, § 86 FGG Rz. 12.
9 OLG Düsseldorf v. 17.7.2002 – 3 Wx 151/02, FGPrax 2002, 231.
10 KG v. 16.11.1916 – 1 X 232/16, KGJ 49, 84 (85); Firsching/*Graf*, Rz. 4.786.

30 In den Fällen der §§ 2042, 2044, 2048 BGB ist hingegen zu differenzieren. Hat der Erblasser letztwillig gem. § 2048 Satz 2 BGB eine Auseinandersetzung **nach billigem Ermessen eines Dritten** angeordnet, ist die Vermittlung grundsätzlich unzulässig.[1] Etwas anderes gilt jedoch, wenn der Dritte die Bestimmung nicht in absehbarer Zeit trifft bzw. alle Beteiligten diese Bestimmung einvernehmlich für unbillig halten[2] und daher eine durch gerichtliche Vermittlung angestrebte Einigung möglich ist.[3]

31 Gleiches gilt, wenn der Erblasser nach § 2044 BGB bzw. die Erben nach § 2042 Abs. 2 BGB die **Auseinandersetzung ausgeschlossen** haben und noch offen ist, ob ein wichtiger Grund nach § 749 Abs. 2 BGB vorliegt, der den das Vermittlungsverfahren hindernden Auseinandersetzungsausschluss beseitigen würde.[4] Entsprechend ist die Anhängigkeit einer Erbteilungsklage zu bewerten,[5] es sei denn, die Beteiligten schließen eine Einigungsmöglichkeit von vorneherein aus. Letzteres hat das Nachlassgericht vorab zu klären.

c) Antragserfordernis

32 Das Nachlassgericht darf nach Abs. 1 ausdrücklich nur auf **Antrag** eines Antragsberechtigten (dazu unter Rz. 36 ff.) und ausschließlich vermittelnd tätig werden.

33 Eine **Antragsrücknahme** hat bis zum Eintritt der Rechtskraft des Bestätigungsbeschlusses nach den §§ 366 Abs. 2 bzw. 368 Abs. 1 Satz 3 die Verfahrensbeendigung zur Folge, wenn kein anderweitiger Antrag anhängig ist.[6] Letzteres muss jedoch dann angenommen werden, wenn sich weitere Beteiligte auf das Verfahren eingelassen haben, da dadurch regelmäßig eine eigene Antragstellung zum Ausdruck gebracht wird.[7]

34 Nach § 487 Abs. 1 Nr. 1 bleiben die landesrechtlichen Vorschriften unberührt, auf Grund derer das Nachlassgericht die Auseinandersetzung eines Nachlasses **von Amts wegen** zu vermitteln hat, wenn dies nicht binnen einer bestimmten Frist erfolgt ist, wobei auf eine derartige Auseinandersetzung die §§ 364 bis 372 anzuwenden sind. Aktuell bestehen keine entsprechenden Landesgesetze. Diesbezügliche frühere Regelungen in Baden-Württemberg und Bayern sind zwischenzeitlich wieder aufgehoben worden (in Baden-Württemberg durch das LFGG v. 12.2.1975 bzw. in Bayern durch das bay. AGGVG v. 23.6.1981).

d) Vermittlung

35 Die Tätigkeit des Nachlassgerichts beschränkt sich auf eine bloße vermittelnde **sachverständige Anleitung** zwecks Herbeiführung einer einvernehmlichen Erbauseinandersetzung. Insbesondere darf das Nachlassgericht streitige Fragen zwischen den Beteiligten nicht entscheiden,[8] sondern hat diese vielmehr nach § 370 in eine Niederschrift aufzunehmen und das Verfahren bis zu ihrer Erledigung auszusetzen (vgl. dazu § 370 Rz. 13 ff.).

---

1 BayObLG v. 9.6.1967 – BReg. 1a Z 86/66, BayObLGZ 67, 230 (239).
2 Keidel/*Winkler*, § 86 FGG Rz. 35.
3 Jansen/*Müller-Lukoschek*, § 86 FGG Rz. 20.
4 *Bassenge*/Roth, § 86 FGG Rz. 6; Jansen/*Müller-Lukoschek*, § 86 FGG Rz. 20.
5 *Beck*, DNotZ 1966, 259 (265); *Bassenge*/Roth, § 86 FGG Rz. 6; Jansen/*Müller-Lukoschek*, § 86 FGG Rz. 22; aA MüKo.BGB/*Heldrich*, § 2042 BGB Rz. 47; Keidel/*Winkler*, § 86 FGG Rz. 37.
6 *Westphal*, RpflJB 1981, 345 (351); MüKo.BGB/*Heldrich*, § 2042 BGB Rz. 47.
7 Keidel/*Winkler*, § 86 FGG. Rz. 71.
8 KG v. 18.3.1965 – 1 W 435/65, NJW 1965, 1538 (1539).

2. Antragsberechtigung (Absatz 2)

a) Jeder Miterbe

Das Antragsrecht eines Miterben besteht grundsätzlich unabhängig vom Vorliegen eines förmlichen **Erbnachweises**.[1] Wird die Erbenstellung hingegen bestritten, ist dies alleine noch kein Ablehnungsgrund, sondern verpflichtet das Nachlassgericht dazu, sich entweder vorbehaltlich einer Entscheidung des Prozessgerichts ein eigenes Urteil über das behauptete Erbrecht zu bilden oder dieses ungeprüft hinzunehmen, das Verfahren einzuleiten, es sodann ggf. nach § 370 Satz 1 bis zur Klärung der Erbenstellung durch das Prozessgericht auszusetzen (dazu § 370 Rz. 16 ff.) bzw. dem Antragsteller nach § 28 die Vorlage eines Erbnachweises aufzugeben.[2] 36

Der **gesetzliche Vertreter** bzw. amtliche Vermögensverwalter eines Miterben übt für diesen dessen Antragsrecht aus. Er bedarf für die bloße Antragstellung keiner betreuungs- oder familiengerichtlichen Genehmigung.[3] Bezüglich des eigentlichen Vertrages ergibt sich eine Genehmigungsbedürftigkeit für Betreuer, Pfleger, Vormund und Nachlasspfleger bzw. Nachlassverwalter jedenfalls aus § 1822 Nr. 2 BGB,[4] für Eltern wegen der eingeschränkten Verweisung durch § 1643 Abs. 2 BGB je nach Regelungsgegenstand ggf. aus § 1821 Abs. 1 Nr. 1 (Grundbesitz) bzw. § 1822 Nr. 3 (Erwerbsgeschäft) BGB. 37

Der über das Vermögen eines Miterben verfügungsberechtigte **Insolvenzverwalter** beantragt die gerichtliche Auseinandersetzungsvermittlung außerhalb des Insolvenzverfahrens und ist dabei nach § 84 Abs. 2 Satz 2 InsO nicht an beschränkende Erblasseranordnungen oder Miterbenvereinbarungen gebunden.[5] 38

Ein Miterbe, der in **Gütergemeinschaft** lebt, ist nur dann ohne den Partner antragsberechtigt, wenn der Erbteil nach § 1418 Abs. 2 BGB in sein Vorbehaltsgut fällt oder er andernfalls der nach § 1422 BGB alleine verwaltungsberechtigte Ehegatte bzw. eingetragene Lebenspartner ist. Fällt der Erbteil nicht in das Vorbehaltsgut und ist der Ehegatte bzw. eingetragene Lebenspartner des Miterben alleine oder zusätzlich verwaltungsberechtigt, kann der Antrag nur durch diesen alleine bzw. gemeinsam mit dem Miterben (Partner) gestellt werden.[6] 39

Ist zu Lasten eines Erbteils **Testamentsvollstreckung** angeordnet, ohne dass der gesamte Nachlass derselben Testamentsvollstreckung unterliegt, ist der diesbezügliche Testamentsvollstrecker an Stelle des betroffenen Miterben antragsberechtigt.[7] 40

Der Miterbe bleibt im Falle der Pfändung oder Belastung mit einem Pfandrecht bzw. Nießbrauch neben dem daraus Berechtigten (dazu Rz. 45 f.) antragsberechtigt,[8] verliert jedoch sein Antragsrecht mit der **Veräußerung** seines Erbteils nach § 2033 Abs. 1 BGB.[9] 41

Verstirbt der Miterbe nach, sind dessen Erben oder an deren Stelle ein am Nachlass des **nachverstorbenen Miterben** verfügungsberechtigter Testamentsvollstrecker, Nachlasspfleger, Nachlassverwalter bzw. Nachlassinsolvenzverwalter antragsberechtigt. 42

1 Keidel/*Winkler*, § 86 FGG Rz. 56.
2 KG v. 12.12.1906 – 1 X 1421/06, KGJ 33, A 104 (106); KG v. 26.2.1920 – 1 X 52/20, KGJ 52, 84 (85); OLG München v. 24.2.1937 – Wr. 17 u. 18/37, JFG 15, 161 (165).
3 OLG Frankfurt v. 20.7.1993 – 20 W 232/93, Rpfleger 1993, 505.
4 Palandt/*Diederichsen*, § 1822 BGB Rz. 4.
5 Jansen/*Müller-Lukoschek*, § 86 FGG Rz. 29.
6 Keidel/*Winkler*, § 86 FGG Rz. 57.
7 KG v. 9.7.1904 – 1 J 717/04, KGJ 28, A 16 (19); *Bassenge*/Roth, § 86 FGG Rz. 3.
8 Bumiller/*Winkler*, § 86 FGG Rz. 2.
9 *Bassenge*/Roth, § 86 FGG Rz. 3.

b) Erwerber eines Erbteils

43 Anstelle eines Miterben ist der Erwerber des diesbezüglichen Erbteils antragsberechtigt. Das Antragsrecht steht dabei jedoch nur demjenigen Erwerber zu, der den Anteil **am gesamten Nachlass** entweder nach § 2033 BGB vom Miterben oder nach § 2037 BGB von einem Zwischenerwerber erwirbt. Ein bloßer Erwerb des Anspruches auf ein Auseinandersetzungsguthaben ist hingegen nicht ausreichend,[1] da der Veräußerer dabei die Berechtigung am Erbteil nicht verliert.[2]

c) Pfandrechts- oder Nießbrauchsberechtigter an einem Erbteil

aa) Pfandrechtsberechtigter

44 Das Antragsrecht eines **Pfandrechtsinhabers** entsteht sowohl aus einem durch Pfändung als auch aus einem rechtsgeschäftlich erworbenen Pfandrecht an einem Erbteil.

45 Ein **Pfändungspfandgläubiger** nach §§ 804, 859 Abs. 2 ZPO ist nur dann antragsberechtigt, wenn er einen rechtskräftigen Schuldtitel besitzt.[3] Ein lediglich vorläufig vollstreckbarer Schuldtitel ist nach §§ 2042 Abs. 2, 751 Satz 2 BGB nicht ausreichend. Neben dem Pfändungspfandgläubiger mit einem rechtskräftigen Schuldtitel bleibt der betroffene Miterbe seinerseits antragsberechtigt. Beide Antragsrechte bestehen uneingeschränkt nebeneinander und können ohne Mitwirkung des jeweils anderen Berechtigten selbständig ausgeübt werden.

46 Nach § 1258 Abs. 2 BGB können ein gem. § 1273 BGB berechtigter **Vertragspfandgläubiger** und der belastete Miterbe die Aufhebung der Erbengemeinschaft vor Eintritt der Verkaufsberechtigung nach § 1228 Abs. 2 BGB nur gemeinschaftlich verlangen. Gleichwohl sind beide Beteiligte bereits vor dieser Pfandreife alleine antragsberechtigt und können ihr jeweiliges Antragsrecht damit ohne Mitwirkung des jeweils anderen Berechtigten selbständig ausüben, da sich das Erfordernis eines gemeinschaftlichen Aufhebungsverlangens auf den späteren weiteren Verfahrensablauf beschränkt und die Einleitung des Vermittlungsverfahrens nicht erfasst.[4] Soweit teilweise davon abweichend vertreten wird, derartige selbständige Antragsrechte bestünden erst mit Eintritt der Verkaufsberechtigung nach § 1228 Abs. 2 BGB, während Vertragspfandgläubiger und Miterbe zuvor nur gemeinschaftlich antragsberechtigt seien,[5] bleibt unklar, warum trotz wortgleicher Regelung bei einer Erbteilsbelastung durch Nießbrauch nach §§ 1068 Abs. 2, 1066 Abs. 2 BGB selbständige Antragsrechte einhellig bejaht werden (dazu sogleich Rz. 48).

47 Das rechtsgeschäftliche Pfandrecht ist nur dann wirksam bestellt, wenn der Verpfändungsvertrag gem. §§ 1274 Abs. 1 Satz 1, 2033 Abs. 1 Satz 2 BGB **notariell beurkundet** wurde.[6]

1 Keidel/*Winkler*, § 86 FGG Rz. 59.
2 RG v. 9.2.1905 – Rep. IV. 423/04, RGZ 60, 126 (131).
3 MüKo.BGB/*Heldrich*, § 2042 BGB Rz. 47; Firsching/*Graf*, Rz. 4.906; Keidel/*Winkler*, § 86 FGG Rz. 61; aA Jansen/*Müller-Lukoschek*, § 86 FGG Rz. 37: eigenes Antragsrecht trotz Gefahr späteren Scheiterns der Auseinandersetzung.
4 Ebenso Jansen/*Müller-Lukoschek*, § 86 FGG Rz. 34.
5 Keidel/*Winkler*, § 86 FGG Rz. 62.
6 Palandt/*Bassenge*, § 1274 BGB Rz. 6.

bb) Nießbrauchsberechtigter

Obwohl die Aufhebung der Erbengemeinschaft nach §§ 1068 Abs. 2, 1066 Abs. 2 BGB nur gemeinschaftlich durch den belasteten Miterben und den Nießbrauchsberechtigten verlangt werden kann, ist der Nießbraucher ebenso wie der belastete Miterbe alleine antragsberechtigt. Beide Antragsrechte können damit ohne Mitwirkung des jeweils anderen Berechtigten **selbständig** ausgeübt werden.[1] Das Erfordernis eines gemeinschaftlichen Aufhebungsverlangens beschränkt sich auf den weiteren Verfahrensablauf, erfasst jedoch nicht die Einleitung des Vermittlungsverfahrens. 48

Der hier alleine maßgebende dingliche Nießbrauch an einem Erbteil kann nach §§ 1069 Abs. 1, 2033 Abs. 1 Satz 2 BGB nur durch **notarielle Beurkundung** wirksam bestellt werden.[2] 49

Der Nießbrauch am Erbteil ist streng von einem zu Lasten der einzelnen Nachlassgegenstände nach § 1085 BGB zu bestellenden Nießbrauch **an der Erbschaft** zu unterscheiden. Jener begründet anders als der Nießbrauch an einem Erbteil für den Nießbraucher weder ein Antrags- noch ein Beteiligtenrecht und steht einem gerichtlichen Auseinandersetzungsverfahren nicht nach § 1071 BGB entgegen.[3] 50

d) Fehlen eines Antragsrechts

Nicht antragsberechtigt sind insbesondere Nachlasspfleger, Nachlassverwalter, Testamentsvollstrecker[4] oder Nachlassinsolvenzverwalter, die für den gesamten Nachlass und nicht lediglich für einen Erbteil bestellt sind, sowie Nacherben vor Eintritt des Nacherbfalls,[5] Vermächtnisnehmer,[6] Pflichtteilsberechtigte, und andere Nachlassgläubiger,[7] soweit sich nicht aus einem sonstigen Grund – etwa auf Grund einer eigenen Miterbenstellung oder eines Pfandrechts an einem Erteil – ein anderweitiges Antragsrecht ergibt. 51

3. Anforderungen an den Antrag (Absatz 3)

Nach § 25 Abs. 1 kann der Antrag auf gerichtliche Vermittlung **schriftlich** oder zu Protokoll der Geschäftsstelle abgegeben werden. Gem. § 23 Abs. 1 soll er begründet werden. 52

§ 363 Abs. 3 sieht als **Ordnungsvorschrift** vor, dass im Antrag die Beteiligten und die Teilungsmasse bezeichnen werden sollen. Ziel dieser Regelung ist es insbesondere, die örtliche Zuständigkeit des Gerichts und die Antragszulässigkeit feststellen sowie die Beteiligten ermitteln und laden zu können.[8] 53

Über den gesetzlichen Wortlaut hinaus benötigt das Nachlassgericht daher regelmäßig bezüglich des **Erblassers** dessen Namen, Staatsangehörigkeit, Stand, letzten Wohnort, hilfsweise letzten Aufenthalt, Sterbeort und Todestag.[9] 54

1 Jansen/*Müller-Lukoschek*, § 86 FGG Rz. 40; Keidel/*Winkler*, § 86 FGG Rz. 64.
2 Palandt/*Bassenge*, § 1274 BGB Rz. 6.
3 So für ein Nießbrauchsvermächtnis KG v. 20.1.1913 – 1 X 454/12, KGJ 44, 120 (122).
4 Ist der für den gesamten Nachlass ernannte Testamentsvollstrecker zudem auseinandersetzungsberechtigt, ist eine gerichtliche Vermittlung bereits nach Abs. 1 Halbs. 2 ausgeschlossen.
5 Firsching/*Graf*, Rz. 4.906; *Bassenge*/Roth, § 86 FGG Rz. 4.
6 BayObLG v. 23.6.1903 – II. ZS Reg. IV 54/1903, BayObLGZ 4, 493 (494); KG v. 20.1.1913 – 1 X 454/12, KGJ 44, 120 (122).
7 BayObLG v. 22.4.1983 – BReg. 1 Z 22 und 23/83, BayObLGZ 1983, 101 (107).
8 Firsching/*Graf*, Rz. 4.907 u. Rz. 4.910 (Muster).
9 Firsching/*Graf*, Rz. 4.907; Keidel/*Winkler*, § 87 FGG Rz. 2.

55 Hinsichtlich der **Beteiligten** (dazu oben Rz. 14 ff.) sollten soweit möglich deren Namen, Stand, Wohnort und der Grund der Beteiligung unter Angabe der diesbezüglichen Voraussetzungen angegeben werden.[1]

56 Die **Teilungsmasse** sollte nach Aktiva und Passiva gegliedert sein. Grundsätzlich kann das Nachlassgericht nicht auf exakte und vollständige Angaben oder ein Nachlassverzeichnis bestehen,[2] soweit nicht entsprechende Anordnungsbefugnisse nach Landesrecht – so bei Darlegung eines berechtigten Interesse für ein Nachlassverzeichnis in Baden-Württemberg gem. § 41 Abs. 4 bad.-württ. LFGG[3] und in Hessen nach gem. Art. 26 hess. FGG – bestehen. Ergänzend wird das Nachlassgericht die Nachlass- und Testamentsakten beiziehen.

57 Eine teilweise **Nichtbeachtung** der Vorgaben des § 363 Abs. 3 führt zunächst nicht zur Unzulässigkeit des Antrages, sondern erschwert lediglich die beantragte Bearbeitung und wird nach § 26 zu gerichtlichen Ermittlungen von Amts wegen sowie zu ergänzenden Zwischenverfügungen nach §§ 27, 28 führen.[4] Die Vorlage fehlender Angaben bzw. Unterlagen ist jedoch nicht erzwingbar.[5]

4. Gerichtliche Entscheidung und Rechtsmittel

58 Liegen die Zulässigkeitsvoraussetzungen vor, beschließt das Nachlassgericht die **Einleitung** des Auseinandersetzungsverfahrens nach § 38 und verbindet damit soweit sachgerecht die Ladung der Beteiligten nach § 365. Gegen den Einleitungsbeschluss ist für die übrigen Beteiligten nach § 58 Abs. 1 die Beschwerde statthaft, die nach § 63 Abs. 1 binnen einer Frist von einem Monat einzulegen ist. Lässt sich ein Beteiligter auf das Verfahren ein, wird die Beschwerde unzulässig.[6] Eine derartige Einlassung kann je nach Einzelfall auch in einem Schweigen auf eine Ladung und Nichtteilnahme am Termin liegen.[7]

59 Ist der Antrag wegen Verstoßes gegen die Voraussetzungen nach Abs. 1 bzw. 2 aus Gründen, die im Vermittlungsverfahren nicht bereinigt werden können, unzulässig, beschließt das Nachlassgericht dessen **Zurückweisung**. Hierzu gehört auch der Fall eines auf irreparable Hinderungsgründe gestützten Widerspruchs eines Beteiligten.[8] Eine Zurückweisung erfolgt auch dann, wenn trotz berechtigter Zwischenverfügung die in zumutbarer Weise angeforderten Unterlagen bzw. Angaben nicht vorgelegt werden.[9] Gegen den Zurückweisungsbeschluss kann der Antragsteller und jeder andere antragsberechtigte Beteiligte während Fortbestands seines noch nicht geltend gemachten Antragsrechts[10] nach §§ 58 Abs. 1, 63 Abs. 1 binnen einer Frist von einem Monat Beschwerde einlegen.

---

1 Keidel/*Winkler*, § 87 FGG Rz. 2.
2 Firsching/*Graf*, Rz. 4.909.
3 Dazu *Richter/Hammel*, § 41 LFGG Rz. 12.
4 Firsching/*Graf*, Rz. 4.911.
5 Bumiller/*Winkler*, § 87 FGG Rz. 4.
6 KG v. 5.6.1905 – 1 J 532/05, KGJ 30, A 106 (108).
7 KG v. v. 5.6.1905 – 1 J 532/05, KGJ 30, A 106 (108); *Bassenge*/Roth, § 87 FGG Rz. 6; Jansen/*Müller-Lukoschek*, § 87 FGG Rz. 11; Keidel/*Winkler*, § 87 FGG Rz. 8.
8 OLG Düsseldorf v. 17.7.2002 – 3 Wx 151/02, FGPrax 2002, 231; Firsching/*Graf*, Rz. 4.914.
9 KG v. 16.11.1905 – 1 J 1173/05, KGJ 31, A 135 (137); *Bassenge*/Roth, § 87 FGG Rz. 4.
10 BGH v. 10.12.1992 – V ZB 3/92, BGHZ 120, 396; BayObLG v. 12.9.1991 – Breg. 2 Z 101/91, NJW-RR 1992, 150 (151); MüKo.BGB/*Mayer*, § 2353 BGB Rz. 124; Keidel/*Winkler*, § 87 FGG Rz. 7; Keidel/*Kahl*, § 20 FGG Rz. 51.

Werden erst später im weiteren Verlauf des bereits eingeleiteten Verfahrens Gründe gegen die Zulässigkeit des Vermittlungsverfahrens bekannt, hat das Gericht auf Widerspruch nach § 370 Satz 1 das Verfahren bis zur Klärung vor dem Prozessgericht **auszusetzen** (vgl. dazu § 370 Rz. 16 ff.).[1] 60

5. Abgrenzung von der landwirtschaftsgerichtlichen Zuweisung

Nach den §§ 13 bis 17, 33 GrdstVG kann ein Miterbe die eigentumsrechtliche Zuweisung eines landwirtschaftlichen Betriebes an den nach dem tatsächlichen oder mutmaßlichen Willen des Erblassers bedachten Miterben gegen Abfindung der übrigen Miterben durch **landwirtschaftsgerichtlichen Gestaltungsakt** beantragen.[2] 61

Voraussetzung ist nach den §§ 13, 14 GrdstVG insbesondere, dass die Erbengemeinschaft **kraft Gesetzes** und nicht auf Grund Verfügung von Todes wegen entsteht – eine Zuweisung ist auch dann ausgeschlossen, wenn die letztwillige Verfügung lediglich die gesetzliche Erbfolge wiedergibt[3] –, der Betrieb mit einer zur Bewirtschaftung geeigneten Hofstelle versehen ist, seine Erträge im Wesentlichen zum Unterhalt einer bäuerlichen Familie ausreichen und sich die Miterben über die Auseinandersetzung nicht einig sind bzw. eine Einigung nicht vollziehbar ist. Solange die Auseinandersetzung ausgeschlossen bzw. ein zu ihrer Bewirkung berechtigter Testamentsvollstrecker vorhanden ist oder ein Miterbe ihren Aufschub verlangen kann, ist die Zuweisung nach § 14 Abs. 3 GrdstVG unzulässig. 62

Die Zuweisung ist zudem nach landesrechtlichen **Anerbengesetzen** bei Vorhandensein eines Hoferben regelmäßig ausgeschlossen, so bspw. nach § 10 HöfeO der norddeutschen Länder.[4] 63

Daher ist das nachlassgerichtliche Vermittlungsverfahren gegenüber einem landwirtschaftsgerichtlichen Zuweisungsverfahren **vorrangig** durchzuführen.[5] 64

§ 364
Pflegschaft für abwesende Beteiligte

Das Nachlassgericht kann einem abwesenden Beteiligten für das Auseinandersetzungsverfahren einen Pfleger bestellen, wenn die Voraussetzungen der Abwesenheitspflegschaft vorliegen. Für die Pflegschaft tritt an die Stelle des Betreuungsgerichts das Nachlassgericht.

1 OLG München v. 24.2.1937 – Wr. 17 u. 18/37, JFG 15, 161 (165).
2 Dazu allgemein *Haegele*, Rpfleger 1961, 276 (280 ff.); *Rötelmann*, DNotZ 1964, 82.
3 BGH v. 9.7.1963 – V BLw 8/63, BGHZ 40, 60 (64).
4 Palandt/*Edenhofer*, § 2042 BGB Rz. 22.
5 Palandt/*Edenhofer*, § 2042 BGB Rz. 22.

A. Allgemeines

I. Entstehung

1 Die Vorschrift **übernimmt** den wesentlichen Regelungsgehalt des früheren § 88 FGG.

II. Systematik

2 Die Vorschrift ermöglicht dem Nachlassgericht die Bestellung eines **Pflegers** für einen abwesenden Beteiligten bezüglich eines Auseinandersetzungsverfahrens. Hierbei tritt das Nachlassgericht an die Stelle des Betreuungsgerichts. Die Voraussetzungen der Abwesenheitspflegschaft ergeben sich aus der materiell-rechtlichen Regelung des § 1911 BGB.

III. Normzweck

3 Die Vorschrift dient der Wahrung des rechtlichen Gehörs eines abwesenden Beteiligten, wenn dieser nicht bereits anderweitig mittels Pflegschaft, die auch den Aufgabenkreis des Nachlassauseinandersetzungsverfahrens erfasst, gesetzlich vertreten wird. Auf Grund der besonderen Sachnähe und Sachkenntnis des Nachlassgerichts ist durch dessen Zuständigkeit sowohl eine **effiziente** und beschleunigte Abwicklung des Auseinandersetzungsverfahrens als auch eine bestmögliche Interessenwahrnehmung zu Gunsten des abwesenden Beteiligten gewährleistet.[1]

B. Inhalt der Vorschrift

I. Zuständigkeit

1. Sachlich

4 Nach § 23a Abs. 1 Nr. 2, Abs. 2 Nr. 2 GVG iVm. § 342 Abs. 2 Nr. 1 sind die **Amtsgerichte** sachlich zuständig, dabei gem. § 364 die Nachlassgerichte an Stelle der Betreuungsgerichte.

5 In Baden-Württemberg treten an deren Stelle nach Art. 147 EGBGB iVm. §§ 1 Abs. 1 und 2, 38, 43 bad-württ. LFGG die **staatlichen Notariate** als Nachlassgerichte.

6 Soweit nach § 487 Abs. 1 Nr. 3 iVm. § 20 Abs. 5 BNotO auf Grund der landesgesetzlichen Vorschriften die Nachlassauseinandersetzung statt durch Gerichte oder neben diesen durch **Notare** vermittelt wird (dazu § 363 Rz. 6), ist deren Zuständigkeit –

1 Jansen/*Müller-Lukoschek*, § 88 FGG Rz. 1.

anders als die og. Zuständigkeit der staatlichen Notariate aus Art. 147 EGBGB – für Anordnung und Führung dieser Pflegschaft einschließlich Genehmigungserteilungen **ausgeschlossen**.[1] Dies ergibt sich für Bayern aus Art. 38 Abs. 4 Satz 1 bay. AGGVG,[2] Hessen aus Art. 24 Abs. 3 Nr. 1 hess. FGG, Niedersachsen aus Art. 15 Abs. 1 Nr. 1 nieders. FGG und das ehemalige preußische Rechtsgebiet Berlin, Nordrhein-Westfalen und Schleswig-Holstein aus Art. 23 preuß. FGG.[3]

2. Funktionell

Nach § 3 Nr. 2 Buchst. c RPflG ist der **Rechtspfleger** im Rahmen der Auseinandersetzungsvermittlung funktionell uneingeschränkt zuständig. Mit Wirkung zum 1.4.2004 wurde zwischenzeitlich auch der Richtervorbehalt aus § 16 Abs. 1 Nr. 8 RPflG für die Erteilung von Genehmigungen nach § 87 Abs. 2 FGG (jetzt § 368 Abs. 3) aufgehoben.[4] Dieser Vorbehalt war insoweit seinerseits bereits durch die Streichung der Genehmigungstatbestände aus der maßgeblichen Bezugsnorm des § 14 Nr. 9 RPflG aF im Zuge des Betreuungsgesetzes v. 12.9.1990[5] gegenstandslos geworden. 7

3. Örtlich

Die örtliche Zuständigkeit richtet sich nach der für Nachlass- und Teilungssachen **allgemeinen Regelung** des § 343 (vgl. dazu § 343 Rz. 8 ff.),[6] da die Abwesenheitspflegschaft iSd. § 364 untrennbarer Bestandteil einer Teilungssache ist. §§ 340, 272 sind daher auf das Verfahren nach § 364 nicht anwendbar (zum Verfahren nach § 1911 BGB sogleich Rz. 20). Eine Abgabe nach § 4 an ein anderes Nachlassgericht oder an ein Betreuungsgericht ist nicht möglich,[7] da auf Grund der dieser Pflegschaft immanenten Sachabhängigkeit von dem zugrunde liegenden Auseinandersetzungsverfahren ausschließlich das dieses Verfahren führende Nachlassgericht zuständig ist. Eine Verweisung durch das Amtsgericht Schöneberg aus wichtigem Grund nach § 343 Abs. 2 Satz 2 ist hingegen statthaft. 8

4. International

Nach § 105 **folgt** die internationale Zuständigkeit für andere Verfahren nach dem FamFG als diejenigen der §§ 98 bis 104, somit auch für die hier maßgebliche Pflegschaft als Bestandteil des Auseinandersetzungsverfahrens als Teilungssache aus Buch 4 (vgl. Rz. 4), **der örtlichen Zuständigkeit**. § 104 ist daher nicht einschlägig. Damit wird die Anwendbarkeit des bisher in Nachlass- und Teilungsverfahren kraft Richterrechts praktizierten ungeschriebenen Gleichlaufgrundsatzes, nach dem deutsche Gerichte nur bei Anwendung deutschen Erbrechts (Sachrecht) zuständig seien,[8] ausdrücklich beendet. Verstirbt ein ausländischer Erblasser mit letztem Wohnsitz bzw. letztem Aufenthalt in Deutschland oder hinterlässt er zumindest Nachlassvermögen in 9

---

1 Keidel/*Winkler*, § 88 FGG Rz. 8; Jansen/*Müller-Lukoschek*, § 88 FGG Rz. 11.
2 BayObLG v. 22.4.1983 – BReg. 1 Z 22 und 23/83, BayObLGZ 1983, 101 (103).
3 Keidel/*Winkler*, § 88 FGG Rz. 8.
4 BGBl. I 2004, S. 2198.
5 BGBl. I 1990, S. 2002.
6 Im Ergebnis ebenso Keidel/*Winkler*, § 88 FGG Rz. 6; Jansen/*Müller-Lukoschek*, § 88 FGG Rz. 6.
7 Im Ergebnis ebenso Keidel/*Winkler*, § 88 FGG Rz. 6; Jansen/*Müller-Lukoschek*, § 88 FGG Rz. 6.
8 So BayObLG v. 13.11.1986 – BReg. 1 Z 4/86, NJW 1987, 1148 (1149) noch zum damals geltenden FGG. Dazu *Riering*, MittBayNot 1999, 519 (520).

Deutschland, besteht eine internationale Zuständigkeit eines deutschen Gerichts nach den §§ 105, 343 Abs. 1 bzw. 3 für den gesamten Nachlass unabhängig davon, ob und inwieweit dieser mit der Folge einem ausländischem Erbstatut unterliegt, dass das Nachlassgericht (auch) ausländisches Recht anzuwenden hat. Ob bei Auslandsbezug deutsches oder ausländisches Recht anzuwenden ist, richtet sich nach Art. 25 EGBGB. Art. 24 EGBGB ist nicht anwendbar,[1] da alleine die Qualifikation als untrennbarer Bestandteil einer Teilungssache maßgebend ist (vgl. bei örtlicher Zuständigkeit, Rz. 8). Zur Anwendung ausländischen Rechts im gerichtlichen Auseinandersetzugsverfahren vgl. § 363 Rz. 11 f.

II. Beteiligteneigenschaft

10 Für das Verfahren in Teilungssachen ist im Gegensatz zur Regelung des § 345 in Nachlassangelegenheiten keine spezielle Beteiligtendefinition normiert. Daher richtet sich die Beteiligteneigenschaft nach § 7 im **Allgemeinen Teil**.[2] Originär Beteiligter ist der tatsächliche Antragsteller nach § 7 Abs. 1, Beteiligter kraft zwingender gerichtlicher Hinzuziehung nach § 7 Abs. 2 Nr. 1 auf Grund unmittelbarer Betroffenheit ihrer Rechte durch das Vermittlungsverfahren sind insbesondere Erben, Erbteilserwerber, Erbeserben, Pfandrechts-, Pfändungspfandrechts- oder Nießbrauchsberechtigte an Erbteilen. Einzelheiten dazu vgl. § 363 Rz. 18 f.

III. Abwesenheit

11 Die Vorschrift regelt eine besondere Art der **Pflegschaft** nach § 1911 BGB. Der betroffene Beteiligte muss daher iSd. § 1911 BGB abwesend und zudem volljährig sein.

12 Abwesenheit kann sowohl bei unbekanntem als auch bei bekanntem Aufenthalt eintreten. Bei unbekanntem Aufenthalt genügt es, dass sich der Beteiligte von seinem Wohnsitz entfernt hat und eine Nachricht von seinem Verbleib trotz Nachforschungen nicht zu erlangen ist.[3] Bei bekanntem Aufenthalt ist für eine Abwesenheit eines Beteiligten auch die Verhinderung ausreichend, zu dem Ort zu gelangen, an dem die Vermögensangelegenheiten besorgt werden müssen.[4] Dies ist bereits zu bejahen, wenn angesichts der Entfernung des Aufenthaltsortes und des Bedeutungsgrades der Beteiligung weder mit einer Rückkehr des Beteiligten noch mit einer Einsetzung eines Vertreters zu rechnen ist.[5] Ohne Bedeutung bleibt dabei, ob die **Verhinderung** auf dem Willen des Abwesenden beruht oder nicht.[6]

13 § 1911 BGB setzt zudem für eine entsprechende Abwesenheitspflegschaft zwingend voraus, dass der Beteiligte **volljährig** ist.[7] Für Minderjährige, die nicht gesetzlich vertreten sind, hat das Familiengericht nach § 1909 BGB eine Ergänzungspflegschaft anzuordnen.

---

1 Keidel/*Winkler*, § 88 FGG Rz. 1.
2 *Fröhler*, BWNotZ 2008, 183 (188).
3 RG v. 18.3.1920 – BReg. IV B 1/20, RGZ 98, 263 (266).
4 RG v. 18.3.1920 – BReg. IV B 1/20, RGZ 98, 263 (266).
5 Keidel/*Winkler*, § 88 FGG Rz. 2.
6 BayObLG v. 10.7.1908 – Reg. III 62/1908, BayObLGZ 1909, 428 (431); Palandt/*Diederichsen*, § 1911 BGB Rz. 5.
7 Palandt/*Diederichsen*, § 1911 BGB Rz. 2.

14 Wenn der Beteiligte durch einen rechtsgeschäftlichen bzw. gesetzlichen **Vertreter** oder einen amtlichen Verwalter seines Vermögens – insbesondere einen Insolvenzverwalter – vertreten ist, fehlt es an dem von § 1911 BGB vorausgesetzten Fürsorgebedürfnis.

15 Ist bereits im **Ausland** eine Pflegschaft anhängig, die auch die Wahrung der Rechte des Beteiligten im hier maßgebenden Auseinandersetzungsvefahren erfasst und sicherstellt, kann das Nachlassgericht nach pflichtgemäßem Ermessen entscheiden, ob es gleichwohl eine Abwesenheitspflegschaft anordnet.[1]

IV. Aufgaben des Nachlassgerichts

16 Nach einer entsprechenden Pflegerbestellung übernimmt das Nachlassgericht im Wege der **Gesamtverrichtung**[2] sämtliche ansonsten dem Betreuungsgericht obliegenden Aufgaben bei der Führung der Pflegschaft.

17 Hierzu gehört insbesondere die **Überwachung** des Pflegers nach §§ 1837 ff., 1915 BGB.

18 Darüber hinaus ist das Nachlassgericht für die Erteilung notwendiger **Genehmigungen** nach § 1821 Abs. 1 Nr. 1, § 1822 Nr. 1, 2 bzw. 3 BGB zuständig.

19 Im Rahmen der diesbezüglichen Aufsicht ist insbesondere sicherzustellen, dass der Pfleger die Interessen des Abwesenden bei der Erstellung des **Erbteilungsplans** wahrt.

V. Funktion des Betreuungsgerichts

20 Das Betreuungsgericht ist parallel zu der dem Nachlassgericht bezüglich der hier relevanten speziellen Pflegschaft nach § 364 obliegenden Zuständigkeit für eine **allgemeine** Abwesenheitspflegschaft iSd. § 1911 BGB zuständig.[3] Während des Bestehens der hiesigen Pflegschaft aus § 364 ist das Betreuungsgericht mangels diesbezüglichen Fürsorgebedürfnisses an der Einleitung eines eigenen Pflegschaftsverfahrens mit dem Aufgabenbereich der Vertretung im Auseinandersetzungsverfahren gehindert. Es muss jedoch seinerseits eine Pflegschaft anordnen, wenn das Nachlassgericht trotz entsprechender Notwendigkeit selbst keine Bestellung nach § 364 vornimmt.[4]

VI. Reichweite und Beendigung der Pflegschaft

21 Der Pfleger vertritt den Abwesenden im gerichtlichen Auseinandersetzungsverfahren **vollumfänglich**. Hierzu gehören auch die Annahme der Erbschaft, die Feststellung des Nachlassbestandes und die Beantragung eines Erbscheins.[5]

22 **Ausgeschlossen** sind jedoch die Empfangnahme und Verwaltung des Erbteils oder die Zwangsvollstreckung aus einer Auseinandersetzungsvereinbarung nach § 371 Abs. 2.[6]

---

1 Keidel/*Winkler*, § 88 FGG Rz. 3; Jansen/*Müller-Lukoschek*, § 88 FGG Rz. 5.
2 *Bassenge*/Roth, § 88 FGG Rz. 2.
3 OLG Frankfurt v. 30.11.1978 – 20 W 879/78, OLGZ 1979, 131 (133).
4 OLG Frankfurt v. 30.11.1978 – 20 W 879/78, OLGZ 1979, 131 (133); Keidel/*Winkler*, § 88 FGG Rz. 5.
5 BayObLG v. 22.4.1983 – BReg. 1 Z 22 und 23/83, BayObLGZ 1983, 101 (107).
6 Bumiller/*Winkler*, § 88 FGG Rz. 7.

23 Die Pflegschaft **endet** kraft Gesetzes nach § 1918 Abs. 3 BGB mit der Erledigung der ihr zugrunde liegenden Aufgabe durch endgültigen Abschluss des Auseinandersetzungsverfahrens auf Grund Rechtskraft des Bestätigungsbeschlusses iSd. § 371 Abs. 1 oder bereits vorher nach § 1921 Abs. 3 BGB mit Rechtskraft des Todeserklärungsbeschlusses iSd. §§ 29, 40 VerschG sowie gem. § 1921 Abs. 1 bzw. 2 BGB durch Aufhebungsbeschluss des Nachlassgerichts nach Wegfall des Verhinderungsgrundes bzw. Bekanntwerden des Todes des betroffenen Beteiligten.

24 Besteht auch nach endgültigem Abschluss des Auseinandersetzungsverfahrens und daraus resultierender automatischer Beendigung der nach § 364 durch das Nachlassgericht angeordneten Pflegschaft ein Pflegschaftsbedürfnis, hat das **Betreuungsgericht** in einem eigenen neuen Verfahren nach § 1911 BGB einen Abwesenheitspfleger zu bestellen.[1]

VII. Gerichtliche Entscheidung und Rechtsmittel

25 Nach dem Wortlaut der Vorschrift ist das Gericht auch bei Vorliegen aller Voraussetzungen nicht zur Bestellung eines Pflegers verpflichtet, sondern entscheidet darüber vielmehr nach pflichtgemäßem **Ermessen**.

26 Beschließt das Nachlassgericht nach § 38 die **Anordnung** der Abwesenheitspflegschaft iSd. § 364, kann der abwesende Beteiligte[2] dagegen nach §§ 58 Abs. 1, 63 Abs. 1 binnen einer Frist von einem Monat Beschwerde einlegen.

27 Lehnt das Nachlassgericht die Pflegerbestellung ab, ist gegen den **Ablehnungsbeschluss** nach § 38 für die übrigen Beteiligten,[3] die dann, wenn das Auseinandersetzungsverfahren mangels Pflegschaft für einen abwesenden Beteiligten nicht oder nur verzögert betrieben werden kann, in ihren Rechten beeinträchtigt werden, nach §§ 58 Abs. 1, 63 Abs. 1 innerhalb einer Frist von einem Monat das Rechtsmittel der Beschwerde eröffnet. Hierbei ist jedoch zu beachten, dass dem Nachlassgericht auf Grund des Wortlauts des § 364 ein Ermessensspielraum zusteht und die Ablehnungsentscheidung daher lediglich auf Ermessensfehl- oder Ermessensnichtgebrauch überprüft werden kann. Ergänzend kann die Bestellung eines Pflegers durch das Betreuungsgericht nach § 1911 BGB angeregt werden (dazu oben Rz. 20), für die kein gerichtlicher Ermessensspielraum besteht.

§ 365
Ladung

(1) Das Gericht hat den Antragsteller und die übrigen Beteiligten zu einem Verhandlungstermin zu laden. Die Ladung durch öffentliche Zustellung ist unzulässig.

(2) Die Ladung soll den Hinweis darauf enthalten, dass ungeachtet des Ausbleibens eines Beteiligten über die Auseinandersetzung verhandelt wird und dass die Ladung zu dem neuen Termin unterbleiben kann, falls der Termin vertagt oder ein neuer Termin

1 Jansen/*Müller-Lukoschek*, § 88 FGG Rz. 10; *Bassenge*/Roth, § 88 FGG Rz. 4.
2 *Bassenge*/Roth, § 88 FGG Rz. 5 zur einfachen Beschwerde unter Geltung des FGG.
3 *Bassenge*/Roth, § 88 FGG Rz. 5 zur einfachen Beschwerde unter Geltung des FGG.

zur Fortsetzung der Verhandlung anberaumt werden sollte. Sind Unterlagen für die Auseinandersetzung vorhanden, ist in der Ladung darauf hinzuweisen, dass die Unterlagen auf der Geschäftsstelle eingesehen werden können.

A. Allgemeines

I. Entstehung

1 Die Vorschrift **entspricht** der früheren Regelung des § 89 FGG. Die zuvor in § 90 FGG normierte Ladungsfrist wurde in den Allgemeinen Teil ausgegliedert und dort durch § 32 unter teilweiser Weiterverweisung auf die Regelungen der ZPO ersetzt.

II. Systematik

2 § 365 regelt die **Einleitung** des Auseinandersetzungsverfahrens durch Anberaumung eines Termins und Ladung der Beteiligten. Abs. 1 verpflichtet das Nachlassgericht dabei dazu, den Antragsteller und die übrigen Beteiligten zu einem Verhandlungstermin zu laden, wobei die Ladung durch öffentliche Zustellung unzulässig ist. Nach Abs. 2 soll in der Ladung auf Versäumnisfolgen dergestalt hingewiesen werden, dass trotz Ausbleibens eines Beteiligten über die Auseinandersetzung verhandelt wird und eine Ladung zu einem neuen Termin dann unterbleiben kann, wenn der Termin vertagt oder ein neuer Termin zur Fortsetzung der Verhandlung anberaumt werden sollte. Weiter ist in der Ladung bei Vorhandensein von Auseinandersetzungsunterlagen auf die Möglichkeit zur Einsicht derselben auf der Geschäftsstelle hinzuweisen. Die Ladungsfrist ist nunmehr in § 32 Abs. 2 geregelt.

III. Normzweck

3 Die Vorschrift hat die Aufgabe, durch förmliche Anforderungen an die Ladung sicherzustellen, dass die Beteiligten den Verhandlungstermin wahrnehmen können und damit ihr verfassungsrechtlich garantierter Anspruch auf **rechtliches Gehör** verwirklicht wird.

B. Inhalt der Vorschrift

I. Zuständigkeit

4 Zur jeweiligen Zuständigkeit in Teilungssachen, insbesondere der **Amtsgerichte** bzw. in Baden-Württemberg der staatlichen Notariate als Nachlassgericht (sachlich) und des **Rechtspflegers** (funktionell), vgl. § 363 Rz. 4 ff.

II. Beteiligteneigenschaft

5 Für das Verfahren in Teilungssachen ist im Gegensatz zur Regelung des § 345 in Nachlassangelegenheiten keine spezielle Beteiligtendefinition normiert. Daher richtet sich die Beteiligteneigenschaft nach § 7 im **Allgemeinen Teil.**[1] Originär Beteiligter ist der tatsächliche Antragsteller nach § 7 Abs. 1, Beteiligter kraft zwingender gerichtlicher Hinzuziehung nach § 7 Abs. 2 Nr. 1 auf Grund unmittelbarer Betroffenheit ihrer Rechte durch das Vermittlungsverfahren sind insbesondere Erben, Erbteilserwerber, Erbeserben, Pfandrechts-, Pfändungspfandrechts- oder Nießbrauchsberechtigte an Erbteilen. Einzelheiten dazu vgl. § 363 Rz. 18 f.

III. Gerichtliche Ladung

1. Ladungsform

6 Da die Ladung eine Terminsbestimmung enthält und den Lauf der durch § 32 Abs. 2 vorgesehenen angemessenen Ladungsfrist auslöst, ist sie nach § 15 Abs. 1 bekannt zu geben. Eine öffentliche Zustellung ist nach Abs. 1 Satz 2 anders als bei der Bekanntgabe nach § 366 Abs. 3[2] unzulässig. Die **Bekanntgabe** erfolgt daher nach § 15 Abs. 2 durch alle anderen Zustellungsformen iVm. den §§ 166 bis 184 bzw. 189 bis 195 ZPO bzw. durch Übergabe unter Anschrift des Adressaten zur Post.

7 Scheitert eine Ladung daran, dass sie ausschließlich durch eine nach Abs. 1 Satz 2 unzulässige öffentliche Zustellung bewirkt werden könnte, hat das Nachlassgericht nach § 364 einen **Abwesenheitspfleger** zu bestellen.[3]

8 Die Ladung ist **entbehrlich**, wenn alle Beteiligten gleichwohl vor dem Nachlassgericht erscheinen und in ihrer Anwesenheit verhandelt wird.[4] Erscheint trotz Fehlens einer ordnungsgemäßen Ladung nur ein Teil der Beteiligten, ergeben sich daraus für die Nichterschienenen keine Nachteile, insbesondere keine Versäumnisfolgen nach § 366 Abs. 3.[5]

2. Ladungsinhalt

a) Zwingender Inhalt

9 Aus Abs. 1 ergibt sich, dass die Ladung neben der geladenen Person den genauen Termin und Ort der Verhandlung zu benennen hat. Zwingend ist darüber hinaus in

1 *Fröhler*, BWNotZ 2008, 183 (188).
2 Jansen/*Müller-Lukoschek*, § 89 FGG Rz. 2.
3 Keidel/*Winkler*, § 89 FGG Rz. 2.
4 BayObLG v. 25.6.1903 – I. ZS Reg. III 48/1903, BayObLGZ 1904, 500 (504); KG v. 5.2.1920 – 1. ZS weiteres Az. n.v., OLGR 41, 17.
5 Keidel/*Winkler*, § 90 FGG Rz. 2.

Abs. 2 Satz 2 angeordnet, dass dann, wenn Unterlagen für die Auseinandersetzung vorhanden sind, in der Ladung darauf hingewiesen werden muss, diese Unterlagen auf der Geschäftsstelle einsehen zu können. Ein Verstoß hiergegen lässt die Ladung unwirksam werden, schließt eventuelle Versäumnisfolgen aus und macht das gesamte Verfahren noch bis vor Eintritt der Rechtskraft des Bestätigungsbeschlusses **anfechtbar**.[1]

b) Sollregelungen

Nach Abs. 2 Satz 1 soll die Ladung zudem den Hinweis darauf enthalten, dass über die Auseinandersetzung ungeachtet des Ausbleibens eines Beteiligten verhandelt wird und die Ladung zu dem neuen Termin unterbleiben kann, falls der Termin vertagt oder ein neuer Termin zur Fortsetzung der Verhandlung anberaumt werden sollte. Da es sich hierbei im Gegensatz zu dem in Abs. 2 Satz 2 enthaltenen Hinweis auf Unterlageneinsicht um keinen zwingenden Ladungsinhalt handelt, bleibt eine Nichtbeachtung durch das Gericht **folgenlos**.[2] 10

Gleiches gilt, wenn den übrigen Beteiligten der verfahrenseinleitende **Antrag** nicht übermittelt wird, da die frühere diesbezüglich zwingende Anordnung nach § 89 Satz 1 FGG nunmehr durch die im Allgemeinen Teil platzierte Sollregelung des § 23 Abs. 2 ersetzt worden ist. 11

3. Ladungsfrist

Nach § 32 Abs. 2 soll zwischen Ladung und Termin eine **angemessene** Frist liegen. Diese Regelung ersetzt die früher durch § 90 Abs. 1 FGG angeordnete zweiwöchige Mindestfrist, ohne auf die Dreitagesfrist aus § 217 ZPO zu verweisen oder eine andere Frist zu beziffern. Zum Begriff der Angemessenheit vgl. § 32 Rz. 25 f. 12

Die Ladungsfrist kann durch **einvernehmliche Vereinbarung** aller Beteiligten mit der Folge verkürzt werden, dass sodann bei Überschreiten dieser kürzeren Frist – trotz Wahrung der ursprünglich angeordneten längeren Frist – die gesetzlichen Versäumnisfolgen nach §§ 366 Abs. 3, 368 Abs. 2 ausgelöst werden.[3] 13

Eine **Ladungsfristverletzung** schließt den Eintritt derartiger Versäumnisfolgen aus und gebietet eine erneute Verfahrenseinleitung durch Ladung zu einem neuen ersten Termin, sofern der betroffene Beteiligte nicht gleichwohl erscheint, sich auf die Verhandlung einlässt und dadurch sein Rügerecht verliert.[4] Verstößt das Nachlassgericht auch hiergegen, bleibt dem betroffenen Beteiligten ausschließlich das Rechtsmittel der insoweit auf die Rüge von Verfahrensmängeln beschränkten (vgl. dazu § 372 Rz. 16) Beschwerde gegen den Bestätigungsbeschluss nach § 372 Abs. 2 iVm. §§ 58 Abs. 1, 63 Abs. 1, ohne die Ladung isoliert anfechten zu können.[5] 14

1 Keidel/*Winkler*, § 89 FGG Rz. 4.
2 Jansen/*Müller-Lukoschek*, § 89 FGG Rz. 5; Keidel/*Winkler*, § 89 FGG Rz. 5.
3 Jansen/*Müller-Lukoschek*, § 90 FGG Rz. 1; Keidel/*Winkler*, § 90 FGG Rz. 1.
4 Jansen/*Müller-Lukoschek*, § 90 FGG Rz. 2.
5 Jeweils zur früheren Anfechtbarkeit des Bestätigungsbeschlusses mit der sofortigen Beschwerde nach § 96 FGG: *Bassenge*/Roth, § 90 FGG Rz. 1 iVm. § 96 FGG Rz. 2; Jansen/*Müller-Lukoschek*, § 90 FGG Rz. 1; aA Bumiller/*Winkler*, § 90 FGG Rz. 5: Beschwerde gegen die Ladungsverfügung, nach gleichwohl stattfindender Verhandlung sofortige Beschwerde gegen den Bestätigungsbeschluss.

4. Zu ladende Personen

15 Das Gericht muss den Antragsteller, alle übrigen **Beteiligten** und ggf. deren gesetzlichen bzw. rechtsgeschäftlichen **Vertreter** (vgl. dazu § 363 Rz. 18) laden. Ein Erscheinen im Verhandlungstermin kann nicht zwangsweise durchgesetzt werden.[1]

5. Nichterscheinen eines ordnungsgemäß geladenen Beteiligten

16 Erscheint ein Beteiligter trotz ordnungsgemäßer Ladung zu dem Termin nicht, kann die Verhandlung gleichwohl **ohne ihn** stattfinden und, soweit sie in diesem Termin nicht zu Ende geführt werden kann, in einem neuen Termin fortgesetzt werden, zu dem dieser Beteiligte nicht geladen werden muss. Da der Beteiligte jedoch nach den §§ 366 Abs. 3 und 4, 367, 368 Abs. 2 ggf. die Anberaumung eines neuen Termins beantragen kann, spricht viel dafür, dass das Gericht den Termin zur Vermeidung weiterer späterer Verzögerungen direkt verlegt und den Beteiligten zu dem neuen Termin lädt.[2]

6. Vertagung

17 Nach § 32 Abs. 1 iVm. §§ 227 Abs. 4, 218 ZPO wird eine Vertagung entsprechend dem Hinweis nach § 365 Abs. 2 Satz 1 durch **Verkündung** und damit ohne Ladung bekannt gemacht, wenn alle Beteiligte zu dem ersten Termin ordnungsgemäß geladen oder unter gleichzeitiger Einlassung auf die Verhandlung erschienen sind.[3] Selbst wenn trotz Verkündung eine unnötige Ladung erfolgt, muss keine Ladungsfrist eingehalten werden.[4]

18 Eine Vertagung ist die Beendigung eines bereits begonnenen Termins vor dessen Schluss unter gleichzeitiger Bestimmung eines **neuen** (Fortsetzungs-)**Termins.**[5]

§ 366
Außergerichtliche Vereinbarung

(1) Treffen die erschienenen Beteiligten vor der Auseinandersetzung eine Vereinbarung, insbesondere über die Art der Teilung, hat das Gericht die Vereinbarung zu beurkunden. Das Gleiche gilt für Vorschläge eines Beteiligten, wenn nur dieser erschienen ist.

(2) Sind alle Beteiligten erschienen, hat das Gericht die von ihnen getroffene Vereinbarung zu bestätigen. Dasselbe gilt, wenn die nicht erschienenen Beteiligten ihre Zustimmung zu einer gerichtlichen Niederschrift oder in einer öffentlich beglaubigten Urkunde erteilen.

(3) Ist ein Beteiligter nicht erschienen, hat das Gericht, wenn er nicht nach Absatz 2 Satz 2 zugestimmt hat, ihm den ihn betreffenden Inhalt der Urkunde bekannt zu geben und ihn gleichzeitig zu benachrichtigen, dass er die Urkunde auf der Geschäftsstelle einsehen und eine Abschrift der Urkunde fordern kann. Die Bekanntgabe muss den Hin-

---

1 Bumiller/*Winkler*, § 89 FGG Rz. 3.
2 Bumiller/*Winkler*, § 89 FGG Rz. 7.
3 Zöller/*Stöber*, § 218 ZPO Rz. 1.
4 BGH v. 8.1.1964 – VIII ZR 123/62, NJW 1964, 658 (659); Zöller/*Stöber*, § 218 ZPO Rz. 1; aA Stein/Jonas/*Roth*, § 218 ZPO Rz. 1.
5 BGH v. 20.3.2003 – IX ZB 388/02, Rpfleger 2003, 458 (460).

weis enthalten, dass sein Einverständnis mit dem Inhalt der Urkunde angenommen wird, wenn er nicht innerhalb einer von dem Gericht zu bestimmenden Frist die Anberaumung eines neuen Termins beantragt oder wenn er in dem neuen Termin nicht erscheint.

(4) Beantragt der Beteiligte rechtzeitig die Anberaumung eines neuen Termins und erscheint er in diesem Termin, ist die Verhandlung fortzusetzen; anderenfalls hat das Gericht die Vereinbarung zu bestätigen.

A. Allgemeines

I. Entstehung

Die Vorschrift **übernimmt** im Wesentlichen den Regelungsgehalt des früheren § 91 FGG. Die frühere Terminologie der Bekanntmachung wurde der neuen Terminologie der Bekanntgabe iSd. § 15 Abs. 1 angepasst. 1

II. Systematik

Die Vorschrift regelt in Abs. 1 die Verpflichtung des Gerichts zur Beurkundung einer von den erschienenen Beteiligten vor Auseinandersetzung getroffenen **Vereinbarung** und für Vorschläge eines alleine erschienenen Beteiligten. Nach Abs. 2 muss das Gericht, wenn alle Beteiligten erschienen sind oder die nicht erschienenen Beteiligten ihre Zustimmung in bestimmter Form erteilt haben, die von ihnen getroffene Vereinbarung bestätigen. Abs. 3 regelt die Rechte nicht erschienener Beteiligter, die einer getroffenen Vereinbarung nicht formgerecht zugestimmt haben. Danach muss das Gericht diesen Beteiligten den sie betreffenden Inhalt unter gleichzeitiger Benachrichtigung über ihre Rechte auf Einsicht und Abschrift der betroffenen Urkunde bekannt geben. Zugleich muss auf die Versäumnisfolgen hingewiesen werden, die darin bestehen, dass das Einverständnis eines nicht erschienenen Beteiligten mit dem Inhalt der Urkunde angenommen wird, wenn er nicht innerhalb einer vom Gericht zu bestimmenden Frist die Anberaumung eines neuen Termins beantragt oder in dem 2 neuen Termin nicht erscheint. Die Regelung sieht in Abs. 4 ergänzend die gerichtliche Bestätigung der Vereinbarung bei nicht rechtzeitiger Beantragung eines neuen Termins oder bei Nichterscheinen des ursprünglich nicht anwesenden Beteiligten in diesem Termin, andernfalls die Fortsetzung der Verhandlung vor. § 367 ergänzt die Vorschrift durch eine Wiedereinsetzungsregelung.

III. Normzweck

3 Durch die Vorschrift wird die Möglichkeit eröffnet, die endgültige inhaltliche Auseinandersetzung iSd. § 368 durch eine Vereinbarung über die Art und Weise der Teilung **vorzubereiten**. Dabei sieht das Gesetz einen Kompromiss zwischen dem Ziel einer zügigen Auseinandersetzungsvermittlung einerseits und Verwirklichung des rechtlichen Gehörs nicht erschienener Beteiligter andererseits durch Anordnung bestimmter Versäumnisfolgen vor.

B. Inhalt der Vorschrift

I. Zuständigkeit

4 Zur jeweiligen Zuständigkeit in Teilungssachen, insbesondere der **Amtsgerichte** bzw. in Baden-Württemberg der staatlichen Notariate als Nachlassgericht (sachlich) und des **Rechtspflegers** (funktionell), vgl. § 363 Rz. 4 ff.

II. Beteiligteneigenschaft

5 Für das Verfahren in Teilungssachen ist im Gegensatz zur Regelung des § 345 in Nachlassangelegenheiten keine spezielle Beteiligtendefinition normiert. Daher richtet sich die Beteiligteneigenschaft nach § 7 im **Allgemeinen Teil**.[1] Originär Beteiligter ist der tatsächliche Antragsteller nach § 7 Abs. 1, Beteiligter kraft zwingender gerichtlicher Hinzuziehung nach § 7 Abs. 2 Nr. 1 auf Grund unmittelbarer Betroffenheit ihrer Rechte durch das Vermittlungsverfahren sind insbesondere Erben, Erbteilserwerber, Erbeserben, Pfandrechts-, Pfändungspfandrechts- oder Nießbrauchsberechtigte an Erbteilen. Einzelheiten dazu vgl. § 363 Rz. 18 f.

III. Beurkundung außergerichtlicher Vereinbarungen bzw. Vorschläge

1. Abgrenzung zur späteren Auseinandersetzung

6 Gegenstand einer außergerichtlichen Vereinbarung oder eines außergerichtlichen Vorschlags nach § 366 sind **vorbereitende Maßnahmen**, die selbst noch keine Auseinandersetzung im engeren Sinne darstellen. Hierzu gehören insbesondere Regelungen über die Bestandserfassung des Nachlasses sowie dessen Bewertung, des Weiteren die Entscheidung, ob die Teilung durch Los nach § 369, öffentliche Versteigerung, freihändigen Verkauf bzw. Übernahme durch einen oder mehrere Erben erfolgen soll, die Modalitäten einer eventuellen erbrechtlichen Ausgleichspflicht nach den §§ 2050, 2052 BGB, der Umgang mit Nachlassverbindlichkeiten etc.[2] Wer hingegen welchen

1 *Fröhler*, BWNotZ 2008, 183 (188).
2 Jansen/*Müller-Lukoschek*, § 91 FGG Rz. 1; *Bassenge*/Roth, § 91 FGG Rz. 3.

Nachlassgegenstand erhält, wird erst in der eigentlichen Auseinandersetzung nach § 368 vereinbart.[1]

Denkbar ist auch, während **desselben Termins** zunächst die vorbereitenden Maßnahmen nach § 366 und sodann die Auseinandersetzung nach § 368 zu vereinbaren. Ein in diesem Termin nicht erschienener Beteiligter muss die Versäumnisfolgen des § 368 Abs. 2 hinsichtlich der Auseinandersetzungsvereinbarung jedoch nur dann gegen sich gelten lassen, wenn die Ladung als Terminsgegenstand neben der Verhandlung vorbereitender Maßnahmen auch die Vereinbarung der Auseinandersetzung benennt.[2] 7

Schließlich kann auf die Vereinbarung vorbereitender Maßnahmen auch ganz **verzichtet** und direkt ausschließlich die Auseinandersetzung beurkundet werden.[3] 8

2. Außergerichtliche Vereinbarung

a) Erscheinen von Beteiligten

Um eine außergerichtliche Vereinbarung beurkunden zu können, müssen nach Abs. 1 Satz 1 **mehrere** Beteiligte erscheinen und sich allesamt einig sein. Für die Beurkundung der Vereinbarung ist anders als für die spätere Bestätigung, die nach § 371 Abs. 2 Vollstreckungsgrundlage ist, ohne Bedeutung, ob weitere Beteiligte nicht erschienen sind, soweit sich nur alle erschienenen Beteiligten einigen. Eine Einigung aller erschienenen Beteiligten ist daher auch dann als Vereinbarung nach Satz 1 und nicht als Vorschlag nach Satz 2 zu beurkunden, wenn es weitere Beteiligte gibt, die nicht erschienen sind.[4] Das Nichterscheinen weiterer Beteiligter hat alleine Auswirkung darauf, ob bzw. wann der Bestätigungsbeschluss nach Abs. 2 ergehen kann. 9

b) Einvernehmliche Vereinbarung

Alle erschienenen Beteiligten müssen sich über die in Rede stehenden vorbereitenden Maßnahmen **einigen**. 10

Hieran fehlt es jedoch bei einem **Widerspruch** auch nur eines von mehreren erschienenen Beteiligten (vgl. dazu Rz. 14 f.). 11

Im Streitfalle bzw. bei Nichteinigung trotz Anwesenheit aller Beteiligter ist darüber nach § 370 eine Niederschrift aufzunehmen und das Verfahren bis zur Erledigung der Streitpunkte **auszusetzen** (vgl. dazu § 370 Rz. 16 ff.). 12

Verlässt ein Beteiligter vor Verhandlungsabschluss einen von ihm zunächst wahrgenommenen Termin freiwillig bzw. wegen einer sitzungspolizeilichen Verweisung ohne Abgabe einer eigenen Erklärung oder lässt sich ein Beteiligter trotz gerichtlich angeordneten persönlichen Erscheinens im Termin vertreten, gilt er hingegen als nicht erschienen.[5] Dies steht der Beurkundung einer durch die erschienenen übrigen Beteiligten einvernehmlich getroffenen Vereinbarung anders als im Widerspruchsfall nicht entgegen. 13

---

1 Bumiller/*Winkler*, § 91 FGG Rz. 3.
2 OLG Darmstadt v. 28.5.1915 – I. ZS W 124/15, DJZ 1916, 999; OLG Dresden v. 25.1.1919 – 6. ZS Az. ist nicht veröffentlicht, OLGR 40, 24 (25); Keidel/*Winkler*, § 91 FGG Rz. 2.
3 *Bracker*, MittBayNot 1984, 114 (116).
4 Ebenso Jansen/*Müller-Lukoschek*, § 91 FGG Rz. 17; Keidel/*Winkler*, § 91 FGG Rz. 5 und 13.
5 Jansen/*Müller-Lukoschek*, § 91 FGG Rz. 16; Keidel/*Winkler*, § 91 FGG Rz. 17 und 18; Firsching/*Graf*, Rz. 4.917.

c) Widerspruch

14 Ein Widerspruch ist nur dann wirksam, wenn er vor dem Nachlassgericht oder einem von diesem ersuchten Gericht **mündlich** erklärt wurde. Ein auf andere Weise, insbesondere ausschließlich schriftlich erklärter Widerspruch ist unbeachtlich und steht der Vereinbarungsbeurkundung nicht entgegen.[1]

15 Ein erschienener Beteiligter widerspricht auch dadurch, dass er **schweigt** bzw. sich nicht zur Sache erklärt, das Beurkundungsprotokoll nicht unterschreibt oder trotz gerichtlicher Aufforderung notwendige Genehmigungen bzw. Vollmachtsbestätigungen nicht vorlegt.[2] In einem derartigen Fall darf eine Vereinbarung der übrigen erschienenen Beteiligten nicht beurkundet werden.

3. Außergerichtlicher Vorschlag

16 Erscheint nur ein **einziger** Beteiligter, hat das Nachlassgericht nach Abs. 1 Satz 2 dessen Vorschlag über vorbereitende Maßnahmen zu beurkunden. Aus vorstehend unter Rz. 13 genannten Gründen steht dem gleich, dass ein weiterer Beteiligter vor Verhandlungsabschluss einen von ihm zunächst wahrgenommenen Termin ohne Abgabe einer eigenen Erklärung verlässt.

4. Gerichtliche Beurkundungsverpflichtung

17 Liegen die Voraussetzungen nach Abs. 1 Satz 1 bzw. Satz 2 vor, **muss** das Nachlassgericht die Vereinbarung bzw. den Vorschlag beurkunden. Dies gilt selbst dann, wenn sich das Ergebnis als offensichtlich unbillig darstellt, während die Beurkundung bei Verstoß gegen gesetzliche Verbote iSd. § 134 BGB bzw. gegen die guten Sitten verweigert werden darf.[3]

18 Wurde bei Erscheinen mehrerer Beteiligter **teilweise keine Einigung** erzielt, muss ebenfalls mitprotokolliert werden, inwieweit keine Einigung erzielt wurde.

5. Bindung erschienener Beteiligter

19 Ein Beteiligter, der im ursprünglichen Termin erschienen war oder nach Abs. 2 Satz 2 zugestimmt hat, kann seine der beurkundeten Vereinbarung zugrunde liegende Erklärung bis zu einer wirksamen Ablehnung der Bestätigung durch das Nachlassgericht **nicht einseitig widerrufen**.[4] Dies ändert sich auch während des Schwebezustandes im Versäumnisverfahren bis zu dem Zeitpunkt nicht, in dem ein ursprünglich noch nicht erschienener Beteiligter in einem nach § 366 Abs. 4 anberaumten Termin der Vereinbarung widerspricht bzw. einen abweichenden Vorschlag macht.[5]

20 Entsprechendes gilt für einen beurkundeten **Vorschlag** nach Abs. 1 Satz 2, zu dem ebenfalls nach Abs. 3 das Einverständnis der anderen Beteiligten fingiert werden kann,

---

1 BayObLG v. 25.6.1903 – Az. ist nicht veröffentlicht, RJA 4, 14 (17); *Firsching*, DNotZ 1952, 117 (119); Keidel/*Winkler*, § 91 FGG Rz. 10; *Bassenge*/Roth, § 91 FGG Rz. 3; aA OLG Köln v. 22.3.1950 – 2 W 1/50, DNotZ 1951, 524.

2 Firsching/*Graf*, Rz. 4.947.

3 Keidel/*Winkler*, § 91 FGG Rz. 13.

4 Jansen/*Müller-Lukoschek*, § 91 FGG Rz. 21.

5 KG v. 14.11.1918 – 1. ZS. Az. ist nicht veröffentlicht, OLGR 40, 26; KG v. 5.4.1906 – 1 J 320/06, KGJ 32, 110 (112); *Bassenge*/Roth, § 91 FGG Rz. 10.

da letztlich maßgeblich ist, dass das Verfahren auch auf dieser Grundlage abgeschlossen werden kann.[1]

6. Beurkundungsform

Die Beurkundung nach Abs. 1 erfolgt zu Protokoll des Nachlassgerichts und ist wesentlicher Bestandteil des gerichtlichen Auseinandersetzungsverfahrens. Das **Beurkundungsgesetz** ist daher zwar nicht direkt, aber entweder nach § 1 Abs. 2 BeurkG, da Willenserklärungen beurkundet werden, entsprechend anwendbar[2] oder zumindest insoweit mitzuberücksichtigen, als dies – wie zB hinsichtlich der §§ 6 bis 16, 22 bis 26 BeurkG – sachdienlich ist.[3] 21

Wesentliche Bedeutung kommt vor allem § 13 BeurkG zu. Danach ist das **Protokoll** von den Beteiligten zu genehmigen und zu unterschreiben sowie durch die beurkundende Person zu unterschreiben. 22

Die Ausschließung und **Ablehnung** von Gerichtspersonen richtet sich nach den §§ 6, 10 RPflG sowie den §§ 3, 6 und 7 BeurkG.[4] 23

IV. Bestätigung einer außergerichtlichen Vereinbarung

1. Überblick

Das Nachlassgericht **muss** eine im Einvernehmen aller erschienenen Beteiligten nach Abs. 1 Satz 1 getroffene Vereinbarung bestätigen, wenn entweder alle Beteiligten erschienen sind (Abs. 2 Satz 1) oder alle nicht erschienenen Beteiligten ihre Zustimmung erteilt haben (Abs. 2 Satz 2) bzw. dies gesetzlich fingiert wird (Abs. 3 Satz 2 bzw. Abs. 4 Halbs. 2). 24

Eine Zustimmung bedarf der nach Abs. 2 Satz 2 vorgeschriebenen **Form** und muss daher entweder zu Protokoll des Nachlassgerichts oder in öffentlich beglaubigter Form iSd. § 129 BGB erklärt werden. Sie kann sowohl vor als auch nach der Beurkundung der Vereinbarung erteilt werden.[5] 25

Entsprechendes gilt für einen nach Abs. 1 Satz 2 beurkundeten **Vorschlag** des einzigen Erschienenen von insgesamt mehreren Beteiligten, wenn alle anderen Beteiligten ihre Zustimmung erteilt haben (Abs. 2 Satz 2) bzw. dies gesetzlich fingiert wird (Abs. 3 Satz 2 bzw. Abs. 4 Halbs. 2). Der Vorschlag wird durch Abs. 1 Satz 2 einer Vereinbarung gleichgestellt, ist dann zu bestätigen und schließt das Verfahren ab (vgl. dazu oben Rz. 16). 26

Das Gericht hat daher nach Vorliegen der Voraussetzungen keinen Ermessensspielraum dafür, ob es den Bestätigungsbeschluss erteilt. Soweit jedoch alle Beteiligten auf die Bestätigung verzichten, gilt dies als **Zurücknahme** des Vermittlungsantrages, beendet das gesamte Verfahren und führt dazu, dass ein Bestätigungsbeschluss unterbleiben kann.[6] 27

---

1 Dazu Jansen/*Müller-Lukoschek*, § 91 FGG Rz. 17.
2 So Jansen/*Müller-Lukoschek*, § 91 FGG Rz. 4.
3 So *Winkler*, DNotZ 1971, 346; Bumiller/*Winkler*, § 91 FGG Rz. 9; aA Firsching/*Graf*, Teil 4, Fn. 1098: bei Beurkundung durch Gericht statt BeurkG FGG und Landesrecht.
4 Dazu ausführlich Jansen/*Müller-Lukoschek*, § 91 FGG Rz. 6.
5 Bumiller/*Winkler*, § 91 FGG Rz. 8.
6 Keidel/*Winkler*, § 91 FGG Rz. 35.

2. Form

28 Die Bestätigung erfolgt gem. § 38 Abs. 1 durch **Beschluss**. Dies ergibt sich zudem aus § 372 Abs. 2.

3. Prüfungsumfang

29 Die Bestätigung bezeugt als gerichtliche Feststellung das **gesetzeskonforme Zustandekommen** der Vereinbarung unter Beachtung der Verbotsgesetze und guten Sitten, erfolgt im Übrigen jedoch ohne inhaltliche Billigkeitsprüfung.[1] Dabei sind insbesondere die Erteilung aller etwa erforderlichen Genehmigungen, für die ergänzend § 368 Abs. 3 zu beachten ist, sowie die förmlichen Anforderungen vor allem an Ladung und Bekanntgabe bei Zustimmungsfiktionen im Versäumnisverfahren sorgfältig zu prüfen.[2] Ist die Vereinbarung trotz eines entsprechenden Gesetzesverstoßes rechtswidrigerweise beurkundet worden, darf die Bestätigung, soweit derartige Hindernisse noch immer bestehen, nicht erteilt werden.[3]

4. Bekanntgabe

30 Der Bestätigungsbeschluss ist gem. § 15 Abs. 1 im Hinblick auf seine befristete Anfechtbarkeit nach §§ 58 Abs. 1, 63 Abs. 1 förmlich bekannt zu geben. Hierauf kann **nicht** wirksam **verzichtet** werden.[4]

5. Rechtsmittel

31 Gegen die **Erteilung** des Bestätigungsbeschlusses ist nach §§ 58 Abs. 1, 63 Abs. 1 die allgemeine Beschwerde eröffnet.[5] Nach § 372 Abs. 2 kann diese nur darauf gegründet werden, dass die Vorschriften über das Verfahren nicht beachtet wurden. Mit Rechtskraft ist der Bestätigungsbeschluss nach § 371 für alle Beteiligten verbindlich und vollstreckbar. Wurde gegen den Bestätigungsbeschluss Rechtsmittel eingelegt, ist dessen Rechtskraft Voraussetzung für die Verhandlung über die Auseinandersetzung nach § 368.[6]

32 Gegen die **Ablehnung** des Bestätigungsbeschlusses ist nach den §§ 58 Abs. 1, 63 Abs. 1 ebenfalls die allgemeine Beschwerde eröffnet.[7]

V. Versäumnisverfahren

1. Weder erschienen noch zugestimmt

33 Nach Abs. 3 wird bezüglich desjenigen Beteiligten ein Versäumnisverfahren **eingeleitet**, der weder zum Termin erschienen ist noch einer Vereinbarung förmlich iSd. Abs. 2 Satz 2 zugestimmt hat. Als nicht erschienen gilt dabei auch ein Beteiligter, der

1 Keidel/*Winkler*, § 91 FGG Rz. 36.
2 Keidel/*Winkler*, § 91 FGG Rz. 36.
3 Jansen/*Müller-Lukoschek*, § 91 FGG Rz. 13.
4 *Seeger*, AcP 126, 253 (254); Keidel/*Winkler*, § 91 FGG Rz. 37.
5 Begr. zum GesetzE der BReg. zu § 372 Abs. 1, BT-Drucks. 16/6308, S. 284.
6 Keidel/*Winkler*, § 91 FGG Rz. 9.
7 Keidel/*Winkler*, § 91 FGG Rz. 38 zu § 19 FGG.

vor Verhandlungsabschluss einen von ihm zunächst wahrgenommenen Termin freiwillig bzw. wegen einer sitzungspolizeilichen Verweisung ohne Abgabe einer eigenen Erklärung verlässt oder sich trotz gerichtlich angeordneten persönlichen Erscheinens im Termin vertreten lässt.[1]

Eine **Zustimmung** nach Abs. 2 Satz 2 muss entweder zu einer gerichtlichen Niederschrift, somit zu Protokoll des Nachlassgerichts oder eines von diesem ersuchten Gerichts,[2] oder iSd. § 129 BGB öffentlich beglaubigt erteilt werden. Eine Erklärung gegenüber den anderen Beteiligten ist nicht erforderlich.[3] Aus § 129 Abs. 2 BGB folgt, dass eine notarielle Beurkundung die öffentliche Beglaubigung ersetzt. Soweit die Form gewahrt wird, kann bereits vor dem Termin wirksam zugestimmt werden.[4] 34

Wer in seiner **Geschäftsfähigkeit beschränkt** ist und keinen Vertreter hat, kann nicht iSd. § 366 Abs. 3 säumig werden.[5] Ist ein Beteiligter wirksam vertreten, kommt es nach § 166 Abs. 1 BGB auf die Person des Vertreters an.[6] 35

Das Verfahren **ruht** hingegen, wenn im ersten Termin kein Beteiligter erscheint.[7] 36

2. Bekanntgabe und Benachrichtigung

Das Nachlassgericht hat dem säumigen Beteiligten nach Abs. 3 den ihn betreffenden Inhalt der Urkunde (Vereinbarung bzw. Vorschlag), die Nachricht über dessen Rechte auf Urkundeneinsicht sowie -abschriftsanforderung, den Hinweis auf die Versäumnisfolgen nach Satz 2 und die Frist zur Beantragung einer neuen Terminsanberaumung gem. § 15 Abs. 1 durch Zustellung nach den §§ 166 bis 195 ZPO oder durch Aufgabe zur Post unter der Anschrift des Adressaten **bekannt zu geben**. 37

Anders als bei der Ladung der Beteiligten (vgl. § 365 Abs. 1 Satz 2) ist nunmehr auch **öffentliche Zustellung zulässig**. 38

Die Fristbestimmung für die Beantragung einer neuen Terminsanberaumung liegt im gerichtlichen **Ermessen**. Die Frist kann verlängert werden. Der diesbezügliche Beschluss ist als typische Zwischenentscheidung[8] sowohl durch den säumigen Adressaten als auch durch die anderen Beteiligten[9] nach § 372 Abs. 1 mit der sofortigen Beschwerde entsprechend den §§ 567 bis 572 ZPO anfechtbar (vgl. dazu § 372 Rz. 10 ff.). 39

Verstößt die Bekanntgabe gegen eine der Vorgaben aus Abs. 3, muss der nicht erschienene Beteiligte selbst dann **keine Versäumnisfolgen** hinnehmen, wenn er sich nicht erklärt.[10] 40

---

1 Jansen/*Müller-Lukoschek*, § 91 FGG Rz. 16; Keidel/*Winkler*, § 91 FGG Rz. 17 und 18; Firsching/*Graf*, Rz. 4.947.
2 Keidel/*Winkler*, § 91 FGG Rz. 15.
3 RG v. 24.1.1908 – Az. n.v., DNotZ 1912, 33.
4 KG v. 5.10.1916 – 1. X 249/16, KGJ 49, 88 (91) unter Berufung auf die Streichung des im ursprünglichen GesetzE zu § 89 Abs. 1 FGG noch enthaltenen Zusatzes „nachträglich".
5 Keidel/*Winkler*, § 91 FGG Rz. 30a.
6 Keidel/*Winkler*, § 91 FGG Rz. 30b.
7 Keidel/*Winkler*, § 91 FGG Rz. 39.
8 Begr. zum GesetzE der BReg. zu § 372 Abs. 1, BT-Drucks. 16/6308, S. 284.
9 Jansen/*Müller-Lukoschek*, § 91 FGG Rz. 23; Keidel/*Winkler*, § 91 FGG Rz. 25.
10 BayObLG v. 16.1.1926 – Re. III Nr. 23/1926, BayObLGZ 1925, 126 (128).

3. Fortsetzung der Verhandlung in einem neuen Termin

41 Die Verhandlung wird dann nach Abs. 4 Halbs. 1 fortgesetzt, wenn der säumige Beteiligte innerhalb der ihm nach Abs. 3 Satz 2 gesetzten Frist zumindest durch dahingehend auszulegende Erklärung[1] die Anberaumung eines neuen Termins **beantragt und** in diesem Termin **erscheint**. Zu dem Fortsetzungstermin ist zu laden, wobei § 365 nicht anzuwenden ist, da es sich um keinen Ersttermin handelt.

42 Im Fortsetzungstermin wird **erneut** über vorbereitende Maßnahmen **verhandelt**, wenn der ursprünglich säumige Beteiligte nunmehr eigene von der beurkundeten Vereinbarung abweichende Vorschläge einbringt oder sich nicht zur Sache äußert, was wiederum als Widerspruch zu werten ist (vgl. oben Rz. 15). Zugleich entfällt die bisherige Bindung der übrigen Beteiligten an die bisher beurkundete Vereinbarung (vgl. oben Rz. 19).

43 Stimmt der ursprünglich säumige Beteiligte der Vereinbarung zu, ist diese **sogleich zu bestätigen**.

4. Bestätigung der Vereinbarung

44 Beantragt der säumige Beteiligte die Anberaumung eines neuen Termins nicht oder nicht rechtzeitig oder erscheint er zu dem auf seinen Antrag anberaumten neuen Termin nicht, **fingiert** Abs. 3 Satz 2 dessen **Einverständnis** mit dem Urkundeninhalt, so dass das Nachlassgericht die Vereinbarung nach Abs. 4 Halbs. 2 bestätigen muss, soweit nicht nach § 367 Wiedereinsetzung in den vorigen Stand zu gewähren ist.

§ 367
Wiedereinsetzung

War im Fall des § 366 der Beteiligte ohne sein Verschulden verhindert, die Anberaumung eines neuen Termins rechtzeitig zu beantragen oder in dem neuen Termin zu erscheinen, gelten die Vorschriften über die Wiedereinsetzung in den vorigen Stand (§§ 17, 18 und 19 Abs. 1) entsprechend.

1 OLG Karlsruhe v. 28.11.1931 – 1 ZHA 53/31, BadRPrax 1932, 62; *Firsching*, DNotZ 1952, 117 (119).

A. Allgemeines

I. Entstehung

1 Die Vorschrift **ersetzt** die bisherige Regelung des § 92 FGG und verlagert die Normierung des Wiedereinsetzungsverfahrens in die §§ 17 bis 19 im Allgemeinen Teil.

II. Systematik

2 § 367 erklärt die allgemeinen Regelungen über die Wiedereinsetzung in den vorigen Stand nach den §§ 17, 18 und 19 Abs. 1 zu Gunsten eines nach § 366 Abs. 3 nicht erschienenen Beteiligten zum Schutz vor einem Bestätigungsbeschluss nach § 366 Abs. 4 Halbs. 2 für anwendbar, wenn die Verhandlung mangels rechtzeitiger Beantragung eines neuen Termins oder wegen Nichterscheinens auch in diesem neuen Termin **nicht fortgesetzt** wird. Nach § 368 Abs. 2 gilt § 367 entsprechend für das Versäumnisverfahren über einen Auseinandersetzungsplan.

III. Normzweck

3 Die Vorschrift möchte **unbillige** Rechtsfolgen zu Lasten eines im Verhandlungstermin nicht erschienenen Beteiligten vermeiden, die dann ausgelöst werden können, wenn dieser unverschuldet verhindert war.

B. Inhalt der Vorschrift

I. Zuständigkeit

4 Nach § 367 iVm. § 19 Abs. 1 entscheidet über die Wiedereinsetzung das Gericht, das über die versäumte Rechtshandlung zu befinden hat. Soweit nach § 487 Abs. 1 Nr. 3 iVm. landesrechtlichen Vorschriften die Nachlassauseinandersetzung statt durch Gerichte oder neben diesen durch Notare vermittelt wird, sind diese – vgl. Art. 24 Abs. 3 Nr. 3, Art. 25 hess. FGG, Art. 15 Abs. 1 Nr. 3, Art. 17 nieders. FGG, Art. 23, Art. 25 preuß. FGG – jedoch nicht bei Wiedereinsetzung zuständig. Zur jeweiligen Zuständigkeit in Teilungssachen, insbesondere der **Amtsgerichte** bzw. in Baden-Württemberg der staatlichen Notariate als Nachlassgericht (sachlich) und des **Rechtspflegers** (funktionell), vgl. § 363 Rz. 4 ff.

II. Beteiligteneigenschaft

5 Für das Verfahren in Teilungssachen ist im Gegensatz zur Regelung des § 345 in Nachlassangelegenheiten keine spezielle Beteiligtendefinition normiert. Daher richtet sich die Beteiligteneigenschaft nach § 7 im **Allgemeinen Teil**.[1] Originär Beteiligter ist der tatsächliche Antragsteller nach § 7 Abs. 1, Beteiligter kraft zwingender gerichtlicher Hinzuziehung nach § 7 Abs. 2 Nr. 1 auf Grund unmittelbarer Betroffenheit ihrer Rechte durch das Vermittlungsverfahren sind insbesondere Erben, Erbteilserwerber,

1 *Fröhler*, BWNotZ 2008, 183 (188).

Erbeserben, Pfandrechts-, Pfändungspfandrechts- oder Nießbrauchsberechtigte an Erbteilen. Einzelheiten dazu vgl. § 363 Rz. 18 f.

III. Verhinderung

6 Die Vorschrift ist auf die Verfahren über eine **außergerichtliche Vereinbarung** nach § 366 und über einen **Auseinandersetzungsplan** nach § 368 anwendbar.

7 Sie betrifft ausschließlich die Verhinderung eines Beteiligten daran, nach seiner Säumnis im ersten Termin die Anberaumung eines **neuen Termins** iSd. § 366 Abs. 4 bzw. § 368 Abs. 2 rechtzeitig zu beantragen oder in dem neuen Termin zu erscheinen.

8 Das die Verhinderung auslösende Moment kann dabei unabhängig von einer bestimmten Sphärenzuordnung **jedes Ereignis** sein, somit nicht nur ein zufällig eintretendes Naturereignis, sondern beispielsweise auch eine Krankheit des säumigen Beteiligten.[1]

IV. Fehlendes Verschulden

9 Eine Wiedereinsetzung setzt weiter voraus, dass der säumige Beteiligte ohne sein Verschulden verhindert war. Eine Verhinderung ist nur dann unverschuldet, wenn der betroffene Beteiligte das Hindernis bei Anwendung der **Sorgfalt**, die unter Berücksichtigung der konkreten Lage erforderlich war und ihm in vernünftiger Weise zugemutet werden konnte, nicht abzuwenden in der Lage war.[2] Maßgebend sind dabei die tatsächlichen Verhältnisse im Einzelfall.[3]

10 Dabei kann insbesondere eine eigene **Krankheit**[4] oder eine solche eines nahen Verwandten[5] zu einer unverschuldeten Verhinderung führen. Gleiches gilt bei einer Geistesschwäche des säumigen Beteiligten.[6]

11 War es dem Beteiligten jedoch möglich, sich durch einen Bevollmächtigten **vertreten** zu lassen, ist seine persönliche Verhinderung nicht unverschuldet,[7] soweit nicht das persönliche Erscheinen des Beteiligten angeordnet war und dieser daher trotz Anwesenheit des Vertreters als nicht erschienen gilt[8] (vgl. dazu § 366 Rz. 13).

12 Nach der entsprechend anzuwendenden Regelung des § 17 Abs. 2 wird ein Fehlen des Verschuldens dann vermutet, wenn eine **Rechtsbehelfsbelehrung** unterblieben oder fehlerhaft ist. Ist der Beteiligte anwaltlich vertreten, wird es regelmäßig an der erforderlichen Schutzbedürftigkeit fehlen und die Vermutung entkräftet sein.[9]

---

1 BayObLG v. 24.4.1953 – 2. ZS BReg. Nr. 7/1953, BayObLGZ 1953, 142 (143).
2 BayObLG v. 25.10.1963 – BReg. 1 Z 90/63, BayObLGZ 1963, 278 (279).
3 KG v. 20.7.1965 – BReg. 1b Z 46/65, OLGZ 1966, 117 (120); *Keidel*, Rpfleger 1957, 173 (177).
4 BGH v. 26.6.1974 – IV ZR 177/73, NJW 1975, 593 (594): erhebliche Einschränkung des Denk- und Erinnerungsvermögens durch Diabetesschock.
5 BayObLG v. 24.4.1953 – 2. ZS BReg. Nr. 7/1953, BayObLGZ 1953, 142 (143): lebensgefährliche Erkrankung der Mutter.
6 BayObLG v. 18.5.1901 – I. ZS Reg. III 32/1901, BayObLGZ 1902, 330 (333).
7 KG v. 5.2.1920 – Az. n.v., OLGR 41, 17.
8 Jansen/*Müller-Lukoschek*, § 91 FGG Rz. 16; Keidel/*Winkler*, § 91 FGG Rz. 17 und 18; Firsching/*Graf*, Rz. 4.947.
9 Begr. zum GesetzE der BReg. zu § 17 Abs. 2, BT-Drucks. 16/6308, S. 183.

V. Antrag

Entsprechend § 17 Abs. 1 wird Wiedereinsetzung nur auf Antrag gewährt. Dieser ist entsprechend § 18 Abs. 1 innerhalb von **zwei Wochen** nach Wegfall des Hindernisses zu stellen. 13

Die versäumte Rechtshandlung ist nach § 18 Abs. 3 Satz 2 innerhalb der Antragsfrist **nachzuholen**. In entsprechender Anwendung auf das hier maßgebende Versäumnisverfahren kommt ausschließlich eine Nachholung des Antrages zur Anberaumung eines neuen Termins nach § 366 Abs. 3 Satz 2 in Betracht. Das Erscheinen im Fortsetzungstermin kann hingegen nicht mehr nachgeholt werden, da dieser bereits beendet ist. Wird der Antrag fristgerecht nachgeholt, kann die Wiedereinsetzung auch ohne ausdrücklichen Antrag gewährt werden, soweit die Nachholung als stillschweigender Antrag zu bewerten ist.[1] 14

Nach Ablauf **eines Jahres** ab Ende der versäumten Frist kann Wiedereinsetzung entsprechend § 18 Abs. 4 weder beantragt noch bewilligt werden. 15

VI. Entscheidung

Das Nachlassgericht **muss** bei Vorliegen der og. Voraussetzungen Wiedereinsetzung gewähren, andernfalls ist der Antrag zurückzuweisen. Es besteht kein Ermessensspielraum. 16

VII. Wirkung der Wiedereinsetzung

Die Wiedereinsetzung bewirkt die Rückversetzung des Verfahrens in die **Lage vor der Säumnis** des betroffenen Beteiligten, somit nach Abschluss des ersten Verhandlungstermins. 17

Ein bereits erlassener **Bestätigungsbeschluss** wird unmittelbar durch die Wiedereinsetzung wirkungslos, ohne dass diesbezüglich eine Aufhebung möglich oder notwendig ist.[2] 18

Beurkundete **Vereinbarungen** bleiben vorerst wirksam und binden die übrigen Beteiligten bis zu einem etwaigen Widerspruch des ursprünglich säumigen Beteiligten.[3] 19

Das Nachlassgericht hat sodann einen **neuen Fortsetzungstermin** anzuberaumen und dazu alle Beteiligten zu laden. § 365 ist nicht anwendbar, da es sich um keinen Ersttermin handelt. 20

Im Fortsetzungstermin wird erneut über vorbereitende Maßnahmen verhandelt, wenn der ursprünglich säumige Beteiligte nunmehr der beurkundeten Vereinbarung **widerspricht**, davon abweichende Vorschläge einbringt oder sich nicht zur Sache äußert, was wiederum als Widerspruch zu werten ist (vgl. dazu § 366 Rz. 15). Zugleich entfällt dann die bisherige Bindung der übrigen Beteiligten an die beurkundete Vereinbarung (vgl. § 366 Rz. 19). 21

---

1 Begr. zum GesetzE der BReg. zu § 18 Abs. 2 (jetzt Abs. 3), BT-Drucks. 16/6308, S. 183.

2 Jansen/*Müller-Lukoschek*, § 92 FGG Rz. 3; *Bassenge*/Roth, § 92 FGG Rz. 2; aA Keidel/*Winkler*, § 92 FGG Rz. 6: Das Nachlassgericht hat den Bestätigungsbeschluss aufzuheben.

3 Jansen/*Müller-Lukoschek*, § 92 FGG Rz. 3; *Bassenge*/Roth, § 92 FGG Rz. 2.

22 Erklärt der ursprünglich säumige Beteiligte seine **Zustimmung**, ist die Vereinbarung sogleich zu bestätigen.

VIII. Rechtsmittel

23 Nach § 372 Abs. 1 ist der Beschluss, durch den über die Wiedereinsetzung entschieden wird, entsprechend den §§ 567 bis 572 ZPO mit der **sofortigen Beschwerde** anfechtbar. Damit besteht nicht nur gegen die Ablehnung des Wiedereinsetzungsantrages, sondern auch gegen die Gewährung der Wiedereinsetzung ein Rechtsmittel. § 19 Abs. 2, wonach die Wiedereinsetzung unanfechtbar ist, findet angesichts der eingeschränkten Verweisung in § 367 keine Anwendung.

§ 368
Auseinandersetzungsplan; Bestätigung

(1) Sobald nach Lage der Sache die Auseinandersetzung stattfinden kann, hat das Gericht einen Auseinandersetzungsplan anzufertigen. Sind die erschienenen Beteiligten mit dem Inhalt des Plans einverstanden, hat das Gericht die Auseinandersetzung zu beurkunden. Sind alle Beteiligten erschienen, hat das Gericht die Auseinandersetzung zu bestätigen; dasselbe gilt, wenn die nicht erschienenen Beteiligten ihre Zustimmung zu gerichtlichem Protokoll oder in einer öffentlich beglaubigten Urkunde erteilen.

(2) Ist ein Beteiligter nicht erschienen, hat das Gericht nach § 366 Abs. 3 und 4 zu verfahren. § 367 ist entsprechend anzuwenden.

(3) Bedarf ein Beteiligter zur Vereinbarung nach § 366 Abs. 1 oder zur Auseinandersetzung der Genehmigung des Familien- oder Betreuungsgerichts, ist, wenn er im Inland keinen Vormund, Betreuer oder Pfleger hat, für die Erteilung oder die Verweigerung der Genehmigung anstelle des Familien- oder des Betreuungsgerichts das Nachlassgericht zuständig.

A. Allgemeines

I. Entstehung

Die Vorschrift **übernimmt** in Abs. 1 und 2 den Regelungsgehalt des früheren § 93 FGG. Abs. 3 entspricht weitestgehend dem früheren § 97 Abs. 2 FGG, wobei das Nachlassgericht nunmehr statt des Vormundschaftsgerichts das Familien- bzw. Betreuungsgericht ersetzt und Beistandschaften nicht mehr erfasst. 1

II. Systematik

Die Vorschrift knüpft an die Regelung über vorbereitende Maßnahmen nach § 366 an und regelt nun ihrerseits die **eigentliche Auseinandersetzung** auf Grund eines Auseinandersetzungsplans. Abs. 1 sieht vor, wann der Auseinandersetzungsplan zu fertigen, die Auseinandersetzung zu beurkunden und schließlich die diesbezügliche Bestätigung zu erteilen ist. Abs. 2 verweist für den Fall des Nichterscheinens eines Beteiligten auf die Regelungen zum Versäumnisverfahren bei der außergerichtlichen Vereinbarung nach § 366 Abs. 3 und 4 bzw. auf die Wiedereinsetzung nach § 367. 2

Abs. 3 regelt sowohl für die Auseinandersetzung als auch für die vorbereitende außergerichtliche Vereinbarung die Zuständigkeit des Nachlassgerichts zur Erteilung einer für einen Beteiligten notwendigen **Genehmigung**, soweit für diesen im Inland kein Vormund, Betreuer oder Pfleger vorhanden ist. 3

III. Normzweck

Die Vorschrift ermöglicht je nach konkretem Bedarf eine Auseinandersetzungsvermittlung nach einer vorherigen, gleichzeitig mit einer oder gänzlich ohne[1] eine Vereinbarung über vorbereitende Maßnahmen iSd. § 366. Das Nachlassgericht hat insoweit einen Ermessensspielraum und kann **flexibel** agieren. 4

Die Genehmigungszuständigkeit nach Abs. 3 dient der **Verfahrensbeschleunigung**. 5

B. Inhalt der Vorschrift

I. Zuständigkeit

Zur jeweiligen Zuständigkeit in Teilungssachen, insbesondere der **Amtsgerichte** bzw. in Baden-Württemberg der staatlichen Notariate als Nachlassgericht (sachlich) und des **Rechtspflegers** (funktionell), vgl. § 363 Rz. 4 ff. Diese Zuständigkeit gilt hier sowohl für die Aufstellung des Auseinandersetzungsplans, Beurkundung der Auseinandersetzung und Bestätigung derselben nach Abs. 1 und 2 als auch die Erteilung der Genehmigung nach Abs. 3. 6

1 *Bracker*, MittBayNot 1984, 114 (116).

II. Beteiligteneigenschaft

7 Für das Verfahren in Teilungssachen ist im Gegensatz zur Regelung des § 345 in Nachlassangelegenheiten keine spezielle Beteiligtendefinition normiert. Daher richtet sich die Beteiligteneigenschaft nach § 7 im **Allgemeinen Teil.**[1] Originär Beteiligter ist der tatsächliche Antragsteller nach § 7 Abs. 1. Beteiligter kraft zwingender gerichtlicher Hinzuziehung nach § 7 Abs. 2 Nr. 1 auf Grund unmittelbarer Betroffenheit ihrer Rechte durch das Vermittlungsverfahren sind insbesondere Erben, Erbteilserwerber, Erbeserben, Pfandrechts-, Pfändungspfandrechts- oder Nießbrauchsberechtigte an Erbteilen. Einzelheiten dazu vgl. § 363 Rz. 18 f.

III. Auseinandersetzung (Absatz 1)

1. Gerichtliche Erstellung eines Auseinandersetzungsplans

a) Allgemeines

8 Der Auseinandersetzungsplan ist ein **Vorschlag** des Nachlassgerichts für die noch zu beurkundende Auseinandersetzung.

9 Er ist zugleich deren **Grundlage**, wenn alle Beteiligten zustimmen.

10 Das Nachlassgericht **muss** den Auseinandersetzungsplan anfertigen, sobald die Auseinandersetzung konkret stattfinden kann.

11 Ob bzw. wann die Auseinandersetzung stattfinden kann, entscheidet das Nachlassgericht jedoch nach pflichtgemäßem **Ermessen**. Dabei ist der Eintritt der Rechtskraft des Bestätigungsbeschlusses für eine eventuell nach § 366 getroffene Vereinbarung über vorbereitende Maßnahmen abzuwarten, solange diesbezüglich mit einem Rechtsmittel gerechnet werden muss.[2] Dies ist nach einem Versäumnisverfahren bei gleichzeitiger Uneinigkeit der Beteiligten der Fall.[3]

12 Das Nachlassgericht ist bei der Aufstellung des Aufteilungsplans ausschließlich an eventuelle Vereinbarungen der Beteiligten über vorbereitende Maßnahmen nach § 366[4] und an von allen Beteiligten einvernehmlich vorgetragene Vorschläge[5] **gebunden**.

13 Alle Beteiligten können sich hingegen einstimmig über Vereinbarungen zu vorbereitenden Maßnahmen nach § 366 hinwegsetzen[6] und ihrerseits das Nachlassgericht durch einen entsprechenden einvernehmlichen Vorschlag aus der Vereinbarung **entbinden**.

14 Statt einen eigenen Aufteilungsplan zu erstellen, kann das Nachlassgericht einen durch die Beteiligten vorgelegten Plan **übernehmen**.[7]

1 *Fröhler*, BWNotZ 2008, 183 (188).
2 Keidel/*Winkler*, § 93 FGG Rz. 1; *Bassenge*/Roth, § 93 FGG Rz. 1.
3 Jansen/*Müller-Lukoschek*, § 93 FGG Rz. 1.
4 Keidel/*Winkler*, § 93 FGG Rz. 2.
5 Jansen/*Müller-Lukoschek*, § 93 FGG Rz. 5.
6 *Bassenge*/Roth, § 93 FGG Rz. 3.
7 OLG Dresden v. 25.1.1919 – 6. ZS Az. n.v., OLGR 40, 24 (25).

b) Verhandlung

15 Das Nachlassgericht hat einen Termin zur Verhandlung über den Auseinandersetzungsplan anzuberaumen und die Beteiligten dazu zu **laden**.

16 Im Falle einer Vertagung kann die Bekanntmachung des Termins statt durch Ladung durch **Verkündung** erfolgen (vgl. dazu § 365 Rz. 17).

c) Form

17 Der Auseinandersetzungsplan wird grundsätzlich förmlich erstellt. Dies geschieht durch Anfertigung eines von dem Verhandlungsprotokoll gesonderten **schriftlichen** Dokuments.

18 Soweit der Nachlass einfach strukturiert ist und sich der gerichtliche Vorschlag auf die bloße Benennung einer Teilungsart beschränken kann, darf auf förmliche Aufstellung **verzichtet** werden.[1] Der Vorgang wird dann stattdessen lediglich mitprotokolliert.[2]

d) Inhalt

19 Im Auseinandersetzungsplan ist zu regeln, auf welche Weise und zu welchen Anteilen das Aktiv- und Passivvermögen aus dem Nachlass unter den Erben verteilt wird. Hierbei müssen alle Umstände, die den Nachlass betreffen, in die Gesamtregelung einfließen. Die Zuordnung samt Ausgleichung bzw. Anrechnung ist **vollständig und detailliert** zu regeln.

20 Der Auseinandersetzungsplan **muss** die erbrechtlichen Verhältnisse, den Nachlassstand unter Aufstellung der Aktiva und Passiva, eventuelle Ausgleichspflichten, die Grundsätze der Teilung und die schuldrechtliche Verpflichtung zum Teilungsvollzug beinhalten.[3]

21 Er **kann** und wird regelmäßig, soweit dies nach den jeweiligen Formvorschriften möglich ist, dingliche Erklärungen zum Vollzug der schuldrechtlich verpflichtenden Teilungsgrundsätze bzw. Vollzugsvollmachten[4] enthalten.

22 Die Auseinandersetzung kann zudem weitere, den Nachlass **nicht direkt betreffende** Vereinbarungen wie bspw. persönliche Verpflichtungen regeln, die gleichwohl zum Zweck der Gesamtabwicklung getroffen werden.[5]

2. Beurkundung der Auseinandersetzung

a) Verpflichtung

23 Nach Abs. 1 Satz 2 **muss** das Nachlassgericht die Auseinandersetzung beurkunden, wenn alle erschienenen Beteiligten mit dem Inhalt des Auseinandersetzungsplans einverstanden sind. Es besteht kein Ermessensspielraum. Das Gericht ist lediglich an bestehende Verbotsgesetze und die guten Sitten gebunden (vgl. dazu § 366 Rz. 17).

---

1 Keidel/*Winkler*, § 93 FGG Rz. 5.
2 Bumiller/*Winkler*, § 93 FGG Rz. 2; Firsching/*Graf*, Rz. 4.932.
3 *Bassenge*/Roth, § 93 FGG Rz. 3.
4 KG v. 23.3.1922 – 1. X 74/22, JFG 1, 362 (365).
5 KG v. 28.3.1904 – I. ZS Az. n.v., OLGR 10, 36; BayObLG v. 2.1.1904 – I. ZS Reg. III 91/1903, BayObLGZ 1905, 1 (7); Jansen/*Müller-Lukoschek*, § 93 FGG Rz. 6.

Umgekehrt darf keine Beurkundung erfolgen, wenn die erschienenen Beteiligten nicht einstimmig ihr Einverständnis erklären. Insbesondere ist eine bloße Mehrheit nicht ausreichend.

b) Form

24 Bei der Beurkundung sind die **Regelungen des BeurkG**, soweit dies wie zB hinsichtlich der §§ 6 bis 16, 22 bis 26 BeurkG sachdienlich ist, zumindest mit zu berücksichtigen (vgl. dazu § 366 Rz. 21).

c) Auflassung

aa) Vor Notar

25 Im Rahmen des dinglichen Vollzugs einer schuldrechtlichen Teilungsverpflichtung zur Übertragung von Grundbesitz ist eine Auflassung erforderlich. Wird diese anlässlich der Beurkundung einer nachlassgerichtlichen Auseinandersetzung durch einen **Notar** entgegengenommen, der das Verfahren nach § 487 Abs. 1 Nr. 3 iVm. landesgesetzlichen Vorschriften bzw. in Baden-Württemberg nach Art. 147 EGBGB iVm. §§ 1 Abs. 1 und 2, 38, 43 bad-württ. LFGG durchführt, ist die gesetzliche Vorgabe nach § 925 Abs. 1 Satz 2 BGB erfüllt.[1] Für Baden-Württemberg gilt dies angesichts der Tatsache, dass die staatlichen Notariate vollumfänglich und damit nicht nur auf das Auseinandersetzungsverfahren beschränkt Nachlassgericht sind, jedenfalls dann, wenn der Notar im Landesdienst das Verfahren an Stelle eines etwa zugewiesenen Rechtspflegers nach § 35 Abs. 3 Satz 1 RPflG als Nachlassrichter führt.

bb) Vor Rechtspfleger

26 Ist auf Grund sachlicher Zuständigkeit des Amtsgerichts – bzw. in Baden-Württemberg des mit einem Rechtspfleger besetzten staatlichen Notariats ohne Tätigwerden des Notars nach § 35 Abs. 3 Satz 1 RPflG – der Rechtspfleger funktionell für die Auseinandersetzung zuständig, ist dieser nach § 925 Abs. 1 Satz 3 BGB nur dann zur Entgegennahme der Auflassung zuständig, wenn die nachlassgerichtlich beurkundete Auseinandersetzung einen gerichtlichen Vergleich darstellt, was wiederum einen **Prozessvergleich** iSd. § 127a BGB voraussetzt.[2]

27 Auf Grund seiner Doppelnatur erfordert der Prozessvergleich neben der Wahrung der Anforderungen aus den §§ 159 ff. ZPO bei der Errichtung des Protokolls auch ein **gegenseitiges Nachgeben** der Beteiligten.[3] Eben das ist wiederum typisches Wesensmerkmal einer gerichtlichen Erbauseinandersetzung, die erst auf Grund einer im Vorfeld vorhandenen Uneinigkeit der Beteiligten beantragt wird (vgl. dazu § 363 Rz. 3). Zudem sind an ein gegenseitiges Nachgeben keine allzu strengen Anforderungen zu stellen,[4] beispielsweise ist bereits ein Nachgeben in Kostenfragen ausreichend.[5]

28 Ein Prozessvergleich iSd. § 127a BGB setzt weiter voraus, dass das Verfahren vor einem deutschen Gericht geführt wird, in dem eine **mündliche Verhandlung** stattfin-

1 Keidel/*Winkler*, § 98 FGG Rz. 19; Jansen/*Müller-Lukoschek*, § 93 FGG Rz. 9.
2 MüKo.BGB/*Kanzleiter*, § 925 BGB Rz. 15.
3 Palandt/*Ellenberger*, § 127a BGB Rz. 3.
4 MüKo.BGB/*Einseler*, § 127a BGB Rz. 6.
5 Palandt/*Sprau*, § 779 BGB Rz. 9.

det.[1] Dies ist im Auseinandersetzungsverfahren gem. §§ 366, 368 der Fall (vgl. dazu Rz. 15 und § 366 Rz. 9).

Unerheblich ist, ob der Vergleich an Stelle einer gebotenen **gerichtlichen Entscheidung** tritt,[2] da Prozessvergleiche bspw. auch in selbständigen Beweissicherungsverfahren zulässig sind.[3] 29

Schließlich ist unschädlich, dass die Auseinandersetzung noch der **gerichtlichen Bestätigung** bedarf,[4] da der Vergleich das Verfahren nicht notwendig beenden muss[5] und das Nachlassgericht insoweit keinen Ermessensspielraum hat (vgl. dazu Rz. 34). Eine Auflassung kann daher unter den vorstehenden Voraussetzungen auch in durch Rechtspfleger geführten nachlassgerichtlichen Auseinandersetzungsverfahren wirksam beurkundet werden.[6] 30

cc) Nicht erschienene Beteiligte

Ausreichend ist, dass ein nicht erschienener Beteiligter in der Form des § 368 Abs. 1 Satz 3 Halbs. 2 einer in der beurkundeten Auseinandersetzungsvereinbarung enthaltenen Auflassung nachträglich **zustimmt**.[7] 31

Durch die **Einverständnisfiktion** nach § 368 Abs. 2 iVm. § 366 Abs. 3 und 4 wird der säumige Beteiligte so behandelt, als hätte er im Beurkundungstermin zeitgleich mit den übrigen Beteiligten seine zustimmende Erklärung zur Auseinandersetzung abgegeben. Dadurch wird die durch § 925 Abs. 1 Satz 1 BGB vorausgesetzte gleichzeitige Anwesenheit aller Beteiligten erfüllt.[8] 32

In gleicher Weise gilt eine im Aufteilungsplan enthaltene **Auflassungsvollmacht** als im Beurkundungstermin durch einen unentschuldigt säumigen Beteiligten erteilt.[9] 33

3. Bestätigung

Das Nachlassgericht **muss** eine im Einvernehmen aller erschienenen Beteiligten nach Abs. 1 Satz 2 beurkundete Auseinandersetzung bestätigen, wenn entweder alle Beteiligten erschienen sind (Abs. 1 Satz 3 Halbs. 1) oder alle nicht erschienenen Beteiligten formgerecht vor[10] oder nach Beurkundung ihre Zustimmung erteilt haben (Abs. 1 Satz 3 Halbs. 2) bzw. dies gesetzlich fingiert wird (Abs. 2 Satz 1 iVm. § 366 Abs. 3 Satz 2 oder § 366 Abs. 4 Halbs. 2). Vgl. dazu § 366 Rz. 44. 34

1 MüKo.BGB/*Einseler*, § 127a BGB Rz. 4.
2 So aber *Bassenge*, Rpfleger 1972, 237 (239).
3 MüKo.BGB/*Einseler*, § 127a BGB Rz. 4.
4 *Zimmermann*, Rpfleger 1970, 189 (195). Im Ergebnis ebenso Jansen/*Müller-Lukoschek*, § 93 FGG Rz. 9.
5 MüKo.BGB/*Einseler*, § 127a BGB Rz. 6.
6 Im Ergebnis ebenso *Zimmermann*, Rpfleger 1970, 189 (195); Jansen/*Müller-Lukoschek*, § 93 FGG Rz. 9; Keidel/*Winkler*, § 98 FGG Rz. 19; aA *Bassenge*/Roth, § 93 FGG Rz. 3; *Bassenge*, Rpfleger 1972, 237 (239).
7 Jansen/*Müller-Lukoschek*, § 93 FGG Rz. 12.
8 BayObLG v. 2.1.1904 – I. ZS Reg. III 91/1903, BayObLGZ 1905, 1 (7).
9 KG v. 23.3.1922 – 1. X 74/22, JFG 1, 362 (365).
10 Vorherige Zustimmung ist ausreichend, *Bassenge*/Roth, § 93 FGG Rz. 6; KG v. 5.10.1916 – 1. X 249/16, KGJ 49, 88 (91) unter Berufung auf die Streichung des im ursprünglichen GesetzE zu § 89 Abs. 1 FGG noch enthaltenen Zusatzes „nachträglich".

IV. Versäumnisverfahren und Wiedereinsetzung (Absatz 2)

35 **Erscheint** einer der Beteiligten zum Vermittlungstermin über die Auseinandersetzung **nicht**, gelten nach Abs. 2 die Regelungen der §§ 366 Abs. 3 und 4 bzw. des § 367 über außergerichtliche vorbereitende Vereinbarungen entsprechend. Insoweit wird auf die diesbezüglichen Anmerkungen unter § 366 Rz. 44 bzw. § 367 Rz. 6 ff. verwiesen.

V. Besondere Genehmigungszuständigkeit (Absatz 3)

1. Allgemeines

36 Nach Abs. 3 ist das Nachlassgericht unter bestimmten Voraussetzungen ausnahmsweise zur Erteilung einer **betreuungs- oder familiengerichtlichen** Genehmigung zuständig.

37 Hierdurch wird insbesondere eine **Verfahrensbeschleunigung** erreicht.[1]

38 Soweit nach § 487 Abs. 1 Nr. 3 iVm. § 20 Abs. 5 BNotO gemäß landesgesetzlichen Vorschriften die Nachlassauseinandersetzung statt durch Gerichte oder neben diesen durch **Notare** vermittelt wird (dazu § 363 Rz. 6), ist deren Zuständigkeit – anders als die Zuständigkeit der staatlichen Notariate in Baden-Württemberg aus Art. 147 EGBGB – für das Genehmigungsverfahren **ausgeschlossen.**[2]

2. Voraussetzungen

39 Die nachlassgerichtliche Genehmigungszuständigkeit setzt voraus, dass in einem Verfahren über eine Auseinandersetzung nach Abs. 1 bzw. über eine vorbereitende Vereinbarung nach § 366 Abs. 1 für einen Beteiligten ein gesetzlicher Vertreter auftritt, hierfür gem. §§ 1821, 1822, 1643 BGB eine betreuungs- oder familiengerichtliche Genehmigung erforderlich ist (vgl. dazu § 363 Rz. 37) und ohne die Regelung nach Abs. 3 für die Genehmigungserteilung kein **deutsches Gericht** zuständig wäre.[3]

40 Damit ist die besondere Zuständigkeit nach Abs. 3 nicht eröffnet, wenn eine **anderweitige**, nicht iSd. §§ 366, 368 nachlassgerichtlich vermittelte Auseinandersetzung erfolgt.[4]

41 Die **Staatsangehörigkeit** des von der Genehmigung betroffenen Beteiligten ist insoweit ohne Bedeutung.[5]

42 Ebenso wenig kommt es auf den Wohnsitz oder **Aufenthalt** des gesetzlichen Vertreters an.[6]

43 Die Regelung gilt auch für eine nach § 1643 BGB genehmigungsbedürftige Vertretung durch **Eltern**.[7] Dies ergibt sich aus der nunmehr ausdrücklichen zusätzlichen

1 Jansen/*Müller-Lukoschek*, § 97 FGG Rz. 13.
2 Firsching/*Graf*, Rz. 4.892.
3 LG Leipzig v. 7.5.1902 – BF II 63/02, ZBlFG 3, 127; *Bassenge*/Roth, § 97 FGG Rz. 5; Bumiller/*Winkler*, § 97 FGG Rz. 6.
4 OLG Colmar v. 28.4.1902 – II. ZS, Az. n.v., OLGR 5, 288; LG Leipzig v. 7.5.1902 – BF II 63/02, ZBlFG 3, 127.
5 LG Colmar v. 28.4.1901 – Az. n.v., ZBlFG 2, 14.
6 *Bassenge*/Roth, § 97 FGG Rz. 5; Jansen/*Müller-Lukoschek*, § 97 FGG Rz. 13.
7 Keidel/*Winkler*, § 97 FGG Rz. 13a; Jansen/*Müller-Lukoschek*, § 97 FGG Rz. 13.

Benennung des eigentlich berufenen Familiengerichts. Dem steht auch nicht entgegen, dass die Eltern nach wie vor nicht ausdrücklich neben Vormund, Betreuer und Pfleger als diejenigen Vertreter benannt werden, die ansonsten nicht der Aufsicht eines deutschen Gerichts unterstehen würden. Gleichwohl ist das Nachlassgericht, da der Gesetzgeber den Regelungsgehalt des früheren § 97 Abs. 2 FGG ohne inhaltliche Änderung übernehmen wollte,[1] ebenso wie bei einer Vormundschaft, Betreuung oder Pflegschaft nur dann ausnahmsweise zuständig, wenn die Eltern andernfalls nicht der Genehmigungszuständigkeit eines deutschen Gerichts unterliegen würden.[2]

Benötigt ein Beteiligter für ein Verfahren nach §§ 366, 368 einen gesetzlichen Vertreter 44
und ist ein solcher **noch nicht bestellt**, bleibt es für dessen Bestellung bei der allgemeinen Zuständigkeit, da Abs. 3 lediglich die Erteilung oder Verweigerung einer Genehmigung für Erklärungen des bereits bestellten gesetzlichen Vertreters, nicht jedoch dessen Bestellung regelt. Das Nachlassgericht ist daher nur dann zur Bestellung eines gesetzlichen Vertreters zuständig, wenn unter den Voraussetzungen des § 364 ein Abwesenheitspfleger benötigt wird (vgl. dazu § 364 Rz. 11 ff.).

Die besondere nachlassgerichtliche Zuständigkeit nach Abs. 3 ist abweichend von der 45
früheren Regelung des § 97 Abs. 2 FGG nicht mehr auf **Beistandschaften** anwendbar. Seit Inkrafttreten des Beistandschaftsgesetzes zum 1.7.1998[3] ist der Regelungsgegenstand nach § 1712 BGB auf Vaterschaftsfeststellung und Geltendmachung von Unterhaltsansprüchen zu Gunsten von Kindern beschränkt. Die frühere Vorschrift des § 1687 BGB aF über das Erfordernis vormundschaftsgerichtlicher Genehmigungen ist ersatzlos entfallen.

3. Verfahren

Das Nachlassgericht hat im Rahmen der Prüfung der Genehmigungsvoraussetzungen 46
ausschließlich die **Interessen des Vertretenen** zu berücksichtigen.

Soweit die gesetzliche Vertretung grundsätzlich der Überwachung einer **ausländischen** 47
Stelle unterliegt, können etwaige dortige Anordnungen die Wirksamkeit der nachlassgerichtlichen Genehmigungsentscheidung nach Abs. 3 nicht beeinträchtigen.[4]

Wird die Genehmigung erteilt, ist sie – entsprechendes gilt für eine Verweigerung der 48
Genehmigung[5] – nach §§ 1828, 1643 Abs. 3 BGB **gegenüber dem gesetzlichen Vertreter** zu erklären.

Die Genehmigung wird für die Auseinandersetzung nach §§ 1829 Abs. 1 Satz 2, 1643 49
Abs. 3 BGB erst dann wirksam, wenn der gesetzliche Vertreter sie dem anderen Teil **mitgeteilt** hat.

Soweit diesbezüglich zur Beschleunigung und Vereinfachung der Abwicklung eine 50
Doppelbevollmächtigung – etwa eines Mitarbeiters des mit der nachlassgerichtlichen Auseinandersetzung betrauten Notars – erfolgt, handelt der Bevollmächtigte zwar

---

1 Der Gesetzgeber beabsichtigt durch § 368 Abs. 3 gegenüber § 97 Abs. 2 FGG keine inhaltliche Veränderung, vgl. Begr. zum GesetzE der BReg. zu § 368 Abs. 3, BT-Drucks. 16/6308, S. 283.

2 Vgl. diesbezüglich zur früheren Regelung des § 97 Abs. 2 FGG Jansen/*Müller-Lukoschek*, § 97 FGG Rz. 13.

3 BGBl. I 1997, S. 2846.

4 Keidel/*Winkler*, § 97 FGG Rz. 19.

5 Palandt/*Diederichsen*, § 1828 BGB Rz. 17.

mehrvertretend iSd. § 181 Alt. 2 BGB. Er vertritt dabei jedoch neben den übrigen Beteiligten nicht den gesetzlich Vertretenen – andernfalls wäre die Doppelvollmacht und damit die Entgegennahme samt Auseinandersetzung unwirksam, da selbst eine gerichtliche Genehmigung von den Beschränkungen des § 181 BGB nicht befreien kann[1] –, sondern den gesetzlichen Vertreter, der seinerseits dem Doppelbevollmächtigten unbedenklich von den Beschränkungen des § 181 BGB Befreiung erteilen kann.[2]

§ 369
Verteilung durch das Los

Ist eine Verteilung durch das Los vereinbart, wird das Los, wenn nicht ein anderes bestimmt ist, für die nicht erschienenen Beteiligten von einem durch das Gericht zu bestellenden Vertreter gezogen.

A. Allgemeines

I. Entstehung

1 Die Vorschrift **übernimmt** den Regelungsgehalt des früheren § 94 FGG.

II. Systematik

2 Die Vorschrift setzt eine Vereinbarung über die Nachlassverteilung durch Los voraus und regelt die **Vertretung** eines zur Losziehung nicht erschienenen Beteiligten. Soweit die Losziehung auf Grund förmlicher gerichtlicher Vermittlung vereinbart wurde, knüpft die Regelung an § 366 an.

III. Normzweck

3 Das Gesetz stellt sicher, dass eine gemeinsam vereinbarte Losziehung auch bei **Nichterscheinen** eines Beteiligten durchgeführt werden kann, soweit für diesen Fall keine andere Vereinbarung getroffen ist.

---

1 BGH v. 9.7.1956 – V BLw 11/56, BGHZ 21, 229 (234); RG v. 13.5.1909 – Rep. IV 248/08, RGZ 71, 162 (164).
2 *Fröhler*, BWNotZ 2006, 97 (100).

B. Inhalt der Vorschrift

I. Zuständigkeit

4 Zur jeweiligen Zuständigkeit in Teilungssachen, insbesondere der **Amtsgerichte** bzw. in Baden-Württemberg der staatlichen Notariate als Nachlassgericht (sachlich) und des **Rechtspflegers** (funktionell), vgl. § 363 Rz. 4 ff.

II. Beteiligteneigenschaft

5 Für das Verfahren in Teilungssachen ist im Gegensatz zur Regelung des § 345 in Nachlassangelegenheiten keine spezielle Beteiligtendefinition normiert. Daher richtet sich die Beteiligteneigenschaft nach § 7 im **Allgemeinen Teil**.[1] Originär Beteiligter ist der tatsächliche Antragsteller nach § 7 Abs. 1, Beteiligter kraft zwingender gerichtlicher Hinzuziehung nach § 7 Abs. 2 Nr. 1 auf Grund unmittelbarer Betroffenheit ihrer Rechte durch das Vermittlungsverfahren sind insbesondere Erben, Erbteilserwerber, Erbeserben, Pfandrechts-, Pfändungspfandrechts- oder Nießbrauchsberechtigte an Erbteilen. Einzelheiten dazu vgl. § 363 Rz. 18 f.

III. Anwendbarkeitsvoraussetzungen

6 Die Vorschrift ist nur dann anwendbar, wenn vorab eine **Losziehung vereinbart** worden ist. Dies kann entweder durch rechtsgeschäftliche Einigung oder durch nachlassgerichtlich vermittelte förmliche Vereinbarung nach § 366 Abs. 1 geschehen.

7 Im letztgenannten Fall kann die Vereinbarung auch durch **Versäumnisfiktion** nach § 366 Abs. 3 und 4 zu Stande kommen.

8 Das Erfordernis einer ausdrücklichen Vereinbarung der Losziehung wird nicht dadurch entbehrlich, dass eine lediglich vereinbarte Art der **Teilung in Natur** nach §§ 752, 2042 BGB eine Losziehung erfordert.[2]

9 Soweit die Verteilung durch Los nicht dem Vollzug einer bereits nach § 368 bestätigten Auseinandersetzung, sondern der **Vorbereitung** des noch aufzustellenden Aufteilungsplans dient, müssen die darin zuzuordnenden Nachlassbestandteile als solche bereits bestehen. Durch Losziehung dürfen im zuletzt genannten Fall ausschließlich die bereits vorhandenen Gegenstände persönlich zugeordnet werden.[3]

10 § 369 ist **dispositiv**. Die Beteiligten dürfen daher auch die eigentliche Losziehung einvernehmlich abweichend regeln.[4]

---

1 *Fröhler*, BWNotZ 2008, 183 (188).
2 *Bassenge*/Roth, § 94 FGG Rz. 1; Keidel/*Winkler*, § 94 FGG Rz. 1.
3 Keidel/*Winkler*, § 94 FGG Rz. 3.
4 Jansen/*Müller-Lukoschek*, § 94 FGG Rz. 2.

IV. Losziehungsverfahren

1. Passive erschienene Beteiligte

11 **Verweigert** ein erschienener Beteiligte eine zuvor bindend vereinbarte Losziehung, kann für ihn kein Vertreter bestellt werden, da es an dessen tatbestandlich vorausgesetztem Nichterscheinen fehlt.

12 Liegt eine rechtskräftig bestätigte förmliche Vereinbarung zugrunde, kann hieraus nach § 371 Abs. 2 dergestalt **vollstreckt** werden, dass die übrigen Beteiligten durch das Prozessgericht nach § 887 ZPO zur Selbst- oder Fremdvornahme der Losziehung ermächtigt werden.[1] Fehlt ein entsprechender Titel, bleibt lediglich der Klageweg.

2. Nichterscheinen eines Beteiligten

13 In Ermangelung anderer Vereinbarungen wird das Los eines nicht erschienenen Beteiligten von einem durch das Gericht **zu bestellenden Vertreter** gezogen.

14 Ein Beteiligter gilt diesbezüglich jedoch als erschienen, wenn er durch **Bevollmächtigten** oder **gesetzlichen Vertreter** vertreten ist.[2]

15 Die Bestellung eines Vertreters setzt weiter voraus, dass der nicht erschienene Beteiligte durch das Nachlassgericht zu dem Losziehungstermin **ordnungsgemäß geladen** wurde.[3] Die Ladung erfolgt nach § 15 (vgl. dazu § 15 Rz. 23 ff.).

3. Gerichtliche Vertreterbestellung

16 Das Nachlassgericht **muss** die Vertreterbestellung bei Vorliegen der diesbezüglichen Voraussetzungen vornehmen. Es besteht kein Ermessensspielraum. Bei Weigerung des Gerichts kann die Bestellung durch befristete Beschwerde durchgesetzt werden.[4]

17 Die Vertreterbestellung wird mit formloser Mitteilung nach § 15 Abs. 3 an den bestellten Vertreter **wirksam**.

18 Sie kann mit der befristeten **Beschwerde** angefochten werden. Ist die Beschwerde erfolgreich, gilt § 47, wonach eine bereits erfolgte Losziehung dadurch nicht mehr betroffen wird, soweit die Bestellung nicht von Anfang an unwirksam ist (vgl. dazu § 47 Rz. 9).

19 Durch den gerichtlichen Bestellungsakt wird der bestellte Vertreter **gesetzlicher Vertreter** des nicht erschienenen Beteiligten.

20 Seine **Vertretungsmacht** ist ausnahmslos auf die bloße Ziehung des Loses für den säumigen Beteiligten **beschränkt**. Selbst bei der Klärung von anlässlich der Losziehung auftretenden Meinungsverschiedenheiten kann der bestellte Vertreter den säumigen Beteiligten nicht wirksam vertreten.[5]

---

1 *Bassenge*/Roth, § 94 FGG Rz. 2.
2 Jansen/*Müller-Lukoschek*, § 94 FGG Rz. 4.
3 *Bassenge*/Roth, § 94 FGG Rz. 2.
4 Keidel/*Winkler*, § 94 FGG Rz. 4 zu § 19 FGG.
5 Bumiller/*Winkler*, § 94 FGG Rz. 2.

§ 370
Aussetzung bei Streit

Ergeben sich bei den Verhandlungen Streitpunkte, ist darüber eine Niederschrift aufzunehmen und das Verfahren bis zur Erledigung der Streitpunkte auszusetzen. Soweit unstreitige Punkte beurkundet werden können, hat das Gericht nach den §§ 366 und 368 Abs. 1 und 2 zu verfahren.

A. Allgemeines

I. Entstehung

Die Vorschrift **übernimmt** den Regelungsgehalt des früheren § 95 FGG. 1

II. Systematik

§ 370 regelt die Aussetzung des Verfahrens insoweit, als während der Verhandlung 2 über vorbereitende Maßnahmen nach § 366 bzw. über eine Auseinandersetzung nach § 368 **Streitpunkte** auftreten, die sodann zu protokollieren sind. Unstreitige Punkte sind unabhängig davon nach den §§ 366 und 368 Abs. 1 und 2 zu beurkunden. Die Regelung ergänzt die allgemeine Vorschrift des § 21 und verdrängt bezüglich der Verfahrensleitung als lex specialis zugleich § 28 Abs. 4.

III. Normzweck

Die Vorschrift verdeutlicht, dass das nachlassgerichtliche Teilungsverfahren auf eine 3 **Vermittlung** beschränkt ist. Daher sollen Streitfragen von einvernehmlich regelbaren Punkten, die sodann nach §§ 366, 368 zu beurkunden sind, abgetrennt und während diesbezüglicher Aussetzung anderweitig, notfalls vor dem Prozessgericht gelöst werden.

B. Inhalt der Vorschrift

I. Zuständigkeit

Zur jeweiligen Zuständigkeit in Teilungssachen, insbesondere der **Amtsgerichte** bzw. 4 in Baden-Württemberg der staatlichen Notariate als Nachlassgericht (sachlich) und des **Rechtspflegers** (funktionell), vgl. § 363 Rz. 4 ff.

II. Beteiligteneigenschaft

5 Für das Verfahren in Teilungssachen ist im Gegensatz zur Regelung des § 345 in Nachlassangelegenheiten keine spezielle Beteiligtendefinition normiert. Daher richtet sich die Beteiligteneigenschaft nach § 7 im **Allgemeinen Teil.**[1] Originär Beteiligter ist der tatsächliche Antragsteller nach § 7 Abs. 1, Beteiligter kraft zwingender gerichtlicher Hinzuziehung nach § 7 Abs. 2 Nr. 1 auf Grund unmittelbarer Betroffenheit ihrer Rechte durch das Vermittlungsverfahren sind insbesondere Erben, Erbteilserwerber, Erbeserben, Pfandrechts-, Pfändungspfandrechts- oder Nießbrauchsberechtigte an Erbteilen. Einzelheiten dazu vgl. § 363 Rz. 18 f.

6 Für eine Verpflichtung zur Aussetzung im Verfahren nach § 370 ist bereits die **Behauptung** einer entsprechenden Berechtigung, bspw. eines Pfändungspfandrechts, ausreichend.[2]

III. Streitpunkte

7 Das Nachlassgericht darf für eine Aussetzung lediglich **konkrete** Streitpunkte berücksichtigen, die für die Auseinandersetzung relevant sind und über die ein Rechtsstreit geführt werden kann, bspw. über das Erbrecht bzw. die erbrechtliche Ausgleichspflicht nach §§ 2050, 2052 BGB. Allgemeine Meinungsverschiedenheiten sind nicht ausreichend.[3]

8 Streitpunkte sind zudem nur dann relevant, wenn sie **während des Verhandlungstermins** im Vermittlungsverfahren nach den §§ 366, 368 geltend gemacht werden. Ein lediglich außerhalb der Verhandlung erhobener Widerspruch ist hingegen unbeachtlich.[4]

9 Ein Widerspruch eines Beteiligten verhindert bis zu seiner Rücknahme oder Aufhebung durch Urteil ein **Versäumnisverfahren** in einem späteren Termin.[5]

10 Das Nachlassgericht hat dabei alle für die Erbauseinandersetzung maßgebenden Gesichtspunkte zu erörtern und die **Gesamtheit** der sich dabei ergebenden Streitpunkte zu **ermitteln**. Vor Abschluss einer vollständigen Ermittlung darf eine Aussetzung unter Bezugnahme auf einen ersten Streitpunkt nicht erfolgen.[6]

11 Zugleich muss das Nachlassgericht im Hinblick auf seine Beurkundungspflicht für unstreitige Punkte gem. Satz 2 Streitpunkte von einvernehmlich regelbaren Gegenständen **abgrenzen**.[7]

12 Werden streitige Rechtsfragen bereits zurzeit der Einreichung des **Einleitungsantrages** aufgeworfen, darf kein Ermittlungsverfahren eingeleitet werden. Vielmehr ist der Rechtsstreit dann von dem Prozessgericht zu entscheiden.[8]

---

1 *Fröhler*, BWNotZ 2008, 183 (188).
2 KG v. 26.1.1905 – Az. n.v., ZBlFG 6, 128 (131).
3 KG v. 5.4.1906 – 1 J 167/06, KGJ 32, A 114 (116); Jansen/*Müller-Lukoschek*, § 95 FGG Rz. 2.
4 BayObLG v. 25.6.1903 – Az. n.v., RJA 4, 14 (17); *Firsching*, DNotZ 1952, 117 (119); Keidel/*Winkler*, § 91 FGG Rz. 10; *Bassenge*/Roth, § 91 FGG Rz. 3; aA OLG Köln v. 22.3.1950 – 2 W 1/50, DNotZ 1951, 524.
5 BayObLG v. 25.6.1903 – Az. n.v., RJA 4, 14.
6 Bumiller/*Winkler*, § 95 FGG Rz. 2.
7 Jansen/*Müller-Lukoschek*, § 95 FGG Rz. 2.
8 OLG Düsseldorf v. 17.7.2002 – 3 Wx 151/02, FGPrax 2002, 231.

IV. Förmliche Aufnahme

13 Das Gericht muss über die in der Verhandlung geäußerten konkreten Streitpunkte ein **Protokoll** aufnehmen. Darin ist **detailliert** fest zu halten, zwischen welchen Beteiligten in wie fern Streitigkeiten bestehen.

14 Der Inhalt der Protokollaufnahme entfaltet gegenüber einem mit der Entscheidung derartiger Streitpunkte später möglicherweise befassten Prozessgericht oder gegenüber den Beteiligten selbst **keinerlei Bindungswirkung**.[1]

15 Auf die Protokollierung finden die Regelungen des **BeurkG** zwar keine direkte Anwendung,[2] werden jedoch regelmäßig zweckmäßigerweise gleichwohl berücksichtigt und gehen damit über die allgemein von § 28 Abs. 4 vorgegebene Vermerkform hinaus.[3]

V. Aussetzung

16 Das Gericht **muss** hinsichtlich der insoweit streitigen Fragen das Verfahren zwingend aussetzen, ohne Erledigungsfristen setzen zu dürfen.[4] Betrifft der Streit den gesamten Nachlass und kann daher keine Abtrennung iSd. Satz 2 erfolgen, ist das Verfahren vollständig auszusetzen.[5] Ein Urteil des Prozessgerichts bindet das Nachlassgericht.[6]

17 Auf Antrag eines Beteiligten ist das ausgesetzte Verfahren nach Erledigung der Streitigkeit **wieder aufzunehmen**. Eine derartige Streiterledigung kann entweder durch rechtskräftiges Prozessurteil oder durch gütliche Einigung eintreten.[7]

18 Die Aussetzung ist mit der befristeten Beschwerde **anfechtbar**.[8]

VI. Teilvollzug

19 Das Gericht ist nach Satz 2 dazu verpflichtet, das Verfahren gem. §§ 366, 368 hinsichtlich **unstreitiger Nachlassteile** durchzuführen und diesbezüglich bei Einigkeit aller Beteiligten vorbereitende Vereinbarungen bzw. die Auseinandersetzung zu beurkunden und zu bestätigen.[9]

20 Dazu ist Voraussetzung, dass **alle** Beteiligten unabhängig davon, ob sie durch die fortgeführten Teile unmittelbar betroffen sind oder nicht, an der Einigung mitwirken und ihre Zustimmung erteilen. Es gelten die diesbezüglichen allgemeinen Regelungen einschließlich eventueller Zustimmungsfiktionen auf Grund Versäumnis nach den §§ 366, 368 (vgl. dazu § 366 Rz. 44 bzw. § 368 Rz. 35).

21 Ein **Widerspruch** eines Beteiligten verhindert bis zu seiner Rücknahme oder Aufhebung durch Urteil ein Versäumnisverfahren in einem späteren Termin.[10]

---

1 Bumiller/*Winkler*, § 95 FGG Rz. 3.
2 Keidel/*Winkler*, § 95 FGG Rz. 3.
3 Vgl. Begr. zum GesetzE der BReg. zu § 370, BT-Drucks. 16/6308, S. 284.
4 *Bassenge*/Roth, § 95 FGG Rz. 3.
5 Keidel/*Winkler*, § 95 FGG Rz. 8.
6 *Bassenge*/Roth, § 95 FGG Rz. 3.
7 Bumiller/*Winkler*, § 95 FGG Rz. 4.
8 KG v. 14.11.1918 – Az. n.v., RJA 16, 228 (229) zu § 19 FGG.
9 Beispiele dazu bei Jansen/*Müller-Lukoschek*, § 95 FGG Rz. 7.
10 BayObLG v. 25.6.1903 – Az. n.v., RJA 4, 14.

§ 371
Wirkung der bestätigten Vereinbarung und Auseinandersetzung; Vollstreckung

(1) Vereinbarungen nach § 366 Abs. 1 sowie Auseinandersetzungen nach § 368 werden mit Rechtskraft des Bestätigungsbeschlusses wirksam und für alle Beteiligten in gleicher Weise verbindlich wie eine vertragliche Vereinbarung oder Auseinandersetzung.

(2) Aus der Vereinbarung nach § 366 Abs. 1 sowie aus der Auseinandersetzung findet nach deren Wirksamwerden die Vollstreckung statt. Die §§ 795 und 797 der Zivilprozessordnung sind anzuwenden.

A. Allgemeines

I. Entstehung

1 Die Vorschrift **übernimmt** in Abs. 1 den Regelungsgehalt des früheren § 97 Abs. 1 FGG. Abs. 2 entspricht dem Inhalt der früheren Regelung des § 98 FGG, wobei Satz 2 erst auf Ersuchen des Bundesrates[1] klarstellend in den Gesetzestext übernommen wurde.

II. Systematik

2 Abs. 1 definiert den Eintritt der **formellen Rechtskraft** des jeweiligen Bestätigungsbeschlusses als maßgebenden Zeitpunkt des Wirksamwerdens – insoweit als lex specialis gegenüber der allgemeinen Regelung des § 40 Abs. 1 – und der Verbindlichkeit der jeweils bestätigten Vereinbarung bzw. Auseinandersetzung nach §§ 366, 368. Nach Abs. 2 Satz 1 ist der formell rechtskräftige Bestätigungsbeschluss Vollstreckungsgrundlage. Satz 2 verweist über §§ 795 und 797 ZPO klarstellend auf die allgemeinen Vorschriften der Zwangsvollstreckung einschließlich des diesbezüglichen Verfahrens. Hierdurch werden die allgemeinen Regelungen nach §§ 86, 87 und 95 ergänzt.

1 Stellungnahme des BR zum GesetzE der BReg. zu § 371, BR-Drucks. 309/07 (Beschl.), S. 76.

III. Normzweck

Die Vorschrift ermöglicht eine **rasche Vollstreckbarkeit** aus einer nachlassgerichtlich vermittelten Einigung der Beteiligten nach Eintritt formeller Rechtskraft unabhängig von eventuellen materiell-rechtlichen Mängeln. 3

B. Inhalt der Vorschrift

I. Zuständigkeit

Zur jeweiligen Zuständigkeit in Teilungssachen, insbesondere der **Amtsgerichte** bzw. in Baden-Württemberg der staatlichen Notariate als Nachlassgericht (sachlich) und des **Rechtspflegers** (funktionell), vgl. § 363 Rz. 4 ff. Zu den Besonderheiten im Rahmen der Erteilung der Vollstreckungsklausel nach rechtskräftigem Bestätigungsbeschluss vgl. Rz. 21 ff. 4

II. Beteiligteneigenschaft

Für das Verfahren in Teilungssachen ist im Gegensatz zur Regelung des § 345 in Nachlassangelegenheiten keine spezielle Beteiligtendefinition normiert. Daher richtet sich die Beteiligteneigenschaft nach § 7 im **Allgemeinen Teil.**[1] Originär Beteiligter ist der tatsächliche Antragsteller nach § 7 Abs. 1, Beteiligter kraft zwingender gerichtlicher Hinzuziehung nach § 7 Abs. 2 Nr. 1 auf Grund unmittelbarer Betroffenheit ihrer Rechte durch das Vermittlungsverfahren sind insbesondere Erben, Erbteilserwerber, Erbeserben, Pfandrechts-, Pfändungspfandrechts- oder Nießbrauchsberechtigte an Erbteilen. Einzelheiten dazu vgl. § 363 Rz. 18 f. 5

III. Wirksamwerden und Verbindlichkeit (Absatz 1)

1. Wirksamwerden

Maßgebender Zeitpunkt für das Wirksamwerden einer Vereinbarung nach § 366 Abs. 1 bzw. Auseinandersetzung nach § 368 ist die **Rechtskraft** des jeweiligen Bestätigungsbeschlusses. 6

Die Vorschrift ist damit **lex specialis** zur allgemeinen Regelung des § 40 Abs. 1, nach der ein Beschluss grundsätzlich bereits mit Bekanntgabe an den Beteiligten, für den er dem wesentlichen Inhalt nach bestimmt ist, wirksam wird. 7

Rechtskraft iSd. des § 371 Abs. 1 meint **formelle** und damit nicht die beispielsweise einem Prozessurteil innewohnende materielle Rechtskraft.[2] Entsprechend sieht § 372 Abs. 2 vor, dass die Beschwerde gegen einen Bestätigungsbeschluss ausschließlich auf ewaige Verfahrensfehler gegründet werden kann. 8

Formelle Rechtskraft des Bestätigungsbeschlusses tritt ein, wenn bis zum Ablauf der **Beschwerdefrist** nach § 63 keine Beschwerde eingelegt oder eine fristgerecht eingelegte Beschwerde rechtskräftig zurückgewiesen wurde. 9

1 *Fröhler*, BWNotZ 2008, 183 (188).
2 Bumiller/*Winkler*, § 97 FGG Rz. 4.

2. Verbindlichkeit

10 Mangels materieller Rechtskraft des Bestätigungsbeschlusses sind die Beteiligten nur in **eingeschränktem Umfang** an die bestätigte Vereinbarung bzw. Auseinandersetzung gebunden.

11 Mit Eintritt der formellen Rechtskraft gelten sämtliche etwaige **Verfahrensmängel** als geheilt. Fehler, die das Verfahren betreffen, können daher nicht mehr gerügt werden.[1] Dies gilt auch nach Missachtung des Zustimmungserfordernisses nach §§ 366 Abs. 2 Satz 2, 368 Abs. 1 Satz 3 Halbs. 2[2] oder der Voraussetzungen für die Versäumnisfolgen nach §§ 366 Abs. 3 und 4, 368 Abs. 2.[3]

12 Eine derartige Heilung tritt jedoch nicht gegenüber Beteiligten ein, die zu dem Verfahren **nicht hinzugezogen** worden sind, bspw. ein übergangener Miterbe.[4] Sie sind, wenn ihnen in der bestätigten Vereinbarung bzw. Auseinandersetzung keine Verpflichtung auferlegt wurde, gegen den Bestätigungsbeschluss nicht beschwerdeberechtigt,[5] können jedoch ein neues nachlassgerichtliches Auseinandersetzungsverfahren beantragen oder gegen die übrigen Beteiligten vor dem Prozessgericht klagen.[6]

13 Die formelle Rechtskraft erfasst keine Verstöße gegen **zwingende Formvorschriften** der Beurkundung.[7]

14 Sie heilt zudem keine Verletzung **materiellen Rechts**,[8] insbesondere Nichtigkeitstatbestände, Anfechtungen und Fehlen erforderlicher gerichtlicher Genehmigungen.

15 Die Verletzung zwingender Formvorschriften der Beurkundung bzw. des materiellen Rechts kann auch nach Eintritt der formellen Rechtskraft des jeweiligen Bestätigungsbeschlusses durch **Feststellungs- oder Vollstreckungsgegenklage** gem. §§ 767, 794 Nr. 5, 795, 797 Abs. 4 ZPO vor dem Prozessgericht geltend gemacht werden.[9]

16 Mit Rechtskraft eines Urteils, das die Unwirksamkeit der bestätigten Vereinbarung feststellt, oder nach einstimmiger vertraglicher Aufhebung durch alle Beteiligten kann ein **neues** nachlassgerichtliches **Auseinandersetzungsverfahren** eingeleitet werden.

17 Für erst nachträglich bemerkte weitere Nachlassgegenstände kommt eine **Nachtragsauseinandersetzung** in Betracht.[10]

IV. Zwangsvollstreckung (Absatz 2)

1. Vollstreckungstitel

18 Mit **Wirksamwerden** einer Vereinbarung nach § 366 Abs. 1 bzw. einer Auseinandersetzung nach § 368 durch Eintritt der formellen Rechtskraft des zugehörigen Bestäti-

1 *Bassenge*/Roth, § 97 FGG Rz. 1.
2 BayObLG v. 9.12.1910 – Reg. III 87/1910, BayObLGZ 1911, 720 (723).
3 KG v. 23.3.1898 – 1. X. 74/22, JFG 1, 362 (365).
4 KG v. 12.9.1914 – Az. n.v., ZBlFG 15, 561.
5 Keidel/*Winkler*, § 96 FGG Rz. 10.
6 Jansen/*Müller-Lukoschek*, § 97 FGG Rz. 5.
7 Keidel/*Winkler*, § 97 FGG Rz. 5.
8 KG v. 23.3.1898 – 1. X. 74/22, JFG 1, 362 (365).
9 BayObLG v. 9.12.1910 – Reg. III 87/1910, BayObLGZ 1911, 720 (723); *Bassenge*/Roth, § 97 FGG Rz. 1.
10 Jansen/*Müller-Lukoschek*, § 97 FGG Rz. 7.

gungsbeschlusses findet aus der bestätigten Vereinbarung bzw. Auseinandersetzung die Vollstreckung statt.

19 Für ihre **Durchführung** gelten die §§ 803 ff. ZPO. Wurde die Auflassung in der Auseinandersetzung nicht mitbeurkundet, ist nach § 888 ZPO zu verfahren, da § 894 ZPO nicht anwendbar ist.[1]

20 Es ist **keine gesonderte Zwangsvollstreckungsunterwerfung** der Beteiligten nach § 794 Abs. 1 Nr. 5 ZPO erforderlich.[2]

2. Vollstreckungsklausel

21 Das Nachlassgericht wirkt innerhalb des Zwangsvollstreckungsverfahrens auf Grund eines rechtskräftigen Bestätigungsbeschlusses ausschließlich durch Erteilung der Vollstreckungsklausel mit. Hierzu benötigt der Gläubiger eine vollstreckbare Ausfertigung der bestätigten Urkunde nach § 724 ZPO.[3] Das weitere Verfahren vollzieht sich gemäß **Zivilprozessordnung**. Nach Abs. 2 Satz 2 finden die §§ 795, 797 ZPO und damit, soweit nicht in den §§ 795a bis 800 ZPO abweichende Vorschriften enthalten sind, die §§ 724 bis 793 ZPO Anwendung.

22 Nach § 797 Abs. 1 ZPO erteilt der Urkundsbeamte der Geschäftsstelle desjenigen Nachlassgerichts die **Vollstreckungsklausel**, das die Urkunde verwahrt. Entsprechendes gilt bei Zuständigkeit der staatlichen Notariate als Nachlassgericht in Baden-Württemberg aus Art. 147 EGBGB. Soweit nach § 487 Abs. 1 Nr. 3 iVm. § 20 Abs. 5 BNotO gemäß landesgesetzlichen Vorschriften die Nachlassauseinandersetzung durch **Notare** vermittelt wird (dazu § 363 Rz. 6), ist nach § 797 Abs. 2 Satz 1 ZPO derjenige Notar zuständig, der das Vermittlungsverfahren durchgeführt hat und den Bestätigungsbeschluss verwahrt. Bei Verwahrung durch eine andere Behörde ist diese nach § 797 Abs. 2 Satz 2 ZPO zuständig.

23 Gem. § 797 Abs. 3 ZPO iVm. § 20 Nr. 13 RPflG ist hingegen der Rechtspfleger – im staatlichen Notariat als Nachlassgericht in Baden-Württemberg, dem kein Rechtspfleger zugeordnet ist oder in dem der Notar im Landesdienst trotz Rechtspflegerzuweisung nach § 35 Abs. 3 Satz 1 RPflG tätig wird, der Notar – für die Erteilung einer **weiteren vollstreckbare Ausfertigung** zuständig. Der nach § 487 Abs. 1 Nr. 3 zuständige Notar ist zwar auch zur Erteilung einer weiteren vollstreckbaren Ausfertigung zuständig, bedarf dazu jedoch nach § 797 Abs. 3 ZPO der Anweisung des Rechtspflegers bei dem für seinen Amtssitz zuständigen Amtsgericht, die er selbst mangels eigenen Antragsrechts des Gläubigers[4] zu beantragen hat und die ihm durch den dort zuständigen Rechtspfleger erteilt wird.

3. Rechtsbehelfe des Schuldners

24 Gegen die Erteilung der vollstreckbaren Ausfertigung kann der Schuldner nach § 732 ZPO **Klauselerinnerung** einlegen. Zuständig ist nach §§ 732 Abs. 1, 797 Abs. 3, 802 ZPO ausschließlich dasjenige Gericht, von dessen Geschäftsstelle die Vollstreckungs-

---

1 *Bassenge*/Roth, § 98 FGG Rz. 3.
2 Bumiller/*Winkler*, § 98 FGG Rz. 1.
3 Keidel/*Winkler*, § 98 FGG Rz. 5.
4 OLG Düsseldorf v. 9.2.1977 – 3 W 29/77, DNotZ 1977, 571 (572).

klausel erteilt wurde, somit grundsätzlich das Nachlassgericht,[1] dort der Richter,[2] bzw. das staatliche Notariat in Baden-Württemberg, dort der Notar. Hat ein nach § 487 Abs. 1 Nr. 3 zuständiger Notar die vollstreckbare Ausfertigung erteilt, ist das Amtsgericht (Streitgericht), dort der Richter, zuständig.[3]

25 Gegen die Erteilung einer **weiteren vollstreckbaren Ausfertigung** ist ebenfalls Klauselerinnerung nach § 732 ZPO statthaft.[4]

26 Darüber hinaus kann nach §§ 767, 768 ZPO bei dem nach § 797 Abs. 5 ZPO örtlich zuständigen Prozessgericht **Vollstreckungsabwehrklage** erhoben werden.[5]

4. Rechtsbehelfe des Gläubigers

27 Gegen die Ablehnung einer beantragten vollstreckbaren Ausfertigung ist zunächst entsprechend § 573 Abs. 1 ZPO (befristete) **Erinnerung** bei dem für die Klauselerteilung zuständigen Gericht bzw. im Falle einer Ablehnung durch den nach § 487 Abs. 1 Nr. 3 zuständigen Notar bei dem für dessen Amtsbezirk zuständigen Amtsgericht statthaft. Bei Nichtabhilfe ist sodann nach §§ 54, 1 Abs. 2 BeurkG die **Beschwerde** eröffnet.[6] Ist die Beschwerde erfolgreich, wird die zuständige Stelle zur Klauselerteilung angewiesen.[7] Nach § 54 Abs. 2 Satz 1 BeurkG gelten für das Verfahren die Regelungen des FamFG. Somit findet nach § 70 Abs. 1 die (befristete) Rechtsbeschwerde zum Bundesgerichtshof statt, wenn sie durch das Beschwerdegericht zugelassen worden ist. Der Bundesgerichtshof ist nach § 70 Abs. 2 Satz 2 an die Zulassung gebunden.

28 Bei Ablehnung einer beantragten **weiteren vollstreckbaren Ausfertigung** gilt ebenfalls § 54 BeurkG,[8] wobei der Notar gegen die Verweigerung der von ihm beantragten Anweisung wegen seiner diesbezüglichen Eigenschaft als Organ der Rechtspflege kein eigenes Beschwerderecht hat.[9]

§ 372
Rechtsmittel

(1) Ein Beschluss, durch den eine Frist nach § 366 Abs. 3 bestimmt wird, und ein Beschluss, durch den über die Wiedereinsetzung entschieden wird, ist mit der sofortigen Beschwerde in entsprechender Anwendung der §§ 567 bis 572 der Zivilprozessordnung anfechtbar.

(2) Die Beschwerde gegen den Bestätigungsbeschluss kann nur darauf gegründet werden, dass die Vorschriften über das Verfahren nicht beachtet wurden.

---

1 Zöller/*Stöber*, § 797 ZPO Rz. 13; Jansen/*Müller-Lukoschek*, § 98 FGG Rz. 12; Keidel/*Winkler*, § 98 FGG Rz. 13.
2 Zöller/*Stöber*, § 797 ZPO Rz. 13; Jansen/*Müller-Lukoschek*, § 98 FGG Rz. 12; Keidel/*Winkler*, § 98 FGG Rz. 13.
3 Zöller/*Stöber*, § 797 ZPO Rz. 13; Keidel/*Winkler*, § 98 FGG Rz. 13.
4 Zöller/*Stöber*, § 797 ZPO Rz. 14.
5 Zöller/*Stöber*, § 797 ZPO Rz. 13.
6 Zöller/*Stöber*, § 797 ZPO Rz. 12.
7 Zöller/*Stöber*, § 797 ZPO Rz. 12.
8 BayObLG v. 27.10.1999 – 3 Z BR 281/99, Rpfleger 2000, 74 (75); Jansen/*Müller-Lukoschek*, § 98 FGG Rz. 10.
9 Zöller/*Stöber*, § 797 ZPO Rz. 14.

A. Allgemeines

I. Entstehung

1 Die Vorschrift **ersetzt** die frühere Regelung des § 96 FGG über die Anfechtbarkeit von Entscheidungen im Teilungsverfahren.

II. Systematik

2 Nach Abs. 1 sind die dort genannten beiden **Zwischenentscheidungen** der Fristbestimmung nach § 366 Abs. 3 und der Entscheidung über die Wiedereinsetzung mit der sofortigen Beschwerde entsprechend den §§ 567 bis 572 ZPO anfechtbar. Im Gegensatz dazu stellte § 96 Satz 1 FGG für die sofortige Beschwerde bei Wiedereinsetzung auf das Verfahren nach § 22 FGG ab und sah für die Fristbestimmung die einfache Beschwerde nach § 19 FGG vor. Die Statthaftigkeit der sofortigen Beschwerde gegen die Entscheidung über die spezielle Wiedereinsetzung in Teilungssachen erfasst damit auch die Gewährung der Wiedereinsetzung und weicht **zugleich** von der diesbezüglichen allgemeinen Regelung des § 19 Abs. 2 (dort Unanfechtbarkeit der gewährten Wiedereinsetzung) ab.

3 Abs. 2 beschränkt die Beschwerdegründe für eine nach der allgemeinen Regelung des § 58 Abs. 1 statthafte befristete Beschwerde – an Stelle der früheren sofortigen Beschwerde nach § 96 Satz 1 FGG – gegen den Bestätigungsbeschluss als **Endentscheidung** ausschließlich auf die Nichtbeachtung von Verfahrensvorschriften.

III. Normzweck

4 Die Vorschrift gewährt für die beiden bedeutsamen und zugleich typischen Arten von Zwischenentscheidungen im Teilungsverfahren, die Fristbestimmung und die Entscheidung über eine Wiedereinsetzung, ausnahmsweise das Recht auf selbständige Anfechtbarkeit und dabei in Gestalt der sofortigen Beschwerde ein weitgehend **entformalisiertes Rechtsmittelverfahren**.[1]

5 Die diesbezügliche Verweisung auf die Regelungen der Zivilprozessordnung dient zudem der **Harmonisierung** der Verfahrensordnungen.[2]

6 Zugleich sorgt die zweiwöchige Beschwerdefrist nach Abs. 1 einerseits sowie die einmonatige Befristung samt Begrenzung der Beschwerdegründe für die allgemeine Beschwerde gegen Bestätigungsbeschlüsse nach Abs. 2 andererseits für schnelle **Rechtssicherheit**.

1 Vgl. Begr. zum GesetzE der BReg. zu § 58 Abs. 1, BT-Drucks. 16/6308, S. 203.
2 Vgl. Begr. zum GesetzE der BReg. zu § 58 Abs. 1, BT-Drucks. 16/6308, S. 203.

B. Inhalt der Vorschrift

I. Rechtsmittel gegen Zwischenentscheidungen (Absatz 1)

1. Betroffene Zwischenentscheidungen

7 Nach Abs. 1 ist gegen die Zwischenentscheidungen der Fristbestimmung und der Entscheidung über die Wiedereinsetzung **sofortige Beschwerde** statthaft.

8 Die **Fristbestimmung** betrifft das Versäumnisverfahren bei der nachlassgerichtlichen Vermittlung sowohl von vorbereitenden Vereinbarungen nach § 366 Abs. 3 (vgl. dazu § 366 Rz. 37) als auch der eigentlichen Auseinandersetzung nach § 368 Abs. 2 iVm. § 366 Abs. 3.

9 Hinsichtlich der Entscheidung über die **Wiedereinsetzung** stellt Abs. 1 auf die spezielle Regelung des § 367 ab. Dadurch gelten die diesbezüglichen allgemeinen Vorschriften der §§ 17, 18 und 19 Abs. 1 entsprechend bei unverschuldeter Verhinderung eines in einem nachlassgerichtlichen Vermittlungsverfahren iSd. §§ 366, 368 säumigen Beteiligten, rechtzeitig die Anberaumung eines neuen Termins zu beantragen oder in dem neuen Termin zu erscheinen (vgl. dazu § 367 Rz. 7). Die sofortige Beschwerde ist dabei sowohl gegen die Ablehnung als auch gegen die – hier ausnahmsweise über § 367 entgegen § 19 Abs. 2 anfechtbare – Gewährung der Wiedereinsetzung statthaft.

2. Sofortige Beschwerde

10 Grundsätzlich kann eine Zwischen- bzw. Nebenentscheidung nicht selbständig, sondern allenfalls gemeinsam mit der diesbezüglichen Hauptsacheentscheidung angefochten werden.[1] Abs. 2 statuiert hierzu eine ausdrückliche **Ausnahme**.

11 Die sofortige Beschwerde ist nach § 569 Abs. 1 ZPO binnen einer nach § 224 Abs. 1 ZPO nicht verkürzbaren **Nofrist** von zwei Wochen wahlweise beim Ausgangs- oder beim Beschwerdegericht einzulegen. Die Beschwerdefrist beginnt grundsätzlich mit der Zustellung der Entscheidung, spätestens mit Ablauf von fünf Monaten nach Verkündung des Beschlusses.

12 Die Beschwerde wird nach § 569 Abs. 2 bzw. 3 ZPO durch Einreichung einer **Beschwerdeschrift**, hilfsweise zu Protokoll der Geschäftsstelle eingelegt und soll nach § 571 Abs. 1 ZPO begründet werden.

13 Nach § 568 ZPO besteht eine originäre **Einzelrichterzuständigkeit**, wenn die angefochtene Entscheidung wie hier von einem Rechtspfleger oder einem Einzelrichter stammt.

II. Rechtsmittel gegen den Bestätigungsbeschluss (Absatz 2)

14 Rechtsmittel gegen einen Bestätigungsbeschluss nach § 366 Abs. 2 Satz 1 im Verfahren über außergerichtliche Vereinbarungen bzw. nach § 368 Abs. 1 Satz 3 im Verfahren über einen Auseinandersetzungsplan ist die befristete Beschwerde nach den allgemeinen Regeln der §§ 58 Abs. 1, 63, da der Bestätigungsbeschluss im Gegensatz zu den Zwischenentscheidungen nach Abs. 1 **Endentscheidung** iSd. § 38 Abs. 1 ist.

1 Vgl. bspw. bei Versagung der Wiedereinsetzung im Zivilprozess Vorwerk/*Jaspersen*, Kap. 71 Rz. 101. Dazu iÜ § 58 Abs. 2.

Beschwerdeberechtigt ist dabei nach § 59 Abs. 1 derjenige, der durch den Bestätigungsbeschluss in seinen Rechten beeinträchtigt ist. Dies sind alle zu dem Verfahren hinzugezogenen Beteiligten, ausgenommen diejenigen, die sich gegen ihre Hinzuziehung wehren, aber auf das Verfahren eingelassen haben.[1] Ebenfalls beschwerdeberechtigt sind Nichtzugezogene, wenn ihnen Pflichten auferlegt worden sind.[2] Ein geltend gemachter Verfahrensmangel ist auch dann relevant, wenn er den Beschwerdeführer nicht selbst betrifft.[3] 15

Abs. 2 **beschränkt** jedoch die Zulässigkeit der Beschwerdegründe. Danach kann die Beschwerde nur auf die Nichtbeachtung der Vorschriften über das **Verfahren** gestützt werden. Ausreichend ist dabei bereits die Rüge der Fehlerhaftigkeit einzelner Verfahrenshandlungen.[4] Dies kommt insbesondere bei einer Verletzung der Regelungen der §§ 365, 366 Abs. 3 bzw. 368 Abs. 2[5] oder dem Fehlen einer erforderlichen gerichtlichen Genehmigung[6] in Betracht. 16

Mit Rechtskraft der Beschwerdeentscheidung wird ein dadurch aufgehobener Bestätigungsbeschluss gegenüber allen Beteiligten, somit auch gegenüber denjenigen, die keine Beschwerde eingelegt haben, wirkungslos[7] und das Verfahren auf den Stand vor dessen Erlass **zurückversetzt**. 17

Je nach Reichweite des maßgebenden Verfahrensmangels muss das eingeleitete Verfahren entweder ohne Bindung der Beteiligten an ihre Erklärungen vollumfänglich wiederholt[8] oder lediglich teilweise unter Fortbestand der **Beteiligtenbindung** im Übrigen neu durchgeführt werden.[9] 18

Beruht der Verfahrensmangel auf einer entgegen § 370 Satz 1 unterlassenen **Aussetzung**, kann das Beschwerdegericht diese selbst anordnen.[10] 19

Inhaltliche Fehler sind hingegen ausschließlich mit einer Feststellungs- oder Vollstreckungsgegenklage nach §§ 767, 794 Nr. 5, 795, 797 Abs. 4 ZPO vor dem Prozessgericht angreifbar. 20

Ein durch einen Notar in dessen **nichtnachlassgerichtlicher** Funktion beurkundeter Erbauseinandersetzungsvertrag ist nicht durch Beschwerde anfechtbar.[11] 21

§ 373
Auseinandersetzung einer Gütergemeinschaft

(1) Auf die Auseinandersetzung des Gesamtsguts nach der Beendigung der ehelichen, lebenspartnerschaftlichen oder der fortgesetzten Gütergemeinschaft sind die Vorschriften dieses Abschnitts entsprechend anzuwenden.

1 Jansen/*Müller-Lukoschek*, § 96 FGG Rz. 4.
2 Keidel/*Winkler*, § 96 FGG Rz. 10.
3 *Bassenge*/Roth, § 96 FGG Rz. 2.
4 Jansen/*Müller-Lukoschek*, § 96 FGG Rz. 4.
5 Bumiller/*Winkler*, § 96 FGG Rz. 5.
6 OLG Colmar v. 14.2.1912 – Az. n.v., KGJ 44, 328 (330).
7 Keidel/*Winkler*, § 96 FGG Rz. 11.
8 Jansen/*Müller-Lukoschek*, § 96 FGG Rz. 10.
9 KG v. 12.2.1914 – 1 X 467/13, KGJ 46, 151 (154).
10 KG v. 26.1.1905 – Az. n.v., RJA 5, 230 (234).
11 BayObLG v. 25.9.1929 – Reg. III Nr. 101/29, JFG 7, 54 (55).

(2) Für das Verfahren zur Erteilung, Einziehung oder Kraftloserklärung von Zeugnissen über die Auseinandersetzung des Gesamtguts einer ehelichen, lebenspartnerschaftlichen oder fortgesetzten Gütergemeinschaft nach den §§ 36 und 37 der Grundbuchordnung sowie den §§ 42 und 74 der Schiffsregisterordnung gelten § 345 Abs. 1 sowie die §§ 352, 353 und 357 entsprechend.

A. Allgemeines

I. Entstehung

1 Die Vorschrift **übernimmt** in Abs. 1 den Regelungsgehalt des früheren § 99 Abs. 1 FGG. Die im früheren § 99 Abs. 2 FGG enthaltene Zuständigkeitsregelung wurde durch § 23a Abs. 2 Nr. 2 GVG bzw. § 344 Abs. 5 ersetzt.

II. Systematik

2 Die von dieser Vorschrift erfassten Regelungsgegenstände sind nach § 342 Abs. 2 ebenso wie eine Nachlassauseinandersetzung **Teilungssachen**. Abs. 1 statuiert die entsprechende Anwendung der §§ 363 bis 372 auf die Auseinandersetzung des Gesamtguts nach der Beendigung einer Gütergemeinschaft. Abs. 2 sieht für die Erteilung der diesbezüglich erforderlichen Zeugnisse die entsprechende Anwendbarkeit der Verfahrensvorschriften nach den §§ 345 Abs. 1, 352, 353 und 357 vor.

III. Normzweck

3 Die Vorschrift **stellt** die Auseinandersetzung des gesamthänderisch gebundenen Gesamtguts der Gütergemeinschaft verfahrensrechtlich der Erbauseinandersetzung **gleich**.

B. Inhalt der Vorschrift

I. Zuständigkeit

4 Zur jeweiligen Zuständigkeit in Teilungssachen, insbesondere der **Amtsgerichte** bzw. in Baden-Württemberg der staatlichen Notariate als Nachlassgericht (sachlich) und des **Rechtspflegers** (funktionell), vgl. § 363 Rz. 4 ff. Ergänzend regelt § 487 Abs. 1 Nr. 2 eine Erweiterung des landesgesetzlichen Vorbehalts für die Auseinandersetzung nach § 373.[1]

---

1 Bumiller/*Winkler*, § 193 FGG Rz. 1.

Die Zuständigkeit von **Notaren** ergibt sich wiederum aus § 487 Abs. 1 Nr. 3 iVm. § 20 Abs. 5 BNotO über landesgesetzliche Vorschriften. 5

Die **örtliche** Zuständigkeit ist nach § 344 Abs. 5 dahin gehend geregelt, dass das für die Auseinandersetzung des Nachlasses zuständige Gericht auch für die Gesamtgutsauseinandersetzung insoweit zuständig ist, als ein Anteil am Gesamtgut zu dem Nachlass gehört. Im Übrigen folgt die Zuständigkeit aus § 122. 6

II. Beteiligteneigenschaft

Für das Verfahren in Teilungssachen ist im Gegensatz zur Regelung des § 345 in Nachlassangelegenheiten keine spezielle Beteiligtendefinition normiert. Daher richtet sich die Beteiligteneigenschaft nach § 7 im **Allgemeinen Teil**.[1] Originär Beteiligter ist der tatsächliche Antragsteller nach § 7 Abs. 1, Beteiligter kraft zwingender gerichtlicher Hinzuziehung nach § 7 Abs. 2 Nr. 1 auf Grund unmittelbarer Betroffenheit ihrer Rechte durch das Vermittlungsverfahren sind insbesondere je nach Beendigungstatbestand für die Gütergemeinschaft der jeweilige Ehegatte, die Abkömmlinge bzw. die Erben des längstlebenden Ehegatten sowie am Anteil des Gesamtguts berechtigte Pfändungsgläubiger. Einzelheiten zur allgemeinen Beteiligteneigenschaft vgl. § 7 Rz. 24. Für Zeugnisverfahren gilt nach Abs. 2 § 345 Abs. 1. 7

III. Auseinandersetzung einer Gütergemeinschaft (Absatz 1)

1. Beendigung einer Gütergemeinschaft

Der Güterstand der Gütergemeinschaft besteht zwischen Eheleuten bzw. eingetragenen Lebenspartnern nur dann, wenn sie dies durch entsprechenden notariell beurkundeten Ehevertrag nach § 1408 BGB bzw. Lebenspartnerschaftsvertrag gem. § 7 LPartG formgerecht **vereinbart** haben. 8

Die **allgemeine** Gütergemeinschaft endet grundsätzlich mit Auflösung der Ehe bzw. Lebenspartnerschaft durch den Tod des erstversterbenden Partners – wenn nicht fortgesetzte Gütergemeinschaft nach § 1483 BGB vereinbart wurde –, mit Rechtskraft eines entsprechenden Aufhebungsurteils nach den §§ 1447, 1448, 1449, 1469, 1470 BGB, durch Scheidung und Aufhebung nach den §§ 1564 ff., 1313 ff. BGB bzw. § 15 LPartG, durch Wiederverheiratung nach Todeserklärung gem. § 1319 BGB oder durch Abschluss eines notariellen Ehe- bzw. Partnerschaftsvertrages nach § 1408 BGB bzw. § 7 LPartG. 9

Eine **fortgesetzte** Gütergemeinschaft iSd. §§ 1483 ff. BGB bzw. § 7 LPartG wird durch Aufhebung durch den überlebenden Partner beendet, durch Vertrag nach § 1492 BGB bzw. § 7 LPartG, durch Wegfall oder Verzicht aller Abkömmlinge nach den §§ 1490, 1491 BGB bzw. § 7 LPartG, durch Tod oder Todeserklärung des überlebenden Partners nach § 1494 BGB bzw. § 7 LPartG, durch Wiederverheiratung oder Begründung einer Lebenspartnerschaft des überlebenden Partners nach § 1493 BGB bzw. § 7 LPartG oder durch Rechtskraft eines Aufhebungsurteils nach den §§ 1495, 1496 BGB bzw. § 7 LPartG. 10

1 *Fröhler*, BWNotZ 2008, 183 (188).

2. Auseinandersetzungsgegenstand

11 Gegenstand der Auseinandersetzung der Gütergemeinschaft ist ausschließlich das **Gesamtgut** nach den §§ 1416, 1415 BGB bzw. § 7 LPartG, sonstiges Vermögen selbst dann nicht, wenn es gemeinsam mit dem Gesamtgut auseinander gesetzt würde.[1] Ebenfalls erfasst ist auch der Erlös eines nach § 180 ZVG versteigerten Grundstücks.[2]

12 Trotz gleicher besonderer örtlicher Zuständigkeit des Nachlassgerichts nach § 344 Abs. 5 verkörpert die Auseinandersetzung des Gesamtgutes einerseits und die desjenigen Nachlasses andererseits, zu dem ein Anteil am Gesamtgut zählt, zwei gänzlich **selbständige** Verfahren, die dogmatisch streng voneinander zu trennen sind.[3] Gleichwohl ist eine Verbindung beider Verfahren vor demselben Gericht zulässig.[4]

13 Für die Auseinandersetzung gelten die **materiell**-rechtlichen Regelungen der §§ 1471 bis 1481 BGB.

3. Antragsberechtigung

14 Die Antragsberechtigung **variiert** je nach Grund der Beendigung und jeweiliger Unterart der Gütergemeinschaft.

15 Bei Beendigung der **allgemeinen** Gütergemeinschaft zu Lebzeiten beider Partner ist jeder Partner antragsberechtigt, bei deren Beendigung durch Tod des erstversterbenden Partners haben dessen Erben und der längstlebende Partner jeweils ein Antragsrecht.[5]

16 Bei Beendigung der **fortgesetzten** Gütergemeinschaft zu Lebzeiten des längstlebenden Partners sind der längstlebende Partner und jeder anteilsberechtigte Abkömmling, bei deren Beendigung durch Tod des längstlebenden Partners an dessen Stelle dessen Erben antragsberechtigt.[6]

17 Zudem sind am Anteil des Gesamtguts berechtigte **Pfändungsgläubiger** antragsberechtigt.[7]

4. Verfahren

18 Wegen des Verfahrens vgl. **§§ 363 bis 372** passim.

IV. Zeugniserteilung (Absatz 2)

19 Das Verfahren zur Erteilung bzw. Einziehung oder Kraftloserklärung von **Zeugnissen** über die Auseinandersetzung des Gesamtguts einer Gütergemeinschaft iSd. Abs. 1 nach den §§ 36 bzw. 37 GBO, 42 und 74 Schiffsregisterordnung (vgl. dazu § 342 Rz. 28 f.) richtet sich nach § 345 Abs. 1 und den §§ 352, 353 und 357 (vgl. dazu § 345 Rz. 40 ff., § 352 Rz. 11 ff., § 353 Rz. 10 ff. bzw. § 357 Rz. 11 ff.).

1 Keidel/*Winkler*, § 99 FGG Rz. 3.
2 BayObLG v. 23.10.1956 – 1 Z 121/56, NJW 1957, 386 (387).
3 OLG Hamm v. 18.2.1966 – 15 W 154/65, DNotZ 1966, 744 (746).
4 Firsching/*Graf*, Rz. 4.968.
5 Bumiller/*Winkler*, § 99 FGG Rz. 3.
6 Bumiller/*Winkler*, § 99 FGG Rz. 3.
7 *Bassenge*/Roth, § 99 FGG Rz. 4.

Buch 5
Verfahren in Registersachen, unternehmensrechtliche Verfahren

Vorbemerkungen

Literatur: *Apfelbaum/Bettendorf*, Die elektronische beglaubigte Abschrift im Handelsregisterverkehr, RNotZ 2007, 89; *Baldus/Gustavus*, Handels- und Registergericht, 4. Aufl. 2001; *Becker*, Neue Wege zur Registerpublizität, GmbHR 2003, R 145; Registerpublizität R 165; *Bettendorf/Apfelbaum*, Elektronischer Rechtsverkehr und das Berufsrecht des Notars, DNotZ 2008, 19; *Bohrer*, Notarielle Form, Beurkundung und elektronischer Rechtsverkehr, DNotZ 2008, 39; *Borchert*, Übertragung der Registerführung von den Gerichten auf die Industrie- und Handelskammer, BB 2002, 2642; *Drischler*, Verfügung über die Führung und Einrichtung des Handelsregisters, 5. Aufl. 1983; *Fleck*, Die virtuelle Mitgliederversammlung im eingetragenen Verein, DNotZ 2008, 245; *Gernoth*, Das deutsche Handelsregister – telekommunikative Steinzeit im Zeichen des Europäischen Wettbewerbs, BB 2004, 837; *Gustavus*, Handelsregister-quo vadis?, GmbHR 1998, 528; *Gustavus*, Handelsregister-Anmeldungen, 7. Aufl. 2009; *Heinemann*, Das Verfahren in Registersachen und das unternehmensrechtliche Verfahren nach dem FamFG, FGPrax 2009, 1; *Heinemann*, Die Reform der freiwilligen Gerichtsbarkeit und ihre Auswirkungen auf die notarielle Praxis, DNotZ 2009, 1; *Holzer*, Der Beteiligtenbegriff in der freiwilligen Gerichtsbarkeit, ZNotP 2009, 122; *Holzer*, Die Fassungsbeschwerde im Registerrecht, ZNotP 2008, 138; *Holzer*, Die Zwischenverfügung im Registerrecht, ZNotP 2009, 210; *Krafka*, Das neue Handels- und Unternehmensregister, MittBayNot 2005, 290; *Krafka*, Die gesellschafts- und registerrechtliche Bedeutung des geplanten FamFG, FGPrax 2007, 51; *Krafka*, Einführung in das Registerrecht, 2. Aufl. 2008; *Krafka/Willer*, Die elektronische Einreichung von Handelsregisteranmeldungen aus Sicht der Registerpraxis, DNotZ 2006, 885; *Krafka/Willer*, Registerrecht, 7. Aufl. 2007; *Maass*, Der Entwurf für ein „Gesetz zur Reform des Verfahrens in Familiensachen und in den Angelegenheiten der freiwilligen Gerichtsbarkeit" – ein gelungener Versuch einer umfassenden Verfahrensreform?, ZNotP 2006, 282; *Malzer*, Elektronische Beglaubigung und Medientransfer durch den Notar nach dem Justizkommunikationsgesetz, DNotZ 2006, 9; *Melchior/Ries*, Das elektronische

Handelsregister – Auswirkungen auf die notarielle Praxis, NotBZ 2003, 205; *Müther*, Das Handelsregister in der Praxis, 2. Aufl. 2007; *Munzig*, Rechtsprechungsübersicht zum Handels- und Registerrecht (2006, Teil I, II und III) FGPrax 2006, 47, 94, 139; *Munzig*, Rechtsprechungsübersicht zum Handels- und Registerrecht (2003) FGPrax 2003, 101; *Nedden-Boeger*, Das neue Registerrecht, FGPrax 2007, 1; *Nitsche*, Rechtsprechungsübersicht zum Handels- und Registerrecht (2000, Teil I und II) FGPrax 2000, 40 und 85; *Ries*, Quo vadis Handelsregister – oder wie heute Gesetze gemacht werden, BB 2005, 790; *Ries*, Das deutsche Handelsregister – ein Relikt aus der Steinzeit, BB 2004, 2145; *Ries*, Das elektronische Handelsregister – Schaffung der rechtlichen Voraussetzungen durch das „ER-JuKoG", GmbHRdsch 2002, R 233; *Schemmann/Solveen*, Das elektronische Handelsregister im Echtbetrieb – Wirklichkeit und Vision, ZIP 2001, 1518; *Schmidt-Kessel/Leutner/Müther*, Handelsregisterrecht, 2009; *Sikora/Schwab*, Das EHUG in der notariellen Praxis, MittBayNot 2007, 1; *Zimmermann*, Die Beteiligten im neuen FamFG, FPR 2009, 5.

I. System der Neuordnung

1. Ausgangspunkt: Neue Systematisierung der Registervorschriften

1 In **Buch 5 des FamFG** – Registersachen und unternehmensrechtliche Verfahren – sind in den §§ 374 bis 409 die früher im **7. Abschnitt des FGG** enthaltenen Bestimmungen über Handelssachen, §§ 125 bis 158 FGG aF, die im **8. Abschnitt** enthaltenen – wenigen – Vorschriften über Vereins- und Partnerschaftsregistersachen, §§ 159 bis 160b FGG aF, sowie schließlich die – einzige – Vorschrift über das Güterrechtsregister, § 161 FGG aF, **zusammengefasst**. Die registerrechtlichen Vorschriften wurden dabei **neu systematisiert**, nicht aber in wesentlichen Punkten inhaltlich geändert bzw. neu gefasst. Nach der Gesetzesbegründung sollte die Überarbeitung in erster Linie bezwecken, die bisher anzutreffenden Verweisungen künftig weitgehend zu vermeiden und die den Bereich der Registersachen betreffenden verfahrensrechtlichen Vorschriften für den Rechtsanwender übersichtlicher zu gestalten.[1] Dabei wurden verschiedene, bisher in anderen Gesetzen enthaltene Verfahrensvorschriften, in erster Linie die bisher in unterschiedlichen Spezialgesetzen enthaltenen Regelungen zur örtlichen Zuständigkeit, in das 5. Buch des FamFG übernommen.

2 **Wesentliche Änderungen** des Registerverfahrensrechts waren damit nach Angabe des Gesetzgebers **nicht Ziel der Überarbeitung** der registerrechtlichen Bestimmungen. Nur, soweit die Vorschriften des neu geschaffenen Allgemeinen Teils des FamFG nicht uneingeschränkt auf das Registerverfahren übertragen werden konnten, seien, so die Gesetzesbegründung,[2] in Buch 5 Sondervorschriften aufgenommen worden, die jedoch wiederum inhaltlich der derzeitigen Rechtslage weitgehend entsprechen würden.

3 Im Rahmen eines Reformvorhabens von grundlegender Bedeutung nimmt sich das vom **Gesetzgeber** bei **Buch 5 angegebene Ziel recht bescheiden** aus. Es wurde dazu auch allenfalls eingeschränkt erreicht. Eher im Gegenteil: Ein Nebeneinander inhalts- und wortgleicher Vorschriften wie des neuen § 377 Abs. 3 und des alten, jedoch nicht aufgehobenen § 1558 Abs. 1 BGB trägt kaum zu einer größeren Übersichtlichkeit bei, sondern wirkt eher verwirrend.[3] Wenig übersichtlich ist auch, wenn etwa in Abschnitt 4 unter der Überschrift „Unternehmensrechtliche Verfahren" lediglich der folgende

1 BT-Drucks. 16/6308, S. 171.

2 BT-Drucks. 16/6308,S. 171.

3 In BT-Drucks. 16/6308 heißt es auf S. 285 zu § 377: „In **Abs. 3** findet sich die in § 1558 Abs. 1 BGB enthaltene Regelung zur örtlichen Zuständigkeit in Güterrechtsregistersachen. Aus systematischen Gründen wird die Regelung im FamFG wiederholt." Dies spricht nicht unbedingt für eine hohe Qualität der Bearbeitung; überdies rechtfertigt der Gegenstand der Regelung kaum eine doppelte Erwähnung.

§ 402 einen Bezug zur Überschrift erkennen lässt und danach übergangslos die gegenüber den §§ 149 ff. FGG aF praktisch unveränderten Vorschriften der §§ 403 bis 409 über das in der Praxis wenig bedeutsame Dispache-Verfahren angehängt werden. Dieses Verfahren lässt sich zwar als „Handelssache" begreifen, so dass die frühere Einstellung der §§ 149 bis 158 FGG in den 7. Abschnitt des FGG noch nachvollziehbar war. Es jedoch nunmehr als „Unternehmensrechtliches Verfahren" zu bezeichnen und als Nr. 2 in den Katalog des § 375 zu übernehmen, macht dagegen kaum einen Sinn.[1]

2. Umsetzung der Neugliederung

Bisher konnte man weder den 7. noch den 8. Abschnitt des FGG als auch nur einigermaßen übersichtlich gegliedert bezeichnen. Die Verfahrensvorschriften des 8. Abschnitts bestanden praktisch nur aus Verweisungen auf Bestimmungen des 7. Abschnitt. Im 7. Abschnitt waren zum Teil recht unterschiedliche Regelungen übergangslos aneinander gereiht. Trotz der in einzelnen Punkten zu erhebenden Kritik (vgl. vorstehend Rz. 3 und nachstehend Rz. 19 f.) ist festzustellen, dass die in Buch 5 des FamFG enthaltenen Verfahrensvorschriften nunmehr insgesamt übersichtlicher strukturiert und gegliedert sind. 4

In Buch 5 des FamFG enthält **§ 374** einleitend eine **Aufzählung** der in diesem Buch geregelten **Registersachen**. Diese sind wie folgt aufgeführt: 5

- Handelsregistersachen
- Genossenschaftsregistersachen
- Partnerschaftsregistersachen
- Vereinsregistersachen
- Güterrechtsregistersachen.

Hieran schließt sich in **§ 375** eine weitere **Aufzählung** unter der Überschrift **„Unternehmensrechtliche Verfahren"** an, die 15 Unterpunkte umfasst. Wegen der einzelnen, dort aufgelisteten Angelegenheiten wird auf die Anmerkungen zu § 375 verwiesen (Rz. 4 ff.). 6

Nach den vorstehenden Begriffsbestimmungen, die zusammen den Abschnitt 1 bilden, folgen die neu gegliederten Verfahrensregelungen in drei weiteren Abschnitten, wobei der Abschnitt 3 – Registersachen – weiter in vier Unterabschnitte unterteilt ist. 7

Dazu im Einzelnen:

a) Abschnitt 1 – Begriffsbestimmung

Die Aufzählung der Registersachen in § 374 ist neu. Der Katalog der „Unternehmensrechtlichen Verfahren" in § 375 – ebenfalls ein neuer Begriff – stellt sich als teilweise Übernahme, teilweise als Fortschreibung des Kataloges von § 145 FGG aF dar. Die beiden Vorschriften haben keinen weiter gehenden eigenen Regelungsgehalt. 8

b) Abschnitt 2 – Zuständigkeit

Abschnitt 2 enthält in § 376 besondere Zuständigkeitsregelungen, die vom neu gefassten § 23a GVG ausgehen. Danach ist für alle Geschäfte nach Buch 5 grundsätzlich das 9

1 Wegen des Sachzusammenhangs wäre etwa eine Einstellung der §§ 149 ff. FGG aF in das HGB bzw. das BinSchG überlegenswert gewesen.

Amtsgericht, und zwar nach § 376 Abs. 1 für Handels- und Genossenschaftsregistersachen das Amtsgericht sachlich zuständig, in dessen Bezirk ein Landgericht seinen Sitz hat, wie es auch früher in § 125 Abs. 1 FGG geregelt war. Für das Genossenschaftsregister ist der frühere § 10 Abs. 2 GenG gegenstandslos. § 376 übernimmt die bisherigen Ermächtigungen des § 125 Abs. 2 Nr. 1 FGG aF.

10 Hinsichtlich der örtlichen Zuständigkeit enthält § 377 Abs. 1 nunmehr eine generelle Bestimmung mit dem Hinweis auf mögliche landesrechtliche Spezialregelungen. Eine entsprechende Regelung war bisher im FGG nicht enthalten. § 377 Abs. 2 regelt die örtliche Zuständigkeit für die Dispache, die sich bisher in § 149 FGG aF befand (vgl. § 377 Rz. 5). § 377 Abs. 3 enthält eine Vorschrift über die örtliche Zuständigkeit des Registergerichts in Güterrechtssachen, die wörtlich § 1558 Abs. 1 BGB entspricht, der jedoch weiter gilt (vgl. Rz. 3).

c) Abschnitt 3 – Registersachen

11 Abschnitt 3, §§ 378 bis 401, ist in vier Unterabschnitte aufgeteilt. Unterabschnitt 1, §§ 378 bis 387, behandelt das Verfahren allgemein, Unterabschnitt 2, §§ 388 bis 392, das Zwangsgeldverfahren, Unterabschnitt 3, §§ 393 bis 399, das Löschungs- und Auflösungsverfahren. Unterabschnitt 4, §§ 400 und 401, enthält ergänzende Vorschriften für das Vereinsregister.

12 **aa)** Dem Unterabschnitt 1, Verfahren, der die §§ 378 bis 387 umfasst, ist mit § 378 „Antragsrecht der Notare" eine Vorschrift vorangestellt, die im Wesentlichen dem früheren § 129 FGG entspricht. § 379 übernimmt die Mitteilungspflichten der Behörden aus § 125a FGG aF; § 380 die Beteiligung der berufsständischen Organe, früher geregelt in § 126 FGG aF sowie in § 160b Abs. 1 Satz 3 FGG aF. § 381 „Aussetzung des Verfahrens" entspricht im Wesentlichen § 127 FGG aF. Die §§ 382 und 383 entsprechen inhaltsmäßig dem bisherigen § 130 FGG, jedoch mit zusätzlichen Klarstellungen (vgl. § 382 Rz. 9). § 384 hatte in Abs. 1 keine Entsprechung im früheren FGG, in Abs. 2 wird der Inhalt von § 144c FGG aF übernommen. § 385 knüpft an die besonderen registerrechtlichen Vorschriften, insbesondere in § 9 Abs. 1 HGB an, § 386 übernimmt den Regelungsgehalt von § 9 Abs. 5 HGB. In § 387 werden die bisher in §§ 125, 147 Abs. 1 Satz 1, 159 Abs. 1 Satz 1 und 160b Abs. 1 Satz 2 FGG aF sowie § 55a Abs. 6 und 7 BGB enthaltenen Ermächtigungen zum Erlass von Rechtsverordnungen hinsichtlich der Einsichtnahme in die Register sowie der Details der Registerführung und Datenübermittlung zusammengefasst.

13 **bb)** In Unterabschnitt 2, Zwangsgeldverfahren §§ 388 bis 392, sind die früheren Regelungen des FGG zum Zwangsgeldverfahren, §§ 132 bis 140 FGG, inhaltlich weitgehend unverändert übernommen worden.

14 **cc)** In Unterabschnitt 3, Löschungs- und Auflösungsverfahren, entsprechen die Bestimmungen der §§ 393 bis 399 inhaltlich weitgehend den bisherigen Regelungen in den §§ 141 ff. FGG. Entfallen ist jedoch die zunächst in § 396 vorgesehene Übernahme der Bestimmung von § 143 FGG aF; auf Grund der Hinweise während des Gesetzgebungsverfahrens hat sich insoweit die Einsicht durchgesetzt, dass Löschungsverfahren sinnvoll nur von den Gerichten durchgeführt werden können, bei denen die entsprechenden Register geführt werden, wie dies in § 395 vorgesehen ist, und nicht zusätzlich durch das übergeordnete Landgericht.

15 **dd)** In Unterabschnitt 4, Ergänzende Vorschriften für das Vereinsregister, sind in den §§ 400 und 401 die bisher in den §§ 159 Abs. 2 und 160a Abs. 2 Satz 3 FGG enthaltenen Regelungen übernommen worden.

d) Abschnitt 4 – Unternehmensrechtliche Verfahren

Abschnitt 4, §§ 402 bis 409, erhält, wie einleitend in Rz. 3 bemerkt, ein eigenartiges Ungleichgewicht dadurch, dass nur in § 402 allgemeine Zuständigkeitsregelungen für unternehmensrechtliche Verfahren enthalten sind, die den bisherigen Regelungen der §§ 146 und 148 FGG entsprechen, während in den folgenden sieben Vorschriften der §§ 403 bis 409 umfangreiche, in der Praxis jedoch wenig bedeutsame Verfahrensvorschriften für das Dispache-Verfahren behandelt werden. Diese hätten sinnvoll in ein anderes Gesetz eingestellt werden können, vgl. Rz. 3 (Fn. 1). 16

3. Kaum inhaltlich neue Bestimmungen in Buch 5

Bei der Frage einer Aufnahme von Neuregelungen war der Gesetzgeber bereits nach eigener Bekundung sehr zurückhaltend. 17

Zu begrüßen ist, dass in § 382 Abs. 4 die bereits von der Rechtsprechung anerkannte Anfechtbarkeit von Zwischenverfügungen in Handels-, Genossenschafts-, Partnerschafts- und Vereinsregistersachen jetzt gesetzlich geregelt wurde. 18

Der im Übrigen in der Gesetzesbegründung erhobene Anspruch, in Buch 5 seien die erforderlichen **Sondervorschriften** aufgenommen worden, soweit die Vorschriften des Allgemeinen Teils des FamFG nicht uneingeschränkt auf das Registerverfahren übertragbar wären, lässt sich jedoch nur **eingeschränkt verifizieren**. Als Bsp. können die §§ 374 Abs. 4, 381, 382 und 385 dienen. Dagegen fällt auf, dass in **Buch 5 keine** spezielle **Definition des Beteiligten** in **Registersachen** aufgenommen wurde (vgl. Rz. 23 ff.). Die generalklauselartige Definition im Allgemeinen Teil, §§ 7 ff., ist umfassend. Der in der Gesetzesbegründung enthaltenen Ankündigung, in den einzelnen Büchern des FamFG ergänzende besondere „Beteiligtenkataloge" aufzunehmen,[1] ist der Gesetzgeber bei den klassischen FGG-Verfahren lediglich in den Büchern 3, 4, 6 und 7 (§§ 274, 315, 345, 412 und 418) nachgekommen. Im **Buch 5** fehlt ein ergänzender Beteiligtenkatalog jedoch. 19

Bereits auf Grund dieser wenigen Hinweise verdient die Frage nähere Aufmerksamkeit, ob eine Koordination der in den Vorschriften des Allgemeinen Teils, Buch 1, zum Ausdruck kommenden Verfahrensgrundsätze mit den speziellen Vorschriften für das Registerverfahren und das unternehmensrechtliche Verfahren in Buch 5 gelungen ist oder nicht. 20

4. Koordination des Buches 5 mit dem Allgemeinen Teil, Buch 1

Während bisher bei den Bestimmungen des Allgemeinen Teils des FGG eher von einem „Flickenteppich" gesprochen werden konnte, war es ausdrückliches Ziel der FGG-Reform, in einem den Regelungen der einzelnen familienrechtlichen- und FGG-Verfahren vorangestellten Allgemeinen Teil die grundlegenden Verfahrensregeln umfassend zu kodifizieren, welche dann auch für die anderen, in den folgenden Büchern geregelten Verfahren gelten sollten, sofern nicht in diesen Sondervorschriften aufgenommen wurden. 21

Von den im **Allgemeinen Teil** enthaltenen allgemeinen Verfahrensvorschriften sind für das in **Buch 5** geregelte **Registerverfahren** insbesondere die folgenden **drei Komplexe** von besonderer **Bedeutung:** 22

1 BT Drucks. 16/6308, S. 165, 166.

a) Definition des Verfahrensbeteiligten, §§ 7 ff.

23 Als eines der **Hauptanliegen der Reform** des Allgemeinen Verfahrensrechts, sogar als deren **„Kernstück"**, hat der Gesetzgeber die möglichst präzise **Bestimmung** der am Verfahren **Beteiligten** bezeichnet. Im FamFG wird – erstmalig in einem Verfahrensgesetz – der **Beteiligtenbegriff allgemein** in **§ 7** definiert, woran sich in den §§ 8 und 9 Vorschriften über die Beteiligtenfähigkeit sowie Verfahrensfähigkeit und in den §§ 10 bis 12 Bestimmungen über die Einbeziehung von Verfahrensbevollmächtigten anschließen.

24 Wie in den Erläuterungen zum Allgemeinen Teil, vgl. dort § 7 Rz. 1 ausgeführt, war der Begriff des **Beteiligten** im **FGG nicht** näher **geregelt**; er fand sich dort lediglich in vereinzelten Vorschriften. Im Bereich des 7. Abschnitts „Handelssachen" fand man ihn lediglich bei den Regelungen einer der sonstigen Angelegenheiten, die gem. § 145 Abs. 1 FGG aF in die Zuständigkeit der Amtsgerichte als Gerichte der freiwilligen Gerichtsbarkeit fielen, nämlich den Vorschriften der §§ 150, 153 Abs. 1 und 155 Abs. 3 FGG aF, die das Randgebiet des Dispache-Verfahrens betrafen.

25 Im Zusammenhang mit der allgemeinen Definition in § 7 hat der Gesetzgeber in der Begründung zu dieser für ihn zentralen Bestimmung allerdings auch ausdrücklich ausgeführt, dass sich der dort allgemein beschriebene Begriff **nicht pauschal** auf alle Verfahrensarten im Rahmen des FamFG **übertragen lassen** würde, sondern in den **einzelnen Büchern** des FamFG durch **Spezialvorschriften konkretisiert** werden müsse.[1] Dies ist auch überwiegend geschehen,[2] jedoch bei den klassischen FGG-Verfahren lediglich – wie vorstehend bereits zu Rz. 19 angemerkt – nicht in Buch 5, dem Registerrecht. Das **Fehlen** derartiger Spezialvorschriften im **5. Buch** führt zu einer **Reihe** von **Fragen**, die sich in ihrem Ausmaß derzeit noch nicht vollständig übersehen lassen, sondern sich erst bei der praktischen Anwendung des Gesetzes ergeben werden (vgl. § 382 Rz. 24 ff.).

26 Während allgemein bei Antragsverfahren die in **§ 7 Abs. 1** bezeichnete Kategorie von Beteiligten, der **Antragsteller**, als **problemlos** angesehen werden kann (vgl. vorstehend § 7 Rz. 20 f.), zeigt sich bei einem Rückgriff lediglich auf die allgemeine Definition des § 7 Abs. 1 im **Registerrecht** bereits das erste, nicht nur unwesentliche **Problem**, wer nämlich **Antragsteller in Registersachen** ist. Diese Frage hatte in der Vergangenheit bei der Frage der Beschwerdeberechtigung Bedeutung erhalten, wenn etwa bei einer Handelsregisteranmeldung eine juristische Person und die sie vertretenen natürlichen Personen betroffen waren,[3] wobei dabei weiter von der Rechtsprechung differenziert wurde, um welche Art von Anmeldungen, ob konstitutiv oder deklaratorisch, es sich

---

1 BT-Drucks. 16/6308, S. 165, 166.

2 *Zimmermann* kommt in FPR 2009, 5 (6), zu einer Aufzählung von zehn Sonderregelungen in den FGG-Sachen, die keine Familienstreitsachen sind, was er als „Flut von speziellen Vorschriften" zu § 7 bezeichnet.

3 Zur Eintragung in das Handelsregister werden bei einer GmbH angemeldet ein gesamtvertretungsberechtigter Geschäftsführer und ein gesamtvertretungsberechtigter Prokurist, wobei die Anmeldung unterzeichnet wird vom neu bestellten sowie einem der bereits eingetragenen weiteren drei Geschäftsführer. In derselben Anmeldung wird ein abberufener Geschäftsführer abgemeldet und eine Prokura als erloschen mitgeteilt. Sowohl der ausgeschiedene Geschäftsführer als auch der Prokurist sind mit ihrer Löschung im Handelsregister nicht einverstanden und bemühen sich, diese durch Eingaben zu verhindern. Der Gesellschaft ist naturgemäß an einer raschen Eintragung der aktuellen Vertretungsverhältnisse gelegen, da der neu bestellte Geschäftsführer genau wie der neue Prokurist im Geschäftsverkehr für die Gesellschaft handeln sollen. Sind neben der GmbH alle weiteren genannten Geschäftsführer und/oder Prokuristen beteiligt oder nur ein Teil davon? Die Frage lässt sich allein auf Grund von § 7 Abs. 1 nicht beantworten.

handelte.[1] Es wäre misslich, wenn zB im Bereich der Registersachen des Buches 5 wegen des Fehlens konkretisierender Beteiligtenvorschriften weiterhin etwa auf eine ältere Meinung mit einer den Regelungszweck des § 7 nicht mehr genügend Rechnung tragenden Differenzierung zwischen formell und materiell Beteiligten zurückgegriffen würde.[2] In jedem Fall sind **weiter gehende Korrekturen** zur **einschränkenden Auslegung** von § 7 vorzunehmen.[3] Durch sein Schweigen zu dieser Frage hat der Gesetzgeber aber keine andere Möglichkeit offen gelassen. Insoweit wird insbesondere auf die Ausführungen zu § 382 VI., Rz. 26, verwiesen.

Zur Beantwortung der Frage, warum der Gesetzgeber bei allen anderen und insbesondere auch bei den sonstigen „klassischen" FGG-Verfahren besondere Vorschriften über die Beteiligten in das Gesetz aufgenommen hat, beim Registerverfahren dagegen nicht, lässt sich aus den Gesetzesmaterialien nichts Nachvollziehbares gewinnen. 27

In der Gesetzesbegründung zu § 7 wurde als Prämisse festgestellt, dass ein umfassender **allgemeiner Beteiligtenbegriff**, der allen Konstellationen gerecht werden soll, nach den **Erkenntnissen**, die man aus dem **Entwurf der FrGO** ziehen konnte, nicht generell zu terminieren ist, sondern für jedes **einzelne FGG-Verfahren erheblich modifiziert** werden müsse.[4]

Dies wurde in Buch 5 bei einem wesentlichen Bereich überhaupt nicht umgesetzt, 28
dagegen an anderer, nebensächlicher Stelle jedoch zu weit getrieben: So wurden die früher im 9. Abschnitt des FGG enthaltenen Bestimmungen „Eidesstattliche Versicherungen, Untersuchung und Verwahrung von Sachen, Pfandverkauf", denen in der Praxis keine übermäßige Bedeutung zukam, in das 6. Buch des FamFG „Verfahren in weiteren Angelegenheiten der freiwilligen Gerichtsbarkeit" übertragen. Während mit Ausnahme der in Rz. 3 angesprochenen Dispache-Vorschriften das frühere FGG weder im 7. noch im 8. oder im 9. Abschnitt Regelungen enthielt, die den Beteiligten definierten, ist nun im 6. Buch des FamFG, welches insgesamt ganze fünf Paragraphen umfasst, nämlich die §§ 410 bis 414, allein einer, nämlich § 412, der Definition des Beteiligtenbegriffes gewidmet, der dort in vier Unterziffern ausgebreitet wird (vgl. § 412 Rz. 2 ff.). Hier wird beispielhaft deutlich, dass eine Beurteilung der FGG-Reform als „Stückwerk"[5] nicht gänzlich unberechtigt erscheint.

b) Vorschriften über den Abschluss des Verfahrens I. Instanz

Gem. § 38 Abs. 1 **entscheidet** im Verfahren im **ersten Rechtszug** das Gericht durch 29
Beschluss, soweit durch die Entscheidung der Verfahrensgegenstand ganz oder teilweise erledigt wird (Endentscheidung). Im Gegensatz zur Frage, wer Beteiligter beim Registerverfahren ist, enthält hier das FamFG bereits im Allgemeinen Teil eine **Ausnahme** für das **5. Buch**: Nach § 38 Abs. 1 Satz 2 kann „**für Registersachen ... durch Gesetz Abweichendes** bestimmt werden."

In der Gesetzesbegründung zu § 38 wird dabei einerseits unterstrichen, dass Abs. 1 die 30
Entscheidung durch Beschluss für alle Endentscheidungen verbindlich vorschreibe.[6] Sodann heißt es, dass **Abs. 1 Satz 2** im Interesse der Rechtsklarheit die **Ausnahmen**

---

1 Vgl. zB BGH v. 24.10.1988 – II ZB 7/88, BGHZ 105, 324 (328): Bei konstitutiv wirkenden Anmeldungen ist auch die Gesellschaft Beteiligter.

2 Vgl. zB Keidel/*Zimmermann*, § 6 Rz. 18 mwN; Jansen/*Briesemeister*, § 20 Rz. 29.

3 Vgl. *Krafka*, FGPrax 2007, 51 (52).

4 BT-Drucks. 16/6308, S. 178.

5 Vgl. etwa *Heinemann*, DNotZ 2009, 6 ff. (42).

6 BT-Drucks. 16/6308, S. 195.

von der Entscheidungspflicht durch Beschluss auf **Registersachen beschränke**, wobei auf § 382 verwiesen wird, der für Registereintragungen die Form der Verfügung vorsieht.[1] Wegen weiterer Einzelheiten wird auf die Anmerkungen zu § 382 Rz. 6 f., verwiesen. Zur Klarstellung sei angemerkt, dass gem. § 382 Abs. 3 die einen Registereintragungsantrag ablehnende Entscheidung durch Beschluss zu ergehen hat.

c) Rechtsmittelvorschriften, insbesondere befristete Beschwerde, §§ 58 ff.

31 Die Rechtsmittelkonzeption des FamFG mit dem **grundsätzliches Rechtsmittel** der **befristeten Beschwerde**, §§ 58 ff., ist ebenfalls ein insgesamt **neuer und wesentlicher Teil** der verfahrensrechtlichen **Grundlagen** des FamFG. Bei der Entscheidung für die befristete Beschwerde als regelmäßig zur Verfügung stehendes Rechtsmittel gegen Endentscheidungen erster Instanz war für den Gesetzgeber wesentlich, dass es **auch** die **Funktion der bisherigen Berufung** in Familiensachen nach der ZPO **müsse erfüllen** können.[2] Wenn es dabei in der Begründung wörtlich heißt, dass „die Beschwerde (...) damit als Hauptsacherechtsmittel im FamFG die Funktion der Berufung in der Zivilprozessordnung und anderen Verfahrensordnungen" übernehme, wird auch insoweit der Schwerpunkt der Gesetzesreform deutlich, der eben nicht auf die „klassischen" FGG-Verfahren gelegt wurde.

32 An die **Befristung** der Beschwerde mit der Frist von **einem Monat**, § 63 Abs. 1, wird sich die Praxis gewöhnen müssen, obwohl die einfache Beschwerde sinnvoller die Fälle erfassen konnte, in denen ein zurückgewiesener Antragsteller zeitaufwendig zusätzliche Unterlagen, etwa eine Genehmigung für den Betrieb seines Unternehmens, beschaffen musste. Sie wird sich auch daran gewöhnen müssen, dass auch für Registerverfahren das Beschwerdegericht **nicht mehr** das **Landgericht, sondern** das **Oberlandesgericht** ist, § 119 Abs. 1 Nr. 1b GVG. Da das FamFG nicht durchgängig an seinem neu eingeführten Rechtsmittelkonzept festhält, wie die in einer Reihe von Vorschriften anzutreffende Verweisung auf die sofortige Beschwerde nach den §§ 567 bis 572 ZPO zeigt,[3] hätte sich im Hinblick auf § 376 Abs. 1 auch die Frage stellen können, ob es beteiligtenfreundlicher wäre, als Beschwerdeinstanz das am selben Ort wie das Registergericht belegene Landgericht für zuständig zu erklären.[4]

33 Darüber hinaus sieht das FamFG im Bereich des **Registerrechts** weitere **spezielle Rechtsbehelfe** vor, und zwar den **Einspruch** im Verfahren über die **Festsetzung von Zwangsgeld** gem. den §§ 388 bis 390 sowie den **Widerspruch** im **Amtslöschungsverfahren** in den §§ 393 bis 395, 397 bis 399 und im Dispache-Verfahren nach den §§ 406, 407. Insoweit wird auf die jeweils dortigen Anmerkungen verwiesen. Auch wegen der damit ohnehin vorhandenen Rechtsmittelvielfalt wäre durchaus die Überlegung am Platz gewesen, es hinsichtlich der von streitigen Auseinandersetzungen im Regelfall weit entfernten Registersachen beim bisherigen Rechtsmittelsystem zu belassen, da sich dieses im Wesentlichen bewährt hatte.

33a Da bei der **funktionellen Zuständigkeitsverteilung** innerhalb des Registergerichts **keine** wesentlichen **Änderungen** erfolgt sind,[5] ergibt sich durch die grundsätzliche Neuregelung des Rechtsmittelverfahrens sowie auch durch die neu eingeführte Bestimmung des § 382 Abs. 4 die Besonderheit, dass in einem sehr weiten Umfang über

1 BT-Drucks. 16/6308, S. 195.
2 BT-Drucks. 16/6308, S. 203.
3 Vgl. §§ 7 Abs. 3, 21 Abs. 2, 35 Abs. 5, 355 Abs. 1, und 372 Abs. 1.
4 Vgl. insoweit auch *Heinemann*, DNotZ 2009, 1 (12).
5 BT-Drucks. 16/6308, S. 322.

Entscheidungen des Rechtspflegers nicht das **nächsthöhere Gericht**, sondern sogleich das **OLG zu entscheiden** hat. Dies würde sogar für den gesamten Bereich des Registerrechts gelten, sofern die Länder künftig von der ihnen in § 19 Abs. 1 RPflG eingeräumten Möglichkeit zur Aufhebung des Richtervorbehalts bei den derzeit noch gem. § 17 Abs. 1 und Abs. 2b RPflG[1] in die Zuständigkeit des Richters fallenden Angelegenheiten Gebrauch machen sollten. Ob es insbesondere sinnvoll ist, Beschwerden über Zwischenverfügungen, die sich häufiger auch mit tatsächlichen als mit rechtlichen Fragen befassen, durch das Oberlandesgericht entscheiden zu lassen, kann fraglich erscheinen und muss die Praxis erweisen. Zumindest bei diesem Teilbereich kann Zurückhaltung gegenüber einer sonst durchaus positiv geäußerten Bewertung der OLG-Zuständigkeit in Beschwerdesachen (vgl. § 58 Rz. 20) am Platze sein.

5. Bewertung der FGG-Reform, bezogen auf Buch 5

Eine **grundlegende Reform** enthält das FamFG in **Buch 5 mithin nicht**. Bei einer solchen wäre etwa auch **zu überlegen** gewesen, die vier „klassischen" Register zu einem **Gesamtregister** zusammen zu fassen, was sich beim Handelsregister und beim Partnerschaftsgesellschaftsregister schon in der Vergangenheit angeboten hätte, aber auch beim Genossenschaftsregister und beim Vereinsregister durchführbar sein sollte. Allerdings kann andererseits, da bei zahlreichen Bestimmungen keine oder nur geringfügige Änderungen vorgenommen worden sind, insoweit auf die zum bisherigen Recht ergangene Rechtsprechung und auch auf die insoweit veröffentlichte Literatur zurückgegriffen werden, was die praktische Umsetzung erleichtert. 34

Im Ergebnis wird beim **Buch 5** des FamFG in **besonderer Weise deutlich**, dass der Gesetzgeber seine **Reformfreudigkeit** vorrangig im **familienverfahrensrechtlichen Teil**, nämlich dem diese Bezeichnung tatsächlich verdienenden Teil des FamFG, an den Tag gelegt hat. Die **klassischen FGG-Verfahren** erscheinen gegenüber dem konzeptionell neuen Allgemeinen Teil des Buches 1 lediglich **mehr** oder **weniger** unverändert ohne oder nur mit unzureichenden Abstimmungsmechanismen an andere Schwerpunkte bildende Verfahrensgrundsätze des Allgemeinen Teils **angehängt**. 35

Insgesamt lässt sich auch die **Befürchtung** nicht ganz von der Hand weisen, dass durch die **FamFG-Reform** das **FGG-Verfahren** in seinen klassischen Bereichen seine **Eigenprägung verlieren** und lediglich zu einem Anhängsel des Verfahrens in Familiensachen werden könnte. Grundsätzlich wäre dies wohl nur zu vermeiden gewesen, wenn der Gesetzgeber sich entschlossen hätte, jeweils gesonderte Reformgesetze, nämlich ein gesondertes Familienverfahrensgesetz und ein gesondertes Reform-FGG, zu schaffen.[2] 36

II. Verhältnis von Buch 5 zu den sonstigen registerrechtlichen Vorschriften

Ebenso wenig, wie früher das Verfahren in Handelssachen im 7. Abschnitt des FGG erschöpfend geregelt war, ist dies nunmehr bei Buch 5 FamFG der Fall. Weitere registerrechtliche Verfahrensvorschriften befinden sich nach wie vor in anderen Gesetzen, 37

1 Danach sind ua. folgende Registersachen dem Richter vorbehalten: Bei der AG, KG aA, GmbH und dem VVaG die Ersteintragung, Satzungsänderungen, die nicht nur die Fassung betreffen, Eingliederungs- und Umwandlungsvorgänge, Eintragungen betreffend Unternehmensverträge, Löschungen gem. §§ 394, 395, 397 und 398 sowie § 43 Abs. 2 KWG, Beschlüsse gem. § 399 sowie Bestellung von Liquidatoren nach Löschung einer Gesellschaft gem. § 394.

2 Vgl. *Maass*, ZNotP 2006, 282 ff.

insbesondere eine Reihe von Bundesgesetzen, die das Handels- und Wirtschaftsrecht betreffen.

1. Stellung des Registerverfahrensrechts

38 Eine **Besonderheit** des **Registerverfahrensrechts** ist, dass es eine Art **Mittelstellung** zwischen **formellem Verfahrensrecht** und **materiellem Recht** einnimmt, so dass eine klare Einordnung in bestimmte Gesetze auf erhebliche Schwierigkeiten stoßen würde. Zum einen sind in materiellen Gesetzen umfangreiche, das Register betreffende Vorschriften enthalten, wie etwa in den §§ 8 bis 16 HGB. Auch finden sich die Vorschriften darüber, was zu den Registern anzumelden ist, im materiellen Recht. Zum anderen wird aber auch eine **Heilung** bestimmter, **materiell-rechtlicher Mängel** durch die **formelle Vornahme** einer **Registereintragung** in materiellen Gesetzen angeordnet, zB im Umwandlungsrecht.[1] Anzusprechen sind in diesem Zusammenhang auch die materiell-rechtlichen Publizitätswirkungen, welche für das Handelsregister in § 15 HGB geregelt sind. Diese gelten für die übrigen „klassischen" FGG-Register, nämlich das Genossenschaftsregister, das Partnerschaftsregister sowie das Vereinsregister in gleicher Weise.[2]

39 Bei den weiteren, mit dem Registerverfahrensrecht zusammenhängenden Bestimmungen, insbesondere im HGB, im AktG oder im UmwG, haben sich durch das FamFG im Wesentlichen nur redaktionelle Änderungen ergeben.

2. Bisherige Regelung der örtlichen Zuständigkeit

40 Ausschließlich in **materiellen Gesetzen**, mithin **außerhalb des FGG**, war bislang die Frage der **örtlichen Zuständigkeit** der Registergerichte **geregelt**, nämlich in den §§ 29, 106, 161 Abs. 2 HGB, § 10 GenG, § 66 BGB, § 30 VAG und § 4 Abs. 1 PartGG iVm. §§ 106 ff. HGB. Insoweit wurde zwar mit § 377 Abs. 1 eine neue, umfassende Zuständigkeitsvorschrift in Buch 5 FamFG geschaffen, allerdings mit einer Besonderheit: Die bisherigen spezialgesetzlichen Vorschriften wurden nicht aufgehoben, sondern gelten weiterhin (vgl. § 377 Rz. 4).

3. Sonstige verfahrensrechtliche Vorschriften

41 Sonstige verfahrensrechtliche Vorschriften enthält für das Handelsregister die Verordnung über die Errichtung und Führung des Handelsregisters, Handelsregisterverordnung.[3] Siehe wegen der anderen „klassischen Register" weiter die Verordnung über das Genossenschaftsregister,[4] Verordnung über die Einrichtung und Führung des Partnerschaftsregisters,[5] Vereinsregisterverordnung.[6]

---

1 Vgl. insbesondere §§ 244 Abs. 1 und 2 AktG; § 20 Abs. 1 Nr. 4 UmwG und § 131 Abs. 1 Nr. 4 UmwG.

2 Vgl. § 29 GenG, § 5 Abs. 3 PartGG iVm. § 15 HGB sowie § 68 BGB.

3 HRV v. 12.8.1937, DJ S. 1251, zuletzt geändert durch Art. 5 Abs. 1 und 2 des Gesetzes v. 10.11.2006, BGBl. I 2006, S. 2553.

4 Genossenschaftsregisterverordnung – GenRegV idF der Bekanntmachung v. 16.10.2006, BGBl. I 2006, S. 2268, zuletzt geändert durch Art. 5 Abs. 4 des Gesetzes v. 10.11.2006, BGBl. I 2006, S. 2553.

5 Partnerschaftsregisterverordnung – PRV v. 16.6.1995, BGBl. I 1995, S. 808, zuletzt geändert durch Art. 5 Abs. 3 des Gesetzes v. 10.11.2006, BGBl. I 2006, S. 2553.

6 VRV v. 10.2.1999, BGBl. I 1999, S. 147, zuletzt geändert durch Art. 5 Abs. 5 des Gesetzes v. 10.11.2006, BGBl. I 2006, S. 2553.

4. Unternehmensregister

Nicht in § 374 erwähnt bzw. in **Buch 5** des FamFG **geregelt** ist das in § 8b HGB enthaltene **Unternehmensregister**. Bei diesem handelt es sich nicht um ein von den Amtsgerichten geführtes Rechtsträgerverzeichnis, sondern um eine von einem beliehenen Unternehmen[1] betriebene Internetplattform zur Speicherung der verschiedensten Unternehmensdaten, insbesondere die auf Grund der in § 8 Abs. 2 HGB aufgeführten, diesem Register auf Grund der dort gelisteten spezialgesetzlichen Vorschriften übermittelten oder von staatlichen Stellen zur Verfügung gestellten Unternehmensdaten. Mit dem Handelsregister wird ein Zusammenwirken dadurch herbei geführt, dass die Bekanntmachungen der Eintragungen im Handelsregister in das Unternehmensregister aufzunehmen sind, § 8b Abs. 2 Nr. 1 HGB. Die Einsichtnahme in das Unternehmensregister ist wie die in das Handelsregister jedem gestattet, § 9 Abs. 6 HGB. 42

III. Historische Entwicklung der Registersachen, Bedeutung der FGG-Register

1. Historische Entwicklung

Ausgangspunkt für die handelsregisterlichen Bestimmungen der späteren §§ 8 ff. HGB und §§ 125 ff. FGG waren die Vorschriften der Art. 12 bis 14 ADHGB, die als Reichsgesetz seit 1871 im ganzen Deutschen Reich galten und die Führung der Register bei den seinerzeitigen Handelsgerichten sowie eine Bekanntmachung von Eintragungen in öffentlichen Blättern vorsahen. Auf Grund des Gesetzes betr. die Erwerbs- und Wirtschaftsgenossenschaften v. 1.5.1889[2] wurde das Genossenschaftsregister als eigenständiges Register eingeführt. Mit Inkrafttreten des BGB kam das Vereinsregister für eingetragene Vereine hinzu. Schließlich wurde 1995 durch das Partnerschaftsgesellschaftsgesetz für die darin geregelten Zusammenschlüsse von Angehörigen freier Berufe das neue Partnerschaftsregister eingeführt, wobei § 5 Abs. 2 PartGG weitgehend auf die Regelungen über die Führung des Handelsregisters verweist.[3] Insbesondere auf Grund europäischer Rechtsvorschriften erfolgten ab 1969 wesentliche Novellierungen, zunächst 1969 durch die „Publizitätsrichtlinie", durch die insbesondere § 15 HGB neu gefasst wurde und sodann 1993 durch die Vorschriften zur Neuregelung der registerlichen Behandlung von Zweigniederlassungen ausländischer Rechtsträger. 43

Ebenfalls 1993 wurden durch das RegisterverfahrensbeschleunigungsG[4] die wesentlichen Grundlagen für die Führung des Handelsregisters „in maschineller Form als automatisierte Datei", dh. als Elektronisches Register, überarbeitet und aktualisiert. Durch die Handelsrechtsreform 1998 mit ihrer weit gehenden Liberalisierung des Firmenrechts und weiteren für das Register bedeutsamen Änderungen wie den Verzicht auf die Zeichnung der Firma durch die Inhaber bzw. Vertreter[5] haben sich beim Handelsregister weitere tief greifende, jedoch zeitgemäße Veränderungen vollzogen. Auf Grund des HRefG wurde auch der bisherige Grundsatz, dass bei jedem Amtsge- 44

1 Derzeit auf Grund der Ausübung der Verordnungsermächtigung gem. § 9a Abs. 1 HGB die Bundesanzeiger Verlagsgesellschaft mit beschränkter Haftung in Köln.
2 RGBl. 1889, S. 55, heute Genossenschaftsgesetz – GenG, BGBl. I 2006, S. 2530.
3 S. neben § 5 Abs. 2 PartGG insbesondere § 1 PRV (Verordnung über die Einrichtung und Führung des Partnerschaftsregisters/Partnerschaftsregisterverordnung v. 16.6.1995, BGBl. I, S. 808.
4 Gesetz v. 20.12.1993, BGBl. I, S. 2182.
5 Gesetz zur Neuregelung des Kaufmanns- und Firmenrechts und zur Änderung anderer handels- und gesellschaftsrechtlicher Vorschriften (Handelsrechtsreformgesetz – HRefG) v. 22.6.1998, BGBl. I, S. 1474.

richt auch ein Handelsregister geführt wurde,[1] seit dem 1.1.2002 zur Ausnahme geändert, § 125 Abs. 1, Abs. 2 Nr. 1 FGG aF. Seit dem galt für die Handelsregisterführung ebenfalls der Grundsatz der Konzentration, der jetzt auf Grund § 23d GVG generell für alle FGG-Verfahren Bedeutung hat.

45 Der letzte Meilenstein bei der Entwicklung des Registerrechtes war die Einführung des Elektronischen Handelsregisters zum 1.1.2007. Seit diesem Zeitpunkt wird das Handelsregister von allen Gerichten elektronisch geführt (§ 8 Abs. 1 HGB) und sind alle Anmeldungen und Dokumente ausschließlich elektronisch einzureichen (§ 12 HGB).[2] Dadurch wurde auch die seit vielen Jahren geführte rechtspolitische Diskussion, ob etwa die Registerführung in die Zuständigkeit anderer Stellen, insbesondere die der Industrie- und Handelskammer, verlagert werden sollte,[3] zunächst wieder einmal beendet. Ebenfalls nur noch elektronisch eingereicht werden können Anmeldungen zum Genossenschaftsregister (§ 157 GenG) und zum Partnerschaftsregister (§ 5 Abs. 2 PartGG iVm. § 12 HGB).[4] In der Praxis ist die elektronische Einreichung zum Handelsregister für die beteiligten Notare inzwischen zur Selbstverständlichkeit geworden.

2. Bedeutung der in Buch 5 behandelten Register

46 Bereits die Aufzählung in § 374 mit der dortigen Erwähnung von fünf Registern lässt deutlich werden, dass der Gesetzgeber die weitgehend historisch gewachsenen Besonderheiten der Registervorschriften im FGG nicht neu geordnet bzw. nicht zeitgemäß reformiert hat:

a) Bedeutung und Funktion der „klassischen FGG-Register"

47 Die **vier „klassischen" Register**, nämlich das Handels-, Genossenschafts-, Partnerschafts- und Vereinsregister, offenbaren sowohl für den allgemeinen Rechtsverkehr als auch insbesondere das Wirtschaftsleben bedeutsame rechtliche Verhältnisse bestimmter, im Rechts- bzw. Handelsverkehr auftretender Rechtsträger. Auf Grund der vielfach bestehenden Anmeldepflichten wird gewährleistet, dass regelmäßig alle Tatsachen offen gelegt werden, die für den Rechtsverkehr wesentlich sind. Die Bedeutung dieser Register hat immer mehr zugenommen, aus dem **heutigen Wirtschaftsleben** sind sie praktisch **nicht mehr wegzudenken**. Ausgehend vom Handelsregister als historischem Ausgangspunkt wurde für die drei später hinzutretenden Register wesentlich auf die für das Handelsregister geltenden Vorschriften einschließlich der insoweit in der HRV[5] enthaltenen Verfahrensregeln zurückgegriffen.

---

1 § 125a Abs. 1 FGG in der bis zum 31.12.2001 gültigen Fassung.

2 Gesetz über elektronische Handelsregister, Genossenschaftsregister sowie das Unternehmensregister v. 10.11.2006, BGBl. I, S. 2553 (EHUG).

3 Vgl. *Gustavus*, GmbHR 1998, 528; *Borchert*, BB 2003, 2642; *Ries*, BB 2005, 790.

4 Für das Vereinsregister können die Länder auch eine elektronische Anmeldung vorsehen, § 55a BGB, wobei jedoch eine solche in Papierform mit öffentlich beglaubigter Unterschrift, § 77 BGB, ebenfalls ausreicht.

5 Verordnung über die Einrichtung und Führung des Handelsregisters, Handelsregisterverordnung – HRV v. 12.8.1937, DJ S. 1251, zuletzt geändert durch Art. 5 Abs. 1 und 2 des Gesetzes v. 10.11.2006, BGBl. I, S. 2553; s. weiter die Verordnung über das Genossenschaftsregister, Genossenschaftsregisterverordnung – GenRegV idF der Bekanntmachung v. 16.10.2006, BGBl. I, S. 2268, zuletzt geändert durch Art. 5 Abs. 4 des Gesetzes v. 10.11.2006, BGBl. I, S. 2553; Verordnung über die Einrichtung und Führung des Partnerschaftsregisters, Partnerschaftsregisterverordnung – PRV v. 16.6.1995, BGBl. I, S. 808, zuletzt geändert durch Art. 5 Abs. 3 des Gesetzes v. 10.11.2006, BGBl. I, S. 2553; Vereinsregisterverordnung (VRV) v. 10.2.1999, BGBl. I, S. 147, zuletzt geändert durch Art. 5 Abs. 5 des Gesetzes v. 10.11.2006, BGBl. I, S. 2553.

Die Funktionen des Handelsregisters und der drei weiteren klassischen Register lassen sich kurz wie folgt zusammen fassen: 48

- **Publizitätsfunktion**, nämlich Verlautbarung der für den Wirtschaftsverkehr maßgeblichen Rechtsverhältnisse von an diesem Wirtschaftsverkehr teilnehmenden Rechtsträgern, seien es natürliche oder juristische Personen, soweit das Gesetz diese Eintragung vorsieht; 49
- **Schutz- und Vertrauensfunktion**, nämlich Organisation der Registerführung in einer Art und Weise, durch die sichergestellt wird, dass die im Register verlautbarten Angaben mit der tatsächlichen Rechtslage soweit wie irgend möglich in Übereinstimmung stehen, womit zugleich die Grundlage für die in § 15 Abs. 1 HGB iVm. § 28 GenG, § 68 BGB sowie § 5 Abs. 2 PartGG geregelte „negative Registerpublizität"[1] sowie die „positive Registerpublizität" des § 15 Abs. 3 HGB[2] gebildet wird; 50
- **Kontrollfunktion**, nämlich eine der Registereintragung vorgeschaltete Prüfung durch das Registergericht etwa bei der Eintragung von juristischen Personen, vgl. zB § 8 GmbHG, §§ 37, 39 AktG, sowie auch eine laufende Prüfung, wie bei der Löschung unrichtiger Eintragungen, vgl. etwa § 395 ff. 51

b) Bedeutung des Güterrechtsregisters

Beim **Güterrechtsregister** dagegen fehlt eine Gemeinsamkeit mit den klassischen Registern. Es enthält **andere Angaben**, die nur für einige wenige von Interesse sind, nämlich solche über bestimmte vermögensrechtliche Verhältnisse bei einem – kleinen – Teil von Ehegatten. Die **praktische Bedeutung** dieses Registers ist heute nur noch **gering**,[3] und zwar so gering, dass in der Literatur bereits seine Abschaffung gefordert wurde.[4] Wenn sich der Gesetzgeber auch nicht für Letzteres entschieden hat, hätte die Überarbeitung der FGG-Registervorschriften doch Anlass sein können, die wenigen das Güterrechtsregister betreffenden Bestimmungen aus Buch 5 des FamFG heraus- und in das BGB zu übernehmen, wo die hauptsächlichen, das Güterrechtsregister betreffenden Vorschriften der §§ 1558 bis 1563 BGB unverändert an ihrer bisherigen Stelle verblieben sind. Die fehlende Bedeutung dieses Registers im Regelungszusammenhang der §§ 374 ff. wird weiter dadurch deutlich, dass sich in § 377 Abs. 3 nur eine Wiederholung von § 1558 Abs. 1 BGB findet (vgl. vorstehend Rz. 3), während in den **allgemeinen Verfahrensvorschriften der §§ 378 ff.** durchgehend nur die vier **„klassischen" Register angesprochen** werden. 52

1 Nach dem Grundsatz der „negativen Publizität" kann ein im Register eingetragener Rechtsträger Dritten gegenüber bestimmte, eintragungspflichtige Umstände nur und erst dann entgegenhalten, wenn bzw. sobald sie im Register eintragen sind, vgl. *Baumbach/Hopt*, § 15 Rz. 1; MüKo.HGB/*Krebs*, § 15 Rz. 6, 8. Hierdurch wird zugleich auf den Rechtsträger ein mittelbarer Druck ausgeübt, registerrelevante Umstände sogleich anzumelden, um das Register auf dem laufenden Stand zu halten.

2 Nach dem Grundsatz der „positiven Publizität" kann sich ein Dritter auf eine unrichtig im Register eingetragene und bekannt gemachte Tatsache berufen, sofern er nicht die Unrichtigkeit kannte, vgl. Baumbach/*Hopt*, § 15 Rz. 1; MüKo.HGB/*Krebs*, § 15 Rz. 6, 8.

3 Vgl. zB *Langenfeld*, Handbuch der Eheverträge und Scheidungsvereinbarungen 2005, Rz. 661; *Krafka/Willer*, Registerrecht, Rz. 2305.

4 AnwKom.BGB/*Völker*, vor §§ 1558 ff. Rz. 5 mwN.

Abschnitt 1
Begriffsbestimmung

§ 374
Registersachen

Registersachen sind

1. Handelsregistersachen,

2. Genossenschaftsregistersachen,

3. Partnerschaftsregistersachen,

4. Vereinsregistersachen,

5. Güterrechtsregistersachen.

1 Die Vorschrift enthält eine **Aufzählung** der einzelnen Registerverfahren, zu welchen in Buch 5 ergänzende Vorschriften enthalten sind. Sie hat im früheren Recht, §§ 125 ff. FGG, keine Entsprechung. Ihr kommt auch **kein eigener Regelungsinhalt** zu.

§ 375
Unternehmensrechtliche Verfahren

Unternehmensrechtliche Verfahren sind die nach

1. § 146 Abs. 2, den §§ 147, 157 Abs. 2, § 166 Abs. 3, § 233 Abs. 3 und § 318 Abs. 3 bis 5 des Handelsgesetzbuchs,

2. den §§ 522, 590 und 729 Abs. 1 des Handelsgesetzbuchs und § 11 des Binnenschifffahrtsgesetzes sowie die in Ansehung der nach dem Handelsgesetzbuch oder dem Binnenschifffahrtsgesetz aufzumachenden Dispache geltenden Vorschriften,

3. § 33 Abs. 3, den §§ 35 und 73 Abs. 1, den §§ 85 und 103 Abs. 3, den §§ 104 und 122 Abs. 3, § 147 Abs. 2, § 265 Abs. 3 und 4, § 270 Abs. 3 sowie § 273 Abs. 2 bis 4 des Aktiengesetzes,

4. Artikel 55 Abs. 3 der Verordnung (EG) Nr. 2157/2001 des Rates vom 8. Oktober 2001 über das Statut der Europäischen Gesellschaft (SE) (ABl. EG Nr. L 294 S. 1) sowie § 29 Abs. 3, § 30 Abs. 1, 2 und 4, § 45 des SE-Ausführungsgesetzes,

5. § 26 Abs. 1 und 4 sowie § 206 Satz 2 und 3 des Umwandlungsgesetzes,

6. § 66 Abs. 2, 3 und 5, § 71 Abs. 3 sowie § 74 Abs. 2 und 3 des Gesetzes betreffend die Gesellschaften mit beschränkter Haftung,

7. § 45 Abs. 3, den §§ 64b, 83 Abs. 3, 4 und 5 sowie § 93 des Genossenschaftsgesetzes,

8. Artikel 54 Abs. 2 der Verordnung (EG) Nr. 1435/2003 des Rates vom 22. Juli 2003 über das Statut der Europäischen Genossenschaft (SCE) (ABl. EU Nr. L 207 S. 1),

9. § 2 Abs. 3 und § 12 Abs. 3 des Publizitätsgesetzes,

10. § 11 Abs. 3 des Gesetzes über die Mitbestimmung der Arbeitnehmer in den Aufsichtsräten und Vorständen der Unternehmen des Bergbaus und der Eisen und Stahl erzeugenden Industrie,

11. § 2c Abs. 2 Satz 2 bis 7, den §§ 22o, 38 Abs. 2 Satz 2, § 45a Abs. 2 Satz 1, 3, 4 und 6 sowie § 46a Abs. 2 Satz 1, Abs. 4 und 5 des Kreditwesengesetzes,

12. § 2 Abs. 4, § 30 Abs. 2 Satz 1 und Abs. 5 Satz 1 sowie § 31 Abs. 1, 2 und 4 des Pfandbriefgesetzes,

13. § 104 Abs. 2 Satz 3 bis 8 und § 104u Abs. 2 Satz 1 bis 6 des Versicherungsaufsichtsgesetzes,

14. § 6 Abs. 4 Satz 4 bis 7 des Börsengesetzes,

15. § 10 des Partnerschaftsgesellschaftsgesetzes in Verbindung mit § 146 Abs. 2 und den §§ 147 und 157 Abs. 2 des Handelsgesetzbuchs,

16. § 9 Absatz 2 und 3 Satz 2 des Schuldverschreibungsgesetzes[1]

vom Gericht zu erledigenden Angelegenheiten.

I. Bedeutung der Vorschrift, bisherige Regelung

1 Der Begriff der **unternehmensrechtlichen Verfahren** wurde durch das FamFG **neu eingeführt**; er hatte im 7. und 8. Buch des FGG keine Entsprechung. Die Vorschrift umfasst eine Reihe von Angelegenheiten, bei denen bereits bisher im HGB, im AktG und in anderen Gesetzen eine Mitwirkung des Gerichts vorgesehen war. Diese Sachen wurden früher, ohne Registersachen iSd. §§ 125 FGG aF zu sein,[2] in die sachliche Zuständigkeit des Amtsgerichts überwiesen. Die jetzt in **§ 375** zusammengefassten Angelegenheiten waren bisher überwiegend unter der Überschrift **„Sonstige Zuständigkeiten des Amtsgerichts"** in **§ 145 Abs. 1 FGG** aF aufgeführt. Daneben enthielt § 149 FGG aF eine entsprechende Zuständigkeitsvorschrift für das Dispache-Verfahren (nunmehr § 375 Nr. 2) und § 160 Abs. 2 FGG aF eine solche entsprechende Vorschrift für die Liquidation der Partnerschaftsgesellschaft mit Verweisung auf §§ 146 Abs. 2, 147 und 157 Abs. 2 HGB (nunmehr § 375 Nr. 15).

2 Hinzugekommen sind in § 375 die unter Nr. 6 aufgeführten Verfahren, nämlich die nach § 66 Abs. 2, 3 und 5, § 71 Abs. 3 sowie § 74 Abs. 2 und 3 GmbHG, die in Nr. 7 aufgeführten Verfahren nach § 45 Abs. 3, den §§ 64b, 83 Abs. 3, 4 und 5 sowie § 93 GenG sowie das unter Nr. 11 erwähnte Verfahren gem. § 38 Abs. 2 Satz 2 KWG. Nach früherem Recht waren diese Angelegenheiten, ohne eigentliche Registerverfahren darzustellen, diesen verfahrensmäßig zugeordnet worden (vgl. § 148 Abs. 1 iVm. § 146 FGG aF). Diese bisherige Zuordnung wurde durch das FamFG aufgehoben.

3 Durch das FamFG in § 375 ergänzt wurden darüber hinaus die in Nr. 13 aufgeführten Angelegenheiten einer Treuhänderbestellung nach § 104 Abs. 2 VAG. Änderungen bei der Bestellung eines Treuhänders haben sich auch in den §§ 103, 104 AktG, den §§ 30 und 45 des SE-Ausführungsgesetzes (SEAG) und § 6 Abs. 4 Börsengesetz (BörsG) ergeben. Insoweit wurden entsprechend die Nr. 3, 4 und 14 korrigiert bzw. ergänzt.

---

1 Nr. 16 ist durch das Gesetz zur Neuregelung der Rechtsverhältnisse bei Schuldverschreibungen aus Gesamtemissionen und zur verbesserten Durchsetzbarkeit von Ansprüchen von Anlegern aus Falschberatung v. 31.7.2009, BGBl. I, S. 2512, eingefügt worden.

2 Vgl. Keidel/*Winkler*, § 145 Rz. 1.

II. Einzelfälle

4 Die einzelnen den **Amtsgerichten** gem. **§ 375 übertragenen Verfahren** sind damit:

1. Nummer 1

5 **Benennung und Abberufung der Liquidatoren einer OHG** (§§ 146 Abs. 2, 147 HGB) **oder KG** (§ 161 Abs. 2 HGB); die ggf. erforderliche Bestimmung über die Verwahrung der Bücher und Papiere einer OHG oder KG nach Beendigung der Liquidation (§§ 157 Abs. 2, 161 Abs. 2 HGB); Anordnung der Mitteilung der Bilanz bzw. der Vorlegung der Bücher und Papiere auf Antrag eines Kommanditisten aus wichtigem Grund (§ 166 Abs. 3 HGB) oder auf Antrag eines stillen Gesellschafters (§ 233 Abs. 3 HGB); Bestellung eines Abschlussprüfers (§ 318 Abs. 3 HGB).

2. Nummer 2

6 Wahrnehmung der dem Gericht obliegenden Verrichtungen im Zusammenhang mit der **Dispache** (§§ 522, 590, 729 Abs. 1 HGB und § 11 BinSchG), nämlich der Erstellung der Rechnung und des Verteilungsplanes über die große Havarei.[1]

Dass es schwer fällt, dieses Verfahren unter den Begriff „unternehmensrechtlichen Verfahren" zu fassen, wurde eingangs bereits erwähnt (vgl. Vorbem. Rz. 3).

3. Nummer 3

7 **Bestellung der Gründungsprüfer einer AG oder KGaA** auf Antrag der Gründer (§ 33 Abs. 3 AktG); Entscheidung von Meinungsverschiedenheiten zwischen Gründern und Gründungsprüfern (§ 35 Abs. 1 AktG); Festsetzung der Auslagen und der Vergütung für die Gründungsprüfung (§ 35 Abs. 2 AktG); Genehmigung der Kraftloserklärung von Aktien auf Antrag des Vorstandes oder der Abwickler (§ 73 Abs. 1 AktG); **Bestellung fehlender, zur Vertretung erforderlicher Vorstandsmitglieder** (§ 85 Abs. 1 AktG) sowie Festsetzung der Auslagen und der Vergütung für die gerichtlich bestellten Vorstandsmitglieder (§ 85 Abs. 3 AktG); Abberufung von Aufsichtsratsmitgliedern aus wichtigem Grund (§ 103 Abs. 3 AktG); **Ergänzung des Aufsichtsrats** (§ 104 AktG); Ermächtigung einer Aktionärsminderheit zur Einberufung der Hauptversammlung pp. (§ 122 Abs. 3 AktG); **Bestellung von besonderen Vertretern zur Geltendmachung von Ersatzansprüchen** der Gesellschaft gegen Gründer, Vorstands- und Aufsichtsratsmitglieder (§ 147 Abs. 2 AktG); Bestellung und Abberufung von Abwicklern (§ 265 Abs. 3 AktG) und Festsetzung deren Auslagen und Vergütung (§ 265 Abs. 4 AktG); Bestimmung über Aufbewahrung der Bücher und Schriften der Gesellschaft nach Abschluss der Abwicklung (§ 273 Abs. 2 und 3 AktG); **Bestellung von Nachtragsabwicklern** (§ 273 Abs. 4 AktG).

8 Die in diesem Zusammenhang früher in § 145 FGG enthaltenen Verweisungen auf die §§ 142 Abs. 2 bis 6, 258 Abs. 1 und 115 AktG sind gegenstandslos geworden, nach dem die Zuständigkeit für die gerichtliche Bestellung von Sonderprüfern nach § 142 AktG wegen der regelmäßig komplexen Verfahren durch Art. 1 Nr. 11c UMAG[2] auf das Landgericht übertragen worden ist; dies gilt nach der mit dem FamFG in Kraft getrete-

1 Große Havarei ist der Schaden, der Schiff und/oder Ladung zur Errettung aus gemeinsamer Gefahr auf Geheiß des Kapitäns vorsätzlich zugefügt worden ist einschließlich der dabei aufgewendeten Kosten.

2 Gesetz zur Unternehmensintegrität, Modernisierung des Anfechtungsrechts (UMAG) v. 22.9.2005, BGBl. I, S. 2802.

nen Änderung von § 258 Abs. 3 AktG auch für die dort behandelten Sonderprüfungen wegen unzulässiger Unterbewertung.

4. Nummer 4

Bisher waren die Verfahren gem. §§ 29 Abs. 3, 30 und 45 des SE-Ausführungsgesetzes (SEAG) noch nicht in § 145 FGG aF aufgenommen worden. Dies ist durch Nr. 4 geschehen. 9

5. Nummer 5

Bestellung besonderer Vertreter zur Geltendmachung von Schadensersatzansprüchen aus Anlass der Verschmelzung gegen Mitglieder eines Vertretungs- bzw. Aufsichtsorgans (§§ 26, 206 UmwG) sowie Festsetzung der Auslagen und der Vergütung dieser besonderen Vertreters (§§ 26 Abs. 4, 206 Satz 3 UmwG). 10

6. Nummer 6

Bestellung und Abberufung von **Liquidatoren** einer **GmbH** (§ 66 Abs. 2 und 3 GmbHG) sowie von **Nachtragsliquidatoren** (§ 66 Abs. 5 GmbHG); Befreiung von der Bilanzierungspflicht (§ 71 Abs. 3 GmbHG); Bestimmung über Verwahrung der Bücher und Papiere der Gesellschaft nach Abschluss der Liquidation, Gewährung der Einsicht in diese Unterlagen (§ 74 Abs. 2 und 3 GmbHG). 11

7. Nummer 7

Ermächtigung einer Minderheit zur **Einberufung der Generalversammlung** einer Genossenschaft (§ 45 Abs. 3 GenG); Bestellung eines Prüfungsverbandes zur Durchführung der gesetzlich vorgeschriebenen Prüfungen (§ 64b GenG); Bestellung und Abberufung von Liquidatoren (83 Abs. 3 und 4 GenG) sowie von Nachtragsliquidatoren (§ 83 Abs. 5 GenG); Aufbewahrung von Büchern und Schriften der aufgelösten Genossenschaft (§ 93 GenG). 12

8. Nummer 8

Wahrnehmung der Aufgaben im Zusammenhang mit **Eintragung** und **Überwachung** von **Europäischen Genossenschaften** (§ 35 Satz 2 des SCE-Ausführungsgesetzes/SCEAG).[1] 13

9. Nummer 9

Bestellung von Sonderprüfern im Zusammenhang mit der Prüfung der Frage, ob für Unternehmen bzw. Konzernunternehmen bestimmte Rechnungslegungspflichten nach Maßgabe des Publizitätsgesetzes bestehen (§§ 2 Abs. 3, 12 Abs. 3 PublG). 14

10. Nummer 10

Abberufung von **Aufsichtsratsmitgliedern** eines der in § 11 des Mitbestimmungsgesetzes aufgeführten Unternehmen aus wichtigem Grund (§ 11 Abs. 3 MitbestG). 15

1 Gesetz zur Ausführung der Verordnung (EG) Nr. 1435/2003 des Rates v. 22. Juli 2003 über das Statut der Europäischen Genossenschaft (SCE), (SCE-Ausführungsgesetz-SCEAG) v. 14.8.2006 BGBl. I, S. 1911.

11. Nummer 11

16 Bestellung eines **Treuhänders** im Zusammenhang mit Maßnahmen bezüglich einer bedeutenden Beteiligung an einem Kreditinstitut gem. § 2c Abs. 2 KWG (§ 2c Abs. 2 Satz 4–7 KWG); Bestellung eines Sachwalters bei Insolvenzgefahr (§ 25o KWG); Bestellung von Abwicklern im Falle der Abwicklungsanordnung nach Erlöschen bzw. Aufhebung der Erlaubnis (§ 38 Abs. 2 Satz 2 KWG); Bestellung eines Treuhänders für Finanzholding-Gesellschaften im Fall der Untersagung der Stimmrechtsausübung gem. § 45a Abs. 1 KWG (§ 45a Abs. 2 Satz 1, 3, 4 und 6 KWG); Bestellung von Notgeschäftsführern bzw. Notvertretungsberechtigten bei Anordnung von Maßnahmen gegen Kreditinstitute bei Insolvenzgefahr gem. § 46a Abs. 1 KWG (§ 46a Abs. 2 Satz 1, Abs. 4 und Abs. 5 KWG).

12. Nummer 12

17 **Bestellung von Sachwaltern** zur **Abwicklung der Geschäfte einer Pfandbriefbank** (§ 2 Abs. 4 PfandBG); Bestellung von Sachwaltern im Falle der **Insolvenz einer Pfandbriefanstalt** (§ 30 Abs. 2 PfandBG) oder nach Antrag auf **Eröffnung eines Insolvenzverfahrens** (§ 30 Abs. 5 PfandBG); Überwachung und Festsetzung der Vergütung des Sachwalters (§ 31 Abs. 1, 2 und 4 PfandBG).

13. Nummer 13

18 Bestellung eines **Treuhänders zur Gewährleistung** einer **wirksamen Aufsicht** über ein **Versicherungsunternehmen** (§ 104 Abs. 2 VAG) sowie Bestellung von Sondertreuhändern bei Maßnahmen gegenüber gemischten Finanzholding-Gesellschaften (§ 104u Abs. 2 VAG).[1]

14. Nummer 14

19 Bestellung eines **Treuhänders** zur **Ausübung** der **Stimmrechte** nach Anordnung von Maßnahmen gegen Inhaber bedeutender Beteiligungen iSd. § 1 Abs. 9 KWG an dem Träger einer Börse nach § 6 Abs. 1 BörsG (§ 6 Abs. 4 Satz 4 bis 7 BörsG).[2]

15. Nummer 15

20 **Benennung und Abberufung der Liquidatoren** einer **Partnerschaftsgesellschaft** und die ggf. erforderliche Bestimmung über die Verwahrung der Bücher und Papiere dieser Gesellschaft (§ 10 PartGG iVm. §§ 146 Abs. 2, 147 und 157 Abs. 2 HGB).

16. Nummer 16

21 Wegen seiner Ähnlichkeit mit dem Verfahren nach § 122 Abs. 3 AktG (vgl. Nr. 3, Rz. 7) soll das Verfahren nach § 9 Abs. 2 SchVG in den Katalog des § 375 einbezogen werden.[3]

---

1 Eingefügt auf Grund Gesetz v. 21.12.2004, BGBl. I, S. 3610.

2 Börsengesetz (BörsG) v. 16.7.2007, BGBl. I, S. 1330, geändert durch Art. 11 des Gesetzes v. 11.12.2007, BGBl. I, S. 3089.

3 Vgl. BT-Drucks. 16/2814, S. 42; wegen des Inkrafttretens von Nr. 16 vgl. vorstehend Fn. 1 vor Rz. 1.

Abschnitt 2
Zuständigkeit

§ 376
Besondere Zuständigkeitsregelungen

(1) Für Verfahren nach § 374 Nr. 1 und 2 sowie § 375 Nr. 1, 3 bis 14 und 16[1] ist das Gericht, in dessen Bezirk ein Landgericht seinen Sitz hat, für den Bezirk dieses Landgerichts zuständig.

(2) Die Landesregierungen werden ermächtigt, durch Rechtsverordnung die Aufgaben nach § 374 Nr. 1 bis 3 sowie § 375 Nr. 1, 3 bis 14 und 16[2] anderen oder zusätzlichen Amtsgerichten zu übertragen und die Bezirke der Gerichte abweichend von Absatz 1 festzulegen. Sie können die Ermächtigung nach Satz 1 durch Rechtsverordnung auf die Landesjustizverwaltungen übertragen. Mehrere Länder können die Zuständigkeit eines Gerichts für Verfahren nach § 374 Nr. 1 bis 3 über die Landesgrenzen hinaus vereinbaren.

I. Bisherige Regelung

Abs. 1 entspricht der Regelung des früheren § 125 Abs. 1 FGG. Für Handels- und Genossenschaftsregistersachen ist danach weiterhin das Amtsgericht zuständig, in dessen Bezirk ein Landgericht seinen Sitz hat. Da in § 376 Abs. 1 auch das Genossenschaftsregister erwähnt ist, konnte der gegenstandslos gewordene § 10 Abs. 2 GenG aufgehoben werden. 1

II. Sachliche Zuständigkeit

Für alle Angelegenheiten, die unter Buch 5 fallen, ist gem. § 23a Abs. 1 Nr. 2, Abs. 2 Nr. 3 GVG grundsätzlich das **Amtsgericht sachlich zuständig**. Zu diesem Grundsatz enthält § 376 ergänzende Regelungen. 2

Die **Zuständigkeitsregelung in § 376 Abs. 1** umfasst auch die in **§ 375** aufgeführten Angelegenheiten, dh. **die unternehmensrechtlichen Verfahren**, ausgenommen das in § 375 Nr. 2 aufgeführte Dispache-Verfahren. Bei letzterem Verfahren kann mithin ein Amtsgericht zuständig sein, in dessen Bezirk kein Landgericht seinen Sitz hat, vgl. auch § 377 Abs. 2 (Rz. 5). 3

III. Verordnungsvorbehalte

In Abs. 2 sind die bisher in § 125 Abs. 2 Satz 1 Nr. 1, Satz 3 und 4 iVm. § 160b Abs. 1 Satz 1 FGG aF sowie die in § 10 GenG enthaltenen **Ermächtigungen** für die **Landesregierungen** übernommen worden, durch **Rechtsverordnung** den **überwiegenden Teil** in 4

1 Wegen der Ergänzung von „und 16" vgl. § 375 Fn. 1 vor Rz. 1.
2 Wegen der Ergänzung von „und 16" vgl. § 375 Fn. 1 vor Rz. 1.

§§ 374 und 375 aufgeführten Aufgaben – ausgenommen sind für § 374 lediglich die Vereins- und Güterrechtsregisterangelegenheiten sowie für § 375 das Dispache-Verfahren – anderen oder zusätzlichen Amtsgerichten zu übertragen oder für diese Art der Geschäfte die Gerichtsbezirke abweichend festzulegen. Die Länder können durch Rechtsverordnung diese Befugnisse auf die Landesjustizverwaltungen übertragen. Auch die Landesgrenzen überschreitende Regelungen sind im Hinblick auf Abs. 2 Satz 3 möglich.

§ 377
Örtliche Zuständigkeit

(1) Ausschließlich zuständig ist das Gericht, in dessen Bezirk sich die Niederlassung des Einzelkaufmanns, der Sitz der Gesellschaft, des Versicherungsvereins, der Genossenschaft, der Partnerschaft oder des Vereins befindet, soweit sich aus den entsprechenden Gesetzen nichts anderes ergibt.

(2) Für die Angelegenheiten, die den Gerichten in Ansehung der nach dem Handelsgesetzbuch oder nach dem Binnenschifffahrtsgesetz aufzumachenden Dispache zugewiesen sind, ist das Gericht zuständig, an dem die Verteilung der Havereischäden zu erfolgen hat.

(3) Die Eintragungen in das Güterrechtsregister sind bei jedem Gericht zu bewirken, in dessen Bezirk auch nur einer der Ehegatten oder Lebenspartner seinen gewöhnlichen Aufenthalt hat.

(4) § 2 Abs. 1 ist nicht anzuwenden.

I. Bisherige Regelung

1 Eine **allgemeine Regelung** über die **örtliche Zuständigkeit** für die Verfahren nach dem 7. und dem 8. Abschnitt hat das **frühere FGG nicht enthalten**. Die örtliche Zuständigkeit war in Spezialgesetzen, insbesondere dem das jeweilige Register betreffende Spezialgesetz, geregelt.

2 Dabei war bisher in Handels- und Genossenschaftsregistersachen sowie für die sonstigen Angelegenheiten nach § 145 FFG aF mit wenigen Ausnahmen das Gericht ausschließlich zuständig, in dessen Bezirk sich die Hauptniederlassung des Einzelkaufmanns (§ 29 HGB) oder der Hauptsitz der handelsrechtlichen Gesellschaft (§§ 106, 161 Abs. 2 HGB), der Genossenschaft (§ 10 GenG), der Partnerschaftsgesellschaft (§ 4 Abs. 1 PartGG, 106 HGB) oder des Versicherungsvereins (§ 30 VAG) befindet. Sondervorschriften bestanden für die Eintragung von Zweigniederlassungen in das Handels- oder Genossenschaftsregister, § 13 HGB, § 14 GenG.

II. Örtliche Zuständigkeit, Grundsatz

3 Abs. 1 enthält nunmehr eine den weit überwiegenden Teil der nach bisherigem Recht geltenden Einzelregelungen **zusammenfassende Vorschrift** zur Begründung der **örtlichen Zuständigkeit**. Grundsätzlich abzustellen ist bei **Einzelkaufleuten** auf den **Ort**

der Niederlassung, bei **gesellschaftsrechtlich organisierten Rechtsträgern** auf den **Sitz**. Die in **§ 377 Abs. 1** geregelten örtlichen Zuständigkeiten sind **ausschließlich**. Abweichende Regelungen in Spezialgesetzen sind weiterhin möglich und gehen der allgemeinen Regelung vor.[1]

4 Im Zuge der Neuregelung wurden die bisherigen Zuständigkeitsvorschriften (vorstehend Rz. 2) nicht aufgehoben. Sie bestehen weiterhin neben § 377 Abs. 1 fort. Da sie über die reine Bestimmung der örtlichen Zuständigkeit hinaus einen weiter gehenden Inhalt haben, nämlich regelmäßig den einer Verpflichtung zur Anmeldung zum Register, erscheint dies unproblematisch.

III. Sonderregelungen

5 Abs. 2 entspricht inhaltlich § 149 FGG aF und übernimmt die darin enthaltene Regelung zur örtlichen Zuständigkeit für die Gerichte in Dispache-Verfahren. Danach ist bei Seeschiffen zuständig das Gericht am Bestimmungsort bzw. Hafenort, § 727 HGB, bei Binnenschiffen der Ort, an dem die Reise endet, § 86 BinSchG.

6 Abs. 3 wiederholt wörtlich die in § 1558 Abs. 1 BGB enthaltene Regelung zur örtlichen Zuständigkeit in Güterrechtsregistersachen (vgl. Vorbem. Rz. 3).

7 Abs. 4 schließt die Anwendung der für die Verfahren nach Buch 5 nicht passenden Regelung in § 2 Abs. 1 aus, da für Registersachen immer nur ein Amtsgericht ausschließlich örtlich zuständig sein soll. Die örtliche Zuständigkeit hat das Gericht von Amts wegen zu prüfen.

Abschnitt 3
Registersachen

Unterabschnitt 1
Verfahren

§ 378
Antragsrecht der Notare

(1) Für Erklärungen gegenüber dem Register, die zu der Eintragung erforderlich sind und in öffentlicher oder öffentlich beglaubigter Form abgegeben werden, können sich die Beteiligten auch durch Personen vertreten lassen, die nicht nach § 10 Abs. 2 vertretungsberechtigt sind. Dies gilt auch für die Entgegennahme von Eintragungsmitteilungen und Verfügungen des Registers.

(2) Ist die zu einer Eintragung erforderliche Erklärung von einem Notar beurkundet oder beglaubigt, gilt dieser als ermächtigt, im Namen des zur Anmeldung Berechtigten die Eintragung zu beantragen.

1 BT-Drucks. 16/6308, S. 285.

I. Bisherige Regelung

1 Abs. 2 der Vorschrift entspricht im Wesentlichen der bisherigen Bestimmung des § 129 FGG. Sie ist vom Wortlaut jedoch insoweit weiter gefasst, als die dort genannte Ermächtigung für den Notar nicht nur gilt, im Namen eines zur Anmeldung Verpflichteten eine Eintragung zu beantragen, sondern eines zur Anmeldung Berechtigten. Diese Änderung des Wortlautes der Bestimmung trägt einer früher streitigen Auslegung von § 129 FGG aF Rechnung.

2 Abs. 1 ist durch Art. 8 Nr. 1. lit. y) des sog. „FGG-RG-Reparaturgesetzes", nämlich im Rahmen des vom Rechtsausschuss des Bundestages eingearbeiteten Katalogs von Korrekturen insbesondere zum FamFG, eingefügt worden.[1] Der Wortlaut der Nachfolgevorschrift von § 129 FGG aF wurde in Abs. 2 verschoben.

3 Der neu eingefügte Abs. 1 Satz 1 stellt zunächst klar, dass **eintragungsrelevante Erklärungen**, die in öffentlicher oder öffentlich beglaubigter Form abgegeben werden, auch von solchen **Personen als Bevollmächtigten** abgegeben werden können, die **nicht** zu dem in **§ 10 Abs. 2 definierten Personenkreis gehören**. Durch Abs. 1 Satz 1 wurde damit die durch den Wortlaut von § 10 Abs. 2 auch für das Registerverfahren nahegelegte, vom Gesetzgeber jedoch insoweit nicht beabsichtigte Beschränkung des vertretungsberechtigten Personenkreises in den Verfahren nach Buch 5 wieder aufgehoben. Bei einer **engen wörtlichen Anwendung** von § 10 Abs. 2 wäre es weitgehend **nicht mehr möglich** gewesen, mit den in der Praxis eingeführten und bewährten **Registervollmachten** zu arbeiten, was insbesondere bei **Publikumsgesellschaften** mit ihren **großen Gesellschafterzahlen** praktisch zu einem Stillstand des Anmeldungsverfahrens hätte führen können.[2] Auch die in § 10 Abs. 3 Satz 2 enthaltene Einschränkung, dass bis zu einer Zurückweisung des Bevollmächtigten durch das Gericht (§ 10 Abs. 3 Satz 1) die von ihm vorgenommenen Verfahrenshandlungen wirksam sind, hätte dabei keinen hinreichenden Ausweg eröffnet.

4 Darüber hinaus hielt es der Gesetzgeber für sinnvoll, den **Umfang der Vertretungsbefugnis** im **Grundbuch**- sowie im sonstigen **Registerverfahren gleichförmig zu regeln**, wofür durch Art. 9 Abs. 4 des Verfahrensmodernisierungsgesetzes eine entsprechende Ergänzung in § 15 Abs. 1 Satz 1 Grundbuchordnung vorgenommen wurde.[3]

5 Bei der **Errichtung von Vollstreckungstiteln** nach § 794 Abs. 1 Nr. 5 ZPO ist nach Auffassung des Gesetzgebers eine entsprechende **Klarstellung** bei **§ 79 ZPO nicht erforderlich**, da die Vertretungsregelung des § 79 ZPO ihrem Schutzzweck nach nicht auf die Errichtung notarieller Urkunden anwendbar sein soll.[4]

6 In Abs. 1 Satz 2 der Vorschrift wird schließlich noch klargestellt, dass Eintragungsmitteilungen und Verfügungen des Registergerichts auch an vertretungsbevollmächtigte Personen bekannt gemacht werden, die nicht die Voraussetzungen des § 10 Abs. 2 erfüllen.

---

1 Art. 8 des Gesetzes zur Modernisierung von Verfahren im anwaltlichen und notariellen Berufsrecht pp. (FGG-RG-Reparaturgesetz) v. 30.7.2009, BGBl. I, S. 2449 umfasst ca. 30 zum Teil nur redaktionelle Änderungen zum FamFG; das 5. Buch ist dabei neben § 378 Abs. 1 nur redaktionell (Streichung der Verweisung auf den nicht mehr geltenden § 884 Nr. 4 HGB in § 375 Nr. 2 und § 402 Abs. 2) betroffen.

2 Vgl. auch BT-Drucks. 16/12717 (eVF), S. 73.

3 Vgl. dazu BT-Drucks. 16/12717 (eVF), S. 73.

4 BT-Drucks. 16/12717 (eVF), S. 74.

II. Bedeutung der Änderungen in Abs. 2 gegenüber § 129 FGG aF

Die gegenüber Abs. 2 frühere engere Formulierung von § 129 FGG aF hat in zwei Bereichen zu besonderen Auslegungsproblemen geführt: 7

Zum einen vertrat die früher wohl hM die Auffassung, dass die **Vermutung** des § 129 FGG aF **nicht eingreife**, wenn nur ein **Recht**, nicht aber eine Verpflichtung **zur Anmeldung** zum Handelsregister bestünde.[1] Während dieser einschränkenden Ansicht durch die Neufassung von § 378 der Boden entzogen wurde und der Gesetzgeber sich damit zu der auch bereits früher vertretenen Ansicht bekannte, nämlich dass bereits ein **Recht zur Anmeldung** ausreiche,[2] ist dies bei dem anderen Bereich allein auf Grund der geänderten Formulierung des § 378 nicht so klar: Bestimmte Erklärungen hat der Anmeldende höchst persönlich zur Vorlage beim Register abzugeben bzw. zu versichern, wobei er für die Richtigkeit dieser Angaben entweder zivilrechtlich (etwa in den Fällen der §§ 46, 48 AktG bzw. §§ 9a, 57a GmbHG) oder zusätzlich auch strafrechtlich (so in den Fällen des § 399 AktG, § 82 GmbHG) persönlich einzustehen hat. Soweit eine Stellvertretung bei Abgabe solcher anzumeldender Erklärungen oder abzugebender Versicherungen ausgeschlossen war, wurde auch eine Vertretung iSd. § 129 FGG aF als nicht zulässig angesehen.[3] 8

Für **§ 378** ist die zuletzt dargestellte **Einschränkung** jedoch **nicht** mehr **gerechtfertigt**: In der Gesetzesbegründung hat der Gesetzgeber als Zweck der Vorschrift eine **Harmonisierung zu § 15 GBO herausgestellt**,[4] welche Vorschrift jedoch insoweit keinerlei Einschränkung enthält. Zum anderen ist den einschlägigen Vorschriften des GmbHG oder des AktG (vgl. vorstehend Rz. 2) lediglich zu entnehmen, dass die dort bezeichneten Personen die entsprechende Erklärung höchst persönlich abzugeben haben. Nur insoweit ist eine Vertretung ausgeschlossen, nicht aber bei dem gesondert zu bewertenden Teil der verfahrensrechtlichen Anmeldung, wobei diese regelmäßig auch noch andere Erklärungen umfasst.[5] Der **Notar** ist deshalb **gem. § 378 auch als ermächtigt** anzusehen, von einem Anmeldungsberechtigten persönlich abzugebende Erklärungen oder Versicherungen dem Registergericht im **Rahmen eines Eintragungsantrages** vorzulegen. 9

III. Anwendungsbereich

Durch die Veränderung des Standortes der Vorschrift und die Einordnung in die allgemeinen Verfahrensbestimmungen des Unterabschnitts 1 zum Abschnitt über die Registersachen gilt die **Ermächtigungsvermutung** nunmehr **unmittelbar für alle** – in § 374 aufgezählten – **Registerverfahren**[6] und nicht mehr nur entsprechend auf Grund 10

---

1 Vgl. BayObLG v. 3.7.1959 – BReg. 2 Z 22/59, BayObLGZ 1959, S. 255 (257); KG v. 5.6.1969 – 1 W 2193/69; OLGZ 1969, 501; Jansen/*Steder*, § 129 Rz. 23; Keidel/*Winkler*, § 129 Rz. 5, dieser allerdings mit dem Zusatz „Aber auch in solchen Fällen ist idR vom Notar keine Vollmacht zu verlangen, da mangels gegenteiliger Anhaltspunkte von der Erfahrungstatsache auszugehen ist, dass ein Notar auf Grund seiner beruflichen Stellung und seiner Standespflichten nicht ohne Vollmacht handeln wird."

2 *Krafka/Willer*, Rz. 121; Bumiller/*Winkler*, § 129 Rz. 2.

3 Vgl. BayObLG v. 12.6.1986 – BReg. 3 Z 29/86, DNotZ 1986, 692 m. Anm. *Winkler* = BB 1986, 1532; Jansen/*Steder*, § 129 Rz. 24.

4 BT-Drucks. 16/6308, S. 285.

5 So im Ergebnis auch *Krafka/Willer*, Rz. 122.

6 BT-Drucks. 16/6308, S. 285.

der verschiedenen Verweisungen in den §§ 159 Abs. 1, 160b Abs. 1 und 161 Abs. 1 FGG aF.

11 Die Bestimmung gilt nur für den *deutschen* Notar.[1] Dem Notar steht der Notarvertreter (§ 39 BNotO) und der Notariatsverwalter (§§ 56 ff. BNotO) gleich.

12 Der Notar muss die zur **Eintragung erforderliche Erklärung beurkundet** oder **beglaubigt** haben. Hierunter ist die Eintragungsgrundlage zu verstehen, also die Verträge, Beschlüsse oder sonstigen Erklärungen, deren Inhalt eingetragen werden soll, nebst der dazu gehörigen Anmeldungen oder, wenn die entsprechende Erklärung bereits in der Anmeldung enthalten ist, nur diese.[2]

13 Zugunsten des Notars, bei dem die Voraussetzungen der vorstehenden Rz. vorliegen, wird ohne Weiteres vermutet, dass er von dem zur Anmeldung Berechtigten zur Antragstellung ermächtigt ist. Das Registergericht ist **nicht berechtigt**, insoweit **weitere Nachweise**, etwa einen Vollmachtsnachweis, zu verlangen.[3]

14 Der zur Anmeldung Berechtigte kann jedoch die Ermächtigung des Notars zur Antragstellung ausschließen, wobei dieser Ausschluss dem Registergericht mitgeteilt werden muss, um die gesetzliche Vermutung des § 378 zu entkräften.

15 Im Falle eines abweisenden Beschlusses des Registergerichts gilt der Notar, was im Gesetz nicht besonders hervorgehoben wird, auch als bevollmächtigt, Rechtsmittel, insbesondere die befristete Beschwerde, einzulegen,[4] und die Vertretung des Beteiligten in der Rechtsmittelinstanz wahrzunehmen.[5] Für das Rechtsbeschwerdeverfahren, §§ 70 ff., besteht für den Notar – anders als früher bei der weiteren Beschwerde gem. § 29 Abs. 1 Satz 3 FGG aF – kein Vertretungsrecht mehr. Vor dem BGH besteht nunmehr Anwaltszwang, § 10 Abs. 4.

IV. Antragsrücknahme

16 Zur **Rücknahme des Antrages** der sofortigen Beschwerde ist der Notar auf Grund von § 24 Abs. 3 BNotO ohne Vollmachtsvorlage **berechtigt**. Die **Rücknahmeerklärung** muss mit **Unterschrift und Amtssiegel** des Notars versehen sein.[6]

§ 379
Mitteilungspflichten der Behörden

(1) Die Gerichte, die Staatsanwaltschaften, die Polizei- und Gemeindebehörden sowie die Notare haben die ihnen amtlich zur Kenntnis gelangenden Fälle einer unrichtigen, unvollständigen oder unterlassenen Anmeldung zum Handels-, Genossenschafts-, Vereins- oder Partnerschaftsregister dem Registergericht mitzuteilen.

---

1 Vgl. BayObLG v. 27.1.1961 – BReg. 2 Z 191/60, BayObLGZ 1961, 23; 1969, 290; Jansen/*Steder*, § 129 Rz. 7.

2 Vgl. Jansen/*Steder*, § 129 Rz. 12; Keidel/*Winkler*, § 129 Rz. 2.

3 *Schaub*, MittBayNot 1999, S. 539 (543); Keidel/*Winkler*, § 129 Rz. 4.

4 Vgl. für den bisherigen Rechtszustand zB Jansen/*Steder*, § 129 Rz. 30; Keidel/*Winkler*, § 129 Rz. 6 ff.

5 BayObLG v. 16.2.2000 – 3 Z BR 389/98, NJW-RR 2000, 990.

6 Vgl. Keidel/*Winkler*, § 129 Rz. 8; Bumiller/*Winkler*, § 129 Rz. 7.

(2) Die Finanzbehörden haben den Registergerichten Auskunft über die steuerlichen Verhältnisse von Kaufleuten oder Unternehmen, insbesondere auf dem Gebiet der Gewerbe- und Umsatzsteuer, zu erteilen, soweit diese Auskunft zur Verhütung unrichtiger Eintragungen im Handels- oder Partnerschaftsregister sowie zur Berichtigung, Vervollständigung oder Löschung von Eintragungen im Register benötigt wird. Die Auskünfte unterliegen nicht der Akteneinsicht (§ 13).

I. Bisherige Regelung

1 Die Vorschrift übernimmt den Regelungsgehalt von verschiedenen Vorschriften des früheren FGG, nämlich des bisherigen § 125a FGG für Handelsregistersachen, des § 147 Abs. 1 FGG aF für Genossenschaftsregistersachen sowie des § 160b Abs. 1 Satz 2 FGG aF für Partnerschaftsregistersachen. Neu ist die Ausdehnung des Anwendungsbereichs von § 379 Abs. 1 auf das Vereinsregister und insoweit etwa von den zur Unterstützung verpflichteten Behörden festgestellte Fälle von unrichtigen, unvollständigen oder unterlassenen Anmeldungen auch zu diesem Register.

II. Anwendungsbereich

2 Die in § 379 Abs. 1 geregelte **Unterstützungspflicht** der Gerichte, Staatsanwaltschaften, Polizei- und Gemeindebehörden nach § 379 Abs. 1 trifft sämtliche dort genannten Dienststellen, gleich, ob es sich um Bundes- oder Landesbehörden oder Behörden der Gemeinden handelt. Sie **bezweckt**, den Registern die **Durchführung ihrer Aufgaben zu erleichtern**. Von den im Gesetz genannten Organschaften wird ein selbständigen Tätigwerden verlangt. Die Unterstützungspflicht wird dabei hauptsächlich Fälle betreffen, in denen ein registerpflichtiger Rechtsvorgang eingetreten, aber nicht eingetragen ist.[1] Wie die erforderliche Kenntnis erlangt worden ist, ist nebensächlich.

3 Gegen eine Verletzung der vorstehend bezeichneten Verpflichtungen durch eine Behörde ist nur die Dienstaufsichtsbeschwerde gegeben.[2]

4 Die **Unterstützungspflicht** des Abs. 1 obliegt auch den **Notaren**. Sie können sich insoweit weder auf ihre Schweigepflicht nach § 18 BNotO berufen noch auf § 51 BeurkG, da nach § 51 Abs. 4 BeurkG Mitteilungspflichten, die dem Notar auf Grund von Rechtsvorschriften gegenüber Gerichten oder Behörden obliegen, unberührt bleiben.[3] Aktuell hinzuweisen ist insbesondere auf die durch das MoMiG[4] erheblich verschärften Anzeige- und Bescheinigungspflichten der Notare im Zusammenhang mit notariell beurkundeten Geschäftsanteilsabtretungen (§ 15 Abs. 3 GmbHG).

III. Erweiterte Auskunftspflichten

5 Die **Auskunftspflicht** der **Finanzbehörden** nach Abs. 2 ist gegenüber Abs. 1 **weiter gefasst**, ebenfalls wurde sie gegenüber § 125a Abs. 2 FGG aF erweitert. Sie erstreckt

---

1 Jansen/*Steder*, § 125 Rz. 4; Keidel/*Winkler*, § 125a Rz. 2.
2 Jansen/*Steder*, § 125a Rz. 9.
3 Vgl. *Schippel-Bracker*, § 18 BNotO Rz. 39; Jansen/*Steder*, § 125a Rz. 2.
4 Vgl. Gesetz zur Modernisierung des GmbH-Rechts und zur Bekämpfung von Missbräuchen (MoMiG) v. 28.10.2008, BGBl. I, S. 2026 ff.

sich nunmehr ausdrücklich auch auf solche Auskünfte, die zur Löschung von Eintragungen im Register benötigt werden. Hierdurch soll insbesondere eine Ermittlung der **Vermögensverhältnisse** von Kaufleuten und Unternehmen im **Rahmen** von **Löschungsverfahren** wegen **Vermögungslosigkeit** (§ 394) erleichtert werden.[1] Die von den Finanzbehörden erteilten Auskünfte unterliegen jedoch nicht der Akteneinsicht gem. § 13. Entsprechend können auch von solchen Auskünften keine Auszüge oder Abschriften erteilt oder verlangt werden (§ 13 Abs. 4). Daher ist auch eine gesonderte Aufbewahrung erforderlich (vgl. § 24 Nr. 6 AktO).

IV. Datenübermittlung

6 Die **Übermittlung** personenbezogener **Daten** ist in den Angelegenheiten des FamFG – wie allgemein in Zivilsachen – gem. **§ 15 EGGVG zulässig**, wenn die Kenntnis der Daten aus Sicht der übermittelnden Stelle erforderlich ist zur Berichtigung oder Ergänzung eines von einem Gericht geführten Registers oder Verzeichnisses, dessen Führung durch eine Rechtsvorschrift angeordnet ist, und wenn die Daten Gegenstand des Verfahrens sind.[2]

§ 380
Beteiligung der berufsständischen Organe; Beschwerderecht

(1) Die Registergerichte werden bei der Vermeidung unrichtiger Eintragungen, der Berichtigung und Vervollständigung des Handels- und Partnerschaftsregisters, der Löschung von Eintragungen in diesen Registern und beim Einschreiten gegen unzulässigen Firmengebrauch oder unzulässigen Gebrauch eines Partnerschaftsnamens von

1. den Organen des Handelsstandes,

2. den Organen des Handwerksstandes, soweit es sich um die Eintragung von Handwerkern handelt,

3. den Organen des land- und forstwirtschaftlichen Berufsstandes, soweit es sich um die Eintragung von Land- oder Forstwirten handelt,

4. den berufsständischen Organen der freien Berufe, soweit es sich um die Eintragung von Angehörigen dieser Berufe handelt,

(berufsständische Organe) unterstützt.

(2) Das Gericht kann in zweifelhaften Fällen die berufsständischen Organe anhören, soweit dies zur Vornahme der gesetzlich vorgeschriebenen Eintragungen sowie zur Vermeidung unrichtiger Eintragungen in das Register erforderlich ist. Auf ihren Antrag sind die berufsständischen Organe als Beteiligte hinzuzuziehen.

(3) In Genossenschaftsregistersachen beschränkt sich die Anhörung nach Absatz 2 auf die Frage der Zulässigkeit des Firmengebrauchs.

(4) Soweit die berufständischen Organe angehört wurden, ist ihnen die Entscheidung des Gerichts bekannt zu geben.

(5) Gegen einen Beschluss steht den berufsständischen Organen die Beschwerde zu.

---

1 BT-Drucks. 16/60308, S. 287.
2 Keidel/*Winkler*, § 125a Rz. 5.

I. Bisherige Regelung, Allgemeines

1 In Abs. 1 sind die bisher in § 126 Satz 1 erster Halbs. FGG aF und § 160b Abs. 1 Satz 3 FGG aF enthaltenen Pflichten berufsständischer Organisationen zur Unterstützung der Registergerichte bei einer Verhütung unrichtiger Eintragungen, bei der Berichtigung und Vervollständigung von Registerangaben, bei der Löschung unzulässiger Eintragungen sowie beim Einschreiten gegen unzulässigen Firmengebrauch geregelt. Abs. 1 bezieht sich auf das Handels- und auf das Partnerschaftsregister; in Abs. 3 wurde eine Sonderregelung für das Genossenschaftsregister aufgenommen.

2 Abs. 2 räumt den **Registergerichten** ein **Anhörungsrecht** ein und gibt den **berufsständischen Organen** zugleich das Recht, auf ihren entsprechenden Antrag hin als **Beteiligter gem. § 7 Abs. 2 Nr. 2 zugezogen** zu werden. Ihnen ist gem. Abs. 4 (auch) im Falle der Anhörung die Entscheidung des Gerichts bekannt zu geben. Sie haben gem. Abs. 5 gegen Beschlüsse ein Beschwerderecht.

3 Der Wortlaut der Absätze 2, 4 und 5 wurde noch kurz vor Abschluss des Gesetzgebungsverfahrens auf Vorschlag des Rechtsausschusses geändert. Diese Änderungen gehen dabei – entgegen ihrer Begründung[1] – über eine sprachliche Harmonisierung bzw. redaktionelle Anpassung hinaus, vgl. nachstehend Rz. 16 und Rz. 17.

II. Anwendungsbereich

4 Die gesetzlich statuierten **Mitwirkungspflichten** obliegen den **Organen des Handels- und Handwerksstandes**, des land- und forstwirtschaftlichen Berufsstandes sowie der **berufsständischen Organe** der **freien Berufe** zur Unterstützung der Registergerichte bei der Führung des Handels- und des Partnerschaftsregisters. Gegenüber der bisherigen Regelung erstreckt sich die Mitwirkungspflicht der berufsständischen Organe jetzt auch auf Löschungsverfahren, wie sie in Unterabschnitt 3 in den §§ 393 ff. geregelt sind.

5 Organe des Handelsstandes sind die **Industrie- und Handelskammern.**[2] Diese sind Körperschaften des Öffentlichen Rechts, welche der Aufsicht des jeweiligen Bundeslandes, in dem sie ihren Sitz haben, unterliegen. Es bestehen Ausführungsgesetze und -verordnungen der Länder, die zB bei *Winkler*[3] aufgeführt sind. Als Organe des Handwerksstandes werden die **Handwerkskammern und Handwerksinnungen**[4] tätig.

6 Nachdem das Gesetz für die Kaufmannseigenschaft von Land- und Forstwirten v. 13.5.1976[5] ermöglicht hat, sich auch mit ihren Hauptunternehmen in das Handelsregister eintragen zu lassen, soweit dieses einen kaufmännischen Geschäftsbetrieb erfordert, ist auch den Organen des land- und forstwirtschaftlichen Berufsstandes, den Landwirtschaftskammern, im Hinblick auf die Handelsregistereintragungen eine entsprechende Stellung eingeräumt worden wie den Handels- und Handwerkskammern.

7 Auf Grund des Partnerschaftsgesetzes sind im Rahmen des bisherigen § 160b Abs. 1 Satz 2 FGG die **Rechtsanwaltskammern** als Organ des Berufsstandes als mitwirkende

1 BT-Drucks. 16/9733, S. 298.
2 Rechtsgrundlage ist das Gesetz zur vorläufigen Regelung des Rechts der Industrie- und Handelskammern v. 18.12.1956, BGBl. I, S. 920.
3 Keidel/*Winkler*, § 126 Rz. 4.
4 Gesetz zur Ordnung des Handwerks (Handwerksordnung) v. 28.12.1965, BGBl. I 1966, S. 1.
5 BGBl. I 1976, S. 1197.

Stellen bei der Eintragung von Rechtsanwalts-GmbHs und Rechtsanwalt-AGs hinzugekommen.

III. Umfang der Unterstützungspflicht

8 Die **Unterstützungspflicht** bezieht sich auf die **Verhütung unrichtiger Eintragungen** bzw. deren Berichtigung oder Vervollständigung sowie auf ein Mitwirken beim **Einschreiten** gegen **unzulässigen Firmengebrauch**. In Abs. 1 wurde gegenüber der bisherigen Rechtslage nunmehr ausdrücklich auch die Mitwirkung bei Löschungen hinzugefügt.

9 Die Mitwirkung schließt die Abgabe von Stellungnahmen und die Erstattung von Gutachten insbesondere auf Anfordern des Registergerichts ein.

10 Haben berufsständische Organe im Rahmen ihrer Mitwirkung gegenüber dem Registergericht Anregungen oder Hinweise gemacht, sind diese von ihm aufzugreifen und dabei etwa erforderliche weiter gehende Ermittlungen gem. § 26 von Amtswegen vorzunehmen.

IV. Anhörung, Antragsrechte

11 Nach Abs. 2 sind die in Abs. 1 bezeichneten berufsständischen Organe anzuhören, soweit ihre Unterstützung zur Verhütung unrichtiger Eintragungen und unzulässigen Firmengebrauchs sowie der Berichtigung und der Vervollständigung des Handels- und Partnerschaftsregisters erforderlich erscheint. Dabei obliegt die Entscheidung, ob eine Anhörung erfolgen soll, wie bisher dem Registergericht.

12 Eine **Durchführung der Anhörung** soll sich dabei – bereits aus Gründen der Verfahrensbeschleunigung[1] – auf **zweifelhafte Fälle** beschränken, wie dies bereits in § 23 Satz 2 HRV bestimmt war. Der Regelungsinhalt dieser Bestimmung wurde auf Vorschlag des Rechtsausschusses in das Gesetz übernommen. Durch Abs. 2 wurde an zentraler Stelle einheitlich für alle registerrechtlichen Verfahren des 5. Buches geregelt, dass das Registergericht in Zweifelsfällen die berufsständischen Organe anzuhören berechtigt sei.[2]

13 Abs. 2 Satz 2 regelt weiter, dass die berufsständischen Organe nach Stellen eines Antrags auf Beteiligung im **Verfahren** die **Stellung eines Beteiligten** iSv. § 7 erhalten, wozu sie noch nicht allein durch eine Anhörung werden, wie sich aus § 7 Abs. 6 ergibt. Haben sie die Hinzuziehung als Beteiligte beantragt, können sie als solche am weiteren Verfahren aktiv teilnehmen. Dem Antrag auf Hinzuziehung hat das Registergericht zu entsprechen; ein Ermessungsspielraum besteht insoweit nicht.[3]

14 Darüber hinaus sind den berufsständischen Organen besondere Antragsrechte in den §§ 393, 394 und 395 eingeräumt worden.[4] Sie können nunmehr beim Registergericht auch die Einleitung von Verfahren zur Eintragung des Erlöschens einer Firma nach § 393, zur Löschung vermögensloser Gesellschaften und Genossenschaften nach § 394 und zur Löschung unzulässiger Eintragungen nach § 395 beantragen.

---

1 BT-Drucks. 16/6308, S. 286.
2 BT-Drucks. 16/9733, S. 298.
3 BT-Drucks. 16/6308, S. 286.
4 BT-Drucks. 16/9733, S. 298.

V. Sonderregelung für Genossenschaften

15 Abs. 3 sieht für Genossenschaften eine auf die Frage der **Zulässigkeit des Firmengebrauchs beschränkte** Anhörungs- und Beteiligungsmöglichkeit der Organe des Handelsstandes vor. Eine Mitwirkung von Organen des Handelsstandes in Sachen des Genossenschaftsregisters war nach bisherigem Recht nicht vorgesehen, da § 126 FGG aF in § 147 FGG aF nicht für anwendbar erklärt war. In der Literatur wurde jedoch als zweckmäßig angenommen, dass auch bei Genossenschaften die Registergerichte die Organe des Handelsstandes hinsichtlich des zulässigen Firmengebrauchs anhören und sich deren Erkenntnisse nutzbar machen sollten.[1] Dem ist der Gesetzgeber gefolgt.

VI. Verfahrensrecht, Beschwerdebefugnis

16 Abs. 4 enthält eine weitere Klarstellung zu den Rechten der berufsständischen Organe, soweit diese in einem Verfahren gem. Abs. 1 angehört wurden. Die Vorschrift bestimmt die Bekanntgabe der Entscheidung des Registergerichts an die berufsständischen Organe.

17 Sind berufsständische Organe auf Grund eines Antrages gem. Abs. 2 als Beteiligte hinzugezogen worden, steht ihnen insoweit das Recht zur Einlegung der Beschwerde bereits nach Maßgabe des § 59 Abs. 1 zu. Die Beschwerdebefugnis wurde ihnen in Abs. 5 noch einmal generell eingeräumt. Das Beschwerderecht steht den berufsständischen Organen damit zB auch dann zu, wenn sie lediglich angehört wurden, ohne mangels Antrags formell Beteiligte geworden zu sein. Das geht über die Rechtsstellung nach § 7 Abs. 6 hinaus.

§ 381
Aussetzung des Verfahrens

Das Registergericht kann, wenn die sonstigen Voraussetzungen des § 21 Abs. 1 vorliegen, das Verfahren auch aussetzen, wenn ein Rechtsstreit nicht anhängig ist. Es hat in diesem Fall einem der Beteiligten eine Frist zur Erhebung der Klage zu bestimmen.

1 **1.** § 381 entspricht dem bisherigen § 127 Satz 2 FGG. Eine dem Regelungsgehalt des früheren § 127 Satz 1 FGG entsprechende Vorschrift befindet sich nunmehr im Allgemeinen Teil, § 21 Abs. 1. Danach kann das Gericht das Verfahren jederzeit aus wichtigem Grund aussetzen, was insbesondere dann gilt, wenn für die Entscheidung der Ausgang eines anderen gerichtlichen Verfahrens oder eines Verwaltungsverfahrens ganz oder teilweise vorgreiflich ist.[2]

2 Bei der Entscheidung, ob von der Aussetzungsbefugnis Gebrauch gemacht werden soll, hat das Registergericht nach pflichtgemäßen Ermessen zu verfahren. Der Umstand

1 Keidel/*Winkler*, § 147 Rz. 2.

2 Beispiele für streitige Rechtsverhältnisse im Bereich des Registerrechts werden zB aufgezählt bei Jansen/*Steder*, § 127 Rz. 9.

allein, dass über ein vorgreifliches Rechtsverhältnis Streit besteht oder ein Rechtsstreit bereits anhängig ist, kann die Aussetzung noch nicht rechtfertigen.[1]

3 **2.** In **Ergänzung zu § 21 Abs. 1** kann in den Verfahren gem. §§ 374, 375 eine **Aussetzung** des Verfahrens durch das Registergericht **auch dann** vorgenommen werden, wenn ein Rechtsstreit **noch** nicht anhängig ist. Im Interesse einer Verfahrensbeschleunigung ist die Aussetzung des Verfahrens jedoch, wenn ein Rechtsstreit nicht anhängig ist, gem. Satz 2 künftig zwingend mit einer Fristsetzung zur Erhebung der Klage zu verbinden.

4 Bei einer Aussetzung in einem Fall, in dem ein Rechtsstreit noch nicht anhängig ist, wird das Registergericht bei seiner Ermessensentscheidung in erhöhtem Maße auch eine etwaige Eilbedürftigkeit der beantragten Eintragung zur berücksichtigen haben. Das gilt etwa für den Fall, dass ein abberufener Geschäftsführer einer GmbH gegenüber dem Antrag auf Löschung im Handelsregister im Wesentlichen geltend macht, der Abberufungsbeschluss „sei nicht in Ordnung" und er werde dagegen schon gerichtlich vorgehen.

§ 382
Entscheidung über Eintragungsanträge

(1) Das Registergericht gibt einem Eintragungsantrag durch die Eintragung in das Register statt. Die Eintragung wird mit ihrem Vollzug im Register wirksam.

(2) Die Eintragung soll den Tag, an welchem sie vollzogen worden ist, angeben; sie ist mit der Unterschrift oder der elektronischen Signatur des zuständigen Richters oder Beamten zu versehen.

(3) Die einen Eintragungsantrag ablehnende Entscheidung ergeht durch Beschluss.

(4) Ist eine Anmeldung zur Eintragung in die in § 374 Nr. 1 bis 4 genannten Register unvollständig oder steht der Eintragung ein anderes durch den Antragsteller behebbares Hindernis entgegen, hat das Registergericht dem Antragsteller eine angemessene Frist zur Beseitigung des Hindernisses zu bestimmen. Die Entscheidung ist mit der Beschwerde anfechtbar.

1 Jansen/*Steder*, § 127 Rz. 18.

I. Bisherige Regelung

Die Vorschrift hat bei den Verfahrensvorschriften im 7. Abschnitt des FGG keine vollständige Entsprechung. Der Regelungsinhalt des bisherigen § 130 Abs. 1 FGG findet sich in § 382 Abs. 2 wieder, ergänzt um eine durch die Einführung des Elektronischen Handelsregisters bedingte Ergänzung. 1

II. Registeranmeldung (Eintragungsantrag)

Bei Registereintragungen wird das Registergericht grundsätzlich nicht von Amts wegen, sondern nur auf Antrag tätig. Ausnahmen von diesem Grundsatz sind in Unterabschnitt 2, §§ 388 ff., und Unterabschnitt 3, §§ 393 ff., geregelt. Als Registeranmeldung wird ein mit Eingang beim Registergericht wirksam werdender Eintragungsantrag bezeichnet,[1] Die Anmeldung stellt einen verfahrenseinleitenden Antrag iSd. § 23 dar.[2] Die Anmeldung ist Prozesshandlung.[3] Sie darf weder bedingt noch befristet sein.[4] 2

Das Recht und die Verpflichtung zur Einleitung eines Registerverfahrens durch Einreichung einer Anmeldung bestimmen sich ausschließlich nach materiellem Recht.[5] Die wesentlichen materiell-rechtlichen Bestimmungen, die eine Verpflichtung zur Anmeldung zum Gegenstand haben, sind nachstehend zu § 388 III, Rz. 7 ff., dargestellt. 3

Anmeldungen zum Handelsregister sind gem. § 12 Abs. 1 Satz 1 HGB elektronisch in öffentlich-beglaubigter Form einzureichen, damit vorgelegte Dokumente ebenfalls in elektronischer Form. Entsprechendes gilt für Anmeldungen zum Genossenschaftsregister, § 157 GenG, sowie für Anmeldungen zum Partnerschaftsregister, § 5 Abs. 2 PartGG. Für die weiteren Register gem. § 374 gilt diese Form derzeit noch nicht. Die Anmeldungen zum Vereinsregister sowie zum Güterrechtsregister müssen in öffentlich-beglaubigter Form erfolgen, §§ 77, 1560 BGB. 4

Zum Umfang der Prüfung vorgelegter Registeranmeldungen in formeller und materieller Hinsicht haben sich durch die Vorschriften des FamFG keine Änderungen ergeben. Die formelle Prüfung erstreckt sich auf allgemeine Verfahrensvoraussetzungen wie örtliche und sachliche Zuständigkeit, die Wahrung der vorgeschriebenen Form für Anmeldungen und Vollmachten, die Anmeldungsberechtigung des Anmeldenden, ggf. den Nachweis der Rechtsnachfolge sowie die Eintragungsfähigkeit der angemeldeten Tatsachen.[6] Die sachliche Prüfung erstreckt sich die Wirksamkeit der angemeldeten Rechtshandlungen und Rechtsverhältnisse sowie die rechtliche Zulässigkeit der angestrebten Eintragung.[7] Auch hier kann wiederum auf die bisher ergangene Rechtsprechung und vorliegende Literatur zurückgegriffen werden.[8] 5

---

1 BayObLG v. 17.9.2003 – 3 ZBR 183/03, NJW-RR 2004, 1039.

2 Es handelt sich um eine der vier Möglichkeiten der Einleitung eines Verfahrens, nämlich Verfahrenseinleitung auf Antrag, Verfahrensbegründung durch Amtshandlung, vgl. BT-Drucks. 16/6308, S. 185.

3 BayObLG v. 16.2.2003 – 3 ZBR 389/98, NJW-RR 2000, 990.

4 BayObLG v. 25.6.1992 – 3 ZBR 30/92, DNotZ 1993, 197.

5 BT-Drucks. 16/6308, S. 185.

6 Jansen/*Steder*, § 125 Rz. 94.

7 Jansen/*Steder*, § 125 Rz. 95 ff.

8 Jansen/*Steder*, § 125 Rz. 95 ff. mwN; Keidel/*Winkler*, § 127 Rz. 1 ff.; Bumiller/*Winkler*, § 127 Rz. 2 ff.

III. Antragsvollzug, Eintragung

6 Auf Grund des Vorbehalts in der Regelung des § 38 Abs. 1 Satz 2 im Allgemeinen Teil des FGG iVm. der Sondervorschrift des § 382 entscheidet das Gericht in Registersachen nicht grundsätzlich, sondern nur ausnahmsweise, bei Ablehnung eines Eintragungsantrages gem. Abs. 3 durch Beschluss, § 38 Abs. 1.

7 Für vollzugsfähige Eintragungsanträge ist dagegen in Abs. 1 Satz 1 bestimmt, dass das Registergericht dem **Eintragungsantrag** durch die **Eintragung in das Register stattgibt**. Mit dem damit bewirkten **Antragsvollzug** wird die Eintragung **wirksam**. Diese Regelung entspricht dem bisherigen Rechtszustand, bei dem als Zeitpunkt des Wirksamwerdens der Eintragung ein von § 16 Abs. 1 FGG aF abweichender Zeitpunkt, nämlich der der Unterzeichnung der Eintragung durch den Urkundsbeamten auf dem Registerblatt, angenommen wurde.[1] Ab dem Zeitpunkt der Eintragung entfaltet diese Wirkung nach außen; ihr Inhalt kann ab diesem Zeitpunkt von jedermann eingesehen werden. Ob und wann der Antragsteller etwa eine Eintragungsnachricht erhält, ist ohne Belang; insbesondere findet wegen der Sonderregelung in Abs. 1 § 40 Abs. 1 keine Anwendung.

8 Für das **elektronisch** geführte **Handelsregister** enthält **§ 8a HGB** eine **Spezialvorschrift** bezüglich des Wirksamwerdens der Eintragung: Bei diesem Register wird die Eintragung wirksam, sobald sie in den für diese Eintragungen bestimmten Datenspeicher aufgenommen ist und auf Dauer inhaltlich unverändert in lesbarer Form wiedergegeben werden kann.[2]

9 Gem. Abs. 2 soll die **Eintragung**, wie bisher in § 130 Abs. 1 FGG bestimmt, **den Tag angeben**, an dem sie vollzogen worden ist. Bei noch in **Papierform geführten Registern** – also im Wesentlichen bei den noch nicht auf das elektronische Registerverfahren umgestellten Vereinsregistern – ist die Eintragung zu **unterschreiben**, bei **elektronischen Registern** mit der **elektronischen Signatur** des zuständigen Richters oder Beamten zu versehen.

IV. Ablehnungsbeschluss, Rechtsmittel

10 Abs. 3 stellt klar, dass die einen Eintragungsantrag **ablehnende Entscheidung** entsprechend den Bestimmungen des Allgemeinen Teils durch **Beschluss, § 38 Abs. 1**, zu ergehen hat. Gegen diesen Beschluss sind entsprechend die im Allgemeinen Teil vorgesehenen Rechtsmittel gegeben, dh. insbesondere die befristete **Beschwerde gem. §§ 58 ff.** Zur Beschwerdeberechtigung, vgl. nachstehend Rz. 32 ff.

V. Zwischenverfügungen

11 Die in Rechtsprechung und Literatur bereits seit langem anerkannte Möglichkeit, **Zwischenverfügungen**, die in nicht unerheblicher Weise in die Rechtssphäre Beteiligter eingreifen, mit **Rechtsmitteln anzugreifen**, obwohl es sich dabei nicht um Endentscheidungen handelt,[3] ist **jetzt entsprechend gesetzlich** geregelt.[4] In Abs. 4 ist bestimmt, dass Zwischenverfügungen in Handels-, Genossenschafts-, Partnerschafts-

1 Vgl. Keidel/*Schmidt*, § 16 Rz. 16; Jansen/*Steder*, § 130 Rz. 9.
2 Vgl. MüKo.HGB/*Krafka*, § 8a Rz. 5.
3 Vgl. zur bisherigen Rechtslage beispielhaft Keidel/*Kahl*, § 19 Rz. 9 ff.
4 Vgl. *Holzer*, ZNotP 2009, 210 (213 ff.).

und Vereinsregistersachen mit der Beschwerde anfechtbar sind. Zugleich wird klargestellt, dass das Registergericht eine mit angemessener Frist auszustattende Zwischenverfügung nur erlassen soll, wenn es sich um einen nur unvollständigen Antrag oder um ein sonstiges durch den Antragsteller behebbares Hindernis handelt, dieser also in der Lage ist, den Antrag vollzugsfähig bzw. -reif zu machen. Einen zB unzulässigen Antrag hat das Registergericht sogleich durch Beschluss gem. Abs. 3 zurückzuweisen.

Die ausdrückliche Regelung in Abs. 4 war erforderlich, da gem. § 58 Abs. 1 Ausnahmen von dem Grundsatz, dass die Beschwerde nur gegen Endentscheidungen stattfindet, durch Gesetz bestimmt sein müssen. 12

Im Zusammenhang mit der Neuregelung in Abs. 4 ist die Aufhebung der bisherigen Vorschriften zur Zwischenverfügung in § 26 HRV und § 9 VRV zu sehen. 13

VI. Beteiligte in Registersachen

Zur **Frage**, wer **Beteiligter in Registersachen** ist, enthält Buch 5 – im Gegensatz zu allen weiteren im FamFG geregelten Verfahren, vgl. Vorbem. Rz. 19 und Rz. 23 f. – **keine verfahrensspezifische Definition**. Es ist deshalb auf die allgemeine Bestimmung in § 7 zurückzugreifen. Diese Bestimmung definiert keinen umfassenden allgemeinen Beteiligtenbegriff, sondern stellt sich als eine Mischkonzeption dar, für die sich der Gesetzgeber entschieden hat (vgl. § 7 Rz. 11, Rz. 17 ff.).[1] 14

1. Antragsteller

Da das Registerverfahren ein Antragsverfahren ist, ist gem. **§ 7 Abs. 1 der Antragsteller Beteiligter**. 15

Bei den **„klassischen" vier Registern** gem. § 374 Nr. 1 bis 4 steht die **Verlautbarung bestimmter rechtlicher Verhältnisse** eines eingetragenen bzw. einzutragenden **Rechtsträgers im Vordergrund**. Daraus wurde aber **noch nicht geschlossen**, dass in jedem Fall **auch der Rechtsträger antragsberechtigt sei**. Nach den Vorschriften des materiellen Rechts sind nämlich die Anmeldepflichten teilweise ausdrücklich natürlichen Personen auferlegt (vgl. § 388 Rz. 8 ff.), die zur Erfüllung dieser Pflicht auch durch Zwangsgeld angehalten werden können (vgl. § 388 Rz. 28 ff.). 16

Das Problem zeigte sich insbesondere bei Kapitalgesellschaften im Zusammenhang mit der Frage nach deren Beschwerdeberechtigung gem. § 20 FGG aF: Bis zum Beschluss des BGH v. 24.10.1988[2] wurde von der wohl überwiegenden Ansicht vertreten, dass in Fällen der Anmeldung für eine GmbH oder eine AG nicht die jeweilige Gesellschaft selbst, sondern nur deren vertretungsberechtigte Organe, die Geschäftsführer oder Vorstände, antrags- und damit beschwerdeberechtigt seien.[3] In der vorgenannten Entscheidung und dem Beschluss v. 16.3.1992[4] hat der BGH in Fällen, in denen einer 17

1 Vgl. *Holzer*, ZNotP 2009, 122 (127); *Heinemann*, FGPrax 2009, 1 (2).

2 BGH v. 24.10.1988 – II ZB 7/88, BGHZ 105, 324 (328).

3 So insbesondere BayObLG v. 10.9.1954 – BReg. 2 Z 115/54, BayObLGZ 1954, 203 (204); BayObLG v. 27.11.1970 – BReg. 2 Z 59/70, BayObLGZ 1970, 285 (287); BayObLG v. 9.8.1972 – BReg. 2 Z 41/72, BayObLGZ 1972, 277 (278); BayObLG v. 17.3.1981 – BReg. 1 Z 11/81, BayObLGZ 1981, 88 (90 ff.); BayObLG v. 14.5.1985 – BReg. 3 Z 41/85, BayObLGZ 1985, 189 (190); ferner BGHZ 105 S. 327 (328), mwN aus der Literatur.

4 BGH v. 16.3.1992 – II ZB 17/91, BGHZ 117, 323 (325).

Anmeldung konstitutive Wirkung zukam, angenommen, dass in diesem Sinne berechtigt die Gesellschaft bzw. in Fällen der Erstanmeldung die Vorgesellschaft wären.

18 Soweit Anmeldepflichten von Einzelkaufleuten oder Personengesellschaften betroffen sind, vgl. § 388 Rz. 9 und Rz. 11, kommt diesem Problem keine Bedeutung zu: Im Falle des Einzelkaufmannes liegt ohne weiteres Personenidentität vor, bei Personengesellschaften ebenfalls, soweit alle Gesellschafter anzumelden verpflichtet sind.

19 Bei Anmeldungen, die **Kapitalgesellschaften** betreffen, beschränkt sich eine Mitwirkung natürlicher Personen häufig nicht darauf, die Gesellschaft – wie im normalen Geschäftsverkehr – nur in gesetzlich bzw. satzungsmäßig vertretungsberechtigter Zahl zu vertreten. Für eine **Reihe von Anmeldungen** schreibt das **Gesetz** darüber hinaus die **Mitwirkung weiterer natürlicher Personen** vor, etwa bei der Kapitalerhöhung, bei der die Anmeldung sämtliche Geschäftsführer bzw. Vorstände zu unterschreiben haben verbunden mit Abgabe der in § 57 Abs. 2 GmbHG iVm. § 8 Abs. 2 GmbHG bzw. § 188 Abs. 2 iVm. § 37 Abs. 2 AktG bezeichneten Versicherungen. Bei der **Neuanmeldung einer AG** ist weiter nach § 36 Abs. 1 AktG die **Anmeldung** von **allen Gründern und Mitgliedern des Vorstandes sowie des Aufsichtsrats zu unterzeichnen**. Daraus kann jedoch nicht geschlossen werden, dass verfahrensrechtlich nur die handelnden – je nach dem Inhalt der zugrunde liegenden materiell-rechtlichen Norm unterschiedlichen – natürlichen Personen Beteiligte gem. § 7 Abs. 1 sein sollen. Durch die **Bestimmung**, dass bei **bestimmten Anmeldungen weitere Personen mitzuwirken** haben, **wollte** der **Gesetzgeber diese zusätzlich** in die **Verantwortung** für die ordnungsgemäße Behandlung besonders bedeutender Vorgänge **einbeziehen**.[1] Damit werden sie auch verfahrensrechtlich in das Anmeldungsverfahren einbezogen.

20 Da bei Kapitalgesellschaften die Frage der Antragsberechtigung und Beteiligtenstellung gem. § 7 Abs. 1 weder sinnvoll danach unterschieden werden kann, ob es sich um eine konstitutive oder um eine deklaratorische Anmeldung handelt, ebenso wenig danach, ob und ggf. welche natürlichen Personen als gesetzliche Vertreter oder ggf. zusätzlich im Rahmen bestimmter Anmeldungen Erklärungen und/oder Versicherungen abzugeben haben, ist auch unter Berücksichtigung des jederzeit möglichen Wechsels in der Person gesetzlicher Vertreter **nur die Auslegung sinnvoll**, dass bei einer eine Kapitalgesellschaft betreffenden Anmeldung in **erster Linie die Gesellschaft selbst Beteiligte gem. § 7 Abs. 1** ist. Da die Antragsberechtigung nicht in verfahrensrechtlichen, sondern in materiell-rechtlichen Vorschriften geregelt ist, aus denen zivil- und ggf. auch strafrechtliche Verantwortlichkeiten folgen, müssen weiter **die gesetzlichen Vertreter der Gesellschaft**, die die **Anmeldung unterschrieben** haben, sowie unter Rückgriff auf die im materiellen Recht getroffenen Regelungen, etwa § 36 Abs. 1 AktG, **neben diesen auch** die **natürlichen Personen als Beteiligte** gem. § 7 Abs. 1 angesehen werden, die danach bei der Anmeldung mitzuwirken haben.[2]

21 Sollte eine AG oder eine GmbH eine **größere Zahl** von Vorständen oder Geschäftsführern haben, als im Einzelfall für die gesetzliche Vertretung erforderlich sind, sind bei Anmeldungen, die keine qualifizierte Vertretung voraussetzen, nur die Vorstände bzw. Geschäftsführer als Beteiligte iSv. § 7 Abs. 1 anzusehen, die die konkrete Anmeldung unterzeichnet haben. Da zuerst die Gesellschaft Beteiligte ist, braucht der Kreis weiterer Beteiligter iSv. § 7 Abs. 1 nicht über den vorstehend beschriebenen hinaus erweitert zu werden.

---

1 BGH v. 16.3.1992 – II ZB 17/91, BGHZ 117, 323 (325).

2 So auch Krafka/*Willer*, Registerrecht, Rz. 108; vgl. auch *Krafka*, FGPrax 2007, 51 (52).

Für sonstige juristische Personen, etwa juristische Personen iSv. § 33 HGB oder Genossenschaften, gelten die vorstehenden Hinweise entsprechend. 22

2. Hinzuziehende (Muss-)Beteiligte, Abs. 2 Nr. 1

Gem. § 7 Abs. 2 Nr. 1 sind vom Registergericht diejenigen als Beteiligte hinzuzuziehen, deren Recht durch das Verfahren unmittelbar betroffen wird. 23

Die **Auslegung dieser Bestimmung** im Registerverfahren wird in der Praxis eine **große Bedeutung haben**, aber auch **erhebliche Schwierigkeiten aufwerfen.**[1] Das **Registerverfahren** ist, ausgehend von der Funktion der öffentlichen Register des § 374 Nr. 1 bis 4, ein **weitgehend formalisiertes Antragsverfahren**: Bei den eingetragenen bzw. einzutragenden Rechtsträgern sollen bestimmte Rechtsverhältnisse kurzfristig zutreffend verlautbart werden, sei es auf Grund freiwilliger Anmeldung des insoweit zur Anmeldung Berechtigten bzw. Verpflichteten, sei es auf Grund Einschreitens des Registergerichts gem. § 388. Dagegen **dient das Registerverfahren nicht** einer **Klärung streitiger** Rechtsverhältnisse, wie etwa § 381 zeigt. Dies ist auch unter Berücksichtigung der vorrangigen funktionellen Zuständigkeit des Rechtspflegers in Registersachen zwangsläufig. 24

Da mithin das Registerverfahren nicht der Entscheidung streitiger Rechtsverhältnisse dienen kann, **muss entsprechend** auch der Begriff des Beteiligten in Registersachen gem. § 7 Abs. 2 Nr. 1 **einschränkend** so **ausgelegt** werden, dass sich insbesondere **nicht Dritte**, die sich bestimmter Rechte berühmen, unter Berufung darauf, dass ihre Rechte durch das Anmeldungsverfahren unmittelbar betroffen würden, **versuchen können**, dieses **zur Auseinandersetzung bzw. Entscheidung über streitige Fragen Zweck zu entfremden**, wenn nicht **sogar zu missbrauchen**. Unter Berücksichtigung der weit gehenden Rechte, die nach dem Allgemeinen Teil des FamFG Beteiligten zustehen, vgl. insoweit auch die Anm. zu § 7 Rz. 3, könnte bei einem weit verstandenen Beteiligtenbegriff nicht nur im Einzelfall eine weit gehende Beeinträchtigung des Zwecks des Registerverfahrens eintreten, zB, wenn ein durch Gesellschafterbeschluss abberufener Geschäftsführer einer GmbH versuchen kann, im Verfahren über das Anmelden seines Ausscheidens die strittige Frage einzubringen, ob die Abberufung unter Berücksichtigung der bestehenden zivilrechtlichen Vereinbarungen berechtigt war bzw. ob und ggf. welche Abfindungsansprüche ihm zustehen. 25

Ein **unmittelbares Betroffensein eines Dritten** durch ein Registerverfahren iSv. **§ 7 Abs. 2 Nr. 1** kann deshalb insbesondere **nicht angenommen werden**, wenn nach der **Wertung des Gesetzes** die **Auseinandersetzung** über streitige Rechtsverhältnisse mit diesem Dritten **anderweitig auszutragen ist**. Macht zB ein Dritter bei Anmeldung einer Firmenänderung geltend, die neu gewählte Firma würde seine persönlichen Firmenrechte verletzen, läge kein Fall des § 392 vor, sondern der Dritte hätte seine Ansprüche außerhalb des Registerverfahrens geltend zu machen, vgl. § 392 Rz. 4. Das Registergericht hätte lediglich von Amts wegen zu prüfen, ob eine Aussetzung des Verfahrens nach § 381 in Frage kommt. 26

Aktionäre einer AG sind ebenfalls regelmäßig nicht als Beteiligte gem. § 7 Abs. 2 Nr. 1 anzusehen, weil diese ihre Rechte regelmäßig über die aktienrechtlichen Anfechtungsmöglichkeiten, etwa die Anfechtungsklage gem. § 246 AktG gegen Hauptversammlungsbeschlüsse, geltend machen können. Man stelle sich nur die verheerende Wirkung vor, wenn die aus vielen Hauptversammlungen großer und auch kleinerer Aktien- 27

1 So auch *Krafka*, FGPrax 2007, 51 (52); zur Problematik des Beteiligten nach der Definition des § 7 in Registerverfahren vgl. auch *Holzer*, ZNotP 2009, 122, 130 (131).

gesellschaften bekannten berufsmäßigen Anfechtungskläger nunmehr auch die Möglichkeit erhalten sollten, sich im Registerverfahren unter Berufung auf § 7 Abs. 2 Nr. 1 als Beteiligte einzuschalten, um dort zusätzlich Druck auszuüben, um ihre eigenen, sachfremden Interessen durchzusetzen. Ein regelmäßig nur mit Registersachen befasster Rechtspfleger oder auch, sofern von der entsprechenden Ermächtigung zur Aufhebung des Richtervorbehalts gem. § 19 Abs. 1 RpflG noch nicht Gebrauch gemacht worden sein sollte, ein Registerrichter, wären mit solchen Verfahren überfordert. Soweit Beschlüsse einer AG oder GmbH gegen zwingendes Recht verstoßen, kommt ihre Löschung von Amts wegen gem. § 398 in Betracht. Da auch insoweit das Gesetz ein Antragsrecht für Dritte, etwa für die Aktionäre einer AG, nicht vorsieht, können diese nicht über § 7 Abs. 2 Nr. 1 doch noch auf das Verfahren Einfluss zu nehmen versuchen.

28 Dagegen liegen die Voraussetzung des § 7 Abs. 2 Nr. 1 vor, wenn zB im Zusammenhang mit einer Anmeldung Dritte Erklärungen oder Versicherungen abzugeben haben, für die sie die zivil- bzw. strafrechtliche Verantwortung tragen, ohne zugleich mit als Anmeldende zur Kategorie des § 7 Abs. 1 zu gehören. Denkbar ist zB deshalb, dass bei einer GmbH zwei eingetragene Geschäftsführer einen neuen dritten Geschäftsführer anmelden, der wegen eines Auslandsaufenthaltes die Anmeldung nicht selbst mit unterschreibt, sondern nur seine Versicherung gem. §§ 6 Abs. 2 Satz 3 und 4, 39 Abs. 3 GmbHG gesondert zur Weiterleitung an das Registergericht übermittelt.

3. Auf Antrag hinzuzuziehende (Muss-)Beteiligte, Abs. 2 Nr. 2

29 Gem. § 7 Abs. 2 Nr. 2 sind weiter diejenigen als Beteiligte hinzuziehen, die auf Grund eines Gesetzes von Amts wegen oder auf Antrag zu beteiligen sind.

30 Im Bereich der Registersachen sind die in § 380 Abs. 1 Nr. 1 bis 4 bezeichneten **berufsständigen Organe auf Antrag** als Beteiligte hinzuzuziehen, § 380 Abs. 2 Satz 2. Im Übrigen bestehen keine weiteren Vorschriften, auf Grund derer Dritte von Amts wegen oder auf deren Antrag im Registerverfahren zu beteiligen sind.

4. Hinzuziehung weiterer (Kann-)Beteiligter, Absatz 3

31 Abs. 3 bezieht sich auf sog. Kann-Beteiligte, die auf Antrag oder von Amts wegen zu dem Verfahren hinzugezogen werden können. Diese werden nicht durch eine Generalklausel, sondern ausschließlich durch abschließende Aufzählung in den Büchern 2 bis 8 FamFG sowie in anderen Gesetzen mit Bezug zu dem Verfahren der freiwilligen Gerichtsbarkeit definiert.[1] Buch 5 enthält insoweit keine Bestimmung.

VII. Beschwerdeberechtigte in Registersachen

32 Zur Frage, wer **Beschwerdeberechtigter** in **Registersachen** ist, enthält Buch 5 ebenfalls **keine verfahrensspezifische Definition**. Deshalb ist auch insoweit auf die allgemeinen Bestimmungen, nämlich § 59, zurückzugreifen. § 59 Abs. 1 entspricht inhaltlich dem bisherigen § 20 Abs. 1 FGG. Danach kommt es für die **Beschwerdeberechtigung** entscheidend auf die **Beeinträchtigung eigener Rechte** an. Demgegenüber soll nach der Gesetzesbegründung die Beteiligtenstellung in erster Instanz unerheblich sein.[2]

1 BT-Drucks. 16/6308, S. 179.
2 BT-Drucks. 16/6308, S. 204.

33 Für das Registerverfahren als Antragsverfahren ist daneben insbesondere **§ 59 Abs. 2** von Bedeutung. Dieser Absatz entspricht dem bisherigen § 20 Abs. 2 FGG und **beschränkt** in Verfahren, die nur auf Antrag eingeleitet werden können, die Beschwerdeberechtigung gegen einen zurückgewiesenen Antrag auf den Antragsteller.[1]

34 Da es für das Registerverfahren gleichfalls an einer gesetzlichen Definition des Antragstellers als Beteiligter gem. § 7 Abs. 1 fehlt, vgl. vorstehend Rz. 17 ff., **setzen sich** die dadurch bedingten **Auslegungsprobleme** bei **der Frage** nach **der Definition** des **Beschwerdeberechtigten fort**. Es erscheint aber auch hier nicht sinnvoll, entsprechend einer früher vertretenen Differenzierung zu fragen, ob die Anmeldung eine natürliche oder eine juristische Person betrifft und ob sie im letzteren Fall dann wieder nur deklaratorische oder konstitutive Wirkung hat, um nur im letzteren Fall die juristische Person als rechtsmittelberechtigt anzusehen, sonst aber die für die juristische Person handelnden vertretungsberechtigten natürlichen Personen.[2] Soweit Kapitalgesellschaften betroffen sind, wird man die Frage einer Beschwerdeberechtigung in gleicher Weise zu entscheiden haben wie die der Beteiligtenstellung, vgl. vorstehend Rz. 20. Wegen verschiedener Beispiele aus der Rechtsprechung zu § 20 FGG aF vgl. § 59 Rz. 31.

35 Aus der bei Antragsverfahren vom **Gesetzgeber** in **§ 59 Abs. 2** bewusst **angeordneten Beschränkung** des Kreises der Beschwerdeberechtigten wird man ebenfalls ein Argument dafür herleiten können, dass in diesen Verfahren auch der **Beteiligtenbegriff eng auszulegen** ist, um eine Überfrachtung des erstinstanzlichen Verfahrens mit Beteiligten, die nicht im Zentrum des hier relevanten Registerverfahrens stehen, zu vermeiden. Das entspricht auch dem Zweck dieses Verfahrens, bestimmte, im Wirtschaftsleben relevante Rechtsverhältnisse bestimmter Rechtsträger kurzfristig öffentlich zu verlautbaren, in einem gebotenen Umfang. Insoweit unterscheidet sich das Registerverfahren ganz wesentlich von anderen, gleichfalls im FamFG geregelten Verfahren, bei denen es sogleich und mit ganz anderer Intensität um eigene Rechte und deren Durchsetzung bzw. Beeinträchtigung geht.

36 § 59 Abs. 3 regelt die **Beschwerdeberechtigung** von **Behörden und Verbänden**. Für das Registerverfahren enthält insoweit **§ 380 Abs. 5** den Grundsatz der **Beschwerdeberechtigung** der **berufsständischen Organe**. Daneben kennt das 5. Buch des FamFG insbesondere Antragsrechte der Finanzbehörden, mit welchen entsprechende Beschwerderechte korrespondieren.

37 Da es sich bei den Registersachen des Buches 5 nicht um vermögensrechtliche Verfahren handelt, finden die Vorschriften des § 61 über den Mindestbeschwerdewert und zur Zulassungsbeschwerde keine Anwendung.

1 BT-Drucks. 16/6308, S. 204.
2 Vgl. zB Keidel/*Kahl*, § 20 Rz. 87.

§ 383
Bekanntgabe; Anfechtbarkeit

(1) Die Eintragung ist den Beteiligten bekannt zu geben; auf die Bekanntgabe kann verzichtet werden.

(2) Die Vorschriften über die Veröffentlichung von Eintragungen in das Register bleiben unberührt.

(3) Die Eintragung ist nicht anfechtbar.

I. Bisherige Regelung

1 Die Vorschrift übernimmt in Abs. 1 im Wesentlichen den Regelungsinhalt von § 130 Abs. 2 FGG aF Abs. 3 schließt in Übereinstimmung mit dem bisherigen Recht die Anfechtbarkeit der Eintragung aus, vgl. insbesondere § 20 Abs. 2 FGG aF.

II. Bekanntgabe an Beteiligte

2 Nach Abs. 1 ist die Eintragung grundsätzlich **den Beteiligten bekannt zu geben**. Dabei ist die Bekanntgabe an die Beteiligten gem. Abs. 1 von der öffentlichen Bekanntmachung zu unterschieden, auf die unter der Bezeichnung „Veröffentlichung" in Abs. 2 Bezug genommen wird. Die öffentliche Bekanntmachung richtet sich nach § 10 HGB, vgl. nachstehend Rz. 7 ff.

3 Die **Bekanntgabe** an die Beteiligten hat die Bedeutung einer **Vollzugsmitteilung**. Hierdurch erhalten die Beteiligten Kenntnis davon, dass ihr Eintragungsantrag vom Registergericht erledigt worden ist. Die Form der Bekanntgabe ist in § 15 geregelt. Sie erfolgt gem. § 15 Abs. 2 entweder durch Zustellung nach den §§ 166 bzw. 195 ZPO oder durch Aufgabe zur Post, wobei die formelle Bekanntgabe wegen Abs. 1, 2. Halbs. die Ausnahme bleiben dürfte (vgl. Rz. 6).

4 Der Begriff der **Beteiligten** in Abs. 1 knüpft an die **Definition des § 7** im Allgemeinen Teil an. Nach bisherigem Recht sollte gem. § 130 Abs. 2 FGG grundsätzlich die Bekanntmachung gegenüber dem Antragsteller erfolgen. Auch nach neuem Recht sind gem. § 7 Abs. 1 in Eintragungsverfahren regelmäßig der bzw. die Antragsteller Beteiligte (vgl. § 382 Rz. 15 ff.). § 7 geht aber noch darüber hinaus (vgl. § 382 Rz. 23 ff.).

5 Auf Grund der Sondervorschrift des **§ 380 Abs. 4** ist den **berufsständischen Organen** die Entscheidung unabhängig davon, ob sie einen Antrag auf Beteiligung nach § 380 Abs. 2 Satz 2 gestellt haben, immer **dann bekannt zu geben**, wenn sie **angehört** wurden (vgl. § 380 Rz. 14).

6 Nach Abs. 1, 2. Halbs. kann auf die **Bekanntgabe der Eintragung verzichtet** werden. Insoweit ist die Rechtslage unverändert gegenüber dem bisherigen Rechtszustand. In diesem Fall kann eine formlose Mitteilung gem. § 15 Abs. 3 vorgenommen werden.

III. Öffentliche Bekanntmachung

Abs. 2 dient der Klarstellung, dass die spezialgesetzlichen Regelungen über die Veröffentlichung von Eintragungen unberührt bleiben.[1] Wesentliche Vorschrift insoweit ist § 10 HGB. Danach macht das **Registergericht** die **Eintragungen** in das Handelsregister in der zeitlichen Folge nach Tagen geordnet in den von der jeweiligen Landesjustizverwaltung bestimmten **elektronischen Informations- und Kommunikationssystemen bekannt**. Über dieses steht dem, der Einsicht nimmt, sowohl der Zugriff auf die Bekanntmachungen des Handelsregisters als auch auf die aus dem Unternehmensregister ersichtlichen Daten offen. 7

Gem. § 10 Satz 2 HGB sind die Eintragungen grundsätzlich ihrem **ganzen Inhalt nach** zu veröffentlichen.[2] Auf die Veröffentlichung kann anders als auf die Bekanntgabe **nicht** verzichtet werden.[3] 8

Für das Genossenschaftsregister verweist § 156 Abs. 1 Satz 3 GenG auf § 10 HGB, für das Partnerschaftsregister enthält § 5 Abs. 2 PartGG eine entsprechende Verweisung. 9

Bei Vereinen wird – mit Ausnahme von Umwandlungsvorgängen – gem. § 66 Abs. 1 BGB nur deren Ersteintragung im Vereinsregister öffentlich bekannt gemacht. 10

IV. Keine Anfechtung

Abs. 3 schließt in Übereinstimmung mit dem bisherigen Recht die Anfechtbarkeit der Eintragung aus. Eine Löschung unzulässiger Eintragungen kann nur noch unter besonderen Voraussetzungen im Verfahren nach § 395, und zwar durch das Registergericht, herbei geführt werden (vgl. § 395 Rz. 6 ff., 10 ff.). 11

V. „Fassungsbeschwerde“[4]

Nach der Gesetzesbegründung zu Abs. 3 wird durch diese Bestimmung **nicht die Zulässigkeit** der sog. **Fassungsbeschwerde**, die die Korrektur von im Handelsregister eingetragenen Tatsachen (zB Korrektur der Namensangabe einer eingetragenen Person) sowie die Klarstellung einer Eintragung (zB die korrekte Verlautbarung bereits eingetragener rechtlicher Verhältnisse) betrifft, **berührt**. Die Korrektur der äußeren Fassung der Eintragungen hat auf den Inhalt der durch sie publizierten Rechtsverhältnisse keinen Einfluss, sondern verbessert deren Verständlichkeit im Interesse des Rechtsverkehrs. 12

Wenn es auch grundsätzlich dem **Registergericht vorbehalten** bleibt, die **Art und Weise der Eintragung** einschließlich der **Schreibweise** selbst nach pflichtgemäßem Ermessen **zu bestimmen** – wobei es an eine bestimmte Fassung in den Anträgen der Beteiligten nicht gebunden ist[5] –, ist die **Zulässigkeit eines Rechtsmittels** zur Durchsetzung der **Änderung des Registerinhalts** in den folgenden zwei Fallgruppen **geboten**: 13

---

1 Nach der Gesetzesbegründung – so BT-Drucks. 16/6308, S. 286 – wurde von einer Zusammenfassung dieser Vorschriften und Übernahme in das FamFG angesichts des Umfangs und der Vielgestaltigkeit der Vorschriften abgesehen.

2 Zum Inhalt der Bekanntmachung enthalten die §§ 34, 35 HRV besondere Vorschriften.

3 *Krafka/Willer*, Registerrecht, Rz. 198.

4 Zur Fassungsbeschwerde vgl. zuletzt ausführlich *Holzer*, ZNotP 2008, 138 mwN.

5 KG v. 23.5.2000 – 1 W 247/99, MittRhNotK 2000, 396; BayObLG v. 27.4.1971 – BReg. 2 Z 43/71, BayObLGZ 1971, 163 = DNotZ 1971, 431; OLG Karlsruhe v. 12.3.1970 – 3 W 101/69, NJW 1970, 1379 = DNotZ 1970, 702; s.a. OLG Düsseldorf v. 2.7.1997 – 3 Wx 94/97, MittRhNotK 1997, 437.

14 – Die **zutreffende Fassung** der Eintragung einer – zunächst unrichtig – eingetragenen **Tatsachenangabe** ist aus Publizitätsgründen eher geboten als zu verhindern.[1] Dies gilt etwa für die Schreibweise von Namen oder eine unzutreffende Angabe eines Geburtsdatums oÄ.

15 – Darüber hinaus kann auch eine **andere Fassung der Eintragung** von **rechtlichen Verhältnissen geboten** sein, wenn die zunächst erfolgte Eintragung unklar ist, weil eine Korrektur einer solchen unklaren Eintragung dem **Gebot** einer **ordnungsgemäßen Registerführung** mit zutreffender, klarer und eindeutiger Fassung der einzutragenden Rechtsverhältnisse **entsprechen würde**.[2] Eine **Grenze** ist allerdings, dass **eintragungsfähige** und **zutreffend verlautbarte Rechtsverhältnisse weder rückgängig** gemacht noch **verändert** werden können, wie auch die Fassungsbeschwerde nicht ein an sich unzulässiges Rechtsmittel ersetzen kann.[3]

16 Durch den **Ausschluss der Anfechtbarkeit** in Abs. 3 soll danach **verhindert** werden, dass der einmal angemeldete und **eingetragene Inhalt** eines eintragungsfähigen **Rechtsverhältnisses** außer in den vorstehend dargestellten Berichtigungsfällen nur unter **Einhaltung eines besonderen Verfahrens geändert** werden kann, nämlich entweder durch eine erneute, abändernde Anmeldung oder durch das in § 395 geregelte besondere Verfahren zur Löschung unzulässiger Eintragungen.

§ 384
Von Amts wegen vorzunehmende Eintragungen

(1) Auf Eintragungen von Amts wegen sind § 382 Abs. 1 Satz 2 und Abs. 2 sowie § 383 entsprechend anwendbar.

(2) Führt eine von Amts wegen einzutragende Tatsache zur Unrichtigkeit anderer in diesem Registerblatt eingetragener Tatsachen, ist dies von Amts wegen in geeigneter Weise kenntlich zu machen.

1 **1.** Die Vorschrift hatte im bisherigen FGG keine Entsprechung. Abs. 1 erklärt für von Amts wegen vorzunehmende Eintragungen die Regelungen zur Entscheidung über Eintragungsanträge in § 382 teilweise und in § 383 für entsprechend anwendbar. Bei § 382 gilt dies für die Wirksamkeitsbestimmung in Abs. 1 Satz 2 sowie für die Formalitäten gem. Abs. 2.

2 **2.** Abs. 2 entspricht dem durch das Gesetz über das elektronische Handelsregister und Genossenschaftsregister sowie Unternehmensregister[4] eingefügten § 144c FGG aF.

1 BGH v. 21.3.1988 – II ZB 69/87, BGHZ 104, 61; BayObLG v. 12.3.1984 – BReg. 3 Z 27/84, DNotZ 1985, 181.
2 Vgl. auch § 12 Satz 1 HRV.
3 BayObLG v. 14.2.1986 – BReg. 3 Z 84/86, BayObLGZ 1986, 48.
4 Gesetz v. 10.11.2006, BGBl. I, S. 2553 (EHUG).

§ 385
Einsicht in die Register

Die Einsicht in die in § 374 genannten Register sowie die zum jeweiligen Register eingereichten Dokumente bestimmt sich nach den besonderen registerrechtlichen Vorschriften sowie den auf Grund von § 387 erlassenen Rechtsverordnungen.

I. Bisherige Regelung

Bisher war im FGG eine die Einsichtnahme in die Register regelnde Vorschrift nicht enthalten. Entsprechende Regelungen finden sich in Spezialbestimmungen, insbesondere in § 9 Abs. 1 HGB für das Handelsregister, in § 156 Abs. 1 für GenG für das Genossenschaftsregister, in § 5 Abs. 2 PartGG für das Partnerschaftsregister, in § 79 Abs. 1 BGB für das Vereinsregister und in § 1563 BGB für das Güterrechtsregister. 1

II. Anwendungsbereich

Da das FamFG im Allgemeinen Teil, § 13, eine besondere Bestimmung über den Umfang der Akteneinsicht enthält, war in Buch 5 eine Klarstellung dahingehend geboten, dass für die Einsicht in die nach § 374 geführten Register sowie in die dazu eingereichten Schriftstücke nicht § 13, sondern weiterhin die besonderen, registerrechtlichen Vorschriften gem. vorstehend Rz. 1 sowie ergänzend hierzu die auf Grund von § 387 erlassenen Rechtsverordnungen gelten sollen. 2

Eine Übernahme der spezialgesetzlichen Regelungen in das FamFG ist nicht erfolgt, da – mit Ausnahme des Güterrechtsregisters – die Ausgestaltung der Einsichtnahmemöglichkeiten auch unter Berücksichtigung der verschiedenen Grade der EDV-Unterstützung des Verfahrens so vielgestaltig wäre, dass es dem Gesetzgeber sinnvoller erschien, die Detailregelungen hierzu auch weiterhin in den Spezialgesetzen zu belassen.[1] 3

§ 386
Bescheinigungen

Das Registergericht hat auf Verlangen eine Bescheinigung darüber zu erteilen, dass bezüglich des Gegenstands einer Eintragung weitere Eintragungen in das Register nicht vorhanden sind oder dass eine bestimmte Eintragung in das Register nicht erfolgt ist.

1. § 386 übernimmt den Regelungsinhalt von § 9 Abs. 5 HGB, welche Bestimmung selbst allerdings durch die Änderungen gem. Art. 69 des FGG-Reformgesetzes nicht gestrichen wurde, so dass hier praktisch inhaltsgleiche Vorschriften nebeneinander 1

1 So BT-Drucks. 16/6308, S. 287.

stehen. Gem. den Verweisungen in § 156 Abs. 1 GenG und § 5 Abs. 2 PartGG gilt § 9 Abs. 5 HGB auch für das Genossenschafts- und Partnerschaftsregister. Für das Vereins- und Güterrechtsregister enthielt nach bisherigem Recht § 162 FGG eine gleich lautende Regelung.

2 **2.** Durch § 386 wird lediglich klargestellt, dass die Registergerichte für sämtliche von ihnen geführten Register, vgl. § 374, auf Verlangen Bescheinigungen darüber zu erteilen haben, dass bezüglich des Gegenstandes einer Eintragung weitere Eintragungen in das Register nicht vorhanden sind oder dass eine bestimmte Eintragung in das Register nicht erfolgt ist.

§ 387
Ermächtigungen

(1) Die Landesregierungen werden ermächtigt, durch Rechtsverordnung zu bestimmen, dass die Daten des bei einem Gericht geführten Handels-, Genossenschafts-, Partnerschafts- oder Vereinsregisters auch bei anderen Amtsgerichten zur Einsicht und zur Erteilung von Ausdrucken zugänglich sind. Die Landesregierungen können diese Ermächtigung durch Rechtsverordnung auf die Landesjustizverwaltungen übertragen. Mehrere Länder können auch vereinbaren, dass die bei den Gerichten eines Landes geführten Registerdaten auch bei den Amtsgerichten des anderen Landes zur Einsicht und zur Erteilung von Ausdrucken zugänglich sind.

(2) Das Bundesministerium der Justiz wird ermächtigt, durch Rechtsverordnung mit Zustimmung des Bundesrates die näheren Bestimmungen über die Einrichtung und Führung des Handels-, Genossenschafts- und Partnerschaftsregisters, die Übermittlung der Daten an das Unternehmensregister und die Aktenführung in Beschwerdeverfahren, die Einsicht in das Register, die Einzelheiten der elektronischen Übermittlung nach § 9 des Handelsgesetzbuchs und das Verfahren bei Anmeldungen, Eintragungen und Bekanntmachungen zu treffen. Dabei kann auch vorgeschrieben werden, dass das Geburtsdatum von in das Register einzutragenden Personen zur Eintragung anzumelden sowie die Anschrift der einzutragenden Unternehmen und Zweigniederlassungen bei dem Gericht einzureichen ist; soweit in der Rechtsverordnung solche Angaben vorgeschrieben werden, ist § 14 des Handelsgesetzbuchs entsprechend anzuwenden.

(3) Durch Rechtsverordnung nach Absatz 2 können auch die näheren Bestimmungen über die Mitwirkung der in § 380 bezeichneten Organe im Verfahren vor den Registergerichten getroffen werden. Dabei kann insbesondere auch bestimmt werden, dass diesen Organen laufend oder in regelmäßigen Abständen die zur Erfüllung ihrer gesetzlichen Aufgaben erforderlichen Daten aus dem Handels- oder Partnerschaftsregister und den zu diesen Registern eingereichten Dokumenten mitgeteilt werden. Die mitzuteilenden Daten sind in der Rechtsverordnung festzulegen. Die Empfänger dürfen die übermittelten personenbezogenen Daten nur für den Zweck verwenden, zu dessen Erfüllung sie ihnen übermittelt worden sind.

(4) Des Weiteren können durch Rechtsverordnung nach Absatz 2 nähere Bestimmungen über die Einrichtung und Führung des Vereinsregisters, insbesondere über das Verfahren bei Anmeldungen, Eintragungen und Bekanntmachungen sowie über die Einsicht in das Register, und über die Aktenführung im Beschwerdeverfahren erlassen werden.

(5) Die elektronische Datenverarbeitung zur Führung des Handels-, Genossenschafts-, Partnerschafts- und Vereinsregisters kann im Auftrag des zuständigen Gerichts auf den Anlagen einer anderen staatlichen Stelle oder auf den Anlagen eines Dritten vorgenommen werden, wenn die ordnungsgemäße Erledigung der Registersachen sichergestellt ist.

I. Bisherige Regelung

In § 387 werden eine Reihe vormals im FGG bzw. im BGB enthaltener Ermächtigungsvorschriften zusammengefasst, nämlich die bisher in den §§ 125, 147 Abs. 1 Satz 1, 159 Abs. 1 Satz 1 und 160b Abs. 1 Satz 2 FGG sowie §§ 55a Abs. 6 und 7 BGB enthaltenen Ermächtigungen zum Erlass von Rechtsverordnungen hinsichtlich der Einsichtnahme in die Register sowie hinsichtlich der Formdetails der Registerführung und der Übermittlung elektronischer Daten. 1

II. Ermächtigung zur Datenübermittlung

Abs. 1 fasst die bisherigen **Ermächtigungen** an die Landesregierungen zur **Datenübermittlung** für das Handels-, Genossenschafts-, Partnerschafts- und Vereinsregister zusammen, die bislang in § 125 Abs. 2 Satz 1 Nr. 2 Satz 2 und Satz 4, § 147 Abs. 1 Satz 1, § 159 Abs. 1 Satz 1 und § 160b Abs. 1 Satz 2 FGG sowie in § 55a Abs. 6 Satz 2 BGB enthalten waren. Dabei können die Landesregierungen diese **Ermächtigung** durch **Rechtsverordnung** auf die **Landesjustizverwaltungen** übertragen. Abs. 1 Satz 3 ermächtigt auch zum länderübergreifenden Austausch von Registerdaten. 2

III. Ermächtigung für Vorschriften über Einrichtung und Führung der Register

Abs. 2 enthält eine **Zusammenfassung** der bisherigen **Ermächtigungen** zum Erlass von Rechtsverordnungen über die **Errichtung** und **Führung** des Handels-, Genossenschafts- und des Partnerschaftsregisters sowie zur **Datenübermittlung** und **Einsichtnahme** in diese Register, wie sie bisher in den §§ 125 Abs. 3 und 160b Abs. 1 Satz 2 FGG und § 161 GenG enthalten waren. Diese Ermächtigung ist – wie die Ermächtigungen der nachfolgenden Abs. 3 und 4 – zu Gunsten des Bundesministeriums der Justiz eingeräumt, wobei dieses für den Erlass entsprechender Rechtsverordnungen der Zustimmung des Bundesrates bedarf. 3

IV. Ermächtigung für Vorschriften über die Mitwirkung von Organen, § 380

Gem. Abs. 3 kann das Bundesministerium der Justiz mit Zustimmung des Bundesrates durch **Rechtsverordnung** die näheren Bestimmungen über die **Mitwirkung** der in **§ 380 bezeichneten Organe** in Verfahren vor den Registergerichten treffen. Die Vorschrift entspricht dem bisherigen § 125 Abs. 4 FGG, erstreckt dessen Anwendungsbereich jedoch auf das Partnerschaftsregister (§ 160b Abs. 1 Satz 2 FGG aF). 4

V. Ermächtigung für Vorschriften über Erweiterung und Führung der Vereinsregister

5 Gem. Abs. 4 kann das BMJ weiter mit Zustimmung des Bundesrates **Rechtsverordnungen** mit näheren Bestimmungen über die **Errichtung und Führung des Vereinsregisters** erlassen. Die Vorschrift ersetzt den bisherigen § 55a Abs. 7 BGB. Gegenüber dem bisherigen Wortlaut enthält sie nunmehr auch eine Ermächtigung zum Erlass von Regelungen über die Aktenführung im Beschwerdeverfahren.

VI. Ermächtigung zur Fremdvergabe der elektronischen Datenverarbeitung

6 Die bisher in § 125 Abs. 5 FGG, § 147 Abs. 1 Satz 1 FGG und § 160b Abs. 1 Satz 2 FGG sowie § 55a Abs. 6 Satz 1 BGB enthaltenen **Ermächtigungen** zur **Fremdvergabe der elektronischen Datenverarbeitung** bei der Führung der in § 374 Numern 1 bis 4 bezeichneten Register ist in Abs. 5 zusammengeführt und im Wortlaut harmonisiert worden. Dabei wurde aber zugleich eine nicht unwesentliche Erweiterung vorgenommen: Abgesehen von einer Übertragung auf die Datenverarbeitungsanlagen einer anderen staatlichen Stelle konnte die Datenverarbeitung bislang nur auf Anlagen einer juristischen Person des Öffentlichen Rechts übertragen werden. Diese Einschränkung ist entfallen: Nunmehr besteht nach dem Wortlaut von Abs. 5 die Möglichkeit, die **Übertragung** auf **jeden beliebigen Dritten** vorzunehmen. Diese Erweiterung ist unter Berücksichtigung der mit einer **Einbeziehung Dritter** in die Verarbeitung von elektronischen Daten verbundenen **Risiken problematisch**, da erfahrungsgemäß eine Sicherstellung der ordnungsgemäßen Erledigung der Registersachen durch Dritte nicht von vorn herein gewährleistet erscheint.

Unterabschnitt 2
Zwangsgeldverfahren

Vorbemerkung

1 In Unterabschnitt 2 – Zwangsgeldverfahren – sind die bisherigen Regelungen der §§ 132 ff. FFG inhaltlich weitgehend unverändert übernommen worden. Es wurden lediglich einige systematische Veränderungen vorgenommen sowie der Wortlaut der Vorschriften an die geänderte Terminologie des FamFG angepasst. Nach bisherigem Recht fand das Zwangsgeldverfahren auch Anwendung auf die Erzwingung von Anmeldungen zum Genossenschaftsregister, § 160 GenG aF.

§ 388
Androhung

(1) Sobald das Registergericht von einem Sachverhalt, der sein Einschreiten nach den §§ 14, 37a Abs. 4 und § 125a Abs. 2 des Handelsgesetzbuchs, auch in Verbindung mit § 5 Abs. 2 des Partnerschaftsgesellschaftsgesetzes, den §§ 407und 408 des Aktienge-

setzes, § 79 Abs. 1 des Gesetzes betreffend die Gesellschaften mit beschränkter Haftung, § 316 des Umwandlungsgesetzes oder § 12 des EWIV-Ausführungsgesetzes rechtfertigt, glaubhafte Kenntnis erhält, hat es dem Beteiligten unter Androhung eines Zwangsgelds aufzugeben, innerhalb einer bestimmten Frist seiner gesetzlichen Verpflichtung nachzukommen oder die Unterlassung mittels Einspruchs zu rechtfertigen.

(2) In gleicher Weise kann das Registergericht gegen die Mitglieder des Vorstands eines Vereins oder dessen Liquidatoren vorgehen, um sie zur Befolgung der in § 78 des Bürgerlichen Gesetzbuchs genannten Vorschriften anzuhalten.

I. Bisherige Regelung

1 **1.** § 388 Abs. 1 übernimmt den Regelungsinhalt des früheren § 132 Abs. 1 FGG und erklärt diesen auch für das Partnerschaftsregister für anwendbar. Da nach § 160 GenG das Zwangsgeldverfahren nunmehr auch Anwendung auf die Erzwingung von Anmeldungen zum Genossenschaftsregister findet, hat der Gesetzgeber dessen ausdrückliche Erwähnung in § 388 nicht für erforderlich gehalten.[1]

2 Durch Abs. 1 sind damit die Register gem. § 374 Abs. 1 bis 3 erfasst. Für das Vereinsregister, § 374 Abs. 4, enthält § 388 Abs. 2 besondere Regelungen.

3 **2.** Der bisherige § 132 Abs. 2 FGG konnte unter Berücksichtigung der Neuregelung der Rechtsmittelvorschriften im Allgemeinen Teil entfallen. Da es sich bei der Aufforderung nach § 388 nicht um eine Endentscheidung handelt, findet gegen sie gem. § 58 Abs. 1 keine Beschwerde statt.

II. Anwendungsbereich

4 Das in Unterabschnitt 2 geregelte Verfahren dient dazu, **Beteiligte**, die auf Grund bestimmter materiell-rechtlicher Regelungen **verpflichtet** sind, gegenüber dem Handelsregister, dem Genossenschaftsregister oder dem Partnerschaftsregister durch **Vornahme einer Anmeldung** oder **Einreichung von Schriftstücken** tätig zu werden oder sonstige, im Zusammenhang mit Registereintragungen stehende, gesetzlich erzwingbare Handlungen oder Unterlassungen vorzunehmen, zur **Erfüllung dieser Pflicht** durch **Androhung** und ggf. **Festsetzung** von **Zwangsgeld** anzuhalten.

1 Vgl. dazu BT-Drucks. 16/6308, S. 287, Vorbem. zu Unterabschnitt 2.

5 Die wesentliche **materielle Rechtsgrundlage** enthält **§ 14 HGB**. Danach ist derjenige, der seiner Pflicht zur Anmeldung oder Einreichung von Dokumenten zum Handelsregister nicht nachkommt, hierzu vom **Registergericht** durch **Festsetzung von Zwangsgeld anzuhalten**, wobei das einzelne Zwangsgeld den Betrag von **5000 Euro** nicht übersteigen darf. Ergänzt wird die allgemeine Bestimmung des § 14 HGB durch § 5 Abs. 2 PartGG, § 407 AktG, § 79 GmbHG, § 160 GenG, § 78 BGB sowie § 316 UmwG.

6 Dabei enthalten die §§ 407 Abs. 2 AktG, 79 Abs. 2 GmbHG und 316 Abs. 2 UmwG zugleich eine Aufzählung von sonstigen Anmeldungen, die im Belieben der Beteiligten stehen und durch die Festsetzung von Zwangsgeld nicht erzwungen werden, so zB die (erste) Anmeldung einer GmbH bzw. AG gem. den §§ 7 GmbHG, 36 AktG oder die Anmeldung von Kapitalerhöhungen, §§ 57 Abs. 1 GmbHG, 184 AktG.

III. Einzelfälle für ein Einschreiten des Registergerichts

7 Ein Vorgehen des Registergerichts gem. § 388 kommt insbesondere in den nachstehend aufgeführten Fällen in Frage.

1. § 14 HGB

a) Anmeldungen zum Handelsregister

8 aa) **Allgemein (unabhängig von der Unternehmensform)**

Errichtung, Verlegung und Aufhebung einer Zweigniederlassung, §§ 13 Abs. 1, 13d–h HGB, 16 VAG; Erteilung und Erlöschen einer Prokura, § 53 HGB.

9 bb) **Einzelkaufleute**

Firma und Ort der Handelsniederlassung, § 29 HGB; Firmenänderungen, Wechsel in der Person des Geschäftsinhabers, Sitzverlegung, § 31 Abs. 1 HGB; Erlöschen der Firma, § 31 Abs. 2 HGB.

10 cc) **Juristische Personen iSd. § 33 HGB**

Firma, Sitz, Unternehmensgegenstand, Mitglieder des Vorstandes und deren Vertretungsmacht sowie ggf. die Zeitdauer des Unternehmens, § 33 Abs. 2 HGB; Satzungsänderungen, § 34 Abs. 1 HGB; Auflösung der juristischen Person, Bestellung, Vertretungsmacht sowie Veränderungen der Liquidatoren, § 34 Abs. 1 HGB; Erlöschen der Firma bei Aufgabe des Geschäftsbetriebes der fortbestehenden juristischen Person, § 31 Abs. 2 HGB.

11 dd) **OHG und KG**

Errichtung der Gesellschaft mit Angaben der persönlichen Daten der Gesellschafter, bei Kommanditgesellschaften mit Angabe des jeweiligen Einlagebetrages der Kommanditisten, §§ 106, 161 Abs. 2, 162 Abs. 1 HGB; Sitz der Gesellschaft, § 106 Abs. 2 Nr. 2 HGB; Bestimmungen über die Vertretungsmacht der Gesellschafter, §§ 106 Abs. 2 Nr. 4, 161 Abs. 2 HGB; Änderungen der Firma, des Gesellschaftssitzes, der Vertretungsmacht von Gesellschaftern sowie Eintritt und Ausscheiden von Gesellschaftern, §§ 107, 143, 161 Abs. 2, 162 Abs. 1 und 3 HGB; Auflösung der Gesellschaft,[1]

1 Außer im Fall der Auflösung durch Eröffnung des Insolvenzverfahrens oder Ablehnung der Eröffnung mangels Masse, da in diesen Fällen die Eintragung von Amts wegen vorzunehmen ist, §§ 143 Abs. 1 Satz 2 und 3, 161 Abs. 2 HGB.

Bestellung, Vertretungsmacht und Veränderungen der Liquidatoren, §§ 143 Abs. 1, 148 Abs. 1, 161 Abs. 2 HGB; Erlöschen der Firma, § 157 Abs. 1 HGB; Fortsetzung der Gesellschaft nach Auflösung durch Insolvenz, §§ 144 Abs. 2, 161 Abs. 2 BGB.

ee) **GmbH und Unternehmergesellschaft (haftungsbeschränkt)** 12

Änderungen in den Personen der Geschäftsführer und Beendigung der Vertretungsbefugnis, § 39 GmbHG; Auflösung der Gesellschaft,[1] Bestellung, Vertretungsbefugnis und Änderungen der Liquidatoren, §§ 65 Abs. 1, 67 Abs. 1 GmbHG; Beendigung der Liquidation, § 74 Abs. 1 GmbHG; Anmeldung der inländischen Geschäftsanschrift der Gesellschaft gem. § 8 Abs. 4 Nr. 1 GmbHG idF des MoMiG[2] – bei bereits vor dem 1.11.2008 eingetragenen GmbH besteht im Hinblick auf § 3 Abs. 1 Satz 2 EGGmbHG nur dann eine Anmeldepflicht, wenn sich die inländische Geschäftsanschrift geändert hat oder sie dem Registergericht vor dem vorgenannten Stichtag noch nicht mitgeteilt worden war.[3]

ff) **AG und KGaA** 13

Änderungen des Vorstandes oder der Vertretungsbefugnis von Vorstandsmitgliedern, Eintritt und Ausscheiden persönlich haftender Gesellschafter der KGaA, §§ 81, 94, 278 Abs. 3, 283 Nr. 1 AktG; Ausgabe von Bezugsaktien bei bedingter Kapitalerhöhung, § 201 AktG; Durchführung der ordentlichen oder der vereinfachten oder der durch Einziehung von Aktien bewirkten Kapitalherabsetzung, §§ 227, 229 Abs. 3, 239 AktG; Beendigung eines Unternehmensvertrages mit Angabe von Grund und Zeitpunkt, § 298 AktG, Ende der Eingliederung der Gesellschaft in eine andere AG mit Angabe von Grund und Zeitpunkt, § 227 Abs. 3 AktG; Auflösung der Gesellschaft,[4] Bestellung, Vertretungsbefugnis und Veränderung der Abwickler, § 266 Abs. 1 AktG; Beendigung der Abwicklung, § 273 Abs. 1 AktG.

b) Einreichung von Schriftstücken und Dokumenten

aa) **Einzelkaufleute, juristische Personen iSv. § 33 HGB, OHG und KG** 14

Eine Einreichung von Schriftstücken zum Handelsregister kann gem. § 14 HGB ebenfalls nur in den gesetzlich bestimmten Fällen verlangt werden. Für Einzelkaufleute, juristische Personen iSv. § 33 HGB und OHG sowie KG enthält das Gesetz keine gem. § 388 erzwingbaren Einreichungspflichten.

bb) **GmbH, Unternehmergesellschaft (haftungsbeschränkt)** 15

Liste der Gesellschafter, § 40 GmbHG;[5] Mitteilung von Änderungen in der Person von Aufsichtsratsmitgliedern, sofern ein solcher nach dem Gesellschaftsvertrag zu bestel-

1 Außer in den Fällen, in denen die Auflösung von Amts wegen eingetragen wird, insbesondere den Fällen der Eröffnung des Insolvenzverfahrens oder der Ablehnung der Eröffnung mangels Masse, § 60 Abs. 1 Nr. 4 und 5 GmbHG oder der Auflösung gem. § 399 iVm. § 60 Abs. 1 Nr. 6 GmbHG.

2 G. v. 23.10.2008, BGBl. I, S. 2026.

3 OLG München v. 28.1.2009 – 31 Wx 95/09, DNotZ 2009, 231 m. Anm. *Kanzleiter* = MittBayNotZ 2009, 246.

4 Außer in den Fällen, in denen die Auflösung von Amts wegen eingetragen wird, insbesondere den Fällen der Eröffnung des Insolvenzverfahrens, der Ablehnung der Eröffnung mangels Masse, §§ 262 Abs. 1 Nr. 3 und 4 AktG, oder der Auflösung gem. § 399 iVm. § 262 Abs. 1 Nr. 5 AktG.

5 Die in § 40 Abs. 2 GmbHG durch das MoMiG eingeführte Pflicht des Notars zur Einreichung einer Gesellschafterliste im Falle von ihm beurkundeter Veränderungen in den Personen der Gesellschafter oder im Umfang ihrer Beteiligung verdrängt nicht die gem. § 40 Abs. 1 GmbHG bestehende Verpflichtung der Geschäftsführer zur Einreichung einer entsprechenden Gesellschafterliste.

len ist und im Gesellschaftsvertrag nichts anderes bestimmt ist, § 52 Abs. 2 Satz 2 GmbHG; Vorlage des Urteiles, durch welches die GmbHG rechtskräftig für nichtig erklärt wird, § 75 Abs. 2 GmbHG iVm. § 248 Abs. 1 Satz 2 AktG.

16 cc) **AG und KGaA**

Vorlage des Berichts der Gründungsprüfer, § 34 Abs. 3 AktG; Vorlage einer rechtskräftigen gerichtlichen Entscheidung über die Zusammensetzung des Aufsichtsrates, § 99 Abs. 5 AktG;[1] Bekanntmachung über einen Wechsel der Aufsichtsratsmitglieder, § 106 AktG; Einreichung einer öffentlich-beglaubigten Abschrift der Niederschrift über die Hauptversammlung, § 130 Abs. 5 AktG; Einreichung des Prüfungsberichts von Sonderprüfern, § 145 Abs. 4 AktG; Einreichung von Urteilen, durch welche auf Nichtigkeitsfeststellungs- oder Anfechtungsklage folgende Maßnahmen rechtkräftig für nichtig erklärt werden:

- ein Hauptversammlungsbeschluss, §§ 248, 249 AktG;
- die Wahl eines Aufsichtsratsmitglieds, §§ 250 Abs. 3, 251 Abs. 3 iVm. § 248 Abs. 1 Satz 2 AktG;
- ein Beschluss über die Verwendung des Bilanzgewinns, §§ 253 Abs. 2, 254 Abs. 2 iVm. 248 AktG;
- ein Beschluss über die Kapitalerhöhung gegen Einlagen, §§ 245 Abs. 3 iVm. 249, 248 AktG;
- der festgestellte Jahresabschluss, §§ 256 Abs. 7, 257 Abs. 2 iVm. 249, 248 AktG;

schließlich Vorlage einer beglaubigten Abschrift der Klage auf Nichtigerklärung der Gesellschaft und einer Ausfertigung des auf die Klage ergangenen rechtskräftigen Urteils, § 275 Abs. 4 Satz 2 AktG.

17 dd) **Umwandlung**

Im Rahmen von Umwandlungsmaßnahmen nach den Bestimmungen den Umwandlungsgesetzes ergeben sich für die beteiligten Rechtsträger verschiedene Verpflichtungen zur Einreichung bestimmter Unterlagen nach den §§ 86, 148 Abs. 2, 199, 233 UmwG.

2. § 37a Abs. 4 HGB

18 Der Kaufmann muss auf allen Geschäftsbriefen, die an einen bestimmten Empfänger gerichtet werden, seine Firma mit einem Mindestbestandteil nach § 19 HGB, den Ort seiner Handelsniederlassung, das Registergericht und die Registernummer, angeben. Hierzu ist er ggf. vom Registergericht durch Festsetzung von Zwangsgeld anzuhalten, wobei für die Höhe des Zwangsgeldes § 14 Satz 2 HGB entsprechend gilt.

3. § 125a Abs. 2 HGB

19 Bei der OHG und der KG sind auf allen Geschäftsbriefen der Gesellschaft, die an einen bestimmten Empfänger gerichtet werden, die Rechtsform und der Sitz der Gesellschaft sowie das Registergericht und die Registernummer anzugeben. Bei Gesellschaften, bei denen kein Gesellschafter eine natürliche Person ist, insbesondere also bei der GmbH & Co. KG, kommen die nach § 35a GmbHG oder § 80 AktG vorgeschriebenen Anga-

1 § 99 Abs. 5 AktG ist auch anwendbar auf gerichtliche Entscheidungen nach §§ 132, 260, 306, 320b AktG.

ben hinzu. Wegen der Zwangsgeldandrohung und der Höhe des Zwangsgeldes vgl. Rz. 32.

4. §§ 407, 408 AktG

Auf Grund der §§ 407, 408 AktG kommt ein Vorgehen nach § 388 bei Nichtbefolgung der den Mitgliedern des Vorstands oder den Abwicklern einer Aktiengesellschaft und den persönlich haftenden Gesellschaftern oder den Abwicklern einer Kommanditgesellschaft auf Aktien (§ 278 Abs. 3 AktG) außer bei Anmeldungen und Einreichungen (§ 14 HGB mit § 407 Abs. 1 Satz 1 Halbs. 2 AktG, vgl. vorstehend Rz. 16) bei folgenden, ihnen weiter obliegenden Verpflichtungen in Betracht: 20

- Auslegung des Nachgründungsvertrages zur Einsicht durch die Aktionäre und Erteilung von Abschriften an diese durch den Vorstand, § 52 Abs. 2, Satz 2, 3 AktG;
- Verpflichtung des Vorstands zur Anzeige der Aushändigung oder Hinterlegung der neuen Aktien, die an Stelle von für kraftlos erklärten Aktien ausgegeben worden sind, § 73 Abs. 3 Satz 2 AktG;
- Verpflichtung des Vorstands zur Erfüllung der Angabepflichten auf allen Geschäftsbriefen, §§ 80, 268 Abs. 4 AktG;
- Verpflichtung des Vorstands zur Berichterstattung an den Aufsichtsrat, § 90 AktG;
- Verpflichtung des Vorstands zur Stellung des Antrags auf Ergänzung des Aufsichtsrats bei dessen Beschlussunfähigkeit, § 104 Abs. 1 AktG;
- Verpflichtung des Vorstands zur Gewährung von Einsicht und Prüfung der Bücher und Schriften der Gesellschaft durch Aufsichtsrat und Abschlussprüfer, §§ 111 Abs. 2, 313 Abs. 1 AktG;
- Verpflichtungen des Vorstands gegenüber Sonderprüfern nach Maßgabe des § 145 AktG sowie zur Behandlung des Prüfungsberichts, § 145 Abs. 4 Satz 3, 4 AktG;
- Verpflichtung des Vorstands, den Jahresabschluss, den Lagebericht und ggf. den Prüfungsbericht sowie den Vorschlag über die Verwendung des Bilanzgewinnes dem Aufsichtsrat vorzulegen, § 170 AktG;
- Verpflichtung des Vorstands, den Aufsichtsrat unter Fristsetzung zur Zuleitung seines Prüfungsberichts anzuhalten, § 171 Abs. 3 AktG;
- Verpflichtung des Vorstands zur Einberufung der Hauptversammlung, § 175 AktG;
- Verpflichtung des Vorstands, nach Eintragung des Beschlusses über die Kapitalerhöhung die Aktionäre zur Abholung der neuen Aktien aufzufordern und die Aufforderung in den Gesellschaftsblättern bekannt zu machen, § 214 Abs. 1 AktG;
- Verpflichtungen des Vorstands zu Bekanntmachungen im Zusammenhang mit der Erhebung von Anfechtungsklagen gegen einen Hauptversammlungsbeschluss, § 246 Abs. 4 iVm. §§ 249 Abs. 1, 250 Abs. 3, 253 Abs. 2, 254 Abs. 2 Satz 1, 256 Abs. 7, 257 Abs. 2 AktG;
- Verpflichtung des Vorstands zu Bekanntmachungen der Feststellungen der Sonderprüfer wegen unzulässiger Unterbewertung oder mangelhaftem Geschäftsbericht, § 259 Abs. 5 AktG;
- Verpflichtung der Abwickler zur Erfüllung der Angabepflichten auf allen Geschäftsbriefen, § 268 Abs. 4 AktG;
- Verpflichtung der Abwickler zur Aufstellung der Eröffnungsbilanz nebst Erläuterungsbericht und des Jahresabschlusses nebst Lagebericht, § 270 Abs. 1, 2 und 3 AktG;

- Verpflichtung der Abwickler zur Aufbewahrung der Bücher und Schriften der Gesellschaft, § 273 Abs. 2 AktG;
- Verpflichtung des Vorstands nach Abschluss oder Änderung eines Unternehmensvertrages zur Abschrifterteilung und Auslegung des Vertrages, §§ 293 Abs. 3 Satz 2 und 3, 295 Abs. 1 AktG;
- Verpflichtung des Vorstands zur Aufstellung bzw. Behandlung eines Berichts über Beziehungen zu verbundenen Unternehmen, §§ 312 Abs. 1, 313 Abs. 1, 314 Abs. 1 AktG.

5. §§ 35a, 71 Abs. 5 GmbHG

21 Auf allen **Geschäftsbriefen** der GmbH, die an einen bestimmten Empfänger gerichtet werden, müssen Rechtsform und Sitz der Gesellschaft, das Registergericht und die Registernummer sowie alle Geschäftsführer und im Fall der Bildung eines Aufsichtsrats dessen Vorsitzender angegeben werden. Bei Angaben über das Kapital der Gesellschaft ist § 35a Abs. 1 Satz 2 GmbHG zu beachten. Dies gilt gleichermaßen für die Unternehmergesellschaft iSv. § 5a GmbHG. Diese muss darüber hinaus in der Firma den Rechtsformzusatz „Unternehmergesellschaft (haftungsbeschränkt)" oder „UG (haftungsbeschränkt)" führen, § 5a Abs. 1 GmbHG. Wegen der Zwangsgeldandrohung und der Höhe des Zwangsgeldes vgl. Rz. 32.

6. § 316 UmwG

22 Auf Grund des § 316 UmwG kommt ein Vorgehen nach § 388 bei Nichtbefolgung der Verpflichtungen durch Mitglieder eines Vertretungsorgans, durch vertretungsberechtigte Gesellschafter oder Abwickler gem. § 13 Abs. 3 Satz 3 sowie §§ 125 Satz 1, 176 Abs. 1, 177 Abs. 1, 178 Abs. 1, 179 Abs. 1, 180 Abs. 1, 184 Abs. 1, 186 Abs. 1, 188 Abs. 1 und § 189 Abs. 1 jeweils iVm. § 13 Abs. 3 Satz 3 sowie § 193 Abs. 3 Satz 2 UmwG in Betracht.

7. § 160 GenG

23 Auf Grund des § 160 GenG kommt ein Vorgehen nach § 388 bei Nichtbefolgung der Verpflichtungen der Mitglieder des Vorstandes zur Vornahme von Anmeldungen nach § 14 (Errichtung von und Änderungen bei Zweigniederlassungen), § 28 (Änderungen des Vorstandes und seiner Vertretungsbefugnis), § 78 Abs. 2 (Auflösung durch Beschluss der Generalversammlung), § 79 Abs. 2 (Auflösung durch Zeitablauf), § 84 (Bestellung und Änderung der Vertretungsbefugnis von Liquidatoren) sowie § 42 Abs. 1 iVm. § 53 HGB (Prokurabestellungen) in Betracht. Entsprechendes gilt für die Verpflichtung zur Aufnahme der in § 25a GenG vorgeschriebenen Angaben auf Geschäftsbriefen sowie Vorlage- bzw. Mitteilungspflichten der §§ 30, 35, 57 Abs. 1, 59 Abs. 1 sowie der §§ 47, 48 Abs. 3 und 4, § 51 Abs. 4 und 5, § 56 Abs. 2 und § 89 GenG. Muss die Genossenschaft gem. § 9 GenG einen Aufsichtsrat haben, ist der Vorstand bzw. sind die Liquidatoren gem. § 160 Abs. 1 GenG schließlich angehalten, bei Vermeidung von Zwangsgeld dafür zu sorgen, dass die Genossenschaft nicht länger als drei Monate ohne oder ohne beschlussfähigen Aufsichtsrat ist.

8. § 12 Gesetz zur Ausführung der EWG-Verordnung über die EWIV

Auf Grund des § 12 des Gesetzes zur Ausführung der EWG-Verordnung über die Europäische Wirtschaftliche Interessenvereinigung[1] kommt schließlich ein Vorgehen nach § 388 in Betracht, wenn Geschäftsbriefe einer EWIV nicht die in Art. 25 EWIV vorgeschriebenen Angaben, insbesondere den Namen der Vereinigung mit den voran- oder nachgestellten Worten „Europäische wirtschaftliche Interessenvereinigung" oder „EWIV", den Registerort und die Registernummer sowie die Anschrift der Vereinigung enthalten. 24

IV. Sonderregeln für Vereinsregistersachen

Gem. § 388 Abs. 2 ist in Vereinsregistersachen die Androhung eines Zwangsgeldes gegen die Mitglieder des Vorstands eines Vereines oder dessen Liquidatoren möglich, um sie zur Befolgung der in § 78 BGB aufgeführten Vorschriften anzuhalten, nämlich Anmeldung der Änderungen des Vorstandes, § 67 Abs. 1 BGB; Änderungen der Satzung, § 71 Abs. 1 BGB; Anfechtung, § 74 Abs. 2 BGB; Bestellung und Änderung der Liquidatoren, § 76 BGB sowie Einreichung einer Bescheinigung über die Zahl der Vereinsmitglieder auf Verlangen des Registergerichts, § 72 BGB. 25

V. Glaubhafte Kenntnis

Voraussetzung für ein Tätigwerden des Registergerichts ist, dass dieses glaubhafte Kenntnis von den Tatsachen bzw. Umständen erhält, welche eine der vorstehend unter Rz. 8 ff. bezeichneten Verpflichtungen begründen. Ein in alle Einzelheiten gehender Nachweis oder volle Gewissheit ist nicht erforderlich. 26

Hat das Registergericht zunächst nur Kenntnis von Anhaltspunkten, die das Bestehen einer Verpflichtung iSd. Rz. 26 begründen könnten, hat das Registergericht gem. § 26 ggf. weiter erforderliche Ermittlungen von Amts wegen durchzuführen, um Klarheit darüber zu gewinnen, ob ein Zwangsgeldverfahren einzuleiten ist oder nicht. 27

VI. Verfahrensregeln

Das **Androhungsverfahren** kann nur gegen **natürliche Personen** gerichtet werden, und zwar solche, die **gem. § 7 beteiligt** sind. Bei der Nichterfüllung von Anmeldepflichten, die eine Gesellschaft betreffen, kann sich das Verfahren entsprechend nur gegen die Personen richten, die die Gesellschaft gesetzlich vertreten oder die kraft Gesetzes sonst zur Anmeldung verpflichtet sind oder im Zusammenhand damit besondere Erklärungen abzugeben haben, etwa bei Anmeldung der Kapitalherabsetzung bei einer GmbH die Versicherung gem. § 58 Abs. 1 Nr. 4 iVm. § 82 Abs. 2 Nr. 4 GmbHG. 28

Bei freiwilligen Anmeldungen, vgl. Rz. 6, scheidet ein Androhungsverfahren damit aus. 29

Gegen **Bevollmächtigte** des verpflichteten Beteiligten ist ein Zwangsgeldverfahren **unzulässig**, insbesondere also gegen jeden **Prokuristen**.[2] 30

1 Gesetz v. 14.4.1988, EWIV-Ausführungsgesetz, BGBl. I, S. 514.
2 BayObLG v. 14.4.1982 – 3 Z 20/82, Rpfleger 1982, 289.

31 In der an den Beteiligten zu entrichtenden **Aufforderung** muss die zu erfüllende Verpflichtung hinreichend **genau bezeichnet** sein. Weiter ist vom **Registergericht eine Frist** zu bestimmen, innerhalb derer der Beteiligte entweder die auferlegte **Verpflichtung** zu **erfüllen** oder die **Nichterfüllung** der Verpflichtung mittels **Einspruch zu rechtfertigen** hat. Die zu setzende Frist muss angemessen sein. Sie muss mithin vom Gericht derart geräumig bestimmt werden, dass es den Beteiligten möglich ist, die ihnen auferlegte Verpflichtung auch innerhalb der gesetzten Frist zu erfüllen. Fehlt in der Androhung der Hinweis auf die Möglichkeit des Einspruchs, ist die Androhung rechtswidrig und auf Beschwerde des Beteiligten gem. § 58 aufzuheben.[1]

32 Das anzudrohende **Zwangsgeld** muss zahlenmäßig bestimmt sein. Es beträgt regelmäßig zwischen **5 Euro und 1000 Euro**.[2] Es darf in den Fällen der §§ 14, 125a HGB, 407 Abs. 1 AktG, 79 GmbHG, 316 UmwG und § 12 des Gesetzes zur Ausführung der EWG-VO den Betrag von **5000 Euro** im Einzelfall nicht übersteigen, welcher Betrag gem. § 160 Abs. 1 Satz 3 GenG auch für das Zwangsgeldverfahren bei Genossenschaften gilt. In den Fällen des § 21 Satz 1 Nr. 8 PublG darf das Zwangsgeld nicht den dortigen Höchstbetrag von 25 000 Euro übersteigen.

33 Funktionell ist für den Erlass der Verfügung gem. § 388 der Rechtspfleger zuständig, § 3 Nr. 2d RPflG. Gegen seine Verfügung ist nicht die Erinnerung gem. § 11 Abs. 2 RPflG gegeben, sondern nur der in § 390 geregelte Einspruch.

34 Für die Bekanntmachung der der Androhungsverfügung gilt § 15. Sie erfolgt gem. § 15 Abs. 2 durch Zustellung nach den §§ 166 bis 195 ZPO oder durch Aufgabe zur Post.

§ 389
Festsetzung

(1) Wird innerhalb der bestimmten Frist weder der gesetzlichen Verpflichtung genügt noch Einspruch erhoben, ist das angedrohte Zwangsgeld durch Beschluss festzusetzen und zugleich die Aufforderung nach § 388 unter Androhung eines erneuten Zwangsgelds zu wiederholen.

(2) Mit der Festsetzung des Zwangsgelds sind dem Beteiligten zugleich die Kosten des Verfahrens aufzuerlegen.

(3) In gleicher Weise ist fortzufahren, bis der gesetzlichen Verpflichtung genügt oder Einspruch erhoben wird.

I. Bisherige Regelung

1 Die Abs. 1 und 3 entsprechen der bisherigen Regelung über die Festsetzung des Zwangsgeldes im früheren § 133 FGG.

2 Die Regelung über die Kostenentscheidung gem. Abs. 2 war nach bisherigem Recht gesondert in § 138 FGG aF enthalten und wurde aus systematischen Gründen in § 389 eingefügt.

1 Vgl. OLG Hamm v. 24.4.1986 – 15 W 172/86, Rpfleger 1986, 390.
2 Art. 6 Abs. 1 EGStGB.

II. Verfahren

§ 389 Abs. 1 regelt das **Verfahren** für den Fall, dass der Beteiligte **weder** seiner gesetzlichen **Verpflichtung fristgemäß nachkommt** noch von ihm **Einspruch** erhoben wird. In diesem Fall hat das Registergericht das gem. § 388 angedrohte Zwangsgeld durch Beschluss festzusetzen und zugleich die vergeblich ausgesprochene Aufforderung unter Androhung eines erneuten, also weiteren Zwangsgeldes zu wiederholen. Wird ein zunächst erhobener Einspruch zurückgenommen, ohne dass dabei der Verpflichtung nachgekommen wird, ist ebenfalls nach § 389 Abs. 1 zu verfahren. 3

III. Verspäteter Einspruch

Im Falle einer **verspäteten Einspruchseinlegung** wird dadurch die **weitere Durchführung** des in § 389 vorgesehenen Verfahrens, nämlich Zwangsgeldfestsetzung und erneute Zwangsgeldandrohung, **nicht behindert**. Dem Beteiligten steht jedoch nach den Vorschriften des Allgemeinen Teils, §§ 17 bis 19, das Recht zu, Wiedereinsetzung in den vorherigen Stand zu beantragen. 4

Unter Berücksichtigung der insoweit im Allgemeinen Teil in den §§ 17 bis 19 enthaltenen Bestimmungen konnte zugleich auf eine Übernahme der Vorschrift des § 137 FGG aF verzichtet werden.[1] 5

IV. Verspätete Erfüllung der Aufforderung

Eine verspätete Erfüllung der den Beteiligten obliegenden Verpflichtung steht einer bis dahin noch nicht erfolgten Zwangsgeldfestsetzung entgegen, da das Zwangsgeld nur Zwangsmittel ist und der Zweck seiner Festsetzung entfällt, sobald die entsprechende Verpflichtung erfüllt ist.[2] 6

Wird die den Beteiligten obliegende **Verpflichtung** von diesen **nach Erlass** des Zwangsgeldfestsetzungsbeschlusses, jedoch noch **vor dem Eintritt seiner Rechtskraft erfüllt**, sind unter Berücksichtigung des Zweckes des Zwangsgeldfestsetzungsverfahrens sowohl die **Androhungsverfügung** als auch der **Festsetzungsbeschluss aufzuheben**.[3] Nach Eintritt der Rechtskraft wird das Registergericht keine Abfindungsbefugnis gem. § 48 Abs. 1 haben, da es sich bei der Zwangsgeldfestsetzung nicht um eine Endentscheidung mit Dauerwirkung handelt. 7

V. Beschlussinhalt

Der Beschluss gem. Abs. 1 hat neben der **Zwangsgeldfestsetzung** zugleich die **Aufforderung nach § 388** unter **Androhung** eines **erneuten Zwangsgelds zu wiederholen**. Dabei können die Frist und der Betrag des Zwangsgeldes anders als im ersten Androhungsbeschluss bemessen werden.[4] Bei Androhung eines erhöhten Zwangsgeldes ist 8

1 BT-Drucks. 16/6308, S. 287.

2 Jansen/*Steder*, § 133 Rz. 4; Keidel/*Winkler*, § 133 Rz. 3.

3 BayObLG v. 14.12.1983 – 3 Z 133/82, Rpfleger 1984, 143; Jansen/*Steder*, § 133 Rz. 1 f.; Krafka/*Willer*, Registerrecht, Rz. 2382a.

4 Jansen/*Steder*, § 133 Rz. 127.

die gesetzlich festgesetzte Höchstgrenze zu beachten (vgl. § 388 Rz. 32). Allerdings dürfen mehrere nacheinander angedrohte Zwangsgelder diese Grenze insgesamt übersteigen, bis der Höchstbetrag von 5000 Euro im Einzelfall erreicht ist (vgl. § 388 Rz. 32).

9 Gem. Abs. 2 ist mit der Festsetzung des Zwangsgeldes auszusprechen, dass der **Beteiligte zugleich die Kosten des Verfahrens** zu tragen hat.

VI. Weiteres Verfahren

10 Das Verfahren nach § 389 ist solange zu **wiederholen**, bis der Beteiligte entweder der von ihm zu erfüllenden Verpflichtung nachgekommen ist oder er Einspruch erhoben hat, Abs. 3.

§ 390
Verfahren bei Einspruch

(1) Wird rechtzeitig Einspruch erhoben, soll das Gericht, wenn sich der Einspruch nicht ohne weiteres als begründet erweist, den Beteiligten zur Erörterung der Sache zu einem Termin laden.

(2) Das Gericht kann, auch wenn der Beteiligte zum Termin nicht erscheint, in der Sache entscheiden.

(3) Wird der Einspruch für begründet erachtet, ist die getroffene Entscheidung aufzuheben.

(4) Anderenfalls hat das Gericht den Einspruch durch Beschluss zu verwerfen und das angedrohte Zwangsgeld festzusetzen. Das Gericht kann, wenn die Umstände es rechtfertigen, von der Festsetzung eines Zwangsgelds absehen oder ein geringeres als das angedrohte Zwangsgeld festsetzen.

(5) Im Fall der Verwerfung des Einspruchs hat das Gericht zugleich eine erneute Aufforderung nach § 388 zu erlassen. Die in dieser Entscheidung bestimmte Frist beginnt mit dem Eintritt der Rechtskraft der Verwerfung des Einspruchs.

(6) Wird im Fall des § 389 gegen die wiederholte Androhung Einspruch erhoben und dieser für begründet erachtet, kann das Gericht, wenn die Umstände es rechtfertigen, zugleich ein früher festgesetztes Zwangsgeld aufheben oder an dessen Stelle ein geringeres Zwangsgeld festsetzen.

I. Bisherige Regelung

1 In § 390 sind die das Verfahren bei Einspruch betreffenden Regelungen der bisherigen §§ 134, 135 und 136 FGG zusammengefasst worden. Im Gegensatz zur bisherigen Rechtslage, bei der gem. § 134 Abs. 1 FGG aF die Anberaumung eines Erörterungstermins zwingend vorgeschrieben war, wird nunmehr gem. Abs. 1 die Durchführung des Termins in das Ermessen des Gerichts gestellt.

II. Einspruchsverfahren, offensichtlich begründeter Einspruch

Bei einem **rechtzeitig eingelegten Einspruch** hat das **Gericht** diesen unter Berücksichtigung des aus dem Akteninhalt ersichtlichen Sachverhalts unter Einbeziehung einer etwaigen Einspruchsbegründung und damit ggf. vorgelegter Unterlagen **zu überprüfen**. 2

Hält das Gericht den **Einspruch** ohne weiteres für **begründet**, hat es die nach § 388 erlassene **Androhungsverfügung zurückzunehmen**. Hierbei handelt es sich im Ergebnis um eine Endentscheidung. Da jedoch § 38 Abs. 1 Satz 2 in Registersachen Abweichungen von dem Grundsatz zulässt, dass Endentscheidungen durch Beschluss zu ergehen haben und eine Entscheidung durch Beschluss in § 380 nur im Falle der Verwerfung des Einspruchs gem. Abs. 4 ausdrücklich vorgeschrieben ist, erfolgt in dem Fall des Abs. 1 eine Rücknahme ebenfalls durch Verfügung des Registergerichts. 3

Da die Androhungsverfügung nicht gem. § 58 mit der Beschwerde anfechtbar ist, weil es sich dabei nicht um eine Endentscheidung handelt,[1] gilt dies auch für die Rücknahmeverfügung.[2] 4

III. Erörterungstermin

Erscheint nach Überprüfung durch das Gericht der **Einspruch nicht** ohne Weiteres als **begründet**, soll das Gericht einen **Termin zur Erörterung** der Sache mit den Beteiligten anberaumen. Hierfür gelten die allgemeinen Bestimmungen der §§ 32 ff., dh., das Gericht kann insbesondere das persönliche Erscheinen eines Beteiligten zum Termin anordnen und ihn anhören, wenn dies zur Aufklärung des Sachverhalts sachdienlich erscheint, § 33 Abs. 1. 5

Gem. Abs. 2 werden daran, dass ein **Beteiligter** zum Termin **nicht erscheint**, **Säumnisfolgen nicht** geknüpft. Das **Gericht** hat vielmehr dann ebenso, wie wenn der Beteiligte erschienenen wäre, die Sache **von Amts wegen** aufzuklären und zu entscheiden. 6

IV. Begründeter Einspruch

Gem. Abs. 3 ist dann, wenn der **Einspruch** für **begründet** erachtet wird, die gem. § 388 erlassene Verfügung **aufzuheben**. Das gilt sowohl für die Aufforderung zur Vornahme einer bestimmten Handlung etc. als auch für die Zwangsgeldandrohung. 7

Ein bereits ergangener Zwangsgeldfestsetzungsbeschluss ist wegen veränderter Umstände ebenfalls aufzuheben. 8

Für die Aufhebung der Androhungsverfügung gem. § 388 auf Grund Einspruchs ist – anders als für den Fall der Verwerfung des Einspruch gem. Abs. 4 – in Abs. 3 eine besondere Form, nämlich die der Entscheidung durch Beschluss, nicht vorgeschrieben. Die Aufhebung der gem. § 388 bereits erlassenen **Verfügung** durch das Registergericht 9

1 BT-Drucks. 16/6308, S. 287.

2 Würde im Einzelfall das Verfahren auf Grund des Antrages einer oder eines der berufsständischen Organe iSd. § 380 eingeleitet, wurde nach bisherigem Recht für dieses Organ eine Beschwerdebefugnis nach § 135 iVm. §§ 20, 126 FGG aF bejaht. Insoweit wäre die Rechtslage nunmehr geändert, da auch einem am Verfahren beteiligten berufsständischen Organ ein Beschwerderecht nur zustehen kann, soweit die in Frage stehende Entscheidung der Beschwerde unterliegt.

auf Grund begründeten Einspruchs erfolgt mithin – ebenso wie in dem vorstehend in Rz. 7 behandelten Fall der sofortigen Aufhebung – durch **Verfügung**. Gegen diese Verfügung findet das Rechtsmittel der Beschwerde gem. § 58 nicht statt. Dies folgt auch aus § 391 Abs. 1: Dort sind die in diesem Zusammenhang mit der Beschwerde anfechtbaren Entscheidungen ausdrücklich und abschließend erwähnt, nämlich der Beschluss, durch den das Zwangsgeld festgesetzt sowie der Beschluss, durch den der Einspruch verworfen worden ist.

10 **Zuständig** für die Entscheidungen im Einspruchsverfahren ist der Rechtspfleger.

11 Die **Bekanntgabe der Aufhebung** erfolgt gem. § 15, dh. entweder durch Zustellung nach den §§ 166 bis 195 ZPO oder durch Aufgabe zur Post. Entsprechendes gilt für den Beschluss, durch den der Einspruch gem. Abs. 4 verworfen wird, § 41 iVm. § 15 Abs. 2.

V. Verwerfung des Einspruchs

12 Erachtet das Gericht den **Einspruch nicht als begründet**, hat es gem. Abs. 4 **den Einspruch** durch **Beschluss zu verwerfen** und das **angedrohte Zwangsgeld festzusetzen**. Damit sind zugleich gem. § 389 Abs. 2 dem Beteiligten die Kosten des Verfahrens aufzuerlegen.

13 Gem. Abs. 4 Satz 2 kann das Gericht bezüglich der **Festsetzung des Zwangsgeldes** insoweit von der angefochtenen **Verfügung abweichen**, als es unter besonderen rechtfertigenden Umständen von der Festsetzung eines Zwangsgeldes **ganz absehen** oder ein **geringeres** als das angedrohte **Zwangsgeld festsetzen** kann. Solche Umstände sind etwa gegeben, wenn der Beteiligte sich im guten Glauben befindet und er der Erfüllung der ihm obliegenden Verpflichtung aus entschuldbaren Gründen nicht nachgekommen ist.

14 Im Falle der Verwerfung des Einspruchs gem. Abs. 5 kann das Gericht zugleich eine **erneute Aufforderung** nach § 388 **erlassen**. Die dabei für die Erfüllung der Verpflichtung zu setzende Frist beginnt mit dem Eintritt der Rechtskraft des Beschlusses zu laufen, durch den Einspruch verworfen wird.

VI. Sonderregelung des Absatz 6

15 Abs. 6 enthält eine **Sonderregelung**, die den an sich für das Beschwerdeverfahren geltenden **Grundsatz** des **§ 68 Abs. 1 Satz 1** für das **Einspruchsverfahren übernimmt**: Wird vom Beteiligten nicht oder nicht rechtzeitig gegen eine Androhung gem. § 388 Einspruch erhoben, sondern erst gegen die wiederholte Androhung gem. § 389, kann das Gericht, falls der jetzt erhobene Einspruch für begründet erachtet wird, beim Vorliegen rechtfertigender Umstände zugleich ein früher festgesetztes Zwangsgeld aufheben oder an dessen Stelle in geringeres Zwangsgeld festsetzen. Ob und in welchem Umfang von dieser Änderungsbefugnis Gebrauch gemacht wird, steht dabei im pflichtgemäßen Ermessen des Gerichts. Solche besonderen Umstände können zB anzunehmen sein, wenn eine Schuld an einer Fristversäumnis für die Einspruchseinlegung gem. § 388 nicht dem Beteiligten selbst, sondern seinem Vertreter anzulasten ist und deshalb für den Beteiligten ein Wiedereinsetzungsgrund gegeben ist.[1]

1 Keidel/*Winkler*, § 136 Rz. 5.

§ 391
Beschwerde

(1) Der Beschluss, durch den das Zwangsgeld festgesetzt oder der Einspruch verworfen wird, ist mit der Beschwerde anfechtbar.

(2) Ist das Zwangsgeld nach § 389 festgesetzt, kann die Beschwerde nicht darauf gestützt werden, dass die Androhung des Zwangsgelds nicht gerechtfertigt gewesen sei.

I. Bisherige Regelung

1 Die Vorschrift entspricht inhaltlich § 139 FGG aF.

2 Durch die **Neuordnung der Rechtsmittel** im Rahmen des FamFG haben sich auch für das **Zwangsgeldverfahren** einige **Vereinfachungen** ergeben. Nach früherem Recht kam als Rechtsmittel der Einspruch an das Registergericht in den Fällen des Erlasses einer Verfügung nach §§ 388, 389 in Frage. Weiter war die einfache Beschwerde gegeben, sofern das Gericht die Einleitung eines Zwangsgeldverfahrens insbesondere auf Antrag eines der in § 380 bezeichneten berufsständischen Organe zurückgewiesen oder es bei Stattgabe des Einspruchs gegen eine nach § 389 wiederholte Verfügung abgelehnt hat, die daneben beantragte Aufhebung oder Minderung eines früher festgesetzten Zwangsgeldes aufzuheben. In allen übrigen Fällen war Rechtsmittel die sofortige Beschwerde.

3 Nach neuem Recht finden dagegen im **Zwangsgeldverfahren** nur noch der **Einspruch** nach Maßgabe der Bestimmungen des § 390 und die **Beschwerde** gem. § 58 in den ausdrücklich in § 391 Abs. 1 bezeichneten Fällen statt.

II. Beschwerdeberechtigung

4 Beschwerdeberechtigt sind in erster Linie diejenigen, gegen die sich das **Zwangsgeldverfahren richtet**, nämlich die für eine bestimmte Handlung usw. verantwortlichen natürlichen Personen (vgl. § 388 Rz. 28).

5 Darüber hinaus wird jedoch angenommen, dass auch die von diesen natürlichen Personen repräsentierten **Gesellschaften**, **Genossenschaften**, **Partnerschaftsgesellschaften** oder **Vereine beschwerdeberechtigt** sind. So werden bei einem Einschreiten gegen Gesellschafter, Vorstandsmitglieder oder Geschäftsführer auch die Rechte der zugehörigen Handelsgesellschaft oder Genossenschaft beeinträchtigt, so dass diese Gesellschaft oder Genossenschaft ebenfalls das Beschwerderecht hat.[1] Richtet sich das **Zwangsgeldverfahren** bei einer **GmbH & Co. KG** gegen den **Geschäftsführer der Komplementär-GmbH**, so können Einspruch und Beschwerde sowohl der **Geschäftsführer** als auch die **GmbH & Co. KG** selbst einlegen.[2]

6 Ebenso wenig, wie gegenüber einem **Prokuristen** ein Zwangsgeld zur Durchsetzung einer der von diesem vertretenen Gesellschaft obliegenden Verpflichtung angedroht

1 Vgl. BayObLG v. 19.8.1955 – BReg. 2 Z 90/55, BayObLGZ 1955, 197 (198); BayObLG v. 23.3.1962 – BReg. 2 Z 170/61, BayObLGZ 1962, 107 (111); BayObLG v. 21.11.1983 – 3 Z 123/82, Rpfleger 1984, 105.

2 Vgl. BayObLG v. 12.11.1987 – BReg. 3 Z 130/87, BayObLGZ 1987, 399 (402); BayObLG v. 14.9.2001 – 3 Z BR 194/01, Rpfleger 2002, 31.

oder festgesetzt werden kann, kann der Prokurist auch keine Beschwerde gegen eine Zwangsgeldfestsetzung gegenüber den Gesellschaftern, Vorstandsmitgliedern oder Geschäftsführern der von ihm vertretenen Gesellschaft einlegen.

III. Beschränkung der Beschwerde

7 Gem. Abs. 2 greift eine **Beschränkung der Beschwerdegründe** dann ein, wenn ein **Zwangsgeld** (bereits) nach **§ 389 festgesetzt** worden ist. In diesem Fall kann nämlich die Beschwerde nicht darauf gestützt werden, dass die Androhung des Zwangsgeldes nicht gerechtfertigt gewesen sei. Dies hat der Beteiligte im Einspruchsverfahren geltend zu machen, wobei er ggf. gem. § 390 Abs. 6 beantragen kann, ein früher festgesetztes Zwangsgeld aufzuheben oder herabzusetzen.

§ 392
Verfahren bei unbefugtem Firmengebrauch

(1) Soll nach § 37 Abs. 1 des Handelsgesetzbuchs gegen eine Person eingeschritten werden, die eine ihr nicht zustehende Firma gebraucht, sind die §§ 388 bis 391 anzuwenden, wobei

1. dem Beteiligten unter Androhung eines Ordnungsgeldes aufgegeben wird, sich des Gebrauchs der Firma zu enthalten oder binnen einer bestimmten Frist den Gebrauch der Firma mittels Einspruchs zu rechtfertigen;

2. das Ordnungsgeld festgesetzt wird, falls kein Einspruch erhoben oder der erhobene Einspruch rechtskräftig verworfen ist und der Beteiligte nach der Bekanntmachung des Beschlusses diesem zuwidergehandelt hat.

(2) Absatz 1 gilt entsprechend im Fall des unbefugten Gebrauchs des Namens einer Partnerschaft.

I. Bisherige Regelung

1 Abs. 1 der Vorschrift entspricht inhaltlich dem bisherigen § 140 FGG. Nach § 3 GenG iVm. den §§ 30, 37 HGB ist das Ordnungsgeldverfahren auch bei einem unbefugten Gebrauch der Firma einer Genossenschaft einzuleiten. Auch insoweit greift damit § 392 Abs. 1 ein, ohne dass es einer zusätzlichen Klarstellung bedurfte.

2 Durch Abs. 2 ist die Vorschrift darüber hinaus bei einem unbefugten Gebrauch des Namens einer Partnerschaft für entsprechend anwendbar erklärt worden, § 2 Abs. 2 PartGG iVm. § 37 HGB.

II. Bedeutung

3 Die Bestimmung ist im Zusammenhang mit § 37 Abs. 1 HGB zu sehen, welche Vorschrift die materielle Rechtsgrundlage für das in § 392 festgelegte Verfahren beinhaltet. Danach ist **derjenige**, der eine ihm **nicht zustehende Firma** gebraucht, von dem **Registergericht** zur **Unterlassung** des Gebrauchs der Firma durch **Festsetzung von Ordnungsgeld** anzuhalten.

4 Durch § 37 Abs. 1 HGB ist die im **öffentlichen Interesse** liegende **Wahrung der Beachtung** der **Rechtsvorschriften** über die **Firmenführung** dem **Registergericht übertragen** worden. **Unabhängig** davon räumt § 37 Abs. 2 HGB demjenigen, der in seinen Rechten durch den unbefugten Firmengebrauch eines Dritten beeinträchtigt ist, einen **privatrechtlichen Unterlassungsanspruch** ein. In § 37 Abs. 2 Satz 2 HGB ist weiter klargestellt, dass ein durch nach sonstigen Vorschriften begründeter Anspruch auf Schadensersatz unberührt bleibt.

III. Anwendungsbereich

5 **§ 37 Abs. 1 HGB** und damit die Ausführungsvorschrift des § 392 gilt für **alle Handelsfirmen**, dh. auch für die einer OHG oder KG. Darüber hinaus gilt § 392 für die GmbH, § 4 GmbHG, für die AG und die KGaA, §§ 4, 279 AktG, für die Genossenschaft, § 3 GenG und für den VaG, § 18 Abs. 2 VAG.[1] Auch die Europäische wirtschaftliche Interessenvereinigung wird, da sie zur Führung einer Firma verpflichtet ist, Art. 5 EWIV-VO, insoweit ebenfalls gem. § 392 geschützt. Gleiches gilt für die Europäische Gesellschaft (SE), die gem. den für eine AG geltenden Vorschriften im Handelsregister einzutragen ist, § 3 SEEG.

6 Durch eine **Reihe von Sondervorschriften** werden darüber hinaus **bestimmte Firmenbestandteile** in der Weise geschützt, dass sie nur von Rechtsträgern geführt werden dürfen, die bestimmte Voraussetzungen erfüllen. Die entsprechenden Vorgaben sind zum Teil allgemeiner Art, wie etwa der nur bei der **Partnerschaftsgesellschaft** zulässige Zusatz „**und Partner**", § 11 Abs. 1 PartGG. In anderen Fällen müssen **besondere Voraussetzungen** an eine Qualifikation bei den persönlich haftenden **Gesellschaftern**, den Mitgliedern des **Vorstandes** oder den **Geschäftsführern** vorliegen. Dies gilt insbesondere für die Rechtsanwaltsgesellschaft, § 59k Abs. 2 BRAO, für die Steuerberatungsgesellschaft, §§ 43 Abs. 1, 53 Abs. 1, 161 StBerG, und für die Wirtschaftsprüfungsgesellschaft bzw. Buchprüfungsgesellschaft, §§ 24, 31, 133 WPO. Weitere **Sondervorschriften** bestehen bei **Finanzierungsinstituten** für die Bezeichnungen Bank, Volksbank, Sparkasse, Spar- und Darlehenskasse, §§ 39 Abs. 1 und 2, 40 Abs. 1 und 2 KWG, weiter für Bausparkassen, § 1 BausparG, für Kapitalanlagegesellschaften, Investmentgesellschaften, Investmentfonds, Investmentaktiengesellschaften, § 3 InvG, und Unternehmensbeteiligungsgesellschaften, § 20 Abs. 1 UBGG.

7 **Auf Grund von § 392** kann das Registergericht jedoch nur vorgehen, wenn sich die **Unzulässigkeit der Firmenführung** aus einem **Verstoß** gegen eine **firmenrechtliche Vorschrift** ergibt, die Firma dem Benutzer mithin gerade nach firmenrechtlichen Vorschriften nicht zusteht. Verstößt dagegen der Gebrauch der Firma gegen sonstige gesetzliche Bestimmungen, wie etwa Vorschriften des Wettbewerbs- oder Markenrechts, bspw. §§ 1, 3 UWG oder §§ 14, 15, 3, 5 MarkenG, bzw. gegen gewerbepolizeiliche

1 Jansen/*Steder*, § 140 Rz. 3; Keidel/*Winkler*, § 140 Rz. 1.

Vorschriften, ist die Einleitung eines Firmenmissbrauchsverfahrens gem. § 392 nicht gerechtfertigt.[1]

IV. Unzulässiger Firmengebrauch

8 Voraussetzung für ein Einschreiten seitens des Registergerichts ist, dass jemand eine **unzulässige** oder ihm **nicht zustehende Firma gebraucht**. Unter den Begriff „Gebrauch" fallen dabei sämtliche Handlungen, aus denen sich der Wille ergibt, sich im Rahmen des Geschäftsbetriebs dieser Firma zu bedienen. Dies kann mithin durch Inserate, auf Firmenschildern, in Geschäftsbriefen,[2] in Geschäftsanzeigen, in Telefonbüchern, durch Anbringung einer Firmenaufschrift über einem Ladeneingang,[3] auf Rechnungen, Preislisten oder Tüten[4] oder auf Empfehlungsschreiben geschehen.

9 **Gebrauch** ist auch die **Aufrechterhaltung** einer **unzulässigen Eintragung** im Handelsregister. Gegen den insoweit Beteiligten kann nach § 392 vorgegangen werden, wobei ihm jedoch die Anmeldung der Löschung nicht aufgegeben werden kann.[5] Fraglich kann sein, ob bereits die Anmeldung einer – unzulässigen – Firma einen Gebrauch iSd. § 37 Abs. 1 HGB darstellen kann, wie das BayObLG in einem Beschluss v. 28.4.1988 angenommen hat.[6] Diese Frage ist nach zutreffender Ansicht zu verneinen, da im Anmeldungsverfahren gerade auch die Frage der Zulässigkeit der Firma zu prüfen ist, mit der Folge, dass das Registergericht die Eintragung abzulehnen hat, falls es die angemeldete Firma für unzulässig hält. Gegen die Auffassung des BayObLG sprechen auch Gründe der Prozessökonomie. Es ist kaum sinnvoll, wenn das Anmeldungsverfahren zunächst bis zu einem rechtskräftigen Abschluss des Firmenmissbrauchsverfahrens ausgesetzt werden müsste.[7]

10 Vom Gebrauch der Firma zu **unterscheiden** ist der **Gebrauch** sog. **Geschäftsbezeichnungen**[8] (Etablissementbezeichnungen), die nicht den Unternehmensträger kennzeichnen, sondern der Spezifizierung eines Geschäftes dienen und dieses aus der Vielzahl gleichartiger Unternehmen herausnehmen und kenntlich machen sollen,[9] etwa bei der Bezeichnung „Schnellreinigung". Die früher zum Teil problematische Abgrenzung des zulässigen Gebrauchs von Geschäftsbezeichnungen zum unzulässigen Firmengebrauch wurde durch das Handelsrechtsreformgesetz[10] entschärft bzw. erleichtert, weil insbesondere durch die Änderung von § 19 HGB nunmehr auch die Firma eines Kaufmanns oder einer Personenhandelsgesellschaft einen Kaufmanns- bzw. Rechtsformzusatz enthalten muss und im Falle des Nichtvorhandenseins eines solchen Zusatzes davon ausgegangen werden kann, dass nicht die Verwendung einer kaufmännischen Firma vorliegt.[11]

---

1 Vgl. Jansen/*Steder*, § 140 Rz. 5, 9.
2 BayObLG v. 6.2.1992 – 3 Z 201/91, Rpfleger 1992, 304 = DNotZ 1992, 384.
3 KG v. 4.2.1926 – 1 X 794/25, JW 1926, 2930.
4 BayObLG v. 12.8.1960 – 2 Z 78/60, BayObLGZ 1960, 345 (348); Jansen/*Steder*, § 140 Rz. 17.
5 KG v. 26.2.1915 – AZ n.v., OLGR 34, 330.
6 BayObLG v. 28.4.1988 – BReg. 3 Z 10/88, BayObLGZ 1988, 128 = DNotZ 1989, 243 (m. Anm. *Winkler*).
7 Vgl. Keidel/*Winkler*, § 140 Rz. 7.
8 MüKo.HGB/*Heidinger*, § 17 Rz. 12 ff.; Baumbach/*Hopt*, § 17 Rz. 11.
9 Vgl. Jansen/*Steder*, § 140 Rz. 13.
10 HRefG v. 22.6.1998, BGBl. I, S. 1474.
11 Jansen/*Steder*, § 140 Rz. 14.

V. Verfahren

Das Verfahren gem. § 392 ist von Amts wegen einzuleiten, wobei die Einleitung auch auf Grund einer Anregung durch Dritte, insbesondere von Organen iSv. § 380, erfolgen kann. Ein gegenüber dem Registergericht etwa durchsetzbares Antragsrecht besteht dabei jedoch nicht, auch nicht für denjenigen, der gem. § 37 Abs. 2 HGB in seinen Rechten beeinträchtigt ist.[1] Dieser muss seine entsprechenden Ansprüche auf Unterlassung oÄ gegenüber seinem Gegner direkt geltend machen. 11

Zunächst muss das Registergericht das Vorliegen eines unbefugten Firmengebrauchs feststellen. Bejaht es diesen, hat es dem Beteiligten, gegen den sich das Verfahren richtet, aufzufordern, 12

- entweder sich des Gebrauchs der Firma zu enthalten,
- oder binnen einer bestimmten Frist den Gebrauch der Firma mittels Einspruchs zu rechtfertigen,
- verbunden mit Androhung eines Ordnungsgeldes für den Fall, dass der Gebrauch der Firma fortgesetzt und nicht innerhalb der Frist Einspruch eingelegt wird.

Zusätzliche, im Gesetz nicht vorgesehene **Auflagen** darf die Verfügung nicht enthalten. Das Registergericht darf also nicht eine **Anmeldung der Löschung der Firma** oder deren Änderung[2] oder die Entfernung eines Firmenschildes verlangen.[3] 13

Zur der Höhe des Ordnungsgeldes s. § 388 Rz. 32. 14

Auch im Falle des § 392 kann das Verfahren nur gegen natürliche Personen gerichtet werden (vgl. § 388 Rz. 28). 15

VI. Verfahren bei Einspruch, Rechtsmittel

Für das Verfahren bei Einspruch gilt § 390. Die Einlegung einer Beschwerde gem. § 58 gegen eine Verfügung gem. § 392 ist unzulässig. Im Übrigen wird auf die Anmerkungen zu § 390 Rz. 2 ff. verwiesen. 16

Für das Beschwerdeverfahren im Falle der Verwerfung eines Einspruchs oder gegen den Beschluss, durch den das Ordnungsgeld festgesetzt wird, gilt § 391. Insoweit wird auf die Anmerkungen zu § 391 Rz. 4 ff. verwiesen. 17

VII. Festsetzung des Ordnungsgeldes

Abweichend von § 389 ist beim Verfahren wegen unbefugtem Firmengebrauchs das **Ordnungsgeld** gem. Abs. 1 Nr. 2. nur festzusetzen, wenn der Beteiligte auch nach der **Bekanntmachung des Beschlusses diesem zuwider gehandelt**, also den unzulässigen Firmengebrauch **fortgesetzt** hat. Insoweit hat das Gericht vor Festsetzung des Ordnungsgeldes eine entsprechende Feststellung von Amts wegen zu treffen, eine glaubhafte Kenntnis insoweit reicht nicht aus.[4] Die Zuwiderhandlung muss **schuldhaft** sein.[5] 18

1 RG v. 21.4.1931 – II B 7/31, RGZ 132, 311 (314 ff.); BGH v. 10.11.1969 – II ZR 273/67, BGHZ 53, 65 (70).
2 Vgl. Keidel/*Winkler*, § 140 Rz. 12; Jansen/*Steder*, § 140 Rz. 58.
3 Vgl. Jansen/*Steder*, § 140 Rz. 59.
4 Keidel/*Winkler*, § 140 Rz. 17.
5 KG v. 23.4.1925 – 1 X 215/25, OLGR 44, 181.

VIII. Partnerschaften

19 Gem. Abs. 2 gelten die Vorschriften des § 389 Abs. 1 entsprechend im Falle des **unbefugten Gebrauchs** des Namens einer **Partnerschaft**. Dies gilt bereits dann, wenn unzulässigerweise allein der Zusatz „**und Partner**", § 11 Abs. 1 PartGG, firmenmäßig verwendet wird. **Unzulässig** ist auch der Gebrauch der englischen Version „**& Partners**".[1]

Unterabschnitt 3
Löschungs- und Auflösungsverfahren

§ 393
Löschung einer Firma

(1) Das Erlöschen einer Firma ist gemäß § 31 Abs. 2 des Handelsgesetzbuchs von Amts wegen oder auf Antrag der berufsständischen Organe in das Handelsregister einzutragen. Das Gericht hat den eingetragenen Inhaber der Firma oder dessen Rechtsnachfolger von der beabsichtigten Löschung zu benachrichtigen und ihm zugleich eine angemessene Frist zur Geltendmachung eines Widerspruchs zu bestimmen.

(2) Sind die bezeichneten Personen oder deren Aufenthalt nicht bekannt, erfolgt die Benachrichtigung und die Bestimmung der Frist durch Bekanntmachung in dem für die Bekanntmachung der Eintragungen in das Handelsregister bestimmten elektronischen Informations- und Kommunikationssystem nach § 10 des Handelsgesetzbuchs.

(3) Das Gericht entscheidet durch Beschluss, wenn es einem Antrag auf Einleitung des Löschungsverfahrens nicht entspricht oder Widerspruch gegen die Löschung erhoben wird. Der Beschluss ist mit der Beschwerde anfechtbar.

(4) Mit der Zurückweisung eines Widerspruchs sind dem Beteiligten zugleich die Kosten des Widerspruchsverfahrens aufzuerlegen, soweit dies nicht unbillig ist.

(5) Die Löschung darf nur erfolgen, wenn kein Widerspruch erhoben oder wenn der den Widerspruch zurückweisende Beschluss rechtskräftig geworden ist.

(6) Die Absätze 1 bis 5 gelten entsprechend, wenn die Löschung des Namens einer Partnerschaft eingetragen werden soll.

1 OLG Frankfurt v. 11.11.2004 – 20 W 321/04, GmbHR 2005, 96 = DB 2005, 99.

I. Bisherige Regelung

1 Die Abs. 1, 2 sowie 4 und 5 des § 393 entsprechen weitgehend dem Inhalt des bisherigen § 141 FGG. Jedoch ist auf die bislang in § 141 Abs. 1 Satz 2 enthaltene Mindestfrist von drei Monaten verzichtet worden, da dem Gesetzgeber der auch an anderer Stelle im Gesetz enthaltene Begriff einer angemessenen Frist (bisher §§ 141a, 142 FGG – jetzt §§ 394, 395) ausreichend erschien.

2 Die geänderte Formulierung von Abs. 3 trägt insbesondere der Umstellung des Rechtsmittelverfahrens und der Einführung der befristeten Beschwerde als generelles Rechtsmittel in das FamFG Rechnung.

3 Abs. 5 erklärt darüber hinaus die Vorschrift hinsichtlich der Eintragung des Erlöschens des Namens einer Partnerschaft für entsprechend anwendbar, § 2 Abs. 2 PartGG iVm. § 31 Abs. 2 HGB.

II. Erlöschen der Firma

1. Allgemein

4 Das Erlöschen einer Firma vollzieht sich auf Grund rechtlicher, in bestimmten Fällen aber auch auf Grund tatsächlicher Vorgänge, die unterschiedlich sind, je nach dem, ob die Firma eines Einzelkaufmanns, die einer Personengesellschaft oder die einer juristischen Person betroffen ist.

5 Da das **Handelsregister** und auch die weiteren **klassischen FGG-Register** dem Rechtsverkehr den **Zugriff** auf **aktuelle Angaben** über die darin registrierten Rechtsträger ermöglichen sollen, ist dadurch auch bedingt, dass **nicht mehr aktive Rechtsträger** aus dem Register **gelöscht** werden. Dadurch wird einerseits eine Belastung der Register durch nicht mehr aktuelle Eintragungen generell vermieden, zum anderen einem etwaigen Missbrauch nicht mehr aktiver Rechtsträger entgegen gewirkt. Da eine **Löschung** tatsächlich nicht mehr am Rechtsverkehr teilnehmender Rechtsträger im **öffentlichen Interesse** liegt, sieht das Gesetz eine mehrfach gestaffelte Regelung vor, dieses Ziel auch möglichst weitgehend zu erreichen.

2. Einzelkaufmann

6 Bei einem Einzelkaufmann **erlischt** die Firma unmittelbar mit der **vollständigen Aufgabe des Geschäftsbetriebes.**[1] Einzelne Abwicklungsmaßnahmen stehen dem Erlöschen der Firma nicht entgegen, soweit sich diese nicht insgesamt zu dem Bild verfestigen, dass der Geschäftsbetrieb nicht insgesamt beendet, sondern nur vorübergehend stillgelegt werden soll. **Sinkt** nur der **Umfang** der Tätigkeit des Geschäftsbetriebes eines eingetragenen Vollkaufmanns auf einen **kleingewerblichen Umfang** herab, kommt es auf die Entscheidung des Kaufmanns an, ob er seine **Eintragung im Handelsregister** aufrecht erhält; in diesem Fall besteht die Firma nunmehr auf Grund der konstitutiv einwirkenden Eintragung gem. § 2 Satz 1 HGB fort.[2]

7 Nicht zum Erlöschen der Firma führt ohne weiteres der Tod des Einzelkaufmanns, da sie vom Erben fortgeführt werden kann, § 27 HGB. Ebenfalls lässt die **Eröffnung** der

1 BayObLG 27.10.1983 – BReg. 3 Z 92/83, WM 1984, 52.
2 Baumbach/*Hopt*, § 2 HGB Rz. 6 ff. mit dem Hinweis auf insoweit streitige Fragen.

Insolvenz die **Firma** zunächst **unberührt**, da der Insolvenzverwalter das Handelsgeschäft mit oder ohne Firma veräußern kann. Bei Übertragung des Unternehmens mit Firma auf einen neuen Inhaber liegt kein Fall des Erlöschens der Firma, sondern ein solcher des Inhaberwechsels vor, der seinerseits anzumelden ist.

3. Gesellschaften

8 Bei einer **Personenhandelsgesellschaft** kann die **Firma** grundsätzlich ebenfalls mit der endgültigen **Einstellung des Gewerbetriebes erlöschen**, was jedoch dann nicht gilt, wenn sich die Gesellschaft nur noch mit der Verwaltung ihres eigenen Vermögens beschäftigt, sofern die Firma im Handelsregister eingetragen bleibt, § 105 Abs. 2 HGB.

9 Wird die Gesellschaft einer OHG oder KG etwa durch **Beschluss aufgelöst**, tritt das **Erlöschen der Firma** einer OHG oder KG, sofern eine solche erforderlich ist, erst nach **Beendigung der Liquidation** ein und ist dann anzumelden, §§ 157, 161 HGB, ferner dann, wenn die Gesellschaft ihr Handelsgewerbe aufgibt oder dieses auf den Umfang eines Kleingewerbes beschränkt.[1]

10 Die Pflicht zur **Anmeldung der Löschung** einer AG oder KGaA folgt aus den §§ 273, 278 Abs. 3 AktG nach **Beendigung der Abwicklung**. Diese Grundsätze sind auch auf die GmbH anzuwenden, § 74 Abs. 1 GmbHG.[2] Für Versicherungsvereine aG gilt § 47 VAG. Bei Genossenschaften ist das Erlöschen der Firma nach Beendigung der Liquidation anzumelden.[3] Die Firma einer juristischen Person des § 33 HGB erlischt wie die des Einzelkaufmanns bei Aufgabe des Geschäftsbetriebs, § 31 Abs. 2 HGB.

4. Vergebliche Zwangsgeldfestsetzung

11 Das **Erlöschen der Firma** gehört grundsätzlich zu den **anmeldepflichtigen Vorgängen**. Das Erlöschen der Firma ist regelmäßig zur Eintragung in das Handelsregister anzumelden, die entsprechende Anmeldungspflicht des Kaufmanns enthält § 31 Abs. 2 Satz 1 HGB. Gem. § 14 HGB ist sodann derjenige, der seiner Pflicht zur Anmeldung des Erlöschens nicht nachkommt, hierzu (zunächst) vom Registergericht durch Festsetzung von Zwangsgeld anzuhalten. In **§ 31 Abs. 2 Satz 2 HGB** wird sodann **bestimmt**, dass dann, wenn die **Anmeldung des Erlöschens** durch den dazu Verpflichteten **nicht im Wege** der **Androhung und ggf. Festsetzung von Zwangsgeld**, § 14 HGB, **herbeigeführt** werden kann, das Registergericht sodann das **Erlöschen der Firma** von **Amts wegen** in das Handelsregister **einzutragen** hat.

12 Weiter darf die **Anmeldung** der **erloschenen Firma** durch die hierzu Verpflichteten auf dem in § 14 beschriebenen Weg, nämlich **durch** die **Festsetzung von Zwangsgeld**, **nicht zu erreichen sein**. Diese Voraussetzung ist etwa gegeben, wenn der Anmeldepflichtige mittellos ist, so dass die Zwangsgeldandrohung oder Zwangsgeldfestsetzung nicht geeignet ist, ihn zu einem Handeln zu veranlassen. Entsprechendes gilt, wenn sich der Anmeldungspflichtige durch die Festsetzung des Zwangsgeldes nicht beeindrucken lässt. Dies gilt natürlich auch, wenn der Beteiligte das Zwangsgeld zahlt, trotzdem aber nichts tut. Schließlich liegen die Voraussetzungen auch vor, wenn ein Anmeldepflichtiger nicht vorhanden oder nicht zu ermitteln ist oder er sich im Ausland befindet.[4]

---

1 RG v. 11.5.1937 – II B 5/36, RGZ 155, 75; s.a. BayObLG v. 24.11.1967 – BReg. 2 Z 83/67, BayObLGZ 1967, 458 (459, 463).
2 Vgl. Jansen/*Steder*, § 141 Rz. 20 ff.
3 Jansen/*Steder*, § 141 Rz. 21.
4 Jansen/*Steder*, § 141 Rz. 29 ff.; Keidel/*Winkler*, § 141 Rz. 5.

III. Verfahrenseinleitung

13 Das **Löschungsverfahren** ist von **Amts wegen** einzuleiten, wenn die vom Registergericht ggf. nach Maßgabe von § 26 durchzuführenden Ermittlungen einwandfrei ergeben haben, dass die in Frage stehende **Firma erloschen** ist. Dagegen reicht es nicht aus, dass dies etwa dem Registergericht nur glaubhaft erscheint. Zudem muss regelmäßig das **Verfahren** gem. **§§ 388 ff. ohne Erfolg** durchgeführt worden sein.

14 Nach Ermittlung der Voraussetzungen für ein Einschreiten gem. Abs. 1 hat das Registergericht (zuständig ist der Rechtspfleger, § 3 Nr. 2d RPflG) eine Verfügung folgenden Inhalts zu erlassen:

- Der eingetragene **Inhaber der Firma** oder dessen Rechtsnachfolger wird von der **beabsichtigten Löschung benachrichtigt** und
- das Gericht bestimmt eine **angemessene** Frist zur Geltendmachung eines **Widerspruchs**.

Im Zusammenhang mit dem Erfordernis der Angemessenheit der Widerspruchsfrist ist die bisher in § 141 Abs. 1 Satz 2 FGG aF enthaltene **Mindestfrist** von **drei Monaten** gestrichen worden. Unter dem Gesichtspunkt der „Angemessenheit" kann eine für den Beteiligten akzeptable Frist durchaus noch diesen konkreten Zeitraum betragen; sie kann dazu eher kürzer als länger bestimmt werden, wenn zB eine aus Rechtsgründen erlöschende Firma dazu benutzt wird, unter ihrer Bezeichnung noch größere Aktivitäten zu entfalten.

IV. Adressat der Verfügung

15 Die Verfügung ist an den **Inhaber** der eingetragenen **Firma** zu richten, dessen Recht von der Löschung betroffen wird. Beim **Einzelkaufmann** ist dies der **Geschäftsinhaber**, bei der **OHG** sind dies **die Gesellschafter**, bei der **KG alle Gesellschafter** – einschließlich der **Kommanditistin** sowie die **Gesellschaften selbst**.[1] Bei den juristischen Personen des § 33 HGB sind diese selbst betroffen (nicht die Vorstandsmitglieder persönlich, da es sich nicht um die Erzwingung der Anmeldung handelt).

V. Bekanntgabe

16 Die die **Löschungsankündigung** enthaltene Verfügung ist, sofern die betroffenen Personen und deren Aufenthalt bekannt sind, diesen durch Bekanntgabe **gem. § 15 bekannt** zu machen. wobei diese gem. § 15 Abs. 2 durch Zustellung nach den §§ 166 bis 195 ZPO oder durch Aufgabe zur Post erfolgt.

17 **Abs. 2** enthält eine **Sonderregelung** für den Fall, dass die **betroffene Person** oder deren **Aufenthalt nicht bekannt** ist: In diesem Fall erfolgt die Benachrichtigung und die Bestimmung der Frist durch Bekanntgabe der Verfügung in dem für die Bekanntmachung der Eintragungen in das Handelsregister bestimmten elektronischen Informations- und Kommunikationssystem nach § 10 HGB.

1 KG v. 13.1.1978 – 1 W 498/77, DNotZ 1978, 370 = Rpfleger 1978, 323.

VI. Rechtsmittel

18 Gegen die **Löschungsankündigung** findet nur der **Widerspruch** statt. Die Beschwerde gem. § 58 ist unzulässig.

19 Über den **Widerspruch** ist gem. Abs. 3 vom Registergericht durch **Beschluss** zu **entscheiden**. Das gilt nicht nur für die Entscheidungen, die einen eingelegten Widerspruch zurückweisen, sondern auch für solche, die einem Widerspruch stattgeben. Ebenfalls ist durch Beschluss zu entscheiden, wenn das Gericht einem Antrag auf Einleitung eines Löschungsverfahrens, insbesondere gem. § 380, nicht entspricht. Nach Maßgabe von Abs. 3 ergehende Beschlüsse sind mit der Beschwerde gem. § 58 anfechtbar.

20 In Abs. 3 wird nicht auf § 390, insbesondere nicht auf dessen Abs. 1, verwiesen. Damit ist im Widerspruchsverfahren ein Termin zur Erörterung der Sache nicht vorgeschrieben. Die zur ordnungsgemäßen Entscheidung über den Widerspruch erforderlichen Ermittlungen hat das Gericht von Amts wegen, § 26, durchzuführen. Nach § 32 hat das Gericht, auch ohne dass dieses für besondere Verfahren in einem der späteren Bücher des FamFG gesondert angeordnet sein müsste, das Recht, die Sache mit den Beteiligten in einem Termin zu erörtern. Dies kann im Einzelfall insbesondere auch aus dem Gesichtspunkt der Gewährung rechtlichen Gehörs angebracht sein.

21 Abs. 4 enthält eine Kostenregelung entsprechend dem bisherigen § 138 FGG mit der Modifizierung, dass von einem Auferlegen der Kosten abgesehen werden soll, wenn ein Kostenausspruch dem Gericht nach seinem Ermessen unbillig erscheint.

VII. Löschung

22 Die Löschung darf nach **Abs. 4** durch das Registergericht erst erfolgen, wenn entweder die **Frist** für den Widerspruch abgelaufen oder wenn der den Widerspruch zurückweisende **Beschluss rechtkräftig** geworden ist.

23 Die Löschung erfolgt auf Grund Verfügung durch Eintragung des Vermerks „Von Amts wegen gelöscht", § 19 Abs. 1 HRV.

24 Aus dem zweiten Halbs. von Abs. 4 folgt, dass eine Löschungsanordnung nicht etwa bereits in dem den Widerspruch zurückweisenden Beschluss ergehen darf.

25 Wird gegen die Versäumung der Frist für die Beschwerde Wiedereinsetzung in den vorherigen Stand gewährt und erweist sich die Beschwerde als begründet, so ist die zwischenzeitlich bereits gelöschte Firma unter den Voraussetzungen und in den Formen des Amtslöschungsverfahrens, § 345, wieder einzutragen, dh. die bereits erfolgte Löschung durch Eintragung eines Vermerks zu korrigieren.

VIII. Partnerschaften

26 Nach Abs. 6 gelten die Abs. 1 bis 5 entsprechend, wenn die Löschung des Namens einer Partnerschaft eingetragen werden soll, § 2 Abs. 2 PartGG iVm. § 31 Abs. 2 HGB.

§ 394
Löschung vermögensloser Gesellschaften und Genossenschaften

(1) Eine Aktiengesellschaft, Kommanditgesellschaft auf Aktien, Gesellschaft mit beschränkter Haftung oder Genossenschaft, die kein Vermögen besitzt, kann von Amts wegen oder auf Antrag der Finanzbehörde oder der berufsständischen Organe gelöscht werden. Sie ist von Amts wegen zu löschen, wenn das Insolvenzverfahren über das Vermögen der Gesellschaft durchgeführt worden ist und keine Anhaltspunkte dafür vorliegen, dass die Gesellschaft noch Vermögen besitzt.

(2) Das Gericht hat die Absicht der Löschung den gesetzlichen Vertretern der Gesellschaft oder Genossenschaft, soweit solche vorhanden sind und ihre Person und ihr inländischer Aufenthalt bekannt ist, bekannt zu machen und ihnen zugleich eine angemessene Frist zur Geltendmachung des Widerspruchs zu bestimmen. Auch wenn eine Pflicht zur Bekanntmachung und Fristbestimmung nach Satz 1 nicht besteht, kann das Gericht anordnen, dass die Bekanntmachung und die Bestimmung der Frist durch Bekanntmachung in dem für die Bekanntmachung der Eintragungen in das Handelsregister bestimmten elektronischen Informations- und Kommunikationssystem nach § 10 des Handelsgesetzbuchs erfolgt; in diesem Fall ist jeder zur Erhebung des Widerspruchs berechtigt, der an der Unterlassung der Löschung ein berechtigtes Interesse hat. Vor der Löschung sind die in § 380 bezeichneten Organe, im Fall einer Genossenschaft der Prüfungsverband, zu hören.

(3) Für das weitere Verfahren gilt § 393 Abs. 3 bis 5 entsprechend.

(4) Die Absätze 1 bis 3 sind entsprechend anzuwenden auf offene Handelsgesellschaften und Kommanditgesellschaften, bei denen keiner der persönlich haftenden Gesellschafter eine natürliche Person ist. Eine solche Gesellschaft kann jedoch nur gelöscht werden, wenn die für die Vermögenslosigkeit geforderten Voraussetzungen sowohl bei der Gesellschaft als auch bei den persönlich haftenden Gesellschaftern vorliegen. Die Sätze 1 und 2 gelten nicht, wenn zu den persönlich haftenden Gesellschaftern eine andere offene Handelsgesellschaft oder Kommanditgesellschaft gehört, bei der eine natürliche Person persönlich haftender Gesellschafter ist.

I. Bisherige Regelung

Die Vorschrift entspricht inhaltlich dem früheren § 141a FGG mit der Maßgabe, dass das Antragsrecht der berufsständischen Organe neu aufgenommen wurde. In die Bestimmung sind die entsprechenden Regelungen für die Genossenschaften (nach früherem Recht § 147 Abs. 1 Satz 2, Abs. 2 FGG) einbezogen worden. 1

II. Regelungsziel

2 **§ 394 verfolgt** ebenso wie die Vorgängervorschrift des § 141a FGG aF, welche ihrerseits mit Wirkung v. 1.1.1999 an die Stelle des Gesetzes über die Auflösung und Löschung von Gesellschaften und Genossenschaften v. 9.10.1934[1] getreten war, den **Zweck, das Handelsregister** von **nicht mehr bestehenden** oder funktionsfähigen, in aller Regel **vermögenslosen Gesellschaften** zu **bereinigen**. Wie die Erfahrung seit langem gezeigt hat und auch weiterhin zeigt, werden derartige Gesellschaften häufig für betrügerische Machenschaften missbraucht, wodurch bei ihren Gläubigern uU ein ganz erheblicher Schaden angerichtet wird.

3 Dabei ist § 394 im Zusammenhang mit anderen gesetzlichen Bestimmungen zu sehen, die ebenfalls einen **Missbrauch vermögensloser Gesellschafter** im Wirtschaftsleben **verhindern** oder zumindest **erschweren sollen**. Für den Bereich der Gesellschaft mit beschränkter Haftung und der haftungsbeschränkten Unternehmergesellschaft ist insbesondere die in das MoMiG[2] aufgenommene Verpflichtung zur Bestimmung und Anmeldung eines inländischen Gesellschaftssitzes bzw. einer inländischen Geschäftsanschrift zu nennen, § 4a iVm. § 8 Abs. 4 Nr. 1 MoMiG. Hierdurch wird zugleich ein einfach zu handhabender Anknüpfungspunkt für eine öffentliche Zustellung von Schriftstücken geschaffen.

4 Die Vorschrift bezieht sich in erster Linie auf **Kapitalgesellschaften** und auf **Genossenschaften**, findet aber gem. Abs. 4 auch auf **bestimmte Personenhandelsgesellschaften** Anwendung, nämlich solche Offenen Handelsgesellschaften und Kommanditgesellschaften, bei denen keiner der persönlich haftenden Gesellschafter eine natürliche Person oder bei denen an den persönlich haftenden Gesellschaftern keine natürliche Person voll haftend beteiligt ist.

III. Löschungsgründe

5 Da sich bei der Definition der Löschungsgründe in § 394 Abs. 1 nichts am Gesetzeswortlaut geändert hat, erscheint es auch hier gerechtfertigt, auf die umfangreiche Rechtsprechung zu den entsprechenden Tatbestandsmerkmalen des § 141a FGG aF bzw. auf die vorher bereits zum LöschungsG ergangene Rechtsprechung zurückzugreifen.

1. Vermögenslosigkeit

6 Gem. Abs. 1 Satz 1 kann eine **Löschung** erfolgen, wenn die betroffene Gesellschaft **kein Vermögen** besitzt. Diese Begriff deckt sich weder mit dem der Zahlungsunfähigkeit gem. § 17 Abs. 2 InsO noch mit dem der Überschuldung gem. § 19 Abs. 2 InsO und auch nicht mit dem der Masselosigkeit gem. § 26 InsO.[3] Eine Vermögenslosigkeit iSd. § 394 Abs. 1 ist vielmehr dann anzunehmen, wenn es bei der Gesellschaft an einem für die Befriedigung der Gläubiger verwertbaren Aktivvermögen fehlt. Dieser

1 LöschungsG, RGBl. I S. 914.

2 Gesetz zur Modernisierung des GmbH-Rechts und zur Bekämpfung von Missbräuchen (MoMiG) v. 23.10.2008, BGBl. I, S. 2026.

3 Vgl. OLG Frankfurt v. 6.1.1983 – 20 W 770/82, BB 1983, 420 = DB 1983, 1088; OLG Frankfurt v. 11.11.1992 – 20 W 418/92, Rpfleger 1993, 249; KG v. 13.5.1986 – 1 W 2021/84, OLGZ 1986, 296 = AG 1987, 41.

muss es am Vorhandensein von praktisch einen Wert darstellenden Vermögensgegenständen fehlen, die die Grundlage für die Lebensfähigkeit der Gesellschaft bieten.[1]

Insbesondere auch wegen der **schwerwiegenden Folgen der Löschung** hat das Registergericht die **tatsächlichen Umstände**, aus welchen sich hinreichende Schlüsse auf die Vermögenslosigkeit ziehen lassen, besonders genau und gewissenhaft zu prüfen und festzustellen.[2] Es liegt deshalb auf der Hand, dass das Registergericht eine Überzeugung, dass eine Gesellschaft kein Vermögen hat, nicht etwa darauf stützen kann, dass der Geschäftsführer insoweit eine Darlegung unterlassen habe; vielmehr muss die **Überzeugung** auf hinreichenden Ermittlungen des **Registergerichts selbst** und auf dessen positiver **Feststellung** im **Einzelfall beruhen**.[3] Maßstab für die Bewertung, ob ein Wert als Vermögenswert beurteilt werden kann, ist, ob ein ordentlicher Kaufmann diesen Wert noch als Aktivposten in die Bilanz einstellen würde.[4] Aus folgenden, von der Rechtsprechung entschiedenen Einzelfällen lassen sich Anhaltspunkte für die Beurteilung dieser Frage auch nach § 393 gewinnen: 7

- Bereits das **Vorhandensein** eines **geringen Vermögens** reicht aus, die Löschung von Amts wegen zu verhindern;[5] nicht ausreichend ist jedoch ein ohne jegliche Erläuterung vorgelegter Bankauszug über einen Habensaldo von etwa 250 Euro.[6] 8
- **Berühmt** sich eine Gesellschaft **ernsthaft bestimmter Ansprüche**, die nicht offensichtlich unbegründet sind, kommt ihre **Löschung** als vermögenslos **nicht** in **Betracht**.[7] 9
- Die Inhaberschaft eines **vollstreckbaren Kostenanspruchs** oder eines **sonstigen Anspruchs** stellt ein die **Löschung ausschließendes** Vermögen dar.[8] 10
- Der **Firmenwert** („**good will**") gehört **nicht** zu den im Rahmen von § 394 zu **berücksichtigen Werten**,[9] gleiches gilt für das „know how" als Teil des „Firmen-good-will".[10] 11

---

1 BayObLG v. 10.2.1999 – 3 ZBR 43/99, DNotZ 1999, 761 = FGPrax 1999, 114; OLG Hamm v. 12.11.1992 – 15 266/92, GmbHR 1993, 295 (298); OLG Brandenburg v. 6.3.2000 – 8 Wx 595/99, NJW-RR 2001, 176; OLG Düsseldorf v. 13.11.1996 – 3 Wx 494/96, Rpfleger 1997, 171 = FGPrax 1997, 36; KG v. 13.5.1986 – 1 W 2021/85, NJW-RR 1986, 1240 (1241) = OLGZ 1986, 296.

2 BayObLG v. 18.6.1982 – 3 Z 48/82, Rpfleger 1982, 384; OLG Düsseldorf v. 13.11.1996 – 3 Wx 494/96, Rpfleger 1997, 171 = FGPrax 1997, 36; OLG Karlsruhe v. 10.8.1999 – 14 Wx 24/99, FGPrax 1999, 235 = GmbHR 1999, 1101.

3 OLG Frankfurt v. 6.1.1983 – 20 W 770/82, GmbHR 1983, 303 = AG 1983, 228; BayObLG v. 2.2.1984 – BRG 3 Z 192/83, GmbHR 1985, 54; OLG Düsseldorf v. 13.11.1996 – 3 Wx 494/96, Rpfleger 1997, 171 = FGPrax 1997, 36; OLG Karlsruhe v. 10.8.1999 – 14 Wx 24/99, FGPrax 1999, 235 = GmbHRdsch 1999, 1101.

4 OLG Köln v. 9.2.1994 – 2 Wx 48/1993, Rpfleger 1994, 360 (361); OLG Düsseldorf v. 3.5.1993 – 3 Wx 357/92, Rpfleger 1994, 69; BayObLG v. 12.1.1995 – 3 ZBR 256/94, Rpfleger 1995, 419 mwN; BayObLG v. 10.2.1999 – 3 ZBR 43/95, DNotZ 1999, 761 = FGPrax 1999, 114; OLG Brandenburg v. 6.3.2000 – 8 Wx 595/2000, NJW-RR 2001, 176.

5 OLG Frankfurt v. 7.9.1977 – 20 W 660/77, Rpfleger 1978, 22; OLG Frankfurt v. 13.12.1982 – 20 W 147/82, GmbHR 1983, 271; BayObLG v. 20.12.1983 – BReg. 3 Z 90/83, GmbHR 1985, 53; OLG Karlsruhe v. 10.8.1999 – 14 Wx 24/99, FGPrax 1999, 235 = GmbHR 1999, 1101.

6 OLG Köln v. 9.2.1999 – 2 Wx 48/99, Rpfleger 1994, 360 = FGPrax 1995, 41.

7 KG v. 6.3.2007 – 1 W 285/06, FGPrax 2007, 237; BayObLG v. 20.4.1994 – 3 ZBR 68/94, DNotZ 1995, 225 = NJW-RR 1995, 103 = Rpfleger 1994, 510; vgl. auch BAG v. 22.3.1988 – 3 A ZR 350/86, NJW 1988, 2637 = GmbHR 1988, 388.

8 KG v. 11.2.1937 – 1 WR 5 Z 52/37, JFG 15, 92.

9 LG Hamburg v. 14.11.1951 – 26 T 32/51, BB 1952, 530.

10 Vgl. OLG Frankfurt v. 7.9.1977 – 20 W 660/77, Rpfleger 1978, 22; vgl. weiter Baumbach/Hueck/*Schulze*/Osterloh, § 77 GmbHG-Anh Rz. 5 mwN, wonach uU der Firmenwert selbst die Löschung ausschließen kann, wenn er mit Sicherheit verwertbar ist.

12 – Wird die **Forderung** eines einzelnen Gläubigers nicht **befriedigt**, kann daraus nicht auf die Vermögenslosigkeit der Gesellschaft im **Übrigen** geschlossen werden.[1]

13 – Erhebliche **Steuerschulden** und eine **schlechte Zahlungsmoral** der Gesellschaft reichen allein nicht aus, um eine Vermögenslosigkeit anzunehmen.[2]

14 – Wird die Durchführung eines Insolvenzverfahrens **mangels Masse** abgelehnt (§ 26 InsO), bedeutet dies nicht ohne weiteres, dass kein Vermögen mehr vorhanden sein kann.[3] Jedoch ist die Abweisung mangels Masse ein starkes Indiz dafür, dass Vermögenslosigkeit iSv. Abs. 1 Satz 1 vorliegt.[4]

15 – Liegt nur eine **formale Vermögensposition** vor, etwa die Eintragung einer Grundschuld für die Gesellschaft in einem aussichtslosen Nachrang an einem ohnehin nicht werthaltigen Grundstück, steht dies nach einer Ansicht in der Literatur[5] einer Löschung der Gesellschaft wegen Vermögenslosigkeit nicht entgegen. Insoweit erscheint es jedoch sachgerechter, die Löschung der Gesellschaft hinauszuschieben, um im Interesse Dritter eine Löschung derartiger Rechte nicht zu erschweren.[6] Dies gilt insbesondere dann, wenn ein Dritter gegen die Gesellschaft einen Anspruch auf Löschung hat.

16 Die Vermögenslosigkeit der Gesellschaft muss im **Zeitpunkt der Löschung vorliegen**.[7] Sollte die Gesellschaft zB in dem Zeitraum zwischen Mitteilung der Löschungsabsicht, jedoch vor erfolgter Löschung zu Vermögen gekommen sein, muss das Registergericht trotz bereits erfolgter Einleitung des in § 393 vorgesehenen Verfahrens wieder von der Löschung Abstand nehmen.

2. Fehlendes Vermögen nach Durchführung eines Insolvenzverfahrens

17 Ist ein **Insolvenzverfahren** über das Vermögen der Gesellschaft **durchgeführt** und sind **keine Anhaltspunkte** dafür gegeben, dass nach Abschluss des Verfahrens die Gesellschaft noch Vermögen hat, hat die Löschung anders als im Fall von Satz 1 zwingend zu erfolgen. Entsprechendes gilt, **wenn** das Verfahren nach Eröffnung später mangels Masse eingestellt wird; bei einer Ablehnung der Eröffnung mangels Masse vgl. vorstehend Rz. 14. Durch das Amtslöschungsverfahrens soll sichergestellt werden, dass die Gesellschaft auch dann gelöscht wird, wenn deren vertretungsberechtigte Personen untätig bleiben und/oder unauffindbar sind.[8] Mit Beendigung des Insolvenzverfahrens endet die Beschränkung der Vertretungsorgane bei Geschäftsführung und Vertretung; eine Verpflichtung des Insolvenzverwalters, nach Beendigung des Insolvenzverfahrens die Gesellschaft zur Löschung anzumelden, ist im Gesetz nicht vorgesehen.

18 Die **Kenntnis** des **Registergerichts** von der Beendigung des Insolvenzverfahrens wird dadurch **gewährleistet**, dass diesem durch das Insolvenzgericht eine **Ausfertigung des**

1 BayObLG v. 20.12.1983 – BReg. 3 Z 90/83, WM 1084, 602 = BB 1984, 315.
2 LG Marburg v. 4.4.1986 – 4 T 1/85, GmbHR 1987, 100 (101).
3 OLG Brandenburg v. 6.3.2000 – 8 Wx 595/2000, NJW-RR 2001, 176.
4 BayObLG v. 20.12.1983 – BReg. 3 Z 90/83, WM 1984, 602 = BB 1984, 315; BayObLG v. 30.6.1987 – 3 Z 75/87, Rpfleger 1987, 419 (420) mwN.
5 Vgl. Jansen/*Steder*, § 141a Rz. 15.
6 *Krafka/Willer*, Rz. 432.
7 OLG Frankfurt v. 5.3.1998 – 20 W 84/98, Rpfleger 1998, 348; OLG Köln v. 9.2.1094 – 2 Wx 48/93, FGPrax 1995, 41.
8 Vgl. die Gesetzbegründung zu Art. 22 RegE, BT-Drucks. 12/3803, S. 70, 71, abgedruckt bei *Uhlenbruck*, Das neue Insolvenzrecht, S. 903.

Aufhebungsbeschlusses bzw. im Falle der Einstellung mangels Masse des **Einstellungsbeschlusses** zu übermitteln ist, § 200 Abs. 2 Satz 3 iVm. mit § 31 InsO bzw. § 215 Abs. 1 Satz 3 InsO.

Durch Eröffnung des Insolvenzverfahrens wird die betroffene Gesellschaft kraft Gesetzes aufgelöst, § 60 Abs. 1 Nr. 1 GmbHG, § 265 Abs. 1 Nr. 3 AktG, § 131 Abs. 1 Nr. 3 HGB. Die sich anschließende Liquidation der Gesellschaft bis zur Löschungsreife vollzieht sich dann im Rahmen des Insolvenzverfahrens; der Gesetzgeber wollte grundsätzlich vermeiden, dass sich an eine Liquidation im Insolvenzverfahren etwa noch eine gesellschaftsrechtliche Liquidation anschließen muss.[1] Wegen des dem Gesetz zugrunde liegenden Grundsatzes der vollständigen Masseverwertung im Rahmen des Insolvenzverfahrens erscheint der Ausgangspunkt für § 394 gerechtfertigt, dass nach Durchführung desselben die Gesellschaft regelmäßig vermögenslos iSv. § 394 Abs. 1 ist. Diese grundsätzliche Annahme wird zusätzlich dadurch abgesichert, dass dem Registergericht keine Anhaltspunkte dafür vorliegen dürfen, dass die Gesellschaft gleichwohl noch über Vermögen verfügt. 19

Vermögenslosigkeit iSv. von Abs. 1 Satz 2 ist nicht gegeben, wenn gem. § 198 InsO zurückbehaltene **Beträge hinterlegt** sind, wenn bereits ausgezahlte Beträge an die Insolvenzmasse zurückfließen oder wenn nachträglich noch **Vermögensgegenstände** aufgefunden werden, die ggf. eine **Nachlassverteilung** gem. § 103 InsO erforderlich machen. 20

IV. Verfahrenseinleitung

1. Tätigwerden des Registergerichts von Amts wegen

Die Einleitung des Verfahrens gem. § 394 steht dem Registergericht nicht frei. Liegen **hinreichende Anhaltspunkte** für eine Vermögenslosigkeit vor, hat das Gericht **von Amts wegen** nähere Ermittlungen vorzunehmen. Dabei hat das Gericht eine unterschiedliche Entscheidungsbefugnis je nach dem, welche Alternative von Abs. 1 vorliegt: 21

- Ist das **Insolvenzverfahren** über das Vermögen der Gesellschaft durchgeführt worden und liegen keine Anhaltspunkte für das Vorhandensein von Vermögen vor, **muss das Registergericht** die Gesellschaft von **Amts wegen löschen**; ein Ermessen steht ihm dabei nicht zu.[2] 22

- Kommt dagegen das Registergericht in einem **sonstigen Fall** auf Grund seiner Ermittlungen zu dem Ergebnis, dass eine **Vermögenslosigkeit iSv. Abs. 1 Satz 1** vorliegt, hat es die **Entscheidung** darüber, ob es die Gesellschaft löschen will oder nicht, nach **pflichtgemäßem Ermessen** zu treffen; das Registergericht kann in diesem Fall also auch **von einer Löschung absehen**, wenn diese nach der besonderen Lage der Verhältnisse nicht angezeigt erscheint.[3] 23

---

1 Begr. zum RegE der InsO, BT-Drucks. 12/3803, S. 70, 71, abgedruckt bei *Uhlenbruck*, Das neue Insolvenzrecht, S. 903 ff.

2 Vgl. Jansen/*Steder*, § 141a Rz. 32.

3 OLG Frankfurt v. 7.9.1977 – 20 W 660/77, Rpfleger 1978, 138 = DB 78, 628 = MDR 1978, 231; OLG Frankfurt v. 13.12.1982 – 20 W 147/82, Rpfleger 1982, 427 = DB 1983, 420 = MDR 1983, 493; BayObLG v. 18.5.1979 – 1 Z 20/79, Rpfleger 1979, 313 (314); Jansen/*Steder*, § 141 Rz. 29 mwN.

24 – Bei seiner Ermessensentscheidung hat das Registergericht das **öffentliche Interesse** an einer Bereinigung des Registers von vermögenslosen Gesellschaften gegen das **Interesse der Beteiligten** oder auch von Dritten am **Fortbestand** dieser **Gesellschaft** abzuwägen.

25 – Private **Interessen Dritter** können bei der Ermessensentscheidung von Bedeutung sein. Ist etwa eine vermögenslose GmbH **alleinige Komplementärin** einer KG, bei welcher noch Abwicklungsmaßnahmen durchzuführen sind, ist eine **Löschung der GmbH** gem. § 394 Abs. 1 Satz 1 so lange untunlich, bis die **Abwicklung** der KG abgeschlossen ist.[1]

26 – Auch wenn das Registergericht eine wertlose **Buchposition** (vgl. vorstehend Rz. 15) nicht als genügendes Vermögen ansieht, kann die Ermessensentscheidung dahin gehen, von einer Löschungsverfügung abzusehen, wenn einerseits die Gesellschaft in der Vergangenheit nicht auffällig war, aber andererseits Aussicht besteht, dass ihre Organe an einer Bereinigung formaler Vermögenspositionen gegenüber Dritten mitwirken. Auch im Übrigen wird das Registergericht eine Prognose der zukünftigen Entwicklung einbeziehen dürfen.

2. Antragsrecht der Finanzbehörde und der berufsständischen Organe

27 Neben einer Einleitung des Löschungsverfahrens von Amts wegen durch das Registergericht sind in **Abs. 1 weitere besondere Antragsrechte** enthalten. Das **Recht**, die **Löschung** einer Gesellschaft wegen **Vermögenslosigkeit zu beantragen**, war dabei nach dem Regierungsentwurf zunächst nur für die **Finanzbehörde** vorgesehen worden. Nach bisherigem Recht wurde allerdings trotz des nicht eindeutigen Wortlauts von § 141a FGG aF teilweise die Ansicht vertreten, dass neben der Finanz- bzw. der Steuerbehörde auch die berufsständischen Organe antragsberechtigt sein sollten.[2] Dieses Antragsrecht wurde auf Vorschlag des Rechtsausschusses[3] ausdrücklich in das Gesetz übernommen. Damit wurde nach der Gesetzesbegründung die den Organen des Handelsstandes früher lediglich eingeräumte Möglichkeit, eine Löschung gegenüber dem Registergericht anzuregen, an die Neugestaltung des erstinstanzlichen Verfahrens der freiwilligen Gerichtsbarkeit angepasst und zu einem Antragsrecht verstärkt.[4]

28 Durch Abs. 3 wird klargestellt, dass der Finanzbehörde oder einem berufsständischen Organ das Beschwerderecht gegen einen Beschluss zusteht, durch den ein von diesen gestellter Löschungsantrag zurückgewiesen wurde.

29 Hat ein sonstiger Dritter die Löschung einer Gesellschaft wegen Vermögenslosigkeit angeregt, steht diesem gegen die Ablehnung der Einleitung eines Amtslöschungsverfahrens durch das Registergericht ein Rechtsmittel nicht zu.[5]

1 So im Fall einer vermögenslosen GmbH, die phG einer Bauträger-KG war, welche noch über schwer verwertbaren Grundbesitz verfügte, OLG Frankfurt v. 16.6.2005 – 20 W 408/04, FGPrax 2005, 269; vgl. auch OLG Frankfurt v. 10.10.2005 – 20 W 289/05, FGPrax 2005, 83 (84).

2 Vgl. zB § 141a FGG aF Jansen/*Steder* FGG, § 141a Rz. 30.

3 BT-Drucks. 16/9733, S. 298.

4 BT-Drucks. 16/9733, S. 298.

5 So für das bisherige Recht – § 20 FGG aF – zB OLG Hamm v. 10.3.2003 – 15 W 56/03, FGPrax 2003, 185.

3. Durchführung des Amtsermittlungsverfahrens

Schon nach bisherigem Recht war wegen der schwerwiegenden Folgen anerkannt, dass das Registergericht die **Voraussetzungen** für die **Annahme** einer **Vermögenslosigkeit** nach Abs. 1 Satz 1 von Amts wegen **besonders genau** und **gewissenhaft** zu **ermitteln** und zu **überprüfen** hat.[1] An den Umfang der Amtsermittlungspflicht sind von der Rechtsprechung **hohe Anforderungen** gestellt worden.[2] An diesem Grundsatz ist auch bei der Anwendung von § 394 fest zu halten. 30

Wesentlicher Teil des Verfahrens ist auch die in Abs. 2 Satz 3 vorgesehene **Anhörung** der in § 380 bezeichneten berufsständischen Organe, insbesondere auch – selbst wenn diese keinen Antrag auf Löschung gestellt hat – ebenfalls eine Anhörung der Steuerbehörde. Sollte die Pflicht zur Anhörung der berufsständischen Organe, § 380, bzw. im Fall einer Genossenschaft des Prüfungsverbandes verletzt werden, bedeutet dies grundsätzlich einen wesentlichen Verfahrensmangel iSd. § 395. 31

V. Löschungsankündigung

Nach Abs. 2 Satz 1 ist dem Gesetz eine Verpflichtung des Registergerichts, eine **beabsichtigte Löschung** den gesetzlichen Vertretern der Gesellschaft durch **Bekanntmachung** (§ 15) anzukündigen, nur zu entnehmen, wenn solche vorhanden sind und ihre **Person** und ihr **inländischer Aufenthalt bekannt** sind. In diesem Fall ist bei der Bekanntmachung zugleich eine angemessene Frist zur Geltendmachung des Widerspruchs zu bestimmen. 32

Sind die Voraussetzungen gem. Abs. 2 Satz 1 gegeben, muss die Löschungsankündigung in der **Form des § 15 bekannt** gegeben werden. Geschieht dies nicht, liegt ein wesentlicher Verfahrensfehler vor, der auch nach abgelaufener Widerspruchsfrist einen Antrag auf Löschung gem. § 395 rechtfertigt (vgl. § 395 Rz. 14). 33

Inhaltlich genügt für die Erfüllung der Anhörungspflicht ein **Schreiben des Registergerichts** an den gesetzlichen Vertreter der betroffenen Gesellschaft, in dem die Absicht bekannt gemacht wird, diese wegen Vermögenslosigkeit zu löschen sowie eine angemessene Frist zum Widerspruch gesetzt wird und Hinweise dazu erteilt werden, wie der Nachweis des Vorhandenseins von Vermögen geführt werden kann. Irgendwelcher Angaben darüber, woraus das Registergericht eine vorhandene Vermögenslosigkeit schließt, bedarf es nicht, gleichfalls nicht der Beifügung entsprechender Unterlagen.[3] 34

Der Löschungsankündigung kommt auch die Funktion einer **Anhörung** der vertretungsberechtigten Organe der betreffenden Gesellschaft zu, der wegen der weit reichenden Folgen der Löschung der Gesellschaft im Register auch **verfahrensrechtlich** eine **wesentliche Bedeutung** beizumessen ist.[4] Wird der Gesellschaft nach einer Anhörung auf Grund der dabei gemachten Angaben mitgeteilt, dass das Verfahren einge- 35

1 Jansen/*Steder*, § 141a Rz. 35; BayObLG v. 18.6.1982 – BReg. 3 Z 48/82, Rpfleger 1982, 384 = DB 1982, 2128; BayObLG v. 12.1.1995 – 3 ZBR 256/94, Rpfleger 1995, 419; BayObLG v. 10.2.1999 – 3 Z BR 4/99, FGPrax 1999, 114 (115) = DNotZ 1999, 761; OLG Hamm v. 12.11.1992 – 15 W 266/92, GmbHR 1993, 295 (298); OLG Düsseldorf v. 7.10.1996 – 3 Wx 400/96, Rpfleger 1997, 171 = FGPrax 1997, 36; OLG Frankfurt v. 5.3.1998 – 20 W 84/98, Rpfleger 1998, 348; OLG Karlsruhe v. 10.8.1999 – 14 Wx 24/99, FGPrax 1999, 235.

2 Vgl. OLG Düsseldorf v. 7.10.1996 – 3 Wx 400/96, Rpfleger 1997, 171 = FGPrax 1997, 36.

3 KG v. 4.4.2006 – 1 W 272/05, FGPrax 2006, 225.

4 KG v. 30.1.2007 – 1 W 214/06, FGPrax 20007, 181 (185).

stellt würde, bedarf es im Falle der Wiederaufnahme des Löschungsverfahrens einer erneuten Löschungsankündigung und Anhörung.[1]

36 Sind die Voraussetzungen für eine zwingende Bekanntmachung gem. Abs. 2 Satz 1 nicht gegeben, kann das Registergericht anordnen, die Bekanntmachung und die Bestimmung der Frist in den für die Bekanntmachung der Eintragungen in das Handelsregister bestimmten elektronischen Informations- und Kommunikationssystem nach § 10 HGB zu veröffentlichen.

VI. Widerspruch

37 Für das weitere Verfahren wird in Abs. 3 auf § 393 Abs. 3 und 4 verwiesen. Gegen die vom Gericht **mitgeteilte Löschungsabsicht** steht der betroffenen Gesellschaft der **Widerspruch** zu, in den Fällen einer Bekanntmachung gem. **Abs. 2 Satz 2** weitergehend jedem **Dritten**, der am Unterbleiben der Löschung ein **berechtigtes Interesse** hat. Das kann etwa ein Dritter sein, der von der Gesellschaft die Zustimmung zur Löschung zu einer nur noch eine formale Rechtsposition darstellenden Registereintragung benötigt.

38 Dagegen gibt Abs. 2 Satz 2 einem Dritten, dessen offengelegtes Interesse auf eine Löschung der Gesellschaft gerichtet ist, dann kein Widerspruchsrecht, wenn das Registergericht etwa auf Grund der Gegendarstellung eines Vertreters der Gesellschaft vom Löschungsverfahren Abstand genommen hat, der Dritte aber sein Löschungsbegehren weiter verfolgen will.[2]

39 Über den **Widerspruch** ist durch **Beschluss** zu entscheiden, Abs. 3 iVm. § 393 Abs. 3. Gegen den Beschluss ist das Rechtsmittel der Beschwerde gem. § 58 gegeben.

VII. Löschung

40 Gem. Abs. 3 gilt für die Löschung § 393 Abs. 4 entsprechend. Auch bei Vermögenslosigkeit der Gesellschaft darf die Löschung durch das Registergericht **erst erfolgen**, wenn die **Frist** für den **Widerspruch abgelaufen** oder wenn der den Widerspruch zurückweisende Beschluss (vgl. § 393 Rz. 21) **rechtskräftig** geworden ist.

41 Ist eine Gesellschaft vom Registergericht bereits wegen Vermögenslosigkeit gelöscht worden, obwohl über ihren Widerspruch gegen die Löschungsankündigung noch nicht rechtskräftig entschieden war, bleibt das gegen die Ankündigung der Löschung gerichtete Rechtsmittel zulässig; die bereits eingetragene Amtslöschung ihrerseits ist dann zunächst wieder von Amts wegen zu löschen.[3]

42 Gem. Rz. 16 muss die Vermögenslosigkeit der Gesellschaft **im Zeitpunkt der Löschung** noch vorliegen.

43 **Zuständig** für Löschungsverfahren gem. § 394 ist auf Grund des Vorbehalts in § 17 Abs. 1 Nr. 1e RpflG der Richter.

1 KG v. 30.1.2007 – 1 W 214/06, FGPrax 20007, 184 (185).
2 OLG Hamm v. 13.3.2003 – 15 W 56/2003, FGPrax 2003, 185.
3 OLG Düsseldorf v. 5.4.2006 – I-3 Wx 222/05, FGPrax 2006, 226 (227).

§ 395
Löschung unzulässiger Eintragungen

(1) Ist eine Eintragung im Register wegen des Mangels einer wesentlichen Voraussetzung unzulässig, kann das Registergericht sie von Amts wegen oder auf Antrag der berufsständischen Organe löschen. Die Löschung geschieht durch Eintragung eines Vermerks.

(2) Das Gericht hat den Beteiligten von der beabsichtigten Löschung zu benachrichtigen und ihm zugleich eine angemessene Frist zur Geltendmachung eines Widerspruchs zu bestimmen. § 394 Abs. 2 Satz 1 und 2 gilt entsprechend.

(3) Für das weitere Verfahren gilt § 393 Abs. 3 bis 5 entsprechend.

I. Bisherige Regelung

1 Die Bestimmung ersetzt den bisherigen § 142 FGG. Durch ihren Standort in Abschnitt 3 von Buch 5 (Registersachen) ist zugleich geklärt, dass es der bisher im FGG enthaltenen Verweisungen für die übrigen Register, §§ 147 Abs. 1 Satz 2, 159 Abs. 1 Satz 2, 160 Abs. 1 Satz 2 und 161 Abs. 1 FGG aF, für das heutige Recht nicht mehr bedarf.

2 Im Einzelnen entsprechen die Abs. 1 bis 3 im Wesentlichen – bis auf redaktionelle Änderungen sowie bis auf das auf Veranlassung des Rechtsausschusses ergänzte Antragsrecht der berufsständischen Organe – § 142 FGG aF. Durch das Entfallen der bisher in § 142 Abs. 1, 2. Halbs. FGG aF enthaltenen Vergangenheitsform ist vom Gesetzgeber klargestellt worden, dass eine Löschung nach Maßgabe der Vorschrift auch dann möglich ist, wenn sie nicht von vornherein unzulässig war, sondern erst nachträglich unzulässig geworden ist.[1]

II. Bedeutung

3 Durch die Vorschriften der §§ 395, 397 und 398 wird ein besonderes Verfahren geregelt, durch welches dem **Registergericht** die Befugnis eingeräumt wird, an **wesentlichen Mangeln** leidende **Registereintragungen**, nämlich Eintragungen, die zurzeit der Eintragung wegen des Fehlens einer wesentlichen Voraussetzung unzulässig waren oder dies nachträglich geworden sind, wieder **von Amts wegen** zu löschen. Dabei enthält **§ 395** die **allgemeine Regelung**, während in **§ 397** für **bestimmte Gesellschaften**, nämlich Aktiengesellschaften, die Kommanditgesellschaft auf Aktien, der Gesell-

1 BT-Drucks. 16/6308, S. 288; so bisher auch schon RG v. 16.5.1942 – II B 1/42, RGZ 169, 147 (152); KG v. 12.11.1964 – 1 W 1851/64, DNotZ 66, 48 = NJW 1965, 254.

schaft mit beschränkter Haftung sowie Genossenschaften als Spezialregelung eine Löschung von Amts wegen ausschließlich in den dort bestimmten Fällen vorgesehen ist (vgl. § 397 Rz. 4). § 398 enthält **entsprechende Bestimmungen** für die dort bezeichneten **Beschlüsse** einer AG, KGaA, GmbH oder Genossenschaft, welche ebenfalls als Spezialregelung § 395 vorgehen (vgl. § 398 Rz. 3).

4 Der Grund dafür, den **Registergerichten** die in den §§ 395, 397 und 398 vorgesehenen **Befugnisse** einzuräumen, liegt zum einen darin, dass **Registereintragungen** gem. § 383 Abs. 3 **nicht anfechtbar** sind (vgl. § 383 Rz. 11), so dass grundsätzlich die Möglichkeit ausgeschlossen ist, eine von einem Beteiligten behauptete Unrichtigkeit einer erfolgten Eintragung im Beschwerdeverfahren zu überprüfen. Die ausnahmsweise als zulässig angesehene **Fassungsbeschwerde** (vgl. § 383 Rz. 12 ff.) greift nicht in den Fällen, in denen die Eintragung inhaltlich an einem wesentlichen Fehler leidet; sie kann lediglich äußerliche Fehler, etwa Schreibfehler oder redaktionelle Punkte beheben oder inhaltliche Unklarheiten, nicht aber inhaltliche Fehler, korrigieren.

5 Zum anderen besteht **keine gesetzliche Anmeldeverpflichtung**, wonach **Beteiligte** etwa die **Löschung unzulässiger Eintragungen** im Register zu **beantragen hätten**. Eine solche Löschung kann deshalb auch nicht gegenüber einem Beteiligten durch Festsetzung eines Zwangsgeldes gem. § 14 HGB durchgesetzt werden.[1] Dass auf Grund freiwilligen Tätigwerdens des Antragsberechtigten die Eintragung neu und zutreffend gefasst werden kann, erscheint allein nicht ausreichend, um der dem Register zur Einhaltung des Publizitätsgrundsatzes obliegenden Kontrollfunktion zu genügen.

6 Das ausdrücklich in das Gesetz aufgenommene Antragsrecht der berufsständischen Organe dient der Klarstellung, dass diese im Bereich der §§ 393 bis 395 jeweils die gleichen Befugnisse haben sollen.[2]

III. Löschungsvoraussetzungen

1. Registereintragung

7 Es muss eine formell wirksame Eintragung in einem der in § 374 bezeichneten Register vorliegen.

8 Liegt ein **wirksamer** Eintragungsvermerk **nicht vor**, etwa weil die Eintragung von einem dazu nicht Befugten vorgenommen wurde, ist sie **ohne Weiteres** wieder **zu löschen**.[3] Über einen dann tatsächlich noch nicht erledigten Eintragungsantrag ist (noch) zu entscheiden.

9 Im Übrigen ist es gleich, ob die Eintragung auf Grund einer Anmeldung oder von Amts wegen vorgenommen wurde. Ist die Eintragung von Amts wegen vorgenommen worden, ist ohne Belang, ob sie durch das Registergericht direkt oder auf Anweisung des Beschwerdegerichts erfolgt ist: In Handelsregistersachen kommt Entscheidungen nicht materielle Rechtskraft in dem Sinne zu, dass das Registergericht an einem neuen Verfahren etwa an die in dem früheren Verfahren zugrunde gelegte Rechtsauffassung gebunden wäre.[4]

1 KG v. 9.3.1999 – 1 W 8174/98, FGPrax 1999, 156; Jansen/*Steder*, § 142 Rz. 3.
2 BT-Drucks. 16/9733, S. 298.
3 Jansen/*Steder*, § 142 Rz. 10.
4 KG v. 11.12.1914 – 1a X 1174/14, KGJ 47, 108; BayObLG v. 17.5.1978 – BReg. 1 Z 43/78, BayObLGZ 1978, 121 (126); Keidel/*Winkler*, § 142 Rz. 1, 13.

Als Eintragung iSv. § 395 ist auch eine im Register vorgenommene Löschung anzusehen, zB die Löschung einer Gesellschaft wegen Vermögenslosigkeit gem. § 394. 10

2. Unzulässigkeit wegen Fehlens einer wesentlichen Voraussetzung der Eintragung

Da in den klassischen FGG-Registern nur bestimmte Tatsachen und Rechtsverhältnisse eingetragen werden dürfen, für deren Eintragung ein erhebliches Bedürfnis des Rechtsverkehrs besteht,[1] ist das Fehlen einer wesentlichen Eintragungsvoraussetzung dann ohne weiteres anzunehmen, wenn eine **Eintragung dieser Art** oder **mit diesem Inhalt gesetzlich nicht gestattet** ist oder wenn **ausdrücklich** für die **Eintragung** gesetzlich verlangte **Erfordernisse fehlen**, deren Nichtvorliegen die Beseitigung der Eintragung sowohl im öffentlichen Interesse als auch/oder im Interesse von Beteiligten, geboten erscheinen lässt.[2] Davon abgesehen, enthält das FamFG – ebenfalls wie früher das FGG – keine Legaldefinition, was unter dem Fehlen einer wesentlichen Voraussetzung der Eintragung zu verstehen ist, so dass die Auslegung dieses Begriffs weiterhin der Rechtsprechung und der Literatur überlassen bleibt. 11

Von Bedeutung ist zunächst ein Vergleich mit der Regelung in § 53 GBO: Dort kommt es nur darauf an, dass eine Eintragung, durch die das Grundbuch unrichtig geworden ist, unter Verletzung gesetzlicher Vorschriften vorgenommen wurde. 12

Bei § 395 muss gegenüber § 53 GBO weitergehend ein **Verstoß** gegen eine **wesentliche Eintragungsvoraussetzung** vorliegen. Damit lassen sich zB Verstöße lediglich gegen Soll-Vorschriften[3] generell als nicht ausreichend für eine Löschung von Amtswegen gem. § 395 qualifizieren. Gleiches gilt für nur redaktionelle Fehler oder sonstige Fehler geringfügiger Art. Wo die Grenze zum Vorliegen bzw. Fehlen einer wesentlichen Eintragungsvoraussetzung liegt, hat im Ergebnis das Registergericht unter Berücksichtigung der im konkreten Einzelfall gegebenen Lage zu beurteilen. 13

Ist bei einem vom Registergericht gem. § 394 eingeleiteten Löschungsverfahren die **Löschungsankündigung** trotz Vorliegens der Voraussetzungen des § 394 Abs. 2 Satz 1 **nicht ordnungsgemäß bekannt gemacht** worden, muss wegen des darin liegenden erheblichen **Verfahrensfehlers** die anschließend eingetragene **Löschung wieder** durch **Eintragung eines Vermerks** gem. § 395 **beseitigt werden**.[4] Entsprechendes gilt, wenn in einem Verfahren eine zwingend vorgeschriebene Anhörung, etwa der berufsständischen Organe, nicht erfolgt ist. 14

Zu **unterscheiden** ist weiter, ob vom **Vorliegen eines wesentlichen Mangels** nur eine **deklaratorische**, dh. rechtsfeststellende **Registereintragung** betroffen ist **oder** es sich um eine **konstitutive**, dh. rechtsbegründende **Registereintragung** handelt. Bei deklaratorischen Eintragungen ist wesentlich, ob die erfolgte Eintragung sachlich zutreffend ist oder nicht. Ist sie zutreffend und nur ein, wenn auch wesentlicher, verfahrensrechtlicher Umstand verletzt, könnte eine erfolgte Löschung gem. § 395 zur Folge haben, dass das Registergericht den Anmeldepflichtigen sogleich wieder auffordern müsste, zur Vermeidung eines Zwangsgeldes die Eintragung vorzunehmen, was nur schwer mit dem Zweck des Registerwesens zu vereinbaren wäre. 15

---

1 BGH v. 10.11.1997 – II ZB 6/97, NJW 1998, 1071 = FGPrax 1998, 68.

2 OLG Zweibrücken v. 13.3.2001 – 3 W 15/01, FGPrax 2001, 125 = Rpfleger 2001, 354.

3 OLG Hamm v. 12.11.1992 – 15 W 266/92, GmbHR 1993, 295; OLG Frankfurt v. 11.11.1992 – 20 W 418/92, OLGZ 1994, 39 = Rpfleger 1993, 249.

4 OLG Frankfurt v. 4.8.1997 – 20 W 359/96, NJW-RR 1998, 612; OLG Düsseldorf v. 5.8.1998 – 3 Wx 304/98, FGPrax 1998, 231; vgl. auch BayObLG v. 4.6.1997 – 3 Z BR 44/97, NJW-RR 1998, 613 (614).

16 Bei einer **sachlich richtigen Eintragung** kann eine Löschung von Amts wegen zB nicht erfolgen, falls **Ordnungsvorschriften** nicht beachtet worden sind. Dies gilt etwa, wenn die Form der Anmeldung (§ 12 HGB) nicht beachtet worden ist oder wenn zwar ein Verfahrensverstoß vorliegt, dieser aber keine Rechtsfolgen hat, zB wenn die vom zuständigen Registerführer bewirkte Eintragung statt vom Richter vom Rechtspfleger verfügt war.[1] Ist der Eintritt eines persönlich haftenden Gesellschafters einer OHG oder der Eintritt eines persönlich haftenden Gesellschafters oder eines Kommanditisten in die KG, die Fortsetzung der Gesellschaft mit den Erben eines verstorbenen Gesellschafters oder die Bestellung eines Liquidators im Register eingetragen, ohne dass sie von allen Gesellschafter angemeldet worden war, kommt es ebenfalls nur darauf an, ob die Eintragung zutreffend ist. Ist sie dies, scheidet eine Löschung gem. § 395 aus.[2]

17 Ein **wesentlicher sachlicher Mangel**, der eine Löschung rechtfertigt, liegt dagegen vor, wenn eine **Handelsfirma** für einen **Nichtkaufmann eingetragen** ist. Das Registergericht ist zur Einleitung eines Löschungsverfahrens von Amts wegen verpflichtet, wenn eine GmbH eine nach § 4 Abs. 1 VAG unzulässige Bezeichnung führt („Assekuranz").[3] Eine Löschung gem. § 395 kommt auch in Frage, wenn eine Firma bei einem anderen Gericht als dem der Hauptniederlassung (§ 29 HGB) eingetragen ist. Gleiches gilt, wenn an Stelle der Eintragung einer angemeldeten Prokura nur eine Handlungsvollmacht eingetragen wurde.

18 **Konstitutive**, dh. rechtsbegründende Eintragungen können sowohl beim Vorliegen **sachlicher Mängel** als auch beim Vorliegen **wesentlicher Verfahrensverstöße** gelöscht werden.[4] Ist die Anmeldung der Ersteintragung einer AG nur durch einen Teil der Gründer, Vorstandsmitglieder und Aufsichtsratsmitglieder erfolgt, ist die Gesellschaft von Amts wegen zu löschen. Gleiches gilt, wenn bei einer GmbH die Eintragung einer Kapitalerhöhung unzutreffend erfolgt ist, weil statt der beschlossenen eine andere, niedrigere Summe eingetragen wurde.[5] Auch bei einer verfrühten, verfahrenswidrig vorgenommenen Löschung einer GmbH wegen Vermögenslosigkeit, bei der die Löschungsabsicht den gesetzlichen Vertretern nicht ordnungsgemäß mitgeteilt worden war, ist die Gesellschaft zunächst durch Löschung des Löschungsvermerks wieder zu aktivieren.[6] Liegt lediglich ein Verfahrensverstoß vor, kommt es besonders auf dessen Erheblichkeit an. Umstritten ist zB, ob das Unterlassen der in § 394 Abs. 2 Satz 3 vorgeschriebenen Anhörung der in § 380 bezeichneten Organe die Verletzung einer wesentlichen Verfahrensvorschrift darstellt.[7] Unter Berücksichtigung der Funktion der Organe gem. § 380 und der hier bindend vorgeschriebenen Anhörung ist diese Frage zu bejahen.

---

1 KG v. 21.9.1933 – 1b X 494/33, JFG 11, 178.

2 KG v. 19.7.1965 – 1 W 1353/65, OLGZ 1965, 315.

3 OLG München v. 9.6.2005 – 31 Wx 8/05, FGPrax 2005, 227.

4 Vgl. Jansen/*Steder*, § 142 Rz. 31 mwN.

5 RG v. 26.6.1914 – Rep. II 109/14, RGZ 85, 206.

6 OLG Düsseldorf v. 5.8.1998 – 3 Wx 304/98, FGPrax 1998, 231; OLG Schleswig v. 25.5.2000 – 2 W 82/2000, FGPrax 2000, 160.

7 Bejahend OLG Frankfurt v. 4.8.1997 – 20 W 359/96, Rpfleger 1998, 348 = NJW-RR 1998, 612; differenzierend KG v. 6.7.2004 – 1 W 174/04, GmbHRdsch 2004, 1286, wonach ein schwerer Verfahrensfehler nur dann vorliegt, wenn sich bei der Anhörung die Unrichtigkeit der beantragten Löschung ergeben hätte.

3. Sonderfall: § 6 Abs. 2 GmbHG bzw. § 37 Abs. 2 AktG

19 § 6 Abs. 2 GmbHG enthält einen Katalog von (negativen) Voraussetzungen, bei deren Vorliegen eine Person nicht Geschäftsführer einer GmbH bzw. einer Unternehmergesellschaft sein kann. Entsprechendes gilt gem. § 37 Abs. 3 AktG für den Vorstand einer AG bzw. KGaA. Liegen dem **Registergericht** genügende **Nachweise** vor, bei einem im Handelsregister **eingetragenen Geschäftsführer** das Vorliegen von **Merkmalen des § 6 Abs. 2 GmbHG** festzustellen, ist fraglich, ob eine **Amtslöschung** durch das Registergericht nach **§ 395** oder nur unter den (erschwerten) Voraussetzungen des **§ 398** erfolgen kann. Nach bisherigem Recht wurde diese Frage unterschiedlich beurteilt. Die wohl überwiegende Ansicht nahm an, die unter Verstoß gegen § 6 Abs. 2 GmbHG erfolgte Eintragung des Geschäftsführers einer GmbH unterfalle der Regelung des § 142 FGG aF (jetzt **§ 395**).[1]

20 Von einer Minderansicht wurde mit der Begründung, dass der Gesellschafterbeschluss über die Bestellung eines Geschäftsführers, der wegen des Vorliegens von Merkmalen des § 6 Abs. 2 GmbHG nicht dieses Amt ausüben könne, nichtig sei,[2] ein Fall des § 144 Abs. 2 FGG aF (jetzt § 398) angenommen.[3]

21 Nach zutreffender Auffassung ist **§ 395 anzuwenden**: Bei der Eintragung eines Geschäftsführers kommt es nicht allein auf den Bestellungsbeschluss der Gesellschafterversammlung an, sondern auf die persönliche Versicherung des neuen Geschäftsführers gem. § 8 Abs. 1 Nr. 3 GmbHG. Eingetragen wird nicht allein oder vorrangig ein Beschluss, sondern auf der Grundlage eines Beschlusses ein Vertreter des Rechtsträgers, der bestimmte Voraussetzungen außerhalb des Beschlusses erfüllen muss.

22 Die abweichende Ansicht kann zudem weder den Fall erfassen, dass ein Geschäftsführer unter Verstoß gegen § 6 Abs. 2 GmbHG bereits bei Gründung der Gesellschaft bestellt wird, weil dann der Bestellung kein Gesellschafterbeschluss der GmbH zugrunde liegt, noch den Fall erfassen, dass erst nach Eintragung des Geschäftsführers diesem durch rechtskräftige Gerichtsentscheidung untersagt wird, eine Geschäftsführertätigkeit auszuüben.[4]

4. Maßgeblicher Zeitpunkt

23 Eine generelle Aussage, dass es für die Frage, ob eine Eintragung unzulässig ist, grundsätzlich auf den Zeitpunkt der Vornahme der Eintragung abgestellt werden müsse, lässt sich nach der Änderung des Wortlautes von § 395 gegenüber § 142 FGG aF nicht mehr treffen. Auch vorher wurden allerdings bereits Ausnahmen zugelassen.[5] Eine bestimmte **Zeitfolge** spielt heute **keine wesentliche Rolle** mehr: War zB eine **Eintragung ursprünglich zwar unzulässig**, ist der **Mangel** aber **später** durch danach eingetretene Umstände behoben worden und ist nunmehr die Eintragung als zulässig anzu-

1 OLG Zweibrücken v. 13.3.2001 – 3 W 15/01, FGPrax 2001, 125 = Rpfleger 2001, 354; OLG Naumburg v. 10.11.1999 – 7 Wx 7/99, FGPrax 2000, 125; KG v. 9.3.1999 – 1 W 8174/98, GmbHR 1999, 861 = FGPrax 1999, 156; Keidel/*Winkler*, § 142 Rz. 10; *Krafka/Willer*, Rz. 441.

2 Diese Feststellung wurde auch mit Beschl. des OLG Naumburg v. 10.11.1999 – 1 Wx 7/99, FGPrax 2000, 121, getroffen.

3 Jansen/*Steder*, § 144 Rz. 33; *Rowedder/Schmidt-Leithoff*, GmbH-Gesetz, § 6 Rz. 19.

4 BayObLG v. 23.3.1989 – BReg. 3 Z 148/88, NJW-RR 1989, 934.

5 BayObLG v. 19.6.2001 – 3 ZBR 48/01, GmbHR 2001, 776 = Rpfleger 2001, 599 = NotBZ 2002, 31 = NJW-RR 2002, 246; OLG Zweibrücken v. 24.9.2001 – 3 W 201/01, Rpfleger 2002, 83 = NJW-RR 2002, 457

sehen, steht dies einer etwa noch beabsichtigten Löschung gem. § 395 entgegen.[1] Aufgrund der Gesetzesänderung sind darüber hinaus nach der Eintragung eingetretene Veränderungen in jedem Fall zu berücksichtigen.

IV. Verfahren

24 Das Beschlussverfahren ist von Amts wegen einzuleiten, sobald das Registergericht nach pflichtgemäßem Ermessen genügende Anhaltspunkte für das Vorliegen einer unrichtigen Eintragung und damit hinreichende Gründe für sein Tätigwerden erkennt. Berufsständische Organisationen iSd. § 380 haben nunmehr ein Antragsrecht, vgl. vorstehend Rz. 6. Sonstige Dritte haben kein Antragsrecht, können jedoch ein Verfahren anregen, ebenso, wie dies von den berufsständischen Organen iSd. § 380 angeregt werden kann. In diesen Fällen ist das **Registergericht verpflichtet**, in eine **sachliche Prüfung** der Löschungsfrage einzutreten.[2] Hält das Registergericht die Voraussetzungen für eine Löschung für gegeben, hat es den Beteiligten gem. Abs. 2 von der beabsichtigten Löschung zu benachrichtigen und ihm zugleich eine angemessene Frist zur Geltendmachung eines Widerspruch zu bestimmen. Die Bekanntgabe der Ankündigungsverfügung erfolgt nach § 15.

25 Hat ein **Dritter** die Einleitung eines Amtslöschungsverfahrens angeregt, steht ihm kein Rechtsmittel für den Fall zu, dass das Registergericht die Einleitung ablehnt.[3]

26 Das Gericht hat den Beteiligten über eine **Löschungsabsicht** zu benachrichtigen und dabei eine **angemessene Frist** zur Erhebung des **Widerspruchs** zu gewähren. Für die Bekanntmachung gilt § 394 Abs. 2 Satz 1 und 2 entsprechend (vgl. § 394 Rz. 32).

27 Gem. Abs. 3 gilt für das weitere Verfahren § 393 Abs. 3 bis 5 entsprechend. Insoweit wird zunächst auf die Ausführungen zu § 393 Ziff. VI. (§ 393 Rz. 18 ff.) und Ziff. VII. (§ 393 Rz. 22 ff.) verwiesen. Wesentlich ist auch hier, dass gem. § 393 Abs. 5 die Löschung **erst erfolgen darf**, wenn **kein Widerspruch** erhoben oder der den Widerspruch zurückweisende **Beschluss rechtskräftig** geworden ist. Weiter muss der Mangel der Eintragung im Zeitpunkt der Löschung noch fortbestehen. Ist er in diesem Zeitpunkt behoben, hat das Registergericht von der Löschung Abstand zu nehmen.

28 Da es sich bei der Löschung um eine **Ermessensentscheidung** des Registergerichts handelt, kann sie **unterbleiben**, wenn sie für den Beteiligten **schwere wirtschaftliche Nachteile** zur Folge haben würde, aber **keinem Dritte nützt**.[4]

29 Zuständig für Löschungsverfahren gem. § 395 ist auf Grund des Vorbehalts in § 17 Abs. 1 Nr. 1e RpflG der **Richter**.

1 BayObLG v. 11.5.1995 – 3 ZBR 58/95, Rpfleger 1995, 465 = DNotZ 1996, 167.

2 KG v. 21.11.1966 – 1 W 2437/66, OLGZ 1967, 97 (100); OLG Hamm v. 29.7.1971 – 15 W 633/70, Rpfleger 1971, 402; OLG Frankfurt v. 17.2.1976 – 20 W 919/75, Rpfleger 1976, 213; Keidel/*Winkler*, § 142 Rz. 20.

3 Vgl. KG v. 22.5.2007 – 1 W 107/07, FGPrax 2007, 276.

4 *Krafka/Willer*, Rz. 448.

§ 396
(entfallen)

Der RegE hatte in § 396 E vorgesehen, den früheren § 143 FGG zu übernehmen, wonach die Löschung einer Eintragung nach Maßgabe des § 395 – bzw. des früheren § 142 FGG – ebenfalls durch das dem Registergericht übergeordnete Landgericht verfügt werden konnte. Da auch früher die Löschungszuständigkeit der Landgerichte in der Praxis keine wesentliche Rolle gespielt hat und unter der Geltung des FamFG in Registersachen die Oberlandesgerichte und nicht mehr die Landgerichte für das Beschwerdeverfahren zuständig sind, erscheint die vom Rechtsausschuss zuletzt noch veranlasste ersatzlose Streichung der Bestimmung sachgerecht.[1] 1

§ 397
Löschung nichtiger Gesellschaften und Genossenschaften

Eine in das Handelsregister eingetragene Aktiengesellschaft oder Kommanditgesellschaft auf Aktien kann nach § 395 als nichtig gelöscht werden, wenn die Voraussetzungen vorliegen, unter denen nach den §§ 275 und 276 des Aktiengesetzes die Klage auf Nichtigerklärung erhoben werden kann. Das Gleiche gilt für eine in das Handelsregister eingetragene Gesellschaft mit beschränkter Haftung, wenn die Voraussetzungen vorliegen, unter denen nach den §§ 75 und 76 des Gesetzes betreffend die Gesellschaften mit beschränkter Haftung die Nichtigkeitsklage erhoben werden kann, sowie für eine in das Genossenschaftsregister eingetragene Genossenschaft, wenn die Voraussetzungen vorliegen, unter denen nach den §§ 94 und 95 des Genossenschaftsgesetzes die Nichtigkeitsklage erhoben werden kann.

I. Bisherige Regelung

Die Vorschrift entspricht weitgehend dem bisherigen § 144 Abs. 1 FGG. Die entsprechende Regelung für die Genossenschaften, bisher § 147 Abs. 3 FGG, wurde in die Vorschrift integriert. 1

II. Anwendungsbereich

Gegenüber der allgemeinen Befugnis des Registergerichts zur Vornahme von Amtslöschungen nach § 395 enthält § 397 eine Sonderregelung für die Löschung der darin 2

1 Vgl. BT-Drucks. 16/6308, S. 393 (422); BT-Drucks. 16/9733, S. 298.

bezeichneten Kapitalgesellschaften (AG, KGaA und GmbH) sowie von eingetragenen Genossenschaften.

3 Da dem **Vertrauen der Öffentlichkeit** in den **Bestand** der im Handelsregister und im Genossenschaftsregister eingetragenen Gesellschaften ein besonders hoher Schutz zu Teil wird und diesem zugleich der Vorrang vor privaten Interessen einzelner Personen, die durch die Eintragung einer fehlerhaften Gesellschaft etwa in ihren Rechten betroffen sein könnten, eingeräumt wird, sind die **Löschungsgründe in Abs. 1** unter Bezugnahme auf die Bestimmungen der §§ 275, 276 des AktG, den §§ 75, 76 des GmbHG und den §§ 94, 95 des GenG **abschließend aufgeführt**.[1]

4 Als **Sonderregelung verdrängt § 397** die allgemeine Bestimmung des **§ 395**. Daher kann, wenn die Voraussetzungen des § 397 nicht erfüllt sind, nicht auf sonstige Verfahrensfehler oder sachliche Unrichtigkeiten der Eintragung iS von § 395 zurückgegriffen werden, um doch noch die Eintragung der Gesellschaft als nichtig zu löschen.

Eine Löschung einer Gesellschaft oder Genossenschaft ist damit nur auf Grund von § 397 in den folgenden Fällen zulässig:

1. Löschung einer AG bzw. KGaA

5 Die Löschung einer AG bzw. KGaA gem. § 397 FamFG iVm. den §§ 275, 276 bzw. § 278 Abs. 3 AktG kann erfolgen,

6 – wenn die Satzung keine Bestimmung über die Höhe des Grundkapitals enthält, welches zwingend gem. § 23 Abs. 3 Nr. 3 AktG in der notariell zu beurkundenden Satzung der AG bestimmt sein muss.

7 Ist ein Betrag zwar angegeben, der aber entgegen § 6 AktG nicht auf Euro lautet oder den Mindestnennbetrag des Grundkapitals gem. § 7 AktG von 50 000 Euro unterschreitet, ist die entsprechende Satzungsbestimmung zwar ebenfalls nichtig, jedoch ist kein Fall des § 397, sondern ein solcher des § 399 gegeben (vgl. § 399 Rz. 8).

8 – wenn in der Satzung keine Bestimmung über den Gegenstand des Unternehmens enthalten ist, § 23 Abs. 3 Satz 2 AktG.

9 – wenn die Bestimmungen über den Gegenstand des Unternehmens nichtig sind, etwa weil sie gegen ein gesetzliches Verbot, § 134 BGB, oder die guten Sitten verstoßen.[2]

2. Löschung einer GmbH oder Unternehmergesellschaft

10 Die Löschung einer GmbH gem. § 75 GmbHG kann erfolgen,

– wenn der Gesellschaftsvertrag keine Bestimmung über die Höhe des Stammkapitals enthält, welches zwingend gem. § 5 Abs. 1 GmbHG für die GmbH bzw. § 5a Abs. 1 GmbHG für die Unternehmergesellschaft in dem notariell zu beurkundenden Gesellschaftsvertrag bestimmt sein muss.

---

1 BGH v. 9.10.1956 – II ZB 11/56, BGHZ 21, 378 (381); KG v. 14.11.2000 – 1 W 6828/99, FGPrax 2001, 31.

2 Nichtigkeit wegen verdeckter Mantel- bzw. Vorratsgründung, vgl. BGH v. 16.3.1992 – II ZB 17/91, NJW 1992, 1824; seit Langem anerkannt ist die Zulässigkeit offener Vorrats- bzw. Mantelgründungen, vgl. BGH v. 16.3.1992 – II ZB 17/91, NJW 1992, 1824 für die AG; BGH v. 9.12.2002 – II ZB 12/02, NZG 2003, 170, NJW 2003, 892 für die GmbH.

- wenn der Gesellschaftsvertrag keine Bestimmungen über den Gegenstand des Unternehmens enthält, § 3 Abs. 1 Ziff. 2 GmbHG.
- wenn die Bestimmungen über den Gegenstand des Unternehmens nichtig sind, etwa weil sie gegen ein gesetzliches Verbot, § 134 BGB, oder die guten Sitten verstoßen.

3. Löschung einer Genossenschaft

Eine Genossenschaft kann gem. §§ 94, 95 GenG gelöscht werden, 11

- wenn die Satzung nicht den Mindestinhalt der in §§ 6, 7 GenG bezeichneten Bestimmungen enthält bzw. gegen die zwingende Regelung des § 119 GenG über die Höhe der Festsetzung der Haftsumme zur Leistung von Nachschüssen zur Insolvenzmasse verstößt und
- ein solcher, eine wesentliche Satzungsbestimmung betreffender Mangel nicht durch entsprechenden Satzungsänderungsbeschluss der Generalversammlung geheilt worden ist, § 95 Abs. 2 GenG.

III. Nicht zur Löschung berechtigende Gründe

Unter Berücksichtigung der vorstehenden Hinweise in Rz. 5 ff. berechtigen folgende Umstände nicht zur Einleitung eines Löschungsverfahrens gem. § 397: 12

- eine **Geschäftsunfähigkeit** des Gründers einer Ein-Mann-GmbH;[1]
- die Vornahme einer **verschleierten Sachgründung**;
- Mängel beim **Gründungsverfahren** bzw. Beurkundungsmängel;[2]
- Verstöße gegen Vorschriften des öffentlichen Rechts oder das Fehlen einer nötigen öffentlich-rechtlichen **Genehmigung** rechtfertigen ebenfalls nicht eine Amtslöschung wegen Nichtigkeit der Gesellschaft.

  Für die **GmbH** ist mit Inkrafttreten des MoMiG die Verpflichtung, bei der Anmeldung der Gesellschaft die etwa erforderliche Genehmigungsurkunde für den Unternehmensgegenstand vorzulegen, durch die ersatzlose Streichung von § 8 Abs. 1 Nr. 6 GmbHG entfallen.

  Für die **AG** und die **KGaA** besteht jedoch weiterhin gem. § 37 Abs. 4 Nr. 6 AktG die Verpflichtung, bei der Anmeldung der Gesellschaft die Genehmigungsurkunde über die Erteilung einer erforderlichen staatlichen Genehmigung vorzulegen.

  Verfügt eine Gesellschaft nicht über die für ihren Geschäftsbetrieb erforderliche öffentlich-rechtliche Genehmigungen, kann dies insbesondere Rechtsfolgen öffentlich-rechtlicher Art nach sich ziehen, vgl. § 396 AktG, § 62 GmbHG, § 81 Abs. 1 GenG.

Ein zunächst etwa gegebener Löschungsgrund, der die Bestimmungen über den Gegenstand des Unternehmens betrifft, kann durch Heilung gem. § 276 AktG, § 76 GmbHG wieder entfallen. 13

1 KG v. 14.11.2000 – 1 W 6828/99, FGPrax 2001, 31 = Rpfleger 2001, 135.
2 Jansen/*Steder*, § 144 Rz. 24.

IV. Verfahren

14 Das **Verfahren der Amtslöschung** einer **nichtigen** Gesellschaft richtet sich nach § 395. Die **beabsichtigte Löschung** ist nach § 395 Abs. 2 dem vertretungsberechtigten Organ der Gesellschaft **vorher bekannt** zu machen und dabei zugleich eine **angemessene Frist** zur Geltendmachung des **Widerspruchs** zu bestimmen. Die insoweit früher in § 144 Abs. 3 FGG aF enthaltene Mindestfrist von drei Monaten ist entfallen. Infolge der Weiterverweisung in § 395 Abs. 2 Satz 2 gilt für die Bekanntmachung die Vorschrift des § 394 Abs. 2 Satz 1 und 2 entsprechend.

15 Eine Anhörung der berufsständischen Organe, § 380, bzw. im Fall einer Genossenschaft die Anhörung des Prüfungsverbandes ist hier nicht zwingend vorgeschrieben, da keine Verweisung auf § 394 Abs. 2 Satz 3 erfolgt ist. Sie erscheint aber wegen der Bedeutung des Eingriffs regelmäßig als geboten.

16 Für das weitere Verfahren gelten auch hier in Folge der Weiterverweisung in § 395 Abs. 3 die Vorschriften von § 393 Abs. 3 bis 5 entsprechend (vgl. insoweit § 393 Rz. 18 ff. und Rz. 21 ff.).

17 **Zuständig** für das Löschungsverfahren gem. § 397 ist auf Grund des Vorbehalts in § 17 Abs. 1 Nr. 1e RpflG der Richter.

§ 398
Löschung nichtiger Beschlüsse

Ein in das Handelsregister eingetragener Beschluss der Hauptversammlung oder Versammlung der Gesellschafter einer der in § 397 bezeichneten Gesellschaften sowie ein in das Genossenschaftsregister eingetragener Beschluss der Generalversammlung einer Genossenschaft kann nach § 395 als nichtig gelöscht werden, wenn er durch seinen Inhalt zwingende gesetzliche Vorschriften verletzt und seine Beseitigung im öffentlichen Interesse erforderlich erscheint.

I. Bisherige Regelung

1 Die Vorschrift entspricht weitgehend dem bisherigen § 144 Abs. 2 FGG. In die Bestimmung integriert wurde die bisher in § 147 Abs. 4 FGG aF ursprünglich enthaltene Regelung für die Genossenschaften. Nach der Gesetzesbegründung wurde das Verfahren zur Löschung nichtiger Beschlüsse im Register, § 398, aus Gründen der Übersichtlichkeit separat von den Vorschriften über die Löschung nichtiger Gesellschaften und Genossenschaften, § 397, geregelt.[1]

1 BT-Drucks. 16/6308, S. 288.

II. Anwendungsbereich

Unter der **Voraussetzung**, dass durch ihren **Inhalt zwingende Vorschriften** des Gesetzes **verletzt werden** und eine **Beseitigung der Eintragung** im **öffentlichen Interesse** erforderlich erscheint, können vom Registergericht im Handelsregister eingetragene **Beschlüsse** der Hauptversammlung einer AG oder KGaA, der Gesellschafterversammlung einer GmbH oder der Generalversammlung einer Genossenschaft als **nichtig gelöscht werden**. 2

Als Sonderregelung **verdrängt § 398** ebenfalls – wie § 397 Rz. 4 – die allgemeine Bestimmung des **§ 395**. Auch hier kann, wenn bei einem eingetragenen Beschluss nicht die Löschungsgründe des § 398 vorliegen, nicht auf sonstige Verfahrensfehler oder sachliche Unrichtigkeit iSd. § 395 zurückgegriffen werden. 3

1. Verstoß gegen zwingende gesetzliche Vorschriften

Der vom Registergericht **zu löschende Beschluss** muss gegen **zwingendes gesetzliches Recht** verstoßen, dh. wegen **dieses Verstoßes nichtig** sein. Deshalb rechtfertigt eine bloße Verletzung von Satzungsbestimmungen nicht die Löschung eines Beschlusses nach § 398.[1] Gleiches gilt für den Fall des fehlerhaften Zustandekommens des Beschlusses oder für den Fall von Verfahrensfehlen des Registerverfahrens, welches der Eintragung zugrunde gelegen hat.[2] 4

Zwingende gesetzliche Vorschriften sind insbesondere verletzt, wenn darin ausdrücklich die **Nichtigkeitsfolge angeordnet** ist. Bei der AG und KGaA sind die Nichtigkeitsgründe für **Hauptversammlungsbeschlüsse in § 241 AktG** aufgeführt. Aus § 242 Nr. 6 AktG folgt dabei zugleich, dass der in § 241 Nr. 1 bis 5 AktG enthaltene Katalog nicht abschließend ist. Zwingend sind zB weiter die Vorschriften über den **Mindestnennbetrag des Grundkapitals, § 7 AktG**, über **Form und Mindestbeträge der Aktien, § 8 AktG**, über den **maßgeblichen Ausgabebetrag der Aktien, § 9 AktG**, weiter das Rückgewährverbot des § 57 AktG, die Bestimmungen des § 58 AktG über die Verwendung des Jahresüberschusses, des Befreiungsverbots des § 66 AktG, sowie über die gesetzlichen Rücklagen, § 150 AktG. 5

Für die **GmbH** rechnen hierzu insbesondere die **Vorschriften** über die **Kapitalerhaltung**, §§ 30, 31 GmbHG, weiter § 19 GmbHG über die **Einzahlungen auf Geschäftsanteile** mit den durch das MoMiG in den Abs. 4 und 5 eingefügten Änderungen. 6

Bei der Genossenschaft kommt eine Verletzung zwingender Vorschriften des Gesetzes bei Beschlüssen der Generalversammlung in Frage, die gegen die §§ 19 Abs. 2, 23, 45, 65, 87a, 93, 115b, 119 GenG verstoßen. 7

2. Beseitigung der Eintragung durch öffentliches Interesse geboten

Darüber, ob eine Beseitigung des Beschlusses im öffentlichen Interesse erforderlich erscheint, hat das Registergericht nach **pflichtgemäßem Ermessen** zu entscheiden.[3] Außer dem Interesse der Allgemeinheit kann als öffentliches Interesse auch das Inte- 8

1 BayObLG v. 19.9.1991 – BReg. 3 Z 97/91, NJW-RR 1992, 295 = GmbHR 1992, 306; BayObLG v. 19.10.1995 – 3 ZBR 268/95, GmbHR 1996, 441; Keidel/*Winkler*, § 144 Rz. 27.

2 OLG Frankfurt v. 29.10.2001 – 20 W 58/01, FGPrax 2002, 35 = Rpfleger 2002, 211; OLG Karlsruhe v. 10.4.2001 – 11 Wx 12/01, FGPrax 2001, 161.

3 Jansen/*Steder*, § 144 Rz. 43 ff.

resse der Gesellschaftsgläubiger sowie das Interesse künftiger Aktionäre in Betracht kommen, nicht jedoch die Belange derjenigen, die bereits im Zeitpunkt der Beschlussfassung Aktionäre sind.[1]

III. Sonderfall: § 20 UmwG

9 Da eine Rückgängigmachung einer Verschmelzung aus praktischen und rechtlichen Gründen äußerst problematisch angesehen wird und nach dem Willen des Gesetzgebers ausgeschlossen sein soll, ist in § 20 Abs. 2 UmwG bestimmt, dass Mängel der Verschmelzung die Wirkungen der Eintragung nach § 20 Abs. 1, welche in weitem Umfang konstitutiven Charakter haben, unberührt lässt. Wegen der gesetzlich in § 20 Abs. 2 UmwG normierten dinglichen Bestandskraft der in das Handelsregister eingetragenen Umwandlung kommt damit eine Amtslöschung nach § 398 bzw. nach § 395 wegen etwaiger Mängel der der Umwandlung zugrunde liegenden Beschlüsse nicht in Betracht.[2]

IV. Verfahren

10 Hinsichtlich des Verfahrens der Löschung eines nichtigen Beschlusses nach § 398 **verweist** das Gesetz ebenfalls auf **§ 395**. Die beabsichtigte Löschung eines bestimmten Beschlusses ist nach § 395 Abs. 2 vorher bekannt zu machen und dabei zugleich eine angemessene Frist zur Geltendmachung des Widerspruchs zu bestimmen.

Wegen einer **Anhörung** der berufsständischen Organe bzw. des genossenschaftlichen Prüfungsverbandes wird auf § 397 Rz. 15 verwiesen.

Für das weitere Verfahren gelten auch hier durch die Weiterverweisung in § 395 Abs. 3 die Vorschriften von § 393 Abs. 3 bis 5 entsprechend (vgl. § 393 Rz. 18 f. und 21 f.).

Zuständig für das Löschungsverfahren gem. § 398 ist auf Grund des Vorbehalts in § 17 Abs. 1 Nr. 1e RpflG der Richter.

§ 399
Auflösung wegen Mangels der Satzung

(1) Enthält die Satzung einer in das Handelsregister eingetragenen Aktiengesellschaft oder einer Kommanditgesellschaft auf Aktien eine der nach § 23 Abs. 3 Nr. 1, 4, 5 oder Nr. 6 des Aktiengesetzes wesentlichen Bestimmungen nicht oder ist eine dieser Bestimmungen oder die Bestimmung nach § 23 Abs. 3 Nr. 3 des Aktiengesetzes nichtig, hat das Registergericht die Gesellschaft von Amts wegen oder auf Antrag der berufsständischen Organe aufzufordern, innerhalb einer bestimmten Frist eine Satzungsänderung, die den Mangel der Satzung behebt, zur Eintragung in das Handelsregister anzumelden oder die Unterlassung durch Widerspruch gegen die Aufforderung zu rechtfertigen. Das Gericht hat gleichzeitig darauf hinzuweisen, dass andernfalls ein

1 OLG Karlsruhe v. 18.12.1985 – 11 W 86/85, Rpfleger 1986, 140 (141) = OLGZ 1986, 155; OLG Frankfurt v. 29.10.2001 – 20 W 58/01, Rpfleger 2002, 211 = FGPrax 2002, 35.

2 OLG Frankfurt v. 26.5.2003 – 20 W 61/03, FGPrax 2003, 231 (232) mwN; OLG Frankfurt 25.10.2002 – 20 W 299/02, FGPrax 2003, 40; OLG Hamburg v. 17.8.2007 – 11 U 277/05, DNotZ 2009, 227 (229 f.).

nicht behobener Mangel im Sinne des Absatzes 2 festzustellen ist und dass die Gesellschaft dadurch nach § 262 Abs. 1 Nr. 5 oder § 289 Abs. 2 Nr. 2 des Aktiengesetzes aufgelöst wird.

(2) Wird innerhalb der nach Absatz 1 bestimmten Frist weder der Aufforderung genügt noch Widerspruch erhoben oder ist ein Widerspruch zurückgewiesen worden, hat das Gericht den Mangel der Satzung festzustellen. Die Feststellung kann mit der Zurückweisung des Widerspruchs verbunden werden. Mit der Zurückweisung des Widerspruchs sind der Gesellschaft zugleich die Kosten des Widerspruchsverfahrens aufzuerlegen, soweit dies nicht unbillig ist.

(3) Der Beschluss, durch den eine Feststellung nach Absatz 2 getroffen, ein Antrag oder ein Widerspruch zurückgewiesen wird, ist mit der Beschwerde anfechtbar.

(4) Die Absätze 1 bis 3 gelten entsprechend, wenn der Gesellschaftsvertrag einer in das Handelsregister eingetragenen Gesellschaft mit beschränkter Haftung eine der nach § 3 Abs. 1 Nr. 1 oder Nr. 4 des Gesetzes betreffend die Gesellschaften mit beschränkter Haftung wesentlichen Bestimmungen nicht enthält oder eine dieser Bestimmungen oder die Bestimmung nach § 3 Abs. 1 Nr. 3 des Gesetzes betreffend die Gesellschaften mit beschränkter Haftung nichtig ist.

I. Bisherige Regelung

Die Vorschrift entspricht inhaltlich dem bisherigen § 144a FGG. Es erfolgte lediglich eine redaktionelle Anpassung an die Terminologie des FamFG. Redaktionell wurde die Bestimmung um eine Regelung ergänzt, dass zusammen mit der Zurückweisung des Widerspruch der Gesellschaft die Kosten des Widerspruchsverfahrens aufzuerlegen sind, soweit dies im Einzelfall nicht unbillig ist. 1

II. Bedeutung der Vorschrift

§ 399 ist im Zusammenhang mit § 397 zu sehen. Während in § 397 die Löschung einer Gesellschaft von Amts wegen als nichtig nur in den Fällen vorgesehen ist, dass die Satzung oder der Gesellschaftsvertrag keine Bestimmungen über die Höhe des Grundkapitals bzw. Stammkapitals oder über den Gegenstand des Unternehmens enthält oder solche Bestimmungen über den Gegenstand des Unternehmens nichtig sind, hat **§ 399** das **Einschreiten des Registergerichts** bei der Feststellung **anderer wesentlicher Mängel der Satzung** einer AG oder KGaA oder des Gesellschaftsvertrages einer GmbH zum Gegenstand. 2

Die Vorgängervorschrift des § 144a FGG wurde durch Gesetz v. 15.8.1990[1] eingeführt, nachdem die durch das Europäische Recht veranlasste Änderung von § 275 Abs. 1 3

1 BGBl. I 1990, S. 1146, KoordG.

Satz 1 AktG und § 75 Abs. 1 GmbHG die Fälle einer Amtslöschung erheblich eingeschränkt hatte. Trotz dieser Einschränkungen wollte der deutsche Gesetzgeber den Restbestand der dann in § 144a FGG, nunmehr § 399, geregelten Fälle nicht sanktionslos lassen.

III. Anwendungsbereich

4 § 399 befasst sich in Abs. 1 mit der Satzung einer AG bzw. KGaA, in Abs. 4 mit dem Gesellschaftsvertrag einer GmbH. Die Bestimmung greift ein, wenn diese bestimmte Mängel aufweisen, in dem sie die nachstehend aufgeführten Punke in der Satzung bzw. im Gesellschaftsvertrag nicht regeln bzw. eine dort enthaltene Regelung nichtig ist.

1. Satzungsmängel bei der AG bzw. KGaA

5 Gem. § 23 Abs. 3 Nr. 1 AktG muss die Satzung der AG bzw. KGaA die Firma der Gesellschaft (vgl. § 4 AktG) bestimmen. Der Fall, dass die Satzung überhaupt keine Firma enthält, dürfte praktisch nicht vorkommen. Eine nichtige Firma liegt vor, wenn sie etwa nicht den in § 4 AktG vorgeschriebenen **Rechtsformzusatz** enthält oder gegen das **Irreführungsverbot** des § 18 Abs. 2 HGB verstößt. Nach § 399 Abs. 1 kann das Registergericht auch eine Verletzung des § 22 HGB bei Erwerb des Handelsgeschäfts oder die Eintragung einer nicht genügend unterscheidungsfähigen Firma, § 30 Abs. 1 HGB,[1] beanstanden.

6 Bestehen lediglich **schuldrechtliche Ansprüche** eines Dritten gegen den Firmeninhaber, etwa wegen der Verletzung von Zeichenrechten, kommt kein Einschreiten des Registergerichts, sondern lediglich die Geltendmachung privatrechtlicher Ansprüche des Firmeninhabers gegen den Dritten in Betracht.[2]

7 Gem. § 23 Abs. 3 Nr. 1 AktG muss die Satzung den **Sitz der Gesellschaft** bestimmen. Das Registergericht kann eingreifen, wenn eine Bestimmung über den Sitz ganz fehlt – was wiederum selten sein wird – oder ein unzulässiger Firmensitz, etwa ein solcher im Ausland, besteht. Die Vorgängervorschrift des § 144a FGG aF wurde entsprechend angewendet bei einer faktischen, gegen § 4a Abs. 2 GmbHG verstoßenden Verlagerung des Sitzes der Gesellschaft ins Ausland.[3]

Ein besonderes Problem bestand früher im Zusammenhang mit dem sog. Doppelsitz. Dieses dürfte sich jedoch heute erledigt haben.[4]

8 Gem. § 23 Abs. 2 Nr. 3 AktG muss die Satzung die **Höhe des Stammkapitals** der AG bzw. der KGaA bestimmen. Fehlt hierüber in der Satzung jegliche Bestimmung, greift § 395 ein. Für § 397 relevant ist die Nichtigkeit einer vorhandenen Bestimmung über das Aktienkapital, welches sich aus den §§ 6 und 7 AktG ergibt. Danach muss das Grundkapital auf einen Nennbetrag in Euro lauten, wobei der Mindestnennbetrag 50 000 Euro ist. Der Fall, dass ein Registergericht eine AG mit einem geringeren Fremdwährungskapital zunächst einträgt, dürfte ebenfalls kaum vorkommen.

1 Jansen/*Steder*, § 144a Rz. 7; *Keidel*/Winkler, § 144 Rz. 4.
2 OLG Hamm v. 23.12.2004 – 15 W 466/03, DB 2005, 716 (717).
3 BGH v. 2.6.2008 – II ZB 1/08, FGPrax 2008, 214; aA BayObLG v. 20.2.2002 – 3 Z BR 380/01, ZIP 2002, 1400.
4 *Krafka/Willer*, Handelsregister Rz. 355; Jansen/*Steder*, § 125 Rz. 25 ff.

Gem. § 23 Abs. 3 Nr. 4 AktG muss die Satzung Bestimmungen über die **Art der Aktien**, dh. Stück- oder Nennbetragsaktien, bei Nennbetragsaktien die Nennbeträge, bei Stückaktien die Zahl und beim Vorhandensein mehrerer Gattungen Angaben über die Zahl der Aktien jeder Gattung enthalten. 9

Gem. § 23 Abs. 3 Nr. 5 AktG muss die Satzung bestimmen, ob die Aktien auf den **Inhaber** oder auf den **Namen** ausgestellt werden. 10

Gem. § 23 Abs. 3 Nr. 6 AktG schließlich muss die Satzung die **Zahl der Mitglieder** des Vorstands oder die Regeln bestimmen, nach denen diese Zahl festgelegt wird. 11

2. Satzungsmängel bei der GmbH

Gem. § 3 Abs. 1 Nr. 1 GmbHG muss der Gesellschaftsvertrag die **Firma** und den **Sitz der Gesellschaft** enthalten. Hinsichtlich des Fehlens bzw. der Nichtigkeit dieser Angaben vgl. vorstehend Rz. 5 und Rz. 7. 12

Die in § 8 Nr. 4 GmbHG in der Anmeldung anzugebende inländische Geschäftsanschrift muss nicht in der Satzung angegeben bzw. identisch mit dem Sitz der Gesellschaft iSv. § 4a GmbHG sein. 13

Gem. § 3 Nr. 1 Satz 2 GmbHG muss der Gesellschaftsvertrag den Gegenstand des Unternehmens enthalten. Ein Fehlen des Gegenstandes des Unternehmens oder nichtige Vereinbarungen insoweit führen zu einer Amtslöschung gem. § 397. 14

Gem. § 3 Nr. 1 Satz 3 GmbHG muss der Gesellschaftsvertrag den Betrag des Stammkapitals der Gesellschaft enthalten. Die Mindestgröße von 25 000 Euro, § 5 Nr. 1 GmbHG, spielt insoweit nur noch eine Rolle für die Abgrenzung gegenüber der Unternehmergesellschaft, § 5a GmbHG. 15

Seit Inkrafttreten des MoMiG am 1.11.2008 muss der Gesellschaftsvertrag auch die Zahl und Nennbeträge der Geschäftsanteile, die jeder Gesellschafter gegen Einlage auf das Stammkapital (Stammeinlage) übernimmt, enthalten. Die Änderung dieser Vorschrift hängt mit § 5 Nr. 2 Satz 2 GmbHG zusammen, wonach jeder Gesellschafter bei der Errichtung der Gesellschaft mehrere Geschäftsanteile übernehmen darf. 16

IV. Verfahren

Das Verfahren ist vom **Registergericht von Amts** wegen einzuleiten. Entgegen der früheren Rechtslage des § 144a FGG aF, wonach ein Dritter eine Einleitung eines Verfahrens nur anregen konnte, ohne antragsberechtigt zu sein, ist nunmehr in § 399 Abs. 1 den **berufsständischen Organen** gem. § 380 **ein Antragsrecht** eingeräumt worden. 17

Dem Registergericht steht ein **Ermessen** bei der Beurteilung der Frage, ob es bei genügender Kenntnis eines Verstoßes gegen § 399 Schritte einleiten will oder nicht, nicht zu. Hat das Registergericht eine genügende Überzeugung vom Vorhandensein eines Mangels iSd. § 399 Abs. 1 bzw. Abs. 4 gewonnen, muss es das Verfahren zur Beanstandung des Satzungsmangels einleiten. 18

Zu Beginn des Verfahrens erlässt das Registergericht eine **Verfügung** gegenüber der Gesellschaft, in welcher der beanstandete **Mangel der Satzung** oder des **Gesellschaftsvertrages** genau bezeichnet wird, verbunden mit der **Aufforderung**, innerhalb einer 19

angemessenen Frist eine Änderung des Gesellschaftsvertrages oder der Satzung, wodurch der Mangel behoben wird, zur Eintragung in das Handelsregister anzumelden oder die Unterlassung durch Einlegung eines **Widerspruchs** zu rechtfertigen.

20 Die Ankündigungsverfügung ist der betroffenen Gesellschaft gem. § 15 bekannt zu machen. Einzelne Aktionäre oder Gesellschafter sind keine Verfahrensbeteiligten.[1]

21 Zuständig für Verfügungen gem. § 399 Abs. 1 sowie für Feststellungsbeschlüsse gem. § 399 Abs. 2 ist auf Grund des Vorbehalts in § 17 Abs. 1 Nr. 1f RpflG der **Richter**.

V. Feststellung des Mangels der Satzung

22 Gem. **Abs. 2** hat das Registergericht den ermittelten **Mangel der Satzung festzustellen**, sofern die beteiligte Gesellschaft weder der Aufforderung genügt noch Widerspruch erhoben hat, oder wenn der eingelegte Widerspruch zurückgewiesen worden ist. Im Fall der **Zurückweisung des Widerspruchs** kann das Registergericht diese Zurückweisung mit der **Feststellung des Mangels** der Satzung verbinden. Zugleich sind der Gesellschaft, soweit dies nicht unbillig ist, mit der Zurückweisung des Widerspruchs zugleich die Kosten des Widerspruchsverfahrens aufzulegen.

23 Die Entscheidung nach Abs. 2, nämlich die Feststellung des Mangels der Satzung oder die Zurückweisung des Widerspruchs, werden vom Registergericht durch Beschluss getroffen, Abs. 3. Wird der Antrag eines berufsständischen Organs, § 380, auf Einleitung des Verfahrens nach § 399 durch das Registergericht zurückgewiesen, hat diese Zurückweisung gem. Abs. 3 ebenfalls durch Beschluss zu erfolgen.

24 Gegen die vorgenannten Beschlüsse findet die **Beschwerde**, § 58, statt.

Unterabschnitt 4
Ergänzende Vorschriften für das Vereinsregister

§ 400
Mitteilungspflichten

Das Gericht hat die Eintragung eines Vereins oder einer Satzungsänderung der zuständigen Verwaltungsbehörde mitzuteilen, wenn Anhaltspunkte bestehen, dass es sich um einen Ausländerverein oder eine organisatorische Einrichtung eines ausländischen Vereins nach den §§ 14 und 15 des Vereinsgesetzes handelt.

1 Die Bestimmung enthält die bisher in § 159 Abs. 2 FGG aF normierten Mitteilungspflichten des Registergerichts über Eintragungen betreffend Ausländervereine.

1 So für das bisherige Recht Keidel/*Winkler*, § 144a Rz. 14; Jansen/*Steder*, § 144a Rz. 30.

§ 401
Entziehung der Rechtsfähigkeit

Der Beschluss, durch den einem Verein nach § 73 des Bürgerlichen Gesetzbuchs die Rechtsfähigkeit entzogen wird, wird erst mit Rechtskraft wirksam.

1. Die Vorschrift übernimmt die Regelung des bisherigen § 160a Abs. 2 Satz 3 FGG. Entgegen der Bestimmung des § 40 Abs. 2, wonach bei einem Beschluss, der die Genehmigung eines Rechtsgeschäftes zum Gegenstand hat und erst mit Rechtskraft wirksam wird, mit der Entscheidung auszusprechen ist, enthält § 401 eine solche ausdrückliche Anordnung nicht. Es dürfte sich jedoch empfehlen, in der Begründung des Beschlusses auf diesen Umstand hinzuweisen. 1

2. Die im Zusammenhang mit § 160a Abs. 2 Satz 3 FGG aF getroffenen Verfahrensregelungen des bisherigen § 160a Abs. 1, Abs. 2 Satz 1 und 2 FGG – Bestimmungen wegen Rechtsmittel und Bekanntmachung – wurden nicht in Buch 5 übernommen, da hierfür unter Berücksichtigung der Bestimmungen des Allgemeines Teils des Buch 1, nämlich der §§ 15 und 58 ff., kein Bedürfnis gesehen wurde.[1] 2

Abschnitt 4
Unternehmensrechtliche Verfahren

§ 402
Anfechtbarkeit

(1) Der Beschluss des Gerichts, durch den über Anträge nach § 375 entschieden wird, ist mit der Beschwerde anfechtbar.

(2) Eine Anfechtung des Beschlusses, durch den einem Antrag nach den §§ 522 und 729 Abs. 1 des Handelsgesetzbuchs sowie den §§ 11 und 87 Abs. 2 des Binnenschifffahrtsgesetzes stattgegeben wird, ist ausgeschlossen.

(3) Die Vorschriften des Handelsgesetzbuchs, des Aktiengesetzes und des Publizitätsgesetzes über die Beschwerde bleiben unberührt.

I. Bisherige Regelung

Durch die Vorschrift werden die bisherigen Regelungen der §§ 146, 148 FGG ersetzt, wobei eine Neugliederung sowie eine redaktionelle Anpassung vorgenommen wurden. Im Einzelnen: 1

Abs. 1 fasst die Regelungen der §§ 146 Abs. 2 Satz 1, 148 Abs. 2 Satz 2 FGG aF zusammen. In Abs. 2 ist der Regelungsgehalt des früheren § 146 Abs. 3 FGG sowie des 2

1 BT-Drucks. 16/6308, S. 289.

früheren § 148 Abs. 2 Satz 2 FGG übernommen worden. Bereits früher war in § 145 Abs. 2 FGG aF die weitere Verweisung auf § 884 Nr. 4 HGB gestrichen worden.[1] Abs. 3 entspricht dem bisherigen § 146 Abs. 2 Satz 2 FGG, wobei die Vorschriften des HGB neu aufgenommen wurden.

3 Die im bisherigen § 146 Abs. 1 FGG enthaltene Regelung brauchte nicht übernommen zu werden, weil die Anhörungsrechte bereits im Allgemeinen Teil, dort insbesondere in § 34, geregelt sind.

II. Bedeutung der Vorschrift

4 Mit der Einführung des Begriffs der **unternehmensrechtlichen Verfahren** wurde für die bisher unsystematisch in § 145 FGG aF erfassten Angelegenheiten eine **neue terminologische Zusammenfassung** und erstmals auch eine bislang zu vermissende **Übersichtlichkeit** für die recht unterschiedlichen Vorgänge geschaffen. Der **4. Abschnitt** enthält hierzu einige **ergänzende Verfahrensregelungen**.

1. Absatz 1 und 3

5 Kernaussage von § 402 Abs. 1 ist, dass in den in § 375 aufgeführten unternehmensrechtlichen Verfahren vom Registergericht durch Beschluss zu entschieden sind, welcher Beschluss grundsätzlich mit der Beschwerde, §§ 58 ff., anfechtbar ist. Allerdings bleiben durch die Bestimmung des Abs. 3 für die in § 375 Nr. 1, 2 und 9 bezeichneten Angelegenheiten die nach dem Handelsgesetzbuch, dem Aktiengesetz und dem Publizitätsgesetz insoweit anzuwendenden Vorschriften über die Beschwerde unberührt, wodurch wiederum wesentliche Teile der zu § 375 gehörenden Verfahren ausgenommen werden.

2. Absatz 2

6 Nach Abs. 2 sind stattgebende Beschlüsse in allen seerechtlichen Angelegenheiten mit Ausnahme des § 590 HGB unanfechtbar, gleichfalls stattgebende Beschlüsse im Zusammenhang mit Angelegenheiten des Binnenschifffahrtsgesetzes, nämlich der Verklarung, dh. der Beweisaufnahme über den tatsächlichen Hergang eines Schiffsunfalles gem. § 11 BinSchG und der Bestellung eines Dispacheurs gem. § 87 Abs. 2 BinSchG.

§ 403
Weigerung des Dispacheurs

(1) Lehnt der Dispacheur den Auftrag eines Beteiligten zur Aufmachung der Dispache aus dem Grund ab, weil ein Fall der großen Haverei nicht vorliege, entscheidet über die Verpflichtung des Dispacheurs auf Antrag des Beteiligten das Gericht.

(2) Der Beschluss ist mit der Beschwerde anfechtbar.

---

1 Vgl. Art. 9 Abs. 4 Nr. 1 des Gesetzes zur Reform des Versicherungsvertragsrechts vom 23.11.2007 (BGBl. I, S. 2631).

§ 404
Aushändigung von Schriftstücken; Einsichtsrecht

(1) Auf Antrag des Dispacheurs kann das Gericht einen Beteiligten verpflichten, dem Dispacheur die in seinem Besitz befindlichen Schriftstücke, zu deren Mitteilung er gesetzlich verpflichtet ist, auszuhändigen.

(2) Der Dispacheur ist verpflichtet, jedem Beteiligten Einsicht in die Dispache zu gewähren und ihm auf Verlangen eine Abschrift gegen Erstattung der Kosten zu erteilen. Das Gleiche gilt, wenn die Dispache nach dem Binnenschifffahrtsgesetz von dem Schiffer aufgemacht worden ist, für diesen.

§ 405
Termin; Ladung

(1) Jeder Beteiligte ist befugt, bei dem Gericht eine mündliche Verhandlung über die von dem Dispacheur aufgemachte Dispache zu beantragen. In dem Antrag sind diejenigen Beteiligten zu bezeichnen, welche zu dem Verfahren hinzugezogen werden sollen.

(2) Wird ein Antrag auf mündliche Verhandlung gestellt, hat das Gericht die Dispache und deren Unterlagen von dem Dispacheur einzuziehen und, wenn nicht offensichtlich die Voraussetzungen der großen Haverei fehlen, den Antragsteller sowie die von ihm bezeichneten Beteiligten zu einem Termin zu laden.

(3) Die Ladung muss den Hinweis darauf enthalten, dass, wenn der Geladene weder in dem Termin erscheint noch vorher Widerspruch gegen die Dispache bei dem Gericht anmeldet, sein Einverständnis mit der Dispache angenommen wird. In der Ladung ist zu bemerken, dass die Dispache und deren Unterlagen auf der Geschäftsstelle eingesehen werden können.

(4) Die Frist zwischen der Ladung und dem Termin muss mindestens zwei Wochen betragen.

(5) Erachtet das Gericht eine Vervollständigung der Unterlagen der Dispache für notwendig, hat es die Beibringung der erforderlichen Belege anzuordnen. § 404 Abs. 1 gilt entsprechend.

§ 406
Verfahren im Termin

(1) Wird im Termin ein Widerspruch gegen die Dispache nicht erhoben und ist ein solcher auch vorher nicht angemeldet, hat das Gericht die Dispache gegenüber den an dem Verfahren Beteiligten zu bestätigen.

(2) Liegt ein Widerspruch vor, haben sich die Beteiligten, deren Rechte durch ihn betroffen werden, zu erklären. Wird der Widerspruch als begründet anerkannt oder kommt anderweitig eine Einigung zustande, ist die Dispache entsprechend zu berichtigen. Erledigt sich der Widerspruch nicht, so ist die Dispache insoweit zu bestätigen, als sie durch den Widerspruch nicht berührt wird.

(3) Werden durch den Widerspruch die Rechte eines in dem Termin nicht erschienenen Beteiligten betroffen, wird angenommen, dass dieser den Widerspruch nicht als begründet anerkennt.

§ 407
Verfolgung des Widerspruchs

(1) Soweit ein Widerspruch nicht nach § 406 Abs. 2 erledigt wird, hat ihn der Widersprechende durch Erhebung der Klage gegen diejenigen an dem Verfahren Beteiligten, deren Rechte durch den Widerspruch betroffen werden, zu verfolgen. Die §§ 878 und 879 der Zivilprozessordnung sind mit der Maßgabe entsprechend anzuwenden, dass das Gericht einem Beteiligten auf seinen Antrag, wenn erhebliche Gründe glaubhaft gemacht werden, die Frist zur Erhebung der Klage verlängern kann und dass an die Stelle der Ausführung des Verteilungsplans die Bestätigung der Dispache tritt.

(2) Ist der Widerspruch durch rechtskräftiges Urteil oder in anderer Weise erledigt, so wird die Dispache bestätigt, nachdem sie erforderlichenfalls von dem Amtsgericht nach Maßgabe der Erledigung der Einwendungen berichtigt ist.

§ 408
Beschwerde

(1) Der Beschluss, durch den ein nach § 405 gestellter Antrag auf gerichtliche Verhandlung zurückgewiesen, über die Bestätigung der Dispache entschieden oder ein Beteiligter nach § 404 zur Herausgabe von Schriftstücken verpflichtet wird, ist mit der Beschwerde anfechtbar.

(2) Einwendungen gegen die Dispache, die mittels Widerspruchs geltend zu machen sind, können nicht mit der Beschwerde geltend gemacht werden.

§ 409
Wirksamkeit; Vollstreckung

(1) Die Bestätigung der Dispache ist nur für das gegenseitige Verhältnis der an dem Verfahren Beteiligten wirksam.

(2) Der Bestätigungsbeschluss wird erst mit Rechtskraft wirksam.

(3) Für Klagen auf Erteilung der Vollstreckungsklausel sowie für Klagen, durch welche Einwendungen gegen die in der Dispache festgestellten Ansprüche geltend gemacht werden oder die bei der Erteilung der Vollstreckungsklausel als eingetreten angenommene Rechtsnachfolge bestritten wird, ist das Gericht zuständig, das die Dispache bestätigt hat. Gehört der Anspruch nicht vor die Amtsgerichte, sind die Klagen bei dem zuständigen Landgericht zu erheben.

I. Bisherige Regelung

In den §§ 403 bis 409 werden die bisherigen Vorschriften des FGG hinsichtlich der den Gerichten zugewiesenen Aufgaben im Zusammenhang mit der Aufmachung einer Dispache, nämlich die §§ 149 bis 158 FGG aF, inhaltlich weitgehend unverändert in das 5. Buch des FamFG übernommen. Im Einzelnen: 1

§ 403 entspricht dem bisherigen § 150 FGG. In § 404 wurde der Regelungsgehalt der bisherigen §§ 151 und 152 FGG zusammengefasst. § 405 enthält die Regelungen der bisherigen §§ 153 und 154 FGG. § 406 entspricht dem bisherigen § 155 FGG, § 407 dem bisherigen § 156 FGG. Durch § 408 wird der bisherige § 157 FGG ersetzt und dabei um den Fall, in dem die Entscheidung die Herausgabe von Schriftstücken betrifft, ergänzt. § 409 enthält weitgehend den Regelungsgehalt des bisherigen § 158 FGG. 2

II. Allgemeines

In den §§ 403 bis 409 wird ein besonderes seerechtliches Verfahren geregelt, nach welchem die von einem besonderen Sachverständigen, dem Dispacheur, aufgemachte sog. Dispache von dem nach § 377 Abs. 2 zuständigen Amtsgericht bestätigt und ihr damit die Wirkung eines Vollstreckungstitels zuerkannt wird. 3

Dispache ist die Berechnung sowie der Verteilungsplan über die sog. große Haverei, dh. den gesamten Schaden, welcher Schiff und/oder Ladung vorsätzlich durch den Kapitän oder auf dessen Weisung zur Rettung aus gemeinsame Gefahr zugefügt worden ist, einschließlich der zu diesem Zweck aufgewendeten Kosten, vgl. für Seeschiffe §§ 700, 706 HGB, für Binnenschiffe §§ 78, 82 BinSchG.[1] Der Dispacheur ist ein besonderer öffentlich-bestellter Sachverständiger zur Aufmachung der Dispache, der auf Grund privatrechtlichen Geschäftsbesorgungsvertrages tätig wird. Der Dispacheur kann ständig bestellt sein nach Maßgabe der entsprechenden Vorschriften des Landesrechts oder im Einzelfall vom Gericht bestellt werden.[2] 4

Auf die Erläuterungen zum bisherigen Recht, also den §§ 149 bis 158 FGG, kann im Wesentlichen auch heute noch zurückgegriffen werden;[3] die nachfolgenden Hinweise beschränken sich insbesondere auf Änderungen gegenüber der bisherigen Rechtslage. 5

1 Jansen/*Steder*, § 149 Rz. 1.
2 Jansen/*Steder*, § 150 Rz. 2.
3 Vgl. insbesondere Jansen/*Steder*, Anm. zu §§ 149–158; Keidel/*Winkler*, Anm. zu §§ 149–158.

III. Änderungen nach neuem Recht

1. Entscheidung über die Weigerung des Dispacheurs, § 403

6 Da die Dispache nur im Fall des Vorliegens der großen Haverei aufzumachen ist, kann der Dispacheur einen Auftrag mit der Begründung ablehnen, eine solche liege nicht vor. Hierüber entscheidet auf Antrag eines Beteiligten das Gericht, § 403, das seine dafür erforderlichen Feststellungen von Amts wegen zu treffen hat. Diese Entscheidung erfolgt nicht mehr durch Verfügung, so § 150 Satz 2 FGG aF, sondern durch Beschluss, der mit der Beschwerde, § 58, anfechtbar ist, Abs. 2.

2. Aushändigung von Schriftstücken, Einsichtsrecht, § 404

7 Bei § 404 Abs. 1 ist die Möglichkeit für das Gericht, die Vorlage von Schriftstücken durch Androhung von Zwangsgeld durchzusetzen, nicht mehr wie bisher in § 151 FGG ausdrücklich in der Vorschrift selbst erwähnt. Diese Möglichkeit ist jedoch auch weiterhin nach den Vorschriften des Allgemeinen Teils, nämlich § 35, gegeben.

3. Termin, Ladung, § 405

8 Der in § 405 Abs. 2 nicht übernommene § 153 Abs. 2 Satz 2 FGG aF war entbehrlich, da nach den Bestimmungen des Allgemeinen Teils, § 20, das Gericht generell ein Recht zur weit gehenden Verfahrensverbindung hat.

9 Nach dem Wortlaut von § 405 ist ein lediglich schriftliches Verfahren ohne mündliche Verhandlung nicht vorgesehen.[1]

4. Verfahren im Termin, § 406

10 Wie bisher ist die Möglichkeit eines Widerspruchs gegen die Dispache gegeben, wobei es sich um einen Rechtsbehelf handelt, mit welchem der Widersprechende erklärt, mit einer Bestätigung der Dispache in der vorliegenden Form nicht einverstanden zu sein. Die Klärung, ob und ggf. welche Widersprüche erhoben werden, erfolgt im Termin. Ein Widerspruch erledigt sich von selbst im Fall des § 406 Abs. 3, wenn der Widersprechende im Termin nicht erscheint, ansonsten ist er gesondert gem. § 407 zu verfolgen. Bei nicht erledigten Widersprüchen wird die Dispache ggf. nur zum Teil, nämlich insoweit bestätigt, als diese die Feststellungen in der Dispache nicht angreifen, § 406 Abs. 2 Satz 2.

5. Beschwerde, § 408

11 In § 408 wird klargestellt, dass die Entscheidungen auf Bestätigung der Dispache bzw. die vorangehenden Entscheidungen nach § 404 und § 405 durch Beschluss ergehen. Gegen diese Beschlüsse findet das Rechtsmittel der Beschwerde statt.

6. Wirksamkeit, Vollstreckung, § 409

12 Der bisher in § 158 Abs. 2 FGG enthaltene besondere Ausspruch, dass aus der rechtskräftig bestätigten Dispache die Zwangsvollstreckung nach den Vorschriften der Zivilprozessordnung stattfindet, ist im Hinblick auf § 95 des Allgemeinen Teils entbehrlich geworden.

1 Insoweit ist die Anm. zu § 405 in BT-Drucks. 16/6308, S. 289, nicht nachzuvollziehen.

Buch 6
Verfahren in weiteren Angelegenheiten der freiwilligen Gerichtsbarkeit

§ 410
Weitere Angelegenheiten der freiwilligen Gerichtsbarkeit

Weitere Angelegenheiten der freiwilligen Gerichtsbarkeit sind

1. **die Abgabe einer nicht vor dem Vollstreckungsgericht zu erklärenden eidesstattlichen Versicherung nach den §§ 259, 260, 2028 und 2057 des Bürgerlichen Gesetzbuchs,**
2. **die Ernennung, Beeidigung und Vernehmung des Sachverständigen in den Fällen, in denen jemand nach den Vorschriften des bürgerlichen Rechts den Zustand oder den Wert einer Sache durch einen Sachverständigen feststellen lassen kann,**
3. **die Bestellung des Verwahrers in den Fällen der §§ 432, 1217, 1281 und 2039 des Bürgerlichen Gesetzbuchs sowie in Festsetzung der von ihm beanspruchten Vergütung und seiner Aufwendungen,**
4. **eine abweichende Art des Pfandverkaufs im Fall des § 1246 Abs. 2 des Bürgerlichen Gesetzbuchs.**

I. Bisherige Regelung

§ 410 enthält in vier Nummern eine Definition der in Buch 6 des FamFG geregelten weiteren Angelegenheiten der freiwilligen Gerichtsbarkeit. Diese entsprechen im Wesentlichen dem Regelungsinhalt des bisherigen 9. Abschnitt des FGG, §§ 163 bis 166 FGG aF. Da keine wesentlichen sachlichen Änderungen erfolgten, kann weiterhin auch auf die vorliegenden Erläuterungen in der Literatur zum FGG zurückgegriffen werden.[1] 1

II. Abgabe einer eidesstattlichen Versicherung, Nr. 1

Nr. 1 definiert einen Anwendungsbereich, der dem des bisherigen § 163 FGG entspricht. Die Abgabe einer nicht vor dem Vollstreckungsgericht zu erklärenden eidesstattlichen Versicherung nach den §§ 259, 260, 2028 und 2057 BGB ist Angelegenheit der freiwilligen Gerichtsbarkeit. Die in Nr. 1 aufgeführten Vorschriften des BGB beziehen sich im Einzelnen auf folgende Gegenstände: 2

1. Rechenschaftslegung nach § 259 BGB

Diese Vorschrift regelt die Art der Rechenschaftslegung über eine mit Einnahmen oder Ausgaben verbundene Verwaltung. Sie setzt das Bestehen einer Rechenschaftspflicht 3

1 Vgl. zB Keidel/*Winkler*, Anm. zum 9. Abschnitt; Jansen/*v. König*, Anm. zum 9. Abschnitt.

voraus, die jeweils durch Einzelvorschriften begründet wird, etwa für den Zedenten in § 402 BGB, den Beauftragten in § 666 BGB, den Geschäftsführer ohne Auftrag in §§ 681 Satz 2, 687 Abs. 2 BGB sowie den geschäftsführenden BGB-Gesellschafter in § 713 BGB. Die Rechenschaftspflicht umfasst, wenn die Verwaltung mit Einnahmen und Ausgaben verbunden ist, die Pflicht zur Rechnungslegung, nämlich zur Erstellung und Mitteilung einer geordneten Zusammenstellung über Einnahmen und Ausgaben unter Beifügung der Belege, soweit diese üblich sind.

2. § 260 BGB

4 Diese Vorschrift begründet eine Nebenpflicht zur Vorlegung eines Bestandsverzeichnisses, wenn jemand aus besonderem Rechtsgrund verpflichtet ist, einen Inbegriff von Gegenständen herauszugeben oder über den Bestand eines solchen Inbegriffs Auskunft zu erteilen. Insoweit betroffen sein kann zB ein Vormund, Pfleger oder Betreuer, §§ 1890, 1897, 1908i, 1915 BGB, der Erbschaftsbesitzer, § 2018 BGB, sowie der Testamentsvollstrecker, § 2218 BGB.

3. § 2028 BGB

5 Durch diese Vorschrift wird die Pflicht des Hausgenossen des Erblassers zur Auskunft darüber begründet, welche erbschaftlichen Geschäfte er geführt hat und was ihm über den Verbleib der Erbschaftsgegenstände bekannt ist.

4. § 2057 BGB

6 Diese Vorschrift begründet die Pflicht des Miterben, den übrigen Erben auf Verlangen Auskunft über die Zuwendungen zu erteilen, welche er nach den §§ 2050 bis 2053 BGB zur Ausgleichung zu bringen hat.

III. Ernennung usw. eines Sachverständigen, Nr. 2

7 Nr. 2 entspricht inhaltlich dem bisherigen § 164 Abs. 1 FGG. Diese Vorschrift bezieht sich auf die Fälle der Feststellung des Zustandes oder des Wertes von Sachen beim Nießbrauch, §§ 1034, 1067 Satz 2, 1075 Abs. 2 BGB, der Feststellung des Wertes der Vermögensgegenstände beim Zugewinnausgleich, § 1377 Abs. 2 BGB, der Feststellung des Zustandes der zur Vorerbschaft gehörenden Sachen, § 2122 BGB, sowie der Feststellung des Zustandes oder der Menge eines Frachtgutes, §§ 438 Abs. 3, 608, 609 HGB, bzw. der Feststellung des Zustandes eines Schiffsfrachtgutes, § 61 BinSchG.

IV. Bestellung eines Verwahrers, Nr. 3

8 Nr. 3 knüpft an den früheren § 165 FGG an und behandelt die Bestellung eines Verwahrers in den insoweit in den §§ 432, 1217, 1281 und 2039 BGB vorgesehenen Fällen. In Erweiterung der bisherigen Regelung bestimmt die Vorschrift, dass das FGG-Gericht neben der Vergütung des Verwahrers nunmehr auch die an ihn zu erstatteten Aufwendungen festzusetzen berechtigt ist.

V. Pfandverkauf, Nr. 4

Nr. 4 definiert den Anwendungsbereich des bisherigen § 166 FGG, wonach das Gericht der freiwilligen Gerichtsbarkeit eine Entscheidung im Falle des § 1246 Abs. 2 BGB über die Anordnung von Abweichungen von den gesetzlichen Vorschriften über einen Pfandverkauf zu treffen hat. 9

§ 411
Örtliche Zuständigkeit

(1) In Verfahren nach § 410 Nr. 1 ist das Gericht zuständig, in dessen Bezirk die Verpflichtung zur Auskunft, zur Rechnungslegung oder zur Vorlegung des Verzeichnisses zu erfüllen ist. Hat der Verpflichtete seinen Wohnsitz oder seinen Aufenthalt im Inland, kann er die Versicherung vor dem Amtsgericht des Wohnsitzes oder des Aufenthaltsorts abgeben.

(2) In Verfahren nach § 410 Nr. 2 ist das Gericht zuständig, in dessen Bezirk sich die Sache befindet. Durch eine ausdrückliche Vereinbarung derjenigen, um deren Angelegenheit es sich handelt, kann die Zuständigkeit eines anderen Amtsgerichts begründet werden.

(3) In Verfahren nach § 410 Nr. 3 ist das Gericht zuständig, in dessen Bezirk sich die Sache befindet.

(4) In Verfahren nach § 410 Nr. 4 ist das Gericht zuständig, in dessen Bezirk das Pfand aufbewahrt wird.

I. Allgemeines

Die örtliche Zuständigkeit für die in § 410 definierten weiteren Angelegenheiten der freiwilligen Gerichtsbarkeit wird jetzt vollständig in § 411 geregelt. Das gilt insbesondere für § 411 Abs. 1. Hier wurden ua. die früher in den Vorschriften §§ 261 Abs. 1, 228 Abs. 2, 257 Satz 3 BGB enthaltenen Bestimmungen zusammengefasst und nunmehr einheitlich im FamFG geregelt. 1

II. Örtliche Zuständigkeit bei § 410 Nr. 1

Örtlich zuständig für die Abgabe von eidesstattlichen Versicherungen in FGG-Angelegenheiten ist in erster Linie das Gericht, in dessen Bezirk die Verpflichtung gem. § 410 Nr. 1 zu erfüllen ist, wobei der Verpflichtete mit Wohnsitz oder Aufenthaltsort im Inland auch vor dem insoweit örtlich zuständigen Gericht die Erklärung abgeben kann. 2

III. Örtliche Zuständigkeit bei § 410 Nr. 2

Nr. 2 entspricht inhaltlich dem früheren § 164 Abs. 1 FGG. Grundsätzlich ist das Gericht örtlich zuständig, in dessen Bezirk sich die Sache befindet, es sei denn, es erfolgt eine ausdrückliche abweichende Gerichtsstandsvereinbarung zwischen den an diesem Verfahren Beteiligten (§ 412 Nr. 2 Satz 2). 3

IV. Örtliche Zuständigkeit bei § 410 Nr. 3

4 Nr. 3 entspricht inhaltlich dem bisherigen § 165 Abs. 1 FGG. Örtlich zuständig ist das Gericht, in dessen Bezirk sich die Sache befindet.

V. Örtliche Zuständigkeit bei § 410 Nr. 4

5 Nr. 4 entspricht inhaltlich dem bisherigen § 166 Abs. 1 FGG. Örtlich zuständig ist das Gericht, in dessen Bezirk das Pfand aufbewahrt wird.

§ 412
Beteiligte

Als Beteiligte sind hinzuzuziehen:

1. **in Verfahren nach § 410 Nr. 1 derjenige, der zur Abgabe der eidesstattlichen Versicherung verpflicht ist, und der Berechtigte;**
2. **in Verfahren nach § 410 Nr. 2 derjenige, der zum Sachverständigen ernannt werden soll, und der Gegner, soweit ein solcher vorhanden ist;**
3. **in Verfahren nach § 410 Nr. 3 derjenige, der zum Verwahrer bestellt werden soll, in den Fällen der §§ 432, 1281 und 2039 des Bürgerlichen Gesetzbuchs außerdem der Mitberechtigte, im Fall des § 1217 des Bürgerlichen Gesetzbuchs, außerdem der Pfandgläubiger und in einem Verfahren, das die Festsetzung der Vergütung und der Auslagen des Verwahrers betrifft, dieser und die Gläubiger;**
4. **in Verfahren nach § 410 Nr. 4 der Eigentümer, der Pfandgläubiger und jeder, dessen Recht durch eine Veräußerung des Pfands erlöschen würde.**

I. Allgemeines

1 Die Vorschrift enthält – gegenüber den Allgemeinen Vorschriften der §§ 7 ff. – besondere Regelungen darüber, wer Beteiligter in den in Buch 6 geregelten Verfahren ist. Sie übernimmt dabei im Wesentlichen den Regelungsinhalt der §§ 163, 79, 164 Abs. 2 und 165 Abs. 2 FGG aF.

II. Verfahren nach § 410 Nr. 1

2 Nr. 1 übernimmt den bisherigen Regelungsgehalt der §§ 163, 79 Satz 2 FGG. Klargestellt wird, dass an dem Verfahren zur Abgabe der eidesstattlichen Versicherung beide Seiten, also neben dem zur Abgabe der eidesstattlichen Versicherung Verpflichteten auch der Berechtigte, der diese Abgabe verlangen kann, zu beteiligen sind.

III. Verfahren nach § 410 Nr. 2

3 Nr. 2 bezeichnet in dem Verfahren gem. § 410 Nr. 2 als Beteiligten neben dem Sachverständigen auch den Gegner des Verfahrens. Hiermit wird an die frühere Regelung

des § 164 Abs. 2 FGG angeknüpft, die Einbeziehung des Gegners jedoch zum Regelfall gemacht.

IV. Verfahren nach § 410 Nr. 3

Nr. 3 greift den Rechtsgedanken des § 165 Abs. 2 FGG aF auf, er erklärt die dort enumerativ bezeichneten Personen jedoch weitergehend in jedem Fall als im Verfahren hinzuzuziehende Beteiligte. Alle dort Genannten werden durch die Bestellung des Verwahrers unmittelbar in ihren Rechten betroffen. 4

V. Verfahren nach § 410 Nr. 4

Nr. 4 findet im bisherigen FGG keine Entsprechung. Die Regelung greift jedoch die bereits bislang vertretene Ansicht auf, wonach Beteiligte in einem Verfahren, in dem es um die Festsetzung abweichender Bedingungen für den Pfandverkauf geht, der Eigentümer, der Pfandgläubiger und jeder Dritte, dem an dem Pfandgegenstand ein durch den Pfandverkauf erlöschendes Recht zusteht, sind.[1] 5

§ 413
Eidesstattliche Versicherung

In Verfahren nach § 410 Nr. 1 kann sowohl der Verpflichtete als auch der Berechtigte die Abgabe der eidesstattlichen Versicherung beantragen. Das Gericht hat das persönliche Erscheinen des Verpflichteten anzuordnen. Die §§ 478 bis 480 und 483 der Zivilprozessordnung gelten entsprechend.

1. Die Vorschrift entspricht inhaltlich im Wesentlichen den bisherigen §§ 163, 79 FGG. 1

2. Antragsberechtigt sind sowohl der Nachlassgläubiger als auch der Erbe. Hinsichtlich des Letzteren ist das persönliche Erscheinen gem. § 33 anzuordnen. Für dieses Verfahren gelten im Übrigen, wie bereits nach der bisherigen Rechtslage, die §§ 478 bis 480 und § 483 ZPO entsprechend. 2

§ 414
Unanfechtbarkeit

Die Entscheidung, durch die in Verfahren nach § 410 Nr. 2 dem Antrag stattgegeben wird, ist nicht anfechtbar.

Die Vorschrift entspricht inhaltlich dem bisherigen § 164 Abs. 2 FGG. 1

1 Keidel/*Winkler*, § 166 Rz. 7.

Buch 7
Verfahren in Freiheitsentziehungssachen

§ 415
Freiheitsentziehungssachen

(1) Freiheitsentziehungssachen sind Verfahren, die die auf Grund von Bundesrecht angeordnete Freiheitsentziehung betreffen, soweit das Verfahren bundesrechtlich nicht abweichend geregelt ist.

(2) Eine Freiheitsentziehung liegt vor, wenn einer Person gegen ihren Willen oder im Zustand der Willenlosigkeit insbesondere in einer abgeschlossenen Einrichtung, wie einem Gewahrsamsraum oder einem abgeschlossenen Teil eines Krankenhauses, die Freiheit entzogen wird.

Literatur: *Beichel-Benedetti,* Abschiebungshaft im Spiegel der jüngeren Rechtsprechung des BVerfG, Asylmagazin 2008, 10; *Beichel-Benedetti/Gutmann,* Die Abschiebungshaft in der gerichtlichen Praxis, NJW 2004, 3015; *Dante,* Polizeiliche Ingewahrsamnahmen anlässlich des G8-Gipfels 2007, NJ 2007, 529; *Deichmann,* Anspruch auf anwaltlichen Beistand im Abschiebungshaftverfahren, MDR 1997, 16; *Dörr,* Zum Schadensersatzanspruch nach der Menschenrechtskonvention wegen rechtswidriger Abschiebungshaft, JZ 2006, 1065; *Eiffler,* Die Überprüfung polizeilicher Maßnahmen durch den Europäischen Gerichtshof für Menschenrechte, NJW 1999, 762; *Finger,* Der „Verbringungsgewahrsam" und der Streit um seine rechtliche Grundlage, NordÖR 2006, 423; *Gärtner,* Aufenthaltsbeendigung und Abschiebungshaft, SchlHA 2006, 379; *Grabitz,* Freiheit der Person, in Isensee/Kirchhoff; Handbuch des Staatsrechts, Bd. VI, S. 109, *Göbel-Zimmermann/Masuch,* Das Flughafenverfahren nach § 18a AsylVfG und das Grundrecht auf Freiheit der Person, InfAuslR 1997, 171; *Grotkopp,* Die Abschiebungshaft – ein Stiefkind des Gesetzgebers, SchlHA 2006, 373; *Gusy,* Freiheitsentziehung und Grundgesetz, NJW 1992, 457; *Hailbronner,* Ausländerrecht, Loseblatt; *Huber/Göbel-Zimmermann,* Ausländer- und Asylrecht, 2. Aufl. 2008; *Hofmann/Hoffmann,* Ausländerrecht, Handkommentar 2008; *Jennissen,* Die Neuregelung des Freiheitsentziehungsverfahrens im FamFG – Licht und Schatten, FGPrax 2009, 93; *Kränz,* Prozessuale Probleme des Abschiebungshaftverfahrens NVwZ 1986, 22; *Lehnguth/Maaßen,* Freiheitsentziehung durch die Unterbringung von nicht einreiseberechtigten Ausländern im Transitbereich von Flughäfen? DÖV

1997, 316; *Lisken*, Richtervorbehalt bei Freiheitsentziehung, NJW 1982, 1268; *Marschner/Volckart*, Freiheitsentziehung und Unterbringung, 4. Aufl. 2001; *Melchior*, Internet-Kommentar zur Abschiebungshaft, www.abschiebungshaft.de; *Renner*, Ausländerrecht, 9. Aufl. 2008; *Rittstieg*, Beendigung des Aufenthaltes im Rechtsstaat, NJW 1996, 545; *Strate*, Mündliche Anhörung vor Anordnung der Abschiebungshaft und Begründungspflicht, InfAuslR 1985, 9; *Winkelmann*, Freiheitsentziehung zur Sicherung von Zurückweisung oder Zurückschiebung, ZAR 2007, 268; *Zeitler*, Probleme im Zusammenhang mit der Beantragung von Abschiebungshaft, NVwZ 1997, 628.

A. Überblick

I. Entwicklung des Freiheitsentziehungsverfahrens

Als Ausführungsgesetz zu Art. 104 GG galt für Freiheitsentziehungen im FGG-Verfahren das am 26.6.1956 in Kraft getretene Gesetz über das gerichtliche Verfahren bei Freiheitsentziehungen (**FEVG**).[1] Dieses Gesetz ist in seinen wesentlichen Teilen bis zum Inkrafttreten des FamFG unverändert geblieben. Eine ursprünglich beabsichtigte Einbeziehung des Verfahrens des öffentlich-rechtlichen Unterbringungsrechts war nicht zu Stande gekommen, weil die Bundesländer für die Unterbringung psychisch Kranker neben den materiell-rechtlichen Voraussetzungen auch die Verfahrensvorschriften regelten. Ab dem 1.1.1992 wurden sodann die einschlägigen Verfahrensregeln mit den §§ 70 ff. in das FGG integriert[2] (nunmehr §§ 312 ff.). Mit den §§ 415 ff. wurden die Vorschriften dieses Gesetzes in das FamFG eingegliedert, was im ursprünglichen RefE noch nicht vorgesehen war. Strukturelle Änderungen haben sich nur in einigen wenigen Vorschriften ergeben. Am 1.9.2009 ist das FEVG außer Kraft getreten (Art. 112 Abs. 1 FFG-RG). 1

II. Anwendungsbereich aufgrund Bundesrechts

Der Anwendungsbereich des Verfahrens in Freiheitsentziehungssachen ist wegen des in § 415 Abs. 1, letzter Halbs. angeordneten Vorrangs abweichender bundesgesetzlicher Regelungen nur beschränkt. Die Vorschriften des Buches 7 gelten nicht für 2

- die Genehmigung einer zivilrechtlichen Unterbringung durch den Betreuer oder Bevollmächtigten nach § 1906 BGB iVm. § 312 Nr. 1 und 2,
- die Genehmigung einer freiheitsentziehenden Maßnahme gegen einen Minderjährigen gem. §§ 1631b, 1800 und 1915 BGB iVm. §§ 151 Nr. 6, 167,
- alle Freiheitsentziehungen im Rahmen der Strafrechtspflege, also für Untersuchungs- und Strafhaft, Maßnahmen der Sicherung und Besserung sowie für die (einstweilige) Unterbringung psychisch kranker Straftäter oder für die Auslieferungshaft,
- die zivilprozessuale Haft, also die Ordnungs-, Sicherungs-, Zwangs- und Erzwingungshaft zB gegen einen Zeugen nach § 390 Abs. 2 ZPO, im Rahmen der Vollstreckung von Handlungs- oder Unterlassungstiteln nach den §§ 888–890 ZPO, gegen einen Schuldner wegen Nichtabgabe einer eidesstattlichen Versicherung nach § 901 ZPO oder bei der Anordnung des persönlichen Arrests nach den §§ 918, 928 ZPO.

Als bundesgesetzliche Anwendungsbereiche verbleiben im Wesentlichen 3

- die Anordnung von Vorbereitungs- und Sicherungshaft gegen **Ausländer** nach den §§ 15 Abs. 5, 57 Abs. 3, 62 AufenthG oder 59 Abs. 2 AsylVerfG,

1 BGBl. I 1956, S. 599.
2 *Marschner/Volckart*, Einführung, Rz. 13.

- die zwangsweise Unterbringung nach § 30 Abs. 2 des Gesetzes zur Verhütung und Bekämpfung von **Infektionskrankheiten** beim Menschen (IfSG)
- Freiheitsentziehungen durch die **Bundespolizei** gem. den §§ 23 Abs. 3 Satz 4, 25 Abs. 3, 39 Abs. 1 und 2, 43 Abs. 5 BPolG,
- Ingewahrsamnahmen durch das **Bundeskriminalamt** nach § 21 Abs. 7 des Bundeskriminalamtsgesetzes (BKAG) und durch das **Zollkriminalamt** nach § 23 Abs. 1 S. 2 Nr. 8 des Zollfahndungsdienstgesetzes (ZFdG).

4 Der Hauptanwendungsfall des FEVG war die Verhängung von Abschiebungshaft gegen ausreisepflichtige Ausländer. Hierzu hat sich eine umfangreiche Judikatur, insbesondere der für Entscheidungen über weitere Beschwerden nach § 28 Abs. 1 FGG idR zuständigen Oberlandesgerichte bzw. des BayObLG, aber auch des BVerfG entwickelt. Die dort entwickelten Grundsätze lassen sich weitgehend auch auf die §§ 415 ff. übertragen.

III. Entsprechende Anwendung aufgrund Landesrechts

5 Die **Polizeigesetze** der Bundesländer enthalten entsprechend den im BPolG getroffenen Regelungen Vorschriften über die Ingewahrsamnahme von Personen. Wegen des dabei zu beachtenden Verfahrens, insbesondere wegen der durch Art. 104 GG notwendigen richterlichen Entscheidung, wird mit Ausnahme Niedersachsens bisher auf das FEVG verwiesen.[1] Eine Anpassung an das FamFG ist zu erwarten.

6 Dagegen richtet sich das Verfahren bei der öffentlich-rechtlichen Unterbringung eines Volljährigen nach den Landesgesetzen über die **Unterbringung psychisch kranker Menschen** – wie auch durch § 312 Nr. 2 deutlich wird – in allen Bundesländern nicht nach den §§ 415 ff., sondern nach den §§ 312 ff.

IV. Konkurrenzen

7 Bestehen mehrere mögliche Gründe für eine Freiheitsentziehung, so ist der Maßnahme der Vorzug zu geben, die der von dem Betroffenen ausgehenden Gefahr in erster Linie begegnet, sofern für das jeweilige Verfahren die Verfahrensvoraussetzungen vorliegen.[2]

Die entsprechende Problematik tritt insbesondere in dem nicht seltenen Fall auf, dass ein Ausländer anlässlich einer unerlaubten Einreise – einer Straftat gem. § 95 Abs. 1 Nr. 3 AufenthG – oder einer sonstigen Straftat aufgegriffen wird und abgeschoben werden soll. Einigkeit besteht darin, dass im Falle einer **Straf- oder Untersuchungshaft** die Haft zur Sicherung einer Abschiebung als bloße Ordnungsmaßnahme zurücktritt oder unterbrochen wird.[3] Uneinheitlich wurde dagegen zunächst die Frage beantwor-

---

1 Art. 18 Abs. 3 Satz 3 BayPAG; § 31 Abs. 3 Satz 2 ASOG Bln; § 18 Abs. 2 Satz 2 BbgPolG; § 16 Abs. 3 Satz 2 BremPolG: § 13a Abs. 2 Satz 2 HmbgSOG; § 33 Abs. 2 Satz 2 HSOG; § 56 Abs. 5 Satz 5 SOG M-V; § 36 Abs. 2 Satz 2 PolG NRW; § 15 Abs. 2 Satz 2 POG RPF; § 14 Abs. 2 Satz 2 SPolG; § 22 Abs. 8 Satz 2 SächsPolG; § 38 Abs. 2 Satz 2 SOG LSA; § 204 Abs. 6 iVm. § 181 Abs. 4 Satz 4 LVwG Schl.-H.; § 20 Abs. 2 Satz 2 ThürPAG; anders Art. 19 Abs. 4 Satz 1 Nds.SOG mit einer Verweisung auf das Nds. FGG.

2 *Marschner/Volckart*, § 1 FEVG Rz. 4.

3 OLG Frankfurt v. 7.11.1994 – 20 W 493/94, FGPrax 1995, 81; *Renner*, § 62 AufenthG Rz. 10, 24.

tet, ob es in den Fällen, in denen sich der Ausländer bereits in einer vom Strafrichter angeordneten Haft befindet, möglich ist, Abschiebungshaft im Anschluss an die strafrechtliche Haft anzuordnen. Die Möglichkeit einer solchen „**Überhaft**" wurde teilweise zunächst verneint.[1] Der BGH hat die Zulässigkeit indes bejaht, sie insbesondere als hinreichend bestimmt angesehen, weil mit Beendigung der in der Haftanordnung bezeichneten Untersuchungshaft der Haftbeginn in einer Weise feststehe, dass für den Vollzug insoweit Zweifel nicht bestehen könnten (s. näher § 425 Rz. 9).[2]

Konkurrenzfragen können sich auch stellen im Verhältnis zwischen Abschiebungshaft 8
zu einer Unterbringung nach dem **Infektionsschutzgesetz** und den Landesgesetzen über die **Unterbringung psychisch Kranker**. Hier dürften die vorstehenden Grundsätze entsprechend gelten,[3] also Abschiebungshaft idR subsidiär sein gegenüber den anderen Formen der Freiheitsentziehung.

B. Völker- und verfassungsrechtliche Vorgaben

I. UN-Übereinkommen

Durch Art. 9 Abs. 1 Satz 2 des **Internationalen Paktes über bürgerliche und politische** 9
Rechte v. 19.12.1966[4] ist die „willkürliche" Inhaftierung verboten. Damit soll ausgedrückt werden, dass eine vom Gesetz vorgesehene Freiheitsentziehung verhältnismäßig sein muss und zB der Umstand, dass ein Ausländer illegal eingereist ist, allein nicht ausreicht, um Abschiebungshaft zu rechtfertigen.[5] Dem trägt § 62 Abs. 2 Satz 3 AufenthG dadurch Rechnung, dass im Falle einer illegalen Einreise ausnahmsweise von der Verhängung von Abschiebungshaft abgesehen werden kann, wenn der Ausländer glaubhaft macht, dass er sich der Abschiebung nicht entziehen will.

Eine weitere Ausprägung des Verhältnismäßigkeitsgrundsatzes findet sich in Art. 37b 10
Satz 2 des **Internationalen Übereinkommens über die Rechte des Kindes v. 20.11.1989**,[6] nach der die Inhaftierung eines Menschen unter 18 Jahren nur als allerletztes Mittel und nur für die kürzestmögliche Zeit zulässig ist (zur Freiheitsentziehung bei Minderjährigen s. auch Rz. 18).

II. Art. 5 EMRK

Maßgebliche Bedeutung kommt dem durch Art. 5 Abs. 1 EMRK garantierten **Recht auf** 11
Freiheit und Sicherheit zu. Eine Entziehung der Freiheit ist nach der Konvention, die innerstaatlich mit Gesetzeskraft gilt, nur in den in Abs. 1 Satz 2 enumerativ aufgelisteten Fällen zulässig, welche ua. die in den Anwendungsbereich der §§ 415 ff. fallenden Fälle der ordnungsbehördlichen bzw. polizeilichen Ingewahrsamnahme, der Unterbringung mit dem Ziel, die Verbreitung ansteckender Krankheiten zu verhindern, sowie die Haft zur Verhinderung der unerlaubten Einreise eines Ausländers und zur Vorbereitung bzw. Sicherung der Abschiebung erlauben. Abgesichert werden die Rech-

1 ZB Vorlageentscheidung des OLG Frankfurt, InfAuslR 1995, 362.
2 BGH v. 9.3.1995 – V ZB 5/95, MDR 1995, 536 = BGHZ 129, 98.
3 *Marschner/Volckart*, § 1 FEVG Rz. 4.
4 BGBl. II 1973, S. 1534.
5 HK-AuslR/*Kessler*, § 62 AufenthG Rz. 3.
6 BGBl. II 1992, S. 121.

te des Betroffenen durch Verfahrensgarantien. Dies sind in den hier einschlägigen Fällen einer Festnahme ohne Verdacht einer strafbaren Handlung

- die Pflicht, den Festgenommenen in einer ihm verständlichen Sprache binnen kurzer Frist über die Gründe der Inhaftierung zu informieren (Art. 5 Abs. 2 EMRK),
- das Recht des Betroffenen auf richterliche Überprüfung der getroffenen Maßnahme binnen kurzer Frist (Art. 5 Abs. 4 EMRK).

12 Sanktioniert werden etwaige Verletzungen der Rechte des Betroffenen dadurch, dass ihm für diesen Fall gem. Art. 5 Abs. 5 EMRK ein **Schadensersatzanspruch** zugebilligt wird. Die Vorschrift stellt eine eigenständige Anspruchsgrundlage dar, die bereits dann zu einer Haftung für eine Freiheitsentziehung führt, wenn deren Rechtswidrigkeit auf der Grundlage des einfachen nationalen Rechts festgestellt ist, etwa wegen Fehlens der Voraussetzungen für die Anordnung von Abschiebungshaft gem. § 62 AufenthG. Es handelt sich also um einen verschuldensunabhängigen Gefährdungshaftungstatbestand, der inhaltlich auch den immateriellen Schaden des Betroffenen iSd. § 253 Abs. 2 BGB erfasst.[1] Der Höhe nach sind für den Anspruch nach § 253 Abs. 2 BGB zB von einer Landesjustizverwaltung 150 Euro pro Hafttag anerkannt worden.[2]

13 Ergänzend zum Schutzsystem der EMRK hat der Ministerrat des Europarats am 4.5.2005 **Zwanzig Richtlinien zur Abschiebung** verabschiedet, die ua. Verfahrensgrundsätze zur Abschiebungshaft enthalten (zB Freiheitsentziehung als Ultima Ratio und Beschränkung auf die kürzestmögliche Dauer, Belehrungs- und Überprüfungspflichten).[3]

III. EU-Recht

14 Nach Art. 18 Abs. 2 der RL 2005/85/EG des Rates über Mindestnormen für Verfahren in den Mitgliedsstaaten zur Zuerkennung und Aberkennung der Flüchtlingseigenschaft v. 1.12.2005 – **Asylverfahrens-RL** –[4] haben die Mitgliedsstaaten sicherzustellen, dass in den Fällen, in denen ein Asylbewerber in Gewahrsam genommen wird, eine rasche gerichtliche Überprüfung des Gewahrsams möglich ist.

IV. Verfassungsrecht

1. Gesetzesvorbehalt (Art. 2 Abs. 2, 104 Abs. 1 GG)

15 Verfassungsrechtlich ist die Freiheit der Person durch Art. 2 Abs. 2 Satz 2 und 3 GG gewährleistet, und zwar als ein besonders hohes Rechtsgut, in das nur aus wichtigen Gründen und nur aufgrund eines Gesetzes eingegriffen werden darf. Indem der Gesetzesvorbehalt für Freiheitseinschränkungen in Art. 104 Abs. 1 Satz 1 GG wiederholt und dahingehend ergänzt wird, dass die Einschränkung nur unter Beachtung der gesetzlichen Formen zulässig ist, kommt den (einfach-)gesetzlichen Verfahrensvorschrif-

1 BGH v. 18.5.2006 – III ZR 183/05, MDR 2006, 1284 = JZ 2006, 1064 mit. Anm. *Dörr*, JZ 2006, 1065.
2 *Melchior*, Abschiebungshaft, Rundbrief 22/2008.
3 Dokumente CM(2005)40finalE/09 May 2005 und – mit Kommentaren – CM(2005)40addfinalE/20 May 2005, beide in englisch oder französisch auf http://www.coe.int/t/cm/WCD/simpleSearch_en.asp#.
4 ABl. EU L 326 v. 13.12.2005, S. 13, berichtigt im ABl. EU L 236 v. 31.8.2006, S. 35.

ten, also vorliegend den §§ 415 ff. verfassungsrechtliche Bedeutung im Sinne einer „**Grundrechtssicherung durch Verfahren**“[1] zu. Dies hat die Folge, dass Verstöße gegen freiheitsschützende Verfahrensnormen mit der Verfassungsbeschwerde gerügt werden können.[2] Der Vorbehalt des Gesetzes führt weiter dazu, dass für Eingriffe in Freiheitsrechte ein **Analogieverbot** besteht, und zwar auch im Hinblick auf die analoge Heranziehung materiell-rechtlicher Ermächtigungsgrundlagen.[3] Damit verbunden ist das ebenfalls aus Art. 104 Abs. 1 GG herzuleitende **Bestimmtheitsgebot**, dh. es muss sich grundsätzlich bereits aus dem Gesetz selbst ergeben, welche Verhaltensweisen zu einer Freiheitsentziehung führen können.[4] Entsprechendes hat auch für die richterliche Entscheidung zu gelten, in der sowohl die Art wie auch die Dauer der Freiheitsentziehung bestimmt sein müssen. Dem trägt § 421 Rechnung.

2. Richtervorbehalt (Art. 104 Abs. 2 GG)

16 In Ergänzung von Art. 19 Abs. 4 GG, der nur regelt, dass, nicht aber wann Rechtsschutz zu gewähren ist, sowie von Art. 103 Abs. 1 GG begründet Art. 104 Abs. 2 GG nicht nur eine grundsätzliche Zuständigkeit der Gerichte, sondern regelt zugleich den Zeitpunkt der richterlichen Entscheidung.[5] Aus Satz 1 der Norm folgt zugleich der **Vorrang einer vorherigen richterlichen Entscheidung**. Eine nachträgliche Entscheidung ist daher nur möglich, wenn der mit der Freiheitsentziehung verfolgte verfassungsrechtlich zulässige Zweck nicht erreichbar wäre, wenn der Festnahme die richterliche Entscheidung vorausgehen würde. Zulässig ist sie mithin nur, wenn ohne sofortiges Handeln der Exekutive entweder der tatsächliche Zweck der Freiheitsentziehung vereitelt würde – etwa Entweichen eines zufällig aufgegriffenen, ausreisepflichtigen und untergetauchten Ausländers – oder wenn der rechtliche Zweck der Maßnahme verfehlt würde – etwa Durchsetzung eines Platzverweises gegen einen Störer gem. § 39 Abs. 1 Nr. 2 BPolG bzw. den entsprechenden Ermächtigungsgrundlagen in Landesgesetzen.[6]

17 Erweist sich hiernach eine vorherige richterliche Entscheidung nicht als möglich, ist diese nach Art. 104 Abs. 2 Satz 2 GG **„unverzüglich“ nachzuholen**. Die Vorschrift verlangt, dass die richterliche Entscheidung ohne jede Verzögerung, die sich nicht aus sachlichen Gründen rechtfertigen lässt, herbeigeführt werden muss. Nicht vermeidbar sind zB Verzögerungen, die durch die Länge des Weges, Schwierigkeiten beim Transport, die notwendige Registrierung und Protokollierung, ein renitentes Verhalten des Festgenommenen oder vergleichbare Umstände bedingt sind. Die fehlende Möglichkeit, einen Richter zu erreichen, kann angesichts der verfassungsrechtlichen Verpflichtung des Staates, der Bedeutung des Richtervorbehalts durch geeignete organisatorische Maßnahmen Rechnung zu tragen, nicht ohne weiteres als unvermeidbares Hindernis für die unverzügliche Nachholung der richterlichen Entscheidung gelten.

1 So *Gusy* in v. Mangoldt/Klein/Starck, GG III, Art. 104, Rz. 13.
2 So zu der Anhörungspflicht nach § 5 FEVG – jetzt § 420 Abs. 1 FamFG – BVerfG, InfAuslR 1996, 198 sowie zur Notwendigkeit eines Haftantrags vor Erlass einer einstweiligen Anordnung nach § 11 FEVG – jetzt § 427 FamFG – und zur Notwendigkeit einer einzelfallbezogenen Begr. richterlicher Entscheidungen BVerfG v. 1.4.2008 – 2 BvR 1925/04.
3 BVerfG v. 16.5.2007 – 2 BvR 2106/05, InfAuslR 2007, 290 = FamRZ 2007, 1874; *Gusy* in v. Mangoldt/Klein/Starck, GG III, Art. 104 Rz. 26.
4 BVerfG v. 22.6.1988 – 2 BvR 234/87 ua., NJW 1989, 1663; *Gusy*, NJW 1992, 457 (461).
5 *Gusy*, NJW 1992, 457 (461).
6 BVerfG v. 7.11.1967 – 2 BvL 14/67, NJW 1968, 243 = BVerfGE 22, 311; BVerfG v. 15.5.2002 – 2 BvR 2292/00, NJW 2002, 3161; BVerfG v. 1.4.2008 – 2 BvR 1925/04, juris; *Gusy* in v. Mangoldt/Klein/Starck, GG III, Art. 104, Rz. 42.

Der Staat ist daher gehalten, die Erreichbarkeit eines zuständigen Richters – jedenfalls zur Tageszeit – zu gewährleisten. Die Vorschrift des Art. 104 Abs. 2 Satz 3 GG, nach der die Exekutive einen Festgenommenen nicht länger als bis zum Ende des Tages nach dem Ergreifen in eigenem Gewahrsam halten darf, stellt eine Höchstfrist dar und befreit die Behörde nicht von der Verpflichtung zur Herbeiführung einer richterlichen Entscheidung.[1]

3. Verhältnismäßigkeitsgrundsatz

18 Bei allen Freiheitsentziehungen ist der mit Verfassungsrang ausgestattete Grundsatz der Verhältnismäßigkeit zu beachten. Dieser verlangt, dass die Maßnahme zur Erreichung des angestrebten Zweckes geeignet und erforderlich ist und dass der mit ihr verbundene Eingriff nicht außer Verhältnis zur Bedeutung der Sache steht.[2] Insbesondere dem Kriterium der **Erforderlichkeit der Maßnahme** kommt dabei in der Praxis maßgebliche Bedeutung zu. So ist zB die zwangsweise Unterbringung eines mit dem HIV-Virus Infizierten rechtswidrig, wenn sie nicht das Letzte Mittel war, um die Verbreitung der Krankheit zu verhindern.[3] Abschiebungshaft wird idR bei Minderjährigen oder schwangeren Frauen nicht erforderlich sein, da als mildere Mittel andere Möglichkeiten in Betracht kommen, etwa Meldeauflagen, räumliche Aufenthaltsbeschränkungen, Garantien durch Vertrauenspersonen oder bei Minderjährigen die Unterbringung in Jugendeinrichtungen.[4] Generell gilt, dass die Freiheitsentziehung auf den Zeitraum zu beschränken ist, der für die Erreichung des gesetzlich zulässigen Ziels notwendig ist. Dies bedingt zugleich eine Pflicht der Exekutive, die entsprechenden Verfahren, etwa die Abschiebung eines Ausländers, mit der gebotenen **Beschleunigung** zu betreiben, mit der weiteren Folge, dass bei einer Verletzung dieses Gebots die freiheitsentziehende Maßnahme aufzuheben ist.[5]

4. Benachrichtigungspflichten

a) Nahestehende Personen

19 Gem. Art. 104 Abs. 4 GG sind von jeder richterlichen Entscheidung über die Anordnung oder Fortdauer der Freiheitsentziehung unverzüglich ein **Angehöriger** des Betroffenen oder eine **Person seines Vertrauens** zu benachrichtigen. Einfachgesetzlich ist eine Umsetzung für Unterbringungssachen in § 339 und für Freiheitsentziehungssachen in § 432 erfolgt. Auf die Kommentierung zu diesen Vorschriften wird daher verwiesen.

b) Konsulate

20 Wird einem Ausländer die Freiheit entzogen, ist Art. 36 Abs. 1b des **Wiener Übereinkommens über konsularische Beziehungen (WÜK)**[6] zu beachten. Hiernach haben die

1 BVerfG v. 15.5.2002 – 2 BvR 2292/00, NJW 2002, 3161.
2 BVerfG in st. Rspr., zuletzt v. 2.7.2008 – 2 BvR 1073/06, InfAuslR 2008, 358.
3 EGMR v. 25.1.2005 – 56529/00, NJW 2006, 2313.
4 OLG Köln v. 5.2.2003 – 16 Wx 247/02, OLGReport 2003, 193; s. auch Nr. 1.2 der Abschiebungshaftrichtlinien des nordrhein-westfälischen Innenministeriums v. 19.1.2009 – 15-39.01 – 5 – AHaftRL.
5 BVerfG v. 19.10.1977 – 2 BvR 1309/76, BVerfGE 46, 194; OLG Düsseldorf v. 21.9.2007 – I-3 Wx 202/07, OLGReport 2008, 54; OLG München v. 25.10.2007 – 34 Wx 125/07, OLGReport 2008, 144; OLG Köln v. 16.7.2007 – 16 Wx 255/07, OLGReport 2008, 122.
6 BGBl. II 1969, S. 1625.

zuständigen Behörden jeden Ausländer, der festgenommen, in Straf- oder Untersuchungshaft genommen oder dem anderweitig die Freiheit entzogen wird, darüber zu belehren, dass auf sein Verlangen die konsularische Vertretung seines Heimatlandes zu unterrichten ist. Falls dies verlangt wird, ist eine solche Unterrichtung unverzüglich vorzunehmen. Die Belehrung ist aktenkundig zu machen und gilt völkergewohnheitsrechtlich gegenüber allen Ausländern, also auch solchen aus Staaten, die dem WÜK nicht beigetreten sind.[1] Zuständig für die Belehrung und ggf. Benachrichtigung der konsularischen Vertretung ist der Richter[2] und ansonsten, etwa bei einer Direktabschiebung oder einer Festname, um den Betroffenen einer Behörde vorzuführen, die zuständige Behörde. Zu beachten ist, dass es mit einer Reihe von Staaten bilaterale Vereinbarungen gibt, nach denen eine Unterrichtung der ausländischen Vertretung über eine Festnahme auch dann zu erfolgen hat, wenn der Ausländer dies nicht wünscht. Diese Staaten sind zB aufgelistet in der Anlage zu einer Rundverfügung des nordrhein-westfälischen Justizministeriums, aus der sich auch Einzelheiten zur Belehrung und Unterrichtung sowie zu den hierfür zuständigen Organen ergeben.[3] Problematisch ist es, ob eine Unterrichtung gegen den Willen des Betroffenen auch dann zu erfolgen hat, wenn dieser bereits einen **Asylantrag** gestellt hat oder zum Ausdruck bringt, um Asyl nachsuchen zu wollen. Dies dürfte zu verneinen sein.

Eine etwaige Verletzung der völkerrechtlichen Pflichten aus Art. 36 Abs. 1b WÜK 21
dürfte nicht zu den Verfahrensgarantien des Art. 104 Abs. 1 GG gehören und deshalb auf die Rechtmäßigkeit der Haft keinen Einfluss haben.[4]

C. Begriff der Freiheitsentziehung

I. Grundsatz

§ 415 Abs. 2 enthält im Anschluss an § 2 Abs. 1 FEVG eine Definition der Freiheits- 22
entziehung. Da es sich um Maßnahmen handeln muss, bei der einer Person „die Freiheit entzogen wird", ist klargestellt, dass es um solche iSd. Art. 104 Abs. 2 GG und nicht lediglich um Freiheitsbeschränkungen iSd. Art. 101 Abs. 1 GG geht. Zur Abgrenzung stellt das BVerfG auf die Intensität des Eingriffs ab. Eine Freiheitsbeschränkung liegt hiernach vor, wenn jemand durch die öffentliche Gewalt gegen seinen Willen daran gehindert wird, einen Ort aufzusuchen oder sich dort aufzuhalten, der ihm an sich zugänglich ist. Der Tatbestand der Freiheitsentziehung kommt dagegen nur in Betracht, wenn die – tatsächlich und rechtlich an sich gegebene – körperliche Bewegungsfreiheit nach jeder Richtung hin aufgehoben wird,[5] und zwar für eine mehr als kurzfristige Zeitdauer.[6] Die Anwendung unmittelbaren Zwangs stellt daher noch keine Freiheitsentziehung dar.

1 *Melchior*, Internet-Kommentar zur Abschiebungshaft unter „Wiener Übereinkommen".
2 BGH v. 7.11.2001 – 5 StR 116/01, NStZ 2002, 168.
3 RV d. JM v. 15.5.2003 – 9360 – III A. 20 – über die Unterrichtung ausländischer Konsulate über die Festnahme einer/eines Staatsangehörigen ihres Landes, abrufbar bei *Melchior*, Abschiebungshaft, unter „Erlasse."
4 OLG Celle v. 8.6.2004 – 16 W 77/04, InfAuslR 2004, 350; OLG Schleswig v. 7.1.2004 – 2 W 112/03, NVwZ-RR 2005, 858; aA *Melchior*, Abschiebungshaft, unter „Wiener Übereinkommen".
5 BVerfG v. 14.5.1996 – 2 BvR 1516/93, BVerfGE 94, 166 (198); BVerfG v. 15.5.2002 – 2 BvR 2292/00, NJW 2002, 3161 = BVerfGE 105, 239 (248).
6 BVerfG v. 21.5.2004 – 2 BvR 715/04, NJW 2004, 3697.

II. Problem der „Direktabschiebung"

23 Wegen dieses Zeitmomentes dürfte die Rechtsprechung des BVerwG[1] und des BGH[2] überholt sein, wonach etwa eine sog. Direktabschiebung, bei der der Betroffene zum Zwecke der Abschiebung in seiner Wohnung festgenommen wird, um ihn gegen seinen Willen zum Flughafen zu bringen, keine Freiheitsentziehung darstelle. Das BVerwG, dem der BGH folgt, begründet dies damit, dass die Maßnahme nicht auf ein Festhalten des Ausländers, sondern darauf gerichtet sei, dass er sich zwangsweise außer Landes begebe bzw. außer Landes befördert werde. Ihre Auswirkung auf die Bewegungsfreiheit des Ausländers erscheine lediglich als eine sekundäre, kurzfristige Folge der Erfüllung der Ausreisepflicht. Ähnlich hatte der BGH entschieden, dass eine zwangsweise Vorführung einer Person zum Zwecke der Durchführung einer ärztlichen Untersuchung lediglich eine nicht dem Richtervorbehalt unterliegende bloße Freiheitsbeschränkung darstelle.[3] Indes wird in den genannten Fällen die Freiheitsentziehung idR nicht nur kurzfristig sein und unterliegt deshalb dem Richtervorbehalt.[4] Mehr als nur kurzfristige Einschränkungen eines Betroffenen in seiner körperlichen Bewegungsfreiheit außerhalb einer Einrichtung, die von ihrer Intensität her einem Einschließen in einem geschlossenen Raum gleichkommen, weil sie sich über mehrere Stunden erstrecken, können auch nach der Gesetzesbegründung eine Freiheitsentziehung darstellen. Die entsprechenden Fälle sollen durch die Einfügung der Wendung „insbesondere" vor den Worten „in einer abgeschlossenen Einrichtung" erfasst werden.[5] Damit dürften nunmehr die Fälle einer „Direktabschiebung" und idR auch solche einer Vorführung eine Freiheitsentziehung darstellen und deshalb dem Richtervorbehalt unterliegen.

III. Problem des Flughafengewahrsams

24 Problematisch ist es auch, ob das Festhalten eines Ausländers im Transitbereich eines Flughafens, der sog. Flughafengewahrsam, eine Freiheitsentziehung darstellt. Gem. § 18a AsylVfG sind Asylgesuche von Ausländern, dic auf dem Luftweg aus sicheren Herkunftsländern oder ohne Personaldokumente einreisen, in einem beschleunigten Verfahren vor der Entscheidung über die Einreise zu bearbeiten, soweit eine Unterbringung im Transitbereich des Flughafengeländes möglich ist. Für die Dauer des Verfahrens dürfen die Asylbewerber diesen Bereich nicht verlassen. Diesen erzwungenen **Aufenthalt im Transitbereich** hat das BVerfG für die Dauer des Verfahrens weder als Freiheitsentziehung noch als Freiheitsbeschränkung iSd. Art. 104 Abs. 1, Abs. 2 GG angesehen, weil jeder Staat berechtigt sei, den freien Zugang zu seinem Gebiet zu begrenzen und für Ausländer die Zutrittskriterien festzulegen. Rechtliche oder tatsächliche Hindernisse für das freie Überschreiten der Staatsgrenze berührten deshalb nicht den Gewährleistungsinhalt der durch Art. 2 Abs. 2 Satz 2 GG geschützten körperlichen Bewegungsfreiheit. Soweit ein Asylbewerber möglicherweise nicht in seinen Heimatstaat zurückkehren könne, sei die hieraus folgende Einschränkung der Bewegungsfreiheit nicht Folge einer der deutschen Staatsgewalt zurechenbaren Maßnahme.[6]

1 BVerwG v. 23.6.1981 – I C 78.77, NJW 1982, 537.
2 BGH v. 25.6.1998 – V ZB 8/98, juris.
3 BGH v. 17.12.1981 – VII ZB 8/81, NJW 1982, 753.
4 Ablehnend daher mit Recht *Lisken*, NJW 1982, 1268; *Rittstieg*, NJW 1996, 545 (550); *Marschner/Volckart*, § 2 FEVG Rz. 4.
5 Begr. RegE BT-Drucks. 16/6308, 290.
6 BVerfG v. 14.5.1996 – 2 BvR 1516/93, BVerfGE 94, 166 (198).

Umstritten bleibt jedoch die Frage, ob die weitere Unterbringung eines Ausländers im Transitbereich ab Eintritt der Rechtskraft eines negativen Bescheids über einen Asylantrag ohne richterliche Entscheidung eine rechtswidrige Freiheitsentziehung darstellt. Dies dürfte richtigerweise jedenfalls für den Regelfall zu bejahen sein, dass ein Verlassen des Transitbereichs aus tatsächlichen oder rechtlichen Gründen zunächst nicht möglich ist; denn die Räumlichkeiten im Transitbereich sind abgeschlossen und dem Betroffenen ist mit der Begrenzung des Aufenthaltes auf diesen Bereich gegen seinen Willen die körperlich-räumliche Bewegungsfreiheit entzogen. Er kann wegen der mit der Ablehnung des Asylantrags gem. § 18a Abs. 3 AsylVfG verbundenen Einreiseverweigerung weder in die Bundesrepublik Deutschland einreisen, noch kann er in einer solchen Situation – idR wegen fehlender Papiere – sofort wieder ausreisen.[1] Auch der EuGMR hält die nur theoretische Möglichkeit eines Asylsuchenden, das Land, in dem er Aufnahme begehrt, zu verlassen, nicht für ausreichend, um die Annahme einer Freiheitsentziehung iSd. Art. 5 Abs. 1 EMRK auszuschließen. Er verlangt deswegen eine richterliche Kontrolle der Aufenthaltsbedingungen und eine Begrenzung der Möglichkeit der Dauer, für die die Verwaltung den Ausländer festhalten darf.[2] 25

Der Gesetzgeber hat durch § 15 Abs. 5 und 6 AufenthG in der ab dem 28.8.2007 geltenden Fassung eine Regelung geschaffen, mit der versucht werden soll, den Vorgaben des Art. 5 Abs. 1 EMRK und des Art. 104 Abs. 2 GG Rechnung zu tragen. Hiernach soll in den Fällen, in denen eine Zurückweisungsentscheidung ergeht und diese nicht sofort vollzogen werden kann, **Zurückweisungshaft** beantragt werden. Daneben, also nur für den Fall, dass von dieser „**Sollvorschrift**" kein Gebrauch gemacht wird, kann der Ausländer im Transitbereich oder einer entsprechenden Unterkunft untergebracht werden, aber ohne richterliche Entscheidung nur für die Dauer von 30 Tagen und nur, wenn die Abreise innerhalb der Anordnungsdauer zu erwarten ist. Liegen diese Voraussetzungen nicht vor, etwa weil noch Passersatzpapiere zu beschaffen sind, ist die Unterbringung im Transitbereich von vornherein unzulässig und es bleibt der zuständigen Behörde, idR der Bundespolizei, nur die Möglichkeit, den Ausländer unverzüglich dem Richter vorzuführen und Zurückweisungshaft zu beantragen.[3] Der nicht auf einer richterlichen Anordnung beruhende Aufenthalt im Transitbereich eines Flughafens ohne oder nach negativem Abschluss des Flughafenverfahrens nach § 18a AsylVfG stellt daher nach der gesetzlichen Neuregelung eine von der Feststellung bestimmter Voraussetzungen abhängige Ausnahme dar. Normalerweise ist eine richterliche Entscheidung über die Verhängung von Zurückweisungshaft einzuholen.[4] 26

1 So zutreffend OLG München v. 2.12.2005 – 34 Wx 157/05, OLGReport 2006, 270 = FGPrax 2006, 44 mit Darstellung des Meinungsstandes.

2 Fall „Amuur", EGMR v. 25.6.1996 – 17/1995/523/609, NVwZ 1997, 1102 mit Feststellung der Verletzung des Art. 5 EMRK für einen 23-tägigen Aufenthalt im Transitbereich eines französischen Flughafens.

3 *Melchior*, Abschiebungshaft, Bearbeitung 8/2007 Nr. 611.

4 Für einen Verfassungswidrigkeit des § 15 Abs. 5, 6 AufenthG teilweise die Lit., zB HK-AuslR/*Bruns*, § 18a AsylVfG Rz. 30.

§ 416
Örtliche Zuständigkeit

Zuständig ist das Gericht, in dessen Bezirk die Person, der die Freiheit entzogen werden soll, ihren gewöhnlichen Aufenthalt hat, sonst das Gericht, in dessen Bezirk das Bedürfnis für die Freiheitsentziehung entsteht. Befindet sich die Person bereits in Verwahrung einer abgeschlossenen Einrichtung, ist das Gericht zuständig, in dessen Bezirk die Einrichtung liegt.

A. Überblick

I. Sachliche Zuständigkeit

1 Gem. §§ 23a Abs. 2 Nr. 6 GVG nF besteht für das Verfahren in Freiheitsentziehungssachen eine **sachliche Zuständigkeit der Amtsgerichte** mit einer aus Art. 104 Abs. 2 GG folgenden Entscheidungskompetenz des Richters. Hiervon erfasst ist das gesamte Freiheitsentziehungsverfahren einschließlich eines Fortsetzungsfeststellungsantrags nach § 62 bzw. § 428 Abs. 2, mit dem die Rechtswidrigkeit einer richterlichen Haftanordnung oder eines vorgelagerten Behördengewahrsams geltend gemacht wird. Verwaltungsgerichtliche Anträge gegen die das Verfahren betreibenden Behörde, etwa auf Rücknahme eines Haftantrags oder auf Entlassung aus der Haft sind auch im Anwendungsbereich des AufenthG unzulässig. Der Verwaltungsrechtsweg ist nur gegeben, wenn die materiellen Voraussetzungen der Ausreisepflicht streitig sind.[1] Vorbeugender Rechtsschutz gegenüber einem erwarteten, aber noch nicht gestellten Antrag oder gegenüber einer befürchteten haftvorbereitenden behördlichen Ingewahrsamnahme kann dagegen im Verfahren nach den §§ 415 ff. nicht erlangt werden.[2]

1 BVerwG, v. 23.6.1981 – 1 C 93/76, NJW 1982, 536; OVG Lüneburg v. 12.4.2007 – 7 ME 1/07, InfAuslR 2007, 246 und v. 25.3.2009 – 7 LA 142/07, juris; OVG Münster v. 28.6.2006 – 18 B 1088/06, InfAuslR 2007, 110; OVG Koblenz v. 28.6.1988 – 11 B 346/87, NVwZ-RR 1989, 441 unter Aufgabe gegenteiliger früherer Rspr.; *Melchior*, Abschiebungshaft, Rechtsprechungsübersicht – Haftgründe unter „Abgrenzungsfragen"; **aA** OVG Saarlouis v. 11.1.2001 – 9 V 52/00, InfAuslR 2001, 172; VG Aachen v. 8.3.2000 – 8 L 101/00, InfAuslR 2000, 227; VG Berlin v. 4.11.1998 – 35 F 69/98, InfAuslR 1999, 80; *Renner*, § 62 AufenthG Rz. 30.

2 OLG Hamm v. 8.3.2007 – 15 W 58/07, OLGReport 2007, 531.

II. Örtliche Zuständigkeit

1. Grundsatz

Wegen der örtlichen Zuständigkeit enthält § 416 in Anlehnung an den früheren § 4 Abs. 1 FEVG drei mögliche Gerichtsstände. Es sind dies 2

- der **Ort des gewöhnlichen Aufenthalts** des Betroffenen, dh. der Ort, an dem der Betroffene seinen tatsächlichen Lebensmittelpunkt hat,[1]
- bei dessen Fehlen der Ort, an dem das **Bedürfnis für die Freiheitsentziehung** besteht
- und schließlich nach Satz 2 der **Gewahrsamsort**.

Hierbei hat der **Gerichtsstand des Gewahrsamsortes** aus Zweckmäßigkeitsgründen idR Vorrang gegenüber demjenigen des Aufenthaltsortes; denn dort kann die gerichtliche Entscheidung über eine bereits vollzogene Freiheitsentziehung am schnellsten sowie wegen der regelmäßig notwendigen Anhörung des Betroffenen am ehesten sachgerecht erfolgen.[2] Als Gewahrsamsort gilt auch der Ort, an dem sich der Betroffene vor der ersten Befassung eines Amtsgerichts aufgrund einer behördlichen Festnahmeentscheidung befindet.[3] Vorrang gebührt dem Gerichtsstand des Gewahrsamsorts auch dann, wenn der Betroffene bereits aufgrund einer strafprozessualen Maßnahme untergebracht ist.[4] Die einmal begründete Zuständigkeit bleibt auch dann bestehen, wenn der Betroffene aufgrund der erfolgten richterlichen Anordnung in eine geschlossene Einrichtung im Bezirk eines anderen Gerichts verlegt wird,[5] wie nunmehr in § 2 Abs. 2 ausdrücklich normiert ist. 3

2. Zuständigkeitswechsel in Abschiebungshaftsachen

Eine Ausnahme von dem Grundsatz, dass die einmal begründete Zuständigkeit bestehen bleibt, gilt allerdings, wenn über die **Fortdauer von Abschiebungshaft** zu entscheiden ist. In einem derartigen Fall kann nach § 106 Abs. 2 Satz 2 AufenthG das Verfahren durch unanfechtbaren Beschluss an das Gericht abgegeben werden, in dessen Bezirk die Zurückweisungshaft oder Abschiebungshaft vollzogen wird. Auch dem liegen praktische Erwägungen zugrunde. Wenn etwa abzuschiebende Ausländer in gesonderten Haftanstalten konzentriert untergebracht sind, wie dies zB in Nordrhein-Westfalen für Männer in der JVA Büren und für Frauen in der JVA Neuss der Fall ist, lassen sich persönliche Anhörungen, die auch im Falle einer Entscheidung über die Fortdauer der Haft nach § 425 Abs. 3 notwendig sind (s. dazu § 425 Rz. 16), leichter und schneller durchführen. Vor einer Abgabe ist dem Betroffenen Gelegenheit zur Äußerung zu geben.[6] 4

3. Eilzuständigkeit

Für Eilmaßnahmen ist daneben gem. § 50 Abs. 2 das Amtsgericht örtlich zuständig, in dem das Bedürfnis für eine Maßnahme besteht oder sich der Betroffene gerade aufhält. 5

---

1 *Marschner/Volckart*, § 4 FEVG Rz. 1.

2 OLG Hamm v. 9.5.2006 – 15 Sbd 5/06, NJW 2006, 2707 = FGPrax 2006, 183; OLG Frankfurt v. 2.6.2006 – 20 W 224/06, NJW 2006, 3443; Begr. RegE BT-Drucks. 16/6308, S. 291.

3 OLG Hamm v. 5.7.2007 – 15 W 135/07, OLGReport 2007, 667.

4 AA BayObLG v. 30.6.1977 – 3Z BR 38/77, NJW 1977, 2084; OLG Düsseldorf v. 8.7.1998 – 26 Wx 42/98, FGPrax 1998, 200; *Marschner/Volckart*, § 4 FEVG Rz. 2: Parallele Anwendbarkeit der Gerichtsstände des Aufenthaltsortes und des Gewahrsamsortes.

5 OLG Zweibrücken v. 8.5.2000 – 2 AR 28/00, OLGReport 2001, 20 = FGPrax 2000, 212.

6 BVerfG v. 5.3.2009 – 2 BvR 1615/06, juris.

Es hat das Verfahren unverzüglich von Amts wegen an das gem. § 416 zuständige Gericht, also idR an das Gericht des Ortes, an dem sich der Lebensmittelpunkt des Betroffenen befindet, abzugeben.

B. Zuständigkeitsstreit

6 Im Falle der Anrufung eines unzuständigen Gerichts oder eines Zuständigkeitsstreits greifen die allgemeinen Regeln der §§ 3 bis 5. Zu beachten ist allerdings, dass der durch die Art. 2, 104 GG verbriefte **Anspruch des Betroffenen auf effektiven Rechtsschutz** gegen eine Freiheitsentziehung nicht verkürzt werden darf. Auch ein Gericht, das sich für unzuständig hält, hat deshalb im Rahmen der normalerweise immer bestehenden Eilzuständigkeit nach § 50 Abs. 2 die Verfahrenshandlungen durchzuführen, die zur Gewährleistung der Rechtsschutzgarantie notwendig sind, etwa Anhörungen des Betroffenen und ggf. sonstiger Beteiligter nach § 420.

C. Entscheidung durch unzuständiges Gericht

7 Hat das örtlich unzuständige Gericht eine Freiheitsentziehung angeordnet, so ist die Entscheidung gem. § 2 Abs. 3 zwar wirksam. Sie bleibt aber anfechtbar mit der Folge, dass der Gesetzesverstoß ggf. im Instanzenzug zu korrigieren ist (§ 3 Rz. 42).[1] Allerdings soll der in dem Handeln des unzuständigen Gerichts liegende **Verfahrensfehler** nach Auffassung des BGH durch eine Sachentscheidung des Beschwerdegerichts jedenfalls dann geheilt werden, wenn das tätig gewordene und das zuständige Gericht zum Bezirk des Beschwerdegerichts gehören. Weil der Betroffene deswegen mit einem Begehren auf Aufhebung der Haftanordnung nicht habe durchdringen können, sei nach Erledigung der Hauptsache auch ein Antrag auf Feststellung der Rechtswidrigkeit der Haftanordnung nicht begründet.[2]

8 Dem kann in dieser Allgemeinheit nicht gefolgt werden. Die Beachtung der gesetzlichen Vorschriften über die gerichtliche Zuständigkeit gehört zu den **Verfahrensgarantien des Art. 104 Abs. 2 GG**, die nur für die Zukunft, nicht aber für die Vergangenheit geheilt werden können.[3] Die Freiheitsentziehung war daher erst ab der Entscheidung des auf jeden Fall zuständigen Beschwerdegerichts rechtmäßig und vorher rechtswidrig. Dies hätte antragsgemäß festgestellt werden müssen, und zwar auch dann, wenn sich die Hauptsache vorher nicht erledigt hätte. Das Argument des BGH, ohne Erledigung der Hauptsache hätte der Betroffene mit seinem Verlangen auf Aufhebung der Haftanordnung vor dem zuständigen Beschwerdegericht nicht durchdringen können, trifft zwar zu, trägt das Ergebnis aber nicht; denn in dem Begehren auf Aufhebung der Haft als von Anfang an nicht gerechtfertigt ist bei einer interessengerechten Auslegung als ein Minus auch das Begehren enthalten, nur für eine bestimmte Zeit die fehlende Rechtmäßigkeit der Haft festzustellen. Dies folgt schon daraus, dass der Rechtskraft einer entsprechenden Feststellung des Haftgerichts Bindungswirkung im Verfahren auf Zahlung von Schadensersatz gem. Art. 5 Abs. 5 EMRK zukommt

1 *Bumiller*/Winkler, § 7 FGG Rz. 16.
2 BGH v. 8.3.2007 – V ZB 149/06, MDR 2007, 971 = NJW-RR 2007, 1569; kritisch hierzu, aber im Ergebnis offen lassend BVerfG v.10.12.2007 – 2 BvR 1033/06, NVwZ 2008, 304.
3 BVerfG v. 7.10.1981 – 2 BvR 1194/80, MDR 1982, 377 = NJW 1982, 691; BVerfG v. 17.1.1990 – 2 BvR 1592/88, NJW 1990, 2309; Dreier/*Schultze-Fielitz*, GG III Art. 104 Rz. 32.

(s. auch § 415 Rz. 12).[1] Auch das BVerfG hat in einem Fall, in dem eine Verfahrensgarantie iSd. Art. 104 Abs. 2 GG, nämlich eine vom Amtsgericht unterlassene Anhörung nach § 5 FEVG – jetzt § 420 FamFG – vom Landgericht nachgeholt worden war, die Haftanordnung für die Zeit bis zur „Nachbesserung" durch die verfahrensfehlerfreie Entscheidung des Landgerichts als rechtswidrig angesehen.[2] Im Zweifel ist daher in Anwendung des § 28 Abs. 2 eine Nachfrage geboten, ob hilfsweise die Feststellung der Rechtswidrigkeit der Haft bis zur Behebung des Zuständigkeitsmangels gewollt ist.

D. Zuständigkeit bei Fortsetzungsfeststellungsanträgen

Die Zuständigkeit für Anträge des Betroffenen auf Feststellung der Rechtswidrigkeit einer Freiheitsentziehung ist gesetzlich nicht geregelt. Nach der Gesetzesbegründung soll für einen derartigen Fall § 416 entsprechend anwendbar sein.[3] Dieser – wegen des Absehens von einer gesetzlichen Regelung für die Auslegung unbeachtlichen – Rechtsauffassung kann indes nicht gefolgt werden. Der Fortsetzungsfeststellungsantrag richtet sich nicht gegen die Haft, sondern gegen die staatliche Maßnahme, die zur Inhaftierung geführt hat, also gegen die richterliche Haftanordnung und ggf. gegen den vorgelagerten Behördengewahrsam. **Zuständig** kann daher nur **das für die Haftanordnung** bzw. für die Kontrolle des behördlichen Handelns **zuständige Gericht** sein. Einer etwaigen Scheu vor einer Selbstkorrektur ist ggf. im Rechtsmittelzug, notfalls durch eine Verfassungsbeschwerde zu begegnen. Im Übrigen sollte es seit der Einführung der Anhörungsrüge für einen souveränen Richter kein Problem mehr sein, eine als unrichtig erkannte Entscheidung auch selbst zu korrigieren. 9

§ 417
Antrag

(1) Die Freiheitsentziehung darf das Gericht nur auf Antrag der zuständigen Verwaltungsbehörde anordnen.

(2) Der Antrag ist zu begründen. Die Begründung hat folgende Tatsachen zu enthalten:

1. die Identität des Betroffenen,

2. den gewöhnlichen Aufenthaltsort des Betroffenen,

3. die Erforderlichkeit der Freiheitsentziehung,

4. die erforderliche Dauer der Freiheitsentziehung sowie

5. in Verfahren der Abschiebungs-, Zurückschiebungs- und Zurückweisungshaft die Verlassenspflicht des Betroffenen sowie die Voraussetzungen und die Durchführbarkeit der Abschiebung, Zurückschiebung und Zurückweisung.

Die Behörde soll in Verfahren der Abschiebungshaft mit der Antragstellung die Akte des Betroffenen vorlegen.

1 BGH v. 18.5.2006 – III ZR 183/05, MDR 2006, 1284 = JZ 2006, 1064.
2 BVerfG v. 12.3.2008 – 2 BvR 2042/05, InfAuslR 2008, 308.
3 Begr. RegE BT-Drucks. 16/6308, 291.

A. Überblick

1 Das Freiheitsentziehungsverfahren ist als ein reines **Antragsverfahren** ausgestaltet. Voraussetzung hierfür war schon nach dem früheren § 3 Satz 1 FEVG immer ein Antrag der zuständigen Behörde. Das Antragserfordernis des § 417 Abs. 1 besteht sowohl für die Frage, ob überhaupt eine Freiheitsentziehung erfolgen kann, als auch für deren Dauer. Sie darf daher nicht für einen längeren Zeitraum als beantragt angeordnet werden.[1] Zur Form und zum Inhalt eines Antrags sowie zur Übermittlungspflicht des Gerichts gilt zunächst die allgemeine Regelung des § 23. Ergänzende Anforderungen an den Antrag, die der besonderen Situation in Freiheitsentziehungssachen Rechnung tragen, enthält § 417 Abs. 2.

B. Inhalt der Vorschrift

I. Zuständige Behörde (Absatz 1)

1. Sachliche Zuständigkeit

2 Sachlich zuständige Behörden für die Antragstellung sind:

- in Abschiebungshaftsachen die nach Landesrecht zuständigen Ausländerbehörden, die mit der polizeilichen Kontrolle des grenzüberschreitenden Verkehrs beauftragten Behörden, also idR die Bundespolizei sowie die Polizeien der Länder (§ 71 Abs. 1, Abs. 3 Nr. 1 und Abs. 5 AufenthG),
- im Verfahren nach dem Infektionsschutzgesetz die nach Landesrecht für zuständig erklärte Verwaltungsbehörde (§ 54 I IfSG),
- bei der ordnungsbehördlichen Ingewahrsamnahme nach dem BPolG bzw. den Landespolizeigesetzen die durch das Bundesinnenministerium bestimmten einzelnen Bundespolizeibehörden (§ 58 Abs. 1 BPolG) bzw. die nach dem jeweiligen Landesrecht zuständigen Behörden,
- das Bundeskriminalamt bei Freiheitsentziehungen nach § 21 Abs. 7 BKAG und das Zollkriminalamt bei Maßnahmen nach § 23 Abs. 1 Satz 2 Nr. 8 ZFdG.

2. Örtliche Zuständigkeit

3 Problematisch kann die Bestimmung der örtlich zuständigen Ausländerbehörde in **Abschiebungshaftsachen** sein, die sich gem. § 71 AufenthG nach dem jeweiligen Landesrecht richtet. Das Recht der einzelnen Bundesländer enthält zum Teil Regelungen, die denjenigen in § 3 VwVfG des Bundes entsprechen. Auf dieser Grundlage hat das KG in dem Fall, in dem für einen ausreisepflichtigen Ausländer eine räumliche Beschränkung des Aufenthalts bestand und dieser etwa ein Jahr später in Berlin aufge-

1 OLG Brandenburg v. 28.8.2002 – 8 Wx 32/02, FGPrax 2002, 280; OLG Rostock v. 9.8.2006 – 3 W 138/05, FGPRax 2007, 46.

griffen wurde, den Ort des illegalen Aufenthalts nicht als „gewöhnlichen" iSd. § 3 Abs. 1 Nr. 3a VwVfG angesehen und deshalb sowohl eine hieraus folgende Zuständigkeit Berliner Behörden wie auch eine sog. Notzuständigkeit nach § 3 Abs. 4 VwVfG wegen Gefahr in Verzug verneint. Letztere ermögliche nur unaufschiebbare Maßnahmen, also allenfalls einen Antrag auf eine einstweilige Anordnung, nicht aber einen Hauptsacheantrag.[1] Demgegenüber sind die Ausländerbehörden in Nordrhein-Westfalen Sonderordnungsbehörden mit der Folge, dass gem. § 4 Abs. 1 OBG NW diejenige Ausländerbehörde örtlich zuständig ist, in deren Bezirk sich ein Ausländer in Widerspruch zu ausländerrechtlichen Vorschriften aufhält.[2] Auf den „gewöhnlichen Aufenthalt" kommt es demzufolge dort nicht an. Die aus § 4 Abs. 1 OBG NW oder ähnlich gelagerten Regeln anderer Bundesländer folgende Zuständigkeit gilt indes dann nicht, wenn der Ausländer – zB aufgrund des Schengener Durchführungsübereinkommens – an der Grenze oder auf einem Flughafen deutschen Behörden überstellt wird.[3]

Zweifelhaft kann es auch sein, ob ein im Wege der **Amtshilfe** von einer an sich örtlich unzuständigen Ausländerbehörde gestellter Antrag zulässig ist. In der Rspr. ist dies verschiedentlich verneint worden.[4] Jedenfalls wird man fordern müssen, dass die gesetzlichen Voraussetzungen für eine Amtshilfe vorliegen, etwa diejenigen des § 5 VwVfG oder vergleichbarer Regelungen der Länder. Dies wird im Regelfall für den Freiheitsentziehungsantrag selbst kaum der Fall sein. Wenn zB ein ausreisepflichtiger Ausländer aus dem Zuständigkeitsbereich des Ausländeramtes A im Bereich des Ausländeramtes B aufgegriffen wird, wird wegen der Möglichkeit, den Antrag sowie die notwendigen Unterlagen per Fax zu übermitteln, ein Haftantrag unmittelbar durch das zuständige Ausländeramt A keinen größeren Aufwand iSd. § 5 Abs. 1 Nr. 5 VwVfG verursachen als ein solcher durch die Behörde B. Damit liegen für den Antrag selbst die Voraussetzungen für eine Amtshilfe nicht vor mit der Folge, dass der Antrag unzulässig ist.[5] Anders ist es dagegen für das weitere Verfahren, etwa die Vorführung des Betroffenen und die Teilnahme an einem Anhörungstermin für das die zuständige Behörde ggf. Amtshilfe in Anspruch nehmen kann. 4

II. Inhalt des Antrags (Absatz 2)

§ 3 FEVG enthielt keine besonderen Voraussetzungen für den Inhalt eines Freiheitsentziehungsantrags. Nach allgemeiner Meinung bestand aber eine Pflicht zur Begründung, insbesondere zur Darlegung der für die Freiheitsentziehung maßgeblichen Tatsachen. Dieser allgemeine Grundsatz für Anträge im FGG-Verfahren ist nunmehr in § 23 kodifiziert. Speziell für Abschiebungshaftanträge wurden indes bereits nach dem früheren Recht zusätzlich Darlegungen 5

- zur Identität des Betroffenen,
- zur zweifelsfreien Ausreisepflicht,
- zu den Abschiebungsvoraussetzungen,

1 KG v. 16.2.1998 – 25 W 7870/97, InfAuslR 2007, 17 = FGPrax 1998, 157.
2 OLG Hamm v. 5.7.2007 – 15 W 135/07, OLGReport 2007, 667; OLG Köln v. 8.5.2007 – 16 Wx 107/07, OLGReport 2007, 796; OVG Münster v. 10.7.1997 – 18 B 1853/96, NVwZ-RR 1998, 201.
3 OLG Köln v. 15.10.2008 – 16 Wx 215/08, FGPrax 2009, 137.
4 OLG Frankfurt v. 13.11.1998 – 20 W 442/98, juris; OLG München v. 28.9.2006 – 34 Wx 115/06 (bei *Melchior*, Abschiebungshaft, Anhang).
5 OLG Karlsruhe v. 15.5.2008 – 14 Wx 10/08, FGPrax 2008, 228; OLG Köln v. 15.10.2008 – 16 Wx 215/08, FGPrax 2009, 137.

- zur Erforderlichkeit der Haft,
- zur Durchführbarkeit der Abschiebung und
- zur notwendigen Haftdauer

verlangt.[1]

6 Die hierzu ergangene Rechtsprechung wurde in einem relativ späten Stadium des Gesetzgebungsverfahrens, nämlich aufgrund eines entsprechenden Vorschlags des Rechtsausschusses vor der abschließenden Beratung im Bundestag mit den in Abs. 2 Nr. 1. bis 5 aufgelisteten Voraussetzungen in das FamFG eingearbeitet. Mit diesen **zwingenden Voraussetzungen** soll dem Gericht eine hinreichende Tatsachengrundlage für seine Entscheidung bzw. für weitere Ermittlungen zugänglich gemacht werden.[2]

7 Der Absicherung der Tatsachengrundlage für die gerichtliche Entscheidung dient auch die aus § 417 Abs. 2 Satz 2 folgende Pflicht der antragstellenden Behörde, im Regelfall die bei ihr entstandenen Akten vorzulegen. Die **Aktenvorlage** durch die Behörde gem. § 99 Abs. 1 S. 1 VwGO war im Normalfall eines Verwaltungsgerichtsprozess nie problematisch. Auch für einen strafrechtlichen Haftantrag ist die Vorlage der Ermittlungsakten durch die Staatsanwaltschaft eine Selbstverständlichkeit. Anders war dagegen eine weit verbreitete Praxis in Abschiebungshaftsachen, in denen nicht selten von der antragstellenden Behörde nur von ihr für relevant gehaltene Aktenauszüge vorgelegt wurden und auch der Haftrichter sich damit begnügte.[3] Dies hatte die Folge, dass das BVerfG mehrfach eine nicht hinreichende Sachaufklärung infolge fehlender Vorlage der Ausländerakte monieren musste.[4] Dem dürfte nunmehr durch § 415 Abs. 2 Satz 2 begegnet sein.

8 Für den Fall, dass eine **Freiheitsentziehung in einer geschlossenen Abteilung eines Krankenhauses** erfolgen soll, was in erster Linie bei einer solchen nach dem Infektionsschutzgesetz in Betracht kommt, enthält § 420 Abs. 4 Satz 2 eine weitere Zulässigkeitsvoraussetzung. Die Verwaltungsbehörde soll in diesem Fall ihrem Antrag ein ärztliches Gutachten beifügen (s. § 420 Rz. 22).

III. Folge fehlerhafter Anträge

9 Das Vorliegen eines **zulässigen Antrags** gehört zu den **Verfahrensgarantien des Art. 104 Abs. 1 GG** und ist daher in jeder Lage des Verfahrens von Amts wegen zu prüfen.[5] Hierzu gehören auch die örtliche und sachliche Zuständigkeit der antragstellenden Behörde.[6] Ein Nachholen des Antrags noch in der Beschwerdeinstanz wird für zulässig erachtet,[7] kann aber nur zu einer Rechtmäßigkeit der Haft für die Zukunft

1 *Marschner/Volckart*, § 3 FEVG Rz. 6.

2 Beschlussempfehlung des Rechtsausschusses v. 23.6.2008, BT-Drucks. 16/9733, S. 299.

3 Vgl. die zutreffende Beschreibung der Praxis durch *Beichel-Benedetti*/Gutmann, NJW 2004, 3015.

4 BVerfG v. 7.9.2006 – 2 BvR 129/04, InfAuslR 2006, 462; BVerfG v. 10.12.2007 – 2 BvR 1033/06, NVwZ 2008, 304; BVerfG v. 2.7.2008 – 2 BvR 1073/06, InfAuslR 2008, 358.

5 *Marschner/Volckart*, § 3 FEVG Rz. 4.

6 BayObLG v. 7.2.1997 – 3 Z BR 30/97, FGPrax 1997, 117; OLG Frankfurt v. 13.11.1998 – 20 W 442/98, juris; OLG München v. 28.9.2006 – 34 Wx 115/06 (bei *Melchior*, Abschiebungshaft, Anhang); KG v. 25.8.2006 – 25 W 70/05, InfAuslR 2007, 17; OLG Karlsruhe v. 15.5.2008 – 14 Wx 10/08, FGPrax 2008, 228; OLG Köln v. 8.5.2007 – 16 Wx 107/07, OLGReport 2007, 796.

7 BayObLG v. 14.8.1991 – BReg 3 Z 122/91, InfAuslR 1991, 345; *Marschner/Volckart*, § 3 FEVG Rz. 3.

führen (s. wegen der gleich gelagerten Problematik der örtlichen Zuständigkeit des Gerichts § 416 Rz. 7 f.).

Wegen des zwingenden Charakters der **inhaltlichen Anforderungen an einen Antrag** gem. § 417 Abs. 2 Satz 1, Satz 2 Nr. 1 bis 5 wird man auch diese zu den freiheitsschützenden Verfahrensgarantien rechnen müssen. Daher können auch insoweit Mängel – ggf. nach entsprechenden Hinweisen des Gerichts – nur für die Zukunft, nicht aber rückwirkend behoben werden. Anders ist es dagegen bei der Pflicht zur Vorlage der Ausländerakte nach Abs. 2 Satz 3, die dem Antrag nur beigefügt werden „soll", also Ausnahmen im Einzelfall erlaubt. Damit handelt es sich nicht um eine Zulässigkeitsvoraussetzung für die Freiheitsentziehung.[1] Allerdings ist die Frage, ob in den Tatsacheninstanzen im Einzelfall von einer Vorlage der Akten abgesehen werden konnte, einer Rechtskontrolle durch den BGH im Rechtsbeschwerdeverfahren gem. § 70 ff. unterworfen, so dass ein etwaiger Verfahrensfehler zwar nicht zur Rechtswidrigkeit der Haft, aber zur Aufhebung der angefochtenen Entscheidung und zur Zurückverweisung der Sache gem. § 74 Abs. 6 führen kann. Entsprechendes gilt, wenn bei einer Freiheitsentziehung, die in einem geschlossenen Krankenhaus erfolgen soll, von der Sollvorschrift des § 420 Abs. 4 Satz 2 zur Vorlage eines ärztlichen Gutachtens abgesehen wird. 10

§ 418
Beteiligte

(1) Zu beteiligen sind die Person, der die Freiheit entzogen werden soll (Betroffener), und die Verwaltungsbehörde, die den Antrag auf Freiheitsentziehung gestellt hat.

(2) Der Verfahrenspfleger wird durch seine Bestellung als Beteiligter zum Verfahren hinzugezogen.

(3) Beteiligt werden können im Interesse des Betroffenen

1. dessen Ehegatte oder Lebenspartner, wenn die Ehegatten oder Lebenspartner nicht dauernd getrennt leben, sowie dessen Eltern und Kinder, wenn der Betroffene bei diesen lebt oder bei Einleitung des Verfahrens gelebt hat, die Pflegeeltern sowie

2. eine von ihm benannte Person seines Vertrauens.

A. Allgemeines

1 Ähnlich wie im FGG war auch im FEVG nicht ausdrücklich geregelt, wer Beteiligter in Freiheitsentziehungsverfahren ist. Mittelbar ergab sich dies indes aus § 5 Abs. 1 bis

1 Beschlussempfehlung des Rechtsausschusses v. 23.6.2008, BT-Drucks. 16/9733, S. 299.

3 FEVG, wonach der Betroffene sowie unter bestimmten Voraussetzungen weitere Personen mündlich anzuhören waren sowie ggf. ein Verfahrenspfleger zu bestellen war. § 418 regelt nunmehr ausdrücklich, welche Personen im Freiheitsentziehungsverfahren zu beteiligen sind und welche Personen beteiligt werden können. Die Vorschrift knüpft an die allgemeine Regelung des Beteiligtenbegriffs in § 7 und an die Bestimmung der Beteiligten in Betreuungs- und Unterbringungssachen in den §§ 274 und 315 an.[1] Es wird also auch hier unterschieden zwischen Beteiligten kraft Gesetzes und kraft Hinzuziehung.

B. Inhalt der Vorschrift

I. Beteiligte kraft Gesetzes (Absatz 1)

2 In § 418 Abs. 1 wird noch einmal klargestellt, was sich ohnehin schon aus § 7 Abs. 1 und Abs. 2 Nr. 1 ergibt, nämlich dass die antragstellende Behörde und der Betroffene zwingend Beteiligte eines Freiheitsentziehungsverfahrens sind. Zu beachten ist, dass die Regelungen über die Verfahrensfähigkeit eines Betroffenen in Betreuungs- und Unterbringungssachen vorliegend nicht gelten. Für einen geschäftsunfähigen Betroffenen, der zB zur Durchsetzung eines Platzverweises in Polizeigewahrsam genommen werden soll, ist daher gem. § 9 Abs. 2 nur der gesetzliche Vertreter handlungsfähig. Falls dieser nicht bekannt ist, was für das erstinstanzliche Verfahren wegen der aus Art. 104 Abs. 2 Satz 2 GG folgenden Pflicht für die antragstellende Behörde, den Betroffenen unverzüglich dem Richter vorzuführen, häufig der Fall sein wird, ist gem. § 419 ein Verfahrenspfleger zu bestellen.

II. Beteiligte kraft Hinzuziehung

1. Verfahrenspfleger (Absatz 2)

3 Wegen der in Freiheitsentziehungssachen selten vorliegenden Voraussetzungen für eine Verfahrenspflegerbestellung und wegen der Rechtsstellung des Pflegers wird auf die Kommentierung zu § 419 verwiesen.

2. Ehegatte und nahe Angehörige (Abs. 3 Nr. 1)

4 In § 5 Abs. 3 FEVG war bestimmt, dass der nicht dauernd getrennt lebende Ehegatte einer Person, der die Freiheit entzogen werden soll, anzuhören „ist" und hiervon nur im Falle einer ansonsten eintretenden erheblichen Verzögerung des Verfahrens oder der Entstehung unverhältnismäßiger Kosten abgesehen werden kann. Das Gesetz ließ daher dem Richter keinen Ermessensspielraum, und das Anhörungserfordernis von Ehepartnern wurde deswegen in der Rspr. mit Recht als Verfahrensgarantie iSd. Art. 104 Abs. 1 GG angesehen, deren Verletzung zur Rechtswidrigkeit einer Freiheitsentziehung führte.[2] Die Neuregelung entspricht den für die Unterbringung nach Betreuungsrecht oder den Landesgesetzen über die Unterbringung psychisch Kranker geltenden Regelungen des § 315 Abs. 4 Nr. 1 und 2. Sie enthält einerseits infolge der Erstreckung auch auf Lebenspartner, Eltern, Kinder und ggf. Pflegeeltern des Betroffe-

1 Begr. RegE BT-Drucks. 16/6308, S. 291.
2 OLG Celle v. 27.6.2005 – 22 W 24/05, InfAuslR 2005, 423; OLG Düsseldorf v. 12.7.1996 – 3 Wx 295/96, AuAS 1996, 258; OLG München v. 18.9.2006 – 34 Wx 113/06, AuAS 2006, 269.

nen eine Erweiterung ggf. zu beteiligender Personen, andererseits aber auch Einschränkung des Rechtsschutzes, weil diese Personen nur beteiligt werden „können", es also im **pflichtgemäßen Ermessen des Gerichts** liegt, ob es hiervon Gebrauch macht oder nicht. Zudem hängt – anders als nach früherem Recht (§ 7 Abs. 2 iVm. §§ 5 Abs. 2, 6 Abs. 2 Buchst. b FEVG) – das Beschwerderecht der genannten Personen davon ab, dass sie in erster Instanz beteiligt worden sind (§ 429 Abs. 2 Nr. 1).

Im Rahmen seiner Ermessensentscheidung wird das für eine Freiheitsentziehungsmaßnahme zuständige Amtsgericht bzw. – spätestens – die Beschwerdekammer des Landgerichts jedenfalls in den in der Praxis relevantesten Fällen nämlich in Abschiebungshaftsachen, häufig nicht umhinkommen, nahe stehende Personen entweder zu beteiligen oder gem. § 30 als Zeugen zu vernehmen; denn für die bei allen Haftgründen des § 62 Abs. 2 AufenthG letztlich relevante Frage, ob die Absicht besteht, sich der Abschiebung durch Flucht zu entziehen, können **das Bestehen und der Umfang sozialer Bindungen** des Ausländers maßgebliche Beurteilungskriterien sein. Von daher wird in Fällen, in denen derartige Bindungen im Raum stehen, schon die **allgemeine Sachaufklärungspflicht** eine Hinzuziehung der entsprechenden Personen gebieten.[1] 5

Zu beachten ist, dass § 418 Abs. 3 nur solche Ehen oder Lebenspartnerschaften erfasst, die staatlich legitimiert sind und in den **Schutzbereich des Art. 6 GG** fallen. Nur nach dem Ritus einer Glaubensgemeinschaft geschlossene Ehen, die nach dem PStG 2009 nicht mehr bußgeldbewehrt sind, oder solche kraft Brauchtums, wie die Ehe nach Roma-Art gehören hierzu nicht.[2] Auch in derartigen Fällen und bei sonstigen engen Partnerschaften kann es allerdings wiederum infolge der allgemeinen Sachaufklärungspflicht geboten sein, die jeweiligen Partner entweder gem. § 29 zu befragen oder förmlich gem. § 30 als Zeugen zu vernehmen.[3] 6

3. Vertrauensperson (Abs. 3 Nr. 2)

a) Funktion

Grundlage für die besondere Stellung einer Vertrauensperson ist Art. 104 Abs. 4 GG, wonach von jeder richterlichen Entscheidung über die Anordnung oder Fortdauer der Freiheitsentziehung unverzüglich ein Angehöriger des Betroffenen oder eine **Person seines Vertrauens** zu benachrichtigen ist (s. hierzu § 415 Rz. 19 und § 432 Rz. 1–5). Die Rolle einer Vertrauensperson besteht darin, den Betroffenen, dessen Rechtsverteidigungs- und Kommunikationsmöglichkeiten infolge der Freiheitsentziehung eingeschränkt sind, zu unterstützen. Sie soll den Kontakt zur Außenwelt herstellen und Hilfestellungen bei der Wahrnehmung seiner Rechte geben. Auch ein Anwalt kann, muss aber nicht Vertrauensperson sein.[4] In Betracht kommt jede sachkundige Person, zB ein Sozialarbeiter, ein Mitarbeiter einer karitativen Organisation oder ein Angehöriger einer Flüchtlingsinitiative. Einzige Voraussetzung ist es, dass die Person das Vertrauen des Betroffenen besitzt; einer behördlichen bzw. gerichtlichen Zulassung oder einer besonderen beruflichen Qualifikation bedarf es nicht.[5] 7

1 BayObLG v. 24.7.2000 – 3 Z BR 219/00, InfAuslR 2001, 174 = NVwZ 2000, Beilage Nr. 12, 150; OLG München v. 18.9.2006 – 34 Wx 113/06, AuAS 2006, 269.

2 OLG Köln v. 17.12.2001 – 16 Wx 277/01, nicht veröffentlicht; VG Ansbach v. 25.10.2007 – AN 19 E 07.02997, juris jeweils wegen einer Ehe nach Roma-Art.

3 OLG Köln v. 18.3.2005 – 16 Wx 41/05, OLGReport 2005, 408.

4 BayObLG v. 23.12.1994 – 3 Z BR 341/94, BayObLGZ 1995, 391.

5 HK-AuslR/*Kessler*, § 62 Rz. 93; *Melchior*, Abschiebungshaft, Nr. 622.

b) Rechtsstellung

8 Die Rechtsstellung einer Vertrauensperson ist durch das FamFG gegenüber dem früheren Rechtszustand nach dem FEVG ebenfalls eingeschränkt. Insoweit gilt das unter Rz. 4 bezüglich eines Ehegatten Ausgeführte entsprechend. Auch wenn eine Vertrauensperson nunmehr nicht mehr zwingend am Verfahren zu beteiligen ist und sie im Falle einer Nichtbeteiligung aus eigenem Recht keine Verfahrenshandlungen vornehmen, zB keine Beschwerde einlegen oder keinen Haftaufhebungsantrag stellen kann, kann sie gleichwohl zur Wahrung der Interessen des Betroffenen und in dessen Namen im Verfahren tätig werden, nämlich als dessen Beistand iSd. § 12 auftreten und Einsicht in die Gerichtsakten und die gem. § 417 Abs. 2 Satz 3 vorgelegten Verwaltungsvorgänge nehmen.[1]

9 Zusammenfassend kann man die Verfahrensbefugnisse der Vertrauensperson wie folgt auflisten:[2]

Als Beteiligter	Als nicht formell Beteiligter
– Akteneinsicht gem. § 13 Abs. 1	– Akteneinsicht gem. § 13 Abs. 2
– Selbständige Wahrnehmung von Verfahrensrechten (zB Anträge und Anregungen zur Verfahrensweise) in und außerhalb des Anhörungstermin	– Teilnahme am Anhörungstermin und Stellung von Verfahrensanträgen und Anregungen namens des Betroffenen als dessen Beistand
– Bekanntgabe von Beschlüssen gem. § 41	– Benachrichtigung von der Haftanordnung gem. § 432
– Einlegung einer Beschwerde im eigenen Namen	
– Beauftragung eines beim BGH zugelassenen Anwalts mit der Einlegung einer Rechtsbeschwerde im eigenen Namen	
– bei eigener Bedürftigkeit: Einreichung eines Verfahrenskostenhilfegesuchs beim BGH für eine Rechtsbeschwerde im eigenen Namen	
– Einreichung eines Haftaufhebungsantrags nach § 426 Abs. 2 im eigenen Namen	

1 HK-AuslR/*Kessler*, § 62 AufenthG Rz. 99 zum früheren Recht (§§ 13, 34 FGG).
2 In Anlehnung an die Darstellung bei HK-AuslR/*Kessler*, § 62 AufenthG Rz. 100 zum früheren Recht.

§ 419
Verfahrenspfleger

(1) Das Gericht hat dem Betroffenen einen Verfahrenspfleger zu bestellen, wenn dies zur Wahrnehmung seiner Interessen erforderlich ist. Die Bestellung ist insbesondere erforderlich, wenn von einer Anhörung des Betroffenen abgesehen werden soll.

(2) Die Bestellung eines Verfahrenspflegers soll unterbleiben oder aufgehoben werden, wenn die Interessen des Betroffenen von einem Rechtsanwalt oder einem anderen geeigneten Verfahrensbevollmächtigten vertreten werden.

(3) Die Bestellung endet, wenn sie nicht vorher aufgehoben wird, mit der Rechtskraft des Beschlusses über die Freiheitsentziehung oder mit dem sonstigen Abschluss des Verfahrens.

(4) Die Bestellung eines Verfahrenspflegers oder deren Aufhebung sowie die Ablehnung einer derartigen Maßnahme sind nicht selbständig anfechtbar.

(5) Für die Vergütung und den Aufwendungsersatz des Verfahrenspflegers gilt § 277 entsprechend. Dem Verfahrenspfleger sind keine Kosten aufzuerlegen.

A. Allgemeines

Nach der früheren Regelung des § 5 Abs. 2 FEVG war ein Verfahrenspfleger nur zu bestellen, wenn eine Anhörung des Betroffenen unterbleiben sollte. Dies setzte wiederum voraus, dass nach ärztlichem Gutachten Nachteile für den Gesundheitszustand des Betroffenen infolge der Anhörung zu befürchten waren oder dass er an einer übertragbaren Krankheit nach dem Infektionsschutzgesetz litt. Die Bestellung war mithin auf die Vertretung für einen kranken Menschen zugeschnitten. Nunmehr enthält § 419 eine deutlich weiter gefasste, umfassende Bestimmung über die Verfahrenspflegschaft. Diese ist in Anlehnung an §§ 276f, 317 geregelt. Wegen der Rechtsnatur einer Verfahrenspflegschaft, der Gründe für ein Absehen von einer Bestellung oder einer Aufhebung (Abs. 2), dem Ende einer Bestellung (Abs. 3), die Überprüfbarkeit der Entscheidung über die Bestellung (Abs. 4) sowie der Vergütung des Pflegers (Abs. 5) kann daher auf die dortigen Ausführungen verwiesen werden. 1

B. Bestellungsvoraussetzungen des Absatz 1

Nach § 419 Abs. 1 Satz 2 ist in den Fällen, in denen von einer Anhörung des Betroffenen abgesehen werden soll, zwingend ein Verfahrenspfleger zu bestellen. Darüber hinaus hat – ebenfalls zwingend – wegen der Schwere des Grundrechtseingriffs infolge der Freiheitsentziehung eine Bestellung immer dann zu erfolgen, wenn der Betroffene seine Verfahrensrechte selbst nicht sachgerecht wahrnehmen kann.[1] Derartige Fälle werden indes, anders als in Betreuungs- und Unterbringungssachen, selten sein; denn idR befinden sich in Freiheitsentziehungssachen die Betroffenen im Vollbesitz ihrer geistigen Kräfte, zB in Abschiebungshaftsachen oder bei Ingewahrsamnahmen zur Ver- 2

1 EGMR v. 12.5.1992 – 63/1991/315/386, NJW 1992, 2945 für die Beiordnung eines anwaltlichen Beistandes für einen wegen Schuldunfähigkeit untergebrachten psychisch kranken Straftäter; *Marschner/Volckart*, FEVG § 5 Rz. 8; *Gusy*, NJW 1992, 457 (462).

hinderung einer Straftat. Auch scheiden die Fälle aus, in denen ein gerichtliches Verfahren ohnehin unterbleibt, weil etwa ein die freie Willensbestimmung ausschließender Zustand oder eine sonst hilflose Lage des Betroffenen nur von kurzfristiger Dauer sind.[1]

C. Sprachprobleme mit Ausländern

3 Sprachliche Einschränkungen in der Verständigungsmöglichkeit und damit in der Wahrnehmung von Verfahrensrechten, die in Abschiebungshaftsachen regelmäßig bestehen, rechtfertigen allein noch nicht die Bestellung eines Verfahrenspflegers. Vielmehr kann und muss diesen Problemen dadurch Rechnung getragen werden, dass nicht nur für die notwendige Anhörung des Betroffenen ein Dolmetscher hinzugezogen wird, sondern die Staatskasse auch die **Kosten eines Dolmetscher für notwendige Informationsgespräche** mit seinem Verfahrensbevollmächtigten zu übernehmen hat. Der entsprechende Anspruch des betroffenen Ausländers folgt aus Art. 6 Abs. 3e EMRK.[2]

§ 420
Anhörung; Vorführung

(1) Das Gericht hat den Betroffenen vor der Anordnung der Freiheitsentziehung persönlich anzuhören. Erscheint er zu dem Anhörungstermin nicht, kann abweichend von § 33 Abs. 3 seine sofortige Vorführung angeordnet werden. Das Gericht entscheidet hierüber durch nicht anfechtbaren Beschluss.

(2) Die persönliche Anhörung des Betroffenen kann unterbleiben, wenn nach ärztlichem Gutachten hiervon erhebliche Nachteile für seine Gesundheit zu besorgen sind oder wenn er an einer übertragbaren Krankheit im Sinne des Infektionsschutzgesetzes leidet.

(3) Das Gericht hat die sonstigen Beteiligten anzuhören. Die Anhörung kann unterbleiben, wenn sie nicht ohne erhebliche Verzögerung oder nicht ohne unverhältnismäßige Kosten möglich ist.

(4) Die Freiheitsentziehung in einem abgeschlossenen Teil eines Krankenhauses darf nur nach Anhörung eines ärztlichen Sachverständigen angeordnet werden. Die Verwaltungsbehörde, die den Antrag auf Freiheitsentziehung gestellt hat, soll ihrem Antrag ein ärztliches Gutachten beifügen.

1 So die zutreffende Situationsbeschreibung in der Begr. RegE BT-Drucks. 16/6308, 291.
2 OLG Celle v. 5.5.2005 – 22 W 12/05; KG v. 2.11.2005 – 25 W 69/05 – jeweils bei *Melchior*, Abschiebungshaft, Anhang; OLG München v. 8.2.2006 – 34 Wx 4/06, OLGReport 2006, 312 = NJW-RR 2006, 1511.

A. Überblick

Die Vorschrift enthält Regelungen über die Anhörung des Betroffenen, sonstiger Beteiligter und im Falle einer Unterbringung in einem abgeschlossenen Teil eines Krankenhauses eines ärztlichen Sachverständigen. Ferner ermöglicht sie die sofortige Vorführung des Betroffenen, falls er zu einem Anhörungstermin nicht erscheint. 1

Vorläufer der Norm ist § 5 FEVG. Hierin war nicht nur die mündliche Anhörung des Betroffenen zwingend vorgesehen, sondern grundsätzlich auch diejenige des nicht getrennt lebenden Ehegatten, eines gesetzlichen Vertreters und der Vertrauensperson. Letzteres gilt gem. § 420 Abs. 3 zwar weiterhin, aber nur wenn die nahestehenden Personen gem. § 418 Abs. 3 auch tatsächlich beteiligt worden sind, was nunmehr im pflichtgemäßen Ermessen des Gerichts steht (vgl. § 418 Rz. 4 f., 8). 2

B. Inhalt der Vorschrift

I. Anhörung des Betroffenen und Vorführung (Absätze 1 und 2)

1. Normzweck

Die Vorschrift des § 420 Abs. 1 Satz 1 über die persönliche, also **mündliche vorherige Anhörung des Betroffenen** entspricht inhaltlich dem früheren § 5 Abs. 1 Satz 1 FEVG mit sprachlichen Anpassungen an die §§ 278 Abs. 1 Satz 1 und § 319 Abs. 1 Satz 1. Bereits zu § 5 FEVG hatte sich wegen der Notwendigkeit der mündlichen Anhörung des Betroffenen vor einer freiheitsentziehenden Maßnahme eine umfangreiche Rspr. entwickelt; denn hierbei handelt es sich um **eine der zentralen Verfahrensgarantien** iSd. Art. 104 Abs. 1 GG. Zugleich ist sie **Kernstück der Amtsermittlung** in Freiheitsentziehungssachen, wie das BVerfG immer wieder betont hat und auch immer wieder gegenüber den Instanzgerichten anmahnen musste.[1] Die zu § 5 FEVG entwickelten Grundsätze haben weiterhin Geltung. Auch nach der Neufassung ist die Anhörung des Betroffenen, wenn man von den beiden Ausnahmen in Abs. 2 absieht, zwingend und bleibt Kernstück des Verfahrens in Freiheitsentziehungssachen. 3

Wegen dieser zentralen Bedeutung der Norm, die nicht nur der Sachaufklärung dient, sondern auch den Zweck hat, dass sich der erkennende Richter einen unmittelbaren Eindruck von dem Betroffenen verschafft, ist die persönliche **Anhörung durch den beauftragten Richter** oder gar **im Wege der Rechtshilfe** grundsätzlich unzulässig. Aus- 4

---

1 ZB BVerfG v. 12.3.2008 – 2 BvR 2042/05, InfAuslR 2008, 308; BVerfG v. 7.9.2006 – 2 BvR 129/04, InfAuslR 2006, 462.

nahmen können allenfalls in besonders zu begründenden Ausnahmefällen in Betracht kommen.[1] Statt des in Freiheitsentziehungssachen schon wegen der hiermit bedingten Verfahrensverzögerung problematischen Wegs der Beauftragung eines Mitglieds der Beschwerdekammer empfiehlt sich in Routinesachen, die keine besonderen Schwierigkeiten tatsächlicher oder rechtlicher Art aufweisen und keine grundsätzliche Bedeutung haben, ohnehin eine Übertragung auf den Einzelrichter gem. § 68 Abs. 4 FamFG iVm. § 526 ZPO.

2. Anwendungsbereich des Absatz 1

5 Die Pflicht des Gerichts, den Betroffenen vor der Anordnung einer Freiheitsentziehung mündlich anzuhören, gilt vor einer Entscheidung in der Hauptsache ohne Einschränkungen. Auch eine **einstweilige Anordnung** nach § 427 setzt grundsätzlich eine vorherige Anhörung des Betroffenen voraus. Diese kann ausnahmsweise bei Gefahr im Verzuge unterbleiben, was zB bei einer Festnahme zwei Tage vor einem geplanten Abschiebungstermin nicht der Fall ist.[2] Konnte bei einer Eilentscheidung ausnahmsweise von einer vorherigen Anhörung des Betroffenen abgesehen werden, ist sie gem. § 427 Abs. 2 unverzüglich nachzuholen. Entsprechendes gilt, wenn der Betroffene unbekannten Aufenthalts ist. Auch hier kann keine Entscheidung in der Hauptsache, sondern nur eine einstweilige Anordnung ergehen mit der Pflicht des Gerichts, die Anhörung nach Aufgreifen des Betroffenen unverzüglich nachzuholen.[3]

6 Im Falle einer **Verlängerung der Freiheitsentziehung** bedarf es einer erneuten vorherigen Anordnung, da hierfür nach § 425 Abs. 3 die Vorschriften über die erstmalige Anordnung entsprechend gelten.[4] Ohne erneute vorherige mündliche Anhörung kommt allenfalls unter der Voraussetzung, dass Gefahr im Verzug besteht, eine einstweilige Anordnung gem. § 427 in Betracht, was wiederum dann nicht der Fall ist, wenn der Verlängerungsantrag ohne weiteres rechtzeitig vor Ablauf der ursprünglichen Maßnahme gestellt werden konnte.[5]

3. Verfahrensgestaltung bei der Anhörung

7 Ist der Betroffene durch einen **Verfahrensbevollmächtigten** vertreten, gebietet es eine faire Verfahrensgestaltung, dass diesem – ggf. nach Terminsabsprache – Gelegenheit gegeben wird, an der Anhörung teilzunehmen, es sei denn, er ist unerreichbar oder gänzlich verhindert.[6] Bei einer nur vorübergehenden Verhinderung kann allerdings ein Zielkonflikt mit dem Verfassungsgebot einer unverzüglichen richterlichen Entscheidung entstehen. In solchen Fällen wird eine **Anhörung in Abwesenheit des Bevollmächtigten** dann zulässig sein, wenn dem Betroffenen zuvor Gelegenheit zur telefonischen Beratung mit seinem Bevollmächtigten oder – im Falle der Unerreichbarkeit – zur anderweitigen rechtlichen Beratung, etwa durch telefonische Kontaktaufnahme zu

---

1 BayObLG v. 25.10.2001 – 3 Z BR 342/01, juris; OLG Frankfurt v. 17.2.1995 – 20 W 61/95, FGPrax 1995, 167; OLG Karlsruhe v. 28.11.2005 – 11 Wx 32/05, InfAuslR 2006, 90; *Marschner/Volckart*, § 5 FEVG Rz. 2.

2 BVerfG v. 7.9.2006 – 2 BvR 129/04, InfAuslR 2006, 462.

3 KG v. 12.9.1996 – 25 W 5611/96, InfAuslR 1997, 34 = KGReport 1997, 22; *Marschner/Volckart*, § 5 FEVG Rz. 3.

4 S. zum gleich lautenden früheren Recht OLG Zweibrücken v. 17.9.2004 – 3 W 195/04, OLGReport 2005, 119.

5 OLG Köln v. 14.12.2007 – 16 Wx 250/07, FGPrax 2008, 136.

6 OLG Düsseldorf v. 28.3.2008 – I-3 Wx 55/08, bei *Melchior*, Abschiebungshaft, Anhang.

einem vom örtlichen Anwaltverein eingerichteten Notdienst gegeben worden war. Lassen sich entsprechende Kontakte nicht sofort herstellen und besteht der Betroffene darauf, sich vor seiner Anhörung mit einem Rechtsanwalt zu beraten, bleibt nur die Möglichkeit einer einstweiligen Anordnung, verbunden mit der Bestimmung eines – zeitnahen – neuen Anhörungstermins.[1] Eine gleichwohl ergangene endgültige Haftanordnung verstößt gegen das Gebot der fairen Verfahrensgestaltung und kann nur für die Zukunft dadurch geheilt werden, dass das Beschwerdegericht die Anhörung nachholt.

Die weitaus häufigsten Fälle des Anwendungsbereichs der §§ 415 ff. sind Abschiebungshaftsachen, bei denen der Betroffene nicht über hinreichende Kenntnisse der deutschen Sprache verfügt. In derartigen Fällen ist nach Art. 6 Abs. 3e EMRK iVm. § 185 GVG ein **Dolmetscher** heranzuziehen, und zwar nicht nur für die Anhörung selbst, sondern auch für etwaige vorherige Besprechungen oder Zwischenberatungen des Betroffenen mit seinem Bevollmächtigten (s. auch § 419 Rz. 3). 8

4. Anhörung in der Beschwerdeinstanz

Unter Geltung des § 5 FEVG ging die Rspr. der Oberlandesgerichte und des BayObLG dahin, dass die Pflicht zur persönlichen Anhörung des Betroffenen auch für die Beschwerdeinstanz besteht und hiervon nur in engen Ausnahmefällen abgesehen werden kann, etwa wenn – so die verschiedenen Formulierungen – „ersichtlich", „mit Sicherheit", „ohne weiteres" oder „zweifelsfrei" davon ausgegangen werden kann, dass eine erneute Anhörung keine neuen Erkenntnisse bringen wird.[2] Demgegenüber hatte der BGH das Absehen von einer erneuten Anhörung bereits für den Fall gebilligt, dass wegen der „umfassenden Darstellung der Problematik" durch den Bevollmächtigten des Betroffenen in der Beschwerdeschrift keine weitere Sachaufklärung zu erwarten war.[3] 9

Nunmehr gilt für die Anhörung des Betroffenen in der Beschwerdeinstanz die allgemeine Regelung des § 68 Abs. 3, wonach zwar auch für das Beschwerdegericht die Vorschriften über das Verfahren im ersten Rechtszug maßgeblich sind, es jedoch von einzelnen Verfahrenshandlungen absehen kann, wenn diese bereits im ersten Rechtszug vorgenommen wurden und von einer erneuten Vornahme keine neuen Erkenntnisse zu erwarten sind. Maßgeblich bleibt damit auch weiterhin eine Prognose zur Relevanz einer erneuten Anhörung für das Verfahren. Gegenüber der strikten Haltung der obergerichtlichen Rspr. zum bisherigen Recht ist indes der Maßstab flexibler. Allgemein wird auch weiterhin das Beschwerdegericht jedenfalls dann nicht von einer (erneuten) Anhörung absehen können, wenn entweder 10

- die Anhörung in erster Instanz unterblieben ist oder
- inhaltlich unzureichend oder formal fehlerhaft war, oder
- neuer Sachverhalt in das Beschwerdeverfahren eingeführt wird, zu dessen Aufklärung oder Bewertung die mündliche Anhörung des Betroffenen möglicherweise beitragen kann.[4]

---

1 So zutreffend LG Darmstadt v. 25.5.2005 – 26 T 90/05, InfAuslR 2005, 425.

2 ZB BayObLG v. 23.1.2001 – 3 Z BR 24/01, InfAuslR 2001, 178; OLG Düsseldorf v. 12.1.1996 – 3 Wx 1/96, InfAuslR 1996, 146; OLG Frankfurt v. 28.10.1997 – 20 W 366/97, InfAuslR 1998, 114; OLG Karlsruhe v. 19.1.1998 – 4 W 6/98, FGPrax 1998, 116; OLG Köln v. 18.2.2995 – 16 Wx 18/05, OLGReport 2005, 353; OLG Naumburg v. 24.2.2000 – 10 Wx 4/00, FGPrax 2000, 211.

3 BGH v. 11.5.1995 – V ZB 13/95, NJW 1995, 2226 = MDR 1995, 1080.

4 So bereits zum früheren Recht *Melchior*, Abschiebungshaft, Rechtsprechungsübersicht Verfahrensrecht, Stichwort „Anhörungspflicht im Beschwerdeverfahren".

11 Gerade der letztgenannte Fall kann wegen der verfassungsrechtlichen Pflicht des Betreuungsrichters, unverzüglich über einen Freiheitsentziehungsantrag zu entscheiden, und der damit möglicherweise verbundenen unvollständigen Sachaufklärung praktisch werden. So wird jedenfalls dann nicht ohne erneute Anhörung entschieden werden können, wenn zB in Abschiebungshaftsachen der Betroffene erstmals im Beschwerdeverfahren umfassend zu mehrdeutigen Umständen schriftlich Stellung nimmt, aus denen die Ausländerbehörde den begründeten Verdacht herleitet, er wolle sich der Abschiebung entziehen.[1] Dies kann bspw. der Fall sein, wenn der Betroffene erstmals schriftsätzlich zu engen Beziehungen zu einer aufenthaltsberechtigten Frau vorträgt, die bei unterstellter Richtigkeit des Vortrags möglicherweise der aus früheren Verhaltensweisen hergeleiteten Befürchtung des Untertauchens entgegenstehen.[2]

5. Folgen einer unterlassenen Anhörung des Betroffenen

12 Das Unterlassen der verfahrensrechtlich gebotenen mündlichen Anhörung drückt wegen deren grundlegender Bedeutung einer gleichwohl angeordneten Haft den **Makel einer rechtswidrigen Freiheitsentziehung** auf, der nicht mehr rückwirkend getilgt werden kann. Deswegen ist es auch nicht möglich, bei der nachträglichen Überprüfung einer Freiheitsentziehung zu untersuchen, ob diese auf dem Unterbleiben der mündlichen Anhörung beruht. Diese vom BVerfG zur Abschiebungshaft entwickelten Grundsätze[3] haben wegen des hohen Stellenwerts der mündlichen Anhörung des Betroffenen auch für sonstige Freiheitsentziehungen zu gelten, die im Verfahren nach den §§ 415 ff. ergehen.

13 Der nicht mehr rückwirkend heilbare **Verfahrensfehler** einer vom Amtsgericht gänzlich unterlassenen oder verfahrenswidrig erfolgten Anhörung kann vom Beschwerdegericht nachgeholt werden mit der Folge, dass die vorher rechtswidrige Freiheitsentziehung ab dem Zeitpunkt der Entscheidung des Beschwerdegerichts rechtmäßig wird.[4] Diese Möglichkeit scheidet allerdings aus, wenn erst der BGH als Rechtsbeschwerdegericht den Verfahrensmangel feststellt. Er kann selbst keine Anhörung durchführen. Auch kann er keine einstweilige Anordnung nach § 427 erlassen; denn nur das Beschwerdegericht, nicht aber das Rechtsbeschwerdegericht wäre hierfür – anders als nach früherem Recht – zuständig mit der Folge, dass der Betroffene zu entlassen ist und ggf. untertauchen kann, bis das Amtsgericht eine verfahrensfehlerfreie neue Entscheidung getroffen hat (s. zu dieser Problematik auch § 427 Rz. 12).

14 Einer unterlassenen Anhörung gleichzusetzen ist die Konstellation, dass entgegen einem zuvor geäußerten Willen des Betroffenen dessen **Bevollmächtigter ohne triftigen Grund nicht zur Anhörung hinzugezogen** wurde, das Gericht ihm also unter Verstoß gegen das Verbot zur fairen Verfahrensgestaltung die Möglichkeit genommen hat, sich vor etwaigen Angaben zur Sache Rat einzuholen. Auch für diesen Fall hat das Rechtsbeschwerdegericht nach zutreffender Auffassung die in den Vorinstanzen ergangenen Entscheidungen aufzuheben.[5] Sonstige Verfahrensfehler, etwa die Anhörung

---

1 OLG München v. 22.11.2007 – 34 Wx 86/07, OLGReport 2008, 106.
2 OLG Köln v. 18.3.2005 – 16 Wx 41/05, OLGReport 2005, 408.
3 BVerfG v. 12.3.2008 – 2 BvR 2042/05, InfAuslR 2008, 308; BVerfG v. 7.9.2006 – 2 BvR 129/04, InfAuslR 2006, 462.
4 BVerfG v. 12.3.2008 – 2 BvR 2042/05, InfAuslR 2008, 308.
5 OLG Düsseldorf v. 28.3.2008 – I-3 Wx 55/08, bei Melchior, Abschiebungshaft, Anhang; anders noch OLG Düsseldorf v. 24.10.2007 – I-3 Wx 226/07, OLGReport 2008, 158 = InfAuslR 2008, 39. Keine Gleichstellung mit unterbliebener Anhörung, deshalb keine Haftaufhebung, sondern nur

durch ein Mitglied der Beschwerdekammer als beauftragten Richter statt durch die Kammer selbst oder die Anhörung im Wege der Rechtshilfe dürften für das Rechtsbeschwerdegericht nur dann relevant sein, wenn nicht auszuschließen ist, dass die Entscheidung hierauf beruht, zB die Möglichkeit besteht, dass sich bei der Verschaffung eines persönlichen Eindrucks eine für den Betroffenen günstigere Entscheidung ergeben hätte. In einem solchen Fall ist daher ggf. nur die Entscheidung des Beschwerdegerichts, nicht aber die Haftanordnung aufzuheben, damit dieses die Verfahrenshandlung nunmehr erneut korrekt vornehmen kann.

6. Vorführung des Betroffenen

Nach § 33 Abs. 3 Satz 1 kann gegen einen Beteiligten, der zu einem Termin nicht erscheint, durch Beschluss ein Ordnungsgeld verhängt werden. Eine Vorführung ist nach Satz 3 nur bei einem wiederholten, unentschuldigten Fernbleiben möglich. In Abweichung hiervon kann gegen einen Betroffenen, der einem Anhörungstermin nach § 420 fernbleibt, die **sofortige Vorführung** angeordnet werden. Vollstreckt wird eine entsprechende Anordnung gem. § 86 Abs. 1 Nr. 1 iVm. § 87 Abs. 3 durch den Gerichtsvollzieher, der seinerseits polizeiliche Hilfe in Anspruch nehmen kann. Ein Rechtsmittel gegen die Vorführanordnung ist wegen der regelmäßig bestehenden Eilbedürftigkeit nach § 420 Abs. 1 Satz 3 nicht möglich. 15

7. Gründe für ein Unterbleiben der Anhörung des Betroffenen (Absatz 2)

Die Voraussetzungen unter denen ausnahmsweise von einer persönlichen Anhörung des Betroffenen abgesehen werden kann, entsprechen denen des früheren § 5 Abs. 2 Satz 1 FEVG. Falls hiernach eine Anhörung unterbleiben kann, ist gem. § 419 Abs. 1 Satz 2 zwingend ein **Verfahrenspfleger** zu bestellen. Der Anwendungsbereich des Abs. 2 ist sehr beschränkt mit der Folge, dass er nur selten einschlägig sein wird. 16

Die **erste Alternative** dient zum Schutz psychisch Kranker. Für diese Personen kommt aber primär das Unterbringungsverfahren nach den §§ 312 ff. und nicht das Freiheitsentziehungsverfahren nach den §§ 415 ff. in Betracht. Eine psychisch kranke Person, die polizeirechtlich eine Gefahr für Dritte darstellt, ist normalerweise nach den Landesgesetzen über die Unterbringung psychisch Kranker, die eine medizinische Behandlung in einem Krankenhaus gewährleisten, unterzubringen und nicht lediglich nach Polizeirecht iVm. §§ 415 ff. in einer Haftanstalt oder einer sonstigen Einrichtung zu verwahren. 17

Auch das Unterbleiben einer persönlichen Anhörung im Falle einer ansteckenden Erkrankung des Betroffenen entsprechend der **zweiten Alternative** des Abs. 2 sollte die absolute Ausnahme sein, wenn Schutzvorrichtungen gegen eine Übertragung der Krankheit nicht möglich sind.[1] Falls die technischen Voraussetzungen hierfür vorliegen, sollte vorrangig auch die Möglichkeit einer Videokonferenz gem. § 32 Abs. 3 FamFG iVm. § 128a Abs. 1 ZPO genutzt werden. Wenn gleichwohl ausnahmsweise von einer persönlichen Anhörung abgesehen wird, sollte wegen des tief greifenden 18

Zurückweisung an das Beschwerdegericht zwecks erneuter Anhörung im Beisein des Anwalts; ebenfalls nur für Zurückverweisung an das Beschwerdegericht OLG Celle v. 3.3.1999 – 17 W 16/99, InfAuslR 1999, 462; OLG Rostock v. 27.3.2006 – 3 W 16/06, OLGReport 2006, 502; OLG Schleswig v. 9.3.2007 – 2 W 54/07, OLGReport 2007, 495.

1 Begr. RegE BT-Drucks. 16/6308, S. 292.

Grundrechtseingriffs einer Freiheitsentziehung zumindest eine telefonische Kontaktaufnahme des Richters mit dem Betroffenen erfolgen und nicht lediglich eine Stellungnahme des Verfahrenspflegers eingeholt werden, der sich im Falle einer Ansteckungsgefahr ebenfalls keinen unmittelbaren persönlichen Eindruck von dem Betroffenen verschaffen kann.

II. Anhörung weiterer Personen

1. Anhörung der sonstigen Beteiligten (Absatz 3)

19 Ehegatten, nahe Angehörige oder eine Vertrauensperson sind in Abweichung von dem früheren Rechtszustand nur noch dann anzuhören, wenn sie gem. § 418 Abs. 3 zum Verfahren hinzugezogen sind (s. dazu auch § 418 Rz. 4, 8). Sobald eine derartige Beteiligung erfolgt ist, ist die Anhörung gem. § 420 Abs. 3 Satz 1 auch weiterhin zwingend, es sei denn, dass eine der Alternativen des Satzes 2 vorliegen, also von einer Anhörung abgesehen werden „kann", weil sie nicht ohne erhebliche Verzögerung oder nicht ohne unverhältnismäßige Kosten möglich ist. Satz 2 entspricht dem bisherigen § 5 Abs. 3 Satz 4 FEVG und ist als Ausnahmevorschrift eng auszulegen. Wenn hiernach eine Anhörung unterbleibt, bedarf dies einer Begründung, damit für das Rechtsmittelgericht und die Beteiligten feststellbar ist, ob das Ermessen sachgerecht ausgeübt ist.

20 Anders als bei der Anhörung des Betroffenen braucht diejenige der hinzugezogenen sonstigen Beteiligten keine persönliche iSd. § 34 zu sein. Das Gericht kann die sonstigen Beteiligten zwar zu einem Anhörungstermin laden, braucht dies aber nicht. Es reicht daher aus, wenn das Gericht ihnen in irgendeiner Form Gelegenheit zu Äußerung gibt.

2. Gutachten und Anhörung eines ärztlichen Sachverständigen (Absatz 4)

21 Die Vorschrift des § 420 Abs. 4 entspricht dem früheren § 5 Abs. 4 FEVG und betrifft primär die **Freiheitsentziehung nach dem Infektionsschutzgesetz**.[1] Sie enthält zwei Regelungstatbestände, nämlich zum einen die Vorlage eines ärztlichen Gutachtens als Zulässigkeitsvoraussetzung für den Antrag gem. Satz 2 und zum anderen die Einholung eines Gutachtens durch das Gericht gem. Satz 1.

22 In Ergänzung zu § 417 Abs. 2 soll die zuständige Verwaltungsbehörde bereits mit ihrem Antrag ein ärztliches Gutachten vorlegen, aus dem sich die Notwendigkeit der Freiheitsentziehung in dem geschlossenen Teil eines Krankenhauses ergibt, und zwar ein zeitnahes. Fehlt das **dem Antrag beizufügende Gutachten** und begründet die Behörde auch nicht, weswegen sie ausnahmsweise von der Regelvoraussetzung abweichen will, oder ist das Gutachten mangelhaft, ist der Antrag nicht ordnungsgemäß. Der Antrag ist deshalb als unzulässig zurückzuweisen, wenn der Mangel trotz Aufforderung nicht behoben wird.[2]

23 Daneben hat das Gericht nach Satz 1 selbst einen ärztlichen Sachverständigen anzuhören. Die dem Antrag beizufügende ärztliche Äußerung ersetzt also nicht die vom Gericht einzuholende **gutachterliche Äußerung im Verfahren**. Letztere hat auf der

1 Begr. RegE BT-Drucks. 16/6308, S. 292.
2 *Marschner/Volckart*, § 5 FEVG Rz. 10.

Grundlage einer Untersuchung des Betroffenen zu ergehen und kann entweder schriftlich vorgelegt oder in einem Erörterungstermin nach § 32 bzw. einem Anhörungstermin nach § 420 Abs. 1 vorgetragen werden. Da die gutachterliche Äußerung eine maßgebliche Grundlage für die richterliche Entscheidung bildet, hat sie Inhaltlich den Anforderungen des § 321 Abs. 1 Satz 1–3 zu entsprechen (dazu § 321 Rz. 2–5).

§ 421
Inhalt der Beschlussformel

Die Beschlussformel zur Anordnung einer Freiheitsentziehung enthält auch

1. die nähere Bezeichnung der Freiheitsentziehung sowie

2. den Zeitpunkt, zu dem die Freiheitsentziehung endet.

A. Allgemeines

In § 6 Abs. 1 FEVG war bestimmt, dass das Gericht über die Freiheitsentziehung durch einen mit Gründen versehenen Beschluss entscheidet. Nunmehr finden sich die grundsätzlichen Regeln über die Art der Entscheidung und ihren Inhalt im Allgemeinen Teil. Die Anordnung einer freiheitsentziehenden Maßnahme stellt eine Endentscheidung iSd. § 38 dar, die nach dessen Abs. 1 in Beschlussform zu ergehen hat und deren notwendiger Inhalt in den Abs. 2 bis 6 geregelt ist. § 421 enthält, ähnlich wie § 323 in Unterbringungssachen, ergänzende inhaltliche Anforderungen für die Beschlussformel. 1

B. Beschlussinhalt

Nach § 38 Abs. 2 und 3 hat der Beschluss neben der Bezeichnung der Beteiligten, ihrer gesetzlichen Vertreter und der Bevollmächtigen, der Bezeichnung des Gerichts und der Namen der mitwirkenden Richter die Beschlussformel und eine Begründung zu enthalten. Von ihr kann nach § 38 Abs. 4 Nr 3 im Falle eines allseitigen Rechtsmittelverzichts abgesehen werden, da Freiheitsentziehungssachen nicht zu den in § 38 Abs. 5 aufgeführten Fällen notwendiger Begründung gehören. 2

Die ergänzenden Bestimmungen zur Beschlussformel betreffen zunächst die **Art der Maßnahme** (Nr. 1), die je nach angewandter Rechtsgrundlage für die Freiheitsentziehung möglichst genau zu bezeichnen ist. Wegen des **Endtermins** (Nr. 2) empfiehlt sich die Angabe eines bestimmten Kalendertags, damit etwaige Überschreitungen gesetzlicher Höchstfristen vermieden werden. Allerdings verbleibt in den Fällen, in denen die Freiheitsentziehung als sog. Überhaft im Anschluss an eine strafrechtliche Haft angeordnet wird, nur die Möglichkeit einer Bestimmung nach Wochen oder Monaten (s. näher § 425 Rz. 8–13). 3

C. Tenorierungsbeispiele

I. Normalfall einer Abschiebungshaftanordnung

4 Gegen den Betroffenen wird – unter Zurückweisung des weitergehenden Antrags – Abschiebungshaft längstens bis zum ... (Datum) angeordnet.

Die sofortige Wirksamkeit der Entscheidung wird angeordnet.

II. Anordnung von Überhaft

5 Gegen den Betroffenen wird für die Dauer eines Monats eine im Anschluss an die derzeitige Untersuchungshaft in dem Verfahren ... (Aktenzeichen) zu vollziehende Zurückschiebungshaft angeordnet.

Die sofortige Wirksamkeit der Entscheidung wird angeordnet.

III. Ingewahrsamnahme eines Fußball-Hooligans

6 Der Betroffene ist längstens bis heute abend 23:00 Uhr in Polizeigewahrsam zu nehmen

Die sofortige Wirksamkeit der Entscheidung wird angeordnet.

IV. Quarantäne nach § 30 Abs. 2 Infektionsschutzgesetz

7 Gegen den Betroffenen wird mit sofortiger Wirkung längstens bis zum ... (Datum) die Unterbringung in der geschlossenen Abteilung des XY-Krankenhauses in ... angeordnet.

§ 422
Wirksamwerden von Beschlüssen

(1) Der Beschluss, durch den eine Freiheitsentziehung angeordnet wird, wird mit Rechtskraft wirksam.

(2) Das Gericht kann die sofortige Wirksamkeit des Beschlusses anordnen. In diesem Fall wird er wirksam, wenn der Beschluss und die Anordnung der sofortigen Wirksamkeit

1. dem Betroffenen, der zuständigen Verwaltungsbehörde oder dem Verfahrenspfleger bekannt gegeben werden oder

2. der Geschäftsstelle des Gerichts zum Zweck der Bekanntgabe übergeben werden.

Der Zeitpunkt der sofortigen Wirksamkeit ist auf dem Beschluss zu vermerken.

(3) Der Beschluss, durch den eine Freiheitsentziehung angeordnet wird, wird von der zuständigen Verwaltungsbehörde vollzogen.

(4) Wird Zurückweisungshaft (§ 15 des Aufenthaltsgesetzes) oder Abschiebungshaft (§ 62 des Aufenthaltsgesetzes) im Wege der Amtshilfe in Justizvollzugsanstalten vollzogen, gelten die §§ 171, 173 bis 175 und 178 Abs. 3 des Strafvollzugsgesetzes entsprechend.

A. Allgemeines

Gem. § 40 Abs. 1 werden Beschlüsse mit Bekanntgabe an den Beteiligten, für den sie ihrem wesentlichen Inhalt nach bestimmt sind, wirksam. Abweichend hiervon ist in § 422 Abs. 1 und 2 bestimmt, dass Entscheidungen, mit denen eine Freiheitsentziehung angeordnet wird, grundsätzlich erst mit Rechtskraft wirksam werden und eine frühere Wirksamkeit eine entsprechende Anordnung voraussetzt. Die Abs. 3 und 4 der Vorschrift enthalten Bestimmungen über den Vollzug von Freiheitsentziehungsmaßnahmen. Inhaltlich entspricht die Norm im Wesentlichen dem früheren § 8 FEVG; indes werden die Voraussetzungen für ein Wirksamwerden für den Fall näher umschrieben, dass das Gericht die sofortige Wirksamkeit seiner Entscheidung anordnet. 1

B. Inhalt der Vorschrift

I. Wirksamwerden von Beschlüssen

1. Grundregel des Absatz 1

Durch Abs. 1 wird entsprechend § 8 Abs. 1 Satz 1 FEVG die Wirksamkeit einer Entscheidung, mit der eine Freiheitsentziehung angeordnet wird, von der **formellen Rechtskraft** abhängig gemacht, dh. sie wird erst dann wirksam, wenn sie durch keine der beschwerdeberechtigten Personen mehr angefochten werden kann.[1] Für alle sonstigen Entscheidungen, die in Freiheitsentziehungssachen ergehen, etwa die Verfahrenspflegerbestellung oder die Aussetzung der Vollziehung, gilt § 422 Abs. 1 nicht. Für diese bleibt es bei der Grundregel des § 40 Abs. 1.[2] 2

2. Anordnung der sofortigen Wirksamkeit nach Abs. 2 Satz 1

a) Voraussetzungen für die Anordnung

Dadurch, dass entsprechend dem früheren § 8 Abs. 1 Satz 2 FEVG in Abs. 2 dem Gericht die Möglichkeit der Anordnung der sofortigen Wirksamkeit eröffnet worden ist, kann die für die Vollstreckung nach Abs. 3 zuständige Verwaltungsbehörde die Maß- 3

---

1 *Marschner/Volckart*, § 8 FEVG Rz. 2; der materiellen Rechtskraft sind Entscheidungen in Freiheitsentziehungssachen dagegen nicht fähig BGH v. 18.9.2008 – V ZB 129/08, NJW 2009, 299; OLG Frankfurt v. 10.9.1979 – 20 W 443/79, MDR 1980, 151.
2 Begr. RegE BT-Drucks. 16/6308, S. 292.

nahme auch schon vor Rechtskraft vollziehen, allerdings nur bis zu dem in § 421 Nr. 2 bestimmten Endzeitpunkt.

4 Es handelt sich um eine **Ermessensentscheidung**, die grundsätzlich zu begründen ist. Allerdings wird sich nicht selten bereits aus den Gründen für die Freiheitsentziehung selbst nachvollziehbar ergeben können, weswegen das Gericht der Behörde die Möglichkeit der sofortigen Vollziehung gibt, etwa wenn eine Ingewahrsamnahme zur Durchsetzung eines **polizeilichen Platzverweises** erfolgt. Ähnlich verhält es sich in **Abschiebungshaftsachen**. Wegen der bei allen Haftgründen vorauszusetzenden Absicht des Ausländers, sich der Abschiebung zu entziehen, wird das Bedürfnis für eine Anordnung der sofortigen Vollziehung dann bestehen, wenn sich der betroffene Ausländer noch in Freiheit befindet oder wenn seine Freilassung aus der Untersuchungs- oder Strafhaft in einem nahen, noch nicht genau bestimmbaren Zeitpunkt zu erwarten ist.[1] Bei **Freiheitsentziehungen nach dem Infektionsschutzgesetz** wird eine Anordnung dann erfolgen müssen, wenn wegen der von dem Betroffenen ausgehenden Gefahren die Unterbringung dringend geboten ist.[2]

5 Wegen des Regel-Ausnahme-Verhältnisses der Abs. 1 und 2 muss für die Verwaltungsbehörde aufgrund der gerichtlichen Entscheidung zweifelsfrei feststehen, dass sie diese bereits vor Rechtskraft vollziehen darf. Die Anordnung der sofortigen Wirksamkeit hat daher ausdrücklich zu erfolgen. Die Feststellung eines entsprechenden Willens des Gerichts anhand der Umstände, etwa im Hinblick darauf, dass es sich um eine besonders dringliche Maßnahme handelt, reicht entgegen einer in der Rspr. zu § 8 FEVG vertretenen Auffassung nicht.[3] Ggf. mag die Verwaltungsbehörde, wenn es an einer eindeutigen Anordnung fehlt, eine Ergänzung des Beschlusses nach § 43 beantragen.[4]

b) Wirksamwerden der Entscheidung bei einer Anordnung nach Absatz 2

6 In Abs. 2 Satz 2 werden in Anlehnung an die für Unterbringungssachen geltende Vorschrift des § 324 Abs. 2 Satz 2 die Voraussetzungen umschrieben, nach denen bei einer Anordnung der sofortigen Wirksamkeit die Entscheidung, mit der eine Freiheitsentziehung angeordnet wird, wirksam wird. Hierzu bedarf es **alternativ** entweder einer **Bekanntgabe** sowohl der Entscheidung in der Hauptsache als auch der Anordnung gegenüber dem Betroffenen und der Verwaltungsbehörde sowie ggf. dem nach § 419 bestellten Verfahrenspfleger (Nr. 1) oder der **Übergabe an die Geschäftsstelle** zum Zweck der Bekanntgabe (Nr. 2). Die erste Alternative bietet sich in der Form der mündlichen Bekanntgabe gem. § 41 Abs. 2 – entsprechend der bisherigen Praxis – vor allem in Abschiebungshaftsachen nach Anhörung des Betroffenen an, da im Anhörungstermin regelmäßig ein Dolmetscher anwesend sein wird, der den Beschluss zugleich dem Betroffenen übersetzen kann. Dadurch kann bei Sprachproblemen eine schnelle und zuverlässige Kenntnis des Betroffenen vom genauen Inhalt der gegen ihn ergangenen Entscheidung gewährleistet werden. Zugleich ist damit dem Schutzzweck des Art. 5 Abs. 2 EMRK Rechnung getragen.[5]

---

1 OLG Frankfurt v. 31.10.1994 – 20 W 499/94, InfAuslR 1995, 11.
2 Vgl. zum Ganzen *Marschner/Volckart*, § 8 FEVG Rz. 2.
3 OLG Zweibrücken v. 30.5.2001 – 3 W 119/01, InfAuslR 2001, 446.
4 So zum früheren Recht auch *Melchior*, Abschiebungshaft, Rechtsprechungsübersicht-Verfahren, Stichwort „Sofortige Wirksamkeit".
5 BayObLG v. 22.10.1975 – 3 Z 128/75, NJW 1976, 483.

c) Anfechtbarkeit der Anordnung der sofortigen Vollziehung

7 Die Anordnung der sofortigen Vollziehung stellt lediglich eine vorläufige prozessuale Maßnahme neben der in der Hauptsache ergangenen Entscheidung dar. Es handelt sich mithin nicht um eine selbständig anfechtbare Endentscheidung iSd. § 58. Allerdings ist nach Einlegung einer Beschwerde gegen die Entscheidung in der Hauptsache das Beschwerdegericht seinerseits gem. § 64 Abs. 3, 2. Halbs. befugt, die Vollziehung des angefochtenen Beschlusses auszusetzen.[1] Der Betroffene kann dies ggf. mit seiner Beschwerde anregen.

II. Vollziehung der Freiheitsentziehungsmaßnahme

1. Zuständigkeit der Verwaltungsbehörde (Absatz 3)

8 Die Vollziehung der gerichtlichen Entscheidungen, mit denen eine Freiheitsentziehung angeordnet wird, obliegt nicht dem Gericht, sondern entsprechend dem früheren § 8 Abs. 1 Satz 3 FEVG gem. Abs. 3 der Verwaltungsbehörde. Eine gerichtliche Zuständigkeit besteht gem. § 424 nur für den Fall, dass der Vollzug der Maßnahme ausgesetzt werden soll.

2. Art und Weise des Vollzugs

a) Vollzug in einer Justizvollzugsanstalt (Absatz 4)

9 Das FamFG enthält nur für den Fall, dass **Abschiebungs- oder Zurückweisungshaft** angeordnet und diese im Wege der Amtshilfe in Justizvollzugsanstalten vollzogen wird, entsprechend dem früheren § 8 Abs. 2 FEVG in Abs. 4 Regelungen dergestalt, dass die die für den Vollzug von Ordnungs-, Sicherungs-, Zwangs- und Erzwingungshaft geltenden Vorschriften der §§ 171, 173 bis 175 und 178 Abs. 3 des Strafvollzugsgesetzes für entsprechend anwendbar erklärt werden. **Hiernach finden grundsätzlich die Vorschriften über den Vollzug von Freiheitsstrafe Anwendung**, soweit sich nicht aus der Eigenart der Haft etwas anderes ergibt (§ 171 StVollzG). Ferner gelten die in den weiteren Vorschriften genannten **Vollzugserleichterungen**. Der Betroffene darf eigene Kleidung, Wäsche und eigenes Bettzeug benutzen, wenn Gründe der Sicherheit nicht entgegenstehen und er für Reinigung, Instandsetzung und regelmäßigen Wechsel auf eigene Kosten sorgt (§ 173 StVollzG). Auch kann er Nahrungs- und Genussmittel sowie Mittel zur Körperpflege in angemessenem Umfang durch Vermittlung der Anstalt auf eigene Kosten erwerben (§ 174 StVollzG). Zu einer Arbeit, Beschäftigung oder Hilfstätigkeit ist er nicht verpflichtet (§ 175 StVollzG). Schließlich dürfen zur Vereitelung einer Flucht oder zur Wiederergreifung grundsätzlich keine Schusswaffen gebraucht werden (§ 178 Abs. 3 Satz 1 StVollzG).

10 Ansprüche eines Ausländers auf Taschengeld nach dem Asylbewerberleistungsgesetz bestehen während der Haft in vollem Umfang weiter.[2]

b) Vollzug außerhalb einer Justizvollzugsanstalt

11 Wird Abschiebungshaft oder eine sonstige Freiheitsentziehung **außerhalb einer Justizvollzugsanstalt** vollzogen, sind Grundrechtseinschränkungen, die über die Freiheits-

1 So zum früheren Recht *Marschner/Volckart*, § 8 FEVG Rz. 2.
2 VG Berlin v. 8.8.1994 – 17 A 219.94, InfAuslR 1994, 369; VG Bayreuth v. 3.3.1995 – B 3 E 95.82, juris.

entziehung hinausgehen, etwa eine Postkontrolle, nur zulässig, wenn es hierfür eine gesetzliche Grundlage gibt.[1]

12 Für **Abschiebungshaftsachen** gibt es entsprechende Vorschriften in folgenden Bundesländern:

Berlin erlaubt in seinem Gesetz über den Abschiebungsgewahrsam v. 12.10.1995[2] grundsätzlich ohne Beschränkungen den Versand und den Erhalt von Briefen, Paketen und anderer Post, den Empfang von Geschenken, den Einkauf in der Anstalt sowie unter Berücksichtigung der vorhandenen Möglichkeiten und der Gleichbehandlung Telefonate. Im Einzelfall kann allerdings bei einer Gefährdung der Sicherheit oder Ordnung Postkontrolle angeordnet werden. Urlaub oder Ausgang wird nicht gewährt.

Ähnliches gilt in **Brandenburg**, das in seinem Abschiebungshaftvollzugsgesetz v. 19.3.1995[3] detaillierte sonstige Regelungen enthält, etwa über die soziale Betreuung, die religiöse Betätigung und die Freizeitgestaltung sowie die zur Aufrechterhaltung der Sicherheit und Ordnung im Einzelfall zulässigen Zwangsmaßnahmen.

In **Bremen** sind nach dem Gesetz über den Abschiebungsgewahrsam v. 4.12.2001[4] ebenfalls grundsätzlich freier Postverkehr, der Austausch von Geschenken, der Erwerb von Waren und Telefonate möglich und Beschränkungen im Einzelfall zulässig.

Dagegen haben **Rheinland-Pfalz** in seinem Landesaufnahmegesetz v. 21.12.1993[5] und das **Saarland** in dem Gesetz über den Vollzug von Abschiebungshaft außerhalb von Justizvollzugsanstalten v. 23.6.1994[6] entsprechend § 422 Abs. 4 im Wesentlichen die dort genannten Bestimmungen des StVollzG für anwendbar erklärt.

13 Bei der Freiheitsentziehung in einem Krankenhaus nach dem **Infektionsschutzgesetz** enthält dessen § 30 Abs. 3 Regelungen über die Maßnahmen, die der Betroffene zu dulden hat, zB die Abnahme und Verwahrung von Gegenständen oder eine Postkontrolle in seinem Beisein. Weitergehende Grundrechtseingriffe sind unzulässig.[7]

3. Rechtsmittel bei Maßnahmen im Vollzug

14 Da die Verwaltungsbehörde für den Vollzug der Freiheitsentziehung zuständig ist, ist für Rechtsmittel des Betroffenen gegen die Art und Weise des Vollzugs bzw. einzelne im Vollzug getroffene Maßnahmen grundsätzlich der **Verwaltungsrechtsweg** eröffnet.[8] Dies gilt aber nur dann, wenn der Vollzug außerhalb von Justizvollzugsanstalten erfolgt. Bei einer Vollziehung nach § 422 Abs. 4 unter Anwendung des Strafvollzugsgesetzes sind die **Strafvollstreckungskammern der Landgerichte** zuständig.[9]

---

1 BVerfG v. 14.3.1972 – 2 BvR 41/71, NJW 1972, 811.
2 GVBl. Berlin 1995, S. 657.
3 GVBl. I Brandenburg 1995, S. 98.
4 Brem.GBl. 2001, S. 405.
5 GVBl. Rheinland-Pfalz 1993, S. 627.
6 Amtsblatt des Saarlandes 1994, S. 1214.
7 *Marschner/Volckart*, § 8 FEVG Rz. 8.
8 KG v. 22.7.1977 – 1 W XX B 2585/77, InfAuslR 1985, 9; LG Berlin v. 2.3.1999 – 84 T XIV 29/99 B, InfAuslR 1999, 239.
9 *Marschner/Volckart*, § 8 FEVG Rz. 5.

§ 423
Absehen von der Bekanntgabe

Von der Bekanntgabe der Gründe eines Beschlusses an den Betroffenen kann abgesehen werden, wenn dies nach ärztlichem Zeugnis erforderlich ist, um erhebliche Nachteile für seine Gesundheit zu vermeiden.

Nach § 6 Abs. 4 FEVG konnte bei einer Gesundheitsgefährdung die Bekanntgabe der gerichtlichen Entscheidung über die Freiheitsentziehung insgesamt unterbleiben. Nunmehr ist in Ergänzung zu § 41 wie in Betreuungs- und Unterbringungssachen gem. § 288 Abs. 1 und § 325 Abs. 1 nur noch ein **Absehen von einer Bekanntgabe der Gründe** möglich, weil für den Gesetzgeber Fälle, in denen von einer Bekanntgabe der Entscheidung selbst abgesehen werden kann, praktisch nicht denkbar waren.[1] Die Vorschrift dient dem Schutz des Betroffenen und entspricht inhaltlich den für das Betreuungs- und Unterbringungsrecht geltenden Vorschriften. Praktisch werden wird sie in Freiheitsentziehungssachen im derzeitigen Anwendungsbereich der §§ 415 ff. (s. dazu § 415 Rz. 3–5) wohl eher selten, da die Eingriffsermächtigungen sich nicht speziell auf psychisch kranke Personen beziehen. 1

§ 424
Aussetzung des Vollzugs

(1) Das Gericht kann die Vollziehung der Freiheitsentziehung aussetzen. Es hat die Verwaltungsbehörde und den Leiter der Einrichtung vorher anzuhören. Für Aussetzungen bis zu einer Woche bedarf es keiner Entscheidung des Gerichts. Die Aussetzung kann mit Auflagen versehen werden.

(2) Das Gericht kann die Aussetzung widerrufen, wenn der Betroffene eine Auflage nicht erfüllt oder sein Zustand dies erfordert.

A. Allgemeines

Die Vorschrift ist an § 328 angelehnt und ersetzt den früheren § 10 Abs. 3 FEVG. Die nach früherem Recht nur mögliche Beurlaubung fällt nunmehr unter die Aussetzung der Vollziehung nach Abs. 1 Satz 1. Große praktische Bedeutung wird die Aussetzung der Vollziehung – anders als bei der Unterbringung psychisch kranker Menschen, in der die schon nach bisherigem Recht gem. § 70k FGG mögliche Aussetzung sich als ein taugliches Mittel erwiesen hat, um das Verhalten des Betroffenen zu erproben – nicht haben. Längerfristige Freiheitsentziehungen im Verfahren nach § 415 ff. sind insbesondere Abschiebungshaftsachen, bei denen Vollzugsaussetzungen schon deswegen idR ausscheiden, weil bei allen Haftgründen des § 62 Abs. 2 Satz 1 AufenthG Feststellungen zur Absicht des Ausländers, sich der Abschiebung zu entziehen, notwendig sind und die Haft daher schon unzulässig oder nicht mehr zulässig ist, wenn die Entziehungsabsicht offensichtlich fehlt.[2] Solange aber eine Gefahr des Untertauchens 1

1 Begr. RegE BT-Drucks. 16/6308, S. 293.
2 BVerfG v. 13.7.1994 – 2 BvL 12/93 ua., InfAuslR 1994, 342.

nicht ausgeräumt ist, wird kaum eine Aussetzung der Vollziehung in Betracht kommen.

B. Inhalt der Vorschrift

I. Zuständigkeit und Verfahren

2 Nach Abs. 1 Satz 1 handelt es sich bei der Aussetzung der Vollziehung um eine **Ermessensentscheidung**, über die das Gericht zu entscheiden hat. Über Aussetzungen bis zu einer Woche kann die Verwaltungsbehörde nach Satz 3 selbst entscheiden, braucht dies aber nicht zu tun, sondern kann auch für eine solche kurzfristige Aussetzung der Vollziehung eine gerichtliche Entscheidung anregen.[1] Die Aussetzung kann nach Abs. 1 Satz 4 mit **Auflagen** versehen werden, und zwar sowohl diejenige durch das Gericht wie auch eine von der Behörde in eigener Zuständigkeit bewilligte.

3 Anders als nach der Sollvorschrift des § 10 Abs. 3 Satz 1, 2. Halbs. FEVG aF ist die **vorherige Anhörung der Verwaltungsbehörde und des Leiters der Einrichtung** nunmehr nach Abs. 1 Satz 2 zwingend. Eine Anhörung des Betroffenen ist gesetzlich nicht vorgesehen und steht daher im Ermessen des Gerichts. Sie sollte im Regelfall erfolgen, um dem Gericht eine möglichst breite Tatsachengrundlage für die zu treffende Prognoseentscheidung zu verschaffen, ob eine Aussetzung verantwortet werden kann und welche Auflagen ggf. zu treffen sind.

II. Widerruf

4 Bei dem Widerruf der Aussetzung der Vollziehung (Abs. 2) handelt es sich ebenfalls um eine Ermessensentscheidung des Gerichts oder der Verwaltungsbehörde, falls sie in eigner Zuständigkeit die Aussetzung der Vollziehung bis zu einer Woche angeordnet hatte. In ihrem sachlichen Gehalt entspricht die Vorschrift der Regelung in § 328 Abs. 2. Sie stellt in der zweiten Alternative auf den Gesundheitszustand des Betroffenen ab und setzt in der ersten Alternative die Nichterfüllung einer Auflage voraus. Hierzu dürften die zu § 49 Abs. 2 Nr. 2 VwVfG entwickelten Grundsätze entsprechend anwendbar sein. Ein fehlendes Verschulden des Betroffenen hindert zwar nicht unbedingt einen Widerruf, kann aber bei der Ausübung des Ermessens von Bedeutung sein. Maßgeblich ist das öffentliche Interesse an der Durchsetzung des mit der Auflage verbundenen Zwecks. Verlangt die Auflage ein Unterlassen, zB bei der Aussetzung des Vollzugs einer Freiheitsentziehung nach dem Infektionsschutzgesetz das Verbot, bestimmte Einrichtungen oder Versammlungen zu besuchen, berechtigt der Verstoß gegen das Verbot regelmäßig zum Widerruf.[2]

5 Die zweite Alternative, dass der Zustand des Betroffenen einen Widerruf erfordert, wurde aus dem Unterbringungsrecht übernommen (§ 70 k Abs. 2 FGG aF) und entspricht § 328 Abs. 2 FGG. Auf die Kommentierung hierzu wird verwiesen (dort Rz. 11).

---

1 *Marschner/Volckart*, § 10 FEVG Rz. 3.
2 Vgl. *Stelkens/Bonk/Sachs*, § 49 VwVfG Rz. 50.

C. Wirksamwerden der Entscheidung

Für das Wirksamwerden von Entscheidungen über die Aussetzung der Vollziehung gilt die allgemeine Regel des § 40 Abs. 1. Sie werden also mit Bekanntgabe an den Betroffenen wirksam. § 422 Abs. 1 ist nicht einschlägig, da es sich nicht um die Anordnung einer Freiheitsentziehung handelt (s. auch § 422 Rz. 2). 6

D. Rechtsmittel gegen die Ablehnung einer Aussetzung oder den Widerruf

Mit den nach Abs. 1 oder 2 zu treffenden **gerichtlichen Ermessensentscheidungen** wird abschließend darüber entschieden, ob die Vollziehung auszusetzen ist oder nicht, welche Auflagen ggf. anzuordnen sind und ob die Voraussetzungen für einen Widerruf vorliegen. Es handelt sich daher um Endentscheidungen iSd. § 58, die **mit der Beschwerde anfechtbar** sind. Dagegen ist die Rechtsbeschwerde nur im Falle einer Zulassung statthaft, da es sich nicht um Entscheidungen handelt, mit denen eine Freiheitsentziehung iSd. § 70 Abs. 3 Satz 2 angeordnet wird. 7

Hat die **Verwaltungsbehörde** in eigener Zuständigkeit nach Abs. 1 Satz 3 für den Betroffenen nachteilig entschieden, zB die Aussetzung mit einer Auflage versehen oder eine von ihr angeordnete Aussetzung widerrufen, ist eine etwaige Anfechtungsmöglichkeit in den §§ 415 ff. nicht geregelt; insbesondere ist die richterliche Prüfung nach § 428 nicht einschlägig. In diesen Fällen dürfte daher der **Verwaltungsrechtsweg** gegeben sein.[1] 8

§ 425
Dauer und Verlängerung der Freiheitsentziehung

(1) In dem Beschluss, durch den eine Freiheitsentziehung angeordnet wird, ist eine Frist für die Freiheitsentziehung bis zur Höchstdauer eines Jahres zu bestimmen, soweit nicht in einem anderen Gesetz eine kürzere Höchstdauer der Freiheitsentziehung bestimmt ist.

(2) Wird nicht innerhalb der Frist die Verlängerung der Freiheitsentziehung durch richterlichen Beschluss angeordnet, ist der Betroffene freizulassen. Dem Gericht ist die Freilassung mitzuteilen.

(3) Für die Verlängerung der Freiheitsentziehung gelten die Vorschriften über die erstmalige Anordnung entsprechend.

1 So zur Beurlaubung nach § 10 Abs. 3 Satz 2 FEVG *Marschner/Volckart*, § 10 FEVG Rz. 3.

A. Überblick

I. Regelungsgegenstand

1 Die Norm regelt als **Auffangtatbestand** die Dauer der Freiheitsentziehung und ihrer Verlängerung. Spezialgesetzliche Regelungen haben daher Vorrang. § 425 hat seinen Vorläufer in §§ 9, 12 FEVG, von denen aber in einigen Punkten abgewichen wird. So entsprechen zwar die Abs. 1 und 2 weitgehend dem § 9 FEVG, indes ist durch die Streichung der Wörter „von Amts wegen" nunmehr bestimmt, dass das Gericht nur auf Antrag über eine Verlängerung der Freiheitsentziehung entscheidet.[1] Entsprechend der in § 329 für Unterbringungsverfahren getroffenen Regelung gelten nach Abs. 3, anders als nach § 12 FEVG, nunmehr die Vorschriften über die erstmalige Anordnung ausnahmslos.

II. Normzweck

2 Durch die Festlegung einer bestimmten Frist für eine Freiheitsentziehung, dem Verlängerungsverfahren und der Pflicht für die Verwaltungsbehörde, den Betroffenen nach Fristablauf freizulassen, soll gewährleistet werden, dass Freiheitsentziehungen immer richterliche Anordnungen zugrunde liegen. Sichergestellt ist dies in der Praxis gleichwohl nicht, insbesondere für den Fall, dass neben einer richterlich bestimmten Dauer der Freiheitsentziehung eine kürzere gesetzliche Frist zu beachten ist. Dies ist etwa der Fall, wenn nach Anordnung von Abschiebungshaft der Betroffene aus der Haft heraus einen Asylantrag stellt. In einem derartigen Fall steht zwar unter bestimmten Voraussetzungen der Asylantrag der Haft zunächst nicht entgegen. Nach § 14 Abs. 3 Satz 3 AsylVfG endet die Abschiebungshaft mit der Zustellung der Entscheidung des Bundesamtes für Migration und Flüchtlinge, spätestens jedoch vier Wochen nach Eingang des Asylantrags beim Bundesamt, es sei denn, es wurde nach EU-Recht oder aufgrund eines völkerrechtlichen Vertrags ein Auf- oder Wiederaufnahmeersuchen an einen anderen Staat gerichtet oder der Asylantrag wurde als unbeachtlich oder offensichtlich unbegründet abgelehnt. Die hiernach auch in Fällen längerer richterlicher Frist uU maßgebliche gesetzliche Vier-Wochen-Frist findet indes nicht immer Beachtung.[2]

B. Inhalt der Vorschrift

I. Dauer der Freiheitsentziehung

1. Jahresfrist des Absatzes 1

3 Abs. 1 enthält eine **Höchstfrist**, die idR nicht ausgeschöpft werden darf und nur selten praktisch werden wird. Freiheitsentziehungen nach dem BPolG und den Polizeigesetzen der Länder werden idR von ihrer Rechtnatur her nur von kurzer Dauer sein. Im Hauptanwendungsfall der §§ 415 ff., der Verhängung von Abschiebungshaft, kommt § 425 ohnehin nicht zum Tragen, weil § 62 AufenthG und § 14 Abs. 3 Satz 3 AsylVfG die nachstehend (Rz. 4–7) erläuterten Sonderregelungen enthalten. Es bleibt nur die

1 Begr. RegE BT-Drucks. 16/6308, S. 293.

2 Exemplarisch zB der Fall OLG Köln v. 11.6.2007 – 16 Wx 130/07, OLGReport 2007, 792.

Freiheitsentziehung nach dem Infektionsschutzgesetz, bei der sich unter Beachtung der Frist des Abs. 1 die Dauer an der voraussichtlichen Behandlung, bezogen auf den Wegfall der Ansteckungsgefahr, zu orientieren hat.[1]

2. Spezialgesetzliche Fristen in Abschiebungshaftsachen

Zur Vorbereitung einer beabsichtigten **Ausweisung** eines Ausländers kann unter den in § 62 Abs. 1 AufenthG umschriebenen Voraussetzungen zur Vorbereitung der Ausweisung **Vorbereitungshaft bis zur Dauer von sechs Wochen** angeordnet werden. 4

Der Sicherung der **Abschiebung** eines ausreisepflichtigen Ausländers dient die **Sicherungshaft** nach § 62 Abs. 2 und 3 AufenthG. Hiernach besteht zunächst die Möglichkeit gem. Abs. 2 Satz 1 die sog. **kleine Sicherungshaft für längstens zwei Wochen** zu verhängen, falls eine dem Ausländer gesetzte Ausreisefrist abgelaufen ist und feststeht, dass die Abschiebung durchgeführt werden kann, zB wenn bereits ein bestimmter Flug gebucht ist. Im Übrigen setzt die Anordnung von Abschiebungshaft voraus, dass einer der in Abs. 2 Satz 1 Nr. 1 bis 5 aufgeführten Haftgründe vorliegt. Sicherungshaft ist nach Abs. 2 Satz 4 unzulässig, wenn feststeht, dass aus Gründen, die der Ausländer nicht zu vertreten hat, die Abschiebung **nicht innerhalb der nächsten drei Monate** durchgeführt werden kann. Ansonsten ist nach Abs. 3 eine Anordnung von **bis zu sechs Monaten** möglich, die um höchstens **ein Jahr** verlängert werden kann, wenn der Ausländer seine Abschiebung verhindert. Insgesamt ist hiernach **Sicherungshaft von bis zu 18 Monaten möglich**. All dies sind indes Höchstfristen, die aus Gründen der Verhältnismäßigkeit und wegen des Beschleunigungsgebotes normalerweise nicht ausgeschöpft werden dürften. In der Praxis üblich sind je nach Fallkonstellation Fristen von sechs Wochen bis zu drei Monaten, die ggf. zu verlängern sind, wenn es zB zu Verzögerungen bei der Beschaffung von Passersatzpapieren kommt. 5

In Fällen, in denen eine **Zurückschiebung** eines Ausländers nach einer unerlaubten Einreise erfolgen soll, gelten die Vorschriften des § 62 AufenthG über § 57 Abs. 3 AufenthG entsprechend. Da in derartigen Fällen die Vorbereitung weniger Zeit in Anspruch nimmt, insbesondere wenn der Ausländer wegen eines Aufenthaltstitels in einem anderen Staat nach Art. 2, 3 des Schengener Durchführungsübereinkommens zurückgeschoben werden soll, wird idR nur eine Sicherungshaft bis zu einem Monat erforderlich sein. Ähnlich verhält es sich bei der **Zurückweisung eines Ausländers an der Grenze**. Für die auch in einem derartigen Fall gem. § 15 Abs. 5 AufenthG mögliche Anordnung von Sicherungshaft gelten zwar auch die Fristen des § 62 Abs. 3 AufenthG entsprechend. UU reicht aber hier eine Dauer der Haft von nur einigen Stunden, zB bei der Einreise auf dem Luftweg wegen einer Rückflugmöglichkeit am nächsten Morgen.[2] 6

Stellt ein Ausländer, der sich in Untersuchungs-, Straf-, Vorbereitungshaft nach § 62 Abs. 1 AufenthG oder in näher umschriebenen Fällen einer Sicherungshaft nach § 62 Abs. 2 Satz 1 AufenthG befindet, **aus der Haft heraus einen Asylantrag**, so ist sowohl von der Verwaltungsbehörde wie auch vom Gericht die Frist von vier Wochen des § 14 Abs. 3 Satz 3 AsylVfG zu beachten (s. auch Rz. 2). 7

1 Begr. RegE BT-Drucks. 16/6308, S. 293; *Marschner/Volckart*, § 9 FEVG Rz. 3.

2 Vgl. zu einer entsprechenden Konstellation OLG Köln v. 1.7.2008 – 16 Wx 76/08, FGPrax 2008, 277.

3. Fristbestimmung und -berechnung

a) Grundsatz

8 Nach § 425 Abs. 1 ist der Fristablauf **kalendermäßig** festzulegen.[1] Dies bedeutet, dass der Ablauf der Freiheitsentziehungsmaßnahme und damit zugleich der Zeitpunkt einer etwaigen Freilassung oder Verlängerungsentscheidung zumindest bestimmbar sein müssen.[2] Es bedarf hiernach einer im Hinblick auf den grundgesetzlich garantierten Schutz der persönlichen Freiheit (Art. 2 Abs. 1, 104 GG) ausreichend klaren und eindeutigen Grundlage für Anordnung, Dauer und Vollzug einer freiheitsentziehenden Anordnung.[3] Hieran fehlt es zB, wenn die Frist **„ab Ergreifung"** in Gang gesetzt werden soll.[4]

b) Problem der Anordnung von „Überhaft"

9 In Abschiebungshaftsachen war es lange Zeit umstritten, ob eine sog. Überhaft, nämlich eine für eine bestimmte Dauer, zB für drei Monate, angeordnete **Haft im Anschluss an eine Untersuchungs- oder Strafhaft** zulässig ist. Hierzu hat der BGH auf Vorlage nach § 28 Abs. 2 FGG gemeint, eine solche Anordnung von Abschiebungshaft erst im Anschluss an die bestehende Untersuchungshaft sei hinreichend bestimmt und biete eine zuverlässige Grundlage hinsichtlich der Dauer der Abschiebungshaft für den Betroffenen und die Vollzugsorgane. Zwar ergäben sich Haftbeginn und Haftende nicht unmittelbar aus der Haftanordnung selbst, weil der Beginn der Abschiebungshaft vom Ende der Untersuchungshaft abhängig gemacht sei. Mit Beendigung der in der Haftanordnung bezeichneten Untersuchungshaft stehe jedoch der Haftbeginn in einer Weise fest, dass für den Vollzug insoweit Zweifel nicht bestehen könnten. Mit der Anordnung der anschließenden Abschiebungshaft bis zur möglichen Abschiebung, längstens jedoch für die Dauer von drei Monaten, sei auch das Haftende zweifelsfrei bestimmt.[5]

10 Verneint hat der BGH dagegen die kalendermäßige Bestimmtheit einer Abschiebungshaftanordnung, deren Eintritt nicht lediglich ab einer bereits bestehenden Untersuchungshaft, sondern auch von einer erwarteten, aber noch nicht verhängten Strafhaft abhängig sein sollte. Dies hat er zutreffend damit begründet, dass der Haftrichter in seine Entscheidung über die Dauer der Haft nur ihm bereits bekannte, nicht aber möglicherweise demnächst eintretende Tatsachen einbeziehen könne.[6] In der Folgezeit ist die gerichtliche Praxis entsprechend diesen Vorgaben des BGH verfahren.[7]

11 Allerdings ist zu beachten, dass die materiellrechtlichen Voraussetzungen für die Abschiebungshaft bereits bei deren Anordnung vorliegen müssen, etwa das gem. § 72 Abs. 4 AufenthG erforderliche **Einvernehmen der Staatsanwaltschaft**. Ferner sind in die Berechnung von Fristen, bei deren Ablauf die Anordnung bzw. Aufrechterhaltung von Abschiebungshaft unzulässig ist, andere Haftzeiten, insbesondere Untersuchungshaftzeiten, einzurechnen. Die Sicherungshaft soll nicht dazu dienen, es der Ausländer-

---

1 Begr. RegE BT-Drucks. 16/6308, S. 293.
2 *Marschner/Volckart*, § 9 FEVG Rz. 2.
3 BGH v. 19.10.1989 – V ZB 9/89, NJW 1990, 1417 = MDR 1990, 230.
4 KG v. 12.9.1996 – 25 W 5611/96, KGReport 1997, 22 = FGPrax 1997, 74.
5 BGH v. 9.3.1995 – V ZB 7/95, NJW 1995, 1898 = MDR 1995, 536.
6 BGH v. 11.5.1995 – V ZB 13/95, NJW 1995, 2226 = MDR 1995, 1080.
7 Vgl. zB OLG München v. 9.1.2006 – 34 Wx 181/05, OLGReport 2006, 159.

behörde zu ermöglichen, den Ausgang eines längeren Ermittlungs- oder Strafverfahrens erst einmal abzuwarten. Die Ausländerbehörde ist vielmehr gehalten, bereits während der Vollstreckung der Untersuchungshaft die ihr möglichen und notwendigen Vorbereitungen für die beabsichtigte Abschiebung zu treffen.[1] Dies gilt insbesondere für die **Frist des § 62 Abs. 2 Satz 2 AufenthG**, wonach die Anordnung von Sicherungshaft unzulässig ist, wenn aus Gründen, die der Ausländer nicht zu vertreten hat, die Abschiebung nicht innerhalb von drei Monaten durchgeführt werden kann. Steht daher bereits bei Entscheidung über den Antrag auf Sicherungshaft oder im Zeitpunkt der Entscheidung des Beschwerdegerichts fest, dass die strafrechtliche Haft die Drei-Monats-Frist überschreiten wird, ist die Haftanordnung bzw. die weitere Aufrechterhaltung der Haft unzulässig.[2]

c) Lauf richterlicher und gesetzlicher Fristen

Bei einer **richterlichen Freiheitsentziehungsanordnung** finden über § 16 Abs. 2 FamFG iVm. § 222 Abs. 1 ZPO die §§ 187 Abs. 1, 188 Abs. 2, 1. Alt. BGB Anwendung. Eine nach Monaten bemessene Frist für die Freiheitsentziehung endet daher mit Ablauf desjenigen Tages des letzten Monats, der durch seine Zahl dem Tag der Haftanordnung entspricht.[3] So endet beispielsweise eine am 3. Januar angeordnete freiheitsentziehende Maßnahme am 3. April (s. auch § 16 Rz. 20). 12

Anders ist es dagegen bei den **gesetzlichen Fristen** des § 425 Abs. 2 und des § 62 Abs. 2 Satz 2, 4, Abs. 3 AufenthG, nach denen die Freiheitsentziehung „bis zu" einem bestimmten Zeitpunkt oder „längstens" bzw. „höchstens" für eine bestimmte Dauer angeordnet werden darf. Da der Endzeitpunkt innerhalb des entsprechenden Zeitraums liegen muss, handelt es sich um Fristen nach §§ 187 Abs. 2, 188 Abs. 2, 2. Alt. BGB mit der Folge, dass der erste Tag der Haft mitzurechnen ist, also zB bei einer richterlichen Entscheidung am 3. Januar die Frist von drei Monaten des § 62 Abs. 2 Satz 4 AufenthG bereits am 2. April endet.[4] 13

Es kann daher durchaus vorkommen, dass mit einer nach Monaten oder Wochen berechneten Freiheitsentziehungsanordnung gesetzliche Höchstfristen um einen Tag überschritten werden.[5] Zur Vermeidung einer derartigen Überschreitung empfiehlt es sich bei der Bestimmung der Frist für die freiheitsentziehende Maßnahme, einen **bestimmten Kalendertag** anzugeben, an dem die Haft endet. In der Praxis üblich ist es deswegen auch, dass bei einem Antrag der Verwaltungsbehörde auf Anordnung von Abschiebungshaft für die Dauer von drei Monaten, über den am 3. Januar entschieden wird, nicht der bei einer antragsgemäßen Entscheidung mögliche Endzeitpunkt 3. April bestimmt, sondern Haft nur bis zum 2. April angeordnet wird. In Fällen der Anordnung einer Überhaft im Anschluss an eine Untersuchungshaft (Rz. 9) bleibt allerdings nur eine Fristbestimmung nach Wochen oder Monaten. 14

1 OLG Köln v. 16.12.2002 – 16 Wx 252/02, OLGReport 2003, 205 u. v. 24.5.2002 – 16 Wx 91/02, OLGReport 2002, 364; OLG Düsseldorf v. 22.10.2007 – I-3 Wx 218/07, OLGReport 2008, 123 = FGPrax 2008, 87.

2 OLG München v. 24.5.2005 – 34 Wx 52/05, OLGReport 2005, 439.

3 BayObLG v. 26.5.1998 – 3Z BR 134/98, BayObLGZ 1998, 130.

4 BayObLG v. 4.11.1993 – 3Z BR 260/93, BayObLGZ 1993, 361; *Melchior*, Abschiebungshaft, Rechtsprechungsübersicht – Verfahren, Stichwort „Fristberechnung".

5 Exemplarisches der Fall OLG Hamm v. 8.1.2007 – 15 W 285/06, OLGReport 2007, 568.

II. Folge des Fristablaufs (Absatz 2)

15 Erfolgt innerhalb der richterlich festgesetzten Frist keine Entscheidung über die Verlängerung der freiheitsentziehenden Maßnahme, ist der Betroffene von der Verwaltungsbehörde oder, falls diese nicht tätig wird, von der Vollzugseinrichtung in eigener Verantwortung zu entlassen.[1] Dies gilt auch dann, wenn während der richterlichen Frist eine kürzere gesetzliche Frist abläuft, etwa nach Anordnung von Abschiebungshaft für die Dauer von drei Monaten, ein Asylantrag gestellt wird und die Frist von vier Wochen des § 14 Abs. 3 Satz 3 AsylVfG endet.[2] Die Entlassung ist dem Gericht mitzuteilen.

III. Verlängerung der Freiheitsentziehung (Absatz 3)

16 Wie bereits ausgeführt (Rz. 1) gelten für die Verlängerung einer freiheitsentziehenden Maßnahme die Vorschriften über die erstmalige Anordnung entsprechend. Es bedarf also insbesondere eines neuen Antrags der Verwaltungsbehörde, der den Anforderungen des § 417 entspricht, und einer erneuten persönlichen Anhörung des Betroffenen sowie ggf. der Hinzuziehung weiterer Beteiligter nach § 418 Abs. 3.[3] Kann dies nicht innerhalb der laufenden Frist geschehen, kommt nur eine **einstweilige Anordnung** nach § 427 in Betracht mit einer Pflicht des Gerichts, die Anhörung unverzüglich nachzuholen.[4] Da für eine solche einstweilige Regelung ein „dringendes Bedürfnis" bestehen muss und ein Nachholen der Anhörung nur bei „Gefahr im Verzug" möglich ist, wird ein Verlängerungsantrag zurückzuweisen sein, wenn der Antrag erst kurz vor Fristablauf gestellt wird und die Ursache für die Verspätung im Bereich der Verwaltungsbehörde liegt.[5]

17 In Abschiebungshaftsachen hat die Verwaltungsbehörde einen etwaigen Wechsel in der örtlichen Zuständigkeit infolge einer **Abgabe nach § 106 Abs. 2 Satz 2 AufenthG** zu beachten. In Bundesländern mit einer Konzentration der Vollzugseinrichtungen wird die Behörde schon von sich aus – zweckmäßigerweise mit ihrem Verlängerungsantrag – eine Abgabe beantragen, um die erneut vom Gericht vorzunehmenden Verfahrenshandlungen leichter am Haftort durchführen zu können (s. auch § 416 Rz. 3).

§ 426
Aufhebung

(1) Der Beschluss, durch den eine Freiheitsentziehung angeordnet wird, ist vor Ablauf der nach § 425 Abs. 1 festgesetzten Frist von Amts wegen aufzuheben, wenn der Grund für die Freiheitsentziehung weggefallen ist. Vor der Aufhebung hat das Gericht die zuständige Verwaltungsbehörde anzuhören.

(2) Die Beteiligten können die Aufhebung der Freiheitsentziehung beantragen. Das Gericht entscheidet über den Antrag durch Beschluss.

---

1 Begr. RegE BT-Drucks. 16/6308, S. 293.
2 OLG Köln v. 11.6.2007 – 16 Wx 130/07, OLGReport 2007, 792.
3 OLG Köln v. 14.12.2007 – 16 Wx 250/07, FGPrax 2008, 136.
4 OLG Karlsruhe v. 26.1.2001 – 14 Wx 109/00, InfAuslR 2001, 179.
5 OLG Düsseldorf v. 12.1.1996 – 3 Wx 1/96, InfAuslR 1996, 146; AG Zweibrücken v. 18.5.2001 – XIV 1283 B, InfAuslR 2001, 349.

A. Allgemeines

Die Freiheitsentziehung nach den §§ 415 ist immer an den Zweck gebunden, der ihrer Anordnung zugrunde liegt. Fällt dieser Zweck vor Ablauf der prognostizierten und festgesetzten Frist weg, hat dies die Folge, dass die Anordnung **unverzüglich** auch schon vor Ablauf der festgesetzten Frist durch das Gericht aufzuheben ist, und zwar von Amts wegen.[1] Eine derartige **Amtspflicht zur Aufhebung** war in dem früheren § 10 Abs. 1 FEVG vorgesehen. 1

In § 10 Abs. 2 FEVG war weiter bestimmt, dass **Anträge der am Verfahren Beteiligten** auf jeden Fall zu prüfen und zu bescheiden waren. Der RegE zum FamFG sah dagegen nur noch eine Aufhebung von Amts wegen vor. Dagegen sollte das Antragsrecht von Beteiligten wegfallen, weil das Gericht ohnehin bei entsprechenden Anhaltspunkten eine etwaige Aufhebung zu prüfen habe und es durch den Fortfall in der Verfahrensgestaltung freier sei.[2] Nachdem sich hieran im Verlauf des Gesetzgebungsverfahrens Kritik entzündet hatte und zwar mit Recht, weil nur durch ein förmliches Antragsrecht mit einer Pflicht des Gerichts zur Bescheidung und einer Überprüfungsmöglichkeit im Instanzenzug effektiver Rechtsschutz möglich ist, wurde auf Vorschlag des Rechtsausschusses des Bundestags in Abs. 2 eine Nachfolgeregelung für den bisherigen § 10 Abs. 2 FEVG geschaffen.[3] 2

B. Voraussetzungen für eine Aufhebung

In der obergerichtlichen Rspr. zu § 10 FEVG wurde die Frage, ob ein Aufhebungsantrag nur auf neue Umstände oder auch auf Einwände gegen die Anordnung der Freiheitsentziehung gestützt werden kann, unterschiedlich beurteilt. Der BGH hat sich im Rahmen einer Vorlage nach § 28 Abs. 2 FGG der Meinung angeschlossen, die eine umfassende erneute Überprüfung für zulässig hält. Er hat dies zutreffend damit begründet, nur ein solches weites Verständnis werde dem Zweck des Aufhebungsverfahrens gerecht. Dieses ziele darauf ab, eine sachlich nicht gerechtfertigte Inhaftierung zur Verwirklichung der Freiheitsgarantien des Art. 104 GG umgehend zu beenden. Unter diesem Aspekt sei es unerheblich, ob sich die fehlende Berechtigung der Inhaftierung aus neuen Umständen oder daraus ergebe, dass sie nicht hätte angeordnet werden dürfen. Entscheidungen über die Anordnung der Haft seien nur der formellen, nicht der materiellen Rechtskraft fähig. Die damit einhergehende mehrfache Prüfung sei bei einer Freiheitsentziehung nicht zu vermeiden. Die **Fortdauer einer Freiheitsentziehung** sei nicht nur **unverhältnismäßig**, wenn der Grund für ihre Anordnung weggefallen ist, sondern in gleicher Weise, wenn eine erneute Prüfung ergebe, dass er (doch) nicht vorgelegen habe.[4] 3

C. Aufhebungsverfahren

I. Verfahrensablauf

Das Gericht ist in der Ausgestaltung des Aufhebungsverfahrens frei. Es entscheidet daher nach pflichtgemäßem Ermessen, welche Verfahrenshandlungen es vornimmt, 4

1 *Marschner/Volckart*, § 10 FEVG Rz. 2.
2 Begr. RegE BT-Drucks. 16/6308, S. 293.
3 Beschlussempfehlung des Rechtsausschusses v. 23.6.2008, BT-Drucks. 16/9733, S. 299.
4 BGH v. 18.9.2008 – V ZB 129/08, NJW 2009, 299.

insbesondere ob eine Anhörung des Betroffenen durchgeführt wird. Letzteres wird aber idR erforderlich sein, wenn es einen Aufhebungsantrag des Betroffenen ablehnen will.[1] Entsprechendes gilt für einen Aufhebungsantrag des Verfahrenspflegers oder einer der Personen, die durch Hinzuziehung im Interesse des Betroffenen gem. § 418 Abs. 3 im Verfahren über die Anordnung beteiligt worden sind.

5 Sind **Aufhebungsgründe evident**, zB wenn aus der Haft heraus ein Asylantrag gestellt war und innerhalb der Frist von vier Wochen des § 14 Abs. 3 Satz 3 AsylVfG keine Entscheidung des Bundesamtes für Migration und Flüchtlinge ergangen ist, ist eine Aufhebung ohne weiteres möglich. Allerdings ist im Falle einer beabsichtigten Aufhebung nunmehr gem. Abs. 1 Satz 2 – anders als noch nach § 10 Abs. 1 FEVG – zuvor die zuständige Verwaltungsbehörde zwingend anzuhören. Zweckmäßigerweise geschieht dies per Telefon, Fax oder E-Mail, was bei einem evidenten Aufhebungsgrund ohnehin idR dazu führen wird, dass die Behörde eine Entlassung des Betroffenen veranlasst und sich dadurch eine gerichtliche Entscheidung erübrigt.

II. Beteiligte

6 Für eine **Aufhebung von Amts** wegen gem. Abs. 1 ist das Gericht, abgesehen von der Beteiligung der Verwaltungsbehörde vor einer Aufhebung nach Satz 2, frei, welche weiteren Personen es hinzuzieht. Es kann hiervon im Falle einer Aufhebung gänzlich absehen, aber auch neben dem Betroffenen die nach § 418 Abs. 2 und 3 im Verfahren über die Anordnung der Freiheitsentziehung beteiligten Personen anhören. Wegen der fehlenden gesetzlichen Vorgaben hat das Gericht auch die Möglichkeit, eine im Anordnungsverfahren unterbliebene Bestellung eines Verfahrenspflegers oder die Beteiligung des Ehegatten bzw. einer der sonstigen in § 418 Abs. 3 genannten Personen nachzuholen.

7 Im **Antragsverfahren** nach Abs. 2 sind alle notwendigen Beteiligten, also der Betroffene und die Verwaltungsbehörde sowie alle Personen, die im Verfahren über die Anordnung der Freiheitsentziehung kraft Hinzuziehung gem. § 418 Abs. 2 und 3 beteiligt worden sind, antragsberechtigt und damit beteiligt. Dies gilt auch dann, wenn die Hinzuziehung erst im Rechtsmittelverfahren erfolgt ist. Die Verwaltungsbehörde kann auch zu Gunsten des Betroffenen tätig werden, indem sie einen Aufhebungsantrag stellt, und wird sogar hierzu verpflichtet sein, wenn ihr Umstände bekannt werden, die den Wegfall der Voraussetzungen für die Freiheitsentziehung begründen.[2] IdR wird sie aber in einem solchen Fall den einfacheren und schnelleren Weg gehen und gehen müssen, von sich aus die Entlassung des Betroffenen zu veranlassen.

III. Wirksamwerden der Entscheidung

8 Entscheidungen im Verfahren nach Abs. 1 oder 2 werden gem. § 40 Abs. 1 mit der Bekanntgabe an den Betroffenen, die Verwaltungsbehörde und ggf. einen sonstigen Antragsteller sofort wirksam. § 422 Abs. 1 und 2, wonach die Anordnung einer Freiheitsentziehung erst mit Rechtskraft wirksam wird und eine sofortige Wirksamkeit einer besonderen gerichtlichen Anordnung bedarf, gilt im Aufhebungsverfahren nicht (s. § 422 Rz. 2).

1 *Marschner/Volckart*, § 10 Rz. 2.
2 *Marschner/Volckart*, § 10 Rz. 2.

D. Rechtsmittel

Die Frage der Anfechtbarkeit stellt sich primär bei der Bescheidung von Aufhebungsanträgen nach Abs. 2. Zum früheren Recht war es in der Rspr. umstritten, ob eine Entscheidung, mit der ein Aufhebungsantrag zurückgewiesen wurde, mit der Beschwerde anfechtbar ist. Der BGH hat dies schließlich bejaht.[1] Nach neuem Recht gilt nichts anderes. Entscheidungen im Aufhebungsverfahren sind Endentscheidungen iSd. § 58, die **mit der Beschwerde anfechtbar** sind. Dies gilt für alle Beteiligten, also auch für die Verwaltungsbehörde, die unabhängig von einer etwaigen Beeinträchtigung eigener Rechte beschwerdebefugt ist, also auch im Falle einer Ablehnung einer von einem anderen Beteiligten beantragten Aufhebung Rechtsmittel einlegen kann (vgl. auch § 429 Rz. 10). Dagegen ist die **Rechtsbeschwerde nur im Falle einer Zulassung** statthaft, da es sich nicht um Entscheidungen handelt, mit denen eine Freiheitsentziehung iSd. § 70 Abs. 3 Satz 2 angeordnet wird. 9

Im Falle eines Tätigwerdens des Gerichts von Amts wegen ist die Verwaltungsbehörde beschwerdebefugt, wenn eine freiheitsentziehende Maßnahme aufgehoben wird. Auch im Rahmen des Abs. 1 sind indes ebenfalls andere Konstellationen denkbar. Wenn etwa eine Person oder Organisation, die nicht iSd. §§ 7, 418 am Verfahren Beteiligte ist und deshalb kein förmliches Antragsrecht hat, eine Aufhebung anregt und das Gericht diese Anregung abschlägig bescheidet, ist sie selbst zwar nicht beschwerdebefugt. Jedoch haben der Betroffene, die Verwaltungsbehörde und die in § 429 Abs. 2 und 3 aufgeführten weiteren Beteiligten ein Beschwerderecht. 10

§ 427
Einstweilige Anordnung

(1) Das Gericht kann durch einstweilige Anordnung eine vorläufige Freiheitsentziehung anordnen, wenn dringende Gründe für die Annahme bestehen, dass die Voraussetzungen für die Anordnung einer Freiheitsentziehung gegeben sind und ein dringendes Bedürfnis für ein sofortiges Tätigwerden besteht. Die vorläufige Freiheitsentziehung darf die Dauer von sechs Wochen nicht überschreiten.

(2) Bei Gefahr im Verzug kann das Gericht eine einstweilige Anordnung bereits vor der persönlichen Anhörung des Betroffenen sowie vor Bestellung und Anhörung des Verfahrenspflegers erlassen; die Verfahrenshandlungen sind unverzüglich nachzuholen.

1 BGH v. 18.9.2008 – V ZB 129/08, NJW 2009, 299.

A. Allgemeines

1 Die Vorschrift enthält in Ergänzung zu den §§ 49 ff. Regelungen für die einstweilige Anordnung in Freiheitsentziehungssachen und knüpft an die §§ 300 Abs. 1, 331 an. Sie entspricht im Wesentlichen dem früheren § 11 FEVG. Allerdings konnte die in § 11 Abs. 2 Satz 1 FEVG enthaltene Regelung über die entsprechend anzuwendenden Vorschriften wegen § 51 Abs. 2 Satz 1 entfallen. Dies hat die Folge, dass sich das Verfahren über die einstweilige Anordnung grundsätzlich nach den Vorschriften richtet, die für eine Anordnung in der Hauptsache gelten. Insbesondere sind eine **persönliche Anhörung des Betroffenen** und **ggf. eine Verfahrenspflegerbestellung** notwendig.[1] Ausnahmen hiervon sind nur unter den Voraussetzungen des Abs. 2 möglich.

B. Inhalt der Vorschrift

I. Voraussetzungen einer Eilentscheidung

2 Der Erlass einer einstweiligen Anordnung setzt eine **doppelte Gefahrenprognose** voraus. Es müssen

- dringende Gründe für das Vorliegen der Freiheitsentziehungsvoraussetzungen vorliegen und
- ein dringendes Bedürfnis für ein sofortiges Tätigwerden bereits vor Einleitung des Verfahrens in der Hauptsache bestehen.

3 Dabei bedarf es nicht des vollen Beweises der Voraussetzungen für eine Freiheitsentziehung. Vielmehr genügt eine **erhebliche Wahrscheinlichkeit**.[2] Ein sofortiges Tätigwerden kann etwa veranlasst sein bei einer akuten Ansteckungsgefahr, der nur durch eine Freiheitsentziehung begegnet werden kann, oder wenn die Gefahr besteht, dass ein ausreisepflichtiger Ausländer, der abgeschoben werde soll, (erneut) untertaucht.[3] Ist allerdings der Aufenthaltsort der Person bekannt oder befindet sie sich bereits in Polizeigewahrsam, werden idR bereits die Voraussetzungen für eine Entscheidung in der Hauptsache vorliegen, so dass eine einstweilige Anordnung nur unter den weiteren Voraussetzungen des Abs. 2 in Betracht kommt; insbesondere wenn wegen Fluchtgefahr von einer vorherigen Anhörung abgesehen werden soll. Ausnahmefälle sind aber denkbar, zB der Fall, dass über einen Abschiebungshaftantrag noch nicht in der Hauptsache entschieden werden kann, weil noch Aufklärungsbedarf besteht, etwa die gem. § 417 Abs. 2 Satz 3 grundsätzlich einem Abschiebungshaftantrag beizufügende Ausländerakte zurzeit nicht greifbar ist, der Verfahrensbevollmächtigte des Betroffenen verhindert ist (dazu näher § 420 Rz. 7) oder das Gericht es für erforderlich hält, gem. § 418 Abs. 3 nahe Angehörige des Betroffenen oder eine Vertrauensperson zu beteiligen.

II. Dauer der einstweiligen Freiheitsentziehung

4 Die Frist von sechs Wochen des Abs. 1 Satz 2 ist wie diejenige des § 425 Abs. 1 eine **Höchstfrist**, die idR nicht ausgeschöpft werden darf; vielmehr ist die Frist einzelfall-

1 Begr. RegE BT-Drucks. 16/6308, S. 293.
2 OLG Frankfurt v. 28.10.1997 – 20 W 366/97, InfAuslR 1998, 114.
3 BayObLG v. 19.3.1997 – 3Z BR 73/97, NJW 1997, 1713; *Marschner/Volckart*, § 11 Rz. 2.

bezogen festzusetzen.[1] Die Verwaltungsbehörde bei ihrem Antrag und das Gericht bei seiner Entscheidung haben sich dabei im Wege einer Prognose an der Zeitdauer bis zu einer voraussichtlichen Entscheidung in der Hauptsache zu orientieren. Die Frist kann zwar innerhalb der Höchstdauer von sechs Wochen verlängert werden, was aber wegen der idR bestehenden Möglichkeit, vorher in der Hauptsache zu entscheiden, kaum praktisch werden wird. Fallen innerhalb der festgesetzten Frist die Gründe für die Anordnung weg, sei es wegen Fortfalls der materiell-rechtlichen Freiheitsentziehungsvoraussetzungen, sei es weil kein Bedürfnis mehr für eine Eilentscheidung besteht, ist die Anordnung aufzuheben.[2] Das zu § 426 Rz. 3 bis 7 Ausgeführte gilt entsprechend.

III. Verfahren

1. Normalfall des Absatz 1

Es gelten wegen § 51 Abs. 2 Satz 1 die **Verfahrensgrundsätze der §§ 416 bis 423**. Es bedarf insbesondere eines Freiheitsentziehungsantrags der zuständigen Behörde (dazu § 417 Rz. 2–4), der den gesetzlichen Anforderungen entspricht, jedenfalls was die zwingenden inhaltlichen Voraussetzungen des § 417 Abs. 2 Satz 2 anbelangt (dazu § 417 Rz. 5–7). Allenfalls kann in Abschiebungshaftsachen im Einzelfall von der Vorlage der Ausländerakte oder bei einer Freiheitsentziehung nach dem Infektionsschutzgesetz von der Beifügung eines ärztlichen Gutachtens nach § 420 Abs. 4 Satz 2 abgesehen werden (dazu § 420 Rz. 22). Da es sich um Ausnahmen von gesetzlichen Regelvoraussetzungen handelt, sind sowohl die Nichtvorlage durch die Verwaltungsbehörde als auch die fehlende Notwendigkeit der Beiziehung durch das Gericht einzelfallbezogen zu begründen. 5

Auch in dem Eilverfahren nach § 427 ist – wie sich aus dem Regel-Ausnahme-Verhältnis der Abs. 1 und 2 ergibt – die **persönliche Anhörung des Betroffenen zwingend**. Dies war schon nach bisherigem Recht so. So waren immer wieder Fälle zu verzeichnen, bei denen die Rechtsmittelgerichte oder das BVerfG wegen Fehlens dieser Verfahrensvoraussetzung die Rechts- bzw. Verfassungswidrigkeit von Freiheitsentziehungsanordnungen feststellen mussten.[3] Ist eine Anhörung vor Erlass der Entscheidung nicht oder nur unter Beeinträchtigung von Verfahrensrechten des Betroffenen (zB Verhinderung eines Verfahrensbevollmächtigten) möglich, verbleibt nur eine einstweilige Anordnung unter der zusätzlichen Voraussetzung der Gefahr im Verzug gem. Abs. 2. Wegen der Einzelheiten zur persönlichen Anhörung des Betroffenen und den Folgen ihres Fehlens wird auf § 420 Rz. 7–14 verwiesen. 6

Hinsichtlich der **Beschlussformel** gelten § 421 und die dort unter Rz. 4–7 aufgeführten Tenorierungsbeispiele entsprechend. Es sollte allerdings auch im Tenor zum Ausdruck gebracht werden, dass es sich um eine Eilentscheidung handelt, etwa durch die Formulierung „Gegen den Betroffenen wird im Wege einer einstweiligen Anordnung ... angeordnet." Auch für die Eilentscheidung bedarf es einer **einzelfallbezogenen Begründung**, aus der sich die tatsächlichen Feststellungen sowie die den Beschluss tragenden rechtlichen Erwägungen ergeben.[4] 7

1 *Marschner/Volckart*, § 11 Rz. 3.
2 *Marschner/Volckart*, § 11 Rz. 3.
3 Vgl. zB aus neuerer Zeit BVerfG v. 7.9.2006 – 2 BvR 129/04, InfAuslR 2006, 462; KG v. 23.4.2008 – 1 W 48/08, KGReport 2008, 624.
4 BVerfG v. 12.3.2008 – 2 BvR 2042/05, InfAuslR 2008, 308.

8 Auch einstweilige Anordnungen werden grundsätzlich gem. § 422 Abs. 1 erst mit Rechtskraft wirksam. Da sich dies mit dem für die Entscheidung erforderlichen dringenden Bedürfnis für ein sofortiges Tätigwerden schlecht verträgt, wird regelmäßig eine **Anordnung der sofortigen Wirksamkeit** gem. § 422 Abs. 2 geboten sein. Ist der Aufenthalt des Betroffenen unbekannt, wird der Beschluss gem. § 422 Abs. 2 Nr. 2 mit der Übergabe an die Geschäftsstelle zum Zwecke der Bekanntgabe wirksam und kann sodann vollzogen werden.[1]

2. Gefahr im Verzug gemäß Absatz 2

9 Bereits nach § 11 Abs. 2 Satz 2 FEVG aF konnte bei Gefahr im Verzug von einer persönlichen Anhörung des Betroffenen abgesehen werden, wenn die Verfahrenshandlung unverzüglich nachgeholt wurde. § 427 Abs. 2 erstreckt die Regelung auch auf die Bestellung und Anhörung eines Verfahrenspflegers. Dem liegt die zutreffende Erwägung des Gesetzgebers zugrunde, dass durch die vorherige Beteiligung des Verfahrenspflegers mit der Eilbedürftigkeit nicht verträgliche Verfahrensverzögerungen eintreten könnten.[2]

10 Bei dem Erlass einer einstweiligen Anordnung ohne vorherige persönliche Anhörung des Betroffenen handelt es sich um eine Ausnahme von den ansonsten in Freiheitsentziehungssachen geltenden Verfahrensgarantien. Wenn das Gericht hiervon Gebrauch macht, hat es deshalb die Anwendung der **Ausnahmevorschrift** konkret unter Angabe der jeweiligen tatsächlichen Umstände zu begründen.[3]

11 Die Voraussetzungen des Abs. 2 können insbesondere dann vorliegen, wenn ein Ausländer zur Sicherung einer Abschiebung, für die bereits ein Flug gebucht ist, in Abschiebungshaft genommen werden soll und zu befürchten ist, dass er einer Vorladung nach § 420 Abs. 1 Satz 2 nicht nachkommen wird.[4] Eine Gefahr im Verzuge kann allerdings dann nicht angenommen werden, wenn Termine für einen Rückflug oder für eine geplante Vorführung des Ausländers bei der Botschaft seines Heimatlandes bereits längere Zeit vorher feststehen, die Verwaltungsbehörde den Anordnungsantrag aber erst unmittelbar vor dem Termin stellt.[5]

3. Für die Entscheidung zuständiges Gericht

12 Nach § 50 Abs. 1 ist grundsätzlich das Gericht zuständig, das gem. § 416 in der Hauptsache zuständig wäre. Nach § 50 Abs. 2 kann in besonders dringenden Fällen auch das Gericht zuständig sein, in dessen Bezirk das Bedürfnis für ein gerichtliches Tätigwerden besteht, etwa in dem Fall, dass eine untergetauchte Person aufgegriffen wird. Ist eine Hauptsache bereits anhängig, ist grundsätzlich das Gericht des ersten Rechtszugs maßgeblich, in der Beschwerdeinstanz dagegen das Beschwerdegericht. Dies gilt allerdings nicht für das Rechtsbeschwerdeverfahren. Schwebt die Sache dort, ist nach der Fassung des § 50 Abs. 1 Satz 2 wieder das Gericht des ersten Rechtszuges zuständig.[6] Damit hat der Gesetzgeber eine **Gesetzeslücke** gelassen, die im öffentlichen Interesse alsbald geschlossen werden sollte. Nach früherem Recht war es nämlich einhellige Meinung, dass

1 So schon zum früheren Recht OLG Schleswig v. 3.4.2008 – 2 W 54/08, OLGReport 2008, 589.
2 Begr. RegE BT-Drucks. 16/6308, S. 293.
3 KG v. 18.11.2008 – 1 W 275/08, KGReport 2009, 79.
4 BVerfG v. 7.9.2006 – 2 BvR 129/04, InfAuslR 2006, 462.
5 BVerfG v. 7.9.2006 – 2 BvR 129/04, InfAuslR 2006, 462; KG v. 23.4.2008 – 1 W 48/08, KGReport 2008, 624.
6 Begr. RegE zu § 50, BT-Drucks. 16/6308, S. 200.

auch das Rechtsbeschwerdegericht eine einstweilige Anordnung nach § 11 FEVG erlassen konnte.[1] Hiervon wurde dann Gebrauch gemacht, wenn die Haftanordnung an einem nicht mehr rückwirkend heilbaren Verfahrensmangel litt und deshalb aufzuheben war. Falls unbeschadet des Verfahrensfehlers gleichwohl hinreichende Anhaltspunkte dafür bestanden, dass weiterhin die Voraussetzungen für eine Freiheitsentziehung vorlagen und insbesondere auch die in Abschiebungshaftsachen idR bereits durch den Haftgrund indizierte Gefahr eines Untertauchens des Betroffenen bestand, konnte das Rechtsbeschwerdegericht seinerseits eine einstweilige Freiheitsentziehungsanordnung erlassen, deren sofortige Wirksamkeit anordnen und die im Rahmen der Eilmaßnahme ausnahmsweise nachträglich mögliche Anhörung des Betroffenen dem Amtsgericht überlassen, bei dem die Sache nach der Aufhebung der ursprünglichen Entscheidung wieder anhängig war. Dies ist nunmehr nicht mehr möglich mit der Folge, dass der Betroffene die prognostizierte Gefahr eines Untertauchens realisieren kann, bevor eine neue Entscheidung des Amtsgerichts ergangen ist (s. auch § 420 Rz. 13).

C. Rechtsmittel

Bereits zum früheren Recht waren einstweilige Anordnungen nach allgemeiner Meinung mit der (sofortigen) Beschwerde und der weiteren Beschwerde zum OLG, die wegen § 27 Abs. 1 FGG eine Rechtsbeschwerde war, anfechtbar. Hieran hat sich auch nach der Neufassung nichts geändert. Bei einstweiligen Anordnungen der hierfür nach § 50 Abs. 1 allein zuständigen Amts- und Landgerichte handelt sich um mit der Beschwerde anfechtbare Endentscheidungen iSd. § 58. Auch ist nach § 70 Abs. 3 Satz 1 Nr. 3, Satz 2 die Rechtsbeschwerde zum BGH ohne Zulassung statthaft. 13

§ 428
Verwaltungsmaßnahme; richterliche Prüfung

(1) Bei jeder Verwaltungsmaßnahme, die eine Freiheitsentziehung darstellt und nicht auf richterlicher Anordnung beruht, hat die zuständige Verwaltungsbehörde die richterliche Entscheidung unverzüglich herbeizuführen. Ist die Freiheitsentziehung nicht bis zum Ablauf des ihr folgenden Tages durch richterliche Entscheidung angeordnet, ist der Betroffene freizulassen.

(2) Wird eine Maßnahme der Verwaltungsbehörde nach Absatz 1 Satz 1 angefochten, ist auch hierüber im gerichtlichen Verfahren nach den Vorschriften dieses Buches zu entscheiden.

1 BayObLG v. 19.3.1997 – 3Z BR 73/97, NJW 1997, 1713; *Marschner/Volckart*, § 11 Rz. 4.

A. Allgemeines

1 Die Vorschrift entspricht dem früheren § 13 FEVG; Änderungen sind nur redaktioneller Art. In ihrem Abs. 1 regelt sie die Pflicht der Verwaltungsbehörde zur unverzüglichen Nachholung der richterlichen Entscheidung bei einer von ihr veranlassten Freiheitsentziehung. Durch Abs. 2 wird die Rechtsschutzgarantie des Art. 19 Abs. 4 GG für das Freiheitsentziehungsverfahren umgesetzt und es dem Betroffenen ermöglicht, eine nachträgliche richterliche Kontrolle der behördlichen Maßnahme zu erreichen.

B. Inhalt der Vorschrift

I. Freiheitsentziehung ohne richterliche Entscheidung (Absatz 1)

1. Voraussetzungen für den Behördengewahrsam

2 Bei Abs. 1 handelt es sich nicht um eine Rechtsgrundlage iSd. Art. 104 Abs. 1 GG für die Verwaltungsbehörde, eine freiheitsentziehende Maßnahme zu treffen. Es ist eine reine Verfahrensvorschrift, mit der der Behörde für den Fall Pflichten auferlegt werden, dass sie von einer nach materiellem Recht bestehenden Eingriffsermächtigung Gebrauch macht.[1] Solche **Ermächtigungen** finden sich **in den ordnungs- bzw. polizeirechtlichen Vorschriften des Bundes und der Länder** (dazu näher § 415 Rz. 3–5). Teilweise, so in § 40 Abs. 1 BPolG sowie über Verweisungen hierauf in § 21 Abs. 7 BKAG und § 23 Abs. 1 Satz 2 Nr. 8 ZFdG ist die Pflicht zur unverzüglichen Herbeiführung einer richterlichen Entscheidung auch spezialgesetzlich normiert.

3 In **Abschiebungshaftsachen** wurde eine bundesgesetzliche Befugnis für die Verwaltungsbehörde, einen Ausländer zur vorläufigen Sicherung der Abschiebung selbst in Haft zu nehmen, sowohl vom BVerwG wie auch vom BGH verneint.[2] Ein entsprechendes Recht stand ihr daher nur in den Bundesländern zu, in denen es eine entsprechende ordnungsbehördliche Ermächtigungsnorm gibt, etwa in Nordrhein-Westfalen.[3] Mit Wirkung ab dem 28.8.2007 wurde die bisher fehlende bundesgesetzliche Ermächtigungsgrundlage geschaffen, indem § 62 AufenthG um einen Abs. 4 ergänzt wurde. Hiernach ist die für den Haftantrag zuständige Behörde unter bestimmten Voraussetzungen berechtigt, einen Ausländer fest zu halten und vorläufig in Gewahrsam zu nehmen, allerdings mit der Pflicht, unverzüglich eine richterliche Entscheidung herbeizuführen. Da die Befugnis der Behörde nur dann besteht, wenn eine vorherige richterliche Entscheidung über die Anordnung von Sicherungshaft nicht eingeholt werden kann, kann sie nur für **Spontanfestnahmen** gelten, nicht aber für geplante Freiheitsentziehungen[4] oder die Festnahme nach einer Ausschreibung wegen unbekannten Aufenthalts;[5] denn in derartigen Fällen kann die Behörde zuvor eine einstweilige Anordnung nach § 427 erwirken. Nur dann, wenn der mit der Freiheitsentziehung verfolgte verfassungsrechtlich zulässige Zweck nicht erreichbar ist, sofern der Festnahme

---

1 *Marschner/Volckart*, § 13 FEVG Rz. 1.

2 BVerwG v. 23.6.1981 – I C 93.76, NJW 1982, 536; BGH v. 1.7.1993 – V ZB 19/93, NJW 1993, 3069.

3 OLG Köln v. 1.10.2004 – 16 Wx 195/04, NJW 2005, 3361.

4 HK-AuslR/*Kessler*, § 62 AufenthG Rz. 49; s. auch OLG Köln v. 29.6.2005 – 16 Wx 76/05, OLGReport 2006, 29 für die Festnahmebefugnis der Ausländerbehörde nach § 24 OBG NW iVm. § 35 PolG NW.

5 OLG Celle v. 2.6.2008 – 22 W 23/08, InfAuslR 2008, 311; aA OLG Zweibrücken v. 24.10.2007 – 3 W 211/07, OLGReport 2008, 402 = InfAuslR 2008, 313.

die richterliche Entscheidung vorausgehen müsste, kann sie aus eigenem Recht eine die Freiheit entziehende Maßnahme treffen.[1]

Auch in allen anderen Fällen setzt eine durch Bundes- oder Landesrecht eingeräumte Befugnis der Verwaltungsbehörde zur Festnahme und Ingewahrsamnahme einer Person voraus, dass eine vorherige richterliche Entscheidung über die Anordnung einer Freiheitsentziehung, ggf. im Wege einer einstweiligen Anordnung nach § 427, nicht möglich war. Praktisch werden derartige Fälle beim Einschreiten aufgrund § 39 BPolG bzw. den Polizeigesetzen der Länder gegen Hooligans (s. auch § 415 Rz. 16). Typisch für Festnahmen durch die Polizei sind auch Einsätze gegen Störer im Umfeld von Demonstrationen oder sonstigen Veranstaltungen.[2] 4

2. Nachholen der richterlichen Entscheidung

Das Herbeiführen der richterlichen Entscheidung nach einer freiheitsentziehenden Maßnahme durch eine Verwaltungsbehörde hat – wie bereits durch Art. 104 Abs. 2 Satz 2 GG gefordert – **unverzüglich** zu erfolgen. Dies bedeutet, dass die richterliche Entscheidung ohne jede Verzögerung, die sich nicht aus sachlichen Gründen rechtfertigen lässt, nachgeholt werden muss. Ist eine solche Entscheidung nicht bis zum Ablauf des folgenden Tages ergangen, ist der Betroffene nach § 428 Abs. 1 Satz 2 freizulassen. Wegen der Einzelheiten zu den Pflichten der Verwaltungsbehörde und zur Erreichbarkeit des zuständigen Richters wird auf § 415 Rz. 17 verwiesen. 5

Im Rahmen des Abs. 1 entscheidet der Richter grundsätzlich nur über die Rechtmäßigkeit der Freiheitsentziehung für die Zukunft und nicht über die Rechtmäßigkeit des vorgelagerten Behördengewahrsams.[3] Wenn aber der Betroffene seinerseits einen Fortsetzungsfeststellungsantrag nach Abs. 2 stellt, kann das Gericht gleichzeitig auch hierüber befinden.[4] 6

II. Nachträgliche richterliche Kontrolle (Absatz 2)

1. Normzweck

Durch Abs. 2 wird es dem Betroffenen ermöglicht, die aufgrund einer behördlichen Entscheidung beruhende Freiheitsentziehung einer nachträglichen gerichtlichen Kontrolle zu unterwerfen. Die Norm betrifft daher die **nachträgliche Feststellung der Rechtswidrigkeit einer behördlichen Maßnahme**.[5] Mit ihr wird zum einen der Rechtsschutzgarantie des Art. 19 Abs. 4 GG Rechnung getragen. Zum anderen erhält der Betroffene mit einer antragsgemäß ausgesprochenen Feststellung der Rechtswidrigkeit der Maßnahme die Grundlage für die Durchsetzung eines Entschädigungsanspruchs aus Art. 5 EMRK (s. dazu § 415 Rz. 12). Obwohl sich ein entsprechendes Feststellungs- 7

1 BVerfG v. 15.5.2002 – 2 BvR 2292/00, NJW 2002, 3161; BVerfG v. 12.3.2008 – 2 BvR 2042/05, InfAuslR 2008, 308.

2 Vgl. etwa das Urt. des EGMR v. 24.3.2005 – 77909/01, NVwZ 2006, 797 zu den „Lindauer Chaostagen", den Beschl. des OLG Celle v. 25.10.2004 – 16 W 145/04, OLGReport 2005, 33 = FGPrax 2005, 48 zu einer Einkesselung von Demonstranten anlässlich eines Castor-Transports oder die anlässlich des G-8 Gipfels in Heiligendamm ergangenen Entscheidungen des OLG Rostock v. 10.7.2007 – 3 W 92/07, OLGReport 2007, 882 u. v. 16.7.2007 – 3 W 79/07, OLGReport 2007, 957.

3 OLG Frankfurt v. 22.5.1997 – 20 W 365/96, InfAuslR 1997, 313.

4 *Marschner/Volckart*, § 13 Rz. 2.

5 *Marschner/Volckart*, § 13 Rz. 4.

begehren des Betroffenen gegen eine Verwaltungsmaßnahme richtet, ist gem. §§ 23a Abs. 2 Nr. 6, 23c Abs. 1 GVG der Rechtsweg zu den ordentlichen Gerichten eröffnet (zu Einzelheiten und zur Reichweite der Zuständigkeit s. § 416 Rz. 1).

2. Verfahren

8 Voraussetzung für eine gerichtliche Überprüfung nach Abs. 2 ist, dass eine von der Behörde angeordnete Freiheitsentziehung „angefochten" wird. Mit diesem aus § 13 Abs. 2 FEVG übernommenen unscharfen Begriff wird deutlich gemacht, dass es eines Begehrens des Betroffenen gegenüber dem Gericht bedarf, dieses also nicht von Amts wegen tätig wird. Damit handelt es sich um ein Antragsverfahren, wobei für den Inhalt des Antrags an sich § 23 Abs. 2 gilt. Von den dort normierten Sollvorschriften (Begründung, Bezeichnung der Beweismittel, Unterschrift) wird man jedoch wegen der wortgleichen Übernahme des „Anfechtungserfordernisses" aus § 13 Abs. 2 FEVG regelmäßig absehen können. Zu dieser Vorschrift wurde es als ausreichend angesehen, wenn der Betroffene oder sein Vertreter zum Ausdruck brachte, dass er sich gegen die Maßnahme der Verwaltungsbehörde wenden wollte.[1] Dies reicht auch nach neuem Recht.

9 Auch eine Frist für den Antrag ist nicht vorgesehen. Das Gericht seinerseits ist in der Ausgestaltung des Verfahrens frei und entscheidet nach pflichtgemäßem Ermessen, welche Verfahrenshandlungen es vornimmt, insbesondere ob eine Anhörung des Betroffenen durchgeführt wird. Letzteres wird aber idR zur Sachaufklärung gem. § 26 erforderlich sein,[2] wenn es einen Fortsetzugsfeststellungsantrag des Betroffenen ablehnen will. Insoweit gilt das Gleiche wie bei einem Haftaufhebungsantrag des Betroffenen (s. näher § 426 Rz. 4).

C. Rechtsmittel

10 Sowohl bei den nachträglichen gerichtlichen Entscheidungen gem. Abs. 1 als auch bei denjenigen über Fortsetzungsfeststellungsanträge nach Abs. 2 handelt es sich um Endentscheidungen, die gem. § 58 mit der **Beschwerde** anfechtbar sind. Dagegen ist die **Rechtsbeschwerde nur im Falle einer Zulassung statthaft**, da es sich nicht um Entscheidungen handelt, mit denen eine Freiheitsentziehung iSd. § 70 Abs. 3 Satz 2 angeordnet wird.

§ 429
Ergänzende Vorschriften über die Beschwerde

(1) Das Recht der Beschwerde steht der zuständigen Behörde zu.

(2) Das Recht der Beschwerde steht im Interesse des Betroffenen

1. dessen Ehegatten oder Lebenspartner, wenn die Ehegatten oder Lebenspartner nicht dauernd getrennt leben, sowie dessen Eltern und Kindern, wenn der Betroffene bei diesen lebt oder bei Einleitung des Verfahrens gelebt hat, den Pflegeeltern sowie

1 *Marschner/Volckart*, § 13 Rz. 4.

2 OLG Celle v. 25.10.2004 – 16 W 145/04, OLGReport 2005, 33 = FGPrax 2005, 48; OLG München v. 2.10.2008 – 34 Wx 10/08, OLGReport 2009, 112.

2. einer von ihm benannten Person seines Vertrauens zu, wenn sie im ersten Rechtszug beteiligt worden sind.

(3) Das Recht der Beschwerde steht dem Verfahrenspfleger zu.

(4) Befindet sich der Betroffene bereits in einer abgeschlossenen Einrichtung, kann die Beschwerde auch bei dem Gericht eingelegt werden, in dessen Bezirk die Einrichtung liegt.

A. Allgemeines

1 § 7 FEVG enthielt Regelungen über die Zulässigkeit der sofortigen Beschwerde in Freiheitsentziehungssachen, die Beschwerdebefugnis der am Verfahren Beteiligten und gesonderte Regelungen über die Einlegung und das Verfahren der nach § 27 FGG statthaften weiteren Beschwerde. Nachdem nunmehr die Regelungen über die Beschwerde im Allgemeinen Teil enthalten sind (§§ 58 ff.) und die weitere Beschwerde durch die Rechtsbeschwerde ersetzt ist, bedurfte es nur noch ergänzender Regelungen, die den Besonderheiten des Freiheitsentziehungsverfahrens gerecht werden. Diese betreffen in den Abs. 1 bis 3 die Beschwerdebefugnis sowie in Abs. 4 die Einlegung der Beschwerde für den Fall, dass der Betroffene sich bereits in einer geschlossenen Einrichtung befindet.

B. Inhalt der Vorschrift

I. Beschwerdebefugnis

1. Betroffener

a) Anordnung einer Freiheitsentziehungsmaßnahme

2 Der Betroffene ist gem. § 58 Abs. 1 beschwerdeberechtigt, wenn das Amtsgericht dem Antrag der Behörde stattgibt und eine Freiheitsentziehung anordnet, also in sein durch Art. 2 Abs. 2 GG geschütztes Freiheitsrecht eingegriffen wird. Da Gegenstand der Beschwerde nur die richterliche Entscheidung ist, reicht im Falle einer Zurückweisung des Antrags der Behörde die durch einen vorgelagerten Behördengewahrsam geschaffene Beschwer nicht aus, um ein Beschwerderecht zu begründen. Vielmehr kann und muss der Betroffene eine etwaige Rechtswidrigkeit des Behördengewahrsams mit einem Antrag nach § 428 Abs. 2 geltend machen.

3 Zweifelhaft ist es, ob der Betroffene im Rahmen einer Beschwerde gegen eine vom Gericht angeordnete Freiheitsentziehung ergänzend einen Antrag nach § 428 Abs. 2 stellen kann. Dies dürfte aus verfahrensökonomischen Gründen zu bejahen sein, um

den in einem Freiheitsgrundrecht Betroffenen nicht zu zwingen, wegen eines einheitlichen Lebenssachverhalts ein weiteres Verfahren anzustrengen.[1]

b) Erledigung der Hauptsache

4 Gerade in Freiheitsentziehungssachen kann sich, ähnlich wie in Unterbringungssachen nach § 312 ff., nicht selten vor rechtskräftigem Abschluss die Sachlage verändern mit der Folge, dass sich eine Entscheidung über den ursprünglichen Antrag der Verwaltungsbehörde erübrigt, also eine Erledigung der Hauptsache eintritt (s. zum Begriff § 83 Rz. 6); Dies folgt aus der Pflicht der Verwaltungsbehörde, den durch die Freiheitsentziehung bedingten Grundrechtseingriff bereits vor Ablauf der gerichtlich angeordneten Frist unverzüglich zu beenden, wenn die Voraussetzungen hierfür weggefallen sind.[2] **Typische Fälle** sind der Wegfall der Ansteckungsgefahr bei einem nach dem Infektionsschutzgesetz Untergebrachten, die Beendigung einer Gefahrenlage nach dem Schluss einer Veranstaltung bei einem Polizeigewahrsam, der Wegfall einer Voraussetzung für die weitere Vollziehung von Abschiebungshaft gegen einen Ausländer, zB die Erlangung einer Duldung infolge eines Asylantrags oder das Scheitern eines Verfahrens zur Erlangung von Passersatzpapieren für eine Abschiebung in das (angebliche) Heimatland des Ausländers. Aber auch die Abschiebung eines Ausländers in sein Heimatland oder die Zurückschiebung in das Land, aus dem er eingereist ist, führen dazu, dass sich eine Entscheidung über den Haftantrag selbst erübrigt.

aa) Grundsätze nach bisherigem Recht

5 Auch wenn sich entweder vor oder nach Einlegung eines Rechtsmittels infolge der Veränderung der Sachlage die ursprüngliche Hauptsache erledigte, war bereits nach früherem Recht ein Rechtsmittel gleichwohl zulässig, wenn es entweder auf die Kosten beschränkt wurde[3] oder wenn – so die Rspr. des BVerfG – das Interesse des Betroffenen an einer gerichtlichen Entscheidung zur Feststellung der Rechtslage in besonderer Weise schutzwürdig war. Letzteres konnte insbesondere bei schwerwiegenden Grundrechtseingriffen oder auch dann bestehen, wenn die Fortsetzung des Verfahrens dazu dienen konnte, einer Wiederholungsgefahr zu begegnen.[4] Dieser Rspr. des BVerfG liegen § 62 Abs. 1 sowie die in § 62 Abs. 2 aufgeführten Regelbeispiele zugrunde.[5]

bb) Beschränkung des Rechtsmittels auf die Kosten

6 Sowohl bei einer Erledigung der ursprünglichen Hauptsache vor wie auch nach Einlegung der Beschwerde ist eine Beschwerde, die auf die Kosten beschränkt wird, zulässig. Allerdings muss bei einer Erledigung vorher, der Beschwerdewert des § 61 Abs. 1, der auch bei der isolierten Anfechtung einer Kostenentscheidung gilt, erreicht sein (vgl. näher § 82 Rz. 33).

---

1 OLG Köln v. 1.10.2004 – 16 Wx 195/04, NJW 2005, 3361; einschränkend OLG Hamm v. 2.12.2004 – 15 W 435/04, FGPrax 2005, 223: keine Pflicht des Beschwerdegerichts, sich mit dem Antrag wegen des Behördengewahrsams zu befassen; offen gelassen, aber in der Tendenz ablehnend OLG München v. 17.5.2006 – 34 Wx 25/06, AuAS 2006, 160.

2 OLG Köln v. 11.6.2007 – 16 Wx 130/07, OLGReport 2007, 792 = FGPrax 2007, 297; OLG München v. 17.5.2006 – 34 Wx 25/06, AuAS 2006, 160.

3 BayObLG v. 11.10.2002 – 4 Z BR 82/02, InfAuslR 2003, 66; zweifelnd, aber letztlich offengelassen OLG München v. 13.2.2009 – 34 Wx 7/09, OLGReport 2009, 292.

4 BVerfG v, 5.12.2001 – 2 BvR 527/99 ua., NJW 2002, 2456, zuletzt BVerfG v. 25.7.2008 – 2 BvR 31/06, InfAuslR 2008, 453.

5 Begr. RegE zu § 62, BT-Drucks. 16/6308, S. 205.

Wegen der Grundsätze für die nach Erledigung zu treffende **Kostenentscheidung** wird auf § 430 Rz. 5 verwiesen. 7

cc) Fortsetzungsfeststellungsantrag nach § 62

Da mit § 62 die Rspr. des BVerfG in Unterbringungs- und Freiheitsentziehungssachen kodifiziert wurde, wird im Falle einer entsprechenden Anordnung normalerweise auch im Falle einer Erledigung der Freiheitsentziehungsanordnung das Regelbeispiel des Abs. 2 Nr. 1 erfüllt sein. Anders kann es aber dann sein, wenn es letztlich nicht zu einem Eingriff in Freiheitsrechte des Betroffenen gekommen ist, weil die freiheitsentziehende Maßnahme nicht vollzogen worden ist. Eine nicht vollzogene gerichtliche Anordnung allein reicht auch in Fällen, in denen der Maßnahme diskriminierender Charakter zukommt, wie dies etwa bei der Anordnung von Abschiebungshaft der Fall ist, nicht aus, um ein berechtigtes Interesse an der Feststellung der Rechtswidrigkeit der Entscheidung annehmen zu können.[1] Ein Rehabilitierungs- und damit ein Feststellungsinteresse des Betroffenen soll jedoch nach einer in der Rspr. vertretenen Auffassung dann bestehen, wenn mit dem Vollzug der Maßnahme begonnen worden ist, zB wenn im Wege einer einstweiligen Anordnung Abschiebungshaft verhängt und daraufhin ein Verhaftungsversuch erfolgt ist, von dem dritte Personen Kenntnis erlangt haben.[2] Dem dürfte nicht zu folgen sein; denn zu einem Freiheitsentzug und damit zu einem schwerwiegenden Grundrechtseingriff iSd. § 62 Abs. 2 Nr. 1 oder zu einem den Regelbeispielen vergleichbaren gewichtigen Eingriff ist es in einem solchen Fall gerade nicht gekommen. Das BVerfG leitet das Rehabilitierungsinteresse des Betroffenen bei einer diskriminierenden Maßnahme erst aus dem **Freiheitsverlust durch Inhaftierung** her.[3] 8

Zu beachten ist, dass nach § 62 Abs. 1 der Fortsetzungsfeststellungsantrag einen **Antrag** des Betroffenen voraussetzt. Damit hat der Gesetzgeber sich zu der bisher mangels einfachgesetzlicher Grundlage für ein Feststellungsbegehren in der Rspr. umstrittenen Frage des Antrags als Zulässigkeitsvoraussetzung iSd. überwiegend vertretenen Auffassung entschieden.[4] 9

2. Verwaltungsbehörde

a) Grundsatz

IdR, nämlich bei der Zurückweisung eines Freiheitsentziehungsantrags, folgt die Beschwerdeberechtigung der zuständigen Behörde bereits aus § 59 Abs. 2. Ergänzend besteht für sie gem. § 59 Abs. 3 iVm. § 429 Abs. 1 ein gesondertes Beschwerderecht, unabhängig davon, ob sie erstinstanzlich am Verfahren beteiligt war, etwa im Rahmen einer Entscheidung über einen Aufhebungsantrag des Betroffenen gem. § 426 und unabhängig von einer etwaigen Beeinträchtigung eigener Rechte.[5] Dies kann beispielsweise der Fall sein, wenn das Gericht zwar antragsgemäß Abschiebungshaft angeordnet hat, aber versehentlich nicht im Anschluss an eine laufende Untersuchungs- oder 10

1 BayObLG v. 16.8.2004 – 4 Z BR 45/04, OLGReport 2005, 17 = FGPrax 2004, 307.
2 KG v. 30.9.2008 – 1 W 225/07, InfAuslR 2009, 25.
3 BVerfG v, 5.12.2001 – 2 BvR 527/99 ua., NJW 2002, 2456.
4 Für Antrag zB OLG Celle v. 19.3.2007 – 22 W 19/07, OLGReport 2007, 829 = FGPrax 2007, 189 mwN aus der Rspr.; für Zulässigkeit auch ohne Antrag OLG Zweibrücken v. 23.4.2002 – 3 W 76/02, OLGReport 2002, 377.
5 Begr. RegE zu § 59 Abs. 2, BT-Drucks. 16/6308, S. 204.

Strafhaft, sondern parallel hierzu, was in der Rspr. als unzulässig angesehen wird.[1] Auch wird man der Verwaltungsbehörde wegen der ohne Voraussetzungen bestehenden Beschwerdebefugnis das Recht zubilligen müssen, **zu Gunsten des Betroffenen** eine Beschwerde einzulegen, wenn zB das Amtsgericht hinsichtlich der Haftdauer über ihren Antrag hinausgegangen ist.

b) Erledigung der Hauptsache

11 Bei der Verwaltungsbehörde werden, anders als bei dem Betroffenen, nach Erledigung der Hauptsache die Voraussetzungen des § 62 für einen **Fortsetzungsfeststellungsantrag** idR nicht vorliegen. Sie kann als Teil der staatlichen Verwaltung eine Gewährung nachträglichen staatlichen Rechtsschutzes nicht aus grundrechtlich geschützten Positionen ableiten, und ihr steht deshalb in den Fällen, in denen ihr Antrag auf Anordnung einer freiheitsentziehenden Maßnahme zurückgewiesen wird, ein Beschwerderecht mit dem Ziel der nachträglichen Feststellung der Rechtmäßigkeit des vorgelagerten Behördengewahrsams grundsätzlich nicht zu.[2] Entsprechendes gilt, wenn das Amtsgericht einen Freiheitsentziehungsantrag abgelehnt hat und die Behörde mit ihrem Antrag festgestellt wissen will, dass die Voraussetzungen für die von ihr begehrte Anordnung vorgelegen hätten.[3] Allenfalls in besonders gelagerten Ausnahmefällen wird man bei der Verwaltungsbehörde ein berechtigtes Interesse iSd. § 62 Abs. 1 annehmen können.

12 Allerdings kann auch die Verwaltungsbehörde, genauso wie der Betroffene, **eine auf die Kosten beschränkte Beschwerde** einlegen. Hat zB das Amtsgericht einen Freiheitsentziehungsantrag zurückgewiesen sowie zugleich eine Kostenerstattung zu Gunsten des Betroffenen nach § 430 angeordnet und erledigt sich danach die Hauptsache, besteht für ein auf die Erstattungsanordnung beschränktes Rechtsmittel der Verwaltungsbehörde weiterhin ein Rechtsschutzinteresse. Tritt die Erledigung vor Einlegung des Rechtsmittels ein, ist auch hier der Beschwerdewert des § 61 zu beachten (s. Rz. 6 und § 82 Rz. 33).

13 Von all dem zu unterscheiden ist der Fall, dass das Amtsgericht oder das Beschwerdegericht auf Antrag des Betroffenen die Feststellung der Rechtswidrigkeit einer gerichtlich angeordneten Freiheitsentziehung oder des Behördengewahrsams nach § 428 getroffen haben. Hierbei handelt es sich um eine für die Verwaltungsbehörde nachteilige Entscheidung in der Hauptsache über den neuen Verfahrensgegenstand der Rechtmäßigkeit der ursprünglichen Maßnahme mit der Folge, dass ihre Beschwerdebefugnis unmittelbar aus Abs. 1 herzuleiten ist.[4]

3. Beteiligte kraft Hinzuziehung nach § 418 Abs. 2 und 3

14 Die nach früherem Recht zwingende **Beteiligung naher Angehöriger bzw. einer Vertrauensperson** des Betroffenen steht nunmehr im pflichtgemäßen Ermessen des Gerichts. Abs. 2 schränkt die Möglichkeit dieser Personen, zu Gunsten des Betroffenen auf den Verfahrensablauf Einfluss zu nehmen, dadurch noch weiter ein, dass ihr Be-

1 OLG Köln v. 26.3.2004 – 16 Wx 65/04, juris.
2 OLG München v. 2.2.2006 – 34 Wx 158/05, OLGReport 2006, 485 = FGPrax 2006, 89.
3 LG Frankenthal v. 30.4.2007 – 1 T 110/07, juris.
4 So auch schon zum bisherigen Recht OLG Celle v. 28.10.2004 – 16 W 140/04, NJOZ 2005, 777; OLG Köln v. 17.1.2007 – 16 Wx 220/06, OLGReport 2007, 666 = FGPrax 2007, 193; OLG Rostock v. 16.7.2007 – 3 W 79/07, OLGReport 2007, 957.

schwerderecht von ihrer Beteiligung in erster Instanz abhängig gemacht wird.[1] Unbeschadet hiervon bleibt allerdings die Möglichkeit der Einlegung eines Rechtsmittels nicht im eigenen Namen, sondern namens und mit Vollmacht des Betroffenen; denn nahe Angehörige können nach § 10 Abs. 2 Nr. 2 den Betroffenen als Bevollmächtigte vertreten (näher § 10 Rz. 13). Dass schließlich dem **Verfahrenspfleger** ein Beschwerderecht zusteht, folgt aus seiner Funktion und wird in Abs. 3 klargestellt.

II. Einlegung der Beschwerde

Nach § 64 Abs. 1 ist die Beschwerde bei dem Gericht einzulegen, dessen Beschluss angefochten wird. Entsprechend dem früheren § 7 Abs. 4 FEVG, der zwar ausdrücklich nur für die weitere Beschwerde galt, aber entsprechend auch auf die Erstbeschwerde anzuwenden war,[2] wird den eingeschränkten Verteidigungsmöglichkeiten einer Person, die geschlossen untergebracht bzw. inhaftiert ist, dadurch Rechnung getragen, **dass die Beschwerde nach Abs. 4** auch bei dem **Gericht** eingelegt werden kann, **in dessen Bezirk sich die abgeschlossene Einrichtung befindet**. Die Regelung dient zwar dem Schutz des Betroffenen, gilt aber allgemein für Beschwerden und ist nicht auf solche des Betroffenen selbst beschränkt. Deshalb können auch andere Beteiligte bei dem Amtsgericht des Ortes der Freiheitsentziehung ein Rechtsmittel einlegen. Dies kann insbesondere dann praktisch werden, wenn Vertrauensperson ein Mitarbeiter einer Organisation ist, die den Betroffenen vor Ort betreut. Ihm wird dadurch ermöglicht, gem. § 64 Abs. 2 Satz 1, 2. Alt. ortsnah bei der Geschäftsstelle des für die Einrichtung zuständigen Amtsgerichts eine Beschwerde im Interesse des Betroffenen einzulegen. 15

Voraussetzung für die Anwendung des Abs. 4 ist es allerdings, dass sich der Betroffene im Zeitpunkt der Einlegung des Rechtsmittels noch in der geschlossenen Einrichtung befindet. Ist dies nicht der Fall, kommt einer etwaigen am Ort der Einrichtung zu Protokoll erklärten Beschwerde Wirkung erst dann zu, wenn sie bei dem nach § 64 Abs. 1 zuständigen Gericht eingeht, das die angefochtene Entscheidung erlassen hat. Ist dann die Beschwerdefrist von einem Monat des § 63 abgelaufen, ist das Rechtsmittel unzulässig. 16

§ 430
Auslagenersatz

Wird ein Antrag der Verwaltungsbehörde auf Freiheitsentziehung abgelehnt oder zurückgenommen und hat das Verfahren ergeben, dass ein begründeter Anlass zur Stellung des Antrags nicht vorlag, hat das Gericht die Auslagen des Betroffenen, soweit sie zur zweckentsprechenden Rechtsverfolgung notwendig waren, der Körperschaft aufzuerlegen, der die Verwaltungsbehörde angehört.

1 S. auch Begr. RegE BT-Drucks. 16/6308, S. 294.
2 KG v. 29.6.1993 – 1 W 3600/93, OLGZ 1994, 206.

A. Überblick

I. Frühere Kostenregelung

1 Das FEVG enthielt in den §§ 14 und 15 eigenständige Regelungen über die Erhebung von Gerichtskosten, die Höhe der Gebühren in den verschiedenen Instanzen, die Bestimmung des Kostenschuldners sowie zur Kostenfreiheit der Verwaltungsbehörde. Ferner war in § 16 Satz 1 FEVG wegen der notwendigen Auslagen des Betroffenen ein Kostenerstattungsanspruch für den Fall angeordnet, dass das Gericht den Antrag der Verwaltungsbehörde ablehnte und der Betroffene keinen begründeten Anlass für die Antragstellung gegeben hatte. Diese Norm wurde in Fällen der Rücknahme eines Antrags oder eines Rechtsmittels der Verwaltungsbehörde oder bei einer Erledigung der Hauptsache sowie im Rahmen eines Fortsetzungsfeststellungsantrags des Betroffenen entsprechend angewandt.[1]

II. Neufassung

2 Nunmehr enthält § 430 nur noch eine Regelung über die Erstattung außergerichtlicher Kosten, die inhaltlich dem bisherigen § 16 Satz 1 FEVG entspricht und bei der auch klargestellt ist, dass sie nicht nur bei einer Ablehnung des Antrags durch das Gericht, sondern auch im Falle einer Antragsrücknahme gilt. Die Regelungen über die Gerichtskosten wurden als § 128c in die Kostenordnung eingearbeitet.

B. Inhalt der Vorschrift

I. Anwendungsbereich und Verhältnis zu den §§ 81 ff.

1. Ablehnung oder Zurückweisung des Antrags

3 In den erfassten Fällen der Zurückweisung oder Rücknahme eines Antrags der Verwaltungsbehörde handelt es sich bei § 430 um eine **Sonderregelung gegenüber den allgemeinen Vorschriften** der §§ 81 Abs. 1 Satz 1 und §§ 83 Abs. 2, 2. Alt. Die Vorschrift gilt für alle Instanzen, soll also auch die Fälle erfassen, in denen der Antrag erst in der Rechtsmittelinstanz zurückgenommen oder zurückgewiesen wird.[2]

---

1 Vgl. zu den verschiedenen Konstellationen *Melchior*, Abschiebungshaft, Rechtsprechungsübersicht – Verfahren, Stichwort „Kosten".
2 *Marschner/Volckart*, § 16 FEVG Rz. 2; Begr. RegE BT-Drucks. 16/6308, S. 294.

2. Entsprechende Anwendung

In den Fällen, in denen der Betroffene den vorgelagerten Verwaltungsgewahrsam anficht, gilt wegen der gesetzlichen Verweisung in § 428 Abs. 2 auf die §§ 415 ff. die Kostenregelung des § 430 entsprechend. Als Ausnahmevorschrift ist sie indes in anderen Fällen einer analogen Anwendung nicht zugänglich. So richtet sich im Rahmen eines **Haftaufhebungsantrags** die Kostenentscheidung nur nach den allgemeinen Vorschriften der §§ 81 ff.[1] Im Verfahren über einen **Fortsetzungsfeststellungsantrag** des Betroffenen war es nach früherem Recht mit primärer Geltung des FEVG und nur subsidiärer Anwendung des FGG problematisch, ob über die außergerichtlichen Kosten nach § 16 FEVG oder nach § 13a Abs. 1 FGG zu entscheiden war.[2] Nachdem nunmehr in den §§ 81 ff. eine umfassende Kostenregelung getroffen worden ist, scheidet eine entsprechende Anwendung der Ausnahmeregelung des § 430 auf nicht geregelte Fälle aus. Für die Kostenentscheidung bei Fortsetzungsfeststellungsanträgen sind daher nur die §§ 81 ff. maßgeblich. 4

3. Erledigung der Hauptsache und Rechtsmittel

Auch bei **Erledigung der Hauptsache** wurde nach früherem Recht allgemein § 16 FEVG entsprechend angewandt.[3] Nunmehr ist jedoch die Kostenentscheidung im Falle der Erledigung eines Verfahrens in § 83 Abs. 2 allgemein dahingehend geregelt, dass die Kostengrundsätze des § 81 gelten, also insbesondere eine Verteilung nach **Billigkeitsgesichtspunkten** gem. § 81 Abs. 1 Satz 1 zu erfolgen hat (dazu § 81 Rz. 6–13 und § 83 Rz. 11–33). Diese Regelungen finden auch in Freiheitsentziehungssachen Anwendung.[4] 5

Entsprechendes gilt für die Vorschrift des § 84, wonach die **Kosten eines erfolglosen Rechtsmittels** dem Rechtsmittelführer auferlegt werden sollen (s. dazu näher § 84 Rz. 2–5). Die zum früheren Recht ergangene Rspr., wonach bei Erledigung der Hauptsache, etwa durch Entlassung des Betroffenen oder bei einem unzulässigen oder unbegründeten Rechtsmittel der Verwaltungsbehörde dem Betroffenen ein Kostenerstattungsanspruch nur dann zugebilligt wurde, wenn er keinen begründeten Anlass für die Antragstellung oder die Einlegung des Rechtsmittels gegeben hatte, ist daher überholt. 6

II. Voraussetzungen des Erstattungsanspruchs nach § 430

Ein Erstattungsanspruch des Betroffenen setzt neben der Ablehnung oder Rücknahme des Antrags der Verwaltungsbehörde voraus, dass er **keinen begründeten Anlass für den Antrag** gegeben hatte. Bei der Beurteilung dieser Frage ist maßgeblich darauf abzustellen, wie die Verwaltungsbehörde den Sachverhalt zurzeit der Antragstellung beurteilen durfte, wenn sie alle ihr zumutbaren Ermittlungen angestellt hätte. Für die Kosten eines Rechtsmittelverfahrens kommt es auf die Sachlage und den Kenntnis- 7

1 So schon zum früheren Recht für den Fall eines erfolglosen Rechtsmittels der Verwaltungsbehörde gegen die Aufhebung einer Freiheitsentziehung BayObLG v. 13.11.1989 – BReg. 3 Z 149/89, BayObLGZ 1989, 427.

2 Vgl. BayObLG v. 30.1.2002 – 3Z BR 244/01, juris; OLG Hamm v. 26.2.2002 – 15 W 53/02, OLGReport 2002, 332 (LS) jeweils für § 16 FEVG; OLG Düsseldorf v. 13.2.2004 – I-3 Wx 25/04, FGPrax 2004, 141 für § 13a Abs. 1 Satz 1 FGG.

3 ZB OLG München v. 9.11.2006 – 34 Wx 123/06, OLGReport 2007, 146.

4 Begr. RegE BT-Drucks. 16/6308, S. 294.

stand zum Zeitpunkt der Einlegung der Beschwerde oder der Rechtsbeschwerde an.[1] Reist zB ein Ausländer unerlaubt in das Bundesgebiet ein und macht er gegenüber der Verwaltungsbehörde keine Angaben zur Sache, wird er einen hinreichenden Anlass für eine auf den Haftgrund der unerlaubten Einreise des § 62 Abs. 2 Satz 1 Nr. 1 AufenthG gestützte Haftanordnung geben. Stellt er sodann einen Asylantrag und hat das Amtsgericht sonstige Haftgründe nicht festgestellt, liegen nach einer in der Rspr. vertretenen Auffassung die Voraussetzungen des § 14 Abs. 3 Satz 1 AsylVfG für eine vorläufige Aufrechterhaltung der Ab- oder Zurückschiebungshaft nicht mehr vor und der Betroffene ist zu entlassen.[2] Geschieht dies nicht, hat er für eine erst nach Eingang des Asylantrags eingelegte Beschwerde keinen Anlass gegeben.[3]

8 Liegt ein Fall einer Rücknahme oder Ablehnung des Antrags der Verwaltungsbehörde oder einer erfolgreichen Anfechtung des Betroffenen wegen des vorgelagerten Verwaltungsgewahrsams nach § 428 Abs. 2 vor, ist die Entscheidung des Gerichts über eine etwaige Erstattung der außergerichtlichen Kosten des Betroffenen regelmäßig zu begründen.[4]

III. Erstattungsschuldner

1. Grundsatz

9 Erstattungsschuldner außergerichtlicher Kosten eines Betroffenen in einer Freiheitsentziehungssache ist nicht die Staatskasse, sondern die **Körperschaft, der die Verwaltungsbehörde** angehört, also zB im Falle eines Abschiebungshaftantrags einer Ausländerbehörde die Stadt oder der Kreis, bei dem sie besteht.[5] In der Praxis gebräuchlich ist aber auch eine Tenorierung mit einer Anordnung dahingehend, dass „die Antragstellerin", also die Verwaltungsbehörde, die Kosten zu erstatten hat. Ein solcher Tenor kann dahingehend ausgelegt werden, dass die gesetzliche Kostenfolge des § 430 gewollt ist, also nicht die Behörde selbst, sondern ihr Träger Erstattungsschuldner sein soll. Er sollte aber nicht die Regel sein. Klarer ist die genaue Bezeichnung der Körperschaft, die Erstattungsschuldnerin sein soll.

2. Erstattungsanspruch bei Fehlern des Gerichts

10 Nicht von § 430 erfasst sind die Fälle, in denen das Rechtsbeschwerdegericht eine Freiheitsentziehungsmaßnahme als rechtswidrig aufhebt und die Ursache hierfür nicht im Einflussbereich der antragstellenden Verwaltungsbehörde liegt, sondern auf einem nicht mehr heilbaren **Verstoß des Gerichts gegen Verfahrensgarantien** des Art. 104 Abs. 1 GG beruht, etwa in dem immer wieder vorkommenden Fall einer unterlassenen Anhörung des Betroffenen in den beiden Tatsacheninstanzen oder bei einem Verstoß gegen das nicht nur für die Verwaltungsbehörde, sondern auch für die Gerichte geltende Beschleunigungsgebot. In Betreuungs- und Unterbringungssachen besteht in derartigen Fällen entsprechend dem früheren § 13a Abs. 2 Satz 1 FGG nach § 307 bzw. § 337 Abs. 1 die Möglichkeit, die außergerichtlichen Kosten der Staatskasse

1 BayObLG v. 2.12.1997 – 3Z BR 322/97, BayObLGZ 1997, 338; KG v. 8.11.1999 – 25 W 414/97, KGReport 2000, 184; OLG Köln v. 18.12.2006 – 16 Wx 234/06, juris.
2 OLG München v. 17.10.2008 – 34 Wx 65/08, OLGReport 2009, 24.
3 OLG Hamm v. 30.8.2004 – 15 W 269/04, FGPrax 2005, 49.
4 OLG München v. 19.4.2007 – 34 Wx 19/07, OLGReport 2007, 629.
5 OLG München v. 9.11.2006 – 34 Wx 123/06, OLGReport 2007, 146.

aufzuerlegen. Für das Freiheitsentziehungsverfahren ist eine Kostenlast der Staatskasse dagegen nicht vorgesehen.[1] Insoweit scheidet auch eine entsprechende Anwendung der für das Betreuungs- und Unterbringungsrecht geltenden Vorschriften aus.[2] Der Betroffene kann allerdings seine Anwaltskosten als solche der Rechtsverteidigung im Rahmen eines **Entschädigungsanspruchs aus Art. 5 Abs. 5 EMRK** geltend machen, der in Fällen unrechtmäßiger Freiheitsentziehung besteht (s. dazu § 415 Rz. 12). Ein solcher materiell-rechtlicher Anspruch ist wegen des Fehlens einer prozessualen Regelung nicht ausgeschlossen.

C. Gerichtskosten in Freiheitsentziehungssachen

Anstelle der früher in § 14 FEVG vorgesehenen Festgebühren ist nach § 128c KostO die Erhebung einer vollen Gebühr vorgesehen, die nach dem Regelwert des § 30 Abs. 2 KostO, also normalerweise nach einem Wert von 3000 Euro zu bemessen ist. **Schuldner der Gerichtskosten ist** mangels einer anderweitigen Bestimmung **der Betroffene** oder der ihm gesetzlich zum Unterhalt Verpflichtete. Es bleibt bei der nach früherem Recht bestehenden Nichterhebung von Vorschüssen. Die Verwaltungsbehörde ist, soweit nicht die Kostenfreiheit gem. § 11 KostO eingreift, was etwa bei Dienststellen der Bundespolizei der Fall ist, dagegen nicht mehr gänzlich von Kosten befreit. Vielmehr ist in § 128c Abs. 3 Satz 3 KostO nur eine Nichterhebung von Gebühren bestimmt. 11

Nach den §§ 14, 15 FEVG bedurfte es keiner Entscheidung über die Gerichtskosten. Für Fälle des Unterliegens des Betroffenen, also bei der Anordnung einer Freiheitsentziehungsmaßnahme oder der Zurückweisung eines Aufhebungsantrags bzw. der Verwerfung oder Zurückweisung einer von ihm eingelegten Beschwerde war seine Haftung für die Gerichtskosten bereits gesetzlich bestimmt. Bei einem Obsiegen des Betroffenen erübrigte sich ebenfalls eine Entscheidung, weil zu seinen Lasten keiner der Haftungstatbestände eingriff und die als Schuldnerin deswegen nur in Betracht kommende Verwaltungsbehörde nach § 15 Abs. 2 FEVG von der Zahlung von Gebühren und der Erstattung von Auslagen befreit war.[3] 12

Nunmehr ist die Rechtslage indes eine andere, da grundsätzlich der Betroffene Kostenschuldner ist. In allen Fällen, in denen Entscheidungen zu seinen Gunsten ergehen bzw. Anträge oder Rechtsmittel der Verwaltungsbehörde zurückgenommen werden, hat deshalb das Gericht eine anderweitige Bestimmung zu treffen. Es hat also bei einem Obsiegen des Betroffenen nicht nur eine Entscheidung über eine eventuelle Erstattung seiner außergerichtlichen Kosten, sondern auch **eine solche über die Gerichtskosten zu treffen**. Diese werden idR der Verwaltungsbehörde aufzuerlegen sein, von der wiederum Gebühren gem. § 128c Abs. 3 Satz 2 KostO nicht zu erheben sind. 13

In Fällen, in denen die Aufhebung einer Freiheitsentziehungsmaßnahme auf Verfahrensfehlern im gerichtlichen Bereich beruht (Rz. 10), wird wegen der Schwere des Grundrechtseingriffs und des hieraus herzuleitenden Gewichts des Verfahrensverstoßes idR eine Entscheidung über die **Nichterhebung von Gerichtskosten gem. § 16 KostO**, ggf. beschränkt auf einzelne Instanzen, veranlasst sein. 14

Entbehrlich dürfte eine Kostenentscheidung nunmehr nur noch in Fällen sein, in denen eine Erstattungsanordnung zugunsten des Betroffenen ersichtlich ausscheidet 15

1 OLG Celle v. 27.6.2005 – 22 W 24/05, InfAuslR 2005, 423.
2 OLG Köln v. 14.12.2007 – 16 Wx 250/07, FGPrax 2008, 136.
3 Vgl. OLG München v. 19.4.2007 – 34 Wx 19/07, OLGReport 2007, 629.

und auch keine anderweitige Verteilung der Gerichtskosten veranlasst ist, also letztlich in allen Fällen eines Unterliegens des Betroffenen. Ist in sonstigen Fällen eine Kostenentscheidung unterblieben, ist eine **Ergänzung nach § 43** möglich; allerdings ist die Zwei-Wochen-Frist des § 43 Abs. 2 zu beachten (s. dazu § 43 Rz. 9–11).

§ 431
Mitteilung von Entscheidungen

Für Mitteilungen von Entscheidungen gelten die §§ 308 und 311 entsprechend, wobei an die Stelle des Betreuers die Verwaltungsbehörde tritt. Die Aufhebung einer Freiheitsentziehungsmaßnahme nach § 426 Satz 1 und die Aussetzung ihrer Vollziehung nach § 424 Abs. 1 Satz 1 sind dem Leiter der abgeschlossenen Einrichtung, in der sich der Betroffene befindet, mitzuteilen.

A. Allgemeines

1 Für die Mitteilung von Entscheidungen in Angelegenheiten der freiwilligen Gerichtsbarkeit an andere Gerichte, Behörden oder sonstige öffentliche Stellen bedarf es einer gesetzlichen Grundlage.[1] Diese waren in den §§ 69k und 69n iVm. § 70n FGG für Betreuungs- und Unterbringungssachen geschaffen und sind mit sprachlichen Änderungen durch die §§ 308 und 311 iVm. § 338 in das FamFG übernommen worden. Durch § 431 wird eine entsprechende gesetzliche Grundlage auch für das Freiheitsentziehungsverfahren geschaffen.

B. Inhalt der Norm

2 Satz 1 verweist wegen der Voraussetzungen auf die allgemeine Vorschrift für Mitteilungen des § 308 und auf diejenige für Mitteilungen in besonderen Fällen des § 311. Auf die Kommentierung zu diesen Vorschriften wird daher verwiesen, während an dieser Stelle nur ein Überblick erfolgen soll.

I. Mitteilungen zur Gefahrenabwehr (§ 308 Abs. 1)

3 Wenn eine Mitteilung ergeht, muss dies **zur Erfüllung der Aufgaben von Gerichten, Behörden oder sonstigen öffentlichen Stellen** geschehen. Sie setzt voraus, dass sie nach den Erkenntnissen im gerichtlichen Verfahren erforderlich ist **zur Abwehr einer erheblichen Gefahr** entweder

- **für das Wohl des Betroffenen**, zB weil ansonsten in anderen gerichtlichen Verfahren seine Schuld-, Geschäfts- oder Prozessunfähigkeit unberücksichtigt bliebe, oder
- **für Dritte**, zB wenn nach einer Ingewahrsamnahme nach den Polizeigesetzen zu befürchten ist, dass der Betroffene gegen bestimmte Personen gewalttätig wird, oder
- **für die öffentliche Sicherheit**, zB bei der konkreten Gefahr der Schädigung anderer durch das Führen eines Fahrzeugs.

1 BVerfG v. 15.12.1983 – 1 BvR 209/83 ua., NJW 1984, 419.

In all diesen Fällen sind aber auch die berechtigten Interessen des Betroffenen zu beachten. Es hat also eine **Güterabwägung** zu erfolgen.[1]

II. Mitteilungen zur Strafverfolgung (§ 311 Satz 1)

Mitteilungen, aus denen die **Person des Betroffenen erkennbar** ist, dürfen außer in den gesetzlich geregelten Fällen des § 308, des § 16 EGGVG und des § 70 Satz 1, 3 JGG nur zur Verfolgung von Straftaten oder Ordnungswidrigkeiten an Gerichte oder Behörden erfolgen. Sie sind nicht zwingend vorgeschrieben. Es handelt sich also um eine **Ermessensentscheidung**, in die auch schutzwürdige Interessen des Betroffenen einzubeziehen sind, die also ebenfalls eine **Güterabwägung** voraussetzt.[2] 4

III. Mitteilungen an den Leiter der Vollzugseinrichtung (§ 431 Satz 2)

Alle für die Zulässigkeit des weiteren Vollzugs der Freiheitsentziehung relevanten gerichtlichen Entscheidungen, also solche über die Aufhebung einer Freiheitsentziehungsmaßnahme oder die Aussetzung ihrer Vollziehung sind dem Leiter der geschlossenen Einrichtung, in der die Freiheitsentziehung vollzogen wird, mitzuteilen. Dies ist schon deswegen notwendig, damit nach Fortfall der Rechtsgrundlage der Maßnahme für eine unverzügliche Entlassung des Betroffenen Sorge getragen werden kann. Von diesem Zweck her sollte die Mitteilung an die Einrichtung möglichst umgehend, zB per Fax oder E-Mail erfolgen. 5

IV. Zuständigkeit für Mitteilungen

Die Mitteilung von Entscheidungen obliegt dem Gericht und damit demjenigen, der für die Entscheidung funktionell zuständig ist. Dies ist in Freiheitsentziehungssachen, in denen es, anders als in Betreuungssachen, keine Zuständigkeit des Rechtspflegers gibt, **immer der Richter**. Bei Entscheidungen von Kollegialgerichten dürfte wegen der gleich gelagerten Situation wie bei der Akteneinsicht durch Dritte in entsprechender Anwendung des § 13 Abs. 7 der Vorsitzende zuständig sein. 6

V. Unterrichtung über Mitteilungen

Von jeder Mitteilung nach § 308 Abs. 1 und § 311 Satz 1 sind zu unterrichten 7

- der **Betroffene** (§ 308 Abs. 3 Satz 1),
- ggf. sein **Verfahrenspfleger** (§ 308 Abs. 3 Satz 1),
- die **Verwaltungsbehörde** (§ 431 Satz 1).

Nach § 308 Abs. 3 Satz 2 unterbleibt die Unterrichtung, wenn der Zweck des Verfahrens oder der Zweck der Mitteilung hierdurch gefährdet würde (Nr. 1), aufgrund eines ärztlichen Zeugnisses die Besorgnis erheblicher gesundheitlicher Nachteile für den Betroffenen besteht (Nr. 2) oder er nach dem unmittelbaren Eindruck des Gerichts 8

1 Vgl. zum Ganzen *Bumiller*/Winkler, § 69k FGG Rz. 2–4.
2 *Bumiller*/Winkler, § 69n FGG Rz. 1.

offensichtlich nicht in der Lage ist, den Inhalt der Unterrichtung zu verstehen (Nr. 3). In Freiheitsentziehungssachen, die idR keine psychisch kranken oder demente Personen betreffen, dürften die Nr. 2 und 3 kaum praktisch werden. Zu beachten ist, dass nach Satz 3 die Mitteilung nach Fortfall der genannten Gründe nachzuholen ist.

VI. Dokumentation (§ 308 Abs. 4)

9 Alle Vorgänge im Zusammenhang mit der Mitteilung sind aktenkundig zu machen, also ihr Inhalt, die Art und Weise ihrer Übermittlung, der Empfänger, die Unterrichtung des Betroffenen, der Verwaltungsbehörde und des Verfahrenspflegers sowie ggf. die Gründe für ein Unterbleiben der Benachrichtigung. Hierfür reicht zB für den nicht seltenen Fall der Aufhebung einer Freiheitsentziehungsmaßnahme eine kurze Verfügung aus, mit der zB in Nr. 1 die Übermittlung einer beglaubigten Beschlussabschrift per Fax an den Leiter der Einrichtung und in Nr. 2 eine Nachricht hiervon an den Betroffenen bzw. dessen Anwalt und die Verwaltungsbehörde angeordnet und deren Ausführung kenntlich gemacht werden.

§ 432
Benachrichtigung von Angehörigen

Von der Anordnung der Freiheitsentziehung und deren Verlängerung hat das Gericht einen Angehörigen des Betroffenen oder eine Person seines Vertrauens unverzüglich zu benachrichtigen.

A. Allgemeines

1 Die Vorschrift entspricht der in § 339 für Unterbringungssachen getroffenen Regelung. Sie setzt die aus **Art. 104 Abs. 4 GG** folgende Pflicht, von jeder richterlichen Entscheidung über die Anordnung oder Fortdauer einer Freiheitsentziehung unverzüglich einen Angehörigen des Betroffenen oder eine Person seines Vertrauens zu benachrichtigen, einfachgesetzlich um (s. auch § 415 Rz. 19). Eine besondere Form ist für die Mitteilung nicht vorgeschrieben. Durch Hinzuziehung eines Angehörigen oder einer Vertrauensperson als Verfahrensbeteiligte gem. § 418 Abs. 2 wird daher idR auch dem Benachrichtigungserfordernis Genüge getan.[1]

B. Normzweck und Anwendungsbereich

2 Durch die Benachrichtigungspflichten des Art. 104 Abs. 4 GG soll vor dem Hintergrund von Erfahrungen mit totalitären Herrschaftssystemen verhindert werden, dass Personen spurlos verschwinden.[2] Hieraus folgt zugleich auch eine subjektive Komponente, nämlich ein Recht des Betroffenen, dass die Vorschrift auch beachtet wird, und zwar in allen Instanzen. Sie gilt daher auch für **Entscheidungen der Rechtsmittelge-**

1 Begr. RegE zu § 339 BT-Drucks. 16/6308, S. 276.
2 *Radtke* im Beck'schen Online-Kommentar GG, Art. 104 Rz. 17.

richte, die eine Haftbeschwerde zurückweisen.[1] Dass deshalb auch **Verlängerungen** einer Freiheitsentziehung hiervon erfasst sind, bedarf keiner Erörterung und ist klarstellend ausdrücklich in § 432 genannt.

C. Verzicht auf Benachrichtigung

Streitig ist es, ob der Betroffene wirksam auf die Benachrichtigung eines nahen Angehörigen oder einer Vertrauensperson verzichten kann. In der Literatur wird die Möglichkeit eines Verzichts wegen des Schutzzwecks des Art. 104 Abs. 4 GG teilweise verneint.[2] Teilweise wird – auch in der Rspr. – die Auffassung vertreten, dass in den Fällen, in denen der Betroffene keine zu benachrichtigende Person benennt, das Gericht von Amts wegen eine Vertrauensperson zu ermitteln und zu bestimmen habe (zu in Betracht kommenden Personen vgl. § 418 Rz. 7)[3] oder jedenfalls die Information eines Dritten durch den Richter den Regelfall bilde und die von dem Betroffenen gewünschte Diskretion einen antragsabhängigen und im Einzelfall begründungsbedürftigen Ausnahmefall darstelle.[4] Demgegenüber wird wohl überwiegend, insbesondere in der Rspr., ein Verzicht für zulässig erachtet, und zwar mit Recht. Ansonsten müsste nämlich die Benachrichtigung an einen Angehörigen erfolgen, der nach dem Willen des Betroffenen von der Freiheitsentziehung nichts erfahren soll, oder eine „Vertrauensperson" unterrichtet werden, die das Vertrauen des Betroffenen gerade nicht genießt.[5] 3

An **die Feststellung der Wirksamkeit des Verzichts** sind allerdings hohe Anforderungen zu stellen; insbesondere hat eine deutliche Belehrung über die grundgesetzlichen Vorgaben zu erfolgen.[6] Auch empfiehlt es sich, die im Zusammenhang mit dem Verzicht entstandenen Vorgänge für das Rechtsmittelgericht nachvollziehbar zu dokumentieren, sei es im Protokoll, sei es in den Gründen der Entscheidung. Nur dann lässt sich nämlich feststellen, ob der Verzicht nur für die erstmalige Anordnung der Freiheitsentziehung gelten oder auch das gesamte spätere Verfahren einschließlich der Entscheidungen der Rechtsmittelgerichte erfassen soll.[7] 4

D. Folgen einer Verletzung der Benachrichtigungspflicht

In einer Verletzung des § 432 liegt zugleich ein Verstoß gegen Art. 104 Abs. 4 GG. Der Verfahrensfehler führt jedoch nicht zur Rechtswidrigkeit der Haftanordnung selbst.[8] Vielmehr ist die Benachrichtigung nachzuholen, sobald der Fehler erkannt wird.[9] 5

1 BVerfG v. 14.5.1963 – 2 BvR 516/62, BVerfGE 16, 119.
2 ZB Beck'scher Online-Kommentar GG/*Radtke*, Art. 104 Rz. 19.
3 OLG Oldenburg v. 9.6.2004 – 13 W 30/04, InfAuslR 2004, 349.
4 v. Mangoldt/Klein/Starck/*Gusy*, GG III Art. 104 Rz. 76.
5 BayObLG v. 4.4.1975 – BReg. 3 Z 32/75, BayObLGZ 1975, 142; OLG Celle v. 22.3.2004 – 16 W 37/04, NdsRpfl. 2004, 151; Isensee/Kirchhoff/*Grabitz*, Hdb. des Staatsrechts, Bd. VI § 130 Freiheit der Person Rz. 30.
6 OLG Hamburg v. 13.7.2005 – 2 Wx 28/05, InfAuslR 2006, 27; Dreier/*Schulze-Fielitz*, GG Bd. 3, Art. 104 Rz. 51.
7 Vgl. BVerfG v. 14.5.1963 – 2 BvR 516/62, BVerfGE 16, 119.
8 BVerfG v. 14.5.1963 – 2 BvR 516/62, BVerfGE 16, 119.
9 OLG Oldenburg v. 9.6.2004 – 13 W 30/04, InfAuslR 2004, 349.

E. Weitere Benachrichtigungspflichten

6 Bei Ausländern ist auch Art. 36 Abs. 1b des **Wiener Übereinkommens über konsularische Beziehungen (WÜK)**[1] zu beachten. Hiernach haben die zuständigen Behörden jeden Ausländer, der festgenommen, in Straf- oder Untersuchungshaft genommen oder dem anderweitig die Freiheit entzogen wird, darüber zu belehren, dass auf sein Verlangen die konsularische Vertretung seines Heimatlandes zu unterrichten ist (zu Einzelheiten s. § 415 Rz. 20).

1 BGBl. II 1969, S. 1625.

Buch 8
Verfahren in Aufgebotssachen

Vorbemerkungen

I. Ursprung der Aufgebotsvorschriften: 9. Buch der ZPO

Vor der FGG-Reform waren die Verfahrensvorschriften für das Aufgebotsverfahren im 9. Buch der ZPO, §§ 946 bis 1024 ZPO aF, enthalten. 1

1. Wesen des Aufgebotsverfahrens

Da es sich bei dem Aufgebotsverfahren seinem Wesen nach nicht um ein kontradiktorisches zivilprozessuales Verfahren zwischen zwei Parteien handelt, in dem diese durch ihre Anträge den Verfahrensgegenstand bestimmen und in dem rechtskräftig über materielle Rechte entschieden wird, sondern um ein nichtstreitiges, nur **auf Antrag** einzuleitendes, vom Gegenstand her typisiertes **Verfahren** mit bestimmten rechtsgestaltenden Wirkungen, war das Aufgebotsverfahren an sich **von Anfang an dem Bereich der Freiwilligen Gerichtsbarkeit zuzuordnen**. Dies war auch dem historischen Reichsgesetzgeber bewusst, der es nur deshalb in der ZPO mit regelte, weil bei deren Inkrafttreten am 30.1.1877[1] noch kein reichseinheitliches Gesetz für FGG-Verfahren zur Verfügung stand, in welches das Aufgebotsverfahren mit hätte aufgenommen werden können.[2] Auch wenn das Aufgebotsverfahren zunächst nach Reichs-, später nach Bundesrecht den Vorschriften der ZPO unterstellt war, verblieben verschiedene landesrechtliche Vorbehalte (§§ 1006 Abs. 3, 1009 Abs. 3 Satz 2, 1023 Satz 2, 1024 ZPO aF; Art. 101, 102, 174, 177 EGBGB), wobei in solchen landesrechtlichen Aufgebotsverfahren das Landesrecht das Verfahren auch abweichend von der ZPO regeln konnte, § 11 EGZPO.[3] 2

1 RGBl. 1877, S. 83.
2 *Hahn*, Begründung des Entwurfs einer Civilprozessordnung, Materialien, 1881, 479.
3 Wieczorek/Schütze/*Weber*, vor § 946 ZPO Rz. 17.

2. Frühere Vorschläge zur Übernahme

3 **Vorschläge**, das in der ZPO geregelte **Aufgebotsverfahren** insgesamt der **Freiwilligen Gerichtsbarkeit zu unterstellen**, gab es bereits **seit Längerem**.[1] Sie wurden auch von der „Kommission zur Vorbereitung einer Reform der Zivilgerichtsbarkeit" aufgenommen, die vom BMJ im Jahre 1955 eingesetzt worden war und 1961 das sog. Weißbuch mit einer Reihe von Empfehlungen für eine FGG-Reform vorlegte, die auch das Aufgebotsverfahren einschlossen.[2] Wenn in dem späteren Entwurf einer Verfahrensordnung für die Freiwillige Gerichtsbarkeit von 1977 (FrGO) das Aufgebotsverfahren nicht besonders erwähnt war, dürfte dies seinen Grund darin gehabt haben, dass sich der Entwurf neben der Zusammenfassung der Allgemeinen Vorschriften für das FGG-Verfahren auf die Darstellung bestimmter besonderer Bereiche des FGG-Verfahrens, nämlich Familien- und Erbrecht sowie auf Handelssachen, beschränkte.[3]

3. Vereinfachungseffekt durch Übernahme

4 Durch die **Übernahme** der Verfahrensvorschriften für das Aufgebotsverfahren in das **8. Buch des FamFG** mit den **§§ 433 bis 484** haben sich eine Reihe von früher bestehenden Fragen praktisch von selbst erledigt. Diese waren hauptsächlich darin begründet, dass man nach der früher hM das Aufgebotsverfahren zwar als materiell zur Freiwilligen Gerichtsbarkeit gehörig ansah, darauf aber wegen seiner Verankerung in der ZPO – soweit nicht allg. Ausnahmen (s.u. Rz. 5) oder solche nach Landesrecht (s.o. Rz. 2 aE) bestanden – nicht die allgemeinen Verfahrensvorschriften des FGG, sondern die der ZPO anwendete.[4] Die neue Einordnung führt, weil jetzt nur noch auf die weiteren Vorschriften des FamFG, insbesondere die des Allgemeinen Teils, zurückzugreifen ist, zu einer wesentlichen Vereinfachung bei der Anwendung der Verfahrensvorschriften. Die Einstellung des Aufgebotsverfahrens in das FamFG betont auch in besonderer Weise dessen Charakter als nichtstreitiges und rechtsgestaltendes Verfahren; nach der Auffassung des Gesetzgebers wird dadurch zugleich die Bedeutung des **FamFG als Gesamtkodifikation des Rechts der Freiwilligen Gerichtsbarkeit** gestärkt.[5]

4. Besondere Aufgebotsverfahren

5 Bei einer Reihe **besonderer Aufgebotsverfahren**, die schon früher von der Geltung der Verfahrensvorschriften der ZPO ausgenommen waren, für die vielmehr FGG-Verfahrensregeln galten, hat sich durch das FamFG nichts Wesentliches geändert. Solche sind: Kraftloserklärung einer Vollmacht (§ 176 BGB),[6] Kraftloserklärung eines Erbscheins (§ 2361 BGB) bzw. eines Testamentsvollstreckerzeugnisses (§ 2368 Abs. 3 Satz 1 BGB), Aufgebote nach § 1965 BGB (die dortige Verweisung in Abs. 1 Satz 1 bezieht sich jetzt auf die §§ 435 bzw. 437) und Aufgebotsverfahren zum Zwecke der Todeserklärung (§ 13 VerschG).

1 *Lent*, ZZP 66 (1953), 267 (276).

2 Bericht der Kommission zur Vorbereitung einer Reform der Zivilgerichtsbarkeit im Jahre 1961, S. 329.

3 Einführung zum Bericht der Kommission für das Recht der Freiwilligen Gerichtsbarkeit einschließlich des Beurkundungswesens, 1977, S. 18.

4 ZB Zöller/*Geimer*, vor § 946 ZPO Rz. 8, 10; MüKo.ZPO/*Eickmann*, § 946 ZPO Rz. 2, 3; Stein/Jonas/*Schlosser*, vor § 946 ZPO Rz. 8.

5 BT-Drucks. 16/6308, S. 171 – welcher Wertung man sich nur dann anschließen könnte, wenn der Gesetzgeber den klassischen FGG-Bereich und die familienverfahrensrechtlichen Bestimmungen jeweils in gesonderten Gesetzen geregelt hätte, vgl. *Maass*, ZNotP 2006, 282.

6 Palandt/*Heinrich*, § 176 BGB Rz. 1, MüKo.BGB/*Schramm*, § 176 BGB Rz. 3.

II. Zweck des Aufgebotsverfahrens

1. Feststellung von rechtlichen Verhältnissen

6 Der **Zweck** des **Aufgebotsverfahrens**, der früher in § 946 Abs. 1 ZPO aF definiert war, ist jetzt in § 433 umschrieben. In Fällen, in denen ein Betroffener/Antragsteller ein **Bestehen von Rechten** oder aber eine **Freiheit von Rechten** nachzuweisen hat, kann dies durch ein gerichtliches Verfahren in einer Form erfolgen, die im Rechtsverkehr Wirkung für und gegen jedermann hat. Entsprechendes gilt, wenn hinsichtlich einer Vermögensmasse, zB eines Nachlasses, besondere Haftungsausschlüsse bzw. Haftungsbeschränkungen von Bedeutung und daher nachzuweisen sind oder wenn es um die Feststellung von Rechten aus verloren gegangenen Urkunden geht. Das Aufgebotsverfahren bezweckt damit **eine gegenüber allen wirksame Feststellung** des Bestehens des Rechts des Antragstellers oder der Freiheit dieses Rechts von Rechten Dritter oder auf Feststellung der Nichthaftung oder der Beschränkung der Haftung einer Vermögensmasse für die nicht angemeldeten Forderungen oder auf Feststellung des Rechts aus der verloren gegangenen Urkunde für den Antragsteller.[1] Im Falle der Ausschließung besteht kein Bereichungsanspruch des mit seinem Eigentum bzw. mit seinem Recht ausgeschlossenen Grundstückseigentümers bzw. Berechtigten.[2] Diesem können jedoch Verfahrensrechte auf Wiedereinsetzung oder Wiederaufnahme zustehen.

7 Aus dem Zweck des Verfahrens folgt zugleich, dass es dem Betroffenen/Rechtsträger nur unter **bestimmten Voraussetzungen** und nur in den Fällen zur Verfügung gestellt wird, welche ausdrücklich **durch Gesetz geregelt** sind.

2. FamFG enthält nur Verfahrensregeln

8 Das Buch 8 des FamFG enthält dabei, ebenso wie früher das Buch 9 der ZPO, nur die **Vorschriften für das Verfahren** von der Stellung des Antrages auf Durchführung eines Aufgebotsverfahrens bis zu dessen Abschluss. Die Voraussetzungen, nach denen ein Aufgebot zulässig bzw. geboten ist, sind außerhalb des FamFG geregelt. Dies gilt auch für die Rechtsfolgen, die ein im Aufgebotsverfahren ergangener Ausschließungsbeschluss entfaltet (vgl. zB § 927 BGB, § 13 SchRG, Art. 233 § 15 Abs. 3 EGBGB, §§ 13, 66, 67 LuftfzRG).

3. Abgrenzung zu ähnlichen Fällen

9 **Kein echtes Aufgebot** ist die öffentliche Aufforderung nach § 2358 BGB[3] sowie alle sonstigen außergerichtlichen Privataufgebote, zB § 2061 BGB, § 365 Abs. 2 HGB, § 332a LAG, da solchen Aufforderungen keine Ausschlusswirkung zukommt.[4] Ebenfalls nicht unter die Bestimmungen des 8. Buches fallen sonstige, nicht von dem Gericht zu erlassende Aufgebote, wie zB nach § 12 EheG oder von Kfz-Briefen nach § 25 Abs. 2 StVZO.

10 Wenn ein Aufgebotsverfahren nach **ausländischem Recht**, das nach deutschem IPR maßgeblich ist, vorgeschrieben wird, werden die Voraussetzungen und Wirkungen von der lex causae geregelt. Das Verfahren ist jedoch nach deutscher lex fori zu führen.[5]

1 Schwab/*Gottwald*, § 172 ZPO Rz. 4.
2 LG Koblenz, Urt. v. 16.10.1962 – 6 S 202/62, NJW 1963, 254.
3 Palandt/*Edenhofer*, § 2358 BGB Rz. 4.
4 Zu außergerichtlichen Aufgebotsverfahren vgl. ausführlich Wieczorek/Schütze/*Weber*, vor § 946 ZPO Rz. 23.
5 Zöller/*Geimer*, vor § 946 ZPO Rz. 6, 7.

III. Systematik der Vorschriften von Buch 8 des FamFG

11 Wenngleich in den Bestimmungen von Buch 8 FamFG der Regelungsgehalt der bisherigen Vorschriften der §§ 946 bis 1024 ZPO aF und ebenfalls ihre Verknüpfung mit dem materiellen Recht weitgehend beibehalten wurde, hat sich durch die generelle Umstellung des Verfahrens auf ein **FGG-Verfahren** eine Reihe von **wesentlichen Änderungen** ergeben: Durch den Wegfall des Aufgebotstermins wird das Verfahren gestrafft, gleichfalls durch den **Wegfall des Urteilsverfahrens** und seine Ersetzung durch ein **Beschlussverfahren**. Die durch das Urteilsverfahren bedingten bisherigen Richtervorbehalte hinsichtlich Wahrnehmung des Aufgebotstermins, §§ 952, 953 ZPO aF, Erlass des Ausschlussurteils, § 952 Abs. 1 ZPO aF, und Anfechtungsverfahren, §§ 957 Abs. 2, 958 ZPO aF, sind entfallen; das gesamte Aufgebotsverfahren fällt jetzt in die Zuständigkeit des **Rechtspflegers**, § 3 Nr. 1 Buchst. c RpflG. Im **Rechtsmittelbereich** gelten nunmehr im Wesentlichen die allgemeinen Bestimmungen von Buch 1 des FamFG, dh., das allgemeine Rechtsmittel ist die (**befristete**) **Beschwerde**; die bisherige Sondervorschrift über die **Anfechtungsklage nach § 957 ZPO aF ist entfallen**. Weiter neu ist wegen der Befristung der Beschwerde nach § 63 Abs. 1 auch die in § 441 vorgesehene öffentliche Zustellung des Ausschließungsbeschlusses. Der ausgeschlossene Rechteinhaber kann nach der FGG-Reform Wiedereinsetzung bzw. Wiederaufnahme innerhalb der erheblich verlängerten Fristen des § 439 Abs. 4 beantragen, die – bei der Wiederaufnahme – nunmehr zehn Jahre beträgt.

1. Allgemeine Verfahrensvorschriften §§ 433 bis 441

12 Das FamFG enthält zunächst in den **§§ 433 bis 441** die **allgemeinen Verfahrensvorschriften** für das Aufgebotsverfahren. Dazu gelten ergänzend die allgemeinen Vorschriften von Buch 1 des FamFG, insbesondere die allgemeinen Vorschriften der §§ 1 bis 22, die Vorschriften für das Verfahren im ersten Rechtszug der §§ 23 bis 37, die Vorschriften über den Beschluss, §§ 38 bis 48, sowie die Rechtsmittelvorschriften der §§ 58 ff. Dabei sind jedoch verschiedene Abweichungen, etwa in § 439 Abs. 2 und Abs. 3, zu berücksichtigen.

2. Gliederung der verschiedenen Aufgebotsverfahren

13 Anschließend werden in den **§§ 442 bis 484** die **verschiedenen Aufgebotsarten** geregelt, wobei die **Gliederung** der der bisherigen Vorschriften **der §§ 977 bis 1023 ZPO aF entspricht**:

- in den §§ 442 bis 445 die Ausschließung des Grundstückseigentümers nach § 927 BGB,
- in § 446 die Ausschließung des Schiffseigentümers,
- in den §§ 447 bis 451 die Ausschließung von Grundpfandrechtsgläubigern auf Grund der §§ 1170, 1171 BGB,
- in § 452 die Ausschließung von Schiffshypothekengläubigern,
- in § 453 die Ausschließung sonstiger dinglicher Berechtigter bzw. Vormerkungsberechtigter,
- in den §§ 454 bis 463 die Ausschließung von Nachlassgläubigern,
- in § 464 die Ausschließung von Gesamtgutsgläubigern,
- in § 465 die Ausschließung von Schiffsgläubigern sowie
- in den §§ 466 bis 484 das Aufgebot zur Kraftloserklärung von Urkunden.

Im Zuge der Umstellung des Aufgebotsverfahrens in ein FGG-Verfahren hat sich der Gesetzgeber bei den Regelungen für die einzelnen Verfahren auf möglichst geringfügige, insbesondere redaktionell veranlasste Änderungen gegenüber den bisherigen Verfahrensvorschriften der §§ 972 bis 1023 ZPO beschränkt. 14

Abschnitt 1
Allgemeine Verfahrensvorschriften

§ 433
Aufgebotssachen

Aufgebotssachen sind Verfahren, in denen das Gericht öffentlich zur Anmeldung von Ansprüchen oder Rechten auffordert, mit der Wirkung, dass die Unterlassung der Anmeldung einen Rechtsnachteil zur Folge hat; sie finden nur in den durch Gesetz bestimmten Fällen statt.

I. Allgemeines

Die Vorschrift knüpft an § 946 Abs. 1 ZPO aF an. Sie gibt die **wesentlichen Elemente** des **Aufgebotsverfahrens** wieder: Es muss **vom Gericht** (zur Zuständigkeit s. Rz. 2) **eine Aufforderung** ergehen. Diese muss öffentlich sein, sich also an einen unbestimmten oder unbekannten Personenkreis richten. Art und Weise der **öffentlichen Bekanntmachung** werden in den §§ 435, 436 näher bestimmt. Die Aufforderung muss die **Anmeldung von Ansprüchen oder Rechten** bei dem Gericht, von dem sie ausgeht, zum Gegenstand haben (s. § 434 Abs. 1 Nr. 2). Das **Unterlassen der Anmeldung** muss zu einem **Rechtsnachteil** führen, der in der Aufforderung zu bezeichnen ist (s. § 434 Abs. 2 Nr. 3). Schließlich muss das Aufgebotsverfahren **gesetzlich angeordnet bzw. zugelassen** sein (s. Vorbem. II.2. Rz. 8). 1

II. Zuständigkeit

Sachlich zuständig sind die **Amtsgerichte**. Nach Einbeziehung der FGG- sowie der Aufgebotsangelegenheiten in § 23a Abs. 1 Nr. 2 bzw. Abs. 2 Nr. 7 GVG im Rahmen der FGG-Reform konnte die bisherige Vorschrift des § 946 Abs. 2 ZPO entfallen. Für die örtliche Zuständigkeit sind die Sondervorschriften der §§ 442 Abs. 2, 446 Abs. 2, 447 Abs. 2, 452 Abs. 2, 454 Abs. 2 und 466 zu beachten. 2

§ 434
Antrag; Inhalt des Aufgebots

(1) Das Aufgebotsverfahren wird nur auf Antrag eingeleitet.

(2) Ist der Antrag zulässig, so hat das Gericht das Aufgebot zu erlassen. In das Aufgebot ist insbesondere aufzunehmen:

1. die Bezeichnung des Antragstellers;

2. die Aufforderung, die Ansprüche und Rechte bis zu einem bestimmten Zeitpunkt bei dem Gericht anzumelden (Anmeldezeitpunkt);

3. die Bezeichnung der Rechtsnachteile, die eintreten, wenn die Anmeldung unterbleibt.

I. Allgemeines

1 Abs. 1 stellt lediglich noch klar, dass es sich beim Aufgebotsverfahren um ein **Antragsverfahren** handelt. Die Übernahme des weiteren Inhalts von § 947 Abs. 1 ZPO aF war entbehrlich: Für das **Antragsverfahren** enthalten im **Allgemeinen Teil des Buches 1** die **§§ 23 bis 28 Bestimmungen**, die **auch** für das **Aufgebotsverfahren** gelten. Nach § 25 Abs. 1 können Anträge schriftlich oder zur Niederschrift der Geschäftsstelle gestellt werden. Das Gericht hat auf die Beseitigung von Formfehlern und die Stellung von sachdienlichen Anträgen durch geeignete Hinweise hinzuwirken, § 28 Abs. 3. Der Antrag muss neben der Bezeichnung des Antragstellers die Angabe der betroffenen Ansprüche bzw. Rechte sowie das Aufgebotsbegehren enthalten.

II. Antragsverfahren

2 Der **Antragsteller** ist **Verfahrensbeteiligter gem. § 7 Abs. 1**. Mehrere **gleichartige Antragsberechtigte**, zB mehrere Eigentümer im Falle des § 448 Abs. 1, üben ihre Rechte grundsätzlich selbständig aus. Im Falle einer gesamthänderischen Berechtigung ist jedoch gemeinsames Handeln erforderlich, soweit nicht besondere Vorschriften, nämlich die §§ 460, 461 und 462, etwas anderes regeln.

3 In besonderen Fällen nennt das Gesetz **verschiedenartige Antragsberechtigte**, zB Grundstückseigentümer und bestimmte Gläubiger in § 448 Abs. 1 und Abs. 2, Erben und Nachlasspfleger bzw. Nachlassverwalter und Testamentsvollstrecker in § 455 Abs. 1 und Abs. 2 sowie Erben und Erbschaftskäufer in § 469 Abs. 1. Auch diese weiteren Beteiligten sind als Antragsteller iSv. § 7 Abs. 1 anzusehen. Hinzuzuziehende Beteiligte iSv. § 7 Abs. 2 und Abs. 3 spielen im Aufgebotsverfahren in der Regel nur bei der Anmeldung von Rechten eine Rolle, vgl. § 434 Abs. 2 Satz 2 und § 440.

4 § 959 ZPO aF, wonach das Gericht eine Verbindung mehrerer Aufgebote anordnen konnte, auch wenn die Voraussetzungen des § 147 ZPO nicht vorlagen, ist entfallen. Nunmehr gilt für eine Verfahrensverbindung bzw. Verfahrenstrennung die allgemeine Vorschrift des § 20.

III. Aufgebotsbeschluss

Das **Aufgebot** ergeht im **Beschlussverfahren** regelmäßig ohne mündliche Verhandlung, § 957 Abs. 1 Satz 2 ZPO aF wurde nicht übernommen. Jedoch kann das Gericht einen Erörterungstermin ansetzen, wenn es dies für sachdienlich hält, § 32 Abs. 1. 5

IV. Aufgebotsinhalt

Bei **zulässigem Antrag** hat das Gericht das **Aufgebot zu erlassen**, Abs. 2 Satz 1, was wie bisher durch **Beschluss** erfolgt.[1] Dieser Beschluss ist nicht anfechtbar, da er keine Endentscheidung iSv. § 38 Abs. 1 beinhaltet. Ein den Antrag ablehnender Beschluss ist zu begründen.[2] Er ist mit der Beschwerde, §§ 58 ff, angreifbar. 6

Abs. 2 Satz 2 enthält – gegenüber § 947 Abs. 2 Satz 2 ZPO aF in verkürzter Form – den wesentlichen Inhalt des Aufgebots. Der früher grundsätzlich erforderliche Aufgebotstermin, § 947 Abs. 2 Satz 2 Nr. 4 ZPO aF, ist entfallen. 7

Abs. 2 Satz 2 Nr. 1 und Nr. 3 entsprechen § 947 Abs. 2 Satz 2 Nr. 1 und Nr. 3 ZPO aF. In Nr. 2 ist im Hinblick auf die Streichung des Aufgebotstermins bestimmt, dass Ansprüche und Rechte bis zu einem vom Gericht bestimmten Zeitpunkt bei ihm anzumelden sind (**Anmeldezeitpunkt**). Abs. 2 Nr. 3 schreibt wie früher die Bezeichnung der Rechtsnachteile vor, die eintreten, wenn die Anmeldung unterbleibt. Diese sind, je nach Aufgebotsart unterschieden, genau zu beschreiben. 8

§ 435
Öffentliche Bekanntmachung

(1) Die öffentliche Bekanntmachung des Aufgebots erfolgt durch Aushang an der Gerichtstafel und durch einmalige Veröffentlichung in dem elektronischen Bundesanzeiger, wenn nicht das Gesetz für den betreffenden Fall eine abweichende Anordnung getroffen hat. Anstelle des Aushangs an der Gerichtstafel kann die öffentliche Bekanntmachung in einem elektronischen Informations- und Kommunikationssystem erfolgen, das im Gericht öffentlich zugänglich ist.

(2) Das Gericht kann anordnen, das Aufgebot zusätzlich auf andere Weise zu veröffentlichen.

I. Allgemeines

§ 435 regelt die erforderliche **öffentliche Bekanntmachung** des Aufgebots. Die Vorschrift knüpft an § 948 ZPO aF an, welche Regelung im erheblichen Umfang durch die dort angesprochenen Ausnahmen auf Grund von Sondervorschriften des Bundes- und Landesrechts überlagert wurde und praktisch nur noch subsidiär galt.[3] Dies dürfte jetzt ebenfalls für § 435 gelten. Sondervorschriften im FamFG selbst enthält zB § 470, auf weitere Ausnahmen wird in § 484 verwiesen. 1

1 Zöller/*Geimer*, § 947 ZPO Rz. 2; MüKo.ZPO/*Eickmann*, § 947 ZPO Rz. 16.
2 MüKo.ZPO/*Eickmann*, § 947 ZPO Rz. 15.
3 MüKo.ZPO/*Eickmann*, § 948 ZPO Rz. 1.

II. Elektronische Bekanntmachung

2 Abs. 1 wurde gegenüber § 948 Abs. 1 ZPO aF erweitert und aktualisiert. An die Stelle des nicht mehr zeitgemäßen Aushangs an der Gerichtstafel kann die öffentliche Bekanntmachung in einem **elektronischen Informations- und Kommunikationssystem des Gerichts** treten. Dies jedoch nur dann, wenn dieses elektronische System im Gericht öffentlich zugänglich ist. Daneben ist nach wie vor die **Veröffentlichung** im **elektronischen Bundesanzeiger** möglich.

III. Elektronische Medien

3 Abs. 2 knüpft an § 948 Abs. 2 ZPO aF an, wobei eine sprachliche Überarbeitung erfolgte. Gegenüber dem bisherigen Wortlaut mit seiner Beschränkung auf „andere Blätter" wird jetzt auch die **Veröffentlichung** in **elektronischen Medien** ermöglicht. Eine wiederholte Veröffentlichung wird nicht mehr erwähnt, soll aber durch die Formulierung des Abs. 2 als Ermessungsvorschrift weiterhin möglich sein.[1]

§ 436
Gültigkeit der öffentlichen Bekanntmachung

Auf die Gültigkeit der öffentlichen Bekanntmachung hat es keinen Einfluss, wenn das Schriftstück von der Gerichtstafel oder das Dokument aus dem Informations- und Kommunikationssystem zu früh entfernt wurde oder wenn im Fall wiederholter Veröffentlichung die vorgeschriebenen Zwischenfristen nicht eingehalten sind.

1 § 436 entspricht im Wesentlichen § 949 ZPO aF. Es soll verhindert werden, dass insbesondere Versehen seitens der Geschäftsstelle einen Einfluss auf die Gültigkeit der öffentlichen Bekanntmachung haben können. Dabei wird die als letzte Alternative angesprochene wiederholte Veröffentlichung künftig kaum noch eine Rolle spielen, da sie bei der redaktionellen Überarbeitung von § 948 ZPO aF nicht mehr in § 435 Abs. 2 übernommen wurde. Die in § 436 angesprochenen Zwischenfristen sind nicht mit den Aufgebotsfristen, insbesondere § 437, zu verwechseln.

§ 437
Aufgebotsfrist

Zwischen dem Tag, an dem das Aufgebot erstmalig in einem Informations- und Kommunikationssystem oder im elektronischen Bundesanzeiger veröffentlicht wird, und dem Anmeldezeitpunkt muss, wenn das Gesetz nicht eine abweichende Anordnung enthält, ein Zeitraum (Aufgebotsfrist) von mindestens sechs Wochen liegen.

1 BT-Drucks. 16/6308, S. 294.

Die Bestimmung knüpft an § 950 ZPO aF an. Im Hinblick auf die Ersetzung des Aufgebotstermins durch den Anmeldezeitpunkt, § 434 Abs. 2. Nr. 2, bestimmt sich die **kürzeste Aufgebotsfrist** durch einen Zeitraum von **mindestens sechs Wochen** zwischen der erstmaligen Veröffentlichung iSv. § 435 und dem vorstehend bezeichneten Anmeldezeitpunkt. 1

Abweichende Aufgebotsfristen werden in den §§ 451 Abs. 3, 452, 453 Abs. 1, 458 Abs. 2, 465 Abs. 5, 476 sowie 484 Abs. 1 und Abs. 2 bestimmt. 2

§ 438
Anmeldung nach dem Anmeldezeitpunkt

Eine Anmeldung, die nach dem Anmeldezeitpunkt, jedoch vor dem Erlass des Ausschließungsbeschlusses erfolgt, ist als rechtzeitig anzusehen.

Die Vorschrift übernimmt den Regelungsgehalt des § 951 ZPO aF. Es wurde lediglich an den Anmeldezeitpunkt an Stelle des Aufgebotstermins und den Erlass des Ausschließungsbeschlusses an Stelle des Ausschlussurteils angeknüpft. 1

§ 439
Erlass des Ausschließungsbeschlusses; Beschwerde; Wiedereinsetzung und Wiederaufnahme

(1) Vor Erlass des Ausschließungsbeschlusses kann eine nähere Ermittlung, insbesondere die Versicherung der Wahrheit einer Behauptung des Antragstellers an Eides statt, angeordnet werden.

(2) Die Endentscheidung in Aufgebotssachen wird erst mit Rechtskraft wirksam.

(3) § 61 Abs. 1 ist nicht anzuwenden.

(4) Die Vorschriften über die Wiedereinsetzung finden mit der Maßgabe Anwendung, dass die Frist, nach deren Ablauf die Wiedereinsetzung nicht mehr beantragt oder bewilligt werden kann, abweichend von § 18 Abs. 3 fünf Jahre beträgt. Die Vorschriften über die Wiederaufnahme finden mit der Maßgabe Anwendung, dass die Erhebung der Klagen nach Ablauf von zehn Jahren, von dem Tag der Rechtskraft des Ausschließungsbeschlusses an gerechnet, unstatthaft ist.

I. Allgemeines

§ 439 enthält gegenüber der früheren Rechtslage, insbesondere gegenüber § 952 ZPO aF, wesentliche Änderungen. Diese sind durch die **grundsätzliche Umstellung** des Aufgebotsverfahrens in ein **FGG-Verfahren** bedingt. Das bisherige **Urteilsverfahren** ist **entfallen** und wurde durch ein **Beschlussverfahren ersetzt**, welches allerdings gegenüber den allgemeinen Vorschriften von Buch 1 FamFG gewisse Modifizierungen aufweist. 1

2 Weiter wurde das **Rechtsmittelverfahren** grundlegend neu geregelt. Nach früherem Recht waren Ausschlussurteile einem regulären Rechtsmittel entzogen, § 957 Abs. 1 ZPO aF. Dies wurde in den Motiven zur ZPO mit dem Fehlen eines Verfahrensgegners und mit der Unmöglichkeit einer gerechten Lösung des Fristproblems bei Zulassung einer normalen Berufung oder eines normalen Einspruchs gerechtfertigt.[1] § 957 Abs. 2 ZPO aF ließ nur in bestimmten Fällen eine besondere Anfechtungsklage zu.

3 Mit § 439 werden demgegenüber die **Rechtsmittelmöglichkeiten** des Betroffenen **erheblich erweitert**. Dieser hat grundsätzlich den Rechtsbehelf der **Beschwerde** nach den Bestimmungen der §§ 58 ff. Damit entfällt auch das Bedürfnis für die bisher in § 952 Abs. 4 ZPO aF enthaltene Sonderregelung, die eine (sofortige) Beschwerde nur bei einer Zurückweisung von Anträgen vorsah. Die Beschwerde nach §§ 58 ff. ist sowohl gegen den Beschluss, durch den der Antrag zurückgewiesen wird, als auch gegen inhaltliche Beschränkungen oder Vorbehalte des Ausschließungsbeschlusses statthaft.

4 Weiter ist gem. § 439 Abs. 4 abweichend vom bisherigen Recht ein Antrag auf **Wiederaufnahme** des Verfahrens zulässig. Die **Fristen** für die **Wiedereinsetzung** bzw. **Wiederaufnahme wurden** erheblich **verlängert**.

II. Glaubhaftmachung

5 Abs. 1 entspricht im Wesentlichen § 952 Abs. 3 ZPO aF. Das Gericht kann nach pflichtgemäßem Ermessen entscheiden, ob es zunächst von Amts wegen **Ermittlungen nach § 26** durchführt. Hierbei ist insbesondere, wie durch die Vorschrift klargestellt wird, auch die Einholung einer **eidesstattlichen Versicherung** des Antragstellers über eine von ihm aufgestellte Behauptung zulässig.

III. Wirksamwerden des Beschlusses, Rechtsmittel

6 Der **Ausschließungsbeschluss** wird nach Abs. 2 **erst** – abweichend von § 40 Abs. 1, wonach ein Beschluss grundsätzlich mit Bekanntgabe an den Beteiligten wirksam wird – **mit seiner Rechtskraft wirksam**. Dies ist gerechtfertigt, weil der Ausschließungsbeschluss rechtsgestaltenden Charakter hat. Gegen den Beschluss, der in Abs. 2 ausdrücklich als Endentscheidung bezeichnet ist, findet gem. **§ 58 Abs. 1** die **Beschwerde** statt. **Die Beschwerde ist** nach der weiteren Sonderregelung des § 439 Abs. 3 **unabhängig** vom **Erreichen** des in § 61 Abs. 1 **bestimmten Wert** des **Beschwerdegegenstandes** (600 Euro) statthaft.

7 Ob die Möglichkeit der befristeten Beschwerde im Aufgebotsverfahren praktische Bedeutung erlangen wird, ist abzuwarten. Sie setzt voraus, dass der durch den Beschluss Belastete kurzfristig von dessen öffentlicher Zustellung, § 441, Kenntnis erlangt. Hierfür steht ihm nur ein Zeitraum von einem Monat zur Verfügung. Sollten solche Rechtsmittelverfahren häufiger stattfinden, kann dies zugleich Veranlassung sein, die in Abs. 4 neu eingeführten Fristen im Interesse des Antragsberechtigten hinsichtlich ihrer Dauer zu überprüfen.

---

1 *Hahn/Mugdan*, Bd. 2, 489.

IV. Wiedereinsetzung

In § 439 Abs. 4 ist bestimmt, dass die **Frist für die Wiedereinsetzung** in Abweichung von § 18 Abs. 3 **fünf Jahre** und die Frist für die **Wiederaufnahme zehn Jahre** beträgt. 8

Die vom Gesetzgeber für Rechtsmittel gegen Ausschließungsbeschlüsse eingeräumten Besonderheiten werden insbesondere damit begründet, dass derjenige, dessen Rechte durch einen Beschluss nach § 439 ausgeschlossen werden, nicht selten erst nach längerem Zeitablauf von der Durchführung des Aufgebotsverfahrens und dem Erlass des Ausschließungsbeschlusses Kenntnis erhalten wird. Ob dieser an sich zutreffende Gesichtspunkt es aber rechtfertigt, bei der Wiedereinsetzung gegenüber § 18 Abs. 3 die Frist von zwei Jahren mehr als zu verdoppeln und auf fünf Jahre zu bestimmen, erscheint fraglich. Hierdurch wird das Interesse des Antragsberechtigten an einer abschließenden Klärung der Rechtsverhältnisse innerhalb eines angemessenen Zeitraumes uU nicht mehr genügend berücksichtigt, zumal das Aufgebotsverfahren im Regelfall erst eingeleitet wird, wenn vorangegangene Versuche, die Rechtsverhältnisse zu klären, mit entsprechendem Zeitaufwand fehlgeschlagen sind. Dies gilt noch mehr für die Wiederaufnahmeklage, bei der die allg. Frist von fünf Jahren (§ 48 Abs. 2 iVm. § 586 Abs. 2 ZPO) im Aufgebotsverfahren auf zehn Jahre verlängert wurde. Die Gesetzesbegründung, dass auch diese Fristverdoppelung als Niederschlag der Besonderheiten des Aufgebotsverfahrens gerechtfertigt sei, erscheint dafür kaum hinreichend.[1] 9

§ 440
Wirkung einer Anmeldung

Bei einer Anmeldung, durch die das von dem Antragsteller zur Begründung des Antrags behauptete Recht bestritten wird, ist entweder das Aufgebotsverfahren bis zur endgültigen Entscheidung über das angemeldete Recht auszusetzen oder in dem Ausschließungsbeschluss das angemeldete Recht vorzubehalten.

I. Bisherige Regelung

Die Vorschrift entspricht inhaltlich § 953 ZPO aF. Sie wurde lediglich redaktionell neu gefasst. 1

II. Vorbehalt von Rechten Dritter

Rechtzeitig angemeldete Rechte Dritter sind **ohne sachliche Prüfung** ihres Bestandes in dem **Ausschließungsbeschluss vorzubehalten**, sofern das Gericht nicht insgesamt aussetzt. Ob dem Anmeldenden das behauptete Recht zusteht, muss notfalls in einem Prozess geklärt werden. Das Gesetz lässt offen, ob, wenn in dem anderen Verfahren der Bestand des angemeldeten Rechts verneint wird, ein ergänzender Ausschließungsbeschluss zu ergehen hat oder der Antragsteller unter Berücksichtigung der anderen Entscheidung so zu behandeln ist, als sei zu seinen Gunsten der Ausschließungsbe- 2

1 BT-Drucks. 16/6308, S. 295.

schluss vorbehaltlos ergangen. Letzteres ist für die bisherige Rechtslage angenommen worden.[1] Es ist kein Grund ersichtlich, nach neuem Recht anders zu verfahren.

Setzt das Gericht aus, ist dagegen das Rechtsmittel der **Beschwerde nicht gegeben**, da **keine Endentscheidung** gem. § 58 Abs. 1 vorliegt.

§ 441
Öffentliche Zustellung des Ausschließungsbeschlusses

Der Ausschließungsbeschluss ist öffentlich zuzustellen. Für die Durchführung der öffentlichen Zustellung gelten die §§ 186, 187, 188 der Zivilprozessordnung entsprechend.

I. Bisherige Regelung

1 Die Vorschrift ersetzt § 956 ZPO aF. Ihre Neufassung beruht auf der Harmonisierung der Rechtsmittelvorschriften mit dem Allgemeinen Teil des FamFG.

II. Öffentliche Zustellung

2 Die **Entscheidung** im Aufgebotsverfahren ist künftig nach den **§§ 186, 187, 188 ZPO öffentlich zuzustellen**. Damit wird der Tatsache Rechnung getragen, dass das Aufgebotsverfahren gegen einen nicht bekannten Rechtsinhaber geführt wird.

3 Durch die öffentliche Zustellung wird zugleich gewährleistet, dass mit Eintritt der **Zustellungsfiktion des § 181 ZPO** die **Rechtsmittelfrist** nach **einem Monat** zu laufen beginnt. Der Antragsteller kann damit mit Eintritt der Rechtskraft der Entscheidung im Regelfall etwa zwei Monate nach Erlass des Ausschließungsbeschlusses rechnen.

Abschnitt 2
Aufgebot des Eigentümers von Grundstücken, Schiffen und Schiffsbauwerken

§ 442
Aufgebot des Grundstückseigentümers; örtliche Zuständigkeit

(1) Für das Aufgebotsverfahren zur Ausschließung des Eigentümers eines Grundstücks nach § 927 des Bürgerlichen Gesetzbuchs gelten die nachfolgenden besonderen Vorschriften.

(2) Örtlich zuständig ist das Gericht, in dessen Bezirk das Grundstück belegen ist.

---

1 Zöller/*Geimer*, § 953 ZPO Rz. 2.

§ 443
Antragsberechtigter

Antragsberechtigt ist derjenige, der das Grundstück seit der im § 927 des Bürgerlichen Gesetzbuchs bestimmten Zeit im Eigenbesitz hat.

§ 444
Glaubhaftmachung

Der Antragsteller hat die zur Begründung des Antrags erforderlichen Tatsachen vor der Einleitung des Verfahrens glaubhaft zu machen.

§ 445
Inhalt des Aufgebots

In dem Aufgebot ist der bisherige Eigentümer aufzufordern, sein Recht spätestens zum Anmeldezeitpunkt anzumelden, widrigenfalls seine Ausschließung erfolgen werde.

I. Vorgängervorschriften der ZPO

Die §§ 442 bis 445 entsprechen den früheren §§ 977 bis 981 ZPO. In § 442 Abs. 1 wurde der Wortlaut von § 977 ZPO aF übernommen, in Abs. 2 der von § 978 ZPO aF. § 443 entspricht § 979 ZPO aF, § 444 entspricht § 980 ZPO aF und § 445 entspricht § 981 ZPO aF. 1

II. Materielle Voraussetzungen gemäß § 927 BGB

Nach **§ 927 Abs. 1 BGB** kann der **Eigentümer eines Grundstücks**[1] mit seinem Recht **ausgeschlossen werden**. Hierfür bestehen folgende Voraussetzungen: 2

1 Nach allg.M. stehen dem Grundstück grundstücksgleiche Rechte und Miteigentumsanteile an Grundstücken gleich, vgl. zB Palandt/*Bassenge*, § 927 BGB Rz. 2; MüKo.BGB/*Kanzleiter*, § 927 BGB Rz. 3.

1. Eigenbesitz

3 Es muss seit mindestens **30 Jahren Eigenbesitz** (§ 872 BGB) **des Antragsberechtigten** bestehen, wobei für die Fristberechnung gem. § 927 Abs. 1 Satz 2 BGB die §§ 939 bis 943 BGB entsprechend gelten. Die Besitzzeiten von Rechtsvorgängern und Rechtsnachfolgern im Besitz werden zusammengerechnet, § 943 BGB.

2. Grundbuchunrichtigkeit

4 Zusätzlich zur Voraussetzung gem. vorstehend Rz. 3 muss das **Grundbuch** im Hinblick auf die **Eigentumsverhältnisse** entweder **unrichtig** oder inhaltlich unzulässig sein. Unrichtig in diesem Sinne ist das Grundbuch, wenn jemand als Eigentümer eingetragen ist, der nicht der wahre Eigentümer ist. Das kann auch der Antragsteller sein. Eine inhaltlich unzulässige Eigentümereintragung bzw. das Fehlen jeder Eigentümereintragung oder die Eintragung eines nach den Rechtsvorschriften nicht möglichen Eigentümers dürfte dagegen praktisch kaum vorkommen.

3. Zusätzliche Voraussetzungen bei Eintragung des Eigentümers

5 Ist – abweichend von vorstehend Rz. 4 – der **wahre Eigentümer** oder sein Rechtsvorgänger **eingetragen**, ist neben der Voraussetzung gemäß vorstehend Rz. 3 weitere Voraussetzung, dass der **Eigentümer tot oder verschollen** sein muss und seit **30 Jahren keine Eintragung im Grundbuch** vorgenommen wurde, die der Zustimmung des Eigentümers bedurfte.

Hat für den Eigentümer ein Bevollmächtigter gehandelt (ggf. auf Grund einer über den Tod hinaus geltenden Vollmacht), steht dies einer Erklärung durch den Eigentümer selbst gleich.

III. Voraussetzungen des Aufgebots

1. Örtliche Zuständigkeit

6 Nach § 442 Abs. 2 ist **örtlich zuständig** das Gericht, in dessen **Bezirk** das **Grundstück belegen** ist. Erstreckt sich das Grundstück über Bezirke verschiedener Gerichte, hatte nach früherem Recht eine gerichtliche Bestimmung durch das im Rechtszug höhere Gericht gem. § 36 Abs. 1 Nr. 4 ZPO stattzufinden. Diese Vorschrift hat im FamFG keine Entsprechung. In diesen Fällen ist nunmehr gem. § 2 Abs. 1 dasjenige von mehreren örtlich zuständigen Gerichten zuständig, bei dem zuerst der Aufgebotsantrag gestellt wird.

2. Antrag

7 Inhaltlich muss der **Antrag** neben den **allgemeinen notwendigen Angaben** (Bezeichnung des Antragstellers, Bezeichnung des Grundstücks in grundbuchmäßiger Form, Aufgebotsbegehren) nach § 444 eine **Glaubhaftmachung der materiellen Anspruchsvoraussetzungen** des § 927 Abs. 1 BGB enthalten. Die Art und Weise der Glaubhaftmachung ergibt sich nunmehr aus § 31.

IV. Aufgebot

1. Inhalt

Neben dem allgemein vorgeschriebenen Inhalt des § 434 Abs. 2 (vgl. § 434 Rz. 7) hat das Aufgebot die ausdrückliche Androhung des in § 445 beschriebenen Rechtsnachteils zu enthalten. 8

2. Bekanntmachung

Grundsätzlich gilt für die Bekanntmachung § 435. Es bestehen jedoch auf Grund der vormals in § 1024 ZPO aF enthaltenen, nunmehr in § 484 übernommenen Vorbehalte für die Landesgesetzgebung eine Reihe von abweichenden Bestimmungen in den einzelnen Bundesländern.[1] 9

3. Frist

Die Frist des § 437 wird weitgehend durch Landesrecht verdrängt. In den meisten Bundesländern beträgt die Frist drei Monate, nämlich in Bayern, Baden-Württemberg, Berlin, Hamburg, Niedersachsen, Nordrhein-Westfalen, Saarland, Sachsen, Schleswig-Holstein. 10

V. Ausschließungsbeschluss

1. Inhalt

Durch den **Beschluss** wird mit dessen **Rechtskraft**, § 439 Abs. 2, **der Eigentümer ausgeschlossen**. Wird vor diesem Zeitpunkt ein entgegenstehendes Eigentümerrecht angemeldet, ist gem. § 440 zu verfahren. Rein schuldrechtliche Ansprüche auf Übertragung des Eigentums sind unbehelflich und führen nicht zu einem Vorbehalt oder einer Aussetzung nach § 440.[2] 11

2. Wirkung

Mit **Rechtskraft** des **Ausschließungsbeschlusses** wird das **Grundstück herrenlos**; der Antragsteller kann sich dann gem. **§ 927 Abs. 2 BGB** als **Eigentümer im Grundbuch eintragen lassen**. Hatte der Antragsteller bereits eine Buchposition als Eigentümer inne, geht mit Rechtskraft das Eigentum ohne weiteres auf ihn über. 12

Ein **Dritter** hat neben der Anmeldung seiner Rechte im Aufgebotsverfahren die Möglichkeit, die Eintragung eines **Widerspruchs** im Grundbuch zu bewirken. Wird dieser eingetragen, wirkt der Ausschließungsbeschluss ihm gegenüber nicht, § 927 Abs. 3 BGB. Dies gilt auch, wenn er vor Erlass des Beschlusses seine Eintragung als Eigentümer erwirkt. 13

1 Vgl. die Zusammenstellung MüKo.ZPO/*Eickmann*, § 981 ZPO Rz. 10.
2 BGH, Urt. v. 13.2.1980 – V ZR 59/78, BGHZ 76, 169 = NJW 1980, 1521.

§ 446
Aufgebot des Schiffseigentümers

(1) Für das Aufgebotserfahren zur Ausschließung des Eigentümers eines eingetragenen Schiffes oder Schiffsbauwerks nach § 6 des Gesetzes über Rechte an eingetragenen Schiffen und Schiffsbauwerken (BGBl. III 403-4) gelten die §§ 443 bis 445 entsprechend.

(2) Örtlich zuständig ist das Gericht, bei dem das Register für das Schiff oder Schiffsbauwerk geführt wird.

1 § 6 des Gesetzes über Rechte an eingetragenen Schiffen und Schiffsbauwerken (BGBl. III 403-4) ist im Wesentlichen inhaltsgleich mit § 927 BGB. Für die Dauer des Eigenbesitzes gilt hier eine Frist von zehn Jahren.

2 Die Vorschrift gilt nur für eingetragene Schiffe oder eingetragene Schiffsbauwerke. Eintragungsfähige, jedoch nicht eingetragene Schiffe oder Schiffsbauwerke sind nach dem Recht für bewegliche Sachen zu behandeln.

Abschnitt 3
Aufgebot des Gläubigers von Grund- und Schiffspfandrechten sowie des Berechtigten sonstiger dinglicher Rechte

§ 447
Aufgebot des Grundpfandrechtsgläubigers; örtliche Zuständigkeit

(1) Für das Aufgebotsverfahren zur Ausschließung eines Hypotheken-, Grundschuld- oder Rentenschuldgläubigers auf Grund der §§ 1170 und 1171 des Bürgerlichen Gesetzbuchs gelten die nachfolgenden besonderen Vorschriften.

(2) Örtlich zuständig ist das Gericht, in dessen Bezirk das belastete Grundstück belegen ist.

§ 448
Antragsberechtigter

(1) Antragsberechtigt ist der Eigentümer des belasteten Grundstücks.

(2) Antragsberechtigt im Fall des § 1170 des Bürgerlichen Gesetzbuchs ist auch ein im Rang gleich- oder nachstehender Gläubiger, zu dessen Gunsten eine Vormerkung nach § 1179 des Bürgerlichen Gesetzbuchs eingetragen ist oder ein Anspruch nach § 1179a des Bürgerlichen Gesetzbuchs besteht. Bei einer Gesamthypothek, Gesamtgrundschuld oder Gesamtrentenschuld ist außerdem derjenige antragsberechtigt, der auf Grund eines im Rang gleich- oder nachstehenden Rechts Befriedigung aus einem der

belasteten Grundstücke verlangen kann. Die Antragsberechtigung besteht nur, wenn der Gläubiger oder der sonstige Berechtigte für seinen Anspruch einen vollstreckbaren Schuldtitel erlangt hat.

§ 449
Glaubhaftmachung

Der Antragsteller hat vor der Einleitung des Verfahrens glaubhaft zu machen, dass der Gläubiger unbekannt ist.

§ 450
Besondere Glaubhaftmachung

(1) Im Fall des § 1170 des Bürgerlichen Gesetzbuchs hat der Antragsteller vor der Einleitung des Verfahrens auch glaubhaft zu machen, dass eine das Aufgebot ausschließende Anerkennung des Rechts des Gläubigers nicht erfolgt ist.

(2) Ist die Hypothek für die Forderung aus einer Schuldverschreibung auf den Inhaber bestellt oder der Grundschuld- oder Rentenschuldbrief auf den Inhaber ausgestellt, hat der Antragsteller glaubhaft zu machen, dass die Schuldverschreibung oder Brief bis zum Ablauf der im § 801 des Bürgerlichen Gesetzbuchs bezeichneten Frist nicht vorgelegt und der Anspruch nicht gerichtlich geltend gemacht worden ist. Ist die Vorlegung oder die gerichtliche Geltendmachung erfolgt, so ist die in Absatz 1 vorgeschriebene Glaubhaftmachung erforderlich.

(3) Zur Glaubhaftmachung genügt in den Fällen der Absätze 1, 2 die Versicherung des Antragstellers an Eides statt. Das Recht des Gerichts zur Anordnung anderweitiger Ermittlungen von Amts wegen wird hierdurch nicht berührt.

(4) In dem Aufgebot ist als Rechtsnachteil anzudrohen, dass der Gläubiger mit seinem Recht ausgeschlossen werde.

(5) Wird das Aufgebot auf Antrag eines nach § 448 Abs. 2 Antragsberechtigten erlassen, so ist es dem Eigentümer des Grundstücks von Amts wegen mitzuteilen.

§ 451
Verfahren bei Ausschluss mittels Hinterlegung

(1) Im Fall des § 1171 des Bürgerlichen Gesetzbuchs hat der Antragsteller vor der Einleitung des Verfahrens die Hinterlegung des dem Gläubiger gebührenden Betrags anzubieten.

(2) In dem Aufgebot ist als Rechtsnachteil anzudrohen, dass der Gläubiger nach der Hinterlegung des ihm gebührenden Betrags seine Befriedigung statt aus dem Grundstück nur noch aus dem hinterlegten Betrag verlangen könne und sein Recht auf diesen erlösche, wenn er sich nicht vor dem Ablauf von 30 Jahren nach dem Erlass des Ausschließungsbeschlusses bei der Hinterlegungsstelle melde.

(3) Hängt die Fälligkeit der Forderung von einer Kündigung ab, erweitert sich die Aufgebotsfrist um die Kündigungsfrist.

(4) Der Ausschließungsbeschluss darf erst dann erlassen werden, wenn die Hinterlegung erfolgt ist.

I. Vorgängervorschriften der ZPO

1 Die §§ 447 bis 451 entsprechen den früheren §§ 982 bis 987 ZPO. In § 447 Abs. 1 wurde der Wortlaut von § 982 ZPO aF übernommen, in Abs. 2 der von § 983 ZPO aF. § 448 entspricht § 984 ZPO aF, § 449 dem § 985 ZPO aF, § 450 dem § 986 ZPO aF und § 451 entspricht § 987 ZPO aF.

II. Materielle Voraussetzungen

1. Aufgebot gem. § 1170 BGB

2 Erlischt eine durch Hypothek gesicherte Forderung, entsteht zu Gunsten des Eigentümers eine Eigentümergrundschuld, §§ 1163 Abs. 1, 1177 BGB. Derselbe Erfolg tritt für den Eigentümer unter den Voraussetzungen des § 1170 BGB auf Grund Aufgebots ein, ohne dass er das Erlöschen der Forderung nachweisen muss.

a) Unbekannter Aufenthalt des Gläubigers

3 Der **Gläubiger** muss **unbekannt** sein, was gem. § 449 vom Antragsteller **glaubhaft zu machen ist**. Der Gläubiger muss trotz nachweisbarer Bemühungen **der Person nach unbekannt** sein; dem steht gleich, wenn er sein Gläubigerrecht nicht nachweisen kann[1] bzw. verschweigt.[2] Nach der Rechtsprechung des BGH,[3] die in der Literatur zT abgelehnt wird,[4] reicht grundsätzlich ein unbekannter Aufenthalt allein nicht aus. Dies könnte die Position des Eigentümers insbesondere bei Briefrechten verschlechtern. Daher ist die Klarstellung im Beschluss vom 29.1.2009[5] zu begrüßen, dass der

1 KG, Beschl. v. 25.11.1969 – 1 W 7164/69, OLGZ 70, 323.
2 LG Düsseldorf, Beschl. v. 10.3.1995 – 25 T 189/95, NJW-RR 1995, 1232.
3 BGH, Beschl. v. 3.3.2004 – IV ZB 38/03, NJW-RR 2004, 664.
4 MüKo.ZPO/*Eickmann*, § 987 ZPO Rz. 2; Stein/Jonas/*Schlosser*, § 985 ZPO Rz. 2.
5 BGH, Beschl. v. 29.1.2009 – V ZB 140/08, ZNotP 2009, 144 ff.

Gläubiger auch unbekannt sei, wenn der Brief unauffindbar und der Aufenthalt des letzten bekannten Inhabers unbekannt ist. Wegen der weit gehenden Folgen eines Ausschlusses ist im Ergebnis dem BGH und einer eher restriktiven Auslegung dieses Tatbestandsmerkmals zuzustimmen.

b) Zehn-Jahresfrist

Voraussetzung für die Einleitung des Aufgebotsverfahrens ist **weiter das Verstreichen einer Zehn-Jahresfrist**, die – jeweils bezogen auf den spätesten genannten Zeitpunkt – sich auf die letzte das Grundpfandrecht betreffende Eintragung, auf das Datum der Fälligkeit oder auf die letzte das Gläubigerrecht anerkennende Eigentümerhandlung beziehen muss. 4

c) Zwischeneintragungen

Eine für den **Fristbeginn** gem. Rz. 4 relevante **Eintragung** liegt bezüglich des Grundpfandrechtes vor, wenn der **Gläubiger** daran in irgendeiner Form **mitgewirkt** hat, sei es durch Abgabe einer Eintragungsbewilligung, einer Zustimmungserklärung oder durch Antragstellung.[1] Auch die Vorlage des Grundpfandrechtbriefes reicht aus. Eintragungen ohne Mitwirkung des Gläubigers genügen dagegen nicht.[2] 5

d) Fälligkeit

§ 1170 Abs. 1 Satz 2 BGB setzt einen nach dem Kalender bestimmten oder berechenbaren **Fälligkeitstermin** voraus. Dieser ist bei einer **„jederzeit fälligen" Grundschuld** der **Tag der Eintragung**. Die Vorschrift greift nicht, wenn die Fälligkeit erst durch die Kündigung herbeigeführt werden muss. Dies gilt für alle nach dem 13.8.2008 bestellten, der Sicherung einer Geldforderung dienenden Grundschulden, die dem zu diesem Zeitpunkt geänderten § 1193 Abs. 2 BGB unterfallen.[3] Solche können erst nach einer Kündigung gem. § 1193 Abs. 1 BGB fällig werden. 6

e) Anerkennungshandlungen

Anerkennungshandlungen iSv. § 1170 Abs. 1 Satz 1 letzter Halbs. BGB sind unter Berücksichtigung der Verweisung auf § 212 Abs. 1 Nr. 1 BGB, dass der Eigentümer dem Gläubiger gegenüber dessen Anspruch durch Abschlagzahlung, Zinszahlung, Sicherheitsleistung oder in anderer Weise anerkannt hat. Eine Hinterlegung gem. § 1171 BGB fällt nicht darunter. 7

2. Aufgebot gem. § 1171 BGB

§ 1171 BGB ermöglicht dem Eigentümer den **Gläubigerausschluss vor Fristablauf** gem. § 1170 BGB. 8

a) Grundsatz

Voraussetzung ist auch hier, dass der **Gläubiger unbekannt** ist. Auf die vorstehenden Ausführungen zu II 1. a) (Rz. 7) wird verwiesen. 9

---

1 MüKo.BGB/*Eickmann*, § 1170 BGB Rz. 9; Staudinger/*Wolfsteiner*, § 1170 BGB Rz. 11.
2 AA RGRK/*Thomm*, § 1170 BGB Rz. 4.
3 Art. 6 Nr. 8 des Gesetzes zur Begrenzung der mit Finanzinvestitionen verbundenen Risiken (Risikobegrenzungsgesetz) vom 12.8.2008, BGBl. I, S. 1666.

b) Berechtigung des Eigentümers zur Befriedigung

10 Nach § 1171 Abs. 1 Satz 1 BGB muss der **Eigentümer berechtigt** sein, den **Gläubiger zu befriedigen** (§ 1142 BGB) oder das **Grundpfandrecht** zu kündigen (§§ 1141, 1193 BGB).

c) Hinterlegung

11 Darüber hinaus ist der geschuldete Betrag vom Eigentümer für den Gläubiger unter Verzicht auf das Recht zur Rücknahme zu hinterlegen. Für den Umfang einer Hinterlegung von Zinsen gilt § 1171 Abs. 1 Satz 2 BGB.

III. Voraussetzungen des Aufgebots

1. Örtliche Zuständigkeit

12 Nach § 447 Abs. 2 ist **örtlich zuständig** das Gericht, in dessen **Bezirk** das belastete **Grundstück belegen** ist. Erstreckt sich das Grundstück über Bezirke verschiedener Gerichte, kommt wiederum gem. § 2 Abs. 1 dasjenige von mehreren örtlich zuständigen Gerichten zum Zuge, bei dem zuerst der Aufgebotsantrag gestellt wird (vgl. Rz. 6 zu §§ 442 bis 445). Dies ist insbesondere auch bei einem Aufgebot von Gesamtrechten von Bedeutung.

2. Antrag

13 Antragsberechtigt ist gem. § 448 Abs. 1 immer der **Eigentümer** des **belasteten Grundstücks**. Im Falle des § 1170 BGB sind weiter gem. § 448 Abs. 2 **bestimmte Gläubiger antragsberechtigt**. Zum einen sind dies gleich- oder nachstehende Gläubiger, die Berechtigte einer Löschungsvormerkung, § 1179 BGB, oder Inhaber eines Löschungsanspruchs, § 1179a BGB sind. Weiter sind bei Gesamtbelastungen solche gleich- oder nachrangigen Gläubiger antragsberechtigt, die über einen vollstreckbaren Schuldtitel, § 10 ZVG, verfügen.

14 Der Aufgebotsantrag muss zu bestimmten Voraussetzungen eine **weiter gehende Glaubhaftmachung** enthalten: Nach § 449 ist glaubhaft zu machen, dass der **Gläubiger unbekannt** ist. Im Falle des § 1170 BGB ist gem. § 450 Abs. 1 neben den allgemeinen Voraussetzungen auch glaubhaft zu machen, dass eine **beeinträchtigende Anerkennung des Rechts des Gläubigers nicht erfolgt** ist. Diese negative Tatsache kann der Antragsteller durch Versicherung an Eides statt glaubhaft machen, § 450 Abs. 3. Im Falle des § 1171 BGB umfasst die erforderliche Glaubhaftmachung auch das **Bestehen eines Befriedigungs- bzw. Kündigungsrechts.**

15 Für die in § 450 Abs. 2 angesprochene Hypothek für eine Forderung aus **Inhaberpapieren** pp. ist weiter auf die Bestimmungen der §§ 793 ff., 1187 bis 1189, 1195 und 1199 BGB zu verweisen.

16 Im Falle des § 1171 BGB muss der **Antragsteller** vor Verfahrenseinleitung die **Hinterlegung** des dem **Gläubiger zustehenden Anspruchs anbieten**, § 451 Abs. 1.

IV. Aufgebot

1. Inhalt

Im Fall des § 1170 BGB ist gem. § 450 Abs. 4 als **Rechtsnachteil** anzudrohen, dass der **Gläubiger** mit seinen **Recht ausgeschlossen** wird. Bei Hinterlegung gem. § 1171 BGB hat die Androhung gem. § 451 Abs. 2 dahin zu lauten, dass der Gläubiger seine **Befriedigung** nur noch aus dem **hinterlegten Betrag** verlangen kann und insoweit sein Recht nach **30 Jahren erlischt**, sofern er sich nicht binnen dieser Frist bei der Hinterlegungsstelle meldet. 17

2. Bekanntmachung

Bei der Bekanntmachung wird § 435 wiederum weitgehend durch Landesrecht verdrängt. Es wird auf Rz. 9 zu §§ 442 bis 445 verwiesen. 18

3. Frist

Weitgehend durch Landesrecht verdrängt wird ebenfalls die Frist des § 437. Auf Rz. 10 zu §§ 442 bis 445 wird verwiesen. 19

V. Ausschließungsbeschluss

1. Inhalt

Der Ausschließungsbeschluss hat die Rechtsnachteile zu bezeichnen, die im Falle des § 1170 BGB in § 450 Abs. 4 und im Falle des § 1171 BGB in § 451 Abs. 2 bezeichnet sind (s. auch Rz. 17). 20

Im Falle des **§ 1171 BGB** darf gem. § 451 Abs. 4 der **Ausschließungsbeschluss** erst dann erlassen werden, wenn die **Hinterlegung** erfolgt ist. 21

2. Wirkungen

Im Falle des **§ 1170 BGB** erwirbt der Eigentümer mit **Rechtskraft des Ausschließungsbeschlusses** die **Hypothek lastenfrei** als **Eigentümergrundschuld**, §§ 1170 Abs. 2 Satz 1, 1177 BGB. Ein dem Gläubiger erteilter Hypothekenbrief wird kraftlos, § 1170 Abs. 2 Satz 2 BGB. 22

In den Fällen des **§ 1171 BGB** ist zu differenzieren: Lagen neben dem Hinterlegungsgrund des § 1171 BGB auch die **Hinterlegungsvoraussetzungen des § 372 BGB** vor, gilt der Gläubiger bereits zum **Zeitpunkt der Hinterlegung** als befriedigt, § 378 BGB. Die Hypothek bzw. die Grundschuld gehen in diesem Zeitpunkt auf den Eigentümer über; der Ausschließungsbeschluss ist dann nur noch für das Kraftloswerden des Briefes, § 1171 Abs. 2 Satz 2 BGB, von Bedeutung. Liegen bei Hinterlegung die **Voraussetzungen des § 372 BGB nicht vor**, tritt mit Rechtskraft des Ausschließungsbeschlusses die **Wirkung des § 1171 Abs. 2 Satz 1 BGB** ein, dh., der **Gläubiger** gilt als **befriedigt**, der **Eigentümer erwirbt** das **dingliche Recht**. 23

§ 452
Aufgebot des Schiffshypothekengläubigers; örtliche Zuständigkeit

(1) Für das Aufgebotsverfahren zur Ausschließung eines Schiffshypothekengläubigers auf Grund der §§ 66 und 67 des Gesetzes über Rechte an eingetragenen Schiffen und Schiffsbauwerken (BGBl. III 403-4) gelten die §§ 448 bis 451 entsprechend. Anstelle der §§ 1170, 1171 und 1179 des Bürgerlichen Gesetzbuchs sind die §§ 66, 67, 58 des genannten Gesetzes anzuwenden.

(2) Örtlich zuständig ist das Gericht, bei dem das Register für das Schiff oder Schiffsbauwerk geführt wird.

I. Allgemeines

1 Der **Gläubiger** einer Schiffshypothek kann gem. **§ 66 SchRG** ausgeschlossen werden, wenn er **unbekannt** ist, seit der letzten, auf das Recht sich beziehenden **Eintragung zehn Jahre verstrichen** sind und das Recht des Gläubigers in der Zwischenzeit auch nicht gem. § 212 Abs. 1 Nr. 1 BGB **anerkannt** worden ist. Da die Bestimmung inhaltlich mit § 1170 BGB übereinstimmt, kann auf Rz. 2 ff. zu §§ 447 bis 450 verwiesen werden.

2 Nach § 67 SchRG kann der **Gläubiger** ferner **ausgeschlossen** werden, wenn der befriedungs- bzw. kündigungsberechtigte **Eigentümer** den **Forderungsbetrag hinterlegt**. Diese Bestimmung stimmt mit § 1171 BGB überein.

II. Verfahren

3 Das Verfahren entspricht dem der §§ 447 bis 451, wobei zuständig das Gericht ist, in dessen Register das Schiff oder das Schiffsbauwerk geführt wird. Landesrechtliche Sondervorschriften für Aufgebotsveröffentlichung und -frist bestehen nicht.

§ 453
Aufgebot des Berechtigten bei Vormerkung, Vorkaufsrecht, Reallast

(1) Die Vorschriften des § 447 Abs. 2, des § 448 Abs. 1, der §§ 449, 450 Abs. 1 bis 4 und der §§ 451, 452 gelten entsprechend für das Aufgebotsverfahren zu der in den §§ 887, 1104, 1112 des Bürgerlichen Gesetzbuchs, § 13 des Gesetzes über Rechte an eingetragenen Schiffen und Schiffsbauwerken (BGBl. III 403-4) für die Vormerkung, das Vorkaufsrecht und die Reallast bestimmten Ausschließung des Berechtigten.

(2) Antragsberechtigt ist auch, wer auf Grund eines im Range gleich- oder nachstehenden Rechts Befriedigung aus dem Grundstück oder dem Schiff oder Schiffsbauwerk verlangen kann, wenn er für seinen Anspruch einen vollstreckbaren Schuldtitel erlangt hat. Das Aufgebot ist dem Eigentümer des Grundstücks oder des Schiffes oder Schiffsbauwerks von Amts wegen mitzuteilen.

I. Allgemeines

Nach den §§ 887, 1104 und 1112 BGB können, jeweils unter den Voraussetzungen des § 1170 BGB, die **Gläubiger** einer zur Sicherung eines persönlichen Anspruchs eingetragenen **Vormerkung, eines** subjektiv-persönlichen **Vorkaufsrechts** oder **einer** subjektiv-persönlichen **Dienstbarkeit ausgeschlossen** werden. 1

Für Vormerkungen im Schiffsregister und im Schiffsbauregister sehen die §§ 13, 77 SchRG gleichfalls ein Aufgebotsverfahren vor. 2

II. Verfahren

Nach Abs. 1 finden die Vorschriften des § 447 Abs. 2, des § 448 Abs. 1, des § 449, des § 450 Abs. 1 bis 4 und der §§ 451, 452 entsprechende Anwendung. 3

Zusätzlich zum Eigentümer haben gem. § 453 Abs. 2 gleich- oder nachrangig Befriedigungsberechtigte, § 10 ZVG, ein Antragsrecht, sofern sie über einen vollstreckbaren Titel verfügen.

III. Wirkung des Beschlusses

In den in Rz. 1 genannten Fällen hat der **Ausschließungsbeschluss** mit Rechtskraft die Wirkung, dass das Recht erlischt. Der Beschluss wirkt wie eine **Löschungsbewilligung**. 4

Abschnitt 4
Aufgebot von Nachlassgläubigern

§ 454
Aufgebot von Nachlassgläubigern; örtliche Zuständigkeit

(1) Für das Aufgebotsverfahren zur Ausschließung von Nachlassgläubigern auf Grund des § 1970 des Bürgerlichen Gesetzbuchs gelten die nachfolgenden besonderen Vorschriften.

(2) Örtlich zuständig ist das Amtsgericht, dem die Angelegenheiten des Nachlassgerichts obliegen. Sind diese Angelegenheiten einer anderen Behörde als einem Amtsgericht übertragen, so ist das Amtsgericht zuständig, in dessen Bezirk die Nachlassbehörde ihren Sitz hat.

§ 455
Antragsberechtigter

(1) Antragsberechtigt ist jeder Erbe, wenn er nicht für die Nachlassverbindlichkeiten unbeschränkt haftet.

(2) Zu dem Antrag sind auch ein Nachlasspfleger, Nachlassverwalter und ein Testamentsvollstrecker berechtigt, wenn ihnen die Verwaltung des Nachlasses zusteht.

(3) Der Erbe und der Testamentsvollstrecker können den Antrag erst nach der Annahme der Erbschaft stellen.

§ 456
Verzeichnis der Nachlassgläubiger

Dem Antrag ist ein Verzeichnis der bekannten Nachlassgläubiger mit Angabe ihres Wohnortes beizufügen.

§ 457
Nachlassinsolvenzverfahren

(1) Das Aufgebot soll nicht erlassen werden, wenn die Eröffnung des Nachlassinsolvenzverfahrens beantragt ist.

(2) Durch die Eröffnung des Nachlassinsolvenzverfahrens wird das Aufgebotsverfahren beendet.

§ 458
Inhalt des Aufgebots; Aufgebotsfrist

(1) In dem Aufgebot ist den Nachlassgläubigern, die sich nicht melden, als Rechtsnachteil anzudrohen, dass sie von dem Erben nur insoweit Befriedigung verlangen können, als sich nach Befriedigung der nicht ausgeschlossenen Gläubiger noch ein Überschuss ergibt; das Recht, vor den Verbindlichkeiten aus Pflichtteilsrechten, Vermächtnissen und Auflagen berücksichtigt zu werden, bleibt unberührt.

(2) Die Aufgebotsfrist soll höchstens sechs Monate betragen.

§ 459
Forderungsanmeldung

(1) In der Anmeldung einer Forderung sind der Gegenstand und der Grund der Forderung anzugeben. Urkundliche Beweisstücke sind in Urschrift oder in Abschrift beizufügen.

(2) Das Gericht hat die Einsicht der Anmeldungen jedem zu gestatten, der ein rechtliches Interesse glaubhaft macht.

§ 460
Mehrheit von Erben

(1) Sind mehrere Erben vorhanden, kommen der von einem Erben gestellte Antrag und der von ihm erwirkte Ausschließungsbeschluss auch den anderen Erben zustatten; die Vorschriften des Bürgerlichen Gesetzbuchs über die unbeschränkte Haftung bleiben unberührt. Als Rechtsnachteil ist den Nachlassgläubigern, die sich nicht melden, auch anzudrohen, dass jeder Erbe nach der Teilung des Nachlasses nur für den seinem Erbteil entsprechenden Teil der Verbindlichkeit haftet.

(2) Das Aufgebot mit Androhung des in Absatz 1 Satz 2 bestimmten Rechtsnachteils kann von jedem Erben auch dann beantragt werden, wenn er für die Nachlassverbindlichkeiten unbeschränkt haftet.

§ 461
Nacherbfolge

Im Fall der Nacherbfolge ist § 460 Abs. 1 Satz 1 auf den Vorerben und den Nacherben entsprechend anzuwenden.

§ 462
Gütergemeinschaft

(1) Gehört ein Nachlass zum Gesamtgut der Gütergemeinschaft, kann sowohl der Ehegatte, der Erbe ist, als auch der Ehegatte, der nicht Erbe ist, aber das Gesamtgut allein oder mit seinem Ehegatten gemeinschaftlich verwaltet, das Aufgebot beantragen, ohne dass die Zustimmung des anderen Ehegatten erforderlich ist. Die Ehegatten behalten diese Befugnis, wenn die Gütergemeinschaft endet.

(2) Der von einem Ehegatten gestellte Antrag und der von ihm erwirkte Ausschließungsbeschluss kommen auch dem anderen Ehegatten zustatten.

(3) Die Absätze 1 und 2 finden auf Lebenspartnerschaften entsprechende Anwendung.

§ 463
Erbschaftskäufer

(1) Hat der Erbe die Erbschaft verkauft, so können sowohl der Käufer als auch der Erbe das Aufgebot beantragen. Der von dem einen Teil gestellte Antrag und der von ihm erwirkte Ausschließungsbeschluss kommen, unbeschadet der Vorschriften des Bürgerlichen Gesetzbuchs über die unbeschränkte Haftung, auch dem anderen Teil zustatten.

(2) Diese Vorschriften gelten entsprechend, wenn jemand eine durch Vertrag erworbene Erbschaft verkauft oder sich zur Veräußerung einer ihm angefallenen oder anderweitig von ihm erworbenen Erbschaft in sonstiger Weise verpflichtet hat.

I. Vorgängervorschriften der ZPO

1 Die §§ 454 bis 463 entsprechen den früheren §§ 989 bis 1000 ZPO. In § 454 Abs. 1 wurde der Wortlaut von § 989 ZPO aF übernommen, in Abs. 2 der von § 990 ZPO aF. Die Vorschrift des § 455 ist an § 991 ZPO aF angelehnt, wobei in Abs. 2 zusätzlich klargestellt wird, dass auch der Nachlassverwalter eine antragsberechtigte Person ist. § 456 entspricht dem § 992 ZPO aF, § 457 dem § 993 ZPO aF. § 458 Abs. 1 entspricht inhaltlich dem § 994 ZPO aF; die Vorschrift wurde redaktionell neu gefasst. § 458 Abs. 2 entspricht dem § 994 Abs. 1 ZPO aF. § 459 entspricht dem § 996 ZPO aF, § 460 dem § 997 ZPO aF, § 461 dem § 998 ZPO aF, § 462 dem § 999 ZPO aF und § 463 dem § 1000 ZPO aF.

II. Zweck des Aufgebots

1. Klärung von Nachlassverbindlichkeiten

2 Gem. § 1970 BGB können die **Nachlassgläubiger** durch Aufgebotsverfahren **zur Anmeldung ihrer Forderungen aufgefordert** werden. Auf Grund des Aufgebots erhält insbesondere der Erbe Aufschluss über den Nachlass und der diesen betreffenden Verbindlichkeiten. Es ermöglicht ihm die Errichtung eines ordnungsgemäßen Inventars, § 2001 BGB, und sichert ihn gegen unbekannte Nachlassgläubiger, § 1973 BGB. Weiter schafft es Klarheit, ob ggf. Maßnahmen gem. § 1975 BGB, dh. Nachlassverwaltung bzw. Nachlassinsolvenz zur Herbeiführung einer Haftungsbeschränkung, eingeleitet werden sollten.

2. Zulässigkeit des Aufgebotsverfahrens

3 Aus **§ 1970 BGB** ergibt sich die **grundsätzliche Zulässigkeit des Aufgebotsverfahrens**. Weitere Zulässigkeitsvoraussetzungen bestehen nicht. Die **Zulässigkeit** kann jedoch **entfallen**, wenn bzw. sobald der **Erbe unbeschränkt für Nachlassverbindlichkeiten haftet**, § 455 Abs. 1.

III. Voraussetzungen des Aufgebots

1. Örtliche Zuständigkeit

Örtlich zuständig ist gem. § 454 Abs. 2 das Amtsgericht, dem die Angelegenheiten des **Nachlassgerichts** obliegen. Dies ist gem. § 343 Abs. 1 grundsätzlich das Gericht am **Wohnsitz des Erblassers** im Zeitpunkt des Erbfalls oder, falls ein **inländischer Wohnsitz fehlt**, das Gericht, in dessen Bezirk der Erblasser im vorgenannten Zeitpunkt seinen **Aufenthalt** hatte. 4

Die in § 454 Abs. 2 Satz 2 übernommene, auf dem Vorbehalt des Art. 147 EGBGB beruhende Sondervorschrift hat nur noch für Baden-Württemberg Bedeutung (vgl. § 38 LFGG BW). 5

2. Antrag

Regelungen hinsichtlich der **Antragsberechtigung** enthalten die §§ 455, 460, 461, 462 und 463. 6

a) Antragsberechtigung

Die **Antragsberechtigten** sind im Einzelnen: 7

- Der **Erbe**, soweit er noch nicht unbeschränkt haftet, § 455 Abs. 1. Der Erbe kann den Antrag erst stellen, wenn er die **Erbschaft angenommen** hat, § 455 Abs. 3.

  Haftet der Erbe bereits unbeschränkt, hat er nur noch die Möglichkeit, das **Aufgebot** in der gem. § 460 Abs. 1 Satz 2 **eingeschränkten Form** zu beantragen (sog. **„kleines" Aufgebot**). Der unbeschränkt haftende Erbe kann dadurch noch die Rechtsvorteile des § 2060 Nr. 1 BGB herbeiführen, nämlich eine Teilhaftung, so dass er nach Nachlassteilung nur noch für den seinem Erbteil entsprechenden Teil einer Nachlassverbindlichkeit haftet.
- Der **Testamentsvollstrecker**, dem die Verwaltung des Nachlasses zusteht – jedoch gemäß § 455 Abs. 3 erst **nach Annahme der Erbschaft**. 8
- Der **Nachlasspfleger** (§§ 1960, 1961 BGB) und der **Nachlassverwalter** (§ 1985 BGB). Letzterer wurde formal erst durch die FGG-Reform in den Kreis der Antragsteller aufgenommen. Da er als Sonderform des Nachlasspflegers anzusehen ist,[1] wurde er von der einhelligen Auffassung in der Literatur schon nach altem Recht als antragsberechtigt angesehen.[2] Nachlasspfleger und Nachlassverwalter können den **Antrag** auch bereits **vor Annahme der Erbschaft** stellen. 9
- Gehört der Nachlass zum **Gesamtgut** einer **Gütergemeinschaft**, kann auch der **Ehegatte**, der **nicht Erbe** ist, aber das Gesamtgut zumindest gemeinschaftlich verwaltet, einen **Aufgebotsantrag** stellen, § 465 Abs. 1. 10
- Die Vorschriften des § 462 Abs. 1 und 2 finden entsprechende Anwendung auf **Lebenspartnerschaften** iSd. LPartG, § 462 Abs. 3. 11
- Schließlich ist im Falle des Erbschaftsverkaufs neben dem Erben auch der **Erbschaftskäufer** antragsberechtigt, § 463. 12

---

1 BGH, Urt. v. 11.7.1984 – IVa ZR 23/83, NJW 1985, 140.

2 Vgl. zB MüKo.ZPO/*Eickmann*, §§ 989–1000 ZPO, Rz. 7; Stein/Jonas/*Schlosser*, § 991 ZPO Rz. 4.

b) Weitere Voraussetzungen

13 Dem **Aufgebotsantrag** ist gem. § 456 ein **Verzeichnis** der bekannten **Nachlassgläubiger** mit Angabe ihres Wohnortes **beizufügen**. Der Antragsteller muss sich im Antrag zur Frage seiner unbeschränkten oder noch beschränkten Haftung erklären, mithin dazu, ob er ein uneingeschränktes Aufgebotsverfahren oder nur das beschränkte („kleine") Verfahren nach § 460 Abs. 2 begehrt. Insoweit kann auch weitere Aufklärung durch das Gericht gem. § 28 geboten erscheinen.

3. Aufgebotssperre bei Insolvenzverfahren

14 Nach **§ 1975 BGB** hat die **Eröffnung der Nachlassinsolvenz** die **Beschränkung der Erbenhaftung zur Folge**. Deshalb ist dann das **Aufgebotsverfahren entbehrlich**; die Rechtsfolgen des § 457 erscheinen eher selbstverständlich.

4. Besondere Folgen

15 Bereits bei Einleitung des Verfahrens stehen den Erben die Aufgeboteinrede des § 2015 BGB sowie das Recht zu, bis zum Abschluss des Aufgebotsverfahrens den Aufschub der Auseinandersetzung zu verlangen, § 2045 BGB.

IV. Aufgebot

1. Inhalt

16 Neben dem allgemein vorgeschriebenen Inhalt des § 434 Abs. 2 (vgl. § 434 Rz. 7) kann der weitere **Inhalt des Aufgebots** unterschiedlich sein: Ist nur ein **Alleinerbe** vorhanden, ist in dem Aufgebot der in § 458 Abs. 1 formulierte Rechtsnachteil anzudrohen. Beim Vorhandensein **mehrerer Erben** kommt noch die Rechtswirkung des § 2060 Nr. 1 BGB hinzu, dass der einzelne Miterbe nur für einen seinem Erbteil entsprechenden Teil der Verbindlichkeit haftet; auch dieser Rechtsnachteil ist deshalb nach § 460 Abs. 1 Satz 2 anzudrohen. Haftet ein **Miterbe bereits unbeschränkt**, beschränkt sich beim „kleinen" Aufgebot die Androhung nur auf den Rechtsnachteil der Teilhaftung, § 460 Abs. 2.

2. Bekanntmachung

17 Für die Bekanntmachung gilt § 435. Landesrechtliche Besonderheiten sind nicht gegeben.

Die früher in § 994 Abs. 2 ZPO enthaltenen besonderen Zustellungsregelungen sind nicht übernommen worden. Sie würden dem FGG-Prinzip der weitgehend formlosen Mitteilung, § 12, widersprechen.

3. Frist

18 Hinsichtlich der Aufgebotsfrist gilt § 458 Abs. 2 iVm. § 437: Die **Aufgebotsfrist** muss **mindestens sechs Wochen** und darf **höchstens sechs Monate** betragen.

V. Ausschließungsbeschluss

1. Inhalt

Der **Ausschließungsbeschluss** enthält die vorstehend behandelten Rechtsnachteile (vgl. Rz. 16). Bei Vorliegen einer Anmeldung gilt § 440. Insoweit enthält für das Aufgebotsverfahren von Nachlassgläubigern § 459 Abs. 1 eine Sonderregelung: Bei der **Anmeldung** einer **Forderung** sind **Gegenstand und Grund der Forderung anzugeben**, **urkundliche Beweisstücke** sind mit **vorzulegen**. 19

2. Wirkungen

Nach Durchführung des Aufgebotsverfahrens kann der Erbe die **Dürftigkeitseinrede** des **§ 1973 BGB** erheben, weiter – beim Vorhandensein mehrerer Erben – die **Teilhaftung einwenden**. 20

Bei Vorhandensein **mehrerer Erben** bestimmt § 460 Abs. 1 Satz 1, dass der von einem erwirkte **Ausschließungsbeschluss** auch den **anderen Erben zustatten kommt**. Gleiches gilt gem. § 462 Abs. 2 bei Gütergemeinschaften für den von einem Ehegatten gestellten Antrag zu Gunsten des anderen Ehegatten und gem. § 463 Abs. 1 Satz 2 beim Erbschaftskauf für das Verhältnis des Erben zum Erbschaftskäufer. 21

§ 464
Aufgebot der Gesamtgutsgläubiger

§ 454 Abs. 2 und die §§ 455 bis 459, 462 und 463 sind im Fall der fortgesetzten Gütergemeinschaft auf das Aufgebotsverfahren zur Ausschließung von Gesamtgutsgläubigern nach § 1489 Abs. 2 und § 1970 des Bürgerlichen Gesetzbuchs entsprechend anzuwenden.

I. Bisherige Regelung

Die Vorschrift entspricht inhaltlich § 1001 ZPO aF. 1

II. Verfahren

Bei der Ausschließung von Gesamtgutsgläubigern nach § 1489 Abs. 2 BGB iVm. § 1970 BGB verweist das Gesetz auf das für das Aufgebot von Nachlassgläubigern geltende Verfahren. Diese Verweisung erfasst nicht die §§ 460, 461, da diese mehrere Beteiligte betreffenden Vorschriften bei dem hier infrage stehenden Aufgebot nicht zum Zuge kommen können. 2

Abschnitt 5
Aufgebot der Schiffsgläubiger

§ 465
Aufgebot der Schiffsgläubiger

(1) Für das Aufgebotsverfahren zur Ausschließung von Schiffsgläubigern auf Grund des § 110 des Binnenschifffahrtsgesetzes gelten die nachfolgenden Absätze.

(2) Örtlich zuständig ist das Gericht, in dessen Bezirk sich der Heimathafen oder der Heimatort des Schiffes befindet.

(3) Unterliegt das Schiff der Eintragung in das Schiffsregister, kann der Antrag erst nach der Eintragung der Veräußerung des Schiffes gestellt werden.

(4) Der Antragsteller hat die ihm bekannten Forderungen von Schiffsgläubigern anzugeben.

(5) Die Aufgebotsfrist muss mindestens drei Monate betragen.

(6) In dem Aufgebot ist den Schiffsgläubigern, die sich nicht melden, als Rechtsnachteil anzudrohen, dass ihre Pfandrechte erlöschen, wenn ihre Forderungen dem Antragsteller nicht bekannt sind.

I. Bisherige Regelung

1 Die Vorschrift entspricht inhaltlich § 1002 ZPO aF.

II. Inhalt der Vorschrift

2 Gem. § 110 BinSchG kann der rechtsgeschäftliche Erwerber eines Binnenschiffes den Ausschluss der ihm unbekannten Schiffsgläubiger mit ihren Pfandrechten (§ 103 Abs. 1 BinSchG) beantragen. Zu den von der Norm umfassten Forderungen vgl. § 102 BinSchG.

Besonderheiten hinsichtlich der Aufgebotsvoraussetzungen, des Antragsinhalts und der Aufgebotsfrist ergeben sich aus den Abs. 3 bis 5 des § 465.

Abschnitt 6
Aufgebot zur Kraftloserklärung von Urkunden

Vorbemerkungen

I. Allgemeines

1 Die **§§ 466 bis 484** enthalten **besondere Vorschriften** für das **Aufgebotsverfahren** zum Zwecke der **Kraftloserklärung von Urkunden**. Diese entsprechen im Wesentlichen den der §§ 1003 bis 1024 ZPO aF.

Die §§ 466 ff. betreffen nur Urkunden, bei denen die gerichtliche Kraftloserklärung durch ein Aufgebotsverfahren gesetzlich zugelassen ist. Hierunter fallen insbesondere: 2

- **Wechsel, Art. 90 WG:** Ein Wechsel kann aufgeboten werden, wenn er abhanden gekommen oder vernichtet ist. Dabei ist ohne Belang, ob er akzeptiert, protestiert, verfallen oder verjährt ist.
- **Schecks, Art. 59 ScheckG:** Die Aufgebotsgründe sind dieselben wie zu Rz. 2. Aufgeboten werden können auch **Blankoschecks** (Art. 13 ScheckG).[1] Strittig war, ob auch nicht unterschriebene Euroscheck-Vordrucke unter die §§ 1003 bis 1024 ZPO aF fielen bzw. diese Vorschriften auch für Euroscheckkarten galten.[2] Abgesehen davon, dass der bejahenden Ansicht nicht gefolgt werden kann, weil sie eine wertpapierrechtliche Haftung ohne Unterschrift unterstellen müsste, wird die Bedeutung dieses Problems in der Praxis immer weiter abnehmen. Bei elektronisch vernetzten Kreditkarten, die die Schecks überwiegend verdrängt haben, erfolgen Sperrung bzw. Neuausstellung praktisch allein auf Grund privatrechtlicher Bedingungen der Kreditinstitute. 3
- **Schuldverschreibungen auf den Inhaber**, § 799 BGB, wie Bankschuldverschreibungen (**Pfandbriefe, Kommunalobligationen**); öffentliche Anleihen, sofern sie noch verbrieft werden, Grundpfandrechtsbriefe, die (ausnahmsweise) auf den Inhaber ausgestellt sind (§§ 1195, 1199 BGB); **Investment-Zertifikate**; Lotterielose nach Ziehung und darauf entfallendem Gewinn. Wegen Ausnahmen vgl. nachstehend Rz. 11. 4
- **Aktien und Zwischenscheine**, sofern nicht in der Urkunde etwas anderes bestimmt ist, § 75 AktG. 5
- **Kaufmännische Orderpapiere**, §§ 363, 365 HGB; kaufmännische Anweisungen, § 363 Abs. 1 Satz 1 HGB; kaufmännische Verpflichtungsscheine, § 363 Abs. 1 Satz 2 HGB. 6
- **Konossemente, Ladescheine, Lagerscheine**, §§ 642 ff., 444 ff., 475c HGB. 7
- **Hypotheken-, Grundschuld-** und **Rentenschuldbriefe**, §§ 1162, 1195 BGB. 8
- Auf den Namen oder an Order lautende **Schuldverschreibungen** und **Schatzanweisungen** des Reiches und des Bundes. 9
- **Qualifizierte Legitimationspapiere**, § 808 Abs. 2 BGB, wie zB Sparbücher, Depot-Scheine, Pfandscheine, Versicherungsscheine mit Inhaberklauseln. 10

Insbesondere bei **Sparbüchern** finden sich **landesrechtliche Ausnahmen** auf Grund des Vorbehaltes in Art. 102 Abs. 2 EGBGB. Dabei wird das gerichtliche Aufgebotsverfahren regelmäßig durch ein entsprechend strukturiertes Verfahren der Sparkassen selbst ersetzt.[3]

II. Ausschluss des Verfahrens

Ausdrücklich ausgeschlossen ist das Aufgebotsverfahren in den Fällen des § 799 Abs. 1 Satz 2 BGB, nämlich bei Zins-, Renten- und Gewinnanteilscheinen sowie bei auf Sicht zahlbaren unverzinslichen Schuldverschreibungen (Banknoten). 11

1 BGH, Urt. v. 1.4.1974 – II ZR 74/73, WM 1974, 558.

2 Bejahend: Zöller/*Geimer*, § 1003 ZPO Rz. 1; aA Stein/Jonas/*Schlosser*, § 1003 ZPO Rz. 10; MüKo.ZPO/*Eickmann*, §§ 1003–1024 ZPO Rz. 2.

3 Vgl. die Zusammenstellung der landesrechtlichen Regelungen bei MüKo.ZPO/*Eickmann*, § 946 ZPO Fn. 2.

III. Aufgebotsgründe

12 Als **Gründe für das Aufgebot** nennen die vorstehenden gesetzlichen Vorschriften übereinstimmend das **Abhandenkommen** und die **Vernichtung der Urkunde**. Dem Inhaber einer Urkunde ist diese abhanden gekommen, wenn er ohne oder gegen seinen Willen (ausgenommen im Fall der Wegnahme durch staatliche Zwangsgewalt wie Zwangsvollstreckung oder Beschlagnahme) den Gewahrsam an der Urkunde verloren hat.[1] Vernichtet ist die Urkunde im Falle ihrer Substanzzerstörung oder im Falle so erheblicher Beschädigung, dass ihr wesentlicher Inhalt nicht mehr zuverlässig feststellbar ist.

§ 466
Örtliche Zuständigkeit

(1) Für das Aufgebotsverfahren ist das Gericht örtlich zuständig, in dessen Bezirk der in der Urkunde bezeichnete Erfüllungsort liegt. Enthält die Urkunde eine solche Bezeichnung nicht, ist das Gericht örtlich zuständig, bei dem der Aussteller seinen allgemeinen Gerichtsstand hat, und in Ermangelung eines solchen Gerichts dasjenige, bei dem der Aussteller zur Zeit der Ausstellung seinen allgemeinen Gerichtsstand gehabt hat.

(2) Ist die Urkunde über ein im Grundbuch eingetragenes Recht ausgestellt, ist das Gericht der belegenen Sache ausschließlich örtlich zuständig.

(3) Wird das Aufgebot durch ein anderes als das nach dieser Vorschrift örtlich zuständige Gericht erlassen, ist das Aufgebot auch durch Aushang an der Gerichtstafel oder Einstellung in das Informationssystem des letzteren Gerichts öffentlich bekannt zu machen.

I. Bisherige Regelung

1 In der Vorschrift wurden die Zuständigkeitsregelungen des § 1005 Abs. 1 und Abs. 2 sowie des § 1006 Abs. 2 ZPO aF zusammengefasst. § 1006 Abs. 1 ZPO aF ist laut Gesetzesbegründung entbehrlich, weil nunmehr in § 23 d GVG eine umfassende Konzentrationsermächtigung geschaffen wurde.[2] Der frühere § 1006 Abs. 2 ZPO wurde als Übergangsvorschrift in § 491 eingestellt, soweit er bereits bestehende besondere landesrechtliche Zuständigkeitsvorschriften enthält.

II. Zuständigkeiten

2 Im Übrigen wird in Abs. 1 wegen der **Zuständigkeit** für das Aufgebotsverfahren an den in der **Urkunde bezeichneten Erfüllungsort** angeknüpft bzw., wenn ein solcher nicht ersichtlich ist, an den **allgemeinen Gerichtsstand des Ausstellers** der Urkunde. Ist die Urkunde über ein im Grundbuch **eingetragenes Recht** ausgestellt, ist das Gericht der

1 Vgl. zB Stein/Jonas/*Schlosser*, § 1003 ZPO Rz. 10; MüKo.ZPO/*Eickmann*, § 1003–1024 ZPO Rz. 9.
2 BT-Ducks.16/6308, S. 297.

belegenen Sache ausschließlich örtlich zuständig. Erstreckt sich das Grundstück über mehrere Gerichtsbezirke oder handelt es sich um ein Gesamtrecht, ist wiederum auf § 2 Abs. 1 zurückzugreifen (nicht mehr auf § 36 Abs. 4 ZPO; vgl. Rz. 6 zu §§ 442 bis 445).

Abs. 3 ist im Zusammenhang mit § 23d GVG zu sehen. 3

Für Anleihen des Bundes, der ehemaligen Bundesbahn und Bundespost besteht eine besondere Zuständigkeit des AG Bad Homburg. Für Schuldverschreibungen der Länder können gem. § 491 landesrechtliche Sonderzuständigkeiten bestehen.[1] 4

§ 467
Antragsberechtigter

(1) Bei Papieren, die auf den Inhaber lauten oder die durch Indossament übertragen werden können und mit einem Blankoindossament versehen sind, ist der bisherige Inhaber des abhandengekommenen oder vernichteten Papiers berechtigt, das Aufgebotsverfahren zu beantragen.

(2) Bei anderen Urkunden ist derjenige zur Stellung des Antrags berechtigt, der das Recht aus der Urkunde geltend machen kann.

I. Bisherige Regelung

Die Vorschrift entspricht inhaltlich dem früheren § 1004 ZPO. 1

II. Zulässigkeit

Wann das Aufgebotsverfahren zulässig ist, richtet sich nach materiellem Recht, vgl. Vorbemerkungen I und III zu §§ 466 bis 484, Rz. 1 ff., 12. 2

III. Antragsberechtigung

Hinsichtlich der Antragsberechtigung behandelt Abs. 1 einen Sonderfall, der Grundsatz ergibt sich aus Abs. 2: **Antragsberechtigt** ist, wer das **Recht aus der Urkunde** geltend machen kann. 3

Bei **Inhaber-Papieren** sowie bei indossablen Papieren mit Blankoindossament hat der **bisherige Inhaber** das **Antragsrecht**, ohne dass es weiter darauf ankäme, ob ihm ein Recht aus der Urkunde zusteht. Antragsberechtigter iSv. § 467 Abs. 2 ist beim Wechsel dessen legitimierter Inhaber, Art. 16 WechselG; beim Scheck der Inhaber oder die ausdrücklich benannte Person, Art. 5 ScheckG; bei einem Scheck mit Indossament der Indossator, Art. 19 ScheckG; bei Aktien, die nicht auf den Inhaber lauten, die in ihnen bezeichnete Person, § 10 AktG; bei Grundpfandrechtsbriefen der Inhaber des dinglichen Rechts, was im Falle eines Rechtsüberganges auch der Eigentümer des Grund- 4

1 Vgl. MüKo.ZPO/*Eickmann*, §§ 1003–1024 ZPO Rz. 15, 16.

stücks oder der persönliche Schuldner gem. §§ 1153, 1163, 1164 BGB sein kann. Bei kaufmännischen Orderpapieren ist der legitimierte Inhaber antragsberechtigt, § 365 Abs. 1 HGB.

5 Pfandgläubiger stehen den vorbezeichneten Inhabern gleich, § 1294 BGB. Für den Pfändungsgläubiger gilt dies nach Überweisung, § 936 Abs. 1 ZPO.

IV. Qualifizierte Inhaber-Papiere

6 Für qualifizierte Inhaber-Papiere, § 808 BGB, findet sich in § 483 eine Verweisung nur auf einzelne der Vorschriften der §§ 466 ff., dabei nicht auf § 467. Da es ein Aufgebotsverfahren ohne Antragsberechtigten nicht geben kann, muss antragsberechtigt zumindest die in der Urkunde genannte Person, § 808 Abs. 1 S. 1 Halbs. 2 BGB, sein.

§ 468
Antragsbegründung

Der Antragsteller hat zur Begründung des Antrags

1. eine Abschrift der Urkunde beizubringen oder den wesentlichen Inhalt der Urkunde und alles anzugeben, was zu ihrer vollständigen Erkennbarkeit erforderlich ist,

2. den Verlust der Urkunde sowie diejenigen Tatsachen glaubhaft zu machen, von denen seine Berechtigung abhängt, das Aufgebotsverfahren zu beantragen, sowie

3. die Versicherung der Wahrheit seiner Angaben an Eides statt anzubieten.

I. Bisherige Regelung

1 Die Vorschrift entspricht inhaltlich dem früheren § 1007 ZPO.

II. Unterlagen zum Antrag

2 Bei **Beibringung einer Abschrift** der Urkunde braucht diese **nicht beglaubigt** zu sein, eine einfache Fotokopie reicht aus. Was ggf. als wesentlicher Inhalt der Urkunde anzugeben ist, wenn eine Abschrift nicht vorgelegt werden kann, lässt sich nur im Einzelfall beurteilen.

III. Glaubhaftmachung

3 Die in Nr. 2 bezeichneten Umstände sind gem. § 294 ZPO glaubhaft zu machen. Daneben hat der Antragsteller in **jedem Fall** die **Versicherung der Wahrheit** seiner Angaben **an Eides statt anzubieten**. An sich gilt § 468 Nr. 3 neben Nr. 2. Macht aber der Antragsteller die Voraussetzungen gem. Nr. 2. nur durch eidesstattliche Versicherung seiner Angaben glaubhaft, muss dies ausreichen.

§ 469
Inhalt des Aufgebots

In dem Aufgebot ist der Inhaber der Urkunde aufzufordern, seine Rechte bei dem Gericht bis zum Anmeldezeitpunkt anzumelden und die Urkunde vorzulegen. Als Rechtsnachteil ist anzudrohen, dass die Urkunde für kraftlos erklärt werde.

I. Bisherige Regelung

Die Vorschrift entspricht im Wesentlichen dem § 1008 ZPO aF, wurde jedoch nach Wegfall des Aufgebotstermins durch Bezugnahme auf den Anmeldezeitpunkt ergänzt. 1

II. Allgemeines

Die **Aufforderung** im **Aufgebotsbeschluss** ist **nicht lediglich** auf die **Anmeldung der Rechte**, sondern **zugleich auf die Vorlage der Urkunde** selbst zu richten. 2

Als Rechtsnachteil ist anzudrohen, dass die Urkunde **für kraftlos erklärt** werde, vgl. § 478.

Für den Anmeldezeitpunkt gilt zunächst § 437. Hinzu kommen besondere Regelungen in den §§ 471 bis 476. 3

§ 470
Ergänzende Bekanntmachung in besonderen Fällen

Betrifft das Aufgebot ein auf den Inhaber lautendes Papier und ist in der Urkunde vermerkt oder in den Bestimmungen, unter denen die erforderliche staatliche Genehmigung erteilt worden ist, vorgeschrieben, dass die öffentliche Bekanntmachung durch bestimmte andere Blätter zu erfolgen habe, so muss die Bekanntmachung auch durch Veröffentlichung in diesen Blättern erfolgen. Das Gleiche gilt bei Schuldverschreibungen, die von einem deutschen Land oder früheren Bundesstaat ausgegeben sind, wenn die öffentliche Bekanntmachung durch bestimmte Blätter landesgesetzlich vorgeschrieben ist. Zusätzlich kann die öffentliche Bekanntmachung in einem von dem Gericht für Bekanntmachungen bestimmten elektronischen Informations- und Kommunikationssystem erfolgen.

I. Bisherige Regelung

Die Vorschrift entspricht inhaltlich § 1009 ZPO aF. 1

II. Bundesrecht

2 Bundesrechtlich gilt § 470 Satz 1 in der Weise, dass zu der in § 435 vorgeschriebenen öffentlichen Bekanntmachung des Aufgebots ggf. zusätzlich eine Veröffentlichung in bestimmten anderen Blättern zu erfolgen hat.

III. Landesrecht

3 Landesrechtlich können besondere Vorschriften auf Grund der Vorbehalte in den §§ 470 Satz 2, 484 Abs. 2 eingreifen.[1]

§ 471
Wertpapiere mit Zinsscheinen

(1) Bei Wertpapieren, für die von Zeit zu Zeit Zins-, Renten- oder Gewinnanteilscheine ausgegeben werden, ist der Anmeldezeitpunkt so zu bestimmen, dass bis zu dem Termin der erste einer seit der Zeit des glaubhaft gemachten Verlustes ausgegebenen Reihe von Zins-, Renten- oder Gewinnanteilscheinen fällig geworden ist und seit seiner Fälligkeit sechs Monate abgelaufen sind.

(2) Vor Erlass des Ausschließungsbeschlusses hat der Antragsteller ein nach Ablauf dieser sechsmonatigen Frist ausgestelltes Zeugnis der betreffenden Behörde, Kasse oder Anstalt beizubringen, dass die Urkunde seit der Zeit des glaubhaft gemachten Verlustes ihr zur Ausgabe neue Scheine nicht vorgelegt sei und dass die neuen Scheine an einen anderen als den Antragsteller nicht ausgegeben seien.

I. Bisherige Regelung

1 Die Vorschrift entspricht im Wesentlichen § 1010 ZPO aF. In ihr wurden redaktionell der Wegfall des Aufgebotstermins sowie die Entscheidung des Gerichts durch Ausschließungsbeschluss berücksichtigt.

II. Anwendungsbereich

2 § 471 betrifft **Wertpapiere, für die Zins-, Renten- oder Gewinnanteilscheine** periodisch für **längstens einen Zeitraum von vier Jahren ausgegeben** werden. Vom **Verlustzeitpunkt** ausgehend ist nach dem Emissionsplan festzustellen, wann neue Scheine ausgegeben werden und wann der erste von diesen fällig wird. Von diesem **Fälligkeitszeitpunkt laufen sechs Monate**, die bis zum Anmeldezeitpunkt verstrichen sein müssen. Würde damit eine Aufgebotsfrist einen Zeitraum von mehr als einem Jahr betragen, würde zwar die Höchstfrist des § 476 überschritten, jedoch könnte, da der bisherige § 1015 Abs. 3 ZPO nicht in § 476 übernommen wurde und es sich bei § 476 um eine Soll-Vorschrift handelt, das Gericht dem durch eine auch spätere Festsetzung des Anmeldezeitpunkts Rechnung tragen.[2]

1 Vgl. die Hinweise bei MüKo.ZPO/*Eickmann*, § 1003–1024 ZPO Rz. 26.
2 Vgl. BT-Drucks. 16/6308, S. 297, 298 zu § 476 (Aufgebotsfrist).

III. Nachweise

Abs. 2 enthält eine **zusätzliche Voraussetzung**, die der Antragsteller vor Erlass des Ausschließungsbeschlusses, aber erst nach Ablauf der sechsmonatigen Frist des Abs. 1 erfüllen muss: Es ist ein **Zeugnis** der die Wertpapiere **verwaltenden Behörde, Kasse** oder **Anstalt** vorzulegen, dass dieser die **Haupturkunde**, der Mantel, **seit dem Zeitpunkt des Verlustes nicht vorgelegt** wurde und dass die neuen Scheine entweder nicht oder an keinen anderen als den Antragsteller ausgegeben wurden. 3

IV. Zahlungssperre

Im Zusammenhang mit dem Zeugnis gem. Abs. 2 war nach früherem Recht gem. § 1021 ZPO aF die Beibringung des in § 1010 Abs. 2 ZPO aF vorgeschriebenen Zeugnisses dann nicht erforderlich, wenn eine Zahlungssperre angeordnet wurde, bevor seit dem Zeitpunkt des glaubhaft gemachten Verlustes Zins-, Renten- oder Gewinnanteilscheine ausgegeben worden sind. Nach § 481 bezieht sich die Entbehrlichkeit des Zeugnisses nunmehr aber auf den Fall des § 472 Abs. 2, nicht auf den des § 471 Abs. 2. Hierbei dürfte es sich wohl um ein Redaktionsversehen handeln, da es in der Begründung zu § 481 (Entbehrlichkeit des Zeugnisses nach § 472 Abs. 2) heißt, dass die Vorschrift inhaltlich dem bisherigen § 1021 ZPO entspräche. 4

§ 472
Zinsscheine für mehr als vier Jahre

(1) Bei Wertpapieren, für die Zins-, Renten- oder Gewinnanteilscheine zuletzt für einen längeren Zeitraum als vier Jahre ausgegeben sind, genügt es, wenn der Anmeldezeitpunkt so bestimmt wird, dass bis dahin seit der Zeit des glaubhaft gemachten Verlustes der zuletzt ausgegebenen Scheine solche für vier Jahre fällig geworden und seit der Fälligkeit des letzten derselben sechs Monate abgelaufen sind. Scheine für Zeitabschnitte, für die keine Zinsen, Renten oder Gewinnanteile gezahlt werden, kommen nicht in Betracht.

(2) Vor Erlass des Ausschließungsbeschlusses hat der Antragsteller ein nach Ablauf dieser sechsmonatigen Frist ausgestelltes Zeugnis der betreffenden Behörde, Kasse oder Anstalt beizubringen, dass die für die bezeichneten vier Jahre und später fällig gewordenen Scheine ihr von einem anderen als dem Antragsteller nicht vorgelegt seien. Hat in der Zeit seit dem Erlass des Aufgebots eine Ausgabe neuer Scheine stattgefunden, so muss das Zeugnis auch die in § 471 Abs. 2 bezeichneten Angaben enthalten.

I. Bisherige Regelung

Die Vorschrift entspricht inhaltlich dem früheren § 1011 ZPO. Sie wurde entsprechend der Vorschrift des § 471 überarbeitet (vgl. § 471 Rz. 1). 1

II. Voraussetzungen

2 Werden für Wertpapiere **Zins-, Renten- oder Gewinnanteilscheine** für einen **längeren Zeitraum als vier Jahre ausgegeben**, genügt es, wenn seit Verlust bis zum Anmeldezeitpunkt die Scheine für vier Jahre fällig geworden und seit der Fälligkeit des letztes Scheines weitere sechs Monate abgelaufen sind.

3 Im Fall des § 472 hat der Antragsteller gem. Abs. 2 vor Erlass des Ausschließungsbeschlusses nach Ablauf der Sechsmonatsfrist ein **Zeugnis** der verwaltenden Behörde, Kasse oder Anstalt **vorzulegen**, wonach die ausgegebenen **Scheine nicht von einem anderen** als den Antragsteller **vorgelegt worden sind**. Ist es in der Zwischenzeit seit Erlass des Aufgebots zur Ausgabe neuer Scheine gekommen, muss das Zeugnis in der erweiterten Form des § 471 Abs. 2 vorgelegt werden.

§ 473
Vorlegung der Zinsscheine

Die §§ 470 und 471 sind insoweit nicht anzuwenden, als die Zins-, Renten- oder Gewinnanteilscheine, deren Fälligkeit nach diesen Vorschriften eingetreten sein muss, von dem Antragsteller vorgelegt werden. Der Vorlegung der Scheine steht es gleich, wenn das Zeugnis der betreffenden Behörde, Kasse oder Anstalt beigebracht wird, dass die fällig gewordenen Scheine ihr von dem Antragsteller vorgelegt worden seien.

I. Bisherige Regelung

1 § 473 entspricht inhaltlich § 1012 ZPO aF.

Bei der in Satz 1 enthaltenen Verweisung auf die §§ 470 und 471 ist ein Redaktionsversehen unterlaufen: Zutreffend ist auf die §§ 471 und 472 Bezug zu nehmen.

II. Vereinfachtes Verfahren

2 Sind nur Mäntel verloren gegangen, kann das Verfahren vereinfacht und insbesondere auch durch Entfallen der in §§ 471, 472 bestimmten Sechs-Monatsfrist beschleunigt werden.

§ 474
Abgelaufene Ausgabe der Zinsscheine

Bei Wertpapieren, für die Zins-, Renten- oder Gewinnanteilscheine ausgegeben sind, aber nicht mehr ausgegeben werden, ist der Anmeldezeitpunkt so zu bestimmen, dass bis dahin seit der Fälligkeit des letzten ausgegebenen Scheines sechs Monate abgelaufen sind; das gilt nicht, wenn die Voraussetzungen der §§ 471 und 472 gegeben sind.

I. Bisherige Regelung

Die Vorschrift entspricht inhaltlich § 1013 ZPO aF. Sie wurde redaktionell überarbeitet. 1

II. Fristregelung

Sind für das infrage stehende Wertpapier nur in der Vergangenheit Scheine ausgegeben und sind auch nur Scheine für weniger als vier Jahre vorhanden, ist für den Beginn der Sechs-Monatfrist auf die Fälligkeit des letzten ausgegebenen Scheins abzustellen. 2

§ 475
Anmeldezeitpunkt bei bestimmter Fälligkeit

Ist in einer Schuldurkunde eine Verfallzeit angegeben, die zur Zeit der ersten Veröffentlichung des Aufgebots im elektronischen Bundesanzeiger noch nicht eingetreten ist, und sind die Voraussetzungen der §§ 471 bis 474 nicht gegeben, ist der Anmeldezeitpunkt so zu bestimmen, dass seit dem Verfalltag sechs Monate abgelaufen sind.

I. Bisherige Regelung

Die Vorschrift entspricht inhaltlich § 1014 ZPO aF. Sie wurde redaktionell überarbeitet. 1

II. Urkunden mit konkreter Verfallszeit

In § 475 werden Urkunden behandelt, die eine konkrete Verfallszeit enthalten und für die keine Scheine ausgegeben sind, so dass die §§ 471 und 474 nicht eingreifen. Hier kommt es für die Bestimmung der Sechs-Monatsfrist darauf an, ob der Verfallstag im Zeitpunkt der ersten Veröffentlichung bereits eingetreten war oder nicht. 2

§ 476
Aufgebotsfrist

Die Aufgebotsfrist soll höchstens ein Jahr betragen.

I. Bisherige Regelung

Die Vorschrift ersetzt § 1015 ZPO aF. Sie enthält jedoch wesentliche Abweichungen gegenüber der bisherigen Bestimmung. 1

II. Abweichende Mindestfrist

2 Die frühere, von den allgemeinen Aufgebotsvorschriften abweichende Mindestfrist für das Aufgebot von sechs Monaten, § 1015 Satz 1 ZPO aF, ist ersatzlos entfallen. Hiermit soll den praktischen Erfordernissen des Rechtsverkehrs zur zügigen Abwicklung des Aufgebotsverfahrens Rechnung getragen werden. Die Änderung wird ua. damit begründet, dass bisher die lastenfreie Verschaffung von Eigentum an Grundstücken sich bei erforderlichen Aufgebotsverfahren für Grundpfandrechte auf Grund der bisherigen Mindestfrist von sechs Monaten teilweise erheblich verzögert habe.[1]

3 Die Änderung ist zu begrüßen: Vom Rechtsverkehr werden besonders auch bei wirtschaftlich bedeutsamen Transaktionen schnelle Abwicklungszeiten erwartet. Bisher wurde insbesondere die Abwicklung von Grundstückskaufverträgen erheblich verzögert, wenn wegzufertigende Rechte zunächst aufgeboten werden mussten. Andererseits bestehen heutzutage für etwaige Gläubiger weit gehende Möglichkeiten, sich insbesondere über den elektronischen Bundesanzeiger zeitnah über die Eröffnung von Aufgebotsverfahren zu informieren.

4 Während nach bisherigem Recht, § 1015 Satz 2 ZPO aF, ein Aufgebot nicht zulässig war, falls unter Berücksichtigung der zu beachtenden Aufgebotsfristen der Aufgebotstermin nicht innerhalb eines Jahres bestimmt werden konnte, enthält § 476 nur noch die Soll-Vorschrift, dass die Aufgebotsfrist höchstens ein Jahr betragen soll. Dem Gericht ist damit ein Ermessen eingeräumt, im Einzelfall wegen besonderer Umstände auch eine längere Aufgebotsfrist zu bestimmen.[2]

§ 477
Anmeldung der Rechte

Meldet der Inhaber der Urkunde vor dem Erlass des Ausschließungsbeschlusses seine Rechte unter Vorlegung der Urkunde an, hat das Gericht den Antragsteller hiervon zu benachrichtigen und ihm innerhalb einer zu bestimmenden Frist die Möglichkeit zu geben, in die Urkunde Einsicht zu nehmen und eine Stellungnahme abzugeben.

I. Bisherige Regelung

1 Die Vorschrift entspricht im Wesentlichen § 1016 ZPO aF. Sie wurde iSd. Antragstellers um die Möglichkeit ergänzt, zu der vom Anmelder von Rechten vorgelegten Urkunde eine Stellungnahme abzugeben, wodurch der Anspruch des Antragstellers auf Wahrung des rechtlichen Gehörs umfassender gewahrt wird.

II. Verfahren

2 Wegen des Wegfalls eines Aufgebotstermins ist ebenfalls der früher in § 1016 Satz 2 ZPO aF enthaltene Vorlegungstermin als nicht mehr erforderlich angesehen worden.

1 Vgl. BT-Drucks. 16/6308, S. 297 zu § 476.
2 BT-Drucks. 16/6308, S. 298 zu § 476.

Die nach wie vor bestehende Einsichtmöglichkeit kann auf der Geschäftsstelle des Gerichts gewährt werden.

§ 478 Ausschließungsbeschluss

(1) In dem Ausschließungsbeschluss ist die Urkunde für kraftlos zu erklären.

(2) Der Ausschließungsbeschluss ist seinem wesentlichen Inhalt nach durch Veröffentlichung im elektronischen Bundesanzeiger bekannt zu machen. § 470 gilt entsprechend.

(3) In gleicher Weise ist die auf eine Beschwerde ergangene Entscheidung bekannt zu machen, soweit durch sie die Kraftloserklärung aufgehoben wird.

I. Bisherige Regelung

Die Vorschrift entspricht inhaltlich § 1017 ZPO aF. Bei der Formulierung wurden die Entscheidung durch Beschluss und die Änderung der Rechtsmittelvorschriften berücksichtigt. 1

II. Inhalt des Beschlusses

In dem Ausschließungsbeschluss ist die Urkunde für kraftlos zu erklären, Abs. 1. 2

Der wesentliche Inhalt des Ausschließungsbeschlusses ist im elektronischen Bundesanzeiger durch Veröffentlichung bekannt zu machen. Eine ergänzende Bekanntmachung kann nach Maßgabe von § 470 erfolgen. 3

Hinsichtlich der Wirksamkeit des Ausschließungsbeschlusses gilt § 439 Abs. 2. 4

III. Beschwerdeverfahren

Wird im Beschwerdeverfahren der zunächst ergangene Ausschließungsbeschluss und damit die dort erklärte Kraftloserklärung aufgehoben, ist die Beschwerdeentscheidung entsprechend Abs. 2 bekannt zu machen, § 478 Abs. 3. 5

§ 479 Wirkung des Ausschließungsbeschlusses

(1) Derjenige, der den Ausschließungsbeschluss erwirkt hat, ist dem durch die Urkunde Verpflichteten gegenüber berechtigt, die Rechte aus der Urkunde geltend zu machen.

(2) Wird der Ausschließungsbeschluss im Beschwerdeverfahren aufgehoben, bleiben die auf Grund des Ausschließungsbeschlusses von dem Verpflichteten bewirkten Leis-

tungen auch Dritten, insbesondere dem Beschwerdeführer, gegenüber wirksam, es sei denn, dass der Verpflichtete zur Zeit der Leistung die Aufhebung des Ausschließungsbeschlusses gekannt hat.

I. Bisherige Regelung

1 Die Vorschrift entspricht im Wesentlichen § 1018 ZPO aF. Sie wurde lediglich redaktionell überarbeitet.

II. Ausschließungsbeschluss

2 Die Kraftloserklärung der Urkunde ersetzt für den Antragsteller in seinem Verhältnis zu dem aus der Urkunde Verpflichteten den Besitz der Urkunde. Hierauf beschränkt sich jedoch die Wirkung. Die Rechtsbeständigkeit der Urkunde und der Umfang der sich aus ihr ergebenden Verpflichtungen bestimmen sich allein nach materiellem Recht; der Ausschließungsbeschluss beschneidet grundsätzlich weder dem Verpflichteten die ihm zustehenden materiellen Einwendungen aus der Urkunde noch befreit sie den Berechtigten von gesetzlich vorgeschriebenen Durchsetzungsvoraussetzungen wie zB. der Protesterhebung beim Wechsel.

III. Wirkung gegen Dritte

3 Dritten gegenüber hat der Ausschließungsbeschluss keine Wirkung; diese werden in ihren Rechten an oder aus der Urkunde nicht berührt. Verfahrensgegenstand ist hier – im Gegensatz zu den anderen Aufgebotsverfahren – nicht das materielle Recht bzw. materielle Rechtsfolgen, sondern lediglich der Ausgleich des Besitzverlustes.

§ 480
Zahlungssperre

(1) Bezweckt das Aufgebotsverfahren die Kraftloserklärung eines auf den Inhaber lautenden Papiers, so hat das Gericht auf Antrag an den Aussteller sowie an die in dem Papier und die von dem Antragsteller bezeichneten Zahlstellen das Verbot zu erlassen, an den Inhaber des Papiers eine Leistung zu bewirken, insbesondere neue Zins-, Renten- oder Gewinnanteilscheine oder einen Erneuerungsschein auszugeben (Zahlungssperre). Mit dem Verbot ist die Benachrichtigung von der Einleitung des Aufgebotsverfahrens zu verbinden. Das Verbot ist in gleicher Weise wie das Aufgebot öffentlich bekannt zu machen.

(2) Ein Beschluss, durch den der Antrag auf Erlass einer Zahlungssperre zurückgewiesen wird, ist mit der sofortigen Beschwerde in entsprechender Anwendung der §§ 567 bis 572 der Zivilprozessordnung anfechtbar.

(3) Das an den Aussteller erlassene Verbot ist auch den Zahlstellen gegenüber wirksam, die nicht in dem Papier bezeichnet sind.

(4) Die Einlösung der vor dem Verbot ausgegebenen Zins-, Renten- oder Gewinnanteilscheine wird von dem Verbot nicht betroffen.

I. Allgemeines

Die in den §§ 480 bis 482 geregelte Zahlungssperre soll denjenigen, dem ein Inhaber-Papier abhanden gekommen ist, vor Leistungen des Verpflichteten an den Inhaber schützen. 1

Die §§ 480 bis 482 entsprechen im Wesentlichen den früheren §§ 1019 bis 1022 ZPO.

II. Bisherige Regelung

§ 480 Abs. 1 entspricht inhaltlich § 1019 Abs. 1 ZPO aF. Abs. 2 bestimmt, dass gegen den ablehnenden Beschluss das Rechtsmittel der Beschwerde gegeben ist. Die Vorschrift schreibt den bisherigen Rechtszustand fort. Abs. 3 entspricht § 1019 Abs. 2 ZPO aF, Abs. 4 dem früheren § 1019 Abs. 3 ZPO. 2

Eine § 1020 ZPO aF entsprechende Vorschrift ist auf Grund der Neufassung der Vorschriften über die Anmeldefrist gem. § 476 entbehrlich geworden.

III. Inhalt der Zahlungssperre

§ 480 trifft bei allen Inhaber-Papieren zu, auch bei Grundschuldbriefen, soweit sie auf den Inhaber lauten, Inhaber-Schecks, Art. 5 ScheckG, Inhaber-Aktien, Lotterielosen, nicht dagegen bei Wechseln, auch wenn sie mit Blanko-Indossament versehen sind, sowie bei anderen Orderpapieren. Eine Zahlungssperre ergeht nur auf Antrag, nicht von Amts wegen. Eine Verbindung des Antrages mit demjenigen auf Erlass des Aufgebots, § 434, ist daher zweckmäßig. 3

Inhalt der Zahlungssperre ist das Verbot an den Aussteller und die im Papier bezeichneten Zahlstellen, an den Inhaber zu leisten. Die Zahlungssperre beinhaltet ein gerichtliches Veräußerungsverbot iSv. §§ 135, 136 BGB, dh., die gegen das Verbot verstoßende Leistung befreit nicht gegenüber dem Antragsteller, sofern später der Ausschließungsbeschluss ergeht. 4

IV. Bekanntmachung

Die Zahlungssperre ist öffentlich bekannt zu machen, und zwar in gleicher Weise wie das Aufgebot selbst, § 480 Abs. 1 Satz 3. 5

V. Rechtsmittel

§ 480 Abs. 2 bestimmt im Falle der Zurückweisung des Antrages auf Erlass einer Zahlungssperre ein besonderes Rechtsmittel in Form der sofortigen Beschwerde, für die die §§ 567 bis 572 ZPO entsprechend anwendbar sind. Dies entspricht dem bisherigen Rechtszustand. Es erscheint aber nicht überzeugend, warum angesichts der grundsätzlichen Neuordnung der Rechtsmittel durch das FamFG in diesem Ausnahmefall an einer der bisherigen Rechtslage entsprechenden Regelung festgehalten wurde. 6

§ 481
Entbehrlichkeit des Zeugnisses nach § 471 Abs. 2

Wird die Zahlungssperre angeordnet, bevor seit der Zeit des glaubhaft gemachten Verlustes Zins-, Renten- oder Gewinnanteilscheine ausgegeben worden sind, so ist die Beibringung des im § 471 Abs. 2 vorgeschriebenen Zeugnisses nicht erforderlich.

I. Bisherige Regelung

1 Die Vorschrift entspricht inhaltlich § 1021 ZPO aF.

II. Inhalt der Vorschrift

2 Auf Grund der Zahlungssperre des § 480 ist der etwaige Besitzer des Papiers nicht mehr in der Lage, neue Scheine durch Vorlage des Papiers bei der zur Ausgabe bestimmten Stelle zu erhalten. Er müsste dann gem. § 482 das Papier dem Gericht vorlegen, um eine Aufhebung der Zahlungssperre zu bewirken, wonach er die neuen Scheine von der Ausgabestelle erhalten kann. Wegen dieser Möglichkeit erklärt § 481 in den dort geregelten Fällen die Beibringung des Zeugnisses gem. § 471 Abs. 2 für entbehrlich.

§ 482
Aufhebung der Zahlungssperre

(1) Wird das in Verlust gekommene Papier dem Gericht vorgelegt oder wird das Aufgebotsverfahren ohne Erlass eines Ausschließungsbeschlusses erledigt, so ist die Zahlungssperre von Amts wegen aufzuheben. Das Gleiche gilt, wenn die Zahlungssperre vor der Einleitung des Aufgebotsverfahrens angeordnet worden ist und die Einleitung nicht binnen sechs Monaten nach der Beseitigung des ihr entgegenstehenden Hindernisses beantragt wird. Ist das Aufgebot oder die Zahlungssperre öffentlich bekannt gemacht worden, so ist die Erledigung des Verfahrens oder die Aufhebung der Zahlungssperre von Amts wegen durch den elektronischen Bundesanzeiger bekannt zu machen.

(2) Wird das Papier vorgelegt, ist die Zahlungssperre erst aufzuheben, nachdem dem Antragsteller die Einsicht nach Maßgabe des § 477 gestattet worden ist.

(3) Der Beschluss, durch den die Zahlungssperre aufgehoben wird, ist mit der sofortigen Beschwerde in entsprechender Anwendung der §§ 567 bis 572 der Zivilprozessordnung anfechtbar.

I. Bisherige Regelung

1 Die Vorschrift entspricht inhaltlich § 1022 ZPO aF. Die Abs. 1 und 2 wurden redaktionell überarbeitet. Abs. 3 lässt entsprechend § 480 Abs. 2 in Fortschreibung des bisherigen Rechtszustandes gegen die Aufhebung der Zahlungssperre die sofortige Beschwerde nach Maßgabe der §§ 567 bis 572 ZPO zu.

II. Aufhebung der Zahlungssperre

2 Während eine Zahlungssperre immer nur auf Antrag hin angeordnet werden darf, kann ihre Aufhebung unter bestimmten Voraussetzungen gem. § 482 von Amts wegen erfolgen, nämlich bei Vorlegung des Papiers bei Gericht (nach Einsichtnahme durch den Antragsteller), bei Erledigung des Aufgebotsverfahrens ohne Erlass der Zahlungssperre oder bei Nichtweiterbetreiben des Aufgebotsverfahrens binnen sechs Monaten bei einem Antrag auf Zahlungssperre vor Einleitung des Aufgebotsverfahrens.

§ 483
Hinkende Inhaberpapiere

Bezweckt das Aufgebotsverfahren die Kraftloserklärung einer Urkunde der in § 808 des Bürgerlichen Gesetzbuchs bezeichneten Art, gelten § 466 Abs. 3, die §§ 470 und 478 Abs. 2 Satz 2 sowie die §§ 480 bis 482 entsprechend. Die Landesgesetze können über die Veröffentlichung des Aufgebots und der in § 478 Abs. 2, 3 und in den §§ 480, 482 vorgeschriebenen Bekanntmachungen sowie über die Aufgebotsfrist abweichende Vorschriften erlassen.

1 Die Vorschrift entspricht inhaltlich § 1023 ZPO aF.

2 Unter § 808 BGB fallen die meisten Sparbücher, dazu weiter Pfandscheine, Depotscheine und Versicherungsscheine.

§ 484
Vorbehalt für die Landesgesetzgebung

(1) Bei Aufgeboten auf Grund der §§ 887, 927, 1104, 1112, 1162, 1170, 1171 des Bürgerlichen Gesetzbuchs, des § 110 des Binnenschifffahrtsgesetzes, der §§ 6, 13, 66, 67 des Gesetzes über Rechte an eingetragenen Schiffen und Schiffsbauwerken (BGBl. III 403-4) und der §§ 13, 66, 67 des Gesetzes über Rechte an Luftfahrzeugen können die Landesgesetze die Art der Veröffentlichung des Aufgebots und des Ausschließungsbeschlusses sowie die Aufgebotsfrist anders bestimmen als in den §§ 435, 437 und 441 vorgeschrieben ist.

(2) Bei Aufgeboten, die auf Grund des § 1162 des Bürgerlichen Gesetzbuchs ergehen, können die Landesgesetze die Art der Veröffentlichung des Aufgebots, des Ausschließungsbeschlusses und des in § 478 Abs. 2 und 3 bezeichneten Beschlusses sowie die Aufgebotsfrist auch anders bestimmen, als in den §§ 470, 475, 476 und 478 vorgeschrieben ist.

1 Die Vorschrift entspricht § 1024 ZPO aF.

2 Eine Zusammenstellung der infrage stehenden Landesgesetze findet sich zB bei Wieczorek/Schütze/*Weber*, ZPO, § 1024 Rz. 4 ff.

Buch 9
Schlussvorschriften

Vorbemerkung

Das FGG v. 17.5.1898 ist zusammen mit dem BGB am 1.1.1900 in Kraft getreten. Es enthielt in einem 11. Abschnitt Schlussbestimmungen (§§ 185–200 FGG). Mit der Aufhebung des gesamten FGG sind zum 1.9.2009 auch alle diese Schlussbestimmungen entfallen. Der Gesetzgeber des FamFG hat deshalb in einem eigenen neunten Buch diejenigen Normen aufgegriffen, zusammengefasst und teilweise neu geordnet, die weiterhin als Übergangsrecht sowie im Verhältnis zu anderen Gesetzen erforderlich sind. Als Übergangs- und Schlussvorschriften sind ferner die Art. 111 und 112 FGG-RG zu beachten.

§ 485
Verhältnis zu anderen Gesetzen

Artikel 1 Abs. 2 und die Artikel 2 und 50 des Einführungsgesetzes zum Bürgerlichen Gesetzbuche sind entsprechend anzuwenden.

A. Entstehung der Norm

1 § 485 entspricht dem bisherigen § 185 Abs. 2 FGG. Darüber hinaus enthielt § 185 Abs. 1 FGG das Inkrafttreten, das nunmehr vom Gesetzgeber des FGG-RG in einem eigenen Artikel 112 geregelt ist. Ferner enthielt § 185 Abs. 3 FGG eine Übergangsregelung aus dem Jahre 2000. Der nunmehr vorhandene Gesetzestext verweist auf drei verschiedene Artikel des EGBGB und regelt damit Fragen zum Begriff des Gesetzes, zur Bedeutung landesrechtlicher Vorbehalte und zum Verhältnis gegenüber dem alten Recht.

B. Der Begriff des Gesetzes

2 Mit der Verweisung auf Art. 2 EGBGB wird die dortige Regel aufgenommen, wonach als Gesetz jede Rechtsnorm anzusehen ist. Übereinstimmend mit § 12 EGZPO und § 7 EGStPO ist damit der heute allgemein anerkannte Begriff der Rechtsnorm als Gesetz im formellen Sinn und als Gesetz im materiellen Sinn angesprochen. Gesetz im formellen Sinn ist in diesem Zusammenhang jede Rechtsvorschrift, die von einem in der Verfassung vorgesehenen Staatsorgan in einem förmlichen Gesetzgebungsverfahren erlassen wurde. Dagegen wird als Gesetz im materiellen Sinn jede rechtliche Regelung mit Außenwirkung ohne Rücksicht auf ihre formale Entstehung bezeichnet.

3 Im Einzelnen sind als Rechtsnormen in diesem Sinne anzusehen alle Bundes- und Landesgesetze, die Rechtsverordnungen, die Staatsverträge des Bundes und der Länder,

die autonomen Satzungen, das Gewohnheitsrecht sowie die mit Verfassungskraft ausgestatteten Entscheidungen der Verfassungsgerichte des Bundes und der Länder. Ferner sind hierher zu rechnen die allgemeinen Regeln des Völkerrechts, soweit sie durch einen Akt des Gesetzgebers innerstaatliche Geltung erlangen (Art. 25 GG). Auch Tarifverträge sind als Rechtsnormen anerkannt. Dagegen erfasst der Begriff der Rechtsnorm nicht die Handelsbräuche, Verkehrssitten, allgemeinen Geschäftsbedingungen, Vereinssatzungen sowie von Religionsgemeinschaften erlassene innerkirchliche Normen.

C. Verhältnis zu Reichsgesetzen

Gem. Art. 50 EGBGB bleiben die Vorschriften der Reichsgesetze in Kraft. Sie treten nur insoweit außer Kraft, als sich aus dem BGB oder aus dem FGG sowie dem FamFG ihre Aufhebung ergibt. Mit dieser Bestimmung wird zugleich der allgemeine kollisionsrechtliche Grundsatz des intertemporalen Rechts aufgenommen, wonach Vorschriften früheren Rechts ihre Gültigkeit dann verlieren, wenn sich aus später in Kraft getretenem Recht die Aufhebung ergibt. Soweit früheres Recht in Kraft geblieben ist, ist es so zu behandeln, wie wenn es Teil des heutigen Gesetzes wäre. 4

D. Bedeutung des landesrechtlichen Vorbehalts

Mit der entsprechenden Anwendung von Art. 1 Abs. 2 EGBGB wird die an sich bereits nach allgemeinen Regeln gegebene Rechtslage klargestellt, dass mit dem Weiterbestehen des geltenden Landesrechts zugleich auch die Zuständigkeit des Landesgesetzgebers für künftige Gesetzgebung umfasst ist. Im Rahmen dieser Landesgesetzgebung ist es daher weiterhin möglich, Landesgesetze zu regeln, zu ändern oder abzuschaffen. Die Einzelheiten hatte das FGG früher in den §§ 189–200 geregelt. Nunmehr sind die §§ 486–491 FamFG zu beachten. 5

§ 486
Landesrechtliche Vorbehalte; Ergänzungs- und Ausführungsbestimmungen

(1) Soweit das Einführungsgesetz zum Bürgerlichen Gesetzbuche Rechtsgebiete der Landesgesetzgebung vorbehält, gilt dieser Vorbehalt auch für die entsprechenden Verfahrensvorschriften, soweit sie Gegenstand dieses Gesetzes sind.
(2) Durch Landesgesetz können Vorschriften zur Ergänzung und Ausführung dieses Gesetzes, einschließlich der erforderlichen Übergangsvorschriften erlassen werden. Dies gilt auch, soweit keine Vorbehalte für die Landesgesetzgebung bestehen.

A. Entstehung der Norm

Die Norm ist Teil des 9. Buches, das all diejenigen Schlussvorschriften zusammenfasst und neu ordnet, die aus dem Bereich des bisherigen FGG (§§ 185 bis 200) noch Bedeu- 1 tung haben (zu den Einzelheiten s. Vorbem. vor § 485). Die Vorschrift nimmt die Regelungen der bisherigen §§ 189, 200 FGG auf. Abs. 1 entspricht inhaltlich im Wesentlichen dem § 189 FGG. Abs. 2 ist inhaltsgleich mit § 200 FGG.

B. Landesrechtliche Vorbehalte nach Absatz 1

2 Soweit bis heute nach dem 3. Teil des EGBGB (Art. 55 bis 152) Rechtsmaterien ganz oder teilweise dem Landesgesetzgeber vorbehalten sind, erweitert Abs. 1 den landesrechtlichen Spielraum auch im Hinblick auf entsprechende Verfahrensvorschriften. Der Landesgesetzgeber kann also verfahrensrechtliche Normen aufrechterhalten und neue Normen erlassen, selbst wenn sie von den Bestimmungen des FamFG abweichen. Bedeutsam ist dieser landesrechtliche Vorbehalt insbesondere im Hinblick auf Art. 137, 140, 147, 148 EGBGB.

C. Landesrechtlicher Vorbehalt für Ergänzungs- und Ausführungsbestimmungen, Absatz 2

3 Durch Abs. 2, der dem früheren § 200 FGG entspricht, hat der Gesetzgeber dem Landesrecht auch künftig allgemein eine Befugnis zum Erlass von Ergänzungs- und Ausführungsvorschriften eingeräumt. Dies gilt ausdrücklich auch für Bereiche, für die keine Vorbehalte für die Landesgesetzgebung bestehen. Allerdings ist der Landesgesetzgeber nicht befugt, Vorschriften zu erlassen, die dem FamFG widersprechen. Erforderlich ist dieser Vorbehalt, weil weder das frühere FGG noch das heutige FamFG die Gegenstände der freiwilligen Gerichtsbarkeit erschöpfend regeln. Eine Übersicht über das heute geltende Landesrecht mit wörtlicher Wiedergabe der wichtigsten Landesgesetze über die freiwillige Gerichtsbarkeit findet sich bei Jansen, FGG, 3. Aufl. 2006, Bd. 3, Anhang zu § 200 (S. 645 ff.).

§ 487
Nachlassauseinandersetzung; Auseinandersetzung einer Gütergemeinschaft

(1) Unberührt bleiben die landesrechtlichen Vorschriften, nach denen

1. das Nachlassgericht die Auseinandersetzung eines Nachlasses von Amts wegen zu vermitteln hat, wenn diese nicht binnen einer bestimmten Frist erfolgt ist;

2. für die den Amtsgerichten nach § 373 obliegenden Aufgaben andere als gerichtliche Behörden zuständig sind;

3. in den Fällen der §§ 363 und 373 anstelle der Gerichte oder neben diesen Notare die Auseinandersetzung zu vermitteln haben.

(2) Auf die Auseinandersetzung nach Absatz 1 Nr. 1 sind die §§ 364 bis 372 anzuwenden.

A. Entstehung der Norm

Die Norm ist Teil des 9. Buches, das all diejenigen Schlussvorschriften zusammenfasst und neu ordnet, die aus dem Bereich des bisherigen FGG (§§ 185 bis 200) noch Bedeutung haben (zu den Einzelheiten s. Vorbem. vor § 485). Die Vorschrift fasst in systematischer Weise die Regelungen der bisherigen §§ 192, 193 FGG zusammen und stellt sie übersichtlicher dar. Abs. 1 entspricht § 192, 1. Halbs. sowie § 193 FGG. Abs. 2 übernimmt die Regelung des § 192, 2. Halbs. FGG. 1

B. Anwendbarkeit landesrechtlicher Vorschriften gem. Absatz 1

Das Gesetz sieht ausdrücklich vor, dass nach Landesrecht Nachlassauseinandersetzungen von Amts wegen, ferner die Zuständigkeit nichtgerichtlicher Behörden und schließlich die Zuständigkeit von Notaren ausdrücklich unberührt bleiben. Der Hinweis auf Nachlassauseinandersetzungen von Amts wegen ist derzeit ohne Bedeutung, da nach Abschaffung früherer landesrechtlicher Regelungen in Baden-Württemberg und Bayern von diesem Vorbehalt kein Gebrauch mehr gemacht wird. Der Vorbehalt im Hinblick auf die Zuständigkeit nichtgerichtlicher Behörden bezieht sich auf Art. 147 EGBGB, wonach der Landesgesetzgeber für alle den Nachlassgerichten zugewiesenen Aufgaben eine nichtgerichtliche Behörde für zuständig erklären kann. Davon hat das Land Baden-Württemberg im Hinblick auf sein besonderes Notariatswesen Gebrauch gemacht. 2

C. Nachlassauseinandersetzung gem. Absatz 2

Die Norm übernimmt den 2. Halbs. des früheren § 192 FGG. Sie verweist für die Nachlassauseinandersetzung auf das Verfahren in Teilungssachen und speziell die §§ 364 bis 372. Soweit allerdings landesrechtliche Vorschriften der Nachlassauseinandersetzung nicht existieren, ist die Norm ohne Bedeutung. 3

§ 488
Verfahren vor landesgesetzlich zugelassenen Behörden

(1) Sind für die in § 1 genannten Angelegenheiten nach Landesgesetz andere als gerichtliche Behörden zuständig, gelten die Vorschriften des Buches 1 mit Ausnahme der §§ 6, 15 Abs. 2, der §§ 25, 41 Abs. 1 und des § 46 auch für diese Behörden.

(2) Als nächsthöheres gemeinsames Gericht nach § 5 gilt das Gericht, welches das nächsthöhere gemeinsame Gericht für die Amtsgerichte ist, in deren Bezirk die Behörden ihren Sitz haben. Durch Landesgesetz kann bestimmt werden, dass, wenn die Behörden in dem Bezirk desselben Amtsgerichts ihren Sitz haben, dieses als nächsthöheres gemeinsames Gericht zuständig ist.

(3) Die Vorschriften des Gerichtsverfassungsgesetzes über die Gerichtssprache, die Verständigung mit dem Gericht sowie zur Rechtshilfe sind entsprechend anzuwenden. Die Verpflichtung der Gerichte, Rechtshilfe zu leisten, bleibt unberührt.

A. Entstehung der Norm

1 Die Norm ist Teil des 9. Buches, das all diejenigen Schlussvorschriften zusammenfasst und neu ordnet, die aus dem Bereich des bisherigen FGG (§§ 185 bis 200) noch Bedeutung haben (zu den Einzelheiten s. Vorbem. vor § 485). Abs. 1 entspricht im Wesentlichen der Regelung des § 194 Abs. 1 FGG. Abs. 2 entspricht der Regelung des § 194 Abs. 2 FGG unter Berücksichtigung des neuen § 5 FamFG. Abs. 3 übernimmt den wesentlichen Inhalt von § 194 Abs. 3 und Abs. 4 FGG, soweit dieser nicht bereits in Abs. 1 Eingang gefunden hat.

B. Verfahren vor nichtgerichtlichen Behörden

2 Soweit im Einzelnen für die Verfahren der freiwilligen Gerichtsbarkeit nach Landesrecht andere als gerichtliche Behörden zuständig sind (zB Notare), sieht § 488 Abs. 1 vor, dass auch insoweit grundsätzlich die allgemeinen Verfahrensregelungen des 1. Buches FamFG gelten. Ausgenommen sind die Ausschließung und Ablehnung von Gerichtspersonen (§ 6), die Bekanntgabe nach § 15 Abs. 2, die Erklärungen zur Niederschrift der Geschäftsstelle (§ 25), die Regel über die Bekanntgabe des Beschlusses (§ 41 Abs. 1) sowie das Rechtskraftzeugnis (§ 46).

C. Bestimmung des nächsthöheren gemeinsamen Gerichts

3 Bezug genommen wird in § 488 Abs. 2 auf die gerichtliche Bestimmung der Zuständigkeit, wie sie sich nunmehr in § 5 im Einzelnen findet. Bei Kompetenzkonflikten mehrerer nichtgerichtlicher Behörden gilt also als des nächsthöheres gemeinsames Gericht dasjenige Gericht, das nächsthöheres gemeinsames Gericht für die Amtsgerichte ist, in deren Bezirken die Behörden ihren Sitz haben. Dies gilt auch bei Streitigkeiten zwischen einer nichtgerichtlichen Behörde und einem Amtsgericht. Es entscheidet also in allen diesen Fällen das übergeordnete Landgericht, ebenso, wenn die beiden Behörden oder die Behörde und das Amtsgericht ihren Sitz im selben Amtsgerichtsbezirk haben. Allerdings kann das Landesrecht auch ein Amtsgericht als nächsthöheres gemeinsames Gericht iSv. § 5 bestimmen, wenn zwei nichtgerichtliche Behörden in dem Bezirk desselben Amtsgerichts ihren Sitz haben.

D. Entsprechende Anwendbarkeit des GVG

4 Das GVG ist nunmehr auf alle gerichtlichen Verfahren der freiwilligen Gerichtsbarkeit anwendbar. Allerdings gilt das GVG nicht für nichtgerichtliche Behörden, die nach Landesrecht ausnahmsweise zuständig sind. Deshalb regelt § 488 Abs. 3 in Übereinstimmung mit dem früheren § 194 Abs. 3 und Abs. 4 FGG, dass bestimmte allgemeine Normen des GVG auch auf diese nichtgerichtlichen Behörden anzuwenden sind. Im Einzelnen gilt dies für die Regelungen über die Gerichtssprache und die Verständigung mit dem Gericht (vgl. §§ 184 bis 191a GVG) sowie über die Rechtshilfe (§§ 156 bis 168 GVG). Mit § 488 Abs. 3 Satz 2 wird wie nach bisherigem Recht festgestellt, dass auch nichtgerichtliche Behörden Rechtshilfe zu leisten haben. Dies ergab sich früher aus einer Anwendung des § 2 FGG auf diese nichtgerichtlichen Behörden. Heute ist die Norm an sich überflüssig, weil die Regeln des GVG über die Rechtshilfe im FamFG gelten und gem. Abs. 3 Satz 1 ausdrücklich auch auf nichtgerichtliche Behörden anzuwenden sind.

§ 489
Rechtsmittel

(1) Sind für die in § 1 genannten Angelegenheiten nach Landesgesetz anstelle der Gerichte Behörden zuständig, kann durch Landesgesetz bestimmt werden, dass für die Abänderung einer Entscheidung dieser Behörde das Amtsgericht zuständig ist, in dessen Bezirk die Behörde ihren Sitz hat. Auf das Verfahren sind die §§ 59 bis 69 entsprechend anzuwenden.

(2) Gegen die Entscheidung des Amtsgerichts findet die Beschwerde statt.

A. Entstehung der Norm

Die Norm ist Teil des 9. Buches, das all diejenigen Schlussvorschriften zusammen- 1
fasst und neu ordnet, die aus dem Bereich des bisherigen FGG (§§ 185 bis 200) noch Bedeutung haben (zu Einzelheiten s. Vorbem. vor § 485). Die Vorschrift entspricht im Wesentlichen dem bisherigen § 195 FGG. Im Einzelnen ist Abs. 1 weitgehend dem Regelungsgehalt des § 195 Abs. 1 FGG entnommen, wobei die konkreten Hinweise auf die Beschwerde angepasst wurden. Abs. 2 ist inhaltsgleich mit § 195 Abs. 2 FGG.

B. Abweichende Rechtsmittelverfahren

Soweit nach Landesrecht nichtgerichtliche Behörden zuständig sind, kann das Landes- 2
gesetz auch vorsehen, dass und welches Rechtsmittel es gegen die Entscheidung der Behörde gibt. Im Einzelnen kann das Landesrecht einen Instanzenzug von der entscheidenden Behörde zum Amtsgericht vorsehen. Für die einzelnen Verfahrensregeln der Beschwerde gelten die §§ 59 bis 69 FamFG.

Da der Gesetzgeber mit der Norm die Grundsätze des früheren § 195 FGG überneh- 3
men wollte, gilt in solchen Fällen auch heute das amtsgerichtliche Verfahren nicht als ein Verfahren des Beschwerdegerichts. Vielmehr ist die Entscheidung des Amtsgerichts als eine erstinstanzliche Entscheidung anzusehen, gegen die es gem. Abs. 2 ausdrücklich die Beschwerde gibt. Unverändert vorbehalten ist damit auch die Möglichkeit einer Rechtsbeschwerde.

§ 490
Landesrechtliche Aufgebotsverfahren

Die Landesgesetze können bei Aufgeboten, deren Zulässigkeit auf landesgesetzlichen Vorschriften beruht, die Anwendung der Bestimmungen über das Aufgebotsverfahren ausschließen oder diese Bestimmungen durch andere Vorschriften ersetzen.

A. Entstehung der Norm

Der Gesetzgeber hat mit der Übernahme des 9. Buches der ZPO über das Aufgebots- 1
verfahren in das FamFG auch diejenigen Sonderregelungen zum Landesrecht, die bis-

her in dem EGZPO geregelt waren, in das FamFG übernommen. Die konkrete Norm des § 490 entspricht wörtlich dem jetzt aufgehobenen § 11 EGZPO.

B. Norminhalt

2 Die Anwendung der Norm setzt voraus, dass das Landesrecht im Einzelfall ein Aufgebot ermöglicht, dessen Zulässigkeit auf landesrechtlichen Vorschriften beruht. Für diesen Fall sieht die Norm vor, dass auch die Verfahrensregeln des FamFG über das Aufgebotsverfahren (§§ 433 bis 484) durch Landesrecht ersetzt werden können.

§ 491
Landesrechtliche Vorbehalte bei Verfahren zur Kraftloserklärung von Urkunden

Unberührt bleiben die landesrechtlichen Vorschriften, durch die für das Aufgebotsverfahren zum Zweck der Kraftloserklärung von Schuldverschreibungen auf den Inhaber, die ein deutsches Land oder früherer Bundesstaat oder eine ihm angehörende Körperschaft, Stiftung oder Anstalt des Öffentlichen Rechts ausgestellt oder für deren Bezahlung ein deutsches Land oder früherer Bundesstaat die Haftung übernommen hat, ein bestimmtes Amtsgericht für ausschließlich zuständig erklärt wird. Bezweckt das Aufgebot die Kraftloserklärung einer Urkunde der in § 808 des Bürgerlichen Gesetzbuchs bezeichneten Art, gilt Satz 1 entsprechend.

1 Die Norm stellt eine Bereinigung des bisherigen Verfahrensrechts dar. In Spezialfällen des Aufgebotsverfahrens war bisher ein möglicher landesrechtlicher Vorbehalt in der ZPO selbst geregelt (vgl. §§ 1006 Abs. 3, 1023 ZPO aF). Mit der geschlossenen Übernahme des Aufgebotsverfahrens in das FamFG hat der Gesetzgeber diese landesrechtlichen Vorbehalte aus dem neuen 8. Buch des FamFG entfernt und den Schlussvorschriften zugewiesen. Im Einzelnen handelt es sich darum, dass Inhaberschuldverschreibungen oder qualifizierte Legitimationspapiere iSv. § 808 BGB unter gewissen Umständen einem landesrechtlichen Vorbehalt für den Fall der Kraftloserklärung unterliegen.

Gesetz über Gerichtskosten in Familiensachen

Vorbemerkung

I. Allgemeines

Dem FamFG wird mit dem FamGKG ein **einheitliches Gerichtskostenrecht für die familiengerichtlichen Verfahren** zur Seite gestellt. Für die sonstigen Verfahren nach dem neuen FamFG gilt weiterhin die KostO, die an zahlreichen Stellen angepasst wurde. Die Neuregelungen lehnen sich stark an die Systematik des GKG an. Im GKG und in der KostO sind alle Regelungen für familiengerichtliche Verfahren aufgehoben worden. 1

II. Grundsätze des FamGKG

Das FamGKG sieht eine weitestgehende Umstellung von Akt- auf Verfahrensgebühren, einheitliche Ermäßigungstatbestände bei den Verfahrensgebühren, die Harmonisierung der Verfahrenswertbestimmungen und den Wegfall des Interessenschuldners der KostO für Amtsverfahren vor. Es stellt dem Anwender in sich abgeschlossene Regelungen zur Verfügung und verweist nur ausnahmsweise auf Regelungen des GKG und der KostO. 2

Das neue Gesetz hält grundsätzlich am **Wertgebührensystem** fest. Zugleich werden die Wertregelungen systematisiert und vereinheitlicht. Hierdurch sind Änderungen im RVG weitgehend vermieden worden. Bei der Bemessung des Verfahrenswerts wird dem Gericht ein breiter Ermessensspielraum eingeräumt, um den Besonderheiten des Einzelfalls gerecht zu werden. In wenigen Fällen sind Festgebühren vorgesehen, für einige Verfahren auch Festwerte. 3

Die Gebührentabelle zum GKG ist in das FamGKG übernommen worden, so dass sich alle Wertgebühren in Familiensachen nach einer **einheitlichen Gebührentabelle** berechnen. 4

Auch für Familiensachen der freiwilligen Gerichtsbarkeit gelten nunmehr idR **pauschale Verfahrensgebühren mit Ermäßigungstatbeständen** (zB für den Fall der Antragsrücknahme oder einer gütlichen Einigung). Für Rechtsmittelverfahren sind Verfahrensgebühren mit – im Vergleich zu den erstinstanzlichen Verfahren – **erhöhten Gebührensätzen** vorgesehen. In jedem familiengerichtlichen Verfahren wird nunmehr unabhängig von seinem Ausgang grundsätzlich nur eine Gebühr anfallen, auch wenn neben der Entscheidung in der Hauptsache in demselben Verfahren zB Genehmigungen zu erteilen oder zu ersetzen sind. Dies bedeutet für die bisherigen familiengerichtlichen Verfahren der freiwilligen Gerichtsbarkeit eine Abkehr von der weitgehend mit Aktgebühren ausgestalteten KostO, in der regelmäßig nur positive Entscheidungen des Gerichts eine Gebühr auslösten. Dadurch entsteht in jedem gerichtlichen Verfahren grundsätzlich auch eine Gebühr. Die Einführung der pauschalen Verfahrensgebühr ist auch im Zusammenhang mit der in § 81 Abs. 1 Satz 3 FamFG vorgesehenen Pflicht des Gerichts zu sehen, in jeder Familiensache von Amts wegen über die Kosten zu 5 entscheiden, und mit dem in § 81 Abs. 3 FamFG enthaltenen Verbot, die Kosten in einem Verfahren, das seine Person betrifft, dem minderjährigen Beteiligten aufzuerlegen.

III. Kostenniveau

6 Die Zusammenführung der für Familiensachen geltenden Kostenbestimmungen des GKG und der KostO in einem Gesetz mit einer einheitlichen Gebührentabelle wirkt sich hinsichtlich der einzelnen Verfahren unterschiedlich aus.

7 Generell kann gesagt werden, dass die Kosten für Verfahren, die bisher nach dem GKG erhoben wurden, weitgehend unverändert bleiben. Dies gilt

- für Ehesachen und diesen entsprechende Lebenspartnerschaftssachen,
- für das Verbundverfahren und
- für Familienstreitsachen.

8 Hinsichtlich der bisher nach der KostO zu erhebenden Gebühren kann zusammenfassend Folgendes gesagt werden:

- In den Verfahren, in denen das Kindeswohl im Vordergrund steht, bleibt ein niedriges Gebührenniveau erhalten (vgl. Teil 1 Hauptabschnitt 3 Abschnitt 1 KV FamGKG).
- Für die übrigen Familiensachen der freiwilligen Gerichtsbarkeit erhöht sich das Gebührenniveau abhängig von der Höhe der bisher vorgesehenen Gebühren nach der KostO unterschiedlich.

9 Für folgende Verfahren ergeben sich hiervon abweichende Auswirkungen:

- Verfahren des einstweiligen Rechtsschutzes,
- Abstammungssachen und
- Gewaltschutzsachen.

10 Für die nach FamFG nunmehr von einer Hauptsache unabhängigen Verfahren des **einstweiligen Rechtsschutzes** (einstweilige Anordnung und Arrest) sieht der Entwurf eigenständige Gebührentatbestände mit – im Verhältnis zum Hauptsacheverfahren – geringeren Gebührensätzen vor.

11 Für **Abstammungssachen** (nach früherem Recht Kindschaftssachen) sieht der Entwurf im Vergleich zur bisherigen Regelung im GKG um ein Drittel geringere Gebühren vor.

12 Besondere Auswirkungen ergeben sich für **Gewaltschutzsachen**. Die bisher unterschiedlichen Gebührenregelungen in Gewaltschutzsachen, je nachdem ob es sich um ein ZPO-Verfahren oder um ein FGG-Verfahren handelte, sind vereinheitlicht worden.

13 Künftig werden die Gewaltschutzsachen mit den Abstammungssachen, den Adoptionssachen, die einen Volljährigen betreffen, den Ehewohnungs- und Haushaltssachen, den Versorgungsausgleichssachen sowie mit den Unterhaltssachen, Güterrechtssachen und sonstigen Familiensachen (§ 111 Nr. 10 FamFG), die nicht Familienstreitsachen sind, gleichbehandelt. Wegen der teilweisen Erhöhung der Gerichtsgebühren in Gewaltschutzsachen sieht § 21 Abs. 1 Satz 2 Nr. 1 FamGKG vor, dass in Gewaltschutzsachen die Antragstellerhaftung im ersten Rechtszug nicht gelten soll. Damit

soll allen Betroffenen, die sich in einer persönlichen Notlage befinden, der Rechtszugang erleichtert werden. Gleichzeitig wird hierdurch die Auswirkung der erhöhten Gebühr auf die Betroffenen abgemildert.

IV. Regelungstechnik

Die Regelungstechnik in Form eines **Kostenverzeichnisses** ist aus dem GKG übernommen worden. Wichtig ist die Kenntnis des systematischen Aufbaus des Kostenverzeichnisses. Ist dieser verinnerlicht, wird die Anwendung erheblich vereinfacht. Von Bedeutung ist vor allem die Tatsache, dass die Überschriften der einzelnen Gliederungsebenen Regelungscharakter haben. Die hierarchische Ordnung wird durch die dem Kostenverzeichnis vorangestellte Gliederung verdeutlicht. 14

Das **Verzeichnis** hat folgende **Ebenen**: 15

Teil

  Hauptabschnitt

    Abschnitt

      Unterabschnitt

Den einzelnen Ebenen können (nummerierte) Vorbemerkungen folgen. Diese Vorbemerkungen regeln Besonderheiten der jeweiligen Ebene und haben Bedeutung nur für den Teil, den Hauptabschnitt, den Abschnitt oder den Unterabschnitt, dem sie vorangestellt sind. 16

Die einzelnen **Teile** des Verzeichnisses haben **drei Spalten**. Die **erste Spalte** enthält eine vierstellige Nummer. Die erste Ziffer dieser Nummer kennzeichnet den jeweiligen Teil, die zweite Ziffer den Hauptschnitt. Die Verfahrensgebühr 1100 KV FamGKG ist also eine Gebühr aus Teil 1 Hauptabschnitt 1. Die **zweite Spalte** enthält den eigentlichen Gebühren- oder Auslagentatbestand. Der Gebührentatbestand kann einen eigenständigen Regelungsgehalt haben oder eine vorstehende Gebühr modifizieren (vgl. Nummern 1111 und 1121 KV FamGKG). Eine modifizierende Gebühr wird durch den Nachsatz „Die Gebühr ... beträgt" deutlich. Dem Gebühren- oder Auslagentatbestand können **Anmerkungen** angefügt sein, die Besonderheiten der jeweiligen Gebühr oder Auslage regeln. **Anmerkungen** entfalten Bedeutung nur für den jeweiligen Gebühren- oder Auslagentatbestand. Bei einer modifizierenden Gebühr sind auch die Anmerkungen der modifizierten Gebühr zu beachten. Die **dritte Spalte** gibt den Gebührensatz, den Gebührenbetrag oder die Höhe der Auslage wieder. 17

18 Beispiel:

Nr.	Gebührentatbestand	Gebühr oder Satz der Gebühr nach § 28 FamGKG	
	Hauptabschnitt 3 **Hauptsacheverfahren in selbständigen Familiensachen der freiwilligen Gerichtsbarkeit**		← **Spaltenüberschrift**
			← **Überschrift des Hauptabschnitts** Der Text hat Regelungscharakter. In diesem Hauptabschnitt sind die Gebühren für Hauptsacheverfahren in selbständigen Familiensachen der freiwilligen Gerichtsbarkeit geregelt
	Abschnitt 1 ***Kindschaftssachen***		← **Überschrift des Abschnitts** Der Text hat Regelungscharakter. Hier sind die Gebühren für Kindschaftssachen bestimmt
	Vorbemerkung 1.3.1: (1) Keine Gebühren werden erhoben für 1. die Pflegschaft für eine Leibesfrucht, 2. ein Verfahren, das die freiheitsentziehende Unterbringung eines Minderjährigen betrifft, und 3. ein Verfahren, das Aufgaben nach dem Jugendgerichtsgesetz betrifft. (2) Von dem Minderjährigen werden Gebühren nach diesem Abschnitt nur erhoben, wenn sein Vermögen nach Abzug der Verbindlichkeiten mehr als 25 000 Euro beträgt; der in § 90 Abs. 2 Nr. 8 des Zwölften Buches Sozialgesetzbuch genannte Vermögenswert wird nicht mitgerechnet.		← **Vorbemerkung** Es handelt sich um die Vorbemerkung zu Abschnitt 1. Die Regelungen sind daher für sämtliche Gebührentatbestände dieses Abschnitts zu beachten.
	Unterabschnitt 1 *Verfahren vor dem Familiengericht*		← **Überschrift des Unterabschnitts**
1310	Verfahrensgebühr .... (1) Die Gebühr entsteht nicht für Verfahren, die in den Rahmen einer Vormundschaft oder Pflegschaft fallen. (2) Für die Umgangspflegschaft werden neben der Gebühr für das Verfahren, in dem diese angeordnet wird, keine besonderen Gebühren erhoben.	0,5	← **Gebühr** Die erste Ziffer der Gebührennummer steht für den Teil, die zweite Ziffer für den Hauptabschnitt ← **Anmerkung** Diese betrifft nur die Gebühr, unter der sie steht

19 Das **Kostenverzeichnis** gliedert sich in **zwei Teile**. Teil 1 behandelt ausschließlich die Gebühren, Teil 2 regelt die Auslagen. Die Überschriften der Hauptabschnitte des Teils 1 (Gebühren) erleichtern das Auffinden der anzuwendenden Gebührenvorschriften erheblich.

Hauptabschnitt 1	Hauptsacheverfahren in Ehesachen einschließlich aller Folgesachen
Hauptabschnitt 2	Hauptsacheverfahren in selbständigen Familienstreitsachen
Hauptabschnitt 3	Hauptsacheverfahren in selbständigen Familiensachen der freiwilligen Gerichtsbarkeit
Hauptabschnitt 4	Einstweiliger Rechtsschutz
Hauptabschnitt 5	Besondere Gebühren
Hauptabschnitt 6	Vollstreckung
Hauptabschnitt 7	Verfahren mit Auslandsbezug
Hauptabschnitt 8	Rüge wegen Verletzung des Anspruchs auf rechtliches Gehör
Hauptabschnitt 9	Rechtsmittel im Übrigen

Die Übersicht verdeutlicht die Struktur des Kostenverzeichnisses und macht bei Kenntnis der verfahrensrechtlichen Zuordnung eines konkreten Verfahrens die Gebührenermittlung einfach. 20

V. Familiensachen der bisherigen KostO

Bei der praktischen Umsetzung des FamGKG dürften die bisher nach der KostO abzurechnenden Familiensachen die größten Schwierigkeiten bereiten. Zur Erleichterung soll die nachfolgende **Übersicht** dienen. Sie ordnet die entsprechenden Familiensachen nach ihrer materiellrechtlichen Grundlage (alphabetisch). Es sind die jeweiligen Kostentatbestände und Wertvorschriften des FamGKG angegeben und die bisherigen einschlägigen Vorschriften der KostO gegenübergestellt. 21

Gesetz	Kurzbezeichnung	KostO		FamGKG		
		Vorschrift	Gebühr (Satz)	Nr. KV FamGKG	Wert	Art der Familiensache
AdWirkG § 2 Abs. 1	Feststellung der Anerkennung oder Wirksamkeit	§ 98 Abs. 1, § 95 Abs. 1 Satz 1 Nr. 3, § 91	keine	keine		Adoptionssache
AdWirkG § 3	Ausspruch über die Rechtsstellung	§ 98 Abs. 1, § 95 Abs. 1 Satz 1 Nr. 3, § 91	keine	keine		Adoptionssache
AsylVfG § 12 Abs. 3	Entscheidung über die Vertretungsbefugnis	§ 95 Abs. 1 Satz 1 Nr. 3	1	1310	§ 42	Kindschaftssache
BGB § 112 Abs. 1	Genehmigung der Ermächtigung zum Betrieb eines Erwerbsgeschäfts	**Eltern:** § 95 Abs. 1 Satz 1 Nr. 2 **Vormund:** § 95 Abs. 1 Satz 3	1 keine	1310 1310 Anm. Abs. 1 / keine	§§ 36 Abs. 1, 42	Kindschaftssache

Gesetz	Kurzbezeichnung	KostO		FamGKG		
		Vorschrift	Gebühr (Satz)	Nr. KV FamGKG	Wert	Art der Familiensache
BGB § 112 Abs. 2	Genehmigung der Rücknahme der Ermächtigung	**Eltern:** § 95 Abs. 1 Satz 1 Nr. 2 **Vormund:** § 95 Abs. 1 Satz 3	1 keine	1310 1310 Anm. Abs. 1 / keine	§§ 36 Abs. 1, 42	Kindschaftssache
BGB § 113 Abs. 3	Ersetzung der Ermächtigung, in Dienst und Arbeit zu treten	§ 95 Abs. 1 Satz 3	keine	1310 Anm. Abs. 1 / keine		Kindschaftssache
BGB § 1303 Abs. 2	Befreiung vom Eheerfordernis der Volljährigkeit	§ 97a Abs. 1	1	1310	§ 42	Kindschaftssache
BGB § 1308 Abs. 2	Befreiung vom Eheverbot bei Annahme als Kind	§ 97a Abs. 1	1	1320	§ 42	Adoptionssache
BGB § 1315 Abs. 1 Satz 1 Nr. 1	Genehmigung der Eheschließung	§ 97a Abs. 1	1	1310	§ 42	Kindschaftssache
BGB § 1315 Abs. 1 Satz 3	Ersetzung der Zustimmung zur Bestätigung der Eheschließung	§ 94 Abs. 1 Nr. 8	1	1310	§ 42	Kindschaftssache
BGB § 1357 Abs. 2 Satz 1	Aufhebung einer Beschränkung oder Ausschließung der Schlüsselgewalt	§ 97 Abs. 1 Nr. 1	1	1320	§ 42	sonstige Familiensache
BGB § 1361a Abs. 3	Hausratsverteilung bei Getrenntleben	§ 100 Abs. 1, 2	3	1320	§ 48 Abs. 2	Ehewohnungs- und Haushaltssache
BGB § 1361b	Wohnungsbenutzung bei Getrenntleben	§ 100 Abs. 1, 2	3	1320	§ 48 Abs. 1	Ehewohnungs- und Haushaltssache
BGB § 1365 Abs. 2	Ersetzung der Zustimmung zur Verfügung über das Vermögen	§ 97 Abs. 1 Nr. 1	1	1320	§ 36 Abs. 1	Güterrechtssache
BGB § 1369 Abs. 2	Ersetzung der Zustimmung zur Verfügung über Haushaltsgegenstände	§ 97 Abs. 1 Nr. 1	1	1320	§ 36 Abs. 1	Güterrechtssache
BGB § 1382 Abs. 1	Stundung der Ausgleichsforderung	§ 97 Abs. 1 Nr. 1	1	1320	§ 42	Güterrechtssache
BGB § 1382 Abs. 3	Sicherheitsleistung für die gestundete Forderung	§ 97 Abs. 1 Nr. 1	1	1320	§ 42	Güterrechtssache

Gesetz	Kurzbezeichnung	KostO		FamGKG		
		Vorschrift	Gebühr (Satz)	Nr. KV FamGKG	Wert	Art der Familiensache
BGB § 1383 Abs. 1	Übertragung von Vermögensgegenständen an den Gläubiger	§ 97 Abs. 1 Nr. 1	1	1320	§ 42	Güterrechtssache
BGB § 1411 Abs. 1 Satz 3, Abs. 2 Satz 2	Genehmigung der Zustimmung zu einem Ehevertrags durch den Vormund	§ 95 Abs. 1 Satz 3	keine	1310 Anm. Abs. 1 / keine		Kindschaftssache
BGB §§ 1426, 1458	Ersetzung der Zustimmung zu Gesamtgutgeschäften	§ 97 Abs. 1 Nr. 1	1	1320	§ 36 Abs. 1	Güterrechtssache
BGB §§ 1430, 1458	Ersetzung der Zustimmung zu persönlichen Geschäften	§ 97 Abs. 1 Nr. 1	1	1320	§ 36 Abs. 1	Güterrechtssache
BGB § 1452	Ersetzung der Zustimmung zu Rechtsgeschäften im Rahmen der ordnungsgemäßen Verwaltung	§ 97 Abs. 1 Nr. 1	1	1320	§ 36 Abs. 1	Güterrechtssache
BGB § 1484 Abs. 2 Satz 2	Genehmigung der Ablehnung der fortgesetzten Gütergemeinschaft bei Minderjährigen	**Eltern:** § 95 Abs. 1 Satz 1 Nr. 3, **Vormund:** § 95 Abs. 1 Satz 3	1 keine	1310 1310 Anm. Abs. 1 / keine	§ 36 Abs. 1, § 42	Kindschaftssache
BGB § 1487 Abs. 1	S. BGB § 1426					
BGB § 1491 Abs. 3	Genehmigung des Verzichts auf den Gesamtgutsanteil bei Minderjährigen	**Eltern:** § 95 Abs. 1 Satz 1 Nr. 3, **Vormund:** § 95 Abs. 1 Satz 3	1 keine	1310 1310 Anm. Abs. 1 / keine	§ 36 Abs. 1	Kindschaftssache
BGB § 1492 Abs. 3	Genehmigung der Aufhebung der fortgesetzten Gütergemeinschaft	**Eltern:** § 95 Abs. 1 Satz 1 Nr. 3, **Vormund:** § 95 Abs. 1 Satz 3	1 keine	1310 1310 Anm. Abs. 1 / keine	§ 36 Abs. 1, § 42	Kindschaftssache
BGB § 1493 Abs. 2	Gestattung, dass Aufhebung der Gütergemeinschaft bei Wiederheirat bis zur Eheschließung unterbleibt	§ 94 Abs. 1 Nr. 2	1	1310	§ 46 Abs. 1	Kindschaftssache

Gesetz	Kurzbezeichnung	KostO		FamGKG		
		Vorschrift	Gebühr (Satz)	Nr. KV FamGKG	Wert	Art der Familiensache
BGB § 1587b	Übertragung und Begründung von Rentenanwartschaften	§ 99 Abs. 1	3	1320	§ 50 Abs. 1	VerAusglG
BGB § 1587d Abs. 1	Ruhen der Begründungsverpflichtung	§ 99 Abs. 2 Nr. 1	1	1320	§ 50 Abs. 3	VerAusglG
BGB § 1587d Abs. 2	Aufhebung oder Änderung der Ruhensentscheidung	§ 99 Abs. 2 Nr. 2	1	1320	§ 50 Abs. 3	VerAusglG
BGB § 1587g Abs. 3, § 1587d Abs. 2	Aufhebung oder Änderung des schuldrechtlichen Versorgungsausgleichs	§ 99 Abs. 2 Nr. 2	1	1320	§ 50 Abs. 1	VerAusglG
BGB § 1587i Abs. 1	Abtretung von Versorgungsansprüchen	§ 99 Abs. 2 Nr. 1	1	1320	§ 50 Abs. 3	VerAusglG
BGB § 1587i Abs. 3, § 1587d Abs. 2	Aufhebung oder Änderung der Entscheidung über die Abtretung von Versorgungsansprüchen	§ 99 Abs. 2 Nr. 2	1	1320	§ 50 Abs. 3	VerAusglG
BGB § 1587k Abs. 1, § 1580	Auskunft über Versorgungsansprüche	§ 91	keine	1320	§ 50 Abs. 3	VerAusglG
BGB § 1587l Abs. 1	Abfindung von Ausgleichsansprüchen	§ 99 Abs. 2 Nr. 1	1	1320	§ 50 Abs. 3	VerAusglG
BGB § 1587l Abs. 3	Ratenzahlung der Abfindung	§ 99 Abs. 2 Nr. 1	1	1320	§ 50 Abs. 3	VerAusglG
BGB § 1587o Abs. 2 Satz 3	Genehmigung einer Vereinbarung über den Versorgungsausgleich	§ 97 Abs. 1 Nr. 1	1	1320	§ 50 Abs. 3	VerAusglG
BGB § 1600e Abs. 1	Feststellungs-, Anfechtungsverfahren	**GKG**		1320	§ 47	Abstammungssache
BGB § 1600e Abs. 2	Feststellungs-, Anfechtungsverfahren bei Tod eines Beteiligten	§ 94 Abs. 1 Nr. 7	1	1320	§ 47	Abstammungssache
BGB § 1612 Abs. 2 Satz 2	Änderung der Bestimmung über Art und Zeit des Unterhalts	§ 94 Abs. 1 Nr. 1	1	1320	§ 51 Abs. 3	Unterhaltssache

Gesetz	Kurzbezeichnung	KostO		FamGKG		
		Vorschrift	Gebühr (Satz)	Nr. KV FamGKG	Wert	Art der Familiensache
BGB § 1617 Abs. 2 Satz 1	Übertragung des Namensbestimmungsrechts	§ 94 Abs. 1 Nr. 5	1	1310	§ 45	Kindschaftssache
BGB § 1618 Satz 4	Ersetzung der Einwilligung zur Namenserteilung	§ 95 Abs. 1 Satz 1 Nr. 3	1	1310	§ 42	Kindschaftssache
BGB § 1626c Abs. 2 Satz 3	Ersetzung der Zustimmung zur Sorgeerklärung	§ 95 Abs. 1 Satz 1 Nr. 3	1	1310	§ 42	Kindschaftssache
BGB § 1628	Übertragung der Entscheidung auf einen Elternteil	§ 94 Abs. 1 Nr. 5	1	1310	§ 45	Kindschaftssache
BGB § 1629 Abs. 2 Satz 3	Entziehung der Vertretung	§ 95 Abs. 1 Satz 1 Nr. 2	1	1310	§§ 45	Kindschaftssache
BGB § 1630 Abs. 2	Entscheidung von Meinungsverschiedenheiten zwischen Eltern und Pfleger	§ 95 Abs. 1 Satz 1 Nr. 3	1	1310 Anm. Abs. 1 / keine		Kindschaftssache
BGB § 1630 Abs. 3	Übertragung der elterlichen Sorge auf eine Pflegeperson	§ 94 Abs. 1 Nr. 4	1	1310	§ 45	Kindschaftssache
BGB § 1631 Abs. 3	Unterstützung der Eltern bei der Personensorge	§ 95 Abs. 1 Satz 1 Nr. 2	1	1310	§ 42	Kindschaftssache
BGB § 1631b Satz 1, 2	Genehmigung der Freiheitsentziehung	§ 128b	keine	Vorbem. 1.3.1 Abs. 1 Nr. 2 / keine		Kindschaftssache
BGB § 1631b Satz 3	Rücknahme der Genehmigung einer Freiheitsentziehung	§ 128b	keine	Vorbem. 1.3.1 Abs. 1 Nr. 2 / keine		Kindschaftssache
BGB § 1632 Abs. 3, 1	Streitigkeiten über Herausgabe des Kindes	§ 94 Abs. 1 Nr. 6	1	1310	§ 45	Kindschaftssache
BGB § 1632 Abs. 3, 2	Streitigkeiten über den Umgang des Kindes	§ 94 Abs. 1 Nr. 6	1	1310	§ 45	Kindschaftssache
BGB § 1632 Abs. 4	Verbleib des Kindes bei der Pflegeperson	§ 94 Abs. 1 Nr. 3	1	1310	§ 45	Kindschaftssache
BGB § 1639 Abs. 2, § 1803 Abs. 2	Genehmigung zur Abweichung bei der Vermögensverwaltung	§ 95 Abs. 1 Satz 1 Nr. 3	1	1310	§ 36 Abs. 1, § 42	Kindschaftssache

Gesetz	Kurzbezeichnung	KostO		FamGKG		
		Vorschrift	Gebühr (Satz)	Nr. KV FamGKG	Wert	Art der Familiensache
BGB § 1639 Abs. 2, § 1803 Abs. 3	Ersetzung der Zustimmung eines Dritten zu Abweichungen bei der Vermögensverwaltung	§ 95 Abs. 1 Satz 1 Nr. 3	1	1310	§ 36 Abs. 1, § 42	Kindschaftssache
BGB § 1640 Abs. 3	Anordnung der Aufnahme eines Vermögensverzeichnisses	§ 94 Abs. 1 Nr. 3	1	1310	§ 46 Abs. 1	Kindschaftssache
BGB § 1643 Abs. 1	Genehmigung von Rechtsgeschäften usw.	§ 95 Abs. 1 Satz 1 Nr. 1	1	1310	§ 36	Kindschaftssache
BGB § 1643 Abs. 3, § 1825	Allgemeine Ermächtigung zu Rechtsgeschäften	§ 95 Abs. 1 Satz 1 Nr. 1	1	1310	§ 46 Abs. 1	Kindschaftssache
BGB § 1644	Genehmigung der Überlassung von Gegenständen	§ 95 Abs. 1 Satz 1 Nr. 3	1	1310	§ 46 Abs. 2	Kindschaftssache
BGB § 1645	Genehmigung zu einem neuen Erwerbsgeschäft	§ 95 Abs. 1 Satz 1 Nr. 2	1	1310	§ 46 Abs. 1	Kindschaftssache
BGB § 1666	Maßnahmen bei Gefährdung des Kindeswohls	§ 94 Abs. 1 Nr. 3	1	1310	§ 42 oder 45	Kindschaftssache
BGB § 1667	Anordnungen zur Vermögensverwaltung, Genehmigungen	§ 94 Abs. 1 Nr. 3	1	1310	§§ 46 Abs. 1, 36	Kindschaftssache
BGB § 1671	Übertragung der elterlichen Sorge	§ 94 Abs. 1 Nr. 4	1	1310	§ 45	Kindschaftssache
BGB § 1672	Übertragung der elterlichen Sorge	§ 94 Abs. 1 Nr. 4	1	1310	§ 45	Kindschaftssache
BGB § 1673 Abs. 2 Satz 3, § 1628	Übertragung der Entscheidung bei ruhender elterlicher Sorge	§ 94 Abs. 1 Nr. 5	1	1310	§ 45	Kindschaftssache
BGB § 1674 Abs. 1	Feststellung des Ruhens der elterlichen Sorge	§ 95 Abs. 1 Satz 1 Nr. 2	1	1310	§ 42	Kindschaftssache
BGB § 1674 Abs. 2	Feststellung der Beendigung des Ruhens der elterlichen Sorge	§ 95 Abs. 1 Satz 1 Nr. 2	1	1310	§ 42	Kindschaftssache

Gesetz	Kurzbezeichnung	KostO		FamGKG		
		Vorschrift	Gebühr (Satz)	Nr. KV FamGKG	Wert	Art der Familiensache
BGB § 1678 Abs. 2	Übertragung bei Ruhen	§ 94 Abs. 1 Nr. 4	1	1310	§ 45	Kindschaftssache
BGB § 1680 Abs. 2, 3	Übertragung der elterlichen Sorge bei Tod oder Entziehung	§ 94 Abs. 1 Nr. 4	1	1310	§ 45	Kindschaftssache
BGB § 1681	Übertragung der elterlichen Sorge bei Todeserklärung	§ 94 Abs. 1 Nr. 4	1	1310	§ 45	Kindschaftssache
BGB § 1682	Verbleibensanordnung	§ 95 Abs. 1 Satz 1 Nr. 3	1	1310	§ 42	Kindschaftssache
BGB § 1683	Gestattung, dass Auseinandersetzung einer Vermögensgemeinschaft bei Wiederheirat bis zur Eheschließung unterbleibt	§ 94 Abs. 1 Nr. 2	1	1310	§ 46 Abs. 1	Kindschaftssache
BGB § 1684 Abs. 3, 4	Entscheidung über den Umgang mit den Eltern	§ 94 Abs. 1 Nr. 4	1	1310	§ 45	Kindschaftssache
BGB § 1684 Abs. 3	Umgangspflegschaft	neu		1310 Anm. Abs. 2 / keine		Kindschaftssache
BGB § 1685 Abs. 3	Entscheidung über den Umgang mit anderen Personen als den Eltern	§ 94 Abs. 1 Nr. 4	1	1310	§ 45	Kindschaftssache
BGB § 1686 Satz 2	Entscheidungen über die Auskunft über persönliche Verhältnisse des Kindes	§ 94 Abs. 1 Nr. 4	1	1310	§ 42	Kindschaftssache
BGB § 1687 Abs. 2	Einschränkung, Ausschließung der Befugnisse bei gemeinsamer elterlichen Sorge bei Getrenntleben	§ 94 Abs. 1 Nr. 5	1	1310	§ 42	Kindschaftssache
BGB §§ 1687a, 1687 Abs. 2	Einschränkung, Ausschließung der Befugnisse bei elterlicher Sorge für einen Elternteil bei Getrenntleben	§ 94 Abs. 1 Nr. 5	1	1310	§ 42	Kindschaftssache

Gesetz	Kurzbezeichnung	KostO		FamGKG		
		Vorschrift	**Gebühr (Satz)**	**Nr. KV FamGKG**	**Wert**	**Art der Familiensache**
BGB § 1688 Abs. 3 Satz 2, Abs. 4	Einschränkung, Ausschließung der Befugnisse der Pflegeperson	§ 94 Abs. 1 Nr. 5	1	1310	§ 42	Kindschaftssache
BGB § 1693	Maßnahmen bei Verhinderung an der Ausübung der elterlichen Sorge	§ 95 Abs. 1 Satz 1 Nr. 2	1	1310	§§ 42, 46 Abs. 1	Kindschaftssache
BGB § 1746 Abs. 1 Satz 4	Genehmigung der Einwilligung des Kindes von Eltern unterschiedlicher Staatsangehörigkeit zur Adoption	§ 95 Abs. 1 Satz 1 Nr. 3, § 91	keine	Vorbem. 1.3.2 Abs. 1 Nr. 2 / keine		Adoptionssache
BGB § 1746 Abs. 3	Ersetzung der Einwilligung oder Ersetzung der Zustimmung des Vormunds oder Pflegers	§ 95 Abs. 1 Satz 1 Nr. 3, § 91	keine	Vorbem. 1.3.2 Abs. 1 Nr. 2 / keine		Adoptionssache
BGB § 1748	Ersetzung der Einwilligung eines Elternteils	§ 95 Abs. 1 Satz 1 Nr. 3, § 91	keine	Vorbem. 1.3.2 Abs. 1 Nr. 2 / keine		Adoptionssache
BGB § 1749 Abs. 1 Satz 2	Ersetzung der Einwilligung des Ehegatten	§ 97 Abs. 1 Nr. 1	1	Vorbem. 1.3.2 Abs. 1 Nr. 2, Abs. 2 / keine		Adoptionssache
BGB § 1751 Abs. 1 Satz 2	Jugendamt wird Vormund/Ausstellung einer Bescheinigung	§ 92	mit der Jahresgebühr entgolten	1311	mit der Jahresgebühr entgolten	Kindschaftssache
BGB § 1751 Abs. 1 Satz 5, § 1688 Abs. 3 Satz 2	Einschränkung, Ausschließung der Befugnisse des Annehmenden während der Adoptionspflege	§ 94 Abs. 1 Nr. 5	1	1310	§§ 42, 46 Abs. 1	Kindschaftssache
BGB § 1751 Abs. 3	Übertragung der elterliche Sorge nach Kraftloswerden der Einwilligung zur Adoption (Scheitern der Adoption, Zeitablauf)	§ 94 Abs. 1 Nr. 4	1	1310	§ 45 Abs. 1 Nr. 1	Kindschaftssache
BGB § 1752 Abs. 1	Ausspruch der Annahme eines Minderjährigen	§ 95 Abs. 1 Satz 1 Nr. 3, § 91	keine	Vorbem. 1.3.2 Abs. 1 Nr. 2 / keine		Adoptionssache

Gesetz	Kurzbezeichnung	KostO		FamGKG		
		Vorschrift	Gebühr (Satz)	Nr. KV FamGKG	Wert	Art der Familiensache
BGB § 1757 Abs. 4 Nr. 1	Namensänderung bei der Annahme	§ 95 Abs. 1 Satz 1 Nr. 3, § 91	keine	Vorbem. 1.3.2 Abs. 1 Nr. 2 / keine		Adoptionssache
BGB § 1757 Abs. 4 Nr. 2	Ersetzung von notwendigen Zustimmungen und Genehmigung von Zustimmungen bei Namensänderungen	§ 95 Abs. 1 Satz 1 Nr. 3, § 91	keine	Vorbem. 1.3.2 Abs. 1 Nr. 2 / keine		Adoptionssache
BGB § 1758 Abs. 2 Satz 2	Anordnung, dass durch die Ersetzung der Einwilligung der Eltern des Kindes ein Offenbarungs- und Ausforschungsverbot gilt	§ 95 Abs. 1 Satz 1 Nr. 3, § 91	keine	Vorbem. 1.3.2 Abs. 1 Nr. 2 / keine		Adoptionssache
BGB § 1760	Aufhebung des Annahmeverhältnisses bei Minderjährigen	§ 95 Abs. 1 Satz 1 Nr. 3, § 91	keine	Vorbem. 1.3.2 Abs. 1 Nr. 2 / keine		Adoptionssache
BGB § 1763	Aufhebung des Annahmeverhältnisses bei Minderjährigen von Amts wegen	§ 95 Abs. 1 Satz 1 Nr. 3, § 91	keine	Vorbem. 1.3.2 Abs. 1 Nr. 2 / keine		Adoptionssache
BGB § 1764 Abs. 4	Zurückübertragung der elterlichen Sorge nach Aufhebung der Adoption	§ 94 Abs. 1 Nr. 4	1	1310	§ 45 Abs. 1 Nr. 1	Kindschaftssache
BGB § 1764 Abs. 4	Einleitung einer Vormundschaft oder Pflegschaft nach Aufhebung der Adoption	§ 92 Abs. 1	Jahresgebühr	1311	mit der Jahresgebühr entgolten	Kindschaftssache
BGB § 1765 Abs. 2, 3	Entscheidung des Gerichts wegen Fortführung des Namens nach Aufhebung der Adoption	§ 35	keine	gehört zum Verfahren / keine		Adoptionssache
BGB § 1767 Abs. 2, § 1746 Abs. 3	Ersetzung der Einwilligung oder Ersetzung der Zustimmung des Betreuers oder Pflegers (Volljähriger)	§ 91	keine	1320	§ 42	Adoptionssache

Gesetz	Kurzbezeichnung	KostO		FamGKG		
		Vorschrift	Gebühr (Satz)	Nr. KV FamGKG	Wert	Art der Familiensache
BGB § 1767 Abs. 2, § 1749 Abs. 1 Satz 2	Ersetzung der Einwilligung des Ehegatten (Volljähriger)	§ 97 Abs. 1 Nr. 3	1	1320	§ 42	Adoptionssache
BGB § 1767 Abs. 2, § 1752 Abs. 1	Ausspruch der Annahme eines Volljährigen (Volljähriger)	§ 98 Abs. 1	1	1320	§ 42	Adoptionssache
BGB § 1767 Abs. 2, § 1757 Abs. 4 Nr. 1	Namensänderung bei der Annahme (Volljähriger)	§ 98 Abs. 1, § 35	keine	gehört zum Verfahren / keine		Adoptionssache
BGB § 1767 Abs. 2, § 1757 Abs. 4 Nr. 2, § 1746 Abs. 3	Ersetzung von notwendigen Zustimmungen und Genehmigung von Zustimmungen bei Namensänderungen (Volljähriger)	§ 98 Abs. 1, § 35	keine	1320	§ 42	Adoptionssache
BGB § 1771	Aufhebung des Annahmeverhältnisses bei Volljährigen	§ 98 Abs. 1	1	1320	§ 42	Adoptionssache
BGB § 1771, § 1767 Abs. 2, § 1765 Abs. 2	Entscheidung des Gerichts wegen Fortführung des Namens nach Aufhebung der Adoption	§ 35	keine	gehört zum Verfahren / keine		Adoptionssache
BGB 1771, 1767 Abs. 2, 1765 Abs. 2	Ehegatten führen Geburtsnamen als Ehenamen	§ 35	keine	gehört zum Verfahren / keine		Adoptionssache
BGB § 1772	Ausspruch über die Annahmewirkungen wie bei einem Minderjährigen	§ 35	keine	gehört zum Verfahren / keine		Adoptionssache
BGB §§ 1774 ff.	Vormundschaft (einschließlich Genehmigungen)	§ 92 Abs. 1	Jahresgebühr	1311	Jahresgebühr	Kindschaftssache
BGB § 1788	Zwangsgeld zur Erzwingung der Übernahme	§ 119	3	1502		Kindschaftssache
BGB §§ 1800, 1631 ff.	Personensorgeentscheidungen	§ 91	keine	1310 Anm. Abs. 2 / keine		Kindschaftssache

Gesetz	Kurzbezeichnung	KostO		FamGKG		
		Vorschrift	Gebühr (Satz)	Nr. KV FamGKG	Wert	Art der Familiensache
BGB § 1837 Abs. 3 Satz 1	Zwangsgeld zur Befolgung von Anordnungen	§ 119	3	1502		Kindschaftssache
BGB § 1837 Abs. 4, § 1666	Maßnahmen bei Gefährdung des Kindeswohls	§ 91	keine	1310 Anm. Abs. 2 / keine		Kindschaftssache
BGB §§ 1845, 1683	Gestattung, dass Auseinandersetzung einer Vermögensgemeinschaft bei Wiederheirat des zum Vormund bestellten Elternteils bis zur Eheschließung unterbleibt	§ 91	keine	1310 Anm. Abs. 2 / keine		Kindschaftssache
BGB § 1846	Vorläufige Maßregeln	§ 91, § 35	keine	1310 Anm. Abs. 1 / keine		Kindschaftssache
BGB § 1892 Abs. 2 Satz 2	Beurkundung des Anerkenntnisses der Schlussrechnung des Vormunds	§ 91	keine	1310 Anm. Abs. 1 / keine		Kindschaftssache
BGB §§ 1909, 1915, 1774 ff.	Ergänzungspflegschaft (einschließlich Genehmigungen) bei Minderjährigen	§ 92 (im Übrigen wie Vormundschaft), § 93	Jahresgebühr 1	1311 1312	Jahresgebühr § 46	Kindschaftssache
BGB § 2275 Abs. 2 Satz 2	Genehmigung eines Erbvertrags bei Vormundschaft	§ 95 Abs. 1 Satz 3	keine	1310 Anm. Abs. 1 / keine		Kindschaftssache
BGB § 2282 Abs. 2	Genehmigung der Anfechtung eines Erbvertrags bei beschränkter Geschäftsfähigkeit	**Eltern:** § 95 Abs. 1 Satz 1 Nr. 2, **Vormund:** § 95 Abs. 1 Satz 3	1 keine	1310 1310 Anm. Abs. 1 / keine	§ 36	Kindschaftssache
BGB § 2290 Abs. 3	Genehmigung des Aufhebungsvertrags zum Erbvertrag	**Eltern:** § 95 Abs. 1 Satz 1 Nr. 2, **Vormund:** § 95 Abs. 1 Satz 3	1 keine	1310 1310 Anm. Abs. 1 / keine	§ 36	Kindschaftssache
BGB §§ 2292, 2290 Abs. 3	Genehmigung des aufhebenden gemeinschaftlichen Testaments bei Vormundschaft	§ 95 Abs. 1 Satz 1 Nr. 2, Satz 3	keine	1310 Anm. Abs. 1 / keine		Kindschaftssache

Gesetz	Kurzbezeichnung	KostO		FamGKG		
		Vorschrift	Gebühr (Satz)	Nr. KV FamGKG	Wert	Art der Familiensache
BGB §§ 2347, 2352	Genehmigung des Erbverzichts	**Eltern:** § 95 Abs. 1 Satz 1 Nr. 2, **Vormund:** § 95 Abs. 1 Satz 3	1 keine	1310 1310 Anm. Abs. 1 / keine	§ 36	Kindschaftssache
BGB §§ 2351, 2347 Abs. 2	Genehmigung des Aufhebungsvertrags zum Erbverzicht	**Eltern:** § 95 Abs. 1 Satz 1 Nr. 2, **Vormund:** § 95 Abs. 1 Satz 3	1 keine	1310 1310 Anm. Abs. 1 / keine	§ 36	Kindschaftssache
BKGG § 3 Abs. 2 Satz 3	Bestimmung des Kindergeldanspruchsberechtigten	§ 91	keine	1320	§ 51 Abs. 2	Unterhaltssache
BKGG § 3 Abs. 3 Satz 4	Bestimmung des Kindergeldanspruchsberechtigten	§ 91	keine	1320	§ 51 Abs. 2	Unterhaltssache
EStG § 64 Abs. 2 Satz 3	Bestimmung des Kindergeldanspruchsberechtigten	§ 91	keine	1320	§ 51 Abs. 2	Unterhaltssache
EStG § 64 Abs. 3 Satz 4	Bestimmung des Kindergeldanspruchsberechtigten	§ 91	keine	1320	§ 51 Abs. 2	Unterhaltssache
FamRÄndG; Artikel 7 § 1 Abs. 1 bis 3 **jetzt: § 107 Abs. 1 bis 4 FamFG**	Anerkennung ausländischer Ehescheidungen	**FamRÄndG** Artikel 7 § 2 Abs. 1	10 bis 310 Euro	**JVKostO** Nr. 204		
FamRÄndG; Artikel 7 § 1 Abs. 5 bis 8 **jetzt: § 107 Abs. 5 bis 8 FamFG**	Anerkennung ausländischer Ehescheidungen	**FamRÄndG** Artikel 7 § 2 Abs. 2	10 bis 310 Euro	1714		Anerkennung und Vollstreckbarkeit ausländischer Entscheidungen
FlurbG § 119	Bestellung eines Vertreters für das Verfahrens bei einem Minderjährigen	§ 95 Abs. 1 Satz 1 Nr. 3/ § 93a (streitig)	1 / keine	1310	§ 42	Kindschaftssache
FrhEntzG; § 5 Abs. 2 Satz 2 **jetzt: § 419 FamFG**	Bestellung eines Pflegers für das Verfahren	§ 93a	keine	Vorbem. 1.3.1 / keine		Kindschaftssache

Gesetz	Kurzbezeichnung	KostO		FamGKG		
		Vorschrift	Gebühr (Satz)	Nr. KV FamGKG	Wert	Art der Familiensache
GewSchG §§ 1, 2	Entscheidungen nach § 621 Abs. 1 Nr. 13 ZPO	§ 100a	1	1320	§ 49	Gewaltschutzsache
HöfeO § 1 Abs. 6	Erklärungen zur Hofeigenschaft	**Eltern:** § 95 Abs. 1 Satz 1 Nr. 2, **Vormund:** § 95 Abs. 1 Satz 3	1 keine	1310 1310 Anm. Abs. 1 / keine	§ 36	Kindschaftssache
JGG §§ 53, 104 Abs. 4	Erziehungsmaßregeln	§ 95 Abs. 1 Satz 1 Nr. 3, oder § 91 (streitig)	1 keine	keine Vorbem. 1.3.1 Abs. 1 Nr. 3		Kindschaftssache
JGG § 67 Abs. 4 Satz 3	Bestellung eines Pflegers für das Strafverfahren	§§ 91, 93a	keine	keine Vorbem. 1.3.1 Abs. 1 Nr. 3		Kindschaftssache
KErzG § 2 Abs. 1, BGB § 1628	Übertragung der Entscheidungsbefugnis auf einen Elternteil	§ 94 Abs. 1 Nr. 5	1	1310	§ 42	Kindschaftssache
KErzG § 2 Abs. 3	Vermittlung oder Entscheidung	§ 91	keine	1310	§ 42	Kindschaftssache
KErzG § 3 Abs. 2	Genehmigung der Bestimmung	§ 95 Abs. 1 Satz 3	keine	keine Anm. 1310 Abs. 1		Kindschaftssache
KErzG § 7, BGB § 1666	Einschreiten des Gerichts	§ 94 Abs. 1 Nr. 3	1	1310	§ 42	Kindschaftssache
LBG § 29a	Bestellung eines sach- und rechtskundigen Vertreters eines Minderjährigen für das Enteignungsverfahren	§ 95 Abs. 1 Satz 1 Nr. 3/ § 93a (streitig)	1 / keine	1310	§ 42	Kindschaftssache
NamÄndG § 2	Genehmigung der Namensänderung durch Vormund, Pfleger oder Betreuer	§ 95 Abs. 1 Satz 3	keine	keine Anm. 1310 Abs. 1		Kindschaftssache
NEhelG Artikel 12 § 3 Abs. 2 Satz 4	Anfechtung der Vaterschaft	**NEhelG** Artikel 12 § 3 Abs. 2 Satz 6 **KostO** § 94 Abs. 1 Nr. 7	1	1320	§ 47	Abstammungssache
SachenR-BerG § 17 Abs. 1, 2	Pflegschaft für Minderjährige	§ 93	1 – höchstens Jahresgebühr	1313 – höchstens Gebühr 1311	§ 46 Abs. 2	Kindschaftssache

Gesetz	Kurzbezeichnung	KostO		FamGKG		
		Vorschrift	Gebühr (Satz)	Nr. KV FamGKG	Wert	Art der Familiensache
SachenR-BerG § 17 Abs. 3 Satz 4	Genehmigung des Vertrags des Vertreters eines Minderjährigen	§ 91	keine	keine Anm. 1310 Abs. 1		Kindschaftssache
SGB VIII § 56	Genehmigung der Anlage von Mündelgeld auf Sammelkonten des Jugendamtes	§ 91	keine	keine Anm. 1310 Abs. 1		Kindschaftssache
SGB X § 15	Bestellung eines Vertreters eines Minderjährigen für das Verwaltungsverfahren	§ 95 Abs. 1 Satz 1 Nr. 3/ § 93a (streitig)	1 / keine	1310	§ 42	Kindschaftssache
StAG § 19 Abs. 1 Satz 1	Genehmigung der Entlassung aus der Staatsangehörigkeit	**Eltern:** § 95 Abs. 1 Satz 1 Nr. 3, **Vormund:** § 95 Abs. 1 Satz 3	1 keine	1310 1310 Anm. Abs. 1 / keine	§ 42	Kindschaftssache
StAng-RegG § 15 Abs. 2	Entscheidung zur Staatsangehörigkeitserklärung	§ 91	keine	keine Anm. 1310 Abs. 1		Kindschaftssache
TSG § 3	Genehmigung der Stellung eines Antrags nach § 1 TSG durch den gesetzlichen Vertreter eines geschäftsunfähigen Minderjährigen	**Eltern:** § 95 Abs. 1 Satz 1 Nr. 3, **Vormund:** § 95 Abs. 1 Satz 3	1 keine	1310 1310 Anm. Abs. 1 / keine	§ 42	Kindschaftssache
VerschG § 16 Abs. 3	Genehmigung des Antrags des gesetzlichen Vertreters eines Minderjährigen auf Todeserklärung	**Eltern:** § 95 Abs. 1 Satz 1 Nr. 3, **Vormund:** § 95 Abs. 1 Satz 3	1 keine	1310 1310 Anm. Abs. 1 / keine	§ 42	Kindschaftssache
VerschG §§ 40, 16 Abs. 3	Genehmigung des Antrags des gesetzlichen Vertreters eines Minderjährigen auf Feststellung der Todeszeit	**Eltern:** § 95 Abs. 1 Satz 1 Nr. 3, **Vormund:** § 95 Abs. 1 Satz 3	1 keine	1310 1310 Anm. Abs. 1 / keine	§ 42	Kindschaftssache
VwVfG § 16	Bestellung eines Vertreters für einen Minderjährigen im Verwaltungsverfahren	§ 95 Abs. 1 Satz 1 Nr. 3/ § 93a (streitig)	1 / keine	1310	§ 42	Kindschaftssache

Gesetz	Kurzbezeichnung	KostO		FamGKG		
		Vorschrift	Gebühr (Satz)	Nr. KV FamGKG	Wert	Art der Familiensache
ZVG § 181	Genehmigung der Stellung eines Antrags auf Teilungsversteigerung durch den Vormund eines Miteigentümers	§ 91		1310 Anm. Abs. 1 / keine		Kindschaftssache

V. Synopsen

Die folgende Gegenüberstellung gibt eine Übersicht, wo der Regelungsgehalt der Vorschriften des FamGKG bisher im GKG oder in der KostO enthalten war bzw. welche Vorschriften des GKG oder der KostO Vergleichbares regeln. Dies ermöglicht es ggf., die Übertragbarkeit der zum alten Recht ergangenen Gerichtsentscheidungen auf die neuen Vorschriften zu überprüfen. 22

1. Paragraphenteil

23

FamGKG	GKG	KostO
§ 1	§ 1	§ 1
§ 2	§ 2	§ 11
§ 3	§ 3	
§ 4	–	–
§ 5	–	–
§ 6	§ 4	
§ 7	§ 5	§ 17
§ 8	§ 5a	§ 1a
§ 9	§ 6	
§ 10		§ 92 Abs. 1 Satz 6, § 7
§ 11	§ 9	
§ 12	§ 10	§ 8

FamGKG	GKG	KostO
§ 33	§ 39, § 48 Abs. 4	
§ 34	§ 40	§ 18 Abs. 1 Satz 1
§ 35	§ 48 Abs. 1 Satz 1, § 3 ZPO	
§ 36		§ 95 Abs. 2 Satz 1 Halbs. 1 iVm. Abs. 1 Nr. 1
§ 37	§ 43	§ 18 Abs. 2
§ 38	§ 44	
§ 39	§ 45	
§ 40	§ 47	
§ 41	–	–
§ 42		§ 30
§ 43	§ 48 Abs. 2, 3 Satz 1 und 2	
§ 44	§ 46 Abs. 1 Satz 1	

23

FamGKG	GKG	KostO
§ 13	§ 53 Abs. 2 IntFamRVG	§ 53 Abs. 2 IntFamRVG
§ 14	§ 12	
§ 15	§ 14	§ 8 Abs. 2 Satz 2
§ 16	§ 17 Abs. 1	§ 8
§ 17	§ 18	
§ 18	§ 19	
§ 19	§ 20	§ 15
§ 20	§ 21	§ 16
§ 21	§ 22	§ 2
§ 22	–	–
§ 23	§ 28	
§ 24	§ 29	§ 3
§ 25	§ 30	
§ 26	§ 31	§ 5 Abs. 1 Satz 1
§ 27	§ 32 Abs. 1	
§ 28	§ 34	§ 33
§ 29	§ 35	
§ 30	§ 36	
§ 31	§ 37	
§ 32	§ 38	

FamGKG	GKG	KostO
§ 45		§ 94 Abs. 2 Satz 1, § 95 Abs. 3
§ 46		§ 93 Satz 1 und 2
§ 47	§ 48 Abs. 3 Satz 3	
§ 48	–	§ 100 Abs. 3
§ 49	–	§ 100a Abs. 2
§ 50	§ 49	§ 99 Abs. 3
§ 51	§ 42	
§ 52	§ 46 Abs. 2 iVm. Abs. 1 Satz 1	
§ 53	§ 61	
§ 54	§ 62	
§ 55	§ 63	
§ 56	§ 64	
§ 57	§ 66	§ 14
§ 58	§ 67	
§ 59	§ 68	
§ 60	§ 69	
§ 61	§ 69a	
§ 62	§ 70	§ 139
§ 63	§ 71	§ 161

2. Kostenverzeichnis

24

Nr. KV FamGKG	Nr. KV GKG	KostO
1110	1310	
1111	1311	
1120 bis 1122	1320 bis 1322	
1130 bis 1132	1330 bis 1332	

Nr. KV FamGKG	Nr. KV GKG	KostO
Teil 1 Hauptabschnitt 3 Abschnitt 2	Teil 1 Hauptabschnitt 2	§ 94 Abs. 1 Nr. 1 und 7, §§ 97, 98, 99, 100, 100a
Teil 1 Hauptabschnitt 4	1410 bis 1412, 1420 bis 1424	
1500	1900	
1501	1901	

24

Nr. KV FamGKG	Nr. KV GKG	KostO
1140	–	–
1210 bis 1216	1120 bis 1122	
1220, 1221	1210, 1211	
1222 bis 1224	1220 bis 1222	
1225 bis 1227	1230 bis 1232	
1228, 1229	1240, 1241	
Vorbem. 1.3.1		§ 128b, § 92 Abs. 1 Satz 1, § 93 Satz 5, § 95 Abs. 1 Satz 2
1310		§ 94 Abs. 1 Nr. 2 bis 6, 8 und 9, § 95 Abs. 1, 3
1311		§ 92
1312		§ 92 Abs. 1 Satz 4
1313		§ 93 Satz 1
1314 bis 1319		§ 131

Nr. KV FamGKG	Nr. KV GKG	KostO
1502		§ 119
Hauptabschnitt 6	Teil 2 Hauptabschnitt 1 Abschnitt 1	
1710 bis 1713	1510 bis 1513	§ 51 IntFamRVG
1714	Art. 7 § 2 Abs. 2 FamRÄndG	
1715	1511	
1720 bis 1723	1520 bis 1522	
1800	1700	
1910 bis 1912	1810 bis 1812	
1920 bis 1924	1823 bis 1827	
1930	–	–
Teil 2	Teil 9	136, 137

Abschnitt 1
Allgemeine Vorschriften

§ 1
Geltungsbereich

In Familiensachen einschließlich der Vollstreckung durch das Familiengericht und für Verfahren vor dem Oberlandesgericht nach § 107 des Gesetzes über das Verfahren in Familiensachen und in den Angelegenheiten der freiwilligen Gerichtsbarkeit werden Kosten (Gebühren und Auslagen) nur nach diesem Gesetz erhoben, soweit nichts anderes bestimmt ist. Dies gilt auch für Verfahren über eine Beschwerde, die mit

einem Verfahren nach Satz 1 in Zusammenhang steht. Für das Mahnverfahren werden Kosten nach dem Gerichtskostengesetz erhoben.

I. Allgemeines

1 Die Vorschrift bestimmt den **Anwendungsbereich des Gesetzes**. Das FamGKG übernimmt in § 1 die Regelungstechnik des GKG und benennt für seinen Anwendungsbereich die einzelnen Verfahren abschließend. In Familiensachen einschließlich der Vollstreckung durch das Familiengericht und für Verfahren vor dem Oberlandesgericht nach § 107 FamFG beansprucht es eine Ausschließlichkeit, die nur durch Regelungen im FamGKG selbst durchbrochen werden kann.

II. Abgrenzung zu anderen Kostengesetzen

2 Regelungszweck der Vorschrift ist die Abgrenzung zu den anderen Kostengesetzen. Das GKG bestimmt in seinem § 1 den Anwendungsbereich durch eine abschließende Aufzählung der Verfahren für die es Kostenregelungen enthält. Die KostO gilt nach ihrem § 1 in den Angelegenheiten der freiwilligen Gerichtsbarkeit nur subsidiär („soweit bundesrechtlich nichts anderes bestimmt ist"). Um die Abgrenzung zum FamGKG wegen dessen grundsätzlicher Bedeutung jedoch ausdrücklich klarzustellen, ist dem § 1 KostO folgender Absatz angefügt worden:

„(2) Dieses Gesetz gilt nicht in Verfahren, in denen Kosten nach dem Gesetz über Gerichtskosten in Familiensachen zu erheben sind."

III. Anwendungsbereich des FamGKG

3 Das FamGKG ist für folgende Verfahren anwendbar:

- Alle Familiensachen iSd. § 111 FamFG,
- Vollstreckungsverfahren durch das Familiengericht,
- Verfahren über die Anerkennung von ausländischen Entscheidungen in Ehesachen nach § 107 FamFG,
- Beschwerdeverfahren, die mit einem der vorgenannten Verfahren in Zusammenhang stehen.

1. Vollstreckung und Mahnverfahren

4 Die **Vollstreckung** durch das Familiengericht wird ausdrücklich genannt, um Unklarheiten zu vermeiden. Für diese Verfahren verweist das FamFG zum Teil auf die Vorschriften der ZPO, trotzdem bleibt es grundsätzlich bei der Anwendbarkeit des FamGKG.

5 Für Vollstreckungshandlungen, die nach den Vorschriften der ZPO durch das **Vollstreckungsgericht** erfolgen, und für Handlungen im Rahmen der Arrestvollziehung stellen die Vorbem. 1.6 und die Vorbem. 2 Abs. 4 KV FamGKG flankierend klar, dass Kosten in diesen Fällen nach dem GKG erhoben werden sollen.

6 Für das **Mahnverfahren**, für das die Vorschriften der ZPO entsprechend anzuwenden sind (§ 113 Abs. 2 FamFG), ist die Anwendung des GKG vorgesehen (Satz 3), weil auch das Mahnverfahren in Familiensachen von den zentralen Mahngerichten erledigt wird.

2. Anerkennung von ausländischen Entscheidungen in Ehesachen und Nebenverfahren

7 Neben den Familiensachen ist das FamGKG aus Gründen des Sachzusammenhangs auch für Verfahren nach § 107 FamFG (Anerkennung von ausländischen Entscheidungen in Ehesachen) vor dem Oberlandesgericht anzuwenden. Satz 2 entspricht § 1 Satz 2 GKG und § 1 Satz 2 KostO. Die Regelung stellt klar, dass auch für Beschwerden in Nebenverfahren Gebühren nach dem FamGKG erhoben werden. Dies betrifft Beschwerdeverfahren, die nicht unmittelbar im FamFG geregelt sind, also insbesondere solche nach dem GVG (§§ 181, 159 GVG). Für diese Beschwerdeverfahren sind die allgemeinen Gebührentatbestände nach den Nr. 1912, 1923, 1924 KV FamGKG anwendbar.

IV. Definition des Kostenbegriffs

8 Die Vorschrift enthält weiter die Legaldefinition des Kostenbegriffs nach dem FamGKG. Dieser umfasst demnach, wie in den übrigen Kostengesetzen auch, die Gebühren und Auslagen. Dies ist von Bedeutung, wenn in diesem Gesetz der Begriff Kosten verwendet wird (zB bei den Regelungen über die Kostenfreiheit nach § 2 und über die Vorauszahlung nach § 12).

§ 2
Kostenfreiheit

(1) Der Bund und die Länder sowie die nach Haushaltsplänen des Bundes oder eines Landes verwalteten öffentlichen Anstalten und Kassen sind von der Zahlung der Kosten befreit.

(2) Sonstige bundesrechtliche oder landesrechtliche Vorschriften, durch die eine sachliche oder persönliche Befreiung von Kosten gewährt ist, bleiben unberührt.

(3) Soweit jemandem, der von Kosten befreit ist, Kosten des Verfahrens auferlegt werden, sind Kosten nicht zu erheben; bereits erhobene Kosten sind zurückzuzahlen. Das Gleiche gilt, soweit ein von Kosten Befreiter Kosten des Verfahrens übernimmt.

I. Allgemeines

1 Die Vorschrift entspricht im Kern den Regelungen des § 2 Abs. 1 Satz 1, Abs. 3 und 5 GKG und des § 11 Abs. 1 Satz 1 und Abs. 2 KostO. Sie unterscheidet zwischen persönlicher und sachlicher Kostenfreiheit. Die persönliche Kostenbefreiung befreit bestimmte Kostenschuldner von der Zahlung der Kosten (Gebühren und/oder Auslagen), die sachliche Befreiung stellt auf den Gegenstand des Geschäfts ab.

2 Die Kostenbefreiung wird einerseits durch das FamGKG selbst (Abs. 1) oder andererseits durch sonstiges Bundes- oder Landesrecht (Abs. 2) gewährt.

II. Inhalt der Vorschrift

1. Persönliche Kostenbefreiung

3 Zweck der persönlichen Kostenbefreiung von Bund und Ländern (Abs. 1) ist der Kompensationsgedanke. Bund und Länder haben ohnehin den Aufwand für die Unterhaltung der Justiz zu tragen, die Erhebung von Gerichtskosten würde sich ihnen gegenüber als reiner Buchungsvorgang darstellen. Gemeinden und Gemeindeverbände genießen keine Kostenfreiheit nach Abs. 1, teilweise aber nach den Kostenbefreiungsgesetzen einzelner Länder (Abs. 2).

4 Von den Kosten befreit sind auch die nach den Haushaltsplänen des Bundes oder eines Landes verwalteten öffentlichen Anstalten und Kassen. Öffentliche Anstalten oder Kassen sind solche, die unmittelbar der Erfüllung öffentlicher Aufgaben des Bundes oder eines Landes dienen sollen. Ihre Einnahmen und Ausgaben müssen im Haushaltsplan der Gebietskörperschaft vollständig ausgewiesen sein.

2. Sonstige persönliche oder sachliche Kostenbefreiung

5 Nach Abs. 2 bleiben sonstige bundesrechtliche oder landesrechtliche Vorschriften, durch die eine sachliche oder persönliche Befreiung von Kosten gewährt ist, unberührt.[1] In den meisten Ländern existieren „Landesgebührenbefreiungsgesetze", die weitere Fälle der persönlichen oder sachlichen Befreiung regeln. Grundsätzlich gilt die landesrechtliche Kostenbefreiung auch für Kostenschuldner aus anderen Ländern. Etwas Anderes gilt nur, wenn das Landesgebührenbefreiungsgesetz etwas Abweichendes bestimmt. Landesrechtliche Kostenbefreiungsvorschriften gelten jedoch nicht für Verfahren vor dem BGH.

3. Umfang der Kostenbefreiung

6 Die Kostenfreiheit entbindet von der Verpflichtung zur Zahlung von Gebühren und Auslagen (vgl. § 1). Soweit, dies gilt insbesondere bei den landesrechtlichen Befreiungstatbeständen, im Einzelfall nur **Gebührenfreiheit** zugestanden wird, **befreit** dies **nicht von der Zahlung der Auslagen**.

7 Die Kostenfreiheit für eine bestimmte Person wirkt sich nicht auf die **Zahlungspflicht eines Gegners** aus. Sind aber einer kostenbefreiten Partei die Kosten des Verfahrens auferlegt worden oder hat sie Kosten übernommen, so darf auch der Gegner für die von der Kostenbefreiung erfassten Kosten nicht in Anspruch genommen werden. Bereits gezahlte Gerichtkosten sind von Amts wegen zu erstatten (Abs. 3).

4. Befreiung nach haushaltsrechtlichen Vorschriften

8 Sowohl auf Bundes- als auch auf Landesebene existieren Regelungen über den Erlass und die Stundung von Kostenforderungen. Insoweit handelt es sich um Entscheidungen der Justizverwaltung.

1 *Korintenberg/Lappe/Bengel/Reimann*, KostenO Anhang C.

§ 3
Höhe der Kosten

(1) Die Gebühren richten sich nach dem Wert des Verfahrensgegenstands (Verfahrenswert), soweit nichts anderes bestimmt ist.

(2) Kosten werden nach dem Kostenverzeichnis der Anlage 1 zu diesem Gesetz erhoben.

Die Vorschrift entspricht § 3 GKG. 1

Abs. 1 führt den Begriff des **Verfahrenswerts** ein, der an die Stelle des Streitwerts nach dem GKG tritt und gleichzeitig den in der KostO üblichen Begriff des Gegenstandswerts ersetzt. Die Höhe des jeweiligen Verfahrenwerts ist in den §§ 33 ff. geregelt. Nach Abs. 1 ist für die Bemessung der Gebühren grundsätzlich der Verfahrenswert maßgebend, wenn nicht im Kostenverzeichnis etwas Anderes (insbesondere in Form von Festgebühren) vorgesehen ist. 2

Abs. 2 bestimmt, dass Kosten **ausschließlich nach dem Kostenverzeichnis** zu erheben sind. Enthält dieses keinen Gebührentatbestand, bleibt ein Verfahren gebührenfrei. 3

§ 4
Umgangspflegschaft

Die besonderen Vorschriften für die Dauerpflegschaft sind auf die Umgangspflegschaft nicht anzuwenden.

Die Vorschrift ist im Zusammenhang mit Abs. 2 der Anmerkung zu Nr. 1310 KV FamGKG zu sehen, nach der die Umgangspflegschaft kostenrechtlich Teil des Verfahrens über das Umgangsrecht ist. Sie stellt klar, dass die für die Dauerpflegschaft vorgesehenen besonderen Vorschriften (§ 7 Abs. 1, § 10, § 19 Abs. 1, § 22, Vorbem. 2 Abs. 3 und Abs. 1 der Anmerkung zu Nr. 2000 KV FamGKG) auf die Umgangspflegschaft nicht anzuwenden sind. Hieraus ergibt sich, dass die **Umgangspflegschaft kostenrechtlich unbeachtlich** ist. 1

§ 5
Lebenspartnerschaftssachen

In Lebenspartnerschaftssachen nach § 269 des Gesetzes über das Verfahren in Familiensachen und in den Angelegenheiten der freiwilligen Gerichtsbarkeit sind für

1. Verfahren nach Absatz 1 Nr. 1 dieser Vorschrift die Vorschriften für das Verfahren auf Scheidung der Ehe,

2. Verfahren nach Absatz 1 Nr. 2 dieser Vorschrift die Vorschriften für das Verfahren auf Feststellung des Bestehens oder Nichtbestehens einer Ehe zwischen den Beteiligten,

3. Verfahren nach Absatz 1 Nr. 3 bis 12 dieser Vorschrift die Vorschriften für Familiensachen nach § 111 Nr. 2, 4, 5 und 7 bis 9 des Gesetzes über das Verfahren in Familiensachen und in den Angelegenheiten der freiwilligen Gerichtsbarkeit und

4. Verfahren nach den Absätzen 2 und 3 dieser Vorschrift die Vorschriften für sonstige Familiensachen nach § 111 Nr. 10 des Gesetzes über das Verfahren in Familiensachen und in den Angelegenheiten der freiwilligen Gerichtsbarkeit

entsprechend anzuwenden.

1 Ähnlich wie § 270 FamFG verfahrensrechtlich die Lebenspartnerschaftssachen den vergleichbaren Familiensachen nach § 111 FamFG gleichstellt, ordnet die Vorschrift auch die kostenrechtliche Gleichbehandlung an. Hierzu folgende **Übersicht**:

§ 269 FamFG	Kostenrechtlich gleichgestellt dem
(1) Lebenspartnerschaftssachen sind Verfahren, welche zum Gegenstand haben	
1. die Aufhebung der Lebenspartnerschaft auf Grund des Lebenspartnerschaftsgesetzes,	Verfahren auf Scheidung der Ehe
2. die Feststellung des Bestehens oder Nichtbestehens einer Lebenspartnerschaft,	Verfahren auf Feststellung des Bestehens oder Nichtbestehens einer Ehe zwischen den Beteiligten
3. die elterliche Sorge, das Umgangsrecht oder die Herausgabe in Bezug auf ein gemeinschaftliches Kind,	Verfahren in Kindschaftssachen
4. die Annahme als Kind und die Ersetzung der Einwilligung als Kind,	Verfahren in Adoptionssachen
5. Wohnungszuweisungssachen nach § 14 oder § 17 des Lebenspartnerschaftsgesetzes,	Verfahren in Ehewohnungssachen
6. Haushaltssachen nach § 13 oder § 17 des Lebenspartnerschaftsgesetzes,	Verfahren in Haushaltssachen
7. den Versorgungsausgleich der Lebenspartner,	Verfahren in Versorgungsausgleichssachen
8. die gesetzliche Unterhaltspflicht für ein gemeinschaftliches minderjähriges Kind der Lebenspartner,	Verfahren in Unterhaltssachen
9. die durch die Lebenspartnerschaft begründete gesetzliche Unterhaltspflicht,	Verfahren in Unterhaltssachen

§ 269 FamFG	Kostenrechtlich gleichgestellt dem
10. Ansprüche aus dem lebenspartnerschaftlichen Güterrecht, auch wenn Dritte an dem Verfahren beteiligt sind,	Verfahren in Güterrechtssachen
11. Entscheidungen nach § 6 des Lebenspartnerschaftsgesetzes in Verbindung mit § 1365 Abs. 2, § 1369 Abs. 2 und den §§ 1382 und 1383 des Bürgerlichen Gesetzbuchs,	Verfahren in Güterrechtssachen
12. Entscheidungen nach § 7 des Lebenspartnerschaftsgesetzes in Verbindung mit den §§ 1426, 1430 und 1452 des Bürgerlichen Gesetzbuchs.	Verfahren in Güterrechtssachen
(2) Sonstige Lebenspartnerschaftssachen sind Verfahren, die zum Gegenstand haben	
1. Ansprüche nach § 1 Abs. 4 Satz 2 des Lebenspartnerschaftsgesetzes in Verbindung mit den §§ 1298 bis 1301 des Bürgerlichen Gesetzbuchs,	Verfahren in sonstigen Familiensachen nach § 111 Nr. 10 FamFG
2. Ansprüche aus der Lebenspartnerschaft,	Verfahren in sonstigen Familiensachen nach § 111 Nr. 10 FamFG
3. Ansprüche zwischen Personen, die miteinander eine Lebenspartnerschaft führen oder geführt haben, oder zwischen einer solchen Person und einem Elternteil im Zusammenhang mit der Trennung oder Aufhebung der Lebenspartnerschaft,	Verfahren in sonstigen Familiensachen nach § 111 Nr. 10 FamFG
sofern nicht die Zuständigkeit der Arbeitsgerichte gegeben ist oder das Verfahren eines der in § 348 Abs. 1 Satz 2 Nr. 2 Buchst. a bis k der Zivilprozessordnung genannten Sachgebiete, das Wohnungseigentumsrecht oder das Erbrecht betrifft und sofern es sich nicht bereits nach anderen Vorschriften um eine Lebenspartnerschaftssache handelt.	
(3) Sonstige Lebenspartnerschaftssachen sind auch Verfahren über einen Antrag nach § 8 Abs. 2 des Lebenspartnerschaftsgesetzes in Verbindung mit § 1357 Abs. 2 Satz 1 des Bürgerlichen Gesetzbuchs.	Verfahren in sonstigen Familiensachen nach § 111 Nr. 10 FamFG

2 Die Vorschrift sieht eine entsprechende Anwendung sämtlicher Vorschriften der miteinander vergleichbaren Verfahrensarten vor. Betroffen sind also nicht nur die Gebührenvorschriften sondern sämtliche Vorschriften der entsprechenden Verfahren. Dies betrifft insbesondere die Regelungen zum Verfahrenswert, zum Kostenschuldner und zur Vorauszahlungspflicht.

§ 6
Verweisung, Abgabe, Fortführung einer Folgesache als selbständige Familiensache

(1) Verweist ein erstinstanzliches Gericht oder ein Rechtsmittelgericht ein Verfahren an ein erstinstanzliches Gericht desselben oder eines anderen Zweiges der Gerichtsbarkeit, ist das frühere erstinstanzliche Verfahren als Teil des Verfahrens vor dem übernehmenden Gericht zu behandeln. Das Gleiche gilt, wenn die Sache an ein anderes Gericht abgegeben wird.

(2) Wird eine Folgesache als selbständige Familiensache fortgeführt, ist das frühere Verfahren als Teil der selbständigen Familiensache zu behandeln.

(3) Mehrkosten, die durch Anrufung eines Gerichts entstehen, zu dem der Rechtsweg nicht gegeben oder das für das Verfahren nicht zuständig ist, werden nur dann erhoben, wenn die Anrufung auf verschuldeter Unkenntnis der tatsächlichen oder rechtlichen Verhältnisse beruht. Die Entscheidung trifft das Gericht, an das verwiesen worden ist.

I. Allgemeines

1 Die Absätze 1 und 3 entsprechen im Wesentlichen § 4 GKG.

II. Inhalt der Vorschrift

1. Verweisung (Absatz 1)

2 Die Vorschrift regelt in Abs. 1 die Verweisung des gesamten Verfahrens von einem Gericht an ein anderes Gericht. Es werden **sämtliche Fälle der Verweisung** erfasst, gleichgültig ob eine Verweisung wegen Unzulässigkeit des Rechtswegs oder mangels örtlicher oder sachlicher Zuständigkeit (zB §§ 3, 154 FamFG) erfolgt. Für den Fall der Zurückverweisung an ein Gericht eines unteren Rechtszugs ist § 31 anzuwenden.

3 Beide Verfahrensteile bilden eine **kostenrechtliche Einheit**. Für die Frage der Gebührenerhebung ist allein das Verfahren maßgebend, an das verwiesen wird. Auslagen, die vor dem verweisenden Gericht entstanden sind, fließen in die Kostenberechnung des übernehmenden Gerichts ein. Das Verfahren ist insgesamt so zu behandeln, als sei das Verfahren von Beginn an bei dem Gericht anhängig gewesen, an das verwiesen wurde.

4 Abs. 1 Satz 2 stellt die **Abgabe** nach § 4 FamFG der Verweisung gleich. Damit wird sichergestellt, dass die Gebühren auch im Falle der Abgabe an ein anderes Gericht nur einmal entstehen.

Nach § 137 Abs. 4 FamFG werden Verfahren, die die Voraussetzungen für die Entscheidung als Folgesachen erfüllen, im Fall der Verweisung oder Abgabe mit Anhängigkeit bei dem Gericht der Scheidungssache zu Folgesachen. In diesem Fall ist nach Abs. 1 das frühere erstinstanzliche Verfahren als Teil des Verfahrens vor dem übernehmenden Gericht zu behandeln. Dies bedeutet, dass die vor dem verweisenden oder abgebenden Gericht angefallenen Auslagen vom Scheidungsgericht in Ansatz gebracht werden. Gebühren werden ausschließlich vom Scheidungsgericht erhoben und zwar so, als sei die Sache von Anfang an als Folgesache anhängig gewesen. 5

2. Fortführung als selbständige Familiensache (Absatz 2)

Abs. 2 regelt den Fall, dass eine Folgesache als **selbständige Familiensache fortgeführt** wird (§ 142 Abs. 2 Satz 3 und § 137 Abs. 5 Satz 2 FamFG). Die selbständige Familiensache wird so behandelt, als sei sie nie im Verbund gewesen. Dies bedeutet, dass diese Sache bei der Gebührenberechnung des Scheidungsverbundsverfahrens unberücksichtigt bleibt. 6

Anders ist der Fall der **Abtrennung** zu behandeln. Werden Folgesachen abgetrennt, aber nach § 137 Abs. 5 Satz 1 FamFG als Folgesache im Verbund fortgeführt, werden Scheidung und Folgesachen weiterhin als einheitliches Verfahren behandelt und abgerechnet. 7

3. Mehrkosten (Absatz 3)

Abs. 2 enthält eine Billigkeitsregelung nach der grundsätzlich die Mehrkosten, die durch die Anrufung des unzuständigen Gerichts entstanden sind, nicht erhoben werden. Nur wenn die Anrufung auf verschuldeter Unkenntnis der tatsächlichen oder rechtlichen Verhältnisse beruht, können Mehrkosten (regelmäßig nur Auslagen) erhoben werden. Die Entscheidung trifft das Gericht, an welches das Verfahren verwiesen wurde. 8

§ 7
Verjährung, Verzinsung

(1) Ansprüche auf Zahlung von Kosten verjähren in vier Jahren nach Ablauf des Kalenderjahrs, in dem das Verfahren durch rechtskräftige Entscheidung über die Kosten, durch Vergleich oder in sonstiger Weise beendet ist. Bei Vormundschaften und Dauerpflegschaften beginnt die Verjährung mit der Fälligkeit der Kosten.

(2) Ansprüche auf Rückerstattung von Kosten verjähren in vier Jahren nach Ablauf des Kalenderjahrs, in dem die Zahlung erfolgt ist. Die Verjährung beginnt jedoch nicht vor dem im Absatz 1 bezeichneten Zeitpunkt. Durch Einlegung eines Rechtsbehelfs mit dem Ziel der Rückerstattung wird die Verjährung wie durch Klageerhebung gehemmt.

(3) Auf die Verjährung sind die Vorschriften des Bürgerlichen Gesetzbuchs anzuwenden; die Verjährung wird nicht von Amts wegen berücksichtigt. Die Verjährung der Ansprüche auf Zahlung von Kosten beginnt auch durch die Aufforderung zur Zahlung oder durch eine dem Schuldner mitgeteilte Stundung erneut. Ist der Aufenthalt des

Kostenschuldners unbekannt, genügt die Zustellung durch Aufgabe zur Post unter seiner letzten bekannten Anschrift. Bei Kostenbeträgen unter 25 Euro beginnt die Verjährung weder erneut noch wird sie gehemmt.

(4) Ansprüche auf Zahlung und Rückerstattung von Kosten werden nicht verzinst.

I. Allgemeines

1 Die Vorschrift lehnt sich an § 5 GKG und § 17 KostO an. Sie regelt die Frage der Verjährung von Ansprüchen auf Zahlung von Kosten (Abs. 1), die Verjährung von Ansprüchen auf Rückerstattung von Kosten (Abs. 2) und die Frage der Verzinsung (Abs. 4).

II. Inhalt der Vorschrift

1. Verjährung des Anspruchs auf Zahlung von Kosten (Absatz 1)

2 Der Anspruch auf Zahlung von Kosten verjährt in vier Jahren. Nach Abs. 1 Satz 1 kommt es für den **Beginn der Verjährung** von Ansprüchen auf Zahlung von Kosten grundsätzlich für alle Familiensachen auf die Beendigung des Verfahrens an und nicht – wie nach § 17 KostO – auf die Fälligkeit des Kostenanspruchs. Maßgeblich für den Beginn der Verjährungsfrist ist, dass das Verfahren durch rechtskräftige Entscheidung über die Kosten, durch Vergleich oder in sonstiger Weise beendet ist. Zwischenentscheidungen und Teilvergleiche beenden das Verfahren nicht und sind daher für den Verjährungsbeginn nicht relevant. Auf sonstige Weise kann das Verfahren ua. durch Rücknahme des verfahrenseinleitenden Antrags oder eines Rechtsmittels enden.

3 Etwas Anderes gilt nur für Vormundschaften und Dauerpflegschaften (Abs. 1 Satz 2). In diesen Verfahren werden **Jahresgebühren** (Nr. 1311 und 1312 KV FamGKG) erhoben. Die Verfahren können sich über einen sehr langen Zeitraum hinziehen. Daher kann in solchen Verfahren die Verjährung des Anspruchs auf Zahlung der Kosten nicht erst bei Verfahrensbeendigung beginnen. Hier ist deshalb die **Fälligkeit der Kosten** maßgebend (§ 10 FamGKG).

2. Verjährung des Anspruchs auf Rückerstattung von Kosten (Absatz 2)

4 Der Anspruch auf Rückerstattung von Kosten verjährt ebenfalls in vier Jahren. Der Lauf der Frist beginnt grundsätzlich mit der Zahlung, jedoch nicht vor dem Zeitpunkt für die Verjährungsfrist auf Zahlung dieser Kosten (Abs. 2 Satz 2).

3. Anwendbare Vorschriften (Absatz 3)

5 Die Verjährung richtet sich grundsätzlich nach den Vorschriften des BGB (Abs. 3 Satz 1). Sie wird nicht von Amts wegen berücksichtigt. Der Schuldner der Kosten muss ggf. die Einrede der Verjährung im Rahmen eines Erinnerungsverfahrens (§ 57) geltend machen.

6 Hemmung und Neubeginn der Verjährung richten sich nach den Vorschriften der §§ 203 ff. bzw. §§ 212 ff. BGB. Die Verjährung der Ansprüche auf Zahlung von Kosten beginnt jedoch auch durch die Aufforderung zur Zahlung oder durch eine dem Schuldner mitgeteilte Stundung erneut (Abs. 3 Satz 2). Ist der Aufenthalt des Kostenschuld-

ners unbekannt, genügt die Zustellung durch Aufgabe zur Post unter seiner letzten bekannten Anschrift. Das FamGKG behandelt also den Fall der Stundung nicht als einen Hemmungstatbestand, sondern als einen Fall des Neubeginns.

Bei Kostenbeträgen unter 25 Euro beginnt die Verjährung weder erneut noch wird sie gehemmt. 7

Neben der Verjährung ist auch eine **Verwirkung** eines Anspruchs, die von Amts wegen zu prüfen ist, denkbar. Regelungen enthält das FamGKG hierzu nicht. § 242 BGB ist anwendbar. 8

4. Verzinsung (Absatz 4)

Abs. 4 stellt klar, dass Ansprüche auf Zahlung und Rückerstattung von Kosten nicht verzinst werden. 9

§ 8
Elektronische Akte, elektronisches Dokument

(1) Die Vorschriften über die elektronische Akte und das gerichtliche elektronische Dokument für das Verfahren, in dem die Kosten anfallen, sind anzuwenden.

(2) Soweit für Anträge und Erklärungen in dem Verfahren, in dem die Kosten anfallen, die Aufzeichnung als elektronisches Dokument genügt, genügt diese Form auch für Anträge und Erklärungen nach diesem Gesetz. Die verantwortende Person soll das Dokument mit einer qualifizierten elektronischen Signatur nach dem Signaturgesetz versehen. Ist ein übermitteltes elektronisches Dokument für das Gericht zur Bearbeitung nicht geeignet, ist dies dem Absender unter Angabe der geltenden technischen Rahmenbedingungen unverzüglich mitzuteilen.

(3) Ein elektronisches Dokument ist eingereicht, sobald die für den Empfang bestimmte Einrichtung des Gerichts es aufgezeichnet hat.

I. Allgemeines

Die Vorschrift entspricht § 5a GKG sowie in ihren Absätzen 2 und 3 dem § 1a KostO. Sie ermöglicht die Anwendung der verfahrensrechtlichen Vorschriften über die elektronische Akte und ein elektronisches Dokument (§ 14 FamFG) auch für die zugehörigen Kostenverfahren. 1

II. Inhalt der Vorschrift

1. Form des elektronischen Dokuments (Absatz 2)

Abs. 2 regelt die Form des elektronischen Dokuments und verweist auch insoweit auf die verfahrensrechtlichen Regelungen. Abs. 2 Satz 2 ist eine bloße Sollvorschrift. Ein Verstoß ist dann unbeachtlich, wenn keine begründeten Zweifel an der Identität des Absenders bestehen. Ist ein übermitteltes elektronisches Dokument für das Gericht 2 zur Bearbeitung nicht geeignet, ist dies dem Absender unter Angabe der geltenden technischen Rahmenbedingungen unverzüglich mitzuteilen.

III. Einreichung des elektronischen Dokuments (Absatz 3)

3 In Abs. 3 wird klargestellt, dass ein elektronisches Dokument eingereicht ist, sobald die für den Empfang bestimmte Einrichtung des Gerichts es aufgezeichnet hat.

Abschnitt 2
Fälligkeit

§ 9
Fälligkeit der Gebühren in Ehesachen und selbständigen Familienstreitsachen

(1) In Ehesachen und in selbständigen Familienstreitsachen wird die Verfahrensgebühr mit der Einreichung der Antragsschrift, des Klageantrags, der Einspruchs- oder Rechtsmittelschrift oder mit der Abgabe der entsprechenden Erklärung zu Protokoll fällig.

(2) Soweit die Gebühr eine Entscheidung oder sonstige gerichtliche Handlung voraussetzt, wird sie mit dieser fällig.

I. Allgemeines

1 Die Vorschrift übernimmt teilweise die Regelungen des § 6 Abs. 1 Nr. 1, Abs. 2 und 3 GKG. Sie regelt zwei Fälle, zum einen die Fälligkeit der Verfahrensgebühr in Ehesachen und selbständigen Familienstreitsachen (Abs. 1) und zum anderen die Fälligkeit von Gebühren, die eine Entscheidung oder eine sonstige gerichtliche Handlung voraussetzen (Abs. 2). Für die übrigen Verfahren, auf die das FamGKG anwendbar ist, ist die Vorschrift nicht einschlägig. Für diese Verfahren bestimmt sich die Fälligkeit nach den §§ 10 und 11.

II. Inhalt der Vorschrift

1. Ehesache und selbständige Familiensache (Absatz 1)

2 Die Verfahrensgebühr in Ehesachen (§ 121 FamFG) und in selbständigen Familienstreitsachen (§ 112 FamFG) wird mit der Einreichung des verfahrenseinleitenden Schriftsatzes fällig. Für Familienstreitsachen gilt dies ausdrücklich nur für den Fall, dass sie außerhalb des Verbundes selbständig anhängig sind. Aus der Formulierung ergibt sich weiter, dass die Fälligkeitsregelung im Verbundverfahren nur hinsichtlich der Ehesache gilt. Betroffen von der Fälligkeitsregelung sind Verfahrensgebühren nach Teil 1 Hauptabschnitten 1 und 2 KV FamGKG und für entsprechende Verfahren des einstweiligen Rechtsschutzes (Teil 1 Hauptabschnitt 4 Abschnitt 2).

Die Fälligkeitsregelung erfasst sowohl das **erstinstanzliche Verfahren** als auch **Verfahren über Rechtsmittel**. 3

Auf die Übernahme von § 6 Abs. 2 GKG (Ausnahme der Folgesachen von Regelung der Fälligkeit für die Ehesache) hat der Gesetzgeber bewusst verzichtet, weil die Folgesachen ihre Eigenschaft als Versorgungsausgleichssachen, Unterhaltssachen, Ehewohnungs- und Haushaltssachen sowie Güterrechtssachen nicht verlieren. Damit schränkt bereits der Wortlaut des Abs. 1 seine Anwendbarkeit im Falle eines Scheidungsverfahrens mit Folgesachen auf die Scheidungssache ein. 4

2. Gebühren, die eine Entscheidung oder sonstige gerichtliche Handlung voraussetzen (Absatz 2)

Nach Abs. 2 werden Gebühren, die eine Entscheidung oder sonstige gerichtliche Handlung voraussetzen, mit der Entscheidung oder der gerichtlichen Handlung fällig. Das FamGKG kennt nur in wenigen Fällen solche **Aktgebühren**. Dies sind folgende Gebühren: 5

- Nr. 1210 KV FamGKG (Entscheidung über einen Antrag auf Festsetzung von Unterhalt nach § 249 Abs. 1 FamFG mit Ausnahme einer Festsetzung nach § 254 Satz 2 FamFG)
- Nr. 1500 KV FamGKG (Abschluss eines gerichtlichen Vergleichs)
- Nr. 1501 KV FamGKG (Auferlegung einer Gebühr nach § 32 FamGKG wegen Verzögerung des Verfahrens)
- Nr. 1502 KV FamGKG (Anordnung von Zwangsmaßnahmen durch Beschluss nach § 35 FamFG)
- Nr. 1601 KV FamGKG (Anordnung der Vornahme einer vertretbaren Handlung durch einen Dritten)
- Nr. 1602 KV FamGKG (Anordnung von Zwangs- oder Ordnungsmitteln)
- Nr. 1140, 1216, 1228, 1229, 1319, 1328 und 1930 KV FamGKG (Zulassung der Sprungrechtsbeschwerde)

§ 10
Fälligkeit bei Vormundschaften und Dauerpflegschaften

Bei Vormundschaften und bei Dauerpflegschaften werden die Gebühren nach den Nummern 1311 und 1312 des Kostenverzeichnisses erstmals bei Anordnung und später jeweils zu Beginn eines Kalenderjahres, Auslagen sofort nach ihrer Entstehung fällig.

Für Vormundschaften und Dauerpflegschaften ist die für die **Fälligkeit der Jahresgebühr** früher geltende Regelung des § 92 Abs. 1 Satz 4 KostO übernommen worden. Die Gebühren nach den Nr. 1311 und 1312 KV FamGKG werden erstmals nach Anordnung (§ 1774 BGB) und später jeweils am 1. Januar eines jeden Kalenderjahres fällig. 1

Für **Auslagen bei Vormundschaften und Pflegschaften** ist die bisher geltende allgemeine Bestimmung des § 7 KostO beibehalten worden. Die Auslagen werden sofort nach ihrer Entstehung fällig. 2

§ 11
Fälligkeit der Gebühren in sonstigen Fällen, Fälligkeit der Auslagen

(1) Im Übrigen werden die Gebühren und die Auslagen fällig, wenn

1. eine unbedingte Entscheidung über die Kosten ergangen ist,

2. das Verfahren oder der Rechtszug durch Vergleich oder Zurücknahme beendet ist,

3. das Verfahren sechs Monate ruht oder sechs Monate nicht betrieben worden ist,

4. das Verfahren sechs Monate unterbrochen oder sechs Monate ausgesetzt war oder

5. das Verfahren durch anderweitige Erledigung beendet ist.

(2) Die Dokumentenpauschale sowie die Auslagen für die Versendung und die elektronische Übermittlung von Akten werden sofort nach ihrer Entstehung fällig.

I. Allgemeines

1 Für alle anderen als den in den §§ 9 und 10 genannten Fällen ist die Regelung des § 9 GKG übernommen worden. Dies bedeutet, dass sich in den sonstigen Fällen also soweit es sich nicht um Verfahrensgebühren für Ehesachen und für selbständige Familienstreitsachen, um Aktgebühren iSd. § 9 Abs. 2 oder um Kosten einer Vormundschaft oder einer Dauerpflegschaft handelt, die Fälligkeit der Gebühren und Auslagen nach § 11 richtet.

II. Inhalt der Vorschrift

1. Kostenentscheidung (Abs. 1 Nr. 2)

2 Jede unbedingte Kostenentscheidung, weder Rechtskraft noch Vollstreckbarkeit ist erforderlich, führt zur Fälligkeit der Kosten, die von der Kostenentscheidung erfasst werden. Die Kostenentscheidung ist zu berücksichtigen, wenn sie ergangen ist. Eine Entscheidung ist ergangen, wenn sie wirksam iSd. § 40 FamFG geworden ist.

2. Vergleich und Zurücknahme (Abs. 1 Nr. 2)

3 Auch die Beendigung des Verfahrens oder des Rechtszugs durch Vergleich (§ 36 FamFG) oder die Zurücknahme lässt die Kosten fällig werden. Voraussetzung ist die Rechtswirksamkeit des Vergleichs oder der Rücknahmeerklärung. Es ist unbeachtlich ob der **Vergleich** durch Niederschrift bei Gericht (§ 36 Abs. 2 FamFG) oder schriftlich entsprechend § 278 Abs. 6 ZPO (§ 36 Abs. 3 FamFG) geschlossen wird. Auch ist nicht erforderlich, dass der Vergleich eine Kostenregelung enthält. Die **Zurücknahme** kann ein Verfahren nur beenden, wenn ein Antrag Voraussetzung für das Verfahren ist. Dies ist insbesondere nicht bei erstinstanzlichen Verfahren der Fall, die von Amts wegen eingeleitet werden können.

4 Ein **Zwischenvergleich** oder eine **Teilrücknahme** beenden das Verfahren nicht und sind daher ohne Auswirkung auf die Fälligkeit. Ein **bedingter Vergleich** ist erst zu berücksichtigen, wenn die Bedingung erfüllt ist.

3. Ruhen, Nichtbetreiben, Unterbrechung, Aussetzung (Abs. 1 Nr. 3 und 4)

Der Eintritt der Fälligkeit auf Grund des **Ruhens** des Verfahrens setzt eine Anordnung des Gerichts nach den §§ 113 Abs. 1 FamFG, 251 ZPO voraus. 5

Wird das Verfahren sechs Monate nicht **betrieben**, war das Verfahren sechs Monate unterbrochen oder sechs Monate ausgesetzt, tritt die Fälligkeit der Kosten ein. 6

Eine **Unterbrechung** tritt ohne Antrag oder Anordnung des Gerichts kraft Gesetzes ein (§ 113 Abs. 1 Satz 2 FamFG iVm. §§ 239 ff. ZPO). Der Lauf der Sechsmonatsfrist beginnt mit dem objektiven Eintritt der Unterbrechung. 7

Die **Aussetzung** des Verfahrens setzt eine entsprechende gerichtliche Anordnung voraus (§§ 21, 136 FamFG). Mit der Anordnung beginnt der Lauf der Frist. 8

4. Beendigung durch anderweitige Erledigung (Abs. 1 Nr. 5)

Der typische Fall der Beendigung eines Verfahrens durch eine anderweitige Erledigung ist die **Erledigterklärung ohne Kostenentscheidung**. Hierunter fällt aber auch die Zurückverweisung einer Sache durch eine obere Instanz ohne Kostenentscheidung wegen der Kosten der oberen Instanz. 9

5. Weiterbetreiben des Verfahrens

Ist die Fälligkeit nach Abs. 1 Nr. 3 bis 5 eingetreten, wird sie durch eine Wiederaufnahme des Verfahrens nicht wieder beseitigt. 10

6. Dokumentenpauschale und Auslagen für die Versendung und die elektronische Übermittlung von Akten (Absatz 2)

Nach Abs. 2 werden die Dokumentenpauschale (Nr. 2000 KV FamGKG) sowie die Auslagen für die Versendung und die elektronische Übermittlung von Akten (Nr. 2003 KV FamGKG) sofort nach ihrer Entstehung fällig. 11

Abschnitt 3
Vorschuss und Vorauszahlung

§ 12
Grundsatz

In weiterem Umfang als das Gesetz über das Verfahren in Familiensachen und in den Angelegenheiten der freiwilligen Gerichtsbarkeit, die Zivilprozessordnung und dieses Gesetz es gestatten, darf die Tätigkeit des Familiengerichts von der Sicherstellung oder Zahlung der Kosten nicht abhängig gemacht werden.

I. Allgemeines

1 Die Vorschrift übernimmt – redaktionell angepasst – den Grundsatz des § 10 GKG, wonach die Tätigkeit des Gerichts nur in gesetzlich geregelten Fällen von der Sicherstellung oder Zahlung der Kosten abhängig gemacht werden darf. Dieser Grundsatz gilt auch für Verfahren, in denen Kosten bisher nach der KostO erhoben werden, da auch dort nur in den konkret genannten Fällen (§ 8 KostO) gerichtliche Handlungen von der Vorschusszahlung abhängig gemacht werden durften.

II. Abhängigmachung

2 Das Gericht darf sein Tätigwerden von der Zahlung oder Sicherstellung der Kosten nur in ausdrücklich genannten Fällen abhängig machen. Solche ausdrücklichen Vorschriften können im FamGKG selbst, im FamFG oder in der ZPO enthalten sein. Im Einzelnen sind dies folgende Vorschriften:

- § 14 Abs. 1 FamGKG
- § 14 Abs. 3 FamGKG
- § 16 Abs. 1 Satz 2 FamGKG
- § 16 Abs. 2 FamGKG
- §§ 113 Abs. 1 Satz 2 FamFG, 379 ZPO
- §§ 113 Abs. 1 Satz 2 FamFG, 402, 379 ZPO

§ 13
Verfahren nach dem Internationalen Familienrechtsverfahrensgesetz

In Verfahren nach dem Internationalen Familienrechtsverfahrensgesetz sind die Vorschriften dieses Abschnitts nicht anzuwenden.

1 Mit der Vorschrift ist der Regelungsgehalt des § 53 Abs. 2 IntFamRVG in das FamGKG übernommen werden. In Verfahren nach dem IntFamRVG kann demnach in keinem Fall die Tätigkeit des Gerichts von der Zahlung oder Sicherstellung von Kosten (Gebühren und Auslagen) abhängig gemacht werden.

§ 14
Abhängigmachung

(1) In Ehesachen und selbständigen Familienstreitsachen soll die Antragsschrift oder der Klageantrag erst nach Zahlung der Gebühr für das Verfahren im Allgemeinen zugestellt werden. Wird der Antrag erweitert, soll vor Zahlung der Gebühr für das

Verfahren im Allgemeinen keine gerichtliche Handlung vorgenommen werden; dies gilt auch in der Rechtsmittelinstanz.

(2) Absatz 1 gilt nicht für den Widerklageantrag.

(3) Im Übrigen soll in Verfahren, in denen der Antragsteller die Kosten schuldet (§ 21), vor Zahlung der Gebühr für das Verfahren im Allgemeinen keine gerichtliche Handlung vorgenommen werden.

I. Allgemeines

Für Ehesachen sowie selbständige Familienstreitsachen ist nach den Abs. 1 und 2 – wie bisher (§ 12 Abs. 1 GKG) – bestimmt, dass das Gericht erst nach Zahlung der Gebühr für das Verfahren im Allgemeinen tätig werden soll; dies gilt – ebenfalls wie nach bisherigem Recht (§ 12 Abs. 2 Nr. 1, 2 und 3 GKG) – nicht für eine Widerklage und für Folgesachen einer Ehesache (§ 137 Abs. 2 FamFG). 1

II. Inhalt der Vorschrift

1. Ehesachen und selbständige Familienstreitsachen (Abs. 1 Satz 1)

In Ehesachen (§ 121 FamFG) und selbständigen Familienstreitsachen (§ 112 FamFG) soll die Antragsschrift oder der Klageantrag erst nach Zahlung der Gebühr für das Verfahren im Allgemeinen zugestellt werden. Die Abhängigmachung betrifft ausdrücklich (ausgenommen die Klageerweiterung in der Rechtsmittelinstanz) nur die Verfahren des ersten Rechtszugs. Betroffen von der **Vorauszahlungspflicht** sind die Gebühren nach den Nr. 1110, 1220 und 1420 KV FamGKG. 2

Selbständige Familienstreitsachen sind solche, die außerhalb des Verbundes iSd. § 137 FamFG stehen. Erfasst werden auch einstweilige Anordnungen und Arrest in Familienstreitsachen. 3

Nicht betroffen von der Vorauszahlungspflicht für Familienstreitsachen ist das **vereinfachte Verfahren über den Unterhalt Minderjähriger**, da in diesem Verfahren keine allgemeine Verfahrensgebühr, sondern eine Aktgebühr anfällt (Nr. 1210 KV FamGKG). 4

Ähnlich wie in § 9 hat der Gesetzgeber hier auf die Übernahme von § 12 Abs. 2 Nr. 2 und 3 GKG verzichtet, weil die Folgesachen ihre Eigenschaft als Versorgungsausgleichssachen, Unterhaltssachen, Ehewohnungs- und Haushaltssachen und Güterrechtssachen nicht verlieren. Damit schränkt bereits der Wortlaut des Abs. 1 seine Anwendbarkeit im Falle eines Scheidungsverfahrens mit Folgesachen auf die Scheidungssache ein. 5

2. Klageerweiterung (Abs. 1 Satz 2)

Jede Erweiterung eines Antrags, auch in der Rechtsmittelinstanz, hat eine Vorauszahlungspflicht zur Folge. Die Abhängigkeit des weiteren Verfahrens von der Zahlung betrifft ggf. das gesamte Verfahren, wenn sich eine gerichtliche Handlung nicht auf die Klageerweiterung beschränken lässt. 6

3. Widerklageantrag (Absatz 2)

7 Für den Widerklageantrag besteht nach der ausdrücklichen Regelung in Abs. 2 keine Vorauszahlungspflicht. Beantragen beide Ehegatten die Scheidung oder beide Lebenspartner die Aufhebung der Partnerschaft, ist Abs. 2 nicht anwendbar. Vielmehr sind beide Teile hinsichtlich der Verfahrensgebühr vorauszahlungspflichtig.

4. Sonstige Verfahren mit Antragstellerhaftung (Absatz 3)

8 Für die nicht von Abs. 1 und 2 erfassten Verfahren ist in Abs. 3 die bisherige Regelung des § 8 Abs. 2 KostO übernommen worden. Die Bestimmung ist jedoch ausdrücklich auf solche Verfahren beschränkt, in denen der Antragsteller die Kosten schuldet (§ 21). Dies ist nur für Verfahren bestimmt, die **nur auf Antrag** eingeleitet werden können (§ 21 Abs. 1).

9 Nach der Regelung in § 21 Abs. 1 Satz 2 gilt die Antragstellerhaftung und damit auch die Vorauszahlungspflicht nicht in den dort ausdrücklich genannten Verfahren. Dies betrifft:

- das Verfahren des ersten Rechtszugs in Gewaltschutzsachen,
- einen Minderjährigen für Verfahren, die seine Person betreffen,
- den Verfahrensbeistand.

Für den Fall des § 21 Abs. 1 Satz 2 Nr. 2 ergibt sich dies bereits aus § 13.

10 In Verfahren über den Antrag auf Erteilung einer weiteren vollstreckbaren Ausfertigung durch das Familiengericht ergibt sich nunmehr die Vorauszahlungspflicht des Antragstellers (bisher § 12 Abs. 5 GKG) ebenfalls aus Abs. 3.

§ 15
Ausnahmen von der Abhängigmachung

§ 14 gilt nicht,

1. soweit dem Antragsteller Verfahrens- oder Prozesskostenhilfe bewilligt ist,

2. wenn dem Antragsteller Gebührenfreiheit zusteht oder

3. wenn die beabsichtigte Rechtsverfolgung nicht aussichtslos oder mutwillig erscheint und wenn glaubhaft gemacht wird, dass

a) dem Antragsteller die alsbaldige Zahlung der Kosten mit Rücksicht auf seine Vermögenslage oder aus sonstigen Gründen Schwierigkeiten bereiten würde oder

b) eine Verzögerung dem Antragsteller einen nicht oder nur schwer zu ersetzenden Schaden bringen würde; zur Glaubhaftmachung genügt in diesem Fall die Erklärung des zum Bevollmächtigten bestellten Rechtsanwalts.

I. Allgemeines

1 Die vorgesehenen Ausnahmen von der Abhängigmachung des Verfahrensfortgangs von der vorherigen Zahlung der Gebühr entsprechen den Regelungen in § 14 GKG und § 8 Abs. 2 Satz 2 KostO. Die Vorschrift bestimmt, dass in bestimmten Fällen eine Voraus-

zahlungspflicht nach § 14 nicht besteht. Die Aufzählung ist abschließend und erfasst keine Vorauszahlungspflichten nach anderen Vorschriften.

II. Inhalt der Vorschrift

1. Bewilligung von Verfahrens- oder Prozesskostenhilfe (Nr. 1)

Die Vorauszahlungspflicht nach § 14 entfällt, wenn dem Antragsteller Verfahrens- oder Prozesskostenhilfe bewilligt ist. Das Gesuch um Bewilligung von Verfahrens- oder Prozesskostenhilfe hat diese Wirkung noch nicht. Wird nur für einen Teil des Verfahrensgegenstandes Verfahrens- oder Prozesskostenhilfe bewilligt, tritt die befreiende Wirkung nur hinsichtlich des von der Bewilligung betroffenen Teils ein. Wegen des übrigen Verfahrensgegenstandes bleibt die Vorauszahlungspflicht bestehen. 2

2. Gebührenfreiheit (Nr. 2)

Soweit dem Antragsteller sachliche oder persönliche Gebührenfreiheit zusteht (§ 2), besteht keine Vorwegleistungspflicht. 3

3. Sonstige Gründe (Nr. 3)

Im Übrigen besteht keine Vorwegleistungspflicht, wenn die beabsichtigte Rechtsverfolgung nicht aussichtslos oder mutwillig erscheint und wenn glaubhaft gemacht wird, dass 4

- dem Antragsteller die alsbaldige Zahlung der Kosten mit Rücksicht auf seine Vermögenslage oder aus sonstigen Gründen Schwierigkeiten bereiten würde (Nr. 3a) oder
- eine Verzögerung dem Antragsteller einen nicht oder nur schwer zu ersetzenden Schaden bringen würde; zur Glaubhaftmachung genügt in diesem Fall die Erklärung des zum Bevollmächtigten bestellten Rechtsanwalts (Nr. 3b).

In diesen Fällen setzt die Befreiung von der Vorauszahlungspflicht einen entsprechenden Antrag voraus. Die Entscheidung trifft das Gericht, nicht der Kostenbeamte. Es entscheidet durch Beschluss, der nach § 58 anfechtbar ist. 5

Gemeinsame Voraussetzung für die Befreiungswirkung ist, dass die beabsichtigte Rechtsverfolgung nicht aussichtslos oder mutwillig erscheint. Daneben muss der Antragsteller glaubhaft machen, dass die alsbaldige Zahlung ihm mit Rücksicht auf seine Vermögenslage oder aus sonstigen Gründen Schwierigkeiten bereiten würde. Gemeint sind die Fälle, in denen der Antragsteller keine Verfahrens- oder Prozesskostenhilfe erlangen kann, er aber trotzdem außer Stande ist, die Kosten vorweg zu zahlen. Dies kann zum Beispiel der Fall sein, wenn er Vermögenswerte nicht kurzfristig einsetzen kann oder durch andere Zahlungsverpflichtungen nicht zur Vorwegleistung imstande ist. 6

Die Befreiung ist auch möglich, wenn dem Antragsteller durch eine Verzögerung des Verfahrens ein nicht oder ein nur schwer zu ersetzender Schaden entstehen würde. Hier sind verschiedene Fallgestaltungen, zB drohender Vermögensverfall beim Gegner oder besonders eilbedürftige Verfahren, denkbar. 7

Voraussetzung ist weiter, dass die behaupteten Tatsachen glaubhaft gemacht werden. Insoweit gilt § 294 ZPO. Im Fall der Nr. 3 Buchst. b genügt eine entsprechende Erklärung des zum Bevollmächtigten bestellten Rechtsanwalts. 8

§ 16
Auslagen

(1) Wird die Vornahme einer Handlung, mit der Auslagen verbunden sind, beantragt, hat derjenige, der die Handlung beantragt hat, einen zur Deckung der Auslagen hinreichenden Vorschuss zu zahlen. Das Gericht soll die Vornahme einer Handlung, die nur auf Antrag vorzunehmen ist, von der vorherigen Zahlung abhängig machen.

(2) Die Herstellung und Überlassung von Dokumenten auf Antrag sowie die Versendung und die elektronische Übermittlung von Akten können von der vorherigen Zahlung eines die Auslagen deckenden Vorschusses abhängig gemacht werden.

(3) Bei Handlungen, die von Amts wegen vorgenommen werden, kann ein Vorschuss zur Deckung der Auslagen erhoben werden.

(4) Absatz 1 gilt nicht für die Anordnung einer Haft.

I. Allgemeines

1 Die Vorschrift regelt die **Vorschusspflicht hinsichtlich der Auslagen**. Es ist zu unterscheiden ob die Handlung auf Antrag oder von Amts wegen vorzunehmen ist.

II. Inhalt der Vorschrift

1. Handlung auf Antrag (Absatz 1)

2 In Abs. 1 wird der auch nach bisherigem Recht (§ 17 Abs. 1 GKG, § 8 KostO) anzuwendende Grundsatz aufgenommen, dass derjenige, der eine Handlung beantragt, die mit der Vornahme dieser Handlung voraussichtlich entstehenden Auslagen durch Vorschusszahlung zu decken hat. Da in selbständigen Familiensachen der freiwilligen Gerichtsbarkeit der Amtsermittlungsgrundsatz gilt (§ 26 FamFG), kann das Gericht die Vornahme der Handlung nur in den Fällen von der Vorschusszahlung abhängig machen, in denen die Handlung nur auf Antrag vorgenommen werden kann (Abs. 1 Satz 2). Soweit die Vorschusspflicht auch auf Grund verfahrensrechtlicher Vorschriften besteht (§§ 113 Abs. 1 Satz 2 FamFG, 402, 379 ZPO), ist die Regelung subsidiär.

3 Es können nur solche Auslagen vorschussweise geltend gemacht werden, die unter den abschließenden Katalog des Teils 2 des Kostenverzeichnisses fallen.

4 Antragsteller iSd. Abs. 1 ist jeder Beteiligte, der eine mit Auslagen verbundene gerichtliche Handlung beantragt. Ein Beweisantritt genügt grundsätzlich.

5 Die Vorschusspflicht entfällt, wenn dem Vorschusspflichtigen Verfahrens- oder Prozesskostenhilfe bewilligt ist (§ 122 Abs. 1 Nr. 2a ZPO) oder Kostenfreiheit zusteht.

6 Die Entscheidung über die Abhängigmachung (Abs. 1 Satz 2) steht dem Gericht zu. Sie ist nach § 58 FamGKG anfechtbar.

2. Dokumentenpauschale und Auslagen für die Versendung und die elektronische Übermittlung von Akten (Absatz 2)

Abs. 2 entspricht § 17 Abs. 2 GKG. In den Fällen des Abs. 2 steht die Entscheidung über die Vorwegleistungspflicht dem Kostenbeamten zu. Die Regelung betrifft die Dokumentenpauschale nach Nr. 2000 KV FamGKG, soweit sie auf Antrag anfällt, und für die Aktenversendungspauschale nach Nr. 2003 KV FamGKG. 7

3. Handlungen von Amts wegen (Absatz 3)

Abs. 3 entspricht § 17 Abs. 3 GKG und § 8 Abs. 1 Satz 2 KostO. Soweit eine Handlung von Amts wegen vorzunehmen ist, kann zwar nach pflichtgemäßen Ermessen ein Vorschuss angefordert werden, eine Abhängigmachung ist aber nicht möglich. Die Vorschrift bestimmt nicht, wer vorschusspflichtig ist. Die Ausgestaltung als Kann-Vorschrift spricht dafür, dass das pflichtgemäße Ermessen sich auch auf die Frage des Kostenschuldners erstreckt. 8

4. Anordnung einer Haft (Absatz 4)

Abs. 4 übernimmt die Regelung aus § 17 Abs. 4 GKG hinsichtlich der Haftkosten. Für Auslagen, die durch die Anordnung einer Haft entstehen (Nr. 2008 KV GKG), kann kein Vorschuss gefordert werden. 9

§ 17
Fortdauer der Vorschusspflicht

Die Verpflichtung zur Zahlung eines Vorschusses bleibt bestehen, auch wenn die Kosten des Verfahrens einem anderen auferlegt oder von einem anderen übernommen sind. § 26 Abs. 2 gilt entsprechend.

Die Vorschrift entspricht dem § 18 GKG. Sie bestimmt, dass der Vorschusskostenschuldner (§ 16) nicht nur vorläufiger, sondern auch endgültiger Kostenschuldner ist und neben die übrigen Kostenschuldner tritt. Durch die Verweisung in Satz 2 wird klargestellt, dass der Vorschusspflichtige im Verhältnis zum Entscheidungs- und Übernahmeschuldner nur Zweitschuldner ist. Im Verhältnis zu den übrigen Kostenschuldnern ist er Gesamtschuldner. 1

Die Regelung führt dazu, dass der Vorschusspflichtige bei Nichtzahlung durch den Entscheidungs- oder Übernahmeschuldner für die der Vorschusspflicht unterliegenden Auslagen auch noch nach Beendigung des Verfahrens in Anspruch genommen werden kann. Dies gilt auch dann, wenn im Laufe des Verfahrens kein Vorschuss angefordert oder keine Vorwegleistung angeordnet wurde. 2

Abschnitt 4
Kostenansatz

§ 18
Kostenansatz

(1) Es werden angesetzt

1. die Kosten des ersten Rechtszugs bei dem Gericht, bei dem das Verfahren im ersten Rechtszug anhängig ist oder zuletzt anhängig war,

2. die Kosten des Rechtsmittelverfahrens bei dem Rechtsmittelgericht.

Dies gilt auch dann, wenn die Kosten bei einem ersuchten Gericht entstanden sind.

(2) Die Dokumentenpauschale sowie die Auslagen für die Versendung und die elektronische Übermittlung von Akten werden bei der Stelle angesetzt, bei der sie entstanden sind.

(3) Der Kostenansatz kann im Verwaltungsweg berichtigt werden, solange nicht eine gerichtliche Entscheidung getroffen ist. Ergeht nach der gerichtlichen Entscheidung über den Kostenansatz eine Entscheidung, durch die der Verfahrenswert anders festgesetzt wird, kann der Kostenansatz ebenfalls berichtigt werden.

I. Allgemeines

1 Die Vorschrift regelt die Zuständigkeit für den Kostenansatz. Diese ist entsprechend § 19 Abs. 1, 4 und 5 GKG geregelt. Auch gegenüber der insoweit für bisherige FGG-Verfahren geltenden Regelung des § 14 Abs. 1 und 10 KostO tritt inhaltlich keine Änderung ein.

II. Inhalt der Vorschrift

1. Grundsatz (Absatz 1)

2 Grundsätzlich werden die **Kosten des ersten Rechtszugs** bei dem Gericht, bei dem das Verfahren im ersten Rechtszug anhängig ist oder zuletzt anhängig war, angesetzt. Die **Kosten des Rechtsmittelverfahrens** setzt das Rechtsmittelgericht an. **Kosten eines ersuchten Gerichts** werden bei dem ersuchenden Gericht angesetzt. Bei einer Verweisung oder Abgabe wird das Zweitgericht auch für den Ansatz der Kosten des verweisenden oder abgebenden Gerichts zuständig.

2. Dokumentenpauschale und die Auslagen für die Versendung und die elektronische Übermittlung von Akten (Absatz 2)

3 Die Dokumentenpauschale nach Nr. 2000 KV FamGKG und die Aktenversendungspauschale nach Nr. 2003 KV FamGKG werden immer bei der Stelle angesetzt, bei der sie entstanden sind.

3. Berichtigung im Verwaltungsweg (Absatz 3)

Der Kostenansatz kann im Verwaltungsweg **berichtigt** werden, solange nicht eine gerichtliche Entscheidung im Erinnerungs- oder Verwaltungsverfahren getroffen wurde. Abs. 3 Satz 2 ermöglicht bei einer bestimmten Fallgestaltung trotz vorliegender gerichtlicher Entscheidung über den Kostenansatz noch eine Berichtigung im Verwaltungsweg. Hat nämlich das Gericht nach einer Entscheidung über den Kostenansatz durch eine weitere Entscheidung den Verfahrenswert verändert, kann sich die vorherige Entscheidung über den Kostensatz als nunmehr falsch erweisen. In diesem Fall kann der Kostensansatz im Verwaltungsweg berichtigt werden. 4

§ 19
Nachforderung

(1) Wegen eines unrichtigen Ansatzes dürfen Kosten nur nachgefordert werden, wenn der berichtigte Ansatz dem Zahlungspflichtigen vor Ablauf des nächsten Kalenderjahres nach Absendung der den Rechtszug abschließenden Kostenrechnung (Schlusskostenrechnung), bei Vormundschaften und Dauerpflegschaften der Jahresrechnung, mitgeteilt worden ist. Dies gilt nicht, wenn die Nachforderung auf vorsätzlich oder grob fahrlässig falschen Angaben des Kostenschuldners beruht oder wenn der ursprüngliche Kostenansatz unter einem bestimmten Vorbehalt erfolgt ist.

(2) Ist innerhalb der Frist des Absatzes 1 ein Rechtsbehelf in der Hauptsache oder wegen der Kosten eingelegt oder dem Zahlungspflichtigen mitgeteilt worden, dass ein Wertermittlungsverfahren eingeleitet ist, ist die Nachforderung bis zum Ablauf des nächsten Kalenderjahres nach Beendigung dieser Verfahren möglich.

(3) Ist der Wert gerichtlich festgesetzt worden, genügt es, wenn der berichtigte Ansatz dem Zahlungspflichtigen drei Monate nach der letzten Wertfestsetzung mitgeteilt worden ist.

I. Allgemeines

Die Regelungen über die Nachforderung von Gerichtskosten (§ 20 GKG, § 15 KostO) sind in das FamGKG übernommen worden. Die Regelung soll den Kostenschuldner vor einer verspäteten Nachforderung von Gerichtskosten schützen. Sie setzt dem Nachforderungsrecht der Staatskasse zeitliche Grenzen, dem Kostenschuldner wird ein Vertrauensschutz in die Richtigkeit der erteilten Schlusskostenrechnung zugebilligt. Die Nachforderungsfrist ist von Amts wegen zu beachten. Dem Kostenschuldner stehen bei einer Nichtbeachtung die Rechtsbehelfe des § 57 zur Verfügung. 1

II. Inhalt der Vorschrift

1. Nachforderung

Eine Nachforderung setzt schon begrifflich voraus, dass ein Kostenansatz überhaupt erfolgt ist. Sind keine Kosten angesetzt, wird der Kostenschuldner ausschließlich durch die Verjährungsvorschriften (§ 7) geschützt. Dies gilt auch dann, wenn der Kos- 2 tenbeamte zunächst wegen einer Aussichtslosigkeit der Geltendmachung der Kosten von einem Kostenansatz abgesehen hat.

3 Der Lauf der Nachforderungsfrist setzt nach Abs. 1 Satz 1 eine die Instanz abschließende Kostenrechnung (**Schlusskostenrechnung**) voraus. Eine solche Kostenrechnung liegt nur vor, wenn sie aus der Sicht eines redlichen Kostenschuldners endgültig ist. Dies kann nach der ausdrücklichen Regelung nur für solche Kostenrechnungen gelten, die nach Instanzende erteilt werden. Im Lauf des Verfahrens erteilte Kostenrechnungen für Vorschüsse oder über vorwegzuleistende Kosten können keinen Vertrauensschutz in die Vollständigkeit und Richtigkeit begründen.

4 **Keine Nachforderung** liegt vor, wenn nach der erfolglosen Inanspruchnahme eines Kostenschuldners ein anderer Kostenschuldner erstmalig oder in einem weiteren Umfang in Anspruch genommen wird, denn in diesem Fall war der erste Kostenansatz nicht unrichtig. Dies gilt nicht für den Kostenschuldner, der für die Kostenschuld eines anderen kraft Gesetzes haftet (§ 24 Nr. 3), weil dessen Haftung nur soweit reicht wie die des Hauptschuldners.

5 Die Vorschrift bezieht sich nur auf einen Kostenansatz durch den Kostenbeamten. Wird über den Kostenansatz in einem Erinnerungs- oder Beschwerdeverfahren entschieden, kann der Kostenbeamte den Kostensatz, soweit er Gegenstand der gerichtlichen Entscheidung war, entsprechend dieser Entscheidung berichtigen.

2. Unrichtiger Kostenansatz

6 Inwiefern der Kostenansatz unrichtig ist, ist ohne Belang. In Frage kommen also nicht berücksichtigte Einzelposten, Rechtsirrtümer des Kostenbeamten, Änderung der Streitwertfestsetzung, Änderung der Rechtsprechung. Kein unrichtiger Kostenansatz ist gegeben, wenn nach Erstellung der Schlusskostenrechnung weitere Kosten anfallen, zB noch eine Sachverständigenvergütung oder eine Zeugenentschädigung gezahlt wird.

3. Falsche Angabe, Vorbehalt (Abs. 1 Satz 2)

7 Auf die Endgültigkeit einer Kostenrechnung kann der Kostenschuldner dann nicht vertrauen, wenn die Kostenrechnung unter dem **Vorbehalt eines weiteren Ansatzes** erteilt wird. Der Vorbehalt muss für den Kostenschuldner klar erkennbar sein.

8 Dem Kostenschuldner, der zB bezüglich des Wertes vorsätzlich oder grob fahrlässig falsche Angaben macht, kommt der Schutz der Nachforderungsfrist nicht zugute. Der Wert ist zwar von Amts wegen zu ermitteln, jedoch kommt den Beteiligten eine Mitwirkungspflicht zu (§ 53).

4. Nachforderungsfrist (Abs. 1 Satz 1, Abs. 2)

9 Bei der in Abs. 1 Satz 1 genannten Frist handelt sich um eine **Ausschlussfrist**. Der Lauf der Frist beginnt mit der Absendung der Schlusskostenrechnung. Sie endet mit dem Ablauf des nächsten Kalenderjahres. Bei Vormundschaften und Dauerpflegschaften ist Fristbeginn die Absendung der Jahresrechnung.

10 Wird in der Hauptsache oder wegen der Kosten ein **Rechtsbehelf** oder ein **Rechtsmittel** eingelegt, ist die Nachforderung bis zum Ablauf des nächsten Kalenderjahres nach

Beendigung dieser Verfahren möglich (Abs. 2). In diesem Fall beginnt die Nachforderungsfrist mit der Beendigung dieser Verfahren. Abs. 2 gilt auch, wenn dem Zahlungspflichtigen mitgeteilt worden ist, dass ein **Wertermittlungsverfahren** eingeleitet ist. Diese Regelung ist § 15 Satz 2 KostO entlehnt. Ein förmliches Wertermittlungsverfahren kennt das FamGKG aber grundsätzlich nicht. Praktisch relevant werden kann diese Bestimmung bei der Wertbestimmung nach § 36 Abs. 1 (Wert der Genehmigung einer Erklärung oder deren Ersetzung). Die Vorschrift verweist wegen des Wertes ua. auf § 19 KostO. Die Aufforderung an den Kostenschuldner, einen Einheitswertbescheid vorzulegen, ist eine Mitteilung über die Einleitung eines Wertermittlungsverfahrens. Die Verweisung in § 19 Abs. 2 Satz 3 letzter Halbs. KostO auf § 15 KostO ist so zu verstehen, dass eine Berichtigung des Kostenansatzes in diesem Falle noch bis zum Ablauf des nächsten Kalenderjahres nach Feststellung des Einheitswertes möglich ist.

5. Wertfestsetzung (Absatz 3)

Ist der Verfahrenswert durch das Gericht festgesetzt worden, ist eine Änderung dieser Festsetzung nach § 55 Abs. 3 Satz 2 nur bis Ablauf von sechs Monaten zulässig, nachdem die Entscheidung in der Hauptsache Rechtskraft erlangt oder das Verfahren sich anderweitig erledigt hat. Nach der geänderten Wertfestsetzung kann der Kostensansatz berichtigt werden (§ 18 Abs. 3). Nach Abs. 3 genügt es, wenn der berichtigte Ansatz dem Zahlungspflichtigen drei Monate nach der Wertfestsetzung mitgeteilt worden ist. Wegen des Ausnahmecharakters dieser Regelung kann diese Frist die grundsätzliche Nachforderungsfrist nur verlängern, nicht aber verkürzen. Die Frist beginnt erst zu laufen, wenn der letzte Wertfestsetzungsbeschluss den Beteiligten bekannt gegeben worden ist. 11

Nach seinen Wortlaut bezieht sich Abs. 3 ausdrücklich nur auf den Fall einer Änderung der Streitwertfestsetzung. Er muss jedoch auf den Fall einer Wertfestsetzung nach Ablauf der Nachforderungsfrist des Abs. 1 entsprechend angewendet werden. 12

§ 20
Nichterhebung von Kosten wegen unrichtiger Sachbehandlung

(1) Kosten, die bei richtiger Behandlung der Sache nicht entstanden wären, werden nicht erhoben. Das Gleiche gilt für Auslagen, die durch eine von Amts wegen veranlasste Verlegung eines Termins oder Vertagung einer Verhandlung entstanden sind. Für abweisende Entscheidungen sowie bei Zurücknahme eines Antrags kann von der Erhebung von Kosten abgesehen werden, wenn der Antrag auf unverschuldeter Unkenntnis der tatsächlichen oder rechtlichen Verhältnisse beruht.

(2) Die Entscheidung trifft das Gericht. Solange nicht das Gericht entschieden hat, können Anordnungen nach Absatz 1 im Verwaltungsweg erlassen werden. Eine im Verwaltungsweg getroffene Anordnung kann nur im Verwaltungsweg geändert werden.

I. Allgemeines

1 Die Regelung über die Nichterhebung von Kosten wegen unrichtiger Sachbehandlung entspricht § 21 GKG. Die Vorschrift ordnet in Abs. 1 Satz 1 und 2 für folgende Fälle eine Nichterhebung der Kosten an:

- Wenn die Kosten bei richtiger Behandlung der Sache nicht entstanden wären,
- wenn Auslagen durch eine von Amts wegen veranlasste Verlegung eines Termins oder durch eine Vertagung einer Verhandlung entstanden sind.

2 Des Weiteren ist in Abs. 1 Satz 3 eine Ermessensentscheidung für den Kostenansatz enthalten, wenn bei abweisenden Entscheidungen sowie bei der Zurücknahme eines Antrags der Antrag auf unverschuldeter Unkenntnis der tatsächlichen oder rechtlichen Verhältnisse beruht. Eine vergleichbare Regelung enthält § 6 Abs. 3 für den Fall der Verweisung.

II. Inhalt der Vorschrift

1. Unrichtige Sachbehandlung

3 Eine unrichtige Sachbehandlung liegt nach einhelliger Auffassung nur vor, wenn ein offen zutage tretender Verstoß gegen eindeutige gesetzliche Normen oder ein offensichtliches Versehen unterlaufen ist.[1] Unbeachtlich ist sowohl ein Verschulden des Gerichts wie auch eine Mitwirkung der Beteiligten. Der Verstoß oder das Versehen muss ursächlich für den Anfall der Kosten sein. Kosten, die auch bei richtiger Sachbehandlung entstanden wären, sind zu erheben. Es muss sich um eine unrichtige Sachbehandlung durch das Personal des Gerichts handeln, gleichgültig welche Funktion sie im Verfahren ausüben.

4 Das Problem der unrichtigen Sachbehandlung stellt sich immer wieder bei der Aufhebung einer gerichtlichen Entscheidung durch eine übergeordnete Instanz. Dabei ist die Zurückverweisung eines Verfahrens wegen eines Verfahrensfehlers nicht zwangsläufig ein Indiz für eine unrichtige Sachbehandlung der Vorinstanz. Vielmehr kann nur davon ausgegangen werden, dass eine Zurückweisung wegen eines offensichtlichen Verfahrensfehlers oder einer offensichtlichen Verkennung des materiellen Rechts einen Hinweis auf das Vorliegen einer unrichtigen Sachbehandlung darstellt. So können beispielsweise die Voraussetzungen für eine Nichterhebung gegeben sein, wenn die Aufhebung wegen eines absoluten Rechtsbeschwerdegrundes nach §§ 72 Abs. 3 FamFG, 547 ZPO erfolgt. Auch die Tatsache, dass ein Verfahren mehrfach zurückverwiesen wird, ist ein Indiz für eine unrichtige Sachbehandlung. Dagegen ist die Zurückverweisung wegen einer abweichenden Rechtsauffassung kein Fall der unrichtigen Sachbehandlung.

5 Zur Frage des Vorliegens einer unrichtigen Sachbehandlung gibt es zur gleich lautenden Regelung im GKG (§ 21 GKG) eine umfangreiche Rechtsprechung.[2]

2. Umfang

6 Die Vorschrift sieht ausdrücklich nur die Nichterhebung von Kosten (Gebühren und Auslagen) vor. Sie bietet keine Möglichkeit einer Übernahme der außergerichtlichen

1 BGH v. 24.9.1962 – VII ZR 20/62, NJW 1962, 2107.

2 Vgl. die Nachweise bei *Meyer*, Gerichtskostengesetz, 10. Aufl., § 21.

Kosten eines Beteiligten durch die Staatskasse. Nicht erhoben werden **nur die Kosten, die ursächlich durch die unrichtige Sachbehandlung entstanden** sind. Verweist ein Beschwerdegericht die Sache wegen eines offensichtlichen Verfahrensfehlers an die Vorinstanz zurück, kommt nur eine Nichterhebung der Kosten (oder eines Teils der Kosten) des Beschwerdeverfahrens in Frage, da nur diese Kosten durch die unrichtige Sachbehandlung zusätzlich angefallen sein können. Ausgenommen sind solche Auslagen, die bei richtiger Sachbehandlung auch bei der unteren Instanz entstanden wären.

Eine **Ausnahme von dem Grundsatz der Ursächlichkeit** der in Rede stehenden Kosten 7
ist für den Fall zu machen, dass ein Beteiligter erst durch die unrichtige Sachbehandlung zum Kostenschuldner geworden ist, zB wenn das Gericht ein begründetes Gesuch über Verfahrens- oder Prozesskostenhilfe übersehen hat.

3. Verlegung eines Termins, Vertagung einer Verhandlung

Auslagen, die durch eine von Amts wegen veranlasste Verlegung eines Termins oder 8
Vertagung einer Verhandlung entstanden sind, sind nicht zu erheben. In Betracht kommen nur die gerichtlichen Auslagen nach Teil 2 KV FamGKG. Voraussetzung ist, dass die Verlegung oder Vertagung von Amts wegen erfolgt und damit ausschließlich im Verantwortungsbereich des Gerichts begründet ist.

4. Abweisende Entscheidungen, Zurücknahme

Bei abweisenden Entscheidungen sowie bei der Zurücknahme eines Antrags kann das 9
Gericht nach pflichtgemäßem Ermessen von der Erhebung von Kosten absehen, wenn der Antrag auf **unverschuldeter Unkenntnis** der tatsächlichen oder rechtlichen Verhältnisse beruht. Die Form der abweisenden Entscheidung ist ohne Bedeutung. Antragsrücknahme umfasst die Zurücknahme eines jeden verfahrens- oder instanzeinleitenden Gesuchs, also auch die Rücknahme der Beschwerde oder Rechtsbeschwerde.

Unverschuldet ist die Unkenntnis der tatsächlichen oder rechtlichen Verhältnisse, 10
wenn der Antragsteller vor Antragstellung alles Zumutbare zu Klärung und Würdigung der maßgeblichen Verhältnisse unternommen hat. Das Verschulden seines Verfahrensbevollmächtigten hat sich der Antragsteller zurechnen zu lassen. Eine unverschuldete Unkenntnis über tatsächliche Verhältnisse ist zum Beispiel gegeben, wenn sich das Verfahren gegen eine Person richtet, von deren Tod der Antragsteller keine Kenntnis hatte.

5. Gerichtliche Entscheidung

Über die Frage der **Nichterhebung** entscheidet das Gericht durch **Beschluss**. Stellt ein 11
Beteiligter einen Antrag auf Nichterhebung, ist dies, wenn die Kosten bereits angesetzt sind, als Erinnerung gegen den Kostenansatz (§ 57) zu werten. Das Verfahren ist an **keine Frist** gebunden und kann daher auch noch nach Rechtskraft, nach Abschluss des Kostenansatzverfahrens und nach Zahlung der Kosten eingeleitet werden.

Zuständig ist das Gericht, das über eine Erinnerung gegen den Kostenansatz (§ 57 12
GKG) zu entscheiden hat. Dies ist das Gericht, bei dem Kosten angesetzt sind oder anzusetzen wären. Daher kann weder ein Erstgericht über die Kosten des Beschwerdeverfahrens entscheiden noch ein Beschwerdegericht über die Nichterhebung der Kos-

ten des Erstgerichts befinden. Ist das Verfahren dem Rechtspfleger übertragen, entscheidet dieser auch über die Nichterhebung.

13 Das weitere Verfahren richtet sich nach § 57 Abs. 2 bis 8.

6. Entscheidung im Verwaltungsweg

14 Solange nicht das Gericht entschieden hat, kann die Nichterhebung auch im Verwaltungsweg angeordnet werden. Eine Entscheidung des Gerichts, gleichgültig ob stattgebend oder ablehnend, verhindert die Möglichkeit einer Anordnung im Verwaltungsweg. Eine im Verwaltungsweg getroffene Anordnung kann nur im Verwaltungsweg geändert werden. Hat also die Justizverwaltung die Nichterhebung von Kosten angeordnet, besteht für eine Entscheidung des Gerichts kein Raum. Dagegen steht ein ablehnender Bescheid der Verwaltung einer gerichtlichen Entscheidung nicht im Wege. Die Zuständigkeiten für die Anordnung im Verwaltungsweg sind in § 44 der Kostenverfügung geregelt.

15 Über das Verfahren nach § 20 hinaus existieren sowohl auf Bundes- wie auf Landesebene Regelungen über den Erlass und die Stundung von Kostenforderungen. Auch insoweit handelt es sich um Entscheidungen der Justizverwaltung, die jedoch von dem Verfahren nach § 20 abzugrenzen sind.

Abschnitt 5
Kostenhaftung

§ 21
Kostenschuldner in Antragsverfahren, Vergleich

(1) In Verfahren, die nur durch Antrag eingeleitet werden, schuldet die Kosten, wer das Verfahren des Rechtszugs beantragt hat. Dies gilt nicht

1. für den ersten Rechtszug in Gewaltschutzsachen,

2. im Verfahren auf Erlass einer gerichtlichen Anordnung auf Rückgabe des Kindes oder über das Recht zum persönlichen Umgang nach dem Internationalen Familienrechtsverfahrensgesetz,

3. für einen Minderjährigen in Verfahren, die seine Person betreffen, und

4. für einen Verfahrensbeistand.

Im Verfahren, das gemäß § 700 Abs. 3 der Zivilprozessordnung dem Mahnverfahren folgt, schuldet die Kosten, wer den Vollstreckungsbescheid beantragt hat.

(2) Die Gebühr für den Abschluss eines gerichtlichen Vergleichs schuldet jeder, der an dem Abschluss beteiligt ist.

I. Allgemeines

Abs. 1 regelt den Kostenschuldner in Antragsverfahren. Die Sätze 1 und 3 entsprechen inhaltlich dem § 22 Abs. 1 Satz 1 GKG. Das Institut des Interesseschuldners (§ 2 Nr. 2 KostO) ist nicht in das FamGKG übernommen worden, weil nach § 81 Abs. 1 Satz 3 FamFG in Familiensachen immer über die Kosten zu entscheiden ist. Abs. 2 bestimmt den Kostenschuldner der Gebühr für den Abschluss eines gerichtlichen Vergleichs. 1

II. Inhalt der Vorschrift

1. Antragstellerhaftung (Absatz 1)

Die Vorschrift legt fest, dass der **Antragsteller** als Veranlasser des Verfahrens **immer** 2
Kostenschuldner ist. Diese Haftung des Antragstellers ist unabhängig vom Ausgang des Verfahrens und bleibt auch bestehen, wenn weitere Kostenschuldner hinzutreten. Die Antragstellerhaftung kommt regelmäßig im Rahmen der vorweg zu erhebenden Gebühren (§ 14) zum Tragen. Antragsteller ist der Beteiligte selbst, nicht der gesetzliche Vertreter und auch nicht der Verfahrensbevollmächtigte. Ein Vertreter ohne Vertretungsmacht ist persönlich Antragsteller und damit Kostenschuldner.

Nach Abs. 1 Satz 1 greift die Antragstellerhaftung nur in solchen Verfahren, die **aus-** 3
schließlich durch einen Antrag eingeleitet werden können. In allen anderen Verfahren ergibt sich der Kostenschuldner ausschließlich aus § 24. Familiensachen sind in großem Umfang systematisch grundsätzlich Amtsverfahren. Wird in einem Amtsverfahren ein „Antrag" gestellt, gilt er nur als Anregung an das Gericht, von Amts wegen tätig zu werden (§ 24 FamFG). Eine Kostenhaftung nach § 21 löst eine solche Anregung nicht aus. Bei Verfahren, die sowohl Amts- wie auch Antragsverfahren sein können, gibt es im Hinblick auf den Wortlaut („nur") keine Antragstellerhaftung. Ob ein Verfahren ausschließlich auf Antrag eingeleitet werden kann, ist weitestgehend im materiellen Recht geregelt. Leben zum Beispiel die Eltern eines Kindes getrennt, wird die gemeinsame Sorge nach § 1671 Abs. 1 BGB nur auf Antrag aufgelöst. Dagegen handelt es sich bei einem Verfahren zur Regelung des Umgangsrechts nach § 1684 Abs. 3 BGB grundsätzlich um ein Amtsverfahren.

Der die Antragstellerhaftung begründende Antrag ist eine Prozesshandlung, die das Verfahren einleitet (§ 23 FamFG). In Frage kommen zB der verfahrenseinleitende Antrag iSd. §§ 23, 51 Abs. 1 Satz 1 FamFG, die Einreichung einer Beschwerdeschrift und der Antrag auf Erlass eines Vollstreckungsbescheids. Auf die Form des Antrags kommt es nicht an, auch Erklärungen und Anträge zur Niederschrift der Geschäftsstelle (§ 25 FamFG) können die Antragstellerhaftung auslösen. Ohne Belang ist, ob der Antrag zulässig ist oder ob die handelnde Person prozessfähig ist. Die Antragstellerhaftung tritt mit Eingang des Antrags bei Gericht ein. 4

Wird einem Gesuch auf Gewährung von Verfahrens- oder Prozesskostenhilfe – über das vorweg entschieden werden soll – ein Antragsentwurf beigefügt, so ist der Verfahrensantrag zunächst nicht gestellt. Erst wenn das Gesuch positiv beschieden ist oder der Antragsteller zu erkennen gibt, dass er die Bedingung für den Antrag fallen lässt, tritt die Antragstellerhaftung ein. 5

a) Umfang

6 Der Antragsteller haftet **grundsätzlich für alle Kosten** (Gebühren und Auslagen) der Instanz. Der Antragsteller haftet auch für solche Kosten, die durch Verteidigungsmaßnahmen anderer Beteiligter entstanden sind, insbesondere für Auslagen, die durch Beweisantritte des Gegners verursacht wurden. Ein **anderer Beteiligter** als der Veranlasser der Instanz wird jedoch zum Antragsteller, wenn er zusätzlich zum bisherigen Antragsteller verfahrenseinleitende Anträge stellt. Dies gilt zB, wenn er als zusätzlicher Antragsteller auftritt (in einer Ehesache einen eigenen Scheidungsantrag stellt), einen Widerklageantrag stellt oder sich einer Beschwerde anschließt.

7 **Mehrere Antragsteller** haften als Gesamtschuldner (§ 26 Abs. 1), soweit sich ihre Anträge decken.

8 **Antragsteller** und **Widerklageantragsteller** sowie **Beschwerdeführer** und **Anschlussbeschwerdeführer** haften jeweils für die Kosten, die durch ihre jeweiligen Anträge entstehen. Die Höhe des Haftungsbetrags wird so berechnet, als seien einzelne Verfahren eingeleitet worden. Bis zur Höhe dieser Kosten kann die Staatskasse die einzelnen Kostenschuldner in Anspruch nehmen. Die Staatskasse kann jedoch nicht mehr Kosten fordern, als insgesamt durch das Verfahren entstanden sind. Dieselben Grundsätze gelten auch für den Fall einer nur teilweisen Bewilligung von Verfahrens- oder Prozesskostenhilfe.

9 Macht ein Beteiligter hilfsweise die **Aufrechnung mit einer bestrittenen Gegenforderung** geltend, erhöht sich nach § 39 Abs. 3 der Wert um den Wert der Gegenforderung, soweit eine der Rechtskraft fähige Entscheidung über sie ergeht. Wegen des Erhöhungsbetrags ist dieser Beteiligte Antragsteller iSd. § 21.

10 Ausgenommen von der Antragstellerhaftung sind solche Kosten, die das Gesetz ausdrücklich nur einem bestimmten Beteiligten aufbürdet. Dies gilt für die Verzögerungsgebühr (§ 32), die Dokumentenpauschale in Säumnisfällen (§ 23 Abs. 1 Satz 2) und die Aktenversendungspauschale (§ 23 Abs. 2).

11 Ist neben dem **Antragsteller** ein **weiterer Kostenschuldner** nach § 24 vorhanden, haftet der Antragsteller mit diesen Kostenschuldnern gesamschuldnerisch (§ 26 Abs. 1). Die Antragstellerhaftung soll jedoch neben einer Haftung aus § 24 Nr. 1 oder Nr. 2 (Erstschuldner) nur zweitrangig (sog. Zweitschuldner) geltend gemacht werden.

b) Ausnahmen

12 Abs. 1 Satz 2 schließt in Gewaltschutzsachen für den ersten Rechtszug (Nr. 1), im Verfahren auf Erlass einer gerichtlichen Anordnung auf Rückgabe des Kindes oder über das Recht zum persönlichen Umgang nach dem Internationalen Familienrechtsverfahrensgesetz – IntFamRVG – (Nr. 2) und für einen Minderjährigen in Verfahren, die seine Person betreffen (Nr. 3), die Antragstellerhaftung aus. Die Nr. 4 führt den Gedanken des § 158 Abs. 8 FamFG fort, wonach der Verfahrensbeistand auch in kostenrechtlicher Hinsicht keine Verpflichtungen zu übernehmen hat. Für solche Verfahren schuldet nur derjenige die Kosten, der gem. § 24 für die Kosten haftet, also insbesondere derjenige, dem die Kosten auferlegt worden sind oder derjenige, der die Kosten übernommen hat. Die Regelung in Nr. 2 ist aus § 52 IntFamRVG übernommen worden. Die Regelung für Minderjährige knüpft an § 81 Abs. 3 FamFG an.

c) Antragsteller des Vollstreckungsbescheids (Abs. 1 Satz 3)

Nach § 113 Abs. 2 FamFG kann in Familienstreitsachen auch das Mahnverfahren unter entsprechender Anwendung der Vorschriften der ZPO stattfinden. Die Kosten dieses Mahnverfahrens sind nach dem GKG zu berechnen (§ 1 Satz 3). Wird gegen einen Vollstreckungsbescheid Einspruch eingelegt, gibt das Mahngericht das Verfahren von Amts wegen an das Familiengericht ab. Für die Kosten des familiengerichtlichen Verfahrens nach der Abgabe haftet derjenige als Antragsteller, der den Vollstreckungsbescheid beantragt hat, nicht der Einspruchsführer. 13

2. Vergleichsgebühr (Absatz 2)

Abs. 2 entspricht § 22 Abs. 1 Satz 2 GKG und gilt unabhängig davon, ob es sich um ein Antrags- oder ein Amtsverfahren handelt. Die Regelung betrifft die Gebühr nach Nr. 1500 KV FamGKG. Kostenschuldner ist jeder, der an dem Vergleichsabschluss beteiligt ist, und zwar unabhängig davon, ob die Kosten im Vergleich anders geregelt sind. Da es sich immer um mehrere Beteiligte handelt, besteht für die Vergleichsgebühr eine gesamtschuldnerische Haftung (§ 26 Abs. 1). 14

§ 22
Kosten bei Vormundschaft und Dauerpflegschaft

Die Kosten bei einer Vormundschaft oder Dauerpflegschaft schuldet der von der Maßnahme betroffene Minderjährige. Dies gilt nicht für Kosten, die das Gericht einem anderen auferlegt hat.

Nach bisherigem Recht schuldete der Minderjährige die bei Vormundschaften und Dauerpflegschaften zu erhebende Jahresgebühr und die Auslagen als Interesseschuldner (§ 2 Nr. 2 KostO). Da das Institut des Interesseschuldners nicht in das FamGKG übernommen wurde, ist eine eigenständige Regelung geschaffen worden, nach der der von der Vormundschaft oder Dauerpflegschaft betroffene Minderjährige Kostenschuldner der Jahresgebühren nach Nr. 1311 bzw. Nr. 1312 KV FamGKG und der Auslagen ist. Mit Satz 2 sollen die besonderen Fälle ausgeschlossen werden, in denen das Gericht im Rahmen einer Vormundschaft oder einer Dauerpflegschaft einem anderen die Kosten auferlegt hat. In Frage kommen hier zB die Kosten eines Zwangsgeldverfahrens gegen den Vormund oder Pflegers sowie die Kosten eines Rechtsmittelverfahrens. 1

§ 23
Bestimmte sonstige Auslagen

(1) Die Dokumentenpauschale schuldet ferner, wer die Erteilung der Ausfertigungen, Ablichtungen oder Ausdrucke beantragt hat. Sind Ablichtungen oder Ausdrucke angefertigt worden, weil der Beteiligte es unterlassen hat, die erforderliche Zahl von Mehrfertigungen beizufügen, schuldet nur der Beteiligte die Dokumentenpauschale.

(2) Die Auslagen nach Nummer 2003 des Kostenverzeichnisses schuldet nur, wer die Versendung oder die elektronische Übermittlung der Akte beantragt hat.

(3) Im Verfahren auf Bewilligung von Verfahrens- oder Prozesskostenhilfe einschließlich des Verfahrens auf Bewilligung grenzüberschreitender Verfahrens- oder Prozesskostenhilfe ist der Antragsteller Schuldner der Auslagen, wenn der Antrag zurückgenommen oder von dem Gericht abgelehnt oder wenn die Übermittlung des Antrags von der Übermittlungsstelle oder das Ersuchen um Verfahrens- oder Prozesskostenhilfe von der Empfangsstelle abgelehnt wird.

I. Allgemeines

1 Die Vorschrift entspricht – redaktionell angepasst – § 28 GKG.

II. Inhalt der Vorschrift

1. Dokumentenpauschale (Absatz 1)

2 Nach Abs. 1 Satz 1 ist Schuldner der Dokumentenpauschale (Nr. 2000 KV FamGKG) derjenige, der die Erteilung beantragt hat. Der insoweit betroffene Antragsteller ist nicht identisch mit dem Antragsteller der Instanz iSd. § 21. **Antragsteller** ist die Partei selbst, nicht der gesetzliche Vertreter und auch grundsätzlich nicht der Verfahrensbevollmächtigte. Im Einzelfall kann jedoch auch der Verfahrensbevollmächtigte selbst Antragsteller und damit Kostenschuldner sein. Ob er die Erteilung der Dokumente im eigenen Namen beantragt hat, ist nach den Umständen des Einzelfalls zu entscheiden.

3 Wie bereits der Wortlaut zum Ausdruck bringt, tritt dieser Kostenschuldner neben andere Kostenschuldner. Insoweit kommen die Kostenschuldner nach den §§ 21, 22 in Frage. Es besteht **Gesamtschuldnerschaft** (§ 26 Abs. 1). Im Verhältnis zu einem Kostenschuldner nach § 24 Nr. 1 und 2 ist der Kostenschuldner nach § 23 **Zweitschuldner** (§ 26 Abs. 2).

4 Ist die Dokumentenpauschale dadurch angefallen, dass ein Beteiligter es unterlassen hat, die erforderliche Zahl von Mehrfertigungen beizufügen, schuldet nur dieser Beteiligte die Dokumentenpauschale (Abs. 1 Satz 2). Daneben haftet kein anderer Kostenschuldner für diese Pauschale. Dies gilt auch für einen Entscheidungsschuldner.

2. Aktenversendungspauschale (Absatz 2)

5 Die Aktenversendungspauschale nach Nr. 2003 KV FamGKG schuldet nur, wer die Versendung oder die elektronische Übermittlung der Akte beantragt hat. Hier gelten grundsätzlich die Ausführungen zur Dokumentenpauschale. Die Rechtsfolgen entsprechen der durch Säumnis angefallenen Dokumentenpauschale nach Abs. 1 Satz 2.

3. Verfahrens- oder Prozesskostenhilfebewilligungsverfahren (Absatz 3)

6 Im Verfahren auf Bewilligung von Verfahrens- oder Prozesskostenhilfe ist der Antragsteller Schuldner der Auslagen, wenn der Antrag zurückgenommen oder von dem Gericht abgelehnt wird. Dies gilt auch im Verfahren auf Bewilligung grenzüberschreitender Verfahrens- oder Prozesskostenhilfe, wenn die Übermittlung des Antrags von

der Übermittlungsstelle oder das Ersuchen um Verfahrens- oder Prozesskostenhilfe von der Empfangsstelle abgelehnt wird.

Die Vorschrift stellt klar, dass auch bei Rücknahme eines Gesuchs oder bei einer ablehnenden Bescheidung der Antragsteller Kostenschuldner der Auslagen des Bewilligungsverfahrens ist. 7

§ 24
Weitere Fälle der Kostenhaftung

Die Kosten schuldet ferner,

1. wem durch gerichtliche Entscheidung die Kosten des Verfahrens auferlegt sind;

2. wer sie durch eine vor Gericht abgegebene oder dem Gericht mitgeteilte Erklärung oder in einem vor Gericht abgeschlossenen oder dem Gericht mitgeteilten Vergleich übernommen hat; dies gilt auch, wenn bei einem Vergleich ohne Bestimmung über die Kosten diese als von beiden Teilen je zur Hälfte übernommen anzusehen sind;

3. wer für die Kostenschuld eines anderen kraft Gesetzes haftet und

4. der Verpflichtete für die Kosten der Vollstreckung; dies gilt nicht für einen Minderjährigen in Verfahren, die seine Person betreffen.

I. Allgemeines

Satz 1 Nr. 1 bis 3 entspricht – redaktionell angepasst – § 29 GKG sowie § 3 KostO. In Nr. 4 wird ausdrücklich bestimmt, dass ein Minderjähriger auch nach dieser Vorschrift in Verfahren, die seine Person betreffen, nicht für die Kosten der Vollstreckung haftet. Die Regelung für Minderjährige knüpft ebenso wie § 21 Abs. 1 Satz 2 Nr. 3 an § 81 Abs. 3 FamFG an und übernimmt damit gleichzeitig die Regelung des § 52 Satz 1 IntFamRVG. Wie bereits der Wortlaut zum Ausdruck bringt, treten diese Kostenschuldner neben andere Kostenschuldner. Insoweit kommen die Kostenschuldner nach den §§ 21 bis 23 in Frage. Es besteht Gesamtschuldnerschaft (§ 26 Abs. 1). 1

II. Inhalt der Vorschrift

1. Entscheidungsschuldner (Nr. 1)

Nach § 81 Abs. 1 Satz 1 FamFG kann das Gericht die Kosten des Verfahrens nach billigem Ermessen den Beteiligten ganz oder zum Teil auferlegen. In Familiensachen ist stets über die Kosten zu entscheiden (§ 81 Abs. 1 Satz 3 FamFG). Im Sachzusammenhang mit einzelnen Verfahrensarten enthält das FamFG eine Reihe von Spezialbestimmungen, die die Frage der Kostenauferlegung zu Lasten eines Beteiligten regeln. 2

In Ehesachen und selbständigen Familienstreitsachen bestimmt sich die Kostenpflicht über die Verweisung in § 113 FamFG grundsätzlich nach den Kostenvorschriften der ZPO, insbesondere den §§ 91 ff. ZPO. Zu beachten sind aber die im FamFG enthaltenen vorrangigen Vorschriften für die einzelnen Verfahren. In Ehesachen ist eine Kostenentscheidung nach § 132 FamFG (bei Aufhebung der Ehe) oder § 150 FamFG (in 3

Scheidungssachen und Folgesachen) zu treffen. In Unterhaltssachen ist über die Kosten nach § 243 FamFG zu entscheiden. In Lebenspartnerschaftssachen gilt über die Verweisung in § 270 FamFG Entsprechendes. Eine Spezialvorschrift enthält § 183 FamFG für die Kosten bei der Anfechtung der Vaterschaft. Außerhalb des Anwendungsbereichs dieser Spezialvorschriften verbleibt es bei der Anwendbarkeit der §§ 80 ff. FamFG.

4 § 82 FamFG bestimmt, dass, sofern das Gericht eine ausdrückliche Entscheidung über die Kosten treffen will, dies gleichzeitig mit der Endentscheidung zu geschehen hat, so dass gegenüber den Beteiligten die Kostenentscheidung mit ihrer Bekanntgabe wirksam wird. Die Endentscheidung ist grundsätzlich der nach § 38 FamFG zu erlassende Beschluss. Eine bereits ergangene, noch nicht rechtskräftige Kostenentscheidung wird durch eine Antragsrücknahme wirkungslos, ohne dass es einer ausdrücklichen Aufhebung bedarf (§ 22 Abs. 2 Satz 1 FamFG). Mit der Antragsrücknahme entfällt daher auch die Kostenhaftung nach Nr. 1, nicht etwa erst durch eine neue Kostenentscheidung nach §§ 83 Abs. 2, 81 FamFG. Eine spätere Übernahme von Gerichtskosten in einem Vergleich hat dagegen keinen Einfluss auf die Kostenschuld nach Nr. 1, diese bleibt daneben bestehen.

5 Unterbleibt eine nach dem Verfahrensrecht vorgesehene oder vorgeschriebene Kostenentscheidung, besteht keine Kostenhaftung nach Nr. 1. Die im Verfahren nach dem FamFG ergangene Kostenentscheidung erfasst auch die Kosten eines vorangegangenen Mahnverfahrens (§§ 113 Abs. 2 FamFG, 696 Abs. 1 Satz 5 ZPO). Das Verfahren der einstweiligen Anordnung ist nunmehr ein selbständiges Verfahren (§ 51 Abs. 3 Satz 1 FamFG), so dass in der dieses Verfahren abschließenden Entscheidung auch über die insoweit entstandenen Kosten zu befinden ist, sofern das Gericht nicht von einer Kostenentscheidung absieht.

6 Nach § 25 Satz 1 erlischt die durch gerichtliche Entscheidung begründete Verpflichtung zur Zahlung von Kosten, soweit die Entscheidung durch eine andere gerichtliche Entscheidung aufgehoben oder abgeändert wird.

7 Entgegen dem missverständlichen Wortlaut reicht es für eine Kostenschuld nach Nr. 1 aus, wenn das Gericht einem Beteiligten „nur" die Gerichtskosten auferlegt hat. Es ist nicht erforderlich, dass das Gericht dem Beteiligten die „Kosten des Verfahrens" (dies sind nach § 80 FamFG nicht nur die Gerichtskosten, sondern auch die zur Durchführung des Verfahrens notwendigen Aufwendungen eines Beteiligten) insgesamt überbürdet hat.

8 Der Beteiligte, dem im Rahmen der verfahrensrechtlichen Vorschriften die Gerichtskosten auferlegt sind, ist gegenüber der Staatskasse Kostenschuldner. Sind die Kosten in der gerichtlichen Entscheidung gequotelt, bezieht sich die Kostenschuld des einzelnen Entscheidungsschuldners nur auf den entsprechenden Teil der Gesamtkosten des von der Kostenentscheidung betroffenen Verfahrens.

9 Die „Kosten des Verfahrens" umfassen alle Kosten mit Ausnahme derjenigen, die das Gericht ausdrücklich ausgenommen hat oder die das Gesetz ausdrücklich nur einem bestimmten Beteiligten aufbürdet. Letzteres gilt für die Verzögerungsgebühr (§ 32), die Dokumentenpauschale in Säumnisfällen (§ 23 Abs. 1 Satz 2) und die Aktenversendungspauschale (§ 23 Abs. 2).

2. Übernahmeschuldner (Nr. 2)

Grundlage für die Kostenhaftung ist in diesem Fall nicht eine Entscheidung des Gerichts sondern eine ausdrücklich oder gesetzlich unterstellte (§ 83 Abs. 1 FamFG) **Kostenübernahmeerklärung** eines Beteiligten oder auch eines Dritten. Wenn der Vergleich die Kostenentscheidung bewusst dem Gericht überlässt – sog. negative Kostenregelung –, ist ein gerichtlicher Kostenbeschluss erforderlich. Dieser richtet sich nicht nach § 83 Abs. 1 FamFG, vielmehr ist, da nur die Hauptsache erledigt ist, über die Kosten auf Grund der Verweisung in § 83 Abs. 2 FamFG nach den Grundsätzen des § 81 zu entscheiden. 10

Die Kostenübernahme kann auf einen Bruchteil der Kosten oder auf bestimme Kosten (Gebühren oder Auslagen) beschränkt sein. Die Übernahmeerklärung oder der Vergleich sind auch noch nach Kostenentscheidung oder nach Antragsrücknahme möglich. Die Übernahmeerklärung und der Vergleich können jedoch eine Kostenentscheidung nicht beseitigen, da nach § 25 Satz 1 die durch eine gerichtliche Entscheidung begründete Verpflichtung zur Zahlung von Kosten nur durch eine andere gerichtliche Entscheidung aufgehoben oder abgeändert werden kann. 11

Nr. 2 begründet eine Kostenhaftung, wenn Kosten 12

- durch eine vor Gericht abgegebene oder dem Gericht mitgeteilte Erklärung oder
- in einem vor Gericht abgeschlossenen oder dem Gericht mitgeteilten Vergleich

übernommen wurden. Dies gilt auch, wenn bei einem Vergleich ohne Bestimmung über die Kosten diese als von beiden Teilen je zur Hälfte übernommen anzusehen sind (§ 83 Abs. 1 Satz 1 FamFG). Die Übernahmeerklärung muss also nicht zwingend in einem Vergleich oder vor Gericht abgegeben werden.

Die Übernahmeerklärung ist eine Verfahrenshandlung, sie ist also formfrei, unbedingt, unwiderruflich und unanfechtbar. Ob eine Kostenübernahme gewollt ist, muss im Zweifel nach den Grundsätzen des § 133 BGB ermittelt werden. 13

Dem Gericht mitgeteilt ist eine Übernahmeerklärung oder ein Vergleich nur, wenn die Erklärung oder der Vergleich nach dem Willen des Übernehmenden in den Herrschaftsbereich des Gerichts gelangt ist. Eine gegen den Willen des Übernehmenden oder zufällig dem Gericht bekannt gewordene Erklärung begründet keine Kostenhaftung nach Nr. 2. Wird die Übernahmeerklärung dem Gericht durch einen anderen Beteiligten zugeleitet, ohne dass dieser hierzu von dem Erklärenden ermächtigt wurde, ist die Erklärung unbeachtlich.

Ist die Übernahmeerklärung in einem Vergleich enthalten und wird dieser für nichtig erklärt, entfällt auch die Übernahmeerklärung. Eine durch einen Vergleich begründete Kostenhaftung kann jedoch nicht durch einen weiteren Vergleich nachträglich aufgehoben oder verändert werden. Ist der Vergleich unter einer Bedingung geschlossen, kommt die Kostenhaftung erst mit Bedingungseintritt zum Tragen. 14

Erklärt ein Verfahrensbevollmächtigter, er werde für die vom Gericht geforderten Vorschüsse aufkommen, ist dies idR als eine persönliche Übernahmeerklärung des Verfahrensbevollmächtigten zu werten. 15

Die Formulierung, dass die Kosten gegeneinander aufgehoben werden, ist so zu werten, dass jeder Erklärende zu gleichen Teilen die Gerichtskosten übernimmt. 16

Übernimmt ein von den Kosten persönlich Befreiter (§ 2) Gerichtskosten, so berührt dies seine Kostenfreiheit nicht. In diesem Fall darf auch der Gegner für die von der 17

Kostenbefreiung erfassten Kosten nicht in Anspruch genommen werden. Bereits gezahlte Gerichtkosten sind an den Gegner von Amts wegen zu erstatten (§ 2 Abs. 3).

18 Ist ein gerichtlicher oder ein außergerichtlicher Vergleich ohne Bestimmung über die Kosten geschlossen worden, sind die Gerichtskosten als von beiden Teilen je zur Hälfte übernommen anzusehen (§ 83 Abs. 1 Satz 1 FamFG). Dies gilt nicht, wenn Vergleichsgegenstand nur ein Teil des Verfahrensgegenstandes ist und die Parteien die Kostenregelung einem Schlussvergleich überlassen haben. Gleiches gilt, wenn die Vergleichsparteien die Kostenregelung ausdrücklich einer Entscheidung des Gerichts anheim geben.

3. Haftungsschuldner (Nr. 3)

19 Nach Nr. 3 ist Kostenschuldner, wer für die Kostenschuld eines anderen kraft Gesetzes haftet. Im Gegensatz zu den übrigen Kostenschuldnern nach § 24 setzt Nr. 3 einen anderen Kostenschuldner nach dem FamGKG voraus. Zu diesem originären Kostenschuldner tritt wegen einer Mithaft auf Grund eines anderen Gesetzes ein weiterer Kostenschuldner.

Voraussetzung ist, dass die Haftung **auf Grund gesetzlicher Vorschrift** eintritt, eine vertragliche Kostenschuld reicht nicht. Es muss sich um eine gesetzliche Verpflichtung handeln, für die Schuld eines anderen Dritten einzustehen. Folgende **Anwendungsfälle** sind denkbar:

- Haftung des Erben

  Der Erbe haftet für Gerichtskostenschulden des Erblassers (§ 1967 BGB), der Erbschaftskäufer mit dem Abschluss des Kaufes (§§ 2382, 2383 BGB).

- Nach familienrechtlichen Vorschriften

  Der Ehegatte bei der Gütergemeinschaft und der fortgesetzten Gütergemeinschaft (§§ 1415 ff. BGB). Im Übrigen haften weder Eltern für ihre Kinder noch die Ehegatten untereinander. Die Prozesskostenvorschusspflicht der Ehegatten entfaltet nur Wirkungen im Innenverhältnis der Ehegatten zueinander und begründet keine Kostenhaftung nach Nr. 4.

20 Ist dem ursprünglich Haftenden Prozess- oder Verfahrenskostenhilfe bewilligt, können die von der Prozess- oder Verfahrenskostenhilfe erfassten Gerichtskosten nicht von dem Haftenden eingezogen werden. Etwas Anderes gilt nur hinsichtlich der Kosten, die nach der Übernahme des Verfahrens durch den Haftenden neu oder nochmals entstehen.

21 Die Feststellung eines Haftungsschuldners ist Teil des Kostenansatzverfahrens. Über die Rechtmäßigkeit der Inanspruchnahme des Haftungsschuldners ist ggf. im Rechtsweg nach § 57 zu entscheiden.

4. Vollstreckungsschuldner (Nr. 4)

22 Kostenschuldner für die Kosten der Vollstreckung ist der Verpflichtete; dies gilt nicht für einen Minderjährigen in Verfahren, die seine Person betreffen. Die Ausnahmeregelung für Minderjährige knüpft ebenso wie § 21 Abs. 1 Satz 2 Nr. 3 an § 81 Abs. 3 FamFG an. Die Vorschrift erfasst Vollstreckungshandlungen nach § 86 ff. FamFG. Der Verpflichtete tritt ggf. neben einen Entscheidungsschuldner (vgl. §§ 87 Abs. 5, 80 FamFG).

5. Verhältnis zu anderen Kostenschuldnern

Die Vorschrift bringt bereits nach ihrem Wortlaut („Die Kosten schuldet ferner ...") zum Ausdruck, dass die Kostenschuld nach § 24 eine nach anderen Bestimmungen begründete Kostenschuld (§§ 21 bis 23) nicht ausschließt. So tritt der Entscheidungsschuldner (Nr. 1) neben einem Antragstellerschuldner (§ 21 Abs. 1). 23

Sofern mehrere Kostenschuldner nach den verschiedenen Haftungstatbeständen vorhanden sind, haften diese Kostenschuldner als Gesamtschuldner (§ 26 Abs. 1). 24

Nach § 26 Abs. 2 soll, soweit ein Kostenschuldner auf Grund von § 24 Nr. 1 oder Nr. 2 (Erstschuldner) haftet, die Haftung eines anderen Kostenschuldners nur geltend gemacht werden, wenn eine Zwangsvollstreckung in das bewegliche Vermögen des Ersteren erfolglos geblieben ist oder aussichtslos erscheint. Der Entscheidungs- und der Übernahmeschuldner sind der sog. Erstschuldner, der vorrangig durch die Staatskasse in Anspruch zu nehmen ist. Sind sowohl ein Entscheidungsschuldner wie auch ein Übernahmeschuldner vorhanden, haften diese gleichrangig als Gesamtschuldner. 25

6. Gerichtliche Anordnung über die Nichterhebung von Kosten (§ 81 Abs. 1 Satz 2 FamFG)

Gem. § 81 Abs. 1 Satz 2 FamFG kann das Gericht anordnen, dass von der Erhebung von Kosten abgesehen wird. Diese Entscheidung bezieht sich trotz des missverständlichen Wortlauts (nach der Definition in § 80 FamFG sind „Kosten" neben den Gerichtskosten auch die notwendigen Aufwendungen der Beteiligten) **nur auf die Gerichtskosten** (Gebühren und Auslagen). Auch von der **Erhebung einzelner Gerichtskosten**, insbesondere Auslagen (zB Sachverständigenentschädigung), kann abgesehen werden. 26

Soweit das Gericht eine Anordnung trifft, entfällt nicht nur eine Kostenhaftung aus Nr. 1, vielmehr sind die betroffenen Gerichtskosten (Gebühren und Auslagen) von keinem Kostenschuldner zu erheben. Wegen dieser Rechtsfolgen besteht eine unmittelbare Konkurrenz zu § 20 (Nichterhebung von Kosten wegen unrichtiger Sachbehandlung). Wenn eine unrichtige Sachbehandlung vorliegt, ist eine Entscheidung nach § 20 zu treffen, da dies die vorrangige Regelung ist. 27

§ 25
Erlöschen der Zahlungspflicht

Die durch gerichtliche Entscheidung begründete Verpflichtung zur Zahlung von Kosten erlischt, soweit die Entscheidung durch eine andere gerichtliche Entscheidung aufgehoben oder abgeändert wird. Soweit die Verpflichtung zur Zahlung von Kosten nur auf der aufgehobenen oder abgeänderten Entscheidung beruht hat, werden bereits gezahlte Kosten zurückerstattet.

I. Allgemeines

Die Vorschrift über das Erlöschen der Zahlungspflicht des Entscheidungsschuldners bei Aufhebung oder Änderung der Kostenentscheidung entspricht – redaktionell ange- 1 passst – dem § 30 GKG. Die KostO kennt keine entsprechende Regelung, jedoch wird entsprechend § 30 GKG verfahren.

II. Inhalt der Vorschrift

1. Aufhebung oder Abänderung einer Kostenentscheidung (Satz 1)

2 Die Regelung betrifft die Kostenhaftung des Entscheidungsschuldners nach § 24 Nr. 1. Die Vorschrift bestimmt, dass die Zahlungspflicht eines Entscheidungsschuldners nur erlischt, soweit die Kostenentscheidung durch eine andere gerichtliche Entscheidung aufgehoben oder abgeändert wird. Wird also eine erstinstanzliche Kostenentscheidung durch das Beschwerdegericht aufgehoben oder abgeändert, erlischt die Kostenhaftung aus der erstinstanzlichen Kostenentscheidung. Es reicht also eine Aufhebung der erstinstanzlichen Entscheidung und die Zurückverweisung an die Vorinstanz aus.

3 Die Vorschrift erfasst ausdrücklich **nur den Entscheidungsschuldner**, sie ist auf die Kostenhaftung nach anderen Vorschriften nicht anwendbar. Dies gilt insbesondere für den Übernahmeschuldner nach § 24 Nr. 2. Dessen Haftung entfällt weder durch eine nachfolgende Kostenentscheidung des Gerichts noch durch einen weiteren Vergleich. Entsprechendes gilt, wenn eine erstinstanzliche Kostenentscheidung durch eine Vergleichsregelung im Beschwerdeverfahren abgeändert wird. Auch hier bleibt die Kostenhaftung aus der Kostenentscheidung existent.

2. Erstattung gezahlter Gerichtskosten (Satz 2)

4 Nach Satz 2 werden bereits gezahlte Kosten zurückerstattet, soweit die Verpflichtung zur Zahlung von Kosten nur auf der aufgehobenen oder abgeänderten Entscheidung beruht hat. Ist auf Grund einer erstinstanzlichen Kostenentscheidung der Entscheidungsschuldner für die Gerichtskosten in Anspruch genommen worden, sind die Kosten an ihn zu erstatten, wenn er nicht auch nach anderen Vorschriften für diese Kosten haftete. Hat also beispielsweise in einem Antragsverfahren der Antragsteller nach der erstinstanzlichen Kostenentscheidung die gesamten Kosten des Verfahrens zu tragen und wird diese Kostenentscheidung durch das Beschwerdegericht dahingehend abgeändert, dass der Antragsgegner die Kosten des Verfahrens zu tragen hat, kommt eine Erstattung der gezahlten Gerichtskosten an den Antragsteller nicht in Frage, da seine Verpflichtung zur Zahlung der Kosten nicht nur auf der abgeänderten Kostenentscheidung, sondern auch auf der Vorschrift des § 21 Abs. 1 Satz 1 beruhte.

§ 26
Mehrere Kostenschuldner

(1) Mehrere Kostenschuldner haften als Gesamtschuldner.

(2) Soweit ein Kostenschuldner auf Grund von § 24 Nr. 1 oder Nr. 2 (Erstschuldner) haftet, soll die Haftung eines anderen Kostenschuldners nur geltend gemacht werden, wenn eine Zwangsvollstreckung in das bewegliche Vermögen des ersteren erfolglos geblieben ist oder aussichtslos erscheint. Zahlungen des Erstschuldners mindern seine

Haftung auf Grund anderer Vorschriften dieses Gesetzes auch dann in voller Höhe, wenn sich seine Haftung nur auf einen Teilbetrag bezieht.

(3) Soweit einem Kostenschuldner, der auf Grund von § 24 Nr. 1 haftet (Entscheidungsschuldner), Verfahrens- oder Prozesskostenhilfe bewilligt worden ist, darf die Haftung eines anderen Kostenschuldners nicht geltend gemacht werden; von diesem bereits erhobene Kosten sind zurückzuzahlen, soweit es sich nicht um eine Zahlung nach § 13 Abs. 1 und 3 des Justizvergütungs- und -entschädigungsgesetzes handelt und die Partei, der die Verfahrens- oder Prozesskostenhilfe bewilligt worden ist, der besonderen Vergütung zugestimmt hat. Die Haftung eines anderen Kostenschuldners darf auch nicht geltend gemacht werden, soweit dem Entscheidungsschuldner ein Betrag für die Reise zum Ort einer Verhandlung, Anhörung oder Untersuchung und für die Rückreise gewährt worden ist.

I. Allgemeines

Die Vorschrift regelt das Verhältnis der verschiedenen Kostenschuldner untereinander. 1
Abs. 1 entspricht inhaltlich § 31 Abs. 1 GKG und § 5 Abs. 1 Satz 1 KostO. Die Abs. 2 und 3 entsprechen – redaktionell angepasst – dem § 31 Abs. 2 und 3 GKG.

II. Inhalt der Vorschrift

1. Gesamtschuldner (Absatz 1)

Soweit mehrere Kostenschuldner dieselben Kosten schulden, sind sie Gesamtschuld- 2
ner (§ 421 BGB). **Beispiele für eine Gesamtschuldnerhaftung** sind:

- In einem Antragsverfahren werden dem Gegner die Kosten des Verfahrens auferlegt. Der Antragsteller haftet nach § 21 Abs. 1 Satz 1, der Gegner nach § 24 Nr. 1 für die gesamten Kosten des Verfahrens.
- In einem Antragsverfahren hat der Gegner durch einen Beweisantritt Sachverständigenauslagen verursacht. Der Antragsteller haftet nach § 21 Abs. 1 Satz 1, der Gegner nach § 16 Abs. 1, § 17 für die Sachverständigenauslagen. Gesamtschuldner sind sie hinsichtlich der Sachverständigenauslagen.
- In einem Antragsverfahren schließen zwei Beteiligte einen Vergleich, in dem die Kosten gegeneinander aufgehoben werden. Der Antragsteller haftet nach § 21 Abs. 1 Satz 1 für die gesamten Kosten des Verfahrens und zusätzlich nach § 24 Nr. 2 als Übernahmeschuldner für die Hälfte der Gerichtskosten. Der andere Beteiligte haftet nach § 24 Nr. 2 als Übernahmeschuldner für die Hälfte der Gerichtskosten. Wegen der Hälfte der Gerichtskosten besteht eine gesamtschuldnerische Haftung zwischen den Beteiligten.
- In einem Verfahren betreffen der Antrag und der Widerklageantrag denselben Verfahrensgegenstand. Beide Beteiligte haften nach § 21 Abs. 1 Satz 1 für alle Kosten des Verfahrens.

Die Staatskasse kann die Kosten – vorbehaltlich der Regelung in Abs. 2 und 3 – nach 3
ihrem Belieben (§ 421 Satz 1 BGB) ganz oder zum Teil fordern. Durch die Verwaltungsbestimmung des § 8 Abs. 3 KostVfg ist der Kostenbeamte jedoch gebunden. Danach bestimmt der Kostenbeamte nach pflichtgemäßem Ermessen, ob der geschuldete Betrag von einem Kostenschuldner ganz oder von mehreren teilweise angefordert wird.

2. Erst- und Zweitschuldner (Absatz 2)

4 Durch Abs. 2 Satz 1 wird eine **Reihenfolge für die Inanspruchnahme von Gesamtschuldnern** festgelegt. Das Gesetz definiert den Entscheidungs- und Übernahmeschuldner (§ 24 Nr. 1 oder Nr. 2) als **Erstschuldner**. Im Verhältnis zu diesem Erstschuldner sind die Kostenschuldner nach den übrigen Vorschriften nur Zweitschuldner und daher nachrangig in Anspruch zu nehmen. Der Kostenbeamte ist daher gehalten, vorrangig die im Innenverhältnis der Beteiligten herrschende Kostentragungspflicht umzusetzen.

5 Abs. 2 enthält jedoch **keine Verpflichtung zur Rückzahlung gezahlter Kostenvorschüsse**. Hat in einem Antragsverfahren der Antragsteller die Verfahrensgebühr nach § 14 Abs. 1 Satz 1 vorweg geleistet und werden in der Endentscheidung die Kosten des Verfahrens dem Antragsgegner auferlegt, ist die Staatskasse nicht verpflichtet, die gezahlte Verfahrensgebühr an den Antragsteller zu erstatten, um diese vom erstschuldnerisch haftenden Antragsgegner anzufordern. In der Verrechnung der gezahlten Verfahrensgebühr, für die der Antragsteller weiterhin nach § 21 Abs. 1 Satz 1 haftet, liegt keine verbotene Geltendmachung der Zweitschuldnerhaftung. Eine Rückzahlungsverpflichtung würde dem Sicherungszweck von Vorschuss- und Vorauszahlungspflichten widersprechen. Im gegebenen Fall hat der Antragsteller die Möglichkeit, die vorausgezahlten Gerichtskosten im Rahmen der Kostenfestsetzung (§ 85 FamFG) gegen den Antragsgegner geltend zu machen. Etwas Anderes gilt, wenn dem Entscheidungsschuldner Verfahrens- oder Prozesskostenhilfe bewilligt wurde (Abs. 3).

6 Vorschussweise gezahlte Gerichtskosten können jedoch nicht verrechnet werden, wenn der Vorschuss nicht verbraucht wurde und der zahlende Beteiligte nicht aus einem anderen Grund für Gerichtskosten haftet. Hat ein Beteiligter für einen Sachverständigenbeweis einen Vorschuss geleistet, der nicht oder nicht in vollem Umfang verbraucht wurde und hat dieser Beteiligte nach der Kostenentscheidung keine Kosten zu zahlen, ist der nicht verbrauchte Vorschuss zu erstatten. Er kann nicht auf die Kostenschuld des Erstschuldners verrechnet werden, da für den überzahlten Betrag keine Haftungsgrundlage besteht.

7 Sind für denselben Kostenbetrag mehrere Erstschuldner vorhanden, zB mehrere Personen auf einer Parteienseite, haften auch diese gesamtschuldnerisch. Wie diese in Anspruch genommen werden sollen, ist nicht festgelegt. Der Kostenbeamte kann hier nach freiem Ermessen entscheiden, er ist nicht verpflichtet, unter Berücksichtigung des Innenverhältnisses abzurechnen.

8 **Zweitschuldner** ist jeder, der nicht Erstschuldner ist. In Frage kommen der Antragsteller nach § 21 Abs. 1 Satz 1, der Auslagenvorschusspflichtige nach §§ 16, 17, der Haftungsschuldner nach § 24 Nr. 3 und der Vollstreckungsschuldner nach § 24 Nr. 4. Auch mehrere Zweitschuldner haften untereinander als Gesamtschuldner. Eine Inanspruchnahme des Zweitschuldners soll nur erfolgen, wenn eine Zwangsvollstreckung in das bewegliche Vermögen des Erstschuldners erfolglos geblieben ist oder aussichtslos erscheint. Die vorrangige Inanspruchnahme des Erstschuldners ist entgegen dem Wortlaut für den Kostenbeamten eine Rechtspflicht. Das Gesetz verlangt nur eine erfolglose Zwangsvollstreckung in das bewegliche Vermögen des Erstschuldners. Sie erfolgt entweder in körperliche Sachen oder in Forderungen. Ein Zwangsvollstreckungsversuch ist ausreichend, die Abgabe einer eidesstattlichen Versicherung ist nicht erforderlich, eine Immobiliarvollstreckung ist nicht vorgeschrieben.

9 Der Zweitschuldner kann auch in Anspruch genommen werden, wenn eine Zwangsvollstreckung aussichtslos erscheint. Die Aussichtslosigkeit ist immer dann gegeben,

wenn dem Kostenbeamten Tatsachen bekannt sind oder bekannt werden, aus denen sich die Zahlungsunfähigkeit des Erstschuldners ergibt. Dies ist insbesondere gegeben, wenn

- der Schuldner amtsbekannt vermögenslos ist,
- vor kurzer Zeit ein Vollstreckungsversuch erfolglos war,
- wenn der Schuldner die eidesstattliche Versicherung abgegeben hat,
- ein Antrag auf Eröffnung des Insolvenzverfahrens gestellt oder das Insolvenzverfahren bereits eröffnet ist,
- eine nur aufwändig durchzuführende Zwangsvollstreckung im Ausland erforderlich wird oder
- der Erstschuldner ein Übernahmeschuldner (§ 24 Nr. 2) ist, dem Verfahrens- oder Prozesskostenhilfe ohne Zahlungsbestimmung gewährt wurde.

Nach Abs. 2 Satz 2 mindern Zahlungen des Erstschuldners seine Haftung auf Grund anderer Vorschriften dieses Gesetzes auch dann in voller Höhe, wenn sich seine Haftung nur auf einen Teilbetrag bezieht. Dieser klarstellenden Regelung liegt ua. folgender Sachverhalt zugrunde: Ein Beteiligter haftet als Entscheidungsschuldner für einen Teil der Kosten des Verfahrens. Daneben haftet er wegen eines Beweisantritts für die Kosten eines Sachverständigengutachtens nach §§ 16, 17 zweitschuldnerisch. Zahlt der Beteiligte den Kostenbetrag seiner Erstschuldnerhaftung, mindert diese Zahlung auch in vollem Umfang seine Zweitschuldnerhaftung. Die Staatskasse kann nicht einwenden, die erfolgte Zahlung werde nur auf solche Kosten „verrechnet", für die eine Zweitschuldnerhaftung nicht besteht. 10

3. Besonderheiten bei Verfahrens- oder Prozesskostenhilfe (Absatz 3)

Die Regelung mindert die Folgen, die sich aus der Bestimmung des § 123 ZPO ergeben. Danach hat die Bewilligung der Verfahrens- oder Prozesskostenhilfe auf die Verpflichtung, die dem Gegner entstandenen Kosten zu erstatten, keinen Einfluss. Die PKH-Partei ist durch die Bewilligung der Verfahrens- oder Prozesskostenhilfe nicht vor einem Kostenerstattungsanspruch des Gegners geschützt. Ist der Hilfsbedürftige Entscheidungsschuldner (§ 24 Nr. 1), könnte die Staatskasse unter Berücksichtigung der Regelung in Abs. 2 grundsätzlich die Zweitschuldnerhaftung des Gegners ausschöpfen und damit die PKH-Partei einem Kostenerstattungsanspruch des Gegners aussetzen. Dies will Abs. 2 verhindern. 11

Die Staatskasse kann demnach die Zweitschuldnerhaftung des Gegners einer armen Partei weder durch Geltendmachung dieses Anspruchs noch durch Verrechnung einer Vorwegleistung oder eines Vorschusses nutzen. Es ist dabei ohne Belang, ob die Hilfe mit oder ohne Zahlungsbestimmung gewährt wurde. 12

Verrechnet werden kann jedoch eine Zahlung des Zweitschuldners, soweit es sich um eine Zahlung nach § 13 Abs. 1 und 3 des JVEG handelt und die Partei, der die Verfahrens- oder Prozesskostenhilfe bewilligt worden ist, der besonderen Vergütung zugestimmt hat. In diesem Fall ist die bedürftige Partei nicht schutzwürdig. Sie hat durch die Zustimmung zu einer besonderen Vergütung für den Sachverständigen an dem Anfall der Kosten in der konkreten Höhe ausdrücklich mitgewirkt. Die Verrechnungsmöglichkeit besteht für die Staatskasse jedoch nicht, wenn die PKH-Partei der besonderen Vergütung zugestimmt hat (§ 13 Abs. 3, 4 JVEG). 13

14 Nach Abs. 3 Satz 2 darf die Zweitschuldnerhaftung auch nicht geltend gemacht werden, soweit dem Entscheidungsschuldner ein Betrag für die Reise zum Ort einer Verhandlung, Anhörung oder Untersuchung und für die Rückreise gewährt worden ist.

15 Abs. 3 gilt ausdrücklich nur, wenn die arme Partei Entscheidungsschuldnerin ist. Ist sie Übernahmeschuldnerin nach § 24 Nr. 2 tritt die Schutzwirkung nicht eine. Hierdurch sollen Manipulationen zu Lasten der Staatskasse vermieden werden.

§ 27
Haftung von Streitgenossen

Streitgenossen haften als Gesamtschuldner, wenn die Kosten nicht durch gerichtliche Entscheidung unter sie verteilt sind. Soweit einen Streitgenossen nur Teile des Streitgegenstandes betreffen, beschränkt sich seine Haftung als Gesamtschuldner auf den Betrag, der entstanden wäre, wenn das Verfahren nur diese Teile betroffen hätte.

I. Allgemeines

1 Die Regelung über die Kostenhaftung der Streitgenossen entspricht § 32 Abs. 1 GKG und ist für Familienstreitsachen von Bedeutung.

II. Streitgenossen

2 Die gesamtschuldnerische Haftung tritt nur ein, wenn die Kosten nicht durch gerichtliche Entscheidung unter den Streitgenossen verteilt sind (§ 100 Abs. 2, 3 ZPO). Damit eine Gesamtschuldnerhaftung nicht eintritt, reicht nicht irgendeine Kostenentscheidung aus, sondern die Kostenentscheidung muss eine Verteilung der Kosten auf die Streitgenossen beinhalten. Es muss eine Streitgenossenschaft nach § 113 Abs. 1 FamFG, § 59 ff. ZPO vorliegen. Auch wenn die Kosten unter den Streitgenossen verteilt sind, bleibt eine ggf. bestehende gesamtschuldnerische Antragstellerhaftung bestehen.

3 Satz 2 bestimmt, dass, soweit einen Streitgenossen nur Teile des Streitgegenstandes betreffen, sich seine Haftung als Gesamtschuldner auf den Betrag beschränkt, der entstanden wäre, wenn das Verfahren nur diese Teile betroffen hätte. Die Antragstellerhaftung des Streitgenossen geht also nicht weiter als seine Beteiligung am Streitgegenstand.

4 Sind die Streitgenossen Übernahmeschuldner nach § 24 Nr. 2, richtet sich ihre Kostenhaftung nach dem Inhalt der abgegebenen Erklärung. Diese ist eventuell auszulegen.

Abschnitt 6
Gebührenvorschriften

§ 28
Wertgebühren

(1) Wenn sich die Gebühren nach dem Verfahrenswert richten, beträgt die Gebühr bei einem Verfahrenswert bis 300 Euro 25 Euro. Die Gebühr erhöht sich bei einem

Verfahrenswert bis ... Euro	für jeden angefangenen Betrag von weiteren ... Euro	um ... Euro
1 500	300	10
5 000	500	8
10 000	1 000	15
25 000	3 000	23
50 000	5 000	29
200 000	15 000	100
500 000	30 000	150
über 500 000	50 000	150

Eine Gebührentabelle für Verfahrenswerte bis 500 000 Euro ist diesem Gesetz als Anlage 2 beigefügt.

(2) Der Mindestbetrag einer Gebühr ist 10 Euro.

I. Allgemeines

Abs. 1 entspricht § 34 Abs. 1 GKG. 1

II. Inhalt der Vorschrift

1. Wertgebühren

Das Gesetz hält grundsätzlich am Wertgebührensystem fest (§ 3 Abs. 1). Die Gebüh- 2
rentabelle zum GKG ist in das FamGKG übernommen worden, so dass sich alle Wertgebühren in Familiensachen nach einer einheitlichen Gebührentabelle berechnen. Der zugrunde zu legende Verfahrenswert ergibt sich aus Bestimmungen dieses Gesetzes (§§ 33 ff.). Der Verfahrenswert nach dem FamGKG ist ein reiner Gebührenwert.

Festgelegt ist die Höhe einer „vollen Gebühr". Der konkrete abzurechnende Gebüh- 3
rensatz ergibt sich aus dem Kostenverzeichnis. Mit diesem Gebührensatz wird die Gebühr aus § 28 Abs. 1 Satz 2 multipliziert. Eine Gebührentabelle für Verfahrenswerte bis 500 000 Euro ist diesem Gesetz als Anlage 2 beigefügt. Die Tabelle ist degressiv aufgebaut, so dass die Gebühr eines Gesamtwertes regelmäßig geringer ist als die Summe der Gebühren von Wertteilen.

2. Mindestgebühr

4 Abs. 2 legt die Mindesthöhe einer zu erhebenden Gebühr – wie in § 34 Abs. 2 GKG und § 33 KostO – auf 10 Euro fest, um zu vermeiden, dass Gebühren erhoben werden müssen, die schon den Aufwand ihrer Erhebung nicht mehr decken. Die Regelung gilt nur für Wertgebühren. Für Festgebühren ist eine solche Regelung entbehrlich, weil alle Gebühren betragsmäßig abschließend im Kostenverzeichnis bestimmt sind.

5 Gemeint ist hier nicht, wie in Abs. 1, der Mindestbetrag einer vollen Gebühr, sondern der Mindestbetrag der konkret nach Anwendung des Gebührensatzes zu berechnenden Gebühr.

§ 29
Einmalige Erhebung der Gebühren

Die Gebühr für das Verfahren im Allgemeinen und die Gebühr für eine Entscheidung werden in jedem Rechtszug hinsichtlich eines jeden Teils des Verfahrensgegenstands nur einmal erhoben.

I. Allgemeines

1 Die Vorschrift entspricht – redaktionell angepasst – dem § 35 GKG. Sie gilt für alle im Kostenverzeichnis bestimmten Verfahrensgebühren („Gebühr für das Verfahren im Allgemeinen") und für Entscheidungsgebühren.

2 Entscheidungsgebühren sieht das Kostenverzeichnis in folgenden Fällen vor:

- Nr. 1210 KV FamGKG (Entscheidung über einen Antrag auf Festsetzung von Unterhalt nach § 249 Abs. 1 FamFG mit Ausnahme einer Festsetzung nach § 254 Satz 2 FamFG),
- Nr. 1502 KV FamGKG (Anordnung von Zwangsmaßnahmen durch Beschluss nach § 35 FamFG),
- Nr. 1601 KV FamGKG (Anordnung der Vornahme einer vertretbaren Handlung durch einen Dritten),
- Nr. 1602 KV FamGKG (Anordnung von Zwangs- oder Ordnungsmitteln).

3 Verfahrens- und Entscheidungsgebühren werden in jedem Rechtszug hinsichtlich eines jeden Teils des Verfahrensgegenstands nur einmal erhoben.

II. Rechtszug

4 Es gilt der Rechtszugbegriff des FamGKG.

5 Verfahrensrechtlich problematisch ist die Frage, wann ein **Verfahren beginnt**. In der freiwilligen Gerichtsbarkeit kann ein Verfahren auf zwei Wegen eingeleitet werden, nämlich von Amts wegen oder auf Grund eines Antrags. Mit den §§ 23 und 24 FamFG werden diese Verfahrensarten – teilweise – gesetzlich normiert. § 23 FamFG sieht

Regelungen für das Antragsverfahren vor. § 24 FamFG bestimmt, welche Bedeutung ein Antrag im Amtsverfahren hat. Nicht ausdrücklich geregelt ist die eigentliche Verfahrenseinleitung von Amts wegen, die dem Gesetzgeber offensichtlich als so selbstverständlich für die freiwillige Gerichtsbarkeit erschien, dass er auf eine gesetzliche Regelung verzichtet hat. Welche der beiden Alternativen der Verfahrenseinleitung in Betracht kommt, entscheidet sich nach der Art des Verfahrens. Die Bestimmungen hierzu finden sich überwiegend im materiellen Recht.

Die Frage ist für die Kosten nach dem FamFG jedoch nur von untergeordneter Bedeutung. Hierzu tragen die Regelungen über die Fälligkeit, die Vorwegleistungs- und Vorschusspflicht sowie über den Kostenschuldner bei. Bei reinen **Antragsverfahren** beginnt das Verfahren mit Eingang des verfahrenseinleitenden Antrags bei Gericht. Bei **Amts- oder Mischverfahren** tritt eine Fälligkeit der Gebühren erst ein und ist ein Kostenschuldner erst vorhanden, wenn das Verfahren beendet ist. Bei Amtsverfahren ist ein Kostenschuldner regelmäßig erst vorhanden, wenn eine Kostenentscheidung oder eine Kostenübernahmeerklärung vorliegt. In beiden Fällen steht für die Gebührenberechnung fest, dass ein die Verfahrensgebühr auslösendes Verfahren vorliegt. 6

Zum **Rechtszug im kostenrechtlichen Sinne** gehören: 7

- Die Änderung oder Erweiterung des Antrags,
- der Scheidungsantrag und ein nachfolgender Antrag auf Aufhebung der Ehe,
- die Scheidungssache und die Folgesachen (§ 44 Abs. 1),
- das Verfahren zur Abänderung oder Überprüfung der Entscheidungen und gerichtlich gebilligten Vergleichen in Kindschaftssachen nach § 166 Abs. 2 und 3 FamFG (vgl. § 31 Abs. 2 Satz 2),
- die Gehörsrüge,
- Grund- und Höheverfahren (§ 113 Abs. 1 Satz 2 FamFG, § 304 ZPO),
- Fortsetzung des Verfahrens nach Vergleichsabschluss zur Prüfung der Rechtswirksamkeit,
- wechselseitige Rechtsmittel,
- Stufenklage,
- Fortsetzung des Verfahrens nach Unterbrechung,
- Verweisung des Verfahrens einschließlich der Zurückverweisung aus der Rechtsmittelinstanz (§ 31 Abs. 1),
- das Nachverfahren im Urkunden- und Wechselprozess.

Kostenrechtlich verschiedene Verfahren sind Verfahren des einstweiligen Rechtsschutzes und Hauptsacheverfahren. Das Verfahren über eine Abänderung oder Aufhebung einer Entscheidung (§ 48 Abs. 1 FamFG) gilt als besonderes Verfahren (§ 31 Abs. 2 Satz 1). Gleiches gilt für das Wiederaufnahmeverfahren (§ 48 Abs. 2 FamFG). 8

§ 30
Teile des Verfahrensgegenstands

(1) Für Handlungen, die einen Teil des Verfahrensgegenstands betreffen, sind die Gebühren nur nach dem Wert dieses Teils zu berechnen.

(2) Sind von einzelnen Wertteilen in demselben Rechtszug für gleiche Handlungen Gebühren zu berechnen, darf nicht mehr erhoben werden, als wenn die Gebühr von dem Gesamtbetrag der Wertteile zu berechnen wäre.

(3) Sind für Teile des Gegenstands verschiedene Gebührensätze anzuwenden, sind die Gebühren für die Teile gesondert zu berechnen; die aus dem Gesamtbetrag der Wertteile nach dem höchsten Gebührensatz berechnete Gebühr darf jedoch nicht überschritten werden.

I. Allgemeines

1 Die Vorschrift entspricht – redaktionell angepasst – dem § 36 GKG. Sie stellt die Grundsätze auf, wie zu verfahren ist, wenn Handlungen nur einen Teil des Verfahrensgegenstandes betreffen (Abs. 1), wenn für Wertteile für gleiche Handlungen Gebühren anzusetzen sind (Abs. 2) und wenn für Teile eines Verfahrensgegenstands verschiedene Gebührensätze anzuwenden sind (Abs. 3).

II. Inhalt der Vorschrift

1. Handlungen, die einen Teil des Verfahrensgegenstands betreffen (Absatz 1)

2 Beziehen sich gebührenauslösende Handlungen nur auf einen Teil des Verfahrensgegenstands, ist die Gebühr nur nach diesem Teil des Verfahrensgegenstands zu bemessen. Die praktische Bedeutung dieser Regelung ist im FamGKG nur sehr gering, da das FamGKG weitestgehend pauschale Verfahrensgebühren (Teilrücknahmen oder Teilerledigungen reduzieren die Verfahrensgebühr nicht) und nur in wenigen Fällen Entscheidungsgebühren vorsieht. Ist in einem Verfahren über einen Antrag auf Festsetzung von Unterhalt nach § 249 Abs. 1 FamFG der Antrag teilweise zurückgenommen worden, bemisst sich die Entscheidungsgebühr nach Nr. 1210 KV FamGKG nur nach dem Teil des Verfahrensgegenstands, über den eine Entscheidung ergangen ist.

2. Gleichartige Gebühren nach verschiedenen Wertteilen (Absatz 2)

3 Die Anwendung von Abs. 2 setzt voraus, dass für einzelne (verschiedene) Wertteile in demselben Rechtszug für gleiche Handlungen Gebühren zu berechnen sind. In diesem Fall darf nicht mehr erhoben werden, als wenn die Gebühr von dem Gesamtbetrag der Wertteile zu berechnen wäre. Sind beispielsweise in einem Verbundverfahren mehrere Folgesachen durch eine rechtzeitige Rücknahme erledigt, fällt für jede dieser Folgesachen, unter Berücksichtigung der Regelung des Abs. 1 eine Gebühr nach Nr. 1111 KV FamGKG nach dem Wert der jeweiligen Folgesache an. In diesem Fall schreibt Abs. 2 eine Vergleichsrechnung vor. Es darf nicht mehr erhoben als eine Gebühr nach Nr. 1111 KV FamGKG nach dem zusammengerechneten Wert der verschiedenen Folgesachen.

3. Verschiedene Gebührensätze (Absatz 3)

Abs. 3 regelt einen Sonderfall des Abs. 2. Sind nämlich für die verschiedenen Wertteile gleichartige Gebühren mit verschiedenen Gebührensätzen anzusetzen, darf die aus dem Gesamtbetrag der Wertteile nach dem höchsten Gebührensatz berechnete Gebühr nicht überschritten werden. Sind beispielsweise in einem Verbundverfahren für die Ehesache eine Verfahrensgebühr nach Nr. 1110 KV FamGKG (Gebührensatz 2,0) und für die Folgesachen eine Verfahrensgebühr nach Nr. 1111 KV FamGKG (Gebührensatz 0,5) zu erheben, kommt die Vorschrift zum Tragen. Die beiden Verfahrensgebühren sind gesondert zu berechnen, jedoch darf nicht mehr als eine 2,0-Gebühr nach den zusammengerechneten Wertteilen berechnet werden. Hierzu folgendes Beispiel: 4

Wert der Ehesache 11 000 Euro; Wert der Folgesachen 2000 Euro 5
Kostenansatz

Gebühr	Wert Euro	Betrag Euro
Verfahrensgebühr Nr. 1110	11 000	438
Verfahrensgebühr Nr. 1111	2 000	36,50
höchstens insgesamt 2,0 Gebühr nach 13 000 Euro		438

§ 31
Zurückverweisung, Abänderung oder Aufhebung einer Entscheidung

(1) Wird eine Sache an ein Gericht eines unteren Rechtszugs zurückverwiesen, bildet das weitere Verfahren mit dem früheren Verfahren vor diesem Gericht einen Rechtszug im Sinne des § 29.

(2) Das Verfahren über eine Abänderung oder Aufhebung einer Entscheidung gilt als besonderes Verfahren, soweit im Kostenverzeichnis nichts anderes bestimmt ist. Dies gilt nicht für das Verfahren zur Überprüfung der Entscheidung nach § 166 Abs. 2 und 3 des Gesetzes über das Verfahren in Familiensachen und in den Angelegenheiten der freiwilligen Gerichtsbarkeit.

I. Allgemeines

Abs. 1 sieht entsprechend § 37 GKG für den Fall der Zurückverweisung vor, dass das weitere Verfahren mit dem früheren Verfahren kostenrechtlich eine Einheit bildet. Abs. 2 trifft Regelungen bezüglich des Verfahrens auf Abänderung oder Aufhebung einer Entscheidung und für Verfahren zur Überprüfung der Entscheidung nach § 166 Abs. 2 und 3 FamFG. 1

II. Inhalt der Vorschrift

1. Zurückverweisung (Absatz 1)

2 Wird eine Sache an ein Gericht eines unteren Rechtszugs zurückverwiesen, bildet das weitere Verfahren mit dem früheren Verfahren vor diesem Gericht gebührenrechtlich einen Rechtszug. In Frage kommt die Zurückverweisung aus der Beschwerde- und der Rechtsbeschwerdeinstanz (§ 69 Abs. 1, § 74 Abs. 6 FamFG). Das Verfahren bei dem unteren Gericht bildet vor und nach der Zurückverweisung eine Instanz mit der Folge, dass die Gebühren nur einmal entstehen (§ 29). Dies schließt nicht aus, dass sich der Wert des Verfahrensgegenstands nach der Zurückverweisung durch eine Antragserweiterung oder einen Widerklageantrag erhöht.

3 Gelangt ein zurückgewiesenes Verfahren nochmals in die Rechtsmittelinstanz, bilden die beiden Rechtsmittelverfahren verschiedene Instanzen.

2. Abänderung oder Aufhebung einer Entscheidung (Abs. 2 Satz 1)

4 In Abs. 2 Satz 1 wird klargestellt, dass ein Verfahren auf Abänderung oder Aufhebung (§ 48 Abs. 1, § 54 FamFG) auch kostenrechtlich als gesondertes Verfahren behandelt wird. In diesen Verfahren erbringt das Gericht einen nicht unerheblichen Aufwand, der nicht auf die Allgemeinheit abgewälzt werden soll.

3. Entscheidungen nach § 166 Abs. 2 und 3 FamFG (Abs. 2 Satz 2)

5 Verfahren zur Überprüfung von Entscheidungen nach § 166 Abs. 2 und 3 FamFG bilden zusammen mit dem Ursprungsverfahren eine Instanz. Bei dem in § 166 Abs. 2 und 3 FamFG geregelten Verfahren geht es um eine Abänderung von Maßnahmen nach den §§ 1666 bis 1667 BGB, die nur ergriffen werden dürfen, wenn dies zur Abwendung einer Kindeswohlgefährdung oder zum Wohl des Kindes erforderlich ist. Jede Überprüfung einer länger andauernden kindesschutzrechlichen Maßnahme gehört damit kostenrechtlich zum ursprünglichen Verfahren.

§ 32
Verzögerung des Verfahrens

Wird in einer selbständigen Familienstreitsache außer im Fall des § 335 der Zivilprozessordnung durch Verschulden eines Beteiligten oder seines Vertreters die Vertagung einer mündlichen Verhandlung oder die Anberaumung eines neuen Termins zur mündlichen Verhandlung nötig oder ist die Erledigung des Verfahrens durch nachträgliches Vorbringen von Angriffs- oder Verteidigungsmitteln, Beweismitteln oder Beweiseinreden, die früher vorgebracht werden konnten, verzögert worden, kann das Gericht dem Beteiligten von Amts wegen eine besondere Gebühr mit einem Gebührensatz von 1,0 auferlegen. Die Gebühr kann bis auf einen Gebührensatz von 0,3 ermäßigt werden. Dem Antragsteller, dem Antragsgegner oder dem Vertreter stehen der Nebenintervenient und sein Vertreter gleich.

I. Allgemeines

Die **Verzögerungsgebühr** entspricht für selbständige Familienstreitsachen im Wesentlichen dem § 38 GKG. Diese Vorschrift eröffnet die Möglichkeit, einer Partei eine besondere Gebühr aufzuerlegen, wenn durch das Verschulden der Partei oder ihres Vertreters die Vertagung einer mündlichen Verhandlung oder die Anberaumung eines neuen Termins zu mündlichen Verhandlung nötig wird oder die Erledigung des Rechtsstreits durch verspätetes Vorbringen von Angriffs- oder Verteidigungsmitteln, Beweismitteln oder Beweiseinreden, die früher vorgebracht werden konnten, verzögert worden ist. 1

Diese Vorschrift will einer Verfahrensverschleppung entgegenwirken. Die Verhängung einer Strafgebühr soll leichtfertige, gewissenlose und gleichgültige Verfahrensbeteiligte treffen. Sie setzt die **schuldhafte Verletzung der gesetzlichen Verfahrensförderungspflicht** voraus, durch die es zu einer Verzögerung des Rechtsstreits gekommen ist. 2

Die Vorschrift ist nur bei selbständigen Familienstreitsachen (§ 112 FamFG) anwendbar, unabhängig davon, ob es sich um ein Hauptsacheverfahren oder ein Verfahren des einstweiligen Rechtsschutzes handelt. Wegen ihres Straf- und Sanktionencharakters sollte sich die Anwendung der Vorschrift auf schwere und eindeutige Fälle beschränken. 3

II. Inhalt der Vorschrift

Die Vorschrift unterscheidet folgende Fälle: 4

- Vertagung einer mündlichen Verhandlung oder die Anberaumung eines neuen Termins zur mündlichen Verhandlung,
- Verzögerung der Erledigung des Verfahrens durch nachträgliches Vorbringen von Angriffs- oder Verteidigungsmitteln, Beweismitteln oder Beweiseinreden, die früher vorgebracht werden konnten.

1. Vertagung einer mündlichen Verhandlung oder Anberaumung eines neuen Termins zur mündlichen Verhandlung

Voraussetzung ist die Vertagung einer mündlichen Verhandlung (zB nach § 113 Abs. 1 Satz 2 FamFG iVm. §§ 227 ZPO) oder die Anberaumung eines neuen Termins zur mündlichen Verhandlung. Maßgeblich ist nur die Vertagung oder Verlegung eines Termins zur mündlichen Verhandlung. 5

2. Verschulden

Verschulden iSd. § 32 liegt vor, wenn der Schuldner vorsätzlich oder fahrlässig gehandelt hat (§ 276 BGB). Ein grobes Verschulden oder eine Verschleppungsabsicht sind nicht erforderlich. Dies ergibt sich schon aus dem Wortlaut der Vorschrift. Obwohl das GKG mehrfach überarbeitet worden ist, hat der Gesetzgeber an der Formulierung „Verschulden" festgehalten und gerade nicht, wie z. B in § 296 Abs. 2 ZPO, den Begriff der „groben Nachlässigkeit" gewählt. 6

Voraussetzung für die Auferlegung einer Verzögerungsgebühr ist das **zumindest fahrlässige Verschulden** eines Beteiligten oder seines Vertreters. Ein solches Verschulden ist gegeben, wenn die im Verfahren erforderliche Sorgfalt verletzt wird. Das Verschulden muss ursächlich für die Vertagung oder Anberaumung des neuen Termins zur 7 mündlichen Verhandlung gewesen sein. Dies ist nicht gegeben, wenn aus anderen Gründen als dem Verhalten des Beteiligten oder seines Vertreters eine Vertagung oder Verlegung erforderlich wird.

8 Im Hinblick auf den Sanktionscharakter der Vorschrift kann eine Verzögerungsgebühr auch bei der Vertagung oder Verlegung eines Termins zur mündlichen Verhandlung nur auferlegt werden, wenn dies auch zu einer **Verzögerung des Verfahrens** geführt hat. Tritt keine oder nur eine geringfügige Verschiebung ein, kann keine Gebühr auferlegt werden. Unerheblich ist, ob der Gegner oder ein anderer Beteiligter an der Verzögerung mitgewirkt hat.

9 Ob ein Verschulden vorliegt, ist nach freier Überzeugung des Gerichts zu beurteilen, ohne dass das Verschulden offensichtlich sein muss. Beispiele für ein Verschulden sind:

- Stellung eines offensichtlich unbegründeten Ablehnungsgesuchs,
- Vereitelung einer Augenscheinsnahme durch Gericht oder Sachverständigen,
- grundloses Nichterscheinen trotz richterlicher Anordnung,
- mangelnde schriftsätzliche Vorbereitung im Anwaltsprozess, insbesondere bei Nichtbeachtung von Aufklärungsanordnungen.

10 Die Anwendbarkeit der Vorschrift hängt allein davon ab, ob das schuldhafte Verhalten eines Beteiligten die Anberaumung eines neuen Termins zur mündlichen Verhandlung nötig macht oder nicht. Ein solcher Fall ist auch dann gegeben, wenn ein Beteiligter nach Hinweis des Gerichts auf die Verspätung des Sachvortrags die **„Flucht in die Säumnis“** antritt. Der Vorschrift kann keine Einschränkung dahingehend entnommen werden, dass im Falle der Säumnis die Verhängung einer Verzögerungsgebühr ausscheidet. Dagegen spricht bereits die in § 32 Satz 1 genannte Ausnahmeregelung für die Fälle des § 335 ZPO. Durch die Bezugnahme auf die Vorschriften für das Versäumnisverfahren und die Bestimmung einer Ausnahmeregelung für die Fälle des § 335 ZPO folgt im Umkehrschluss, dass die Regelung grundsätzlich auch für den Fall gilt, dass nach einer Versäumnisentscheidung ein Einspruch eingelegt wird.

3. Verzögerung der Erledigung des Verfahrens

11 Nach der weiteren Alternative ist die Auferlegung einer Verzögerungsgebühr auch möglich, wenn die Erledigung des Verfahrens durch nachträgliches Vorbringen von Angriffs- oder Verteidigungsmitteln, Beweismitteln oder Beweiseinreden, die früher vorgebracht werden konnten, verzögert wird.

12 Die Frage, ob Angriffs- oder Verteidigungsmittel, Beweismittel oder Beweiseinreden verzögert vorgebracht wurden, ist wie bei § 282, 296 ZPO zu beurteilen. Erforderlich ist, dass ein Beteiligter schuldhaft gegen seine Verfahrensförderungspflicht verstoßen hat und es allein dadurch – ohne Mitverantwortung des Gerichts – zu einer nicht nur unwesentlichen Verzögerung des Verfahrens gekommen ist. Beruht die Verzögerung des Verfahrens auch darauf, dass das Gericht – unabhängig vom Verstoß eines Beteiligten – seiner eigenen Verfahrensförderungspflicht nicht nachgekommen ist, darf die Verzögerungsgebühr wegen des ihr innewohnenden Strafcharakters nicht verhängt werden. Das Gericht ist vielmehr im Rahmen seiner eigenen Förderungspflicht gehalten, alle Möglichkeiten auszuschöpfen, die geeignet sind, die durch verspätetes Vorbringen oder verspätete Anträge drohende Verzögerung zu verhindern.

4. Gebühr

Die **Verzögerungsgebühr** kann gegen jeden Verfahrensbeteiligten verhängt werden, auch wenn dem Beteiligten Prozesskostenhilfe gewährt ist. Die Verzögerungsgebühr gehört nicht zu den erstattungsfähigen Kosten des Verfahrens. 13

Die Verhängung einer Verzögerungsgebühr in Höhe der vollen Gebühr ist der Regelfall. Dies ergibt sich unzweifelhaft aus dem Normzusammenhang von Satz 1 (Auferlegung einer vollen Gebühr) und von Satz 2 (Möglichkeit der Ermäßigung der vollen Gebühr bis auf ein Viertel). Die Ermäßigung steht im pflichtgemäßen Ermessen des Gerichts und kann nicht willkürlich vorgenommen werden. 14

5. Nebenintervenient (Satz 3)

Zwar dürfte eine Nebenintervention in selbständigen Familienstreitsachen nur äußerst selten erfolgen. Ausgeschlossen ist dies indessen nicht. So sind nach § 113 Abs. 1 Satz 2 FamFG die Allgemeinen Vorschriften der ZPO anzuwenden, ohne dass die Regelungen der Nebenintervention ausgenommen wären. Für die wenn auch seltenen Anwendungsfälle der Nebenintervention in selbständigen Familienstreitsachen ist daher auch die Möglichkeit einer Verzögerungsgebühr gegeben. 15

Abschnitt 7
Wertvorschriften

Unterabschnitt 1
Allgemeine Wertvorschriften

§ 33
Grundsatz

(1) In demselben Verfahren und in demselben Rechtszug werden die Werte mehrerer Verfahrensgegenstände zusammengerechnet, soweit nichts anderes bestimmt ist. Ist mit einem nichtvermögensrechtlichen Anspruch ein aus ihm hergeleiteter vermögensrechtlicher Anspruch verbunden, ist nur ein Anspruch, und zwar der höhere, maßgebend.

(2) Der Verfahrenswert beträgt höchstens 30 Millionen Euro, soweit kein niedrigerer Höchstwert bestimmt ist.

I. Allgemeines

Die Vorschrift enthält Grundsätze für die Wertberechnung. Abs. 1 Satz 1 und Abs. 2 entsprechen dem § 39 GKG, Abs. 1 Satz 2 entspricht dem § 48 Abs. 4 GKG. 1

II. Inhalt der Vorschrift

1. Werte mehrerer Verfahrensgegenstände

2 In demselben Verfahren und in demselben Rechtszug werden bei objektiver Antragshäufung die Werte mehrerer Verfahrensgegenstände zusammengerechnet, soweit nichts anderes bestimmt ist (Abs. 1 Satz 1). Handelt es sich also nicht um ideell identische, sondern um differenziert zu betrachtende Verfahrensgegenstände, die für den Antragsteller selbständige Bedeutung haben und für deren materiellrechtliche Würdigung auch verschiedene Rechtsgrundlagen heranzuziehen sind, werden die Verfahrenswerte addiert. Eine Zusammenrechnung unterbleibt, wenn die Anträge keine selbständige Bedeutung haben, sondern das Gleiche Interesse betreffen und somit von einer ideellen Identität auszugehen ist.

3 Die Zusammenrechnung der Werte unterschiedlicher Verfahrensgegenstände setzt nicht voraus, dass die Ansprüche nebeneinander geltend gemacht oder Anträge parallel verfolgt werden.

4 Nach dem in Abs. 1 Satz 1 verankerten Grundsatz werden in demselben Verfahren und in demselben Rechtszug die Werte mehrerer Verfahrensgegenstände zusammengerechnet, soweit nichts anderes bestimmt ist. Ist danach der **Grundsatz** derjenige **der Addition der Werte**, fehlt eine Norm, nach der im Fall der Antragsänderung eine Addition zu unterbleiben hätte. Weder dem Wortlaut noch dem Sinn und Zweck des § 33 Abs. 1 Satz 1 lässt sich entnehmen, dass dies nur für den Fall gelten soll, dass die Ansprüche nebeneinander geltend gemacht werden. In zeitlicher Hinsicht orientiert sich der Verfahrenswert zunächst nach dem Zeitpunkt des Antrags (§ 34). Wird der Antrag in einem späteren Zeitpunkt erweitert oder geändert, erhöht sich der Wert entsprechend im Umfang der Erweiterung bzw. Änderung, es entsteht ein neuer Verfahrenswert, der sich aus der Addition des ursprünglichen Antrags und der Erweiterung bzw. Änderung ergibt. Da sich eine Verfahrensgebühr nicht nachträglich vermindern kann, muss zwangsläufig eine Antragsänderung dazu führen, dass der neue Verfahrenswert auf den bisherigen hinzu zu addieren ist. Nur für Hilfsansprüche und Hilfsaufrechnungen sieht das Gesetz in § 39 eine Einschränkung der Addition dann vor, wenn eine Entscheidung über diese Ansprüche nicht ergeht. Hinzu kommt, dass bei der Berechnung des Verfahrenswerts Erweiterungsbeträge unzweifelhaft auch dann dem Wert des ursprünglichen Verfahrensgegenstands hinzuzurechnen sind, wenn dieser ganz oder teilweise bereits vorher seine Erledigung gefunden hat. Wenn daher in einem laufenden Verfahren ein Teil des Verfahrensgegenstands durch Erledigung oder Rücknahme ausscheidet und ein weiterer Verfahrensgegenstand in das Verfahren eingeführt wird, berechnet sich der Wert für die Gerichtskosten nach dem zusammengerechneten Wert. Die Zielsetzung einer teilweisen Antragsrücknahme verbunden mit einer Antragserweiterung entspricht aber dem der Antragsänderung. In beiden Fällen erklärt der Antragsteller, einen bestimmten Anspruch nicht mehr geltend machen zu wollen und dafür einen weiteren Anspruch zu erheben. Es wäre ein Wertungswiderspruch, wenn beide Fälle hinsichtlich des Werts eine unterschiedliche Behandlung erfahren sollten.

5 Eine **andere Bestimmung** iSd. Abs. 1 Satz 1 ist zB enthalten in Abs. 1 Satz 2, in § 36 Abs. 2, § 38, § 44 Abs. 2 und in § 45 Abs. 2.

2. Verbindung eines nichtvermögensrechtlichen Anspruchs mit einem vermögensrechtlichen Anspruch

Ist mit einem nichtvermögensrechtlichen Anspruch ein aus ihm hergeleiteter vermögensrechtlicher Anspruch verbunden, so ist nach Abs. 1 Satz 2 nur der höhere Anspruch maßgebend. Die Vorschrift setzt ein Zusammentreffen eines nichtvermögensrechtlichen Anspruchs mit einem aus ihm hergeleiteten vermögensrechtlichen Anspruch voraus. Sie gilt daher nicht, wenn mehrere nichtvermögensrechtliche Ansprüche geltend gemacht werden, mögen sie auch eng miteinander verknüpft sein. **Vermögensrechtlich** ist dabei jeder Anspruch, der entweder auf einer vermögensrechtlichen Beziehung beruht oder im Wesentlichen wirtschaftlichen Interessen dienen soll. Ein Beispiel für die Verbindung eines nichtvermögensrechtlichen Anspruchs mit einem aus ihm hergeleiteten vermögensrechtlichen Anspruch ist die Verknüpfung eines Verfahrens auf Feststellung des Bestehens der Vaterschaft mit einer Unterhaltssache (§ 179 Abs. 1 Satz 2 FamFG). 6

Es ist nur ein Anspruch, und zwar der höhere, für die Berechnung des Verfahrenswerts maßgebend. Dies setzt eine Bewertung und einen Vergleich der beiden Ansprüche voraus. 7

3. Kappungsgrenze (Absatz 2)

Ziel der Kappungsgrenze, die auf die Sicherung einer ordnungsgemäß funktionierenden Rechtspflege ausgerichteten ist, ist es, bei hohen Werten das Entstehen unverhältnismäßig hoher Gebühren zu vermeiden. Die Wertbegrenzung auf 30 Millionen Euro (sowohl durch § 22 Abs. 2 RVG als auch durch § 23 Abs. 1 Satz 1 RVG iVm. § 39 Abs. 2 GKG) verstößt weder gegen das Grundrecht auf Berufsfreiheit aus Art. 12 Abs. 1 GG noch gegen den Gleichheitssatz aus Art. 3 Abs. 1 GG.[1] 8

§ 34
Zeitpunkt der Wertberechnung

Für die Wertberechnung ist der Zeitpunkt der den jeweiligen Verfahrensgegenstand betreffenden ersten Antragstellung in dem jeweiligen Rechtszug entscheidend. In Verfahren, die von Amts wegen eingeleitet werden, ist der Zeitpunkt der Fälligkeit der Gebühr maßgebend.

I. Allgemeines

Satz 1 übernimmt zur Bestimmung des Zeitpunkts der Wertberechnung die Regelung des § 40 GKG. Nach Satz 2 ist in Verfahren, die von Amts wegen eingeleitet werden, für die Wertberechnung der Zeitpunkt entscheidend, an dem die Gebühr fällig wird. Dies entspricht der Regelung in § 18 Abs. 1 Satz 1 KostO. 1

1 BVerfG v. 13.2.2007 – 1 BvR 910/05, NJW 2007, 2098.

II. Inhalt der Vorschrift

1. Antragsverfahren

2 Abs. 1 Satz 1 bestimmt, dass für die Wertberechnung der Zeitpunkt der den Rechtszug einleitenden Antragstellung maßgebend ist. Nach ihrem Wortlaut ist die Bestimmung auch anwendbar, wenn sich der Verfahrensgegenstand ändert. Es kommt nämlich auf den Zeitpunkt der den jeweiligen Verfahrensgegenstand betreffenden ersten Antragstellung an. Maßgeblich ist nur der **verfahrenseinleitende Antrag**. Unbeachtlich sind daher Gesuche um Verfahrens- oder Prozesskostenhilfe, wenn der Verfahrensantrag nur bedingt gestellt wird.

3 Soweit es um die **Verfolgung nicht bezifferter Ansprüche** geht, lässt das Gesetz offen, ob es für die Bewertung allein auf die bei Einleitung des Rechtszugs vorhandenen subjektiven Vorstellungen des Antragstellers ankommt oder auch auf die sich im Laufe des Verfahrens herausstellenden objektiven Werte bei Verfahrensbeginn. Es ist der Auffassung zu folgen, dass die **Vorstellung des Antragstellers bei Beginn der Instanz** insoweit maßgeblich ist, als eine Herabsetzung des Werts unter diese Vorstellung nicht mehr möglich ist, auch wenn sich im Laufe des Verfahrens herausstellt, dass die bei Einreichung des Antrags vorhandene subjektive Einschätzung objektiv unterschritten wird. Der Antragsteller, der mit seinem Antrag den Verfahrenswert bestimmt, muss sich die aus seinem Antrag abgeleiteten Vorstellung entgegenhalten lassen, auch um eine Wertmanipulation und die Angabe von überhöhten Werten zu verhindern. Es können den Verfahrensbevollmächtigten, die ihre Verfahrensgebühr bei Beginn der Instanz verdienen, und auch dem Gericht die entsprechenden, bereits entstandenen Gebühren nicht rückwirkend der Höhe nach wieder entzogen werden.

4 Daraus folgt aber nicht, dass es auch ohne Bedeutung ist, wenn die subjektiven Vorstellungen des Antragstellers später in objektiver Hinsicht übertroffen werden. War der Anspruch bei Beginn der Instanz vom Antragsteller deutlich geringer beurteilt worden, als er nach den Kriterien zu bewerten ist, die sich im Rahmen des weiteren Verfahrens ergeben, ist der **höhere Wert** maßgebend, **den der Anspruch objektiv auch schon zu Beginn der Verfahrens gehabt hatte**. Würde man das Gesetz anders auslegen, hätte es der Antragsteller in der Hand trotz ihm vorliegender anderer Anhaltspunkte einen bewusst zu niedrig gewählten Wert anzugeben, um das Verfahren auf günstige Weise führen zu können. Auch diese Möglichkeit der Manipulation des Werts ist auszuschließen.

2. Amtsverfahren

5 Nach Satz 2 werden in Verfahren, die von Amts wegen eingeleitet werden, die Gebühren nach dem Wert berechnet, den der Gegenstand des Verfahrens zum Zeitpunkt der Fälligkeit hat. In Amtsverfahren sind die Gebühren regelmäßig mit der Beendigung des Verfahrens fällig (§ 11). Als **maßgebender Zeitpunkt** folgt daraus in den meisten Fällen die **Bekanntgabe des Beschlusses in der Hauptsache**. Wertveränderungen zwischen Beginn und Beendigung des Verfahrens finden nach der Regelung keine Berücksichtigung.

§ 35
Geldforderung

Ist Gegenstand des Verfahrens eine bezifferte Geldforderung, bemisst sich der Verfahrenswert nach deren Höhe, soweit nichts anderes bestimmt ist.

Aus § 3 ZPO, der in bürgerlichen Rechtsstreitigkeiten idR für die Wertberechnung maßgebend ist (§ 48 Abs. 1 Satz 1 GKG), wird der allgemeine Grundsatz abgeleitet, dass sich der Wert bei einem Verfahren auf Zahlung einer bestimmten Geldforderung nach dieser richtet. Da in Familiensachen § 3 ZPO für die Regelung der Zuständigkeit nicht anwendbar ist, ist dieser Grundsatz in das FamGKG aufgenommen werden. Besondere Wertvorschriften, wie zB § 51, bleiben hiervon unberührt. 1

Geldforderungen sind alle Ansprüche auf Zahlung einer Summe Geldes. Unerheblich ist, ob das wirtschaftliche Interesse des Beteiligten mit dieser Summe übereinstimmt. Ohne Belang ist auch, ob die Forderung durchsetzbar ist. Die im Antrag bezifferte Summe ist auch wertbestimmend, wenn das Gericht versehentlich mehr zugesprochen hat als beantragt wurde. Wegen Nebenforderungen ist § 37 zu beachten. 2

Soweit Geldbeträge in ausländischer Währung geltend gemacht werden, sind sie in inländische Währung umzurechnen. 3

§ 36
Genehmigung einer Erklärung oder deren Ersetzung

(1) Wenn in einer vermögensrechtlichen Angelegenheit Gegenstand des Verfahrens die Genehmigung einer Erklärung oder deren Ersetzung ist, bemisst sich der Verfahrenswert nach dem Wert des zugrunde liegenden Geschäfts. § 18 Abs. 3, die §§ 19 bis 25, 39 Abs. 2, § 40 Abs. 2 und § 46 Abs. 4 der Kostenordnung gelten entsprechend.

(2) Mehrere Erklärungen, die denselben Gegenstand betreffen, insbesondere der Kauf und die Auflassung oder die Schulderklärung und die zur Hypothekenbestellung erforderlichen Erklärungen, sind als ein Verfahrensgegenstand zu bewerten.

(3) Der Wert beträgt in jedem Fall höchstens 1 Million Euro.

I. Allgemeines

Abs. 1 Satz 1 übernimmt inhaltlich die Regelung des § 95 Abs. 2 Satz 1 Halbs. 1 iVm. Abs. 1 Nr. 1 KostO. Abs. 2 lehnt sich an § 44 Abs. 1 Satz 1 KostO an. Nach Abs. 1 Satz 2 sollen die Bewertungsvorschriften der KostO Anwendung finden. 1

II. Inhalt der Vorschrift

Die Vorschrift enthält eine grundsätzliche Regelung über die Bestimmung des Verfahrenswerts, wenn es in einer vermögensrechtlichen Angelegenheit um die Genehmigung von Erklärungen oder um deren Ersetzung geht. 2

1. Genehmigung einer Erklärung oder deren Ersetzung (Absatz 1)

3 Voraussetzung für die Anwendung der Wertvorschrift ist, dass Gegenstand des Verfahrens die Genehmigung einer Erklärung oder deren Ersetzung ist. Betroffen sind also folgende Verfahren:

- Genehmigung der Ermächtigung zum Betrieb eines Erwerbsgeschäfts (§ 112 Abs. 1 BGB),
- Genehmigung der Rücknahme der Ermächtigung (§ 112 Abs. 2 BGB),
- Ersetzung der Ermächtigung, in Dienst und Arbeit zu treten (§ 113 Abs. 3 BGB),
- Ersetzung der Einwilligung zur Verfügung über das Vermögen (§ 1365 Abs. 2 BGB),
- Ersetzung der Einwilligung zu Gesamtgutgeschäften (§§ 1426, 1458 BGB),
- Ersetzung der Zustimmung zu persönlichen Geschäften (§§ 1430, 1458 BGB),
- Ersetzung der Zustimmung zu Rechtsgeschäften im Rahmen der ordnungsmäßigen Verwaltung (§ 1452 BGB),
- Genehmigung der Ablehnung der fortgesetzten Gütergemeinschaft bei Minderjährigen (§ 1484 Abs. 2 Satz 2 BGB),
- Ersetzung der Einwilligung bei der fortgesetzten Gütergemeinschaft (§ 1487 Abs. 1, § 1426 BGB),
- Genehmigung des Verzichts auf den Gesamtgutsanteil bei Minderjährigen (§ 1491 Abs. 3 BGB),
- Genehmigung der Aufhebung der fortgesetzten Gütergemeinschaft (§ 1492 Abs. 3 BGB),
- Genehmigung zur Abweichung bei der Vermögensverwaltung (§ 1639 Abs. 2, § 1803 Abs. 2 BGB),
- Ersetzung der Zustimmung eines Dritten zu Abweichungen bei der Vermögensverwaltung (§ 1639 Abs. 2, § 1803 Abs. 3 BGB),
- Genehmigung von Rechtsgeschäften usw. (§ 1643 Abs. 1 BGB),
- Erforderliche Genehmigungen, die auf einer Maßnahme des Gerichts bei Gefährdung des Kindesvermögens beruhen (§ 1667 Abs. 2 BGB).

4 Nicht von § 36 werden solche Genehmigungen und Ersetzungen erfasst, die einen nichtvermögensrechtlichen Gegenstand haben. Dies sind zB:

- Genehmigung der Eheschließung (§ 1315 Abs. 1 Satz 1 Nr. 1 BGB),
- Ersetzung der Zustimmung zur Bestätigung der Eheschließung (1315 Abs. 1 Satz 3 BGB),
- Ersetzung der Einwilligung oder Ersetzung der Zustimmung des Betreuers oder Pflegers (Volljähriger) (§ 1767 Abs. 2, § 1746 Abs. 3 BGB),
- Ersetzung der Einwilligung des Ehegatten (Volljähriger) (§ 1767 Abs. 2, § 1749 Abs. 1 Satz 2 BGB),
- Ersetzung von notwendigen Zustimmungen und Genehmigung von Zustimmungen bei Namensänderungen (Volljähriger) (§ 1767 Abs. 2, § 1757 Abs. 4 Nr. 2, § 1746 Abs. 3 BGB),
- Genehmigung des Antrags des gesetzlichen Vertreters eines Minderjährigen auf Todeserklärung (§ 16 Abs. 3 VerschG),

- Genehmigung des Antrags des gesetzlichen Vertreters eines Minderjährigen auf Feststellung der Todeszeit (§§ 40, 16 Abs. 3 VerschG).

In diesen Fällen ist für die Wertbestimmungen § 42 (Auffangwert) anzuwenden.

Der Verfahrenswert bestimmt sich nach dem Wert des zugrunde liegenden Geschäfts. Der Wert ist also nicht auf das Interesse des Kindes beschränkt, er wird vielmehr durch das Rechtsgeschäft insgesamt bestimmt. Unter Berücksichtigung der Verweisung in Abs. 1 Satz 2 auf die KostO bedeutet dies: 5

- Bei Grundbuchgeschäften richtet sich der Wert vor allen nach den §§ 19 bis 23 KostO.
- Bei wiederkehrenden Leistungen bestimmt sich der Wert nach den §§ 24, 25 KostO.
- Bei Nachlassangelegenheiten ist für Wertberechnung § 46 Abs. 4 KostO anzuwenden.

2. Mehrere Erklärungen, die denselben Gegenstand betreffen (Absatz 2)

Sind Gegenstand des Verfahrens mehrere Erklärungen, die denselben Gegenstand betreffen, sind nach Abs. 2 diese Erklärungen als ein Verfahrensgegenstand zu bewerten. Soll zB sowohl ein Grundstückskaufvertrag als auch die Auflassung durch das Familiengericht genehmigt werden (§ 1821 Abs. 1 Nr. 1 und 4 BGB iVm. § 1643 BGB), fällt eine Verfahrensgebühr für beide Genehmigungen nach dem (einfachen) Wert des Kaufpreises an. Insoweit stellt diese Regelung eine Ausnahme zu § 33 Abs. 1 Satz 1 dar, der bei mehreren Verfahrensgegenständen (hier zwei Genehmigungen) grundsätzlich eine Wertaddition vorsieht. Die Bestimmung lehnt sich an die Regelung in § 44 Abs. 1 Satz 1 KostO an. 6

3. Höchstwert (Absatz 3)

In Abs. 3 ist eine Wertgrenze von 1 000 000 Euro vorgesehen. Damit beträgt die Gebühr Nr. 1310 KV FamGKG höchstens 2228 Euro. Eine solche Wertgrenze kennt die KostO nicht. Der Gesetzgeber hat die Wertbegrenzung im Hinblick auf die in Ehesachen vorgesehene gleiche Wertgrenze (§ 43 Abs. 1 Satz 2) als sachgerecht erachtet. 7

§ 37
Früchte, Nutzungen, Zinsen und Kosten

(1) Sind außer dem Hauptgegenstand des Verfahrens auch Früchte, Nutzungen, Zinsen oder Kosten betroffen, wird deren Wert nicht berücksichtigt.

(2) Soweit Früchte, Nutzungen, Zinsen oder Kosten ohne den Hauptgegenstand betroffen sind, ist deren Wert maßgebend, soweit er den Wert des Hauptgegenstands nicht übersteigt.

(3) Sind die Kosten des Verfahrens ohne den Hauptgegenstand betroffen, ist der Betrag der Kosten maßgebend, soweit er den Wert des Hauptgegenstands nicht übersteigt.

I. Allgemeines

1 Die Vorschrift entspricht – redaktionell angepasst – dem § 43 GKG und übernimmt inhaltlich die Regelungen des § 18 Abs. 2 KostO. Die Regelung ist als **Ausnahmevorschrift** eng auszulegen, und sie enthält daher eine abschließende Aufzählung der bei der Wertermittlung nicht zu berücksichtigenden Arten von Nebenforderungen. Der Zweck der getroffenen Regelung besteht darin, die Wertberechnung zu vereinfachen. Andere als die in § 37 genannten Nebenforderungen sind der Hauptsache hinzurechnen (§ 33 Abs. 1 Satz 1).

II. Inhalt der Vorschrift

1. Früchte, Nutzungen, Zinsen und Kosten (Absatz 1)

2 Nach der Regelung des Abs. 1 bleiben Früchte, Nutzungen, Zinsen und Kosten bei der Wertberechnung unberücksichtigt, wenn sie neben einer Hauptforderung geltend gemacht werden. Das Wesen einer Nebenforderung besteht darin, dass sie vom Bestehen einer Hauptforderung abhängig und dass diese im selben Verfahren anhängig gemacht ist.

3 **Früchte** einer Sache sind die Erzeugnisse der Sache und die sonstige Ausbeute, welche aus der Sache ihrer Bestimmung gemäß gewonnen wird. Früchte eines Rechts sind die Erträge, welche das Recht seiner Bestimmung gemäß gewährt, insbesondere bei einem Recht auf Gewinnung von Bodenbestandteilen die gewonnenen Bestandteile (§ 99 Abs. 1, 2 BGB).

4 **Nutzungen** sind die Früchte einer Sache oder eines Rechts sowie die Vorteile, welche der Gebrauch der Sache oder des Rechts gewährt (§ 100 BGB).

5 **Zinsen** sind das vom Schuldner zu entrichtende Entgelt für die Überlassung von Kapital. Werden neben einer Hauptforderung Verzugszinsen geltend gemacht, so sind auch diese bei der Berechnung des Werts nicht besonders zu berücksichtigen, auch dann nicht, wenn die Zinsen im verfahrenseinleitenden Antrag ausgerechnet sind oder mit der Hauptforderung zu einem einheitlichen Forderungsbetrag zusammengefasst sind. Auch Zinsen, die von einer Hauptforderung herrühren, die nicht mehr Verfahrensgegenstand ist, bleiben solange unberücksichtigt, wie noch ein Teil der Hauptforderung anhängig ist.

6 Mit **Kosten** sind die vor Verfahrenseinleitung entstandenen Kosten gemeint, sofern sie neben der Hauptleistung gefordert werden. Die Kosten des laufenden Verfahrens sind bei der Wertbemessung nicht zu berücksichtigen, solange die Hauptsache Gegenstand des Verfahrens ist (Abs. 3). Zu den Verfahrenskosten rechnen nicht nur die durch die Einleitung und Führung eines Verfahrens ausgelösten Kosten, sondern grundsätzlich auch diejenigen Kosten, die der Vorbereitung eines konkret bevorstehenden Verfahrens dienen. Soweit derartige Kosten zu den Kosten des Rechtsstreits iSv. § 91 Abs. 1 Satz 1 ZPO gehören, können sie im Kostenfestsetzungsverfahren nach den § 85 FamFG, §§ 103, 104 ZPO, § 11 Abs. 1 Satz 1 RVG geltend gemacht werden; soweit derartige Kosten nicht auf diesem Wege festgesetzt werden können, können sie auf der Grundlage eines materiell-rechtlichen Kostenerstattungsanspruchs Gegenstand eines Verfahrens auf Erstattung dieser Kosten sein.

7 Vorprozessual aufgewendete Kosten zur Durchsetzung des im laufenden Verfahren geltend gemachten (restlichen) Hauptanspruchs wirken nicht werterhöhend. Das gilt

unabhängig davon, ob diese Kosten der Hauptforderung hinzugerechnet werden oder neben der im Klageweg geltend gemachten Hauptforderung Gegenstand eines eigenen Antrags sind.

2. Nebenforderung ohne Hauptgegenstand (Absatz 2)

Soweit die Nebenforderungen ohne den Hauptgegenstand betroffen sind, ist deren Wert maßgebend, soweit er den Wert des Hauptgegenstands nicht übersteigt. Dies ist zum Bespiel der Fall, wenn in einem Rechtsmittelverfahren nur noch über eine Nebenforderung gestritten wird. Im Übrigen kommt der Vorschrift durch die weit gehende Umstellung auf pauschale Verfahrensgebühren keine große Bedeutung zu. 8

Voraussetzung für die Anwendung des Abs. 2 ist, dass der **Hauptgegenstand** auch **Gegenstand des Verfahrens** gewesen ist. Sind von Anfang an nur Früchte, Nutzungen, Zinsen oder Kosten Gegenstand des Verfahrens, findet keine Vergleichsrechnung statt; der Wert bestimmt sich nach dem Wert der geltend gemachten Forderung. 9

3. Kosten des Verfahrens ohne Hauptgegenstand (Absatz 3)

Abs. 3 bestimmt den maßgeblichen Wert, wenn nur noch die Kosten des konkreten Verfahrens im Streit sind. 10

§ 38
Stufenklageantrag

Wird mit dem Klageantrag auf Rechnungslegung oder auf Vorlegung eines Vermögensverzeichnisses oder auf Abgabe einer eidesstattlichen Versicherung der Klageantrag auf Herausgabe desjenigen verbunden, was der Antragsgegner aus dem zugrunde liegenden Rechtsverhältnis schuldet, ist für die Wertberechnung nur einer der verbundenen Ansprüche, und zwar der höhere, maßgebend.

I. Allgemeines

Die Vorschrift über die Wertberechnung bei einem Stufenklageantrag in Familienstreitsachen entspricht – redaktionell angepasst – § 44 GKG. 1

II. Inhalt der Vorschrift

Bei einem Stufenklageantrag ist der Verfahrenswert einheitlich nach dem Wert des höchsten der mit dem Antrag verbundenen Ansprüche festzusetzen. Da der Anspruch auf Auskunftserteilung nur der Vorbereitung des Leistungsanspruchs dient, ist sein Wert niedriger als der des Leistungsanspruchs, so dass für den Streitwert der Leistungsanspruch auf der dritten Stufe als der höhere maßgebend ist. Nach § 34 ist für die Wertberechnung der Zeitpunkt der Einreichung des Antrags maßgebend. Mit Einreichung des Antrags wird auch der unbezifferte Zahlungsantrag anhängig. Kommt es nicht mehr zur Bezifferung des Leistungsantrags, ist der Verfahrenswert des Zahlungs 2 anspruchs nach objektiven Anhaltspunkten unter Berücksichtigung der Erwartungen des Antragstellers bei Verfahrenseinleitung zu schätzen. Obwohl der Zahlungsanspruch also nicht beziffert zu sein braucht, ist er denknotwendig immer der höchste, weil der Anspruch auf Auskunftserteilung, Wertermittlung bzw. auf Abgabe einer eidesstattlichen Versicherung, wie ausgeführt, regelmäßig keinen Selbstzweck erfüllt, sondern nur hilft, den Zahlungsanspruch zu konkretisieren und durchzusetzen, und dementsprechend stets nur mit einem Bruchteil des Zahlungsbegehrens bemessen wird.

3 Für die Bewertung des Zahlungsanspruchs hat das Gericht das wirtschaftliche Interesse – bezogen auf den Zeitpunkt der Verfahrenseinleitung (§ 34) – nach freiem Ermessen zu bewerten; dabei sind die Vorstellungen des Antragstellers zu diesem Zeitpunkt maßgebend. Grundlage der danach gebotenen Schätzung sind die in der Antragsbegründung zum Ausdruck gekommenen – von objektiven Anhaltspunkten getragenen – Vorstellungen und Erwartungen des Antragstellers. Dies gilt auch dann, wenn die spätere Bezifferung dahinter zurückbleibt oder sich gar in der Auskunftsstufe ergibt, dass ein Auskunftsanspruch überhaupt nicht besteht. Es findet insofern weder eine rechtliche (Schlüssigkeits-)Prüfung noch eine rückwirkende Herabsetzung am Maßstab nachfolgender – „besserer" – Erkenntnisse statt.

4 Bei der Auskunftsklage bemisst sich der Wert nach einem Bruchteil des vollen voraussichtlichen Anspruchs

§ 39
Klage- und Widerklageantrag, Hilfsanspruch, wechselseitige Rechtsmittel, Aufrechnung

(1) Mit einem Klage- und einem Widerklageantrag geltend gemachte Ansprüche, die nicht in getrennten Verfahren verhandelt werden, werden zusammengerechnet. Ein hilfsweise geltend gemachter Anspruch wird mit dem Hauptanspruch zusammengerechnet, soweit eine Entscheidung über ihn ergeht. Betreffen die Ansprüche im Fall des Satzes 1 oder des Satzes 2 denselben Gegenstand, ist nur der Wert des höheren Anspruchs maßgebend.

(2) Für wechselseitig eingelegte Rechtsmittel, die nicht in getrennten Verfahren verhandelt werden, ist Absatz 1 Satz 1 und 3 entsprechend anzuwenden.

(3) Macht ein Beteiligter hilfsweise die Aufrechnung mit einer bestrittenen Gegenforderung geltend, erhöht sich der Wert um den Wert der Gegenforderung, soweit eine der Rechtskraft fähige Entscheidung über sie ergeht.

(4) Bei einer Erledigung des Verfahrens durch Vergleich sind die Absätze 1 bis 3 entsprechend anzuwenden.

I. Allgemeines

1 Die Vorschrift entspricht § 45 GKG. Sie regelt verschiedene Sachverhalte, die bei der Wertberechnung zu beachten sind. In Abs. 1 wird das Verhältnis von Klage und Widerklage sowie von Hauptanspruch und Hilfsanspruch geklärt, in Abs. 2 werden wechsel-

seitig eingelegte Rechtsmittel der Klage und Widerklage gleichgestellt, in Abs. 3 wird die Hilfsaufrechnung geregelt und in Abs. 4 die Erledigung des Verfahrens durch Vergleich einer gerichtlichen Entscheidung – darauf wird in Abs. 1 Satz 2 und Abs. 3 abgestellt – gleichgestellt.

II. Inhalt der Vorschrift

1. Klage und Widerklage

2 Nach Abs. 1 Satz 1 werden die mit Klage und Widerklage geltend gemachten Ansprüche **zusammengerechnet**. Das gilt nach Abs. 1 Satz 3 allerdings dann nicht, wenn die Ansprüche denselben Gegenstand betreffen; dann ist nur der Wert des höheren Anspruchs maßgebend.

3 Für die Frage desselben Gegenstandes kommt es nicht auf den prozessualen Gegenstandsbegriff an. Der **kostenrechtliche Gegenstandsbegriff** der Vorschrift erfordert vielmehr eine wirtschaftliche Betrachtung. Eine Zusammenrechnung hat grundsätzlich nur dort zu erfolgen, wo durch das Nebeneinander von Klage und Widerklage eine „wirtschaftliche Werthäufung" entsteht.[1] Eine wirtschaftliche Identität von Klage und Widerklage, die eine Zusammenrechnung ausschließt, liegt nach der von der Rechtsprechung entwickelten „Identitätsformel" dann vor, wenn die Ansprüche aus Klage und Widerklage nicht in der Weise nebeneinander stehen können, dass das Gericht uU beiden stattgeben kann, sondern die Verurteilung nach dem einen Antrag notwendigerweise die Abweisung des anderen Antrags nach sich zieht.

4 Dieses Kriterium allein genügt jedoch nicht, um eine Zusammenrechnung auszuschließen. Voraussetzung für die Annahme desselben Gegenstandes ist weiter, dass Klage und Widerklage dasselbe wirtschaftliche Interesse betreffen. Ist dies nicht der Fall, entsteht gerade die „wirtschaftliche Werthäufung", die der BGH als maßgeblich für eine Zusammenrechnung ansieht.

5 Die „Identitätsformel" passt vor allem nicht, wenn mit Klage und Widerklage **Teilansprüche aus demselben Rechtsverhältnis** geltend gemacht werden. Verlangt der Kläger aus einem streitigen Rechtsverhältnis einen Mehrbetrag, während der Widerkläger von einer Überzahlung ausgeht und einen Teil seiner Leistung zurückverlangt, geht es wirtschaftlich um die gesamte Differenz der von beiden Parteien ihrer Antragsberechnung zugrunde gelegten Beträge. Dem kann nicht entgegengehalten werden, dass es ausschließlich Zweck der Vorschrift in Abs. 1 Satz 3 sei, den Wert niedrig zu halten, wenn die gemeinschaftliche Behandlung von Klage und Widerklage die Arbeit des Gerichts vereinfacht, eine Zusammenrechnung also ausscheidet, wenn die Zuerkennung der Klage zwingend die Abweisung der Widerklage bedingt – oder umgekehrt –, weil dann keine zusätzlich Arbeit entsteht. Mit dieser Sicht allein wird der „wirtschaftlichen Werthäufung" nicht ausreichend Rechnung getragen. Daher ist, wenn durch Klage und Widerklage Teilansprüche aus demselben Rechtsverhältnis geltend gemacht werden, von einer **Gegenstandsverschiedenheit** auszugehen und eine Wertaddition vorzunehmen. Dies ist zB gegeben, wenn in einem Unterhaltverfahren der eine Beteiligte eine Heraufsetzung, der andere Beteiligte eine Reduzierung eines Unterhaltsbetrags fordert.

1 BGH v. 6.10.2004 – IV ZR 287/03, NJW-RR 2005, 506.

2. Haftung von Kläger und Widerkläger

6 Kläger und Widerkläger sind hinsichtlich des Werts ihrer jeweiligen Klage Antragsteller iSv. § 21 Abs. 1 Satz 1. Soweit Klage und Widerklage denselben Verfahrensgegenstand betreffen, haften sie als Gesamtschuldner (§ 26 Abs. 1).

7 Haben Klage und Widerklage einen verschiedenen Gegenstand, haften Kläger und Widerkläger hinsichtlich der Gebühren jeweils nach dem Wert des Gegenstands ihrer Klage.

8 Eine Vorauszahlungspflicht ist für die Widerklage nicht gegeben (§ 14 Abs. 2), fällig wird die Verfahrensgebühr mit der Einreichung der Antragsschrift (§ 9 Abs. 1 Satz 1).

3. Hilfsantrag (Abs. 1 Satz 2)

9 Gemäß Abs. 1 Satz 2 ist ein hilfsweise geltend gemachter Anspruch mit dem Hauptanspruch zusammenzurechnen, soweit eine Entscheidung über ihn ergeht und keine Gegenstandsidentität vorliegt (Abs. 1 Satz 3). Dies gilt auch für die Hilfswiderklage. Hinsichtlich der Gegenstandsidentität sind dieselben Grundsätze wie bei Klage und Widerklage maßgebend. Ist der gleiche Gegenstand betroffen, kommt der Hilfsantrag als Wertgrundlage in Frage, wenn er im Vergleich zum Hauptantrag den höheren Wert hat und über ihn entschieden wird. Kein Hilfsantrag iSv. Abs. 1 Satz 2 ist die Hilfsaufrechnung, da diese in Abs. 3 besonders geregelt ist.

10 Der Hilfsantrag wirkt sich nur **werterhöhend** aus, soweit eine Entscheidung über ihn ergeht. Für den Fall, dass der Rechtsstreit durch Vergleich eine Erledigung gefunden hat, ist entsprechend zu verfahren (Abs. 4).

11 Entschieden ist über den Hilfsantrag, wenn das Gericht den hilfsweisen geltend gemachten Anspruch zuspricht oder, wenn es die Klage insgesamt – damit also auch den Hilfsanspruch – zurückweist. Über die Hilfswiderklage liegt eine gerichtliche Entscheidung vor, wenn ihr stattgegeben oder wenn sie abgewiesen wird.

12 Liegen mehrere Hilfsanträge vor und ergeht bezüglich aller oder mehrerer dieser Anträge eine gerichtliche Entscheidung, sind die Werte der Hilfsanträge zu addieren (§ 33 Abs. 1 Satz 1).

13 Die **Erhöhungswirkung** tritt nicht erst ab dem Zeitpunkt der gerichtlichen Entscheidung ein. Abs. 1 Satz 2 besagt nämlich nur, dass die Entscheidung über den Hilfsantrag die Voraussetzung für eine Addition der Werte ist, nicht jedoch, ab welchem Zeitpunkt sich der Wert auch nach dem Wert des Hilfsantrags bestimmt. Dafür, dass auf die Anhängigkeit des Hilfsantrags abzustellen ist, spricht § 34. Zudem begründet der Hilfsantrag auflösend bedingte Rechtshängigkeit des Hilfsanspruchs in der Form, dass eine Sachentscheidung nur für den Fall der Erfolglosigkeit bzw. Erfolgs des Hauptantrags begehrt wird. Die Rechtshängigkeit endet ohne besonderen Ausspruch rückwirkend mit dem Eintritt der auflösenden Bedingung. Daraus folgt, dass der Hilfsantrag nicht erst mit der Entscheidung des Gerichts zum Gegenstand des Verfahrens wird, sondern dass umgekehrt – falls keine Entscheidung über den Hilfsantrag ergeht – dessen Rechtshängigkeit rückwirkend entfällt und er nur dann (als Ausnahme zu § 34) bei der Streitwertberechnung unberücksichtigt bleibt. Wird über den Hilfsantrag entschieden, bestimmt dessen Wert somit **ab der Anhängigkeit des Hilfsantrags** den Wert des Verfahrens mit.

4. Wechselseitig eingelegte Rechtsmittel (Absatz 2)

Abs. 3 stellt wechselseitig eingelegte Rechtsmittel der Klage und Widerklage gleich. Die Werte wechselseitiger Rechtsmittel sind also nur addieren, wenn Gegenstandsidentität vorliegt. Die für Klage und Widerklage dargelegten Grundsätze gelten auch hier. 14

Wenn beide Beteiligte in der ersten Instanz zum Teil unterlegen sind und daraufhin die Entscheidung mit gegenläufigen Anträgen anfechten, sind die mit den Anträgen begehrten Änderungsbeträge zusammenzurechnen. Es liegt kein Fall des Abs. 1 Satz 3 vor, da es auch hier bei wirtschaftlicher Betrachtungsweise – und diese ist entscheidend – um die Summe der von beiden Beteiligten mit ihren Rechtsmittelanträgen verfolgten Beträge geht. Die Rechtsmittel der mehreren Beteiligten beziehen sich jeweils auf verschiedene Teile des Verfahrensgegenstandes. 15

Für die Gebühren des Rechtsmittels haftet jeder Rechtsmittelführer als Antragsteller nur bis zur Höhe der Gebühren, die sich aus dem Verfahrenswert seines Rechtsmittels ergeben. 16

Im Übrigen ist der Wert eines Rechtsmittelverfahrens in § 40 geregelt. 17

5. Hilfsaufrechnung (Absatz 3)

Gemäß Abs. 3 erhöht sich der Verfahrenswert um den Wert einer Hilfsaufrechnung, sofern eine der Rechtskraft fähige Entscheidung über sie ergeht. Es muss sich um eine **Aufrechnung iSv. §§ 387 ff. BGB** handeln, also um einen Anspruch, der von der Klageforderung unabhängig ist. Keine Aufrechnung sind daher Einreden oder sonstige Einwendungen des Antragsgegners. Der Antragsgegner darf die zur Aufrechnung gestellte Forderung nur hilfsweise geltend gemacht haben, er muss also primär die Forderung des Antragstellers bestritten haben. 18

Über den Anspruch der Hilfsaufrechnung muss eine der Rechtskraft fähige Entscheidung ergehen. Eine formelle Rechtskraft reicht nicht aus. Ist die Hilfsaufrechnung nach der gerichtlichen Entscheidung unzulässig oder hat das Gericht die Klage abgewiesen, liegt keine der Rechtskraft fähige Entscheidung über die zur Hilfsaufrechnung gestellte Forderung vor, so dass keine Wertaddition stattfindet. 19

Die Hilfsaufrechnung eines von mehreren gesamtschuldnerisch in Anspruch genommenen Beteiligten führt zu einer Werterhöhung (auch) im Verhältnis zwischen dem Antragsteller und demjenigen, der die Hilfsaufrechnung nicht erklärt hat. Denn zum einen spricht Abs. 3 allgemein von einer Erhöhung des Verfahrenswerts und nicht nur von einer Werterhöhung im Verhältnis zu dem die Hilfsaufrechnung erklärenden Beteiligten. Zum anderen ist es in der Sache nicht einzusehen, warum es zu einer Werterhöhung im Verhältnis zwischen dem Antragsteller und demjenigen, der die Hilfsaufrechnung nicht erklärt hat, nicht kommen soll, obgleich (auch) dieser Beteiligte gem. § 422 BGB von der Hilfsaufrechnung im Falle ihres Erfolges profitieren würde, und zwar in demselben Umfang wie der die Aufrechnung erklärende Beteiligte. 20

6. Erledigung durch Vergleich (Absatz 4)

Für den Fall, dass der Rechtsstreit durch Vergleich eine Erledigung gefunden hat, ist entsprechend zu verfahren (Abs. 4). Da der Vergleich selbst nicht der Rechtskraft fähig ist und auch keine der Rechtskraft ähnliche Wirkungen besitzt, führt die in Abs. 4 21 angeordnete Analogie dann eine Erhöhung herbei, wenn die Beteiligten im Vergleich zugleich Regelungen über die zur Aufrechnung gestellten Forderungen getroffen haben.

§ 40
Rechtsmittelverfahren

(1) Im Rechtsmittelverfahren bestimmt sich der Verfahrenswert nach den Anträgen des Rechtsmittelführers. Endet das Verfahren, ohne dass solche Anträge eingereicht werden, oder werden bei einer Rechtsbeschwerde innerhalb der Frist für die Begründung Anträge nicht eingereicht, ist die Beschwer maßgebend.

(2) Der Wert ist durch den Wert des Verfahrensgegenstands des ersten Rechtszugs begrenzt. Dies gilt nicht, soweit der Gegenstand erweitert wird.

(3) Im Verfahren über den Antrag auf Zulassung der Sprungrechtsbeschwerde ist Verfahrenswert der für das Rechtsmittelverfahren maßgebende Wert.

I. Allgemeines

1 Die Vorschrift übernimmt für die Wertberechnung im Rechtsmittelverfahren – redaktionell angepasst – den § 47 GKG, wobei sich die Regelung in Abs. 3 auf die Wertvorschrift für das Verfahren auf Zulassung der Sprungrechtsbeschwerde nach § 75 FamFG beschränkt. Weitere Rechtsmittelverfahren sind im FamFG nicht vorgesehen. Gemäß Abs. 1 bestimmt sich der Verfahrenswert im Rechtsmittelverfahren nach den Anträgen des Rechtsmittelführers. Dieser Wert ist durch den Wert des Gegenstands des ersten Rechtszugs begrenzt, soweit der Gegenstand nicht erweitert wurde (Abs. 2). Endet das Rechtsmittelverfahren, ohne dass Anträge eingereicht werden, oder werden bei einer Rechtsbeschwerde innerhalb der Frist für die Begründung Anträge nicht eingereicht, ist die Beschwer maßgebend (Abs. 1 Satz 2).

II. Inhalt der Vorschrift

1. Anträge des Rechtsmittelführers (Abs. 1 Satz 1)

2 Maßgeblich für die Wertbemessung sind die **Anträge des Rechtsmittelführers in Hauptsache**, unabhängig vom Ergebnis des Rechtsmittelverfahrens. Nach dem FamFG braucht der (Rechts-)Beschwerdeführer Anträge erst mit der Beschwerdebegründung zu stellen (vgl. § 64 Abs. 2 Satz 2, § 71 Abs. 1 Nr. 2, § 117 Abs. 1 FamFG). Bis zu diesem Zeitpunkt steht der Verfahrenswert nicht fest, so dass die in Ehesachen und in selbständigen Familienstreitsachen bereits mit Rechtsmitteleinlegung fällig gewordene Verfahrensgebühr (§ 9 Abs. 1) praktisch erst eingefordert werden kann, wenn der konkrete Antrag vorliegt.

3 In vermögensrechtlichen Angelegenheiten ist die Beschwerde regelmäßig nur zulässig, wenn der Wert des Beschwerdegegenstandes 600 Euro übersteigt (§ 61 Abs. 1 FamFG). Wird die Beschwerde zunächst ohne Antrag eingelegt und später auf einen bestimmten Betrag beschränkt und sodann zurückgenommen, ist ein solcher beschränkter Rechts-

mittelantrag dann unbeachtlich, wenn er offensichtlich nur zur Begrenzung des Verfahrenswerts und nicht auf die Durchführung des Verfahrens gerichtet ist. In diesem Falle ist die Rechtsmittelbeschränkung rechtsmissbräuchlich. Wann dies gegeben ist, ist im Einzelfall anhand objektiver Umstände zu entscheiden.

2. Beschwer (Abs. 1 Satz 2)

Endet das Rechtsmittelverfahren, ohne dass Anträge gestellt werden, oder werden bei einer Rechtsbeschwerde innerhalb der Frist für die Begründung Anträge nicht eingereicht, ist die Beschwer maßgebend. Die Beschwer ist auch maßgebend, wenn nur ein Scheinantrag gestellt wurde. Ohne Bedeutung ist, wodurch das Verfahren ohne vorliegenden Antrag beendet wurde. Infrage kommen die Rücknahme des Rechtsmittels oder auch ein Vergleich. 4

Bei der Beschwer, auf die für die Ermittlung des Werts abzustellen ist, handelt es sich um die **formelle**, nicht die materielle **Beschwer**. Der Gesetzeswortlaut des Abs. 1 Satz 2 gebietet keine Anknüpfung an die materielle Beschwer, denn er unterscheidet nicht zwischen materieller und formeller Beschwer. Daher ist Abs. 1 Satz 2 auszulegen. Das Problem wird zB relevant, wenn erstinstanzlich teilweise eine streitige Entscheidung ergeht, im Übrigen aber ein Teilanerkenntnis vorliegt. Richtigerweise ist der auf das Teilanerkenntnis entfallende Betrag unbeachtlich, da nur die formelle, nicht die materielle Beschwer entscheidend sein kann. Es kann nur darauf ankommen, in welchem Umfang das Erstgericht den von dem Antragsgegner gestellten Anträgen nicht entsprochen hat. Hingegen kann nicht maßgebend sein, welche materielle Beschwer für den Antragsgegner aus dieser Entscheidung erwachsen ist. Hierfür sind folgende Gründe anzuführen: Die grundlegende Funktion des Verfahrenswerts besteht darin, den Gerichten und Verfahrensbevollmächtigten einen im Großen und Ganzen am wirtschaftlichen Wert des Gegenstandes orientierten und dadurch dem mit der Sachbehandlung verbundenen Aufwand Rechnung tragenden Gebührenanspruch zu verschaffen. Es liegt auf der Hand, dass eine Forderung, die vom Antragsgegner erstinstanzlich anerkannt ist, in der zweiten Instanz mit hoher Wahrscheinlichkeit weder für das Gericht noch für die Verfahrensbevollmächtigten irgendeinen Arbeitsaufwand mehr nach sich zieht. Die grundsätzlich gegebene Möglichkeit, ein prozessuales Anerkenntnis anzufechten und das Rechtsmittelverfahren darauf zu erstrecken, liegt praktisch so fern, dass sie einer Wertbemessung nur dann zugrunde gelegt werden kann, wenn besondere Umstände vorliegen. Die Wertermittlung nach Abs. 1 Satz 2 hat zudem praktisch stets erst zu einem Zeitpunkt zu erfolgen, an dem feststeht, dass das Rechtsmittel nicht weiterverfolgt wird. Dann aber steht auch fest, ob eine Anfechtung des Teilanerkenntnisses erfolgen wird oder nicht. Daher wäre es wenig sinnvoll, dem Gericht und den Verfahrensbevollmächtigten für einen niemals zu treibenden Arbeitsaufwand höhere Gebühren zuzuerkennen. 5

Die Maßgeblichkeit der formellen Beschwer wirkt sich auch bei der Hilfsaufrechnung aus. Wird ein Rechtsmittel gegen eine Entscheidung, die auch eine der Rechtskraft fähige Entscheidung über eine Hilfsaufrechnung enthält, ohne Antragstellung zurückgenommen, ist bei Wertbestimmung für das Rechtsmittelverfahren die Hilfsaufrechnung nicht zu berücksichtigen. 6

Ist der Rechtsmittelführer überhaupt nicht beschwert und hat nur versehentlich Rechtsmittel eingelegt, beträgt der Wert null Euro. 7

3. Begrenzung des Wertes (Absatz 2)

8 Der Wert des Rechtsmittelverfahrens ist durch den Wert des Verfahrensgegenstandes des ersten Rechtszugs begrenzt, wenn nicht der Gegenstand erweitert wird. Die Begrenzung des Rechtsmittelwertes auf den Wert des Verfahrensgegenstandes des ersten Rechtszugs kann mit der Regelung in § 34 über den für die Wertberechnung maßgeblichen Zeitpunkt kollidieren. § 34 stellt bei Antragsverfahren auf den Zeitpunkt der den jeweiligen Verfahrensgegenstand betreffenden ersten Antragstellung in dem jeweiligen Rechtszug ab, für Amtsverfahren auf den Zeitpunkt der Fälligkeit. Insbesondere bei der Bewertung von Sachen, aber auch bezüglich des Werts der Ehesache (§ 43) können sich in den Instanzen unterschiedliche Werte ergeben. Zu den entsprechenden Regelungen in § 47 Abs. 2, § 40 GKG hat der BGH[1] entschieden, dass § 47 Abs. 2 GKG nicht die Fälle betrifft, in denen sich der Wert des – unverändert gebliebenen – Streitgegenstandes während des Berufungs- oder Revisionsverfahrens über den Wert des Streitgegenstandes der ersten Instanz erhöht. Diese Auffassung kann für das FamGKG nicht übernommen werden. Zum einen stützt sich der BGH zur Begründung auf eine Entscheidung[2] aus dem Jahre 1981, der jedoch eine andere gesetzliche Regelung zugrunde lag, zum anderen begründet er seine Entscheidung damit, der Gesetzgeber habe § 40 GKG insbesondere im Hinblick auf die Besonderheiten bei der Verwaltungsgerichtsbarkeit geändert. Diese Argumente können durch die Übernahme der Regelung des § 40 GKG in das FamGKG nicht mehr aufrechterhalten werden. Vielmehr ist § 40 Abs. 2 als Spezialvorschrift gegenüber § 40 vorrangig mit der Folge, dass der Wert des Rechtsmittelverfahrens immer auf den erstinstanzlichen Wert begrenzt ist, auch wenn sich der Wert eines Gegenstandes im Rechtsmittelverfahren erhöht hat.

9 Wird eine erstinstanzliche Entscheidung in einem Verbundverfahren nur hinsichtlich einer Kindschaftssache angefochten, stellt sich die Frage nach dem maßgeblichen Höchstwert nach Abs. 2. Einer Kindschaftssache, die Folgesache einer Ehesache ist, kommt nach Regelung in § 44 Abs. 2 kein eigenständiger Wert zu. Vielmehr sieht das Gesetz eine Erhöhung des Werts der Ehesache vor. In diesem Fall ist der Wert des Rechtsmittelverfahrens auf den Wert des Erhöhungsbetrags nach § 44 Abs. 2 begrenzt und nicht nach § 45 zu ermitteln.

10 Die Beschränkung auf den erstinstanzlichen Wert gilt nicht, wenn eine Erweiterung des Verfahrensgegenstandes in der Rechtsmittelinstanz erfolgt. Die Werterhöhung tritt unabhängig davon ein, ob die Antragserweiterung zulässig ist oder nicht.

4. Zulassung der Sprungrechtsbeschwerde (Absatz 3)

11 Im Verfahren über den Antrag auf Zulassung der Sprungrechtsbeschwerde (§ 75 FamFG) ist Verfahrenswert der für das Rechtsmittelverfahren maßgebende Wert. Die Vorschrift bestimmt den Wert für die Gebühren nach den Nr. 1140, 1216, 1228, 1229, 1319, 1328 und 1930 KV FamGKG. Es ist jeweils nur eine Gebühr vorgesehen, wenn die Sprungsrechtsbeschwerde nicht zugelassen wird, da durch eine Zulassung der Sprungsrechtsbeschwerde das Verfahren als Rechtsbeschwerde fortgesetzt wird (§ 75 Abs. 2 FamFG, § 566 Abs. 7 Satz 1 ZPO).

12 Es ist der im Zulassungsantrag angekündigte Antrag für das Rechtsbeschwerdeverfahren maßgeblich (Abs. 1 Satz 1). Liegt ein solcher Antrag nicht vor, ist die Beschwer zugrunde zu legen (Abs. 1 Satz 2).

1 BGH v. 30.7.1998 – III ZR 56/98, NJW-RR 1998, 1452.
2 BGH v. 5.10.1981 – II ZR 49/81, NJW 1982, 341.

§ 41
Einstweilige Anordnung

Im Verfahren der einstweiligen Anordnung ist der Wert in der Regel unter Berücksichtigung der geringeren Bedeutung gegenüber der Hauptsache zu ermäßigen. Dabei ist von der Hälfte des für die Hauptsache bestimmten Werts auszugehen.

I. Allgemeines

Eine wesentliche Neuerung des FamFG stellen die Regelungen über einstweilige Anordnungen dar. Der wesentliche Unterschied zu dem bisher im Bereich der freiwilligen Gerichtsbarkeit kraft Richterrechts geltenden Rechtsinstitut der vorläufigen Anordnung sowie zu einigen Bestimmungen des früheren Familienverfahrensrechts (§ 621g, § 644 ZPO) liegt darin, dass die Anhängigkeit einer gleichartigen Hauptsache bzw. der Eingang eines diesbezüglichen Gesuchs auf Bewilligung von Prozesskostenhilfe nicht mehr Voraussetzung für eine einstweilige Anordnung ist. Die verfahrensrechtliche Neukonzeption soll das Institut der einstweiligen Anordnung stärken. Da weder ein Beteiligter noch das Gericht von Amts wegen ein Hauptsacheverfahren einleiten, fallen diesbezügliche Kosten nicht mehr an. Diese Stärkung und Erweiterung des Rechtsinstituts der einstweiligen Anordnung erforderte auch eine kostenrechtliche Neuausrichtung. Die Verfahren der einstweiligen Anordnung werden daher – wie zum Teil die einstweiligen Anordnungen nach §§ 621g, 644 ZPO aF – idR mit Gebühren belegt (vgl. Gebührenregelungen in Hauptabschnitt 4 KV FamGKG). 1

II. Ermäßigung des Werts im Vergleich zur Hauptsache

Für Verfahren der einstweiligen Anordnung ist mit § 41 eine eigenständige Wertvorschrift eingeführt worden. Entsprechend der Systematik des GKG (vgl. § 53 Abs. 2 GKG) und der Rechtspraxis in der Zivil-, Verwaltungs- und Finanzgerichtsbarkeit liegt der Wert für das Verfahren des einstweiligen Rechtsschutzes unterhalb des Werts für die Hauptsache. 2

Nach Satz 1 der Vorschrift ermäßigt sich im Verfahren der einstweiligen Anordnung der Wert idR unter Berücksichtigung der geringeren Bedeutung gegenüber der Hauptsache. Die Formulierung erfasst sowohl das Verfahren auf Erlass als auch das Verfahren auf Aufhebung oder Änderung der Entscheidung (§ 54 FamFG), vgl. auch § 31 Abs. 2 Satz 1. 3

Nach Satz 2 ist dabei grundsätzlich von der **Hälfte des für die Hauptsache bestimmten Werts** auszugehen. Das Gericht kann aber im Einzelfall einen anderen Wert als die Hälfte des Hauptsachewerts annehmen. Diese flexible Regelung ermöglicht eine dem Einzelfall gerecht werdende Bestimmung des Werts. Gleichzeitig bietet sie für den Regelfall aber auch eine einfache Festlegung des Werts an, da von der Hälfte des für die Hauptsache bestimmten Werts auszugehen ist. 4

Bei Satz 2 handelt es sich um die typische Regelungstechnik für die Festlegung eines Ausgangswerts. Dieser wird wohl in der ganz überwiegenden Zahl von Fällen als Verfahrenswert anzunehmen sein. Nur wenn im Einzelfall offensichtlich zwischen dem Wert der Hauptsache und dem Wert der einstweiligen Anordnung ein anderes Verhältnis besteht, ist ein individueller Anteil oder ein individueller Betrag anzunehmen. 5

6 Bei der Frage in welchem Umfang der Wert der einstweiligen Anordnung gegenüber dem Hauptsachewert zu ermäßigen ist, ist die geringere „Bedeutung" der einstweiligen Anordnung im Vergleich zur Hauptsache zu berücksichtigen. Dabei kommt es auf die objektive Betrachtungsweise an, welche Bedeutung die Sache – unter Berücksichtigung der eventuell gestellten Anträge – für die Beteiligten hat. Sonstige Umstände, insbesondere die Vermögensverhältnisse der Beteiligten oder auch der Umfang der Sache, sind regelmäßig ohne Belang. Kann die einstweilige Anordnung nur auf Antrag erlassen werden (§ 51 Abs. 1 Satz 1 FamFG), ist für die Beurteilung der Bedeutung der Angelegenheit entscheidend, welche Absichten und Ziele der Antragsteller verfolgt.

7 Das durch die Vorschrift dem Gericht eingeräumte Ermessen ist nach allgemeinen Regeln auszuüben. Das Ermessen beschränkt sich dabei auf die Frage, in welchem Umfang der hälftige Hauptsachewert zu ermäßigen oder zu erhöhen ist. Im Normalfall ist von der Hälfte auszugehen. Dabei ist die Formulierung in Satz 1 nicht so zu verstehen, dass auch eine Überschreitung des Hauptsachewerts möglich ist. Vielmehr ist der Wert für das Verfahren der einstweiligen Anordnung auf den Wert der Hauptsache begrenzt.

8 Ist für die Hauptsache der Auffangwert nach § 42 maßgeblich, ist zunächst dieser Hauptsachewert nach den Kriterien des § 42 zu ermitteln und anschließend zu prüfen, inwieweit eine Ermäßigung dieses Werts im Hinblick auf die geringere Bedeutung der einstweiligen Anordnung geboten ist. Auch hier ist regelmäßig auf die Hälfte zu reduzieren.

§ 42
Auffangwert

(1) Soweit in einer vermögensrechtlichen Angelegenheit der Verfahrenswert sich aus den Vorschriften dieses Gesetzes nicht ergibt und auch sonst nicht feststeht, ist er nach billigem Ermessen zu bestimmen.

(2) Soweit in einer nichtvermögensrechtlichen Angelegenheit der Verfahrenswert sich aus den Vorschriften dieses Gesetzes nicht ergibt, ist er unter Berücksichtigung aller Umstände des Einzelfalls, insbesondere des Umfangs und der Bedeutung der Sache und der Vermögens- und Einkommensverhältnisse der Beteiligten, nach billigem Ermessen zu bestimmen, jedoch nicht über 500 000 Euro.

(3) Bestehen in den Fällen der Absätze 1 und 2 keine genügenden Anhaltspunkte, ist von einem Wert von 3000 Euro auszugehen.

I. Allgemeines

1 Die Vorschrift regelt, welcher Verfahrenswert maßgebend sein soll, wenn die besonderen Wertvorschriften keine Bestimmung enthalten. Dabei wird im Grundsatz die Regelung des § 30 KostO übernommen. Während nach Abs. 1 in einer vermögensrechtlichen Angelegenheit im Rahmen des Ermessens ein Wert anzunehmen ist, der sich aus dem wirtschaftlichen Interesse der Beteiligten ergibt, gelten für die nichtvermögensrechtlichen Angelegenheiten nach Abs. 2 Besonderheiten. Nach dieser Regelung treten neben den Umfang und die Bedeutung der Sache auch die Vermögens- und Einkom-

mensverhältnisse der Beteiligten. Für die nichtvermögensrechtlichen Angelegenheiten ist eine besondere Wertgrenze von 500 000 Euro vorgesehen. Die Anwendung der Vorschrift setzt voraus, dass sich der konkrete Wert nicht nach den §§ 35, 36 und 43 bis 52 bestimmen lässt.

II. Inhalt der Vorschrift

1. Vermögensrechtliche Angelegenheit (Absatz 1)

Abs. 1 legt für vermögensrechtliche Angelegenheiten fest, dass, wenn der **Verfahrenswert** sich aus den Vorschriften dieses Gesetzes nicht ergibt und auch sonst nicht feststeht, er nach **billigem Ermessen zu bestimmen ist. Vermögensrechtlich** ist dabei jeder Anspruch, der entweder auf einer vermögensrechtlichen Beziehung beruht oder im Wesentlichen wirtschaftlichen Interessen dienen soll. Demnach sind vermögensrechtlich nicht nur auf Geld oder Geldeswert gerichtete Gegenstände, sondern auch solche, die auf vermögensrechtlichen Beziehungen beruhen, mögen auch für ihre Geltendmachung andere Beweggründe als die Wahrnehmung eigener Vermögensinteressen im Vordergrund stehen, sowie Gegenstände, die im Wesentlichen der Wahrung wirtschaftlicher Belange dienen. Alle anderen Ansprüche sind nichtvermögensrechtlich. 2

Wie sich aus Abs. 3 ergibt, ist die Wertermittlung nach Abs. 1 nur möglich, wenn genügend Anhaltspunkte für eine Festlegung des Werts nach billigem Ermessen vorliegen. Dabei sind Anhaltspunkte ausreichend, die eine auch nur annähernde Schätzung erlauben, da diese dem tatsächlichen Wert näher kommt als der Wert nach Abs. 3. In vermögensrechtlichen Angelegenheiten wird daher die Anwendung des Abs. 3 nur in wenigen Ausnahmefällen notwendig sein. 3

Die Bestimmung nach billigem Ermessen hat nach **objektiven Gesichtspunkten** zu erfolgen. Berücksichtigungsfähige Anhaltspunkte ergeben sich aus dem Wert des betroffenen Wirtschaftsguts und den Umfang, in welchem das Verfahren dieses Wirtschaftsgut berührt. Dieser Beziehungswert ist im Regelfall der gemeine Wert, wobei die Bewertungsvorschriften des FamGKG herangezogen werden können. Abhängig vom Umfang des Einflusses des Verfahrens auf das Wirtschaftsgut ist der Beziehungswert mit einem prozentualen Abschlag zu versehen, ein Überschreiten des Beziehungswertes ist dabei nicht möglich. 4

Beispiele für vermögensrechtliche Angelegenheiten, die nach Abs. 1 zu bewerten sind, sind: 5

- **Güterrechtssachen**, soweit kein Fall des § 35 vorliegt; dies sind die Verfahren nach
  - § 1382 Abs. 1 BGB (Stundung der Ausgleichsforderung), Beziehungswert ist das Stundungsinteresse,
  - § 1382 Abs. 3 BGB (Sicherheitsleistung für die gestundete Forderung), Beziehungswert ist die Sicherheitsleistung unter Berücksichtigung des Sicherungsinteresses,
  - § 1383 Abs. 1 BGB (Übertragung von Vermögensgegenständen an den Gläubiger), Beziehungswert ist der Wert der zu übertragenden Gegenstände.
- **Sonstige Familiensachen** insgesamt, soweit kein Fall des § 35 vorliegt, zB
  - § 1357 Abs. 2 Satz 1 BGB (Aufhebung einer Beschränkung oder Ausschließung der Schlüsselgewalt), Beziehungswert ist die Summe der Geschäfte, die von der Aufhebung oder Beschränkung betroffen sind.

6 In **Kindschaftssachen** ist für eine Anwendung des Abs. 1 regelmäßig kein Bedarf, da für vermögensrechtliche Kindschaftssachen über die § 36 Abs. 1, § 46 Bewertungsvorschriften der KostO anzuwenden sind. Nur wenn über die anwendbaren Vorschriften der KostO kein Wert feststeht, kann auf Abs. 1 ausgewichen werden.

7 Beim Zusammentreffen von vermögensrechtlichen und von nichtvermögensrechtlichen Angelegenheiten ist der Wert für beide Angelegenheiten getrennt zu ermitteln und die Einzelwerte zu addieren (§ 33 Abs. 1 Satz 1).

2. Nichtvermögensrechtliche Angelegenheit (Absatz 2)

8 Für nicht nichtvermögensrechtliche Angelegenheiten ist der Auffangwert unter Berücksichtigung aller Umstände des Einzelfalls, insbesondere des **Umfangs** und der **Bedeutung der Sache** und der **Vermögens- und Einkommensverhältnisse der Beteiligten**, nach billigem Ermessen zu bestimmen, jedoch nicht über 500 000 Euro.

9 Die Vorschrift normiert keinen Ausgangs- oder Regelwert. Lediglich der Höchstwert ist festgelegt. Auch hier gilt, dass die Wertermittlung nur möglich ist, wenn genügend Anhaltspunkte für eine Festlegung des Werts nach billigem Ermessen vorliegen (vgl. Abs. 3). Erst wenn keine für eine Wertfestsetzung berücksichtigungsfähigen Umstände vorliegen, zB bei einer sofortigen Rücknahme, kann auf Abs. 3 zurückgegriffen werden.

10 Das eingeräumte billige Ermessen des Gerichts bezieht sich sowohl auf die Frage, welche Umstände es heranzieht, als auch auf die Gewichtung und die Bemessung der Umstände. Es ist daher in folgenden Schritten vorzugehen:

- Ermittlung der relevanten Umstände, soweit sie bekannt sind; Nachforschungen brauchen idR nicht angestellt zu werden;
- Auswahl der Kriterien, die für die Bemessung herangezogen werden sollen;
- Gewichtung der Kriterien im Verhältnis zueinander;
- Bestimmung des maßgeblichen Werts in einer Gesamtschau; der Höchstbetrag von 500 000 Euro ist zu beachten.

11 Dass die Bestimmung des Auffangwerts bezüglich eines nichtvermögensrechtlichen Gegenstandes unter Berücksichtigung verschiedener Bemessungskriterien zu erfolgen hat, schließt eine schematische Anwendung dieser Vorschrift von vornherein aus. Ausdrücklich genannt sind der Umfang, die Bedeutung der Sache und die Vermögens- und Einkommensverhältnisse der Beteiligten. Die Vorschrift schließt jedoch die Berücksichtigung weiterer Umstände des Einzelfalls nicht aus. Nach Ermittlung der Umstände des Einzelfalls hat eine Gesamtabwägung stattzufinden.

12 Hinsichtlich des **Umfangs**, der ein objektives Kriterium darstellt, kommt es, da es ja um die Festlegung eines Verfahrenswerts geht, auf das Ausmaß des gerichtlichen Verfahrens an. Der Aufwand der Beteiligten oder der Verfahrensbevollmächtigten ist ohne Belang. Der Umfang beschreibt vorrangig den zeitlichen Aufwand, den das Verfahren verursacht hat. Daneben sind aber auch der Umfang der Akten, die Anzahl der Termine, die Quantität und Qualität der Schriftsätze oder die Anwendung ausländischen Rechts zu beachten. Letztlich spielt bei der Beurteilung des Umfangs auch die rechtliche Schwierigkeit eine Rolle. Da der Umfang der Sache erst bei Beendigung des Rechtszugs beurteilt werden kann, liegt in der Einbeziehung dieses Kriteriums eine Ausnahme von der Regelung in § 34 vor.

13 Die **Bedeutung der Sache** ist als subjektives Kriterium aus der Sicht aller Beteiligten zu beurteilen. Dabei sind alle streiterheblichen Umstände, insbesondere widerstreiten-

de Interessen und Anträge der Beteiligten, umfangreiche oder mehrfache Anhörungen, die Einholung eines psychologischen Gutachtens, aber auch die Gegenwehr eines Beteiligten zu berücksichtigen. In besonderen Fällen, zB bei der Adoption Volljähriger, können auch objektive Merkmale, wie zB ein besonderes öffentliches Interesse, relevant werden.

Die **Vermögens- und Einkommensverhältnisse** sämtlicher Beteiligten sind zu berücksichtigen. Für den maßgeblichen Zeitpunkt ist § 34 zu beachten. Es ist der gesamte wirtschaftliche Lebenszuschnitt der Beteiligten zugrunde zu legen. In welchem Umfang die Vermögens- und Einkommensverhältnisse in den Wert einfließen, ist dem billigen Ermessen des Gerichts vorbehalten, da das Gesetz nicht die unmittelbare Einbeziehung der Vermögens- und Einkommensverhältnisse in den Wert vorschreibt, sondern nur fordert, dass diese bei der Wertermittlung zu berücksichtigen sind. 14

Beispiele für nichtvermögensrechtliche Angelegenheiten, die nach Abs. 2 zu bewerten sind, sind: 15

- **Kindschaftssachen**, soweit kein Fall des § 36 Abs. 1, § 46 vorliegt; dies betrifft Verfahren nach
  - § 12 Abs. 3 AsylVfG (Entscheidung über die Vertretungsbefugnis),
  - § 1303 Abs. 2 BGB (Befreiung vom Eheerfordernis der Volljährigkeit),
  - § 1308 Abs. 2 BGB (Befreiung vom Eheverbot bei Annahme als Kind),
  - § 1315 Abs. 1 Satz 1 Nr. 1 BGB (Genehmigung der Eheschließung),
  - 1315 Abs. 1 Satz 3 BGB (Ersetzung der Zustimmung zur Bestätigung der Eheschließung),
  - § 1618 Satz 4 BGB (Ersetzung der Einwilligung zur Namenserteilung),
  - § 1626c Abs. 2 Satz 3 BGB (Ersetzung der Zustimmung zur Sorgeerklärung),
  - § 1631 Abs. 3 BGB (Unterstützung der Eltern bei der Personensorge),
  - § 1674 Abs. 1 BGB (Feststellung des Ruhens der elterlichen Sorge),
  - § 1674 Abs. 2 BGB (Feststellung der Beendigung des Ruhens der elterlichen Sorge),
  - § 1682 BGB (Verbleibensanordnung),
  - § 1686 Satz 2 BGB (Entscheidungen über die Auskunft über persönliche Verhältnisse des Kindes),
  - § 1687 Abs. 2 BGB (Einschränkung, Ausschließung der Befugnisse bei gemeinsamer elterlichen Sorge bei Getrenntleben), soweit sie keinen vermögensrechtlichen Bezug haben (§ 46),
  - §§ 1687a, 1687 Abs. 2 BGB (Einschränkung, Ausschließung der Befugnisse bei elterlicher Sorge für einen Elternteil bei Getrenntleben), soweit sie keinen vermögensrechtlichen Bezug haben (§ 46),
  - § 1688 Abs. 3 Satz 2, Abs. 4 BGB (Einschränkung, Ausschließung der Befugnisse der Pflegeperson), soweit sie keinen vermögensrechtlichen Bezug haben (§ 46),
  - § 1693 BGB (Maßnahmen bei Verhinderung an der Ausübung der elterlichen Sorge), soweit sie keinen vermögensrechtlichen Bezug haben (§ 46),
  - § 1751 Abs. 1 Satz 5, § 1688 Abs. 3 Satz 2 BGB (Einschränkung, Ausschließung der Befugnisse des Annehmenden während der Adoptionspflege), soweit sie keinen vermögensrechtlichen Bezug haben (§ 46),

- § 119 FlurbG (Bestellung eines Vertreters für das Verfahrens bei einem Minderjährigen),
- § 29a BGB (Bestellung eines sach- und rechtskundigen Vertreters eines Minderjährigen für das Enteignungsverfahren),
- § 2 Abs. 1 KErzG, § 1628 BGB (Übertragung der Entscheidungsbefugnis auf einen Elternteil),
- § 2 Abs. 3 KErzG (Vermittlung oder Entscheidung),
- § 7 KErzG, § 1666 BGB (Einschreiten des Gerichts),
- § 15 SGB X (Bestellung eines Vertreters eines Minderjährigen für das Verwaltungsverfahren),
- § 19 Abs. 1 Satz 1 StAG (Genehmigung der Entlassung aus der Staatsangehörigkeit),
- § 3 TSG (Genehmigung der Stellung eines Antrags nach § 1 TSG durch den gesetzlichen Vertreter eines geschäftsunfähigen Minderjährigen),
- § 16 Abs. 3 VerschG (Genehmigung des Antrags des gesetzlichen Vertreters eines Minderjährigen auf Todeserklärung),
- §§ 40, 16 Abs. 3 VerschG (Genehmigung des Antrags des gesetzlichen Vertreters eines Minderjährigen auf Feststellung der Todeszeit),
- § 16 VwVfG (Bestellung eines Vertreters für einen Minderjährigen im Verwaltungsverfahren).

- **Adoptionssachen**, die einen **Volljährigen** betreffen insgesamt (Vorbem. 1.3.2 Abs. 1 Nr. 2 KV FamGKG); für Adoptionsverfahren, die einen Minderjährigen betreffen, werden keine Gebühren erhoben.

Bezüglich der Kindschaftssachen insgesamt ist Folgendes zu beachten:

Auch wenn die Vorschrift keinen Ausgangs- oder Regelwert normiert, ist für Kindschaftssachen unter Berücksichtigung der Regelung des § 46 ein Orientierungswert vorhanden, der faktisch einem Regelwert sehr nahe kommt. § 45 bestimmt für einen Teil der nichtvermögensrechtlichen Kindschaftssachen einen Festwert von 3000 Euro. Diese Regelung kann nicht ohne Auswirkung auf die Wertermittlung für die nach Absatz 2 zu bewertenden sonstigen nichtvermögensrechtlichen Kindschaftssachen sein. Hierbei ist insbesondere von Bedeutung, dass bei einer Kindschaftssache, die die Übertragung der elterlichen Sorge zum Gegenstand hat, grundsätzlich auch der Festwert von 3000 Euro gilt. Wenn für ein solches Sorgerechtsverfahren der Wert auf 3000 Euro festgelegt ist, können die hinsichtlich ihrer Bedeutung regelmäßig darunter einzuordnenden Kindschaftssachen nicht mit höheren Werten versehen werden. Es erscheint sogar vertretbar, diese Kindschaftssachen mit einem geringeren Wert anzunehmen. Eine Überschreitung eines Wertes von 3000 Euro für die nach Absatz 2 zu bewertenden Kindschaftssachen erscheint nur gerechtfertigt, wenn auch in einer Kindschaftssache nach § 45 Abs. 1 die Anwendung der Billigkeitsregelung in § 45 Abs. 2 zu einem höheren Wert führen würde.

Unterabschnitt 2
Besondere Wertvorschriften

§ 43
Ehesachen

(1) In Ehesachen ist der Verfahrenswert unter Berücksichtigung aller Umstände des Einzelfalls, insbesondere des Umfangs und der Bedeutung der Sache und der Vermögens- und Einkommensverhältnisse der Ehegatten, nach Ermessen zu bestimmen. Der Wert darf nicht unter 2000 Euro und nicht über eine Million Euro angenommen werden.

(2) Für die Einkommensverhältnisse ist das in drei Monaten erzielte Nettoeinkommen der Ehegatten einzusetzen.

I. Allgemeines

Die Streitwertregelung des § 48 Abs. 2, 3 Satz 1 und 2 GKG wurde für Ehesachen inhaltlich unverändert übernommen. 1

II. Inhalt der Vorschrift

1. Bestimmung des Verfahrenswerts (Absatz 1)

Danach ist der Verfahrenswert in einer Ehesache (§ 121 FamFG) unter Berücksichtigung aller Umstände des Einzelfalls, insbesondere des Umfangs und der Bedeutung der Sache und der Vermögens- und Einkommensverhältnisse der Parteien, nach Ermessen zu bestimmen. Er darf bei einer Ehesache nicht unter 2000 Euro und nicht über eine Million Euro angenommen werden; für die Einkommensverhältnisse ist das in drei Monaten erzielte Nettoeinkommen der Eheleute einzusetzen. 2

Die Regelung in Abs. 1 Satz 1 gleicht im Wesentlichen der Formulierung in § 42 Abs. 2 bezüglich des Auffangwerts in nichtvermögensrechtlichen Angelegenheiten. Der Unterschied liegt in der Festlegung eines Mindestwertes von 2000 Euro in Abs. 1 Satz 2, der Bestimmung eines Höchstwerts von 1 Million Euro (statt 500 000 Euro) und der Bestimmung eines Ausgangswerts hinsichtlich der Einkommensverhältnisse der Ehegatten (Abs. 2). Es kann daher auf die Kommentierung zu § 42 Abs. 2 Bezug genommen werden. 3

2. Ausgangswert auf Grund der Einkommensverhältnisse (Absatz 2)

Die Vorschrift dient der Vereinheitlichung und Vereinfachung der Wertermittlung hinsichtlich der Einkommensverhältnisse der Ehegatten. Zu berücksichtigen ist das **in drei Monaten erzielte Nettoeinkommen**. 4

Eine Gesamtbetrachtung der Norm führt im Ergebnis dazu, dass Parteien in Scheidungsverfahren je nach ihren wirtschaftlichen Verhältnissen unterschiedlich hohe Gerichtskosten zu zahlen haben. Diese ungleiche Behandlung, die aus der Anknüpfung des Werts unter anderem an die Einkommens- und Vermögensverhältnisse zwangs- 5 läufig folgt, ist aber gerechtfertigt. Sie beruht erkennbar auf dem Bestreben, im konkreten Fall die Festsetzung angemessener Gebühren nach sozialen Gesichtspunkten zu ermöglichen. Der Gesetzgeber hat von einem starren Regelwert abgesehen, um sicherzustellen, dass von den Gerichten alle Umstände des Einzelfalls erfasst werden können.[1] Er hielt dies auch deshalb für notwendig, um das Interesse des Fiskus an einer angemessenen Gebühr zu gewährleisten.

6 Während zu den übrigen Bemessungsfaktoren nähere Ermessenskriterien fehlen, ergibt sich aus Abs. 2 hinsichtlich der Bewertung der Einkommensverhältnisse, dass von dem in drei Monaten erzielten Nettoeinkommen der Eheleute auszugehen ist. Hierbei handelt es sich um einen Ausgangswert, der im Hinblick auf die übrigen Umstände des Einzelfalls für die abschließende Wertfestsetzung in dem gesetzlich vorgeschriebenen Rahmen von 2000 Euro bis 1 Million Euro zu erhöhen oder aber herabzusetzen ist.

7 Gem. § 34 sind in zeitlicher Hinsicht die letzten drei Monate vor Stellung der die Instanz einleitenden Antragsstellung maßgeblich. Dabei kommt es auf die Einreichung des Scheidungsantrags, nicht jedoch eines von der vorangehenden Bewilligung von Prozesskostenhilfe abhängigen Antrags an.

8 Zum Einkommen in diesem Sinne gehören Einnahmen aus selbständiger/unselbständiger Arbeit, Lohn/Gehalt, Urlaubs-/Weihnachtsgeld, Gratifikationen, Abfindungen, Kapitaleinkünfte, Privatentnahmen aus Gewerbebetrieb, Miet-/Pachteinnahmen, geldwerte Vorteile für mietfreies Wohnen (zB in eigener Eigentumswohnung), Renten, Vergünstigungen des Arbeitgebers zB für Dienstwohnungen, Dienstfahrzeuge, Kindergeld, Unterhaltsgeld, Krankengeld/Blindenbeihilfe, Ausbildungsbeihilfen, Wohngeld, BAföG-Leistungen soweit nicht als Darlehen gewährt.

9 Der vom Antragsteller **gezahlte Unterhalt** ist nicht gesondert als Einkommen auf Seiten der Antragsgegnerin zu berücksichtigen, denn er ist aus dessen Erwerbseinkommen aufzubringen, das bereits in die Berechnung des Einkommens des Antragstellers eingestellt ist.

10 Das dreimonatige Nettoeinkommen stellt den Ausgangswert für die Ermittlung des Verfahrenswerts dar. Es ist daher mit der gesetzlichen Regelung schlechthin unvereinbar, Einkommensverhältnisse der Parteien bei der Wertfestsetzung deshalb völlig außer Betracht zu lassen, weil diese nur durchschnittliche Beträge erreichen.

a) Staatliche Leistungen als Einkommen

11 Dem Wortlaut zufolge ist das **Nettoeinkommen** der Ehegatten maßgeblich. Ob auch staatliche Leistungen, die Bedürftigkeit des Empfängers voraussetzen, „Einkommen" in diesem Sinne sind, wurde zur gleich lautenden früheren Regelung in § 48 GKG uneinheitlich beantwortet.

12 **Sozialleistungen** sind grundsätzlich als Einkommen zu berücksichtigen.[2] Dies entspricht bereits dem Wortlaut der gesetzlichen Regelung. Auf diese Weise ist sichergestellt, dass in Eheverfahren, die höchstpersönliche Belange der Beteiligten betreffen und die nur durch ein gerichtliches Verfahren entschieden werden können, jedermann gemessen an seinen wirtschaftlichen Verhältnissen Zugang zu den Gerichten zur Klärung seiner höchstpersönlichen Angelegenheiten gewährt wird. Die zur Verfügung stehenden Einkünfte der Parteien bieten die Grundlage für die ehelichen Lebensver-

1 Vgl. BT-Drucks. 2. Wahlperiode 1953, Nr. 3378, S. 2.
2 *Schneider/Herget*, Streitwertkommentar, 12. Aufl., Ehesachen, Rz. 1268.

hältnisse, die nach § 43 als Maßstab für den Wert dienen sollen. Unter diesem Gesichtspunkt kann es nicht darauf ankommen, aus welchen Quellen die Einkünfte resultieren, aus denen der Lebensunterhalt bestritten wird. Der Gesetzgeber beantwortet mit dem Abstellen auf das in drei Monaten erzielte Nettoeinkommen nur die nahe liegende Frage danach, ob und mit welchem Vervielfacher das Brutto- oder das Nettoeinkommen für die Wertbestimmung herangezogen werden soll; dass die Einkommensverhältnisse ausschließlich von Nettoeinkünften, also von Erwerbseinkommen, bestimmt sein sollten, lässt sich dem Gesetzeswortlaut nicht im Wege eines Umkehrschlusses entnehmen. § 43 macht vorrangig die wirtschaftlichen Verhältnisse der Parteien zum Maßstab für die Wertbemessung, ohne danach zu unterscheiden, aus welcher Quelle das bezogene Einkommen stammt; auch Sozialleistungen beeinflussen, unabhängig von ihrer Zweckbestimmung die wirtschaftliche Situation der Beteiligten. Der Wortlaut bietet keinen Ansatz dafür, zwischen einem aus eigener Kraft erzielten Einkommen und einer „eigentlich" wegzudenkenden staatlichen Unterstützung zu unterscheiden.

Die danach gebotene **Gleichbehandlung aller** die wirtschaftliche Lage einer Partei beeinflussenden **Einkünfte** macht – als Nebenwirkung – eine häufig schwer zu treffende Prüfung hinfällig, ob im Einzelfall die gewährte Leistung Sozialhilfecharakter oder Lohnersatzfunktion hat. Zugleich vermeidet diese Auslegung der Begriffe „Einkommensverhältnisse" und „Nettoeinkommen" iS des § 43 den Widerspruch, der darin läge, Arbeitslosengeld II im Rahmen des § 115 Abs. 1 ZPO jedenfalls dann als Einkommen zu behandeln, wenn es zusammen mit weiteren Einkünften die vorzunehmenden Abzüge übersteigt.[1] Für die Berücksichtigung von ALG II spricht auch, dass die Unterhaltsrichtlinien verschiedener Oberlandesgerichte dieses jedenfalls auf Seiten des Verpflichteten als Einkommen berücksichtigt. Der hier vorgenommenen Auslegung steht die Entscheidung des BVerfG v. 22.2.2006[2] nicht entgegen; diese Entscheidung lässt die Möglichkeit offen, auch ALG II als Einkommen bei der Wertfestsetzung zu berücksichtigen. 13

Es ist zuzugestehen, dass mit dem Einschluss von Sozialleistungen in den Einkommensbegriff die Festlegung eines Mindestwerts von 2000 Euro in Abs. 2 seine praktische Bedeutung nahezu einbüßt. Allerdings liegt der Grund für den Bedeutungsschwund des Mindestwerts nicht in einem zu weiten Verständnis des Einkommensbegriffs, sondern darin, dass der Mindestwert von 2000 Euro inzwischen weit hinter dem zurückbleibt, was zwei Personen für drei Monate als Einkommensminimum benötigen. 14

Unabhängig von dem vorstehenden Verständnis des Einkommensbegriffs ist **Kindergeld** immer als Einkommen zu berücksichtigen, denn es ist keine subsidiäre, einer Leistung zur Sicherung des Lebensunterhalts nach SGB II gleichzusetzende Leistung. Das Kindergeld hat zwar auch den Zweck der Existenzsicherung des Kindes, berücksichtigt aber vorrangig eine den Eltern im Rahmen des Steuerrechts zu gewährende Entlastung wegen der Betreuung und Versorgung von Kindern und entlastet die Eltern in Bezug auf die Unterhaltspflicht. Ähnliches gilt für das Wohngeld. 15

b) Berücksichtigung von Schulden und Unterhaltsleistungen

Allgemeine **Schulden der Ehegatten** sind im Regelfall nicht einkommensmindernd zu berücksichtigen. Schulden sind nach dem allgemeinen Sprachgebrauch zur Ermittlung 16

1 Vgl. BGH v. 2.1.2008 – VIII ZB 18/06, FamRZ 2008, 781 f.
2 BVerfG v. 22.2.2006 – BvR 144/06, NJW 2006, 1581.

des Nettoeinkommens, auf das die Vorschrift abstellt, anders als Steuern und Sozialversicherungsbeiträge nicht abzusetzen. Schulden, insbesondere Darlehensschulden auf Grund von Anschaffungen, sind kein Zeichen einer schlechten Einkommenssituation, vielmehr meist Auswirkung der wirtschaftlichen Dispositionsfreiheit des Einkommensbeziehers, der sich im Hinblick auf sein Einkommen Anschaffungen oder Aufwendungen leistet. Darlehensverbindlichkeiten zwingen die Beteiligten nicht auf einen wirtschaftlichen Status hinab, wie er dem verbleibenden Einkommen entsprechen würde. Dies muss in jedem Falle gelten, wenn der Schuldsumme ein entsprechender Vermögenswert gegenübersteht. In diesem Falle können die Schulden idR dadurch berücksichtigt werden, dass beim Bemessungsfaktor „Vermögensverhältnisse" die Schuldsumme vom Aktivvermögen abgezogen wird; die laufenden Belastungen brauchen dann nicht zusätzlich vom Einkommen abgezogen werden.

17 Während allgemeinen Schulden also ein wirtschaftlicher Gegenwert gegenübersteht, erscheint es aber gerechtfertigt, die nicht in dieser Weise disponierten und kompensierten finanziellen **Belastungen durch Unterhaltsleistungen für Kinder**, die tatsächlich den finanziellen Rahmen ihrer Eltern verengen, bei der Wertbemessung abzusetzen. Hier bietet es sich zur Vereinfachung der Wertberechnung an, für jedes unterhaltsberechtigte Kind ohne Rücksicht auf die tatsächliche Höhe der Unterhaltsansprüche einen Pauschalbetrag, zB 300 Euro, abzusetzen, der sowohl den Bar- als auch den Betreuungsbedarf umfasst. Wird die Unterhaltslast für die Kinder berücksichtigt, ist andererseits auch das zur Erleichterung der Unterhaltslast gezahlte **Kindergeld** als Einkommen zu anzurechnen.

c) Einbeziehung der Vermögensverhältnisse

18 Die Einbeziehung der **Vermögensverhältnisse** der Beteiligten bei der Bemessung des Werts in Ehesachen ist sowohl methodisch als auch in den Einzelheiten des jeweiligen Rechenwegs schwierig. Festzuhalten ist zunächst, dass die Berücksichtigung des Vermögens weder schematisch noch formelhaft erfolgen kann. Die Heranziehung bestimmter Prozentsätze, etwa von 5 % oder von 10 %, passt nicht zur Maßgeblichkeit aller Einzelumstände. Ausgangspunkt bei der Prüfung der Einbeziehung des Vermögens ist die Frage, wie das Vermögen zu bewerten ist. Unter Berücksichtigung der allgemeinen Bewertungsregeln des FamGKG kann dies nur der **Verkehrswert** unter Abzug der Schulden sein, und zwar unabhängig davon, um welchen Vermögenswert es sich handelt. Hierbei kann im Hinblick auf die im FamGKG teilweise schon vorgesehene Anwendung der KostO (vgl. §§ 36, 46) auf die Bewertungsvorschriften der KostO zurückgegriffen werden. Anschließend kann das Gesamtvermögen um Freibeträge für jeden Ehegatten gekürzt werden und sodann der Restwert mit einem bestimmten Prozentsatz in den Wert einfließen.

19 Wenn das zu berücksichtigende Vermögen in einer **Wohnimmobilie** besteht, wäre es denkbar, das in einem Zeitraum von drei Monaten ersparte Nutzungsentgelt für ein vergleichbares Mietobjekt (Nettokaltmiete) in die Berechnung einfließen zu lassen. Diese Bewertungsregel mag in den meisten Fällen praktisch sein, hat allerdings den Makel, dass sie ohne greifbare Rechtsgrundlage eine bestimmte Gruppe von Vermögensobjekten grundsätzlich anders bewertet als alle übrigen. Sie ist daher abzulehnen. Es ist vielmehr eine im Ansatz am Verkehrswert des Vermögens orientierte Lösung vorzuziehen, wobei eine Zubilligung von Freibeträgen für jeden Ehegatten sachgerecht ist. Der Grund für die Berücksichtigung von Freibeträgen liegt nämlich darin, dass unter diesen Beträgen liegendes Vermögen nur eine selbst steuerrechtlich respektierte durchschnittliche Vorsorge für die Wechselfälle des Lebens zum Ausdruck bringt. Von

dem in Ansatz zu bringenden Vermögen könnten daher in Anlehnung an § 6 des mittlerweile außer Kraft getretenen Vermögenssteuergesetzes Freibeträge von jeweils 60 000 Euro für jeden Ehegatten abgezogen werden. Vorzuziehen ist jedoch nach der hier vertretenen Auffassung ein Rückgriff auf die in Abs. 1 der Anmerkung zu Nr. 1311 KV FamGKG genannten Schongrenze von 25 000 Euro. Dies führt zu einer einheitlichen Anwendung und legt einen Freibetrag zugrunde, der seinen Ursprung im FamGKG hat.

Mit welchem Prozentsatz der Restbetrag in die Wertberechnung einzustellen ist, ist jeweils im Einzelfall zu beurteilen. Insoweit erscheint ein grundsätzlicher Betrag von 3 % sachgerecht. Wer die Freibeträge demgegenüber höher ansetzt, wird auch höhere Prozentsätze heranziehen. 20

d) Gesamtabwägung

Nach Ermittlung der Umstände des Einzelfalls hat eine Gesamtabwägung stattzufinden. Ausgehend von dem dreimonatigen Nettoeinkommen und dem wertmäßig erfassten Vermögens ist unter Berücksichtigung der übrigen Bemessungskriterien, insbesondere des Umfangs und Bedeutung der Sache, ein **Gesamtwert** zu ermitteln. Folgende Prüfungsreihenfolge bietet sich an: 21

- Zunächst ist das Einkommen der Eheleute in den letzten drei Monaten vor Antragseingang zu ermitteln.
- Anschließend ist der Betrag zu ermitteln, der im Hinblick auf das Vermögen der Eheleute in den Wert einfließen soll.
- Danach ist dieser Gesamtwert unter Berücksichtigung der sonstigen Umstände nach unten oder oben zu korrigieren.

Hinsichtlich des Umfangs der Sache ist darauf abzustellen, ob das Verfahren vom Normaltyp einer Ehesache deutlich abweicht. Daher unterscheidet sich der für die Bemessung des Werts allein maßgebliche Verfahrensaufwand nicht danach, ob eine einverständliche Scheidung vorliegt oder durch Zeitablauf die Zerrüttungsvermutung greift. Ursache für die zeitaufwendigen Scheidungsverfahren ist idR nicht der Scheidungsausspruch, sondern die mit der Scheidung zu regelnden Folgesachen. Dies rechtfertigt es aber nicht, bei dem Wert der Scheidungssache einen Ab- oder Aufschlag zu machen. Da die Scheidung, die sich in einem Termin erledigen lässt, in der Praxis den Normalfall darstellt, ist sie für sich allein genommen kein Grund für eine Herabsetzung des Werts. Ein Abschlag wegen geringen Umfangs hätte zur Folge, dass für die überwiegende Anzahl der Scheidungssachen von dem Ausgangswert des Abs. 2 abgewichen werden müsste. Das verstößt gegen den Normzweck des Gesetzes. Eine Scheidung weicht zB dann vom Normalfall ab, wenn das Verfahren nicht über die Einreichung einer Antragsschrift hinausgelangt ist und sich dann durch Rücknahme des Scheidungsantrags oder Tod einer Partei erledigt hat. 22

e) Mindestwert

Den Verfahrenswert für Ehesachen in einfach gelagerten Fällen grundsätzlich auf den Mindestwert festzusetzen, ist nicht möglich, weil es sich bei dem vorgesehenen Mindestwert gerade nicht um einen Regelwert handelt. Der Wert muss vielmehr unter Berücksichtigung aller und nicht nur einer der dort genannten Umstände bestimmt und auf mindestens 2000 Euro festgesetzt werden. 23

f) Berücksichtigung einer gewährten Prozesskostenhilfe

24 Das Bundesverfassungsgericht[1] hat entschieden, dass die bisherige Regelung in § 48 Abs. 2 und 3 GKG nicht dazu zwingt, in Ehesachen mit beiden Parteien bewilligter Prozesskostenhilfe ohne Ratenzahlung lediglich den Mindestwert anzusetzen. Die Anknüpfung des Werts an die Einkommens- und Vermögensverhältnisse beruht zwar auf dem Bestreben, im konkreten Fall die Festsetzung angemessener Gebühren nach sozialen Gesichtspunkten zu ermöglichen. Daraus folgt aber nicht, dass dann, wenn dieser soziale Aspekt entfällt, weil die Parteien ohnehin keine Kosten tragen, der Wert auf den Mindestwert zu bemessen ist. Vielmehr kann hieraus auch eine Anhebung der Gebühren hergeleitet werden, weil es einer Absenkung aus sozialen Gründen nicht mehr bedarf.

25 Die Bewilligung von Prozesskostenhilfe weist nicht zwangsläufig auf unzureichende Einkommens- und Vermögensverhältnisse im Sinne der Wertvorschriften hin. Dies ergibt sich daraus, dass die Vorschriften über den Wert einer Ehesache und die Vorschriften der Zivilprozessordnung über die Prozesskostenhilfe vom Gesetzgeber nicht aufeinander abgestimmt worden sind. Während die Vorschriften über die Prozesskostenhilfe nur die Frage beantworten, ob und in welchem Umfang vorhandenes Einkommen und Vermögen zur Finanzierung eines Rechtsstreits eingesetzt werden müssen, bestimmen die Vorschriften über den Wert – abgesehen von den an den Verfahrensgegenstand anknüpfenden Faktoren –, bei welchem Einkommen und Vermögen welcher Wert und somit welche Kostenlast gegenüber dem Gericht und dem eigenen Anwalt angemessen ist. Die Prozesskostenhilfevorschriften rücken deshalb mit detaillierten Vorgaben das konkret verfügbare – „flüssige" – Einkommen und Vermögen in den Vordergrund (vgl. etwa § 115 Abs. 3 Satz 2 ZPO, § 90 Abs. 2 Nr. 8 SGB XII). Dagegen knüpfen die Vorschriften über die Wertbestimmung in Ehesachen an eine weiter gehende Statusbetrachtung an, nach der vom dreifachen Netto-Monatseinkommen der Eheleute auszugehen ist und die Vermögensverhältnisse eine Korrektur nach oben oder unten erlauben. Eine Differenzierung nach verfügbarem und nicht „flüssigem" Vermögen findet hier nicht statt und ist auch nicht nötig, weil es nicht um den unmittelbaren Einsatz dieses Vermögens geht. Wegen dieser Unterschiede ist es nicht möglich, allein aus der Tatsache der Bewilligung von Prozesskostenhilfe Schlussfolgerungen für den Wert in Ehesachen zu ziehen.

§ 44
Verbund

(1) Die Scheidungssache und die Folgesachen gelten als ein Verfahren.

(2) Sind in § 137 Abs. 3 des Gesetzes über das Verfahren in Familiensachen und in den Angelegenheiten der freiwilligen Gerichtsbarkeit genannte Kindschaftssachen Folgesachen, erhöht sich der Verfahrenswert nach § 43 für jede Kindschaftssache um 20 Prozent, höchstens um jeweils 3000 Euro; eine Kindschaftssache ist auch dann als ein Gegenstand zu bewerten, wenn sie mehrere Kinder betrifft. Die Werte der übrigen Folgesachen werden hinzugerechnet. § 33 Abs. 1 Satz 2 ist nicht anzuwenden.

(3) Ist der Betrag, um den sich der Verfahrenswert der Ehesache erhöht (Absatz 2), nach den besonderen Umständen des Einzelfalls unbillig, kann das Gericht einen höheren oder einen niedrigeren Betrag berücksichtigen.

---

1 BVerfG v. 23.8.2005, NJW 2005, 2980–2981, v. 17.12.2008, NJW 2009, 1197–1198.

I. Allgemeines

Nach Abs. 1 werden im Verbundverfahren die Werte der einzelnen miteinander verbundenen Verfahren (Scheidungsverfahren und die Folgesachen) – wie auch nach bisherigem Recht (§ 46 Abs. 1 Satz 1 GKG) – addiert. Eine besondere Regelung ist in Abs. 2 Satz 1 für Kindschaftssachen gem. § 151 Nr. 1 bis 3 FamFG vorgesehen. Danach ist deren Wert im Verbundverfahren von dem Wert der Scheidungssache abhängig und beträgt 20 % des Werts der Scheidungssache, höchstens 3000 Euro. Nach früherem Recht betrug der Wert grundsätzlich 900 Euro (§§ 48 Abs. 3 Satz 3 GKG). 1

II. Inhalt der Vorschrift

1. Scheidungssache und Folgesachen (Absatz 1)

Der verfahrensrechtliche Verbund von Scheidungs- und Folgesachen (§ 137 FamFG) führt hinsichtlich der Wertberechnung zu einem einheitlichen Verfahren. Die Gegenstandswerte der Scheidungssache und der einzelnen Folgesachen sind zu einem Gesamtverfahrenswert zu addieren (vgl. auch § 33 Abs. 1 Satz 1). Es wird für das Verfahren insgesamt nur eine Gebühr nach dem zusammengerechneten Verfahrenswert erhoben. 2

2. Berücksichtigung von Kindschaftssachen (Absatz 2)

Der Gesetzgeber hat sich im Hinblick auf die niedrige Höhe des im bisherigen Recht für eine Kindschaftssache iS des FamFG vorgesehenen Werts (§ 48 Abs. 3 Satz 3 GKG) für eine andere wertmäßige Berücksichtigung der Kindschaftssache entschieden. 3

Der im Verhältnis zum Wert der Ehesache und zum Wert der übrigen Folgesachen früher relativ niedrige Wert von 900 Euro führt im Ergebnis bei einem hohen Wert für die übrigen Verfahrensteile zu einer Vergünstigung gegenüber Verfahren, in denen der Wert der Ehesache und übrigen Folgesachen niedrig ist. Bei einem Wert unter 5000 Euro führen die Kindschaftssachen regelmäßig zu einer Erhöhung der Gebühren, weil der Abstand zwischen den Wertstufen 500 Euro beträgt. Bis 10 000 Euro liegt der Abstand bei 1000 Euro mit der Folge, dass eine Erhöhung der Gebühren nur in einigen Verfahren eintritt. Bei noch höheren Werten erhöht sich der Abstand der Wertstufen weiter, so dass sich die Kindschaftssachen immer seltener in der Höhe der Gebühren niederschlagen. 4

Die neue Regelung führt dazu, dass der Wert der verbundenen Kindschaftssache stets in einem Verhältnis zu dem Wert der Scheidungssache steht und beseitigt damit eine soziale Schieflage. Die Einbeziehung einer Kindschaftssache wirkt sich bei besserverdienenden nun ähnlich aus wie bei einkommensschwachen Personen. 5

Allerdings ist zur Vermeidung von hohen Kosten für die Beteiligten eine Obergrenze von 3000 Euro für eine Kindschaftssache eingeführt worden. Dies entspricht dem in § 45 vorgesehenen Verfahrenswert für isolierte Kindschaftsverfahren gem. § 151 Nr. 1 bis 3 FamFG, von dem das Gericht allerdings abweichen kann. Damit bleibt auch jetzt eine Kindschaftssache im Verbund gegenüber einer selbständigen Familiensache begünstigt, um die Attraktivität des Verbundverfahrens zu bewahren und weil im Verbund erledigte Kindschaftssachen idR weniger aufwändig sind als selbständige Kindschaftssachen. 6

3. Mehrere Kindschaftssachen

7 Ist mit einer Scheidungs- bzw. Aufhebungssache das Verfahren über die elterliche Sorge für zwei oder mehr Kinder verbunden, findet nur einmal eine Erhöhung des Wertes um 20 Prozent statt. Nur wenn noch weitere Kindschaftssachen mit verbunden sind (also zB noch ein Verfahren bezüglich des Umgangsrechts), erhöht sich der Verfahrenswert entsprechend weiter, jedoch immer unabhängig von der Anzahl der von den Verfahren betroffenen Kinder.

8 Die Werte der übrigen Folgesachen werden gem. Abs. 2 Satz 2 – wie nach bisherigem Recht – dem erhöhten Wert der Ehesache hinzugerechnet.

9 Abs. 2 Satz 3 stellt entsprechend der geltenden Regelung in § 46 Abs. 1 Satz 3 GKG klar, dass § 33 Abs. 1 Satz 2 FamGKG in Folgesachen keine Anwendung findet. Nach dieser Regelung findet grundsätzlich keine Wertaddition statt, wenn ein nichtvermögensrechtlicher Anspruch mit einem aus ihm hergeleiteten vermögensrechtlichen Anspruch verbunden ist; in diesem Fall ist grundsätzlich nur ein Anspruch, und zwar der höhere, maßgebend. Im Verbundverfahren werden also die Werte der nichtvermögensrechtlichen und vermögensrechtlichen Verfahrensgegenstände immer zusammengerechnet.

10 Anwendungsbeispiele:

– Der Wert für die Ehesache nach § 43 ist mit 5000 Euro angenommen worden. Für den Versorgungsausgleich ist ein Wert von 1500 Euro zu berücksichtigen. Hinsichtlich der beiden Kinder ist die Übertragung der elterlichen Sorge auf die Mutter und die Regelung des Umgangs beantragt worden. Der Verfahrenswert berechnet sich wie folgt:

1. Ehesache	5 000 Euro
2. Versorgungsausgleich	1 500 Euro
3. Kindschaftssachen	
a) Sorgerecht: 20 % von 5 000 Euro	1 000 Euro
b) Umgangsrecht: 20 % von 5 000 Euro	1 000 Euro
Verfahrenswert:	8 500 Euro

– Der Wert für die Ehesache nach § 43 ist mit 25 000 Euro angenommen worden. Für den Versorgungsausgleich ist ein Wert von 4 500 Euro zu berücksichtigen. Hinsichtlich des gemeinsamen Kindes ist die Übertragung der elterlichen Sorge auf die Mutter beantragt worden. Der Verfahrenswert berechnet sich wie folgt:

1. Ehesache	25 000 Euro
2. Versorgungsausgleich	4 500 Euro
3. Kindschaftssache Sorgerecht: 20 % von 25 000 Euro 5 000 Euro, höchstens	3 000 Euro
Verfahrenswert:	32 500 Euro

– Der Wert für die Ehesache nach § 43 ist mit 2 000 Euro angenommen worden. Für den Versorgungsausgleich ist ein Wert von 900 Euro zu berücksichtigen. Hinsichtlich der drei Kinder ist die Übertragung der elterlichen Sorge auf die Mutter beantragt worden. Der Verfahrenswert berechnet sich wie folgt:

1. Ehesache	2 000 Euro
2. Versorgungsausgleich	900 Euro
3. Kindschaftssache Sorgerecht: 20 % von 2 000 Euro	400 Euro
Verfahrenswert:	3 300 Euro

4. Höherer oder niedrigerer Betrag für die Kindschaftssache (Absatz 3)

Abs. 3 lässt ausnahmsweise die Berücksichtigung eines höheren oder eines niedrigeren Erhöhungsbetrages zu, wenn der Betrag nach den besonderen Umständen des Einzelfalls unbillig wäre. Der in Abs. 2 Satz 1 vorgesehene Höchstbetrag von 3000 Euro gilt insoweit nicht. 11

Bei der Anwendung von Abs. 3 ist wie folgt vorzugehen: In einem ersten Schritt werden 20 % des für die Ehesache maßgebenden Werts ermittelt und ggf. auf den Höchstbetrag von 3000 Euro reduziert. Wenn der so ermittelte Erhöhungsbetrag für den Einzelfall unbillig ist, kann hiervon nach oben oder nach unten abgewichen werden, dh., auch der Höchstbetrag von 3000 Euro kann überschritten werden. Für die Beurteilung der Unbilligkeit kommt es jedoch auf die Vermögens- und Einkommensverhältnisse der Ehegatten nur noch eingeschränkt an, weil diese sich bereits in der Ausgangsgröße niederschlagen. Nur wenn der Wert der Ehesache aus anderen Gründen als wegen der Vermögens- und Einkommensverhältnisse der Ehegatten höher oder niedriger angenommen worden ist, können auch die Einkommens- und Vermögensverhältnisse korrigierend berücksichtigt werden. 12

§ 45
Bestimmte Kindschaftssachen

(1) In einer Kindschaftssache, die

1. die Übertragung oder Entziehung der elterlichen Sorge oder eines Teils der elterlichen Sorge,

2. das Umgangsrecht einschließlich der Umgangspflegschaft oder

3. die Kindesherausgabe

betrifft, beträgt der Verfahrenswert 3000 Euro.

(2) Eine Kindschaftssache nach Absatz 1 ist auch dann als ein Gegenstand zu bewerten, wenn sie mehrere Kinder betrifft.

(3) Ist der nach Absatz 1 bestimmte Wert nach den besonderen Umständen des Einzelfalls unbillig, kann das Gericht einen höheren oder einen niedrigeren Wert festsetzen.

I. Allgemeines

Die Vorschrift übernimmt für Kindschaftssachen, die nicht im Verbund mit dem Scheidungsverfahren verhandelt werden, als Verfahrenswert den nach bisherigem Recht für solche Verfahren vorgesehenen Auffangwert nach § 30 Abs. 2 KostO iHv. 3000 Euro (Abs. 1 Satz 1). Abs. 2 stellt – entsprechend § 44 Abs. 2 – klar, dass der Verfahrenswert auch dann 3000 Euro beträgt, wenn sich die Kindschaftssache auf mehr als ein Kind bezieht. Abs. 3 lässt ausnahmsweise die Festsetzung eines höheren oder eines niedrigeren Verfahrenswerts als 3000 Euro für das Hauptsacheverfahren zu, wenn der Verfahrenswert nach den besonderen Umständen des Einzelfalls unbillig wäre. 1

II. Inhalt der Vorschrift

1. Die betroffenen Kindschaftssachen (Absatz 1)

2 Abs. 1 zählt die Kindschaftssachen, die mit einem Festwert von 3000 Euro bewertet werden sollen, abschließend auf. Es sind:

- Übertragung oder Entziehung der elterlichen Sorge oder eines Teils der elterlichen Sorge (§ 151 Nr. 1 FamFG),
- das Umgangsrecht einschließlich der Umgangspflegschaft (§ 151 Nr. 2 FamFG) und
- die Kindesherausgabe (§ 151 Nr. 3 FamFG).

3 Bei Nr. 1 ist beachten, dass von dieser Regelung nur solche Kindschaftssachen betreffend die elterliche Sorge erfasst werden, die die Übertragung oder Entziehung der elterlichen Sorge oder eines Teils der elterlichen Sorge zum Gegenstand haben.

4 § 45 ist nicht anzuwenden, wenn der Gegenstand vermögensrechtlicher Natur ist. In § 46 Abs. 1 ist für solche Kindschaftssachen insgesamt eine Sonderregelung getroffen, die auch vorrangig gilt, wenn es um ein Verfahren der elterlichen Sorge geht. Ist zB die Vermögenssorge Gegenstand, bestimmt sich der Wert nicht nach § 45, sondern nach § 46.

5 Für die übrigen Kindschaftssachen (§ 151 Nr. 4 bis 8 FamFG) sind, sofern in diesen Verfahren überhaupt Gebühren vorgesehen sind, die §§ 36, 42 Abs. 2 und § 46 anzuwenden. Von § 45 Abs. 1 werden daher folgende Verfahren erfasst:

- § 1628 BGB (Übertragung der Entscheidung auf einen Elternteil),
- § 1629 Abs. 2 Satz 3 BGB (Entziehung der Vertretung),
- § 1630 Abs. 3 BGB (Übertragung der elterlichen Sorge auf eine Pflegeperson),
- § 1632 Abs. 3, 1 BGB (Streitigkeiten über Herausgabe des Kindes),
- § 1632 Abs. 3, 2 BGB (Streitigkeiten über den Umgang des Kindes),
- § 1632 Abs. 4 BGB (Verbleib des Kindes bei der Pflegeperson),
- § 1666 BGB (Maßnahmen bei Gefährdung des Kindeswohls), jedoch abhängig vom konkreten Gegenstand,
- § 1671 BGB (Getrenntleben bei gemeinsamer elterlicher Sorge),
- § 1672 BGB (Getrenntleben bei elterlicher Sorge der Mutter),
- § 1673 Abs. 2 Satz 3, § 1628 BGB (Übertragung der Entscheidung bei ruhender elterlicher Sorge wegen rechtlichem Hindernis),
- § 1678 Abs. 2 BGB (Übertragung bei Ruhen der elterlichen Sorge),
- § 1680 Abs. 2, 3 BGB (Übertragung der elterlichen Sorge bei Tod oder Entziehung),
- § 1681 BGB (Übertragung der elterlichen Sorge bei Todeserklärung),
- § 1684 Abs. 3, 4 BGB (Entscheidung über den Umgang mit den Eltern),
- § 1685 Abs. 3 BGB (Entscheidung über den Umgang mit anderen Personen als den Eltern),
- § 1751 Abs. 3 BGB (Übertragung der elterliche Sorge nach Kraftloswerden der Einwilligung zur Adoption),
- § 1764 Abs. 4 BGB (Zurückübertragung der elterlichen Sorge nach Aufhebung der Adoption).

6 Im Rahmen der in Abs. 1 Nr. 1 genannten Kindschaftssachen stellt sich, wenn nur ein Teil der elterlichen Sorge Gegenstand des Verfahrens ist, die Frage, wie bei einer Gegenstandshäufung zu verfahren ist. Gemeint sind die Fälle, in denen mehrere Teilaspekte der elterlichen Sorge, aber nicht das Sorgerecht in seiner Gesamtheit Gegenstand sind. Nach der allgemeinen Regelung in § 33 Abs. 1 Satz 1 müssten diese Gegenstände einzeln bewertet und die Einzelwerte addiert werden. Entsprechend der Anzahl der Gegenstände käme es zu einem Vielfachen des Festwerts von 3000 Euro. Dies wäre jedoch nicht mit der Tatsache zu vereinbaren, dass das Sorgerecht insgesamt auch nur pauschal mit einem Wert von 3000 Euro belegt ist. Die Vorschrift kann daher nur so verstanden werden, dass der Festwert von 3000 Euro auch dann gilt, wenn Gegenstand des Verfahrens mehrere Teilgegenstände sind, die jede für sich eine Kindschaftssache der elterlichen Sorge sind.

7 Anders verhält es sich, wenn verschiedene Kindschaftssachen nach Abs. 1 Nr. 1 bis 3 gleichzeitig Gegenstand eines Verfahrens sind. Nach dem ausdrücklichen Wortlaut der Vorschrift und unter Berücksichtigung von § 33 Abs. 1 Satz 1 ist hier jeder der einzelnen Gegenstände mit 3000 Euro zu bewerten und ein Gesamtwert aus der Summe der Einzelwerte zu bilden. Dies gilt auch unter Berücksichtigung der Tatsache, dass das Umgangsrecht und die Kindesherausgabe letztlich nur Teile des Sorgerechts sind. Dies wird auch durch die Regelung in § 44 Abs. 2 Satz 1 deutlich, der auch bei einem Verbund von Ehesache und Kindschaftssachen für jede Kindschaftssache iS des § 137 Abs. 3 FamFG einen besonderen Erhöhungsbetrag vorsieht.

2. Mehrere Kinder betreffende Kindschaftssache (Absatz 2)

8 Abs. 2 bestimmt ebenso wie § 44 Abs. 2 Satz 1, dass eine Kindschaftssache nach Abs. 1 auch dann als ein Gegenstand zu bewerten ist, wenn sie mehrere Kinder betrifft.

3. Höherer oder Niedrigerer Wert (Absatz 3)

9 Eine Regelung wie in Abs. 3 findet sich bei den Wertvorschriften des FamGKG immer dann, wenn das Gesetz einen festen Wert vorschreibt. Festwerte sind einerseits eine erhebliche Erleichterung für die Praxis, tragen jedoch das Risiko in sich, dass sie nach den besonderen Umständen des Einzelfalls unbillig sein können. In der täglichen Praxis wird man wohl in der Mehrzahl der Fälle den unveränderten Wert als Festwert zugrunde legen können. Unbilligkeit wird man immer dann annehmen können, wenn Umfang und Schwierigkeit der Angelegenheit erheblich vom Durchschnitt abweichen. Je nach Angelegenheit treten weitere Faktoren hinzu.

§ 46
Übrige Kindschaftssachen

(1) Wenn Gegenstand einer Kindschaftssache eine vermögensrechtliche Angelegenheit ist, gelten § 18 Abs. 3, die §§ 19 bis 25, 39 Abs. 2 und § 46 Abs. 4 der Kostenordnung entsprechend.

(2) Bei Pflegschaften für einzelne Rechtshandlungen bestimmt sich der Verfahrenswert nach dem Wert der Rechtshandlung. Bezieht sich die Pflegschaft auf eine gegenwärtige oder künftige Mitberechtigung, ermäßigt sich der Wert auf den Bruchteil, der

dem Anteil der Mitberechtigung entspricht. Bei Gesamthandsverhältnissen ist der Anteil entsprechend der Beteiligung an dem Gesamthandvermögen zu bemessen.

(3) Der Wert beträgt in jedem Fall höchstens eine Million Euro.

I. Allgemeines

1 In Kindschaftssachen vermögensrechtlicher Art werden häufig Gegenstände oder Rechte zu bewerten sein. Hierfür enthält die KostO umfangreiche Bewertungsvorschriften. Auf diese wird vergleichbar der Regelung in § 36 Abs. 1 und in § 23 Abs. 3 Satz 1 RVG verwiesen (Abs. 1). Abs. 2 Satz 1 entspricht inhaltlich der Wertvorschrift in § 93 Satz 1 KostO, Satz 2 der Regelung des § 93 Satz 2 KostO. In Abs. 3 ist eine Wertgrenze von einer Million Euro vorgesehen.

II. Inhalt der Vorschrift

1. Vermögensrechtliche Angelegenheiten (Absatz 1)

2 Abs. 1 ist immer anzuwenden, wenn Gegenstand einer Kindschaftssache eine **vermögensrechtliche Angelegenheit** ist. Die Vorschrift geht § 45 vor. Vermögensrechtlich ist jeder Anspruch, der entweder auf einer vermögensrechtlichen Beziehung beruht oder im Wesentlichen wirtschaftlichen Interessen dienen soll. Demnach sind vermögensrechtlich nicht nur auf Geld oder Geldeswert gerichtete Gegenstände, sondern auch solche, die auf vermögensrechtlichen Beziehungen beruhen, mögen auch für ihre Geltendmachung andere Beweggründe als die Wahrnehmung eigener Vermögensinteressen im Vordergrund stehen, sowie Gegenstände, die im Wesentlichen der Wahrung wirtschaftlicher Belange dienen. Alle anderen Ansprüche sind nichtvermögensrechtlich.

3 Wenn Gegenstand der vermögensrechtlichen Kindschaftssache die Genehmigung einer Erklärung oder deren Ersetzung ist, ergibt sich dieselbe Rechtsfolge aus § 36 Abs. 1.

4 Durch Abs. 1 werden nur einzelne Vorschriften der KostO in Bezug genommen. Die Aufzählung ist daher nicht erweiterungsfähig. Die Anwendung des Abs. 1 kommt in folgenden Verfahren in Betracht:

- Verfahren, in denen die Vermögenssorge Gegenstand ist,
- Gestattung, dass Aufhebung der Gütergemeinschaft bei Wiederheirat bis zur Eheschließung unterbleibt (§ 1493 Abs. 2 BGB),
- Anordnung der Aufnahme eines Vermögensverzeichnisses (§ 1640 Abs. 3 BGB),
- Allgemeine Ermächtigung zu Rechtsgeschäften (§ 1643 Abs. 3, § 1825 BGB),
- Genehmigung zu einem neuen Erwerbsgeschäft (§ 1645 BGB),
- Anordnungen zur Vermögensverwaltung (§ 1667 BGB),
- Gestattung, dass Auseinandersetzung einer Vermögensgemeinschaft bei Wiederheirat bis zur Eheschließung unterbleibt (§ 1683 BGB),
- Maßnahmen bei Verhinderung an der Ausübung der elterlichen Sorge (§ 1693 BGB),
- Einschränkung, Ausschließung der Befugnisse des Annehmenden während der Adoptionspflege (§ 1751 Abs. 1 Satz 5, § 1688 Abs. 3 Satz 2 BGB), soweit vermögensrechtlicher Gegenstand.

2. Pflegschaften für einzelne Rechtshandlungen (Absatz 2)

Abs. 2 legt den Wert für die nach Nr. 1313 KV FamGKG bei Pflegschaften für einzelne Rechtshandlungen zu erhebende Gebühr fest. Der Wert bestimmt sich nach dem Wert der Rechtshandlung. Der **Wert einer Pflegschaft** für einzelne Rechtshandlungen bemisst sich also nicht nur nach dem Interesse oder der Beteiligung des Pflegebefohlenen, sondern nach dem Wert des ganzen Rechtsverhältnisses. Hierfür sind die Bewertungsvorschriften des Abs. 1 heranzuziehen. 5

Der Begriff der „Pflegschaft für einzelne Rechtshandlungen" ist ein rein kostenrechtlicher Begriff. Er ist das Gegenstück zur Dauerpflegschaft (vgl. Nr. 1311 KV FamGKG). So ist zB die Pflegschaft für eine Nachlassauseinandersetzung auch dann eine Pflegschaft für einzelne Rechtshandlungen, wenn der Anteil am Nachlass das gesamte Vermögen des Pflegebefohlenen darstellt. 6

Bei einer gegenwärtigen oder künftigen Mitberechtigung des Pflegebefohlenen an dem Gegenstand vermindert sich der Wert auf diesen Anteil. Bei Gesamthandsverhältnissen bestimmt sich der Wert nach der Beteiligung am Gesamthandsvermögen. Bei der BGB-Gesellschaft sind die Gesellschafter im Zweifel zu gleichen Teilen berechtigt. 7

Der Gesetzgeber hat die Regelung des § 93 Satz 3 KostO, wonach bei einer Pflegschaft für mehrere Fürsorgebedürftige die Gebühr nach dem zusammengerechneten Wert einheitlich erhoben wird, nicht in das FamGKG übernommen. Die Übernahme war im Hinblick auf die allgemeine Regelung in § 33 Abs. 1 Satz 1 auch nicht notwendig, da die Anwendung dieser Vorschrift zum selben Ergebnis führt. 8

Da Abs. 1 auch auf § 18 Abs. 3 KostO verweist, ist der **Bruttowert des Gegenstandes** anzunehmen. Insoweit besteht ein Unterschied zur Dauerpflegschaft und zur Betreuung; für diese sind bei der Jahresgebühr nach Nr. 1311 die Verbindlichkeiten abzuziehen (vgl. Abs. 1 Satz 1 der Anmerkung zu Nr. 1311 KV FamGKG). Diese unterschiedliche Behandlung ist gerechtfertigt, da bei der für den Kostenschuldner günstigeren Gebührenberechnung der Dauerpflegschaft soziale Erwägungen eingeflossen sind, die bei Einzelpflegschaften grundsätzlich nicht erforderlich sind. Es gibt somit sachliche Gründe für eine kostenmäßig unterschiedliche Behandlung von Einzel- und Dauerpflegschaften. Es liegt auch ein Verfahren mit mehreren Gegenständen vor, wenn für mehrere Fürsorgebedürftige in einem Verfahren jeweils ein besonderer Pfleger bestellt worden ist. 9

Bei der Pflegschaft zur Vertretung von Kindern bei der **Erbauseinandersetzung** mit dem überlebenden Elternteil nach dem Tode des anderen Elternteils ist der jeweilige Erbanteil der Kinder an der Aktivmasse maßgebend und ggf. eine Wertaddition dieser Anteile vorzunehmen. In diesem Fall bezieht sich die Pflegschaftsbestellung nicht auf den gesamten Nachlass. Hier steht bereits der Wortlaut der gesetzlichen Regelung in Abs. 2 Satz 3 entgegen, der keine Differenzierung danach vornimmt, ob sich die Pflegschaft für den gesamthänderisch beteiligten Fürsorgebedürftigen lediglich auf einzelne Rechtshandlungen oder auf das Gesamthandsvermögen als solches bezieht. Vielmehr ist in dieser Vorschrift eine Regelung für alle von ihrem Wortlaut erfassten Fälle zu sehen. Ihr fehlt es auch nicht an der inneren Rechtfertigung. Zwar liegt es im Begriff der Gesamthandsberechtigung, dass jeder Gesamthänder auf das Ganze berechtigt ist, lediglich mit der Einschränkung, dass seine Berechtigung ihre Grenze in der der anderen Berechtigten findet. Das ändert aber nichts daran, dass die Berechtigung des Gesamthänders der Sache nach, insbesondere wirtschaftlich gesehen, nur als ein Anteil anzusehen ist, weshalb es gebührenrechtlich gerechtfertigt, wenn nicht sogar ge- 10 boten ist, nicht allein aus der rechtlichen Konstruktion ungerechtfertigte Folgerungen zu ziehen.

3. Wertgrenze (Absatz 3)

11 Für die übrigen Kindschaftssachen iS von § 46 ist die gleiche Wertgrenze in Höhe von einer Million Euro festgelegt worden wie für Genehmigungsverfahren (§ 36). Die Gebühr nach Nr. 1310 KV FamGKG beträgt demnach höchstens 2228 Euro.

§ 47
Abstammungssachen

(1) In Abstammungssachen nach § 169 Nr. 1 und 4 des Gesetzes über das Verfahren in Familiensachen und in den Angelegenheiten der freiwilligen Gerichtsbarkeit beträgt der Verfahrenswert 2000 Euro, in den übrigen Abstammungssachen 1000 Euro.

(2) Ist der nach Absatz 1 bestimmte Wert nach den besonderen Umständen des Einzelfalls unbillig, kann das Gericht einen höheren oder einen niedrigeren Wert festsetzen.

I. Allgemeines

1 Die bisherige Wertvorschrift des § 48 Abs. 3 Satz 3 GKG ist für Abstammungssachen in modifizierter Form übernommen worden (Abs. 1).

II. Inhalt der Vorschrift

1. Abstammungssachen (Absatz 1)

2 Für Abstammungssachen nach § 169 Nr. 1 und 4 FamFG beträgt der Verfahrenswert 2000 Euro, in den übrigen Abstammungssachen (§ 169 Nr. 2 und 3 FamFG) 1000 Euro. Für die in § 169 Nr. 2 und 3 FamFG genannten Verfahren (Einwilligung in eine Abstammungsuntersuchung bzw. auf Einsicht in ein Abstammungsgutachten) ist im Hinblick auf deren vergleichsweise geringere Bedeutung eine Halbierung des für Vaterschaftsanfechtungs- und -feststellungsverfahren vorgesehenen Verfahrenswerts angeordnet worden. Mit diesen **Festwerten** sind die Abstammungssachen abschließend geregelt.

3 Wenn eine Abstammungssache mehrere Kinder betrifft, sind mehrere Gegenstände iSd. § 33 Abs. 1 Satz 1 vorhanden, mit der Folge, dass der Festwert entsprechend zu vervielfältigen ist. Eine dem § 45 Abs. 2 vergleichbare Regelung hat der Gesetzgeber nicht getroffen.

2. Höherer oder niedrigerer Wert (Absatz 3)

4 Abs. 2 soll in Ausnahmefällen die Festsetzung eines höheren oder niedrigeren Verfahrenswerts ermöglichen, um zu verhindern, dass es zu unvertretbar hohen oder zu

unangemessen niedrigen Werten kommt. Denkbar wäre eine Erhöhung zum Beispiel dann, wenn die Feststellung der Abstammung für das Kind wegen der weit überdurchschnittlichen Einkommens- und Vermögensverhältnisse des Antragsgegners von besonderem Interesse ist.

§ 48
Ehewohnungs- und Haushaltssachen

(1) In Ehewohnungssachen nach § 200 Abs. 1 Nr. 1 des Gesetzes über das Verfahren in Familiensachen und in den Angelegenheiten der freiwilligen Gerichtsbarkeit beträgt der Verfahrenswert 3000 Euro, in Ehewohnungssachen nach § 200 Abs. 1 Nr. 2 des Gesetzes über das Verfahren in Familiensachen und in den Angelegenheiten der freiwilligen Gerichtsbarkeit 4000 Euro.

(2) In Haushaltssachen nach § 200 Abs. 2 Nr. 1 des Gesetzes über das Verfahren in Familiensachen und in den Angelegenheiten der freiwilligen Gerichtsbarkeit beträgt der Wert 2000 Euro, in Haushaltssachen nach § 200 Abs. 2 Nr. 2 des Gesetzes über das Verfahren in Familiensachen und in den Angelegenheiten der freiwilligen Gerichtsbarkeit 3000 Euro.

(3) Ist der nach den Absätzen 1 und 2 bestimmte Wert nach den besonderen Umständen des Einzelfalls unbillig, kann das Gericht einen höheren oder einen niedrigeren Wert festsetzen.

I. Allgemeines

Für Ehewohnungs- und Haushaltssachen sind in den Abs. 1 und 2 erstmals feste Werte festgelegt worden. 1

II. Inhalt der Vorschrift

1. Ehewohnungssachen (Absatz 1)

In Ehewohnungssachen nach § 200 Abs. 1 Nr. 1 FamFG (Verfahren nach § 1361b BGB) 2 beträgt der Festwert 3000 Euro. In Ehewohnungssachen nach § 200 Abs. 1 Nr. 2 FamFG (Verfahren nach § 1586a BGB) beträgt der Festwert 4000 Euro.

2. Haushaltssachen (Absatz 2)

In Haushaltssachen nach § 200 Abs. 2 Nr. 1 FamFG (Verfahren nach § 1361a BGB) 3 beträgt der Festwert 2000 Euro. In Haushaltssachen nach § 200 Abs. 2 Nr. 2 FamFG (Verfahren nach § 1586b BGB) beträgt der Festwert 3000 Euro.

Mit diesen Festwerten sind die Ehewohnungs- und Haushaltssachen abschließend ge- 4 regelt. Es ist auf den Wert ohne Einfluss, ob und welche Anordnungen nach § 209 FamFG das Gericht in der Endentscheidung zur Durchführung der Entscheidung trifft.

3. Höherer oder niedrigerer Wert (Absatz 3)

5 Abs. 3 soll die Festsetzung eines höheren oder niedrigeren Verfahrenswerts in Ausnahmefällen ermöglichen, um zu verhindern, dass es zu unvertretbar hohen oder zu unangemessen niedrigen Werten kommt. So kann es bei besonders teuren Wohnungen angemessen sein, den Wert entsprechend höher festzusetzen. Streiten die Beteiligten hingegen zB über einzelne, nur für die Betroffenen wichtige, aber sonst wertlose Haushaltsgegenstände, kann es erforderlich sein, den Verfahrenswert niedriger festzusetzen.

§ 49
Gewaltschutzsachen

(1) In Gewaltschutzsachen nach § 1 des Gewaltschutzgesetzes beträgt der Verfahrenswert 2000 Euro, in Gewaltschutzsachen nach § 2 des Gewaltschutzgesetzes 3000 Euro.

(2) Ist der nach Absatz 1 bestimmte Wert nach den besonderen Umständen des Einzelfalls unbillig, kann.

1 Die Wertvorschrift für Gewaltschutzsachen entspricht in ihrer Struktur der Regelung in § 48 FamGKG.

2 Der Vorschrift unterscheidet zwischen den gerichtlichen Maßnahmen nach § 1 GewSchG (Schutz vor Gewalt und Nachstellungen) und nach § 2 GewSchG (Überlassung einer gemeinsam genutzten Wohnung). Betrifft das Verfahren die Zuweisung der Wohnung (§ 2 GewSchG), gilt der gleiche Wert wie in Ehewohnungssachen nach § 1361b BGB (§ 48 Abs. 1). In Verfahren nach § 1 GewSchG ist wegen der geringeren Bedeutung ein Wert von 2000 Euro vorgesehen.

3 Mit diesen Festwerten sind die Gewaltschutzsachen abschließend geregelt. Es ist auf den Wert ohne Einfluss, ob und welche Anordnungen nach § 215 FamFG das Gericht in der Endentscheidung zur Durchführung trifft.

4 Abs. 3 soll die Festsetzung eines höheren oder niedrigeren Verfahrenswerts in Ausnahmefällen ermöglichen, um zu verhindern, dass es zu unvertretbar hohen oder zu unangemessen niedrigen Werten kommt.

§ 50
Versorgungsausgleichssachen

(1) In Versorgungsausgleichssachen beträgt der Verfahrenswert für jedes Anrecht 10 Prozent, bei Ausgleichsansprüchen nach der Scheidung für jedes Anrecht 20 Prozent des in drei Monaten erzielten Nettoeinkommens der Ehegatten. Der Wert nach Satz 1 beträgt insgesamt mindestens 1000 Euro.

(2) In Verfahren über einen Auskunftsanspruch oder über die Abtretung von Versorgungsansprüchen beträgt der Verfahrenswert 500 Euro.

(3) Ist der nach den Absätzen 1 und 2 bestimmte Wert nach den besonderen Umständen des Einzelfalls unbillig, kann das Gericht einen höheren oder einen niedrigeren Wert festsetzen.

I. Allgemeines

Die in Versorgungsausgleichssachen (§ 217 FamFG) anzusetzenden Werte sind insgesamt neu gefasst worden. Nach Auffassung des Gesetzgebers tragen die früher vorgesehenen Festwerte dem konkreten Aufwand der Gerichte im Versorgungsausgleich nicht immer hinreichend Rechnung. Zudem spielen häufiger als früher neben Anrechten aus den Regelsicherungssystemen auch betriebliche und private Versorgungen eine Rolle, künftig insbesondere auch „Riester-Verträge". Die Anzahl der auszugleichenden Anrechte steigt also. Durch das neue Teilungsprinzip – Grundsatz der Teilung jedes Anrechts – tritt zusätzlich die Bedeutung des einzelnen Anrechts in den Vordergrund. 1

Im Allgemeinen sind die erworbenen Anrechte abhängig von den Beiträgen der Eheleute zu den Versorgungssystemen und damit mittelbar von ihrem Erwerbseinkommen bestimmt. Es ist deshalb sachlich gerechtfertigt, den Verfahrenswert in Versorgungsausgleichssachen ähnlich wie in Ehesachen (§ 43) an den Einkünften der Ehegatten zu orientieren. 2

II. Inhalt der Vorschrift

1. Anknüpfung an das Nettoeinkommen

Abs. 1 Satz 1 regelt, dass dem Verfahrenswert für jedes Anrecht ein Betrag von 10 Prozent, bei Ausgleichsansprüchen nach der Scheidung 20 Prozent des in drei Monaten erzielten Nettoeinkommens der Ehegatten zugrunde zu legen ist. Im Allgemeinen sind mit einer Erwerbstätigkeit und mit höheren Einkünften höhere Anrechte in den Versorgungssystemen verbunden. In der überwiegenden Zahl der Fälle wird die Regelung daher dazu führen, dass die Bedeutung der erworbenen Anrechte besser als nach bislang geltendem Recht abgebildet werden kann. 3

Der Gleichklang zur Bewertungsvorschrift in § 43 hat zur Folge, dass der Aufwand für die Wertfestsetzung im Versorgungsausgleich begrenzt wird. 4

Abs. 1 Satz 2 regelt – vorbehaltlich der Billigkeitsbestimmung in Abs. 3 – eine Untergrenze für den nach Abs. 1 Satz 1 zu bestimmenden Wert. Der vorgesehene Mindestwert entspricht dem im bisherigem Recht vorgesehenen Wert für die Ausgleichung von Anrechten aus den Regelsicherungssystemen (§ 49 Nr. 1 GKG). 5

Zur Ermittlung des zugrunde zu legenden Nettoeinkommens wird auf die Erläuterung zu § 43 Bezug genommen. 6

Anwendungsbeispiel: 7

- Das in drei Monaten erzielte Nettoeinkommen beider Ehegatten beträgt 12 000 Euro. Folgende Versorgungsanrechte sind auszugleichen:

Ehemann:
gesetzliche Rentenversicherung (1),
betriebliche Alterversorgung (2) und
Riesterrente (3)
Ehefrau:
gesetzliche Rentenversicherung (4)

Verfahrenswert: (4 × 10 % =) 40 % von 12 000 Euro = 4 800 Euro

2. Auskunftsanspruch (Absatz 2)

8 Nur für Verfahren über einen Auskunftsanspruch oder über die Abtretung von Versorgungsansprüchen ist in Abs. 3 ein von der Regelung des Abs. 1 abweichender Festwert von 500 Euro vorgesehen.

9 Mit den Wertbestimmungen in Abs. 1 und 2 sind die Versorgungsausgleichssachen abschließend geregelt.

3. Höherer oder niedrigerer Wert (Absatz 3)

10 Die dem Familiengericht eingeräumte Möglichkeit, unter Billigkeitsgesichtspunkten von dem rechnerisch ermittelten Wert abzuweichen, wird in solchen Fällen zur Anwendung kommen, in denen der Wert zu Umfang, Schwierigkeit und Bedeutung der Sache in keinem vertretbaren Verhältnis steht.

§ 51
Unterhaltssachen

(1) In Unterhaltssachen, die Familienstreitsachen sind und wiederkehrende Leistungen betreffen, ist der für die ersten zwölf Monate nach Einreichung des Klageantrags oder des Antrags geforderte Betrag maßgeblich, höchstens jedoch der Gesamtbetrag der geforderten Leistung. Bei Unterhaltsansprüchen nach den §§ 1612a bis 1612c des Bürgerlichen Gesetzbuchs ist dem Wert nach Satz 1 der Monatsbetrag des zum Zeitpunkt der Einreichung des Klageantrags oder des Antrags geltenden Mindestunterhalts nach der zu diesem Zeitpunkt maßgebenden Altersstufe zugrunde zu legen.

(2) Die bei Einreichung des Klageantrags fälligen Beträge werden dem Wert hinzugerechnet. Der Einreichung des Klageantrags steht die Einreichung eines Antrags auf Bewilligung der Prozesskostenhilfe gleich, wenn der Klageantrag alsbald nach Mitteilung der Entscheidung über den Antrag oder über eine alsbald eingelegte Beschwerde eingereicht wird. Die Sätze 1 und 2 sind im vereinfachten Verfahren zur Festsetzung von Unterhalt Minderjähriger entsprechend anzuwenden.

(3) In Unterhaltssachen, die nicht Familienstreitsachen sind, beträgt der Wert 300 Euro. Ist der Wert nach den besonderen Umständen des Einzelfalls unbillig, kann das Gericht einen höheren Wert festsetzen.

I. Allgemeines

1 Die Vorschrift enthält die Wertvorschriften für Unterhaltssachen (§ 231 FamFG).

II. Inhalt der Vorschrift

1. Wiederkehrende Leistung (Abs. 1 Satz 1)

2 Abs. 1 entspricht – redaktionell angepasst – dem § 42 Abs. 1 GKG. In der Begründung des RegE wird ausgeführt,[1] die Regelung in Abs. 1 solle künftig auch Familienstreitsachen über vertragliche Unterhaltsansprüche erfassen (§ 112 Nr. 3 iVm. § 266 Abs. 1 FamFG), sofern sie wiederkehrende Leistungen betreffen. Diese Auffassung ist mit dem Gesetzeswortlaut nicht in Einklang zu bringen. Abs. 1 gilt nur in **Unterhaltssachen**, die **Familienstreitsachen** sind. Der Begriff der Unterhaltssache ist der des Verfahrensrechts (§ 231 FamFG). Vertragliche Unterhaltsansprüche sind keine Unterhaltssachen, sondern sonstige Familiensachen (§ 266 Abs. 1 FamFG). Es kommt daher allenfalls eine sinngemäße Anwendung der Regelung des Abs. 1 in Frage, die angesichts des eindeutigen Willens des Gesetzgebers auch erfolgen kann. Dies gilt umso mehr als eine Anwendung von § 9 ZPO, der bisher über die Verweisung in § 48 Abs. 1 GKG für vertragliche Unterhaltsansprüche einschlägig war, nicht mehr möglich ist.

3 In Unterhaltssachen, die Familienstreitsachen sind und wiederkehrenden Leistungen betreffen, wird der Wert für den laufenden Unterhalt nach dem Unterhalt bemessen, der für die ersten 12 Monate nach Einreichung des Klageantrags oder des Antrags gefordert wird. Nach Abs. 2 Satz 2 steht der Einreichung des Klageantrags die Einreichung eines Antrags auf Bewilligung der Prozesskostenhilfe gleich, wenn der Klageantrag alsbald nach Mitteilung der Entscheidung über den Antrag oder über eine alsbald eingelegte Beschwerde eingereicht wird.

4 Die Vorschrift gilt auch im vereinfachten Verfahren über den Unterhalt Minderjähriger (§§ 249 ff. FamFG).

5 Ist der Zeitraum, für den Unterhalt begehrt wird, geringer, so ist der auf diesen Zeitraum entfallende Betrag maßgebend (Abs. 1 Satz 1 letzter Halbs.).

6 Werden für die maßgeblichen 12 Monate unterschiedliche Beträge verlangt, sind die jeweils tatsächlichen geltend gemachten Beträge zu berücksichtigen. Höhere oder niedrigere Unterhaltsbeträge, die für spätere – also über 12 Monate hinausgehende – Zeiträume gefordert werden, wirken sich auf den Wert nicht aus.

7 Dem Wert einer Unterhaltssache ist der **tatsächlich geforderte Unterhaltsbetrag** einschließlich freiwilliger Zahlungen zugrunde zu legen, und nicht nur die streitigen Spitzenbeträge. Eine andere Beurteilung dieser Frage widerspricht dem System der Ermittlung des Unterhaltswerts, das hierbei nicht nach streitigem und nichtstreitigem Unterhalt unterscheidet.

8 Bei Geltendmachung von **Unterhaltsansprüchen von Mutter und Kind** in einem Verfahren liegen mehrere Gegenstände vor. Die Einzelwerte sind zu addieren (§ 33 Abs. 1 Satz 1). Unterhaltsabänderungs- und Unterhaltsabänderungswiderklage haben nicht denselben Gegenstand iS von § 39 Abs. 1. Die Werte sind zusammenzurechnen. Werden Unterhalt für die Dauer des Getrenntlebens und nachehelicher Unterhalt nebeneinander geltend gemacht, so handelt es sich um verschiedene Gegenstände. Es hat eine gesonderte Bewertung mit dem jeweiligen Jahreswert zu erfolgen. Der Kindesunterhalt und ggf. Rückstände sind natürlich unabhängig hiervon zusätzlich zu bewerten.

9 Abs. 1 ist auch auf Unterhaltsfeststellungsklagen – unabhängig davon, ob es sich um eine negative oder eine positive Feststellungsklage handelt – anzuwenden, denn auch

1 BT-Drucks. 16/6308, S. 307.

diese Unterhaltsachen sind Familienstreitsachen, die eine wiederkehrende Leistung betreffen. Danach ist zunächst der für die ersten 12 Monate nach Einreichung der Feststellungsklage entfallende Betrag maßgeblich. Gleiches gilt für die Vollstreckungsgegenklage, die einen Unterhaltsanspruch zu Gegenstand hat.

10 Wird der Unterhalt im Rahmen einer Stufenklage geltend gemacht, ist Abs. 1, wenn auch indirekt, auch dann für den Wert maßgebend, wenn die Klage im Auskunftsverfahren „stecken bleibt", weil sich die Hauptsache nach dem Auskunftsverfahren erledigt hat und der Klageanspruch demnach unbeziffert bleibt. Der Wert des Leistungsantrags ist nach der Erwartung der Partei bei Beginn der Instanz im Rahmen der Ermessensausübung nach § 42 Abs. 1 zu schätzen.

2. Mindestunterhalt (Abs. 1 Satz 2)

11 Abs. 1 Satz 2 erfasst Ansprüche nach den §§ 1612a bis 1612c BGB, wenn die Klage auf den Mindestunterhalt gerichtet ist. Dem Wert ist in diesem Fall der Monatsbetrag des zum Zeitpunkt der Einreichung des Klageantrags oder des Antrags geltenden Mindestunterhalts nach der zu diesem Zeitpunkt maßgebenden Altersstufe zugrunde zu legen. Die gem. § 1612b BGB anzurechnenden Kindergeldbeträge sind hierbei von dem Regelbetrag abzuziehen. Im Blick auf die nur eingeschränkte Bedeutung des Abs. 1 Satz 2 als reine Wertermittlungsvorschrift ist der maßgebende Wert anschließend unter Berücksichtigung des gestellten Antrags (eventuell eines Vielfaches des Regelbetrages) nach Abs. 1 Satz 1 konkret zu ermitteln.

12 Wird im Regelunterhaltsverfahren beantragt, die bereits titulierte Unterhaltsrente um einen bestimmten Prozentsatz herauf- oder herabzusetzen, liegt ein bezifferter Antrag gem. Abs. 1 Satz 1 vor. Hier berechnet sich der Wert nach dem zwölffachen Betrag des kapitalisierten monatlichen Unterhalts.

3. Rückstände (Abs. 2 Satz 1)

13 Nach Abs. 2 Satz 1 sind die bei Einreichung des Klageantrags fälligen Beträge dem Wert hinzurechnen. Dies entspricht inhaltlich der Regelung des § 42 Abs. 5 Satz 1 Halbs. 1 GKG. Entscheidender **Zeitpunkt für die Hinzurechnung der Rückstände** ist die **Einreichung des Antrags**. Da der Schuldner den Unterhalt im Voraus zahlen muss, zählt der Einreichungsmonat zum Rückstand.

14 Rückstände sind auch bei Feststellungsklagen zu berücksichtigen. Eine Erfassung von Rückständen ist nicht deshalb begrifflich ausgeschlossen, weil Feststellungsklagen wesensgemäß nur auf die Zukunft ausgerichtet sind. Auch bei Feststellungsklagen ist Grundlage für die Wertberechnung der vorliegende Antrag. Erfasst der Feststellungsantrag auch Rückstände bis zu seiner Einreichung bei Gericht, so sind diese beim Wert nach Abs. 2 Satz 1 erhöhend zu berücksichtigen. Die Sachlage ist nicht anders als bei Änderungs- und Vollstreckungsgegenklagen, auf die Abs. 2 Satz 1 auch anzuwenden ist. Es handelt sich nur um eine Frage der Auslegung des Feststellungsantrags: Im Zweifel ist dieser dahin auszulegen, dass er zukunftsgerichtet lediglich den Zeitraum ab Einreichung bei Gericht umfasst. Ist der Antrag dagegen ausdrücklich auch auf einen bestimmten Zeitraum vor seiner Einreichung gerichtet, so sind die auf diesen Zeitraum entfallenden Beträge streitgegenständlich und bei der Wertfestsetzung zu berücksichtigen. Da der Unterhalt monatlich im Voraus zu leisten ist, rechnet dabei der Betrag für den Monat der Einreichung der Feststellungsklage bei Gericht voll zum rückständigen Zeitraum.

4. Prozesskostenhilfeantrag (Abs. 2 Satz 2)

Ein Prozesskostenhilfeantrag kann einem verfahrenseinleitenden Antrag gleichstehen. Dies gilt jedoch nur, wenn die Klage oder der Antrag alsbald nach Mitteilung der Entscheidung über den PKH-Antrag oder über eine alsbald eingelegte Beschwerde eingereicht wird. Es darf also keine schuldhafte Verzögerung eingetreten sein. Der Begriff „alsbald" ist in gleicher Weise auszulegen wie in § 696 Abs. 3 ZPO oder wie der Begriff „demnächst" in § 167 ZPO. 15

5. Sonstige Unterhaltssachen (Absatz 3)

Abs. 3 betrifft Verfahren nach § 3 Abs. 2 des BKGG und § 64 Abs. 2 Satz 3 EStG (§ 231 Abs. 2 FamFG): Ist ein Kind in den gemeinsamen Haushalt von Eltern, einem Elternteil und dessen Ehegatten, Pflegeeltern oder Großeltern aufgenommen worden, bestimmen nach diesen Vorschriften diese untereinander den Berechtigten; wird eine Bestimmung nicht getroffen, bestimmt das Gericht auf Antrag den Berechtigten. Für die Entscheidungen in diesen Verfahren wurde bisher keine Gebühr erhoben. Die Gebührenfreiheit dieser Verfahren ist durch das FamGKG aufgegeben worden. Wegen der geringen Bedeutung der Verfahren ist ein einheitlicher Festwert von 300 Euro vorgesehen, der, wenn er nach den besonderen Umständen des Einzelfalls unbillig ist, durch das Gericht erhöht werden kann. 16

§ 52
Güterrechtssachen

Wird in einer Güterrechtssache, die Familienstreitsache ist, auch über einen Antrag nach § 1382 Abs. 5 oder nach § 1383 Abs. 3 des Bürgerlichen Gesetzbuchs entschieden, handelt es sich um ein Verfahren. Die Werte werden zusammengerechnet.

Die Regelung über die Wertberechnung, wenn in einer Güterrechtssache, die Familienstreitsache ist, gleichzeitig über die Stundung oder über die Übertragung bestimmter Vermögensgegenstände zu entscheiden ist, entspricht inhaltlich der sich im bisherigem Recht aus § 46 Abs. 2 iVm. Abs. 1 Satz 1 GKG ergebenden Regelung. 1

Es wird der Fall geregelt, dass ein Ehegatte auf Zugewinnausgleich klagt und die Übertragung von Vermögensgegenständen unter Anrechnung auf die Ausgleichsforderung begehrt, ferner der Fall, dass auf die Zugewinnausgleichsklage hin der Gegner die Stundung seiner Schuld begehrt. Die Vorschrift stellt klar, dass es sich insoweit um ein Verfahren handelt, in dem die verschiedenen Gegenstände einzeln zu bewerten und zu addieren sind. 2

Für die Übertragung von Vermögensgegenständen unter Anrechnung auf die Ausgleichsforderung und für die Stundung der Ausgleichsforderung erfolgt die Wertbestimmung nach § 42 Abs. 1. Gegenstand des Verfahrens auf Ausgleich des Zugewinns ist eine bezifferte Geldforderung, der Verfahrenswert bemisst sich nach der Höhe dieser Geldforderung (§ 35). 3

Unterabschnitt 3
Wertfestsetzung

§ 53
Angabe des Werts

Bei jedem Antrag ist der Verfahrenswert, wenn dieser nicht in einer bestimmten Geldsumme besteht, kein fester Wert bestimmt ist oder sich nicht aus früheren Anträgen ergibt, und nach Aufforderung auch der Wert eines Teils des Verfahrensgegenstands schriftlich oder zu Protokoll der Geschäftsstelle anzugeben. Die Angabe kann jederzeit berichtigt werden.

1 Die Vorschrift entspricht – redaktionell angepasst – dem § 61 GKG.

2 Die Bestimmung der **Pflicht zur Wertangabe bei der Antragstellung** ist eine Ordnungsvorschrift. Wird sie nicht eingehalten, so läuft der Verpflichtete zunächst Gefahr, dass das Gericht den Wert zu hoch schätzt. Ggf. kann die Nichtangabe auch eine Abschätzung durch Sachverständige (§ 56) erforderlich machen, die wiederum zu einer Kostenbelastung des Angabepflichtigen führen kann. Denkbar ist auch die Auferlegung einer Verzögerungsgebühr (§ 32).

3 Die Pflicht zur Wertangabe besteht bei jedem Antrag, wenn dieser nicht in einer bestimmten Geldsumme besteht, kein fester Wert bestimmt ist oder sich nicht aus früheren Anträgen ergibt. Dabei ist nicht nur der Gesamtwert, sondern nach Aufforderung auch der Wert eines Teils des Verfahrensgegenstands anzugeben.

4 Feste Werte sind für folgenden Verfahren vorgesehen:

- Bestimmte Kindschaftssachen (§ 45 Abs. 1),
- Abstammungssachen (§ 47 Abs. 1),
- Ehewohnungs- und Haushaltssachen (§ 48 Abs. 1),
- Gewaltschutzsachen (§ 49 Abs. 1),
- Versorgungsausgleichssachen betreffend die Verfahren über einen Auskunftsanspruch oder über die Abtretung von Versorgungsansprüchen (§ 50 Abs. 2),
- Unterhaltssachen, die nicht Familienstreitsachen sind (§ 51 Abs. 3).

5 Da die Wertangabe nach Satz 2 jederzeit berichtigt werden kann, sind weder die Beteiligten noch das Gericht an die Angabe gebunden. Die Angaben der Beteiligten sind aber ein wichtiges Indiz und können nicht völlig unbeachtet bleiben. Die Nichtbeachtung von Wertangaben der Beteiligten kann in den Fällen, in denen der Wert nach Ermessen zu bestimmen ist, ermessensfehlerhaft sein, weil dann nicht alle wesentlichen Umstände Beachtung gefunden haben.

§ 54
Wertfestsetzung für die Zulässigkeit der Beschwerde

Ist der Wert für die Zulässigkeit der Beschwerde festgesetzt, ist die Festsetzung auch für die Berechnung der Gebühren maßgebend, soweit die Wertvorschriften dieses Gesetzes nicht von den Wertvorschriften des Verfahrensrechts abweichen.

Die Vorschrift übernimmt inhaltlich die Regelung des § 62 GKG, beschränkt diese jedoch auf die **Wertfestsetzung für die Zulässigkeit der Beschwerde**, weil die Zuständigkeit des Familiengerichts nicht vom Wert abhängig ist. 1

Nach der Bestimmung ist die Festsetzung des Werts, die das Gericht für die Zulässigkeit der Beschwerde vorgenommen hat, auch für die Berechnung der Gebühren maßgebend, soweit die Wertvorschriften des FamGKG nicht von den verfahrensrechtlichen Wertvorschriften abweichen. Bedeutung hat die Vorschrift nur für die Beschwerdeinstanz, nicht für die erste Instanz und auch nicht für die Rechtsbeschwerde. 2

Die Vorschrift verfolgt vorrangig das Ziel, divergierende Wertfestsetzungen zu vermeiden, wenn sich der Wert für die Zulässigkeit der Beschwerde und für die Berechnung der Gebühren nach identischen Wertvorschriften richtet. Durch die Koppelung von Zuständigkeits- und Gebührenstreitwert in diesen Fällen soll weiter ausgeschlossen werden, dass die Gerichtsgebühren nach einem anderen als dem verfahrensrechtlichen Wert berechnet werden. 3

Die Bindungswirkung tritt nur bei einer förmlichen Festsetzung des Werts für die Zulässigkeit der Beschwerde ein. Eine solche Wertfestsetzung erfolgt grundsätzlich in dem Beschluss, der die Zulässigkeit der Beschwerde bejaht oder verneint. 4

Voraussetzung für die Maßgeblichkeit der Festsetzung des Werts der Beschwerde ist **Identität der Wertvorschriften**. Die danach notwendige Gleichheit der verfahrens- und gebührenrechtlichen Wertvorschriften ist nur bei reinen **Zahlungsklagen** gegeben. Die Bindungswirkung muss nämlich immer dann entfallen, wenn in den Wertvorschriften des FamGKG Wertermäßigungen aus sozialen Gründen oder Billigkeitserwägungen vorgesehen sind. Die Bindungswirkung entfällt ferner bei Klageerweiterung oder Klageermäßigung, weil sich dadurch der ursprüngliche Bewertungsgegenstand ändert, sowie bei Klage und Widerklage und bei einer Stufenklage. 5

§ 55
Wertfestsetzung für die Gerichtsgebühren

(1) Sind Gebühren, die sich nach dem Verfahrenswert richten, mit der Einreichung des Klageantrags, des Antrags, der Einspruchs- oder der Rechtsmittelschrift oder mit der Abgabe der entsprechenden Erklärung zu Protokoll fällig, setzt das Gericht sogleich den Wert ohne Anhörung der Beteiligten durch Beschluss vorläufig fest, wenn Gegenstand des Verfahrens nicht eine bestimmte Geldsumme in Euro ist oder für den Regelfall kein fester Wert bestimmt ist. Einwendungen gegen die Höhe des festgesetzten Werts können nur im Verfahren über die Beschwerde gegen den Beschluss, durch

den die Tätigkeit des Gerichts auf Grund dieses Gesetzes von der vorherigen Zahlung von Kosten abhängig gemacht wird, geltend gemacht werden.

(2) Soweit eine Entscheidung nach § 54 nicht ergeht oder nicht bindet, setzt das Gericht den Wert für die zu erhebenden Gebühren durch Beschluss fest, sobald eine Entscheidung über den gesamten Verfahrensgegenstand ergeht oder sich das Verfahren anderweitig erledigt.

(3) Die Festsetzung kann von dem Gericht, das sie getroffen hat, und, wenn das Verfahren wegen der Hauptsache oder wegen der Entscheidung über den Verfahrenswert, den Kostenansatz oder die Kostenfestsetzung in der Rechtsmittelinstanz schwebt, von dem Rechtsmittelgericht von Amts wegen geändert werden. Die Änderung ist nur innerhalb von sechs Monaten zulässig, nachdem die Entscheidung in der Hauptsache Rechtskraft erlangt oder das Verfahren sich anderweitig erledigt hat.

I. Allgemeines

1 Die Vorschrift übernimmt – redaktionell angepasst – § 63 GKG für die Verfahren vor den ordentlichen Gerichten.

II. Inhalt der Vorschrift

1. Vorläufige Wertfestsetzung (Abs. 1 Satz 1)

2 Eine **vorläufige Wertfestsetzung** nach Abs. 1 ist nur unter folgenden Voraussetzungen möglich:

- In dem Verfahren müssen Wertgebühren anfallen.
- Diese Wertgebühren müssen mit dem verfahrenseinleitenden Antrag fällig werden.
- Gegenstand des Verfahrens ist nicht eine bestimmte Geldsumme.
- Das Gesetz darf für das Verfahren für den Regelfall keinen Festwert vorsehen.

3 Durch diese Voraussetzungen ist eine vorläufige Wertfestsetzung **nur in Ehesachen und in selbständigen Familienstreitsachen** möglich, denn nur in diesen Verfahren wird die Verfahrensgebühr mit der Einreichung der Antragsschrift, des Klageantrags, der Einspruchs- oder Rechtsmittelschrift oder mit der Abgabe der entsprechenden Erklärung zu Protokoll fällig (§ 9 Abs. 1). Durch die Beschränkung auf Ehesachen und selbständige Familienstreitsachen geht die weitere Voraussetzung, dass für das Verfahren für den Regelfall kein Festwert vorgesehen sein darf, ins Leere. Weder für die Ehesachen noch für die Familienstreitsachen (§ 112 FamFG) sieht das FamGKG Regelfestwerte vor.

4 Abs. 1 setzt voraus, dass für das Verfahren **wertabhängige Gebühren** anfallen. Er ist also nicht anwendbar, wenn Wertgebühren oder keine Gebühren anfallen.

5 Wenn Gegenstand einer selbständigen Familienstreitsache ausschließlich eine bestimmte Geldsumme ist, ist eine vorläufige Wertfestsetzung nicht erforderlich, weil der Wert (§ 35) feststeht.

6 Sind die vorgenannten Voraussetzungen gegeben, ist der Verfahrenswert von Amts wegen unmittelbar nach Eingang des verfahrenseinleitenden Antrags vorläufig festzusetzen. Erst durch die Festsetzung des Werts ist die vorgesehene Vorauszahlungs-

pflicht in Ehesachen und selbständigen Familienstreitsachen nach § 14 Abs. 1 umsetzbar.

Eine Gesamtschau der Voraussetzungen des Abs. 1 führt zu dem Ergebnis, dass in Ehesachen grundsätzlich immer und in selbständigen Familienstreitsachen nur dann nicht, wenn ausschließlich eine bestimmte Geldsumme gefordert wird, eine vorläufige Wertfestsetzung zu erfolgen hat. Eine vorläufige Wertfestsetzung erfolgt jedoch dann nicht, wenn dem Antragsteller, der zur Vorauszahlung von Gerichtsgebühren verpflichtet ist, ratenfreie Prozesskostenhilfe bewilligt worden ist. 7

Im Hinblick auf den vorläufigen Charakter der Festsetzung ist eine **Anhörung der Beteiligten** nicht zwingend, aber auch nicht ausgeschlossen. Eine Anhörung dürfte immer dann zweckmäßig sein, wenn in nicht eilbedürftigen Angelegenheiten der Antragsteller seiner Pflicht zur Angabe des Werts (§ 53) nicht genügt hat und das Gericht, zB in einer Ehesache, ohne Angaben der Beteiligten einen Wert nur schwer ermitteln kann. 8

Die Entscheidung ergeht durch Beschluss. 9

2. Anfechtung der vorläufigen Wertfestsetzung (Abs. 1 Satz 2)

Gegen die vorläufige Wertfestsetzung findet nach Abs. 1 Satz 2 eine Beschwerde nur im Rahmen des § 58 statt, wenn sich der Beschwerdeführer gegen die Höhe des auf Grund des vorläufig festgesetzten Werts erhobenen, von ihm vorauszuzahlenden Betrags für das gerichtliche Verfahren wendet. Im Übrigen kann ein Beteiligter eine Beschwerde nur gegen die endgültige Streitwertfestsetzung nach Abs. 2 einlegen (§ 59). 10

Grund für die eingeschränkte Beschwerdemöglichkeit ist, dass der Antragsteller in jedem anderen Fall durch eine vorläufige (überhöhte) Streitwertfestsetzung nicht beschwert ist. 11

Ein Rechtsmittel gegen die vorläufige Wertfestsetzung kann jedoch als eine nach § 58 zulässige Beschwerde auszulegen sein, wenn mit der Beschwerde letztlich die Höhe des geforderten Kostenvorschusses angegriffen wird, der sich ausschließlich nach der Höhe des vorläufig festgesetzten Werts richtet und von dessen Zahlung das Tätigwerden des Gerichts abhängig ist (§ 14 Abs. 1). 12

Fraglich ist, inwieweit der **Prozessbevollmächtigte** gegen eine zu niedrige vorläufige Wertfestsetzung vorgehen kann. § 32 Abs. 2 RVG räumt dem Rechtsanwalt ein **eigenes Beschwerderecht** gegen die Festsetzung des Wertes ein. Hintergrund der Regelung ist, dass durch eine zu niedrige Festsetzung des Werts der Gebührenanspruch des Anwalts tangiert wird. 13

§ 32 Abs. 2 RVG verleiht dem Rechtsanwalt zwar ein eigenes Beschwerderecht. Er eröffnet aber keine über die Regelungen nach dem Gerichtskostengesetz hinausgehende Beschwerdemöglichkeit. Zu beachten ist nämlich der Zweck der vorläufigen Wertfestsetzung. Sie dient vorrangig der Umsetzung der in bestimmten Fällen vorgesehenen Vorauszahlungspflicht nach § 14 Abs. 1 und damit der Beschleunigung des Verfahrens. Berücksichtigt man weiter die nur eingeschränkte Möglichkeit der vorläufigen Wertfestsetzung für Familiensachen insgesamt, drängt sich die Frage auf, ob die aus ganz anderen Gründen vorgesehene Bindungswirkung nach § 32 Abs. 1 RVG überhaupt durch eine nur vorläufige Wertfestsetzung eintreten kann. Das Gesetz hat der vorläufigen Wertfestsetzung im FamGKG selbst nur eine sehr eingeschränkte Verbind- 14 lichkeit zugebilligt, was sich darin widerspiegelt, dass eine Anhörung der Beteiligten nicht erfolgt, eine Änderung jederzeit möglich ist und eben die Beschwerdemöglichkeit eingeschränkt ist. Der im Gesetz ausdrücklich als vorläufig bezeichneten Wertfestsetzung die mit weit reichenden Folgen verbundene Bindungswirkung nach § 32 Abs. 1 RVG zuzusprechen, erscheint daher nicht zwingend. Wenn eine Bindungswirkung für die Rechtsanwaltsvergütung nicht eintritt, ist der Rechtsanwalt durch die vorläufige Festsetzung des Werts nicht beschwert.

15 Im Übrigen folgt der **Ausschluss des Beschwerderechts des Rechtsanwalts** gegen eine vorläufige Wertfestsetzung bereits aus dem Wortlaut des § 32 Abs. 2 RVG, der dem Rechtsanwalt ein eigenes Antragsrecht und eine eigene Beschwerdemöglichkeit nur neben den Verfahrensbeteiligten einräumt. Es besteht auch kein schutzwürdiges Bedürfnis des Rechtsanwalts daran, ein weiter gehendes Beschwerderecht als die Beteiligten selbst zugebilligt zu bekommen, die im Gegensatz zu ihrem Verfahrensbevollmächtigten idR eher an der Festsetzung eines niedrigen als eines höheren Werts interessiert sind. Dass der Anwalt dadurch gezwungen sein kann, seinen Vorschussanspruch nach § 9 RVG auf einem von ihm für zu niedrig gehaltenen Wert abzurechnen und dadurch das Verfahren für seinen Mandanten teilweise vorzufinanzieren, stellt keinen ausreichenden Grund für die Eröffnung einer vom Gesetz nicht vorgesehenen Beschwerdemöglichkeit dar. Zum einen trifft das sich daraus ergebende Insolvenzrisiko des Mandanten den Rechtsanwalt genauso wie die Gerichtskasse. Zum anderen ist der Anwalt dadurch ausreichend geschützt, dass die Wertfestsetzung vorläufigen Charakter hat und daher jederzeit abgeändert werden kann, ohne dass es hierzu eines förmlichen Rechtsmittels bedarf. Letztlich ist auch zu berücksichtigen, dass die vorläufige Festsetzung des Werts – abhängig vom Verfahrensstand – mit erheblichen Unsicherheiten behaftet sein kann, die Anlass für eine mehrfache Änderung der Entscheidung im laufenden Verfahren bieten kann. Würde sich an jede Änderung ein Beschwerdeverfahren des Rechtsanwalts anschließen, würde das Verfahren ohne entsprechende Notwendigkeit und ohne dass der vertretene Beteiligte die Möglichkeit hätte, hierauf Einfluss zu nehmen, über Gebühr verzögert. Dies steht dem Sinn und Zweck der vorläufigen Wertfestsetzung entgegen.

3. Endgültige Wertfestsetzung (Absatz 2)

16 Nach Abs. 2 Satz 1 setzt das Gericht **von Amts wegen** den Wert für die zu erhebenden Gebühren aber dann endgültig fest, wenn eine Entscheidung über den gesamten Verfahrensgegenstand ergeht oder sich das Verfahren anderweitig erledigt hat. Im Verfahren der Beschwerde gilt dies dann nicht, wenn die Festsetzung des verfahrensrechtlichen Werts für die Zulässigkeit der Beschwerde auch für den Gebührenwert wirkt (§ 54).

17 Ein **Antrag** ist **nicht erforderlich**. Wird ein Antrag gestellt, ist dies als Anregung für die von Amts wegen zu treffende Entscheidung zu werten. Den Beteiligten ist rechtliches Gehör zu gewähren. Der Antrag eines Rechtsanwalts ist, wenn eine Festsetzung noch nicht erfolgt ist, als Anregung und, wenn eine Festsetzung bereits erfolgt ist, als Beschwerde zu werten.

18 **Zuständig** ist das Gericht, vor dem die Instanz abgeschlossen wurde. Soweit der Rechtspfleger in der Hauptsache zuständig ist, setzt er auch den Verfahrenswert fest.

19 Die Festsetzung erfolgt durch **Beschluss**, der mit der Entscheidung zur Hauptsache verbunden sein kann.

Die endgültige Wertfestsetzung nach Abs. 2 wirkt für alle Verfahrensbeteiligten, entfaltet eine Bindungswirkung für die Vergütung der Rechtsanwälte (§ 32 Abs. 1 RVG) und ist auch für das Kostenfestsetzungsverfahren bindend. 20

Für die **Anfechtung** der endgültigen Wertfestsetzung gilt § 59. 21

4. Änderung der Wertfestsetzung (Absatz 3)

Die Festsetzung kann von dem Gericht, das sie getroffen hat, und, wenn das Verfahren wegen der Hauptsache oder wegen der Entscheidung über den Verfahrenswert, den Kostenansatz oder die Kostenfestsetzung in der Rechtsmittelinstanz schwebt, von dem Rechtsmittelgericht **von Amts wegen geändert** werden. Der Änderung von Amts wegen kann eine entsprechende Anregung der Beteiligten oder der Verfahrensbevollmächtigten – auch im Wege einer Gegenvorstellung – vorangehen. 22

Im Interesse aller Beteiligten an einem endgültigen Verfahrenswert ist nach Abs. 3 Satz 2 eine Änderung nur **innerhalb von sechs Monaten** zulässig, nachdem die Entscheidung in der Hauptsache Rechtskraft erlangt oder das Verfahren sich anderweitig erledigt hat. Die Frist beginnt mit der endgültigen Erledigung des Verfahrens, nicht bereits einer Instanz. Die Rechtskraft eines Rechtsmittelverfahrens lässt die Frist dann nicht beginnen, wenn das Verfahren an die Vorinstanz zurückverwiesen wurde. Erfolgt eine bisher unterbliebene Festsetzung nach Abs. 2 erst kurz vor Ende der Frist des Abs. 3 Satz 2, kann die Festsetzung noch innerhalb einer sachgemäßen Nachfrist (vgl. § 59 Abs. 1 Satz 3 2. Halbs.) von Amts wegen geändert werden. Ist innerhalb der Frist eine Gegenvorstellung erhoben worden, kann das Gericht auch noch nach Ablauf der Frist die Wertsetzung ändern. 23

Der **Erhöhung des Streitwerts** steht nicht entgegen, dass dadurch eine rechtskräftige Kostenentscheidung unrichtig werden könnte. Nach der überwiegenden Auffassung in Rechtsprechung und Literatur stellt eine Diskrepanz zwischen Kostenquotelung und Streitwert keinen Hinderungsgrund für eine sachlich gebotene Änderung der Wertfestsetzung dar.[1] Die sich infolge nachträglicher Änderung des Werts herausstellende Unrichtigkeit einer rechtskräftigen Kostenentscheidung zwingt entgegen der Argumentation der Gegenmeinung nicht zur Berichtigung der Kostenentscheidung. Abs. 3 sieht die Korrektur einer unzutreffenden Festsetzung des Verfahrenswerts ohne Berücksichtigung der Auswirkung auf eine rechtskräftige Kostenentscheidung vor. Wie die Positionierung dieser Regelung zeigt, hat sie die Wahrung fiskalischer Interessen zum Gegenstand. Die Gebühren für die Staatskasse und die Verfahrensbevollmächtigten der Beteiligten sind nach dem wahren – wenn auch erst nach Rechtskraft für richtig befundenen – Gebührenwert angefallen. Ein Eingriff in diese Rechtspositionen aus der Erwägung, der Schein der Richtigkeit der Kostenentscheidung müsse gewahrt werden, ist nicht gerechtfertigt. Es kann in Anbetracht der Neukodifizierung des FamGKG in Kenntnis dieser Problematik davon ausgegangen werden, dass der Gesetzgeber weiterhin an der **Möglichkeit der Wertkorrektur noch nach Rechtskraft einer Kostenentscheidung** festhalten wollte, ohne dass er es für erforderlich erachtet hat, für diesen Fall gleichzeitig eine Berichtigungsmöglichkeit vorzusehen. 24

1 OLG Köln v. 18.3.1993 – 7 W 1/93, OLGZ 1993, 446; OLG Düsseldorf v. 3.2.1992 – 19 U 16/91, NJW-RR 1992, 1407; OLG Düsseldorf v. 10.6.1992 – 9 W 52/92, NJW-RR 1992, 1532; OLG Hamm v. 11.5.2001 – 7 WF 146/01, MDR 2001, 1186.

§ 56
Schätzung des Werts

Wird eine Abschätzung durch Sachverständige erforderlich, ist in dem Beschluss, durch den der Verfahrenswert festgesetzt wird (§ 55), über die Kosten der Abschätzung zu entscheiden. Diese Kosten können ganz oder teilweise dem Beteiligten auferlegt werden, welcher die Abschätzung durch Unterlassen der ihm obliegenden Wertangabe, durch unrichtige Angabe des Werts, durch unbegründetes Bestreiten des angegebenen Werts oder durch eine unbegründete Beschwerde veranlasst hat.

I. Allgemeines

1 Die Vorschrift entspricht – redaktionell angepasst – dem § 64 GKG.

II. Inhalt der Vorschrift

1. Abschätzung

2 Die Vorschrift setzt voraus, dass im Rahmen einer Wertermittlung auch eine **förmliche Beweiserhebung** in Frage kommt. Für den Geltungsbereich des GKG ist die inhaltsgleiche Vorschrift des § 64 GKG im Zusammenhang mit § 3 Satz 2 ZPO zu sehen. Inhaltlich befasst sich die Vorschrift nur damit, wen die **Sachverständigenkosten für eine Abschätzung** treffen. Voraussetzung für die Anwendung ist zunächst, dass die Abschätzung im Rahmen einer Wertfestsetzung nach § 55 erforderlich wurde. Sie gilt also nicht für die Wertfestsetzung nach § 54.

2. Kosten

3 Die Vorschrift schreibt eine Kostenentscheidung bezüglich der bei einer Abschätzung angefallenen Sachverständigenauslagen zwingend vor, wenn die Abschätzung durch einen Sachverständigen erforderlich war. Im Hinblick auf den eindeutigen Wortlaut ist eine Ausdehnung auf **andere Kosten als Auslagen für einen Sachverständigen nicht zulässig**. Solche Kosten sind von der Staatskasse zu tragen.

4 Eine Abschätzung durch Sachverständige dürfte nur selten erforderlich werden. Dies könnte dann gegeben sein, wenn die Beteiligten ihrer Pflicht zur Angabe des Werts (§ 53) nicht nachkommen oder die Beteiligten offensichtlich unrichtige Angaben machen.

5 Wem die Kosten der Abschätzung aufzuerlegen sind, hat das Gericht nach pflichtgemäßem Ermessen zu entscheiden. Dies können die Staatskasse oder die Beteiligten sein. Nach Satz 2 kann das Gericht die Sachverständigenkosten dem Beteiligten auferlegen, der sie durch Unterlassen der ihm obliegenden Wertangabe, durch unrichtige Angabe des Werts, durch unbegründetes Bestreiten des angegebenen Werts oder durch eine unbegründete Beschwerde veranlasst hat. Es kommt also auch eine Kostenentscheidung zu Lasten eines Verfahrensbevollmächtigten im Rahmen seines Beschwerderechts (§ 32 Abs. 2 RVG) in Betracht.

6 Die Kostenentscheidung ist in den Wertfestsetzungsbeschluss aufzunehmen. Eine Anfechtung ist daher nach § 59 möglich.

Abschnitt 8
Erinnerung und Beschwerde

§ 57
Erinnerung gegen den Kostenansatz, Beschwerde

(1) Über Erinnerungen des Kostenschuldners und der Staatskasse gegen den Kostenansatz entscheidet das Gericht, bei dem die Kosten angesetzt sind. War das Verfahren im ersten Rechtszug bei mehreren Gerichten anhängig, ist das Gericht, bei dem es zuletzt anhängig war, auch insoweit zuständig, als Kosten bei den anderen Gerichten angesetzt worden sind.

(2) Gegen die Entscheidung des Familiengerichts über die Erinnerung findet die Beschwerde statt, wenn der Wert des Beschwerdegegenstands 200 Euro übersteigt. Die Beschwerde ist auch zulässig, wenn sie das Familiengericht, das die angefochtene Entscheidung erlassen hat, wegen der grundsätzlichen Bedeutung der zur Entscheidung stehenden Frage in dem Beschluss zulässt.

(3) Soweit das Familiengericht die Beschwerde für zulässig und begründet hält, hat es ihr abzuhelfen; im Übrigen ist die Beschwerde unverzüglich dem Oberlandesgericht vorzulegen. Das Oberlandesgericht ist an die Zulassung der Beschwerde gebunden; die Nichtzulassung ist unanfechtbar.

(4) Anträge und Erklärungen können ohne Mitwirkung eines Rechtsanwalts schriftlich eingereicht oder zu Protokoll der Geschäftsstelle abgegeben werden; § 129a der Zivilprozessordnung gilt entsprechend. Für die Bevollmächtigung gelten die Regelungen des Gesetzes über das Verfahren in Familiensachen und in den Angelegenheiten der freiwilligen Gerichtsbarkeit entsprechend. Die Erinnerung ist bei dem Gericht einzulegen, das für die Entscheidung über die Erinnerung zuständig ist. Die Beschwerde ist bei dem Familiengericht einzulegen.

(5) Das Gericht entscheidet über die Erinnerung und die Beschwerde durch eines seiner Mitglieder als Einzelrichter. Der Einzelrichter überträgt das Verfahren dem Senat, wenn die Sache besondere Schwierigkeiten tatsächlicher oder rechtlicher Art aufweist oder die Rechtssache grundsätzliche Bedeutung hat.

(6) Erinnerung und Beschwerde haben keine aufschiebende Wirkung. Das Gericht oder das Beschwerdegericht kann auf Antrag oder von Amts wegen die aufschiebende Wirkung ganz oder teilweise anordnen; ist nicht der Einzelrichter zur Entscheidung berufen, entscheidet der Vorsitzende des Gerichts.

(7) Entscheidungen des Oberlandesgerichts sind unanfechtbar.

(8) Die Verfahren sind gebührenfrei. Kosten werden nicht erstattet.

I. Allgemeines

Die Vorschrift entspricht im Wesentlichen § 66 GKG, enthält jedoch keine Regelung über die weitere Beschwerde. Dies beruht darauf, dass in Familiensachen für Entscheidungen über Beschwerden gegen Entscheidungen des Familiengerichts das Oberlandesgericht zuständig ist. Eine weitere Beschwerde zum Bundesgerichtshof ist – entsprechend der Regelung in § 66 Abs. 3 Satz 3 GKG – nicht zulässig. Dies wird durch Abs. 7 klargestellt. 1

II. Inhalt der Vorschrift

2 Die Vorschrift bestimmt die **Rechtsbehelfe** (Erinnerung und Beschwerde) **gegen den Kostenansatz** (§ 18 GKG).

1. Erinnerung

3 Der Rechtsbehelf der Erinnerung steht dem Kostenschuldner und der Staatskasse zu. Die Erinnerung ist an keine Frist und an keinen Wert gebunden. Der Erinnerungsführer muss durch den Kostenansatz beschwert sein.

4 Die Erinnerung ist bei dem Gericht einzulegen, das für die Entscheidung über die Erinnerung zuständig ist (Abs. 4 Satz 3). Die Anträge oder Erklärungen können schriftlich oder elektronisch eingereicht oder zu Protokoll der Geschäftsstelle abgegeben werden (Abs. 4 Satz 1). Ein Anwaltszwang besteht nicht. Die Frage der Bevollmächtigung ist nach § 114 FamFG zu beurteilen (Abs. 4 Satz 2).

5 **Gegenstand der Erinnerung** gegen den Kostenansatz können sein:

- Die Höhe der Gebühren und Auslagen, einschließlich des zugrunde gelegten Werts,
- die Inanspruchnahme als Kostenschuldner (zB das Verhältnis Erst- und Zweitschuldner, § 26),
- die Kosten- oder Gebührenfreiheit (§ 2),
- die Fälligkeit,
- die Verrechnung eines Vorschusses auf die Kostenschuld eines anderen Beteiligten,
- die Einrede der Verjährung,
- die Nichterhebung von Kosten wegen unrichtiger Sachbehandlung (§ 20),
- Einwendungen, die den Kostenanspruch selbst (Einwand der Zahlung) und die Verpflichtung zur Duldung der Zwangsvollstreckung betreffen (§ 8 Abs. 1 JBeitrO).

6 Wird die Richtigkeit des Verfahrenswerts angefochten, ist dies zunächst als Antrag auf Wertfestsetzung und, falls diese schon erfolgt ist, als Beschwerde gegen die Wertfestsetzung (§ 59) zu werten.

7 Ist die Vergütung eines Sachverständigen, eines Dolmetschers, eines Übersetzers oder die Entschädigung eines Zeugen nach § 4 JVEG gerichtlich festgesetzt, hindert diese Festsetzung den Kostenschuldner nicht, Einwendungen gegen die Höhe dieser Auslagen im Wege der Erinnerung geltend zu machen. Nach § 4 Abs. 9 JVEG wirken nämlich die Festsetzungsbeschlüsse nicht zu Lasten des Kostenschuldners.

8 Gegen den Beschluss, durch den die Tätigkeit des Familiengerichts nur auf Grund dieses Gesetzes von der vorherigen Zahlung von Kosten abhängig gemacht wird, und wegen der Höhe des in diesem Fall im Voraus zu zahlenden Betrags findet stets die **Beschwerde** statt. § 57 Abs. 3, 4 Satz 1 und 4, Abs. 5, 7 und 8 sind entsprechend anzuwenden. Soweit sich der Beteiligte in dem Hauptsacheverfahren vor dem Familiengericht durch einen Bevollmächtigten vertreten lassen muss, gilt dies auch im Beschwerdeverfahren.

9 Nicht im Wege der Erinnerung kann die Entscheidung, nach der die Tätigkeit des Familiengerichts auf Grund von Vorschriften des FamGKG von der vorherigen Zahlung von Kosten abhängig gemacht wird, angefochten werden. Vielmehr ist für diese Entscheidung, auch was die Höhe des in diesem Fall im Voraus zu zahlenden Betrags betrifft, die Beschwerde nach § 58 gegeben.

Zuständig für die Entscheidung über die Erinnerung ist das Gericht, bei dem die Kosten angesetzt sind. War das Verfahren im ersten Rechtszug bei mehreren Gerichten anhängig, ist das Gericht, bei dem es zuletzt anhängig war, auch insoweit zuständig, als Kosten bei den anderen Gerichten angesetzt worden sind. Die Zuständigkeit für den Kostenansatz ergibt sich aus § 18. 10

Soweit das Oberlandesgericht zuständig ist, entscheidet es durch eines seiner Mitglieder als Einzelrichter (Abs. 5 Satz 1). Der Einzelrichter überträgt das Verfahren dem Senat, wenn die Sache besondere Schwierigkeiten tatsächlicher oder rechtlicher Art aufweist oder die Rechtssache grundsätzliche Bedeutung hat (Abs. 5 Satz 2). 11

In einem Verfahren, das dem Rechtspfleger übertragen ist, entscheidet dieser auch über die Erinnerung (§ 4 RPflG). 12

2. Beschwerde

Nach Abs. 2 findet gegen die Entscheidung über die Erinnerung die unbefristete Beschwerde statt, wenn der Wert des Beschwerdegegenstands 200 Euro übersteigt. Die Beschwerde ist auch zulässig, wenn das Familiengericht, das die angefochtene Entscheidung erlassen hat, sie wegen der grundsätzlichen Bedeutung der zur Entscheidung stehenden Frage zulässt. Eine Beschwerde gegen eine Erinnerungsentscheidung des Oberlandesgerichts ist ausgeschlossen (Abs. 7). 13

Die Entscheidung über die Zulassung bzw. Nichtzulassung der Beschwerde nach Abs. 2 Satz 2 ist in dem Beschluss zu treffen, in dem über die Erinnerung entschieden wird. Sie kann nicht nachgeholt werden. Der Möglichkeit der Zulassung ist auf die Fälle der grundsätzlichen Bedeutung der zur Entscheidung stehenden Frage beschränkt. Die zur Entscheidung anstehende Frage darf bisher nicht obergerichtlich geklärt sein. Die Entscheidung über die Zulassung hat das Gericht nach freiem Ermessen zu treffen. Die Zulassung ist für das Beschwerdegericht bindend (Abs. 3 Satz 2). Die Nichtzulassung ist nicht anfechtbar (Abs. 3 Satz 2). 14

In Verfahren, die dem Rechtspfleger übertragen sind, entscheidet dieser auch über die Zulassung der Beschwerde. Gegen eine Nichtzulassung der Beschwerde durch den Rechtspfleger ist die befristete Erinnerung nach § 11 Abs. 2 RPflG gegeben. Der Rechtspfleger kann der Erinnerung abhelfen. Erinnerungen, denen er nicht abhilft, legt er dem Richter zur Entscheidung vor. 15

Die Beschwerde ist beim Ausgangsgericht einzulegen, also bei dem Gericht, das über die Erinnerung entschieden hat (Abs. 4 Satz 4). Beschwerdeberechtigt sind der Kostenschuldner und die Staatskasse, soweit sie beschwert sind. Die Anträge oder Erklärungen können schriftlich oder elektronisch eingereicht oder zu Protokoll der Geschäftsstelle abgegeben werden (Abs. 4 Satz 1). Ein Anwaltszwang besteht nicht. Die Frage der Bevollmächtigung ist nach § 114 FamFG zu beurteilen (Abs. 4 Satz 2). 16

Soweit das Familiengericht die Beschwerde für zulässig und begründet hält, hat es ihr abzuhelfen; im Übrigen ist die Beschwerde unverzüglich dem Oberlandesgericht vorzulegen. Das Oberlandesgericht entscheidet über die Beschwerde durch eines seiner Mitglieder als Einzelrichter (Abs. 5 Satz 1). Der Einzelrichter überträgt das Verfahren dem Senat, wenn die Sache besondere Schwierigkeiten tatsächlicher oder rechtlicher Art aufweist oder die Rechtssache grundsätzliche Bedeutung hat (Abs. 5 Satz 2). 17

Die Entscheidung des Beschwerdegerichts ist unanfechtbar. 18

3. Aufschiebende Wirkung und Kosten (Absätze 6 und 8)

19 Nach Abs. 6 haben Erinnerung und Beschwerde keine aufschiebende Wirkung. Sowohl im Erinnerungsverfahren als auch im Beschwerdeverfahren kann das Gericht auf Antrag oder von Amts wegen die aufschiebende Wirkung ganz oder teilweise anordnen. Im Rahmen der Erinnerung oder Beschwerde vor dem Oberlandesgericht trifft die Anordnung grundsätzlich der Einzelrichter. Hat dieser das Verfahren nach Abs. 5 Satz 2 auf den Senat übertragen, entscheidet der Vorsitzende.

20 Die Anordnung und auch die Nichtanordnung sind unanfechtbar.

21 Das Verfahren über die Erinnerung und das Beschwerdeverfahren sind gerichtsgebührenfrei (Abs. 8 Satz 1). Auslagen, insbesondere Zustellungsauslagen, können anfallen. Für diese Kosten haften der Erinnerungs- oder Beschwerdeführer als Antragsteller der Instanz (§ 21 Abs. 1) und derjenige, dem das Gericht die Kosten des Erinnerungs- oder Beschwerdeverfahrens auferlegt hat (§ 24 Nr. 1).

22 Über die im Verfahren entstandenen Aufwendungen der Beteiligten ist nicht zu entscheiden, da Kosten nicht erstattet werden (Abs. 8 Satz 2).

§ 58
Beschwerde gegen die Anordnung einer Vorauszahlung

(1) Gegen den Beschluss, durch den die Tätigkeit des Familiengerichts nur auf Grund dieses Gesetzes von der vorherigen Zahlung von Kosten abhängig gemacht wird, und wegen der Höhe des in diesem Fall im Voraus zu zahlenden Betrags findet stets die Beschwerde statt. § 57 Abs. 3, 4 Satz 1 und 4, Abs. 5, 7 und 8 ist entsprechend anzuwenden. Soweit sich der Beteiligte in dem Hauptsacheverfahren vor dem Familiengericht durch einen Bevollmächtigten vertreten lassen muss, gilt dies auch im Beschwerdeverfahren.

(2) Im Falle des § 16 Abs. 2 ist § 57 entsprechend anzuwenden.

I. Allgemeines

1 Die Vorschrift entspricht – redaktionell angepasst – dem § 67 GKG.

II. Inhalt der Vorschrift

2 Sie eröffnet die Beschwerdemöglichkeit gegen Entscheidungen des Familiengerichts, durch die die Tätigkeit des Gerichts auf Grund des FamGKG von der vorherigen Zahlung von Kosten abhängig gemacht wird.

3 Nach § 12 darf das Gericht sein Tätigwerden von der Zahlung oder Sicherstellung der Kosten nur in ausdrücklich genannten Fällen abhängig machen. Solche ausdrücklichen Vorschriften des FamGKG sind:

- § 14 Abs. 1 (Verfahrensgebühr in Ehesachen und selbständigen Familienstreitsachen, auch bei Klageerweiterung),

- § 14 Abs. 3 (Verfahren, in denen der Antragsteller die Kosten schuldet, § 21),
- § 16 Abs. 1 Satz 2 (Auslagenvorschuss für Handlungen, die nur auf Antrag vorzunehmen sind),

Eine Sonderregelung sieht Abs. 2 für den Fall des § 16 Abs. 2 (Auslagenvorschuss für die Herstellung und Überlassung von Dokumenten auf Antrag sowie die Versendung und die elektronische Übermittlung von Akten) vor. In diesem Fall sind die Erinnerung und die Beschwerde nach § 57 gegeben. 4

Die Entscheidung des Familiengerichts, sein weiteres Tätigwerden nach den Vorschriften des FamGKG von der Zahlung eines Vorschusses abhängig zu machen, und die Festlegung der Höhe des in diesem Fall im Voraus zu zahlenden Betrags, können mit der Beschwerde nach § 58 Abs. 1 angefochten werden. Eine Beschwerde nach § 58 Abs. 1 ist nicht eröffnet, wenn die Vorschusspflicht auch auf Grund verfahrensrechtlicher Vorschriften besteht (§§ 113 Abs. 1 Satz 2 FamFG, 402, 379 ZPO).[1] Diese Vorschriften gehen § 16 vor. Eine Beschwerde nach § 58 Abs. 1 ist aber nur statthaft, soweit das Familiengericht seine richterliche oder rechtspflegerische Tätigkeit von der Zahlung eines Kostenvorschusses oder einer Vorauszahlung gerade nur „auf Grund dieses Gesetzes" abhängig macht. 5

Entgegen dem eigentlichen Wortlaut setzt die Beschwerde keine Entscheidung des Familiengerichts über die Abhängigmachung durch Beschluss voraus. Der Begriff des Beschlusses ist nicht im Sinne eines förmlichen Beschlusses zu verstehen,[2] da rein verfahrensleitende Anordnungen – wie die Abhängigmachung – regelmäßig in Form einer Verfügung erfolgen. 6

Soweit in Abs. 1 Satz 2 auf die Vorschriften des § 57 verwiesen wird, wird auf die Ausführungen zu dieser Vorschrift Bezug genommen. 7

§ 59
Beschwerde gegen die Festsetzung des Verfahrenswerts

(1) Gegen den Beschluss des Familiengerichts, durch den der Verfahrenswert für die Gerichtsgebühren festgesetzt worden ist (§ 55 Abs. 2), findet die Beschwerde statt, wenn der Wert des Beschwerdegegenstands 200 Euro übersteigt. Die Beschwerde findet auch statt, wenn sie das Familiengericht wegen der grundsätzlichen Bedeutung der zur Entscheidung stehenden Frage in dem Beschluss zulässt. Die Beschwerde ist nur zulässig, wenn sie innerhalb der in § 55 Abs. 3 Satz 2 bestimmten Frist eingelegt wird; ist der Verfahrenswert später als einen Monat vor Ablauf dieser Frist festgesetzt worden, kann sie noch innerhalb eines Monats nach Zustellung oder formloser Mitteilung des Festsetzungsbeschlusses eingelegt werden. Im Fall der formlosen Mitteilung gilt der Beschluss mit dem dritten Tag nach Aufgabe zur Post als bekannt gemacht. § 57 Abs. 3, 4 Satz 1, 2 und 4, Abs. 5 und 7 ist entsprechend anzuwenden.

(2) War der Beschwerdeführer ohne sein Verschulden verhindert, die Frist einzuhalten, ist ihm auf Antrag vom Oberlandesgericht Wiedereinsetzung in den vorigen Stand

1 BGH v. 3.3.2009 – VIII ZB 56/08, FamRZ 2009, 1056.
2 OLG Brandenburg v. 17.2.1998 – 7 W 49/97, NJW-RR 1999, 291–292.

zu gewähren, wenn er die Beschwerde binnen zwei Wochen nach der Beseitigung des Hindernisses einlegt und die Tatsachen, welche die Wiedereinsetzung begründen, glaubhaft macht. Nach Ablauf eines Jahres, von dem Ende der versäumten Frist an gerechnet, kann die Wiedereinsetzung nicht mehr beantragt werden.

(3) Die Verfahren sind gebührenfrei. Kosten werden nicht erstattet.

I. Allgemeines

1 Die Vorschrift entspricht inhaltlich im Wesentlichen dem § 68 GKG. Regelungen über die weitere Beschwerde sowie über die Beschwerde gegen die Ablehnung der Wiedereinsetzung sind entsprechend der Systematik, nach der Rechtsmittel gegen die Entscheidungen des Oberlandesgerichts nicht zulässig sein sollen, nicht aufgenommen worden.

II. Inhalt der Vorschrift

1. Statthaftigkeit der Beschwerde (Abs. 1 Satz 1 und 2)

2 Die Beschwerde ist nur **gegen die endgültige Wertfestsetzung nach § 55 Abs. 2 durch das Familiengericht** möglich. Wertfestsetzungen des OLG und des BGH sind unanfechtbar. Hinsichtlich des OLG ergibt sich dies nicht nur aus dem Wortlaut von Abs. 1 Satz 1 sondern auch durch die Verweisung in Abs. 1 Satz 5 auf § 57 Abs. 7.

3 Eine Beschwerde gegen Wertfestsetzungen nach § 54 und § 55 Abs. 1 ist nicht gegeben. Inwieweit eine vorläufige Wertfestsetzung nach § 55 Abs. 1 angefochten werden kann, ist den Erläuterungen zu § 55 zu entnehmen.

4 Wird eine Erinnerung gegen den Kostenansatz (§ 57) ausschließlich mit einer falschen Wertfestsetzung begründet, ist die Erinnerung als Beschwerde gegen die Wertfestsetzung zu werten.

2. Zulässigkeit und Verfahren (Abs. 1 Satz 3 bis 5)

5 Die Beschwerde findet statt, wenn der **Wert des Beschwerdegegenstands 200 Euro** übersteigt. Die Beschwerde ist auch zulässig, wenn das Familiengericht, das die angefochtene Entscheidung erlassen hat, sie wegen der grundsätzlichen Bedeutung der zur Entscheidung stehenden Frage in dem Beschluss zulässt.

6 Bei der **Berechnung der Beschwer** kommt es auf die Differenz der Kosten an, die sich aus dem festgesetzten und dem nach der Beschwerde richtigen Wert ergeben. Hat ein Beteiligter Beschwerde eingelegt, ist für seine Beschwer die Differenz der ihn treffenden Rechtsanwalts- und Gerichtskosten maßgebend. Hat der Rechtsanwalt nach § 32 Abs. 2 RVG die Beschwerde im eigenen Namen eingelegt, ergibt sich die Beschwer aus der Differenz in der Höhe seines Vergütungsanspruchs.

7 Die Entscheidung über die Zulassung bzw. Nichtzulassung der Beschwerde ist in dem Beschluss zu treffen, in dem die Wertfestsetzung erfolgt. Sie kann nicht nachgeholt werden. Der Möglichkeit der Zulassung ist auf die Fälle der grundsätzlichen Bedeutung der zur Entscheidung stehenden Frage beschränkt. Die zur Entscheidung anstehende Frage darf bisher nicht obergerichtlich geklärt sein. Die Entscheidung über die Zulassung hat das Gericht nach freiem Ermessen zu treffen. Die Zulassung ist für das

Beschwerdegericht bindend (Abs. 1 Satz 5 iVm. § 57 Abs. 3 Satz 2). Die Nichtzulassung ist nicht anfechtbar (Abs. 1 Satz 5 iVm. § 57 Abs. 3 Satz 2).

In Verfahren, die dem Rechtspfleger übertragen sind, entscheidet dieser auch über die Zulassung der Beschwerde. Gegen eine Nichtzulassung der Beschwerde durch den Rechtspfleger ist die befristete Erinnerung nach § 11 Abs. 2 RPflG gegeben. Der Rechtspfleger kann der Erinnerung abhelfen. Erinnerungen, denen er nicht abhilft, legt er dem Richter zur Entscheidung vor. 8

Beschwerdeberechtigt sind neben den Beteiligten auch die Prozessbevollmächtigten, und zwar in eigenem Namen (§ 32 Abs. 2 RVG). 9

Nach Abs. 1 Satz 3 muss die Beschwerde innerhalb der **Sechsmonatsfrist** des § 55 Abs. 3 Satz 2 eingelegt werden. Die Beschwerde ist also nur zulässig, wenn sie innerhalb von sechs Monaten, nachdem die Entscheidung in der Hauptsache Rechtskraft erlangt oder das Verfahren sich anderweitig erledigt hat, erhoben wird. Die Frist beginnt mit der endgültigen Erledigung des Verfahrens, nicht bereits einer Instanz. Die Rechtskraft eines Rechtsmittelverfahrens lässt die Frist dann nicht beginnen, wenn das Verfahren an die Vorinstanz zurückverwiesen wurde. 10

Ist der Verfahrenswert später als einen Monat vor Ablauf dieser Frist durch das Familiengericht festgesetzt worden, kann sie noch innerhalb eines Monats nach Zustellung oder formloser Mitteilung des Festsetzungsbeschlusses eingelegt werden (Abs. 1 Satz 3 2. Halbs.). Im Fall der formlosen Mitteilung gilt der Beschluss mit dem dritten Tag nach Aufgabe zur Post als bekannt gemacht (Abs. 1 Satz 4). 11

Die Beschwerde ist **beim Ausgangsgericht** einzulegen also bei dem Familiengericht, das den Wert festgesetzt hat (Abs. 1 Satz 5 iVm. § 57 Abs. 4 Satz 4). Die Anträge oder Erklärungen können schriftlich oder elektronisch eingereicht oder zu Protokoll der Geschäftsstelle abgegeben werden (Abs. 1 Satz 5 iVm. § 57 Abs. 4 Satz 1). Ein Anwaltszwang besteht nicht (Abs. 1 Satz 5 iVm. § 57 Abs. 4 Satz 1). Die Frage der Bevollmächtigung ist nach § 114 FamFG zu beurteilen (Abs. 1 Satz 5 iVm. § 57 Abs. 4 Satz 2). Soweit das Familiengericht die Beschwerde für zulässig und begründet hält, hat es ihr abzuhelfen; im Übrigen ist die Beschwerde unverzüglich dem Oberlandesgericht vorzulegen (Abs. 1 Satz 5 iVm. § 57 Abs. 3 Satz 1). 12

Das Oberlandesgericht entscheidet über die Beschwerde durch eines seiner Mitglieder als Einzelrichter (Abs. 1 Satz 5 iVm. § 57 Abs. 5 Satz 1). Der Einzelrichter überträgt das Verfahren dem Senat, wenn die Sache besondere Schwierigkeiten tatsächlicher oder rechtlicher Art aufweist oder die Rechtssache grundsätzliche Bedeutung hat (Abs. 1 Satz 5 iVm. § 57 Abs. 5 Satz 2). 13

Die Entscheidung des Beschwerdegerichts ist **unanfechtbar**. 14

3. Wiedereinsetzung (Absatz 2)

Abs. 2 ermöglicht bei einer Versäumung der Frist zur Einlegung der Beschwerde die Wiedereinsetzung in den vorigen Stand. Die Entscheidung trifft das Oberlandesgericht. Die Beschwerde muss innerhalb einer Frist von zwei Wochen nach der Beseitigung des Hindernisses eingelegt werden. Die Wiedereinsetzung kann nur gewährt werden, wenn der Beschwerdeführer ohne sein Verschulden die Beschwerdefrist versäumt hat und er die Tatsachen glaubhaft macht, die die Wiedereinsetzung begründen. 15

Eine Wiedereinsetzung ist nach Ablauf eines Jahres, von dem Ende der versäumten Frist an gerechnet, ausgeschlossen (Abs. 2 Satz 2). 16

4. Kosten des Verfahrens (Absatz 3)

17 Das Verfahren über die Beschwerde ist gerichtsgebührenfrei (Abs. 3 Satz 1). Auslagen, insbesondere Zustellungs- und Sachverständigenauslagen, können anfallen. Für diese Kosten haften der Beschwerdeführer als Antragsteller der Instanz (§ 21 Abs. 1) und derjenige, dem das Gericht die Kosten des Beschwerdeverfahrens auferlegt hat (§ 24 Nr. 1).

18 Über die im Verfahren entstanden Aufwendungen der Beteiligten ist nicht zu entscheiden, da Kosten nicht erstattet werden (Abs. 3 Satz 2).

§ 60
Beschwerde gegen die Auferlegung einer Verzögerungsgebühr

Gegen den Beschluss des Familiengerichts nach § 32 findet die Beschwerde statt, wenn der Wert des Beschwerdegegenstands 200 Euro übersteigt oder das Familiengericht die Beschwerde wegen der grundsätzlichen Bedeutung in dem Beschluss der zur Entscheidung stehenden Frage zugelassen hat. § 57 Abs. 3, 4 Satz 1, 2 und 4, Abs. 5, 7 und 8 ist entsprechend anzuwenden.

I. Allgemeines

1 Die Vorschrift entspricht – redaktionell angepasst – dem § 69 GKG.

II. Inhalt der Vorschrift

1. Statthaftigkeit der Beschwerde

2 Die Beschwerde ist gegen den **Beschluss des Familiengerichts** nach § 32 möglich, durch den eine Verzögerungsgebühr auferlegt wurde. Derartige Beschlüsse des OLG und des BGH sind unanfechtbar. Hinsichtlich des OLG ergibt sich dies nicht nur aus dem Wortlaut von Satz 1, sondern auch durch die Verweisung in Abs. 1 Satz 5 auf § 57 Abs. 7.

2. Zulässigkeit und Verfahren

3 Die unbefristete Beschwerde findet statt, wenn der **Wert des Beschwerdegegenstands 200 Euro** übersteigt. Die Beschwerde ist auch zulässig, wenn das Familiengericht, das die angefochtene Entscheidung erlassen hat, sie wegen der grundsätzlichen Bedeutung der zur Entscheidung stehenden Frage in dem Beschluss zulässt.

4 Die Entscheidung über die Zulassung bzw. Nichtzulassung der Beschwerde ist in dem Beschluss zu treffen, in dem die Gebühr auferlegt wurde. Sie kann nicht nachgeholt werden. Die Möglichkeit der Zulassung ist auf die Fälle der grundsätzlichen Bedeutung der zur Entscheidung stehenden Frage beschränkt. Die zur Entscheidung anstehende Frage darf bisher nicht obergerichtlich geklärt sein. Die Entscheidung über die Zulassung hat das Gericht nach freiem Ermessen zu treffen. Die Zulassung ist für das

Beschwerdegericht bindend (Satz 2 iVm. § 57 Abs. 3 Satz 2). Die Nichtzulassung ist nicht anfechtbar (Satz 1 iVm. § 57 Abs. 3 Satz 2).

In Verfahren, die dem Rechtspfleger übertragen sind, entscheidet dieser auch über die Zulassung der Beschwerde. Gegen eine Nichtzulassung der Beschwerde durch den Rechtspfleger ist die befristete Erinnerung nach § 11 Abs. 2 RPflG gegeben. Der Rechtspfleger kann der Erinnerung abhelfen. Erinnerungen, denen er nicht abhilft, legt er dem Richter zur Entscheidung vor. 5

Die Beschwerde ist beim **Ausgangsgericht** einzulegen, also bei dem Familiengericht (Satz 2 iVm. § 57 Abs. 4 Satz 4). Die Anträge oder Erklärungen können schriftlich oder elektronisch eingereicht oder zu Protokoll der Geschäftsstelle abgegeben werden (Satz 2 iVm. § 57 Abs. 4 Satz 1). Ein Anwaltszwang besteht nicht (Satz 2 iVm. § 57 Abs. 4 Satz 1). Die Frage der Bevollmächtigung ist nach § 114 FamFG zu beurteilen (Satz 2 iVm. § 57 Abs. 4 Satz 2). Soweit das Familiengericht die Beschwerde für zulässig und begründet hält, hat es ihr abzuhelfen; im Übrigen ist die Beschwerde unverzüglich dem Oberlandesgericht vorzulegen (Satz 2 iVm. § 57 Abs. 3 Satz 1). 6

Das Oberlandesgericht entscheidet über die Beschwerde durch eines seiner Mitglieder als Einzelrichter (Satz 2 iVm. § 57 Abs. 5 Satz 1). Der Einzelrichter überträgt das Verfahren dem Senat, wenn die Sache besondere Schwierigkeiten tatsächlicher oder rechtlicher Art aufweist oder die Rechtssache grundsätzliche Bedeutung hat (Satz 2 iVm. § 57 Abs. 5 Satz 2). 7

Die Entscheidung des Beschwerdegerichts ist **unanfechtbar.** 8

3. Kosten des Verfahrens

Das Verfahren über die Beschwerde ist gerichtsgebührenfrei (Satz 2 iVm. § 57 Abs. 8 Satz 1). Auslagen, insbesondere Zustellungsauslagen, können anfallen. Für diese Kosten haften der Beschwerdeführer als Antragsteller der Instanz (§ 21 Abs. 1) und derjenige, dem das Gericht die Kosten des Beschwerdeverfahrens auferlegt hat (§ 24 Nr. 1). 9

Über die im Verfahren entstandenen Aufwendungen der Beteiligten ist nicht zu entscheiden, da Kosten nicht erstattet werden (Satz 2 iVm. § 57 Abs. 8 Satz 2). 10

§ 61
Abhilfe bei Verletzung des Anspruchs auf rechtliches Gehör

(1) Auf die Rüge eines durch die Entscheidung beschwerten Beteiligten ist das Verfahren fortzuführen, wenn

1. ein Rechtsmittel oder ein anderer Rechtsbehelf gegen die Entscheidung nicht gegeben ist und

2. das Gericht den Anspruch dieses Beteiligten auf rechtliches Gehör in entscheidungserheblicher Weise verletzt hat.

(2) Die Rüge ist innerhalb von zwei Wochen nach Kenntnis von der Verletzung des rechtlichen Gehörs zu erheben; der Zeitpunkt der Kenntniserlangung ist glaubhaft zu machen. Nach Ablauf eines Jahres seit Bekanntmachung der angegriffenen Entscheidung kann die Rüge nicht mehr erhoben werden. Formlos mitgeteilte Entscheidungen

gelten mit dem dritten Tage nach Aufgabe zur Post als bekannt gemacht. Die Rüge ist bei dem Gericht zu erheben, dessen Entscheidung angegriffen wird; § 57 Abs. 4 Satz 1 und 2 gilt entsprechend. Die Rüge muss die angegriffene Entscheidung bezeichnen und das Vorliegen der in Absatz 1 Nr. 2 genannten Voraussetzungen darlegen.

(3) Den übrigen Beteiligten ist, soweit erforderlich, Gelegenheit zur Stellungnahme zu geben.

(4) Das Gericht hat von Amts wegen zu prüfen, ob die Rüge an sich statthaft und ob sie in der gesetzlichen Form und Frist erhoben ist. Mangelt es an einem dieser Erfordernisse, so ist die Rüge als unzulässig zu verwerfen. Ist die Rüge unbegründet, weist das Gericht sie zurück. Die Entscheidung ergeht durch unanfechtbaren Beschluss. Der Beschluss soll kurz begründet werden.

(5) Ist die Rüge begründet, so hilft ihr das Gericht ab, indem es das Verfahren fortführt, soweit dies auf Grund der Rüge geboten ist.

(6) Kosten werden nicht erstattet.

I. Allgemeines

1 Das Verfahren auf die Rüge bei Verletzung des Anspruchs auf rechtliches Gehör entspricht – redaktionell angepasst – dem § 69a GKG. Die Vorschrift vervollständigt die Möglichkeiten, richterliche Verstöße gegen den Anspruch auf rechtliches Gehör – unterhalb des Verfassungsbeschwerdeverfahrens – im fachgerichtlichen Verfahren zu rügen. Für die Fälle, in denen ein Rechtsmittel nicht zur Verfügung steht, wird die **Anhörungsrüge** als eigenständiger Rechtsbehelf im Gesetz verankert. Die Anhörungsrüge kommt als subsidiärer Rechtsbehelf aber nur dann zum Zuge, wenn der Anhörungsverstoß nicht im Rahmen anderer zur Überprüfung der Entscheidung gegebener Rechtsbehelfe oder Rechtsmittel behoben werden kann. Bei Verletzung des rechtlichen Gehörs ist also **zunächst das zulässige Rechtsmittel** einzulegen. Damit muss zwar auch in offenkundigen Pannenfällen der von einem Anhörungsverstoß Betroffene den Weg ins Rechtsmittel nehmen. Mit dem Vorrang des Rechtsmittels werden jedoch unvermeidbare Konkurrenzen zwischen Rechtsmittel und Anhörungsrüge weitgehend ausgeschlossen.

2 Entsprechend § 321a ZPO ist die kostenrechtliche Anhörungsrüge wie folgt ausgestaltet:

- Sie ist bei dem Gericht zu erheben, das die gerügte Entscheidung erlassen hat;
- bei erfolgreicher Rüge ist das Verfahren fortzusetzen, soweit dies auf Grund der Rüge geboten ist;
- gegen die Entscheidung, mit der die Anhörungsrüge verworfen oder zurückgewiesen wird, ist kein Rechtsbehelf gegeben.

II. Inhalt der Vorschrift

1. Statthaftigkeit und Rügegründe (Absatz 1)

3 Abs. 1 enthält in Satz 1 die Voraussetzungen, unter denen die Rüge der Verletzung des Anspruchs auf rechtliches Gehör statthaft und begründet ist. Das Gericht ist bei einer Rüge des durch die Entscheidung beschwerten Beteiligten verpflichtet, das Verfahren fortzuführen, wenn ein Rechtsmittel oder ein anderer Rechtsbehelf nicht gegeben und

eine Verletzung des Anspruchs auf rechtliches Gehör in entscheidungserheblicher Weise festzustellen ist.

Zu den Rechtsbehelfen iS des Abs. 1 zählen **alle im FamGKG geregelten Verfahren.** 4

Eine Verletzung des Anspruchs auf rechtliches Gehör (Art. 103 Abs. 1 GG) begründet 5
nur dann die Fortführung des Verfahrens, wenn sie **entscheidungserheblich** ist. Entscheidungserheblichkeit liegt vor, wenn nicht ausgeschlossen werden kann, dass das Gericht ohne die Verletzung des Anspruchs auf rechtliches Gehör zu einer anderen Entscheidung gekommen wäre.

2. Frist, Form und Inhalt der Rüge (Absatz 2)

Nach Abs. 2 Satz 1 ist die Rüge innerhalb einer **Frist von zwei Wochen** zu erheben. 6
Die Frist beginnt in dem Zeitpunkt, in dem der Betroffene von der Verletzung des rechtlichen Gehörs Kenntnis erlangt. Damit lehnt sich die Vorschrift an die entsprechenden Regelungen in den – ebenfalls die Rechtskraft durchbrechenden – Rechtsbehelfen der Wiedereinsetzung und der Wiederaufnahme an. Der Betroffene muss glaubhaft machen, wann er von der Verletzung des rechtlichen Gehörs Kenntnis erlangt hat.

Im Interesse der Rechtssicherheit bestimmt Abs. 2 Satz 2 eine **Ausschlussfrist** von 7
einem Jahr seit Bekanntgabe der angegriffenen Entscheidung.

Nicht zuzustellende Entscheidungen sollen nicht im Hinblick auf eine mögliche Ge- 8
hörsrüge zustellungspflichtig werden; daher sieht Abs. 2 Satz 3 für den Fall der formlosen Mitteilung eine **Fiktion der Bekanntgabe** vor. Sie gelten mit dem dritten Tag nach der Aufgabe zur Post als bekannt gemacht.

Nach Abs. 2 Satz 4 ist die Rüge durch **Einreichung eines Schriftsatzes** zu erheben. 9
Durch die Verweisung in Abs. 2 Satz 4 auf § 57 Abs. 4 Satz 1 und 2 ist sichergestellt, dass auch eine Erklärung zu Protokoll der Geschäftsstelle zulässig ist, ein Anwaltszwang nicht besteht und sich die Frage der Bevollmächtigung nach § 114 FamFG beurteilt.

Aus der Rügeschrift muss gem. Abs. 2 Satz 5 hervorgehen, welche Entscheidung mit 10
der Rüge angegriffen wird und aus welchen Umständen sich eine entscheidungserhebliche Verletzung des Anspruchs auf rechtliches Gehör ergibt (vgl. Abs. 1 Satz 1 Nr. 2).

3. Verfahren

Das Gericht hat erforderlichenfalls die übrigen Beteiligten zu hören (Abs. 3). Es hat 11
von Amts wegen zu prüfen, ob die Gehörsrüge statthaft und zulässig ist. Fehlt es hieran, wird die Rüge als unzulässig verworfen. Der unanfechtbare Verwerfungsbeschluss ist kurz zu begründen.

Voraussetzung der Begründetheit ist, dass der Anspruch auf rechtliches Gehör in ent- 12
scheidungserheblicher Weise verletzt wurde. Die Darlegungslast liegt zwar grundsätzlich beim Rügeführer, das Gericht trifft aber eine ergänzende Aufklärungs- und Amtsermittlungspflicht. Ist die Rüge unbegründet, entscheidet das Gericht durch unanfechtbaren Beschluss. Ist sie begründet, so hilft ihr das Gericht ab, indem es das Verfahren fortführt (Abs. 5), soweit dies auf Grund der Rüge geboten ist. Das Verfahren wird dadurch in die Lage zurückversetzt, in der es sich vor der gerügten Entscheidung befunden hat.

4. Kosten

13 Über die im Verfahren entstandenen Aufwendungen der Beteiligten ist nicht zu entscheiden, da Kosten nicht erstattet werden (Abs. 6).

14 Für das kostenrechtliche Rügeverfahren entstehen keine Kosten. Die in Nr. 1800 KV FamGKG vorgesehene Gebühr betrifft nur das Verfahren über die Rüge wegen Verletzung des Anspruchs auf rechtliches Gehör nach § 44 FamFG.

Abschnitt 9
Schluss- und Übergangsvorschriften

§ 62
Rechnungsgebühren

(1) In Vormundschafts- und Pflegschaftssachen werden für die Prüfung eingereichter Rechnungen, die durch einen dafür besonders bestellten Bediensteten (Rechnungsbeamten) vorgenommen wird, als Auslagen Rechnungsgebühren erhoben, die nach dem für die Arbeit erforderlichen Zeitaufwand bemessen werden. Sie betragen für jede Stunde 10 Euro. Die letzte, bereits begonnene Stunde wird voll gerechnet, wenn sie zu mehr als 30 Minuten für die Erbringung der Arbeit erforderlich war; anderenfalls sind 5 Euro zu erheben. Die Rechnungsgebühren werden nur neben der Gebühr nach Nummer 1311 des Kostenverzeichnisses und nur dann erhoben, wenn die nachgewiesenen Bruttoeinnahmen mehr als 1000 Euro für das Jahr betragen. Einnahmen aus dem Verkauf von Vermögensstücken rechnen nicht mit.

(2) Die Rechnungsgebühren setzt das Gericht, das den Rechnungsbeamten beauftragt hat, von Amts wegen fest. Gegen die Festsetzung durch das Familiengericht findet die Beschwerde statt, wenn der Wert des Beschwerdegegenstands 200 Euro übersteigt oder das Gericht, das die angefochtene Entscheidung erlassen hat, die Beschwerde wegen der grundsätzlichen Bedeutung der zur Entscheidung stehenden Frage in dem Beschluss zugelassen hat. § 57 Abs. 3 bis 8 gilt entsprechend. Beschwerdeberechtigt sind die Staatskasse und derjenige, der für die Rechnungsgebühren als Kostenschuldner in Anspruch genommen wird. § 61 gilt entsprechend.

1 Die Vorschrift regelt die Erhebung von Rechnungsgebühren als Auslagen. Sie tritt für familienrechtliche Verfahren nach dem FamFG an die Stelle des § 70 GKG und des § 139 KostO. Da Rechnungsbeamte nur für aufwändige Verfahren bestellt werden sollen, ist der Anwendungsbereich auf **Vormundschafts- und Pflegschaftssachen** beschränkt worden. In anderen familienrechtlichen Verfahren nach dem FamFG fallen aufwändige Rechnungsarbeiten nicht an.

2 Wegen der besonderen Art dieser Rechnungsgebühren, die nur in einigen Bundesländern[1] anfallen, wird wie bereits im GKG darauf verzichtet, einen Auslagentatbestand ins Kostenverzeichnis einzustellen. Die Regelung ist daher abschließend.

1 Bayern, Bremen.

Die Vorschrift regelt die Höhe der Rechnungsgebühren und das Verfahren über die Festsetzung. 3

Wegen der Ausgestaltung des Beschwerdeverfahrens in Abs. 2 Sätze 2 bis 4 wird auf die Ausführungen zu § 57 verwiesen. 4

§ 63
Übergangsvorschrift

(1) In Verfahren, die vor dem Inkrafttreten einer Gesetzesänderung anhängig geworden sind, werden die Kosten nach bisherigem Recht erhoben. Dies gilt nicht im Verfahren über ein Rechtsmittel, das nach dem Inkrafttreten einer Gesetzesänderung eingelegt worden ist. Die Sätze 1 und 2 gelten auch, wenn Vorschriften geändert werden, auf die dieses Gesetz verweist.

(2) Bei Vormundschaften und bei Dauerpflegschaften gilt für Kosten, die vor dem Inkrafttreten einer Gesetzesänderung fällig geworden sind, das bisherige Recht.

Die Dauerübergangsvorschrift gilt für künftige Änderungen des FamGKG und entspricht – redaktionell angepasst – § 71 Abs. 1 GKG und § 161 Satz 1 KostO. Sie enthält nicht die Übergangsregelung aus Anlass des Inkrafttretens des FamGKG. Für die Frage, ob altes GKG und alte KostO oder das FamGKG anzuwenden sind, ist Art. 111 des FGG-RG maßgebend. 1

Inhaltlich wird für künftige Änderungen des FamGKG bestimmt, dass in Verfahren, die vor dem Inkrafttreten der Gesetzesänderung anhängig geworden sind, die Kosten nach dem bisherigen Recht erhoben werden. Dies gilt jedoch nicht für ein Rechtsmittel, das nach dem Inkrafttreten der Gesetzesänderung eingelegt worden ist. Diese Grundsätze gelten auch, wenn Vorschriften, auf die das FamGKG verweist, geändert werden. 2

Eine weitere Ausnahme von der grundsätzlichen Regelung in Abs. 1 wird in Abs. 2 für die Kosten bei Dauerverfahren – wie Vormundschaft und Dauerpflegschaft – gemacht. Hier ist für die Frage des anwendbaren Rechts auf die Fälligkeit (§ 10) abgestellt. Das neue Recht ist auf die Gebühren nach den Nr. 1311 und 1312 KV FamGKG erstmals zu Beginn des Kalenderjahres nach dem Inkrafttreten der Gesetzesänderung anzuwenden. Auslagen, die nach dem Inkrafttreten der Gesetzesänderung anfallen, werden nach neuem Recht erhoben. 3

Kostenverzeichnis

Vorbemerkung

1 Hinweise, die die Anwendung des Kostenverzeichnisses erleichtern sollen, aufgenommen, finden sich in der Vorbemerkung.

2 Das Kostenverzeichnis hat eine klar strukturierte Gliederung, die das Auffinden des jeweils zutreffenden Kostentatbestandes erleichtert.

3 In Teil 1, der die Gebühren regelt, sind in den Hauptabschnitten 1 bis 3 die Gebühren für die Hauptsacheverfahren, in Hauptabschnitt 4 die Gebühren für die Verfahren des einstweiligen Rechtsschutzes, in Hauptabschnitt 5 besondere Gebühren (Gebühren, die in keinem besonderen Verhältnis zum zugrunde liegenden Verfahren stehen), in Hauptabschnitt 6 die Gebühren für die Vollstreckung, in Hauptabschnitt 7 die Gebühren für Verfahren mit Auslandsbezug, in Hauptabschnitt 8 die Gebühr für das Verfahren über die Gehörsrüge und in Hauptabschnitt 9 die Gebühren für sonstige Rechtsmittelverfahren, die nicht die Hauptsache betreffen, bestimmt.

4 Die Kommentierung orientiert sich an den Hauptabschnitten.

Anlage 1
(zu § 3 Abs. 2)

Gliederung

Teil 1
Gebühren

Nr.	Gebührentatbestand	Gebühr oder Satz der Gebühr nach § 28 FamGKG
	Hauptabschnitt 1 **Hauptsacheverfahren in Ehesachen einschließlich aller Folgesachen** ***Abschnitt 1*** ***Erster Rechtszug***	
1110	Verfahren im Allgemeinen	2,0
1111	Beendigung des Verfahrens hinsichtlich der Ehesache oder einer Folgesache durch 1. Zurücknahme des Antrags a) vor dem Schluss der mündlichen Verhandlung, b) in den Fällen des § 128 Abs. 2 ZPO vor dem Zeitpunkt, der dem Schluss der mündlichen Verhandlung entspricht, c) im Fall des § 331 Abs. 3 ZPO vor Ablauf des Tages, an dem die Endentscheidung der Geschäftsstelle übermittelt wird,	

Nr.	Gebührentatbestand	Gebühr oder Satz der Gebühr nach § 28 FamGKG
	2. Anerkenntnis- oder Verzichtsentscheidung oder Endentscheidung, die nach § 38 Abs. 4 Nr. 2 und 3 FamFG keine Begründung enthält oder nur deshalb eine Begründung enthält, weil zu erwarten ist, dass der Beschluss im Ausland geltend gemacht wird (§ 38 Abs. 5 Nr. 4 FamFG), mit Ausnahme der Endentscheidung in einer Scheidungssache, 3. gerichtlichen Vergleich oder 4. Erledigung in der Hauptsache, wenn keine Entscheidung über die Kosten ergeht oder die Entscheidung einer zuvor mitgeteilten Einigung über die Kostentragung oder einer Kostenübernahmeerklärung folgt, es sei denn, dass bereits eine andere Endentscheidung als eine der in Nummer 2 genannten Entscheidungen vorausgegangen ist: Die Gebühr 1110 ermäßigt sich auf	0,5
	(1) Wird im Verbund nicht das gesamte Verfahren beendet, ist auf die beendete Ehesache und auf eine oder mehrere beendete Folgesachen § 44 FamGKG anzuwenden und die Gebühr nur insoweit zu ermäßigen. (2) Die Vervollständigung einer ohne Begründung hergestellten Endentscheidung (§ 38 Abs. 6 FamFG) steht der Ermäßigung nicht entgegen. (3) Die Gebühr ermäßigt sich auch, wenn mehrere Ermäßigungstatbestände erfüllt sind.	

Abschnitt 2
Beschwerde gegen die Endentscheidung

Vorbemerkung 1.1.2:

Dieser Abschnitt ist auch anzuwenden, wenn sich die Beschwerde auf eine Folgesache beschränkt.

Nr.	Gebührentatbestand	Gebühr oder Satz der Gebühr nach § 28 FamGKG
1120	Verfahren im Allgemeinen	3,0
1121	Beendigung des gesamten Verfahrens durch Zurücknahme der Beschwerde oder des Antrags, bevor die Schrift zur Begründung der Beschwerde bei Gericht eingegangen ist: Die Gebühr 1120 ermäßigt sich auf	0,5
	Die Erledigung in der Hauptsache steht der Zurücknahme gleich, wenn keine Entscheidung über die Kosten ergeht oder die Entscheidung einer zuvor mitgeteilten Einigung über die Kostentragung oder einer Kostenübernahmeerklärung folgt.	
1122	Beendigung des Verfahrens hinsichtlich der Ehesache oder einer Folgesache, wenn nicht Nummer 1121 erfüllt ist, durch 1. Zurücknahme der Beschwerde oder des Antrags a) vor dem Schluss der mündlichen Verhandlung oder, b) falls eine mündliche Verhandlung nicht stattfindet, vor Ablauf des Tages, an dem die Endentscheidung der Geschäftsstelle übermittelt wird, 2. Anerkenntnis- oder Verzichtsentscheidung, 3. gerichtlichen Vergleich oder	

Nr.	Gebührentatbestand	Gebühr oder Satz der Gebühr nach § 28 FamGKG
	4. Erledigung in der Hauptsache, wenn keine Entscheidung über die Kosten ergeht oder die Entscheidung einer zuvor mitgeteilten Einigung über die Kostentragung oder einer Kostenübernahmeerklärung folgt, es sei denn, dass bereits eine andere als eine der in Nummer 2 genannten Endentscheidungen vorausgegangen ist: Die Gebühr 1120 ermäßigt sich auf	1,0
	(1) Wird im Verbund nicht das gesamte Verfahren beendet, ist auf die beendete Ehesache und auf eine oder mehrere beendete Folgesachen § 44 FamGKG anzuwenden und die Gebühr nur insoweit zu ermäßigen. (2) Die Gebühr ermäßigt sich auch, wenn mehrere Ermäßigungstatbestände erfüllt sind.	
	Abschnitt 3 ***Rechtsbeschwerde gegen die Endentscheidung***	
	Vorbemerkung 1.1.3: Dieser Abschnitt ist auch anzuwenden, wenn sich die Rechtsbeschwerde auf eine Folgesache beschränkt.	
1130	Verfahren im Allgemeinen	4,0
1131	Beendigung des gesamten Verfahrens durch Zurücknahme der Rechtsbeschwerde oder des Antrags, bevor die Schrift zur Begründung der Rechtsbeschwerde bei Gericht eingegangen ist: Die Gebühr 1130 ermäßigt sich auf	1,0
	Die Erledigung in der Hauptsache steht der Zurücknahme gleich, wenn keine Entscheidung über die Kosten ergeht oder die Entscheidung einer zuvor mitgeteilten Einigung über die Kostentragung oder einer Kostenübernahmeerklärung folgt.	
1132	Beendigung des Verfahrens hinsichtlich der Ehesache oder einer Folgesache durch Zurücknahme der Rechtsbeschwerde oder des Antrags vor Ablauf des Tages, an dem die Endentscheidung der Geschäftsstelle übermittelt wird, wenn nicht Nummer 1131 erfüllt ist: Die Gebühr 1130 ermäßigt sich auf	2,0
	Wird im Verbund nicht das gesamte Verfahren beendet, ist auf die beendete Ehesache und auf eine oder mehrere beendete Folgesachen § 44 FamGKG anzuwenden und die Gebühr nur insoweit zu ermäßigen.	
	Abschnitt 4 ***Zulassung der Sprungrechtsbeschwerde gegen die Endentscheidung***	
1140	Verfahren über die Zulassung der Sprungrechtsbeschwerde: Soweit der Antrag abgelehnt wird	1,0

A. Allgemeines

In Hauptabschnitt 1 sind die Gebührenregelungen für Ehesachen (§ 121 FamFG) und für im Verbund mit der Scheidung der Ehe zu verhandelnde Folgesachen (§ 137 FamFG) zusammengefasst. Dabei sind unter Anpassung der durch das FamFG erfolg- 1 ten verfahrensrechtlichen Änderungen – die Gebühren des bisherigen Teils 1 Hauptabschnitt 3 KV GKG übernommen worden. Die Lebenspartnerschaftssachen brauchten nicht ausdrücklich genannt zu werden, weil nach § 5 in Verfahren der Aufhebung einer Lebenspartnerschaft die für Scheidungssachen geltenden Vorschriften entsprechend angewandt werden.

2 Soweit der Hauptabschnitt auch die Gebühren des Verbundverfahrens regelt, behandelt er den Verbund aus Scheidungssache und Folgesache der Bestimmung des § 44 Abs. 1 folgend als ein Verfahren. Der Verbund bleibt erhalten, wenn die in § 137 Abs. 5 Satz 1 FamFG genannten Folgesachen abgetrennt werden; sind mehrere Folgesachen abgetrennt, besteht der Verbund auch unter ihnen fort. Wird eine Folgesache als selbständige Familiensache fortgeführt (§ 142 Abs. 2 Satz 3 und § 137 Abs. 5 Satz 2 FamFG), scheidet diese Folgesache aus dem Verbund aus; das frühere Verfahren ist als Teil der selbständigen Familiensache zu behandeln (§ 6 Abs. 2). Die nunmehr selbständige Familiensache wird so behandelt, als sei sie nie im Verbund gewesen. Dies bedeutet, dass diese Sache bei der Gebührenberechnung des Scheidungsverbundsverfahrens unberücksichtigt bleibt.

3 Der Wert für die Ehesache bestimmt sich nach § 43. Im Verbundverfahren ist § 44 zu beachten. Die Werte der Folgesachen bestimmen sich nach den jeweils einschlägigen Wertvorschriften. Im Beschwerde-, im Rechtsbeschwerdeverfahren sowie im Verfahren über die Zulassung der Sprungsrechtsbeschwerde bestimmt sich der Wert nach § 40.

4 Kostenschuldner ist neben dem Antragsteller (§ 21 Abs. 1) insbesondere auch der Entscheidungs- und der Übernahmeschuldner (§ 24 Nr. 1 und 2).

B. Erster Rechtszug (Nr. 1110 und Nr. 1111)

I. Nummer 1110

5 Im erstinstanzlichen Verfahren vor dem Familiengericht entsteht eine pauschale Verfahrensgebühr mit einem Gebührensatz von 2,0.

6 Die Verfahrensgebühr Nr. 1110 und damit auch die Verfahrensgebühr Nr. 1111, die die Verfahrensgebühr Nr. 1110 nur modifiziert, entsteht mit dem Eingang des Antrags bei Gericht. Zu diesem Zeitpunkt wird die Gebühr, soweit sie für die Ehesache entstanden ist, auch fällig (§ 9 Abs. 1). Im Übrigen, nämlich hinsichtlich der Folgesachen, wird die Gebühr erst nach § 11 Abs. 1 mit der Beendigung des Verfahrens fällig.

7 Für den Teil der Verfahrensgebühr, der auf die Ehesache entfällt, besteht nach § 14 Abs. 1 Satz 1 Vorauszahlungspflicht.

8 Für die Verfahrensgebühren haftet neben dem Entscheidungs- und Übernahmeschuldner auch der Antragsteller des Verfahrens (§ 21 Abs. 1 Satz 1). Im Verbund können sowohl der verfahrensrechtliche Antragsteller als auch der Antragsgegner Antragsteller der Instanz im kostenrechltichen Sinne sein. Beide Seiten haften für die (auch) von ihnen anhängig gemachten Verfahrensteile nach § 21 Abs. 1 Satz 1. Soweit für die Ehesache oder für eine Folgesache Anträge beider Seiten vorliegen, haften beide als Antragsteller der Instanz gesamtschuldnerisch. Die Höhe des Haftungsbetrages der verschiedenen Antragsteller wird so berechnet, als seien einzelne Verfahren eingeleitet worden. Bis zur Höhe dieser Kosten kann die Staatskasse die einzelnen Kostenschuldner unter Beachtung des § 26 Abs. 2 in Anspruch nehmen. Die Staatskasse kann jedoch nicht mehr fordern, als insgesamt durch das Verfahren entstanden ist.

II. Nummer 1111

Nr. 1111 enthält einen Ermäßigungstatbestand für das erstinstanzliche Verfahren. Sie regelt Tatbestände, die bei einer vorzeitigen Beendigung des Verfahrens zu einer Reduzierung der in Nr. 1110 vorgesehenen pauschalen Verfahrensgebühr führen. Die Ermäßigungstatbestände übernehmen im Wesentlichen die Regelungen in Nr. 1311 KV GKG. 9

Nach der getroffenen Regelung setzt der Eintritt der Gebührenermäßigung nicht voraus, dass das gesamte Verbundverfahren erledigt wird, es reicht die Beendigung des Verfahrens hinsichtlich der Ehesache oder einer Folgesache. Nicht ausreichend ist es allerdings auch weiterhin, dass die Ehesache oder die einzelne Folgesache nur teilweise durch die unter Nr. 1 bis 4 genannten Ereignisse erledigt wird. 10

Eine – auf den Teilstreitwert begrenzte – Gebührenermäßigung tritt also ein, wenn die gesamte Ehesache oder eine gesamte Folgesache durch Rücknahme, Vergleich oÄ erledigt wird. In diesen Fällen ist nach Abs. 1 der Anmerkung auf die beendete Ehesache und auf eine oder mehrere Folgesachen § 44, gemeint ist hier Abs. 1, anzuwenden. Dies bedeutet, dass zB bei der vorzeitigen Beendigung mehrerer Folgesachen die Werte dieser einzelnen Folgesachen zu addieren sind. Aus diesem Gesamtwert ist die Gebühr zu ermitteln. Bei dieser Fallgestaltung ist also für einen Teil des Verfahrensgegenstandes eine Verfahrensgebühr mit einem Gebührensatz von 2,0 und für einen anderen Teil eine Verfahrensgebühr mit einem Gebührensatz von 0,5 entstanden. Es liegt ein Fall des § 30 Abs. 1 und 2 vor. Die Gebühren für die Teile sind gesondert zu berechnen; die aus dem Gesamtbetrag der Wertteile nach dem höchsten Gebührensatz (hier: 2,0) berechnete Gebühr darf nicht überschritten werden. 11

Die Vorschrift sieht eine Ermäßigung vor bei Zurücknahme des Antrags, bei Anerkenntnis- oder Verzichtsentscheidung oÄ, bei gerichtlichem Vergleich oder bei Erledigung der Hauptsache. 12

1. Antragsrücknahme

Die Zurücknahme des Antrags führt zur Ermäßigung, wenn sie 13

- vor dem Schluss der mündlichen Verhandlung,
- in den Fällen des § 128 Abs. 2 ZPO vor dem Zeitpunkt, der dem Schluss der mündlichen Verhandlung entspricht,
- im Fall des § 331 Abs. 3 ZPO vor Ablauf des Tages, an dem die Endentscheidung der Geschäftsstelle übermittelt wird,

erfolgt.

Voraussetzung für die Ermäßigung ist eine förmliche Zurücknahme des Antrags vor den genannten Zeitpunkten. Grundsätzlich ist der Schluss der mündlichen Verhandlung iS des § 136 Abs. 4 ZPO maßgebend. Wird mit Zustimmung der Beteiligten nicht verhandelt, tritt an die Stelle des Schlusses der mündlichen Verhandlung der Zeitpunkt, den das Gericht für die Einreichung von Schriftsätzen gesetzt hat (§ 128 Abs. 2 Satz 2 ZPO). Bei Säumnis des Antragsgegners iS des § 331 Abs. 3 ZPO ist die Rücknahme noch bis vor Ablauf des Tages privilegiert, an dem die Endentscheidung der Geschäftsstelle übermittelt wird. 14

2. Privilegierte Endentscheidungen

15 Zu einer Gebührenreduzierung führt auch die Beendigung des Verfahrens durch
- Anerkenntnisentscheidung (§ 307 ZPO),
- Verzichtsentscheidung (§ 306 ZPO) oder
- Endentscheidung, die nach § 38 Abs. 4 Nr. 2 und 3 FamFG keine Begründung enthält oder nur deshalb eine Begründung enthält, weil zu erwarten ist, dass der Beschluss im Ausland geltend gemacht wird (§ 38 Abs. 5 Nr. 4 FamFG), mit Ausnahme der Endentscheidung in einer Scheidungssache.

16 Voraussetzung für eine Ermäßigung auch in diesen Fällen ist aber, wie sich aus dem Nachsatz ergibt, dass nicht bereits eine andere Endentscheidung als eine der in Nr. 2 genannten Entscheidungen vorausgegangen ist, zB eine streitige Teilentscheidung.

17 Die in Nr. 2 enthaltene Regelung, wonach die Ermäßigung auch dann eintritt, wenn der Beschluss nur deshalb eine Begründung enthält, weil zu erwarten ist, dass der Beschluss im Ausland geltend gemacht wird, korrespondiert mit der Regelung in Abs. 2 der Anmerkung. Es soll kostenrechtlich keinen Unterschied machen, ob die Begründung aus den genannten Gründen sofort oder nachträglich im Wege der Ergänzung in den Beschluss aufgenommen wird.

18 Von dem Ermäßigungstatbestand der Nr. 2 ist die Endentscheidung in einer Scheidungssache ausgenommen worden. Nach der Gesetzesbegründung haben in diesen Fällen die beteiligten Eheleute auch ohne kostenrechtliche Privilegierung regelmäßig ein Interesse daran, das Verfahren zügig zu beenden. Fehlt dieses Interesse trotz Entscheidungsreife des Verfahrens, liegt dies entweder daran, dass ein Ehegatte oder beide den Eintritt von Rechtsfolgen aus einer Folgesache verzögern oder dass die Ehegatten die Rechtskraft wegen sonstiger Folgen (zB aus steuerlichen Gründen oder wegen der Krankenversicherungspflicht des bisher mitversicherten Ehegatten) hinausschieben wollen. In diesen Fällen kann durch einen kostenrechtlichen Anreiz ein Rechtsmittelverzicht nicht erreicht werden. Die Regelung dürfte auch bei den etwa 8 % streitigen Scheidungen nicht zu einer wesentlichen Entlastung der Gerichte führen. Angesichts der Bedeutung der Scheidung wird der die Abweisung der Scheidung begehrende Ehegatte nicht wegen des Kostenvorteils auf ein Rechtsmittel verzichten. Auch spart das Gericht keinen nennenswerten Aufwand. Tatbestand und Entscheidungsgründe sind in diesen Fällen weder vom Umfang noch vom rechtlichen Anspruch her aufwändig, sondern formelhaft und zumeist automatisiert.

3. Gerichtlicher Vergleich

19 Eine Ermäßigung tritt bezüglich der Folgesachen auch ein, wenn ein gerichtlicher Vergleich geschlossen wird (Nr. 3). Der Vergleich muss nach dem ausdrücklichen Wortlaut vor Gericht geschlossen worden sein. Ein mitgeteilter außergerichtlicher Vergleich reicht nicht.

4. Erledigung in der Hauptsache

20 Die Erledigung in der Hauptsache führt zu einer Ermäßigung der Gebühr, wenn keine Entscheidung über die Kosten ergeht oder die Entscheidung einer zuvor mitgeteilten Einigung über die Kostentragung oder einer Kostenübernahmeerklärung folgt.

5. Sonstige Voraussetzungen der Ermäßigung

Voraussetzung für eine Ermäßigung ist in allen Fällen aber, wie sich aus dem Nachsatz ergibt, dass nicht bereits eine andere Endentscheidung als eine der in Nr. 2 genannten Entscheidungen vorausgegangen ist, zB eine streitige Teilentscheidung. 21

Nach Abs. 3 der Anmerkung ermäßigt sich die Gebühr auch, wenn mehrere Ermäßigungstatbestände erfüllt sind. Wird eine Folgesache zunächst durch einen Teilvergleich und anschließend durch eine rechtzeitige Antragsrücknahme insgesamt erledigt, tritt für diese Folgesache eine Reduzierung der Verfahrensgebühr ein. 22

C. Beschwerde gegen die Endentscheidung (Nr. 1120 bis Nr. 1122)

I. Nummer 1120

Nr. 1120 bestimmt die Verfahrensgebühr für das Beschwerdeverfahren in der Hauptsache, wobei im Wesentlichen die bisher für die Berufung und die Beschwerde in Folgesachen geltenden Regelungen der Nr. 1320 bis 1322 KV GKG übernommen wurden. Durch die Vorbem. 1.1.2 wird klargestellt, dass die Gebühren dieses Abschnitts auch dann Anwendung finden, wenn nur die Endentscheidung in einer Folgesache mit der Beschwerde angegriffen wird. 23

Betroffen von der Verfahrensgebühr ist, wie sich aus der Überschrift des Abschnitts 2 ergibt, nur die Beschwerde gegen die Endentscheidung. Sonstige Beschwerden sind im Hauptabschnitt 9 Abschnitt 1 (Nr. 1910 bis 1912) geregelt. 24

Beschwerde und Anschlussbeschwerde sind als ein Verfahren zu behandeln (§ 39 Abs. 2). 25

Die Verfahrensgebühr Nr. 1120 und damit auch die Verfahrensgebühren Nr. 1121 und 1122, die die Verfahrensgebühr Nr. 1110 nur modifizieren, entstehen mit dem Eingang des Rechtsmittelantrags bei Gericht. Zu diesem Zeitpunkt wird die Gebühr, soweit sie für die Ehesache entstanden ist, auch fällig (§ 9 Abs. 1). Im Übrigen, nämlich hinsichtlich der Folgesachen, wird die Gebühr erst nach § 11 Abs. 1 mit der Beendigung des Verfahrens fällig. Nach Eingang der Rechtsmittelschrift kann daher nur die Verfahrensgebühr hinsichtlich der Ehesache gefordert werden, da nur diese bereits fällig ist. Eine Vorauszahlungspflicht besteht nicht. Sind nur Folgesachen in der Beschwerdeinstanz anhängig, kann eine Verfahrensgebühr erst bei der mit Beendigung des Verfahrens eintretenden Fälligkeit erhoben werden. 26

Für die Verfahrensgebühren des Beschwerdeverfahrens haftet neben dem Entscheidungs- und Übernahmeschuldner auch der Antragsteller der Instanz (§ 21 Abs. 1 Satz 1). Beschwerdeführer und Anschlussbeschwerdeführer haften jeweils für die Verfahrensgebühr, die durch ihre jeweiligen Anträge entsteht. Soweit für eine Folgesache Rechtsmittelanträge beider Seiten vorliegen, haften beide als Antragsteller der Instanz gesamtschuldnerisch. Die Höhe des Haftungsbetrages der verschiedenen Antragsteller wird so berechnet, als seien einzelne Verfahren eingeleitet worden. Bis zur Höhe dieser Kosten kann die Staatskasse die einzelnen Kostenschuldner unter Beachtung des § 26 Abs. 2 in Anspruch nehmen. Die Staatskasse kann jedoch nicht mehr fordern, als insgesamt durch das Verfahren entstanden ist. 27

II. Nummer 1121

28 Nr. 1121 sieht für den Fall einer frühzeitigen Zurücknahme der Beschwerde oder des erstinstanzlichen Antrags eine Ermäßigung des Gebührensatzes auf 0,5 vor.

29 Erste Voraussetzung für die Anwendung der Vorschrift ist, dass die Beschwerde insgesamt zurückgenommen wird. Sind sowohl die Ehesache als auch Folgesachen oder mehrere Folgesachen mit der Beschwerde angefochten, findet keine Einzelbetrachtung der verschiedenen Sachen statt.

30 Weitere Voraussetzung ist die Beendigung des gesamten Verfahrens durch Zurücknahme der Beschwerde oder des Antrags, bevor die Schrift zur Begründung der Beschwerde bei Gericht eingegangen ist. Nach § 117 Abs. 1 Satz 1 und 2 FamFG hat der Beschwerdeführer in Ehe- und Familienstreitsachen die Beschwerde binnen einer grundsätzlichen Frist von zwei Monaten zu begründen.

31 Nach der Anmerkung steht die Erledigung in der Hauptsache der Zurücknahme gleich, wenn keine Entscheidung über die Kosten ergeht oder die Entscheidung einer zuvor mitgeteilten Einigung über die Kostentragung oder einer Kostenübernahmeerklärung folgt. Mit dieser weit gehenden Reduzierung des Gebührensatzes soll ein Anreiz geschaffen werden, die Zurücknahme oder die Erledigung frühzeitig herbeizuführen.

III. Nummer 1122

32 Der Gebührentatbestand für die Ermäßigung der Verfahrensgebühr bei rechtzeitiger Beendigung ist im Wesentlichen mit Nr. 1111 identisch, so dass auf die dortige Kommentierung verwiesen wird.

33 Anders als bei Nr. 1121 findet hier wieder eine differenzierte Behandlung zwischen Ehesache und Folgesachen einerseits und mehreren Folgesachen andererseits statt. Für einen Teilgegenstand des Beschwerdeverfahrens erfolgt daher der Ansatz einer Verfahrensgebühr mit einem Gebührensatz von 1,0, während für einen anderen Teil ein Gebührensatz von 3,0 maßgebend ist. Es liegt ein Fall des § 30 Abs. 1 und 2 vor. Die Gebühren für die Teile sind gesondert zu berechnen; die aus dem Gesamtbetrag der Wertteile nach dem höchsten Gebührensatz (hier: 3,0) berechnete Gebühr darf nicht überschritten werden.

34 Im Hinblick auf die unterschiedlichen Voraussetzungen können die Nr. 1121 und 1122 nicht nebeneiander anfallen. Da jedoch eine der Nr. 1121 genügende Zurücknahme gleichzeitig auch die Vorausetzungen des Tatbestandes der Nr. 1122 erfüllt, ist in Nr. 1122 klargestellt, dass diese keine Anwendung findet, wenn Nr. 1121 erfüllt ist.

35 Im Vergleich zu Nr. 1121 ist lediglich in Nr. 1 Buchst. b eine abweichende Regelung getroffen. Falls eine mündliche Verhandlung nicht stattfindet (§ 117 Abs. 3, § 68 Abs. 3 Satz 2 FamFG) kann die Rücknahme bis vor Ablauf des Tages, an dem die Endentscheidung der Geschäftsstelle übermittelt wird, privilegiert zurückgenommen werden.

D. Rechtsbeschwerde gegen die Endentscheidung (Nr. 1130, Nr. 1131 und Nr. 1132)

I. Nummer 1130

Nr. 1130 bestimmt die Verfahrensgebühr für das Rechtsbeschwerdeverfahren in der Hauptsache. Durch die Vorbem. 1.1.3 wird klargestellt, dass die Gebühren dieses Abschnitts auch dann Anwendung finden, wenn nur die Endentscheidung in einer Folgesache mit der Rechtsbeschwerde angegriffen wird. 36

Betroffen von der Verfahrensgebühr ist, wie sich aus der Überschrift des Abschnitts 3 ergibt, nur die Rchtsbeschwerde gegen die Endentscheidung. Sonstige Rechtsbeschwerden sind im Hauptabschnitt 9 Abschnitt 2 (Nr. 1920 bis 1923) geregelt. 37

Rechtsbeschwerde und Anschlussrechtsbeschwerde sind als ein Verfahren zu behandeln (§ 39 Abs. 2). 38

Die Verfahrensgebühr Nr. 1130 und damit auch die Verfahrensgebühren Nr. 1131 und 1132, die die Verfahrensgebühr Nr. 1130 nur modifizieren, entstehen mit dem Eingang des Rechtsmittelantrags bei Gericht. Zu diesem Zeitpunkt wird die Gebühr, soweit sie für die Ehesache entstanden ist, auch fällig (§ 9 Abs. 1). Im Übrigen, nämlich hinsichtlich der Folgesachen, wird die Gebühr erst nach § 11 Abs. 1 mit der Beendigung des Verfahrens fällig. 39

Nach Eingang der Rechtsmittelschrift kann daher nur die Verfahrensgebühr hinsichtlich der Ehesache gefordert werden, da nur diese bereits fällig ist. Eine Vorauszahlungspflicht besteht nicht. Sind nur Folgesachen in der Rechtsbeschwerdeinstanz anhängig, kann eine Verfahrensgebühr erst bei der mit Beendigung des Verfahrens eintretenden Fälligkeit erhoben werden. 40

Für die Verfahrensgebühren des Rechtsbeschwerdeverfahrens haftet neben dem Entscheidungs- und Übernahmeschuldner auch der Antragsteller der Instanz (§ 21 Abs. 1 Satz 1). Rechtsbeschwerdeführer und Anschlussrechtsbeschwerdeführer haften jeweils für die Verfahrensgebühr, die durch ihre jeweiligen Anträge entsteht. Soweit für eine Folgesache Rechtsmittelanträge beider Seiten vorliegen, haften beide als Antragsteller der Instanz gesamtschuldnerisch. Die Höhe des Haftungsbetrages der verschiedenen Antragsteller wird so berechnet, als seien einzelne Verfahren eingeleitet worden. Bis zur Höhe dieser Kosten kann die Staatskasse die einzelnen Kostenschuldner unter Beachtung des § 26 Abs. 2 in Anspruch nehmen. Die Staatskasse kann jedoch nicht mehr fordern als insgesamt durch das Verfahren entstanden ist. 41

II. Nummer 1131

Der Gebührentatbestand ist im Wesentlichen mit Nr. 1121 identisch, so dass auf die dortige Kommentierung verwiesen wird. 42

III. Nummer 1132

Der weitere Ermäßigungstatbestand für die Rechtsbeschwerde sieht eine Begünstigung für eine spätere Rücknahme vor, wenn das Verfahren hinsichtlich der Ehesache oder einer Folgesache durch Zurücknahme der Rechtsbeschwerde oder des Antrags vor Ab- 43 lauf des Tages, an dem die Endentscheidung der Geschäftsstelle übermittelt wird, beendet wird. Nr. 1132 kennt demnach nur einen Ermäßigungstatbestand.

44 Anders als bei Nr. 1131 findet hier wieder eine differenzierte Behandlung zwischen Ehesache und Folgesachen einerseits und mehreren Folgesachen andererseits statt. Für einen Teilgegenstand des Rechtsbeschwerdeverfahrens erfolgt daher der Ansatz einer Verfahrensgebühr mit einem Gebührensatz von 2,0, während für einen anderen Teil ein Gebührensatz von 4,0 maßgebend ist. Es liegt ein Fall des § 30 Abs. 1 und 2 vor. Die Gebühren für die Teile sind gesondert zu berechnen; die aus dem Gesamtbetrag der Wertteile nach dem höchsten Gebührensatz (hier: 4,0) berechnete Gebühr darf nicht überschritten werden.

45 Im Hinblick auf die unterschiedlichen Voraussetzungen können die Nr. 1131 und 1132 nicht nebeneinander anfallen. Da jedoch eine der Nr. 1131 genügende Zurücknahme gleichzeitig auch die Vorausetzungen des Tatbestandes der Nr. 1132 erfüllt, ist in Nr. 1132 klargestellt, dass diese keine Anwendung findet, wenn Nr. 1131 erfüllt ist.

E. Zulassung der Sprungrechtsbeschwerde gegen die Endentscheidung (Nr. 1140)

46 Im Verfahren über die Zulassung der Sprungsrechtsbeschwerde ist eine Gebühr nur für den Fall der (Teil)Ablehnung des Antrags vorgesehen, da durch eine Zulassung der Sprungsrechtsbeschwerde das Verfahren als Rechtsbeschwerde fortgesetzt wird (§ 75 Abs. 2 FamFG, § 566 Abs. 7 Satz 1 ZPO) und damit die Gebühren nach den Nr. 1130 bis 1132 anfallen.

47 Im Zulassungsverfahren ist Verfahrenswert der für das Rechtsmittelverfahren maßgebende Wert (§ 40 Abs. 3).

48 Die Verfahrensgebühr Nr. 1140 entsteht mit dem Eingang des Zulassungsantrags bei Gericht. Die Gebühr wird, da sie eine gerichtliche Entscheidung (Ablehnung des Antrags) voraussetzt, erst mit dieser Entscheidung fällig (§ 9 Abs. 2). Eine Vorauszahlungspflicht besteht nicht.

49 Die Kosten schuldet regelmäßig der Entscheidungsschuldner; der Antragsteller haftet nach § 21 Abs. 1 Satz 1.

Hauptabschnitt 2
Hauptsacheverfahren in selbständigen Familienstreitsachen

Abschnitt 1
Vereinfachtes Verfahren über den Unterhalt Minderjähriger

Unterabschnitt 1
Erster Rechtszug

1210	Entscheidung über einen Antrag auf Festsetzung von Unterhalt nach § 249 Abs. 1 FamFG mit Ausnahme einer Festsetzung nach § 254 Satz 2 FamFG	0,5

Unterabschnitt 2
Beschwerde gegen die Endentscheidung

1211	Verfahren über die Beschwerde nach § 256 FamFG gegen die Festsetzung von Unterhalt im vereinfachten Verfahren	1,0

1212	Beendigung des gesamten Verfahrens ohne Endentscheidung: Die Gebühr 1211 ermäßigt sich auf	0,5
	(1) Wenn die Entscheidung nicht durch Vorlesen der Entscheidungsformel bekannt gegeben worden ist, ermäßigt sich die Gebühr auch im Fall der Zurücknahme der Beschwerde vor Ablauf des Tages, an dem die Endentscheidung der Geschäftsstelle übermittelt wird. (2) Eine Entscheidung über die Kosten steht der Ermäßigung nicht entgegen, wenn die Entscheidung einer zuvor mitgeteilten Einigung über die Kostentragung oder einer Kostenübernahmeerklärung folgt.	

Unterabschnitt 3
Rechtsbeschwerde gegen die Endentscheidung

1213	Verfahren im Allgemeinen	1,5
1214	Beendigung des gesamten Verfahrens durch Zurücknahme der Rechtsbeschwerde oder des Antrags, bevor die Schrift zur Begründung der Rechtsbeschwerde bei Gericht eingegangen ist: Die Gebühr 1213 ermäßigt sich auf	0,5
1215	Beendigung des gesamten Verfahrens durch Zurücknahme der Rechtsbeschwerde oder des Antrags vor Ablauf des Tages, an dem die Endentscheidung der Geschäftsstelle übermittelt wird, wenn nicht Nummer 1214 erfüllt ist: Die Gebühr 1213 ermäßigt sich auf	1,0

Unterabschnitt 4
Zulassung der Sprungrechtsbeschwerde gegen die Endentscheidung

1216	Verfahren über die Zulassung der Sprungrechtsbeschwerde: Soweit der Antrag abgelehnt wird	0,5

Abschnitt 2
Verfahren im Übrigen

Unterabschnitt 1
Erster Rechtszug

1220	Verfahren im Allgemeinen	3,0
	Soweit wegen desselben Verfahrensgegenstands ein Mahnverfahren vorausgegangen ist, entsteht die Gebühr mit dem Eingang der Akten beim Familiengericht, an das der Rechtsstreit nach Erhebung des Widerspruchs oder Einlegung des Einspruchs abgegeben wird; in diesem Fall wird eine Gebühr 1100 des Kostenverzeichnisses zum GKG nach dem Wert des Verfahrensgegenstands angerechnet, der in das Streitverfahren übergegangen ist.	
1221	Beendigung des gesamten Verfahrens durch 1. Zurücknahme des Antrags a) vor dem Schluss der mündlichen Verhandlung, b) in den Fällen des § 128 Abs. 2 ZPO vor dem Zeitpunkt, der dem Schluss der mündlichen Verhandlung entspricht, c) im Fall des § 331 Abs. 3 ZPO vor Ablauf des Tages, an dem die Endentscheidung der Geschäftsstelle übermittelt wird, wenn keine Entscheidung nach § 269 Abs. 3 Satz 3 ZPO über die Kosten ergeht oder die Entscheidung einer zuvor mitgeteilten Einigung über die Kostentragung oder einer Kostenübernahmeerklärung folgt,	

	2. Anerkenntnis- oder Verzichtsentscheidung oder Endentscheidung, die nach § 38 Abs. 4 Nr. 2 oder 3 FamFG keine Begründung enthält oder nur deshalb eine Begründung enthält, weil zu erwarten ist, dass der Beschluss im Ausland geltend gemacht wird (§ 38 Abs. 5 Nr. 4 FamFG), 3. gerichtlichen Vergleich oder 4. Erledigung in der Hauptsache, wenn keine Entscheidung über die Kosten ergeht oder die Entscheidung einer zuvor mitgeteilten Einigung über die Kostentragung oder einer Kostenübernahmeerklärung folgt, es sei denn, dass bereits eine andere Endentscheidung als eine der in Nummer 2 genannten Entscheidungen vorausgegangen ist: Die Gebühr 1220 ermäßigt sich auf	1,0
	(1) Die Zurücknahme des Antrags auf Durchführung des streitigen Verfahrens (§ 696 Abs. 1 ZPO), des Widerspruchs gegen den Mahnbescheid oder des Einspruchs gegen den Vollstreckungsbescheid stehen der Zurücknahme des Antrags (Nummer 1) gleich. (2) Die Vervollständigung einer ohne Begründung hergestellten Endentscheidung (§ 38 Abs. 6 FamFG) steht der Ermäßigung nicht entgegen. (3) Die Gebühr ermäßigt sich auch, wenn mehrere Ermäßigungstatbestände erfüllt sind.	

Unterabschnitt 2
Beschwerde gegen die Endentscheidung

1222	Verfahren im Allgemeinen	4,0
1223	Beendigung des gesamten Verfahrens durch Zurücknahme der Beschwerde oder des Antrags, bevor die Schrift zur Begründung der Beschwerde bei Gericht eingegangen ist: Die Gebühr 1222 ermäßigt sich auf	1,0
	Die Erledigung in der Hauptsache steht der Zurücknahme gleich, wenn keine Entscheidung über die Kosten ergeht oder die Entscheidung einer zuvor mitgeteilten Einigung über die Kostentragung oder einer Kostenübernahmeerklärung folgt.	
1224	Beendigung des gesamten Verfahrens, wenn nicht Nummer 1223 erfüllt ist, durch 1. Zurücknahme der Beschwerde oder des Antrags a) vor dem Schluss der mündlichen Verhandlung oder, b) falls eine mündliche Verhandlung nicht stattfindet, vor Ablauf des Tages, an dem die Endentscheidung der Geschäftsstelle übermittelt wird, 2. Anerkenntnis- oder Verzichtsentscheidung, 3. gerichtlichen Vergleich oder 4. Erledigung in der Hauptsache, wenn keine Entscheidung über die Kosten ergeht oder die Entscheidung einer zuvor mitgeteilten Einigung über die Kostentragung oder einer Kostenübernahmeerklärung folgt, es sei denn, dass bereits eine andere Endentscheidung als eine der in Nummer 2 genannten Entscheidungen vorausgegangen ist: Die Gebühr 1222 ermäßigt sich auf	2,0
	Die Gebühr ermäßigt sich auch, wenn mehrere Ermäßigungstatbestände erfüllt sind.	

	Unterabschnitt 3 *Rechtsbeschwerde gegen die Endentscheidung*	
1225	Verfahren im Allgemeinen	5,0
1226	Beendigung des gesamten Verfahrens durch Zurücknahme der Rechtsbeschwerde oder des Antrags, bevor die Schrift zur Begründung der Rechtsbeschwerde bei Gericht eingegangen ist: Die Gebühr 1225 ermäßigt sich auf	1,0
	Die Erledigung in der Hauptsache steht der Zurücknahme gleich, wenn keine Entscheidung über die Kosten ergeht oder die Entscheidung einer zuvor mitgeteilten Einigung über die Kostentragung oder einer Kostenübernahmeerklärung folgt.	
1227	Beendigung des gesamten Verfahrens durch Zurücknahme der Rechtsbeschwerde oder des Antrags vor Ablauf des Tages, an dem die Endentscheidung der Geschäftsstelle übermittelt wird, wenn nicht Nummer 1226 erfüllt ist: Die Gebühr 1225 ermäßigt sich auf	3,0
	Unterabschnitt 4 *Zulassung der Sprungrechtsbeschwerde gegen die Endentscheidung*	
1228	Verfahren über die Zulassung der Sprungrechtsbeschwerde: Soweit der Antrag abgelehnt wird	1,5
1229	Verfahren über die Zulassung der Sprungrechtsbeschwerde: Soweit der Antrag zurückgenommen oder das Verfahren durch anderweitige Erledigung beendet wird	1,0
	Die Gebühr entsteht nicht, soweit die Sprungrechtsbeschwerde zugelassen wird.	

A. Allgemeines

In Hauptabschnitt 2 sind die Gebühren für Hauptsacheverfahren in selbständigen Familienstreitsachen geregelt. Selbständige Familienstreitsachen sind solche Familienstreitsachen (§ 112 FamFG), die nicht im Verbund (§ 137 FamFG) mit einer Scheidungs- oder entsprechenden Lebenspartnerschaftssache stehen. Für diese Familienstreitsachen sind im Wesentlichen die für die zivilrechtlichen Prozessverfahren vor den ordentlichen Gerichten geltenden Gebührenregelungen (Teil 1 Hauptabschnitt 2 KV GKG) übernommen worden. Regelungen über die im Mahnverfahren zu erhebenden Gebühren sind nicht getroffen worden, weil für das Mahnverfahren die Vorschriften der ZPO entsprechend anzuwenden sind (§ 113 Abs. 2 FamFG) und sich die Kosten demzufolge nach dem GKG bestimmen (§ 1 Satz 3 FamGKG). 1

B. Abschnitt 1 – Vereinfachtes Verfahren über den Unterhalt Minderjähriger

I. Erster Rechtszug (Nr. 1210)

Für das vereinfachte Verfahren über den Unterhalt Minderjähriger sind für den ersten Rechtszug sowie für das Beschwerdeverfahren die Gebührenregelungen der Nr. 1120 und 1122 KV GKG übernommen worden. 2

Die Gebühr Nr. 1210 fällt nur dann an, wenn das Gericht tatsächlich den beantragten Festsetzungsbeschluss (§ 253 FamFG) erlässt. Anderenfalls wird auf Antrag das streiti- 3 ge Verfahren durchgeführt (§ 255 FamFG), und es fällt die Gebühr 1220 an. Die Gebühr fällt ausdrücklich nicht an für eine Entscheidung nach § 254 Satz 2 FamFG (Verpflichtungserklärung des Antragsgegners).

4 Der Verfahrenswert bestimmt sich nach § 51.

5 Da es sich um eine Entscheidungsgebühr handelt, wird die Gebühr mit der Entscheidung fällig (§ 9 Abs. 2). Eine Vorauszahlungspflicht besteht nicht.

6 Die Gebühr schuldet der Antragsgegner als Entscheidungsschuldner (§ 24 Nr. 1). Daneben haftet der Antragsteller (§ 21 Abs. 1 Satz 1). Die Ausnahme von der Antragstellerhaftung des Minderjährigen nach § 21 Abs. 1 Satz 2 Nr. 3 ist nicht gegeben. Gegenstand des vereinfachten Verfahrens über den Unterhalt Minderjähriger ist nicht eine Angelegenheit, die seine Person betrifft, sondern eine vermögensrechtliche Angelegenheit.

II. Beschwerde gegen die Endentscheidung (Nr. 1211 und Nr. 1212)

1. Nummer 1211

7 Im Beschwerdeverfahren wird – wie auch nach bisherigem Recht – eine Verfahrensgebühr erhoben. Betroffen von der Verfahrensgebühr ist, wie sich aus der Überschrift des Abschnitts ergibt, nur die Beschwerde gegen die Endentscheidung. Sonstige Beschwerden sind im Hauptabschnitt 9 Abschnitt 1 (Nr. 1910 bis 1912) geregelt.

8 Beschwerde und Anschlussbeschwerde sind als ein Verfahren zu behandeln (§ 39 Abs. 2).

9 Die Verfahrensgebühr Nr. 1211 und damit auch die Verfahrensgebühr Nr. 1212, die die Verfahrensgebühr Nr. 1211 nur modifiziert, entsteht mit dem Eingang des Rechtsmittelantrags bei Gericht. Zu diesem Zeitpunkt wird die Gebühr auch fällig (§ 9 Abs. 1). Eine Vorauszahlungspflicht besteht nicht. Im Beschwerdeverfahren bestimmt sich der Wert nach § 40.

10 Die Gebühr schuldet der Entscheidungsschuldner (§ 24 Nr. 1). Daneben haftet der Beschwerdeführer als Antragsteller der Instanz (§ 21 Abs. 1 Satz 1); der Minderjährige haftet auch hier eventuell als Antragsteller des Beschwerdeverfahrens, da die Ausnahmeregelung (§ 21 Abs. 1 Satz 2 Nr. 3) nicht greift.

11 Beschwerdeführer und Anschlussbeschwerdeführer haften jeweils für die Verfahrensgebühr, die durch ihre jeweiligen Anträge entsteht. Die Höhe des Haftungsbetrages der verschiedenen Antragsteller wird so berechnet, als seien einzelne Verfahren eingeleitet worden. Bis zur Höhe dieser Kosten kann die Staatskasse die einzelnen Kostenschuldner unter Beachtung des § 26 Abs. 2 in Anspruch nehmen. Die Staatskasse kann jedoch nicht mehr fordern als insgesamt durch das Verfahren entstanden ist.

2. Nummer 1212

12 Nr. 1212 sieht für den Fall der Beendigung des Beschwerdeverfahrens ohne Endentscheidung eine verminderte Verfahrensgebühr vor. Voraussetzung für die Anwendung der Vorschrift ist, dass die Beschwerde insgesamt beendet wird.

13 In Abs. 1 der Anmerkung wird die Zurücknahme der Beschwerde vor Ablauf des Tages, an dem die Endentscheidung der Geschäftsstelle übermittelt wird, wenn die Entscheidung nicht bereits durch Vorlesen der Entscheidungsformel (§ 41 Abs. 2 FamFG)

bekannt gegeben worden ist, gesondert geregelt, weil sonst im Falle der schriftlichen Entscheidung nicht klar wäre, welches der letztmögliche Zeitpunkt für die Rücknahme ist.

Nach Abs. 2 steht eine Entscheidung über die Kosten der Ermäßigung nicht entgegen, wenn die Entscheidung einer zuvor mitgeteilten Einigung über die Kostentragung oder einer Kostenübernahmeerklärung folgt. Endet also das Beschwerdeverfahren durch Rücknahme, Erledigterklärung oder Vergleich, tritt die Ermäßigung auch ein, wenn das Gericht über die Kostentragung nicht inhaltlich selbst befinden muss. 14

III. Rechtsbeschwerde gegen die Endentscheidung (Nr. 1213, Nr. 1214 und Nr. 1215)

1. Nummer 1213

Nr. 1213 bestimmt die Verfahrensgebühr für das Rechtsbeschwerdeverfahren in der Hauptsache (vereinfachtes Verfahren über den Unterhalt Minderjähriger). Betroffen von der Verfahrensgebühr ist, wie sich aus der Überschrift des Abschnitts 3 ergibt, nur die Rechtsbeschwerde gegen die Endentscheidung. Sonstige Rechtseschwerden sind im Hauptabschnitt 9 Abschnitt 2 (Nr. 1920 bis 1923) geregelt. 15

Rechtsbeschwerde und Anschlussrechtsbeschwerde sind als ein Verfahren zu behandeln (§ 39 Abs. 2). 16

Die Verfahrensgebühr Nr. 1213 und damit auch die Verfahrensgebühren Nr. 1214 und 1215, die die Verfahrensgebühr Nr. 1213 nur modifizieren, entstehen mit dem Eingang des Rechtsmittelantrags bei Gericht. Zu diesem Zeitpunkt wird die Gebühr auch fällig (§ 9 Abs. 1). Eine Vorauszahlungspflicht besteht nicht. Im Rechtsbeschwerdeverfahren bestimmt sich der Wert nach § 40. 17

Die Gebühr schuldet der Entscheidungsschuldner (§ 24 Nr. 1). Daneben haftet der Rechtsbeschwerdeführer als Antragsteller der Instanz (§ 21 Abs. 1 Satz 1); der Minderjährige haftet auch hier eventuell als Antragsteller des Rechtsbeschwerdeverfahrens, da die Ausnahmeregelung (§ 21 Abs. 1 Satz 2 Nr. 3) nicht greift. 18

Rechtsbeschwerdeführer und Anschlussrechtsbeschwerdeführer haften jeweils für die Verfahrensgebühr, die durch ihre jeweiligen Anträge entsteht. Die Höhe des Haftungsbetrages der verschiedenen Antragsteller wird so berechnet, als seien einzelne Verfahren eingeleitet worden. Bis zur Höhe dieser Kosten kann die Staatskasse die einzelnen Kostenschuldner unter Beachtung des § 26 Abs. 2 in Anspruch nehmen. Die Staatskasse kann jedoch nicht mehr fordern als insgesamt durch das Verfahren entstanden ist. 19

2. Nummer 1214

Nr. 1214 sieht für den Fall einer frühzeitigen Zurücknahme der Rechtsbeschwerde oder des erstinstanzlichen Antrags eine Ermäßigung des Gebührensatzes auf 0,5 vor. Erste Voraussetzung für die Anwendung der Vorschrift ist, dass die Rechtsbeschwerde insgesamt zurückgenommen wird. Weitere Voraussetzung ist die Beendigung des gesamten Verfahrens durch Zurücknahme der Rechtsbeschwerde oder des Antrags, bevor die Schrift zur Begründung der Rechtsbeschwerde bei Gericht eingegangen ist. 20

3. Nummer 1215

21 Der weitere Ermäßigungstatbestand für die Rechtsbeschwerde sieht eine Begünstigung für eine spätere Rücknahme vor, wenn das Verfahren durch Zurücknahme der Rechtsbeschwerde oder des Antrags vor Ablauf des Tages, an dem die Endentscheidung der Geschäftsstelle übermittelt wird, beendet wird. Nr. 1215 kennt demnach nur einen Ermäßigungstatbestand.

22 Im Hinblick auf die unterschiedlichen Voraussetzungen können die Nr. 1214 und 1215 nicht nebeneinander anfallen. Da jedoch eine der Nr. 1214 genügende Zurücknahme gleichzeitig auch die Vorausetzungen des Tatbestandes der Nr. 1215 erfüllt, ist in Nr. 1215 klargestellt, dass diese keine Anwendung findet, wenn Nr. 1214 erfüllt ist.

IV. Zulassung der Sprungrechtsbeschwerde gegen die Endentscheidung (Nr. 1216)

23 Im Verfahren über die Zulassung der Sprungsrechtsbeschwerde ist eine Gebühr nur für den Fall der (Teil)Ablehnung des Antrags vorgesehen, da durch eine Zulassung der Sprungsrechtsbeschwerde das Verfahren als Rechtsbeschwerde fortgesetzt wird (§ 75 Abs. 2 FamFG, § 566 Abs. 7 Satz 1 ZPO) und damit die Gebühren nach den Nr. 1213 bis 1215 anfallen. Im Zulassungsverfahren ist Verfahrenswert der für das Rechtsmittelverfahren maßgebende Wert (§ 40 Abs. 3).

24 Die Verfahrensgebühr entsteht mit dem Eingang des Zulassungsantrags bei Gericht. Die Gebühr wird, da sie eine gerichtliche Entscheidung (Ablehnung des Antrags) voraussetzt, erst mit dieser Entscheidung fällig (§ 9 Abs. 2). Eine Vorauszahlungspflicht besteht nicht.

25 Die Kosten schuldet regelmäßig der Entscheidungsschuldner; der Antragsteller haftet nach § 21 Abs. 1 Satz 1.

C. Abschnitt 2 – Verfahren im Übrigen

I. Erster Rechtszug (Nr. 1220 und Nr. 1221)

1. Allgemeines

26 Abschnitt 2 erfasst sämtliche selbständigen Familienstreitsachen mit Ausnahme des vereinfachten Verfahrens über den Unterhalt Minderjähriger (Abschnitt 1 dieses Hauptabschnittes). Auf die Vorbem. zu diesem Hauptabschnitt wird Bezug genommen

2. Nummer 1220

27 Im erstinstanzlichen Verfahren vor dem Familiengericht entsteht in selbständigen Familienstreitsachen eine pauschale Verfahrensgebühr mit einem Gebührensatz von 3,0.

28 Einer selbständigen Familienstreitsache kann ein Mahnverfahren vorausgehen. Für das Mahnverfahren, auf das die Vorschriften der ZPO entsprechend anzuwenden sind (§ 113 Abs. 2 FamFG), ist in § 1 Satz 3 die Anwendung des GKG vorgesehen, weil auch das Mahnverfahren in Familiensachen von den zentralen Mahngerichten erledigt wird. Nach Erhebung des Widerspruchs oder Einlegung des Einspruchs ist das Verfahren

vom Mahngericht an das zuständige Familiengericht abzugeben (§ 696 Abs. 1 Satz 1, § 700 Abs. 3 Satz 1 ZPO). Die Anmerkung schreibt daher vor, dass in diesem Fall eine Gebühr nach Nr. 1100 GKG nach dem Wert des Verfahrensgegenstands angerechnet wird, der in das Streitverfahren übergegangen ist. Dies gilt jedoch nur, soweit wegen desselben Verfahrensgegenstands ein Mahnverfahren vorausgegangen ist. Die Gebühr Nr. 1220 entsteht in diesem Fall mit dem Eingang der Akten beim Familiengericht.

Die Verfahrensgebühr Nr. 1220 und damit auch die Verfahrensgebühr Nr. 1221, die die Verfahrensgebühr Nr. 1220 nur modifiziert, entsteht mit dem Eingang des Antrags bei Gericht. Zu diesem Zeitpunkt wird die Gebühr auch fällig (§ 9 Abs. 1). Es besteht Vorauszahlungspflicht nach § 14 Abs. 1 Satz 1. 29

Für die Verfahrensgebühren haftet neben dem Entscheidungs- und Übernahmeschuldner auch der Antragsteller des Verfahrens (§ 21 Abs. 1 Satz 1). 30

Soweit ein Klageantrag und ein Widerklageantrag denselben Verfahrensgegenstand betreffen, haften beide Beteiligten nach § 21 Abs. 1 Satz 1. Wenn sie nicht denselben Verfahrensgegenstand betreffen, sind die einzelnen Verfahrenswerte zu addieren (§ 39 Abs. 1). Die Höhe des Haftungsbetrages der verschiedenen Antragsteller wird so berechnet, als seien einzelne Verfahren eingeleitet worden. Bis zur Höhe dieser Kosten kann die Staatskasse die einzelnen Kostenschuldner unter Beachtung des § 26 Abs. 2 in Anspruch nehmen. Die Staatskasse kann jedoch nicht mehr fordern, als insgesamt durch das Verfahren entstanden ist. 31

3. Nummer 1221

Nr. 1221 enthält einen Ermäßigungstatbestand für das erstinstanzliche Verfahren. Sie regelt Tatbestände, die bei einer vorzeitigen Beendigung des Verfahrens zu einer Reduzierung der in Nr. 1220 vorgesehenen pauschalen Verfahrensgebühr führen. Die Vorschrift gleicht in weiten Teilen der Nr. 1111, Unterschiede bestehen aber. Der Eintritt der Gebührenermäßigung setzt voraus, dass das gesamte Verfahren erledigt wird, eine Teilerledigung reicht nicht aus. Die Vorschrift sieht eine Ermäßigung vor bei Zurücknahme des Antrags, bei Anerkenntnis- oder Verzichtsentscheidung oÄ, bei gerichtlichem Vergleich oder bei Erledigung der Hauptsache. 32

a) Antragsrücknahme

Die Zurücknahme des Antrags führt zur Ermäßigung, wenn sie 33

- vor dem Schluss der mündlichen Verhandlung,
- in den Fällen des § 128 Abs. 2 ZPO vor dem Zeitpunkt, der dem Schluss der mündlichen Verhandlung entspricht,
- im Fall des § 331 Abs. 3 ZPO vor Ablauf des Tages, an dem die Endentscheidung der Geschäftsstelle übermittelt wird,

erfolgt.

Voraussetzung für die Ermäßigung ist eine förmliche Zurücknahme des Antrags vor den genannten Zeitpunkten. Grundsätzlich ist der Schluss der mündlichen Verhandlung iS des § 136 Abs. 4 ZPO maßgebend. Wird mit Zustimmung der Beteiligten nicht verhandelt, tritt an die Stelle des Schlusses der mündlichen Verhandlung der Zeitpunkt, den das Gericht für die Einreichung von Schriftsätzen gesetzt hat (§ 128 Abs. 2 Satz 2 ZPO). Bei Säumnis des Antragsgegners iS des § 331 Abs. 3 ZPO ist die Rück- 34 nahme noch bis vor Ablauf des Tages privilegiert, an dem die Endentscheidung der Geschäftsstelle übermittelt wird.

35 Nach Abs. 1 der Anmerkung stehen die Zurücknahme des Antrags auf Durchführung des streitigen Verfahrens (§ 696 Abs. 1 ZPO), des Widerspruchs gegen den Mahnbescheid oder des Einspruchs gegen den Vollstreckungsbescheid der Zurücknahme des Antrags nach Nr. 1 gleich.

36 Voraussetzung für eine Gebührenreduzierung bei einer Rücknahme ist unter Berücksichtigung des Nachsatzes in Nr. 1 immer, dass keine Entscheidung nach § 269 Abs. 3 Satz 3 ZPO über die Kosten ergeht oder die Kostenentscheidung einer zuvor mitgeteilten Einigung über die Kostentragung oder einer Kostenübernahmeerklärung folgt.

b) Privilegierte Endentscheidungen

37 Zu einer Gebührenreduzierung führt auch die Beendigung des Verfahrens durch

- Anerkenntnisentscheidung (§ 307 ZPO),
- Verzichtsentscheidung (§ 306 ZPO) oder
- Endentscheidung, die nach § 38 Abs. 4 Nr. 2 und 3 FamFG keine Begründung enthält oder nur deshalb eine Begründung enthält, weil zu erwarten ist, dass der Beschluss im Ausland geltend gemacht wird (§ 38 Abs. 5 Nr. 4 FamFG).

38 Voraussetzung für eine Ermäßigung in auch diesen Fällen ist aber, wie sich aus dem Nachsatz ergibt, dass nicht bereits eine andere Endentscheidung als eine der in Nr. 2 genannten Entscheidungen vorausgegangen ist, zB eine streitige Teilentscheidung.

39 Die in Nr. 2 enthaltene Regelung, wonach die Ermäßigung auch dann eintritt, wenn der Beschluss nur deshalb eine Begründung enthält, weil zu erwarten ist, dass der Beschluss im Ausland geltend gemacht wird, korrespondiert mit der Regelung in Abs. 2 der Anmerkung. Es soll kostenrechtlich keinen Unterschied machen, ob die Begründung aus den genannten Gründen sofort oder nachträglich im Wege der Ergänzung in den Beschluss aufgenommen wird.

c) Gerichtlicher Vergleich

40 Eine Ermäßigung tritt bezüglich der Folgesachen auch ein, wenn ein gerichtlicher Vergleich geschlossen wird (Nr. 3). Der Vergleich muss nach dem ausdrücklichen Wortlaut vor Gericht geschlossen worden sein. Ein mitgeteilter außergerichtlicher Vergleich reicht nicht.

d) Erledigung in der Hauptsache

41 Die Erledigung in der Hauptsache führt zu einer Ermäßigung der Gebühr, wenn keine Entscheidung über die Kosten ergeht oder die Entscheidung einer zuvor mitgeteilten Einigung über die Kostentragung oder einer Kostenübernahmeerklärung folgt.

e) Sonstige Voraussetzungen der Ermäßigung

42 Voraussetzung für eine Ermäßigung ist in allen Fällen aber, wie sich aus dem Nachsatz ergibt, dass nicht bereits eine andere als eine der in Nr. 2 genannten Entscheidungen vorausgegangen ist, zB eine streitige Teilentscheidung.

43 Nach Abs. 3 der Anmerkung ermäßigt sich die Gebühr auch, wenn mehrere Ermäßigungstatbestände erfüllt sind. Wird eine Folgesache zunächst durch einen Teilver-

gleich und anschließend durch eine rechtzeitige Antragsrücknahme insgesamt erledigt, tritt für diese Folgesache eine Reduzierung der Verfahrensgebühr ein.

II. Beschwerde gegen die Endentscheidung (Nr. 1222 bis 1224)

1. Nummer 1222

Nr. 1222 bestimmt die Verfahrensgebühr für das Beschwerdeverfahren in der Hauptsache. Betroffen von der Verfahrensgebühr ist nur die Beschwerde gegen die Endentscheidung. Sonstige Beschwerden sind im Hauptabschnitt 9 Abschnitt 1 (Nr. 1910 bis 1912) geregelt. 44

Beschwerde und Anschlussbeschwerde sind als ein Verfahren zu behandeln (§ 39 Abs. 2). 45

Die Verfahrensgebühr Nr. 1222 und damit auch die Verfahrensgebühren Nr. 1223 und 1224, die die Verfahrensgebühr Nr. 1222 nur modifizieren, entstehen mit dem Eingang des Rechtsmittelantrags bei Gericht. Zu diesem Zeitpunkt wird die Gebühr auch fällig (§ 9 Abs. 1). Eine Vorauszahlungspflicht besteht nicht. Im Beschwerdeverfahren bestimmt sich der Wert nach § 40. 46

Für die Verfahrensgebühren des Beschwerdeverfahrens haftet neben dem Entscheidungs- und Übernahmeschuldner auch der Antragsteller der Instanz (§ 21 Abs. 1 Satz 1). Beschwerdeführer und Anschlussbeschwerdeführer haften jeweils für die Verfahrensgebühr, die durch ihre jeweiligen Anträge entsteht. Die Höhe des Haftungsbetrages der verschiedenen Antragsteller wird so berechnet, als seien einzelne Verfahren eingeleitet worden. Bis zur Höhe dieser Kosten kann die Staatskasse die einzelnen Kostenschuldner unter Beachtung des § 26 Abs. 2 in Anspruch nehmen. Die Staatskasse kann jedoch nicht mehr fordern als insgesamt durch das Verfahren entstanden ist. 47

2. Nummer 1223

Nr. 1223 sieht für den Fall einer frühzeitigen Zurücknahme der Beschwerde oder des erstinstanzlichen Antrags eine Ermäßigung des Gebührensatzes auf 1,0 vor. Erste Voraussetzung für die Anwendung der Vorschrift ist, dass die Beschwerde insgesamt zurückgenommen wird. Weitere Voraussetzung ist die Beendigung des gesamten Verfahrens durch Zurücknahme der Beschwerde oder des Antrags, bevor die Schrift zur Begründung der Beschwerde bei Gericht eingegangen ist. Nach § 117 Abs. 1 Satz 1 und 2 FamFG hat der Beschwerdeführer in Familienstreitsachen die Beschwerde binnen einer grundsätzlichen Frist von zwei Monaten zu begründen. 48

Nach der Anmerkung steht die Erledigung in der Hauptsache der Zurücknahme gleich, wenn keine Entscheidung über die Kosten ergeht oder die Entscheidung einer zuvor mitgeteilten Einigung über die Kostentragung oder einer Kostenübernahmeerklärung folgt. Mit dieser weit gehenden Reduzierung des Gebührensatzes soll ein Anreiz geschaffen werden, die Zurücknahme oder die Erledigung frühzeitig herbeizuführen. 49

3. Nummer 1224

50 Der Gebührentatbestand für die Ermäßigung der Verfahrensgebühr bei rechtzeitiger Beendigung ist im Wesentlichen mit Nr. 1221 identisch, so dass auf die dortige Kommentierung verwiesen wird.

51 Im Hinblick auf die unterschiedlichen Voraussetzungen können die Nr. 1223 und 1224 nicht nebeneiander anfallen. Da jedoch eine der Nr. 1223 genügende Zurücknahme gleichzeitig auch die Voraussetzungen des Tatbestandes der Nr. 1224 erfüllt, ist in Nr. 1224 klargestellt, dass diese keine Anwendung findet, wenn Nr. 1223 erfüllt ist.

52 Im Vergleich zu Nr. 1221 ist lediglich in Nr. 1 Buchst. b eine abweichende Regelung getroffen. Falls eine mündliche Verhandlung nicht stattfindet (§ 117 Abs. 3, § 68 Abs. 3 Satz 2 FamFG), kann die Rücknahme bis vor Ablauf des Tages, an dem die Endentscheidung der Geschäftsstelle übermittelt wird, privilegiert zurückgenommen werden.

III. Rechtsbeschwerde gegen die Endentscheidung (Nr. 1225 bis Nr. 1227)

1. Nummer 1225

53 Nr. 1225 bestimmt die Verfahrensgebühr für das Rechtsbeschwerdeverfahren in der Hauptsache. Betroffen von der Verfahrensgebühr ist nur die Rchtsbeschwerde gegen die Endentscheidung. Sonstige Rechtsbeschwerden sind im Hauptabschnitt 9 Abschnitt 2 (Nr. 1920 bis 1923) geregelt.

54 Rechtsbeschwerde und Anschlussrechtsbeschwerde sind als ein Verfahren zu behandeln (§ 39 Abs. 2).

55 Die Verfahrensgebühr Nr. 1225 und damit auch die Verfahrensgebühren Nr. 1226 und 1227, die die Verfahrensgebühr Nr. 1225 nur modifizieren, entstehen mit dem Eingang des Rechtsmittelantrags bei Gericht. Zu diesem Zeitpunkt wird die Gebühr auch fällig (§ 9 Abs. 1). Eine Vorauszahlungspflicht besteht nicht.

56 Für die Verfahrensgebühren des Rechtsbeschwerdeverfahrens haftet neben dem Entscheidungs- und Übernahmeschuldner auch der Antragsteller der Instanz (§ 21 Abs. 1 Satz 1). Rechtsbeschwerdeführer und Anschlussrechtsbeschwerdeführer haften jeweils für die Verfahrensgebühr, die durch ihre jeweiligen Anträge entsteht. Die Höhe des Haftungsbetrages der verschiedenen Antragsteller wird so berechnet, als seien einzelne Verfahren eingeleitet worden. Bis zur Höhe dieser Kosten kann die Staatskasse die einzelnen Kostenschuldner unter Beachtung des § 26 Abs. 2, in Anspruch nehmen. Die Staatskasse kann jedoch nicht mehr fordern, als insgesamt durch das Verfahren entstanden ist.

2. Nummer 1226

57 Der Gebührentatbestand ist im Wesentlichen mit Nr. 1223 identisch, so dass auf die dortige Kommentierung verwiesen wird.

3. Nummer 1227

58 Der weitere Ermäßigungstatbestand für die Rechtsbeschwerde sieht eine Begünstigung für eine spätere Rücknahme vor, wenn das Verfahren insgesamt durch Zurücknahme

der Rechtsbeschwerde oder des Antrags vor Ablauf des Tages, an dem die Endentscheidung der Geschäftsstelle übermittelt wird, beendet wird. Nr. 1227 kennt demnach nur einen Ermäßigungstatbestand.

Im Hinblick auf die unterschiedlichen Voraussetzungen können die Nr. 1226 und 1227 nicht nebeneinander anfallen. Da jedoch eine der Nr. 1226 genügende Zurücknahme gleichzeitig auch die Voraussetzungen des Tatbestandes der Nr. 1227 erfüllt, ist in Nr. 1227 klargestellt, dass diese keine Anwendung findet, wenn Nr. 1226 erfüllt ist. 59

IV. Zulassung der Sprungrechtsbeschwerde gegen die Endentscheidung (Nr. 1228 und Nr. 1229)

1. Nummer 1228

Im Verfahren über die Zulassung der Sprungsrechtsbeschwerde ist eine Gebühr nur für den Fall der (Teil)Ablehnung des Antrags vorgesehen, da durch eine Zulassung der Sprungsrechtsbeschwerde das Verfahren als Rechtsbeschwerde fortgesetzt wird (§ 75 Abs. 2 FamFG, § 566 Abs. 7 Satz 1 ZPO) und damit die Gebühren nach den Nr. 1225 bis 1227 anfallen. Im Zulassungsverfahren ist Verfahrenswert der für das Rechtsmittelverfahren maßgebende Wert (§ 40 Abs. 3). 60

Die Verfahrensgebühr Nr. 1228 entsteht mit dem Eingang des Zulassungsantrags bei Gericht. Die Gebühr wird, da sie eine gerichtliche Entscheidung (Ablehnung des Antrags) voraussetzt, erst mit dieser Entscheidung fällig (§ 9 Abs. 2). Eine Vorauszahlungspflicht besteht nicht. 61

Die Kosten schuldet regelmäßig der Entscheidungsschuldner; der Antragsteller haftet nach § 21 Abs. 1 Satz 1. 62

2. Nummer 1229

Nr. 1129 sieht einen eigenen Gebührentatbestand für das Verfahren auf Zulassung der Sprungsrechtsbeschwerde vor, wenn das Verfahren ohne eine Entscheidung des Gerichts über die Zulassung endet. Es handelt sich nicht um einen Ermäßigungstatbestand zu Nr. 1228, wie sich aus dem Wortlaut des Gebührentatbestandes eindeutig ergibt. Die Gebührenregelung soll offensichtlich einen Anreiz bieten, einen Zulassungsantrag zurückzunehmen und damit dem Gericht die Entscheidung ersparen. 63

Aus der Formulierung des Tatbestandes ergibt sich weiter, dass auch eine Teilrücknahme und eine Teilerledigung des Zulassungsverfahrens eine Gebühr auslösen. Dies bringt das Einleitungswort „soweit" zum Ausdruck und wird auch durch die Anmerkung verdeutlicht. 64

Wird ein Zulassungsantrag teilweise vor Entscheidung erledigt und im Übrigen abgelehnt, entstehen die Gebühren nach den Nr. 1228 und 1229 nebeneinander. Bei dieser Fallgestaltung ist also für einen Teil des Verfahrensgegenstandes eine Verfahrensgebühr mit einem Gebührensatz von 1,5 (Nr. 1228) und für einen anderen Teil eine Verfahrensgebühr mit einem Gebührensatz von 1,0 (Nr. 1229) entstanden. Es liegt ein Fall des § 30 Abs. 1 und 2 vor. Die Gebühren für die Teile sind gesondert zu berechnen; die aus dem Gesamtbetrag der Wertteile nach dem höchsten Gebührensatz (hier: 2,0) berechnete Gebühr darf nicht überschritten werden. 65

66 Wird ein Zulassungsantrag teilweise vor Entscheidung erledigt und im Übrigen positiv beschieden, bleibt es hinsichtlich des Zulassungsverfahrens beim teilweisen Ansatz der Gebühr Nr. 1229. Soweit die Sprungsrechtsbeschwerde zugelassen wird, wird das Verfahren als Rechtsbeschwerde fortgesetzt (§ 75 Abs. 2 FamFG, § 566 Abs. 7 Satz 1 ZPO) und es fallen die Gebühren nach den Nr. 1225 bis 1227 an.

67 Nach dem Wortlaut kann die Verfahrensgebühr Nr. 1229 erst und nur entstehen, wenn das Verfahren ohne gerichtliche Entscheidung beendet wird. Daher kann eine Fälligkeit der Gebühr auch nicht vor dem erledigenden Ereignis eintreten. Da weder eine Vorauszahlungs- noch eine Vorschusspflicht besteht, kann die Gebühr erst mit Beendigung des Verfahrens angesetzt werden.

68 Die Kosten schuldet der Antragsteller des Zulassungsverfahrens nach § 21 Abs. 1 Satz 1.

Hauptabschnitt 3
Hauptsacheverfahren in selbständigen Familiensachen der freiwilligen Gerichtsbarkeit

Abschnitt 1
Kindschaftssachen

Vorbemerkung 1.3.1:

(1) Keine Gebühren werden erhoben für

1. die Pflegschaft für eine Leibesfrucht,
2. ein Verfahren, das die freiheitsentziehende Unterbringung eines Minderjährigen betrifft, und
3. ein Verfahren, das Aufgaben nach dem Jugendgerichtsgesetz betrifft.

(2) Von dem Minderjährigen werden Gebühren nach diesem Abschnitt nur erhoben, wenn sein Vermögen nach Abzug der Verbindlichkeiten mehr als 25 000 Euro beträgt; der in § 90 Abs. 2 Nr. 8 des Zwölften Buches Sozialgesetzbuch genannte Vermögenswert wird nicht mitgerechnet.

Unterabschnitt 1
Verfahren vor dem Familiengericht

1310	Verfahrensgebühr .... (1) Die Gebühr entsteht nicht für Verfahren, die in den Rahmen einer Vormundschaft oder Pflegschaft fallen. (2) Für die Umgangspflegschaft werden neben der Gebühr für das Verfahren, in dem diese angeordnet wird, keine besonderen Gebühren erhoben.	0,5
1311	Jahresgebühr für jedes Kalenderjahr bei einer Vormundschaft oder Dauerpflegschaft, wenn nicht Nummer 1312 anzuwenden ist .... (1) Für die Gebühr wird das Vermögen des von der Maßnahme betroffenen Minderjährigen nur berücksichtigt, soweit es nach Abzug der Verbindlichkeiten mehr als 25 000 Euro beträgt; der in § 90 Abs. 2 Nr. 8 des Zwölften Buches Sozialgesetzbuch genannte Vermögenswert wird nicht mitgerechnet. Ist Gegenstand der Maßnahme ein Teil des Vermögens, ist höchstens dieser Teil des Vermögens zu berücksichtigen. (2) Für das bei Anordnung der Maßnahme oder bei der ersten Tätigkeit des Familiengerichts nach Eintritt der Vormundschaft laufende und das folgende Kalenderjahr wird nur eine Jahresgebühr erhoben. (3) Erstreckt sich eine Maßnahme auf mehrere Minderjährige, wird die Gebühr für jeden Minderjährigen besonders erhoben.	5,00 Euro je angefangene 5000,00 Euro des zu berücksichtigenden Vermögens – mindestens 50,00 Euro

	(4) Geht eine Pflegschaft in eine Vormundschaft über, handelt es sich um ein einheitliches Verfahren.	
1312	Jahresgebühr für jedes Kalenderjahr bei einer Dauerpflegschaft, die nicht unmittelbar das Vermögen oder Teile des Vermögens zum Gegenstand hat	200,00 Euro – höchstens eine Gebühr 1311
1313	Verfahrensgebühr bei einer Pflegschaft für einzelne Rechtshandlungen	0,5 – höchstens eine Gebühr 1311
	(1) Bei einer Pflegschaft für mehrere Minderjährige wird die Gebühr nur einmal aus dem zusammengerechneten Wert erhoben. Minderjährige, von denen nach Vorbemerkung 1.3.1 Abs. 2 keine Gebühr zu erheben ist, sind nicht zu berücksichtigen. Höchstgebühr ist die Summe der für alle zu berücksichtigenden Minderjährigen jeweils maßgebenden Gebühr 1311. (2) Als Höchstgebühr ist die Gebühr 1311 in der Höhe zugrunde zu legen, in der sie bei einer Vormundschaft entstehen würde. (3) Die Gebühr wird nicht erhoben, wenn für den Minderjährigen eine Vormundschaft oder eine Dauerpflegschaft, die sich auf denselben Gegenstand bezieht, besteht.	
	Unterabschnitt 2 *Beschwerde gegen die Endentscheidung*	
1314	Verfahren im Allgemeinen	1,0
1315	Beendigung des gesamten Verfahrens ohne Endentscheidung: Die Gebühr 1314 ermäßigt sich auf	0,5
	(1) Wenn die Entscheidung nicht durch Vorlesen der Entscheidungsformel bekannt gegeben worden ist, ermäßigt sich die Gebühr auch im Fall der Zurücknahme der Beschwerde vor Ablauf des Tages, an dem die Endentscheidung der Geschäftsstelle übermittelt wird. (2) Eine Entscheidung über die Kosten steht der Ermäßigung nicht entgegen, wenn die Entscheidung einer zuvor mitgeteilten Einigung über die Kostentragung oder einer Kostenübernahmeerklärung folgt.	
	Unterabschnitt 3 *Rechtsbeschwerde gegen die Endentscheidung*	
1316	Verfahren im Allgemeinen	1,5
1317	Beendigung des gesamten Verfahrens durch Zurücknahme der Rechtsbeschwerde oder des Antrags, bevor die Schrift zur Begründung der Beschwerde bei Gericht eingegangen ist: Die Gebühr 1316 ermäßigt sich auf	0,5
1318	Beendigung des gesamten Verfahrens durch Zurücknahme der Rechtsbeschwerde oder des Antrags vor Ablauf des Tages, an dem die Endentscheidung der Geschäftsstelle übermittelt wird, wenn nicht Nummer 1317 erfüllt ist: Die Gebühr 1316 ermäßigt sich auf	1,0
	Unterabschnitt 4 *Zulassung der Sprungrechtsbeschwerde gegen die Endentscheidung*	
1319	Verfahren über die Zulassung der Sprungrechtsbeschwerde: Soweit der Antrag abgelehnt wird	0,5

Abschnitt 2
Übrige Familiensachen der freiwilligen Gerichtsbarkeit

Vorbemerkung 1.3.2:

(1) Dieser Abschnitt gilt für

1. Abstammungssachen,
2. Adoptionssachen, die einen Volljährigen betreffen,
3. Ehewohnungs- und Haushaltssachen,
4. Gewaltschutzsachen,
5. Versorgungsausgleichssachen sowie
6. Unterhaltssachen, Güterrechtssachen und sonstige Familiensachen (§ 111 Nr. 10 FamFG), die nicht Familienstreitsachen sind.

(2) In Adoptionssachen werden für Verfahren auf Ersetzung der Einwilligung zur Annahme als Kind neben den Gebühren für das Verfahren über die Annahme als Kind keine Gebühren erhoben.

Unterabschnitt 1
Erster Rechtszug

1320	Verfahren im Allgemeinen	2,0
1321	Beendigung des gesamten Verfahrens 1. ohne Endentscheidung, 2. durch Zurücknahme des Antrags vor Ablauf des Tages, an dem die Endentscheidung der Geschäftsstelle übermittelt wird, wenn die Entscheidung nicht bereits durch Vorlesen der Entscheidungsformel bekannt gegeben worden ist, oder 3. wenn die Endentscheidung keine Begründung enthält oder nur deshalb eine Begründung enthält, weil zu erwarten ist, dass der Beschluss im Ausland geltend gemacht wird (§ 38 Abs. 5 Nr. 4 FamFG): Die Gebühr 1320 ermäßigt sich auf (1) Die Vervollständigung einer ohne Begründung hergestellten Endentscheidung (§ 38 Abs. 6 FamFG) steht der Ermäßigung nicht entgegen. (2) Die Gebühr ermäßigt sich auch, wenn mehrere Ermäßigungstatbestände erfüllt sind.	0,5

Unterabschnitt 2
Beschwerde gegen die Endentscheidung

1322	Verfahren im Allgemeinen	3,0
1323	Beendigung des gesamten Verfahrens durch Zurücknahme der Beschwerde oder des Antrags, bevor die Schrift zur Begründung der Beschwerde bei Gericht eingegangen ist: Die Gebühr 1322 ermäßigt sich auf	0,5
1324	Beendigung des gesamten Verfahrens ohne Endentscheidung, wenn nicht Nummer 1323 erfüllt ist: Die Gebühr 1322 ermäßigt sich auf (1) Wenn die Entscheidung nicht durch Vorlesen der Entscheidungsformel bekannt gegeben worden ist, ermäßigt sich die Gebühr auch im Fall der Zurücknahme der Beschwerde vor Ablauf des Tages, an dem die Endentscheidung der Geschäftsstelle übermittelt wird.	1,0

	(2) Eine Entscheidung über die Kosten steht der Ermäßigung nicht entgegen, wenn die Entscheidung einer zuvor mitgeteilten Einigung über die Kostentragung oder einer Kostenübernahmeerklärung folgt.	
	Unterabschnitt 3 *Rechtsbeschwerde gegen die Endentscheidung*	
1325	Verfahren im Allgemeinen	4,0
1326	Beendigung des gesamten Verfahrens durch Zurücknahme der Rechtsbeschwerde oder des Antrags, bevor die Schrift zur Begründung der Beschwerde bei Gericht eingegangen ist: Die Gebühr 1325 ermäßigt sich auf	1,0
1327	Beendigung des gesamten Verfahrens durch Zurücknahme der Rechtsbeschwerde oder des Antrags vor Ablauf des Tages, an dem die Endentscheidung der Geschäftsstelle übermittelt wird, wenn nicht Nummer 1326 erfüllt ist: Die Gebühr 1325 ermäßigt sich auf	2,0
	Unterabschnitt 4 *Zulassung der Sprungrechtsbeschwerde gegen die Endentscheidung*	
1328	Verfahren über die Zulassung der Sprungrechtsbeschwerde: Soweit der Antrag abgelehnt wird	1,0

A. Allgemeines

In Hauptabschnitts 3 sind die Gebühren für Hauptsacheverfahren in selbständigen Familiensachen der freiwilligen Gerichtsbarkeit geregelt. Dies sind solche Familiensachen, die weder Ehesache noch Familienstreitsache sind und nicht im Verbund mit einer Scheidungssache oder einer entsprechenden Lebenspartnerschaftssache stehen. Auch für solche Verfahren fallen nunmehr grundsätzlich Verfahrensgebühren an. Eine Ausnahme bilden lediglich die Jahresgebühren für Vormundschaften und Dauerpflegschaften (Nr. 1311 und 1312). Es handelt sich um solche Familiensachen, die nach bisherigem Recht nach der KostO oder HausrVO abzurechnen waren. 1

B. Abschnitt 1 – Kindschaftssachen

I. Allgemeines

In Abschnitt 1 sind die Gerichtsgebühren für die in § 151 FamFG genannten Kindschaftssachen geregelt. Aus sozialpolitischen Gründen ist die Gebührenhöhe deutlich niedriger als für andere Verfahren. Der Abschnitt regelt die Gebühren für die Hauptsacheverfahren in isolierten Kindschaftssachen abschließend. 2

II. Gebührenfreie Verfahren (Vorbem. 1.3.1 Abs. 1)

Nach Abs. 1 der Vorbem. 1.3.1 bleiben einige Verfahren gebührenfrei. 3

Für die Pflegschaft für eine Leibesfrucht (§ 1912 BGB) wird auf die Erhebung von Gebühren verzichtet (Nr. 1), weil grundsätzlich der Minderjährige für die Kosten bei 4 einer Dauerpflegschaft haftet (§ 22 FamGKG) oder bei einer Einzelpflegschaft idR ihm die Kosten aufzuerlegen sein werden, wenn die Pflegschaft nicht seine Person betrifft. Die Leibesfrucht kann jedoch nicht zum Kostenschuldner bestimmt werden.

5 Für Unterbringungsmaßnahmen gegen Minderjährige ist es bei der bisherigen Gebührenfreiheit gem. § 128b KostO geblieben (Nr. 2).

6 Verfahren, welche Aufgaben nach dem JGG betreffen (Auswahl und Anordnung von Erziehungsmaßregeln durch Überlassungen durch den Jugendrichter, § 53 JGG; Bestellung eines Pflegers nach § 67 Abs. 4 Satz 3 JGG), sind nunmehr ausdrücklich gebührenfrei (Nr. 3). Dies ist nachvollziehbar, da das Jugendgericht die Erziehungsmaßregeln, ohne weitere Gebühren auszulösen, auch selbständig auswählen und anordnen kann und es daher nicht vermittelbar ist, weshalb für das zusätzliche Verfahren gem. § 53 JGG, dessen Einleitung allein von der Entscheidung des Jugendgerichts abhängt, zusätzliche Gebühren anfallen sollten.

7 Der Verfahrensbeistand findet in der Vorbemerkung keine Erwähnung. Die Bestellung eines Verfahrensbeistands ist grundsätzlich Teil des Verfahrens, für das der Verfahrensbeistand bestellt wird. Die Bestellung ist damit entweder durch die jeweilige Verfahrensgebühr mit abgegolten oder es entstehen, falls ein solches Verfahren gebührenfrei ist, für die Bestellung des Verfahrensbeistands ebenfalls keine Gebühren.

8 In den Fällen der sachlichen Gebührenfreiheit besteht auch Auslagenfreiheit. Vorbem. 2 Abs. 3 Satz 2 erstreckt die in Vorbem. 1.3.1 bestimmte Gebührenfreiheit auch auf die Auslagen. Die gilt jedoch nicht für die an den Verfahrensbeistand gezahlten Beträge (Nr. 2013), vgl. Vorbem. 2 Abs. 3 Satz 3.

III. Einschränkung für Minderjährige (Vorbem. 1.3.1 Abs. 2)

9 Abs. 2 schließt eine Kostenerhebung von dem minderjährigen Kind aus, wenn dessen Vermögen nach Abzug der Verbindlichkeiten nicht mehr als 25 000 Euro beträgt. Dabei bleibt ein angemessenes Hausgrundstück, das von dem Minderjährigen oder seinen Eltern allein oder zusammen mit Angehörigen ganz oder teilweise bewohnt wird und nach ihrem Tod von ihren Angehörigen bewohnt werden soll, außer Betracht (§ 90 Abs. 2 Nr. 8 SGB XII). Dies entspricht der bisher geltenden Regelung in § 92 Abs. 1 Satz 1 und § 93 Satz 5, § 95 Abs. 1 Satz 2 KostO.

10 Die Regelung gilt immer, wenn von dem Minderjährigen Gebühren erhoben werden. Werden die Kosten in einer Kindschaftssache zB den Eltern auferlegt, spielt die Vermögensfreigrenze keine Rolle.

11 Maßgebend für die Berechnung des Freibetrages ist das reine Vermögen des Minderjährigen zurzeit der Fälligkeit der jeweiligen Gebühr. Bei der Berechnung des Vermögens und auch der abzuziehenden Passiva sind die allgemeinen Vorschriften des FamGKG und ggf. die in Bezug genommenen Vorschriften der KostO (vgl. § 36 Abs. 1, § 46 Abs. 1) zugrundezulegen. Unter Vermögen im kostenrechtlichen Sinn ist die Gesamtheit der einer Person zustehenden Güter und Rechte von wirtschaftlichem Wert zu verstehen, wozu vor allem das Eigentum an Grundstücken und beweglichen Sachen, Forderungen und sonstige Rechte, die geldwert sind, zählen.

12 Für die Berechnung des Vermögens ist das sozialhilferechtliche Schonvermögen ohne Belang, so dass es unbeachtlich ist, auf welche Art und Weise einzelne Vermögensgegenstände in das Vermögen des Minderjährigen gelangt sind und welche Funktion

sie für den Minderjährigen erfüllen. Die Verweisung auf § 90 Abs. 2 Nr. 8 SGB XII ist als eine konstitutiv geregelte Ausnahme zu begreifen, nach welcher bei den Aktiva des Vermögens ein angemessenes Hausgrundstück nicht mitgerechnet wird. Eine weiter gehende Bedeutung kommt dieser Verweisung nicht zu.

Die in Vorbem. 1.3.1 Abs. 2 festgelegte Vermögensgrenze gilt nicht nur für die Gebühren, sondern nach Vorbem. 2 Abs. 3 Satz 1 auch für die Auslagen. 13

IV. Verfahren vor dem Familiengericht (Nr. 1310 bis Nr. 1313)

1. Nummer 1310

a) Allgemeines

In Nr. 1310 ist eine allgemeine Verfahrensgebühr in Kindschaftssachen von 0,5 vorgesehen. Für zahlreiche Verfahren, die nach dem FamFG Kindschaftssachen sind, wurde nach bisherigem Recht für das beantragte Geschäft eine Gebühr mit einem Satz von 1,0 nach der KostO erhoben (§ 94 Abs. 1 Nr. 2 bis 6, 8 und 9, § 95 Abs. 1 KostO). Bei einem Gegenstandswert von 3000 Euro (Auffangwert, § 30 Abs. 2 KostO) beträgt die Gebühr 26 Euro. Die bestimmte Verfahrensgebühr mit einem Gebührensatz von 0,5 führt zu einer Erhöhung. Bei einem Verfahrenswert von 3000 Euro (Auffangwert, § 42) beträgt die Gebühr 44,50 Euro. Dies ist aber vertretbar und angemessen, da gerade Verfahren in Kindschaftssachen für das Gericht idR mit erheblichem Aufwand verbunden sind. Minderjährige sind von der Zahlung der Kosten als Antragsteller nach § 21 Abs. 1 Satz 2 Nr. 3 regelmäßig befreit. Nach § 81 Abs. 3 FamFG können ihnen Kosten in diesen Verfahren, soweit diese ihre Person betreffen, nicht auferlegt werden. Ferner ist in § 81 Abs. 1 Satz 2 FamFG dem Gericht die Möglichkeit gegeben, von der Erhebung der Gebühr – auch zum Teil – abzusehen. 14

Mit Abs. 1 wird klargestellt, dass diese Gebühr nicht für Verfahren entsteht, die in den Rahmen einer Vormundschaft oder Pflegschaft fallen. Dies entspricht der bisherigen Regelung in § 95 Abs. 1 Satz 3 KostO. Besteht also eine Vormundschaft oder eine Pflegschaft, bleiben alle Verfahren, die in den Rahmen der Vormundschaft oder Pflegschaft fallen, gebührenfrei. Die Tätigkeit des Gerichts ist durch die für die Vormundschaft oder Pflegschaft zu erhebenden Gebühren abgegolten. 15

Nach Abs. 2 fällt neben der Gebühr für das Verfahren, in dem eine Umgangspflegschaft (vgl. auch § 4) angeordnet wird, keine besondere Gebühr für die Umgangspflegschaft an. 16

Die Gebühr entsteht unabhängig von der Zahl der Minderjährigen nur einmal, auch wenn ein Verfahren mehrere Minderjährige betrifft. Eine ausdrückliche Regelung ist entbehrlich, weil die Gebühr in jedem Verfahren hinsichtlich eines jeden Teils des Verfahrensgegenstands nur einmal entsteht (§ 29). Für bestimmte Kindschaftssachen ist in § 45 Abs. 2 ausdrücklich bestimmt, dass sie auch dann als ein Gegenstand zu bewerten ist, wenn sie mehrere Kinder betrifft. 17

b) Betroffene Verfahren

Von der Gebühr Nr. 1310 werden alle Kindschaftssachen erfasst, 18

- die nicht nach Vorbem. 1.3.1 Abs. 1 gebührenfrei sind,
- die keine Vormundschaft oder Dauerpflegschaft sind (Nr. 1311 und 1312),

- die keine Pflegschaft für einzelne Rechtshandlungen sind und
- die nicht in den Rahmen einer Vormundschaft oder Dauerpflegschaft fallen (Anmerkung Abs. 1).

19 In Frage kommen insbesondere folgende Kindschaftssachen, wobei in jedem Einzelfall zu prüfen ist, ob nicht die vorgenannten Ausnahmen gegeben sind:

- § 12 Abs. 3 AsylVfG (Entscheidung über die Vertretungsbefugnis)
- § 1303 Abs. 2 BGB (Befreiung vom Eheerfordernis der Volljährigkeit)
- § 1308 Abs. 2 BGB (Befreiung vom Eheverbot bei Annahme als Kind)
- § 1315 Abs. 1 Satz 1 Nr. 1 BGB (Genehmigung der Eheschließung)
- § 1315 Abs. 1 Satz 3 BGB (Ersetzung der Zustimmung zur Bestätigung der Eheschließung)
- § 1493 Abs. 2 BGB) Gestattung, dass Aufhebung der Gütergemeinschaft bei Wiederheirat bis zur Eheschließung unterbleibt)
- § 1618 Satz 4 BGB (Ersetzung der Einwilligung zur Namenserteilung)
- § 1626c Abs. 2 Satz 3 BGB (Ersetzung der Zustimmung zur Sorgeerklärung)
- § 1628 BGB (Übertragung der Entscheidung auf einen Elternteil)
- § 1629 Abs. 2 Satz 3 BGB (Entziehung der Vertretung)
- § 1630 Abs. 3 BGB (Übertragung der elterlichen Sorge auf eine Pflegeperson)
- § 1631 Abs. 3 BGB (Unterstützung der Eltern bei der Personensorge)
- § 1632 Abs. 3, 1 BGB (Streitigkeiten über Herausgabe des Kindes)
- § 1632 Abs. 3, 2 BGB (Streitigkeiten über den Umgang des Kindes)
- § 1632 Abs. 4 BGB (Verbleib des Kindes bei der Pflegeperson)
- § 1640 Abs. 3 BGB (Anordnung der Aufnahme eines Vermögensverzeichnisses)
- § 1643 Abs. 3, § 1825 BGB (Allgemeine Ermächtigung zu Rechtsgeschäften)
- § 1666 BGB (Maßnahmen bei Gefährdung des Kindeswohls)
- § 1645 BGB (Genehmigung zu einem neuen Erwerbsgeschäft)
- § 1667 BGB (Anordnungen zur Vermögensverwaltung)
- § 1671 BGB (Übertragung der elterlichen Sorge)
- § 1672 BGB Übertragung der elterlichen Sorge)
- § 1673 Abs. 2 Satz 3, § 1628 BGB (Übertragung der Entscheidung bei ruhender elterlicher Sorge)
- § 1674 Abs. 1 BGB (Feststellung des Ruhens der elterlichen Sorge)
- § 1674 Abs. 2 BGB (Feststellung der Beendigung des Ruhens der elterlichen Sorge)
- § 1678 Abs. 2 BGB (Übertragung bei Ruhen)
- § 1680 Abs. 2, 3 BGB (Übertragung der elterlichen Sorge bei Tod oder Entziehung)
- § 1681 BGB (Übertragung der elterlichen Sorge bei Todeserklärung)
- § 1682 BGB (Verbleibensanordnung)
- § 1683 BGB (Gestattung, dass Auseinandersetzung einer Vermögensgemeinschaft bei Wiederheirat bis zur Eheschließung unterbleibt)
- § 1684 Abs. 3, 4 BGB (Entscheidung über den Umgang mit den Eltern)

- § 1685 Abs. 3 BGB (Entscheidung über den Umgang mit anderen Personen als den Eltern)
- § 1686 Satz 2 BGB (Entscheidungen über die Auskunft über persönliche Verhältnisse des Kindes)
- § 1687 Abs. 2 BGB (Einschränkung, Ausschließung der Befugnisse bei gemeinsamer elterlichen Sorge bei Getrenntleben)
- §§ 1687a, 1687 Abs. 2 BGB (Einschränkung, Ausschließung der Befugnisse bei elterlichen Sorge für einen Elternteil bei Getrenntleben)
- § 1688 Abs. 3 Satz 2, Abs. 4 BGB (Einschränkung, Ausschließung der Befugnisse der Pflegeperson)
- § 1693 BGB (Maßnahmen bei Verhinderung an der Ausübung der elterlichen Sorge)
- § 1751 Abs. 1 Satz 5, § 1688 Abs. 3 Satz 2 BGB (Einschränkung, Ausschließung der Befugnisse des Annehmenden während der Adoptionspflege)
- § 1751 Abs. 3 BGB (Übertragung der elterliche Sorge nach Kraftloswerden der Einwilligung zur Adoption, Scheitern der Adoption, Zeitablauf)
- § 1764 Abs. 4 BGB (Zurückübertragung der elterlichen Sorge nach Aufhebung der Adoption)
- § 119 FlurbG (Bestellung eines Vertreters für das Verfahren bei einem Minderjährigen)
- § 29a BGB (Bestellung eines sach- und rechtskundigen Vertreters eines Minderjährigen für das Enteignungsverfahren)
- § 2 Abs. 1 KErzG, § 1628 BGB (Übertragung der Entscheidungsbefugnis auf einen Elternteil)
- § 2 Abs. 3 KErzG (Vermittlung oder Entscheidung)
- § 7 KErzG, § 1666 BGB (Einschreiten des Gerichts)
- § 15 SGB X (Bestellung eines Vertreters eines Minderjährigen für das Verwaltungsverfahren)
- § 19 Abs. 1 Satz 1 StAG (Genehmigung der Entlassung aus der Staatsangehörigkeit)
- § 3 TSG (Genehmigung der Stellung eines Antrags nach § 1 TSG durch den gesetzlichen Vertreter eines geschäftsunfähigen Minderjährigen)
- § 16 Abs. 3 VerschG (Genehmigung des Antrags des gesetzlichen Vertreters eines Minderjährigen auf Todeserklärung)
- §§ 40, 16 Abs. 3 VerschG (Genehmigung des Antrags des gesetzlichen Vertreters eines Minderjährigen auf Feststellung der Todeszeit)
- § 16 VwVfG (Bestellung eines Vertreters für einen Minderjährigen im Verwaltungsverfahren)

c) Wert, Fälligkeit, Kostenschuldner

In der Vorbem. zur Kommentierung des FamGKG ist eine tabellarische Übersicht enthalten, aus der zu den vorgenannten Verfahren auch die zugehörige Wertvorschrift (in Frage kommen §§ 36, 42 Abs. 2, 45, 46) abgelesen werden kann. 20

Die Fälligkeit der Verfahrensgebühr Nr. 1310 bestimmt sich nach § 11 Abs. 1, tritt also erst bei Beendigung des Verfahrens ein. Als Kostenschuldner kommt primär der Entscheidungs- oder Übernahmeschuldner in Frage (§ 24 Nr. 1 und 2), in Verfahren, die 21 nur auf Antrag eingeleitet werden können, auch der Antragsteller des Verfahrens (§ 21 Abs. 1 Satz 1). Zu beachten ist aber, dass der Minderjährige in Verfahren, die seine Person betreffen, nicht Antragstellerschuldner ist (§ 21 Abs. 1 Satz 2 Nr. 3).

2. Nummer 1311

a) Gebührentatbestand

22 Nr. 1311 sieht für eine Vormundschaft oder eine Dauerpflegschaft eine am Vermögen orientierte Jahresgebühr vor. Ausgenommen ist eine Dauerpflegschaft, die nicht unmittelbar das Vermögen zum Gegenstand hat; für diese Dauerpflegschaft bestimmen sich die Gebühren nach Nr. 1312. In den betroffenen Verfahren geht die gerichtliche Tätigkeit über den Erlass einer Endentscheidung zeitlich weit hinaus. Gerade auch nach Einrichtung der Vormundschaft bzw. Pflegschaft sind weitere Tätigkeiten des Gerichts im Rahmen der Vormundschaft bzw. Pflegschaft erforderlich. Das Verfahren läuft auf unabsehbare Zeit, bis die Gründe für die Einrichtung der Vormundschaft bzw. Pflegschaft entfallen. Dies hat das Gericht laufend zu prüfen. Daher werden wie nach bisherigem Recht und wie auch weiterhin für die Betreuung (§ 92 KostO) Jahresgebühren erhoben, deren Höhe sich nach dem Vermögen des von der Maßnahme betroffenen Minderjährigen bemisst, es sei denn, die Dauerpflegschaft hat nicht unmittelbar das Vermögen zum Gegenstand.

23 Erstreckt sich die Vormundschaft auf mehrere Minderjährige, wird die Gebühr für jeden Minderjährigen besonders erhoben (Abs. 3). Ist also für Geschwister nur ein Vormund bestellt, werden entsprechend der Anzahl der Minderjährigen Gebühren auf der Grundlage der jeweiligen Vermögen erhoben. Sind für einen Minderjährigen mehrere Vormünder bestellt, wird nur eine Jahresgebühr erhoben. Es besteht nur eine Vormundschaft (vgl. §§ 1775, 1797 BGB).

24 Abs. 4 stellt klar, dass bei einem Übergang von einer Pflegschaft in eine Vormundschaft (§ 1791c Abs. 2 BGB) ein einheitliches Verfahren vorliegt. Es wird nur die eine Jahresgebühr erhoben.

25 Die Vormundschaft, die durch gerichtliche Entscheidung eintritt, ist von dem Verfahren zu trennen, das zur Vormundschaft führt. So richten sich zB die Gebühren für Verfahren gem. § 1666 BGB nach Nr. 1310, auch wenn das Verfahren mit der Bestellung eines Vormunds endet. In diesem Fall fällt also das Verfahren nach § 1666 BGB nicht in den Rahmen einer Vormundschaft iS von Abs. 1 der Anmerkung zu Nr. 1310.

26 Eine Dauerpflegschaft – in den meisten Fällen eine Ergänzungspflegschaft nach § 1909 BGB – wird in einem Amtsverfahren eingeleitet. Führt dieses Verfahren zur Anordnung der Pflegschaft, fehlt es idR schon an einem Kostenschuldner für das Anordnungsverfahren, weil einem Beteiligten oder Dritten nur in den eng begrenzten Fällen des § 81 FamFG Kosten auferlegt werden können. Endet ein solches Verfahren ohne die Einleitung einer Pflegschaft und werden einem Beteiligten oder Dritten Kosten auferlegt, richten sich die Gebühren nach Nr. 1310, weil das Verfahren nicht in den Rahmen einer Dauerpflegschaft fällt.

27 Nach Abs. 2 wird für das bei Anordnung der Maßnahme oder bei der ersten Tätigkeit des Familiengerichts nach Eintritt der Vormundschaft laufende und das folgende Kalenderjahr nur eine Jahresgebühr erhoben.

b) Gebührenhöhe

Für die Höhe der Gebühr ist das Vermögen des Minderjährigen maßgebend. Dabei wird nur das Vermögen berücksichtigt, das über der Vermögensfreigrenze liegt, dh. die Gebühr iHv. 5 Euro je angefangene 5000 Euro Vermögen, mindestens 50 Euro, wird nur für das einen Betrag von 25 000 Euro übersteigende Vermögen ohne Berücksichtigung des selbst oder von Angehörigen bewohnten Hausgrundstücks erhoben. So ist bei einem Vermögen bis 75 000 Euro eine Jahresgebühr von 50 Euro zu erheben. 28

Die Regelung in Abs. 1 Satz 1 ist identisch mit der Regelung in Vorbem. 1.3.1 Abs. 2, so dass wegen der Ermittlung des Vermögens auf die dortigen Ausführungen verwiesen wird. Ist von der Vormundschaft oder der Dauerpflegschaft nur ein Teil des Vermögens betroffen, ist nur dieser Teil des Vermögens bei der Ermittlung der Gebühr zu berücksichtigen (Abs. 1 Satz 2). 29

Die Abs. 2 und 3 entsprechen § 92 Abs. 1 Satz 5 und Abs. 3 KostO. Abs. 4 hat die Regelung aus § 92 Abs. 4 KostO übernommen. 30

c) Fälligkeit, Kostenschuldner

Die Jahresgebühr wird nach § 10 erstmals bei Anordnung und später jeweils zu Beginn eines Kalenderjahres fällig. 31

Die Kosten bei einer Vormundschaft oder Dauerpflegschaft schuldet der von der Maßnahme betroffene Minderjährige, wenn das Gericht sie nicht einem anderen auferlegt hat (§ 22). Eine Kostenauferlegung zu Lasten eines Dritten dürfte nur in besonderen Fällen vorkommen. In Frage kommen hier zB die Kosten eines Zwangsgeldverfahrens gegen den Vormund oder Pfleger. 32

3. Nummer 1312

In Nr. 1312 ist die Jahresgebühr für eine Dauerpflegschaft, die nicht unmittelbar das Vermögen oder Teile des Vermögens zum Gegenstand hat, bestimmt. Die Vorschrift übernimmt die Regelung aus § 92 Abs. 1 Satz 4 KostO. Durch die Formulierung soll klargestellt werden, dass diese Gebührenvorschrift auch anzuwenden ist, wenn der Aufgabenkreis neben Bereichen der Personensorge auch sich hieraus ergebende Aufgaben umfasst, die vermögensrechtlicher Natur sind. Die Abgrenzung zu Nr. 1311 hat auf Grund des konkreten Aufgabenkreises zu geschehen. Immer dann, wenn der personenrechtliche Teil weitgehend im Vordergrund steht und die vermögensrechtlichen Aufgabenbereiche sich nur als ein Annex darstellen, ist Nr. 1312 anwendbar. Die Gebühr ist eine Festgebühr mit einem Betrag von 200 Euro. Sie ist jedoch auf die Höhe der Gebühr nach Nr. 1311 begrenzt, da bei einer beschränkten Dauerpflegschaft nicht mehr erhoben werden darf als bei einer umfassenden Dauerpflegschaft. Die Jahresgebühr wird nach § 10 erstmals bei Anordnung und später jeweils zu Beginn eines Kalenderjahres fällig. Die Kosten bei einer Vormundschaft oder Dauerpflegschaft schuldet der von der Maßnahme betroffene Minderjährige (§ 22). 33

4. Nummer 1313

Bei einer Pflegschaft für eine einzelne Rechtshandlung ist in Nr. 1313 eine Verfahrensgebühr wie in anderen Kindschaftssachen (Nr. 1310) vorgesehen, also mit einem Gebührensatz von 0,5. Auch nach bisherigem Recht war für eine solche Pflegschaft eine 34 wertabhängige Gebühr vorgesehen, und zwar mit einem Gebührensatz von 1,0 nach der KostO (§ 93 Satz 1 KostO).

35 Pflegschaften für einzelne Rechtshandlungen sind solche, die nicht Dauerpflegschaft sind. Hierunter fallen alle Pflegschaften, die zeitlich einmalige Angelegenheiten betreffen, zB die Ergänzungspflegschaft. Die Gebühr entsteht nicht, wenn für den Minderjährigen eine Vormundschaft oder Dauerpflegschaft besteht, die gegenstandsgleich mit der Einzelpflegschaft ist (Abs. 3).

36 Nach Abs. 1 Satz 1 wird bei einer Pflegschaft für mehrere Minderjährige, die nur für Geschwister zulässig ist (§ 1915 Abs. 1 Satz 1, § 1775 BGB), die Gebühr nur einmal aus dem zusammengerechneten Wert erhoben. Die Addition der Werte unterbleibt (Abs. 1 Satz 2), wenn einer der Minderjährigen im Hinblick auf die Freigrenze nach Vorbem. 1.3.1 Abs. 2 nicht zahlungspflichtig ist.

37 Die Gebühr ist auf die Höhe der Gebühr nach Nr. 1311 für eine Vormundschaft (Abs. 2) begrenzt, da bei einer Pflegschaft für einzelne Rechtshandlungen nicht mehr erhoben werden darf als bei einer umfassenden Dauerpflegschaft oder Vormundschaft. Für die Ermittlung dieser Höchstgebühr sind ggf., wenn die Pflegschaft für mehrere Minderjährige angeordnet wurde, mehrere Gebühren nach Nr. 1311 zugrunde zu legen (Abs. 1 Satz 3).

38 Der Wert bestimmt sich nach § 46 Abs. 2. Da § 22 auf die Einzelpflegschaft nicht anwendbar ist und die Einzelpflegschaft immer von Amts wegen angeordnet wird, kommt nur ein Entscheidungsschuldner nach § 24 Nr. 1 in Frage.

V. Beschwerde gegen die Endentscheidung (Nr. 1314 und Nr. 1315)

1. Nummer 1314

39 Nr. 1314 bestimmt die Verfahrensgebühr für das Beschwerdeverfahren. Betroffen von der Verfahrensgebühr ist nur die Beschwerde gegen die Endentscheidung. Sonstige Beschwerden sind im Hauptabschnitt 9 Abschnitt 1 (Nr. 1910 bis 1912) geregelt. Beschwerde und Anschlussbeschwerde sind als ein Verfahren zu behandeln (§ 39 Abs. 2).

40 Die Verfahrensgebühr Nr. 1314 und damit auch die Verfahrensgebühr Nr. 1315, die die Verfahrensgebühr Nr. 1314 nur modifiziert, entstehen mit dem Eingang des Rechtsmittelantrags bei Gericht. Fällig werden die Verfahrensgebühren jedoch nach § 11 Abs. 1 erst bei Beendigung des Verfahrens. Eine Vorschusspflicht besteht nicht. Der Wert bestimmt sich nach § 40.

41 Für die Verfahrensgebühren des Beschwerdeverfahrens haftet neben dem Entscheidungs- und Übernahmeschuldner auch der Antragsteller der Instanz (§ 21 Abs. 1 Satz 1). Der Minderjährige haftet auch hier eventuell als Antragsteller des Beschwerdeverfahrens, wenn die Ausnahmeregelung (§ 21 Abs. 1 Satz 2 Nr. 3) nicht greift und die Voraussetzungen nach Vorbem. 1.3.1 Abs. 2 gegeben sind. Beschwerdeführer und Anschlussbeschwerdeführer haften jeweils für die Verfahrensgebühr, die durch ihre jeweiligen Anträge entsteht. Die Höhe des Haftungsbetrages der verschiedenen Antragsteller wird so berechnet, als seien einzelne Verfahren eingeleitet worden. Bis zur Höhe dieser Kosten kann die Staatskasse die einzelnen Kostenschuldner unter Beachtung des § 26 Abs. 2 in Anspruch nehmen. Die Staatskasse kann jedoch nicht mehr fordern als insgesamt durch das Verfahren entstanden ist.

2. Nummer 1315

Nr. 1315 sieht für den Fall der Beendigung des Beschwerdeverfahrens ohne Endentscheidung eine verminderte Verfahrensgebühr vor. Voraussetzung für die Anwendung der Vorschrift ist, dass die Beschwerde insgesamt beendet wird. 42

In Abs. 1 wird die Zurücknahme der Beschwerde vor Ablauf des Tages, an dem die Endentscheidung der Geschäftsstelle übermittelt wird, wenn die Entscheidung nicht bereits durch Vorlesen der Entscheidungsformel (§ 41 Abs. 2 FamFG) bekannt gegeben worden ist, gesondert geregelt, weil sonst im Falle der schriftlichen Entscheidung nicht klar wäre, welches der letztmögliche Zeitpunkt für die Rücknahme ist. 43

Nach Abs. 2 steht eine Entscheidung über die Kosten der Ermäßigung nicht entgegen, wenn die Entscheidung einer zuvor mitgeteilten Einigung über die Kostentragung oder einer Kostenübernahmeerklärung folgt. Endet also das Beschwerdeverfahren durch Rücknahme, Erledigterklärung oder Vergleich, tritt die Ermäßigung auch ein, wenn das Gericht über die Kostentragung nicht inhaltlich selbst befinden muss. 44

VI. Rechtsbeschwerde gegen die Endentscheidung (Nr. 1316, Nr. 1317 und Nr. 1318)

1. Nummer 1316

Nr. 1316 bestimmt die Verfahrensgebühr für das Rechtsbeschwerdeverfahren. Betroffen von der Verfahrensgebühr ist nur die Rechtsbeschwerde gegen die Endentscheidung. Sonstige Rechtsbeschwerden sind im Hauptabschnitt 9 Abschnitt 2 (Nr. 1920 bis 1923) geregelt. Rechtsbeschwerde und Anschlussrechtsbeschwerde sind als ein Verfahren zu behandeln (§ 39 Abs. 2). 45

Die Verfahrensgebühr Nr. 1316 und damit auch die Verfahrensgebühren Nr. 1317 und 1318, die die Verfahrensgebühr Nr. 1316 nur modifizieren, entstehen mit dem Eingang des Rechtsmittelantrags bei Gericht. Fällig werden die Verfahrensgebühren jedoch nach § 11 Abs. 1 erst bei Beendigung des Verfahrens. Eine Vorschusspflicht besteht nicht. Im Rechtsbeschwerdeverfahren bestimmt sich der Wert nach § 40. 46

Die Gebühr schuldet der Entscheidungsschuldner (§ 24 Nr. 1). Daneben haftet der Rechtsbeschwerdeführer als Antragsteller der Instanz (§ 21 Abs. 1 Satz 1). Der Minderjährige haftet auch hier eventuell als Antragsteller des Rechtsbeschwerdeverfahrens, wenn die Ausnahmeregelung (§ 21 Abs. 1 Satz 2 Nr. 3) nicht greift und die Voraussetzungen nach Vorbem. 1.3.1 Abs. 2 gegeben sind. 47

Rechtsbeschwerdeführer und Anschlussrechtsbeschwerdeführer haften jeweils für die Verfahrensgebühr, die durch ihre jeweiligen Anträge entsteht. Die Höhe des Haftungsbetrages der verschiedenen Antragsteller wird so berechnet, als seien einzelne Verfahren eingeleitet worden. Bis zur Höhe dieser Kosten kann die Staatskasse die einzelnen Kostenschuldner unter Beachtung des § 26 Abs. 2 in Anspruch nehmen. Die Staatskasse kann jedoch nicht mehr fordern, als insgesamt durch das Verfahren entstanden ist. 48

2. Nummer 1317

Nr. 1317 sieht für den Fall einer frühzeitigen Zurücknahme der Rechtsbeschwerde oder des erstinstanzlichen Antrags eine Ermäßigung des Gebührensatzes auf 0,5 vor. 49

Voraussetzung für die Anwendung der Vorschrift ist die Beendigung des gesamten Verfahrens durch Zurücknahme der Rechtsbeschwerde oder des Antrags, bevor die Schrift zur Begründung der Rechtsbeschwerde bei Gericht eingegangen ist.

3. Nummer 1318

50 Der weitere Ermäßigungstatbestand für die Rechtsbeschwerde sieht eine Begünstigung für eine spätere Rücknahme vor, wenn das Verfahren durch Zurücknahme der Rechtsbeschwerde oder des Antrags vor Ablauf des Tages, an dem die Endentscheidung der Geschäftsstelle übermittelt wird, beendet wird. Nr. 1318 kennt demnach nur einen Ermäßigungstatbestand.

51 Im Hinblick auf die unterschiedlichen Voraussetzungen können die Nr. 1317 und 1318 nicht nebeneinander anfallen. Da jedoch eine der Nr. 1317 genügende Zurücknahme gleichzeitig auch die Vorausetzungen des Tatbestandes der Nr. 1318 erfüllt, ist in Nr. 1318 klargestellt, dass diese keine Anwendung findet, wenn Nr. 1317 erfüllt ist.

VII. Zulassung der Sprungrechtsbeschwerde gegen die Endentscheidung (Nr. 1319)

52 Im Verfahren über die Zulassung der Sprungsrechtsbeschwerde ist eine Gebühr nur für den Fall der (Teil)Ablehnung des Antrags vorgesehen, da durch eine Zulassung der Sprungsrechtsbeschwerde das Verfahren als Rechtsbeschwerde fortgesetzt wird (§ 75 Abs. 2 FamFG, § 566 Abs. 7 Satz 1 ZPO) und damit die Gebühren nach den Nr. 1316 bis 1318 anfallen. Im Zulassungsverfahren ist Verfahrenswert der für das Rechtsmittelverfahren maßgebende Wert (§ 40 Abs. 3).

53 Die Verfahrensgebühr entsteht mit dem Eingang des Zulassungsantrags bei Gericht. Die Gebühr wird, da sie eine gerichtliche Entscheidung (Ablehnung des Antrags) voraussetzt, erst mit dieser Entscheidung fällig (§ 9 Abs. 2). Eine Vorauszahlungspflicht besteht nicht.

54 Die Kosten schuldet regelmäßig der Entscheidungsschuldner; der Antragsteller haftet nach § 21 Abs. 1 Satz 1. Der Minderjährige haftet auch hier eventuell als Antragsteller des Verfahrens, wenn die Ausnahmeregelung (§ 21 Abs. 1 Satz 2 Nr. 3) nicht greift und die Voraussetzungen nach Vorbem. 1.3.1 Abs. 2 gegeben sind.

C. Abschnitt 2 – Übrige Familiensachen der freiwilligen Gerichtsbarkeit

I. Allgemeines

55 In Abschnitt 2 sind die übrigen Familiensachen der freiwilligen Gerichtsbarkeit geregelt. Dies sind die selbständigen Familiensachen der freiwilligen Gerichtsbarkeit (solche, die weder Ehesache noch Familienstreitsache sind und nicht im Verbund mit einer Scheidungssache oder einer entsprechenden Lebenspartnerschaftssache stehen), die keine Kindschaftssachen betreffen.

56 Die Vorbem. 1.3.2 Abs. 1 zählt abschließend auf, um welche Verfahren es sich dabei handelt. Diese können der nachfolgenden Übersicht entnommen werden; dabei ist die jeweilige Wertvorschrift vermerkt.

Verfahren	Wertvorschrift (FamGKG)
Abstammungssachen (§ 169 FamFG)	§ 47
Adoptionssachen, die einen Volljährigen betreffen (§ 186 FamFG)	§ 42 Abs. 2
Ehewohnungs- und Haushaltssachen (§ 200 FamFG)	§ 48
Gewaltschutzsachen (§ 210 FamFG)	§ 49
Versorgungsausgleichssachen (§ 217 FamFG)	§ 50
Unterhaltssachen, die nicht Familienstreitsachen sind (§ 231 Abs. 2 FamFG)	§ 51 Abs. 3
Güterrechtssachen, die nicht Familienstreitsachen sind (§ 261 Abs. 2 FamFG)	§ 42
sonstige Familiensachen (§ 111 Nr. 10 FamFG), die nicht Familienstreitsachen sind (§ 266 Abs. 2 FamFG)	§ 42

Nicht genannt werden Adoptionsverfahren, die die Annahme eines Minderjährigen als Kind betreffen. Diese sind wie nach bisherigem Recht gebührenfrei. 57

Mit Abs. 2 der Vorbem. soll erreicht werden, dass in Adoptionssachen, die einen Volljährigen betreffen, nur eine Gebühr anfällt. Für die ggf. notwendige Ersetzung einer Einwilligung soll keine weitere Gebühr entstehen. 58

II. Erster Rechtszug (Nr. 1320 und Nr. 1321)

1. Nummer 1320

In Nr. 1320 ist eine Verfahrensgebühr für das erstinstanzliche Verfahren vor dem Familiengericht mit einem Gebührensatz von 2,0 bestimmt. 59

Die Verfahrensgebühr Nr. 1320 und damit auch die Verfahrensgebühr Nr. 1321, die die Verfahrensgebühr Nr. 1320 nur modifiziert, entsteht mit dem Eingang des Antrags bei Gericht. 60

Die Fälligkeit bestimmt sich nach § 11 Abs. 1, tritt also erst bei Beendigung des Verfahrens ein. Als Kostenschuldner kommt primär der Entscheidungs- oder Übernahmeschuldner in Frage (§ 24 Nr. 1 und 2). In Verfahren, die nur auf Antrag eingeleitet werden können, auch der Antragsteller des Verfahrens (§ 21 Abs. 1 Satz 1). Zu beachten ist aber, dass in Gewaltschutzsachen die geschädigte Person erstinstanzlich nicht als Antragsteller haftet (§ 21 Abs. 1 Satz 2 Nr. 1). 61

2. Nummer 1321

Nach Nr. 1321 ermäßigt sich die Verfahrensgebühr 1320 auf einen Gebührensatz von 0,5. Voraussetzung ist, dass das Verfahren insgesamt durch eines der folgenden Ereignisse beendet wird: 62

- ohne Endentscheidung (Nr. 1),
- durch Zurücknahme des Antrags vor Ablauf des Tages, an dem die Endentscheidung der Geschäftsstelle übermittelt wird, wenn die Entscheidung nicht bereits durch Vorlesen der Entscheidungsformel bekannt gegeben worden ist (Nr. 2), oder

– wenn die Endentscheidung wegen entsprechender mitwirkender Erklärungen der Beteiligten (§ 38 Abs. 4 FamFG) keine Begründung enthält oder sie, wenn die Voraussetzungen des § 38 Abs. 4 FamFG vorliegen, gleichwohl begründet wird, weil zu erwarten ist, dass der Beschluss im Ausland geltend gemacht wird (§ 38 Abs. 5 Nr. 4 FamFG), da es sachlich nicht gerechtfertigt wäre, die Beteiligten in einem solchen Fall schlechter zu stellen (Nr. 3).

63 In Nr. 2 wird das Vorlesen der Entscheidungsformel gesondert genannt, weil sonst im Falle der schriftlichen Entscheidung nicht klar wäre, welches der letztmögliche Zeitpunkt für die Antragsrücknahme wäre.

64 Die in Nr. 3 enthaltene Regelung, wonach die Ermäßigung auch dann eintritt, wenn der Beschluss nur deshalb eine Begründung enthält, weil zu erwarten ist, dass er im Ausland geltend gemacht wird, korrespondiert mit der Regelung in Abs. 1. Es soll kostenrechtlich keinen Unterschied machen, ob die Begründung aus den genannten Gründen sofort oder nachträglich im Wege der Ergänzung in den Beschluss aufgenommen wird.

65 Nach Abs. 2 ermäßigt sich die Gebühr auch, wenn mehrere Ermäßigungstatbestände erfüllt sind. Wird das Verfahren zunächst durch eine Rücknahme und anschließend durch eine begründungsfreie Endentscheidung iS der Nr. 3 insgesamt erledigt, tritt für das Verfahren eine Reduzierung der Verfahrensgebühr ein.

66 Da Nr. 1321 nur greift, wenn das Verfahren insgesamt beendet wird, können die Gebühren der Nr. 1320 und 1321 nicht nebeneinander anfallen.

III. Beschwerde gegen die Endentscheidung (Nr. 1322 bis Nr. 1324)

1. Nummer 1322

67 Nr. 1322 bestimmt die Verfahrensgebühr für das Beschwerdeverfahren. Betroffen ist nur die Beschwerde gegen die Endentscheidung. Sonstige Beschwerden sind im Hauptabschnitt 9 Abschnitt 1 (Nr. 1910 bis 1912) geregelt. Beschwerde und Anschlussbeschwerde sind als ein Verfahren zu behandeln (§ 39 Abs. 2).

68 Die Verfahrensgebühr Nr. 1322 und damit auch die Verfahrensgebühren Nr. 1323 und 1324, die die Verfahrensgebühr Nr. 1322 nur modifizieren, entstehen mit dem Eingang des Rechtsmittelantrags bei Gericht. Fällig werden die Verfahrensgebühren jedoch nach § 11 Abs. 1 erst bei Beendigung des Verfahrens. Eine Vorschusspflicht besteht nicht. Der Wert bestimmt sich nach § 40.

69 Für die Verfahrensgebühren des Beschwerdeverfahrens haftet neben dem Entscheidungs- und Übernahmeschuldner auch der Antragsteller der Instanz (§ 21 Abs. 1 Satz 1). Dies gilt auch für beide Beteiligten in Gewaltschutzsachen, da die Begünstigung nach § 21 Abs. 1 Satz Nr. 1 nur für die erste Instanz gilt.

70 Beschwerdeführer und Anschlussbeschwerdeführer haften jeweils für die Verfahrensgebühr, die durch ihre jeweiligen Anträge entsteht. Die Höhe des Haftungsbetrages der verschiedenen Antragsteller wird so berechnet, als seien einzelne Verfahren eingeleitet worden. Bis zur Höhe dieser Kosten kann die Staatskasse die einzelnen Kostenschuldner unter Beachtung des § 26 Abs. 2 in Anspruch nehmen. Die Staatskasse kann jedoch nicht mehr fordern, als insgesamt durch das Verfahren entstanden ist.

2. Nummer 1323

Nr. 1323 sieht für den Fall der frühzeitigen Beendigung des Beschwerdeverfahrens eine verminderte Verfahrensgebühr vor. Voraussetzung für die Anwendung der Vorschrift ist, dass die Beschwerde insgesamt durch eine Zurücknahme der Beschwerde oder des Antrags, bevor die Schrift zur Begründung der Beschwerde bei Gericht eingegangen ist, beendet wird. 71

3. Nummer 1324

Nr. 1324 sieht für den Fall der Beendigung des Beschwerdeverfahrens ohne Endentscheidung eine weitere verminderte Verfahrensgebühr vor. Voraussetzung für die Anwendung der Vorschrift ist, dass die Beschwerde insgesamt beendet wird. 72

In Abs. 1 wird die Zurücknahme der Beschwerde vor Ablauf des Tages, an dem die Endentscheidung der Geschäftsstelle übermittelt wird, wenn die Entscheidung nicht bereits durch Vorlesen der Entscheidungsformel (§ 41 Abs. 2 FamFG) bekannt gegeben worden ist, gesondert geregelt, weil sonst im Falle der schriftlichen Entscheidung nicht klar wäre, welches der letztmögliche Zeitpunkt für die Rücknahme ist. 73

Nach Abs. 2 steht eine Entscheidung über die Kosten der Ermäßigung nicht entgegen, wenn die Entscheidung einer zuvor mitgeteilten Einigung über die Kostentragung oder einer Kostenübernahmeerklärung folgt. Endet also das Beschwerdeverfahren durch Rücknahme, Erledigterklärung oder Vergleich, tritt die Ermäßigung auch ein, wenn das Gericht über die Kostentragung nicht inhaltlich selbst befinden muss. 74

Im Hinblick auf die unterschiedlichen Voraussetzungen können die Nr. 1323 und 1324 nicht nebeneiander anfallen. Da jedoch eine der Nr. 1323 genügende Zurücknahme gleichzeitig auch die Vorausetzungen des Tatbestandes der Nr. 1324 erfüllt, ist in Nr. 1324 klargestellt, dass diese keine Anwendung findet, wenn Nr. 1323 erfüllt ist. 75

IV. Rechtsbeschwerde gegen die Endentscheidung (Nr. 1325, Nr. 1326 und Nr. 1327)

1. Nummer 1325

Nr. 1325 bestimmt die Verfahrensgebühr für das Rechtsbeschwerdeverfahren. Betroffen ist nur die Rechtsbeschwerde gegen die Endentscheidung. Sonstige Rechtseschwerden sind im Hauptabschnitt 9 Abschnitt 2 (Nr. 1920 bis 1923) geregelt. Rechtsbeschwerde und Anschlussrechtsbeschwerde sind als ein Verfahren zu behandeln (§ 39 Abs. 2). 76

Die Verfahrensgebühr Nr. 1325 und damit auch die Verfahrensgebühren Nr. 1326 und 1327, die die Verfahrensgebühr Nr. 1325 nur modifizieren, entstehen mit dem Eingang des Rechtsmittelantrags bei Gericht. Fällig werden die Verfahrensgebühren jedoch nach § 11 Abs. 1 erst bei Beendigung des Verfahrens. Eine Vorschusspflicht besteht nicht. Der Wert bestimmt sich nach § 40. 77

Für die Verfahrensgebühren des Rechtsbeschwerdeverfahrens haftet neben dem Entscheidungs- und Übernahmeschuldner auch der Antragsteller der Instanz (§ 21 Abs. 1 Satz 1). Dies gilt auch für beide Beteiligten in Gewaltschutzsachen, da die Begünstigung nach § 21 Abs. 1 Satz Nr. 1 nur fur die erste Instanz gilt. 78

79 Rechtsbeschwerdeführer und Anschlussrechtsbeschwerdeführer haften jeweils für die Verfahrensgebühr, die durch ihre jeweiligen Anträge entsteht. Die Höhe des Haftungsbetrages der verschiedenen Antragsteller wird so berechnet, als seien einzelne Verfahren eingeleitet worden. Bis zur Höhe dieser Kosten kann die Staatskasse die einzelnen Kostenschuldner unter Beachtung des § 26 Abs. 2 in Anspruch nehmen. Die Staatskasse kann jedoch nicht mehr fordern, als insgesamt durch das Verfahren entstanden ist.

2. Nummer 1326

80 Nr. 1326 sieht für den Fall einer frühzeitigen Zurücknahme der Rechtsbeschwerde oder des erstinstanzlichen Antrags eine Ermäßigung des Gebührensatzes auf 1,0 vor. Voraussetzung für die Anwendung der Vorschrift ist die Beendigung des gesamten Verfahrens durch Zurücknahme der Rechtsbeschwerde oder des Antrags, bevor die Schrift zur Begründung der Rechtsbeschwerde bei Gericht eingegangen ist.

3. Nummer 1327

81 Der weitere Ermäßigungstatbestand für die Rechtsbeschwerde sieht eine Begünstigung für eine spätere Rücknahme vor, wenn das Verfahren durch Zurücknahme der Rechtsbeschwerde oder des Antrags vor Ablauf des Tages, an dem die Endentscheidung der Geschäftsstelle übermittelt wird, beendet wird. Nr. 1318 kennt demnach nur einen Ermäßigungstatbestand.

82 Im Hinblick auf die unterschiedlichen Voraussetzungen können die Nr. 1326 und 1327 nicht nebeneinander anfallen. Da jedoch eine der Nr. 1326 genügende Zurücknahme gleichzeitig auch die Vorausetzungen des Tatbestandes der Nr. 1327 erfüllt, ist in Nr. 1327 klargestellt, dass diese keine Anwendung findet, wenn Nr. 1326 erfüllt ist.

V. Zulassung der Sprungrechtsbeschwerde gegen die Endentscheidung (Nr. 1328)

83 Im Verfahren über die Zulassung der Sprungsrechtsbeschwerde ist eine Gebühr nur für den Fall der (Teil)Ablehnung des Antrags vorgesehen, da durch eine Zulassung der Sprungsrechtsbeschwerde das Verfahren als Rechtsbeschwerde fortgesetzt wird (§ 75 Abs. 2 FamFG, § 566 Abs. 7 Satz 1 ZPO) und damit die Gebühren nach den Nr. 1325 bis 1327 anfallen. Im Zulassungsverfahren ist Verfahrenswert der für das Rechtsmittelverfahren maßgebende Wert (§ 40 Abs. 3).

84 Die Verfahrensgebühr entsteht mit dem Eingang des Zulassungsantrags bei Gericht. Die Gebühr wird, da sie eine gerichtliche Entscheidung (Ablehnung des Antrags) voraussetzt, erst mit dieser Entscheidung fällig (§ 9 Abs. 2). Eine Vorauszahlungspflicht besteht nicht.

85 Die Kosten schuldet regelmäßig der Entscheidungsschuldner; der Antragsteller haftet nach § 21 Abs. 1 Satz 1. Dies gilt auch für beide Beteiligte in Gewaltschutzsachen, da die Begünstigung nach § 21 Abs. 1 Satz Nr. 1 nur für die erste Instanz gilt.

Hauptabschnitt 4
Einstweiliger Rechtsschutz

Vorbemerkung 1.4:

Im Verfahren über den Erlass einer einstweiligen Anordnung und über deren Aufhebung oder Änderung werden die Gebühren nur einmal erhoben. Dies gilt entsprechend im Arrestverfahren.

Abschnitt 1
Einstweilige Anordnung in Kindschaftssachen

Unterabschnitt 1
Erster Rechtszug

1410	Verfahren im Allgemeinen	0,3
	Die Gebühr entsteht nicht für Verfahren, die in den Rahmen einer Vormundschaft oder Pflegschaft fallen.	

Unterabschnitt 2
Beschwerde gegen die Endentscheidung

1411	Verfahren im Allgemeinen	0,5
1412	Beendigung des gesamten Verfahrens ohne Endentscheidung:	
	Die Gebühr 1411 ermäßigt sich auf	0,3
	(1) Wenn die Entscheidung nicht durch Vorlesen der Entscheidungsformel bekannt gegeben worden ist, ermäßigt sich die Gebühr auch im Fall der Zurücknahme der Beschwerde vor Ablauf des Tages, an dem die Endentscheidung der Geschäftsstelle übermittelt wird.	
	(2) Eine Entscheidung über die Kosten steht der Ermäßigung nicht entgegen, wenn die Entscheidung einer zuvor mitgeteilten Einigung über die Kostentragung oder einer Kostenübernahmeerklärung folgt.	

Abschnitt 2
Einstweilige Anordnung in den übrigen Familiensachen und Arrest

Vorbemerkung 1.4.2:

Dieser Abschnitt gilt für Familienstreitsachen und die in Vorbemerkung 1.3.2 genannten Verfahren.

Unterabschnitt 1
Erster Rechtszug

1420	Verfahren im Allgemeinen	1,5
1421	Beendigung des gesamten Verfahrens ohne Endentscheidung:	
	Die Gebühr 1420 ermäßigt sich auf	0,5
	(1) Wenn die Entscheidung nicht durch Vorlesen der Entscheidungsformel bekannt gegeben worden ist, ermäßigt sich die Gebühr auch im Fall der Zurücknahme des Antrags vor Ablauf des Tages, an dem die Endentscheidung der Geschäftsstelle übermittelt wird.	
	(2) Eine Entscheidung über die Kosten steht der Ermäßigung nicht entgegen, wenn die Entscheidung einer zuvor mitgeteilten Einigung über die Kostentragung oder einer Kostenübernahmeerklärung folgt.	

	Unterabschnitt 2 *Beschwerde gegen die Endentscheidung*	
1422	Verfahren im Allgemeinen	2,0
1423	Beendigung des gesamten Verfahrens durch Zurücknahme der Beschwerde oder des Antrags, bevor die Schrift zur Begründung der Beschwerde bei Gericht eingegangen ist: Die Gebühr 1422 ermäßigt sich auf	0,5
1424	Beendigung des gesamten Verfahrens ohne Endentscheidung, wenn nicht Nummer 1423 erfüllt ist: Die Gebühr 1422 ermäßigt sich auf (1) Wenn die Entscheidung nicht durch Vorlesen der Entscheidungsformel bekannt gegeben worden ist, ermäßigt sich die Gebühr auch im Fall der Zurücknahme der Beschwerde vor Ablauf des Tages, an dem die Endentscheidung der Geschäftsstelle übermittelt wird. (2) Eine Entscheidung über die Kosten steht der Ermäßigung nicht entgegen, wenn die Entscheidung einer zuvor mitgeteilten Einigung über die Kostentragung oder einer Kostenübernahmeerklärung folgt.	1,0

I. Allgemeines

1 Hauptabschnitt 4 regelt die Gebühren für familienrechtliche Verfahren des einstweiligen Rechtsschutzes (einstweilige Anordnung sowie in Familienstreitsachen der Arrest).

2 Buch 1 Abschnitt 4 FamFG hat das Institut der einstweiligen Anordnung in allen Familiensachen und in den Verfahren der freiwilligen Gerichtsbarkeit eingeführt. Das Verfahren über eine einstweilige Anordnung kann jetzt unabhängig von einem Hauptsacheverfahren durchgeführt werden.

3 Für alle Verfahren des einstweiligen Rechtsschutzes ist einheitliche Gebührenstruktur vorgesehen. Ohne Unterscheidung, ob es sich um eine einstweilige Anordnung oder um einen Arrest handelt, fällt eine 1,5 Verfahrensgebühr an, die sich auf 0,5 ermäßigt, wenn keine gerichtliche Entscheidung ergeht (Abschnitt 2). In Kindschaftssachen gelten allerdings deutlich niedrigere Gebührensätze (Abschnitt 1).

4 Der idR geringeren Bedeutung der Verfahren des einstweiligen Rechtsschutzes wird durch einen geringeren Verfahrenswert Rechnung getragen (§ 41). Die Gebühren für Verfahren des einstweiligen Rechtsschutzes liegen deutlich unter den Gebühren für das Hauptsacheverfahren. Gebührenfreie Verfahren des einstweiligen Rechtsschutzes gibt es nicht mehr. Die Gerichtsgebühren für ein Arrestverfahren werden den gleichen Regelungen unterworfen wie die einstweilige Anordnung.

5 Vorbem. 1.4 bestimmt, dass für ein Verfahren über die Aufhebung oder Änderung der im einstweiligen Rechtsschutzverfahren ergangenen Entscheidung keine erneuten Gebühren anfallen. Die Gebühr für das Verfahren über den Erlass der einstweiligen Anordnung oder die Anordnung des Arrests umfasst ein sich eventuell anschließendes Verfahren über die Abänderung oder Aufhebung.

II. Einstweilige Anordnung in Kindschaftssachen

1. Erster Rechtszug (Nr. 1410)

In Nr. 1410 ist eine Verfahrensgebühr für das erstinstanzliche Verfahren über eine einstweilige Anordnung in Kindschaftssachen iS von § 151 FamFG mit einem Gebührensatz von 0,3 bestimmt. Die Verfahrensgebühr entsteht mit dem Eingang des Antrags bei Gericht. 6

Die Fälligkeit bestimmt sich nach § 11 Abs. 1, tritt also erst bei Beendigung des Verfahrens ein. Als Kostenschuldner kommt primär der Entscheidungs- oder Übernahmeschuldner in Frage (§ 24 Nr. 1 und 2). In Verfahren, die nur auf Antrag eingeleitet werden können, auch der Antragsteller des Verfahrens (§ 21 Abs. 1 Satz 1). 7

Wenn ein solches Verfahren über eine einstweilige Anordnung im Rahmen einer Vormundschaft oder Pflegschaft anfällt, ist dieses Verfahren nach der Anmerkung durch die Jahresgebühren 1311 und 1312 mit abgegolten. 8

2. Beschwerde gegen die Endentscheidung (Nr. 1411 und Nr. 1412)

a) Nummer 1411

Nr. 1411 bestimmt die Verfahrensgebühr für das Beschwerdeverfahren. Eine Beschwerde ist nur in Ausnahmefällen zulässig (§ 57 Satz 2 Nr. 1 bis 5 FamFG). Betroffen von der Verfahrensgebühr ist nur die Beschwerde gegen die Endentscheidung. Sonstige Beschwerden sind im Hauptabschnitt 9 Abschnitt 1 (Nr. 1910 bis 1912) geregelt. Beschwerde und Anschlussbeschwerde sind als ein Verfahren zu behandeln (§ 39 Abs. 2). 9

Die Verfahrensgebühr Nr. 1411 und damit auch die Verfahrensgebühr Nr. 1412, die die Verfahrensgebühr Nr. 1411 nur modifiziert, entstehen mit dem Eingang des Rechtsmittelantrags bei Gericht. Fällig werden die Verfahrensgebühren jedoch nach § 11 Abs. 1 erst bei Beendigung des Verfahrens. Eine Vorschusspflicht besteht nicht. Der Wert bestimmt sich nach § 40. 10

Für die Verfahrensgebühren des Beschwerdeverfahrens haftet neben dem Entscheidungs- und Übernahmeschuldner auch der Antragsteller der Instanz (§ 21 Abs. 1 Satz 1). Beschwerdeführer und Anschlussbeschwerdeführer haften jeweils für die Verfahrensgebühr, die durch ihre jeweiligen Anträge entsteht. Die Höhe des Haftungsbetrages der verschiedenen Antragsteller wird so berechnet, als seien einzelne Verfahren eingeleitet worden. Bis zur Höhe dieser Kosten kann die Staatskasse die einzelnen Kostenschuldner unter Beachtung des § 26 Abs. 2 in Anspruch nehmen. Die Staatskasse kann jedoch nicht mehr fordern, als insgesamt durch das Verfahren entstanden ist. 11

b) Nummer 1412

Nr. 1412 sieht für den Fall der Beendigung des Beschwerdeverfahrens ohne Endentscheidung eine verminderte Verfahrensgebühr vor. Voraussetzung für die Anwendung der Vorschrift ist, dass die Beschwerde insgesamt beendet wird. 12

In Abs. 1 wird die Zurücknahme der Beschwerde vor Ablauf des Tages, an dem die Endentscheidung der Geschäftsstelle übermittelt wird, wenn sie nicht bereits durch Vorlesen der Entscheidungsformel (§ 41 Abs. 2 FamFG) bekannt gegeben worden ist, gesondert geregelt, weil sonst im Falle der schriftlichen Entscheidung nicht klar wäre, welches der letztmögliche Zeitpunkt für die Rücknahme ist. 13

14 Nach Abs. 2 steht eine Entscheidung über die Kosten der Ermäßigung nicht entgegen, wenn die Entscheidung einer zuvor mitgeteilten Einigung über die Kostentragung oder einer Kostenübernahmeerklärung folgt. Endet also das Beschwerdeverfahren durch Rücknahme, Erledigterklärung oder Vergleich, tritt die Ermäßigung auch ein, wenn das Gericht über die Kostentragung nicht inhaltlich selbst befinden muss.

III. Einstweilige Anordnung in den übrigen Familiensachen und Arrest

15 In Abschnitt 2 sind nach der Vorbem. 1.4.2 die Gebühren für folgende Verfahren des einstweiligen Rechtsschutzes (einstweilige Anordnung sowie in Familienstreitsachen der Arrest) geregelt:

- Familienstreitsachen insgesamt (§ 112 FamFG),
- Abstammungssachen (§ 169 FamFG),
- Adoptionssachen, die einen Volljährigen betreffen (§ 186 FamFG),
- Ehewohnungs- und Haushaltssachen (§ 200 FamFG),
- Gewaltschutzsachen (§ 210 FamFG),
- Versorgungsausgleichssachen (§ 217 FamFG),
- Unterhaltssachen, die nicht Familienstreitsachen sind (§ 231 Abs. 2 FamFG),
- Güterrechtssachen, die nicht Familienstreitsachen sind (§ 261 Abs. 2 FamFG),
- sonstige Familiensachen (§ 111 Nr. 10 FamFG), die nicht Familienstreitsachen sind (§ 266 Abs. 2 FamFG).

1. Erster Rechtszug (Nr. 1420 und Nr. 1421)

a) Nummer 1420

16 In Nr. 1420 ist eine Verfahrensgebühr für das erstinstanzliche Verfahren über eine einstweilige Anordnung oder bezüglich der Familienstreitsache auch eines Arrestes mit einem Gebührensatz von 2,0 bestimmt.

17 Die Verfahrensgebühr Nr. 1420 und damit auch die Verfahrensgebühr Nr. 1421, die die Verfahrensgebühr Nr. 1420 nur modifiziert, entstehen mit dem Eingang des Antrags bei Gericht.

18 Die Fälligkeit bestimmt sich grundsätzlich nach § 11 Abs. 1, tritt also erst bei Beendigung des Verfahrens ein. Etwas Anderes gilt für die Familienstreitsachen, in diesen Verfahren ist die Fälligkeit bereits bei Antragseingang gegeben (§ 9 Abs. 1). In Familienstreitsachen besteht für diese Gebühr auch eine Vorauszahlungspflicht (§ 14 Abs. 1 Satz 1).

19 Als Kostenschuldner kommt primär der Entscheidungs- oder Übernahmeschuldner in Frage (§ 24 Nr. 1 und 2). In Verfahren, die nur auf Antrag eingeleitet werden können, auch der Antragsteller des Verfahrens (§ 21 Abs. 1 Satz 1).

b) Nummer 1421

20 Nr. 1421 sieht für den Fall der Beendigung des Verfahrens ohne Endentscheidung eine verminderte Verfahrensgebühr vor. Voraussetzung für die Anwendung der Vorschrift ist, dass das Verfahren insgesamt beendet wird.

In Abs. 1 wird die Zurücknahme des Antrags vor Ablauf des Tages, an dem die Endentscheidung der Geschäftsstelle übermittelt wird, wenn sie nicht bereits durch Vorlesen der Entscheidungsformel (§ 41 Abs. 2 FamFG) bekannt gegeben worden ist, gesondert geregelt, weil sonst im Falle der schriftlichen Entscheidung nicht klar wäre, welches der letztmögliche Zeitpunkt für die Rücknahme ist. 21

Nach Abs. 2 steht eine Entscheidung über die Kosten der Ermäßigung nicht entgegen, wenn die Entscheidung einer zuvor mitgeteilten Einigung über die Kostentragung oder einer Kostenübernahmeerklärung folgt. Endet also das Verfahren durch Rücknahme, Erledigterklärung oder Vergleich, tritt die Ermäßigung auch ein, wenn das Gericht über die Kostentragung nicht inhaltlich selbst befinden muss. 22

2. Beschwerde gegen die Endentscheidung (Nr. 1422, Nr. 1423 und Nr. 1424)

a) Nummer 1422

Nr. 1422 bestimmt die Verfahrensgebühr für das Beschwerdeverfahren. Eine Beschwerde ist nur in Ausnahmefällen zulässig (§ 57 Satz 2 Nr. 4 und 5 FamFG). Betroffen ist nur die Beschwerde gegen die Endentscheidung. Sonstige Beschwerden sind im Hauptabschnitt 9 Abschnitt 1 (Nr. 1910 bis 1912) geregelt. Beschwerde und Anschlussbeschwerde sind als ein Verfahren zu behandeln (§ 39 Abs. 2). 23

Die Verfahrensgebühr Nr. 1422 und damit auch die Verfahrensgebühren Nr. 1423 und 1424, die die Verfahrensgebühr Nr. 142 nur modifizieren, entstehen mit dem Eingang des Rechtsmittelantrags bei Gericht. Die Fälligkeit bestimmt sich grundsätzlich nach § 11 Abs. 1, tritt also erst bei Beendigung des Verfahrens ein. Etwas Anderes gilt für die Familienstreitsachen; in diesen Verfahren ist die Fälligkeit bereits bei Antragseingang gegeben (§ 9 Abs. 1). Der Wert bestimmt sich nach § 40. 24

Für die Verfahrensgebühren des Beschwerdeverfahrens haftet neben dem Entscheidungs- und Übernahmeschuldner auch der Antragsteller der Instanz (§ 21 Abs. 1 Satz 1). Beschwerdeführer und Anschlussbeschwerdeführer haften jeweils für die Verfahrensgebühr, die durch ihre jeweiligen Anträge entsteht. Die Höhe des Haftungsbetrages der verschiedenen Rechtsmittelführer wird so berechnet, als seien einzelne Verfahren eingeleitet worden. Bis zur Höhe dieser Kosten kann die Staatskasse die einzelnen Kostenschuldner unter Beachtung des § 26 Abs. 2 in Anspruch nehmen. Die Staatskasse kann jedoch nicht mehr fordern, als insgesamt durch das Verfahren entstanden ist. 25

b) Nummer 1423

Nr. 1423 sieht für den Fall der frühzeitigen Beendigung des Beschwerdeverfahrens eine verminderte Verfahrensgebühr vor. Voraussetzung für die Anwendung der Vorschrift ist, dass die Beschwerde insgesamt durch eine Zurücknahme der Beschwerde oder des Antrags, bevor die Schrift zur Begründung der Beschwerde bei Gericht eingegangen ist, beendet wird. 26

c) Nummer 1424

Nr. 1424 sieht für den Fall der Beendigung des Beschwerdeverfahrens ohne Endentscheidung eine weitere verminderte Verfahrensgebühr vor. Voraussetzung für die Anwendung der Vorschrift ist, dass die Beschwerde insgesamt beendet wird. 27

In Abs. 1 wird die Zurücknahme der Beschwerde vor Ablauf des Tages, an dem die Endentscheidung der Geschäftsstelle übermittelt wird, wenn sie nicht bereits durch 28

Vorlesen der Entscheidungsformel (§ 41 Abs. 2 FamFG) bekannt gegeben worden ist, gesondert geregelt, weil sonst im Falle der schriftlichen Entscheidung nicht klar wäre, welches der letztmögliche Zeitpunkt für die Rücknahme ist.

29 Nach Abs. 2 steht eine Entscheidung über die Kosten der Ermäßigung nicht entgegen, wenn die Entscheidung einer zuvor mitgeteilten Einigung über die Kostentragung oder einer Kostenübernahmeerklärung folgt. Endet also das Beschwerdeverfahren durch Rücknahme, Erledigterklärung oder Vergleich, tritt die Ermäßigung auch ein, wenn das Gericht über die Kostentragung nicht inhaltlich selbst befinden muss.

30 Im Hinblick auf die unterschiedlichen Voraussetzungen können die Nr. 1423 und 1424 nicht nebeneianderanfallen. Da jedoch eine der Nr. 1423 genügende Zurücknahme gleichzeitig auch die Vorausetzungen des Tatbestandes der Nr. 1424 erfüllt, ist in Nr. 1424 klargestellt, dass diese keine Anwendung findet, wenn Nr. 1423 erfüllt ist.

	Hauptabschnitt 5 **Besondere Gebühren**	
1500	Abschluss eines gerichtlichen Vergleichs: Soweit der Wert des Vergleichsgegenstands den Wert des Verfahrensgegenstands übersteigt	0,25
	Die Gebühr entsteht nicht im Verfahren über die Prozess- oder Verfahrenskostenhilfe.	
1501	Auferlegung einer Gebühr nach § 32 FamGKG wegen Verzögerung des Verfahrens	wie vom Gericht bestimmt
1502	Anordnung von Zwangsmaßnahmen durch Beschluss nach § 35 FamFG: je Anordnung	15,00 Euro

1. Nummer 1500

1 Die Gebühr für den sog. Mehrvergleich entspricht der Nr. 1900 KV GKG. Sie fällt mit einem Gebührensatz von 0,25 des Wertes an, um den der Wert des Vergleichsgegenstandes den Wert des Verfahrensgegenstandes übersteigt. Dadurch soll der Mehraufwand des Gerichts bei der Mitwirkung an einer Vergleichsregelung, welche über den eigentlichen Verfahrensgegenstand hinausgeht, angemessen berücksichtigt werden. Die früher in Nr. 1900 KV GKG geregelte kostenrechtliche Privilegierung für einstweilige Anordnungen in Familiensachen nach § 620 oder § 641d ZPO ist entfallen.

2 Der Anfall der Gebühr setzt einen Vergleich iS des § 779 BGB voraus. Sind in dem Vergleich auch Gegenstände aufgenommen, die in einem anderen Verfahren anhängig sind, sind diese Gegenstände ebenfalls Verfahrensgegenstand iS der Nr. 1500. Die Vergleichsgebühr wird also nach dem Wert der Vergleichsgegenstände erhoben, die nicht Verfahrensgegenstand, dh. nicht anhängig sind. Der Wert des Vergleichsgegenstandes ist nach den Bewertungsvorschriften des FamGKG zu ermitteln.

3 Nach der Anmerkung entsteht keine Mehrvergleichsgebühr, wenn ein Mehrvergleich im Verfahren über die Prozess- oder Verfahrenskostenhilfe geschlossen wird.

4 Die Mehrvergleichsgebühr wird nach § 9 Abs. 2 mit der gerichtlichen Protokollierung fällig. Kostenschuldner ist regelmäßig derjenige, der die Kosten im Vergleich übernommen hat (§ 24 Nr. 2). Daneben haftet aber auch jeder, der an dem Abschluss beteiligt ist (§ 21 Abs. 2).

2. Nummer 1501

Wegen der Verzögerungsgebühr wird auf die Ausführungen zu § 32 verwiesen. 5

3. Nummer 1502

Die Vorschrift bestimmt Gebühren für Zwangsmaßnahmen nach § 35 FamFG. Bei diesen Zwangsmaßnahmen handelt es sich nicht um Vollstreckungshandlungen, sondern um Maßnahmen mit verfahrensleitendem Charakter. Je Anordnung wird eine Gebühr iHv. 15 Euro erhoben werden. Erfasst werden nicht nur die Anordnung von Zwangsgeld oder von Zwangshaft, sondern auch Maßnahmen nach § 35 Abs. 4 FamFG. Die Gebühren für Rechtsmittelverfahren richten sich nach den Auffangtatbeständen in Hauptabschnitt 9. Die Gebühr schuldet derjenige, dem das Gericht die Kosten nach § 35 Abs. 3 Satz 2 auferlegt hat (§ 24 Nr. 1). 6

Hauptabschnitt 6
Vollstreckung

Vorbemerkung 1.6:

Die Vorschriften dieses Hauptabschnitts gelten für die Vollstreckung nach Buch 1 Abschnitt 8 des FamFG, soweit das Familiengericht zuständig ist. Für Handlungen durch das Vollstreckungs- oder Arrestgericht werden Gebühren nach dem GKG erhoben.

Nr.	Gebührentatbestand	Gebühr
1600	Verfahren über den Antrag auf Erteilung einer weiteren vollstreckbaren Ausfertigung (§ 733 ZPO)	15,00 Euro
	Die Gebühr wird für jede weitere vollstreckbare Ausfertigung gesondert erhoben. Sind wegen desselben Anspruchs in einem Mahnverfahren gegen mehrere Personen gesonderte Vollstreckungsbescheide erlassen worden und werden hiervon gleichzeitig mehrere weitere vollstreckbare Ausfertigungen beantragt, wird die Gebühr nur einmal erhoben.	
1601	Anordnung der Vornahme einer vertretbaren Handlung durch einen Dritten	15,00 Euro
1602	Anordnung von Zwangs- oder Ordnungsmitteln: je Anordnung	15,00 Euro
	Mehrere Anordnungen gelten als eine Anordnung, wenn sie dieselbe Verpflichtung betreffen. Dies gilt nicht, wenn Gegenstand der Verpflichtung die wiederholte Vornahme einer Handlung oder eine Unterlassung ist.	
1603	Verfahren zur Abnahme einer eidesstattlichen Versicherung (§ 94 FamFG)	30,00 Euro
	Die Gebühr entsteht mit der Anordnung des Gerichts, dass der Verpflichtete eine eidesstattliche Versicherung abzugeben hat, oder mit dem Eingang des Antrags des Berechtigten.	

Hauptabschnitt 6 enthält die Gebühren für die Vollstreckungsmaßnahmen des Familiengerichts. Dies wird durch Satz 1 der Vorbem. 1.6 klargestellt. 1

Satz 2 der Vorbem. bestimmt, dass für Maßnahmen, die in die Zuständigkeit des Vollstreckungs- oder Arrestgerichts fallen, Gebühren nach dem GKG erhoben werden. Eine gleich lautende Regelung ist hinsichtlich der Auslagen in Vorbem. 2 Abs. 4 aufgenommen. Eine korrespondierende Klarstellung ist durch eine entsprechende Änderung in § 1 GKG vorgenommen worden. 2

In den Nr. 1600 bis 1603 sind Festgebühren für Vollstreckungshandlungen des Familiengerichts nach Buch 1 Abschnitt 8 FamFG (§§ 86 bis 96a) bestimmt. 3

4 Nr. 1602 regelt die Gebühren für die Anordnung von Zwangs- oder Ordnungsmitteln innerhalb der Vollstreckung. Die Gebühr wird für jede Anordnung gesondert erhoben. Mehrere Anordnungen von Ordnungsmitteln lösen dagegen die Gebühr nur einmal aus, sofern sie dieselbe Verpflichtung betreffen. Hat der Verpflichtete eine Handlung wiederholt vorzunehmen oder zu unterlassen, lässt die Anordnung eines Ordnungsmittels gegen jeden Verstoß eine besondere Gebühr entstehen. Verstößt zB ein Elternteil gegen eine gerichtlich festgelegte Umgangsregelung und wird deshalb ein Ordnungsgeld festgesetzt, fällt hierfür eine Gebühr an. Verstößt der Elternteil beim nächsten Umgangstermin in gleicher Weise gegen die Regelung und wird erneut ein Ordnungsgeld festgesetzt, fällt die Gebühr nochmals an.

5 Die Gebühren für Rechtsmittelverfahren richten sich nach den Auffangtatbeständen in Hauptabschnitt 9.

6 Die Gebühren schuldet der Entscheidungsschuldner (§ 24 Nr. 1), der Vollstreckungsschuldner (§ 24 Nr. 4) und ggf. der Antragsteller (§ 21 Abs. 1 Nr. 1).

	Hauptabschnitt 7 **Verfahren mit Auslandsbezug** ***Abschnitt 1*** ***Erster Rechtszug***	
1710	Verfahren über Anträge auf 1. Erlass einer gerichtlichen Anordnung auf Rückgabe des Kindes oder über das Recht zum persönlichen Umgang nach dem IntFamRVG, 2. Vollstreckbarerklärung ausländischer Titel, 3. Feststellung, ob die ausländische Entscheidung anzuerkennen ist, einschließlich der Anordnungen nach § 33 IntFamRVG zur Wiederherstellung des Sorgeverhältnisses, 4. Erteilung der Vollstreckungsklausel zu ausländischen Titeln und 5. Aufhebung oder Abänderung von Entscheidungen in den in den Nummern 2 bis 4 genannten Verfahren	200,00 Euro
1711	Verfahren über den Antrag auf Ausstellung einer Bescheinigung nach § 56 AVAG oder § 48 IntFamRVG	10,00 Euro
1712	Verfahren über den Antrag auf Ausstellung einer Bestätigung nach § 1079 ZPO	15,00 Euro
1713	Verfahren nach § 3 Abs. 2 des Gesetzes zur Ausführung des Vertrags zwischen der Bundesrepublik Deutschland und der Republik Österreich vom 6. Juni 1959 über die gegenseitige Anerkennung und Vollstreckung von gerichtlichen Entscheidungen, Vergleichen und öffentlichen Urkunden in Zivil- und Handelssachen in der im Bundesgesetzblatt Teil III, Gliederungsnummer 319-12, veröffentlichten bereinigten Fassung, das zuletzt durch Artikel 23 des Gesetzes vom 27. Juli 2001 (BGBl. I S. 1887) geändert worden ist ..	50,00 Euro
1714	Verfahren über den Antrag nach § 107 Abs. 5, 6 und 8, § 108 Abs. 2 FamFG: Der Antrag wird zurückgewiesen	200,00 Euro
1715	Beendigung des gesamten Verfahrens durch Zurücknahme des Antrags vor Ablauf des Tages, an dem die Endentscheidung der Geschäftsstelle übermittelt wird, wenn die Entscheidung nicht bereits durch Vorlesen der Entscheidungsformel bekannt gegeben worden ist: Die Gebühr 1710 oder 1714 ermäßigt sich auf	75,00 Euro

Abschnitt 2 ***Beschwerde und Rechtsbeschwerde gegen die Endentscheidung***		
1720	Verfahren über die Beschwerde oder Rechtsbeschwerde in den in den Nummern 1710, 1713 und 1714 genannten Verfahren	300,00 Euro
1721	Beendigung des gesamten Verfahrens durch Zurücknahme der Beschwerde, der Rechtsbeschwerde oder des Antrags, bevor die Schrift zur Begründung der Beschwerde bei Gericht eingegangen ist: Die Gebühr 1720 ermäßigt sich auf	75,00 Euro
1722	Beendigung des gesamten Verfahrens ohne Endentscheidung, wenn nicht Nummer 1721 erfüllt ist: Die Gebühr 1720 ermäßigt sich auf .... (1) Wenn die Entscheidung nicht durch Vorlesen der Entscheidungsformel bekannt gegeben worden ist, ermäßigt sich die Gebühr auch im Fall der Zurücknahme der Beschwerde oder der Rechtsbeschwerde vor Ablauf des Tages, an dem die Endentscheidung der Geschäftsstelle übermittelt wird. (2) Eine Entscheidung über die Kosten steht der Ermäßigung nicht entgegen, wenn die Entscheidung einer zuvor mitgeteilten Einigung über die Kostentragung oder einer Kostenübernahmeerklärung folgt.	150,00 Euro
1723	Verfahren über die Beschwerde in 1. den in den Nummern 1711 und 1712 genannten Verfahren, 2. Verfahren nach § 245 FamFG oder 3. Verfahren über die Berichtigung oder den Widerruf einer Bestätigung nach § 1079 ZPO: Die Beschwerde wird verworfen oder zurückgewiesen	50,00 Euro

I. Allgemeines

In Hauptabschnitt 7 werden alle Gebühren für Verfahren mit Auslandsbezug geregelt. 1

II. Erster Rechtszug (Nr. 1710 bis Nr. 1715)

Für die Verfahren mit Auslandsbezug sind Festgebühren vorgesehen. 2

Die Nr. 1710 bis 1713 übernehmen die Regelungen der Nr. 1510 bis 1513 KV GKG, ergänzt um die Regelungen aus dem bisherigen§ 51 IntFamRVG. 3

In Nr. 1714 werden die Gebühren für das gerichtliche Verfahren gegen die Entscheidung der Landesjustizverwaltung betreffend die Anerkennung ausländischer Entscheidungen in Ehesachen (§ 107 Abs. 5, 6 und 8 FamFG) geregelt. Die im FamFG enthaltene Regelung hat die Vorschrift des Artikels 7 § 1 FamRÄndG ersetzt. Nach bisherigem Recht wurden gem. Artikel 7 § 2 Abs. 2 FamRÄndG für das Verfahren vor dem Oberlandesgericht Kosten nach der KostO erhoben. Nunmehr ist eine einheitliche Festgebühr von 200 Euro vorgesehen. Soweit im Einzelfall eine niedrigere Gebühr angemessen ist, kann das Gericht nach § 81 Abs. 1 FamFG anordnen, dass die Gebühr ganz oder zum Teil nicht zu erheben ist. 4

Fällig werden die Verfahrensgebühren nach § 11 Abs. 1 erst bei Beendigung des Verfahrens. Die Gebühren schuldet neben dem Entscheidungsschuldner auch der Antragsteller des Verfahrens (§ 21 Abs. 1 Satz 1). 5

III. Beschwerde und Rechtsbeschwerde gegen die Endentscheidung (Nr. 1720 bis Nr. 1723)

1. Allgemeines

6 In den Nr. 1720 bis 1722 sind die Gebühren für die Beschwerde und die Rechtsbeschwerde zusammgefasst. Nr. 1723 betrifft nur bestimmte Beschwerden. Auch für die Rechtsmittelverfahren sind Festgebühren vorgesehen.

2. Nummer 1720

7 Nr. 1720 bestimmt die Verfahrensgebühr für das Beschwerde- und das Rechtsbeschwerdeverfahren in den in den Nr. 1710, 1713 und 1714 genannten Verfahren. Betroffen ist nur die Beschwerde oder Rechtsbeschwerde gegen die Endentscheidung. Sonstige Beschwerden und Rechtsbeschwerden sind im Hauptabschnitt 9 Abschnitte 1 und 2 (Nr. 1910 bis 1924) geregelt.

8 Die Verfahrensgebühr Nr. 1720 und damit auch die Verfahrensgebühren Nr. 1721 und 1722, die die Verfahrensgebühr Nr. 1720 nur modifizieren, entstehen mit dem Eingang des Rechtsmittelantrags bei Gericht. Fällig werden die Verfahrensgebühren jedoch nach § 11 Abs. 1 erst bei Beendigung des Verfahrens. Eine Vorschusspflicht besteht nicht.

9 Für die Verfahrensgebühren des Rechtsmittelverfahrens haftet neben dem Entscheidungs- und Übernahmeschuldner auch der Antragsteller der Instanz (§ 21 Abs. 1 Satz 1).

3. Nummer 1721

10 Nr. 1721 sieht für den Fall der frühzeitigen Beendigung des Beschwerde- oder Rechtsbeschwerdeverfahrens eine verminderte Verfahrensgebühr vor. Voraussetzung für die Anwendung der Vorschrift ist, dass die Beschwerde oder Rechtsbeschwerde insgesamt durch eine Zurücknahme, bevor die Schrift zur Begründung der Beschwerde bei Gericht eingegangen ist, beendet wird.

4. Nummer 1722

11 Nr. 1722 sieht für den Fall der Beendigung des Beschwerde- oder des Rechtsbeschwerdeverfahrens ohne Endentscheidung eine weitere verminderte Verfahrensgebühr vor. Voraussetzung für die Anwendung der Vorschrift ist, dass das Rechtsmittel insgesamt beendet wird.

12 In Abs. 1 wird die Zurücknahme des Rechtsmittels vor Ablauf des Tages, an dem die Endentscheidung der Geschäftsstelle übermittelt wird, wenn sie nicht bereits durch Vorlesen der Entscheidungsformel (§ 41 Abs. 2 FamFG) bekannt gegeben worden ist, gesondert geregelt, weil sonst im Falle der schriftlichen Entscheidung nicht klar wäre, welches der letztmögliche Zeitpunkt für die Rücknahme ist.

13 Nach Abs. 2 steht eine Entscheidung über die Kosten der Ermäßigung nicht entgegen, wenn die Entscheidung einer zuvor mitgeteilten Einigung über die Kostentragung oder einer Kostenübernahmeerklärung folgt. Endet also das Rechtsverfahren durch Rücknahme oder Erledigterklärung, tritt die Ermäßigung auch ein, wenn das Gericht über die Kostentragung nicht inhaltlich selbst befinden muss.

Im Hinblick auf die unterschiedlichen Voraussetzungen können die Nr. 1721 und 1722 nicht nebeneinander anfallen. Da jedoch eine der Nr. 1721 genügende Zurücknahme gleichzeitig auch die Vorausetzungen des Tatbestandes der Nr. 1722 erfüllt, ist in Nr. 1722 klargestellt, dass diese keine Anwendung findet, wenn Nr. 1721 erfüllt ist. 14

5. Nummer 1723

Nr. 1723 bestimmt die Verfahrensgebühr für das Beschwerde- und Rechtsbeschwerdeverfahren in 15

- den in den Nr. 1711 und 1712 genannten Verfahren,
- Verfahren nach § 245 FamFG und
- Verfahren über die Berichtigung einer Bestätigung nach § 1079 ZPO.

Die Gebühr wird nur erhoben, wenn die Beschwerde verworfen oder zurückgewiesen wurde. Betroffen ist nur die Beschwerde gegen die Endentscheidung. Sonstige Beschwerden sind im Hauptabschnitt 9 Abschnitte 1 (Nr. 1910 bis 1912) geregelt. 16

Die Verfahrensgebühr entsteht mit dem Eingang des Rechtsmittelantrags bei Gericht. Fällig wird die Verfahrensgebühr jedoch nach § 11 Abs. 1 erst bei Beendigung des Verfahrens. Eine Vorschusspflicht besteht nicht. 17

Für die Verfahrensgebühr haftet neben dem Entscheidungs- und Übernahmeschuldner auch der Antragsteller der Instanz (§ 21 Abs. 1 Satz 1). 18

	Hauptabschnitt 8 **Rüge wegen Verletzung des Anspruchs auf rechtliches Gehör**	
1800	Verfahren über die Rüge wegen Verletzung des Anspruchs auf rechtliches Gehör (§ 44 FamFG): Die Rüge wird in vollem Umfang verworfen oder zurückgewiesen	50,00 Euro

Nr. 1800 bestimmt eine Verfahrensgebühr für das verfahrensrechtliche Verfahren über die Rüge wegen Verletzung des Anspruchs auf rechtliches Gehör (§ 44 FamFG). Nicht erfasst wird das kostenrechtliche Rügeverfahren nach § 61, dieses ist mangels eines Gebührentatbestandes gebührenfrei. 1

Die Gebühr wird nur erhoben, wenn die Rüge in vollem Umfang verworfen oder zurückgewiesen wird. Sie entsteht erst mit dem Beschluss, so dass auch zu diesem Zeitpunkt die Fälligkeit eintritt. Kostenschuldner ist der Entscheidungsschuldner und der Antragsteller (§ 21 Abs. 1 Nr. 1). 2

	Hauptabschnitt 9 **Rechtsmittel im Übrigen** ***Abschnitt 1*** ***Sonstige Beschwerden***	
1910	Verfahren über die Beschwerde in den Fällen des § 71 Abs. 2, § 91a Abs. 2, § 99 Abs. 2 und § 269 Abs. 5 ZPO	75,00 Euro
1911	Beendigung des gesamten Verfahrens ohne Endentscheidung: Die Gebühr 1910 ermäßigt sich auf	50,00 Euro

	(1) Wenn die Entscheidung nicht durch Vorlesen der Entscheidungsformel bekannt gegeben worden ist, ermäßigt sich die Gebühr auch im Fall 2 der Zurücknahme der Beschwerde vor Ablauf des Tages, an dem die Endentscheidung der Geschäftsstelle übermittelt wird. (2) Eine Entscheidung über die Kosten steht der Ermäßigung nicht entgegen, wenn die Entscheidung einer zuvor mitgeteilten Einigung über die Kostentragung oder einer Kostenübernahmeerklärung folgt.	
1912	Verfahren über eine nicht besonders aufgeführte Beschwerde, die nicht nach anderen Vorschriften gebührenfrei ist: Die Beschwerde wird verworfen oder zurückgewiesen	50,00 Euro
	Wird die Beschwerde nur teilweise verworfen oder zurückgewiesen, kann das Gericht die Gebühr nach billigem Ermessen auf die Hälfte ermäßigen oder bestimmen, dass eine Gebühr nicht zu erheben ist.	

Abschnitt 2
Sonstige Rechtseschwerden

1920	Verfahren über die Rechtsbeschwerde in den Fällen des § 71 Abs. 1, § 91a Abs. 1, § 99 Abs. 2 und § 269 Abs. 4 ZPO	150,00 Euro
1921	Beendigung des gesamten Verfahrens durch Zurücknahme der Rechtsbeschwerde, bevor die Schrift zur Begründung der Rechtsbeschwerde bei Gericht eingegangen ist: Die Gebühr 1920 ermäßigt sich auf	50,00 Euro
1922	Beendigung des gesamten Verfahrens durch Zurücknahme der Rechtsbeschwerde oder des Antrags vor Ablauf des Tages, an dem die Endentscheidung der Geschäftsstelle übermittelt wird, wenn nicht Nummer 1921 erfüllt ist: Die Gebühr 1920 ermäßigt sich auf	75,00 Euro
1923	Verfahren über eine nicht besonders aufgeführte Rechtsbeschwerde, die nicht nach anderen Vorschriften gebührenfrei ist: Die Rechtsbeschwerde wird verworfen oder zurückgewiesen	100,00 Euro
	Wird die Rechtsbeschwerde nur teilweise verworfen oder zurückgewiesen, kann das Gericht die Gebühr nach billigem Ermessen auf die Hälfte ermäßigen oder bestimmen, dass eine Gebühr nicht zu erheben ist.	
1924	Beendigung des gesamten Verfahrens durch Zurücknahme der Rechtsbeschwerde oder des Antrags vor Ablauf des Tages, an dem die Endentscheidung der Geschäftsstelle übermittelt wird: Die Gebühr 1923 ermäßigt sich auf	50,00 Euro

Abschnitt 3
Zulassung der Sprungrechtsbeschwerde in sonstigen Fällen

1930	Verfahren über die Zulassung der Sprungrechtsbeschwerde in den nicht besonders aufgeführten Fällen: Wenn der Antrag abgelehnt wird	50,00 Euro

I. Allgemeines

In Hauptabschnitt 9 sind die sonstigen Beschwerden und Rechtsbeschwerden zusammengefasst, für die in den vorangegangenen Gliederungsabschnitten keine besonderen Gebühren bestimmt sind. Es sind ausschließlich Festgebühren bestimmt. 1

II. Sonstige Beschwerden (Nr. 1910 bis Nr. 1912)

1. Nummer 1910

Nr. 1910 bestimmt die Verfahrensgebühr für das Beschwerdeverfahren in Familienstreitsachen in den Fällen der§§ 71 Abs. 2, 91a Abs. 2, 99 Abs. 2 und 269 Abs. 5 ZPO, jeweils iVm. § 113 Abs. 1 Satz 2 FamFG. 2

Die Verfahrensgebühr Nr. 1910 und damit auch die Verfahrensgebühr Nr. 1911, die die Verfahrensgebühr Nr. 1910 nur modifiziert, entsteht mit dem Eingang des Rechtsmittelantrags bei Gericht. Fällig werden die Verfahrensgebühren jedoch nach § 11 Abs. 1 erst bei Beendigung des Verfahrens. Eine Vorschusspflicht besteht nicht. 3

Für die Verfahrensgebühren haftet neben dem Entscheidungsschuldner auch der Antragsteller der Instanz (§ 21 Abs. 1 Satz 1). 4

2. Nummer 1911

Nr. 1911 sieht für den Fall der Beendigung des Beschwerdeverfahrens ohne Endentscheidung eine verminderte Verfahrensgebühr vor. Voraussetzung für die Anwendung der Vorschrift ist, dass das Rechtsmittel insgesamt beendet wird. 5

In Abs. 1 wird die Zurücknahme des Rechtsmittels vor Ablauf des Tages, an dem die Endentscheidung der Geschäftsstelle übermittelt wird, wenn sie nicht bereits durch Vorlesen der Entscheidungsformel (§ 41 Abs. 2 FamFG) bekannt gegeben worden ist, gesondert geregelt, weil sonst im Falle der schriftlichen Entscheidung nicht klar wäre, welches der letztmögliche Zeitpunkt für die Rücknahme ist. 6

Nach Abs. 2 steht eine Entscheidung über die Kosten der Ermäßigung nicht entgegen, wenn die Entscheidung einer zuvor mitgeteilten Einigung über die Kostentragung oder einer Kostenübernahmeerklärung folgt. Endet also das Rechtsverfahren durch Rücknahme oder Erledigterklärung, tritt die Ermäßigung auch ein, wenn das Gericht über die Kostentragung nicht inhaltlich selbst befinden muss. 7

3. Nummer 1912

Nr. 1912 bestimmt die Verfahrensgebühr für Beschwerden, die nicht besonders aufgeführt und nicht nach anderen Vorschriften gebührenfrei sind. Sie stellt einen Auffangtatbestand dar. Hauptanwendungsfall ist die Beschwerde im Kostenfestetzungsverfahren. Die Gebühr wird nur erhoben, wenn die Beschwerde verworfen oder zurückgewiesen wurde. Nach der Anmerkung kann das Gericht bei teilweiser Verwerfung oder teilweiser Zuückweisung die Gebühr nach billigem Ermesen auf die Hälfte ermäßigen oder bestimmen, dass die Gebühr nicht zu erheben ist. 8

Fällig wird die Verfahrensgebühr nach § 11 Abs. 1 erst bei Beendigung des Verfahrens. Eine Vorschusspflicht besteht nicht. 9

10 Für die Verfahrensgebühren haftet neben dem Entscheidungsschuldner auch der Antragsteller der Instanz (§ 21 Abs. 1 Satz 1).

III. Sonstige Rechtsbeschwerden (Nr. 1920 bis Nr. 1924)

1. Nummer 1920

11 Nr. 1920 bestimmt die Verfahrensgebühr für das Rechtsbeschwerdeverfahren in Familienstreitsachen in den Fällen der §§ 71 Abs. 1, § 91a Abs. 1, § 99 Abs. 2 und § 269 Abs. 4 ZPO, jeweils iVm. § 113 Abs. 1 Satz 2 FamFG.

12 Die Verfahrensgebühr Nr. 1920 und damit auch die Verfahrensgebühr Nr. 1921, die die Verfahrensgebühr Nr. 1920 nur modifiziert, entsteht mit dem Eingang des Rechtsmittelantrags bei Gericht. Fällig werden die Verfahrensgebühren jedoch nach § 11 Abs. 1 erst bei Beendigung des Verfahrens. Eine Vorschusspflicht besteht nicht.

13 Für die Verfahrensgebühren haftet neben dem Entscheidungsschuldner auch der Antragsteller der Instanz (§ 21 Abs. 1 Satz 1).

2. Nummer 1921

14 Nr. 1921 sieht für den Fall der frühzeitigen Beendigung des Rechtsbeschwerdeverfahrens eine verminderte Verfahrensgebühr vor. Voraussetzung für die Anwendung der Vorschrift ist, dass die Rechtsbeschwerde insgesamt durch eine Zurücknahme, bevor die Schrift zur Begründung der Rechtseschwerde bei Gericht eingegangen ist, beendet wird.

3. Nummer 1922

15 Nr. 1922 sieht für den Fall der Beendigung des Rechtsbeschwerdeverfahrens ohne Endentscheidung eine weitere verminderte Verfahrensgebühr vor. Voraussetzung für die Anwendung der Vorschrift ist, dass das Rechtsmittel vor Ablauf des Tages, an dem die Endentscheidung der Geschäftsstelle übermittelt wird, umfänglich beendet wird. Im Hinblick auf die unterschiedlichen Voraussetzungen können die Nr. 1921 und 1922 nicht nebeneiander anfallen. Da jedoch eine der Nr. 1921 genügende Zurücknahme gleichzeitig auch die Vorausetzungen des Tatbestandes der Nr. 1922 erfüllt, ist in Nr. 1922 klargestellt, dass diese keine Anwendung findet, wenn Nr. 1921 erfüllt ist.

4. Nummer 1923

16 Nr. 1923 bestimmt die Verfahrensgebühr für Rechtsbeschwerden, die nicht besonders aufgeführt und nicht nach anderen Vorschriften gebührenfrei sind. Sie stellt einen Auffangtatbestand dar. Die Gebühr wird nur erhoben, wenn die Rechtsbeschwerde verworfen oder zurückgewiesen wurde. Nach der Anmerkung kann das Gericht bei teilweiser Verwerfung oder teilweiser Zuückweisung die Gebühr nach billigem Ermessen auf die Hälfte ermäßigen oder bestimmen, dass die Gebühr nicht zu erheben ist.

17 Fällig wird die Verfahrensgebühr nach § 11 Abs. 1 erst bei Beendigung des Verfahrens. Eine Vorschusspflicht besteht nicht.

18 Für die Verfahrensgebühren haftet neben dem Entscheidungsschuldner auch der Antragsteller der Instanz (§ 21 Abs. 1 Satz 1).

5. Nummer 1924

Nr. 1924 sieht für den Fall der Beendigung des Rechtsbeschwerdeverfahrens ohne Endentscheidung eine verminderte Verfahrensgebühr vor. Voraussetzung für die Anwendung der Vorschrift ist, dass das Rechtsmittel vor Ablauf des Tages, an dem die Endentscheidung der Geschäftsstelle übermittelt wird, umfänglich beendet wird. 19

IV. Zulassung der Sprungsrechtsbeschwerde in sonstigen Fällen

1. Nummer 1930

Nr. 1930 bestimmt die Verfahrensgebühr für Verfahren über die Zulassung der Sprungrechtsbeschwerde, die nicht besonders aufgeführt sind. Sie stellt einen Auffangtatbestand dar. Es ist eine Gebühr nur für den Fall der Ablehnung des Antrags vorgesehen, da durch eine Zulassung der Sprungsrechtsbeschwerde das Verfahren als Rechtsbeschwerde fortgesetzt wird (§ 75 Abs. 2 FamFG, § 566 Abs. 7 Satz 1 ZPO) und damit die für die Rechtsbeschwerde vorgesehenen Gebühren anfallen. Anders als bei den übrigen Gebührenregelungen für Zulassungsverfahren fällt die Auffangegebühr Nr. 1930 nicht bei einer teilweisen Ablehnung aus dem Teilwert an. Dies wird durch das Wort „wenn" statt des sonst verwendetes Wortes „soweit" deutlich. 20

Im Zulassungsverfahren ist Verfahrenswert der für das Rechtsmittelverfahren maßgebende Wert (§ 40 Abs. 3). 21

Die Verfahrensgebühr entsteht mit dem Eingang des Zulassungsantrags bei Gericht. Die Gebühr wird, da sie eine gerichtliche Entscheidung (Ablehnung des Antrags) voraussetzt, erst mit dieser Entscheidung fällig (§ 9 Abs. 2). Eine Vorauszahlungspflicht besteht nicht. 22

Die Kosten schuldet regelmäßig der Entscheidungsschuldner; der Antragsteller haftet nach § 21 Abs. 1 Satz 1. 23

Teil 2
Auslagen

Nr.	Auslagentatbestand	Höhe
Vorbemerkung 2: (1) Auslagen, die durch eine für begründet befundene Beschwerde entstanden sind, werden nicht erhoben, soweit das Beschwerdeverfahren gebührenfrei ist; dies gilt jedoch nicht, soweit das Beschwerdegericht die Kosten dem Gegner des Beschwerdeführers auferlegt hat. (2) Sind Auslagen durch verschiedene Rechtssachen veranlasst, werden sie auf die mehreren Rechtssachen angemessen verteilt. (3) In Kindschaftssachen werden von dem Minderjährigen Auslagen nur unter den in Vorbemerkung 1.3.1 Abs. 2 genannten Voraussetzungen erhoben. In den in Vorbemerkung 1.3.1 Abs. 1 genannten Verfahren werden keine Auslagen erhoben. Die Sätze 1 und 2 gelten nicht für die Auslagen 2013. (4) Bei Handlungen durch das Vollstreckungs- oder Arrestgericht werden Auslagen nach dem GKG erhoben.		

Nr.	Auslagentatbestand	Höhe
2000	Pauschale für die Herstellung und Überlassung von Dokumenten: 1. Ausfertigungen, Ablichtungen und Ausdrucke, die auf Antrag angefertigt, per Telefax übermittelt oder angefertigt worden sind, weil ein Beteiligter es unterlassen hat, die erforderliche Zahl von Mehrfertigungen beizufügen, oder wenn per Telefax übermittelte Mehrfertigungen von der Empfangseinrichtung des Gerichts ausgedruckt werden: für die ersten 50 Seiten je Seite	0,50 Euro
	für jede weitere Seite	0,15 Euro
	2. Überlassung von elektronisch gespeicherten Dateien an Stelle der in Nummer 1 genannten Ausfertigungen, Ablichtungen und Ausdrucke: je Datei	2,50 Euro
	(1) Die Höhe der Dokumentenpauschale nach Nummer 1 ist in jedem Rechtszug, bei Vormundschaften und Dauerpflegschaften in jedem Kalenderjahr und für jeden Kostenschuldner nach § 23 Abs. 1 FamGKG gesondert zu berechnen; Gesamtschuldner gelten als ein Schuldner. (2) Frei von der Dokumentenpauschale sind für jeden Beteiligten und seinen bevollmächtigten Vertreter jeweils 1. eine vollständige Ausfertigung oder Ablichtung oder ein vollständiger Ausdruck jeder gerichtlichen Entscheidung und jedes vor Gericht abgeschlossenen Vergleichs, 2. eine Ausfertigung ohne Begründung und 3. eine Ablichtung oder ein Ausdruck jeder Niederschrift über eine Sitzung. § 191a Abs. 1 Satz 2 GVG bleibt unberührt.	
2001	Auslagen für Telegramme	in voller Höhe
2002	Pauschale für Zustellungen mit Zustellungsurkunde, Einschreiben gegen Rückschein oder durch Justizbedienstete nach § 168 Abs. 1 ZPO je Zustellung	3,50 Euro
	Neben Gebühren, die sich nach dem Verfahrenswert richten, wird die Zustellungspauschale nur erhoben, soweit in einem Rechtszug mehr als 10 Zustellungen anfallen.	
2003	Pauschale für 1. die Versendung von Akten auf Antrag je Sendung	12,00 Euro
	2. die elektronische Übermittlung einer elektronisch geführten Akte auf Antrag	5,00 Euro
	Die Hin- und Rücksendung der Akten durch Gerichte gelten zusammen als eine Sendung.	
2004	Auslagen für öffentliche Bekanntmachungen 1. bei Veröffentlichung in einem elektronischen Informations- und Kommunikationssystem, wenn ein Entgelt nicht zu zahlen ist oder das Entgelt nicht für den Einzelfall oder ein einzelnes Verfahren berechnet wird: je Veröffentlichung pauschal	1,00 Euro
	2. in sonstigen Fällen	in voller Höhe

Nr.	Auslagentatbestand	Höhe
2005	Nach dem JVEG zu zahlende Beträge .... (1) Die Beträge werden auch erhoben, wenn aus Gründen der Gegenseitigkeit, der Verwaltungsvereinfachung oder aus vergleichbaren Gründen keine Zahlungen zu leisten sind. Ist auf Grund des § 1 Abs. 2 Satz 2 JVEG keine Vergütung zu zahlen, ist der Betrag zu erheben, der ohne diese Vorschrift zu zahlen wäre. (2) Auslagen für Übersetzer, die zur Erfüllung der Rechte blinder oder sehbehinderter Personen herangezogen werden (§ 191a Abs. 1 GVG) und für Gebärdensprachdolmetscher (§ 186 Abs. 1 GVG) werden nicht erhoben.	in voller Höhe
2006	Bei Geschäften außerhalb der Gerichtsstelle 1. die den Gerichtspersonen auf Grund gesetzlicher Vorschriften gewährte Vergütung (Reisekosten, Auslagenersatz) und die Auslagen für die Bereitstellung von Räumen .... 2. für den Einsatz von Dienstkraftfahrzeugen für jeden gefahrenen Kilometer	in voller Höhe 0,30 Euro
2007	Auslagen für 1. die Beförderung von Personen .... 2. Zahlungen an mittellose Personen für die Reise zum Ort einer Verhandlung oder Anhörung und für die Rückreise	in voller Höhe bis zur Höhe der nach dem JVEG an Zeugen zu zahlenden Beträge
2008	Kosten einer Zwangshaft, auch auf Grund eines Haftbefehls in entsprechender Anwendung des § 901 ZPO	in Höhe des Haftkostenbeitrags nach § 50 Abs. 2 und 3 StVollzG
2009	Kosten einer Ordnungshaft .... Diese Kosten werden nur angesetzt, wenn sie nach § 50 Abs. 1 StVollzG zu erheben wären.	in Höhe des Haftkostenbeitrags nach § 50 Abs. 2 und 3 StVollzG
2010	Nach dem Auslandskostengesetz zu zahlende Beträge	in voller Höhe
2011	Beträge, die inländischen Behörden, öffentlichen Einrichtungen oder Bediensteten als Ersatz für Auslagen der in den Nummern 2000 bis 2009 bezeichneten Art zustehen .... Die Beträge werden auch erhoben, wenn aus Gründen der Gegenseitigkeit, der Verwaltungsvereinfachung oder aus vergleichbaren Gründen keine Zahlungen zu leisten sind.	begrenzt durch die Höchstsätze für die Auslagen 2000 bis 2009
2012	Beträge, die ausländischen Behörden, Einrichtungen oder Personen im Ausland zustehen, sowie Kosten des Rechtshilfeverkehrs mit dem Ausland .... Die Beträge werden auch erhoben, wenn aus Gründen der Gegenseitigkeit, der Verwaltungsvereinfachung oder aus vergleichbaren Gründen keine Zahlungen zu leisten sind.	in voller Höhe
2013	An den Verfahrensbeistand zu zahlende Beträge .... Die Beträge werden von dem Minderjährigen nur nach Maßgabe des § 1836c BGB erhoben.	in voller Höhe
2014	An den Umgangspfleger zu zahlende Beträge	in voller Höhe

I. Allgemeines

1 In Teil 2 des Kostenverzeichnisses werden die zu erhebenden Auslagen geregelt. Die Bestimmungen entsprechen im Wesentlichen Teil 9 KV GKG. Der Auslagenkatalog ist abschließend. Nicht genannte Auslagen der Gerichte können nicht angesetzt werden.

2 Die Vorbem. 2 übernimmt in Abs. 1 den Regelungsgehalt des Abs. 1 der Vorbem. 9 KV GKG sowie die Regelung des § 131 Abs. 5 KostO übernehmen. Für die Fälle, in denen eine Beschwerde für begründet befundet wurde und dieses Beschwerdeverfahren gebührenfrei ist, erstreckt sich die Gebührenfreiheit auch auf die Auslagen. Dies gilt nicht, wenn dem Gegner des erfolgreichen Beschwerdeführers die Kosten des Beschwerdeverfahrens auferlegt wurden. Gebührenfrei sind zB die kostenrechtlichen Beschwerdeverfahren (vgl. § 57 Abs. 8 Satz 1, § 58 Abs. 1 Satz 2, § 59 Abs. 3 Satz 1, § 60 Satz 2, § 62 Abs. 2 Satz 3). Abs. 2 der Vorbem. hat den Regelungsgehalt des Abs. 2 der Vorbem. 9 KV GKG sowie des § 137 Abs. 2 KostO übernommen. Wenn Auslagen durch verschiedene Verfahren veranlasst wurden, werden sie auf die mehreren Verfahren angemessen verteilt. Dies kann zB bei den Reisekosten des Gerichts vorkommen (Nr. 2006). Abs. 3 Satz 1 der Vorbem. entspricht der Regelung des § 92 Abs. 1 Satz 1 KostO hinsichtlich der Auslagen. Unter den gleichen Voraussetzungen (Vermögensfreigrenze) nach denen die Gebühren von dem Minderjährigen erheben werden, sollen auch die Auslagen angesetzt werden. Abs. 3 Satz 2 erstreckt die in Vorbem. 1.3.1 bestimmte Gebührenfreiheit für bestimmte Kindschaftssachen auch auf die Auslagen. Dies gilt nicht hinsichtlich der an Verfahrensbeistände gezahlten Beträge (Nr. 2013). Für diese Auslagen gilt eine Sonderreglung (vgl. Anmerkung zu Nr. 2013). In Abs. 4 ist – entsprechend der Vorbem. 1.6 – bestimmt, dass für Maßnahmen, die in die Zuständigkeit des Vollstreckungs- oder Arrestgerichts fallen, Auslagen nach dem GKG erhoben werden.

II. Die Auslagentatbestände im Einzelnen

1. Nummer 2000 (Dokumentenpauschale)

3 In Nr. 2000 ist eine Pauschale für die Herstellung und Überlassung von Dokumenten bestimmt.

a) Tatbestand der Dokumentenpauschale

4 Sie fällt an für die Herstellung und Überlassung von Ausfertigungen, Ablichtungen und Ausdrucke, die auf Antrag

- angefertigt,
- per Telefax übermittelt oder
- angefertigt worden sind, weil ein Beteiligter es unterlassen hat, die erforderliche Zahl von Mehrfertigungen beizufügen.

5 Sie fällt auch an,

- wenn per Telefax übermittelte Mehrfertigungen von der Empfangseinrichtung des Gerichts ausgedruckt werden und
- für die Überlassung von elektronisch gespeicherten Dateien an Stelle der genannten Ausfertigungen, Ablichtungen und Ausdrucke.

b) Höhe

Die Dokumentenpauschale beträgt, wenn es sich nicht um die Überlassung von elektronisch gespeicherten Dateien handelt, für die ersten 50 Seiten 0,50 Euro und für jede weitere Seite 0,15 Euro. 6

Nach Abs. 1 ist die Dokumentenpauschale – wegen der Staffelung der Höhe nach der Seitenzahl – in jedem Rechtszug, bei Vormundschaften und Dauerpflegschaften in jedem Kalenderjahr und für jeden Kostenschuldner nach § 23 Abs. 1 gesondert zu berechnen. Dabei gelten Gesamtschuldner als ein Schuldner. Das Gesetz stellt weder auf die Art der Kopie (schwarz-weiß oder oder farbig) noch auf die Größe der Ablichtung oder des Ausdrucks ab. 7

Nach Abs. 2 sind folgende Freiexamplare für jeden Beteiligten und die bevollmächtigten Rechtsanwälte zu berücksichtigen: 8

- eine vollständige Ausfertigung oder Ablichtung oder ein vollständiger Ausdruck jeder gerichtlichen Entscheidung und jedes vor Gericht abgeschlossenen Vergleichs,
- eine weitere Ausfertigung der Entscheidung ohne Begründung und
- eine Ablichtung oder ein Ausdruck jeder Niederschrift über eine Sitzung.

Die Dokumentenpauschale für die Überlassung von elektronisch gespeicherten Dateien beträgt für jede Datei pauschal 2,50 Euro. Eine Anknüpfung der Höhe der Pauschale an den Umfang des Dokuments ist nicht erfolgt, da, anders als bei der Übersendung von Kopien, der konkrete Aufwand für die Überlassung einer elektronischen Datei unabhängig von ihrer Größe ist. Hinzu kommt, dass im Einzelfall Schwierigkeiten bei der Ermittlung der konkreten Seitenzahl nicht auszuschließen sind. 9

Es besteht keine Verpflichtung des Gerichts, den für die Beteiligten kostengünstigsten Weg der Übermittlung oder Überlassung von Dokumenten zu wählen. 10

Eine Dokumentenpauschale entsteht nicht für die Herstellung von Kopien in einer für einen blinden oder sehbehinderten Beteiligten wahrnehmbaren Form (Abs. 2 Satz 2 der Anmerkung iVm. § 191a Abs. 1 Satz 2 GVG). 11

c) Kostenschuldner, Fälligkeit

Die Dokumentenpauschale wird sofort nach ihrer Entstehung fällig (§§ 10, 11 Abs. 2). 12

Die Dokumentenpauschale schuldet 13

- in Verfahren, die nur durch Antrag eingeleitet werden, der Antragsteller der Instanz (§ 21 Abs. 1), mit Ausnahme der sog. Säumnisauslagen (§ 23 Abs. 1 Satz 2),
- bei einer Vormundschaft oder Dauerpflegschaft der von der Maßnahme betroffene Minderjährige (§ 22),
- derjenige, der die Erteilung der Ausfertigungen, Ablichtungen oder Ausdrucke beantragt hat (§ 23 Abs. 1 Satz 1), mit Ausnahme der sog. Säumnisauslagen (§ 23 Abs. 1 Satz 2),
- jeder Kostenschuldner nach § 24 und
- der Beteiligte der es unterlassen hat, die erforderliche Zahl von Mehrfertigungen beizufügen (§ 23 Abs. 1 Satz 2), insoweit als alleiniger Schuldner.

Mehrere Kostenschuldner haften als Gesamtschuldner (§ 26). 14

Die Herstellung und Überlassung von Dokumenten auf Antrag kann von der vorherigen Zahlung eines die Auslagen deckenden Vorschusses abhängig gemacht werden 15

(§ 16 Abs. 2). Für die Herstellung und Überlassung von Dokumenten von Amts wegen kann ein Vorschuss zur Deckung der Auslagen erhoben werden (§ 16 Abs. 3).

2. Nummer 2001 (Telegramme)

16 Auslagen für Telegramme könne in voller Höhe als Auslagen angesetzt werden. Sonstige Entgelte für Post- und Telekommunikationsdienstleistungen sind mit den Gebühren abgegolten. Große praktische Bedeutung dürfte dem Auslagentatbestand nicht mehr zu kommen.

17 Die Auslage wird fällig

- bei einer Vormundschaft oder einer Dauerpflegschaft sofort nach ihrer Entstehung (§ 10),
- im Übrigen mit Beendigung des Verfahrens (§ 11 Abs. 1).

18 Die Auslage schuldet

- in Verfahren, die nur durch Antrag eingeleitet werden, der Antragsteller der Instanz (§ 21 Abs. 1),
- bei einer Vormundschaft oder Dauerpflegschaft der von der Maßnahme betroffene Minderjährige (§ 22),
- derjenige, der die auslagenverursachende Handlung beantragt hat (§ 16 Abs. 1 Satz 1 iVm. § 17) und
- jeder Kostenschuldner nach § 24.

19 Mehrere Kostenschuldner haften als Gesamtschuldner (§ 26).

20 Das Gericht soll die Vornahme einer auslagenverursachenden Handlung, die nur auf Antrag vorzunehmen ist, von der vorherigen Zahlung abhängig machen (§ 16 Abs. 1 Satz 1). Bei Handlungen, die von Amts wegen vorgenommen werden, kann ein Vorschuss zur Deckung der Auslagen erhoben werden (§ 16 Abs. 3)

3. Nummer 2002 (Zustellungauslagen)

21 Das Gesetz sieht eine pauschale Entgeltung in Höhe von 3,50 Euro für Zustellungen mit Zustellungsurkunde, Einschreiben gegen Rückschein oder durch Justizbedienstete (§ 168 Abs. 1 ZPO) vor.

22 Ist für ein Verfahren eine wertabhängige Gebühr angefallen, wird nach der Anmerkung die Zustellungspauschale nur erhoben, wenn in einem Rechtszug mehr als 10 Zustellungen anfallen. Diese Freigrenze gilt nicht in den Verfahren, in denen Festgebühren entstehen. Sie gilt auch nicht bei einer Vormundschaft oder Dauerpflegschaft, da die Jahresgebühr nach Nr. 1311 keine nach einem Verfahrenswert zu berechnende Gebühr und die Jahresgebühr Nr. 1312 eine Festgebühr ist.

23 Nicht notwendige Zustellungen stellen grundsätzlich eine unrichtige Sachbehandlung iS des § 20 dar.

24 Die Auslage wird fällig

- bei einer Vormundschaft oder einer Dauerpflegschaft sofort nach ihrer Entstehung (§ 10),
- im Übrigen mit Beendigung des Verfahrens (§ 11 Abs. 1).

25 Die Auslage schuldet

- in Verfahren, die nur durch Antrag eingeleitet werden, der Antragsteller der Instanz (§ 21 Abs. 1),
- bei einer Vormundschaft oder Dauerpflegschaft der von der Maßnahme betroffene Minderjährige (§ 22),
- derjenige, der die auslagenverursachende Handlung beantragt hat (§ 16 Abs. 1 Satz 1 iVm. § 17) und
- jeder Kostenschuldner nach § 24.

26 Mehrere Kostenschuldner haften als Gesamtschuldner (§ 26).

27 Das Gericht soll die Vornahme einer auslagenverursachenden Handlung, die nur auf Antrag vorzunehmen ist, von der vorherigen Zahlung abhängig machen (§ 16 Abs. 1 Satz 1). Bei Handlungen, die von Amts wegen vorgenommen werden, kann ein Vorschuss zur Deckung der Auslagen erhoben werden (§ 16 Abs. 3).

4. Nummer 2003 (Aktenversendungspauschale)

28 Für die Versendung von Akten kann eine Pauschale von 12 Euro angesetzt werden. Für die elektronische Übermittlung einer elektronisch geführten Akte auf Antrag ist ein Pauschbetrag von 5 Euro vorgesehen. Eine Versendung ist nur gegeben, wenn die Akten tatsächlich auf dem Postweg zur Verfügung gestellt werden. Keine Versendung ist die bloße Aushändigung oder das Einlegen in ein Gerichtsfach. Nach der Anmerkung gelten die Hin- und Rücksendung zusammen als eine Sendung. Wird eine Akte von einem Gericht einem anderen Gericht zur Gewährung der Akteneinsicht zugesandt und anschließend von dem einsichtgewährenden Gericht wieder zurückgesandt, liegt nur eine auslagenpflichtige Versendung vor.

29 Die Aktenversendungspauschale wird sofort nach ihrer Entstehung fällig (§§ 10, 11 Abs. 2).

30 Die Aktenversendungspauschale schuldet nur, wer die Versendung oder die elektronische Übermittlung der Akte beantragt hat (§ 23 Abs. 2).

31 Die Aktenversendungspauschale kann von der vorherigen Zahlung eines die Auslagen deckenden Vorschusses abhängig gemacht werden (§ 16 Abs. 2).

5. Nummer 2004 (öffentliche Bekanntmachungen)

32 Die Auslagenregelung sieht bei der Veröffentlichung in einem elektronischen Informations- und Kommunikationssystem, wenn ein Entgelt nicht zu zahlen ist oder das Entgelt nicht für den Einzelfall oder ein einzelnes Verfahren berechnet wird, je Veröffentlichung pauschal einen Betrag von einem Euro vor. In sonstigen Fällen werden die tatsächlich entstandenen Veröffentlichungskosten angesetzt. Praktische Bedeutung hat die Vorschrift bei öffentlichen Zustellungen.

33 Die Auslage wird fällig

- bei einer Vormundschaft oder einer Dauerpflegschaft sofort nach ihrer Entstehung (§ 10),
- im Übrigen mit Beendigung des Verfahrens (§ 11 Abs. 1).

34 Die Auslage schuldet

- in Verfahren, die nur durch Antrag eingeleitet werden, der Antragsteller der Instanz (§ 21 Abs. 1),
- bei einer Vormundschaft oder Dauerpflegschaft der von der Maßnahme betroffene Minderjährige (§ 22),
- derjenige, der die auslagenverursachende Handlung beantragt hat (§ 16 Abs. 1 Satz 1 iVm. § 17) und
- jeder Kostenschuldner nach § 24.

35 Mehrere Kostenschuldner haften als Gesamtschuldner (§ 26).

36 Das Gericht soll die Vornahme einer auslagenverursachenden Handlung, die nur auf Antrag vorzunehmen ist, von der vorherigen Zahlung abhängig machen (§ 16 Abs. 1 Satz 1). Bei Handlungen, die von Amts wegen vorgenommen werden, kann ein Vorschuss zur Deckung der Auslagen erhoben werden (§ 16 Abs. 3).

6. Nummer 2005 (Nach dem JVEG zu zahlende Beträge)

37 Die nach dem JVEG zu zahlende Beträge sind als Auslagen anzusetzen. Aus der Formulierung folgt, dass überzahlte Beträge nicht als Auslage erhoben werden können.

38 Ist die Vergütung eines Sachverständigen, eines Dolmetschers, eines Übersetzers oder die Entschädigung eines Zeugen nach § 4 JVEG gerichtlich festgesetzt, hindert diese Festsetzung den Kostenschuldner nicht, Einwendungen gegen die Höhe dieser Auslagen im Wege der Erinnerung geltend zu machen. Nach § 4 Abs. 9 JVEG wirken nämlich die Festsetzungsbeschlüsse nicht zu Lasten des Kostenschuldners.

39 Steht einem Sachverständigen wegen § 1 Abs. 2 Satz 2 JVEG keine Vegütung zu, kann der Betrag angesetzt werde, der einem sonstigen Sachverständigen für das Gutachten zustehen würde (Abs. 1 Satz 2). Die fiktive Berechnung ist Teil des Kostenansatzes. Es können auch Beträge angesetzt werden, die aus Gründen der Verwaltungsvereinfachung – zB bei Behördengutachten – tatsächlich nicht gezahlt wurden (Abs. 1 Satz 1).

40 Nach Abs. 2 werden Auslagen für Übersetzer, die zur Erfüllung der Rechte blinder oder sehbehinderter Personen herangezogen werden (§ 191a Abs. 1 GVG) und für Gebärdensprachdolmetscher (§ 186 Abs. 1 GVG) nicht erhoben.

41 Die Auslage wird fällig

- bei einer Vormundschaft oder einer Dauerpflegschaft sofort nach ihrer Entstehung (§ 10),
- im Übrigen mit Beendigung des Verfahrens (§ 11 Abs. 1).

42 Die Auslage schuldet

- in Verfahren, die nur durch Antrag eingeleitet werden, der Antragsteller der Instanz (§ 21 Abs. 1),
- bei einer Vormundschaft oder Dauerpflegschaft der von der Maßnahme betroffene Minderjährige (§ 22),
- derjenige, der die auslagenverursachende Handlung beantragt hat (§ 16 Abs. 1 Satz 1 iVm. § 17) und
- jeder Kostenschuldner nach § 24.

Mehrere Kostenschuldner haften als Gesamtschuldner (§ 26). 43

Das Gericht soll die Vornahme einer auslagenverursachenden Handlung, die nur auf Antrag vorzunehmen ist, von der vorherigen Zahlung abhängig machen (§ 16 Abs. 1 Satz 1). Bei Handlungen, die von Amts wegen vorgenommen werden, kann ein Vorschuss zur Deckung der Auslagen erhoben werden (§ 16 Abs. 3). 44

7. Nummer 2006 (auswärtige Geschäfte)

Die Geschäfte des Gerichts finden grundsätzlich an der Gerichtsstelle statt. Ausnahmen sind nach § 219 ZPO möglich. Die den Gerichtspersonen (Richter, Rechtspfleger, Urkundsbeamten der Geschäftsstelle) dafür auf Grund gesetzlicher Vorschrift gewährte Entschädigung einschließlich der Auslagen für die Bereitstellung von Räumen kann als gerichtliche Auslage geltend gemacht werden. Ist ein Dienstkraftfahrzeug eingesetzt worden, werden für jeden gefahrenen Kilometer 0,30 Euro angesetzt. 45

Die Auslage wird fällig 46

- bei einer Vormundschaft oder einer Dauerpflegschaft sofort nach ihrer Entstehung (§ 10),
- im Übrigen mit Beendigung des Verfahrens (§ 11 Abs. 1).

Die Auslage schuldet 47

- in Verfahren, die nur durch Antrag eingeleitet werden, der Antragsteller der Instanz (§ 21 Abs. 1),
- bei einer Vormundschaft oder Dauerpflegschaft der von der Maßnahme betroffene Minderjährige (§ 22),
- derjenige, der die auslagenverursachende Handlung beantragt hat (§ 16 Abs. 1 Satz 1 iVm. § 17) und
- jeder Kostenschuldner nach § 24.

Mehrere Kostenschuldner haften als Gesamtschuldner (§ 26). 48

Das Gericht soll die Vornahme einer auslagenverursachenden Handlung, die nur auf Antrag vorzunehmen ist, von der vorherigen Zahlung abhängig machen (§ 16 Abs. 1 Satz 1). Bei Handlungen, die von Amts wegen vorgenommen werden, kann ein Vorschuss zur Deckung der Auslagen erhoben werden (§ 16 Abs. 3). 49

8. Nummer 2007 (Beförderungsauslagen)

Auslagen für die Beförderung von Personen können in voller Höhe angesetzt werden. Zahlungen auf Grund der Verwaltungsregelung über die Reiseentschädigung mittelloser Personen können nur in Höhe der fiktiv zu berechnenden Beträge, die einem Zeugen nach dem JVEG zustehen, als Auslage gefordert werden. 50

Die Auslage wird fällig

- bei einer Vormundschaft oder einer Dauerpflegschaft sofort nach ihrer Entstehung (§ 10),
- im Übrigen mit Beendigung des Verfahrens (§ 11 Abs. 1).

Die Auslage schuldet 51

- in Verfahren, die nur durch Antrag eingeleitet werden, der Antragsteller der Instanz (§ 21 Abs. 1),

- bei einer Vormundschaft oder Dauerpflegschaft der von der Maßnahme betroffene Minderjährige (§ 22),
- derjenige, der die auslagenverursachende Handlung beantragt hat (§ 16 Abs. 1 Satz 1 iVm. § 17) und
- jeder Kostenschuldner nach § 24.

52 Mehrere Kostenschuldner haften als Gesamtschuldner (§ 26).

53 Das Gericht soll die Vornahme einer auslagenverursachenden Handlung, die nur auf Antrag vorzunehmen ist, von der vorherigen Zahlung abhängig machen (§ 16 Abs. 1 Satz 1). Bei Handlungen, die von Amts wegen vorgenommen werden, kann ein Vorschuss zur Deckung der Auslagen erhoben werden (§ 16 Abs. 3).

9. Nummern 2008 und 2009 (Haftkosten)

54 Kosten einer Zwangshaft oder einer Ordnungshaft können in Höhe des Haftkostenbeitrags nach § 50 Abs. 2 und 3 StVollzG geltend gemacht werden. Betroffen sind vor allem die Fälle der §§ 86 ff. FamFG.

55 Die Auslage wird fällig

- bei einer Vormundschaft oder einer Dauerpflegschaft sofort nach ihrer Entstehung (§ 10),
- im Übrigen mit Beendigung des Verfahrens (§ 11 Abs. 1).

56 Die Auslage schuldet

- in Verfahren, die nur durch Antrag eingeleitet werden, der Antragsteller der Instanz (§ 21 Abs. 1),
- bei einer Vormundschaft oder Dauerpflegschaft der von der Maßnahme betroffene Minderjährige (§ 22),
- derjenige, der die auslagenverursachende Handlung beantragt hat (§ 16 Abs. 1 Satz 1 iVm. § 17) und
- jeder Kostenschuldner nach § 24.

57 Mehrere Kostenschuldner haften als Gesamtschuldner (§ 26).

58 Eine Abhängigmachung ist nicht möglich (§ 16 Abs. 2). Ein Vorschuss zur Deckung der Auslagen kann erhoben werden (§ 16 Abs. 3).

10. Nummer 2010 (Auslandskostengesetz)

59 Nach dem Auslandskostengesetz bestimmen sich die Kosten einer deutschen Auslandsvertretung. Die zu zahlenden Beträge können in voller Höhe als Auslage angesetzt werden.

60 Die Auslage wird fällig

- bei einer Vormundschaft oder einer Dauerpflegschaft sofort nach ihrer Entstehung (§ 10),
- im Übrigen mit Beendigung des Verfahrens (§ 11 Abs. 1)

61 Die Auslage schuldet

- in Verfahren, die nur durch Antrag eingeleitet werden, der Antragsteller der Instanz (§ 21 Abs. 1),

- bei einer Vormundschaft oder Dauerpflegschaft der von der Maßnahme betroffene Minderjährige (§ 22),
- derjenige, der die auslagenverursachende Handlung beantragt hat (§ 16 Abs. 1 Satz 1 iVm. § 17) und
- jeder Kostenschuldner nach § 24.

Mehrere Kostenschuldner haften als Gesamtschuldner (§ 26). 62

Das Gericht soll die Vornahme einer auslagenverursachenden Handlung, die nur auf Antrag vorzunehmen ist, von der vorherigen Zahlung abhängig machen (§ 16 Abs. 1 Satz 1). Bei Handlungen, die von Amts wegen vorgenommen werden, kann ein Vorschuss zur Deckung der Auslagen erhoben werden (§ 16 Abs. 3). 63

11. Nummer 2011 und 2012 (Auslagen inländischer und ausländischer Behörden)

Beträge, die inländischen Behörden, öffentlichen Einrichtungen oder Bediensteten als Ersatz für Auslagen der in den Nr. 2000 bis 2009 bezeichneten Art zustehen, sind gerichtliche Auslagen und können – begrenzt durch die Höhe der entsprechenden originären Auslagen – angesetzt werden. Dies gilt nach der Anmerkung auch, wenn aus Gründen der Gegenseitigkeit, der Verwaltungsvereinfachung oder aus vergleichbaren Gründen keine Zahlungen zu leisten sind. 64

Betroffen sind solche Tätigkeiten, die eine inländische Behörde stellvertretend für das Gericht übernimmt. Stellt also beispielsweise eine andere Behörde für einen auswärtigen Termin Räumlichkeiten zur Verfügung, so können dann die fiktiven Raumkosten (vgl. Nr. 2006) ermittelt und angesetzt werden. 65

Die Beträge, die ausländischen Behörden oder Einrichtungen sowie Personen im Ausland zustehen, und die Kosten des Rechtshilfeverkehrs mit dem Ausland können in voller Höhe gefordert werden (Nr. 2012). 66

Die Auslage wird fällig 67

- bei einer Vormundschaft oder einer Dauerpflegschaft sofort nach ihrer Entstehung (§ 10),
- im Übrigen mit Beendigung des Verfahrens (§ 11 Abs. 1).

Die Auslage schuldet 68

- in Verfahren, die nur durch Antrag eingeleitet werden, der Antragsteller der Instanz (§ 21 Abs. 1),
- bei einer Vormundschaft oder Dauerpflegschaft der von der Maßnahme betroffene Minderjährige (§ 22),
- derjenige, der die auslagenverursachende Handlung beantragt hat (§ 16 Abs. 1 Satz 1 iVm. § 17) und
- jeder Kostenschuldner nach § 24.

Mehrere Kostenschuldner haften als Gesamtschuldner (§ 26). 69

Das Gericht soll die Vornahme einer auslagenverursachenden Handlung, die nur auf Antrag vorzunehmen ist, von der vorherigen Zahlung abhängig machen (§ 16 Abs. 1 Satz 1). Bei Handlungen, die von Amts wegen vorgenommen werden, kann ein Vorschuss zur Deckung der Auslagen erhoben werden (§ 16 Abs. 3). 70

12. Nummer 2013 (Verfahrensbeistand)

71 Der Auslagentatbestand ermöglicht den Ansatz der Beträge, die an einen Verfahrensbeistand gezahlt wurden. Soll ein Minderjähriger für diese Kosten in Anspruch genommen werden, ist dies nur nach Maßgabe des § 1836c BGB (einzusetzendes Vermögen des Mündels) zulässig. Die in Vorbem. 1.3.1 bestimmte Gebührenfreiheit für bestimmte Kindschaftssachen erfasst nicht die Kosetn des Verfahrensbeistandes (Vorbem. 2 Abs. 3 Satz 2).

72 Die Auslage wird fällig

- bei einer Vormundschaft oder einer Dauerpflegschaft sofort nach ihrer Entstehung (§ 10),
- im Übrigen mit Beendigung des Verfahrens (§ 11 Abs. 1)

73 Die Auslage schuldet

- in Verfahren, die nur durch Antrag eingeleitet werden, der Antragsteller der Instanz (§ 21 Abs. 1),
- bei einer Vormundschaft oder Dauerpflegschaft der von der Maßnahme betroffene Minderjährige (§ 22),
- derjenige, der die auslagenverursachende Handlung beantragt hat (§ 16 Abs. 1 Satz 1 iVm. § 17) und
- jeder Kostenschuldner nach § 24.

74 Mehrere Kostenschuldner haften als Gesamtschuldner (§ 26).

75 Das Gericht soll die Vornahme einer auslagenverursachenden Handlung, die nur auf Antrag vorzunehmen ist, von der vorherigen Zahlung abhängig machen (§ 16 Abs. 1 Satz 1). Bei Handlungen, die von Amts wegen vorgenommen werden, kann ein Vorschuss zur Deckung der Auslagen erhoben werden (§ 16 Abs. 3).

13. Nummer 2014 (Umgangspfleger)

76 Die nach § 1684 Abs. 3 Satz 6 BGB aus der Staatskasse an den Umgangspfleger zu zahlenden Beträge können als Teil der Gerichtskosten für das Verfahren, in dem die Umgangspflegschaft angeordnet wird (Abs. 2 der Anmerkung zu Nr. 1310), angesetzt werden.

77 Die Fälligkeit bestimmt sich nach § 11 Abs. 1. Als Kostenschuldner kommt regelmäßig nur ein Entscheidungsschuldner in Frage.

Anlage 2
(zu § 28 Abs. 1)

Verfahrenswert bis ... Euro	Gebühr ... Euro	Verfahrenswert bis ... Euro	Gebühr ... Euro
300	25	40 000	398
600	35	45 000	427
900	45	50 000	456
1 200	55	65 000	556
1 500	65	80 000	656
2 000	73	95 000	756
2 500	81	110 000	856
3 000	89	125 000	956
3 500	97	140 000	1 056
4 000	105	155 000	1 156
4 500	113	170 000	1 256
5 000	121	185 000	1 356
6 000	136	200 000	1 456
7 000	151	230 000	1 606
8 000	166	260 000	1 756
9 000	181	290 000	1 906
10 000	196	320 000	2 056
13 000	219	350 000	2 206
16 000	242	380 000	2 356
19 000	265	410 000	2 506
22 000	288	440 000	2 656
25 000	311	470 000	2 806
30 000	340	500 000	2 956
35 000	369		

FGG-RG

Artikel 111
Übergangsvorschrift

(1) Auf Verfahren, die bis zum Inkrafttreten des Gesetzes zur Reform des Verfahrens in Familiensachen und in den Angelegenheiten der freiwilligen Gerichtsbarkeit eingeleitet worden sind oder deren Einleitung bis zum Inkrafttreten des Gesetzes zur Reform des Verfahrens in Familiensachen und in den Angelegenheiten der freiwilligen Gerichtsbarkeit beantragt wurde, sind weiter die vor Inkrafttreten des Gesetzes zur Reform des Verfahrens in Familiensachen und in den Angelegenheiten der freiwilligen Gerichtsbarkeit geltenden Vorschriften anzuwenden. Auf Abänderungs-, Verlängerungs- und Aufhebungsverfahren finden die vor Inkrafttreten des Gesetzes zur Reform des Verfahrens in Familiensachen und in den Angelegenheiten der freiwilligen Gerichtsbarkeit geltenden Vorschriften Anwendung, wenn die Abänderungs-, Verlängerungs- und Aufhebungsverfahren bis zum Inkrafttreten des Gesetzes zur Reform des Verfahrens in Familiensachen und in den Angelegenheiten der freiwilligen Gerichtsbarkeit eingeleitet worden sind oder deren Einleitung bis zum Inkrafttreten des Gesetzes zur Reform des Verfahrens in Familiensachen und in den Angelegenheiten der freiwilligen Gerichtsbarkeit beantragt wurde.

(2) Jedes gerichtliche Verfahren, das mit einer Endentscheidung abgeschlossen wird, ist ein selbständiges Verfahren im Sinne des Absatzes 1 Satz 1.

(3) Abweichend von Absatz 1 Satz 1 sind auch für Verfahren in Familiensachen, die am 1. September 2009 ausgesetzt sind oder nach dem 1. September 2009 ausgesetzt werden oder deren Ruhen nach dem 1. September 2009 angeordnet ist oder nach dem 1. September 2009 angeordnet wird, die nach Inkrafttreten des Gesetzes zur Reform des Verfahrens in Familiensachen und in den Angelegenheiten der freiwilligen Gerichtsbarkeit geltenden Vorschriften anzuwenden.

(4) Abweichend von Absatz 1 Satz 1 sind auf Verfahren über den Versorgungsausgleich, die am 1. September 2009 vom Verbund abgetrennt sind oder nach dem 1. September 2009 abgetrennt werden, die nach Inkrafttreten des Gesetzes zur Reform des Verfahrens in Familiensachen und in den Angelegenheiten der freiwilligen Gerichtsbarkeit geltenden Vorschriften anzuwenden. Alle vom Verbund abgetrennten Folgesachen werden im Fall des Satzes 1 als selbständige Familiensachen fortgeführt.

(5) Abweichend von Absatz 1 Satz 1 sind auf Verfahren über den Versorgungsausgleich, in denen am 31. August 2010 im ersten Rechtszug noch keine Endentscheidung erlassen wurde, sowie auf die mit solchen Verfahren im Verbund stehenden Scheidungs- und Folgesachen ab dem 1. September 2010 die nach Inkrafttreten des Gesetzes zur Reform des Verfahrens in Familiensachen und in den Angelegenheiten der freiwilligen Gerichtsbarkeit geltenden Vorschriften anzuwenden.

A. Allgemeiner Norminhalt (Absatz 1)

Wie sich aus Art. 112 des FGG-RG ergibt, tritt das Gesetz am 1.9.2009 in Kraft. In 1
diesem Zusammenhang enthält Art. 111 wichtige Übergangsvorschriften. Er regelt in Abs. 1 grundsätzlich den Fall, dass ein Verfahren bereits vor dem Inkrafttreten des

FamFG eingeleitet worden oder seine Einleitung beantragt ist. In diesem Fall sind auf das konkrete Verfahren alle bis zum 1.9.2009 geltenden Vorschriften anzuwenden, also insbesondere das bisherige FGG, desgleichen für vor dem 1.9.2009 beantragte Scheidungsverfahren oder andere Ehe- und Familienverfahren die bisherigen Normen der ZPO. Die Regelung bezieht sich auf selbständige gerichtliche Verfahren (s. Rz. 5).

2 Abs. 1 ist zusammen mit dem gesamten FGG-RG am 17.12.2008 verkündet worden. Die Abs. 2 bis 5 sind durch das VAStrRG v. 3.4.2009 (BGBl. I 700) vor Inkrafttreten des Gesetzes in den Normtext eingefügt worden.

B. Abänderungs-, Verlängerungs- oder Aufhebungsverfahren

3 Soweit ein Verfahren in Familiensachen oder in Angelegenheiten der freiwilligen Gerichtsbarkeit bereits durchgeführt ist und nunmehr ein Abänderungs-, Verlängerungs- oder Aufhebungsverfahren beantragt wird, ist für die anzuwendenden Normen entscheidend, ob das Abänderungs-, Verlängerungs- oder Aufhebungsverfahren selbst vor oder nach dem 1.9.2009 eingeleitet oder seine Einleitung beantragt wurde.

C. Einstweilige Anordnungen

4 Die Vorschrift sieht keine besondere Regelung für einstweilige Anordnungen vor. Dies beruht darauf, dass einstweilige Anordnungen nach früherem Recht unselbständig waren. Wurde also nach altem Recht ein einstweiliges Anordnungsverfahren zusammen mit der Hauptsache eingeleitet oder die Einleitung beantragt, so sind das Anordnungsverfahren und das Hauptsacheverfahren nach altem Recht durchzuführen. Ein selbständiges einstweiliges Anordnungsverfahren kann erst ab dem 1.9.2009 eingeleitet werden. Dieses unterliegt dann den Regeln des FamFG.

D. Selbständige gerichtliche Verfahren (Absatz 2)

5 Als Verfahren iS des Abs. 1, die im Sinne dieser Vorschrift eingeleitet worden sind oder deren Einleitung beantragt wurde, gelten alle Verfahren, die mit einer Endentscheidung abgeschlossen werden. Dies bedeutet also, dass jede Instanz als ein selbständiges gerichtliches Verfahren iS der Übergangsvorschriften zu behandeln ist. Wird also nach dem 1.9.2009 eine Beschwerde oder eine Rechtsbeschwerde in einem solchen Verfahren eingelegt, das in erster Instanz vor dem 1.9.2009 begonnen hatte, so sind auf das Rechtsmittelverfahren die Normen des FamFG anzuwenden.

E. Familiensachen (Absatz 3)

6 Eine Abweichung von der Grundregel des Abs. 1 für die Verfahren in Familiensachen enthält Abs. 3. Ist eine solche Familiensache zwar vor dem 1.9.2009 als Verfahren eingeleitet oder beantragt worden, ist es aber am Stichtag des 1.9.2009 ausgesetzt oder wird es später ausgesetzt, dann gilt nach Wiederaufnahme des Verfahrens in diesem Falle das FamFG. Gleiches gilt, wenn das Verfahren zwar nicht ausgesetzt ist, wenn es aber am 1.9.2009 oder danach zum Ruhen gebracht worden ist.

F. Versorgungsausgleich (Absätze 4 und 5)

Schwierige Regelungen zur Anpassung des neuen Versorgungsausgleichs mit dem neuen Verfahrensrecht sind durch das Gesetz zur Strukturreform des Versorgungsausgleichs v. 3.4.2009 entstanden. Der Gesetzgeber hat in den §§ 48 ff. des VAStrRG Übergangsvorschriften normiert (s. dazu Vorbem. vor § 217 FamFG). Die Anpassung an das FamFG enthält nunmehr der geänderte Art. 111 Abs. 4 und 5 FGG-RG. Danach sind künftig bei allen selbständigen Verfahren zum Versorgungsausgleich nach der Grundregel des Abs. 1 die Normen des FamFG anzuwenden, wenn das Verfahren ab oder nach dem 1.9.2009 eingeleitet worden ist. Ist ein Verfahren vor dem 1.9.2009 eingeleitet worden oder ist dessen Einleitung vorher beantragt worden, so gilt an sich grundsätzlich das bisherige Recht weiter. Abweichend sehen allerdings die Abs. 3 und 4 vor, dass ein Versorgungsausgleichsverfahren, das zum Stichtag des 1.9.2009 abgetrennt oder ausgesetzt war oder dessen Ruhen angeordnet war, und ebenso ein Versorgungsausgleichsverfahren, das nach dem 1.9.2009 abgetrennt oder ausgesetzt wird oder dessen Ruhen angeordnet wird, nach neuem Recht weiterzuführen sind. Ferner bringt Abs. 5 für alle diejenigen Verfahren des Versorgungsausgleichs, die zwar vor dem 1.9.2009 eingeleitet oder beantragt worden waren, bei denen aber am 31.8.2010 im ersten Rechtszug noch keine Endentscheidung erlassen worden ist, eine Übergangsregelung des Inhalts, dass in diesen Fällen ab 1.9.2010 ebenfalls das neue Recht anzuwenden ist. Dies bedeutet im Ergebnis, dass erstinstanzliche Verfahren nach dem 31.8.2010 in jedem Falle zwingend nach neuem Recht zu behandeln sind. 7

Schließlich ist darauf hinzuweisen, dass gem. Abs. 4 Satz 2 alle diejenigen Folgesachen, die vom Verbund abgetrennt worden sind, als selbständige Familiensachen fortgeführt werden. Für sie gilt daher ebenfalls die in Abs. 4 Satz 1 enthaltene Regelung, dass mit der Abtrennung einer solchen Folgesache vom Verbund in jedem Falle neues Recht zur Anwendung kommt. 8

Artikel 112
Inkrafttreten, Außerkrafttreten

(1) Dieses Gesetz tritt, mit Ausnahme von Artikel 110a Abs. 2 und 3, am 1. September 2009 in Kraft; gleichzeitig treten das Gesetz über die Angelegenheiten der freiwilligen Gerichtsbarkeit in der im Bundesgesetzblatt Teil III, Gliederungsnummer 315-1, veröffentlichten bereinigten Fassung, zuletzt geändert durch Artikel 12 des Gesetzes vom 23. Oktober 2008 (BGBl. I S. 2026), und das Gesetz über das gerichtliche Verfahren bei Freiheitsentziehungen in der im Bundesgesetzblatt Teil III, Gliederungsnummer 316-1, veröffentlichten bereinigten Fassung, zuletzt geändert durch Artikel 6 Abs. 6 des Gesetzes vom 19. August 2007 (BGBl. I S. 1970), außer Kraft.

(2) Artikel 110a Abs. 2 und 3 tritt an dem Tag in Kraft, an dem das Gesetz zur Umsetzung des Haager Übereinkommens vom 13. Januar 2000 über den internationalen Schutz von Erwachsenen vom 17. März 2007 (BGBl. I S. 314) nach seinem Artikel 3 in Kraft tritt, wenn dieser Tag auf den 1. September 2009 fällt oder vor diesem Zeitpunkt liegt.

Das Inkrafttreten des früheren FGG war in § 185 Abs. 1 FGG geregelt. Es ist gleichzeitig mit dem BGB am 1.1.1900 in Kraft getreten. Nunmehr hat der Gesetzgeber das Inkrafttreten des neuen Rechts in einem eigenen Artikel geregelt. Entscheidender Stichtag ist mit Ausnahme von Art. 110a der 1.9.2009. Zu diesem Zeitpunkt tritt zugleich das bisherige FGG außer Kraft. 1

Sachregister

Bearbeiterin: Ursula Beckers-Baader

Die fetten Zahlen verweisen auf die Paragraphen, die mageren auf die Randziffern.

Notizen

Notizen

Prütting/Helms (Hrsg.), **FamFG**

• Hinweise und Anregungen: ______

• Auf Seite ______ § ______ Rz. ______ Zeile ______ von oben/unten

muss es statt ______

richtig heißen ______

Prütting/Helms (Hrsg.), **FamFG**

• Hinweise und Anregungen: ______

• Auf Seite ______ § ______ Rz. ______ Zeile ______ von oben/unten

muss es statt ______

richtig heißen ______

Absender

Antwortkarte

Informationen unter **www.otto-schmidt.de**

So können Sie uns auch erreichen:
lektorat@otto-schmidt.de

Wichtig: Bitte immer den Titel des Werkes angeben!

Verlag Dr. Otto Schmidt KG
Lektorat
Gustav-Heinemann-Ufer 58
50968 Köln

Absender

Antwortkarte

Informationen unter **www.otto-schmidt.de**

So können Sie uns auch erreichen:
lektorat@otto-schmidt.de

Wichtig: Bitte immer den Titel des Werkes angeben!

Verlag Dr. Otto Schmidt KG
Lektorat
Gustav-Heinemann-Ufer 58
50968 Köln